Percorsi Giuffrè

ESAME AVVOCATO

- **CODICI ANNOTATI CON LA GIURISPRUDENZA**

CODICE CIVILE / Roberto Giovagnoli
CODICE PENALE / Giorgio Lattanzi
CODICE DI PROCEDURA CIVILE / Giovanni Novelli - Stefano Petitti - Stefano Filippini
CODICE DI PROCEDURA PENALE / Giorgio Lattanzi

- **ATTI GIUDIZIARI E PARERI LEGALI**

IL METODO PER LA PREPARAZIONE DELLE PROVE SCRITTE / Alberto Filippini
PARERI DI DIRITTO CIVILE / Alberto Filippini
PARERI DI DIRITTO PENALE / Alberto Filippini
ATTI GIUDIZIARI DI DIRITTO CIVILE, PENALE, AMMINISTRATIVO / Alberto Filippini
ESAME AVVOCATO ORALE RAFFORZATO / Alberto Filippini

- **SPECIALI**

SPECIALE ESAME AVVOCATO / Alberto Filippini

- **MANUALI BREVI**

ORDINAMENTO FORENSE E DEONTOLOGIA / Remo Danovi
DIRITTO COSTITUZIONALE / Luca Mezzetti
DIRITTO CIVILE / Massimiliano Balloriani - Roberto De Rosa - Salvatore Mezzanotte
DIRITTO PENALE / Luca Della Ragione
DIRITTO PROCESSUALE CIVILE / Dario Gramaglia
DIRITTO PROCESSUALE PENALE / Paolo Tonini - Carlotta Conti
DIRITTO INTERNAZIONALE PRIVATO / Bruno Barel - Stefano Armellini
DIRITTO DELL'UNIONE EUROPEA / Antonio M. Calamia - Marcello Di Filippo - Simone Marinai
DIRITTO ECCLESIASTICO / Enrico Vitali - Antonio G. Chizzoniti
DIRITTO DEL LAVORO E DELLA PREVIDENZA SOCIALE / Antonio Di Stasi
SINTESI DI DIRITTO PROCESSUALE CIVILE / Rosaria Giordano

CONCORSO MAGISTRATO ORDINARIO

- **CODICI**

CODICE CIVILE E LEGGI COMPLEMENTARI - CODICE DI PROCEDURA CIVILE / Roberto Giovagnoli
CODICE PENALE E LEGGI COMPLEMENTARI - CODICE DI PROCEDURA PENALE / Mario Lucio D'Andria
CODICE AMMINISTRATIVO / Roberto Chieppa
CODICE SISTEMATICO - CIVILE, PENALE E AMMINISTRATIVO / Roberto Giovagnoli

- **MANUALI**

MANUALE DI DIRITTO CIVILE / Mauro Paladini - Andrea Renda - Daniele Minussi
MANUALE DI DIRITTO AMMINISTRATIVO / Roberto Chieppa - Roberto Giovagnoli
MANUALE DI DIRITTO PENALE - PARTE GENERALE / Adelmo Manna

- **TEMI**

TEMI DI DIRITTO CIVILE, PENALE, AMMINISTRATIVO / Dario Simeoli

- **SPECIALI**

  SPECIALE CONCORSO MAGISTRATURA / Serafino Ruscica

CONCORSO NOTAIO

- **CODICI**

  CODICE NOTARILE / Daniele Minussi

- **ATTI NOTARILI**

  ATTI NOTARILI / Annamaria Ferrucci

ROBERTO CHIEPPA

CODICE AMMINISTRATIVO

GIUFFRÈ
GIUFFRÈ FRANCIS LEFEBVRE

ISBN 9788828840275

Redazione, editing e progetto
Giuffrè Francis Lefebvre S.p.A. - Milano

Concept e graphic design
Carmi e Ubertis Milano

Testo composto in
LinoLetter™ Font Family
(Linotype Design Studio, 1992)

Finito di stampare nel mese di maggio 2022 da
L.E.G.O. S.p.A. - Lavis (TN)

IX edizione

PRESENTAZIONE

Un codice è una raccolta di norme e, specie se non commentato perché destinato ai pubblici concorsi (primo fra tutti quello per l'ingresso in magistratura), può apparire semplice mettere insieme le leggi più rilevanti di un determinato settore.

Ed allora "un codice vale l'altro" potrebbe essere la conclusione.

Senza avere la pretesa di presentare il miglior codice amministrativo e lasciando al lettore ogni giudizio, preme sottolineare che non si condivide tale conclusione per due considerazioni, attinenti ai codici non commentati e al diritto amministrativo.

Sotto il primo profilo, va rilevato come anche per i codici non commentati sia necessaria una impostazione, che non consiste nel mettere semplicemente le norme una dietro l'altra, ma richiede un lavoro di **individuazione delle leggi** e soprattutto di **inserimento dei richiami**, che permettano al lettore di cogliere con facilità i collegamenti tra le varie disposizioni, privilegiando spesso l'inserimento in nota del testo di legge richiamato in modo da evitare al lettore di perdere tempo prezioso alla ricerca della norma richiamata.

I codici non commentati sono principalmente destinati ai partecipanti ai concorsi, dove è consentita la sola consultazione di tale tipo di testi ed anche a chi, per esigenze professionali, ha la necessità di avere una raccolta di norme completa ed aggiornata.

I lettori del codice hanno, quindi, bisogno di un testo ben impostato: testo in cui le leggi siano ordinate in modo logico e coerente; in cui i richiami siano completi e non tralascino alcun particolare; in cui l'indice analitico non sia un mero elenco di titoli di leggi o di articoli, ma abbia una sua *ratio* e sia di ausilio per avere immediatamente a disposizione riferimenti completi in relazione ad un determinato argomento.

Passando al secondo profilo, va rilevato come **tali esigenze siano « rafforzate » nel diritto amministrativo.**

Negli altri tradizionali settori, oggetto di prove di concorso, si parte da un « codice vigente » e si aggiungono le leggi complementari, per poi procedere ai richiami e alla redazione dell'indice.

Il diritto amministrativo **è il diritto pretorio per eccellenza** ed è caratterizzato da una **massiccia presenza di leggi e norme di vario rango**, che si sono sovrapposte nel nostro ordinamento, spesso in modo disordinato e incoerente, tanto da richiedere un processo di semplificazione normativa, tentato diverse volte, ma mai giunto ad effettivo compimento (nonostante i proclami di disposizioni « taglia-leggi »).

Il diritto amministrativo processuale è stato attraversato da una novità storica: l'approvazione del **Codice del processo amministrativo,** ormai in vigore da oltre dieci anni; ogni norma del Codice è stata qui accompagnata da **complete note contenenti tutta la normativa previgente** in modo da fornire al lettore un quadro chiaro e immediato dei cambiamenti intervenuti.

Ciò conferma che il diritto amministrativo ha, in sostanza, una particolarità che lo rende al tempo stesso difficile da conoscere appieno e affascinante: è una branca del diritto di non facile delimitazione, che cambia di continuo veste adattandosi al mutare dei tempi. Basti pensare ai processi di cambiamento che spaziano dal pubblico al privato; dalle grandi trasformazioni politiche, istituzionali, sociali ed economiche al progresso tecnologico, ai nuovi traguardi della scienza, alle sempre più pressanti esigenze di raggiungere un modello di sviluppo sostenibile.

Il mondo del diritto, e in particolare quello amministrativo, risente di tali cambiamenti e si avvicina sempre più alle esigenze sociali ed economiche, che richiedono che anche il diritto sia scienza pratica.

Questa è la ragione per cui la redazione di un codice di diritto amministrativo non commentato richiede un lavoro complesso fin dalla fase iniziale (individuazione delle norme), in cui è fondamentale seguire un ordine sistematico, che abbia alle spalle una idea di fondo del diritto amministrativo e sia in grado di individuare anche quelle norme, in apparenza meno rilevanti, che possono costituire un importante ausilio per la ricostruzione di un istituto giuridico o per la soluzione di una specifica problematica.

L'idea di fondo del diritto amministrativo deve ispirare anche i richiami, che a volte possono riguardare disposizioni del tutto diverse tra loro, ma riconducibili ad uno stesso principio consolidatosi in giurisprudenza e in dottrina.

Non è casuale che i codici di diritto amministrativo sono spesso molto differenti sia nel contenuto (numero di pagine e di leggi), che nell'impostazione e ciò rende di estrema importanza la scelta di un codice, che risponda all'impostazione seguita nello studio o alle necessità professionali.

Per queste ragioni non sono state trascurate alcune **leggi regionali**, inserite per la rilevanza della materia o perché oggetto di pronunce della Corte Costituzionale e, quindi, in grado di ricordare al lettore tali pronunce (menzionate in nota ovviamente nei soli casi consentiti di dichiarazione di incostituzionalità).

Nei settori di maggior rilievo, sono stati inseriti in nota i **testi storici** delle norme in modo da far comprendere al lettore il percorso dell'evoluzione normativa; evoluzione non sempre razionale, come dimostrano le varie, ed alterne, modifiche alla legge n. 241/1990 intervenute dal 2005 ad oggi.

L'inserimento di tali disposizioni è stato accompagnato dai necessari **richiami** nell'indice analitico proprio per mettere a disposizione del lettore uno strumento non solo completo, ma soprattutto di rapida consultazione.

L'**indice analitico** è stato predisposto con una tecnica innovativa: non si tratta né di un indice particolarmente sintetico, che risulta di scarsa utilità nei concorsi, né dell'elencazione in ordine alfabetico dei titoli delle leggi o dei singoli articoli; si è, invece, preferito individuare all'interno di ogni legge le parti significative da richiamare, utilizzando le parole testuali contenute nelle leggi per evitare ogni possibilità di contestazione dell'utilizzo del Codice; la **struttura dell'indice analitico**, con gli aggiornamenti dovuti alle nuove leggi inserite, **è la stessa di quella delle precedenti edizioni, ammesse senza alcun problema al concorso per magistratura ordinaria** e a tutti gli altri concorsi.

L'inserimento di tali termini nell'indice analitico è stato effettuato secondo un criterio logico (non sempre alfabetico) al fine di evidenziare le questioni rilevanti dei vari istituti, ovviamente sempre nei limiti delle possibilità consentite da un mero richiamo normativo.

Una attenzione particolare è stata dedicata all'aggiornamento dei testi normativi, tenuto conto delle diverse e rilevanti novità che hanno caratterizzato il diritto amministrativo in questi ultimi anni, caratterizzati prima dalla **emergenza sanitaria Covid-19** e poi da quella connessa con il **conflitto in Ucraina**.

Nella parte VII del Codice sono, quindi, riportate tutte le novità legislative che si sono susseguite in questo periodo di emergenza sanitaria, incluse quelle abrogate o che hanno ormai cessato di avere effetti a seguito della cessazione dello stato di emergenza, in modo da dare al lettore la possibilità di ricostruire l'intero percorso seguito dal legislatore in oltre due anni di emergenza. Dai decreti legge in materia, appunto, di emergenza sanitaria, che hanno costituito la fonte delle diverse misure di contenimento e che hanno modificato la tradizionale atipicità delle ordinanze contingibili e urgenti (**d.l. n. 6/2020; d.l. n. 19/2020; d.l. n. 33/2020; d.l. n. 52/2021**) agli interventi del legislatore sulla vaccinazione obbligatoria (**d.l. n. 44/2022**, come da ultimo modificato dal **d.l. n. 24/2022**).

La crisi economica derivata dalla emergenza sanitaria ha anche richiesto numerosi interventi del legislatore, contenuti nella parte VIII, in cui sono inclusi, oltre al d.l. n. 76/2020 (c.d. **decreto "semplificazioni"**), tutte le misure finalizzate alla ripresa economica e alla attuazione del **Piano nazionale di ripresa e resilienza (PNRR)**: dal **Regolamento (UE) 2021/241**, che ha previsto tali Piani, al **d.l. n. 77/2021,** che contiene la ***governance* del PNRR** e le prime misure di rafforzamento delle strutture amministrative e di accelerazione e snellimento delle procedure, seguito poi dal **d.l. n. 80/2021.**

Il conflitto in Ucraina ha poi determinato l'esigenza di nuovi interventi, tra cui il **d.l. n. 21/2022**, che contiene anche una ampia **riforma della disciplina *golden power***.

Dal punto di vista processuale, oltre ad alcune modifiche al processo appalti, introdotte dal d.l. n. 76/2020, il processo amministrativo ha subìto misure temporanee e derogatorie derivanti dall'emergenza sanitaria, che si sono formate in via progressiva per poi gradualmente ridursi fino all'art. 7-*bis* del d.l. n. 105/2021 e al definitivo **superamento del c.d. "processo Covid" a decorrere dal 1° aprile 2022**.

Forse anche tale premessa potrà sembrare eccessiva per un semplice codice non commentato, ma si è cercato di evidenziare al lettore l'intento di realizzare un codice con caratteristiche tali da consentire il più proficuo utilizzo in sede di esami e concorsi e, prima ancora, da tenere con sé già durante lo studio o nell'esercizio della propria attività professionale.

Come per ogni pubblicazione, spetterà ora al lettore valutare se tali finalità siano state, o meno, raggiunte, come avvenuto per una delle recenti edizioni, che è stata l'unica tra i prodotti presenti sul mercato ad avere la completa disciplina normativa dei beni pubblici, oggetto della traccia di diritto amministrativo al concorso per l'accesso in magistratura ordinaria.

In attesa di tale risposta, l'auspicio è di aver fornito uno strumento che sia di ausilio per chiunque abbia necessità di consultarlo e a tale consueto auspicio se ne aggiunge un altro: quello che in futuro la legislazione emergenziale di questi anni sia solo un ricordo e un dato storico da approfondire in un Paese più moderno, in una Europa senza guerre, più solida e politicamente coesa anche grazie alla reazione alle difficoltà sanitarie ed economiche derivate dalla emergenza COVID-19 e dal conflitto in Ucraina.

Roma, aprile 2022

Roberto Chieppa

L'AUTORE

Roberto Chieppa, Presidente di Sezione del Consiglio di Stato, già magistrato ordinario, magistrato della Corte dei Conti e magistrato dei Tribunali amministrativi regionali; Segretario generale della Presidenza del Consiglio dei Ministri, già Segretario generale dell'Autorità garante della concorrenza e del mercato; docente in diversi corsi di formazione universitari e post-universitari; autore, nella collana Percorsi, dei volumi *Manuale di diritto amministrativo, Studi di diritto amministrativo, Manuale breve di diritto amministrativo, Temi di diritto amministrativo*; nella collana "Le nuove leggi amministrative" de *Il codice del processo amministrativo. Commento a tutte le novità del giudizio amministrativo* e *Il processo amministrativo dopo il correttivo al codice*, e Direttore e coautore, nelle collane "I Codici e i Formulari commentati", del *Codice del processo amministrativo* e del *Formulario del processo amministrativo*.

INDICE SOMMARIO

SEZIONE SECONDA

FONTI ESTERNE

CAPO I

DIRITTO EUROPEO

CAPO II

DIRITTO INTERNAZIONALE

PARTE SECONDA

L'ORGANIZZAZIONE

SEZIONE PRIMA

LO STATO

SEZIONE SECONDA

REGIONI E ENTI LOCALI

CAPO I

REGIONI

CAPO II

ENTI LOCALI

CAPO III

PRINCIPIO DEL PAREGGIO DI BILANCIO

SEZIONE TERZA

FEDERALISMO AMMINISTRATIVO

SEZIONE QUARTA

ENTI PUBBLICI, SOCIETÀ PUBBLICHE E FONDAZIONI

CAPO I

ENTI PUBBLICI

CAPO II

SOCIETÀ PUBBLICHE - IN HOUSE PROVIDING

CAPO III

FONDAZIONI E PRIVATIZZAZIONI

SEZIONE QUINTA

AUTORITÀ INDIPENDENTI

CAPO I

NORME GENERALI

CAPO II

AUTORITÀ GARANTE DELLA CONCORRENZA E DEL MERCATO

CAPO III

AUTORITÀ PER LE GARANZIE NELLE COMUNICAZIONI

CAPO IV

CONSOB E BANCA D'ITALIA

CAPO V

AUTORITÀ DI REGOLAZIONE PER ENERGIA, RETI E AMBIENTE

CAPO VI

GARANTE PER LA PROTEZIONE DEI DATI PERSONALI

CAPO VII

AUTORITÀ NAZIONALE ANTICORRUZIONE

CAPO VIII

AUTORITÀ DI REGOLAZIONE DEI TRASPORTI

CAPO IX

ISTITUTO PER LA VIGILANZA SULLE ASSICURAZIONI

CAPO X

ALTRI ORGANISMI

SEZIONE SESTA

ENTI PRIVATI E ATTIVITÀ DI INTERESSE PUBBLICO

SEZIONE SETTIMA

IL RAPPORTO DI LAVORO ALLE DIPENDENZE DELLE AMMINISTRAZIONI PUBBLICHE

CAPO I

NORME GENERALI E PRIVATIZZAZIONE

CAPO II

LA DIRIGENZA

CAPO III

PROROGA DEGLI ORGANI

SEZIONE OTTAVA

BENI PUBBLICI

PARTE TERZA

L'ATTIVITÀ

SEZIONE PRIMA

PRINCIPI GENERALI DELL'ATTIVITÀ AMMINISTRATIVA

CAPO I

PROCEDIMENTO AMMINISTRATIVO

CAPO II

NORME IN MATERIA DI SEMPLIFICAZIONI

CAPO III

NORME IN MATERIA DI LIBERALIZZAZIONI

CAPO IV

ACCESSO AI DOCUMENTI AMMINISTRATIVI, TRASPARENZA, PUBBLICITÀ E INFORMAZIONE

SEZIONE SECONDA

DOCUMENTAZIONE AMMINISTRATIVA, TRASFORMAZIONE DIGITALE E INNOVAZIONE TECNOLOGICA

CAPO I

NORME SULLA DOCUMENTAZIONE AMMINISTRATIVA

CAPO II

TRASFORMAZIONE DIGITALE E INNOVAZIONE TECNOLOGICA

SEZIONE TERZA

CONTRATTI E OBBLIGAZIONI

CAPO I

CONTRATTI PUBBLICI

CAPO II

OBBLIGAZIONI

CAPO III

INVESTIMENTI PUBBLICI

SEZIONE QUARTA

SERVIZI PUBBLICI

CAPO I

NORME GENERALI

CAPO II

SERVIZI PUBBLICI LOCALI

SEZIONE QUINTA

I CONTROLLI

CAPO I

CONTROLLI INTERNI

CAPO II

CONTROLLI ESTERNI

CAPO III

POTERI SOSTITUTIVI

SEZIONE SESTA

SANZIONI

CAPO I

DISPOSIZIONI GENERALI SULLE SANZIONI AMMINISTRATIVE

CAPO II

DISPOSIZIONI PARTICOLARI

PARTE QUARTA

LA RESPONSABILITÀ

SEZIONE PRIMA

LA RESPONSABILITÀ DELLA P.A.

CAPO I

RESPONSABILITÀ CIVILE DELLA P.A. PER DANNI DA COMPORTAMENTI MATERIALI

CAPO II

RESPONSABILITÀ DELLA P.A. PER DANNI DERIVANTI DA ATTIVITÀ AMMINISTRATIVA ILLEGITTIMA

CAPO III

RESPONSABILITÀ PER DANNI CAGIONATI NELL'ESERCIZIO DELLE FUNZIONI GIURISDIZIONALI

SEZIONE SECONDA

LA RESPONSABILITÀ DEL PUBBLICO DIPENDENTE

CAPO I

RESPONSABILITÀ AMMINISTRATIVA E CONTABILE

SEZIONE TERZA

LA RESPONSABILITÀ AMMINISTRATIVA DELLE PERSONE GIURIDICHE

PARTE QUINTA

I SETTORI

SEZIONE PRIMA

CONCORRENZA

SEZIONE SECONDA

AMBIENTE

CAPO I

DISPOSIZIONI GENERALI

CAPO II

DISPOSIZIONI PARTICOLARI

CAPO III

INQUINAMENTO ELETTROMAGNETICO

CAPO IV

RIFIUTI

SEZIONE TERZA

BENI CULTURALI E PAESAGGIO

SEZIONE QUARTA

GOVERNO DEL TERRITORIO ED ESPROPRIAZIONI

CAPO I

URBANISTICA

CAPO II

EDILIZIA

CAPO III

ESPROPRIAZIONI

CAPO IV

REQUISIZIONI

SEZIONE QUINTA

SICUREZZA

CAPO I

PUBBLICA SICUREZZA E MISURE DI CONTRASTO ALLA CRIMINALITÀ E ALLA CORRUZIONE

CAPO II

LEGISLAZIONE ANTIMAFIA

CAPO III

STRANIERI E IMMIGRAZIONE

CAPO IV

PROTEZIONE CIVILE

CAPO V

CYBERSICUREZZA E GOLDEN POWER

SEZIONE SESTA

COMUNICAZIONI

CAPO I

RETI DI COMUNICAZIONE

CAPO II

SISTEMA RADIO-TELEVISIVO

SEZIONE SETTIMA

SANITÀ

SEZIONE OTTAVA

ENERGIA

SEZIONE NONA

TRASPORTO FERROVIARIO, SERVIZIO POSTALE E PORTI

SEZIONE DECIMA

ISTRUZIONE, UNIVERSITÀ E RICERCA

SEZIONE UNDICESIMA

ALTRI COMPITI: LO SPORT

PARTE SESTA

LA TUTELA

SEZIONE PRIMA

NORME INTERNAZIONALI E COMUNITARIE E GIUSTIZIA COSTITUZIONALE

SEZIONE SECONDA

GIURISDIZIONE ORDINARIA E ALTRE GIURISDIZIONI

CAPO I

GIUDICE ORDINARIO

CAPO II

CORTE DEI CONTI

CAPO II

PROCESSO AMMINISTRATIVO

SEZIONE SESTA

SISTEMI ALTERNATIVI DI RISOLUZIONE DELLE CONTROVERSIE

PARTE SETTIMA

EMERGENZA EPIDEMIOLOGICA DA COVID-19 (CORONAVIRUS)

SEZIONE PRIMA

MISURE URGENTI DI CONTRASTO ALLA EMERGENZA COVID-19

PARTE OTTAVA

RIPRESA ECONOMICA E PIANO NAZIONALE PER LA RIPRESA E LA RESILIENZA (PNRR)

SEZIONE PRIMA

MISURE PER LA RIPRESA ECONOMICA E PER L'ATTUAZIONE DEL PIANO NAZIONALE PER LA RIPRESA E LA RESILIENZA (PNRR)

PARTE PRIMA
FONTI

SEZIONE PRIMA
FONTI INTERNE

CAPO I
COSTITUZIONE E LEGGI COSTITUZIONALI

1. Costituzione della Repubblica Italiana, approvata dall'Assemblea Costituente il 22 dicembre 1947, promulgata dal Capo provvisorio dello Stato il 27 dicembre 1947 ed entrata in vigore il 1° gennaio 1948 (1).

Pubblicata nella Gazzetta Ufficiale 27 dicembre 1947, n. 298, edizione straordinaria.

(1) *Era stato approvato in seconda votazione a maggioranza assoluta, ma inferiore ai due terzi dei membri di ciascuna Camera, un testo di legge costituzionale, recante « Disposizioni per il superamento del bicameralismo paritario, la riduzione del numero dei parlamentari, il contenimento dei costi di funzionamento delle istituzioni, la soppressione del CNEL e la revisione del titolo V della parte II della Costituzione » (G.U. 15 aprile 2016, n. 88), ma non è stato promulgato, ai sensi dell'art. 138 Cost., in quanto all'esito del referendum popolare, che si è svolto il 4 dicembre 2016, non è stato approvato dalla maggioranza dei voti validi. Si riportano le norme non approvate sub singole norme vigenti della Costituzione.*

PRINCIPI FONDAMENTALI

1 [I] L'Italia è una Repubblica democratica, fondata sul lavoro.

[II] La sovranità appartiene al popolo, che la esercita nelle forme e nei limiti della Costituzione.

2 [I] La Repubblica riconosce e garantisce i diritti inviolabili dell'uomo [4, 13-15, 21, 24], sia come singolo sia nelle formazioni sociali [18, 29, 39, 45, 49], ove si svolge la sua personalità, e richiede l'adempimento dei doveri inderogabili di solidarietà politica, economica e sociale.

3 [I] Tutti i cittadini hanno pari dignità sociale e sono eguali davanti alla legge, senza distinzione di sesso [37, 51], di razza, di lingua, di religione, di opinioni politiche, di condizioni personali e sociali (1).

[II] È compito della Repubblica rimuovere gli ostacoli di ordine economico e sociale, che, limitando di fatto la libertà e l'eguaglianza dei cittadini, impediscono il pieno sviluppo della persona umana e l'effettiva partecipazione di tutti i lavoratori all'organizzazione politica, economica e sociale del Paese (2).

(1) *Sulle pari opportunità tra uomo e donna v. d.lgs. 11 aprile 2006, n. 198, nonché artt. 15 e 16, legge 20 maggio 1970, n. 300. Per la tutela contro le discriminazioni per motivi razziali, etnici, nazionali o religiosi v. d.lgs. 9 luglio 2003, n. 215; per le persone con disabilità v. invece legge 10 marzo 2006, n. 77.*

(2) *Cfr. art. 1, l. 5 febbraio 1992, n. 104 in materia di assistenza, integrazione sociale e diritti delle persone handicappate; art. 1, l. 25 febbraio 1992, n. 215 sulla imprenditoria femminile; art. 1, l. 8 novembre 2000, n. 328 recante legge-quadro per la realizzazione del sistema integrato di interventi e servizi sociali; art. 1, l. 30 marzo 2001, n. 152 sulla disciplina degli istituti di patronato e di assistenza sociale.*

4 [I] La Repubblica riconosce a tutti i cittadini il diritto al lavoro e promuove le condizioni che rendano effettivo questo diritto.

[II] Ogni cittadino ha il dovere di svolgere, secondo le proprie possibilità e la propria scelta, un'attività o una funzione che concorra al progresso materiale o spirituale della società.

5 [I] La Repubblica, una e indivisibile, riconosce e promuove le autonomie locali [114-133]; attua nei servizi che dipendono dallo Stato il più ampio decentramento amministrativo; adegua i princìpi ed i metodi della sua legislazione alle esigenze dell'autonomia e del decentramento.

6 [I] La Repubblica tutela con apposite norme le minoranze linguistiche [trans. X; st. V.d'A. 38 ss.; st. T.A.A. 84 ss.; st. F.V.G. 3] (1).

(1) *Cfr. l. 28 agosto 1997, n. 302 di ratifica ed esecuzione della convenzione-quadro per la protezione delle minoranze nazionali, fatta a Strasburgo il 1° febbraio 1995; l. 15 dicembre 1999, n. 482 e d.P.R. 2 maggio 2001, n. 345 in materia di tutela delle minoranze linguistiche storiche; l. 23 febbraio 2001, n. 38 sulla tutela della minoranza linguistica slovena della regione Friuli-Venezia Giulia.*

7 [I] Lo Stato e la Chiesa cattolica sono, ciascuno nel proprio ordine, indipendenti e sovrani.

[II] I loro rapporti sono regolati dai Patti Lateranensi (1). Le modificazioni dei Patti, accettate dalle due parti, non richiedono procedimento di revisione costituzionale [138] (2).

(1) *V. l. 27 maggio 1929, n. 810, di esecuzione del Trattato, dei quattro allegati annessi e del Concordato, sottoscritti in Roma, fra la Santa Sede e l'Italia, l'11 febbraio 1929.*

(2) *V. l. 25 marzo 1985, n. 121 recante ratifica ed esecuzione dell'Accordo, con protocollo addizionale, formato a Roma il 18 febbraio 1984, che apporta modificazioni al Concordato Lateranense dell'11 febbraio 1929, tra la Repubblica italiana e la Santa Sede (c.d. accordo di Villa Madama).*

8 [I] Tutte le confessioni religiose sono egualmente libere davanti alla legge [19].

[II] Le confessioni religiose diverse dalla cattolica hanno diritto di organizzarsi secondo i propri statuti, in quanto non contrastino con l'ordinamento giuridico italiano.

[III] I loro rapporti con lo Stato sono regolati per legge sulla base di intese con le relative rappresentanze (1).

(1) *V. l. 24 giugno 1929, n. 1159, sull'esercizio dei culti ammessi nello Stato; l. 11 agosto 1984, n. 449, come modificata dalla l. 8 giugno 2009 n. 68 per le chiese rappresentate dalla Tavola Valdese; l. 22 novembre 1988, n. 516, come modificata dalla l. 8 giugno 2009 n. 67 per l'Unione italiana delle Chiese cristiane avventiste del settimo giorno; l. 22 novembre 1988, n. 517, per le Assemblee di Dio in Italia; l. 8 marzo 1989, n. 101 (e successive modif.) per l'Unione delle Comunità ebraiche in Italia; l. 12 aprile 1995, n. 116, per l'Unione Cristiana Evangelica Battista d'Italia; l. 29 novembre 1995, n. 520, per la chiesa Evangelica Luterana in Italia.*

9 [I] La Repubblica promuove lo sviluppo della cultura e la ricerca scientifica e tecnica (1).

[II] Tutela il paesaggio e il patrimonio storico e artistico della Nazione (2).

[III] Tutela l'ambiente, la biodiversità e gli ecosistemi, anche nell'interesse delle future generazioni. La legge dello Stato disciplina i modi e le forme di tutela degli animali (3).

(1) *Cfr. l. 28 marzo 1991, n. 113, recante iniziative per la diffusione della cultura scientifica nonché d.lgs. 4 giugno 2003 n. 127 sul riordino del Consiglio nazionale delle ricerche.*

(2) *Cfr. art. 1, d.lgs. 20 ottobre 1998, n. 368, recante istituzione del Ministero per i beni e le attività culturali; art. 1, l. 6 dicembre 1991, n. 394 recante legge-quadro sulle aree protette; art. 1, d.lgs. 22 gennaio 2004, n. 42 in materia di beni culturali e del paesaggio.*

(3) *Comma aggiunto dall'art. 1 l. cost. 11 febbraio 2022, n. 1, che all'art. 3 prevede che « 1. La legge dello Stato che disciplina i modi e le forme di tutela degli animali, di cui all'articolo 9 della Costituzione, come modificato dall'articolo 1 della presente legge costituzionale, si applica alle regioni a statuto speciale e alle province autonome di Trento e di Bolzano nei limiti delle competenze legislative ad esse riconosciute dai rispettivi statuti ». V. anche le modifiche apportate all'art. 41 Cost.*

10 [I] L'ordinamento giuridico italiano si conforma alle norme del diritto internazionale generalmente riconosciute.

[II] La condizione giuridica dello straniero è regolata dalla legge in conformità delle norme e dei trattati internazionali [prel. c.c. 16] (1).

[III] Lo straniero, al quale sia impedito nel suo paese l'effettivo esercizio delle libertà democratiche garantite dalla Costituzione italiana, ha diritto d'asilo nel territorio della Repubblica, secondo le condizioni stabilite dalla legge (1).

[IV] Non è ammessa l'estradizione dello straniero per reati politici [26; c.p. 13; c.p.p. 6981] (1) (2).

(1) *V. d.lgs. 25 luglio 1998, n. 286, recante t.u. delle disposizioni concernenti la disciplina dell'immigrazione e norme sulla condizione dello straniero nonché d.P.R. 31 agosto 1999, n. 394 di attuazione.*

(2) *V. però art. unico l. cost. 21 giugno 1967, n. 1, in materia di estradizione per i delitti di genocidio.*

11 [I] L'Italia ripudia la guerra come strumento di offesa alla libertà degli altri popoli e come mezzo di risoluzione delle controversie internazionali [78]; consente, in condizioni di parità con gli altri Stati, alle limitazioni di sovranità [1171] necessarie ad un ordinamento che assicuri la pace e la giustizia fra le Nazioni (1); promuove e favorisce le organizzazioni internazionali rivolte a tale scopo (2).

(1) *V. Trattato sull'Unione Europea firmato a Maastricht il 7 febbraio 1992.*

(2) *Cfr. il Trattato sulla messa al bando totale degli esperimenti nucleari adottato a New York dall'Assemblea generale dell'ONU il 10 settembre 1996 e ratificato dall'Italia con l. 15 dicembre 1998, n. 484.*

12 [I] La bandiera della Repubblica è il tricolore italiano: verde, bianco e rosso, a tre bande verticali di eguali dimensioni (1).

(1) *Sull'uso della bandiera della Repubblica italiana e di quella dell'Unione europea v. l. 5 febbraio 1998, n. 22 e relativo regolamento emanato con d.P.R. 7 aprile 2000, n. 127.*

PARTE I
Diritti e doveri dei cittadini

TITOLO I
Rapporti civili

13 [I] La libertà personale è inviolabile [c.p. 600].

[II] Non è ammessa forma alcuna di detenzione, di ispezione o perquisizione personale, né qualsiasi altra restrizione della libertà personale, se non per atto motivato dell'autorità giudiziaria e nei soli casi e modi previsti dalla legge [c.p.p. 244-245, 247-249, 272, 308; c.p.c. 118, 256, 260].

[III] In casi eccezionali di necessità ed urgenza, indicati tassativamente dalla legge, l'autorità di pubblica sicurezza può adottare provvedimenti provvisori, che devono essere comunicati entro quarantotto ore all'autorità giudiziaria e, se questa non li convalida nelle successive quarantotto ore, si intendono revocati e restano privi di ogni effetto [c.p.p. 352, 356, 357, 379-391].

[IV] È punita ogni violenza fisica e morale sulle persone comunque sottoposte a restrizioni di libertà.

[V] La legge stabilisce i limiti massimi della carcerazione preventiva [c.p.p. 297, 303-305].

14 [I] Il domicilio è inviolabile [c.p. 614-615-*bis*].

[II] Non vi si possono eseguire ispezioni o perquisizioni o sequestri, se non nei casi e modi stabiliti dalla legge secondo le garanzie prescritte per la tutela della libertà personale [c.p.p. (1) 244-246, 250-252, 316-323, 352-357; c.p.c. 670 ss.] (1).

[III] Gli accertamenti e le ispezioni per motivi di sanità e di incolumità pubblica o a fini economici e fiscali sono regolati da leggi speciali.

(1) *V. anche l. 22 maggio 1975, n. 152 e art. 3 l. 8 agosto 1977, n. 533.*

15 [I] La libertà e la segretezza della corrispondenza e di ogni altra forma di comunicazione sono inviolabili [c.p. 616-623-*bis*] (1).

[II] La loro limitazione può avvenire soltanto per atto motivato dell'autorità giudiziaria con le garanzie stabilite dalla legge [c.p.p. 266-271].

(1) *Cfr. artt. 93-95, l. 22 aprile 1941, n. 633; art. 48 l. fall.; art. 17, d.P.R. 28 dicembre 2000, n. 445. V. inoltre: l. 8 aprile 1974, n. 98 sulla tutela della riservatezza e della libertà e segretezza delle comunicazioni; artt. 10-11, d.P.R. 29 marzo 1973, n. 156 recante t.u. delle disposizioni legislative in materia postale, di bancoposta e di telecomunicazioni.*

16 [I] Ogni cittadino può circolare e soggiornare liberamente in qualsiasi parte del territorio nazionale, salvo le limitazioni che la legge stabilisce in via generale per motivi di sanità o di sicurezza [c.p. 233; c.p.p. 281, 283]. Nessuna restrizione può essere determinata da ragioni politiche [trans. XIII].

[II] Ogni cittadino è libero di uscire dal territorio della Repubblica e di rientrarvi, salvo gli obblighi di legge (1).

(1) *V. d.P.R. 18 gennaio 2002, n. 54 recante t.u. delle disposizioni legislative e regolamentari in materia di circolazione e soggiorno dei cittadini negli Stati membri dell'Unione europea.*

17 [I] I cittadini hanno diritto di riunirsi pacificamente e senz'armi (1).

[II] Per le riunioni, anche in luogo aperto al pubblico, non è richiesto preavviso.

[III] Delle riunioni in luogo pubblico deve essere dato preavviso alle autorità, che possono vietarle soltanto per comprovati motivi di sicurezza o di incolumità pubblica.

(1) *V. artt. 18-24 t.u. 18 giugno 1931, n. 733.*

18 [I] I cittadini hanno diritto di associarsi liberamente, senza autorizzazione, per fini che non sono vietati ai singoli dalla legge penale [c.c. 14 ss.] (1).

[II] Sono proibite le associazioni segrete (2) e quelle che perseguono, anche indirettamente, scopi politici mediante organizzazioni di carattere militare [c.p. 270-272] (3).

(1) *Cfr. l. 7 dicembre 2000, n. 383.*
(2) *Sulle associazioni segrete v. l. 25 gennaio 1982, n. 17.*
(3) *Sulle associazioni militari v. d.lgs. 14 febbraio 1948, n. 43.*

19 [I] Tutti hanno diritto di professare liberamente la propria fede religiosa in qualsiasi forma, individuale o associata, di farne propaganda e di esercitarne in privato o in pubblico il culto [8], purché non si tratti di riti contrari al buon costume.

20 [I] Il carattere ecclesiastico e il fine di religione o di culto d'una associazione od istituzione (1) non possono essere causa di speciali limitazioni legislative, né di speciali gravami fiscali per la sua costituzione, capacità giuridica e ogni forma di attività.

(1) *Cfr. l. 20 maggio 1985, n. 222, recante disposizioni sugli enti e beni ecclesiastici in Italia e per il sostentamento del clero cattolico in servizio nelle diocesi e relativo regolamento di esecuzione approvato con d.P.R. 13 febbraio 1987, n. 33 (e successive modif.).*

21 [I] Tutti hanno diritto di manifestare liberamente il proprio pensiero con la parola, lo scritto e ogni altro mezzo di diffusione (1).

[II] La stampa non può essere soggetta ad autorizzazioni o censure (2).

[III] Si può procedere a sequestro soltanto per atto motivato dell'autorità giudiziaria nel caso di delitti, per i quali la legge sulla stampa espressamente lo autorizzi, o nel caso di violazione delle norme che la legge stessa prescriva per l'indicazione dei responsabili.

[IV] In tali casi, quando vi sia assoluta urgenza e non sia possibile il tempestivo intervento dell'autorità giudiziaria, il sequestro della stampa periodica può essere eseguito da ufficiali di polizia giudiziaria, che devono immediatamente, e non mai oltre ventiquattro ore, fare denunzia all'autorità giudiziaria.

[V] Se questa non lo convalida nelle ventiquattro ore successive, il sequestro s'intende revocato e privo d'ogni effetto.

[VI] La legge può stabilire, con norme di carattere generale, che siano resi noti i mezzi di finanziamento della stampa periodica (3).

[VII] Sono vietate le pubblicazioni a stampa, gli spettacoli e tutte le altre manifestazioni contrarie al buon costume [c.p. 528]. La legge stabilisce provvedimenti adeguati a prevenire e a reprimere le violazioni [trans. XVIII].

(1) *Cfr. art. 1, l. 20 maggio 1970, n. 300; art. 1, d.lgs. 22 gennaio 2004, n. 28 in materia di attività cinematografiche; art. 3, l. 3 maggio 2004, n. 112 in materia di sistema radiotelevisivo.*
(2) *Sulla disciplina della stampa v. l. 8 febbraio 1948, n. 47; sul sistema radiotelevisivo pubblico e privato v. l. 6 agosto 1990, n. 223.*
(3) *V. l. 5 agosto 1981, n. 416, recante disciplina delle imprese editrici e provvidenze per l'editoria, modificata dapprima dalla l. 30 aprile 1983, n. 137, e successivamente dalla l. 10 gennaio 1985, n. 1; v. altresì l. 7 agosto 1990, n. 250.*

22 [I] Nessuno può essere privato, per motivi politici, della capacità giuridica [c.c. 1], della cittadinanza, del nome [c.c. 6].

23 [I] Nessuna prestazione personale o patrimoniale può essere imposta se non in base alla legge (1).

(1) *Ma v., in materia tributaria, art. 4 l. 27 luglio 2000, n. 212, recante disposizioni in materia di statuto dei diritti del contribuente.*

24 [I] Tutti possono agire in giudizio per la tutela dei propri diritti e interessi legittimi [c.c. 2907].

[II] La difesa è diritto inviolabile in ogni stato e grado del procedimento [c.p.p. 98].

[III] Sono assicurati ai non abbienti con appositi istituti, i mezzi per agire e difendersi davanti ad ogni giurisdizione.

[IV] La legge determina le condizioni e i modi per la riparazione degli errori giudiziari [c.p.p. 571-574-*bis*].

25 [I] Nessuno può essere distolto dal giudice naturale precostituito per legge.

[II] Nessuno può essere punito se non in forza di una legge che sia entrata in vigore prima del fatto commesso [c.p. 2] (1).

[III] Nessuno può essere sottoposto a misure di sicurezza se non nei casi previsti dalla legge [c.p. 199-240].

(1) *In materia di sanzioni amministrative cfr. art. 1, l. 24 novembre 1981, n. 689.*

26 [I] L'estradizione del cittadino può essere consentita soltanto ove sia espressamente prevista dalle convenzioni internazionali [10; c.p. 13; c.p.p. 696-713].

[II] Non può in alcun caso essere ammessa per reati politici (1).

(1) *V. però art. unico l. cost. 21 giugno 1967, n. 1, in materia di estradizione per i delitti di genocidio.*

27 [I] La responsabilità penale è personale.

[II] L'imputato non è considerato colpevole sino alla condanna definitiva [c.p.p. 648].

[III] Le pene non possono consistere in trattamenti contrari al senso di umanità e devono tendere alla rieducazione del condannato (1).

[IV] Non è ammessa la pena di morte (2).

(1) *Sull'ordinamento penitenziario v. l. 26 luglio 1975, n. 354 e successive modificazioni.*

(2) *Le parole* « se non nei casi previsti dalle leggi militari di guerra », *che figuravano alla fine del comma, sono state soppresse dall'art. 1, l. cost. 2 ottobre 2007, n. 1. V. i protocolli addizionali alla Convenzione per la salvaguardia dei diritti dell'uomo e delle libertà fondamentali n. 6 e n. 13.*

28 [I] I funzionari e i dipendenti dello Stato e degli enti pubblici sono direttamente responsabili, secondo le leggi penali, civili e amministrative, degli atti compiuti in violazione di diritti. In tali casi la responsabilità civile si estende allo Stato e agli enti pubblici.

TITOLO II
Rapporti etico-sociali

29 [I] La Repubblica riconosce i diritti della famiglia come società naturale fondata sul matrimonio.

[II] Il matrimonio è ordinato sulla eguaglianza morale e giuridica dei coniugi, con i limiti stabiliti dalla legge a garanzia dell'unità familiare [c.c. 143 ss., 159 ss.].

30 [I] È dovere e diritto dei genitori mantenere, istruire ed educare i figli, anche se nati fuori del matrimonio [c.c. 147, 261, 279].

[II] Nei casi di incapacità dei genitori, la legge provvede a che siano assolti i loro compiti [c.c. 400].

[III] La legge assicura ai figli nati fuori del matrimonio ogni tutela giuridica e sociale, compatibile con i diritti dei membri della famiglia legittima [c.c. 250 ss., 536 ss., 580, 592 ss.].

[IV] La legge detta le norme e i limiti per la ricerca della paternità [c.c. 269 ss.].

31 [I] La Repubblica agevola con misure economiche e altre provvidenze la formazione della famiglia e l'adempimento dei compiti relativi, con particolare riguardo alle famiglie numerose.

[II] Protegge la maternità [37], l'infanzia e la gioventù (1), favorendo gli istituti necessari a tale scopo.

(1) *Cfr. l. 4 maggio 1983, n. 184; l. 28 agosto 1997, n. 285 recante disposizioni per la promozione di diritti e di opportunità per l'infanzia e l'adolescenza; l. 23 dicembre 1997, n. 451 recante istituzione della Commissione parlamentare per l'infanzia e dell'Osservatorio nazionale per l'infanzia; l. 20 marzo 2003, n. 77 di ratifica ed esecuzione della Convenzione europea sull'esercizio dei diritti dei fanciulli, fatta a Strasburgo il 25 gennaio 1996 nonché d.P.R. 2 luglio 2003, recante approvazione del Piano nazionale di azione e di interventi per la tutela dei diritti e lo sviluppo dei soggetti in età evolutiva per il biennio 2002/2004, ai sensi dell'art. 2, l. n. 451/1997 cit.*

32 [I] La Repubblica tutela la salute come fondamentale diritto dell'individuo e interesse della collettività (1), e garantisce cure gratuite agli indigenti.

[II] Nessuno può essere obbligato a un determinato trattamento sanitario se non per disposizione di legge. La legge non può in nessun caso violare i limiti imposti dal rispetto della persona umana (2).

(1) *Cfr. art. 11, l. 6 dicembre 1991, n. 394 sulle aree naturali protette; art. 1, d.lgs. 2 febbraio 2001, n. 31 relativa alla qualità delle acque destinate al consumo umano; art. 1, l. 22 febbraio 2001, n. 36 sulla protezione dalle esposizioni a campi elettromagnetici; art. 51, l. 16 gennaio 2003, n. 3 sulla tutela della salute dei non fumatori; art. 1, d.lgs. 8 luglio 2003, n. 224 sulla emissione nell'ambiente di organismi geneticamente modificati (OGM); art. 1, d.lgs. 21 maggio 2004, n. 171 sui limiti di emissione di inquinanti atmosferici; d.lgs. 21 maggio 2004, n. 183 di attuazione della direttiva 2002/3/CE relativa all'ozono nell'aria.*

(2) *Cfr. art. 5, l. 20 maggio 1970, n. 300; art. 5, l. 5 giugno 1990, n. 135 in materia di AIDS.*

33 [I] L'arte e la scienza sono libere e libero ne è l'insegnamento (1).

[II] La Repubblica detta le norme generali sull'istruzione ed istituisce scuole statali per tutti gli ordini e gradi.

[III] Enti e privati hanno il diritto di istituire scuole ed istituti di educazione, senza oneri per lo Stato.

[IV] La legge, nel fissare i diritti e gli obblighi delle scuole non statali che chiedono la parità, deve assicurare ad esse piena libertà e ai loro alunni un trattamento scolastico equipollente a quello degli alunni di scuole statali.

[V] È prescritto un esame di Stato per l'ammissione ai vari ordini e gradi di scuole o per la conclusione di essi e per l'abilitazione all'esercizio professionale.

[VI] Le istituzioni di alta cultura, università ed accademie, hanno il diritto di darsi ordinamenti autonomi nei limiti stabiliti dalle leggi dello Stato.

(1) *Cfr. art. 1, d.lgs. 22 gennaio 2004, n. 28.*

34 [I] La scuola è aperta a tutti.

[II] L'istruzione inferiore, impartita per almeno otto anni, è obbligatoria e gratuita (1).

[III] I capaci e meritevoli, anche se privi di mezzi, hanno diritto di raggiungere i gradi più alti degli studi.

[IV] La Repubblica rende effettivo questo diritto con borse di studio, assegni alle famiglie ed altre provvidenze, che devono essere attribuite per concorso.

(1) *Ma v. d.lgs. 15 aprile 2005, n. 76, recante definizione delle norme generali sul diritto-dovere all'istruzione e alla formazione, il cui art. 12, così dispone: « L'obbligo scolastico di cui all'art. 34 della Costituzione, nonché l'obbligo formativo, introdotto dall'art. 68 della legge 17 maggio 1999, n. 144, e successive modificazioni, sono ridefiniti e ampliati, secondo quanto previsto dal presente articolo, come diritto all'istruzione e formazione e correlativo dovere ».*

TITOLO III
Rapporti economici

35 [I] La Repubblica tutela il lavoro in tutte le sue forme ed applicazioni [c.c. 2060].

[II] Cura la formazione e l'elevazione professionale dei lavoratori (1).

[III] Promuove e favorisce gli accordi e le organizzazioni internazionali intesi ad affermare e regolare i diritti del lavoro (2).

[IV] Riconosce la libertà di emigrazione, salvo gli obblighi stabiliti dalla legge nell'interesse generale, e tutela il lavoro italiano all'estero (3).

(1) *V. l. 21 dicembre 1978, n. 845, sulla formazione professionale.*
(2) *V. l. 30 luglio 1990, n. 212, recante delega al Governo per l'attuazione di direttive delle Comunità europee, in materia di sanità e protezione dei lavoratori.*
(3) *V. art. 48 Trattato CE; v. altresì l. 6 novembre 1989, n. 368, recante istituzione del Consiglio generale degli italiani all'estero e relativo regolamento di attuazione (d.P.R. 29 novembre 1990, n. 434), nonché l. 5 luglio 1990, n. 172 e relativo regolamento di attuazione (d.P.R. 8 marzo 1991, n. 86).*

36 [I] Il lavoratore ha diritto ad una retribuzione proporzionata alla quantità e qualità del suo lavoro e in ogni caso sufficiente ad assicurare a sé e alla famiglia un'esistenza libera e dignitosa [c.c. 2099 ss.] (1).

[II] La durata massima della giornata lavorativa è stabilita dalla legge [c.c. 2107 ss.].

[III] Il lavoratore ha diritto al riposo settimanale e a ferie annuali retribuite, e non può rinunziarvi [c.c. 2109].

(1) *V. l. 14 luglio 1959, n. 741, sui minimi di trattamento economico e normativo ai lavoratori.*

37 [I] La donna lavoratrice ha gli stessi diritti e, a parità di lavoro, le stesse retribuzioni che spettano al lavoratore (1). Le condizioni di lavoro devono consentire l'adempimento della sua essenziale funzione familiare e assicurare alla madre e al bambino una speciale adeguata protezione (2).

[II] La legge stabilisce il limite minimo di età per il lavoro salariato (3).

[III] La Repubblica tutela il lavoro dei minori con speciali norme e garantisce ad essi, a parità di lavoro, il diritto alla parità di retribuzione (3).

(1) *In materia di pari opportunità tra uomo e donna nel lavoro v. d.lgs. 11 aprile 2006, n. 198.*
(2) *V. d.lgs. 26 marzo 2001, n. 151.*
(3) *V. l. 17 ottobre 1967, n. 977 (e succ. modif.) in tema di tutela del lavoro dei bambini e degli adolescenti.*

38 [I] Ogni cittadino inabile al lavoro e sprovvisto dei mezzi necessari per vivere ha diritto al mantenimento e all'assistenza sociale (1).

[II] I lavoratori hanno diritto che siano preveduti ed assicurati mezzi adeguati alle loro esigenze di vita in caso di infortunio, malattia, invalidità e vecchiaia, disoccupazione involontaria [c.c. 2110] (2).

[III] Gli inabili ed i minorati hanno diritto all'educazione e all'avviamento professionale (3).

[IV] Ai compiti previsti in questo articolo provvedono organi ed istituti predisposti o integrati dallo Stato (1).

[V] L'assistenza privata è libera.

(1) *Cfr. l. 5 febbraio 1992, n. 104 recante legge-quadro per l'assistenza, l'integrazione sociale e i diritti delle persone handicappate; l. 8 novembre 2000, n. 328, recante legge-quadro per la realizzazione del sistema integrato di interventi e servizi sociali; l. 30 marzo 2001, n. 152 recante nuova disciplina degli istituti di patronato e di assistenza sociale.*
(2) *Cfr. l. 8 agosto 1995, n. 335 recante riforma del sistema pensionistico obbligatorio e complementare.*
(3) *Cfr., in materia di lavoro dei disabili, l. 12 marzo 1999, n. 68, d.P.R. 10 ottobre 2000, n. 333 nonché d.P.C.M. 13 gennaio 2000.*

39 [I] L'organizzazione sindacale è libera (1).

[II] Ai sindacati non può essere imposto altro obbligo se non la loro registrazione presso uffici locali o centrali, secondo le norme di legge.

[III] È condizione per la registrazione che gli statuti dei sindacati sanciscano un ordinamento interno a base democratica.

[IV] I sindacati registrati hanno personalità giuridica. Possono, rappresentati unitariamente in proporzione dei loro iscritti, stipulare contratti collettivi di lavoro con efficacia obbligatoria per tutti gli appartenenti alle categorie alle quali il contratto si riferisce.

(1) *V. artt. 14-18 l. 20 maggio 1970, n. 300.*

40 [I] Il diritto di sciopero si esercita nell'ambito delle leggi che lo regolano [c.p. 503-512] (1).

(1) *V. artt. 15 e 28 l. 20 maggio 1970, n. 300. Sull'esercizio del diritto di sciopero nei servizi pubblici essenziali, v. l. 12 giugno 1990, n. 146.*

41 [I] L'iniziativa economica privata è libera [c.c. 1322, 2082 ss.].

[II] Non può svolgersi in contrasto con l'utilità sociale o in modo da recare danno alla salute, all'ambiente, (1) alla sicurezza, alla libertà, alla dignità umana [c.c. 2087] (2).

[III] La legge determina i programmi e i controlli opportuni perché l'attività economica pubblica e privata possa essere indirizzata e coordinata a fini sociali e ambientali (3).

(1) *Le parole* « alla salute, all'ambiente, » *sono state inserite dall'art. 2, comma 1, lett.* a) *l. cost. 11 febbraio 2022, n. 1.*
(2) *Cfr. art. 1, l. 11 agosto 2003, n. 218.*
(3) *Le parole* « e ambientali » *sono state aggiunte dall'art. 2, comma 1, lett.* b) *l. cost. n. 1, cit. V. anche le modifiche apportate all'art. 9 Cost.*

42 [I] La proprietà è pubblica o privata.

[II] I beni economici appartengono allo Stato, ad enti o a privati [c.c. 822 ss.; st. V. d'A. 5 ss.; st. T.-A.A. 57 ss.; st. Sic. 32 ss.; st. Sar. 7 ss.; st. F.-V.G. 48 ss.].

[III] La proprietà privata è riconosciuta e garantita dalla legge, che ne determina i modi di acquisto, di godimento e i limiti allo scopo di assicurarne la funzione sociale [c.c. 832] e di renderla accessibile a tutti.

[IV] La proprietà privata può essere, nei casi preveduti dalla legge, e salvo indennizzo, espropriata per motivi d'interesse generale [c.c. 834] (1).

[V] La legge stabilisce le norme ed i limiti della successione legittima e testamentaria e i diritti dello Stato sulle eredità [c.c. 456].

(1) *V. d.P.R. 8 giugno 2001, n. 327.*

43 [I] A fini di utilità generale la legge può riservare originariamente o trasferire, mediante espropriazione e salvo indennizzo, allo Stato, ad enti pubblici o a comunità di lavoratori o di utenti determinate imprese o categorie di imprese, che si riferiscano a servizi pubblici essenziali o a fonti di energia o a situazioni di monopolio ed abbiano carattere di preminente interesse generale.

44 [I] Al fine di conseguire il razionale sfruttamento del suolo e di stabilire equi rapporti sociali, la legge impone obblighi e vincoli alla proprietà terriera privata (1) [c.c. 846 ss.], fissa limiti alla sua estensione secondo le regioni e le zone agrarie (2), promuove ed impone la bonifica delle terre [c.c. 857], la trasformazione del latifondo e la ricostituzione delle unità produttive; aiuta la piccola e la media proprietà (3).

[II] La legge dispone provvedimenti a favore delle zone montane (4).

(1) *V. l. 15 settembre 1964, n. 756; l. 11 febbraio 1971, n. 11, sull'affitto di fondi rustici; l. 3 maggio 1982, n. 203.*

(2) *V. l. 2 gennaio 1940, n. 1, modificata dalla l. 15 aprile 1942, n. 515; l. 29 maggio 1967, n. 379.*

(3) *V. l. 26 maggio 1965, n. 590, sullo sviluppo della proprietà coltivatrice.*

(4) *Cfr. art. 1, l. 3 dicembre 1971, n. 1102 nonché art. 11, l. 31 gennaio 1994, n. 97 sulla salvaguardia e valorizzazione delle zone montane.*

45 [I] La Repubblica riconosce la funzione sociale della cooperazione a carattere di mutualità e senza fini di speculazione privata. La legge ne promuove e favorisce l'incremento con i mezzi più idonei e ne assicura, con gli opportuni controlli, il carattere e le finalità [c.c. 2511 ss.] (1).

[II] La legge provvede alla tutela e allo sviluppo dell'artigianato (2).

(1) *V. d.lgs.C.P.S. 14 dicembre 1947, n. 1577; 17 febbraio 1971, n. 127.*

(2) *V. per la disciplina giuridica delle imprese artigiane, l. 25 luglio 1956, n. 860; l. 11 maggio 1970, n. 307; l. 8 agosto 1985, n. 443, legge-quadro per l'artigianato.*

46 [I] Ai fini della elevazione economica e sociale del lavoro e in armonia con le esigenze della produzione, la Repubblica riconosce il diritto dei lavoratori a collaborare, nei modi e nei limiti stabiliti dalle leggi, alla gestione delle aziende.

47 [I] La Repubblica incoraggia e tutela il risparmio in tutte le sue forme; disciplina, coordina e controlla l'esercizio del credito (1).

[II] Favorisce l'accesso del risparmio popolare alla proprietà dell'abitazione (2), alla proprietà diretta coltivatrice e al diretto e indiretto investimento azionario nei grandi complessi produttivi del Paese.

(1) *V. r.d.l. 17 luglio 1937, n. 1400, conv. con modif. in l. 7 aprile 1938, n. 636.*

(2) *V. l. 8 agosto 1977, n. 513, sulla edilizia residenziale pubblica; l. 5 agosto 1978, n. 457, recante norme per l'edilizia residenziale.*

TITOLO IV

Rapporti politici

48 [I] Sono elettori tutti i cittadini, uomini e donne, che hanno raggiunto la maggiore età (1).

[II] Il voto è personale ed eguale, libero e segreto. Il suo esercizio è dovere civico.

[III] La legge stabilisce requisiti e modalità per l'esercizio del diritto di voto dei cittadini residenti all'estero (2) e ne assicura l'effettività. A tal fine è istituita una circoscrizione Estero per l'elezione delle Camere, alla quale sono assegnati seggi nel numero stabilito da norma costituzionale e secondo criteri determinati dalla legge (3).

[IV] Il diritto di voto non può essere limitato se non per incapacità civile o per effetto di sentenza penale irrevocabile [c.p.p. 6481-2] o nei casi di indegnità morale indicati dalla legge [XII] (4).

(1) *V. d.P.R. 20 marzo 1967, n. 223, modificato dagli artt. 14 ss. l. 8 marzo 1975 n. 89.*

(2) *V. l. 27 dicembre 2001, n. 459 recante norme per l'esercizio del diritto di voto dei cittadini italiani residenti all'estero e relativo reg. di attuazione emanato con d.P.R. 2 aprile 2003, n. 104 (G.U. 13 maggio 2003, n. 109).*

(3) *Comma così inserito dalla l. cost. 17 gennaio 2000, n. 1.*

(4) *Cfr. art. 2 l. 27 ottobre 1947, n. 1058; art. 97 d.P.R. 5 aprile 1951, n. 203; v. altresì l. 15 gennaio 1991, n. 15, recante norme intese a favorire la votazione degli elettori non deambulanti.*

Il ***testo di legge costituzionale****, di cui sub nota 1 in Epigrafe, non approvato all'esito del referendum del 4 dicembre 2016, al terzo comma, aveva sostituito le parole: « delle Camere » con le seguenti: « della Camera dei deputati ».*

49 [I] Tutti i cittadini hanno diritto di associarsi liberamente in partiti per concorrere con metodo democratico a determinare la politica nazionale (1) (2).

(1) *V. sul finanziamento dei partiti politici l. 2 maggio 1974, n. 195, modificata dalla l. 16 gennaio 1978, n. 11, ed ora parzialmente abrogata a seguito di referendum indetto con d.P.R. 25 febbraio 1993; l. 18 novembre 1981, n. 659; l. 27 gennaio 1982, n. 22; l. 3 giugno 1999, n. 157.*

(2) *Per le disposizioni in materia di parità di accesso ai mezzi di informazione durante le campagne elettorali e referendarie e di comunicazione politica v. l. 22 febbraio 2000, n. 28.*

50 [I] Tutti i cittadini possono rivolgere petizioni alle Camere per chiedere provvedimenti legislativi o esporre comuni necessità.

51 [I] Tutti i cittadini dell'uno o dell'altro sesso possono accedere agli uffici pubblici e alle cariche elettive in condizioni di eguaglianza, secondo i requisiti stabiliti dalla legge [97; XIII]. A tale fine la Repubblica promuove con appositi provvedimenti le pari opportunità tra donne e uomini (1).

[II] La legge può, per l'ammissione ai pubblici uffici e alle cariche elettive, parificare ai cittadini gli italiani non appartenenti alla Repubblica.

[III] Chi è chiamato a funzioni pubbliche elettive ha diritto di disporre del tempo necessario al loro adempimento e di conservare il suo posto di lavoro (2).

(1) *Periodo così aggiunto dall'art. unico l. cost. 30 maggio 2003, n. 1 (G.U. 12 giugno 2003, n. 134) recante modifica dell'art. 51 della Costituzione.*

(2) *Cfr. artt. 31 e 32, l. 20 maggio 1970, n. 300.*

52 [I] La difesa della Patria è sacro dovere del cittadino.

[II] Il servizio militare è obbligatorio nei limiti e modi stabiliti dalla legge (1). Il suo adempimento non pregiudica la posizione di lavoro del cittadino, né l'esercizio dei diritti politici (2).

[III] L'ordinamento delle Forze armate si informa allo spirito democratico della Repubblica.

(1) *Sulla leva e il reclutamento obbligatorio nell'Esercito, nella Marina e nell'Aeronautica v. d.P.R. 14 febbraio 1964, n. 237 (e succ. modif.). Per l'istituzione del servizio militare professionale v. l. 14 novembre 2000, n. 331 nonché d.lgs. 8 maggio 2001, n. 215 (da ultimo modif. dal d.lgs. 31 luglio 2003, n. 236). Sulla obiezione di coscienza v. l. 8 luglio 1998, n. 230; in materia di servizio civile alternativo al servizio militare obbligatorio v. infine l. 6 marzo 2001, n. 64 e d.lgs. 5 aprile 2002, n. 77.*

(2) *Cfr. art. 31 l. 20 maggio 1970, n. 300.*

53 [I] Tutti sono tenuti a concorrere alle spese pubbliche in ragione della loro capacità contributiva.

[II] Il sistema tributario è informato a criteri di progressività (1).

(1) *In materia di princìpi generali dell'ordinamento tributario v. anche l. 27 luglio 2000, n. 212, recante disposizioni in materia di statuto dei diritti del contribuente.*

54 [I] Tutti i cittadini hanno il dovere di essere fedeli alla Repubblica e di osservarne la Costituzione e le leggi.

[II] I cittadini cui sono affidate funzioni pubbliche hanno il dovere di adempierle con disciplina ed onore, prestando giuramento nei casi stabiliti dalla legge.

PARTE II
Ordinamento della Repubblica

TITOLO I
Il Parlamento

SEZIONE I
Le Camere

55 (1) [I] Il Parlamento si compone della Camera dei deputati [56, 60] e del Senato della Repubblica [57-60].

[II] Il Parlamento si riunisce in seduta comune dei membri delle due Camere nei soli casi stabiliti dalla Costituzione [83, 90, 96, 104, 135].

(1) *Il testo di legge costituzionale, di cui* sub *nota 1 in Epigrafe, non approvato all'esito del referendum del 4 dicembre 2016, disponeva la sostituzione del presente articolo con il seguente: « Art. 55. – Il Parlamento si compone della Camera dei deputati e del Senato della Repubblica. Le leggi che stabiliscono le modalità di elezione delle Camere promuovono l'equilibrio tra donne e uomini nella rappresentanza. Ciascun membro della Camera dei deputati rappresenta la Nazione. La Camera dei deputati è titolare del rapporto di fiducia con il Governo ed esercita la funzione di indirizzo politico, la funzione legislativa e quella di controllo dell'operato del Governo. Il Senato della Repubblica rappresenta le istituzioni territoriali ed esercita funzioni di raccordo tra lo Stato e gli altri enti costitutivi della Repubblica. Concorre all'esercizio della funzione legislativa nei casi e secondo le modalità stabiliti dalla Costituzione, nonché all'esercizio delle funzioni di raccordo tra lo Stato, gli altri enti costitutivi della Repubblica e l'Unione europea. Partecipa alle decisioni dirette alla formazione e all'attuazione degli atti normativi e delle politiche dell'Unione europea. Valuta le politiche pubbliche e l'attività delle pubbliche amministrazioni e verifica l'impatto delle politiche dell'Unione europea sui territori. Concorre ad esprimere pareri sulle nomine di competenza del Governo nei casi previsti dalla legge e a verificare l'attuazione delle leggi dello Stato. Il Parlamento si riunisce in seduta comune dei membri delle due Camere nei soli casi stabiliti dalla Costituzione ».*

56 [I] (1) La Camera dei deputati è eletta a suffragio universale e diretto (2).

[II] Il numero dei deputati è di quattrocento, otto dei quali eletti nella circoscrizione Estero (3).

[III] Sono eleggibili a deputati tutti gli elettori che nel giorno delle elezioni hanno compiuto i venticinque anni di età.

[IV] La ripartizione dei seggi tra le circoscrizioni, fatto salvo il numero dei seggi assegnati alla circoscrizione Estero, si effettua dividendo il numero degli abitanti della Repubblica, quale risulta dall'ultimo censimento generale della popolazione, per trecentonovantadue e distribuendo i seggi in proporzione alla popolazione di ogni circoscrizione, sulla base dei quozienti interi e dei più alti resti (4).

(1) *Articolo così sostituito dall'art. 1, l. cost. 9 febbraio 1963, n. 2.*

(2) *Sulle norme per l'elezione della Camera dei deputati v. d.P.R. 30 marzo 1957, n. 361 (e successive modif.) nonché, da ultimo, l. 21 dicembre 2005, n. 270.*

(3) *Comma così sostituito dall'art. 11 l. cost. 23 gennaio 2001, n. 1. Successivamente, il presente comma è stato così modificato dall'art. 1, comma 1, lett.* a), *l. cost. 19 ottobre 2020, n. 1, a decorrere dal 5 novembre 2020.*

Il testo in vigore prima della modifica disposta dalla citata l. cost. n. 1/2020 era il seguente: « Il numero dei deputati è di seicentotrenta, dodici dei quali eletti nella circoscrizione Estero ».

Il testo in vigore prima della sostituzione disposta dalla citata l. cost. n. 1/2001 era il seguente: « Il numero dei deputati è di seicentotrenta ».

Ai sensi dell'art. 4 della stessa l. cost. n. 1/2020: « Le disposizioni di cui agli articoli 56 e 57 della Costituzione, come modificati dagli articoli 1 e 2 della presente legge costituzionale, si applicano a decorrere dalla data del primo scioglimento o della prima cessazione delle Camere successiva alla data di entrata in vigore della presente legge costituzionale e comunque non prima che siano decorsi sessanta giorni dalla predetta data di entrata in vigore ».

(4) *Comma già modificato dall'art. 1, comma 2, l. cost. n. 1/2001, cit. Successivamente, il presente comma è stato così modificato dall'art. 1, comma 1, lett.* b), *l. cost. 19 ottobre 2020, n. 1, a decorrere dal 5 novembre 2020.*

Il testo in vigore prima della modifica disposta dalla citata l. cost. n. 1/2020 era il seguente: « La ripartizione dei seggi tra le circoscrizioni, fatto salvo il numero dei seggi assegnati alla circoscrizione Estero, si effettua dividendo il numero degli abitanti della Repubblica, quale risulta dall'ultimo censimento generale della popolazione, per seicentodiciotto e distribuendo i seggi in proporzione alla popolazione di ogni circoscrizione, sulla base dei quozienti interi e dei più alti resti ».

Il testo in vigore prima della modifica disposta dalla citata l. cost. n. 1/2001 era il seguente: « La ripartizione dei seggi tra le circoscrizioni si effettua dividendo il numero degli abitanti della Repubblica, quale risulta dall'ultimo censimento generale della popolazione, per seicentotrenta e distribuendo i seggi in proporzione alla popolazione di ogni circoscrizione, sulla base dei quozienti interi e dei più alti resti ».

Ai sensi dell'art. 4 della stessa l. cost. n. 1/2020: « Le disposizioni di cui agli articoli 56 e 57 della Costituzione, come modificati dagli articoli 1 e 2 della presente legge costituzionale, si applicano a decorrere dalla data del primo scioglimento o della prima cessazione delle Camere successiva alla data di entrata in vigore della presente legge costituzionale e comunque non prima che siano decorsi sessanta giorni dalla predetta data di entrata in vigore ».

57 [I] (1) Il Senato della Repubblica è eletto a base regionale (2), salvi i seggi assegnati alla circoscrizione Estero (3).

[II] Il numero dei senatori elettivi è di duecento, quattro dei quali eletti nella circoscrizione Estero (4).

[III] Nessuna regione può avere un numero di senatori inferiore a tre; il Molise ne ha due [IV trans. e fin.], la Valle d'Aosta uno (5).

[IV] La ripartizione dei seggi tra le Regioni o le Province autonome, previa applicazione delle disposizioni del precedente comma, si effettua in proporzione alla loro popolazione, quale risulta dall'ultimo censimento generale, sulla base dei quozienti interi e dei più alti resti (6).

(1) *Articolo così risultante in seguito alla sostituzione operata dall'art. 2 l. cost. 9 febbraio 1963, n. 2, e alla successiva modificazione apportata dall'art. 2 l. cost. 27 dicembre 1963, n. 3.*

(2) *Sulle norme per l'elezione del Senato della Repubblica v. d.lgs 20 dicembre 1993, n. 533 (e successive modif.) nonché, da ultimo, l. 21 dicembre 2005, n. 270.*

(3) *Comma così sostituito dall'art. 2, comma 1, l. cost. 23 gennaio 2001, n. 1.*

(4) *Comma dapprima sostituito dall'art. 2, comma 2, l. cost. n. 1/2001, cit. e successivamente così modificato dall'art. 2, comma 1, lett.* a), *l. cost. 19 ottobre 2020, n. 1, a decorrere dal 5 novembre 2020; tale*

disposizione si applica, ai sensi di quanto disposto dall'art. 4, comma 1, della medesima l. cost. n. 1/2020, a decorrere dalla data del primo scioglimento o della prima cessazione delle Camere successiva alla data di entrata in vigore della suddetta l. cost. n. 1/2020 e comunque non prima che siano decorsi sessanta giorni dalla predetta data di entrata in vigore.

Il testo in vigore prima della modifica disposta dalla citata l. cost. n. 1/2020 era il seguente: « Il numero dei senatori elettivi è di trecentoquindici, sei dei quali eletti nella circoscrizione Estero ».

Il testo in vigore prima della sostituzione disposta dalla citata l. cost. n. 1/2001 era il seguente: « Il numero dei senatori elettivi è di trecentoquindici ».

(5) *Comma così modificato dall'art. 2, comma 1, lett.* b), *l. cost. 19 ottobre 2020, n. 1, a decorrere dal 5 novembre 2020; tale disposizione si applica, ai sensi di quanto disposto dall'art. 4, comma 1, della medesima l. cost. n. 1/2020, a decorrere dalla data del primo scioglimento o della prima cessazione delle Camere successiva alla data di entrata in vigore della suddetta l. cost. n. 1/2020 e comunque non prima che siano decorsi sessanta giorni dalla predetta data di entrata in vigore.*

Il testo precedentemente in vigore era il seguente: « Nessuna Regione può avere un numero di senatori inferiore a sette; il Molise ne ha due, la Valle d'Aosta uno ».

(6) *Comma modificato dall'art. 2, comma 3, l. cost. n. 1/2001, cit.; vedi, anche, le disposizioni transitorie di cui all'art. 3 della medesima l. cost. n. 1/2001.*

Successivamente, il presente comma è stato così sostituito dall'art. 2, comma 1, lett. c), *l. cost. 19 ottobre 2020, n. 1, a decorrere dal 5 novembre 2020; tale disposizione si applica, ai sensi di quanto disposto dall'art. 4, comma 1, della medesima l. cost. n. 1/2020, a decorrere dalla data del primo scioglimento o della prima cessazione delle Camere successiva alla data di entrata in vigore della suddetta l. cost. n. 1/2020 e comunque non prima che siano decorsi sessanta giorni dalla predetta data di entrata in vigore.*

Il testo in vigore prima della sostituzione disposta dalla citata l. cost. n. 1/2020 era il seguente: « La ripartizione dei seggi fra le Regioni, fatto salvo il numero dei seggi assegnati alla circoscrizione Estero, previa applicazione delle disposizioni del precedente comma, si effettua in proporzione alla popolazione delle Regioni, quale risulta dall'ultimo censimento generale, sulla base dei quozienti interi e dei resti più alti ».

Il testo in vigore prima della modifica disposta dalla citata l. cost. n. 1/2001 *era il seguente: « La ripartizione dei seggi fra le Regioni, previa applicazione delle disposizioni del precedente comma, si effettua in proporzione alla popolazione delle Regioni, quale risulta dall'ultimo censimento generale, sulla base dei quozienti interi e dei resti più alti ».*

In precedenza il testo di legge costituzionale, di cui sub nota 1 in Epigrafe, non approvato all'esito del referendum del 4 dicembre 2016, disponeva la sostituzione del presente articolo con il seguente: « Art. 57. – Il Senato della Repubblica è composto da novantacinque senatori rappresentativi delle istituzioni territoriali e da cinque senatori che possono essere nominati dal Presidente della Repubblica. I Consigli regionali e i Consigli delle Province autonome di Trento e di Bolzano eleggono, con metodo proporzionale, i senatori tra i propri componenti e, nella misura di uno per ciascuno, tra i sindaci dei Comuni dei rispettivi territori. Nessuna Regione può avere un numero di senatori inferiore a due; ciascuna delle Province autonome di Trento e di Bolzano ne ha due. La ripartizione dei seggi tra le Regioni si effettua, previa applicazione delle disposizioni del precedente comma, in proporzione alla loro popolazione, quale risulta dall'ultimo censimento generale, sulla base dei quozienti interi e dei più alti resti. La durata del mandato dei senatori coincide con quella degli organi delle istituzioni territoriali dai quali sono stati eletti, in conformità alle scelte espresse dagli elettori per i candidati consiglieri in occasione del rinnovo dei medesimi organi, secondo le modalità stabilite dalla legge di cui al sesto comma. Con legge approvata da entrambe le Camere sono regolate le modalità di attribuzione dei seggi e di elezione dei membri del Senato della Repubblica tra i consiglieri e i sindaci, nonché quelle per la loro sostituzione, in caso di cessazione dalla carica elettiva regionale o locale. I seggi sono attribuiti in ragione dei voti espressi e della composizione di ciascun Consiglio ».

58 **[I]** I senatori sono eletti a suffragio universale e diretto (1).

[II] Sono eleggibili a senatori gli elettori che hanno compiuto il quarantesimo anno (2).

(1) *Comma così modificato dall'art. 1 l. cost. 18 ottobre 2021, n. 1, che ha soppresso le parole « dagli elettori che hanno superato il venticinquesimo anno di età » che seguivano la parola « diretto ».*

(2) *V. l. 6 febbraio 1948, n. 29.*

Il testo di legge costituzionale, di cui sub nota 1 in Epigrafe, disponeva l'abrogazione di questo articolo.

59 **[I]** È senatore di diritto e a vita salvo rinunzia, chi è stato Presidente della Repubblica [83 ss.].

[II] Il Presidente della Repubblica può nominare senatori a vita cittadini che hanno illustrato la Patria per altissimi meriti nel campo sociale, scientifico, artistico e letterario. Il numero complessivo dei senatori in carica nominati dal Presidente della Repubblica non può in alcun caso essere superiore a cinque (1).

(1) *Comma così sostituito dall'art. 3, comma 1, l. cost. 19 ottobre 2020, n. 1, a decorrere dal 5 novembre 2020.*

Il testo precedentemente in vigore era il seguente: « Il Presidente della Repubblica può nominare senatori a vita cinque cittadini che hanno illustrato la Patria per altissimi meriti nel campo sociale, scientifico, artistico e letterario ».

In precedenza il testo di legge costituzionale, di cui sub nota 1 in Epigrafe, non approvato all'esito del referendum del 4 dicembre 2016, così disponeva: « Il Presidente della Repubblica può nominare senatori cittadini che hanno illustrato la Patria per altissimi meriti nel campo sociale, scientifico, artistico e letterario. Tali senatori durano in carica sette anni e non possono essere nuovamente nominati ».

60 **[I]** (1) La Camera dei deputati e il Senato della Repubblica sono eletti per cinque anni.

[II] La durata di ciascuna Camera non può essere prorogata se non per legge e soltanto in caso di guerra.

(1) *Articolo così sostituito dall'art. 3 l. cost. 9 febbraio 1963, n. 2.*

Il testo di legge costituzionale, di cui sub nota 1 in Epigrafe, non approvato all'esito del referendum del 4 dicembre 2016, così disponeva « Art. 60. – La Camera dei deputati è eletta per cinque anni. La durata della Camera dei deputati non può essere prorogata se non per legge e soltanto in caso di guerra ».

61 **[I]** Le elezioni delle nuove Camere [873] hanno luogo entro settanta giorni dalla fine delle precedenti. La prima riunione ha luogo non oltre il ventesimo giorno dalle elezioni.

[II] Finché non siano riunite le nuove Camere sono prorogati i poteri delle precedenti.

Il testo di legge costituzionale, di cui sub nota 1 in Epigrafe, non approvato all'esito del referendum del 4 dicembre 2016, così disponeva: « Art. 61. – L'elezione della nuova Camera dei deputati ha luogo entro settanta giorni dalla fine della precedente. La prima riunione ha luogo non oltre il ventesimo giorno dall'elezione. Finché non sia riunita la nuova Camera dei deputati sono prorogati i poteri della precedente ».

62 **[I]** Le Camere si riuniscono di diritto il primo giorno non festivo di febbraio e di ottobre.

[II] Ciascuna Camera può essere convocata in via straordinaria per iniziativa del suo Presidente o del Presidente della Repubblica o di un terzo dei suoi componenti.

[III] Quando si riunisce in via straordinaria una Camera è convocata di diritto anche l'altra.

Il testo di legge costituzionale, di cui sub nota 1 in Epigrafe, non approvato all'esito del referendum del 4 dicembre 2016, disponeva l'abrogazione del terzo comma di questo articolo.

63 **[I]** Ciascuna Camera elegge fra i suoi componenti il Presidente e l'Ufficio di presidenza.

[II] Quando il Parlamento si riunisce in seduta comune, il Presidente e l'Ufficio di presidenza sono quelli della Camera dei deputati.

Il testo di legge costituzionale, di cui sub nota 1 in Epigrafe, non approvato all'esito del referendum del 4 dicembre 2016, dopo il primo comma, disponeva l'inserimento del seguente: « Il regolamento stabilisce in quali casi l'elezione o la nomina alle cariche negli organi del Senato della Repubblica possono essere limitate in ragione dell'esercizio di funzioni di governo regionali o locali ».

64 [I] Ciascuna Camera adotta il proprio regolamento [72] a maggioranza assoluta dei suoi componenti.

[II] Le sedute sono pubbliche; tuttavia ciascuna delle due Camere e il Parlamento a Camere riunite possono deliberare di adunarsi in seduta segreta.

[III] Le deliberazioni di ciascuna Camera e del Parlamento non sono valide se non è presente la maggioranza dei loro componenti, e se non sono adottate a maggioranza dei presenti, salvo che la Costituzione prescriva una maggioranza speciale.

[IV] I membri del governo, anche se non fanno parte delle Camere, hanno diritto, e se richiesti obbligo, di assistere alle sedute. Devono essere sentiti ogni volta che lo richiedono.

Il testo di legge costituzionale, di cui sub *nota 1 in Epigrafe, non approvato all'esito del referendum del 4 dicembre 2016, disponeva le seguenti modificazioni:* a) *dopo il primo comma l'inserimento del seguente: « I regolamenti delle Camere garantiscono i diritti delle minoranze parlamentari. Il regolamento della Camera dei deputati disciplina lo statuto delle opposizioni »;* b) *la sostituzione dl quarto comma con il seguente: « I membri del Governo hanno diritto, e se richiesti obbligo, di assistere alle sedute delle Camere. Devono essere sentiti ogni volta che lo richiedono »;* c) *l'aggiunta, in fine, del seguente comma: « I membri del Parlamento hanno il dovere di partecipare alle sedute dell'Assemblea e ai lavori delle Commissioni ».*

65 [I] La legge determina i casi di ineleggibilità e di incompatibilità con l'ufficio di deputato o di senatore [66].

[II] Nessuno può appartenere contemporaneamente alle due Camere.

66 [I] Ciascuna Camera giudica dei titoli di ammissione dei suoi componenti e delle cause sopraggiunte di ineleggibilità e di incompatibilità [56, 58, 65].

Il testo di legge costituzionale, di cui sub *nota 1 in Epigrafe, non approvato all'esito del referendum del 4 dicembre 2016, aveva aggiunto, in fine, il seguente comma: « Il Senato della Repubblica prende atto della cessazione dalla carica elettiva regionale o locale e della conseguente decadenza da senatore ».*

67 [I] Ogni membro del Parlamento rappresenta la Nazione ed esercita le sue funzioni senza vincolo di mandato.

Il testo di legge costituzionale, di cui sub *nota 1 in Epigrafe, non approvato all'esito del referendum del 4 dicembre 2016, disponeva la sostituzione del presente articolo con il seguente: « Art. 67. – I membri del Parlamento esercitano le loro funzioni senza vincolo di mandato ».*

68 [I] (1) I membri del Parlamento non possono essere chiamati a rispondere delle opinioni espresse e dei voti dati nell'esercizio delle loro funzioni.

[II] Senza autorizzazione della Camera alla quale appartiene, nessun membro del Parlamento può essere sottoposto a perquisizione personale o domiciliare [14], né può essere arrestato o altrimenti privato della libertà personale [13], o mantenuto in detenzione, salvo che in esecuzione di una sentenza irrevocabile di condanna [c.p.p. 4422, 5331, 605, 6481-2], ovvero se sia colto nell'atto di commettere un delitto per il quale è previsto l'arresto obbligatorio in flagranza [c.p.p. 380].

[III] Analoga autorizzazione è richiesta per sottoporre i membri del Parlamento ad intercettazioni, in qualsiasi forma, di conversazioni o comunicazioni [c.p.p. 266-271, 2953-*bis*; coord. c.p.p. 226] e a sequestro di corrispondenza [c.p.p. 254].

(1) *Articolo così sostituito dell'art. 1, l. cost. 29 ottobre 1993, n. 3. V. inoltre art. 3 l. 20 giugno 2003, n. 140, recante disposizioni per l'attuazione dell'art. 68 della Costituzione nonché in materia di processi penali nei confronti delle alte cariche dello Stato.*

69 [I] I membri del Parlamento ricevono una indennità stabilita dalla legge.

Il testo di legge costituzionale, di cui sub *nota 1 in Epigrafe, non approvato all'esito del referendum del 4 dicembre 2016, disponeva la sostituzione delle parole: « del Parlamento » con le seguenti: « della Camera dei deputati ».*

SEZIONE II
La formazione delle leggi

70 [I] La funzione legislativa è esercitata collettivamente dalle due Camere [55 ss., 71, 76 ss.].

Il testo di legge costituzionale, di cui sub *nota 1 in Epigrafe, non approvato all'esito del referendum del 4 dicembre 2016, disponeva la sostituzione del presente articolo con il seguente: « Art. 70. – La funzione legislativa è esercitata collettivamente dalle due Camere per le leggi di revisione della Costituzione e le altre leggi costituzionali, e soltanto per le leggi di attuazione delle disposizioni costituzionali concernenti la tutela delle minoranze linguistiche, i referendum popolari, le altre forme di consultazione di cui all'articolo 71, per le leggi che determinano l'ordinamento, la legislazione elettorale, gli organi di governo, le funzioni fondamentali dei Comuni e delle Città metropolitane e le disposizioni di principio sulle forme associative dei Comuni, per la legge che stabilisce le norme generali, le forme e i termini della partecipazione dell'Italia alla formazione e all'attuazione della normativa e delle politiche dell'Unione europea, per quella che determina i casi di ineleggibilità e di incompatibilità con l'ufficio di senatore di cui all'articolo 65, primo comma, e per le leggi di cui agli articoli 57, sesto comma, 80, secondo periodo, 114, terzo comma, 116, terzo comma, 117, quinto e nono comma, 119, sesto comma, 120, secondo comma, 122, primo comma, e 132, secondo comma. Le stesse leggi, ciascuna con oggetto proprio, possono essere abrogate, modificate o derogate solo in forma espressa e da leggi approvate a norma del presente comma. Le altre leggi sono approvate dalla Camera dei deputati. Ogni disegno di legge approvato dalla Camera dei deputati è immediatamente trasmesso al Senato della Repubblica che, entro dieci giorni, su richiesta di un terzo dei suoi componenti, può disporre di esaminarlo. Nei trenta giorni successivi il Senato della Repubblica può deliberare proposte di modificazione del testo, sulle quali la Camera dei deputati si pronuncia in via definitiva. Qualora il Senato della Repubblica non disponga di procedere all'esame o sia inutilmente decorso il termine per deliberare, ovvero quando la Camera dei deputati si sia pronunciata in via definitiva, la legge può essere promulgata. L'esame del Senato della Repubblica per le leggi che danno attuazione all'articolo 117, quarto comma, è disposto nel termine di dieci giorni dalla data di trasmissione. Per i medesimi disegni di legge, la Camera dei deputati può non conformarsi alle modificazioni proposte dal Senato della Repubblica a maggioranza assoluta dei suoi componenti, solo pronunciandosi nella votazione finale a maggioranza assoluta dei propri componenti. I disegni di legge di cui all'articolo 81, quarto comma, approvati dalla Camera dei deputati, sono esaminati dal Senato della Repubblica, che può deliberare proposte di modificazione entro quindici giorni dalla data della trasmissione. I Presidenti delle Camere decidono, d'intesa tra loro, le eventuali questioni di competenza, sollevate secondo le norme dei rispettivi regolamenti. Il Senato della Repubblica può, secondo quanto previsto dal proprio regolamento, svolgere attività conoscitive, nonché formulare osservazioni su atti o documenti all'esame della Camera dei deputati ».*

71 [I] L'iniziativa delle leggi appartiene al governo [87, 89, 92 ss.], a ciascun membro delle Camere [55] ed agli organi [99, 121] ed enti ai quali sia conferita da legge costituzionale [138].

[II] Il popolo esercita l'iniziativa delle leggi, mediante la proposta, da parte di almeno cinquantamila elettori di un progetto redatto in articoli [75].

Il testo di legge costituzionale, di cui sub *nota 1 in Epigrafe, non approvato all'esito del referendum del 4 dicembre 2016, disponeva le seguenti modificazioni:* a) *dopo il primo comma, l'inserimento del seguente: « Il*

Senato della Repubblica può, con deliberazione adottata a maggioranza assoluta dei suoi componenti, richiedere alla Camera dei deputati di procedere all'esame di un disegno di legge. In tal caso, la Camera dei deputati procede all'esame e si pronuncia entro il termine di sei mesi dalla data della deliberazione del Senato della Repubblica »; b) *al secondo comma, la sostituzione della parola: « cinquantamila » con la seguente: « centocinquantamila » ed l'aggiunta, in fine, del seguente periodo: « La discussione e la deliberazione conclusiva sulle proposte di legge d'iniziativa popolare sono garantite nei tempi, nelle forme e nei limiti stabiliti dai regolamenti parlamentari »;* c) *l'aggiunta, in fine, del seguente comma: « Al fine di favorire la partecipazione dei cittadini alla determinazione delle politiche pubbliche, la legge costituzionale stabilisce condizioni ed effetti di referendum popolari propositivi e d'indirizzo, nonché di altre forme di consultazione, anche delle formazioni sociali. Con legge approvata da entrambe le Camere sono disposte le modalità di attuazione ».*

72 [I] Ogni disegno di legge, presentato ad una Camera è, secondo le norme del suo regolamento [64], esaminato da una commissione e poi dalla Camera stessa, che l'approva articolo per articolo e con votazione finale.

[II] Il regolamento [64] stabilisce procedimenti abbreviati per i disegni di legge dei quali è dichiarata l'urgenza.

[III] Può altresì stabilire in quali casi e forme l'esame e l'approvazione dei disegni di legge sono deferiti a commissioni, anche permanenti composte in modo da rispecchiare la proporzione dei gruppi parlamentari. Anche in tali casi, fino al momento della sua approvazione definitiva, il disegno di legge è rimesso alla Camera, se il governo o un decimo dei componenti della Camera o un quinto della Commissione richiedono che sia discusso o votato dalla Camera stessa oppure che sia sottoposto alla sua approvazione finale con sole dichiarazioni di voto. Il regolamento [64] determina le forme di pubblicità dei lavori delle commissioni.

[IV] La procedura normale di esame e di approvazione diretta da parte della Camera è sempre adottata per i disegni di legge in materia costituzionale [138] ed elettorale e per quelli di delegazione legislativa [77], di autorizzazione a retificare trattati internazionali [80], di approvazione di bilanci e consuntivi [81].

Il testo di legge costituzionale, di cui sub *nota 1 in Epigrafe, non approvato all'esito del referendum del 4 dicembre 2016, disponeva la sostituzione del presente articolo con il seguente: « Art. 72. – Ogni disegno di legge di cui all'articolo 70, primo comma, presentato ad una Camera, è, secondo le norme del suo regolamento, esaminato da una Commissione e poi dalla Camera stessa, che l'approva articolo per articolo e con votazione finale. Ogni altro disegno di legge è presentato alla Camera dei deputati e, secondo le norme del suo regolamento, esaminato da una Commissione e poi dalla Camera stessa, che l'approva articolo per articolo e con votazione finale. I regolamenti stabiliscono procedimenti abbreviati per i disegni di legge dei quali è dichiarata l'urgenza. Possono altresì stabilire in quali casi e forme l'esame e l'approvazione dei disegni di legge sono deferiti a Commissioni, anche permanenti, che, alla Camera dei deputati, sono composte in modo da rispecchiare la proporzione dei gruppi parlamentari. Anche in tali casi, fino al momento della sua approvazione definitiva, il disegno di legge è rimesso alla Camera, se il Governo o un decimo dei componenti della Camera o un quinto della Commissione richiedono che sia discusso e votato dalla Camera stessa oppure che sia sottoposto alla sua approvazione finale con sole dichiarazioni di voto. I regolamenti determinano le forme di pubblicità dei lavori delle Commissioni. La procedura normale di esame e di approvazione diretta da parte della Camera è sempre adottata per i disegni di legge in materia costituzionale ed elettorale, per quelli di delegazione legislativa, per quelli di conversione in legge di decreti, per quelli di autorizzazione a ratificare trattati internazionali e per quelli di approvazione di bilanci e consuntivi. Il regolamento del Senato della Repubblica disciplina le modalità di esame dei disegni di legge trasmessi dalla Camera dei deputati ai sensi dell'articolo 70. Esclusi i casi di cui all'articolo 70, primo comma, e, in ogni caso, le leggi in materia elettorale, le leggi di autorizzazione alla ratifica dei trattati internazionali e le leggi di cui agli articoli 79 e 81, sesto comma, il Governo può chiedere alla Camera dei deputati di deliberare, entro cinque giorni dalla richiesta, che un disegno di legge indicato come essenziale per l'attuazione del programma di governo sia iscritto con priorità all'ordine del giorno e sottoposto alla pronuncia in via definitiva della Camera dei deputati entro il termine di settanta giorni dalla deliberazione. In tali casi, i termini di cui all'articolo 70, terzo comma, sono ridotti della metà. Il termine può essere differito di non oltre quindici giorni, in relazione ai tempi di esame da parte della Commissione nonché alla complessità del disegno di legge. Il regolamento della Camera dei deputati stabilisce le modalità e i limiti del procedimento, anche con riferimento all'omogeneità del disegno di legge ».*

73 [I] Le leggi sono promulgate dal Presidente della Repubblica [87] entro un mese dall'approvazione [72].

[II] Se le Camere, ciascuna a maggioranza assoluta dei propri componenti, ne dichiarano l'urgenza, la legge è promulgata nel termine da essa stabilito.

[III] Le leggi sono pubblicate subito dopo la promulgazione ed entrano in vigore il quindicesimo giorno successivo alla loro pubblicazione, salvo che le leggi stesse stabiliscano un termine diverso [prel. c.c. 10].

Il testo di legge costituzionale, di cui sub *nota 1 in Epigrafe, non approvato all'esito del referendum del 4 dicembre 2016, disponeva le seguenti modificazioni:* a) *la sostituzione del primo comma col seguente: « Le leggi sono promulgate dal Presidente della Repubblica entro un mese dall'approvazione. Le leggi che disciplinano l'elezione dei membri della Camera dei deputati e del Senato della Repubblica possono essere sottoposte, prima della loro promulgazione, al giudizio preventivo di legittimità costituzionale da parte della Corte costituzionale, su ricorso motivato presentato da almeno un quarto dei componenti della Camera dei deputati o da almeno un terzo dei componenti del Senato della Repubblica entro dieci giorni dall'approvazione della legge, prima dei quali la legge non può essere promulgata. La Corte costituzionale si pronuncia entro il termine di trenta giorni e, fino ad allora, resta sospeso il termine per la promulgazione della legge. In caso di dichiarazione di illegittimità costituzionale, la legge non può essere promulgata »;* b) *al secondo comma la sostituzione delle parole: « Se le Camere, ciascuna a maggioranza assoluta dei propri componenti, ne dichiarano » con le seguenti: « Se la Camera dei deputati, a maggioranza assoluta dei suoi componenti, ne dichiara ».*

74 [I] Il Presidente della Repubblica, prima di promulgare la legge [73], può con messaggio motivato alle Camere chiedere una nuova deliberazione [87].

[II] Se le Camere approvano nuovamente la legge, questa deve essere promulgata [73].

Il testo di legge costituzionale, di cui sub *nota 1 in Epigrafe, non approvato all'esito del referendum del 4 dicembre 2016, disponeva la sostituzione del presente articolo: « Art. 74. – Il Presidente della Repubblica, prima di promulgare la legge, può con messaggio motivato alle Camere chiedere una nuova deliberazione. Qualora la richiesta riguardi la legge di conversione di un decreto adottato a norma dell'articolo 77, il termine per la conversione in legge è differito di trenta giorni. Se la legge è nuovamente approvata, questa deve essere promulgata ».*

75 [I] È indetto referendum popolare [71, 123, 132] per deliberare l'abrogazione, totale o parziale, di una legge [71 ss., 76] o di un atto avente valore di legge [77, 138], quando lo richiedono cinquecentomila elettori o cinque Consigli regionali [121, 126 ss.] (1).

[II] Non è ammesso il referendum per le leggi tributarie e di bilancio, di amnistia e di indulto [79], di autorizzazione a ratificare trattati internazionali [80] (2).

[III] Hanno diritto di partecipare al referendumtutti i cittadini chiamati ad eleggere la Camera dei deputati [56].

[IV] La proposta soggetta a referendum è approvata se ha partecipato alla votazione la maggioranza degli aventi diritto, e se è raggiunta lamaggioranza dei voti validamente espressi.

[V] La legge determina le modalità di attuazione del referendum (3).

(1) *V. l. 25 maggio 1970, n. 352, recante norme sui referendum previsti dalla Costituzione e sulla iniziativa legislativa del popolo, così come modificata dalla l. 25 luglio 1975, n. 351, dalla l. 5 maggio 1995, n. 159, dall'art. 1-bis l. 20 dicembre 1995, n. 534 e da ultimo dall'art. 4 l. 30 aprile 1999, n. 120.*

(2) *Per la competenza della Corte cost. a giudicare se le richieste di referendum abrogativo presentate a norma dell'art. 75 della Costituzione siano ammissibili ai sensi del secondo comma dell'articolo stesso v. art. 21, l. cost. 11 marzo 1953, n. 1.*

(3) *V. art. 33, l. 25 maggio 1970, n. 352.*

Il testo di legge costituzionale, di cui sub *nota 1 in Epigrafe, non approvato all'esito del referendum del 4 dicembre 2016, disponeva la sostituzione del l presente articolo con il seguente: « Art. 75. – È indetto referendum popolare per deliberare l'abrogazione, totale o parziale, di una legge o di un atto avente forza di legge, quando lo richiedono cinquecentomila elettori o cinque Consigli regionali. Non è ammesso il referendum per le leggi tributarie e di bilancio, di amnistia e di indulto, di autorizzazione a ratificare trattati internazionali. Hanno diritto di partecipare al referendum tutti gli elettori. La proposta soggetta a referendum è approvata se ha partecipato alla votazione la maggioranza degli aventi diritto o, se avanzata da ottocentomila elettori, la maggioranza dei votanti alle ultime elezioni della Camera dei deputati, e se è raggiunta la maggioranza dei voti validamente espressi. La legge determina le modalità di attuazione del referendum ».*

76 [I] L'esercizio della funzione legislativa [70] non può essere delegato al governo [92 ss.] se non con determinazione di princìpi e criteri direttivi e soltanto per tempo limitato e per oggetti definiti.

77 [I] Il governo [92 ss.] non può, senza delegazione delle Camere [72, 76], emanare decreti che abbiano valore di legge ordinaria [87].

[II] Quando, in casi straordinari di necessità e d'urgenza, il governo [92 ss.] adotta, sotto la sua responsabilità, provvedimenti provvisori con forza di legge, deve il giorno stesso presentarli per la conversione alle Camere che, anche se sciolte, sono appositamente convocate e si riuniscono entro cinque giorni.

[III] I decreti perdono efficacia sin dall'inizio, se non sono convertiti in legge [71 ss.] entro sessanta giorni dalla loro pubblicazione [73]. Le Camere [55 ss.] possono tuttavia regolare con legge i rapporti giuridici sorti sulla base dei decreti non convertiti.

Il testo di legge costituzionale, di cui sub *nota 1 in Epigrafe, non approvato all'esito del referendum del 4 dicembre 2016, disponeva le seguenti modificazioni:* a) *al primo comma, la sostituzione delle parole: « delle Camere » con le seguenti: « disposta con legge »;* b) *al secondo comma, la sostituzione delle parole: « alle Camere che, anche se sciolte, sono appositamente convocate e si riuniscono » e con le seguenti: « alla Camera dei deputati, anche quando la funzione legislativa è esercitata collettivamente dalle due Camere. La Camera dei deputati, anche se sciolta, è appositamente convocata e si riunisce »;* c) *al terzo comma: 1) al primo periodo l'aggiunta, in fine, delle seguenti parole: « o, nei casi in cui il Presidente della Repubblica abbia chiesto, a norma dell'articolo 74, una nuova deliberazione, entro novanta giorni dalla loro pubblicazione »; 2) al secondo periodo, la sostituzione delle parole: « Le Camere possono » con le seguenti: « La legge può » e la soppressione delle parole: « con legge »;* d) *l'aggiunta, in fine, dei seguenti commi: « Il Governo non può, mediante provvedimenti provvisori con forza di legge: disciplinare le materie indicate nell'articolo 72, quinto comma, con esclusione, per la materia elettorale, della disciplina dell'organizzazione del procedimento elettorale e dello svolgimento delle elezioni; reiterare disposizioni adottate con decreti non convertiti in legge e regolare i rapporti giuridici sorti sulla base dei medesimi; ripristinare l'efficacia di norme di legge o di atti aventi forza di legge che la Corte costituzionale ha dichiarato illegittimi per vizi non attinenti al procedimento. — I decreti recano misure di immediata applicazione e di contenuto specifico, omogeneo e corrispondente al titolo. — L'esame, a norma dell'articolo 70, terzo e quarto comma, dei disegni di legge di conversione dei decreti è disposto dal Senato della Repubblica entro trenta giorni dalla loro presentazione alla Camera dei deputati. Le proposte di modificazione possono essere deliberate entro dieci giorni dalla data di trasmissione del disegno di legge di conversione, che deve avvenire non oltre quaranta giorni dalla presentazione. — Nel corso dell'esame dei disegni di legge di conversione dei decreti non possono essere approvate disposizioni estranee all'oggetto o alle finalità del decreto ».*

78 [I] Le Camere [55 ss.] deliberano lo stato di guerra [87] e conferiscono al governo i poteri necessari [11].

Il testo di legge costituzionale, di cui sub *nota 1 in Epigrafe, non approvato all'esito del referendum del 4 dicembre 2016, disponeva la sostituzione del presente articolo con il seguente: « Art. 78. – La Camera dei deputati delibera a maggioranza assoluta lo stato di guerra e conferisce al Governo i poteri necessari ».*

79 [I] L'amnistia e l'indulto sono concessi con legge deliberata a maggioranza dei due terzi dei componenti di ciascuna Camera, in ogni suo articolo e nella votazione finale.

[II] La legge che concede l'amnistia o l'indulto stabilisce il termine per la loro applicazione.

[III] In ogni caso l'amnistia e l'indulto non possono applicarsi ai reati commessi successivamente alla presentazione del disegno di legge (1).

(1) *Articolo così sostituito dall'art. 1, l. cost. 6 marzo 1992, n. 1.*

Il testo di legge costituzionale, di cui sub *nota 1 in Epigrafe, non approvato all'esito del referendum del 4 dicembre 2016, al primo comma disponeva la sostituzione delle parole: « di ciascuna Camera, » con le seguenti: « della Camera dei deputati, ».*

80 [I] Le Camere [55 ss.] autorizzano con legge [71 ss., 75] la ratifica dei trattati internazionali che sono di natura politica, o prevedono arbitrati o regolamenti giudiziari, o importano variazioni del territorio od oneri alle finanze o modificazioni di leggi [V].

Il testo di legge costituzionale, di cui sub *nota 1 in Epigrafe, non approvato all'esito del referendum del 4 dicembre 2016, disponeva la sostituzione delle parole: « Le Camere autorizzano » con le seguenti: « La Camera dei deputati autorizza » ed l'aggiunta, in fine, del seguente periodo: « Le leggi che autorizzano la ratifica dei trattati relativi all'appartenenza dell'Italia all'Unione europea sono approvate da entrambe le Camere ».*

81 [I] Lo Stato assicura l'equilibrio tra le entrate e le spese del proprio bilancio, tenendo conto delle fasi avverse e delle fasi favorevoli del ciclo economico.

[II] Il ricorso all'indebitamento è consentito solo al fine di considerare gli effetti del ciclo economico e, previa autorizzazione delle Camere adottata a maggioranza assoluta dei rispettivi componenti, al verificarsi di eventi eccezionali.

[III] Ogni legge che importi nuovi o maggiori oneri provvede ai mezzi per farvi fronte.

[IV] Le Camere ogni anno approvano con legge il bilancio e il rendiconto consuntivo presentati dal Governo.

[V] L'esercizio provvisorio del bilancio non può essere concesso se non per legge e per periodi non superiori complessivamente a quattro mesi.

[VI] Il contenuto della legge di bilancio, le norme fondamentali e i criteri volti ad assicurare l'equilibrio tra le entrate e le spese dei bilanci e la sostenibilità del debito del complesso delle pubbliche amministrazioni sono stabiliti con legge approvata a maggioranza assoluta dei componenti di ciascuna Camera, nel rispetto dei principi definiti con legge costituzionale (1) (2).

(1) *Articolo così sostituito dal comma 1 dell'art. 1, l. cost. 20 aprile 2012, n. 1. Le disposizioni di cui alla citata l. cost. n. 1/2012 si applicano, ai sensi di quanto disposto dal comma 1 dell'art. 6 della stessa, a decorrere dall'esercizio finanziario relativo all'anno 2014.*

L'art. 5 della stessa legge costituzionale ha stabilito che « 1. La legge di cui all'articolo 81, sesto comma, della Costituzione, come sostituito dall'articolo 1 della presente legge costituzionale, disciplina, per il complesso delle pubbliche amministrazioni, in particolare:

a) le verifiche, preventive e consuntive, sugli andamenti di finanza pubblica;

b) l'accertamento delle cause degli scostamenti rispetto alle previsioni, distinguendo tra quelli dovuti all'andamento del ciclo economico, all'inefficacia degli interventi e agli eventi eccezionali;

c) il limite massimo degli scostamenti negativi cumulati di cui alla lettera b) del presente comma corretti per il ciclo economico rispetto al prodotto interno lordo, al superamento del quale occorre intervenire con misure di correzione;

d) la definizione delle gravi recessioni economiche, delle crisi finanziarie e delle gravi calamità naturali quali eventi eccezionali, ai sensi dell'articolo 81, secondo comma, della Costituzione, come sostituito dall'articolo 1 della presente legge costituzionale, al verificarsi dei quali sono consentiti il ricorso all'indebitamento non limitato a tenere conto degli effetti del ciclo economico e il superamento del limite massimo di cui alla lettera c) del presente comma sulla base di un piano di rientro;

e) l'introduzione di regole sulla spesa che consentano di salvaguardare gli equilibri di bilancio e la riduzione del rapporto tra debito pubblico e prodotto interno lordo nel lungo periodo, in coerenza con gli obiettivi di finanza pubblica;

f) l'istituzione presso le Camere, nel rispetto della relativa autonomia costituzionale, di un organismo indipendente al quale attribuire compiti di analisi e verifica degli andamenti di finanza pubblica e di valutazione dell'osservanza delle regole di bilancio;

g) le modalità attraverso le quali lo Stato, nelle fasi avverse del ciclo economico o al verificarsi degli eventi eccezionali di cui alla lettera d) del presente comma, anche in deroga all'articolo 119 della Costituzione, concorre ad assicurare il finanziamento, da parte degli altri livelli di governo, dei livelli essenziali delle prestazioni e delle funzioni fondamentali inerenti ai diritti civili e sociali.

2. La legge di cui al comma 1 disciplina altresì:

a) il contenuto della legge di bilancio dello Stato;

b) la facoltà dei Comuni, delle Province, delle Città metropolitane, delle Regioni e delle Province autonome di Trento e di Bolzano di ricorrere all'indebitamento, ai sensi dell'articolo 119, sesto comma, secondo periodo, della Costituzione, come modificato dall'articolo 4 della presente legge costituzionale;

c) le modalità attraverso le quali i Comuni, le Province, le Città metropolitane, le Regioni e le Province autonome di Trento e di Bolzano concorrono alla sostenibilità del debito del complesso delle pubbliche amministrazioni.

3. La legge di cui ai commi 1 e 2 è approvata entro il 28 febbraio 2013.

4. Le Camere, secondo modalità stabilite dai rispettivi regolamenti, esercitano la funzione di controllo sulla finanza pubblica con particolare riferimento all'equilibrio tra entrate e spese nonché alla qualità e all'efficacia della spesa delle pubbliche amministrazioni ».

Il precedente testo dell'art. 81 prevedeva « Le Camere approvano ogni anno i bilanci e il rendiconto consuntivo presentati dal governo.

L'esercizio provvisorio del bilancio non può essere concesso se non per legge e per periodi non superiori complessivamente a quattro mesi.

Con la legge di approvazione del bilancio non si possono stabilire nuovi tributi e nuove spese.

Ogni altra legge che importi nuove o maggiori spese deve indicare i mezzi per farvi fronte ».

(2) *V. la legge 24 dicembre 2012, n. 243 - Disposizioni per l'attuazione del principio del pareggio di bilancio ai sensi dell'articolo 81, sesto comma, della Costituzione (*sub*, II, 14).*

Il testo di legge costituzionale, di cui sub *nota 1 in Epigrafe, non approvato all'esito del referendum del 4 dicembre 2016, disponeva le seguenti modificazioni: a) al secondo comma, la sostituzione delle parole: « delle Camere » con le seguenti: « della Camera dei deputati » e la sostituzione della parola: « rispettivi » con la seguente: « suoi »; b) al quarto comma, la sostituzione delle parole: « Le Camere ogni anno approvano » con le seguenti: « La Camera dei deputati ogni anno approva »; c) al sesto comma, la sostituzione delle parole: « di ciascuna Camera, » con le seguenti: « della Camera dei deputati, ».*

82 [I] Ciascuna Camera può disporre inchieste su materie di pubblico interesse.

[II] A tale scopo nomina fra i propri componenti una commissione formata in modo da rispecchiare la proporzione dei vari gruppi. La Commissione d'inchiesta procede alle indagini e agli esami con gli stessi poteri e le stesse limitazioni dell'autorità giudiziaria.

Il testo di legge costituzionale, di cui sub *nota 1 in Epigrafe, non approvato all'esito del referendum del 4 dicembre 2016, disponeva la sostituzione del presente articolo con il seguente: « Art. 82. – La Camera dei deputati può disporre inchieste su materie di pubblico interesse. Il Senato della Repubblica può disporre inchieste su materie di pubblico interesse concernenti le autonomie territoriali. A tale scopo ciascuna Camera nomina fra i propri componenti una Commissione. Alla Camera dei deputati la Commissione è formata in modo da rispecchiare la proporzione dei vari gruppi. La Commissione d'inchiesta procede alle indagini e agli esami con gli stessi poteri e le stesse limitazioni dell'autorità giudiziaria ».*

TITOLO II
Il Presidente della Repubblica

83 [I] Il Presidente della Repubblica è eletto dal Parlamento in seduta comune dei suoi membri [55; I ss.].

[II] All'elezione partecipano tre delegati per ogni regione [114 ss.] eletti dal Consiglio regionale [121, 126, II] in modo che sia assicurata la rappresentanza delle minoranze. La Valle d'Aosta ha un solo delegato.

[III] L'elezione del Presidente della Repubblica ha luogo per scrutinio segreto a maggioranza di due terzi dell'assemblea. Dopo il terzo scrutinio è sufficiente la maggioranza assoluta.

Il testo di legge costituzionale, di cui sub *nota 1 in Epigrafe, non approvato all'esito del referendum del 4 dicembre 2016, disponeva le seguenti modificazioni: a) l'abrogazione del secondo comma; b) al terzo comma, la sostituzione del secondo periodo con iseguenti: « Dal quarto scrutinio è sufficiente la maggioranza dei tre quinti dell'assemblea. Dal settimo scrutinio è sufficiente la maggioranza dei tre quinti dei votanti ».*

84 [I] Può essere eletto Presidente della Repubblica ogni cittadino che abbia compiuto cinquanta anni di età e goda dei diritti civili e politici.

[II] L'ufficio di Presidente della Repubblica è incompatibile con qualsiasi altra carica.

[III] L'assegno e la dotazione del Presidente sono determinati per legge.

85 [I] Il Presidente della Repubblica è eletto per sette anni [59].

[II] Trenta giorni prima che scada il termine, ilPresidente della Camera dei deputati convoca in seduta comune il Parlamento e i delegati regionali [83], per eleggere il nuovo Presidente della Repubblica.

[III] Se le Camere sono sciolte [88], o mancameno di tre mesi alla loro cessazione [60], la elezione ha luogo entro quindici giorni dalla riunione delle Camere nuove. Nel frattempo sono prorogati i poteri del Presidente in carica.

Il testo di legge costituzionale, di cui sub *nota 1 in Epigrafe, non approvato all'esito del referendum del 4 dicembre 2016, disponeva le seguenti modificazioni: a) al secondo comma, la soppressione delle parole: « e i delegati regionali, » e dopo il primo periodo l'aggiunta del seguente: « Quando il Presidente della Camera esercita le funzioni del Presidente della Repubblica nel caso in cui questi non possa adempierle, il Presidente del Senato convoca e presiede il Parlamento in seduta comune »;* b) *al terzo comma, la sostituzione del primo periodo con il seguente: « Se la Camera dei deputati è sciolta, o manca meno di tre mesi alla sua cessazione, l'elezione ha luogo entro quindici giorni dalla riunione della Camera nuova ».*

86 [I] Le funzioni del Presidente della Repubblica, in ogni caso che egli non possa adempierle, sono esercitate dal Presidente del Senato.

[II] In caso di impedimento permanente o di morte o di dimissioni del Presidente della Repubblica, il Presidente della Camera dei deputati indice la elezione del nuovo Presidente della Repubblica entro quindici giorni, salvo il maggior termine previsto se le Camere sono sciolte o manca meno di tre mesi alla loro cessazione [85].

Il testo di legge costituzionale, di cui sub *nota 1 in Epigrafe, non approvato all'esito del referendum del 4 dicembre 2016, disponeva le seguenti modificazioni:* a) *al primo comma, la sostituzione delle parole: « del Senato » con le seguenti: « della Camera dei deputati »;* b) *al secondo comma, la sostituzione delle parole: « il Presidente della Camera dei deputati indice » con le seguenti: « il Presidente del Senato indice », delle parole: « le Camere sono sciolte » con le seguenti: « la Camera dei deputati è sciolta » e della parola: « loro » con la seguente: « sua ».*

87 [I] Il Presidente della Repubblica è il capo dello Stato e rappresenta l'unità nazionale.

[II] Può inviare messaggi alle Camere.

[III] Indice le elezioni delle nuove Camere e ne fissa la prima riunione [61 ss.].

[IV] Autorizza la presentazione alle Camere dei disegni di legge di iniziativa del governo [71, 92 ss.].

[V] Promulga le leggi [73, 74] ed emana i decreti aventi valore di legge [77] e i regolamenti.

[VI] Indice il referendum popolare nei casi previsti dalla Costituzione [75].

[VII] Nomina, nei casi indicati dalla legge, i funzionari dello Stato.

[VIII] Accredita e riceve i rappresentanti diplomatici, ratifica i trattati internazionali, previa quando occorra, l'autorizzazione delle Camere [86].

[IX] Ha il comando delle Forze armate, presiede il Consiglio supremo di difesa costituito secondo la legge, dichiara lo stato di guerra deliberato dalle Camere [78].

[X] Presiede il Consiglio superiore della magistratura [104].

[XI] Può concedere grazia [c.p. 174] e commutare le pene [68].

[XII] Conferisce le onorificenze della Repubblica.

Il testo di legge costituzionale, di cui sub *nota 1 in Epigrafe, non approvato all'esito del referendum del 4 dicembre 2016, aveva apportato le seguenti modificazioni:* a) *al terzo comma, la sostituzione delle parole: « delle nuove Camere » con le seguenti: « della nuova Camera dei deputati »;* b) *all'ottavo comma, la sostituzione delle parole: « delle Camere » con le seguenti: « della Camera dei deputati. Ratifica i trattati relativi all'appartenenza dell'Italia all'Unione europea, previa l'autorizzazione di entrambe le Camere »;* c) *al nono comma, a sostituzione delle parole: « dalle Camere » con le seguenti: « dalla Camera dei deputati ».*

88 [I] Il Presidente della Repubblica può, sentiti i loro Presidenti, sciogliere le Camere o anche una sola di esse [85].

[II] Non può esercitare tale facoltà negli ultimi sei mesi del suo mandato, salvo che essi coincidano in tutto o in parte con gli ultimi sei mesi della legislatura (1).

(1) *Comma così sostituito dall'art. 1 l. cost. 4 novembre 1991, n. 1.*

Il testo di legge costituzionale, di cui sub *nota 1 in Epigrafe, non approvato all'esito del referendum del 4 dicembre 2016, disponeva la sostituzione del primo comma con il seguente: « Il Presidente della Repubblica può, sentito il suo Presidente, sciogliere la Camera dei deputati ».*

89 [I] Nessun atto del Presidente della Repubblica è valido se non è controfirmato dai ministri proponenti, che ne assumono la responsabilità [71, 90].

[II] Gli atti che hanno valore legislativo e gli altri indicati dalla legge sono controfirmati anche dal Presidente del Consiglio dei ministri [92, 95].

90 [I] Il Presidente della Repubblica non è responsabile degli atti compiuti nell'esercizio delle sue funzioni, tranne che per alto tradimento o per attentato alla Costituzione [89, 134; c.p. 283].

[II] In tali casi è messo in stato di accusa dal Parlamento in seduta comune [55], a maggioranza assoluta dei suoi membri (1).

(1) *Cfr. l. 25 gennaio 1962, n. 20, modificata dalla l. 10 maggio 1978 n. 170 e dalla l. 5 giugno 1989, n. 219.*

91 [I] Il Presidente della Repubblica, prima di assumere le sue funzioni, presta giuramento di fedeltà alla Repubblica e di osservanza della Costituzione dinanzi al Parlamento in seduta comune [55].

TITOLO III
Il Governo

SEZIONE I
Il Consiglio dei ministri

92 [I] Il governo della Repubblica è composto del Presidente del Consiglio e dei ministri, che costituiscono insieme il Consiglio dei ministri [93].

[II] Il Presidente della Repubblica nomina il Presidente del Consiglio dei ministri [95] e, su proposta di questo, i ministri.

93 [I] Il Presidente del Consiglio dei ministri e i ministri, prima di assumere le funzioni, prestano giuramento nelle mani del Presidente della Repubblica.

94 [I] Il governo deve avere la fiducia delle due Camere [55].

[II] Ciascuna Camera accorda o revoca la fiducia mediante mozione motivata e votata per appello nominale.

[III] Entro dieci giorni dalla sua formazione il governo si presenta alle Camere per ottenerne la fiducia.

[IV] Il voto contrario di una o d'entrambe le Camere su una proposta del governo non importa obbligo di dimissioni [71].

[V] La mozione di sfiducia deve essere firmata da almeno un decimo dei componenti della Camera e non può essere messa in discussione prima di tre giorni dalla sua presentazione.

Il testo di legge costituzionale, di cui sub *nota 1 in Epigrafe, non approvato all'esito del referendum del 4 dicembre 2016, disponeva le seguenti modificazioni:* a) *al primo comma, la sostituzione delle parole: « delle due Camere » con le seguenti: « della Camera dei deputati »;* b) *al secondo comma, l a sostituzione delle parole: « Ciascuna Camera accor-*

da o revoca la fiducia » con le seguenti: « La fiducia è accordata o revocata »; c) al terzo comma, la sostituzione delle parole: « alle Camere » con le seguenti: « innanzi alla Camera dei deputati »; d) al quarto comma, la sostituzione delle parole: « di una o d'entrambe le Camere » con le seguenti: « della Camera dei deputati »; e) al quinto comma, l'inserimento dopo la parola: « Camera » delle seguenti: « dei deputati ».

95 [I] Il Presidente del Consiglio dei ministri dirige la politica generale del governo e ne è responsabile. Mantiene l'unità di indirizzo politico ed amministrativo, promovendo e coordinando l'attività dei ministri.

[II] I ministri sono responsabili collegialmente degli atti del Consiglio dei ministri, e individualmente degli atti dei loro dicasteri [89].

[III] La legge provvede all'ordinamento della Presidenza del Consiglio e determina il numero, le attribuzioni e l'organizzazione dei ministeri [97].

96 [I] (1) Il Presidente del Consiglio dei ministri e i ministri, anche se cessati dalla carica, sono sottoposti, per i reati commessi nell'esercizio delle loro funzioni, alla giurisdizione ordinaria, previa autorizzazione del Senato della Repubblica o della Camera dei deputati, secondo le norme stabilite con legge costituzionale (2).

(1) *Articolo così sostituito dall'art. 1 l. cost. 16 gennaio 1989, n. 1. Il testo originario era il seguente*: « Il Presidente del Consiglio dei ministri e i ministri sono posti in stato d'accusa dal Parlamento in seduta comune, per i reati commessi nell'esercizio delle loro funzioni ».

(2) *V. art. 5 l. cost. 16 gennaio 1989, n. 1.*

Il testo di legge costituzionale, di cui sub nota 1 in Epigrafe, non approvato all'esito del referendum del 4 dicembre 2016, disponeva la soppressione delle parole: « del Senato della Repubblica o ».

SEZIONE II
La Pubblica Amministrazione

97 Le pubbliche amministrazioni, in coerenza con l'ordinamento dell'Unione europea, assicurano l'equilibrio dei bilanci e la sostenibilità del debito pubblico (1).

[I] I pubblici uffici sono organizzati secondo disposizioni di legge [95], in modo che siano assicurati il buon andamento e l'imparzialità dell'amministrazione (2).

[II] Nell'ordinamento degli uffici sono determinate le sfere di competenza, le attribuzioni e le responsabilità proprie dei funzionari.

[III] Agli impieghi nelle pubbliche amministrazioni si accede mediante concorso, salvo i casi stabiliti dalla legge [51] (3).

(1) *Comma così premesso dal comma 1 dell'art. 2, l. Cost. 20 aprile 2012, n. 1. Le disposizioni di cui alla citata l. Cost. n. 1/2012 si applicano, ai sensi di quanto disposto dal comma 1 dell'art. 6 della stessa, a decorrere dall'esercizio finanziario relativo all'anno 2014.*

(2) *V. ora d.lgs. 30 marzo 2001, n. 165, recante norme generali sull'ordinamento del lavoro alle dipendenze delle amministrazioni pubbliche.*

(3) *Sull'accesso agli impieghi nelle pubbliche amministrazioni v. d.P.R. 9 maggio 1994, n. 487.*

Il testo di legge costituzionale, di cui sub nota 1 in Epigrafe, non approvato all'esito del referendum del 4 dicembre 2016, disponeva la sostituzione del secondo comma: « I pubblici uffici sono organizzati secondo disposizioni di legge, in modo che siano assicurati il buon andamento, l'imparzialità e la trasparenza dell'amministrazione ».

98 [I] I pubblici impiegati sono a servizio esclusivo della Nazione.

[II] Se sono membri del Parlamento, non possono conseguire promozioni se non per anzianità.

[III] Si possono con legge stabilire limitazioni al diritto d'iscriversi ai partiti politici per i magistrati, i militari di carriera in servizio attivo, i funzionari ed agenti di polizia, i rappresentanti diplomatici e consolari all'estero.

SEZIONE III
Gli organi ausiliari

99 [I] Il Consiglio nazionale dell'economia e del lavoro è composto, nei modi stabiliti dalla legge, di esperti e di rappresentanti delle categorie produttive, in misura che tenga conto della loro importanza numerica e qualitativa (1).

[II] È organo di consulenza delle Camere [55 ss.] e del governo [92 ss.] per le materie e secondo le funzioni che gli sono attribuite dalla legge.

[III] Ha l'iniziativa legislativa [71] e può contribuire alla elaborazione della legislazione economica e sociale secondo i princìpi ed entro i limiti stabiliti dalla legge.

(1) *Cfr. l. 5 gennaio 1957, n. 33 sull'ordinamento e le attribuzioni del* CNEL*, integrata dalla l. 4 novembre 1965, n. 1246. V. anche l. 30 dicembre 1986, n. 936.*

Il testo di legge costituzionale, di cui sub nota 1 in Epigrafe, non approvato all'esito del referendum del 4 dicembre 2016, disponeva l'abrogazione del presente articolo.

100 [I] Il Consiglio di Stato è organo di consulenza giuridico-amministrativa e di tutela della giustizia nell'amministrazione [103] (1).

[II] La Corte dei conti esercita il controllo preventivo di legittimità sugli atti del governo [92 ss.], e anche quello successivo sulla gestione del bilancio dello Stato [81]. Partecipa, nei casi e nelle forme stabiliti dalla legge, al controllo sulla gestione finanziaria degli enti a cui lo Stato contribuisce in via ordinaria. Riferisce direttamente alle Camere [55] sul risultato del riscontro eseguito [103] (2).

[III] La legge assicura l'indipendenza dei due Istituti e dei loro componenti di fronte al governo [92 ss.].

(1) *V. r.d. 26 giugno 1924, n. 1054.*

(2) *V. t.u. 12 luglio 1934, n. 1214, recante leggi sulla Corte dei conti, nonché successivamente l. 14 gennaio 1994, n. 20.*

TITOLO IV
La Magistratura

SEZIONE I
Ordinamento giurisdizionale

101 [I] La giustizia è amministrata in nome del popolo.

[II] I giudici sono soggetti soltanto alla legge [108].

102 [I] La funzione giurisdizionale è esercitata da magistrati ordinari istituiti e regolati dalle norme sull'ordinamento giudiziario [106-108] (1).

[II] Non possono essere istituiti giudici straordinari o giudici speciali. Possono soltanto istituirsi presso gli organi giudiziari ordinari sezioni specializzate per determinate materie, anche con la partecipazione di cittadini idonei estranei alla magistratura [VI trans. e fin.].

[III] La legge regola i casi e le forme della partecipazione diretta del popolo all'amministrazione della giustizia.

(1) *Sull'ordinamento giudiziario v. r.d. 30 gennaio 1941, n. 12 nonché l. 2 aprile 1979, n. 97, sullo stato giuridico dei magistrati.*

103 [I] Il Consiglio di Stato [1001] e gli altri organi di giustizia amministrativa (1) hanno giurisdizione per la tutela nei confronti della pubblica amministrazione degli interessi legittimi e, in particolari materie indicate dalla legge, anche dei diritti soggettivi [113, 125, 130] (2).

[II] La Corte dei conti [1002] ha giurisdizione nelle materie di contabilità pubblica e nelle altre specificate dalla legge.

[III] I tribunali militari in tempo di guerra hanno la giurisdizione stabilita dalla legge. In tempo di pace hanno giurisdizione soltanto per i reati militari commessi da appartenenti alle Forze armate (3).

(1) *Per l'istituzione dei tribunali amministrativi regionali, v. l. 6 dicembre 1971, n. 1034.*
(2) *V. l. 27 aprile 1982, n. 186, sul nuovo ordinamento della giurisdizione amministrativa.*
(3) *V. l. 7 maggio 1981, n. 180.*

104 [I] La magistratura costituisce un ordine autonomo e indipendente da ogni altro potere.

[II] Il Consiglio superiore della magistratura (1) è presieduto dal Presidente della Repubblica [87, 105].

[III] Ne fanno parte di diritto il primo presidente e il procuratore generale della Corte di cassazione.

[IV] Gli altri componenti sono eletti per due terzi da tutti i magistrati ordinari tra gli appartenenti alle varie categorie, e per un terzo dal Parlamento in seduta comune [55] tra professori ordinari di università in materie giuridiche ed avvocati dopo quindici anni di esercizio.

[V] Il Consiglio elegge un vicepresidente fra i componenti designati dal Parlamento.

[VI] I membri elettivi del Consiglio durano in carica quattro anni e non sono immediatamente rieleggibili.

[VII] Non possono, finché sono in carica, essere iscritti negli albi professionali, né far parte del Parlamento [55] o di un Consiglio regionale [1211-2].

(1) *Sulla costituzione e sul funzionamento del Consiglio superiore della magistratura v. l. 24 marzo 1958, n. 195 e successive modif.*

105 [I] Spettano al Consiglio superiore della magistratura [104], secondo le norme dell'ordinamento giudiziario [108], le assunzioni [106], le assegnazioni ed i trasferimenti, le promozioni e i provvedimenti disciplinari nei riguardi dei magistrati [107].

106 [I] Le nomine dei magistrati hanno luogo per concorso [105] (1).

[II] La legge sull'ordinamento giudiziario può ammettere la nomina, anche elettiva, di magistrati onorari per tutte le funzioni attribuite a giudici singoli.

[III] Su designazione del Consiglio superiore della magistratura [104, 105] possono essere chiamati all'ufficio di consiglieri di cassazione, per meriti insigni, professori ordinari di università in materie giuridiche e avvocati che abbiano quindici anni d'esercizio e siano iscritti negli albi speciali per le giurisdizioni superiori.

(1) *V. art. 123 r.d. 30 gennaio 1941, n. 12.*

107 [I] I magistrati sono inamovibili. Non possono essere dispensati o sospesi dal servizio né destinati ad altre sedi o funzioni se non in seguito a decisione del Consiglio superiore della magistratura [104, 105], adottata o per i motivi e con le garanzie di difesa stabilite dall'ordinamento giudiziario o con il loro consenso.

[II] Il Ministro della giustizia ha facoltà di promuovere l'azione disciplinare.

[III] I magistrati si distinguono fra loro soltanto per diversità di funzioni.

[IV] Il pubblico ministero gode delle garanzie stabilite nei suoi riguardi dalle norme sull'ordinamento giudiziario [108, 112].

108 [I] Le norme sull'ordinamento giudiziario e su ogni magistratura sono stabilite con legge [102, 105 ss.; VII] (1).

[II] La legge assicura l'indipendenza dei giudici delle giurisdizioni speciali, del pubblico ministero presso di esse, e degli estranei che partecipano alla amministrazione della giustizia [101].

(1) *V. r.d. 30 gennaio 1941, n. 12.*

109 [I] L'autorità giudiziaria dispone direttamente della polizia giudiziaria [c.p.p. 55-59].

110 [I] Ferme le competenze del Consiglio superiore della magistratura [104, 105], spettano al Ministro della giustizia l'organizzazione e il funzionamento dei servizi relativi alla giustizia.

SEZIONE II
Norme sulla giurisdizione

111 [I] La giurisdizione si attua mediante il giusto processo regolato dalla legge (1).

[II] Ogni processo si svolge nel contraddittorio tra le parti, in condizioni di parità, davanti al giudice terzo e imparziale. La legge ne assicura la ragionevole durata (1).

[III] Nel processo penale, la legge assicura che la persona accusata di un reato sia, nel più breve tempo possibile, informata riservatamente della natura e dei motivi dell'accusa elevata a suo carico; disponga del tempo e delle condizioni necessari per preparare la sua difesa; abbia la facoltà, davanti al giudice, di interrogare o di far interrogare le persone che rendono dichiarazioni a suo carico, di ottenere la convocazione e l'interrogatorio di persone a sua difesa nelle stesse condizioni dell'accusa e l'acquisizione di ogni altro mezzo di prova a suo favore; sia assistita da un interprete se non comprende o non parla la lingua impiegata nel processo (1).

[IV] Il processo penale è regolato dal principio del contraddittorio nella formazione della prova. La colpevolezza dell'imputato non può essere provata sulla base di dichiarazioni rese da chi, per libera scelta, si è sempre volontariamente sottratto all'interrogatorio da parte dell'imputato o del suo difensore (1).

[V] La legge regola i casi in cui la formazione della prova non ha luogo in contraddittorio per consenso dell'imputato o per accertata impossibilità di natura oggettiva o per effetto di provata condotta illecita (1).

[VI] Tutti i provvedimenti giurisdizionali devono essere motivati [c.p.c. 132² n. 4, 134¹, 135⁴; c.p.p. 125³].

[VII] Contro le sentenze [c.p.c. 131] e contro i provvedimenti sulla libertà personale, pronunciati dagli organi giurisdizionali ordinari o speciali, è sempre ammesso ricorso in cassazione per violazione di legge [c.p.c. 360; c.p.p. 606]. Si può derogare a tale norma soltanto per le sentenze dei tribunali militari in tempo di guerra [VI].

[VIII] Contro le decisioni del Consiglio di Stato e della Corte dei conti il ricorso in Cassazione è ammesso per i soli motivi inerenti alla giurisdizione.

(1) *Commi così aggiunti dalla l. cost. 23 novembre 1999, n. 2. Per i procedimenti in corso v. art. 1 d.l. 7 gennaio 2000, n. 2, conv., con modif., in l. 25 febbraio 2000, n. 35.*

112 [I] Il pubblico ministero [107] ha l'obbligo di esercitare l'azione penale [c.p.p. 50].

113 [I] Contro gli atti della pubblica amministrazione è sempre ammessa la tutela giurisdizionale dei diritti e degli interessi legittimi dinanzi agli organi di giurisdizione ordinaria o amministrativa [100, 103, 125] (1).

[II] Tale tutela giurisdizionale non può essere esclusa o limitata a particolari mezzi di impugnazione o per determinate categorie di atti.

[III] La legge determina quali organi di giurisdizione possono annullare gli atti della pubblica amministrazione nei casi e con gli effetti previsti dalla legge stessa.

(1) *V. l. 20 marzo 1865, n. 2248, all. E, e l. 6 dicembre 1971, n. 1034.*

TITOLO V

Le Regioni, le Provincie, i Comuni (1)

(1) *Sull'ordinamento istituzionale di Comuni, Provincie ed Aree metropolitane v. artt. 13 ss. d.lgs. 18 agosto 2000, n. 267 recante t.u. delle leggi sull'ordinamento degli enti locali.*

Il testo di legge costituzionale, di cui sub nota 1 in Epigrafe, non approvato all'esito del referendum del 4 dicembre 2016, disponeva la sostituzione della presente rubrica con la seguente: « Le Regioni, le Città metropolitane e i Comuni ».

114 [I] (1) La Repubblica è costituita dai Comuni, dalle Province, dalle Città metropolitane, dalle Regioni e dallo Stato.

[II] I Comuni, le Province, le Città metropolitane e le Regioni sono enti autonomi con propri statuti, poteri e funzioni secondo i princìpi fissati dalla Costituzione (2).

[III] Roma è la capitale della Repubblica.

[IV] La legge dello Stato disciplina il suo ordinamento.

(1) *Articolo così sostituito dall'art. 1, l. cost. 18 ottobre 2001, n. 3, promulgata a seguito dell'esito favorevole del referendum indetto in data 3 agosto 2001. Il testo previgente era il seguente:* « La Repubblica si riparte in Regioni, Provincie e Comuni ».

(2) *In attuazione di tale comma v. art. 4, l. 5 giugno 2003, n. 131.*

Il testo di legge costituzionale, di cui sub nota 1 in Epigrafe, non approvato all'esito del referendum del 4 dicembre 2016, disponeva le seguenti modificazioni: a) *al primo comma, la soppressione delle parole: « dalle Province, »;* b) *al secondo comma,, la soppressione delle parole: « le Province, ».*

115 (1).

(1) *Articolo abrogato dall'art. 9² l. cost. 18 ottobre 2001, n. 3, promulgata a seguito dell'esito favorevole del referendum indetto in data 3 agosto 2001. L'articolo era così formulato:* « Le Regioni sono costituite in enti autonomi con propri poteri e funzioni secondo i princìpi fissati nella Costituzione ».

116 [I] (1) Il Friuli Venezia Giulia, la Sardegna, la Sicilia, il Trentino-Alto Adige/Sud tirol e la Valle d'Aosta/Vallé e d'Aoste dispongono di forme e condizioni particolari di autonomia, secondo i rispettivi statuti speciali adottati con legge costituzionale [138; X, XVII¹ trans. e fin.] (2).

[II] La Regione Trentino-Alto Adige/Sud tirol è costituita dalle Province autonome di Trento e di Bolzano.

[III] Ulteriori forme e condizioni particolari di autonomia, concernenti le materie di cui al terzo comma dell'articolo 117 e le materie indicate dal secondo comma del medesimo articolo alle lettere *l*), limitatamente all'organizzazione della giustizia di pace, *n*) e *s*), possono essere attribuite ad altre Regioni, con legge dello Stato, su iniziativa della Regione interessata, sentiti gli enti locali, nel rispetto dei princìpi di cui all'articolo 119. La legge è approvata dalle Camere a maggioranza assoluta dei componenti, sulla base di intesa fra lo Stato e la Regione interessata.

(1) *Articolo così sostituito dall'art. 2 l. cost. 18 ottobre 2001, n. 3, promulgata a seguito dell'esito favorevole del referendum indetto in data 3 agosto 2001; per il periodo transitorio, sino all'adeguamento degli statuti delle Regioni a statuto speciale ed alle province autonome di Trento e Bolzano, v. art. 10, l. cit. Il testo previgente era il seguente:* « Alla Sicilia, alla Sardegna, al Trentino-Alto Adige, al Friuli-Venezia Giulia e alla Valle d'Aosta sono attribuite forme e condizioni particolari di autonomia, secondo statuti speciali adottati con leggi costituzionali ».

(2) *V. da ultimo l. cost. 31 gennaio 2001, n. 2 recante disposizioni concernenti l'elezione diretta dei presidenti delle regioni a Statuto speciale e delle province autonome di Trento e Bolzano.*

Il testo di legge costituzionale, di cui sub nota 1 in Epigrafe, non approvato all'esito del referendum del 4 dicembre 2016, disponeva la sostituzione del terzo comma con il seguente: « Ulteriori forme e condizioni particolari di autonomia, concernenti le materie di cui all'articolo 117, secondo comma, lettere l)*, limitatamente all'organizzazione della giustizia di pace,* m)*, limitatamente alle disposizioni generali e comuni per le politiche sociali,* n)*,* o)*, limitatamente alle politiche attive del lavoro e all'istruzione e formazione professionale,* q)*, limitatamente al commercio con l'estero,* s) *e* u)*, limitatamente al governo del territorio, possono essere attribuite ad altre Regioni, con legge dello Stato, anche su richiesta delle stesse, sentiti gli enti locali, nel rispetto dei princìpi di cui all'articolo 119, purché la Regione sia in condizione di equilibrio tra le entrate e le spese del proprio bilancio. La legge è approvata da entrambe le Camere, sulla base di intesa tra lo Stato e la Regione interessata ».*

117 [I] (1) La potestà legislativa è esercitata dallo Stato e dalle Regioni nel rispetto della Costituzione, nonché dei vincoli derivanti dall'ordinamento comunitario e dagli obblighi internazionali [11] (2).

[II] Lo Stato ha legislazione esclusiva nelle seguenti materie:

a) politica estera e rapporti internazionali dello Stato; rapporti dello Stato con l'Unione europea; diritto di asilo e condizione giuridica dei cittadini di Stati non appartenenti all'Unione europea;

b) immigrazione;

c) rapporti tra la Repubblica e le confessioni religiose;

d) difesa e Forze armate; sicurezza dello Stato; armi, munizioni ed esplosivi;

e) moneta, tutela del risparmio e mercati finanziari; tutela della concorrenza; sistema valutario; sistema tributario e contabile dello Stato; armonizzazione dei bilanci pubblici; perequazione delle risorse finanziarie (7);

f) organi dello Stato e relative leggi elettorali; referendum statali; elezione del Parlamento europeo;

g) ordinamento e organizzazione amministrativa dello Stato e degli enti pubblici nazionali;

h) ordine pubblico e sicurezza, ad esclusione della polizia amministrativa locale;

i) cittadinanza, stato civile e anagrafi;

l) giurisdizione e norme processuali; ordinamento civile e penale; giustizia amministrativa;

m) determinazione dei livelli essenziali delle prestazioni concernenti i diritti civili e sociali che devono essere garantiti su tutto il territorio nazionale;

n) norme generali sull'istruzione;

o) previdenza sociale;

p) legislazione elettorale, organi di governo e funzioni fondamentali di Comuni, Province e Città metropolitane (3);

q) dogane, protezione dei confini nazionali e profilassi internazionale;

r) pesi, misure e determinazione del tempo; coordinamento informativo statistico e informatico dei dati dell'amministrazione statale, regionale e locale; opere dell'ingegno;

s) tutela dell'ambiente, dell'ecosistema e dei beni culturali.

[III] Sono materie di legislazione concorrente quelle relative a: rapporti internazionali e con l'Unione europea delle Regioni; commercio con l'estero; tutela e sicurezza del lavoro; istruzione, salva l'autonomia delle istituzioni scolastiche e con esclusione della istruzione e della formazione professionale; professioni; ricerca scientifica e tecnologica e sostegno all'innovazione per i settori produttivi; tutela della salute; alimentazione; ordinamento sportivo; protezione civile; governo del territorio; porti e aeroporti civili; grandi reti di trasporto e di navigazione; ordinamento della comunicazione; produzione, trasporto e distribuzione nazionale dell'energia; previdenza complementare e integrativa; armonizzazione dei bilanci pubblici e coordinamento della finanza pubblica e del sistema tributario; valorizzazione dei beni culturali e ambientali e promozione e organizzazione di attività culturali; casse di risparmio, casse rurali, aziende di credito a carattere regionale; enti di credito fondiario e agrario a carattere regionale. Nelle materie di legislazione concorrente spetta alle Regioni la potestà legislativa, salvo che per la determinazione dei princìpi fondamentali, riservata alla legislazione dello Stato (2) (8).

[IV] Spetta alle Regioni la potestà legislativa in riferimento ad ogni materia non espressamente riservata alla legislazione dello Stato.

[V] Le Regioni e le Province autonome di Trento e di Bolzano, nelle materie di loro competenza, partecipano alle decisioni dirette alla formazione degli atti normativi comunitari e provvedono all'attuazione e all'esecuzione degli accordi internazionali e degli atti dell'Unione europea, nel rispetto delle norme di procedura stabilite da legge dello Stato, che disciplina le modalità di esercizio del potere sostitutivo in caso di inadempienza [1202] (4).

[VI] La potestà regolamentare spetta allo Stato nelle materie di legislazione esclusiva, salva delega alle Regioni. La potestà regolamentare spetta alle Regioni in ogni altra materia. I Comuni, le Province e le Città metropolitane hanno potestà regolamentare in ordine alla disciplina dell'organizzazione e dello svolgimento delle funzioni loro attribuite (5).

[VII] Le leggi regionali rimuovono ogni ostacolo che impedisce la piena parità degli uomini e delle donne nella vita sociale, culturale ed economica e promuovono la parità di accesso tra donne e uomini alle cariche elettive.

[VIII] La legge regionale ratifica le intese della Regione con altre Regioni per il migliore esercizio delle proprie funzioni, anche con individuazione di organi comuni.

[IX] Nelle materie di sua competenza la Regione può concludere accordi con Stati e intese con enti territoriali interni ad altro Stato, nei casi e con le forme disciplinati da leggi dello Stato (6).

(1) *Articolo così sostituito dall'art. 3, l. cost. 18 ottobre 2001, n. 3, promulgata a seguito dell'esito favorevole del referendum indetto in data 3 agosto 2001. Il testo previgente era il seguente:* « La Regione emana per le seguenti materie norme legislative nei limiti dei princìpi fondamentali stabiliti dalle leggi dello Stato, sempreché le norme stesse non siano in contrasto con l'interesse nazionale e con quello di altre Regioni: ordinamento degli uffici e degli enti amministrativi dipendenti dalla Regione; circoscrizioni comunali; polizia locale urbana e rurale; fiere e mercati; beneficenza pubblica ed assistenza sanitaria ed ospedaliera; istruzione artigiana e professionale e assistenza scolastica; musei e biblioteche di enti locali; urbanistica; turismo ed industria alberghiera; tranvie e linee automobilistiche d'interesse regionale; viabilità, acquedotti e lavori pubblici di interesse regionale; navigazione e porti lacuali; acque minerali e termali; cave e torbiere; caccia; pesca nelle acque interne; agricoltura e foreste; artigianato. — Altre materie indicate da leggi costituzionali. — Le leggi della Repubblica possono demandare alla Regione il potere di emanare norme per la loro attuazione ».

(2) *In attuazione di tale comma v. art. 1, l. 5 giugno 2003, n. 131.*

(3) *In attuazione di tale comma v. art. 2, l. n. 131, cit.*

(4) *V. art. 118 l. 4 febbraio 2005, n. 11.*

(5) *In attuazione di tale comma v. art. 4, l. n. 131, cit.*

(6) *In attuazione di tale comma v. art. 6, l. n. 131, cit.*

(7) *Lettera così modificata dalla lettera* a) *del comma 1 dell'art. 3, l. Cost. 20 aprile 2012, n. 1. Le disposizioni di cui alla citata l. Cost. n. 1/2012 si applicano, ai sensi di quanto disposto dal comma 1 dell'art. 6 della stessa, a decorrere dall'esercizio finanziario relativo all'anno 2014.*

(8) *Comma così modificato dalla lettera* b) *del comma 1 dell'art. 3, l. Cost. 20 aprile 2012, n. 1. Le disposizioni di cui alla citata l. Cost. n. 1/2012 si applicano, ai sensi di quanto disposto dal comma 1 dell'art. 6 della stessa, a decorrere dall'esercizio finanziario relativo all'anno 2014.*

Il testo di legge costituzionale, di cui sub nota 1 in Epigrafe, non approvato all'esito del referendum del 4 dicembre 2016, disponeva la sostituzione delpresente articolo con il seguente: « Art. 117. – La potestà legislativa è esercitata dallo Stato e dalle Regioni nel rispetto della Co-

stituzione, nonché dei vincoli derivanti dall'ordinamento dell'Unione europea e dagli obblighi internazionali. Lo Stato ha legislazione esclusiva nelle seguenti materie: a) *politica estera e rapporti internazionali dello Stato; rapporti dello Stato con l'Unione europea; diritto di asilo e condizione giuridica dei cittadini di Stati non appartenenti all'Unione europea;* b) *immigrazione;* c) *rapporti tra la Repubblica e le confessioni religiose;* d) *difesa e Forze armate; sicurezza dello Stato; armi, munizioni ed esplosivi;* e) *moneta, tutela del risparmio e mercati finanziari e assicurativi; tutela e promozione della concorrenza; sistema valutario; sistema tributario e contabile dello Stato; armonizzazione dei bilanci pubblici; coordinamento della finanza pubblica e del sistema tributario; perequazione delle risorse finanziarie;* f) *organi dello Stato e relative leggi elettorali; referendum statali; elezione del Parlamento europeo;* g) *ordinamento e organizzazione amministrativa dello Stato e degli enti pubblici nazionali; norme sul procedimento amministrativo e sulla disciplina giuridica del lavoro alle dipendenze delle amministrazioni pubbliche tese ad assicurarne l'uniformità sul territorio nazionale;* h) *ordine pubblico e sicurezza, ad esclusione della polizia amministrativa locale;* i) *cittadinanza, stato civile e anagrafi;* l) *giurisdizione e norme processuali; ordinamento civile e penale; giustizia amministrativa;* m) *determinazione dei livelli essenziali delle prestazioni concernenti i diritti civili e sociali che devono essere garantiti su tutto il territorio nazionale; disposizioni generali e comuni per la tutela della salute, per le politiche sociali e per la sicurezza alimentare;* n) *disposizioni generali e comuni sull'istruzione; ordinamento scolastico; istruzione universitaria e programmazione strategica della ricerca scientifica e tecnologica;* o) *previdenza sociale, ivi compresa la previdenza complementare e integrativa; tutela e sicurezza del lavoro; politiche attive del lavoro; disposizioni generali e comuni sull'istruzione e formazione professionale;* p) *ordinamento, legislazione elettorale, organi di governo e funzioni fondamentali di Comuni e Città metropolitane; disposizioni di principio sulle forme associative dei Comuni;* q) *dogane, protezione dei confini nazionali e profilassi internazionale; commercio con l'estero;* r) *pesi, misure e determinazione del tempo; coordinamento informativo statistico e informatico dei dati, dei processi e delle relative infrastrutture e piattaforme informatiche dell'amministrazione statale, regionale e locale; opere dell'ingegno;* s) *tutela e valorizzazione dei beni culturali e paesaggistici; ambiente ed ecosistema; ordinamento sportivo; disposizioni generali e comuni sulle attività culturali e sul turismo;* t) *ordinamento delle professioni e della comunicazione;* u) *disposizioni generali e comuni sul governo del territorio; sistema nazionale e coordinamento della protezione civile;* v) *produzione, trasporto e distribuzione nazionali dell'energia;* z) *infrastrutture strategiche e grandi reti di trasporto e di navigazione di interesse nazionale e relative norme di sicurezza; porti e aeroporti civili, di interesse nazionale e internazionale. — Spetta alle Regioni la potestà legislativa in materia di rappresentanza delle minoranze linguistiche, di pianificazione del territorio regionale e mobilità al suo interno, di dotazione infrastrutturale, di programmazione e organizzazione dei servizi sanitari e sociali, di promozione dello sviluppo economico locale e organizzazione in ambito regionale dei servizi alle imprese e della formazione professionale; salva l'autonomia delle istituzioni scolastiche, in materia di servizi scolastici, di promozione del diritto allo studio, anche universitario; in materia di disciplina, per quanto di interesse regionale, delle attività culturali, della promozione dei beni ambientali, culturali e paesaggistici, di valorizzazione e organizzazione regionale del turismo, di regolazione, sulla base di apposite intese concluse in ambito regionale, delle relazioni finanziarie tra gli enti territoriali della Regione per il rispetto degli obiettivi programmatici regionali e locali di finanza pubblica, nonché in ogni materia non espressamente riservata alla competenza esclusiva dello Stato. — Su proposta del Governo, la legge dello Stato può intervenire in materie non riservate alla legislazione esclusiva quando lo richieda la tutela dell'unità giuridica o economica della Repubblica, ovvero la tutela dell'interesse nazionale. — Le Regioni e le Province autonome di Trento e di Bolzano, nelle materie di loro competenza, partecipano alle decisioni dirette alla formazione degli atti normativi dell'Unione europea e provvedono all'attuazione e all'esecuzione degli accordi internazionali e degli atti dell'Unione europea, nel rispetto delle norme di procedura stabilite con legge dello Stato, che disciplina le modalità di esercizio del potere sostitutivo in caso di inadempienza. — La potestà regolamentare spetta allc Stato e alle Regioni secondo le rispettive competenze legislative. È fatta salva la facoltà dello Stato di delegare alle Regioni l'esercizio di tale potestà nelle materie di competenza legislativa esclusiva. I Comuni e le Città metropolitane hanno potestà regolamentare in ordine alla disciplina dell'organizzazione e dello svolgimento delle funzioni loro attribuite, nel rispetto della legge statale o regionale. — Le leggi regionali rimuovono ogni ostacolo che impedisce la piena parità degli uomini e delle donne nella vita sociale, culturale ed economica e promuovono la parità di accesso tra donne e uomini alle cariche elettive. — La legge regionale ratifica le intese della Regione con altre Regioni per il migliore esercizio delle proprie funzioni, anche con individuazione di organi comuni. — Nelle materie di sua competenza la Regione può concludere accordi con Stati e intese con enti territoriali interni ad altro Stato, nei casi e con le forme disciplinati da leggi dello Stato ».*

118 [I] (1) Le funzioni amministrative sono attribuite ai Comuni salvo che, per assicurarne l'esercizio unitario, siano conferite a Province, Città metropolitane, Regioni e Stato, sulla base dei princìpi di sussidiarietà, differenziazione ed adeguatezza.

[II] I Comuni, le Province e le Città metropolitane sono titolari di funzioni amministrative proprie e di quelle conferite con legge statale o regionale, secondo le rispettive competenze.

[III] La legge statale disciplina forme di coordinamento fra Stato e Regioni nelle materie di cui alle lettere *b*) e *h*) del secondo comma dell'articolo 117, e disciplina inoltre forme di intesa e coordinamento nella materia della tutela dei beni culturali.

[IV] Stato, Regioni, Città metropolitane, Province e Comuni favoriscono l'autonoma iniziativa dei cittadini, singoli e associati, per lo svolgimento di attività di interesse generale, sulla base del principio di sussidiarietà.

(1) *Articolo così sostituito dall'art. 4, l. cost. 18 ottobre 2001, n. 3 promulgata a seguito dell'esito favorevole del referendum indetto in data 3 agosto 2001. Il testo previgente era il seguente:* « Spettano alla Regione le funzioni amministrative per le materie elencate nel precedente articolo, salvo quelle di interesse esclusivamente locale, che possono essere attribuite dalle leggi della Repubblica alle Provincie, ai Comuni o ad altri enti locali. — Lo Stato può con legge delegare alla Regione l'esercizio di altre funzioni amministrative. — La Regione esercita normalmente le sue funzioni amministrative delegando alle Provincie, ai Comuni o ad altri enti locali, o valendosi dei loro uffici ». *In attuazione di tale articolo v. art. 7, l. 5 giugno 2003, n. 131.*

Il testo di legge costituzionale, di cui sub nota 1 in Epigrafe, non approvato all'esito del referendum del 4 dicembre 2016, disponeva le seguenti modificazioni: a) *al primo comma, la soppressione della parola: « Province, »;* b) *dopo il primo comma l'inserimento del seguente: « Le funzioni amministrative sono esercitate in modo da assicurare la semplificazione e la trasparenza dell'azione amministrativa, secondo criteri di efficienza e di responsabilità degli amministratori »;* c) *al secondo comma, la soppressione delle parole: «, le Province »;* d) *al terzo comma, la sostituzione delle parole: « nella materia della tutela dei beni culturali » con le seguenti: « in materia di tutela dei beni culturali e paesaggistici »;* e) *al quarto comma, la soppressione della parola: «, Province ».*

119 [I] (1) I Comuni, le Province, le Città metropolitane e le Regioni hanno autonomia finanziaria di entrata e di spesa, nel rispetto dell'equilibrio dei relativi bilanci, e concorrono ad assicurare l'osservanza dei vincoli economici e finanziari derivanti dall'ordinamento dell'Unione europea (3).

[II] I Comuni, le Province, le Città metropolitane e le Regioni hanno risorse autonome. Stabiliscono e applicano tributi ed entrate propri, in armonia con la Costituzione e secondo i princìpi di coordinamento della finanza pubblica e del sistema tributario. Dispongono di compartecipazioni al gettito di tributi erariali riferibile al loro territorio.

[III] La legge dello Stato istituisce un fondo perequativo, senza vincoli di destinazione, per i territori con minore capacità fiscale per abitante.

[IV] Le risorse derivanti dalle fonti di cui ai commi precedenti consentono ai Comuni, alle Province, alle Città metropolitane e alle Regioni di finanziare integralmente le funzioni pubbliche loro attribuite.

[v] Per promuovere lo sviluppo economico, la coesione e la solidarietà sociale, per rimuovere gli squilibri economici e sociali, per favorire l'effettivo esercizio dei diritti della persona, o per provvedere a scopi diversi dal normale esercizio delle loro funzioni, lo Stato destina risorse aggiuntive ed effettua interventi speciali in favore di determinati Comuni, Province, Città metropolitane e Regioni.

[vi] I Comuni, le Province, le Città metropolitane e le Regioni hanno un proprio patrimonio, attribuito secondo i principi generali determinati dalla legge dello Stato. Possono ricorrere all'indebitamento solo per finanziare spese di investimento, con la contestuale definizione di piani di ammortamento e a condizione che per il complesso degli enti di ciascuna Regione sia rispettato l'equilibrio di bilancio. È esclusa ogni garanzia dello Stato sui prestiti dagli stessi contratti (2) (3)

(1) *Articolo così sostituito dall'art. 5 l. cost. 18 ottobre 2001, n. 3 promulgata a seguito dell'esito favorevole del referendum indetto in data 3 agosto 2001. Il testo previgente era il seguente:* « Le Regioni hanno autonomia finanziaria nelle forme e nei limiti stabiliti da leggi della Repubblica, che la coordinano con la finanza dello Stato, delle Provincie e dei Comuni. — Alle Regioni sono attribuiti tributi propri e quote di tributi erariali, in relazione ai bisogni delle Regioni per le spese necessarie ad adempiere le loro funzioni normali. — Per provvedere a scopi determinati, e particolarmente per valorizzare il Mezzogiorno e le Isole, lo Stato assegna per legge a singole Regioni contributi speciali. — La Regione ha un proprio demanio e patrimonio, secondo le modalità stabilite con legge della Repubblica ».

(2) *Cfr. art. 316-321, l. 24 dicembre 2003, n. 350 (l. finanziaria 2004). Inoltre, con legge 5 maggio 2009, n. 42 (« Delega al Governo in materia di federalismo fiscale, in attuazione dell'articolo 119 della Costituzione ») sono stati fissati i criteri per dare attuazione all'art. 119 Cost. L'art. 1 della legge prevede che: « 1. La presente legge costituisce attuazione dell'articolo 119 della Costituzione, assicurando autonomia di entrata e di spesa di comuni, province, città metropolitane e regioni e garantendo i princìpi di solidarietà e di coesione sociale, in maniera da sostituire gradualmente, per tutti i livelli di governo, il criterio della spesa storica e da garantire la loro massima responsabilizzazione e l'effettività e la trasparenza del controllo democratico nei confronti degli eletti. A tali fini, la presente legge reca disposizioni volte a stabilire in via esclusiva i princìpi fondamentali del coordinamento della finanza pubblica e del sistema tributario, a disciplinare l'istituzione ed il funzionamento del fondo perequativo per i territori con minore capacità fiscale per abitante nonché l'utilizzazione delle risorse aggiuntive e l'effettuazione degli interventi speciali di cui all'articolo 119, quinto comma, della Costituzione perseguendo lo sviluppo delle aree sottoutilizzate nella prospettiva del superamento del dualismo economico del Paese. Disciplina altresì i princìpi generali per l'attribuzione di un proprio patrimonio a comuni, province, città metropolitane e regioni e detta norme transitorie sull'ordinamento, anche finanziario, di Roma capitale. — 2. Alle regioni a statuto speciale ed alle province autonome di Trento e di Bolzano si applicano, in conformità con gli statuti, esclusivamente le disposizioni di cui agli articoli 15, 22 e 27 ».*

(3) *Comma così modificato dalla lettera* b) *del comma 1 dell'art. 4, l. Cost. 20 aprile 2012, n. 1. Le disposizioni di cui alla citata l. Cost. n. 1/2012 si applicano, ai sensi di quanto disposto dal comma 1 dell'art. 6 della stessa, a decorrere dall'esercizio finanziario relativo all'anno 2014.*

Il testo di legge costituzionale, di cui sub nota 1 in Epigrafe, non approvato all'esito del referendum del 4 dicembre 2016, disponeva la sostituzione del presente articolo: « Art. 119. - I Comuni, le Città metropolitane e le Regioni hanno autonomia finanziaria di entrata e di spesa, nel rispetto dell'equilibrio dei relativi bilanci, e concorrono ad assicurare l'osservanza dei vincoli economici e finanziari derivanti dall'ordinamento dell'Unione europea. — I Comuni, le Città metropolitane e le Regioni hanno risorse autonome. Stabiliscono e applicano tributi ed entrate propri e dispongono di compartecipazioni al gettito di tributi erariali riferibile al loro territorio, in armonia con la Costituzione e secondo quanto disposto dalla legge dello Stato ai fini del coordinamento della finanza pubblica e del sistema tributario. — La legge dello Stato istituisce un fondo perequativo, senza vincoli di destinazione, per i territori con minore capacità fiscale per abitante. — Le risorse derivanti dalle fonti di cui ai commi precedenti assicurano il finanziamento integrale delle funzioni pubbliche dei Comuni, delle Città metropolitane e delle Regioni. Con legge dello Stato sono definiti indicatori di riferimento di costo e di fabbisogno che promuovono condizioni di efficienza nell'esercizio delle medesime funzioni. — Per promuovere lo sviluppo economico, la coesione e la solidarietà sociale, per rimuovere gli squilibri economici e sociali, per favorire l'effettivo esercizio dei diritti della persona, o per provvedere a scopi diversi dal normale esercizio delle loro funzioni, lo Stato destina risorse aggiuntive ed effettua interventi speciali in favore di determinati Comuni, Città metropolitane e Regioni. — I Comuni, le Città metropolitane e le Regioni hanno un proprio patrimonio, attribuito secondo i princìpi generali determinati dalla legge dello Stato. Possono ricorrere all'indebitamento solo per finanziare spese di investimento, con la contestuale definizione di piani di ammortamento e a condizione che per il complesso degli enti di ciascuna Regione sia rispettato l'equilibrio di bilancio. È esclusa ogni garanzia dello Stato sui prestiti dagli stessi contratti ».

120 [i] (1) La Regione non può istituire dazi di importazione o esportazione o transito tra le Regioni, né adottare provvedimenti che ostacolino in qualsiasi modo la libera circolazione delle persone e delle cose tra le Regioni, né limitare l'esercizio del diritto al lavoro in qualunque parte del territorio nazionale.

[ii] Il Governo può sostituirsi a organi delle Regioni, delle Città metropolitane, delle Province e dei Comuni nel caso di mancato rispetto di norme e trattati internazionali o della normativa comunitaria oppure di pericolo grave per l'incolumità e la sicurezza pubblica, ovvero quando lo richiedono la tutela dell'unità giuridica o dell'unità economica e in particolare la tutela dei livelli essenziali delle prestazioni concernenti i diritti civili e sociali, prescindendo dai confini territoriali dei governi locali. La legge definisce le procedure atte a garantire che i poteri sostitutivi siano esercitati nel rispetto del principio di sussidiarietà e del principio di leale collaborazione (2).

(1) *Articolo così sostituito dall'art. 6 l. cost. 18 ottobre 2001, n. 3 promulgata a seguito dell'esito favorevole del referendum indetto in data 3 agosto 2001. Il testo previgente era il seguente:* « La Regione non può istituire dazi d'importazione o esportazione o transito fra le Regioni. — Non può adottare provvedimenti che ostacolino in qualsiasi modo la libera circolazione delle persone e delle cose fra le Regioni. — Non può limitare il diritto dei cittadini di esercitare in qualunque parte del territorio nazionale la loro professione, impiego o lavoro ».

(2) *V. art. 8 l. 5 giugno 2003, n. 131 nonché art. 11 l. 4 febbraio 2005, n. 11.*

Il testo di legge costituzionale, di cui sub nota 1 in Epigrafe, non approvato all'esito del referendum del 4 dicembre 2016, disponeva le seguenti modificazioni: a) *al secondo comma, dopo le parole: « Il Governo » l'inserimento delle seguenti: «, acquisito, salvi i casi di motivata urgenza, il parere del Senato della Repubblica, che deve essere reso entro quindici giorni dalla richiesta, » e aveva aggiunto, in fine, le seguenti parole: « e stabilisce i casi di esclusione dei titolari di organi di governo regionali e locali dall'esercizio delle rispettive funzioni quando è stato accertato lo stato di grave dissesto finanziario dell'ente »;* b) *al secondo comma,, dopo le parole: «, delle Province » l'inserimento delle seguenti: « autonome di Trento e di Bolzano ».*

121 [i] Sono organi della Regione il Consiglio regionale [126], la Giunta e il suo presidente.

[ii] Il Consiglio regionale esercita le potestà legislative [e regolamentari] (1) attribuite alla Regione [117] e le altre funzioni conferitegli dalla Costituzione [83] e dalle leggi. Può fare proposte di legge alle Camere [71].

[iii] La Giunta regionale è l'organo esecutivo delle Regioni.

[iv] Il presidente della Giunta rappresenta la Regione; dirige la politica della Giunta e ne è responsabile; promulga le leggi ed emana i regolamenti regionali [117]; dirige le funzioni amministrative delegate dallo Stato alla Regione, conformandosi alle istruzioni del Governo della Repubblica [118] (2).

(1) *Parole così soppresse dall'art. 1 l. cost. 22 novembre 1999, n. 1.*

(2) *Comma così sostituito dall'art. 1 l. cost. 22 novembre 1999, n. 1; il testo previgente era il seguente:* « Il Presidente della Giunta rappresenta la Regione; promulga le leggi ed i regolamenti regionali; dirige le funzioni amministrative delegate dallo Stato alla Regione, conformandosi alle istruzioni del governo centrale ».

Il testo di legge costituzionale, di cui sub *nota 1 in Epigrafe, non approvato all'esito del referendum del 4 dicembre 2016, al secondo comma disponeva la sostituzione delle parole: « alle Camere » con le seguenti: « alla Camera dei deputati ».*

122 **[I]** (1) Il sistema di elezione e i casi di ineleggibilità e di incompatibilità del Presidente e degli altri componenti della Giunta regionale nonché dei consiglieri regionali sono disciplinati con legge della Regione nei limiti dei princípi fondamentali stabiliti con legge della Repubblica, che stabilisce anche la durata degli organi elettivi (2).

[II] Nessuno può appartenere contemporaneamente a un Consiglio o a una Giunta regionale e ad una delle Camere del Parlamento, ad un altro Consiglio o ad altra Giunta regionale, ovvero al Parlamento europeo.

[III] Il Consiglio elegge tra i suoi componenti un Presidente e un ufficio di presidenza.

[IV] I consiglieri regionali non possono essere chiamati a rispondere delle opinioni espresse e dei voti dati nell'esercizio delle loro funzioni.

[V] Il presidente della Giunta regionale, salvo che lo statuto regionale disponga diversamente, è eletto a suffragio universale e diretto. Il presidente eletto nomina e revoca i componenti della Giunta.

(1) *Articolo così sostituito dall'art. 2, l. cost. 22 novembre 1999, n. 1; il testo previgente era il seguente:* « Il sistema d'elezione, il numero e i casi di ineleggibilità e di incompatibilità dei consiglieri regionali sono stabiliti con legge della Repubblica. — Nessuno può appartenere contemporaneamente a un Consiglio regionale e ad una delle Camere del Parlamento o ad un altro Consiglio regionale. — Il Consiglio elegge nel suo seno un presidente e un ufficio di presidenza per i propri lavori. — I consiglieri regionali non possono essere chiamati a rispondere delle opinioni espresse e dei voti dati nell'esercizio delle loro funzioni. — Il Presidente ed imembridella Giunta sono eletti dal Consiglio regionale tra i suoi componenti ».

Per il regime transitorio, v. art. 5 l. cost. n. 1, cit., il cui testo qui si riporta: « 5. (Disposizioni transitorie). — 1. Fino alla data di entrata in vigore dei nuovi statuti regionali e delle nuove leggi elettorali ai sensi del primo comma dell'art. 122 della Costituzione, come sostituito dall'art. 2 della presente legge costituzionale, l'elezione del Presidente della Giunta regionale è contestuale al rinnovo dei rispettivi Consigli regionali e si effettua con le modalità previste dalle disposizioni di legge ordinaria vigenti in materia di elezione dei Consigli regionali. Sono candidati alla Presidenza della Giunta regionale i capilista delle liste regionali. è proclamato eletto Presidente della Giunta regionale il candidato che ha conseguito il maggior numero di voti validi in ambito regionale. Il Presidente della Giunta regionale fa parte del Consiglio regionale. È eletto alla carica di consigliere il candidato alla carica di Presidente della Giunta regionale che ha conseguito un numero di voti validi immediatamente inferiore a quello del candidato proclamato eletto Presidente. L'Ufficio centrale regionale riserva, a tal fine, l'ultimo dei seggi eventualmente spettanti alle liste circoscrizionali collegate con il capolista della lista regionale proclamato alla carica di consigliere, nell'ipotesi prevista al n. 3) del tredicesimo comma dell'art. 15 della l. 17 febbraio 1968, n. 108, introdotto dal comma 2 dell'art. 3 della l. 23 febbraio 1995, n. 43; o, altrimenti, il seggio attribuito con il resto o con la cifra elettorale minore, tra quelli delle stesse liste, in sede di collegio unico regionale per la ripartizione dei seggi circoscrizionali residui. Qualora tutti i seggi spettanti alle liste collegate siano stati assegnati con quoziente intero in sede circoscrizionale, l'Ufficio centrale regionale procede all'attribuzione di un seggio aggiuntivo, del quale si deve tenere conto per la determinazione della conseguente quota percentuale di seggi spettanti alle liste di maggioranza in seno al Consiglio regionale. — 2. Fino alla data di entrata in vigore dei nuovi statuti regionali si osservano le seguenti disposizioni: a) *entro dieci giorni dalla proclamazione, il Presidente della Giunta regionale nomina i componenti della Giunta, fra i quali un Vicepresidente, e può successivamente revocarli;* b) *nel caso in cui il Consiglio regionale approvi a maggioranza assoluta una mozione motivata di sfiducia nei confronti del Presidente della Giunta regionale, presentata da almeno un quinto dei suoi componenti e messa in discussione non prima di tre giorni dalla presentazione, entro tre mesi si procede all'indizione di nuove elezioni del Consiglio e del Presidente della Giunta. Si procede parimenti a nuove elezioni del Consiglio e del Presidente della Giunta in caso di dimissioni volontarie, impedimento permanente o morte del Presidente ».*

(2) *V. ora l. 2 luglio 2004, n. 165, recante disposizioni di attuazione dell'art. 122, primo comma, della Costituzione.*

Il testo di legge costituzionale, di cui sub *nota 1 in Epigrafe, non approvato all'esito del referendum del 4 dicembre 2016, disponeva le seguenti modificazioni:* a) *al primo comma l'aggiunta, in fine, delle seguenti parole: « e i relativi emolumenti nel limite dell'importo di quelli attribuiti ai sindaci dei Comuni capoluogo di Regione. La legge della Repubblica stabilisce altresì i princìpi fondamentali per promuovere l'equilibrio tra donne e uomini nella rappresentanza »;* b) *al secondo comma la sostituzione delle parole: « ad una delle Camere del Parlamento » con le seguenti: « alla Camera dei deputati ».*

123 **[I]** (1) Ciascuna Regione ha uno statuto che, in armonia con la Costituzione, ne determina la forma di governo e i princìpi fondamentali di organizzazione e funzionamento. Lo statuto regola l'esercizio del diritto di iniziativa e del referendum su leggi e provvedimenti amministrativi della Regione e la pubblicazione delle leggi e dei regolamenti regionali.

[II] Lo statuto è approvato e modificato dal Consiglio regionale con legge approvata a maggioranza assoluta dei suoi componenti, con due deliberazioni successive adottate ad intervallo non minore di due mesi. Per tale legge non è richiesta l'apposizione del visto da parte del Commissario del Governo. Il Governo della Repubblica può promuovere la questione di legittimità costituzionale sugli statuti regionali dinanzi alla Corte costituzionale entro trenta giorni dalla loro pubblicazione (2).

[III] Lo statuto è sottoposto a referendum popolare qualora entro tre mesi dalla sua pubblicazione ne faccia richiesta un cinquantesimo degli elettori della Regione o un quinto dei componenti il Consiglio regionale. Lo statuto sottoposto a referendum non è promulgato se non è approvato dalla maggioranza dei voti validi.

[IV] In ogni regione, lo statuto disciplina il Consiglio delle autonomie locali, quale organo di consultazione fra la Regione e gli enti locali (3).

(1) *Articolo così sostituito dall'art. 3, l. cost. 22 novembre 1999, n. 1; il testo previgente era il seguente:* « Ogni Regione ha uno statuto il quale, in armonia con la Costituzione e con le leggi della Repubblica, stabilisce le norme relative all'organizzazione interna della Regione. Lo statuto regola l'esercizio del diritto di iniziativa e del referendum su leggi e provvedimenti amministrativi della Regione e la pubblicazione delle leggi e dei regolamenti regionali. — Lo statuto è deliberato dal Consiglio regionale a maggioranza assoluta dei suoi componenti, ed è approvato con legge della Repubblica ».

(2) *In attuazione di tale comma v. art. 9 l. 5 giugno 2003, n. 131.*

(3) *Comma così aggiunto dall'art. 7 l. cost. 18 ottobre 2001, n. 3 promulgata a seguito dell'esito favorevole del referendum indetto in data 3 agosto 2001.*

124 (1).

(1) *Articolo abrogato dall'art. 9² l. cost. 18 ottobre 2001, n. 3 promulgata a seguito dell'esito favorevole del referendum indetto in data 3 agosto 2001. L'articolo era così formulato:* « Un commissario del governo, residente nel capoluogo della Regione, sopraintende alle funzioni amministrative esercitate dallo Stato e le coordina con quelle esercitate dalla Regione ».

125 [I] (1) Nella Regione sono istituiti organi di giustizia amministrativa di primo grado, secondo l'ordinamento stabilito da legge della Repubblica. Possono istituirsi sezioni con sede diversa dal capoluogo della Regione (2).

(1) *L'originario primo comma è stato abrogato dall'art. 92 l. cost. 18 ottobre 2001, n. 3 promulgata a seguito dell'esito favorevole del referendum indetto in data 3 agosto 2001. Il comma era così formulato*: « Il controllo di legittimità sugli atti amministrativi della Regione è esercitato, in forma decentrata da un organo dello Stato, nei modi e nei limiti stabiliti da leggi della Repubblica. La legge può in determinati casi ammettere il controllo di merito, al solo effetto di promuovere, con richiesta motivata, il riesame della deliberazione da parte del Consiglio regionale ».

(2) *V. l. 6 dicembre 1971, n. 1034, e, per la sua esecuzione, d.P.R. 21 aprile 1973, n. 214.*

126 [I] (1) Con decreto motivato del Presidente della Repubblica sono disposti lo scioglimento del Consiglio regionale e la rimozione del Presidente della Giunta che abbiano compiuto atti contrari alla Costituzione o gravi violazioni di legge. Lo scioglimento e la rimozione possono altresì essere disposti per ragioni di sicurezza nazionale. Il decreto è adottato sentita una Commissione di deputati e senatori costituita, per le questioni regionali, nei modi stabiliti con legge della Repubblica.

[II] Il Consiglio regionale può esprimere la sfiducia nei confronti del Presidente della Giunta mediante mozione motivata, sottoscritta da almeno un quinto dei suoi componenti e approvata per appello nominale a maggioranza assoluta dei componenti. La mozione non può essere messa in discussione prima di tre giorni dalla presentazione.

[III] L'approvazione della mozione di sfiducia nei confronti del Presidente della Giunta eletto a suffragio universale e diretto, nonché la rimozione, l'impedimento permanente, la morte o le dimissioni volontarie dello stesso comportano le dimissioni della Giunta e lo scioglimento del Consiglio. In ogni caso i medesimi effetti conseguono alle dimissioni contestuali della maggioranza dei componenti il Consiglio.

(1) *Articolo così sostituito dall'art. 4 l. cost. 22 novembre 1999, n. 1; il testo previgente era il seguente*: « Il Consiglio regionale può essere sciolto, quando compia atti contrari alla Costituzione o gravi violazioni di legge, o non corrisponda all'invito del governo di sostituire la Giunta o il Presidente, che abbiano compiuto analoghi atti o violazioni. — Può essere sciolto quando, per dimissioni o per impossibilità di formare una maggioranza, non sia in grado di funzionare. — Può essere altresì sciolto, per ragioni di sicurezza nazionale. — Lo scioglimento è disposto con decreto motivato del Presidente della Repubblica, sentita una Commissione di deputati e senatori costituita, per le questioni regionali, nei modi stabiliti con legge della Repubblica. — Con decreto di scioglimento è nominata una Commissione di tre cittadini eleggibili al Consiglio regionale, che indice le elezioni entro tre mesi e provvede all'ordinaria amministrazione di competenza della Giunta e agli atti improrogabili, da sottoporre alla ratifica del nuovo Consiglio ».

Il testo di legge costituzionale, di cui sub nota 1 in Epigrafe, non approvato all'esito del referendum del 4 dicembre 2016, al primo comma, sostituito disponeva la sostituzione dell'ultimo periodo col seguente: « Il decreto è adottato previo parere del Senato della Repubblica ».

127 [I] (1) Il Governo, quando ritenga che una legge regionale ecceda la competenza della Regione, può promuovere la questione di legittimità costituzionale dinanzi alla Corte costituzionale [134 ss.] entro sessanta giorni dalla sua pubblicazione.

[II] La Regione, quando ritenga che una legge o un atto avente valore di legge dello Stato o di un'altra Regione leda la sua sfera di competenza, può promuovere la questione di legittimità costituzionale dinanzi alla Corte costituzionale [134 ss.] entro sessanta giorni dalla pubblicazione della legge o dell'atto avente valore di legge.

(1) *Articolo così sostituito dall'art. 8 l. cost. 18 ottobre 2001, n. 3 promulgata a seguito dell'esito favorevole del referendum indetto in data 3 agosto 2001. Il testo previgente era il seguente*: « Ogni legge approvata dal Consiglio regionale è comunicata al Commissario che, salvo il caso di opposizione da parte del governo, deve vistarla nel termine di trenta giorni dalla comunicazione. — La legge è promulgata nei dieci giorni dalla apposizione del visto ed entra in vigore non prima di quindici giorni dalla sua pubblicazione. — Se una legge è dichiarata urgente dal Consiglio regionale, e il governo della Repubblica lo consente, la promulgazione e l'entrata in vigore non sono subordinate ai termini indicati. — Il governo della Repubblica, quando ritenga che una legge approvata dal Consiglio regionale ecceda la competenza della Regione o contrasti con gli interessi nazionali o con quelli di altre Regioni, la rinvia al Consiglio regionale nel termine fissato per l'apposizione del visto. — Ove il Consiglio regionale la approvi di nuovo a maggioranza assoluta dei suoi componenti, il governo della Repubblica può, nei quindici giorni dalla comunicazione, promuovere la questione di legittimità davanti alla Corte costituzionale, o quella di merito per contrasto di interessi davanti alle Camere. In caso di dubbio, la Corte decide di chi sia la competenza ». *In attuazione di tale articolo v. art. 9, l. 5 giugno 2003, n. 131.*

128 (1).

(1) *Articolo abrogato dall'art. 92 l. cost. 18 ottobre 2001, n. 3 promulgata a seguito dell'esito favorevole del referendum indetto in data 3 agosto 2001. L'articolo era così formulato*: « Le Provincie e i Comuni sono enti autonomi nell'ambito dei princìpi fissati da leggi generali della Repubblica, che ne determinano le funzioni ».

129 (1).

(1) *Articolo abrogato dall'art. 92 l. cost. 18 ottobre 2001, n. 3 promulgata a seguito dell'esito favorevole del referendum indetto in data 3 agosto 2001. L'articolo era così formulato*: « Le Provincie e i Comuni sono anche circoscrizioni di decentramento statale e regionale. — Le circoscrizioni provinciali possono essere suddivise in circondari con funzioni esclusivamente amministrative per un ulteriore decentramento ».

130 (1).

(1) *Articolo abrogato dall'art. 92 l. cost. 18 ottobre 2001, n. 3 promulgata a seguito dell'esito favorevole del referendum indetto in data 3 agosto 2001. L'articolo era così formulato*: « Un organo della Regione, costituito nei modi stabiliti da legge della Repubblica, esercita anche in forma decentrata, il controllo di legittimità sugli atti delle Provincie, dei Comuni e degli altri enti locali. In casi determinati dalla legge può essere esercitato il controllo di merito, nella forma di richiesta motivata agli enti deliberanti di riesaminare la loro deliberazione ».

131 [I] Sono costituite le seguenti Regioni: Piemonte; Valle d'Aosta; Lombardia; Trentino-Alto Adige; Veneto; Friuli-Venezia Giulia; Liguria; Emilia-Romagna; Toscana; Umbria; Marche; Lazio; Abruzzi; Molise (1); Campania; Puglia; Basilicata; Calabria; Sicilia; Sardegna [XI trans. e fin.].

(1) *Elenco così modificato dall'art. 1 l. cost. 27 dicembre 1963, n. 3.*

132 [I] Si può con legge costituzionale [138], sentiti i Consigli regionali [121], disporre la fusione di Regioni esistenti o la creazione di nuove Regioni [XI] con un minimo di un milione d'abitanti, quando ne facciano richiesta tanti Consigli comunali che rappresentino almeno un terzo delle popolazioni interessate, e la proposta sia approvata con referendum dalla maggioranza delle popolazioni stesse [123].

[II] Si può, con l'approvazione della maggioranza delle popolazioni della Provincia o delle Province interessate e del Comune o dei Comuni interessati espressa mediante referendum e con legge della Repubblica, sentiti i Consigli regionali, consentire che Provincie e Comuni, che ne facciano richiesta, siano staccati da una Regione ed aggregati ad un'altra [123; XI] (1).

(1) *Comma così modificato dall'art. 91 l. cost. 18 ottobre 2001, n. 3 promulgata a seguito dell'esito favorevole del referendum indetto in data 3 agosto 2001.*

Il testo di legge costituzionale, di cui sub *nota 1 in Epigrafe, non approvato all'esito del referendum del 4 dicembre 2016, al secondo comma disponeva la soppressione delle parole: « della Provincia o delle Province interessate e » e la sostituzione delle parole: « Province e Comuni, » con le seguenti: « i Comuni, ».*

133 [I] Il mutamento delle circoscrizioni provinciali e la istituzione di nuove Provincie nell'ambito d'una Regione sono stabiliti con leggi della Repubblica, su iniziativa dei Comuni, sentita la stessa Regione.

[II] La Regione, sentite le popolazioni interessate, può con sue leggi istituire nel proprio territorio nuovi Comuni e modificare le loro circoscrizioni e denominazioni.

Il testo di legge costituzionale, di cui sub *nota 1 in Epigrafe,, non approvato all'esito del referendum del 4 dicembre 2016, disponeva l'abrogazione del primo comma.*

TITOLO VI
Garanzie costituzionali

SEZIONE I
La Corte costituzionale (1)

(1) *Per la disciplina della Corte costituzionale v. l. 11 marzo 1953, n. 87.*

134 [I] La Corte costituzionale giudica: sulle controversie relative alla legittimità costituzionale delle leggi e degli atti, aventi forza di legge, dello Stato e delle Regioni [70 ss., 117, 127]; sui conflitti di attribuzione tra i poteri dello Stato e su quelli tra lo Stato e le Regioni [131], e tra le Regioni; sulle accuse promosse contro il Presidente della Repubblica a norma della Costituzione [90, 96, 135] (1) (2).

(1) *Capoverso così modificato dall'art. 2 l. cost. 16 gennaio 1989, n. 1. Nel testo originario figurava l'inciso: « ed i Ministri ».*

(2) *Sui procedimenti e giudizi d'accusa innanzi alla Corte v. l. 25 gennaio 1962, n. 20 e l. 11 marzo 1953, n. 87,* sub *VI, 7 e in particolare gli artt. 14 e 22 dove sono riportate le Norme integrative per i giudizi davanti alla Corte costituzionale.*

Il testo di legge costituzionale, di cui sub *nota 1 in Epigrafe, non approvato all'esito del referendum del 4 dicembre 2016, disponeva l'aggiunta, dopo il primo comma, del seguente: « La Corte costituzionale giudica altresì della legittimità costituzionale delle leggi che disciplinano l'elezione dei membri della Camera dei deputati e del Senato della Repubblica ai sensi dell'articolo 73, secondo comma ».*

135 [I] (1) La Corte costituzionale è composta di quindici giudici nominati per un terzo dal Presidente della Repubblica, per un terzo dal Parlamento in seduta comune [55] e per un terzo dalle supreme magistrature ordinaria ed amministrative.

[II] I giudici della Corte costituzionale sono scelti tra i magistrati anche a riposo delle giurisdizioni superiori ordinaria ed amministrative, i professori ordinari di università in materie giuridiche e gli avvocati dopo venti anni d'esercizio.

[III] I giudici della Corte costituzionale sono nominati per nove anni, decorrenti per ciascuno di essi dal giorno del giuramento, e non possono essere nuovamente nominati.

[IV] Alla scadenza del termine il giudice costituzionale cessa dalla carica e dall'esercizio delle funzioni (2).

[V] La Corte elegge fra i suoi componenti, secondo le norme stabilite dalla legge, il Presidente che rimane in carica per un triennio, ed è rieleggibile, fermi in ogni caso i termini di scadenza dall'ufficio di giudice.

[VI] L'ufficio di giudice della Corte è incompatibile con quello di membro del Parlamento, di un Consiglio regionale, con l'esercizio della professione di avvocato e con ogni carica ed ufficio indicati dalla legge.

[VII] Nei giudizi di accusa contro il Presidente della Repubblica [90] intervengono, oltre i giudici ordinari della Corte, sedici membri tratti a sorte da un elenco di cittadini, aventi i requisiti per la eleggibilità a senatore, che il Parlamento compila ogni nove anni mediante elezione con le stesse modalità stabilite per la nomina dei giudici ordinari (3).

(1) *Articolo così sostituito dall'art. 1, l. cost. 22 novembre 1967, n. 2.*

(2) *V. art. 26 l. 25 gennaio 1962, n. 20.*

(3) *Capoverso così modificato dall'art. 2, l. cost. 16 gennaio 1989, n. 1. Nel testo originario figurava l'inciso:* « e contro i Ministri ».

Il testo di legge costituzionale, di cui sub *nota 1 in Epigrafe,, non approvato all'esito del referendum del 4 dicembre 2016, disponeva le seguenti modificazioni:* a) *la sostituzione del primo comma con il seguente: « La Corte costituzionale è composta da quindici giudici, dei quali un terzo nominati dal Presidente della Repubblica, un terzo dalle supreme magistrature ordinaria ed amministrative, tre dalla Camera dei deputati e due dal Senato della Repubblica »;* b) *al settimo comma, la sostituzione della parola: « senatore » con la seguente: « deputato ».*

136 [I] Quando la Corte dichiara l'illegittimità costituzionale di una norma di legge o di atto avente forza di legge, la norma cessa di avere efficacia dal giorno successivo alla pubblicazione della decisione (1).

[II] La decisione della Corte è pubblicata e comunicata alle Camere ed ai Consigli regionali interessati, affinché, ove lo ritengano necessario, provvedano nelle forme costituzionali (1).

(1) *V. art. 30 l. 11 marzo 1953, n. 87.*

137 [I] Una legge costituzionale [138] stabilisce le condizioni, le forme, i termini di proponibilità dei giudizi di legittimità costituzionale (1), e le garanzie d'indipendenza dei giudici della Corte (2).

[II] Con legge ordinaria sono stabilite le altre norme necessarie per la costituzione e il funzionamento della Corte (3).

[III] Contro le decisioni della Corte costituzionale non è ammessa alcuna impugnazione (4).

(1) *V. artt. 1 e 2 l. cost. 9 febbraio 1948, n. 1.*

(2) *V. art. 3 l. cost. 9 febbraio 1948, n. 1, nonché artt. 5-8 e 11 l. cost. 11 marzo 1953, n. 1.*

(3) *V. l. 11 marzo 1953, n. 87 nonché l. 25 gennaio 1962, n. 20.*

(4) *V. art. 29 l. n. 20, cit.*

SEZIONE II
Revisione della Costituzione. Leggi costituzionali

138 [I] Le leggi di revisione della Costituzione [139] e le altre leggi costituzionali [71 ss., 116, 132, 137; XI trans. e fin.] sono adottate da ciascuna Camera con due successive deliberazioni ad intervallo non minore di tre mesi, e sono approvate a maggioranza assoluta dei componenti di ciascuna Camera nella seconda votazione.

[II] Le leggi stesse sono sottoposte a referendum popolare quando, entro tre mesi dalla loro pubblicazione, ne facciano domanda un quinto dei membri di una Camera o cinquecentomila elettori o cinque Consigli regionali. La legge sottoposta a referendum non è promulgata, se non è approvata dalla maggioranza dei voti validi [75].

[III] Non si fa luogo a referendum se la legge è stata approvata nella seconda votazione da ciascuna delle Camere a maggioranza di due terzi dei suoi componenti.

139 [I] La forma repubblicana non può essere oggetto di revisione costituzionale [138].

DISPOSIZIONI TRANSITORIE E FINALI

I [I] Con l'entrata in vigore della Costituzione [XVIII] il Capo provvisorio dello Stato esercita le attribuzioni di Presidente della Repubblica e ne assume il titolo.

II [I] Se alla data della elezione del Presidente della Repubblica non sono costituiti tutti i Consigli regionali, partecipano alla elezione soltanto i componenti delle due Camere.

III [I] Per la prima composizione del Senato della Repubblica sono nominati senatori, con decreto del Presidente della Repubblica, i deputati dell'Assemblea Costituente che posseggono i requisiti di legge per essere senatori e che: sono stati Presidenti del Consiglio dei Ministri o di Assemblee legislative; hanno fatto parte del disciolto Senato; hanno avuto almeno tre elezioni, compresa quella all'Assemblea Costituente; sono stati dichiarati decaduti nella seduta della Camera dei deputati del 9 novembre 1926; hanno scontato la pena della reclusione non inferiore a cinque anni in seguito a condanna del tribunale speciale fascista per la difesa dello Stato.

[II] Sono nominati altresì senatori, con decreto del Presidente della Repubblica, i membri del disciolto Senato che hanno fatto parte della Consulta Nazionale.

[III] Al diritto di essere nominati senatori si può rinunciare prima della firma del decreto di nomina. L'accettazione della candidatura alle elezioni politiche implica rinuncia al diritto di nomina a senatore.

IV [I] Per la prima elezione del Senato il Molise è considerato come Regione a sé stante, con il numero dei senatori che gli compete in base alla sua popolazione [131 Cost.].

V [I] La disposizione dell'articolo 80 della Costituzione, per quanto concerne i trattati internazionali che importano oneri alle finanze o modificazioni di legge, ha effetto dalla data di convocazione delle Camere.

VI [I] Entro cinque anni dall'entrata in vigore della Costituzione [XVIII[1]] si procede alla revisione degli organi speciali di giurisdizione attualmente esistenti, salvo le giurisdizioni del Consiglio di Stato, della Corte dei conti e dei tribunali militari [103 Cost.].

[II] Entro un anno dalla stessa data si provvede con legge al riordinamento del Tribunale supremomilitare in relazione all'articolo 111 (1).

(1) *V. l. 7 maggio 1981, n. 180.*

VII [I] Fino a quando non sia emanata la nuova legge sull'ordinamento giudiziario in conformità con la Costituzione, continuano ad osservarsi le norme dell'ordinamento vigente [108 Cost.].

[II] Fino a quando non entri in funzione la Corte costituzionale, la decisione delle controversie indicate nell'articolo 134 ha luogo nelle forme e nei limiti delle norme preesistenti all'entrata in vigore della Costituzione (1).

(1) *L'originario comma 3 è stato abrogato dall'art. 7 l. cost. 22 novembre 1967, n. 2.*
Tale comma così disponeva: « I giudici della Corte costituzionale nominati nella prima composizione della Corte stessa non sono soggetti alla parziale rinnovazione e durano in carica dodici anni ».

VIII [I] Le elezioni dei Consigli regionali e degli organi elettivi delle amministrazioni provinciali sono indette entro un anno dall'entrata in vigore della Costituzione [XVIII[1]].

[II] Leggi della Repubblica regolano per ogni ramo della pubblica amministrazione il passaggio delle funzioni statali attribuite alle Regioni. Fino a quando non sia provveduto al riordinamento e alla distribuzione delle funzioni amministrative fra gli enti locali, restano alle Province ed ai Comuni le funzioni che esercitano attualmente e le altre di cui le Regioni deleghino loro l'esercizio [118 ss. Cost.].

[III] Leggi della Repubblica regolano il passaggio alle Regioni di funzionari e dipendenti dello Stato, anche delle amministrazioni centrali, che sia reso necessario dal nuovo ordinamento. Per la formazione dei loro uffici le Regioni devono, tranne che in casi di necessità, trarre il proprio personale da quello dello Stato e degli enti locali [118 Cost.].

IX [I] La Repubblica, entro tre anni dall'entrata in vigore della Costituzione, adegua le sue leggi alle esigenze delle autonomie locali e alla competenza legislativa attribuita alle Regioni [117 ss. Cost.].

X [I] Alla Regione del Friuli-Venezia Giulia, di cui all'articolo 116, si applicano provvisoriamente (1) le norme generali del Titolo V della parte seconda, ferma restando la tutela delle minoranze linguistiche in conformità con l'articolo 6.

(1) *V. ora Statuto della Regione Friuli-Venezia Giulia.*

XI [I] Fino a [cinque anni dall'entrata in vigore della Costituzione] (1) si possono, con leggi costituzionali [138 Cost.], formare altre Regioni, a modificazione dell'elenco di cui all'articolo 131, anche senza il concorso delle condizioni richieste dal primo comma dell'art. 132, fermo rimanendo tuttavia l'obbligo di sentire le popolazioni interessate.

(1) *Tale termine è stato prorogato al 31 dicembre 1963 dall'art. unico l. cost. 18 marzo 1958, n. 1.*

XII [I] È vietata la riorganizzazione, sotto qualsiasi forma, del disciolto partito fascista (1).

[II] In deroga all'articolo 48, sono stabilite con legge, per non oltre un quinquennio dalla entrata in vigore della Costituzione, limitazioni temporanee al diritto di voto e alla eleggibilità per i capi responsabili del regime fascista (2).

(1) *V. l. 3 dicembre 1947, n. 1546, e l. 20 giugno 1952, n. 645.*

(2) *V. l. 12 dicembre 1947, n. 1453; art. 93 d.P.R. 5 febbraio 1948, n. 26; artt. 97 e 98 d.P.R. 5 aprile 1951, n. 203. Cfr. inoltre art. 252 d.lgs. 2 febbraio 1948, n. 23.*

XIII [I] I membri e i discendenti di Casa Savoia non sono elettori e non possono ricoprire uffici pubblici né cariche elettive (1).

[II] Agli ex re di Casa Savoia, alle loro consorti e ai loro discendenti maschi sono vietati l'ingresso e il soggiorno nel territorio nazionale (1).

[III] I beni esistenti nel territorio nazionale, degli ex re di Casa Savoia, delle loro consorti e dei loro discendenti maschi, sono avocati allo Stato. I trasferimenti e le costituzioni di diritti reali sui beni stessi, che siano avvenuti dopo il 2 giugno 1946, sono nulli.

(1) *V. art. 11, l. cost. 23 ottobre 2002, n. 1 che così dispone: « I commi primo e secondo della XIII disposizione transitoria e finale della Costituzione esauriscono i loro effetti a decorrere dalla data di entrata in vigore della presente legge costituzionale ».*

XIV [I] I titoli nobiliari non sono riconosciuti.

[II] I predicati di quelli esistenti prima del 28 ottobre 1922 valgono come parte del nome.

[III] L'Ordine mauriziano è conservato come ente ospedaliero e funziona nei modi stabiliti dalla legge.

[IV] La legge regola la soppressione della Consulta araldica.

XV [I] Con l'entrata in vigore della Costituzione [XVIII] si ha per convertito in legge il decreto legislativo luogotenenziale 25 giugno 1944, n. 151, sull'ordinamento provvisorio dello Stato.

XVI [I] Entro un anno dall'entrata in vigore della Costituzione [XVIII] si procede alla revisione e al coordinamento con essa delle precedenti leggi costituzionali che non siano state finora esplicitamente o implicitamente abrogate.

XVII [I] L'Assemblea Costituente sarà convocata dal suo Presidente per deliberare, entro il 31 gennaio 1948, sulla legge per la elezione del Senato della Repubblica [57 ss. Cost.], sugli statuti regionali speciali [116 Cost.] e sulla legge per la stampa [21 Cost.].

[II] Fino al giorno delle elezioni delle nuove Camere, l'Assemblea Costituente può essere convocata, quando vi sia necessità di deliberare nelle materie attribuite alla sua competenza dagli articoli 2, primo e secondo comma, e 3, comma primo e secondo, del decreto legislativo 16 marzo 1946, n. 98.

[III] In tale periodo le Commissioni permanenti restano in funzione. Quelle legislative rinviano al Governo i disegni di legge, ad esse trasmessi, con eventuali osservazioni e proposte di emendamenti.

[IV] I deputati possono presentare al Governo interrogazioni con richiesta di risposta scritta.

[V] L'Assemblea Costituente, agli effetti di cui al secondo comma del presente articolo, è convocata dal suo Presidente su richiesta motivata del Governo o di almeno duecento deputati.

XVIII [I] La presente Costituzione è promulgata dal Capo provvisorio dello Stato entro cinque giorni dalla sua approvazione da parte dell'Assemblea Costituente, ed entra in vigore il 1° gennaio 1948.

[II] Il testo della Costituzione è depositato nella sala comunale di ciascun Comune della Repubblica per rimanervi esposto, durante tutto l'anno 1948, affinché ogni cittadino possa prenderne cognizione.

[III] La Costituzione, munita del sigillo dello Stato, sarà inserita nella Raccolta ufficiale delle leggi e dei decreti della Repubblica.

[IV] La Costituzione dovrà essere fedelmente osservata come Legge fondamentale della Repubblica da tutti i cittadini e dagli organi dello Stato.

2. Legge costituzionale 18 ottobre 2001, n. 3. — Modifiche al titolo V della parte seconda della Costituzione. (*estratto*).

Pubblicata nella Gazzetta Ufficiale n. 34 del'11 febbraio 2001.

10 1. Sino all'adeguamento dei rispettivi statuti, le disposizioni della presente legge costituzionale si applicano anche alle Regioni a statuto speciale ed alle province autonome di Trento e di Bolzano per le parti in cui prevedono forme di autonomia più ampie rispetto a quelle già attribuite.

11 1. Sino alla revisione delle norme del titolo I della parte seconda della Costituzione, i regolamenti della Camera dei deputati e del Senato della Repubblica possono prevedere la partecipazione di rappresentanti delle Regioni, delle Province autonome e degli enti locali alla Commissione parlamentare per le questioni regionali.

2. Quando un progetto di legge riguardante le materie di cui al terzo comma dell'articolo 117 e all'articolo 119 della Costituzione contenga disposizioni sulle quali la Commissione parlamentare per le questioni regionali, integrata ai sensi del comma 1, abbia espresso parere contrario o parere favorevole condizionato all'introduzione di modificazioni specificamente formulate, e la

Commissione che ha svolto l'esame in sede referente non vi si sia adeguata, sulle corrispondenti parti del progetto di legge l'Assemblea delibera a maggioranza assoluta dei suoi componenti. La presente legge costituzionale, munita del sigillo dello Stato, sarà inserita nella Raccolta ufficiale degli atti normativi della Repubblica italiana. È fatto obbligo a chiunque spetti di osservarla e di farla osservare come legge dello Stato.

CAPO II
I REGOLAMENTI

3. Legge 23 agosto 1988, n. 400. – Disciplina dell'attività di Governo e ordinamento della Presidenza del Consiglio dei Ministri. (*estratto*).

Pubblicata nella Gazzetta Ufficiale n. 214 del 12 settembre 1988, S.O.

17 Regolamenti.

1. Con decreto del Presidente della Repubblica, previa deliberazione del Consiglio dei ministri, sentito il parere del Consiglio di Stato che deve pronunziarsi entro novanta (1) giorni dalla richiesta, possono essere emanati regolamenti per disciplinare (1):

a) l'esecuzione delle leggi e dei decreti legislativi nonché dei regolamenti comunitari (2);

b) l'attuazione e l'integrazione delle leggi e dei decreti legislativi recanti norme di principio, esclusi quelli relativi a materie riservate alla competenza regionale;

c) le materie in cui manchi la disciplina da parte di leggi o di atti aventi forza di legge, sempre che non si tratti di materie comunque riservate alla legge;

d) l'organizzazione ed il funzionamento delle amministrazioni pubbliche secondo le disposizioni dettate dalla legge;

[*e*) l'organizzazione del lavoro ed i rapporti di lavoro dei pubblici dipendenti in base agli accordi sindacali.] (3).

2. Con decreto del Presidente della Repubblica, previa deliberazione del Consiglio dei ministri, sentito il Consiglio di Stato e previo parere delle Commissioni parlamentari competenti in materia, che si pronunciano entro trenta giorni dalla richiesta, sono emanati i regolamenti per la disciplina delle materie, non coperte da riserva assoluta di legge prevista dalla Costituzione, per le quali le leggi della Repubblica, autorizzando l'esercizio della potestà regolamentare del Governo, determinano le norme generali regolatrici della materia e dispongono l'abrogazione delle norme vigenti, con effetto dall'entrata in vigore delle norme regolamentari (4).

3. Con decreto ministeriale possono essere adottati regolamenti nelle materie di competenza del ministro o di autorità sottordinate al ministro, quando la legge espressamente conferisca tale potere. Tali regolamenti, per materie di competenza di più ministri, possono essere adottati con decreti interministeriali, ferma restando la necessità di apposita autorizzazione da parte della legge. I regolamenti ministeriali ed interministeriali non possono dettare norme contrarie a quelle dei regolamenti emanati dal Governo. Essi debbono essere comunicati al Presidente del Consiglio dei ministri prima della loro emanazione (5).

4. I regolamenti di cui al comma 1 ed i regolamenti ministeriali ed interministeriali, che devono recare la denominazione di "regolamento", sono adottati previo parere del Consiglio di Stato, sottoposti al visto ed alla registrazione della Corte dei conti e pubblicati nella Gazzetta Ufficiale.

4-*bis*. L'organizzazione e la disciplina degli uffici dei Ministeri sono determinate, con regolamenti emanati ai sensi del comma 2, su proposta del Ministro competente d'intesa con il Presidente del Consiglio dei ministri e con il Ministro del tesoro, nel rispetto dei princìpi posti dal decreto legislativo 3 febbraio 1993, n. 29, e successive modificazioni, con i contenuti e con l'osservanza dei criteri che seguono:

a) riordino degli uffici di diretta collaborazione con i Ministri ed i Sottosegretari di Stato, stabilendo che tali uffici hanno esclusive competenze di supporto dell'organo di direzione politica e di raccordo tra questo e l'amministrazione;

b) individuazione degli uffici di livello dirigenziale generale, centrali e periferici, mediante diversificazione tra strutture con funzioni finali e con funzioni strumentali e loro organizzazione per funzioni omogenee e secondo criteri di flessibilità eliminando le duplicazioni funzionali;

c) previsione di strumenti di verifica periodica dell'organizzazione e dei risultati;

d) indicazione e revisione periodica della consistenza delle piante organiche;

e) previsione di decreti ministeriali di natura non regolamentare per la definizione dei compiti delle unità dirigenziali nell'ambito degli uffici dirigenziali generali (6) (7).

4-*ter*. Con regolamenti da emanare ai sensi del comma 1 del presente articolo, si provvede al periodico riordino delle disposizioni regolamentari vigenti, alla ricognizione di quelle che sono state oggetto di abrogazione implicita e all'espressa abrogazione di quelle che hanno esaurito la loro funzione o sono prive di effettivo contenuto normativo o sono comunque obsolete (8).

(1) *V. l'art. 17, comma 27, l. 15 maggio 1997, n. 127 che dimezza tale termine, disponendo che: « Fatti salvi i termini più brevi previsti per legge, il parere del Consiglio di Stato è reso nel termine di quarantacinque giorni dal ricevimento della richiesta; decorso il termine, l'amministrazione può procedere indipendentemente dall'acquisizione del parere. Qualora, per esigenze istruttorie, non possa essere rispettato il termine di cui al presente comma, tale termine può essere interrotto per una sola volta e il parere deve essere reso definitivamente entro venti giorni dal ricevimento degli elementi istruttori da parte delle amministrazioni interessate ».*

(2) *Lettera così modificata dall'art. 11, l. 5 febbraio 1999, n. 25.*

(3) *Lettera abrogata dall'art. 74, comma 1, d.lgs. 3 febbraio 1993, n. 29, come modificato dall'art. 38, comma 1, d.lgs. 23 dicembre 1993, n. 546.*

(4) *Comma così modificato dall'art. 5, comma 1, lett.* a), *l. 18 giugno 2009, n. 69.*

(5) *Per l'attuazione del presente comma vedi il D.M. 31 marzo 2006, n. 165 e il D.P.C.M. 20 luglio 2007, n.152.*

(6) *Comma aggiunto dall'art. 13, l. 15 marzo 1997, n. 59.*

(7) *V. l'art. 4 d.lgs. 30 luglio 1999, n. 300, che così dispone: « 1. L'organizzazione, la dotazione organica, l'individuazione degli uffici di livello dirigenziale generale ed il loro numero, le relative funzioni e la distribuzione dei posti di funzione dirigenziale, l'individuazione dei dipartimenti, nei casi e nei limiti fissati dalle disposizioni del presente decreto legislativo, e la definizione dei rispettivi compiti sono stabiliti con regolamenti o con decreti del ministro emanati ai sensi dell'articolo 17, comma 4 bis, della legge 23 agosto 1988, n. 400. Si applica l'articolo 19 della legge 15 marzo 1997, n. 59. I regolamenti prevedono la soppressione dei ruoli esistenti e l'istituzione di un ruolo unico del personale non dirigenziale di ciascun ministero, articolato in aree dipartimentali e per direzioni generali. Fino all'istituzione del ruolo unico del personale non dirigenziale di ciascun ministero, i regolamenti assicurano forme ordinarie di mobilità tra i diversi dipartimenti e le diverse direzioni generali, nel rispetto dei requisiti di professionalità richiesti per l'esercizio delle relative funzioni, ferme restando le normative contrattuali in materia. La nuova organizzazione e la dotazione organica del personale non devono comunque comportare incrementi di spesa.*

2. I ministeri che si avvalgono di propri sistemi informativi automatizzati sono tenuti ad assicurarne l'interconnessione con i sistemi informativi automatizzati delle altre amministrazioni centrali e locali per il tramite della rete unitaria delle pubbliche amministrazioni.

3. Il regolamento di cui al precedente comma 1 si attiene, inoltre, ai criteri fissati dall'articolo 1 della legge 7 agosto 1990, n. 241 e dall'articolo 2 del decreto legislativo 3 febbraio 1993, n. 29 e successive modificazioni e integrazioni.

4. All'individuazione degli uffici di livello dirigenziale non generale di ciascun ministero e alla definizione dei relativi compiti, nonché la distribuzione dei predetti uffici tra le strutture di livello dirigenziale generale, si provvede con decreto ministeriale di natura non regolamentare.

4-bis. La disposizione di cui al comma 4 si applica anche in deroga alla eventuale distribuzione degli uffici di livello dirigenziale non generale stabilita nel regolamento di organizzazione del singolo Ministero.

5. Con le medesime modalità di cui al precedente comma 1 si procede alla revisione periodica dell'organizzazione ministeriale, con cadenza almeno biennale.

6. I regolamenti di cui al comma 1 raccolgono tutte le disposizioni normative relative a ciascun ministero. Le restanti norme vigenti sono abrogate con effetto dalla data di entrata in vigore dei regolamenti medesimi ».

(8) *Comma aggiunto dall'art. 5, comma 1, lett.* b), *l. n. 69, cit.*

4. Decreto legislativo 18 agosto 2000, n. 267. — Testo unico delle leggi sull'ordinamento degli enti locali. (*estratto*).

Pubblicato nella Gazzetta Ufficiale n. 227 del 28 settembre 2000, S.O.

7 Nel rispetto dei princìpi fissati dalla legge e dello statuto, il comune e la provincia adottano regolamenti nelle materie di propria competenza ed in particolare per l'organizzazione e il funzionamento delle istituzioni e degli organismi di partecipazione, per il funzionamento degli organi e degli uffici e per l'esercizio delle funzioni.

5. Legge 5 giugno 2003, n. 131. — Disposizioni per l'adeguamento dell'ordinamento della Repubblica alla legge costituzionale 18 ottobre 2001, n. 3. (*estratto*).

Pubblicata nella Gazzetta Ufficiale n. 132 del 10 giugno 2003.

4 Attuazione dell'articolo 114, secondo comma, e dell'articolo 117, sesto comma, della Costituzione in materia di potestà normativa degli enti locali.

1. I Comuni, le Province e le Città metropolitane hanno potestà normativa secondo i principi fissati dalla Costituzione. La potestà normativa consiste nella potestà statutaria e in quella regolamentare.

2. Lo statuto, in armonia con la Costituzione e con i principi generali in materia di organizzazione pubblica, nel rispetto di quanto stabilito dalla legge statale in attuazione dell'articolo 117, secondo comma, lettera *p*), della Costituzione, stabilisce i principi di organizzazione e funzionamento dell'ente, le forme di controllo, anche sostitutivo, nonché le garanzie delle minoranze e le forme di partecipazione popolare.

3. L'organizzazione degli enti locali è disciplinata dai regolamenti nel rispetto delle norme statutarie.

4. La disciplina dell'organizzazione, dello svolgimento e della gestione delle funzioni dei Comuni, delle Province e delle Città metropolitane è riservata alla potestà regolamentare dell'ente locale, nell'ambito della legislazione dello Stato o della Regione, che ne assicura i requisiti minimi di uniformità, secondo le rispettive competenze, conformemente a quanto previsto dagli articoli 114, 117, sesto comma, e 118 della Costituzione.

5. Il potere normativo è esercitato anche dalle unioni di Comuni, dalle Comunità montane e isolane.

6. Fino all'adozione dei regolamenti degli enti locali, si applicano le vigenti norme statali e regionali, fermo restando quanto previsto dal presente articolo.

CAPO III
STATUTI DEGLI ENTI LOCALI

6. Decreto legislativo 18 agosto 2000, n. 267. — Testo unico delle leggi sull'ordinamento degli enti locali. (*estratto*).

Pubblicato nella Gazzetta Ufficiale n. 227 del 28 settembre 2000, S.O.

6. Statuti comunali e provinciali.

1. I comuni e le province adottano il proprio statuto.

2. Lo statuto, nell'ambito dei princìpi fissati dal presente testo unico, stabilisce le norme fondamentali dell'organizzazione dell'ente e, in particolare, specifica le attribuzioni degli organi e le forme di garanzia e di partecipazione delle minoranze, i modi di esercizio della rappresentanza legale dell'ente, anche in giudizio. Lo statuto stabilisce, altresì, i criteri generali in materia di organizzazione dell'ente, le forme di collaborazione fra comuni e province, della partecipazione popolare, del decentramento, dell'accesso dei cittadini alle informazioni e ai procedimenti amministrativi, lo stemma e il gonfalone e quanto ulteriormente previsto dal presente testo unico.

3. Gli statuti comunali e provinciali stabiliscono norme per assicurare condizioni di pari opportunità tra uomo e donna ai sensi della legge 10 aprile 1991, n. 125, e per garantire la presenza di entrambi i sessi nelle giunte e negli organi collegiali non elettivi del comune e della provincia, nonché degli enti, aziende ed istituzioni da essi dipendenti (1).

4. Gli statuti sono deliberati dai rispettivi consigli con il voto favorevole dei due terzi dei consiglieri assegnati. Qualora tale maggioranza non venga raggiunta, la votazione è ripetuta in successive sedute da tenersi entro trenta giorni e lo statuto è approvato se ottiene per due volte il voto favorevole della maggioranza assoluta dei consiglieri assegnati. Le disposizioni di cui al presente comma si applicano anche alle modifiche statutarie.

5. Dopo l'espletamento del controllo da parte del competente organo regionale, lo statuto è pubblicato nel Bollettino Ufficiale della regione, affisso all'albo pretorio dell'ente per trenta giorni consecutivi ed inviato al Ministero dell'interno per essere inserito nella raccolta ufficiale degli statuti. Lo statuto entra in vigore decorsi trenta giorni dalla sua affissione all'albo pretorio dell'ente.

6. L'ufficio del Ministero dell'interno, istituito per la raccolta e la conservazione degli statuti comunali e provinciali, cura anche adeguate forme di pubblicità degli statuti stessi.

(1) *Comma modificato dall'art. 1, comma 1, l. 23 novembre 2012, n. 215.*

7. Legge 5 giugno 2003, n. 131. — Disposizioni per l'adeguamento dell'ordinamento della Repubblica alla legge costituzionale 18 ottobre 2001, n. 3. (*estratto*).

Pubblicata nella Gazzetta Ufficiale n. 132 del 10 giugno 2003.

4 Attuazione dell'articolo 114, secondo comma, e dell'articolo 117, sesto comma, della Costituzione in materia di potestà normativa degli enti locali (1).

(1) *V.* sub *I, 5.*

CAPO IV
SEMPLIFICAZIONE NORMATIVA

8. Legge 15 marzo 1997, n. 59. — Delega al Governo per il conferimento di funzioni e compiti alle Regioni ed Enti locali, per la riforma della Pubblica Amministrazione e per la semplificazione amministrativa. (*estratto*).

Pubblicata nella Gazzetta Ufficiale n. 63 del 17 marzo 1997, S.O.

20 (1) 1. Il Governo, sulla base di un programma di priorità di interventi, definito, con deliberazione del Consiglio dei ministri, in relazione alle proposte formulate dai Ministri competenti, sentita la Conferenza unificata di cui all'articolo 8 del decreto legislativo 28 agosto 1997, n. 281, entro la data del 30 aprile, presenta al Parlamento, entro il 31 maggio di ogni anno, un disegno di legge per la semplificazione e il riassetto normativo, volto a definire, per l'anno successivo, gli indirizzi, i criteri, le modalità e le materie di intervento, anche ai fini della ridefinizione dell'area di incidenza delle pubbliche funzioni con particolare riguardo all'assetto delle competenze dello Stato, delle regioni e degli enti locali. In allegato al disegno di legge è presentata una relazione sullo stato di attuazione della semplificazione e del riassetto.

2. Il disegno di legge di cui al comma 1 prevede l'emanazione di decreti legislativi, relativamente alle norme legislative sostanziali e procedimentali, nonché di regolamenti ai sensi dell'articolo 17, commi 1 e 2, della legge 23 agosto 1988, n. 400, e successive modificazioni, per le norme regolamentari di competenza dello Stato.

3. Salvi i principi e i criteri direttivi specifici per le singole materie, stabiliti con la legge annuale di semplificazione e riassetto normativo, l'esercizio delle deleghe legislative di cui ai commi 1 e 2 si attiene ai seguenti principi e criteri direttivi:

a) definizione del riassetto normativo e codificazione della normativa primaria regolante la materia, previa acquisizione del parere del Consiglio di Stato, reso nel termine di novanta giorni dal ricevimento della richiesta, con determinazione dei principi fondamentali nelle materie di legislazione concorrente;

a-bis) coordinamento formale e sostanziale del testo delle disposizioni vigenti, apportando le modifiche necessarie per garantire la coerenza giuridica, logica e sistematica della normativa e per adeguare, aggiornare e semplificare il linguaggio normativo (2);

b) indicazione esplicita delle norme abrogate, fatta salva l'applicazione dell'articolo 15 delle disposizioni sulla legge in generale premesse al codice civile;

c) indicazione dei principi generali, in particolare per quanto attiene alla informazione, alla partecipazione, al contraddittorio, alla trasparenza e pubblicità che regolano i procedimenti amministrativi ai quali si attengono i regolamenti previsti dal comma 2 del presente articolo, nell'ambito dei principi stabiliti dalla legge 7 agosto 1990, n. 241, e successive modificazioni;

d) eliminazione degli interventi amministrativi autorizzatori e delle misure di condizionamento della libertà contrattuale, ove non vi contrastino gli interessi pubblici alla difesa nazionale, all'ordine e alla sicurezza pubblica, all'amministrazione della giustizia, alla regolazione dei mercati e alla tutela della concorrenza, alla salvaguardia del patrimonio culturale e dell'ambiente, all'ordinato assetto del territorio, alla tutela dell'igiene e della salute pubblica;

e) sostituzione degli atti di autorizzazione, licenza, concessione, nulla osta, permesso e di consenso comunque denominati che non implichino esercizio di discrezionalità amministrativa e il cui rilascio dipenda dall'accertamento dei requisiti e presupposti di legge, con una denuncia di inizio di attività da presentare da parte dell'interessato all'amministrazione competente corredata dalle attestazioni e dalle certificazioni eventualmente richieste;

f) determinazione dei casi in cui le domande di rilascio di un atto di consenso, comunque denominato, che non implichi esercizio di discrezionalità amministrativa, corredate dalla documentazione e dalle certificazioni relative alle caratteristiche tecniche o produttive dell'attività da svolgere, eventualmente richieste, si considerano accolte qualora non venga comunicato apposito provvedimento di diniego entro il termine fissato per categorie di atti in relazione alla complessità del procedimento, con esclusione, in ogni caso, dell'equivalenza tra silenzio e diniego o rifiuto;

g) revisione e riduzione delle funzioni amministrative non direttamente rivolte:

1) alla regolazione ai fini dell'incentivazione della concorrenza;

2) alla eliminazione delle rendite e dei diritti di esclusività, anche alla luce della normativa comunitaria;

3) alla eliminazione dei limiti all'accesso e all'esercizio delle attività economiche e lavorative;

4) alla protezione di interessi primari, costituzionalmente rilevanti, per la realizzazione della solidarietà sociale;

5) alla tutela dell'identità e della qualità della produzione tipica e tradizionale e della professionalità;

h) promozione degli interventi di autoregolazione per standard qualitativi e delle certificazioni di conformità da parte delle categorie produttive, sotto la vigilanza pubblica o di organismi indipendenti, anche privati, che accertino e garantiscano la qualità delle fasi delle attività economiche e professionali, nonché dei processi produttivi e dei prodotti o dei servizi;

i) per le ipotesi per le quali sono soppressi i poteri amministrativi autorizzatori o ridotte le funzioni pubbliche condizionanti l'esercizio delle attività private, previsione dell'autoconformazione degli interessati a modelli di regolazione, nonché di adeguati strumenti di verifica e controllo successivi. I modelli di regolazione vengono definiti dalle amministrazioni competenti in relazione all'incentivazione della concorrenzialità, alla riduzione dei costi privati per il rispetto dei parametri di pubblico interesse, alla flessibilità dell'adeguamento dei parametri stessi alle esigenze manifestatesi nel settore regolato;

l) attribuzione delle funzioni amministrative ai comuni, salvo il conferimento di funzioni a province, città metropolitane, regioni e Stato al fine di assicurarne l'esercizio unitario in base ai principi di sussidiarietà, differenziazione e adeguatezza; determinazione dei principi fondamentali di attribuzione delle funzioni secondo gli stessi criteri da parte delle regioni nelle materie di competenza legislativa concorrente;

m) definizione dei criteri di adeguamento dell'organizzazione amministrativa alle modalità di esercizio delle funzioni di cui al presente comma;

n) indicazione esplicita dell'autorità competente a ricevere il rapporto relativo alle sanzioni amministrative, ai sensi dell'articolo 17 della legge 24 novembre 1981, n. 689.

3-*bis*. Il Governo, nelle materie di competenza esclusiva dello Stato, completa il processo di codificazione di ciascuna materia emanando, anche contestualmente al decreto legislativo di riassetto, una raccolta organica delle norme regolamentari regolanti la medesima materia, se del caso adeguandole alla nuova disciplina di livello primario e semplificandole secondo i criteri di cui ai successivi commi (3).

4. I decreti legislativi e i regolamenti di cui al comma 2, emanati sulla base della legge di semplificazione e riassetto normativo annuale, per quanto concerne le funzioni amministrative mantenute, si attengono ai seguenti principi:

a) semplificazione dei procedimenti amministrativi, e di quelli che agli stessi risultano strettamente connessi o strumentali, in modo da ridurre il numero delle fasi procedimentali e delle amministrazioni intervenienti, anche riordinando le competenze degli uffici, accorpando le funzioni per settori omogenei, sopprimendo gli organi che risultino superflui e costituendo centri interservizi dove ricollocare il personale degli organi soppressi e raggruppare competenze diverse ma confluenti in un'unica procedura, nel rispetto dei principi generali indicati ai sensi del comma 3, lettera *c*), e delle competenze riservate alle regioni;

b) riduzione dei termini per la conclusione dei procedimenti e uniformazione dei tempi di conclusione previsti per procedimenti tra loro analoghi;

c) regolazione uniforme dei procedimenti dello stesso tipo che si svolgono presso diverse amministrazioni o presso diversi uffici della medesima amministrazione;

d) riduzione del numero di procedimenti amministrativi e accorpamento dei procedimenti che si riferiscono alla medesima attività;

e) semplificazione e accelerazione delle procedure di spesa e contabili, anche mediante l'adozione di disposizioni che prevedano termini perentori, prorogabili per una sola volta, per le fasi di integrazione dell'efficacia e di controllo degli atti, decorsi i quali i provvedimenti si intendono adottati;

f) aggiornamento delle procedure, prevedendo la più estesa e ottimale utilizzazione delle tecnologie dell'informazione e della comunicazione, anche nei rapporti con i destinatari dell'azione amministrativa (4);

f-bis) generale possibilità di utilizzare, da parte delle amministrazioni e dei soggetti a queste equiparati, strumenti di diritto privato, salvo che nelle materie o nelle fattispecie nelle quali l'interesse pubblico non può essere perseguito senza l'esercizio di poteri autoritativi (2);

f-ter) conformazione ai principi di sussidiarietà, differenziazione e adeguatezza, nella ripartizione delle attribuzioni e competenze tra i diversi soggetti istituzionali, nella istituzione di sedi stabili di concertazione e nei rapporti tra i soggetti istituzionali ed i soggetti interessati, secondo i criteri dell'autonomia, della leale collaborazione, della responsabilità e della tutela dell'affidamento (2);

f-quater) riconduzione delle intese, degli accordi e degli atti equiparabili comunque denominati, nonché delle conferenze di servizi, previste dalle normative vigenti, aventi il carattere della ripetitività, ad uno o più schemi base o modelli di riferimento nei quali, ai sensi degli articoli da 14 a 14-*quater* della legge 7 agosto 1990, n. 241, e successive modificazioni, siano stabilite le responsabilità, le modalità di attuazione e le conseguenze degli eventuali inadempimenti (2);

f-quinquies) avvalimento di uffici e strutture tecniche e amministrative pubbliche da parte di altre pubbliche amministrazioni, sulla base di accordi conclusi ai sensi dell'articolo 15 della legge 7 agosto 1990, n. 241, e successive modificazioni (2).

5. I decreti legislativi di cui al comma 2 sono emanati su proposta del Ministro competente, di concerto con il Presidente del Consiglio dei ministri o il Ministro per la funzione pubblica, con i Ministri interessati e con il Ministro dell'economia e delle finanze, previa

acquisizione del parere della Conferenza unificata di cui all'articolo 8 del decreto legislativo 28 agosto 1997, n. 281, e, successivamente, dei pareri delle Commissioni parlamentari competenti che sono resi entro il termine di sessanta giorni dal ricevimento della richiesta.

6. I regolamenti di cui al comma 2 sono emanati con decreto del Presidente della Repubblica, previa deliberazione del Consiglio dei ministri, su proposta del Presidente del Consiglio dei ministri o del Ministro per la funzione pubblica, di concerto con il Ministro competente, previa acquisizione del parere della Conferenza unificata di cui all'articolo 8 del decreto legislativo 28 agosto 1997, n. 281, quando siano coinvolti interessi delle regioni e delle autonomie locali, del parere del Consiglio di Stato nonché delle competenti Commissioni parlamentari. I pareri della Conferenza unificata e del Consiglio di Stato sono resi entro novanta giorni dalla richiesta; quello delle Commissioni parlamentari è reso, successivamente ai precedenti, entro sessanta giorni dalla richiesta. Per la predisposizione degli schemi di regolamento la Presidenza del Consiglio dei ministri, ove necessario, promuove, anche su richiesta del Ministro competente, riunioni tra le amministrazioni interessate.

Decorsi sessanta giorni dalla richiesta di parere alle Commissioni parlamentari, i regolamenti possono essere comunque emanati.

7. I regolamenti di cui al comma 2, ove non diversamente previsto dai decreti legislativi, entrano in vigore il quindicesimo giorno successivo alla data della loro pubblicazione nella Gazzetta Ufficiale. Con effetto dalla stessa data sono abrogate le norme, anche di legge, regolatrici dei procedimenti.

8. I regolamenti di cui al comma 2 si conformano, oltre ai principi di cui al comma 4, ai seguenti criteri e principi:

a) trasferimento ad organi monocratici o ai dirigenti amministrativi di funzioni anche decisionali, che non richiedono, in ragione della loro specificità, l'esercizio in forma collegiale, e sostituzione degli organi collegiali con conferenze di servizi o con interventi, nei relativi procedimenti, dei soggetti portatori di interessi diffusi;

b) individuazione delle responsabilità e delle procedure di verifica e controllo;

c) soppressione dei procedimenti che risultino non più rispondenti alle finalità e agli obiettivi fondamentali definiti dalla legislazione di settore o che risultino in contrasto con i principi generali dell'ordinamento giuridico nazionale o comunitario;

d) soppressione dei procedimenti che comportino, per l'amministrazione e per i cittadini, costi più elevati dei benefici conseguibili, anche attraverso la sostituzione dell'attività amministrativa diretta con forme di autoregolamentazione da parte degli interessati, prevedendone comunque forme di controllo;

e) adeguamento della disciplina sostanziale e procedimentale dell'attività e degli atti amministrativi ai principi della normativa comunitaria, anche sostituendo al regime concessorio quello autorizzatorio;

f) soppressione dei procedimenti che derogano alla normativa procedimentale di carattere generale, qualora non sussistano più le ragioni che giustifichino una difforme disciplina settoriale;

g) regolazione, ove possibile, di tutti gli aspetti organizzativi e di tutte le fasi del procedimento.

8-*bis*. Il Governo verifica la coerenza degli obiettivi di semplificazione e di qualità della regolazione con la definizione della posizione italiana da sostenere in sede di Unione europea nella fase di predisposizione della normativa comunitaria, ai sensi dell'articolo 3 del decreto legislativo 30 luglio 1999, n. 303.

Assicura la partecipazione italiana ai programmi di semplificazione e di miglioramento della qualità della regolazione interna e a livello europeo (3).

9. I Ministeri sono titolari del potere di iniziativa della semplificazione e del riassetto normativo nelle materie di loro competenza, fatti salvi i poteri di indirizzo e coordinamento della Presidenza del Consiglio dei ministri, che garantisce anche l'uniformità e l'omogeneità degli interventi di riassetto e semplificazione. La Presidenza del Consiglio dei ministri garantisce, in caso di inerzia delle amministrazioni competenti, l'attivazione di specifiche iniziative di semplificazione e di riassetto normativo.

10. Gli organi responsabili di direzione politica e di amministrazione attiva individuano forme stabili di consultazione e di partecipazione delle organizzazioni di rappresentanza delle categorie economiche e produttive e di rilevanza sociale, interessate ai processi di regolazione e di semplificazione.

11. I servizi di controllo interno compiono accertamenti sugli effetti prodotti dalle norme contenute nei regolamenti di semplificazione e di accelerazione dei procedimenti amministrativi e possono formulare osservazioni e proporre suggerimenti per la modifica delle norme stesse e per il miglioramento dell'azione amministrativa.

(1) *Articolo così sostituito dall'art. 1 l. 29 luglio 2003, n. 229. Il testo dell'articolo, come modificato dall'art. 1, comma 4, l. 24 novembre 2000, n. 340, era il seguente:* « 1. Il Governo, entro il 31 gennaio di ogni anno, presenta al Parlamento un disegno di legge per la delegificazione di norme concernenti procedimenti amministrativi, anche coinvolgenti amministrazioni centrali, locali o autonome, indicando i criteri per l'esercizio della potestà regolamentare nonché i procedimenti oggetto della disciplina, salvo quanto previsto alla lettera *a*) del comma 5. In allegato al disegno di legge è presentata una relazione sullo stato di attuazione della semplificazione dei procedimenti amministrativi.

2. Nelle materie di cui all'articolo 117, primo comma, della Costituzione, i regolamenti di delegificazione trovano applicazione solo fino a quando la regione non provveda a disciplinare autonomamente la materia medesima. Resta fermo quanto previsto dall'articolo 2, comma 2, della presente legge e dall'articolo 7 del testo unico delle leggi sull'ordinamento degli enti locali, approvato con decreto legislativo 18 agosto 2000, n. 267.

3. I regolamenti sono emanati con decreto del Presidente della Repubblica, previa deliberazione del Consiglio dei Ministri, su proposta del Presidente del Consiglio dei Ministri - Dipartimento della funzione pubblica, di concerto con il Ministro competente, previa acquisizione del parere delle competenti Commissioni parlamentari e del Consiglio di Stato. A tal fine la Presidenza del Consiglio dei Ministri, ove necessario, promuove, anche su richiesta del Ministro competente, riunioni tra le amministrazioni interessate. Decorsi trenta giorni dalla richiesta di parere alle Commissioni, i regolamenti possono essere comunque emanati.

4. I regolamenti entrano in vigore il quindicesimo giorno successivo alla data della loro pubblicazione nella Gazzetta Ufficiale della Repubblica italiana. Con effetto dalla stessa data sono abrogate le norme, anche di legge, regolatrici dei procedimenti.

5. I regolamenti si conformano ai seguenti criteri e princìpi:

a) semplificazione dei procedimenti amministrativi, e di quelli che agli stessi risultano strettamente connessi o strumentali, in modo da ridurre il numero delle fasi procedimentali e delle amministrazioni intervenienti, anche riordinando le competenze degli uffici, accorpando le funzioni per settori omogenei, sopprimendo gli organi che risultino superflui e costituendo centri interservizi dove raggruppare competenze diverse ma confluenti in una unica procedura;

b) riduzione dei termini per la conclusione dei procedimenti e uniformazione dei tempi di conclusione previsti per procedimenti tra loro analoghi;

c) regolazione uniforme dei procedimenti dello stesso tipo che si svolgono presso diverse amministrazioni o presso diversi uffici della medesima amministrazione;

d) riduzione del numero di procedimenti amministrativi e accorpamento dei procedimenti che si riferiscono alla medesima attività, anche riunendo in una unica fonte regolamentare, ove ciò corrisponda ad esigenze di semplificazione e conoscibilità normativa, disposizioni provenienti da fonti di rango diverso, ovvero che pretendono particolari procedure, fermo restando l'obbligo di porre in essere le procedure stesse;

e) semplificazione e accelerazione delle procedure di spesa e contabili, anche mediante adozione ed estensione alle fasi di integrazione dell'efficacia degli atti, di disposizioni analoghe a quelle di cui all'art. 51, comma 2, del decreto legislativo 3 febbraio 1993, n. 29 e successive modificazioni;

f) trasferimento ad organi monocratici o ai dirigenti amministrativi di funzioni anche decisionali, che non richiedano, in ragione della loro specificità, l'esercizio in forma collegiale, e sostituzione degli organi collegiali con conferenze di servizi o con interventi, nei relativi procedimenti, dei soggetti portatori di interessi diffusi;

g) individuazione delle responsabilità e delle procedure di verifica e controllo;

g-bis) soppressione dei procedimenti che risultino non più rispondenti alle finalità e agli obiettivi fondamentali definiti dalla legislazione di settore o che risultino in contrasto con i principi generali dell'ordinamento giuridico nazionale o comunitario;

g-ter) soppressione dei procedimenti che comportino, per l'amministrazione e per i cittadini, costi più elevati dei benefici conseguibili, anche attraverso la sostituzione dell'attività amministrativa diretta con forme di autoregolamentazione da parte degli interessati;

g-quater) adeguamento della disciplina sostanziale e procedimentale dell'attività e degli atti amministrativi ai principi della normativa comunitaria, anche sostituendo al regime concessorio quello autorizzatorio;

g-quinquies) soppressione dei procedimenti che derogano alla normativa procedimentale di carattere generale, qualora non sussistano più le ragioni che giustifichino una difforme disciplina settoriale.

g-sexies) regolazione, ove possibile, di tutti gli aspetti organizzativi e di tutte le fasi del procedimento;

g-septies) adeguamento delle procedure alle nuove tecnologie informatiche;

5-*bis*. I riferimenti a testi normativi contenuti negli elenchi di procedimenti da semplificare di cui all'allegato 1 alla presente legge e alle leggi di cui al comma 1 del presente articolo si intendono estesi ai successivi provvedimenti di modificazione.

6. I servizi di controllo interno compiono accertamenti sugli effetti prodotti dalle norme contenute nei regolamenti di semplificazione e di accelerazione dei procedimenti amministrativi e possono formulare osservazioni e proporre suggerimenti per la modifica delle norme stesse e per il miglioramento dell'azione amministrativa.

7. Le regioni a statuto ordinario regolano le materie disciplinate dai commi da 1 a 6 e dalle leggi annuali di semplificazione nel rispetto dei princìpi desumibili dalle disposizioni in essi contenute, che costituiscono princìpi generali dell'ordinamento giuridico. Tali disposizioni operano direttamente nei riguardi delle regioni fino a quando esse non avranno legiferato in materia. Entro due anni dalla data di entrata in vigore della presente legge, le regioni a statuto speciale e le province autonome di Trento e di Bolzano provvedono ad adeguare i rispettivi ordinamenti alle norme fondamentali contenute nella legge medesima.

8. In sede di prima attuazione della presente legge e nel rispetto dei princìpi, criteri e modalità di cui al presente articolo, quali norme generali regolatrici, sono emanati appositi regolamenti ai sensi e per gli effetti dell'art. 17, comma 2, della legge 23 agosto 1988, n. 400, per disciplinare i procedimenti di cui all'allegato 1 alla presente legge, nonché le seguenti materie:

a) sviluppo e programmazione del sistema universitario, di cui alla legge 7 agosto 1990, n. 245 e successive modificazioni,nonché valutazione del medesimo sistema, di cui alla legge 24 dicembre 1993, n. 537 e successive modificazioni;

b) composizione e funzioni degli organismi collegiali nazionali e locali di rappresentanza e coordinamento del sistema universitario, prevedendo altresì l'istituzione di un Consiglio nazionale degli studenti, eletto dai medesimi, con compiti consultivi e di proposta;

c) interventi per il diritto allo studio e contributi universitari. Le norme sono finalizzate a garantire l'accesso agli studi universitari agli studenti capaci e meritevoli privi di mezzi, a ridurre il tasso di abbandono degli studi, a determinare percentuali massime dell'ammontare complessivo della contribuzione a carico degli studenti in rapporto al finanziamento ordinario dello Stato per le università, graduando la contribuzione stessa, secondo criteri di equità, solidarietà e progressività in relazione alle condizioni economiche del nucleo familiare, nonché a definire parametri e metodologie adeguati per la valutazione delle effettive condizioni economiche dei predetti nuclei. Le norme di cui alla presente lettera sono soggette a revisione biennale, sentite le competenti Commissioni parlamentari;

d) procedure per il conseguimento del titolo di dottore di ricerca, di cui all'art. 73 del decreto del Presidente della Repubblica 11 luglio 1980, n. 382, e procedimento di approvazione degli atti dei concorsi per ricercatore in deroga all'art. 5, comma 9, della legge 24 dicembre 1993, n. 537;

e) procedure per l'accettazione da parte delle università di eredità, donazioni e legati, prescindendo da ogni autorizzazione preventiva, ministeriale o prefettizia.

9. I regolamenti di cui al comma 8, lettere *a*), *b*) e *c*), sono emanati previo parere delle Commissioni parlamentari competenti per materia.

10. In attesa dell'entrata in vigore delle norme di cui al comma 8, lettera *c*), il decreto del Presidente del Consiglio dei Ministri, previsto dall'art. 4 della legge 2 dicembre 1991, n. 390, è emanato anche nelle more della costituzione della Consulta nazionale per il diritto agli studi universitari di cui all'art. 6 della medesima legge.

11. Con il disegno di legge di cui al comma 1, il Governo propone annualmente al Parlamento le norme di delega ovvero di delegificazione necessarie alla compilazione di testi unici legislativi o regolamentari, con particolare riferimento alle materie interessate dalla attuazione della presente legge. In sede di prima attuazione della presente legge, il Governo è delegato ad emanare, entro il termine di sei mesi decorrenti dalla data di entrata in vigore dei decreti legislativi di cui all'art. 4, norme per la delegificazione delle materie di cui all'art. 4, comma 4, lettera *c*), non coperte da riserva assoluta di legge, nonché testi unici delle leggi che disciplinano i settori di cui al medesimo art. 4, comma 4, lettera *c*), anche attraverso le necessarie modifiche, integrazioni o abrogazioni di norme, secondo i criteri previsti dagli articoli 14 e 17 e dal presente articolo ».

(2) *Lettera aggiunta dall'art. 1 l. 28 novembre 2005, n. 246.*
(3) *Comma aggiunto dall'art. 1 l. n. 246, cit.*
(4) *Lettera così sostituita dall'art. 1 l. n. 246, cit.*

20-*bis*

(1) 1. I regolamenti di delegificazione possono disciplinare anche i procedimenti amministrativi che prevedono obblighi la cui violazione costituisce illecito amministrativo e possono, in tale caso, alternativamente:

a) eliminare o modificare detti obblighi, ritenuti superflui o inadeguati alle esigenze di semplificazione del procedimento; detta eliminazione comporta l'abrogazione della corrispondente sanzione amministrativa (1);

b) riprodurre i predetti obblighi; in tale ipotesi, le sanzioni amministrative previste dalle norme legislative si applicano alle violazioni delle corrispondenti norme delegificate, secondo apposite disposizioni di rinvio contenute nei regolamenti di semplificazione.

(1) *Articolo aggiunto dall'art. 2 l. 8 marzo 1999, n. 50.*
(2) *Lettera così modificata dall'art. 1 l. 24 novembre 2000, n. 340.*

20-*ter*

(1) 1. Il Governo, le regioni e le province autonome di Trento e di Bolzano, in attuazione del principio di leale collaborazione, concludono, in sede di Conferenza permanente per i rapporti tra lo Stato, le regioni e le province autonome di Trento e di Bolzano o di Conferenza unificata, anche sulla base delle migliori pratiche e delle iniziative sperimentali statali, regionali e locali, accordi ai sensi dell'articolo 4 del

decreto legislativo 28 agosto 1997, n. 281, o intese ai sensi dell'articolo 8 della legge 5 giugno 2003, n. 131, per il perseguimento delle comuni finalità di miglioramento della qualità normativa nell'ambito dei rispettivi ordinamenti, al fine, tra l'altro, di:

a) favorire il coordinamento dell'esercizio delle rispettive competenze normative e svolgere attività di interesse comune in tema di semplificazione, riassetto normativo e qualità della regolazione;

b) definire principi, criteri, metodi e strumenti omogenei per il perseguimento della qualità della regolazione statale e regionale, in armonia con i principi generali stabiliti dalla presente legge e dalle leggi annuali di semplificazione e riassetto normativo, con specifico riguardo ai processi di semplificazione, di riassetto e codificazione, di analisi e verifica dell'impatto della regolazione e di consultazione;

c) concordare, in particolare, forme e modalità omogenee di analisi e verifica dell'impatto della regolazione e di consultazione con le organizzazioni imprenditoriali per l'emanazione dei provvedimenti normativi statali e regionali;

d) valutare, con l'ausilio istruttorio anche dei gruppi di lavoro già esistenti tra regioni, la configurabilità di modelli procedimentali omogenei sul territorio nazionale per determinate attività private e valorizzare le attività dirette all'armonizzazione delle normative regionali.

(1) *Articolo aggiunto dall'art. 2 l. 28 novembre 2005, n. 246.*

9. Legge 8 marzo 1999, n. 50. — Delegificazione e testi unici di norme concernenti procedimenti amministrativi - Legge di semplificazione 1998. (*estratto*).

Pubblicata nella Gazzetta Ufficiale n. 56 del 9 marzo 1999.

4 Relazione annuale di semplificazione.

1. Con la relazione annuale di semplificazione di cui al comma 1 dell'articolo 20 della legge 15 marzo 1997, n. 59, il Presidente del Consiglio dei ministri, o il Ministro per la funzione pubblica da lui delegato, delinea altresì il bilancio complessivo dell'attività di semplificazione, valuta l'efficacia degli strumenti previsti dalla legge medesima e indica, eventualmente, la soppressione di quelli già istituiti, ivi compreso il Nucleo, e la loro sostituzione con strumenti alternativi. 2. La relazione di cui al comma 1 ha per oggetto anche la normativa regionale e quella comunitaria.

5 Analisi dell'impatto della regolamentazione.

1. *Omissis* (1).

2. Le Commissioni parlamentari competenti possono richiedere una relazione contenente l'AIR per schemi di atti normativi e progetti di legge al loro esame, ai fini dello svolgimento dell'istruttoria legislativa.

(1) *Comma abrogato dall'art. 14 della legge 28 novembre 2005, n. 246.*

6 Raccordo istituzionale per la semplificazione legislativa.

1. Al fine di migliorare i metodi di formazione, di attuazione e di conoscenza delle leggi, il Presidente del Consiglio dei ministri trasmette ai competenti organi delle Camere, su richiesta dei rispettivi Presidenti, studi e indagini sullo stato della legislazione, sugli strumenti di cognizione e sul coordinamento delle fonti normative, sulle tecniche di valutazione degli effetti delle politiche legislative e sull'eventuale seguito legislativo delle sentenze della Corte costituzionale.

10. Legge 29 luglio 2003, n. 229. — Interventi in materia di qualità della regolazione, riassetto normativo e codificazione — Legge di semplificazione 2001. (*estratto*).

Pubblicata nella Gazzetta Ufficiale n. 196 del 25 agosto 2003.

CAPO I
Nuova disciplina in materia di semplificazione e riassetto normativo

1 (*Omissis*).

2 Riassetto normativo in materia di produzione normativa, di semplificazione e di qualità della regolazione.

1. Il Governo è delegato ad adottare, entro due anni

dalla data di entrata in vigore della presente legge, un decreto legislativo, su proposta del Presidente del Consiglio dei ministri, sentita la Conferenza permanente per i rapporti tra lo Stato, le regioni e le province autonome di Trento e di Bolzano, per il riassetto delle disposizioni statali di natura legislativa vigenti in materia di produzione normativa, semplificazione e qualità della regolazione, ai sensi e secondo i principi e criteri direttivi di cui all'articolo 20 della legge 15 marzo 1997, n. 59, come sostituito dall'articolo 1 della presente legge, e nel rispetto dei seguenti principi e criteri direttivi (1):

a) garanzia della coerenza giuridica, logica e sistematica della normativa, adeguamento, aggiornamento e semplificazione del linguaggio normativo;

b) ricorso al riassetto normativo per materie e alla riduzione delle disposizioni legislative vigenti, anche mediante apposite leggi periodiche contenenti l'indicazione delle disposizioni abrogate o comunque non più in vigore;

c) delegificazione delle norme di legge concernenti gli aspetti organizzativi e procedimentali, secondo i criteri previsti dall'articolo 20 della legge 15 marzo 1997, n. 59, come sostituito dall'articolo 1;

d) definizione delle funzioni e dei compiti della Presidenza del Consiglio dei ministri, in armonia con quanto disposto dalla legge 23 agosto 1988, n. 400, e successive modificazioni, dal decreto legislativo 30 luglio 1999, n. 303, e successive modificazioni, dalla legge 15 marzo 1997, n. 59, e successive modificazioni, dalla legge 8 marzo 1999, n. 50, e dalle leggi annuali di semplificazione e ferme restando le competenze dei Ministeri di settore;

e) coordinamento con l'attività consultiva del Consiglio di Stato, anche ai fini di adeguamento delle strutture organizzative, ai sensi degli articoli 14 e 16 del testo unico delle leggi sul Consiglio di Stato, di cui al regio decreto 26 giugno 1924, n. 1054, e dell'articolo 17, commi 25, 27 e 28, della legge 15 maggio 1997, n. 127;

f) previsione e definizione di procedure di verifica dell'impatto regolatorio, ai sensi delle direttive del Presidente del Consiglio dei ministri in materia di analisi tecnico-normativa e di analisi dell'impatto della regolamentazione, anche a seguito di un congruo periodo di applicazione delle norme, con adeguati strumenti di informazione e partecipazione degli utenti e delle categorie interessate.

2. Con regolamento di cui all'articolo 17, comma 1, della legge 23 agosto 1988, n. 400, e successive modificazioni, sono emanate norme di attuazione ed esecuzione del decreto legislativo di cui al comma 1.

3. Nell'ambito della Conferenza unificata di cui all'articolo 8 del decreto legislativo 28 agosto 1997, n. 281, il Governo acquisisce indirizzi e proposte nella materia della qualità della regolazione e osservazioni per l'adozione di strumenti comuni.

4. Il decreto legislativo di cui al comma 1 è emanato previo parere delle Commissioni parlamentari competenti reso entro il termine di sessanta giorni dal ricevimento della richiesta.

(1) *Comma così modificato dall'art. 2 l. 27 luglio 2004, n. 186.*

3-11 (*Omissis*).

DISPOSIZIONI IN MATERIA DI ANALISI DI IMPATTO DELLA REGOLAMENTAZIONE E DI ATTI NORMATIVI GOVERNATIVI. DISPOSIZIONI IN MATERIA DI PUBBLICO IMPIEGO

12 **Analisi di impatto delle funzioni di vigilanza e regolazione delle autorità amministrative indipendenti.**

1. Le autorità amministrative indipendenti, cui la normativa attribuisce funzioni di controllo, di vigilanza o regolatorie, si dotano, nei modi previsti dai rispettivi ordinamenti, di forme o metodi di analisi dell'impatto della regolamentazione per l'emanazione di atti di competenza e, in particolare, di atti amministrativi generali, di programmazione o pianificazione, e, comunque, di regolazione.

2. Le autorità di cui al comma 1 trasmettono al Parlamento le relazioni di analisi di impatto della regolamentazione da loro realizzate.

3. I soggetti di cui al comma 1 provvedono alla verifica degli effetti derivanti dall'applicazione di contratti predisposti mediante moduli o formulari ovvero di clausole e condizioni contrattuali normativamente previste o a contenuto generale.

4. Sono, comunque, escluse dall'applicazione del presente articolo le segnalazioni e le altre attività consultive, anche se concernenti gli atti di cui al comma 1, nonché i procedimenti previsti dalla legge 10 ottobre 1990, n. 287, e successive modificazioni.

13-23 (*Omissis*).

11. Legge 28 novembre 2005, n. 246. — Semplificazione e riassetto normativo per l'anno 2005. (*estratto*).

Pubblicata nella Gazzetta Ufficiale n. 280 del 1° dicembre 2005.

1-13 (*Omissis*).

14 **Semplificazione della legislazione.**

1. L'analisi dell'impatto della regolamentazione (AIR) consiste nella valutazione preventiva degli effet-

ti di ipotesi di intervento normativo ricadenti sulle attività dei cittadini e delle imprese e sull'organizzazione e sul funzionamento delle pubbliche amministrazioni, mediante comparazione di opzioni alternative. Nella individuazione e comparazione delle opzioni le amministrazioni competenti tengono conto della necessità di assicurare il corretto funzionamento concorrenziale del mercato e la tutela delle libertà individuali (1).

2. L'AIR costituisce un supporto alle decisioni dell'organo politico di vertice dell'amministrazione in ordine all'opportunità dell'intervento normativo.

3. L'elaborazione degli schemi di atti normativi del Governo è sottoposta all'AIR, salvo i casi di esclusione previsti dai decreti di cui al comma 5 e i casi di esenzione di cui al comma 8.

4. La verifica dell'impatto della regolamentazione (VIR) consiste nella valutazione, anche periodica, del raggiungimento delle finalità e nella stima dei costi e degli effetti prodotti da atti normativi sulle attività dei cittadini e delle imprese e sull'organizzazione e sul funzionamento delle pubbliche amministrazioni (2).

5. Con decreti del Presidente del Consiglio dei ministri, adottati ai sensi dell'articolo 17, comma 3, della legge 23 agosto 1988, n. 400, sono definiti entro centottanta giorni dalla data di entrata in vigore della presente legge:

a) i criteri generali e le procedure dell'AIR, da concludere con apposita relazione, nonché le relative fasi di consultazione (3);

b) le tipologie sostanziali, i casi e le modalità di esclusione dell'AIR;

c) i criteri generali e le procedure, nonché l'individuazione dei casi di effettuazione della VIR;

d) i criteri ed i contenuti generali della relazione al Parlamento di cui al comma 10.

5-*bis*. La relazione AIR di cui al comma 5, lettera *a*), dà conto, tra l'altro, in apposite sezioni, della valutazione dell'impatto sulle piccole e medie imprese e degli oneri informativi e dei relativi costi amministrativi, introdotti o eliminati a carico di cittadini e imprese. Per onere informativo si intende qualunque adempimento comportante raccolta, elaborazione, trasmissione, conservazione e produzione di informazioni e documenti alla pubblica amministrazione (1);

5-*ter*. La relazione AIR di cui al comma 5, lettera *a*), dà altresì conto, in apposita sezione, del rispetto dei livelli minimi di regolazione comunitaria ai sensi dei commi 24-bis, 24-*ter* e 24-*quater* (5).

6. I metodi di analisi e i modelli di AIR, nonché i metodi relativi alla VIR, sono adottati con direttive del Presidente del Consiglio dei ministri e sono sottoposti a revisione, con cadenza non superiore al triennio.

7. L'amministrazione competente a presentare l'iniziativa normativa provvede all'AIR e comunica al Dipartimento per gli affari giuridici e legislativi (DAGL) della Presidenza del Consiglio dei ministri i risultati dell'AIR.

8. Il DAGL assicura il coordinamento delle amministrazioni in materia di AIR e di VIR. Il DAGL, su motivata richiesta dell'amministrazione interessata, può consentire l'eventuale esenzione dall'AIR.

9. Le amministrazioni, nell'ambito della propria autonomia organizzativa e senza oneri aggiuntivi, individuano l'ufficio responsabile del coordinamento delle attività connesse all'effettuazione dell'AIR e della VIR di rispettiva competenza. Nel caso non sia possibile impiegare risorse interne o di altri soggetti pubblici, le amministrazioni possono avvalersi di esperti o di società di ricerca specializzate, nel rispetto della normativa vigente e, comunque, nei limiti delle disponibilità finanziarie.

10. Entro il 31 marzo di ogni anno, le amministrazioni comunicano al DAGL i dati e gli elementi informativi necessari per la presentazione al Parlamento, entro il 30 aprile, della relazione annuale del Presidente del Consiglio dei ministri sullo stato di applicazione dell'AIR.

11. È abrogato l'articolo 5, comma 1, della legge 8 marzo 1999, n. 50.

12. Al fine di procedere all'attività di riordino normativo prevista dalla legislazione vigente, il Governo, avvalendosi dei risultati dell'attività di cui all'articolo 107 della legge 23 dicembre 2000, n. 388, entro ventiquattro mesi dalla data di entrata in vigore della presente legge, individua le disposizioni legislative statali vigenti, evidenziando le incongruenze e le antinomie normative relative ai diversi settori legislativi, e trasmette al Parlamento una relazione finale.

13. Le somme non utilizzate relative all'anno 2005 del fondo destinato al finanziamento di iniziative volte a promuovere l'informatizzazione e la classificazione della normativa vigente, di cui all'articolo 107 della legge 23 dicembre 2000, n. 388, possono essere versate all'entrata del bilancio dello Stato, per essere successivamente riassegnate alle pertinenti unità previsionali di base dello stato di previsione del Ministero della giustizia, al fine di finanziare i progetti approvati dal Comitato guida, costituito con decreto del Presidente del Consiglio dei ministri 24 gennaio 2003, pubblicato nella Gazzetta Ufficiale n. 35 del 12 febbraio 2003.

14. Entro ventiquattro mesi dalla scadenza del termine di cui al comma 12, il Governo è delegato ad adottare, con le modalità di cui all'articolo 20 della legge 15 marzo 1997, n. 59, e successive modificazioni, decreti legislativi che individuano le disposizioni legislative statali, pubblicate anteriormente al 1° gennaio 1970, anche se modificate con provvedimenti successivi, delle quali si ritiene indispensabile la permanenza in vigore, secondo i seguenti princìpi e criteri direttivi:

a) esclusione delle disposizioni oggetto di abrogazione tacita o implicita;

b) esclusione delle disposizioni che abbiano esaurito la loro funzione o siano prive di effettivo contenuto normativo o siano comunque obsolete;

c) identificazione delle disposizioni la cui abrogazione comporterebbe lesione dei diritti costituzionali;

d) identificazione delle disposizioni indispensabili per la regolamentazione di ciascun settore, anche utilizzando a tal fine le procedure di analisi e verifica dell'impatto della regolazione;

e) organizzazione delle disposizioni da mantenere in vigore per settori omogenei o per materie, secondo il contenuto precettivo di ciascuna di esse;

f) garanzia della coerenza giuridica, logica e sistematica della normativa;

g) identificazione delle disposizioni la cui abrogazione comporterebbe effetti anche indiretti sulla finanza pubblica;

h) identificazione delle disposizioni contenute nei decreti ricognitivi, emanati ai sensi dell'articolo 1, comma 4, della legge 5 giugno 2003, n. 131, aventi per oggetto i princìpi fondamentali della legislazione dello Stato nelle materie previste dall'articolo 117, terzo comma, della Costituzione (6).

14-*bis*. Nelle materie appartenenti alla legislazione regionale, le disposizioni normative statali, che restano in vigore ai sensi dell'articolo 1, comma 2, della legge 5 giugno 2003, n. 131, continuano ad applicarsi, in ciascuna regione, fino alla data di entrata in vigore delle relative disposizioni regionali (7).

14-*ter*. Fatto salvo quanto stabilito dal comma 17, decorso un anno dalla scadenza del termine di cui al comma 14, ovvero del maggior termine previsto dall'ultimo periodo del comma 22, tutte le disposizioni legislative statali non comprese nei decreti legislativi di cui al comma 14, anche se modificate con provvedimenti successivi, sono abrogate (7).

14-*quater*. Il Governo è altresì delegato ad adottare, entro il termine di cui al comma 14-*ter*, uno o più decreti legislativi recanti l'abrogazione espressa, con la medesima decorrenza prevista dal comma 14-*ter*, di disposizioni legislative statali ricadenti fra quelle di cui alle lettere *a*) e *b*) del comma 14, anche se pubblicate successivamente al 1° gennaio 1970 (7).

15. I decreti legislativi di cui al comma 14 provvedono altresì alla semplificazione o al riassetto della materia che ne è oggetto, nel rispetto dei principi e criteri direttivi di cui all'articolo 20 della legge 15 marzo 1997, n. 59, e successive modificazioni, anche al fine di armonizzare le disposizioni mantenute in vigore con quelle pubblicate successivamente alla data del 1° gennaio 1970.

16. [Decorso il termine di cui al comma 14, tutte le disposizioni legislative statali pubblicate anteriormente al 1° gennaio 1970, anche se modificate con provvedimenti successivi, sono abrogate.] (8)

17. Rimangono in vigore:

a) le disposizioni contenute nel codice civile, nel codice penale, nel codice di procedura civile, nel codice di procedura penale, nel codice della navigazione, comprese le disposizioni preliminari e di attuazione, e in ogni altro testo normativo che rechi nell'epigrafe la denominazione codice ovvero testo unico;

b) le disposizioni che disciplinano l'ordinamento degli organi costituzionali e degli organi aventi rilevanza costituzionale, nonché le disposizioni relative all'ordinamento delle magistrature e dell'Avvocatura dello Stato e al riparto della giurisdizione;

c) le disposizioni tributarie e di bilancio e quelle concernenti le reti di acquisizione del gettito, anche derivante dal gioco;

d) le disposizioni che costituiscono adempimenti imposti dalla normativa comunitaria e quelle occorrenti per la ratifica e l'esecuzione di trattati internazionali;

e) le disposizioni in materia previdenziale e assistenziale (9).

18. Entro due anni dalla data di entrata in vigore dei decreti legislativi di cui al comma 14, possono essere emanate, con uno o più decreti legislativi, disposizioni integrative, di riassetto o correttive, esclusivamente nel rispetto dei principi e criteri direttivi di cui al comma 15 e previo parere della Commissione di cui al comma 19 (10).

18-*bis*. Entro un anno dalla data di entrata in vigore dei decreti legislativi di riassetto di cui al comma 18, nel rispetto degli stessi princìpi e criteri direttivi, possono essere emanate, con uno o più decreti legislativi, disposizioni integrative o correttive dei medesimi decreti legislativi (11).

19. È istituita la "Commissione parlamentare per la semplificazione", di seguito denominata "Commissione" composta da venti senatori e venti deputati, nominati rispettivamente dal Presidente del Senato della Repubblica e dal Presidente della Camera dei deputati nel rispetto della proporzione esistente tra i gruppi parlamentari, su designazione dei gruppi medesimi. La Commissione elegge tra i propri componenti un presidente, due vicepresidenti e due segretari che insieme con il presidente formano l'Ufficio di presidenza. La Commissione si riunisce per la sua prima seduta entro venti giorni dalla nomina dei suoi componenti, per l'elezione dell'Ufficio di presidenza (12).

20. Alle spese necessarie per il funzionamento della Commissione si provvede, in parti uguali, a carico dei bilanci interni di ciascuna delle due Camere.

21. La Commissione:

a) esprime il parere sugli schemi dei decreti legislativi di cui ai commi 14, 14-*quater*, 15, 18 e 18-*bis*;

b) verifica periodicamente lo stato di attuazione del procedimento per l'abrogazione generalizzata di norme di cui al comma 14-*ter* e ne riferisce ogni sei mesi alle Camere;

c) esercita i compiti di cui all'articolo 5, comma 4, della legge 15 marzo 1997, n. 59 (13).

22. Per l'acquisizione del parere, gli schemi dei decreti legislativi di cui ai commi 14, 14-*quater*, 15, 18 e 18-*bis* sono trasmessi alla Commissione, che si pronuncia entro trenta giorni. Il Governo, ove ritenga di non accogliere, in tutto o in parte, le eventuali condizioni poste, ritrasmette il testo, con le proprie osservazioni e con le eventuali modificazioni, alla Commissione per il parere definitivo, da rendere nel termine di trenta giorni. Se il termine previsto per il parere della Commissione cade nei trenta giorni che precedono la scadenza di uno dei termini previsti dai commi 14, 14-*quater*, 15, 18 e 18-*bis*, la scadenza medesima è prorogata di novanta giorni (14).

23. La Commissione può chiedere una sola volta ai Presidenti delle Camere una proroga di venti giorni per l'adozione del parere, qualora ciò si renda necessario per la complessità della materia o per il numero di schemi trasmessi nello stesso periodo all'esame della Commissione. Trascorso il termine, eventualmente prorogato, senza che la Commissione abbia espresso il parere, i decreti legislativi possono essere comunque emanati. Nel computo dei termini non viene considerato il periodo di sospensione estiva e quello di fine anno dei lavori parlamentari (15).

24. La Commissione esercita i compiti di cui al comma 21, lettera *c*), a decorrere dall'inizio della legislatura successiva alla data di entrata in vigore della presente legge. Dallo stesso termine cessano gli effetti dell'articolo 5, commi 1, 2 e 3, della legge 15 marzo 1997, n. 59.

24-*bis*. Gli atti di recepimento di direttive comunitarie non possono prevedere l'introduzione o il mantenimento di livelli di regolazione superiori a quelli minimi richiesti dalle direttive stesse, salvo quanto previsto al comma 24-*quater* (16).

24-*ter*. Costituiscono livelli di regolazione superiori a quelli minimi richiesti dalle direttive comunitarie:

a) l'introduzione o il mantenimento di requisiti, standard, obblighi e oneri non strettamente necessari per l'attuazione delle direttive;

b) l'estensione dell'ambito soggettivo o oggettivo di applicazione delle regole rispetto a quanto previsto dalle direttive, ove comporti maggiori oneri amministrativi per i destinatari;

c) l'introduzione o il mantenimento di sanzioni, procedure o meccanismi operativi più gravosi o complessi di quelli strettamente necessari per l'attuazione delle direttive (16).

24-*quater*. L'amministrazione dà conto delle circostanze eccezionali, valutate nell'analisi d'impatto della regolamentazione, in relazione alle quali si rende necessario il superamento del livello minimo di regolazione comunitaria. Per gli atti normativi non sottoposti ad AIR, le Amministrazioni utilizzano comunque i metodi di analisi definiti dalle direttive di cui al comma 6 del presente articolo (17).

(1) *Comma modificato dall'art. 6, comma 2, lett.* a), *l. 11 novembre 2011, n. 180.*

(2) *Comma modificato dall'art. 3 d.l. 9 febbraio 2012, n. 5, conv., con modif., in l. 4 aprile 2012, n. 35.*

(3) *Lettera sostituita dall'art. 6, comma 2, lett.* b), *l. n. 180, cit.*

(4) *Comma inserito dall'art. 6, comma 2, lett.* c), *l. n. 180, cit.*

(5) *Comma inserito dall'art. 15, comma 2, lett.* a), *l. 12 novembre 2011, n. 183, con effetto a decorrere dal 1° gennaio 2012, ai sensi dell'art. 36, comma 1, della medesima legge.*

(6) *Comma sostituito dall'art. 4, comma 1, lett.* a), *l. 18 giugno 2009, n. 69.*

(7) *Comma inserito dall'art. 4, comma 1, lett.* a), *l. n. 69, cit.*

(8) *Comma abrogato dall'art. 4, comma 1, lett.* b), *l. n. 69, cit.*

(9) *Comma sostituito dall'art. 4, comma 1, lett.* c), *l. n. 69, cit.*

(10) *Comma sostituito dall'art. 13, comma 1, l. 4 marzo 2009, n. 15.*

(11) *Comma inserito dall'art. 4, comma 1, lett.* d), *l. n. 69, cit.*

(12) *Comma modificato dall'art. 4, comma 1, lett.* e), *l. n. 69, cit.*

(13) *Comma sostituito dall'art. 4, comma 1, lett.* f), *l. n. 69, cit.*

(14) *Comma sostituito dall'art. 4, comma 1, lett.* g), *l. n. 69, cit.*

(15) *Comma modificato dall'art. 10-*bis *d.l. 30 dicembre 2009 n. 194, conv., con modif., in l. 26 febbraio 2010, n. 25.*

(16) *Comma inserito dall'art. 15, comma 2, lett.* b), *l. n. 183, cit., con effetto a decorrere dal 1° gennaio 2012, ai sensi dell'art. 36, comma 1, della medesima legge.*

(17) *Comma dapprima inserito dall'art. 15, comma 2, lett.* b), *l. n. 183, cit., con effetto a decorrere dal 1° gennaio 2012, ai sensi dell'art. 36, comma 1, della stessa legge e successivamente modificato dall'art. 3 d.l. 9 febbraio 2012, n. 5, conv., con modif., in l. 4 aprile 2012, n. 35.*

15 Rapporto annuale sulla qualità dei servizi offerti dalla pubblica amministrazione.

1. La Presidenza del Consiglio dei ministri - Dipartimento della funzione pubblica predispone annualmente un rapporto sulla qualità dei servizi offerti dalla pubblica amministrazione e sulla produttività degli uffici e del personale, verificando la coerenza dei risultati raggiunti con le disposizioni vigenti in materia. Ai fini del presente comma la Presidenza del Consiglio dei ministri - Dipartimento della funzione pubblica si avvale dell'Istituto nazionale di statistica.

SEZIONE SECONDA
FONTI ESTERNE

CAPO I
DIRITTO EUROPEO

12. Trattato dell'Unione Europea.

TITOLO I
Disposizioni comuni

1 [*ex* articolo 1 del TUE] Con il presente trattato, le ALTE PARTI CONTRAENTI istituiscono tra loro un'UNIONE EUROPEA, in appresso denominata « Unione », alla quale gli Stati membri attribuiscono competenze per conseguire i loro obiettivi comuni.

Il presente trattato segna una nuova tappa nel processo di creazione di un'unione sempre più stretta tra i popoli dell'Europa, in cui le decisioni siano prese nel modo più trasparente possibile e il più vicino possibile ai cittadini.

L'Unione si fonda sul presente trattato e sul trattato sul funzionamento dell'Unione europea (in appresso denominati « i trattati »). I due trattati hanno lo stesso valore giuridico. L'Unione sostituisce e succede alla Comunità europea.

2 L'Unione si fonda sui valori del rispetto della dignità umana, della libertà, della democrazia, dell'uguaglianza, dello Stato di diritto e del rispetto dei diritti umani, compresi i diritti delle persone appartenenti a minoranze. Questi valori sono comuni agli Stati membri in una società caratterizzata dal pluralismo, dalla non discriminazione, dalla tolleranza, dalla giustizia, dalla solidarietà e dalla parità tra donne e uomini.

3 [*ex* articolo 2 del TUE] 1. L'Unione si prefigge di promuovere la pace, i suoi valori e il benessere dei suoi popoli.

2. L'Unione offre ai suoi cittadini uno spazio di libertà, sicurezza e giustizia senza frontiere interne, in cui sia assicurata la libera circolazione delle persone insieme a misure appropriate per quanto concerne i controlli alle frontiere esterne, l'asilo, l'immigrazione, la prevenzione della criminalità e la lotta contro quest'ultima.

3. L'Unione instaura un mercato interno. Si adopera per lo sviluppo sostenibile dell'Europa, basato su una crescita economica equilibrata e sulla stabilità dei prezzi, su un'economia sociale di mercato fortemente competitiva, che mira alla piena occupazione e al progresso sociale, e su un elevato livello di tutela e di miglioramento della qualità dell'ambiente. Essa promuove il progresso scientifico e tecnologico.

L'Unione combatte l'esclusione sociale e le discriminazioni e promuove la giustizia e la protezione sociali, la parità tra donne e uomini, la solidarietà tra le generazioni e la tutela dei diritti del minore.

Essa promuove la coesione economica, sociale e territoriale, e la solidarietà tra gli Stati membri.

Essa rispetta la ricchezza della sua diversità culturale e linguistica e vigila sulla salvaguardia e sullo sviluppo del patrimonio culturale europeo.

4. L'Unione istituisce un'unione economica e monetaria la cui moneta è l'euro.

5. Nelle relazioni con il resto del mondo l'Unione afferma e promuove i suoi valori e interessi, contribuendo alla protezione dei suoi cittadini. Contribuisce alla pace, alla sicurezza, allo sviluppo sostenibile della Terra, alla solidarietà e al rispetto reciproco tra i popoli, al commercio libero ed equo, all'eliminazione della povertà e alla tutela dei diritti umani, in particolare dei diritti del minore, e alla rigorosa osservanza e allo sviluppo del diritto internazionale, in particolare al rispetto dei principi della Carta delle Nazioni Unite.

6. L'Unione persegue i suoi obiettivi con i mezzi appropriati, in ragione delle competenze che le sono attribuite nei trattati.

4 1. In conformità dell'articolo 5, qualsiasi competenza non attribuita all'Unione nei trattati appartiene agli Stati membri.

2. L'Unione rispetta l'uguaglianza degli Stati membri davanti ai trattati e la loro identità nazionale insita nella loro struttura fondamentale, politica e costituzionale, compreso il sistema delle autonomie locali e regionali. Rispetta le funzioni essenziali dello Stato, in particolare le funzioni di salvaguardia dell'integrità territoriale, di mantenimento dell'ordine pubblico e di tutela della sicurezza nazionale. In particolare, la sicurezza nazionale resta di esclusiva competenza di ciascuno Stato membro.

3. In virtù del principio di leale cooperazione, l'Unione e gli Stati membri si rispettano e si assistono

reciprocamente nell'adempimento dei compiti derivanti dai trattati.

Gli Stati membri adottano ogni misura di carattere generale o particolare atta ad assicurare l'esecuzione degli obblighi derivanti dai trattati o conseguenti agli atti delle istituzioni dell'Unione.

Gli Stati membri facilitano all'Unione l'adempimento dei suoi compiti e si astengono da qualsiasi misura che rischi di mettere in pericolo la realizzazione degli obiettivi dell'Unione.

5 [*ex* articolo 5 del TCE] 1. La delimitazione delle competenze dell'Unione si fonda sul principio di attribuzione. L'esercizio delle competenze dell'Unione si fonda sui principi di sussidiarietà e proporzionalità.

2. In virtù del principio di attribuzione, l'Unione agisce esclusivamente nei limiti delle competenze che le sono attribuite dagli Stati membri nei trattati per realizzare gli obiettivi da questi stabiliti. Qualsiasi competenza non attribuita all'Unione nei trattati appartiene agli Stati membri.

3. In virtù del principio di sussidiarietà, nei settori che non sono di sua competenza esclusiva l'Unione interviene soltanto se e in quanto gli obiettivi dell'azione prevista non possono essere conseguiti in misura sufficiente dagli Stati membri, né a livello centrale né a livello regionale e locale, ma possono, a motivo della portata o degli effetti dell'azione in questione, essere conseguiti meglio a livello di Unione.

Le istituzioni dell'Unione applicano il principio di sussidiarietà conformemente al protocollo sull'applicazione dei principi di sussidiarietà e di proporzionalità. I parlamenti nazionali vigilano sul rispetto del principio di sussidiarietà secondo la procedura prevista in detto protocollo.

4. In virtù del principio di proporzionalità, il contenuto e la forma dell'azione dell'Unione si limitano a quanto necessario per il conseguimento degli obiettivi dei trattati.

Le istituzioni dell'Unione applicano il principio di proporzionalità conformemente al protocollo sull'applicazione dei principi di sussidiarietà e di proporzionalità.

6 [*ex* articolo 6 del TUE] 1. L'Unione riconosce i diritti, le libertà e i principi sanciti nella Carta dei diritti fondamentali dell'Unione europea del 7 dicembre 2000, adattata il 12 dicembre 2007 a Strasburgo, che ha lo stesso valore giuridico dei trattati.

Le disposizioni della Carta non estendono in alcun modo le competenze dell'Unione definite nei trattati.

I diritti, le libertà e i principi della Carta sono interpretati in conformità delle disposizioni generali del titolo VII della Carta che disciplinano la sua interpretazione e applicazione e tenendo in debito conto le spiegazioni cui si fa riferimento nella Carta, che indicano le fonti di tali disposizioni.

2. L'Unione aderisce alla Convenzione europea per la salvaguardia dei diritti dell'uomo e delle libertà fondamentali. Tale adesione non modifica le competenze dell'Unione definite nei trattati (1).

3. I diritti fondamentali, garantiti dalla Convenzione europea per la salvaguardia dei diritti dell'uomo e delle libertà fondamentali e risultanti dalle tradizioni costituzionali comuni agli Stati membri, fanno parte del diritto dell'Unione in quanto principi generali.

(1) *V. protocollo n. 8 allegato al presente Trattato.*

7 [*ex* articolo 7 del TUE] 1. Su proposta motivata di un terzo degli Stati membri, del Parlamento europeo o della Commissione europea, il Consiglio, deliberando alla maggioranza dei quattro quinti dei suoi membri previa approvazione del Parlamento europeo, può constatare che esiste un evidente rischio di violazione grave da parte di uno Stato membro dei valori di cui all'articolo 2. Prima di procedere a tale constatazione il Consiglio ascolta lo Stato membro in questione e può rivolgergli delle raccomandazioni, deliberando secondo la stessa procedura.

Il Consiglio verifica regolarmente se i motivi che hanno condotto a tale constatazione permangono validi.

2. Il Consiglio europeo, deliberando all'unanimità su proposta di un terzo degli Stati membri o della Commissione europea e previa approvazione del Parlamento europeo, può constatare l'esistenza di una violazione grave e persistente da parte di uno Stato membro dei valori di cui all'articolo 2, dopo aver invitato tale Stato membro a presentare osservazioni.

3. Qualora sia stata effettuata la constatazione di cui al paragrafo 2, il Consiglio, deliberando a maggioranza qualificata, può decidere di sospendere alcuni dei diritti derivanti allo Stato membro in questione dall'applicazione dei trattati, compresi i diritti di voto del rappresentante del governo di tale Stato membro in seno al Consiglio. Nell'agire in tal senso, il Consiglio tiene conto delle possibili conseguenze di una siffatta sospensione sui diritti e sugli obblighi delle persone fisiche e giuridiche.

Lo Stato membro in questione continua in ogni caso ad essere vincolato dagli obblighi che gli derivano dai trattati.

4. Il Consiglio, deliberando a maggioranza qualificata, può successivamente decidere di modificare o revocare le misure adottate a norma del paragrafo 3, per rispondere ai cambiamenti nella situazione che ha portato alla loro imposizione.

5. Le modalità di voto che, ai fini del presente articolo, si applicano al Parlamento europeo, al Consiglio europeo e al Consiglio sono stabilite nell'articolo 354 del trattato sul funzionamento dell'Unione europea.

8 1. L'Unione sviluppa con i paesi limitrofi relazioni privilegiate al fine di creare uno spazio di prosperità e buon vicinato fondato sui valori dell'Unione e caratterizzato da relazioni strette e pacifiche basate sulla cooperazione.

2. Ai fini del paragrafo 1, l'Unione può concludere accordi specifici con i paesi interessati. Detti accordi possono comportare diritti e obblighi reciproci, e la possibilità di condurre azioni in comune.

La loro attuazione è oggetto di una concertazione periodica.

TITOLO II

Disposizioni relative ai principi democratici

9 L'Unione rispetta, in tutte le sue attività, il principio dell'uguaglianza dei cittadini, che beneficiano di uguale attenzione da parte delle sue istituzioni, organi e organismi. È cittadino dell'Unione chiunque abbia la cittadinanza di uno Stato membro. La cittadinanza dell'Unione si aggiunge alla cittadinanza nazionale e non la sostituisce.

10 1. Il funzionamento dell'Unione si fonda sulla democrazia rappresentativa.

2. I cittadini sono direttamente rappresentati, a livello dell'Unione, nel Parlamento europeo.

Gli Stati membri sono rappresentati nel Consiglio europeo dai rispettivi capi di Stato o di governo e nel Consiglio dai rispettivi governi, a loro volta democraticamente responsabili dinanzi ai loro parlamenti nazionali o dinanzi ai loro cittadini.

3. Ogni cittadino ha il diritto di partecipare alla vita democratica dell'Unione. Le decisioni sono prese nella maniera il più possibile aperta e vicina ai cittadini.

4. I partiti politici a livello europeo contribuiscono a formare una coscienza politica europea e ad esprimere la volontà dei cittadini dell'Unione.

11 1. Le istituzioni danno ai cittadini e alle associazioni rappresentative, attraverso gli opportuni canali, la possibilità di far conoscere e di scambiare pubblicamente le loro opinioni in tutti i settori di azione dell'Unione.

2. Le istituzioni mantengono un dialogo aperto, trasparente e regolare con le associazioni rappresentative e la società civile.

3. Al fine di assicurare la coerenza e la trasparenza delle azioni dell'Unione, la Commissione europea procede ad ampie consultazioni delle parti interessate.

4. Cittadini dell'Unione, in numero di almeno un milione, che abbiano la cittadinanza di un numero significativo di Stati membri, possono prendere l'iniziativa d'invitare la Commissione europea, nell'ambito delle sue attribuzioni, a presentare una proposta appropriata su materie in merito alle quali tali cittadini ritengono necessario un atto giuridico dell'Unione ai fini dell'attuazione dei trattati.

Le procedure e le condizioni necessarie per la presentazione di una iniziativa dei cittadini sono stabilite conformemente all'articolo 24, primo comma del trattato sul funzionamento dell'Unione europea.

12 I parlamenti nazionali contribuiscono attivamente al buon funzionamento dell'Unione:

a) venendo informati dalle istituzioni dell'Unione e ricevendo i progetti di atti legislativi dell'Unione in conformità del protocollo sul ruolo dei parlamenti nazionali nell'Unione europea;

b) vigilando sul rispetto del principio di sussidiarietà secondo le procedure previste dal protocollo sull'applicazione dei principi di sussidiarietà e di proporzionalità;

c) partecipando, nell'ambito dello spazio di libertà, sicurezza e giustizia, ai meccanismi di valutazione ai fini dell'attuazione delle politiche dell'Unione in tale settore, in conformità dell'articolo 70 del trattato sul funzionamento dell'Unione europea, ed essendo associati al controllo politico di Europol e alla valutazione delle attività di Eurojust, in conformità degli articoli 88 e 85 di detto trattato;

d) partecipando alle procedure di revisione dei trattati in conformità dell'articolo 48 del presente trattato;

e) venendo informati delle domande di adesione all'Unione in conformità dell'articolo 49 del presente trattato;

f) partecipando alla cooperazione interparlamentare tra parlamenti nazionali e con il Parlamento europeo in conformità del protocollo sul ruolo dei parlamenti nazionali nell'Unione europea.

TITOLO III

Disposizioni relative alle istituzioni

13 1. L'Unione dispone di un quadro istituzionale che mira a promuoverne i valori, perseguirne gli obiettivi, servire i suoi interessi, quelli dei suoi cittadini e quelli degli Stati membri, garantire la coerenza, l'efficacia e la continuità delle sue politiche e delle sue azioni.

Le istituzioni dell'Unione sono:

— il Parlamento europeo,

— il Consiglio europeo,

— il Consiglio,

— la Commissione europea (in appresso « Commissione »),

— la Corte di giustizia dell'Unione europea,

— la Banca centrale europea,

— la Corte dei conti.

2. Ciascuna istituzione agisce nei limiti delle attribuzioni che le sono conferite dai trattati, secondo le procedure, condizioni e finalità da essi previste. Le istituzioni attuano tra loro una leale cooperazione.

3. Le disposizioni relative alla Banca centrale europea e alla Corte dei conti figurano, insieme a disposizioni dettagliate sulle altre istituzioni, nel trattato sul funzionamento dell'Unione europea.

4. Il Parlamento europeo, il Consiglio e la Commissione sono assistiti da un Comitato economico e sociale e da un Comitato delle regioni, che esercitano funzioni consultive.

14 1. Il Parlamento europeo esercita, congiuntamente al Consiglio, la funzione legislativa e la funzione di bilancio. Esercita funzioni di controllo politico e consultive alle condizioni stabilite dai trattati. Elegge il presidente della Commissione.

2. Il Parlamento europeo è composto di rappresentanti dei cittadini dell'Unione. Il loro numero non può essere superiore a settecentocinquanta, più il presidente. La rappresentanza dei cittadini è garantita in modo degressivamente proporzionale, con una soglia minima di sei membri per Stato membro. A nessuno Stato membro sono assegnati più di novantasei seggi.

Il Consiglio europeo adotta all'unanimità, su iniziativa del Parlamento europeo e con l'approvazione di quest'ultimo, una decisione che stabilisce la composizione del Parlamento europeo, nel rispetto dei principi di cui al primo comma.

3. I membri del Parlamento europeo sono eletti a suffragio universale diretto, libero e segreto, per un mandato di cinque anni.

4. Il Parlamento europeo elegge tra i suoi membri il presidente e l'ufficio di presidenza.

15 1. Il Consiglio europeo dà all'Unione gli impulsi necessari al suo sviluppo e ne definisce gli orientamenti e le priorità politiche generali. Non esercita funzioni legislative.

2. Il Consiglio europeo è composto dai capi di Stato o di governo degli Stati membri, dal suo presidente e dal presidente della Commissione. L'alto rappresentante dell'Unione per gli affari esteri e la politica di sicurezza partecipa ai lavori.

3. Il Consiglio europeo si riunisce due volte a semestre su convocazione del presidente. Se l'ordine del giorno lo richiede, ciascun membro del Consiglio europeo può decidere di farsi assistere da un ministro e il presidente della Commissione da un membro della Commissione. Se la situazione lo richiede, il presidente convoca una riunione straordinaria del Consiglio europeo.

4. Il Consiglio europeo si pronuncia per consenso, salvo nei casi in cui i trattati dispongano diversamente.

5. Il Consiglio europeo elegge il presidente a maggioranza qualificata per un mandato di due anni e mezzo, rinnovabile una volta. In caso di impedimento o colpa grave, il Consiglio europeo può porre fine al mandato secondo la medesima procedura.

6. Il presidente del Consiglio europeo:

a) presiede e anima i lavori del Consiglio europeo;

b) assicura la preparazione e la continuità dei lavori del Consiglio europeo, in cooperazione con il presidente della Commissione e in base ai lavori del Consiglio « Affari generali »;

c) si adopera per facilitare la coesione e il consenso in seno al Consiglio europeo;

d) presenta al Parlamento europeo una relazione dopo ciascuna delle riunioni del Consiglio europeo.

Il presidente del Consiglio europeo assicura, al suo livello e in tale veste, la rappresentanza esterna dell'Unione per le materie relative alla politica estera e di sicurezza comune, fatte salve le attribuzioni dell'alto rappresentante dell'Unione per gli affari esteri e la politica di sicurezza.

Il presidente del Consiglio europeo non può esercitare un mandato nazionale.

16 1. Il Consiglio esercita, congiuntamente al Parlamento europeo, la funzione legislativa e la funzione di bilancio. Esercita funzioni di definizione delle politiche e di coordinamento alle condizioni stabilite nei trattati.

2. Il Consiglio è composto da un rappresentante di ciascuno Stato membro a livello ministeriale, abilitato a impegnare il governo dello Stato membro che rappresenta e ad esercitare il diritto di voto.

3. Il Consiglio delibera a maggioranza qualificata, salvo nei casi in cui i trattati dispongano diversamente.

4. A decorrere dal 1° novembre 2014, per maggioranza qualificata si intende almeno il 55% dei membri del Consiglio, con un minimo di quindici, rappresentanti Stati membri che totalizzino almeno il 65% della popolazione dell'Unione.

La minoranza di blocco deve comprendere almeno quattro membri del Consiglio; in caso contrario la maggioranza qualificata si considera raggiunta.

Le altre modalità che disciplinano il voto a maggioranza qualificata sono stabilite all'articolo 238, paragrafo 2 del trattato sul funzionamento dell'Unione europea.

5. Le disposizioni transitorie relative alla definizione della maggioranza qualificata applicabili fino al 31 ottobre 2014 e quelle applicabili tra il 1° novembre 2014 e il 31 marzo 2017 sono stabilite dal protocollo sulle disposizioni transitorie.

6. Il Consiglio si riunisce in varie formazioni, il cui elenco è adottato conformemente all'articolo 236 del trattato sul funzionamento dell'Unione europea.

Il Consiglio « Affari generali » assicura la coerenza dei lavori delle varie formazioni del Consiglio. Esso prepara le riunioni del Consiglio europeo e ne assicura il seguito in collegamento con il presidente del Consiglio europeo e la Commissione.

Il Consiglio « Affari esteri » elabora l'azione esterna dell'Unione secondo le linee strategiche definite dal Consiglio europeo e assicura la coerenza dell'azione dell'Unione.

7. Un comitato dei rappresentanti permanenti dei governi degli Stati membri è responsabile della preparazione dei lavori del Consiglio.

8. Il Consiglio si riunisce in seduta pubblica quando delibera e vota su un progetto di atto legislativo. A tal fine, ciascuna sessione del Consiglio è suddivisa in due parti dedicate, rispettivamente, alle deliberazioni su atti legislativi dell'Unione e alle attività non legislative.

9. La presidenza delle formazioni del Consiglio, ad eccezione della formazione « Affari esteri », è esercitata dai rappresentanti degli Stati membri nel Consiglio secondo un sistema di rotazione paritaria, alle condizioni stabilite conformemente all'articolo 236 del trattato sul funzionamento dell'Unione europea.

17 1. La Commissione promuove l'interesse generale dell'Unione e adotta le iniziative appropriate a tal fine. Vigila sull'applicazione dei trattati e delle misure adottate dalle istituzioni in virtù dei trattati. Vigila sull'applicazione del diritto dell'Unione sotto il controllo della Corte di giustizia dell'Unione europea. Dà esecuzione al bilancio e gestisce i programmi. Esercita funzioni di coordinamento, di esecuzione e di gestione, alle condizioni stabilite dai trattati. Assicura la rappresentanza esterna dell'Unione, fatta eccezione per la politica estera e di sicurezza comune e per gli altri casi previsti dai trattati. Avvia il processo di programmazione annuale e pluriennale dell'Unione per giungere ad accordi interistituzionali.

2. Un atto legislativo dell'Unione può essere adottato solo su proposta della Commissione, salvo che i trattati non dispongano diversamente. Gli altri atti sono

adottati su proposta della Commissione se i trattati lo prevedono.

3. Il mandato della Commissione è di cinque anni.

I membri della Commissione sono scelti in base alla loro competenza generale e al loro impegno europeo e tra personalità che offrono tutte le garanzie di indipendenza.

La Commissione esercita le sue responsabilità in piena indipendenza. Fatto salvo l'articolo 18, paragrafo 2, i membri della Commissione non sollecitano né accettano istruzioni da alcun governo, istituzione, organo o organismo. Essi si astengono da ogni atto incompatibile con le loro funzioni o con l'esecuzione dei loro compiti.

4. La Commissione nominata tra la data di entrata in vigore del trattato di Lisbona e il 31 ottobre 2014 è composta da un cittadino di ciascuno Stato membro, compreso il presidente e l'alto rappresentante dell'Unione per gli affari esteri e la politica di sicurezza, che è uno dei vicepresidenti.

5. A decorrere dal 1° novembre 2014, la Commissione è composta da un numero di membri, compreso il presidente e l'alto rappresentante dell'Unione per gli affari esteri e la politica di sicurezza, corrispondente ai due terzi del numero degli Stati membri, a meno che il Consiglio europeo, deliberando all'unanimità, non decida di modificare tale numero.

I membri della Commissione sono scelti tra i cittadini degli Stati membri in base ad un sistema di rotazione assolutamente paritaria tra gli Stati membri che consenta di riflettere la molteplicità demografica e geografica degli Stati membri. Tale sistema è stabilito all'unanimità dal Consiglio europeo conformemente all'articolo 244 del trattato sul funzionamento dell'Unione europea.

6. Il presidente della Commissione:

a) definisce gli orientamenti nel cui quadro la Commissione esercita i suoi compiti;

b) decide l'organizzazione interna della Commissione per assicurare la coerenza, l'efficacia e la collegialità della sua azione;

c) nomina i vicepresidenti, fatta eccezione per l'alto rappresentante dell'Unione per gli affari esteri e la politica di sicurezza, tra i membri della Commissione.

Un membro della Commissione rassegna le dimissioni se il presidente glielo chiede. L'alto rappresentante dell'Unione per gli affari esteri e la politica di sicurezza rassegna le dimissioni conformemente alla procedura di cui all'articolo 18, paragrafo 1, se il presidente glielo chiede.

7. Tenuto conto delle elezioni del Parlamento europeo e dopo aver effettuato le consultazioni appropriate, il Consiglio europeo, deliberando a maggioranza qualificata, propone al Parlamento europeo un candidato alla carica di presidente della Commissione. Tale candidato è eletto dal Parlamento europeo a maggioranza dei membri che lo compongono. Se il candidato non ottiene la maggioranza, il Consiglio europeo, deliberando a maggioranza qualificata, propone entro un mese un nuovo candidato, che è eletto dal Parlamento europeo secondo la stessa procedura.

Il Consiglio, di comune accordo con il presidente eletto, adotta l'elenco delle altre personalità che propone di nominare membri della Commissione. Dette personalità sono selezionate in base alle proposte presentate dagli Stati membri, conformemente ai criteri di cui al paragrafo 3, secondo comma e al paragrafo 5, secondo comma.

Il presidente, l'alto rappresentante dell'Unione per gli affari esteri e la politica di sicurezza e gli altri membri della Commissione sono soggetti, collettivamente, ad un voto di approvazione del Parlamento europeo. In seguito a tale approvazione la Commissione è nominata dal Consiglio europeo, che delibera a maggioranza qualificata.

8. La Commissione è responsabile collettivamente dinanzi al Parlamento europeo. Il Parlamento europeo può votare una mozione di censura della Commissione secondo le modalità di cui all'articolo 234 del trattato sul funzionamento dell'Unione europea. Se tale mozione è adottata, i membri della Commissione si dimettono collettivamente dalle loro funzioni e l'alto rappresentante dell'Unione per gli affari esteri e la politica di sicurezza si dimette dalle funzioni che esercita in seno alla Commissione.

18 1. Il Consiglio europeo, deliberando a maggioranza qualificata con l'accordo del presidente della Commissione, nomina l'alto rappresentante dell'Unione per gli affari esteri e la politica di sicurezza. Il Consiglio europeo può porre fine al suo mandato mediante la medesima procedura.

2. L'alto rappresentante guida la politica estera e di sicurezza comune dell'Unione. Contribuisce con le sue proposte all'elaborazione di detta politica e la attua in qualità di mandatario del Consiglio.

Egli agisce allo stesso modo per quanto riguarda la politica di sicurezza e di difesa comune.

3. L'alto rappresentante presiede il Consiglio « Affari esteri ».

4. L'alto rappresentante è uno dei vicepresidenti della Commissione. Vigila sulla coerenza dell'azione esterna dell'Unione. In seno alla Commissione, è incaricato delle responsabilità che incombono a tale istituzione nel settore delle relazioni esterne e del coordinamento degli altri aspetti dell'azione esterna dell'Unione. Nell'esercizio di queste responsabilità in seno alla Commissione e limitatamente alle stesse, l'alto rappresentante è soggetto alle procedure che regolano il funzionamento della Commissione, per quanto compatibile con i paragrafi 2 e 3.

19 1. La Corte di giustizia dell'Unione europea comprende la Corte di giustizia, il Tribunale e i tribunali specializzati. Assicura il rispetto del diritto nell'interpretazione e nell'applicazione dei trattati.

Gli Stati membri stabiliscono i rimedi giurisdizionali necessari per assicurare una tutela giurisdizionale effettiva nei settori disciplinati dal diritto dell'Unione.

2. La Corte di giustizia è composta da un giudice per Stato membro. È assistita da avvocati generali.

Il Tribunale è composto da almeno un giudice per Stato membro.

I giudici e gli avvocati generali della Corte di giustizia e i giudici del Tribunale sono scelti tra personalità che offrano tutte le garanzie di indipendenza e che soddisfino le condizioni richieste agli articoli 253 e 254 del trattato sul funzionamento dell'Unione europea. Sono nominati di comune accordo dai governi degli Stati membri per sei anni. I giudici e gli avvocati generali uscenti possono essere nuovamente nominati.

3. La Corte di giustizia dell'Unione europea si pronuncia conformemente ai trattati:

a) sui ricorsi presentati da uno Stato membro, da un'istituzione o da una persona fisica o giuridica;

b) in via pregiudiziale, su richiesta delle giurisdizioni nazionali, sull'interpretazione del diritto dell'Unione o sulla validità degli atti adottati dalle istituzioni;

c) negli altri casi previsti dai trattati.

TITOLO IV
Disposizioni sulle cooperazioni rafforzate

20 [*ex* articoli da 27 A a 27 E, da 40 a 40 B e da 43 a 45 del TUE ed *ex* articoli da 11 a 11 A del TCE] 1. Gli Stati membri che intendono instaurare tra loro una cooperazione rafforzata nel quadro delle competenze non esclusive dell'Unione possono far ricorso alle sue istituzioni ed esercitare tali competenze applicando le pertinenti disposizioni dei trattati, nei limiti e con le modalità previsti nel presente articolo e negli articoli da 326 a 334 del trattato sul funzionamento dell'Unione europea.

Le cooperazioni rafforzate sono intese a promuovere la realizzazione degli obiettivi dell'Unione, a proteggere i suoi interessi e a rafforzare il suo processo di integrazione. Sono aperte in qualsiasi momento a tutti gli Stati membri ai sensi dell'articolo 328 del trattato sul funzionamento dell'Unione europea.

2. La decisione che autorizza una cooperazione rafforzata è adottata dal Consiglio in ultima istanza, qualora esso stabilisca che gli obiettivi ricercati da detta cooperazione non possono essere conseguiti entro un termine ragionevole dall'Unione nel suo insieme, e a condizione che vi partecipino almeno nove Stati membri. Il Consiglio delibera secondo la procedura di cui all'articolo 329 del trattato sul funzionamento dell'Unione europea.

3. Tutti i membri del Consiglio possono partecipare alle sue deliberazioni, ma solo i membri del Consiglio che rappresentano gli Stati membri partecipanti ad una cooperazione rafforzata prendono parte al voto. Le modalità di voto sono previste all'articolo 330 del trattato sul funzionamento dell'Unione europea.

4. Gli atti adottati nel quadro di una cooperazione rafforzata vincolano solo gli Stati membri partecipanti. Non sono considerati un acquis che deve essere accettato dagli Stati candidati all'adesione all'Unione.

TITOLO V
Disposizioni generali sull'azione esterna dell'unione e disposizioni specifiche sulla politica estera e di sicurezza comune

CAPO 1
Disposizioni generali sull'azione esterna dell'Unione

21 1. L'azione dell'Unione sulla scena internazionale si fonda sui principi che ne hanno informato la creazione, lo sviluppo e l'allargamento e che essa si prefigge di promuovere nel resto del mondo: democrazia, Stato di diritto, universalità e indivisibilità dei diritti dell'uomo e delle libertà fondamentali, rispetto della dignità umana, principi di uguaglianza e di solidarietà e rispetto dei principi della Carta delle Nazioni Unite e del diritto internazionale.

L'Unione si adopera per sviluppare relazioni e istituire partenariati con i paesi terzi e con le organizzazioni internazionali, regionali o mondiali, che condividono i principi di cui al primo comma. Essa promuove soluzioni multilaterali ai problemi comuni, in particolare nell'ambito delle Nazioni Unite.

2. L'Unione definisce e attua politiche comuni e azioni e opera per assicurare un elevato livello di cooperazione in tutti i settori delle relazioni internazionali al fine di:

a) salvaguardare i suoi valori, i suoi interessi fondamentali, la sua sicurezza, la sua indipendenza e la sua integrità;

b) consolidare e sostenere la democrazia, lo Stato di diritto, i diritti dell'uomo e i principi del diritto internazionale;

c) preservare la pace, prevenire i conflitti e rafforzare la sicurezza internazionale, conformemente agli obiettivi e ai principi della Carta delle Nazioni Unite, nonché ai principi dell'Atto finale di Helsinki e agli obiettivi della Carta di Parigi, compresi quelli relativi alle frontiere esterne;

d) favorire lo sviluppo sostenibile dei paesi in via di sviluppo sul piano economico, sociale e ambientale, con l'obiettivo primo di eliminare la povertà;

e) incoraggiare l'integrazione di tutti i paesi nell'economia mondiale, anche attraverso la progressiva abolizione delle restrizioni agli scambi internazionali;

f) contribuire all'elaborazione di misure internazionali volte a preservare e migliorare la qualità dell'ambiente e la gestione sostenibile delle risorse naturali mondiali, al fine di assicurare lo sviluppo sostenibile;

g) aiutare le popolazioni, i paesi e le regioni colpiti da calamità naturali o provocate dall'uomo;

h) promuovere un sistema internazionale basato su una cooperazione multilaterale rafforzata e il buon governo mondiale.

3. Nell'elaborazione e attuazione dell'azione esterna nei vari settori compresi nel presente titolo e nella parte quinta del trattato sul funzionamento dell'Unione europea e delle altre politiche nei loro aspetti ester-

ni, l'Unione rispetta i principi e persegue gli obiettivi di cui ai paragrafi 1 e 2.

L'Unione assicura la coerenza tra i vari settori dell'azione esterna e tra questi e le altre politiche. Il Consiglio e la Commissione, assistiti dall'alto rappresentante dell'Unione per gli affari esteri e la politica di sicurezza, garantiscono tale coerenza e cooperano a questo fine.

22 1. Il Consiglio europeo individua gli interessi e obiettivi strategici dell'Unione sulla base dei principi e degli obiettivi enunciati all'articolo 21.

Le decisioni del Consiglio europeo sugli interessi e gli obiettivi strategici dell'Unione riguardano la politica estera e di sicurezza comune e altri settori dell'azione esterna dell'Unione. Possono riferirsi alle relazioni dell'Unione con un paese o una regione o essere improntate ad un approccio tematico. Esse fissano la rispettiva durata e i mezzi che l'Unione e gli Stati membri devono mettere a disposizione.

Il Consiglio europeo delibera all'unanimità su raccomandazione del Consiglio adottata da quest'ultimo secondo le modalità previste per ciascun settore. Le decisioni del Consiglio europeo sono attuate secondo le procedure previste dai trattati.

2. L'alto rappresentante dell'Unione per gli affari esteri e la politica di sicurezza, per il settore della politica estera e di sicurezza comune, e la Commissione, per gli altri settori dell'azione esterna, possono presentare proposte congiunte al Consiglio.

CAPO 2
Disposizioni specifiche sulla politica estera e di sicurezza comune

SEZIONE 1
Disposizioni comuni

23 L'azione dell'Unione sulla scena internazionale, ai sensi del presente capo, si fonda sui principi, persegue gli obiettivi ed è condotta in conformità delle disposizioni generali di cui al capo 1.

24 [*ex* articolo 11 del TUE] 1. La competenza dell'Unione in materia di politica estera e di sicurezza comune riguarda tutti i settori della politica estera e tutte le questioni relative alla sicurezza dell'Unione, compresa la definizione progressiva di una politica di difesa comune che può condurre a una difesa comune.

La politica estera e di sicurezza comune è soggetta a norme e procedure specifiche. Essa è definita e attuata dal Consiglio europeo e dal Consiglio che deliberano all'unanimità, salvo nei casi in cui i trattati dispongano diversamente. È esclusa l'adozione di atti legislativi. La politica estera e di sicurezza comune è messa in atto dall'alto rappresentante dell'Unione per gli affari esteri e la politica di sicurezza e dagli Stati membri in conformità dei trattati. Il ruolo specifico del Parlamento europeo e della Commissione in questo settore è definito dai trattati. La Corte di giustizia dell'Unione europea non è competente riguardo a tali disposizioni, ad eccezione della competenza a controllare il rispetto dell'articolo 40 del presente trattato e la legittimità di talune decisioni, come previsto dall'articolo 275, secondo comma del trattato sul funzionamento dell'Unione europea.

2. Nel quadro dei principi e degli obiettivi dell'azione esterna, l'Unione conduce, stabilisce e attua una politica estera e di sicurezza comune fondata sullo sviluppo della reciproca solidarietà politica degli Stati membri, sull'individuazione delle questioni di interesse generale e sulla realizzazione di un livello sempre maggiore di convergenza delle azioni degli Stati membri.

3. Gli Stati membri sostengono attivamente e senza riserve la politica estera e di sicurezza dell'Unione in uno spirito di lealtà e di solidarietà reciproca e rispettano l'azione dell'Unione in questo settore.

Gli Stati membri operano congiuntamente per rafforzare e sviluppare la loro reciproca solidarietà politica. Essi si astengono da qualsiasi azione contraria agli interessi dell'Unione o tale da nuocere alla sua efficacia come elemento di coesione nelle relazioni internazionali.

Il Consiglio e l'alto rappresentante provvedono affinché detti principi siano rispettati.

25 [*ex* articolo 12 del TUE] L'Unione conduce la politica estera e di sicurezza comune:

a) definendo gli orientamenti generali,

b) adottando decisioni che definiscono:

i) le azioni che l'Unione deve intraprendere,

ii) le posizioni che l'Unione deve assumere,

iii) le modalità di attuazione delle decisioni di cui ai punti *i*) e *ii*),

e

c) rafforzando la cooperazione sistematica tra gli Stati membri per la conduzione della loro politica.

26 [*ex* articolo 13 del TUE] 1. Il Consiglio europeo individua gli interessi strategici dell'Unione, fissa gli obiettivi e definisce gli orientamenti generali della politica estera e di sicurezza comune, ivi comprese le questioni che hanno implicazioni in materia di difesa. Adotta le decisioni necessarie.

Qualora lo esigano sviluppi internazionali, il presidente del Consiglio europeo convoca una riunione straordinaria dello stesso per definire le linee strategiche della politica dell'Unione dinanzi a tali sviluppi.

2. Il Consiglio elabora la politica estera e di sicurezza comune e prende le decisioni necessarie per la definizione e l'attuazione di tale politica in base agli orientamenti generali e alle linee strategiche definiti dal Consiglio europeo.

Il Consiglio e l'alto rappresentante dell'Unione per gli affari esteri e la politica di sicurezza assicurano l'unità, la coerenza e l'efficacia dell'azione dell'Unione.

3. La politica estera e di sicurezza comune è attuata dall'alto rappresentante e dagli Stati membri, ricorrendo ai mezzi nazionali e a quelli dell'Unione.

27 1. L'alto rappresentante dell'Unione per gli affari esteri e la politica di sicurezza, che presiede il Consiglio « Affari esteri », contribuisce con proposte all'elaborazione della politica estera e di sicurezza comune e assicura l'attuazione delle decisioni adottate dal Consiglio europeo e dal Consiglio.

2. L'alto rappresentante rappresenta l'Unione per le materie che rientrano nella politica estera e di sicurezza comune. Conduce, a nome dell'Unione, il dialogo politico con i terzi ed esprime la posizione dell'Unione nelle organizzazioni internazionali e in seno alle conferenze internazionali.

3. Nell'esecuzione delle sue funzioni, l'alto rappresentante si avvale di un servizio europeo per l'azione esterna. Il servizio lavora in collaborazione con i servizi diplomatici degli Stati membri ed è composto da funzionari dei servizi competenti del segretariato generale del Consiglio e della Commissione e da personale distaccato dai servizi diplomatici nazionali. L'organizzazione e il funzionamento del servizio europeo per l'azione esterna sono fissati da una decisione del Consiglio. Il Consiglio delibera su proposta dell'alto rappresentante, previa consultazione del Parlamento europeo e previa approvazione della Commissione.

28 [*ex* articolo 14 del TUE] 1. Quando una situazione internazionale richiede un intervento operativo dell'Unione, il Consiglio adotta le decisioni necessarie. Esse definiscono gli obiettivi, la portata e i mezzi di cui l'Unione deve disporre, le condizioni di attuazione e, se necessario, la durata.

Se si produce un cambiamento di circostanze che ha una netta incidenza su una questione oggetto di una tale decisione, il Consiglio rivede i principi e gli obiettivi di detta decisione e adotta le decisioni necessarie.

2. Le decisioni di cui al paragrafo 1 vincolano gli Stati membri nelle loro prese di posizione e nella conduzione della loro azione.

3. Qualsiasi presa di posizione o azione nazionale prevista in applicazione di una decisione di cui al paragrafo 1 forma oggetto di informazione da parte dello Stato membro interessato entro termini che permettano, se necessario, una concertazione preliminare in sede di Consiglio. L'obbligo dell'informazione preliminare non è applicabile per le misure di semplice recepimento sul piano nazionale delle decisioni del Consiglio.

4. In caso di assoluta necessità connessa con l'evoluzione della situazione e in mancanza di una revisione della decisione del Consiglio di cui al paragrafo 1, gli Stati membri possono prendere d'urgenza le misure necessarie, tenuto conto degli obiettivi generali di detta decisione. Lo Stato membro che prende tali misure ne informa immediatamente il Consiglio.

5. In caso di difficoltà rilevanti nell'applicazione di una decisione di cui al presente articolo, uno Stato membro ne investe il Consiglio che delibera al riguardo e ricerca le soluzioni appropriate. Queste ultime non possono essere in contrasto con gli obiettivi della decisione di cui al paragrafo 1 né nuocere alla sua efficacia.

29 [*ex* articolo 15 del TUE] Il Consiglio adotta decisioni che definiscono la posizione dell'Unione su una questione particolare di natura geografica o tematica. Gli Stati membri provvedono affinché le loro politiche nazionali siano conformi alle posizioni dell'Unione.

30 [*ex* articolo 22 del TUE] 1. Ogni Stato membro, l'alto rappresentante dell'Unione per gli affari esteri e la politica di sicurezza, o l'alto rappresentante con l'appoggio della Commissione, possono sottoporre al Consiglio questioni relative alla politica estera e di sicurezza comune e possono presentare rispettivamente iniziative o proposte al Consiglio.

2. Nei casi che richiedono una decisione rapida, l'alto rappresentante convoca, d'ufficio o a richiesta di uno Stato membro, una riunione straordinaria del Consiglio, entro un termine di quarantotto ore o, in caso di emergenza, entro un termine più breve.

31 [*ex* articolo 23 del TUE] 1. Le decisioni a norma del presente capo sono adottate dal Consiglio europeo e dal Consiglio che deliberano all'unanimità, salvo nei casi in cui il presente capo dispone diversamente. È esclusa l'adozione di atti legislativi.

In caso di astensione dal voto, ciascun membro del Consiglio può motivare la propria astensione con una dichiarazione formale a norma del presente comma. In tal caso esso non è obbligato ad applicare la decisione, ma accetta che essa impegni l'Unione. In uno spirito di mutua solidarietà, lo Stato membro interessato si astiene da azioni che possano contrastare o impedire l'azione dell'Unione basata su tale decisione, e gli altri Stati membri rispettano la sua posizione. Qualora i membri del Consiglio che motivano in tal modo l'astensione rappresentino almeno un terzo degli Stati membri che totalizzano almeno un terzo della popolazione dell'Unione, la decisione non è adottata.

2. In deroga alle disposizioni di cui al paragrafo 1, il Consiglio delibera a maggioranza qualificata:

— quando adotta una decisione che definisce un'azione o una posizione dell'Unione, sulla base di una decisione del Consiglio europeo relativa agli interessi e obiettivi strategici dell'Unione di cui all'articolo 22, paragrafo 1;

— quando adotta una decisione che definisce un'azione o una posizione dell'Unione in base a una proposta dell'alto rappresentante dell'Unione per gli affari esteri e la politica di sicurezza presentata in seguito a una richiesta specifica rivolta a quest'ultimo dal Consiglio europeo di sua iniziativa o su iniziativa dell'alto rappresentante;

— quando adotta decisioni relative all'attuazione di una decisione che definisce un'azione o una posizione dell'Unione;

— quando nomina un rappresentante speciale ai sensi dell'articolo 18, paragrafo 5.

Se un membro del Consiglio dichiara che, per specificati e vitali motivi di politica nazionale, intende opporsi all'adozione di una decisione che richiede la maggioranza qualificata, non si procede alla votazione. L'alto rappresentante cerca, in stretta consultazione con lo Stato membro interessato, una soluzione accettabile per quest'ultimo. In mancanza di un risultato il Consiglio, deliberando a maggioranza qualificata, può chiedere che della questione sia investito il Consiglio europeo, in vista di una decisione all'unanimità.

3. Il Consiglio europeo può adottare all'unanimità una decisione che preveda che il Consiglio delibera a maggioranza qualificata in casi diversi da quelli contemplati al paragrafo 2.

4. I paragrafi 2 e 3 non si applicano alle decisioni che hanno implicazioni nel settore militare o della difesa.

32 [*ex* articolo 16 del TUE] Gli Stati membri si consultano in sede di Consiglio europeo e di Consiglio in merito a qualsiasi questione di politica estera e di sicurezza di interesse generale per definire un approccio comune. Prima di intraprendere qualsiasi azione sulla scena internazionale o di assumere qualsiasi impegno che possa ledere gli interessi dell'Unione, ciascuno Stato membro consulta gli altri in sede di Consiglio europeo o di Consiglio. Gli Stati membri assicurano, mediante la convergenza delle loro azioni, che l'Unione possa affermare i suoi interessi e i suoi valori sulla scena internazionale. Gli Stati membri sono solidali tra loro.

Quando il Consiglio europeo o il Consiglio hanno definito un approccio comune dell'Unione ai sensi del primo comma, l'alto rappresentante dell'Unione per gli affari esteri e la politica di sicurezza e i ministri degli affari esteri degli Stati membri coordinano le loro attività nell'ambito del Consiglio.

Le missioni diplomatiche degli Stati membri e le delegazioni dell'Unione nei paesi terzi e presso le organizzazioni internazionali cooperano tra di loro e contribuiscono alla formulazione e all'attuazione dell'approccio comune.

33 [*ex* articolo 18 del TUE] Il Consiglio, su proposta dell'alto rappresentante dell'Unione per gli affari esteri e la politica di sicurezza, può nominare un rappresentante speciale con un mandato per problemi politici specifici. Il rappresentante speciale esercita il mandato sotto l'autorità dell'alto rappresentante.

34 [*ex* articolo 19 del TUE] 1. Gli Stati membri coordinano la propria azione nelle organizzazioni internazionali e in occasione di conferenze internazionali. In queste sedi essi difendono le posizioni dell'Unione. L'alto rappresentante dell'Unione per gli affari esteri e la politica di sicurezza assicura l'organizzazione di tale coordinamento.

Nelle organizzazioni internazionali e in occasione di conferenze internazionali alle quali non tutti gli Stati membri partecipano, quelli che vi partecipano difendono le posizioni dell'Unione.

2. Conformemente all'articolo 24, paragrafo 3, gli Stati membri rappresentati nelle organizzazioni internazionali o nelle conferenze internazionali alle quali non tutti gli Stati membri partecipano, tengono informati questi ultimi e l'alto rappresentante in merito ad ogni questione di interesse comune.

Gli Stati membri che sono anche membri del Consiglio di sicurezza delle Nazioni Unite si concerteranno e terranno pienamente informati gli altri Stati membri e l'alto rappresentante. Gli Stati membri che sono membri del Consiglio di sicurezza difenderanno, nell'esercizio delle loro funzioni, le posizioni e l'interesse dell'Unione, fatte salve le responsabilità che loro incombono in forza delle disposizioni della Carta delle Nazioni Unite.

Allorché l'Unione ha definito una posizione su un tema all'ordine del giorno del Consiglio di sicurezza delle Nazioni Unite, gli Stati membri che vi partecipano chiedono che l'alto rappresentante sia invitato a presentare la posizione dell'Unione.

35 [*ex* articolo 20 del TUE] Le missioni diplomatiche e consolari degli Stati membri e le delegazioni dell'Unione nei paesi terzi e nelle conferenze internazionali, nonché le loro rappresentanze presso le organizzazioni internazionali, cooperano al fine di garantire il rispetto e l'attuazione delle decisioni che definiscono posizioni e azioni dell'Unione adottate in virtù del presente capo.

Esse intensificano la loro cooperazione procedendo a scambi di informazioni e a valutazioni comuni.

Esse contribuiscono all'attuazione del diritto di tutela dei cittadini dell'Unione nel territorio dei paesi terzi di cui all'articolo 20, paragrafo 2, lettera *c*) del trattato sul funzionamento dell'Unione europea e delle misure adottate in applicazione dell'articolo 23 di detto trattato.

36 [*ex* articolo 21 del TUE] L'alto rappresentante dell'Unione per gli affari esteri e la politica di sicurezza consulta regolarmente il Parlamento europeo sui principali aspetti e sulle scelte fondamentali della politica estera e di sicurezza comune e della politica di sicurezza e di difesa comune e lo informa dell'evoluzione di tali politiche.

Egli provvede affinché le opinioni del Parlamento europeo siano debitamente prese in considerazione. I rappresentanti speciali possono essere associati all'informazione del Parlamento europeo.

Il Parlamento europeo può rivolgere interrogazioni o formulare raccomandazioni al Consiglio e all'alto rappresentante. Esso procede due volte all'anno ad un dibattito sui progressi compiuti nell'attuazione della politica estera e di sicurezza comune, compresa la politica di sicurezza e di difesa comune.

37 [*ex* articolo 24 del TUE] L'Unione può concludere accordi con uno o più Stati o organizzazioni internazionali nei settori di pertinenza del presente capo.

38 [*ex* articolo 25 del TUE] Fatto salvo l'articolo 240 del trattato sul funzionamento dell'Unione europea, un comitato politico e di sicurezza controlla la situazione internazionale nei settori che rientrano nella politica estera e di sicurezza comune e contribuisce a definire le politiche formulando pareri per il Consiglio, a richiesta di questo, dell'alto rappresentante dell'Unione per gli affari esteri e la politica di sicurezza o di propria iniziativa. Esso controlla altresì l'attuazione delle politiche concordate, fatte salve le competenze dell'alto rappresentante.

Nel quadro del presente capo, il comitato politico e di sicurezza esercita, sotto la responsabilità del Consiglio e dell'alto rappresentante, il controllo politico e la direzione strategica delle operazioni di gestione delle crisi previste all'articolo 43.

Ai fini di un'operazione di gestione delle crisi e per la durata della stessa, quali sono determinate dal Consiglio, quest'ultimo può autorizzare il comitato a prendere le decisioni appropriate in merito al controllo politico e alla direzione strategica dell'operazione.

39 Conformemente all'articolo 16 del trattato sul funzionamento dell'Unione europea e in deroga al paragrafo 2 di detto articolo, il Consiglio adotta una decisione che stabilisce le norme relative alla protezione delle persone fisiche con riguardo al trattamento dei dati di carattere personale da parte degli Stati membri nell'esercizio di attività che rientrano nel campo di applicazione del presente capo, e le norme relative alla libera circolazione di tali dati. Il rispetto di tali norme è soggetto al controllo di autorità indipendenti.

40 [*ex* articolo 47 del TUE] L'attuazione della politica estera e di sicurezza comune lascia impregiudicata l'applicazione delle procedure e la rispettiva portata delle attribuzioni delle istituzioni previste dai trattati per l'esercizio delle competenze dell'Unione di cui agli articoli da 3 a 6 del trattato sul funzionamento dell'Unione europea.

L'attuazione delle politiche previste in tali articoli lascia parimenti impregiudicata l'applicazione delle procedure e la rispettiva portata delle attribuzioni delle istituzioni previste dai trattati per l'esercizio delle competenze dell'Unione a titolo del presente capo.

41 [*ex* articolo 28 del TUE] 1. Le spese amministrative che le istituzioni sostengono per l'attuazione del presente capo sono a carico del bilancio dell'Unione.

2. Le spese operative cui dà luogo l'attuazione del presente capo sono anch'esse a carico del bilancio dell'Unione, eccetto le spese derivanti da operazioni che hanno implicazioni nel settore militare o della difesa, e a meno che il Consiglio, deliberando all'unanimità, decida altrimenti.

Nei casi in cui non sono a carico del bilancio dell'Unione, le spese sono a carico degli Stati membri secondo un criterio di ripartizione basato sul prodotto nazionale lordo, a meno che il Consiglio, deliberando all'unanimità, non stabilisca altrimenti. Per quanto riguarda le spese derivanti da operazioni che hanno implicazioni nel settore militare o della difesa, gli Stati membri i cui rappresentanti in Consiglio hanno fatto una dichiarazione formale a norma dell'articolo 31, paragrafo 1, secondo comma, non sono obbligati a contribuire al loro finanziamento.

3. Il Consiglio adotta una decisione che stabilisce le procedure specifiche per garantire il rapido accesso agli stanziamenti del bilancio dell'Unione destinati al finanziamento urgente di iniziative nel quadro della politica estera e di sicurezza comune, in particolare ai preparativi di una missione di cui all'articolo 42, paragrafo 1 e all'articolo 43. Esso delibera previa consultazione del Parlamento europeo.

I preparativi delle missioni di cui all'articolo 42, paragrafo 1 e all'articolo 43 che non sono a carico del bilancio dell'Unione sono finanziati mediante un fondo iniziale costituito da contributi degli Stati membri.

Il Consiglio adotta a maggioranza qualificata, su proposta dell'alto rappresentante dell'Unione per gli affari esteri e la politica di sicurezza, le decisioni che fissano:

a) le modalità di costituzione e finanziamento del fondo iniziale, in particolare le dotazioni finanziarie assegnategli;

b) le modalità di gestione del fondo iniziale;

c) le modalità di controllo finanziario.

Quando la missione prevista conformemente all'articolo 42, paragrafo 1 e all'articolo 43 non può essere a carico del bilancio dell'Unione, il Consiglio autorizza l'alto rappresentante a ricorrere a detto fondo. L'alto rappresentante riferisce al Consiglio sull'esecuzione di tale mandato.

SEZIONE 2
Disposizioni sulla politica di sicurezza e di difesa comune

42 [*ex* articolo 17 del TUE] 1. La politica di sicurezza e di difesa comune costituisce parte integrante della politica estera e di sicurezza comune. Essa assicura che l'Unione disponga di una capacità operativa ricorrendo a mezzi civili e militari. L'Unione può avvalersi di tali mezzi in missioni al suo esterno per garantire il mantenimento della pace, la prevenzione dei conflitti e il rafforzamento della sicurezza internazionale, conformemente ai principi della Carta delle Nazioni Unite. L'esecuzione di tali compiti si basa sulle capacità fornite dagli Stati membri.

2. La politica di sicurezza e di difesa comune comprende la graduale definizione di una politica di difesa comune dell'Unione. Questa condurrà a una difesa comune quando il Consiglio europeo, deliberando all'unanimità, avrà così deciso. In questo caso, il Consiglio europeo raccomanda agli Stati membri di adottare una decisione in tal senso conformemente alle rispettive norme costituzionali.

La politica dell'Unione a norma della presente sezione non pregiudica il carattere specifico della politica di sicurezza e di difesa di taluni Stati membri, rispetta gli obblighi di alcuni Stati membri, i quali ritengono che la loro difesa comune si realizzi tramite l'Organizzazione del trattato del Nordatlantico (NATO), nell'ambito del trattato dell'Atlantico del Nord, ed è compatibile con la politica di sicurezza e di difesa comune adottata in tale contesto.

3. Gli Stati membri mettono a disposizione dell'Unione, per l'attuazione della politica di sicurezza e di difesa comune, capacità civili e militari per contribuire al conseguimento degli obiettivi definiti dal Consiglio. Gli Stati membri che costituiscono tra loro forze multinazionali possono mettere anche tali forze a disposizione della politica di sicurezza e di difesa comune.

Gli Stati membri s'impegnano a migliorare progressivamente le loro capacità militari. L'Agenzia nel settore dello sviluppo delle capacità di difesa, della ricerca, dell'acquisizione e degli armamenti (in appresso denominata « Agenzia europea per la difesa ») individua le esigenze operative, promuove misure per rispondere a queste, contribuisce a individuare e, se del caso, mettere in atto qualsiasi misura utile a rafforzare la base industriale e tecnologica del settore della difesa, partecipa alla definizione di una politica europea delle capacità e degli armamenti, e assiste il Consiglio nella valutazione del miglioramento delle capacità militari.

4. Le decisioni relative alla politica di sicurezza e di difesa comune, comprese quelle inerenti all'avvio di una missione di cui al presente articolo, sono adottate dal Consiglio che delibera all'unanimità su proposta dell'alto rappresentante dell'Unione per gli affari esteri e la politica di sicurezza o su iniziativa di uno Stato membro. L'alto rappresentante può proporre il ricorso sia ai mezzi nazionali sia agli strumenti dell'Unione, se del caso congiuntamente alla Commissione.

5. Il Consiglio può affidare lo svolgimento di una missione, nell'ambito dell'Unione, a un gruppo di Stati membri allo scopo di preservare i valori dell'Unione e di servirne gli interessi. Lo svolgimento di detta missione è disciplinato dall'articolo 44.

6. Gli Stati membri che rispondono a criteri più elevati in termini di capacità militari e che hanno sottoscritto impegni più vincolanti in materia ai fini delle missioni più impegnative instaurano una cooperazione strutturata permanente nell'ambito dell'Unione. Detta cooperazione è disciplinata dall'articolo 46. Essa lascia impregiudicato l'articolo 43.

7. Qualora uno Stato membro subisca un'aggressione armata nel suo territorio, gli altri Stati membri sono tenuti a prestargli aiuto e assistenza con tutti i mezzi in loro possesso, in conformità dell'articolo 51 della Carta delle Nazioni Unite. Ciò non pregiudica il carattere specifico della politica di sicurezza e di difesa di taluni Stati membri.

Gli impegni e la cooperazione in questo settore rimangono conformi agli impegni assunti nell'ambito dell'Organizzazione del trattato del Nord-Atlantico che resta, per gli Stati che ne sono membri, il fondamento della loro difesa collettiva e l'istanza di attuazione della stessa.

43 1. Le missioni di cui all'articolo 42, paragrafo 1, nelle quali l'Unione può ricorrere a mezzi civili e militari, comprendono le azioni congiunte in materia di disarmo, le missioni umanitarie e di soccorso, le missioni di consulenza e assistenza in materia militare, le missioni di prevenzione dei conflitti e di mantenimento della pace e le missioni di unità di combattimento per la gestione delle crisi, comprese le missioni tese al ristabilimento della pace e le operazioni di stabilizzazione al termine dei conflitti. Tutte queste missioni possono contribuire alla lotta contro il terrorismo, anche tramite il sostegno a paesi terzi per combattere il terrorismo sul loro territorio.

2. Il Consiglio adotta decisioni relative alle missioni di cui al paragrafo 1 stabilendone l'obiettivo, la portata e le modalità generali di realizzazione. L'alto rappresentante dell'Unione per gli affari esteri e la politica di sicurezza, sotto l'autorità del Consiglio e in stretto e costante contatto con il comitato politico e di sicurezza, provvede a coordinare gli aspetti civili e militari di tali missioni.

44 1. Nel quadro delle decisioni adottate in conformità dell'articolo 43, il Consiglio può affidare la realizzazione di una missione a un gruppo di Stati membri che lo desiderano e dispongono delle capacità necessarie per tale missione. Tali Stati membri, in associazione con l'alto rappresentante dell'Unione per gli affari esteri e la politica di sicurezza, si accordano sulla gestione della missione.

2. Gli Stati membri che partecipano alla realizzazione della missione informano periodicamente il Consiglio dell'andamento della missione, di propria iniziativa o a richiesta di un altro Stato membro.

Gli Stati membri partecipanti investono immediatamente il Consiglio della questione se la realizzazione di tale missione genera conseguenze di ampia portata o se impone una modifica dell'obiettivo, della portata o delle modalità della missione stabiliti nelle decisioni di cui al paragrafo 1.

In tal caso il Consiglio adotta le decisioni necessarie.

45 1. L'Agenzia europea per la difesa, di cui all'articolo 42, paragrafo 3 e posta sotto l'autorità del Consiglio, ha il compito di:

a) contribuire a individuare gli obiettivi di capacità militari degli Stati membri e a valutare il rispetto degli impegni in materia di capacità assunti dagli Stati membri;

b) promuovere l'armonizzazione delle esigenze operative e l'adozione di metodi di acquisizione efficienti e compatibili;

c) proporre progetti multilaterali per il conseguimento degli obiettivi in termini di capacità militari e assicurare il coordinamento dei programmi attuati dagli Stati membri e la gestione di programmi di cooperazione specifici;

d) sostenere la ricerca nel settore della tecnologia della difesa, coordinare e pianificare attività di ricerca congiunte e studi per delineare le soluzioni tecniche che rispondono alle esigenze operative future;

e) contribuire a individuare e, se del caso, attuare qualsiasi misura utile per potenziare la base industriale e tecnologica del settore della difesa e per migliorare l'efficacia delle spese militari.

2. L'Agenzia europea per la difesa è aperta a tutti gli Stati membri che desiderano parteciparvi. Il Consiglio, deliberando a maggioranza qualificata, adotta una decisione che fissa lo statuto, la sede e le modalità di funzionamento dell'Agenzia. Detta decisione tiene conto del grado di partecipazione effettiva alle attività dell'Agenzia. Nell'ambito dell'Agenzia sono costituiti gruppi specifici che riuniscono gli Stati membri impegnati in progetti congiunti. L'Agenzia svolge i suoi compiti in collegamento con la Commissione, se necessario.

46 1. Gli Stati membri che desiderano partecipare alla cooperazione strutturata permanente di cui all'articolo 42, paragrafo 6 e che rispondono ai criteri e sottoscrivono gli impegni in materia di capacità militari specificati nel protocollo sulla cooperazione strutturata permanente notificano la loro intenzione al Consiglio e all'alto rappresentante dell'Unione per gli affari esteri e la politica di sicurezza.

2. Entro tre mesi dalla notifica di cui al paragrafo 1, il Consiglio adotta una decisione che istituisce la cooperazione strutturata permanente e fissa l'elenco degli Stati membri partecipanti. Il Consiglio delibera a maggioranza qualificata previa consultazione dell'alto rappresentante.

3. Ogni Stato membro che, in una fase successiva, desideri partecipare alla cooperazione strutturata permanente notifica la sua intenzione al Consiglio e all'alto rappresentante.

Il Consiglio adotta una decisione che conferma la partecipazione dello Stato membro interessato che risponde ai criteri e sottoscrive gli impegni di cui agli articoli 1 e 2 del protocollo sulla cooperazione strutturata permanente. Il Consiglio delibera a maggioranza qualificata previa consultazione dell'alto rappresentante. Solo i membri del Consiglio che rappresentano gli Stati membri partecipanti prendono parte al voto.

Per maggioranza qualificata s'intende quella definita conformemente all'articolo 238, paragrafo 3, lettera *a*) del trattato sul funzionamento dell'Unione europea.

4. Se uno Stato membro partecipante non soddisfa più i criteri o non può più assolvere gli impegni di cui agli articoli 1 e 2 del protocollo sulla cooperazione strutturata permanente, il Consiglio può adottare una decisione che sospende la partecipazione di questo Stato.

Il Consiglio delibera a maggioranza qualificata. Solo i membri del Consiglio che rappresentano gli Stati membri partecipanti, ad eccezione dello Stato membro in questione, prendono parte al voto.

Per maggioranza qualificata s'intende quella definita conformemente all'articolo 238, paragrafo 3, lettera *a*) del trattato sul funzionamento dell'Unione europea.

5. Se uno Stato membro partecipante desidera ritirarsi dalla cooperazione strutturata permanente notifica la sua decisione al Consiglio, che prende atto del fatto che la partecipazione dello Stato membro in questione termina.

6. Le decisioni e le raccomandazioni del Consiglio prese nel quadro della cooperazione strutturata permanente, diverse da quelle previste ai paragrafi da 2 a 5, sono adottate all'unanimità. Ai fini del presente paragrafo l'unanimità è costituita dai voti dei soli rappresentanti degli Stati membri partecipanti.

TITOLO VI
Disposizioni finali

47 L'Unione ha personalità giuridica.

48 [*ex* articolo 48 del TUE] 1. I trattati possono essere modificati conformemente a una procedura di revisione ordinaria.

Possono inoltre essere modificati conformemente a procedure di revisione semplificate.

Procedura di revisione ordinaria

2. Il governo di qualsiasi Stato membro, il Parlamento europeo o la Commissione possono sottoporre al Consiglio progetti intesi a modificare i trattati. Tali progetti possono, tra l'altro, essere intesi ad accrescere o a ridurre le competenze attribuite all'Unione nei trattati. Tali progetti sono trasmessi dal Consiglio al Consiglio europeo e notificati ai parlamenti nazionali.

3. Qualora il Consiglio europeo, previa consultazione del Parlamento europeo e della Commissione, adotti a maggioranza semplice una decisione favorevole all'esame delle modifiche proposte, il presidente del Consiglio europeo convoca una convenzione composta da rappresentanti dei parlamenti nazionali, dei capi di Stato o di governo degli Stati membri, del Parlamento europeo e della Commissione. In caso di modifiche istituzionali nel settore monetario, è consultata anche la Banca centrale europea. La convenzione esamina i progetti di modifica e adotta per consenso una raccomandazione a una conferenza dei rappresentanti dei governi degli Stati membri quale prevista al paragrafo 4.

Il Consiglio europeo può decidere a maggioranza semplice, previa approvazione del Parlamento europeo, di non convocare una convenzione qualora l'entità delle modifiche non lo giustifichi. In questo caso, il Consiglio europeo definisce il mandato per una conferenza dei rappresentanti dei governi degli Stati membri.

4. Una conferenza dei rappresentanti dei governi degli Stati membri è convocata dal presidente del Consiglio allo scopo di stabilire di comune accordo le modifiche da apportare ai trattati.

Le modifiche entrano in vigore dopo essere state ratificate da tutti gli Stati membri conformemente alle rispettive norme costituzionali.

5. Qualora, al termine di un periodo di due anni a decorrere dalla firma di un trattato che modifica i trattati, i quattro quinti degli Stati membri abbiano ratificato detto trattato e uno o più Stati membri abbiano incontrato difficoltà nelle procedure di ratifica, la questione è deferita al Consiglio europeo.

Procedure di revisione semplificate

6. Il governo di qualsiasi Stato membro, il Parlamento europeo o la Commissione possono sottoporre al Consiglio europeo progetti intesi a modificare in tutto o in parte le disposizioni della parte terza del trattato sul funzionamento dell'Unione europea relative alle politiche e azioni interne dell'Unione.

Il Consiglio europeo può adottare una decisione che modifica in tutto o in parte le disposizioni della parte terza del trattato sul funzionamento dell'Unione europea. Il Consiglio europeo delibera all'unanimità previa consultazione del Parlamento europeo, della Commissione e, in caso di modifiche istituzionali nel settore monetario, della Banca centrale europea. Tale decisione entra in vigore solo previa approvazione degli Stati membri conformemente alle rispettive norme costituzionali.

La decisione di cui al secondo comma non può estendere le competenze attribuite all'Unione nei trattati.

7. Quando il trattato sul funzionamento dell'Unione europea o il titolo V del presente trattato prevedono che il Consiglio deliberi all'unanimità in un settore o in un caso determinato, il Consiglio europeo può adottare una decisione che consenta al Consiglio di deliberare a

maggioranza qualificata in detto settore o caso. Il presente comma non si applica alle decisioni che hanno implicazioni militari o che rientrano nel settore della difesa.

Quando il trattato sul funzionamento dell'Unione europea prevede che il Consiglio adotti atti legislativi secondo una procedura legislativa speciale, il Consiglio europeo può adottare una decisione che consenta l'adozione di tali atti secondo la procedura legislativa ordinaria.

Ogni iniziativa presa dal Consiglio europeo in base al primo o al secondo comma è trasmessa ai parlamenti nazionali. In caso di opposizione di un parlamento nazionale notificata entro sei mesi dalla data di tale trasmissione, la decisione di cui al primo o al secondo comma non è adottata. In assenza di opposizione, il Consiglio europeo può adottare detta decisione.

Per l'adozione delle decisioni di cui al primo o al secondo comma, il Consiglio europeo delibera all'unanimità previa approvazione del Parlamento europeo, che si pronuncia a maggioranza dei membri che lo compongono.

49 [*ex* articolo 49 del TUE] Ogni Stato europeo che rispetti i valori di cui all'articolo 2 e si impegni a promuoverli può domandare di diventare membro dell'Unione. Il Parlamento europeo e i parlamenti nazionali sono informati di tale domanda. Lo Stato richiedente trasmette la sua domanda al Consiglio, che si pronuncia all'unanimità, previa consultazione della Commissione e previa approvazione del Parlamento europeo, che si pronuncia a maggioranza dei membri che lo compongono. Si tiene conto dei criteri di ammissibilità convenuti dal Consiglio europeo.

Le condizioni per l'ammissione e gli adattamenti dei trattati su cui è fondata l'Unione, da essa determinati, formano l'oggetto di un accordo tra gli Stati membri e lo Stato richiedente. Tale accordo è sottoposto a ratifica da tutti gli Stati contraenti conformemente alle loro rispettive norme costituzionali.

50 1. Ogni Stato membro può decidere, conformemente alle proprie norme costituzionali, di recedere dall'Unione.

2. Lo Stato membro che decide di recedere notifica tale intenzione al Consiglio europeo. Alla luce degli orientamenti formulati dal Consiglio europeo, l'Unione negozia e conclude con tale Stato un accordo volto a definire le modalità del recesso, tenendo conto del quadro delle future relazioni con l'Unione. L'accordo è negoziato conformemente all'articolo 218, paragrafo 3 del trattato sul funzionamento dell'Unione europea. Esso è concluso a nome dell'Unione dal Consiglio, che delibera a maggioranza qualificata previa approvazione del Parlamento europeo.

3. I trattati cessano di essere applicabili allo Stato interessato a decorrere dalla data di entrata in vigore dell'accordo di recesso o, in mancanza di tale accordo, due anni dopo la notifica di cui al paragrafo 2, salvo che il Consiglio europeo, d'intesa con lo Stato membro interessato, decida all'unanimità di prorogare tale termine.

4. Ai fini dei paragrafi 2 e 3, il membro del Consiglio europeo e del Consiglio che rappresenta lo Stato membro che recede non partecipa né alle deliberazioni né alle decisioni del Consiglio europeo e del Consiglio che lo riguardano.

Per maggioranza qualificata s'intende quella definita conformemente all'articolo 238, paragrafo 3, lettera *b*) del trattato sul funzionamento dell'Unione europea.

5. Se lo Stato che ha receduto dall'Unione chiede di aderirvi nuovamente, tale richiesta è oggetto della procedura di cui all'articolo 49.

51 I protocolli e gli allegati ai trattati ne costituiscono parte integrante.

52 1. I trattati si applicano al Regno del Belgio, alla Repubblica di Bulgaria, alla Repubblica ceca, al Regno di Danimarca, alla Repubblica federale di Germania, alla Repubblica di Estonia, all'Irlanda, alla Repubblica ellenica, al Regno di Spagna, alla Repubblica francese, alla Repubblica italiana, alla Repubblica di Cipro, alla Repubblica di Lettonia, alla Repubblica di Lituania, al Granducato del Lussemburgo, alla Repubblica di Ungheria, alla Repubblica di Malta, al Regno dei Paesi Bassi, alla Repubblica d'Austria, alla Repubblica di Polonia, alla Repubblica portoghese, alla Romania, alla Repubblica di Slovenia, alla Repubblica slovacca, alla Repubblica di Finlandia, al Regno di Svezia e al Regno Unito di Gran Bretagna e Irlanda del Nord.

2. Il campo di applicazione territoriale dei trattati è precisato all'articolo 355 del trattato sul funzionamento dell'Unione europea.

53 [*ex* articolo 51 del TUE] Il presente trattato è concluso per una durata illimitata.

54 [*ex* articolo 52 del TUE] 1. Il presente trattato sarà ratificato dalle Alte parti contraenti conformemente alle loro rispettive norme costituzionali. Gli strumenti di ratifica saranno depositati presso il governo della Repubblica italiana.

2. Il presente trattato entrerà in vigore il 1° gennaio 1993, se tutti gli strumenti di ratifica saranno stati depositati; altrimenti, il primo giorno del mese successivo all'avvenuto deposito dello strumento di ratifica da parte dello Stato firmatario che procederà per ultimo a tale formalità.

55 [*ex* articolo 53 del TUE] 1. Il presente trattato, redatto in unico esemplare in lingua bulgara, ceca, danese, estone, finlandese, francese, greca, inglese, irlandese, italiana, lettone, lituana, maltese, olandese, polacca, portoghese, rumena, slovacca, slovena, spagnola, svedese, tedesca e ungherese, i testi in ciascuna di queste lingue facenti ugualmente fede, sarà depositato negli archivi del governo della Repubblica italiana, che provvederà a trasmetterne copia certificata conforme a ciascuno dei governi degli altri Stati firmatari.

2. Il presente trattato può essere parimenti tradotto in qualsiasi altra lingua determinata da uno Stato membro che, in base all'ordinamento costituzionale

dello Stato in questione, sia lingua ufficiale in tutto il suo territorio o in parte di esso. Lo Stato membro interessato fornisce copia certificata conforme di tale traduzione affinché sia depositata negli archivi del Consiglio.

PROTOCOLLO (N. 8)

RELATIVO ALL'ARTICOLO 6, PARAGRAFO 2 DEL TRATTATO SULL'UNIONE EUROPEA SULL'ADESIONE DELL'UNIONE ALLA CONVENZIONE EUROPEA PER LA SALVAGUARDIA DEI DIRITTI DELL'UOMO E DELLE LIBERTÀ FONDAMENTALI

LE ALTE PARTI CONTRAENTI

HANNO CONVENUTO le disposizioni seguenti, che sono allegate al trattato sull'Unione europea e al trattato sul funzionamento dell'Unione europea:

Articolo 1

L'accordo relativo all'adesione dell'Unione alla Convenzione europea per la salvaguardia dei diritti dell'uomo e delle libertà fondamentali (in appresso denominata "convenzione europea"), previsto dall'articolo 6, paragrafo 2 del trattato sull'Unione europea deve garantire che siano preservate le caratteristiche specifiche dell'Unione e del diritto dell'Unione, in particolare per quanto riguarda:

a) le modalità specifiche dell'eventuale partecipazione dell'Unione agli organi di controllo della convenzione europea,

b) i meccanismi necessari per garantire che i procedimenti avviati da Stati non membri e le singole domande siano indirizzate correttamente, a seconda dei casi, agli Stati membri e/o all'Unione.

Articolo 2

L'accordo di cui all'articolo 1 deve garantire che l'adesione non incida né sulle competenze dell'Unione né sulle attribuzioni delle sue istituzioni. Deve inoltre garantire che nessuna disposizione dello stesso incida sulla situazione particolare degli Stati membri nei confronti della convenzione europea e, in particolare, riguardo ai suoi protocolli, alle misure prese dagli Stati membri in deroga alla convenzione europea ai sensi del suo articolo 15 e a riserve formulate dagli Stati membri nei confronti della convenzione europea ai sensi del suo articolo 57.

Articolo 3

Nessuna disposizione dell'accordo di cui all'articolo 1 deve avere effetti sull'articolo 344 del trattato sul funzionamento dell'Unione europea.

13. Trattato sul funzionamento dell'Unione Europea (1).

(1) *Il presente Trattato è pubblicato nella versione consolidata a fronte dell'entrata in vigore il 1° dicembre 2009 del Trattato di Lisbona (firmato a Lisbona il 13 dicembre 2007 dai Rappresentanti dei 27 Stati membri e ratificato dall'Italia con l. 2 agosto 2008 n. 130). L'attuale testo sostituisce il Trattato che istituisce la Comunità Europea, firmato a Roma il 25 marzo 1957, reso esecutivo con l. n. 1203 del 14 ottobre 1957 (G.U. n. 317 del 23 dicembre 1957, s.o.) ed entrato in vigore il 1° gennaio 1958, in vigore fino al 1 dicembre 2009, nella versione consolidata pubblicata nella G.U.C.E. n. C 325 del 24 dicembre 2002 risultante dalle modifiche operate:* a) *dal Trattato firmato ad Amsterdam il 2 ottobre 1997, reso esecutivo con l. n. 209 del 16 giugno 1998 (G.U. n. 155 del 06 luglio 1998, s.o.) ed entrato in vigore il 1° maggio 1999;* b) *dal Trattato firmato a Nizza il 26 febbraio 2001, reso esecutivo con l. n. 102 del 11 maggio 2002 (G.U. n. 126 del 31 maggio 2002, s.o.) ed entrato in vigore il 1° febbraio 2003. Nel presente Trattato, l'espressione "Comunità economica europea", già sostituita dall'espressione "Comunità europea" dall'art. G del Trattato sull'Unione europea, ratificato con l. 3 novembre 1992, n. 454, è sostituita con l'espressione "Unione europea".*

PARTE I

Principi

1 1. Il presente trattato organizza il funzionamento dell'Unione e determina i settori, la delimitazione e le modalità d'esercizio delle sue competenze.

2. Il presente trattato e il trattato sull'Unione europea costituiscono i trattati su cui è fondata l'Unione. I due trattati, che hanno lo stesso valore giuridico, sono denominati "i trattati".

TITOLO I

Categorie e settori di competenza dell'Unione

2 1. Quando i trattati attribuiscono all'Unione una competenza esclusiva in un determinato settore, solo l'Unione può legiferare e adottare atti giuridicamente vincolanti. Gli Stati membri possono farlo autonomamente solo se autorizzati dall'Unione oppure per dare attuazione agli atti dell'Unione.

2. Quando i trattati attribuiscono all'Unione una competenza concorrente con quella degli Stati membri in un determinato settore, l'Unione e gli Stati membri possono legiferare e adottare atti giuridicamente vincolanti in tale settore. Gli Stati membri esercitano la loro competenza nella misura in cui l'Unione non ha esercitato la propria. Gli Stati membri esercitano nuovamente la loro competenza nella misura in cui l'Unione ha deciso di cessare di esercitare la propria.

3. Gli Stati membri coordinano le loro politiche economiche e occupazionali secondo le modalità previste dal presente trattato, la definizione delle quali è di competenza dell'Unione.

4. L'Unione ha competenza, conformemente alle disposizioni del trattato sull'Unione europea, per definire e attuare una politica estera e di sicurezza comune, compresa la definizione progressiva di una politica di difesa comune.

5. In taluni settori e alle condizioni previste dai trattati, l'Unione ha competenza per svolgere azioni intese a sostenere, coordinare o completare l'azione degli Stati membri, senza tuttavia sostituirsi alla loro competenza in tali settori.

Gli atti giuridicamente vincolanti dell'Unione adottati in base a disposizioni dei trattati relative a tali settori non possono comportare un'armonizzazione delle disposizioni legislative e regolamentari degli Stati membri.

6. La portata e le modalità d'esercizio delle competenze dell'Unione sono determinate dalle disposizioni dei trattati relative a ciascun settore.

3 1. L'Unione ha competenza esclusiva nei seguenti settori:

a) unione doganale;

b) definizione delle regole di concorrenza necessarie al funzionamento del mercato interno;

c) politica monetaria per gli Stati membri la cui moneta è l'euro;

d) conservazione delle risorse biologiche del mare nel quadro della politica comune della pesca;

e) politica commerciale comune.

2. L'Unione ha inoltre competenza esclusiva per la conclusione di accordi internazionali allorché tale conclusione è prevista in un atto legislativo dell'Unione o è necessaria per consentirle di esercitare le sue competenze a livello interno o nella misura in cui può incidere su norme comuni o modificarne la portata.

4 1. L'Unione ha competenza concorrente con quella degli Stati membri quando i trattati le attribuiscono una competenza che non rientra nei settori di cui agli articoli 3 e 6.

2. L'Unione ha una competenza concorrente con quella degli Stati membri nei principali seguenti settori:

a) mercato interno,

b) politica sociale, per quanto riguarda gli aspetti definiti nel presente trattato,

c) coesione economica, sociale e territoriale,

d) agricoltura e pesca, tranne la conservazione delle risorse biologiche del mare,

e) ambiente,

f) protezione dei consumatori,

g) trasporti,

h) reti transeuropee,

i) energia,

j) spazio di libertà, sicurezza e giustizia,

k) problemi comuni di sicurezza in materia di sanità pubblica, per quanto riguarda gli aspetti definiti nel presente trattato.

3. Nei settori della ricerca, dello sviluppo tecnologico e dello spazio, l'Unione ha competenza per condurre azioni, in particolare la definizione e l'attuazione di programmi, senza che l'esercizio di tale competenza possa avere per effetto di impedire agli Stati membri di esercitare la loro.

4. Nei settori della cooperazione allo sviluppo e dell'aiuto umanitario, l'Unione ha competenza per condurre azioni e una politica comune, senza che l'esercizio di tale competenza possa avere per effetto di impedire agli Stati membri di esercitare la loro.

5 1. Gli Stati membri coordinano le loro politiche economiche nell'ambito dell'Unione. A tal fine il Consiglio adotta delle misure, in particolare gli indirizzi di massima per dette politiche.

Agli Stati membri la cui moneta è l'euro si applicano disposizioni specifiche.

2. L'Unione prende misure per assicurare il coordinamento delle politiche occupazionali degli Stati membri, in particolare definendo gli orientamenti per dette politiche.

3. L'Unione può prendere iniziative per assicurare il coordinamento delle politiche sociali degli Stati membri.

6 L'Unione ha competenza per svolgere azioni intese a sostenere, coordinare o completare l'azione degli Stati membri. I settori di tali azioni, nella loro finalità europea, sono i seguenti:

a) tutela e miglioramento della salute umana,

b) industria,

c) cultura,

d) turismo,

e) istruzione, formazione professionale, gioventù e sport,

f) protezione civile,

g) cooperazione amministrativa.

TITOLO II
Disposizioni di applicazione generale

7 L'Unione assicura la coerenza tra le sue varie politiche e azioni, tenendo conto dell'insieme dei suoi obiettivi e conformandosi al principio di attribuzione delle competenze.

8 [*ex* articolo 3, paragrafo 2, del TCE] Nelle sue azioni l'Unione mira ad eliminare le ineguaglianze, nonché a promuovere la parità, tra uomini e donne.

9 Nella definizione e nell'attuazione delle sue politiche e azioni, l'Unione tiene conto delle esigenze connesse con la promozione di un elevato livello di occupazione, la garanzia di un'adeguata protezione sociale, la lotta contro l'esclusione sociale e un elevato livello di istruzione, formazione e tutela della salute umana.

10 Nella definizione e nell'attuazione delle sue politiche e azioni, l'Unione mira a combattere le discriminazioni fondate sul sesso, la razza o l'origine etnica, la religione o le convinzioni personali, la disabilità, l'età o l'orientamento sessuale.

11 [*ex* articolo 6 del TCE] Le esigenze connesse con la tutela dell'ambiente devono essere integrate nella definizione e nell'attuazione delle politiche e azioni dell'Unione, in particolare nella prospettiva di promuovere lo sviluppo sostenibile.

12 [*ex* articolo 153, paragrafo 2, del TCE] Nella definizione e nell'attuazione di altre politiche o atti vità dell'Unione sono prese in considerazione le esigenze inerenti alla protezione dei consumatori.

13 Nella formulazione e nell'attuazione delle politiche dell'Unione nei settori dell'agricoltura, della pesca, dei trasporti, del mercato interno, della ricerca e sviluppo tecnologico e dello spazio, l'Unione e gli Stati membri tengono pienamente conto delle esigenze in materia di benessere degli animali in quanto esseri senzienti, rispettando nel contempo le disposizioni legislative o amministrative e le consuetudini degli Stati membri per quanto riguarda, in particolare, i riti religiosi, le tradizioni culturali e il patrimonio regionale.

14 [*ex* articolo 16 del TCE] Fatti salvi l'articolo 4 del trattato sull'Unione europea e gli articoli 93, 106 e 107 del presente trattato, in considerazione dell'importanza dei servizi di interesse economico generale nell'ambito dei valori comuni dell'Unione, nonché del loro ruolo nella promozione della coesione sociale e territoriale, l'Unione e gli Stati membri, secondo le rispettive competenze e nell'ambito del campo di applicazione dei trattati, provvedono affinché tali servizi funzionino in base a principi e condizioni, in particolare economiche e finanziarie, che consentano loro di assolvere i propri compiti. Il Parlamento europeo e il Consiglio, deliberando mediante regolamenti secondo la procedura legislativa ordinaria, stabiliscono tali principi e fissano tali condizioni, fatta salva la competenza degli Stati membri, nel rispetto dei trattati, di fornire, fare eseguire e finanziare tali servizi.

15 [*ex* articolo 255 del TCE] 1. Al fine di promuovere il buon governo e garantire la partecipazione della società civile, le istituzioni, gli organi e gli organismi dell'Unione operano nel modo più trasparente possibile.

2. Il Parlamento europeo si riunisce in seduta pubblica, così come il Consiglio allorché delibera e vota in relazione ad un progetto di atto legislativo.

3. Qualsiasi cittadino dell'Unione e qualsiasi persona fisica o giuridica che risieda o abbia la sede sociale in uno Stato membro ha il diritto di accedere ai documenti delle istituzioni, organi e organismi dell'Unione, a prescindere dal loro supporto, secondo i principi e alle condizioni da definire a norma del presente paragrafo.

I principi generali e le limitazioni a tutela di interessi pubblici o privati applicabili al diritto di accesso ai documenti sono stabiliti mediante regolamenti dal Parlamento europeo e dal Consiglio, che deliberano secondo la procedura legislativa ordinaria.

Ciascuna istituzione, organo od organismo garantisce la trasparenza dei suoi lavori e definisce nel proprio regolamento interno disposizioni specifiche riguardanti l'accesso ai propri documenti, in conformità dei regolamenti di cui al secondo comma.

La Corte di giustizia dell'Unione europea, la Banca centrale europea e la Banca europea per gli investimenti sono soggette al presente paragrafo soltanto allorché esercitano funzioni amministrative.

Il Parlamento europeo e il Consiglio assicurano la pubblicità dei documenti relativi alle procedure legislative nel rispetto delle condizioni previste dai regolamenti di cui al secondo comma.

16 [*ex* articolo 286 del TCE] 1. Ogni persona ha diritto alla protezione dei dati di carattere personale che la riguardano.

2. Il Parlamento europeo e il Consiglio, deliberando secondo la procedura legislativa ordinaria, stabiliscono le norme relative alla protezione delle persone fisiche con riguardo al trattamento dei dati di carattere personale da parte delle istituzioni, degli organi e degli organismi dell'Unione, nonché da parte degli Stati membri nell'esercizio di attività che rientrano nel campo di applicazione del diritto dell'Unione, e le norme relative alla libera circolazione di tali dati. Il rispetto di tali norme è soggetto al controllo di autorità indipendenti.

Le norme adottate sulla base del presente articolo fanno salve le norme specifiche di cui all'articolo 39 del trattato sull'Unione europea.

17 1. L'Unione rispetta e non pregiudica lo status di cui le chiese e le associazioni o comunità religiose godono negli Stati membri in virtù del diritto nazionale.

2. L'Unione rispetta ugualmente lo status di cui godono, in virtù del diritto nazionale, le organizzazioni filosofiche e non confessionali.

3. Riconoscendone l'identità e il contributo specifico, l'Unione mantiene un dialogo aperto, trasparente e regolare con tali chiese e organizzazioni.

PARTE II
Non discriminazione e cittadinanza dell'Unione

18 [*ex* articolo 12 del TCE] Nel campo di applicazione dei trattati, e senza pregiudizio delle disposizioni particolari dagli stessi previste, è vietata ogni discriminazione effettuata in base alla nazionalità.

Il Parlamento europeo e il Consiglio, deliberando secondo la procedura legislativa ordinaria, possono stabilire regole volte a vietare tali discriminazioni.

19 [*ex* articolo 13 del TCE] 1. Fatte salve le altre disposizioni dei trattati e nell'ambito delle competenze da essi conferite all'Unione, il Consiglio, deliberando all'unanimità secondo una procedura legislativa speciale e previa approvazione del Parlamento europeo, può prendere i provvedimenti opportuni per combattere le discriminazioni fondate sul sesso, la razza o l'origine etnica, la religione o le convinzioni personali, la disabilità, l'età o l'orientamento sessuale.

2. In deroga al paragrafo 1, il Parlamento europeo e il Consiglio, deliberando secondo la procedura legislativa ordinaria, possono adottare i principi di base delle misure di incentivazione dell'Unione, ad esclusione di qualsiasi armonizzazione delle disposizioni legislative e regolamentari degli Stati membri, destinate ad appoggiare le azioni degli Stati membri volte a contribuire alla realizzazione degli obiettivi di cui al paragrafo 1.

20 [*ex* articolo 17 del TCE] 1. È istituita una cittadinanza dell'Unione. È cittadino dell'Unione chiunque abbia la cittadinanza di uno Stato membro. La cittadinanza dell'Unione si aggiunge alla cittadinanza nazionale e non sostituisce quest'ultima.

2. I cittadini dell'Unione godono dei diritti e sono soggetti ai doveri previsti nei trattati. Essi hanno, tra l'altro:

a) il diritto di circolare e di soggiornare liberamente nel territorio degli Stati membri;

b) il diritto di voto e di eleggibilità alle elezioni del Parlamento europeo e alle elezioni comunali nello Stato membro in cui risiedono, alle stesse condizioni dei cittadini di detto Stato;

c) il diritto di godere, nel territorio di un paese terzo nel quale lo Stato membro di cui hanno la cittadinanza non è rappresentato, della tutela delle autorità diplomatiche e consolari di qualsiasi Stato membro, alle stesse condizioni dei cittadini di detto Stato;

d) il diritto di presentare petizioni al Parlamento europeo, di ricorrere al Mediatore europeo, di rivolgersi alle istituzioni e agli organi consultivi dell'Unione in una delle lingue dei trattati e di ricevere una risposta nella stessa lingua.

Tali diritti sono esercitati secondo le condizioni e i limiti definiti dai trattati e dalle misure adottate in applicazione degli stessi.

21 [*ex* articolo 18 del TCE] 1. Ogni cittadino dell'Unione ha il diritto di circolare e di soggiornare liberamente nel territorio degli Stati membri, fatte salve le limitazioni e le condizioni previste dai trattati e dalle disposizioni adottate in applicazione degli stessi.

2. Quando un'azione dell'Unione risulti necessaria per raggiungere questo obiettivo e salvo che i trattati non abbiano previsto poteri di azione a tal fine, il Parlamento europeo e il Consiglio, deliberando secondo la procedura legislativa ordinaria, possono adottare disposizioni intese a facilitare l'esercizio dei diritti di cui al paragrafo 1.

3. Agli stessi fini enunciati al paragrafo 1 e salvo che i trattati non abbiano previsto poteri di azione a tale scopo, il Consiglio, deliberando secondo una procedura legislativa speciale, può adottare misure relative alla sicurezza sociale o alla protezione sociale. Il Consiglio delibera all'unanimità previa consultazione del Parlamento europeo.

22 [*ex* articolo 19 del TCE] 1. Ogni cittadino dell'Unione residente in uno Stato membro di cui non è cittadino ha il diritto di voto e di eleggibilità alle elezioni comunali nello Stato membro in cui risiede, alle stesse condizioni dei cittadini di detto Stato. Tale diritto sarà esercitato con riserva delle modalità che il Consiglio adotta, deliberando all'unanimità secondo una procedura legislativa speciale e previa consultazione del Parlamento europeo; tali modalità possono comportare disposizioni derogatorie ove problemi specifici di uno Stato membro lo giustifichino.

2. Fatte salve le disposizioni dell'articolo 223, paragrafo 1, e le disposizioni adottate in applicazione di quest'ultimo, ogni cittadino dell'Unione residente in uno Stato membro di cui non è cittadino ha il diritto di voto e di eleggibilità alle elezioni del Parlamento europeo nello Stato membro in cui risiede, alle stesse condizioni dei cittadini di detto Stato. Tale diritto sarà esercitato con riserva delle modalità che il Consiglio adotta, deliberando all'unanimità secondo una procedura legislativa speciale e previa consultazione del Parlamento europeo; tali modalità possono comportare disposizioni derogatorie ove problemi specifici di uno Stato membro lo giustifichino.

23 [*ex* articolo 20 del TCE] Ogni cittadino dell'Unione gode, nel territorio di un paese terzo nel quale lo Stato membro di cui ha la cittadinanza non è rappresentato, della tutela da parte delle autorità diplomatiche e consolari di qualsiasi Stato membro, alle stesse condizioni dei cittadini di detto Stato. Gli Stati membri adottano le disposizioni necessarie e avviano i negoziati internazionali richiesti per garantire detta tutela.

Il Consiglio, deliberando secondo una procedura legislativa speciale e previa consultazione del Parlamento europeo, può adottare direttive che stabiliscono le misure di coordinamento e cooperazione necessarie per facilitare tale tutela.

24 [*ex* articolo 21 del TCE] Il Parlamento europeo e il Consiglio, deliberando mediante regolamenti secondo la procedura legislativa ordinaria, adottano le disposizioni relative alle procedure e alle condizioni necessarie per la presentazione di un'iniziativa dei cittadini ai sensi dell'articolo 11 del trattato sull'Unione europea, incluso il numero minimo di Stati membri da cui i cittadini che la presentano devono provenire.

Ogni cittadino dell'Unione ha il diritto di petizione dinanzi al Parlamento europeo conformemente all'articolo 227.

Ogni cittadino dell'Unione può rivolgersi al Mediatore istituito conformemente all'articolo 228.

Ogni cittadino dell'Unione può scrivere alle istituzioni, agli organi o agli organismi di cui al presente articolo o all'articolo 13 del trattato sull'Unione europea in una delle lingue menzionate all'articolo 55, paragrafo 1, di tale trattato e ricevere una risposta nella stessa lingua.

25 [*ex* articolo 22 del TCE] La Commissione presenta una relazione al Parlamento europeo, al Consiglio e al Comitato economico e sociale, ogni tre anni, in merito all'applicazione delle disposizioni della presente parte. Tale relazione tiene conto dello sviluppo dell'Unione.

Su questa base, lasciando impregiudicate le altre disposizioni dei trattati, il Consiglio, deliberando all'unanimità secondo una procedura legislativa speciale e previa approvazione del Parlamento europeo, può adottare disposizioni intese a completare i diritti elencati all'articolo 20, paragrafo 2. Tali disposizioni entrano in vigore previa approvazione degli Stati membri, conformemente alle rispettive norme costituzionali.

PARTE III
Politiche dell'Unione e azioni interne

TITOLO I
Mercato interno

26 [*ex* articolo 14 del TCE] 1. L'Unione adotta le misure destinate all'instaurazione o al funzionamento del mercato interno, conformemente alle disposizioni pertinenti dei trattati.

2. Il mercato interno comporta uno spazio senza frontiere interne, nel quale è assicurata la libera circolazione delle merci, delle persone, dei servizi e dei capitali secondo le disposizioni dei trattati.

3. Il Consiglio, su proposta della Commissione, definisce gli orientamenti e le condizioni necessari per garantire un progresso equilibrato nell'insieme dei settori considerati.

27 [*ex* articolo 15 del TCE] Nella formulazione delle proprie proposte intese a realizzare gli obiettivi dell'articolo 26, la Commissione tiene conto dell'ampiezza dello sforzo che dovrà essere sopportato, per l'instaurazione del mercato interno, da talune economie che presentano differenze di sviluppo e può proporre le disposizioni appropriate.

Se queste disposizioni assumono la forma di deroghe, esse debbono avere un carattere temporaneo ed arrecare meno perturbazioni possibili al funzionamento del mercato interno.

TITOLO II
Libera circolazione delle merci

28 [*ex* articolo 23 del TCE] 1. L'Unione comprende un'unione doganale che si estende al complesso degli scambi di merci e comporta il divieto, fra gli Stati membri, dei dazi doganali all'importazione e all'esportazione e di qualsiasi tassa di effetto equivalente, come pure l'adozione di una tariffa doganale comune nei loro rapporti con i paesi terzi.

2. Le disposizioni dell'articolo 30 e del capo 32 del presente titolo si applicano ai prodotti originari degli Stati membri e ai prodotti provenienti da paesi terzi che si trovano in libera pratica negli Stati membri.

29 [*ex* articolo 24 del TCE] Sono considerati in libera pratica in uno Stato membro i prodotti provenienti da paesi terzi per i quali siano state adempiute in tale Stato le formalità di importazione e riscossi i dazi doganali e le tasse di effetto equivalente esigibili e che non abbiano beneficiato di un ristorno totale o parziale di tali dazi e tasse.

30-44 (*Omissis*).

TITOLO IV
Libera circolazione delle persone, dei servizi e dei capitali

CAPO 1
I lavoratori

45 [*ex* articolo 39 del TCE] 1. La libera circolazione dei lavoratori all'interno dell'Unione è assicurata.

2. Essa implica l'abolizione di qualsiasi discriminazione, fondata sulla nazionalità, tra i lavoratori degli Stati membri, per quanto riguarda l'impiego, la retribuzione e le altre condizioni di lavoro.

3. Fatte salve le limitazioni giustificate da motivi di ordine pubblico, pubblica sicurezza e sanità pubblica, essa importa il diritto:

a) di rispondere a offerte di lavoro effettive;

b) di spostarsi liberamente a tal fine nel territorio degli Stati membri;

c) di prendere dimora in uno degli Stati membri al fine di svolgervi un'attività di lavoro, conformemente alle disposizioni legislative, regolamentari e amministrative che disciplinano l'occupazione dei lavoratori nazionali;

d) di rimanere, a condizioni che costituiranno l'oggetto di regolamenti stabiliti dalla Commissione, sul territorio di uno Stato membro, dopo aver occupato un impiego.

4. Le disposizioni del presente articolo non sono applicabili agli impieghi nella pubblica amministrazione.

46 [*ex* articolo 40 del TCE] Il Parlamento europeo e il Consiglio, deliberando secondo la procedura legislativa ordinaria e previa consultazione del Comitato economico e sociale stabiliscono, mediante direttive o regolamenti, le misure necessarie per attuare la libera circolazione dei lavoratori, quale è definita dall'articolo 45, in particolare:

a) assicurando una stretta collaborazione tra le amministrazioni nazionali del lavoro;

b) eliminando quelle procedure e pratiche amministrative, come anche i termini per l'accesso agli impieghi disponibili, contemplati dalla legislazione interna ovvero da accordi conclusi in precedenza tra gli Stati membri, il cui mantenimento sarebbe di ostacolo alla liberalizzazione dei movimenti dei lavoratori;

c) abolendo tutti i termini e le altre restrizioni previste dalle legislazioni interne ovvero da accordi conclusi in precedenza tra gli Stati membri, che impongano ai lavoratori degli altri Stati membri, in ordine alla libera scelta di un lavoro, condizioni diverse da quelle stabilite per i lavoratori nazionali;

d) istituendo meccanismi idonei a mettere in contatto le offerte e le domande di lavoro e a facilitarne l'equilibrio a condizioni che evitino di compromettere gravemente il tenore di vita e il livello dell'occupazione nelle diverse regioni e industrie.

47 [*ex* articolo 41 del TCE] Gli Stati membri favoriscono, nel quadro di un programma comune, gli scambi di giovani lavoratori.

48 [*ex* articolo 42 del TCE] Il Parlamento europeo e il Consiglio, deliberando secondo la procedura legislativa ordinaria, adottano in materia di sicurezza sociale le misure necessarie per l'instaurazione della libera circolazione dei lavoratori, attuando in particolare un sistema che consenta di assicurare ai lavoratori migranti dipendenti e autonomi e ai loro aventi diritto:

a) il cumulo di tutti i periodi presi in considerazione dalle varie legislazioni nazionali, sia per il sor gere e la conservazione del diritto alle prestazioni sia per il calcolo di queste;

b) il pagamento delle prestazioni alle persone residenti nei territori degli Stati membri.

Qualora un membro del Consiglio dichiari che un progetto di atto legislativo di cui al primo comma lede aspetti importanti del suo sistema di sicurezza sociale, in particolare per quanto riguarda il campo di applicazione, i costi o la struttura finanziaria, oppure ne altera l'equilibrio finanziario, può chiedere che il Consiglio europeo sia investito della questione. In tal caso la procedura legislativa ordinaria è sospesa. Previa discussione ed entro quattro mesi da tale sospensione, il Consiglio europeo:

a) rinvia il progetto al Consiglio, il che pone fine alla sospensione della procedura legislativa ordinaria, oppure

b) non agisce o chiede alla Commissione di presentare una nuova proposta; in tal caso l'atto inizialmente proposto si considera non adottato.

CAPO 2
Il diritto di stabilimento

49 [*ex* articolo 43 del TCE] Nel quadro delle disposizioni che seguono, le restrizioni alla libertà di stabilimento dei cittadini di uno Stato membro nel territorio di un altro Stato membro vengono vietate. Tale divieto si estende altresì alle restrizioni relative all'apertura di agenzie, succursali o filiali, da parte dei cittadini di uno Stato membro stabiliti sul territorio di un altro Stato membro.

La libertà di stabilimento importa l'accesso alle attività autonome e al loro esercizio, nonché la costituzione e la gestione di imprese e in particolare di società ai sensi dell'articolo 54, secondo comma, alle condizioni definite dalla legislazione del paese di stabilimento nei confronti dei propri cittadini, fatte salve le disposizioni del capo relativo ai capitali.

50 [*ex* articolo 44 del TCE] 1. Per realizzare la libertà di stabilimento in una determinata attività, il Parlamento europeo e il Consiglio deliberano mediante direttive secondo la procedura legislativa ordinaria, previa consultazione del Comitato economico e sociale.

2. Il Parlamento europeo, il Consiglio e la Commissione esercitano le funzioni loro attribuite in virtù delle disposizioni che precedono, in particolare:

a) trattando, in generale, con precedenza le attività per le quali la libertà di stabilimento costituisce un contributo particolarmente utile all'incremento della produzione e degli scambi;

b) assicurando una stretta collaborazione tra le amministrazioni nazionali competenti al fine di conoscere le situazioni particolari all'interno dell'Unione delle diverse attività interessate;

c) sopprimendo quelle procedure e pratiche amministrative contemplate dalla legislazione interna ovvero da accordi precedentemente conclusi tra gli Stati membri, il cui mantenimento sarebbe di ostacolo alla libertà di stabilimento;

d) vigilando a che i lavoratori dipendenti di uno degli Stati membri, occupati nel territorio di un altro Stato membro, possano quivi rimanere per intraprendere un'attività autonoma, quando soddisfino alle condizioni che sarebbero loro richieste se entrassero in quello Stato nel momento in cui desiderano accedere all'attività di cui trattasi;

e) rendendo possibile l'acquisto e lo sfruttamento di proprietà fondiarie situate nel territorio di uno Stato membro da parte di un cittadino di un altro Stato membro, sempre che non siano lesi i principi stabiliti dall'articolo 39, paragrafo 2;

f) applicando la graduale soppressione delle restrizioni relative alla libertà di stabilimento in ogni ramo di attività considerato, da una parte alle condizioni per l'apertura di agenzie, succursali o filiali sul territorio di uno Stato membro e dall'altra alle condizioni di ammissione del personale della sede principale negli organi di gestione o di controllo di queste ultime;

g) coordinando, nella necessaria misura e al fine di renderle equivalenti, le garanzie che sono richieste, negli Stati membri, alle società a mente dell'articolo 54, secondo comma per proteggere gli interessi tanto dei soci come dei terzi;

h) accertandosi che le condizioni di stabilimento non vengano alterate mediante aiuti concessi dagli Stati membri.

51 [*ex* articolo 45 del TCE] Sono escluse dall'applicazione delle disposizioni del presente capo, per quanto riguarda lo Stato membro interessato, le attività che in tale Stato partecipino, sia pure occasionalmente, all'esercizio dei pubblici poteri.

Il Parlamento europeo e il Consiglio, deliberando secondo la procedura legislativa ordinaria, possono escludere talune attività dall'applicazione delle disposizioni del presente capo.

52 [*ex* articolo 46 del TCE] 1. Le prescrizioni del presente capo e le misure adottate in virtù di queste ultime lasciano impregiudicata l'applicabilità delle disposizioni legislative, regolamentari e amministrative che prevedano un regime particolare per i cittadini stranieri e che siano giustificate da motivi di ordine pubblico, di pubblica sicurezza e di sanità pubblica.

2. Il Parlamento europeo e il Consiglio, deliberando secondo la procedura legislativa ordinaria, stabilisco-

no direttive per il coordinamento delle suddette disposizioni.

53 [*ex* articolo 47 del TCE] 1. Al fine di agevolare l'accesso alle attività autonome e l'esercizio di queste, il Parlamento europeo e il Consiglio, deliberando secondo la procedura legislativa ordinaria, stabiliscono direttive intese al reciproco riconoscimento dei diplomi, certificati ed altri titoli e al coordinamento delle disposizioni legislative, regolamentari e amministrative degli Stati membri relative all'accesso alle attività autonome e all'esercizio di queste.

2. Per quanto riguarda le professioni mediche, paramediche e farmaceutiche, la graduale soppressione delle restrizioni è subordinata al coordinamento delle condizioni richieste per il loro esercizio nei singoli Stati membri.

54 [*ex* articolo 48 del TCE] Le società costituite conformemente alla legislazione di uno Stato membro e aventi la sede sociale, l'amministrazione centrale o il centro di attività principale all'interno dell'Unione, sono equiparate, ai fini dell'applicazione delle disposizioni del presente capo, alle persone fisiche aventi la cittadinanza degli Stati membri.

Per società si intendono le società di diritto civile o di diritto commerciale, ivi comprese le società cooperative, e le altre persone giuridiche contemplate dal diritto pubblico o privato, ad eccezione delle società che non si prefiggono scopi di lucro.

55 [*ex* articolo 294 del TCE] Fatta salva l'applicazione delle altre disposizioni dei trattati, gli Stati membri applicano la disciplina nazionale nei confronti della partecipazione finanziaria dei cittadini degli altri Stati membri al capitale delle società a mente dell'articolo 54.

CAPO 3
I servizi

56 [*ex* articolo 49 del TCE] Nel quadro delle disposizioni seguenti, le restrizioni alla libera prestazione dei servizi all'interno dell'Unione sono vietate nei confronti dei cittadini degli Stati membri stabiliti in uno Stato membro che non sia quello del destinatario della prestazione.

Il Parlamento europeo e il Consiglio, deliberando secondo la procedura legislativa ordinaria, possono estendere il beneficio delle disposizioni del presente capo ai prestatori di servizi, cittadini di un paese terzo e stabiliti all'interno dell'Unione.

57 [*ex* articolo 50 del TCE] Ai sensi dei trattati, sono considerate come servizi le prestazioni fornite normalmente dietro retribuzione, in quanto non siano regolate dalle disposizioni relative alla libera circolazione delle merci, dei capitali e delle persone.

I servizi comprendono in particolare:

a) attività di carattere industriale;
b) attività di carattere commerciale;
c) attività artigiane;
d) attività delle libere professioni.

Senza pregiudizio delle disposizioni del capo relativo al diritto di stabilimento, il prestatore può, per l'esecuzione della sua prestazione, esercitare, a titolo temporaneo, la sua attività nello Stato membro ove la prestazione è fornita, alle stesse condizioni imposte da tale Stato ai propri cittadini.

58 [*ex* articolo 51 del TCE] 1. La libera circolazione dei servizi, in materia di trasporti, è regolata dalle disposizioni del titolo relativo ai trasporti.

2. La liberalizzazione dei servizi delle banche e delle assicurazioni che sono vincolati a movimenti di capitale deve essere attuata in armonia con la liberalizzazione della circolazione dei capitali.

59 [*ex* articolo 52 del TCE] 1. Per realizzare la liberalizzazione di un determinato servizio, il Parlamento europeo e il Consiglio, deliberando secondo la procedura legislativa ordinaria e previa consultazione del Comitato economico e sociale, stabiliscono direttive.

2. Nelle direttive di cui al paragrafo 1 sono in generale considerati con priorità i servizi che intervengono in modo diretto nei costi di produzione, ovvero la cui liberalizzazione contribuisce a facilitare gli scambi di merci.

60 [*ex* articolo 53 del TCE] Gli Stati membri si sforzano di procedere alla liberalizzazione dei servizi in misura superiore a quella obbligatoria in virtù delle direttive stabilite in applicazione dell'articolo 59, paragrafo 1, quando ciò sia loro consentito dalla situazione economica generale e dalla situazione del settore interessato.

La Commissione rivolge a tal fine raccomandazioni agli Stati membri interessati.

61 [*ex* articolo 54 del TCE] Fino a quando non saranno soppresse le restrizioni alla libera prestazione dei servizi, ciascuno degli Stati membri le applica senza distinzione di nazionalità o di residenza a tutti i prestatori di servizi contemplati dall'articolo 56, primo comma.

62 [*ex* articolo 55 del TCE] Le disposizioni degli articoli da 51 a 54 inclusi sono applicabili alla materia regolata dal presente capo.

CAPO 4
Capitali e pagamenti

63 1. Nell'ambito delle disposizioni previste dal presente capo sono vietate tutte le restrizioni ai movimenti di capitali tra Stati membri, nonché tra Stati membri e paesi terzi.

2. Nell'ambito delle disposizioni previste dal presente capo sono vietate tutte le restrizioni sui pagamenti tra Stati membri, nonché tra Stati membri e paesi terzi.

64 [*ex* articolo 57 del TCE] 1. Le disposizioni di cui all'articolo 63 lasciano impregiudicata l'applicazione ai paesi terzi di qualunque restrizione in vigore alla data del 31 dicembre 1993 in virtù delle legislazioni nazionali o della legislazione dell'Unione per quanto concerne i movimenti di capitali provenienti da paesi terzi o ad essi diretti, che implichino investimenti diretti, inclusi gli investimenti in proprietà immobiliari, lo stabilimento, la prestazione di servizi finanziari o l'ammissione di valori mobiliari nei mercati finanziari. In conformità con le restrizioni esistenti in base alla normativa nazionale in Bulgaria, Estonia ed Ungheria, la pertinente data è il 31 dicembre 1999.

2. Nell'ambito degli sforzi volti a conseguire, nella maggior misura possibile e senza pregiudicare gli altri capi dei trattati, l'obiettivo della libera circolazione di capitali tra Stati membri e paesi terzi, il Parlamento europeo e il Consiglio, deliberando secondo la procedura legislativa ordinaria, adottano le misure concernenti i movimenti di capitali provenienti da paesi terzi o ad essi diretti, in relazione a investimenti diretti, inclusi gli investimenti in proprietà immobiliari, lo stabilimento, la prestazione di servizi finanziari o l'ammissione di valori mobiliari nei mercati finanziari.

3. In deroga al paragrafo 2, solo il Consiglio, deliberando secondo una procedura legislativa speciale, all'unanimità e previa consultazione del Parlamento europeo, può adottare misure che comportino un regresso del diritto dell'Unione per quanto riguarda la liberalizzazione dei movimenti di capitali diretti in paesi terzi o provenienti da essi.

65 [*ex* articolo 58 del TCE] 1. Le disposizioni dell'articolo 63 non pregiudicano il diritto degli Stati membri:

a) di applicare le pertinenti disposizioni della loro legislazione tributaria in cui si opera una distinzione tra i contribuenti che non si trovano nella medesima situazione per quanto riguarda il loro luogo di residenza o il luogo di collocamento del loro capitale;

b) di prendere tutte le misure necessarie per impedire le violazioni della legislazione e delle regolamentazioni nazionali, in particolare nel settore fiscale e in quello della vigilanza prudenziale sulle istituzioni finanziarie, o di stabilire procedure per la dichiarazione dei movimenti di capitali a scopo di informazione amministrativa o statistica, o di adottare misure giustificate da motivi di ordine pubblico o di pubblica sicurezza.

2. Le disposizioni del presente capo non pregiudicano l'applicabilità di restrizioni in materia di diritto di stabilimento compatibili con i trattati.

3. Le misure e le procedure di cui ai paragrafi 1 e 2 non devono costituire un mezzo di discriminazione arbitraria, né una restrizione dissimulata al libero movimento dei capitali e dei pagamenti di cui all'articolo 63.

4. In assenza di misure in applicazione dell'articolo 64, paragrafo 3, la Commissione o, in mancanza di una decisione della Commissione entro un periodo di tre mesi dalla richiesta dello Stato membro interessato, il Consiglio può adottare una decisione che conferma che le misure fiscali restrittive adottate da uno Stato membro riguardo ad uno o più paesi terzi devono essere considerate compatibili con i trattati nella misura in cui sono giustificate da uno degli obiettivi dell'Unione e compatibili con il buon funzionamento del mercato interno. Il Consiglio delibera all'unanimità su richiesta di uno Stato membro.

66 [*ex* articolo 59 del TCE] Qualora, in circostanze eccezionali, i movimenti di capitali provenienti da paesi terzi o ad essi diretti causino o minaccino di causare difficoltà gravi per il funzionamento dell'Unione economica e monetaria, il Consiglio, su proposta della Commissione e previa consultazione della Banca centrale europea, può prendere nei confronti di paesi terzi, e se strettamente necessarie, misure di salvaguardia di durata limitata, per un periodo non superiore a sei mesi.

TITOLO V
Spazio di libertà, sicurezza e giustizia

CAPO 1
Disposizioni generali

67 [*ex* articolo 61 del TCE ed *ex* articolo 29 del TUE] 1. L'Unione realizza uno spazio di libertà, sicurezza e giustizia nel rispetto dei diritti fondamentali nonché dei diversi ordinamenti giuridici e delle diverse tradizioni giuridiche degli Stati membri.

2. Essa garantisce che non vi siano controlli sulle persone alle frontiere interne e sviluppa una politica comune in materia di asilo, immigrazione e controllo delle frontiere esterne, fondata sulla solidarietà tra Stati membri ed equa nei confronti dei cittadini dei paesi terzi. Ai fini del presente titolo gli apolidi sono equiparati ai cittadini dei paesi terzi.

3. L'Unione si adopera per garantire un livello elevato di sicurezza attraverso misure di prevenzione e di lotta contro la criminalità, il razzismo e la xenofobia, attraverso misure di coordinamento e cooperazione tra forze di polizia e autorità giudiziarie e altre autorità competenti, nonché tramite il riconoscimento reciproco delle decisioni giudiziarie penali e, se necessario, il ravvicinamento delle legislazioni penali.

4. L'Unione facilita l'accesso alla giustizia, in particolare attraverso il principio di riconoscimento reciproco delle decisioni giudiziarie ed extragiudiziali in materia civile.

68 Il Consiglio europeo definisce gli orientamenti strategici della programmazione legislativa e operativa nello spazio di libertà, sicurezza e giustizia.

69 Per quanto riguarda le proposte e le iniziative legislative presentate nel quadro dei capi 4 e 5, i parlamenti nazionali vigilano sul rispetto del principio di sussidiarietà conformemente al protocollo sull'applicazione dei principi di sussidiarietà e di proporzionalità.

70 Fatti salvi gli articoli 258, 259 e 260, il Consiglio, su proposta della Commissione, può adottare misure che definiscono le modalità secondo le quali gli Stati membri, in collaborazione con la Commissione, procedono a una valutazione oggettiva e imparziale dell'attuazione, da parte delle autorità degli Stati membri, delle politiche dell'Unione di cui al presente titolo, in particolare al fine di favorire la piena applicazione del principio di riconoscimento reciproco. Il Parlamento europeo e i parlamenti nazionali sono informati dei contenuti e dei risultati di tale valutazione.

71 [*ex* articolo 36 del TUE] È istituito in seno al Consiglio un comitato permanente al fine di assicurare all'interno dell'Unione la promozione e il rafforzamento della cooperazione operativa in materia di sicurezza interna. Fatto salvo l'articolo 240, esso favorisce il coordinamento dell'azione delle autorità competenti degli Stati membri.

I rappresentanti degli organi e organismi interessati dell'Unione possono essere associati ai lavori del comitato. Il Parlamento europeo e i parlamenti nazionali sono tenuti informati dei lavori.

72 [*ex* articolo 64, paragrafo 1, del TCE ed *ex* articolo 33 del TUE] Il presente titolo non osta all'esercizio delle responsabilità incombenti agli Stati membri per il mantenimento dell'ordine pubblico e la salvaguardia della sicurezza interna.

73 Gli Stati membri hanno la facoltà di organizzare tra di loro e sotto la loro responsabilità forme di cooperazione e di coordinamento nel modo che ritengono appropriato tra i dipartimenti competenti delle rispettive amministrazioni responsabili per la salvaguardia della sicurezza nazionale.

74 [*ex* articolo 66 del TCE] Il Consiglio adotta misure al fine di assicurare la cooperazione amministrativa tra i servizi competenti degli Stati membri nei settori di cui al presente titolo e fra tali servizi e la Commissione. Esso delibera su proposta della Commissione, fatto salvo l'articolo 76, e previa consultazione del Parlamento europeo.

75 [*ex* articolo 60 del TCE] Qualora sia necessario per conseguire gli obiettivi di cui all'articolo 67, per quanto riguarda la prevenzione e la lotta contro il terrorismo e le attività connesse, il Parlamento europeo e il Consiglio, deliberando mediante regolamenti secondo la procedura legislativa ordinaria, definiscono un insieme di misure amministrative concernenti i movimenti di capitali e i pagamenti, quali il congelamento dei capitali, dei beni finanziari o dei proventi economici appartenenti, posseduti o detenuti da persone fisiche o giuridiche, da gruppi o da entità non statali.

Il Consiglio, su proposta della Commissione, adotta misure per attuare l'insieme di misure di cui al primo comma.

Gli atti di cui al presente articolo contengono le necessarie disposizioni sulle garanzie giuridiche.

76 Gli atti di cui ai capi 4 e 5 e le misure di cui all'articolo 74 che assicurano la cooperazione amministrativa nei settori di cui a tali capi sono adottati:

a) su proposta della Commissione, oppure

b) su iniziativa di un quarto degli Stati membri.

CAPO 2
Politiche relative ai controlli alle frontiere, all'asilo e all'immigrazione

77 [*ex* articolo 62 del TCE] 1. L'Unione sviluppa una politica volta a:

a) garantire l'assenza di qualsiasi controllo sulle persone, a prescindere dalla nazionalità, all'atto dell'attraversamento delle frontiere interne;

b) garantire il controllo delle persone e la sorveglianza efficace dell'attraversamento delle frontiere esterne;

c) instaurare progressivamente un sistema integrato di gestione delle frontiere esterne.

2. Ai fini del paragrafo 1, il Parlamento europeo e il Consiglio, deliberando secondo la procedura legislativa ordinaria, adottano le misure riguardanti:

a) la politica comune dei visti e di altri titoli di soggiorno di breve durata;

b) i controlli ai quali sono sottoposte le persone che attraversano le frontiere esterne;

c) le condizioni alle quali i cittadini dei paesi terzi possono circolare liberamente nell'Unione per un breve periodo;

d) qualsiasi misura necessaria per l'istituzione progressiva di un sistema integrato di gestione delle frontiere esterne;

e) l'assenza di qualsiasi controllo sulle persone, a prescindere dalla nazionalità, all'atto dell'attraversamento delle frontiere interne.

3. Se un'azione dell'Unione risulta necessaria per facilitare l'esercizio del diritto, di cui all'articolo 20, paragrafo 2, lettera *a*), e salvo che i trattati non abbiano previsto poteri di azione a tale scopo, il Consiglio, deliberando secondo una procedura legislativa speciale, può adottare disposizioni relative ai passaporti, alle carte d'identità, ai titoli di soggiorno o altro documento assimilato. Il Consiglio delibera all'unanimità previa consultazione del Parlamento europeo.

4. Il presente articolo lascia impregiudicata la competenza degli Stati membri riguardo alla delimitazione geografica delle rispettive frontiere, conformemente al diritto internazionale.

78 [*ex* articolo 63, punti 1 e 2 e articolo 64, paragrafo 2, del TCE] 1. L'Unione sviluppa una politica comune in materia di asilo, di protezione sussidiaria e di protezione temporanea, volta a offrire uno status appropriato a qualsiasi cittadino di un paese terzo che necessita di protezione internazionale e a garantire il rispetto del principio di non respingimento.

Detta politica deve essere conforme alla convenzione di Ginevra del 28 luglio 1951 e al protocollo del 31 gennaio 1967 relativi allo status dei rifugiati, e agli altri trattati pertinenti.

2. Ai fini del paragrafo 1, il Parlamento europeo e il Consiglio, deliberando secondo la procedura legislativa ordinaria, adottano le misure relative a un sistema europeo comune di asilo che includa:

a) uno status uniforme in materia di asilo a favore di cittadini di paesi terzi, valido in tutta l'Unione;

b) uno status uniforme in materia di protezione sussidiaria per i cittadini di paesi terzi che, pur senza il beneficio dell'asilo europeo, necessitano di protezione internazionale;

c) un sistema comune volto alla protezione temporanea degli sfollati in caso di afflusso massiccio;

d) procedure comuni per l'ottenimento e la perdita dello status uniforme in materia di asilo o di protezione sussidiaria;

e) criteri e meccanismi di determinazione dello Stato membro competente per l'esame di una domanda d'asilo o di protezione sussidiaria;

f) norme concernenti le condizioni di accoglienza dei richiedenti asilo o protezione sussidiaria;

g) il partenariato e la cooperazione con paesi terzi per gestire i flussi di richiedenti asilo o protezione sussidiaria o temporanea.

3. Qualora uno o più Stati membri debbano affrontare una situazione di emergenza caratterizzata da un afflusso improvviso di cittadini di paesi terzi, il Consiglio, su proposta della Commissione, può adottare misure temporanee a beneficio dello Stato membro o degli Stati membri interessati. Esso delibera previa consultazione del Parlamento europeo.

79 [*ex* articolo 63, punti 3 e 4, del TCE] 1. L'Unione sviluppa una politica comune dell'immigrazione intesa ad assicurare, in ogni fase, la gestione efficace dei flussi migratori, l'equo trattamento dei cittadini dei paesi terzi regolarmente soggiornanti negli Stati membri e la prevenzione e il contrasto rafforzato dell'immigrazione illegale e della tratta degli esseri umani.

2. Ai fini del paragrafo 1, il Parlamento europeo e il Consiglio, deliberando secondo la procedura legislativa ordinaria, adottano le misure nei seguenti settori:

a) condizioni di ingresso e soggiorno e norme sul rilascio da parte degli Stati membri di visti e di titoli di soggiorno di lunga durata, compresi quelli rilasciati a scopo di ricongiungimento familiare;

b) definizione dei diritti dei cittadini di paesi terzi regolarmente soggiornanti in uno Stato membro, comprese le condizioni che disciplinano la libertà di circolazione e di soggiorno negli altri Stati membri;

c) immigrazione clandestina e soggiorno irregolare, compresi l'allontanamento e il rimpatrio delle persone in soggiorno irregolare;

d) lotta contro la tratta degli esseri umani, in particolare donne e minori.

3. L'Unione può concludere con i paesi terzi accordi ai fini della riammissione, nei paesi di origine o di provenienza, di cittadini di paesi terzi che non soddisfano o non soddisfano più le condizioni per l'ingresso, la presenza o il soggiorno nel territorio di uno degli Stati membri.

4. Il Parlamento europeo e il Consiglio, deliberando secondo la procedura legislativa ordinaria, possono stabilire misure volte a incentivare e sostenere l'azione degli Stati membri al fine di favorire l'integrazione dei cittadini di paesi terzi regolarmente soggiornanti nel loro territorio, ad esclusione di qualsiasi armonizzazione delle disposizioni legislative e regolamentari degli Stati membri.

5. Il presente articolo non incide sul diritto degli Stati membri di determinare il volume di ingresso nel loro territorio dei cittadini di paesi terzi, provenienti da paesi terzi, allo scopo di cercarvi un lavoro dipendente o autonomo.

80 Le politiche dell'Unione di cui al presente capo e la loro attuazione sono governate dal principio di solidarietà e di equa ripartizione della responsabilità tra gli Stati membri, anche sul piano finanziario.

Ogniqualvolta necessario, gli atti dell'Unione adottati in virtù del presente capo contengono misure appropriate ai fini dell'applicazione di tale principio.

CAPO 3
Cooperazione giudiziaria in materia civile

81 [*ex* articolo 65 del TCE] 1. L'Unione sviluppa una cooperazione giudiziaria nelle materie civili con implicazioni transnazionali, fondata sul principio di riconoscimento reciproco delle decisioni giudiziarie ed extragiudiziali. Tale cooperazione può includere l'adozione di misure intese a ravvicinare le disposizioni legislative e regolamentari degli Stati membri.

2. Ai fini del paragrafo 1, il Parlamento europeo e il Consiglio, deliberando secondo la procedura legislativa ordinaria, adottano, in particolare se necessario al buon funzionamento del mercato interno, misure volte a garantire:

a) il riconoscimento reciproco tra gli Stati membri delle decisioni giudiziarie ed extragiudiziali e la loro esecuzione;

b) la notificazione e la comunicazione transnazionali degli atti giudiziari ed extragiudiziali;

c) la compatibilità delle regole applicabili negli Stati membri ai conflitti di leggi e di giurisdizione;

d) la cooperazione nell'assunzione dei mezzi di prova;

e) un accesso effettivo alla giustizia;

f) l'eliminazione degli ostacoli al corretto svolgimento dei procedimenti civili, se necessario promuovendo la compatibilità delle norme di procedura civile applicabili negli Stati membri;

g) lo sviluppo di metodi alternativi per la risoluzione delle controversie;

h) un sostegno alla formazione dei magistrati e degli operatori giudiziari.

3. In deroga al paragrafo 2, le misure relative al diritto di famiglia aventi implicazioni transnazionali sono stabilite dal Consiglio, che delibera secondo una procedura legislativa speciale. Il Consiglio delibera all'unanimità previa consultazione del Parlamento europeo.

Il Consiglio, su proposta della Commissione, può adottare una decisione che determina gli aspetti del diritto di famiglia aventi implicazioni transnazionali e che potrebbero formare oggetto di atti adottati secondo la procedura legislativa ordinaria. Il Consiglio delibera all'unanimità previa consultazione del Parlamento europeo.

I parlamenti nazionali sono informati della proposta di cui al secondo comma. Se un parlamento nazionale comunica la sua opposizione entro sei mesi dalla data di tale informazione, la decisione non è adottata. In mancanza di opposizione, il Consiglio può adottare la decisione.

CAPO 4
Cooperazione giudiziaria in materia penale

82 [*ex* articolo 31 del TUE] 1. La cooperazione giudiziaria in materia penale nell'Unione è fondata sul principio di riconoscimento reciproco delle sentenze e delle decisioni giudiziarie e include il ravvicinamento delle disposizioni legislative e regolamentari degli Stati membri nei settori di cui al paragrafo 2 e all'articolo 83.

Il Parlamento europeo e il Consiglio, deliberando secondo la procedura legislativa ordinaria, adottano le misure intese a:

a) definire norme e procedure per assicurare il riconoscimento in tutta l'Unione di qualsiasi tipo di sentenza e di decisione giudiziaria;

b) prevenire e risolvere i conflitti di giurisdizione tra gli Stati membri;

c) sostenere la formazione dei magistrati e degli operatori giudiziari;

d) facilitare la cooperazione tra le autorità giudiziarie o autorità omologhe degli Stati membri in relazione all'azione penale e all'esecuzione delle decisioni.

2. Laddove necessario per facilitare il riconoscimento reciproco delle sentenze e delle decisioni giudiziarie e la cooperazione di polizia e giudiziaria nelle materie penali aventi dimensione transnazionale, il Parlamento europeo e il Consiglio possono stabilire norme minime deliberando mediante direttive secondo la procedura legislativa ordinaria. Queste tengono conto delle differenze tra le tradizioni giuridiche e gli ordinamenti giuridici degli Stati membri.

Esse riguardano:

a) l'ammissibilità reciproca delle prove tra gli Stati membri;

b) i diritti della persona nella procedura penale;

c) i diritti delle vittime della criminalità;

d) altri elementi specifici della procedura penale, individuati dal Consiglio in via preliminare mediante una decisione; per adottare tale decisione il Consiglio delibera all'unanimità previa approvazione del Parlamento europeo.

L'adozione delle norme minime di cui al presente paragrafo non impedisce agli Stati membri di mantenere o introdurre un livello più elevato di tutela delle persone.

3. Qualora un membro del Consiglio ritenga che un progetto di direttiva di cui al paragrafo 2 incida su aspetti fondamentali del proprio ordinamento giuridico penale, può chiedere che il Consiglio europeo sia investito della questione. In tal caso la procedura legislativa ordinaria è sospesa. Previa discussione e in caso di consenso, il Consiglio europeo, entro quattro mesi da tale sospensione, rinvia il progetto al Consiglio, ponendo fine alla sospensione della procedura legislativa ordinaria.

Entro il medesimo termine, in caso di disaccordo, e se almeno nove Stati membri desiderano instaurare una cooperazione rafforzata sulla base del progetto di direttiva in questione, essi ne informano il Parlamento europeo, il Consiglio e la Commissione. In tal caso l'autorizzazione a procedere alla cooperazione rafforzata di cui all'articolo 20, paragrafo 2 del trattato sull'Unione europea e all'articolo 329, paragrafo 1 del presente trattato si considera concessa e si applicano le disposizioni sulla cooperazione rafforzata.

83 [*ex* articolo 31 del TUE] 1. Il Parlamento europeo e il Consiglio, deliberando mediante direttive secondo la procedura legislativa ordinaria, possono stabilire norme minime relative alla definizione dei reati e delle sanzioni in sfere di criminalità particolarmente grave che presentano una dimensione transnazionale derivante dal carattere o dalle implicazioni di tali reati o da una particolare necessità di combatterli su basi comuni.

Dette sfere di criminalità sono le seguenti: terrorismo, tratta degli esseri umani e sfruttamento sessuale delle donne e dei minori, traffico illecito di stupefacenti, traffico illecito di armi, riciclaggio di denaro, corruzione, contraffazione di mezzi di pagamento, criminalità informatica e criminalità organizzata.

In funzione dell'evoluzione della criminalità, il Consiglio può adottare una decisione che individua altre sfere di criminalità che rispondono ai criteri di cui al presente paragrafo. Esso delibera all'unanimità previa approvazione del Parlamento europeo.

2. Allorché il ravvicinamento delle disposizioni legislative e regolamentari degli Stati membri in materia penale si rivela indispensabile per garantire l'attuazione efficace di una politica dell'Unione in un settore che è stato oggetto di misure di armonizzazione, norme minime relative alla definizione dei reati e delle sanzioni nel settore in questione possono essere stabilite tramite direttive. Tali direttive sono adottate secondo la stessa procedura legislativa ordinaria o speciale utilizzata per l'adozione delle misure di armonizzazione in questione, fatto salvo l'articolo 76.

3. Qualora un membro del Consiglio ritenga che un progetto di direttiva di cui al paragrafo 1 o 2 incida su aspetti fondamentali del proprio ordinamento giuridico penale, può chiedere che il Consiglio europeo sia investito della questione. In tal caso la procedura legislativa ordinaria è sospesa. Previa discussione e in caso di consenso, il Consiglio europeo, entro quattro mesi da tale sospensione, rinvia il progetto al Consiglio, ponendo fine alla sospensione della procedura legislativa ordinaria.

Entro il medesimo termine, in caso di disaccordo, e se almeno nove Stati membri desiderano instaurare una cooperazione rafforzata sulla base del progetto di direttiva in questione, essi ne informano il Parlamento europeo, il Consiglio e la Commissione. In tal caso l'autorizzazione a procedere alla cooperazione rafforzata di cui all'articolo 20, paragrafo 2 del trattato sull'Unione europea e all'articolo 329, paragrafo 1 del presente trattato si considera concessa e si applicano le disposizioni sulla cooperazione rafforzata.

84 Il Parlamento europeo e il Consiglio, deliberando secondo la procedura legislativa ordinaria, possono stabilire misure per incentivare e sostenere l'azione degli Stati membri nel campo della prevenzione della criminalità, ad esclusione di qualsiasi armonizzazione delle disposizioni legislative e regolamentari degli Stati membri.

85 [*ex* articolo 31 del TUE] 1. Eurojust ha il compito di sostenere e potenziare il coordinamento e la cooperazione tra le autorità nazionali responsabili delle indagini e dell'azione penale contro la criminalità grave che interessa due o più Stati membri o che richiede un'azione penale su basi comuni, sulla scorta delle operazioni effettuate e delle informazioni fornite dalle autorità degli Stati membri e da Europol.

In questo contesto il Parlamento europeo e il Consiglio, deliberando mediante regolamenti secondo la procedura legislativa ordinaria, determinano la struttura, il funzionamento, la sfera d'azione e i compiti di Eurojust. Tali compiti possono comprendere:

a) l'avvio di indagini penali, nonché la proposta di avvio di azioni penali esercitate dalle autorità nazionali competenti, in particolare quelle relative a reati che ledono gli interessi finanziari dell'Unione;

b) il coordinamento di indagini ed azioni penali di cui alla lettera *a*);

c) il potenziamento della cooperazione giudiziaria, anche attraverso la composizione dei conflitti di competenza e tramite una stretta cooperazione con la Rete giudiziaria europea.

Tali regolamenti fissano inoltre le modalità per associare il Parlamento europeo e i parlamenti nazionali alla valutazione delle attività di Eurojust.

2. Nel contesto delle azioni penali di cui al paragrafo 1, e fatto salvo l'articolo 86, gli atti ufficiali di procedura giudiziaria sono eseguiti dai funzionari nazionali competenti.

86 1. Per combattere i reati che ledono gli interessi finanziari dell'Unione, il Consiglio, deliberando mediante regolamenti secondo una procedura legislativa speciale, può istituire una Procura europea a partire da Eurojust. Il Consiglio delibera all'unanimità, previa approvazione del Parlamento europeo.

In mancanza di unanimità, un gruppo di almeno nove Stati membri può chiedere che il Consiglio europeo sia investito del progetto di regolamento. In tal caso la procedura in sede di Consiglio è sospesa. Previa discussione e in caso di consenso, il Consiglio europeo, entro quattro mesi da tale sospensione, rinvia il progetto al Consiglio per adozione.

Entro il medesimo termine, in caso di disaccordo, e se almeno nove Stati membri desiderano instaurare una cooperazione rafforzata sulla base del progetto di regolamento in questione, essi ne informano il Parlamento europeo, il Consiglio e la Commissione. In tal caso l'autorizzazione a procedere alla cooperazione rafforzata di cui all'articolo 20, paragrafo 2 del trattato sull'Unione europea e all'articolo 329, paragrafo 1 del presente trattato si considera concessa e si applicano le disposizioni sulla cooperazione rafforzata.

2. La Procura europea è competente per individuare, perseguire e rinviare a giudizio, eventualmente in collegamento con Europol, gli autori di reati che ledono gli interessi finanziari dell'Unione, quali definiti dal regolamento previsto nel paragrafo 1, e i loro complici. Essa esercita l'azione penale per tali reati dinanzi agli organi giurisdizionali competenti degli Stati membri.

3. I regolamenti di cui al paragrafo 1 stabiliscono lo statuto della Procura europea, le condizioni di esercizio delle sue funzioni, le regole procedurali applicabili alle sue attività e all'ammissibilità delle prove e le regole applicabili al controllo giurisdizionale degli atti procedurali che adotta nell'esercizio delle sue funzioni.

4. Il Consiglio europeo può adottare, contemporaneamente o successivamente, una decisione che modifica il paragrafo 1 allo scopo di estendere le attribuzioni della Procura europea alla lotta contro la criminalità grave che presenta una dimensione transnazionale, e che modifica di conseguenza il paragrafo 2 per quanto riguarda gli autori di reati gravi con ripercussioni in più Stati membri e i loro complici. Il Consiglio europeo delibera all'unanimità previa approvazione del Parlamento europeo e previa consultazione della Commissione.

CAPO 5
Cooperazione di polizia

87 [*ex* articolo 30 del TUE] 1. L'Unione sviluppa una cooperazione di polizia che associa tutte le autorità competenti degli Stati membri, compresi i servizi di polizia, i servizi delle dogane e altri servizi incaricati dell'applicazione della legge specializzati nel settore della prevenzione o dell'individuazione dei reati e delle relative indagini.

2. Ai fini del paragrafo 1, il Parlamento europeo e il Consiglio, deliberando secondo la procedura legislativa ordinaria, possono stabilire misure riguardanti:

a) la raccolta, l'archiviazione, il trattamento, l'analisi e lo scambio delle pertinenti informazioni;

b) un sostegno alla formazione del personale e la cooperazione relativa allo scambio di personale, alle attrezzature e alla ricerca in campo criminologico;

c) le tecniche investigative comuni ai fini dell'individuazione di forme gravi di criminalità organizzata.

3. Il Consiglio, deliberando secondo una procedura legislativa speciale, può stabilire misure riguardanti la cooperazione operativa tra le autorità di cui al presente articolo. Il Consiglio delibera all'unanimità previa consultazione del Parlamento europeo.

In mancanza di unanimità, un gruppo di almeno nove Stati membri può chiedere che il Consiglio europeo sia investito del progetto di misure. In tal caso la procedura in sede di Consiglio è sospesa. Previa discussione e in caso di consenso, il Consiglio europeo, entro quattro mesi da tale sospensione, rinvia il progetto al Consiglio per adozione.

Entro il medesimo termine, in caso di disaccordo, e se almeno nove Stati membri desiderano instaurare una cooperazione rafforzata sulla base del progetto di misure in questione, essi ne informano il Parlamento europeo, il Consiglio e la Commissione. In tal caso l'autorizzazione a procedere alla cooperazione rafforzata di cui all'articolo 20, paragrafo 2 del trattato sull'Unione europea e all'articolo 329, paragrafo 1 del presente trattato si considera concessa e si applicano le disposizioni sulla cooperazione rafforzata.

La procedura specifica di cui al secondo e al terzo comma non si applica agli atti che costituiscono uno sviluppo dell'acquis di Schengen.

88 [*ex* articolo 30 del TUE] 1. Europol ha il compito di sostenere e potenziare l'azione delle autorità di polizia e degli altri servizi incaricati dell'applicazione della legge degli Stati membri e la reciproca collaborazione nella prevenzione e lotta contro la criminalità grave che interessa due o più Stati membri, il terrorismo e le forme di criminalità che ledono un interesse comune oggetto di una politica dell'Unione.

2. Il Parlamento europeo e il Consiglio, deliberando mediante regolamenti secondo la procedura legislativa ordinaria, determinano la struttura, il funzionamento, la sfera d'azione e i compiti di Europol. Tali compiti possono comprendere:

a) la raccolta, l'archiviazione, il trattamento, l'analisi e lo scambio delle informazioni trasmesse, in particolare dalle autorità degli Stati membri o di paesi o organismi terzi;

b) il coordinamento, l'organizzazione e lo svolgimento di indagini e di azioni operative, condotte congiuntamente con le autorità competenti degli Stati membri o nel quadro di squadre investigative comuni, eventualmente in collegamento con Eurojust.

Tali regolamenti fissano inoltre le modalità di controllo delle attività di Europol da parte del Parlamento europeo, controllo cui sono associati i parlamenti nazionali.

3. Qualsiasi azione operativa di Europol deve essere condotta in collegamento e d'intesa con le autorità dello Stato membro o degli Stati membri di cui interessa il territorio. L'applicazione di misure coercitive è di competenza esclusiva delle pertinenti autorità nazionali.

89 [*ex* articolo 32 del TUE] Il Consiglio, deliberando secondo una procedura legislativa speciale, stabilisce le condizioni e i limiti entro i quali le autorità competenti degli Stati membri di cui agli articoli 82 e 87 possono operare nel territorio di un altro Stato membro in collegamento e d'intesa con le autorità di quest'ultimo. Il Consiglio delibera all'unanimità previa consultazione del Parlamento europeo.

TITOLO VI
Trasporti

90 [*ex* articolo 70 del TCE] Gli obiettivi dei trattati sono perseguiti, per quanto riguarda la materia disciplinata dal presente titolo, nel quadro di una politica comune dei trasporti.

91 [*ex* articolo 71 del TCE] 1. Ai fini dell'applicazione dell'articolo 90 e tenuto conto degli aspetti peculiari dei trasporti, il Parlamento europeo e il Consiglio, deliberando secondo la procedura legislativa ordinaria e previa consultazione del Comitato economico e sociale e del Comitato delle regioni, stabiliscono:

a) norme comuni applicabili ai trasporti internazionali in partenza dal territorio di uno Stato membro o a destinazione di questo, o in transito sul territorio di uno o più Stati membri;

b) le condizioni per l'ammissione di vettori non residenti ai trasporti nazionali in uno Stato membro;

c) le misure atte a migliorare la sicurezza dei trasporti;

d) ogni altra utile disposizione.

2. All'atto dell'adozione delle misure di cui al paragrafo 1, si tiene conto dei casi in cui la loro applicazione rischi di pregiudicare gravemente il tenore di vita e l'occupazione in talune regioni come pure l'uso delle attrezzature relative ai trasporti.

92 [*ex* articolo 72 del TCE] Fino a che non siano emanate le disposizioni di cui all'articolo 91, paragrafo 1, e salvo che il Consiglio adotti all'unanimità una misura che conceda una deroga, nessuno degli Stati membri può rendere meno favorevoli, nei loro effetti diretti o indiretti nei confronti dei vettori degli altri Stati membri rispetto ai vettori nazionali, le varie disposizioni che disciplinano la materia al 1o gennaio 1958 o, per gli Stati aderenti, alla data della loro adesione.

93 [*ex* articolo 73 del TCE] Sono compatibili con i trattati gli aiuti richiesti dalle necessità del coordinamento dei trasporti ovvero corrispondenti al rimborso di talune servitù inerenti alla nozione di pubblico servizio.

94 [*ex* articolo 74 del TCE] Qualsiasi misura in materia di prezzi e condizioni di trasporto, adottata nell'ambito dei trattati, deve tener conto della situazione economica dei vettori.

95 [*ex* articolo 75 del TCE] 1. Nel traffico interno dell'Unione sono vietate le discriminazioni consistenti nell'applicazione, da parte di un vettore, di prezzi e condizioni di trasporto differenti per le stesse merci e per le stesse relazioni di traffico e fondate sul paese di origine o di destinazione dei prodotti trasportati.

2. Il paragrafo 1 non esclude che il Parlamento europeo e il Consiglio possano adottare altre misure in applicazione dell'articolo 91, paragrafo 1.

3. Il Consiglio stabilisce, su proposta della Commissione e previa consultazione del Parlamento europeo e del Comitato economico e sociale, una regolamentazione intesa a garantire l'attuazione delle disposizioni del paragrafo 1.

Esso può prendere in particolare le disposizioni necessarie a permettere alle istituzioni dell'Unione di controllare l'osservanza della norma enunciata dal paragrafo 1 e ad assicurarne l'intero beneficio agli utenti.

4. La Commissione, di sua iniziativa o a richiesta di uno Stato membro, esamina i casi di discriminazioni

contemplati dal paragrafo 1 e, dopo aver consultato ogni Stato membro interessato, prende le necessarie decisioni, nel quadro della regolamentazione stabilita conformemente alle disposizioni del paragrafo 3.

96 [*ex* articolo 76 del TCE] 1. È fatto divieto a uno Stato membro di imporre ai trasporti effettuati all'interno dell'Unione l'applicazione di prezzi e condizioni che importino qualsiasi elemento di sostegno o di protezione nell'interesse di una o più imprese o industrie particolari, salvo quando tale applicazione sia autorizzata dalla Commissione.

2. La Commissione, di propria iniziativa o a richiesta di uno Stato membro, esamina i prezzi e le condizioni di cui al paragrafo 1, avendo particolare riguardo, da una parte, alle esigenze di una politica economica regionale adeguata, alle necessità delle regioni sottosviluppate e ai problemi delle regioni che abbiano gravemente risentito di circostanze politiche e d'altra parte all'incidenza di tali prezzi e condizioni sulla concorrenza tra i modi di trasporto.

Dopo aver consultato tutti gli Stati membri interessati, la Commissione prende le necessarie decisioni.

3. Il divieto di cui al paragrafo 1 non colpisce le tariffe concorrenziali.

97 [*ex* articolo 77 del TCE] Le tasse o canoni che, a prescindere dai prezzi di trasporto, sono percepiti da un vettore al passaggio delle frontiere non debbono superare un livello ragionevole, avuto riguardo alle spese reali effettivamente determinate dal passaggio stesso.

Gli Stati membri procurano di ridurre progressivamente le spese in questione.

La Commissione può rivolgere raccomandazioni agli Stati membri ai fini dell'applicazione del presente articolo.

98 [*ex* articolo 78 del TCE] Le disposizioni del presente titolo non ostano alle misure adottate nella Repubblica federale di Germania, sempre che tali misure siano necessarie a compensare gli svantaggi economici cagionati dalla divisione della Germania all'economia di talune regioni della Repubblica federale che risentono di tale divisione. Cinque anni dopo l'entrata in vigore del trattato di Lisbona, il Consiglio, su proposta della Commissione, può adottare una decisione che abroga il presente articolo.

99 [*ex* articolo 79 del TCE] Presso la Commissione è istituito un comitato a carattere consultivo, composto di esperti designati dai governi degli Stati membri. La Commissione lo consulta in materia di trasporti, ogni qualvolta lo ritenga utile.

100 [*ex* articolo 80 del TCE] 1. Le disposizioni del presente titolo si applicano ai trasporti ferroviari, su strada e per vie navigabili.

2. Il Parlamento europeo e il Consiglio, deliberando secondo la procedura legislativa ordinaria, possono stabilire le opportune disposizioni per la navigazione marittima e aerea. Essi deliberano previa consultazione del Comitato economico e sociale e del Comitato delle regioni.

TITOLO VII
Norme comuni sulla concorrenza, sulla fiscalità e sul ravvicinamento delle legislazioni

CAPO 1
Regole di concorrenza

SEZIONE 1
Regole applicabili alle imprese

101 [*ex* articolo 81 del TCE] 1. Sono incompatibili con il mercato interno e vietati tutti gli accordi tra imprese, tutte le decisioni di associazioni di imprese e tutte le pratiche concordate che possano pregiudicare il commercio tra Stati membri e che abbiano per oggetto o per effetto di impedire, restringere o falsare il gioco della concorrenza all'interno del mercato interno ed in particolare quelli consistenti nel:

a) fissare direttamente o indirettamente i prezzi d'acquisto o di vendita ovvero altre condizioni di transazione;

b) limitare o controllare la produzione, gli sbocchi, lo sviluppo tecnico o gli investimenti;

c) ripartire i mercati o le fonti di approvvigionamento;

d) applicare, nei rapporti commerciali con gli altri contraenti, condizioni dissimili per prestazioni equivalenti, così da determinare per questi ultimi uno svantaggio nella concorrenza;

e) subordinare la conclusione di contratti all'accettazione da parte degli altri contraenti di prestazioni supplementari, che, per loro natura o secondo gli usi commerciali, non abbiano alcun nesso con l'oggetto dei contratti stessi.

2. Gli accordi o decisioni, vietati in virtù del presente articolo, sono nulli di pieno diritto.

3. Tuttavia, le disposizioni del paragrafo 1 possono essere dichiarate inapplicabili:

— a qualsiasi accordo o categoria di accordi fra imprese,

— a qualsiasi decisione o categoria di decisioni di associazioni di imprese, e

— a qualsiasi pratica concordata o categoria di pratiche concordate,

che contribuiscano a migliorare la produzione o la distribuzione dei prodotti o a promuovere il progresso tecnico o economico, pur riservando agli utilizzatori una congrua parte dell'utile che ne deriva, ed evitando di

a) imporre alle imprese interessate restrizioni che non siano indispensabili per raggiungere tali obiettivi;

b) dare a tali imprese la possibilità di eliminare la concorrenza per una parte sostanziale dei prodotti di cui trattasi.

102 [*ex* articolo 82 del TCE] È incompatibile con il mercato interno e vietato, nella misura in cui possa essere pregiudizievole al commercio tra Stati membri, lo sfruttamento abusivo da parte di una o più imprese di una posizione dominante sul mercato interno o su una parte sostanziale di questo.

Tali pratiche abusive possono consistere in particolare:

a) nell'imporre direttamente od indirettamente prezzi d'acquisto, di vendita od altre condizioni di transazione non eque;

b) nel limitare la produzione, gli sbocchi o lo sviluppo tecnico, a danno dei consumatori;

c) nell'applicare nei rapporti commerciali con gli altri contraenti condizioni dissimili per prestazioni equivalenti, determinando così per questi ultimi uno svantaggio per la concorrenza;

d) nel subordinare la conclusione di contratti all'accettazione da parte degli altri contraenti di prestazioni supplementari, che, per loro natura o secondo gli usi commerciali, non abbiano alcun nesso con l'oggetto dei contratti stessi.

103 [*ex* articolo 83 del TCE] 1. I regolamenti e le direttive utili ai fini dell'applicazione dei principi contemplati dagli articoli 101 e 102 sono stabiliti dal Consiglio, su proposta della Commissione e previa consultazione del Parlamento europeo.

2. Le disposizioni di cui al paragrafo 1 hanno, in particolare, lo scopo di:

a) garantire l'osservanza dei divieti di cui all'articolo 101, paragrafo 1, e all'articolo 102, comminando ammende e penalità di mora;

b) determinare le modalità di applicazione dell'articolo 101, paragrafo 3, avendo riguardo alla necessità di esercitare una sorveglianza efficace e, nel contempo, semplificare, per quanto possibile, il controllo amministrativo;

c) precisare, eventualmente, per i vari settori economici, il campo di applicazione delle disposizioni degli articoli 101 e 102;

d) definire i rispettivi compiti della Commissione e della Corte di giustizia dell'Unione europea nell'applicazione delle disposizioni contemplate dal presente paragrafo;

e) definire i rapporti fra le legislazioni nazionali da una parte e le disposizioni della presente sezione nonché quelle adottate in applicazione del presente articolo, dall'altra.

104 [*ex* articolo 84 del TCE] Fino al momento dell'entrata in vigore delle disposizioni adottate in applicazione dell'articolo 103, le autorità degli Stati membri decidono in merito all'ammissibilità di intese e allo sfruttamento abusivo di una posizione dominante nel mercato interno, in conformità del diritto nazionale interno e delle disposizioni dell'articolo 101, in particolare del paragrafo 3, e dell'articolo 102.

105 [*ex* articolo 85 del TCE] 1. Senza pregiudizio dell'articolo 104, la Commissione vigila perché siano applicati i principi fissati dagli articoli 101 e 102. Essa istruisce, a richiesta di uno Stato membro o d'ufficio e in collegamento con le autorità competenti degli Stati membri che le prestano la loro assistenza, i casi di presunta infrazione ai principi suddetti. Qualora essa constati l'esistenza di un'infrazione, propone i mezzi atti a porvi termine.

2. Qualora non sia posto termine alle infrazioni, la Commissione constata l'infrazione ai principi con una decisione motivata. Essa può pubblicare tale decisione e autorizzare gli Stati membri ad adottare le necessarie misure, di cui definisce le condizioni e modalità, per rimediare alla situazione.

3. La Commissione può adottare regolamenti concernenti le categorie di accordi per le quali il Consiglio ha adottato un regolamento o una direttiva conformemente all'articolo 103, paragrafo 2, lettera *b*).

106 [*ex* articolo 86 del TCE] 1. Gli Stati membri non emanano né mantengono, nei confronti delle imprese pubbliche e delle imprese cui riconoscono diritti speciali o esclusivi, alcuna misura contraria alle norme dei trattati, specialmente a quelle contemplate dagli articoli 18 e da 101 a 109 inclusi.

2. Le imprese incaricate della gestione di servizi di interesse economico generale o aventi carattere di monopolio fiscale sono sottoposte alle norme dei trattati, e in particolare alle regole di concorrenza, nei limiti in cui l'applicazione di tali norme non osti all'adempimento, in linea di diritto e di fatto, della specifica missione loro affidata. Lo sviluppo degli scambi non deve essere compromesso in misura contraria agli interessi dell'Unione.

3. La Commissione vigila sull'applicazione delle disposizioni del presente articolo rivolgendo, ove occorra, agli Stati membri, opportune direttive o decisioni.

SEZIONE 2
Aiuti concessi dagli Stati

107 [*ex* articolo 87 del TCE] 1. Salvo deroghe contemplate dai trattati, sono incompatibili con il mercato interno, nella misura in cui incidano sugli scambi tra Stati membri, gli aiuti concessi dagli Stati, ovvero mediante risorse statali, sotto qualsiasi forma che, favorendo talune imprese o talune produzioni, falsino o minaccino di falsare la concorrenza.

2. Sono compatibili con il mercato interno:

a) gli aiuti a carattere sociale concessi ai singoli consumatori, a condizione che siano accordati senza discriminazioni determinate dall'origine dei prodotti;

b) gli aiuti destinati a ovviare ai danni arrecati dalle calamità naturali oppure da altri eventi eccezionali;

c) gli aiuti concessi all'economia di determinate regioni della Repubblica federale di Germania che risentono della divisione della Germania, nella misura in cui sono necessari a compensare gli svantaggi economici provocati da tale divisione. Cinque anni dopo l'entrata in vigore del trattato di Lisbona, il Consiglio, su proposta della Commissione, può adottare una decisione che abroga la presente lettera.

3. Possono considerarsi compatibili con il mercato interno:

a) gli aiuti destinati a favorire lo sviluppo economico delle regioni ove il tenore di vita sia anormalmente basso, oppure si abbia una grave forma di sottoccupazione, nonché quello delle regioni di cui all'articolo

349, tenuto conto della loro situazione strutturale, economica e sociale;

b) gli aiuti destinati a promuovere la realizzazione di un importante progetto di comune interesse europeo oppure a porre rimedio a un grave turbamento dell'economia di uno Stato membro;

c) gli aiuti destinati ad agevolare lo sviluppo di talune attività o di talune regioni economiche, sempre che non alterino le condizioni degli scambi in misura contraria al comune interesse;

d) gli aiuti destinati a promuovere la cultura e la conservazione del patrimonio, quando non alterino le condizioni degli scambi e della concorrenza nell'Unione in misura contraria all'interesse comune;

e) le altre categorie di aiuti, determinate con decisione del Consiglio, su proposta della Commissione.

108 [*ex* articolo 88 del TCE] 1. La Commissione procede con gli Stati membri all'esame permanente dei regimi di aiuti esistenti in questi Stati. Essa propone a questi ultimi le opportune misure richieste dal graduale sviluppo o dal funzionamento del mercato interno.

2. Qualora la Commissione, dopo aver intimato agli interessati di presentare le loro osservazioni, constati che un aiuto concesso da uno Stato, o mediante fondi statali, non è compatibile con il mercato interno a norma dell'articolo 107, oppure che tale aiuto è attuato in modo abusivo, decide che lo Stato interessato deve sopprimerlo o modificarlo nel termine da essa fissato.

Qualora lo Stato in causa non si conformi a tale decisione entro il termine stabilito, la Commissione o qualsiasi altro Stato interessato può adire direttamente la Corte di giustizia dell'Unione europea, in deroga agli articoli 258 e 259.

A richiesta di uno Stato membro, il Consiglio, deliberando all'unanimità, può decidere che un aiuto, istituito o da istituirsi da parte di questo Stato, deve considerarsi compatibile con il mercato interno, in deroga alle disposizioni dell'articolo 107 o ai regolamenti di cui all'articolo 109, quando circostanze eccezionali giustifichino tale decisione. Qualora la Commissione abbia iniziato, nei riguardi di tale aiuto, la procedura prevista dal presente paragrafo, primo comma, la richiesta dello Stato interessato rivolta al Consiglio avrà per effetto di sospendere tale procedura fino a quando il Consiglio non si sia pronunciato al riguardo.

Tuttavia, se il Consiglio non si è pronunciato entro tre mesi dalla data della richiesta, la Commissione delibera.

3. Alla Commissione sono comunicati, in tempo utile perché presenti le sue osservazioni, i progetti diretti a istituire o modificare aiuti. Se ritiene che un progetto non sia compatibile con il mercato interno a norma dell'articolo 107, la Commissione inizia senza indugio la procedura prevista dal paragrafo precedente. Lo Stato membro interessato non può dare esecuzione alle misure progettate prima che tale procedura abbia condotto a una decisione finale.

4. La Commissione può adottare regolamenti concernenti le categorie di aiuti di Stato per le quali il Consiglio ha stabilito, conformemente all'articolo 109, che possono essere dispensate dalla procedura di cui al paragrafo 3 del presente articolo.

109 [*ex* articolo 89 del TCE] Il Consiglio, su proposta della Commissione e previa consultazione del Parlamento europeo, può stabilire tutti i regolamenti utili ai fini dell'applicazione degli articoli 107 e 108 e fissare in particolare le condizioni per l'applicazione dell'articolo 108, paragrafo 3, nonché le categorie di aiuti che sono dispensate da tale procedura.

CAPO 2
Disposizioni fiscali

110 [*ex* articolo 90 del TCE] Nessuno Stato membro applica direttamente o indirettamente ai prodotti degli altri Stati membri imposizioni interne, di qualsivoglia natura, superiori a quelle applicate direttamente o indirettamente ai prodotti nazionali similari.

Inoltre, nessuno Stato membro applica ai prodotti degli altri Stati membri imposizioni interne intese a proteggere indirettamente altre produzioni.

111 [*ex* articolo 91 del TCE] I prodotti esportati nel territorio di uno degli Stati membri non possono beneficiare di alcun ristorno di imposizioni interne che sia superiore alle imposizioni ad essi applicate direttamente o indirettamente.

112 [*ex* articolo 92 del TCE] Per quanto riguarda le imposizioni diverse dalle imposte sulla cifra d'affari, dalle imposte di consumo e dalle altre imposte indirette, si possono operare esoneri e rimborsi all'esportazione negli altri Stati membri e introdurre tasse di compensazione applicabili alle importazioni provenienti dagli Stati membri, soltanto qualora le misure progettate siano state preventivamente approvate per un periodo limitato dal Consiglio, su proposta della Commissione.

113 [*ex* articolo 93 del TCE] Il Consiglio, deliberando all'unanimità secondo una procedura legislativa speciale e previa consultazione del Parlamento europeo e del Comitato economico e sociale, adotta le disposizioni che riguardano l'armonizzazione delle legislazioni relative alle imposte sulla cifra d'affari, alle imposte di consumo ed altre imposte indirette, nella misura in cui detta armonizzazione sia necessaria per assicurare l'instaurazione ed il funzionamento del mercato interno ed evitare le distorsioni di concorrenza.

CAPO 3
Ravvicinamento delle legislazioni

114 [*ex* articolo 95 del TCE] 1. Salvo che i trattati non dispongano diversamente, si applicano le disposizioni seguenti per la realizzazione degli obiettivi dell'articolo 26. Il Parlamento europeo e il Consiglio, deliberando secondo la procedura legislativa ordinaria e previa consultazione del Comitato economico e sociale, adottano le misure relative al ravvicinamento delle disposizioni legislative, regolamentari ed amministrative degli Stati membri che hanno per oggetto l'instaurazione ed il funzionamento del mercato interno.

2. Il paragrafo 1 non si applica alle disposizioni fiscali, a quelle relative alla libera circolazione delle persone e a quelle relative ai diritti ed interessi dei lavoratori dipendenti.

3. La Commissione, nelle sue proposte di cui al paragrafo 1 in materia di sanità, sicurezza, protezione dell'ambiente e protezione dei consumatori, si basa su un livello di protezione elevato, tenuto conto, in particolare, degli eventuali nuovi sviluppi fondati su riscontri scientifici. Anche il Parlamento europeo ed il Consiglio, nell'ambito delle rispettive competenze, cercheranno di conseguire tale obiettivo.

4. Allorché, dopo l'adozione di una misura di armonizzazione da parte del Parlamento europeo e del Consiglio, da parte del Consiglio o da parte della Commissione, uno Stato membro ritenga necessario mantenere disposizioni nazionali giustificate da esigenze importanti di cui all'articolo 36 o relative alla protezione dell'ambiente o dell'ambiente di lavoro, esso notifica tali disposizioni alla Commissione precisando i motivi del mantenimento delle stesse.

5. Inoltre, fatto salvo il paragrafo 4, allorché, dopo l'adozione di una misura di armonizzazione da parte del Parlamento europeo e del Consiglio, da parte del Consiglio o da parte della Commissione, uno Stato membro ritenga necessario introdurre disposizioni nazionali fondate su nuove prove scientifiche inerenti alla protezione dell'ambiente o dell'ambiente di lavoro, giustificate da un problema specifico a detto Stato membro insorto dopo l'adozione della misura di armonizzazione, esso notifica le disposizioni previste alla Commissione precisando i motivi dell'introduzione delle stesse.

6. La Commissione, entro sei mesi dalle notifiche di cui ai paragrafi 4 e 5, approva o respinge le disposizioni nazionali in questione dopo aver verificato se esse costituiscano o no uno strumento di discriminazione arbitraria o una restrizione dissimulata nel commercio tra gli Stati membri e se rappresentino o no un ostacolo al funzionamento del mercato interno.

In mancanza di decisione della Commissione entro detto periodo, le disposizioni nazionali di cui ai paragrafi 4 e 5 sono considerate approvate.

Se giustificato dalla complessità della questione e in assenza di pericolo per la salute umana, la Commissione può notificare allo Stato membro interessato che il periodo di cui al presente paragrafo può essere prolungato per un ulteriore periodo di massimo sei mesi.

7. Quando uno Stato membro è autorizzato, a norma del paragrafo 6, a mantenere o a introdurre disposizioni nazionali che derogano a una misura di armonizzazione, la Commissione esamina immediatamente l'opportunità di proporre un adeguamento di detta misura.

8. Quando uno Stato membro solleva un problema specifico di pubblica sanità in un settore che è stato precedentemente oggetto di misure di armonizzazione, esso lo sottopone alla Commissione che esamina immediatamente l'opportunità di proporre misure appropriate al Consiglio.

9. In deroga alla procedura di cui agli articoli 258 e 259, la Commissione o qualsiasi Stato membro può adire direttamente la Corte di giustizia dell'Unione europea ove ritenga che un altro Stato membro faccia un uso abusivo dei poteri contemplati dal presente articolo.

10. Le misure di armonizzazione di cui sopra comportano, nei casi opportuni, una clausola di salvaguardia che autorizza gli Stati membri ad adottare, per uno o più dei motivi di carattere non economico di cui all'articolo 36, misure provvisorie soggette ad una procedura di controllo dell'Unione.

115 [*ex* articolo 94 del TCE] Fatto salvo l'articolo 114, il Consiglio, deliberando all'unanimità secondo una procedura legislativa speciale e previa consultazione del Parlamento europeo e del Comitato economico e sociale, stabilisce direttive volte al ravvicinamento delle disposizioni legislative, regolamentari ed amministrative degli Stati membri che abbiano un'incidenza diretta sull'instaurazione o sul funzionamento del mercato interno.

116 [*ex* articolo 96 del TCE] Qualora la Commissione constati che una disparità esistente nelle disposizioni legislative, regolamentari o amministrative degli Stati membri falsa le condizioni di concorrenza sul mercato interno e provoca, per tal motivo, una distorsione che deve essere eliminata, essa provvede a consultarsi con gli Stati membri interessati.

Se attraverso tale consultazione non si raggiunge un accordo che elimini la distorsione in questione, il Parlamento europeo e il Consiglio, deliberando secondo la procedura legislativa ordinaria, stabiliscono le direttive all'uopo necessarie. Può essere adottata ogni altra opportuna misura prevista dai trattati.

117 [*ex* articolo 97 del TCE] 1. Quando vi sia motivo di temere che l'emanazione o la modifica di disposizioni legislative, regolamentari o amministrative provochi una distorsione ai sensi dell'articolo precedente, lo Stato membro che vuole procedervi consulta la Commissione. La Commissione, dopo aver consultato gli Stati membri, raccomanda agli Stati interessati le misure idonee ad evitare la distorsione in questione.

2. Se lo Stato che vuole emanare o modificare disposizioni nazionali non si conforma alla raccomandazione rivoltagli dalla Commissione, non si potrà richiedere agli altri Stati membri, nell'applicazione dell'articolo 116, di modificare le loro disposizioni nazionali per eliminare tale distorsione. Se lo Stato membro che ha trascurato la raccomandazione della Commissione provoca una distorsione unicamente a suo detrimento, non sono applicabili le disposizioni dell'articolo 116.

118 Nell'ambito dell'instaurazione o del funzionamento del mercato interno, il Parlamento europeo e il Consiglio, deliberando secondo la procedura legislativa ordinaria, stabiliscono le misure per la creazione di titoli europei al fine di garantire una protezione uniforme dei diritti di proprietà intellettuale nell'Unione e per l'istituzione di regimi di autorizzazione, di coordinamento e di controllo centralizzati a livello di Unione.

Il Consiglio, deliberando mediante regolamenti secondo una procedura legislativa speciale, stabilisce i regimi linguistici dei titoli europei. Il Consiglio delibera all'unanimità previa consultazione del Parlamento europeo.

TITOLO VIII
Politica economica e monetaria

119 [*ex* articolo 4 del TCE] 1. Ai fini enunciati all'articolo 3 del trattato sull'Unione europea, l'azione degli Stati membri e dell'Unione comprende, alle condizioni previste dai trattati, l'adozione di una politica economica che è fondata sullo stretto coordinamento delle politiche economiche degli Stati membri, sul mercato interno e sulla definizione di obiettivi comuni, condotta conformemente al principio di un'economia di mercato aperta e in libera concorrenza.

2. Parallelamente, alle condizioni e secondo le procedure previste dai trattati, questa azione comprende una moneta unica, l'euro, nonché la definizione e la conduzione di una politica monetaria e di una politica del cambio uniche, che abbiano l'obiettivo principale di mantenere la stabilità dei prezzi e, fatto salvo questo obiettivo, di sostenere le politiche economiche generali nell'Unione conformemente al principio di un'economia di mercato aperta e in libera concorrenza.

3. Queste azioni degli Stati membri e dell'Unione implicano il rispetto dei seguenti principi direttivi: prezzi stabili, finanze pubbliche e condizioni monetarie sane nonché bilancia dei pagamenti sostenibile.

CAPO 1
Politica economica

120 [*ex* articolo 98 del TCE] Gli Stati membri attuano la loro politica economica allo scopo di contribuire alla realizzazione degli obiettivi dell'Unione definiti all'articolo 3 del trattato sull'Unione europea e nel contesto degli indirizzi di massima di cui all'articolo 121, paragrafo 2. Gli Stati membri e l'Unione agiscono nel rispetto dei principi di un'economia di mercato aperta e in libera concorrenza, favorendo un'efficace allocazione delle risorse, conformemente ai principi di cui all'articolo 119.

121 [*ex* articolo 99 del TCE] 1. Gli Stati membri considerano le loro politiche economiche una questione di interesse comune e le coordinano nell'ambito del Consiglio, conformemente alle disposizioni dell'articolo 120.

2. Il Consiglio, su raccomandazione della Commissione, elabora un progetto di indirizzi di massima per le politiche economiche degli Stati membri e dell'Unione, e ne riferisce le risultanze al Consiglio europeo.

Il Consiglio europeo, deliberando sulla base di detta relazione del Consiglio, dibatte delle conclusioni in merito agli indirizzi di massima per le politiche economiche degli Stati membri e dell'Unione.

Sulla base di dette conclusioni, il Consiglio adotta una raccomandazione che definisce i suddetti indirizzi di massima. Il Consiglio informa il Parlamento europeo in merito a tale raccomandazione.

3. Al fine di garantire un più stretto coordinamento delle politiche economiche e una convergenza duratura dei risultati economici degli Stati membri, il Consiglio, sulla base di relazioni presentate dalla Commissione, sorveglia l'evoluzione economica in ciascuno degli Stati membri e nell'Unione, nonché la coerenza delle politiche economiche con gli indirizzi di massima di cui al paragrafo 2 e procede regolarmente ad una valutazione globale.

Ai fini di detta sorveglianza multilaterale, gli Stati membri trasmettono alla Commissione le informazioni concernenti le misure di rilievo da essi adottate nell'ambito della loro politica economica, nonché tutte le altre informazioni da essi ritenute necessarie.

4. Qualora si accerti, secondo la procedura prevista al paragrafo 3, che le politiche economiche di uno Stato membro non sono coerenti con gli indirizzi di massima di cui al paragrafo 2 o rischiano di compromettere il buon funzionamento dell'unione economica e monetaria, la Commissione può rivolgere un avvertimento allo Stato membro in questione. Il Consiglio, su raccomandazione della Commissione, può rivolgere allo Stato membro in questione le necessarie raccomandazioni. Il Consiglio, su proposta della Commissione, può decidere di rendere pubbliche le proprie raccomandazioni.

Nel contesto del presente paragrafo, il Consiglio delibera senza tener conto del voto del membro del Consiglio che rappresenta lo Stato membro in questione.

Per maggioranza qualificata degli altri membri del Consiglio s'intende quella definita conformemente all'articolo 238, paragrafo 3, lettera *a*).

5. Il presidente del Consiglio e la Commissione riferiscono al Parlamento europeo i risultati della sorveglianza multilaterale. Se il Consiglio ha reso pubbliche le proprie raccomandazioni, il presidente del Consiglio può essere invitato a comparire dinanzi alla commissione competente del Parlamento europeo.

6. Il Parlamento europeo e il Consiglio, deliberando mediante regolamenti secondo la procedura legislativa ordinaria, possono adottare le modalità della procedura di sorveglianza multilaterale di cui ai paragrafi 3 e 4.

122 [*ex* articolo 100 del TCE] 1. Fatta salva ogni altra procedura prevista dai trattati, il Consiglio, su proposta della Commissione, può decidere, in uno spirito di solidarietà tra Stati membri, le misure adeguate alla situazione economica, in particolare qualora sorgano gravi difficoltà nell'approvvigionamento di determinati prodotti, in particolare nel settore dell'energia.

2. Qualora uno Stato membro si trovi in difficoltà o sia seriamente minacciato da gravi difficoltà a causa di calamità naturali o di circostanze eccezionali che sfuggono al suo controllo, il Consiglio, su proposta della Commissione, può concedere a determinate condizioni un'assistenza finanziaria dell'Unione allo Stato membro interessato. Il presidente del Consiglio informa il Parlamento europeo in merito alla decisione presa.

123 [*ex* articolo 101 del TCE] 1. Sono vietati la concessione di scoperti di conto o qualsiasi altra forma di facilitazione creditizia, da parte della Banca centrale europea o da parte delle banche centrali degli Stati membri (in appresso denominate "banche centrali nazionali"), a istituzioni, organi od organismi dell'Unione, alle amministrazioni statali, agli enti regionali, locali o altri enti pubblici, ad altri organismi di diritto pubblico o a imprese pubbliche degli Stati membri, così come l'acquisto diretto presso di essi di titoli di debito da parte della Banca centrale europea o delle banche centrali nazionali.

2. Le disposizioni del paragrafo 1 non si applicano agli enti creditizi di proprietà pubblica che, nel contesto dell'offerta di liquidità da parte delle banche centrali, devono ricevere dalle banche centrali nazionali e dalla Banca centrale europea lo stesso trattamento degli enti creditizi privati.

124 [*ex* articolo 102 del TCE] È vietata qualsiasi misura, non basata su considerazioni prudenziali, che offra alle istituzioni, agli organi o agli organismi dell'Unione, alle amministrazioni statali, agli enti regionali, locali o altri enti pubblici, ad altri organismi di diritto pubblico o a imprese pubbliche degli Stati membri un accesso privilegiato alle istituzioni finanziarie.

125 [*ex* articolo 103 del TCE] 1. L'Unione non risponde né si fa carico degli impegni assunti dalle amministrazioni statali, dagli enti regionali, locali, o altri enti pubblici, da altri organismi di diritto pubblico o da imprese pubbliche di qualsiasi Stato membro, fatte salve le garanzie finanziarie reciproche per la realizzazione in comune di un progetto economico specifico. Gli Stati membri non sono responsabili né subentrano agli impegni dell'amministrazione statale, degli enti regionali, locali o degli altri enti pubblici, di altri organismi di diritto pubblico o di imprese pubbliche di un altro Stato membro, fatte salve le garanzie finanziarie reciproche per la realizzazione in comune di un progetto specifico.

2. Se necessario, il Consiglio, su proposta della Commissione e previa consultazione del Parlamento europeo, può precisare le definizioni per l'applicazione dei divieti previsti dagli articoli 123 e 124 e dal presente articolo.

126 [*ex* articolo 104 del TCE] 1. Gli Stati membri devono evitare disavanzi pubblici eccessivi.

2. La Commissione sorveglia l'evoluzione della situazione di bilancio e dell'entità del debito pubblico negli Stati membri, al fine di individuare errori rilevanti. In particolare esamina la conformità alla disciplina di bilancio sulla base dei due criteri seguenti:

a) se il rapporto tra il disavanzo pubblico, previsto o effettivo, e il prodotto interno lordo superi un valore di riferimento, a meno che:

— il rapporto non sia diminuito in modo sostanziale e continuo e abbia raggiunto un livello che si avvicina al valore di riferimento,

— oppure, in alternativa, il superamento del valore di riferimento sia solo eccezionale e temporaneo e il rapporto resti vicino al valore di riferimento;

b) se il rapporto tra debito pubblico e prodotto interno lordo superi un valore di riferimento, a meno che detto rapporto non si stia riducendo in misura sufficiente e non si avvicini al valore di riferimento con ritmo adeguato.

I valori di riferimento sono specificati nel protocollo sulla procedura per i disavanzi eccessivi allegato ai trattati.

3. Se uno Stato membro non rispetta i requisiti previsti da uno o entrambi i criteri menzionati, la Commissione prepara una relazione. La relazione della Commissione tiene conto anche dell'eventuale differenza tra il disavanzo pubblico e la spesa pubblica per gli investimenti e tiene conto di tutti gli altri fattori significativi, compresa la posizione economica e di bilancio a medio termine dello Stato membro.

La Commissione può inoltre preparare una relazione se ritiene che in un determinato Stato membro, malgrado i criteri siano rispettati, sussista il rischio di un disavanzo eccessivo.

4. Il comitato economico e finanziario formula un parere in merito alla relazione della Commissione.

5. La Commissione, se ritiene che in uno Stato membro esista o possa determinarsi in futuro un disavanzo eccessivo, trasmette un parere allo Stato membro interessato e ne informa il Consiglio.

6. Il Consiglio, su proposta della Commissione e considerate le osservazioni che lo Stato membro interessato ritenga di formulare, decide, dopo una valutazione globale, se esiste un disavanzo eccessivo.

7. Se, ai sensi del paragrafo 6, decide che esiste un disavanzo eccessivo, il Consiglio adotta senza indebito ritardo, su raccomandazione della Commissione, le raccomandazioni allo Stato membro in questione al fine di far cessare tale situazione entro un determinato periodo. Fatto salvo il disposto del paragrafo 8, dette raccomandazioni non sono rese pubbliche.

8. Il Consiglio, qualora determini che nel periodo prestabilito non sia stato dato seguito effettivo alle sue raccomandazioni, può rendere pubbliche dette raccomandazioni.

9. Qualora uno Stato membro persista nel disattendere le raccomandazioni del Consiglio, quest'ultimo può decidere di intimare allo Stato membro di prendere, entro un termine stabilito, le misure volte alla riduzione del disavanzo che il Consiglio ritiene necessaria per correggere la situazione.

In tal caso il Consiglio può chiedere allo Stato membro in questione di presentare relazioni secondo un calendario preciso, al fine di esaminare gli sforzi compiuti da detto Stato membro per rimediare alla situazione.

10. I diritti di esperire le azioni di cui agli articoli 258 e 259 non possono essere esercitati nel quadro dei paragrafi da 1 a 9 del presente articolo.

11. Fintantoché uno Stato membro non ottempera ad una decisione presa in conformità del paragrafo 9, il Consiglio può decidere di applicare o, a seconda dei casi, di rafforzare una o più delle seguenti misure:

— chiedere che lo Stato membro interessato pubblichi informazioni supplementari, che saranno specificate dal Consiglio, prima dell'emissione di obbligazioni o altri titoli,
— invitare la Banca europea per gli investimenti a riconsiderare la sua politica di prestiti verso lo Stato membro in questione,
— richiedere che lo Stato membro in questione costituisca un deposito infruttifero di importo adeguato presso l'Unione, fino a quando, a parere del Consiglio, il disavanzo eccessivo non sia stato corretto,
— infliggere ammende di entità adeguata.

Il presidente del Consiglio informa il Parlamento europeo delle decisioni adottate.

12. Il Consiglio abroga alcune o tutte le decisioni o raccomandazioni di cui ai paragrafi da 6 a 9 e 11 nella misura in cui ritiene che il disavanzo eccessivo nello Stato membro in questione sia stato corretto. Se precedentemente aveva reso pubbliche le sue raccomandazioni, il Consiglio dichiara pubblicamente, non appena sia stata abrogata la decisione di cui al paragrafo 8, che non esiste più un disavanzo eccessivo nello Stato membro in questione.

13. Nell'adottare le decisioni o raccomandazioni di cui ai paragrafi 8, 9, 11 e 12, il Consiglio delibera su raccomandazione della Commissione.

Nell'adottare le misure di cui ai paragrafi da 6 a 9, 11 e 12, il Consiglio delibera senza tener conto del voto del membro del Consiglio che rappresenta lo Stato membro in questione.

Per maggioranza qualificata degli altri membri del Consiglio s'intende quella definita conformemente all'articolo 238, paragrafo 3, lettera *a*).

14. Ulteriori disposizioni concernenti l'attuazione della procedura descritta nel presente articolo sono precisate nel protocollo sulla procedura per i disavanzi eccessivi allegato ai trattati.

Il Consiglio, deliberando all'unanimità secondo una procedura legislativa speciale e previa consultazione del Parlamento europeo e della Banca centrale europea, adotta le opportune disposizioni che sostituiscono detto protocollo.

Fatte salve le altre disposizioni del presente paragrafo, il Consiglio, su proposta della Commissione e previa consultazione del Parlamento europeo, precisa le modalità e le definizioni per l'applicazione delle disposizioni di detto protocollo.

CAPO 2
Politica monetaria

127 [*ex* articolo 105 del TCE] 1. L'obiettivo principale del Sistema europeo di banche centrali, in appresso denominato "SEBC", è il mantenimento della stabilità dei prezzi. Fatto salvo l'obiettivo della stabilità dei prezzi, il SEBC sostiene le politiche economiche generali nell'Unione al fine di contribuire alla realizzazione degli obiettivi dell'Unione definiti nell'articolo 3 del trattato sull'Unione europea. Il SEBC agisce in conformità del principio di un'economia di mercato aperta e in libera concorrenza, favorendo una efficace allocazione delle risorse e rispettando i principi di cui all'articolo 119.

2. I compiti fondamentali da assolvere tramite il SEBC sono i seguenti:
— definire e attuare la politica monetaria dell'Unione,
— svolgere le operazioni sui cambi in linea con le disposizioni dell'articolo 219,
— detenere e gestire le riserve ufficiali in valuta estera degli Stati membri,
— promuovere il regolare funzionamento dei sistemi di pagamento.

3. Il paragrafo 2, terzo trattino, non pregiudica la detenzione e la gestione da parte dei governi degli Stati membri di saldi operativi in valuta estera.

4. La Banca centrale europea viene consultata:
— in merito a qualsiasi proposta di atto dell'Unione che rientri nelle sue competenze,
— dalle autorità nazionali, sui progetti di disposizioni legislative che rientrino nelle sue competenze, ma entro i limiti e alle condizioni stabiliti dal Consiglio, secondo la procedura di cui all'articolo 129, paragrafo 4.

La Banca centrale europea può formulare pareri da sottoporre alle istituzioni, agli organi o agli organismi dell'Unione competenti o alle autorità nazionali su questioni che rientrano nelle sue competenze.

5. Il SEBC contribuisce ad una buona conduzione delle politiche perseguite dalle competenti autorità per quanto riguarda la vigilanza prudenziale degli enti creditizi e la stabilità del sistema finanziario.

6. Il Consiglio, deliberando all'unanimità mediante regolamenti secondo una procedura legislativa speciale, previa consultazione del Parlamento europeo e della Banca centrale europea, può affidare alla Banca centrale europea compiti specifici in merito alle politiche che riguardano la vigilanza prudenziale degli enti creditizi e delle altre istituzioni finanziarie, escluse le imprese di assicurazione.

128 [*ex* articolo 106 del TCE] 1. La Banca centrale europea ha il diritto esclusivo di autorizzare l'emissione di banconote in euro all'interno dell'Unione. La Banca centrale europea e le banche centrali nazionali possono emettere banconote. Le banconote emesse dalla Banca centrale europea e dalle banche centrali nazionali costituiscono le uniche banconote aventi corso legale nell'Unione.

2. Gli Stati membri possono coniare monete metalliche in euro con l'approvazione della Banca centrale europea per quanto riguarda il volume del conio. Il Consiglio, su proposta della Commissione e previa consultazione del Parlamento europeo e della Banca centrale europea, può adottare misure per armonizzare le denominazioni e le specificazioni tecniche di tutte le monete metalliche destinate alla circolazione, nella misura necessaria per agevolare la loro circolazione nell'Unione.

129 [*ex* articolo 107 del TCE] 1. Il SEBC è retto dagli organi decisionali della Banca centrale europea che sono il consiglio direttivo e il comitato esecutivo.

2. Lo statuto del Sistema europeo di banche centrali e della Banca centrale europea, in appresso denominato "statuto del SEBC e della BCE", è definito nel protocollo allegato ai trattati.

3. L'articolo 5, paragrafi 1, 2 e 3, gli articoli 17 e 18, l'articolo 19, paragrafo 1, gli articoli 22, 23, 24 e 26, l'articolo 32, paragrafi 2, 3, 4 e 6, l'articolo 33, paragrafo 1, lettera *a*) e l'articolo 36 dello statuto del SEBC e della BCE possono essere emendati dal Parlamento europeo e dal Consiglio, che deliberano secondo la procedura legislativa ordinaria. Essi deliberano o su raccomandazione della Banca centrale europea e previa consultazione della Commissione o su proposta della Commissione e previa consultazione della Banca centrale europea.

4. Il Consiglio, su proposta della Commissione e previa consultazione del Parlamento europeo e della Banca centrale europea o deliberando su una raccomandazione della Banca centrale europea e previa consultazione del Parlamento europeo e della Commissione, adotta le disposizioni di cui agli articoli 4, 5, paragrafo 4, 19, paragrafo 2, 20, 28, paragrafo 1, 29, paragrafo 2, 30, paragrafo 4 e 34, paragrafo 3, dello statuto del SEBC e della BCE.

130 [*ex* articolo 108 del TCE] Nell'esercizio dei poteri e nell'assolvimento dei compiti e dei doveri loro attribuiti dai trattati e dallo statuto del SEBC e della BCE, né la Banca centrale europea né una banca centrale nazionale né un membro dei rispettivi organi decisionali possono sollecitare o accettare istruzioni dalle istituzioni, dagli organi o dagli organismi dell'Unione, dai governi degli Stati membri né da qualsiasi altro organismo. Le istituzioni, gli organi e gli organismi dell'Unione nonché i governi degli Stati membri si impegnano a rispettare questo principio e a non cercare di influenzare i membri degli organi decisionali della Banca centrale europea o delle banche centrali nazionali nell'assolvimento dei loro compiti.

131 [*ex* articolo 109 del TCE] Ciascuno Stato membro assicura che la propria legislazione nazionale, incluso lo statuto della banca centrale nazionale, sarà compatibile con i trattati e con lo statuto del SEBC e della BCE.

132 [*ex* articolo 110 del TCE] 1. Per l'assolvimento dei compiti attribuiti al SEBC, la Banca centrale europea, in conformità delle disposizioni dei trattati e alle condizioni stabilite nello statuto del SEBC e della BCE:

— stabilisce regolamenti nella misura necessaria per assolvere i compiti definiti nell'articolo 3, paragrafo 1, primo trattino, negli articoli 19, paragrafo 1, 22 o 25, paragrafo 2 dello statuto del SEBC e della BCE e nei casi che sono previsti negli atti del Consiglio di cui all'articolo 129, paragrafo 4,

— prende le decisioni necessarie per assolvere compiti attribuiti al SEBC in virtù dei trattati e dello statuto del SEBC e della BCE,

— formula raccomandazioni o pareri.

2. La Banca centrale europea può decidere di pubblicare le sue decisioni, le sue raccomandazioni ed i suoi pareri.

3. Entro i limiti e alle condizioni stabiliti dal Consiglio in conformità della procedura di cui all'articolo 129, paragrafo 4, la Banca centrale europea ha il potere di infliggere alle imprese ammende o penalità di mora in caso di inosservanza degli obblighi imposti dai regolamenti e dalle decisioni da essa adottati.

133 Fatte salve le attribuzioni della Banca centrale europea, il Parlamento europeo e il Consiglio, deliberando secondo la procedura legislativa ordinaria, stabiliscono le misure necessarie per l'utilizzo dell'euro come moneta unica. Tali misure sono adottate previa consultazione della Banca centrale europea.

CAPO 3
Disposizioni istituzionali

134 [*ex* articolo 114 del TCE] 1. Per promuovere il coordinamento delle politiche degli Stati membri in tutta la misura necessaria al funzionamento del mercato interno, è istituito un comitato economico e finanziario.

2. Il comitato economico e finanziario svolge i seguenti compiti:

— formulare pareri, sia a richiesta del Consiglio o della Commissione, sia di propria iniziativa, destinati a tali istituzioni,

— seguire la situazione economica e finanziaria degli Stati membri e dell'Unione e riferire regolarmente in merito al Consiglio e alla Commissione, in particolare sulle relazioni finanziarie con i paesi terzi e le istituzioni internazionali,

— fatto salvo l'articolo 240, contribuire alla preparazione dei lavori del Consiglio di cui agli articoli 66, 75, 121, paragrafi 2, 3, 4 e 6, 122, 124, 125, 126, 127, paragrafo 6, 128, paragrafo 2, 129, paragrafi 3 e 4, 138, 140, paragrafi 2 e 3, 143, 144, paragrafi 2 e 3, e 219, nonché svolgere gli altri compiti consultivi e preparatori ad esso affidati dal Consiglio,

— esaminare, almeno una volta all'anno, la situazione riguardante i movimenti di capitali e la libertà dei pagamenti, quali risultano dall'applicazione dei trattati e dei provvedimenti presi dal Consiglio; l'esame riguarda tutti i provvedimenti riguardanti i movimenti di capitali e i pagamenti; il comitato riferisce alla Commissione e al Consiglio in merito al risultato di tale esame.

Gli Stati membri, la Commissione e la Banca centrale europea nominano ciascuno non più di due membri del comitato.

3. Il Consiglio, su proposta della Commissione e previa consultazione della Banca centrale europea e del comitato di cui al presente articolo, stabilisce disposizioni specifiche relative alla composizione del comitato economico e finanziario. Il presidente del Consiglio informa il Parlamento europeo in merito a tale decisione.

4. Oltre ai compiti di cui al paragrafo 2, se e fintantoché sussistono Stati membri con deroga di cui al-

l'articolo 139, il comitato tiene sotto controllo la situazione monetaria e finanziaria nonché il sistema generale dei pagamenti di tali Stati membri e riferisce periodicamente in merito al Consiglio e alla Commissione.

135 [*ex* articolo 115 del TCE] Per questioni che rientrano nel campo di applicazione degli articoli 121, paragrafo 4, 126, eccettuato il paragrafo 14, 138, 140, paragrafo 1, 140, paragrafo 2, primo comma, 140, paragrafo 3, e 219, il Consiglio o uno Stato membro possono chiedere alla Commissione di fare, secondo i casi, una raccomandazione o una proposta. La Commissione esamina la richiesta e presenta senza indugio le proprie conclusioni al Consiglio.

CAPO 4
Disposizioni specifiche agli Stati membri la cui moneta è l'euro

136 1. Per contribuire al buon funzionamento dell'unione economica e monetaria e in conformità delle pertinenti disposizioni dei trattati, il Consiglio adotta, secondo la procedura pertinente tra quelle di cui agli articoli 121 e 126, con l'eccezione della procedura di cui all'articolo 126, paragrafo 14, misure concernenti gli Stati membri la cui moneta è l'euro, al fine di:

a) rafforzare il coordinamento e la sorveglianza della disciplina di bilancio;

b) elaborare, per quanto li riguarda, gli orientamenti di politica economica vigilando affinché siano compatibili con quelli adottati per l'insieme dell'Unione, e garantirne la sorveglianza.

2. Solo i membri del Consiglio che rappresentano gli Stati membri la cui moneta è l'euro prendono parte al voto sulle misure di cui al paragrafo 1.

Per maggioranza qualificata di detti membri s'intende quella definita conformemente all'articolo 238, paragrafo 3, lettera *a*).

137 Le modalità per le riunioni tra i ministri degli Stati membri la cui moneta è l'euro sono stabilite dal protocollo sull'Eurogruppo.

138 [*ex* articolo 111, paragrafo 4, del TCE] 1. Per garantire la posizione dell'euro nel sistema monetario internazionale, il Consiglio, su proposta della Commissione, adotta una decisione che definisce le posizioni comuni sulle questioni che rivestono un interesse particolare per l'unione economica e monetaria nell'ambito delle competenti istituzioni e conferenze finanziarie internazionali. Il Consiglio delibera previa consultazione della Banca centrale europea.

2. Il Consiglio, su proposta della Commissione, può adottare le misure opportune per garantire una rappresentanza unificata nell'ambito delle istituzioni e conferenze finanziarie internazionali. Il Consiglio delibera previa consultazione della Banca centrale europea.

3. Solo i membri del Consiglio che rappresentano gli Stati membri la cui moneta è l'euro prendono parte al voto sulle misure di cui ai paragrafi 1 e 2.

Per maggioranza qualificata di detti membri s'intende quella definita conformemente all'articolo 238, paragrafo 3, lettera *a*).

CAPO 5
Disposizioni transitorie

139 1. Gli Stati membri riguardo ai quali il Consiglio non ha deciso che soddisfano alle condizioni necessarie per l'adozione dell'euro sono in appresso denominati "Stati membri con deroga".

2. Le disposizioni seguenti dei trattati non si applicano agli Stati membri con deroga:

a) adozione delle parti degli indirizzi di massima per le politiche economiche che riguardano la zona euro in generale (articolo 121, paragrafo 2),

b) mezzi vincolanti per correggere i disavanzi eccessivi (articolo 126, paragrafi 9 e 11),

c) obiettivi e compiti del SEBC (articolo 127, paragrafi 1, 2, 3 e 5),

d) emissione dell'euro (articolo 128),

e) atti della Banca centrale europea (articolo 132),

f) misure relative all'utilizzo dell'euro (articolo 133),

g) accordi monetari e altre misure relative alla politica del cambio (articolo 219),

h) designazione dei membri del comitato esecutivo della Banca centrale europea (articolo 283, paragrafo 2),

i) decisioni che definiscono le posizioni comuni sulle questioni che rivestono un interesse particolare per l'unione economica e monetaria nell'ambito delle competenti istituzioni e conferenze finanziarie internazionali (articolo 138, paragrafo 1),

j) misure per garantire una rappresentanza unificata nell'ambito delle istituzioni e conferenze finanziarie internazionali (articolo 138, paragrafo 2).

Pertanto, negli articoli di cui alle lettere da *a*) a *j*), per "Stati membri" si intendono gli Stati membri la cui moneta è l'euro.

3. Gli Stati membri con deroga e le loro banche centrali nazionali sono esclusi dai diritti e dagli obblighi previsti nel quadro del SEBC conformemente al capo IX dello statuto del SEBC e della BCE.

4. I diritti di voto dei membri del Consiglio che rappresentano gli Stati membri con deroga sono sospesi al momento dell'adozione da parte del Consiglio delle misure di cui agli articoli elencati al paragrafo 2, come pure nei casi seguenti:

a) raccomandazioni rivolte agli Stati membri la cui moneta è l'euro nel quadro della sorveglianza multilaterale, per quanto riguarda anche i programmi di stabilità e gli avvertimenti (articolo 121, paragrafo 4);

b) misure relative ai disavanzi eccessivi riguardanti gli Stati membri la cui moneta è l'euro (articolo 126, paragrafi 6, 7, 8, 12 e 13).

Per maggioranza qualificata degli altri membri del Consiglio s'intende quella definita conformemente all'articolo 238, paragrafo 3, lettera *a*).

140 [*ex* articoli 121, paragrafo 1, 122, paragrafo 2, seconda frase, e 123, paragrafo 5, del TCE] 1. Almeno una volta ogni due anni o a richiesta di uno Stato membro con deroga, la Commissione e la Banca centrale europea riferiscono al Consiglio sui progressi compiuti dagli Stati membri con deroga nell'adempimento degli obblighi relativi alla realizzazione dell'Unione economica e monetaria. Dette relazioni comprendono un esame della compatibilità tra la legislazione nazionale di ciascuno di tali Stati membri, incluso lo statuto della sua banca centrale, da un lato, e gli articoli 130 e 131 nonché lo statuto del SEBC e della BCE, dall'altro. Le relazioni devono anche esaminare la realizzazione di un alto grado di sostenibile convergenza con riferimento al rispetto dei seguenti criteri da parte di ciascuno Stato membro:

— il raggiungimento di un alto grado di stabilità dei prezzi; questo risulterà da un tasso d'inflazione prossimo a quello dei tre Stati membri, al massimo, che hanno conseguito i migliori risultati in termini di stabilità dei prezzi,

— la sostenibilità della situazione della finanza pubblica; questa risulterà dal conseguimento di una situazione di bilancio pubblico non caratterizzata da un disavanzo eccessivo secondo la definizione di cui all'articolo 126, paragrafo 6,

— il rispetto dei margini normali di fluttuazione previsti dal meccanismo di cambio del Sistema monetario europeo per almeno due anni, senza svalutazioni nei confronti dell'euro,

— i livelli dei tassi di interesse a lungo termine che riflettano la stabilità della convergenza raggiunta dallo Stato membro con deroga e della sua partecipazione al meccanismo di cambio.

I quattro criteri esposti nel presente paragrafo e i periodi pertinenti durante i quali devono essere rispettati sono definiti ulteriormente in un protocollo allegato ai trattati. Le relazioni della Commissione e della Banca centrale europea tengono inoltre conto dei risultati dell'integrazione dei mercati, della situazione e dell'evoluzione delle partite correnti delle bilance dei pagamenti, di un esame dell'evoluzione dei costi unitari del lavoro e di altri indici di prezzo.

2. Previa consultazione del Parlamento europeo e dopo dibattito in seno al Consiglio europeo, il Consiglio, su proposta della Commissione, decide quali Stati membri con deroga soddisfano alle condizioni necessarie sulla base dei criteri di cui di cui al paragrafo 1, e abolisce le deroghe degli Stati membri in questione.

Il Consiglio delibera sulla base di una raccomandazione presentata dalla maggioranza qualificata dei membri che, in seno al Consiglio, rappresentano gli Stati membri la cui moneta è l'euro. Questi membri deliberano entro sei mesi dal ricevimento della proposta della Commissione da parte del Consiglio.

Per maggioranza qualificata di detti membri, prevista al secondo comma, s'intende quella definita conformemente all'articolo 238, paragrafo 3, lettera *a*).

3. Se si decide, conformemente alla procedura di cui al paragrafo 2, di abolire una deroga, il Consiglio, deliberando all'unanimità degli Stati membri la cui moneta è l'euro e dello Stato membro in questione, su proposta della Commissione e previa consultazione della Banca centrale europea, fissa irrevocabilmente il tasso al quale l'euro subentra alla moneta dello Stato membro in questione e prende le altre misure necessarie per l'introduzione dell'euro come moneta unica nello Stato membro interessato.

141 [*ex* articoli 123, paragrafo 3, e 117, paragrafo 2, primi cinque trattini, del TCE] 1. Se e fintantoché vi sono Stati membri con deroga e fatto salvo l'articolo 129, paragrafo 1, il consiglio generale della Banca centrale europea di cui all'articolo 44 dello statuto del SEBC e della BCE sarà costituito in quanto terzo organo decisionale della Banca centrale europea.

2. Se e fintantoché vi sono Stati membri con deroga, la Banca centrale europea, per quanto concerne detti Stati membri:

— rafforza la cooperazione tra le banche centrali nazionali degli Stati membri,

— rafforza il coordinamento delle politiche monetarie degli Stati membri allo scopo di garantire la stabilità dei prezzi,

— sorveglia il funzionamento del meccanismo di cambio,

— procede a consultazioni su questioni che rientrano nelle competenze delle banche centrali nazionali e riguardano la stabilità degli istituti e dei mercati finanziari,

— esercita i compiti svolti un tempo dal Fondo europeo di cooperazione monetaria, precedentemente assunti dall'Istituto monetario europeo.

142 [*ex* articolo 124, paragrafo 1, del TCE] Ogni Stato membro con deroga considera la propria politica del cambio come un problema di interesse comune. A tal fine gli Stati membri tengono conto delle esperienze acquisite grazie alla cooperazione nell'ambito del meccanismo di cambio.

143 [*ex* articolo 119 del TCE] 1. In caso di difficoltà o di grave minaccia di difficoltà nella bilancia dei pagamenti di uno Stato membro con deroga, provocate sia da uno squilibrio globale della sua bilancia dei pagamenti, sia dal tipo di valuta di cui esso dispone, e capaci in particolare di compromettere il funzionamento del mercato interno o l'attuazione della politica commerciale comune, la Commissione procede senza indugio a un esame della situazione dello Stato in questione e dell'azione che questo ha intrapreso o può intraprendere conformemente alle disposizioni dei trattati, facendo appello a tutti i mezzi di cui esso dispone. La Commissione indica le misure di cui raccomanda l'adozione da parte dello Stato interessato.

Se l'azione intrapresa da uno Stato membro con deroga e le misure consigliate dalla Commissione non appaiono sufficienti ad appianare le difficoltà o minacce di difficoltà incontrate, la Commissione raccomanda al Consiglio, previa consultazione del comitato economico e finanziario, il concorso reciproco e i metodi del caso.

La Commissione tiene informato regolarmente il Consiglio della situazione e della sua evoluzione.

2. Il Consiglio accorda il concorso reciproco; stabilisce le direttive o decisioni fissandone le condizioni e

modalità. Il concorso reciproco può assumere in particolare la forma di:

a) un'azione concordata presso altre organizzazioni internazionali, alle quali gli Stati membri con deroga possono ricorrere;

b) misure necessarie ad evitare deviazioni di traffico quando lo Stato membro con deroga che si trova in difficoltà mantenga o ristabilisca restrizioni quantitative nei confronti dei paesi terzi;

c) concessione di crediti limitati da parte di altri Stati membri, con riserva del consenso di questi.

3. Quando il concorso reciproco raccomandato dalla Commissione non sia stato accordato dal Consiglio ovvero il concorso reciproco accordato e le misure adottate risultino insufficienti, la Commissione autorizza lo Stato membro con deroga che si trova in difficoltà ad adottare delle misure di salvaguardia di cui essa definisce le condizioni e le modalità.

Tale autorizzazione può essere revocata e le condizioni e modalità modificate dal Consiglio.

144 [*ex* articolo 120 del TCE] 1. In caso di improvvisa crisi nella bilancia dei pagamenti e qualora non intervenga immediatamente una decisione ai sensi dell'articolo 143, paragrafo 2, uno Stato membro con deroga può adottare, a titolo conservativo, le misure di salvaguardia necessarie. Tali misure devono provocare il minor turbamento possibile nel funzionamento del mercato interno e non andare oltre la portata strettamente indispensabile a ovviare alle difficoltà improvvise manifestatesi.

2. La Commissione e gli Stati membri devono essere informati in merito a tali misure di salvaguardia al più tardi al momento della loro entrata in vigore. La Commissione può proporre al Consiglio il concorso reciproco ai termini dell'articolo 143.

3. Su raccomandazione della Commissione e previa consultazione del comitato economico e finanziario, il Consiglio può decidere che lo Stato membro interessato debba modificare, sospendere o abolire le suddette misure di salvaguardia.

(*Omissis*).

TITOLO IX
Occupazione

145 [*ex* articolo 125 del TCE] Gli Stati membri e l'Unione, in base al presente titolo, si adoperano per sviluppare una strategia coordinata a favore dell'occupazione, e in particolare a favore della promozione di una forza lavoro competente, qualificata, adattabile e di mercati del lavoro in grado di rispondere ai mutamenti economici, al fine di realizzare gli obiettivi di cui all'articolo 3 del trattato sull'Unione europea.

146 [*ex* articolo 126 del TCE] 1. Gli Stati membri, attraverso le loro politiche in materia di occupazione, contribuiscono al raggiungimento degli obiettivi di cui all'articolo 145 in modo coerente con gli indirizzi di massima per le politiche economiche degli Stati membri e dell'Unione adottati a norma dell'articolo 121, paragrafo 2.

2. Gli Stati membri, tenuto conto delle prassi nazionali in materia di responsabilità delle parti sociali, considerano la promozione dell'occupazione una questione di interesse comune e coordinano in sede di Consiglio le loro azioni al riguardo, in base alle disposizioni dell'articolo 148.

147 [*ex* articolo 127 del TCE] 1. L'Unione contribuisce ad un elevato livello di occupazione promuovendo la cooperazione tra gli Stati membri nonché sostenendone e, se necessario, integrandone l'azione. Sono in questo contesto rispettate le competenze degli Stati membri.

2. Nella definizione e nell'attuazione delle politiche e delle attività dell'Unione si tiene conto dell'obiettivo di un livello di occupazione elevato.

148 [*ex* articolo 128 del TCE] 1. In base a una relazione annuale comune del Consiglio e della Commissione, il Consiglio europeo esamina annualmente la situazione dell'occupazione nell'Unione e adotta le conclusioni del caso.

2. Sulla base delle conclusioni del Consiglio europeo, il Consiglio, su proposta della Commissione, previa consultazione del Parlamento europeo, del Comitato economico e sociale, del Comitato delle regioni e del comitato per l'occupazione di cui all'articolo 150, elabora annualmente degli orientamenti di cui devono tener conto gli Stati membri nelle rispettive politiche in materia di occupazione. Tali orientamenti sono coerenti con gli indirizzi di massima adottati a norma dell'articolo 121, paragrafo 2.

3. Ciascuno Stato membro trasmette al Consiglio e alla Commissione una relazione annuale sulle principali misure adottate per l'attuazione della propria politica in materia di occupazione, alla luce degli orientamenti in materia di occupazione di cui al paragrafo 2.

4. Il Consiglio, sulla base delle relazioni di cui al paragrafo 3 e dei pareri del comitato per l'occupazione, procede annualmente ad un esame dell'attuazione delle politiche degli Stati membri in materia di occupazione alla luce degli orientamenti in materia di occupazione. Il Consiglio, su raccomandazione della Commissione, può, se lo considera opportuno sulla base di detto esame, rivolgere raccomandazioni agli Stati membri.

5. Sulla base dei risultati di detto esame, il Consiglio e la Commissione trasmettono al Consiglio europeo una relazione annuale comune in merito alla situazione dell'occupazione nell'Unione e all'attuazione degli orientamenti in materia di occupazione.

149 [*ex* articolo 129 del TCE] Il Parlamento europeo e il Consiglio, deliberando secondo la procedura legislativa ordinaria e previa consultazione del Comitato economico e sociale e del Comitato delle regioni, possono adottare misure di incentivazione dirette a promuovere la cooperazione tra Stati membri e a sostenere i loro interventi nel settore dell'occupazione, mediante iniziative volte a sviluppare gli scambi di informazioni e delle migliori prassi, a fornire analisi comparative e indicazioni, nonché a promuovere approcci innovativi e a valutare le esperienze realizzate, in particolare mediante il ricorso a progetti pilota.

Tali misure non comportano l'armonizzazione delle disposizioni legislative e regolamentari degli Stati membri.

150 [*ex* articolo 130 del TCE] Il Consiglio, deliberando a maggioranza semplice, previa consultazione del Parlamento europeo, istituisce un comitato per l'occupazione a carattere consultivo, al fine di promuovere il coordinamento tra gli Stati membri per quanto riguarda le politiche in materia di occupazione e di mercato del lavoro. Il comitato è incaricato di:

— seguire la situazione dell'occupazione e le politiche in materia di occupazione negli Stati membri e nell'Unione,

— fatto salvo l'articolo 240, formulare pareri su richiesta del Consiglio o della Commissione o di propria iniziativa, e contribuire alla preparazione dei lavori del Consiglio di cui all'articolo 148.

Nell'esercizio delle sue funzioni, il comitato consulta le parti sociali.

Ogni Stato membro e la Commissione nominano due membri del comitato.

TITOLO X
Politica sociale

151 [*ex* articolo 136 del TCE] L'Unione e gli Stati membri, tenuti presenti i diritti sociali fondamentali, quali quelli definiti nella Carta sociale europea firmata a Torino il 18 ottobre 1961 e nella Carta comunitaria dei diritti sociali fondamentali dei lavoratori del 1989, hanno come obiettivi la promozione dell'occupazione, il miglioramento delle condizioni di vita e di lavoro, che consenta la loro parificazione nel progresso, una protezione sociale adeguata, il dialogo sociale, lo sviluppo delle risorse umane atto a consentire un livello occupazionale elevato e duraturo e la lotta contro l'emarginazione.

A tal fine, l'Unione e gli Stati membri mettono in atto misure che tengono conto della diversità delle prassi nazionali, in particolare nelle relazioni contrattuali, e della necessità di mantenere la competitività dell'economia dell'Unione.

Essi ritengono che una tale evoluzione risulterà sia dal funzionamento del mercato interno, che favorirà l'armonizzarsi dei sistemi sociali, sia dalle procedure previste dai trattati e dal ravvicinamento delle disposizioni legislative, regolamentari e amministrative.

152 'Unione riconosce e promuove il ruolo delle parti sociali al suo livello, tenendo conto della diversità dei sistemi nazionali. Essa facilita il dialogo tra tali parti, nel rispetto della loro autonomia.

Il vertice sociale trilaterale per la crescita e l'occupazione contribuisce al dialogo sociale.

153 [*ex* articolo 137 del TCE] 1. Per conseguire gli obiettivi previsti all'articolo 151, l'Unione sostiene e completa l'azione degli Stati membri nei seguenti settori:

a) miglioramento, in particolare, dell'ambiente di lavoro, per proteggere la sicurezza e la salute dei lavoratori;

b) condizioni di lavoro;

c) sicurezza sociale e protezione sociale dei lavoratori;

d) protezione dei lavoratori in caso di risoluzione del contratto di lavoro;

e) informazione e consultazione dei lavoratori;

f) rappresentanza e difesa collettiva degli interessi dei lavoratori e dei datori di lavoro, compresa la cogestione, fatto salvo il paragrafo 5;

g) condizioni di impiego dei cittadini dei paesi terzi che soggiornano legalmente nel territorio dell'Unione;

h) integrazione delle persone escluse dal mercato del lavoro, fatto salvo l'articolo 166;

i) parità tra uomini e donne per quanto riguarda le opportunità sul mercato del lavoro ed il trattamento sul lavoro;

j) lotta contro l'esclusione sociale;

k) modernizzazione dei regimi di protezione sociale, fatto salvo il disposto della lettera *c*).

2. A tal fine il Parlamento europeo e il Consiglio:

a) possono adottare misure destinate a incoraggiare la cooperazione tra Stati membri attraverso iniziative volte a migliorare la conoscenza, a sviluppare gli scambi di informazioni e di migliori prassi, a promuovere approcci innovativi e a valutare le esperienze fatte, ad esclusione di qualsiasi armonizzazione delle disposizioni legislative e regolamentari degli Stati membri;

b) possono adottare nei settori di cui al paragrafo 1, lettere da *a*) a *i*), mediante direttive, le prescrizioni minime applicabili progressivamente, tenendo conto delle condizioni e delle normative tecniche esistenti in ciascuno Stato membro. Tali direttive evitano di imporre vincoli amministrativi, finanziari e giuridici di natura tale da ostacolare la creazione e lo sviluppo di piccole e medie imprese.

Il Parlamento europeo e il Consiglio deliberano secondo la procedura legislativa ordinaria previa consultazione del Comitato economico e sociale e del Comitato delle regioni.

Nei settori di cui al paragrafo 1, lettere *c*), *d*), *f*) e *g*), il Consiglio delibera secondo una procedura legislativa speciale, all'unanimità, previa consultazione del Parlamento europeo e di detti Comitati.

Il Consiglio, deliberando all'unanimità, su proposta della Commissione e previa consultazione del Parlamento europeo, può decidere di rendere applicabile al paragrafo 1, lettere *d*), *f*) e *g*) la procedura legislativa ordinaria.

3. Uno Stato membro può affidare alle parti sociali, a loro richiesta congiunta, il compito di mettere in atto le direttive prese a norma del paragrafo 2 o, se del caso, una decisione del Consiglio adottata conformemente all'articolo 155.

In tal caso esso si assicura che, al più tardi alla data in cui una direttiva o una decisione devono essere attuate, le parti sociali abbiano stabilito mediante accordo le necessarie disposizioni, fermo restando che lo Stato membro interessato deve adottare le misure necessarie che gli permettano di garantire in qualsiasi momento i risultati imposti da detta direttiva o detta decisione.

4. Le disposizioni adottate a norma del presente articolo:

— non compromettono la facoltà riconosciuta agli Stati membri di definire i principi fondamentali del loro sistema di sicurezza sociale e non devono incidere sensibilmente sull'equilibrio finanziario dello stesso,

— non ostano a che uno Stato membro mantenga o stabilisca misure, compatibili con i trattati, che prevedano una maggiore protezione.

5. Le disposizioni del presente articolo non si applicano alle retribuzioni, al diritto di associazione, al diritto di sciopero né al diritto di serrata.

154 [*ex* articolo 138 del TCE] 1. La Commissione ha il compito di promuovere la consultazione delle parti sociali a livello dell'Unione e prende ogni misura utile per facilitarne il dialogo provvedendo ad un sostegno equilibrato delle parti.

2. A tal fine la Commissione, prima di presentare proposte nel settore della politica sociale, consulta le parti sociali sul possibile orientamento di un'azione dell'Unione.

3. Se, dopo tale consultazione, ritiene opportuna un'azione dell'Unione, la Commissione consulta le parti sociali sul contenuto della proposta prevista. Le parti sociali trasmettono alla Commissione un parere o, se opportuno, una raccomandazione.

4. In occasione delle consultazioni di cui ai paragrafi 2 e 3 le parti sociali possono informare la Commissione della loro volontà di avviare il processo previsto dall'articolo 155. La durata di tale processo non supera nove mesi, salvo proroga decisa in comune dalle parti sociali interessate e dalla Commissione.

155 [*ex* articolo 139 del TCE] 1. Il dialogo fra le parti sociali a livello dell'Unione può condurre, se queste lo desiderano, a relazioni contrattuali, ivi compresi accordi.

2. Gli accordi conclusi a livello dell'Unione sono attuati secondo le procedure e le prassi proprie delle parti sociali e degli Stati membri o, nell'ambito dei settori contemplati dall'articolo 153, e a richiesta congiunta delle parti firmatarie, in base ad una decisione del Consiglio su proposta della Commissione. Il Parlamento europeo è informato.

Il Consiglio delibera all'unanimità allorché l'accordo in questione contiene una o più disposizioni relative ad uno dei settori per i quali è richiesta l'unanimità a norma dell'articolo 153, paragrafo 2.

156 [*ex* articolo 140 del TCE] Per conseguire gli obiettivi dell'articolo 151 e fatte salve le altre disposizioni dei trattati, la Commissione incoraggia la cooperazione tra gli Stati membri e facilita il coordinamento della loro azione in tutti i settori della politica sociale contemplati dal presente capo, in particolare per le materie riguardanti:

— l'occupazione,

— il diritto del lavoro e le condizioni di lavoro,

— la formazione e il perfezionamento professionale,

— la sicurezza sociale,

— la protezione contro gli infortuni e le malattie professionali,

— l'igiene del lavoro;

— il diritto di associazione e la contrattazione collettiva tra datori di lavoro e lavoratori.

A tal fine la Commissione opera a stretto contatto con gli Stati membri mediante studi e pareri e organizzando consultazioni, sia per i problemi che si presentano sul piano nazionale, che per quelli che interessano le organizzazioni internazionali, in particolare mediante iniziative finalizzate alla definizione di orientamenti e indicatori, all'organizzazione di scambi di migliori pratiche e alla preparazione di elementi necessari per il controllo e la valutazione periodici. Il Parlamento europeo è pienamente informato.

Prima di formulare i pareri previsti dal presente articolo, la Commissione consulta il Comitato economico e sociale.

157 [*ex* articolo 141 del TCE] 1. Ciascuno Stato membro assicura l'applicazione del principio della parità di retribuzione tra lavoratori di sesso maschile e quelli di sesso femminile per uno stesso lavoro o per un lavoro di pari valore.

2. Per retribuzione si intende, a norma del presente articolo, il salario o trattamento normale di base o minimo e tutti gli altri vantaggi pagati direttamente o indirettamente, in contanti o in natura, dal datore di lavoro al lavoratore in ragione dell'impiego di quest'ultimo.

La parità di retribuzione, senza discriminazione fondata sul sesso, implica:

a) che la retribuzione corrisposta per uno stesso lavoro pagato a cottimo sia fissata in base a una stessa unità di misura;

b) che la retribuzione corrisposta per un lavoro pagato a tempo sia uguale per uno stesso posto di lavoro.

3. Il Parlamento europeo e il Consiglio, deliberando secondo la procedura legislativa ordinaria e previa consultazione del Comitato economico e sociale, adottano misure che assicurino l'applicazione del principio delle pari opportunità e della parità di trattamento tra uomini e donne in materia di occupazione e impiego, ivi compreso il principio della parità delle retribuzioni per uno stesso lavoro o per un lavoro di pari valore.

4. Allo scopo di assicurare l'effettiva e completa parità tra uomini e donne nella vita lavorativa, il principio della parità di trattamento non osta a che uno Stato membro mantenga o adotti misure che prevedano vantaggi specifici diretti a facilitare l'esercizio di un'attività professionale da parte del sesso sottorappresentato ovvero a evitare o compensare svantaggi nelle carriere professionali.

158 [*ex* articolo 142 del TCE] Gli Stati membri si adoperano a mantenere l'equivalenza esistente nei regimi di congedo retribuito.

159 [*ex* articolo 143 del TCE] La Commissione elabora una relazione annuale sugli sviluppi nella realizzazione degli obiettivi dell'articolo 151, compresa la situazione demografica nell'Unione. Essa trasmette la relazione al Parlamento europeo, al Consiglio e al Comitato economico e sociale.

160 [*ex* articolo 144 del TCE] Il Consiglio, deliberando a maggioranza semplice, previa consultazione del Parlamento europeo, istituisce un comitato per la protezione sociale a carattere consultivo, al fine di promuovere la cooperazione in materia di protezione sociale tra gli Stati membri e con la Commissione. Il comitato è incaricato:

— di seguire la situazione sociale e lo sviluppo delle politiche di protezione sociale negli Stati membri e nell'Unione,

— di agevolare gli scambi di informazioni, esperienze e buone prassi tra gli Stati membri e con la Commissione,

— fatto salvo l'articolo 240, di elaborare relazioni, formulare pareri o intraprendere altre attività nei settori di sua competenza, su richiesta del Consiglio o della Commissione o di propria iniziativa.

Nell'esercizio delle sue funzioni, il comitato stabilisce contatti appropriati con le parti sociali.

Ogni Stato membro e la Commissione nominano due membri del comitato.

161 [*ex* articolo 145 del TCE] La Commissione dedica, nella sua relazione annuale al Parlamento europeo, un capitolo speciale all'evoluzione della situazione sociale nell'Unione.

Il Parlamento europeo può invitare la Commissione a elaborare delle relazioni su problemi particolari concernenti la situazione sociale.

TITOLO XI
Il fondo sociale europeo

162 [*ex* articolo 146 del TCE] Per migliorare le possibilità di occupazione dei lavoratori nell'ambito del mercato interno e contribuire così al miglioramento del tenore di vita, è istituito, nel quadro delle disposizioni seguenti, un Fondo sociale europeo che ha l'obiettivo di promuovere all'interno dell'Unione le possibilità di occupazione e la mobilità geografica e professionale dei lavoratori, nonché di facilitare l'adeguamento alle trasformazioni industriali e ai cambiamenti dei sistemi di produzione, in particolare attraverso la formazione e la riconversione professionale.

163 [*ex* articolo 147 del TCE] L'amministrazione del Fondo spetta alla Commissione.

In tale compito la Commissione è assistita da un comitato, presieduto da un membro della Commissione e composto di rappresentanti dei governi e delle organizzazioni sindacali dei lavoratori e dei datori di lavoro.

164 [*ex* articolo 148 del TCE] Il Parlamento europeo e il Consiglio, deliberando secondo la procedura legislativa ordinaria e previa consultazione del Comitato economico e sociale e del Comitato delle regioni, adottano i regolamenti di applicazione relativi al Fondo sociale europeo.

TITOLO XII
Istruzione, formazione professionale, gioventù e sport

165 [*ex* articolo 149 del TCE] 1. L'Unione contribuisce allo sviluppo di un'istruzione di qualità incentivando la cooperazione tra Stati membri e, se necessario, sostenendo ed integrando la loro azione nel pieno rispetto della responsabilità degli Stati membri per quanto riguarda il contenuto dell'insegnamento e l'organizzazione del sistema di istruzione, nonché delle loro diversità culturali e linguistiche.

L'Unione contribuisce alla promozione dei profili europei dello sport, tenendo conto delle sue specificità, delle sue strutture fondate sul volontariato e della sua funzione sociale ed educativa.

2. L'azione dell'Unione è intesa:

— a sviluppare la dimensione europea dell'istruzione, segnatamente con l'apprendimento e la diffusione delle lingue degli Stati membri;

— a favorire la mobilità degli studenti e degli insegnanti, promuovendo tra l'altro il riconoscimento accademico dei diplomi e dei periodi di studio;

— a promuovere la cooperazione tra gli istituti di insegnamento;

— a sviluppare lo scambio di informazioni e di esperienze sui problemi comuni dei sistemi di istruzione degli Stati membri;

— a favorire lo sviluppo degli scambi di giovani e di animatori di attività socioeducative e a incoraggiare la partecipazione dei giovani alla vita democratica dell'Europa;

— a incoraggiare lo sviluppo dell'istruzione a distanza;

— a sviluppare la dimensione europea dello sport, promuovendo l'equità e l'apertura nelle competizioni sportive e la cooperazione tra gli organismi responsabili dello sport e proteggendo l'integrità fisica e morale degli sportivi, in particolare dei più giovani tra di essi.

3. L'Unione e gli Stati membri favoriscono la cooperazione con i paesi terzi e le organizzazioni internazionali competenti in materia di istruzione e di sport, in particolare con il Consiglio d'Europa.

4. Per contribuire alla realizzazione degli obiettivi previsti dal presente articolo:

— il Parlamento europeo e il Consiglio, deliberando in conformità della procedura legislativa ordinaria e previa consultazione del Comitato economico e sociale e del Comitato delle regioni, adottano azioni di incentivazione, ad esclusione di qualsiasi armonizzazione delle disposizioni legislative e regolamentari degli Stati membri,

— il Consiglio, su proposta della Commissione, adotta raccomandazioni.

166 [*ex* articolo 150 del TCE] 1. L'Unione attua una politica di formazione professionale che rafforza ed integra le azioni degli Stati membri, nel pieno rispetto della responsabilità di questi ultimi per quanto riguarda il contenuto e l'organizzazione della formazione professionale.

2. L'azione dell'Unione è intesa:

— a facilitare l'adeguamento alle trasformazioni industriali, in particolare attraverso la formazione e la riconversione professionale,

— a migliorare la formazione professionale iniziale e la formazione permanente, per agevolare l'inserimento e il reinserimento professionale sul mercato del lavoro,

— a facilitare l'accesso alla formazione professionale ed a favorire la mobilità degli istruttori e delle persone in formazione, in particolare dei giovani,

— a stimolare la cooperazione in materia di formazione tra istituti di insegnamento o di formazione professionale e imprese,

— a sviluppare lo scambio di informazioni e di esperienze sui problemi comuni dei sistemi di formazione degli Stati membri.

3. L'Unione e gli Stati membri favoriscono la cooperazione con i paesi terzi e le organizzazioni internazionali competenti in materia di formazione professionale.

4. Il Parlamento europeo e il Consiglio, deliberando secondo la procedura legislativa ordinaria e previa consultazione del Comitato economico e sociale e del Comitato delle Regioni, adottano le misure atte a contribuire alla realizzazione degli obiettivi di cui al presente articolo, ad esclusione di qualsiasi armonizzazione delle disposizioni legislative e regolamentari degli Stati membri e il Consiglio, su proposta della Commissione, adotta raccomandazioni.

TITOLO XIII
Cultura

167 [*ex* articolo 151 del TCE] 1. L'Unione contribuisce al pieno sviluppo delle culture degli Stati membri nel rispetto delle loro diversità nazionali e regionali, evidenziando nel contempo il retaggio culturale comune.

2. L'azione dell'Unione è intesa ad incoraggiare la cooperazione tra Stati membri e, se necessario, ad appoggiare e ad integrare l'azione di questi ultimi nei seguenti settori:

— miglioramento della conoscenza e della diffusione della cultura e della storia dei popoli europei,

— conservazione e salvaguardia del patrimonio culturale di importanza europea,

— scambi culturali non commerciali,

— creazione artistica e letteraria, compreso il settore audiovisivo.

3. L'Unione e gli Stati membri favoriscono la cooperazione con i paesi terzi e le organizzazioni internazionali competenti in materia di cultura, in particolare con il Consiglio d'Europa.

4. L'Unione tiene conto degli aspetti culturali nell'azione che svolge a norma di altre disposizioni dei trattati, in particolare ai fini di rispettare e promuovere la diversità delle sue culture.

5. Per contribuire alla realizzazione degli obiettivi previsti dal presente articolo:

— il Parlamento europeo e il Consiglio, deliberando secondo la procedura legislativa ordinaria e previa consultazione del Comitato delle regioni, adottano azioni di incentivazione, ad esclusione di qualsiasi armonizzazione delle disposizioni legislative e regolamentari degli Stati membri;

— il Consiglio, su proposta della Commissione, adotta raccomandazioni.

TITOLO XIV
Sanità pubblica

168 [*ex* articolo 152 del TCE] 1. Nella definizione e nell'attuazione di tutte le politiche ed attività dell'Unione è garantito un livello elevato di protezione della salute umana.

L'azione dell'Unione, che completa le politiche nazionali, si indirizza al miglioramento della sanità pubblica, alla prevenzione delle malattie e affezioni e all'eliminazione delle fonti di pericolo per la salute fisica e mentale. Tale azione comprende la lotta contro i grandi flagelli, favorendo la ricerca sulle loro cause, la loro propagazione e la loro prevenzione, nonché l'informazione e l'educazione in materia sanitaria, nonché la sorveglianza, l'allarme e la lotta contro gravi minacce per la salute a carattere transfrontaliero.

L'Unione completa l'azione degli Stati membri volta a ridurre gli effetti nocivi per la salute umana derivanti dall'uso di stupefacenti, comprese l'informazione e la prevenzione.

2. L'Unione incoraggia la cooperazione tra gli Stati membri nei settori di cui al presente articolo e, ove necessario, appoggia la loro azione. In particolare incoraggia la cooperazione tra gli Stati membri per migliorare la complementarietà dei loro servizi sanitari nelle regioni di frontiera.

Gli Stati membri coordinano tra loro, in collegamento con la Commissione, le rispettive politiche ed i rispettivi programmi nei settori di cui al paragrafo 1.

La Commissione può prendere, in stretto contatto con gli Stati membri, ogni iniziativa utile a promuovere detto coordinamento, in particolare iniziative finalizzate alla definizione di orientamenti e indicatori, all'organizzazione di scambi delle migliori pratiche e alla preparazione di elementi necessari per il controllo e la valutazione periodici. Il Parlamento europeo è pienamente informato.

3. L'Unione e gli Stati membri favoriscono la cooperazione con i paesi terzi e con le organizzazioni internazionali competenti in materia di sanità pubblica.

4. In deroga all'articolo 2, paragrafo 5, e all'articolo 6, lettera *a*), e in conformità dell'articolo 4, paragrafo 2, lettera *k*), il Parlamento europeo e il Consiglio, deliberando secondo la procedura legislativa ordinaria e previa consultazione del Comitato economico e sociale e del Comitato delle regioni, contribuiscono alla realizzazione degli obiettivi previsti dal presente articolo, adottando, per affrontare i problemi comuni di sicurezza:

a) misure che fissino parametri elevati di qualità e sicurezza degli organi e sostanze di origine umana, del sangue e degli emoderivati; tali misure non ostano a che gli Stati membri mantengano o introducano misure protettive più rigorose;

b) misure nei settori veterinario e fitosanitario il cui obiettivo primario sia la protezione della sanità pubblica;

c) misure che fissino parametri elevati di qualità e sicurezza dei medicinali e dei dispositivi di impiego medico.

5. Il Parlamento europeo e il Consiglio, deliberando secondo la procedura legislativa ordinaria e previa consultazione del Comitato economico e sociale e del Comitato delle regioni, possono anche adottare misure di incentivazione per proteggere e migliorare la salute umana, in particolare per lottare contro i grandi flagelli che si propagano oltre frontiera, misure concernenti la sorveglianza, l'allarme e la lotta contro gravi minacce per la salute a carattere transfrontaliero, e misure il cui obiettivo diretto sia la protezione della sanità pubblica in relazione al tabacco e all'abuso di alcol, ad esclusione di qualsiasi armonizzazione delle disposizioni legislative e regolamentari degli Stati membri.

6. Il Consiglio, su proposta della Commissione, può altresì adottare raccomandazioni per i fini stabiliti dal presente articolo.

7. L'azione dell'Unione rispetta le responsabilità degli Stati membri per la definizione della loro politica sanitaria e per l'organizzazione e la fornitura di servizi sanitari e di assistenza medica. Le responsabilità degli Stati membri includono la gestione dei servizi sanitari e dell'assistenza medica e l'assegnazione delle risorse loro destinate. Le misure di cui al paragrafo 4, lettera *a*) non pregiudicano le disposizioni nazionali sulla donazione e l'impiego medico di organi e sangue.

TITOLO XV
Protezione dei consumatori

169 [*ex* articolo 153 del TCE] 1. Al fine di promuovere gli interessi dei consumatori ed assicurare un livello elevato di protezione dei consumatori, l'Unione contribuisce a tutelare la salute, la sicurezza e gli interessi economici dei consumatori nonché a promuovere il loro diritto all'informazione, all'educazione e all'organizzazione per la salvaguardia dei propri interessi.

2. L'Unione contribuisce al conseguimento degli obiettivi di cui al paragrafo 1 mediante:

a) misure adottate a norma dell'articolo 114 nel quadro della realizzazione del mercato interno;

b) misure di sostegno, di integrazione e di controllo della politica svolta dagli Stati membri.

3. Il Parlamento europeo e il Consiglio, deliberando secondo la procedura legislativa ordinaria e previa consultazione del Comitato economico e sociale, adottano le misure di cui al paragrafo 2, lettera *b*).

4. Le misure adottate a norma del paragrafo 3 non impediscono ai singoli Stati membri di mantenere o di introdurre misure di protezione più rigorose. Tali misure devono essere compatibili con i trattati. Esse sono notificate alla Commissione.

TITOLO XVI
Reti transeuropee

170 [*ex* articolo 154 del TCE] 1. Per contribuire al raggiungimento degli obiettivi di cui agli articoli 26 e 174 e per consentire ai cittadini dell'Unione, agli operatori economici e alle collettività regionali e locali di beneficiare pienamente dei vantaggi derivanti dall'instaurazione di uno spazio senza frontiere interne, l'Unione concorre alla costituzione e allo sviluppo di reti transeuropee nei settori delle infrastrutture dei trasporti, delle telecomunicazioni e dell'energia.

2. Nel quadro di un sistema di mercati aperti e concorrenziali, l'azione dell'Unione mira a favorire l'interconnessione e l'interoperabilità delle reti nazionali, nonché l'accesso a tali reti. Essa tiene conto in particolare della necessità di collegare alle regioni centrali dell'Unione le regioni insulari, prive di sbocchi al mare e periferiche.

171 [*ex* articolo 155 del TCE] 1. Per conseguire gli obiettivi di cui all'articolo 170, l'Unione:

— stabilisce un insieme di orientamenti che contemplino gli obiettivi, le priorità e le linee principali delle azioni previste nel settore delle reti transeuropee; in detti orientamenti sono individuati progetti di interesse comune,

— intraprende ogni azione che si riveli necessaria per garantire l'interoperabilità delle reti, in particolare nel campo dell'armonizzazione delle norme tecniche,

— può appoggiare progetti di interesse comune sostenuti dagli Stati membri, individuati nell'ambito degli orientamenti di cui al primo trattino, in particolare mediante studi di fattibilità, garanzie di prestito o abbuoni di interesse; l'Unione può altresì contribuire al finanziamento negli Stati membri, mediante il Fondo di coesione istituito conformemente all'articolo 177, di progetti specifici nel settore delle infrastrutture dei trasporti.

L'azione dell'Unione tiene conto della potenziale validità economica dei progetti.

2. Gli Stati membri coordinano tra loro, in collegamento con la Commissione, le politiche svolte a livello nazionale che possono avere un impatto rilevante sulla realizzazione degli obiettivi di cui all'articolo 170. La Commissione può prendere, in stretta collaborazione con gli Stati membri, qualsiasi iniziativa utile per favorire detto coordinamento.

3. L'Unione può decidere di cooperare con i paesi terzi per promuovere progetti di interesse comune e garantire l'interoperabilità delle reti.

172 [*ex* articolo 156 del TCE] Gli orientamenti e le altre misure di cui all'articolo 171, paragrafo 1, sono adottati dal Parlamento europeo e dal Consiglio, che deliberano secondo la procedura legislativa ordinaria e previa consultazione del Comitato economico e sociale e del Comitato delle regioni.

Gli orientamenti ed i progetti di interesse comune che riguardano il territorio di uno Stato membro esigono l'approvazione dello Stato membro interessato.

TITOLO XVII
Industria

173 [*ex* articolo 157 del TCE] 1. L'Unione e gli Stati membri provvedono affinché siano assicurate le condizioni necessarie alla competitività dell'industria dell'Unione.

A tal fine, nell'ambito di un sistema di mercati aperti e concorrenziali, la loro azione è intesa:

— ad accelerare l'adattamento dell'industria alle trasformazioni strutturali,

— a promuovere un ambiente favorevole all'iniziativa ed allo sviluppo delle imprese di tutta l'Unione, segnatamente delle piccole e medie imprese,

— a promuovere un ambiente favorevole alla cooperazione tra imprese,

— a favorire un migliore sfruttamento del potenziale industriale delle politiche d'innovazione, di ricerca e di sviluppo tecnologico.

2. Gli Stati membri si consultano reciprocamente in collegamento con la Commissione e, per quanto è necessario, coordinano le loro azioni. La Commissione può prendere ogni iniziativa utile a promuovere detto coordinamento, in particolare iniziative finalizzate alla definizione di orientamenti e indicatori, all'organizzazione di scambi di migliori pratiche e alla preparazione di elementi necessari per il controllo e la valutazione periodici. Il Parlamento europeo è pienamente informato.

3. L'Unione contribuisce alla realizzazione degli obiettivi di cui al paragrafo 1 attraverso politiche ed azioni da essa attuate ai sensi di altre disposizioni dei trattati. Il Parlamento europeo e il Consiglio, deliberando secondo la procedura legislativa ordinaria e previa consultazione del Comitato economico e sociale, possono decidere misure specifiche, destinate a sostenere le azioni svolte negli Stati membri al fine di realizzare gli obiettivi di cui al paragrafo 1, ad esclusione di qualsiasi armonizzazione delle disposizioni legislative e regolamentari degli Stati membri.

Il presente titolo non costituisce una base per l'introduzione da parte dell'Unione di qualsivoglia misura che possa generare distorsioni di concorrenza o che comporti disposizioni fiscali o disposizioni relative ai diritti ed interessi dei lavoratori dipendenti.

TITOLO XVIII
Coesione economica, sociale e territoriale

174 [*ex* articolo 158 del TCE] Per promuovere uno sviluppo armonioso dell'insieme dell'Unione, questa sviluppa e prosegue la propria azione intesa a realizzare il rafforzamento della sua coesione economica, sociale e territoriale.

In particolare l'Unione mira a ridurre il divario tra i livelli di sviluppo delle varie regioni ed il ritardo delle regioni meno favorite.

Tra le regioni interessate, un'attenzione particolare è rivolta alle zone rurali, alle zone interessate da transizione industriale e alle regioni che presentano gravi e permanenti svantaggi naturali o demografici, quali le regioni più settentrionali con bassissima densità demografica e le regioni insulari, transfrontaliere e di montagna.

175 [*ex* articolo 159 del TCE] Gli Stati membri conducono la loro politica economica e la coordinano anche al fine di raggiungere gli obiettivi dell'articolo 174. L'elaborazione e l'attuazione delle politiche e azioni dell'Unione, nonché l'attuazione del mercato interno tengono conto degli obiettivi dell'articolo 174 e concorrono alla loro realizzazione. L'Unione appoggia questa realizzazione anche con l'azione che essa svolge attraverso fondi a finalità strutturale (Fondo europeo agricolo di orientamento e di garanzia, sezione "orientamento", Fondo sociale europeo, Fondo europeo di sviluppo regionale), la Banca europea per gli investimenti e gli altri strumenti finanziari esistenti.

La Commissione presenta ogni tre anni al Parlamento europeo, al Consiglio, al Comitato economico e sociale e al Comitato delle regioni una relazione sui progressi compiuti nella realizzazione della coesione economica, sociale e territoriale e sul modo in cui i vari strumenti previsti dal presente articolo vi hanno contribuito. Tale relazione è corredata, se del caso, di appropriate proposte.

Le azioni specifiche che si rivelassero necessarie al di fuori dei Fondi, fatte salve le misure decise nell'ambito delle altre politiche dell'Unione, possono essere adottate dal Parlamento europeo e dal Consiglio, che deliberano secondo la procedura legislativa ordinaria e previa consultazione del Comitato economico e sociale e del Comitato delle regioni.

176 [*ex* articolo 160 del TCE] Il Fondo europeo di sviluppo regionale è destinato a contribuire alla correzione dei principali squilibri regionali esistenti nell'Unione, partecipando allo sviluppo e all'adeguamento strutturale delle regioni in ritardo di sviluppo nonché alla riconversione delle regioni industriali in declino.

177 [*ex* articolo 161 del TCE] Fatto salvo l'articolo 178, il Parlamento europeo e il Consiglio, deliberando mediante regolamenti secondo la procedura legislativa ordinaria e previa consultazione del Comitato economico e sociale e del Comitato delle regioni, definiscono i compiti, gli obiettivi prioritari e l'organizzazione dei fondi a finalità strutturale, elemento quest'ultimo che può comportare il raggruppamento dei Fondi. Sono inoltre definite, secondo la stessa procedura, le norme generali applicabili ai Fondi, nonché le disposizioni necessarie per garantire l'efficacia e il coordinamento dei Fondi tra loro e con gli altri strumenti finanziari esistenti.

Un Fondo di coesione è istituito secondo la stessa procedura per l'erogazione di contributi finanziari a progetti in materia di ambiente e di reti transeuropee nel settore delle infrastrutture dei trasporti.

178 [*ex* articolo 162 del TCE] I regolamenti di applicazione relativi al Fondo europeo di sviluppo regionale sono adottati dal Parlamento europeo e dal Consiglio, che deliberano secondo la procedura legislativa ordinaria e previa consultazione del Comitato economico e sociale e del Comitato delle regioni.

Per quanto riguarda il Fondo europeo agricolo di orientamento e di garanzia, sezione "orientamento", ed il Fondo sociale europeo restano applicabili rispettivamente gli articoli 43 e 164.

TITOLO XIX
Ricerca e sviluppo tecnologico e spazio

179 [*ex* articolo 163 del TCE] 1. L'Unione si propone l'obiettivo di rafforzare le sue basi scientifiche e tecnologiche con la realizzazione di uno spazio europeo della ricerca nel quale i ricercatori, le conoscenze scientifiche e le tecnologie circolino liberamente, di favorire lo sviluppo della sua competitività, inclusa quella della sua industria, e di promuovere le azioni di ricerca ritenute necessarie ai sensi di altri capi dei trattati.

2. A tal fine essa incoraggia nell'insieme dell'Unione le imprese, comprese le piccole e le medie imprese, i centri di ricerca e le università nei loro sforzi di ricerca e di sviluppo tecnologico di alta qualità; essa sostiene i loro sforzi di cooperazione, mirando soprattutto a permettere ai ricercatori di cooperare liberamente oltre le frontiere e alle imprese di sfruttare appieno le potenzialità del mercato interno grazie, in particolare, all'apertura degli appalti pubblici nazionali, alla definizione di norme comuni ed all'eliminazione degli ostacoli giuridici e fiscali a detta cooperazione.

3. Tutte le azioni dell'Unione ai sensi dei trattati, comprese le azioni dimostrative, nel settore della ricerca e dello sviluppo tecnologico sono decise e realizzate conformemente alle disposizioni del presente titolo.

180 [*ex* articolo 164 del TCE] Nel perseguire tali obiettivi, l'Unione svolge le azioni seguenti, che integrano quelle intraprese dagli Stati membri:

a) attuazione di programmi di ricerca, sviluppo tecnologico e dimostrazione, promuovendo la cooperazione con e tra le imprese, i centri di ricerca e le università;

b) promozione della cooperazione in materia di ricerca, sviluppo tecnologico e dimostrazione dell'Unione con i paesi terzi e le organizzazioni internazionali;

c) diffusione e valorizzazione dei risultati delle attività in materia di ricerca, sviluppo tecnologico e dimostrazione dell'Unione;

d) impulso alla formazione e alla mobilità dei ricercatori dell'Unione.

181 [*ex* articolo 165 del TCE] 1. L'Unione e gli Stati membri coordinano la loro azione in materia di ricerca e sviluppo tecnologico per garantire la coerenza reciproca delle politiche nazionali e della politica dell'Unione.

2. La Commissione, in stretta collaborazione con gli Stati membri, può prendere ogni iniziativa utile a promuovere il coordinamento di cui al paragrafo 1, in particolare iniziative finalizzate alla definizione di orientamenti e indicatori, all'organizzazione di scambi di migliori pratiche e alla preparazione di elementi necessari per il controllo e la valutazione periodici. Il Parlamento europeo è pienamente informato.

182 [*ex* articolo 166 del TCE] 1. Il Parlamento europeo e il Consiglio, deliberando secondo la procedura legislativa ordinaria e previa consultazione del Comitato economico e sociale, adottano un programma quadro pluriennale che comprende l'insieme delle azioni dell'Unione.

Il programma quadro:

— fissa gli obiettivi scientifici e tecnologici da realizzare mediante le azioni previste dall'articolo 180 e le relative priorità,

— indica le grandi linee di dette azioni,

— stabilisce l'importo globale massimo e le modalità della partecipazione finanziaria dell'Unione al programma quadro, nonché le quote rispettive di ciascuna delle azioni previste.

2. Il programma quadro viene adattato o completato in funzione dell'evoluzione della situazione.

3. Il programma quadro è attuato mediante programmi specifici sviluppati nell'ambito di ciascuna azione. Ogni programma specifico precisa le modalità di realizzazione del medesimo, ne fissa la durata e prevede i mezzi ritenuti necessari. La somma degli importi ritenuti necessari, fissati dai programmi specifici, non può superare l'importo globale massimo fissato per il programma quadro e per ciascuna azione.

4. Il Consiglio, deliberando secondo una procedura legislativa speciale e previa consultazione del Parlamento europeo e del Comitato economico e sociale, adotta i programmi specifici.

5. A integrazione delle azioni previste dal programma quadro pluriennale, il Parlamento europeo e il Consiglio, deliberando secondo la procedura legislativa ordinaria e previa consultazione del Comitato economico e sociale, stabiliscono le misure necessarie all'attuazione dello spazio europeo della ricerca.

183 [*ex* articolo 167 del TCE] Per l'attuazione del programma quadro pluriennale, l'Unione:

— fissa le norme per la partecipazione delle imprese, dei centri di ricerca e delle università,

— fissa le norme applicabili alla divulgazione dei risultati della ricerca.

184 [*ex* articolo 168 del TCE] Nell'attuazione del programma quadro pluriennale possono essere decisi programmi complementari cui partecipano soltanto alcuni Stati membri che ne assicurano il finanziamento, fatta salva un'eventuale partecipazione dell'Unione.

L'Unione adotta le norme applicabili ai programmi complementari, in particolare in materia di divulgazione delle conoscenze e di accesso di altri Stati membri.

185 [*ex* articolo 169 del TCE] Nell'attuazione del programma quadro pluriennale l'Unione può prevedere, d'intesa con gli Stati membri interessati, la partecipazione a programmi di ricerca e sviluppo avviati da più Stati membri, compresa la partecipazione alle strutture instaurate per l'esecuzione di detti programmi.

186 [*ex* articolo 170 del TCE] Nell'attuazione del programma quadro pluriennale l'Unione può prevedere una cooperazione in materia di ricerca, sviluppo tecnologico e dimostrazione dell'Unione con paesi terzi o organizzazioni internazionali.

Le modalità di questa cooperazione possono formare oggetto di accordi tra l'Unione e i terzi interessati.

187 [*ex* articolo 171 del TCE] L'Unione può creare imprese comuni o qualsiasi altra struttura necessaria alla migliore esecuzione dei programmi di ricerca, sviluppo tecnologico e dimostrazione dell'Unione.

188 [*ex* articolo 172 del TCE] Il Consiglio, su proposta della Commissione e previa consultazione del Parlamento europeo e del Comitato economico e sociale, adotta le disposizioni di cui all'articolo 187.

Il Parlamento europeo e il Consiglio, deliberando secondo la procedura legislativa ordinaria e previa consultazione del Comitato economico e sociale, adottano le disposizioni di cui agli articoli 183, 184 e 185. L'adozione dei programmi complementari richiede l'accordo degli Stati membri interessati.

189 1. Per favorire il progresso tecnico e scientifico, la competitività industriale e l'attuazione delle sue politiche, l'Unione elabora una politica spaziale europea. A tal fine può promuovere iniziative comuni, sostenere la ricerca e lo sviluppo tecnologico e coordinare gli sforzi necessari per l'esplorazione e l'utilizzo dello spazio.

2. Per contribuire alla realizzazione degli obiettivi di cui al paragrafo 1 il Parlamento europeo e il Consiglio, deliberando secondo la procedura legislativa ordinaria, stabiliscono le misure necessarie, che possono assumere la forma di un programma spaziale europeo, ad esclusione di qualsiasi armonizzazione delle disposizioni legislative e regolamentari degli Stati membri.

3. L'Unione instaura tutti i collegamenti utili con l'Agenzia spaziale europea.

4. Il presente articolo lascia impregiudicate le altre disposizioni del presente titolo.

190 [*ex* articolo 173 del TCE] All'inizio di ogni anno la Commissione presenta una relazione al Parlamento europeo e al Consiglio. Detta relazione verte in particolare sulle attività svolte in materia di ricerca e di sviluppo tecnologico e di divulgazione dei risultati durante l'anno precedente nonché sul programma di lavoro dell'anno in corso.

TITOLO XX
Ambiente

191 [*ex* articolo 174 del TCE] 1. La politica dell'Unione in materia ambientale contribuisce a perseguire i seguenti obiettivi:

— salvaguardia, tutela e miglioramento della qualità dell'ambiente,

— protezione della salute umana,

— utilizzazione accorta e razionale delle risorse naturali,

— promozione sul piano internazionale di misure destinate a risolvere i problemi dell'ambiente a livello regionale o mondiale e, in particolare, a combattere i cambiamenti climatici.

2. La politica dell'Unione in materia ambientale mira a un elevato livello di tutela, tenendo conto della diversità delle situazioni nelle varie regioni dell'Unione. Essa è fondata sui principi della precauzione e dell'azione preventiva, sul principio della correzione, in via prioritaria alla fonte, dei danni causati all'ambiente, nonché sul principio "chi inquina paga".

In tale contesto, le misure di armonizzazione rispondenti ad esigenze di protezione dell'ambiente comportano, nei casi opportuni, una clausola di salvaguardia che autorizza gli Stati membri a prendere, per motivi ambientali di natura non economica, misure provvisorie soggette ad una procedura di controllo dell'Unione.

3. Nel predisporre la sua politica in materia ambientale l'Unione tiene conto:

— dei dati scientifici e tecnici disponibili,

— delle condizioni dell'ambiente nelle varie regioni dell'Unione,

— dei vantaggi e degli oneri che possono derivare dall'azione o dall'assenza di azione,

— dello sviluppo socioeconomico dell'Unione nel suo insieme e dello sviluppo equilibrato delle sue singole regioni.

4. Nell'ambito delle rispettive competenze, l'Unione e gli Stati membri collaborano con i paesi terzi e con le competenti organizzazioni internazionali. Le modalità della cooperazione dell'Unione possono formare oggetto di accordi tra questa ed i terzi interessati.

Il comma precedente non pregiudica la competenza degli Stati membri a negoziare nelle sedi internazionali e a concludere accordi internazionali.

192 [*ex* articolo 175 del TCE] 1. Il Parlamento europeo e il Consiglio, deliberando secondo la procedura legislativa ordinaria e previa consultazione del Comitato economico e sociale e del Comitato delle regioni, decidono in merito alle azioni che devono essere intraprese dall'Unione per realizzare gli obiettivi dell'articolo 191.

2. In deroga alla procedura decisionale di cui al paragrafo 1 e fatto salvo l'articolo 114, il Consiglio, deliberando all'unanimità secondo una procedura legislativa speciale e previa consultazione del Parlamento europeo, del Comitato economico e sociale e del Comitato delle regioni, adotta:

a) disposizioni aventi principalmente natura fiscale;

b) misure aventi incidenza:

— sull'assetto territoriale,

— sulla gestione quantitativa delle risorse idriche o aventi rapporto diretto o indiretto con la disponibilità delle stesse,

— sulla destinazione dei suoli, ad eccezione della gestione dei residui;

c) misure aventi una sensibile incidenza sulla scelta di uno Stato membro tra diverse fonti di energia e sulla struttura generale dell'approvvigionamento energetico del medesimo.

Il Consiglio, deliberando all'unanimità su proposta della Commissione e previa consultazione del Parlamento europeo, del Comitato economico e sociale e del Comitato delle regioni, può rendere applicabile la procedura legislativa ordinaria alle materie di cui al primo comma.

3. Il Parlamento europeo e il Consiglio, deliberando secondo la procedura legislativa ordinaria e previa consultazione del Comitato economico e sociale e del Comitato delle regioni, adottano programmi generali d'azione che fissano gli obiettivi prioritari da raggiungere.

Le misure necessarie all'attuazione di tali programmi sono adottate conformemente alle condizio ni previste al paragrafo 1 o al paragrafo 2, a seconda dei casi.

4. Fatte salve talune misure adottate dall'Unione, gli Stati membri provvedono al finanziamento e all'esecuzione della politica in materia ambientale.

5. Fatto salvo il principio "chi inquina paga", qualora una misura basata sul paragrafo 1 implichi costi ritenuti sproporzionati per le pubbliche autorità di uno Stato membro, tale misura prevede disposizioni appropriate in forma di

— deroghe temporanee e/o

— sostegno finanziario del Fondo di coesione istituito in conformità dell'articolo 177.

193 [*ex* articolo 176 del TCE] I provvedimenti di protezione adottati in virtù dell'articolo 192 non impediscono ai singoli Stati membri di mantenere e di prendere provvedimenti per una protezione ancora maggiore. Tali provvedimenti devono essere compatibili con i trattati. Essi sono notificati alla Commissione.

TITOLO XXI
Energia

194 1. Nel quadro dell'instaurazione o del funzionamento del mercato interno e tenendo conto dell'esigenza di preservare e migliorare l'ambiente, la politica dell'Unione nel settore dell'energia è intesa, in uno spirito di solidarietà tra Stati membri, a:

a) garantire il funzionamento del mercato dell'energia,

b) garantire la sicurezza dell'approvvigionamento energetico nell'Unione,

c) promuovere il risparmio energetico, l'efficienza energetica e lo sviluppo di energie nuove e rinnovabili,

d) promuovere l'interconnessione delle reti energetiche.

2. Fatte salve le altre disposizioni dei trattati, il Parlamento europeo e il Consiglio, deliberando secondo la procedura legislativa ordinaria, stabiliscono le misure necessarie per conseguire gli obiettivi di cui al paragrafo 1. Tali misure sono adottate previa consultazione del Comitato economico e sociale e del Comitato delle regioni.

Esse non incidono sul diritto di uno Stato membro di determinare le condizioni di utilizzo delle sue fonti energetiche, la scelta tra varie fonti energetiche e la struttura generale del suo approvvigionamento energetico, fatto salvo l'articolo 192, paragrafo 2, lettera *c*).

3. In deroga al paragrafo 2, il Consiglio, deliberando secondo una procedura legislativa speciale, all'unanimità e previa consultazione del Parlamento europeo, stabilisce le misure ivi contemplate se sono principalmente di natura fiscale.

TITOLO XXII
Turismo

195 1. L'Unione completa l'azione degli Stati membri nel settore del turismo, in particolare promuovendo la competitività delle imprese dell'Unione in tale settore.

A tal fine l'azione dell'Unione è intesa a:

a) incoraggiare la creazione di un ambiente propizio allo sviluppo delle imprese in detto settore;

b) favorire la cooperazione tra Stati membri, in particolare attraverso lo scambio delle buone pratiche.

2. Il Parlamento europeo e il Consiglio, deliberando secondo la procedura legislativa ordinaria, stabiliscono le misure specifiche destinate a completare le azioni svolte negli Stati membri al fine di realizzare gli obiettivi di cui al presente articolo, ad esclusione di qualsiasi armonizzazione delle disposizioni legislative e regolamentari degli Stati membri.

TITOLO XXIII
Protezione civile

196 1. L'Unione incoraggia la cooperazione tra gli Stati membri al fine di rafforzare l'efficacia dei sistemi di prevenzione e di protezione dalle calamità naturali o provocate dall'uomo.

L'azione dell'Unione è intesa a:

a) sostenere e completare l'azione degli Stati membri a livello nazionale, regionale e locale concernente la prevenzione dei rischi, la preparazione degli attori della protezione civile negli Stati membri e l'intervento in caso di calamità naturali o provocate dall'uomo all'interno dell'Unione;

b) promuovere una cooperazione operativa rapida ed efficace all'interno dell'Unione tra i servizi di protezione civile nazionali;

c) favorire la coerenza delle azioni intraprese a livello internazionale in materia di protezione civile.

2. Il Parlamento europeo e il Consiglio, deliberando secondo la procedura legislativa ordinaria, stabiliscono le misure necessarie per contribuire alla realizzazione degli obiettivi di cui al paragrafo 1, ad esclusione di qualsiasi armonizzazione delle disposizioni legislative e regolamentari degli Stati membri.

TITOLO XXIV
Cooperazione amministrativa

197 1. L'attuazione effettiva del diritto dell'Unione da parte degli Stati membri, essenziale per il buon funzionamento dell'Unione, è considerata una questione di interesse comune.

2. L'Unione può sostenere gli sforzi degli Stati membri volti a migliorare la loro capacità amministrativa di attuare il diritto dell'Unione. Tale azione può consistere in particolare nel facilitare lo scambio di informazioni e di funzionari pubblici e nel sostenere programmi di formazione. Nessuno Stato membro è tenuto ad avvalersi di tale sostegno. Il Parlamento europeo e il Consiglio, deliberando mediante regolamenti secondo la procedura legislativa ordinaria, stabiliscono le misure necessarie a tal fine, ad esclusione di qualsiasi armonizzazione delle disposizioni legislative e regolamentari degli Stati membri.

3. Il presente articolo non pregiudica l'obbligo degli Stati membri di attuare il diritto dell'Unione né le prerogative e i doveri della Commissione. Esso non pregiudica le altre disposizioni dei trattati che prevedono la cooperazione amministrativa fra gli Stati membri e fra questi ultimi e l'Unione.

PARTE QUARTA
Associazione dei paesi e territori d'oltremare

198 [*ex* articolo 182 del TCE] Gli Stati membri convengono di associare all'Unione i paesi e i territori non europei che mantengono con la Danimarca, la Francia, i Paesi Bassi e il Regno Unito delle relazioni particolari. Questi paesi e territori, qui di seguito chiamati paesi e territori, sono enumerati nell'elenco che costituisce l'allegato II.

Scopo dell'associazione è di promuovere lo sviluppo economico e sociale dei paesi e territori e l'instaurazione di strette relazioni economiche tra essi e l'Unione nel suo insieme.

Conformemente ai principi enunciati nel preambolo del presente trattato, l'associazione deve in primo luogo permettere di favorire gli interessi degli abitanti di questi paesi e territori e la loro prosperità, in modo da condurli allo sviluppo economico, sociale e culturale che essi attendono.

199 [*ex* articolo 183 del TCE] L'associazione persegue gli obiettivi seguenti:

1) Gli Stati membri applicano ai loro scambi commerciali con i paesi e territori il regime che si accordano tra di loro, in virtù dei trattati.

2) Ciascun paese o territorio applica ai suoi scambi commerciali con gli Stati membri e gli altri paesi e territori il regime che applica allo Stato europeo con il quale mantiene relazioni particolari.

3) Gli Stati membri contribuiscono agli investimenti richiesti dallo sviluppo progressivo di questi paesi e territori.

4) Per gli investimenti finanziati dall'Unione, la partecipazione alle aggiudicazioni e alle forniture è aperta, a parità di condizioni, a tutte le persone fisiche e giuridiche appartenenti agli Stati membri e ai paesi e territori.

5) Nelle relazioni fra gli Stati membri e i paesi e territori, il diritto di stabilimento dei cittadini e delle società è regolato conformemente alle disposizioni e mediante applicazione delle procedure previste al capo relativo al diritto di stabilimento e su una base non discriminatoria, fatte salve le disposizioni particolari prese in virtù dell'articolo 203.

200 [*ex* articolo 184 del TCE] 1. Le importazioni originarie dei paesi e territori beneficiano, al loro ingresso negli Stati membri, del divieto dei dazi doganali che interviene fra gli Stati membri conformemente alle disposizioni dei trattati.

2. All'entrata in ciascun paese e territorio i dazi doganali gravanti sulle importazioni dagli Stati membri e dagli altri paesi e territori sono vietati conformemente alle disposizioni dell'articolo 30.

3. Tuttavia, i paesi e territori possono riscuotere dei dazi doganali che rispondano alle necessità del loro sviluppo e ai bisogni della loro industrializzazione o dazi di carattere fiscale che abbiano per scopo di alimentare il loro bilancio.

I dazi di cui al comma precedente non possono eccedere quelli gravanti sulle importazioni dei prodotti in provenienza dallo Stato membro con il quale ciascun paese o territorio mantiene relazioni particolari.

4. Il paragrafo 2 non è applicabile ai paesi e territori i quali, a causa degli obblighi internazionali particolari cui sono soggetti, applicano già una tariffa doganale non discriminatoria.

5. L'introduzione o la modifica di dazi che colpiscano le merci importate nei paesi e territori non deve provocare, in linea di diritto o in linea di fatto, una discriminazione diretta o indiretta tra le importazioni in provenienza dai diversi Stati membri.

201 [*ex* articolo 185 del TCE] Se il livello dei dazi applicabili alle merci in provenienza da un paese terzo alla loro entrata in un paese o territorio, avuto riguardo alle disposizioni dell'articolo 200, paragrafo 1, è tale da provocare deviazioni di traffico a detrimento di uno degli Stati membri, questo può domandare alla Commissione di proporre agli altri Stati membri le misure necessarie per porre rimedio a questa situazione.

202 [*ex* articolo 186 del TCE] Fatte salve le disposizioni che regolano la pubblica sanità, la pubblica sicurezza e l'ordine pubblico, la libertà di circolazione dei lavoratori dei paesi e territori negli Stati membri e dei lavoratori degli Stati membri nei paesi e territori è regolata da atti adottati a norma dell'articolo 203.

203 [*ex* articolo 187 del TCE] Il Consiglio, deliberando all'unanimità su proposta della Commissione, stabilisce, muovendo dalle realizzazioni acquisite nell'ambito dell'associazione tra i paesi e territori e l'Unione, e basandosi sui principi inscritti nei trattati, le disposizioni relative alle modalità e alla procedura dell'associazione tra i paesi e territori e l'Unione. Allorché adotta le disposizioni in questione secondo una procedura legislativa speciale, il Consiglio delibera all'unanimità su proposta della Commissione e previa consultazione del Parlamento europeo.

204 [*ex* articolo 188 del TCE] Gli articoli da 198 a 203 si applicano alla Groenlandia fatte salve le disposizioni specifiche per la Groenlandia che figurano nel protocollo concernente il regime particolare applicabile alla Groenlandia, allegato ai trattati.

PARTE V
Azione esterna dell'Unione

TITOLO I
Disposizioni generali sull'azione esterna dell'Unione

205 L'azione dell'Unione sulla scena internazionale, ai sensi della presente parte, si fonda sui principi, persegue gli obiettivi ed è condotta in conformità delle disposizioni generali di cui al capo 1 del titolo V del trattato sull'Unione europea.

TITOLO II
Politica commerciale comune

206 [*ex* articolo 131 del TCE] L'Unione, tramite l'istituzione di un'unione doganale in conformità degli articoli da 28 a 32, contribuisce nell'interesse comune allo sviluppo armonioso del commercio mondiale, alla graduale soppressione delle restrizioni agli scambi internazionali e agli investimenti esteri diretti, e alla riduzione delle barriere doganali e di altro tipo.

207 [*ex* articolo 133 del TCE] 1. La politica commerciale comune è fondata su principi uniformi, in particolare per quanto concerne le modificazioni tariffarie, la conclusione di accordi tariffari e commerciali relativi agli scambi di merci e servizi, e gli aspetti commerciali della proprietà intellettuale, gli investimenti esteri diretti, l'uniformazione delle misure di liberalizzazione, la politica di esportazione e le misure di protezione commerciale, tra cui quelle da adottarsi nei casi di dumping e di sovvenzioni. La politica commerciale comune è condotta nel quadro dei principi e obiettivi dell'azione esterna dell'Unione.

2. Il Parlamento europeo e il Consiglio, deliberando mediante regolamenti secondo la procedura legislativa ordinaria, adottano le misure che definiscono il quadro di attuazione della politica commerciale comune.

3. Qualora si debbano negoziare e concludere accordi con uno o più paesi terzi o organizzazioni internazionali, si applica l'articolo 218, fatte salve le disposizioni particolari del presente articolo.

La Commissione presenta raccomandazioni al Consiglio, che l'autorizza ad avviare i negoziati necessari. Spetta al Consiglio e alla Commissione adoperarsi affinché gli accordi negoziati siano compatibili con le politiche e norme interne dell'Unione.

Tali negoziati sono condotti dalla Commissione, in consultazione con un comitato speciale designato dal Consiglio per assisterla in questo compito e nel quadro delle direttive che il Consiglio può impartirle. La Commissione riferisce periodicamente al comitato speciale e al Parlamento europeo sui progressi dei negoziati.

4. Per la negoziazione e la conclusione degli accordi di cui al paragrafo 3, il Consiglio delibera a maggioranza qualificata.

Per la negoziazione e la conclusione di accordi nei settori degli scambi di servizi, degli aspetti commerciali della proprietà intellettuale e degli investimenti esteri diretti, il Consiglio delibera all'unanimità qualora tali accordi contengano disposizioni per le quali è richiesta l'unanimità per l'adozione di norme interne.

Il Consiglio delibera all'unanimità anche per la negoziazione e la conclusione di accordi:

a) nel settore degli scambi di servizi culturali e audiovisivi, qualora tali accordi rischino di arrecare pregiudizio alla diversità culturale e linguistica dell'Unione;

b) nel settore degli scambi di servizi nell'ambito sociale, dell'istruzione e della sanità, qualora tali accordi rischino di perturbare seriamente l'organizzazione nazionale di tali servizi e di arrecare pregiudizio alla competenza degli Stati membri riguardo alla loro prestazione.

5. La negoziazione e la conclusione di accordi internazionali nel settore dei trasporti sono soggette al titolo VI della parte terza e all'articolo 218.

6. L'esercizio delle competenze attribuite dal presente articolo nel settore della politica commerciale comune non pregiudica la ripartizione delle competenze tra l'Unione e gli Stati membri e non comporta un'armonizzazione delle disposizioni legislative o regolamentari degli Stati membri, se i trattati escludono tale armonizzazione.

TITOLO III
Cooperazione con i paesi terzi e aiuto umanitario

CAPO 1
Cooperazione allo sviluppo

208 [*ex* articolo 177 del TCE] 1. La politica dell'Unione nel settore della cooperazione allo sviluppo è condotta nel quadro dei principi e obiettivi dell'azione esterna dell'Unione. La politica di cooperazione allo sviluppo dell'Unione e quella degli Stati membri si completano e si rafforzano reciprocamente.

L'obiettivo principale della politica dell'Unione in questo settore è la riduzione e, a termine, l'eliminazione della povertà. L'Unione tiene conto degli obiettivi della cooperazione allo sviluppo nell'attuazione delle politiche che possono avere incidenze sui paesi in via di sviluppo.

2. L'Unione e gli Stati membri rispettano gli impegni e tengono conto degli obiettivi riconosciuti nel quadro delle Nazioni Unite e delle altre organizzazioni internazionali competenti.

209 [*ex* articolo 179 del TCE] 1. Il Parlamento europeo e il Consiglio, deliberando secondo la procedura legislativa ordinaria, adottano le misure necessarie per l'attuazione della politica di cooperazione allo sviluppo, che possono riguardare programmi pluriennali di cooperazione con paesi in via di sviluppo o programmi tematici.

2. L'Unione può concludere con i paesi terzi e le organizzazioni internazionali competenti qualsiasi accordo utile alla realizzazione degli obiettivi di cui all'articolo 21 del trattato sull'Unione europea e all'articolo 208 del presente trattato.

Il primo comma non pregiudica la competenza degli Stati membri a negoziare nelle sedi internazionali e a concludere accordi.

3. La Banca europea per gli investimenti contribuisce, alle condizioni previste dal suo statuto, all'attuazione delle misure di cui al paragrafo 1.

210 [*ex* articolo 180 del TCE] 1. Per favorire la complementarità e l'efficacia delle azioni, l'Unione e gli Stati membri coordinano le rispettive politiche in materia di cooperazione allo sviluppo e si concertano sui rispettivi programmi di aiuto, anche nelle organizzazioni internazionali e in occasione di conferenze internazionali. Essi possono intraprendere azioni congiunte. Gli Stati membri contribuiscono, se necessario, all'attuazione dei programmi di aiuto dell'Unione.

2. La Commissione può prendere qualsiasi iniziativa utile a promuovere il coordinamento di cui al paragrafo 1.

211 [*ex* articolo 181 del TCE] Nell'ambito delle rispettive competenze, l'Unione e gli Stati membri collaborano con i paesi terzi e con le competenti organizzazioni internazionali.

CAPO 2
Cooperazione economica, finanziaria e tecnica con i Paesi terzi

212 [*ex* articolo 181 del TCE] 1. Fatte salve le altre disposizioni dei trattati, in particolare quelle degli articoli da 208 a 211, l'Unione conduce azioni di cooperazione economica, finanziaria e tecnica, comprese azioni di assistenza specialmente in campo finanziario, con paesi terzi diversi dai paesi in via di sviluppo. Tali azioni sono coerenti con la politica di sviluppo dell'Unione e sono condotte nel quadro dei principi e obiettivi dell'azione esterna. Le azioni dell'Unione e degli Stati membri si completano e si rafforzano reciprocamente.

2. Il Parlamento europeo e il Consiglio, deliberando secondo la procedura legislativa ordinaria, adottano le misure necessarie per l'attuazione del paragrafo 1.

3. Nell'ambito delle rispettive competenze, l'Unione e gli Stati membri collaborano con i paesi terzi e con le competenti organizzazioni internazionali. Le modalità della cooperazione dell'Unione possono formare oggetto di accordi tra questa e i terzi interessati.

Il primo comma non pregiudica la competenza degli Stati membri a negoziare nelle sedi internazionali e a concludere accordi internazionali.

213 Allorché la situazione in un paese terzo esige un'assistenza finanziaria urgente da parte dell'Unione, il Consiglio, su proposta della Commissione, adotta le decisioni necessarie.

CAPO 3
Aiuto umanitario

214 1. Le azioni dell'Unione nel settore dell'aiuto umanitario sono condotte nel quadro dei principi e obiettivi dell'azione esterna dell'Unione. Esse mirano a fornire, in modo puntuale, assistenza, soccorso e protezione alle popolazioni dei paesi terzi vittime di calamità naturali o provocate dall'uomo, per far fronte alle necessità umanitarie risultanti da queste diverse situazioni. Le azioni dell'Unione e degli Stati membri si completano e si rafforzano reciprocamente.

2. Le azioni di aiuto umanitario sono condotte conformemente ai principi del diritto internazionale e ai principi di imparzialità, neutralità e non discriminazione.

3. Il Parlamento europeo e il Consiglio, deliberando secondo la procedura legislativa ordinaria, stabiliscono le misure che definiscono il quadro di attuazione delle azioni di aiuto umanitario dell'Unione.

4. L'Unione può concludere con i paesi terzi e le organizzazioni internazionali competenti qualsiasi accordo utile alla realizzazione degli obiettivi di cui al paragrafo 1 e all'articolo 21 del trattato sull'Unione europea.

Il primo comma non pregiudica la competenza degli Stati membri a negoziare nelle sedi internazionali e a concludere accordi.

5. È istituito un corpo volontario europeo di aiuto umanitario per inquadrare contributi comuni dei giovani europei alle azioni di aiuto umanitario dell'Unione. Il Parlamento europeo e il Consiglio, deliberando mediante regolamenti secondo la procedura legislativa ordinaria, ne fissano lo statuto e le modalità di funzionamento.

6. La Commissione può prendere qualsiasi iniziativa utile a promuovere il coordinamento tra le azioni dell'Unione e quelle degli Stati membri, allo scopo di rafforzare l'efficacia e la complementarità dei dispositivi dell'Unione e dei dispositivi nazionali di aiuto umanitario.

7. L'Unione provvede affinché le sue azioni di aiuto umanitario siano coordinate e coerenti con quelle svolte da organizzazioni e organismi internazionali, specie nell'ambito del sistema delle Nazioni Unite.

TITOLO IV
Misure restrittive

215 [*ex* articolo 301 del TCE] 1. Quando una decisione adottata conformemente al capo 2 del titolo V del trattato sull'Unione europea prevede l'interruzione o la riduzione, totale o parziale, delle relazioni economiche e finanziarie con uno o più paesi terzi, il Consiglio, deliberando a maggioranza qualificata su proposta congiunta dell'alto rappresentante dell'Unione per gli affari esteri e la politica di sicurezza e della Commissione, adotta le misure necessarie. Esso ne informa il Parlamento europeo.

2. Quando una decisione adottata conformemente al capo 2 del titolo V del trattato sull'Unione europea lo prevede, il Consiglio può adottare, secondo la procedura di cui al paragrafo 1, misure restrittive nei confronti di persone fisiche o giuridiche, di gruppi o di entità non statali.

3. Gli atti di cui al presente articolo contengono le necessarie disposizioni sulle garanzie giuridiche.

TITOLO V
Accordi internazionali

216 1. L'Unione può concludere un accordo con uno o più paesi terzi o organizzazioni internazionali qualora i trattati lo prevedano o qualora la conclusione di un accordo sia necessaria per realizzare, nell'ambito delle politiche dell'Unione, uno degli obiettivi fissati dai trattati, o sia prevista in un atto giuridico vincolante dell'Unione, oppure possa incidere su norme comuni o alterarne la portata.

2. Gli accordi conclusi dall'Unione vincolano le istituzioni dell'Unione e gli Stati membri.

217 [*ex* articolo 310 del TCE] L'Unione può concludere con uno o più paesi terzi o organizzazioni internazionali accordi che istituiscono un'associazione caratterizzata da diritti ed obblighi reciproci, da azioni in comune e da procedure particolari.

218 [*ex* articolo 300 del TCE] 1. Fatte salve le disposizioni particolari dell'articolo 207, gli accordi tra l'Unione e i paesi terzi o le organizzazioni internazionali sono negoziati e conclusi secondo la procedura seguente.

2. Il Consiglio autorizza l'avvio dei negoziati, definisce le direttive di negoziato, autorizza la firma e conclude gli accordi.

3. La Commissione, o l'alto rappresentante dell'Unione per gli affari esteri e la politica di sicurezza quando l'accordo previsto riguarda esclusivamente o principalmente la politica estera e di sicurezza comune, presenta raccomandazioni al Consiglio, il quale adotta una decisione che autorizza l'avvio dei negoziati e designa, in funzione della materia dell'accordo previsto, il negoziatore o il capo della squadra di negoziato dell'Unione.

4. Il Consiglio può impartire direttive al negoziatore e designare un comitato speciale che deve essere consultato nella conduzione dei negoziati.

5. Il Consiglio, su proposta del negoziatore, adotta una decisione che autorizza la firma dell'accordo e, se del caso, la sua applicazione provvisoria prima dell'entrata in vigore.

6. Il Consiglio, su proposta del negoziatore, adotta una decisione relativa alla conclusione dell'accordo.

Tranne quando l'accordo riguarda esclusivamente la politica estera e di sicurezza comune, il Consiglio adotta la decisione di conclusione dell'accordo:

a) previa approvazione del Parlamento europeo nei casi seguenti:

i) accordi di associazione;

ii) accordo sull'adesione dell'Unione alla Convenzione europea per la salvaguardia dei diritti dell'uomo e delle libertà fondamentali;

iii) accordi che creano un quadro istituzionale specifico organizzando procedure di cooperazione;

iv) accordi che hanno ripercussioni finanziarie considerevoli per l'Unione;

v) accordi che riguardano settori ai quali si applica la procedura legislativa ordinaria oppure la procedura legislativa speciale qualora sia necessaria l'approvazione del Parlamento europeo.

In caso d'urgenza, il Parlamento europeo e il Consiglio possono concordare un termine per l'approvazione;

b) previa consultazione del Parlamento europeo, negli altri casi. Il Parlamento europeo formula il parere nel termine che il Consiglio può fissare in funzione dell'urgenza. In mancanza di parere entro detto termine, il Consiglio può deliberare.

7. All'atto della conclusione di un accordo, il Consiglio, in deroga ai paragrafi 5, 6 e 9, può abilitare il negoziatore ad approvare a nome dell'Unione le modifiche dell'accordo se quest'ultimo ne prevede l'adozione con una procedura semplificata o da parte di un organo istituito dall'accordo stesso.

Il Consiglio correda eventualmente questa abilitazione di condizioni specifiche.

8. Nel corso dell'intera procedura, il Consiglio delibera a maggioranza qualificata.

Tuttavia esso delibera all'unanimità quando l'accordo riguarda un settore per il quale è richiesta l'unanimità per l'adozione di un atto dell'Unione e per gli accordi di associazione e gli accordi di cui all'articolo 212 con gli Stati candidati all'adesione. Il Consiglio delibera all'unanimità anche per l'accordo sull'adesione dell'Unione alla Convenzione europea per la salvaguardia dei diritti dell'uomo e delle libertà fondamentali; la decisione sulla conclusione di tale accordo entra in vigore previa approvazione degli Stati membri, conformemente alle rispettive norme costituzionali.

9. Il Consiglio, su proposta della Commissione o dell'alto rappresentante dell'Unione per gli affari esteri e la politica di sicurezza, adotta una decisione sulla sospensione dell'applicazione di un accordo e che stabilisce le posizioni da adottare a nome dell'Unione in un organo istituito da un accordo, se tale organo deve adottare atti che hanno effetti giuridici, fatta eccezione per gli atti che integrano o modificano il quadro istituzionale dell'accordo.

10. Il Parlamento europeo è immediatamente e pienamente informato in tutte le fasi della procedura.

11. Uno Stato membro, il Parlamento europeo, il Consiglio o la Commissione possono domandare il parere della Corte di giustizia circa la compatibilità di un accordo previsto con i trattati. In caso di parere negativo della Corte, l'accordo previsto non può entrare in vigore, salvo modifiche dello stesso o revisione dei trattati.

219 [*ex* articolo 111, paragrafi da 1 a 3 e 5, del TCE] 1. In deroga all'articolo 218 il Consiglio, su raccomandazione della Banca centrale europea o su raccomandazione della Commissione e previa consultazione della Banca centrale europea, nell'intento di pervenire a un consenso compatibile con l'obiettivo della stabilità dei prezzi, può concludere accordi formali su un sistema di tassi di cambio dell'euro nei confronti delle valute di Stati terzi. Il Consiglio deli bera all'unanimità previa consultazione del Parlamento europeo e secondo la procedura di cui al paragrafo 3.

Il Consiglio, su raccomandazione della Banca centrale europea o su raccomandazione della Commissione e previa consultazione della Banca centrale europea, nell'intento di pervenire ad un consenso coerente con l'obiettivo della stabilità dei prezzi, può adottare, adeguare o abbandonare i tassi centrali dell'euro all'interno del sistema dei tassi di cambio. Il presidente del Consiglio informa il Parlamento europeo dell'adozione, dell'adeguamento o dell'abbandono dei tassi centrali dell'euro.

2. In mancanza di un sistema di tassi di cambio rispetto ad una o più valute di Stati terzi, come indicato al paragrafo 1, il Consiglio, su raccomandazione della Commissione e previa consultazione della Banca centrale europea, o su raccomandazione della Banca centrale europea, può formulare gli orientamenti generali di politica del cambio nei confronti di dette valute. Questi orientamenti generali non pregiudicano l'obiettivo prioritario del SEBC di mantenere la stabilità dei prezzi.

3. In deroga all'articolo 218, qualora accordi in materia di regime monetario o valutario debbano essere negoziati dall'Unione con uno o più Stati terzi o organizzazioni internazionali, il Consiglio, su raccomandazione della Commissione e previa consultazione della Banca centrale europea, decide le modalità per la negoziazione e la conclusione di detti accordi. Tali modalità devono assicurare che l'Unione esprima una posizione unica. La Commissione è associata a pieno titolo ai negoziati.

4. Senza pregiudizio della competenza dell'Unione e degli accordi dell'Unione relativi all'Unione economica e monetaria, gli Stati membri possono condurre negoziati nelle istanze internazionali e concludere accordi internazionali.

TITOLO VI
Relazioni dell'Unione con le organizzazioni internazionali e i paesi terzi e delegazioni dell'Unione

220 [*ex* articoli da 302 a 304 del TCE] 1. L'Unione attua ogni utile forma di cooperazione con gli organi delle Nazioni Unite e degli istituti specializzati delle Nazioni Unite, il Consiglio d'Europa, l'Organizzazione per la sicurezza e la cooperazione in Europa e l'Organizzazione per la cooperazione e lo sviluppo economico.

L'Unione assicura inoltre i collegamenti che ritiene opportuni con altre organizzazioni internazionali.

2. L'alto rappresentante dell'Unione per gli affari esteri e la politica di sicurezza e la Commissione sono incaricati dell'attuazione del presente articolo.

221 1. Le delegazioni dell'Unione nei paesi terzi e presso le organizzazioni internazionali assicurano la rappresentanza dell'Unione.

2. Le delegazioni dell'Unione sono poste sotto l'autorità dell'alto rappresentante dell'Unione per gli affari esteri e la politica di sicurezza. Esse agiscono in stretta cooperazione con le missioni diplomatiche e consolari degli Stati membri.

TITOLO VII
Clausola di solidarietà

222 1. L'Unione e gli Stati membri agiscono congiuntamente in uno spirito di solidarietà qualora uno Stato membro sia oggetto di un attacco terroristico o sia vittima di una calamità naturale o provocata dall'uomo. L'Unione mobilita tutti gli strumenti di cui dispone, inclusi i mezzi militari messi a sua disposizione dagli Stati membri, per:

a) — prevenire la minaccia terroristica sul territorio degli Stati membri;

— proteggere le istituzioni democratiche e la popolazione civile da un eventuale attacco terroristico;

— prestare assistenza a uno Stato membro sul suo territorio, su richiesta delle sue autorità politiche, in caso di attacco terroristico;

b) prestare assistenza a uno Stato membro sul suo territorio, su richiesta delle sue autorità politiche, in caso di calamità naturale o provocata dall'uomo.

2. Se uno Stato membro subisce un attacco terroristico o è vittima di una calamità naturale o provocata dall'uomo, gli altri Stati membri, su richiesta delle sue autorità politiche, gli prestano assistenza. A tal fine gli Stati membri si coordinano in sede di Consiglio.

3. Le modalità di attuazione della presente clausola di solidarietà da parte dell'Unione sono definite da una decisione adottata dal Consiglio, su proposta congiunta della Commissione e dell'alto rappresentante dell'Unione per gli affari esteri e la politica di sicurezza. Quando tale decisione ha implicazioni nel settore della difesa, il Consiglio delibera conformemente all'articolo 31, paragrafo 1 del trattato sull'Unione europea. Il Parlamento europeo è informato.

Ai fini del presente paragrafo e fatto salvo l'articolo 240, il Consiglio è assistito dal comitato politico e di sicurezza, con il sostegno delle strutture sviluppate nell'ambito della politica di sicurezza e di difesa comune, e dal comitato di cui all'articolo 71, i quali gli presentano, se del caso, pareri congiunti.

4. Per consentire all'Unione e agli Stati membri di agire in modo efficace, il Consiglio europeo valuta regolarmente le minacce cui è confrontata l'Unione.

PARTE VI
Disposizioni istituzionali e finanziarie

TITOLO I
Disposizioni istituzionali

CAPO 1
Le istituzioni

SEZIONE 1
Il Parlamento europeo

223 [*ex* articolo 190, paragrafi 4 e 5 del TCE] 1. Il Parlamento europeo elabora un progetto volto a stabilire le disposizioni necessarie per permettere l'elezione dei suoi membri a suffragio universale diretto, secondo una procedura uniforme in tutti gli Stati membri o secondo principi comuni a tutti gli Stati membri.

Il Consiglio, deliberando all'unanimità secondo una procedura legislativa speciale e previa approvazione del Parlamento europeo che si pronuncia alla maggioranza dei membri che lo compongono, stabilisce le disposizioni necessarie. Tali disposizioni entrano in vigore previa approvazione degli Stati membri conformemente alle rispettive norme costituzionali.

2. Previo parere della Commissione e con l'approvazione del Consiglio, il Parlamento europeo, di sua iniziativa, deliberando mediante regolamenti secondo una procedura legislativa speciale, stabilisce lo statuto e le condizioni generali per l'esercizio delle funzioni dei suoi membri. Per le norme o le condizioni relative al regime fiscale dei membri o ex membri è richiesta l'unanimità in sede di Consiglio.

224 [*ex* articolo 191, secondo comma, del TCE] Il Parlamento europeo e il Consiglio, deliberando mediante regolamenti secondo la procedura legislativa ordinaria, determinano lo statuto dei partiti politici a livello europeo di cui all'articolo 10, paragrafo 4 del trattato sull'Unione europea, in particolare le norme relative al loro finanziamento.

225 [*ex* articolo 192, secondo comma, del TCE] A maggioranza dei membri che lo compongono, il Parlamento europeo può chiedere alla Commissione di presentare adeguate proposte sulle questioni per le quali reputa necessaria l'elaborazione di un atto dell'Unione ai fini dell'attuazione dei trattati. Se la Commissione non presenta una proposta, essa ne comunica le motivazioni al Parlamento europeo.

226 [*ex* articolo 193 del TCE] Nell'ambito delle sue funzioni, il Parlamento europeo, su richiesta di un quarto dei membri che lo compongono, può costituire una commissione temporanea d'inchiesta incaricata di esaminare, fatti salvi i poteri conferiti dai trattati ad altre istituzioni o ad altri organi, le denunce di infrazione o di cattiva amministrazione nell'applicazione del diritto dell'Unione, salvo quando i fatti di cui trattasi siano pendenti dinanzi ad una giurisdizione e fino all'espletamento della procedura giudiziaria.

La commissione temporanea d'inchiesta cessa di esistere con il deposito della sua relazione.

Previa approvazione del Consiglio e della Commissione, il Parlamento europeo, di sua iniziativa, deliberando mediante regolamenti secondo una procedura legislativa speciale, fissa le modalità per l'esercizio del diritto d'inchiesta.

227 [*ex* articolo 194 del TCE] Qualsiasi cittadino dell'Unione, nonché ogni persona fisica o giuridica che risieda o abbia la sede sociale in uno Stato membro, ha il diritto di presentare, individualmente o in associazione con altri cittadini o persone, una petizione al Parlamento europeo su una materia che rientra nel campo di attività dell'Unione e che lo (la) concerne direttamente.

228 [*ex* articolo 195 del TCE] 1. Un mediatore europeo, eletto dal Parlamento europeo, è abilitato a ricevere le denunce di qualsiasi cittadino dell'Unione o di qualsiasi persona fisica o giuridica che risieda o abbia la sede sociale in uno Stato membro, e riguardanti casi di cattiva amministrazione nell'azione delle istituzioni, degli organi o degli organismi dell'Unione, salvo la Corte di giustizia dell'Unione europea nell'esercizio delle sue funzioni giurisdizionali. Egli istruisce tali denunce e riferisce al riguardo.

Conformemente alla sua missione, il Mediatore, di propria iniziativa o in base alle denunce che gli sono state presentate direttamente o tramite un membro del Parlamento europeo, procede alle indagini che ritiene giustificate, tranne quando i fatti in questione formino o abbiano formato oggetto di una procedura giudiziaria. Qualora il Mediatore constati un caso di cattiva amministrazione, egli ne investe l'istituzione interessata, che dispone di tre mesi per comunicargli il suo parere. Il Mediatore trasmette poi una relazione al Parlamento europeo e all'istituzione, all'organo o all'organismo interessati. La persona che ha sporto denuncia viene informata del risultato dell'indagine.

Ogni anno il Mediatore presenta una relazione al Parlamento europeo sui risultati delle sue indagini.

2. Il Mediatore è eletto dopo ogni elezione del Parlamento europeo per la durata della legislatura. Il suo mandato è rinnovabile.

Il Mediatore può essere dichiarato dimissionario dalla Corte di giustizia, su richiesta del Parlamento europeo, qualora non risponda più alle condizioni necessarie all'esercizio delle sue funzioni o abbia commesso una colpa grave.

3. Il Mediatore esercita le sue funzioni in piena indipendenza. Nell'adempimento dei suoi doveri, egli non sollecita né accetta istruzioni da alcun governo, istituzione, organo o organismo. Per tutta la durata del suo mandato, il Mediatore non può esercitare alcuna altra attività professionale, remunerata o meno.

4. Previo parere della Commissione e con l'approvazione del Consiglio, il Parlamento europeo, di sua iniziativa, deliberando mediante regolamenti secondo una procedura legislativa speciale, fissa lo statuto e le

condizioni generali per l'esercizio delle funzioni del Mediatore.

229 [*ex* articolo 196 del TCE] Il Parlamento europeo tiene una sessione annuale. Esso si riunisce di diritto il secondo martedì del mese di marzo.

Il Parlamento europeo può riunirsi in tornata a richiesta della maggioranza dei membri che lo compongono, del Consiglio o della Commissione.

230 [*ex* articolo 197, secondo, terzo e quarto comma, del TCE] La Commissione può assistere a tutte le sedute ed essere ascoltata a sua richiesta.

La Commissione risponde oralmente o per iscritto alle interrogazioni che le sono presentate dal Parlamento europeo o dai membri di questo.

Il Consiglio europeo e il Consiglio sono ascoltati dal Parlamento europeo, secondo le modalità previste dal regolamento interno del Consiglio europeo e da quello del Consiglio.

231 [*ex* articolo 198 del TCE] Salvo contrarie disposizioni dei trattati, il Parlamento europeo delibera a maggioranza dei suffragi espressi.

Il regolamento interno fissa il numero legale.

232 [*ex* articolo 199 del TCE] Il Parlamento europeo stabilisce il proprio regolamento interno a maggioranza dei membri che lo compongono.

Gli atti del Parlamento europeo sono pubblicati conformemente alle condizioni previste dai trattati e da detto regolamento.

233 [*ex* articolo 200 del TCE] Il Parlamento europeo, in seduta pubblica, procede all'esame della relazione generale annuale, che gli è sottoposta dalla Commissione.

234 [*ex* articolo 201 del TCE] Il Parlamento europeo, cui sia presentata una mozione di censura sull'operato della Commissione, non può pronunciarsi su tale mozione prima che siano trascorsi almeno tre giorni dal suo deposito e con scrutinio pubblico.

Se la mozione di censura è approvata a maggioranza di due terzi dei voti espressi e a maggioranza dei membri che compongono il Parlamento europeo, i membri della Commissione si dimettono collettivamente dalle loro funzioni e l'alto rappresentante dell'Unione per gli affari esteri e la politica di sicurezza si dimette dalle funzioni che esercita in seno alla Commissione. Essi rimangono in carica e continuano a curare gli affari di ordinaria amministrazione fino alla loro sostituzione conformemente all'articolo 17 del trattato sull'Unione europea. In questo caso, il mandato dei membri della Commissione nominati per sostituirli scade alla data in cui sarebbe scaduto il mandato dei membri della Commissione costretti a dimettersi collettivamente dalle loro funzioni.

SEZIONE 2
Il Consiglio europeo

235 1. In caso di votazione, ciascun membro del Consiglio europeo può ricevere delega da uno solo degli altri membri.

L'articolo 16, paragrafo 4 del trattato sull'Unione europea e l'articolo 238, paragrafo 2 del presente trattato si applicano al Consiglio europeo allorché delibera a maggioranza qualificata. Allorché il Consiglio europeo delibera mediante votazione, il presidente e il presidente della Commissione non partecipano al voto.

L'astensione di membri presenti o rappresentati non osta all'adozione delle deliberazioni del Consiglio europeo per le quali è richiesta l'unanimità.

2. Il presidente del Parlamento europeo può essere invitato per essere ascoltato dal Consiglio europeo.

3. Il Consiglio europeo delibera a maggioranza semplice in merito alle questioni procedurali e per l'adozione del suo regolamento interno.

4. Il Consiglio europeo è assistito dal segretariato generale del Consiglio.

236 Il Consiglio europeo adotta a maggioranza qualificata:

a) una decisione che stabilisce l'elenco delle formazioni del Consiglio, eccettuate quella "Affari generali" e quella "Affari esteri", conformemente all'articolo 16, paragrafo 6 del trattato sull'Unione europea;

b) una decisione sulla presidenza delle formazioni del Consiglio, eccettuata quella "Affari esteri", conformemente all'articolo 16, paragrafo 9 del trattato sull'Unione europea.

SEZIONE 3
Il Consiglio

237 [*ex* articolo 204 del TCE] Il Consiglio si riunisce su convocazione del suo presidente, per iniziativa di questi, di uno dei suoi membri o della Commissione.

238 [*ex* articolo 205, paragrafi 1 e 2, del TCE] 1. Per le deliberazioni che richiedono la maggioranza semplice, il Consiglio delibera ala maggioranza dei membri che lo compongono.

2. In deroga all'articolo 16, paragrafo 4 del trattato sull'Unione europea, a decorrere dal 1° novembre 2014 e fatte salve le disposizioni stabilite dal protocollo sulle disposizioni transitorie, quando il Consiglio non delibera su proposta della Commissione o dell'alto rappresentante dell'Unione per gli affari esteri e la politica di sicurezza, per maggioranza qualificata si intende almeno il 72% dei membri del Consiglio rappresentanti Stati membri che totalizzino almeno il 65% della popolazione dell'Unione.

3. A decorrere dal 1° novembre 2014 e fatte salve le disposizioni stabilite dal protocollo sulle disposizioni transitorie, nei casi in cui, a norma dei trattati, non tutti i membri del Consiglio partecipano alla votazione, per maggioranza qualificata si intende quanto segue:

a) per maggioranza qualificata si intende almeno il 55% dei membri del Consiglio rappresentanti gli Stati membri partecipanti che totalizzino almeno il 65% della popolazione di tali Stati.

La minoranza di blocco deve comprendere almeno il numero minimo di membri del Consiglio che rappresentano oltre il 35% della popolazione degli Stati membri partecipanti, più un altro membro; in caso contrario la maggioranza qualificata si considera raggiunta.

b) In deroga alla lettera *a*), quando il Consiglio non delibera su proposta della Commissione o dell'alto rappresentante dell'Unione per gli affari esteri e la politica di sicurezza, per maggioranza qualificata si intende almeno il 72% dei membri del Consiglio rappresentanti gli Stati membri partecipanti, che totalizzino almeno il 65% della popolazione di tali Stati.

4. Le astensioni dei membri presenti o rappresentati non ostano all'adozione delle deliberazioni del Consiglio per le quali è richiesta l'unanimità.

239 [*ex* articolo 206 del TCE] In caso di votazione, ciascun membro del Consiglio può ricevere delega da uno solo degli altri membri.

240 [*ex* articolo 207 del TCE] 1. Un comitato costituito dai rappresentanti permanenti dei governi degli Stati membri è responsabile della preparazione dei lavori del Consiglio e dell'esecuzione dei compiti che quest'ultimo gli assegna. Il comitato può adottare decisioni di procedura nei casi previsti dal regolamento interno del Consiglio.

2. Il Consiglio è assistito dal segretariato generale, sotto la responsabilità di un segretario generale nominato dal Consiglio.

Il Consiglio decide a maggioranza semplice in merito all'organizzazione del segretariato generale.

3. Il Consiglio delibera a maggioranza semplice in merito alle questioni procedurali e per l'adozione del suo regolamento interno.

241 [*ex* articolo 208 del TCE] Il Consiglio, deliberando a maggioranza semplice, può chiedere alla Commissione di procedere a tutti gli studi che esso ritiene opportuni ai fini del raggiungimento degli obiettivi comuni e di sottoporgli tutte le proposte del caso. Se la Commissione non presenta una proposta, ne comunica le motivazioni al Consiglio.

242 [*ex* articolo 209 del TCE] Il Consiglio deliberando a maggioranza semplice, stabilisce, previa consultazione della Commissione, lo statuto dei comitati previsti dai trattati.

243 [*ex* articolo 210 del TCE] Il Consiglio fissa gli stipendi, indennità e pensioni del presidente del Consiglio europeo, del presidente della Commissione, dell'alto rappresentante dell'Unione per gli affari esteri e la politica di sicurezza, dei membri della Commissione, dei presidenti, dei membri e dei cancellieri della Corte di giustizia dell'Unione europea, nonché del segretario generale del Consiglio. Esso fissa altresì tutte le indennità sostitutive di retribuzione.

SEZIONE 4
La Commissione

244 A norma dell'articolo 17, paragrafo 5 del trattato sull'Unione europea i membri della Commissione sono scelti in base ad un sistema di rotazio ne stabilito all'unanimità dal Consiglio europeo secondo i principi seguenti:

a) gli Stati membri sono trattati su un piano di assoluta parità per quanto concerne la determinazione dell'avvicendamento e del periodo di permanenza dei loro cittadini in seno alla Commissione; pertanto lo scarto tra il numero totale dei mandati detenuti da cittadini di due Stati membri non può mai essere superiore a uno;

b) fatta salva la lettera *a*), ciascuna delle Commissioni successive è costituita in modo da riflettere in maniera soddisfacente la molteplicità demografica e geografica degli Stati membri.

245 [*ex* articolo 213 del TCE] I membri della Commissione si astengono da ogni atto incompatibile con il carattere delle loro funzioni. Gli Stati membri rispettano la loro indipendenza e non cercano di influenzarli nell'adempimento dei loro compiti.

I membri della Commissione non possono, per la durata delle loro funzioni, esercitare alcun'altra attività professionale, rimunerata o meno. Fin dal loro insediamento, essi assumono l'impegno solenne di rispettare, per la durata delle loro funzioni e dopo la cessazione di queste, gli obblighi derivanti dalla loro carica, ed in particolare i doveri di onestà e delicatezza per quanto riguarda l'accettare, dopo tale cessazione, determinate funzioni o vantaggi. In caso di violazione degli obblighi stessi, la Corte di giustizia, su istanza del Consiglio, che delibera a maggioranza semplice, o della Commissione, può, a seconda dei casi, pronunciare le dimissioni d'ufficio alle condizioni previste dall'articolo 247 ovvero la decadenza dal diritto a pensione dell'interessato o da altri vantaggi sostitutivi.

246 [*ex* articolo 215 del TCE] A parte i rinnovi regolari e i decessi, le funzioni dei membri della Commissione cessano individualmente per dimissioni volontarie o d'ufficio.

Il posto divenuto vacante a seguito di dimissioni volontarie o d'ufficio o di decesso è coperto, per la restante durata del mandato del membro, da un nuovo membro della stessa nazionalità, nominato dal Consiglio di comune accordo col presidente della Commissione, previa consultazione del Parlamento europeo e in conformità dei criteri di cui all'articolo 17, paragrafo 3, secondo comma del trattato sull'Unione europea.

Il Consiglio, deliberando all'unanimità su proposta del presidente della Commissione, può decidere che tale posto divenuto vacante non deve essere coperto, in particolare se la restante durata del mandato è breve.

In caso di dimissioni volontarie, di dimissioni d'ufficio o di decesso, il presidente è sostituito per la restante durata del suo mandato. Per la sua sostituzione si applica la procedura prevista dall'articolo 17, paragrafo 7, primo comma del trattato sull'Unione europea.

In caso di dimissioni volontarie o d'ufficio o di decesso, l'alto rappresentante dell'Unione per gli affari esteri e la politica di sicurezza è sostituito per la restante durata del suo mandato, in conformità dell'articolo 18, paragrafo 1 del trattato sull'Unione europea.

In caso di dimissioni volontarie di tutti i membri della Commissione, questi rimangono in carica e continuano a curare gli affari di ordinaria amministrazione fino alla loro sostituzione, per la restante durata del mandato, in conformità dell'articolo 17 del trattato sull'Unione europea.

247 [*ex* articolo 216 del TCE] Qualsiasi membro della Commissione che non risponda più alle condizioni necessarie all'esercizio delle sue funzioni o che abbia commesso una colpa grave può essere dichiarato dimissionario dalla Corte di giustizia, su istanza del Consiglio, che delibera a maggioranza semplice, o della Commissione.

248 [*ex* articolo 217, paragrafo 2, del TCE] Fatto salvo l'articolo 18, paragrafo 4 del trattato sull'Unione europea, le competenze che spettano alla Commissione sono strutturate e ripartite fra i membri dal presidente, in conformità dell'articolo 17, paragrafo 6 di detto trattato. Il presidente può modificare la ripartizione delle competenze nel corso del mandato. I membri della Commissione esercitano le funzioni loro attribuite dal presidente, sotto la sua autorità.

249 [*ex* articoli 218, paragrafo 2, e 212 del TCE] 1. La Commissione stabilisce il proprio regolamento interno allo scopo di assicurare il proprio funzionamento e quello dei propri servizi. Essa provvede alla pubblicazione del regolamento.

2. La Commissione pubblica ogni anno, almeno un mese prima dell'apertura della sessione del Parlamento europeo, una relazione generale sull'attività dell'Unione.

250 [*ex* articolo 219 del TCE] Le deliberazioni della Commissione sono rese a maggioranza dei suoi membri.

Il regolamento interno fissa il numero legale.

SEZIONE 5
La Corte di giustizia dell'Unione europea (1)

(1) *Ai sensi dell'art. 9, comma 1 l. 3 aprile 1979, n. 103 « L'Avvocatura generale dello Stato provvede alla rappresentanza e difesa delle amministrazioni nei giudizi davanti alla Corte costituzionale, alla Corte di cassazione, al Tribunale superiore delle acque pubbliche, alle altre supreme giurisdizioni, anche amministrative, ed ai collegi arbitrali con sede in Roma, nonché nei procedimenti innanzi a collegi internazionali o comunitari ».*

251 [*ex* articolo 221 del TCE] La Corte di giustizia si riunisce in sezioni o in grande sezione, conformemente alle regole previste a tal fine dallo statuto della Corte di giustizia dell'Unione europea.

Ove ciò sia previsto dallo statuto, la Corte di giustizia può riunirsi anche in seduta plenaria.

252 [*ex* articolo 222 del TCE] La Corte di giustizia è assistita da otto avvocati generali. Ove ciò sia richiesto dalla Corte di giustizia, il Consiglio, deliberando all'unanimità, può aumentare il numero degli avvocati generali.

L'avvocato generale ha l'ufficio di presentare pubblicamente, con assoluta imparzialità e in piena indipendenza, conclusioni motivate sulle cause che, conformemente allo statuto della Corte di giustizia dell'Unione europea, richiedono il suo intervento.

253 [*ex* articolo 223 del TCE] I giudici e gli avvocati generali della Corte di giustizia, scelti tra personalità che offrano tutte le garanzie di indipendenza e che riuniscano le condizioni richieste per l'esercizio, nei rispettivi paesi, delle più alte funzioni giurisdizionali, ovvero che siano giureconsulti di notoria competenza, sono nominati di comune accordo per sei anni dai governi degli Stati membri, previa consultazione del comitato di cui all'articolo 255.

Ogni tre anni si procede a un rinnovo parziale dei giudici e degli avvocati generali, alle condizioni previste dallo statuto della Corte di giustizia dell'Unione europea.

I giudici designano tra loro, per tre anni, il presidente della Corte di giustizia. Il suo mandato è rinnovabile.

I giudici e gli avvocati generali uscenti possono essere nuovamente nominati.

La Corte di giustizia nomina il proprio cancelliere, di cui fissa lo statuto.

La Corte di giustizia stabilisce il proprio regolamento di procedura. Tale regolamento è sottoposto all'approvazione del Consiglio.

254 [*ex* articolo 224 del TCE] Il numero dei giudici del Tribunale è stabilito dallo statuto della Corte di giustizia dell'Unione europea.

Lo statuto può prevedere che il Tribunale sia assistito da avvocati generali.

I membri del Tribunale sono scelti tra persone che offrano tutte le garanzie di indipendenza e possiedano la capacità per l'esercizio di alte funzioni giurisdizionali. Essi sono nominati di comune accordo per sei anni dai governi degli Stati membri, previa consultazione del comitato di cui all'articolo 255. Ogni tre anni si procede a un rinnovo parziale. I membri uscenti possono essere nuovamente nominati.

I giudici designano tra loro, per tre anni, il presidente del Tribunale. Il suo mandato è rinnovabile.

Il Tribunale nomina il proprio cancelliere, di cui fissa lo statuto.

Il Tribunale stabilisce il proprio regolamento di procedura di concerto con la Corte di giustizia. Tale regolamento è sottoposto all'approvazione del Consiglio.

Salvo quanto diversamente disposto dallo statuto della Corte di giustizia dell'Unione europea, le disposizioni dei trattati relative alla Corte di giustizia sono applicabili al Tribunale.

255 È istituito un comitato con l'incarico di fornire un parere sull'adeguatezza dei candidati all'esercizio delle funzioni di giudice e di avvocato generale della Corte di giustizia e del Tribunale, prima che i governi degli Stati membri procedano alle nomine in conformità degli articoli 253 e 224.

Il comitato è composto da sette personalità scelte tra ex membri della Corte di giustizia e del Tribunale, membri dei massimi organi giurisdizionali nazionali e giuristi di notoria competenza, uno dei quali è proposto dal Parlamento europeo. Il Consiglio adotta una decisione che stabilisce le regole di funzionamento di detto comitato e una decisione che ne designa i membri. Esso delibera su iniziativa del presidente della Corte di giustizia.

256 [*ex* articolo 225 del TCE] 1. Il Tribunale è competente a conoscere in primo grado dei ricorsi di cui agli articoli 263, 265, 268, 270 e 272, ad eccezione di quelli attribuiti a un tribunale specializzato istituito in applicazione dell'articolo 257 e di quelli che lo statuto riserva alla Corte di giustizia. Lo statuto può prevedere che il Tribunale sia competente per altre categorie di ricorsi.

Le decisioni emesse dal Tribunale ai sensi del presente paragrafo possono essere oggetto di impugnazione dinanzi alla Corte di giustizia per i soli motivi di diritto e alle condizioni ed entro i limiti previsti dallo statuto.

2. Il Tribunale è competente a conoscere dei ricorsi proposti contro le decisioni dei tribunali specializzati.

Le decisioni emesse dal Tribunale ai sensi del presente paragrafo possono eccezionalmente essere oggetto di riesame da parte della Corte di giustizia, alle condizioni ed entro i limiti previsti dallo statuto, ove sussistano gravi rischi che l'unità o la coerenza del diritto dell'Unione siano compromesse.

3. Il Tribunale è competente a conoscere delle questioni pregiudiziali, sottoposte ai sensi dell'articolo 267, in materie specifiche determinate dallo statuto.

Il Tribunale, ove ritenga che la causa richieda una decisione di principio che potrebbe compromettere l'unità o la coerenza del diritto dell'Unione, può rinviare la causa dinanzi alla Corte di giustizia affinché si pronunci.

Le decisioni emesse dal Tribunale su questioni pregiudiziali possono eccezionalmente essere oggetto di riesame da parte della Corte di giustizia, alle condizioni ed entro i limiti previsti dallo statuto, ove sussistano gravi rischi che l'unità o la coerenza del diritto dell'Unione siano compromesse.

257 [*ex* articolo 225 A del TCE] Il Parlamento europeo e il Consiglio, deliberando secondo la procedura legislativa ordinaria, possono istituire tribunali specializzati affiancati al Tribunale, e incaricati di conoscere in primo grado di talune categorie di ricorsi proposti in materie specifiche. Il Parlamento europeo e il Consiglio deliberano mediante regolamenti su proposta della Commissione e previa consultazione della Corte di giustizia o su richiesta della Corte di giustizia e previa consultazione della Commissione.

Il regolamento sull'istituzione di un tribunale specializzato stabilisce le regole relative alla composizione di tale tribunale e precisa la portata delle competenze ad esso conferite.

Le decisioni dei tribunali specializzati possono essere oggetto di impugnazione per i soli motivi di diritto o, qualora il regolamento sull'istituzione del tribunale specializzato lo preveda, anche per motivi di fatto, dinanzi al Tribunale.

I membri dei tribunali specializzati sono scelti tra persone che offrano tutte le garanzie di indipendenza e possiedano la capacità per l'esercizio di funzioni giurisdizionali. Essi sono nominati dal Consiglio, che delibera all'unanimità.

I tribunali specializzati stabiliscono il proprio regolamento di procedura di concerto con la Corte di giustizia. Tale regolamento è sottoposto all'approvazione del Consiglio.

Salvo ove diversamente disposto dal regolamento sull'istituzione del tribunale specializzato, le disposizioni dei trattati relative alla Corte di giustizia dell'Unione europea e le disposizioni dello statuto della Corte di giustizia dell'Unione europea si applicano ai tribunali specializzati. Il titolo I dello statuto e l'articolo 64 del medesimo si applicano in ogni caso ai tribunali specializzati.

258 [*ex* articolo 226 del TCE] La Commissione, quando reputi che uno Stato membro abbia mancato a uno degli obblighi a lui incombenti in virtù dei trattati, emette un parere motivato al riguardo, dopo aver posto lo Stato in condizioni di presentare le sue osservazioni.

Qualora lo Stato in causa non si conformi a tale parere nel termine fissato dalla Commissione, questa può adire la Corte di giustizia dell'Unione europea.

259 [*ex* articolo 227 del TCE] Ciascuno degli Stati membri può adire la Corte di giustizia dell'Unione europea quando reputi che un altro Stato membro ha mancato a uno degli obblighi a lui incombenti in virtù dei trattati.

Uno Stato membro, prima di proporre contro un altro Stato membro un ricorso fondato su una pretesa violazione degli obblighi che a quest'ultimo incombono in virtù dei trattati, deve rivolgersi alla Commissione.

La Commissione emette un parere motivato dopo che gli Stati interessati siano posti in condizione di presentare in contraddittorio le loro osservazioni scritte e orali.

Qualora la Commissione non abbia formulato il parere nel termine di tre mesi dalla domanda, la mancanza del parere non osta alla facoltà di ricorso alla Corte.

260 [*ex* articolo 228 del TCE] 1. Quando la Corte di giustizia dell'Unione europea riconosca che uno Stato membro ha mancato ad uno degli obblighi ad esso incombenti in virtù dei trattati, tale Stato è tenuto a prendere i provvedimenti che l'esecuzione della sentenza della Corte comporta.

2. Se ritiene che lo Stato membro in questione non abbia preso le misure che l'esecuzione della sentenza della Corte comporta, la Commissione, dopo aver posto tale Stato in condizione di presentare osservazioni, può adire la Corte. Essa precisa l'importo della somma forfettaria o della penalità, da versare da parte dello Stato membro in questione, che essa consideri adeguato alle circostanze.

La Corte, qualora riconosca che lo Stato membro in questione non si è conformato alla sentenza da essa pronunciata, può comminargli il pagamento di una somma forfettaria o di una penalità.

Questa procedura lascia impregiudicate le disposizioni dell'articolo 259.

3. La Commissione, quando propone ricorso dinanzi alla Corte in virtù dell'articolo 258 reputando che lo Stato membro interessato non abbia adempiuto all'obbligo di comunicare le misure di attuazione di una direttiva adottata secondo una procedura le gislativa, può, se lo ritiene opportuno, indicare l'importo della somma forfettaria o della penalità da versare da parte di tale Stato che essa consideri adeguato alle circostanze.

Se la Corte constata l'inadempimento, può comminare allo Stato membro in questione il pagamento di una somma forfettaria o di una penalità entro i limiti dell'importo indicato dalla Commissione. Il pagamento è esigibile alla data fissata dalla Corte nella sentenza.

261 [*ex* articolo 229 del TCE] I regolamenti adottati congiuntamente dal Parlamento europeo e dal Consiglio e dal Consiglio in virtù delle disposizioni dei trattati possono attribuire alla Corte di giustizia dell'Unione europea una competenza giurisdizionale anche di merito per quanto riguarda le sanzioni previste nei regolamenti stessi.

262 [*ex* articolo 229 A del TCE] Fatte salve le altre disposizioni dei trattati, il Consiglio, deliberando all'unanimità secondo una procedura legislativa speciale e previa consultazione del Parlamento europeo, può adottare disposizioni intese ad attribuire alla Corte di giustizia dell'Unione europea, nella misura da esso stabilita, la competenza a pronunciarsi su controversie connesse con l'applicazione degli atti adottati in base ai trattati che creano titoli europei di proprietà intellettuale. Tali disposizioni entrano in vigore previa approvazione degli Stati membri, conformemente alle rispettive norme costituzionali.

263 [*ex* articolo 230 del TCE] La Corte di giustizia dell'Unione europea esercita un controllo di legittimità sugli atti legislativi, sugli atti del Consiglio, della Commissione e della Banca centrale europea che non siano raccomandazioni o pareri, nonché sugli atti del Parlamento europeo e del Consiglio europeo destinati a produrre effetti giuridici nei confronti di terzi. Esercita inoltre un controllo di legittimità sugli atti degli organi o organismi dell'Unione destinati a produrre effetti giuridici nei confronti di terzi.

A tal fine, la Corte è competente a pronunciarsi sui ricorsi per incompetenza, violazione delle forme sostanziali, violazione dei trattati o di qualsiasi regola di diritto relativa alla loro applicazione, ovvero per sviamento di potere, proposti da uno Stato membro, dal Parlamento europeo, dal Consiglio o dalla Commissione.

La Corte è competente, alle stesse condizioni, a pronunciarsi sui ricorsi che la Corte dei conti, la Banca centrale europea ed il Comitato delle regioni propongono per salvaguardare le proprie prerogative.

Qualsiasi persona fisica o giuridica può proporre, alle condizioni previste al primo e secondo comma, un ricorso contro gli atti adottati nei suoi confronti o che la riguardano direttamente e individualmente, e contro gli atti regolamentari che la riguardano direttamente e che non comportano alcuna misura d'esecuzione.

Gli atti che istituiscono gli organi e organismi dell'Unione possono prevedere condizioni e modalità specifiche relative ai ricorsi proposti da persone fisiche o giuridiche contro atti di detti organi o organismi destinati a produrre effetti giuridici nei loro confronti.

I ricorsi previsti dal presente articolo devono essere proposti nel termine di due mesi a decorrere, secondo i casi, dalla pubblicazione dell'atto, dalla sua notificazione al ricorrente ovvero, in mancanza, dal giorno in cui il ricorrente ne ha avuto conoscenza.

264 [*ex* articolo 231 del TCE] Se il ricorso è fondato, la Corte di giustizia dell'Unione europea dichiara nullo e non avvenuto l'atto impugnato.

Tuttavia la Corte, ove lo reputi necessario, precisa gli effetti dell'atto annullato che devono essere considerati definitivi.

265 [*ex* articolo 232 del TCE] Qualora, in violazione dei trattati, il Parlamento europeo, il Consiglio europeo, il Consiglio, la Commissione o la Banca centrale europea si astengano dal pronunciarsi, gli Stati membri e le altre istituzioni dell'Unione possono adire la Corte di giustizia dell'Unione europea per far constatare tale violazione. Il presente articolo si applica, alle stesse condizioni, agli organi e organismi dell'Unione che si astengano dal pronunciarsi.

Il ricorso è ricevibile soltanto quando l'istituzione, l'organo o l'organismo in causa siano stati preventivamente richiesti di agire. Se, allo scadere di un termine di due mesi da tale richiesta, l'istituzione, l'organo o l'organismo non hanno preso posizione, il ricorso può essere proposto entro un nuovo termine di due mesi.

Ogni persona fisica o giuridica può adire la Corte alle condizioni stabilite dai commi precedenti per contestare ad una istituzione, organo o organismo dell'Unione di avere omesso di emanare nei suoi confronti un atto che non sia una raccomandazione o un parere.

266 [*ex* articolo 233 del TCE] L'istituzione, l'organo o l'organismo da cui emana l'atto annullato o la cui astensione sia stata dichiarata contraria ai trattati sono tenuti a prendere i provvedimenti che l'esecuzione della sentenza della Corte di giustizia dell'Unione europea comporta.

Tale obbligo non pregiudica quello eventualmente risultante dall'applicazione dell'articolo 340.

267 [*ex* articolo 234 del TCE] La Corte di giustizia dell'Unione europea è competente a pronunciarsi, in via pregiudiziale:

a) sull'interpretazione dei trattati;

b) sulla validità e l'interpretazione degli atti compiuti dalle istituzioni, dagli organi o dagli organismi dell'Unione.

Quando una questione del genere è sollevata dinanzi ad un organo giurisdizionale di uno degli Stati membri, tale organo giurisdizionale può, qualora reputi necessaria per emanare la sua sentenza una decisione su questo punto, domandare alla Corte di pronunciarsi sulla questione.

Quando una questione del genere è sollevata in un giudizio pendente davanti a un organo giurisdizionale nazionale, avverso le cui decisioni non possa proporsi un ricorso giurisdizionale di diritto interno, tale organo giurisdizionale è tenuto a rivolgersi alla Corte.

Quando una questione del genere è sollevata in un giudizio pendente davanti a un organo giurisdizionale nazionale e riguardante una persona in stato di detenzione, la Corte statuisce il più rapidamente possibile.

268 [*ex* articolo 235 del TCE] La Corte di giustizia dell'Unione europea è competente a conoscere delle controversie relative al risarcimento dei danni di cui all'articolo 340, secondo e terzo comma.

269 La Corte di giustizia è competente a pronunciarsi sulla legittimità di un atto adottato dal Consiglio europeo o dal Consiglio a norma dell'articolo 7 del trattato sull'Unione europea unicamente su domanda dello Stato membro oggetto di una constatazione del Consiglio europeo o del Consiglio e per quanto concerne il rispetto delle sole prescrizioni di carattere procedurale previste dal suddetto articolo.

La domanda deve essere formulata entro il termine di un mese a decorrere da detta constatazione. La Corte statuisce entro il termine di un mese a decorrere dalla data della domanda.

270 [*ex* articolo 236 del TCE] La Corte di giustizia dell'Unione europea è competente a pronunciarsi su qualsiasi controversia tra l'Unione e gli agenti di questa, nei limiti e alle condizioni determinati dallo statuto dei funzionari dell'Unione e dal regime applicabile agli altri agenti dell'Unione.

271 [*ex* articolo 237 del TCE] La Corte di giustizia dell'Unione europea è competente, nei limiti sotto specificati, a conoscere delle controversie in materia di:

a) esecuzione degli obblighi degli Stati membri derivanti dallo statuto della Banca europea per gli investimenti. Il consiglio di amministrazione della Banca dispone a tale riguardo dei poteri riconosciuti alla Commissione dall'articolo 258;

b) deliberazioni del consiglio dei governatori della Banca europea per gli investimenti. Ciascuno Stato membro, la Commissione e il consiglio di amministrazione della Banca possono proporre un ricorso in materia, alle condizioni previste dall'articolo 263;

c) deliberazioni del consiglio di amministrazione della Banca europea per gli investimenti. I ricorsi avverso tali deliberazioni possono essere proposti, alle condizioni fissate dall'articolo 263, soltanto dagli Stati membri o dalla Commissione e unicamente per violazione delle norme di cui all'articolo 19, paragrafo 2 e paragrafi da 5 a 7 inclusi, dello statuto della Banca;

d) esecuzione, da parte delle banche centrali nazionali, degli obblighi derivanti dai trattati e dallo statuto del SEBC e della BCE. Il consiglio direttivo della Banca centrale europea dispone al riguardo, nei confronti delle banche centrali nazionali, dei poteri riconosciuti alla Commissione dall'articolo 258 nei confronti degli Stati membri. Quando la Corte riconosca che una banca centrale nazionale ha mancato ad uno degli obblighi ad essa incombenti in virtù dei trattati, essa è tenuta a prendere i provvedimenti che l'esecuzione della sentenza della Corte comporta.

272 [*ex* articolo 238 del TCE] La Corte di giustizia dell'Unione europea è competente a giudicare in virtù di una clausola compromissoria contenuta in un contratto di diritto pubblico o di diritto privato stipulato dall'Unione o per conto di questa.

273 [*ex* articolo 239 del TCE] La Corte di giustizia è competente a conoscere di qualsiasi controversia tra Stati membri in connessione con l'oggetto dei trattati, quando tale controversia le venga sottoposta in virtù di un compromesso.

274 [*ex* articolo 240 del TCE] Fatte salve le competenze attribuite alla Corte di giustizia dell'Unione europea dai trattati, le controversie nelle quali l'Unione sia parte non sono, per tale motivo, sottratte alla competenza delle giurisdizioni nazionali.

275 La Corte di giustizia dell'Unione europea non è competente per quanto riguarda le disposizioni relative alla politica estera e di sicurezza comune, né per quanto riguarda gli atti adottati in base a dette disposizioni.

Tuttavia, la Corte è competente a controllare il rispetto dell'articolo 40 del trattato sull'Unione europea e a pronunciarsi sui ricorsi, proposti secondo le condizioni di cui all'articolo 263, quarto comma del presente trattato, riguardanti il controllo della legittimità delle decisioni che prevedono misure restrittive nei confronti di persone fisiche o giuridiche adottate dal Consiglio in base al titolo V, capo 2 del trattato sull'Unione europea.

276 Nell'esercizio delle attribuzioni relative alle disposizioni dei capi 4 e 5 della parte terza, titolo V concernenti lo spazio di libertà, sicurezza e giustizia, la Corte di giustizia dell'Unione europea non è competente a esaminare la validità o la proporzionalità di operazioni condotte dalla polizia o da altri servizi incaricati dell'applicazione della legge di uno Stato membro o l'esercizio delle responsabilità incombenti agli Stati membri per il mantenimento dell'ordine pubblico e la salvaguardia della sicurezza interna.

277 [*ex* articolo 241 del TCE] Nell'eventualità di una controversia che metta in causa un atto di portata generale adottato da un'istituzione, organo o organismo dell'Unione, ciascuna parte può, anche dopo lo spirare del termine previsto all'articolo 263, sesto comma, valersi dei motivi previsti all'articolo 263, secondo comma, per invocare dinanzi alla Corte di giustizia dell'Unione europea l'inapplicabilità dell'atto stesso.

278 [*ex* articolo 242 del TCE] I ricorsi proposti alla Corte di giustizia dell'Unione europea non hanno effetto sospensivo. Tuttavia, la Corte può, quando reputi che le circostanze lo richiedano, ordinare la sospensione dell'esecuzione dell'atto impugnato.

279 [*ex* articolo 243 del TCE] La Corte di giustizia dell'Unione europea, negli affari che le sono proposti, può ordinare i provvedimenti provvisori necessari.

280 [*ex* articolo 244 del TCE] Le sentenze della Corte di giustizia dell'Unione europea hanno forza esecutiva alle condizioni fissate dall'articolo 299.

281 [*ex* articolo 245 del TCE] Lo statuto della Corte di giustizia dell'Unione europea è stabilito con un protocollo separato.

Il Parlamento europeo e il Consiglio, deliberando secondo la procedura legislativa ordinaria, possono modificare le disposizioni dello statuto, ad eccezione del titolo I e dell'articolo 64. Il Parlamento europeo e il Consiglio deliberano su richiesta della Corte di giustizia e previa consultazione della Commissione o su proposta della Commissione e previa consultazione della Corte di giustizia.

SEZIONE 6
La Banca centrale europea

282 1. La Banca centrale europea e le banche centrali nazionali costituiscono il Sistema europeo di banche centrali (SEBC). La Banca centrale europea e le banche centrali nazionali degli Stati membri la cui moneta è l'euro, che costituiscono l'Eurosistema, conducono la politica monetaria dell'Unione.

2. Il SEBC è diretto dagli organi decisionali della Banca centrale europea. L'obiettivo principale del SEBC è il mantenimento della stabilità dei prezzi. Fatto salvo tale obiettivo, esso sostiene le politiche economiche generali nell'Unione per contribuire alla realizzazione degli obiettivi di quest'ultima.

3. La Banca centrale europea ha personalità giuridica. Ha il diritto esclusivo di autorizzare l'emissione dell'euro. È indipendente nell'esercizio dei suoi poteri e nella gestione delle sue finanze. Le istituzioni, organi e organismi dell'Unione e i governi degli Stati membri rispettano tale indipendenza.

4. La Banca centrale europea adotta le misure necessarie all'assolvimento dei suoi compiti in conformità degli articoli da 127 a 133, dell'articolo 138 e delle condizioni stabilite dallo statuto del SEBC e della BCE. In conformità di questi stessi articoli, gli Stati membri la cui moneta non è l'euro e le rispettive banche centrali conservano le loro competenze nel settore monetario.

5. Nei settori che rientrano nelle sue attribuzioni, la Banca centrale europea è consultata su ogni progetto di atto dell'Unione e su ogni progetto di atto normativo a livello nazionale, e può formulare pareri.

283 [*ex* articolo 112 del TCE] 1. Il consiglio direttivo della Banca centrale europea comprende i membri del comitato esecutivo della Banca centrale europea nonché i governatori delle banche centrali nazionali degli Stati membri la cui moneta è l'euro.

2. Il comitato esecutivo comprende il presidente, il vicepresidente e quattro altri membri.

Il presidente, il vicepresidente e gli altri membri del comitato esecutivo sono nominati, tra persone di riconosciuta levatura ed esperienza professionale nel settore monetario o bancario, dal Consiglio europeo che delibera a maggioranza qualificata, su raccomandazione del Consiglio e previa consultazione del Parlamento europeo e del consiglio direttivo della Banca centrale europea.

Il loro mandato ha una durata di otto anni e non è rinnovabile.

Soltanto cittadini degli Stati membri possono essere membri del comitato esecutivo.

284 [*ex* articolo 113 del TCE] 1. Il presidente del Consiglio e un membro della Commissione possono partecipare, senza diritto di voto, alle riunioni del Consiglio direttivo della Banca centrale europea.

Il presidente del Consiglio può sottoporre una mozione alla delibera del consiglio direttivo della Banca centrale europea.

2. Il presidente della Banca centrale europea è invitato a partecipare alle riunioni del Consiglio quando quest'ultimo discute su argomenti relativi agli obiettivi e ai compiti del SEBC.

3. La Banca centrale europea trasmette al Parlamento europeo, al Consiglio e alla Commissione nonché al Consiglio europeo, una relazione annuale sull'attività del SEBC e sulla politica monetaria dell'anno precedente e dell'anno in corso. Il presidente della Banca centrale europea presenta tale relazione al Consiglio e al Parlamento europeo, che può procedere su questa base ad un dibattito generale.

Il presidente della Banca centrale europea e gli altri membri del comitato esecutivo possono, a richiesta del Parlamento europeo o di propria iniziativa, essere ascoltati dalle commissioni competenti del Parlamento europeo.

SEZIONE 7
La Corte dei conti

285 [*ex* articolo 246 del TCE] La Corte dei conti assicura il controllo dei conti dell'Unione.

Essa è composta da un cittadino di ciascuno Stato membro. I suoi membri esercitano le loro funzioni in piena indipendenza, nell'interesse generale dell'Unione.

286 [*ex* articolo 247 del TCE] 1. I membri della Corte dei conti sono scelti tra personalità che fanno o hanno fatto parte, nei rispettivi Stati, delle istituzioni di controllo esterno o che posseggono una qualifica specifica per tale funzione. Essi devono offrire tutte le garanzie d'indipendenza.

2. I membri della Corte dei conti sono nominati per un periodo di sei anni. Il Consiglio, previa consultazione del Parlamento europeo, adotta l'elenco dei membri, redatto conformemente alle proposte presentate da ciascuno Stato membro. Il mandato dei membri della Corte dei conti è rinnovabile.

I membri designano tra loro, per tre anni, il presidente della Corte dei conti. Il suo mandato è rinnovabile.

3. Nell'adempimento dei loro doveri, i membri della Corte dei Conti non sollecitano né accettano istruzioni da alcun governo né da alcun organismo. Essi si astengono da ogni atto incompatibile con il carattere delle loro funzioni.

4. I membri della Corte dei conti non possono, per la durata delle loro funzioni, esercitare alcun'altra attività professionale, remunerata o meno. Fin dal loro insediamento, i membri della Corte dei conti assumono l'impegno solenne di rispettare, per la durata delle loro funzioni e dopo la cessazione di queste, gli obblighi derivanti dalla loro carica ed in particolare i doveri di onestà e delicatezza per quanto riguarda l'accettare, dopo tale cessazione, determinate funzioni o vantaggi.

5. A parte rinnovamenti regolari e i decessi, le funzioni dei membri della Corte dei conti cessano individualmente per dimissioni volontarie o per dimissioni d'ufficio dichiarate dalla Corte di giustizia conformemente alle disposizioni del paragrafo 6.

L'interessato è sostituito per la restante durata del mandato.

Salvo il caso di dimissioni d'ufficio, i membri della Corte dei conti restano in carica fino a quando non si sia provveduto alla loro sostituzione.

6. I membri della Corte dei conti possono essere destituiti dalle loro funzioni oppure essere dichiarati decaduti dal loro diritto alla pensione o da altri vantaggi sostitutivi soltanto se la Corte di giustizia constata, su richiesta della Corte dei conti, che essi non sono più in possesso dei requisiti necessari o non soddisfano più agli obblighi derivanti dalla loro carica.

7. Il Consiglio fissa le condizioni di impiego, in particolare stipendi, indennità e pensioni, del presidente e dei membri della Corte dei conti. Esso fissa altresì tutte le indennità sostitutive di retribuzione.

8. Le disposizioni del protocollo sui privilegi e sulle immunità dell'Unione europea applicabili ai giudici della Corte di giustizia dell'Unione europea sono applicabili anche ai membri della Corte dei conti.

287 [*ex* articolo 248 del TCE] 1. La Corte dei conti esamina i conti di tutte le entrate e le spese dell'Unione. Esamina del pari i conti di tutte le entrate e le spese di ogni organo o organismo creato dall'Unione, nella misura in cui l'atto costitutivo non escluda tale esame.

La Corte dei conti presenta al Parlamento europeo e al Consiglio una dichiarazione in cui attesta l'affidabilità dei conti e la legittimità e la regolarità delle relative operazioni, che è pubblicata nella Gazzetta ufficiale dell'Unione europea. Detta dichiarazione può essere completata da valutazioni specifiche per ciascuno dei settori principali dell'attività dell'Unione.

2. La Corte dei conti controlla la legittimità e la regolarità delle entrate e delle spese ed accerta la sana gestione finanziaria. Nell'esercitare tale con trollo, essa riferisce in particolare su ogni caso di irregolarità.

Il controllo delle entrate si effettua in base agli accertamenti ed ai versamenti delle entrate all'Unione.

Il controllo delle spese si effettua in base agli impegni ed ai pagamenti.

Tali controlli possono essere effettuati prima della chiusura dei conti dell'esercizio di bilancio considerato.

3. Il controllo ha luogo tanto sui documenti quanto, in caso di necessità, sul posto, presso le altre istituzioni dell'Unione, nei locali di qualsiasi organo o organismo che gestisca le entrate o le spese per conto dell'Unione e negli Stati membri, compresi i locali di persone fisiche o giuridiche che ricevano contributi a carico del bilancio. Il controllo negli Stati membri si effettua in collaborazione con le istituzioni nazionali di controllo o, se queste non hanno la necessaria competenza, con i servizi nazionali competenti. La Corte dei conti e le istituzioni nazionali di controllo degli Stati membri cooperano in uno spirito di reciproca fiducia, pur mantenendo la loro indipendenza. Tali istituzioni o servizi comunicano alla Corte dei conti se intendono partecipare al controllo.

Le altre istituzioni dell'Unione, gli organi o organismi che gestiscono le entrate o le spese per conto dell'Unione, le persone fisiche o giuridiche che ricevono contributi a carico del bilancio e le istituzioni nazionali di controllo o, se queste non hanno la necessaria competenza, i servizi nazionali competenti trasmettono alla Corte dei conti, a sua richiesta, i documenti e le informazioni necessari all'espletamento delle sue funzioni.

Per quanto riguarda l'attività della Banca europea per gli investimenti in merito alla gestione delle entrate e delle spese dell'Unione, il diritto della Corte di accedere alle informazioni in possesso della Banca è disciplinato da un accordo tra la Corte, la Banca e la Commissione. In mancanza di un accordo, la Corte ha tuttavia accesso alle informazioni necessarie al controllo delle entrate e delle spese dell'Unione gestite dalla Banca.

4. Dopo la chiusura di ciascun esercizio, la Corte dei conti stende una relazione annua. Questa è trasmessa alle altre istituzioni dell'Unione ed è pubblicata nella Gazzetta ufficiale dell'Unione europea, accompagnata dalle risposte delle istituzioni alle osservazioni della Corte dei conti.

La Corte dei conti può inoltre presentare in ogni momento le sue osservazioni su problemi particolari sotto forma, tra l'altro, di relazioni speciali e dare pareri su richiesta di una delle altre istituzioni dell'Unione.

Essa adotta le relazioni annuali, le relazioni speciali o i pareri a maggioranza dei membri che la compongono. Ha tuttavia la possibilità di istituire nel suo ambito delle sezioni per adottare talune categorie di relazioni o di pareri, alle condizioni previste nel suo regolamento interno.

Essa assiste il Parlamento europeo e il Consiglio nell'esercizio della loro funzione di controllo dell'esecuzione del bilancio.

La Corte dei conti stabilisce il proprio regolamento interno. Tale regolamento è sottoposto all'approvazione del Consiglio.

CAPO 2
Atti giuridici dell'Unione, procedure di adozione e altre disposizioni

SEZIONE 1
Atti giuridici dell'Unione

288 [*ex* articolo 249 del TCE] Per esercitare le competenze dell'Unione, le istituzioni adottano regolamenti, direttive, decisioni, raccomandazioni e pareri.

Il regolamento ha portata generale. Esso è obbligatorio in tutti i suoi elementi e direttamente applicabile in ciascuno degli Stati membri.

La direttiva vincola lo Stato membro cui è rivolta per quanto riguarda il risultato da raggiungere, salva restando la competenza degli organi nazionali in merito alla forma e ai mezzi.

La decisione è obbligatoria in tutti i suoi elementi. Se designa i destinatari è obbligatoria soltanto nei confronti di questi.

Le raccomandazioni e i pareri non sono vincolanti.

289 1. La procedura legislativa ordinaria consiste nell'adozione congiunta di un regolamento, di una direttiva o di una decisione da parte del Parlamento europeo e del Consiglio su proposta della Commissione. Tale procedura è definita all'articolo 294.

2. Nei casi specifici previsti dai trattati, l'adozione di un regolamento, di una direttiva o di una decisione da parte del Parlamento europeo con la partecipazione del Consiglio o da parte di quest'ultimo con la partecipazione del Parlamento europeo costituisce una procedura legislativa speciale.

3. Gli atti giuridici adottati mediante procedura legislativa sono atti legislativi.

4. Nei casi specifici previsti dai trattati, gli atti legislativi possono essere adottati su iniziativa di un gruppo di Stati membri o del Parlamento europeo, su raccomandazione della Banca centrale europea o su richiesta della Corte di giustizia o della Banca europea per gli investimenti.

290 1. Un atto legislativo può delegare alla Commissione il potere di adottare atti non legislativi di portata generale che integrano o modificano determinati elementi non essenziali dell'atto legislativo.

Gli atti legislativi delimitano esplicitamente gli obiettivi, il contenuto, la portata e la durata della delega di potere. Gli elementi essenziali di un settore sono riservati all'atto legislativo e non possono pertanto essere oggetto di delega di potere.

2. Gli atti legislativi fissano esplicitamente le condizioni cui è soggetta la delega, che possono essere le seguenti:

a) il Parlamento europeo o il Consiglio possono decidere di revocare la delega;

b) l'atto delegato può entrare in vigore soltanto se, entro il termine fissato dall'atto legislativo, il Parlamento europeo o il Consiglio non sollevano obiezioni.

Ai fini delle lettere *a*) e *b*), il Parlamento europeo delibera a maggioranza dei membri che lo compongono e il Consiglio delibera a maggioranza qualificata.

3. L'aggettivo "delegato" o "delegata" è inserito nel titolo degli atti delegati.

291 1. Gli Stati membri adottano tutte le misure di diritto interno necessarie per l'attuazione degli atti giuridicamente vincolanti dell'Unione.

2. Allorché sono necessarie condizioni uniformi di esecuzione degli atti giuridicamente vincolanti dell'Unione, questi conferiscono competenze di esecuzione alla Commissione o, in casi specifici debitamente motivati e nelle circostanze previste agli articoli 24 e 26 del trattato sull'Unione europea, al Consiglio.

3. Ai fini del paragrafo 2, il Parlamento europeo e il Consiglio, deliberando mediante regolamenti secondo la procedura legislativa ordinaria, stabiliscono preventivamente le regole e i principi generali relativi alle modalità di controllo da parte degli Stati membri dell'esercizio delle competenze di esecuzione attribuite alla Commissione.

4. I termini "di esecuzione" sono inseriti nel titolo degli atti di esecuzione.

292 Il Consiglio adotta raccomandazioni. Delibera su proposta della Commissione in tutti i casi in cui i trattati prevedono che adotti atti su proposta della Commissione. Delibera all'unanimità nei settori nei quali è richiesta l'unanimità per l'adozione di un atto dell'Unione. La Commissione, e la Banca centrale europea nei casi specifici previsti dai trattati, adottano raccomandazioni.

SEZIONE 2
Procedure di adozione degli atti e altre disposizioni

293 [*ex* articolo 250 del TCE] 1. Quando, in virtù dei trattati, delibera su proposta della Commissione, il Consiglio può emendare la proposta solo deliberando all'unanimità, salvo nei casi di cui all'articolo 294, paragrafi 10 e 13, agli articoli 310, 312, 314 e all'articolo 315, secondo comma.

2. Fintantoché il Consiglio non ha deliberato, la Commissione può modificare la propria proposta in ogni fase delle procedure che portano all'adozione di un atto dell'Unione.

294 [*ex* articolo 251 del TCE] 1. Quando nei trattati si fa riferimento alla procedura legislativa ordinaria per l'adozione di un atto, si applica la procedura che segue.

2. La Commissione presenta una proposta al Parlamento europeo e al Consiglio.

Prima lettura

3. Il Parlamento europeo adotta la sua posizione in prima lettura e la trasmette al Consiglio.

4. Se il Consiglio approva la posizione del Parlamento europeo, l'atto in questione è adottato nella formulazione che corrisponde alla posizione del Parlamento europeo.

5. Se il Consiglio non approva la posizione del Parlamento europeo, esso adotta la sua posizione in prima lettura e la trasmette al Parlamento europeo.

6. Il Consiglio informa esaurientemente il Parlamento europeo dei motivi che l'hanno indotto ad adottare la sua posizione in prima lettura. La Commissione informa esaurientemente il Parlamento europeo della sua posizione.

Seconda lettura

7. Se, entro un termine di tre mesi da tale comunicazione, il Parlamento europeo:

a) approva la posizione del Consiglio in prima lettura o non si è pronunciato, l'atto in questione si considera adottato nella formulazione che corrisponde alla posizione del Consiglio;

b) respinge la posizione del Consiglio in prima lettura a maggioranza dei membri che lo compongono, l'atto proposto si considera non adottato;

c) propone emendamenti alla posizione del Consiglio in prima lettura a maggioranza dei membri che lo compongono, il testo così emendato è comunicato al Consiglio e alla Commissione che formula un parere su tali emendamenti.

8. Se, entro un termine di tre mesi dal ricevimento degli emendamenti del Parlamento europeo, il Consiglio, deliberando a maggioranza qualificata:

a) approva tutti gli emendamenti, l'atto in questione si considera adottato;

b) non approva tutti gli emendamenti, il presidente del Consiglio, d'intesa con il presidente del Parlamento europeo, convoca entro sei settimane il comitato di conciliazione.

9. Il Consiglio delibera all'unanimità sugli emendamenti rispetto ai quali la Commissione ha dato parere negativo.

Conciliazione

10. Il comitato di conciliazione, che riunisce i membri del Consiglio o i loro rappresentanti ed altrettanti membri rappresentanti il Parlamento europeo, ha il compito di giungere ad un accordo su un progetto comune a maggioranza qualificata dei membri del Consiglio o dei loro rappresentanti e a maggioranza dei membri rappresentanti il Parlamento europeo entro un termine di sei settimane dalla convocazione, basandosi sulle posizioni del Parlamento europeo e del Consiglio in seconda lettura.

11. La Commissione partecipa ai lavori del comitato di conciliazione e prende ogni iniziativa necessaria per favorire un ravvicinamento fra la posizione del Parlamento europeo e quella del Consiglio.

12. Se, entro un termine di sei settimane dalla convocazione, il comitato di conciliazione non approva un progetto comune, l'atto in questione si considera non adottato.

Terza lettura

13. Se, entro tale termine, il comitato di conciliazione approva un progetto comune, il Parlamento europeo e il Consiglio dispongono ciascuno di un termine di sei settimane a decorrere dall'approvazione per adottare l'atto in questione in base al progetto comune; il Parlamento europeo delibera a maggioranza dei voti espressi e il Consiglio a maggioranza qualificata. In mancanza di una decisione, l'atto in questione si considera non adottato.

14. I termini di tre mesi e di sei settimane di cui al presente articolo sono prorogati rispettivamente di un mese e di due settimane, al massimo, su iniziativa del Parlamento europeo o del Consiglio.

Disposizioni particolari

15. Quando, nei casi previsti dai trattati, un atto legislativo è soggetto alla procedura legislativa ordinaria su iniziativa di un gruppo di Stati membri, su raccomandazione della Banca centrale europea o su richiesta della Corte di giustizia, il paragrafo 2, il paragrafo 6, seconda frase e il paragrafo 9 non si applicano.

In tali casi, il Parlamento europeo e il Consiglio trasmettono alla Commissione il progetto di atto insieme alle loro posizioni in prima e seconda lettura. Il Parlamento europeo o il Consiglio possono chiedere il parere della Commissione durante tutta la procedura, parere che la Commissione può altresì formulare di sua iniziativa. Se lo reputa necessario, essa può anche partecipare al comitato di conciliazione conformemente al paragrafo 11.

295 Il Parlamento europeo, il Consiglio e la Commissione procedono a reciproche consultazioni e definiscono di comune accordo le modalità della cooperazione. A tale scopo, nel rispetto dei trattati, possono concludere accordi interistituzionali che possono assumere carattere vincolante.

296 [*ex* articolo 253 del TCE] Qualora i trattati non prevedano il tipo di atto da adottare, le istituzioni lo decidono di volta in volta, nel rispetto delle procedure applicabili e del principio di proporzionalità.

Gli atti giuridici sono motivati e fanno riferimento alle proposte, iniziative, raccomandazioni, richieste o pareri previsti dai trattati.

In presenza di un progetto di atto legislativo, il Parlamento europeo e il Consiglio si astengono dall'adottare atti non previsti dalla procedura legislativa applicabile al settore interessato.

297 [*ex* articolo 254 del TCE] 1. Gli atti legislativi adottati secondo la procedura legislativa ordinaria sono firmati dal presidente del Parlamento europeo e dal presidente del Consiglio.

Gli atti legislativi adottati secondo una procedura legislativa speciale sono firmati dal presidente dell'istituzione che li ha adottati.

Gli atti legislativi sono pubblicati nella Gazzetta ufficiale dell'Unione europea. Essi entrano in vigore alla data da essi stabilita oppure, in mancanza di data, il ventesimo giorno successivo alla pubblicazione.

2. Gli atti non legislativi adottati sotto forma di regolamenti, di direttive e di decisioni, quando queste

ultime non designano i destinatari, sono firmati dal presidente dell'istituzione che li ha adottati.

I regolamenti, le direttive che sono rivolte a tutti gli Stati membri e le decisioni che non designano i destinatari sono pubblicati nella Gazzetta ufficiale dell'Unione europea. Essi entrano in vigore alla data da essi stabilita oppure, in mancanza di data, il ventesimo giorno successivo alla pubblicazione.

Le altre direttive e le decisioni che designano i destinatari sono notificate ai destinatari e hanno efficacia in virtù di tale notificazione.

298 1. Nell'assolvere i loro compiti le istituzioni, organi e organismi dell'Unione si basano su un'amministrazione europea aperta, efficace ed indipendente.

2. Il Parlamento europeo e il Consiglio, deliberando mediante regolamenti secondo la procedura legislativa ordinaria, fissano disposizioni a tal fine, nel rispetto dello statuto e del regime adottati sulla base dell'articolo 336.

299 [*ex* articolo 256 del TCE] Gli atti del Consiglio, della Commissione o della Banca centrale europea che comportano, a carico di persone che non siano gli Stati, un obbligo pecuniario costituiscono titolo esecutivo.

L'esecuzione forzata è regolata dalle norme di procedura civile vigenti nello Stato sul cui territorio essa viene effettuata. La formula esecutiva è apposta, con la sola verificazione dell'autenticità del titolo, dall'autorità nazionale che il governo di ciascuno degli Stati membri designerà a tal fine, informandone la Commissione e la Corte di giustizia dell'Unione europea.

Assolte tali formalità a richiesta dell'interessato, quest'ultimo può ottenere l'esecuzione forzata richiedendola direttamente all'organo competente, secondo la legislazione nazionale.

L'esecuzione forzata può essere sospesa soltanto in virtù di una decisione della Corte. Tuttavia, il controllo della regolarità dei provvedimenti esecutivi è di competenza delle giurisdizioni nazionali.

CAPO 3
Gli organi consultivi dell'Unione

300 1. Il Parlamento europeo, il Consiglio e la Commissione sono assistiti da un Comitato economico e sociale e da un Comitato delle regioni, che esercitano funzioni consultive.

2. Il Comitato economico e sociale è composto da rappresentanti delle organizzazioni di datori di lavoro, di lavoratori dipendenti e di altri attori rappresentativi della società civile, in particolare nei settori socioeconomico, civico, professionale e culturale.

3. Il Comitato delle regioni è composto da rappresentanti delle collettività regionali e locali che sono titolari di un mandato elettorale nell'ambito di una collettività regionale o locale, o politicamente responsabili dinanzi ad un'assemblea eletta.

4. I membri del Comitato economico e sociale e del Comitato delle regioni non sono vincolati da alcun mandato imperativo. Essi esercitano le loro funzioni in piena indipendenza, nell'interesse generale dell'Unione.

5. Le regole di cui ai paragrafi 2 e 3 relative alla natura della composizione di tali comitati sono riesaminate a intervalli regolari dal Consiglio, per tener conto dell'evoluzione economica, sociale e demografica nell'Unione. Il Consiglio, su proposta della Commissione, adotta delle decisioni a tal fine.

301 [*ex* articolo 258 del TCE] Il numero dei membri del Comitato economico e sociale non può essere superiore a trecentocinquanta.

Il Consiglio, deliberando all'unanimità su proposta della Commissione, adotta una decisione che determina la composizione del Comitato.

Il Consiglio fissa le indennità dei membri del Comitato.

302 [*ex* articolo 259 del TCE] 1. I membri del Comitato sono nominati per cinque anni. Il Consiglio adotta l'elenco dei membri redatto conformemente alle proposte presentate da ciascuno Stato membro. Il mandato dei membri del Comitato è rinnovabile.

2. Il Consiglio delibera previa consultazione della Commissione. Esso può chiedere il parere delle organizzazioni europee rappresentative dei diversi settori economici e sociali e della società civile interessati dall'attività dell'Unione.

303 [*ex* articolo 260 del TCE] Il Comitato designa tra i suoi membri il presidente e l'ufficio di presidenza per una durata di due anni e mezzo.

Esso stabilisce il proprio regolamento interno.

Il Comitato è convocato dal presidente su richiesta del Parlamento europeo, del Consiglio o della Commissione. Esso può altresì riunirsi di propria iniziativa.

304 [*ex* articolo 262 del TCE] Il Parlamento europeo, il Consiglio o la Commissione consultano il Comitato nei casi previsti dai trattati. Tali istituzioni possono consultarlo in tutti i casi in cui lo ritengano opportuno. Il Comitato, qualora lo ritenga opportuno, può formulare un parere di propria iniziativa.

Qualora lo reputino necessario, il Parlamento europeo, il Consiglio o la Commissione fissano al Comitato, per la presentazione del suo parere, un termine che non può essere inferiore ad un mese a decorrere dalla data della comunicazione inviata a tal fine al presidente. Allo spirare del termine fissato, si può non tener conto dell'assenza di parere.

Il parere del Comitato è trasmesso al Parlamento europeo, al Consiglio e alla Commissione, unitamente a un resoconto delle deliberazioni.

SEZIONE 2
Il Comitato delle regioni

305 [*ex* articolo 263, secondo, terzo e quarto comma, del TCE] Il numero dei membri del Comitato delle regioni non può essere superiore a trecentocinquanta.

Il Consiglio, deliberando all'unanimità su proposta della Commissione, adotta una decisione che determina la composizione del Comitato.

I membri del Comitato nonché un numero uguale di supplenti sono nominati per cinque anni. Il loro mandato è rinnovabile. Il Consiglio adotta l'elenco dei membri e dei supplenti redatto conformemente alle proposte presentate da ciascuno Stato membro. Alla scadenza del mandato di cui all'articolo 300, paragrafo 3 in virtù del quale sono stati proposti, il mandato dei membri del Comitato termina automaticamente e essi sono sostituiti per la restante durata di detto mandato secondo la medesima procedura. I membri del Comitato non possono essere nel contempo membri del Parlamento europeo.

306 [*ex* articolo 264 del TCE] Il Comitato delle regioni designa tra i suoi membri il presidente e l'ufficio di presidenza per la durata di due anni e mezzo.

Esso stabilisce il proprio regolamento interno.

Il Comitato è convocato dal presidente su richiesta del Parlamento europeo, del Consiglio o della Commissione. Esso può altresì riunirsi di propria iniziativa.

307 [*ex* articolo 265 del TCE] Il Parlamento europeo, il Consiglio o la Commissione consultano il Comitato delle regioni nei casi previsti dai trattati e in tutti gli altri casi in cui una di tali istituzioni lo ritenga opportuno, in particolare nei casi concernenti la cooperazione transfrontaliera.

Qualora lo reputino necessario, il Parlamento europeo, il Consiglio o la Commissione fissano al Comitato, per la presentazione del suo parere, un termine che non può essere inferiore a un mese a decorrere dalla data della comunicazione inviata a tal fine al presidente. Allo spirare del termine fissato, si può non tener conto dell'assenza di parere.

Quando il Comitato economico e sociale è consultato in applicazione dell'articolo 304, il Parlamento europeo, il Consiglio o la Commissione informano il Comitato delle regioni di tale domanda di parere. Il Comitato delle regioni, qualora ritenga che sono in causa interessi regionali specifici, può formulare un parere in materia.

Il Comitato delle regioni, qualora lo ritenga utile, può formulare un parere di propria iniziativa.

Il parere del Comitato è trasmesso al Parlamento europeo, al Consiglio e alla Commissione, unitamente a un resoconto delle deliberazioni.

CAPO 4

La Banca europea per gli investimenti

308 [*ex* articolo 266 del TCE] La Banca europea per gli investimenti è dotata di personalità giuridica.

Sono membri della Banca europea per gli investimenti gli Stati membri.

Lo statuto della Banca europea per gli investimenti costituisce l'oggetto di un protocollo allegato ai trattati. Il Consiglio, deliberando all'unanimità secondo una procedura legislativa speciale su richiesta della Banca europea per gli investimenti e previa consultazione del Parlamento europeo e della Commissione, o su proposta della Commissione e previa consultazione del Parlamento europeo e della Banca europea per gli investimenti, può modificare detto statuto.

309 [*ex* articolo 267 del TCE] La Banca europea per gli investimenti ha il compito di contribuire, facendo appello al mercato dei capitali ed alle proprie risorse, allo sviluppo equilibrato e senza scosse del mercato interno nell'interesse dell'Unione. A tal fine facilita, mediante la concessione di prestiti e garanzie, senza perseguire scopi di lucro, il finanziamento dei seguenti progetti in tutti i settori dell'economia:

a) progetti contemplanti la valorizzazione delle regioni meno sviluppate;

b) progetti contemplanti l'ammodernamento o la riconversione di imprese oppure la creazione di nuove attività indotte dall'instaurazione o dal funzionamento del mercato interno che, per la loro ampiezza o natura, non possono essere interamente assicurati dai vari mezzi di finanziamento esistenti nei singoli Stati membri;

c) progetti di interesse comune per più Stati membri che, per la loro ampiezza o natura, non possono essere completamente assicurati dai vari mezzi di finanziamento esistenti nei singoli Stati membri.

Nello svolgimento dei suoi compiti la Banca facilita il finanziamento di programmi di investimento congiuntamente con gli interventi dei fondi strutturali e degli altri strumenti finanziari dell'Unione.

14. Protocollo (n. 2) sull'applicazione dei principi di sussidiarietà e di proporzionalità (allegato al Trattato sull'Unione europea e al Trattato sul funzionamento dell'Unione europea, pubblicato nella GUCE del 9 maggio 2008).

LE ALTE PARTI CONTRAENTI,

DESIDEROSE di garantire che le decisioni siano prese il più possibile vicino ai cittadini dell'Unione;

DETERMINATE a fissare le condizioni dell'applicazione dei principi di sussidiarietà e proporzionalità sanciti nell'articolo 5 del trattato sull'Unione europea e ad istituire un sistema di controllo dell'applicazione di detti principi,

HANNO CONVENUTO le disposizioni seguenti, che sono allegate al trattato sull'Unione europea e al trattato sul funzionamento dell'Unione europea:

1 Ciascuna istituzione vigila in modo continuo sul rispetto dei principi di sussidiarietà e di proporzionalità definiti nell'articolo 5 del trattato sull'Unione europea.

2 Prima di proporre un atto legislativo, la Commissione effettua ampie consultazioni. Tali consultazioni devono tener conto, se del caso, della dimensione regionale e locale delle azioni previste. Nei casi di straordinaria urgenza, la Commissione non procede a dette consultazioni. Essa motiva la decisione nella proposta.

3 Ai fini del presente protocollo, per "progetto di atto legislativo" si intende la proposta della Commissione, l'iniziativa di un gruppo di Stati membri, l'iniziativa del Parlamento europeo, la richiesta della Corte di giustizia, la raccomandazione della Banca centrale europea e la richiesta della Banca europea per gli investimenti, intese all'adozione di un atto legislativo.

4 La Commissione trasmette i progetti di atti legislativi e i progetti modificati ai parlamenti nazionali nello stesso momento in cui li trasmette al legislatore dell'Unione.

Il Parlamento europeo trasmette i suoi progetti di atti legislativi e i progetti modificati ai parlamenti nazionali.

Il Consiglio trasmette i progetti di atti legislativi presentati da un gruppo di Stati membri, dalla Corte di giustizia, dalla Banca centrale europea o dalla Banca europea per gli investimenti, e i progetti modificati, ai parlamenti nazionali.

Non appena adottate, le risoluzioni legislative del Parlamento europeo e le posizioni del Consiglio sono da loro trasmesse ai parlamenti nazionali.

5 I progetti di atti legislativi sono motivati con riguardo ai principi di sussidiarietà e di proporzionalità.

Ogni progetto di atto legislativo dovrebbe essere accompagnato da una scheda contenente elementi circostanziati che consentano di valutare il rispetto dei principi di sussidiarietà e di proporzionalità.

Tale scheda dovrebbe fornire elementi che consentano di valutarne l'impatto finanziario e le conseguenze, quando si tratta di una direttiva, sulla regolamentazione che sarà attuata dagli Stati membri, ivi compresa, se del caso, la legislazione regionale. Le ragioni che hanno portato a concludere che un obiettivo dell'Unione può essere conseguito meglio a livello di quest'ultima sono confortate da indicatori qualitativi e, ove possibile, quantitativi. I progetti di atti legislativi tengono conto della necessità che gli oneri, siano essi finanziari o amministrativi, che ricadono sull'Unione, sui governi nazionali, sugli enti regionali o locali, sugli operatori economici e sui cittadini siano il meno gravosi possibile e commisurati all'obiettivo da conseguire.

6 Ciascuno dei parlamenti nazionali o ciascuna camera di uno di questi parlamenti può, entro un termine di otto settimane a decorrere dalla data di trasmissione di un progetto di atto legislativo nelle lingue ufficiali dell'Unione, inviare ai presidenti del Parlamento europeo, del Consiglio e della Commissione un parere motivato che espone le ragioni per le quali ritiene che il progetto in causa non sia conforme al principio di sussidiarietà. Spetta a ciascun parlamento nazionale o a ciascuna camera dei parlamenti nazionali consultare all'occorrenza i parlamenti regionali con poteri legislativi.

Se il progetto di atto legislativo è stato presentato da un gruppo di Stati membri, il presidente del Consiglio trasmette il parere ai governi di tali Stati membri.

Se il progetto di atto legislativo è stato presentato dalla Corte di giustizia, dalla Banca centrale europea o dalla Banca europea per gli investimenti, il presidente del Consiglio trasmette il parere all'istituzione o organo interessato.

7 1. Il Parlamento europeo, il Consiglio e la Commissione e, se del caso, il gruppo di Stati membri, la Corte di giustizia, la Banca centrale europea o la Banca europea per gli investimenti, ove il progetto di atto legislativo sia stato presentato da essi, tengono conto dei pareri motivati trasmessi dai parlamenti nazionali o da ciascuna camera di uno di tali parlamenti.

Ciascun parlamento nazionale dispone di due voti, ripartiti in funzione del sistema parlamentare nazionale. In un sistema parlamentare nazionale bicamerale, ciascuna delle due camere dispone di un voto.

2. Qualora i pareri motivati sul mancato rispetto del principio di sussidiarietà da parte di un progetto di atto legislativo rappresentino almeno un terzo dell'insieme dei voti attribuiti ai parlamenti nazionali conformemente al paragrafo 1, secondo comma, il progetto deve essere riesaminato. Tale soglia è pari a un quarto qualora si tratti di un progetto di atto legislativo presentato sulla base dell'articolo 76 del trattato sul funzionamento dell'Unione europea riguardante lo spazio di libertà, sicurezza e giustizia.

Al termine di tale riesame, la Commissione o, se del caso, il gruppo di Stati membri, il Parlamento europeo, la Corte di giustizia, la Banca centrale europea o la Banca europea per gli investimenti, se il progetto di atto legislativo è stato presentato da essi, può decidere di mantenere il progetto, di modificarlo o di ritirarlo. Tale decisione deve essere motivata.

3. Inoltre, secondo la procedura legislativa ordinaria, qualora i pareri motivati sul mancato rispetto del principio di sussidiarietà da parte di una proposta di atto legislativo rappresentino almeno la maggioranza semplice dei voti attribuiti ai parlamenti nazionali conformemente al paragrafo 1, secondo comma, la proposta è riesaminata. Al termine di tale riesame, la Commissione può decidere di mantenere la proposta, di modificarla o di ritirarla.

Qualora scelga di mantenerla, la Commissione spiega, in un parere motivato, perché ritiene la proposta conforme al principio di sussidiarietà. Tale parere motivato e i pareri motivati dei parlamenti nazionali sono sottoposti al legislatore dell'Unione affinché ne tenga conto nella procedura:

a) prima della conclusione della prima lettura, il legislatore (Parlamento europeo e Consiglio) esamina la compatibilità della proposta legislativa con il principio di sussidiarietà, tenendo particolarmente conto delle ragioni espresse e condivise dalla maggioranza dei parlamenti nazionali, nonché del parere motivato della Commissione;

b) se, a maggioranza del 55% dei membri del Consiglio o a maggioranza dei voti espressi in sede di Parlamento europeo, il legislatore ritiene che la proposta non sia compatibile con il principio di sussidiarietà, la proposta legislativa non forma oggetto di ulteriore esame.

8 La Corte di giustizia dell'Unione europea è competente a pronunciarsi sui ricorsi per violazione, mediante un atto legislativo, del principio di sussidiarietà proposti secondo le modalità previste all'articolo 263 del trattato sul funzionamento dell'Unione europea da uno Stato membro, o trasmessi da quest'ultimo in conformità con il rispettivo ordinamento giuridico interno a nome del suo parlamento nazionale o di una camera di detto parlamento nazionale.

In conformità alle modalità previste dallo stesso articolo, tali ricorsi possono essere proposti anche dal Comitato delle regioni avverso atti legislativi per l'adozione dei quali il trattato sul funzionamento dell'Unione europea richiede la sua consultazione.

9 La Commissione presenta al Consiglio europeo, al Parlamento europeo, al Consiglio e ai parlamenti nazionali una relazione annuale circa l'applicazione dell'articolo 5 del trattato sull'Unione europea. La relazione annuale deve anche essere inviata al Comitato economico e sociale e al Comitato delle regioni.

15. Carta dei diritti fondamentali dell'Unione Europea, proclamata a Nizza il 7 dicembre 2000.

PREAMBOLO

I popoli europei nel creare tra loro un'unione sempre più stretta hanno deciso di condividere un futuro di pace fondato su valori comuni.

Consapevole del suo patrimonio spirituale e morale [1], l'Unione si fonda sui valori indivisibili e universali di dignità umana,di libertà, di uguaglianza e di solidarietà; l'Unione si basa sui principi di democrazia e dello stato di diritto.

Essa pone la persona al centro della sua azione istituendo la cittadinanza dell'Unione e creando uno spazio di libertà, sicurezza e giustizia.

L'Unione contribuisce al mantenimento e di questi valori comuni, nel rispetto della diversità delle culture e delle tradizioni dei popoli europei, dell'identità nazionale degli Stati membri e dell'ordinamento dei loro pubblici poteri a livello nazionale, regionale e locale; essa cerca di promuovere uno sviluppo equilibrato e sostenibile e assicura la libera circolazione delle persone, dei beni, dei servizi e dei capitali nonché la libertà di stabilimento.

A tal fine è necessario, rendendoli più visibili in una Carta, rafforzare la tutela dei diritti fondamentali alla luce dell'evoluzione della società, del progresso sociale e degli sviluppi scientifici e tecnologici.

La presente Carta riafferma, nel rispetto delle competenze e dei compiti della Comunità e dell'Unione e del principio di sussidiarietà, i diritti derivanti in particolare dalle tradizioni costituzionali e dagli obblighi internazionali comuni agli Stati membri, dal trattato sull'Unione europea e dai trattati comunitari, dalla convenzione europea per la salvaguardia dei diritti dell'uomo e delle libertà fondamentali, dalle carte sociali adottate dalla Comunità e dal Consiglio d'Europa, nonché i diritti riconosciuti dalla giurisprudenza della Corte di giustizia delle Comunità europee e da quella della Corte europea dei diritti dell'uomo.

Il godimento di questi diritti fa sorgere responsabilità e doveri nei confronti degli altri come pure della comunità umana e delle generazioni future.

Pertanto, l'Unione riconosce i diritti, le libertà ed i principi enunciati qui di seguito

CAPO I
Dignità

1 Dignità umana.

1. La dignità umana è inviolabile. Essa deve essere rispettata e tutelata.

2 Diritto alla vita.

1. Ogni individuo ha diritto alla vita.
2. Nessuno può essere condannato alla pena di morte, né giustiziato.

3 Diritto all'integrità della persona.

1. Ogni individuo ha diritto alla propria integrità fisica e psichica.
2. Nell'ambito della medicina e della biologia devono essere in particolare rispettati:
— il consenso libero e informato della persona interessata, secondo le modalità definite dalla legge
— il divieto delle pratiche eugenetiche, in particolare di quelle aventi come scopo la selezione delle persone
— il divieto di fare del corpo umano e delle sue parti in quanto tali una fonte di lucro
— il divieto della clonazione riproduttiva degli esseri umani.

4 Proibizione della tortura e delle pene o trattamenti inumani o degradanti.

Nessuno può essere sottoposto a tortura, né a pene o trattamenti inumani o degradanti.

5 Proibizione della schiavitù e del lavoro forzato.

1. Nessuno può essere tenuto in condizioni di schiavitù o di servitù.

2. Nessuno può essere costretto a compiere un lavoro forzato o obbligatorio.
3. È proibita la tratta degli esseri umani.

CAPO II
Libertà

6 Diritto alla libertà e alla sicurezza.

Ogni individuo ha diritto alla libertà e alla sicurezza.

7 Rispetto della vita privata e della vita familiare.

Ogni individuo ha diritto al rispetto della propria vita privata e familiare, del proprio domicilio e delle sue comunicazioni.

8 Protezione dei dati di carattere personale.

1. Ogni individuo ha diritto alla protezione dei dati di carattere personale che lo riguardano.
2. Tali dati devono essere trattati secondo il principio di lealtà, per finalità determinate e in base al consenso della persona interessata o a un altro fondamento legittimo previsto dalla legge. Ogni individuo ha il diritto di accedere ai dati raccolti che lo riguardano e di ottenerne la rettifica.
3. Il rispetto di tali regole è soggetto al controllo di un'autorità indipendente.

9 Diritto di sposarsi e di costituire una famiglia.

Il diritto di sposarsi e il diritto di costituire una famiglia sono garantiti secondo le leggi nazionali che ne disciplinano l'esercizio.

10 Libertà di pensiero, di coscienza e di religione.

1. Ogni individuo ha diritto alla libertà di pensiero, di coscienza e di religione. Tale diritto include la libertà di cambiare religione o credo, così come la libertà di manifestare la propria religione o il proprio credo individualmente o collettivamente, in pubblico o in privato, mediante il culto, l'insegnamento, le pratiche e l'osservanza dei riti.
2. Il diritto all'obiezione di coscienza è riconosciuto secondo le leggi nazionali che ne disciplinano l'esercizio.

11 Libertà di espressione e d'informazione.

1. Ogni individuo ha diritto alla libertà di espressione. Tale diritto include la libertà di opinione e la libertà di ricevere o di comunicare informazioni o idee senza che vi possa essere ingerenza da parte delle autorità pubbliche e senza limiti di frontiera.
2. La libertà dei media e il loro pluralismo sono rispettati.

12 Libertà di riunione e di associazione.

1. Ogni individuo ha diritto alla libertà di riunione pacifica e alla libertà di associazione a tutti i livelli, segnatamente in campo politico, sindacale e civico, il che implica il diritto di ogni individuo di fondare sindacati insieme con altri e di aderirvi per la difesa dei propri interessi.
2. I partiti politici a livello dell'Unione contribuiscono a esprimere la volontà politica dei cittadini dell'Unione.

13 Libertà delle arti e delle scienze.

Le arti e la ricerca scientifica sono libere.
La libertà accademica è rispettata.

14 Diritto all'istruzione.

1. Ogni individuo ha diritto all'istruzione e all'accesso alla formazione professionale e continua.
2. Questo diritto comporta la facoltà di accedere gratuitamente all'istruzione obbligatoria.
3. La libertà di creare istituti di insegnamento nel rispetto dei principi democratici, così come il diritto dei genitori di provvedere all'educazione e all'istruzione dei loro figli secondo le loro convinzioni religiose, filosofiche e pedagogiche, sono rispettati secondo le leggi nazionali che ne disciplinano l'esercizio.

15 Libertà professionale e diritto di lavorare.

1. Ogni individuo ha il diritto di lavorare e di esercitare una professione liberamente scelta o accettata.
2. Ogni cittadino dell'Unione ha la libertà di cercare un lavoro, di lavorare, di stabilirsi o di prestare servizi in qualunque Stato membro.
3. I cittadini dei paesi terzi che sono autorizzati a lavorare nel territorio degli Stati membri hanno diritto a condizioni di lavoro equivalenti a quelle di cui godono i cittadini dell'Unione.

16 Libertà d'impresa.

È riconosciuta la libertà d'impresa, conformemente al diritto comunitario e alle legislazioni e prassi nazionali.

17 Diritto di proprietà.

1. Ogni individuo ha il diritto di godere della proprietà dei beni che ha acquistato legalmente, di usarli, di disporne e di lasciarli in eredità. Nessuno può essere privato della proprietà se non per causa di pubblico interesse, nei casi e nei modi previsti dalla legge e contro il pagamento in tempo utile di una giusta inden-

nità per la perdita della stessa. L'uso dei beni può essere regolato dalla legge nei limiti imposti dall'interesse generale.
2. La proprietà intellettuale è protetta.

18 Diritto di asilo.

Il diritto di asilo è garantito nel rispetto delle norme stabilite dalla convenzione di Ginevra del 28 luglio 1951 e dal protocollo del 31 gennaio 1967, relativi allo status dei rifugiati, e a norma del trattato che istituisce la Comunità europea.

19 Protezione in caso di allontanamento, di espulsione e di estradizione.

1. Le espulsioni collettive sono vietate.
2. Nessuno può essere allontanato, espulso o estradato verso uno Stato in cui esiste un rischio serio di essere sottoposto alla pena di morte, alla tortura o ad altre pene o trattamenti inumani o degradanti.

CAPO III
Uguaglianza

20 Uguaglianza davanti alla legge.

Tutte le persone sono uguali davanti alla legge.

21 Non discriminazione.

1. È vietata qualsiasi forma di discriminazione fondata, in particolare, sul sesso, la razza, il colore della pelle o l'origine etnica o sociale, le caratteristiche genetiche, la lingua, la religione o le convinzioni personali, le opinioni politiche o di qualsiasi altra natura, l'appartenenza ad una minoranza nazionale, il patrimonio, la nascita, gli handicap, l'età o le tendenze sessuali.
2. Nell'ambito d'applicazione del trattato che istituisce la Comunità europea e del trattato sull'Unione europea è vietata qualsiasi discriminazione fondata sulla cittadinanza, fatte salve le disposizioni particolari contenute nei trattati stessi.

22 Diversità culturale, religiosa e linguistica.

L'Unione rispetta la diversità culturale, religiosa e linguistica.

23 Parità tra uomini e donne.

La parità tra uomini e donne deve essere assicurata in tutti i campi, compreso in materia di occupazione, di lavoro e di retribuzione.

Il principio della parità non osta al mantenimento o all'adozione di misure che prevedano vantaggi specifici a favore del sesso sottorappresentato.

24 Diritti del bambino.

1. I bambini hanno diritto alla protezione e alle cure necessarie per il loro benessere. Essi possono esprimere liberamente la propria opinione; questa viene presa in considerazione sulle questioni che li riguardano in funzione della loro età e della loro maturità.
2. In tutti gli atti relativi ai bambini, siano essi compiuti da autorità pubbliche o da istituzioni private, l'interesse superiore del bambino deve essere considerato preminente.
3. Ogni bambino ha diritto di intrattenere regolarmente relazioni personali e contatti diretti con i due genitori, salvo qualora ciò sia contrario al suo interesse.

25 Diritti degli anziani.

L'Unione riconosce e rispetta il diritto degli anziani di condurre una vita dignitosa e indipendente e di partecipare alla vita sociale e culturale.

26 Inserimento dei disabili.

L'Unione riconosce e rispetta il diritto dei disabili di beneficiare di misure intese a garantirne l'autonomia, l'inserimento sociale e professionale e la partecipazione alla vita della comunità.

CAPO IV
Solidarietà

27 Diritto dei lavoratori all'informazione e alla consultazione nell'ambito dell'impresa.

Ai lavoratori o ai loro rappresentanti devono essere garantite, ai livelli appropriati, l'informazione e la consultazione in tempo utile nei casi e alle condizioni previsti dal diritto comunitario e dalle legislazioni e prassi nazionali.

28 Diritto di negoziazione e di azioni collettive.

I lavoratori e i datori di lavoro, o le rispettive organizzazioni, hanno, conformemente al diritto comunitario e alle legislazioni e prassi nazionali, il diritto di negoziare e di concludere contratti collettivi, ai livelli appropriati, e di ricorrere, in caso di conflitti di interessi, ad azioni collettive per la difesa dei loro interessi, compreso lo sciopero.

29 Diritto di accesso ai servizi di collocamento.

Ogni individuo ha il diritto di accedere a un servizio di collocamento gratuito.

30 Tutela in caso di licenziamento ingiustificato.

Ogni lavoratore ha il diritto alla tutela contro ogni licenziamento ingiustificato, conformemente al diritto comunitario e alle legislazioni e prassi nazionali.

31 Condizioni di lavoro giuste ed eque.

1. Ogni lavoratore ha diritto a condizioni di lavoro sane, sicure e dignitose.
2. Ogni lavoratore ha diritto a una limitazione della durata massima del lavoro e a periodi di riposo giornalieri e settimanali e a ferie annuali retribuite.

32 Divieto del lavoro minorile e protezione dei giovani sul luogo di lavoro.

Il lavoro minorile è vietato. L'età minima per l'ammissione al lavoro non può essere inferiore all'età in cui termina la scuola dell'obbligo, fatte salve le norme più favorevoli ai giovani ed eccettuate deroghe limitate.
I giovani ammessi al lavoro devono beneficiare di condizioni di lavoro appropriate alla loro età ed essere protetti contro lo sfruttamento economico o contro ogni lavoro che possa minarne la sicurezza, la salute, lo sviluppo fisico, mentale, morale o sociale o che possa mettere a rischio la loro istruzione.

33 Vita familiare e vita professionale.

1. È garantita la protezione della famiglia sul piano giuridico, economico e sociale.
2. Al fine di poter conciliare vita familiare e vita professionale, ogni individuo ha il diritto di essere tutelato contro il licenziamento per un motivo legato alla maternità e il diritto a un congedo di maternità retribuito e a un congedo parentale dopo la nascita o l'adozione di un figlio.

34 Sicurezza sociale e assistenza sociale.

1. L'Unione riconosce e rispetta il diritto di accesso alle prestazioni di sicurezza sociale e ai servizi sociali che assicurano protezione in casi quali la maternità, la malattia, gli infortuni sul lavoro, la dipendenza o la vecchiaia, oltre che in caso di perdita del posto di lavoro, secondo le modalità stabilite dal diritto comunitario e le legislazioni e prassi nazionali.
2. Ogni individuo che risieda o si sposti legalmente all'interno dell'Unione ha diritto alle prestazioni di sicurezza sociale e ai benefici sociali conformemente al diritto comunitario e alle legislazioni e prassi nazionali.
3. Al fine di lottare contro l'esclusione sociale e la povertà, l'Unione riconosce e rispetta il diritto all'assistenza sociale e all'assistenza abitativa volte a garantire un'esistenza dignitosa a tutti coloro che non dispongano di risorse sufficienti, secondo le modalità stabilite dal diritto comunitario e le legislazioni e prassi nazionali.

35 Protezione della salute.

Ogni individuo ha il diritto di accedere alla prevenzione sanitaria e di ottenere cure mediche alle condizioni stabilite dalle legislazioni e prassi nazionali. Nella definizione e nell'attuazione di tutte le politiche ed attività dell'Unione è garantito un livello elevato di protezione della salute umana.

36 Accesso ai servizi d'interesse economico generale.

Al fine di promuovere la coesione sociale e territoriale dell'Unione, questa riconosce e rispetta l'accesso ai servizi d'interesse economico generale quale previsto dalle legislazioni e prassi nazionali, conformemente al trattato che istituisce la Comunità europea.

37 Tutela dell'ambiente.

Un livello elevato di tutela dell'ambiente e il miglioramento della sua qualità devono essere integrati nelle politiche dell'Unione e garantiti conformemente al principio dello sviluppo sostenibile.

38 Protezione dei consumatori.

Nelle politiche dell'Unione è garantito un livello elevato di protezione dei consumatori.

CAPO V
Cittadinanza

39 Diritto di voto e di eleggibilità alle elezioni del Parlamento europeo.

1. Ogni cittadino dell'Unione ha il diritto di voto e di eleggibilità alle elezioni del Parlamento europeo nello Stato membro in cui risiede, alle stesse condizioni dei cittadini di detto Stato.
2. I membri del Parlamento europeo sono eletti a suffragio universale diretto, libero e segreto.

40 Diritto di voto e di eleggibilità alle elezioni comunali.

Ogni cittadino dell'Unione ha il diritto di voto e di eleggibilità alle elezioni comunali nello Stato membro in cui risiede, alle stesse condizioni dei cittadini di detto Stato.

41 Diritto ad una buona amministrazione.

1. Ogni individuo ha diritto a che le questioni che lo riguardano siano trattate in modo imparziale, equo ed entro un termine ragionevole dalle istituzioni e dagli organi dell'Unione.
2. Tale diritto comprende in particolare:
— il diritto di ogni individuo di essere ascoltato prima che nei suoi confronti venga adottato un provvedimento individuale che gli rechi pregiudizio,

— il diritto di ogni individuo di accedere al fascicolo che lo riguarda, nel rispetto dei legittimi interessi della riservatezza e del segreto professionale,

— l'obbligo per l'amministrazione di motivare le proprie decisioni.

3. Ogni individuo ha diritto al risarcimento da parte della Comunità dei danni cagionati dalle sue istituzioni o dai suoi agenti nell'esercizio delle loro funzioni conformemente ai principi generali comuni agli ordinamenti degli Stati membri.

4. Ogni individuo può rivolgersi alle istituzioni dell'Unione in una delle lingue del trattato e deve ricevere una risposta nella stessa lingua.

42 Diritto d'accesso ai documenti.

Qualsiasi cittadino dell'Unione o qualsiasi persona fisica o giuridica che risieda o abbia la sede sociale in uno Stato membro ha il diritto di accedere ai documenti del Parlamento europeo, del Consiglio e della Commissione.

43 Mediatore.

Qualsiasi cittadino dell'Unione o qualsiasi persona fisica o giuridica che risieda o abbia la sede sociale in uno Stato membro ha il diritto di sottoporre al mediatore dell'Unione casi di cattiva amministrazione nell'azione delle istituzioni o degli organi comunitari, salvo la Corte di giustizia e il Tribunale di primo grado nell'esercizio delle loro funzioni giurisdizionali.

44 Diritto di petizione.

Qualsiasi cittadino dell'Unione o qualsiasi persona fisica o giuridica che risieda o abbia la sede sociale in uno Stato membro ha il diritto di presentare una petizione al Parlamento europeo.

45 Libertà di circolazione e di soggiorno.

1. Ogni cittadino dell'Unione ha il diritto di circolare e di soggiornare liberamente nel territorio degli Stati membri.

2. La libertà di circolazione e di soggiorno può essere accordata, conformemente al trattato che istituisce la Comunità europea, ai cittadini dei paesi terzi che risiedono legalmente nel territorio di uno Stato membro.

46 Tutela diplomatica e consolare.

Ogni cittadino dell'Unione gode, nel territorio di un paese terzo nel quale lo Stato membro di cui ha la cittadinanza non è rappresentato, della tutela delle autorità diplomatiche e consolari di qualsiasi Stato membro, alle stesse condizioni dei cittadini di detto Stato.

CAPO VI
Giustizia

47 Diritto a un ricorso effettivo e a un giudice imparziale.

Ogni individuo i cui diritti e le cui libertà garantiti dal diritto dell'Unione siano stati violati ha diritto a un ricorso effettivo dinanzi a un giudice, nel rispetto delle condizioni previste nel presente articolo.

Ogni individuo ha diritto a che la sua causa sia esaminata equamente, pubblicamente ed entro un termine ragionevole da un giudice indipendente e imparziale, precostituito per legge. Ogni individuo ha la facoltà di farsi consigliare, difendere e rappresentare.

A coloro che non dispongono di mezzi sufficienti è concesso il patrocinio a spese dello Stato qualora ciò sia necessario per assicurare un accesso effettivo alla giustizia.

48 Presunzione di innocenza e diritti della difesa.

1. Ogni imputato è considerato innocente fino a quando la sua colpevolezza non sia stata legalmente provata.

2. Il rispetto dei diritti della difesa è garantito ad ogni imputato.

49 Principi della legalità e della proporzionalità dei reati e delle pene.

1. Nessuno può essere condannato per un'azione o un'omissione che, al momento in cui è stata commessa, non costituiva reato secondo il diritto interno o il diritto internazionale. Parimenti, non può essere inflitta una pena più grave di quella applicabile al momento in cui il reato è stato commesso. Se, successivamente alla commissione del reato, la legge prevede l'applicazione di una pena più lieve, occorre applicare quest'ultima.

2. Il presente articolo non osta al giudizio e alla condanna di una persona colpevole di un'azione o di un'omissione che, al momento in cui è stata commessa, costituiva un crimine secondo i principi generali riconosciuti da tutte le nazioni.

3. Le pene inflitte non devono essere sproporzionate rispetto al reato.

50 Diritto di non essere giudicato o punito due volte per lo stesso reato.

Nessuno può essere perseguito o condannato per un reato per il quale è già stato assolto o condannato nell'Unione a seguito di una sentenza penale definitiva conformemente alla legge.

CAPO VII
Disposizioni generali

51 **Ambito di applicazione.**

1. Le disposizioni della presente Carta si applicano alle istituzioni e agli organi dell'Unione nel rispetto del principio di sussidiarietà come pure agli Stati membri esclusivamente nell'attuazione del diritto dell'Unione. Pertanto, i suddetti soggetti rispettano i diritti, osservano i principi e ne promuovono l'applicazione secondo le rispettive competenze.

2. La presente Carta non introduce competenze nuove o compiti nuovi per la Comunità e per l'Unione, né modifica le competenze e i compiti definiti dai trattati.

52 **Portata dei diritti garantiti.**

1. Eventuali limitazioni all'esercizio dei diritti e delle libertà riconosciuti dalla presente Carta devono essere previste dalla legge e rispettare il contenuto essenziale di detti diritti e libertà. Nel rispetto del principio di proporzionalità, possono essere apportate limitazioni solo laddove siano necessarie e rispondano effettivamente a finalità di interesse generale riconosciute dall'Unione o all'esigenza di proteggere i diritti e le libertà altrui.

2. I diritti riconosciuti dalla presente Carta che trovano fondamento nei trattati comunitari o nel trattato sull'Unione europea si esercitano alle condizioni e nei limiti definiti dai trattati stessi.

3. Laddove la presente Carta contenga diritti corrispondenti a quelli garantiti dalla Convenzione europea per la salvaguardia dei diritti dell'uomo e delle libertà fondamentali, il significato e la portata degli stessi sono uguali a quelli conferiti dalla suddetta convenzione. La presente disposizione non osta al diritto dell'Unione di concedere una protezione più estesa.

53 **Livello di protezione.**

Nessuna disposizione della presente Carta deve essere interpretata come limitativa o lesiva dei diritti dell'uomo e delle libertà fondamentali riconosciuti, nel rispettivo ambito di applicazione, dal diritto dell'Unione, dal diritto internazionale, dalle convenzioni internazionali delle quali l'Unione, la Comunità o tutti gli Stati membri sono parti contraenti, in particolare la convenzione europea per la salvaguardia dei diritti dell'uomo e delle libertà fondamentali, e dalle costituzioni degli Stati membri.

54 **Divieto dell'abuso di diritto.**

Nessuna disposizione della presente Carta deve essere interpretata nel senso di comportare il diritto di esercitare un'attività o compiere un atto che miri alla distruzione dei diritti o delle libertà riconosciuti nella presente Carta o di imporre a tali diritti e libertà limitazioni più ampie di quelle previste dalla presente Carta.

16. Legge 24 dicembre 2012, n. 234. — Norme generali sulla partecipazione dell'Italia alla formazione e all'attuazione della normativa e delle politiche dell'Unione europea. (*estratto*).

Pubblicata nella Gazzetta Ufficiale n. 3 del 4 gennaio 2013.

1 1. La presente legge disciplina il processo di partecipazione dell'Italia alla formazione delle decisioni e alla predisposizione degli atti dell'Unione europea e garantisce l'adempimento degli obblighi e l'esercizio dei poteri derivanti dall'appartenenza dell'Italia all'Unione europea, in coerenza con gli articoli 11 e 117 della Costituzione, sulla base dei principi di attribuzione, di sussidiarietà, di proporzionalità, di leale collaborazione, di efficienza, di trasparenza e di partecipazione democratica.

2 **Comitato interministeriale per gli affari europei.**

1. Al fine di concordare le linee politiche del Governo nel processo di formazione della posizione italiana nella fase di predisposizione degli atti dell'Unione europea e di consentire il puntuale adempimento dei compiti di cui alla presente legge, tenendo conto degli indirizzi espressi dalle Camere, opera presso la Presidenza del Consiglio dei Ministri il Comitato interministeriale per gli affari europei (CIAE). Il CIAE è convocato e presieduto dal Presidente del Consiglio dei Ministri o, per sua delega, dal Ministro per gli affari europei. Ad esso partecipano il Ministro degli affari esteri, il Ministro dell'economia e delle finanze, il Ministro per gli affari regionali, il turismo e lo sport, il Ministro per la coesione territoriale e gli altri Ministri aventi competenza nelle materie oggetto dei provvedimenti e delle tematiche all'ordine del giorno.

2. Alle riunioni del CIAE, quando si trattano materie che interessano le regioni e le province autonome, partecipano il presidente della Conferenza delle regioni e delle province autonome o un presidente di regione o di provincia autonoma da lui delegato e, per i rispettivi ambiti di competenza, il presidente dell'Associazione nazionale dei comuni italiani (ANCI), il presidente dell'Unione delle province d'Italia (UPI) e il presidente dell'Unione nazionale comuni, comunità, enti montani (UNCEM).

3. Il CIAE svolge i propri compiti nel rispetto delle competenze attribuite dalla Costituzione e dalla legge al Parlamento, al Consiglio dei Ministri e alla Confe-

renza permanente per i rapporti tra lo Stato, le regioni e le province autonome di Trento e di Bolzano.

4. Il CIAE garantisce adeguata pubblicità ai propri lavori.

5. Le linee generali, le direttive e gli indirizzi deliberati dal CIAE sono comunicati alla Presidenza del Consiglio dei Ministri - Dipartimento per le politiche europee, di cui all'articolo 18, ai fini della definizione unitaria della posizione italiana da rappresentare successivamente, d'intesa con il Ministero degli affari esteri, in sede di Unione europea.

6. Il funzionamento del CIAE è disciplinato con decreto del Presidente della Repubblica, adottato ai sensi dell'articolo 17, comma 1, lettera *b*), della legge 23 agosto 1988, n. 400, su proposta del Ministro per gli affari europei, di concerto con il Ministro degli affari esteri, sentiti il Ministro per gli affari regionali, il turismo e lo sport, il Ministro per la coesione territoriale e la Conferenza unificata di cui all'articolo 8 del decreto legislativo 28 agosto 1997, n. 281, e successive modificazioni. Fino alla data di entrata in vigore del decreto del Presidente della Repubblica, di cui al primo periodo, restano efficaci gli atti adottati in attuazione dell'articolo 2, comma 4, ultimo periodo, della legge 4 febbraio 2005, n. 11.

7. Al fine del funzionamento del CIAE, la Presidenza del Consiglio dei Ministri - Dipartimento per le politiche europee può avvalersi, entro un contingente massimo di ventotto unità, di cui ventiquattro appartenenti alla terza area o qualifiche equiparate e quattro appartenenti alla seconda area o qualifiche equiparate, di personale (1) in posizione di comando, proveniente da altre amministrazioni, al quale si applica la disposizione di cui all'articolo 17, comma 14, della legge 15 maggio 1997, n. 127. Nell'ambito del predetto contingente, il numero delle unità di personale è stabilito entro il 31 gennaio di ogni anno nel limite massimo delle risorse finanziarie disponibili presso la Presidenza del Consiglio dei Ministri.

8. Nei limiti di un contingente massimo di sei unità, la Presidenza del Consiglio dei Ministri - Dipartimento per le politiche europee può avvalersi di personale delle regioni o delle province autonome, di cui tre unità appartenenti alla terza area o qualifiche equiparate e tre unità appartenenti alla seconda area o qualifiche equiparate, (2) designato dalla Conferenza delle regioni e delle province autonome, secondo criteri da definire d'intesa con il Presidente del Consiglio dei Ministri o con il Ministro per gli affari europei. Il personale assegnato conserva lo stato giuridico e il trattamento economico dell'amministrazione di appartenenza e rimane a carico della stessa.

9. Per lo svolgimento delle attività istruttorie e di sostegno al funzionamento del CIAE e del Comitato tecnico di valutazione, di cui all'articolo 19, nell'ambito del Dipartimento per le politiche europee è individuata la (3) Segreteria del CIAE.

9-*bis*. Il Segretario del CIAE è nominato con decreto del Presidente del Consiglio dei ministri, su proposta del Ministro per gli affari europei, ai sensi dell'articolo 19 del decreto legislativo 30 marzo 2001, n. 165, e successive modificazioni, e dell'articolo 9 del decreto legislativo 30 luglio 1999, n. 303, e successive modificazioni, tra persone di elevata professionalità e di comprovata esperienza (4).

(1) *Le parole* « di ventotto unità, di cui ventiquattro appartenenti alla terza area o qualifiche equiparate e quattro appartenenti alla seconda area o qualifiche equiparate, di personale » *sono state sostituite alle parole* « di venti unità, di personale appartenente alla terza area o qualifiche equiparate, » *dall'art. 39, comma 1, lett.* a), *l. 23 dicembre 2021, n. 238.*

(2) *Le parole* «, di cui tre unità appartenenti alla terza area o qualifiche equiparate e tre unità appartenenti alla seconda area o qualifiche equiparate, » *sono state sostituite alle parole* « appartenente alla terza area o qualifiche equiparate, » *dall'art. 39, comma 1, lett.* b), *l. n. 238, cit.*

(3) *Le parole* « individuata la » *sono state sostituite alle parole* « individuato l'ufficio di » *dall'art. 22, comma 1, lett.* a), *l. 20 novembre 2017, n. 167.*

(4) *Comma aggiunto dall'art. 29, comma 1, lett.* a), *l. 29 luglio 2015, n. 115.*

CAPO II

Partecipazione del Parlamento alla definizione della politica europea dell'Italia e al processo di formazione degli atti dell'Unione europea

3 Principi generali.

1. Il Parlamento partecipa al processo decisionale dell'Unione europea.

2. Le Camere, in coordinamento con il Governo, intervengono nella fase di formazione delle normative e delle politiche europee, secondo quanto previsto dal Trattato sull'Unione europea e dal Trattato sul funzionamento dell'Unione europea.

3. Il Governo assicura, senza nuovi o maggiori oneri a carico della finanza pubblica, l'assistenza documentale e informativa della Rappresentanza permanente d'Italia presso l'Unione europea agli uffici della Camera dei deputati e del Senato della Repubblica presso le istituzioni europee, secondo modalità stabilite d'intesa tra il Presidente del Consiglio dei Ministri e i Presidenti delle Camere.

4 Consultazione e informazione del Parlamento.

1. Prima dello svolgimento delle riunioni del Consiglio europeo, il Governo illustra alle Camere la posizione che intende assumere, la quale tiene conto degli eventuali indirizzi dalle stesse formulati.

[Su loro richiesta,] (1) esso riferisce altresì ai competenti organi parlamentari prima delle riunioni del Consiglio dell'Unione europea e dell'Eurogruppo e delle riunioni informali nelle loro diverse formazioni (1).

1-*bis*. Le competenti Commissioni parlamentari, secondo le disposizioni dei Regolamenti delle Camere, prima di ogni riunione del Consiglio dell'Unione europea, possono adottare atti di indirizzo volti a delineare i principi e le linee dell'azione del Governo nell'attività preparatoria di adozione degli atti dell'Unione europea (2).

Il Governo informa i competenti organi parlamentari sulle risultanze delle riunioni del Consiglio europeo e del Consiglio dell'Unione europea, entro quindici giorni dallo svolgimento delle stesse.

2. Il Governo informa tempestivamente i competenti organi parlamentari su iniziative o su questioni relative alla politica estera e di difesa comune presentate al Consiglio dell'Unione europea o in corso di esame da parte dello stesso, dando specifico rilievo a quelle aventi implicazioni in materia di difesa.

3. Il Presidente del Consiglio dei Ministri, ovvero il Ministro per gli affari europei, trasmette tempestivamente alle Camere le relazioni e le note informative predisposte dalla Rappresentanza permanente d'Italia presso l'Unione europea con riferimento a:

a) riunioni del Consiglio dei Ministri dell'Unione europea, riunioni informali a livello ministeriale, riunioni del Comitato dei rappresentanti permanenti di cui all'articolo 240 del Trattato sul funzionamento dell'Unione europea, riunioni di comitati e gruppi di lavoro del Consiglio;

b) riunioni dei triloghi tra Parlamento europeo, Consiglio e Commissione nell'ambito di procedure legislative;

c) atti o progetti di atti adottati dalle istituzioni o organi dell'Unione europea;

d) altre iniziative o questioni relative alle istituzioni o alle politiche dell'Unione europea;

e) procedure di precontenzioso e contenzioso avviate nei confronti dell'Italia.

4. Il Governo informa e consulta periodicamente le Camere, nell'ambito delle procedure individuate dalla legge di cui all'articolo 81, sesto comma, della Costituzione, come sostituito ai sensi della legge costituzionale 20 aprile 2012, n. 1, e con le modalità previste dai rispettivi Regolamenti, in merito al coordinamento delle politiche economiche e di bilancio e al funzionamento dei meccanismi di stabilizzazione finanziaria, come disposti o perseguiti attraverso:

a) gli atti, i progetti di atti e i documenti adottati dalle istituzioni dell'Unione europea;

b) gli obiettivi individuati in sede di cooperazione rafforzata ai sensi dell'articolo 20 del Trattato sull'Unione europea;

c) gli accordi e le ipotesi di accordi intergovernativi tra Stati membri dell'Unione europea.

5. Il Presidente del Consiglio dei Ministri o il Ministro per gli affari europei assicura il raccordo del Governo con il Parlamento e, in particolare, con le Commissioni parlamentari competenti per ciascuna materia, ai fini del tempestivo ed efficace adempimento degli obblighi di cui all'articolo1.

6. Il Governo può raccomandare l'uso riservato delle informazioni e dei documenti trasmessi.

7. Gli obblighi di segreto professionale, i vincoli di inviolabilità degli archivi e i regimi di immunità delle persone non possono in ogni caso pregiudicare le prerogative di informazione e partecipazione del Parlamento, come riconosciute ai sensi del titolo II del Protocollo n. 1 sul ruolo dei parlamenti nazionali nell'Unione europea, allegato al Trattato sull'Unione europea, al Trattato sul funzionamento dell'Unione europea e al Trattato che istituisce la Comunità europea dell'energia atomica, e dell'articolo 13 del Trattato sulla stabilità, sul coordinamento e sulla governance nell'Unione economica e monetaria, ratificato ai sensi della legge 23 luglio 2012, n. 114.

(1) *Le parole* « Su loro richiesta, » *sono state soppresse e le parole* « e dell'Eurogruppo e delle riunioni informali nelle loro diverse formazioni » *sono state inserite dall'art. 40, comma 1, lett.* a), *n. 1 l. 23 dicembre 2021, n. 238.*

(2) *Comma inserito dall'art. 40, comma 1, lett.* a), *n. 2 l. n. 238, cit.*

5 Consultazione delle Camere su accordi in materia finanziaria o monetaria.

1. Il Governo informa tempestivamente le Camere di ogni iniziativa volta alla conclusione di accordi tra gli Stati membri dell'Unione europea che prevedano l'introduzione o il rafforzamento di regole in materia finanziaria o monetaria o comunque producano conseguenze rilevanti sulla finanza pubblica.

2. Il Governo assicura che la posizione rappresentata dall'Italia nella fase di negoziazione degli accordi di cui al comma 1 tenga conto degli atti di indirizzo adottati dalle Camere. Nel caso in cui il Governo non abbia potuto conformarsi agli atti di indirizzo, il Presidente del Consiglio dei Ministri o un Ministro da lui delegato riferisce tempestivamente alle Camere, fornendo le appropriate motivazioni della posizione assunta.

3. Le disposizioni di cui al presente articolo si applicano anche nel caso di accordi conclusi al di fuori delle disposizioni del Trattato sull'Unione europea e del Trattato sul funzionamento dell'Unione europea nonché in caso di modifica di precedenti accordi.

6 Partecipazione del Parlamento al processo di formazione degli atti dell'Unione europea.

1. I progetti di atti dell'Unione europea, gli atti preordinati alla formulazione degli stessi e le loro modificazioni sono trasmessi alle Camere dal Presidente del Consiglio dei Ministri o dal Ministro per gli affari europei, contestualmente alla loro ricezione, accompagnati, nei casi di particolare rilevanza, da una nota illustrativa della valutazione del Governo e dall'indicazione della data presunta per la loro discussione o adozione, con segnalazione degli eventuali profili di urgenza ovvero, in caso di più atti, del grado di priorità indicato per la loro trattazione.

2. Il Presidente del Consiglio dei Ministri o il Ministro per gli affari europei trasmette alle Camere i documenti di consultazione, quali libri verdi, libri bianchi e comunicazioni, predisposti dalla Commissione europea, con le modalità di cui al comma 1. Qualora il Governo partecipi ad una procedura di consultazione avviata dalle istituzioni dell'Unione europea, ne dà conto alle Camere trasmettendo tempestivamente i commenti inviati alle istituzioni stesse.

3. Ciascuna Camera può chiedere al Governo, per il tramite del Presidente del Consiglio dei Ministri o del Ministro per gli affari europei, la nota illustrativa di cui al comma 1, in relazione ad altri atti o progetti di atti, anche di natura non normativa, trasmessi ai sensi del presente articolo.

4. Il Presidente del Consiglio dei Ministri o il Ministro per gli affari europei assicura alle Camere un'informazione qualificata e tempestiva sui progetti di atti

legislativi dell'Unione europea, curandone il costante e tempestivo aggiornamento, anche in relazione agli sviluppi del processo decisionale. A tal fine, entro venti giorni dalla trasmissione di un progetto di atto legislativo ai sensi del comma 1, l'amministrazione con competenza prevalente nella materia elabora una relazione che dà conto dei seguenti elementi:

a) il rispetto da parte del progetto del principio di attribuzione, con particolare riguardo alla correttezza della base giuridica, e la conformità dello stesso ai principi di sussidiarietà e di proporzionalità;

b) una valutazione complessiva del progetto e delle sue prospettive negoziali, con l'evidenziazione dei punti ritenuti conformi all'interesse nazionale e dei punti per i quali si ritengono necessarie od opportune modifiche;

c) l'impatto del progetto, dal punto di vista sia finanziario, sia degli effetti sull'ordinamento nazionale, sulle competenze regionali e delle autonomie locali, sull'organizzazione delle pubbliche amministrazioni e sulle attività dei cittadini e delle imprese.

5. La relazione di cui al comma 4 del presente articolo è trasmessa tempestivamente alla Presidenza del Consiglio dei Ministri - Dipartimento per le politiche europee, di cui all'articolo 18, per il successivo inoltro alle Camere, accompagnata da una tabella di corrispondenza tra le disposizioni del progetto e le norme nazionali vigenti, predisposta sulla base di quanto previsto con successivo decreto del Presidente del Consiglio dei Ministri.

7 Atti di indirizzo delle Camere.

1. Sui progetti e sugli atti di cui all'articolo 6, nonché su ogni altra questione portata alla loro attenzione ai sensi della presente legge, i competenti organi parlamentari possono adottare ogni opportuno atto di indirizzo al Governo, secondo le disposizioni dei Regolamenti delle Camere. Il Governo assicura che la posizione rappresentata dall'Italia in sede di Consiglio dell'Unione europea ovvero di altre istituzioni od organi dell'Unione sia conforme agli (1) indirizzi definiti dalle Camere in relazione all'oggetto di tale posizione.

2. Nel caso in cui il Governo non abbia potuto attenersi agli indirizzi delle Camere, il Presidente del Consiglio dei Ministri o il Ministro competente riferisce tempestivamente ai competenti organi parlamentari, fornendo le adeguate motivazioni della posizione assunta.

(1) *Le parole* « conforme agli » *sono state sostituite alle parole* « coerente con gli » *dall'art. 40, comma 1, lett.* b), *l. 23 dicembre 2021, n. 238.*

8 Partecipazione delle Camere alla verifica del rispetto del principio di sussidiarietà.

1. Ciascuna Camera può esprimere, secondo le modalità previste nel rispettivo Regolamento, un parere motivato sulla conformità al principio di sussidiarietà dei progetti di atti legislativi dell'Unione europea ovvero delle proposte di atti basate sull'articolo 352 del Trattato sul funzionamento dell'Unione europea, ai sensi del Protocollo n. 2 sull'applicazione dei principi di sussidiarietà e di proporzionalità, allegato al Trattato sull'Unione europea e al Trattato sul funzionamento dell'Unione europea.

2. Il parere motivato che ciascuna Camera invia ai Presidenti del Parlamento europeo, del Consiglio dell'Unione europea e della Commissione europea ai sensi del Protocollo n. 2 sull'applicazione dei principi di sussidiarietà e di proporzionalità, allegato al Trattato sull'Unione europea e al Trattato sul funzionamento dell'Unione europea, è trasmesso contestualmente anche al Governo.

3. Ai fini dell'esercizio dei poteri di cui al comma 1, le Camere possono consultare, secondo le modalità previste nei rispettivi Regolamenti, i consigli e le assemblee delle regioni e delle province autonome, in conformità all'articolo 6, primo paragrafo, del Protocollo n. 2 sull'applicazione dei principi di sussidiarietà e di proporzionalità, allegato al Trattato sull'Unione europea e al Trattato sul funzionamento dell'Unione europea.

9 Partecipazione delle Camere al dialogo politico con le istituzioni dell'Unione europea.

1. Fatto salvo quanto previsto dagli articoli 7 e 8, sui progetti di atti legislativi e sugli altri atti trasmessi alle Camere in base al Protocollo n. 1 sul ruolo dei parlamenti nazionali nell'Unione europea, allegato al Trattato sull'Unione europea, al Trattato sul funzionamento dell'Unione europea e al Trattato che istituisce la Comunità europea dell'energia atomica, e in base al Protocollo n. 2 sull'applicazione dei principi di sussidiarietà e di proporzionalità, allegato al Trattato sull'Unione europea e al Trattato sul funzionamento dell'Unione europea, le Camere possono far pervenire alle istituzioni dell'Unione europea e contestualmente al Governo ogni documento utile alla definizione delle politiche europee.

2. I documenti tengono conto di eventuali osservazioni e proposte formulate dalle regioni e dalle province autonome di Trento e di Bolzano ai sensi dell'articolo 24, comma 3, e dalle assemblee e dai consigli regionali e delle province autonome ai sensi dell'articolo 25.

10 Riserva di esame parlamentare.

1. Ciascuna Camera, qualora abbia iniziato l'esame di progetti o di atti di cui all'articolo 6, comma 1, può chiedere al Governo, informandone contestualmente l'altra Camera, di apporre in sede di Consiglio dell'Unione europea la riserva di esame parlamentare sul progetto o atto in corso di esame. In tal caso il Governo può procedere alle attività di propria competenza per la formazione dei relativi atti dell'Unione europea soltanto a conclusione di tale esame, e comunque decorso il termine di cui al comma 3 del presente articolo.

2. In casi di particolare importanza politica, economica e sociale di progetti o di atti di cui all'articolo 6, comma 1, il Governo può apporre, in sede di Consiglio dell'Unione europea, una riserva di esame parlamen-

tare sul testo o su una o più parti di esso. In tal caso il Governo invia alle Camere il testo sottoposto alla decisione, affinché su di esso si esprimano i competenti organi parlamentari.

3. Nei casi di cui ai commi 1 e 2, il Presidente del Consiglio dei Ministri o il Ministro per gli affari europei comunica alle Camere di aver apposto una riserva di esame parlamentare in sede di Consiglio dell'Unione europea. Decorso il termine di trenta giorni dalla predetta comunicazione, il Governo può procedere alle attività dirette alla formazione dei relativi atti dell'Unione europea anche in mancanza della pronuncia parlamentare.

11 Procedure semplificate di modifica di norme dei Trattati.

1. Il Governo informa tempestivamente le Camere sulle iniziative assunte dalle competenti istituzioni dell'Unione europea nell'ambito della procedura di revisione semplificata di cui all'articolo 48, paragrafi 6 e 7, e all'articolo 42, paragrafo 2, del Trattato sull'Unione europea, nonché delle altre procedure di modifica semplificata di norme dei Trattati previste dal medesimo Trattato o dal Trattato sul funzionamento dell'Unione europea. Il Governo fornisce contestualmente alle Camere gli elementi utili ai fini dell'esercizio dei poteri di cui al presente articolo.

2. Nel caso di cui all'articolo 42, paragrafo 2, del Trattato sull'Unione europea, l'adozione da parte dell'Italia della decisione prevista dal medesimo articolo è fatta con legge. Entro trenta giorni dalla trasmissione da parte del Consiglio europeo della raccomandazione di cui al citato articolo 42, paragrafo 2, del Trattato sull'Unione europea, il Governo sottopone alle Camere un disegno di legge recante l'adozione della decisione, accompagnandolo con una relazione illustrativa che dà indicazione della portata e delle finalità della decisione di cui si propone l'adozione, nonché del suo impatto sull'ordinamento italiano.

3. Nei casi in cui l'entrata in vigore di una decisione del Consiglio europeo o del Consiglio dell'Unione europea è subordinata dal Trattato sull'Unione europea e dal Trattato sul funzionamento dell'Unione europea alla previa approvazione degli Stati membri conformemente alle rispettive norme costituzionali, il Governo trasmette la decisione alle Camere ai fini delle opportune deliberazioni. La decisione si considera approvata in caso di deliberazione positiva di entrambe le Camere. Il Governo ne informa immediatamente il Consiglio europeo o il Consiglio dell'Unione europea.

4. Nel caso di cui all'articolo 48, paragrafo 6, del Trattato sull'Unione europea, l'approvazione di cui al comma 3 del presente articolo è data con legge. A questo fine, quando il Consiglio europeo adotta una decisione ai sensi del citato articolo 48, paragrafo 6, del Trattato sull'Unione europea, il Governo sottopone alle Camere, entro trenta giorni dall'adozione di tale decisione, un disegno di legge recante l'approvazione della stessa.

5. Nei casi di cui all'articolo 48, paragrafo 7, del Trattato sull'Unione europea e all'articolo 81, paragrafo 3, del Trattato sul funzionamento dell'Unione europea, la deliberazione delle Camere è resa entro il termine di sei mesi dalla trasmissione dell'atto dell'Unione europea alle Camere da parte delle competenti istituzioni dell'Unione stessa. In caso di deliberazione negativa di entrambe le Camere, esse ne danno immediata comunicazione a tali istituzioni, informando contestualmente il Governo.

6. La decisione sulle risorse proprie, di cui all'articolo 311, terzo comma, del Trattato sul funzionamento dell'Unione europea, è approvata con legge.

7. Il Governo informa tempestivamente le Camere sullo stato di approvazione delle decisioni di cui al presente articolo da parte degli altri Stati membri dell'Unione europea.

12 Meccanismo del freno d'emergenza.

1. In relazione alle proposte legislative presentate ai sensi degli articoli 48, secondo comma, 82, paragrafo 3, e 83, paragrafo 3, del Trattato sul funzionamento dell'Unione europea, colui che rappresenta l'Italia nel Consiglio dell'Unione europea è tenuto a chiedere che la proposta stessa sia sottoposta al Consiglio europeo, ove entrambe le Camere adottino un atto di indirizzo in tal senso.

2. Nei casi previsti dall'articolo 31, paragrafo 2, del Trattato sull'Unione europea, colui che rappresenta l'Italia nel Consiglio dell'Unione europea è tenuto ad opporsi ad una decisione per specificati e vitali motivi di politica nazionale ove entrambe le Camere adottino un atto di indirizzo motivato in tal senso.

3. Per le finalità di cui ai commi 1 e 2 il Governo trasmette tempestivamente alle Camere le proposte presentate ai sensi dell'articolo 31, paragrafo 2, del Trattato sull'Unione europea e degli articoli 48, secondo comma, 82, paragrafo 3, e 83, paragrafo 3, del Trattato sul funzionamento dell'Unione europea. Decorso il termine di trenta giorni dalla predetta trasmissione, il Governo può esprimere un voto favorevole sulle proposte anche in mancanza della pronuncia parlamentare.

13 Relazioni annuali al Parlamento.

1. Entro il 31 dicembre di ogni anno il Governo presenta alle Camere una relazione che indica:

a) gli orientamenti e le priorità che il Governo intende perseguire nell'anno successivo con riferimento agli sviluppi del processo di integrazione europea, ai profili istituzionali e a ciascuna politica dell'Unione europea, tenendo anche conto delle indicazioni contenute nel programma legislativo e di lavoro annuale della Commissione europea e negli altri strumenti di programmazione legislativa e politica delle istituzioni dell'Unione stessa. Nell'ambito degli orientamenti e delle priorità, particolare e specifico rilievo è attribuito alle prospettive e alle iniziative relative alla politica estera e di sicurezza comune e alle relazioni esterne dell'Unione europea;

b) gli orientamenti che il Governo ha assunto o intende assumere in merito a specifici progetti di atti normativi dell'Unione europea, a documenti di consultazione ovvero ad atti preordinati alla loro formazione, già presentati o la cui presentazione sia prevista per l'anno successivo nel programma legislativo e di lavoro della Commissione europea;

c) le strategie di comunicazione e di formazione del Governo in merito all'attività dell'Unione europea e alla partecipazione italiana all'Unione europea.

2. Al fine di fornire al Parlamento tutti gli elementi conoscitivi necessari per valutare la partecipazione dell'Italia all'Unione europea, entro il 28 febbraio di ogni anno il Governo presenta alle Camere una relazione sui seguenti temi:

a) gli sviluppi del processo di integrazione europea registrati nell'anno di riferimento, con particolare riguardo alle attività del Consiglio europeo e del Consiglio dell'Unione europea, alle questioni istituzionali, alla politica estera e di sicurezza comune dell'Unione europea nonché alle relazioni esterne dell'Unione europea, alla cooperazione nei settori della giustizia e degli affari interni e agli orientamenti generali delle politiche dell'Unione. La relazione reca altresì l'elenco delle riunioni del Consiglio europeo e del Consiglio dell'Unione europea tenutesi nell'anno di riferimento, con l'indicazione delle rispettive date, dei partecipanti per l'Italia e dei temi trattati;

b) la partecipazione dell'Italia al processo normativo dell'Unione europea e in generale alle attività delle istituzioni dell'Unione europea per la realizzazione delle principali politiche settoriali, quali: mercato interno e concorrenza; politica agricola e della pesca; politica dei trasporti e reti transeuropee; politica della società dell'informazione e delle nuove tecnologie; politica di ricerca e dell'innovazione; politica dello spazio; politica energetica; politica dell'ambiente; politica fiscale; politiche per l'inclusione sociale, le pari opportunità e la gioventù; politica del lavoro; politica della salute; politica per l'istruzione, la formazione e la cultura; politiche per la libertà, sicurezza e giustizia. Nella relazione sono riportate le linee negoziali che hanno caratterizzato la partecipazione italiana, insieme ai dati consuntivi e a una valutazione di merito della predetta partecipazione, anche in termini di efficienza ed efficacia dell'attività svolta in relazione ai risultati conseguiti. La relazione reca altresì l'elenco dei principali atti legislativi in corso di elaborazione nell'anno di riferimento e non definiti entro l'anno medesimo;

c) l'attuazione in Italia delle politiche di coesione economica, sociale e territoriale, l'andamento dei flussi finanziari verso l'Italia e la loro utilizzazione, con riferimento anche alle relazioni della Corte dei conti dell'Unione europea per ciò che concerne l'Italia. La relazione reca altresì una valutazione di merito sui principali risultati annualmente conseguiti nonché sui progressi e sui temi rilevanti, anche relativamente al concorso delle politiche per il raggiungimento degli obiettivi del periodo di programmazione vigente;

d) il seguito dato e le iniziative assunte in relazione ai pareri, alle osservazioni e agli atti di indirizzo delle Camere, nonché alle osservazioni della Conferenza delle regioni e delle province autonome, della Conferenza permanente per i rapporti tra lo Stato, le regioni e le province autonome di Trento e di Bolzano e della Conferenza dei presidenti delle assemblee legislative delle regioni e delle province autonome.

3. Il Presidente del Consiglio dei Ministri o il Ministro per gli affari europei trasmette le relazioni di cui ai commi 1 e 2 anche alla Conferenza delle regioni e delle province autonome, alla Conferenza permanente per i rapporti tra lo Stato, le regioni e le province autonome di Trento e di Bolzano, alla Conferenza dei presidenti delle assemblee legislative delle regioni e delle province autonome e alla Conferenza Stato-città ed autonomie locali.

14 Informazione al Parlamento su procedure giurisdizionali e di pre-contenzioso riguardanti l'Italia.

1. Il Presidente del Consiglio dei Ministri o il Ministro per gli affari europei, sulla base delle informazioni ricevute dalle amministrazioni competenti, trasmette ogni tre mesi alle Camere, alla Corte dei conti, alle regioni e alle province autonome un elenco, articolato per settore e materia:

a) delle sentenze della Corte di giustizia dell'Unione europea relative a giudizi di cui l'Italia sia stata parte o che abbiano rilevanti conseguenze per l'ordinamento italiano;

b) dei rinvii pregiudiziali disposti ai sensi dell'articolo 267 del Trattato sul funzionamento dell'Unione europea da organi giurisdizionali italiani;

c) delle procedure d'infrazione avviate nei confronti dell'Italia ai sensi degli articoli 258 e 260 del Trattato sul funzionamento dell'Unione europea, con informazioni sintetiche sull'oggetto e sullo stato del procedimento nonché sulla natura delle eventuali violazioni contestate all'Italia;

d) dei procedimenti di indagine formale avviati dalla Commissione europea nei confronti dell'Italia ai sensi dell'articolo 108, paragrafo 2, del Trattato sul funzionamento dell'Unione europea.

2. Il Ministro dell'economia e delle finanze, di concerto con il Ministro per gli affari europei, trasmette ogni sei mesi alle Camere e alla Corte dei conti informazioni sulle eventuali conseguenze di carattere finanziario degli atti e delle procedure di cui al comma 1.

3. Quando uno degli atti dell'Unione europea di cui al comma 1 è posto alla base di un disegno di legge d'iniziativa governativa, di un decreto-legge o di uno schema di decreto legislativo sottoposto al parere parlamentare, nonché, in ogni altro caso, su richiesta di una delle due Camere, il Presidente del Consiglio dei Ministri o il Ministro per gli affari europei comunica alle Camere le informazioni o i documenti relativi a tali atti.

4. Le informazioni e i documenti di cui al presente articolo sono trasmessi avvalendosi di modalità informatiche.

5. Il Governo può raccomandare l'uso riservato delle informazioni e dei documenti trasmessi.

15 Controllo parlamentare sulle procedure d'infrazione riguardanti l'Italia.

1. Il Presidente del Consiglio dei Ministri o il Ministro per gli affari europei comunica alle Camere, con-

testualmente alla ricezione della relativa notifica da parte della Commissione europea, le decisioni assunte dalla stessa Commissione concernenti l'avvio di una procedura d'infrazione di cui agli articoli 258 e 260 del Trattato sul funzionamento dell'Unione europea. Della comunicazione viene informato il Ministro con competenza prevalente, nonché ogni altro soggetto pubblico il cui comportamento sia messo in causa dal ricorso o dalla procedura d'infrazione di cui al primo periodo.

2. Entro venti giorni dalla comunicazione di cui al comma 1, il Ministro con competenza prevalente è tenuto a trasmettere alle Camere una relazione che illustra le ragioni che hanno determinato l'inadempimento o la violazione contestati con la procedura d'infrazione, indicando altresì le attività svolte e le azioni che si intende assumere ai fini della positiva soluzione della procedura stessa. La relazione è trasmessa contestualmente al Presidente del Consiglio dei Ministri o al Ministro per gli affari europei. Le Camere possono assumere al riguardo tutte le opportune deliberazioni in conformità ai rispettivi Regolamenti.

3. Il Presidente del Consiglio dei Ministri o il Ministro per gli affari europei informa senza ritardo le Camere e la Corte dei conti di ogni sviluppo significativo relativo a procedure d'infrazione basate sull'articolo 260 del Trattato sul funzionamento dell'Unione europea.

4. Alle comunicazioni di cui al presente articolo si applica il comma 5 dell'articolo 14.

16 Relazione trimestrale al Parlamento sui flussi finanziari con l'Unione europea.

1. Il Governo presenta ogni tre mesi alle Camere, alle regioni e alle province autonome, per il tramite della Conferenza delle regioni e delle province autonome e della Conferenza dei presidenti delle assemblee legislative delle regioni e delle province autonome, una relazione sull'andamento dei flussi finanziari tra l'Italia e l'Unione europea. La relazione contiene un'indicazione dei flussi finanziari ripartiti per ciascuna rubrica e sottorubrica contemplata dal quadro finanziario pluriennale di riferimento dell'Unione europea. Per ciascuna rubrica e sottorubrica sono riportati la distribuzione e lo stato di utilizzazione delle risorse erogate a carico del bilancio dell'Unione europea in relazione agli enti competenti e alle aree geografiche rilevanti.

17 Nomina di membri italiani di istituzioni dell'Unione europea.

1. All'atto della proposta o della designazione da parte del Governo dei membri italiani della Commissione europea, della Corte di giustizia dell'Unione europea, della Corte dei conti europea, del Comitato economico e sociale europeo, del Comitato delle regioni, del Consiglio di amministrazione della Banca europea per gli investimenti e delle agenzie dell'Unione europea, il Presidente del Consiglio dei Ministri o il Ministro per gli affari europei ne informa le Camere.

2. L'informativa di cui al comma 1 dà conto in particolare della procedura seguita per addivenire alla proposta o alla designazione, delle motivazioni della scelta, nonché del *curriculum vitae* delle persone proposte o designate, con l'indicazione degli eventuali incarichi dalle stesse svolti o in corso di svolgimento.

3. Dopo l'effettiva assunzione delle funzioni da parte delle persone di cui al comma 1, le competenti Commissioni parlamentari possono chiederne l'audizione.

4. Le disposizioni di cui al presente articolo si applicano anche alle proposte e alle designazioni volte alla conferma di persone in carica.

CAPO III
Coordinamento della partecipazione dell'Italia al processo normativo dell'Unione Europea

18 Dipartimento per le politiche europee.

1. Le attività di coordinamento delle politiche derivanti dall'appartenenza dell'Italia all'Unione europea e di adeguamento della normativa nazionale agli obblighi di cui all'articolo 1 sono svolte dal Dipartimento della Presidenza del Consiglio dei Ministri di cui all'articolo 3 del decreto legislativo 30 luglio 1999, n. 303, che assume la denominazione di « Dipartimento per le politiche europee ».

19 Comitato tecnico di valutazione degli atti dell'Unione europea (1).

1. Per la preparazione delle proprie riunioni il CIAE si avvale di un Comitato tecnico di valutazione degli atti dell'Unione europea, di seguito denominato « Comitato tecnico di valutazione », istituito presso la Presidenza del Consiglio dei Ministri - Dipartimento per le politiche europee, coordinato e presieduto dal Segretario del CIAE di cui all'articolo 2, comma 9-*bis* (2).

2. Il Comitato tecnico di valutazione coordina, nel quadro degli indirizzi del Governo, la predisposizione della posizione italiana nella fase di formazione degli atti normativi dell'Unione europea. A tal fine, il Comitato tecnico di valutazione svolge le seguenti funzioni:

a) raccoglie le istanze provenienti dalle diverse amministrazioni sulle questioni in discussione presso l'Unione europea e istruisce e definisce le posizioni che saranno espresse dall'Italia in sede di Unione europea, previa, quando necessario, deliberazione del CIAE;

b) trasmette le proprie deliberazioni ai competenti rappresentanti italiani incaricati di presentarle in tutte le diverse istanze dell'Unione europea;

c) verifica l'esecuzione delle decisioni prese nel CIAE.

3. Ogni Ministro designa un proprio rappresentante quale membro del Comitato tecnico di valutazione abilitato a esprimere la posizione dell'amministrazione.

4. Nell'ambito del Comitato tecnico di valutazione sono istituiti singoli gruppi di lavoro incaricati di preparare i lavori del medesimo Comitato con riguardo a specifiche tematiche. I gruppi di lavoro sono presieduti dal Segretario del CIAE di cui all'articolo 2, comma

9-*bis*, o da un suo delegato. La composizione dei gruppi di lavoro riflette quella del Comitato tecnico di valutazione (2).

5. Qualora siano trattate materie che interessano le regioni e le province autonome, il Comitato tecnico di valutazione è integrato da un rappresentante di ciascuna regione e provincia autonoma indicato dal rispettivo presidente e, per gli ambiti di competenza degli enti locali, da rappresentanti indicati dall'ANCI, dall'UPI e dall'UNCEM. Le riunioni del Comitato tecnico di valutazione integrato sono convocate dal Segretario del CIAE di cui all'articolo 2, comma 9-*bis*, d'intesa con il direttore dell'ufficio di segreteria della Conferenza permanente per i rapporti tra lo Stato, le regioni e le province autonome di Trento e di Bolzano e con il direttore dell'ufficio di segreteria della Conferenza Stato-città ed autonomie locali, che vi partecipano, e si svolgono presso la Conferenza permanente per i rapporti tra lo Stato, le regioni e le province autonome di Trento e di Bolzano (3).

6. Alle riunioni del Comitato tecnico di valutazione partecipano, in qualità di osservatori, funzionari del Senato della Repubblica e della Camera dei deputati designati dalle rispettive amministrazioni.

Qualora siano trattate materie che interessano le regioni e le province autonome di Trento e di Bolzano, al Comitato tecnico di valutazione partecipano, in qualità di osservatori, rappresentanti della Conferenza dei presidenti delle assemblee legislative delle regioni e delle province autonome.

7. Alle riunioni del Comitato tecnico di valutazione possono essere invitati, quando si trattano questioni che rientrano nelle rispettive competenze, rappresentanti delle autorità di regolamentazione o vigilanza.

8. L'organizzazione e il funzionamento del Comitato tecnico di valutazione sono disciplinati con decreto del Presidente della Repubblica, adottato ai sensi dell'articolo 17, comma 1, lettera *b*), della legge 23 agosto 1988, n. 400, su proposta del Ministro per gli affari europei, di concerto con il Ministro degli affari esteri, sentita la Conferenza unificata di cui all'articolo 8 del decreto legislativo 28 agosto 1997, n. 281, e successive modificazioni. Fino alla data di entrata in vigore del decreto del Presidente della Repubblica, di cui al primo periodo, restano efficaci gli atti adottati in attuazione dell'articolo 2, comma 4, ultimo periodo, della legge 4 febbraio 2005, n. 11.

9. Non si applica l'articolo 29, comma 2, lettera *e-bis*), del decreto-legge 4 luglio 2006, n. 223, convertito, con modificazioni, dalla legge 4 agosto 2006, n. 248.

(1) *Per il regolamento per il funzionamento del Comitato Tecnico di Valutazione (CTV) degli atti dell'Unione europea, istituito dal presente articolo, vedi il d.P.R. 2 luglio 2015, n. 119.*

(2) *Comma modificato dall'art. 34, comma 1, lett.* a), *della legge 7 luglio 2016, n. 122.*

(3) *Comma modificato dall'art. 34, comma 1, lett.* b), *della legge 7 luglio 2016, n. 122.*

20 Nuclei di valutazione degli atti dell'Unione europea.

1. Al fine di assicurare una più efficace partecipazione dell'Italia alla formazione del diritto dell'Unione europea e la puntuale attuazione dello stesso nell'ordinamento interno, le amministrazioni statali individuano al loro interno, nei limiti delle risorse finanziarie, umane e strumentali disponibili a legislazione vigente e senza prevedere l'istituzione di nuove strutture organizzative, uno o più nuclei di valutazione degli atti dell'Unione europea.

2. I nuclei di cui al comma 1 sono composti da personale delle diverse articolazioni delle singole amministrazioni e operano in collegamento con la Presidenza del Consiglio dei Ministri - Dipartimento per le politiche europee e, ove necessario, con altre amministrazioni. Essi assicurano il monitoraggio delle attività di rilevanza europea di competenza delle rispettive amministrazioni e contribuiscono alla predisposizione da parte di queste dei rispettivi contributi alle informazioni e alle relazioni da trasmettere alle Camere o ad altri soggetti istituzionali ai sensi della presente legge.

3. I responsabili dei nuclei di cui al comma 1 assistono i rappresentanti delle rispettive amministrazioni presso il Comitato tecnico di valutazione, salvo che non siano essi stessi designati quali rappresentanti delle proprie amministrazioni in seno a detto Comitato.

21 Esperti nazionali distaccati.

1. Le amministrazioni pubbliche favoriscono e incentivano le esperienze del proprio personale presso le istituzioni e gli organi dell'Unione europea, gli Stati membri dell'Unione e gli Stati candidati all'adesione all'Unione. In particolare, i dipendenti delle amministrazioni pubbliche possono essere destinati a prestare temporaneamente servizio presso il Parlamento europeo, il Consiglio dell'Unione europea, la Commissione europea, le altre istituzioni e gli altri organi dell'Unione, incluse le agenzie, in qualità di esperti nazionali distaccati, ai sensi dell'articolo 32 del decreto legislativo 30 marzo 2001, n. 165, come sostituito dal comma 2 del presente articolo.

2. L'articolo 32 del decreto legislativo 30 marzo 2001, n. 165, è sostituito dal seguente:

« Art. 32

(Collegamento con le istituzioni internazionali, dell'Unione europea e di altri Stati. Esperti nazionali distaccati). –

1. Le amministrazioni pubbliche favoriscono e incentivano le esperienze del proprio personale presso le istituzioni europee, le organizzazioni internazionali nonché gli Stati membri dell'Unione europea, gli Stati candidati all'adesione all'Unione e gli altri Stati con i quali l'Italia intrattiene rapporti di collaborazione, ai sensi della lettera *c*), al fine di favorire lo scambio internazionale di esperienze amministrative e di rafforzare il collegamento tra le amministrazioni di provenienza e quelle di destinazione. I dipendenti delle amministrazioni pubbliche possono essere destinati a prestare temporaneamente servizio presso:

a) il Parlamento europeo, il Consiglio dell'Unione europea, la Commissione europea, le altre istituzioni e gli altri organi dell'Unione europea, incluse le agenzie, prioritariamente in qualità di esperti nazionali distaccati;

b) le organizzazioni e gli enti internazionali ai quali l'Italia aderisce;

c) le amministrazioni pubbliche degli Stati membri dell'Unione europea, degli Stati candidati all'adesione all'Unione e di altri Stati con i quali l'Italia intrattiene rapporti di collaborazione, a seguito di appositi accordi di reciprocità stipulati tra le amministrazioni interessate, d'intesa con il Ministero degli affari esteri e con la Presidenza del Consiglio dei Ministri - Dipartimento della funzione pubblica.

2. Ai fini di cui al comma 1, la Presidenza del Consiglio dei Ministri - Dipartimenti della funzione pubblica e per le politiche europee e il Ministero degli affari esteri, d'intesa tra loro:

a) coordinano la costituzione di una banca dati di potenziali candidati qualificati dal punto di vista delle competenze in materia europea o internazionale e delle conoscenze linguistiche;

b) definiscono, d'intesa con le amministrazioni interessate, le aree di impiego prioritarie del personale da distaccare, con specifico riguardo agli esperti nazionali presso le istituzioni dell'Unione europea;

c) promuovono la sensibilizzazione dei centri decisionali, le informazioni relative ai posti vacanti nelle istituzioni internazionali e dell'Unione europea e la formazione del personale, con specifico riguardo agli esperti nazionali presso le istituzioni dell'Unione.

3. Il trattamento economico degli esperti nazionali distaccati può essere a carico delle amministrazioni di provenienza, di quelle di destinazione o essere suddiviso tra esse, ovvero essere rimborsato in tutto o in parte allo Stato italiano dall'Unione europea o da un'organizzazione o ente internazionale.

4. Il personale che presta servizio temporaneo all'estero resta a tutti gli effetti dipendente dell'amministrazione di appartenenza.

L'esperienza maturata all'estero costituisce titolo preferenziale per l'accesso a posizioni economiche superiori o a progressioni orizzontali e verticali di carriera all'interno dell'amministrazione pubblica ».

3. Con decreto del Ministro per gli affari europei e del Ministro degli affari esteri, di concerto con i Ministri dell'economia e delle finanze e per la pubblica amministrazione e la semplificazione, emanato ai sensi dell'articolo 17, comma 3, della legge 23 agosto 1988, n. 400, sono definite le modalità di attuazione del presente articolo ed è determinato il contingente massimo di esperti nazionali distaccati.

CAPO IV
Partecipazione delle regioni, delle province autonome e delle autonomie locali al processo di formazione degli atti dell'Unione Europea

22 Sessione europea della Conferenza permanente per i rapporti tra lo Stato, le regioni e le province autonome di Trento e di Bolzano.

1. Il Presidente del Consiglio dei Ministri convoca almeno ogni quattro mesi, o su richiesta delle regioni e delle province autonome, una sessione speciale della Conferenza permanente per i rapporti tra lo Stato, le regioni e le province autonome di Trento e di Bolzano, dedicata alla trattazione degli aspetti delle politiche dell'Unione europea di interesse regionale e provinciale, al fine di raccordare le linee della politica nazionale, relativa all'elaborazione degli atti dell'Unione europea, con le esigenze rappresentate dalle regioni e dalle province autonome, nelle materie di competenza di queste ultime. Il Governo informa tempestivamente le Camere sui risultati emersi da tale sessione.

2. La Conferenza permanente per i rapporti tra lo Stato, le regioni e le province autonome di Trento e di Bolzano, convocata ai sensi del comma 1, in particolare, esprime parere:

a) sugli indirizzi generali relativi all'elaborazione e all'attuazione degli atti dell'Unione europea che riguardano le competenze delle regioni e delle province autonome;

b) sui criteri e sulle modalità per conformare l'esercizio delle funzioni delle regioni e delle province autonome all'osservanza e all'adempimento degli obblighi di cui all'articolo 1;

c) sugli schemi dei disegni di legge di cui all'articolo 29 della presente legge, sulla base di quanto previsto dall'articolo 5, comma 1, lettera *b*), del decreto legislativo 28 agosto 1997, n. 281, e successive modificazioni.

3. Il Presidente del Consiglio dei Ministri o il Ministro per gli affari europei riferisce al Comitato interministeriale per la programmazione economica per gli aspetti di competenza di cui all'articolo 2 della legge 16 aprile 1987, n. 183.

23 Sessione europea della Conferenza Stato-città ed autonomie locali.

1. Il Presidente del Consiglio dei Ministri o il Ministro per gli affari europei convoca, d'intesa con il Ministro dell'interno, almeno due volte l'anno, o su richiesta del presidente dell'ANCI, del presidente dell'UPI o del presidente dell'UNCEM, una sessione speciale della Conferenza Stato-città ed autonomie locali, dedicata alla trattazione degli aspetti delle politiche dell'Unione europea di interesse degli enti locali. Il Governo informa tempestivamente le Camere e la Conferenza delle regioni e delle province autonome sui risultati emersi durante tale sessione. La Conferenza Stato-città ed autonomie locali, in particolare, esprime parere sui criteri e sulle modalità per conformare l'esercizio delle funzioni di interesse degli enti locali all'osservanza e all'adempimento degli obblighi di cui all'articolo 1.

24 Partecipazione delle regioni e delle province autonome alle decisioni relative alla formazione di atti normativi dell'Unione europea.

1. I progetti e gli atti di cui all'articolo 6, comma 1, sono trasmessi dal Presidente del Consiglio dei Ministri o dal Ministro per gli affari europei, contestual-

mente alla loro ricezione, alla Conferenza delle regioni e delle province autonome e alla Conferenza dei presidenti delle assemblee legislative delle regioni e delle province autonome, ai fini dell'inoltro alle giunte e ai consigli regionali e delle province autonome.

2. In relazione a progetti di atti legislativi dell'Unione europea che rientrano nelle materie di competenza delle regioni e delle province autonome, la Presidenza del Consiglio dei Ministri - Dipartimento per le politiche europee assicura ai soggetti di cui al comma 1 del presente articolo un'informazione qualificata e tempestiva con le modalità di cui all'articolo 6, comma 4.

3. Ai fini della formazione della posizione italiana sui progetti di atti di cui al comma 1 del presente articolo, le regioni e le province autonome, nelle materie di loro competenza, possono trasmettere osservazioni, entro trenta giorni dalla data del ricevimento degli atti di cui all'articolo 6, comma 1, al Presidente del Consiglio dei Ministri o al Ministro per gli affari europei dandone contestuale comunicazione alle Camere, alla Conferenza delle regioni e delle province autonome e alla Conferenza dei presidenti delle assemblee legislative delle regioni e delle province autonome.

4. Qualora un progetto di atto normativo dell'Unione europea riguardi una materia attribuita alla competenza legislativa delle regioni o delle province autonome e una o più regioni o province autonome ne facciano richiesta, il Presidente del Consiglio dei Ministri o il Ministro da lui delegato convoca la Conferenza permanente per i rapporti tra lo Stato, le regioni e le province autonome di Trento e di Bolzano, ai fini del raggiungimento dell'intesa di cui all'articolo 3 del decreto legislativo 28 agosto 1997, n. 281, entro il termine di trenta giorni. Decorso tale termine, ovvero nei casi di urgenza motivata sopravvenuta, il Governo può procedere anche in mancanza dell'intesa.

5. Nei casi di cui al comma 4, qualora lo richieda la Conferenza permanente per i rapporti tra lo Stato, le regioni e le province autonome di Trento e di Bolzano, il Governo appone una riserva di esame in sede di Consiglio dell'Unione europea. In tale caso il Presidente del Consiglio dei Ministri o il Ministro per gli affari europei comunica alla Conferenza permanente per i rapporti tra lo Stato, le regioni e le province autonome di Trento e di Bolzano di aver apposto una riserva di esame in sede di Consiglio dell'Unione europea. Decorso il termine di trenta giorni dalla predetta comunicazione, il Governo può procedere anche in mancanza della pronuncia della predetta Conferenza alle attività dirette alla formazione dei relativi atti dell'Unione europea.

6. Salvo il caso di cui al comma 4, qualora le osservazioni delle regioni e delle province autonome non siano pervenute al Governo entro la data indicata all'atto della trasmissione dei progetti o, in mancanza, entro il giorno precedente quello della discussione in sede di Unione europea, il Governo può comunque procedere alle attività dirette alla formazione dei relativi atti dell'Unione europea.

7. Nelle materie di competenza delle regioni e delle province autonome, la Presidenza del Consiglio dei Ministri - Dipartimento per le politiche europee, nell'esercizio delle competenze di cui all'articolo 3, comma 2, del decreto legislativo 30 luglio 1999, n. 303, convoca ai singoli gruppi di lavoro di cui all'articolo 19, comma 4, della presente legge, i rappresentanti delle regioni e delle province autonome, ai fini della successiva definizione della posizione italiana da sostenere, d'intesa con il Ministero degli affari esteri e con i Ministeri competenti per materia, in sede di Unione europea.

8. Il Presidente del Consiglio dei Ministri o il Ministro per gli affari europei informa tempestivamente le regioni e le province autonome, per il tramite della Conferenza delle regioni e delle province autonome, sulle proposte e sulle materie di competenza delle regioni e delle province autonome che risultano inserite all'ordine del giorno delle riunioni del Consiglio dell'Unione europea.

9. Il Presidente del Consiglio dei Ministri o il Ministro per gli affari europei, prima dello svolgimento delle riunioni del Consiglio europeo, riferisce alla Conferenza permanente per i rapporti tra lo Stato, le regioni e le province autonome di Trento e di Bolzano, in sessione europea, sulle proposte e sulle materie di competenza delle regioni e delle province autonome che risultano inserite all'ordine del giorno, illustrando la posizione che il Governo intende assumere.

Il Governo riferisce altresì, su richiesta della predetta Conferenza, prima delle riunioni del Consiglio dell'Unione europea, alla Conferenza stessa, in sessione europea, sulle proposte e sulle materie di competenza delle regioni e delle province autonome che risultano inserite all'ordine del giorno, illustrando la posizione che il Governo intende assumere.

10. Il Presidente del Consiglio dei Ministri o il Ministro per gli affari europei informa le regioni e le province autonome, per il tramite della Conferenza delle regioni e delle province autonome, delle risultanze delle riunioni del Consiglio europeo e del Consiglio dell'Unione europea e con riferimento alle materie di loro competenza, entro quindici giorni dallo svolgimento delle stesse.

11. Resta fermo quanto previsto dall'articolo 5, comma 1, della legge 5 giugno 2003, n. 131.

25 Partecipazione alla verifica del rispetto del principio di sussidiarietà da parte delle assemblee, dei consigli regionali e delle province autonome di Trento e di Bolzano.

1. Ai fini della verifica del rispetto del principio di sussidiarietà di cui all'articolo 8, le assemblee e i consigli regionali e delle province autonome di Trento e di Bolzano possono far pervenire alle Camere le loro osservazioni in tempo utile per l'esame parlamentare dandone contestuale comunicazione alla Conferenza dei presidenti delle assemblee legislative delle regioni e delle province autonome.

26 Partecipazione degli enti locali alle decisioni relative alla formazione di atti normativi dell'Unione europea.

1. Il Presidente del Consiglio dei Ministri o il Ministro per gli affari europei assicura, per il tramite della

Conferenza Stato-città ed autonomie locali, un'adeguata consultazione dei comuni, delle province e delle città metropolitane ai fini della formazione della posizione dell'Italia in relazione ad attività dell'Unione europea che presentino specifica rilevanza negli ambiti di competenza degli enti locali.

2. Qualora i progetti e gli atti di cui all'articolo 6, comma 1, riguardino questioni di particolare rilevanza negli ambiti di competenza degli enti locali, il Presidente del Consiglio dei Ministri o il Ministro per gli affari europei li trasmette alla Conferenza Stato-città ed autonomie locali. Tali progetti e atti sono altresì trasmessi per il tramite della Conferenza Stato-città ed autonomie locali, in relazione ai rispettivi ambiti di competenza, all'ANCI, all'UPI e all'UNCEM. Su tutti i progetti e gli atti di loro interesse le associazioni rappresentative degli enti locali, per il tramite della Conferenza Stato-città ed autonomie locali, possono trasmettere osservazioni al Presidente del Consiglio dei Ministri o al Ministro per gli affari europei e alle Camere e possono richiedere che gli stessi siano sottoposti all'esame della Conferenza stessa.

3. Nelle materie che investono le competenze degli enti locali, la Presidenza del Consiglio dei Ministri - Dipartimento per le politiche europee convoca ai gruppi di lavoro di cui all'articolo 19, comma 4, esperti designati dagli enti locali secondo modalità da stabilire in sede di Conferenza Stato-città ed autonomie locali. Dall'attuazione del presente comma non devono derivare nuovi o maggiori oneri a carico della finanza pubblica.

4. Qualora le osservazioni degli enti locali non siano pervenute al Governo entro la data indicata all'atto della trasmissione dei progetti o degli atti o, in mancanza, entro il giorno precedente quello della discussione in sede di Unione europea, il Governo può comunque procedere alle attività dirette alla formazione dei relativi atti.

27-28 *(Omissis)*.

CAPO VI
Adempimento degli obblighi derivanti dall'appartenenza dell'Italia all'Unione europea

29 Legge di delegazione europea e legge europea.

1. Lo Stato, le regioni e le province autonome di Trento e di Bolzano, nelle materie di propria competenza legislativa, danno tempestiva attuazione alle direttive e agli altri obblighi derivanti dal diritto dell'Unione europea.

2. Il Presidente del Consiglio dei Ministri o il Ministro per gli affari europei informa con tempestività le Camere e, per il tramite della Conferenza delle regioni e delle province autonome e della Conferenza dei presidenti delle assemblee legislative delle regioni e delle province autonome, le regioni e le province autonome, degli atti normativi e di indirizzo emanati dagli organi dell'Unione europea.

3. Il Presidente del Consiglio dei Ministri o il Ministro per gli affari europei verifica, con la collaborazione delle amministrazioni interessate, lo stato di conformità dell'ordinamento interno e degli indirizzi di politica del Governo in relazione agli atti di cui al comma 2 e ne trasmette le risultanze tempestivamente, e comunque ogni quattro mesi, anche con riguardo alle misure da intraprendere per assicurare tale conformità, agli organi parlamentari competenti, alla Conferenza permanente per i rapporti tra lo Stato, le regioni e le province autonome di Trento e di Bolzano e alla Conferenza dei presidenti delle assemblee legislative delle regioni e delle province autonome, per la formulazione di ogni opportuna osservazione. Nelle materie di loro competenza le regioni e le province autonome verificano lo stato di conformità dei propri ordinamenti in relazione ai suddetti atti e trasmettono, entro il 15 gennaio di ogni anno, le risultanze della verifica alla Presidenza del Consiglio dei Ministri - Dipartimento per le politiche europee con riguardo alle misure da intraprendere.

4. All'esito della verifica e tenuto conto delle osservazioni di cui al comma 3, il Presidente del Consiglio dei Ministri o il Ministro per gli affari europei, di concerto con il Ministro degli affari esteri e con gli altri Ministri interessati, entro il 28 febbraio di ogni anno presenta alle Camere, previo parere della Conferenza permanente per i rapporti tra lo Stato, le regioni e le province autonome di Trento e di Bolzano, un disegno di legge recante il titolo: « Delega al Governo per il recepimento delle direttive europee e l'attuazione di altri atti dell'Unione europea », completato dall'indicazione: « Legge di delegazione europea » seguita dall'anno di riferimento, e recante i contenuti di cui all'articolo 30, comma 2.

5. Con riferimento ai contenuti di cui all'articolo 30, comma 3, il Presidente del Consiglio dei Ministri o il Ministro per gli affari europei, di concerto con il Ministro degli affari esteri e con gli altri Ministri interessati, presenta al Parlamento un disegno di legge recante il titolo: « Disposizioni per l'adempimento degli obblighi derivanti dall'appartenenza dell'Italia all'Unione europea », completato dall'indicazione: « Legge europea » seguita dall'anno di riferimento.

6. All'articolo 5, comma 1, del decreto legislativo 28 agosto 1997, n. 281, la lettera *b*) è sostituita dalla seguente:

« *b*) esprimere parere sullo schema dei disegni di legge recanti la legge europea e la legge di delegazione europea. Decorso il termine di venti giorni dalla richiesta del parere, i disegni di legge sono presentati al Parlamento anche in mancanza di tale parere ».

7. Il disegno di legge di delegazione europea è corredato di una relazione illustrativa, aggiornata al 31 dicembre dell'anno precedente, in cui il Governo:

a) dà conto delle motivazioni che lo hanno indotto all'inclusione delle direttive dell'Unione europea in uno degli allegati, con specifico riguardo all'opportunità di sottoporre i relativi schemi di atti normativi di recepimento al parere delle competenti Commissioni parlamentari;

b) riferisce sullo stato di conformità dell'ordinamento interno al diritto dell'Unione europea e sullo stato delle eventuali procedure d'infrazione, dando conto, in particolare, della giurisprudenza della Corte di giustizia dell'Unione europea relativa alle eventuali inadempienze e violazioni da parte della Repubblica italiana di obblighi derivanti dal diritto dell'Unione europea;

c) fornisce l'elenco delle direttive dell'Unione europea recepite o da recepire in via amministrativa;

d) dà partitamente conto delle ragioni dell'eventuale omesso inserimento delle direttive dell'Unione europea il cui termine di recepimento è già scaduto e di quelle il cui termine di recepimento scade nel periodo di riferimento, in relazione ai tempi previsti per l'esercizio della delega legislativa;

e) fornisce l'elenco delle direttive dell'Unione europea recepite con regolamento ai sensi dell'articolo 35, nonché l'indicazione degli estremi degli eventuali regolamenti di recepimento già adottati;

e-bis) fornisce l'elenco delle direttive dell'Unione europea che delegano alla Commissione europea il potere di adottare gli atti di cui all'articolo 290 del Trattato sul funzionamento dell'Unione europea (1);

f) fornisce l'elenco dei provvedimenti con i quali nelle singole regioni e province autonome si è provveduto a recepire le direttive dell'Unione europea nelle materie di loro competenza, anche con riferimento a leggi annuali di recepimento eventualmente approvate dalle regioni e dalle province autonome. L'elenco è predisposto dalla Conferenza delle regioni e delle province autonome e trasmesso alla Presidenza del Consiglio dei Ministri - Dipartimento per le politiche europee in tempo utile e, comunque, non oltre il 15 gennaio di ogni anno.

8. Al fine di consentire la celere entrata in vigore dei disegni di legge di cui ai commi 4 e 5, nel caso di ulteriori esigenze di adempimento di obblighi di cui all'articolo 1, il Presidente del Consiglio dei ministri o il Ministro per gli affari europei, di concerto con il Ministro degli affari esteri e della cooperazione internazionale e con gli altri Ministri interessati, può presentare alle Camere, entro il 31 luglio di ogni anno, previo parere della Conferenza permanente per i rapporti tra lo Stato, le regioni e le province autonome di Trento e di Bolzano, un ulteriore disegno di legge di delegazione europea e un ulteriore disegno di legge europea, i cui titoli sono completati dalla dicitura: "secondo semestre". Per il disegno di legge di delegazione europea di cui al presente comma non è prescritta la relazione illustrativa di cui al comma 7 (2).

(1) *Lettera inserita dall'art. 22, comma 1, lett.* b), *l. 20 novembre 2017, n. 167.*

(2) *Comma così sostituito dall'art. 41 l. 23 dicembre 2021, n. 238. Il testo del comma era il seguente:* « 8. Nel caso di ulteriori esigenze di adempimento di obblighi di cui all'articolo 1, il Presidente del Consiglio dei Ministri o il Ministro per gli affari europei, di concerto con il Ministro degli affari esteri e con gli altri Ministri interessati, può presentare alle Camere, entro il 31 luglio di ogni anno, previo parere della Conferenza permanente per i rapporti tra lo Stato, le regioni e le province autonome di Trento e di Bolzano, un ulteriore disegno di legge recante il titolo: "Delega al Governo per il recepimento delle direttive europee e l'attuazione di altri atti dell'Unione europea", completato dall'indicazione: "Legge di delegazione europea" seguita dall'anno di riferimento e dalla dicitura: "secondo semestre", e recante i contenuti di cui all'articolo 30, comma 2. Per il disegno di legge di cui al presente comma non è prescritta la relazione illustrativa di cui al comma 7 ».

30 Contenuti della legge di delegazione europea e della legge europea.

1. La legge di delegazione europea e la legge europea, di cui all'articolo 29, assicurano il periodico adeguamento dell'ordinamento nazionale all'ordinamento dell'Unione europea.

2. La legge di delegazione europea, al fine dell'adempimento degli obblighi di cui all'articolo 1, reca:

a) disposizioni per il conferimento al Governo di delega legislativa volta esclusivamente all'attuazione delle direttive europee e delle decisioni quadro da recepire nell'ordinamento nazionale, esclusa ogni altra disposizione di delegazione legislativa non direttamente riconducibile al recepimento degli atti legislativi europei;

b) disposizioni per il conferimento al Governo di delega legislativa, diretta a modificare o abrogare disposizioni statali vigenti, limitatamente a quanto indispensabile per garantire la conformità dell'ordinamento nazionale ai pareri motivati indirizzati all'Italia dalla Commissione europea ai sensi dell'articolo 258 del Trattato sul funzionamento dell'Unione europea o al dispositivo di sentenze di condanna per inadempimento emesse della Corte di giustizia dell'Unione europea;

c) disposizioni che autorizzano il Governo a recepire in via regolamentare le direttive, sulla base di quanto previsto dall'articolo 35;

d) delega legislativa al Governo per la disciplina sanzionatoria di violazioni di atti normativi dell'Unione europea, secondo quanto disposto dall'articolo 33;

e) delega legislativa al Governo limitata a quanto necessario per dare attuazione a eventuali disposizioni non direttamente applicabili contenute in regolamenti europei;

f) disposizioni che, nelle materie di competenza legislativa delle regioni e delle province autonome, conferiscono delega al Governo per l'emanazione di decreti legislativi recanti sanzioni penali per la violazione delle disposizioni dell'Unione europea recepite dalle regioni e dalle province autonome;

g) disposizioni che individuano i principi fondamentali nel rispetto dei quali le regioni e le province autonome esercitano la propria competenza normativa per recepire o per assicurare l'applicazione di atti dell'Unione europea nelle materie di cui all'articolo 117, terzo comma, della Costituzione;

h) disposizioni che, nell'ambito del conferimento della delega legislativa per il recepimento o l'attuazione degli atti di cui alle lettere *a*), *b*) ed *e*), autorizzano il Governo a emanare testi unici per il riordino e per l'armonizzazione di normative di settore, nel rispetto delle competenze delle regioni e delle province autonome;

i) delega legislativa al Governo per l'adozione di disposizioni integrative e correttive dei decreti legislativi emanati ai sensi dell'articolo 31, commi 5 e 6.

3. La legge europea reca:

a) disposizioni modificative o abrogative di disposizioni statali vigenti in contrasto con gli obblighi indicati all'articolo 1;

b) disposizioni modificative o abrogative di disposizioni statali vigenti oggetto di procedure d'infrazione avviate dalla Commissione europea nei confronti della Repubblica italiana o di sentenze della Corte di giustizia dell'Unione europea;

c) disposizioni necessarie per dare attuazione o per assicurare l'applicazione di atti dell'Unione europea;

d) disposizioni occorrenti per dare esecuzione ai trattati internazionali conclusi nel quadro delle relazioni esterne dell'Unione europea;

e) disposizioni emanate nell'esercizio del potere sostitutivo di cui all'articolo 117, quinto comma, della Costituzione, in conformità ai principi e nel rispetto dei limiti di cui all'articolo 41, comma 1, della presente legge.

4. Gli oneri relativi a prestazioni e a controlli da eseguire da parte di uffici pubblici, ai fini dell'attuazione delle disposizioni dell'Unione europea di cui alla legge di delegazione europea per l'anno di riferimento e alla legge europea per l'anno di riferimento, sono posti a carico dei soggetti interessati, ove ciò non risulti in contrasto con la disciplina dell'Unione europea, secondo tariffe determinate sulla base del costo effettivo del servizio reso. Le tariffe di cui al primo periodo sono predeterminate e pubbliche.

5. Le entrate derivanti dalle tariffe determinate ai sensi del comma 4 sono attribuite, nei limiti previsti dalla legislazione vigente, alle amministrazioni che effettuano le prestazioni e i controlli, mediante riassegnazione ai sensi del regolamento di cui al decreto del Presidente della Repubblica 10 novembre 1999, n. 469.

31 Procedure per l'esercizio delle deleghe legislative conferite al Governo con la legge di delegazione europea.

1. In relazione alle deleghe legislative conferite con la legge di delegazione europea per il recepimento delle direttive, il Governo adotta i decreti legislativi entro il termine di quattro mesi antecedenti a quello di recepimento indicato in ciascuna delle direttive; per le direttive il cui termine così determinato sia già scaduto alla data di entrata in vigore della legge di delegazione europea, ovvero scada nei tre mesi successivi, il Governo adotta i decreti legislativi di recepimento entro tre mesi dalla data di entrata in vigore della medesima legge; per le direttive che non prevedono un termine di recepimento, il Governo adotta i relativi decreti legislativi entro dodici mesi dalla data di entrata in vigore della legge di delegazione europea (1).

2. I decreti legislativi sono adottati, nel rispetto dell'articolo 14 della legge 23 agosto 1988, n. 400, su proposta del Presidente del Consiglio dei Ministri o del Ministro per gli affari europei e del Ministro con competenza prevalente nella materia, di concerto con i Ministri degli affari esteri, della giustizia, dell'economia e delle finanze e con gli altri Ministri interessati in relazione all'oggetto della direttiva. I decreti legislativi sono accompagnati da una tabella di concordanza tra le disposizioni in essi previste e quelle della direttiva da recepire, predisposta dall'amministrazione con competenza istituzionale prevalente nella materia.

3. La legge di delegazione europea indica le direttive in relazione alle quali sugli schemi dei decreti legislativi di recepimento è acquisito il parere delle competenti Commissioni parlamentari della Camera dei deputati e del Senato della Repubblica. In tal caso gli schemi dei decreti legislativi sono trasmessi, dopo l'acquisizione degli altri pareri previsti dalla legge, alla Camera dei deputati e al Senato della Repubblica affinché su di essi sia espresso il parere delle competenti Commissioni parlamentari. Decorsi quaranta giorni dalla data di trasmissione, i decreti sono emanati anche in mancanza del parere. Qualora il termine per l'espressione del parere parlamentare di cui al presente comma ovvero i diversi termini previsti dai commi 4 e 9 scadano nei trenta giorni che precedono la scadenza dei termini di delega previsti ai commi 1 o 5 o successivamente, questi ultimi sono prorogati di tre mesi.

4. Gli schemi dei decreti legislativi recanti recepimento delle direttive che comportino conseguenze finanziarie sono corredati della relazione tecnica di cui all'articolo 17, comma 3, della legge 31 dicembre 2009, n. 196. Su di essi è richiesto anche il parere delle Commissioni parlamentari competenti per i profili finanziari. Il Governo, ove non intenda conformarsi alle condizioni formulate con riferimento all'esigenza di garantire il rispetto dell'articolo 81, quarto comma, della Costituzione, ritrasmette alle Camere i testi, corredati dei necessari elementi integrativi d'informazione, per i pareri definitivi delle Commissioni parlamentari competenti per i profili finanziari, che devono essere espressi entro venti giorni.

5. Entro ventiquattro mesi dalla data di entrata in vigore di ciascuno dei decreti legislativi di cui al comma 1, nel rispetto dei principi e criteri direttivi fissati dalla legge di delegazione europea, il Governo può adottare, con la procedura indicata nei commi 2, 3 e 4, disposizioni integrative e correttive dei decreti legislativi emanati ai sensi del citato comma 1, fatto salvo il diverso termine previsto dal comma 6.

6. Con la procedura di cui ai commi 2, 3 e 4 il Governo può adottare disposizioni integrative e correttive di decreti legislativi emanati ai sensi del comma 1, al fine di recepire atti delegati dell'Unione europea di cui all'articolo 290 del Trattato sul funzionamento dell'Unione europea, che modificano o integrano direttive recepite con tali decreti legislativi. Le disposizioni integrative e correttive di cui al primo periodo sono adottate nel termine di cui al comma 5 o nel diverso termine fissato dalla legge di delegazione europea. Resta ferma la disciplina di cui all'articolo 36 per il recepimento degli atti delegati dell'Unione europea che recano meri adeguamenti tecnici (2).

7. I decreti legislativi di recepimento delle direttive previste dalla legge di delegazione europea, adottati, ai sensi dell'articolo 117, quinto comma, della Costituzione, nelle materie di competenza legislativa delle regioni e delle province autonome, si applicano alle condizioni e secondo le procedure di cui all'articolo 41, comma 1.

8. I decreti legislativi adottati ai sensi dell'articolo 33 e attinenti a materie di competenza legislativa delle regioni e delle province autonome sono emanati alle condizioni e secondo le procedure di cui all'articolo 41, comma 1.

9. Il Governo, quando non intende conformarsi ai pareri parlamentari di cui al comma 3, relativi a sanzioni penali contenute negli schemi di decreti legislativi recanti attuazione delle direttive, ritrasmette i testi, con le sue osservazioni e con eventuali modificazioni, alla Camera dei deputati e al Senato della Repubblica. Decorsi venti giorni dalla data di ritrasmissione, i decreti sono emanati anche in mancanza di nuovo parere.

(1) *Comma modificato dall'art. 29, comma 1, lett* b), *l. 29 luglio 2015, n. 115.*

(2) *Periodo inserito dall'art. 22, comma 1, lett.* c), *l. 20 novembre 2017, n. 167.*

32 Principi e criteri direttivi generali di delega per l'attuazione del diritto dell'Unione europea.

1. Salvi gli specifici principi e criteri direttivi stabiliti dalla legge di delegazione europea e in aggiunta a quelli contenuti nelle direttive da attuare, i decreti legislativi di cui all'articolo 31 sono informati ai seguenti principi e criteri direttivi generali:

a) le amministrazioni direttamente interessate provvedono all'attuazione dei decreti legislativi con le ordinarie strutture amministrative, secondo il principio della massima semplificazione dei procedimenti e delle modalità di organizzazione e di esercizio delle funzioni e dei servizi;

b) ai fini di un migliore coordinamento con le discipline vigenti per i singoli settori interessati dalla normativa da attuare, sono introdotte le occorrenti modificazioni alle discipline stesse, anche attraverso il riassetto e la semplificazione normativi con l'indicazione esplicita delle norme abrogate, fatti salvi i procedimenti oggetto di semplificazione amministrativa ovvero le materie oggetto di delegificazione;

c) gli atti di recepimento di direttive dell'Unione europea non possono prevedere l'introduzione o il mantenimento di livelli di regolazione superiori a quelli minimi richiesti dalle direttive stesse, ai sensi dell'articolo 14, commi 24-*bis*, 24-*ter* e 24-*quater*, della legge 28 novembre 2005, n. 246;

d) al di fuori dei casi previsti dalle norme penali vigenti, ove necessario per assicurare l'osservanza delle disposizioni contenute nei decreti legislativi, sono previste sanzioni amministrative e penali per le infrazioni alle disposizioni dei decreti stessi. Le sanzioni penali, nei limiti, rispettivamente, dell'ammenda fino a 150.000 euro e dell'arresto fino a tre anni, sono previste, in via alternativa o congiunta, solo nei casi in cui le infrazioni ledano o espongano a pericolo interessi costituzionalmente protetti. In tali casi sono previste: la pena dell'ammenda alternativa all'arresto per le infrazioni che espongano a pericolo o danneggino l'interesse protetto; la pena dell'arresto congiunta a quella dell'ammenda per le infrazioni che rechino un danno di particolare gravità. Nelle predette ipotesi, in luogo dell'arresto e dell'ammenda, possono essere previste anche le sanzioni alternative di cui agli articoli 53 e seguenti del decreto legislativo 28 agosto 2000, n. 274, e la relativa competenza del giudice di pace. La sanzione amministrativa del pagamento di una somma non inferiore a 150 euro e non superiore a 150.000 euro è prevista per le infrazioni che ledono o espongono a pericolo interessi diversi da quelli indicati dalla presente lettera.

Nell'ambito dei limiti minimi e massimi previsti, le sanzioni indicate dalla presente lettera sono determinate nella loro entità, tenendo conto della diversa potenzialità lesiva dell'interesse protetto che ciascuna infrazione presenta in astratto, di specifiche qualità personali del colpevole, comprese quelle che impongono particolari doveri di prevenzione, controllo o vigilanza, nonché del vantaggio patrimoniale che l'infrazione può recare al colpevole ovvero alla persona o all'ente nel cui interesse egli agisce. Ove necessario per assicurare l'osservanza delle disposizioni contenute nei decreti legislativi, sono previste inoltre le sanzioni amministrative accessorie della sospensione fino a sei mesi e, nei casi più gravi, della privazione definitiva di facoltà e diritti derivanti da provvedimenti dell'amministrazione, nonché sanzioni penali accessorie nei limiti stabiliti dal codice penale. Al medesimo fine è prevista la confisca obbligatoria delle cose che servirono o furono destinate a commettere l'illecito amministrativo o il reato previsti dai medesimi decreti legislativi, nel rispetto dei limiti stabiliti dall'articolo 240, terzo e quarto comma, del codice penale e dall'articolo 20 della legge 24 novembre 1981, n. 689, e successive modificazioni. Entro i limiti di pena indicati nella presente lettera sono previste sanzioni anche accessorie identiche a quelle eventualmente già comminate dalle leggi vigenti per violazioni omogenee e di pari offensività rispetto alle infrazioni alle disposizioni dei decreti legislativi. Nelle materie di cui all'articolo 117, quarto comma, della Costituzione, le sanzioni amministrative sono determinate dalle regioni;

e) al recepimento di direttive o all'attuazione di altri atti dell'Unione europea che modificano precedenti direttive o atti già attuati con legge o con decreto legislativo si procede, se la modificazione non comporta ampliamento della materia regolata, apportando le corrispondenti modificazioni alla legge o al decreto legislativo di attuazione della direttiva o di altro atto modificato;

f) nella redazione dei decreti legislativi di cui all'articolo 31 si tiene conto delle eventuali modificazioni delle direttive dell'Unione europea comunque intervenute fino al momento dell'esercizio della delega;

g) quando si verifichino sovrapposizioni di competenze tra amministrazioni diverse o comunque siano coinvolte le competenze di più amministrazioni statali, i decreti legislativi individuano, attraverso le più opportune forme di coordinamento, rispettando i principi di sussidiarietà, differenziazione, adeguatezza e leale collaborazione e le competenze delle regioni e degli altri enti territoriali, le procedure per salvaguardare l'unitarietà dei processi decisionali, la trasparenza, la celerità, l'efficacia e l'economicità nell'azione amministrativa e la chiara individuazione dei soggetti responsabili;

h) qualora non siano di ostacolo i diversi termini di recepimento, vengono attuate con un unico decreto legislativo le direttive che riguardano le stesse materie o che comunque comportano modifiche degli stessi atti normativi;

i) è assicurata la parità di trattamento dei cittadini italiani rispetto ai cittadini degli altri Stati membri dell'Unione europea e non può essere previsto in ogni caso un trattamento sfavorevole dei cittadini italiani.

33 Delega al Governo per la disciplina sanzionatoria di violazioni di atti normativi dell'Unione europea.

1. Al fine di assicurare la piena integrazione delle norme dell'Unione europea nell'ordinamento nazionale, fatte salve le norme penali vigenti, la legge di delegazione europea delega il Governo ad adottare, entro la data dalla stessa fissata, disposizioni recanti sanzioni penali o amministrative per le violazioni di obblighi contenuti in direttive europee attuate in via regolamentare o amministrativa, ai sensi delle leggi di delegazione europee vigenti, o in regolamenti dell'Unione europea pubblicati alla data dell'entrata in vigore della stessa legge di delegazione europea, per i quali non sono già previste sanzioni penali o amministrative.

2. La delega di cui al comma 1 del presente articolo è esercitata con decreti legislativi adottati ai sensi dell'articolo 14 della legge 23 agosto 1988, n. 400, su proposta del Presidente del Consiglio dei Ministri o del Ministro per gli affari europei e del Ministro della giustizia, di concerto con i Ministri competenti per materia. I decreti legislativi si informano, oltre che ai principi e criteri direttivi di cui all'articolo 32, comma 1, lettera *d*), della presente legge, a quelli specifici contenuti nella legge di delegazione europea, qualora indicati.

3. Gli schemi di decreto legislativo di cui al presente articolo sono trasmessi alla Camera dei deputati e al Senato della Repubblica per l'espressione del parere da parte delle competenti Commissioni parlamentari con le modalità e nei termini previsti dai commi 3 e 9 dell'articolo 31.

34 Deleghe per il recepimento di atti dell'Unione europea contenute in leggi diverse dalla legge di delegazione europea annuale.

1. I decreti legislativi di recepimento o di attuazione di atti dell'Unione europea ovvero di modifica di disposizioni attuative dei medesimi, la cui delega è contenuta in leggi diverse dalla legge di delegazione europea annuale, sono adottati, nel rispetto degli altri principi e criteri direttivi generali previsti dalla stessa legge di delegazione europea per l'anno di riferimento, su proposta del Presidente del Consiglio dei Ministri o del Ministro per gli affari europei e del Ministro con competenza prevalente nella materia, di concerto con i Ministri degli affari esteri, della giustizia, dell'economia e delle finanze e con gli altri Ministri interessati in relazione all'oggetto della normativa.

2. La disposizione di cui al comma 1 si applica, altresì, all'emanazione di testi unici per il riordino e l'armonizzazione di normative di settore interessate dai decreti legislativi di recepimento di direttive europee, nel rispetto delle competenze delle regioni e delle province autonome.

35 Recepimento di direttive europee in via regolamentare e amministrativa.

1. Nelle materie di cui all'articolo 117, secondo comma, della Costituzione, già disciplinate con legge, ma non coperte da riserva assoluta di legge, le direttive dell'Unione europea possono essere recepite mediante regolamento se così dispone la legge di delegazione europea. Il Governo presenta alle Camere, in allegato al disegno di legge di delegazione europea, un elenco delle direttive per il recepimento delle quali chiede l'autorizzazione di cui all'articolo 30, comma 2, lettera *c*), della presente legge.

2. I regolamenti di cui al comma 1 del presente articolo sono emanati ai sensi dell'articolo 17, comma 2, della legge 23 agosto 1988, n. 400, e successive modificazioni, su proposta del Presidente del Consiglio dei Ministri o del Ministro per gli affari europei e del Ministro con competenza prevalente nella materia, di concerto con gli altri Ministri interessati. Con le medesime modalità sono attuate le successive modificazioni delle direttive europee.

3. Nelle materie di cui all'articolo 117, secondo comma, della Costituzione, non disciplinate dalla legge o da regolamento emanato ai sensi dell'articolo 17, commi 1 e 2, della legge 23 agosto 1988, n. 400, e successive modificazioni, e non coperte da riserva di legge, le direttive dell'Unione europea possono essere recepite con regolamento ministeriale o interministeriale, ai sensi dell'articolo 17, comma 3, della citata legge n. 400 del 1988, o, ove di contenuto non normativo, con atto amministrativo generale da parte del Ministro con competenza prevalente nella materia, di concerto con gli altri Ministri interessati. Con le medesime modalità sono attuate le successive modificazioni delle direttive europee.

4. I regolamenti di cui ai commi da 1 a 3 tengono conto anche delle eventuali modificazioni della disciplina europea intervenute fino al momento della loro adozione e si conformano alle seguenti norme generali, nel rispetto dei principi e delle disposizioni contenuti nelle direttive o negli altri atti dell'Unione europea da attuare:

a) individuazione della responsabilità e delle funzioni attuative delle amministrazioni, nel rispetto del principio di sussidiarietà;

b) esercizio dei controlli da parte degli organismi già operanti nel settore e secondo modalità che assicurino efficacia, efficienza, sicurezza e celerità;

c) esercizio delle opzioni previste dalle direttive in conformità alle peculiarità socio-economiche nazionali e locali e alla normativa di settore.

5. Ai fini dell'adozione dei regolamenti di cui al comma 2, le norme generali regolatrici della materia:

a) sono desunte dalle direttive europee da recepire, quando queste non consentono scelte in ordine alle modalità della loro attuazione;

b) sono dettate dalla legge di delegazione europea, quando le direttive europee da recepire consentono scelte in ordine alle modalità della loro attuazione.

6. La legge di delegazione europea individua in ogni caso, ai sensi dell'articolo 17, comma 2, della legge 23 agosto 1988, n. 400, e successive modificazioni, le norme vigenti da abrogare, con effetto dalla data di entrata in vigore delle norme regolamentari. Con la medesima legge sono dettate, inoltre, le disposizioni necessarie per introdurre sanzioni penali o amministrative o per individuare le autorità pubbliche competenti per l'esercizio delle funzioni amministrative inerenti all'applicazione della nuova disciplina. La legge provvede in ogni caso ove l'attuazione delle direttive comporti:

a) l'istituzione di nuovi organi o strutture amministrative;

b) la previsione di nuove spese o di minori entrate.

36 Adeguamenti tecnici e atti di esecuzione dell'Unione europea (1).

1. Alle norme dell'Unione europea non autonomamente applicabili, che modificano modalità esecutive e caratteristiche di ordine tecnico di direttive già recepite nell'ordinamento nazionale, e agli atti di esecuzione non autonomamente applicabili, adottati dal Consiglio dell'Unione europea o dalla Commissione europea in esecuzione di atti dell'Unione europea già recepiti o già efficaci nell'ordinamento nazionale, è data attuazione, nelle materie di cui all'articolo 117, secondo comma, della Costituzione, con decreto adottato ai sensi dell'articolo 17, comma 3, della legge 23 agosto 1988, n. 400, dal Ministro competente per materia, che ne dà tempestiva comunicazione al Presidente del Consiglio dei Ministri o al Ministro per gli affari europei (2).

1-*bis*. In relazione a quanto disposto dall'articolo 117, quinto comma, della Costituzione, i provvedimenti di cui al presente articolo possono essere adottati nelle materie di competenza legislativa delle regioni e delle province autonome di Trento e di Bolzano al fine di porre rimedio all'eventuale inerzia dei suddetti enti nel dare attuazione a norme dell'Unione europea. In tale caso, i provvedimenti statali adottati si applicano, per le regioni e per le province autonome nelle quali non sia ancora in vigore la rispettiva normativa di attuazione, a decorrere dalla scadenza del termine stabilito per l'attuazione della pertinente normativa europea e perdono comunque efficacia dalla data di entrata in vigore della normativa di attuazione di ciascuna regione o provincia autonoma. I provvedimenti recano l'esplicita indicazione della natura sostitutiva del potere esercitato e del carattere cedevole delle disposizioni in essi contenute (3).

(1) *Rubrica sostituita dall'art. 29, comma 1, lett.* c), *n. 3), l. 29 luglio 2015, n. 115.*

(2) *Comma modificato dall'art. 29, comma 1, lett.* c), *n. 1), l. n. 115, cit.*

(3) *Comma aggiunto dall'art. 29, comma 1, lett.* c), *n. 2), l. n. 115, cit.*

37 Misure urgenti per l'adeguamento agli obblighi derivanti dall'ordinamento dell'Unione europea.

1. Il Presidente del Consiglio dei Ministri o il Ministro per gli affari europei può proporre al Consiglio dei Ministri l'adozione dei provvedimenti, anche urgenti, diversi dalla legge di delegazione europea e dalla legge europea, necessari a fronte di atti normativi dell'Unione europea o di sentenze della Corte di giustizia dell'Unione europea ovvero dell'avvio di procedure d'infrazione nei confronti dell'Italia che comportano obblighi statali di adeguamento, qualora il termine per provvedervi risulti anteriore alla data di presunta entrata in vigore della legge di delegazione europea o della legge europea relativa all'anno di riferimento.

2. Il Presidente del Consiglio dei Ministri o il Ministro per i rapporti con il Parlamento assume le iniziative necessarie per favorire un tempestivo esame parlamentare dei provvedimenti di cui al comma 1.

38 Attuazione di singoli atti normativi dell'Unione europea.

1. In casi di particolare importanza politica, economica e sociale, tenuto conto anche di eventuali atti parlamentari di indirizzo, il Presidente del Consiglio dei Ministri o il Ministro per gli affari europei, di concerto con il Ministro degli affari esteri e con gli altri Ministri interessati, presenta alle Camere un apposito disegno di legge recante le disposizioni occorrenti per dare attuazione o assicurare l'applicazione di un atto normativo emanato dagli organi dell'Unione europea riguardante le materie di competenza legislativa statale.

2. I disegni di legge di cui al presente articolo non possono contenere disposizioni di delegazione legislativa, né altre disposizioni, anche omogenee per materia, che non siano in diretta correlazione con l'attuazione o l'applicazione dell'atto normativo in recepimento, salvo che la natura o la complessità della normativa le rendano indispensabili.

39 Relazioni sul mancato o ritardato recepimento di direttive europee.

1. Nel caso in cui il provvedimento di recepimento di una direttiva dell'Unione europea non sia stato adottato alla scadenza del termine da essa previsto, il Presidente del Consiglio dei Ministri o il Ministro per gli affari europei, al fine di evitare l'apertura di una procedura d'infrazione, chiede ai Ministri con competenza prevalente nella materia le motivazioni del mancato esercizio della delega ovvero della mancata o ritardata adozione dei decreti ministeriali o dei regolamenti di recepimento e trasmette alla Camera dei deputati e al Senato della Repubblica una relazione che dà conto dei motivi addotti dalle rispettive amministrazioni a giustificazione del ritardo nel recepimento. Il Presidente del Consiglio dei Ministri o il Ministro per gli affari europei ogni sei mesi informa altresì la Camera dei deputati e il Senato della Repubblica sullo

stato di recepimento delle direttive da parte delle regioni e delle province autonome nelle materie di loro competenza, individuate ai sensi dell'articolo 40, comma 5.

2. Il Presidente del Consiglio dei Ministri o il Ministro per gli affari europei riferisce al Consiglio dei Ministri almeno ogni tre mesi sullo stato del recepimento delle direttive dell'Unione europea che risultano in scadenza nei sei mesi successivi e sulle ragioni del mancato o ritardato recepimento delle direttive, sulla base di quanto riferito dai Ministri interessati ai sensi del comma 1.

40 Recepimento delle direttive europee da parte delle regioni e delle province autonome.

1. Le regioni e le province autonome, nelle materie di propria competenza, provvedono al recepimento delle direttive europee.

2. I provvedimenti adottati dalle regioni e dalle province autonome per recepire le direttive europee nelle materie di loro competenza legislativa recano nel titolo il numero identificativo della direttiva recepita e sono immediatamente trasmessi per posta certificata alla Presidenza del Consiglio dei Ministri - Dipartimento per le politiche europee, fermo restando quanto previsto all'articolo 29, comma 7, lettera *f*).

3. Ai fini di cui all'articolo 117, quinto comma, della Costituzione, le disposizioni legislative adottate dallo Stato per l'adempimento degli obblighi derivanti dal diritto dell'Unione europea, nelle materie di competenza legislativa delle regioni e delle province autonome, si applicano, per le regioni e per le province autonome, alle condizioni e secondo la procedura di cui all'articolo 41 della presente legge.

4. Per le direttive europee, nelle materie di cui all'articolo 117, secondo comma, della Costituzione, il Governo indica i criteri e formula le direttive ai quali si devono attenere le regioni e le province autonome ai fini del soddisfacimento di esigenze di carattere unitario, del perseguimento degli obiettivi della programmazione economica e del rispetto degli impegni derivanti dagli obblighi internazionali. Tale funzione, fuori dei casi in cui sia esercitata con legge o con atto avente forza di legge o, sulla base della legge europea, con i regolamenti previsti dall'articolo 35 della presente legge, è esercitata mediante deliberazione del Consiglio dei Ministri, su proposta del Presidente del Consiglio dei Ministri o del Ministro per gli affari europei, d'intesa con i Ministri competenti secondo le modalità di cui all'articolo 8 della legge 15 marzo 1997, n. 59.

5. Il Presidente del Consiglio dei Ministri o il Ministro per gli affari europei ogni sei mesi informa le Camere sullo stato di recepimento delle direttive europee da parte delle regioni e delle province autonome nelle materie di loro competenza, secondo modalità di individuazione di tali direttive da definire con accordo in sede di Conferenza permanente per i rapporti tra lo Stato, le regioni e le province autonome di Trento e di Bolzano. A tal fine la Presidenza del Consiglio dei Ministri - Dipartimento per le politiche europee convoca annualmente le regioni e le province autonome nell'ambito della Conferenza permanente per i rapporti tra lo Stato, le regioni e le province autonome di Trento e di Bolzano, nella sessione europea dedicata alla predisposizione del disegno di legge di delegazione europea e del disegno di legge europea di cui all'articolo 29.

41 Poteri sostitutivi dello Stato.

1. In relazione a quanto disposto dagli articoli 117, quinto comma, e 120, secondo comma, della Costituzione, fermo restando quanto previsto dal decreto legislativo 28 agosto 1997, n. 281, i provvedimenti di attuazione degli atti dell'Unione europea possono essere adottati dallo Stato nelle materie di competenza legislativa delle regioni e delle province autonome al fine di porre rimedio all'eventuale inerzia dei suddetti enti nel dare attuazione ad atti dell'Unione europea. In tale caso, i provvedimenti statali adottati si applicano, per le regioni e per le province autonome nelle quali non sia ancora in vigore la relativa normativa di attuazione, a decorrere dalla scadenza del termine stabilito per l'attuazione della rispettiva normativa dell'Unione europea e perdono comunque efficacia dalla data di entrata in vigore dei provvedimenti di attuazione di ciascuna regione e provincia autonoma. I provvedimenti statali recano l'esplicita indicazione della natura sostitutiva del potere esercitato e del carattere cedevole delle disposizioni in essi contenute. I predetti atti normativi sono sottoposti al preventivo esame della Conferenza permanente per i rapporti tra lo Stato, le regioni e le province autonome di Trento e di Bolzano.

2. Nei casi di cui all'articolo 37, qualora gli obblighi di adeguamento ai vincoli derivanti dall'ordinamento dell'Unione europea riguardino materie di competenza legislativa o amministrativa delle regioni e delle province autonome, il Presidente del Consiglio dei Ministri o il Ministro per gli affari europei informa gli enti interessati assegnando un termine per provvedere e, ove necessario, chiede che la questione sia sottoposta all'esame della Conferenza permanente per i rapporti tra lo Stato, le regioni e le province autonome di Trento e di Bolzano per concordare le iniziative da assumere. In caso di mancato tempestivo adeguamento da parte dei suddetti enti, il Presidente del Consiglio dei Ministri o il Ministro per gli affari europei propone al Consiglio dei Ministri le opportune iniziative ai fini dell'esercizio dei poteri sostitutivi di cui agli articoli 117, quinto comma, e 120, secondo comma, della Costituzione, ai sensi del comma 1 del presente articolo e delle altre disposizioni vigenti in materia.

2-*bis*. Nel caso di violazione della normativa europea accertata con sentenza della Corte di giustizia dell'Unione europea di condanna al pagamento di sanzioni a carico della Repubblica italiana, ove per provvedere ai dovuti adempimenti si renda necessario procedere all'adozione di una molteplicità di atti anche collegati tra loro, il Presidente del Consiglio dei ministri, su proposta del Ministro competente per materia, sentiti gli enti inadempienti, assegna a questi ultimi termini congrui per l'adozione di ciascuno dei provvedimenti e atti necessari. Decorso inutilmente anche uno solo di tali termini, il Consiglio dei ministri, sentito il soggetto interessato, su proposta del Presidente del

Consiglio dei ministri e del Ministro competente per materia, adotta i provvedimenti necessari, anche normativi, ovvero nomina un apposito commissario. Alla riunione del Consiglio dei ministri è invitato il Presidente della Giunta regionale della regione interessata al provvedimento. Le disposizioni di cui al presente comma si applicano anche agli inadempimenti conseguenti alle diffide effettuate in data anteriore alla data di entrata in vigore della presente disposizione che si fondino sui presupposti e abbiano le caratteristiche di cui al primo periodo (1).

2-*ter*. Il commissario di cui al comma 2-bis esercita le facoltà e i poteri di cui ai commi 4, 5 e 6 dell'articolo 10 del decreto-legge 24 giugno 2014, n. 91, convertito, con modificazioni, dalla legge 11 agosto 2014, n. 116 (1).

2-*quater*. Le disposizioni di cui ai commi precedenti si applicano anche nei casi in cui sono in corso procedure europee di infrazione (1).

(1) *Comma inserito dall'art. 1, comma 814, l. 28 dicembre 2015, n. 208.*

41-*bis* Fondo per il recepimento della normativa europea (1).

1. Al fine di consentire il tempestivo adeguamento dell'ordinamento interno agli obblighi imposti dalla normativa europea, nei soli limiti occorrenti per l'adempimento degli obblighi medesimi e in quanto non sia possibile farvi fronte con i fondi già assegnati alle competenti amministrazioni, è autorizzata la spesa di 10 milioni di euro per l'anno 2015 e di 50 milioni di euro annui a decorrere dall'anno 2016.

2. Per le finalità di cui al comma 1 è istituito nello stato di previsione del Ministero dell'economia e delle finanze un fondo, con una dotazione di 10 milioni di euro per l'anno 2015 e di 50 milioni di euro annui a decorrere dall'anno 2016, destinato alle sole spese derivanti dagli adempimenti di cui al medesimo comma 1.

3. All'onere derivante dall'attuazione del presente articolo, pari a 10 milioni di euro per l'anno 2015 e a 50 milioni di euro annui a decorrere dall'anno 2016, si provvede, quanto a 10 milioni di euro per l'anno 2015, mediante versamento all'entrata del bilancio dello Stato, per un corrispondente importo, delle somme del fondo di cui all'articolo 5, comma 1, della legge 16 aprile 1987, n. 183, e, quanto a 50 milioni di euro annui a decorrere dall'anno 2016, mediante corrispondente riduzione delle proiezioni dello stanziamento del fondo speciale di parte corrente iscritto, ai fini del bilancio triennale 2015-2017, nell'ambito del programma "Fondi di riserva e speciali" della missione "Fondi da ripartire" dello stato di previsione del Ministero dell'economia e delle finanze per l'anno 2015, allo scopo parzialmente utilizzando l'accantonamento relativo al medesimo Ministero.

4. Il Ministro dell'economia e delle finanze è autorizzato ad apportare, con propri decreti, le occorrenti variazioni di bilancio.

(1) *Articolo aggiunto dall'art. 28, comma 1, l. 29 luglio 2015, n. 115.*

CAPO VII
Contenzioso

42 Ricorsi alla Corte di giustizia dell'Unione europea.

1. Le decisioni riguardanti i ricorsi alla Corte di giustizia dell'Unione europea o gli interventi in procedimenti in corso davanti alla stessa Corte, a tutela di situazioni di rilevante interesse nazionale, sono adottate dal Presidente del Consiglio dei Ministri o dal Ministro per gli affari europei, in raccordo con il Ministro degli affari esteri e d'intesa con i Ministri interessati. Ove necessario, il Presidente del Consiglio dei Ministri o il Ministro per gli affari europei ne riferisce preventivamente al Consiglio dei Ministri.

2. Ai fini del comma 1, le richieste di ricorso o di intervento davanti alla Corte di giustizia dell'Unione europea sono trasmesse dalle amministrazioni proponenti alla Presidenza del Consiglio dei Ministri - Dipartimento per le politiche europee e al Ministero degli affari esteri.

3. Il Presidente del Consiglio dei Ministri o il Ministro per gli affari europei e il Ministro degli affari esteri nominano, quale agente del Governo italiano previsto dall'articolo 19 dello Statuto della Corte di giustizia dell'Unione europea, un avvocato dello Stato, sentito l'Avvocato generale dello Stato.

4. Il Governo presenta senza ritardo alla Corte di giustizia dell'Unione europea i ricorsi deliberati dal Senato della Repubblica o dalla Camera dei deputati avverso un atto legislativo dell'Unione europea per violazione del principio di sussidiarietà, conformemente all'articolo 8 del Protocollo n. 2 sull'applicazione dei principi di sussidiarietà e di proporzionalità, allegato al Trattato sul funzionamento dell'Unione europea. La Camera che ha deliberato il ricorso sta in giudizio per mezzo di chi ne ha la rappresentanza.

5. Resta fermo quanto previsto dall'articolo 5, comma 2, della legge 5 giugno 2003, n. 131.

43 Diritto di rivalsa dello Stato nei confronti di regioni o di altri enti pubblici responsabili di violazioni del diritto dell'Unione europea.

1. Al fine di prevenire l'instaurazione delle procedure d'infrazione di cui agli articoli 258 e seguenti del Trattato sul funzionamento dell'Unione europea o per porre termine alle stesse, le regioni, le province autonome, gli enti territoriali, gli altri enti pubblici e i soggetti equiparati adottano ogni misura necessaria a porre tempestivamente rimedio alle violazioni, loro imputabili, degli obblighi degli Stati nazionali derivanti dalla normativa dell'Unione europea. Essi sono in ogni caso tenuti a dare pronta esecuzione agli obblighi derivanti dalle sentenze rese dalla Corte di giustizia dell'Unione europea, ai sensi dell'articolo 260, paragrafo 1, del Trattato sul funzionamento dell'Unione europea.

2. Lo Stato esercita nei confronti dei soggetti di cui al comma 1, che si rendano responsabili della violazio-

ne degli obblighi derivanti dalla normativa dell'Unione europea o che non diano tempestiva esecuzione alle sentenze della Corte di giustizia dell'Unione europea, i poteri sostitutivi necessari, secondo i principi e le procedure stabiliti dall'articolo 8 della legge 5 giugno 2003, n. 131, e dall'articolo 41 della presente legge.

3. Lo Stato ha diritto di rivalersi nei confronti dei soggetti di cui al comma 1 indicati dalla Commissione europea nelle regolazioni finanziarie operate a carico dell'Italia a valere sulle risorse del Fondo europeo agricolo di garanzia (FEAGA), del Fondo europeo agricolo per lo sviluppo rurale (FEASR) e degli altri fondi aventi finalità strutturali.

4. Lo Stato ha diritto di rivalersi sui soggetti responsabili delle violazioni degli obblighi di cui al comma 1 degli oneri finanziari derivanti dalle sentenze di condanna rese dalla Corte di giustizia dell'Unione europea ai sensi dell'articolo 260, paragrafi 2 e 3, del Trattato sul funzionamento dell'Unione europea.

5. Lo Stato esercita il diritto di rivalsa di cui ai commi 3, 4 e 10:

a) nei modi indicati al comma 7, qualora l'obbligato sia un ente territoriale;

b) mediante prelevamento diretto sulle contabilità speciali obbligatorie istituite presso le sezioni di tesoreria provinciale dello Stato, ai sensi della legge 29 ottobre 1984, n. 720, per tutti gli enti e gli organismi pubblici, diversi da quelli indicati nella lettera *a*), assoggettati al sistema di tesoreria unica;

c) nelle vie ordinarie, qualora l'obbligato sia un soggetto equiparato e in ogni altro caso non rientrante nelle previsioni di cui alle lettere *a*) e *b*).

6. Il Ministro dell'economia e delle finanze, con uno o più decreti da adottare di concerto con i Ministri competenti per materia, previa intesa in sede di Conferenza unificata di cui all'articolo 8 del decreto legislativo 28 agosto 1997, n. 281, per le materie di competenza delle regioni, delle province autonome di Trento e di Bolzano e degli enti locali, può definire i criteri e le procedure riguardanti i procedimenti istruttori propedeutici all'esercizio dell'azione di rivalsa di cui al presente comma (1). La misura degli importi dovuti allo Stato a titolo di rivalsa, comunque non superiore complessivamente agli oneri finanziari di cui ai commi 3 e 4, è stabilita con decreto del Ministro dell'economia e delle finanze da adottare entro tre mesi dalla notifica, nei confronti degli obbligati, della sentenza esecutiva di condanna della Repubblica italiana. Il decreto del Ministro dell'economia e delle finanze costituisce titolo esecutivo nei confronti degli obbligati e reca la determinazione dell'entità del credito dello Stato nonché l'indicazione delle modalità e dei termini del pagamento, anche rateizzato. In caso di oneri finanziari a carattere pluriennale o non ancora liquidi, possono essere adottati più decreti del Ministro dell'economia e delle finanze in ragione del progressivo maturare del credito dello Stato.

7. I decreti ministeriali di cui al comma 6, qualora l'obbligato sia un ente territoriale, sono emanati previa intesa sulle modalità di recupero con gli enti obbligati. Il termine per il perfezionamento dell'intesa è di quattro mesi decorrenti dalla data della notifica, nei confronti dell'ente territoriale obbligato, della sentenza esecutiva di condanna della Repubblica italiana. L'intesa ha ad oggetto la determinazione dell'entità del credito dello Stato e l'indicazione delle modalità e dei termini del pagamento, anche rateizzato. Il contenuto dell'intesa è recepito, entro un mese dal perfezionamento, con provvedimento del Ministero dell'economia e delle finanze, che costituisce titolo esecutivo nei confronti degli obbligati. In caso di oneri finanziari a carattere pluriennale o non ancora liquidi, possono essere adottati più provvedimenti del Ministero dell'economia e delle finanze in ragione del progressivo maturare del credito dello Stato, seguendo il procedimento disciplinato nel presente comma.

8. In caso di mancato raggiungimento dell'intesa, all'adozione del provvedimento esecutivo indicato nel comma 7 provvede il Presidente del Consiglio dei Ministri, nei successivi quattro mesi, sentita la Conferenza unificata di cui all'articolo 8 del decreto legislativo 28 agosto 1997, n. 281, e successive modificazioni. In caso di oneri finanziari a carattere pluriennale o non ancora liquidi, possono essere adottati più provvedimenti del Presidente del Consiglio dei Ministri in ragione del progressivo maturare del credito dello Stato, seguendo il procedimento disciplinato nel presente comma.

9. Le notifiche indicate nei commi 6 e 7 sono effettuate a cura e a spese del Ministero dell'economia e delle finanze.

9-*bis*. Ai fini della tempestiva esecuzione delle sentenze di condanna rese dalla Corte di giustizia dell'Unione europea ai sensi dell'articolo 260, paragrafi 2 e 3, del Trattato sul funzionamento dell'Unione europea, al pagamento degli oneri finanziari derivanti dalle predette sentenze si provvede a carico del fondo di cui all'articolo 41-*bis*, comma 1, della presente legge, nel limite massimo di 50 milioni di euro per l'anno 2016 e di 100 milioni di euro annui per il periodo 2017-2020. A fronte dei pagamenti effettuati, il Ministero dell'economia e delle finanze attiva il procedimento di rivalsa a carico delle amministrazioni responsabili delle violazioni che hanno determinato le sentenze di condanna, anche con compensazione con i trasferimenti da effettuare da parte dello Stato in favore delle amministrazioni stesse (2).

10. Lo Stato ha altresì diritto, con le modalità e secondo le procedure stabilite nel presente articolo, di rivalersi sulle regioni, sulle province autonome, sugli enti territoriali, sugli altri enti pubblici e sui soggetti equiparati, i quali si siano resi responsabili di violazioni delle disposizioni della Convenzione per la salvaguardia dei diritti dell'uomo e delle libertà fondamentali, firmata a Roma il 4 novembre 1950, resa esecutiva dalla legge 4 agosto 1955, n. 848, e dei relativi Protocolli addizionali, degli oneri finanziari sostenuti per dare esecuzione alle sentenze di condanna rese dalla Corte europea dei diritti dell'uomo nei confronti dello Stato in conseguenza delle suddette violazioni (3).

(1) *Periodo premesso dall'art. 42 l. 23 dicembre 2021, n. 238.*

(2) *Comma inserito dall'art. 4-*bis*, comma 1, d.l. 5 gennaio 2015, n. 1, conv., con modif., in l. 4 marzo 2015, n. 20; successivamente modificato dall'art. 9, comma 8, d.l. 19 giugno 2015, n. 78, conv., con modif., in l. 6 agosto 2015, n. 125 e, da ultimo, sostituito dall'art. 1, comma 813, l. 28 dicembre 2015, n. 208.*

(3) *Ai sensi dell'art. 1, comma 421, l. 27 dicembre 2013, n. 147, il presente comma si interpreta nel senso che il diritto di rivalsa si esercita*

anche per gli oneri finanziari sostenuti dallo Stato per la definizione delle controversie dinanzi alla Corte europea dei diritti dell'uomo che si siano concluse con decisione di radiazione o cancellazione della causa dal ruolo ai sensi degli articoli 37 e 39 della Convenzione per la salvaguardia dei diritti dell'uomo e delle libertà fondamentali, di cui alla legge 4 agosto 1955, n. 848.

CAPO VIII
Aiuti di Stato

44 Aiuti di Stato.

1. Il Presidente del Consiglio dei Ministri o il Ministro per gli affari europei, d'intesa con il Ministro degli affari esteri, cura il coordinamento con i Ministeri interessati e i rapporti con le regioni per definire la posizione italiana nei confronti dell'Unione europea nel settore degli aiuti pubblici sottoposti al controllo della Commissione europea ai sensi degli articoli 107 e 108 del Trattato sul funzionamento dell'Unione europea, anche in applicazione dell'articolo 43, comma 1, della presente legge.

45 Comunicazioni in ordine agli aiuti di Stato.

1. Le amministrazioni centrali e territoriali che intendono concedere aiuti di Stato soggetti a previa notifica, ai sensi dell'articolo 108, paragrafo 3, del Trattato sul funzionamento dell'Unione europea, predispongono la notifica secondo le modalità prescritte dalla normativa europea e la trasmettono alla Presidenza del Consiglio dei ministri - Dipartimento per le politiche europee attraverso il sistema di notificazione elettronica. Il Dipartimento per le politiche europee effettua un esame della completezza della documentazione contenuta nella notifica, entro i termini stabiliti dal decreto di cui al comma 3. Il successivo inoltro alla Commissione europea è effettuato conformemente alla normativa europea (1).

1-*bis*. Per gli aiuti nei settori agricolo, forestale, della pesca e delle zone rurali, la completezza della documentazione contenuta nella notifica è verificata direttamente dall'amministrazione competente (2).

2. A prescindere dalla forma dell'aiuto, le informazioni richieste dalla Commissione europea in merito a presunti aiuti di Stato non notificati ai sensi dell'articolo 108, paragrafo 3, del Trattato sul funzionamento dell'Unione europea sono fornite dalle amministrazioni competenti per materia, per il tramite della Presidenza del Consiglio dei Ministri - Dipartimento per le politiche europee.

3. Con decreto del Presidente del Consiglio dei ministri, da adottare di concerto con il Ministro degli affari esteri e della cooperazione internazionale e con il Ministro dello sviluppo economico, sentita la Conferenza permanente per i rapporti tra lo Stato, le regioni e le province autonome di Trento e di Bolzano, sono disciplinate, entro sessanta giorni dalla data di entrata in vigore della presente disposizione, le modalità di attuazione del presente articolo (3).

(1) *Comma sostituito dall'art. 35, comma 1, lett.* a), *l. 7 luglio 2016, n. 122.*
(2) *Comma inserito dall'art. 35, comma 1, lett.* a), *l. n. 122, cit.*
(3) *Comma sostituito dall'art. 35, comma 1, lett.* b), *l. n. 122, cit.*

45-*bis* Obblighi di monitoraggio e relazione concernenti i servizi di interesse economico generale (1).

1. Il Presidente del Consiglio dei ministri assicura l'adempimento degli obblighi di monitoraggio e informazione alla Commissione europea derivanti da disposizioni dell'Unione europea in materia di servizi di interesse economico generale, ivi compresa la predisposizione di relazioni periodiche riguardanti gli aiuti di Stato sotto forma di compensazione degli obblighi di servizio pubblico. Le relazioni sono trasmesse alla Camera dei deputati e al Senato della Repubblica.

2. Le regioni, le province autonome di Trento e di Bolzano, le province e i comuni sono tenuti a fornire i dati relativi alle compensazioni concesse alle imprese incaricate della gestione dei servizi di interesse economico generale alle amministrazioni centrali di settore, che redigono le relazioni di rispettiva competenza sulla base dei predetti dati. Le relazioni sono trasmesse al Dipartimento delle politiche europee della Presidenza del Consiglio dei ministri entro i termini fissati dal decreto del Presidente del Consiglio dei ministri di cui al comma 3, ai fini della predisposizione della relazione di cui al comma 1 da presentare alla Commissione europea.

3. Con uno o più decreti del Presidente del Consiglio dei ministri, da adottare entro sessanta giorni dalla data di entrata in vigore del presente articolo, sono stabilite le modalità per l'attuazione dei commi 1 e 2.

(1) *Articolo aggiunto dall'art. 15, comma 1, l. 29 luglio 2015, n. 115 (legge europea 2014).*

46 Divieto di concessione di aiuti di Stato a imprese beneficiarie di aiuti di Stato illegali non rimborsati.

1. Nessuno può beneficiare di aiuti di Stato se rientra tra coloro che hanno ricevuto e, successivamente, non rimborsato o depositato in un conto bloccato gli aiuti che lo Stato è tenuto a recuperare in esecuzione di una decisione di recupero di cui all'articolo 16 del regolamento (UE) 2015/1589 del Consiglio, del 13 luglio 2015 (1) (2).

2. Le amministrazioni che concedono aiuti di Stato verificano che i beneficiari non rientrino tra coloro che hanno ricevuto e, successivamente, non rimborsato o depositato in un conto bloccato aiuti che lo Stato è tenuto a recuperare in esecuzione di una decisione di recupero di cui all'articolo 16 del regolamento (UE) 2015/1589 del Consiglio, del 13 luglio 2015. A decorrere dal 1° luglio 2017, la predetta verifica è effettuata attraverso l'accesso al Registro nazionale degli aiuti di Stato di cui all'articolo 52 (3).

3. Le amministrazioni centrali e locali che ne sono in possesso forniscono, ove richieste, le informazioni e i dati necessari alle verifiche e ai controlli di cui al presente articolo alle amministrazioni che intendono concedere aiuti.

[4. Qualora la verifica di cui al comma 2 sia effettuata mediante l'acquisizione di dichiarazioni effettuate ai sensi dell'articolo 47 del testo unico delle disposizioni legislative e regolamentari in materia di documentazione amministrativa, di cui al decreto del Presidente della Repubblica 28 dicembre 2000, n. 445, le amministrazioni concedenti svolgono i prescritti controlli a campione sulla veridicità delle dichiarazioni medesime.] (4)

(1) *Comma modificato dall'art. 35, comma 3, l. 7 luglio 2016, n. 122.*

(2) *In deroga al presente articolo, v. l'art. 53, comma 1, d.l. 19 maggio 2020, n. 34, conv., con modif., in l. 17 luglio 2020, n. 77, che così dispone: « Art. 53 (Deroga al divieto di concessione di aiuti di Stato a imprese beneficiarie di aiuti di Stato illegali non rimborsati) – 1. In deroga all'articolo 46, comma 1 delle legge 24 dicembre 2012, n. 234, che vieta ai soggetti beneficiari di aiuti non rimborsati, di cui è obbligatorio il recupero in esecuzione di una decisione della Commissione europea, di ricevere nuovi aiuti, i suddetti soggetti, in ragione delle straordinarie condizioni determinate dall'epidemia di Covid-19, accedono agli aiuti previsti da atti legislativi o amministrativi adottati, a livello nazionale, regionale o territoriale, ai sensi e nella vigenza della comunicazione della Commissione europea del 19 marzo 2020, C (2020)1863, "Quadro temporaneo per le misure di aiuto di Stato a sostegno dell'economia nell'attuale emergenza del COVID- 19", e successive modificazioni, al netto dell'importo dovuto e non rimborsato, comprensivo degli interessi maturati fino alla data dell'erogazione ».*

(3) *Comma dapprima modificato dall'art. 14, comma 1, lett.* a), *n. 1), l. 29 luglio 2015, n. 115 (legge europea 2014); successivamente dall'art. 35, comma 3, l. 7 luglio 2016, n. 122 e, da ultimo, dall'art. 6, comma 6, lett.* a), *d.l. 30 dicembre 2016, n. 244, conv., con modif., in l. 27 febbraio 2017, n. 19.*

(4) *Comma abrogato, a decorrere dal 1° luglio 2017, dall'art. 14, comma 1, lett.* a), *n. 2), l. 29 luglio 2015, n. 115, come modificato dall'art. 6, comma 6, lett.* a) *d.l. 30 dicembre 2016, n. 244, conv., con modif., in l. 27 febbraio 2017, n. 19. La formulazione originaria dell'art. 14, comma 1, lett.* a), *n. 2), l. n. 115 del 2015 prevedeva l'abrogazione a decorrere dal 1° gennaio 2017.*

47 Aiuti pubblici per calamità naturali.

1. Gli aiuti pubblici concessi, anche sotto forma di agevolazione fiscale, in ragione dei danni arrecati da calamità naturali o da altri eventi eccezionali, di cui all'articolo 107, paragrafo 2, lettera *b*), del Trattato sul funzionamento dell'Unione europea, possono essere concessi a soggetti che esercitano un'attività economica, nei limiti del 100 per cento del danno subito, ivi comprese le somme dei versamenti a titolo di tributi, contributi previdenziali e premi assicurativi dovuti nel periodo di vigenza dello stato di emergenza, a condizione che:

a) l'area geografica nella quale il beneficiario esercita la propria attività economica rientri fra quelle per le quali è stato dichiarato lo stato di emergenza ai sensi degli articoli 2, comma 1, e 5 della legge 24 febbraio 1992, n. 225 (1);

b) vi sia prova che il danno, nelle sue componenti di danno emergente e di lucro cessante, è conseguenza diretta dell'evento calamitoso;

c) l'aiuto pubblico, anche se concesso da diverse autorità, di livello statale, regionale o locale, non superi complessivamente l'ammontare del danno subito;

d) l'aiuto pubblico, cumulato con eventuali altri risarcimenti del medesimo danno, provenienti da altre fonti, non superi complessivamente l'ammontare del danno, maggiorato dell'importo dell'eventuale premio assicurativo pagato per l'anno in corso.

2. Le modalità di attuazione delle disposizioni di cui al comma 1, per la concessione di aiuti pubblici, sono disciplinate con decreto del Presidente della Repubblica, adottato ai sensi dell'articolo 17, comma 1, lettera *a*), della legge 23 agosto 1988, n. 400, su proposta del Presidente del Consiglio dei Ministri o del Ministro per gli affari europei, di concerto con il Ministro per gli affari regionali, il turismo e lo sport e con il Ministro dell'economia e delle finanze. L'efficacia del decreto è subordinata all'autorizzazione da parte della Commissione europea ai sensi dell'articolo 108, paragrafo 3, del Trattato sul funzionamento dell'Unione europea.

3. Nelle more dell'adozione del decreto di cui al comma 2, la concessione di aiuti pubblici di cui al comma 1 è soggetta a previa autorizzazione della Commissione europea ai sensi dell'articolo 108, paragrafo 3, del Trattato sul funzionamento dell'Unione europea.

4. La concessione di aiuti pubblici ai sensi dell'articolo 107, paragrafo 2, lettera *b*), del Trattato sul funzionamento dell'Unione europea, al di fuori del regime previsto dal presente articolo, è soggetta alla preventiva autorizzazione da parte della Commissione europea ai sensi dell'articolo 108, paragrafo 3, del medesimo Trattato.

5. Il presente articolo non si applica al settore dell'agricoltura.

(1) *V. l'art. 47, comma 1 lett.* f) *d.lgs. 2 gennaio 2018, n. 1, che così dispone: «* f) *l'articolo 2 della legge n. 225 del 1992, citato nell'articolo 47, comma 1, della legge 24 dicembre 2012, n. 234, deve intendersi riferito all'articolo 7 del presente decreto ».*

48 Procedure di recupero.

1. La società Equitalia Spa effettua la riscossione degli importi dovuti per effetto delle decisioni di recupero di cui all'articolo 16 del regolamento (UE) 2015/1589 del Consiglio, del 13 luglio 2015, [adottate in data successiva alla data di entrata in vigore della presente legge,] a prescindere dalla forma dell'aiuto e dal soggetto che l'ha concesso (1).

2. A seguito della notifica di una decisione di recupero di cui al comma 1, entro quarantacinque giorni dalla data di notifica, il Ministro competente per materia, con proprio decreto, individua, ove necessario, i soggetti tenuti alla restituzione dell'aiuto, accerta gli importi dovuti e determina le modalità e i termini del pagamento. Nel caso di più amministrazioni competenti, il Presidente del Consiglio dei ministri nomina, con proprio decreto, entro quindici giorni dalla data di notifica della decisione di recupero, un commissario straordinario, da individuare all'interno delle amministrazioni che hanno concesso gli aiuti oggetto della decisione di recupero o di quelle territorialmente interessate dalle misure di aiuto, e definisce le modalità di attuazione della decisione di recupero di cui al comma 1. Il commissario straordinario, con proprio provvedimento, individua, entro quarantacinque giorni dal decreto di nomina, i soggetti tenuti alla restituzione dell'aiuto, accerta gli importi dovuti e determina le modalità e i termini del pagamento. Le amministrazioni che hanno concesso l'aiuto oggetto della procedura di recupero forniscono tempestivamente al commissario straordinario, su sua richiesta, i dati e ogni altro elemento necessario alla corretta esecuzione della decisione di recupero di cui al comma 1. Al commissario

straordinario non spetta alcun compenso. Il commissario straordinario svolge le attività connesse all'incarico conferito con le risorse umane, finanziarie e strumentali delle amministrazioni competenti, previste a legislazione vigente. Il decreto del Ministro competente, il provvedimento del commissario straordinario e il provvedimento di cui al comma 3 costituiscono titoli esecutivi nei confronti degli obbligati (2).

3. Nei casi in cui l'ente competente è diverso dallo Stato, il provvedimento per l'individuazione dei soggetti tenuti alla restituzione dell'aiuto, l'accertamento degli importi dovuti e la determinazione delle modalità e dei termini del pagamento è adottato dalla regione, dalla provincia autonoma o dall'ente territoriale competente. Le attività di cui al comma 1 sono effettuate dal concessionario per la riscossione delle entrate dell'ente territoriale interessato (3).

4. Le informazioni richieste dalla Commissione europea sull'esecuzione delle decisioni di cui al comma 1 sono fornite dalle amministrazioni di cui ai commi 2 e 3, d'intesa con la Presidenza del Consiglio dei Ministri - Dipartimento per le politiche europee e per il suo tramite.

(1) *Comma modificato dall'art. 35, comma 2, lett.* a) *e comma 3l. 7 luglio 2016, n. 122; a norma del comma 4 del medesimo articolo la presente disposizione si applica alle decisioni di recupero notificate a decorrere dal 1° gennaio 2015.*

(2) *Comma sostituito dall'art. 35, comma 2, lett.* b), *l. n. 122, cit. V. nota 1 per la disciplina transitoria* ex *art. 35, comma 4 l. n. 122, cit.*

(3) *Comma modificato dall'art. 35, comma 2, lett.* c), *l. n. 122, cit. V. nota 1 per la disciplina transitoria* ex *art. 35, comma 4 l. n. 122, cit.*

49 Giurisdizione esclusiva del giudice amministrativo.

1. All'articolo 119, comma 1, del codice del processo amministrativo, di cui all'allegato 1 del decreto legislativo 2 luglio 2010, n. 104, dopo la lettera *m-quater*) è aggiunta la seguente:

« *m-quinquies*) gli atti e i provvedimenti adottati in esecuzione di una decisione di recupero di cui all'articolo 16 del regolamento (UE) 2015/1589 del Consiglio, del 13 luglio 2015 » (1).

2. All'articolo 133, comma 1, del codice del processo amministrativo, di cui all'allegato 1 del decreto legislativo 2 luglio 2010, n. 104, dopo la lettera *z-quinquies*) è aggiunta la seguente:

« *z-sexies*) le controversie relative agli atti ed ai provvedimenti che concedono aiuti di Stato in violazione dell'articolo 108, paragrafo 3, del Trattato sul funzionamento dell'Unione europea e le controversie aventi ad oggetto gli atti e i provvedimenti adottati in esecuzione di una decisione di recupero di cui all'articolo 16 del regolamento (UE) 2015/1589 del Consiglio, del 13 luglio 2015, a prescindere dalla forma dell'aiuto e dal soggetto che l'ha concesso » (1).

3. Entro il 30 gennaio di ogni anno, le amministrazioni competenti all'esecuzione delle decisioni di recupero trasmettono alla Presidenza del Consiglio dei Ministri - Dipartimento per le politiche europee l'elenco degli estremi delle sentenze di cui hanno avuto comunicazione, adottate nell'anno precedente relativamente alle controversie sulle materie di cui alle lettere *m-quinquies*) del comma 1 dell'articolo 119 e *z-sexies*) del comma 1 dell'articolo 133 del codice del processo amministrativo, di cui all'allegato 1 del decreto legislativo 2 luglio 2010, n. 104, introdotte, rispettivamente, dai commi 1 e 2 del presente articolo.

(1) *Comma modificato dall'art. 35, comma 3, l. 7 luglio 2016, n. 122.*

50 Ricorso giurisdizionale per violazione dell'articolo 108, paragrafo 3, del Trattato sul funzionamento dell'Unione europea.

1. I provvedimenti che concedono aiuti di Stato in violazione dell'articolo 108, paragrafo 3, del Trattato sul funzionamento dell'Unione europea possono essere impugnati davanti al tribunale amministrativo regionale competente per territorio.

51 Estinzione del diritto alla restituzione dell'aiuto di Stato oggetto di una decisione di recupero per decorso del tempo.

1. Indipendentemente dalla forma di concessione dell'aiuto di Stato, il diritto alla restituzione dell'aiuto oggetto di una decisione di recupero sussiste fino a che vige l'obbligo di recupero ai sensi del regolamento (UE) 2015/1589 del Consiglio, del 13 luglio 2015 (1).

(1) *Comma modificato dall'art. 35, comma 3, l. 7 luglio 2016, n. 122.*

52 Registro nazionale degli aiuti di Stato (1) (A).

1. Al fine di garantire il rispetto dei divieti di cumulo e degli obblighi di trasparenza e di pubblicità previsti dalla normativa europea e nazionale in materia di aiuti di Stato, i soggetti pubblici o privati che concedono ovvero gestiscono i predetti aiuti trasmettono le relative informazioni alla banca di dati istituita presso il Ministero dello sviluppo economico ai sensi dell'articolo 14, comma 2, della legge 5 marzo 2001, n. 57, che assume la denominazione di "Registro nazionale degli aiuti di Stato" (2).

2. Il Registro di cui al comma 1 contiene, in particolare, le informazioni concernenti:

a) gli aiuti di Stato di cui all'articolo 107 del Trattato sul funzionamento dell'Unione europea, ivi compresi gli aiuti in esenzione dalla notifica;

b) gli aiuti de minimis come definiti dal regolamento (CE) n. 1998/2006 della Commissione, del 15 dicembre 2006, e dal regolamento (UE) n. 1407/2013 della Commissione, del 18 dicembre 2013, nonché dalle disposizioni dell'Unione europea che saranno successivamente adottate nella medesima materia;

c) gli aiuti concessi a titolo di compensazione per i servizi di interesse economico generale, ivi compresi gli aiuti *de minimis* ai sensi del regolamento (UE) n. 360/2012 della Commissione, del 25 aprile 2012;

d) l'elenco dei soggetti tenuti alla restituzione degli aiuti incompatibili dei quali la Commissione europea abbia ordinato il recupero ai sensi dell'articolo 16 del regolamento (UE) 2015/1589 del Consiglio, del 13 luglio 2015 (3).

3. I soggetti di cui al comma 1 sono tenuti ad avvalersi del Registro di cui al medesimo comma 1 al fine di

espletare le verifiche propedeutiche alla concessione o all'erogazione degli aiuti di Stato e degli aiuti de minimis, comprese quelle relative al rispetto dei massimali di aiuto stabiliti dalle norme europee e dei divieti di cui all'articolo 46 della presente legge, nonché al fine di consentire il costante aggiornamento dei dati relativi ai medesimi aiuti anche attraverso l'inserimento delle informazioni relative alle vicende modificative degli stessi (2).

4. Le informazioni relative agli aiuti di cui al comma 2, lettere *a*), *b*) e *c*), sono conservate e rese accessibili senza restrizioni, fatte salve le esigenze di tutela del segreto industriale, per dieci anni dalla data di concessione dell'aiuto, salvi i maggiori termini connessi all'esistenza di contenziosi o di procedimenti di altra natura; le informazioni relative agli aiuti di cui al comma 2, lettera *d*), sono conservate e rese accessibili, senza restrizioni, fino alla data dell'effettiva restituzione dell'aiuto.

5. Il monitoraggio delle informazioni relative agli aiuti di Stato nei settori agricolo e forestale, ivi compresi gli aiuti nelle zone rurali, e della pesca e acquacoltura continua a essere disciplinato dalla normativa europea di riferimento ed è assicurato attraverso la piena integrazione e interoperabilità del Registro di cui al comma 1 con i registri già esistenti per i settori dell'agricoltura e della pesca.

6. Con regolamento adottato con decreto del Ministro dello sviluppo economico, di concerto con i Ministri dell'economia e delle finanze e delle politiche agricole alimentari e forestali, ai sensi dell'articolo 17, comma 3, della legge 23 agosto 1988, n. 400, entro quattro mesi dalla data di entrata in vigore del presente articolo, sentita la Conferenza unificata di cui all'articolo 8 del decreto legislativo 28 agosto 1997, n. 281, e successive modificazioni, è adottata la disciplina per il funzionamento del Registro di cui al comma 1 del presente articolo, con la definizione delle modalità operative per la raccolta, la gestione e il controllo dei dati e delle informazioni relativi agli aiuti di cui al comma 2, compresi i criteri per l'eventuale interoperabilità con le banche di dati esistenti in materia di agevolazioni pubbliche alle imprese. Il predetto regolamento individua altresì, in conformità con le pertinenti norme europee in materia di aiuti di Stato, i contenuti specifici degli obblighi ai fini dei controlli di cui al comma 3, nonché la data a decorrere dalla quale il controllo relativo agli aiuti *de minimis* di cui al comma 2 già concessi avviene esclusivamente tramite il medesimo Registro, nel rispetto dei termini stabiliti dall'articolo 6, paragrafo 2, del citato regolamento (UE) n. 1407/2013. Fino alla data del 1° luglio 2017 si applicano le modalità di trasmissione delle informazioni relative agli aiuti alle imprese, stabilite ai sensi dell'articolo 14, comma 2, della legge 5 marzo 2001, n. 57 (4).

A decorrere dal 1° luglio 2017, la trasmissione delle informazioni al Registro di cui al comma 1 e l'adempimento degli obblighi di interrogazione del Registro medesimo costituiscono condizione legale di efficacia dei provvedimenti che dispongono concessioni ed erogazioni degli aiuti di cui al comma 2. I provvedimenti di concessione e di erogazione di detti aiuti indicano espressamente l'avvenuto inserimento delle informazioni nel Registro e l'avvenuta interrogazione dello stesso. L'inadempimento degli obblighi di cui ai commi 1 e 3 nonché al secondo periodo del presente comma è rilevato, anche d'ufficio, dai soggetti di cui al comma 1 e comporta la responsabilità patrimoniale del responsabile della concessione o dell'erogazione degli aiuti. L'inadempimento è rilevabile anche dall'impresa beneficiaria ai fini del risarcimento del danno (5) (2).

(1) *Articolo sostituito dall'art. 14, comma 1, lett.* b), *l. 29 luglio 2015, n. 115 (legge europea 2014).*

(2) *Ai sensi dell'art. 31-octies, comma 1, d.l. 28 ottobre 2020, n. 137, conv., con modif., in l. 18 dicembre 2020, n. 176, in considerazione dell'incremento del numero di aiuti individuali alle imprese e dei soggetti concedenti gli aiuti, anche per effetto delle misure eccezionali e transitorie attivabili nell'ambito del quadro temporaneo per gli aiuti di Stato a sostegno dell'economia nel corso dell'attuale emergenza da COVID-19, e tenuto conto dell'esigenza di procedere al tempestivo utilizzo delle risorse pubbliche per contrastare e mitigare gli effetti della crisi, in deroga al comma del presente articolo, nel periodo compreso tra il 1° gennaio 2020 e il 31 dicembre 2022, l'inadempimento degli obblighi di registrazione degli aiuti di Stato di cui ai commi 1, 3 e 7, secondo periodo, del presente articolo non comporta responsabilità patrimoniale del responsabile della concessione o dell'erogazione degli aiuti medesimi.*

(3) *Comma modificato dall'art. 35, comma 3, l. 7 luglio 2016, n, 122.*

(4) *Comma modificato dall'art. 6, comma 6, lett.* b) *d.l. 30 dicembre 2016, n. 244, conv., con modif., dalla legge 27 febbraio 2017, n. 19.*

(5) *Comma modificato dall'art. 6, comma 6, lett.* c) *d.l. n. 244, cit.*

CAPO IX
Disposizioni transitorie e finali

53 Parità di trattamento.

1. Nei confronti dei cittadini italiani non trovano applicazione norme dell'ordinamento giuridico italiano o prassi interne che producano effetti discriminatori rispetto alla condizione e al trattamento garantiti nell'ordinamento italiano ai cittadini dell'Unione europea.

54 Lotta contro le frodi nei confronti dell'Unione europea.

1. Presso la Presidenza del Consiglio dei Ministri - Dipartimento per le politiche europee opera il Comitato previsto dall'articolo 3 del regolamento di cui al decreto del Presidente della Repubblica 14 maggio 2007, n. 91, che è ridenominato « Comitato per la lotta contro le frodi nei confronti dell'Unione europea ». Non si applica l'articolo 29, comma 2, lettera *e-bis*), del decreto-legge 4 luglio 2006, n. 223, convertito, con modificazioni, dalla legge 4 agosto 2006, n. 248. Il Comitato presenta annualmente una relazione al Parlamento.

2. Presso la Presidenza del Consiglio dei Ministri - Dipartimento per le politiche europee opera altresì il Nucleo della Guardia di finanza previsto dal decreto del Presidente del Consiglio dei Ministri 11 gennaio 1995, che è ridenominato « Nucleo della Guardia di finanza per la repressione delle frodi nei confronti dell'Unione europea » e che dipende funzionalmente dal Capo del medesimo Dipartimento.

55 Punti di contatto europei.

1. La Presidenza del Consiglio dei Ministri - Dipartimento per le politiche europee:

a) costituisce punto di contatto nazionale per la cooperazione amministrativa tra autorità competenti nazionali ed europee ai sensi dell'articolo 36, comma 2, del decreto legislativo 26 marzo 2010, n. 59, e provvede alle notifiche di cui all'articolo 13 del medesimo decreto legislativo n. 59 del 2010;

b) assolve i compiti di coordinatore nazionale presso la Commissione europea e di punto nazionale di contatto per le informazioni e l'assistenza sui riconoscimenti delle qualifiche professionali ai sensi dell'articolo 6, comma 1, del decreto legislativo 9 novembre 2007, n. 206;

c) gestisce il Centro SOLVIT per l'Italia.

56 Competenze istituzionali del Ministero degli affari esteri.

1. Sono fatti salvi le competenze e il coordinamento del Ministero degli affari esteri in materia di rapporti con l'Unione europea per quanto riguarda le sue funzioni istituzionali, come disciplinate, in particolare, dal decreto legislativo 30 luglio 1999, n. 300, e dal decreto del Presidente della Repubblica 5 gennaio 1967, n. 18.

57 Norme transitorie.

1. Le disposizioni di cui all'articolo 46, comma 3, e all'articolo 48, comma 4, si applicano anche con riferimento alle decisioni di recupero adottate prima della data di entrata in vigore della presente legge.

58 Modifica, deroga, sospensione o abrogazione della presente legge.

1. Le disposizioni della presente legge possono essere modificate, derogate, sospese o abrogate da successive leggi solo attraverso l'esplicita indicazione delle disposizioni da modificare, derogare, sospendere o abrogare.

59 Regioni a statuto speciale e province autonome.

1. Per le regioni a statuto speciale e per le province autonome resta fermo quanto previsto nei rispettivi statuti speciali e nelle relative norme di attuazione.

amministrazioni interessate provvedono all'attuazione della presente legge con le risorse umane, strumentali e finanziarie previste a legislazione vigente.

61 Abrogazioni e modificazioni

1. Sono abrogati:

a) l'articolo 57 della legge 6 febbraio 1996, n. 52;

b) la legge 4 febbraio 2005, n. 11;

c) l'articolo 42-*ter* del decreto-legge 30 dicembre 2008, n. 207, convertito, con modificazioni, dalla legge 27 febbraio 2009, n. 14.

2. Negli atti normativi vigenti, le parole: « Dipartimento per il coordinamento delle politiche comunitarie », ovunque ricorrono, sono sostituite dalle seguenti: « Dipartimento per le politiche europee ».

3. All'articolo 3 della legge 22 aprile 2005, n. 69, il comma 3 è sostituito dal seguente:

« 3. La pronuncia non favorevole della Camera dei deputati o del Senato della Repubblica è vincolante per il Governo ».

4. L'articolo 1 del decreto-legge 8 aprile 2008, n. 59, convertito, con modificazioni, dalla legge 6 giugno 2008, n. 101, come modificato dall'articolo 34, comma 8, del decreto legislativo 1° settembre 2011, n. 150, continua ad applicarsi ai soli giudizi in corso alla data di entrata in vigore della presente legge.

5. L'articolo 47-*bis* del decreto legislativo 31 dicembre 1992, n. 546, continua ad applicarsi ai soli giudizi in corso alla data di entrata in vigore della presente legge.

La presente legge, munita del sigillo dello Stato, sarà inserita nella Raccolta ufficiale degli atti normativi della Repubblica italiana. È fatto obbligo a chiunque spetti di osservarla e di farla osservare come legge dello Stato.

60 Disposizioni finanziarie.

1. Dall'attuazione della presente legge non devono derivare nuovi o maggiori oneri a carico della finanza pubblica.

CAPO II
DIRITTO INTERNAZIONALE

17. Convenzione europea per la salvaguardia dei diritti dell'uomo e delle libertà fondamentali, firmata a Roma il 4 novembre 1950, ratificata e resa esecutiva dalla l. 4 agosto 1955, n. 848 (1) (2).

(1) *La presente Convenzione, entrata in vigore: 3 settembre 1953, è stata da ultimo modificata dal Protocollo n. 14 del 13 maggio 2004, ratificato dall'Italia con l. 15 dicembre 2005, n. 280 (G.U. 5 gennaio 2006, n. 4) ed entrato in vigore il 1° giugno 2010; v. l'art. 20 del Protocollo n. 14, cit.*

V., inoltre il Protocollo n. 15 recante emendamento alla presente Convenzione, firmato a Strasburgo il 24 giugno 2013 e ratificato con l. 15 gennaio 2021, n. 11, entrata in vigore il 15 febbraio 2021: tale Protocollo, ai sensi dell'art 7, è entrato in vigore il 1° agosto 2021 (« il primo giorno del mese successivo alla scadenza di un periodo di tre mesi dalla data in cui tutte le Alte Parti contraenti della Convenzione avranno espresso il loro consenso a essere vincolate dal Protocollo »).

V. altresì il Protocollo n. 16 alla Convenzione, firmato a Strasburgo il 2 ottobre 2013 – che consente alle corti e ai tribunali di un'Alta Parte contraente, dalla medesima designati, di richiedere pareri consultivi alla Corte europea dei diritti dell'uomo su questioni di principio riguardanti l'interpretazione o l'applicazione dei diritti e libertà definiti nella Convenzione o nei suoi Protocolli – ma non ancora ratificato dall'Italia: tale Protocollo è entrato in vigore il 1° agosto 2018 (ai sensi dell'art 8, « il primo giorno del mese successivo alla scadenza di un periodo di tre mesi dalla data in cui dieci Alte Parti contraenti della Convenzione avranno espresso il loro consenso ad essere vincolate dal Protocollo »; il deposito dell'ultimo strumento di ratifica è avvenuto, da parte della Francia, in data 12 aprile 2018). In particolare, tale Protocollo 16 così dispone: « 1. Le più alte giurisdizioni di un'Alta Parte contraente, designate conformemente all'articolo 10, possono presentare alla Corte delle richieste di pareri consultivi su questioni di principio relative all'interpretazione o all'applicazione dei diritti e delle libertà definiti dalla Convenzione o dai suoi protocolli. – 2. La giurisdizione che presenta la domanda può chiedere un parere consultivo solo nell'ambito di una causa pendente dinanzi ad essa. - 3. La giurisdizione che presenta la domanda deve motivare la richiesta di parere e produrre gli elementi pertinenti inerenti al contesto giuridico e fattuale della causa pendente ». Per l'intero testo del predetto Protocollo, v. infra *in calce a questa Convenzione.*

(2) *Il protocollo n. 15, ratificato con l. n. 11 del 2021, cit., ha aggiunto alla fine del preambolo alla Convenzione il seguente nuovo considerando: « Affermando che spetta in primo luogo alle Alte Parti contraenti, conformemente al principio di sussidiarietà, garantire il rispetto dei diritti e delle libertà definiti nella presente Convenzione e nei suoi protocolli e che, nel fare ciò, esse godono di un margine di apprezzamento, sotto il controllo della Corte europea dei Diritti dell'Uomo istituita dalla presente Convenzione ».*

1 Obbligo di rispettare i diritti dell'uomo (1).

Le Alte Parti Contraenti riconoscono ad ogni persona soggetta alla loro giurisdizione i diritti e le libertà definiti al Titolo I della presente Convenzione.

(1) *Rubrica aggiunta dal Protocollo n. 11, firmato a Strasburgo l'11 maggio 1994 e ratificato con l. 28 agosto 1997, n. 296.*

TITOLO I

Diritti e libertà (1)

(1) *L'intitolazione del presente Titolo e degli articoli da 2 a 18 è stata attribuita dal Protocollo n. 11 dell'11 maggio 1994, ratificato con l. 28 agosto 1997, n. 296, ed entrato in vigore il 1° novembre 1998.*

2 Diritto alla vita (1).

1. Il diritto alla vita di ogni persona è protetto dalla legge. Nessuno può essere intenzionalmente privato della vita, salvo che in esecuzione di una sentenza capitale pronunciata da un tribunale, nei casi in cui il delitto sia punito dalla legge con tale pena.

2. La morte non è considerata inflitta in violazione di questo articolo quando derivasse da un ricorso alla forza reso assolutamente necessario:

a) per assicurare la difesa di qualsiasi persona da una violenza illegittima;

b) per eseguire un arresto legale o per impedire l'evasione di una persona legalmente detenuta;

c) per reprimere, in modo conforme alla legge, una sommossa o una insurrezione.

(1) *Rubrica aggiunta dal Protocollo n. 11, firmato a Strasburgo l'11 maggio 1994 e ratificato con l. 28 agosto 1997, n. 296.*

3 Divieto della tortura (1).

Nessuno può essere sottoposto a tortura né a pene o trattamenti inumani o degradanti.

(1) *Rubrica aggiunta dal Protocollo n. 11, firmato a Strasburgo l'11 maggio 1994 e ratificato con l. 28 agosto 1997, n. 296.*

4 Divieto di schiavitù e del lavoro forzato (1).

1. Nessuno può essere tenuto in condizioni di schiavitù o di servitù.

2. Nessuno può essere costretto a compiere un lavoro forzato o obbligatorio.

3. Non è considerato "lavoro forzato o obbligatorio" ai sensi del presente articolo:

a) ogni lavoro normalmente richiesto ad una persona detenuta alle condizioni previste dall'articolo 5 della presente Convenzione o durante il periodo di libertà condizionale;

b) ogni servizio di carattere militare o, nel caso di obiettori di coscienza nei paesi nei quali l'obiezione di coscienza è riconosciuta legittima, un altro servizio sostitutivo di quello militare obbligatorio;

c) ogni servizio richiesto in occasione di calamità che pongono in pericolo la vita o il benessere della comunità;

d) ogni lavoro o servizio che faccia parte dei normali doveri civici.

(1) *Rubrica aggiunta dal Protocollo n. 11, firmato a Strasburgo l'11 maggio 1994 e ratificato con l. 28 agosto 1997, n. 296.*

5 Diritto alla libertà e alla sicurezza (1).

1. Ogni persona ha diritto alla libertà e alla sicurezza. Nessuno può essere privato della libertà salvo che nei casi seguenti e nei modi previsti dalla legge:

a) se è detenuto legittimamente in seguito a condanna da parte di un tribunale competente;

b) se è stato oggetto di un arresto o di una detenzione legittima per inosservanza di un provvedimento legittimamente adottato da un tribunale ovvero per garantire l'esecuzione di un obbligo imposto dalla legge;

c) se è stato arrestato o detenuto per essere tradotto dinanzi all'autorità giudiziaria competente quando vi sono fondati motivi per sospettare che abbia commesso un reato o ci sono fondati motivi per ritenere necessario di impedirgli di commettere un reato o di fuggire dopo averlo commesso;

d) se si tratta della detenzione legittima di un minore, decisa per sorvegliare la sua educazione, o di sua legale detenzione al fine di tradurlo dinanzi all'autorità competente;

e) se si tratta della detenzione legittima di una persona per prevenire la diffusione di una malattia contagiosa, di un alienato di mente, di un alcoolizzato, di un tossicodipendente o di un vagabondo;

f) se si tratta dell'arresto o della detenzione legittima di una persona per impedirle di entrare clandestinamente nel territorio, o di una persona contro la quale è in corso un procedimento di espulsione o di estradizione.

2. Ogni persona che venga arrestata deve essere informata al più presto e in una lingua a lei comprensibile dei motivi dell'arresto e degli addebiti contestati.

3. Ogni persona arrestata o detenuta nelle condizioni previste dal paragrafo 1, lettera *c*) del presente articolo, deve essere tradotta al più presto dinanzi a un giudice o a un altro magistrato autorizzato dalla legge ad esercitare funzioni giudiziarie e ha diritto di essere giudicata entro un termine ragionevole o di essere posta in libertà durante il procedimento. La scarcerazione può essere subordinata ad una garanzia che assicuri la comparizione della persona all'udienza.

4. Ogni persona privata della libertà mediante arresto o detenzione ha il diritto di presentare un ricorso davanti ad un tribunale affinché esso decida, entro breve tempo, sulla legittimità della sua detenzione e ne ordini la scarcerazione se la detenzione è illegittima.

5. Ogni persona vittima di arresto o di detenzione eseguiti in violazione alle disposizioni di questo articolo ha diritto ad un indennizzo.

(1) *Rubrica aggiunta dal Protocollo n. 11, firmato a Strasburgo l'11 maggio 1994 e ratificato con l. 28 agosto 1997, n. 296.*

6 Diritto ad un processo equo (1).

1. Ogni persona ha diritto ad un'equa e pubblica udienza entro un termine ragionevole, davanti ad un tribunale indipendente e imparziale e costituito per legge, che decide sia in ordine alla controversia sui suoi diritti e obblighi di natura civile, sia sul fondamento di ogni accusa in materia penale derivata contro di lei. La sentenza deve essere resa pubblicamente, ma l'accesso alla sala d'udienza può essere vietato alla stampa e al pubblico durante tutto o una parte del processo nell'interesse della morale, dell'ordine pubblico o della sicurezza nazionale in una società democratica, quando lo esigono gli interessi dei minori o la tutela della vita privata delle parti in causa, nella misura ritenuta strettamente necessaria dal tribunale quando, in speciali circostanze, la pubblicità potrebbe pregiudicare gli interessi della giustizia.

2. Ogni persona accusata di un reato si presume innocente sino a quando la sua colpevolezza non sia stata legalmente accertata.

3. Ogni accusato ha diritto soprattutto a:

a) essere informato, nel più breve tempo possibile, in una lingua a lui comprensibile e in modo dettagliato, della natura e dei motivi dell'accusa elevata a suo carico;

b) disporre del tempo e dei mezzi necessari per preparare la sua difesa;

c) difendersi personalmente o con l'assistenza di un difensore di propria scelta e, se non ha i mezzi per pagare un difensore, poter essere assistito gratuitamente da un avvocato d'ufficio, quando lo esigono gli interessi della giustizia;

d) interrogare o far interrogare i testimoni a carico ed ottenere la citazione e l'interrogatorio dei testimoni a discarico a pari condizioni dei testimoni a carico;

e) farsi assistere gratuitamente da un interprete se non comprende o non parla la lingua usata nell'udienza.

(1) *Rubrica aggiunta dal Protocollo n. 11, firmato a Strasburgo l'11 maggio 1994 e ratificato con l. 28 agosto 1997, n. 296.*

7 Nullum crimen sine lege (1).

1. Nessuno può essere condannato per un'azione o un'omissione che, al momento in cui fu commessa, non costituiva reato secondo il diritto interno o secondo il diritto internazionale. Non può del pari essere inflitta una pena maggiore di quella che sarebbe stata applicata al momento in cui il reato è stato commesso.

2. Il presente articolo non vieterà il giudizio e la condanna di una persona colpevole d'una azione o d'una omissione che, al momento in cui è stata com-

messa, era ritenuta crimine secondo i princìpi generali di diritto riconosciuti dalle nazioni civili.

(1) *Rubrica aggiunta dal Protocollo n. 11, firmato a Strasburgo l'11 maggio 1994 e ratificato con l. 28 agosto 1997, n. 296.*

8 Diritto al rispetto della vita privata e familiare (1).

1. Ogni persona ha diritto al rispetto della sua vita privata e familiare, del suo domicilio e della sua corrispondenza.

2. Non può esservi ingerenza della pubblica autorità nell'esercizio di tale diritto a meno che tale ingerenza sia prevista dalla legge e costituisca una misura che, in una società democratica, è necessaria per la sicurezza nazionale, l'ordine pubblico, il benessere economico del paese, la prevenzione dei reati, la protezione della salute o della morale, o la protezione dei diritti e delle libertà altrui.

(1) *Rubrica aggiunta dal Protocollo n. 11, firmato a Strasburgo l'11 maggio 1994 e ratificato con l. 28 agosto 1997, n. 296.*

9 Libertà di pensiero, di coscienza e di religione (1).

1. Ogni persona ha diritto alla libertà di pensiero, di coscienza e di religione; tale diritto importa la libertà di cambiare di religione o credo e la libertà di manifestare la propria religione o credo individualmente o collettivamente, sia in pubblico che in privato, mediante il culto, l'insegnamento, le pratiche e l'osservanza di riti.

2. La libertà di manifestare la propria religione o il proprio credo non può essere oggetto di altre limitazioni oltre quelle previste dalla legge e che costituiscono misure necessarie in una società democratica, per la sicurezza pubblica, per la protezione dell'ordine pubblico, della salute o della morale pubblica, o per la protezione dei diritti e della libertà altrui.

(1) *Rubrica aggiunta dal Protocollo n. 11, firmato a Strasburgo l'11 maggio 1994 e ratificato con l. 28 agosto 1997, n. 296.*

10 Libertà di espressione (1).

1. Ogni persona ha diritto alla libertà d'espressione. Tale diritto include la libertà d'opinione e la libertà di ricevere o di comunicare informazioni o idee senza ingerenza alcuna da parte delle autorità pubbliche e senza riguardo alla nazionalità. Il presente articolo non impedisce che gli Stati sottopongano a un regime di autorizzazione le imprese di radio-diffusione, di cinema o di televisione.

2. L'esercizio di queste libertà, comportando doveri e responsabilità, può essere subordinato a determinate formalità, condizioni, restrizioni o sanzioni previste dalla legge e costituenti misure necessarie in una società democratica, per la sicurezza nazionale, l'integrità territoriale o l'ordine pubblico, la prevenzione dei disordini e dei reati, la protezione della salute e della morale, la protezione della reputazione o dei diritti altrui, o per impedire la divulga zione di informazioni riservate o per garantire l'autorità e l'imparzialità del potere giudiziario.

(1) *Rubrica aggiunta dal Protocollo n. 11, firmato a Strasburgo l'11 maggio 1994 e ratificato con l. 28 agosto 1997, n. 296.*

11 Libertà di riunione e di associazione (1).

1. Ogni persona ha diritto alla libertà di riunione pacifica e alla libertà d'associazione, ivi compreso il diritto di partecipare alla costituzione di sindacati e di aderire ad essi per la difesa dei propri interessi.

2. L'esercizio di questi diritti non può costituire oggetto di altre restrizioni oltre quelle che, stabilite per legge, costituiscono misure necessarie, in una società democratica, per la sicurezza nazionale, l'ordine pubblico, la difesa dell'ordine e la prevenzione dei disordini e dei reati, per la protezione della salute o della morale o per la protezione dei diritti e delle libertà altrui. Il presente articolo non vieta che restrizioni legittime siano imposte all'esercizio di questi diritti da parte dei membri delle forze armate, della polizia o dell'amministrazione dello Stato.

(1) *Rubrica aggiunta dal Protocollo n. 11, firmato a Strasburgo l'11 maggio 1994 e ratificato con l. 28 agosto 1997, n. 296.*

12 Diritto al matrimonio (1).

Uomini e donne in età maritale hanno diritto di sposarsi e di formare una famiglia secondo le leggi nazionali regolanti l'esercizio di tale diritto.

(1) *Rubrica aggiunta dal Protocollo n. 11, firmato a Strasburgo l'11 maggio 1994 e ratificato con l. 28 agosto 1997, n. 296.*

13 Diritto ad un ricorso effettivo (1).

Ogni persona i cui diritti e le cui libertà riconosciuti nella presente Convenzione siano stati violati, ha diritto di presentare un ricorso avanti ad una magistratura nazionale, anche quando la violazione sia stata commessa da persone agenti nell'esercizio delle loro funzioni ufficiali.

(1) *Rubrica aggiunta dal Protocollo n. 11, firmato a Strasburgo l'11 maggio 1994 e ratificato con l. 28 agosto 1997, n. 296.*

14 Divieto di discriminazione (1).

Il godimento dei diritti e delle libertà riconosciuti nella presente Convenzione deve essere garantito senza alcuna distinzione di sesso, di razza, di colore, di lingua, di religione, di opinione politica o di altro genere, di origine nazionale o sociale, di appartenenza a una minoranza nazionale, di ricchezza, di nascita o di altra condizione.

(1) *Rubrica aggiunta dal Protocollo n. 11, firmato a Strasburgo l'11 maggio 1994 e ratificato con l. 28 agosto 1997, n. 296.*

15 Deroga in caso di stato d'urgenza (1).

1. In caso di guerra o di altro pericolo pubblico che minacci la vita della nazione, ogni Alta Parte Contraente può prendere misure in deroga agli obblighi previsti nella presente Convenzione nella stretta misura in cui la situazione lo esiga e a condizione che tali misure non siano in contrasto con altri obblighi derivanti dal diritto internazionale.

2. La disposizione precedente non autorizza alcuna deroga all'articolo 2, salvo che per il caso di morte risultante da atti di guerra conformi alle Convenzioni internazionali, e agli articoli 3, 4 (paragrafo 1) e 7.

3. Ogni Alta Parte Contraente che eserciti tale diritto di deroga comunica al Segretario Generale del Consiglio d'Europa delle misure prese e dei motivi che le hanno determinate. Essa deve parimenti informare il Segretario Generale del Consiglio d'Europa della data in cui queste misure sono revocate e la data in cui le disposizioni della Convenzione riacquistano piena applicazione.

(1) *Rubrica aggiunta dal Protocollo n. 11, firmato a Strasburgo l'11 maggio 1994 e ratificato con l. 28 agosto 1997, n. 296.*

16 Restrizioni all'attività politica degli stranieri (1).

Nessuna delle disposizioni degli articoli 10, 11 e 14 può essere interpretata nel senso che vieta alle Alte Parti Contraenti di porre limitazioni all'attività politica degli stranieri.

(1) *Rubrica aggiunta dal Protocollo n. 11, firmato a Strasburgo l'11 maggio 1994 e ratificato con l. 28 agosto 1997, n. 296.*

17 Divieto di abusi di diritti (1).

Nessuna disposizione della presente Convenzione può essere interpretata come implicante il diritto per uno Stato, gruppo o individuo di esercitare un'attività o compiere un atto mirante alla sospensione dei diritti o delle libertà riconosciuti nella presente Convenzione o porre a questi diritti e a queste libertà limitazioni maggiori di quelle previste nella presente Convenzione.

(1) *Rubrica aggiunta dal Protocollo n. 11, firmato a Strasburgo l'11 maggio 1994 e ratificato con l. 28 agosto 1997, n. 296.*

18 Limiti alla restrizione dei diritti (1).

Le limitazioni che, in base alla presente Convenzione, sono poste a detti diritti e libertà non possono essere applicate che per lo scopo per il quale sono state previste.

(1) *Rubrica aggiunta dal Protocollo n. 11, firmato a Strasburgo l'11 maggio 1994 e ratificato con l. 28 agosto 1997, n. 296.*

TITOLO II

Corte europea dei diritti dell'uomo (1)

(1) *Il Titolo II (comprendente gli artt. 19-51) è stato sostituito ai precedenti Titoli dal II al IV (comprendenti gli artt. 19-56) dal Protocollo n. 11 dell'11 maggio 1994, ratificato con l. 28 agosto 1997, n. 296, ed entrato in vigore il 1° novembre 1998.*

19 Istituzione della Corte (1).

Per assicurare il rispetto degli impegni derivanti alle Alte Parti contraenti dalla presente Convenzione e dai suoi protocolli, è istituita una Corte europea dei Diritti dell'uomo, di seguito denominata "la Corte". Essa funziona in maniera permanente.

(1) *Articolo così sostituito dal Protocollo n. 11, firmato a Strasburgo l'11 maggio 1994 e ratificato con l. 28 agosto 1997, n. 296.*

20 Numero di giudici (1).

La Corte si compone di un numero di giudici eguale a quello delle Alte Parti contraenti.

(1) *Articolo così sostituito dal Protocollo n. 11, firmato a Strasburgo l'11 maggio 1994 e ratificato con l. 28 agosto 1997, n. 296.*

21 Condizioni per l'esercizio delle funzioni (1).

1. I giudici devono godere della più alta considerazione morale e possedere i requisiti richiesti per l'esercizio delle più alte funzioni giudiziarie o essere dei giurisconsulti di riconosciuta competenza.

2. I candidati devono avere meno di sessantacinque anni di età alla data in cui la lista di tre candidati deve pervenire all'assemblea parlamentare in virtù dell'articolo 22 (2).

3. I giudici siedono alla Corte a titolo individuale.

4. Per tutta la durata del loro mandato, i giudici non possono esercitare alcuna attività incompatibile con le esigenze di indipendenza, dì imparzialità o di disponibilità richieste da una attività esercitata a tempo pieno. Ogni problema che sorga nell'applicazione di questo paragrafo è deciso dalla Corte.

(1) *Articolo così sostituito dal Protocollo n. 11, firmato a Strasburgo l'11 maggio 1994 e ratificato con l. 28 agosto 1997, n. 296.*

(2) *Comma inserito dall'articolo 2, comma 1, del Protocollo n. 15, ratificato con l. 15 gennaio 2021, n. 11. Ai sensi del comma 2, i successivi commi 2 e 3 diventano, rispettivamente, 3 e 4. Per il periodo tranistorio, v. art. 8, comma 1, del Protocollo: "1. Gli emendamenti introdotti dall'articolo 2 del presente Protocollo si applicano unicamente ai candidati presenti nelle liste sottoposte all'assemblea parlamentare dalle Alte Parti contraenti, in virtù dell'articolo 22 della Convenzione, dopo l'entrata in vigore del presente Protocollo."*

22 Elezione dei giudici (1).

1. I giudici sono eletti dall'Assemblea parlamentare a titolo di ciascuna Alta Parte contraente a maggioranza dei voti espressi su una lista di tre candidati presentata dall'Alta Parte contraente.

2. (*Omissis*) (2).

(1) *Articolo così sostituito dal Protocollo n. 11, firmato a Strasburgo l'11 maggio 1994 e ratificato con l. 28 agosto 1997, n. 296.*

(2) *Paragrafo soppresso dall'articolo 1 del Protocollo n. 14 ratificato con legge 15 dicembre 2005, n. 280.*

23 Durata del mandato e revoca (1).

1. I giudici sono eletti per una durata di nove anni. Essi non sono rieleggibili.

[2. Il mandato dei giudici termina non appena essi raggiungono l'età di settant'anni.] (2)

2. I giudici rimangono in funzione fintanto che non sono sostituiti. Tuttavia, essi continuano a dirimere i casi di cui sono già investiti.

3. Un giudice può essere sollevato dalle sue funzioni solo se gli altri giudici decidono, a maggioranza di due terzi, che tale giudice ha smesso di corrispondere alle condizioni richieste.

(1) *Articolo sostituito dapprima dal Protocollo n. 11 ratificato con legge 28 agosto 1997, n. 296 e successivamente dall'art. 2 del Protocollo n. 14, ratificato con legge 15 dicembre 2005, n. 280. Ai sensi dell'art. 21 del citato Protocollo: « Alla data di entrata in vigore del [medesimo]*

Protocollo, la durata del mandato dei giudici che compiono il loro primo mandato è prorogata a pieno titolo, al fine di ottenere un totale di nove anni. Gli altri giudici pongono fine al loro mandato, il quale è legittimamente prorogato di due anni ».

(2) *Comma soppresso dall'articolo 2, comma 3, del Protocollo n. 15, ratificato con l. 15 gennaio 2021, n. 11. I successivi commi 3 e 4 diventano, rispettivamente, 2 e 3. Per il periodo transitorio, v. art. 8, comma 1, del Protocollo: "1. Gli emendamenti introdotti dall'articolo 2 del presente Protocollo si applicano unicamente ai candidati presenti nelle liste sottoposte all'assemblea parlamentare dalle Alte Parti contraenti, in virtù dell'articolo 22 della Convenzione, dopo l'entrata in vigore del presente Protocollo."*

24 (1) Cancelliere e relatori (2).

[ex Art. 25] 1. La Corte dispone di una cancelleria le cui incombenze e la cui organizzazione sono stabilite dal regolamento della Corte.

2. Quando siede in formazione di giudice unico, la Corte è assistita da relatori che esercitano le loro funzioni sotto l'autorità del presidente della Corte. Essi fanno parte della cancelleria della Corte.

(1) *L'art. 24 rubricato « Revoca », nella formulazione risultante dalla sostituzione operata dal Protocollo n. 11, ratificato con legge 28 agosto 1997, n. 296, è stato soppresso dall'art. 3 del Protocollo n. 14, ratificato con legge 15 dicembre 2005, n. 280. V. ora l'art. 23.*

(2) *L'art. 25, già sostituito dal Protocollo n. 11, ratificato con legge 28 agosto 1997, n. 296, è stato così rinumerato come art. 24 e riformulato dall'art. 4 del Protocollo n. 14, cit.*

25 Assemblea plenaria della Corte (1).

[ex Art. 26] La corte riunita in Assemblea plenaria:

a) elegge per un periodo di tre anni il suo presidente ed uno o due vice-presidenti; essi sono rieleggibili;

b) costituisce Camere per un determinato periodo;

c) elegge i presidenti delle Camere della Corte che sono rieleggibili;

d) adotta il regolamento della Corte (2);

e) elegge il cancelliere ed uno o più vicecancellieri;

f) fa qualsiasi domanda a titolo dell'articolo 26, paragrafo 2 (3).

(1) *Articolo dapprima sostituito dal Protocollo n. 11 ratificato con legge 28 agosto 1997, n. 296; successivamente l'art. 5 del Protocollo n. 14, ratificato con legge 15 dicembre 2005, n. 280, ha disposto la rinumerazione dell'art. 26 in art- 25 e lo ha così riformulato.*

(2) *Lettera modificata dall'articolo 5 del Protocollo n. 14, ratificato con legge 15 dicembre 2005, n. 280.*

(3) *Lettera aggiunta dall'articolo 5 del Protocollo n. 14, ratificato con legge 15 dicembre 2005, n. 280.*

26 Formazione del giudice unico, comitati, Sezioni e Sezione allargata (1).

[ex Art. 27] 1. Per esaminare i casi presentati al suo cospetto, la Corte siede in formazione di giudice unico, in comitati di tre giudici, in Sezioni di sette giudici ed in una Sezione allargata di diciassette giudici. Le sezioni della Corte costituiscono i comitati per un periodo determinato.

2. A richiesta dell'assemblea plenaria della Corte, il Comitato dei Ministri può, con una decisione unanime e per un determinato periodo, ridurre a cinque il numero dei giudici delle Sezioni.

3. Un giudice che siede in quanto giudice unico non esamina alcun ricorso presentato contro l'Alta Parte contraente a titolo della quale questo giudice è stato eletto.

4. Il giudice eletto a titolo di un'Alta Parte contraente della controversia è membro di diritto della Sezione e della Sezione allargata. Qualora il giudice fosse assente, o non in grado di assolvere le sue funzioni, la persona scelta dal presidente della Corte su di un elenco preliminarmente sottoposto da tale Parte esercita le sue funzioni in qualità di giudice.

5. Fanno altresì parte della Sezione allargata il presidente della Corte, i vice presidenti, i presidenti delle Sezioni ed altri giudici designati conformemente al regolamento della Corte. Quando il caso è deferito alla Sezione allargata in forza dell'articolo 43, nessun giudice della Sezione che ha pronunziato la sentenza può avervi un seggio, ad eccezione del Presidente della Sezione e del giudice che ha esercitato le sue funzioni a titolo dell'Alta Parte contraente interessata.

(1) *Articolo dapprima ostituito dal Protocollo n. 11, ratificato con legge 28 agosto 1997, n. 296;successivamente l'art. 6 del Protocollo n. 14, ratificato con legge 15 dicembre 2005, n. 280, ha disposto la rinumerazione dell'art. 27 in art. 26 e lo ha così sostituito.*

27 Competenza del giudice unico (1).

1. Un giudice unico può dichiarare che un ricorso presentato ai sensi dell'articolo 34 è irricevibile oppure radiarlo dal ruolo quando questa decisione può essere presa senza esame complementare.

2. La decisione è definitiva.

3. Se il giudice unico non dichiara che il ricorso è irricevibile o non lo cancella dal ruolo, lo trasmette ad un comitato o ad una Sezione per l'esame complementare.

(1) *L'art. 6 del Protocollo n. 14, ratificato con legge 15 dicembre 2005, n. 280, ha disposto la rinumerazione del preesistente art. 27 in art. 26 (v.* supra*) e l'art. 7 del medesimo Protocollo n. 14 ha disposto l'inserimento del presente nuovo art. 27 così formulato.*

28 Competenza dei comitati (1).

1. Un comitato investito da un ricorso individuale presentato ai sensi dell'articolo 34 può, con un voto unanime,

a) dichiararlo irricevibile o radiarlo dal ruolo quando una siffatta decisione può essere adottata senza esame preliminare; oppure

b) dichiararlo ricevibile e pronunziare contestualmente una decisione in merito quando la questione relativa all'interpretazione o all'applicazione della Convenzione o dei suoi Protocolli che è all'origine del caso, è oggetto della giurisprudenza consolidata della Corte.

2. Le decisioni e le sentenze di cui al paragrafo 1 sono definitive.

3. Se il giudice eletto a titolo dell'Alta Parte contraente parte della controversia non fa parte del Comitato, quest'ultimo può, in qualsiasi momento della procedura invitarlo a partecipare alla procedura in sostituzione di uno dei suoi membri, in considerazione di tutti i fattori pertinenti, ivi compreso il fatto di sapere se questa Parte ha contestato l'applicazione della procedura del paragrafo 1.b.

(1) *Articolo sostituito dal Protocollo n. 11, ratificato con legge 28 agosto 1997, n. 296 e successivamente modificato dall'art. 8 del Protocollo n. 14, ratificato con legge 15 dicembre 2005, n. 280.*

29 Decisioni delle Camere (1) sulla ricevibilità ed il merito (2).

Se nessuna decisione è stata presa in forza degli articoli 27 o 28, e se nessuna decisione è stata adottata in forza dell'articolo 28, una Sezione si pronuncia sulla ricevibilità ed il merito dei ricorsi individuali presentati ai sensi dell'articolo 34. La decisione sulla ricevibilità può essere presa separatamente (3).

2. Una delle Camere si pronuncia sulla ricevibilità e sul merito dei ricorsi governativi presentati in virtù dell'articolo 33. Salvo decisione contraria della Corte in casi eccezionali, la decisione sulla ricevibilità viene presa separatamente (4).

3. (5).

(1) *Il riferimento è ora da intendersi alle* « Sezioni » *a seguito delle modifiche operate agli artt. 26 ss. dal Protocollo n. 14, ratificato con legge 15 dicembre 2005, n. 280, in vigore dal 1° giugno 2010.*
(2) *Articolo sostituito dal Protocollo n. 11, ratificato con legge 28 agosto 1997, n. 296.*
(3) *Paragrafo sostituito dall'art. 9 del Protocollo n. 14, ratificato con legge 15 dicembre 2005, n. 280.*
(4) *Paragrafo modificato dall'art. 9 del Protocollo n. 14, ratificato con legge 15 dicembre 2005, n. 280.*
(5) *Paragrafo soppresso dall'art. 9 del Protocollo n. 14, ratificato con legge 15 dicembre 2005, n. 280.*

30 Dichiarazione d'incompetenza a favore della Grande Camera (1) (2).

Se la questione oggetto del ricorso all'esame di una Camera (3) solleva gravi problemi di interpretazione della Convenzione o dei suoi protocolli, o se la sua soluzione rischia di condurre ad una contraddizione con una sentenza pronunciata anteriormente dalla Corte, la Camera, fino a quando non abbia pronunciato la sua sentenza, può spogliarsi della propria competenza a favore della Grande Camera [a meno che una delle parti non vi si opponga] (4).

(1) *Articolo sostituito dal Protocollo n. 11, ratificato con legge 28 agosto 1997, n. 296.*
(2) *Il riferimento è ora da intendersi alla* « Sezione allargata » *a seguito delle modifiche operate agli artt. 26 ss. dal Protocollo n. 14, ratificato con legge 15 dicembre 2005, n. 280, in vigore dal 1° giugno 2010.*
(3) *Il riferimento è ora da intendersi alla* « Sezione » *a seguito delle modifiche operate agli artt. 26 ss. dal Protocollo n. 14, cit.*
(4) *Parole soppresse dall'articolo 3 del Protocollo n. 15, ratificato con legge 15 gennaio 2021, n. 11. Per il periodo transitorio, v. art. 8, comma 2, del Protocollo: "2. L'emendamento introdotto dall'articolo 3 del presente Protocollo non si applica alle cause pendenti in cui una delle parti si sia opposta, prima dell'entrata in vigore del presente Protocollo, alla proposta di una camera della Corte di dichiararsi incompetente a favore della Grande Camera."*

31 Competenze della Grande Camera (1) (2).

La Grande Camera:

a) si pronuncia sui ricorsi presentati ai sensi dell'articolo 33 o dell'articolo 34 quando il caso le sia stato deferito dalla Camera ai sensi dell'articolo 30 o quando il caso le sia stato deferito ai sensi dell'articolo 43 (3);

b) si pronuncia sulle questioni di cui la Corte è investita dal Comitato dei ministri in forza dell'articolo 46, paragrafo 4; e (4)

c) esamina le richieste di pareri consultivi presentate ai sensi dell'articolo 47 (5).

(1) *Il riferimento è ora da intendersi alla* « Sezione allargata » *a seguito delle modifiche operate agli artt. 26 ss. dal Protocollo n. 14, ratificato con legge 15 dicembre 2005, n. 280, in vigore dal 1° giugno 2010.*
(2) *Articolo così sostituito dal Protocollo n. 11, ratificato con legge 28 agosto 1997, n. 296.*
(3) *Lettera modificata dall'art. 10 del Protocollo n. 14, ratificato con legge 15 dicembre 2005, n. 280.*
(4) *Lettera inserita dall'art. 10 del Protocollo n. 14, ratificato con legge 15 dicembre 2005, n. 280.*
(5) *Lettera rinominata dall'art. 10 del Protocollo n. 14, ratificato con legge 15 dicembre 2005, n. 280.*

32 Competenza della Corte (1).

1. La competenza della Corte si estende a tutte le questioni concernenti l'interpretazione e l'applicazione della Convenzione e dei suoi protocolli che siano sottoposte ad essa nelle condizioni previste dagli articoli 33, 34, 46 e 37 (2).

2. In caso di contestazione sulla questione della propria competenza, è la Corte che decide.

(1) *Articolo sostituito dal Protocollo n. 11, ratificato con legge 28 agosto 1997, n. 296.*
(2) *Paragrafo modificato dall'articolo 11 del Protocollo n. 14, ratificato con legge 15 dicembre 2005, n. 280.*

33 Ricorsi interstatali.

Ogni Alta Parte contraente può deferire alla Corte ogni inosservanza delle disposizioni della Convenzione e dei suoi protocolli che essa ritenga possa essere imputata ad un'altra Parte contraente (1).

(1) *Articolo così sostituito dal Protocollo n. 11, firmato a Strasburgo l'11 maggio 1994 e ratificato con l. 28 agosto 1997, n. 296.*

34 Ricorsi individuali.

La Corte può essere investita di una domanda fatta pervenire da ogni persona fisica, ogni organizzazione non governativa o gruppo di privati che pretenda d'essere vittima di una violazione da parte di una delle Alte Parti contraenti dei diritti riconosciuti nella Convenzione o nei suoi protocolli. Le Alte Parti contraenti si impegnano a non ostacolare con alcuna misura l'effettivo esercizio di tale diritto (1) (2).

(1) *Articolo così sostituito dal Protocollo n. 11, firmato a Strasburgo l'11 maggio 1994 e ratificato con l. 28 agosto 1997, n. 296.*
(2) *Si veda anche l'Accordo europeo concernente le persone che partecipano alle procedure davanti alla Corte europea dei diritti dell'uomo adottato a Strasburgo il 5 marzo 1996 e ratificato con l. 2 ottobre 1997, n. 348.*

35 Condizioni di ricevibilità (1).

1. La Corte non può essere adita se non dopo l'esaurimento delle vie di ricorso interne, qual è inteso secondo i princìpi di diritto internazionale generalmente riconosciuti ed entro un periodo di quattro [sei] (2) mesi a partire dalla data della decisione interna definitiva.

2. La Corte non ritiene alcuna domanda singola avanzata sulla base dell'ari. 34, se:

a) è anonima; oppure

b) è essenzialmente la stessa di una precedentemente esaminata dalla Corte o già sottoposta ad un'altra istanza internazionale d'inchiesta o di regolamentazione e non contiene fatti nuovi.

3. La Corte dichiara irricevibile qualsiasi ricorso individuale presentato in applicazione dell'articolo 34 qualora ritenga:

a) che il ricorso è incompatibile con le disposizioni della Convenzione o dei suoi Protocolli, manifestamente infondato o abusivo; oppure

b) che il ricorrente non ha subito alcun danno rilevante, a meno che il rispetto dei diritti dell'Uomo garantiti dalla Convenzione e dai suoi Protocolli non esiga un esame del ricorso per quanto riguarda il merito [e a condizione di non rigettare, per questa ragione alcuna causa che non sia stata debitamente esaminata da un tribunale interno] (3) (4).

4. La Corte respinge ogni domanda che consideri irricevibile in applicazione del presente articolo. Essa può procedere in tal modo in ogni fase della procedura.

(1) *Articolo sostituito dal Protocollo n. 11, ratificato con legge 28 agosto 1997, n. 296.*

(2) *L'articolo 4 del Protocollo n. 15, ratificato con legge 15 gennaio 2021, n. 11, ha sostituito le parole "quattro mesi" alle precedenti parole "sei mesi". Per il periodo transitorio, v. art. 8, comma 3, del Protocollo: 3. L'articolo 4 del presente Protocollo entrerà in vigore alla scadenza di un periodo di sei mesi dalla data di entrata in vigore del presente Protocollo. L'articolo 4 del presente Protocollo non si applica ai ricorsi in merito ai quali la decisione definitiva ai sensi dell'articolo 35, paragrafo 1, della Convenzione sia stata presa prima della data di entrata in vigore dell'articolo 4 del presente Protocollo.*

(3) *Parole soppresse dall'articolo 5 del Protocollo n. 15, ratificato con legge 15 gennaio 2021, n. 11.*

(4) *Paragrafo sostituito dall'art. 12 del Protocollo n. 14, ratificato con legge 15 dicembre 2005, n. 280. Ai sensi dell'art. 20 § 2 Protocollo n. 14, cit., il nuovo criterio di ricevibilità inserito dalla lett.* b) *del presente paragrafo, non si applica ai ricorsi dichiarati ricevibili prima dell'entrata in vigore del suddetto Protocollo; entro due anni dopo l'entrata in vigore del medesimo Protocollo, solo le Sezioni e la Sezione allargata possono applicare il nuovo criterio di ricevibilità.*

36 Intervento di terzi (1).

1. Per qualsiasi questione all'esame di una Camera e/o della Grande Camera, un'Alta Parte contraente un cui cittadino sia ricorrente ha diritto di presentare osservazioni per iscritto e di partecipare alle udienze.

2. Nell'interesse di una corretta amministrazione della giustizia, il presidente della Corre può invitare ogni Alta parte contraente, che non è parte in causa o ogni persona interessata diversa dal ricorrente, a presentare osservazioni per iscritto o a partecipare alle udienze.

3. In qualsiasi caso dinanzi ad una Sezione o ad una Sezione allargata, il Commissario ai diritti dell'Uomo del Consiglio d'Europa può presentare osservazioni scritte e partecipare alle udienze (2) (3).

(1) *Articolo sostituito dal Protocollo n. 11, ratificato con legge 28 agosto 1997, n. 296.*

(2) *Paragrafo inserito dall'articolo 13 del Protocollo n. 14, ratificato con legge 15 dicembre 2005, n. 280.*

(3) *Ai sensi dell'art. 15, comma 01, d.l. 4 ottobre 2018, n. 113 « Le funzioni di agente del Governo a difesa dello Stato italiano dinanzi alla Corte europea dei diritti dell'uomo sono svolte dall'Avvocato generale dello Stato, che può delegare un avvocato dello Stato ». V. nello stesso senso l'art. 9, comma 1,l. 3 aprile 1979, n. 103 ai sensi del quale « L'Avvocatura generale dello Stato provvede alla rappresentanza e difesa delle amministrazioni nei giudizi davanti alla Corte costituzionale, alla Corte di cassazione, al Tribunale superiore delle acque pubbliche, alle altre supreme giurisdizioni, anche amministrative, ed ai collegi arbitrali con sede in Roma, nonché nei procedimenti innanzi a collegi internazionali o comunitari ».*

37 Cancellazione.

1. In ogni momento della procedura la Corte può decidere di cancellare un ricorso dal ruolo quando le circostanze consentono di concludere:

a) che il ricorrente non intende mantenerlo; oppure

b) che la controversia è stata risolta; oppure

c) che non è più giustificato, per ogni altro motivo di cui la Corte accerta l'esistenza, proseguire l'esame del ricorso.

Tuttavia la Corte prosegue l'esame del ricorso qualora ciò sia richiesto dal rispetto dei Diritti dell'Uomo garantiti dalla Convenzione e dai suoi protocolli.

2. La Corte può decidere di riscrivere il ricorso a ruolo quando ritenga che ciò è giustificato dalle circostanze (1).

(1) *Articolo così sostituito dal Protocollo n. 11, firmato a Strasburgo l'11 maggio 1994 e ratificato con l. 28 agosto 1997, n. 296.*

38 Esame contraddittorio del caso (1).

La Corte esamina il caso in contraddittorio con i rappresentanti delle Parti e, se del caso, procede ad un'indagine per lo svolgimento efficace della quale le Alte Parti contraenti interessate forniranno tutte le agevolazioni necessarie.

(1) *Articolo sostituito dal Protocollo n. 11, ratificato con legge 28 agosto 1997, n. 296 e successivamente dall'articolo 14 del Protocollo n. 14, ratificato con legge 15 dicembre 2005, n. 280.*

39 Regolamenti amichevoli (1).

1. In qualsiasi momento della procedura, la Corte può mettersi a disposizione degli interessati al fine di addivenire ad un regolamento amichevole del caso, nel rispetto dei diritti dell'Uomo come lo riconoscono la Convenzione ed i suoi Protocolli.

2. La procedura descritta al paragrafo 1 è confidenziale.

3. In caso di regolamento amichevole, la Corte cancella il ricorso dal ruolo con una decisione che si limita ad un breve esposto dei fatti e della soluzione adottata.

4. Questa decisione è trasmessa al Comitato dei Ministri che sorveglia l'esecuzione dei termini della composizione amichevole come figurano nella decisione.

(1) *Articolo sostituito dal Protocollo n. 11, ratificato con legge 28 agosto 1997, n. 296 e successivamente dall'art. 15 del Protocollo n. 14, ratificato con legge 15 dicembre 2005, n. 280.*

40 Udienza pubblica e accesso ai documenti.

1. L'udienza è pubblica a meno che la Corte non decida diversamente a causa di circostanze eccezionali.

2. I documenti depositati presso l'Ufficio di cancelleria sono accessibili al pubblico a meno che il presidente della Corte non decida diversamente (1).

(1) *Articolo così sostituito dal Protocollo n. 11, firmato a Strasburgo l'11 maggio 1994 e ratificato con l. 28 agosto 1997, n. 296.*

41 Equa soddisfazione.

Se la Corte dichiara che vi è stata violazione della Convenzione o dei suoi protocolli e se il diritto interno dell'Alta Parte contraente non permette che in modo incompleto di riparare le conseguenze di tale violazione, la Corte accorda, quando è il caso, un'equa soddisfazione alla parte lesa (1).

(1) *Articolo così sostituito dal Protocollo n. 11, firmato a Strasburgo l'11 maggio 1994 e ratificato con l. 28 agosto 1997, n. 296.*

42 Sentenze delle Camere (1).

Le sentenze delle Camere divengono definitive in conformità con le disposizioni dell'articolo 44, paragrafo 2.

(1) *Articolo così sostituito dal Protocollo n. 11, firmato a Strasburgo l'11 maggio 1994 e ratificato con l. 28 agosto 1997, n. 296. Il riferimento alle* « Camere » *è ora da intendersi alle « Sezioni » a seguito delle modifiche operate agli artt. 26 ss. dal Protocollo n. 14, ratificato con legge 15 dicembre 2005, n. 280.*

43 Rinvio dinnanzi alla Grande Camera (1).

1. Entro un termine di tre mesi a decorrere dalla data della sentenza di una Camera, ogni Parte alla controversia può, in casi eccezionali, chiedere che il caso sia rinviato dinnanzi alla Grande Camera.

2. Un Collegio di cinque giudici della Grande Camera accoglie la domanda quando la questione oggetto del ricorso solleva gravi problemi di interpretazione o di applicazione della Convenzione o dei suoi protocolli o di carattere generale.

3. Quando il Collegio ha accolto la domanda, la Grande Camera si pronuncia sul caso mediante una sentenza.

(1) *Articolo così sostituito dal Protocollo n. 11, firmato a Strasburgo l'11 maggio 1994 e ratificato con l. 28 agosto 1997, n. 296. Il riferimento alla* « Grande camera » *è ora da intendersi alla* « Sezione allargata », *a seguito delle modifiche operate agli artt. 26 ss. dal Protocollo n. 14, ratificato con legge 15 dicembre 2005, n. 280.*

44 Sentenze definitive (1).

1. La sentenza della Grande Camera (2) è definitiva.

2. La sentenza di una Camera (3) diviene definitiva:

a) quando le parti dichiarano che non richiederanno il rinvio del caso dinnanzi alla Grande Camera; oppure

b) tre mesi dopo la data della sentenza, se non è stato richiesto il rinvio del caso dinnanzi alla Grande Camera; oppure

c) se il Collegio della Grande Camera respinge una richiesta di rinvio formulata secondo l'art. 43.

3. La sentenza definitiva è pubblicata.

(1) *Articolo così sostituito dal Protocollo n. 11, firmato a Strasburgo l'11 maggio 1994 e ratificato con l. 28 agosto 1997, n. 296.*

(2) *Il riferimento è ora da intendersi alla* « Sezione allargata » *a seguito delle modifiche operate agli artt. 26 ss. dal Protocollo n. 14, ratificato con legge 15 dicembre 2005, n. 280.*

(3) *Il riferimento è ora da intendersi alla* « Sezione » *a seguito delle modifiche operate agli artt. 26 ss. dal Protocollo n. 14, cit.*

45 Motivazione delle sentenze e delle decisioni.

1. Le sentenze e le decisioni che dichiarano i ricorsi ricevibili o non ricevibili devono essere motivate.

2. Se la sentenza non esprime in tutto o in parte l'opinione unanime dei giudici, ogni giudice avrà diritto di unirvi l'esposizione della sua opinione individuale (1).

(1) *Articolo così sostituito dal Protocollo n. 11, firmato a Strasburgo l'11 maggio 1994 e ratificato con l. 28 agosto 1997, n. 296.*

46 Forza vincolante ed esecuzione delle sentenze (1).

1. Le Alte Parti contraenti s'impegnano a conformarsi alle sentenze definitive della Corte per le controversie di cui sono parte.

2. La sentenza definitiva della Corte è trasmessa al Comitato dei Ministri che ne sorveglia l'esecuzione.

3. Ove il Comitato dei Ministri ritenga che la sorveglianza di una sentenza definitiva è intralciata dalla difficoltà d'interpretare tale sentenza, esso può investire la Corte affinché si pronunzi su tale questione d'interpretazione. La decisione di investire la Corte è presa con un voto a maggioranza di due terzi dei rappresentanti aventi diritto ad un seggio nel Comitato.

4. Ove il Comitato dei Ministri ritenga che un'Alta Parte contraente rifiuti di attenersi ad una sentenza definitiva in una controversia di cui è parte, esso può, dopo aver messo in mora questa Parte e mediante una decisione adottata con un voto a maggioranza dei due terzi dei rappresentanti aventi diritto ad un seggio nel Comitato, investire la Corte della questione dell'osservanza di questa Parte degli obblighi relativi al paragrafo 1.

5. Se la Corte accerta una violazione del paragrafo 1, essa rinvia il caso al Comitato dei Ministri affinché esamini i provvedimenti da adottare. Qualora la Corte accerti che non vi è stata violazione del paragrafo 1, essa rinvia il caso al Comitato dei Ministri, il quale decide di porre fine al suo esame.

(1) *Articolo sostituito dal Protocollo n. 11, ratificato con legge 28 agosto 1997, n. 296 e successivamente dall'articolo 16 del Protocollo n. 14, ratificato con legge 15 dicembre 2005, n. 280.*

47 Pareri consultivi.

1. La Corte può, su richiesta del Comitato dei Ministri, fornire pareri consultivi su questioni giuridiche relative all'interpretazione della Convenzione e dei suoi protocolli.

2. Tali pareri non devono vertere su questioni inerenti al contenuto o alla portata dei diritti e libertà definiti nel Titolo I della Convenzione e nei protocolli, né su altre questioni che la Corte o il Comitato dei Ministri si troverebbero a dover giudicare per via della presentazione di un ricorso previsto dalla Convenzione.

3. La decisione del Comitato dei Ministri di chiedere un parere alla Corte è adottata con un voto a maggioranza dei rappresentanti che hanno il diritto di avere un seggio al Comitato (1) (2).

(1) *Articolo così sostituito dal Protocollo n. 11, firmato a Strasburgo l'11 maggio 1994 e ratificato con l. 28 agosto 1997, n. 296.*
(2) *Il testo degli articoli 47, 48 e 49 riproduce il contenuto del Protocollo n. 2 firmato a Strasburgo il 6 maggio 1963.*

48 Competenza consultiva della Corte.

La Corte decide se la domanda di parere consultivo presentata dal Comitato dei Ministri è di sua competenza secondo l'articolo 47 (1) (2).

(1) *Articolo così sostituito dal Protocollo n. 11, firmato a Strasburgo l'11 maggio 1994 e ratificato con l. 28 agosto 1997, n. 296.*
(2) *Il testo degli articoli 47, 48 e 49 riproduce il contenuto del Protocollo n. 2 firmato a Strasburgo il 6 maggio 1963.*

49 Motivazione dei pareri consultivi.

1. Il parere della Corte è motivato.
2. Se il parere non esprime in tutto o in parte l'opinione unanime dei giudici, ogni giudice avrà diritto di unirvi l'esposizione della sua opinione individuale.
3. Il parere della Corte è trasmesso al Comitato dei Ministri (1) (2).

(1) *Articolo così sostituito dal Protocollo n. 11, firmato a Strasburgo l'11 maggio 1994 e ratificato con l. 28 agosto 1997, n. 296.*
(2) *Il testo degli articoli 47, 48 e 49 riproduce il contenuto del Protocollo n. 2 firmato a Strasburgo il 6 maggio 1963.*

50 Spese di funzionamento della Corte.

Le spese di funzionamento della Corte sono a carico del Consiglio d'Europa (1).

(1) *Articolo così sostituito dal Protocollo n. 11, firmato a Strasburgo l'11 maggio 1994 e ratificato con l. 28 agosto 1997, n. 296.*

51 Privilegi ed immunità dei giudici.

I giudici beneficiano durante l'esercizio delle loro funzioni dei privilegi e delle immunità previste all'articolo 40 dello Statuto del Consiglio d'Europa e negli accordi conclusi a titolo di detto articolo (1).

(1) *Articolo così sostituito dal Protocollo n. 11, firmato a Strasburgo l'11 maggio 1994 e ratificato con l. 28 agosto 1997, n. 296.*

52 Indagini del Segretario Generale (1).

Ogni Alta Parte Contraente, su domanda del Segretario Generale del Consiglio d'Europa, fornirà le spiegazioni richieste sul modo in cui il proprio diritto interno assicura la effettiva applicazione di tutte le disposizioni della presente Convenzione (2).

(1) *Rubrica aggiunta dal Protocollo n. 11, firmato a Strasburgo l'11 maggio 1994 e ratificato con l. 28 agosto 1997, n. 296.*
(2) *Ex articolo 57.*

53 Salvaguardia dei diritti dell'uomo riconosciuti (1).

Nessuna delle disposizioni della presente Convenzione può essere interpretata come recante pregiudizio o limitazione ai Diritti dell'Uomo e alle Libertà fondamentali che possano essere riconosciuti in base a leggi di qualunque Stato Contraente o da altri accordi internazionali di cui tale Stato sia parte (2).

(1) *Rubrica aggiunta dal Protocollo n. 11, firmato a Strasburgo l'11 maggio 1994 e ratificato con l. 28 agosto 1997, n. 296.*
(2) *Ex articolo 60.*

54 Poteri del Comitato dei Ministri (1).

Nessuna disposizione della presente Convenzione porta pregiudizio ai poteri conferiti al Comitato dei Ministri dallo Statuto del Consiglio d'Europa (2).

(1) *Rubrica aggiunta dal Protocollo n. 11, firmato a Strasburgo l'11 maggio 1994 e ratificato con l. 28 agosto 1997, n. 296.*
(2) *Ex articolo 61.*

55 Rinuncia ad altri modi di regolamentazione delle controversie (1).

Le Alte Parti Contraenti rinunziano reciprocamente, salvo compromesso speciale, ad avvalersi di trattati, convenzioni o dichiarazioni fra di loro esistenti, in vista di sottomettere, per via di ricorso, una controversia nata dalla interpretazione o dall'applicazione della presente Convenzione ad una procedura di regolamento diversa da quelle previste da detta Convenzione (2).

(1) *Rubrica aggiunta dal Protocollo n. 11, firmato a Strasburgo l'11 maggio 1994 e ratificato con l. 28 agosto 1997, n. 296.*
(2) *Ex articolo 62.*

56 Applicazione territoriale (1).

1. Ogni Stato, al momento della ratifica o in ogni altro momento successivo può dichiarare, mediante notifica indirizzata al Segretario Generale del Consiglio d'Europa, che la presente Convenzione si applicherà, salvo quanto previsto dal paragrafo 4 del presente articolo, in tutti i territori o in determinati territori di cui assicura le relazioni internazionali (2).
2. La Convenzione si applicherà al territorio o ai territori designati nella notifica a partire dal trentesimo giorno successivo alla data in cui il Segretario Generale del Consiglio d'Europa avrà ricevuto tale notifica.
3. In detti territori le disposizioni della presente Convenzione saranno applicate tenendo conto delle necessità locali.
4. Ogni Stato che ha fatto una dichiarazione conforme al primo paragrafo di questo articolo può, in ogni momento, dichiarare relativamente a uno o a più territori previsti in tale dichiarazione che accetta la competenza della Corte a conoscere dei ricorsi di persone fisiche, di organizzazioni non governative o di gruppi di privati come previsto dall'articolo 34 della Convenzione (2) (3).

(1) *Rubrica aggiunta dal Protocollo n. 11, firmato a Strasburgo l'11 maggio 1994 e ratificato con l. 28 agosto 1997, n. 296.*
(2) *Paragrafo così modificato dal Protocollo n. 11, firmato a Strasburgo l'11 maggio 1994 e ratificato con l. 28 agosto 1997, n. 296.*
(3) *Ex articolo 63.*

57 Riserve (1).

1. Ogni Stato, al momento della firma della presente Convenzione o del deposito del suo strumento di ratifica, può formulare una riserva riguardo ad una particolare disposizione della Convenzione, nella misura in cui una legge in quel momento in vigore sul suo territorio non sia conforme a tale disposizione. Le riserve di

carattere generale non sono autorizzate in base al presente articolo.

2. Ogni riserva emessa in conformità al presente articolo comporta un breve esposto della legge in questione (2).

(1) *Rubrica aggiunta dal Protocollo n. 11, firmato a Strasburgo l'11 maggio 1994 e ratificato con l. 28 agosto 1997, n. 296.*
(2) *Ex articolo 64.*

58 Denuncia (1).

1. Un'Alta Parte Contraente non può denunciare la presente Convenzione che dopo un periodo di cinque anni a partire dalla data d'entrata in vigore della Convenzione nei suoi confronti e dando un preavviso di sei mesi mediante una notifica indirizzata al Segretario Generale del Consiglio d'Europa, che ne informa le altre Alte Parti Contraenti.

2. Tale denuncia non può avere l'effetto di svincolare l'Alta Parte Contraente interessata dagli obblighi contenuti nella presente Convenzione in ciò che concerne qualunque fatto che, potendo costituire una violazione di questi obblighi, fosse stato compiuto da essa anteriormente alla data in cui la denuncia produce il suo effetto.

3. Con la medesima riserva cessa d'essere Parte della presente Convenzione ogni Parte Contraente che cessi d'essere Membro del Consiglio d'Europa.

4. la Convenzione può essere denunciata, in conformità alle disposizioni dei precedenti paragrafi, relativamente a ogni territorio nel quale sia stata dichiarata applicabile in base all'articolo 56 (2) (3).

(1) *Rubrica aggiunta dal Protocollo n. 11, firmato a Strasburgo l'11 maggio 1994 e ratificato con l. 28 agosto 1997, n. 296.*
(2) *Paragrafo così modificato dal Protocollo n. 11, firmato a Strasburgo l'11 maggio 1994 e ratificato con l. 28 agosto 1997, n. 296.*
(3) *Ex articolo 65.*

59 Firma e ratifica (1) (2).

1. La presente Convenzione è aperta alla firma dei Membri del Consiglio d'Europa. Essa sarà ratificata. Le ratifiche saranno depositate presso il Segretario Generale del Consiglio d'Europa.

2. L'Unione europea può aderire alla presente Convenzione (3).

3. La presente Convenzione entrerà in vigore dopo il deposito di dieci strumenti di ratifica (3).

4. Per ogni firmatario che la ratificherà successivamente, la Convenzione entrerà in vigore dal momento del deposito dello strumento di ratifica (3).

5. Il Segretario Generale del Consiglio d'Europa notificherà a tutti i Membri del Consiglio d'Europa l'entrata in vigore della Convenzione, i nomi delle Alte Parti Contraenti che l'avranno ratificata, come anche il deposito di ogni altro strumento di ratifica che si sia avuto successivamente (4).

(1) *Rubrica aggiunta dal Protocollo n. 11, ratificato con legge 28 agosto 1997, n. 296.*
(2) *Ex articolo 66.*
(3) *Paragrafo inserito dall'articolo 17 del Protocollo n. 14, ratificato con legge 15 dicembre 2005, n. 280.*
(4) *Paragrafo rinumerato dall'articolo 17 del Protocollo n. 14, ratificato con legge 15 dicembre 2005, n. 280.*

Fatta a Roma il 4 novembre 1950, in francese ed in inglese, i due testi facenti ugualmente fede, in un solo esemplare che sarà depositato negli archivi del Consiglio d'Europa. Il Segretario Generale del Consiglio d'Europa ne comunicherà copia certificata conforme a ciascuno degli Stati membri del Consiglio d'Europa.

PROTOCOLLO ADDIZIONALE (N. 1)
(firmato a Parigi il 20 marzo 1952)

I Governi firmatari, Membri del Consiglio d'Europa,

Risoluti ad adottare misure idonee per assicurare la garanzia collettiva di certi diritti e libertà oltre quelli che già figurano nel Titolo I della Convenzione per la salvaguardia dei Diritti dell'Uomo e delle Libertà fondamentali, firmata a Roma il 4 novembre 1950 (qui di seguito, denominata "la Convenzione"),

Hanno convenuto quanto segue:

Articolo 1
Protezione della proprietà

Ogni persona fisica o giuridica ha diritto al rispetto dei suoi beni. Nessuno può essere privato della sua proprietà se non per causa di utilità pubblica e nelle condizioni previste dalla legge e dai principi generali del diritto internazionale.

Le disposizioni Precedenti non portano pregiudizio al diritto degli Stati di mettere in vigore le leggi da essi ritenute necessarie per disciplinare l'uso dei beni in modo conforme all'interesse generale o per assicurare il pagamento delle imposte o di altri contributi o delle ammende.

Articolo 2
Diritto all'istruzione

Il diritto all'istruzione non può essere rifiutato a nessuno. Lo Stato, nell'esercizio delle funzioni che assume nel campo dell'educazione e dell'insegnamento, deve rispettare il diritto dei genitori di assicurare tale educazione e tale insegnamento secondo le loro convinzioni religiose e filosofiche.

Articolo 3
Diritto a libere elezioni

Le Alte Parti Contraenti si impegnano ad organizzare, ad intervalli ragionevoli, libere elezioni a scrutinio segreto, in condizioni tali da assicurare la libera espressione dell'opinione del popolo sulla scelta del corpo legislativo.

Articolo 4
Application territoriale

Ogni Alta Parte Contraente, al momento della firma o della ratifica del presente Protocollo o in ogni altro momento successivo, può presentare al Segretario Generale del Consiglio d'Europa una dichiarazione che indichi i limiti entro cui si impegna ad applicare le disposizioni del presente Protocollo nei territori di cui assicura le relazioni internazionali che sono designati nella stessa dichiarazione.

Ogni Alta Parte Contraente che ha presentato una dichiarazione in virtù del paragrafo precedente può, di volta in volta, presentare una nuova dichiarazione che modifichi i termini di ogni dichiarazione precedente o che ponga fine all'applicazione delle disposizioni del presente Protocollo in un qualsiasi territorio

Una dichiarazione fatta conformemente al presente articolo sarà considerata come fatta in conformità al paragrafo 1 dell'articolo 56 della Convenzione.

Articolo 5
Relazioni con la Convenzione

Le Alte Parti Contraenti considereranno gli artt. 1, 2, 3 e 4 di questo Protocollo come articoli addizionali alla Convenzione e tutte le disposizioni della Convenzione si applicheranno di conseguenza.

Articolo 6
Firma e ratifica

Il presente Protocollo è aperto alla firma dei Membri del Consiglio d'Europa, firmatari della Convenzione; esso sarà ratificato contemporaneamente alla Convenzione o dopo la ratifica di quest'ultima. Esso entrerà in vigore dopo il deposito di dieci strumenti di ratifica. Per ogni firmatario che lo ratificherà successivamente, il Protocollo entrerà in vigore dal momento del deposito dello strumento di ratifica.

Gli strumenti di ratifica saranno depositati presso il Segretariato Generale del Consiglio d'Europa che notificherà a tutti i Membri i nomi di quelli che lo avranno ratificato.

Fatto a Parigi il 20 marzo 1952 in francese e in inglese, i due testi facendo egualmente fede, in un unico esemplare che sarà depositato negli archivi del Consiglio d'Europa. Il Segretario Generale ne trasmetterà copia certificata conforme ad ognuno dei Governi firmatari.

***

PROTOCOLLO N. 4 (firmato a Strasburgo il 16.09.1963), che riconosce alcuni diritti e libertà oltre quelli che già figurano nella Convenzione e nel Protocollo Addizionale alla Convenzione.

I Governi firmatari, Membri del Consiglio d'Europa,

Risoluti ad adottare misure idonee per assicurare la garanzia collettiva di diritti e libertà oltre quelli che già figurano nel Titolo I della Convenzione per la salvaguardia dei Diritti dell'Uomo e delle libertà fondamentali, firmata a Roma il 4 novembre 1950 (qui di seguito denominata "la Convenzione") e negli articoli da 1 a 3 del primo Protocollo addizionale alla Convenzione, firmato a Parigi il 20 marzo 1952,

Hanno convenuto quanto segue:

Articolo 1
Divieto di imprigionamento per debiti

Nessuno può essere privato della sua libertà per il solo fatto di non essere in grado di adempiere ad un'obbligazione contrattuale.

Articolo 2
Libertà di circolazione

1. Chiunque si trovi regolarmente sul territorio di uno Stato ha il diritto di circolarvi liberamente e di sceglievi liberamente la sua residenza.
2. Ognuno è libero di lasciare qualsiasi Paese, compreso il suo.
3. L'esercizio di questi diritti non può essere oggetto di restrizioni diverse da quelle che sono previste dalla legge e costituiscono, in una società democratica, misure necessarie alla sicurezza nazionale, alla pubblica sicurezza, al mantenimento dell'ordine pubblico, alla prevenzione delle infrazioni penali, alla protezione della salute o della morale o alla protezione dei diritti e libertà altrui.
4. I diritti riconosciuti al paragrafo 1 possono anche, in alcune zone determinate, essere oggetto di restrizioni previste dalla legge e giustificate dall'interesse pubblico in una società democratica.

Articolo 3
Divieto di espellere i cittadini

1. Nessuno può essere espulso a seguito di una misura individuale o collettiva, dal territorio dello Stato di cui è cittadino.
2. Nessuno può essere privato del diritto di entrare nel territorio dello Stato di cui è cittadino.

Articolo 4
Divieto di espulsioni collettive di stranieri

Le espulsioni collettive di stranieri sono vietate.

Articolo 5
Applicazione territoriale

1. Ogni Alta Parte Contraente, al momento della firma o della ratifica del presente Protocollo o in ogni altro momento successivo, puó presentare al Segretario Generale del Consiglio d'Europa una dichiarazione che indichi i limiti entro cui si impegna ad applicare le disposizioni del presente Protocollo nei territori di cui assicura le relazioni internazionali che sono designati nella stessa dichiarazione.
2. Ogni Alta Parte Contraente che ha presentato una dichiarazione in virtù del paragrafo precedente può, di volta in volta, presentare una nuova dichiarazione che modifichi i termini di ogni dichiarazione precedente o che ponga fine all'applicazione delle disposizioni del presente Protocollo in un qualsiasi territorio.
3. Una dichiarazione fatta conformemente al presente articolo sarà considerata come fatta in conformità al paragrafo 1 dell'articolo 56 della Convenzione.
4. Il territorio di ogni Stato nel quale il presente Protocollo si applica in virtù della ratifica o dell'accettazione da parte di tale Stato e ciascuno dei territori nei quali il Protocollo si applica in virtù di una dichiarazione sottoscritta dallo stesso Stato conformemente al presente articolo, saranno considerati come territori distinti ai fini dei riferimenti al territorio di uno Stato fatti dagli articoli 2 e 3.
5.Ogni Stato che ha reso una dichiarazione in conformità con il paragrafo 1 o 2 del presente articolo può, in qualsiasi momento successivo, dichiarare relativamente ad

uno o più territori indicati in tale dichiarazione, che accetta la competenza della Corte a giudicare i ricorsi delle persone fisiche, di organizzazioni non governative o di gruppi di privati, come previsto dall'articolo 34 della Convenzione, secondo gli articoli da 1 a 4 del presente Protocollo o di alcuni tra essi.

Articolo 6
Relazioni con la Convenzione

Le Alte Parti Contraenti considereranno gli articoli da 1 a 5 di questo Protocollo come articoli addizionali alla Convenzione e tutte le disposizioni della Convenzione si applicheranno di conseguenza.

Articolo 7
Firma e ratifica

1.Il presente Protocollo è aperto alla firma dei Membri del Consiglio d'Europa, firmatari della Convenzione; esso sarà ratificato contemporaneamente alla Convenzione o dopo la sua ratifica. Esso entrerà in vigore dopo il deposito di cinque strumenti di ratifica. Per ogni firmatario che lo ratificherà successivamente, il Protocollo entrerà in vigore dal momento del deposito dello strumento di ratifica.

2. Gli strumenti di ratifica saranno depositati presso il Segretario Generale del Consiglio d'Europa che notificherà a tutti i Membri i nomi di quelli che lo avranno ratificato.

In fede di che, i sottoscritti, debitamente autorizzati a tal fine, hanno firmato il presente Protocollo.

Fatto a Strasburgo il 16 settembre 1963 in francese e in inglese, i due testi facendo ugualmente fede, in un unico esemplare che sarà depositato negli archivi del Consiglio d'Europa. Il Segretario Generale ne trasmetterà copia certificata conforme ad ognuno degli Stati firmatari.

***

PROTOCOLLO N. 6
(firmato a Strasburgo il 28 aprile 1983),
relativo all'abolizione della pena di morte.

Gli Stati membri del Consiglio d'Europa, firmatari del presente Protocollo alla Convenzione per la salvaguardia dei Diritti dell'Uomo e delle Libertà fondamentali, firmata a Roma il 4 novembre 1950 (qui di seguito denominata "la Convenzione")

Considerato che gli sviluppi intervenuti in parecchi Stati membri del Consiglio d'Europa indicano una tendenza generale a favore dell'abolizione della pena di morte,

Hanno convenuto quanto segue:

Articolo 1
Abolizione della pena di morte

La pena di morte è abolita. Nessuno può essere condannato a tale pena né giustiziato.

Articolo 2
Pena di morte in tempo di guerra

Uno Stato può prevedere nella sua legislazione la pena di morte per atti commessi in tempo di guerra o in caso di pericolo imminente di guerra; tale pena sarà applicata solo nei casi previsti da questa legislazione e conformemente alle sue disposizioni. Lo Stato comunicherà al Segretario Generale del Consiglio d'Europa le disposizioni rilevanti della legislazione in questione.

Articolo 3
Divieto di deroghe

Non è autorizzata alcuna deroga alle disposizioni del presente Protocollo ai sensi dell'articolo 15 della Convenzione.

Articolo 4
Divieto di riserve

Non è ammessa alcuna riserva alle disposizioni del presente Protocollo ai sensi dell'articolo 57 della Convenzione.

Articolo 5
Applicazione territoriale

1. Ogni Stato, al momento della firma o al momento del deposito del suo strumento di ratifica, d'accettazione o d'approvazione, puó indicare il territorio o i territori nei quali si applicherà il presente Protocollo.

2. Ogni Stato, in qualunque altro momento successivo, mediante una dichiarazione indirizzata al Segretario Generale del Consiglio d'Europa, puó estendere l'applicazione del presente Protocollo ad ogni altro territorio indicato nella dichiarazione. Il Protocollo entrerà in vigore per questo territorio il primo giorno del mese che segue la data di ricezione della dichiarazione da parte del Segretario Generale.

3. Ogni dichiarazione fatta in virtù dei due paragrafi precedenti potrà essere ritirata, per quanto riguarda ogni territorio designato in questa dichiarazione, mediante notificazione indirizzata al Segretario Generale. li ritiro avrà effetto a decorrere dal primo giorno del mese che segue la data di ricezione della notificazione da parte del Segretario Generale.

Articolo 6
Relazioni con la Convenzione

Gli Stati Contraenti considerano gli articoli da 1 a 5 del presente Protocollo come articoli addizionali alla Convenzione e tutte le disposizioni della Convenzione si applicheranno di conseguenza.

Articolo 7
Firma e ratifica

Il presente Protocollo è aperto alla firma degli Stati membri del Consiglio d'Europa, firmatari della Convenzione. Esso sarà sottoposto a ratifica, accettazione o approvazione. Uno Stato membro del Consiglio d'Europa non potrà ratificare, accettare o approvare il presente Protocollo senza avere simultaneamente o anteriormente ratificato la Convenzione. Gli strumenti di ratifica, d'accettazione o d'approvazione saranno depositati presso il Segretario Generale del Consiglio d'Europa.

Articolo 8
Entrata in vigore

1. Il presente Protocollo entrerà in vigore il primo giorno del mese che segue la data alla quale cinque Stati membri del Consiglio d'Europa avranno espresso il loro consenso ad essere vincolati dal Protocollo conformemente alle disposizioni dell'articolo 7.

2. Per ogni Stato membro che esprimerà ulteriormente il suo consenso ad essere vincolato dal Protocollo, questo entrerà in vigore il primo giorno del mese che segue la data di deposito dello strumento di ratifica, d'accettazione o d'approvazione.

Articolo 9
Funzioni del depositario

Il Segretario Generale del Consiglio d'Europa notificherà agli Stati membri del Consiglio:

a. ogni firma;

b. il deposito di ogni strumento di ratifica, d'accettazione o d'approvazione;

c. ogni data d'entrata in vigore del presente Protocollo conformemente agli articoli 5 e 8;

d. ogni altro atto, notificazione o comunicazione riguardante il presente Protocollo.

In fede di che, i sottoscritti, debitamente autorizzati a tal fine, hanno firmato il presente Protocollo.

Fatto a Strasburgo il 28 aprile 1983 in francese ed in inglese, i due testi facendo ugualmente fede, in un unico esemplare che sarà depositato negli archivi del Consiglio d'Europa. Il Segretario Generale del Consiglio d'Europa ne trasmetterà copia certificata conforme a ciascuno degli Stati membri dei Consiglio d'Europa.

***

PROTOCOLLO N. 7
(firmato a Strasburgo il 22 novembre 1984)

Gli Stati membri del Consiglio d'Europa, firmatari del presente Protocollo,

Risoluti ad adottare ulteriori misure idonee per assicurare la garanzia collettiva di alcuni diritti e libertà mediante la Convenzione per la salvaguardia dei Diritti dell'Uomo e delle Libertà fondamentali, firmata a Roma il 4 novembre 1950 (qui di seguito denominata "la Convenzione")

Hanno convenuto quanto segue:

Articolo 1
Garanzie procedurali in caso di espulsioni di stranieri

1. Uno straniero regolarmente residente nel territorio di uno Stato non può essere espulso, se non in esecuzione di una decisione presa conformemente alla legge e deve poter:

a. far valere le ragioni che si oppongono alla sua espulsione,

b. far esaminare il suo caso e

c. farsi rappresentare a tali fini davanti all'autorità competente o ad una o più persone designate da tale autorità.

2. Uno straniero può essere espulso prima dell'esercizio dei diritti enunciati al paragrafo 1 *a*, *b* e *c* di questo articolo, qualora tale espulsione sia necessaria nell'interesse dell'ordine pubblico o sia motivata da ragioni di sicurezza nazionale.

Articolo 2
Diritto ad un doppio grado di giurisdizione
in materia penale

1. Ogni persona dichiarata rea da un tribunale ha il diritto di far esaminare la dichiarazione di colpevolezza o la condanna da un tribunale della giurisdizione superiore. L'esercizio di tale diritto, ivi inclusi i motivi per cui esso può essere esercitato, è disciplinato dalla legge.

2. Tale diritto può essere oggetto di eccezioni per i reati minori, quali sono definiti dalla legge, o quando l'interessato è stato giudicato in prima istanza da un tribunale della giurisdizione più elevata o è stato dichiarato colpevole e condannato a seguito di un ricorso avverso il suo proscioglimento.

Articolo 3
Diritto di risarcimento in caso di errore giudiziario

Qualora una condanna penale definitiva sia successivamente annullata o qualora la grazia sia concessa perché un fatto sopravvenuto o nuove rivelazioni comprovano che vi è stato un errore giudiziario, la persona che ha subito una pena in ragione di tale condanna sarà risarcita, conformemente alla legge o agli usi in vigore nello Stato interessato, a meno che non sia provato che la mancata rivelazione in tempo utile del fatto non conosciuto le sia interamente o parzialmente imputabile.

Articolo 4
Diritto a non essere giudicato o punito due volte

1. Nessuno può essere perseguito o condannato penalmente dalla giurisdizione dello stesso Stato per un reato per il quale è già stato assolto o condannato a seguito di una sentenza definitiva conformemente alla legge ed alla procedura penale di tale Stato.

2. Le disposizioni del paragrafo precedente non impediscono la riapertura del processo, conformemente alla legge ed alla procedura penale dello Stato interessato, se fatti sopravvenuti o nuove rivelazioni o un vizio fondamentale nella procedura antecedente sono in grado di inficiare la sentenza intervenuta.

3. Non è autorizzata alcuna deroga al presente articolo ai sensi dell'articolo 15 della Convenzione.

Articolo 5
Uguaglianza degli sposi

I coniugi godono dell'uguaglianza di diritti e di responsabilità di carattere civile tra di essi e nelle loro relazioni con i loro figli riguardo al matrimonio, durante il matrimonio e in caso di suo scioglimento. Il presente articolo non impedisce agli Stati di adottare le misure necessarie nell'interesse dei figli.

Articolo 6
Applicazione territoriale

1. Ogni Stato, al momento della firma o al momento del deposito del suo strumento di ratifica, d'accettazione o

d'approvazione, puó designare il territorio o i territori nei quali si applicherà il presente Protocollo, indicando i limiti entro cui si impegna ad applicare le disposizioni del presente Protocollo in tale territorio o territori.

2. Ogni Stato, in qualunque altro momento successivo, mediante una dichiarazione indirizzata al Segretario Generale del Consiglio d'Europa, puó estendere l'applicazione del presente Protocollo ad ogni altro territorio indicato nella dichiarazione. Il Protocollo entrerà in vigore per questo territorio il primo giorno del mese successivo al termine di un periodo di due mesi dalla data di ricezione della dichiarazione da parte del Segretario Generale.

3. Ogni dichiarazione fatta in virtù dei due paragrafi precedenti potrà essere ritirata o modificata per quanto riguarda ogni territorio designato in questa dichiarazione, mediante notificazione indirizzata al Segretario Generale. Il ritiro o la modifica avrà effetto a decorrere dal primo giorno del mese successivo al termine di un periodo di due mesi dalla data di ricezione della notificazione da parte del Segretario Generale.

4. Una dichiarazione fatta conformemente al presente articolo sarà considerata come fatta in conformità al paragrafo 1 dell'articolo 56 della Convenzione.

5. Il territorio di ogni Stato nel quale il presente Protocollo si applica in virtù della ratifica, dell'accettazione o della approvazione da parte di tale Stato, e ciascuno dei territori nei quali il Protocollo si applica in virtù di una dichiarazione sottoscritta dallo stesso Stato conformemente al presente articolo, possono essere considerati come territori distinti ai fini del riferimento al territorio dì uno Stato fatto dall'articolo 1.

6. Ogni Stato che ha reso una dichiarazione in conformità con il paragrafo 1 o 2 del presente articolo può in qualsiasi momento successivo, dichiarare relativamente ad uno o più dei territori indicati in tale dichiarazione, che accetta la competenza della Corte a giudicare i ricorsi di perone fisiche, di organizzazioni non governative o di gruppi di privati, come lo prevede l'articolo 34 della Convenzione, secondo gli articoli da 1 a 5 del presente Protocollo.

Articolo 7
Relazioni con la Convenzione

1. Gli Stati contraenti considerano gli articoli da 1 a 6 del presente Protocollo come articoli addizionali alla Convenzione e tutte le disposizioni della Convenzione si applicano di conseguenza.

Articolo 8
Firma e ratifica.

Il presente Protocollo è aperto alla firma degli Stati membri del Consiglio d'Europa che hanno firmato la Convenzione. Esso sarà sottoposto a ratifica, accettazione o approvazione. Uno Stato membro del Consiglio d'Europa non può ratificare, accettare o approvare il presente Protocollo senza aver simultaneamente o anteriormente ratificato la Convenzione. Gli strumenti di ratifica, d'accettazione o d'approvazione saranno depositati presso il Segretario Generale del Consiglio d'Europa.

Articolo 9
Entrata in vigore

1. Il presente Protocollo entrerà in vigore il primo giorno del mese successivo al termine di un periodo di due mesi dalla data in cui sette Stati membri del Consiglio d'Europa avranno espresso il loro consenso ad essere vincolati dal Protocollo conformemente alle disposizioni dell'articolo 8.

2. Per ogni Stato membro che esprimerà ulteriormente il suo consenso ad essere vincolato dal Protocollo, questo entrerà in vigore il primo giorno del mese successivo al termine di un periodo di due mesi dalla data del deposito dello strumento di ratifica, d'accettazione o d'approvazione.

Articolo 10
Funzioni del depositario

Il Segretario Generale del Consiglio d'Europa notificherà agli Stati membri del Consiglio d'Europa:

a. ogni firma;

b. il deposito di ogni strumento di ratifica, d'accettazione o d'approvazione;

c. ogni data d'entrata in vigore del presente Protocollo conformemente agli articoli 6 e 9;

d. ogni altro atto, notificazione o dichiarazione riguardante il presente Protocollo.

In fede di che, i sottoscritti, debitamente autorizzati a tal fine, hanno firmato il presente Protocollo.

Fatto a Strasburgo il 22 novembre 1984 in francese ed in inglese, i due testi facendo ugualmente fede, in un unico esemplare che sarà depositato negli archivi del Consiglio d'Europa. Il Segretario Generale del Consiglio d'Europa ne trasmetterà copia certificata conforme a ciascuno degli Stati membri del Consiglio d'Europa.

PROTOCOLLO N. 16
(firmato a Strasburgo il 2 ottobre 2013) (1)

(1) *Il seguente protocollo non è stato ancora ratificato dall'Italia, ma è entrato in vigore il 1° agosto 2018 (ai sensi dell'art 8, « il primo giorno del mese successivo alla scadenza di un periodo di tre mesi dalla data in cui dieci Alte Parti contraenti della Convenzione avranno espresso il loro consenso ad essere vincolate dal Protocollo »; il deposito dell'ultimo strumento di ratifica è avvenuto, da parte della Francia, in data 12 aprile 2018).*

V. nota 1 sub Epigrafe della Convenzione E.D.U.

Gli Stati membri del Consiglio d'Europa e le altre Alte Parti contraenti della Convenzione per la salvaguardia dei Diritti dell'Uomo e delle Libertà fondamentali, firmata a Roma il 4 novembre 1950 (di seguito denominata « la Convenzione »), firmatari del presente Protocollo,

Viste le disposizioni della Convenzione, in particolare l'articolo 19 che istituisce la Corte europea dei diritti dell'uomo (di seguito denominata « la Corte »);

Considerato che l'estensione della competenza della Corte a emettere pareri consultivi permetterà alla Corte di interagire maggiormente con le autorità nazionali consolidando in tal modo l'attuazione della Convenzione, conformemente al principio di sussidiarietà;

Visto il Parere n. 285 (2013) adottato dall'Assemblea parlamentare del Consiglio d'Europa il 28 giugno 2013,

Hanno convenuto quanto segue:

Articolo 1

1. Le più alte giurisdizioni di un'Alta Parte contraente, designate conformemente all'articolo 10, possono presentare alla Corte delle richieste di pareri consultivi su questioni di principio relative all'interpretazione o all'appli-

cazione dei diritti e delle libertà definiti dalla Convenzione o dai suoi protocolli.

2. La giurisdizione che presenta la domanda può chiedere un parere consultivo solo nell'ambito di una causa pendente dinanzi ad essa.

3. La giurisdizione che presenta la domanda deve motivare la richiesta di parere e produrre gli elementi pertinenti inerenti al contesto giuridico e fattuale della causa pendente.

Articolo 2

1. Un collegio di cinque giudici della Grande Camera decide se accogliere la richiesta di parere consultivo rispetto all'articolo 1. Il rigetto della domanda dovrà essere motivato.

2. Quando il collegio accoglie la richiesta, la Grande Camera emette un parere consultivo.

3. Il collegio e la Grande Camera, indicati ai paragrafi precedenti, comprendono di pieno diritto il giudice eletto per l'Alta Parte contraente cui appartiene l'autorità giudiziaria che ha richiesto il parere. Se tale giudice è assente o non è in grado di partecipare alla riunione, una persona scelta dal Presidente della Corte da una lista previamente sottoposta a tal Parte sarà presente in qualità di giudice.

Articolo 3

Il Commissario per i diritti dell'uomo del Consiglio d'Europa e l'Alta Parte contraente cui appartiene l'autorità giudiziaria che ha richiesto il parere hanno il diritto di presentare osservazioni per iscritto e di prendere parte alle udienze. Il Presidente della Corte può, nell'interesse di una buona amministrazione della giustizia, invitare anche altre Alte Parti contraenti o persone a presentare osservazioni per iscritto o a prendere parte alle udienze.

Articolo 4

1. I pareri consultivi sono motivati.

2 Se il parere consultivo non esprime, in tutto o in parte, l'opinione unanime dei giudici, ciascuno dei giudici ha il diritto di allegare allo stesso la propria opinione separata.

3. I pareri consultivi sono trasmessi all'autorità giudiziaria che li ha richiesti e all'Alta Parte contraente cui appartiene tale autorità.

4. I pareri consultivi sono pubblicati.

Articolo 5

I pareri consultivi non sono vincolanti.

Articolo 6

Le Alte Parti contraenti considerano gli articoli 1-5 del presente Protocollo come articoli addizionali alla Convenzione, e tutte le disposizioni della Convenzione si applicano di conseguenza.

Articolo 7

1. Il presente Protocollo è aperto alla firma delle Alte Parti contraenti della Convenzione, le quali possono esprimere il loro consenso ad essere vincolate da:

a. la firma senza riserva di ratifica, di accettazione o di approvazione; o

b. la firma con riserva di ratifica, di accettazione o di approvazione, seguita da ratifica, accettazione o approvazione.

2. Gli strumenti di ratifica, accettazione o approvazione saranno depositati presso il Segretario Generale del Consiglio d'Europa.

Articolo 8

1. Il presente Protocollo entrerà in vigore il primo giorno del mese successivo alla scadenza di un periodo di tre mesi dalla data in cui dieci Alte Parti contraenti della Convenzione avranno espresso il loro consenso a essere vincolate dal Protocollo, conformemente alle disposizioni dell'articolo 7.

2. Per le Alte Parti contraenti alla Convenzione che esprimeranno successivamente il proprio consenso a essere vincolate dal presente Protocollo, quest'ultimo entrerà in vigore il primo giorno del mese successivo alla scadenza di un periodo di tre mesi dalla data in cui hanno espresso il loro consenso a essere vincolate dal Protocollo conformemente alle disposizioni dell'articolo 7.

Articolo 9

Non sono ammesse riserve alle disposizioni del presente Protocollo ai sensi dell'articolo 57 della Convenzione.

Articolo 10

Ciascuna Alta Parte contraente della Convenzione indica, al momento della firma o del deposito del proprio strumento di ratifica, di accettazione o di approvazione, per mezzo di una dichiarazione indirizzata al Segretario Generale del Consiglio d'Europa, quali autorità giudiziarie nomina ai fini dell'articolo 1, paragrafo 1, del presente Protocollo. Tale dichiarazione può essere modificata in qualsiasi momento nello stesso modo.

Articolo 11

Il Segretario Generale del Consiglio d'Europa notificherà agli Stati membri del Consiglio d'Europa e alle altre Alte Parti contraenti della Convenzione:

a. ogni firma;

b. il deposito di ogni strumento di ratifica, di accettazione o di approvazione;

c. la data di entrata in vigore del presente Protocollo, conformemente all'articolo 8;

d. ogni dichiarazione fatta in virtù dell'articolo 10; e

e. ogni altro atto, notifica o comunicazione riguardante il presente Protocollo.

PARTE SECONDA
L'ORGANIZZAZIONE

SEZIONE PRIMA
LO STATO

1. Legge 23 agosto 1988, n. 400. — Disciplina dell'attività di Governo e ordinamento della Presidenza del Consiglio dei Ministri. (*estratto*) (1) (2) (3) (4) (5) (6).

Pubblicata nella Gazzetta Ufficiale n. 214 del 12 settembre 1988, S.O.

(1) *La Ragioneria centrale presso il Ministero del tesoro e quella presso il Ministero del bilancio e della programmazione economica sono soppresse. Gli uffici e il personale sono trasferiti alla Ragioneria centrale del Ministero del tesoro, del bilancio e della programmazione economica, contestualmente istituito (art. 7, l. 3 aprile 1997, n. 94).*

(2) *In luogo di dirigente/i generale/i leggasi dirigente/i di ufficio/i dirigenziale/i generale/i (art. 45, comma 2, d.lgs. 31 marzo 1998, n. 80).*

(3) *Con d.P.R. 3 luglio 1997, n. 520 è stato emanato il regolamento recante norme per l'organizzazione dei dipartimenti e degli uffici della Presidenza del Consiglio dei Ministri e per la disciplina delle funzioni dirigenziali.*

(4) *In luogo di Ragioneria/e centrale/i, leggasi Ufficio/i centrale/i di bilancio* ex *art. 7, d.lgs. 5 dicembre 1997, n. 430.*

(5) *A decorrere dalla data di nomina del primo governo costituito a seguito delle prime elezioni politiche successive all'entrata in vigore del d.lgs. 30 luglio 1999, n. 300, le prefetture sono trasformate in uffici territoriali del governo; il prefetto preposto a tale ufficio nel capoluogo della regione assume anche le funzioni di commissario del governo (art. 11, d.lgs. n. 300/1999, cit.).*

(6) *In luogo di Ministro/Ministero di grazia e giustizia leggasi Ministro/Ministero della giustizia* ex *d.P.R. 13 settembre 1999.*

CAPO I
Gli organi del Governo

1 Gli organi del Governo - Formula di giuramento.

1. Il Governo della Repubblica è composto del Presidente del Consiglio dei ministri e dei ministri, che costituiscono insieme il Consiglio dei ministri.

2. Il decreto di nomina del Presidente del Consiglio dei ministri è da lui controfirmato, insieme ai decreti di accettazione delle dimissioni del precedente Governo.

3. Il Presidente del Consiglio dei ministri e i ministri, prima di assumere le funzioni, prestano giuramento nelle mani del Presidente della Repubblica con la seguente formula: "Giuro di essere fedele alla Repubblica, di osservarne lealmente la Costituzione e le leggi e di esercitare le mie funzioni nell'interesse esclusivo della nazione".

2 Attribuzioni del Consiglio dei ministri.

1. Il Consiglio dei ministri determina la politica generale del Governo e, ai fini dell'attuazione di essa, l'indirizzo generale dell'azione amministrativa; delibera altresì su ogni questione relativa all'indirizzo politico fissato dal rapporto fiduciario con le Camere. Dirime i conflitti di attribuzione tra i ministri.

2. Il Consiglio dei ministri esprime l'assenso alla iniziativa del Presidente del Consiglio dei ministri di porre la questione di fiducia dinanzi alle Camere.

3. Sono sottoposti alla deliberazione del Consiglio dei ministri:

a) le dichiarazioni relative all'indirizzo politico, agli impegni programmatici ed alle questioni su cui il Governo chiede la fiducia del Parlamento;

b) i disegni di legge e le proposte di ritiro dei disegni di legge già presentati al Parlamento;

c) i decreti aventi valore o forza di legge e i regolamenti da emanare con decreto del Presidente della Repubblica;

d) gli atti di sua competenza previsti dall'articolo 127 della Costituzione e dagli statuti regionali speciali in ordine alle leggi regionali e delle province autonome di Trento e Bolzano, salvo quanto stabilito dagli statuti speciali per la regione siciliana e per la regione Valle d'Aosta (1);

e) le direttive da impartire tramite il commissario del Governo per l'esercizio delle funzioni amministrative delegate alle regioni, che sono tenute ad osservarle;

f) le proposte che il ministro competente formula per disporre il compimento degli atti in sostituzione dell'amministrazione regionale, in caso di persistente inattività degli organi nell'esercizio delle funzioni delegate, qualora tali attività comportino adempimenti da svolgersi entro i termini perentori previsti dalla legge o risultanti dalla natura degli interventi;

g) le proposte di sollevare conflitti di attribuzione o di resistere nei confronti degli altri poteri dello Stato, delle regioni e delle province autonome;

h) le linee di indirizzo in tema di politica internazionale e comunitaria e i progetti dei trattati e degli accordi internazionali, comunque denominati, di natura politica o militare;

i) gli atti concernenti i rapporti tra lo Stato e la Chiesa cattolica di cui all'articolo 7 della Costituzione;

l) gli atti concernenti i rapporti previsti dall'articolo 8 della Costituzione;

m) i provvedimenti da emanare con decreto del Presidente della Repubblica previo parere del Consiglio di Stato, se il ministro competente non intende conformarsi a tale parere;

n) la richiesta motivata di registrazione della Corte dei conti ai sensi dell'articolo 25 del regio decreto 12 luglio 1934, n. 1214;

o) le proposte motivate per lo scioglimento dei consigli regionali;

p) le determinazioni concernenti l'annullamento straordinario, a tutela dell'unità dell'ordinamento, degli atti amministrativi illegittimi, previo parere del Consiglio di Stato e, nei soli casi di annullamento di atti amministrativi delle regioni e delle province autonome, anche della Commissione parlamentare per le questioni regionali (2);

q) gli altri provvedimenti per i quali sia prescritta o il Presidente del Consiglio dei ministri ritenga opportuna la deliberazione consiliare.

4. L'individuazione degli atti da sottoporre alla deliberazione del Consiglio dei Ministri è tassativa, anche agli effetti dell'articolo 3, comma 1, della legge 15 gennaio 1994, n. 20 (3).

(1) *Lettera così modificata dall'art. 8, l. 15 marzo 1997, n. 59. La Corte cost., con sent. 14 dicembre 1998, n. 408, ha dichiarato l'illegittimità costituzionale della lettera* c) *dell'art. 8, l. 59/1997 cit. di modifica.*

(2) *La Corte costituzionale, con sentenza 21 aprile 1989, n. 229, ha dichiarato* l'illegittimità costituzionale *della presente lettera ove prevede l'adozione da parte del Consiglio dei Ministri delle determinazioni concernenti l'annullamento straordinario degli atti amministrativi illegittimi delle Regioni e delle Province autonome.*

(3) *Comma aggiunto dall'art. 12, d.lgs. 30 luglio 1999, n. 303.*

3 Nomine alla presidenza di enti, istituti o aziende di competenza dell'amministrazione statale.

1. Le nomine alla presidenza di enti, istituti o aziende di carattere nazionale, di competenza dell'amministrazione statale, fatta eccezione per le nomine relative agli enti pubblici creditizi, sono effettuate con decreto del Presidente della Repubblica emanato su proposta del Presidente del Consiglio dei ministri, previa deliberazione del Consiglio dei ministri adottata su proposta del ministro competente.

2. Resta ferma la vigente disciplina in ordine all'acquisizione del parere delle competenti Commissioni parlamentari.

4 Convocazione, sedute e regolamento interno del Consiglio dei ministri.

1. Il Consiglio dei ministri è convocato dal Presidente del Consiglio dei ministri, che ne fissa l'ordine del giorno.

2. Il sottosegretario di Stato alla Presidenza del Consiglio dei ministri, designato nel decreto di nomina, è il segretario del Consiglio ed esercita le relative funzioni; cura la verbalizzazione e la conservazione del registro delle deliberazioni.

3. Il regolamento interno disciplina gli adempimenti necessari per l'iscrizione delle proposte di iniziativa legislativa e di quelle relative all'attività normativa del Governo all'ordine del giorno del Consiglio dei ministri; i modi di comunicazione dell'ordine del giorno e della relativa documentazione ai partecipanti alle riunioni del Consiglio dei ministri; i modi di verbalizzazione, conservazione e conoscenza delle deliberazioni adottate; le modalità di informazione sui lavori del Consiglio.

4. Il regolamento interno del Consiglio dei ministri è emanato con decreto del Presidente del Consiglio dei ministri, previa deliberazione del Consiglio dei ministri, ed è pubblicato nella Gazzetta Ufficiale.

5 Attribuzioni del Presidente del Consiglio dei ministri.

1. Il Presidente del Consiglio dei ministri a nome del Governo:

a) comunica alle Camere la composizione del Governo e ogni mutamento in essa intervenuto;

b) chiede la fiducia sulle dichiarazioni di cui alla lettera *a*) del comma 3 dell'articolo 2 e pone, direttamente o a mezzo di un ministro espressamente delegato, la questione di fiducia;

c) sottopone al Presidente della Repubblica le leggi per la promulgazione; in seguito alla deliberazione del Consiglio dei ministri, i disegni di legge per la presentazione alle Camere e, per l'emanazione, i testi dei decreti aventi valore o forza di legge, dei regolamenti governativi e degli altri atti indicati dalle leggi;

d) controfirma gli atti di promulgazione delle leggi nonché ogni atto per il quale è intervenuta deliberazione del Consiglio dei ministri, gli atti che hanno valore o forza di legge e, insieme con il ministro proponente, gli altri atti indicati dalla legge;

e) presenta alle Camere i disegni di legge di iniziativa governativa e, anche attraverso il ministro espressamente delegato, esercita le facoltà del Governo di cui all'articolo 72 della Costituzione;

f) esercita le attribuzioni di cui alla legge 11 marzo 1953, n. 87, e promuove gli adempimenti di competenza governativa conseguenti alle decisioni della Corte costituzionale. Riferisce inoltre periodicamente al Consiglio dei ministri, e ne dà comunicazione alle Camere, sullo stato del contenzioso costituzionale, illustrando le linee seguite nelle determinazioni relative agli interventi nei giudizi dinanzi alla Corte costituzionale. Segnala altresì, anche su proposta dei ministri competenti, i settori della legislazione nei quali, in relazione alle questioni di legittimità costituzionale pendenti, sia utile valutare l'opportunità di iniziative legislative del Governo.

2. Il Presidente del Consiglio dei ministri, ai sensi dell'articolo 95, primo comma, della Costituzione:

a) indirizza ai ministri le direttive politiche ed amministrative in attuazione delle deliberazioni del Consiglio dei ministri nonché quelle connesse alla propria responsabilità di direzione della politica generale del Governo;

b) coordina e promuove l'attività dei ministri in ordine agli atti che riguardano la politica generale del Governo;

c) può sospendere l'adozione di atti da parte dei ministri competenti in ordine a questioni politiche e amministrative, sottoponendoli al Consiglio dei ministri nella riunione immediatamente successiva;

c-bis) può deferire al Consiglio dei Ministri, ai fini di una complessiva valutazione ed armonizzazione degli interessi pubblici coinvolti, la decisione di questioni sulle quali siano emerse valutazioni contrastanti tra amministrazioni a diverso titolo competenti in ordine alla definizione di atti e provvedimenti (1);

d) concorda con i ministri interessati le pubbliche dichiarazioni che essi intendano rendere ogni qualvolta, eccedendo la normale responsabilità ministeriale, possano impegnare la politica generale del Governo;

e) adotta le direttive per assicurare l'imparzialità, il buon andamento e l'efficienza degli uffici pubblici e promuove le verifiche necessarie; in casi di particolare rilevanza può richiedere al ministro competente relazioni e verifiche amministrative;

f) promuove l'azione dei ministri per assicurare che le aziende e gli enti pubblici svolgano la loro attività secondo gli obiettivi indicati dalle leggi che ne definiscono l'autonomia e in coerenza con i conseguenti indirizzi politici e amministrativi del Governo;

g) esercita le attribuzioni conferitegli dalla legge in materia di servizi di sicurezza e di segreto di Stato;

h) può disporre, con proprio decreto, l'istituzione di particolari Comitati di ministri, con il compito di esaminare in via preliminare questioni di comune competenza, di esprimere parere su direttive dell'attività del Governo e su problemi di rilevante importanza da sottoporre al Consiglio dei ministri, eventualmente avvalendosi anche di esperti non appartenenti alla pubblica amministrazione;

i) può disporre la costituzione di gruppi di studio e di lavoro composti in modo da assicurare la presenza di tutte le competenze dicasteriali interessate ed eventualmente di esperti anche non appartenenti alla pubblica amministrazione.

3. Il Presidente del Consiglio dei ministri, direttamente o conferendone delega ad un ministro:

a) promuove e coordina l'azione del Governo relativa alle politiche comunitarie e assicura la coerenza e la tempestività dell'azione di Governo e della pubblica amministrazione nell'attuazione delle politiche comunitarie, riferendone periodicamente alle Camere; promuove gli adempimenti di competenza governativa conseguenti alle pronunce della Corte di giustizia delle Comunità europee; cura la tempestiva comunicazione alle Camere dei procedimenti normativi in corso nelle Comunità europee, informando il Parlamento delle iniziative e posizioni assunte dal Governo nelle specifiche materie;

a-bis) promuove gli adempimenti di competenza governativa conseguenti alle pronunce della Corte europea dei diritti dell'uomo emanate nei confronti dello Stato italiano; comunica tempestivamente alle Camere le medisime pronunce ai fini dell'esame da parte delle competenti Commissioni parlamentari permanenti e presenta annualmente al Parlamento una relazione sullo stato di esecuzione delle suddette pronunce (2);

b) promuove e coordina l'azione del Governo per quanto attiene ai rapporti con le regioni e le province autonome di Trento e di Bolzano e sovraintende all'attività dei commissari del Governo.

b-bis) promuove, indirizza, coordina l'azione del Governo nelle materie dell'innovazione tecnologica, dell'attuazione dell'agenda digitale italiana ed europea, della strategia italiana per la banda ultralarga, della digitalizzazione delle pubbliche amministrazioni e delle imprese, nonché della trasformazione, crescita e transizione digitale del Paese, in ambito pubblico e privato, dell'accesso ai servizi in rete, della connettività, delle infrastrutture digitali materiali e immateriali e della strategia nazionale dei dati pubblici (3).

4. Il Presidente del Consiglio dei ministri esercita le altre attribuzioni conferitegli dalla legge.

(1) *Lettera aggiunta dall'art. 12 d.lgs. 30 luglio 1999, n. 303.*
(2) *Lettera aggiunta dall'art. 1 l. 9 gennaio 2006, n. 12.*
(3) *Lettera aggiunta dall'art. 8, comma 1, d.l. 1° marzo 2021, n. 22, conv., con modif., in l. 22 aprile 2021, n. 55.*

6 Consiglio di Gabinetto, Comitati di ministri e Comitati interministeriali.

1. Il Presidente del Consiglio dei ministri, nello svolgimento delle funzioni previste dall'articolo 95, primo comma, della Costituzione, può essere coadiuvato da un Comitato, che prende nome di Consiglio di Gabinetto, ed è composto dai ministri da lui designati, sentito il Consiglio dei ministri.

2. Il Presidente del Consiglio dei ministri può invitare a singole sedute del Consiglio di Gabinetto altri ministri in ragione della loro competenza.

3. I Comitati di ministri e quelli interministeriali istituiti per legge debbono tempestivamente comunicare al Presidente del Consiglio dei ministri l'ordine del giorno delle riunioni. Il Presidente del Consiglio dei ministri può deferire singole questioni al Consiglio dei ministri, perché stabilisca le direttive alle quali i Comitati debbono attenersi, nell'ambito delle norme vigenti.

7-10 (*Omissis*).

11 Commissari straordinari del Governo (1).

1. Al fine di realizzare specifici obiettivi determinati in relazione a programmi o indirizzi deliberati dal Parlamento o dal Consiglio dei ministri o per particolari e temporanee esigenze di coordinamento operativo tra amministrazioni statali, può procedersi alla nomina di commissari straordinari del Governo, ferme restando le attribuzioni dei Ministeri, fissate per legge.

2. La nomina è disposta con decreto del Presidente della Repubblica, su proposta del Presidente del Consiglio dei ministri, previa deliberazione del Consiglio dei ministri. Con il medesimo decreto sono determinati i compiti del commissario e le dotazioni di mezzi e di personale. L'incarico è conferito per il tempo indicato nel decreto di nomina, salvo proroga o revoca. Del

conferimento dell'incarico è data immediata comunicazione al Parlamento e notizia nella Gazzetta Ufficiale.

3. Sull'attività del commissario straordinario riferisce al Parlamento il Presidente del Consiglio dei ministri o un ministro da lui delegato.

(1) *A norma dall'art. 1, comma 378, l. 24 dicembre 2007, n. 244, i compensi dei Commissari straordinari di Governo, di cui al presente articolo, sono ridotti del 20 % dal 1° gennaio 2008.*

CAPO II
Rapporti tra lo Stato, le Regioni e le Province autonome

12 Conferenza permanente per i rapporti tra lo Stato, le regioni e le province autonome.

1. È istituita, presso la Presidenza del Consiglio dei ministri, la Conferenza permanente per i rapporti tra lo Stato, le regioni e le province autonome di Trento e di Bolzano, con compiti di informazione, consultazione e raccordo, in relazione agli indirizzi di politica generale suscettibili di incidere nelle materie di competenza regionale, esclusi gli indirizzi generali relativi alla politica estera, alla difesa e alla sicurezza nazionale, alla giustizia.

2. La Conferenza è convocata dal Presidente del Consiglio dei ministri almeno ogni sei mesi, ed in ogni altra circostanza in cui il Presidente lo ritenga opportuno, tenuto conto anche delle richieste dei presidenti delle regioni e delle province autonome. Il Presidente del Consiglio dei ministri presiede la Conferenza, salvo delega al ministro per gli affari regionali o, se tale incarico non è attribuito, ad altro ministro. La Conferenza è composta dai presidenti delle regioni a statuto speciale e ordinario e dai presidenti delle province autonome. Il Presidente del Consiglio dei ministri invita alle riunioni della Conferenza i ministri interessati agli argomenti iscritti all'ordine del giorno, nonché rappresentanti di amministrazioni dello Stato o di enti pubblici.

3. La Conferenza dispone di una segreteria, disciplinata con decreto del Presidente del Consiglio dei ministri, di concerto con il ministro per gli affari regionali.

4. Il decreto di cui al comma 3 deve prevedere l'inclusione nel contingente della segreteria di personale delle regioni o delle province autonome, il cui trattamento economico resta a carico delle regioni o delle province di provenienza.

5. La Conferenza viene consultata:

a) sulle linee generali dell'attività normativa che interessa direttamente le regioni e sulla determinazione degli obiettivi di programmazione economica nazionale e della politica finanziaria e di bilancio, salve le ulteriori attribuzioni previste in base al comma 7 del presente articolo;

b) sui criteri generali relativi all'esercizio delle funzioni statali di indirizzo e di coordinamento inerenti ai rapporti tra lo Stato, le regioni, le province autonome e gli enti infraregionali, nonché sugli indirizzi generali relativi alla elaborazione ed attuazione degli atti comunitari che riguardano le competenze regionali;

c) sugli altri argomenti per i quali il Presidente del Consiglio dei ministri ritenga opportuno acquisire il parere della Conferenza.

6. Il Presidente del Consiglio dei ministri, o il ministro appositamente delegato, riferisce periodicamente alla Commissione parlamentare per le questioni regionali sulle attività della Conferenza.

7. Il Governo è delegato ad emanare, entro un anno dalla data di entrata in vigore della presente legge, previo parere della Commissione parlamentare per le questioni regionali che deve esprimerlo entro sessanta giorni dalla richiesta, norme aventi valore di legge ordinaria intese a provvedere al riordino ed alla eventuale soppressione degli altri organismi a composizione mista Stato-regioni previsti sia da leggi che da provvedimenti amministrativi in modo da trasferire alla Conferenza le attribuzioni delle commissioni, con esclusione di quelle che operano sulla base di competenze tecnico-scientifiche, e rivedere la pronuncia di pareri nelle questioni di carattere generale per le quali debbano anche essere sentite tutte le regioni e province autonome, determinando le modalità per l'acquisizione di tali pareri, per la cui formazione possono votare solo i presidenti delle regioni e delle province autonome (1).

(1) *Termine prorogato al 31 dicembre 1989 dall'art. 6-*ter*, d.l. 30 giugno 1989, n. 245, conv., con modif., in l. 4 agosto 1989, n. 288.*

13 Commissario del Governo.

1. (*Omissis*) (1).
2. (*Omissis*) (1).
3. Per la regione siciliana e per la regione Valle d'Aosta il coordinamento dei programmi degli interventi statali e regionali, nel rispetto di quanto previsto dagli Statuti speciali, viene disciplinato dalle norme di attuazione, che dovranno prevedere apposite forme di intesa. Per la regione autonoma della Valle d'Aosta restano ferme le disposizioni contenute nel decreto legislativo luogotenenziale 7 settembre 1945, n. 545.
4. (*Omissis*) (1).
5. (*Omissis*) (1).
6. (*Omissis*) (1).
7. (*Omissis*) (1).
8. (*Omissis*) (1).

(1) *Comma abrogato dall'art. 10 l. 5 giugno 2003, n. 131.*

CAPO III
Potestà normativa del Governo

13-*bis* Chiarezza dei testi normativi (1).

1. Il Governo, nell'ambito delle proprie competenze, provvede a che:

a) ogni norma che sia diretta a sostituire, modificare o abrogare norme vigenti ovvero a stabilire deroghe indichi espressamente le norme sostituite, modificate, abrogate o derogate;

b) ogni rinvio ad altre norme contenuto in disposizioni legislative, nonché in regolamenti, decreti o circolari emanati dalla pubblica amministrazione, contestualmente indichi, in forma integrale o in forma sintetica e di chiara comprensione, il testo ovvero la materia alla quale le disposizioni fanno riferimento o il principio, contenuto nelle norme cui si rinvia, che esse intendono richiamare.

2. Le disposizioni della presente legge in materia di chiarezza dei testi normativi costituiscono princìpi generali per la produzione normativa e non possono essere derogate, modificate o abrogate se non in modo esplicito.

3. Periodicamente, e comunque almeno ogni sette anni, si provvede all'aggiornamento dei codici e dei testi unici con i medesimi criteri e procedure previsti nell'articolo 17-*bis* adottando, nel corpo del testo aggiornato, le opportune evidenziazioni.

4. La Presidenza del Consiglio dei ministri adotta atti di indirizzo e coordinamento per assicurare che gli interventi normativi incidenti sulle materie oggetto di riordino, mediante l'adozione di codici e di testi unici, siano attuati esclusivamente mediante modifica o integrazione delle disposizioni contenute nei corrispondenti codici e testi unici.

(1) *Articolo inserito dall'art. 3, comma 1, l. 18 giugno 2009, n. 69.*

14 Decreti legislativi.

1. I decreti legislativi adottati dal Governo ai sensi dell'articolo 76 della Costituzione sono emanati dal Presidente della Repubblica con la denominazione di "decreto legislativo" e con l'indicazione, nel preambolo, della legge di delegazione, della deliberazione del Consiglio dei ministri e degli altri adempimenti del procedimento prescritti dalla legge di delegazione.

2. L'emanazione del decreto legislativo deve avvenire entro il termine fissato dalla legge di delegazione; il testo del decreto legislativo adottato dal Governo è trasmesso al Presidente della Repubblica, per la emanazione, almeno venti giorni prima della scadenza.

3. Se la delega legislativa si riferisce ad una pluralità di oggetti distinti suscettibili di separata disciplina, il Governo può esercitarla mediante più atti successivi per uno o più degli oggetti predetti. In relazione al termine finale stabilito dalla legge di delegazione, il Governo informa periodicamente le Camere sui criteri che segue nell'organizzazione dell'esercizio della delega.

4. In ogni caso, qualora il termine previsto per l'esercizio della delega ecceda i due anni, il Governo è tenuto a richiedere il parere delle Camere sugli schemi dei decreti delegati. Il parere è espresso dalle Commissioni permanenti delle due Camere competenti per materia entro sessanta giorni, indicando specificamente le eventuali disposizioni non ritenute corrispondenti alle direttive della legge di delegazione. Il Governo, nei trenta giorni successivi, esaminato il parere, ritrasmette, con le sue osservazioni e con eventuali modificazioni, i testi alle Commissioni per il parere definitivo che deve essere espresso entro trenta giorni.

15 Decreti-legge.

1. I provvedimenti provvisori con forza di legge ordinaria adottati ai sensi dell'articolo 77 della Costituzione sono presentati per l'emanazione al Presidente della Repubblica con la denominazione di "decreto-legge" e con l'indicazione, nel preambolo, delle circostanze straordinarie di necessità e di urgenza che ne giustificano l'adozione, nonché dell'avvenuta deliberazione del Consiglio dei ministri.

2. Il Governo non può, mediante decreto-legge:

a) conferire deleghe legislative ai sensi dell'articolo 76 della Costituzione;

b) provvedere nelle materie indicate nell'articolo 72, quarto comma, della Costituzione;

c) rinnovare le disposizioni di decreti-legge dei quali sia stata negata la conversione in legge con il voto di una delle due Camere;

d) regolare i rapporti giuridici sorti sulla base dei decreti non convertiti;

e) ripristinare l'efficacia di disposizioni dichiarate illegittime dalla Corte costituzionale per vizi non attinenti al procedimento.

3. I decreti devono contenere misure di immediata applicazione e il loro contenuto deve essere specifico, omogeneo e corrispondente al titolo.

4. Il decreto-legge è pubblicato, senza ulteriori adempimenti, nella Gazzetta Ufficiale immediatamente dopo la sua emanazione e deve contenere la clausola di presentazione al Parlamento per la conversione in legge.

5. Le modifiche eventualmente apportate al decreto-legge in sede di conversione hanno efficacia dal giorno successivo a quello della pubblicazione della legge di conversione, salvo che quest'ultima non disponga diversamente. Esse sono elencate in allegato alla legge.

6. Il Ministro della giustizia cura che del rifiuto di conversione o della conversione parziale, purché definitiva, nonché della mancata conversione per decorrenza del termine sia data immediata pubblicazione nella Gazzetta Ufficiale.

16 Atti aventi valore o forza di legge. Valutazione delle conseguenze finanziarie.

1. Non sono soggetti al controllo preventivo di legittimità della Corte dei conti i decreti del Presidente della Repubblica, adottati su deliberazione del Consiglio dei ministri, ai sensi degli articoli 76 e 77 della Costituzione.

2. Il Presidente della Corte dei conti, in quanto ne faccia richiesta la Presidenza di una delle Camere, anche su iniziativa delle Commissioni parlamentari competenti, trasmette al Parlamento le valutazioni della Corte in ordine alle conseguenze finanziarie che deriverebbero dalla conversione in legge di un decreto-legge o dalla emanazione di un decreto legislativo adottato dal Governo su delegazione delle Camere.

17 Regolamenti.

1. Con decreto del Presidente della Repubblica, previa deliberazione del Consiglio dei ministri, sentito il parere del Consiglio di Stato che deve pronunziarsi entro novanta (1) giorni dalla richiesta, possono essere emanati regolamenti per disciplinare:

a) l'esecuzione delle leggi e dei decreti legislativi nonché dei regolamenti comunitari (2);

b) l'attuazione e l'integrazione delle leggi e dei decreti legislativi recanti norme di principio, esclusi quelli relativi a materie riservate alla competenza regionale;

c) le materie in cui manchi la disciplina da parte di leggi o di atti aventi forza di legge, sempre che non si tratti di materie comunque riservate alla legge;

d) l'organizzazione ed il funzionamento delle amministrazioni pubbliche secondo le disposizioni dettate dalla legge;

e) (*Omissis*) (3).

2. Con decreto del Presidente della Repubblica, previa deliberazione del Consiglio dei ministri, sentito il Consiglio di Stato e previo parere delle Commissioni parlamentari competenti in materia, che si pronunciano entro trenta giorni dalla richiesta, sono emanati i regolamenti per la disciplina delle materie, non coperte da riserva assoluta di legge prevista dalla Costituzione, per le quali le leggi della Repubblica, autorizzando l'esercizio della potestà regolamentare del Governo, determinano le norme generali regolatrici della materia e dispongono l'abrogazione delle norme vigenti, con effetto dall'entrata in vigore delle norme regolamentari (4).

3. Con decreto ministeriale possono essere adottati regolamenti nelle materie di competenza del ministro o di autorità sottordinate al ministro, quando la legge espressamente conferisca tale potere. Tali regolamenti, per materie di competenza di più ministri, possono essere adottati con decreti interministeriali, ferma restando la necessità di apposita autorizzazione da parte della legge. I regolamenti ministeriali ed interministeriali non possono dettare norme contrarie a quelle dei regolamenti emanati dal Governo. Essi debbono essere comunicati al Presidente del Consiglio dei ministri prima della loro emanazione.

4. I regolamenti di cui al comma 1 ed i regolamenti ministeriali ed interministeriali, che devono recare la denominazione di "regolamento", sono adottati previo parere del Consiglio di Stato, sottoposti al visto ed alla registrazione della Corte dei conti e pubblicati nella Gazzetta Ufficiale.

4-*bis*. L'organizzazione e la disciplina degli uffici dei Ministeri sono determinate, con regolamenti emanati ai sensi del comma 2, su proposta del Ministro competente d'intesa con il Presidente del Consiglio dei ministri e con il Ministro del tesoro, nel rispetto dei princìpi posti dal decreto legislativo 3 febbraio 1993, n. 29, e successive modificazioni, con i contenuti e con l'osservanza dei criteri che seguono:

a) riordino degli uffici di diretta collaborazione con i Ministri ed i Sottosegretari di Stato, stabilendo che tali uffici hanno esclusive competenze di supporto dell'organo di direzione politica e di raccordo tra questo e l'amministrazione;

b) individuazione degli uffici di livello dirigenziale generale, centrali e periferici, mediante diversificazione tra strutture con funzioni finali e con funzioni strumentali e loro organizzazione per funzioni omogenee e secondo criteri di flessibilità eliminando le duplicazioni funzionali;

c) previsione di strumenti di verifica periodica dell'organizzazione e dei risultati;

d) indicazione e revisione periodica della consistenza delle piante organiche;

e) previsione di decreti ministeriali di natura non regolamentare per la definizione dei compiti delle unità dirigenziali nell'ambito degli uffici dirigenziali generali (5) (6).

4-*ter*. Con regolamenti da emanare ai sensi del comma 1 del presente articolo, si provvede al periodico riordino delle disposizioni regolamentari vigenti, alla ricognizione di quelle che sono state oggetto di abrogazione implicita e all'espressa abrogazione di quelle che hanno esaurito la loro funzione o sono prive di effettivo contenuto normativo o sono comunque obsolete (7).

(1) *V., ora, l'art. 17, comma 27, l. 15 maggio 1997, n. 127 che dimezza tale termine, disponendo che: « Fatti salvi i termini più brevi previsti per legge, il parere del Consiglio di Stato è reso nel termine di quarantacinque giorni dal ricevimento della richiesta; decorso il termine, l'amministrazione può procedere indipendentemente dall'acquisizione del parere. Qualora, per esigenze istruttorie, non possa essere rispettato il termine di cui al presente comma, tale termine può essere interrotto per una sola volta e il parere deve essere reso definitivamente entro venti giorni dal ricevimento degli elementi istruttori da parte delle amministrazioni interessate ».*

(2) *Lettera così modificata dall'art. 11, l. 5 febbraio 1999, n. 25.*

(3) *Lettera abrogata dall'art. 74, d.lgs. 3 febbraio 1993, n. 29.*

(4) *Comma modificato dall'art. 5, comma 1, lett.* a), *l. 18 giugno 2009, n. 69.*

(5) *Comma aggiunto dall'art. 13, l. 15 marzo 1997, n. 59.*

(6) *V. l'art. 4 d.lgs. 30 luglio 1999, n. 300, ai sensi del quale: « 1. L'organizzazione, la dotazione organica, l'individuazione degli uffici di livello dirigenziale generale ed il loro numero, le relative funzioni e la distribuzione dei posti di funzione dirigenziale, l'individuazione dei dipartimenti, nei casi e nei limiti fissati dalle disposizioni del presente decreto legislativo, e la definizione dei rispettivi compiti sono stabiliti con regolamenti o con decreti del ministro emanati ai sensi dell'articolo 17, comma 4 bis, della legge 23 agosto 1988, n. 400. Si applica l'articolo 19 della legge 15 marzo 1997, n. 59. I regolamenti prevedono la soppressione dei ruoli esistenti e l'istituzione di un ruolo unico del personale non dirigenziale di ciascun ministero, articolato in aree dipartimentali e per direzioni generali. Fino all'istituzione del ruolo unico del personale non dirigenziale di ciascun ministero, i regolamenti assicurano forme ordinarie di mobilità tra i diversi dipartimenti e le diverse direzioni generali, nel rispetto dei requisiti di professionalità richiesti per l'esercizio delle relative funzioni, ferme restando le normative contrattuali in materia. La nuova organizzazione e la dotazione organica del personale non devono comunque comportare incrementi di spesa.*

2. I ministeri che si avvalgono di propri sistemi informativi automatizzati sono tenuti ad assicurarne l'interconnessione con i sistemi informativi automatizzati delle altre amministrazioni centrali e locali per il tramite della rete unitaria delle pubbliche amministrazioni.

3. Il regolamento di cui al precedente comma 1 si attiene, inoltre, ai criteri fissati dall'articolo 1 della legge 7 agosto 1990, n. 241 e dall'articolo 2 del decreto legislativo 3 febbraio 1993, n. 29 e successive modificazioni e integrazioni.

4. All'individuazione degli uffici di livello dirigenziale non generale di ciascun ministero e alla definizione dei relativi compiti, nonché la distribuzione dei predetti uffici tra le strutture di livello dirigenziale generale, si provvede con decreto ministeriale di natura non regolamentare.

4-bis. *La disposizione di cui al comma 4 si applica anche in deroga alla eventuale distribuzione degli uffici di livello dirigenziale non generale stabilita nel regolamento di organizzazione del singolo Ministero.*

5. Con le medesime modalità di cui al precedente comma 1 si procede alla revisione periodica dell'organizzazione ministeriale, con cadenza almeno biennale.
6. I regolamenti di cui al comma 1 raccolgono tutte le disposizioni normative relative a ciascun ministero. Le restanti norme vigenti sono abrogate con effetto dalla data di entrata in vigore dei regolamenti medesimi ».
(7) *Comma inserito dall'art. 5, comma 1, lett.* b), *l. n. 69, cit.*

17-*bis* Testi unici compilativi (1).

1. Il Governo provvede, mediante testi unici compilativi, a raccogliere le disposizioni aventi forza di legge regolanti materie e settori omogenei, attenendosi ai seguenti criteri:

a) puntuale individuazione del testo vigente delle norme;

b) ricognizione delle norme abrogate, anche implicitamente, da successive disposizioni;

c) coordinamento formale del testo delle disposizioni vigenti in modo da garantire la coerenza logica e sistematica della normativa;

d) ricognizione delle disposizioni, non inserite nel testo unico, che restano comunque in vigore.

2. Lo schema di ciascun testo unico è deliberato dal Consiglio dei ministri, valutato il parere che il Consiglio di Stato deve esprimere entro quarantacinque giorni dalla richiesta. Ciascun testo unico è emanato con decreto del Presidente della Repubblica, su proposta del Presidente del Consiglio dei ministri, previa ulteriore deliberazione del Consiglio dei ministri.

3. Il Governo può demandare la redazione degli schemi di testi unici ai sensi dell'articolo 14, numero 20, del testo unico delle leggi sul Consiglio di Stato, di cui al regio decreto 26 giugno 1924, n. 1054, al Consiglio di Stato, che ha facoltà di avvalersi di esperti, in discipline non giuridiche, in numero non superiore a cinque, nell'ambito dei propri ordinari stanziamenti di bilancio e, comunque, senza nuovi o maggiori oneri a carico del bilancio dello Stato. Sugli schemi redatti dal Consiglio di Stato non è acquisito il parere dello stesso, previsto ai sensi dell'articolo 16, primo comma, numero 30, del citato testo unico di cui al regio decreto n. 1054 del 1924, dell'articolo 17, comma 25, della legge 15 maggio 1997, n. 127, e del comma 2 del presente articolo.

(1) *Articolo inserito dall'art. 5, comma 2, della l. 18 giugno 2009, n. 69.*

CAPO IV
Organizzazione amministrativa della Presidenza del Consiglio dei Ministri e riordino di talune funzioni

18 Segretariato generale della Presidenza del Consiglio dei ministri.

1. [1. Gli uffici di diretta collaborazione con il Presidente del Consiglio dei Ministri sono organizzati nel Segretariato generale della Presidenza del Consiglio dei Ministri. Fanno comunque parte del Segretariato l'ufficio centrale per il coordinamento dell'iniziativa legislativa e dell'attività normativa del Governo, l'ufficio per il coordinamento amministrativo, nonché gli uffici del consigliere diplomatico, del consigliere militare, del capo dell'ufficio stampa del Presidente del Consiglio dei Ministri dei Ministri e del cerimoniale.] (1).

2. Al Segretariato è preposto un segretario generale, nominato con decreto del Presidente del Consiglio dei Ministri, tra i magistrati delle giurisdizioni superiori ordinaria ed amministrativa, gli avvocati dello Stato, i dirigenti generali dello Stato ed equiparati, i professori universitari di ruolo ovvero tra estranei alla pubblica amministrazione. [Il trattamento economico del segretario generale è fissato con decreto del Presidente del Consiglio dei Ministri, di concerto con il Ministro del tesoro.] Il Presidente del Consiglio dei Ministri può, con proprio decreto, nominare altresì il vicesegretario generale scelto tra le predette categorie. Con la medesima procedura può essere disposta la revoca del decreto di nomina del segretario generale e del vicesegretario generale (2).

3. I decreti di nomina del segretario generale, del vicesegretario generale, dei capi dei dipartimenti e degli uffici di cui all'articolo 21 cessano di avere efficacia dalla data del giuramento del nuovo Governo. Il segretario generale, il vicesegretario generale ed i capi dei dipartimenti e degli uffici di cui all'articolo 21, ove pubblici dipendenti e non appartenenti al ruolo della Presidenza del Consiglio dei ministri, sono collocati fuori ruolo nelle amministrazioni di provenienza. Sono del pari collocati obbligatoriamente fuori ruolo nelle amministrazioni di appartenenza, oltre agli esperti di cui all'articolo 3 della legge 8 marzo 1999, n. 50, i vice capi delle strutture che operano nelle aree funzionali relative al coordinamento dell'attività normativa ed amministrativa del Governo, al coordinamento degli affari economici, alla promozione dell'innovazione nel settore pubblico e coordinamento del lavoro pubblico, nonché il dirigente generale della polizia di Stato preposto all'Ispettorato generale che è adibito alla sicurezza del Presidente e delle sedi del Governo e che, per quanto attiene al suo speciale impiego, dipende funzionalmente dal Segretario generale (2).

4. La funzione di capo dell'ufficio stampa può essere affidata ad un elemento estraneo all'amministrazione, il cui trattamento economico è determinato in conformità a quello dei dirigenti generali dello Stato.

5. [Il segretario generale dipende dal Presidente del Consiglio dei Ministri e, per quanto di competenza, dal sottosegretario di Stato alla Presidenza, segretario del Consiglio dei Ministri] (1).

(1) *Comma abrogato dall'art. 12, comma 4, lett.* a), *d.lgs. 30 luglio 1999, n. 303.*
(2) *Comma modificato dall'art. 12, comma 4, lett.* a), *d.lgs. n. 303, cit.*

19 Compiti del Segretariato generale della Presidenza del Consiglio dei ministri.

1. Il Segretariato generale della Presidenza del Consiglio dei ministri assicura il supporto all'espletamento dei compiti del Presidente del Consiglio dei ministri, curando, qualora non siano state affidate alle responsabilità di un ministro senza portafoglio o dele-

gate al sottosegretario di Stato alla Presidenza del Consiglio dei ministri, le seguenti funzioni:

a) predisporre la base conoscitiva e progettuale per l'aggiornamento del programma di Governo;

b) assicurare il quadro conoscitivo sullo stato di attuazione del programma di Governo, anche mediante il sistema informativo e di documentazione della Presidenza del Consiglio dei ministri in collegamento con i corrispondenti sistemi delle Camere e degli alti organismi pubblici ed avvalendosi dell'attività dell'ISTAT;

c) curare gli adempimenti e predisporre gli atti necessari alla formulazione ed al coordinamento delle iniziative legislative, nonché all'attuazione della politica istituzionale del Governo;

d) provvedere alla periodica ricognizione delle disposizioni legislative e regolamentari in vigore anche al fine del coordinamento delle disposizioni medesime;

e) collaborare alle iniziative concernenti i rapporti tra la Presidenza del Consiglio dei ministri e gli organi dello Stato nonché predisporre gli elementi di valutazione delle questioni di rilevanza costituzionale;

f) predisporre gli elementi necessari per la risoluzione delle questioni interessanti la competenza di più Ministeri e per assicurare all'azione amministrativa unità di indirizzo;

g) curare la raccolta comparativa dei dati sull'andamento della spesa, della finanza pubblica e dell'economia nazionale, ai fini di valutazioni tecniche sulla coerenza economico-finanziaria dell'attività di Governo, avvalendosi dell'ISTAT nonché dei sistemi informativi e dell'apporto di ricerca delle altre amministrazioni e di organismi pubblici;

h) predisporre gli adempimenti per l'intervento del Governo nella programmazione dei lavori parlamentari e per la proposizione nelle sedi competenti delle priorità governative; assicurare una costante e tempestiva informazione sui lavori parlamentari anche al fine di coordinare la presenza dei rappresentanti, del Governo; provvedere agli adempimenti necessari per l'assegnazione dei disegni di legge alle due Camere, vigilando affinché il loro esame si armonizzi con la graduale attuazione del programma governativo; curare gli adempimenti inerenti alla presentazione di emendamenti ai progetti di legge all'esame del Parlamento, nonché gli adempimenti concernenti gli atti del sindacato ispettivo, istruendo quelli rivolti al Presidente del Consiglio e al Governo;

i) assistere, anche attraverso attività di studio e di documentazione, il Presidente del Consiglio dei ministri nella sua attività per le relazioni internazionali che intrattiene e, in generale, negli atti di politica estera;

i-bis) assistere il Presidente del Consiglio dei Ministri nell'esercizio delle sue attribuzioni istituzionali in materia di rapporti con le Confessioni religiose, ferme restando le attribuzioni del Ministero dell'interno di cui all'articolo 14, comma 2, lettera *d*), del decreto legislativo sul riordinamento dei Ministeri (1);

l) assistere il Presidente del Consiglio dei ministri nella sua attività per le relazioni con gli organismi che provvedono alla difesa nazionale;

m) curare il cerimoniale della Presidenza del Consiglio dei ministri;

n) curare lo studio e l'elaborazione delle modifiche necessarie a conformare la legislazione al fine della uguaglianza tra i sessi ed assistere il Presidente del Consiglio dei ministri in relazione al coordinamento delle amministrazioni competenti nell'attuazione dei progetti nazionali e locali aventi il medesimo fine;

o) curare gli adempimenti relativi ai modi e ai tempi di applicazione della normativa comunitaria, nonché la raccolta di dati e informazioni ed il compimento di analisi sulle implicazioni per l'Italia delle politiche comunitarie;

p) curare gli adempimenti relativi ai rapporti con le regioni e le province autonome di Trento e di Bolzano; all'esame delle leggi regionali ai fini dell'articolo 127 della Costituzione; al coordinamento tra legislazione statale e regionale; all'attività dei commissari del Governo nelle regioni; ai problemi delle minoranze linguistiche e dei territori di confine;

q) mantenere i contatti con gli organi di informazione attraverso il capo dell'ufficio stampa del Presidente del Consiglio dei ministri;

r) svolgere le attività di competenza della Presidenza del Consiglio dei ministri inerenti alla gestione amministrativa del Consiglio di Stato e dei tribunali amministrativi regionali, della Corte dei conti, dell'Avvocatura dello Stato, nonché degli altri organi ed enti che alla Presidenza del Consiglio dei ministri fanno capo;

s) curare le attività preliminari e successive alle deliberazioni [del comitato per la liquidazione delle pensioni privilegiate ordinarie] e di ogni altro organo collegiale operante presso la Presidenza del Consiglio dei ministri per disposizione di legge o di regolamento (2);

t) curare gli affari legali e del contenzioso e mantenere i contatti con l'Avvocatura dello Stato;

u) curare le questioni concernenti il personale della Presidenza del Consiglio dei ministri, nonché il coordinamento dei servizi amministrativi e tecnici;

[*v*) fornire l'assistenza tecnica per lo svolgimento delle funzioni di cui all'art. 27 della legge 29 marzo 1983, n. 93, all'art. 3 della legge 1° marzo 1986, n. 64, nonché di quelle attinenti la ricerca scientifica e di quelle attribuite ai dipartimenti di cui agli articoli 21 e 26;] (3)

[*z*) predisporre gli adempimenti e i mezzi necessari a promuovere e raccordare a livello centrale le iniziative e le strutture che concorrono all'attuazione del servizio nazionale della protezione civile fino all'entrata in vigore della legge istitutiva del servizio stesso;] (3)

aa) curare ogni altro adempimento necessario per l'esercizio delle attribuzioni del Presidente del Consiglio dei ministri, del Consiglio dei ministri e dei ministri senza portafoglio;

bb) assicurare la gestione amministrativa e la manutenzione degli immobili di pertinenza o comunque in uso per le esigenze della Presidenza del Consiglio dei ministri, ivi comprese quelle relative ai dipartimenti e agli uffici affidati alla responsabilità dei ministri senza portafoglio e dei sottosegretari di Stato alla

Presidenza del Consiglio dei ministri, avvalendosi anche delle amministrazioni competenti;

[*cc*) sovraintendere allo svolgimento delle funzioni del dipartimento dell'informazione e dell'editoria, di cui al successivo art. 26.] (3)

(1) *Lettera aggiunta dall'art. 12, comma 4, lett.* b), *d.lgs. 30 luglio 1999, n. 303.*

(2) *Lettera abrogata dall'art. 12, comma 4, lett.* b), *d.lgs. n. 303, cit. relativamente al riferimento al comitato per la liquidazione delle pensioni privilegiate ordinarie.*

(3) *Lettera abrogata dall'art. 12, comma 4, lett.* b), *d.lgs. n. 303, cit.*

20-22 (*Omissis*).

23 Ufficio centrale per il coordinamento dell'iniziativa legislativa e dell'attività normativa del Governo.

[1. Entro tre mesi dalla data di entrata in vigore della presente legge, su proposta del Presidente del Consiglio dei Ministri, con decreto del Presidente della Repubblica, previa deliberazione del Consiglio dei Ministri, è istituito nell'ambito del Segretariato generale della Presidenza del Consiglio dei Ministri l'Ufficio centrale per il coordinamento dell'iniziativa legislativa e dell'attività normativa del Governo. L'Ufficio provvede agli adempimenti di cui alle lettere *c*) e *d*) dell'art. 19.] (1)

2. Per ciascuna legge o atto avente valore di legge e per ciascun regolamento pubblicati nella Gazzetta Ufficiale l'Ufficio segnala al Presidente del Consiglio dei ministri, ai fini della pubblicazione nella Gazzetta Ufficiale, le disposizioni abrogate o direttamente modificate per effetto delle nuove disposizioni di legge o di regolamento.

3. L'Ufficio indica in rapporti periodici al Presidente del Consiglio dei ministri e ai ministri interessati incongruenze e antinomie normative relative ai diversi settori legislativi; segnala la necessità di procedere alla codificazione della disciplina di intere materie o alla redazione di testi unici. Tali rapporti vengono inviati a cura della Presidenza del Consiglio dei ministri, alla Presidenza della Camera dei deputati e alla Presidenza del Senato della Repubblica.

4. In relazione a testi normativi di particolare rilevanza l'Ufficio provvede a redigere il testo coordinato della legge e del regolamento vigenti.

5. Le indicazioni fornite e i testi redatti dall'Ufficio hanno funzione esclusivamente conoscitiva e non modificano il valore degli atti normativi che ne sono oggetto.

6. Il decreto del Presidente della Repubblica di cui al comma 1 regolamenta l'organizzazione e l'attività dell'Ufficio prevedendo la possibilità che questo si avvalga di altri organi della pubblica amministrazione e promuova forme di collaborazione con gli uffici delle presidenze delle giunte regionali al fine di armonizzare i testi normativi statali e regionali.

7. All'Ufficio è preposto un magistrato delle giurisdizioni superiori, ordinaria o amministrativa, ovvero un dirigente generale dello Stato o un avvocato dello Stato o un professore universitario di ruolo di discipline giuridiche.

(1) *Comma abrogato dall'art. 12, comma 4, lett.* e), *d.lgs. 30 luglio 1999, n. 303.*

24 (*Omissis*).

25 Vigilanza su enti ed istituzioni.

1. Le funzioni di vigilanza su enti pubblici ed istituzioni le cui funzioni istituzionali non siano considerate coerenti con le competenze proprie della Presidenza del Consiglio dei ministri, e che siano attribuite alla Presidenza del Consiglio medesima da leggi, regolamenti o statuti, sono trasferite ai ministri che saranno individuati, in relazione agli specifici settori di competenza, con decreti del Presidente della Repubblica, adottati su proposta del Presidente del Consiglio dei ministri, da emanarsi entro sei mesi dalla data di entrata in vigore della presente legge.

2. La funzione di vigilanza sul Consiglio nazionale delle ricerche è attribuita al ministro competente a presentare al Parlamento la relazione sullo stato della ricerca scientifica.

26-27 (*Omissis*).

28 Capi dei dipartimenti e degli uffici.

1. I capi dei dipartimenti e degli uffici di cui all'articolo 21 nonché dell'ufficio di segreteria del Consiglio dei ministri sono nominati con decreto del Presidente del Consiglio dei ministri tra le categorie di personale di cui all'articolo 18 comma 2 (1).

(1) *Comma modificato dall'art. 12, comma 7, d.lgs. 30 luglio 1999, n. 303.*

29 Consulenti e comitati di consulenza.

1. Il Presidente del Consiglio dei ministri può avvalersi di consulenti e costituire comitati di consulenza, di ricerca o di studio su specifiche questioni.

2. Per tali attività si provvede con incarichi a tempo determinato da conferire a magistrati, docenti universitari, avvocati dello Stato, dirigenti e altri dipendenti delle amministrazioni dello Stato, degli Enti pubblici, anche economici, delle aziende a prevalente partecipazione pubblica o anche ad esperti estranei all'amministrazione dello Stato.

3. [Gli incarichi sono conferiti con decreto del Presidente del Consiglio dei ministri, che ne fissa il compenso di concerto con il ministro del tesoro] (1).

(1) *Comma abrogato dall'art. 12, d.lgs. 30 luglio 1999, n. 303 a decorrere dalla data di emanazione degli atti del Presidente che fissano i criteri e i limiti di cui all'art. 9, comma 2 ed il contingente di cui al comma 5 del medesimo art. 9 d.lgs n. 303, cit.*

29-41 (*Omissis*).

2. Legge 12 gennaio 1991, n. 13. — Determinazione degli atti amministrativi da adottarsi nella forma del decreto del Presidente della Repubblica (1).

Pubblicata nella Gazzetta Ufficiale n. 14 del 17 gennaio 1991.

(1) *In luogo di dirigente/i generale/i leggasi dirigente/i di ufficio dirigenziale generale/i (art. 45, comma 2, d.lgs. 31 marzo 1998, n. 80).*

1 1. Il Presidente della Repubblica, oltre gli atti previsti espressamente dalla Costituzione o da norme costituzionali e quelli relativi all'organizzazione e al personale del Segretariato generale della Presidenza della Repubblica, emana i seguenti altri atti, su proposta del Presidente del Consiglio dei Ministri o del Ministro competente:

a) nomina dei Sottosegretari di Stato;

b) nomina dei commissari straordinari del Governo;

c) nomina del presidente e del segretario generale del Consiglio nazionale dell'economia e del lavoro;

d) approvazione della nomina del governatore della banca d'Italia;

e) nomina alla presidenza di enti, istituti e aziende a carattere nazionale ai sensi dell'articolo 3 della legge 23 agosto 1988, n. 400;

f) nomina e conferimento di incarichi direttivi a magistrati ordinari, amministrativi, militari e ad avvocati dello Stato;

g) nomina del presidente, dei presidenti di sezione e dei componenti della commissione tributaria centrale;

h) nomina dei funzionari dello Stato con qualifica non inferiore a dirigente generale o equiparata;

i) nomina e destinazione dei commissari del Governo presso le regioni;

l) destinazione dei prefetti presso i capoluoghi di provincia;

m) destinazione degli ambasciatori e dei ministri plenipotenziari presso sedi diplomatiche estere e conferimento delle funzioni di capo di rappresentanza diplomatica;

n) nomina degli ufficiali delle Forze armate di grado non inferiore a generale di brigata o equiparato;

o) nomine di militari delle Forze armate, compresa l'Arma dei carabinieri, per le quali il codice dell'ordinamento militare, di cui al decreto legislativo 15 marzo 2010, n. 66, e successive modificazioni, prevede l'emanazione del decreto del Presidente della Repubblica (1);

[*p*) nomina del presidente del Consiglio superiore delle Forze armate;] (2)

[*q*) nomina dei comandanti delle regioni militari, dei dipartimenti militari marittimi, delle regioni aeree e dei comandanti di corpo d'armata e di squadra navale;] (2)

r) nomina del segretario generale del Ministero degli affari esteri;

s) nomina del capo della polizia - direttore generale della Pubblica sicurezza;

[*t*) nomina del comandante generale dell'Arma dei carabinieri;] (2)

u) nomina del comandante generale della Guardia di finanza;

[*v*) prima nomina degli ufficiali delle Forze armate;] (2)

z) scioglimento anticipato dei consigli provinciali e comunali e nomina dei relativi commissari;

aa) concessione e revoca della cittadinanza italiana; (3)

bb) decisione dei ricorsi straordinari al Presidente della Repubblica;

cc) provvedimento di annullamento straordinario degli atti amministrativi illegittimi;

dd) conferimento di ricompense al valore e al merito civile e militare e concessione di bandiere, stemmi, gonfaloni e insegne, nei casi in cui la forma del decreto del Presidente della Repubblica sia prevista dalla legge;

ee) concessione del titolo di città;

ff) atti per i quali la forma del decreto del Presidente della Repubblica sia prevista dalla legge in relazione a procedimenti elettorali o referendari;

gg) atti per i quali la forma del decreto del Presidente della Repubblica sia prevista da norme di attuazione degli statuti delle regioni a statuto speciale;

[*hh*) atti di indirizzo e di coordinamento dell'attività amministrativa delle regioni e, nel rispetto delle disposizioni statutarie, delle regioni a statuto speciale e delle province autonome di Trento e Bolzano, previsti dall'art. 2, comma 3, lettera *d*), della legge 23 agosto 1988, n. 400;] (4)

ii) tutti gli atti per i quali è intervenuta la deliberazione del Consiglio dei Ministri.

2. L'elencazione degli atti di competenza del Presidente della Repubblica, contenuta nel comma 1, è tassativa e non può essere modificata, integrata, sostituita o abrogata se non in modo espresso.

(1) *Lettera sostituita dall'art. 14, comma 1, lett.* a), *n. 1), d.lgs. 26 aprile 2016, n. 91.*

(2) *Lettera soppressa dall'art. 14, comma 1, lett.* a), *n. 2), d.lgs. n. 91, cit.*

(3) *Lettera così sostituita dall'art. 14, comma 3, d.l. 4 ottobre 2018, n. 113, conv., con modif., in l. 1 dicembre 2018, n. 132. Il testo della lettera era il seguente: «* aa) concessione della cittadinanza italiana; *».*

(4) *Lettera abrogata dall'art. 8, l. 15 marzo 1997, n. 59.*

2 1. Gli atti amministrativi, diversi da quelli previsti dall'articolo 1, per i quali è adottata alla data di entrata in vigore della presente legge la forma del decreto del Presidente della Repubblica, sono emanati con decreto del Presidente del Consiglio dei Ministri o con decreto ministeriale, a seconda della competenza a formulare la proposta sulla base della normativa vigente alla data di cui sopra.

2. Gli atti amministrativi di cui al comma 1, ove proposti da più Ministri sono emanati nella forma del decreto del Presidente del Consiglio dei Ministri.

3 1. Il controllo preventivo di legittimità della Corte dei conti permane anche nei confronti di tutti gli atti amministrativi di cui all'articolo 2.

4 1. Per gli atti amministrativi di cui all'articolo 2 resta fermo il previo parere del Consiglio di Stato ove richiesto dalle norme vigenti alla data dell'entrata in vigore della presente legge.

2. Nel caso in cui l'Amministrazione non intenda conformarsi al parere, gli atti amministrativi di cui al comma 1 sono sottoposti alla deliberazione del Consiglio dei Ministri.

3. Decreto legislativo 30 luglio 1999, n. 300. — Riforma dell'organizzazione del Governo, a norma dell'articolo 11 della legge 15 marzo 1997, n. 59 (*estratto*).

Pubblicato nella Gazzetta Ufficiale n. 203 del 30 agosto 1999, S.O.

1 Oggetto.

1. Il presente decreto legislativo, in attuazione della delega disposta con l'articolo 11 della legge 15 marzo 1997, n. 59, modificato dall'articolo 1 della legge 16 giugno 1998, n. 191 e dall'articolo 9 della legge 8 marzo 1999, n. 50, detta norme per la razionalizzazione, il riordino, la soppressione e la fusione di ministeri, l'istituzione di agenzie, il riordino dell'amministrazione periferica dello Stato.

2. In nessun caso le norme del presente decreto legislativo possono essere interpretate nel senso della attribuzione allo Stato, alle sue amministrazioni o ad enti pubblici nazionali, di funzioni e compiti trasferiti, delegati o comunque attribuiti alle regioni, agli enti locali e alle autonomie funzionali dalle disposizioni vigenti alla data di entrata in vigore del presente decreto legislativo, ovvero da conferire ai sensi dei decreti legislativi emanati in attuazione della legge 15 marzo 1997, n. 59.

2 Ministeri.

1. I Ministeri sono i seguenti:

1) Ministero degli affari esteri e della cooperazione internazionale (1);

2) Ministero dell'interno;

3) Ministero della giustizia;

4) Ministero della difesa;

5) Ministero dell'economia e delle finanze;

6) Ministero dello sviluppo economico;

7) Ministero delle politiche agricole alimentari, e forestali (2);

8) Ministero della transizione ecologica; (3)

9) Ministero delle infrastrutture e della mobilità sostenibili; (4)

10) Ministero del lavoro e delle politiche sociali (5);

11) Ministero dell'istruzione (6);

12) Ministero dell'università e della ricerca (7);

13) Ministero della cultura; (8)

14) Ministero della salute;

15) Ministero del turismo (9) (10).

2. I ministeri svolgono, per mezzo della propria organizzazione, nonché per mezzo delle agenzie disciplinate dal presente decreto legislativo, le funzioni di spettanza statale nelle materie e secondo le aree funzionali indicate per ciascuna amministrazione dal presente decreto, nel rispetto degli obblighi derivanti dall'appartenenza all'Unione europea.

3. Sono in ogni caso attribuiti ai ministri, anche con riferimento alle agenzie dotate di personalità giuridica, la titolarità dei poteri di indirizzo politico di cui agli articoli 3 e 14 del decreto legislativo n. 29 del 1993 e la relativa responsabilità.

4. I ministeri intrattengono, nelle materie di rispettiva competenza, i rapporti con l'Unione europea e con le organizzazioni e le agenzie internazionali di settore, fatte salve le competenze del ministero degli affari esteri.

4-*bis*. Il numero dei Ministeri è stabilito in quindici (11). Il numero totale dei componenti del Governo a qualsiasi titolo, ivi compresi Ministri senza portafoglio, vice Ministri e Sottosegretari, non può essere superiore a sessantacinque e la composizione del Governo deve essere coerente con il principio sancito nel secondo periodo del primo comma dell'articolo 51 della Costituzione (12).

(1) *Numero sostituito dall'art. 3, comma 1, l. 11 agosto 2014, n. 125.*

(2) *Numero sostituito dall'art. 1, comma 13, lett.* a) *d.l. 21 settembre 2019, n. 104, conv., con modif., in l. 18 novembre 2019, n. 132. Il testo del numero, come sostituito dall'art. 1, comma 3, lett.* a), *d.l. 12 luglio 2018, n. 86, conv., con modif., in l. 9 agosto 2018, n. 9, era il seguente:* « 7) Ministero delle politiche agricole alimentari, forestali e del turismo ».

(3) *Numero così sostituito dall'art. 1, comma 1, lett.* a), *n. 1, d.l. 1° marzo 2021, n. 22, conv., con modif., in l. 22 aprile 2021, n. 55. Il testo del numero era il seguente:* « 8) Ministero dell'ambiente e della tutela del territorio e del mare; ».

(4) *Numero così sostituito dall'art. 1, comma 1, lett.* a), *n. 2, d.l. n. 22, cit. Il testo del numero era il seguente:* « 9) Ministero delle infrastrutture e dei trasporti; ».

(5) *Numero sostituito dall'art. 1, comma 2, lett.* a), *n. 1), l. 13 novembre 2009, n. 172.*

(6) *Numero sostituito dall'art. 1, comma 2, lett.* a) *d.l. 9 gennaio 2020, n. 1, conv., con modif., in l. 5 marzo 2020, n. 12. Ai sensi dell'art. 4, commi 8 e 9, d.l. n. 1, cit. « 8. La denominazione "Ministero dell'istruzione" sostituisce, ad ogni effetto e ovunque presente, la denominazione "Ministero dell'istruzione, dell'università e della ricerca" in relazione alle funzioni di cui agli articoli 49 e 50 del decreto legislativo 30 luglio 1999, n. 300, come modificato dal presente decreto-legge. – 9. La denominazione "Ministero dell'università e della ricerca" sostituisce, ad ogni effetto e ovunque presente, la denominazione "Ministero dell'istruzione, dell'università e della ricerca" in relazione alle funzioni di cui agli articoli 51-*bis *e 51-*ter *del decreto legislativo 30 luglio 1999, n. 300, come modificato dal presente decreto-legge ». Il testo del numero era il seguente:* « 11) Ministero dell'istruzione, dell'università e della ricerca ».

(7) *Numero sostituito dall'art. 1, comma 2, lett.* a) *d.l. n. 1, cit. Il testo del numero, come da ultimo sostituito dall'art. 1, comma 3, lett.* a) *d.l. 12 luglio 2018, n. 86, conv., con modif., in l. 9 agosto 2018, n. 97, era il seguente:* « 12) Ministero per i beni e le attività culturali ».

(8) *Numero così sostituito dall'art. 1, comma 1, lett.* a), *n. 3, d.l. n. 22, cit. Il testo del numero, come da ultimo sostituito dall'art. 1, comma 2, lett.* a) *d.l. n. 1, cit., era il seguente:* « 13) Ministero per i beni e le attività culturali e per il turismo ».

(9) *Numero aggiunto dall'art. 1, comma 1, lett.* a), *n. 4, d.l. n. 22, cit.*

(10) *Comma sostituito dapprima dall'art. 1 d.l. 12 giugno 2001, n. 217, conv., con modif., in l. 3 agosto 2001, n. 317, successivamente dall'art. 1, comma 1, d.l. 18 maggio 2006, n. 181, conv., con modif., in l. 17*

luglio 2006, n. 233 e infine dall'art. 1, comma 1, d.l. 16 maggio 2008, n. 85, conv., con modif., in l. 14 luglio 2008, n. 121.

(11) *La parola* « quindici » *è stata sostituita alla parola* « quattordici » *dall'art. 1, comma 1, lett.* b), *d.l. n. 22, cit.*

(12) *Comma aggiunto dall'art. 1, comma 2, lett.* a) *d.l. n. 1, cit.*

TITOLO I
L'organizzazione dei Ministeri

3 Disposizioni generali.

1. Nei Ministeri costituiscono strutture di primo livello, alternativamente:

a) i dipartimenti;

b) le direzioni generali.

2. Nei Ministeri in cui le strutture di primo livello sono costituite da dipartimenti non può essere istituita la figura del segretario generale. Nei Ministeri organizzati in dipartimenti l'ufficio del segretario generale, ove previsto da precedenti disposizioni di legge o regolamento, è soppresso. I compiti attribuiti a tale ufficio sono distribuiti tra i capi dipartimento con il regolamento di cui all'articolo 4.

(1) *Articolo sostituito dall'art. 2 d.l. 12 giugno 2001, n. 217, conv., con modif., in l. 3 agosto 2001, n. 317, e successivamente dall'art. 1 d.lgs. 6 dicembre 2002, n. 287.*

4 Disposizioni sull'organizzazione.

1. L'organizzazione, la dotazione organica, l'individuazione degli uffici di livello dirigenziale generale ed il loro numero, le relative funzioni e la distribuzione dei posti di funzione dirigenziale, l'individuazione dei dipartimenti, nei casi e nei limiti fissati dalle disposizioni del presente decreto legislativo, e la definizione dei rispettivi compiti sono stabiliti con regolamenti o con decreti del ministro emanati ai sensi dell'articolo 17, comma 4-*bis*, della legge 23 agosto 1988, n. 400. Si applica l'articolo 19 della legge 15 marzo 1997, n. 59. I regolamenti prevedono la soppressione dei ruoli esistenti e l'istituzione di un ruolo unico del personale non dirigenziale di ciascun ministero, articolato in aree dipartimentali e per direzioni generali. Fino all'istituzione del ruolo unico del personale non dirigenziale di ciascun ministero, i regolamenti assicurano forme ordinarie di mobilità tra i diversi dipartimenti e le diverse direzioni generali, nel rispetto dei requisiti di professionalità richiesti per l'esercizio delle relative funzioni, ferme restando le normative contrattuali in materia. La nuova organizzazione e la dotazione organica del personale non devono comunque comportare incrementi di spesa.

2. I ministeri che si avvalgono di propri sistemi informativi automatizzati sono tenuti ad assicurarne l'interconnessione con i sistemi informativi automatizzati delle altre amministrazioni centrali e locali per il tramite della rete unitaria delle pubbliche amministrazioni.

3. Il regolamento di cui al precedente comma 1 si attiene, inoltre, ai criteri fissati dall'articolo 1 della legge 7 agosto 1990, n. 241 e dall'articolo 2 del decreto legislativo 3 febbraio 1993, n. 29 e successive modificazioni e integrazioni.

4. All'individuazione degli uffici di livello dirigenziale non generale di ciascun ministero e alla definizione dei relativi compiti, nonché la distribuzione dei predetti uffici tra le strutture di livello dirigenziale generale, si provvede con decreto ministeriale di natura non regolamentare (1) (2).

4-*bis*. La disposizione di cui al comma 4 si applica anche in deroga alla eventuale distribuzione degli uffici di livello dirigenziale non generale stabilita nel regolamento di organizzazione del singolo Ministero (3).

5. Con le medesime modalità di cui al precedente comma 1 si procede alla revisione periodica dell'organizzazione ministeriale, con cadenza almeno biennale.

6. I regolamenti di cui al comma 1 raccolgono tutte le disposizioni normative relative a ciascun ministero. Le restanti norme vigenti sono abrogate con effetto dalla data di entrata in vigore dei regolamenti medesimi.

(1) *V. il d.m. 21 luglio 2000, per il Ministero dell'industria, del commercio e dell'artigianato, il d.m. 30 gennaio 2001, per il Ministero della pubblica istruzione, il d.m. 17 maggio 2001, per il Ministero della sanità, il d.m 21 novembre 2001, per il Ministero dell'economia e delle finanze e il d.m. 22 gennaio 2002, per il Ministero della giustizia, il d.P.R. 17 giugno 2003, n. 261, per il Ministero dell'ambiente e della tutela del territorio, e il d.m. 28 aprile 2004 e d.m. 26 marzo 2008, per il Ministero dell'istruzione, dell'università e della ricerca.*

(2) *Comma modificato dall'art. 41, comma 10, lett.* a), *d.l. 30 dicembre 2008, n. 207, conv., con modif., in l. 27 febbraio 2009, n. 14.*

(3) *Comma inserito dall'art. 41, comma 10, lett.* b), *d.l. 30 dicembre 2008, n. 207, conv., con modif., in l. 27 febbraio 2009, n. 14.*

5 I dipartimenti.

1. I dipartimenti sono costituiti per assicurare l'esercizio organico ed integrato delle funzioni del ministero. Ai dipartimenti sono attribuiti compiti finali concernenti grandi aree di materie omogenee e i relativi compiti strumentali ivi compresi quelli di indirizzo e coordinamento delle unità di gestione in cui si articolano i dipartimenti stessi, quelli di organizzazione e quelli di gestione delle risorse strumentali, finanziarie ed umane ad essi attribuite.

2. L'incarico di capo del dipartimento viene conferito in conformità alle disposizioni, di cui all'articolo 19 del decreto legislativo 3 febbraio 1993, n. 29 e successive modificazioni ed integrazioni.

3. Il capo del dipartimento svolge compiti di coordinamento, direzione e controllo degli uffici di livello dirigenziale generale compresi nel dipartimento stesso, al fine di assicurare la continuità delle funzioni dell'amministrazione ed è responsabile dei risultati complessivamente raggiunti dagli uffici da esso dipendenti, in attuazione degli indirizzi del ministro.

4. Dal capo del dipartimento dipendono funzionalmente gli uffici di livello dirigenziale generale compresi nel dipartimento stesso.

5. Nell'esercizio dei poteri di cui ai precedenti commi 3 e 4, in particolare, il capo del dipartimento:

a) determina i programmi per dare attuazione agli indirizzi del ministro;

b) alloca le risorse umane, finanziarie e strumentali disponibili per l'attuazione dei programmi secondo princìpi di economicità, efficacia ed efficienza, nonché di rispondenza del servizio al pubblico interesse;

c) svolge funzioni di propulsione, di coordinamento, di controllo e di vigilanza nei confronti degli uffici del dipartimento;

d) promuove e mantiene relazioni con gli organi competenti dell'Unione europea per la trattazione di questioni e problemi attinenti al proprio dipartimento;

e) adotta gli atti per l'utilizzazione ottimale del personale secondo criteri di efficienza, disponendo gli opportuni trasferimenti di personale all'interno del dipartimento;

f) è sentito dal ministro ai fini dell'esercizio del potere di proposta per il conferimento degli incarichi di direzione degli uffici di livello dirigenziale generale, ai sensi dell'articolo 19, comma 4, del decreto legislativo 3 febbraio 1993, n. 29;

g) può proporre al ministro l'adozione dei provvedimenti di revoca degli incarichi di direzione degli uffici di livello dirigenziale generale, ai sensi dell'articolo 19, comma 7, del decreto legislativo 3 febbraio 1993, n. 29 e, comunque, viene sentito nel relativo procedimento;

h) è sentito dal ministro per l'esercizio delle attribuzioni a questi conferite dall'articolo 14, comma 1, del decreto legislativo 3 febbraio 1993, n. 29.

6. Con le modalità di cui all'articolo 16, comma 5, del decreto legislativo 3 febbraio 1993, n. 29, possono essere definiti ulteriori compiti del capo del dipartimento.

6 Il segretario generale (1).

1. Nei Ministeri in cui le strutture di primo livello sono costituite da direzioni generali può essere istituito l'ufficio del segretario generale. Il segretario generale, ove previsto, opera alle dirette dipendenze del Ministro. Assicura il coordinamento dell'azione amministrativa, provvede all'istruttoria per l'elaborazione degli indirizzi e dei programmi di competenza del Ministro, coordina gli uffici e le attività del Ministero, vigila sulla loro efficienza e rendimento e ne riferisce periodicamente al Ministro.

(1) *Articolo sostituito dall'art. 2 d.lgs. 6 dicembre 2002, n. 287.*

7 Uffici di diretta collaborazione con il ministro (1).

1. La costituzione e la disciplina degli uffici di diretta collaborazione del ministro, per l'esercizio delle funzioni ad esso attribuite dagli articoli 3 e 14 del decreto legislativo 3 febbraio 1993, n. 29 e successive modificazioni ed integrazioni, l'assegnazione di personale a tali uffici e il relativo trattamento economico, il riordino delle segreterie particolari dei sottosegretari di Stato, sono regolati dall'articolo 14, comma 2, del decreto legislativo 3 febbraio 1993, n. 29.

2. I regolamenti di cui al suddetto articolo 14, comma 2, del decreto legislativo 3 febbraio 1993, n. 29, si attengono, tra l'altro, ai seguenti princìpi e criteri direttivi:

a) attribuzione dei compiti di diretta collaborazione secondo criteri che consentano l'efficace e funzionale svolgimento dei compiti di definizione degli obiettivi, di elaborazione delle politiche pubbliche e di valutazione della relativa attuazione e delle connesse attività di comunicazione, nel rispetto del principio di distinzione tra funzioni di indirizzo e compiti di gestione;

b) assolvimento dei compiti di supporto per l'assegnazione e la ripartizione delle risorse ai dirigenti preposti ai centri di responsabilità, ai sensi dell'articolo 3 del decreto legislativo 7 agosto 1997, n. 279, anche in funzione della verifica della gestione effettuata dagli appositi uffici, nonché del compito di promozione e sviluppo dei sistemi informativi;

c) organizzazione degli uffici preposti al controllo interno di diretta collaborazione con il ministro, secondo le disposizioni del decreto legislativo di riordino e potenziamento dei meccanismi e strumenti di monitoraggio e valutazione dei costi, dei rendimenti e dei risultati dell'attività svolta dalle amministrazioni pubbliche, in modo da assicurare il corretto ed efficace svolgimento dei compiti ad essi assegnati dalla legge, anche attraverso la provvista di adeguati mezzi finanziari, organizzativi e personali;

d) organizzazione del settore giuridico-legislativo in modo da assicurare: il raccordo permanente con l'attività normativa del Parlamento, l'elaborazione di testi normativi del Governo garantendo la valutazione dei costi della regolazione, la qualità del linguaggio normativo, l'applicabilità delle norme introdotte, lo snellimento e la semplificazione della normativa, la cura dei rapporti con gli altri organi costituzionali, con le autorità indipendenti e con il Consiglio di Stato;

e) attribuzione dell'incarico di Capo degli uffici di cui al comma 1 ad esperti, anche estranei all'amministrazione, dotati di elevata professionalità.

(1) *V. l'art. 5 d.P.R. 14 maggio 2001, n. 258, per il Ministro delle comunicazioni, il d.P.R. 12 giugno 2003, n. 208, per il Ministro della salute, il d.P.R. 3 luglio 2003, n. 227, per il Ministro dell'economia e delle finanze, il d.P.R. 24 febbraio 2006, n. 162, per il Ministro della difesa, il d.P.R. 29 novembre 2007, n. 259, per il Ministro della pubblica istruzione.*

TITOLO II
Le agenzie

8 L'ordinamento.

1. Le agenzie sono strutture che, secondo le previsioni del presente decreto legislativo, svolgono attività a carattere tecnico-operativo di interesse nazionale, in atto esercitate da ministeri ed enti pubblici. Esse operano al servizio delle amministrazioni pubbliche, comprese anche quelle regionali e locali.

2. Le agenzie hanno piena autonomia nei limiti stabiliti dalla legge e sono sottoposte al controllo della Corte dei conti, ai sensi dell'articolo 3, comma 4, della legge 14 gennaio 1994, n. 20. Esse sono sottoposte ai poteri di indirizzo e di vigilanza di un ministro secondo le disposizioni del successivo comma 4, e secondo le disposizioni generali dettate dagli articoli 3, comma 1, e 14 del decreto legislativo 3 febbraio 1993, n. 29 e successive modificazioni.

3. L'incarico di direttore generale dell'agenzia viene conferito in conformità alle disposizioni dettate dal

precedente articolo 5 del presente decreto per il conferimento dell'incarico di capo del dipartimento.

4. Con regolamenti emanati ai sensi dell'articolo 17, comma 2, della legge 23 agosto 1988, n. 400, su proposta del presidente del consiglio dei ministri e dei ministri competenti, di concerto con il ministro del tesoro, del bilancio e della programmazione economica, sono emanati gli statuti delle agenzie istituite dal presente decreto legislativo, in conformità ai seguenti princìpi e criteri direttivi:

a) definizione delle attribuzioni del direttore generale dell'agenzia anche sulla base delle previsioni contenute nel precedente articolo 5 del presente decreto con riferimento al capo del dipartimento;

b) attribuzione al direttore generale e ai dirigenti dell'agenzia dei poteri e della responsabilità della gestione, nonché della responsabilità per il conseguimento dei risultati fissati dal ministro competente nelle forme previste dal presente decreto; nell'ambito, ove possibile, di massimali di spesa predeterminati dal bilancio o, nell'ambito di questo, dal ministro stesso;

c) previsione di un comitato direttivo, composto da dirigenti dei principali settori di attività dell'agenzia, in numero non superiore a quattro, con il compito di coadiuvare il direttore generale nell'esercizio delle attribuzioni ad esso conferite;

d) definizione dei poteri ministeriali di vigilanza, che devono comprendere, comunque, oltre a quelli espressamente menzionati nel precedente comma 2:

d1) l'approvazione dei programmi di attività dell'agenzia e di approvazione dei bilanci e rendiconti, secondo modalità idonee a garantire l'autonomia dell'agenzia;

d2) l'emanazione di direttive con l'indicazione degli obiettivi da raggiungere;

d3) l'acquisizione di dati e notizie e l'effettuazione di ispezioni per accertare l'osservanza delle prescrizioni impartite;

d4) l'indicazione di eventuali specifiche attività da intraprendere;

e) definizione, tramite una apposita convenzione da stipularsi tra il ministro competente e il direttore generale dell'agenzia, degli obiettivi specificamente attribuiti a questa ultima, nell'ambito della missione ad essa affidata dalla legge; dei risultati attesi in un arco temporale determinato; dell'entità e delle modalità dei finanziamenti da accordare all'agenzia stessa; delle strategie per il miglioramento dei servizi; delle modalità di verifica dei risultati di gestione; delle modalità necessarie ad assicurare al ministero competente la conoscenza dei fattori gestionali interni all'agenzia, quali l'organizzazione, i processi e l'uso delle risorse;

f) attribuzione all'agenzia di autonomia di bilancio, nei limiti del fondo stanziato a tale scopo in apposita unità previsionale di base dello stato di previsione del ministero competente; attribuzione altresì all'agenzia di autonomi poteri per la determinazione delle norme concernenti la propria organizzazione ed il proprio funzionamento, nei limiti fissati dalla successiva lettera *l*);

g) regolazione su base convenzionale dei rapporti di collaborazione, consulenza, assistenza, servizio, supporto, promozione tra l'agenzia ed altre pubbliche amministrazioni, sulla base di convenzioni quadro da deliberarsi da parte del ministro competente;

h) previsione di un collegio dei revisori, nominato con decreto del ministro competente, composto di tre membri, due dei quali scelti tra gli iscritti all'albo dei revisori dei conti o tra persone in possesso di specifica professionalità; previsione di un membro supplente; attribuzione dei relativi compensi, da determinare con decreto del ministro competente di concerto con quello del tesoro;

i) istituzione di un apposito organismo preposto al controllo di gestione ai sensi del decreto legislativo di riordino e potenziamento dei meccanismi e strumenti di monitoraggio e valutazione dei costi, dei rendimenti e dei risultati dell'attività svolta dalle amministrazioni pubbliche;

l) determinazione di una organizzazione dell'agenzia rispondente alle esigenze di speditezza, efficienza ed efficacia dell'adozione amministrativa; attribuzione a regolamenti interni di ciascuna agenzia, adottati dal direttore generale dell'agenzia e approvati dal ministro competente, della possibilità di adeguare l'organizzazione stessa, nei limiti delle disponibilità finanziarie, alle esigenze funzionali, e devoluzione ad atti di organizzazione di livello inferiore di ogni altro potere di organizzazione; applicazione dei criteri di mobilità professionale e territoriale previsti dal decreto legislativo 3 febbraio 1993, n. 29 e successive modificazioni e integrazioni;

m) facoltà del direttore generale dell'agenzia di deliberare e proporre all'approvazione del ministro competente, di concerto con quello del tesoro, regolamenti interni di contabilità ispirati, ove richiesto dall'attività dell'agenzia, a princìpi civilistici, anche in deroga alle disposizioni sulla contabilità pubblica.

9 Il personale e la dotazione finanziaria.

1. Alla copertura dell'organico delle agenzie, nei limiti determinati per ciascuna di esse dai successivi articoli, si provvede, nell'ordine:

a) mediante l'inquadramento del personale trasferito dai ministeri e dagli enti pubblici, di cui al precedente articolo 8, comma 1;

b) mediante le procedure di mobilità di cui al capo III del titolo II del decreto legislativo 3 febbraio 1993, n. 29 e successive modificazioni ed integrazioni;

c) a regime, mediante le ordinarie forme di reclutamento.

2. Al termine delle procedure di inquadramento di cui al precedente comma 1, sono corrispondentemente ridotte le dotazioni organiche delle amministrazioni e degli enti di provenienza e le corrispondenti risorse finanziarie sono trasferite all'agenzia. In ogni caso, le suddette dotazioni organiche non possono essere reintegrate.

3. Al personale inquadrato nell'organico dell'agenzia, ai sensi del precedente comma 1, è mantenuto il trattamento giuridico ed economico spettante presso gli enti, le amministrazioni e gli organismi di provenienza al momento dell'inquadramento, fino alla sti-

pulazione del primo contratto integrativo collettivo di ciascuna agenzia.

4. Gli oneri di funzionamento dell'agenzia sono coperti:

a) mediante le risorse finanziarie trasferite da amministrazioni, secondo quanto disposto dal precedente comma 2;

b) mediante gli introiti derivanti dai contratti stipulati con le amministrazioni per le prestazioni di collaborazione, consulenza, assistenza, servizio, supporto, promozione;

c) mediante un finanziamento annuale, nei limiti del fondo a tale scopo stanziato in apposita unità previsionale di base dello stato di previsione del ministero competente e suddiviso in tre capitoli, distintamente riferiti agli oneri di gestione, calcolati tenendo conto dei vincoli di servizio, alle spese di investimento, alla quota incentivante connessa al raggiungimento degli obiettivi gestionali.

10 Agenzie fiscali (1).

1. Le agenzie fiscali sono disciplinate, anche in deroga agli articoli 8 e 9, dalle disposizioni del Capo II del Titolo V del presente decreto legislativo ed alla loro istituzione si provvede secondo le modalità e nei termini ivi previsti (2).

(1) *Rubrica modificata dall'art. 1 d.l. 7 settembre 2001, n. 343, conv., con modif., in l. 9 novembre 2001, n. 401.*

(2) *Comma modificato dall'art. 1 d.l. n. 343, cit.*

TITOLO III
L'amministrazione periferica

11 Prefettura - Ufficio Territoriale del Governo (1) (2).

1. La Prefettura assume la denominazione di Prefettura-Ufficio territoriale del Governo.

2. La Prefettura-Ufficio territoriale del Governo, ferme restando le proprie funzioni, assicura l'esercizio coordinato dell'attività amministrativa degli uffici periferici dello Stato e garantisce la leale collaborazione di detti uffici con gli enti locali. Sono in ogni caso fatte salve le competenze spettanti alle regioni a statuto speciale ed alle province autonome.

3. Fermo restando quanto previsto dall'articolo 10 della legge 5 giugno 2003, n. 131, ai fini di cui al comma 2, il Prefetto, titolare della Prefettura-Ufficio territoriale del Governo, è coadiuvato da una conferenza provinciale permanente, dallo stesso presieduta e composta dai responsabili di tutte le strutture amministrative periferiche dello Stato che svolgono la loro attività nella provincia nonché da rappresentanti degli enti locali. Il Prefetto titolare della Prefettura-Ufficio territoriale del Governo nel capoluogo della regione è altresì coadiuvato da una conferenza permanente composta dai rappresentanti delle strutture periferiche regionali dello Stato, alla quale possono essere invitati i rappresentanti della regione.

4. Nell'esercizio delle funzioni di coordinamento previste dai commi 2 e 3 il Prefetto, sia in sede di conferenza provinciale sia con interventi diretti, può richiedere ai responsabili delle strutture amministrative periferiche dello Stato l'adozione di provvedimenti volti ad evitare un grave pregiudizio alla qualità dei servizi resi alla cittadinanza anche ai fini del rispetto della leale collaborazione con le autonomie territoriali. Nel caso in cui non vengano assunte nel termine indicato le necessarie iniziative, il Prefetto, previo assenso del Ministro competente per materia, può provvedere direttamente, informandone preventivamente il Presidente del Consiglio dei Ministri.

5. Il Presidente del Consiglio dei Ministri ed i Ministri, nell'esercizio del potere di indirizzo politico-amministrativo, emanano, ove occorra, apposite direttive ai Prefetti.

6. Con regolamento da emanarsi ai sensi dell'articolo 17, comma 1, della legge 23 agosto 1988, n. 400, si provvede ad adottare le disposizioni per l'attuazione del presente articolo e per l'adeguamento della normativa regolamentare vigente.

(1) *Articolo modificato dall'art. 10, comma 10, l. 5 giugno 2003, n. 131, dall'art. 1 d.lgs. 30 dicembre 2003, n. 366, ed infine sostituito dall'art. 1 d.lgs. 21 gennaio 2004, n. 29.*

(2) *V. l'art. 8 l. 7 agosto 2015, n. 124 (Deleghe al Governo in materia di riorganizzazione delle amministrazioni pubbliche)*, sub *II, 8.*

12-89 (*Omissis*).

4. Decreto legislativo 30 luglio 1999, n. 303. — Ordinamento della Presidenza del Consiglio dei Ministri, a norma dell'articolo 11 della l. 15 marzo 1997, n. 59. (*estratto*).

Pubblicato nella Gazzetta Ufficiale n. 205 del 1° settembre 1999, S.O.

CAPO I
Ordinamento della presidenza

1 Denominazioni.

1. Nel presente decreto legislativo sono denominati:

a) "Presidente" il Presidente del Consiglio dei Ministri e "Presidenza" la Presidenza del Consiglio dei Ministri;

b) "Segretariato generale", "Segretario generale" e "Vicesegretario generale": rispettivamente, il Segretariato generale della Presidenza del Consiglio dei Ministri, il Segretario generale della Presidenza del Consiglio dei Ministri, il Vicesegretario generale della Presidenza del Consiglio dei Ministri;

c) "Dipartimenti": le strutture di livello dirigenziale generale in cui si articola il Segretariato generale della Presidenza del Consiglio dei Ministri, comprensive di una pluralità di uffici accomunati da omogeneità funzionale;

d) "uffici": strutture di livello dirigenziale generale collocate all'interno di strutture dipartimentali ovvero in posizione di autonomia funzionale, equiparabile a quella dei Dipartimenti;

e) "servizi": unità operative di base di livello dirigenziale.

2 Finalità e funzioni.

1. Il presente decreto legislativo disciplina l'ordinamento, l'organizzazione e le funzioni della Presidenza, della cui attività il Presidente si avvale per l'esercizio delle autonome funzioni di impulso, indirizzo e coordinamento attribuitegli dalla Costituzione e dalle leggi della Repubblica. L'organizzazione della Presidenza tiene conto, in particolare, della esigenza di assicurare, anche attraverso il collegamento funzionale con le altre amministrazioni interessate, l'unità di indirizzo politico ed amministrativo del Governo, ai sensi dell'articolo 95 della Costituzione.

2. Il Presidente si avvale della Presidenza, in particolare, per l'esercizio, in forma organica e integrata, delle seguenti funzioni:

a) la direzione ed i rapporti con l'organo collegiale di governo;

b) i rapporti del Governo con il Parlamento e con altri organi costituzionali;

c) i rapporti del Governo con le istituzioni europee;

d) i rapporti del Governo con il sistema delle autonomie;

e) i rapporti del Governo con le confessioni religiose, ai sensi degli articoli 7 e 8, ultimo comma, della Costituzione;

f) la progettazione delle politiche generali e le decisioni di indirizzo politico generale;

g) il coordinamento dell'attività normativa del Governo;

h) il coordinamento dell'attività amministrativa del Governo e della funzionalità dei sistemi di controllo interno;

i) la promozione e il coordinamento delle politiche di pari opportunità e delle azioni di Governo volte a prevenire e rimuovere le discriminazioni;

l) il coordinamento delle attività di comunicazione istituzionale, di informazione, nonché relative all'editoria ed ai prodotti editoriali (1);

m) la promozione e verifica dell'innovazione nel settore pubblico ed il coordinamento in materia di lavoro pubblico;

n) il coordinamento di particolari politiche di settore considerate strategiche dal programma di Governo;

o) il monitoraggio dello stato di attuazione del programma di Governo e delle politiche settoriali.

(1) *Lettera così modificata dall'art. 1 d.lgs. 5 dicembre 2003, n. 343.*

3 Partecipazione all'Unione europea.

1. Il Presidente promuove e coordina l'azione del Governo diretta ad assicurare la piena partecipazione dell'Italia all'Unione europea e lo sviluppo del processo di integrazione europea.

2. Compete al Presidente del Consiglio la responsabilità per l'attuazione degli impegni assunti nell'ambito dell'Unione europea. A tal fine, il Presidente si avvale di un apposito Dipartimento della Presidenza del Consiglio. Di tale struttura si avvale, altresì, per il coordinamento, nella fase di predisposizione della normativa comunitaria, delle amministrazioni dello Stato competenti per settore, delle regioni, degli operatori privati e delle parti sociali interessate, ai fini della definizione della posizione italiana da sostenere, di intesa con il Ministero degli affari esteri, in sede di Unione europea.

3. Restano ferme le attribuzioni regionali in materia di attuazione delle norme comunitarie e in materia di relazioni con le istituzioni comunitarie.

4 Rapporti con il sistema delle autonomie.

1. Il Presidente coordina l'azione del Governo in materia di rapporti con il sistema delle autonomie e promuove lo sviluppo della collaborazione tra Stato, regioni e autonomie locali.

2. Il Presidente, anche in esito alle deliberazioni degli appositi organi a composizione mista, promuove le iniziative necessarie per l'ordinato svolgimento dei rapporti tra Stato, regioni e autonomie locali ed assicura l'esercizio coerente e coordinato dei poteri e dei rimedi previsti per i casi di inerzia e di inadempienza.

3. Per l'esercizio dei compiti di cui al presente articolo, il Presidente si avvale di un apposito Dipartimento per gli affari regionali, e, ferma restandone l'attuale posizione funzionale e strutturale, delle segreterie della Conferenza permanente per i rapporti tra lo Stato, le regioni e le province autonome di Trento e Bolzano e della Conferenza Stato-Città e autonomie locali, nonché dell'ufficio per il federalismo amministrativo, nel quale confluisce il personale addetto alla struttura di supporto del Commissario straordinario del Governo per l'attuazione del federalismo amministrativo, mantenendo il proprio stato giuridico; si avvale altresì, sul territorio, dei rappresentanti dello Stato nelle Regioni, che dipendono funzionalmente dal Presidente del Consiglio dei ministri (1) (2).

(1) *Comma così modificato dall'art. 10 l. 5 giugno 2003, n. 131.*

(2) *V. l'art.* 2-septies *d.l. 26 aprile 2005, n. 63, conv., con modif., in l. 25 giugno 2005, n. 109, ai sensi del quale: « 1. Per accelerare l'attuazione del processo di trasferimento di funzioni amministrative previsto dal capo I della* legge 15 marzo 1997, n. 59, *dall'*articolo 7 della legge 5 giugno 2003, n. 131, *nonché dall'*articolo 118 *della Costituzione, all'Ufficio per il federalismo amministrativo di cui all'*articolo 4, comma 3, del decreto legislativo 30 luglio 1999, n. 303, *e successive modificazioni, è assegnato un dirigente di prima fascia di staff, nel rispetto dell'*articolo 5, comma 5, del decreto del Presidente del Consiglio dei ministri 23 luglio 2002, *pubblicato nella Gazzetta Ufficiale n. 207 del 4 settembre 2002. Può, inoltre, essere nominato un consigliere speciale, su proposta del Ministro per gli affari regionali, con decreto del Presidente del Consiglio dei ministri, adottato di concerto con il Ministro dell'economia e delle finanze, che ne determina la durata e il compenso, scelto fra i magistrati ordinari, amministrativi e contabili, i professori universitari, gli avvocati dello Stato e i consiglieri parlamentari. Al compenso del consigliere provvede il Segretariato generale della Presidenza del Consiglio dei ministri; alle restanti spese di funzionamento provvede il Dipartimento per gli affari regionali con le disponibilità già assegnate al Commissario straordinario del Governo per il federalismo amministrativo di cui al decreto del Presidente della Repubblica del 28 dicembre 2004, che è soppresso, senza maggiori oneri per la finanza pubblica. Per*

*i dipendenti di cui all'*articolo 3 del decreto legislativo 30 marzo 2001, n. 165, *e successive modificazioni, la nomina a consigliere speciale non comporta il collocamento in posizione di aspettativa o di fuori ruolo ».*

5 (*Omissis*).

6 Dipartimento per gli affari giuridici e legislativi.

1. Le funzioni relative al coordinamento dell'attività normativa del Governo sono organizzate in un apposito Dipartimento, in modo da garantire, in coerenza con quanto disposto dall'articolo 19, comma 1, lettere *c*) e *d*), della legge 23 agosto 1988, n. 400, la valutazione d'impatto della regolazione, la semplificazione dei procedimenti, la qualità del linguaggio normativo, l'applicabilità dell'innovazione normativa, la adempiuta valutazione degli effetti finanziari. Il Dipartimento, in collaborazione con il Dipartimento di cui all'articolo 3, comma 2, assicura, quanto al processo di formazione ed attuazione in sede nazionale della normativa comunitaria, l'esame preliminare della situazione normativa ed economica interna e la valutazione delle conseguenze dell'introduzione di norme comunitarie sull'assetto interno. Del Dipartimento fanno parte i settori legislativi operanti nell'ambito della Presidenza, nonché la segreteria del Nucleo per la semplificazione delle norme e delle procedure di cui all'articolo 3 della legge 8 marzo 1999, n. 50. Al Dipartimento possono essere assegnati in posizione di fuori ruolo, in aggiunta al Capo ed al Vice Capo del Dipartimento stesso, magistrati ordinari, amministrativi e contabili, ovvero avvocati dello Stato, in numero non superiore a sette. A tale personale si applica quanto disposto dall'articolo 12, comma 9.

6-*bis* Dipartimento nazionale per le politiche antidroga (1).

[1. Il coordinamento delle politiche per prevenire, monitorare e contrastare il diffondersi delle tossicodipendenze, e delle alcooldipendenze correlate, di cui al testo unico delle leggi in materia di disciplina degli stupefacenti e sostanze psicotrope, prevenzione, cura e riabilitazione dei relativi stati di tossicodipendenza, di cui al decreto del Presidente della Repubblica 9 ottobre 1990, n. 309, è organizzato in apposito Dipartimento, al quale sono trasferite le risorse finanziarie, strumentali ed umane connesse allo svolgimento delle competenze già attribuite al Dipartimento per le politiche sociali e previdenziali del Ministero del lavoro e delle politiche sociali di cui all'articolo 10, comma 4, comprese quelle previste dall'articolo 127 del citato testo unico di cui al decreto del Presidente della Repubblica n. 309 del 1990, e successive modificazioni.

2. Il Dipartimento collabora con le associazioni, le cooperative sociali di cui alla legge 8 novembre 1991, n. 381, le comunità terapeutiche e i centri di accoglienza operanti nel campo della prevenzione, recupero e reinserimento sociale dei tossicodipendenti; raccoglie informazioni e documentazione sulle tossicodipendenze, definendo e aggiornando le metodologie per la rilevazione, l'elaborazione, la valutazione e il trasferimento all'esterno delle informazioni sulle tossicodipendenze. Esso opera secondo gli indirizzi del Comitato nazionale di coordinamento per l'azione antidroga di cui all'articolo 1 del citato testo unico di cui al decreto del Presidente della Repubblica n. 309 del 1990, e successive modificazioni, ferme restando le competenze attribuite ad altre amministrazioni pubbliche in materia di prevenzione e contrasto alla droga e recupero delle persone dedite all'uso di sostanze stupefacenti e psicotrope.

3. Entro il 30 aprile di ciascun anno il Dipartimento trasmette al Parlamento una relazione dettagliata sugli interventi effettuati in attuazione del presente articolo, con particolare riferimento alle azioni di contrasto e prevenzione della droga e di recupero, cura e riabilitazione dei relativi stati di tossicodipendenza, contenente altresì l'elenco delle associazioni, comunità terapeutiche e centri di accoglienza, ritenuti validamente idonei alle loro funzioni statutarie da una apposita Commissione istituita, senza nuovi o maggiori oneri a carico del bilancio dello Stato, dal Dipartimento, che collaborano a tal fine con il Dipartimento stesso].

(1) *Articolo inserito dall'art. 3, comma 83, l. 24 dicembre 2003, n. 350 e successivamente abrogato dall'art. 1, comma 6 d.l. 18 maggio 2006, n. 181, conv., con modif. in l.. 17 luglio 2006, n. 233.*

7 Autonomia organizzativa.

1. Per lo svolgimento delle funzioni istituzionali di cui all'articolo 2, e per i compiti di organizzazione e gestione delle occorrenti risorse umane e strumentali, il Presidente individua con propri decreti le aree funzionali omogenee da affidare alle strutture in cui si articola il Segretariato generale.

2. Con propri decreti, il Presidente determina le strutture della cui attività si avvalgono i Ministri o Sottosegretari da lui delegati.

3. I decreti di cui ai commi 1 e 2 indicano il numero massimo degli uffici in cui si articola ogni Dipartimento e dei servizi in cui si articola ciascun ufficio. Alla organizzazione interna delle strutture medesime provvedono, nell'ambito delle rispettive competenze, il Segretario generale ovvero il Ministro o Sottosegretario delegato.

4. Per lo svolgimento di particolari compiti per il raggiungimento di risultati determinati o per la realizzazione di specifici programmi, il Presidente istituisce, con proprio decreto, apposite strutture di missione, la cui durata temporanea, comunque non superiore a quella del Governo che le ha istituite, è specificata dall'atto istitutivo. Entro trenta giorni dalla data di entrata in vigore della presente disposizione, il Presidente può ridefinire le finalità delle strutture di missione già operanti: in tale caso si applica l'articolo 18, comma 3, della legge 23 agosto 1988, n. 400, e successive modificazioni. Sentiti il Comitato nazionale per la bioetica e gli altri organi collegiali che operano presso la Presidenza, il Presidente, con propri decreti, ne disciplina le strutture di supporto (1).

4-*bis*. Per le attribuzioni che implicano l'azione unitaria di più dipartimenti o uffici a questi equiparabili, il Presidente può istituire con proprio decreto apposite unità di coordinamento interdipartimentale, il cui responsabile è nominato ai sensi dell'articolo 18, comma 3, della legge 23 agosto 1988, n. 400. Dall'attuazione del presente comma non devono in ogni caso derivare nuovi o maggiori oneri per il bilancio dello Stato (2).

5. Il Segretario generale è responsabile del funzionamento del Segretariato generale e della gestione delle risorse umane e strumentali della Presidenza. Il Segretario generale può essere coadiuvato da uno o più Vicesegretari generali. Per le strutture affidate a Ministri o Sottosegretari, le responsabilità di gestione competono ai funzionari preposti alle strutture medesime, ovvero, nelle more della preposizione, a dirigenti temporaneamente delegati dal Segretario generale, su indicazione del Ministro o Sottosegretario competente.

6. Le disposizioni che disciplinano i poteri e le responsabilità dirigenziali nelle pubbliche amministrazioni, con particolare riferimento alla valutazione dei risultati, si applicano alla Presidenza nei limiti e con le modalità da definirsi con decreto del Presidente, sentite le organizzazioni sindacali, tenuto conto della peculiarità dei compiti della Presidenza. Il Segretario generale e, per le strutture ad essi affidate, i Ministri o Sottosegretari delegati, indicano i parametri organizzativi e funzionali, nonché gli obiettivi di gestione e di risultato cui sono tenuti i dirigenti generali preposti alle strutture individuate dal Presidente.

7. Il Presidente, con propri decreti, individua gli uffici di diretta collaborazione propri e, sulla base delle relative proposte, quelli dei Ministri senza portafoglio o sottosegretari della Presidenza, e ne determina la composizione.

8. La razionalità dell'ordinamento e dell'organizzazione della Presidenza è sottoposta a periodica verifica triennale, anche mediante ricorso a strutture specializzate pubbliche o private. Il Presidente informa le Camere dei risultati della verifica. In sede di prima applicazione del presente decreto, la verifica è effettuata dopo due anni.

(1) *Comma sostituito dall'art. 2, comma 155, d.l. 3 ottobre 2006, n. 262, conv., con modif., in l. 24 novembre 2006, n. 286.*
(2) *Comma inserito dall'art. 2, comma 155, d.l. n. 262, cit.*

8 Autonomia contabile e di bilancio.

1. A decorrere dall'esercizio finanziario successivo a quello di entrata in vigore del presente decreto, la Presidenza provvede all'autonoma gestione delle spese nei limiti delle disponibilità iscritte in apposita unità previsionale di base dello stato di previsione della spesa del Ministero del tesoro, del bilancio e della programmazione economica. Con propri decreti il Presidente stabilisce, in coerenza con i criteri di classificazione della spesa del bilancio statale, la struttura dei bilanci e la disciplina della gestione delle spese. I decreti, nell'ambito dei princìpi generali della contabilità pubblica, tengono conto delle peculiari esigenze di funzionalità della Presidenza. Con detti decreti si provvede altresì all'attuazione di disposizioni legislative recanti limiti per specifiche categorie di spesa in modo da assicurare, nel sistema dell'autonomia contabile e di bilancio della Presidenza e dandone adeguata evidenza, l'invarianza in termini di fabbisogno e di indebitamento netto dei risultati previsti dalle disposizioni legislative medesime (1).

2. Gravano su un apposito fondo del bilancio della Presidenza, alimentato anche mediante storno di apposite disponibilità dagli stati di previsione della spesa dei Ministeri interessati, le spese relative a gestioni affidate a Commissari straordinari di Governo, ai sensi dell'articolo 11 della legge 23 agosto 1988, n. 400, ovvero per il funzionamento di organi collegiali istituiti presso la Presidenza per disposizione di legge o con decreto emanato previa deliberazione del Consiglio dei Ministri.

3. I decreti di cui al comma 1 sono comunicati ai Presidenti delle Camere, ai quali sono altresì trasmessi i bilanci preventivi, annuale e pluriennale, e il rendiconto della gestione finanziaria della Presidenza.

(1) *Comma così modificato dall'art. 1, comma 422, l. 27 dicembre 2006, n. 296.*

9 Personale della Presidenza.

(*Omissis*).

9-*bis* Personale dirigenziale della Presidenza

(*Omissis*).

9-*ter* Istituzione del ruolo speciale della Protezione civile (1) (2).

1. Per l'espletamento delle specifiche funzioni di coordinamento in materia di protezione civile sono istituiti, nell'ambito della Presidenza, i ruoli speciali tecnico-amministrativi del personale dirigenziale e del personale non dirigenziale della Protezione civile.

2. Il personale dirigenziale di prima e di seconda fascia, in servizio alla data di entrata in vigore del presente articolo presso il Dipartimento della protezione civile della Presidenza, è inquadrato nel ruolo speciale dirigenziale istituito al comma 1, fatto salvo il diritto di opzione previsto dall'articolo 10, comma 2, della legge 15 luglio 2002, n. 145.

3. Nel ruolo speciale del personale non dirigenziale istituito al comma 1 è inquadrato il personale già appartenente al ruolo speciale ad esaurimento istituito presso la Presidenza ai sensi della legge 28 ottobre 1986, n. 730, nonché il personale delle aree funzionali già appartenente al ruolo del Servizio sismico nazionale di cui alla tabella E del decreto del Presidente della Repubblica 5 aprile 1993, n. 106. Il personale non dirigenziale da inquadrare nel ruolo di cui al comma 1 che, alla data di entrata in vigore del presente articolo, non presta servizio presso il Dipartimento della protezione civile ed il personale di cui alla tabella A allegata al decreto del Presidente del Consiglio dei Ministri 11 luglio 2003 che presta servizio alla medesima data presso il Dipartimento della protezione civile ha facoltà di opzione secondo modalità e termini stabiliti con il decreto del Presidente di cui al comma 4.

4. Con decreto del Presidente, adottato ai sensi degli articoli 7, 9 e 11, si provvede alla determinazione

delle dotazioni organiche del personale dei ruoli speciali, nonché alla determinazione, in misura non superiore al trenta per cento della consistenza dei predetti ruoli speciali, del contingente di personale in comando o fuori ruolo di cui può avvalersi il Dipartimento della protezione civile.

5. Sono contestualmente abrogati il ruolo speciale ad esaurimento istituito presso la Presidenza ai sensi della legge 28 ottobre 1986, n. 730, nonché il ruolo del Servizio sismico nazionale di cui alla tabella E del decreto del Presidente della Repubblica 5 aprile 1993, n. 106.

6. A decorrere dalla data di entrata in vigore del presente articolo, l'articolo 10 della legge 16 gennaio 2003, n. 3, si applica anche al personale inquadrato nei ruoli della Presidenza istituiti sulla base di norme anteriori alla legge 23 agosto 1988, n. 400, qualora detto personale risulti in possesso dei requisiti indicati all'articolo 38, comma 4, della medesima legge.

(1) *Articolo inserito dall'art. 3 d.lgs. 5 dicembre 2003, n. 343.*

(2) *Ai sensi dell'art. 74-bis d.l. 17 marzo 2020, n. 18, conv., con modif., in l. 24 aprile 2020, n. 27, allo scopo di fronteggiare i contesti emergenziali di cui al suddetto decreto ed in atto, anche tenuto conto dei nuovi ed ulteriori compiti del Dipartimento della protezione civile della Presidenza del Consiglio dei ministri, la dotazione organica del ruolo speciale tecnico-amministrativo del personale dirigenziale di prima e di seconda fascia della protezione civile, di cui al presente articolo, è incrementata nella misura di un posto di prima fascia e di un posto di seconda fascia.*

10-13 (*Omissis*).

5. Legge 20 luglio 2004, n. 215. — Norme in materia di risoluzione dei conflitti di interessi. (*estratto*).

Pubblicata nella Gazzetta Ufficiale n. 193 del 18 agosto 2004.

1 Ambito soggettivo di applicazione (1).

1. I titolari di cariche di governo, nell'esercizio delle loro funzioni, si dedicano esclusivamente alla cura degli interessi pubblici e si astengono dal porre in essere atti e dal partecipare a deliberazioni collegiali in situazione di conflitto d'interessi.

2. Agli effetti della presente legge per titolare di cariche di governo si intende il Presidente del Consiglio dei ministri, i Ministri, i Vice Ministri, i sottosegretari di Stato e i commissari straordinari del Governo di cui all'articolo 11 della legge 23 agosto 1988, n. 400.

3. Le regioni e le province autonome di Trento e di Bolzano adottano disposizioni idonee ad assicurare il rispetto del principio di cui al comma 1.

(1) *In deroga a quanto disposto dal presente articolo v. il comma 2 dell'art. 1, d.l. 23 maggio 2008, n. 90, conv., con modif., in l. 14 luglio 2008, n. 123, che così dispone: « In deroga all'articolo 1, commi 376 e 377, all'articolo 3, comma 44, della legge 24 dicembre 2007, n. 244, agli articoli 2, 5 e 10 della legge 23 agosto 1988, n. 400, e agli articoli 4, 14 e 16 del decreto legislativo 30 marzo 2001, n. 165, in via di assoluta irripetibilità e straordinarietà per far fronte alla gravissima situazione in corso, e, comunque, fino al 31 dicembre 2009, alla soluzione dell'emergenza rifiuti nella regione Campania è preposto un Sottosegretario di Stato presso la Presidenza del Consiglio dei Ministri, di seguito denominato: « il Sottosegretario di Stato »; per tale incarico, in via eccezionale e in deroga alle disposizioni degli articoli 1 e 2 della legge 20 luglio 2004, n. 215, può essere nominato il Capo del Dipartimento della protezione civile, di cui resta ferma la competenza ad esercitare in tale veste i compiti attinenti alla protezione civile di cui alla legge 24 febbraio 1992, n. 225, nonché alla materia di cui all'articolo 5-bis, comma 5, del decreto-legge 7 settembre del 2001, n. 343, convertito, con modificazioni, dalla legge 9 novembre 2001, n. 401, nell'ambito degli indirizzi del competente Sottosegretario alla Presidenza del Consiglio dei Ministri ».*

2 Incompatibilità (1).

1. Il titolare di cariche di governo, nello svolgimento del proprio incarico, non può:

a) ricoprire cariche o uffici pubblici diversi dal mandato parlamentare, di amministratore di enti locali, come definito dall'articolo 77, comma 2, del testo unico di cui al decreto legislativo 18 agosto 2000, n. 267, e da quelli previsti dall'articolo 1 e non inerenti alle medesime funzioni, ad esclusione delle cariche di cui all'articolo 1, secondo comma, della legge 13 febbraio 1953, n. 60 (2);

b) ricoprire cariche o uffici o svolgere altre funzioni comunque denominate in enti di diritto pubblico, anche economici;

c) ricoprire cariche o uffici o svolgere altre funzioni comunque denominate ovvero esercitare compiti di gestione in società aventi fini di lucro o in attività di rilievo imprenditoriale;

d) esercitare attività professionali o di lavoro autonomo in materie connesse con la carica di governo, di qualunque natura, anche se gratuite, a favore di soggetti pubblici o privati; in ragione di tali attività il titolare di cariche di governo può percepire unicamente i proventi per le prestazioni svolte prima dell'assunzione della carica; inoltre, non può ricoprire cariche o uffici, o svolgere altre funzioni comunque denominate, né compiere atti di gestione in associazioni o società tra professionisti;

e) esercitare qualsiasi tipo di impiego o lavoro pubblico;

f) esercitare qualsiasi tipo di impiego o lavoro privato.

2. L'imprenditore individuale provvede a nominare uno o più institori ai sensi degli articoli da 2203 a 2207 del codice civile.

3. Gli incarichi e le funzioni indicati al comma 1 cessano dalla data del giuramento relativo agli incarichi di cui all'articolo 1 e comunque dall'effettiva assunzione della carica; da essi non può derivare, per tutta la durata della carica di governo, alcuna forma di retribuzione o di vantaggio per il titolare. Le attività di cui al comma 1 sono vietate anche quando siano esercitate all'estero.

4. L'incompatibilità prevista dalla disposizione di cui alla lettera *d*) del comma 1 costituisce causa di impedimento temporaneo all'esercizio della professione e come tale è soggetta alla disciplina dettata dall'ordinamento professionale di appartenenza. L'incompatibilità prevista dalle disposizioni di cui alle lettere *b*), *c*) e *d*) del comma 1 perdura per dodici mesi dal termine della carica di governo nei confronti di enti di

diritto pubblico, anche economici, nonché di società aventi fini di lucro che operino prevalentemente in settori connessi con la carica ricoperta.

5. I dipendenti pubblici e privati sono collocati in aspettativa, o nell'analoga posizione prevista dagli ordinamenti di provenienza e secondo le medesime norme, con decorrenza dal giorno del giuramento e comunque dall'effettiva assunzione della carica. Resta fermo anche per i titolari delle cariche di governo che i periodi trascorsi nello svolgimento dell'incarico in posizione di aspettativa o di fuori ruolo non recano pregiudizio alla posizione professionale e alla progressione di carriera.

(1) *In deroga a quanto disposto dal presente articolo v. il comma 2 dell'art. 1, d.l. 23 maggio 2008, n. 90, conv., con modif., in l. 14 luglio 2008, n. 123, riportato in nota all'art. 1.*

(2) *Lettera così modificata dall'art. 3-*ter *d.l. 31 marzo 2005, n. 44, conv., con modif., in l. 31 maggio 2005, n. 88. Il testo previgente disponeva* « *a*) ricoprire cariche o uffici pubblici diversi dal mandato parlamentare e da quelli previsti dall'articolo 1 e non inerenti alle medesime funzioni, ad esclusione delle cariche di cui all'articolo 1, secondo comma, della legge 13 febbraio 1953, n. 60 ».

3 Conflitto di interessi.

1. Sussiste situazione di conflitto di interessi ai sensi della presente legge quando il titolare di cariche di governo partecipa all'adozione di un atto, anche formulando la proposta, o omette un atto dovuto, trovandosi in situazione di incompatibilità ai sensi dell'articolo 2, comma 1, ovvero quando l'atto o l'omissione ha un'incidenza specifica e preferenziale sul patrimonio del titolare, del coniuge o dei parenti entro il secondo grado, ovvero delle imprese o società da essi controllate, secondo quando previsto dall'articolo 7 della legge 10 ottobre 1990, n. 287, con danno per l'interesse pubblico.

4 Abuso di posizione dominante e ipotesi di responsabilità.

1. Restano ferme le vigenti disposizioni volte a prevenire e reprimere l'abuso di posizione dominante di cui all'articolo 3 della legge 10 ottobre 1990, n. 287.

2. Resta, altresì, fermo il divieto di atti o comportamenti aventi per oggetto o per effetto la costituzione o il mantenimento di una posizione dominante, ai sensi dell'articolo 2 della legge 31 luglio 1997, n. 249, e dell'articolo 14 della legge 3 maggio 2004, n. 112 (1).

3. La violazione delle disposizioni richiamate nel comma 2 è sanzionata anche quando è compiuta avvalendosi di atti posti in essere dal titolare di cariche di governo, dall'impresa facente capo al titolare medesimo, al coniuge o ai parenti entro il secondo grado, ovvero dalle imprese o società da essi controllate, secondo quanto previsto dall'articolo 7 della citata legge n. 287 del 1990.

4. Le disposizioni della presente legge non escludono l'applicabilità delle norme civili, penali, amministrative e disciplinari vigenti, quando ne sussistano i presupposti.

(1) *Comma così modificato dall'art. 1 d.l. 6 settembre 2004, n. 233, conv., con modif., in l. 5 novembre 2004, n. 261. Il testo previgente del comma disponeva:* « 2. Resta, altresì, fermo il divieto di atti o comportamenti aventi per oggetto o per effetto la costituzione o il mantenimento di una posizione dominante, ai sensi dell'articolo 2 della legge 31 luglio 1997, n. 249, e dell'articolo 14 della legge 3 maggio 2004, n. 112 ».

5 Dichiarazione degli interessati.

1. Entro trenta giorni dall'assunzione della carica di governo, il titolare dichiara all'Autorità garante della concorrenza e del mercato, di cui all'articolo 10 della legge 10 ottobre 1990, n. 287, le situazioni di incompatibilità di cui all'articolo 2, comma 1, della presente legge sussistenti alla data di assunzione della carica.

2. Entro i sessanta giorni successivi al termine di cui al comma 1, il titolare trasmette, inoltre, i dati relativi alle proprie attività patrimoniali, ivi comprese le partecipazioni azionarie; rientrano nell'obbligo di comunicazione di cui al presente comma anche le attività patrimoniali detenute nei tre mesi precedenti l'assunzione della carica.

3. Le dichiarazioni di cui ai commi 1, 2 e 4 sono rese anche all'Autorità per le garanzie nelle comunicazioni, di cui all'articolo 1 della legge 31 luglio 1997, n. 249, e successive modificazioni, quando la situazione di incompatibilità riguarda i settori delle comunicazioni, sonore e televisive, della multimedialità e dell'editoria, anche elettronica, e quando i dati patrimoniali sono attinenti a tali settori.

4. Il titolare di cariche di governo deve dichiarare, ai sensi dei commi 1 e 2, ogni successiva variazione dei dati patrimoniali in precedenza forniti, entro venti giorni dai fatti che l'abbiano determinata.

5. Entro i trenta giorni successivi al ricevimento delle dichiarazioni di cui al presente articolo, l'Autorità garante della concorrenza e del mercato e l'Autorità per le garanzie nelle comunicazioni provvedono agli accertamenti di competenza con le modalità di cui agli articoli 6 e 7.

6. Le dichiarazioni di cui al presente articolo sono rese anche dal coniuge e dai parenti entro il secondo grado del titolare di cariche di governo.

6 Funzioni dell'Autorità garante della concorrenza e del mercato in materia di conflitto di interessi.

1. L'Autorità garante della concorrenza e del mercato accerta la sussistenza delle situazioni di incompatibilità di cui all'articolo 2, comma 1, vigila sul rispetto dei divieti conseguenti e promuove nei casi di inosservanza:

a) la rimozione o la decadenza dalla carica o dall'ufficio ad opera dell'Amministrazione competente o di quella vigilante l'ente o l'impresa;

b) la sospensione del rapporto di impiego o di lavoro pubblico o privato;

c) la sospensione dall'iscrizione in albi e registri professionali, che deve essere richiesta agli ordini professionali per gli atti di loro competenza.

2. Gli organismi e le autorità competenti provvedono all'adozione degli atti di cui al comma 1, tenendo conto della richiesta dell'Autorità garante della concorrenza e del mercato.

3. Al fine di accertare la sussistenza di situazioni di conflitto di interessi ai sensi dell'articolo 3, l'Autorità

garante della concorrenza e del mercato esamina, controlla e verifica gli effetti dell'azione del titolare di cariche di governo con riguardo alla eventuale incidenza specifica e preferenziale sul patrimonio del titolare di cariche di governo, del coniuge o dei parenti entro il secondo grado, ovvero delle imprese o società da essi controllate, secondo quanto previsto dall'articolo 7 della legge 10 ottobre 1990, n. 287, con danno per l'interesse pubblico secondo quanto disposto dall'articolo 3 della presente legge.

4. È fatto salvo l'obbligo di denunzia alla competente autorità giudiziaria quando i fatti abbiano rilievo penale.

5. L'Autorità garante della concorrenza e del mercato, valutate preventivamente e specificatamente le condizioni di proponibilità ed ammissibilità della questione, procede d'ufficio alle verifiche di competenza. A tale fine, corrisponde e collabora con gli organi delle Amministrazioni, acquisisce i pareri delle altre Autorità amministrative indipendenti competenti e le informazioni necessarie per l'espletamento dei compiti previsti dalla presente legge, con i limiti opponibili all'autorità giudiziaria.

6. Nell'esercizio delle funzioni di cui al presente articolo l'Autorità garante della concorrenza e del mercato si avvale dei poteri di cui alla legge 10 ottobre 1990, n. 287, in quanto compatibili.

7. Nello svolgimento del procedimento di cui al presente articolo è garantita la partecipazione procedimentale dell'interessato ai sensi della legge 7 agosto 1990, n. 241, e successive modificazioni, fermo restando quanto stabilito dall'articolo 14, comma 3, della legge 10 ottobre 1990, n. 287.

8. Quando l'impresa facente capo al titolare di cariche di governo, al coniuge o ai parenti entro il secondo grado, ovvero le imprese o società da essi controllate, secondo quanto previsto dall'articolo 7 della legge 10 ottobre 1990, n. 287, pongono in essere comportamenti diretti a trarre vantaggio da atti adottati in conflitto di interessi ai sensi dell'articolo 3, e vi è prova che chi ha agito conosceva tale situazione di conflitto, l'Autorità garante della concorrenza e del mercato diffida l'impresa ad astenersi da qualsiasi comportamento diretto ad avvalersi dell'atto medesimo ovvero a porre in essere azioni idonee a far cessare la violazione o, se possibile, misure correttive. In caso di inottemperanza entro il termine assegnato, l'Autorità garante della concorrenza e del mercato infligge all'impresa una sanzione pecuniaria correlata alla gravità del comportamento e commisurata nel massimo al vantaggio patrimoniale effettivamente conseguito dall'impresa stessa.

9. A seguito degli accertamenti di cui ai commi 1, 3 e 5, o della eventuale irrogazione delle sanzioni di cui al comma 8, l'Autorità garante della concorrenza e del mercato riferisce al Parlamento con comunicazione motivata diretta ai Presidenti del Senato della Repubblica e della Camera dei deputati. Nella segnalazione sono indicati i contenuti della situazione di privilegio, gli effetti distorsivi realizzatisi sul mercato e, in generale, le conseguenze di tale situazione di privilegio, nonché le eventuali sanzioni inflitte alle imprese.

10. Entro novanta giorni dalla data di entrata in vigore della presente legge, l'Autorità garante della concorrenza e del mercato delibera le procedure istruttorie e i criteri di accertamento per le attività ad essa demandate dalla presente legge, nonché le opportune modifiche organizzative interne.

7 Funzioni dell'Autorità per le garanzie nelle comunicazioni in materia di conflitto di interessi.

1. L'Autorità per le garanzie nelle comunicazioni accerta che le imprese che agiscono nei settori del sistema integrato delle comunicazioni di cui all'articolo 2, comma 1, lettera *g*), della legge 3 maggio 2004, n. 112, e che fanno capo al titolare di cariche di governo, al coniuge e ai parenti entro il secondo grado, ovvero sono sottoposte al controllo dei medesimi soggetti, ai sensi dell'articolo 7 della legge 10 ottobre 1990, n. 287, non pongano in essere comportamenti che, in violazione delle disposizioni di cui alla legge 6 agosto 1990, n. 223, alla legge 31 luglio 1997, n. 249, e alla legge 22 febbraio 2000, n. 28, nonché alla legge 3 maggio 2004, n. 112, forniscono un sostegno privilegiato al titolare di cariche di governo (1).

2. Nell'esercizio delle funzioni di cui al presente articolo, l'Autorità per le garanzie nelle comunicazioni adotta le procedure, si avvale dei poteri ed applica le sanzioni previsti dalle disposizioni legislative richiamate al comma 1. Si applicano all'Autorità per le garanzie nelle comunicazioni i commi 4, 5 e 7 dell'articolo 6.

3. In caso di accertamento di comportamenti posti in essere in violazione delle disposizioni di cui al comma 1, l'Autorità per le garanzie nelle comunicazioni diffida l'impresa a desistere dal comportamento contestato e ad adottare, ove possibile, le necessarie misure correttive. In caso di inottemperanza entro il termine assegnato, l'Autorità per le garanzie nelle comunicazioni infligge all'impresa che ha sostenuto in modo privilegiato il titolare di cariche di governo le sanzioni previste dalle disposizioni legislative richiamate al comma 1. Le sanzioni pecuniarie ivi previste sono aumentate sino a un terzo, in relazione alla gravità della violazione.

4. A seguito degli accertamenti di cui al comma 1 o della eventuale irrogazione delle sanzioni di cui al comma 3, l'Autorità per le garanzie nelle comunicazioni riferisce al Parlamento con comunicazione motivata diretta ai Presidenti del Senato della Repubblica e della Camera dei deputati, quando l'impresa che agisce nel settore delle comunicazioni ha posto in essere i comportamenti di cui al comma 1. Nella segnalazione sono indicati i contenuti e le modalità di realizzazione del sostegno privilegiato al titolare di cariche di governo nell'esercizio delle sue funzioni, le misure correttive che si è intimato di porre in essere, le conseguenze della situazione di privilegio e le eventuali sanzioni inflitte.

5. Entro novanta giorni dalla data di entrata in vigore della presente legge, l'Autorità per le garanzie nelle comunicazioni delibera le procedure istruttorie e i criteri di accertamento per le attività ad essa demandate dalla presente legge, nonché le opportune modifiche organizzative interne.

(1) *Comma così modificato dall'art. 1 d.l. 6 settembre 2004, n. 233 conv., con modif., in l. 5 novembre 2004, n. 261. Il comma 1 nel testo previgente disponeva:* « 1. L'Autorità per le garanzie nelle comunicazioni accerta che le imprese che agiscono nei settori del sistema integrato delle comunicazioni di cui all'articolo 2, comma 1, lettera *g*), della legge 3 maggio 2004, n. 112, e che fanno capo al titolare di cariche di governo, al coniuge e ai parenti entro il secondo grado, ovvero sono sottoposte al controllo dei medesimi soggetti, ai sensi dell'articolo 7 della legge 10 ottobre 1990, n. 287, non pongano in essere comportamenti che, in violazione delle disposizioni di cui alla legge 6 agosto 1990, n. 223, alla legge 31 luglio 1997, n. 249, alla legge 22 febbraio 2000, n. 28 e alla legge 3 maggio 2004, n. 112, forniscono un sostegno privilegiato al titolare di cariche di governo ».

8 Obblighi di comunicazione.

1. L'Autorità garante della concorrenza e del mercato e l'Autorità per le garanzie nelle comunicazioni presentano al Parlamento una relazione semestrale sullo stato delle attività di controllo e vigilanza di cui alla presente legge.

2. Quando le dichiarazioni di cui all'articolo 5 non fossero rese o risultassero non veritiere o incomplete si incorre nel reato di cui all'articolo 328 del codice penale, qualora il titolare della carica di governo non abbia ottemperato a specifica richiesta da parte dell'Autorità competente nel termine fissato dalla stessa Autorità, comunque non inferiore a trenta giorni. L'Autorità garante della concorrenza e del mercato e l'Autorità per le garanzie nelle comunicazioni, secondo le rispettive competenze, verificate le irregolarità, ne danno comunicazione documentata all'autorità giudiziaria competente e ai Presidenti del Senato della Repubblica e della Camera dei deputati.

9-10 (*Omissis*).

6. Decreto del Presidente della Repubblica 3 aprile 2006, n. 180. — Regolamento recante disposizioni in materia di Prefetture-Uffici territoriali del Governo, in attuazione dell'articolo 11 del decreto legislativo 30 luglio 1999, n. 300, e successive modificazioni.

Pubblicato nella Gazzetta Ufficiale n. 113 del 17 maggio 2006.

1 Attribuzioni della Prefettura-Ufficio territoriale del Governo.

1. La Prefettura-Ufficio territoriale del Governo - di seguito denominata: « Prefettura », quale organo di rappresentanza generale del Governo sul territorio, svolge compiti di amministrazione generale e di tutela dell'ordine e della sicurezza pubblica ed è organo periferico del Ministero dell'interno.

2. Ferme restando le proprie funzioni, la Prefettura, avvalendosi anche delle Conferenze permanenti, di cui all'articolo 4, assicura:

a) il coordinamento dell'attività amministrativa degli uffici periferici dello Stato sul territorio;

b) la leale collaborazione degli uffici periferici dello Stato con i diversi livelli di governo esistenti sul territorio.

3. La Prefettura assicura, altresì, nel rispetto delle funzioni istituzionali ad essa attribuite dalla normativa vigente, la collaborazione dei propri uffici per l'esercizio delle funzioni delle altre amministrazioni dello Stato per le quali disposizioni di legge o di regolamento prevedono la possibilità, anche sulla base di apposite convenzioni, di avvalersi degli uffici della stessa.

4. La Prefettura avente sede nel capoluogo di regione, oltre alle funzioni di cui ai commi 1, 2 e 3, svolge tutte le attività connesse alle funzioni di rappresentanza dello Stato per i rapporti con il sistema delle autonomie, indicate dall'articolo 10 della legge 5 luglio 2003, n. 131.

2 Compiti del prefetto titolare della Prefettura-Ufficio territoriale del Governo.

1. Il prefetto, nell'esercizio dei compiti di rappresentanza generale del Governo sul territorio e di garanzia istituzionale a tutela dell'ordinamento giuridico:

a) fornisce, a richiesta del Presidente del Consiglio dei Ministri o dei Ministri da lui delegati, gli elementi valutativi inerenti gli uffici periferici dello Stato necessari all'esercizio delle funzioni di impulso, indirizzo e coordinamento da parte del Presidente del Consiglio dei Ministri, e ne attua le determinazioni;

b) formula, per l'ambito territoriale di competenza, ai fini del coordinamento delle attività delle strutture amministrative dello Stato operanti sul territorio e secondo le direttive del Presidente del Consiglio dei Ministri e dei Ministri, proposte per una efficiente organizzazione degli uffici periferici dello Stato ed una ottimale distribuzione delle risorse, che tenga conto delle esigenze di semplificazione delle procedure, di riduzione dei tempi dei procedimenti e di contenimento dei relativi costi in vista del raggiungimento di una migliore efficacia ed efficienza dell'azione amministrativa in periferia;

c) favorisce e promuove, anche secondo i criteri e le indicazioni del Presidente del Consiglio dei Ministri o dei Ministri da lui delegati, l'attuazione, da parte degli uffici periferici dello Stato, delle misure di coordinamento nei rapporti tra lo Stato e le autonomie locali definite dalla Conferenza Stato-città ed autonomie locali ai sensi dell'articolo 9, comma 5, del decreto legislativo 28 agosto 1997, n. 281. A tale fine, con apposito decreto del Presidente del Consiglio dei Ministri, sono definite le modalità di raccordo tra Prefetture ed uffici della Conferenza Stato-città ed autonomie locali;

d) promuove e coordina le iniziative nell'ambito delle amministrazioni statali, anche secondo i criteri e le indicazioni del Presidente del Consiglio dei Ministri o dei Ministri da lui delegati, necessarie a dare attuazione alle leggi generali sul procedimento amministrativo, sulla cooperazione tra le pubbliche amministrazioni e sull'adeguamento tecnologico delle dotazioni strumentali degli uffici.

3 Convenzioni e conferenze di servizi.

Le convenzioni tra le amministrazioni dello Stato e le regioni volte a regolare, in conformità agli schemi approvati dalla Conferenza Stato-regioni ai sensi dell'articolo 2, comma 1, lettera *l*), del decreto legislativo 28 agosto 1997, n. 281, le modalità di utilizzo da parte dello Stato e delle regioni di uffici statali e regionali, sono promosse e stipulate dal prefetto della provincia capoluogo della regione interessata.

2. Il prefetto, nell'esercizio dei compiti di rappresentanza unitaria del Governo sul territorio per la cura degli interessi degli uffici periferici dello Stato, può, nel caso in cui l'amministrazione procedente sia un'amministrazione statale, indire la Conferenza di servizi di cui agli articoli 14 e seguenti della legge 7 agosto 1990, n. 241, e successive modificazioni. La Conferenza di servizi può essere altresì indetta dal prefetto in caso di procedimenti amministrativi connessi quando la convocazione è richiesta dal presidente della giunta regionale o da uno o più degli enti locali coinvolti.

4 Conferenze permanenti.

1. Le Conferenze permanenti, previste dall'articolo 11, comma 3, del decreto legislativo 30 luglio 1999, n. 300, e successive modificazioni, sono organi che coadiuvano il prefetto nell'esercizio delle funzioni di coordinamento delle attività degli uffici periferici dello Stato e di leale collaborazione di detti uffici con gli enti locali, ai sensi dell'articolo 1, comma 2, lettere *a*) e *b*).

2. Le Conferenze provinciali permanenti, presiedute dal prefetto, sono composte dai responsabili di tutte le strutture amministrative periferiche dello Stato operanti nella provincia, dal presidente della provincia, dal rappresentante della città metropolitana, ove costituita, dal sindaco del comune capoluogo e dai sindaci dei comuni eventualmente interessati alle questioni trattate, o loro delegati, nonché da tutti quei soggetti istituzionali di cui è ritenuta utile la partecipazione ai fini delle concrete determinazioni da assumere, o che vi hanno comunque interesse. Per assicurare una adeguata presenza delle autonomie locali in seno alla Conferenza provinciale permanente il prefetto può promuovere le opportune intese con i sindaci dei comuni della provincia.

3. Alle Conferenze regionali permanenti, presiedute dal prefetto del capoluogo di regione e composte dai rappresentanti delle strutture periferiche regionali dello Stato e da tutti quei soggetti istituzionali di cui è ritenuta utile la partecipazione ai fini delle concrete determinazioni da assumere, o che vi hanno comunque interesse, sono invitati il presidente della regione, il presidente della provincia, il rappresentante della città metropolitana, ove costituita, il sindaco del comune capoluogo e i Sindaci dei comuni eventualmente interessati alle questioni trattate, che possono parteciparvi personalmente o tramite loro delegati.

4. Le Conferenze operano articolandosi in sezioni corrispondenti, in linea di massima, alle seguenti aree e settori organici di materie:

a) amministrazioni d'ordine;
b) sviluppo economico e attività produttive;
c) territorio, ambiente e infrastrutture;
d) servizi alla persona e alla comunità.

Le Conferenze permanenti deliberano in ordine alle modalità del proprio funzionamento.

5. Alle singole sezioni delle Conferenze permanenti partecipano i responsabili delle strutture e degli uffici di cui ai commi 2 e 3, competenti per il territorio della provincia, i responsabili delle competenti aree funzionali delle Prefetture, nonché i responsabili delle strutture e degli uffici interprovinciali, regionali o sovraregionali per gli aspetti di interesse della provincia o della regione.

6. Per garantire il raccordo e la reciproca informazione sulle modalità di esercizio delle funzioni di coordinamento degli uffici periferici dello Stato sul territorio e di promozione della leale collaborazione con la regione e gli enti locali nell'ambito di ciascuna provincia, il prefetto del capoluogo regionale promuove riunioni di coordinamento con i titolari delle altre Prefetture nell'ambito della regione, anche su loro richiesta.

5 Organizzazione e funzionamento delle Conferenze permanenti.

1. Le Conferenze permanenti hanno sede presso la Prefettura-Ufficio territoriale del Governo. L'ufficio di Segreteria è composto da personale ivi in servizio.

2. Le Conferenze permanenti vengono convocate, di norma, ogni anno entro trenta giorni dall'inizio dell'anno. Le Conferenze permanenti vengono, altresì, convocate dal prefetto ogniqualvolta sia necessario in relazione all'esercizio dei compiti di coordinamento dell'attività amministrativa e del concreto svolgimento dell'intervento sostitutivo, di cui all'articolo 7. Della convocazione della Conferenza provinciale è data comunicazione al presidente della regione. Della convocazione della Conferenza regionale è data comunicazione ai prefetti delle altre province della regione.

3. Le Conferenze permanenti o le singole sezioni sono convocate anche su richiesta del presidente della regione, del presidente della provincia, ovvero dei sindaci dei comuni interessati, per la trattazione di questioni di competenza statale aventi diretta connessione con le attribuzioni regionali, provinciali, comunali o di altri enti locali. Le Conferenze permanenti possono essere, altresì, convocate su richiesta di un terzo dei componenti di diritto.

4. I verbali delle sedute delle Conferenze permanenti e delle sezioni sono trasmessi ai componenti delle Conferenze stesse ed al Ministro dell'interno. Le deliberazioni adottate dalle Conferenze permanenti sono, altresì, trasmesse alla Presidenza del Consiglio dei Ministri e ai Ministeri competenti.

6 Direttive del Presidente del Consiglio dei Ministri e dei Ministri.

1. Con propria direttiva, il Presidente del Consiglio dei Ministri indica ai Ministri le linee di indirizzo politico-amministrativo da seguire, al fine di garantire l'uniformità dell'intervento sostitutivo previsto dall'articolo 11, comma 4, del decreto legislativo 30 luglio 1999, n. 300, e successive modificazioni, nel rispetto dei principi delineati dalla legge costituzionale 18 ottobre 2001, n. 3, della riforma amministrativa dello Stato, delle autonomie e delle esigenze di buon andamento dell'attività amministrativa.

2. I Ministri, in base alle linee di indirizzo politico-amministrativo indicate dal Presidente del Consiglio dei Ministri ai sensi del comma 1, adottano apposite direttive ai prefetti sulle modalità di svolgimento dell'intervento sostitutivo da porre in essere qualora il livello dei servizi pubblici statali erogati alla cittadinanza sia tale da poter arrecare un grave pregiudizio alla qualità dei servizi stessi. La qualità dei servizi si misura anche tenendo conto dei criteri indicati nelle direttive del Presidente del Consiglio dei Ministri ai sensi dell'articolo 11 del decreto legislativo 30 luglio 1999, n. 286, degli indicatori contenuti nelle carte dei servizi, del livello di soddisfacimento del servizio reso eventualmente segnalato dagli enti locali, e sulla base degli interventi di monitoraggio e delle verifiche ispettive effettuati dalla Presidenza del Consiglio dei Ministri - Dipartimento della funzione pubblica.

7 Intervento sostitutivo del prefetto.

1. Qualora il prefetto venga a conoscenza di disfunzioni o anomalie nell'attività amministrativa di un ufficio periferico dello Stato, tali da poter arrecare un grave pregiudizio alla qualità dei servizi resi alla collettività, provvede ad acquisire ogni elemento conoscitivo utile al fine di esperire una preventiva attività di mediazione con i soggetti interessati.

2. Laddove in sede di mediazione non sia stata raggiunta una intesa con gli uffici coinvolti diretta ad eliminare le disfunzioni o anomalie indicate al comma 1, il prefetto convoca la Conferenza permanente per un esame della situazione e per l'individuazione delle misure necessarie ad evitare il grave pregiudizio alla qualità dei servizi resi alla collettività anche ai fini del rispetto della leale collaborazione con le autonomie territoriali.

3. Sia in sede di conferenza di cui al comma 2, che con interventi diretti, il prefetto invita, ove occorra, il responsabile dell'ufficio amministrativo periferico dello Stato interessato ad adottare i provvedimenti necessari, assegnando per l'adempimento un congruo termine.

4. In caso di inottemperanza, il prefetto, al fine di provvedere direttamente, richiede l'assenso del Ministro competente, informando contestualmente il Presidente del Consiglio dei Ministri. Una volta acquisito l'assenso, il prefetto, previa informazione al Presidente del Consiglio dei Ministri, adotta i provvedimenti necessari.

5. Laddove il Ministro competente non abbia manifestato il proprio assenso nei trenta giorni decorrenti dalla data di ricevimento della richiesta, il Presidente del Consiglio dei Ministri può deferire, ai sensi dell'articolo 5, comma 2, lettera *c-bis*), della legge 23 agosto 1988, n. 400, la questione al Consiglio dei Ministri, che, tenuto conto degli interessi pubblici coinvolti, può autorizzare l'intervento sostitutivo del prefetto.

8 Personale in servizio presso le Prefetture-Uffici territoriali del Governo.

1. Per l'espletamento dei compiti istituzionali conferiti al prefetto, e richiamati dagli articoli 1 e 2, si provvede con funzionari della carriera prefettizia, dirigenti e personale dei ruoli dell'amministrazione civile dell'interno.

2. Nelle Prefetture aventi sede nei capoluoghi di regione il prefetto si avvale, inoltre, del personale dirigenziale previsto dall'articolo 10, comma 3-*ter*, del decreto legislativo 30 luglio 1999, n. 303, come modificato dal decreto legislativo 5 dicembre 2003, n. 343.

3. Con successivo decreto ministeriale sono individuati gli uffici di livello dirigenziale non generale di supporto tecnico-amministrativo, da conferire al personale dirigenziale di cui al comma 2.

9 Forme di collaborazione tra Stato e autonomie territoriali.

1. Il prefetto, quale titolare dell'Ufficio territoriale del Governo, promuove tutte le possibili forme di collaborazione interistituzionale tra lo Stato e le autonomie territoriali, nel rispetto dei principi delineati dalla legge costituzionale 18 ottobre 2001, n. 3.

2. Ai fini di cui al comma 1, il prefetto si avvaleanche dell'ufficio per le relazioni con il pubblico che, in stretto raccordo con gli altri analoghi uffici per le relazioni con il pubblico, garantisce circolarità e diffusione delle informazioni tra tutti i soggetti pubblici presenti nella provincia.

10 Ambito di applicazione.

1. Le disposizioni del presente regolamento non si applicano nella regione Valle d'Aosta e nelle province autonome di Trento e di Bolzano.

2. Le disposizioni del presente regolamento non si applicano al Rappresentante del Governo presso la regione Sardegna, al Commissario dello Stato presso la regione Sicilia ed alle funzioni di Commissario di Governo presso la regione Friuli-Venezia Giulia.

11 Abrogazioni.

1. Il decreto del Presidente della Repubblica 17 maggio 2001, n. 287, è abrogato.

12 Disposizioni finali.

1. Dall'attuazione del presente regolamento non devono derivare nuovi o maggiori oneri a carico della finanza pubblica.

7. Legge 3 agosto 2007, n. 124. — Sistema di informazione per la sicurezza della Repubblica e nuova disciplina del segreto. (*estratto*).

Pubblicata nella Gazzetta Ufficiale n. 187 del 13 agosto 2007.

CAPO I
Struttura del sistema di informazione per la sicurezza della Repubblica

1 Competenze del Presidente del Consiglio dei ministri.

1. Al Presidente del Consiglio dei ministri sono attribuiti, in via esclusiva:

a) l'alta direzione e la responsabilità generale della politica dell'informazione per la sicurezza, nell'interesse e per la difesa della Repubblica e delle istituzioni democratiche poste dalla Costituzione a suo fondamento;

b) l'apposizione e la tutela del segreto di Stato;

c) la conferma dell'opposizione del segreto di Stato;

d) la nomina e la revoca del direttore generale e di uno o più vice direttori generali del Dipartimento delle informazioni per la sicurezza;

e) la nomina e la revoca dei direttori e dei vice direttori dei servizi di informazione per la sicurezza;

f) la determinazione dell'ammontare annuo delle risorse finanziarie per i servizi di informazione per la sicurezza e per il Dipartimento delle informazioni per la sicurezza, di cui dà comunicazione al Comitato parlamentare di cui all'articolo 30.

2. Ai fini dell'esercizio delle competenze di cui alle lettere *b*) e *c*) del comma 1, il Presidente del Consiglio dei ministri determina i criteri per l'apposizione e l'opposizione del segreto ed emana le disposizioni necessarie per la sua tutela amministrativa, nonché quelle relative al rilascio e alla revoca dei nulla osta di sicurezza.

3. Il Presidente del Consiglio dei ministri provvede al coordinamento delle politiche dell'informazione per la sicurezza, impartisce le direttive e, sentito il Comitato interministeriale per la sicurezza della Repubblica, emana ogni disposizione necessaria per l'organizzazione e il funzionamento del Sistema di informazione per la sicurezza della Repubblica.

3-*bis*. Il Presidente del Consiglio dei Ministri, sentito il Comitato interministeriale per la sicurezza della Repubblica, impartisce al Dipartimento delle informazioni per la sicurezza e ai servizi di informazione per la sicurezza direttive per rafforzare le attività di informazione per la protezione delle infrastrutture critiche materiali e immateriali, con particolare riguardo alla protezione cibernetica e alla sicurezza informatica nazionali (1).

(1) *Comma aggiunto dall'art. 1, comma 1, l. 7 agosto 2012, n. 133. In attuazione del presente comma v. il d.P.C.M. 17 febbraio 2017 (G.U. 13 aprile 2017, n. 87), « Direttiva recante indirizzi per la protezione cibernetica e la sicurezza informatica nazionale ».*

2 Sistema di informazione per la sicurezza della Repubblica.

1. Il Sistema di informazione per la sicurezza della Repubblica è composto dal Presidente del Consiglio dei ministri, dal Comitato interministeriale per la sicurezza della Repubblica (CISR), dall'Autorità delegata di cui all'articolo 3, ove istituita, dal Dipartimento delle informazioni per la sicurezza (DIS), dall'Agenzia informazioni e sicurezza esterna (AISE) e dall'Agenzia informazioni e sicurezza interna (AISI).

2. Ai fini della presente legge, per "servizi di informazione per la sicurezza" si intendono l'AISE e l'AISI.

3 Autorità delegata.

1. Il Presidente del Consiglio dei ministri, ove lo ritenga opportuno, può delegare le funzioni che non sono ad esso attribuite in via esclusiva soltanto ad un Ministro senza portafoglio o ad un Sottosegretario di Stato, di seguito denominati "Autorità delegata" (1).

1-*bis*. L'Autorità delegata non può esercitare funzioni di governo ulteriori rispetto a quelle ad essa delegate dal Presidente del Consiglio dei Ministri a norma della presente legge e in materia di cybersicurezza (2) (3).

[2. L'Autorità delegata non può esercitare funzioni di governo ulteriori rispetto a quelle ad essa delegate dal Presidente del Consiglio dei ministri a norma della presente legge] (4).

3. Il Presidente del Consiglio dei ministri è costantemente informato dall'Autorità delegata sulle modalità di esercizio delle funzioni delegate e, fermo restando il potere di direttiva, può in qualsiasi momento avocare l'esercizio di tutte o di alcune di esse.

4. In deroga a quanto previsto dal comma 1 dell'articolo 9 della legge 23 agosto 1988, n. 400, e successive modificazioni, non è richiesto il parere del Consiglio dei ministri per il conferimento delle deleghe di cui al presente articolo al Ministro senza portafoglio.

(1) *V. il d.P.C.M. 26 ottobre 2007 (G.U. 19 novembre, n. 269), che ha istituito l'« Autorità delegata » per la sicurezza della Repubblica.*

(2) *Le parole* « e in materia di cybersicurezza » *sono state aggiunte dall'art. 16, comma 1, d.l. 14 giugno 2021, n. 82, conv., con modif., in l. 4 agosto 2021, n. 109.*

(3) *Comma inserito dall'art. 2, comma 1, l. 7 agosto 2012, n. 133.*

(4) *Comma abrogato dall'art. 1, comma 21, d.l. 16 maggio 2008, n. 85, conv., con modif., in l. 14 luglio 2008, n. 121.*

4 Dipartimento delle informazioni per la sicurezza.

1. Per lo svolgimento dei compiti di cui al comma 3 è

istituito, presso la Presidenza del Consiglio dei ministri, il Dipartimento delle informazioni per la sicurezza (DIS).

2. Il Presidente del Consiglio dei ministri e l'Autorità delegata, ove istituita, si avvalgono del DIS per l'esercizio delle loro competenze, al fine di assicurare piena unitarietà nella programmazione della ricerca informativa del Sistema di informazione per la sicurezza, nonché nelle analisi e nelle attività operative dei servizi di informazione per la sicurezza.

3. Il DIS svolge i seguenti compiti:

a) coordina l'intera attività di informazione per la sicurezza, verificando altresì i risultati delle attività svolte dall'AISE e dall'AISI, ferma restando la competenza dei predetti servizi relativamente alle attività di ricerca informativa e di collaborazione con i servizi di sicurezza degli Stati esteri;

b) è costantemente informato delle operazioni di competenza dei servizi di informazione per la sicurezza e trasmette al Presidente del Consiglio dei ministri le informative e le analisi prodotte dal Sistema di informazione per la sicurezza;

c) raccoglie le informazioni, le analisi e i rapporti provenienti dai servizi di informazione per la sicurezza, dalle Forze armate e di polizia, dalle amministrazioni dello Stato e da enti di ricerca anche privati; ferma l'esclusiva competenza dell'AISE e dell'AISI per l'elaborazione dei rispettivi piani di ricerca operativa, elabora analisi strategiche o relative a particolari situazioni; formula valutazioni e previsioni, sulla scorta dei contributi analitici settoriali dell'AISE e dell'AISI;

d) elabora, anche sulla base delle informazioni e dei rapporti di cui alla lettera *c*), analisi globali da sottoporre al CISR, nonché progetti di ricerca informativa, sui quali decide il Presidente del Consiglio dei ministri, dopo avere acquisito il parere del CISR;

d-bis) sulla base delle direttive di cui all'articolo 1, comma 3-*bis*, nonché delle informazioni e dei rapporti di cui alla lettera *c*) del presente comma, coordina le attività di ricerca informativa finalizzate a rafforzare la protezione cibernetica e la sicurezza informatica nazionali (1);

e) promuove e garantisce, anche attraverso riunioni periodiche, lo scambio informativo tra l'AISE, l'AISI e le Forze di polizia; comunica al Presidente del Consiglio dei ministri le acquisizioni provenienti dallo scambio informativo e i risultati delle riunioni periodiche;

f) trasmette, su disposizione del Presidente del Consiglio dei ministri, sentito il CISR, informazioni e analisi ad amministrazioni pubbliche o enti, anche ad ordinamento autonomo, interessati all'acquisizione di informazioni per la sicurezza;

g) elabora, d'intesa con l'AISE e l'AISI, il piano di acquisizione delle risorse umane e materiali e di ogni altra risorsa comunque strumentale all'attività dei servizi di informazione per la sicurezza, da sottoporre all'approvazione del Presidente del Consiglio dei ministri;

h) sentite l'AISE e l'AISI, elabora e sottopone all'approvazione del Presidente del Consiglio dei ministri lo schema del regolamento di cui all'articolo 21, comma 1;

i) esercita il controllo sull'AISE e sull'AISI, verificando la conformità delle attività di informazione per la sicurezza alle leggi e ai regolamenti, nonché alle direttive e alle disposizioni del Presidente del Consiglio dei ministri. Per tale finalità, presso il DIS è istituito un ufficio ispettivo le cui modalità di organizzazione e di funzionamento sono definite con il regolamento di cui al comma 7. Con le modalità previste da tale regolamento è approvato annualmente, previo parere del Comitato parlamentare di cui all'articolo 30, il piano annuale delle attività dell'ufficio ispettivo. L'ufficio ispettivo, nell'ambito delle competenze definite con il predetto regolamento, può svolgere, anche a richiesta del direttore generale del DIS, autorizzato dal Presidente del Consiglio dei ministri, inchieste interne su specifici episodi e comportamenti verificatisi nell'ambito dei servizi di informazione per la sicurezza (2);

l) assicura l'attuazione delle disposizioni impartite dal Presidente del Consiglio dei Ministri con apposito regolamento adottato ai sensi dell'articolo 1, comma 2, ai fini della tutela amministrativa del segreto di Stato e delle classifiche di segretezza, vigilando altresì sulla loro corretta applicazione (3);

m) cura le attività di promozione e diffusione della cultura della sicurezza e la comunicazione istituzionale;

n) impartisce gli indirizzi per la gestione unitaria del personale di cui all'articolo 21, secondo le modalità definite dal regolamento di cui al comma 1 del medesimo articolo.

n-bis) gestisce unitariamente, ferme restando le competenze operative dell'AISE e dell'AISI, gli approvvigionamenti e i servizi logistici comuni (4).

4. Fermo restando quanto previsto dall'articolo 118-*bis* del codice di procedura penale, introdotto dall'articolo 14 della presente legge, qualora le informazioni richieste alle Forze di polizia, ai sensi delle lettere *c*) ed *e*) del comma 3 del presente articolo, siano relative a indagini di polizia giudiziaria, le stesse, se coperte dal segreto di cui all'articolo 329 del codice di procedura penale, possono essere acquisite solo previo nulla osta della autorità giudiziaria competente. L'autorità giudiziaria può trasmettere gli atti e le informazioni anche di propria iniziativa.

5. La direzione generale del DIS è affidata ad un dirigente di prima fascia o equiparato dell'amministrazione dello Stato, la cui nomina e revoca spettano in via esclusiva al Presidente del Consiglio dei ministri, sentito il CISR. L'incarico ha la durata massima di otto anni ed è conferibile, senza soluzione di continuità, anche con provvedimenti successivi, ciascuno dei quali di durata non superiore al quadriennio (5). Per quanto previsto dalla presente legge, il direttore del DIS è il diretto referente del Presidente del Consiglio dei ministri e dell'Autorità delegata, ove istituita, salvo quanto previsto dall'articolo 6, comma 5, e dall'articolo 7, comma 5, ed è gerarchicamente e funzionalmente sovraordinato al personale del DIS e degli uffici istituiti nell'ambito del medesimo Dipartimento.

6. Il Presidente del Consiglio dei ministri, sentito il direttore generale del DIS, nomina uno o più vice direttori generali; il direttore generale affida gli altri incarichi nell'ambito del Dipartimento, ad eccezione de-

gli incarichi il cui conferimento spetta al Presidente del Consiglio dei ministri.

7. L'ordinamento e l'organizzazione del DIS e degli uffici istituiti nell'ambito del medesimo Dipartimento sono disciplinati con apposito regolamento.

8. Il regolamento previsto dal comma 7 definisce le modalità di organizzazione e di funzionamento dell'ufficio ispettivo di cui al comma 3, lettera *i*), secondo i seguenti criteri:

a) agli ispettori è garantita piena autonomia e indipendenza di giudizio nell'esercizio delle funzioni di controllo;

b) salva specifica autorizzazione del Presidente del Consiglio dei ministri o dell'Autorità delegata, ove istituita, i controlli non devono interferire con le operazioni in corso;

c) sono previste per gli ispettori specifiche prove selettive e un'adeguata formazione;

d) non è consentito il passaggio di personale dall'ufficio ispettivo ai servizi di informazione per la sicurezza;

e) gli ispettori, previa autorizzazione del Presidente del Consiglio dei ministri o dell'Autorità delegata, ove istituita, possono accedere a tutti gli atti conservati presso i servizi di informazione per la sicurezza e presso il DIS; possono altresì acquisire, tramite il direttore generale del DIS, altre informazioni da enti pubblici e privati.

(1) *Lettera inserita dall'art. 3, comma 1, lett.* a), *l. 7 agosto 2012, n. 133.*

(2) *Lettera modificata dall'art. 3, comma 1, lett.* b), *l. n. 133, cit.*

(3) *Lettera sostituita dall'art. 24, comma 73, lett.* a), *d.l. 1° luglio 2009, n. 78, conv., con modif., in l. 3 agosto 2009, n. 102.*

(4) *Lettera aggiunta dall'art. 3, comma 1, lett.*c), *l. n. 133, cit.*

(5) *Secondo periodo così sostituito dall'art. 1, comma 19, lett.* a) *d.l. 30 dicembre 2021, n. 228, conv., con modif., in l. 25 febbraio 2022, n. 15. Il testo del periodo, come da ultimo modificato dall'art. 1, comma 6, lett.* a) *d.l. 30 luglio 2020, n. 83, conv., con modif., in l. 25 settembre 2020, n. 124, era il seguente:* « L'incarico ha comunque la durata massima di quattro anni ed è rinnovabile con successivi provvedimenti per una durata complessiva massima di ulteriori quattro anni ».

5 Comitato interministeriale per la sicurezza della Repubblica.

1. Presso la Presidenza del Consiglio dei ministri è istituito il Comitato interministeriale per la sicurezza della Repubblica (CISR) con funzioni di consulenza, proposta e deliberazione sugli indirizzi e sulle finalità generali della politica dell'informazione per la sicurezza.

2. Il Comitato elabora gli indirizzi generali e gli obiettivi fondamentali da perseguire nel quadro della politica dell'informazione per la sicurezza, delibera sulla ripartizione delle risorse finanziarie tra il DIS e i servizi di informazione per la sicurezza e sui relativi bilanci preventivi e consuntivi.

3. Il Comitato è presieduto dal Presidente del Consiglio dei ministri ed è composto dall'Autorità delegata, ove istituita, dal Ministro degli affari esteri, dal Ministro dell'interno, dal Ministro della difesa, dal Ministro della giustizia, dal Ministro dell'economia e delle finanze, dal Ministro dello sviluppo economico e dal Ministro della transizione ecologica (1) (2).

4. Il direttore generale del DIS svolge le funzioni di segretario del Comitato.

5. Il Presidente del Consiglio dei ministri può chiamare a partecipare alle sedute del Comitato, anche a seguito di loro richiesta, senza diritto di voto, altri componenti del Consiglio dei ministri, i direttori dell'AISE e dell'AISI, nonché altre autorità civili e militari di cui di volta in volta sia ritenuta necessaria la presenza in relazione alle questioni da trattare.

(1) *La parole* «, dal Ministro dello sviluppo economico e dal Ministro della transizione ecologica » *sono state sostituite alle parole* « e dal Ministro dello sviluppo economico » *dall'art. 2, comma 8-*bis, *d.l. 1° marzo 2021, n. 22, conv., con modif., in l. 22 aprile 2021, n. 55.*

(2) *Comma modificato dall'art. 1, comma 21, d.l. 16 maggio 2008, n. 85, conv., con modif., in l. 14 luglio 2008, n. 121.*

6 Agenzia informazioni e sicurezza esterna.

1. È istituita l'Agenzia informazioni e sicurezza esterna (AISE), alla quale è affidato il compito di ricercare ed elaborare nei settori di competenza tutte le informazioni utili alla difesa dell'indipendenza, dell'integrità e della sicurezza della Repubblica, anche in attuazione di accordi internazionali, dalle minacce provenienti dall'estero.

2. Spettano all'AISE inoltre le attività in materia di controproliferazione concernenti i materiali strategici, nonché le attività di informazione per la sicurezza, che si svolgono al di fuori del territorio nazionale, a protezione degli interessi politici, militari, economici, scientifici e industriali dell'Italia.

3. È, altresì, compito dell'AISE individuare e contrastare al di fuori del territorio nazionale le attività di spionaggio dirette contro l'Italia e le attività volte a danneggiare gli interessi nazionali.

4. L'AISE può svolgere operazioni sul territorio nazionale soltanto in collaborazione con l'AISI, quando tali operazioni siano strettamente connesse ad attività che la stessa AISE svolge all'estero. A tal fine il direttore generale del DIS provvede ad assicurare le necessarie forme di coordinamento e di raccordo informativo, anche al fine di evitare sovrapposizioni funzionali o territoriali.

5. L'AISE risponde al Presidente del Consiglio dei ministri.

6. L'AISE informa tempestivamente e con continuità il Ministro della difesa, il Ministro degli affari esteri e il Ministro dell'interno per i profili di rispettiva competenza.

7. Il Presidente del Consiglio dei ministri, con proprio decreto, nomina e revoca il direttore dell'AISE, scelto tra dirigenti di prima fascia o equiparati dell'amministrazione dello Stato, sentito il CISR. L'incarico ha la durata massima di otto anni ed è conferibile, senza soluzione di continuità, anche con provvedimenti successivi, ciascuno dei quali di durata non superiore al quadriennio (1).

8. Il direttore dell'AISE riferisce costantemente sull'attività svolta al Presidente del Consiglio dei ministri o all'Autorità delegata, ove istituita, per il tramite del direttore generale del DIS. Riferisce direttamente al Presidente del Consiglio dei ministri in caso di urgenza o quando altre particolari circostanze lo richiedano, informandone senza ritardo il direttore generale del DIS; presenta al CISR, per il tramite del direttore ge-

nerale del DIS, un rapporto annuale sul funzionamento e sull'organizzazione dell'Agenzia.

9. Il Presidente del Consiglio dei ministri nomina e revoca, sentito il direttore dell'AISE, uno o più vice direttori. Il direttore dell'AISE affida gli altri incarichi nell'ambito dell'Agenzia.

10. L'organizzazione e il funzionamento dell'AISE sono disciplinati con apposito regolamento (2).

(1) *Secondo periodo così sostituito dall'art. 1, comma 19, lett.* b) *d.l. 30 dicembre 2021, n. 228, conv., con modif., in l. 25 febbraio 2022, n. 15. Il testo del periodo, come da ultimo modificato dall'art. 1, comma 6, lett.* b) *d.l. 30 luglio 2020, n. 83, conv., con modif., in l. 25 settembre 2020, n. 124, era il seguente:* « L'incarico ha comunque la durata massima di quattro anni ed è rinnovabile con successivi provvedimenti per una durata complessiva massima di ulteriori quattro anni ».

(2) *Per l'adozione del regolamento di cui al presente comma, v. da ultimo d.P.C.M. 10 agosto 2016, n. 2.*

7 Agenzia informazioni e sicurezza interna.

1. È istituita l'Agenzia informazioni e sicurezza interna (AISI), alla quale è affidato il compito di ricercare ed elaborare nei settori di competenza tutte le informazioni utili a difendere, anche in attuazione di accordi internazionali, la sicurezza interna della Repubblica e le istituzioni democratiche poste dalla Costituzione a suo fondamento da ogni minaccia, da ogni attività eversiva e da ogni forma di aggressione criminale o terroristica.

2. Spettano all'AISI le attività di informazione per la sicurezza, che si svolgono all'interno del territorio nazionale, a protezione degli interessi politici, militari, economici, scientifici e industriali dell'Italia.

3. È, altresì, compito dell'AISI individuare e contrastare all'interno del territorio nazionale le attività di spionaggio dirette contro l'Italia e le attività volte a danneggiare gli interessi nazionali.

4. L'AISI può svolgere operazioni all'estero soltanto in collaborazione con l'AISE, quando tali operazioni siano strettamente connesse ad attività che la stessa AISI svolge all'interno del territorio nazionale. A tal fine il direttore generale del DIS provvede ad assicurare le necessarie forme di coordinamento e di raccordo informativo, anche al fine di evitare sovrapposizioni funzionali o territoriali.

5. L'AISI risponde al Presidente del Consiglio dei ministri.

6. L'AISI informa tempestivamente e con continuità il Ministro dell'interno, il Ministro degli affari esteri e il Ministro della difesa per i profili di rispettiva competenza.

7. Il Presidente del Consiglio dei ministri nomina e revoca, con proprio decreto, il direttore dell'AISI, scelto tra i dirigenti di prima fascia o equiparati dell'amministrazione dello Stato, sentito il CISR. L'incarico ha la durata massima di otto anni ed è conferibile, senza soluzione di continuità, anche con provvedimenti successivi, ciascuno dei quali di durata non superiore al quadriennio (1).

8. Il direttore dell'AISI riferisce costantemente sull'attività svolta al Presidente del Consiglio dei ministri o all'Autorità delegata, ove istituita, per il tramite del direttore generale del DIS. Riferisce direttamente al Presidente del Consiglio dei ministri in caso di urgenza o quando altre particolari circostanze lo richiedano, informandone senza ritardo il direttore generale del DIS; presenta al CISR, per il tramite del direttore generale del DIS, un rapporto annuale sul funzionamento e sull'organizzazione dell'Agenzia.

9. Il Presidente del Consiglio dei ministri nomina e revoca, sentito il direttore dell'AISI, uno o più vice direttori. Il direttore dell'AISI affida gli altri incarichi nell'ambito dell'Agenzia.

10. L'organizzazione e il funzionamento dell'AISI sono disciplinati con apposito regolamento.

(1) *Secondo periodo così sostituito dall'art. 1, comma 19, lett.* c) *d.l. 30 dicembre 2021, n. 228, conv., con modif., in l. 25 febbraio 2022, n. 15. Il testo del periodo, come da ultimo modificato dall'art. 1, comma 6, lett.* c) *d.l. 30 luglio 2020, n. 83, conv., con modif., in l. 25 settembre 2020, n. 124, era il seguente:* « L'incarico ha comunque la durata massima di quattro anni ed è rinnovabile con successivi provvedimenti per una durata complessiva massima di ulteriori quattro anni ».

8 Esclusività delle funzioni attribuite al DIS, all'AISE e all'AISI.

1. Le funzioni attribuite dalla presente legge al DIS, all'AISE e all'AISI non possono essere svolte da nessun altro ente, organismo o ufficio.

2. Il Reparto informazioni e sicurezza dello Stato maggiore della difesa (RIS) svolge esclusivamente compiti di carattere tecnico militare e di polizia militare, e in particolare ogni attività informativa utile al fine della tutela dei presidi e delle attività delle Forze armate all'estero, e non è parte del Sistema di informazione per la sicurezza. Il RIS agisce in stretto collegamento con l'AISE secondo la disciplina regolamentare approvata con decreto del Presidente del Consiglio dei ministri, emanato previa deliberazione del CISR, entro centottanta giorni dalla data di entrata in vigore della presente legge.

CAPO II
Disposizioni organizzative

9 Tutela amministrativa del segreto e nulla osta di sicurezza.

1. È istituito nell'ambito del DIS, ai sensi dell'articolo 4, comma 7, l'Ufficio centrale per la segretezza (UCSE), che svolge funzioni direttive e di coordinamento, di consulenza e di controllo sull'applicazione delle norme di legge, dei regolamenti e di ogni altra disposizione in ordine alla tutela amministrativa del segreto di Stato e alle classifiche di segretezza di cui all'articolo 42.

2. Competono all'UCSe:

a) gli adempimenti istruttori relativi all'esercizio delle funzioni del Presidente del Consiglio dei ministri quale Autorità nazionale per la sicurezza, a tutela del segreto di Stato;

b) lo studio e la predisposizione delle disposizioni esplicative volte a garantire la sicurezza di tutto quanto è coperto dalle classifiche di segretezza di cui all'articolo 42, con riferimento sia ad atti, documenti e materiali, sia alla produzione industriale (1);

c) il rilascio e la revoca dei nulla osta di sicurezza (NOS), previa acquisizione del parere dei direttori dei servizi di informazione per la sicurezza e, ove necessario, del Ministro della difesa e del Ministro dell'interno;

d) la conservazione e l'aggiornamento di un elenco completo di tutti i soggetti muniti di NOS.

3. Il NOS ha la durata di cinque anni per la classifica di segretissimo e di dieci anni per le classifiche segreto e riservatissimo indicate all'articolo 42, fatte salve diverse disposizioni contenute in trattati internazionali ratificati dall'Italia. A ciascuna delle tre classifiche di segretezza citate corrisponde un distinto livello di NOS (2).

4. Il rilascio del NOS è subordinato all'effettuazione di un preventivo procedimento di accertamento diretto ad escludere dalla conoscibilità di notizie, documenti, atti o cose classificate ogni soggetto che non dia sicuro affidamento di scrupolosa fedeltà alle istituzioni della Repubblica, alla Costituzione e ai suoi valori, nonché di rigoroso rispetto del segreto.

5. Al fine di consentire l'accertamento di cui al comma 4, le Forze armate, le Forze di polizia, le pubbliche amministrazioni e i soggetti erogatori dei servizi di pubblica utilità collaborano con l'UCSe per l'acquisizione di informazioni necessarie al rilascio dei NOS, ai sensi degli articoli 12 e 13.

6. Prima della scadenza del termine di cui al comma 3, l'UCSe può revocare il NOS se, sulla base di segnalazioni e di accertamenti nuovi, emergono motivi di inaffidabilità a carico del soggetto interessato.

7. Il regolamento di cui all'articolo 4, comma 7, disciplina il procedimento di accertamento preventivo di cui al comma 4 del presente articolo, finalizzato al rilascio del NOS, nonché gli ulteriori possibili accertamenti di cui al comma 6, in modo tale da salvaguardare i diritti dei soggetti interessati.

8. I soggetti interessati devono essere informati della necessità dell'accertamento nei loro confronti e, con esclusione del personale per il quale il rilascio costituisce condizione necessaria per l'espletamento del servizio istituzionale nel territorio nazionale e all'estero, possono rifiutarlo, rinunciando al NOS e all'esercizio delle funzioni per le quali esso è richiesto (3).

9. Agli appalti di lavori e alle forniture di beni e servizi, per i quali la tutela del segreto sia richiesta da norme di legge o di regolamento ovvero sia ritenuta di volta in volta necessaria, si applicano le disposizioni di cui all'articolo 17, comma 3, del codice dei contratti pubblici relativi a lavori, servizi e forniture, di cui al decreto legislativo 12 aprile 2006, n. 163.

10. Il soggetto appaltante i lavori e le forniture di cui al comma 9, quando lo ritiene necessario, richiede, tramite l'UCSe, al Presidente del Consiglio dei ministri l'autorizzazione alla segretazione, indicandone i motivi. Contestualmente all'autorizzazione, l'UCSe trasmette al soggetto appaltante l'elenco delle ditte individuali e delle imprese munite di NOS.

11. Il dirigente preposto all'UCSe è nominato e revocato dal Presidente del Consiglio dei ministri, su proposta dell'Autorità delegata, ove istituita, sentito il direttore generale del DIS. Il dirigente presenta annualmente al direttore generale del DIS, che informa il Presidente del Consiglio dei ministri, una relazione sull'attività svolta e sui problemi affrontati, nonché sulla rispondenza dell'organizzazione e delle procedure adottate dall'Ufficio ai compiti assegnati e sulle misure da adottare per garantirne la correttezza e l'efficienza. La relazione è portata a conoscenza del CISR.

(1) *Lettera modificata dall'art. 24, comma 73, lett.* b), *n. 1), d.l. 1° luglio 2009, n. 78, conv., con modif., in l. 3 agosto 2009, n. 102.*

(2) *Comma modificato dall'art. 24, comma 73, lett.* b), *n. 2), d.l. n. 78, cit.*

(3) *Comma dapprima modificato dall'art. 3, comma 7-*bis *d.l. 4 novembre 2009, n. 152, conv. con modif., in l. 29 dicembre 2009, n. 197 (ma poi l'art. 2268, comma 1, n. 1082, d.lgs. 15 marzo 2010, n. 66 ha disposto l'abrogazione del suddetto art. 3, comma 7-*bis*) e da ultimo sostituito dall'art. 10, comma 4, d.lgs. 24 febbraio 2012, n. 20.*

10 Ufficio centrale degli archivi.

1. È istituito nell'ambito del DIS, ai sensi dell'articolo 4, comma 7, l'Ufficio centrale degli archivi, al quale sono demandate:

a) l'attuazione delle disposizioni che disciplinano il funzionamento e l'accesso agli archivi dei servizi di informazione per la sicurezza e del DIS;

b) la gestione dell'archivio centrale del DIS;

c) la vigilanza sulla sicurezza, sulla tenuta e sulla gestione dei citati archivi;

d) la conservazione, in via esclusiva, presso appositi archivi storici, della documentazione relativa alle attività e ai bilanci dei servizi di informazione per la sicurezza, nonché della documentazione concernente le condotte di cui all'articolo 17 e le relative procedure di autorizzazione.

2. Il regolamento di cui all'articolo 4, comma 7, definisce le modalità di organizzazione e di funzionamento dell'Ufficio centrale degli archivi, le procedure di informatizzazione dei documenti e degli archivi cartacei, nonché le modalità di conservazione e di accesso e i criteri per l'invio di documentazione all'Archivio centrale dello Stato.

11 Formazione e addestramento.

1. È istituita nell'ambito del DIS, ai sensi dell'articolo 4, comma 7, la Scuola di formazione con il compito di assicurare l'addestramento, la formazione di base e continuativa e l'aggiornamento del personale del DIS e dei servizi di informazione per la sicurezza.

2. La Scuola ha una direzione della quale fanno parte, oltre a rappresentanti dei Ministeri interessati, esponenti qualificati dei centri di eccellenza universitari nei settori di interesse.

3. Il direttore generale del DIS, i direttori dei servizi di informazione per la sicurezza e il direttore della Scuola definiscono annualmente i programmi di formazione in relazione alle esigenze operative dei servizi di informazione per la sicurezza, ai mutamenti dello scenario internazionale e all'evoluzione del quadro strategico internazionale.

4. Il regolamento della Scuola definisce modalità e periodi di frequenza della Scuola medesima, in relazione agli impieghi nell'ambito del Sistema di informazione per la sicurezza della Repubblica e alle esperienze di lavoro svolto in precedenza.

12 Collaborazione delle Forze armate e delle Forze di polizia.

1. Nell'ambito delle rispettive attribuzioni, le Forze armate, le Forze di polizia, gli ufficiali e gli agenti di polizia giudiziaria e di pubblica sicurezza forniscono ogni possibile cooperazione, anche di tipo tecnico-operativo, al personale addetto ai servizi di informazione per la sicurezza, per lo svolgimento dei compiti a questi affidati.

2. Fermo restando quanto previsto dall'articolo 118-*bis* del codice di procedura penale, introdotto dall'articolo 14 della presente legge, qualora le informazioni richieste alle Forze di polizia, ai sensi delle lettere *c*) ed *e*) dell'articolo 4, comma 3, siano relative a indagini di polizia giudiziaria, le stesse, se coperte dal segreto di cui all'articolo 329 del codice di procedura penale, possono essere acquisite solo previo nulla osta della autorità giudiziaria competente. L'autorità giudiziaria può trasmettere gli atti e le informazioni anche di propria iniziativa.

3. Il Comitato di analisi strategica antiterrorismo, istituito presso il Ministero dell'interno, fornisce ogni possibile cooperazione al Sistema di informazione per la sicurezza della Repubblica per lo svolgimento dei compiti a questo affidati dalla presente legge.

13 Collaborazione richiesta a pubbliche amministrazioni e a soggetti erogatori di servizi di pubblica utilità.

1. Il DIS, l'AISE e l'AISI possono corrispondere con tutte le pubbliche amministrazioni e con i soggetti che erogano, in regime di autorizzazione, concessione o convenzione, servizi di pubblica utilità e chiedere ad essi la collaborazione, anche di ordine logistico, necessaria per l'adempimento delle loro funzioni istituzionali; a tale fine possono in particolare stipulare convenzioni con i predetti soggetti, nonché con le università e con gli enti di ricerca.

2. Con apposito regolamento, adottato previa consultazione con le amministrazioni e i soggetti interessati, sono emanate le disposizioni necessarie ad assicurare l'accesso del DIS, dell'AISE e dell'AISI agli archivi informatici delle pubbliche amministrazioni e dei soggetti che erogano, in regime di autorizzazione, concessione o convenzione, servizi di pubblica utilità, prevedendo in ogni caso le modalità tecniche che consentano la verifica, anche successiva, dell'accesso a dati personali.

3. All'articolo 4, comma 1, del decreto-legge 27 luglio 2005, n. 144, convertito, con modificazioni, dalla legge 31 luglio 2005, n. 155, dopo le parole: "ordinamento costituzionale" sono inserite le seguenti: "o del crimine organizzato di stampo mafioso".

4. Per i dati relativi alle comunicazioni si applica l'articolo 4 del decreto-legge 27 luglio 2005, n. 144, convertito, con modificazioni, dalla legge 31 luglio 2005, n. 155, come modificato dal comma 3 del presente articolo.

14-16 (*Omissis*).

17 Ambito di applicazione delle garanzie funzionali.

1. Fermo quanto disposto dall'articolo 51 del codice penale, non è punibile il personale dei servizi di informazione per la sicurezza che ponga in essere condotte previste dalla legge come reato, legittimamente autorizzate di volta in volta in quanto indispensabili alle finalità istituzionali di tali servizi, nel rispetto rigoroso dei limiti di cui ai commi 2, 3, 4 e 5 del presente articolo e delle procedure fissate dall'articolo 18.

2. La speciale causa di giustificazione di cui al comma 1 non si applica se la condotta prevista dalla legge come reato configura delitti diretti a mettere in pericolo o a ledere la vita, l'integrità fisica, la personalità individuale, la libertà personale, la libertà morale, la salute o l'incolumità di una o più persone.

3. La speciale causa di giustificazione non si applica, altresì, nei casi di delitti di cui agli articoli 289 e 294 del codice penale e di delitti contro l'amministrazione della giustizia, salvo che si tratti di condotte di favoreggiamento personale o reale indispensabili alle finalità istituzionali dei servizi di informazione per la sicurezza e poste in essere nel rispetto rigoroso delle procedure fissate dall'articolo 18, sempre che tali condotte di favoreggiamento non si realizzino attraverso false dichiarazioni all'autorità giudiziaria oppure attraverso occultamento della prova di un delitto ovvero non siano dirette a sviare le indagini disposte dall'autorità giudiziaria. La speciale causa di giustificazione non si applica altresì alle condotte previste come reato a norma dell'articolo 255 del codice penale e della legge 20 febbraio 1958, n. 75, e successive modificazioni.

4. Non possono essere autorizzate, ai sensi dell'articolo 18, condotte previste dalla legge come reato per le quali non è opponibile il segreto di Stato a norma dell'articolo 39, comma 11, ad eccezione delle fattispecie di cui agli articoli 270-*bis*, secondo comma, e 416-*bis*, primo comma, del codice penale.

5. Le condotte di cui al comma 1 non possono essere effettuate nelle sedi di partiti politici rappresentati in Parlamento o in un'assemblea o consiglio regionale, nelle sedi di organizzazioni sindacali ovvero nei confronti di giornalisti professionisti iscritti all'albo.

6. La speciale causa di giustificazione si applica quando le condotte:

a) sono poste in essere nell'esercizio o a causa di compiti istituzionali dei servizi di informazione per la sicurezza, in attuazione di un'operazione autorizzata e documentata ai sensi dell'articolo 18 e secondo le norme organizzative del Sistema di informazione per la sicurezza;

b) sono indispensabili e proporzionate al conseguimento degli obiettivi dell'operazione non altrimenti perseguibili;

c) sono frutto di una obiettiva e compiuta comparazione degli interessi pubblici e privati coinvolti;

d) sono effettuate in modo tale da comportare il minor danno possibile per gli interessi lesi.

7. Quando, per particolari condizioni di fatto e per eccezionali necessità, le attività indicate nel presente articolo sono state svolte da persone non addette ai servizi di informazione per la sicurezza, in concorso

con uno o più dipendenti dei servizi di informazione per la sicurezza, e risulta che il ricorso alla loro opera da parte dei servizi di informazione per la sicurezza era indispensabile ed era stato autorizzato secondo le procedure fissate dall'articolo 18, tali persone sono equiparate, ai fini dell'applicazione della speciale causa di giustificazione, al personale dei servizi di informazione per la sicurezza.

18 Procedure di autorizzazione delle condotte previste dalla legge come reato.

1. In presenza dei presupposti di cui all'articolo 17 e nel rispetto rigoroso dei limiti da esso stabiliti, il Presidente del Consiglio dei ministri, o l'Autorità delegata, ove istituita, autorizza le condotte previste dalla legge come reato e le operazioni di cui esse sono parte.

2. Il Presidente del Consiglio dei ministri, o l'Autorità delegata, ove istituita, rilascia l'autorizzazione, motivandola, sulla base di una circostanziata richiesta del direttore del servizio di informazione per la sicurezza interessato, tempestivamente trasmessa informandone il DIS. Le richieste e le autorizzazioni devono avere forma scritta, anche ai fini della loro conservazione nello schedario di cui al comma 7.

3. Il Presidente del Consiglio dei ministri o l'Autorità delegata, ove istituita, può in ogni caso modificare o revocare il provvedimento adottato a norma del comma 1 con l'utilizzo delle medesime forme previste dal comma 2.

4. Nei casi di assoluta urgenza, che non consentono di acquisire tempestivamente l'autorizzazione di cui al comma 2, e qualora l'Autorità delegata non sia istituita, il direttore del servizio di informazione per la sicurezza autorizza le condotte richieste e ne dà comunicazione immediata, e comunque non oltre le ventiquattro ore, al Presidente del Consiglio dei ministri, informandone il DIS, indicando circostanze e motivi dell'intervento di urgenza.

5. Il Presidente del Consiglio dei ministri o l'Autorità delegata, ove istituita, se l'autorizzazione era di sua competenza, qualora riscontri la sussistenza dei presupposti di cui all'articolo 17, nonché il rispetto del termine di comunicazione di cui al comma 4, ratifica il provvedimento entro dieci giorni.

6. Nei casi in cui la condotta prevista dalla legge come reato sia stata posta in essere in assenza ovvero oltre i limiti delle autorizzazioni previste dal presente articolo, il Presidente del Consiglio dei ministri adotta le necessarie misure e informa l'autorità giudiziaria senza ritardo.

7. La documentazione relativa alle richieste di autorizzazione previste nel presente articolo è conservata presso il DIS in apposito schedario segreto, unitamente alla documentazione circa le relative spese, secondo le norme emanate con il regolamento di cui all'articolo 4, comma 7. La rendicontazione di tali spese è sottoposta a specifica verifica da parte dell'ufficio ispettivo del DIS, di cui all'articolo 4, comma 3, lettera *i*).

19 Opposizione della speciale causa di giustificazione all'autorità giudiziaria.

1. Quando risulta che per taluna delle condotte indicate all'articolo 17 e autorizzate ai sensi dell'articolo 18 sono iniziate indagini preliminari, il direttore del servizio di informazione per la sicurezza interessato, tramite il DIS, oppone all'autorità giudiziaria che procede l'esistenza della speciale causa di giustificazione.

2. Nel caso indicato al comma 1, il procuratore della Repubblica interpella immediatamente il Presidente del Consiglio dei ministri, chiedendo che sia data conferma della sussistenza dell'autorizzazione di cui all'articolo 18. Gli atti delle indagini sul fatto e quelli relativi all'opposizione sono separati e iscritti in apposito registro riservato, per essere custoditi secondo modalità che ne tutelino la segretezza.

3. Quando l'esistenza della speciale causa di giustificazione è opposta nel corso dell'udienza preliminare o del giudizio, il Presidente del Consiglio dei ministri è interpellato dal giudice che procede.

4. Il Presidente del Consiglio dei ministri, se sussiste l'autorizzazione, ne dà comunicazione entro dieci giorni all'autorità che procede, indicandone i motivi. Della conferma è data immediata comunicazione al Comitato parlamentare di cui all'articolo 30. Nelle more della pronuncia del Presidente del Consiglio dei ministri il procedimento è sospeso.

5. Se la conferma non interviene nel termine indicato al comma 4, essa si intende negata e l'autorità giudiziaria procede secondo le ordinarie disposizioni.

6. Se il Presidente del Consiglio dei ministri conferma la sussistenza dell'autorizzazione, il giudice, su richiesta del pubblico ministero o d'ufficio, pronuncia, a seconda dei casi, sentenza di non luogo a procedere o di assoluzione. Gli atti del procedimento sono, all'esito, trasmessi al procuratore della Repubblica, che li custodisce in archivio secondo modalità, dallo stesso determinate, idonee a tutelarne la segretezza.

7. Analoga procedura di custodia degli atti viene seguita quando è sollevato conflitto di attribuzione fino a che il conflitto non sia stato risolto.

8. Se è stato sollevato conflitto di attribuzione, la Corte costituzionale ha pieno accesso agli atti del procedimento e al provvedimento di autorizzazione del Presidente del Consiglio dei ministri, con le garanzie di segretezza che la Corte stessa stabilisce.

9. Quando l'esistenza della speciale causa di giustificazione è eccepita dall'appartenente ai servizi di informazione per la sicurezza o da uno dei soggetti di cui all'articolo 17, comma 7, al momento dell'arresto in flagranza o dell'esecuzione di una misura cautelare, l'esecuzione del provvedimento è sospesa e la persona è accompagnata dalla polizia giudiziaria nei propri uffici per esservi trattenuta per il tempo strettamente necessario ai primi accertamenti e comunque non oltre ventiquattro ore, salvo il caso previsto al comma 10.

10. Il procuratore della Repubblica, immediatamente informato, provvede a norma degli articoli 390 e seguenti del codice di procedura penale, dispone le necessarie verifiche e chiede conferma al direttore generale del DIS, che deve rispondere entro ventiquattro ore dalla richiesta. La persona è trattenuta negli uffici della

polizia giudiziaria sino a quando perviene la conferma del direttore generale del DIS e comunque non oltre ventiquattro ore dalla ricezione della richiesta. Decorso il termine senza che sia pervenuta la conferma richiesta, si procede a norma del codice di procedura penale.

11. Se necessario, il procuratore della Repubblica chiede conferma al Presidente del Consiglio dei ministri, che conferma o smentisce l'esistenza della causa di giustificazione entro dieci giorni dalla richiesta. Se la conferma non interviene nel termine indicato, essa si intende negata e l'autorità giudiziaria procede secondo le ordinarie disposizioni.

20-38 (*Omissis*).

CAPO V
Disciplina del segreto (1)

(1) *Ai sensi di quanto disposto dall'art. 7, comma 5, d.l. 31 agosto 2016, n. 168, conv., con modif., in l. 25 ottobre 2016, n. 197: « Le disposizioni sul processo amministrativo telematico contenute negli allegati al decreto legislativo 2 luglio 2010, n. 104, non si applicano alle controversie di cui all'articolo 22 e agli articoli 39 e seguenti del Capo V della legge 3 agosto 2007, n. 124 ».*

39 Segreto di Stato.

1. Sono coperti dal segreto di Stato gli atti, i documenti, le notizie, le attività e ogni altra cosa la cui diffusione sia idonea a recare danno all'integrità della Repubblica, anche in relazione ad accordi internazionali, alla difesa delle istituzioni poste dalla Costituzione a suo fondamento, all'indipendenza dello Stato rispetto agli altri Stati e alle relazioni con essi, alla preparazione e alla difesa militare dello Stato.

2. Le informazioni, i documenti, gli atti, le attività, le cose e i luoghi coperti da segreto di Stato sono posti a conoscenza esclusivamente dei soggetti e delle autorità chiamati a svolgere rispetto ad essi funzioni essenziali, nei limiti e nelle parti indispensabili per l'assolvimento dei rispettivi compiti e il raggiungimento dei fini rispettivamente fissati. Tutti gli atti riguardanti il segreto di Stato devono essere conservati con accorgimenti atti ad impedirne la manipolazione, la sottrazione o la distruzione.

3. Sono coperti dal segreto di Stato le informazioni, i documenti, gli atti, le attività, le cose o i luoghi la cui conoscenza, al di fuori degli ambiti e delle sedi autorizzate, sia tale da ledere gravemente le finalità di cui al comma 1.

4. Il vincolo derivante dal segreto di Stato è apposto e, ove possibile, annotato, su espressa disposizione del Presidente del Consiglio dei ministri, sugli atti, documenti o cose che ne sono oggetto, anche se acquisiti all'estero.

5. Il Presidente del Consiglio dei ministri, in attuazione delle norme fissate dalla presente legge, disciplina con regolamento i criteri per l'individuazione delle informazioni, dei documenti, degli atti, delle attività, delle cose e dei luoghi suscettibili di essere oggetto di segreto di Stato.

6. Con il regolamento di cui al comma 5, il Presidente del Consiglio dei ministri individua gli uffici competenti a svolgere, nei luoghi coperti da segreto, le funzioni di controllo ordinariamente svolte dalle aziende sanitarie locali e dal Corpo nazionale dei vigili del fuoco.

7. Decorsi quindici anni dall'apposizione del segreto di Stato o, in mancanza di questa, dalla sua opposizione confermata ai sensi dell'articolo 202 del codice di procedura penale, come sostituito dall'articolo 40 della presente legge, chiunque vi abbia interesse può richiedere al Presidente del Consiglio dei ministri di avere accesso alle informazioni, ai documenti, agli atti, alle attività, alle cose e ai luoghi coperti dal segreto di Stato.

8. Entro trenta giorni dalla richiesta, il Presidente del Consiglio dei ministri consente l'accesso ovvero, con provvedimento motivato, trasmesso senza ritardo al Comitato parlamentare per la sicurezza della Repubblica, dispone una o più proroghe del vincolo. La durata complessiva del vincolo del segreto di Stato non può essere superiore a trenta anni.

9. Il Presidente del Consiglio dei ministri, indipendentemente dal decorso dei termini di cui ai commi 7 e 8, dispone la cessazione del vincolo quando sono venute meno le esigenze che ne determinarono l'apposizione.

10. Quando, in base ad accordi internazionali, la sussistenza del segreto incide anche su interessi di Stati esteri o di organizzazioni internazionali, il provvedimento con cui è disposta la cessazione del vincolo, salvo che ricorrano ragioni di eccezionale gravità, e a condizione di reciprocità, è adottato previa intesa con le autorità estere o internazionali competenti.

11. In nessun caso possono essere oggetto di segreto di Stato notizie, documenti o cose relativi a fatti di terrorismo o eversivi dell'ordine costituzionale o a fatti costituenti i delitti di cui agli articoli 285, 416-*bis*, 416-*ter* e 422 del codice penale (1).

(1) *Per l'attuazione delle norme di cui al presente articolo vedi l'art. 1 del d.P.C.M. 8 aprile 2008 (G.U. 16 aprile 2008, n. 90).*

40 (*Omissis*).

41 Divieto di riferire riguardo a fatti coperti dal segreto di Stato.

1. Ai pubblici ufficiali, ai pubblici impiegati e agli incaricati di pubblico servizio è fatto divieto di riferire riguardo a fatti coperti dal segreto di Stato. Nel processo penale, in ogni stato e grado del procedimento, salvo quanto disposto dall'articolo 202 del codice di procedura penale, come sostituito dall'articolo 40 della presente legge, se è stato opposto il segreto di Stato, l'autorità giudiziaria ne informa il Presidente del Consiglio dei ministri, nella sua qualità di Autorità nazionale per la sicurezza, per le eventuali deliberazioni di sua competenza.

2. L'autorità giudiziaria, se ritiene essenziale la conoscenza di quanto coperto dal segreto per la definizione del processo, chiede conferma dell'esistenza del segreto di Stato al Presidente del Consiglio dei ministri, sospendendo ogni iniziativa volta ad acquisire la notizia oggetto del segreto.

3. Qualora il segreto sia confermato e per la definizione del processo risulti essenziale la conoscenza di quanto coperto dal segreto di Stato, il giudice dichiara non doversi procedere per l'esistenza del segreto di Stato.

4. Se entro trenta giorni dalla notificazione della richiesta il Presidente del Consiglio dei ministri non dà

conferma del segreto, l'autorità giudiziaria acquisisce la notizia e provvede per l'ulteriore corso del procedimento.

5. L'opposizione del segreto di Stato, confermata con atto motivato dal Presidente del Consiglio dei ministri, inibisce all'autorità giudiziaria l'acquisizione e l'utilizzazione, anche indiretta, delle notizie coperte dal segreto.

6. Non è, in ogni caso, precluso all'autorità giudiziaria di procedere in base a elementi autonomi e indipendenti dagli atti, documenti e cose coperti dal segreto.

7. Quando è sollevato conflitto di attribuzione nei confronti del Presidente del Consiglio dei ministri, qualora il conflitto sia risolto nel senso dell'insussistenza del segreto di Stato, il Presidente del Consiglio dei ministri non può più opporlo con riferimento al medesimo oggetto. Qualora il conflitto sia risolto nel senso della sussistenza del segreto di Stato, l'autorità giudiziaria non può né acquisire né utilizzare, direttamente o indirettamente, atti o documenti sui quali è stato opposto il segreto di Stato.

8. In nessun caso il segreto di Stato è opponibile alla Corte costituzionale. La Corte adotta le necessarie garanzie per la segretezza del procedimento.

9. Il Presidente del Consiglio dei ministri è tenuto a dare comunicazione di ogni caso di conferma dell'opposizione del segreto di Stato ai sensi del presente articolo al Comitato parlamentare di cui all'articolo 30, indicandone le ragioni essenziali. Il Presidente del Consiglio dei Ministri, su richiesta del Presidente del Comitato parlamentare, espone, in una seduta segreta appositamente convocata, il quadro informativo idoneo a consentire l'esame nel merito della conferma dell'opposizione del segreto di Stato. Il Comitato parlamentare, se ritiene infondata l'opposizione del segreto di Stato, ne riferisce a ciascuna delle Camere per le conseguenti valutazioni (1).

(1) *Comma modificato dall'art. 11, comma 1, l. 7 agosto 2012, n. 133.*

42 Classifiche di segretezza.

1. Le classifiche di segretezza sono attribuite per circoscrivere la conoscenza di informazioni, documenti, atti, attività o cose ai soli soggetti che abbiano necessità di accedervi [e siano a ciò abilitati] in ragione delle proprie funzioni istituzionali (1).

1-*bis*. Per la trattazione di informazioni classificate segretissimo, segreto e riservatissimo è necessario altresì il possesso del nulla osta di sicurezza (NOS) (2)

2. La classifica di segretezza è apposta, e può essere elevata, dall'autorità che forma il documento, l'atto o acquisisce per prima la notizia, ovvero è responsabile della cosa, o acquisisce dall'estero documenti, atti, notizie o cose.

3. Le classifiche attribuibili sono: segretissimo, segreto, riservatissimo, riservato. Le classifiche sono attribuite sulla base dei criteri ordinariamente seguiti nelle relazioni internazionali.

4. Chi appone la classifica di segretezza individua, all'interno di ogni atto o documento, le parti che devono essere classificate e fissa specificamente il grado di classifica corrispondente ad ogni singola parte.

5. La classifica di segretezza è automaticamente declassificata a livello inferiore quando sono trascorsi cinque anni dalla data di apposizione; decorso un ulteriore periodo di cinque anni, cessa comunque ogni vincolo di classifica.

6. La declassificazione automatica non si applica quando, con provvedimento motivato, i termini di efficacia del vincolo sono prorogati dal soggetto che ha proceduto alla classifica o, nel caso di proroga oltre il termine di quindici anni, dal Presidente del Consiglio dei ministri.

7. Il Presidente del Consiglio dei ministri verifica il rispetto delle norme in materia di classifiche di segretezza. Con apposito regolamento sono determinati l'ambito dei singoli livelli di segretezza, i soggetti cui è conferito il potere di classifica e gli uffici che, nell'ambito della pubblica amministrazione, sono collegati all'esercizio delle funzioni di informazione per la sicurezza della Repubblica, nonché i criteri per l'individuazione delle materie oggetto di classifica e i modi di accesso nei luoghi militari o in quelli definiti di interesse per la sicurezza della Repubblica.

8. Qualora l'autorità giudiziaria ordini l'esibizione di documenti classificati per i quali non sia opposto il segreto di Stato, gli atti sono consegnati all'autorità giudiziaria richiedente, che ne cura la conservazione con modalità che ne tutelino la riservatezza, garantendo il diritto delle parti nel procedimento a prenderne visione senza estrarne copia.

9. Chiunque illegittimamente distrugge documenti del DIS o dei servizi di informazione per la sicurezza, in ogni stadio della declassificazione, nonché quelli privi di ogni vincolo per decorso dei termini, è punito con la reclusione da uno a cinque anni.

(1) *Comma modificato dall'art. 24, comma 73, lett.* c), *n. 1), d.l. 1° luglio 2009, n. 78, conv., con modif., in l. 3 agosto 2009, n. 102.*

(2) *Comma inserito dall'art. 24, comma 73, lett.* c), *n. 2), d.l. 1 n. 78, cit.*

43-46 (*Omissis*).

8. Legge 7 agosto 2015, n. 124. — Deleghe al Governo in materia di riorganizzazione delle amministrazioni pubbliche. (*estratto*).

Pubblicata nella Gazzetta Ufficiale n. 187 del 13 agosto 2015.

1-7 (*Omissis*).

CAPO II
Organizzazione

8 Riorganizzazione dell'amministrazione dello Stato.

1. Il Governo è delegato ad adottare, entro diciotto mesi dalla data di entrata in vigore della presente legge, uno o più decreti legislativi per modificare la disciplina della Presidenza del Consiglio dei ministri, dei Ministeri, delle agenzie governative nazionali e degli enti pubblici non economici nazionali. I decreti legislativi sono adottati nel rispetto dei seguenti principi e criteri direttivi (1):

1. Il Governo è delegato ad adottare, entro dodici mesi dalla data di entrata in vigore della presente legge, uno o più decreti legislativi per modificare la disciplina della Presidenza del Consiglio dei ministri, dei Ministeri, delle agenzie governative nazionali e degli enti pubblici non economici nazionali. I decreti legislativi sono adottati nel rispetto dei seguenti principi e criteri direttivi:

a) con riferimento all'amministrazione centrale e a quella periferica: riduzione degli uffici e del personale anche dirigenziale destinati ad attività strumentali, fatte salve le esigenze connesse ad eventuali processi di reinternalizzazione di servizi, e correlativo rafforzamento degli uffici che erogano prestazioni ai cittadini e alle imprese; preferenza in ogni caso, salva la dimostrata impossibilità, per la gestione unitaria dei servizi strumentali, attraverso la costituzione di uffici comuni e previa l'eventuale collocazione delle sedi in edifici comuni o contigui; riordino, accorpamento o soppressione degli uffici e organismi al fine di eliminare duplicazioni o sovrapposizioni di strutture o funzioni, adottare i provvedimenti conseguenti alla ricognizione di cui all'articolo 17, comma 1, del decreto-legge 24 giugno 2014, n. 90, convertito, con modificazioni, dalla legge 11 agosto 2014, n. 114, e completare l'attuazione dell'articolo 20 dello stesso decreto-legge n. 90 del 2014, secondo principi di semplificazione, efficienza, contenimento della spesa e riduzione degli organi; razionalizzazione e potenziamento dell'efficacia delle funzioni di polizia anche in funzione di una migliore cooperazione sul territorio al fine di evitare sovrapposizioni di competenze e di favorire la gestione associata dei servizi strumentali; istituzione del numero unico europeo 112 su tutto il territorio nazionale con centrali operative da realizzare in ambito regionale, secondo le modalità definite con i protocolli d'intesa adottati ai sensi dell'articolo 75-*bis*, comma 3, del codice di cui al decreto legislativo 1° agosto 2003, n. 259; riordino delle funzioni di polizia di tutela dell'ambiente, del territorio e del mare, nonché nel campo della sicurezza e dei controlli nel settore agroalimentare, conseguente alla riorganizzazione del Corpo forestale dello Stato ed eventuale assorbimento del medesimo in altra Forza di polizia, fatte salve le competenze del medesimo Corpo forestale in materia di lotta attiva contro gli incendi boschivi e di spegnimento con mezzi aerei degli stessi da attribuire al Corpo nazionale dei vigili del fuoco con le connesse risorse e ferme restando la garanzia degli attuali livelli di presidio dell'ambiente, del territorio e del mare e della sicurezza agroalimentare e la salvaguardia delle professionalità esistenti, delle specialità e dell'unitarietà delle funzioni da attribuire, assicurando la necessaria corrispondenza tra le funzioni trasferite e il transito del relativo personale; conseguenti modificazioni agli ordinamenti del personale delle Forze di polizia di cui all'articolo 16 della legge 1° aprile 1981, n. 121, in aderenza al nuovo assetto funzionale e organizzativo, anche attraverso (2):

1) la revisione della disciplina in materia di reclutamento, di stato giuridico e di progressione in carriera, tenendo conto del merito e delle professionalità, nell'ottica della semplificazione delle relative procedure, prevedendo l'eventuale unificazione, soppressione ovvero istituzione di ruoli, gradi e qualifiche e la rideterminazione delle relative dotazioni organiche, comprese quelle complessive di ciascuna Forza di polizia, in ragione delle esigenze di funzionalità e della consistenza effettiva alla data di entrata in vigore della presente legge, ferme restando le facoltà assunzionali previste alla medesima data, nonché assicurando il mantenimento della sostanziale equiordinazione del personale delle Forze di polizia e dei connessi trattamenti economici, anche in relazione alle occorrenti disposizioni transitorie, fermi restando le peculiarità ordinamentali e funzionali del personale di ciascuna Forza di polizia, nonché i contenuti e i principi di cui all'articolo 19 della legge 4 novembre 2010, n. 183, e tenuto conto dei criteri di delega della presente legge, in quanto compatibili;

2) in caso di assorbimento del Corpo forestale dello Stato, anche in un'ottica di razionalizzazione dei costi, il transito del personale nella relativa Forza di polizia, nonché la facoltà di transito, in un contingente limitato, previa determinazione delle relative modalità, nelle altre Forze di polizia, in conseguente corrispondenza delle funzioni alle stesse attribuite e già svolte dal medesimo personale, con l'assunzione della relativa condizione, ovvero in altre amministrazioni pubbliche, di cui all'articolo 1, comma 2, del decreto legislativo 30 marzo 2001, n. 165, e successive modificazioni, nell'ambito delle relative dotazioni organiche, con trasferimento delle corrispondenti risorse finanziarie. Resta ferma la corresponsione, sotto forma di assegno ad personam riassorbibile con i successivi miglioramenti economici, a qualsiasi titolo conseguiti, della differenza, limitatamente alle voci fisse e continuative, fra il trattamento economico percepito e quello corrisposto in relazione alla posizione giuridica ed economica di assegnazione;

3) l'utilizzo, previa verifica da parte del Dipartimento della Ragioneria generale dello Stato del Ministero dell'economia e delle finanze, di una quota parte dei risparmi di spesa di natura permanente, non superiore al 50 per cento, derivanti alle Forze di polizia dall'attuazione della presente lettera, fermo restando quanto previsto dall'articolo 23 della presente legge, tenuto anche conto di quanto previsto dall'articolo 3, comma 155, secondo periodo, della legge 24 dicembre 2003, n. 350;

4) previsione che il personale tecnico del Corpo forestale dello Stato svolga altresì le funzioni di ispettore fitosanitario di cui all'articolo 34 del decreto legislativo 19 agosto 2005, n. 214, e successive modificazioni; riordino dei corpi di polizia provinciale, in linea con la definizione dell'assetto delle funzioni di cui alla legge 7 aprile 2014, n. 56, escludendo in ogni caso la confluenza nelle Forze di polizia; ottimizzazione dell'efficacia delle funzioni del Corpo nazionale dei vigili del fuoco, mediante modifiche al decreto legislativo 8 marzo 2006, n. 139, in relazione alle funzioni e ai compiti del personale permanente e volontario del medesimo Corpo e conseguente revisione del decreto legislativo 13 ottobre 2005, n. 217, anche con soppressione e modifica dei ruoli e delle qualifiche esistenti ed eventuale istituzione di nuovi appositi ruoli e qualifiche, con conseguente rideterminazione delle relative dotazioni organiche e utilizzo, previa verifica da parte del Dipartimento della Ragioneria generale dello Stato del Ministero dell'economia e delle finanze, di una quota parte dei risparmi di spesa di natura permanente, non superiore al 50 per cento, derivanti al Corpo nazionale dei vigili del fuoco dall'attuazione della presente delega, fermo restando quanto previsto dall'articolo 23 della presente legge;

b) con riferimento alle forze operanti in mare, fermi restando l'organizzazione, anche logistica, e lo svolgimento delle funzioni e dei compiti di polizia da parte delle Forze di polizia, eliminazione delle duplicazioni organizzative, logistiche e funzionali, nonché ottimizzazione di mezzi e infrastrutture, anche mediante forme obbligatorie di gestione associata, con rafforzamento del coordinamento tra Corpo delle capitanerie di porto e Marina militare, nella prospettiva di un'eventuale maggiore integrazione;

c) con riferimento alla sola amministrazione centrale, applicare i principi e criteri direttivi di cui agli articoli 11, 12 e 14 della legge 15 marzo 1997, n. 59, e successive modificazioni, nonché, all'esclusivo fine di attuare l'articolo 95 della Costituzione e di adeguare le statuizioni dell'articolo 5 della legge 23 agosto 1988, n. 400, definire:

1) le competenze regolamentari e quelle amministrative funzionali al mantenimento dell'unità dell'indirizzo e alla promozione dell'attività dei Ministri da parte del Presidente del Consiglio dei ministri;

2) le attribuzioni della Presidenza del Consiglio dei ministri in materia di analisi, definizione e valutazione delle politiche pubbliche;

3) i procedimenti di designazione o di nomina di competenza, diretta o indiretta, del Governo o di singoli Ministri, in modo da garantire che le scelte, quand'anche da formalizzarsi con provvedimenti di singoli Ministri, siano oggetto di esame in Consiglio dei ministri;

4) la disciplina degli uffici di diretta collaborazione dei Ministri, dei vice ministri e dei sottosegretari di Stato, con determinazione da parte del Presidente del Consiglio dei ministri delle risorse finanziarie destinate ai suddetti uffici, in relazione alle attribuzioni e alle dimensioni dei rispettivi Ministeri, anche al fine di garantire un'adeguata qualificazione professionale del relativo personale, con eventuale riduzione del numero e pubblicazione dei dati nei siti istituzionali delle relative amministrazioni;

5) le competenze in materia di vigilanza sulle agenzie governative nazionali, al fine di assicurare l'effettivo esercizio delle attribuzioni della Presidenza del Consiglio dei ministri, nel rispetto del principio di separazione tra indirizzo politico e gestione;

6) razionalizzazione con eventuale soppressione degli uffici ministeriali le cui funzioni si sovrappongono a quelle proprie delle autorità indipendenti e viceversa; individuazione di criteri omogenei per la determinazione del trattamento economico dei componenti e del personale delle autorità indipendenti, in modo da evitare maggiori oneri per la finanza pubblica, salvaguardandone la relativa professionalità; individuazione di criteri omogenei di finanziamento delle medesime autorità, tali da evitare maggiori oneri per la finanza pubblica, mediante la partecipazione, ove non attualmente prevista, delle imprese operanti nei settori e servizi di riferimento, o comunque regolate o vigilate;

7) introduzione di maggiore flessibilità nella disciplina relativa all'organizzazione dei Ministeri, da realizzare con la semplificazione dei procedimenti di adozione dei regolamenti di organizzazione, anche modificando la competenza ad adottarli; introduzione di modifiche al decreto legislativo 30 luglio 1999, n. 300, per consentire il passaggio dal modello dei dipartimenti a quello del segretario generale e viceversa in relazione alle esigenze di coordinamento; definizione dei predetti interventi assicurando comunque la compatibilità finanziaria degli stessi, anche attraverso l'espressa previsione della partecipazione ai relativi procedimenti dei soggetti istituzionalmente competenti a tal fine;

d) con riferimento alle amministrazioni competenti in materia di autoveicoli: riorganizzazione, ai fini della riduzione dei costi connessi alla gestione dei dati relativi alla proprietà e alla circolazione dei veicoli e della realizzazione di significativi risparmi per l'utenza, anche mediante trasferimento, previa valutazione della sostenibilità organizzativa ed economica, delle funzioni svolte dagli uffici del Pubblico registro automobilistico al Ministero delle infrastrutture e dei trasporti, con conseguente introduzione di un'unica modalità di archiviazione finalizzata al rilascio di un documento unico contenente i dati di proprietà e di circolazione di autoveicoli, motoveicoli e rimorchi, da perseguire anche attraverso l'eventuale istituzione di un'agenzia o altra struttura sottoposta alla vigilanza del Ministero delle infrastrutture e dei trasporti, senza nuovi o maggiori oneri per la finanza pubblica; svolgimento delle relative funzioni con le risorse umane, finanziarie e strumentali disponibili a legislazione vigente;

e) con riferimento alle Prefetture-Uffici territoriali del Governo: a completamento del processo di riorganizzazione, in combinato disposto con i criteri stabiliti dall'articolo 10 del decreto-legge 6 luglio 2012, n. 95, convertito, con modificazioni, dalla legge 7 agosto 2012, n. 135, ed in armonia con le previsioni contenute nella legge 7 aprile 2014, n. 56, razionalizzazione della rete organizzativa e revisione delle competenze e delle funzioni attraverso la riduzione del numero, tenendo conto delle esigenze connesse all'attuazione della legge 7 aprile 2014, n. 56, in base a criteri inerenti all'estensione territoriale, alla popolazione residente, all'eventuale presenza della città metropolitana, alle caratteristiche del territorio, alla criminalità, agli insediamenti produttivi, alle dinamiche socio-economiche, al fenomeno delle immigrazioni sui territori fronte rivieraschi e alle aree confinarie con flussi migratori; trasformazione della Prefettura-Ufficio territoriale del Governo in Ufficio territoriale dello Stato, quale punto di contatto unico tra amministrazione periferica dello Stato e cittadini; attribuzione al prefetto della responsabilità dell'erogazione dei servizi ai cittadini, nonché di funzioni di direzione e coordinamento dei dirigenti degli uffici facenti parte dell'Ufficio territoriale dello Stato, eventualmente prevedendo l'attribuzione allo stesso di poteri sostitutivi, ferma restando la separazione tra funzioni di amministrazione attiva e di controllo, e di rappresentanza dell'amministrazione statale, anche ai fini del riordino della disciplina in materia di conferenza di servizi di cui all'articolo 2; coordinamento e armonizzazione delle disposizioni riguardanti l'Ufficio territoriale dello Stato, con eliminazione delle sovrapposizioni e introduzione delle modifiche a tal fine necessarie; confluenza nell'Ufficio territoriale dello Stato di tutti gli uffici periferici delle amministrazioni civili dello Stato; definizione dei criteri per l'individuazione e l'organizzazione della sede unica dell'Ufficio territoriale dello Stato; individuazione delle competenze in materia di ordine e sicurezza pubblica nell'ambito dell'Ufficio territoriale dello Stato, fermo restando quanto previsto dalla legge 1° aprile 1981, n. 121; individuazione della dipendenza funzionale del prefetto in relazione alle competenze esercitate;

f) con riferimento a enti pubblici non economici nazionali e soggetti privati che svolgono attività omogenee: semplificazione e coordinamento delle norme riguardanti l'ordinamento sportivo, con il mantenimento della sua specificità; riconoscimento delle peculiarità dello sport per persone affette da disabilità e scorporo dal Comitato olimpico nazionale italiano (CONI) del Comitato italiano paralimpico con trasformazione del medesimo in ente autonomo di diritto pubblico senza oneri aggiuntivi per la finanza pubblica, nella previsione che esso utilizzi parte delle risorse finanziarie attualmente in disponibilità o attribuite al CONI e si avvalga per tutte le attività strumentali, ivi comprese le risorse umane, di CONI Servizi spa, attraverso un apposito contratto di servizio; previsione che il personale attualmente in servizio presso il Comitato italiano paralimpico transiti in CONI Servizi spa; riorganizzazione, razionalizzazione e semplificazione della disciplina concernente le autorità portuali di cui alla legge 28 gennaio 1994, n. 84, con particolare riferimento al numero, all'individuazione di autorità di sistema nonché alla governance tenendo conto del ruolo delle regioni e degli enti locali e alla semplificazione e unificazione delle procedure doganali e amministrative in materia di porti (3) (4).

2. Con decreto del Presidente del Consiglio dei ministri, da adottare entro sei mesi dalla data di entrata in vigore del primo dei decreti legislativi di cui al comma 1, sono definiti i criteri per la ricognizione dettagliata ed esaustiva, da effettuare decorso un anno dall'adozione dei provvedimenti di riordino, accorpamento o soppressione di cui al comma 1, lettera *a*), di tutte le funzioni e le competenze attribuite alle amministrazioni pubbliche, statali e locali, inclusi gli uffici e gli organismi oggetto di riordino in conformità al predetto comma 1, al fine di semplificare l'esercizio delle funzioni pubbliche, secondo criteri di trasparenza, efficienza, non duplicazione ed economicità, e di coordinare e rendere efficiente il rapporto tra amministrazione dello Stato ed enti locali.

3. Per l'istituzione del numero unico europeo 112, di cui al comma 1, lettera *a*), è autorizzata la spesa di 10 milioni di euro per l'anno 2015, di 20 milioni di euro per l'anno 2016 e di 28 milioni di euro annui dal 2017 al 2024. Al relativo onere si provvede mediante corrispondente riduzione dello stanziamento del fondo speciale di conto capitale iscritto, ai fini del bilancio triennale 2015-2017, nell'ambito del programma « Fondi di riserva e speciali » della missione « Fondi da ripartire » dello stato di previsione del Ministero dell'economia e delle finanze per l'anno 2015, allo scopo parzialmente utilizzando l'accantonamento relativo al Ministero dell'interno.

4. Il Ministro dell'economia e delle finanze è autorizzato ad apportare, con propri decreti, le occorrenti variazioni di bilancio.

5. I decreti legislativi di cui al comma 1 sono adottati su proposta del Ministro delegato per la semplificazione e la pubblica amministrazione, di concerto con il Ministro dell'economia e delle finanze e con i Ministri interessati, previa acquisizione del parere della Conferenza unificata di cui all'articolo 8 del decreto legislativo 28 agosto 1997, n. 281, e del parere del Consiglio di Stato, che sono resi nel termine di quarantacinque giorni dalla data di trasmissione di ciascuno schema di decreto legislativo, decorso il quale il Governo può comunque procedere. Lo schema di ciascun decreto legislativo è successivamente trasmesso alle Camere per l'espressione dei pareri delle Commissioni parlamentari competenti per materia e per i profili finanziari e della Commissione parlamentare per la semplificazione, che si pronunciano nel termine di sessanta giorni dalla data di trasmissione, decorso il quale il decreto legislativo può essere comunque adottato. Se il termine previsto per il parere cade nei trenta giorni che precedono la scadenza del termine previsto al comma 1 o successivamente, la scadenza medesima è prorogata di novanta giorni. Il Governo, qualora non intenda conformarsi ai pareri parlamentari, trasmette nuovamente i testi alle Camere con le sue osservazioni e con eventuali modificazioni, corredate dei necessari elementi integrativi di informazione e motivazione. Le Commissioni competenti per materia possono esprimersi sulle osservazioni del Governo entro il termine di dieci giorni dalla data della nuova trasmissione. Decorso tale termine, i decreti possono comunque essere adottati.

6. Entro dodici mesi dalla data di entrata in vigore di ciascuno dei decreti legislativi di cui al comma 1, il Governo può adottare, nel rispetto dei principi e criteri direttivi e della procedura di cui al presente articolo,

uno o più decreti legislativi recanti disposizioni integrative e correttive.

7. Nei territori delle regioni a statuto speciale e delle province autonome di Trento e di Bolzano restano ferme tutte le attribuzioni spettanti ai rispettivi Corpi forestali regionali e provinciali, anche con riferimento alle funzioni di pubblica sicurezza e di polizia giudiziaria, secondo la disciplina vigente in materia e salve le diverse determinazioni organizzative, da assumere con norme di attuazione degli statuti speciali, che comunque garantiscano il coordinamento in sede nazionale delle funzioni di polizia di tutela dell'ambiente, del territorio e del mare, nonché la sicurezza e i controlli nel settore agroalimentare. Restano altresì ferme le funzioni attribuite ai presidenti delle suddette regioni e province autonome in materia di funzioni prefettizie, in conformità a quanto disposto dai rispettivi statuti speciali e dalle relative norme di attuazione.

(1) *Alinea così modificato dall'art. 1, comma 2, l. 14 luglio 2016, n. 131, a decorrere dal 16 luglio 2016 (ai sensi dell'art. 1, comma 3, della medesima legge), che ha sostituito le parole* « diciotto mesi » *alle precedenti* « dodici mesi ».

(2) *Per l'attuazione della delega prevista dalla presente lettera v. il d.lgs. 19 agosto 2016, n. 177,* sub V, *72.*

(3) *In attuazione di quanto disposto dalla presente lettera v. il d.lgs. 4 agosto 2016, n. 169, sulla disciplina concernente le Autorità portuali, di modifica della l. n. 84 del 1994,* sub V, *121 e il d.lgs. n. 43 del 2017,* sub V, *133.*

(4) *Ai sensi dell'art. 1, comma 629, l. 30 dicembre 2018, n. 145, ogni richiamo alla CONI Servizi Spa deve intendersi ora riferito alla Sport e salute Spa.*

9-239 (*Omissis*).

SEZIONE SECONDA
REGIONI E ENTI LOCALI

CAPO I
REGIONI

9. Legge 10 febbraio 1953, n. 62. – Costituzione e funzionamento degli organi regionali (*estratto*) (1).

Pubblicata nella Gazzetta Ufficiale n. 52 del 3 marzo 1953.

(1) *A decorrere dalla data di nomina del primo governo costituito a seguito delle prime elezioni politiche successive all'entrata in vigore del d.lgs. 30 luglio 1999, n. 300, le prefetture sono trasformate in uffici territoriali del governo; il prefetto preposto a tale ufficio nel capoluogo della regione assume anche le funzioni di commissario del governo (art. 11, d.lgs. 300/1999, cit.).*

TITOLO I
Statuti regionali

1-5 (*Omissis*) (1).

(1) *Articoli abrogati dall'art. 1, l. 23 dicembre 1970, n. 1084.*

6 Approvazione dello Statuto regionale.

Il Presidente del Consiglio regionale trasmette copia dello Statuto deliberato dal Consiglio regionale al Presidente del Consiglio dei Ministri, che lo presenta entro quindici giorni al Parlamento.

Il Parlamento, qualora ritenga che lo Statuto non sia in armonia con la Costituzione e con le leggi della Repubblica o contenga disposizioni in contrasto con l'interesse nazionale o con quello di altre regioni, ne rifiuta l'approvazione e lo rinvia al Consiglio regionale (1).

Il rifiuto è comunicato al Presidente del Consiglio regionale dal Presidente del Consiglio dei Ministri, mediante trasmissione dei relativi resoconti parlamentari. Il Consiglio regionale entro 120 giorni dal ricevimento di tale comunicazione deve deliberare il nuovo Statuto.

Le stesse norme si applicano per parziali modifiche dello Statuto.

(1) *Comma così sostituito dall'art. 1, l. 23 dicembre 1970, n. 1084.*

7 (*Omissis*) (1).

(1) *Articolo abrogato dall'art. 1, l. 23 dicembre 1970, n. 1084.*

TITOLO II
Potestà normativa della regione

8 Potestà legislativa della Regione.

La regione esercita la potestà legislativa sulle materie e nei limiti stabiliti dalla Costituzione e secondo le norme del proprio Statuto.

9 Condizioni per l'esercizio della potestà legislativa da parte della Regione (1).

L'emanazione di norme legislative da parte delle Regioni nelle materie stabilite dall'articolo 117 della Costituzione si svolge nei limiti dei princìpi fondamentali quali risultano da leggi che espressamente li stabiliscono per le singole materie o quali si desumono dalle leggi vigenti.

Le Regioni esercitano la predetta funzione legislativa ad emanazione avvenuta dei corrispondenti decreti previsti dal primo comma dell'articolo 17 della legge concernente provvedimenti finanziari per l'attuazione delle Regioni a statuto ordinario, o comunque dopo un biennio dall'entrata in vigore della predetta legge. Entro lo stesso biennio, in attuazione della IX disposizione transitoria della Costituzione, la Repubblica adegua la propria legislazione alle competenze legislative attribuite alle Regioni.

(1) *Articolo così sostituito dall'ultimo comma dell'art. 17, l. 16 maggio 1970, n. 281.*

10 Adeguamento delle leggi regionali alle leggi della Repubblica.

Le leggi della Repubblica che modificano i princìpi fondamentali di cui al primo comma dell'articolo precedente abrogano le norme regionali che siano in contrasto con esse.

I Consigli regionali dovranno portare alle leggi regionali le conseguenti necessarie modificazioni entro novanta giorni.

11 Promulgazione delle leggi regionali (1).

Le leggi regionali sono promulgate dal Presidente della Giunta. Il testo è preceduto dalla formula: "Il Consiglio regionale ha approvato. Il Presidente della Giunta regionale promulga" (2).

(Omissis) (3).

(Omissis) (3).

Al testo segue la formula: "La presente legge regionale sarà pubblicata nel Bollettino Ufficiale della Regione. È fatto obbligo a chiunque spetti di osservarla e di farla osservare come legge della Regione (indicazione della Regione)".

Le leggi regionali sono riprodotte nella Gazzetta Ufficiale della Repubblica.

(1) *Rubrica sostituita dall'art. 10 l. 5 giugno 2003, n. 131.*
(2) *Comma sostituito dall'art. 10 l. 5 giugno 2003, n. 131.*
(3) *Comma abrogato dall'art. 10 l. 5 giugno 2003, n. 131.*

12 Entrata in vigore delle leggi e dei regolamenti regionali.

Le leggi e i regolamenti regionali entrano in vigore non prima del quindicesimo giorno successivo alla loro pubblicazione nel Bollettino Ufficiale della Regione, salvo i casi d'urgenza previsti dal secondo comma dell'art. 127 della Costituzione.

13 Anticipata entrata in vigore di leggi regionali.

Il consenso del Governo della Repubblica alla anticipata entrata in vigore di leggi regionali ai sensi del secondo comma dell'art. 127 della Costituzione, è dato con visto apposto alla legge stessa dal Commissario del Governo.

ORGANI DELLA REGIONE (1)

(1) *Le disposizioni contenute nel presente titolo hanno esaurito la loro efficacia dal giorno in cui tutti gli Statuti regionali sono entrati in vigore.*

CAPO I
Il Consiglio Regionale

14-21 *(Omissis)*.

22 Attribuzioni del Consiglio regionale.

Il Consiglio regionale esercita le potestà legislative e regolamentari attribuite alla Regione e le altre funzioni conferitegli dalla Costituzione e dalle leggi.

Spetta al Consiglio regionale:

1) la formulazione di proposte di legge al Parlamento, nonché dei pareri di cui agli artt. 132 e 133 della Costituzione;

2) l'approvazione del bilancio preventivo, dei relativi storni di fondi da un capitolo all'altro e del conto consuntivo;

3) la deliberazione dei tributi regionali;

4) l'ordinamento degli uffici e dei servizi regionali;

5) l'istituzione di enti amministrativi dipendenti dalla Regione;

6) l'approvazione dei piani generali concernenti l'esecuzione di opere pubbliche e la organizzazione di servizi pubblici di interesse della Regione e dei finanziamenti relativi;

7) la nomina di commissioni e di membri di commissioni devoluta per legge della Repubblica alla Regione;

8) ogni altra deliberazione per la quale la legge richieda l'approvazione del Consiglio o che sia rimessa al voto del Consiglio medesimo dalla Giunta.

A richiesta del Governo, il Consiglio esprime inoltre parere su questioni di interesse generale, che abbiano particolare riflesso nella Regione (1).

(1) *Le disposizioni contenute nel presente articolo hanno esaurito la loro efficacia dal giorno in cui tutti gli Statuti regionali sono entrati in vigore.*

CAPO II
Il Presidente della Giunta Regionale

23 Elezione del Presidente della Giunta.

L'elezione del Presidente della Giunta ha luogo a scrutinio segreto con l'intervento di almeno due terzi dei consiglieri assegnati alla Regione ed a maggioranza assoluta di voti.

Se dopo due votazioni nessuno dei consiglieri ha riportato la maggioranza assoluta, si procede ad una votazione di ballottaggio fra i due consiglieri che hanno ottenuto nella seconda votazione il maggior numero di voti.

È proclamato presidente il consigliere che ha conseguito la maggioranza assoluta dei voti.

Qualora anche dopo la votazione di ballottaggio nessun consigliere abbia ottenuto tale maggioranza, l'elezione è rinviata ad altra seduta da tenersi entro otto giorni, nella quale si procede a votazione, purché sia presente la metà più uno dei consiglieri in carica. Ove nessuno ottenga la maggioranza assoluta si procede nella stessa seduta ad una votazione di ballottaggio, in seguito alla quale è proclamato eletto il consigliere che ha raccolto il maggior numero di voti. In caso di parità di voti è eletto il consigliere più anziano di età.

In caso di vacanza dell'ufficio di presidente il Consiglio è convocato entro 15 giorni per la nomina del successore (1).

(1) *Le disposizioni contenute nel presente articolo hanno esaurito la loro efficacia dal giorno in cui tutti gli Statuti regionali sono entrati in vigore.*

24 *(Omissis)*.

25 Attribuzioni del Presidente.

Il Presidente della Giunta regionale esercita le funzioni previste dall'ultimo comma dell'art. 121 della Costituzione e quelle che gli siano attribuite dalle leggi o dallo Statuto regionale. Egli convoca e presiede la Giunta regionale.

A lui spetta la firma degli atti della Regione.

Il Presidente ha la rappresentanza in giudizio della Regione e, salvo riferirne alla Giunta nella prima adunanza, promuove davanti alle autorità giudiziarie i provvedimenti cautelativi e le azioni possessorie.

Al Presidente spetta designare i titolari degli assessorati previsti dallo Statuto regionale (1).

(1) *Le disposizioni contenute nel presente articolo hanno esaurito la loro efficacia dal giorno in cui tutti gli Statuti regionali sono entrati in vigore.*

CAPO III
La giunta regionale

26 Composizione della Giunta regionale.

La Giunta regionale è composta del Presidente e di sei assessori effettivi e due supplenti nelle Regioni con popolazione fino ad un milione di abitanti. Gli assessori effettivi sono da otto a dieci in quelle con popolazione fino a tre milioni di abitanti, da dieci a dodici nelle altre. In tutti e due i casi il numero degli assessori supplenti è di quattro.

Gli assessori supplenti sostituiscono gli effettivi in caso di assenza o di impedimento.

La Giunta dura in carica fino alla rinnovazione del Consiglio, salvo quanto disposto dall'art. 34.

In caso di vacanza della Giunta o di una parte di essa il Consiglio è convocato entro 15 giorni per la rinnovazione o l'integrazione (1).

(1) *Le disposizioni contenute nel presente articolo hanno esaurito la loro efficacia dal giorno in cui tutti gli Statuti regionali sono entrati in vigore.*

27 Elezione della Giunta regionale.

Gli assessori sono eletti a scrutinio segreto dal Consiglio regionale nel proprio seno con l'intervento di almeno due terzi dei consiglieri assegnati alla Regione. L'elezione ha luogo a maggioranza assoluta di voti.

Se dopo due votazioni nessuno o solo alcuni consiglieri hanno riportato la maggioranza assoluta predetta, l'elezione di tutti gli assessori o dei rimanenti è rinviata ad altra seduta, da tenersi entro otto giorni, nella quale si procede a votazione di ballottaggio purché sia presente la metà più uno dei consiglieri in carica. Nella votazione di ballottaggio sono proclamati eletti coloro che hanno riportato il maggior numero di voti.

Sono ammessi al ballottaggio in numero doppio dei posti da ricoprire i consiglieri che hanno riportato più voti.

A parità di voti sono ammessi al ballottaggio e proclamati eletti i consiglieri più anziani di età (1).

(1) *Le disposizioni contenute nel presente articolo hanno esaurito la loro efficacia dal giorno in cui tutti gli Statuti regionali sono entrati in vigore.*

28-30 *(Omissis)*.

31 Attribuzioni della Giunta regionale.

1. La Giunta regionale è l'organo esecutivo della Regione.

Essa provvede alla esecuzione delle leggi e delle deliberazioni del Consiglio.

Amministra il patrimonio della Regione e controlla la gestione dei servizi pubblici regionali affidati ad aziende speciali.

Predispone il bilancio preventivo e presenta annualmente il conto consuntivo.

Inoltre delibera per le seguenti materie, nei limiti e nei modi fissati dalle leggi e dallo Statuto regionale:

1) storno dei fondi da un articolo all'altro di uno stesso capitolo del bilancio;

2) progetti dei lavori nei limiti dei piani di cui all'art. 22;

3) contratti della Regione;

4) liti attive e passive, salvo quanto disposto dall'art. 25, rinunzie e transazioni (1).

(1) *Le disposizioni contenute nel presente articolo hanno esaurito la loro efficacia dal giorno in cui tutti gli Statuti regionali sono entrati in vigore.*

32 Deliberazioni d'urgenza della Giunta regionale.

La Giunta regionale, sotto la propria responsabilità, nei limiti e nei modi stabiliti dallo Statuto regionale, può, in caso d'urgenza, deliberare provvedimenti amministrativi di competenza del Consiglio regionale.

L'urgenza, determinata da cause nuove e posteriori all'ultima adunanza consiliare, deve essere tale da non consentire la tempestiva convocazione del Consiglio.

Le deliberazioni suddette sono sottoposte al Consiglio regionale per la ratifica nella sua prima successiva adunanza. Il Consiglio regionale ove neghi la ratifica, o modifichi la deliberazione della Giunta, adotta i necessari provvedimenti nei riguardi dei rapporti giuridici sorti sulla base delle deliberazioni non ratificate o modificate (1).

(1) *Le disposizioni contenute nel presente articolo hanno esaurito la loro efficacia dal giorno in cui tutti gli Statuti regionali sono entrati in vigore.*

33 *(Omissis)*.

34 Revoca del Presidente della Giunta regionale, della Giunta regionale o di assessori.

Il Presidente della Giunta regionale, la Giunta regionale, uno o più assessori possono essere revocati dall'ufficio in seguito a mozione sottoscritta da almeno un terzo dei consiglieri in carica, da discutersi dal Consiglio regionale non prima di cinque giorni ed approvata per appello nominale, a maggioranza assoluta di voti dei consiglieri in carica, presenti almeno due terzi dei consiglieri in carica.

Qualora non si raggiunga il richiesto numero dei presenti la votazione è rimandata ad altra seduta da tenersi nel giorno corrispondente della settimana successiva, purché sia presente almeno la metà più uno dei consiglieri in carica (1).

(1) *Le disposizioni contenute nel presente articolo hanno esaurito la loro efficacia dal giorno in cui tutti gli Statuti regionali sono entrati in vigore.*

35-45 *(Omissis)*.

10. Decreto del Presidente della Repubblica 24 luglio 1977, n. 616. – Attuazione della delega di cui all'art. 1 della l. 22 luglio 1975, n. 382. (*estratto*) (1) (2).

Pubblicato nella Gazzetta Ufficiale n. 234 del 29 agosto 1977, S.O.

(1) *In attuazione della delega conferita dall'art. 1, l. 15 marzo 1997, n. 59, con d.lgs. 31 marzo 1998, n. 112, sono state conferite alle regioni, ed agli enti locali, nonché, nei casi espressamente previsti, alle autonomie funzionali, tutte le competenze inerenti il settore dello sviluppo economico che ricomprende: l'agricoltura e foreste, l'artigianato, l'industria, l'energia, le miniere, le risorse geotermiche, l'ordinamento delle camere di commercio, industria, artigianato e agricoltura, le fiere e i mercati, il commercio, il turismo e l'industria alberghiera.*

(2) *A decorrere dalla data di nomina del primo governo costituito a seguito delle prime elezioni politiche successive all'entrata in vigore del d.lgs. 30 luglio 1999, n. 300, le prefetture sono trasformate in uffici territoriali del governo; il prefetto preposto a tale ufficio nel capoluogo della regione assume anche le funzioni di commissario del governo (art. 11, d.lgs. n. 300/1999, cit.).*

TITOLO I
Disposizioni generali

1 Trasferimento e deleghe delle funzioni amministrative dello Stato.

Il trasferimento delle funzioni amministrative nelle materie indicate dall'art. 117 della Costituzione ancora esercitate dagli organi centrali e periferici dello Stato e da enti pubblici nazionali ed interregionali successivamente all'entrata in vigore dei decreti del Presidente della Repubblica 14 gennaio 1972, n. 1, n. 2, n. 3, n. 4, n. 5, n. 6, 15 gennaio 1972, n. 7, n. 8, n. 9, n. 10, n. 11 e 5 giugno 1972, n. 315 e la delega alle stesse regioni dell'esercizio di altre funzioni amministrative, a norma dell'art. 118, secondo comma, della Costituzione, sono attuati secondo le disposizioni del presente decreto per i fini di cui alla legge 22 luglio 1975, n. 382, ed alla legge 27 novembre 1976, n. 894.

2 Attribuzione a province, comuni e comunità montane.

Ai comuni, alle province, alle comunità montane sono attribuite le funzioni amministrative indicate nel presente decreto, ferme restando quelle già loro spettanti secondo le vigenti disposizioni di legge.

3 Settori del trasferimento e delle deleghe.

I trasferimenti e le deleghe, di cui agli articoli precedenti, sono ripartiti secondo i seguenti settori organici: ordinamento e organizzazione amministrativa; servizi sociali; sviluppo economico; assetto ed utilizzazione del territorio.

Negli articoli seguenti è usata, per indicare le regioni a statuto ordinario, la sola parola "regione".

4 Competenze dello Stato.

Lo Stato, nelle materie definite dal presente decreto, esercita soltanto le funzioni amministrative indicate negli articoli seguenti e le funzioni, anche nelle materie trasferite o delegate, attinenti ai rapporti internazionali, alla difesa nazionale, alla pubblica sicurezza (1).

(*Omissis*) (2).

Il Governo della Repubblica, tramite il commissario del Governo, esercita il potere di sostituzione previsto dall'art. 2 della legge n. 382 del 22 luglio 1975 (1).

(1) *Comma così modificato dall'art. 8, l. 15 marzo 1997, n. 59.*

(2) *Comma abrogato dall'art. 8 l. 15 marzo 1997, n. 59.*

5 Atti delegati e sub-delegati - Comunicazioni.

Gli atti emanati nell'esercizio delegato e subdelegato di funzioni amministrative sono definitivi. Il governo stabilisce le categorie di atti di cui la regione deve dare comunicazione al commissario del Governo.

6 Regolamenti e direttive della Comunità economica europea.

Sono trasferite alle regioni in ciascuna delle materie definite dal presente decreto anche le funzioni amministrative relative all'applicazione dei regolamenti della Comunità economica europea nonché all'attuazione delle sue direttive fatte proprie dallo Stato con legge che indica espressamente le norme di principio.

In mancanza della legge regionale, sarà osservata quella dello Stato in tutte le sue disposizioni.

Il Governo della Repubblica, in caso di accertata inattività degli organi regionali che comporti inadempimenti agli obblighi comunitari, può prescrivere con deliberazione del Consiglio dei Ministri, su parere della Commissione parlamentare per le questioni regionali e sentita la regione interessata, un congruo termine per provvedere. Qualora la inattività degli organi regionali perduri dopo la scadenza di tale termine, il Consiglio dei Ministri può adottare i provvedimenti necessari in sostituzione dell'amministrazione regionale.

7 Norme regionali di attuazione.

Le regioni in tutte le materie delegate dallo Stato possono emanare norme legislative di organizzazione o di spesa, nonché norme di attuazione ai sensi dell'ultimo comma dell'art. 117 della Costituzione.

Le regioni possono altresì emanare norme di legge con le quali è subdelegato alle province, ai comuni ed altri enti locali l'esercizio delegato di funzioni amministrative dello Stato, disciplinando i poteri di indirizzo ed i rapporti finanziari relativi.

8 Gestioni comuni fra regioni.

Le regioni per le attività ed i servizi, che interessano i territori finitimi, possono addivenire ad intese e costituire uffici o gestioni comuni, anche in forma consortile.

Le attività ed i servizi predetti devono formare oggetto di specifiche intese e non possono dare luogo alla costituzione di consorzi generali fra regioni.

9 Polizia amministrativa.

I comuni, le province, le comunità montane e le regioni sono titolari delle funzioni di polizia amministrativa nelle materie ad essi rispettivamente attribuite o trasferite.

Sono delegate alle regioni le funzioni di polizia amministrativa esercitate dagli organi centrali e periferici dello Stato nelle materie nelle quali è delegato alle regioni l'esercizio di funzioni amministrative dello Stato e degli enti pubblici.

10 Classificazione di beni o di opere.

Salvo diversa specifica disciplina per ogni provvedimento amministrativo di classificazione di beni o di opere riservato allo Stato da cui possa conseguire uno spostamento di competenze tra Stato e regioni si procede d'intesa con le regioni interessate.

11 Programmazione nazionale e regionale.

Lo Stato determina gli obiettivi della programmazione economica nazionale con il concorso delle regioni.

Le regioni determinano i programmi regionali di sviluppo, in armonia con gli obiettivi della programmazione economica nazionale e con il concorso degli enti locali territoriali secondo le modalità previste dagli statuti regionali.

Nei programmi regionali di sviluppo gli interventi di competenza regionale sono coordinati con quello dello Stato e con quelli di competenza degli enti locali territoriali.

La programmazione costituisce riferimento per il coordinamento della finanza pubblica.

TITOLO I
Ordinamento e organizzazione amministrativi

CAPO I
Oggetto

12 Materie del trasferimento.

Sono trasferite alle regioni le funzioni amministrative dello Stato nelle materie "ordinamento di enti amministrativi dipendenti dalla regione" e "circoscrizione comunali".

CAPO II
Ordinamento degli enti amministrativi locali

13 Ordinamento degli enti amministrativi dipendenti dalla regione ed enti locali non territoriali.

Le funzioni amministrative relative alla materia "ordinamento degli enti amministrativi dipendenti dalla regione" concernono l'istituzione, i controlli, la fusione, la soppressione e l'estinzione di enti pubblici locali operanti nelle materie di cui al presente decreto.

Le funzioni amministrative esercitate da organi centrali e periferici dello Stato nei confronti degli enti di cui al comma precedente sono trasferite alle regioni.

14 Persone giuridiche private.

È delegato alle regioni l'esercizio delle funzioni amministrative di organi centrali e periferici dello Stato concernenti le persone giuridiche di cui all'art. 12 del codice civile che operano esclusivamente nelle materie di cui al presente decreto e le cui finalità statutarie si esauriscono nell'ambito di una sola regione.

15 Acquisto di immobili ed accettazione di donazioni, eredità e legati.

È trasferito alle regioni l'esercizio delle funzioni amministrative concernenti l'acquisto di immobili e l'accettazione di donazioni, eredità e legati da parte degli enti e delle persone giuridiche di cui all'art. 13 del presente decreto. È delegato l'esercizio delle funzioni amministrative relative agli enti di cui all'art. 14.

CAPO III
Circoscizioni comunali

16 Circoscrizioni comunali.

Le funzioni amministrative relative alla materia "circoscrizioni comunali" concernono: la determinazione dell'ambito territoriale dei comuni e delle relative denominazioni e sedi; la definizione dei rapporti fra comuni conseguenti a variazioni territoriali; il regolamento del regime di separazione dei rapporti patrimoniali e contabili fra comuni e loro frazioni.

(*Omissis*) (1).

Fino all'entrata in vigore della legge sulle autonomie locali non possono essere istituiti nuovi comuni con popolazione inferiore a 5.000 abitanti.

(1) *Comma abrogato dall'art. 274, d.lgs. 18 agosto 2000, n. 267.*

17-137 (*Omissis*).

CAPO II
ENTI LOCALI

11. Convenzione europea relativa alla Carta europea dell'autonomia locale, firmata a Strasburgo il 15 ottobre 1985, ratificata e resa esecutiva con l. 30 dicembre 1989, n. 439. (*estratto*).

CARTA EUROPEA DELL'AUTONOMIA LOCALE

1 Le Parti s'impegnano a considerarsi vincolate dagli articoli seguenti, nella maniera e nella misura prescritta dall'art. 12 della presente Carta.

PARTE I

2 Fondamento costituzionale e legale dell'autonomia locale.

Il principio dell'autonomia locale deve essere riconosciuto dalla legislazione interna, e per quanto possibile, dalla Costituzione.

3 Concetto di autonomia locale.

1. Per autonomia locale, s'intende il diritto e la capacità effettiva, per le collettività locali, di regolamentare ed amministrare nell'ambito della legge, sotto la loro responsabilità, e a favore delle popolazioni, una parte importante di affari pubblici.

2. Tale diritto è esercitato da Consigli e Assemblee costituiti da membri eletti a suffragio libero, segreto, paritario, diretto ed universale, in grado di disporre di organi esecutivi responsabili nei loro confronti. Detta disposizione non pregiudica il ricorso alle Assemblee di cittadini, al referendum, o ad ogni altra forma di partecipazione diretta dei cittadini qualora questa sia consentita dalla legge.

4 Portata dell'autonomia locale.

1. Le competenze di base delle collettività locali sono stabilite dalla Costituzione o dalla legge. Tuttavia, detta norma non vieta il conferimento, alle collettività locali, di competenze specifiche, in conformità alla legge.

2. Le collettività locali hanno, nell'ambito della legge, ogni più ampia facoltà di prendere iniziative proprie per qualsiasi questione che non esuli dalla loro competenza o sia assegnata ad un'altra autorità.

3. L'esercizio delle responsabilità pubbliche deve, in linea di massima, incombere di preferenza sulle autorità più vicine ai cittadini. L'assegnazione di una responsabilità ad un'altra autorità deve tener conto dell'ampiezza e della natura del compito e delle esigenze di efficacia e di economia.

4. Le competenze affidate alle collettività locali devono di regola essere complete ed integrali. Possono essere messe in causa o limitate da un'altra autorità, centrale o regionale, solamente nell'ambito della legge.

5. In caso di delega dei poteri da parte di un'autorità centrale o regionale, le collettività locali devono fruire, per quanto possibile, della libertà di armonizzare l'esercizio delle loro funzioni alle condizioni locali.

6. Le collettività locali dovranno essere consultate per quanto possibile, in tempo utile ed in maniera opportuna nel corso dei processi di programmazione e di decisione per tutte le questioni che le riguardano direttamente.

5 Tutela dei limiti territoriali delle collettività locali.

Per ogni modifica dei limiti locali territoriali, le collettività locali interessate, dovranno essere preliminarmente consultate, eventualmente mediante referendum, qualora ciò sia consentito dalla legge.

6 Adeguamento delle strutture e dei mezzi amministrativi alle missioni delle collettività locali.

1. Senza pregiudizio di norme più generali emanate dalla legge, le collettività locali devono poter definire esse stesse le strutture amministrative interne di cui intendono dotarsi, per adeguarle alle loro esigenze specifiche in modo tale da consentire un'amministrazione efficace.

2. Lo statuto del personale delle collettività locali,

deve consentire un reclutamento di qualità, che si basi sui principi del merito e della competenza; a tal fine, deve associare adeguate condizioni di formazione, di remunerazione e di prospettive di carriera.

7 Condizioni dell'esercizio delle responsabilità a livello locale.

1. Lo statuto dei rappresentanti eletti dalle collettività locali deve assicurare il libero esercizio del loro mandato.
2. Esso deve consentire un adeguato compenso finanziario delle spese derivanti dall'esercizio del loro mandato, nonché, se del caso, un compenso finanziario per i profitti persi, od una remunerazione per il lavoro svolto, nonché un'adeguata copertura sociale.
3. Le funzioni ed attività incompatibili con il mandato di eletto locale possono essere stabilite solamente dalla legge o dai principi giuridici fondamentali.

8 Verifica amministrativa degli atti delle collettività locali.

1. Ogni verifica amministrativa sulle collettività locali potrà essere effettuata solamente nelle forme e nei casi previsti dalla Costituzione o dalla legge.
2. Ogni verifica amministrativa degli atti delle collettività locali deve di regola avere come unico fine di assicurare il rispetto della legalità e dei principi costituzionali. La verifica amministrativa può, tuttavia, comportare una verifica esercitata da autorità, a livello superiore, dell'opportunità in merito ai compiti, la cui esecuzione è delegata alle collettività locali.
3. La verifica amministrativa delle collettività locali deve essere esercitata nel rispetto di un equilibrio tra l'ampiezza dell'intervento dell'autorità di controllo e dell'importanza degli interessi che essa intende salvaguardare.

9 Risorse finanziarie delle collettività locali.

1. Le collettività locali hanno diritto, nell'ambito della politica economica nazionale, a risorse proprie sufficienti, di cui possano disporre liberamente nell'esercizio delle loro competenze.
2. Le risorse finanziarie delle collettività locali devono essere proporzionate alle competenze previste dalla Costituzione o dalla legge.
3. Una parte almeno delle risorse finanziarie delle collettività locali deve provenire da tasse e imposte locali di cui esse hanno facoltà di stabilire il tasso nei limiti previsti dalla legge.
4. I sistemi finanziari, che sostengono le risorse di cui dispongono le collettività locali, devono essere di natura sufficientemente diversificata ed evolutiva per consentire loro di seguire, in pratica, per quanto possibile, lo andamento reale dei costi di esercizio delle loro competenze.
5. La tutela delle collettività locali finanziariamente più deboli richiede la messa in opera di procedure di perequazione finanziaria o di misure equivalenti, destinate a correggere gli effetti di una ripartizione impari di fonti potenziali di finanziamento, nonché degli oneri loro incombenti. Dette procedure o misure non devono diminuire la libertà di opzione delle collettività locali nel proprio settore di responsabilità.
6. Le collettività locali dovranno essere opportunamente consultate per quanto riguarda le modalità dell'assegnazione, nei loro confronti, delle risorse nuovamente distribuite.
7. Per quanto possibile, le sovvenzioni concesse alle collettività locali, non dovranno essere destinate al finanziamento di progetti specifici. La concessione di sovvenzioni non deve pregiudicare la libertà fondamentale della politica delle collettività locali, nel proprio settore di competenza.
8. Per finanziare le loro spese di investimento, le collettività locali devono poter avere accesso, in conformità alla legge, al mercato nazionale dei capitali.

10 Il diritto di associazione delle collettività locali.

1. Le collettività locali hanno diritto, nell'esercizio delle loro competenze, a collaborare e, nell'ambito della legge, ad associarsi ad altre collettività locali per la realizzazione di attività di interesse comune.
2. Il diritto delle collettività locali, di aderire ad un'associazione per la tutela e la promozione dei loro interessi comuni, e quello di aderire ad un'associazione internazionale di collettività locali, devono essere riconosciuti in ogni Stato.
3. Le collettività locali, possono, alle condizioni eventualmente previste dalla legge, cooperare con le collettività di altri Stati.

11 Tutela legale dell'autonomia locale.

Le collettività locali devono disporre di un diritto di ricorso giurisdizionale, per garantire il libero esercizio delle loro competenze ed il rispetto dei princìpi di autonomia locale, consacrati dalla Costituzione o dalla legislazione interna.

12 (*Omissis*).

13 Collettività cui si applica la Carta.

I principi di autonomia locale contenuti nella presente Carta, si applicano a tutte le categorie di collettività locali esistenti sul territorio della Parte. Ciascuna Parte può tuttavia, al momento del deposito del suo strumento di ratifica, di accettazione o di approvazione, designare le categorie di collettività locali e regionali alle quali intende limitare il settore di applicazione o che intende escludere dal settore di applicazione della presente Carta. Essa può anche includere altre categorie di collettività locali o regionali nell'ambito di applicazione della Carta, mediante ulteriore notifica al Segretario Generale del Consiglio d'Europa.

14-18 (*Omissis*).

12. Decreto legislativo 18 agosto 2000, n. 267. — Testo unico delle leggi sull'ordinamento degli enti locali (*estratto*).

Pubblicato nella Gazzetta Ufficiale n. 227 del 28 settembre 2000, S.O. n. 162/L.

PARTE I
Ordinamento istituzionale

TITOLO I
Disposizioni generali

1 Oggetto.

1. Il presente testo unico contiene i princìpi e le disposizioni in materia di ordinamento degli enti locali.

2. Le disposizioni del presente testo unico non si applicano alle regioni a statuto speciale e alle province autonome di Trento e di Bolzano se incompatibili con le attribuzioni previste dagli statuti e dalle relative norme di attuazione.

3. La legislazione in materia di ordinamento degli enti locali e di disciplina dell'esercizio delle funzioni ad essi conferite enuncia espressamente i princìpi che costituiscono limite inderogabile per la loro autonomia normativa. L'entrata in vigore di nuove leggi che enunciano tali princìpi abroga le norme statutarie con essi incompatibili. Gli enti locali adeguano gli statuti entro 120 giorni dalla data di entrata in vigore delle leggi suddette.

4. Ai sensi dell'art. 128 della Costituzione le leggi della Repubblica non possono introdurre deroghe al presente testo unico se non mediante espressa modificazione delle sue disposizioni.

2 Ambito di applicazione.

1. Ai fini del presente testo unico si intendono per enti locali i comuni, le province, le città metropolitane, le Comunità montane, le comunità isolane e le unioni di comuni (1) (2).

2. Le norme sugli enti locali previste dal presente testo unico si applicano, altresì, salvo diverse disposizioni, ai consorzi cui partecipano enti locali, con esclusione di quelli che gestiscono attività aventi rilevanza economica ed imprenditoriale e, ove previsto dallo statuto, dei consorzi per la gestione dei servizi sociali.

(1) *Ai sensi dell'art. 2, comma 12, l. 24 dicembre 2007, n. 244 gli enti locali possono istituire, mediante apposite convenzioni uffici unici di avvocatura per lo svolgimento di attività di consulenza legale, difesa e rappresentanza in giudizio degli enti convenzionati.*

(2) *V. l. 7 aprile 2014, n. 56, per le disposizioni sulle città metropolitane, sulle province, sulle unioni e fusioni di comuni, sub II, 13. Per Roma Capitale v. d.lgs. 17 settembre 2010, n. 156 (e successive modificazioni), che così dispone:*

« Art. 1. (Oggetto).

1. Il presente decreto reca disposizioni fondamentali dell'ordinamento di Roma Capitale ai sensi dell'articolo 24 della legge 5 maggio 2009, n. 42, e successive modificazioni.

2. Le norme di cui al presente decreto costituiscono limite inderogabile per l'autonomia normativa dell'Ente e possono essere modificate, derogate o abrogate dalle leggi dello Stato solo espressamente.

Art. 2. (Organi di governo di Roma Capitale).

1. Sono organi di governo di Roma Capitale l'Assemblea capitolina, la Giunta capitolina ed il Sindaco.

Art. 3. (Assemblea capitolina).

1. L'Assemblea capitolina è l'organo di indirizzo e di controllo politico-amministrativo.

2. L'Assemblea capitolina è composta dal Sindaco di Roma Capitale e da quarantotto Consiglieri.

3. L'Assemblea capitolina è presieduta da un Presidente eletto tra i Consiglieri nella prima seduta, con votazione a scrutinio segreto.

Al Presidente sono attribuiti i poteri di convocazione e direzione dei lavori e delle attività dell'Assemblea e gli altri poteri previsti dallo statuto e dal regolamento dell'Assemblea, che disciplinano altresì l'esercizio delle funzioni vicarie. La revoca dalla carica di Presidente è ammessa nei soli casi di gravi violazioni di legge, dello statuto e del regolamento dell'Assemblea, che ne disciplina altresì le relative procedure.

4. L'Assemblea capitolina, dopo l'entrata in vigore del decreto legislativo di cui all'articolo 24, comma 5, lettera a)*, della legge 5 maggio 2009, n. 42, disciplina con propri regolamenti l'esercizio delle funzioni di cui al comma 3 dell'articolo 24 della legge 5 maggio 2009, n. 42, in conformità al principio di funzionalità rispetto alle attribuzioni di Roma Capitale, secondo quanto previsto dal comma 4 del citato articolo 24.*

5. L'Assemblea capitolina, entro sei mesi dalla data di entrata in vigore del decreto legislativo di attuazione dei principi e dei criteri direttivi di cui all'articolo 24, comma 5, lettera a)*, della legge 5 maggio 2009, n. 42, approva lo statuto di Roma Capitale che entra in vigore il giorno successivo a quello della sua pubblicazione nella Gazzetta Ufficiale. Lo statuto disciplina, nei limiti stabiliti dalla legge, i municipi di Roma Capitale, quali circoscrizioni di decentramento, in numero non superiore a quindici, favorendone l'autonomia amministrativa e finanziaria.*

6. Lo statuto è deliberato con il voto favorevole dei due terzi dei Consiglieri assegnati. Qualora tale maggioranza non venga raggiunta, la votazione è ripetuta in successive sedute da tenersi entro trenta giorni e lo statuto è approvato se ottiene per due volte, in altrettante sedute consiliari, il voto favorevole della maggioranza assoluta dei Consiglieri assegnati. Lo statuto è pubblicato nelle forme e nei termini previsti dalle vigenti disposizioni di legge ed è inserito nella Raccolta ufficiale degli statuti del Ministero dell'interno. Le disposizioni di cui al presente comma si applicano anche alle modifiche statutarie.

7. Lo statuto stabilisce i casi di decadenza dei Consiglieri per la non giustificata assenza dalle sedute dell'Assemblea capitolina.

8. Lo statuto ed i regolamenti di cui al comma 4 prevedono e disciplinano, nei limiti delle risorse umane, finanziarie e strumentali disponibili a legislazione vigente e nel rispetto di quanto previsto dall'articolo 6, forme di monitoraggio e controllo da affidare ad organismi posti in posizione di autonomia rispetto alla Giunta capitolina, finalizzate a garantire, nell'esercizio delle funzioni riconducibili ai livelli essenziali delle prestazioni e delle funzioni fondamentali, il rispetto degli standard e degli obiettivi di servizio definiti dai decreti legislativi di cui all'articolo 2 della legge 5 maggio 2009, n. 42, nonché l'efficace tutela dei diritti dei cittadini.

9. Lo statuto prevede strumenti di partecipazione e consultazione, anche permanenti, al fine di promuovere il confronto tra l'amministrazione di Roma Capitale e i cittadini.

Art. 4. (Sindaco e Giunta capitolina).

1. Il Sindaco è il responsabile dell'amministrazione di Roma Capitale, nell'ambito del cui territorio esercita le funzioni attribuitegli dalle leggi, dallo statuto e dai regolamenti quale rappresentante della comunità locale e quale ufficiale del Governo.

2. Il Sindaco di Roma Capitale può essere udito nelle riunioni del Consiglio dei Ministri all'ordine del giorno delle quali siano iscritti argomenti inerenti alle funzioni conferite a Roma Capitale.

3. La Giunta capitolina è composta dal Sindaco di Roma Capitale, che la presiede, e da un numero massimo di Assessori pari ad un quarto dei Consiglieri dell'Assemblea capitolina assegnati.

4. Il Sindaco di Roma Capitale nomina, nel rispetto del principio di pari opportunità tra donne e uomini, garantendo la presenza di entrambi i sessi,, entro il limite massimo di cui al comma 3, i componenti della Giunta capitolina, tra cui il Vicesindaco, e ne dà comunicazione all'Assemblea capitolina nella prima seduta successiva alla nomina. Il Sindaco può revocare uno o più Assessori, dandone motivata comunicazione all'Assemblea.

5. Gli Assessori sono nominati dal Sindaco, anche al di fuori dei componenti dell'Assemblea capitolina, fra i cittadini in possesso dei requisiti di candidabilità, eleggibilità e compatibilità alla carica di consigliere dell'Assemblea.

6. La Giunta collabora con il Sindaco nel governo di Roma Capitale. Essa compie tutti gli atti rientranti nelle funzioni degli organi di governo che non siano riservati dalla legge all'Assemblea capitolina e che non ricadano nelle competenze, previste dalle leggi o dallo statuto, del Sindaco o degli organi di decentramento.

7. Lo statuto, in relazione all'esercizio delle funzioni conferite a Roma Capitale con gli appositi decreti legislativi, stabilisce i criteri per l'adozione da parte della Giunta di propri regolamenti in merito all'ordinamento generale degli uffici e dei servizi, in base a criteri di autonomia, funzionalità ed economicità di gestione, secondo i principi di professionalità e responsabilità.

8. Il voto dell'Assemblea capitolina contrario ad una proposta del Sindaco o della Giunta non comporta le dimissioni degli stessi.

9. Il Sindaco cessa dalla carica in caso di approvazione di una mozione di sfiducia votata per appello nominale dalla maggioranza assoluta dei componenti l'Assemblea. La mozione di sfiducia deve essere motivata e sottoscritta da almeno due quinti dei Consiglieri assegnati, senza computare a tal fine il Sindaco, e viene messa in discussione non prima di dieci giorni e non oltre trenta giorni dalla sua presentazione. Se la mozione viene approvata, la Giunta decade e si procede allo scioglimento dell'Assemblea capitolina, con contestuale nomina di un commissario ai sensi dell'articolo 141 del testo unico delle leggi sull'ordinamento degli enti locali, di cui al decreto legislativo 18 agosto 2000, n. 267, e successive modificazioni.

10. Al fine di garantire il tempestivo adempimento degli obblighi di legge o di evitare che l'omessa adozione di atti fondamentali di competenza dell'Assemblea capitolina possa recare grave pregiudizio alla regolarità ed al buon andamento dell'azione amministrativa, il Sindaco può richiedere che le relative proposte di deliberazione siano sottoposte all'esame ed al voto dell'Assemblea capitolina con procedura d'urgenza, secondo le disposizioni stabilite dallo statuto e dal regolamento dell'Assemblea.

Art. 5. (Status degli amministratori di Roma Capitale).

1. Sono amministratori di Roma Capitale il Sindaco, gli Assessori componenti della Giunta ed i Consiglieri dell'Assemblea capitolina.

2. Gli amministratori di Roma Capitale che siano lavoratori dipendenti possono essere collocati a richiesta in aspettativa non retribuita per tutto il periodo di espletamento del mandato.

3. Il Sindaco, il Presidente dell'Assemblea capitolina e gli Assessori componenti della giunta capitolina hanno diritto di percepire una indennità di funzione, determinata con decreto del Ministro dell'interno, di concerto con il Ministro dell'economia e delle finanze, sentita l'Assemblea capitolina. Tale indennità è dimezzata per i lavoratori dipendenti che non abbiano richiesto l'aspettativa.

4. I Consiglieri dell'Assemblea capitolina hanno diritto di percepire una indennità onnicomprensiva di funzione, determinata con decreto del Ministro dell'interno, di concerto con il Ministro dell'economia e delle finanze, sentita l'Assemblea capitolina, in una quota parte dell'indennità del Sindaco, fissata dal medesimo decreto. Tale decreto è adottato successivamente all'adozione delle misure di cui all'articolo 3, comma 5. La misura della predetta indennità tiene conto della complessità e specificità delle funzioni conferite a Roma Capitale, anche in considerazione della particolare rilevanza demografica dell'Ente, nonché degli effetti previdenziali, assistenziali ed assicurativi nei confronti dei lavoratori dipendenti che siano collocati in aspettativa non retribuita conseguenti all'assunzione della carica di Consigliere dell'Assemblea capitolina. L'indennità è dimezzata per i lavoratori dipendenti che non abbiano richiesto l'aspettativa. Il regolamento per il funzionamento dell'Assemblea capitolina prevede l'applicazione di detrazioni dell'indennità in caso di non giustificata assenza dalle sedute della stessa. In nessun caso gli oneri a carico di Roma Capitale per i permessi retribuiti dei lavoratori dipendenti da privati o da enti pubblici economici possono mensilmente superare, per ciascun consigliere, l'importo pari alla metà dell'indennità di rispettiva spettanza.

5. In sede di attuazione dei commi 3 e 4, primo e terzo periodo, gli eventuali maggiori oneri derivanti dalla determinazione delle indennità spettanti agli amministratori di Roma Capitale non dovranno in ogni caso risultare superiori alle minori spese derivanti dall'applicazione del comma 4, quarto periodo, e dell'articolo 3, comma 5.

6. Si applica l'articolo 5, comma 11, del decreto-legge 31 maggio 2010, n. 78, convertito, con modificazioni, dalla legge 30 luglio 2010, n. 122

Art. 6. (Clausola di invarianza finanziaria)..

1. Dall'attuazione del presente decreto non devono derivare nuovi o maggiori oneri a carico della finanza pubblica.

Art. 7. (Disposizioni transitorie e finali).

1. Per quanto non espressamente previsto nel presente decreto, agli organi di Roma Capitale ed ai loro componenti si applicano le disposizioni previste con riferimento ai comuni dalla parte prima del testo unico delle leggi sull'ordinamento degli enti locali di cui al decreto legislativo 18 agosto 2000, n. 267, e successive modificazioni, e da ogni altra disposizione di legge.

2. Nelle more dell'approvazione dello statuto di Roma Capitale e del regolamento dell'Assemblea capitolina continuano altresì ad applicarsi le disposizioni dello statuto del comune di Roma e del regolamento del Consiglio comunale di Roma in quanto compatibili con le disposizioni del presente decreto.

3. Fino alla prima elezione dell'Assemblea capitolina, successiva alla data di entrata in vigore del presente decreto, il numero dei suoi membri resta fissato in sessanta oltre al Sindaco ed il numero degli Assessori resta fissato nell'ambito del limite massimo previsto dall'articolo 47, comma 1, ultima parte, del testo unico delle leggi sull'ordinamento degli enti locali di cui al decreto legislativo 18 agosto 2000, n. 267, e successive modificazioni ».

3 Autonomia dei comuni e delle province.

1. Le comunità locali, ordinate in comuni e province, sono autonome.

2. Il comune è l'ente locale che rappresenta la propria comunità, ne cura gli interessi e ne promuove lo sviluppo.

3. La provincia, ente locale intermedio tra comune e regione, rappresenta la propria comunità, ne cura gli interessi, ne promuove e ne coordina lo sviluppo.

4. I comuni e le province hanno autonomia statutaria, normativa, organizzativa e amministrativa nonché autonomia impositiva e finanziaria nell'ambito dei propri statuti e regolamenti e delle leggi di coordinamento della finanza pubblica.

5. I comuni e le province sono titolari di funzioni proprie e di quelle conferite loro con legge dello Stato e della regione, secondo il principio di sussidiarietà. I comuni e le province svolgono le loro funzioni anele attraverso le attività che possono essere adeguatamente esercitate dalla autonoma iniziativa dei cittadini e delle loro formazioni sociali.

4 Sistema regionale delle autonomie locali.

1. Ai sensi dell'art. 117, primo e secondo comma, e dell'art. 118, primo comma, della Costituzione, le regioni, ferme restando le funzioni che attengono ad esigenze di carattere unitario nei rispettivi territori, organizzano l'esercizio delle funzioni amministrative a livello locale attraverso i comuni e le province.

2. Ai fini di cui al comma 1, le leggi regionali si conformano ai princìpi stabiliti dal presente testo unico in ordine alle funzioni del comune e della provincia, identificando nelle materie e nei casi previsti dall'art. 117 della Costituzione, gli interessi comunali e provinciali in rapporto alle caratteristiche della popolazione e del territorio.

3. La generalità dei compiti e delle funzioni amministrative è attribuita ai comuni, alle province e alle Comunità montane, in base ai princìpi di cui all'art. 4, comma 3, della legge del 15 marzo 1997, n. 59, secondo le loro dimensioni territoriali, associative ed organizzative, con esclusione delle sole funzioni che richiedono l'unitario esercizio a livello regionale.

4. La legge regionale indica i princìpi della cooperazione dei comuni e delle province tra loro e con la regione, al fine di realizzare un efficiente sistema delle autonomie locali al servizio dello sviluppo economico, sociale e civile.

5. Le regioni, nell'ambito della propria autonomia legislativa, prevedono strumenti e procedure di raccordo e concertazione, anche permanenti, che diano luogo a forme di cooperazione strutturali e funzionali, al fine di consentire la collaborazione e l'azione coordinata fra regioni ed enti locali nell'ambito delle rispettive competenze.

5 Programmazione regionale e locale.

1. La regione indica gli obiettivi generali della programmazione economico-sociale e territoriale e su questi ripartisce le risorse destinate al finanziamento del programma di investimenti degli enti locali.

2. Comuni e province concorrono alla determinazione degli obiettivi contenuti nei piani e programmi dello Stato e delle regioni e provvedono, per quanto di propria competenza, alla loro specificazione ed attuazione.

3. La legge regionale stabilisce forme e modi della partecipazione degli enti locali alla formazione dei piani e programmi regionali e degli altri provvedimenti della regione.

4. La legge regionale indica i criteri e fissa le procedure per gli atti e gli strumenti della programmazione socio-economica e della pianificazione territoriale dei comuni e delle province rilevanti ai fini dell'attuazione dei programmi regionali.

5. La legge regionale disciplina, altresì, con norme di carattere generale, modi e procedimenti per la verifica della compatibilità fra gli strumenti di cui al comma 4 e i programmi regionali, ove esistenti.

6 Statuti comunali e provinciali.

1. I comuni e le province adottano il proprio statuto.

2. Lo statuto, nell'ambito dei princìpi fissati dal presente testo unico, stabilisce le norme fondamentali dell'organizzazione dell'ente e, in particolare, specifica le attribuzioni degli organi e le forme di garanzia e di partecipazione delle minoranze, i modi di esercizio della rappresentanza legale dell'ente, anche in giudizio. Lo statuto stabilisce, altresì, i criteri generali in materia di organizzazione dell'ente, le forme di collaborazione fra comuni e province, della partecipazione popolare, del decentramento, dell'accesso dei cittadini alle informazioni e ai procedimenti amministrativi, lo stemma e il gonfalone e quanto ulteriormente previsto dal presente testo unico.

3. Gli statuti comunali e provinciali stabiliscono norme per assicurare condizioni di pari opportunità tra uomo e donna ai sensi della legge 10 aprile 1991, n. 125, e per garantire la presenza di entrambi i sessi nelle giunte e negli organi collegiali non elettivi del comune e della provincia, nonché degli enti, aziende ed istituzioni da essi dipendenti (1).

4. Gli statuti sono deliberati dai rispettivi consigli con il voto favorevole dei due terzi dei consiglieri assegnati. Qualora tale maggioranza non venga raggiunta, la votazione è ripetuta in successive sedute da tenersi entro trenta giorni e lo statuto è approvato se ottiene per due volte il voto favorevole della maggioranza assoluta dei consiglieri assegnati. Le disposizioni di cui al presente comma si applicano anche alle modifiche statutarie.

5. Dopo l'espletamento del controllo da parte del competente organo regionale, lo statuto è pubblicato nel Bollettino Ufficiale della regione, affisso all'albo pretorio dell'ente per trenta giorni consecutivi ed inviato al Ministero dell'interno per essere inserito nella raccolta ufficiale degli statuti. Lo statuto entra in vigore decorsi trenta giorni dalla sua affissione all'albo pretorio dell'ente.

6. L'ufficio del Ministero dell'interno, istituito per la raccolta e la conservazione degli statuti comunali e provinciali, cura anche adeguate forme di pubblicità degli statuti stessi.

(1) *Comma modificato dall'art. 1, comma 1, della l. 23 novembre 2012, n. 215. Ai sensi del comma 2 del medesimo art. 1, l. n. 215, cit. « Entro sei mesi dalla data di entrata in vigore della presente legge gli enti locali adeguano i propri statuti e regolamenti alle disposizioni del comma 3 dell'articolo 6 del testo unico di cui al* decreto legislativo 18 agosto 2000, n. 267, *come modificato dal comma 1 del presente articolo ».*

7 Regolamenti.

1. Nel rispetto dei princìpi fissati dalla legge e dello statuto, il comune e la provincia adottano regolamenti nelle materie di propria competenza ed in particolare per l'organizzazione e il funzionamento delle istituzioni e degli organismi di partecipazione, per il funzionamento degli organi e degli uffici e per l'esercizio delle funzioni.

7-*bis* Sanzioni amministrative (1).

1. Salvo diversa disposizione di legge, per le violazioni delle disposizioni dei regolamenti comunali e provinciali si applica la sanzione amministrativa pecuniaria da 25 euro a 500 euro.

1-*bis*. La sanzione amministrativa di cui al comma 1 si applica anche alle violazioni alle ordinanze adottate dal sindaco e dal presidente della provincia sulla base di disposizioni di legge, ovvero di specifiche norme regolamentari (2).

2. L'organo competente a irrogare la sanzione amministrativa è individuato ai sensi dell'articolo 17 della legge 24 novembre 1981, n. 689.

(1) *Articolo inserito dall'art. 16 l. 16 gennaio 2003, n. 3.*

(2) *Comma inserito dall'art. 1-*quater *d.l. 31 marzo 2003, n. 50, conv., con modif., in l. 20 maggio 2003, n. 116.*

8 Partecipazione popolare.

1. I comuni, anche su base di quartiere o di frazione, valorizzano le libere forme associative e promuovono organismi di partecipazione popolare all'amministrazione locale. I rapporti di tali forme associative sono disciplinati dallo statuto.

2. Nel procedimento relativo all'adozione di atti che incidono su situazioni giuridiche soggettive devono essere previste forme di partecipazione degli interessati secondo le modalità stabilite dallo statuto, nell'osservanza dei princìpi stabiliti dalla legge 7 agosto 1990, n. 241.

3. Nello statuto devono essere previste forme di consultazione della popolazione nonché procedure per l'ammissione di istanze, petizioni e proposte di cittadini singoli o associati dirette a promuovere interventi per la migliore tutela di interessi collettivi e devono essere, altresì, determinate le garanzie per il loro tempestivo esame. Possono essere, altresì, previsti referendum anche su richiesta di un adeguato numero di cittadini.

4. Le consultazioni e i referendum di cui al presente articolo devono riguardare materie di esclusiva competenza locale e non possono avere luogo in coincidenza con operazioni elettorali provinciali, comunali e circoscrizionali.

5. Lo statuto, ispirandosi ai princìpi di cui alla legge 8 marzo 1994, n. 203, e al decreto legislativo 25 luglio 1998, n. 286, promuove forme di partecipazione alla vita pubblica locale dei cittadini dell'Unione europea e degli stranieri regolarmente soggiornanti.

9 Azione popolare e delle associazioni di protezione ambientale.

1. Ciascun elettore può far valere in giudizio le azioni e i ricorsi che spettano al comune e alla provincia.

2. Il giudice ordina l'integrazione del contraddittorio nei confronti del comune ovvero della provincia. In caso di soccombenza, le spese sono a carico di chi ha promosso l'azione o il ricorso, salvo che l'ente costituendosi abbia aderito alle azioni e ai ricorsi promossi dall'elettore.

[3. Le associazioni di protezione ambientale di cui all'art. 13 della legge 8 luglio 1986, n. 349, possono proporre le azioni risarcitorie di competenza del giudice ordinario che spettino al comune e alla provincia, conseguenti a danno ambientale. L'eventuale risarcimento è liquidato in favore dell'ente sostituito e le spese processuali sono liquidate in favore o a carico dell'associazione] (1).

(1) *Comma abrogato dall'art. 318, comma 2, lett.* b), *d.lgs. 3 aprile 2006, n. 152.*

10 Diritto di accesso e di informazione.

1. Tutti gli atti dell'amministrazione comunale e provinciale sono pubblici, ad eccezione di quelli riservati per espressa indicazione di legge o per effetto di una temporanea e motivata dichiarazione del sindaco o del presidente della provincia che ne vieti l'esibizione, conformemente a quanto previsto dal regolamento, in quanto la loro diffusione possa pregiudicare il diritto alla riservatezza delle persone, dei gruppi o delle imprese.

2. Il regolamento assicura ai cittadini, singoli e associati, il diritto di accesso agli atti amministrativi e disciplina il rilascio di copie di atti previo pagamento dei soli costi; individua, con norme di organizzazione degli uffici e dei servizi, i responsabili dei procedimenti; detta le norme necessarie per assicurare ai cittadini l'informazione sullo stato degli atti e delle procedure e sull'ordine di esame di domande, progetti e provvedimenti che comunque li riguardino; assicura il diritto dei cittadini di accedere, in generale, alle informazioni di cui è in possesso l'amministrazione.

3. Al fine di rendere effettiva la partecipazione dei cittadini all'attività dell'amministrazione, gli enti locali assicurano l'accesso alle strutture ed ai servizi agli enti, alle organizzazioni di volontariato e alle associazioni.

11 Difensore civico (1).

1. Lo statuto comunale e quello provinciale possono prevedere l'istituzione del difensore civico, con compiti di garanzia dell'imparzialità e del buon andamento della pubblica amministrazione comunale o provinciale, segnalando, anche di propria iniziativa, gli abusi, le disfunzioni, le carenze ed i ritardi dell'amministrazione nei confronti dei cittadini.

2. Lo statuto disciplina l'elezione, le prerogative ed i mezzi del difensore civico nonché i suoi rapporti con il consiglio comunale o provinciale.

3. Il difensore civico comunale e quello provinciale svolgono altresì la funzione di controllo nell'ipotesi prevista all'art. 127.

(1) *Per la soppressione della figura del difensore civico v. l'art. 2, comma 186, l. 23 dicembre 2009, n. 191.*

12 Sistemi informativi e statistici.

1. Gli enti locali esercitano i compiti conoscitivi e informativi concernenti le loro funzioni in modo da assicurare, anche tramite sistemi informativo-statistici automatizzati, la circolazione delle conoscenze e delle informazioni fra le amministrazioni, per consentirne, quando prevista, la fruizione su tutto il territorio nazionale.

2. Gli enti locali, nello svolgimento delle attività di rispettiva competenza e nella conseguente verifica dei risultati, utilizzano sistemi informativo-statistici che operano in collegamento con gli uffici di statistica in applicazione del decreto legislativo 6 settembre 1989, n. 322. è in ogni caso assicurata l'integrazione dei sistemi informativo-statistici settoriali con il sistema statistico nazionale.

3. Le misure necessarie sono adottate con le procedure e gli strumenti di cui agli articoli 6 e 9 del decreto legislativo 28 agosto 1997, n. 281.

TITOLO II
Soggetti

CAPO I
Comune

13 Funzioni.

1. Spettano al comune tutte le funzioni amministrative che riguardano la popolazione ed il territorio comunale, precipuamente nei settori organici dei servizi alla persona e alla comunità, dell'assetto ed utilizzazione del territorio e dello sviluppo economico, salvo quanto non sia espressamente attribuito ad altri sog-

getti dalla legge statale o regionale, secondo le rispettive competenze.

2. Il comune, per l'esercizio delle funzioni in ambiti territoriali adeguati, attua forme sia di decentramento sia di cooperazione con altri comuni e con la provincia.

14 Compiti del comune per servizi di competenza statale.

1. Il comune gestisce i servizi elettorali, di stato civile, di anagrafe, di leva militare e di statistica.

2. Le relative funzioni sono esercitate dal sindaco quale ufficiale del Governo, ai sensi dell'art. 54.

3. Ulteriori funzioni amministrative per servizi di competenza statale possono essere affidate ai comuni dalla legge che regola anche i relativi rapporti finanziari, assicurando le risorse necessarie.

15 Modifiche territoriali, fusione ed istituzione di comuni.

1. A norma degli articoli 117 e 133 della Costituzione, le regioni possono modificare le circoscrizioni territoriali dei comuni sentite le popolazioni interessate, nelle forme previste dalla legge regionale. Salvo i casi di fusione tra più comuni, non possono essere istituiti nuovi comuni con popolazione inferiore ai 10.000 abitanti o la cui costituzione comporti, come conseguenza, che altri comuni scendano sotto tale limite.

2. I comuni che hanno dato avvio al procedimento di fusione ai sensi delle rispettive leggi regionali possono, anche prima dell'istituzione del nuovo ente, mediante approvazione di testo conforme da parte di tutti i consigli comunali, definire lo statuto che entrerà in vigore con l'istituzione del nuovo comune e rimarrà vigente fino alle modifiche dello stesso da parte degli organi del nuovo comune istituito. Lo statuto del nuovo comune dovrà prevedere che alle comunità dei comuni oggetto della fusione siano assicurate adeguate forme di partecipazione e di decentramento dei servizi (1)

3. Al fine di favorire la fusione dei comuni, oltre ai contributi della regione, lo Stato eroga, per i dieci anni decorrenti dalla (2) fusione stessa, appositi contributi straordinari commisurati ad una quota dei trasferimenti spettanti ai singoli comuni che si fondono.

4. La denominazione delle borgate e frazioni è attribuita ai comuni ai sensi dell'art. 118 della Costituzione.

(1) *Comma così sostituito dall'art. 1, comma 117, l. 7 aprile 2014, n. 56, con effetto a decorrere dall'8 aprile 2014. Il testo del comma era il seguente:* « 2. La legge regionale che istituisce nuovi comuni, mediante fusione di due o più comuni contigui, prevede che alle comunità di origine o ad alcune di esse siano assicurate adeguate forme di partecipazione e di decentramento dei servizi ».

(2) *Le parole* « decorrenti dalla » *sono state sostituite alle parole* « successivi alla » *dall'art. 12, comma 1, d.l. 6 marzo 2014, n. 16, conv., con modif., in l. 2 maggio 2014, n. 68.*

16 Municipi.

1. Nei comuni istituiti mediante fusione di due o più comuni contigui lo statuto comunale può prevedere l'istituzione di municipi nei territori delle comunità di origine o di alcune di esse.

2. Lo statuto e il regolamento disciplinano l'organizzazione e le funzioni dei municipi, potendo prevedere anche organi eletti a suffragio universale diretto. Si applicano agli amministratori dei municipi le norme previste per gli amministratori dei comuni con pari popolazione.

17 Circoscrizioni di decentramento comunale (1).

1. I comuni con popolazione superiore a 250.000 abitanti articolano il loro territorio per istituire le circoscrizioni di decentramento, quali organismi di partecipazione, di consultazione e di gestione di servizi di base, nonché di esercizio delle funzioni delegate dal comune (2).

2. L'organizzazione e le funzioni delle circoscrizioni sono disciplinate dallo statuto comunale e da apposito regolamento.

3. I comuni con popolazione tra i 100.000 e i 250.000 abitanti possono articolare il territorio per istituire le circoscrizioni di decentramento ai sensi di quanto previsto dal comma 2. La popolazione media delle circoscrizioni non può essere inferiore a 30.000 abitanti (3).

4. Gli organi delle circoscrizioni rappresentano le esigenze della popolazione delle circoscrizioni nell'ambito dell'unità del comune e sono eletti nelle forme stabilite dallo statuto e dal regolamento.

5. Nei comuni con popolazione superiore a 300.000 abitanti, lo statuto può prevedere particolari e più accentuate forme di decentramento di funzioni e di autonomia organizzativa e funzionale, determinando, altresì, anche con il rinvio alla normativa applicabile ai comuni aventi uguale popolazione, gli organi di tali forme di decentramento, lo status dei componenti e le relative modalità di elezione, nomina o designazione. Le modalità di elezione dei consigli circoscrizionali e la nomina o la designazione dei componenti degli organi esecutivi sono comunque disciplinate in modo da garantire il rispetto del principio della parità di accesso delle donne e degli uomini alle cariche elettive, secondo le disposizioni dell'articolo 73, commi 1 e 3, e agli uffici pubblici. Il consiglio comunale può deliberare, a maggioranza assoluta dei consiglieri assegnati, la revisione della delimitazione territoriale delle circoscrizioni esistenti e la conseguente istituzione delle nuove forme di autonomia ai sensi della normativa statutaria (4).

(1) *Per la soppressione delle circoscrizioni di decentramento comunale v. l'art. 2, comma 186, l. 23 dicembre 2009, n. 191.*

(2) *Comma modificato dall'art. 2, comma 29, lett.* a)*, l. 24 dicembre 2007, n. 244.*

(3) *Comma sostituito dall'art. 2, comma 29, lett.* b)*, l. n. 244, cit.*

(4) *Comma modificato dall'art. 2, comma 1, lett.* a)*, della l. 23 novembre 2012, n. 215.*

18 Titolo di città.

1. Il titolo di città può essere concesso con decreto del Presidente della Repubblica su proposta del Ministro dell'interno ai comuni insigni per ricordi, monumenti storici e per l'attuale importanza.

CAPO II
Provincia

19 Funzioni (1).

1. Spettano alla provincia le funzioni amministrative di interesse provinciale che riguardino vaste zone intercomunali o l'intero territorio provinciale nei seguenti settori:

a) difesa del suolo, tutela e valorizzazione dell'ambiente e prevenzione delle calamità;

b) tutela e valorizzazione delle risorse idriche ed energetiche;

c) valorizzazione dei beni culturali;

d) viabilità e trasporti;

e) protezione della flora e della fauna parchi e riserve naturali;

f) caccia e pesca nelle acque interne;

g) organizzazione dello smaltimento dei rifiuti a livello provinciale, rilevamento, disciplina e controllo degli scarichi delle acque e delle emissioni atmosferiche e sonore;

h) servizi sanitari, di igiene e profilassi pubblica, attribuiti dalla legislazione statale e regionale;

i) compiti connessi alla istruzione secondaria di secondo grado ed artistica ed alla formazione professionale, compresa l'edilizia scolastica, attribuiti dalla legislazione statale e regionale;

l) raccolta ed elaborazione dati, assistenza tecnico-amministrativa agli enti locali.

2. La provincia, in collaborazione con i comuni e sulla base di programmi da essa proposti, promuove e coordina attività, nonché realizza opere di rilevante interesse provinciale sia nel settore economico, pro duttivo, commerciale e turistico, sia in quello sociale, culturale e sportivo.

3. La gestione di tali attività ed opere avviene attraverso le forme previste dal presente testo unico per la gestione dei servizi pubblici locali.

(1) *Per l'attuazione del presente articolo v. l'art. 197 d.lgs. 3 aprile 2006, n. 152. Per la riforma delle Province, v. la l. 7 aprile 2014, n. 56, sub II, 13.*

20 Compiti di programmazione.

1. La provincia:

a) raccoglie e coordina le proposte avanzate dai comuni, ai fini della programmazione economica, territoriale ed ambientale della regione;

b) concorre alla determinazione del programma regionale di sviluppo e degli altri programmi e piani regionali secondo norme dettate dalla legge regionale;

c) formula e adotta, con riferimento alle previsioni e agli obiettivi del programma regionale di sviluppo, propri programmi pluriennali sia di carattere generale che settoriale e promuove il coordinamento dell'attività programmatoria dei comuni.

2. La provincia, inoltre, ferme restando le competenze dei comuni ed in attuazione della legislazione e dei programmi regionali, predispone ed adotta il piano territoriale di coordinamento che determina gli indirizzi generali di assetto del territorio e, in particolare, indica:

a) le diverse destinazioni del territorio in relazione alla prevalente vocazione delle sue parti;

b) la localizzazione di massima delle maggiori infrastrutture e delle principali linee di comunicazione;

c) le linee di intervento per la sistemazione idrica, idrogeologica ed idraulico-forestale ed in genere per il consolidamento del suolo e la regimazione delle acque;

d) le aree nelle quali sia opportuno istituire parchi o riserve naturali.

3. I programmi pluriennali e il piano territoriale di coordinamento sono trasmessi alla regione ai fini di accertarne la conformità agli indirizzi regionali della programmazione socio-economica e territoriale.

4. La legge regionale detta le procedure di approvazione, nonché norme che assicurino il condono dei comuni alla formazione dei programmi pluriennali e dei piani territoriali di coordinamento.

5. Ai fini del coordinamento e dell'approvazione degli strumenti di pianificazione territoriale predisposti dai comuni, la provincia esercita le funzioni ad essa attribuite dalla regione ed ha, in ogni caso, il compito di accertare la compatibilità di detti strumenti con le previsioni del piano territoriale di coordinamento.

6. Gli enti e le amministrazioni pubbliche, nell'esercizio delle rispettive competenze, si conformano ai piani territoriali di coordinamento delle province e tengono conto dei loro programmi pluriennali.

21 Revisione delle circoscrizioni provinciali (1).

1-2. (2).

3. Per la revisione delle circoscrizioni provinciali e l'istituzione di nuove province i comuni esercitano l'iniziativa di cui all'art. 133 della Costituzione, tenendo conto dei seguenti criteri ed indirizzi:

a) ciascun territorio provinciale deve corrispondere alla zona entro la quale si svolge la maggior parte dei rapporti sociali, economici e culturali della popolazione residente;

b) ciascun territorio provinciale deve avere dimensione tale, per ampiezza, entità demografica, nonché per le attività produttive esistenti o possibili, da consentire una programmazione dello sviluppo che possa favorire il riequilibrio economico, sociale e culturale del territorio provinciale e regionale;

c) l'intero territorio di ogni comune deve far parte di una sola provincia;

d) l'iniziativa dei comuni, di cui all'art. 133 della Costituzione, deve conseguire l'adesione della maggioranza dei comuni dell'area interessata, che rappresentino, comunque, la maggioranza della popolazione complessiva dell'area stessa, con delibera assunta a maggioranza assoluta dei consiglieri assegnati;

e) di norma, la popolazione delle province risultanti dalle modificazioni territoriali non deve essere inferiore a 200.000 abitanti;

f) l'istituzione di nuove province non comporta necessariamente l'istituzione di uffici provinciali delle amministrazioni dello Stato e degli altri enti pubblici;

g) le province preesistenti debbono garantire alle nuove, in proporzione al territorio ed alla popolazione trasferiti, personale, beni, strumenti operativi e risorse finanziarie adeguati.

4. Ai sensi del secondo comma dell'art. 117 della Costituzione le regioni emanano norme intese a promuovere e coordinare l'iniziativa dei comuni di cui alla lettera *d*) del comma 3.

(1) *Rubrica così sostituita dall'art. 2, comma 185-bis, l. 23 dicembre 2009, n. 191 (legge finanziaria 2010), come inserito, in sede di conversione, dall'art. 1, comma 1-ter, d.l. 25 gennaio 2010, n. 2, conv., con modif., in l. 26 marzo 2010, n. 42. Il testo della rubrica era il seguente:* « Circondari e revisione delle circoscrizioni provinciali ». *Ai sensi del citato art. 2, comma 185-bis, « i circondari provinciali esistenti alla data di entrata in vigore della [medesima] disposizione sono soppressi » (28 marzo 2010).*

(2) *I commi 1 e 2 sono stati abrogati dall'art. 2, comma 185-bis, l. n. 191, cit., come inserito, in sede di conversione, dall'art. 1, comma 1-ter, d.l.n. 2, cit. Il testo dei commi era il seguente:* « 1. La provincia, in relazione all'ampiezza e peculiarità del territorio, alle esigenze della popolazione ed alla funzionalità dei servizi, può disciplinare nello statuto la suddivisione del proprio territorio in circondari e sulla base di essi organizzare gli uffici, i servizi e la partecipazione dei cittadini. – 2. Nel rispetto della disciplina regionale, in materia di circondario, lo stanato della provincia può demandare ad un apposito regolamento l'istituzione dell'assemblea dei sindaci del circondario, con funzioni consultive, propositive e di coordinamento, e la previsione della nomina di un presidente del circondario indicato a maggioranza assoluta dall'assemblea dei sindaci e componente del consiglio comunale di uno dei comuni appartenenti al circondario. Il presidente ha funzioni di rappresentanza, promozione e coordinamento. Al presidente del circondario si applicano le disposizioni relative allo status, del presidente del consiglio di comune con popolazione pari a quella ricompresa nel circondario ».

CAPO III
Aree metropolitane

22 [Aree metropolitane] (1).

[1. Sono considerate aree metropolitane le zone comprendenti i comuni di Torino, Milano, Venezia, Genova, Bologna, Firenze, Roma, Bari, Napoli e gli altri comuni i cui insediamenti abbiano con essi rapporti di stretta integrazione territoriale e in ordine alle attività economiche, ai servizi essenziali alla vita sociale, nonché alle relazioni culturali e alle caratteristiche territoriali.

2. Su conforme proposta degli enti locali interessati la regione procede entro centottanta giorni dalla proposta stessa alla delimitazione territoriale dell'area metropolitana. Qualora la regione non provveda entro il termine indicato, il Governo, sentita la Conferenza unificata di cui all'art. 8 del decreto legislativo 28 agosto 1997, n. 281, invita la regione a provvedere entro un ulteriore termine, scaduto il quale procede alla delimitazione dell'area metropolitana.

3. Restano ferme le città metropolitane e le aree metropolitane definite dalle regioni a statuto speciale.]

(1) *Articolo abrogato dall'art. 18, comma 1, d.l. 6 luglio 2012, n. 95, conv. con modif., in l. 7 agosto 2012, n. 135.*

23 [Città metropolitane] (1).

[1. Nelle aree metropolitane di cui all'art. 22, il comune capoluogo e gli altri comuni ad esso uniti da contiguità territoriale e da rapporti di stretta integrazione in ordine all'attività economica, ai servizi essenziali, ai caratteri ambientali, alle relazioni sociali e culturali possono costituirsi in città metropolitane ad ordinamento differenziato.

2. A tale fine, su iniziativa degli enti locali interessati, il sindaco del comune capoluogo e il presidente della provincia convocano l'assemblea dei rappresentanti degli enti locali interessati. L'assemblea su conforme deliberazione dei consigli comunali, adotta una proposta di statuto della città metropolitana, che ne indichi il territorio, l'organizzazione, l'articolazione interna e le funzioni.

3. La proposta di istituzione della città metropolitana è sottoposta a referendum a cura di ciascun comune partecipante, entro centottanta giorni dalla sua approvazione. Se la proposta riceve il voto favorevole della maggioranza degli aventi diritto al voto espressa nella metà più uno dei comuni partecipanti, essa è presentata dalla regione entro i successivi novanta giorni ad una delle due Camere per l'approvazione con legge.

4. All'elezione degli organi della città metropolitana si procede al primo turno utile ai sensi delle leggi vigenti in materia di elezioni degli enti locali.

5. La città metropolitana, comunque denominata, acquisisce le funzioni della provincia; attua il decentramento previsto dallo statuto, salvaguardando l'identità delle originarie collettività locali.

6. Quando la città metropolitana non coincide con il territorio di una provincia, si procede alla nuova delimitazione delle circoscrizioni provinciali o all'istituzione di nuove province anche in deroga alle previsioni di cui all'art. 21, considerando l'area della città come territorio di una nuova provincia. Le regioni a statuto speciale possono adeguare il proprio ordinamento ai princìpi contenuti nel presente comma.

7. Le disposizioni del comma 6 possono essere applicate anche in materia di riordino, ad opera dello Stato, delle circoscrizioni provinciali nelle regioni a statuto speciale nelle quali siano istituite le aree metropolitane previste dalla legislazione regionale].

(1) *Articolo abrogato dall'art. 18, comma 1, d.l. 6 luglio 2012, n. 95, conv. con modif., in l. 7 agosto 2012, n. 135. Per la riforma delle Città metropolitane v. l. 7 aprile 2014, n. 56,* sub *II, 13.*

24 Esercizio coordinato di funzioni.

1. La regione, previa intesa con gli enti locali interessati, può definire ambiti sovracomunali per l'esercizio coordinato delle funzioni degli enti locali, attraverso forme associative e di cooperazione, nelle seguenti materie:

a) pianificazione territoriale;

b) reti infrastrutturali e servizi a rete;

c) piani di traffico intercomunali;

d) tutela e valorizzazione dell'ambiente e rilevamento dell'inquinamento atmosferico;

e) interventi di difesa del suolo e di tutela idrogeologica;

f) raccolta, distribuzione e depurazione delle acque;

g) smaltimento dei rifiuti;

h) grande distribuzione commerciale;

i) attività culturali;

l) funzioni dei sindaci ai sensi dell'art. 50, comma 7.

2. Le disposizioni regionali emanate ai sensi del comma 1 si applicano fino all'istituzione della città metropolitana.

25 Revisione delle circoscrizioni comunali.

1. Istituita la città metropolitana, la regione, previa intesa con gli enti locali interessati, può procedere alla revisione delle circoscrizioni territoriali dei comuni compresi nell'area metropolitana.

26 Norma transitoria.

1. Sono fatte salve le leggi regionali vigenti in materia di aree metropolitane.

2. La legge istitutiva della città metropolitana stabilisce i termini per il conferimento, da parte della regione, dei compiti e delle funzioni amministrative in base ai princìpi dell'art. 4, comma 3, della legge 15 marzo 1997, n. 59, e le modalità per l'esercizio dell'intervento sostitutivo da parte del Governo in analogia a quanto previsto dall'art. 3, comma 4, del decreto legislativo 31 marzo 1998, n. 112.

CAPO IV
Comunità montane

27 Natura e ruolo (1).

1. Le Comunità montane sono unioni di comuni, enti locali costituiti fra comuni montani e parzialmente montani, anche appartenenti a province diverse, per la valorizzazione delle zone montane per l'esercizio di funzioni proprie, di funzioni conferite e per l'esercizio associato delle funzioni comunali.

2. La Comunità montana ha un organo rappresentativo e un organo esecutivo composti da sindaci, assessori o consiglieri dei comuni partecipanti. Il presidente può cumulare la carica con quella di sindaco di uno dei comuni della Comunità. I rappresentanti dei comuni della Comunità montana sono eletti dai consigli dei comuni partecipanti con il sistema del voto limitato garantendo la rappresentanza delle minoranze.

3. La regione individua, concordandoli nelle sedi concertative di cui all'art. 4, gli ambiti o le zone omogenee per la costituzione delle Comunità montane, in modo da consentire gli interventi per la valorizzazione della montagna e l'esercizio associato delle funzioni comunali. La costituzione della Comunità montana avviene con provvedimento del Presidente della Giunta regionale.

4. La legge regionale disciplina le Comunità montane stabilendo in particolare:

a) le modalità di approvazione dello statuto;

b) le procedure di concertazione;

c) la disciplina dei piani zonali e dei programmi annuali;

d) i criteri di ripartizione tra le Comunità montane dei finanziamenti regionali e di quelli dell'Unione europea;

e) i rapporti con gli altri enti operanti nel territorio.

5. La legge regionale può escludere dalla Comunità montana i comuni parzialmente montani nei quali la popolazione residente nel territorio montano sia inferiore al 15 per cento della popolazione complessiva, restando sempre esclusi i capoluoghi di provincia e i comuni con popolazione complessiva superiore a 40.000 abitanti. L'esclusione non priva i rispettivi territori montani dei benefici e degli interventi speciali per la montagna stabiliti dall'Unione europea e dalle leggi statali e regionali. La legge regionale può prevedere, altresì, per un più efficace esercizio delle funzioni e dei servizi svolti in forma associata, l'inclusione dei comuni confinanti, con popolazione non superiore a 20.000 abitanti, che siano parte integrante del sistema geografico e socio-economico della Comunità.

6. Al comune montano nato dalla fusione dei comuni il cui territorio coincide con quello di una Comunità montana sono assegnate le funzioni e le risorse attribuite alla stessa in base a norme comunitarie, nazionali e regionali. Tale disciplina si applica anche nel caso in cui il comune sorto dalla fusione comprenda comuni non montani. Con la legge regionale istitutiva del nuovo comune si provvede allo scioglimento della Comunità montana.

7. Ai fini della graduazione e differenziazione degli interventi di competenza delle regioni e delle Comunità montane, le regioni, con propria legge, possono provvedere ad individuare nell'ambito territoriale delle singole Comunità montane fasce altimetriche di territorio, tenendo conto dell'andamento orografico, del clima, della vegetazione, delle difficoltà nell'utilizzazione agricola del suolo, della fragilità ecologica, dei rischi ambientali e della realtà socio-economica.

8. Ove in luogo di una preesistente Comunità montana vengano costituite più Comunità montane, ai nuovi enti spettano nel complesso i trasferimenti erariali attribuiti all'ente originario, ripartiti in attuazione dei criteri stabiliti dall'art. 36 del decreto legislativo 30 dicembre 1992, n. 504 e successive modificazioni.

(1) *A norma dell'art. 2, comma 17, l. 24 dicembre 2007, n. 244 le Regioni, ad integrazione di quanto disposto dal presente articolo, provvedono entro sei mesi dalla data di entrata in vigore della medesima legge 244/2007 al riordino della disciplina delle comunità montane, secondo le disposizioni di cui ai commi 17, 18, 19, 20, 21 e 22 del medesimo articolo 2, che si riportano di seguito con indicazione delle sentenze della Corte Costituzionale di dichiarazione di incostituzionalità:*

« *17.* (Riordino della disciplina delle comunità montane con leggi regionali che prevedano: riduzione della spesa corrente per il finanziamento delle comunità montane per un importo pari ad un terzo della quota loro destinata del Fondo ordinario per il finanziamento degli enti locali). *Le regioni, al fine di concorrere agli obiettivi di contenimento della spesa pubblica, entro il 30 settembre 2008, provvedono con proprie leggi, sentiti i consigli delle autonomie locali, al riordino della disciplina delle comunità montane, ad integrazione di quanto previsto dall'articolo 27 del testo unico delle leggi sull'ordinamento degli enti locali, di cui al decreto legislativo 18 agosto 2000, n. 267, in modo da ridurre a regime la spesa corrente per il funzionamento delle comunità montane stesse per un importo pari almeno ad un terzo della quota del fondo ordinario di cui al comma 16, assegnata per l'anno 2007 all'insieme delle comunità montane presenti nella regione* » (*il citato comma 17 è stato così modificato dall'articolo 4*-bis, *comma 5, del d.l. 3 giugno 2008, n. 97, conv., con modif., in 2 agosto 2008, n. 129);*

« *18.* (Riduzione del numero complessivo delle comunità montane e riduzione del numero dei componenti e delle indennità loro spettanti). *Le leggi regionali di cui al comma 17 tengono conto dei seguenti princìpi fondamentali:* a) *riduzione del numero complessivo delle comunità montane, sulla base di indicatori fisico-geografici, demografici e socioeconomici e in particolare: della dimensione territoriale, della dimensione demografica, dell'indice di vecchiaia, del reddito medio pro capite, dell'acclività dei terreni, dell'altimetria del territorio comunale con riferimento all'arco alpino e alla dorsale appenninica, del livello dei servizi, della distanza dal capoluogo di provincia e delle attività produttive extra-agricole;* b) *riduzione del numero dei componenti degli organi rappresentativi delle comunità montane;* c) *riduzione delle indennità spettanti ai componenti degli organi delle comunità montane, in deroga a quanto previsto dall'articolo 82 del citato testo unico di cui al decreto legislativo 18 agosto 2000, n. 267, e successive modificazioni* »;

« *19.* (Norma di tutela per i territori montani non rientranti nella definizione di comunità montane). *I criteri di cui al comma 18 valgono ai fini della costituzione delle comunità montane e non rilevano in ordine ai benefici e agli interventi speciali per la montagna stabiliti dall'Unione europea e dalle leggi statali e regionali* »;

« *20.* (Riduzione automatica delle comunità montane in caso di inerzia delle regioni ad attuare le norme di riordino). *In caso di mancata attuazione delle disposizioni di cui al comma 17 entro il termine ivi previsto, si producono i seguenti effetti:* a) *cessano di appartenere alle comunità montane i comuni capoluogo di provincia, i comuni costieri e quelli con popolazione superiore a 20.000 abitanti;* b) *sono soppresse le comunità montane nelle quali più della metà dei comuni non sono situati per almeno l'80 per cento della loro superficie al di sopra di 500 metri di altitudine sopra il livello del mare ovvero non sono comuni situati per almeno il 50 per cento della loro superficie al di sopra di 500 metri di altitudine sul livello del mare e nei quali il dislivello tra la quota altimetrica inferiore e la superiore non è minore di 500 metri; nelle regioni alpine il limite minimo di altitudine e il dislivello della quota altimetrica, di cui al periodo precedente, sono di 600 metri;* c) *sono altresì soppresse le comunità montane che, anche in conseguenza di quanto disposto nella lettera* a), *risultano costituite da meno di cinque comuni, fatti salvi i casi in cui per la conformazione e le caratteristiche del territorio non sia possibile procedere alla costituzione delle stesse con almeno cinque comuni, fermi restando gli obiettivi di risparmio;* d) *nelle rimanenti comunità montane, gli organi consiliari sono composti in modo da garantire la presenza delle minoranze, fermo restando che ciascun comune non può indicare più di un membro. A tal fine la base elettiva è costituita dall'assemblea di tutti i consiglieri dei comuni, che elegge i componenti dell'organo consiliare con voto limitato. Gli organi esecutivi sono composti al massimo da un terzo dei componenti l'organo consiliare* » *(C. cost. 24 luglio 2009, n. 236, ha dichiarato* l'illegittimità costituzionale *del citato comma 20);*

« *21.* (Decorrenza delle disposizioni sostitutive previste al comma 20). *L'effettivo conseguimento delle riduzioni di spesa di cui al comma 17 è accertato, entro il 31 luglio 2008, sulla base delle leggi regionali promulgate e delle relative relazioni tecnico-finanziarie, con decreto del Presidente del Consiglio dei ministri, su proposta del Ministro dell'economia e delle finanze e del Ministro per gli affari regionali e le autonomie locali, sentite le singole regioni interessate. Gli effetti di cui al comma 20 si producono dalla data di pubblicazione del predetto decreto* » *(il citato comma è stato dapprima modificato dall'art. 4-*bis*, comma 6, d.l. n. 97, cit., e poi dichiarato* costituzionalmente illegittimo *da C. cost. 24 luglio 2009, n. 236, cit., nell'ultimo periodo, nella parte in cui che prevede « gli effetti di cui al comma 20 si producono dalla data di pubblicazione del predetto decreto »).*

« *22.* (Disciplina da parte delle Regioni degli effetti giuridici conseguenti all'eventuale soppressione delle comunità montane). *Le regioni provvedono a disciplinare gli effetti conseguenti all'applicazione delle disposizioni di cui ai commi 17, 18 e 20 ed in particolare alla soppressione delle comunità montane, anche con riguardo alla ripartizione delle risorse umane, finanziarie e strumentali, facendo salvi i rapporti di lavoro a tempo indeterminato esistenti alla data di entrata in vigore della presente legge. Sino all'adozione o comunque in mancanza delle predette discipline regionali, i comuni succedono alla comunità montana soppressa in tutti i rapporti giuridici e ad ogni altro effetto, anche processuale, ed in relazione alle obbligazioni si applicano i princìpi della solidarietà attiva e passiva* » *(C. cost. 24 luglio 2009, n. 236, cit., ha dichiarato* l'illegittimità costituzionale *del citato comma 22).*

28 Funzioni.

1. L'esercizio associato di funzioni proprie dei comuni o a questi conferite dalla regione spetta alle Comunità montane. Spetta, altresì, alle Comunità montane l'esercizio di ogni altra funzione ad esse conferita dai comuni, dalla provincia e dalla regione.

2. Spettano alle Comunità montane le funzioni attribuite dalla legge e gli interventi speciali per la montagna stabiliti dalla Unione europea o dalle leggi statali e regionali.

3. Le Comunità montane adottano piani pluriennali di opere ed interventi e individuano gli strumenti idonei a perseguire gli obiettivi dello sviluppo socio-economico, ivi compresi quelli previsti dalla Unione europea, dallo Stato e dalla regione, che possono concorrere alla realizzazione dei programmi annuali operativi di esecuzione del piano.

4. Le Comunità montane, attraverso le indicazioni urbanistiche del piano pluriennale di sviluppo, concorrono alla formazione del piano territoriale di coordinamento.

5. Il piano pluriennale di sviluppo socio-economico ed i suoi aggiornamenti sono adottati dalle Comunità montane ed approvati dalla provincia secondo le procedure previste dalla legge regionale.

6. Gli interventi finanziari disposti dalle Comunità montane e da altri soggetti pubblici a favore della montagna sono destinati esclusivamente ai territori classificati montani.

7. Alle Comunità montane si applicano le disposizioni dell'art. 32, comma 5.

29 Comunità isolane o di arcipelago (1).

1. In ciascuna isola o arcipelago di isole, ad eccezione della Sicilia e della Sardegna, ove esistono più comuni, può essere istituita, dai comuni interessati, la comunità isolana o dell'arcipelago, cui si estendono le norme sulle Comunità montane.

(1) *V. l'art. 3, comma 16, l. 24 dicembre 2003, n. 350, ai sensi del quale: « Ai sensi dell'*articolo 119, sesto comma, della Costituzione, *le regioni a statuto ordinario, gli enti locali, le aziende e gli organismi di cui agli* articoli 2, 29 *e* 172, comma 1, lettera *b*), del testo unico di cui al decreto legislativo 18 agosto 2000, n. 267, *ad eccezione delle società di capitali costituite per l'esercizio di servizi pubblici, possono ricorrere all'indebitamento solo per finanziare spese di investimento. Le regioni a statuto ordinario possono, con propria legge, disciplinare l'indebitamento delle aziende sanitarie locali ed ospedaliere e degli enti e organismi di cui all'*articolo 12 del decreto legislativo 28 marzo 2000, n. 76, *solo per finanziare spese di investimento ».*

CAPO V
Forme associative

30 Convenzioni.

1. Al fine di svolgere in modo coordinato funzioni e servizi determinati, gli enti locali possono stipulare tra loro apposite convenzioni.

2. Le convenzioni devono stabilire i fini, la durata, le forme di consultazione degli enti contraenti, i loro rapporti finanziari ed i reciproci obblighi e garanzie.

3. Per la gestione a tempo determinato di uno specifico servizio o per la realizzazione di un'opera lo Stato e la regione, nelle materie di propria competenza, possono prevedere forme di convenzione obbligatoria fra enti locali, previa statuizione di un disciplinare-tipo.

4. Le convenzioni di cui al presente articolo possono prevedere anche la costituzione di uffici comuni, che operano con personale distaccato dagli enti partecipanti, ai quali affidare l'esercizio delle funzioni pubbli-

che in luogo degli enti partecipanti all'accordo, ovvero la delega di funzioni da parte degli enti partecipanti all'accordo a favore di uno di essi, che opera in luogo e per conto degli enti deleganti.

31 Consorzi (1).

1. Gli enti locali per la gestione associata di uno o più servizi e l'esercizio associato di funzioni possono costituire un consorzio secondo le norme previste per le aziende speciali di cui all'art. 114, in quanto compatibili. Al consorzio possono partecipare altri enti pubblici, quando siano a ciò autorizzati, secondo le leggi alle quali sono soggetti.

2. A tal fine i rispettivi consigli approvano a maggioranza assoluta dei componenti una convenzione ai sensi dell'art. 30, unitamente allo statuto del consorzio.

3. In particolare la convenzione deve disciplinare le nomine e le competenze degli organi consortili coerentemente a quanto disposto dai commi 8, 9 e 10 dell'art. 50 e dell'art. 42, comma 2, lettera *m*), e prevedere la trasmissione, agli enti aderenti, degli atti fondamentali del consorzio; lo statuto, in conformità alla convenzione, deve disciplinare l'organizzazione, la nomina e le funzioni degli organi consortili.

4. Salvo quanto previsto dalla convenzione e dallo statuto per i consorzi, ai quali partecipano a mezzo dei rispettivi rappresentanti legali anche enti diversi dagli enti locali, l'assemblea del consorzio è composta dai rappresentanti degli enti associati nella persona del sindaco, del presidente o di un loro delegato, ciascuno con responsabilità pari alla quota di partecipazione fissata dalla convenzione e dallo statuto.

5. L'assemblea elegge il consiglio di amministrazione e ne approva gli atti fondamentali previsti dallo statuto.

6. Tra gli stessi enti locali non può essere costituito più di un consorzio.

7. In caso di rilevante interesse pubblico, la legge dello Stato può prevedere la costituzione di consorzi obbligatori per l'esercizio di determinate funzioni e servizi. La stessa legge ne demanda l'attuazione alle leggi regionali.

8. Ai consorzi che gestiscono attività di cui all'art. 113-*bis*, si applicano le norme previste per le aziende speciali (2).

(1) *Ai sensi dell'art. 2, comma 28, l. 24 dicembre 2007, n. 244, come da ultimo modificato dall'art. 3, comma 1-*ter, *d.l. 30 dicembre 2008, n. 207, conv., con modif. in l. 27 febbraio 2009, n. 14, « ad ogni amministrazione comunale è consentita l'adesione ad una unica forma associativa per ciascuna di quelle previste dal presente articolo e dai successivi articoli 32 e 33. A decorrere 1° gennaio 2010, se permane l'adesione multipla ogni atto adottato dall'associazione tra comuni è nullo ed è, altresì, nullo ogni atto attinente all'adesione o allo svolgimento di essa da parte dell'amministrazione comunale interessata, ad eccezione delle adesioni delle amministrazioni comunali ai consorzi istituiti o resi obbligatori da leggi nazionali e regionali ». V. inoltre l'art. 2, comma 186, lett. e), l. 23 dicembre 2009, n. 191, ai sensi del quale: « 186. Al fine del coordinamento della finanza pubblica e per il contenimento della spesa pubblica, i comuni devono adottare le seguenti misure: [...] e) soppressione dei consorzi di funzioni tra gli enti locali, ad eccezione dei bacini imbriferi montani (BIM) costituiti ai sensi dell'*articolo 1, della legge 27 dicembre 1953, n. 959. *Sono fatti salvi i rapporti di lavoro a tempo indeterminato esistenti, con assunzione da parte dei comuni delle funzioni già esercitate dai consorzi soppressi e delle relative risorse e con successione dei comuni ai medesimi consorzi in tutti i rapporti giuridici e ad ogni altro effetto ».*

(2) *Comma modificato dall'art. 35, comma 12, l. 28 dicembre 2001, n. 448; v. anche il comma 8 del medesimo art. 35, ai sensi del quale: « Qualora sia economicamente più vantaggioso, è consentito l'affidamento contestuale con gara di una pluralità di servizi pubblici locali diversi da quelli di trasporto collettivo. In questo caso, la durata dell'affidamento, unica per tutti i servizi, non può essere superiore alla media calcolata sulla base della durata degli affidamenti indicata dalle discipline di settore ».*

32 Unioni di comuni (1).

1. L'unione di comuni è l'ente locale costituito da due o più comuni, di norma contermini, finalizzato all'esercizio associato di funzioni e servizi. Ove costituita in prevalenza da comuni montani, essa assume la denominazione di unione di comuni montani e può esercitare anche le specifiche competenze di tutela e di promozione della montagna attribuite in attuazione dell'articolo 44, secondo comma, della Costituzione e delle leggi in favore dei territori montani.

2. Ogni comune può far parte di una sola unione di comuni. Le unioni di comuni possono stipulare apposite convenzioni tra loro o con singoli comuni.

3. Gli organi dell'unione, presidente, giunta e consiglio, sono formati, senza nuovi o maggiori oneri per la finanza pubblica, da amministratori in carica dei comuni associati e a essi non possono essere attribuite retribuzioni, gettoni e indennità o emolumenti in qualsiasi forma percepiti. Il presidente è scelto tra i sindaci dei comuni associati e la giunta tra i componenti dell'esecutivo dei comuni associati. Il consiglio è composto da un numero di consiglieri definito nello statuto, eletti dai singoli consigli dei comuni associati tra i propri componenti, garantendo la rappresentanza delle minoranze e assicurando la rappresentanza di ogni comune (3).

4. L'unione ha potestà statutaria e regolamentare e ad essa si applicano, in quanto compatibili e non derogati con le disposizioni della legge recante disposizioni sulle città metropolitane, sulle province, sulle unioni e fusioni di comuni, i principi previsti per l'ordinamento dei comuni, con particolare riguardo allo *status* degli amministratori, all'ordinamento finanziario e contabile, al personale e all'organizzazione. Lo statuto dell'unione stabilisce le modalità di funzionamento degli organi e ne disciplina i rapporti. In fase di prima istituzione lo statuto dell'unione è approvato dai consigli dei comuni partecipanti e le successive modifiche sono approvate dal consiglio dell'unione (4).

5. All'unione sono conferite dai comuni partecipanti le risorse umane e strumentali necessarie all'esercizio delle funzioni loro attribuite. Fermi restando i vincoli previsti dalla normativa vigente in materia di personale, la spesa sostenuta per il personale dell'Unione non può comportare, in sede di prima applicazione, il superamento della somma delle spese di personale sostenute precedentemente dai singoli comuni partecipanti. A regime, attraverso specifiche misure di razionalizzazione organizzativa e una rigorosa programmazione dei fabbisogni, devono essere assicurati progressivi risparmi di spesa in materia di personale. I comuni possono cedere, anche parzialmente, le proprie capacità assunzionali all'unione di comuni di cui fanno parte (5).

5-*bis*. Previa apposita convenzione, i sindaci dei comuni facenti parte dell'Unione possono delegare le funzioni di ufficiale dello stato civile e di anagrafe a personale idoneo dell'Unione stessa, o dei singoli comuni associati, fermo restando quanto previsto dall'articolo 1, comma 3, e dall'articolo 4, comma 2, del decreto del Presidente della Repubblica 3 novembre 2000, n. 396, recante regolamento per la revisione e la semplificazione dell'ordinamento dello stato civile, a norma dell'articolo 2, comma 12, della legge 15 maggio 1997, n. 127 (6).

5-*ter*. Il presidente dell'unione di comuni si avvale del segretario di un comune facente parte dell'unione, senza che ciò comporti l'erogazione di ulteriori indennità e, comunque, senza nuovi o maggiori oneri per la finanza pubblica. Sono fatti salvi gli incarichi per le funzioni di segretario già affidati ai dipendenti delle unioni o dei comuni anche ai sensi del comma 557 dell'articolo 1 della legge 30 dicembre 2004, n. 311. Ai segretari delle unioni di comuni si applicano le disposizioni dell'articolo 8 della legge 23 marzo 1981, n. 93, e successive modificazioni (7).

6. L'atto costitutivo e lo statuto dell'unione sono approvati dai consigli dei comuni partecipanti con le procedure e con la maggioranza richieste per le modifiche statutarie. Lo statuto individua le funzioni svolte dall'unione e le corrispondenti risorse.

7. Alle unioni competono gli introiti derivanti dalle tasse, dalle tariffe e dai contributi sui servizi ad esse affidati.

8. Gli statuti delle unioni sono inviati al Ministero dell'interno per le finalità di cui all'articolo 6, commi 5 e 6 (8).

(1) *V. l'art. 2, comma 28, l. 24 dicembre 2007, n. 244, citato* sub *art. 31.*

(2) *Articolo sostituito dall'art. 19, comma 3, d.l. 6 luglio 2012, n. 95, conv., con modif., in l. 7 agosto 2012, n. 135.*

(3) *Comma modificato dall'art. 1, comma 105, lett.* a), *l. 7 aprile 2014, n. 56.*

(4) *Comma sostituito dall'art. 1, comma 105, lett.* b), *l. n. 56, cit.*

(5) *Periodo aggiunto dall'art. 22, comma 5-*bis *d.l. 24 aprile 2017, n. 50, conv., con modif., in 21 giugno 2017, n. 96.*

(6) *Comma inserito dall'art. 2, comma 6, d.l. 18 ottobre 2012, n. 179, conv., con modif., in l. 17 dicembre 2012, n. 221.*

(7) *Comma inserito dall'art. 1, comma 105, lett.* c), *l. n. 56, cit.*

(8) *Si veda anche l'art. 14, comma 28, d.l. 31 maggio 2010, n. 78, conv., con modif., in l. 30 luglio 2010, n. 122, come da ultimo sostituito dall'art. 19, comma 1, lett.* b), *d.l. 6 luglio 2012, n. 95: « 28. I comuni con popolazione fino a 5.000 abitanti, ovvero fino a 3.000 abitanti se appartengono o sono appartenuti a comunità montane, esclusi i comuni il cui territorio coincide integralmente con quello di una o di più isole e il comune di Campione d'Italia, esercitano obbligatoriamente in forma associata, mediante unione di comuni o convenzione, le funzioni fondamentali dei comuni di cui al comma 27, ad esclusione della lettera* l). *Se l'esercizio di tali funzioni è legato alle tecnologie dell'informazione e della comunicazione, i comuni le esercitano obbligatoriamente in forma associata secondo le modalità stabilite dal presente articolo, fermo restando che tali funzioni comprendono la realizzazione e la gestione di infrastrutture tecnologiche, rete dati, fonia, apparati, di banche dati, di applicativi software, l'approvvigionamento di licenze per il software, la formazione informatica e la consulenza nel settore dell'informatica ». La Corte costituzionale, con la sentenza 4 marzo 2019, n. 33 ha dichiarato l'illegittimità costituzionale dell'art. 14, comma 28, d.l. n. 78 del 2010, cit., « nella parte in cui non prevede la possibilità, in un contesto di Comuni obbligati e non, di dimostrare, al fine di ottenere l'esonero dall'obbligo, che a causa della particolare collocazione geografica e dei caratteri demografici e socio ambientali, del Comune obbligato, non sono realizzabili, con le forme associative imposte, economie di scala e/o miglioramenti, in termini di efficacia ed efficienza, nell'erogazione dei beni pubblici alle popolazioni di riferimento ».*

33 Esercizio associato di funzioni e servizi da parte dei comuni (1).

1. Le regioni, nell'emanazione delle leggi di conferimento delle funzioni ai comuni, attuano il trasferimento delle funzioni nei confronti della generalità dei comuni.

2. Al fine di favorire l'esercizio associato delle funzioni dei comuni di minore dimensione demografica, le regioni individuano livelli ottimali di esercizio delle stesse, concordandoli nelle sedi concertative di cui all'art. 4. Nell'ambito della previsione regionale, i comuni esercitano le funzioni in forma associata, individuando autonomamente i soggetti, le forme e le metodologie, entro il termine temporale indicato dalla legislazione regionale. Decorso inutilmente il termine di cui sopra, la regione esercita il potere sostitutivo nelle forme stabilite dalla legge stessa.

3. Le regioni predispongono, concordandolo con i comuni nelle apposite sedi concertative, un programma di individuazione degli ambiti per la gestione associata sovracomunale di funzioni e servizi, realizzato anche attraverso le unioni, che può prevedere altresì la modifica di circoscrizioni comunali e i criteri per la corresponsione di contributi e incentivi alla progressiva unificazione. Il programma è aggiornato ogni tre anni, tenendo anche conto delle unioni di comuni regolarmente costituite.

4. Al fine di favorire il processo di riorganizzazione sovracomunale dei servizi, delle funzioni e delle strutture, le regioni provvedono a disciplinare, con proprie leggi, nell'ambito del programma territoriale di cui al comma 3, le forme di incentivazione dell'esercizio associato delle funzioni da parte dei comuni, con l'eventuale previsione nel proprio bilancio di un apposito fondo. A tal fine, oltre a quanto stabilito dal comma 3 e dagli articoli 30 e 32, le regioni si attengono ai seguenti princìpi fondamentali:

a) nella disciplina delle incentivazioni:

1) favoriscono il massimo grado di integrazione tra i comuni, graduando la corresponsione dei benefici in relazione al livello di unificazione, rilevato mediante specifici indicatori con riferimento alla tipologia ed alle caratteristiche delle funzioni e dei servizi associati trasferiti in modo tale da erogare il massimo dei contributi nelle ipotesi di massima integrazione;

2) prevedono in ogni caso una maggiorazione dei contributi nelle ipotesi di fusione e di unione, rispetto alle altre forme di gestione sovracomunale;

b) promuovono le unioni di comuni, senza alcun vincolo alla successiva fusione, prevedendo comunque ulteriori benefici da corrispondere alle unioni che autonomamente deliberino, su conforme proposta dei consigli comunali interessati, di procedere alla fusione.

(1) *V. l'art. 2, comma 28, l. 24 dicembre 2007, n. 244, citato* sub *art. 31.*

34 Accordi di programma (1).

1. Per la definizione e l'attuazione di opere, di interventi o di programmi di intervento che richiedono, per la loro completa realizzazione, l'azione integrata e co-

ordinata di comuni, di province e regioni, di amministrazioni statali e di altri soggetti pubblici, o comunque di due o più tra i soggetti predetti, il presidente della regione o il presidente della provincia o il sindaco, in relazione alla competenza primaria o prevalente sull'opera o sugli interventi o sui programmi di intervento, promuove la conclusione di un accordo di programma, anche su richiesta di uno o più soggetti interessati, per assicurare il coordinamento delle azioni e per determinare i tempi, le modalità, il finanziamento ed ogni altro connesso adempimento.

2. L'accordo può prevedere altresì procedimenti di arbitrato, nonché interventi surrogatori di eventuali inadempienze dei soggetti partecipanti.

3. Per verificare la possibilità di concordare l'accordo di programma, il presidente della regione o il presidente della provincia o il sindaco convoca una conferenza tra i rappresentanti di tutte le amministrazioni interessate.

4. L'accordo, consistente nel consenso unanime del presidente della regione, del presidente della provincia, dei sindaci e delle altre amministrazioni interessate, è approvato con atto formale del presidente della regione o del presidente della provincia o del sindaco ed è pubblicato nel Bollettino Ufficiale della regione. L'accordo, qualora adottato con decreto del presidente della regione, produce gli effetti della intesa di cui all'art. 81 del decreto del Presidente della Repubblica 24 luglio 1977, n. 616, determinando le eventuali e conseguenti variazioni degli strumenti urbanistici e sostituendo le concessioni edilizie, sempre che vi sia l'assenso del comune interessato.

5. Ove l'accordo comporti variazione degli strumenti urbanistici, l'adesione del sindaco allo stesso deve essere ratificata dal consiglio comunale entro trenta giorni a pena di decadenza.

6. Per l'approvazione di progetti di opere pubbliche comprese nei programmi dell'amministrazione e per le quali siano immediatamente utilizzabili i relativi finanziamenti si procede a norma dei precedenti commi. L'approvazione dell'accordo di programma comporta la dichiarazione di pubblica utilità, indifferibilità ed urgenza delle medesime opere; tale dichiarazione cessa di avere efficacia se le opere non hanno avuto inizio entro tre anni.

7. La vigilanza sull'esecuzione dell'accordo di programma e gli eventuali interventi sostitutivi sono svolti da un collegio presieduto dal presidente della regione o dal presidente della provincia o dal sindaco e composto da rappresentanti degli enti locali interessati, nonché dal commissario del Governo nella regione o dal prefetto nella provincia interessata se all'accordo partecipano amministrazioni statali o enti pubblici nazionali.

8. Allorché l'intervento o il programma di intervento comporti il concorso di due o più regioni finitime, la conclusione dell'accordo di programma è promossa dalla Presidenza del Consiglio dei Ministri, a cui spetta convocare la conferenza di cui al comma 3. Il collegio di vigilanza di cui al comma 7 è in tal caso presieduto da un rappresentante della Presidenza del Consiglio dei Ministri ed è composto dai rappresentanti di tutte le regioni che hanno partecipato all'accordo. La Presidenza del Consiglio dei Ministri esercita le funzioni attribuite dal comma 7 al commissario del Governo ed al prefetto.

(1) *V. anche l'art. 12, comma 7, d.l. 22 giugno 2012, n. 83, conv., con modif., in l. 7 agosto 2012, n. 134, come da ultimo modificato dall'art. 13, comma 5-*septies *d.l. 30 dicembre 2019, n. 162, conv., con modif., in l. 28 febbraio 2020, n. 8, ai sensi del quale: « 7. I programmi di cui all'articolo 18 del decreto-legge 13 maggio 1991, n. 152, convertito con modificazioni, dalla legge 12 luglio 1991, n. 203, per i quali sia stato ratificato l'Accordo di programma entro il 31 dicembre 2007 ai sensi dell'articolo 13, comma 2, della legge 28 febbraio 2006, n. 51, possono essere rilocalizzati nell'ambito della medesima regione ovvero in regioni confinanti ed esclusivamente nei comuni capoluogo di provincia. È esclusa, in ogni caso, la possibilità di frazionare uno stesso programma costruttivo in più comuni. A tal fine il termine per la ratifica degli Accordi di programma di cui all'articolo 34 del decreto legislativo 18 agosto 2000, n. 267, è fissato al 31 dicembre 2022 ».*

35 Norma transitoria.

1. L'adozione delle leggi regionali previste dall'art. 33, comma 4, avviene entro il 21 febbraio 2001. Trascorso inutilmente tale termine, il Governo, entro i successivi sessanta giorni, sentite le regioni inadempienti e la Conferenza unificata di cui all'art. 8 del decreto legislativo 28 agosto 1997, n. 281, provvede a dettare la relativa disciplina nel rispetto dei princìpi enunciati nel citato articolo del presente testo unico. La disciplina adottata nell'esercizio dei poteri sostitutivi si applica fino alla data di entrata in vigore della legge regionale.

TITOLO III
Organi

CAPO I
Organi di Governo del comune e della provincia

36 Organi di governo.

1. Sono organi di governo del comune il consiglio, la giunta, il sindaco.

2. Sono organi di governo della provincia il consiglio, la giunta, il presidente (1).

(1) *Per gli organi di governo della Provincia v. ora le disposizioni di cui alla l. 7 aprile 2014, n. 56,* sub *II, 13. V. in precedenza l'art. 23 d.l. 6 dicembre 2011, n. 201, conv., con modif., in l. 22 dicembre 2011, n. 214, ai sensi del quale:*

« 14. Spettano alla Provincia esclusivamente le funzioni di indirizzo e di coordinamento delle attività dei Comuni nelle materie e nei limiti indicati con legge statale o regionale, secondo le rispettive competenze.

15. Sono organi di governo della Provincia il Consiglio provinciale ed il Presidente della Provincia. Tali organi durano in carica cinque anni.

16. Il Consiglio provinciale è composto da non più di dieci componenti eletti dagli organi elettivi dei Comuni ricadenti nel territorio della Provincia. Le modalità di elezione sono stabilite con legge dello Stato entro il 31 dicembre 2013.

17. Il Presidente della Provincia è eletto dal Consiglio provinciale tra i suoi componenti secondo le modalità stabilite dalla legge statale di cui al comma 16.

*18. Fatte salve le funzioni di cui al comma 14, lo Stato e le Regioni, con propria legge, secondo le rispettive competenze, provvedono a trasferire ai Comuni, entro il 31 dicembre 2012, le funzioni conferite dalla normativa vigente alle Province, salvo che, per assicurarne l'esercizio unitario, le stesse siano acquisite dalle Regioni, sulla base dei principi di sussidiarietà, differenziazione ed adeguatezza. In caso di mancato trasferimento delle funzioni da parte delle Regioni entro il 31 dicembre 2012, si provvede in via sostitutiva, ai sensi dell'*articolo 8 della legge 5 giugno 2003, n. 131, *con legge dello Stato.*

19. Lo Stato e le Regioni, secondo le rispettive competenze, provvedono altresì al trasferimento delle risorse umane, finanziarie e strumentali per l'esercizio delle funzioni trasferite, assicurando nell'ambito delle medesime risorse il necessario supporto di segreteria per l'operatività degli organi della provincia.

20. Agli organi provinciali che devono essere rinnovati entro il 31 dicembre 2012 si applica, sino al 31 marzo 2013, l'articolo 141 del testo unico delle leggi sull'ordinamento degli enti locali, di cui al decreto legislativo 18 agosto 2000, n. 267, *e successive modificazioni. Gli organi provinciali che devono essere rinnovati successivamente al 31 dicembre 2012 restano in carica fino alla scadenza naturale. Decorsi i termini di cui al primo e al secondo periodo del presente comma, si procede all'elezione dei nuovi organi provinciali di cui ai commi 16 e 17.*

20-bis. *Le regioni a statuto speciale adeguano i propri ordinamenti alle disposizioni di cui ai commi da 14 a 20 entro sei mesi dalla data di entrata in vigore del presente decreto. Le medesime disposizioni non trovano applicazione per le province autonome di Trento e di Bolzano.*

21. I Comuni possono istituire unioni o organi di raccordo per l'esercizio di specifici compiti o funzioni amministrativi garantendo l'invarianza della spesa.

22. La titolarità di qualsiasi carica, ufficio o organo di natura elettiva di un ente territoriale non previsto dalla Costituzione è a titolo esclusivamente onorifico e non può essere fonte di alcuna forma di remunerazione, indennità o gettone di presenza, con esclusione dei comuni di cui all'articolo 2, comma 186, lettera b), *della legge 23 dicembre 2009, n. 191, e successive modificazioni ».*

37 Composizione dei consigli.

1. Il consiglio comunale è composto dal sindaco e:

a) da 60 membri nei comuni con popolazione superiore ad un milione di abitanti;

b) da 50 membri nei comuni con popolazione superiore a 500.000 abitanti;

c) da 46 membri nei comuni con popolazione superiore a 250.000 abitanti;

d) da 40 membri nei comuni con popolazione superiore a 100.000 abitanti o che, pur avendo popolazione inferiore, siano capoluoghi di provincia;

e) da 30 membri nei comuni con popolazione superiore a 30.000 abitanti;

f) da 20 membri nei comuni con popolazione superiore a 10.000 abitanti;

g) da 16 membri nei comuni con popolazione superiore a 3.000 abitanti;

h) da 12 membri negli altri comuni (1).

2. Il consiglio provinciale è composto dal presidente della provincia e:

a) da 45 membri nelle province con popolazione residente superiore a 1.400.000 abitanti;

b) da 36 membri nelle province con popolazione residente superiore a 700.000 abitanti;

c) da 30 membri nelle province con popolazione residente superiore a 300.000 abitanti;

d) da 24 membri nelle altre province.

3. Il presidente della provincia e i consiglieri provinciali rappresentano la intera provincia.

4. La popolazione è determinata in base ai risultati dell'ultimo censimento ufficiale.

(1) *V. l'art. 2, comma 184, l. 23 dicembre 2009, n. 191, come da ultimo modificato dall'art. 1, comma 1, d.l. 25 gennaio 2010, n. 2, conv., con modif., in l. 26 marzo 2010, n. 42, ai sensi del quale « In relazione alle riduzioni del contributo ordinario di cui al comma 183, il numero dei consiglieri comunali e dei consiglieri provinciali è ridotto del 20 per cento. L'entità della riduzione è determinata con arrotondamento all'unità superiore. Ai fini della riduzione del numero dei consiglieri comunali e dei consiglieri provinciali di cui al primo periodo non sono computati il sindaco e il presidente della provincia ».*

38 Consigli comunali e provinciali.

1. L'elezione dei consigli comunali e provinciali, la loro durata in carica, il numero dei consiglieri e la loro posizione giuridica sono regolati dal presente testo unico.

2. Il funzionamento dei consigli, nel quadro dei princìpi stabiliti dallo statuto, e disciplinato dal regolamento, approvato a maggioranza assoluta, che prevede, in particolare, le modalità per la convocazione e per la presentazione e la discussione delle proposte. Il regolamento indica altresì il numero dei consiglieri necessario per la validità delle sedute, prevedendo che in ogni caso debba esservi la presenza di almeno un terzo dei consiglieri assegnati per legge all'ente, senza computare a tale fine il sindaco e il presidente della provincia.

3. I consigli sono dotati di autonomia funzionale e organizzativa. Con norme regolamentari i comuni e le province fissano le modalità per fornire ai consigli servizi, attrezzature e risorse finanziarie. Nei comuni con popolazione superiore a 15.000 abitanti e nelle province possono essere previste strutture apposite per il funzionamento dei consigli. Con il regolamento di cui al comma 2 i consigli disciplinano la gestione di tutte le risorse attribuite per il proprio funzionamento e per quello dei gruppi consiliari regolarmente costituiti.

4. I consiglieri entrano in carica all'atto della proclamazione ovvero, in caso di surrogazione, non appena adottata dal consiglio la relativa deliberazione.

5. I consigli durano in carica sino all'elezione dei nuovi, limitandosi, dopo la pubblicazione del decreto di indizione dei comizi elettorali, ad adottare gli atti urgenti e improrogabili.

6. Quando lo statuto lo preveda, il consiglio si avvale di commissioni costituite nel proprio seno con criterio proporzionale. Il regolamento determina i poteri delle commissioni e ne disciplina l'organizzazione e le forme di pubblicità dei lavori.

7. Le sedute del consiglio e delle commissioni sono pubbliche salvi i casi previsti dal regolamento e, nei comuni con popolazione fino a 15.000 abitanti, si tengono preferibilmente in un arco temporale non coincidente con l'orario di lavoro dei partecipanti (2).

8. Le dimissioni dalla carica di consigliere, indirizzate al rispettivo consiglio, devono essere presentate personalmente ed assunte immediatamente al protocollo dell'ente nell'ordine temporale di presentazione. Le dimissioni non presentate personalmente devono essere autenticate ed inoltrate al protocollo per il tramite di persona delegata con atto autenticato in data non anteriore a cinque giorni. Esse sono irrevocabili, non necessitano di presa d'atto e sono immediatamente efficaci. Il consiglio, entro e non oltre dieci giorni, deve procedere alla surroga dei consiglieri dimissionari, con separate deliberazioni, seguendo l'ordine di presentazione delle dimissioni quale risulta dal protocollo. Non si fa luogo alla surroga qualora, ricorrendone i presupposti, si debba procedere allo scioglimento del consiglio a norma dell'art. 141 (1).

9. In occasione delle riunioni del consiglio vengono esposte all'esterno degli edifici, ove si tengono, la bandiera della Repubblica italiana e quella dell'Unione

europea per il tempo in cui questi esercita le rispettive funzioni e attività. Sono fatte salve le ulteriori disposizioni emanate sulla base della legge 5 febbraio 1998, n. 22, concernente disposizioni generali sull'uso della bandiera italiana ed europea.

(1) *Comma così modificato dall'art. 3 d.l. 29 marzo 2004, n. 80, conv., con modif., in l. 28 maggio 2004, n. 140.*

(2) *Comma così modificato dell'art. 16, comma 19, d.l. 13 agosto 2011, n. 138, come sostituito dalla legge di conversione 14 settembre 2011, n. 148.*

39 Presidenza dei consigli comunali e provinciali.

1. I consigli provinciali e i consigli comunali dei comuni con popolazione superiore a 15.000 abitanti sono presieduti da un presidente eletto tra i consiglieri nella prima seduta del consiglio. Al presidente del consiglio sono attribuiti, tra gli altri, i poteri di convocazione e direzione dei lavori e delle attività del consiglio. Quando lo statuto non dispone diversamente, le funzioni vicarie di presidente del consiglio sono esercitate dal consigliere anziano individuato secondo le modalità di cui all'art. 40. Nei comuni con popolazione sino a 15.000 abitanti lo statuto può prevedere la figura del presidente del consiglio.

2. Il presidente del consiglio comunale o provinciale è tenuto a riunire il consiglio, in un termine non superiore ai venti giorni, quando lo richiedano un quinto dei consiglieri, o il sindaco o il presidente della provincia, inserendo all'ordine del giorno le questioni richieste.

3. Nei comuni con popolazione inferiore ai 15.000 abitanti il consiglio è presieduto dal sindaco che provvede anche alla convocazione del consiglio salvo differente previsione statutaria.

4. Il presidente del consiglio comunale o provinciale assicura una adeguata e preventiva informazione ai gruppi consiliari ed ai singoli consiglieri sulle questioni sottoposte al consiglio.

5. In caso di inosservanza degli obblighi di convocazione del consiglio, previa diffida, provvede il prefetto.

40 Convocazione della prima seduta del consiglio.

1. La prima seduta del consiglio comunale e provinciale deve essere convocata entro il termine perentorio di dieci giorni dalla proclamazione e deve tenersi entro il termine di dieci giorni dalla convocazione.

2. Nei comuni con popolazione superiore ai 15.000 abitanti, la prima seduta, è convocata dal sindaco ed è presieduta dal consigliere anziano fino alla elezione del presidente del consiglio. La seduta prosegue poi sotto la presidenza del presidente del consiglio per la comunicazione dei componenti della giunta e per gli ulteriori adempimenti. È consigliere anziano colui che ha ottenuto la maggior cifra individuale ai sensi dell'art. 73 con esclusione del sindaco neoeletto e dei candidati alla carica di sindaco, proclamati consiglieri ai sensi del comma 11 del medesimo art. 73.

3. Qualora il consigliere anziano sia assente o rifiuti di presiedere l'assemblea, la presidenza è assunta dal consigliere che, nella graduatoria di anzianità determinata secondo i criteri di cui al comma 2, occupa il posto immediatamente successivo.

4. La prima seduta del consiglio provinciale è presieduta e convocata dal presidente della provincia sino alla elezione del presidente del consiglio.

5. Nei comuni con popolazione inferiore ai 15.000 abitanti, la prima seduta del consiglio è convocata e presieduta dal sindaco sino all'elezione del presidente del consiglio.

6. Le disposizioni di cui ai commi 2, 3, 4, 5 si applicano salvo diversa previsione regolamentare nel quadro dei princìpi stabiliti dallo statuto.

41 Adempimenti della prima seduta.

1. Nella prima seduta il consiglio comunale e provinciale, prima di deliberare su qualsiasi altro oggetto, ancorché non sia stato prodotto alcun reclamo, deve esaminare la condizione degli eletti a norma del capo II titolo III e dichiarare la ineleggibilità di essi quando sussista alcuna delle cause ivi previste, provvedendo secondo la procedura indicata dall'art. 69.

2. Il consiglio comunale, nella prima seduta, elegge tra i propri componenti la commissione elettorale comunale ai sensi degli articoli 12 e seguenti del decreto del Presidente della Repubblica 20 marzo 1967, n. 223.

41-*bis* Obblighi di trasparenza dei titolari di cariche elettive e di governo (1).

1. [1. Gli enti locali con popolazione superiore a 15.000 abitanti sono tenuti a disciplinare, nell'ambito della propria autonomia regolamentare, le modalità di pubblicità e trasparenza dello stato patrimoniale dei titolari di cariche pubbliche elettive e di governo di loro competenza. La dichiarazione, da pubblicare annualmente, nonché all'inizio e alla fine del mandato, sul sito internet dell'ente riguarda: i dati di reddito e di patrimonio con particolare riferimento ai redditi annualmente dichiarati; i beni immobili e mobili registrati posseduti; le partecipazioni in società quotate e non quotate; la consistenza degli investimenti in titoli obbligazionari, titoli di Stato, o in altre utilità finanziarie detenute anche tramite fondi di investimento, sicav o intestazioni fiduciarie.

2. Gli enti locali sono altresì tenuti a prevedere sanzioni amministrative per la mancata o parziale ottemperanza all'onere di cui al comma 1, da un minimo di euro duemila a un massimo di euro ventimila. L'organo competente a irrogare la sanzione amministrativa è individuato ai sensi dell'articolo 17 della legge 24 novembre 1981, n. 689].

(1) *Articolo inserito dall'art. 3 d.l. 10 ottobre 2012 n. 174, conv., con modif. in l. 7 dicembre 2012, n. 213, e successivamente abrogato dall'art. 53, comma 1, lett. c) d.lgs. 14 marzo 2013, n. 33.*

42 Attribuzioni dei consigli.

1. Il consiglio è l'organo di indirizzo e di controllo politico-amministrativo.

2. Il consiglio ha competenza limitatamente ai seguenti atti fondamentali:

a) statuti dell'ente e delle aziende speciali, regolamenti salva l'ipotesi di cui all'art. 48, comma 3, criteri generali in materia di ordinamento degli uffici e dei servizi;

b) programmi, relazioni previsionali e programmatiche, piani finanziari, programmi triennali e elenco annuale dei lavori pubblici, bilanci annuali e pluriennali e relative variazioni, rendiconto, piani territoriali ed urbanistici, programmi annuali e plu riennali per la loro attuazione, eventuali deroghe ad essi, pareri da rendere per dette materie;

c) convenzioni tra i comuni e quelle tra i comuni e provincia, costituzione e modificazione di forme associative;

d) istituzione, compiti e norme sul funzionamento degli organismi di decentramento e di partecipazione;

e) organizzazione dei pubblici servizi, costituzione di istituzioni e aziende speciali, concessione dei pubblici servizi, partecipazione dell'ente locale a società di capitali, affidamento di attività o servizi mediante convenzione (1);

f) istituzione e ordinamento dei tributi, con esclusione della determinazione delle relative aliquote; disciplina generale delle tariffe per la fruizione dei beni e dei servizi;

g) indirizzi da osservare da parte delle aziende pubbliche e degli enti dipendenti, sovvenzionati o sottoposti a vigilanza;

h) contrazione di mutui e aperture di credito non previste espressamente in atti fondamentali del consiglio ed emissioni di prestiti obbligazionari (2);

i) spese che impegnino i bilanci per gli esercizi successivi, escluse quelle relative alle locazioni di immobili ed alla somministrazione e fornitura di beni e servizi a carattere continuativo;

l) acquisti e alienazioni immobiliari, relative permute, appalti e concessioni che non siano previsti espressamente in atti fondamentali del consiglio o che non ne costituiscano mera esecuzione e che, comunque, non rientrino nella ordinaria amministrazione di funzioni e servizi di competenza della giunta, del segretario o di altri funzionari;

m) definizione degli indirizzi per la nomina e la designazione dei rappresentanti del comune presso enti, aziende ed istituzioni, nonché nomina dei rappresentanti del consiglio presso enti, aziende ed istituzioni ad esso espressamente riservata dalla legge.

3. Il consiglio, nei modi disciplinati dallo statuto, partecipa altresì alla definizione, all'adeguamento e alla verifica periodica dell'attuazione delle linee programmatiche da parte del sindaco o del presidente della provincia e dei singoli assessori.

4. Le deliberazioni in ordine agli argomenti di cui al presente articolo non possono essere adottate in via d'urgenza da altri organi del comune o della provincia, salvo quelle attinenti alle variazioni di bilancio adottate dalla giunta da sottoporre a ratifica del consiglio nei sessanta giorni successivi, a pena di decadenza.

(1) *Lettera modificata dall'art. 35, comma 12, l. 28 dicembre 2001, n. 448.*

(2) *Lettera sostituita dall'art. 1, comma 68, l. 30 dicembre 2004, n. 311.*

43 Diritti dei consiglieri.

1. I consiglieri comunali e provinciali hanno diritto di iniziativa su ogni questione sottoposta alla deliberazione del consiglio. Hanno inoltre il diritto di chiedere la convocazione del consiglio secondo le modalità dettate dall'art. 39, comma 2, e di presentare interrogazioni e mozioni.

2. I consiglieri comunali e provinciali hanno diritto di ottenere dagli uffici, rispettivamente, del comune e della provincia, nonché dalle loro aziende ed enti dipendenti, tutte le notizie e le informazioni in loro possesso, utili all'espletamento del proprio mandato. Essi sono tenuti al segreto nei casi specificamente determinati dalla legge.

3. Il sindaco o il presidente della provincia o gli assessori da essi delegati rispondono, entro 30 giorni, alle interrogazioni e ad ogni altra istanza di sindacato ispettivo presentata dai consiglieri. Le modalità della presentazione di tali atti e delle relative risposte sono disciplinate dallo statuto e dal regolamento consiliare.

4. Lo statuto stabilisce i casi di decadenza per la mancata partecipazione alle sedute e le relative procedure, garantendo il diritto del consigliere a far valere le cause giustificative.

44 Garanzia delle minoranze e controllo consiliare.

1. Lo statuto prevede le forme di garanzia e di partecipazione delle minoranze attribuendo alle opposizioni la presidenza delle commissioni consiliari aventi funzioni di controllo o di garanzia, ove costituite.

2. Il consiglio comunale o provinciale, a maggioranza assoluta dei propri membri, può istituire al proprio interno commissioni di indagine sull'attività dell'amministrazione. I poteri, la composizione ed il funzionamento delle suddette commissioni sono disciplinati dallo statuto e dal regolamento consiliare.

45 Surrogazione e supplenza dei consiglieri provinciali, comunali e circoscrizionali.

1. Nei consigli provinciali, comunali e circoscrizionali il seggio che durante il quinquennio rimanga vacante per qualsiasi causa, anche se sopravvenuta, è attribuito al candidato che nella medesima lista segue immediatamente l'ultimo eletto.

2. Nel caso di sospensione di un consigliere ai sensi dell'art. 59, il consiglio, nella prima adunanza successiva alla notifica del provvedimento di sospensione, procede alla temporanea sostituzione affidando la supplenza per l'esercizio delle funzioni di consigliere al candidato della stessa lista che ha riportato, dopo gli eletti, il maggior numero di voti. La supplenza ha termine con la cessazione della sospensione. Qualora sopravvenga la decadenza si fa luogo alla surrogazione a norma del comma 1.

46 Elezione del sindaco e del presidente della provincia - Nomina della giunta.

1. Il sindaco e il presidente della provincia sono eletti dai cittadini a suffragio universale e diretto secondo le disposizioni dettate dalla legge e sono membri dei rispettivi consigli.

2. Il sindaco e il presidente della provincia nominano, nel rispetto del principio di pari opportunità tra donne e uomini, garantendo la presenza di entrambi i sessi, i componenti della giunta, tra cui un vicesindaco e un vicepresidente, e ne danno comunicazione al consiglio nella prima seduta successiva alla elezione (1).

3. Entro il termine fissato dallo statuto, il sindaco o il presidente della provincia, sentita la giunta, presenta al consiglio le linee programmatiche relative alle azioni e ai progetti da realizzare nel corso del mandato.

4. Il sindaco e il presidente della provincia possono revocare uno o più assessori, dandone motivata comunicazione al consiglio.

(1) *Comma modificato dall'art. 2, comma 1, lett.* b), *della l. 23 novembre 2012, n. 215.*

47 Composizione delle giunte.

1. La giunta comunale e la giunta provinciale sono composte rispettivamente dal sindaco e dal presidente della provincia, che le presiedono, e da un numero di assessori, stabilito dagli statuti, che non deve essere superiore a un terzo, arrotondato aritmeticamente, del numero dei consiglieri comunali e provinciali, computando a tale fine il sindaco e il presidente della provincia, e comunque non superiore a dodici unità (1).

2. Gli statuti, nel rispetto di quanto stabilito dal comma 1, possono fissare il numero degli assessori ovvero il numero massimo degli stessi.

3. Nei comuni con popolazione superiore a 15.000 abitanti e nelle province gli assessori sono nominati dal sindaco o dal presidente della provincia, anche al di fuori dei componenti del consiglio, fra i cittadini in possesso dei requisiti di candidabilità, eleggibilità e compatibilità alla carica di consigliere.

4. Nei comuni con popolazione inferiore a 15.000 abitanti lo statuto può prevedere la nomina ad assessore di cittadini non facenti parte del consiglio ed in possesso dei requisiti di candidabilità, eleggibilità e compatibilità alla carica di consigliere.

5. Fino all'adozione delle norme statutarie di cui al comma 1, le giunte comunali e provinciali sono composte da un numero di assessori stabilito rispettivamente nelle seguenti misure:

a) non superiore a 4 nei comuni con popolazione inferiore a 10.000 abitanti; non superiore a 6 nei comuni con popolazione compresa tra 10.001 e 100.000 abitanti; non superiore a 10 nei comuni con popolazione compresa tra 100.001 e 250.000 abitanti e nei capoluoghi di provincia con popolazione inferiore a 100.000 abitanti; non superiore a 12 nei comuni con popolazione compresa tra 250.001 e 500.000 abitanti; non superiore a 14 nei comuni con popolazione compresa tra 500.001 e 1.000.000 di abitanti e non superiore a 16 nei comuni con popolazione superiore a 1.000.000 di abitanti;

b) non superiore a 6 per le province a cui sono assegnati 24 consiglieri; non superiore a 8 per le province a cui sono assegnati 30 consiglieri; non superiore a 10 per le province a cui sono assegnati 36 consiglieri; non superiore a 12 per quelle a cui sono assegnati 45 consiglieri.

(1) *Comma modificato dall'art. 2, comma 23, l. 24 dicembre 2007, n. 244, con effetto a decorrere dalle elezioni amministrative locali successive alla modifica.*

48 Competenze delle giunte.

1. La Giunta collabora con il sindaco o con il presidente della provincia nel governo del comune o della provincia ed opera attraverso deliberazioni collegiali. Nei comuni con popolazione fino a 15.000 abitanti, le riunioni della giunta si tengono preferibilmente in un arco temporale non coincidente con l'orario di lavoro dei partecipanti (1).

2. La giunta compie tutti gli atti rientranti ai sensi dell'art. 107, commi 1 e 2, nelle funzioni degli organi di governo, che non siano riservati dalla legge al consiglio e che non ricadano nelle competenze, previste dalle leggi o dallo statuto, del sindaco o del presidente della provincia o degli organi di decentramento; collabora con il sindaco e con il presidente della provincia nell'attuazione degli indirizzi generali del consiglio; riferisce annualmente al consiglio sulla propria attività e svolge attività propositive e di impulso nei confronti dello stesso.

3. È altresì, di competenza della giunta l'adozione dei regolamenti sull'ordinamento degli uffici e dei servizi, nel rispetto dei criteri generali stabiliti dal consiglio.

(1) *Comma così modificato dal comma 20 dell'art. 16, d.l. 13 agosto 2011, n. 138, come sostituito dalla legge di conversione 14 settembre 2011, n. 148.*

49 Pareri dei responsabili dei servizi (1).

1. Su ogni proposta di deliberazione sottoposta alla Giunta e al Consiglio che non sia mero atto di indirizzo deve essere richiesto il parere, in ordine alla sola regolarità tecnica, del responsabile del servizio interessato e, qualora comporti riflessi diretti o indiretti sulla situazione economico-finanziaria o sul patrimonio dell'ente, del responsabile di ragioneria in ordine alla regolarità contabile. I pareri sono inseriti nella deliberazione.

2. Nel caso in cui l'ente non abbia i responsabili dei servizi, il parere è espresso dal segretario dell'ente, in relazione alle sue competenze.

3. I soggetti di cui al comma 1 rispondono in via amministrativa e contabile dei pareri espressi.

4. Ove la Giunta o il Consiglio non intendano conformarsi ai pareri di cui al presente articolo, devono darne adeguata motivazione nel testo della deliberazione.

(1) *Articolo sostituito l'art. 3, comma 1, lett.* b), *d.l. 10 ottobre 2012, n. 174, conv., con modif-, in l. 7 dicembre 2012, n. 213.*

50 Competenze del sindaco e del presidente della provincia.

1. Il sindaco e il presidente della provincia sono gli organi responsabili dell'amministrazione del comune e della provincia.

2. Il sindaco e il presidente della provincia rappresentano l'ente, convocano e presiedono la giunta, nonché il consiglio quando non è previsto il presidente del consiglio, e sovrintendono al funzionamento dei servizi e degli uffici e all'esecuzione degli atti.

3. Salvo quanto previsto dall'art. 107 essi esercitano le funzioni loro attribuite dalle leggi, dallo statuto e dai regolamenti e sovrintendono altresì all'espletamento delle funzioni statali e regionali attribuite o delegate al comune e alla provincia.

4. Il sindaco esercita altresì le altre funzioni attribuitegli quale autorità locale nelle materie previste da specifiche disposizioni di legge.

5. In particolare, in caso di emergenze sanitarie o di igiene pubblica a carattere esclusivamente locale le ordinanze contingibili e urgenti sono adottate dal sindaco, quale rappresentante della comunità locale. Le medesime ordinanze sono adottate dal sindaco, quale rappresentante della comunità locale, in relazione all'urgente necessità di interventi volti a superare situazioni di grave incuria o degrado del territorio o di pregiudizio del decoro e della vivibilità urbana, con particolare riferimento alle esigenze di tutela della tranquillità e del riposo dei residenti, anche intervenendo in materia di orari di vendita, anche per asporto, e di somministrazione di bevande alcoliche e superalcoliche (1). Negli altri casi l'adozione dei provvedimenti d'urgenza, ivi compresa la costituzione di centri e organismi di referenza o assistenza, spetta allo Stato o alle regioni in ragione della dimensione dell'emergenza e dell'eventuale interessamento di più ambiti territoriali regionali (2).

6. In caso di emergenza che interessi il territorio di più comuni, ogni sindaco adotta le misure necessarie fino a quando non intervengano i soggetti competenti ai sensi del precedente comma.

7. Il sindaco, altresì, coordina e riorganizza, sulla base degli indirizzi espressi dal consiglio comunale e nell'ambito dei criteri eventualmente indicati dalla regione, gli orari degli esercizi commerciali, dei pubblici esercizi e dei servizi pubblici, nonché, d'intesa con i responsabili territorialmente competenti delle amministrazioni interessate, gli orari di apertura al pubblico degli uffici pubblici localizzati nel territorio, al fine di armonizzare l'espletamento dei servizi con le esigenze complessive e generali degli utenti (4).

7-*bis*. Il Sindaco, al fine di assicurare il soddisfacimento delle esigenze di tutela della tranquillità e del riposo dei residenti nonché dell'ambiente e del patrimonio culturale in determinate aree delle città interessate da afflusso particolarmente rilevante di persone, anche in relazione allo svolgimento di specifici eventi, o in altre aree comunque interessate da fenomeni di aggregazione notturna, (5) nel rispetto dell'articolo 7 della legge 7 agosto 1990, n. 241, può disporre, per un periodo comunque non superiore a trenta giorni, con ordinanza non contingibile e urgente, limitazioni in materia di orari di vendita, anche per asporto, e di somministrazione di bevande alcoliche e superalcoliche, nonché limitazioni degli orari di vendita degli esercizi del settore alimentare o misto, e delle attività artigianali di produzione e vendita di prodotti di gastronomia pronti per il consumo immediato e di erogazione di alimenti e bevande attraverso distributori automatici (6) (7).

7-*bis*.1. L'inosservanza delle ordinanze emanate dal Sindaco ai sensi del comma 7-*bis* è punita con la sanzione amministrativa pecuniaria del pagamento di una somma da 500 euro a 5.000 euro. Qualora la stessa violazione sia stata commessa per due volte in un anno, si applicano le disposizioni di cui all'articolo 12, comma 1, del decreto-legge 20 febbraio 2017, n. 14, convertito, con modificazioni, dalla legge 18 aprile 2017, n. 48, anche se il responsabile ha proceduto al pagamento della sanzione in misura ridotta, ai sensi dell'articolo 16 della legge 24 novembre 1981, n. 689 (8).

7-*ter*. Nelle materie di cui al comma 5, secondo periodo, i comuni possono adottare regolamenti ai sensi del presente testo unico (9).

8. Sulla base degli indirizzi stabiliti dal consiglio il sindaco e il presidente della provincia provvedono alla nomina, alla designazione e alla revoca dei rappresentanti del comune e della provincia presso enti, aziende ed istituzioni.

9. Tutte le nomine e le designazioni debbono essere effettuate entro quarantacinque giorni dall'insediamento ovvero entro i termini di scadenza del precedente incarico. In mancanza, il comitato regionale di controllo adotta i provvedimenti sostitutivi ai sensi dell'art. 136.

10. Il sindaco e il presidente della provincia nominano i responsabili degli uffici e dei servizi, attribuiscono e definiscono gli incarichi dirigenziali e quelli di collaborazione esterna secondo le modalità ed i criteri stabiliti dagli articoli 109 e 110, nonché dai rispettivi statuti e regolamenti comunali e provinciali.

11. Il sindaco e il presidente della provincia prestano davanti al consiglio, nella seduta di insediamento, il giuramento di osservare lealmente la Costituzione italiana.

12. Distintivo del sindaco è la fascia tricolore con lo stemma della Repubblica e lo stemma del comune, da portarsi a tracolla. Distintivo del presidente della provincia è una fascia di colore azzurro con lo stemma della Repubblica e lo stemma della propria provincia da portare a tracolla.

(1) *Si veda anche l'art. 8 comma 2 d.l. 20 febbraio 2017, n. 14, conv., con modif., in l. 18 aprile 2017, n. 48, ai sensi del quale in tali materie « i comuni possono adottare regolamenti ai sensi del testo unico delle leggi sull'ordinamento degli enti locali, di cui al decreto legislativo 18 agosto 2000, n. 267 ».*

(2) *Comma modificato dall'art. 8, comma 1, lett.* a), *n. 1), d.l. n. 14, cit. Il testo previgente del comma era seguente:* « In particolare, in caso di emergenze sanitarie o di igiene pubblica a carattere esclusivamente locale le ordinanze contingibili e urgenti sono adottate dal sindaco, quale rappresentante della comunità locale. Negli altri casi l'adozione dei provvedimenti d'urgenza, ivi compresa la costituzione di centri e organismi di referenza o assistenza, spetta allo Stato o alle regioni in ragione della dimensione dell'emergenza e dell'eventuale interessamento di più ambiti territoriali regionali ».

(3) *Per gli ordini in generale si veda altresì l'art. 7, comma 1, d.lgs. 30 aprile 1992, n. 285 che così dispone: « 7. Nei centri abitati i comuni possono, con ordinanza del sindaco:* a) *adottare i provvedimenti indicati nell'art. 6, commi 1, 2 e 4;* b) *limitare la circolazione di tutte o di alcune*

categorie di veicoli per accertate e motivate esigenze di prevenzione degli inquinamenti e di tutela del patrimonio artistico, ambientale e naturale, conformemente alle direttive impartite dal Ministro delle infrastrutture e dei trasporti, sentiti, per le rispettive competenze, il Ministro dell'ambiente e della tutela del territorio e della tutela del territorio, il Ministro per i beni culturali e ambientali; c) *stabilire la precedenza su determinate strade o tratti di strade, ovvero in una determinata intersezione, in relazione alla classificazione di cui all'art.* 2, *e, quando la intensità o la sicurezza del traffico lo richiedano, prescrivere ai conducenti, prima di immettersi su una determinata strada, l'obbligo di arrestarsi all'intersezione e di dare la precedenza a chi circola su quest'ultima;* d) *riservare limitati spazi alla sosta dei veicoli degli organi di polizia stradale di cui all'art.* 12, *dei vigili del fuoco, dei servizi di soccorso, nonché di quelli adibiti al servizio di persone con limitata o impedita capacità motoria, munite del contrassegno speciale, ovvero a servizi di linea per lo stazionamento ai capilinea;* e) *stabilire aree nelle quali è autorizzato il parcheggio dei veicoli;* f) *stabilire, previa deliberazione della giunta, aree destinate al parcheggio sulle quali la sosta dei veicoli è subordinata al pagamento di una somma da riscuotere mediante dispositivi di controllo di durata della sosta, anche senza custodia del veicolo, fissando le relative condizioni e tariffe in conformità alle direttive del Ministero delle infrastrutture e dei trasporti, di concerto con la Presidenza del Consiglio dei Ministri - Dipartimento per le aree urbane;* g) *prescrivere orari e riservare spazi per i veicoli di categoria N, ai sensi della lettera* c) *del comma* 2 *dell'articolo* 47, *utilizzati per il carico e lo scarico di cose;* h) *istituire le aree attrezzate riservate alla sosta e al parcheggio delle autocaravan di cui all'art.* 185; i) *riservare strade alla circolazione dei veicoli adibiti a servizi pubblici di trasporto, al fine di favorire la mobilità urbana ». Si veda anche l'art.* 54 *r.d.* 30 *marzo* 1942, *n.* 327 *(c. nav.): « Qualora siano abusivamente occupate zone del demanio marittimo o vi siano eseguite innovazioni non autorizzate, il capo del compartimento ingiunge al contravventore di rimettere le cose in pristino entro il termine a tal fine stabilito e, in caso di mancata esecuzione dell'ordine, provvede d'ufficio, a spese dell'interessato ». Si veda ulteriormente l'art.* 74, *comma* 5, *d.lgs.* 16 *aprile* 1994, *n.* 297: *« Il Ministro della pubblica istruzione, sentito il Consiglio nazionale della pubblica istruzione, determina, con propria ordinanza, il termine delle attività didattiche e delle lezioni, le scadenze per le valutazioni periodiche ed il calendario delle festività e degli esami ».*

(4) *Il presente comma era stato modificato dall'art.* 8, *comma* 1, *lett.* a), *n.* 2), *del d.l.* 20 *febbraio* 2017, *n.* 14, *ma la suddetta modifica è decaduta in sede di conversione, in l.* 18 *aprile* 2017, *n.* 48 *del medesimo decreto.*

(5) *Le parole* « o in altre aree comunque interessate da fenomeni di aggregazione notturna, » *sono state inserite dall'art.* 35-ter, *comma* 1, *lett.* a), *d.l.* 4 *ottobre* 2018, *n.* 113, *conv., con modif., in l.* 1° *dicembre* 2018, *n.* 132.

(6) *Le parole da* «, nonché limitazioni degli orari » *a* « distributori automatici » *sono state aggiunte dall'art.* 35-ter, *comma* 1, *lett.* a), *d.l.* 4 *ottobre* 2018, *n.* 113, *conv., con modif., in l.* 1° *dicembre* 2018, *n.* 132.

(7) *Comma aggiunto dall'art.* 8, *comma* 1, *lett. a), n.* 2), *del d.l.* 20 *febbraio* 2017, *n.* 14, *conv., con modif., dalla legge* 18 *aprile* 2017, *n.* 48.

(8) *Comma inserito dall'art.* 35-ter, *comma* 1, *lett.* b), *d.l.* 4 *ottobre* 2018, *n.* 113, *conv., con modif., in l.* 1° *dicembre* 2018, *n.* 132.

(9) *Comma aggiunto dall'art.* 8, *comma* 1, *lett. a), n.* 2-bis), *d.l.* 20 *febbraio* 2017, *n.* 14, *conv., con modif., in l.* 18 *aprile* 2017, *n.* 48.

51 Durata del mandato del sindaco, del presidente della provincia e dei consigli. Limitazione dei mandati.

1. Il sindaco e il consiglio comunale, il presidente della provincia e il consiglio provinciale durano in carica per un periodo di cinque anni.

2. Chi ha ricoperto per due mandati consecutivi la carica di sindaco e di presidente della provincia non è, allo scadere del secondo mandato, immediatamente rieleggibile alle medesime cariche.

3. È consentito un terzo mandato consecutivo se uno dei due mandati precedenti ha avuto durata inferiore a due anni, sei mesi e un giorno, per causa diversa dalle dimissioni volontarie.

52 Mozione di sfiducia.

1. Il voto del consiglio comunale o del consiglio provinciale contrario ad una proposta del sindaco, del presidente della provincia o delle rispettive giunte non comporta le dimissioni degli stessi.

2. Il sindaco, il presidente della provincia e le rispettive giunte cessano dalla carica in caso di approvazione di una mozione di sfiducia votata per appello nominale dalla maggioranza assoluta dei componenti il consiglio. La mozione di sfiducia deve essere motivata e sottoscritta da almeno due quinti dei consiglieri assegnati, senza computare a tal fine il sindaco e il presidente della provincia, e viene messa in discussione non prima di dieci giorni e non oltre trenta giorni dalla sua presentazione. Se la mozione viene approvata, si procede allo scioglimento del consiglio e alla nomina di un commissario ai sensi dell'art. 141.

53 Dimissioni, impedimento, rimozione, decadenza, sospensione o decesso del sindaco o del presidente della provincia.

1. In caso di impedimento permanente, rimozione, decadenza o decesso del sindaco o del presidente della provincia, la giunta decade e si procede allo scioglimento del consiglio. Il consiglio e la giunta rimangono in carica sino alla elezione del nuovo consiglio e del nuovo sindaco o presidente della provincia. Sino alle predette elezioni, le funzioni del sindaco e del presidente della provincia sono svolte, rispettivamente, dal vicesindaco e dal vicepresidente.

2. Il vicesindaco ed il vicepresidente sostituiscono il sindaco e il presidente della provincia in caso di assenza o di impedimento temporaneo, nonché nel caso di sospensione dall'esercizio della funzione ai sensi dell'art. 59.

3. Le dimissioni presentate dal sindaco o dal presidente della provincia diventano efficaci ed irrevocabili trascorso il termine di 20 giorni dalla loro presentazione al consiglio. In tal caso si procede allo scioglimento del rispettivo consiglio, con contestuale nomina di un commissario.

4. Lo scioglimento del consiglio comunale o provinciale determina in ogni caso la decadenza del sindaco o del presidente della provincia nonché delle rispettive giunte.

54 Attribuzioni del sindaco nelle funzioni di competenza statale (1) (2).

1. Il sindaco, quale ufficiale del Governo, sovrintende:

a) all'emanazione degli atti che gli sono attribuiti dalla legge e dai regolamenti in materia di ordine e sicurezza pubblica;

b) allo svolgimento delle funzioni affidategli dalla legge in materia di pubblica sicurezza e di polizia giudiziaria;

c) alla vigilanza su tutto quanto possa interessare la sicurezza e l'ordine pubblico, informandone preventivamente il prefetto.

2. Il sindaco, nell'esercizio delle funzioni di cui al comma 1, concorre ad assicurare anche la cooperazione della polizia locale con le Forze di polizia statali, nell'ambito delle direttive di coordinamento impartite dal Ministro dell'interno - Autorità nazionale di pubblica sicurezza.

3. Il sindaco, quale ufficiale del Governo, sovrintende, altresì, alla tenuta dei registri di stato civile e di popolazione e agli adempimenti demandatigli dalle leggi in materia elettorale, di leva militare e di statistica.

4. Il sindaco, quale ufficiale del Governo, adotta con atto motivato provvedimenti, anche contingibili e urgenti nel rispetto dei princìpi generali dell'ordinamento al fine di prevenire e di eliminare gravi pericoli che minacciano l'incolumità pubblica e la sicurezza urbana. I provvedimenti di cui al presente comma sono preventivamente comunicati al prefetto anche ai fini della predisposizione degli strumenti ritenuti necessari alla loro attuazione (3) (4).

4-*bis*. I provvedimenti adottati ai sensi del comma 4 sono diretti a prevenire e contrastare le situazioni che favoriscono l'insorgere di fenomeni criminosi o di illegalità, quali lo spaccio di stupefacenti, lo sfruttamento della prostituzione, l'accattonaggio con impiego di minori e disabili, ovvero riguardano fenomeni di abusivismo, quale l'illecita occupazione di spazi pubblici, o di violenza, anche legati all'abuso di alcool o all'uso di sostanze stupefacenti (5).

5. Qualora i provvedimenti adottati dai sindaci ai sensi dei commi 1 e 4 comportino conseguenze sull'ordinata convivenza delle popolazioni dei comuni contigui o limitrofi, il prefetto indice un'apposita conferenza alla quale prendono parte i sindaci interessati, il presidente della provincia e, qualora ritenuto opportuno, soggetti pubblici e privati dell'ambito territoriale interessato dall'intervento.

5-*bis*. Il sindaco segnala alle competenti autorità, giudiziaria o di pubblica sicurezza, la condizione irregolare dello straniero o del cittadino appartenente ad uno Stato membro dell'Unione europea, per la eventuale adozione di provvedimenti di espulsione o di allontanamento dal territorio dello Stato.

6. In casi di emergenza, connessi con il traffico o con l'inquinamento atmosferico o acustico, ovvero quando a causa di circostanze straordinarie si verifichino particolari necessità dell'utenza o per motivi di sicurezza urbana, il sindaco può modificare gli orari degli esercizi commerciali, dei pubblici esercizi e dei servizi pubblici, nonché, d'intesa con i responsabili territorialmente competenti delle amministrazioni interessate, gli orari di apertura al pubblico degli uffici pubblici localizzati nel territorio, adottando i provvedimenti di cui al comma 4.

7. Se l'ordinanza adottata ai sensi del comma 4 è rivolta a persone determinate e queste non ottemperano all'ordine impartito, il sindaco può provvedere d'ufficio a spese degli interessati, senza pregiudizio dell'azione penale per i reati in cui siano incorsi.

8. Chi sostituisce il sindaco esercita anche le funzioni di cui al presente articolo.

9. Al fine di assicurare l'attuazione dei provvedimenti adottati dai sindaci ai sensi del presente articolo, il prefetto, ove le ritenga necessarie, dispone, fermo restando quanto previsto dal secondo periodo del comma 4, le misure adeguate per assicurare il concorso delle Forze di polizia. Nell'ambito delle funzioni di cui al presente articolo, il prefetto può altresì disporre ispezioni per accertare il regolare svolgimento dei compiti affidati, nonché per l'acquisizione di dati e notizie interessanti altri servizi di carattere generale (6).

10. Nelle materie previste dai commi 1 e 3, nonché dall'articolo 14, il sindaco, previa comunicazione al prefetto, può delegare l'esercizio delle funzioni ivi indicate al presidente del consiglio circoscrizionale; ove non siano costituiti gli organi di decentramento comunale, il sindaco può conferire la delega a un consigliere comunale per l'esercizio delle funzioni nei quartieri e nelle frazioni.

11. Nelle fattispecie di cui ai commi 1, 3 e 4, nel caso di inerzia del sindaco o del suo delegato nell'esercizio delle funzioni previste dal comma 10, il prefetto può intervenire con proprio provvedimento.

12. Il Ministro dell'interno può adottare atti di indirizzo per l'esercizio delle funzioni previste dal presente articolo da parte del sindaco.

(1) *Articolo sostituito dall'art. 6, d.l. 23 maggio 2008 n. 92, conv., con modif., in l. 24 luglio 2008, n. 125.*

(2) *L'art. 117 d.lgs. 31 marzo 1998, n. 112, ha previsto che: « 1. In caso di emergenze sanitarie o di igiene pubblica a carattere esclusivamente locale le ordinanze contingibili e urgenti sono adottate dal sindaco, quale rappresentante della comunità locale. Negli altri casi l'adozione dei provvedimenti d'urgenza, ivi compresa la costituzione di centri e organismi di referenza o assistenza, spetta allo Stato o alle regioni in ragione della dimensione dell'emergenza e dell'eventuale interessamento di più ambiti territoriali regionali. — 2. In caso di emergenza che interessi il territorio di più comuni, ogni sindaco adotta le misure necessarie fino a quando non intervengano i soggetti competenti ai sensi del comma 1 ».*

(3) *La Corte costituzionale, con sentenza 7 aprile 2011, n. 115 ha dichiarato* l'illegittimità costituzionale *del presente comma, come sostituito dall'art. 6 d.l. 23 maggio 2008, n. 92, conv., con modif., in l. 24 luglio 2008, n. 125, nella parte in cui comprende la locuzione* «, anche » *prima delle parole* « contingibili e urgenti ».

(4) *L'art. 1 del decreto del Ministero dell'interno 5 agosto 2008 (G.U. 9 agosto 2008, n. 186) ha previsto quanto segue: « Ai fini di cui all'art. 54, del decreto legislativo 18 agosto 2000, n. 267, come sostituito dall'art. 6 del decreto-legge 23 maggio 2008, n. 92, convertito, con modificazioni, in legge 24 luglio 2008, n. 125, per incolumità pubblica si intende l'integrità fisica della popolazione e per sicurezza urbana un bene pubblico da tutelare attraverso attività poste a difesa, nell'ambito delle comunità locali. del rispetto delle norme che regolano la vita civile, per migliorare le condizioni di vivibilità nei centri urbani, la convivenza civile e la coesione sociale ». L'art. 2 del predetto d.m. ha altresì previsto che:« Ai sensi di quanto disposto dall'art. 1, il sindaco interviene per prevenire e contrastare: a) le situazioni urbane di degrado o di isolamento che favoriscono l'insorgere di fenomeni criminosi, quali lo spaccio di stupefacenti, lo sfruttamento della prostituzione, l'accattonaggio con impiego di minori e disabili e i fenomeni di violenza legati anche all'abuso di alcool; b) le situazioni in cui si verificano comportamenti quali il danneggiamento al patrimonio pubblico e privato o che ne impediscono la fruibilità e determinano lo scadimento della qualità urbana; c) l'incuria, il degrado e l'occupazione abusiva di immobili tali da favorire le situazioni indicate ai punti a) e b); d) le situazioni che costituiscono intralcio alla pubblica viabilità o che alterano il decoro urbano, in particolare quelle di abusivismo commerciale e di illecita occupazione di suolo pubblico; e) i comportamenti che, come la prostituzione su strada o l'accattonaggio molesto, possono offendere la pubblica decenza anche per le modalità con cui si manifestano, ovvero turbano gravemente il libero utilizzo degli spazi pubblici o la fruizione cui sono destinati o che rendono difficoltoso o pericoloso l'accesso ad essi ».*

V. anche C. cost. 1 luglio 2009, n. 196, che ha dichiarato che spettava allo Stato, e per esso al Ministro dell'interno definire, con il d.m. 5 agosto 2008, le nozioni di « incolumità pubblica » e di « sicurezza urbana » previste dall'art. 6 d.l. n. 92 del 2008, e individuare le situazioni in cui i Sindaci sono autorizzati ad adottare provvedimenti di pubblica sicurezza e di ordine pubblico.

(5) *Comma sostituito dall'art. 8, comma 1, lett.* b), *n. 1), d.l. 20 febbraio 2017, n. 14, conv., con modif., dalla l. 18 aprile 2017, n. 48. Il testo del comma era il seguente:* « 4-*bis*. Con decreto del Ministro dell'interno è disciplinato l'ambito di applicazione delle disposizioni di cui ai commi 1 e 4 anche con riferimento alle definizioni relative alla incolumità pubblica e alla sicurezza urbana ».

(6) *Comma così sostituito dal comma 1 dell'art. 8, d.l. 12 novembre 2010, n. 187, come modificato dalla legge di conversione 17 dicembre 2010, n. 217. Il testo del comma era il seguente:* « 9. Nell'ambito delle funzioni di cui al presente articolo, il prefetto può disporre ispezioni per accertare il regolare svolgimento dei compiti affidati, nonché per l'acquisizione di dati e notizie interessanti altri servizi di carattere generale. ».

CAPO II
Incandidabilità, ineleggibilità, incompatibilità

55 Elettorato passivo.

1. Sono eleggibili a sindaco, presidente della provincia, consigliere comunale, provinciale e circoscrizionale gli elettori di un qualsiasi comune della Repubblica che abbiano compiuto il diciottesimo anno di età, nel primo giorno fissato per la votazione.

2. Per l'eleggibilità alle elezioni comunali dei cittadini dell'Unione europea residenti nella Repubblica si applicano le disposizioni del decreto legislativo 12 aprile 1996, n. 197.

56 Requisiti della candidatura.

1. Nessuno può presentarsi come candidato a consigliere in più di due province o in più di due comuni o in più di due circoscrizioni, quando le elezioni si svolgano nella stessa data. I consiglieri provinciali, comunali o di circoscrizione in carica non possono candidarsi, rispettivamente, alla medesima carica in altro consiglio provinciale, comunale o circoscrizionale.

2. Nessuno può essere candidato alla carica di sindaco o di presidente della provincia in più di un comune ovvero di una provincia.

57 Obbligo di opzione.

1. Il candidato che sia eletto contemporaneamente consigliere in due province, in due comuni, in due circoscrizioni, deve optare per una delle cariche entro cinque giorni dall'ultima deliberazione di convalida. Nel caso di mancata opzione rimane eletto nel consiglio della provincia, del comune o della circoscrizione in cui ha riportato il maggior numero di voti in percentuale rispetto al numero dei votanti ed è surrogato nell'altro consiglio.

58 Cause ostative alla candidatura (1).

[1. Non possono essere candidati alle elezioni provinciali, comunali e circoscrizionali e non possono comunque ricoprire le cariche di presidente della provincia, sindaco, assessore e consigliere provinciale e comunale, presidente e componente del consiglio circoscrizionale, presidente e componente del consiglio di amministrazione dei consorzi, presidente e componente dei consigli e delle giunte delle unioni di comuni, consigliere di amministrazione e presidente delle aziende speciali e delle istituzioni di cui all'art. 114, presidente e componente degli organi delle Comunità montane:

a) coloro che hanno riportato condanna definitiva per il delitto previsto dall'art. 416-*bis* del codice penale o per il delitto di associazione finalizzata al traffico illecito di sostanze stupefacenti o psicotrope di cui all'art. 74 del testo unico approvato con d.P.R. 9 ottobre 1990, n. 309, o per un delitto di cui all'art. 73 del citato testo unico concernente la produzione o il traffico di dette sostanze, o per un delitto concernente la fabbricazione, l'importazione, l'esportazione, la vendita o cessione, nonché, nei casi in cui sia inflitta la pena della reclusione non inferiore ad un anno, il porto, il trasporto e la detenzione di armi, munizioni o materie esplodenti, o per il delitto di favoreggiamento personale o reale commesso in relazione a taluno dei predetti reati;

b) coloro che hanno riportato condanna definitiva per i delitti previsti dagli articoli 314, primo comma (peculato), 316 (peculato mediante profitto dell'errore altrui), 316-*bis* (malversazione a danno dello Stato), 317 (concussione), 318 (corruzione per un atto d'ufficio), 319 (corruzione per un atto contrario ai doveri d'ufficio), 319-*ter* (corruzione in atti giudizia ri), 320 (corruzione di persona incaricata di un pubblico servizio) del codice penale (2);

c) coloro che sono stati condannati con sentenza definitiva alla pena della reclusione complessivamente superiore a sei mesi per uno o più delitti commessi con abuso dei poteri o con violazione dei doveri inerenti ad una pubblica funzione o a un pubblico servizio diversi da quelli indicati nella lettera *b*);

d) coloro che sono stati condannati con sentenza definitiva ad una pena non inferiore a due anni di reclusione per delitto non colposo;

e) coloro nei cui confronti il tribunale ha applicato, con provvedimento definitivo, una misura di prevenzione, in quanto indiziati di appartenere ad una delle associazioni di cui all'art. 1 della legge 31 maggio 1965, n. 575, come sostituito dall'art. 13 della legge 13 settembre 1982, n. 646.

2. Per tutti gli effetti disciplinati dal presente articolo e dall'art. 59 la sentenza prevista dall'art. 444 del codice di procedura penale è equiparata a condanna.

3. Le disposizioni previste dal comma 1 si applicano a qualsiasi altro incarico con riferimento al quale l'elezione o la nomina è di competenza:

a) del consiglio provinciale, comunale o circoscrizionale;

b) della giunta provinciale o del presidente, della giunta comunale o del sindaco, di assessori provinciali o comunali.

4. L'eventuale elezione o nomina di coloro che si trovano nelle condizioni di cui al comma 1 è nulla. L'organo che ha provveduto alla nomina o alla convalida dell'elezione è tenuto a revocare il relativo provvedimento non appena venuto a conoscenza dell'esistenza delle condizioni stesse.

5. Le disposizioni previste dai commi precedenti non si applicano nei confronti di chi è stato condannato con sentenza passata in giudicato o di chi è stato

sottoposto a misura di prevenzione con provvedimento definitivo, se è concessa la riabilitazione ai sensi dell'art. 178 del codice penale o dell'art. 15 della legge 3 agosto 1988, n. 327.]

(1) *Articolo abrogato, a decorrere dal 5 gennaio 2013, dall'art. 17, comma 1, lett.* a), *d.lgs. 31 dicembre 2012, n. 235.*

(2) *Numero modificato dall'art. 7, comma 1, lett.* a) *d.l. 29 marzo 2004, n. 80, conv., con modif., in l. 28 maggio 2004, n. 140. Successivamente C. cost. 23 maggio 2007, n. 171 ha dichiarato* l'illegittimità costituzionale *dell'art. 7, comma 1, lett.* a), *d.l. 80 del 2004, cit.*

59 [Sospensione e decadenza di diritto] (1).

[1. Sono sospesi di diritto dalle cariche indicate al comma 1 dell'art. 58:

a) coloro che hanno riportato una condanna non definitiva per uno dei delitti indicati all'art. 58, comma 1, lettera *a*), o per uno dei delitti previsti dagli articoli 314, primo comma 316, 316-*bis*, 317, 318, 319, 319-*ter* e 320 del codice penale;

b) coloro che, con sentenza di primo grado, confermata in appello per la stessa imputazione, hanno riportato, dopo l'elezione o la nomina, una condanna ad una pena non inferiore a due anni di reclusione per un delitto non colposo;

c) coloro nei cui confronti l'autorità giudiziaria ha applicato, con provvedimento non definitivo, una misura di prevenzione in quanto indiziati di appartenere ad una delle associazioni di cui all'art. 1 della legge 31 maggio 1965, n. 575, come sostituito dall'art. 13 della legge 13 settembre 1982, n. 646. La sospensione di diritto consegue, altresì, quando è disposta l'applicazione di una delle misure coercitive di cui agli articoli 284, 285 e 286 del codice di procedura penale.

2. Nel periodo di sospensione i soggetti sospesi, ove non sia possibile la sostituzione ovvero fino a quando non sia convalidata la supplenza, non sono computati al fine della verifica del numero legale, né per la determinazione di qualsivoglia quorum o maggioranza qualificata.

3. La sospensione cessa di diritto di produrre effetti decorsi diciotto mesi. Nel caso in cui l'appello proposto dall'interessato avverso la sentenza di condanna sia rigettato anche con sentenza non definitiva, decorre un ulteriore periodo di sospensione che cessa di produrre effetti trascorso il termine di dodici mesi dalla sentenza di rigetto (2).

4. A cura della cancelleria del tribunale o della segreteria del pubblico ministero i provvedimenti giudiziari che comportano la sospensione sono comunicati al prefetto, il quale, accertata la sussistenza di una causa di sospensione, provvede a notificare il relativo provvedimento agli organi che hanno convalidato l'elezione o deliberato la nomina.

5. La sospensione cessa nel caso in cui nei confronti dell'interessato venga meno l'efficacia della misura coercitiva di cui al comma 1, ovvero venga emessa sentenza, anche se non passata in giudicato, di non luogo a procedere, di proscioglimento o di assoluzione o provvedimento di revoca della misura di prevenzione o sentenza di annullamento ancorché con rinvio. In tal caso la sentenza o il provvedimento di revoca devono essere pubblicati nell'albo pretorio e comunicati alla prima adunanza dell'organo che ha proceduto all'elezione, alla convalida dell'elezione o alla nomina.

6. Chi ricopre una delle cariche indicate al comma 1 dell'art. 58 decade da essa di diritto dalla data del passaggio in giudicato della sentenza di condanna o dalla data in cui diviene definitivo il provvedimento che applica la misura di prevenzione.

7. Quando, in relazione a fatti o attività comunque riguardanti gli enti di cui all'art. 58, l'autorità giudiziaria ha emesso provvedimenti che comportano la sospensione o la decadenza dei pubblici ufficiali de gli enti medesimi e vi è la necessità di verificare che non ricorrano pericoli di infiltrazione di tipo mafioso nei servizi degli stessi enti, il prefetto può accedere presso gli enti interessati per acquisire dati e documenti ed accertare notizie concernenti i servizi stessi.

8. Copie dei provvedimenti di cui al comma 7 sono trasmesse al Ministro dell'interno, ai sensi dell'art. 2, comma 2-*quater*, del decreto-legge 29 ottobre 1991, n. 345, convertito, con modificazioni, dalla legge 30 dicembre 1991, n. 110 e successive modifiche ed integrazioni.]

(1) *Articolo abrogato, a decorrere dal 5 gennaio 2013, dall'art. 17, comma 1, lett.* a), *d.lgs. 31 dicembre 2012, n. 235.*

(2) *Comma sostituito dall'art. 7 d.l. 29 marzo 2004, n. 80, conv., con modif., in l. 28 maggio 2004, n. 140.*

60 Ineleggibilità.

1. Non sono eleggibili a sindaco, presidente della provincia, consigliere comunale, consigliere metropolitano, provinciale e circoscrizionale (1):

1) il Capo della polizia, i vice capi della polizia, gli ispettori generali di pubblica sicurezza che prestano servizio presso il Ministero dell'interno, i dipendenti civili dello Stato che svolgono le funzioni di direttore generale o equiparate o superiori (2);

2) nel territorio, nel quale esercitano le loro funzioni, i Commissari di Governo, i prefetti della Repubblica, i vice prefetti ed i funzionari di pubblica sicurezza;

[3) nel territorio, nel quale esercitano il comando, gli ufficiali generali, gli ammiragli e gli ufficiali superiori delle Forze armate dello Stato] (3);

4) nel territorio, nel quale esercitano il loro ufficio, gli ecclesiastici ed i ministri di culto, che hanno giurisdizione e cura di anime e coloro che ne fanno ordinariamente le veci;

5) i titolari di organi individuali ed i componenti di organi collegiali che esercitano poteri di controllo istituzionale sull'amministrazione del comune o della provincia nonché i dipendenti che dirigono o coordinano i rispettivi uffici;

6) nel territorio, nel quale esercitano le loro funzioni, i magistrati addetti alle corti di appello, ai tribunali, ai tribunali amministrativi regionali, nonché i giudici di pace;

7) i dipendenti del comune e della provincia per i rispettivi consigli;

8) il direttore generale, il direttore amministrativo e il direttore sanitario delle aziende sanitarie locali ed ospedaliere;

9) i legali rappresentanti ed i dirigenti delle strutture convenzionate per i consigli del comune il cui territorio

coincide con il territorio dell'azienda sanitaria locale o ospedaliera con cui sono convenzionati o lo ricomprende, ovvero dei comuni che concorrono a costituire l'azienda sanitaria locale o ospedaliera con cui sono convenzionate (4);

10) i legali rappresentanti ed i dirigenti delle società per azioni con capitale superiore al 50 per cento rispettivamente del comune o della provincia (5);

11) gli amministratori ed i dipendenti con funzioni di rappresentanza o con poteri di organizzazione o coordinamento del personale di istituto, consorzio o azienda dipendente rispettivamente dal comune o dalla provincia;

12) i sindaci, presidenti di provincia, consiglieri metropolitani, consiglieri comunali, provinciali o circoscrizionali in carica, rispettivamente, in altro comune, città metropolitana, provincia o circoscrizione (6).

2. Le cause di ineleggibilità di cui al n. 8) non hanno effetto se le funzioni esercitate siano cessate almeno centottanta giorni prima della data di scadenza dei periodi di durata degli organi ivi indicati. In caso di scioglimento anticipato delle rispettive assemblee elettive, le cause di ineleggibilità non hanno effetto se le funzioni esercitate siano cessate entro i sette giorni successivi alla data del provvedimento di scioglimento. Il direttore generale, il direttore amministrativo ed il direttore sanitario, in ogni caso, non sono eleggibili nei collegi elettorali nei quali sia ricompreso, in tutto o in parte, il territorio dell'azienda sanitaria locale o ospedaliera presso la quale abbiano esercitato le proprie funzioni in un periodo compreso nei sei mesi antecedenti la data di accettazione della candidatura. I predetti, ove si siano candidati e non siano stati eletti, non possono esercitare per un periodo di cinque anni le loro funzioni in aziende sanitarie locali e ospedaliere comprese, in tutto o in parte, nel collegio elettorale nel cui ambito si sono svolte le elezioni.

3. Le cause di ineleggibilità previste nei numeri 1), 2), [3),] 4), 5), 6), 7), 9), 10), 11) e 12) non hanno effetto se l'interessato cessa dalle funzioni per dimissioni, trasferimento, revoca dell'incarico o del comando, collocamento in aspettativa non retribuita non oltre il giorno fissato per la presentazione delle candidature. La causa di ineleggibilità prevista nel numero 12) non ha effetto nei confronti del sindaco in caso di elezioni contestuali nel comune nel quale l'interessato è già in carica e in quello nel quale intende candidarsi (7).

4. Le strutture convenzionate, di cui al n. 9) del comma 1, sono quelle indicate negli articoli 43 e 44 della legge 23 dicembre 1978, n. 833.

5. La pubblica amministrazione è tenuta ad adottare i provvedimenti di cui al comma 3 entro cinque giorni dalla richiesta. Ove l'amministrazione non provveda, la domanda di dimissioni o aspettativa accompagnata dalla effettiva cessazione delle funzioni ha effetto dal quinto giorno successivo alla presentazione.

6. La cessazione delle funzioni importa la effettiva astensione da ogni atto inerente all'ufficio rivestito.

7. L'aspettativa è concessa anche in deroga ai rispettivi ordinamenti per tutta la durata del mandato, ai sensi dell'art. 81.

8. Non possono essere collocati in aspettativa i dipendenti assunti a tempo determinato.

9. Le cause di ineleggibilità previste dal n. 9) del comma 1 non si applicano per la carica di consigliere provinciale.

(1) *Alinea modificato dall'art. 1, comma 23, lett.* a), *n. 1), l. 7 aprile 2014, n. 56.*

(2) *Numero sostituito dall'art. 4 l. 6 luglio 2002, n. 137.*

(3) *Numero abrogato dall'art. 2268, comma 1, d.lgs. 15 marzo 2010, n. 66.*

(4) *La Corte Costituzionale, con sentenza 6 febbraio 2009, n. 27, ha dichiarato* l'illegittimità costituzionale *del presente numero, nella parte in cui prevede l'ineleggibilità dei direttori sanitari delle strutture convenzionate per i consigli del comune il cui territorio coincide con il territorio dell'azienda sanitaria locale o ospedaliera con cui sono convenzionate o lo ricomprende, ovvero dei comuni che concorrono a costituire l'azienda sanitaria locale o ospedaliera con cui sono convenzionate.*

(5) *Numero modificato dall'art. 14-*decies, *comma 1, lett.* a), *d.l. 30 giugno 2005 n. 115, conv., con modif., in l. 17 agosto 2005, n. 168.*

(6) *Numero sostituito dall'art. 1, comma 23, lett.* a), *n. 2), l. 7 aprile 2014, n. 56.*

(7) *Comma modificato dall'art. 2268, comma 1, d.lgs. 15 marzo 2010, n. 66 e dall'art. 8, comma 13-*sexies, *d.l. 19 giugno 2015, n. 78, conv., con modif., in l. 6 agosto 2015, n. 125.*

61 Ineleggibilità e incompatibilità alla carica di sindaco e presidente di provincia (1).

1. Non può essere eletto alla carica di sindaco o di presidente della provincia:

1) il ministro di un culto;

2) coloro che hanno ascendenti o discendenti ovvero parenti o affini fino al secondo grado che coprano nelle rispettive amministrazioni il posto di segretario comunale o provinciale (2) (3).

1-*bis*. Non possono ricoprire la carica di sindaco o di presidente di provincia coloro che hanno ascendenti o discendenti ovvero parenti o affini fino al secondo grado che coprano nelle rispettive amministrazioni il posto di appaltatore di lavori o di servizi comunali o provinciali o in qualunque modo loro fideiussore (4).

(1) *Rubrica sostituita dall'art. 7 d.l. 29 marzo 2004, n. 80, conv., con modif., in l. 28 maggio 2004, n. 140.*

(2) *Numero sostituito dall'art. 7 d.l. n. 80, cit.*

(3) *C. cost. 31 ottobre 2000, n. 450, ha dichiarato, in applicazione dell'art. 27 l. 11 marzo 1953, n. 87,* l'illegittimità costituzionale *del presente numero, nella parte in cui stabilisce che chi ha ascendenti o discendenti ovvero parenti o affini fino al secondo grado che rivestano la qualità di appaltatore di lavori o di servizi comunali non può essere eletto alla carica di sindaco, anziché stabilire che chi si trova in detta situazione non può ricoprire la carica di sindaco.*

(4) *Comma aggiunto dall'art. 7 d.l. n. 80, cit.*

62 Decadenza dalla carica di sindaco e di presidente della provincia.

1. Fermo restando quanto previsto dall'art. 7 del decreto del Presidente della Repubblica 30 marzo 1957, n. 361, e dall'art. 5 del decreto legislativo 20 dicembre 1993, n. 533, l'accettazione della candidatura a deputato o senatore comporta in ogni caso, per i sindaci dei comuni con popolazione superiore ai 20.000 abitanti e per i presidenti delle province la decadenza dalle cariche elettive ricoperte.

63 Incompatibilità.

1. Non può ricoprire la carica di sindaco, presidente

della provincia, consigliere comunale, consigliere metropolitano, provinciale o circoscrizionale (1):

1) l'amministratore o il dipendente con poteri di rappresentanza o di coordinamento di ente, istituto o azienda soggetti a vigilanza in cui vi sia almeno il 20 per cento di partecipazione rispettivamente da parte del comune o della provincia o che dagli stessi riceva in via continuativa una sovvenzione in tutto o in parte facoltativa, quando la parte facoltativa superi nell'anno il dieci per cento del totale delle entrate dell'ente (2);

2) colui che, come titolare, amministratore, dipendente con poteri di rappresentanza o di coordinamento ha parte, direttamente o indirettamente, in servizi, esazioni di diritti, somministrazioni o appalti, nell'interesse del comune o della provincia ovvero in società ed imprese volte al profitto di privati, sovvenzionate da detti enti in modo continuativo, quando le sovvenzioni non siano dovute in forza di una legge dello Stato o della regione, fatta eccezione per i comuni con popolazione non superiore a 3.000 abitanti qualora la partecipazione dell'ente locale di appartenenza sia inferiore al 3 per cento e fermo restando quanto disposto dall'articolo 1, comma 718, della legge 27 dicembre 2006, n. 296 (3);

3) il consulente legale, amministrativo e tecnico che presta opera in modo continuativo in favore delle imprese di cui ai numeri 1) e 2) del presente comma;

4) colui che ha lite pendente, in quanto parte di un procedimento civile od amministrativo, rispettivamente, con il comune o la provincia. La pendenza di una lite in materia tributaria ovvero di una lite promossa ai sensi dell'articolo 9 del presente decreto non determina incompatibilità. Qualora il contribuente venga eletto amministratore comunale, competente a decidere sul suo ricorso è la commissione del comune capoluogo di circondario sede di tribunale ovvero sezione staccata di tribunale. Qualora il ricorso sia proposto contro tale comune, competente a decidere è la commissione del comune capoluogo di provincia. Qualora il ricorso sia proposto contro quest'ultimo comune, competente a decidere è, in ogni caso, la commissione del comune capoluogo di regione. Qualora il ricorso sia proposto contro quest'ultimo comune, competente a decidere è la commissione del capoluogo di provincia territorialmente più vicino. La lite promossa a seguito di o conseguente a sentenza di condanna determina incompatibilità soltanto in caso di affermazione di responsabilità con sentenza passata in giudicato. La costituzione di parte civile nel processo penale non costituisce causa di incompatibilità. La presente disposizione si applica anche ai procedimenti in corso (4);

5) colui che, per, fatti compiuti allorché era amministratore o impiegato, rispettivamente, del comune o della provincia ovvero di istituto o azienda da esso dipendente o vigilato, è stato, con sentenza passata in giudicato, dichiarato responsabile verso l'ente, istituto od azienda e non ha ancora estinto il debito;

6) colui che, avendo un debito liquido ed esigibile, rispettivamente, verso il comune o la provincia ovvero verso istituto od azienda da essi dipendenti è stato legalmente messo in mora ovvero, avendo un debito liquido ed esigibile per imposte, tasse e tributi nei riguardi di detti enti, abbia ricevuto invano notificazione dell'avviso di cui all'art. 46 del decreto del Presidente della Repubblica 29 settembre 1973, n. 602;

7) colui che, nel corso del mandato, viene a trovarsi in una condizione di ineleggibilità prevista nei precedenti articoli.

2. L'ipotesi di cui al n. 2) del comma 1 non si applica a coloro che hanno parte in cooperative o consorzi di cooperative, iscritte regolarmente nei registri pubblici.

3. L'ipotesi di cui al n. 4) del comma 1 non si applica agli amministratori per fatto connesso con l'esercizio del mandato (5).

(1) *Alinea modificato dall'art. 1, comma 23, lett.* b)*, l. 7 aprile 2014, n. 56.*

(2) *Numero modificato dall'art. 14-*decies *d.l. 30 giugno 2005, n. 115, conv., con modif. in l. 17 agosto 2005, n. 168.*

(3) *Numero modificato dall'art. 2, comma 42, d.l. 29 dicembre 2010, n. 225, conv., con modif., in l. 26 febbraio 2011, n. 10.*

(4) *Numero modificato dall'art. 3-*ter*, comma 1, lett.* a)*, d.l. 22 febbraio 2002, n. 13, conv., con modif., in l. 24 aprile 2002, n. 75.*

(5) *La Corte Costituzionale, con sentenza 5 giugno 2013, n. 120, ha dichiarato* l'illegittimità costituzionale *del presente articolo, nella parte in cui non prevede l'incompatibilità tra la carica di parlamentare e quella di sindaco di un Comune con popolazione superiore ai 20.000 abitanti.*

64 Incompatibilità tra consigliere comunale e provinciale e assessore nella rispettiva giunta.

1. La carica di assessore è incompatibile con la carica di consigliere comunale e provinciale.

2. Qualora un consigliere comunale o provinciale assuma la carica di assessore nella rispettiva giunta, cessa dalla carica di consigliere all'atto dell'accettazione della nomina, ed al suo posto subentra il primo dei non eletti.

3. Le disposizioni di cui ai commi 1 e 2 non si applicano ai comuni con popolazione sino a 15.000 abitanti.

4. Il coniuge, gli ascendenti, i discendenti, i parenti e affini entro il terzo grado, del sindaco o del presidente della giunta provinciale, non possono far parte della rispettiva giunta né essere nominati rappresentanti del comune e della provincia (1).

(1) *Comma sostituito dall'art. 7 d.l. 29 marzo 2004, n. 80, conv., con modif., in l. 28 maggio 2004, n. 140.*

65 Incompatibilità per consigliere regionale, provinciale, comunale e circoscrizionale.

1. Le cariche di presidente provinciale, nonché di sindaco e di assessore dei comuni compresi nel territorio della regione, sono incompatibili con la carica di consigliere regionale.

2. Le cariche di consigliere comunale e circoscrizionale sono incompatibili, rispettivamente, con quelle di consigliere comunale di altro comune e di consigliere circoscrizionale di altra circoscrizione, anche di altro comune.

3. La carica di consigliere comunale è incompatibile con quella di consigliere di una circoscrizione dello stesso o di altro comune.

(1) *Articolo sostituito dall'art. 1, comma 23, lett.* c)*, l. 7 aprile 2014, n. 56.*

66 Incompatibilità per gli organi delle aziende sanitarie locali e ospedaliere.

1. La carica di direttore generale, di direttore amministrativo e di direttore sanitario delle aziende sanitarie locali e ospedaliere è incompatibile con quella di consigliere provinciale, di sindaco, di assessore comunale, di presidente o di assessore della Comunità montana.

67 Esimente alle cause di ineleggibilità o incompatibilità.

1. Non costituiscono cause di ineleggibilità o di incompatibilità gli incarichi e le funzioni conferite ad amministratori del comune, della provincia e della circoscrizione previsti da norme di legge, statuto o regolamento in ragione del mandato elettivo.

68 Perdita delle condizioni di eleggibilità e incompatibilità.

1. La perdita delle condizioni di eleggibilità previste dal presente capo importa la decadenza dalla carica di sindaco, presidente della provincia, consigliere comunale, provinciale o circoscrizionale.

2. Le cause di incompatibilità, sia che esistano al momento della elezione sia che sopravvengano ad essa, importano la decadenza dalle predette cariche.

3. Ai fini della rimozione delle cause di ineleggibilità sopravvenute alle elezioni ovvero delle cause di incompatibilità sono applicabili le disposizioni di cui ai commi 2, 3, 5, 6 e 7 dell'art. 60.

4. La cessazione dalle funzioni deve avere luogo entro dieci giorni dalla data in cui è venuta a concretizzarsi la causa di ineleggibilità o di incompatibilità.

69 Contestazione delle cause di ineleggibilità ed incompatibilità.

1. Quando successivamente alla elezione si verifichi qualcuna delle condizioni previste dal presente capo come causa di ineleggibilità ovvero esista al momento della elezione o si verifichi successiva mente qualcuna delle condizioni di incompatibilità previste dal presente capo il consiglio di cui l'interessato fa parte gliela contesta.

2. L'amministratore locale ha dieci giorni di tempo per formulare osservazioni o per eliminare le cause di ineleggibilità sopravvenute o di incompatibilità.

3. Nel caso in cui venga proposta azione di accertamento in sede giurisdizionale ai sensi del successivo art. 70, il temine di dieci giorni previsto dal comma 2 decorre dalla data di notificazione del ricorso.

4. Entro i 10 giorni successivi alla scadenza del termine di cui al comma 2 il consiglio delibera definitivamente e, ove ritenga sussistente la causa di ineleggibilità o di incompatibilità, invita l'amministratore a rimuoverla o ad esprimere, se del caso, la opzione per la carica che intende conservare.

5. Qualora l'amministratore non vi provveda entro i successivi 10 giorni il consiglio lo dichiara decaduto. Contro la deliberazione adottata è ammesso ricorso giurisdizionale al tribunale competente per territorio.

6. La deliberazione deve essere, nel giorno successivo, depositata nella segreteria del consiglio e notificata, entro i cinque giorni successivi, a colui che è stato dichiarato decaduto.

7. Le deliberazioni di cui al presente articolo sono adottate di ufficio o su istanza di qualsiasi elettore.

70 Azione popolare.

1. La decadenza dalla carica di sindaco, presidente della provincia, consigliere comunale, provinciale o circoscrizionale può essere promossa in prima istanza da qualsiasi cittadino elettore del comune, o da chiunque altro vi abbia interesse davanti al tribunale civile (1).

2. L'azione può essere promossa anche dal prefetto.

3. Alle controversie previste dal presente articolo si applica l'articolo 22 del decreto legislativo 1° settembre 2011, n. 150 (2).

[4. Contro la sentenza del Tribunale, sono ammesse le impugnazioni ed i ricorsi previsti dagli articoli 82/2 e articoli 82/3 del decreto del Presidente della Repubblica 16 maggio 1960, n. 570.] (3)

(1) *Comma modificato dall'art. 34, comma 26, lett.* a), *d.lgs. 1° settembre 2011 n. 150.*

(2) *Comma sostituito dall'art. 34, comma 26, lett.* b), *d.lgs. n. 150, cit.*

(3) *Comma abrogato dall'art. 34, comma 26, lett.* c), *d.lgs. n. 150, cit.*

71-106 (*Omissis*).

CAPO III
Dirigenza ed incarichi

107 Funzioni e responsabilità della dirigenza.

1. Spetta ai dirigenti la direzione degli uffici e dei servizi secondo i criteri e le norme dettati dagli statuti e dai regolamenti. Questi si uniformano al principio per cui i poteri di indirizzo e di controllo politico-amministrativo spettano agli organi di governo, mentre la gestione amministrativa, finanziaria e tecnica è attribuita ai dirigenti mediante autonomi poteri di spesa, di organizzazione delle risorse umane, strumentali e di controllo.

2. Spettano ai dirigenti tutti i compiti, compresa l'adozione degli atti e provvedimenti amministrativi che impegnano l'amministrazione verso l'esterno, non ricompresi espressamente dalla legge o dallo statuto tra le funzioni di indirizzo e controllo politico-amministrativo degli organi di governo dell'ente o non rientranti tra le funzioni del segretario o del direttore generale, di cui rispettivamente agli articoli 97 e 108.

3. Sono attribuiti ai dirigenti tutti i compiti di attuazione degli obiettivi e dei programmi definiti con gli atti di indirizzo adottati dai medesimi organi, tra i quali in particolare, secondo le modalità stabilite dallo statuto o dai regolamenti dell'ente:

a) la presidenza delle commissioni di gara e di concorso;

b) la responsabilità delle procedure d'appalto e di concorso;

c) la stipulazione dei contratti;

d) gli atti di gestione finanziaria, ivi compresa l'assunzione di impegni di spesa;

e) gli atti di amministrazione e gestione del personale;

f) i provvedimenti di autorizzazione, concessione o analoghi, il cui rilascio presupponga accertamenti e valutazioni, anche di natura discrezionale, nel rispetto di criteri predeterminati dalla legge, dai regolamenti, da atti generali di indirizzo, ivi comprese le autorizzazioni e le concessioni edilizie;

g) tutti i provvedimenti di sospensione dei lavori, abbattimento e riduzione in pristino di competenza comunale, nonché i poteri di vigilanza edilizia e di irrogazione delle sanzioni amministrative previsti dalla vigente legislazione statale e regionale in materia di prevenzione e repressione dell'abusivismo edilizio e paesaggistico-ambientale;

h) le attestazioni, certificazioni, comunicazioni, diffide, verbali, autenticazioni, legalizzazioni ed ogni altro atto costituente manifestazione di giudizio e di conoscenza;

i) gli atti ad essi attribuiti dallo statuto e dai regolamenti o, in base a questi, delegati dal sindaco.

4. Le attribuzioni dei dirigenti, in applicazione del principio di cui all'art. 1, comma 4, possono essere derogate soltanto espressamente e ad opera di specifiche disposizioni legislative.

5. A decorrere dalla data di entrata in vigore del presente testo unico, le disposizioni che conferiscono agli organi di cui al capo I titolo III l'adozione di atti di gestione e di atti o provvedimenti amministra tivi, si intendono nel senso che la relativa competenza spetta ai dirigenti, salvo quanto previsto dall'art. 50, comma 3, e dall'art. 54.

6. I dirigenti sono direttamente responsabili, in via esclusiva, in relazione agli obiettivi dell'ente, della correttezza amministrativa, della efficienza e dei risultati della gestione.

7. Alla valutazione dei dirigenti degli enti locali si applicano i princìpi contenuti nell'art. 5, commi 1 e 2, del decreto legislativo 30 luglio 1999, n. 286, secondo le modalità previste dall'art. 147 del presente testo unico.

108 Direttore generale.

1. Il sindaco nei comuni con popolazione superiore ai 15.000 abitanti e il presidente della provincia, previa deliberazione della giunta comunale o provinciale, possono nominare un direttore generale, al di fuori della dotazione organica e con contratto a tempo determinato, e secondo criteri stabiliti dal regolamento di organizzazione degli uffici e dei servizi, che provvede ad attuare gli indirizzi e gli obiettivi stabiliti dagli organi di governo dell'ente, secondo le direttive impartite dal sindaco o dal presidente della provincia, e che sovrintende alla gestione dell'ente, perseguendo livelli ottimali di efficacia ed efficienza. Compete in particolare al direttore generale la predisposizione del piano dettagliato di obiettivi previsto dall'art. 197, comma 2, lettera *a*), nonché la proposta di piano esecutivo di gestione previsto dall'art. 169. A tali fini, al direttore generale rispondono, nell'esercizio delle funzioni loro assegnate, i dirigenti dell'ente, ad eccezione del segretario del comune e della provincia.

2. Il direttore generale è revocato dal sindaco o dal presidente della provincia, previa deliberazione della giunta comunale o provinciale. La durata dell'incarico non può eccedere quella del mandato del sindaco o del presidente della provincia.

3. Nei comuni con popolazione inferiore ai 15.000 abitanti è consentito procedere alla nomina del direttore generale previa stipula di convenzione tra comuni le cui popolazioni assommale raggiungano i 15.000 abitanti. In tal caso il direttore generale dovrà provvedere anche alla gestione coordinata o unitaria dei servizi tra i comuni interessati.

4. Quando non risultino stipulate le convenzioni previste dal comma 3 e in ogni altro caso in cui il direttore generale non sia stato nominato, le relative funzioni possono essere conferite dal sindaco o dal presidente della provincia al segretario.

109 Conferimento di funzioni dirigenziali.

1. Gli incarichi dirigenziali sono conferiti a tempo determinato, ai sensi dell'art. 50, comma 10, con provvedimento motivato e con le modalità fissate dal regolamento sull'ordinamento degli uffici e dei servizi, secondo criteri di competenza professionale, in relazione agli obiettivi indicati nel programma amministrativo del sindaco o del presidente della provincia e sono revocati in caso di inosservanza delle direttive del sindaco o del presidente della provincia, della giunta o dell'assessore di riferimento, o in caso di mancato raggiungimento al termine di ciascun anno finanziario degli obiettivi assegnati nel piano esecutivo di gestione previsto dall'art. 169 o per responsabilità particolarmente grave o reiterata e negli altri casi disciplinati dai contratti collettivi di lavoro. L'attribuzione degli incarichi può prescindere dalla precedente assegnazione di funzioni di direzione a seguito di concorsi.

2. Nei comuni privi di personale di qualifica dirigenziale le funzioni di cui all'art. 107, commi 2 e 3, fatta salva l'applicazione dell'art. 97, comma 4, lettera *d*), possono essere attribuite, a seguito di provvedimento motivato del sindaco, ai responsabili degli uffici o dei servizi, indipendentemente dalla loro qualifica funzionale, anche in deroga a ogni diversa disposizione.

110 Incarichi a contratto.

1. Lo statuto può prevedere che la copertura dei posti di responsabili dei servizi o degli uffici, di qualifiche dirigenziali o di alta specializzazione, possa avvenire mediante contratto a tempo determinato. Per i posti di qualifica dirigenziale, il regolamento sull'ordinamento degli uffici e dei servizi definisce la quota degli stessi attribuibile mediante contratti a tempo determinato, comunque in misura non superiore al 30 per cento dei posti istituiti nella dotazione organica della medesima qualifica e, comunque, per almeno

una unità. Fermi restando i requisiti richiesti per la qualifica da ricoprire, gli incarichi a contratto di cui al presente comma sono conferiti previa selezione pubblica volta ad. accertare, in capo ai soggetti interessati, il possesso di comprovata esperienza pluriennale e specifica professionalità nelle materie oggetto dell'incarico (1).

2. Il regolamento sull'ordinamento degli uffici e dei servizi, negli enti in cui è prevista la dirigenza, stabilisce i limiti, i criteri e le modalità con cui possono essere stipulati, al di fuori della dotazione organica, contratti a tempo determinato per i dirigenti e le alte specializzazioni, fermi restando i requisiti richiesti per la qualifica da ricoprire. Tali contratti sono stipulati in misura complessivamente non superiore al 5 per cento del totale della dotazione organica della dirigenza e dell'area direttiva e comunque per almeno una unità. Negli altri enti, il regolamento sull'ordinamento degli uffici e dei servizi stabilisce i limiti, i criteri e le modalità con cui possono essere stipulati, al di fuori della dotazione organica, solo in assenza di professionalità analoghe presenti all'interno dell'ente, contratti a tempo determinato di dirigenti, alte specializzazioni o funzionari dell'area direttiva, fermi restando i requisiti richiesti per la qualifica da ricoprire. Tali contratti sono stipulati in misura complessivamente non superiore al 5 per cento della dotazione organica dell'ente arrotondando il prodotto all'unità superiore, o ad una unità negli enti con una dotazione organica inferiore alle 20 unità.

3. I contratti di cui ai precedenti commi non possono avere durata superiore al mandato elettivo del sindaco o del presidente della provincia in carica. Il trattamento economico, equivalente a quello previsto dai vigenti contratti collettivi nazionali e decentrati per il personale degli enti locali, può essere integrato, con provvedimento motivato della giunta, da una indennità ad personam, commisurata alla specifica qualificazione professionale e culturale, anche in considerazione della temporaneità del rapporto e delle condizioni di mercato relative alle specifiche competenze professionali. Il trattamento economico e l'eventuale indennità ad personam sono definiti in stretta correlazione con il bilancio dell'ente e non vanno imputati al costo contrattuale e del personale.

4. Il contratto a tempo determinato è risolto di diritto nel caso in cui l'ente locale dichiari il dissesto o venga a trovarsi nelle situazioni strutturalmente deficitarie.

5. Per il periodo di durata degli incarichi di cui ai commi 1 e 2 del presente articolo nonché dell'incarico di cui all'articolo 108, i dipendenti delle pubbliche amministrazioni sono collocati in aspettativa senza assegni, con riconoscimento dell'anzianità di servizio (2).

6. Per obiettivi determinati e con convenzioni a termine, il regolamento può prevedere collaborazioni esterne ad alto contenuto di professionalità (3).

(1) *Comma modificato dall'art. 51, comma 9, l. 23 dicembre 2000, n. 388 e, successivamente, sostituito dall'art. 11, comma 1, lett.* a), *d.l. 24 giugno 2014, n. 90, conv., con modif., in l. 11 agosto 2014, n. 114.*

(2) *Comma sostituito dall'art. 11, comma 1, lett.* b), *d.l. 24 giugno 2014, n. 90, conv., con modif., in l. 11 agosto 2014, n. 114.*

(3) *Ai sensi dell'art. 1, comma 715, l. 27 dicembre 2006, n. 296, « Nei casi di scioglimento dei consigli comunali e provinciali ai sensi dell'*articolo 143 *del testo unico di cui al* decreto legislativo 18 agosto 2000, n. 267, *gli incarichi di cui all'*articolo 110 *del medesimo testo unico nonché l'incarico di revisore dei conti e i rapporti di consulenza e di collaborazione coordinata e continuativa sono risolti di diritto se non rinnovati entro quarantacinque giorni dall'insediamento della commissione straordinaria per la gestione dell'ente ».*

111 Adeguamento della disciplina della dirigenza.

1. Gli enti locali, tenendo conto delle proprie peculiarità, nell'esercizio della propria potestà statutaria e regolamentare, adeguano lo statuto ed il regolamento ai princìpi del presente capo e del capo II del decreto legislativo del 3 febbraio 1993, n. 29 e successive modificazioni ed integrazioni.

TITOLO V

Servizi e interventi pubblici locali

112 Servizi pubblici locali.

1. Gli enti locali, nell'ambito delle rispettive competenze, provvedono alla gestione dei servizi pubblici che abbiano per oggetto produzione di beni ed attività rivolte a realizzare fini sociali e a promuovere lo sviluppo economico e civile delle comunità locali.

[2. I servizi riservati in via esclusiva ai comuni e alle province sono stabiliti dalla legge] (1).

3. Ai servizi pubblici locali si applica il capo III del decreto legislativo 30 luglio 1999, n. 286, relativo alla qualità dei servizi pubblici locali e carte dei servizi.

(1) *Comma abrogato dall'art. 35, comma 12, l. 28 dicembre 2001, n. 448.*

113 Gestione delle reti ed erogazione dei servizi pubblici locali di rilevanza economica (1) (2).

1. Le disposizioni del presente articolo che disciplinano le modalità di gestione ed affidamento dei servizi pubblici locali concernono la tutela della concorrenza e sono inderogabili ed integrative delle discipline di settore. Restano ferme le altre disposizioni di settore e quelle di attuazione di specifiche normative comunitarie. Restano esclusi dal campo di applicazione del presente articolo i settori disciplinati dai decreti legislativi 16 marzo 1999, n. 79 e 23 maggio 2000, n. 164 (3).

1-*bis*. Le disposizioni del presente articolo non si applicano al settore del trasporto pubblico locale che resta disciplinato dal decreto legislativo 19 novembre 1997, n. 422, e successive modificazioni (4).

2. Gli enti locali non possono cedere la proprietà degli impianti, delle reti e delle altre dotazioni destinati all'esercizio dei servizi pubblici di cui al comma 1, salvo quanto stabilito dal comma 13.

2-*bis*. Le disposizioni del presente articolo non si applicano agli impianti di trasporti a fune per la mobilità turistico-sportiva eserciti in aree montane (4).

3. Le discipline di settore stabiliscono i casi nei quali l'attività di gestione delle reti e degli impianti destinati alla produzione dei servizi pubblici locali di cui al comma 1 può essere separata da quella di erogazione degli

stessi. È, in ogni caso, garantito l'accesso alle reti a tutti i soggetti legittimati all'erogazione dei relativi servizi.

4. Qualora sia separata dall'attività di erogazione dei servizi, per la gestione delle reti, degli impianti e delle altre dotazioni patrimoniali gli enti locali, anche in forma associata, si avvalgono:

a) di soggetti allo scopo costituiti, nella forma di società di capitali con la partecipazione totalitaria di capitale pubblico, cui può essere affidata direttamente tale attività, a condizione che gli enti pubblici titolari del capitale sociale esercitino sulla società un controllo analogo a quello esercitato sui propri servizi e che la società realizzi la parte più importante della propria attività con l'ente o gli enti pubblici che la controllano (5);

b) di imprese idonee, da individuare mediante procedure ad evidenza pubblica, ai sensi del comma 7.

5. (6).

5-*bis*. (7).

5-*ter*. In ogni caso in cui la gestione della rete, separata o integrata con l'erogazione dei servizi, non sia stata affidata con gara ad evidenza pubblica, i soggetti gestori di cui ai precedenti commi provvedono all'esecuzione dei lavori comunque connessi alla gestione della rete esclusivamente mediante contratti di appalto o di concessione di lavori pubblici, aggiudicati a seguito di procedure di evidenza pubblica, ovvero in economia nei limiti di cui all'articolo 24 della legge 11 febbraio 1994, n. 109, e all'articolo 143 del regolamento di cui al decreto del Presidente della Repubblica 21 dicembre 1999, n. 554. Qualora la gestione della rete, separata o integrata con la gestione dei servizi, sia stata affidata con procedure di gara, il soggetto gestore può realizzare direttamente i lavori connessi alla gestione della rete, purché qualificato ai sensi della normativa vigente e purché la gara espletata abbia avuto ad oggetto sia la gestione del servizio relativo alla rete, sia l'esecuzione dei lavori connessi. Qualora, invece, la gara abbia avuto ad oggetto esclusivamente la gestione del servizio relativo alla rete, il gestore deve appaltare i lavori a terzi con le procedure ad evidenza pubblica previste dalla legislazione vigente (8).

6. (9).

7. (10).

8. (11).

9. Alla scadenza del periodo di affidamento, e in esito alla successiva gara di affidamento, le reti, gli impianti e le altre dotazioni patrimoniali di proprietà degli enti locali o delle società di cui al comma 13 sono assegnati al nuovo gestore (12).

10. È vietata ogni forma di differenziazione nel trattamento dei gestori di pubblico servizio in ordine al regime tributario, nonché alla concessione da chiunque dovuta di contribuzioni o agevolazioni per la gestione del servizio.

11. I rapporti degli enti locali con le società di erogazione del servizio e con le società di gestione delle reti e degli impianti sono regolati da contratti di servizio, allegati ai capitolati di gara, che dovranno prevedere i livelli dei servizi da garantire e adeguati strumenti di verifica del rispetto dei livelli previsti.

12. L'ente locale può cedere in tutto o in parte la propria partecipazione nelle società erogatrici di servizi mediante procedure ad evidenza pubblica da rinnovarsi alla scadenza del periodo di affidamento. Tale cessione non comporta effetti sulla durata delle concessioni e degli affidamenti in essere (13).

13. Gli enti locali, anche in forma associata, nei casi in cui non sia vietato dalle normative di settore, possono conferire la proprietà delle reti, degli impianti, e delle altre dotazioni patrimoniali a società a capitale interamente pubblico, che è incedibile. Tali società pongono le reti, gli impianti e le altre dotazioni patrimoniali a disposizione dei gestori incaricati della gestione del servizio o, ove prevista la gestione separata della rete, dei gestori di quest'ultima, a fronte di un canone stabilito dalla competente Autorità di settore, ove prevista, o dagli enti locali. Alla società suddetta gli enti locali possono anche assegnare, ai sensi della lettera *a*) del comma 4, la gestione delle reti, nonché il compito di espletare le gare di cui al comma 5 (13).

14. (14).

15. Le disposizioni del presente articolo non si applicano alle regioni a statuto speciale e alle province autonome di Trento e di Bolzano, se incompatibili con le attribuzioni previste dallo statuto e dalle relative norme di attuazione.

15-*bis*. (15).

15-*ter*. (16).

15-*quater*. (17).

(1) *Articolo sostituito dall'art. 35 l. 28 dicembre 2001, n. 448, a decorrere dal 1° gennaio 2002. L'art. 23-*bis*, comma 11, d.l. 25 giugno 2008, n. 112, conv., con modif., in l. 6 agosto 2008, n. 133, aveva disposto l'abrogazione del presente articolo, nelle parti incompatibili con le disposizioni di cui al suddetto art. 23-*bis*, ma successivamente, ai sensi dell'art. 1 d.P.R. 18 luglio 2011, n. 113, in esito al referendum indetto in data 14 luglio 2011, il citato art. 23-*bis* d.l. n. 112 del 2008 è stato abrogato.*

V. l'art. 34 d.l. 18 ottobre 2012, n. 179, conv., con modif., in l. 17 dicembre 2012, n. 221, sub *III, 68.*

(2) *Rubrica modificata dall'art. 14, comma 1, d.l. 30 settembre 2003, n. 269, conv., con modif., in l. 24 novembre 2003, n. 326. Successivamente l'art. 28, comma 1, lett. b), d.lgs. 19 agosto 2016, n. 175, ha abrogato il suddetto art. 14, comma 1, d.l. n. 269, cit.*

(3) *Comma sostituito dall'art. 14, comma 1, d.l. n. 269, cit. Successivamente l'art. 28, comma 1, lett. b), d.lgs. n. 175, cit., ha abrogato il suddetto art. 14, comma 1, d.l. n. 269, cit.*

(4) *Comma inserito dall'art. 1, comma 48, l. 15 dicembre 2004, n. 308.*

(5) *Lettera modificata dall'art. 14, comma 1, d.l. n. 269, cit. Successivamente l'art. 28, comma 1, lett. b), d.lgs. n. 175, cit., ha abrogato il suddetto art. 14, comma 1, d.l. n. 269, cit.*

(6) *Comma abrogato dall'art. 12, comma 1, lett.* a) *d.P.R. 7 settembre 2010, n. 168. Il testo del comma era il seguente:* « 5. L'erogazione del servizio avviene secondo le discipline di settore e nel rispetto della normativa dell'Unione europea, con conferimento della titolarità del servizio: *a*) a società di capitali individuate attraverso l'espletamento di gare con procedure ad evidenza pubblica; *b*) a società a capitale misto pubblico privato nelle quali il socio privato venga scelto attraverso l'espletamento di gare con procedure ad evidenza pubblica che abbiano dato garanzia di rispetto delle norme interne e comunitarie in materia di concorrenza secondo le linee di indirizzo emanate dalle autorità competenti attraverso provvedimenti o circolari specifiche; *c*) a società a capitale interamente pubblico a condizione che l'ente o gli enti pubblici titolari del capitale sociale esercitino sulla società un controllo analogo a quello esercitato sui propri servizi e che la società realizzi la parte più importante della propria attività con l'ente o gli enti pubblici che la controllano. ».

(7) *Comma aggiunto dall'art. 4, comma 234, l. 24 dicembre 2003, n. 350, e successivamente abrogato dall'art. 12, comma 1, lett.* a) *d.P.R. n. 168, cit. Il testo del comma era il seguente:* « 5-*bis*. Le normative di settore, al fine di superare assetti monopolistici, possono introdurre regole che assicurino concorrenzialità nella gestione dei servizi da esse disciplinati prevedendo, nel rispetto delle disposizioni di cui al comma 5, criteri di gradualità nella scelta della modalità di conferimento del servizio. ».

(8) *Comma aggiunto dall'art. 4, comma 234, l. n. 350, cit.*

(9) *Comma abrogato dall'art. 12, comma 1, lett.* a) *d.P.R. n. 168, cit. Il testo del comma era il seguente:* « 6. Non sono ammesse a partecipare alle gare di cui al comma 5 le società che, in Italia o all'estero, gestiscono a qualunque titolo servizi pubblici locali in virtù di un affidamento diretto, di una procedura non ad evidenza pubblica, o a seguito dei relativi rinnovi; tale divieto si estende alle società controllate o collegate, alle loro controllanti, nonché alle società controllate o collegate con queste ultime. Sono parimenti esclusi i soggetti di cui al comma 4. ».

(10) *Comma abrogato dall'art. 12, comma 1, lett.* a) *d.P.R. n. 168, cit. Ai sensi del successivo comma 2 dell'art. 12 d.P.R. n. 168, cit., le leggi, i regolamenti, i decreti, o altri provvedimenti, che fanno riferimento al presente comma si intendono riferiti all'art. 3, comma 1 del medesimo d.P.R. Il testo del comma, come modificato dall'art. 14, comma 1, lett.* e) *d.l. 30 settembre 2003, n. 269, era il seguente:* « 7. La gara di cui al comma 5 è indetta nel rispetto degli standard qualitativi, quantitativi, ambientali, di equa distribuzione sul territorio e di sicurezza definiti dalla competente Autorità di settore o, in mancanza di essa, dagli enti locali. La gara è aggiudicata sulla base del migliore livello di qualità e sicurezza e delle condizioni economiche e di prestazione del servizio, dei piani di investimento per lo sviluppo e il potenziamento delle reti e degli impianti, per il loro rinnovo e manutenzione, nonché dei contenuti di innovazione tecnologica e gestionale. Tali elementi fanno parte integrante del contratto di servizio. Le previsioni di cui al presente comma devono considerarsi integrative delle discipline di settore. ». *Precedentemente C. cost. 27 luglio 2004, n. 272, aveva dichiarato l'illegittimità costituzionale sia dell'art. 14, comma 1, lettera* e), *del medesimo d.l. n. 269 del 2003, sia* l'illegittimità costituzionale *del secondo e terzo periodo del presente comma ai sensi dell'art. 27 della legge 11 marzo 1953, n. 87.*

(11) *Comma abrogato dall'art. 12, comma 1, lett.* a) *d.P.R. n. 168, cit. Il testo del comma era il seguente:* « 8. Qualora sia economicamente più vantaggioso, è consentito l'affidamento contestuale con gara di una pluralità di servizi pubblici locali diversi da quelli di trasporto collettivo. In questo caso, la durata dell'affidamento, unica per tutti i servizi, non può essere superiore alla media calcolata sulla base della durata degli affidamenti indicata dalle discipline di settore. ».

(12) *L'art. 12, comma 1, lett.* a) *d.P.R. n. 168, cit., ha disposto l'abrogazione del presente comma con esclusione del primo periodo. Il testo dei periodi abrogati era il seguente:* « Sono, inoltre, assegnati al nuovo gestore le reti o loro porzioni, gli impianti e le altre dotazioni realizzate, in attuazione dei piani di investimento di cui al comma 7, dal gestore uscente. A quest'ultimo è dovuto da parte del nuovo gestore un indennizzo pari al valore dei beni non ancora ammortizzati, il cui ammontare è indicato nel bando di gara ».

(13) *Comma modificato dall'art. 14, comma 1, d.l. n. 269, cit. Successivamente l'art. 28, comma 1, lett. b), d.lgs. n. 175, cit., ha abrogato il suddetto art. 14, comma 1, d.l. n. 269, cit.*

(14) *Comma abrogato dall'art. 12, comma 1, lett.* a) *d.P.R. n. 168, cit. Il testo del comma era il seguente:* « 14. Fermo restando quanto disposto dal comma 3, se le reti, gli impianti e le altre dotazioni patrimoniali per la gestione dei servizi di cui al comma 1 sono di proprietà di soggetti diversi dagli enti locali, questi possono essere autorizzati a gestire i servizi o loro segmenti, a condizione che siano rispettati gli standard di cui al comma 7 e siano praticate tariffe non superiori alla media regionale, salvo che le discipline di carattere settoriale o le relative Autorità dispongano diversamente. Tra le parti è in ogni caso stipulato, ai sensi del comma 11, un contratto di servizio in cui sono definite, tra l'altro, le misure di coordinamento con gli eventuali altri gestori. ».

(15) *Comma abrogato dall'art. 12, comma 1, lett.* a) *d.P.R. n. 168, cit. Il testo del comma, aggiunto dall'art. 14, comma 1, d.l. n. 269, cit., integrato dall'art. 4, comma 234, l. 24 dicembre 2003, n. 350, e successivamente modificato dall'art. 15 d.l. 4 luglio 2006, n. 223, conv., con modif., in l. 4 agosto 2006, n. 248, era il seguente:* « 15-*bis*. Nel caso in cui le disposizioni previste per i singoli settori non stabiliscano un congruo periodo di transizione, ai fini dell'attuazione delle disposizioni previste nel presente articolo, le concessioni rilasciate con procedure diverse dall'evidenza pubblica cessano comunque entro e non oltre la data del 31 dicembre 2006, relativamente al solo servizio idrico integrato al 31 dicembre 2007, senza necessità di apposita deliberazione dell'ente affidante. Sono escluse dalla cessazione le concessioni affidate a società a capitale misto pubblico privato nelle quali il socio privato sia stato scelto mediante procedure ad evidenza pubblica che abbiano dato garanzia di rispetto delle norme interne e comunitarie in materia di concorrenza, nonché quelle affidate a società a capitale interamente pubblico a condizione che gli enti pubblici titolari del capitale sociale esercitino sulla società un controllo analogo a quello esercitato sui propri servizi e che la società realizzi la parte più importante della propria attività con l'ente o gli enti pubblici che la controllano. Sono altresì escluse dalla cessazione le concessioni affidate alla data del 1° ottobre 2003 a società già quotate in borsa e a quelle da esse direttamente partecipate a tale data a condizione che siano concessionarie esclusive del servizio, nonché a società originariamente a capitale interamente pubblico che entro la stessa data abbiano provveduto a collocare sul mercato quote di capitale attraverso procedure ad evidenza pubblica, ma, in entrambe le ipotesi indicate, le concessioni cessano comunque allo spirare del termine equivalente a quello della durata media delle concessioni aggiudicate nello stesso settore a seguito di procedure di evidenza pubblica, salva la possibilità di determinare caso per caso la cessazione in una data successiva qualora la stessa risulti proporzionata ai tempi di recupero di particolari investimenti effettuati da parte del gestore. ». *V. le disposizioni di cui all'art. 204 d.lgs. 3 aprile 2006, n. 152, secondo cui:* « *1. I soggetti che esercitano il servizio, anche in economia, alla data di entrata in vigore della parte quarta del presente decreto, continuano a gestirlo fino alla istituzione e organizzazione del servizio di gestione integrata dei rifiuti da parte delle Autorità d'ambito.*

2. In relazione alla scadenza del termine di cui al comma 15-bis dell'articolo 113 *del decreto legislativo* 18 agosto 2000, n. 267, *l'Autorità d'ambito dispone i nuovi affidamenti, nel rispetto delle disposizioni di cui alla parte quarta del presente decreto, entro nove mesi dall'entrata in vigore della medesima parte quarta.*

3. Qualora l'Autorità d'ambito non provveda agli adempimenti di cui ai commi 1 e 2 nei termini ivi stabiliti, il Presidente della Giunta regionale esercita, dandone comunicazione al Ministro dell'ambiente e della tutela del territorio e all'Autorità di vigilanza sulle risorse idriche e sui rifiuti, i poteri sostitutivi, nominando un commissario "ad acta" che avvia entro quarantacinque giorni le procedure di affidamento, determinando le scadenze dei singoli adempimenti procedimentali. Qualora il commissario regionale non provveda nei termini così stabiliti, spettano al Ministro dell'ambiente e della tutela del territorio i poteri sostitutivi preordinati al completamento della procedura di affidamento.4. Alla scadenza, ovvero alla anticipata risoluzione, delle gestioni di cui al comma 1, i beni e gli impianti delle imprese già concessionarie sono trasferiti direttamente all'ente locale concedente nei limiti e secondo le modalità previste dalle rispettive convenzioni di affidamento ».

(16) *Comma abrogato dall'art. 12, comma 1, lett.* a) *d.P.R. n. 168, cit. Il testo del comma, aggiunto dall'art. 14, comma 1, d.l. 30 settembre 2003, n. 269, e successivamente modificato dall'art. 15 d.l. 4 luglio 2006, n. 223, conv., con modif., in l. 4 agosto 2006, n. 248, era il seguente:* « 15-*ter*. Il termine del 31 dicembre 2006, relativamente al solo servizio idrico integrato al 31 dicembre 2007, di cui al comma 15-*bis*, può essere differito ad una data successiva, previo accordo, raggiunto caso per caso, con la Commissione europea, alle condizioni sotto indicate: *a*) nel caso in cui, almeno dodici mesi prima dello scadere del suddetto termine si dia luogo, mediante una o più fusioni, alla costituzione di una nuova società capace di servire un bacino di utenza complessivamente non inferiore a due volte quello originariamente servito dalla società maggiore; in questa ipotesi il differimento non può comunque essere superiore ad un anno; *b*) nel caso in cui, entro il termine di cui alla lettera *a*), un'impresa affidataria, anche a seguito di una o più fusioni, si trovi ad operare in un ambito corrispondente almeno all'intero territorio provinciale ovvero a quello ottimale, laddove previsto dalle norme vigenti; in questa ipotesi il differimento non può comunque essere superiore a due anni. ».

(17) *Comma abrogato dall'art. 12, comma 1, lett.* a) *d.P.R. n. 168, cit. Il testo del comma, aggiunto dall'art. 4, comma 234, l. n. 350, cit., era il seguente:* « 15-*quater*. A decorrere dal 1° gennaio 2007 si applica il divieto di cui al comma 6, salvo nei casi in cui si tratti dell'espletamento delle prime gare aventi ad oggetto i servizi forniti dalle società partecipanti alla gara stessa. Con regolamento da emanare ai sensi dell'articolo 17, comma 1, della legge 23 agosto 1988, n. 400, e successive modificazioni, sentite le Autorità indipendenti del settore e la Conferenza unificata di cui all'articolo 8 del decreto legislativo 28 agosto 1997, n. 281, il Governo definisce le condizioni per l'ammissione alle gare di imprese estere, o di imprese italiane che abbiano avuto all'estero la gestione del servizio senza ricorrere a procedure di evidenza pubblica, a condizione che, nel primo caso, sia fatto salvo il principio di reciprocità e siano garantiti tempi certi per l'effettiva apertura dei relativi mercati. ». *V. le disposizioni di cui e le disposizioni di cui all'art. 46-*bis, *comma 4-*bis, *d.l. 1° ottobre 2007, n. 159, conv., con modif., in l. 29 novembre 2007, n. 222, come introdotto dall'art. 2, comma 175, l. 24 dicembre 2007, n. 244, ai sensi del quale* « *A decorrere dal 1° gennaio 2008, alle gare di cui al comma 1 del presente articolo si applicano, oltre alle disposizioni di cui all'*articolo 15, comma 10, del decreto legislativo 23 maggio 2000, n. 164, *anche le disposizioni di cui all'*articolo 113, comma 15-quater, del testo unico delle leggi sull'ordinamento degli enti locali, di cui al decreto legislativo 18 agosto 2000, n. 267, *che si intendono estese a tutti i servizi pubblici locali a rete* ».

113-*bis* Gestione dei servizi pubblici locali privi di rilevanza economica (1) (2).

1. Ferme restando le disposizioni previste per i singoli settori, i servizi pubblici locali privi di rilevanza economica sono gestiti mediante affidamento diretto a (3):

a) istituzioni;

b) aziende speciali, anche consortili;

c) società a capitale interamente pubblico a condizione che gli enti pubblici titolari del capitale sociale esercitino sulla società un controllo analogo a quello esercitato sui propri servizi e che la società realizzi la parte più importante della propria attività con l'ente o gli enti pubblici che la controllano (4).

2. È consentita la gestione in economia quando, per le modeste dimensioni o per le caratteristiche del servizio, non sia opportuno procedere ad affidamento ai soggetti di cui al comma 1.

3. Gli enti locali possono procedere all'affidamento diretto dei servizi culturali e del tempo libero anche ad associazioni e fondazioni da loro costituite o partecipate.

[4. Quando sussistono ragioni tecniche, economiche o di utilità sociale, i servizi di cui ai commi 1, 2 e 3 possono essere affidati a terzi, in base a procedure ad evidenza pubblica, secondo le modalità stabilite dalle normative di settore] (5).

5. I rapporti tra gli enti locali ed i soggetti erogatori dei servizi di cui al presente articolo sono regolati da contratti di servizio.

(1) *Articolo inserito dall'art. 35, comma 15, l. 28 dicembre 2001, n. 448. Successivamente C. cost. 27 luglio 2004, n. 272, ha dichiarato* l'illegittimità costituzionale *del presente articolo, ai sensi dell'art. 27 l. 11 marzo 1953, n. 87.*

(2) *Rubrica modificata dall'art. 14, comma 2, d.l. 30 settembre 2003, n. 269, conv., con modif., in l. 24 novembre 2003, n. 326.. Successivamente C. cost. 27 luglio 2004, n. 272, ha dichiarato* l'illegittimità costituzionale *del comma 2 dell'art. 14 d.l. 269 del 2003, cit.*

(3) *Alinea modificato dall'art. 14, comma 2, d.l. n. 269 del 2003, cit. .Successivamente C. cost. 27 luglio 2004, n. 272, ha dichiarato* l'illegittimità costituzionale *del comma 2 dell'art. 14 d.l. 269 del 2003, cit.*

(4) *Lettera sostituita dall'art. 14, comma 2, d.l. n. 269 del 2003, cit. Successivamente C. cost. 27 luglio 2004, n. 272, ha dichiarato* l'illegittimità costituzionale *del comma 2 dell'art. 14 d.l. 269 del 2003, cit.*

(5) *Comma abrogato dall'art. 14, comma 2, d.l. n. 269, cit. Successivamente C. cost. 27 luglio 2004, n. 272, ha dichiarato* l'illegittimità costituzionale *del comma 2 dell'art. 14 d.l. 269 del 2003, cit.*

114 Aziende speciali ed istituzioni.

1. L'azienda speciale è ente strumentale dell'ente locale dotato di personalità giuridica, di autonomia imprenditoriale e di proprio statuto, approvato dal consiglio comunale o provinciale. L'azienda speciale conforma la propria gestione ai principi contabili generali contenuti nell'allegato n. 1 al decreto legislativo 23 giugno 2011, n. 118, e successive modificazioni, ed ai principi del codice civile (1).

2. L'istituzione è organismo strumentale dell'ente locale per l'esercizio di servizi sociali, dotato di autonomia gestionale. L'istituzione conforma la propria gestione ai principi contabili generali e applicati allegati al decreto legislativo 23 giugno 2011, n. 118 e successive modificazioni e integrazioni ed adotta il medesimo sistema contabile dell'ente locale che lo ha istituito, nel rispetto di quanto previsto dall'art. 151, comma 2. L'ente locale che si avvale della facoltà di non tenere la contabilità economico patrimoniale di cui all'art. 232, comma 3, può imporre alle proprie istituzioni l'adozione della contabilità economico-patrimoniale (2).

3. Organi dell'azienda e dell'istituzione sono il consiglio di amministrazione, il presidente e il direttore, al quale compete la responsabilità gestionale. Le modalità di nomina e revoca degli amministratori sono stabilite dallo statuto dell'ente locale.

4. L'azienda e l'istituzione conformano (3) la loro attività a criteri di efficacia, efficienza ed economicità ed hanno l'obbligo dell'equilibrio economico, considerando anche i proventi derivanti dai trasferimenti, fermo restando, per l'istituzione, l'obbligo del pareggio finanziario (3).

5. Nell'ambito della legge, l'ordinamento ed il funzionamento delle aziende speciali sono disciplinati dal proprio statuto e dai regolamenti; quelli delle istituzioni sono disciplinati dallo statuto e dai regolamenti dell'ente locale da cui dipendono.

5-*bis*. Le aziende speciali e le istituzioni si iscrivono e depositano i propri bilanci al registro delle imprese o nel repertorio delle notizie economico-amministrative della camera di commercio, industria, artigianato e agricoltura del proprio territorio entro il 31 maggio di ciascun anno (4).

6. L'ente locale conferisce il capitale di dotazione; determina le finalità e gli indirizzi; approva gli atti fondamentali; esercita la vigilanza; verifica i risultati della gestione; provvede alla copertura degli eventuali costi sociali.

7. Il collegio dei revisori dei conti dell'ente locale esercita le sue funzioni anche nei confronti delle istituzioni. Lo statuto dell'azienda speciale prevede un apposito organo di revisione, nonché forme autonome di verifica della gestione.

8. Ai fini di cui al comma 6 sono fondamentali i seguenti atti dell'azienda (5) da sottoporre all'approvazione del Consiglio Comunale (6):

a) il piano-programma, comprendente un contratto di servizio che disciplini i rapporti tra ente locale ed azienda speciale;

b) il budget economico almeno triennale (7);

c) il bilancio di esercizio (7);

d) il piano degli indicatori di bilancio (7).

8-*bis*. Ai fini di cui al comma 6, sono fondamentali i seguenti atti dell'istituzione da sottoporre all'approvazione del consiglio comunale:

a) il piano-programma, di durata almeno triennale, che costituisce il documento di programmazione dell'istituzione;

b) il bilancio di previsione almeno triennale, predisposto secondo lo schema di cui all'allegato n. 9 del decreto legislativo 23 giugno 2011, n. 118, e successive modificazioni, completo dei relativi allegati;

c) le variazioni di bilancio;

d) il rendiconto della gestione predisposto secondo lo schema di cui all'allegato n. 10 del decreto legislativo 23 giugno 2011, n. 118, e successive modificazioni, completo dei relativi allegati (8).

(1) *Periodo aggiunto dall'art. 74, comma 1, n. 1), lett.* a) *d.ls. 23 giugno 2011, n. 118, come inserito dall'art. 1, comma 1, lett.* aa), *d.ls. 10*

agosto 2014, n. 126. Ai sensi del successivo art. 80, comma 1, d.ls. n. 118, cit., tale disposizione si applica « *a decorrere dall'esercizio finanziario 2015, con la predisposizione dei bilanci relativi all'esercizio 2015 e successivi* ».

(2) *Periodo aggiunto dall'art. 74, comma 1, n. 1), lett.* b) *d.ls. n. 118, cit., come inserito dall'art. 1, comma 1, lett.* aa), *d.ls. n. 126, cit., con le disposizioni di applicazione di cui* sub *art. 1.*

(3) *La parola* « conformano » *è stata sostituita alla parola* « informano », *e le parole da* « dell'equilibrio economico, » *a* « l'obbligo del pareggio finanziario. » *sono state sostituite alle parole* « del pareggio di bilancio da perseguire attraverso l'equilibrio dei costi e dei ricavi, compresi i trasferimenti. » *dall'art. 74, comma 1, n. 1), lett.* c) *d.ls. n. 118, cit., come inserito dall'art. 1, comma 1, lett.* aa), *d.ls. n. 126, cit., con le disposizioni di applicazione di cui* sub *art. 1.*

(4) *Comma, da ultimo, così sostituito dall'art. 1, comma 560, l. 27 dicembre 2013, n. 147 (legge di stabilità 2014). Ai sensi dell'art. 1 comma 550 l. n. 147, cit., le disposizioni di cui al presente comma si applicano alle aziende speciali, alle istituzioni e alle società partecipate dalle pubbliche amministrazioni locali indicate nell'elenco di cui all'art. 1, comma 3, della l. 31 dicembre 2009, n. 196. Sono esclusi gli intermediari finanziari di cui all'art. 106 d.ls. 1° settembre 1993, n. 385, nonché le società emittenti strumenti finanziari quotati nei mercati regolamentati e le loro controllate. Il testo del comma, come inserito dall'art. 25, comma 2, lett.* a), *d.l. 24 gennaio 2012, n. 1, conv., con modif., in l. 24 marzo 2012, n. 27, e successivamente modificato dall'art. 4 comma 12 d.l. 31 agosto 2013, n. 101, conv., con modif., in l. 30 ottobre 2013, n. 125, era il seguente:* « 5-*bis*. A decorrere dall'anno 2013, le aziende speciali e le istituzioni sono assoggettate al patto di stabilità interno secondo le modalità definite, con decreto del Ministro dell'economia e delle finanze, di concerto con i Ministri dell'interno e degli affari regionali, il turismo e lo sport, sentita la Conferenza Stato-Città ed autonomie locali, da emanare entro il 30 ottobre 2012. A tal fine, le aziende speciali e le istituzioni si iscrivono e depositano i propri bilanci al registro delle imprese o nel repertorio delle notizie economico-amministrative della Camera di commercio, industria, artigianato e agricoltura del proprio territorio entro il 31 maggio di ciascun anno. L'Unioncamere trasmette al Ministero dell'economia e delle finanze, entro il 30 giugno, l'elenco delle predette aziende speciali e istituzioni ed i relativi dati di bilancio. Alle aziende speciali ed alle istituzioni si applicano le disposizioni del codice di cui al decreto legislativo 12 aprile 2006, n. 163, nonché le disposizioni che stabiliscono, a carico degli enti locali: divieti o limitazioni alle assunzioni di personale; contenimento degli oneri contrattuali e delle altre voci di natura retributiva o indennitaria e per consulenze anche degli amministratori; obblighi e limiti alla partecipazione societaria degli enti locali. Gli enti locali vigilano sull'osservanza del presente comma da parte dei soggetti indicati ai periodi precedenti. Sono escluse dall'applicazione delle disposizioni del presente comma aziende speciali e istituzioni che gestiscono servizi socio-assistenziali ed educativi, servizi scolastici e per l'infanzia, culturali e farmacie ».

(5) *Le parole* « dell'azienda » *sono state inserite dall'art. 74, comma 1, n. 1), lett.* d) *d.ls. n. 118, cit., come inserito dall'art. 1, comma 1, lett.* aa), *d.ls. n. 126, cit., con le disposizioni di applicazione di cui* sub *art. 1.*

(6) *Le parole* « da sottoporre all'approvazione del Consiglio Comunale » *sono state inserite dall'art. 25, comma 2, lett.* b), *d.l. n. 1, cit.*

(7) *Le lettere* b), c) *e* d) *del comma 8 sono state sostituite dall'art. 74, comma 1, n. 1), lett.* e) *d.ls. n. 118, cit., come inserito dall'art. 1, comma 1, lett.* aa), *d.ls. n. 126, cit., con le disposizioni di applicazione di cui* sub *art. 1. Il testo delle lettere era il seguente:* « *b*) i bilanci economici di previsione pluriennale ed annuale; *c*) il conto consuntivo; *d*) il bilancio di esercizio ».

(8) *Comma aggiunto dall'art. 74, comma 1, n. 1), lett.* f) *d.ls. n. 118, cit., come inserito dall'art. 1, comma 1, lett.* aa), *d.ls. n. 126, cit., con le disposizioni*

115 Trasformazione delle aziende speciali in società per azioni.

1. I comuni, le province e gli altri enti locali possono, per atto unilaterale trasformare le aziende speciali, in società di capitali, di cui possono restare azionisti unici per un periodo comunque non superiore a due anni dalla trasformazione. Il capitale iniziale di tali società è determinato dalla deliberazione di trasformazione in misura non inferiore al fondo di dotazione delle aziende speciali risultante dall'ultimo bilancio di esercizio approvato e comunque in misura non inferiore all'importo minimo richiesto per la costituzione delle società medesime. L'eventuale residuo del patrimonio netto conferito è imputato a riserve e fondi, mantenendo ove possibile le denominazioni e le destinazioni previste nel bilancio delle aziende originarie. Le società conservano tutti i diritti e gli obblighi anteriori alla trasformazione e subentrano pertanto in tutti i rapporti attivi e passivi delle aziende originarie (1).

2. La deliberazione di trasformazione tiene luogo di tutti gli adempimenti in materia di costituzione delle società previsti dalla normativa vigente, ferma l'applicazione delle disposizioni degli articoli 2330, commi terzo e quarto, e 2330-*bis* del codice civile.

3. Ai fini della definitiva determinazione dei valori patrimoniali conferiti, entro tre mesi dalla costituzione delle società, gli amministratori devono richiedere a un esperto designato dal presidente del tribunale una relazione giurata ai sensi e per gli effetti dell'art. 2343, primo comma, del codice civile. Entro sei mesi dal ricevimento di tale relazione gli amministratori e i sindaci determinano i valori definitivi di conferimento dopo avere controllato le valutazioni contenute nella relazione stessa e, se sussistono fondati motivi, aver proceduto alla revisione della stima. Fino a quando i valori di conferimento non sono stati determinati in via definitiva le azioni delle società sono inalienabili.

4. Le società di cui al comma 1 possono essere costituite anche ai fini dell'applicazione delle norme di cui al decreto-legge 31 maggio 1994, n. 332, convertito, con modificazioni, dalla legge 30 luglio 1994, n. 474.

[5. Le partecipazioni nelle società di cui al comma 1 possono essere alienate anche ai fini e con le modalità di cui all'articolo 116.] (2).

6. Il conferimento e l'assegnazione dei beni degli enti locali e delle aziende speciali alle società di cui al comma 1 sono esenti da imposizioni fiscali, dirette e indirette, statali e regionali.

7. La deliberazione di cui al comma 1 può anche prevedere la scissione dell'azienda speciale e la destinazione a società di nuova costituzione di un ramo aziendale di questa. Si applicano, in tal caso, per quanto compatibili, le disposizioni di cui ai commi da 1 a 6 del presente articolo, nonché agli articoli 2504-*septies* e 2504-*decies* del codice civile.

7-*bis*. Le disposizioni di cui ai commi precedenti si applicano anche alla trasformazione dei consorzi, intendendosi sostituita al consiglio comunale l'assemblea consortile. In questo caso le deliberazioni sono adottate a maggioranza dei componenti; gli enti locali che non intendono partecipare alla società hanno diritto alla liquidazione sulla base del valore nominale iscritto a bilancio della relativa quota di capitale (3).

7-*ter*. Alla privatizzazione di enti ed aziende delle regioni a statuto ordinario e ad autonomia speciale, fermo restando quanto stabilito dalla legislazione regionale in materia, si applicano le disposizioni di cui ai precedenti commi. Delle obbligazioni sorte anteriormente alla costituzione delle società di capitali di cui al comma 1 rispondono in ogni caso le regioni (4).

(1) *Comma modificato dall'art. 35, comma 12, l. 28 dicembre 2001, n. 448.*

(2) *Comma abrogato dall'art. 35, comma 12, l. n. 448, cit.*

(3) *Comma aggiunto dall'art. 35, comma 12, l. n. 448, cit.*

(4) *Comma aggiunto dall'art.* 7-ter *d.l. 30 settembre 2005, n. 203, conv., con modif., in l. 2 dicembre 2005, n. 248.*

116 [Società per azioni con partecipazione minoritaria di enti locali] (1).

[1. Gli enti locali possono, per l'esercizio di servizi pubblici di cui all'articolo 113-*bis* e per la realizzazione delle opere necessarie al corretto svolgimento del servizio, nonché per la realizzazione di infrastrutture ed altre opere di interesse pubblico, che non rientrino, ai sensi della vigente legislazione statale e regionale, nelle competenze istituzionali di altri enti, costituire apposite società per azioni senza il vincolo della proprietà pubblica maggioritaria anche in deroga ai vincoli derivanti da disposizioni di legge specifiche. Gli enti interessati provvedono alla scelta dei soci privati e all'eventuale collocazione dei titoli azionari sul mercato con procedure di evidenza pubblica. L'atto costitutivo delle società deve prevedere l'obbligo dell'ente pubblico di nominare uno o più amministratori e sindaci. Nel caso di servizi pubblici locali una quota delle azioni può essere destinata all'azionariato diffuso e resta comunque sul mercato (2).

2. La costituzione di società miste con la partecipazione non maggioritaria degli enti locali è disciplinata da apposito regolamento adottato ai sensi dell'art. 4, comma 1, del decreto-legge 31 gennaio 1995, n. 26, convertito, con modificazioni, dalla legge 29 marzo 1995, n. 95 e successive modifiche e integrazioni.

3. Per la realizzazione delle opere di qualunque importo si applicano le norme vigenti di recepimento delle direttive comunitarie in materia di lavori pubblici.

4. Fino al secondo esercizio successivo a quello dell'entrata in funzione dell'opera, l'ente locale partecipante potrà rilasciare garanzia fidejussoria agli istituti mutuanti in misura non superiore alla propria quota di partecipazione alla società di cui al presente articolo.

5. Per i conferimenti di aziende, di complessi aziendali o di rami di essi e di ogni altro bene effettuati dai soggetti di cui al comma 1, anche per la costituzione con atto unilaterale delle società di cui al medesimo comma, si applicano le disposizioni dell'art. 7, commi 1 e 2, della legge 30 luglio 1990, n. 218 e successive modificazioni.]

(1) *Articolo abrogato dall'art. 28, comma 1, lett.* a), *d.lgs. 19 agosto 2016, n. 175.*

(2) *Comma modificato dall'art.* 2-ter *d.l. 27 dicembre 2000, n. 392, conv., con modif., in l. 28 febbraio 2001, n. 26 e, successivamente, dall'art. 35, comma 12, l. 28 dicembre 2001, n. 448.*

117 Tariffe dei servizi.

1. Gli enti interessati approvano le tariffe dei servizi pubblici in misura tale da assicurare l'equilibrio economico-finanziario dell'investimento e della connessa gestione. I criteri per il calcolo della tariffa relativa ai servizi stessi sono i seguenti:

a) la corrispondenza tra costi e ricavi in modo da assicurare la integrale copertura dei costi, ivi compresi gli oneri di ammortamento tecnico-finanziario;

b) l'equilibrato rapporto tra i finanziamenti raccolti ed il capitale investito;

c) l'entità dei costi di gestione delle opere, tenendo conto anche degli investimenti e della qualità del servizio;

d) l'adeguatezza della remunerazione del capitale investito, coerente con le prevalenti condizioni di mercato.

2. La tariffa costituisce il corrispettivo dei servizi pubblici; essa è determinata e adeguata ogni anno dai soggetti proprietari, attraverso contratti di programma di durata poliennale, nel rispetto del disciplinare e dello statuto conseguenti ai modelli organizzativi prescelti.

3. Qualora i servizi siano gestiti da soggetti diversi dall'ente pubblico per effetto di particolari convenzioni e concessioni dell'ente o per effetto del modello organizzativo di società mista, la tariffa è riscossa dal soggetto che gestisce i servizi pubblici.

118 Regime del trasferimento di beni.

1. I trasferimenti di beni mobili ed immobili effettuati dai comuni, dalle province e dai consorzi fra tali enti a favore di aziende speciali o di società di capitali di cui al comma 13 dell'articolo 113, sono esenti, senza limiti di valore, dalle imposte di bollo, di registro, di incremento di valore ipotecarie, catastali e da ogni altra imposta, spesa, tassa o diritto di qualsiasi specie o natura. Gli onorari previsti per i periti designati dal tribunale per la redazione della stima di cui all'art. 2343 del codice civile, nonché gli onorari previsti per i notai incaricati della redazione degli atti conseguenti ai trasferimenti, sono ridotti alla metà (1).

2. Le disposizioni previste nel comma 1 si applicano anche ai trasferimenti ed alle retrocessioni di aziende, di complessi aziendali o di rami di essi posti in essere nell'ambito di procedure di liquidazione di aziende municipali e provinciali o di aziende speciali, adottate a norma delle disposizioni vigenti in materia di revoca del servizio e di liquidazione di aziende speciali, qualora dette procedure siano commesse o funzionali alla contestuale o successiva costituzione di società per azioni, aventi per oggetto lo svolgimento del medesimo servizio pubblico in precedenza svolto dalle aziende soppresse, purché i beni, i diritti, le aziende o rami di aziende trasferiti o retrocessi vengano effettivamente conferiti nella costituenda società per azioni. Le stesse disposizioni si applicano altresì ai conferimenti di aziende, di complessi aziendali o di rami di essi da parte delle province e dei comuni in sede di costituzione o trasformazione dei consorzi in aziende speciali e consortili ai sensi degli articoli 31 e 274, comma 4, per la costituzione di società per azioni ai sensi dell'art. 116, ovvero per la costituzione, anche mediante atto unilaterale, da parte di enti locali, di società per azioni al fine di dismetterne le partecipazioni ai sensi del decreto-legge 31 maggio 1994, n. 332, convertito, con modificazioni, dalla legge 30 luglio 1994, n. 474 e successive modificazioni.

[3. Ai trasferimenti di beni destinati a pubblico servizio, da parte di province e comuni, in favore di società costituite ai sensi dell'art. 113, lettera *e*), e dell'art. 116, nonché dei consorzi e delle aziende speciali di cui, rispettivamente, agli articoli 31 e 114 non si applicano le disposizioni relative alla cessione dei beni patrimoniali degli enti pubblici territoriali] (2).

(1) *Comma modificato dall'art. 35, comma 12, l. 28 dicembre 2001, n. 448.*

(2) *Comma abrogato dall'art. 35, comma 12, l. n. 448, cit.*

119 Contratti di sponsorizzazione, accordi di collaborazione e convenzioni.

1. In applicazione dell'art. 43 della legge 27 dicembre 1997, n. 449, al fine di favorire una migliore qualità dei servizi prestati, i comuni, le province e gli altri enti locali indicati nel presente testo unico, possono stipulare contratti di sponsorizzazione ed accordi di collaborazione, nonché convenzioni con soggetti pubblici o privati diretti a fornire consulenze o servizi aggiuntivi.

120 Società di trasformazione urbana.

1. Le città metropolitane e i comuni, anche con la partecipazione della provincia e della regione, possono costituire società per azioni per progettare e realizzare interventi di trasformazione urbana, in attuazione degli strumenti urbanistici vigenti. A tal fine le deliberazioni dovranno in ogni caso prevedere che gli azionisti privati delle società per azioni siano scelti tramite procedura di evidenza pubblica.

2. Le società di trasformazione urbana provvedono alla preventiva acquisizione degli immobili interessati dall'intervento, alla trasformazione e alla commercializzazione degli stessi. Le acquisizioni possono avvenire consensualmente o tramite ricorso alle procedure di esproprio da parte del comune (1).

3. Gli immobili interessati dall'intervento di trasformazione sono individuati con delibera del consiglio comunale. L'individuazione degli immobili equivale a dichiarazione di pubblica utilità, anche per gli immobili non interessati da opere pubbliche. Gli immobili di proprietà degli enti locali interessati dall'intervento possono essere conferiti alla società anche a titolo di concessione (1).

4. I rapporti tra gli enti locali azionisti e la società per azioni di trasformazione urbana sono disciplinati da una convenzione contenente, a pena di nullità, gli obblighi e i diritti delle parti.

(1) *Comma sostituito dall'art. 44 l. 1° agosto 2002, n. 166.*

121 [Occupazione d'urgenza di immobili] (1).

[1. L'amministrazione comunale può disporre, in presenza dei presupposti di cui alla legge 3 gennaio 1978, n. 1 e successive modificazioni, l'occupazione d'urgenza degli immobili necessari per la realizzazione di opere e lavori pubblici o di pubblico interesse, compresi gli interventi di edilizia residenziale pubblica e quelli necessari per servizi pubblici locali di cui al presente titolo. Per le opere ed i lavori di cui al precedente periodo la redazione dello stato di consistenza può avvenire contestualmente al verbale di immissione nel possesso ai sensi dell'art. 3 della legge 3 gennaio 1978, n. 1 e successive modificazioni] (1).

(1) *Articolo abrogato dall'art. 58 d.P.R. 8 giugno 2001, n. 327, con effetto a decorrere dal 30 giugno 2003, come disposto dall'art. 59 del medesimo d.P.R. 327, cit., nel testo da ultimo modificato dall'art. 1 d.lgs. 27 dicembre 2002, n. 302.*

122 [Lavori socialmente utili] (1).

[1. Restano salve le competenze dei comuni e delle province in materia di lavori socialmente utili, previste dall'art. 4, commi 6, 7 e 8, del decreto-legge 31 gennaio 1995, n. 26, convertito, con modificazioni, dalla legge 29 marzo 1995, n. 95 e successive modifiche ed integrazioni.]

(1) *Articolo abrogato dall'art. 28, comma 1, lett. a), d.lgs. 19 agosto 2016, n. 175.*

123 Norma transitoria.

1. Resta fermo l'obbligo per gli enti locali di adeguare l'ordinamento delle aziende speciali alle disposizioni di cui all'art. 114; gli enti locali iscrivono per gli effetti di cui al primo comma dell'art. 2331 del codice civile, le aziende speciali nel registro delle imprese.

2. Restano salvi gli effetti degli atti e dei contratti che le medesime aziende speciali hanno posto in essere anteriormente alla data di attuazione del registro delle imprese, di cui all'art. 8 della legge 29 dicembre 1993, n. 580.

[3. Le norme del r.d. 15 ottobre 1925, n. 2578, si applicano fino all'adeguamento delle aziende speciali alla disciplina del presente testo unico; si applicano altresì per l'esercizio del diritto di riscatto relativo ai rapporti in corso di esecuzione] (1).

(1) *Comma abrogato dall'art. 35, comma 12, l. 28 dicembre 2001, n. 448.*

TITOLO VI
Controlli

CAPO I
Controllo sugli atti

124 Pubblicazione delle deliberazioni.

1. Tutte le deliberazioni del comune e della provincia sono pubblicate mediante pubblicazione all'albo pretorio, nella sede dell'ente, per quindici giorni consecutivi, salvo specifiche disposizioni di legge (1).

2. Tutte le deliberazioni degli altri enti locali sono pubblicate mediante pubblicazione all'albo pretorio del comune ove ha sede l'ente, per quindici giorni consecutivi, salvo specifiche disposizioni (1).

(1) *Comma modificato dall'art. 9, comma 5-bis, d.l. 18 ottobre 2012 n. 179, conv., con modif., in l. 17 dicembre 2012, n. 221.*

125 Comunicazione delle deliberazioni ai capigruppo.

1. Contestualmente all'affissione all'albo le deliberazioni adottate dalla giunta sono trasmesse in elenco ai capigruppo consiliari; i relativi testi sono messi a disposizione dei consiglieri nelle forme stabilite dallo statuto o dal regolamento.

126 Deliberazioni soggette in via necessaria al controllo preventivo di legittimità.

1. Il controllo preventivo di legittimità di cui all'art. 130 della Costituzione sugli atti degli enti locali si esercita esclusivamente sugli statuti dell'ente, sui regolamenti di competenza del consiglio, esclusi quelli attinenti all'autonomia organizzativa e contabile dello stesso consiglio, sui bilanci annuali e pluriennali e relative variazioni, adottate o ratificate dal consiglio, sul rendiconto della gestione, secondo le disposizioni del presente testo unico.

2. Il controllo preventivo di legittimità si estende anche agli atti delle Istituzioni pubbliche di assistenza e beneficenza.

127 Controllo eventuale.

1. Le deliberazioni della giunta e del consiglio sono sottoposte al controllo, nei limiti delle illegittimità denunziate, quando un quarto dei consiglieri provinciali o un quarto dei consiglieri nei comuni con popolazione superiore a 15.000 abitanti ovvero un quinto dei consiglieri nei comuni con popolazione sino a 15.000 abitanti ne facciano richiesta scritta e motivata con l'indicazione delle norme violate, entro dieci giorni dall'affissione all'albo pretorio, quando le deliberazioni stesse riguardino:

a) appalti e affidamento di servizi o torniture di importo superiore alla soglia di rilievo comunitario;

b) dotazioni organiche e relative variazioni;

c) assunzioni del personale.

2. Nei casi previsti dal comma 1, il controllo è esercitato dal comitato regionale di controllo ovvero, se istituito, dal difensore civico comunale o provinciale. L'organo che procede al controllo, se ritiene che la deliberazione sia illegittima, ne dà comunicazione all'ente, entro quindici giorni dalla richiesta, e lo invita ad eliminare i vizi riscontrati. In tal caso, se l'ente non ritiene di modificare la delibera, essa acquista efficacia se viene confermata con il voto favorevole della maggioranza assoluta dei componenti il consiglio.

3. La giunta può altresì sottoporre al controllo preventivo di legittimità dell'organo regionale di controllo ogni altra deliberazione dell'ente secondo le modalità di cui all'art. 133.

128 Comitato regionale di controllo (1).

1. Per l'esercizio del controllo di legittimità è istituito, con decreto del presidente della giunta regionale, il comitato regionale di controllo sugli atti dei comuni e delle province.

2. Sono disciplinate con legge regionale l'elezione, a maggioranza qualificata dei componenti del comitato regionale di controllo di cui all'art. 130, comma 1, lettera *a*) e comma 2 prima parte, la tempestiva sostituzione degli stessi in caso di morte, dimissioni, decadenza per reiterate assenze ingiustificate o incompatibilità sopravvenuta, nonché per la supplenza del presidente.

3. La legge regionale può articolare il comitato in sezioni per territorio o per materia, salvaguardando con forme opportune l'unitarietà di indirizzo. A tal fine la regione, in collaborazione con gli uffici del comitato, cura la pubblicazione periodica delle principali decisioni del comitato regionale di controllo con le relative motivazioni di riferimento.

4. Le pronunce degli organi di controllo previsti nel presente capo sono provvedimenti definitivi.

5. I componenti dei comitati regionali di controllo sono personalmente e solidalmente responsabili nei confronti degli enti locali per i danni a questi arrecati con dolo o colpa grave nell'esercizio delle loro funzioni.

(1) *L'art. 9, l. cost. 18 ottobre 2001, n. 3 ha disposto, tra l'altro, l'abrogazione dell'art. 130 Cost., relativo al controllo di legittimità sugli atti dei Comuni, Province e degli altri enti locali.*

129 Servizi di consulenza del comitato regionale di controllo (1).

1. Possono essere attivati nell'ambito dei comitati regionali di controllo servizi di consulenza ai quali gli enti locali possono rivolgersi al fine di ottenere preventivi elementi valutativi in ordine all'adozione di atti o provvedimenti di particolare complessità o che attengano ad aspetti nuovi dell'attività deliberativa. La regione disciplina con propria normativa le modalità organizzative e di espletamento dei servizi di consulenza.

(1) *L'art. 9, l. cost. 18 ottobre 2001, n. 3 ha disposto, tra l'altro, l'abrogazione dell'art. 130 Cost., relativo al controllo di legittimità sugli atti dei Comuni, Province e degli altri enti locali.*

130 Composizione del comitato (1).

1. Il comitato regionale di controllo e ogni sua eventuale sezione sono composti:

a) da quattro esperti eletti dal consiglio regionale, di cui:

1) uno iscritto da almeno dieci anni nell'albo degli avvocati, scelto in una terna proposta dal competente ordine professionale;

2) uno iscritto da almeno dieci anni all'albo dei dottori commercialisti o dei ragionieri, scelto in una terna proposta dai rispettivi ordini professionali;

3) uno scelto tra chi abbia ricoperto complessivamente per almeno cinque anni la carica di sindaco, di presidente della provincia, di consigliere regionale o di parlamentare nazionale, ovvero tra i funzionari statali, regionali o degli enti locali in quiescenza, con qualifica non inferiore a dirigente od equiparata;

4) uno scelto tra i magistrati o gli avvocati dello Stato in quiescenza, o tra i professori di ruolo di università in materie giuridiche ed amministrative ovvero tra i segretari comunali o provinciali in quiescenza;

b) da un esperto designato dal commissario del Governo scelto fra funzionari dell'Amministrazione civile dell'interno in servizio nelle rispettive province.

2. Il consiglio regionale elegge non più di due componenti supplenti aventi i requisiti di cui alla lettera *a*) del comma 1; un terzo supplente, avente i requisiti di

cui alla lettera *b*) del comma 1, è designato dal commissario del Governo.

3. In caso di assenza od impedimento dei componenti effettivi, di cui rispettivamente alle lettere *a*) e *b*) del comma 1, intervengono alle sedute i componenti supplenti, eletti o designati per la stessa categoria.

4. Il comitato ed ogni sua sezione eleggono nel proprio seno il presidente ed un vicepresidente scelti tra i componenti eletti dal consiglio regionale.

5. Funge da segretario un funzionario della regione.

6. Il comitato e le sezioni sono rinnovati integralmente a seguito di nuove elezioni del consiglio regionale, nonché quando si dimetta contemporaneamente la maggioranza dei rispettivi componenti.

7. Il presidente ed il vicepresidente del comitato, se dipendenti pubblici, sono collocati fuori ruolo; se dipendenti privati, sono collocati in aspettativa non retribuita.

8. Ai componenti del comitato si applicano le norme relative ai permessi ed alle aspettative previsti per gli amministratori locali.

(1) *L'art. 9, l. cost. 18 ottobre 2001, n. 3 ha disposto, tra l'altro, l'abrogazione dell'art. 130 Cost., relativo al controllo di legittimità sugli atti dei Comuni, Province e degli altri enti locali.*

131 Incompatibilità ed ineleggibilità (1).

1. Non possono essere eletti e non possono far parte dei comitati regionali di controllo:

a) i deputati, i senatori, i parlamentari europei;

b) i consiglieri e gli assessori regionali;

c) gli amministratori di enti locali o di altri enti soggetti a controllo del comitato, nonché coloro che abbiano ricoperto tali cariche nell'anno precedente alla costituzione del medesimo comitato;

d) coloro che si trovano nelle condizioni di ineleggibilità alle cariche di cui alle lettere *b*) e c), con esclusione dei magistrati e dei funzionari dello Stato;

e) i dipendenti ed i contabili della regione e degli enti locali sottoposti al controllo del comitato nonché i dipendenti dei partiti presenti nei consigli degli enti locali della regione;

f) i componenti di altro comitato regionale di controllo o delle sezioni di esso;

g) coloro che prestano attività di consulenza o di collaborazione presso la regione o enti sottoposti al controllo regionale;

h) coloro che ricoprono incarichi direttivi o esecutivi nei partiti a livello provinciale, regionale o nazionale, nonché coloro che abbiano ricoperto tali incarichi nell'anno precedente alla costituzione del comitato.

(1) *L'art. 9, l. cost. 18 ottobre 2001, n. 3 ha disposto, tra l'altro, l'abrogazione dell'art. 130 Cost., relativo al controllo di legittimità sugli atti dei Comuni, Province e degli altri enti locali.*

132 Funzionamento del comitato (1).

1. Il funzionamento dei comitati regionali di controllo e delle loro sezioni, le indennità da attribuire ai componenti, le funzioni del presidente e del vicepresidente, le forme di pubblicità della attività dei comitati e di consultazione delle decisioni, nonché il rilascio di copie di esse sono disciplinati dalla legge regionale.

2. Le spese per il funzionamento dei comitati regionali di controllo e dei loro uffici nonché la corresponsione di un'indennità di carica ai componenti sono a carico della regione.

3. La Regione provvede alle strutture serventi del comitato regionale di controllo ispirandosi ai princìpi dell'adeguatezza funzionale e dell'autonomia dell'organo.

(1) *L'art. 9, l. cost. 18 ottobre 2001, n. 3 ha disposto, tra l'altro, l'abrogazione dell'art. 130 Cost., relativo al controllo di legittimità sugli atti dei Comuni, Province e degli altri enti locali.*

133 Modalità del controllo preventivo di legittimità (1).

1. Il controllo di legittimità comporta la verifica della conformità dell'atto alle norme vigenti ed alle norme statutarie specificamente indicate nel provvedimento di annullamento, per quanto riguarda la competenza, la forma e la procedura e rimanendo esclusa ogni diversa valutazione dell'interesse pub blico perseguito. Nell'esame del bilancio preventivo e del rendiconto della gestione il controllo di legittimità comprende la coerenza interna degli atti e la corrispondenza dei dati contabili con quelli delle deliberazioni, nonché con i documenti giustificativi allegati alle stesse.

2. Il comitato regionale di controllo, entro dieci giorni dalla ricezione degli atti di cui all'art. 126, comma 1, può disporre l'audizione dei rappresentanti dell'ente deliberante o può richiedere, per una sola volta, chiarimenti o elementi integrativi di giudizio in forma scritta. In tal caso il termine per l'esercizio del controllo viene sospeso e riprende a decorrere dalla data della trasmissione dei chiarimenti o elementi integrativi o dell'audizione dei rappresentanti.

3. Il comitato può indicare all'ente interessato le modificazioni da apportare alle risultanze del rendiconto della gestione con l'invito ad adottarle entro il termine massimo di trenta giorni.

4. Nel caso di mancata adozione delle modificazioni entro il termine di cui al comma 3, o di annullamento della deliberazione di adozione del rendiconto della gestione da parte del comitato di controllo, questo provvede alla nomina di uno o più commissari per la redazione del conto stesso.

5. Non può essere riesaminato il provvedimento sottoposto a controllo nel caso di annullamento in sede giurisdizionale di una decisione negativa di controllo.

(1) *L'art. 9, l. cost. 18 ottobre 2001, n. 3 ha disposto, tra l'altro, l'abrogazione dell'art. 130 Cost., relativo al controllo di legittimità sugli atti dei Comuni, Province e degli altri enti locali.*

134 Esecutività delle deliberazioni (1).

1. La deliberazione soggetta al controllo necessario di legittimità deve essere trasmessa a pena di decadenza entro il quinto giorno successivo all'adozione. Essa diventa esecutiva se entro 30 giorni dalla trasmissione della stessa il comitato regionale di controllo non trasmetta all'ente interessato un provvedimento motivato di annullamento. Le deliberazioni diventano co-

munque esecutive qualora prima del decorso dello stesso termine il comitato regionale di controllo dia comunicazione di non aver riscontrato vizi di legittimità.

2. Nel caso delle deliberazioni soggette a controllo eventuale la richiesta di controllo sospende l'esecutività delle stesse fino all'avvenuto esito del controllo.

3. Le deliberazioni non soggette a controllo necessario o non sottoposte a controllo eventuale diventano esecutive dopo il decimo giorno dalla loro pubblicazione.

4. Nel caso di urgenza le deliberazioni del consiglio o della giunta possono essere dichiarate immediatamente eseguibili con il voto espresso dalla maggioranza dei componenti.

(1) *L'art. 9, l. cost. 18 ottobre 2001, n. 3 ha disposto, tra l'altro, l'abrogazione dell'art. 130 Cost., relativo al controllo di legittimità sugli atti dei Comuni, Province e degli altri enti locali.*

135 Comunicazione deliberazioni al prefetto.

1. Il prefetto, nell'esercizio dei poteri conferitigli dalla legge o a lui delegati dal Ministro dell'interno, ai sensi dell'art. 2, comma 2-*quater*, del decreto-legge 29 ottobre 1991, n. 345, convertito, con modificazioni, dalla legge 30 dicembre 1991, n. 410 e successive modificazioni ed integrazioni, qualora ritenga, sulla base di fondati elementi comunque acquisiti, che esistano tentativi di infiltrazioni di tipo mafioso nelle attività riguardanti appalti, concessioni, subappalti, cottimi, noli a caldo o contratti similari per la realizzazione di opere e di lavori pubblici, ovvero quando sia necessario assicurare il regolare svolgimento delle attività delle pubbliche amministrazioni, richiede ai competenti organi statali e regionali gli interventi di controllo e sostitutivi previsti dalla legge.

2. Ai medesimi fini indicati nel comma 1 il prefetto può chiedere che siano sottoposte al controllo preventivo di legittimità le deliberazioni degli enti locali relative ad acquisti, alienazioni, appalti ed in generale a tutti i contratti, con le modalità e i termini previsti dall'art. 133, comma 1. Le predette deliberazioni sono comunicate al prefetto contestualmente all'affissione all'albo.

136 Poteri sostitutivi per omissione o ritardo di atti obbligatori.

1. Qualora gli enti locali, sebbene invitati a provvedere entro congruo termine, ritardino o omettano di compiere atti obbligatori per legge, si provvede a mezzo di commissario ad acta nominato dal difensore civico regionale, ove costituito, ovvero dal comitato regionale di controllo. Il commissario ad acta provvede entro sessanta giorni dal conferimento dell'incarico.

137 Poteri sostitutivi del Governo.

1. Con riferimento alle funzioni e ai compiti spettanti agli enti locali, in caso di accertata inattività che comporti inadempimento agli obblighi derivanti dall'appartenenza alla Unione europea o pericolo di grave pregiudizio agli interessi nazionali, il Presidente del Consiglio dei Ministri, su proposta del Ministro competente per materia, assegna all'ente inadempiente un congruo termine per provvedere.

2. Decorso inutilmente tale termine, il Consiglio dei Ministri, sentito il soggetto inadempiente, nomina un commissario che provvede in via sostitutiva.

3. In casi di assoluta urgenza, non si applica la procedura di cui al comma 1 e il Consiglio dei Ministri può adottare il provvedimento di cui al comma 2, su proposta del Presidente del Consiglio dei Ministri, di concerto con il Ministro competente. Il provvedimento in tal modo adottato ha immediata esecuzione ed è immediatamente comunicato alla Conferenza Stato-città e autonomie locali allargata ai rappresentanti delle Comunità montane, che ne può chiedere il riesame, nei termini e con gli effetti previsti dall'art. 8, comma 3, della legge 15 marzo 1997, n. 59.

4. Restano ferme le disposizioni in materia di poteri sostitutivi previste dalla legislazione vigente.

138 Annullamento straordinario.

1. In applicazione dell'art. 2, comma 3, lettera *p*), della legge 23 agosto 1988, n. 400, il Governo, a tutela dell'unità dell'ordinamento, con decreto del Presidente della Repubblica, previa deliberazione del Consiglio dei Ministri, su proposta del Ministro dell'interno, ha facoltà, in qualunque tempo, di annullare, d'ufficio o su denunzia, sentito il Consiglio di Stato, gli atti degli enti locali viziati da illegittimità.

139 Pareri obbligatori.

1. Ai pareri obbligatori delle amministrazioni statali, anche ad ordinamento autonomo, delle regioni e di ogni altro ente sottoposto a tutela statale, regionale e subregionale, prescritti da qualsiasi norma avente forza di legge ai fini della programmazione, progettazione ed esecuzione di opere pubbliche o di altre attività degli enti locali, si applicano le disposizioni dell'art. 16 della legge 7 agosto 1990, n. 241 e successive modifiche ed integrazioni, salvo specifiche disposizioni di legge.

140 Norma finale.

1. Le disposizioni del presente capo si applicano anche agli altri enti di cui all'art. 2, compresi i consorzi cui partecipano enti locali, con esclusione di quelli che gestiscono attività aventi rilevanza economica ed imprenditoriale e, ove previsto dallo statuto, dei consorzi per la gestione dei servizi sociali, intendendosi sostituiti alla giunta e al consiglio del comune o della provincia i corrispondenti organi di governo.

CAPO II
Controllo sugli organi

141 Scioglimento e sospensione dei consigli comunali e provinciali.

1. I consigli comunali e provinciali vengono sciolti

con decreto del Presidente della Repubblica, su proposta del Ministro dell'interno:

a) quando compiano atti contrari alla Costituzione o per gravi e persistenti violazioni di legge, nonché per gravi motivi di ordine pubblico;

b) quando non possa essere assicurato il normale funzionamento degli organi e dei servizi per le seguenti cause;

1) impedimento permanente, rimozione, decadenza, decesso del sindaco o del presidente della provincia;

2) dimissioni del sindaco o del presidente della provincia;

3) cessazione dalla carica per dimissioni contestuali, ovvero rese anche con atti separati purché contemporaneamente presentati al protocollo dell'ente, della metà più uno dei membri assegnati, non computando a tal fine il sindaco o il presidente della provincia;

4) riduzione dell'organo assembleare per impossibilità di surroga alla metà dei componenti del consiglio;

c) quando non sia approvato nei termini il bilancio.

c-bis) nelle ipotesi in cui gli enti territoriali al di sopra dei mille abitanti siano sprovvisti dei relativi strumenti urbanistici generali e non adottino tali strumenti entro diciotto mesi dalla data di elezione degli organi. In questo caso, il decreto di scioglimento del consiglio è adottato su proposta del Ministro dell'interno di concerto con il Ministro delle infrastrutture e dei trasporti (1).

2. Nella ipotesi di cui alla lettera *c*) del comma 1, trascorso il termine entro il quale il bilancio deve essere approvato senza che sia stato predisposto dalla giunta il relativo schema, l'organo regionale di controllo nomina un commissario affinché lo predisponga d'ufficio per sottoporlo al consiglio. In tal caso e comunque quando il consiglio non abbia approvato nei termini di legge lo schema di bilancio predisposto dalla giunta, l'organo regionale di controllo assegna al consiglio, con lettera notificata ai singoli consiglieri, un termine non superiore a 20 giorni per la sua approvazione, decorso il quale si sostituisce, mediante apposito commissario, all'amministrazione inadempiente. Del provvedimento sostitutivo è data comunicazione al prefetto che inizia la procedura per lo scioglimento del consiglio (2).

2-*bis*.Nell'ipotesi di cui alla lettera *c-bis*) del comma 1, trascorso il termine entro il quale gli strumenti urbanistici devono essere adottati, la regione segnala al prefetto gli enti inadempienti. Il prefetto invita gli enti che non abbiano provveduto ad adempiere all'obbligo nel termine di quattro mesi. A tal fine gli enti locali possono attivare gli interventi, anche sostitutivi, previsti dallo statuto secondo criteri di neutralità, di sussidiarietà e di adeguatezza. Decorso infruttuosamente il termine di quattro mesi, il prefetto inizia la procedura per lo scioglimento del consiglio (3).

3. Nei casi diversi da quelli previsti dal n. 1) della lettera *b*) del comma 1, con il decreto di scioglimento si provvede alla nomina di un commissario, che esercita le attribuzioni conferitegli con il decreto stesso.

4. Il rinnovo del consiglio nelle ipotesi di scioglimento deve coincidere con il primo turno elettorale utile previsto dalla legge.

5. I consiglieri cessati dalla carica per effetto dello scioglimento continuano ad esercitare, fino alla nomina dei successori, gli incarichi esterni loro eventualmente attribuiti.

6. Al decreto di scioglimento è allegata la relazione del Ministro contenente i motivi del provvedimento; dell'adozione del decreto di scioglimento è data immediata comunicazione al Parlamento. Il decreto è pubblicato nella Gazzetta Ufficiale della Repubblica italiana.

7. Iniziata la procedura di cui ai commi precedenti ed in attesa del decreto di scioglimento, il prefetto, per motivi di grave e urgente necessità, può sospendere, per un periodo comunque non superiore a novanta giorni, i consigli comunali e provinciali e nominare un commissario per la provvisoria amministrazione dell'ente (4).

8. Ove non diversamente previsto dalle leggi regionali le disposizioni di cui al presente articolo si applicano, in quanto compatibili, agli altri enti locali di cui all'art. 2, comma 1 ed ai consorzi tra enti locali. Il relativo provvedimento di scioglimento degli organi comunque denominati degli enti locali di cui al presente comma è disposto con decreto del Ministro dell'interno.

(1) *Lettera aggiunta dall'art. 41 d.l. 30 settembre 2003, n. 269 conv., con modif., in l. 24 novembre 2003, n. 326. V. l'art. 2 d.l. 29 marzo 2004, n. 80, conv., con modif., in l. 28 maggio 2004, n. 140, ai sensi del quale: « 1. In sede di prima applicazione delle disposizioni recate dall'articolo 141, commi 1, lettera c-bis), e 2-bis, del testo unico delle leggi sull'ordinamento degli enti locali, di cui al decreto legislativo 18 agosto 2000, n. 267, si procede, ai sensi del citato articolo 141, comma 1, lettera c-bis), e con le modalità ivi indicate, allo scioglimento dei consigli degli enti territoriali in carica che non adottino gli strumenti urbanistici generali entro diciotto mesi dalla data di entrata in vigore del presente decreto ».*

(2) *Si veda l'art. 18, comma 3-*ter *del d.l. 24 aprile 2017, n. 50 conv., con modif., in l. l. 21 giugno 2017, n. 96: « 3-*ter*. Per l'anno 2017, il termine di venti giorni, previsto dall'articolo 141, comma 2, secondo periodo, del testo unico di cui al decreto legislativo 18 agosto 2000, n. 267, assegnato al consiglio comunale o provinciale che non abbia approvato nei termini di legge il rendiconto della gestione per l'esercizio 2016, è stabilito in cinquanta giorni ».*

(3) *Comma aggiunto dall'art. 41 d.l. n. 269, cit. V. l'art. 2 d.l. n. 80, cit.,* sub *nota 1.*

(4) *Ai sensi dell'art. 107, comma 10, lett.* a)*, d.l. 17 marzo 2020, n. 18, come sostituito in sede di conversione in l. 24 aprile 2020, n. 27, in considerazione dello stato di emergenza nazionale connessa alla diffusione del virus COVID-19, dalla data di entrata in vigore del predetto decreto e fino al 31 agosto 2020, il termine di cui al presente comma è sospeso. Per il periodo dal 1° settembre al 31 dicembre 2020, il predetto termine è fissato in centoventi giorni.*

142 Rimozione e sospensione di amministratori locali.

1. Con decreto del Ministro dell'interno il sindaco, il presidente della provincia, i presidenti dei consorzi e delle Comunità montane, i componenti dei consigli e delle giunte, i presidenti dei consigli circoscrizionali possono essere rimossi quando compiano atti contrari alla Costituzione o per gravi e persistenti violazioni di legge o per gravi motivi di ordine pubblico.

1-*bis*. Nei territori in cui vige lo stato di emergenza nel settore dello smaltimento dei rifiuti dichiarato ai sensi della legge 24 febbraio 1992, n. 225, in caso di grave inosservanza degli obblighi posti a carico delle province inerenti alla programmazione ed organizzazione del recupero e dello smaltimento dei rifiuti a livello provinciale ed alla individuazione delle zone idonee alla localizzazione degli impianti di recupero e smaltimento dei rifiuti, ovvero in caso di grave inosservanza di specifici obblighi posti a carico dei comuni inerenti alla disciplina delle modalità del servizio di raccolta e trasporto dei rifiuti urbani, della raccolta differenziata, della promozione del recupero delle diverse frazioni di rifiuti, della raccolta e trasporto dei rifiuti primari di imballaggio ai sensi degli articoli 197 e 198 del decreto legislativo 3 aprile 2006, n. 152, anche come precisati dalle ordinanze di protezione civile, il Sottosegretario di Stato delegato alla gestione dell'emergenza assegna all'ente interessato un congruo termine perentorio per adottare i provvedimenti dovuti o necessari; decorso inutilmente tale termine, su proposta motivata del medesimo Sottosegretario, con decreto del Ministro dell'interno possono essere rimossi il sindaco, il presidente della provincia o i componenti dei consigli e delle giunte (1).

2. In attesa del decreto, il prefetto può sospendere gli amministratori di cui al comma 1 qualora sussistano motivi di grave e urgente necessità.

3. Sono fatte salve le disposizioni dettate dagli articoli 58 e 59.

(1) *Comma inserito dall'art. 3, comma 1, d.l. 6 novembre 2008, n. 172 conv., con modif., in l. 30 dicembre 2008, n. 210.*

143 Scioglimento dei consigli comunali e provinciali conseguente a fenomeni di infiltrazione e di condizionamento di tipo mafioso o similare. Responsabilità dei dirigenti e dipendenti (1) (2).

1. Fuori dai casi previsti dall'articolo 141, i consigli comunali e provinciali sono sciolti quando, anche a seguito di accertamenti effettuati a norma dell'articolo 59, comma 7, emergono concreti, univoci e rilevanti elementi su collegamenti diretti o indiretti con la criminalità organizzata di tipo mafioso o similare degli amministratori di cui all'articolo 77, comma 2, ovvero su forme di condizionamento degli stessi, tali da determinare un'alterazione del procedimento di formazione della volontà degli organi elettivi ed amministrativi e da compromettere il buon andamento o l'imparzialità delle amministrazioni comunali e provinciali, nonché il regolare funzionamento dei servizi ad esse affidati, ovvero che risultino tali da arrecare grave e perdurante pregiudizio per lo stato della sicurezza pubblica.

2. Al fine di verificare la sussistenza degli elementi di cui al comma 1 anche con riferimento al segretario comunale o provinciale, al direttore generale, ai dirigenti ed ai dipendenti dell'ente locale, il prefetto competente per territorio dispone ogni opportuno accertamento, di norma promuovendo l'accesso presso l'ente interessato. In tal caso, il prefetto nomina una commissione d'indagine, composta da tre funzionari della pubblica amministrazione, attraverso la quale esercita i poteri di accesso e di accertamento di cui è titolare per delega del Ministro dell'interno ai sensi dell'articolo 2, comma 2-*quater*, del decreto-legge 29 ottobre 1991, n. 345, convertito, con modificazioni, dalla legge 30 dicembre 1991, n. 410. Entro tre mesi dalla data di accesso, rinnovabili una volta per un ulteriore periodo massimo di tre mesi, la commissione termina gli accertamenti e rassegna al prefetto le proprie conclusioni.

3. Entro il termine di quarantacinque giorni dal deposito delle conclusioni della commissione d'indagine, ovvero quando abbia comunque diversamente acquisito gli elementi di cui al comma 1 ovvero in ordine alla sussistenza di forme di condizionamento degli organi amministrativi ed elettivi, il prefetto, sentito il comitato provinciale per l'ordine e la sicurezza pubblica integrato con la partecipazione del procuratore della Repubblica competente per territorio, invia al Ministro dell'interno una relazione nella quale si dà conto della eventuale sussistenza degli elementi di cui al comma 1 anche con riferimento al segretario comunale o provinciale, al direttore generale, ai dirigenti e ai dipendenti dell'ente locale. Nella relazione sono, altresì, indicati gli appalti, i contratti e i servizi interessati dai fenomeni di compromissione o interferenza con la criminalità organizzata o comunque connotati da condizionamenti o da una condotta antigiuridica. Nei casi in cui per i fatti oggetto degli accertamenti di cui al presente articolo o per eventi connessi sia pendente procedimento penale, il prefetto può richiedere preventivamente informazioni al procuratore della Repubblica competente, il quale, in deroga all'articolo 329 del codice di procedura penale, comunica tutte le informazioni che non ritiene debbano rimanere segrete per le esigenze del procedimento (3).

4. Lo scioglimento di cui al comma 1 è disposto con decreto del Presidente della Repubblica, su proposta del Ministro dell'interno, previa deliberazione del Consiglio dei ministri entro tre mesi dalla trasmissione della relazione di cui al comma 3, ed è immediatamente trasmesso alle Camere. Nella proposta di scioglimento sono indicati in modo analitico le anomalie riscontrate ed i provvedimenti necessari per rimuovere tempestivamente gli effetti più gravi e pregiudizievoli per l'interesse pubblico; la proposta indica, altresì, gli amministratori ritenuti responsabili delle condotte che hanno dato causa allo scioglimento. Lo scioglimento del consiglio comunale o provinciale comporta la cessazione dalla carica di consigliere, di sindaco, di presidente della provincia, di componente delle rispettive giunte e di ogni altro incarico comunque connesso alle cariche ricoperte, anche se diversamente disposto dalle leggi vigenti in materia di ordinamento e funzionamento degli organi predetti (4).

5. Anche nei casi in cui non sia disposto lo scioglimento, qualora la relazione prefettizia rilevi la sussistenza degli elementi di cui al comma 1 con riferimento al segretario comunale o provinciale, al direttore generale, ai dirigenti o ai dipendenti a qualunque titolo dell'ente locale, con decreto del Ministro dell'interno, su proposta del prefetto, è adottato ogni provvedimento utile a far cessare immediatamente il pregiudizio in atto e ricondurre alla normalità la vita amministrativa dell'ente, ivi inclusa la sospensione dall'impiego del dipendente, ovvero la sua destinazione ad altro ufficio

o altra mansione con obbligo di avvio del procedimento disciplinare da parte dell'autorità competente.

6. A decorrere dalla data di pubblicazione del decreto di scioglimento sono risolti di diritto gli incarichi di cui all'articolo 110, nonché gli incarichi di revisore dei conti e i rapporti di consulenza e di collaborazione coordinata e continuativa che non siano stati rinnovati dalla commissione straordinaria di cui all'articolo 144 entro quarantacinque giorni dal suo insediamento.

7. Nel caso in cui non sussistano i presupposti per lo scioglimento o l'adozione di altri provvedimenti di cui al comma 5, il Ministro dell'interno, entro tre mesi dalla trasmissione della relazione di cui al comma 3, emana comunque un decreto di conclusione del procedimento in cui dà conto degli esiti dell'attività di accertamento. Le modalità di pubblicazione dei provvedimenti emessi in caso di insussistenza dei presupposti per la proposta di scioglimento sono disciplinate dal Ministro dell'interno con proprio decreto.

7-*bis*. Nell'ipotesi di cui al comma 7, qualora dalla relazione del prefetto emergano, riguardo ad uno o più settori amministrativi, situazioni sintomatiche di condotte illecite gravi e reiterate, tali da determinare un'alterazione delle procedure e da compromettere il buon andamento e l'imparzialità delle amministrazioni comunali o provinciali, nonché il regolare funzionamento dei servizi ad esse affidati, il prefetto, sulla base delle risultanze dell'accesso, al fine di far cessare le situazioni riscontrate e di ricondurre alla normalità l'attività amministrativa dell'ente, individua, fatti salvi i profili di rilevanza penale, i prioritari interventi di risanamento indicando gli atti da assumere, con la fissazione di un termine per l'adozione degli stessi, e fornisce ogni utile supporto tecnico-amministrativo a mezzo dei propri uffici. Decorso inutilmente il termine fissato, il prefetto assegna all'ente un ulteriore termine, non superiore a 20 giorni, per la loro adozione, scaduto il quale si sostituisce, mediante commissario ad acta, all'amministrazione inadempiente. Ai relativi oneri gli enti locali provvedono con le risorse disponibili a legislazione vigente sui propri bilanci (5).

8. Se dalla relazione prefettizia emergono concreti, univoci e rilevanti elementi su collegamenti tra singoli amministratori e la criminalità organizzata di tipo mafioso, il Ministro dell'interno trasmette la relazione di cui al comma 3 all'autorità giudiziaria competente per territorio, ai fini dell'applicazione delle misure di prevenzione previste nei confronti dei soggetti di cui all'articolo 1 della legge 31 maggio 1965, n. 575.

9. Il decreto di scioglimento è pubblicato nella Gazzetta Ufficiale. Al decreto sono allegate la proposta del Ministro dell'interno e la relazione del prefetto, salvo che il Consiglio dei ministri disponga di mantenere la riservatezza su parti della proposta o della relazione nei casi in cui lo ritenga strettamente necessario.

10. Il decreto di scioglimento conserva i suoi effetti per un periodo da dodici mesi a diciotto mesi prorogabili fino ad un massimo di ventiquattro mesi in casi eccezionali, dandone comunicazione alle Commissioni parlamentari competenti, al fine di assicurare il regolare funzionamento dei servizi affidati alle amministrazioni, nel rispetto dei princìpi di imparzialità e di buon andamento dell'azione amministrativa. Le elezioni degli organi sciolti ai sensi del presente articolo si svolgono in occasione del turno annuale ordinario di cui all'articolo 1 della legge 7 giugno 1991, n. 182, e successive modificazioni. Nel caso in cui la scadenza della durata dello scioglimento cada nel secondo semestre dell'anno, le elezioni si svolgono in un turno straordinario da tenersi in una domenica compresa tra il 15 ottobre e il 15 dicembre. La data delle elezioni è fissata ai sensi dell'articolo 3 della citata legge n. 182 del 1991, e successive modificazioni. L'eventuale provvedimento di proroga della durata dello scioglimento è adottato non oltre il cinquantesimo giorno antecedente alla data di scadenza della durata dello scioglimento stesso, osservando le procedure e le modalità stabilite nel comma 4.

11. Fatta salva ogni altra misura interdittiva ed accessoria eventualmente prevista, gli amministratori responsabili delle condotte che hanno dato causa allo scioglimento di cui al presente articolo non possono essere candidati alle elezioni per la Camera dei deputati, per il Senato della Repubblica e per il Parlamento europeo nonché alle elezioni regionali, provinciali, comunali e circoscrizionali, in relazione ai due turni elettorali successivi allo scioglimento stesso, qualora la loro incandidabilità sia dichiarata con provvedimento definitivo (6). Ai fini della dichiarazione d'incandidabilità il Ministro dell'interno invia senza ritardo la proposta di scioglimento di cui al comma 4 al tribunale competente per territorio, che valuta la sussistenza degli elementi di cui al comma 1 con riferimento agli amministratori indicati nella proposta stessa. Si applicano, in quanto compatibili, le procedure di cui al libro IV, titolo II, capo VI, del codice di procedura civile.

12. Quando ricorrono motivi di urgente necessità, il prefetto, in attesa del decreto di scioglimento, sospende gli organi dalla carica ricoperta, nonché da ogni altro incarico ad essa connesso, assicurando la provvisoria amministrazione dell'ente mediante invio di commissari. La sospensione non può eccedere la durata di sessanta giorni e il termine del decreto di cui al comma 10 decorre dalla data del provvedimento di sospensione (7).

13. Si fa luogo comunque allo scioglimento degli organi, a norma del presente articolo, quando sussistono le condizioni indicate nel comma 1, ancorché ricorrano le situazioni previste dall'articolo 141 (8).

(1) *Articolo sostituito dall'art. 2, comma 30, l. 15 luglio 2009, n. 94.*

(2) *Ai sensi dell'art. 1, comma 4-*terdecies*, d.l. 7 ottobre 2020, n. 125, conv., con modif., in l. 27 novembre 2020, n. 159, come da ultimo modificato dall'art. 4, comma 1, lett.* b) *d.l. 14 gennaio 2021, n. 2, conv., con modif., in l. 12 marzo 2021, n. 29, le elezioni dei comuni i cui organi sono stati sciolti ai sensi del presente articolo, già indette per le date del 22 e 23 novembre 2020, sono rinviate e si svolgono entro il 20 maggio 2021 mediante l'integrale rinnovo del procedimento di presentazione di tutte le liste e le candidature a sindaco e a consigliere comunale. Fino al rinnovo degli organi di cui al periodo precedente è prorogata la durata della gestione della commissione straordinaria di cui all'art. 144.*

(3) *Ai sensi dell'art. 107, comma 10, lett.* b), *d.l. 17 marzo 2020, n. 18, come sostituito in sede di conversione in l. 24 aprile 2020, n. 27, in considerazione dello stato di emergenza nazionale connessa alla diffusione del virus COVID-19, dalla data di entrata in vigore del predetto decreto e fino al 31 agosto 2020, il termine di cui al presente comma è sospeso. Per il periodo dal 1° settembre al 31 dicembre 2020, il predetto termine è fissato in novanta giorni.*

(4) *Ai sensi dell'art. 107, comma 10, lett.* c), *d.l. n. 18, cit., in considerazione dello stato di emergenza nazionale connessa alla diffusione del virus COVID-19, dalla data di entrata in vigore del predetto decreto e fino al 31 agosto 2020, il termine di cui al presente comma è sospeso.*

Per il periodo dal 1° settembre al 31 dicembre 2020, il predetto termine è fissato in centoventi giorni.

(5) *Comma inserito dall'art. 28, comma 1, d.l. 4 ottobre 2018, n. 113, conv., con modif., in l. 1° dicembre 2018, n. 132. Successivamente la Corte costituzionale, con sentenza 24 luglio 2019, n. 195, ha dichiarato l'ille*gittimità costituzionale *del predetto art. 28, comma 1, d.l. n. 113, cit.*

(6) *Periodo sostituito, in sede di conversione, dall'art. 28, comma 1-bis, d.l. 4 ottobre 2018, n. 113, conv., con modif., in l. 1° dicembre 2018, n. 132. Il testo del comma era il seguente:* « Fatta salva ogni altra misura interdittiva ed accessoria eventualmente prevista, gli amministratori responsabili delle condotte che hanno dato causa allo scioglimento di cui al presente articolo non possono essere candidati alle elezioni regionali, provinciali, comunali e circoscrizionali, che si svolgono nella regione nel cui territorio si trova l'ente interessato dallo scioglimento, limitatamente al primo turno elettorale successivo allo scioglimento stesso, qualora la loro incandidabilità sia dichiarata con provvedimento definitivo ».

(7) *Ai sensi dell'art. 107, comma 10, lett.* d), *d.l. n. 18, cit., in considerazione dello stato di emergenza nazionale connessa alla diffusione del virus COVID-19, dalla data di entrata in vigore del predetto decreto e fino al 31 agosto 2020, il termine di cui al presente comma è sospeso. Per il periodo dal 1° settembre al 31 dicembre 2020, il predetto termine è fissato in novanta giorni.*

(8) *L'art. 1 comma 114, l. 13 dicembre 2010, n. 220 (legge di stabilità 2011) ha previsto che: « Gli enti locali commissariati ai sensi dell'articolo 143 del testo unico delle leggi sull'ordinamento degli enti locali, di cui al decreto legislativo 18 agosto 2000, n. 267, e successive modificazioni, sono soggetti alle regole del patto di stabilità interno dall'anno successivo a quello della rielezione degli organi istituzionali ».*

144 Commissione straordinaria e Comitato di sostegno e monitoraggio (1).

1. Con il decreto di scioglimento di cui all'art. 143 è nominata una commissione straordinaria per la gestione dell'ente, la quale esercita le attribuzioni che le sono conferite con il decreto stesso. La commissione è composta di tre membri scelti tra funzionari dello Stato, in servizio o in quiescenza, e tra magistrati della giurisdizione ordinaria o amministrativa in quiescenza. La commissione rimane in carica fino allo svolgimento del primo turno elettorale utile.

2. Presso il Ministero dell'interno è istituito, con personale della amministrazione, un comitato di sostegno e di monitoraggio dell'azione delle commissioni straordinarie di cui al comma 1 e dei comuni riportati a gestione ordinaria.

3. Con decreto del Ministro dell'interno, adottato a norma dell'art. 17, comma 3, della legge 23 agosto 1988, n. 400, sono determinate le modalità di organizzazione e funzionamento della commissione straordinaria per l'esercizio delle attribuzioni ad essa conferite, le modalità di pubblicizzazione degli atti adottati dalla commissione stessa, nonché le modalità di organizzazione e funzionamento del comitato di cui al comma 2.

(1) *Ai sensi dell'art. 1, comma 4*-terdecies, *d.l. 7 ottobre 2020, n. 125, conv., con modif., in l. 27 novembre 2020, n. 159, come da ultimo modificato dall'art. 4, comma 1, lett.* b) *d.l. 14 gennaio 2021, n. 2, conv., con modif., in l. 12 marzo 2021, n. 29, le elezioni dei comuni i cui organi sono stati sciolti ai sensi dell'art. 143, già indette per le date del 22 e 23 novembre 2020, sono rinviate e si svolgono entro il 20 maggio 2021 mediante l'integrale rinnovo del procedimento di presentazione di tutte le liste e le candidature a sindaco e a consigliere comunale. Fino al rinnovo degli organi di cui al periodo precedente è prorogata la durata della gestione della commissione straordinaria di cui al presente articolo.*

145 Gestione straordinaria.

1. Quando in relazione alle situazioni indicate nel comma 1 dell'art. 143 sussiste la necessità di assicurare il regolare funzionamento dei servizi degli enti nei cui confronti è stato disposto lo scioglimento, il prefetto, su richiesta della commissione straordinaria di cui al comma 1 dell'art. 144, può disporre, anche in deroga alle norme vigenti, l'assegnazione in via temporanea, in posizione di comando o distacco, di personale amministrativo e tecnico di amministrazioni ed enti pubblici, previa intesa con gli stessi, ove occorra anche in posizione di sovraordinazione. Al personale assegnato spetta un compenso mensile lordo proporzionato alle prestazioni da rendere, stabilito dal prefetto in misura non superiore al 50 per cento del compenso spettante a ciascuno dei componenti della commissione straordinaria, nonché, ove dovuto, il trattamento economico di missione stabilito dalla legge per i dipendenti dello Stato in relazione alla qualifica funzionale posseduta nell'amministrazione di appartenenza. Tali competenze sono a carico dello Stato e sono corrisposte dalla prefettura, sulla base di idonea documentazione giustificativa sugli accreditamenti emessi, in deroga alle vigenti disposizioni di legge, dal Ministero dell'interno. La prefettura, in caso di ritardo nell'emissione degli accreditamenti è autorizzata a prelevare le somme occorrenti sui fondi in genere della contabilità speciale. Per il personale non dipendente dalle amministrazioni centrali o periferiche dello Stato, la prefettura provvede al rimborso al datore di lavoro dello stipendio lordo, per la parte proporzionalmente corrispondente alla durata delle prestazioni rese. Agli oneri derivanti dalla presente disposizione si provvede con una quota parte del 10 per cento delle somme di denaro confiscate ai sensi della legge 31 maggio 1965, n. 575 e successive modificazioni, nonché del ricavato delle vendite disposte a norma dell'art. 4, commi 4 e 6, del decreto-legge 14 giugno 1989, n. 230, convertito, con modificazioni, dalla legge 4 agosto 1989, n. 282, relative ai beni mobili o immobili ed ai beni costituiti in azienda confiscati ai sensi della medesima legge n. 575 del 1965. Alla scadenza del periodo di assegnazione, la commissione straordinaria potrà rilasciare, sulla base della valutazione dell'attività prestata dal personale assegnato, apposita certificazione di lodevole servizio che costituisce titolo valutabile ai fini della progressione di carriera e nei concorsi interni e pubblici nelle amministrazioni dello Stato, delle regioni e degli enti locali.

2. Per far fronte a situazioni di gravi disservizi e per avviare la sollecita realizzazione di opere pubbliche indifferibili, la commissione straordinaria di cui al comma 1 dell'art. 144, entro il termine di sessanta giorni dall'insediamento, adotta un piano di priorità degli interventi, anche con riferimento a progetti già approvati e non eseguiti. Gli atti relativi devono essere nuovamente approvati dalla commissione straordinaria. La relativa deliberazione, esecutiva a norma di legge, è inviata entro dieci giorni al prefetto il quale, sentito il comitato provinciale della pubblica amministrazione opportunamente integrato con i rappresentanti di uffici tecnici delle amministrazioni statali, regionali o locali, trasmette gli atti all'amministrazione regionale territorialmente competente per il tramite del commissario del Governo, o alla Cassa depositi e prestiti, che provvedono alla dichiarazione di priorità di acces-

so ai contributi e finanziamenti a carico degli stanziamenti comunque destinati agli investimenti degli enti locali. Le disposizioni del presente comma si applicano ai predetti enti anche in deroga alla disciplina sugli enti locali dissestati, limitatamente agli importi totalmente ammortizzabili con contributi statali o regionali ad essi effettivamente assegnati.

3. Le disposizioni di cui ai commi 1 e 2 si applicano, a far tempo dalla data di insediamento degli organi e fino alla scadenza del mandato elettivo, anche alle amministrazioni comunali e provinciali, i cui organi siano rinnovati al termine del periodo di scioglimento disposto ai sensi del comma 1 dell'art. 143.

4. Nei casi in cui lo scioglimento è disposto anche con riferimento a situazioni di infiltrazione o di condizionamento di tipo mafioso, connesse all'aggiudicazione di appalti di opere o di lavori pubblici o di pubbliche forniture, ovvero l'affidamento in concessione di servizi pubblici locali, la commissione straordinaria di cui al comma 1 dell'art. 144 procede alle necessarie verifiche con i poteri del collegio degli ispettori di cui all'art. 14 del decreto-legge 13 maggio 1991, n. 152, convertito, con modificazioni, dalla legge 12 luglio 1991, n. 203. A conclusione degli accertamenti, la commissione straordinaria adotta tutti i provvedimenti ritenuti necessari e può disporre d'autorità la revoca delle deliberazioni già adottate in qualunque momento e fase della procedura contrattuale, o la rescissione del contratto già concluso.

5. Ferme restando le forme di partecipazione popolare previste dagli statuti in attuazione dell'art. 8, comma 3, la commissione straordinaria di cui al comma 1 dell'art. 144, allo scopo di acquisire ogni utile elemento di conoscenza e valutazione in ordine a rilevanti questioni di interesse generale si avvale, anche mediante forme di consultazione diretta, dell'apporto di rappresentanti delle forze politiche in ambito locale, dell'Anci, dell'Upi, delle organizzazioni di volontariato e di altri organismi locali particolarmente interessati alle questioni da trattare (1).

(1) *Per l'autorizzazione di spesa relativa alla copertura degli oneri di cui al presente articolo, v. l'art. 1, comma 706, l. 27 dicembre 2006, n. 296.*

145-*bis* Gestione finanziaria (1).

1. Per i comuni con popolazione inferiore a 20.000 abitanti i cui organi consiliari sono stati sciolti ai sensi dell'articolo 143, su richiesta della Commissione straordinaria di cui al comma 1 dell'articolo 144, il Ministero dell'interno provvede all'anticipazione di un importo calcolato secondo i criteri di cui al comma 2 del presente articolo. L'anticipazione è subordinata all'approvazione di un piano di risanamento della situazione finanziaria, predisposto con le stesse modalità previste per gli enti in stato di dissesto finanziario dalle norme vigenti. Il piano è predisposto dalla Commissione straordinaria ed è approvato con decreto del Ministro dell'interno, su parere della Commissione per la finanza e gli organici degli enti locali (2), di cui all'articolo 155.

2. L'importo dell'anticipazione di cui al comma 1 è pari all'importo dei residui attivi derivanti dai titolo primo e dai titolo terzo dell'entrata, come risultanti dall'ultimo rendiconto approvato, sino ad un limite massimo determinato in misura pari a cinque annualità dei trasferimenti erariali correnti e della quota di compartecipazione al gettito dell'IRFEF, e calcolato in base agli importi spettanti al singolo comune per l'anno nel quale perviene la richiesta. Dall'anticipazione spettante sono detratti gli importi già corrisposti a titolo di trasferimenti o di compartecipazione al gettito dell'IRPEF per l'esercizio in corso. A decorrere dall'esercizio successivo il Ministero dell'interno provvederà, in relazione al confronto tra l'anticipazione attribuita e gli importi annualmente spettanti a titolo di trasferimenti correnti e di compartecipazione al gettito dell'IRPEF, ad effettuare le compensazioni e determinare gli eventuali conguagli sino al completo recupero dell'anticipazione medesima.

3. L'organo di revisione dell'ente locale è tenuto a vigilare sull'attuazione del piano di risanamento, segnalando alla Commissione straordinaria o d'amministrazione successivamente subentrata le difficoltà riscontrate e gli eventuali scostamenti dagli obiettivi. Il mancato svolgimento di tali compiti da parte dell'organo di revisione è considerato grave inadempimento.

4. Il finanziamento dell'anticipazione di cui al comma 1 avviene con contestuale decurtazione dei trasferimenti erariali agli enti locali e le somme versate dall'ente sciolto ai sensi dell'articolo 143 affluiscono ai trasferimenti erariali dell'anno successivo e sono assegnate nella stessa misura della detrazione. Le modalità di versamento dell'annualità sono indicate dal Ministero dell'interno all'ente locale secondo le norme vigenti.

(1) *Articolo inserito dall'art. 6 d.l. 29 marzo 2004, n. 80, conv., con modif., in l. 28 maggio 2004, n. 140.*

(2) *Ora « Commissione per la stabilità finanziaria degli enti locali », ai sensi di quanto disposto dal comma 7 dell'art. 3, d.l. 10 ottobre 2012, n. 174, conv., con modif., in l. 7 dicembre 2012, n. 213.*

146 Norma finale.

1. Le disposizioni di cui agli articoli 143, 144, 145 si applicano anche agli altri enti locali di cui all'art. 2, comma 1, nonché ai consorzi di comuni e province, agli organi comunque denominati delle aziende sanitarie locali ed ospedaliere, alle aziende speciali dei comuni e delle province e ai consigli circoscrizionali, in quanto compatibili con i relativi ordinamenti.

2. Il Ministro dell'interno presenta al Parlamento una relazione annuale sull'attività svolta dalla gestione straordinaria dei singoli comuni (1).

(1) *Comma così modificato, in sede di conversione, dall'art. 1-bis d.l. 31 marzo 2003, n. 50, conv., con modif., in l. 20 maggio 2003, n. 116.*

CAPO III
Controlli interni

147 Tipologia dei controlli interni (1).

1. Gli enti locali, nell'ambito della loro autonomia normativa e organizzativa, individuano strumenti e metodologie per garantire, attraverso il controllo di

regolarità amministrativa e contabile, la legittimità, la regolarità e la correttezza dell'azione amministrativa.

2. Il sistema di controllo interno è diretto a:

a) verificare, attraverso il controllo di gestione, l'efficacia, l'efficienza e l'economicità dell'azione amministrativa, al fine di ottimizzare, anche mediante tempestivi interventi correttivi, il rapporto tra obiettivi e azioni realizzate, nonché tra risorse impiegate e risultati;

b) valutare l'adeguatezza delle scelte compiute in sede di attuazione dei piani, dei programmi e degli altri strumenti di determinazione dell'indirizzo politico, in termini di congruenza tra i risultati conseguiti e gli obiettivi predefiniti;

c) garantire il costante controllo degli equilibri finanziari della gestione di competenza, della gestione dei residui e della gestione di cassa, anche ai fini della realizzazione degli obiettivi di finanza pubblica determinati dal patto di stabilità interno, mediante l'attività di coordinamento e di vigilanza da parte del responsabile del servizio finanziario, nonché l'attività di controllo da parte dei responsabili dei servizi;

d) verificare, attraverso l'affidamento e il controllo dello stato di attuazione di indirizzi e obiettivi gestionali, anche in riferimento all'articolo 170, comma 6, la redazione del bilancio consolidato nel rispetto di quanto previsto dal decreto legislativo 23 giugno 2011, n. 118, e successive modificazioni l'efficacia, l'efficienza e l'economicità degli organismi gestionali esterni dell'ente (2);

e) garantire il controllo della qualità dei servizi erogati, sia direttamente, sia mediante organismi gestionali esterni, con l'impiego di metodologie dirette a misurare la soddisfazione degli utenti esterni e interni dell'ente.

3. Le lettere *d*) ed *e*) del comma 2 si applicano solo agli enti locali con popolazione superiore a 100.000 abitanti in fase di prima applicazione, a 50.000 abitanti per il 2014 e a 15.000 abitanti a decorrere dal 2015.

4. Nell'ambito della loro autonomia normativa e organizzativa, gli enti locali disciplinano il sistema dei controlli interni secondo il principio della distinzione tra funzioni di indirizzo e compiti di gestione, anche in deroga agli altri principi di cui all'articolo 1, comma 2, del decreto legislativo 30 luglio 1999, n. 286, e successive modificazioni. Partecipano all'organizzazione del sistema dei controlli interni il segretario dell'ente, il direttore generale, laddove previsto, i responsabili dei servizi e le unità di controllo, laddove istituite.

5. Per l'effettuazione dei controlli di cui al comma 1, più enti locali possono istituire uffici unici, mediante una convenzione che ne regoli le modalità di costituzione e di funzionamento.

(1) *Articolo sostituito dall'art. 3, comma 1, lett.* d), *d.l. 10 ottobre 2012, n. 174, conv., con modif., in l. 7 dicembre 2012, n. 213.*

(2) *Lettera modificata dall'art. 74, comma 1, n. 2), d.lgs. 23 giugno 2011, n. 118, come introdotto dall'art. 1, comma 1, lett.* aa), *d.lgs. 10 agosto 2014, n. 126, « a decorrere dall'esercizio finanziario 2015, con la predisposizione dei bilanci relativi all'esercizio 2015 e successivi », ai sensi del successivo art. 80, comma 1, d.ls. n. 118, cit.*

147-*bis* Controllo di regolarità amministrativa e contabile (1).

1. Il controllo di regolarità amministrativa e contabile è assicurato, nella fase preventiva della formazione dell'atto, da ogni responsabile di servizio ed è esercitato attraverso il rilascio del parere di regolarità tecnica attestante la regolarità e la correttezza dell'azione amministrativa. Il controllo contabile è effettuato dal responsabile del servizio finanziario ed è esercitato attraverso il rilascio del parere di regolarità contabile e del visto attestante la copertura finanziaria.

2. Il controllo di regolarità amministrativa e contabile è inoltre assicurato, nella fase successiva, secondo principi generali di revisione aziendale e modalità definite nell'ambito dell'autonomia organizzativa dell'ente, sotto la direzione del segretario, in base alla normativa vigente. Sono soggette al controllo le determinazioni di impegno di spesa, i contratti e gli altri atti amministrativi, scelti secondo una selezione casuale effettuata con motivate tecniche di campionamento.

3. Le risultanze del controllo di cui al comma 2 sono trasmesse periodicamente, a cura del segretario, ai responsabili dei servizi, unitamente alle direttive cui conformarsi in caso di riscontrate irregolarità, nonché ai revisori dei conti e agli organi di valutazione dei risultati dei dipendenti, come documenti utili per la valutazione, e al consiglio comunale.

(1) *Articolo inserito dall'art. 3, comma 1, lett.* d), *d.l. 10 ottobre 2012, n. 174, conv., con modif., in l. 7 dicembre 2012, n. 213.*

147-*ter* Controllo strategico (1).

1. Per verificare lo stato di attuazione dei programmi secondo le linee approvate dal Consiglio, l'ente locale con popolazione superiore a 100.000 abitanti in fase di prima applicazione, a 50.000 abitanti per il 2014 e a 15.000 abitanti a decorrere dal 2015 definisce, secondo la propria autonomia organizzativa, metodologie di controllo strategico finalizzate alla rilevazione dei risultati conseguiti rispetto agli obiettivi predefiniti, degli aspetti economico-finanziari connessi ai risultati ottenuti, dei tempi di realizzazione rispetto alle previsioni, delle procedure operative attuate confrontate con i progetti elaborati, della qualità dei servizi erogati e del grado di soddisfazione della domanda espressa, degli aspetti socio-economici. L'ente locale con popolazione superiore a 100.000 abitanti in fase di prima applicazione, a 50.000 abitanti per il 2014 e a 15.000 abitanti a decorrere dal 2015 può esercitare in forma associata la funzione di controllo strategico.

2. L'unità preposta al controllo strategico, che è posta sotto la direzione del direttore generale, laddove previsto, o del segretario comunale negli enti in cui non è prevista la figura del direttore generale, elabora rapporti periodici, da sottoporre all'organo esecutivo e al consiglio per la successiva predisposizione di deliberazioni consiliari di ricognizione dei programmi.

(1) *Articolo inserito dall'art. 3, comma 1, lett.* d), *d.l. 10 ottobre 2012, n. 174, conv., con modif., in l. 7 dicembre 2012, n. 213.*

147-*quater* Controlli sulle società partecipate non quotate (1).

1. L'ente locale definisce, secondo la propria autonomia organizzativa, un sistema di controlli sulle società non quotate, partecipate dallo stesso ente locale. Tali controlli sono esercitati dalle strutture proprie dell'ente locale, che ne sono responsabili.

2. Per l'attuazione di quanto previsto al comma 1 del presente articolo, l'amministrazione definisce preventivamente, in riferimento all'articolo 170, comma 6, gli obiettivi gestionali a cui deve tendere la società partecipata, secondo parametri qualitativi e quantitativi, e organizza un idoneo sistema informativo finalizzato a rilevare i rapporti finanziari tra l'ente proprietario e la società, la situazione contabile, gestionale e organizzativa della società, i contratti di servizio, la qualità dei servizi, il rispetto delle norme di legge sui vincoli di finanza pubblica.

3. Sulla base delle informazioni di cui al comma 2, l'ente locale effettua il monitoraggio periodico sull'andamento delle società non quotate partecipate, analizza gli scostamenti rispetto agli obiettivi assegnati e individua le opportune azioni correttive, anche in riferimento a possibili squilibri economico-finanziari rilevanti per il bilancio dell'ente.

4. I risultati complessivi della gestione dell'ente locale e delle aziende non quotate partecipate sono rilevati mediante bilancio consolidato, secondo la competenza economica, predisposto secondo le modalità previste dal decreto legislativo 23 giugno 2011, n. 118, e successive modificazioni (2).

5. Le disposizioni del presente articolo si applicano, in fase di prima applicazione, agli enti locali con popolazione superiore a 100.000 abitanti, per l'anno 2014 agli enti locali con popolazione superiore a 50.000 abitanti e, a decorrere dall'anno 2015, agli enti locali con popolazione superiore a 15.000 abitanti, ad eccezione del comma 4, che si applica a tutti gli enti locali a decorrere dall'anno 2015, secondo le disposizioni recate dal decreto legislativo 23 giugno 2011, n. 118. Le disposizioni del presente articolo non si applicano alle società quotate e a quelle da esse controllate ai sensi dell'articolo 2359 del codice civile. A tal fine, per società quotate partecipate dagli enti di cui al presente articolo si intendono le società emittenti strumenti finanziari quotati in mercati regolamentati (2).

(1) *Articolo inserito dall'art. 3, comma 1, lett.* d), *d.l. 10 ottobre 2012, n. 174, conv., con modif., in l. 7 dicembre 2012, n. 213.*

(2) *Comma modificato dall'art. 74, comma 1, n. 3), d.lgs. 23 giugno 2011, n. 118, come introdotto dall'art. 1, comma 1, lett.* aa), *d.lgs. 10 agosto 2014, n. 126, « a decorrere dall'esercizio finanziario 2015, con la predisposizione dei bilanci relativi all'esercizio 2015 e successivi », ai sensi del successivo art. 80, comma 1, d.ls. n. 118, cit.*

(3) *Comma modificato dall'art. 9, comma 9-*ter, *d.l. 31 agosto 2013, n. 102, conv., con modif., in l. 28 ottobre 2013, n. 124.*

147-*quinquies* Controllo sugli equilibri finanziari (1).

1. Il controllo sugli equilibri finanziari è svolto sotto la direzione e il coordinamento del responsabile del servizio finanziario e mediante la vigilanza dell'organo di revisione, prevedendo il coinvolgimento attivo degli organi di governo, del direttore generale, ove previsto, del segretario e dei responsabili dei servizi, secondo le rispettive responsabilità.

2. Il controllo sugli equilibri finanziari è disciplinato nel regolamento di contabilità dell'ente ed è svolto nel rispetto delle disposizioni dell'ordinamento finanziario e contabile degli enti locali, e delle norme che regolano il concorso degli enti locali alla realizzazione degli obiettivi di finanza pubblica, nonché delle norme di attuazione dell'articolo 81 della Costituzione.

3. Il controllo sugli equilibri finanziari implica anche la valutazione degli effetti che si determinano per il bilancio finanziario dell'ente in relazione all'andamento economico-finanziario degli organismi gestionali esterni.

(1) *Articolo inserito dall'art. 3, comma 1, lett.* d), *d.l. 10 ottobre 2012, n. 174, conv., con modif., in l. 7 dicembre 2012, n. 213.*

CAPO IV
Controlli esterni sulla gestione

148 Controlli esterni (1).

1. Le sezioni regionali della Corte dei conti, con cadenza annuale, nell'ambito del controllo di legittimità e regolarità delle gestioni, verificano il funzionamento dei controlli interni ai fini del rispetto delle regole contabili e dell'equilibrio di bilancio di ciascun ente locale. A tale fine, il sindaco, relativamente ai comuni con popolazione superiore ai 15.000 abitanti, o il presidente della provincia, avvalendosi del direttore generale, quando presente, o del segretario negli enti in cui non è prevista la figura del direttore generale, trasmette annualmente alla sezione regionale di controllo della Corte dei conti un referto sul sistema dei controlli interni, adottato sulla base delle linee guida deliberate dalla sezione delle autonomie della Corte dei conti e sui controlli effettuati nell'anno, entro trenta giorni dalla data di entrata in vigore della presente disposizione; il referto è, altresì, inviato al presidente del consiglio comunale o provinciale (2).

2. Il Ministero dell'economia e delle finanze - Dipartimento della Ragioneria generale dello Stato può attivare verifiche sulla regolarità della gestione amministrativo-contabile, ai sensi dell'articolo 14, comma 1, lettera *d*), della legge 31 dicembre 2009, n. 196, oltre che negli altri casi previsti dalla legge, qualora un ente evidenzi, anche attraverso le rilevazioni SIOPE, situazioni di squilibrio finanziario riferibili ai seguenti indicatori:

a) ripetuto utilizzo dell'anticipazione di tesoreria;

b) disequilibrio consolidato della parte corrente del bilancio;

c) anomale modalità di gestione dei servizi per conto di terzi;

d) aumento non giustificato di spesa degli organi politici istituzionali (3).

3. Le sezioni regionali di controllo della Corte dei conti possono attivare le procedure di cui al comma 2 (3).

4. In caso di rilevata assenza o inadeguatezza degli strumenti e delle metodologie di cui al secondo perio-

do del comma 1 del presente articolo, fermo restando quanto previsto dall'articolo 1 della legge 14 gennaio 1994, n. 20, e successive modificazioni, e dai commi 5 e 5-*bis* dell'articolo 248 del presente testo unico, le sezioni giurisdizionali regionali della Corte dei conti irrogano agli amministratori responsabili la condanna ad una sanzione pecuniaria da un minimo di cinque fino ad un massimo di venti volte la retribuzione mensile lorda dovuta al momento di commissione della violazione.

(1) *Articolo sostituito dall'art. 3, comma 1, lett.* e), *d.l. 10 ottobre 2012, n. 174 conv., con modif., in l. 7 dicembre 2012, n. 213.*

(2) *Comma sostituito dall'art. 33, comma 1, d.l. 24 giugno 2014, n. 91, conv., con modif., in l. 11 agosto 2014, n. 116.*

(3) *La Corte Costituzionale, con sentenza 6 marzo 2014, n. 39 ha dichiarato l'*illegittimità costituzionale *del presente comma, con efficacia nei confronti delle Regioni autonome Friuli-Venezia Giulia e Sardegna.*

148-*bis* Rafforzamento del controllo della Corte dei conti sulla gestione finanziaria degli enti locali (1).

1. Le sezioni regionali di controllo della Corte dei conti esaminano i bilanci preventivi e i rendiconti consuntivi degli enti locali ai sensi dell'articolo 1, commi 166 e seguenti, della legge 23 dicembre 2005, n. 266, per la verifica del rispetto degli obiettivi annuali posti dal patto di stabilità interno, dell'osservanza del vincolo previsto in materia di indebitamento dall'articolo 119, sesto comma, della Costituzione, della sostenibilità dell'indebitamento, dell'assenza di irregolarità, suscettibili di pregiudicare, anche in prospettiva, gli equilibri economico-finanziari degli enti.

2. Ai fini della verifica prevista dal comma 1, le sezioni regionali di controllo della Corte dei conti accertano altresì che i rendiconti degli enti locali tengano conto anche delle partecipazioni in società controllate e alle quali è affidata la gestione di servizi pubblici per la collettività locale e di servizi strumentali all'ente.

3. Nell'ambito della verifica di cui ai commi 1 e 2, l'accertamento, da parte delle competenti sezioni regionali di controllo della Corte dei conti, di squilibri economico-finanziari, della mancata copertura di spese, della violazione di norme finalizzate a garantire la regolarità della gestione finanziaria, o del mancato rispetto degli obiettivi posti con il patto di stabilità interno comporta per gli enti interessati l'obbligo di adottare, entro sessanta giorni dalla comunicazione del deposito della pronuncia di accertamento, i provvedimenti idonei a rimuovere le irregolarità e a ripristinare gli equilibri di bilancio. Tali provvedimenti sono trasmessi alle sezioni regionali di controllo della Corte dei conti che li verificano nel termine di trenta giorni dal ricevimento. Qualora l'ente non provveda alla trasmissione dei suddetti provvedimenti o la verifica delle sezioni regionali di controllo dia esito negativo, è preclusa l'attuazione dei programmi di spesa per i quali è stata accertata la mancata copertura o l'insussistenza della relativa sostenibilità finanziaria.

(1) *Articolo inserito dall'art. 3, comma 1, lett.* e), *d.l. 10 ottobre 2012, n. 174, conv., con modif., in l. 7 dicembre 2012, n. 213.*

PARTE II
Ordinamento finanziario e contabile

149-241 (*Omissis*).

TITOLO VIII
Enti locali deficitari o dissestati (1)

(1) *Ai sensi dell'art. 31, comma 15, l. 27 dicembre 2002, n. 289, come da ultimo sostituito dall'art. 5 d.l. 29 marzo 2004, n. 80, conv., con modif. in l. 28 maggio 2004, n. 140, le disposizioni del presente Titolo (artt. 242-269), che disciplinano l'assunzione di mutui per il risanamento dell'ente locale dissestato, nonché la contribuzione statale sul relativo onere di ammortamento non trovano applicazione nei confronti degli enti locali che hanno deliberato lo stato di dissesto finanziario a decorrere dalla data di entrata in vigore della l. cost. 18 ottobre 2001, n. 3.*

CAPO I
Enti locali deficitari: disposizioni generali (1)

(1) *V.* sub *Titolo VIII.*

242 Individuazione degli enti locali strutturalmente deficitari e relativi controlli (1).

1. Sono da considerarsi in condizioni strutturalmente deficitarie gli enti locali che presentano gravi ed incontrovertibili condizioni di squilibrio, rilevabili da una apposita tabella, da allegare al certificato sul rendiconto della gestione, contenente parametri obiettivi dei quali almeno la metà presentino valori deficitari. Il certificato è quello relativo al rendiconto della gestione del penultimo esercizio precedente quello di riferimento (2).

2. Con decreto del Ministro dell'interno di natura non regolamentare, di concerto con il Ministro dell'economia e delle finanze, sono fissati i parametri obiettivi, nonché le modalità per la compilazione della tabella di cui al comma 1. Fino alla fissazione di nuovi parametri si applicano quelli vigenti nell'anno precedente (3).

3. Le norme di cui al presente capo si applicano a comuni, province e Comunità montane.

(1) *V.* sub *Titolo VIII.*

(2) *Comma modificato dall'art. 1, comma 714, l. 27 dicembre 2006, n. 296.*

(3) *Comma modificato dall'art. 1, comma 714, l. 27 dicembre 2006, n. 296 e successivamente sostituito dall'art. 3, comma 1, lett.* p), *d.l. 10 ottobre 2012, n. 174, conv., con modif., in l. 7 dicembre 2012, n. 213.*

243 Controlli per gli enti locali strutturalmente deficitari, enti locali dissestati ed altri enti (1).

1. Gli enti locali strutturalmente deficitari, individuati ai sensi dell'art. 242, sono soggetti al controllo centrale sulle dotazioni organiche e sulle assunzioni di personale da parte della Commissione per la finanza e gli organici degli enti locali (2). Il controllo è esercitato prioritariamente in relazione alla verifica sulla compatibilità finanziaria.

2. Gli enti locali strutturalmente deficitari sono soggetti ai controlli centrali in materia di copertura del costo di alcuni servizi. Tali controlli verificano mediante un'apposita certificazione che:

a) il costo complessivo della gestione dei servizi a domanda individuale, riferito ai dati della competenza, sia stato coperto con i relativi proventi tariffari e contributi finalizzati in misura non inferiore al 36 per cento; a tale fine sono esclusi i costi di gestione degli asili nido (3);

b) il costo complessivo della gestione del servizio di acquedotto, riferito ai dati della competenza, sia stato coperto con la relativa tariffa in misura non inferiore all'80 per cento;

c) il costo complessivo della gestione del servizio di smaltimento dei rifiuti solidi urbani interni ed equiparati, riferito ai dati della competenza, sia stato coperto con la relativa tariffa almeno nella misura prevista dalla legislazione vigente.

3. I costi complessivi di gestione dei servizi di cui al comma 2, lettere *a*) e *b*), devono comunque comprendere gli oneri diretti e indiretti di personale, le spese per l'acquisto di beni e servizi, le spese per i trasferimenti e per gli oneri di ammortamento degli impianti e delle attrezzature. Per le quote di ammortamento si applicano i coefficienti indicati nel decreto del Ministro delle finanze in data 31 dicembre 1988 e successive modifiche o integrazioni. I coefficienti si assumono ridotti del 50 per cento per i beni ammortizzabili acquisiti nell'anno di riferimento. Nei casi in cui detti servizi sono forniti da organismi di gestione degli enti locali, nei costi complessivi di gestione sono considerati gli oneri finanziari dovuti agli enti proprietari di cui all'art. 44 del decreto del Presidente della Repubblica 4 ottobre 1986, n. 902, da versare dagli organismi di gestione agli enti proprietari entro l'esercizio successivo a quello della riscossione delle tariffe e della erogazione in conto esercizio. I costi complessivi di gestione del servizio di cui al comma 2, lettera *c*), sono rilevati secondo le disposizioni vigenti in materia.

3-*bis*. I contratti di servizio, stipulati dagli enti locali con le società controllate, con esclusione di quelle quotate in borsa, devono contenere apposite clausole volte a prevedere, ove si verifichino condizioni di deficitarietà strutturale, la riduzione delle spese di personale delle società medesime, anche in applicazione di quanto previsto dall'articolo 18, comma 2-*bis*, del decreto-legge n. 112 del 2008, convertito, con modificazioni, dalla legge n. 133 del 2008 (4).

4. Con decreto del Ministro dell'interno, sentita la Conferenza Stato-città e autonomie locali, da pubblicare nella Gazzetta Ufficiale, sono determinati i tempi e le modalità per la presentazione e il controllo della certificazione di cui al comma 2.

5. Alle province ed ai comuni in condizioni strutturalmente deficitarie che, pur essendo a ciò tenuti, non rispettano i livelli minimi di copertura dei costi di gestione di cui al comma 2 o che non danno dimostrazione di tale rispetto trasmettendo la prevista certificazione, è applicata una sanzione pari all'1 per cento delle entrate correnti risultanti dal rendiconto della gestione (5) del penultimo esercizio finanziario precedente a quello in cui viene rilevato il mancato rispetto dei predetti limiti minimi di copertura. Ove non risulti inviato alla banca dati delle amministrazioni pubbliche di cui all'articolo 13 della legge 31 dicembre 2009, n. 196, il rendiconto della gestione del penultimo anno precedente, si fa riferimento all'ultimo rendiconto presente nella stessa banca dati o, in caso di ulteriore indisponibilità, nella banca dati dei certificati di bilancio del Ministero dell'interno (6). La sanzione si applica sulle risorse attribuite dal Ministero dell'interno a titolo di trasferimenti erariali e di federalismo fiscale; in caso di incapienza l'ente locale è tenuto a versare all'entrata del bilancio dello Stato le somme residue (7).

5-*bis*. Le disposizioni di cui al comma 5 si applicano a decorrere dalle sanzioni da applicare per il mancato rispetto dei limiti di copertura dei costi di gestione dell'esercizio 2011 (7).

6. Sono soggetti, in via provvisoria, ai controlli centrali di cui al comma 2, sino all'adempimento:

a) gli enti locali per i quali non sia intervenuta nei termini di legge la deliberazione del rendiconto della gestione;

b) gli enti locali che non inviino il rendiconto della gestione alla banca dati delle amministrazioni pubbliche entro 30 giorni dal termine previsto per la deliberazione (8).

7. Gli enti locali che hanno deliberato lo stato di dissesto finanziario sono soggetti, per la durata del risanamento, ai controlli di cui al comma 1, sono tenuti alla presentazione della certificazione di cui al comma 2 e sono tenuti per i servizi a domanda individuale al rispetto, per il medesimo periodo, del livello minimo di copertura dei costi di gestione di cui al comma 2, lettera *a*).

(1) *V.* sub *Titolo VIII.*

(2) *Ora « Commissione per la stabilità finanziaria degli enti locali » ai sensi di quanto disposto dal comma 7 dell'art. 3, d.l. 10 ottobre 2012, n. 174, conv., con modif., in l. 7 dicembre 2012, n. 213.*

(3) *Le parole* « a tale fine sono esclusi i costi di gestione degli asili nido » *sono state sostituite alle parole* « a tale fine i costi di gestione degli asili nido sono calcolati al 50 per cento del loro ammontare » *dall'art. 1, comma 173, l. 30 dicembre 2021, n. 234.*

(4) *Comma inserito dall'art. 3, comma 1, lett.* q), *d.l. 10 ottobre 2012, n. 174, conv., con modif., in l. 7 dicembre 2012, n. 213.*

(5) *Le parole* « dal rendiconto della gestione » *sono state sostituite alle parole* « certificato di bilancio di cui all'articolo 161 » *dall'art. 48, comma 1, lett.* b), *n. 1) d.l. 26 ottobre 2019, n. 124, conv., con modif., in l. 19 dicembre 2019, n. 157.*

(6) *Le parole da* « ove non risulti » *a* « Ministero dell'interno » *sono state sostituite alle parole* « Ove non risulti presentato il certificato di bilancio del penultimo anno precedente, si fa riferimento all'ultimo certificato disponibile » *dall'art. 48, comma 1, lett.* b), *n. 1) d.l. 26 ottobre 2019, n. 124, conv., con modif., in l. 19 dicembre 2019, n. 157.*

(7) *I commi 5 e 5-*bis *sono stati sostituiti all'originario comma 5 dall'art. 4, comma 9, d.l. 2 marzo 2012, n. 16, conv., con modif., in l. 26 aprile 2012, n. 44. Il testo del comma 5 era il seguente:* « 5. Agli enti locali strutturalmente deficitari che, pur essendo a ciò tenuti, non rispettano i livelli minimi di copertura dei costi di gestione di cui al comma 2, è applicata una sanzione pari alla perdita dell'1 per cento del contributo ordinario spettante per l'anno per il quale si è verificata l'inadempienza, mediante trattenuta in unica soluzione sui trasferimenti erariali spettanti per gli anni successivi ».

(8) *Comma sostituito dall'art. 48, comma 1, lett.* b), *n. 2) d.l. 26 ottobre 2019, n. 124, conv., con modif., in l. 19 dicembre 2019, n. 157. Il testo del comma, come modificato dall'art. 3, comma 1, lett.* q-bis) *d.l. 10 ottobre 2012, n. 174, era il seguente:* « 6. Sono soggetti, in via provvisoria, ai controlli centrali di cui al comma 2: *a*) gli enti locali che, pur risultando non deficitari dalle risultanze della tabella allegata al rendiconto di gestione, non presentino il certificato al rendiconto della gestione, di cui all'articolo 161; *b*) gli enti locali per i quali non sia intervenuta nei termini di legge la deliberazione del rendiconto della gestione, sino all'adempimento ».

243-*bis* Procedura di riequilibrio finanziario pluriennale (1) (2).

1. I comuni e le province per i quali, anche in considerazione delle pronunce delle competenti sezioni regionali della Corte dei conti sui bilanci degli enti, sussistano squilibri strutturali del bilancio in grado di provocare il dissesto finanziario, nel caso in cui le misure di cui agli articoli 193 e 194 non siano sufficienti a superare le condizioni di squilibrio rilevate, possono ricorrere, con deliberazione consiliare alla procedura di riequilibrio finanziario pluriennale prevista dal presente articolo. La predetta procedura non può essere iniziata qualora sia decorso il termine assegnato dal prefetto, con lettera notificata ai singoli consiglieri, per la deliberazione del dissesto, di cui all'articolo 6, comma 2, del decreto legislativo 6 settembre 2011, n. 149 (3).

2. La deliberazione di ricorso alla procedura di riequilibrio finanziario pluriennale è trasmessa, entro 5 giorni dalla data di esecutività, alla competente sezione regionale della Corte dei conti e al Ministero dell'interno.

3. Il ricorso alla procedura di cui al presente articolo sospende temporaneamente la possibilità per la Corte dei Conti di assegnare, ai sensi dell'articolo 6, comma 2, del decreto legislativo 6 settembre 2011, n. 149, il termine per l'adozione delle misure correttive di cui al comma 6, lettera *a*), del presente articolo.

4. Le procedure esecutive intraprese nei confronti dell'ente sono sospese dalla data di deliberazione di ricorso alla procedura di riequilibrio finanziario pluriennale fino alla data di approvazione o di diniego di approvazione del piano di riequilibrio pluriennale di cui all'articolo 243-*quater*, commi 1 e 3.

5. Il consiglio dell'ente locale, entro il termine perentorio di novanta giorni dalla data di esecutività della delibera di cui al comma 1, delibera un piano di riequilibrio finanziario pluriennale di durata compresa tra quattro e venti anni (4), compreso quello in corso, corredato del parere dell'organo di revisione economico-finanziario (5). Qualora, in caso di inizio mandato, la delibera di cui al presente comma risulti già presentata dalla precedente amministrazione, ordinaria o commissariale, e non risulti ancora intervenuta la delibera della Corte dei conti di approvazione o di diniego di cui all'articolo 243-*quater*, comma 3, l'amministrazione in carica ha facoltà di rimodulare il piano di riequilibrio, presentando la relativa delibera nei sessanta giorni successivi alla sottoscrizione della relazione di cui all'articolo 4-*bis*, comma 2, del decreto legislativo 6 settembre 2011, n. 149 (6).

5-*bis*. La durata massima del piano di riequilibrio finanziario pluriennale, di cui al primo periodo del comma 5, è determinata sulla base del rapporto tra le passività da ripianare nel medesimo e l'ammontare degli impegni di cui al titolo I della spesa del rendiconto dell'anno precedente a quello di deliberazione del ricorso alla procedura di riequilibrio o dell'ultimo rendiconto approvato, secondo la seguente tabella: (7)

Rapporto passività/ impegni di cui al titolo I	Durata massima del piano di riequilibrio finanziario pluriennale
Fino al 20 per cento	4 anni
Superiore al 20 per cento e fino al 60 per cento	10 anni
Superiore al 60 per cento e fino al 100 per cento per i comuni fino a 60.000 abitanti	15 anni
Oltre il 60 per cento per i comuni popolazione superiore a 60.000 abitanti e oltre il 100 per cento per tutti gli altri comuni	20 anni (8)

6. Il piano di riequilibrio finanziario pluriennale deve tenere conto di tutte le misure necessarie a superare le condizioni di squilibrio rilevate e deve, comunque, contenere:

a) le eventuali misure correttive adottate dall'ente locale in considerazione dei comportamenti difformi dalla sana gestione finanziaria e del mancato rispetto degli obiettivi posti con il patto di stabilità interno accertati dalla competente sezione regionale della Corte dei conti;

b) la puntuale ricognizione, con relativa quantificazione, dei fattori di squilibrio rilevati, dell'eventuale disavanzo di amministrazione risultante dall'ultimo rendiconto approvato e di eventuali debiti fuori bilancio;

c) l'individuazione, con relative quantificazione e previsione dell'anno di effettivo realizzo, di tutte le misure necessarie per ripristinare l'equilibrio strutturale del bilancio, per l'integrale ripiano del disavanzo di amministrazione accertato e per il finanziamento dei debiti fuori bilancio entro il periodo massimo di dieci anni, a partire da quello in corso alla data di accettazione del piano;

d) l'indicazione, per ciascuno degli anni del piano di riequilibrio, della percentuale di ripiano del disavanzo di amministrazione da assicurare e degli importi previsti o da prevedere nei bilanci annuali e pluriennali per il finanziamento dei debiti fuori bilancio.

7. Ai fini della predisposizione del piano, l'ente è tenuto ad effettuare una ricognizione di tutti i debiti fuori bilancio riconoscibili ai sensi dell'articolo 194. Per il finanziamento dei debiti fuori bilancio l'ente può provvedere anche mediante un piano di rateizzazione, della durata massima pari agli anni del piano di riequilibrio, compreso quello in corso, convenuto con i creditori.

7-*bis*. Al fine di pianificare la rateizzazione dei pagamenti di cui al comma 7, l'ente locale interessato può richiedere all'agente della riscossione una dilazione dei carichi affidati dalle agenzie fiscali e relativi alle annualità ricomprese nel piano di riequilibrio pluriennale dell'ente. Le rateizzazioni possono avere una durata temporale massima di dieci anni con pagamenti rateali mensili. Alle rateizzazioni concesse si applica la disciplina di cui all'articolo 19, commi 1-quater, 3 e

3-bis, del decreto del Presidente della Repubblica 29 settembre 1973, n. 602. Sono dovuti gli interessi di dilazione di cui all'articolo 21 del citato decreto del Presidente della Repubblica n. 602 del 1973 (9).

7-*ter*. Le disposizioni del comma 7-bis si applicano anche ai carichi affidati dagli enti gestori di forme di previdenza e assistenza obbligatoria (9).

7-*quater*. Le modalità di applicazione delle disposizioni dei commi 7-*bis* e 7-*ter* sono definite con decreto del Ministero dell'economia e delle finanze, di concerto con il Ministero del lavoro e delle politiche sociali, da adottare entro trenta giorni dalla data di entrata in vigore della presente disposizione (9).

7-*quinquies*. L'ente locale è tenuto a rilasciare apposita delegazione di pagamento ai sensi dell'articolo 206 quale garanzia del pagamento delle rate relative ai carichi delle agenzie fiscali e degli enti gestori di forme di previdenza e assistenza obbligatoria di cui ai commi 7-*bis* e 7-*ter* (9).

8. Al fine di assicurare il prefissato graduale riequilibrio finanziario, per tutto il periodo di durata del piano, l'ente:

a) può deliberare le aliquote o tariffe dei tributi locali nella misura massima consentita, anche in deroga ad eventuali limitazioni disposte dalla legislazione vigente;

b) è soggetto ai controlli centrali in materia di copertura di costo di alcuni servizi, di cui all'articolo 243, comma 2, ed è tenuto ad assicurare la copertura dei costi della gestione dei servizi a domanda individuale prevista dalla lettera *a*) del medesimo articolo 243, comma 2;

c) è tenuto ad assicurare, con i proventi della relativa tariffa, la copertura integrale dei costi della gestione del servizio di smaltimento dei rifiuti solidi urbani e del servizio acquedotto;

d) è soggetto al controllo sulle dotazioni organiche e sulle assunzioni di personale previsto dall'articolo 243, comma 1;

e) è tenuto ad effettuare una revisione straordinaria di tutti i residui attivi e passivi conservati in bilancio, stralciando i residui attivi inesigibili o di dubbia esigibilità da inserire nel conto del patrimonio fino al compimento dei termini di prescrizione, nonché una sistematica attività di accertamento delle posizioni debitorie aperte con il sistema creditizio e dei procedimenti di realizzazione delle opere pubbliche ad esse sottostanti ed una verifica della consistenza ed integrale ripristino dei fondi delle entrate con vincolo di destinazione;

f) è tenuto ad effettuare una rigorosa revisione della spesa con indicazione di precisi obiettivi di riduzione della stessa, nonché una verifica e relativa valutazione dei costi di tutti i servizi erogati dall'ente e della situazione di tutti gli organismi e delle società partecipati e dei relativi costi e oneri comunque a carico del bilancio dell'ente;

g) può procedere all'assunzione di mutui per la copertura di debiti fuori bilancio riferiti a spese di investimento in deroga ai limiti di cui all'articolo 204, comma 1, previsti dalla legislazione vigente, nonché accedere al Fondo di rotazione per assicurare la stabilità finanziaria degli enti locali di cui all'articolo 243-*ter*, a condizione che si sia avvalso della facoltà di deliberare le aliquote o tariffe nella misura massima prevista dalla lettera *a*), che abbia previsto l'impegno ad alienare i beni patrimoniali disponibili non indispensabili per i fini istituzionali dell'ente e che abbia provveduto alla rideterminazione della dotazione organica ai sensi dell'articolo 259, comma 6, fermo restando che la stessa non può essere variata in aumento per la durata del piano di riequilibrio (10).

9. In caso di accesso al Fondo di rotazione di cui all'articolo 243-*ter*, l'Ente deve adottare entro il termine dell'esercizio finanziario le seguenti misure di riequilibrio della parte corrente del bilancio:

a) a decorrere dall'esercizio finanziario successivo, riduzione delle spese di personale, da realizzare in particolare attraverso l'eliminazione dai fondi per il finanziamento della retribuzione accessoria del personale dirigente e di quello del comparto, delle risorse di cui agli articoli 15, comma 5, e 26, comma 3, dei Contratti collettivi nazionali di lavoro del 1° aprile 1999 (comparto) e del 23 dicembre 1999 (dirigenza), per la quota non connessa all'effettivo incremento delle dotazioni organiche;

b) entro il termine di un quinquennio, riduzione almeno del 10 per cento delle spese per acquisti di beni e prestazioni di servizi di cui al macroaggregato 03 della spesa corrente, finanziate attraverso risorse proprie. Ai fini del computo della percentuale di riduzione, dalla base di calcolo sono esclusi gli stanziamenti destinati:

1) alla copertura dei costi di gestione del servizio di smaltimento dei rifiuti solidi urbani;

2) alla copertura dei costi di gestione del servizio di acquedotto;

3) al servizio di trasporto pubblico locale;

4) al servizio di illuminazione pubblica;

5) al finanziamento delle spese relative all'accoglienza, su disposizione della competente autorità giudiziaria, di minori in strutture protette in regime di convitto e semiconvitto (11);

c) entro il termine di un quinquennio, riduzione almeno del 25 per cento delle spese per trasferimenti di cui al macroaggregato 04 della spesa corrente, finanziate attraverso risorse proprie. Ai fini del computo della percentuale di riduzione, dalla base di calcolo sono escluse le somme relative a trasferimenti destinati ad altri livelli istituzionali, a enti, agenzie o fondazioni lirico-sinfoniche (12)

c-bis) ferma restando l'obbligatorietà delle riduzioni indicate nelle lettere *b*) e *c*), l'ente locale ha facoltà di procedere a compensazioni, in valore assoluto e mantenendo la piena equivalenza delle somme, tra importi di spesa corrente, ad eccezione della spesa per il personale e ferme restando le esclusioni di cui alle medesime lettere *b*) e *c*) del presente comma. Tali compensazioni sono puntualmente evidenziate nel piano di riequilibrio approvato (13);

d) blocco dell'indebitamento, fatto salvo quanto previsto dal primo periodo del comma 8, lettera *g*), per i soli mutui connessi alla copertura di debiti fuori bilancio pregressi.

9-*bis*. In deroga al comma 8, lettera *g*), e al comma 9, lettera *d*), del presente articolo e all'articolo 243-*ter*, i comuni che fanno ricorso alla procedura di riequilibrio finanziario pluriennale prevista dal presente articolo possono contrarre mutui, oltre i limiti di cui al comma 1 dell'articolo 204, necessari alla copertura di spese di investimento relative a progetti e interventi che garantiscano l'ottenimento di risparmi di gestione funzionali al raggiungimento degli obiettivi fissati nel piano di riequilibrio finanziario pluriennale, per un importo non superiore alle quote di capitale dei mutui e dei prestiti obbligazionari precedentemente contratti ed emessi, rimborsate nell'esercizio precedente, nonché alla copertura, anche a titolo di anticipazione, di spese di investimento strettamente funzionali all'ordinato svolgimento di progetti e interventi finanziati in prevalenza con risorse provenienti dall'Unione europea o da amministrazioni ed enti nazionali, pubblici o privati (14) (15).

(1) *Articolo inserito dall'art. 3, comma 1, lett.* r), *d.l. 10 ottobre 2012, n. 174, conv., con modif., in l. 7 dicembre 2012, n. 213. V. il d.m. 11 gennaio 2013.*

(2) *Per le linee di indirizzo in merito a questioni interpretativo-applicative concernenti le norme che regolano la procedura di riequilibrio finanziario pluriennale, di cui al presente articolo, v. la Delibera della Corte dei Conti 6 marzo 2013; per l'integrazione delle linee guida e dei criteri per l'istruttoria del piano di riequilibrio finanziario pluriennale di cui al presente articolo vedi la Delibera della Corte dei Conti 17 febbraio 2015, n. 8.*

(3) *Comma modificato dall'art. 3, comma 3, lett-* a), *d.l. 6 marzo 2014, n. 16, conv., con modif., in l. 2 maggio 2014, n. 68.*

(4) *Le parole:* « di durata compresa tra quattro e venti anni » *sono sostituite alle parole* « della durata massima di dieci anni » *dall'art. 1, comma 888, lett.* a), *l. 27 dicembre 2017, n. 205, a decorrere dal 1° gennaio 2018.*

(5) *Ai sensi, da ultimo, dell'art. 11-*quater, *comma 9, d.l. 22 aprile 2021, n. 52, conv., con modif., in l. 17 giugno 2021, n. 87, il termine di cui al presente comma è fissato al 30 giugno 2021, qualora il termine di novanta giorni sia scaduto antecedentemente alla predetta data.*

*Precedentemente, il termine era stato fissato al al 30 settembre 2021 ai sensi dell'art. 30, comma 11-*bis, *d.l. 22 marzo 2021, n. 41, conv., con modif., in l. 21 maggio 2021, n. 69.*

(6) *Comma modificato dall'art. 49-*quinquies, *comma 1, lett.* a), *d.l. 21 giugno 2013, n. 69, conv., con modif., in l. 9 agosto 2013, n. 98 e successivamente dall'art. 3, comma 3-*bis, *d.l. 6 marzo 2014, n. 16, conv. con modif., in l. 2 maggio 2014, n. 68. Si veda anche l'art. 5 comma 11-*septies *d.l. 30 dicembre 2016, n. 244 conv., con modif., in l. 27 febbraio 2017, n. 19, che così dispone: « Per gli enti locali che, alla data di entrata in vigore della legge di conversione del presente decreto, pur avendo avviato la procedura di riequilibrio finanziario pluriennale di cui all'articolo 243-*bis *del testo unico di cui al decreto legislativo 18 agosto 2000, n. 267, non abbiano rispettato il termine di cui al primo periodo del comma 5 del medesimo articolo 243-*bis *ovvero quello di cui articolo 2, comma 5-*bis, *del decreto-legge 19 giugno 2015, n. 78, convertito, con modificazioni, dalla legge 6 agosto 2015, n. 125, non conseguendo l'accoglimento del piano secondo le modalità di cui all'articolo 243-*quater, *comma 3, del citato decreto legislativo 18 agosto 2000, n. 267, il termine per poter deliberare un nuovo piano di riequilibrio finanziario pluriennale, secondo la procedura di cui all'articolo 243-*bis *del medesimo decreto legislativo 18 agosto 2000, n. 267, è prorogato al 30 aprile 2017. Non si applica l'ultimo periodo del medesimo articolo 243-*bis, *comma 1, del decreto legislativo 18 agosto 2000, n. 267. La facoltà di cui al primo periodo del presente comma è subordinata all'avvenuto conseguimento di un miglioramento, inteso quale aumento dell'avanzo di amministrazione o diminuzione del disavanzo di amministrazione, registrato nell'ultimo rendiconto approvato dall'ente locale. Nelle more del termine di cui al primo periodo del presente comma e sino alla conclusione della relativa procedura, non si applica l'articolo 243-*quater, *comma 7, del decreto legislativo 18 agosto 2000, n. 267, con sospensione delle procedure eventualmente avviate in esecuzione del medesimo ».*

Successivamente, la Corte costituzionale, con sentenza 11 marzo 2021, n. 34, ha dichiarato l'illegittimità costituzionale *del presente comma nella parte in cui non prevede che, in caso di inizio mandato in pendenza del termine perentorio di cui al primo periodo del presente comma, ove non vi abbia provveduto la precedente amministrazione, quella in carica possa deliberare il piano di riequilibrio finanziario pluriennale, presentando la relativa delibera nei sessanta giorni successivi alla sottoscrizione della relazione di cui all'art. 4-*bis, *comma 2, d.lgs. 6 settembre 2011, n. 149.*

(7) *La tabella di cui al comma 5-*bis *è stata da ultimo sostituita, in sede di conversione, dall'art. 38, comma 1-*terdecies *d.l. 30 aprile 2019, n. 34, conv., con modif., in l. 28 giugno 2019, n. 58. In particolare il predetto art. 38 ha aggiunto le parole* « per i comuni fino a 60.000 abitanti » *dopo le parole* « fino al 100 per cento » *ed ha sostituito le parole* « Oltre il 60 per cento per i comuni popolazione superiore a 60.000 abitanti e oltre il 100 per cento per tutti gli altri comuni » *alle parole* « Oltre il 100 per cento ». *Successivamente, la Corte costituzionale, con sentenza del 23 giugno 2020, n. 115, ha dichiarato non fondata, nei sensi di cui in motivazione, una questione di legittimità costituzionale del predetto art. 38, comma 1-*terdecies *d.l. n. 34, cit., sollevata con riferimento agli artt. 81, 97, comma 1 e 119, comma 6 Cost., in quanto tale disposizione « si limita a sostituire la tabella che dovrà essere presa a riferimento per rimodulare il piano di riequilibrio, ma non crea un automatismo applicativo, e neppure determina la denunciata arbitrarietà dei poteri conferiti all'ente locale dalla disposizione contenuta nel comma 2-*ter, *dal momento che il nuovo piano dovrà superare lo scrutinio di sostenibilità della Corte dei conti ».*

(8) *Comma aggiunto dall'art. 1, comma 888, lett.* b), *l. 27 dicembre 2017, n. 205, a decorrere dal 1° gennaio 2018.*

(9) *Comma aggiunto dall'art. 1, comma 890, l. 27 dicembre 2017, n. 205, a decorrere dal 1° gennaio 2018.*

(10) *V. anche l'art. 13, comma 9, d.l. 23 dicembre 2013 n. 145, conv., con modif., in l. 21 febbraio 2014, n. 9. A norma dell'articolo unico della Delibera della Corte dei Conti 17 febbraio 2015, n. 8, nella procedura di riequilibrio il rinvio operato dalla presente lettera all'art. 259, comma 6, deve intendersi riferito alla sola riduzione della dotazione organica e non anche alla riduzione della spesa del personale a tempo determinato; misura, quest'ultima, che potrà essere adottata nel contesto degli interventi di cui al presente articolo, comma 9, ove necessaria al riequilibrio della parte corrente del bilancio.*

(11) *Lettera sostituita dall'art. 1, comma 436, lett.* a), *l. 11 dicembre 2016, n. 232.*

(12) *Lettera sostituita dall'art. 1, comma 436, lett.* a), *l. 11 dicembre 2016, n. 232.*

(13) *Lettera inserita dall'art. 1, comma 436, lett.* b), *l. 11 dicembre 2016, n. 232.*

(14) *Le parole da* « nonché alla copertura » *a* « pubblici o privati » *sono state aggiunte, in sede di conversione, dall'art. 39, comma 14-*decies, *lett.* a), *d.l. 30 dicembre 2019, n. 162, conv., con modif., in l. 28 febbraio 2020, n. 8.*

(15) *Comma aggiunto dall'art. 3, comma 3, lett.* b), *d.l. 6 marzo 2014, n. 16, conv., con modif., in l. 2 maggio 2014, n. 68.*

243-*ter* Fondo di rotazione per assicurare la stabilità finanziaria degli enti locali (1).

1. Per il risanamento finanziario degli enti locali che hanno deliberato la procedura di riequilibrio finanziario di cui all'articolo 243-*bis* lo Stato prevede un'anticipazione a valere sul Fondo di rotazione, denominato: "Fondo di rotazione per assicurare la stabilità finanziaria degli enti locali".

2. Con decreto del Ministero dell'interno, di concerto con il Ministero dell'economia e delle finanze, sentita la Conferenza Stato-città ed autonomie locali, da emanare entro il 30 novembre 2012, sono stabiliti i criteri per la determinazione dell'importo massimo dell'anticipazione di cui al comma 1 attribuibile a ciascun ente locale, nonché le modalità per la concessione e per la restituzione della stessa in un periodo massimo di 10 anni decorrente dall'anno successivo a quello in cui viene erogata l'anticipazione di cui al comma 1.

3. I criteri per la determinazione dell'anticipazione attribuibile a ciascun ente locale, nei limiti dell'importo massimo fissato in euro 300 per abitante per i comuni e in euro 20 per abitante per le province o per le città metropolitane, e della disponibilità annua del Fondo, devono tenere anche conto:

a) dell'incremento percentuale delle entrate tributarie ed extratributarie previsto nell'ambito del piano di riequilibrio pluriennale;

b) della riduzione percentuale delle spese correnti previste nell'ambito del piano di riequilibrio pluriennale.

(1) *Articolo inserito dall'art. 3, comma 1, lett.* r), *d.l. 10 ottobre 2012, n. 174.*

243-*quater* Esame del piano di riequilibrio finanziario pluriennale e controllo sulla relativa attuazione (1) (2).

1. Entro dieci giorni dalla data della delibera di cui all'articolo 243-*bis*, comma 5, il piano di riequilibrio finanziario pluriennale è trasmesso alla competente sezione regionale di controllo della Corte dei conti, nonché alla Commissione di cui all'articolo 155, la quale, entro il termine di sessanta giorni dalla data di presentazione del piano, svolge la necessaria istruttoria anche sulla base delle Linee guida deliberate dalla sezione delle autonomie della Corte dei conti. All'esito dell'istruttoria, la Commissione redige una relazione finale, con gli eventuali allegati, che è trasmessa alla sezione regionale di controllo della Corte dei conti (3).

2. In fase istruttoria, la commissione di cui all'articolo 155 può formulare rilievi o richieste istruttorie, cui l'ente è tenuto a fornire risposta entro trenta giorni. Ai fini dell'espletamento delle funzioni assegnate, la Commissione di cui al comma 1 si avvale, senza diritto a compensi aggiuntivi, gettoni di presenza o rimborsi di spese, di cinque segretari comunali e provinciali in disponibilità, nonché di cinque unità di personale, particolarmente esperte in tematiche finanziarie degli enti locali, in posizione di comando o distacco e senza oneri aggiuntivi a carico del bilancio dello Stato (4).

3. La sezione regionale di controllo della Corte dei Conti, entro il termine di 30 giorni dalla data di ricezione della documentazione di cui al comma 1, delibera sull'approvazione o sul diniego del piano, valutandone la congruenza ai fini del riequilibrio. In caso di approvazione del piano, la Corte dei Conti vigila sull'esecuzione dello stesso, adottando in sede di controllo, effettuato ai sensi dell'articolo 243-*bis*, comma 6, lettera *a*), apposita pronuncia.

4. La delibera di accoglimento o di diniego di approvazione del piano di riequilibrio finanziario pluriennale è comunicata al Ministero dell'interno.

5. La delibera di approvazione o di diniego del piano può essere impugnata entro 30 giorni, nelle forme del giudizio ad istanza di parte, innanzi alle Sezioni riunite della Corte dei conti in speciale composizione che si pronunciano, nell'esercizio della propria giurisdizione esclusiva in tema di contabilità pubblica, ai sensi dell'articolo 103, secondo comma, della Costituzione, entro 30 giorni dal deposito del ricorso. Fino alla scadenza del termine per impugnare e, nel caso di presentazione del ricorso, sino alla relativa decisione, le procedure esecutive intraprese nei confronti dell'ente sono sospese. Le medesime Sezioni riunite si pronunciano in unico grado, nell'esercizio della medesima giurisdizione esclusiva, sui ricorsi avverso i provvedimenti di ammissione al Fondo di rotazione di cui all'articolo 243-*ter* (5).

6. Ai fini del controllo dell'attuazione del piano di riequilibrio finanziario pluriennale approvato, l'organo di revisione economico-finanziaria dell'ente trasmette al Ministero dell'interno [, al Ministero dell'economia e delle finanze] e alla competente Sezione regionale della Corte dei Conti, entro quindici giorni successivi alla scadenza di ciascun semestre, una relazione sullo stato di attuazione del piano e sul raggiungimento degli obiettivi intermedi fissati dal piano stesso, nonché, entro il 31 gennaio dell'anno successivo all'ultimo di durata del piano, una relazione finale sulla completa attuazione dello stesso e sugli obiettivi di riequilibrio raggiunti (6).

7. La mancata presentazione del piano entro il termine di cui all'articolo 243-*bis*, comma 5, il diniego dell'approvazione del piano, l'accertamento da parte della competente Sezione regionale della Corte dei conti di grave e reiterato mancato rispetto degli obiettivi intermedi fissati dal piano, ovvero il mancato raggiungimento del riequilibrio finanziario dell'ente al termine del periodo di durata del piano stesso, comportano l'applicazione dell''articolo 6, comma 2, del decreto legislativo n. 149 del 2011, con l'assegnazione al Consiglio dell'ente, da parte del Prefetto, del termine non superiore a venti giorni per la deliberazione del dissesto (7).

7-*bis*. Qualora, durante la fase di attuazione del piano, dovesse emergere, in sede di monitoraggio, un grado di raggiungimento degli obiettivi intermedi superiore rispetto a quello previsto, è riconosciuta all'ente locale la facoltà di proporre una rimodulazione dello stesso, anche in termini di riduzione della durata del piano medesimo. Tale proposta, corredata del parere positivo dell'organo di revisione economico-finanziaria dell'ente, deve essere presentata direttamente alla competente sezione regionale di controllo della Corte dei conti. Si applicano i commi 3, 4 e 5 (8).

7-*ter*. In caso di esito positivo della procedura di cui al comma 7-*bis*, l'ente locale provvede a rimodulare il piano di riequilibrio approvato, in funzione della minore durata dello stesso. Restano in ogni caso fermi gli obblighi posti a carico dell'organo di revisione economico-finanziaria previsti dal comma 6 (8) (9).

(1) *Articolo inserito dall'art. 3, comma 1, lettera* r), *del d.l. 10 ottobre 2012, n. 174, convertito in l. 7 dicembre 2012, n. 213.*

(2) *Per le linee guida ed i criteri per l'istruttoria del piano di riequilibrio finanziario pluriennale, di cui al presente articolo, vedi la Delibera della Corte dei Conti 6 marzo 2013.*

(3) *Comma sostituito dall'art. 10-*ter*, comma 1, lett.* a) *del d.l. 8 aprile 2013, n. 35, convertito, con modificazioni, dalla legge 6 giugno 2013, n. 64.*

(4) *Comma modificato dall'art. 49-*quinquies*, comma 1, lett.* b), *del d.l. 21 giugno 2013, n. 69, convertito, con modificazioni, dalla legge 9 agosto 2013, n. 98.*

(5) *Comma modificato dall'art. 3, comma 1, d.l. 6 marzo 2014, n. 16, conv., con modif., in l. 2 maggio 2014, n. 68.*

(6) *Comma modificato, in sede di conversione, dall'art. 10-*ter*, comma 1, lett.* b) *d.l. 8 aprile 2013, n. 35, conv., con modif., in l. 6 giugno 2013, n. 64.*

(7) *V. l'art. 1, comma 573, l. 27 dicembre 2013, n. 147.*

*V. inoltre l'art. 5, comma 11-*septies*, del d.l. 30 dicembre 2016, n. 244, conv., con modif., in l. 27 febbraio 2017, n. 19,* sub *art. 243-*ter.

*Si veda anche l'art. 1, commi 2-*quater *e 2-*quinquies*, d.l. 25 luglio 2018, n. 91, conv., con modif., in l. 21 settembre 2018, n. 108, ai sensi dei quali: « 2-*quater*. Nelle more della complessiva riforma delle procedure di risanamento contemplate dal titolo VIII della parte seconda del testo* *unico delle leggi sull'ordinamento degli enti locali, di cui al decreto legislativo 18 agosto 2000, n. 267, qualora sia stato presentato o approvato, alla data del 30 novembre 2018, un piano di riequilibrio finanziario pluriennale di cui all'articolo 243-*bis *del medesimo testo unico, rimodulato o riformulato ai sensi dei commi 5 e 5-bis del medesimoarticolo 243-*bis *e dell'articolo 1, comma 714, della legge 28 dicembre 2015, n. 208, la verifica di cui al comma 7 dell'articolo 243-quater del predetto testo unico di cui al decreto legislativo n. 267 del 2000 sul raggiungimento degli obiettivi intermedi è effettuata all'esito dell'approvazione del rendiconto dell'esercizio 2018 e comunque non oltre il termine di cui all'articolo 227, comma 2, del citato testo unico. Ai soli fini istruttori, rimane fermo l'obbligo dell'organo di revisione di provvedere alla trasmissione della relazione di cui al comma 6 del citatoarticolo 243-quater nei termini e con le modalità ivi previsti. Il mancato adeguamento dei tempi di pagamento dei debiti commerciali di cui alla normativa vigente non costituisce motivo per il diniego delle riformulazioni o rimodulazioni di cui al citato articolo 243-*bis*, fermo restando il rispetto dei termini di pagamento oggetto di accordo con i creditori di cui al piano riformulato o rimodulato. – 2-*quinquies*. Non si applicano le norme vigenti in contrasto con quanto disposto al comma 2-*quater *».*

*V. anche l'art. 17, commi 2 e 3 d.l. 16 luglio 2020, n. 76, conv., con modif., in l. 11 settembre 2020, n. 120 (sub VIII, 1), secondo i quali: « 2. Nei casi di cui al comma 7 dell'articolo 243-*quater *del decreto legislativo 18 agosto 2000, n. 267, l'applicazione dell'articolo 6, comma 2, del decreto legislativo 6 settembre 2011, n. 149, è sospesa fino al 30 giugno 2021, qualora l'ente locale abbia presentato, in data successiva al 31 dicembre 2017 e fino al 31 gennaio 2020, un piano di riequilibrio, ancorché in corso di approvazione a norma delle leggi vigenti in materia, o lo abbia riformulato o rimodulato nel medesimo periodo. – 3. Il comma 7 dell'articolo 243-quater del decreto legislativo 18 agosto 2000, n. 267, trova applicazione, limitatamente all'accertamento da parte della competente sezione regionale della Corte dei conti del grave e reiterato mancato rispetto degli obiettivi intermedi fissati dal piano, a decorrere dal 2019 o dal 2020, avendo quale riferimento il piano eventualmente riformulato o rimodulato, deliberato dall'ente locale in data successiva al 31 dicembre 2017 e fino al 31 gennaio 2020. Gli eventuali procedimenti in corso, unitamente all'efficacia degli eventuali provvedimenti già adottati, sono sospesi fino all'approvazione o al diniego della rimodulazione o riformulazione deliberata dall'ente locale. ».*

(8) *Comma aggiunto, in sede di conversione, dall'art. 3, comma 3-*ter*, del d.l. 6 marzo 2014, n. 16, conv., con modif., in l. 2 maggio 2014, n. 68.*

(9) *Si veda anche l'art. 1, comma 849, l. 27 dicembre 2017, n. 205, che così dispone: « Fermi restando i tempi di pagamento dei creditori, gli enti locali che hanno presentato il piano di riequilibrio finanziario pluriennale o ne hanno conseguito l'approvazione, ai sensi dell'articolo 243-*bis *del testo unico di cui al decreto legislativo 18 agosto 2000, n. 267, prima del riaccertamento straordinario di cui al comma 848, possono rimodulare o riformulare il predetto piano, entro il 31 luglio 2018, al fine di tenere conto di quanto previsto dallo stesso comma 848. Gli enti locali che intendono avvalersi di tale facoltà trasmettono la deliberazione consiliare contenente la relativa richiesta alla competente sezione regionale della Corte dei conti e al Ministero dell'interno nel termine di quindici giorni dalla data di entrata in vigore della presente legge. Il consiglio dell'ente locale, entro il termine perentorio di quarantacinque giorni alla data di esecutività della deliberazione di cui al periodo precedente, approva il piano rimodulato o riformulato, corredato del parere dell'organo di revisione economico-finanziaria. Al procedimento di formazione e di approvazione del piano si applicano le disposizioni degli articoli 243-*bis*, commi 6, 7, 8, 9 e 9-*bis*, e 243-*quater *del citato testo unico di cui al decreto legislativo n. 267 del 2000; i termini previsti dal citato articolo 243-*quater *sono ridotti alla metà ».*

243-*quinquies* Misure per garantire la stabilità finanziaria degli enti locali sciolti per fenomeni di infiltrazione e di condizionamento di tipo mafioso (1).

1. Per la gestione finanziaria degli enti locali sciolti ai sensi dell'articolo 143, per i quali sussistono squilibri strutturali di bilancio, in grado di provocare il dissesto finanziario, la commissione straordinaria per la gestione dell'ente, entro sei mesi dal suo insediamento, può richiedere una anticipazione di cassa da destinare alle finalità di cui al comma 2 (2).

2. L'anticipazione di cui al comma 1, nel limite massimo di euro 200 per abitante, è destinata esclusivamente al pagamento delle retribuzioni al personale dipendente e ai conseguenti oneri previdenziali, al pagamento delle rate di mutui e di prestiti obbligazionari, nonché all'espletamento dei servizi locali indispensabili. Le somme a tal fine concesse non sono oggetto di procedure di esecuzione e di espropriazione forzata.

3. L'anticipazione è concessa con decreto del Ministero dell'interno di concerto con il Ministero dell'economia e delle finanze, nei limiti di 20 milioni di euro annui a valere sulle dotazioni del fondo di rotazione di cui all'articolo 243-*ter*.

4. Il decreto ministeriale di cui al comma 3 stabilisce altresì le modalità per la restituzione dell'anticipazione straordinaria in un periodo massimo di dieci anni a decorrere dall'anno successivo a quello in cui è erogata l'anticipazione.

(1) *Articolo inserito dall'art. 3, comma 1, lett. r), d.l. 10 ottobre 2012, n. 174, conv., con modif., in l. 7 dicembre 2012, n. 213.*

(2) *Ai sensi dell'art. 107, comma 9 d.l. 17 marzo 2020, n. 18, conv., con modif., in l. 24 aprile 2020, n. 27, il termine di cui al presente comma 1 è fissato al 31 dicembre 2020.*

243-*sexies* Pagamento di debito (1).

1. In considerazione dell'esigenza di dare prioritario impulso all'economia in attuazione dell'articolo 41 della Costituzione, le risorse provenienti dal Fondo di rotazione di cui all'articolo 243-*ter* del presente testo unico sono destinate esclusivamente al pagamento dei debiti presenti nel piano di riequilibrio finanziario pluriennale di cui all'articolo 243-*bis*.

2. Non sono ammessi atti di sequestro o di pignoramento sulle risorse di cui al comma 1.

(1) *Articolo aggiunto, in sede di conversione, dall'art. 3, comma 3-*quater*, d.l. 6 marzo 2014, n. 16, conv., con modif., in l. 2 maggio 2014, n. 68.*

CAPO II

Enti locali dissestati: disposizioni generali (1)

(1) *V.* sub *Titolo VIII.*

244 Dissesto finanziario (1).

1. Si ha stato di dissesto finanziario se l'ente non può garantire l'assolvimento delle funzioni e dei servizi indispensabili ovvero esistono nei confronti dell'ente locale crediti liquidi ed esigibili di terzi cui non si possa fare validamente fronte con le modalità di cui all'art. 193, nonché con le modalità di cui all'art. 194 per le fattispecie ivi previste.

2. Le norme sul risanamento degli enti locali dissestati si applicano solo a province e comuni.

(1) *V.* sub *Titolo VIII.*

245 Soggetti della procedura di risanamento (1).

1. Soggetti della procedura di risanamento sono l'organo straordinario di liquidazione e gli organi istituzionali dell'ente.

2. L'organo straordinario di liquidazione provvede al ripiano dell'indebitamento pregresso con i mezzi consentiti dalla legge.

3. Gli organi istituzionali dell'ente assicurano condizioni stabili di equilibrio della gestione finanziaria rimuovendo le cause strutturali che hanno determinato il dissesto.

(1) *V.* sub *Titolo VIII.*

246 Deliberazione di dissesto (1).

1. La deliberazione recante la formale ed esplicita dichiarazione di dissesto finanziario è adottata dal consiglio dell'ente locale nelle ipotesi di cui all'art. 244 e valuta le cause che hanno determinato il dissesto. La deliberazione dello stato di dissesto non è revocabile. Alla stessa è allegata una dettagliata relazione dell'organo di revisione economico finanziaria che analizza le cause che hanno provocato il dissesto (2).

2. La deliberazione dello stato di dissesto è trasmessa, entro 5 giorni dalla data di esecutività, al Ministero dell'interno ed alla Procura regionale presso la Corte dei conti competente per territorio, unitamente alla relazione dell'organo di revisione. La deliberazione è pubblicata per estratto nella Gazzetta Ufficiale della Repubblica italiana a cura del Ministero dell'interno unitamente al decreto del Presidente della Repubblica di nomina dell'organo straordinario di liquidazione (3).

3. L'obbligo di deliberazione dello stato di dissesto si estende, ove ne ricorrano le condizioni, al commissario nominato ai sensi dell'art. 141, comma 3.

4. Se, per l'esercizio nel corso del quale si rende necessaria la dichiarazione di dissesto, è stato validamente deliberato il bilancio di previsione, tale atto continua ad esplicare la sua efficacia per l'intero esercizio finanziario, intendendosi operanti per l'ente locale i divieti e gli obblighi previsti dall'art. 191, comma 5. In tal caso, la deliberazione di dissesto può essere validamente adottata esplicando gli effetti di cui all'art. 248. Gli ulteriori adempimenti e relativi termini iniziali, propri dell'organo straordinario di liquidazione e del consiglio dell'ente, sono differiti al 1° gennaio dell'anno successivo a quello in cui è stato deliberato il dissesto. Ove sia stato già approvato il bilancio di previsione per il triennio successivo, il consiglio provvede alla revoca dello stesso (4).

5. Le disposizioni relative alla valutazione delle cause di dissesto sulla base della dettagliata relazione dell'organo di revisione di cui al comma 1 ed ai conseguenti oneri di trasmissione di cui al comma 2 si applicano solo ai dissesti finanziari deliberati a decorrere dal 25 ottobre 1997.

(1) *Le disposizioni del presente articolo, non trovano più applicazione secondo quanto disposto dall'art. 31, comma 15 l. 27 dicembre 2002, n. 289, come modificato dall'art. 4, comma 208, l. 24 dicembre 2003, n. 350.*

(2) *V., l'art. 78, comma 5, d.l. 25 giugno 2008, n. 112, conv., con modif., in l. 6 agosto 2008, n. 133.*

(3) *Ai sensi dell'art. 107, comma 7 d.l. 17 marzo 2020, n. 18, conv., con modif., in l. 24 aprile 2020, n. 27, il termine di cui al presente comma 2 è rinviato al 30 giugno 2020.*

(4) *Comma modificato dall'art. 74, comma 1, n. 62), d.lgs. 23 giugno 2011, n. 118, come introdotto dall'art. 1, comma 1, lett. aa), d.lgs. 10 agosto 2014, n. 126, a decorrere dall'esercizio finanziario 2015, come disposto dall'articolo 80, comma 1, del medesimo decreto.*

247 Omissione della deliberazione di dissesto (1).

1. Ove dalle deliberazioni dell'ente, dai bilanci di previsione, dai rendiconti o da altra fonte l'organo regionale di controllo venga a conoscenza dell'eventuale condizione di dissesto, chiede chiarimenti all'ente e motivata relazione all'organo di revisione contabile assegnando un termine, non prorogabile, di trenta giorni.

2. Ove sia ritenuta sussistente l'ipotesi di dissesto l'organo regionale di controllo assegna al consiglio, con lettera notificata ai singoli consiglieri un termine, non superiore a venti giorni, per la deliberazione del dissesto.

3. Decorso infruttuosamente tale termine l'organo regionale di controllo nomina un commissario ad acta per la deliberazione dello stato di dissesto.

4. Del provvedimento sostitutivo è data comunicazione al prefetto che inizia la procedura per lo scioglimento del consiglio dell'ente, ai sensi dell'art. 141.

(1) *V.* sub *Titolo VIII.*

248 Conseguenze della dichiarazione di dissesto (1).

1. A seguito della dichiarazione di dissesto, e sino all'emanazione del decreto di cui all'art. 261, sono sospesi i termini per la deliberazione del bilancio.

2. Dalla data della dichiarazione di dissesto e sino all'approvazione del rendiconto di cui all'art. 256 non possono essere intraprese o proseguite azioni esecutive nei confronti dell'ente per i debiti che rientrano nella competenza dell'organo straordinario di liquidazione. Le procedure esecutive pendenti alla data della dichiarazione di dissesto, nelle quali sono scaduti i termini per l'opposizione giudiziale da parte dell'ente, o la stessa benché proposta è stata rigettata, sono dichiarate estinte d'ufficio dal giudice con inserimento nella massa passiva dell'importo dovuto a titolo di capitale, accessori e spese.

3. I pignoramenti eventualmente eseguiti dopo la deliberazione dello stato di dissesto non vincolano l'ente ed il tesoriere, i quali possono disporre delle somme per i fini dell'ente e le finalità di legge.

4. Dalla data della deliberazione di dissesto e sino all'approvazione del rendiconto di cui all'art. 256 i debiti insoluti a tale data e le somme dovute per anticipazioni di cassa già erogate non producono più interessi né sono soggetti a rivalutazione monetaria. Uguale disciplina si applica ai crediti nei confronti dell'ente che rientrano nella competenza dell'organo straordinario di liquidazione a decorrere dal momento della loro liquidità ed esigibilità.

Enti locali e di rappresentante di enti locali presso altri enti, istituzioni ed organismi pubblici e privati, ove la Corte, valutate le circostanze e le cause che hanno determinato il dissesto, accerti che questo è diretta conseguenza delle azioni od omissioni per le quali l'amministratore è stato riconosciuto responsabile.

5. Fermo restando quanto previsto dall'articolo 1 della legge 14 gennaio 1994, n. 20, gli amministratori

che la Corte dei conti ha riconosciuto, anche in primo grado, responsabili di aver contribuito con condotte, dolose o gravemente colpose, sia omissive che commissive, al verificarsi del dissesto finanziario, non possono ricoprire, per un periodo di dieci anni, incarichi di assessore, di revisore dei conti di enti locali e di rappresentante di enti locali presso altri enti, istituzioni ed organismi pubblici e privati. I sindaci e i presidenti di provincia ritenuti responsabili ai sensi del periodo precedente, inoltre, non sono candidabili, per un periodo di dieci anni, alle cariche di sindaco, di presidente di provincia, di presidente di Giunta regionale, nonché di membro dei consigli comunali, dei consigli provinciali, delle assemblee e dei consigli regionali, del Parlamento e del Parlamento europeo. Non possono altresì ricoprire per un periodo di tempo di dieci anni la carica di assessore comunale, provinciale o regionale né alcuna carica in enti vigilati o partecipati da enti pubblici. Ai medesimi soggetti, ove riconosciuti responsabili, le sezioni giurisdizionali regionali della Corte dei conti irrogano una sanzione pecuniaria pari ad un minimo di cinque e fino ad un massimo di venti volte la retribuzione mensile lorda dovuta al momento di commissione della violazione (2).

5-*bis*. Fermo restando quanto previsto dall'articolo 1 della legge 14 gennaio 1994, n. 20, qualora, a seguito della dichiarazione di dissesto, la Corte dei conti accerti gravi responsabilità nello svolgimento dell'attività del collegio dei revisori, o ritardata o mancata comunicazione, secondo le normative vigenti, delle informazioni, i componenti del collegio riconosciuti responsabili in sede di giudizio della predetta Corte non possono essere nominati nel collegio dei revisori degli enti locali e degli enti ed organismi agli stessi riconducibili fino a dieci anni, in funzione della gravità accertata. La Corte dei conti trasmette l'esito dell'accertamento anche all'ordine professionale di appartenenza dei revisori per valutazioni inerenti all'eventuale avvio di procedimenti disciplinari, nonché al Ministero dell'interno per la conseguente sospensione dall'elenco di cui all'articolo 16, comma 25, del decreto-legge 13 agosto 2011, n. 138, convertito, con modificazioni, dalla legge 14 settembre 2011, n. 148. Ai medesimi soggetti, ove ritenuti responsabili, le sezioni giurisdizionali regionali della Corte dei conti irrogano una sanzione pecuniaria pari ad un minimo di cinque e fino ad un massimo di venti volte la retribuzione mensile lorda dovuta al momento di commissione della violazione (3).

(1) *Le disposizioni del presente articolo, non trovano più applicazione secondo quanto disposto dall'articolo 31, comma 15 l. 27 dicembre 2002, n. 289, come modificato dall'art. 4, comma 208, l. 24 dicembre 2003, n. 350.*

(2) *Comma sostituito dall'art. 6, comma 1, d.lgs. 6 settembre 2011, n. 149 e dall'art. 3, comma 1, lett. s), d.l. 10 ottobre 2012, n. 174, conv., con modif., in l. 7 dicembre 2012, n. 213.*

(3) *Comma inserito dall'art. 3, comma 1, lett. s), d.l. 10 ottobre 2012, n. 174, conv., con modif., in l. 7 dicembre 2012, n. 213.*

249 Limiti alla contrazione di nuovi mutui (1).

1. Dalla data di deliberazione di dissesto e sino all'emanazione del decreto di cui all'art. 261, comma 3, gli enti locali non possono contrarre nuovi mutui, con eccezione dei mutui previsti dall'art. 255 e dei mutui con oneri a totale carico dello Stato o delle regioni, nonché dei mutui per la copertura, anche a titolo di anticipazione, di spese di investimento strettamente funzionali all'ordinato svolgimento di progetti e interventi finanziati in prevalenza con risorse provenienti dall'Unione europea o da amministrazioni ed enti nazionali, pubblici o privati (2).

(1) *V.* sub *Titolo VIII.*

(2) *Le parole da* « nonché dei mutui » *a* « pubblici o privati » *sono state aggiunte, in sede di conversione, dall'art. 39, comma 14-*decies*, lett.* b) *d.l. 30 dicembre 2019, n. 162, conv., con modif., in l. 28 febbraio 2020, n. 8.*

250 Gestione del bilancio durante la procedura di risanamento (1).

1. Dalla data di deliberazione del dissesto finanziario e sino alla data di approvazione dell'ipotesi di bilancio riequilibrato di cui all'art. 261 l'ente locale non può impegnare per ciascun intervento somme complessivamente superiori a quelle definitivamente previste nell'ultimo bilancio approvato con riferimento all'esercizio in corso, comunque nei limiti delle entrate accertate. I relativi pagamenti in conto competenza non possono mensilmente superare un dodicesimo delle rispettive somme impegnabili, con esclusione delle spese non suscettibili di pagamento frazionato in dodicesimi. L'ente applica princìpi di buona amministrazione al fine di non aggravare la posizione debitoria e mantenere la coerenza con l'ipotesi di bilancio riequilibrato predisposta dallo stesso (2).

2. Per le spese disposte dalla legge e per quelle relative ai servizi locali indispensabili, nei casi in cui nell'ultimo bilancio approvato mancano del tutto gli stanziamenti ovvero gli stessi sono previsti per importi insufficienti, il consiglio o la giunta con i poteri del primo, salvo ratifica, individua con deliberazione le spese da finanziare, con gli interventi relativi, motiva nel dettaglio le ragioni per le quali mancano o sono insufficienti gli stanziamenti nell'ultimo bilancio approvato e determina le fonti di finanziamento. Sulla base di tali deliberazioni possono essere assunti gli impegni corrispondenti. Le deliberazioni, da sottoporre all'esame dell'organo regionale di controllo, sono notificate al tesoriere.

(1) *Le disposizioni del presente articolo non trovano più applicazione secondo quanto disposto dall'art. 31, comma 15 l. 27 dicembre 2002, n. 289, come modificato dall'art. 4, comma 208, l. 24 dicembre 2003, n. 350.*

(2) *Comma modificato dall'art. 74, comma 1, n. 63), d.l. 23 giugno 2011, n. 118, come introdotto dall'art. 1, comma 1, lett. aa), d.lgs. 10 agosto 2014, n. 126, « a decorrere dall'esercizio finanziario 2015, con la predisposizione dei bilanci relativi all'esercizio 2015 e successivi », ai sensi del successivo art. 80, comma 1, d.ls. n. 118, cit.*

251 Attivazione delle entrate proprie (1).

1. Nella prima riunione successiva alla dichiarazione di dissesto e comunque entro trenta giorni dalla data di esecutività della delibera, il consiglio dell'ente, o il commissario nominato ai sensi dell'art. 247, comma 3, è tenuto a deliberare per le imposte e tasse locali di spettanza dell'ente dissestato, diverse dalla tassa per lo smaltimento dei rifiuti solidi urbani, le aliquote e

le tariffe di base nella misura massima consentita, nonché i limiti reddituali, agli effetti dell'applicazione dell'imposta comunale per l'esercizio di imprese, arti e professioni, che determinano gli importi massimi del tributo dovuto (2).

2. La delibera non è revocabile ed ha efficacia per cinque anni, che decorrono da quello dell'ipotesi di bilancio riequilibrato. In caso di mancata adozione della delibera nei termini predetti l'organo regionale di controllo procede a norma dell'art. 136.

3. Per le imposte e tasse locali di istituzione successiva alla deliberazione del dissesto, l'organo dell'ente dissestato che risulta competente ai sensi della legge istitutiva del tributo deve deliberare, entro i termini previsti per la prima applicazione del tributo medesimo, le aliquote e le tariffe di base nella misura massima consentita. La delibera ha efficacia per un numero di anni necessario al raggiungimento di un quinquennio a decorrere da quello dell'ipotesi di bilancio riequilibrato.

4. Resta fermo il potere dell'ente dissestato di deliberare, secondo le competenze, le modalità, i termini ed i limiti stabiliti dalle disposizioni vigenti, le maggiorazioni, riduzioni, graduazioni ed agevolazioni previste per le imposte e tasse di cui ai commi 1 e 3, nonché di deliberare la maggiore aliquota dell'imposta comunale sugli immobili consentita per straordinarie esigenze di bilancio.

5. Per il periodo di cinque anni, decorrente dall'anno dell'ipotesi di bilancio riequilibrato, ai fini della tassa smaltimento rifiuti solidi urbani, gli enti che hanno dichiarato il dissesto devono applicare misure tariffarie che assicurino complessivamente la copertura integrale dei costi di gestione del servizio e, per i servizi produttivi ed i canoni patrimoniali, devono applicare le tariffe nella misura massima consentita dalle disposizioni vigenti. Per i servizi a domanda individuale il costo di gestione deve essere coperto con proventi tariffari e con contributi finalizzati almeno nella misura prevista dalle norme vigenti. Per i termini di adozione delle delibere, per la loro efficacia e per la individuazione dell'organo competente si applicano le norme ordinarie vigenti in materia. Per la prima delibera il termine di adozione è fissato al trentesimo giorno successivo alla deliberazione del dissesto.

6. Le delibere di cui ai commi 1, 3 e 5 devono essere comunicate alla Commissione per la finanza e gli organici degli enti locali (3) presso il Ministero dell'interno entro 30 giorni dalla data di adozione; nel caso di mancata osservanza delle disposizioni di cui ai predetti commi sono sospesi i contributi erariali.

(1) V. sub *Titolo VIII*.

(2) *Ai sensi dell'art. 107, comma 7 d.l. 17 marzo 2020, n. 18, conv., con modif., in l. 24 aprile 2020, n. 27, il termine di cui al presente comma 2 è rinviato al 30 giugno 2020.*

(3) *Ora « Commissione per la stabilità finanziaria degli enti locali », ai sensi di quanto disposto dal comma 7 dell'art. 3, d.l. 10 ottobre 2012, n. 174, conv., con modif., in l. 7 dicembre 2012, n. 213.*

252-275 (*Omissis*).

13. Legge 7 aprile 2014, n. 56. — Disposizioni sulle città metropolitane, sulle province, sulle unioni e fusioni di comuni.

Pubblicata nella Gazzetta Ufficiale n. 81 del 7 aprile 2014.

1 1. La presente legge detta disposizioni in materia di città metropolitane, province, unioni e fusioni di comuni al fine di adeguare il loro ordinamento ai principi di sussidiarietà, differenziazione e adeguatezza.

2. Le città metropolitane sono enti territoriali di area vasta con le funzioni di cui ai commi da 44 a 46 e con le seguenti finalità istituzionali generali: cura dello sviluppo strategico del territorio metropolitano; promozione e gestione integrata dei servizi, delle infrastrutture e delle reti di comunicazione di interesse della città metropolitana; cura delle relazioni istituzionali afferenti al proprio livello, ivi comprese quelle con le città e le aree metropolitane europee.

3. Le province sono enti territoriali di area vasta disciplinati ai sensi dei commi da 51 a 100. Alle province con territorio interamente montano e confinanti con Paesi stranieri sono riconosciute le specificità di cui ai commi da 51 a 57 e da 85 a 97.

4. Le unioni di comuni sono enti locali costituiti da due o più comuni per l'esercizio associato di funzioni o servizi di loro competenza; le unioni e le fusioni di comuni sono disciplinate dai commi da 104 a 141.

5. In attesa della riforma del titolo V della parte seconda della Costituzione e delle relative norme di attuazione, le città metropolitane di Torino, Milano, Venezia, Genova, Bologna, Firenze, Bari, Napoli e Reggio Calabria sono disciplinate dalla presente legge, ai sensi e nel rispetto di quanto previsto dagli articoli 114 e 117, secondo comma, lettera *p*), della Costituzione e ferma restando la competenza regionale ai sensi del predetto articolo 117. I principi della presente legge valgono come principi di grande riforma economica e sociale per la disciplina di città e aree metropolitane da adottare dalla regione Sardegna, dalla Regione siciliana e dalla regione Friuli-Venezia Giulia, in conformità ai rispettivi statuti.

6. Il territorio della città metropolitana coincide con quello della provincia omonima, ferma restando l'iniziativa dei comuni, ivi compresi i comuni capoluogo delle province limitrofe, ai sensi dell'articolo 133, primo comma, della Costituzione, per la modifica delle circoscrizioni provinciali limitrofe e per l'adesione alla città metropolitana. Qualora la regione interessata, entro trenta giorni dalla richiesta nell'ambito della procedura di cui al predetto articolo 133, esprima parere contrario, in tutto o in parte, con riguardo alle proposte formulate dai comuni, il Governo promuove un'intesa tra la regione e i comuni interessati, da definire entro novanta giorni dalla data di espressione del parere. In caso di mancato raggiungimento dell'intesa entro il predetto termine, il Consiglio dei ministri, sentita la

relazione del Ministro per gli affari regionali e del Ministro dell'interno, udito il parere del presidente della regione, decide in via definitiva in ordine all'approvazione e alla presentazione al Parlamento del disegno di legge contenente modifiche territoriali di province e di città metropolitane, ai sensi dell'articolo 133, primo comma, della Costituzione.

7. Sono organi della città metropolitana:

a) il sindaco metropolitano;

b) il consiglio metropolitano;

c) la conferenza metropolitana.

8. Il sindaco metropolitano rappresenta l'ente, convoca e presiede il consiglio metropolitano e la conferenza metropolitana, sovrintende al funzionamento dei servizi e degli uffici e all'esecuzione degli atti; esercita le altre funzioni attribuite dallo statuto. Il consiglio metropolitano è l'organo di indirizzo e controllo, propone alla conferenza lo statuto e le sue modifiche, approva regolamenti, piani e programmi; approva o adotta ogni altro atto ad esso sottoposto dal sindaco metropolitano; esercita le altre funzioni attribuite dallo statuto. Su proposta del sindaco metropolitano, il consiglio adotta gli schemi di bilancio da sottoporre al parere della conferenza metropolitana. A seguito del parere espresso dalla conferenza metropolitana con i voti che rappresentino almeno un terzo dei comuni compresi nella città metropolitana e la maggioranza della popolazione complessivamente residente, il consiglio approva in via definitiva i bilanci dell'ente. La conferenza metropolitana ha poteri propositivi e consultivi, secondo quanto disposto dallo statuto, nonché i poteri di cui al comma 9.

9. La conferenza metropolitana adotta o respinge lo statuto e le sue modifiche proposti dal consiglio metropolitano con i voti che rappresentino almeno un terzo dei comuni compresi nella città metropolitana e la maggioranza della popolazione complessivamente residente.

10. Nel rispetto della presente legge lo statuto stabilisce le norme fondamentali dell'organizzazione dell'ente, ivi comprese le attribuzioni degli organi nonché l'articolazione delle loro competenze, fermo restando quanto disposto dai commi 8 e 9.

11. Oltre alle materie di cui al comma 10, lo statuto:

a) regola le modalità e gli strumenti di coordinamento dell'azione complessiva di governo del territorio metropolitano;

b) disciplina i rapporti tra i comuni e le loro unioni facenti parte della città metropolitana e la città metropolitana in ordine alle modalità di organizzazione e di esercizio delle funzioni metropolitane e comunali, prevedendo anche forme di organizzazione in comune, eventualmente differenziate per aree territoriali. Mediante convenzione che regola le modalità di utilizzo di risorse umane, strumentali e finanziarie, i comuni e le loro unioni possono avvalersi di strutture della città metropolitana, e viceversa, per l'esercizio di specifiche funzioni ovvero i comuni e le loro unioni possono delegare il predetto esercizio a strutture della città metropolitana, e viceversa, senza nuovi o maggiori oneri per la finanza pubblica;

c) può prevedere, anche su proposta della regione e comunque d'intesa con la medesima, la costituzione di zone omogenee, per specifiche funzioni e tenendo conto delle specificità territoriali, con organismi di coordinamento collegati agli organi della città metropolitana, senza nuovi o maggiori oneri per la finanza pubblica. La mancata intesa può essere superata con decisione della conferenza metropolitana a maggioranza dei due terzi dei componenti;

d) regola le modalità in base alle quali i comuni non compresi nel territorio metropolitano possono istituire accordi con la città metropolitana.

12. Le città metropolitane di cui al comma 5, primo periodo, salvo quanto previsto dal comma 18 per la città metropolitana di Reggio Calabria, e ai commi da 101 a 103 sono costituite alla data di entrata in vigore della presente legge nel territorio delle province omonime.

CAPO III
PRINCIPIO DEL PAREGGIO DI BILANCIO

14. Legge 24 dicembre 2012, n. 243. — Disposizioni per l'attuazione del principio del pareggio di bilancio ai sensi dell'articolo 81, sesto comma, della Costituzione.

Pubblicata nella Gazzetta Ufficiale n. 12 del 15 gennaio 2013.

CAPO I
Oggetto e definizioni

1 Oggetto.

1. La presente legge costituisce attuazione dell'articolo 81, sesto comma, della Costituzione, come sostituito dalla legge costituzionale 20 aprile 2012, n. 1, e dell'articolo 5 della medesima legge costituzionale.

2. La presente legge può essere abrogata, modificata o derogata solo in modo espresso da una legge successiva approvata ai sensi dell'articolo 81, sesto comma, della Costituzione.

2 Definizioni.

1. Ai fini della presente legge, si intendono:

a) per « amministrazioni pubbliche » gli enti individuati con le procedure e gli atti previsti, in coerenza con l'ordinamento dell'Unione europea, dalla normativa in materia di contabilità e finanza pubblica, articolati nei sottosettori delle amministrazioni centrali, delle amministrazioni locali e degli enti nazionali di previdenza e assistenza sociale;

b) per « conto consolidato » il conto economico consolidato delle amministrazioni pubbliche formato dagli aggregati contabili delle entrate e delle spese di tali amministrazioni, classificati in conformità alle modalità stabilite dall'ordinamento dell'Unione europea;

c) per « saldo del conto consolidato » l'indebitamento netto o l'accreditamento netto come definiti ai fini della procedura per i disavanzi eccessivi di cui al Trattato sul funzionamento dell'Unione europea;

d) per « saldo strutturale » il saldo del conto consolidato corretto per gli effetti del ciclo economico al netto delle misure una tantum e temporanee e, comunque, definito in conformità all'ordinamento dell'Unione europea;

e) per « obiettivo di medio termine » il valore del saldo strutturale individuato sulla base dei criteri stabiliti dall'ordinamento dell'Unione europea;

f) per « fase favorevole e fase avversa del ciclo economico » le fasi del ciclo economico individuate come tali sulla base dei criteri stabiliti dall'ordinamento dell'Unione europea;

g) per « obiettivi programmati » gli obiettivi di cui all'articolo 3, comma 3;

h) per « saldo netto da finanziare o da impiegare » il risultato differenziale tra le entrate tributarie, extratributarie, da alienazione e ammortamento di beni patrimoniali e da riscossione di crediti e le spese correnti e in conto capitale.

2. Gli obiettivi riferiti ai saldi di cui al comma 1, lettere *c*) e *d*), e il valore di cui al medesimo comma 1, lettera *e*), sono indicati nei documenti di programmazione finanziaria e di bilancio presentati dal Governo alle Camere per le conseguenti deliberazioni parlamentari.

CAPO II
Equilibrio dei bilanci e sostenibilità del debito delle amministrazioni pubbliche

3 Principio dell'equilibrio dei bilanci.

1. Le amministrazioni pubbliche concorrono ad assicurare l'equilibrio dei bilanci ai sensi dell'articolo 97, primo comma, della Costituzione.

2. L'equilibrio dei bilanci corrisponde all'obiettivo di medio termine.

3. I documenti di programmazione finanziaria e di bilancio stabiliscono, per ciascuna annualità del periodo di programmazione, obiettivi del saldo del conto consolidato, articolati per sottosettori, tali da assicurare almeno il conseguimento dell'obiettivo di medio termine ovvero il rispetto del percorso di avvicinamento a tale obiettivo nei casi previsti dagli articoli 6 e 8. Nei

medesimi documenti sono indicate le misure da adottare per conseguire gli obiettivi del saldo del conto consolidato.

4. Gli obiettivi di cui al comma 3 possono, in conformità all'ordinamento dell'Unione europea, tenere conto dei riflessi finanziari delle riforme strutturali con un impatto positivo significativo sulla sostenibilità delle finanze pubbliche.

5. L'equilibrio dei bilanci si considera conseguito quando il saldo strutturale, calcolato nel primo semestre dell'esercizio successivo a quello al quale si riferisce, soddisfa almeno una delle seguenti condizioni:

a) risulta almeno pari all'obiettivo di medio termine ovvero evidenzia uno scostamento dal medesimo obiettivo inferiore a quello indicato dall'articolo 8, comma 1;

b) assicura il rispetto del percorso di avvicinamento all'obiettivo di medio termine nei casi previsti dagli articoli 6 e 8 ovvero evidenzia uno scostamento dal medesimo percorso inferiore a quello indicato dall'articolo 8, comma 1.

4 Sostenibilità del debito pubblico.

1. Le amministrazioni pubbliche concorrono ad assicurare la sostenibilità del debito pubblico ai sensi dell'articolo 97, primo comma, della Costituzione.

2. I documenti di programmazione finanziaria e di bilancio stabiliscono obiettivi relativi al rapporto tra debito pubblico e prodotto interno lordo coerenti con quanto disposto dall'ordinamento dell'Unione europea.

3. Qualora il rapporto tra il debito pubblico e il prodotto interno lordo superi il valore di riferimento definito dall'ordinamento dell'Unione europea, in sede di definizione degli obiettivi di cui all'articolo 3, comma 3, si tiene conto della necessità di garantire una riduzione dell'eccedenza rispetto a tale valore in coerenza con il criterio e la disciplina in materia di fattori rilevanti previsti dal medesimo ordinamento.

4. Fatto salvo quanto previsto dall'articolo 6, comma 6, non è consentito il ricorso all'indebitamento per realizzare operazioni relative alle partite finanziarie.

5 Regole sulla spesa.

1. Il tasso annuo programmato di crescita della spesa delle amministrazioni pubbliche, al netto delle poste indicate dalla normativa dell'Unione europea, non può essere superiore al tasso di riferimento calcolato in coerenza con la medesima normativa.

2. Al fine di assicurare il rispetto del tasso di crescita di cui al comma 1 e il conseguimento degli obiettivi programmatici, i documenti di programmazione finanziaria e di bilancio indicano, per il triennio di riferimento, il livello della spesa delle amministrazioni pubbliche.

3. Il Ministro dell'economia e delle finanze, avvalendosi della collaborazione delle amministrazioni interessate, provvede al monitoraggio del rispetto del livello di cui al comma 2. Il Governo, qualora preveda il superamento di tale livello, trasmette una relazione alle Camere, evidenziando le eventuali misure correttive da adottare al fine di assicurare il conseguimento degli obiettivi programmatici.

6 Eventi eccezionali e scostamenti dall'obiettivo programmatico strutturale.

1. Fatto salvo quanto previsto dall'articolo 8, scostamenti temporanei del saldo strutturale dall'obiettivo programmatico sono consentiti esclusivamente in caso di eventi eccezionali.

2. Ai fini della presente legge, per eventi eccezionali, da individuare in coerenza con l'ordinamento dell'Unione europea, si intendono:

a) periodi di grave recessione economica relativi anche all'area dell'euro o all'intera Unione europea;

b) eventi straordinari, al di fuori del controllo dello Stato, ivi incluse le gravi crisi finanziarie nonché le gravi calamità naturali, con rilevanti ripercussioni sulla situazione finanziaria generale del Paese.

3. Il Governo, qualora, al fine di fronteggiare gli eventi di cui al comma 2, ritenga indispensabile discostarsi temporaneamente dall'obiettivo programmatico, sentita la Commissione europea, presenta alle Camere, per le conseguenti deliberazioni parlamentari, una relazione con cui aggiorna gli obiettivi programmatici di finanza pubblica, nonché una specifica richiesta di autorizzazione che indichi la misura e la durata dello scostamento, stabilisca le finalità alle quali destinare le risorse disponibili in conseguenza dello stesso e definisca il piano di rientro verso l'obiettivo programmatico, commisurandone la durata alla gravità degli eventi di cui al comma 2. Il piano di rientro è attuato a decorrere dall'esercizio successivo a quelli per i quali è autorizzato lo scostamento per gli eventi di cui al comma 2, tenendo conto dell'andamento del ciclo economico. La deliberazione con la quale ciascuna Camera autorizza lo scostamento e approva il piano di rientro è adottata a maggioranza assoluta dei rispettivi componenti.

4. Le risorse eventualmente reperite sul mercato ai sensi del comma 3 possono essere utilizzate esclusivamente per le finalità indicate nella richiesta di cui al medesimo comma.

5. Il piano di rientro può essere aggiornato con le modalità di cui al comma 3 al verificarsi di ulteriori eventi eccezionali ovvero qualora, in relazione all'andamento del ciclo economico, il Governo intenda apportarvi modifiche.

6. Le procedure di cui al comma 3 si applicano altresì qualora il Governo intenda ricorrere all'indebitamento per realizzare operazioni relative alle partite finanziarie al fine di fronteggiare gli eventi straordinari di cui al comma 2, lettera *b*).

CAPO III
Meccanismo di correzione

7 Monitoraggio degli scostamenti rispetto agli obiettivi di finanza pubblica.

1. Il Ministro dell'economia e delle finanze assicura il monitoraggio degli andamenti di finanza pubblica. Il

Governo, qualora preveda che nell'esercizio finanziario in corso si determinino scostamenti del saldo del conto consolidato o del saldo strutturale rispetto agli obiettivi programmatici, riferisce alle Camere.

8 Meccanismo di correzione degli scostamenti rispetto all'obiettivo programmatico strutturale.

1. Il Governo, nei documenti di programmazione finanziaria e di bilancio, in base ai dati di consuntivo, verifica se, rispetto all'obiettivo programmatico, si registri uno scostamento negativo del saldo strutturale, con riferimento al risultato dell'esercizio precedente ovvero, in termini cumulati, ai risultati dei due esercizi precedenti, pari o superiore allo scostamento considerato significativo dall'ordinamento dell'Unione europea e dagli accordi internazionali in materia, ad esclusione degli scostamenti autorizzati ai sensi dell'articolo 6. Il Governo, qualora stimi che tale scostamento si rifletta sui risultati previsti per gli anni compresi nel periodo di programmazione, ne evidenzia l'entità e le cause e indica contestualmente misure tali da assicurare, almeno a decorrere dall'esercizio finanziario successivo a quello in cui è stato accertato lo scostamento, il conseguimento dell'obiettivo programmatico strutturale.

2. I documenti di programmazione finanziaria e di bilancio indicano la misura e l'articolazione temporale delle correzioni di cui al comma 1 a carico dei singoli sottosettori, anche tenendo conto del rispettivo concorso allo scostamento e delle esigenze di coordinamento della finanza pubblica.

3. Le deliberazioni parlamentari di cui all'articolo 6, comma 3, possono disporre la sospensione dell'operatività del meccanismo di correzione previsto dal presente articolo sino all'esercizio precedente a quello a partire dal quale ha inizio l'attuazione del piano di rientro di cui al medesimo comma.

CAPO IV
Equilibrio dei bilanci delle regioni e degli enti locali e concorso dei medesimi enti alla sostenibilità del debito pubblico

9 Equilibrio dei bilanci delle regioni e degli enti locali.

1. I bilanci delle regioni, dei comuni, delle province, delle città metropolitane e delle province autonome di Trento e di Bolzano si considerano in equilibrio quando, sia nella fase di previsione che di rendiconto, conseguono un saldo non negativo, in termini di competenza, tra le entrate finali e le spese finali, come eventualmente modificato ai sensi dell'articolo 10 (1).

1-*bis*. Ai fini dell'applicazione del comma 1, le entrate finali sono quelle ascrivibili ai titoli 1, 2, 3, 4 e 5 dello schema di bilancio previsto dal decreto legislativo 23 giugno 2011, n. 118, e le spese finali sono quelle ascrivibili ai titoli 1, 2 e 3 del medesimo schema di bilancio. Per gli anni 2017-2019, con la legge di bilancio, compatibilmente con gli obiettivi di finanza pubblica e su base triennale, è prevista l'introduzione del fondo pluriennale vincolato, di entrata e di spesa. A decorrere dall'esercizio 2020, tra le entrate e le spese finali è incluso il fondo pluriennale vincolato di entrata e di spesa, finanziato dalle entrate finali (2).

2. Qualora, in sede di rendiconto di gestione, un ente di cui al comma 1 del presente articolo registri un valore negativo del saldo di cui al medesimo comma 1, il predetto ente adotta misure di correzione tali da assicurarne il recupero entro il triennio successivo, in quote costanti. Per le finalità di cui al comma 5 la legge dello Stato può prevedere differenti modalità di recupero (3).

[3. Eventuali saldi positivi sono destinati all'estinzione del debito maturato dall'ente. Nel rispetto dei vincoli derivanti dall'ordinamento dell'Unione europea e dell'equilibrio dei bilanci, i saldi positivi di cui al primo periodo possono essere destinati anche al finanziamento di spese di investimento con le modalità previste dall'articolo 10.] (4)

4. Con legge dello Stato sono definiti i premi e le sanzioni da applicare alle regioni, ai comuni, alle province, alle città metropolitane e alle province autonome di Trento e di Bolzano, in attuazione delle disposizioni di cui al presente articolo. La legge di cui al periodo precedente si attiene ai seguenti principi:

a) proporzionalità fra premi e sanzioni;

b) proporzionalità fra sanzioni e violazioni;

c) destinazione dei proventi delle sanzioni a favore dei premi agli enti del medesimo comparto che hanno rispettato i propri obiettivi (5).

5. Nel rispetto dei principi stabiliti dalla presente legge, al fine di assicurare il rispetto dei vincoli derivanti dall'ordinamento dell'Unione europea, la legge dello Stato, sulla base di criteri analoghi a quelli previsti per le amministrazioni statali e tenendo conto di parametri di virtuosità, può prevedere ulteriori obblighi a carico degli enti di cui al comma 1 in materia di concorso al conseguimento degli obiettivi di finanza pubblica del complesso delle amministrazioni pubbliche.

6. Le disposizioni di cui al comma 5 si applicano alle regioni a statuto speciale e alle province autonome di Trento e di Bolzano compatibilmente con le norme dei rispettivi statuti e con le relative norme di attuazione (6).

(1) *Comma modificato dall'art. 1, comma 1, lett.* a) *l. 12 agosto 2016, n. 164.*

(2) *Comma inserito dall'art. 1, comma 1, lett.* b) *l. 12 agosto 2016, n. 164.*

(3) *Comma sostituito dall'art. 1, comma 1, lett.* c) *l. 12 agosto 2016, n. 164.*

(4) *Comma abrogato dall'art. 1, comma 1, lett.* d) *l. 12 agosto 2016, n. 164.*

(5) *Comma sostituito dall'art. 1, comma 1, lett.* e) *l. 12 agosto 2016, n. 164.*

(6) *Si veda altresì l'art. 21-*bis*, comma 1, d.l. 24 aprile 2017, n. 50 conv., con modif., in l. 21 giugno 2017, n. 96, ai sensi del quale: « Per l'anno 2017, ai comuni e alle loro forme associative che hanno approvato il rendiconto 2016 entro il 30 aprile 2017 e che hanno rispettato nell'anno precedente il saldo tra entrate finali e spese finali di cui all'articolo 9 della legge 24 dicembre 2012, n. 243, non si applicano le limitazioni e i vincoli di cui:* a) *all'articolo 6, commi 7, 8, fatta eccezione delle spese per mostre, 9 e 13, del decreto-legge 31 maggio 2010, n. 78, convertito, con modificazioni, dalla legge 30 luglio 2010, n. 122;* b) *all'articolo 27, comma 1, del decreto-legge 25 giugno 2008, n. 112, convertito, con modificazioni, dalla legge 6 agosto 2008, n. 133 ». Il successivo comma 2 del suddetto art. 21-*bis*, ora abrogato dall'art. 57, comma 2-*bis*, d.l. 26 ottobre 2019, n. 124, conve., con modif., in l. 19 dicembre 2019, n. 157, a*

decorrere dal 1° gennaio 2020, così disponeva: « [2. A decorrere dall'esercizio 2018 le disposizioni del comma 1 si applicano esclusivamente ai comuni e alle loro forme associative che hanno approvato il bilancio preventivo dell'esercizio di riferimento entro il 31 dicembre dell'anno precedente e che hanno rispettato nell'anno precedente il saldo tra entrate finali e spese finali di cui all'articolo 9 della legge 24 dicembre 2012, n. 243] ».

10 Ricorso all'indebitamento da parte delle regioni e degli enti locali.

1. Il ricorso all'indebitamento da parte delle regioni, dei comuni, delle province, delle città metropolitane e delle province autonome di Trento e di Bolzano è consentito esclusivamente per finanziare spese di investimento con le modalità e nei limiti previsti dal presente articolo e dalla legge dello Stato.

2. In attuazione del comma 1, le operazioni di indebitamento sono effettuate solo contestualmente all'adozione di piani di ammortamento di durata non superiore alla vita utile dell'investimento, nei quali sono evidenziate l'incidenza delle obbligazioni assunte sui singoli esercizi finanziari futuri nonché le modalità di copertura degli oneri corrispondenti.

3. Le operazioni di indebitamento di cui al comma 2 e le operazioni di investimento realizzate attraverso l'utilizzo dei risultati di amministrazione degli esercizi precedenti sono effettuate sulla base di apposite intese concluse in ambito regionale che garantiscano, per l'anno di riferimento, il rispetto del saldo di cui all'articolo 9, comma 1, del complesso degli enti territoriali della regione interessata, compresa la medesima regione (1).

4. Le operazioni di indebitamento di cui al comma 2 e le operazioni di investimento realizzate attraverso l'utilizzo dei risultati di amministrazione degli esercizi precedenti, non soddisfatte dalle intese di cui al comma 3, sono effettuate sulla base dei patti di solidarietà nazionali. Resta fermo il rispetto del saldo di cui all'articolo 9, comma 1, del complesso degli enti territoriali (2).

5. Con decreto del Presidente del Consiglio dei ministri, da adottare d'intesa con la Conferenza unificata, sono disciplinati criteri e modalità di attuazione del presente articolo, ivi incluse le modalità attuative del potere sostitutivo dello Stato, in caso di inerzia o ritardo da parte delle regioni e delle province autonome di Trento e di Bolzano. Lo schema del decreto è trasmesso alle Camere per l'espressione del parere delle commissioni parlamentari competenti per i profili di carattere finanziario. I pareri sono espressi entro quindici giorni dalla trasmissione, decorsi i quali il decreto può essere comunque adottato (3) (4) (5).

(1) *Comma sostituito dall'art. 2, comma 1, lett.* a) *l. 12 agosto 2016, n. 164.*

(2) *Comma sostituito dall'art. 2, comma 1, lett.* b) *l.12 agosto 2016, n. 164.*

(3) *La Corte Costituzionale, con sentenza 10 aprile 2014, n. 88 ha dichiarato* l'illegittimità costituzionale *del presente comma, nella parte in cui non prevede la parola « tecnica », dopo le parole « criteri e modalità di attuazione » e prima delle parole « del presente articolo ».*

(4) *Comma sostituito dall'art. 2, comma 1, lett.* c) *l. 12 agosto 2016, n. 164. Successivamente, la Corte costituzionale, con sentenza 6 dicembre 2017, n. 252, ha dichiarato, tra l'altro:* a) l'illegittimità costituzionale *della citata lett.* c)*, nella parte in cui, nel sostituire il presente comma, non prevede la parola* « tecnica », *dopo le parole* « criteri e modalità di attuazione » *e prima delle parole* « del presente articolo »*; b) l'*illegittimità costituzionale *della citata lettera* c)*, nella parte in cui, nel sostituire il presente comma, prevede* «, ivi incluse le modalità attuative del potere sostitutivo dello Stato, in caso di inerzia o ritardo da parte delle regioni e delle province autonome di Trento e di Bolzano ».

(5) *In attuazione di quanto disposto dal presente comma si veda il d.P.C.M. 21 febbraio 2017, n. 21.*

11 Concorso dello Stato al finanziamento dei livelli essenziali e delle funzioni fondamentali nelle fasi avverse del ciclo o al verificarsi di eventi eccezionali.

1. Fermo restando quanto previsto dall'articolo 9, comma 5, e dall'articolo 12, comma 1, lo Stato, in ragione dell'andamento del ciclo economico o al verificarsi di eventi eccezionali, concorre al finanziamento dei livelli essenziali delle prestazioni e delle funzioni fondamentali inerenti ai diritti civili e sociali, secondo modalità definite con leggi dello Stato, nel rispetto dei principi stabiliti dalla presente legge (1).

[2. Qualora le Camere autorizzino scostamenti temporanei del saldo strutturale rispetto all'obiettivo programmatico ai sensi dell'articolo 6, l'ammontare del Fondo di cui al comma 1 del presente articolo è determinato anche tenendo conto delle conseguenze degli eventi di cui al medesimo articolo 6 sulla finanza degli enti di cui all'articolo 10, comma 1.] (2)

[3. Il Fondo di cui al comma 1 è ripartito tra gli enti di cui all'articolo 10, comma 1, con decreto del Presidente del Consiglio dei ministri, sentita la Conferenza permanente per il coordinamento della finanza pubblica, tenendo conto della quota di entrate proprie di ciascun ente influenzata dall'andamento del ciclo economico e degli effetti degli eventi di cui al comma 2 del presente articolo sulla finanza dei singoli enti. Lo schema di decreto è trasmesso alle Camere per l'espressione del parere da parte delle Commissioni competenti per i profili di carattere finanziario. I pareri sono espressi entro trenta giorni dalla trasmissione, decorsi i quali il decreto può essere comunque adottato.] (2)

(1) *Comma sostituito dall'art. 3, comma 1, lett.* a) *l. 12 agosto 2016 n. 164.*

(2) *Comma abrogato dall'art. 3, comma 1, lett.* b) *l. 12 agosto 2016 n. 164.*

12 Concorso delle regioni e degli enti locali alla sostenibilità del debito pubblico.

1. Le regioni, i comuni, le province, le città metropolitane e le province autonome di Trento e di Bolzano concorrono ad assicurare la sostenibilità del debito del complesso delle amministrazioni pubbliche, secondo modalità definite con legge dello Stato, nel rispetto dei principi stabiliti dalla presente legge (1)

2. Fermo restando quanto previsto dall'articolo 9, comma 5, gli enti di cui al comma 1, tenuto conto dell'andamento del ciclo economico, concorrono alla riduzione del debito del complesso delle amministrazioni pubbliche attraverso versamenti al Fondo per l'ammortamento dei titoli di Stato secondo modalità definite con legge dello Stato, nel rispetto dei principi stabiliti dalla presente legge (2).

[3. Il contributo di cui al comma 2 è ripartito tra gli enti di cui al comma 1 con decreto del Presidente del

Consiglio dei ministri, sentita la Conferenza permanente per il coordinamento della finanza pubblica, tenendo conto della quota di entrate proprie di ciascun ente influenzata dall'andamento del ciclo economico. Lo schema del decreto è trasmesso alle Camere per l'espressione del parere da parte delle Commissioni competenti per i profili di carattere finanziario. I pareri sono espressi entro trenta giorni dalla trasmissione, decorsi i quali il decreto può essere comunque adottato] (3) (4).

(1) *Comma sostituito dall'art. 4, comma 1, lett.* a) *l. 12 agosto 2016, n. 164.*

(2) *Comma sostituito dall'art. 4, comma 1, lett.* b) *l. 12 agosto 2016, n. 164.*

(3) *La Corte Costituzionale, con sentenza 10 aprile 2014, n. 88 ha dichiarato* l'illegittimità costituzionale *del presente comma, nella parte in cui prevede che « Il contributo di cui al comma 2 è ripartito tra gli enti di cui al comma 1 con decreto del Presidente del Consiglio dei ministri, sentita la Conferenza permanente per il coordinamento della finanza pubblica », anziché « Il contributo di cui al comma 2 è ripartito tra gli enti di cui al comma 1 con decreto del Presidente del Consiglio dei ministri, d'intesa con la Conferenza unificata di cui all'articolo 8 del decreto legislativo 28 agosto 1997, n. 281, e successive modificazioni ».*

(4) *Comma abrogato dall'art. 4, comma 1, lett.* c) *l. 12 agosto 2016, n. 164.*

CAPO V
Equilibrio dei bilanci delle amministrazioni pubbliche non territoriali

13 Equilibrio dei bilanci delle amministrazioni pubbliche non territoriali.

1. I bilanci delle amministrazioni pubbliche non territoriali che adottano la contabilità finanziaria si considerano in equilibrio quando, sia in fase di previsione che di rendiconto, registrano un saldo non negativo in termini di cassa e di competenza tra le entrate finali e le spese finali. Ai fini della determinazione del saldo, l'avanzo di amministrazione può essere utilizzato, nella misura di quanto effettivamente realizzato, solo successivamente all'approvazione del rendiconto e comunque nel rispetto di eventuali condizioni e limiti previsti dalla legge dello Stato.

2. I bilanci delle amministrazioni pubbliche non territoriali che adottano esclusivamente la contabilità economico-patrimoniale si considerano in equilibrio quando risultano conformi ai criteri stabiliti con legge dello Stato.

3. Con legge dello Stato possono essere stabiliti ulteriori criteri al fine di assicurare l'equilibrio dei bilanci delle amministrazioni di cui al presente articolo, anche con riferimento alle singole categorie di amministrazioni, nonché i criteri per il recupero di eventuali disavanzi e le sanzioni conseguenti al mancato rispetto dell'equilibrio.

CAPO VI
Bilancio dello stato

14 Principio dell'equilibrio del bilancio dello Stato.

1. L'equilibrio del bilancio dello Stato corrisponde ad un valore del saldo netto da finanziare o da impiegare coerente con gli obiettivi programmatici di cui all'articolo 3, comma 3.

2. La legge di bilancio indica il valore di cui al comma 1 per ciascuno degli anni del triennio di riferimento.

3. I nuovi o maggiori oneri derivanti dalla legge di bilancio devono risultare compatibili con il rispetto dell'equilibrio tra le entrate e le spese del bilancio stesso, determinato ai sensi dell'articolo 3 e del comma 1 del presente articolo.

4. Il rendiconto generale dello Stato indica il saldo netto da finanziare effettivamente conseguito nell'anno di riferimento e dà autonoma evidenza degli eventuali scostamenti rispetto al valore indicato dalla legge di bilancio ai sensi del comma 2. Nella relazione allegata al disegno di legge recante il rendiconto generale dello Stato sono evidenziate le ragioni dello scostamento rispetto al valore indicato dalla legge di bilancio, tenendo anche conto delle eventuali variazioni derivanti dall'applicazione delle procedure statistiche relative al calcolo del saldo strutturale previste dall'ordinamento dell'Unione europea.

15 Contenuto della legge di bilancio.

1. Il disegno di legge di bilancio reca disposizioni in materia di entrata e di spesa aventi ad oggetto misure quantitative, funzionali a realizzare gli obiettivi programmatici indicati dai documenti di programmazione economica e finanziaria e le previsioni di entrata e di spesa formate sulla base della legislazione vigente. Il disegno di legge di bilancio, articolato in due sezioni, costituisce la base per la gestione finanziaria dello Stato.

2. La prima sezione contiene, per il periodo compreso nel triennio di riferimento, le disposizioni in materia di entrata e di spesa di cui al comma 1, con effetti finanziari aventi decorrenza nel triennio considerato dal bilancio. In particolare essa contiene, in distinti articoli, con riferimento sia alle dotazioni di competenza sia a quelle di cassa, il saldo netto da finanziare, definito in coerenza con quanto previsto all'articolo 14, e il livello massimo del ricorso al mercato finanziario. Non possono essere previste norme di delega, di carattere ordinamentale o organizzatorio, né interventi di natura localistica o microsettoriale.

3. La seconda sezione del disegno di legge di bilancio contiene le previsioni di entrata e di spesa, espresse in termini di competenza e di cassa, formate sulla base della legislazione vigente, tenuto conto dei parametri economici indicati nei documenti di programmazione finanziaria e di bilancio e delle proposte di rimodulazioni da introdurre alle condizioni e nei limiti previsti dalla legge dello Stato, apportando a tali previsioni, alle quali viene in ogni caso assicurata autonoma evidenza contabile, le variazioni determinate dalla prima sezione del disegno di legge.

4. La seconda sezione contiene, nell'ordine di presentazione e di votazione, in distinti articoli, lo stato di previsione dell'entrata, gli stati di previsione della spesa distinti per Ministeri e il quadro generale riassuntivo con riferimento al triennio. Con apposito articolo è annualmente stabilito l'importo massimo di emissione di titoli dello Stato, in Italia e all'estero, al netto dell'importo di quelli da rimborsare.

5. Le entrate sono ripartite in titoli, in base alla natura o alla provenienza dei cespiti, entrate ricorrenti e non ricorrenti e tipologie, ai fini dell'accertamento dei cespiti. Per la spesa, il bilancio si articola in missioni, che rappresentano le funzioni principali e gli obiettivi strategici, e in programmi, quali aggregati diretti al perseguimento degli obiettivi definiti nell'ambito delle missioni. Le unità di voto parlamentare sono costituite, per le entrate, dalle tipologie e, per la spesa, dai programmi.

6. Il disegno di legge di bilancio è accompagnato da una nota tecnico-illustrativa. La nota è un documento conoscitivo di raccordo tra il disegno di legge di bilancio e il conto consolidato, che espone i contenuti del medesimo disegno di legge, i suoi effetti sui saldi di finanza pubblica e i criteri utilizzati per la quantificazione degli stessi.

7. Le modifiche normative contenute nella prima sezione del disegno di legge di bilancio e le proposte di rimodulazione contenute nella seconda sezione relative a ciascuno stato di previsione sono corredate di una relazione tecnica sulla quantificazione degli effetti recati da ciascuna disposizione, nonché sulle relative coperture. Alla relazione tecnica è allegato un prospetto riepilogativo degli effetti finanziari di ciascuna disposizione ai fini del saldo netto da finanziare del bilancio dello Stato, del saldo di cassa delle amministrazioni pubbliche e dell'indebitamento netto del conto consolidato delle amministrazioni pubbliche.

8. Con legge dello Stato è disciplinato il progressivo superamento delle gestioni contabili operanti a valere su contabilità speciali o conti correnti di tesoreria e la conseguente riconduzione delle relative risorse finanziarie al bilancio dello Stato.

9. Con il disegno di legge di assestamento, da predisporre secondo il criterio della legislazione vigente, possono essere adottate variazioni compensative tra le dotazioni finanziarie, anche relative a unità di voto diverse, alle condizioni e nei limiti previsti dalla legge dello Stato.

10. Con legge dello Stato sono disciplinate le modalità di attuazione del presente articolo.

CAPO VII
Organismo indipendente per l'analisi e la verifica degli andamenti di finanza pubblica e per la valutazione dell'osservanza delle regole di bilancio

16 Istituzione dell'Ufficio parlamentare di bilancio.

1. È istituito, ai sensi dell'articolo 5, comma 1, lettera *f*), della legge costituzionale 20 aprile 2012, n. 1, l'organismo indipendente per l'analisi e la verifica degli andamenti di finanza pubblica e per la valutazione dell'osservanza delle regole di bilancio, che assume il nome di Ufficio parlamentare di bilancio, con sede in Roma, presso le Camere.

2. L'Ufficio opera in piena autonomia e con indipendenza di giudizio e di valutazione ed è costituito da un Consiglio di tre membri, di cui uno con funzioni di presidente, nominati con decreto adottato d'intesa dai Presidenti del Senato della Repubblica e della Camera dei deputati, nell'ambito di un elenco di dieci soggetti indicati dalle Commissioni parlamentari competenti in materia di finanza pubblica a maggioranza dei due terzi dei rispettivi componenti, secondo modalità stabilite dai Regolamenti parlamentari. I membri del Consiglio sono scelti tra persone di riconosciuta indipendenza e comprovata competenza ed esperienza in materia di economia e di finanza pubblica a livello nazionale e internazionale. Al Presidente è riconosciuto un trattamento economico complessivo pari a quello previsto per il Presidente dell'Autorità garante della concorrenza e del mercato. Ai membri del Consiglio è riconosciuto un trattamento economico complessivo pari all'80 per cento di quello spettante al Presidente.

3. I membri del Consiglio sono nominati per sei anni e non possono essere confermati. Essi non possono esercitare, a pena di decadenza, alcuna attività professionale o di consulenza, né possono essere amministratori o dipendenti di soggetti pubblici o privati, né ricoprire altri uffici pubblici di qualsiasi natura. I dipendenti pubblici sono collocati fuori ruolo per l'intera durata del mandato. Per gravi violazioni dei doveri d'ufficio, i membri del Consiglio possono essere revocati dall'incarico con decreto adottato d'intesa dai Presidenti del Senato della Repubblica e della Camera dei deputati, su proposta delle Commissioni parlamentari competenti in materia di finanza pubblica, adottata a maggioranza dei due terzi dei relativi componenti, secondo modalità stabilite dai Regolamenti parlamentari.

4. Il Presidente rappresenta l'Ufficio, convoca il Consiglio e ne stabilisce l'ordine del giorno. Il Consiglio, previo assenso dei Presidenti del Senato della Repubblica e della Camera dei deputati, adotta uno o più regolamenti recanti le norme di organizzazione e funzionamento, quelle concernenti il trattamento giuridico ed economico del personale operante presso l'Ufficio, nonché quelle dirette a disciplinare la gestione delle spese. L'Ufficio provvede all'autonoma gestione delle spese per il proprio funzionamento, ivi comprese quelle relative al personale, nei limiti delle proprie disponibilità di bilancio.

17 Risorse umane, strumentali e sede dell'Ufficio parlamentare di bilancio.

1. L'Ufficio seleziona il proprio personale in piena autonomia, unicamente sulla base di criteri di merito e di competenza, con esclusivo riferimento alle esigenze funzionali.

2. Il personale dell'Ufficio è composto da:

a) personale assunto dall'Ufficio attraverso pubblico concorso con contratto di lavoro a tempo indeterminato;

b) personale delle amministrazioni del Senato della Repubblica e della Camera dei deputati, nonché di amministrazioni pubbliche o di diritto pubblico, collocato fuori ruolo;

c) personale selezionato attraverso procedure comparative pubbliche, per lo svolgimento di incarichi a tempo determinato, di durata non superiore a tre anni, rinnovabili per una sola volta.

3. Il collocamento fuori ruolo del personale delle amministrazioni pubbliche o di diritto pubblico richiesto dall'Ufficio è obbligatorio e viene disposto, secondo le procedure degli ordinamenti di appartenenza, anche in deroga ai limiti temporali, numerici e di ogni altra natura eventualmente previsti dai medesimi ordinamenti. L'Ufficio può restituire alle amministrazioni di appartenenza il personale proveniente dalle amministrazioni delle Camere e dalle amministrazioni pubbliche o di diritto pubblico. La cessazione del collocamento fuori ruolo del personale delle amministrazioni delle Camere è subordinata all'assenso dell'Ufficio.

4. Nei primi tre anni di attività, la dotazione di personale dell'Ufficio non può superare il limite di trenta unità. Decorso tale termine, la dotazione di personale non può superare complessivamente le quaranta unità.

5. Al funzionamento dell'Ufficio sovraintende un Direttore generale, con specifica competenza ed esperienza in materia di economia e finanza pubblica, nominato dal Presidente nell'ambito del personale di cui al comma 2.

6. I Presidenti del Senato della Repubblica e della Camera dei deputati, d'intesa tra loro, mettono a disposizione dell'Ufficio locali da destinare a sede del medesimo e le necessarie risorse strumentali.

18 Funzioni dell'Ufficio.

1. L'Ufficio, anche attraverso l'elaborazione di proprie stime, effettua analisi, verifiche e valutazioni in merito a:

a) le previsioni macroeconomiche e di finanza pubblica;

b) l'impatto macroeconomico dei provvedimenti legislativi di maggiore rilievo;

c) gli andamenti di finanza pubblica, anche per sottosettore, e l'osservanza delle regole di bilancio;

d) la sostenibilità della finanza pubblica nel lungo periodo;

e) l'attivazione e l'utilizzo del meccanismo correttivo di cui all'articolo 8 e gli scostamenti dagli obiettivi derivanti dal verificarsi degli eventi eccezionali di cui all'articolo 6;

f) ulteriori temi di economia e finanza pubblica rilevanti ai fini delle analisi, delle verifiche e delle valutazioni di cui al presente comma.

2. L'Ufficio predispone analisi e rapporti anche su richiesta delle Commissioni parlamentari competenti in materia di finanza pubblica.

Il Presidente, se richiesto, svolge audizioni presso le Commissioni parlamentari di cui al primo periodo.

3. Qualora, nell'esercizio delle funzioni di cui al comma 1, l'Ufficio esprima valutazioni significativamente divergenti rispetto a quelle del Governo, su richiesta di almeno un terzo dei componenti di una Commissione parlamentare competente in materia di finanza pubblica, quest'ultimo illustra i motivi per i quali ritiene di confermare le proprie valutazioni ovvero ritiene di conformarle a quelle dell'Ufficio.

4. L'Ufficio opera sulla base di un programma annuale delle attività, che deve in ogni caso prevedere lo svolgimento delle funzioni attribuite all'Ufficio in coerenza con l'ordinamento dell'Unione europea, presentato dal Presidente alle Commissioni parlamentari competenti in materia di finanza pubblica. Le analisi e i rapporti prodotti nell'esercizio delle funzioni di cui al comma 1 sono adottati dal Consiglio su proposta del Presidente. Il programma annuale delle attività nonché le analisi e i rapporti di cui al secondo periodo sono pubblicati nel sito internet istituzionale dell'Ufficio.

5. Il Consiglio può istituire un Comitato scientifico composto da persone di comprovata esperienza e competenza in materia di economia e finanza pubblica a livello nazionale, europeo o internazionale, con il compito di fornire indicazioni metodologiche in merito all'attività dell'Ufficio.

6. Per l'esercizio delle funzioni di cui al comma 1, l'Ufficio corrisponde con tutte le amministrazioni pubbliche, con gli enti di diritto pubblico e con gli enti partecipati da soggetti pubblici e richiede ad essi, oltre alla comunicazione di dati e informazioni, ogni forma di collaborazione ritenuta utile per l'adempimento delle sue funzioni istituzionali.

7. Al fine di consentire all'Ufficio lo svolgimento dei propri compiti istituzionali, le amministrazioni e gli enti di cui al comma 6 assicurano all'Ufficio medesimo l'accesso a tutte le banche di dati in materia di economia o di finanza pubblica da loro costituite o alimentate.

19 Dotazione finanziaria dell'Ufficio.

1. A decorrere dall'anno 2014, è autorizzata la spesa di 3 milioni di euro in favore di ciascuna Camera da destinare alle spese necessarie al funzionamento dell'Ufficio. La dotazione finanziaria di cui al presente comma può essere rideterminata esclusivamente con la legge di bilancio, sentito il Consiglio, e deve risultare in ogni caso sufficiente ad assicurare l'efficace esercizio delle funzioni di cui all'articolo 18.

2. La gestione finanziaria dell'Ufficio si svolge in base al bilancio di previsione approvato dal Consiglio dell'Ufficio medesimo entro il 31 dicembre dell'anno precedente a quello cui il bilancio si riferisce. Il rendiconto della gestione finanziaria è approvato entro il 30 aprile dell'anno successivo. Il bilancio di previsione e il rendiconto della gestione finanziaria sono trasmessi ai Presidenti delle due Camere e pubblicati in allegato ai rispettivi bilanci.

3. Agli oneri derivanti dal comma 1, pari a 6 milioni di euro annui a decorrere dall'anno 2014, si provvede mediante corrispondente riduzione delle proiezioni, per l'anno 2014, dello stanziamento del fondo speciale di parte corrente iscritto, ai fini del bilancio triennale 2012-2014, nell'ambito del programma « Fondi di riserva e speciali » della missione « Fondi da ripartire » dello stato di previsione del Ministero dell'economia e delle finanze per l'anno 2012, allo scopo parzialmente utilizzando, quanto a 2 milioni di euro annui a decorrere dall'anno 2014, l'accantonamento relativo al medesimo Ministero e, quanto a 4 milioni di euro annui a

decorrere dall'anno 2014, l'accantonamento relativo al Ministero del lavoro e delle politiche sociali.

4. Il Ministro dell'economia e delle finanze è autorizzato ad apportare, con propri decreti, le occorrenti variazioni di bilancio.

CAPO VIII
Disposizioni finali

20 Funzioni di controllo della Corte dei conti sui bilanci delle amministrazioni pubbliche.

1. La Corte dei conti svolge il controllo successivo sulla gestione dei bilanci degli enti di cui agli articoli 9 e 13, ai fini del coordinamento della finanza pubblica e dell'equilibrio dei bilanci di cui all'articolo 97 della Costituzione. Le regioni a statuto speciale e le province autonome di Trento e di Bolzano provvedono a quanto disposto dal presente comma in conformità ai rispettivi statuti e alle relative norme di attuazione.

2. La legge dello Stato disciplina le forme e le modalità del controllo di cui al comma 1.

21 Disposizioni transitorie e finali.

1. È autorizzata una sperimentazione, anche attraverso un'apposita attività di simulazione, degli effetti derivanti dall'adozione di un bilancio dello Stato « a base zero » e dal superamento del criterio della spesa storica in termini di rafforzamento del ruolo programmatorio e allocativo del bilancio. L'attività di sperimentazione è effettuata dal Ministero dell'economia e delle finanze - Dipartimento della Ragioneria generale dello Stato. Il Ministro dell'economia e delle finanze, entro il mese di giugno 2014, presenta alle Camere una relazione in merito all'attività di sperimentazione, nella quale sono esaminate le conseguenze che deriverebbero per il sistema di contabilità e finanza pubblica dall'adozione di un bilancio « a base zero ».

2. A decorrere dal 1° gennaio 2016, i richiami alla legge di stabilità di cui all'articolo 11 della legge 31 dicembre 2009, n. 196, e successive modificazioni, e alla legge finanziaria, di cui all'articolo 11 della legge 5 agosto 1978, n. 468, e successive modificazioni, contenuti in disposizioni di legge o di atti aventi forza di legge vigenti, devono intendersi riferiti alla legge di bilancio, di cui all'articolo 15 della presente legge.

3. Le disposizioni di cui alla presente legge si applicano a decorrere dal 1° gennaio 2014, ad eccezione del capo IV e dell'articolo 15, che si applicano a decorrere dal 1° gennaio 2016.

SEZIONE TERZA
FEDERALISMO AMMINISTRATIVO

15. Legge 15 marzo 1997, n. 59. — Delega al Governo per il conferimento di funzioni e compiti alle Regioni ed Enti locali, per la riforma della Pubblica Amministrazione e per la semplificazione amministrativa. (*estratto*).

Pubblicata nella Gazzetta Ufficiale n. 63 del 17 marzo 1997, S.O.

1 1. Il Governo è delegato ad emanare, entro il 31 marzo 1998, uno o più decreti legislativi volti a conferire alle regioni e agli enti locali, ai sensi degli articoli 5, 118, e 128 della Costituzione, funzioni e compiti amministrativi nel rispetto dei princìpi e dei criteri direttivi contenuti nella presente legge. Ai fini della presente legge, per "conferimento" si intende trasferimento, delega o attribuzione di funzioni e compiti, e per "enti locali" si intendono le province, i comuni, le comunità montane e gli altri enti locali (1).

2. Sono conferite alle regioni e agli enti locali, nell'osservanza del principio di sussidiarietà di cui all'articolo 4, comma 3, lettera *a*), della presente legge, anche ai sensi dell'articolo 3 della legge 8 giugno 1990, n. 142, tutte le funzioni e i compiti amministrativi relativi alla cura degli interessi e alla promozione dello sviluppo delle rispettive comunità, nonché tutte le funzioni e i compiti amministrativi localizzabili nei rispettivi territori in atto esercitati da qualunque organo o amministrazione dello Stato, centrali o periferici, ovvero tramite enti o altri soggetti pubblici.

3. Sono esclusi dall'applicazione dei commi 1 e 2 le funzioni e i compiti riconducibili alle seguenti materie:

a) affari esteri e commercio estero, nonché cooperazione internazionale e attività promozionale all'estero di rilievo nazionale;

b) difesa, forze armate, armi e munizioni, esplosivi e materiale strategico;

c) rapporti tra lo Stato e le confessioni religiose;

d) tutela dei beni culturali e del patrimonio storico artistico;

e) vigilanza sullo stato civile e sull'anagrafe;

f) cittadinanza, immigrazione, rifugiati e asilo politico, estradizione;

g) consultazioni elettorali, elettorato attivo e passivo, propaganda elettorale, consultazioni referendarie escluse quelle regionali;

h) moneta, perequazione delle risorse finanziarie, sistema valutario e banche (2);

i) dogane, protezione dei confini nazionali e profilassi internazionale;

l) ordine pubblico e sicurezza pubblica;

m) amministrazione della giustizia;

n) poste e telecomunicazioni;

o) previdenza sociale, eccedenze di personale temporanee e strutturali;

p) ricerca scientifica;

q) istruzione universitaria, ordinamenti scolastici, programmi scolastici, organizzazione generale dell'istruzione scolastica e stato giuridico del personale;

r) vigilanza in materia di lavoro e cooperazione;

r-bis) trasporti aerei, marittimi e ferroviari di interesse nazionale (3).

4. Sono inoltre esclusi dall'applicazione dei commi 1 e 2:

a) i compiti di regolazione e controllo già attribuiti con legge statale ad apposite autorità indipendenti;

b) i compiti strettamente preordinati alla programmazione, progettazione, esecuzione e manutenzione di grandi reti infrastrutturali dichiarate di interesse nazionale con legge statale ovvero, previa intesa con la Conferenza permanente per i rapporti tra lo Stato, le regioni e le province autonome di Trento e di Bolzano, con i decreti legislativi di cui al comma 1; in mancanza dell'intesa, il Consiglio dei ministri delibera in via definitiva su proposta del Presidente del Consiglio dei ministri. [Alle modifiche della rete autostradale e stradale classificata di interesse nazionale ai sensi dei predetti decreti, fatte salve le norme in materia di programmazione e realizzazione di opere autostradali, si provvede, su proposta della regione interessata, con decreto del Presidente del Consiglio dei ministri previa intesa in sede di Conferenza permanente per i rapporti tra lo Stato, le regioni e le province autonome di Trento e di Bolzano, sentite le Commissioni parlamentari competenti per materia] (4);

c) i compiti di rilievo nazionale del sistema di protezione civile, per la difesa del suolo, per la tutela dell'ambiente e della salute, per gli indirizzi, le funzioni e i programmi nel settore dello spettacolo, per la ricerca, la produzione, il trasporto e la distribuzione di energia; gli schemi di decreti legislativi, ai fini della individuazione dei compiti di rilievo nazionale, sono predisposti previa intesa con la Conferenza permanente per i rapporti tra lo Stato, le regioni e le province autonome di Trento e Bolzano; in mancanza dell'intesa, il Consiglio dei ministri delibera motivatamente in via definitiva su proposta del Presidente del Consiglio dei ministri;

d) i compiti esercitati localmente in regime di autonomia funzionale delle camere di commercio, industria, artigianato e agricoltura e dalle università degli studi;

e) il coordinamento dei rapporti con l'Unione europea e i compiti preordinati ad assicurare l'esecuzione a livello nazionale degli obblighi derivanti dal Trattato sull'Unione europea e dagli accordi internazionali.

5. Resta ferma la disciplina concernente il sistema statistico nazionale, anche ai fini del rispetto degli obblighi derivanti dal Trattato sull'Unione europea e dagli accordi internazionali.

6. La promozione dello sviluppo economico, la valorizzazione dei sistemi produttivi e la promozione della ricerca applicata sono interessi pubblici primari che lo Stato, le regioni, le province, i comuni e gli altri enti locali assicurano nell'ambito delle rispettive competenze, nel rispetto dei diritti fondamentali dell'uomo e delle formazioni sociali ove si svolge la sua personalità, delle esigenze della salute, della sanità e sicurezza pubblica e della tutela dell'ambiente (5).

(1) *Comma così modificato dall'art. 7, l. 15 maggio 1997, n. 127.*
(2) *Lettera così sostituita dall'art. 1, l. 16 giugno 1998, n. 191.*
(3) *Lettera aggiunta dall'art. 1, l. 16 giugno 1998, n. 191.*
(4) *Lettera modificata dall'art. 20 l. 24 novembre 2000, n. 340 e successivamente modificata dall'art. 48, comma 2 l. 29 luglio 2010, n. 120.*
(5) *Comma così modificato dall'art. 1, l. 16 giugno 1998, n. 191.*

2 1. La disciplina legislativa delle funzioni e dei compiti conferiti alle regioni ai sensi della presente legge spetta alle regioni quando è riconducibile alle materie di cui all'articolo 117, primo comma, della Costituzione. Nelle restanti materie spetta alle regioni il potere di emanare norme attuative ai sensi dell'articolo 117, secondo comma, della Costituzione.

2. In ogni caso, la disciplina della organizzazione e dello svolgimento delle funzioni e dei compiti amministrativi conferiti ai sensi dell'articolo 1 è disposta, secondo le rispettive competenze e nell'ambito della rispettiva potestà normativa, dalle regioni e dagli enti locali.

[2-*bis*. Le Camere di commercio, industria, artigianato e agricoltura adottano, con delibera consiliare a maggioranza assoluta dei componenti, i regolamenti per la disciplina delle materie di propria competenza di cui al comma 2 del presente articolo nonché quelli per l'esercizio delle funzioni di cui all'articolo 2 della legge 29 dicembre 1993, n. 580, e quelli relativi alle materie disciplinate dallo statuto. Restano salve le competenze che in materia regolamentare competono nel settore delle attività produttive allo Stato e agli enti pubblici territoriali] (1).

(1) *Comma dapprima aggiunto dall'art. 1, l. 16 giugno 1998, n. 191 e successivamente abrogato dall'art. 5, comma 5, lett.* a), *d.lgs. 25 novembre 2016, n. 219.*

3 1. Con i decreti legislativi di cui all'articolo 1 sono:

a) individuati tassativamente le funzioni e i compiti da mantenere in capo alle amministrazioni statali, ai sensi e nei limiti di cui all'articolo 1;

b) indicati, nell'ambito di ciascuna materia, le funzioni e i compiti da conferire alle regioni anche ai fini di cui all'articolo 3 della legge 8 giugno 1990, n. 142, e osservando il principio di sussidiarietà di cui all'articolo 4, comma 3, lettera *a*) della presente legge, o da conferire agli enti locali territoriali o funzionali ai sensi degli articoli 128 e 118, primo comma, della Costituzione, nonché i criteri di conseguente e contestuale attribuzione e ripartizione tra le regioni, e tra queste e gli enti locali, dei beni e delle risorse finanziarie, umane, strumentali e organizzative; il conferimento avviene gradualmente ed entro il periodo massimo di tre anni, assicurando l'effettivo esercizio delle funzioni conferite;

c) individuati le procedure e gli strumenti di raccordo, anche permanente, con eventuale modificazione o nuova costituzione di forme di cooperazione strutturali e funzionali, che consentano la collaborazione e l'azione coordinata tra enti locali, tra regioni e tra i diversi livelli di governo e di amministrazione anche con eventuali interventi sostitutivi nel caso di inadempienza delle regioni e degli enti locali nell'esercizio delle funzioni amministrative ad essi conferite, nonché la presenza e l'intervento, anche unitario, di rappresentanti statali, regionali e locali nelle diverse strutture, necessarie per l'esercizio delle funzioni di raccordo, indirizzo, coordinamento e controllo;

d) soppresse, trasformate o accorpate le strutture centrali e periferiche interessate dal conferimento di funzioni e compiti con le modalità e nei termini di cui all'articolo 7, comma 3, salvaguardando l'integrità di ciascuna regione e l'accesso delle comunità locali alle strutture sovraregionali;

e) individuate le modalità e le procedure per il trasferimento del personale statale senza oneri aggiuntivi per la finanza pubblica;

f) previste le modalità e le condizioni con le quali l'amministrazione dello Stato può avvalersi, per la cura di interessi nazionali, di uffici regionali e locali, d'intesa con gli enti interessati o con gli organismi rappresentativi degli stessi;

g) individuate le modalità e le condizioni per il conferimento a idonee strutture organizzative di funzioni e compiti che non richiedano, per la loro natura, l'esercizio esclusivo da parte delle regioni e degli enti locali;

h) previste le modalità e le condizioni per l'accessibilità da parte del singolo cittadino temporaneamente dimorante al di fuori della propria residenza ai servizi di cui voglia o debba usufruire.

2. Speciale normativa è emanata con i decreti legislativi di cui all'articolo 1 per il comune di Campione d'Italia, in considerazione della sua collocazione territoriale separata e della conseguente peculiare realtà istituzionale, socio-economica, valutaria, doganale, fiscale e finanziaria.

4 1. Nelle materie di cui all'articolo 117 della Costituzione, le regioni, in conformità ai singoli ordinamenti regionali, conferiscono alle province, ai comuni e agli altri enti locali tutte le funzioni che non richiedono l'unitario esercizio a livello regionale. Al conferimento delle funzioni le regioni provvedono sentite le rappresentanze degli enti locali. Possono altresì essere ascoltati anche gli organi rappresentativi delle autonomie locali ove costituiti dalle leggi regionali.

2. Gli altri compiti e funzioni di cui all'articolo 1, comma 2, della presente legge, vengono conferiti a regioni, province, comuni ed altri enti locali con i decreti legislativi di cui all'articolo 1.

3. I conferimenti di funzioni di cui ai commi 1 e 2 avvengono nell'osservanza dei seguenti princìpi fondamentali:

a) il principio di sussidiarietà, con l'attribuzione della generalità dei compiti e delle funzioni amministrative ai comuni, alle province e alle comunità montane, secondo le rispettive dimensioni territoriali, associative e organizzative, con l'esclusione delle sole funzioni incompatibili con le dimensioni medesime, attribuendo le responsabilità pubbliche anche al fine di favorire l'assolvimento di funzioni e di compiti di rilevanza sociale da parte delle famiglie, associazioni e comunità, alla autorità territorialmente e funzionalmente più vicina ai cittadini interessati;

b) il principio di completezza, con la attribuzione alla regione dei compiti e delle funzioni amministrative non assegnati ai sensi della lettera *a*), e delle funzioni di programmazione;

c) il principio di efficienza e di economicità, anche con la soppressione delle funzioni e dei compiti divenuti superflui;

d) il principio di cooperazione tra Stato, regioni ed enti locali anche al fine di garantire un'adeguata partecipazione alle iniziative adottate nell'ambito dell'Unione europea;

e) i princìpi di responsabilità ed unicità dell'amministrazione, con la conseguente attribuzione ad un unico soggetto delle funzioni e dei compiti connessi, strumentali e complementari, e quello di identificabilità in capo ad un unico soggetto anche associativo della responsabilità di ciascun servizio o attività amministrativa;

f) il principio di omogeneità, tenendo conto in particolare delle funzioni già esercitate con l'attribuzione di funzioni e compiti omogenei allo stesso livello di governo;

g) il principio di adeguatezza, in relazione all'idoneità organizzativa dell'amministrazione ricevente a garantire, anche in forma associata con altri enti, l'esercizio delle funzioni;

h) il principio di differenziazione nell'allocazione delle funzioni in considerazione delle diverse caratteristiche, anche associative, demografiche, territoriali e strutturali degli enti riceventi;

i) il principio della copertura finanziaria e patrimoniale dei costi per l'esercizio delle funzioni amministrative conferite;

l) il principio di autonomia organizzativa e regolamentare e di responsabilità degli enti locali nell'esercizio delle funzioni e dei compiti amministrativi ad essi conferiti.

4. Con i decreti legislativi di cui all'articolo 1 il Governo provvede anche a:

a) delegare alla regioni i compiti di programmazione in materia di servizi pubblici di trasporto di interesse regionale e locale; attribuire alle regioni il compito di definire, d'intesa con gli enti locali, il livello dei servizi minimi qualitativamente e quantitativamente sufficienti a soddisfare la domanda di mobilità dei cittadini, servizi i cui costi sono a carico dei bilanci regionali, prevedendo che i costi dei servizi ulteriori rispetto a quelli minimi siano a carico degli enti locali che ne programmino l'esercizio; prevedere che l'attuazione delle deleghe e l'attribuzione delle relative risorse alle regioni siano precedute da appositi accordi di programma tra il Ministro dei trasporti e della navigazione e le regioni medesime, sempreché gli stessi accordi siano perfezionati entro il 30 giugno 1999 (1);

b) prevedere che le regioni e gli enti locali, nell'ambito delle rispettive competenze, regolino l'esercizio dei servizi con qualsiasi modalità effettuati e in qualsiasi forma affidati, sia in concessione che nei modi di cui agli articoli 22 e 25 della legge 8 giugno 1990, n. 142, mediante contratti di servizio pubblico, che rispettino gli articoli 2 e 3 del regolamento (CEE) n. 1191/69 ed il regolamento (CEE) n. 1893/91m che abbiano caratteristiche di certezza finanziaria e copertura di bilancio e che garantiscano entro il 1° gennaio 2000 il conseguimento di un rapporto di almeno 0,35 tra ricavi da traffico e costi operativi, al netto dei costi di infrastruttura previa applicazione della direttiva 91/440/CEE del Consiglio del 29 luglio 1991 ai trasporti ferroviari di interesse regionale e locale; definire le modalità per incentivare il superamento degli assetti monopolistici nella gestione dei servizi di trasporto urbano e extraurbano e per introdurre regole di concorrenzialità nel periodico affidamento dei servizi; definire le modalità di subentro delle regioni entro il 1° gennaio 2000 con propri autonomi contratti di servizio regionale al contratto di servizio pubblico tra Stato e Ferrovie dello Stato Spa per servizi di interesse locale e regionale;

c) ridefinire, riordinare e razionalizzare, sulla base dei princìpi e criteri di cui al comma 3 del presente articolo, al comma 1 dell'articolo 12 e agli articoli 14, 17 e 20, comma 5, per quanto possibile individuando momenti decisionali unitari, la disciplina relativa alle attività economiche ed industriali, in particolare per quanto riguarda il sostegno e lo sviluppo delle imprese operanti nell'industria, nel commercio, nell'artigianato, nel comparto agroindustriale e nei servizi alla produzione; per quanto riguarda le politiche regionali, strutturali e di coesione della Unione europea, ivi compresi gli interventi nelle aree depresse del territorio nazionale, la ricerca applicata, l'innovazione tecnologica, la promozione della internazionalizzazione e della competitività delle imprese nel mercato globale e la promozione della razionalizzazione della rete commerciale anche in relazione all'obiettivo del contenimento dei prezzi e dell'efficienza della distribuzione; per quanto riguarda la cooperazione nei settori produttivi e il sostegno dell'occupazione; per quanto riguarda le attività relative alla realizzazione, all'ampliamento, alla ristrutturazione e riconversione degli impianti industriali, all'avvio degli impianti medesimi e alla creazione, ristrutturazione e valorizzazione di aree industriali ecologicamente attrezzate, con particolare riguardo alle dotazioni ed impianti di tutela dell'ambiente, della sicurezza e della salute pubblica.

4-*bis*. Gli schemi di decreto legislativo di cui al comma 4 sono trasmessi alla Camera dei deputati e al Senato della Repubblica per l'acquisizione del parere delle Commissioni competenti per materia, che si esprimono entro trenta giorni dalla data di assegnazione degli stessi. Decorso il termine senza che il parere sia espresso, il Governo ha facoltà di adottare i decreti legislativi (2).

5. Ai fini dell'applicazione dell'articolo 3 della legge 8 giugno 1990, n. 142, e del principio di sussidiarietà di cui al comma 3, lettera *a*), e del principio di economicità di cui alla lettera *c*) del medesimo comma del presente articolo, ciascuna regione adotta, entro sei mesi dall'emanazione di ciascun decreto legislativo, la legge di puntuale individuazione delle funzioni trasferite o delegate agli enti locali e di quelle mantenute in capo alla regione stessa. Qualora la regione non provveda entro il termine indicato, il Governo è delegato ad emanare, entro il 31 marzo 1999, sentite le regioni inadempienti, uno o più decreti legislativi di ripartizione di funzioni tra regione ed enti locali le cui disposizioni si applicano fino alla data di entrata in vigore della legge regionale (3).

(1) *Lettera così modificata dall'art. 7, l. 15 maggio 1997, n. 127.*
(2) *Comma aggiunto dall'art. 1, l. 16 giugno 1998, n. 191.*
(3) *Comma, da ultimo, così modificato dall'art. 9, l. 8 marzo 1999, n. 50.*

5-6 (*Omissis*).

7 1. Ai fini della attuazione dei decreti legislativi di cui agli articoli 1, 3 e 4 e con le scadenze temporali e modalità dagli stessi previste, alla puntuale individuazione dei beni e delle risorse finanziarie, umane, strumentali e organizzative da trasferire, alla loro ripartizione tra le regioni e tra regioni ed enti locali ed ai conseguenti trasferimenti si provvede con decreto del Presidente del Consiglio dei ministri, sentiti i Ministri interessati e il Ministro del tesoro. Il trasferimento dei beni e delle risorse deve comunque essere congruo rispetto alle competenze trasferite e al contempo deve comportare la parallela soppressione o il ridimensionamento dell'amministrazione statale periferica, in rapporto ad eventuali compiti residui.

2. Sugli schemi dei provvedimenti di cui al comma 1 è acquisito il parere della Commissione di cui all'articolo 5, della Conferenza permanente per i rapporti tra lo Stato, le regioni e le province autonome di Trento e di Bolzano e della Conferenza Stato-Città e autonomie locali allargata ai rappresentanti della comunità montane. Sugli schemi, inoltre, sono sentiti gli organismi rappresentativi degli enti locali funzionali ed è assicurata la consultazione delle organizzazioni sindacali maggiormente rappresentative. I pareri devono essere espressi entro trenta giorni dalla richiesta. Decorso inutilmente tale termine i decreti possono comunque essere emanati.

3. Al riordino delle strutture di cui all'articolo 3, comma 1, lettera *d*), si provvede, con le modalità e i criteri di cui al comma 4-*bis* dell'articolo 17 della legge 23 agosto 1988, n. 400, introdotto dall'articolo 13, comma 1, della presente legge, entro novanta giorni dalla adozione di ciascun decreto di attuazione di cui al comma 1 del presente articolo. Per i regolamenti di riordino, il parere del Consiglio di Stato è richiesto entro cinquantacinque giorni ed è reso entro trenta giorni dalla richiesta. In ogni caso, trascorso inutilmente il termine di novanta giorni, il regolamento è adottato su proposta del Presidente del Consiglio dei ministri. In sede di prima emanazione gli schemi di regolamento sono trasmessi alla Camera dei deputati e al Senato della Repubblica perché su di essi sia espresso il parere della Commissione di cui all'articolo 5, entro trenta giorni dalla data della loro trasmissione. Decorso tale termine i regolamenti possono essere comunque emanati.

3-*bis*. Il Governo è delegato a emanare, sentito il parere delle competenti Commissioni parlamentari, entro il 30 settembre 1998, un decreto legislativo che istituisce un'addizionale comunale all'imposta sul reddito delle persone fisiche. Si applicano i principi e criteri direttivi di cui ai commi 10 e 11 dell'articolo 48 della legge 27 dicembre 1997, n. 449 (1) (2).

(1) *Comma aggiunto dall'art. 1, l. 16 giugno 1998, n. 191.*
(2) *V. l'art. 25 d.l. 30 dicembre 2005, n. 273, conv., con modif., in l. 23 febbraio 2006, n. 51, ai sensi del quale « Il termine di due anni, da ultimo stabilito con provvedimento adottato ai sensi dell'*articolo 7 della legge 15 marzo 1997, n. 59, *e dell'*articolo 7 del decreto legislativo 31 marzo 1998, n. 112, *per l'esercizio delle funzioni previste dall'*articolo 66 *del citato* decreto legislativo n. 112 del 1998, *è prorogato di un anno ».*

8 1. Gli atti di indirizzo e coordinamento delle funzioni amministrative regionali, gli atti di coordinamento tecnico, nonché le direttive relative all'esercizio delle funzioni delegate, sono adottati previa intesa con la Conferenza permanente per i rapporti tra lo Stato, le regioni e le province autonome di Trento e di Bolzano, o con la singola regione interessata.

2. Qualora nel termine di quarantacinque giorni dalla prima consultazione l'intesa non sia stata raggiunta, gli atti di cui al comma 1 sono adottati con deliberazione del Consiglio dei ministri, previo parere della Commissione parlamentare per le questioni regionali da esprimere entro trenta giorni dalla richiesta.

3. In caso di urgenza il Consiglio dei ministri può provvedere senza l'osservanza delle procedure di cui ai commi 1 e 2. I provvedimenti in tal modo adottati sono sottoposti all'esame degli organi di cui ai commi 1 e 2 entro i successivi quindici giorni. Il Consiglio dei ministri è tenuto a riesaminare i provvedimenti in ordine ai quali siano stati espressi pareri negativi.

4. Gli atti di indirizzo e coordinamento, gli atti di coordinamento tecnico, nonché le direttive adottate con deliberazione del Consiglio dei ministri, sono trasmessi alle competenti Commissioni parlamentari.

5. Sono abrogate le seguenti disposizioni concernenti funzioni di indirizzo e coordinamento dello Stato:

a) l'art. 3 della legge 22 luglio 1975, n. 382;

b) l'art. 4, secondo comma, del decreto del Presidente della Repubblica 24 luglio 1977, n. 616, il primo comma del medesimo articolo limitatamente alle parole da: "nonché la funzione di indirizzo" fino a: "n. 382" e alle parole "e con la Comunità economica europea", nonché il terzo comma del medesimo articolo, limitatamente alle parole: "impartisce direttive per l'esercizio delle funzioni amministrative delegate alle regioni, che sono tenute ad osservarle, ed";

c) l'art. 2, comma 3, lettera *d*), della legge 23 agosto 1988, n. 400, limitatamente alle parole: "gli atti di indirizzo e coordinamento dell'attività amministrativa delle regioni e, nel rispetto delle disposizioni statutarie, delle regioni a statuto speciale e delle province autonome di Trento e Bolzano" (1);

d) l'art. 13, comma 1, lettera *e*), della legge 23 agosto 1988, n. 400, limitatamente alle parole: "anche per quanto concerne le funzioni statali di indirizzo e coordinamento";

e) l'art. 1, comma 1, lettera *hh*), della legge 12 gennaio 1991, n. 13.

6. È soppresso l'ultimo periodo della lettera *a*) del primo comma dell'art. 17 della legge 16 maggio 1970, n. 281.

(1) *La Corte costituzionale, con sentenza 14 dicembre 1998 n. 480, ha dichiarato* l'illegittimità costituzionale *della presente lettera.*

9-22 (*Omissis*).

16. Decreto legislativo 28 agosto 1997, n. 281. — Definizione e ampliamento delle attribuzioni della Conferenza permanente per i rapporti tra lo Stato, le regioni e le province autonome di Trento e Bolzano ed unificazione, per le materie ed i compiti di interesse comune delle regioni, delle province e dei comuni, con la Conferenza Stato-città ed autonomie locali.

Pubblicato nella Gazzetta Ufficiale n. 202 del 30 agosto 1997.

CAPO I
Disposizioni generali

1 Ambito della disciplina.

1. In attuazione dell'articolo 9 della legge 15 marzo 1997, n. 59, e ferme restando le competenze ad essa attribuite, il presente decreto disciplina le attribuzioni della Conferenza permanente per i rapporti tra lo Stato, le regioni e le province autonome di Trento e di Bolzano, di seguito denominata "Conferenza Stato-regioni", e la sua unificazione, per le materie ed i compiti di interesse comune con la Conferenza Stato-città ed autonomie locali.

2. Ulteriori compiti e funzioni potranno essere attribuiti contestualmente alla definitiva individuazione, ai sensi dell'articolo 3, comma 1, lettera *c*), della legge 15 marzo 1997, n. 59, delle procedure e degli strumenti di raccordo fra i livelli di governo.

CAPO II
Conferenza Stato-Regioni

2 Compiti.

1. Al fine di garantire la partecipazione delle regioni e delle province autonome di Trento e di Bolzano a tutti i processi decisionali di interesse regionale, interregionale ed infraregionale, la Conferenza Stato-regioni:

a) promuove e sancisce intese, ai sensi dell'articolo 3;

b) promuove e sancisce accordi di cui all'articolo 4;

c) nel rispetto delle competenze del Comitato interministeriale per la programmazione economica, promuove il coordinamento della programmazione statale e regionale ed il raccordo di quest'ultima con l'attività degli enti o soggetti, anche privati, che gestiscono funzioni o servizi di pubblico interesse aventi rilevanza nell'ambito territoriale delle regioni e delle province autonome di Trento e di Bolzano;

d) acquisisce le designazioni dei rappresentanti delle regioni e delle province autonome di Trento e di Bolzano, nei casi previsti dalla legge;

e) assicura lo scambio di dati e di informazioni tra il Governo, le regioni e le province autonome di Trento e di Bolzano secondo le modalità di cui all'articolo 6;

f) fermo quanto previsto dagli statuti speciali e dalle relative norme di attuazione, determina, nei casi previsti dalla legge, i criteri di ripartizione delle risorse finanziarie che la legge assegna alle regioni e alle province autonome di Trento e di Bolzano, anche ai fini di perequazione;

g) adotta i provvedimenti che sono ad essa attribuiti dalla legge;

h) formula inviti e proposte nei confronti di altri organi dello Stato, di enti pubblici e di altri soggetti, anche privati, che gestiscono funzioni o servizi di pubblico interesse;

i) nomina, nei casi previsti dalla legge, i responsabili di enti ed organismi che svolgono attività o prestano servizi strumentali all'esercizio di funzioni concorrenti tra Governo, regioni e province autonome di Trento e di Bolzano;

l) approva gli schemi di convenzione tipo per l'utilizzo da parte dello Stato e delle regioni di uffici statali e regionali.

2. Ferma la necessità dell'assenso del Governo, l'assenso delle regioni e delle province autonome di Trento e di Bolzano per l'adozione degli atti di cui alle lettere *f*), *g*) ed *i*) del comma 1 è espresso, quando non è raggiunta l'unanimità, dalla maggioranza dei presidenti delle regioni e delle province autonome di Tren-

to e di Bolzano, componenti la Conferenza Stato-regioni, o di assessori da essi delegati a rappresentarli nella singola seduta.

3. La Conferenza Stato-regioni è obbligatoriamente sentita in ordine agli schemi di disegni di legge e di decreto legislativo o di regolamento del Governo nelle materie di competenza delle regioni o delle province autonome di Trento e di Bolzano che si pronunzia entro venti giorni; decorso tale termine, i provvedimenti recanti attuazione di direttive comunitarie sono emanati anche in mancanza di detto parere. Resta fermo quanto previsto in ordine alle procedure di approvazione delle norme di attuazione degli statuti delle regioni a statuto speciale e delle province autonome di Trento e di Bolzano (1).

4. La Conferenza è sentita su ogni oggetto di interesse regionale che il Presidente del Consiglio dei Ministri ritiene opportuno sottoporre al suo esame, anche su richiesta della conferenza dei presidenti delle regioni e delle province autonome di Trento e di Bolzano.

5. Quando il Presidente del Consiglio dei Ministri dichiara che ragioni di urgenza non consentono la consultazione preventiva, la Conferenza Stato-regioni è consultata successivamente ed il Governo tiene conto dei suoi pareri:

a) in sede di esame parlamentare dei disegni di legge o delle leggi di conversione dei decreti legge;

b) in sede di esame definitivo degli schemi di decreto legislativo sottoposti al parere delle commissioni parlamentari.

6. Quando il parere concerne provvedimenti già adottati in via definitiva, la Conferenza Stato-regioni può chiedere che il Governo lo valuti ai fini dell'eventuale revoca o riforma dei provvedimenti stessi.

7. La Conferenza Stato-regioni valuta gli obiettivi conseguiti ed i risultati raggiunti, con riferimento agli atti di pianificazione e di programmazione in ordine ai quali si è pronunciata.

8. Con le modalità di cui al comma 2 la Conferenza Stato-regioni delibera, altresì:

a) gli indirizzi per l'uniforme applicazione dei percorsi diagnostici e terapeutici in ambito locale e le misure da adottare in caso di mancato rispetto dei protocolli relativi, ivi comprese le sanzioni a carico del sanitario che si discosti dal percorso diagnostico senza giustificato motivo, ai sensi dell'articolo 1, comma 28, della legge 23 dicembre 1996, n. 662;

b) i protocolli di intesa dei progetti di sperimentazione gestionali individuati, ai sensi dell'articolo 9-*bis* del decreto legislativo 30 dicembre 1992, n. 502, e successive modificazioni e integrazioni;

c) gli atti di competenza degli organismi a composizione mista Stato-regioni soppressi ai sensi dell'articolo 7.

9. La Conferenza Stato-regioni esprime intesa sulla proposta, ai sensi dell'articolo 5, comma 3, del decreto legislativo 30 giugno 1993, n. 266, del Ministro della sanità di nomina del direttore dell'Agenzia per i servizi sanitari regionali.

(1) *Comma così modificato dall'art. 12, l. 5 febbraio 1999, n. 25.*

3 Intese.

1. Le disposizioni del presente articolo si applicano a tutti i procedimenti in cui la legislazione vigente prevede un'intesa nella Conferenza Stato-regioni.

2. Le intese si perfezionano con l'espressione dell'assenso del Governo e dei presidenti delle regioni e delle province autonome di Trento e di Bolzano.

3. Quando un'intesa espressamente prevista dalla legge non è raggiunta entro trenta giorni dalla prima seduta della Conferenza Stato-regioni in cui l'oggetto è posto all'ordine del giorno, il Consiglio dei Ministri provvede con deliberazione motivata.

4. In caso di motivata urgenza il Consiglio dei Ministri può provvedere senza l'osservanza delle disposizioni del presente articolo. I provvedimenti adottati sono sottoposti all'esame della Conferenza Stato-regioni nei successivi quindici giorni. Il Consiglio dei Ministri è tenuto ad esaminare le osservazioni della Conferenza Stato-regioni ai fini di eventuali deliberazioni successive.

4 Accordi tra Governo, regioni e province autonome di Trento e di Bolzano.

1. Governo, regioni e province autonome di Trento e di Bolzano, in attuazione del principio di leale collaborazione e nel perseguimento di obiettivi di funzionalità, economicità ed efficacia dell'azione amministrativa, possono concludere in sede di Conferenza Stato-regioni accordi, al fine di coordinare l'esercizio delle rispettive competenze e svolgere attività di interesse comune.

2. Gli accordi si perfezionano con l'espressione dell'assenso del Governo e dei Presidenti delle re gioni e delle province autonome di Trento e di Bolzano.

5 Rapporti tra regioni e Unione europea.

1. La Conferenza Stato-regioni, anche su richiesta delle regioni e delle province autonome di Trento e di Bolzano, si riunisce in apposita sessione almeno due volte all'anno al fine di:

a) raccordare le linee della politica nazionale relativa all'elaborazione degli atti comunitari con le esigenze rappresentate dalle regioni e dalle province autonome di Trento e di Bolzano nelle materie di competenza di queste ultime;

b) esprimere parere sullo schema dei disegni di legge recanti la legge europea e la legge di delegazione europea. Decorso il termine di venti giorni dalla richiesta del parere, i disegni di legge sono presentati al Parlamento anche in mancanza di tale parere (1).

2. La Conferenza Stato-regioni designa i componenti regionali in seno alla rappresentanza permanente italiana presso l'Unione europea. Su richiesta dei Presidenti delle regioni e delle province autonome di Trento e di Bolzano e col consenso del Governo, la Conferenza Stato-regioni esprime parere sugli schemi degli atti amministrativi dello Stato che, nelle materie di competenza delle regioni o delle province autonome di Trento e di Bolzano, danno attuazione alle direttive

comunitarie e alle sentenze della Corte di giustizia delle comunità europee.

3. La Conferenza Stato-regioni favorisce e promuove la cooperazione tra la Cabina di regia nazionale e le regioni e le province autonome di Trento e di Bolzano, al fine della piena e tempestiva utilizzazione delle risorse comunitarie destinate all'Italia.

(1) *Lettera dapprima modificata dall'art. 12, l. 5 febbraio 1999, n. 25 e successivamente sostituita dall'art. 29, comma 6, l. 24 dicembre 2012, n. 234.*

6 Scambio di dati e informazioni.

1. La Conferenza Stato-regioni favorisce l'interscambio di dati ed informazioni sull'attività posta in essere dalle amministrazioni centrali, regionale e delle province autonome di Trento e di Bolzano.

2. La Conferenza Stato-regioni approva protocolli d'intesa tra Governo, regioni e province autonome di Trento e di Bolzano, anche ai fini della costituzione di banche dati sulle rispettive attività, accessibili sia dallo Stato che dalle regioni e dalle province autonome. Le norme tecniche ed i criteri di sicurezza per l'accesso ai dati e alle informazioni sono stabiliti di intesa con l'Autorità per l'informatica nella pubblica amministrazione.

3. I protocolli di intesa di cui al comma 2 prevedono, altresì, le modalità con le quali le regioni e le province autonome si avvalgono della rete unitaria delle pubbliche amministrazioni e dei servizi di trasporto e di interoperabilità messi a disposizione dei gestori, alle condizioni contrattuali previste ai sensi dell'articolo 15, comma 1, della legge 15 marzo 1997, n. 59.

7 Organismi a composizione mista.

1. Ferma restando ogni altra competenza dell'amministrazione centrale dello Stato, gli organismi a composizione mista Stato-regioni di cui all'allegato A sono soppressi e le relative funzioni sono esercitate dalla Conferenza Stato-regioni.

2. La Conferenza Stato-regioni può istituire gruppi di lavoro o comitati, con la partecipazione di rappresentanti delle regioni, delle province autonome di Trento e di Bolzano e delle amministrazioni interessate, con funzioni istruttorie, di raccordo, collaborazione o concorso alla attività della Conferenza stessa.

CAPO III
Conferenza unificata

8 Conferenza Stato-città ed autonomie locali e Conferenza unificata.

1. La Conferenza Stato-città ed autonomie locali è unificata per le materie e i compiti di interesse comune delle regioni, delle province, dei comuni e delle comunità montane, con la Conferenza Stato-regioni.

2. La Conferenza Stato-città ed autonomie locali è presieduta dal Presidente del Consiglio dei Ministri o, per sua delega, dal Ministro dell'interno o dal Ministro per gli affari regionali nella materia di rispettiva competenza; ne fanno parte altresì il Ministro del tesoro, del bilancio e della programmazione economica, il Ministro delle finanze, il Ministro dei lavori pubblici, il Ministro della sanità, il presidente dell'Associazione nazionale dei comuni d'Italia - ANCI, il presidente dell'Unione province d'Italia — UPI ed il presidente dell'Unione nazionale comuni, comunità ed enti montani — UNCEM. Ne fanno parte inoltre quattordici sindaci designati dall'ANCI e sei presidenti di provincia designati dall'UPI. Dei quattordici sindaci designati dall'ANCI, cinque rappresentano le città individuate dall'articolo 17 della legge 8 giugno 1990, n. 142. Alle riunioni possono essere invitati altri membri del Governo, nonché rappresentanti di amministrazioni statali, locali o di enti pubblici (1).

3. La Conferenza Stato-città ed autonomie locali è convocata almeno ogni tre mesi, e comunque in tutti i casi in cui il presidente ne ravvisi la necessità o qualora ne faccia richiesta il presidente dell'ANCI, dell'UPI o dell'UNCEM.

4. La Conferenza unificata di cui al comma 1 è convocata dal Presidente del Consiglio dei Ministri. Le sedute sono presiedute dal Presidente del Consiglio dei Ministri o, su sua delega, dal Ministro per gli affari regionali o, se tale incarico non è conferito, dal Ministro dell'interno.

(1) *Comma modificato dall'art. 1, comma 21, d.l. 18 maggio 2006, n. 181, conv., con modif., in l. 17 luglio 2006, n. 233.*

9 Funzioni.

1. La Conferenza unificata assume deliberazioni, promuove e sancisce intese ed accordi, esprime pareri, designa rappresentanti in relazione alle materie ed ai compiti di interesse comune alle regioni, alle province, ai comuni e alle comunità montane.

2. La Conferenza unificata è comunque competente in tutti i casi in cui regioni, province, comuni e comunità montane ovvero la Conferenza Stato-regioni e la Conferenza Stato-città ed autonomie locali debbano esprimersi su un medesimo oggetto. In particolare la Conferenza unificata:

a) esprime parere:

1) sul disegno di legge finanziaria e sui disegni di legge collegati;

2) sul documento di programmazione economica e finanziaria;

3) sugli schemi di decreto legislativo adottati in base all'articolo 1 della legge 15 marzo 1997, n. 59;

b) promuove e sancisce intese tra Governo, regioni, province, comuni e comunità montane. Nel caso di mancata intesa o di urgenza si applicano le disposizioni di cui all'articolo 3, commi 3 e 4;

c) promuove e sancisce accordi tra Governo, regioni, province, comuni e comunità montane, al fine di coordinare l'esercizio delle rispettive competenze e svolgere in collaborazione attività di interesse comune;

d) acquisisce le designazioni dei rappresentanti delle autonomie locali indicati, rispettivamente, dai presidenti delle regioni e province autonome di Trento e di Bolzano, dall'ANCI, dall'UPI e dall'UNCEM nei casi previsti dalla legge;

e) assicura lo scambio di dati e informazioni tra Governo, regioni, province, comuni e comunità montane nei casi di sua competenza, anche attraverso l'approvazione di protocolli d'intesa tra le amministrazioni centrali e locali secondo le modalità di cui all'articolo 6;

f) è consultata sulle linee generali delle politiche del personale pubblico e sui processi di riorganizzazione e mobilità del personale connessi al conferimento di funzioni e compiti alle regioni ed agli enti locali;

g) esprime gli indirizzi per l'attività dell'Agenzia per i servizi sanitari regionali.

3. Il Presidente del Consiglio dei Ministri può sottoporre alla Conferenza unificata, anche su richiesta delle autonomie regionali e locali, ogni altro oggetto di preminente interesse comune delle regioni, delle province, dei comuni e delle comunità montane.

4. Ferma restando la necessità dell'assenso del Governo per l'adozione delle deliberazioni di competenza della Conferenza unificata, l'assenso delle regioni, delle province, dei comuni e delle comunità montane è assunto con il consenso distinto dei membri dei due gruppi delle autonomie che compongono, rispettivamente, la Conferenza Stato-regioni e la Conferenza Stato-città ed autonomie locali. L'assenso è espresso di regola all'unanimità dei membri dei due predetti gruppi. Ove questa non sia raggiunta l'assenso è espresso dalla maggioranza dei rappresentanti di ciascuno dei due gruppi.

5. La Conferenza Stato-città ed autonomie locali ha compiti di:

a) coordinamento nei rapporti tra lo Stato e le autonomie locali;

b) studio, informazione e confronto nelle problematiche connesse agli indirizzi di politica generale che possono incidere sulle funzioni proprie o delegate di province e comuni e comunità montane.

6. La Conferenza Stato-città ed autonomie locali, in particolare, è sede di discussione ed esame:

a) dei problemi relativi all'ordinamento degli enti locali, compresi gli aspetti relativi alle politiche finanziarie e di bilancio, alle risorse umane e strumentali, nonché alle iniziative legislative e degli atti generali di governo a ciò attinenti;

b) dei problemi relativi alle attività di gestione e di erogazione dei servizi pubblici;

c) di ogni altro problema connesso con gli scopi di cui al presente comma che venga sottoposto, anche su richiesta del Presidente dell'ANCI, dell'UPI, e dell'UNCEM, al parere della Conferenza dal Presidente del Consiglio dei Ministri o dal Presidente delegato.

7. La Conferenza Stato-città ed autonomie locali ha inoltre il compito di favorire:

a) l'informazione e le iniziative per il miglioramento dell'efficienza dei servizi pubblici locali;

b) la promozione di accordi o contratti di programma ai sensi dell'articolo 12 della legge 23 dicembre 1992, n. 498;

c) le attività relative alla organizzazione di manifestazioni che coinvolgono più comuni o province da celebrare in ambito nazionale.

10 Segreteria.

(*Omissis*).

17. Decreto legislativo 31 marzo 1998, n. 112. — Conferimento di funzioni e compiti amministrativi dello Stato alle regioni ed agli enti locali, in attuazione del capo I della l. 15 marzo 1997, n. 59 (*estratto*) (1) (2) (3) (4).

Pubblicato nella Gazzetta Ufficiale n. 92 del 21 aprile 1998, S.O.

(1) *Allo scopo di agevolarne la lettura, nel presente provvedimento la nomenclatura dei Ministri e dei Ministeri è stata aggiornata sulla base degli accorpamenti e delle soppressioni intervenute negli ultimi anni.*

(2) *Tutti i rinvii al d.P.R. 28 gennaio 1988, n. 43, soppresso dall'art. 68, d.lgs. 13 aprile 1999, n. 112, contenuti nel presente provvedimento, si intendono riferiti alle corrispondenti disposizioni del citato d.lgs. n. 112/1999.*

(3) *A decorrere dalla data di nomina del primo governo costituito a seguito delle prime elezioni politiche successive all'entrata in vigore del d.lgs. 30 luglio 1999, n. 300, le prefetture sono trasformate in uffici territoriali del governo; il prefetto preposto a tale ufficio nel capoluogo della regione assume anche le funzioni di commissario del governo (art. 11, d.lgs. n. 300 del 1999, cit.).*

(4) *Tutti i riferimenti alla Agenzia di protezione civile contenuti nel presente decreto si intendono effettuati al Dipartimento della protezione civile, ai sensi dell'art. 5-bis, comma 7, d.l. 7 settembre 2001, n. 343, conv., con modif., in l. 9 novembre 2001, n. 401.*

TITOLO I
Disposizioni generali

CAPO I
Disposizioni generali

1 Oggetto.

1. Il presente decreto legislativo disciplina, ai sensi del Capo I della legge 15 marzo 1997, n. 59, il conferimento di funzioni e compiti amministrativi alle regioni, alle province, ai comuni, alle comunità montane o ad altri enti locali e, nei casi espressamente previsti, alle autonomie funzionali, nelle materie non disciplinate dal decreto legislativo 4 giugno 1997, n. 143, dal decreto legislativo 19 novembre 1997, n. 422, dal decreto legislativo 18 novembre 1997, n. 426, dal decreto legislativo 23 dicembre 1997, n. 469, dal decreto legislativo 8 gennaio 1998, n. 3, dal decreto legislativo 11 febbraio 1998, n. 32, nonché dal decreto legislativo recante riforma della disciplina in materia di commercio, dal decreto legislativo recante interventi per la razionalizzazione del sostegno pubblico alle imprese e dal decreto legislativo recante disposizioni in materia di commercio con l'estero.

2. Salvo diversa espressa disposizione del presente

decreto legislativo, il conferimento comprende anche le funzioni di organizzazione e le attività connesse e strumentali all'esercizio delle funzioni e dei compiti conferiti, quali fra gli altri, quelli di programmazione, di vigilanza, di accesso al credito, di polizia amministrativa, nonché l'adozione di provvedimenti contingibili e urgenti previsti dalla legge.

3. Nelle materie oggetto del conferimento, le regioni e gli enti locali esercitano funzioni legislative o normative ai sensi e nei limiti stabiliti dall'articolo 2 della legge 15 marzo 1997, n. 59.

4. In nessun caso le norme del presente decreto legislativo possono essere interpretate nel senso della attribuzione allo Stato, alle sue amministrazioni o ad enti pubblici nazionali, di funzioni e compiti trasferiti, delegati o comunque attribuiti alle regioni, agli enti locali e alle autonomie funzionali dalle disposizioni vigenti alla data di entrata in vigore del presente decreto legislativo.

2 Rapporti internazionali e con l'Unione europea.

1. Lo Stato assicura la rappresentanza unitaria nelle sedi internazionali e il coordinamento dei rapporti con l'Unione europea. Spettano allo Stato i compiti preordinati ad assicurare l'esecuzione a livello nazionale degli obblighi derivanti dal Trattato sull'Unione europea e dagli accordi internazionali. Ogni altra attività di esecuzione è esercitata dallo Stato ovvero dalle regioni e dagli enti locali secondo la ripartizione delle attribuzioni risultante dalle norme vigenti e dalle disposizioni del presente decreto legislativo.

3 Conferimenti alle regioni e agli enti locali e strumenti di raccordo.

1. Ciascuna regione, ai sensi dell'articolo 4, commi 1 e 5, della legge 15 marzo 1997, n. 59, entro sei mesi dall'emanazione del presente decreto legislativo, determina, in conformità al proprio ordinamento, le funzioni amministrative che richiedono l'unitario esercizio a livello regionale, provvedendo contestualmente a conferire tutte le altre agli enti locali, in conformità ai princìpi stabiliti dall'articolo 4, comma 3, della stessa legge n. 59 del 1997, nonché a quanto previsto dall'articolo 3 della legge 8 giugno 1990, n. 142.

2. La generalità dei compiti e delle funzioni amministrative è attribuita ai comuni, alle province e alle comunità montane, in base ai princìpi di cui all'articolo 4, comma 3, della legge 15 marzo 1997, n. 59, secondo le loro dimensioni territoriali, associative ed organizzative, con esclusione delle sole funzioni che richiedono l'unitario esercizio a livello regionale. Le regioni, nell'emanazione della legge di cui al comma 1 del presente articolo, attuano il trasferimento delle funzioni nei confronti della generalità dei comuni. Al fine di favorire l'esercizio associato delle funzioni dei comuni di minore dimensione demografica, le regioni individuano livelli ottimali di esercizio delle stesse, concordandoli nelle sedi concertative di cui al comma 5 del presente articolo. Nell'ambito della previsione regionale, i comuni esercitano le funzioni in forma associata, individuando autonomamente i soggetti, le forme e le metodologie, entro il termine temporale indicato dalla legislazione regionale. Decorso inutilmente il termine di cui sopra, la regione esercita il potere sostitutivo nelle forme stabilite dalla legge stessa. La legge regionale prevede altresì appositi strumenti di incentivazione per favorire l'esercizio associato delle funzioni.

3. La legge regionale di cui al comma 1 attribuisce agli enti locali le risorse umane, finanziarie, organizzative e strumentali in misura tale da garantire la congrua copertura degli oneri derivanti dall'esercizio delle funzioni e dei compiti trasferiti, nel rispetto dell'autonomia organizzativa e regolamentare degli enti locali.

4. Qualora la regione non provveda entro il termine indicato, il Governo adotta con apposito decreto legislativo le misure di cui all'articolo 4, comma 5, della legge 15 marzo 1997, n. 59.

5. Le regioni, nell'ambito della propria autonomia legislativa, prevedono strumenti e procedure di rac cordo e concertazione, anche permanenti, che diano luogo a forme di cooperazione strutturali e funzionali, al fine di consentire la collaborazione e l'azione coordinata fra regioni ed enti locali nell'ambito delle rispettive competenze.

6. I decreti del Presidente del Consiglio dei Ministri di cui all'articolo 7 della legge 15 marzo 1997, n. 59, sono comunque emanati entro il 31 dicembre 1999.

7. Ai fini dell'applicazione del presente decreto legislativo e ai sensi dell'articolo 1 e dell'articolo 3 della legge 15 marzo 1997, n. 59, tutte le funzioni e i compiti non espressamente conservati allo Stato con le disposizioni del presente decreto legislativo sono conferiti alle regioni e agli enti locali.

4 Indirizzo e coordinamento.

1. Relativamente alle funzioni e ai compiti conferiti alle regioni e agli enti locali con il presente decreto legislativo, è conservato allo Stato il potere di indirizzo e coordinamento da esercitarsi ai sensi dell'articolo 8 della legge 15 marzo 1997, n. 59.

5 Poteri sostitutivi.

1. Con riferimento alle funzioni e ai compiti spettanti alle regioni e agli enti locali, in caso di accertata inattività che comporti inadempimento agli obblighi derivanti dall'appartenenza alla Unione europea o pericolo di grave pregiudizio agli interessi nazionali, il Presidente del Consiglio dei Ministri, su proposta del Ministro competente per materia, assegna all'ente inadempiente un congruo termine per provvedere.

2. Decorso inutilmente tale termine, il Consiglio dei Ministri, sentito il soggetto inadempiente, nomina un commissario che provvede in via sostitutiva.

3. In casi di assoluta urgenza, non si applica la procedura di cui al comma 1 e il Consiglio dei Ministri può adottare il provvedimento di cui al comma 2, su proposta del Presidente del Consiglio dei Ministri, di concerto con il Ministro competente. Il provvedimento in tal modo adottato ha immediata esecuzione ed è immediatamente comunicato rispettivamente alla Confe-

renza permanente per i rapporti tra lo Stato, le regioni e le province autonome di Trento e di Bolzano, di seguito denominata "Conferenza Stato-regioni" e alla Conferenza Stato-Città e autonomie locali allargata ai rappresentanti delle comunità montane, che ne possono chiedere il riesame, nei termini e con gli effetti previsti dall'articolo 8, comma 3, della legge 15 marzo 1997, n. 59.

4. Restano ferme le disposizioni in materia di poteri sostitutivi previste dalla legislazione vigente.

6 Coordinamento delle informazioni.

1. I compiti conoscitivi e informativi concernenti le funzioni conferite dal presente decreto legislativo a regioni ed enti locali o ad organismi misti sono esercitati in modo da assicurare, anche tramite sistemi informativo-statistici automatizzati, la circolazione delle conoscenze e delle informazioni fra le amministrazioni, per consentirne, quando prevista, la fruizione su tutto il territorio nazionale.

2. Lo Stato, le regioni, gli enti locali e le autonomie funzionali, nello svolgimento delle attività di rispettiva competenza e nella conseguente verifica dei risultati, utilizzano sistemi informativo-statistici che operano in collegamento con gli uffici di statistica istituiti ai sensi del decreto legislativo 6 settembre 1989, n. 322. È in ogni caso assicurata l'integrazione dei sistemi informativo-statistici settoriali con il Sistema statistico nazionale (SISTAN).

3. Le misure necessarie sono adottate con le procedure e gli strumenti di cui agli articoli 6 e 9 del decreto legislativo 28 agosto 1997, n. 281.

7 Attribuzione delle risorse.

1. I provvedimenti di cui all'articolo 7 della legge 15 marzo 1997, n. 59, determinano la decorrenza dell'esercizio da parte delle regioni e degli enti locali delle funzioni conferite ai sensi del presente decreto legislativo, contestualmente all'effettivo trasferimento dei beni e delle risorse finanziarie, umane, strumentali e organizzative. Con la medesima decorrenza ha altresì efficacia l'abrogazione delle corrispondenti norme previste dal presente decreto legislativo.

2. Per garantire l'effettivo esercizio delle funzioni e dei compiti conferiti, i provvedimenti di cui all'articolo 7 della legge 15 marzo 1997, n. 59, che individuano i beni e le risorse da ripartire tra le regioni e tra le regioni e gli enti locali, osservano i seguenti criteri:

a) la decorrenza dell'esercizio delle funzioni e dei compiti conferiti contestualmente all'effettivo trasferimento dei beni e delle risorse finanziarie, umane, organizzative e strumentali, può essere graduata, secondo date certe, in modo da completare il trasferimento entro il 31 dicembre 2000;

b) la devoluzione alle regioni e agli enti locali di una quota delle risorse erariali deve garantire la congrua copertura, ai sensi e nei termini di cui al comma 3 del presente articolo, degli oneri derivanti dall'esercizio delle funzioni e dei compiti conferiti nel rispetto dell'autonomia politica e di programmazione degli enti; in caso di delega regionale agli enti locali, la legge regionale attribuisce ai medesimi risorse finanziarie tali da garantire la congrua copertura degli oneri derivanti dall'esercizio delle funzioni delegate, nell'ambito delle risorse a tale scopo effettivamente trasferite dallo Stato alle regioni;

c) ai fini della determinazione delle risorse da trasferire, si effettua la compensazione con la diminuzione di entrate erariali derivanti dal conferimento delle medesime entrate alle regioni ed agli enti locali ai sensi del presente decreto legislativo.

3. Con i provvedimenti di cui all'articolo 7 della legge 15 marzo 1997, n. 59, alle regioni e agli enti locali destinatari delle funzioni e dei compiti conferiti sono attribuiti beni e risorse corrispondenti per ammontare a quelli utilizzati dallo Stato per l'esercizio delle medesime funzioni e compiti prima del conferimento. Ai fini della quantificazione, si tiene conto:

a) dei beni e delle risorse utilizzati dallo Stato in un arco temporale pluriennale, da un minimo di tre ad un massimo di cinque anni;

b) dell'andamento complessivo delle spese finali iscritte nel bilancio statale nel medesimo periodo di riferimento;

c) dei vincoli, degli obiettivi e delle regole di variazione delle entrate e delle spese pubbliche stabiliti nei documenti di programmazione economico-finanziaria, approvati dalle Camere, con riferimento sia agli anni che precedono la data del conferimento, sia agli esercizi considerati nel bilancio pluriennale in vigore alla data del conferimento medesimo.

4. Con i provvedimenti, di cui all'articolo 7 della legge 15 marzo 1997, n. 59, si provvede alla individuazione delle modalità e delle procedure di trasferimento, nonché dei criteri di ripartizione del personale. Ferma restando l'autonomia normativa e organizzativa degli enti territoriali riceventi, al personale trasferito è comunque garantito il mantenimento della posizione retributiva già maturata. Il personale medesimo può optare per il mantenimento del trattamento previdenziale previgente (1).

5. Al personale inquadrato nei ruoli delle regioni, delle province, dei comuni e delle comunità montane, si applica la disciplina sul trattamento economico e stipendiale e sul salario accessorio prevista dal contratto collettivo nazionale di lavoro per il comparto regioni-autonomie locali.

6. Gli oneri relativi al personale necessario per le funzioni conferite incrementano in pari misura il tetto di spesa di cui all'articolo 1, comma 9, della legge 28 dicembre 1995, n. 549.

7. Nelle materie oggetto di conferimento di funzioni e di compiti ai sensi del presente decreto legislativo, lo Stato provvede al finanziamento dei fondi previsti in leggi pluriennali di spesa mantenendo gli stanziamenti già previsti dalle leggi stesse o dalla programmazione finanziaria triennale. Sono finanziati altresì, nella misura prevista dalla legge istitutiva, i fondi gestiti mediante convenzione, sino alla scadenza delle convenzioni stesse.

8. Al fine della elaborazione degli schemi di decreto del Presidente del Consiglio dei Ministri, la Conferenza unificata Stato, regioni, città e autonomie locali, di cui al decreto legislativo 28 agosto 1997, n. 281, di se-

guito denominata "Conferenza unificata", promuove accordi tra Governo, regioni ed enti locali, ai sensi dell'articolo 9, comma 2, lettera *c*), del medesimo decreto legislativo. Gli schemi dei singoli decreti debbono contenere:

a) l'individuazione del termine, eventualmente differenziato, da cui decorre l'esercizio delle funzioni conferite e la contestuale individuazione delle quote di tributi e risorse erariali da devolvere agli enti, fermo restando quanto previsto dall'articolo 48 della legge 27 dicembre 1997, n. 449;

b) l'individuazione dei beni e delle strutture da trasferire, in relazione alla ripartizione delle funzioni, alle regioni e agli enti locali;

c) la definizione dei contingenti complessivi, per qualifica e profilo professionale, del personale necessario per l'esercizio delle funzioni amministrative conferite e del personale da trasferire;

d) la congrua quantificazione dei fabbisogni finanziari in relazione alla concreta ripartizione di funzioni e agli oneri connessi al personale, con decorrenza dalla data di effettivo esercizio delle funzioni medesime, secondo i criteri stabiliti al comma 2 del presente articolo.

9. In caso di mancato accordo, il Presidente del Consiglio dei Ministri provvede, acquisito il parere della Conferenza unificata, ai sensi dell'articolo 7 della legge 15 marzo 1997, n. 59.

10. Nei casi in cui lo Stato non provveda ad adottare gli atti e i provvedimenti di attuazione entro le scadenze previste dalla legge 15 marzo 1997, n. 59 e dal presente decreto legislativo, la Conferenza unificata può predisporre lo schema dell'atto o del provvedimento e inviarlo al Presidente del Consiglio dei Ministri, per le iniziative di cui all'articolo 7 della legge 15 marzo 1997, n. 59. Si applica a tal fine la disposizione di cui all'articolo 2, comma 2, del decreto legislativo 28 agosto 1997, n. 281.

11. Ove non si provveda al trasferimento delle risorse disposte ai sensi dell'articolo 7 della legge 15 marzo 1997, n. 59, nei termini previsti, la regione e gli enti locali interessati chiedono alla Conferenza unificata di segnalare il ritardo o l'inerzia al Presidente del Consiglio dei Ministri, che indica il termine per provvedere. Decorso inutilmente tale termine il Presidente del Consiglio dei Ministri nomina un commissario *ad acta* (2).

(1) *Per l'attuazione del presente comma v. il d.P.C.M. 14 dicembre 2000, n. 446.*

(2) *V. l'art. 25 d.l. 30 dicembre 2005, n. 273, conv., con modif., in l. 23 febbraio 2006, n. 51, ai sensi del quale « Il termine di due anni, da ultimo stabilito con provvedimento adottato ai sensi dell'*articolo 7 della legge 15 marzo 1997, n. 59, *e dell'*articolo 7 del decreto legislativo 31 marzo 1998, n. 112, *per l'esercizio delle funzioni previste dall'*articolo 66 *del citato* decreto legislativo n. 112 del 1998, *è prorogato di un anno ».*

8 Regime fiscale del trasferimento dei beni.

1. I decreti del Presidente del Consiglio dei Ministri di cui all'articolo 7 della legge 15 marzo 1997, n. 59, che trasferiscono a regioni ed enti locali i beni in relazione alle funzioni conferite, costituiscono titolo per l'apposita trascrizione dei beni immobili che dovrà avvenire con esenzione per gli enti interessati di ogni onere relativo ad imposte e tasse.

9 Riordino di strutture.

1. Al riordino degli uffici e delle strutture centrali e periferiche, nonché degli organi collegiali che svolgono le funzioni e i compiti oggetto del presente decreto legislativo ed eventualmente alla loro soppressione o al loro accorpamento con altri uffici o con organismi tecnici nazionali, si provvede con i decreti previsti dagli articoli 7, 10 e 11 della legge 15 marzo 1997, n. 59.

2. Le disposizioni di cui all'articolo 7, comma 4, del presente decreto legislativo si applicano anche al personale delle strutture soppresse o riordinate in caso di trasferimento ad altra amministrazione.

10 Regioni a statuto speciale.

1. Con le modalità previste dai rispettivi statuti si provvede a trasferire alle regioni a statuto speciale e alle province autonome di Trento e di Bolzano, in quanto non siano già attribuite, le funzioni e i compiti conferiti dal presente decreto legislativo alle regioni a statuto ordinario.

11-164 (*Omissis*).

18. Legge 5 giugno 2003, n. 131. — Disposizioni per l'adeguamento dell'ordinamento della Repubblica alla legge costituzionale 18 ottobre 2001, n. 3.

Pubblicata nella Gazzetta Ufficiale n. 132 del 10 giugno 2003.

1 Attuazione dell'articolo 117, primo e terzo comma, della Costituzione, in materia di legislazione regionale.

1. Costituiscono vincoli alla potestà legislativa dello Stato e delle Regioni, ai sensi dell'articolo 117, primo comma, della Costituzione, quelli derivanti dalle norme di diritto internazionale generalmente riconosciute, di cui all'articolo 10 della Costituzione, da accordi di reciproca limitazione della sovranità, di cui all'articolo 11 della Costituzione, dall'ordinamento comunitario e dai trattati internazionali.

2. Le disposizioni normative statali vigenti alla data di entrata in vigore della presente legge nelle materie appartenenti alla legislazione regionale continuano ad applicarsi, in ciascuna Regione, fino alla data di entrata in vigore delle disposizioni regionali in materia, fermo quanto previsto al comma 3, fatti salvi gli effetti di eventuali pronunce della Corte costituzionale. Le disposizioni normative regionali vigenti alla data di en-

trata in vigore della presente legge nelle materie appartenenti alla legislazione esclusiva statale continuano ad applicarsi fino alla data di entrata in vigore delle disposizioni statali in materia, fatti salvi gli effetti di eventuali pronunce della Corte costituzionale.

3. Nelle materie appartenenti alla legislazione concorrente, le Regioni esercitano la potestà legislativa nell'ambito dei principi fondamentali espressamente determinati dallo Stato o, in difetto, quali desumibili dalle leggi statali vigenti.

4. In sede di prima applicazione, per orientare l'iniziativa legislativa dello Stato e delle Regioni fino all'entrata in vigore delle leggi con le quali il Parlamento definirà i nuovi principi fondamentali, il Governo è delegato ad adottare, entro tre anni dalla data di entrata in vigore della presente legge, su proposta del Presidente del Consiglio dei ministri di concerto con i Ministri interessati, uno o più decreti legislativi meramente ricognitivi dei principi fondamentali che si traggono dalle leggi vigenti, nelle materie previste dall'articolo 117, terzo comma, della Costituzione, attenendosi ai principi della esclusività, adeguatezza, chiarezza, proporzionalità ed omogeneità e indicando, in ciascun decreto, gli ambiti normativi che non vi sono compresi. Gli schemi dei decreti, dopo l'acquisizione del parere della Conferenza permanente per i rapporti tra lo Stato, le Regioni e le Province autonome di Trento e di Bolzano, di seguito denominata: "Conferenza Stato-Regioni", sono trasmessi alle Camere per l'acquisizione del parere da parte delle competenti Commissioni parlamentari, compreso quello della Commissione parlamentare per le questioni regionali, da rendersi entro sessanta giorni dall'assegnazione alle Commissioni medesime. Acquisiti tali pareri, il Governo ritrasmette i testi, con le proprie osservazioni e con le eventuali modificazioni, alla Conferenza Stato-Regioni ed alle Camere per il parere definitivo, da rendersi, rispettivamente, en tro trenta e sessanta giorni dalla trasmissione dei testi medesimi. Il parere parlamentare definitivo è reso dalla Commissione parlamentare per le questioni regionali. Gli schemi di decreto legislativo sono esaminati rilevando se in essi non siano indicati alcuni dei principi fondamentali ovvero se vi siano disposizioni che abbiano un contenuto innovativo dei principi fondamentali, e non meramente ricognitivo ai sensi del presente comma, ovvero si riferiscano a norme vigenti che non abbiano la natura di principio fondamentale. In tal caso il Governo può omettere quelle disposizioni dal decreto legislativo, oppure le può modificare in conformità alle indicazioni contenute nel parere o, altrimenti, deve trasmettere ai Presidenti delle Camere e al Presidente della Commissione parlamentare per le questioni regionali una relazione nella quale sono indicate le specifiche motivazioni di difformità dal parere parlamentare (1) (2) (3).

5. Nei decreti legislativi di cui al comma 4, sempre a titolo di mera ricognizione, possono essere individuate le disposizioni che riguardano le stesse materie ma che rientrano nella competenza esclusiva dello Stato a norma dell'articolo 117, secondo comma, della Costituzione (2).

6. Nella predisposizione dei decreti legislativi di cui al comma 4, il Governo si attiene ai seguenti criteri direttivi:

a) individuazione dei principi fondamentali per settori organici della materia in base a criteri oggettivi desumibili dal complesso delle funzioni e da quelle affini, presupposte, strumentali e complementari, e in modo da salvaguardare la potestà legislativa riconosciuta alle Regioni ai sensi dell'articolo 117, terzo comma, della Costituzione;

b) considerazione prioritaria, ai fini dell'individuazione dei principi fondamentali, delle disposizioni statali rilevanti per garantire l'unità giuridica ed economica, la tutela dei livelli essenziali delle prestazioni concernenti i diritti civili e sociali, il rispetto delle norme e dei trattati internazionali e della normativa comunitaria, la tutela dell'incolumità e della sicurezza pubblica, nonché il rispetto dei principi generali in materia di procedimenti amministrativi e di atti concessori o autorizzatori;

c) considerazione prioritaria del nuovo sistema di rapporti istituzionali derivante dagli articoli 114, 117 e 118 della Costituzione;

d) considerazione prioritaria degli obiettivi generali assegnati dall'articolo 51, primo comma, e dall'articolo 117, settimo comma, della Costituzione, alla legislazione regionale;

e) coordinamento formale delle disposizioni di principio e loro eventuale semplificazione.

(1) *Comma modificato dapprima dall'art. 1 l. 28 maggio 2004, n. 140 e, successivamente, dall'art. 4 l. 27 dicembre 2004, n. 306.*

(2) *La Corte costituzionale, con sentenza 28 luglio 2004, n. 280, ha dichiarato* l'illegittimità costituzionale *del presente comma.*

(3) *Per l'attuazione del presente comma v. il d.lgs. 2 febbraio 2006, n. 30.*

2 Delega al Governo per l'attuazione dell'articolo 117, secondo comma, lettera *p*), della Costituzione e per l'adeguamento delle disposizioni in materia di enti locali alla legge costituzionale 18 ottobre 2001, n. 3.

1. Il Governo è delegato ad adottare, entro il 31 dicembre 2005, su proposta del Ministro dell'interno, di concerto con i Ministri per gli affari regionali, per le riforme istituzionali e la devoluzione e dell'economia e delle finanze, uno o più decreti legislativi diretti alla individuazione delle funzioni fondamentali, ai sensi dell'articolo 117, secondo comma, lettera *p*), della Costituzione, essenziali per il funzionamento di Comuni, Province e Città metropolitane nonché per il soddisfacimento di bisogni primari delle comunità di riferimento (1).

2. Con i decreti legislativi di cui al comma 1, si provvede, altresì, nell'ambito della competenza legislativa dello Stato, alla revisione delle disposizioni in materia di enti locali, per adeguarle alla legge costituzionale 18 ottobre 2001, n. 3.

3. Gli schemi dei decreti legislativi di cui al comma 1, dopo l'acquisizione dei pareri del Consiglio di Stato e della Conferenza unificata di cui all'articolo 8 del decreto legislativo 28 agosto 1997, n. 281, di seguito denominata "Conferenza unificata", da rendere entro trenta giorni dalla trasmissione degli schemi medesimi, sono trasmessi alle Camere per l'acquisizione del parere da parte delle competenti Commissioni parla-

mentari, da rendere entro quarantacinque giorni dall'assegnazione alle Commissioni medesime. Acquisiti tali pareri, il Governo ritrasmette i testi, con le proprie osservazioni e con le eventuali modificazioni, alla Conferenza unificata e alle Camere per il parere definitivo, da rendere, rispettivamente, entro trenta e quarantacinque giorni dalla trasmissione dei testi medesimi.

4. Nell'attuazione della delega di cui ai commi 1 e 2, il Governo si attiene ai seguenti principi e criteri direttivi:

a) garantire il rispetto delle competenze legislative dello Stato e delle Regioni, l'autonomia e le competenze costituzionali degli enti territoriali ai sensi degli articoli 114, 117 e 118 della Costituzione, nonché la valorizzazione delle potestà statutaria e regolamentare dei Comuni, delle Province e delle Città metropolitane;

b) individuare le funzioni fondamentali dei Comuni, delle Province e delle Città metropolitane in modo da prevedere, anche al fine della tenuta e della coesione dell'ordinamento della Repubblica, per ciascun livello di governo locale, la titolarità di funzioni connaturate alle caratteristiche proprie di ciascun tipo di ente, essenziali e imprescindibili per il funzionamento dell'ente e per il soddisfacimento di bisogni primari delle comunità di riferimento, tenuto conto, in via prioritaria, per Comuni e Province, delle funzioni storicamente svolte;

c) valorizzare i principi di sussidiarietà, di adeguatezza e di differenziazione nella allocazione delle funzioni fondamentali in modo da assicurarne l'esercizio da parte del livello di ente locale che, per le caratteristiche dimensionali e strutturali, ne garantisca l'ottimale gestione anche mediante l'indicazione dei criteri per la gestione associata tra i Comuni;

d) prevedere strumenti che garantiscano il rispetto del principio di leale collaborazione tra i diversi livelli di governo locale nello svolgimento delle funzioni fondamentali che richiedono per il loro esercizio la partecipazione di più enti, allo scopo individuando specifiche forme di consultazione e di raccordo tra enti locali, Regioni e Stato;

e) attribuire all'autonomia statutaria degli enti locali la potestà di individuare sistemi di controllo interno, al fine di garantire il funzionamento dell'ente, secondo criteri di efficienza, di efficacia e di economicità dell'azione amministrativa, nonché forme e modalità di intervento, secondo criteri di neutralità, di sussidiarietà e di adeguatezza, nei casi previsti dagli articoli 141, commi 2 e 8, 193, comma 4, 243, comma 6, lettera *b*), 247 e 251 del testo unico delle leggi sull'ordinamento degli enti locali, di cui al decreto legislativo 18 agosto 2000, n. 267;

f) prevedere una disciplina di principi fondamentali idonea a garantire un ordinamento finanziario e contabile degli enti locali che consenta, sulla base di parametri obiettivi e uniformi, la rilevazione delle situazioni economiche e finanziarie degli enti locali ai fini della attivazione degli interventi previsti dall'articolo 119, terzo e quinto comma, della Costituzione, anche tenendo conto delle indicazioni dell'Alta Commissione di studio di cui all'articolo 3, comma 1, lettera *b*), della legge 27 dicembre 2002, n. 289;

g) procedere alla revisione delle disposizioni legislative sugli enti locali, comprese quelle contenute nel testo unico delle leggi sull'ordinamento degli enti locali, di cui al decreto legislativo 18 agosto 2000, n. 267, limitatamente alle norme che contrastano con il sistema costituzionale degli enti locali definito dalla legge costituzionale 18 ottobre 2001, n. 3, attraverso la modificazione, l'integrazione, la soppressione e il coordinamento formale delle disposizioni vigenti, anche al fine di assicurare la coerenza sistematica della normativa, l'aggiornamento e la semplificazione del linguaggio normativo;

h) adeguare i procedimenti di istituzione della Città metropolitana al disposto dell'articolo 114 della Costituzione, fermo restando il principio di partecipazione degli enti e delle popolazioni interessati;

i) individuare e disciplinare gli organi di governo delle Città metropolitane e il relativo sistema elettorale, secondo criteri di rappresentatività e democraticità che favoriscano la formazione di maggioranze stabili e assicurino la rappresentanza delle minoranze, anche tenendo conto di quanto stabilito per i Comuni e le Province;

l) definire la disciplina dei casi di ineleggibilità, di incompatibilità e di incandidabilità alle cariche elettive delle Città metropolitane anche tenendo conto di quanto stabilito in materia per gli amministratori di Comuni e Province;

m) mantenere ferme le disposizioni in vigore relative al controllo sugli organi degli enti locali, alla vigilanza sui servizi di competenza statale attribuiti al sindaco quale ufficiale del Governo, nonché, fatta salva la polizia amministrativa locale, ai procedimenti preordinati alla tutela dell'ordine e della sicurezza pubblica nonché le disposizioni volte ad assicurare la conformità dell'attività amministrativa alla legge, allo statuto e ai regolamenti;

n) valorizzare le forme associative anche per la gestione dei servizi di competenza statale affidati ai comuni;

o) garantire il rispetto delle attribuzioni degli enti di autonomia funzionale;

p) indicare espressamente sia le norme implicitamente abrogate per effetto dell'entrata in vigore della legge costituzionale 18 ottobre 2001, n. 3, sia quelle anche implicitamente abrogate da successive disposizioni;

q) rispettare i principi desumibili dalla giurisprudenza costituzionale e fare salve le competenze spettanti alle Regioni a statuto speciale e alle Province autonome di Trento e di Bolzano.

5. La decorrenza dell'esercizio delle funzioni fondamentali di Comuni, Province e Città metropolitane che, a seguito dell'adozione dei decreti legislativi di cui al comma 1, sono attribuite ad un ente diverso da quello che le esercita alla data di entrata in vigore dei medesimi decreti legislativi, è stabilita dalle leggi che determinano i beni e le risorse finanziarie, umane, strumentali e organizzative da trasferire. A tale fine il Governo, in conformità ad accordi da definire in sede di Conferenza unificata, su proposta del Ministro dell'interno, di concerto con i Ministri per gli affari regionali, per le riforme istituzionali e la devoluzione e dell'eco-

nomia e delle finanze, sentiti i Ministri interessati, presenta al Parlamento uno o più disegni di legge collegati, ai sensi dell'articolo 3, comma 4, della legge 5 agosto 1978, n. 468, e successive modificazioni, alla manovra finanziaria annuale, per il recepimento dei suddetti accordi. Ciascuno dei predetti disegni di legge è corredato della relazione tecnica con l'indicazione della quantificazione e della ripartizione dei beni e delle risorse finanziarie, umane, strumentali e organizzative, ai fini della valutazione della congruità tra i trasferimenti e gli oneri conseguenti all'espletamento delle funzioni conferite. Le disposizioni di cui al presente comma si applicano fino alla data di entrata in vigore delle norme concernenti il nuovo sistema finanziario in attuazione dell'articolo 119 della Costituzione.

6. Entro diciotto mesi dalla data di entrata in vigore dei decreti legislativi di cui al comma 1, il Governo può emanare, nel rispetto dei principi e dei criteri direttivi indicati al comma 4, disposizioni integrative e correttive dei decreti legislativi medesimi.

7. I provvedimenti collegati di cui al comma 5 non possono comportare nuovi o maggiori oneri per la finanza pubblica.

(1) *Comma modificato dapprima dall'art. 1 l. 28 maggio 2004, n. 140 e, successivamente, dall'art. 5 l. 27 dicembre 2004, n. 306.*

3 Testi unici delle disposizioni legislative vigenti non aventi carattere di principio fondamentale nelle materie di legislazione concorrente.

1. Fermo restando quanto previsto dall'articolo 1, comma 2, primo periodo, il Governo è delegato ad adottare, entro un anno dalla data di entrata in vigore dei decreti legislativi di cui all'articolo 1, uno o più decreti legislativi al fine di raccogliere in testi unici meramente compilativi le disposizioni legislative residue, per ambiti omogenei nelle materie di legislazione concorrente, apportandovi le sole modifiche, di carattere esclusivamente formale, necessarie ad assicurarne il coordinamento nonché la coerenza terminologica.

2. Gli schemi dei decreti legislativi di cui al comma 1, dopo l'acquisizione del parere della Conferenza Stato-Regioni, sono trasmessi alle Camere per il parere delle competenti Commissioni parlamentari e della Commissione parlamentare per le questioni regionali. Decorsi trenta giorni dall'assegnazione, i decreti legislativi possono essere emanati anche in mancanza del parere parlamentare.

4 Attuazione dell'articolo 114, secondo comma, e dell'articolo 117, sesto comma, della Costituzione in materia di potestà normativa degli enti locali.

1. I Comuni, le Province e le Città metropolitane hanno potestà normativa secondo i principi fissati dalla Costituzione. La potestà normativa consiste nella potestà statutaria e in quella regolamentare.

2. Lo statuto, in armonia con la Costituzione e con i principi generali in materia di organizzazione pubblica, nel rispetto di quanto stabilito dalla legge statale in attuazione dell'articolo 117, secondo comma, lettera *p*), della Costituzione, stabilisce i principi di organizzazione e funzionamento dell'ente, le forme di controllo, anche sostitutivo, nonché le garanzie delle minoranze e le forme di partecipazione popolare.

3. L'organizzazione degli enti locali è disciplinata dai regolamenti nel rispetto delle norme statutarie.

4. La disciplina dell'organizzazione, dello svolgimento e della gestione delle funzioni dei Comuni, delle Province e delle Città metropolitane è riservata alla potestà regolamentare dell'ente locale, nell'ambito della legislazione dello Stato o della Regione, che ne assicura i requisiti minimi di uniformità, secondo le rispettive competenze, conformemente a quanto previsto dagli articoli 114, 117, sesto comma, e 118 della Costituzione.

5. Il potere normativo è esercitato anche dalle unioni di Comuni, dalle Comunità montane e isolane.

6. Fino all'adozione dei regolamenti degli enti locali, si applicano le vigenti norme statali e regionali, fermo restando quanto previsto dal presente articolo.

5 Attuazione dell'articolo 117, quinto comma, della Costituzione sulla partecipazione delle regioni in materia comunitaria.

1. Le Regioni e le Province autonome di Trento e di Bolzano concorrono direttamente, nelle materie di loro competenza legislativa, alla formazione degli atti comunitari, partecipando, nell'ambito delle delegazioni del Governo, alle attività del Consiglio e dei gruppi di lavoro e dei comitati del Consiglio e della Commissione europea, secondo modalità da concordare in sede di Conferenza Stato-Regioni che tengano conto della particolarità delle autonomie speciali e, comunque, garantendo l'unitarietà della rappresentazione della posizione italiana da parte del Capo delegazione designato dal Governo. Nelle delegazioni del Governo deve essere prevista la partecipazione di almeno un rappresentante delle Regioni a statuto speciale e delle Province autonome di Trento e di Bolzano. Nelle materie che spettano alle Regioni ai sensi dell'articolo 117, quarto comma, della Costituzione, il Capo delegazione, che può essere anche un Presidente di Giunta regionale o di Provincia autonoma, è designato dal Governo sulla base di criteri e procedure determinati con un accordo generale di cooperazione tra Governo, Regioni a statuto ordinario e a statuto speciale stipulato in sede di Conferenza Stato-Regioni. In attesa o in mancanza di tale accordo, il Capo delegazione è designato dal Governo. Dall'attuazione del presente articolo non possono derivare nuovi o maggiori oneri per la finanza pubblica.

2. Nelle materie di competenza legislativa delle Regioni e delle Province autonome di Trento e di Bolzano, il Governo può proporre ricorso dinanzi alla Corte di giustizia delle Comunità europee avverso gli atti normativi comunitari ritenuti illegittimi anche su richiesta di una delle Regioni o delle Province autonome. Il Governo è tenuto a proporre tale ricorso qualora esso sia richiesto dalla Conferenza Stato-Regioni a

maggioranza assoluta delle Regioni e delle Province autonome.

6 Attuazione dell'articolo 117, quinto e nono comma, della Costituzione sull'attività internazionale delle regioni.

1. Le Regioni e le Province autonome di Trento e di Bolzano, nelle materie di propria competenza legislativa, provvedono direttamente all'attuazione e all'esecuzione degli accordi internazionali ratificati, dandone preventiva comunicazione al Ministero degli affari esteri ed alla Presidenza del Consiglio dei ministri - Dipartimento per gli affari regionali, i quali, nei successivi trenta giorni dal relativo ricevimento, possono formulare criteri e osservazioni. In caso di inadempienza, ferma restando la responsabilità delle Regioni verso lo Stato, si applicano le disposizioni di cui all'articolo 8, commi 1, 4 e 5, in quanto compatibili.

2. Le Regioni e le Province autonome di Trento e di Bolzano, nelle materie di propria competenza legislativa, possono concludere, con enti territoriali interni ad altro Stato, intese dirette a favorire il loro sviluppo economico, sociale e culturale, nonché a realizzare attività di mero rilievo internazionale, dandone comunicazione prima della firma alla Presidenza del Consiglio dei ministri - Dipartimento per gli affari regionali ed al Ministero degli affari esteri, ai fini delle eventuali osservazioni di questi ultimi e dei Ministeri competenti, da far pervenire a cura del Dipartimento medesimo entro i successivi trenta giorni, decorsi i quali le Regioni e le Province autonome possono sottoscrivere l'intesa. Con gli atti relativi alle attività sopra indicate, le Regioni e le Province autonome di Trento e di Bolzano non possono esprimere valutazioni relative alla politica estera dello Stato, né possono assumere impegni dai quali derivino obblighi od oneri finanziari per lo Stato o che ledano gli interessi degli altri soggetti di cui all'articolo 114, primo comma, della Costituzione.

3. Le Regioni e le Province autonome di Trento e di Bolzano, nelle materie di propria competenza legislativa, possono, altresì, concludere con altri Stati accordi esecutivi ed applicativi di accordi internazionali regolarmente entrati in vigore, o accordi di natura tecnico-amministrativa, o accordi di natura programmatica finalizzati a favorire il loro sviluppo economico, sociale e culturale, nel rispetto della Costituzione, dei vincoli derivanti dall'ordinamento comunitario, dagli obblighi internazionali e dalle linee e dagli indirizzi di politica estera italiana, nonché, nelle materie di cui all'articolo 117, terzo comma, della Costituzione, dei principi fondamentali dettati dalle leggi dello Stato. A tale fine ogni Regione o Provincia autonoma dà tempestiva comunicazione delle trattative al Ministero degli affari esteri ed alla Presidenza del Consiglio dei ministri - Dipartimento per gli affari regionali, che ne danno a loro volta comunicazione ai Ministeri competenti. Il Ministero degli affari esteri può indicare principi e criteri da seguire nella conduzione dei negoziati; qualora questi ultimi si svolgano all'estero, le competenti rappresentanze diplomatiche e i competenti uffici consolari italiani, previa intesa con la Regione o con la Provincia autonoma, collaborano alla conduzione delle trattative. La Regione o la Provincia autonoma, prima di sottoscrivere l'accordo, comunica il relativo progetto al Ministero degli affari esteri, il quale, sentita la Presidenza del Consiglio dei ministri - Dipartimento per gli affari regionali, ed accertata l'opportunità politica e la legittimità dell'accordo, ai sensi del presente comma, conferisce i pieni poteri di firma previsti dalle norme del diritto internazionale generale e dalla Convenzione di Vienna sul diritto dei trattati del 23 maggio 1969, ratificata ai sensi della legge 12 febbraio 1974, n. 112. Gli accordi sottoscritti in assenza del conferimento di pieni poteri sono nulli.

4. Agli accordi stipulati dalle Regioni e dalle Province autonome di Trento e di Bolzano è data pubblicità in base alla legislazione vigente.

5. Il Ministro degli affari esteri può, in qualsiasi momento, rappresentare alla Regione o alla Provincia autonoma interessata questioni di opportunità inerenti alle attività di cui ai commi da 1 a 3 e derivanti dalle scelte e dagli indirizzi di politica estera dello Stato e, in caso di dissenso, sentita la Presidenza del Consiglio dei ministri - Dipartimento per gli affari regionali, chiedere che la questione sia portata in Consiglio dei ministri che, con l'intervento del Presidente della Giunta regionale o provinciale interessato, delibera sulla questione.

6. In caso di violazione degli accordi di cui al comma 3, ferma restando la responsabilità delle Regioni verso lo Stato, si applicano le disposizioni dell'articolo 8, commi 1, 4 e 5, in quanto compatibili.

7. Resta fermo che i Comuni, le Province e le Città metropolitane continuano a svolgere attività di mero rilievo internazionale nelle materie loro attribuite, secondo l'ordinamento vigente, comunicando alle Regioni competenti ed alle amministrazioni di cui al comma 2 ogni iniziativa.

7 Attuazione dell'articolo 118 della Costituzione in materia di esercizio delle funzioni amministrative.

1. Lo Stato e le Regioni, secondo le rispettive competenze, provvedono a conferire le funzioni amministrative da loro esercitate alla data di entrata in vigore della presente legge, sulla base dei principi di sussidiarietà, differenziazione e adeguatezza, attribuendo a Province, Città metropolitane, Regioni e Stato soltanto quelle di cui occorra assicurare l'unitarietà di esercizio, per motivi di buon andamento, efficienza o efficacia dell'azione amministrativa ovvero per motivi funzionali o economici o per esigenze di programmazione o di omogeneità territoriale, nel rispetto, anche ai fini dell'assegnazione di ulteriori funzioni, delle attribuzioni degli enti di autonomia funzionale, anche nei settori della promozione dello sviluppo economico e della gestione dei servizi. Stato, Regioni, Città metropolitane, Province, Comuni e Comunità montane favoriscono l'autonoma iniziativa dei cittadini, singoli o associati, per lo svolgimento di attività di interesse generale, sulla base del principio di sussidiarietà. In ogni caso, quando sono impiegate risorse pubbliche, si applica l'articolo 12 della legge 7 agosto 1990, n. 241. Tutte le altre funzioni amministrative non diversa-

mente attribuite spettano ai Comuni, che le esercitano in forma singola o associata, anche mediante le Comunità montane e le unioni dei Comuni.

2. Per le finalità di cui al comma 1, e comunque ai fini del trasferimento delle occorrenti risorse, sulla base degli accordi con le Regioni e le autonomie locali, da concludere in sede di Conferenza unificata, diretti in particolare all'individuazione dei beni e delle risorse finanziarie, umane, strumentali e organizzative necessarie per l'esercizio delle funzioni e dei compiti da conferire, il Governo, su proposta del Ministro per gli affari regionali, di concerto con il Ministro dell'economia e delle finanze, sentiti i Ministri interessati, presenta al Parlamento uno o più disegni di legge collegati, ai sensi dell'articolo 3, comma 4, della legge 5 agosto 1978, n. 468, e successive modificazioni, alla manovra finanziaria annuale, per il recepimento dei suddetti accordi. Ciascuno dei predetti disegni di legge deve essere corredato da idonea relazione tecnica e non deve recare oneri aggiuntivi a carico della finanza pubblica. Le disposizioni di cui al presente comma si applicano fino alla data di entrata in vigore delle norme relative al nuovo sistema finanziario in attuazione dell'articolo 119 della Costituzione.

3. Sulla base dei medesimi accordi e nelle more dell'approvazione dei disegni di legge di cui al comma 2, lo Stato può avviare i trasferimenti dei suddetti beni e risorse secondo principi di invarianza di spesa e con le modalità previste al numero 4) del punto II dell'Accordo del 20 giugno 2002, recante intesa interistituzionale tra Stato, regioni ed enti locali, pubblicato nella Gazzetta Ufficiale n. 159 del 9 luglio 2002. A tale fine si provvede mediante uno o più decreti del Presidente del Consiglio dei ministri, tenendo conto delle previsioni di spesa risultanti dal bilancio dello Stato e del patto di stabilità. Si applicano, in quanto compatibili, gli articoli 3, 7, commi 8, 9, 10 e 11, e 8 del decreto legislativo 31 marzo 1998, n. 112. Gli schemi di decreto, ciascuno dei quali deve essere corredato di idonea relazione tecnica, sono trasmessi alle Camere per l'acquisizione del parere da parte delle Commissioni parlamentari competenti per materia e per le conseguenze di carattere finanziario, da rendere entro trenta giorni dall'assegnazione.

4. Le Commissioni possono chiedere ai Presidenti delle Camere una proroga di venti giorni per l'espressione del parere, qualora ciò si renda necessario per la complessità della materia o per il numero degli schemi di decreto trasmessi nello stesso periodo all'esame delle Commissioni. Qualora sia concessa, ai sensi del presente comma, la proroga del termine per l'espressione del parere, i termini per l'adozione dei decreti sono prorogati di venti giorni. Decorso il termine di cui al comma 3, ovvero quello prorogato ai sensi del presente comma, senza che le Commissioni abbiano espresso i pareri di rispettiva competenza, i decreti possono comunque essere adottati. I decreti sono adottati con il concerto del Ministro dell'economia e delle finanze e devono conformarsi ai pareri delle Commissioni parlamentari competenti per le conseguenze di carattere finanziario nelle parti in cui essi formulano identiche condizioni.

5. Nell'adozione dei decreti, si tiene conto delle indicazioni contenute nel Documento di programmazione economico-finanziaria, come approvato dalle risoluzioni parlamentari. Dalla data di entrata in vigore dei suddetti decreti o da quella diversa indicata negli stessi, le Regioni o gli enti locali possono provvedere all'esercizio delle funzioni relative ai beni e alle risorse trasferite. Tali decreti si applicano fino alla data di entrata in vigore delle leggi di cui al comma 2.

6. Fino alla data di entrata in vigore dei provvedimenti previsti dal presente articolo, le funzioni amministrative continuano ad essere esercitate secondo le attribuzioni stabilite dalle disposizioni vigenti, fatti salvi gli effetti di eventuali pronunce della Corte costituzionale.

7. La Corte dei conti, ai fini del coordinamento della finanza pubblica, verifica il rispetto degli equilibri di bilancio da parte di Comuni, Province, Città metropolitane e Regioni, in relazione al patto di stabilità interno ed ai vincoli derivanti dall'appartenenza dell'Italia all'Unione europea. Le sezioni regionali di controllo della Corte dei conti verificano, nel rispetto della natura collaborativa del controllo sulla gestione, il perseguimento degli obiettivi posti dalle leggi statali o regionali di principio e di programma, secondo la rispettiva competenza, nonché la sana gestione finanziaria degli enti locali ed il funzionamento dei controlli interni e riferiscono sugli esiti delle verifiche esclusivamente ai consigli degli enti controllati, salvo quanto disposto dal terzo periodo del presente comma. Nelle relazioni al Parlamento di cui all'articolo 3, comma 6, della legge 14 gennaio 1994, n. 20, e successive modificazioni, e all'articolo 13 del decretolegge 22 dicembre 1981, n. 786, convertito, con modificazioni, dalla legge 26 febbraio 1982, n. 51, e successive modificazioni, la Corte dei conti riferisce anche sulla base dei dati e delle informazioni raccolti dalle sezioni regionali di controllo. Resta ferma la potestà delle Regioni a statuto speciale, nell'esercizio della loro competenza, di adottare particolari discipline nel rispetto delle suddette finalità. Per la determinazione dei parametri di gestione relativa al controllo interno, la Corte dei conti si avvale anche degli studi condotti in materia dal Ministero dell'interno (1).

8. Le Regioni possono richiedere ulteriori forme di collaborazione alle sezioni regionali di controllo della Corte dei conti ai fini della regolare gestione finanziaria e dell'efficienza ed efficacia dell'azione amministrativa, nonché pareri in materia di contabilità pubblica. Analoghe richieste possono essere formulate, di norma tramite il Consiglio delle autonomie locali, se istituito, anche da Comuni, Province e Città metropolitane. Richieste di parere nella medesima materia possono essere rivolte direttamente alla Sezione delle autonomie della Corte dei conti: per le Regioni, dalla Conferenza delle Regioni e delle Province autonome e dalla Conferenza dei Presidenti delle Assemblee legislative delle Regioni e delle Province autonome; per i Comuni, le Province e le Città metropolitane, dalle rispettive componenti rappresentative nell'ambito della Conferenza unificata (2).

8-*bis*. Le sezioni regionali di controllo della Corte dei conti possono essere integrate, senza nuovi o maggiori oneri per la finanza pubblica, da due componenti designati, salva diversa previsione dello statuto della Regione, rispettivamente dal Consiglio regionale e dal Consiglio delle autonomie locali oppure, ove tale organo non sia stato istituito, dal Presidente del Consiglio regionale su indicazione delle associazioni rappresentative dei Comuni e delle Province a livello regionale. I predetti componenti sono scelti tra persone che, per gli studi compiuti e le esperienze professionali acquisite, sono particolarmente esperte nelle materie aziendalistiche, economiche, finanziarie, giuridiche e contabili; i medesimi durano in carica cinque anni e non sono riconfermabili. Lo status dei predetti componenti è equiparato a tutti gli effetti, per la durata dell'incarico, a quello dei consiglieri della Corte dei conti, con oneri finanziari a carico della Regione. La nomina è effettuata con decreto del Presidente della Repubblica, con le modalità previste dal secondo comma dell'articolo unico del decreto del Presidente della Repubblica 8 luglio 1977, n. 385 (3).

[9. Le sezioni regionali di controllo della Corte dei conti possono essere integrate, senza nuovi o maggiori oneri per la finanza pubblica, da due componenti designati, salvo diversa previsione dello statuto della Regione, rispettivamente dal Consiglio regionale e dal Consiglio delle autonomie locali oppure, ove tale organo non sia stato istituito, dal Presidente del Consiglio regionale su indicazione delle associazioni rappresentative dei Comuni e delle Province a livello regionale. I predetti componenti sono scelti tra persone che, per gli studi compiuti e le esperienze professionali acquisite, sono particolarmente esperte nelle materie aziendalistiche, economiche, finanziarie, giuridiche e contabili; i medesimi durano in carica cinque anni e non sono riconfermabili. Lo status dei predetti componenti è equiparato a tutti gli effetti, per la durata dell'incarico, a quello dei consiglieri della Corte dei conti, con oneri finanziari a carico della Regione. La nomina è effettuata con decreto del Presidente della Repubblica, con le modalità previste dal secondo comma dell'articolo unico del decreto del Presidente della Repubblica 8 luglio 1977, n. 385. Nella prima applicazione delle disposizioni di cui al presente comma e ai commi 7 e 8, ciascuna sezione regionale di controllo, previe intese con la Regione, può avvalersi di personale della Regione sino ad un massimo di dieci unità, il cui trattamento economico resta a carico dell'amministrazione di appartenenza. Possono essere utilizzati a tal fine, con oneri a carico della Regione, anche segretari comunali e provinciali del ruolo unico previsto dal testo unico delle leggi sull'ordinamento degli enti locali, di cui al decreto legislativo 18 agosto 2000, n. 267, previe intese con l'Agenzia autonoma per la gestione dell'albo dei segretari comunali e provinciali o con le sue sezioni regionali] (4).

(1) *Comma modificato dall'art. 3, comma 60, l. 24 dicembre 2007, n. 244.*

(2) *Comma così modificato dall'art. 10-*bis, *comma 1, d.l. 24 giugno 2016, n. 113, conv., con modif., in l. 7 agosto 2016, n. 160. Il testo del comma era il seguente:* « Le Regioni possono richiedere ulteriori forme di collaborazione alle sezioni regionali di controllo della Corte dei conti ai fini della regolare gestione finanziaria e dell'efficienza ed efficacia dell'azione amministrativa, nonché pareri in materia di contabilità pubblica. Analoghe richieste possono essere formulate, di norma tramite il Consiglio delle autonomie locali, se istituito, anche da Comuni, Province e Città metropolitane ».

(3) *Comma inserito dall'art. 11, comma 4, l. 4 marzo 2009, n. 15.*

(4) *Comma abrogato dall'art. 3, comma 61, l. 24 dicembre 2007, n. 244.*

8 Attuazione dell'articolo 120 della Costituzione sul potere sostitutivo.

1. Nei casi e per le finalità previsti dall'articolo 120, secondo comma, della Costituzione, il Presidente del Consiglio dei ministri, su proposta del Ministro competente per materia, anche su iniziativa delle Regioni o degli enti locali, assegna all'ente interessato un congruo termine per adottare i provvedimenti dovuti o necessari; decorso inutilmente tale termine, il Consiglio dei ministri, sentito l'organo interessato, su proposta del Ministro competente o del Presidente del Consiglio dei ministri, adotta i provvedimenti necessari, anche normativi, ovvero nomina un apposito commissario. Alla riunione del Consiglio dei ministri partecipa il Presidente della Giunta regionale della Regione interessata al provvedimento.

2. Qualora l'esercizio del potere sostitutivo si renda necessario al fine di porre rimedio alla violazione della normativa comunitaria, gli atti ed i provvedimenti di cui al comma 1 sono adottati su proposta del Presidente del Consiglio dei ministri o del Ministro per le politiche comunitarie e del Ministro competente per materia. L'articolo 11 della legge 9 marzo 1989, n. 86, è abrogato.

3. Fatte salve le competenze delle Regioni a statuto speciale, qualora l'esercizio dei poteri sostitutivi riguardi Comuni, Province o Città metropolitane, la nomina del commissario deve tenere conto dei principi di sussidiarietà e di leale collaborazione. Il commissario provvede, sentito il Consiglio delle autonomie locali qualora tale organo sia stato istituito.

4. Nei casi di assoluta urgenza, qualora l'intervento sostitutivo non sia procrastinabile senza mettere in pericolo le finalità tutelate dall'articolo 120 della Costituzione, il Consiglio dei ministri, su proposta del Ministro competente, anche su iniziativa delle Regioni o degli enti locali, adotta i provvedimenti necessari, che sono immediatamente comunicati alla Conferenza Stato-Regioni o alla Conferenza Stato-Città e autonomie locali, allargata ai rappresentanti delle Comunità montane, che possono chiederne il riesame.

5. I provvedimenti sostitutivi devono essere proporzionati alle finalità perseguite.

6. Il Governo può promuovere la stipula di intese in sede di Conferenza Stato-Regioni o di Conferenza unificata, dirette a favorire l'armonizzazione delle rispettive legislazioni o il raggiungimento di posizioni unitarie o il conseguimento di obiettivi comuni; in tale caso è esclusa l'applicazione dei commi 3 e 4 dell'articolo 3 del decreto legislativo 28 agosto 1997, n. 281. Nelle materie di cui all'articolo 117, terzo e quarto comma, della Costituzione non possono essere adottati gli atti di indirizzo e di coordinamento di cui all'articolo 8 della legge 15 marzo 1997, n. 59, e all'articolo 4 del decreto legislativo 31 marzo 1998, n. 112.

9 Attuazione degli articoli 123, secondo comma, e 127 della Costituzione, in materia di ricorsi alla Corte costituzionale.

1. L'articolo 31 della legge 11 marzo 1953, n. 87, è sostituito dal seguente:

"Art. 31. - 1. La questione di legittimità costituzionale di uno statuto regionale può, a norma del secondo comma dell'articolo 123 della Costituzione, essere promossa entro il termine di trenta giorni dalla pubblicazione.

2. Ferma restando la particolare forma di controllo delle leggi prevista dallo statuto speciale della Regione siciliana, il Governo, quando ritenga che una legge regionale ecceda la competenza della Regione, può promuovere, ai sensi dell'articolo 127, primo comma, della Costituzione, la questione di legittimità costituzionale della legge regionale dinanzi alla Corte costituzionale entro sessanta giorni dalla pubblicazione.

3. La questione di legittimità costituzionale è sollevata, previa deliberazione del Consiglio dei ministri, anche su proposta della Conferenza Stato-Città e autonomie locali, dal Presidente del Consiglio dei ministri mediante ricorso diretto alla Corte costituzionale e notificato, entro i termini previsti dal presente articolo, al Presidente della Giunta regionale.

4. Il ricorso deve essere depositato nella cancelleria della Corte costituzionale entro il termine di dieci giorni dalla notificazione".

2. Il secondo comma dell'articolo 32 della legge 11 marzo 1953, n. 87, è sostituito dal seguente:

"La questione di legittimità costituzionale, previa deliberazione della Giunta regionale, anche su proposta del Consiglio delle autonomie locali, è promossa dal Presidente della Giunta mediante ricorso diretto alla Corte costituzionale e notificato al Presidente del Consiglio dei ministri entro il termine di sessanta giorni dalla pubblicazione della legge o dell'atto impugnati".

3. Al primo comma dell'articolo 33 della legge 11 marzo 1953, n. 87, le parole: "dell'articolo 2, secondo comma, della legge costituzionale 9 febbraio 1948, n. 1" sono sostituite dalle seguenti:

"dell'articolo 127, secondo comma, della Costituzione".

4. L'articolo 35 della legge 11 marzo 1953, n. 87, è sostituito dal seguente:

"Art. 35. - 1. Quando è promossa una questione di legittimità costituzionale ai sensi degli articoli 31, 32 e 33, la Corte costituzionale fissa l'udienza di discussione del ricorso entro novanta giorni dal deposito dello stesso. Qualora la Corte ritenga che l'esecuzione dell'atto impugnato o di parti di esso possa comportare il rischio di un irreparabile pregiudizio all'interesse pubblico o all'ordinamento giuridico della Repubblica, ovvero il rischio di un pregiudizio grave ed irreparabile per i diritti dei cittadini, trascorso il termine di cui all'articolo 25, d'ufficio può adottare i provvedimenti di cui all'articolo 40. In tal caso l'udienza di discussione è fissata entro i successivi trenta giorni e il dispositivo della sentenza è depositato entro quindici giorni dall'udienza di discussione".

5. Le Regioni assicurano la pronta reperibilità degli atti recanti la pubblicazione ufficiale degli statuti e delle leggi regionali.

6. Nei ricorsi per conflitto di attribuzione tra Stato e Regione e tra Regione e Regione, di cui agli articoli da 39 a 42 della legge 11 marzo 1953, n. 87, proposti anteriormente alla data dell'8 novembre 2001, il ricorrente deve chiedere la trattazione del ricorso, con istanza diretta alla Corte costituzionale e notificata alle altre parti costituite, entro quattro mesi dal ricevimento della comunicazione di pendenza del procedimento effettuata a cura della cancelleria della Corte costituzionale; in difetto di tale istanza, il ricorso si considera abbandonato ed è dichiarato estinto con decreto del Presidente.

10 Rappresentante dello Stato per i rapporti con il sistema delle autonomie.

1. In ogni Regione a statuto ordinario il prefetto preposto all'ufficio territoriale del Governo avente sede nel capoluogo della Regione svolge le funzioni di rappresentante dello Stato per i rapporti con il sistema delle autonomie.

2. Nell'esercizio delle funzioni di cui al comma 1, il rappresentante dello Stato cura in sede regionale:

a) le attività dirette ad assicurare il rispetto del principio di leale collaborazione tra Stato e Regione, nonché il raccordo tra le istituzioni dello Stato presenti sul territorio, anche attraverso le conferenze di cui all'articolo 11 del decreto legislativo 30 luglio 1999, n. 300, al fine di garantire la rispondenza dell'azione amministrativa all'interesse generale, il miglioramento della qualità dei servizi resi al cittadino e di favorire e rendere più agevole il rapporto con il sistema delle autonomie;

b) la tempestiva informazione alla Presidenza del Consiglio dei ministri - Dipartimento per gli affari regionali e ai Ministeri interessati degli statuti regionali e delle leggi regionali, per le finalità di cui agli articoli 123 e 127 della Costituzione, e degli atti amministrativi regionali, agli effetti dell'articolo 134 della Costituzione, nonché il tempestivo invio dei medesimi atti all'ufficio dell'Avvocatura dello Stato avente sede nel capoluogo;

c) la promozione dell'attuazione delle intese e del coordinamento tra Stato e Regione previsti da leggi statali nelle materie indicate dall'articolo 118, terzo comma, della Costituzione, nonché delle misure di coordinamento tra Stato e autonomie locali, di cui all'articolo 9, comma 5, del decreto legislativo 28 agosto 1997, n. 281;

d) l'esecuzione di provvedimenti del Consiglio dei ministri costituenti esercizio del potere sostitutivo di cui all'articolo 120, secondo comma, della Costituzione, avvalendosi degli uffici territoriali del Governo e degli altri uffici statali aventi sede nel territorio regionale;

e) la verifica dell'interscambio di dati e informazioni rilevanti sull'attività statale, regionale e degli enti locali, di cui all'articolo 6 del decreto legislativo 31 marzo 1998, n. 112, riferendone anche al Ministro per l'innovazione e le tecnologie;

f) l'indizione delle elezioni regionali e la determinazione dei seggi consiliari e l'assegnazione di essi alle singole circoscrizioni, nonché l'adozione dei provvedimenti connessi o conseguenti, fino alla data di entrata in vigore di diversa previsione contenuta negli statuti e nelle leggi regionali;

g) la raccolta delle notizie utili allo svolgimento delle funzioni degli organi statali, costituendo il tramite per la reciproca informazione nei rapporti con le autorità regionali; la fornitura di dati e di elementi per la redazione della Relazione annuale sullo stato della pubblica amministrazione; la raccolta e lo scambio dei dati di rilevanza statistica, da effettuarsi secondo gli standard e le metodologie definiti dall'Istituto nazionale di statistica (ISTAT) e avvalendosi anche dei suoi uffici regionali, d'intesa con lo stesso.

3. Nell'esercizio delle funzioni di cui al presente articolo il rappresentante dello Stato si avvale a tale fine delle strutture e del personale dell'ufficio territoriale del Governo.

4. Ai fini del presente articolo e per l'espletamento delle funzioni previste dall'articolo 1, comma 2, lettere *e*), *f*) e *g*), del regolamento di cui al decreto del Presidente della Repubblica 17 maggio 2001, n. 287, i segretari comunali e provinciali che, alla data di entrata in vigore della presente legge, sono inseriti nella graduatoria di cui all'articolo 18, comma 9, del regolamento di cui al decreto del Presidente della Repubblica 4 dicembre 1997, n. 465, come modificato dall'articolo 7, comma 3, della legge 16 gennaio 2003, n. 3, e che hanno presentato istanza di mobilità per gli uffici territoriali del Governo, sono assegnati, nel limite dei posti disponibili, agli stessi uffici, con decreto del Presidente del Consiglio dei ministri, di concerto con il Ministro dell'interno, con il Ministro per gli affari regionali e con gli altri Ministri interessati, da adottare entro sessanta giorni dalla data di entrata in vigore della presente legge. Restano ferme le disposizioni previste dal decreto legislativo 19 maggio 2000, n. 139, e dai relativi decreti di attuazione.

5. Nelle Regioni a statuto speciale le funzioni del rappresentante dello Stato ai fini della lettera *d*) del comma 2 sono svolte dagli organi statali a competenza regionale previsti dai rispettivi statuti, con le modalità definite da apposite norme di attuazione.

6. Ai commissariati del Governo di Trento e di Bolzano si applicano le disposizioni del regolamento di cui al decreto del Presidente della Repubblica 17 maggio 2001, n. 287, compatibilmente con lo statuto speciale di autonomia e con le relative norme di attuazione (1).

7. Il provvedimento di preposizione all'ufficio territoriale del Governo del capoluogo di Regione è adottato con decreto del Presidente della Repubblica, previa deliberazione del Consiglio dei ministri, su proposta del Ministro dell'interno, d'intesa con il Ministro per gli affari regionali.

8. All'articolo 4, comma 3, del decreto legislativo 30 luglio 1999, n. 303, le parole da: "autonomie locali" fino alla fine del comma sono sostituite dalle seguenti: "autonomie locali, nonché dell'ufficio per il federalismo amministrativo, nel quale confluisce il personale addetto alla struttura di supporto del Commissario straordinario del Governo per l'attuazione del federalismo amministrativo, mantenendo il proprio stato giuridico; si avvale altresì, sul territorio, dei rappresentanti dello Stato nelle Regioni, che dipendono funzionalmente dal Presidente del Consiglio dei ministri".

9. All'articolo 11 della legge 10 febbraio 1953, n. 62, sono apportate le seguenti modificazioni:

a) il primo comma è sostituito dal seguente:

"Le leggi regionali sono promulgate dal Presidente della Giunta. Il testo è preceduto dalla formula: "Il Consiglio regionale ha approvato. Il Presidente della Giunta regionale promulga"";

b) i commi secondo e terzo sono abrogati;

c) la rubrica è sostituita dalla seguente: "Promulgazione delle leggi regionali".

10. Sono abrogati: gli articoli 40, 43 e 44 della legge 10 febbraio 1953, n. 62; l'articolo 4, secondo comma, del decreto del Presidente della Repubblica 24 luglio 1977, n. 616; l'articolo 13 della legge 23 agosto 1988, n. 400, ad eccezione del comma 3; l'articolo 3 del decreto legislativo 13 febbraio 1993, n. 40; l'articolo 11, comma 3, del decreto legislativo 30 luglio 1999, n. 300.

11. Nelle norme dell'ordinamento giuridico, compatibili con le disposizioni della legge costituzionale 18 ottobre 2001, n. 3, il riferimento al commissario del Governo è da intendersi al prefetto titolare dell'ufficio territoriale del Governo del capoluogo di Regione quale rappresentante dello Stato. Il presente comma comunque non concerne le norme compatibili con la legge costituzionale 18 ottobre 2001, n. 3, aventi ad oggetto le Regioni a statuto speciale.

(1) *La Corte costituzionale, con sentenza 19 luglio 2004, n. 236, ha dichiarato l'*illegittimità costituzionale *del presente comma.*

11 Attuazione dell'articolo 10 della legge costituzionale 18 ottobre 2001, n. 3.

1. Per le Regioni a statuto speciale e le Province autonome di Trento e di Bolzano resta fermo quanto previsto dai rispettivi statuti speciali e dalle relative norme di attuazione, nonché dall'articolo 10 della legge costituzionale 18 ottobre 2001, n. 3.

2. Le Commissioni paritetiche previste dagli statuti delle Regioni a statuto speciale, in relazione alle ulteriori materie spettanti alla loro potestà legislativa ai sensi dell'articolo 10 della citata legge costituzionale n. 3 del 2001, possono proporre l'adozione delle norme di attuazione per il trasferimento dei beni e delle risorse strumentali, finanziarie, umane e organizzative, occorrenti all'esercizio delle ulteriori funzioni amministrative.

3. Le norme di attuazione di cui al comma 2 possono prevedere altresì disposizioni specifiche per la disciplina delle attività regionali di competenza in materia di rapporti internazionali e comunitari.

12 Entrata in vigore.

1. La presente legge entra in vigore il giorno successivo a quello della sua pubblicazione nella Gazzetta Ufficiale.

SEZIONE QUARTA
ENTI PUBBLICI,
SOCIETÀ PUBBLICHE E FONDAZIONI

CAPO I
ENTI PUBBLICI

19. Regio decreto 16 marzo 1942, n. 262. — Approvazione del testo del codice civile. (*estratto*).

Pubblicata nella Gazzetta Ufficiale n. 79 del 4 aprile 1942.

TITOLO II
Delle persone giuridiche

CAPO I
Disposizioni generali

11 Persone giuridiche pubbliche.

Le province e i comuni, nonché gli enti pubblici riconosciuti come persone giuridiche [c.c. 862], godono dei diritti secondo le leggi e gli usi osservati come diritto pubblico [c.c. 822, 824, 826, 828, 830, 831, 863, 879, 977, 2093, 2501; disp. att. c.c. 254].

20. Legge 20 marzo 1975, n. 70. — Disposizioni sul riordinamento degli enti pubblici e del rapporto di lavoro del personale dipendente (*estratto*) (1) (2).

Pubblicata nella Gazzetta Ufficiale n. 87 del 2 aprile 1975.

(1) *Le disposizioni di cui alla presente legge che disciplinano l'organizzazione e il funzionamento degli enti pubblici nazionali di cui al d.lgs. 29 ottobre 1999, n. 419, di riordino, continuano a trovare applicazione in quanto non siano derogate dalle norme statutarie di adeguamento alle disposizioni del citato d.lgs. n. 419/1999 (art. 14, d.lgs. n. 419 del 1999, cit.).*

(2) *Allo scopo di agevolarne la lettura, nel presente provvedimento la nomenclatura dei Ministri e dei Ministeri è stata aggiornata sulla base degli accorpamenti e delle soppressioni intervenute negli ultimi anni.*

1 Campo di applicazione.

Lo stato giuridico e il trattamento economico d'attività e di fine servizio del personale dipendente dagli enti pubblici individuati ai sensi dei seguenti commi sono regolati in conformità della presente legge.

Sono esclusi dall'applicazione della presente legge gli enti pubblici economici, gli enti locali e territoriali e loro consorzi, le istituzioni pubbliche di assistenza e beneficenza, gli enti ospedalieri e gli enti ecclesiastici, le università e gli istituti di istruzione, gli istituti di educazione, le opere universitarie, le scuole di ostetricia autonome, gli osservatori astronomici e vulcanologici, gli istituti geologici, le deputazioni di storia patria e in genere le accademie e gli istituti culturali di cui al decreto legislativo 27 marzo 1948, n. 472, e successive modificazioni, salvo quelli compresi nella parte VII della tabella allegata alla presente legge, gli ordini e i collegi professionali, le camere di commercio e gli enti di patronato per l'assistenza dei lavoratori, la Cassa per il Mezzogiorno.

La tabella allegata alla presente legge contiene l'elenco degli enti individuali e classificati, sulla base delle funzioni esercitate, in categorie omogenee, senza pregiudizio per le soppressioni o fusioni di enti che dovessero intervenire per effetto di successive leggi di riforma.

2 Soppressione degli enti e loro liquidazione.

Tutti gli enti pubblici, con esclusione di quelli indicati nel secondo e terzo comma dell'articolo 1, che siano costituiti ed ordinati da leggi o da atti aventi valore di legge, sono soppressi di diritto e conseguentemente cessano dalle loro funzioni alla scadenza del termine di 3 anni dalla data di entrata in vigore della presente legge, qualora entro il termine stesso non siano dichiarati necessari con i decreti di cui al successivo articolo 3.

Nei riguardi degli altri enti pubblici, alla scadenza del triennio di cui al precedente comma, cessa qualsiasi contribuzione ordinaria e straordinaria a carico del bilancio dello Stato o di altro ente pubblico, nonché qualsiasi facoltà impositiva.

Alla liquidazione degli enti soppressi per effetto del primo comma del presente articolo o mediante i provvedimenti di cui al successivo articolo 3 provvede l'ufficio di liquidazione di cui alla legge 4 dicembre 1956, n. 1404. Entro due anni dalla soppressione di ciascun ente il Ministero del tesoro, del bilancio e della programmazione economica riferisce al Parlamento sullo stato della liquidazione.

I ruoli organici degli enti di cui al primo e al secondo comma sono bloccati fino alla emanazione dei decreti previsti all'articolo 3; sono altresì vietate assunzioni di personale anche a carattere straordinario o temporaneo, ed anche in adempimento di obblighi di legge; è infine fatto divieto di istituire nuovi uffici centrali o periferici.

Al personale dipendente dagli enti soppressi o comunque messi in liquidazione o che vengono ristrutturati o fusi con i decreti di cui all'articolo 3, assunto anteriormente al 31 dicembre 1974 o a seguito di pubblici concorsi banditi prima del 31 dicembre 1974, in servizio al momento della soppressione, ristrutturazione o fusione, in ruolo o con rapporto di lavoro a tempo indeterminato, a pieno orario, è garantita la conservazione dell'impiego, anche attraverso il trasferimento allo Stato o ad enti pubblici, esclusi quelli che svolgono esclusivamente o prevalentemente attività economica e quelli autonomi territoriali. Il trasferimento agli enti autonomi territoriali può essere disposto solo a richiesta degli enti stessi.

Il trasferimento è effettuato con decreto del Presidente del Consiglio dei Ministri di concerto con il Ministro del tesoro, del bilancio e della programmazione economica.

Il personale di ruolo è trasferito con la qualifica corrispondente a quella rivestita nell'ente di provenienza alla data di entrata in vigore della presente legge.

Il personale non di ruolo con rapporto di lavoro a tempo determinato e a tempo indeterminato è collocato nella posizione di impiego non di ruolo corrispondente a quella posseduta nell'ente di provenienza alla data di entrata in vigore della presente legge.

Il trasferimento del personale, è disposto tenendo conto, nell'ordine, dei seguenti criteri:

1) esigenze delle amministrazioni dello Stato, degli enti pubblici della stessa categoria dell'ente soppresso e, in mancanza degli altri enti pubblici, i cui ruoli centrali o periferici, presentino le necessarie vacanze;

2) anzianità di servizio e posizione personale dell'interessato, anche in relazione alla composizione del nucleo familiare.

Il personale di ruolo residuo è collocato in appositi ruoli ad esaurimento, distinti per carriere, istituiti presso le amministrazioni di vigilanza dell'ente soppresso. Il personale collocato in detti ruoli è trasferito alle amministrazioni dello Stato e agli enti pubblici, quando si verifichino le esigenze e con le modalità e secondo i criteri indicati nei commi precedenti.

Il personale di ruolo collocato nei ruoli ad esaurimento può essere comandato a prestare servizio presso altre amministrazioni dello Stato, ove sia richiesto da temporanee esigenze di servizio.

Al personale trasferito, compreso quello collocato nei ruoli ad esaurimento, si applicano le norme sullo stato giuridico e il trattamento economico, di attività e di quiescenza, previsti per il personale dell'amministrazione od ente di destinazione. L'eventuale maggiore trattamento economico di carattere fisso e continuativo è conservato a titolo di assegno personale pensionabile e riassorbibile con la progressione economica o di carriera.

3 Conferma, ristrutturazione e soppressione degli enti pubblici.

Il Governo della Repubblica entro tre anni dall'entrata in vigore della presente legge è delegato ad emanare decreti aventi valore di legge contenenti l'elenco degli enti ritenuti necessari ai fini dello sviluppo economico, civile, culturale e democratico del Paese che andranno a integrare la tabella allegata alla presente legge.

Con gli stessi decreti è disposta la eventuale ristrutturazione degli enti medesimi o la fusione degli enti che abbiano identiche od analoghe competenze.

Il Governo della Repubblica è delegato ad emanare decreti aventi valore di legge anche prima della scadenza del triennio di cui al precedente articolo 2, per la soppressione degli enti non ritenuti necessari.

Ai fini della inclusione degli enti nell'elenco di quelli ritenuti necessari, ovvero per la valutazione dell'opportunità della loro soppressione, ristrutturazione o fusione, il Governo terrà conto dei seguenti criteri:

1) della loro rilevanza ai fini dell'attuazione di una programmazione delle scelte produttive, della qualificazione dello studio e della ricerca scientifica, dello sviluppo culturale, dell'orientamento a favore dei consumi sociali;

2) della economicità dei singoli enti nella attuazione dei loro fini istituzionali in relazione anche alle esigenze di una riqualificazione e selezione della spesa pubblica;

3) della convenienza che i singoli enti, per la funzione istituzionale perseguita, continuino a rimanere distinti dall'amministrazione diretta dello Stato;

4) della competenza delle regioni.

Per l'emanazione dei decreti delegati si procederà, a mezzo di apposito comitato costituito presso la Presidenza del Consiglio e nominato dal Presidente del Consiglio dei Ministri, ad una indagine condotta sull'attività, sulla consistenza patrimoniale, sui bilanci e sulla produttività dei singoli enti. Ove sia necessario procedere alla elaborazione elettronica dei dati, il comitato è autorizzato ad avvalersi di istituti pubblici o di qualificate società, preferibilmente a partecipazione statale.

Gli enti pubblici, con esclusione di quelli indicati nel secondo e nel terzo comma dell'articolo 1, sono obbligati a comunicare alla Presidenza del Consiglio dei

Ministri, entro i termini e con le modalità stabiliti con decreto del Presidente del Consiglio dei Ministri pubblicato nella Gazzetta Ufficiale, tutte le informazioni sull'organizzazione, sull'attività e sulla situazione degli enti che siano indicate nel decreto stesso. L'inosservanza di tale obbligo determina la decadenza di diritto dall'ufficio o dall'impiego dei rappresentanti legali e dei direttori generali degli enti.

Gli enti stessi sono altresì obbligati a fornire al comitato, entro i termini e con le modalità dallo stesso stabiliti, tutte le informazioni che siano loro richieste ed a consentire l'esecuzione presso i loro uffici delle ispezioni disposte dal comitato stesso. Per l'inosservanza di tali obblighi, i rappresentanti legali degli enti ed i funzionari responsabili sono puniti a norma dell'articolo 328 del codice penale.

I decreti delegati, ciascuno dei quali può riguardare uno o più enti, sono emanati su proposta del Presidente del Consiglio dei Ministri, di concerto con il Ministro del tesoro, del bilancio e della programmazione economica e con gli altri Ministri interessati, sentita una commissione parlamentare composta da undici senatori e da undici deputati, nominati, rispettivamente, dal Presidente del Senato della Repubblica e dal Presidente della Camera dei deputati.

Ai fini del parere della commissione parlamentare, il Governo trasmette alla commissione stessa gli schemi dei decreti e, ove questi siano modificati, anche in accoglimento delle indicazioni della commissione, gli schemi definitivi dei decreti da sottoporre all'approvazione del Consiglio dei Ministri e mette a disposizione gli atti delle indagini compiute dal comitato.

Si prescinde dal parere della commissione qualora non sia espresso nel termine di quarantacinque giorni dall'invio degli schemi di decreto.

4 Istituzione di nuovi enti.

Salvo quanto previsto negli articoli 2 e 3, nessun nuovo ente pubblico può essere istituito o riconosciuto se non per legge.

5 Assunzioni.

Le assunzioni del personale dipendente dagli enti pubblici hanno luogo mediante pubblici concorsi, alla posizione iniziale di ciascuna qualifica di cui ai primi tre commi dell'articolo 16.

Il numero dei posti da mettere a concorso viene determinato annualmente dai singoli enti, nell'ambito dei posti vacanti, in sede di approvazione del bilancio di previsione.

Si applicano le norme di legge vigenti nella amministrazione dello Stato sui requisiti di assunzione, sulle assunzioni obbligatorie, sulle riserve di posti e sulle preferenze.

I concorsi consistono in una valutazione comparativa, espressa con una graduatoria, della preparazione dimostrata dai candidati i quali superino le prove scritte, orali e pratiche indicate dal bando di concorso e sostenute immediatamente o al termine di apposito corso di formazione professionale cui sono ammessi coloro i quali, in possesso dei necessari titoli e requisiti, abbiano superato prove attitudinali per l'accertamento della loro idoneità.

Per le qualifiche previste alle lettere *c*) e *d*) dell'articolo 16, l'espletamento dei concorsi richiede il superamento di prove prevalentemente pratiche.

I regolamenti degli enti specificano le norme sulla composizione e la nomina delle commissioni di esame e dei docenti dei corsi, sui criteri per l'ammissione ai medesimi, sulla formazione e utilizzazione delle graduatorie, sul periodo e la nomina in prova e su quella definitiva.

Il direttore generale, purché in possesso di adeguati requisiti tecnico-professionali, è assunto anche tra i funzionari dell'ente con contratto a tempo determinato della durata massima di cinque anni, rinnovabile.

6-45 (*Omissis*).

21. Decreto legislativo 29 ottobre 1999, n. 419. — Riordinamento del sistema degli enti pubblici nazionali, a norma degli articoli 11 e 14 della legge 15 marzo 1997, n. 59 (*estratto*).

Pubblicato nella Gazzetta Ufficiale n. 268 del 15 novembre 1999.

1 Ambito di applicazione.

1. Ai sensi degli articoli 11, comma 1, lettera *b*), prima parte, e 14 della legge 15 marzo 1997, n. 59, e successive modificazioni e integrazioni, di seguito denominata "legge delega", il presente decreto si applica agli enti pubblici nazionali non svolgenti attività di previdenza. Esso non si applica, per contro, alle istituzioni di diritto privato e società per azioni, controllate direttamente o indirettamente dallo Stato, che operano, anche all'estero, nella promozione e nel sostegno pubblico al sistema produttivo nazionale. Agli enti di ricerca di cui all'articolo 18 della legge delega si applicano soltanto le disposizioni del presente decreto che agli enti stessi espressamente si riferiscono, nonché quelle compatibili con le dispo sizioni recate dal decreto legislativo 5 giugno 1998, n. 204, e dagli altri decreti legislativi emanati in attuazione della delega di cui al predetto articolo 18 della legge 15 marzo 1997, n. 59.

2. L'applicazione delle disposizioni di cui agli articoli 12 e 13 è facoltativa per le amministrazioni che esercitano la vigilanza sugli enti pubblici economici, gli enti parco di cui alla legge 6 dicembre 1991, n. 394, e gli enti pubblici nazionali la cui organizzazione sia stata disciplinata con decreti legislativi emanati in attuazione della legge delega o con le leggi 25 marzo 1997, n. 68, e 3 aprile 1997, n. 94.

3. Restano ferme le disposizioni di legge in ordine ai poteri delle autorità di garanzia e di vigilanza.

2 Privatizzazione, trasformazione, fusione di enti.

1. Relativamente agli enti pubblici di cui alla tabella A allegata al presente decreto, con le modalità di cui al comma 2, possono essere adottate, in esito ad istruttoria dei Ministeri competenti, comprensiva di consultazione degli enti stessi e di acquisizione di parere delle commissioni parlamentari competenti per materia, le seguenti misure di razionalizzazione:

a) privatizzazione di enti, secondo le modalità di cui all'articolo 3;

b) trasformazione di enti in strutture scientifiche universitarie, alle condizioni e secondo le modalità di cui all'articolo 4;

c) fusione o unificazione strutturale di enti appartenenti allo stesso settore di attività, in conformità ai criteri e secondo le modalità di cui all'articolo 5.

2. L'individuazione degli enti oggetto delle misure di cui al comma 1 è effettuata con uno o più elenchi approvati, entro il 30 giugno 2001, con decreto del Presidente del Consiglio dei Ministri. La privatizzazione o la trasformazione degli enti decorre dal 1° gennaio 2002 (1).

(1) *Il termine previsto dal presente comma è stato: dapprima differito al 31 dicembre 2002 dall'art. 9, comma 1, d.l. 15 aprile 2002, n. 63, conv., con modif., in l. 15 giugno 2002, n. 112, fatta salva la possibilità di applicare anche ai predetti enti quanto previsto dagli artt. 28 e 29 l. 28 dicembre 2001, n. 448; ulteriormente prorogato, limitatamente agli enti di cui alla tabella A del presente d.lgs. per i quali non sia intervenuto il decreto del Presidente del Consiglio dei Ministri e, in caso di fusione o unificazione strutturale, il regolamento emanato ai sensi dell'art. 17, comma 2, l. 23 agosto 1988, n. 400, al 31 dicembre 2003 dall'art. 6 d.l. 25 ottobre 2002, n. 236, conv., con modif., in l. 27 dicembre 2002, n. 284, poi al 31 dicembre 2004 dall'art. 17 d.l. 24 dicembre 2003, n. 355, conv., con modif. in l. 27 febbraio 2004, n. 47, al 31 dicembre 2005 dall'art. 15 d.l. 9 novembre 2004, n. 266, conv., con modif., in l. 27 dicembre 2004, n. 306, e da ultimo al 31 dicembre 2006, dall'art. 3 d.l. 30 dicembre 2005, n. 273, conv., con modif., in l. 23 febbraio 2006, n. 51.*

3 Privatizzazione di enti.

1. Gli enti privatizzati ai sensi dell'articolo 2, comma 1, lettera *a*), continuano a sussistere come enti privi di scopo di lucro e assumono la personalità giuridica di diritto privato ai sensi degli articoli 12 e seguenti del codice civile. Gli enti possono continuare a svolgere e gestire, sulla base di apposite concessioni o convenzioni con le autorità ministeriali competenti, i compiti e le funzioni pubbliche attribuiti ad essi dalla normativa vigente. Restano in vigore, per gli enti in tal modo abilitati, le disposizioni che impongono, a favore degli enti, forme di contribuzione obbligatoria e che riservano all'autorità pubblica le relative determinazioni. Le concessioni o convenzioni che affidano agli enti determinazioni in materia di tariffe o di corrispettivo dei servizi pubblici svolti ne subordinano comunque la operatività all'approvazione del Ministero competente.

2. Il corrispettivo da stabilirsi o pattuirsi per le concessioni o convenzioni di cui al comma 1 non può, per nessun ente, comportare una spesa per lo Stato superiore a quella prevista per l'esercizio 2001 per contributi ordinari di funzionamento e per compensi analogamente stabiliti o pattuiti. Le concessioni o convenzioni devono prevedere, per l'esercizio 2002, una riduzione di tale spesa pari almeno al 10 per cento in termini reali.

3. In fase di prima applicazione del presente decreto, le concessioni o convenzioni di cui al comma 1 hanno durata biennale. In sede di rinnovo, è concesso o convenzionalmente affidato l'esercizio delle sole attribuzioni che lo Stato non possa o non ritenga conveniente dismettere, ovvero svolgere direttamente.

4. Gli amministratori degli enti di cui al comma 1 promuovono le necessarie modifiche statutarie nel rispetto della scadenza indicata dall'articolo 2, comma 2. Gli statuti prevedono la partecipazione all'organo collegiale di revisione di un rappresentante dell'amministrazione statale.

5. Sulla gestione degli enti di diritto privato di cui al comma 1, la Corte dei conti esercita il controllo successivo, ai sensi dell'articolo 3, comma 4, della legge 14 gennaio 1994, n. 20, limitatamente all'esercizio di funzioni e servizi pubblici.

6. Il patrimonio degli enti di diritto privato di cui al comma 1 è costituito dal patrimonio dei corrispondenti enti pubblici. L'organo di revisione cura che l'inventario sia redatto da ciascun ente entro sessanta giorni dalla avvenuta trasformazione e che sia conferita distinta evidenziazione ai beni la cui gestione o conservazione costituiva lo scopo istituzionale dell'ente pubblico. In casi particolari, può essere chiesta al presidente del tribunale competente per territorio la designazione di uno o più esperti per la redazione della stima patrimoniale.

7. I beni la cui gestione o conservazione costituiva lo scopo istituzionale dell'ente pubblico permangono destinati a tale finalità, fatto salvo ogni altro onere o vincolo gravante sugli stessi ai sensi delle vigenti disposizioni, e non possono essere alienati o gravati di alcun diritto se non in base a specifica ed espressa autorizzazione del Ministero vigilante, secondo la vigente normativa, da rilasciarsi in casi eccezionali. Gli atti adottati in mancanza di autorizzazione non possono essere trascritti e sono nulli di diritto, fatta salva ogni diversa forma di responsabilità prevista dalle vigenti disposizioni. Il regime di autorizzazione permane sino a che sussista l'esercizio delle funzioni o dei servizi pubblici in via di convenzione o di concessione. Allo scadere definitivo delle convenzioni o concessioni, il regime di autorizzazione è prorogato sino alla convenzionale determinazione della destinazione finale dei beni. Le limitazioni di cui al presente articolo devono, in ogni caso, risultare negli statuti degli enti di diritto privato derivanti dalla trasformazione e sono iscritte nel registro di cui all'articolo 33 del codice civile.

8. Negli inventari patrimoniali degli enti di diritto privato derivanti dalla trasformazione sono distintamente elencati i beni che provengono dall'ente pubblico trasformato e quelli di successiva acquisizione.

9. Agli enti di diritto privato di cui al comma 1 possono partecipare il Ministero per i beni e le attività culturali, ai sensi dell'articolo 10 del decreto legislativo 20 ottobre 1998, n. 368, nonché le università e loro consorzi.

4 Trasformazione di enti.

1. Gli enti di cui all'articolo 2, comma 1, lettera *b*), sono trasformati in strutture scientifiche dotate di autonomia amministrativa e contabile delle università del luogo ove gli enti stessi hanno sede, ovvero, nel caso di più istituzioni universitarie, di quella di più antica istituzione, ovvero, ancora, di consorzi universitari anche appositamente istituiti. La trasformazione opera a condizione che l'università o il consorzio, previamente interpellati dal Presidente del Consiglio dei Ministri, abbiano espresso il proprio assenso.

2. Entro la data prevista dall'articolo 2, comma 2, una destinazione ad istituzioni universitarie diverse può essere individuata nell'ambito del procedimento di programmazione del sistema universitario.

3. Le università e i consorzi succedono nei rapporti attivi e passivi e nella titolarità dei beni mobili e immobili delle strutture e delle attrezzature degli enti. Il patrimonio resta comunque vincolato al perseguimento delle finalità proprie degli enti medesimi.

4. I compiti e l'organizzazione delle nuove strutture sono determinati dagli statuti degli atenei o dei consorzi.

5. L'Istituto italiano di studi germanici può, in ogni caso, ricevere contributi dal Ministero dell'università e della ricerca scientifica e tecnologica, anche a valere sul fondo per il funzionamento ordinario delle università e dei consorzi universitari, nonché sul fondo di cui all'articolo 7, commi 1 e 2, del decreto legislativo 5 giugno 1998, n. 204.

5 Fusione o unificazione strutturale di enti.

1. La fusione, ovvero l'unificazione strutturale degli enti di cui all'articolo 2, comma 1, lettera *c*), è effettuata, con uno o più regolamenti da emanare ai sensi dell'articolo 17, comma 2, della legge 23 agosto 1988, n. 400, nel rispetto dei princìpi generali indicati dall'articolo 14, comma 1, della legge 15 marzo 1997, n. 59, ed in coerenza, per quanto compatibili, con i criteri direttivi di cui all'articolo 13 del presente decreto (1).

2. I compiti istituzionali, l'organizzazione e il funzionamento della o delle strutture derivanti dalla fusione o unificazione, anche mediante inserimento in sistema strutturato a rete, degli istituti ed enti operanti nel campo della ricerca storica, sono determinati in conformità ai seguenti ulteriori principi e criteri direttivi (2):

a) attribuzione di funzioni di ricerca storica, con particolare riferimento alla storia d'Italia, e di compiti connessi relativi, tra l'altro, al coordinamento della ricerca, alla redazione di repertori, allo studio critico e alla pubblicazione delle fonti, all'osservatorio dell'insegnamento della storia, alla formazione in servizio degli insegnanti della scuola, all'organizzazione di incontri, convegni e settimane di studio;

b) adozione, per quanto compatibili, delle disposizioni sull'organizzazione e funzionamento in vigore per gli enti di ricerca non strumentali di competenza del Ministero dell'università e della ricerca scientifica e tecnologica, con facoltà di deroga alle norme dell'ordinamento contabile pubblico, nel rispetto dei relativi principi;

c) organizzazione della rete scientifica, prevedendo servizi e strutture comuni, nonché attribuendo agli istituti e alle scuole annesse autonomia scientifica, finanziaria, organizzativa e contabile, con propri organi direttivi e di consulenza scientifica;

d) adozione di disposizioni transitorie in analogia a quanto previsto per l'Istituto nazionale di astrofisica;

e) finanziamento a carico del fondo di cui all'articolo 7, commi 1 e 2, del decreto legislativo 5 giugno 1998, n. 204, con trasferimento al fondo stesso dei contributi in atto fruiti.

(1) *Comma così modificato dall'art. 105, l. 23 dicembre 2000, n. 388.*
(2) *Alinea così modificato dall'art. 105, l. 23 dicembre 2000, n. 388.*

6-12 (*Omissis*).

13 Revisione statutaria.

1. Le amministrazioni dello Stato che esercitano la vigilanza sugli enti pubblici cui si applica il presente decreto promuovono, con le modalità stabilite per ogni ente dalle norme vigenti, la revisione degli statuti. La revisione adegua gli statuti stessi alle seguenti norme generali, regolatrici della materia:

a) attribuzione di poteri di programmazione, indirizzo e relativo controllo strategico:

1) al presidente dell'ente, nei casi in cui il carattere monocratico dell'organo è adeguato alla dimensione organizzativa e finanziaria o rispondente al prevalente carattere tecnico dell'attività svolta o giustificato dall'inerenza di quest'ultima a competenze conferite a regioni o enti locali;

2) in mancanza dei presupposti di cui al n. 1), ad un organo collegiale, denominato consiglio di amministrazione, presieduto dal presidente dell'ente e composto da un numero di membri variabile da due a otto, in relazione al rilievo ed alle dimensioni organizzative e finanziarie dell'ente, fatta salva l'ipotesi della gratuità degli incarichi;

b) previsione della nomina dei componenti del consiglio di amministrazione dell'ente, con decreto del Ministro vigilante, tra esperti di amministrazione o dei settori di attività dell'ente, con esclusione di rappresentanti del Ministero vigilante o di altre amministrazioni pubbliche, di organizzazioni imprenditoriali e sindacali e di altri enti esponenziali;

c) ridefinizione dei poteri di vigilanza secondo criteri idonei a garantire l'effettiva autonomia dell'ente, ferma restando l'attribuzione all'autorità di vigilanza del potere di approvazione dei bilanci e rendiconti, nonché, per gli enti finanziati in misura prevalente con trasferimenti a carico di bilanci pubblici, di approvazione dei programmi di attività;

d) previsione, quando l'ente operi in materia inerente al sistema regionale o locale, di forme di intervento degli enti territorialmente interessati, o della Conferenza permanente per i rapporti tra lo Stato, le regioni e le province autonome di Trento e di Bolzano, ovvero della Conferenza unificata di cui al decreto legislativo 28 agosto 1998, n. 281, tali comunque da assicurare una adeguata presenza, negli organi collegiali, di esperti designati dagli enti stessi e dalla Conferenza;

e) eventuale attribuzione di compiti di definizione del quadro programmatico generale o di sorveglianza, ovvero di funzioni consultive, a organi assembleari, composti da esperti designati da amministrazioni e organizzazioni direttamente interessate all'attività dell'ente, ovvero, per gli enti a vocazione scientifica o culturale, composti in prevalenza da docenti o esperti del settore;

f) determinazione del compenso eventualmente spettante ai componenti degli organi di amministrazione, ordinari o straordinari, con decreto del Ministro competente, di concerto con il Ministro del tesoro, del bilancio e della programmazione economica, sulla base di eventuali direttive del Presidente del Consiglio dei Ministri; determinazione, con analogo decreto, di gettoni di presenza per i componenti dell'organo assembleare, salvo rimborso delle spese di missione;

g) attribuzione al presidente dell'ente di poteri di rappresentanza esterna e, negli enti con organo di vertice collegiale, di poteri di convocazione del consiglio di amministrazione; previsione, per i soli enti di grande rilievo o di rilevante dimensione organizzativa o finanziaria e fatta salva l'ipotesi della gratuità degli incarichi, di un vice-presidente, designato tra i componenti del consiglio; previsione che il presidente possa restare in carica, di norma, il tempo corrispondente a non più di due mandati;

h) previsione di un collegio dei revisori composto di tre membri, ovvero cinque per gli enti di notevole rilievo o dimensione organizzativa o finanziaria, uno dei quali in rappresentanza di autorità ministeriale e gli altri scelti tra iscritti al registro dei revisori contabili o tra persone in possesso di specifica professionalità; previsione di un membro supplente, ovvero due negli enti di notevole rilievo o dimensione organizzativa o finanziaria;

i) esclusione del direttore generale dal novero degli organi dell'ente ed attribuzione allo stesso, nonché ad altri dirigenti dell'ente, di poteri coerenti al principio di distinzione tra attività di indirizzo e attività di gestione, di cui al decreto legislativo 3 febbraio 1993, n. 29, e successive modificazioni; previsione della responsabilità dei predetti dirigenti per il conseguimento dei risultati previsti dal consiglio di amministrazione, o organo di vertice, con riferimento, ove possibile, all'assegnazione delle relative risorse finanziarie (budget di spesa) predeterminate nell'ambito del bilancio;

l) istituzione, in aggiunta all'organo di revisione, di un sistema di controlli interni, coerente con i principi fissati dal decreto legislativo 30 luglio 1999, n. 286;

m) istituzione di un ufficio per le relazioni con il pubblico, ai sensi dell'articolo 12 del decreto legislativo 3 febbraio 1993, n. 29, e successive modificazioni;

n) determinazione del numero massimo degli uffici dirigenziali e dei criteri generali di organizzazione dell'ente, in coerenza alle esigenze di speditezza, efficienza ed efficacia dell'azione amministrativa, rinviando la disciplina dei residui profili organizzativi, in funzione anche delle dimensioni dell'ente, a regolamenti interni, eventualmente soggetti all'approvazione dell'autorità di vigilanza, ovvero ad altri atti organizzativi;

o) facoltà dell'ente di adottare regolamenti di contabilità ispirati a principi civilistici e recanti, ove necessario, deroghe, anche in materia contrattuale, alle disposizioni del decreto del Presidente della Repubblica 18 dicembre 1979, n. 696, e successive modificazioni; i predetti regolamenti sono soggetti all'approvazione dell'autorità di vigilanza, di concerto con il Ministro del tesoro, del bilancio e della programmazione economica;

p) previsione della facoltà di attribuire, per motivate esigenze ed entro un limite numerico predeterminato, incarichi di collaborazione ad esperti delle materie di competenza istituzionale;

q) previsione delle ipotesi di commissariamento dell'ente e dei poteri del commissario straordinario, nominato dall'autorità di vigilanza, ovvero, per gli enti di notevole rilievo o dimensione organizzativa e finanziaria, con decreto del Presidente del Consiglio dei Ministri, su proposta dell'autorità di vigilanza; previsione, per i soli enti di notevole rilievo o dimensione organizzativa o finanziaria, della possibilità di nominare uno o più sub-commissari; previsione di termini perentori di durata massima del commissariamento, a pena di scioglimento dell'ente.

2. Nella revisione di cui al comma 1, sono fatte salve le specifiche e motivate esigenze connesse alla natura ed all'attività di singoli enti, con particolare riferimento a quelli ad alto tasso di autonomia finanziaria in funzione della prevalenza delle entrate proprie su quelle attinenti a trasferimenti a carico di bilanci pubblici, nonché le esigenze specifiche degli enti a struttura associativa, ai quali, in particolare, non si applicano i criteri di cui alle lettere *a*) ed *e*) del comma 1 ed ai quali i criteri di cui alla lettera *b*) del medesimo comma si applicano solo se coerenti con la natura e l'attività dei singoli enti e per motivate esigenze degli stessi.

3. Agli enti di cui al presente articolo, relativamente ai quali la revisione statutaria non sia intervenuta alla data del 30 giugno 2001, si applicano, con effetto dal 1° gennaio 2002, le seguenti disposizioni:

a) i consigli di amministrazione sono sciolti, salvo che risultino composti in conformità ai criteri di cui al comma 1, lettera *a*); il presidente dell'ente assume, sino a che il regolamento non è emanato e i nuovi organi non sono nominati, i poteri di amministrazione ordinaria e straordinaria, salva la possibilità dell'autorità di vigilanza di nominare un commissario straordinario;

b) i collegi dei revisori, ove non conformi ai criteri di cui al comma 1, lettera *h*), sono sciolti e le relative competenze sono esercitate, sino alla nomina del nuovo collegio, dai soli rappresentanti del Ministero del tesoro, del bilancio e della programmazione economica e dell'autorità di vigilanza, ove presenti, ovvero, in caso contrario, dal solo presidente del collegio.

4. Negli enti di cui al presente articolo per i quali la revisione statutaria risulti intervenuta alla data del 30 giugno 2001, il funzionamento degli organi preesistenti è prorogato sino alla nomina di quelli di nuova istituzione.

14 Disposizioni finali.

1. Le disposizioni della legge 15 marzo 1975, n. 70, e le altre disposizioni di legge e di regolamento che disciplinano l'organizzazione e il funzionamento degli enti pubblici nazionali di cui al presente decreto continuano a trovare applicazione in quanto non siano

derogate dalle norme statutarie di adeguamento alle disposizioni del presente decreto.

2. Il Ministro del tesoro, del bilancio e della programmazione economica è autorizzato ad apportare al bilancio dello Stato le variazioni conseguenziali all'applicazione del presente decreto.

ALLEGATO UNICO
TABELLA A
(PREVISTA DALL'ART. 2, COMMA 1)

Giunta centrale per gli studi storici
[Deputazioni e società di storia patria] (1)
Istituto italiano di numismatica
Istituto storico italiano per il medio evo
Istituto storico italiano per l'età moderna e contemporanea
Istituto italiano per la storia antica
Istituto per la storia del Risorgimento italiano
Ente per le ville vesuviane
Fondazione "Il Vittoriale degli Italiani"
Ente "Casa di Oriani"
Centro nazionale di studi leopardiani
Istituto di studi filosofici "Enrico Castelli"
Istituto italiano per la storia della musica
Istituto italiano di studi germanici (Roma)
Istituto nazionale di studi verdiani (Parma)
Centro nazionale di studi manzoniani (Milano)
Ente "Casa Buonarroti" (Firenze)
Ente "Domus Galileana" (Pisa)
Istituto "Domus mazziniana" (Pisa)
Centro nazionale di studi alfieriani (Asti)
Istituto nazionale di studi sul rinascimento (Firenze)
Istituto nazionale per la storia del movimento di liberazione in Italia (Milano)
Istituto nazionale di archeologia e storia dell'arte (Roma)
Centro internazionale di studi di architettura "Andrea Palladio" (Vicenza)
Istituto internazionale di studi giuridici (Roma)
Centro italiano di studi sull'alto medioevo (Roma)
Erbario tropicale di Firenze
Ente nazionale della cinofilia italiana

(1) *Tabella così modificata dall'articolo 5 d.l. 5 dicembre 2005, n. 250.*

22. Decreto legislativo 30 marzo 2001, n. 165. — Norme generali sull'ordinamento del lavoro alle dipendenze delle amministrazioni pubbliche. (*estratto*).

Pubblicato nella Gazzetta Ufficiale n. 106 del 9 maggio 2001, S.O.

TITOLO I
Principi generali

1 Finalità ed ambito di applicazione. (Art. 1 del d.ls. n. 29 del 1993, come modificato dall'art. 1 del d.ls. n. 80 del 1998) (1).

(*Omissis*).

2. Per amministrazioni pubbliche si intendono tutte le amministrazioni dello Stato, ivi compresi gli istituti e scuole di ogni ordine e grado e le istituzioni educative, le aziende ed amministrazioni dello Stato ad ordinamento autonomo, le Regioni, le Province, i Comuni, le Comunità montane, e loro consorzi e associazioni, le istituzioni universitarie, gli Istituti autonomi case popolari, le Camere di commercio, industria, artigianato e agricoltura e loro associazioni, tutti gli enti pubblici non economici nazionali, regionali e locali, le amministrazioni, le aziende e gli enti del Servizio sanitario nazionale, l'Agenzia per la rappresentanza negoziale delle pubbliche amministrazioni (ARAN) e le Agenzie di cui al decreto legislativo 30 luglio 1999, n. 300. Fino alla revisione organica della disciplina di settore, le disposizioni di cui al presente decreto continuano ad applicarsi anche al CONI (2) (3).

(*Omissis*).

(1) *L'intero testo del decreto è riportato* sub *II, 95.*

(2) *Comma così modificato dapprima dall'art. 1, comma 1, l. 15 luglio 2002, n. 145, e successivamente, dall'art. 2, comma 2-quaterdecies, d.l. 29 dicembre 2010, n. 225, conv., con modif., dalla l. 26 febbraio 2011, n. 10.*

(3) *Con riferimento alle misure straordinarie ed urgenti per contrastare l'emergenza epidemiologica da COVID-19, v. dapprima l'art. 103, comma 5, d.l. 17 marzo 2020, n. 18, conv., con modif., in l. 24 aprile 2020, n. 27, il quale ha disposto che i termini dei procedimenti disciplinari del personale delle amministrazioni di cui al presente comma, pendenti alla data del 23 febbraio 2020 o iniziati successivamente a tale data, sono sospesi fino alla data del 15 aprile 2020; successivamente l'art. 37, comma 1, d.l. 8 aprile 2020, n. 23, conv., con modif., in l. 5 giugno 2020, n. 40, ha prorogato il predetto termine al 15 maggio 2020.*

23. Decreto legge 25 giugno 2008, n. 112, convertito, con modificazioni, in legge 6 agosto 2008, n. 133. — Disposizioni urgenti per lo sviluppo economico, la semplificazione, la competitività, la stabilizzazione della finanza pubblica e la perequazione tributaria. (*estratto*).

Pubblicato nella Gazzetta Ufficiale n. 147 del 25 giugno 2008, S.O.; la legge di conversione è stata pubblicata nella Gazzetta Ufficiale n. 195 del 21 agosto 2008, S.O.

26 Taglia-enti (1).

1. Gli enti pubblici non economici con una dotazione organica inferiore alle 50 unità, con esclusione degli ordini professionali e le loro federazioni, delle federazioni sportive e degli enti non inclusi nell'elenco ISTAT pubblicato in attuazione del comma 5 dell'articolo 1 della legge 30 dicembre 2004, n. 311, degli enti la cui funzione consiste nella conservazione e nella trasmissione della memoria della Resistenza e delle deportazioni, anche con riferimento alle leggi 20 luglio 2000, n. 211, istitutiva della Giornata della memoria e 30 marzo 2004, n. 92, istitutiva del Giorno del ricordo, nonché delle Autorità portuali, degli enti parco e degli enti di ricerca, sono soppressi al novantesimo giorno dalla data di entrata in vigore della legge di conversione del presente decreto, ad eccezione di quelli confermati con decreto dei Ministri per la pubblica amministrazione e l'innovazione e per la semplificazione normativa, da emanarsi entro il predetto termine. Sono, altresì, soppressi tutti gli enti pubblici non economici, per i quali, alla scadenza del 31 ottobre 2009, non siano stati emanati i regolamenti di riordino ai sensi del comma 634 dell'articolo 2 della legge 24 dicembre 2007, n. 244. Gli enti confermati ai sensi del primo periodo possono essere oggetto di regolamenti di riordino di enti ed organismi pubblici statali, di cui al comma 634 dell'articolo 2 della legge 24 dicembre 2007, n. 244. Il termine di cui al secondo periodo si intende comunque rispettato con l'approvazione preliminare del Consiglio dei Ministri degli schemi dei regolamenti di riordino. Sono soppressi gli enti pubblici non economici di cui al secondo periodo i cui regolamenti di riordino, approvati in via preliminare entro il 31 ottobre 2009, non siano stati adottati in via definitiva entro il 31 ottobre 2010, con esclusione di quelli che formano oggetto di apposite previsioni legislative di riordino entrate in vigore nel corso della XVI legislatura. Nei successivi novanta giorni i Ministri vigilanti comunicano ai Ministri per la pubblica amministrazione e l'innovazione e per la semplificazione normativa gli enti che risultano soppressi ai sensi del presente comma (2).

2. Le funzioni esercitate da ciascun ente soppresso sono attribuite all'amministrazione vigilante ovvero, nel caso di pluralità di amministrazioni vigilanti, a quella titolare delle maggiori competenze nella materia che ne è oggetto. L'amministrazione così individuata succede a titolo universale all'ente soppresso, in ogni rapporto, anche controverso, e ne acquisisce le risorse finanziarie, strumentali e di personale. I rapporti di lavoro a tempo determinato, alla prima scadenza successiva alla soppressione dell'ente, non possono essere rinnovati o prorogati.

3. Il comma 636 dell'articolo 2 e l'allegato A della legge 24 dicembre 2007, n. 244, nonché i commi da 580 a 585 dell'articolo 1 della legge 27 dicembre 2006, n. 296, sono abrogati.

4. All'alinea del comma 634 del medesimo articolo 2 della predetta legge n. 244 del 2007 sono apportate le seguenti modificazioni:

a) le parole « Ministro per le riforme e le innovazioni nella pubblica amministrazione » sono sostituite dalle seguenti: « Ministro per la pubblica amministrazione e l'innovazione, del Ministro per la semplificazione normativa »;

b) le parole « amministrative pubbliche statali » sono sostituite dalle seguenti: « pubbliche statali o partecipate dallo Stato, anche in forma associativa, »;

c) le parole « termine di centottanta giorni dalla data di entrata in vigore della presente legge » sono sostituite dalle seguenti: « 31 dicembre 2008 ».

5. All'articolo 1, comma 4, della legge 27 settembre 2007, n. 165, le parole « e con il Ministro dell'economia e delle finanze » sono sostituite dalle seguenti «, il Ministro dell'economia e delle finanze e il Ministro per la semplificazione normativa ».

6. L'Unità per il monitoraggio, istituita dall'articolo 1, comma 724, della legge 27 dicembre 2006, n. 296, è soppressa a decorrere dalla data di entrata in vigore della legge di conversione del presente decreto e la relativa dotazione finanziaria, pari a due milioni di euro annui, comprensiva delle risorse già stanziate, confluisce in apposito fondo da istituire nel bilancio autonomo della Presidenza del Consiglio dei Ministri.

7. Con successivo decreto del Presidente del Consiglio dei Ministri, su proposta del Ministro per i rapporti con le Regioni, sono determinate le finalità e le modalità di utilizzazione delle risorse di cui al comma 6 (3).

(1) *Articolo così sostituito in sede di conversione in legge.*

(2) *Comma modificato dapprima dall'art. 17, comma 1, lettere* a) *e* b), *d.l. 1° luglio 2009, n. 78, conv., con modif., in l. 3 agosto 2009, n. 102, e successivamente dall'art. 10-*bis, *comma 2, d.l. 30 dicembre 2009 n. 194, conv., con modif., in l. 26 febbraio 2010, n. 25.*

L'art. 10-bis, comma 1, d.l. n. 194 del 2009 cit., come modificato dall'art. 7, comma 30, d.l. 31 maggio 2010, n. 78, conv., con modif., in l. 30 luglio 2010, n. 122, ha interpretato il presente comma nel senso che l'effetto soppressivo previsto dal secondo periodo concerne gli enti pubblici non economici con dotazione organica pari o superiore alle 50 unità, con esclusione degli enti già espressamente esclusi dal primo periodo del presente comma nonché di quelli comunque non inclusi nel conto economico consolidato della pubblica amministrazione, come individuati dall'Istituto nazionale di statistica (ISTAT) ai sensi del comma 3 dell'art. 1 della l. 31 dicembre 2009, n. 196.

(3) *V. l'art. 27, comma 3, l. 18 giugno 2009, n. 69 di modifica della l. 27 settembre 2007, n. 165, recante delega in materia di riordino degli enti di ricerca. In attuazione di tale delega è stato emanato il d.lgs. 31 dicembre 2009, n. 213,* Riordino degli enti di ricerca in attuazione dell'articolo 1 della legge 27 settembre 2007, n. 165, *che ha definto gli enti di ricerca « gli enti pubblici nazionali di ricerca vigilati dal Ministero dell'istruzione, dell'università e della ricerca » (art. 1); ha stabilito che « Agli enti di ricerca è riconosciuta autonomia statutaria nel rispetto dell'articolo 33, sesto comma, della Costituzione, ed in coerenza con i principi della Carta europea dei ricercatori, allegata alla raccomandazione n. 2005/251/CE della commissione, dell'11 marzo 2005. Gli enti di ricerca adottano o adeguano i propri statuti in conformità alle disposizioni della legge 27 settembre 2007, n. 165, e del presente decreto legislativo, nonché con quelli compatibili dei rispettivi ordinamenti vigenti, prevedendo forme di sinergia tra gli enti di ricerca, le strutture universitarie ed il mondo dell'impresa, nonché modelli organizzativi tendenti alla valorizzazione, partecipazione e rappresentanza dell'intera comunità scientifica nazionale di riferimento » (art. 2); che « Il consiglio di amministrazione del Consiglio nazionale delle ricerche (CNR) è composto da sette componenti scelti tra personalità di alta qualificazione tecnico-scientifica nel campo della ricerca, di comprovata esperienza gestionale di enti ed istituzioni pubbliche o private, di cui: quattro, tra i quali il presidente, designati dal Ministro, di cui uno su indicazione del presidente della Conferenza permanente per i rapporti tra lo Stato, le regioni e le province autonome; gli altri tre designati uno dalla Conferenza dei rettori delle università italiane, uno dalla Confindustria ed uno espressione della comunità scientifica di riferimento. Il relativo consiglio scientifico di cui all'articolo 10 può essere costituito fino ad un massimo di dieci componenti » (art. 9).*

24. Legge 31 dicembre 2009, n. 196. — Legge di contabilità e finanza pubblica. (*estratto*).

Pubblicata nella Gazzetta Ufficiale n. 303 del 31 dicembre 2009, S.O.

1 Princìpi di coordinamento e ambito di riferimento.

1. Le amministrazioni pubbliche concorrono al perseguimento degli obiettivi di finanza pubblica definiti in ambito nazionale in coerenza con le procedure e i criteri stabiliti dall'Unione europea e ne condividono le conseguenti responsabilità. Il concorso al perseguimento di tali obiettivi si realizza secondo i principi fondamentali dell'armonizzazione dei bilanci pubblici e del coordinamento della finanza pubblica (1).

2. Ai fini della applicazione delle disposizioni in materia di finanza pubblica, per amministrazioni pubbliche si intendono, per l'anno 2011, gli enti e i soggetti indicati a fini statistici nell'elenco oggetto del comunicato dell'Istituto nazionale di statistica (ISTAT) in data 24 luglio 2010, pubblicato in pari data nella Gazzetta ufficiale della Repubblica italiana n. 171, nonché a decorrere dall'anno 2012 gli enti e i soggetti indicati a fini statistici dal predetto Istituto nell'elenco oggetto del comunicato del medesimo Istituto in data 30 settembre 2011, pubblicato in pari data nella Gazzetta ufficiale della Repubblica italiana n. 228 e successivi aggiornamenti ai sensi del comma 3 del presente articolo, effettuati sulla base delle definizioni di cui agli specifici regolamenti dell'Unione europea, le Autorità indipendenti e, comunque, le amministrazioni di cui all'articolo 1, comma 2, del decreto legislativo 30 marzo 2001, n. 165, e successive modificazioni (2).

3. La ricognizione delle amministrazioni pubbliche di cui al comma 2 è operata annualmente dall'ISTAT con proprio provvedimento e pubblicata nella Gazzetta Ufficiale entro il 30 settembre (3).

4. Le disposizioni recate dalla presente legge e dai relativi decreti legislativi costituiscono princìpi fondamentali del coordinamento della finanza pubblica ai sensi dell'articolo 117 della Costituzione e sono finalizzate alla tutela dell'unità economica della Repubblica italiana, ai sensi dell'articolo 120, secondo comma, della Costituzione.

5. Le disposizioni della presente legge si applicano alle regioni a statuto speciale e alle province autonome di Trento e di Bolzano nel rispetto di quanto previsto dai relativi statuti. (4)

(1) *Comma sostituito dall'art. 1, comma 1, l. 7 aprile 2011, n. 39, con effetto a decorrere dal 13 aprile 2011, ai sensi dell'art. 8, comma 1, della stessa legge.*

(2) *Comma sostituito dall'art. 5, comma 7, d.l. 2 marzo 2012, n. 16, conv., con modif., inl. 26 aprile 2012, n. 44.*

(3) *V. l'art. 6, commi 3, 13 e 14, d.l. 31 maggio 2010, n. 78, conv., con modif., in l. 30 luglio 2010, n. 122.*

(4) *Ai sensi dell'art. 2, comma 10, d.l. 31 agosto 2013, n. 101, conv., con modif., in l., 30 ottobre 2013, n. 125, a decorrere dal 1° gennaio 2014, tutte le amministrazioni pubbliche censite dall'ISTAT ai sensi del presente comma, con esclusione degli organi costituzionali, sono soggette alle disposizioni contenute nell'art. 60 del d.lgs. 30 marzo 2001, n. 165.*

*Si veda infine l'art. 1 comma 1096, l. 27 dicembre 2017, n. 205, che così dispone: « Al fine di assicurare il pieno ed efficace svolgimento delle attività funzionali al raggiungimento degli obiettivi istituzionali e societari attribuiti alla società concessionaria del servizio pubblico radiofonico, televisivo e multimediale, nonché di garantire gli equilibri concorrenziali nel mercato radiotelevisivo, non si applicano alla società RAI-Radiotelevisione italiana Spa le norme di contenimento della spesa in materia di gestione, organizzazione, contabilità, finanza, investimenti e disinvestimenti previste dalla legislazione vigente a carico dei soggetti inclusi nell'elenco dell'ISTAT delle amministrazioni pubbliche di cui all'articolo 1 della legge 31 dicembre 2009, n. 196; pertanto la RAI-Radiotelevisione italiana Spa può avviare, in un'ottica virtuosa di risparmio a medio-lungo termine, immissioni in organico di figure al livello retributivo più basso, attingendo in primis al personale idoneo inserito nelle graduatorie 2013 e 2015 di giornalisti professionisti riconosciuti idonei. Restano comunque ferme le disposizioni in materia di tetto retributivo recate dall'articolo 49, commi 1-*ter *e 1-*quater*, del testo unico dei servizi di media audiovisivi e radiofonici, di cui al decreto legislativo 31 luglio 2005, n. 177 ».*

10 Documento di economia e finanza

1. Il DEF, come risultante dalle conseguenti deliberazioni parlamentari, è composto da tre sezioni.

2. La prima sezione del DEF reca lo schema del Programma di stabilità, di cui all'articolo 9, comma 1. Lo schema contiene gli elementi e le informazioni richieste dai regolamenti dell'Unione europea vigenti in materia e dal Codice di condotta sull'attuazione del patto di stabilità e crescita, con specifico riferimento agli obiettivi da conseguire per accelerare la riduzione del debito pubblico. In particolare, la prima sezione contiene:

a) gli obiettivi di politica economica e il quadro delle previsioni economiche e di finanza pubblica almeno per il triennio successivo e gli obiettivi articolati per i sottosettori del conto delle amministrazioni pubbliche relativi alle amministrazioni centrali, alle amministrazioni locali e agli enti di previdenza e assistenza sociale;

b) l'aggiornamento delle previsioni per l'anno in corso, evidenziando gli eventuali scostamenti rispetto al precedente Programma di stabilità;

c) l'indicazione dell'evoluzione economico-finanziaria internazionale, per l'anno in corso e per il periodo di riferimento; per l'Italia, in linea con le modalità e i tempi indicati dal Codice di condotta sull'attuazione del patto di stabilità e crescita, le previsioni macroeconomiche, per ciascun anno del periodo di riferimento, con evidenziazione dei contributi alla crescita dei diversi fattori, dell'evoluzione dei prezzi, del mercato del lavoro e dell'andamento dei conti con l'estero; l'esplicitazione dei parametri economici essenziali utilizzati per le previsioni di finanza pubblica in coerenza con gli andamenti macroeconomici;

c-bis) un confronto con le previsioni macroeconomiche e di bilancio della Commissione più aggiornate e illustra le differenze più significative tra lo scenario macroeconomico e finanziario scelto e le previsioni della Commissione, con particolare riferimento alle variabili esogene adottate (2);

d) le previsioni per i principali aggregati del conto economico delle amministrazioni pubbliche;

e) gli obiettivi programmatici definiti in coerenza con quanto previsto dall'ordinamento europeo, indicati per ciascun anno del periodo di riferimento, in rapporto al prodotto interno lordo e, tenuto conto della manovra di cui alla lettera *f*), per l'indebitamento netto, per il saldo di cassa, al netto e al lordo degli interessi e delle eventuali misure una tantum ininfluenti sul saldo strutturale del conto economico delle amministrazioni pubbliche, e per il debito delle amministrazioni pubbliche, articolati per i sottosettori di cui alla lettera *a*), anche ai fini di quanto previsto dall'articolo 3, comma 3, primo periodo, della legge 24 dicembre 2012, n. 243 (3);

f) l'articolazione della manovra necessaria per il conseguimento degli obiettivi di cui alla lettera *e*), almeno per un triennio, per i sottosettori di cui alla lettera *a*), nonché un'indicazione di massima delle misure attraverso le quali si prevede di raggiungere i predetti obiettivi, anche ai fini di quanto previsto dall'articolo 3, comma 3, secondo periodo, della legge 24 dicembre 2012, n. 243 (4);

g) il prodotto potenziale e gli indicatori strutturali programmatici del conto economico delle pubbliche amministrazioni per ciascun anno del periodo di riferimento;

h) le previsioni di finanza pubblica di lungo periodo e gli interventi che si intende adottare per garantirne la sostenibilità;

i) le diverse ipotesi di evoluzione dell'indebitamento netto e del debito rispetto a scenari di previsione alternativi riferiti al tasso di crescita del prodotto interno lordo, della struttura dei tassi di interesse e del saldo primario.

l) informazioni sulle passività potenziali che possono avere effetti sui bilanci pubblici, ai sensi della direttiva 2011/85/UE del Consiglio, dell'8 novembre 2011 (2).

3. La seconda sezione del DEF contiene:

a) l'analisi del conto economico e del conto di cassa delle amministrazioni pubbliche nell'anno precedente e degli eventuali scostamenti rispetto agli obiettivi programmatici indicati nel DEF e nella Nota di aggiornamento di cui all'articolo 10-bis;

b) le previsioni tendenziali a legislazione vigente, almeno per il triennio successivo, basate sui parametri di cui al comma 2, lettera *c*), e, per la parte discrezionale della spesa, sull'invarianza dei servizi e delle prestazioni offerte, dei flussi di entrata e di uscita del conto economico dei sottosettori di cui al comma 2, lettera *a*), al netto e al lordo delle eventuali misure una tantum ininfluenti sul saldo strutturale del conto economico delle amministrazioni pubbliche, e di quelli del saldo di cassa delle amministrazioni pubbliche, con un'indicazione di massima, anche per l'anno in corso, dei motivi degli scostamenti tra gli andamenti tendenziali indicati e le previsioni riportate nei precedenti documenti programmatici, nonché con l'indicazione della pressione fiscale delle amministrazioni pubbliche. Sono inoltre indicate le previsioni relative al debito delle amministrazioni pubbliche nel loro complesso e per i sottosettori di cui al comma 2, lettera *a*), nonché le risorse destinate allo sviluppo delle aree sottoutilizzate, con evidenziazione dei fondi nazionali addizionali;

c) un'indicazione delle previsioni a politiche invariate per i principali aggregati del conto economico delle amministrazioni pubbliche riferite almeno al triennio successivo;

d) le previsioni tendenziali, almeno per il triennio successivo, del saldo di cassa del settore statale e le indicazioni sulle correlate modalità di copertura;

[*e*) in coerenza con gli obiettivi di cui al comma 2, lettera *e*), e con i loro eventuali aggiornamenti, l'individuazione di regole generali sull'evoluzione della spesa delle amministrazioni pubbliche;] (5)

f) le informazioni di dettaglio sui risultati e sulle previsioni dei conti dei principali settori di spesa, almeno per il triennio successivo, con particolare riferimento a quelli relativi al pubblico impiego, alla protezione sociale e alla sanità, sul debito delle amministrazioni pubbliche e sul relativo costo medio, nonch sull'ammontare della spesa per interessi del bilancio dello Stato correlata a strumenti finanziari derivati (6).

4. In apposita nota metodologica, allegata alla seconda sezione del DEF, sono esposti analiticamente i criteri di formulazione delle previsioni tendenziali di cui al comma 3, lettera *b*).

5. La terza sezione del DEF reca lo schema del Programma nazionale di riforma di cui all'articolo 9, comma 1. Lo schema contiene gli elementi e le informazioni previsti dai regolamenti dell'Unione europea e dalle specifiche linee guida per il Programma nazionale di riforma. In particolare, la terza sezione indica:

a) lo stato di avanzamento delle riforme avviate, con indicazione dell'eventuale scostamento tra i risultati previsti e quelli conseguiti;

b) gli squilibri macroeconomici nazionali e i fattori di natura macroeconomica che incidono sulla competitività;

c) le priorità del Paese e le principali riforme da attuare, i tempi previsti per la loro attuazione e la compatibilità con gli obiettivi programmatici indicati nella prima sezione del DEF;

d) i prevedibili effetti delle riforme proposte in termini di crescita dell'economia, di rafforzamento della competitività del sistema economico e di aumento dell'occupazione.

5-*bis*. Qualora, nell'imminenza della presentazione del DEF, si verifichino gli eventi eccezionali di cui all'articolo 6 della legge 24 dicembre 2012, n. 243, la relazione di cui al comma 3 del medesimo articolo 6 può essere presentata alle Camere come annesso al DEF (7).

6. In allegato al DEF sono indicati gli eventuali disegni di legge collegati alla manovra di finanza pubblica, ciascuno dei quali reca disposizioni omogenee per materia, tenendo conto delle competenze delle amministrazioni, e concorre al raggiungimento degli obiettivi programmatici, con esclusione di quelli relativi alla fissazione dei saldi di cui all'articolo 21, comma 1-bis, secondo periodo, nonché all'attuazione del Programma nazionale di riforma di cui all'articolo 9, comma 1, anche attraverso interventi di carattere ordinamentale, organizzatorio ovvero di rilancio e sviluppo dell'economia. I regolamenti parlamentari determinano le procedure e i termini per l'esame dei disegni di legge collegati (8).

7. Il Ministro dello sviluppo economico presenta alle Camere, entro il 10 aprile dell'anno successivo a quello di riferimento, in allegato al DEF, un'unica relazione di sintesi sugli interventi realizzati nelle aree sottoutilizzate, evidenziando il contributo dei fondi nazionali addizionali, e sui risultati conseguiti, con particolare riguardo alla coesione sociale e alla sostenibilità ambientale, nonché alla ripartizione territoriale degli interventi.

8. In allegato al DEF è presentato il programma predisposto ai sensi dell'articolo 1, comma 1, della legge 21 dicembre 2001, n. 443, e successive modificazioni, nonché lo stato di avanzamento del medesimo programma relativo all'anno precedente, predisposto dal Ministro delle infrastrutture e dei trasporti.

9. In allegato al DEF è presentato un documento, predisposto dal Ministro dell'ambiente e della tutela del territorio e del mare, sentiti gli altri Ministri interessati, sullo stato di attuazione degli impegni per la riduzione delle emissioni di gas ad effetto serra, in coerenza con gli obblighi internazionali assunti dall'Italia in sede europea e internazionale, e sui relativi indirizzi.

10. In apposito allegato al DEF, in relazione alla spesa del bilancio dello Stato, sono esposte, con riferimento agli ultimi dati di consuntivo disponibili, distinte tra spese correnti e spese in conto capitale, le risorse destinate alle singole regioni, con separata evidenza delle categorie economiche relative ai trasferimenti correnti e in conto capitale agli enti locali, e alle province autonome di Trento e di Bolzano.

10-*bis*. In apposito allegato al DEF, predisposto dal Ministro dell'economia e delle finanze, sulla base dei dati forniti dall'ISTAT, sono riportati l'andamento, nell'ultimo triennio, degli indicatori di benessere equo e sostenibile selezionati e definiti dal Comitato per gli indicatori di benessere equo e sostenibile, istituito presso l'ISTAT, nonché le previsioni sull'evoluzione degli stessi nel periodo di riferimento, anche sulla base delle misure previste per il raggiungimento degli obiettivi di politica economica di cui al comma 2, lettera *f*), e dei contenuti dello schema del Programma nazionale di riforma, di cui al comma 5 (9).

10-*ter*. Con apposita relazione, predisposta dal Ministro dell'economia e delle finanze, sulla base dei dati forniti dall'ISTAT, da presentare alle Camere per la trasmissione alle competenti Commissioni parlamentari entro il 15 febbraio di ciascun anno, è evidenziata l'evoluzione dell'andamento degli indicatori di benessere equo e sostenibile, di cui al comma 10-*bis*, sulla base degli effetti determinati dalla legge di bilancio per il triennio in corso (9).

11. Il Ministro dell'economia e delle finanze, entro il 30 giugno di ogni anno, a integrazione del DEF, trasmette alle Camere un apposito allegato in cui sono riportati i risultati del monitoraggio degli effetti sui saldi di finanza pubblica, sia per le entrate sia per le spese, derivanti dalle misure contenute nelle manovre di bilancio adottate anche in corso d'anno, che il Dipartimento della Ragioneria generale dello Stato e il Dipartimento delle finanze del Ministero dell'economia e delle finanze sono tenuti ad assicurare; sono inoltre indicati gli scostamenti rispetto alle valutazioni originarie e le relative motivazioni.

(1) *Articolo sostituito dall'articolo 2, comma 2, della Legge 7 aprile 2011, n. 39.*

(2) *Lettera inserita dall'articolo 2, comma 1, lettera* a), *del d.lgs. 4 marzo 2014, n. 54.*

(3) *Lettera modificata dall'articolo 2, comma 1, lettera* b), *del d.lgs. 4 marzo 2014, n. 54 e successivamente dall'articolo 1, comma 6, lettera* a), *della Legge 4 agosto 2016, n. 163.*

(4) *Lettera modificata dall'articolo 1, comma 6, lettera* b), *della Legge 4 agosto 2016, n. 163.*

(5) *Lettera abrogata dall'articolo 1, comma 6, lettera* c), *della Legge 4 agosto 2016, n. 163.*

(6) *Lettera modificata dall'articolo 1, comma 6, lettera* d), *della Legge 4 agosto 2016, n. 163.*

(7) *Comma inserito dall'articolo 1, comma 6, lettera* e), *della Legge 4 agosto 2016, n. 163.*

(8) *Comma modificato dall'articolo 1, comma 6, lettera* f), *della Legge 4 agosto 2016, n. 163.*

(9) *Comma inserito dall'articolo 1, comma 6, lettera* g), *della Legge 4 agosto 2016, n. 163. V. anche l'art. 34, commi 3 e ss, del d.lgs. n. 152/2006, sub V, 13 e la nota 10 a tale articolo.*

25. Regolamento del Parlamento europeo e del Consiglio 21 maggio 2013, n. 549 relativo al Sistema europeo dei conti nazionali e regionali nell'Unione europea.

Pubblicato nella Gazzetta Ufficiale dell'Unione Europea n. 174 del 26 giugno 2013.

visto il trattato sul funzionamento dell'Unione europea, in particolare l'articolo 338, paragrafo 1,

vista la proposta della Commissione europea,

previa trasmissione del progetto di atto legislativo ai parlamenti nazionali,

visto il parere della Banca centrale europea,

deliberando secondo la procedura legislativa ordinaria,

considerando quanto segue:

(1) La definizione delle politiche dell'Unione e il monitoraggio delle economie degli Stati membri e dell'unione economica e monetaria (UEM) richiedono informazioni comparabili, aggiornate e affidabili sulla struttura dell'economia e l'evoluzione della situazione economica di ogni Stato membro o regione.

(2) La Commissione dovrebbe contribuire al monitoraggio delle economie degli Stati membri e dell'UEM e, in particolare, riferire regolarmente al Consiglio sui progressi compiuti dagli Stati membri nell'adempimento dei loro obblighi relativi all'UEM.

(3) I cittadini dell'Unione hanno bisogno dei conti economici quale strumento fondamentale per analizzare la situazione economica di uno Stato membro o di una regione. Ai fini della comparabilità, tali conti dovrebbero essere elaborati sulla base di principi unici e non diversamente interpretabili. Le informazioni fornite dovrebbero essere quanto più possibile precise, complete e tempestive, al fine di garantire la massima trasparenza per tutti i settori.

(4) La Commissione dovrebbe utilizzare aggregati dei conti nazionali e regionali per i fini amministrativi dell'Unione e, in particolare, per i calcoli di bilancio.

(5) Nel 1970 è stato pubblicato un documento amministrativo intitolato « Sistema europeo di conti economici integrati (SEC) », riguardante il settore disciplinato dal presente regolamento. Tale documento era stato redatto dall'Istituto statistico delle Comunità europee sotto la sua esclusiva responsabilità e costituiva la conclusione di un lavoro svolto per vari anni da tale Istituto in collaborazione con gli istituti statistici nazionali degli Stati membri, inteso ad elaborare un sistema di conti nazionali che rispondesse alle esigenze della politica economica e sociale delle Comunità europee. Esso rappresentava la versione comunitaria del Sistema dei conti nazionali delle Nazioni Unite che era stato utilizzato fino a quel momento dalle Comunità. Al fine di aggiornare il testo iniziale, una seconda edizione di tale documento è stata pubblicata nel 1979.

(6) Il regolamento (CE) n. 2223/96 del Consiglio, del 25 giugno 1996, relativo al Sistema europeo dei conti nazionali e regionali nella Comunità, ha istituito un sistema di conti nazionali rispondente alle esigenze della politica economica, sociale e regionale della Comunità. Tale sistema era in larga misura coerente con l'allora nuovo Sistema dei conti nazionali che era stato adottato dalla Commissione statistica delle Nazioni Unite nel febbraio 1993 (SCN 1993) al fine di assicurare la comparabilità dei risultati a livello mondiale in tutti i paesi membri delle Nazioni Unite.

(7) L'SCN 1993 è stato aggiornato sotto forma di un nuovo Sistema dei conti nazionali (SCN 2008) adottato dalla Commissione statistica delle Nazioni Unite nel febbraio 2009, al fine di conformare i conti nazionali al nuovo contesto economico, ai progressi della ricerca metodologica e alle esigenze degli utilizzatori.

(8) È necessario procedere a una revisione del Sistema europeo dei conti istituito dal regolamento (CE) n. 2223/96 (SEC 95) per tener conto degli sviluppi nell'SCN, in modo che il Sistema europeo dei conti rivisto istituito dal presente regolamento costituisca una versione dell'SCN 2008 adattata alle strutture delle economie degli Stati membri e in maniera tale da assicurare la comparabilità dei dati dell'Unione con quelli elaborati dai suoi principali partner internazionali.

(9) Ai fini della creazione di conti economici ambientali quali i conti satellite del Sistema europeo dei conti riveduto, il regolamento (UE) n. 691/2011 del Parlamento europeo e del Consiglio, del 6 luglio 2011, relativo ai conti economici ambientali europei, ha istituito un quadro comune per la raccolta, la compilazione, la trasmissione e la valutazione dei conti economici ambientali europei.

(10) Nel caso dei conti ambientali e sociali si dovrebbe tenere pienamente conto anche della comunicazione della Commissione al Consiglio e al Parlamento europeo del 20 agosto 2009 intitolata « Non solo PIL: misurare il progresso in un mondo in cambiamento ». È necessario proseguire con decisione gli studi metodologici e le verifiche sui dati, in particolare sulle questioni relative a « Non solo PIL » e alla strategia Europa 2020, allo scopo di sviluppare un metodo di misurazione più esaustivo del benessere e del progresso, in modo da sostenere la promozione di una crescita intelligente, sostenibile e inclusiva. In questo contesto si dovrebbero affrontare le questioni relative alle esternalità ambientali e alle disparità sociali. Si dovrebbe altresì tenere conto della questione relativa alle variazioni della produttività. Ciò dovrebbe consentire di rendere disponibili il prima possibile dati complementari agli aggregati del PIL. La Commissione dovrebbe presentare nel 2013 al Parlamento europeo e al Consiglio una comunicazione sul seguito del « Non solo PIL » e, se del caso, proposte legislative nel 2014. I dati relativi ai conti nazionali e regionali dovrebbero essere considerati come un mezzo per il conseguimento di tali obiettivi.

(11) È opportuno esaminare la possibilità di fare ricorso a nuovi metodi automatizzati di raccolta in tempo reale.

(12) Il Sistema europeo dei conti riveduto istituito dal presente regolamento (SEC 2010) comprende una metodologia e un programma di trasmissione che definisce i conti e le tavole che tutti gli Stati membri sono tenuti a trasmettere nel rispetto di scadenze determinate. La Commissione dovrebbe mettere tali conti e tavole a disposizione degli utilizzatori a date specifiche e, se del caso, secondo un calendario di pubblicazione annunciato precedentemente, in particolare con riguardo al monitoraggio della convergenza economica e al conseguimento di uno stretto coordinamento delle politiche economiche degli Stati membri.

(13) È opportuno adottare un approccio orientato alle esigenze degli utilizzatori per la pubblicazione dei dati, fornendo quindi informazioni accessibili e utili ai cittadini dell'Unione e alle altre parti interessate.

(14) Il SEC 2010 deve sostituire gradualmente tutti gli altri sistemi, quale quadro di riferimento per le norme, le definizioni, le classificazioni e le regole contabili comuni ai fini dell'elaborazione dei conti degli Stati membri per le esigenze dell'Unione, permettendo in tal modo di ottenere risultati comparabili fra gli Stati membri.

(15) Conformemente al regolamento (CE) n. 1059/2003 del Parlamento europeo e del Consiglio, del 26 maggio 2003, relativo all'istituzione di una classificazione comune delle unità territoriali per la statistica (NUTS), tutte le statistiche degli Stati membri che sono trasmesse alla Commissione che devono essere disaggregate per unità territoriali dovrebbero utilizzare la classificazione NUTS. Di conseguenza, affinché le statistiche regionali siano comparabili, le unità territoriali dovrebbero essere definite conformemente alla classificazione NUTS.

(16) La trasmissione dei dati da parte degli Stati membri, inclusa la trasmissione dei dati riservati, è disciplinata dalle norme fissate dal regolamento (CE) n. 223/2009 del Parlamento europeo e del Consiglio, dell'11 marzo 2009, relativo alle statistiche europee. Di conseguenza, le misure adottate in conformità del presente regolamento dovrebbero pertanto assicurare anche la protezione dei dati riservati e impedire una divulgazione illecita o un'utilizzazione per fini non statistici al momento della produzione e della diffusione delle statistiche europee.

(17) È stato istituito un gruppo di lavoro per approfondire la questione del trattamento dei servizi di intermediazione finanziaria indirettamente misurati (SIFIM) nei conti nazionali, incluso l'esame di un metodo adattato al rischio che escluda il rischio dai calcoli dei SIFIM al fine di riflettere il costo futuro previsto del rischio realizzato. Tenendo conto dei risultati di tale gruppo di lavoro, può rivelarsi necessario modificare la metodologia di calcolo e di attribuzione dei SIFIM, mediante un atto delegato, allo scopo di fornire risultati migliori.

(18) Le spese per ricerca e sviluppo costituiscono un investimento e dovrebbero pertanto essere registrate come investimenti fissi lordi. È necessario tuttavia specificare, mediante un atto delegato, il formato dei dati sulle spese per ricerca e sviluppo da registrare come investimenti fissi lordi quando si sia raggiunto un sufficiente grado di affidabilità e comparabilità dei dati mediante un esercizio di prova basato sull'elaborazione di tavole supplementari.

(19) La direttiva 2011/85/UE del Consiglio, dell'8 novembre 2011, relativa ai requisiti per i quadri di bilancio degli Stati membri, prevede l'obbligo di pubblicare informazioni pertinenti sulle passività potenziali che possono avere effetti consistenti sui bilanci pubblici, comprese le garanzie pubbliche, i crediti deteriorati e le passività derivanti dalla gestione delle imprese pubbliche, indicandone l'entità. Tali requisiti richiedono una pubblicazione ulteriore rispetto a quella prevista dal presente regolamento.

(20) Nel giugno 2012, la Commissione (Eurostat) ha istituito un gruppo di lavoro incaricato di analizzare le implicazioni della direttiva 2011/85/UE per la raccolta e la diffusione dei dati di bilancio, che si è concentrato sull'attuazione delle prescrizioni relative alle passività potenziali e altre informazioni pertinenti in grado di indicare un impatto potenzialmente elevato sui bilanci pubblici, comprese le garanzie pubbliche, le passività delle imprese pubbliche, i partenariati pubblico-privato (PPP), i crediti deteriorati e la partecipazione dell'amministrazione pubblica al capitale di imprese. La piena attuazione dei lavori di tale gruppo di lavoro contribuirebbe a una corretta analisi delle relazioni economiche alla base dei contratti PPP, compresi, se del caso, i rischi inerenti alla costruzione, alla disponibilità e alla domanda e la rappresentazione dei debiti impliciti dei PPP fuori bilancio, favorendo in tal modo una maggiore trasparenza e statistiche affidabili sui debiti.

(21) Il comitato di politica economica istituito dalla decisione 74/122/CEE del Consiglio (CPE) si è occupato della sostenibilità delle pensioni e delle riforme pensionistiche. I lavori degli statistici, da un lato, e degli esperti in materia di invecchiamento della popolazione che operano sotto l'egida del CPE, dall'altro, dovrebbero essere strettamente coordinati, sia a livello nazionale che europeo, per quanto riguarda le ipotesi macroeconomiche e gli altri parametri attuariali al fine di assicurare la coerenza e la comparabilità dei risultati tra paesi, nonché un'efficace comunicazione agli utilizzatori e alle parti interessate dei dati e delle informazioni relative alle pensioni. Dovrebbe inoltre essere chiarito che i diritti a pensione accumulati a una certa data nell'assicurazione sociale non costituiscono di per sé una misura della sostenibilità delle finanze pubbliche.

(22) I dati e le informazioni sulle passività potenziali degli Stati membri sono forniti nel contesto dei lavori connessi alla procedura di sorveglianza multilaterale nel patto di stabilità e crescita. Entro luglio 2018, la Commissione dovrebbe pubblicare una relazione per valutare se tali dati debbano essere resi disponibili nel contesto del SEC 2010.

(23) È importante rilevare il significato dei conti regionali degli Stati membri per le politiche di coesione regionale, economica e sociale dell'Unione nonché per l'analisi delle interdipendenze economiche. Si prende atto altresì della necessità di aumentare la trasparenza dei conti a livello regionale, inclusi i conti delle amministrazioni pubbliche. La Commissione (Eurostat) dovrebbe prestare particolare attenzione ai dati di bilancio delle regioni negli Stati membri che hanno regioni o governi autonomi.

(24) Al fine di modificare l'allegato A del presente regolamento per assicurarne l'interpretazione armonizzata o la comparabilità internazionale, dovrebbe essere delegato alla Commissione il potere di adottare atti conformemente all'articolo 290 del trattato sul funzionamento dell'Unione europea (TFUE). È di particolare importanza che durante i lavori preparatori la Commissione svolga adeguate consultazioni, anche con il comitato del sistema statistico europeo istituito dal regolamento (CE) n. 223/2009. Inoltre, a norma dell'articolo 127, paragrafo 4, e dell'articolo 282, paragrafo 5, TFUE, è importante che durante i lavori preparatori la Commissione svolga, se del caso, adeguate consultazioni con la Banca centrale europea nei settori di competenza di quest'ultima. Nella preparazione e nell'elaborazione degli atti delegati la Commissione dovrebbe provvedere alla contestuale, tempestiva e appropriata trasmissione dei documenti pertinenti al Parlamento europeo e al Consiglio.

(25) La maggior parte degli aggregati statistici usati nel quadro della governance economica dell'Unione, in particolare nelle procedure per i disavanzi eccessivi e gli squilibri macroeconomici, sono definiti in riferimento al SEC. Nel trasmettere dati e relazioni nel quadro di tali procedure, la Commissione dovrebbe fornire informazioni adeguate in merito all'impatto sugli aggregati rilevanti delle modifiche metodologiche del SEC 2010 introdotte da atti delegati conformemente alle disposizioni del presente regolamento.

(26) La Commissione valuterà se i dati relativi a ricerca e sviluppo abbiano conseguito un livello di qualità sufficiente in termini sia di prezzi correnti che di volume ai fini dei conti nazionali entro la fine di maggio 2013, in stretta cooperazione con gli Stati membri, onde garantire l'affidabilità e la comparabilità dei dati di ricerca e sviluppo del SEC.

(27) Poiché l'attuazione del presente regolamento richiederà notevoli adeguamenti dei sistemi statistici nazionali, la Commissione concederà deroghe agli Stati membri. In particolare, il programma di trasmissione dei dati di contabilità nazionale dovrebbe tener conto delle fondamentali modifiche politiche e statistiche intervenute in taluni Stati membri durante i perio-

di di riferimento del programma. Le deroghe concesse dalla Commissione dovrebbero essere temporanee e soggette a riesame. La Commissione dovrebbe fornire un sostegno agli Stati membri interessati nei loro sforzi volti a garantire gli adeguamenti richiesti dei loro sistemi statistici, affinché si possa porre termine quanto prima a tali deroghe.

(28) Una riduzione dei termini di trasmissione potrebbe aumentare sensibilmente gli oneri e i costi per i rispondenti e per gli istituti statistici nazionali nell'Unione, con il rischio della produzione di dati di qualità inferiore. Si dovrebbe pertanto considerare un equilibrio tra vantaggi e svantaggi al momento della fissazione dei termini di trasmissione dei dati.

(29) Al fine di garantire condizioni uniformi di esecuzione del presente regolamento, dovrebbero essere attribuite alla Commissione competenze di esecuzione. Tali competenze dovrebbero essere esercitate conformemente al regolamento (UE) n. 182/2011 del Parlamento europeo e del Consiglio, del 16 febbraio 2011, che stabilisce le regole e i principi generali relativi alle modalità di controllo da parte degli Stati membri dell'esercizio delle competenze di esecuzione attribuite alla Commissione.

(30) Poiché l'obiettivo del presente regolamento, segnatamente l'istituzione di un Sistema europeo dei conti riveduto, non può essere conseguito in misura sufficiente dagli Stati membri e può dunque essere conseguito meglio a livello di Unione, quest'ultima può intervenire in base al principio di sussidiarietà sancito dall'articolo 5 del trattato sull'Unione europea. Il presente regolamento si limita a quanto è necessario per conseguire tale obiettivo in ottemperanza al principio di proporzionalità enunciato nello stesso articolo.

(31) Il comitato del sistema statistico europeo è stato consultato.

(32) Il comitato delle statistiche monetarie, finanziarie e della bilancia dei pagamenti istituito con la decisione 2006/856/CE del Consiglio, del 13 novembre 2006, che istituisce un comitato delle statistiche monetarie, finanziarie e della bilancia dei pagamenti, e il comitato del reddito nazionale lordo (comitato RNL) istituito con il regolamento (CE, Euratom) n. 1287/2003 del Consiglio, del 15 luglio 2003, relativo all'armonizzazione del reddito nazionale lordo ai prezzi di mercato (« Regolamento RNL »), sono stati consultati,

HANNO ADOTTATO IL PRESENTE REGOLAMENTO:

1 Oggetto.

1. Il presente regolamento istituisce il Sistema europeo dei conti 2010 (« SEC 2010 » o « SEC »).

2. Il SEC 2010 prevede:

a) una metodologia (allegato A) relativa alle norme, alle definizioni, alle classificazioni e alle regole contabili comuni, che devono essere utilizzate per l'elaborazione di conti e tavole su basi comparabili per le esigenze dell'Unione, nonché dei risultati come previsto all'articolo 3;

b) un programma (allegato B) inteso a stabilire i termini entro i quali gli Stati membri trasmettono alla Commissione (Eurostat) i conti e le tavole da compilare conformemente alla metodologia di cui alla lettera *a*).

3. Fatti salvi gli articoli 5 e 10, il presente regolamento si applica a tutti gli atti dell'Unione nei quali si fa riferimento al SEC o alle sue definizioni.

4. Il presente regolamento non obbliga alcuno Stato membro ad utilizzare il SEC 2010 per elaborare i conti sulla base delle proprie esigenze.

2 Metodologia.

1. La metodologia del SEC 2010 di cui all'articolo 1, paragrafo 2, lettera *a*), è stabilita all'allegato A.

2. Alla Commissione è conferito il potere di adottare atti delegati conformemente all'articolo 7 riguardo a modifiche della metodologia del SEC 2010 al fine di precisarne e migliorarne il contenuto allo scopo di garantire un'interpretazione armonizzata o di assicurare la comparabilità internazionale, a condizione che tali atti delegati non ne cambino i concetti base, che non richiedano risorse supplementari per la loro attuazione ai produttori all'interno del sistema statistico europeo e che non comportino una variazione delle risorse proprie.

3. In caso di dubbio circa la corretta attuazione delle norme contabili del SEC 2010, lo Stato membro interessato chiede chiarimenti alla Commissione (Eurostat). La Commissione (Eurostat) agisce rapidamente sia esaminando la richiesta sia comunicando il suo parere sul chiarimento richiesto allo Stato membro in questione e a tutti gli altri Stati membri.

4. Gli Stati membri procedono al calcolo e all'attribuzione dei servizi di intermediazione finanziaria indirettamente misurati (SIFIM) nei conti nazionali, conformemente alla metodologia descritta nell'allegato A. Alla Commissione è conferito il potere di adottare, entro il 17 settembre 2013, atti delegati conformemente all'articolo 7 che istituisce una metodologia riveduta di calcolo e di attribuzione del SIFIM. Nell'esercizio del suo potere a norma del presente paragrafo, la Commissione assicura che tali atti delegati non impongano un considerevole onere amministrativo aggiuntivo agli Stati membri o alle unità rispondenti.

5. Le spese per ricerca e sviluppo sono registrate dagli Stati membri come investimenti fissi lordi. Alla Commissione è conferito il potere di adottare atti delegati conformemente all'articolo 7 per garantire l'affidabilità e la comparabilità dei dati SEC 2010 degli Stati membri relativi a ricerca e sviluppo. Nell'esercizio del suo potere a norma del presente paragrafo, la Commissione assicura che tali atti delegati non impongano un considerevole onere amministrativo aggiuntivo agli Stati membri o alle unità rispondenti.

3 Trasmissione dei dati alla Commissione.

1. Gli Stati membri trasmettono alla Commissione (Eurostat) i conti e le tavole di cui all'allegato B entro i termini ivi specificati per ciascuna tavola.

2. Gli Stati membri trasmettono alla Commissione i dati e i metadati richiesti dal presente regolamento

conformemente a una norma di interscambio determinata e ad altre modalità pratiche.

I dati sono trasmessi o caricati mediante strumenti elettronici al punto unico di raccolta dati della Commissione. La norma di interscambio e le altre modalità pratiche per la trasmissione dei dati sono definite dalla Commissione mediante atti di esecuzione. Tali atti di esecuzione sono adottati secondo la procedura di esame di cui all'articolo 8, paragrafo 2.

4 Valutazione della qualità.

1. Ai fini del presente regolamento, i criteri di qualità di cui all'articolo 12, paragrafo 1, del regolamento (CE) n. 223/2009 si applicano ai dati da trasmettere conformemente all'articolo 3 del presente regolamento.

2. Gli Stati membri trasmettono alla Commissione (Eurostat) una relazione sulla qualità dei dati da trasmettere conformemente all'articolo 3.

3. Con riguardo all'applicazione dei criteri di qualità di cui al paragrafo 1 ai dati contemplati dal presente regolamento, le modalità, la struttura, la periodicità e gli indicatori di valutazione delle relazioni sulla qualità sono definiti dalla Commissione mediante atti di esecuzione. Tali atti di esecuzione sono adottati secondo la procedura di esame di cui all'articolo 8, paragrafo 2.

4. La Commissione (Eurostat) valuta la qualità dei dati trasmessi.

5 Data di applicazione e di prima trasmissione dei dati.

1. Il SEC 2010 si applica per la prima volta ai dati elaborati conformemente all'allegato B, da trasmettere a decorrere dal 1° settembre 2014.

2. I dati sono trasmessi alla Commissione (Eurostat) conformemente ai termini fissati nell'allegato B.

3. Conformemente al paragrafo 1, fino alla prima trasmissione dei dati sulla base del SEC 2010 gli Stati membri continuano a comunicare alla Commissione (Eurostat) i conti e le tavole elaborati in applicazione del SEC 95.

4. Fatto salvo l'articolo 19 del regolamento (CE, Euratom) n. 1150/2000 del Consiglio, del 22 maggio 2000, recante applicazione della decisione 2007/436/CE, Euratom relativa al sistema delle risorse proprie delle Comunità, la Commissione e lo Stato membro interessato verificano la corretta applicazione del presente regolamento e trasmettono i risultati di tali verifiche al comitato di cui all'articolo 8, paragrafo 1, del presente regolamento.

6 Deroghe.

1. Nella misura in cui l'applicazione del presente regolamento richieda notevoli adeguamenti di un sistema statistico nazionale, la Commissione concede agli Stati membri deroghe temporanee mediante atti di esecuzione. Tali deroghe cessano di produrre effetti al più tardi il 1° gennaio 202

2. Tali atti di esecuzione sono adottati secondo la procedura di esame di cui all'articolo 8, paragrafo 2.

3. La Commissione concede una deroga a norma del paragrafo 1 solo per un periodo sufficiente a consentire allo Stato membro di adeguare il proprio sistema statistico. La quota del PIL dello Stato membro all'interno dell'Unione o dell'area dell'euro non costituisce di per sé una giustificazione per la concessione di una deroga. Se del caso, la Commissione fornisce sostegno agli Stati membri interessati nei loro sforzi volti a garantire gli adeguamenti richiesti al loro sistema statistico.

4. Ai fini dei paragrafi 1 e 2, lo Stato membro interessato presenta alla Commissione una richiesta debitamente motivata entro il 17 ottobre 2013.

Previa consultazione del comitato del sistema statistico europeo, la Commissione riferisce al Parlamento europeo e al Consiglio entro il 1° luglio 2018 sull'applicazione delle deroghe concesse, al fine di verificare se siano ancora giustificate.

7 Esercizio della delega.

1. Il potere di adottare atti delegati è conferito alla Commissione alle condizioni stabilite nel presente articolo.

2. Il potere di adottare atti delegati di cui all'articolo 2, paragrafi 2 e 5 è conferito alla Commissione per un periodo di cinque anni a decorrere dal 16 luglio 201

3. Il potere di adottare atti delegati di cui all'articolo 2, paragrafo 4, è conferito alla Commissione per un periodo di due mesi a decorrere dal 16 luglio 201

4. La Commissione elabora una relazione sulla delega di potere al più tardi nove mesi prima della scadenza del periodo di cinque anni. La delega di potere è tacitamente prorogata per periodi di identica durata, a meno che il Parlamento europeo o il Consiglio non si oppongano a tale proroga al più tardi tre mesi prima della scadenza di ciascun periodo.

5. La delega di potere di cui all'articolo 2, paragrafi 2, 4 e 5, può essere revocata in qualsiasi momento dal Parlamento europeo o dal Consiglio.

La decisione di revoca pone fine alla delega di potere ivi specificata. Gli effetti della decisione decorrono dal giorno successivo alla pubblicazione della decisione nella Gazzetta Ufficiale dell'Unione europea o da una data successiva ivi specificata. Essa non pregiudica la validità degli atti delegati già in vigore.

6. Non appena adotta un atto delegato, la Commissione ne dà contestualmente notifica al Parlamento europeo e al Consiglio.

7. Un atto delegato adottato ai sensi dell'articolo 2, paragrafi 2, 4 e 5, entra in vigore solo se né il Parlamento europeo né il Consiglio hanno sollevato obiezioni entro il termine di tre mesi dalla data in cui esso è stato loro notificato o se, prima della scadenza di tale termine, sia il Parlamento europeo che il Consiglio hanno informato la Commissione che non intendono sollevare obiezioni. Tale termine è prorogato di tre mesi su iniziativa del Parlamento europeo o del Consiglio.

8 Comitato.

1. La Commissione è assistita dal comitato del sistema statistico europeo istituito dal regolamento (CE) n. 223/2009. Esso è un comitato ai sensi del regolamento (UE) n. 182/2011.

2. Nei casi in cui è fatto riferimento al presente paragrafo, si applica l'articolo 5 del regolamento (UE) n. 182/2011.

9 Cooperazione con altri comitati.

1. In merito a tutte le questioni di competenza del comitato delle statistiche monetarie, finanziarie e della bilancia dei pagamenti istituito dalla decisione 2006/856/CE, la Commissione chiede il parere di tale comitato conformemente all'articolo 2 di tale decisione 2006/856/CE.

2. La Commissione trasmette al comitato del reddito nazionale lordo (« comitato RNL ») istituito dal regolamento (CE, Euratom) n. 1287/2003 ogni informazione relativa all'attuazione del presente regolamento, necessaria per l'esecuzione del mandato del comitato RNL.

10 Disposizioni transitorie.

1. Ai fini del bilancio e delle risorse proprie, il Sistema europeo dei conti di cui all'articolo 1, paragrafo 1, del regolamento (CE, Euratom) n. 1287/2003 e degli atti giuridici che vi si riferiscono, in particolare il regolamento (CE, Euratom) n. 1150/2000 e il regolamento (CEE, Euratom) n. 1553/89 del Consiglio, del 29 maggio 1989, concernente il regime uniforme definitivo di riscossione delle risorse proprie provenienti dell'imposta sul valore aggiunto, continua ad essere il SEC 95 fintantoché sia in vigore la decisione 2007/436/CE, Euratom del Consiglio, del 7 giugno 2007, relativa al sistema delle risorse proprie delle Comunità europee.

2. Ai fini della determinazione della risorsa propria basata sull'IVA, in deroga al paragrafo 1, gli Stati membri possono utilizzare i dati basati sul SEC 2010, fintantoché sia in vigore la decisione 2007/436/CE, Euratom, nei casi in cui non siano disponibili i dati dettagliati SEC 95 richiesti.

11 Relazioni su passività implicite.

Entro il 2014 la Commissione presenta al Parlamento europeo e al Consiglio una relazione contenente informazioni esistenti sui PPP e su altre passività implicite, comprese le passività potenziali, non riferibili al settore pubblico.

Entro il 2018 la Commissione presenta un'ulteriore relazione al Parlamento europeo e al Consiglio che valuti in che misura le informazioni sulle passività pubblicate dalla Commissione (Eurostat) riflettono la totalità delle passività implicite, comprese le passività potenziali, non riferibili al settore pubblico.

12 Riesame.

Entro il 1° luglio 2018 e successivamente ogni cinque anni, la Commissione presenta al Parlamento europeo e al Consiglio una relazione sull'applicazione del presente regolamento.

La relazione valuta, tra l'altro:

a) la qualità dei dati relativi ai conti nazionali e regionali;

b) l'efficacia del presente regolamento e il processo di monitoraggio applicato al SEC 2010; e

c) i progressi riguardo ai dati sulle passività potenziali e alla disponibilità dei dati SEC 2010.

13 Entrata in vigore.

Il presente regolamento entra in vigore il ventesimo giorno successivo alla pubblicazione nella Gazzetta ufficiale dell'Unione europea.

Il presente regolamento è obbligatorio in tutti i suoi elementi e direttamente applicabile in ciascuno degli Stati membri.

ALLEGATO

(*Omissis*)

26. Legge 29 dicembre 1993, n. 580. — Riordinamento delle camere di commercio, industria, artigianato e agricoltura (1).

(1) *Con d.lgs. 31 marzo 1998, n. 114, è stata approvata la riforma della disciplina relativa al settore del commercio, ex art. 4, comma 4, l. 15 marzo 1997, n. 59.*

(*Omissis*).

CAPO I
Disposizioni generali

1 Natura e sede (1).

1. Le camere di commercio, industria, artigianato e agricoltura, di seguito denominate: « camere di commercio », sono enti pubblici dotati di autonomia funzionale che svolgono, nell'ambito della circoscrizione territoriale di competenza, sulla base del principio di sussidiarietà di cui all'articolo 118 della Costituzione, funzioni di interesse generale per il sistema delle imprese, curandone lo sviluppo nell'ambito delle economie locali.

2. Le camere di commercio italiane, le unioni regionali delle camere di commercio, l'Unione italiana delle camere di commercio, industria, artigianato e agricoltura, di seguito denominata: « Unioncamere », nonché i loro organismi strumentali costituiscono il sistema

camerale italiano. Fanno parte altresì del sistema camerale italiano le camere di commercio italiane all'estero e estere in Italia legalmente riconosciute dallo Stato italiano.

3. Le camere di commercio, industria, artigianato e agricoltura sono quelle individuate dal decreto del Ministro dello sviluppo economico 16 febbraio 2018, pubblicato nella Gazzetta Ufficiale n. 57 del 9 marzo 2018. Per le camere di commercio di cui all'allegato B) del suddetto decreto sono sedi delle camere di commercio le sedi legali e tutte le altre sedi delle camere di commercio accorpate (2).

[4. La costituzione di nuove province non determina obbligatoriamente l'istituzione di nuove camere di commercio. Con decreto del Ministro dello sviluppo economico, previa intesa con la Conferenza permanente per i rapporti tra lo Stato, le regioni e le province autonome di Trento e di Bolzano, può essere disposta l'istituzione di camere di commercio nelle nuove province solo se in ciascuna camera di commercio interessata dal provvedimento risultano iscritte o annotate nel registro delle imprese almeno 40.000 imprese e sia comunque assicurato il raggiungimento di un sufficiente equilibrio economico.] (3)

5. I consigli di due o più camere di commercio possono proporre, con delibera adottata a maggioranza dei due terzi dei componenti, l'accorpamento delle rispettive circoscrizioni territoriali o le modifiche delle circoscrizioni stesse. Con decreto del Ministro dello sviluppo economico, previa intesa con la Conferenza permanente per i rapporti tra lo Stato, le regioni e le province autonome di Trento e di Bolzano, è istituita la camera di commercio derivante dall'accorpamento delle circoscrizioni territoriali. Con la medesima procedura sono approvate le eventuali modifiche delle circoscrizioni territoriali delle camere di commercio esistenti fermo restando il numero massimo di 60 e la necessità di mantenere l'equilibrio economico finanziario per ciascuna delle camere interessate (4).

5-*bis*. Gli atti di trasferimento gratuito di carattere patrimoniale, compresi quelli di cessione e conferimento di immobili e partecipazioni, connessi alle operazioni di accorpamento delle camere di commercio o di modifica delle loro circoscrizioni territoriali, nonché le operazioni di accorpamento delle aziende speciali, sono esenti da ogni imposta o tassa, fatta eccezione per l'imposta sul valore aggiunto (5).

5-*ter*. Con i decreti di cui al comma 5 è nominato per ciascuna nuova camera di commercio un commissario ad acta, scelto tra i segretari generali delle camere di commercio accorpate o tra il personale dirigenziale delle amministrazioni pubbliche, con il compito di adottare la norma statutaria di composizione del nuovo Consiglio ai sensi dell'articolo 10, di avviare e curare le procedure di costituzione del consiglio della nuova camera di commercio e di attuare le azioni propedeutiche per la costituzione del nuovo ente. Con i medesimi decreti sono disciplinate le modalità per la successione nei rapporti giuridici esistenti. Al commissario ad acta non spetta alcun compenso per l'espletamento del proprio incarico (5).

[5-*quater*. Le eventuali procedure di rinnovo dei consigli camerali delle camere di commercio oggetto delle operazioni di accorpamento sono interrotte, se già in corso, e comunque non avviate, a decorrere dall'adozione del decreto di cui al comma 5. I relativi organi continuano ad esercitare tutte le loro funzioni fino al giorno dell'insediamento del consiglio della nuova camera di commercio] (5).

(1) *Articolo sostituito dall'art. 1, comma 1, d.lgs. 15 febbraio 2010, n. 23.*

(2) *Comma sostituito dall'art. 61, comma 4, d.l. 14 agosto 2020, n. 104, conv., con modif., in l. 13 ottobre 2020, n. 126. Il testo del comma, come sostituito dall'art. 1, comma 1, lett.* a)*, n. 1), d.lgs. 25 novembre 2016, n. 219, era il seguente:* « 3. Le camere di commercio operano nelle circoscrizioni territoriali esistenti, come ridefinite in attuazione dell'articolo 10, comma 1, lettera *b*), della legge n. 124 del 2015 ed ai sensi del comma 5 del presente articolo, con la presenza di almeno una camera di commercio in ciascuna regione. Ai fini dell'individuazione della soglia delle 75.000 imprese e unità locali è considerato il relativo numero risultante dall'ultima pubblicazione effettuata dal Ministero dello sviluppo economico ai sensi dell'articolo 3 del decreto del Ministro dello sviluppo economico 4 agosto 2011, n. 155 ».

(3) *Comma abrogato dall'art. 1, comma 1, lett.* a)*, n. 2), d.lgs. 25 novembre 2016, n. 219.*

(4) *Comma sostituito dall'art. 1, comma 1, lett.* a)*, n. 3), d.lgs. 25 novembre 2016, n. 219.*

(5) *Comma abrogato dall'art. 61, comma 3, d.l. 14 agosto 2020, n. 104, conv., con modif., in l. 13 ottobre 2020, n. 126. Il comma era stato aggiunto dall'art. 1, comma 1, lett.* a)*, n. 4), d.lgs. 25 novembre 2016, n. 219.*

2 Compiti e funzioni (1).

[1. Le camere di commercio svolgono, nell'ambito della circoscrizione territoriale di competenza, funzioni di supporto e di promozione degli interessi generali delle imprese e delle economie locali, nonché, fatte salve le competenze attribuite dalla Costituzione e dalle leggi dello Stato alle amministrazioni statali, alle regioni, e agli enti locali, funzioni nelle materie amministrative ed economiche relative al sistema delle imprese. Le camere di commercio, singolarmente o in forma associata, esercitano, inoltre, le funzioni ad esse delegate dallo Stato e dalle regioni, nonché i compiti derivanti da accordi o convenzioni internazionali, informando la loro azione al principio di sussidiarietà.] (2)

2. Le camere di commercio, singolarmente o in forma associata, nell'ambito della circoscrizione territoriale di competenza, svolgono le funzioni relative a:

a) pubblicità legale generale e di settore mediante la tenuta del registro delle imprese, del Repertorio economico amministrativo, ai sensi dell'articolo 8, e degli altri registri ed albi attribuiti alle camere di commercio dalla legge;

b) formazione e gestione del fascicolo informatico di impresa in cui sono raccolti dati relativi alla costituzione, all'avvio ed all'esercizio delle attività dell'impresa, nonché funzioni di punto unico di accesso telematico in relazione alle vicende amministrative riguardanti l'attività d'impresa, ove a ciò delegate su base legale o convenzionale;

c) tutela del consumatore e della fede pubblica, vigilanza e controllo sulla sicurezza e conformità dei prodotti e sugli strumenti soggetti alla disciplina della metrologia legale, rilevazione dei prezzi e delle tariffe, rilascio dei certificati di origine delle merci e documenti per l'esportazione in quanto specificamente previste dalla legge;

d) sostegno alla competitività delle imprese e dei territori tramite attività d'informazione economica e assistenza tecnica alla creazione di imprese e start up, informazione, formazione, supporto organizzativo e assistenza alle piccole e medie imprese per la preparazione ai mercati internazionali nonché collaborazione con ICE-Agenzia per la promozione all'estero e l'internazionalizzazione delle imprese italiane, SACE, SIMEST e Cassa depositi e prestiti, per la diffusione e le ricadute operative a livello aziendale delle loro iniziative; sono in ogni caso escluse dai compiti delle Camere di commercio le attività promozionali direttamente svolte all'estero;

d-bis) valorizzazione del patrimonio culturale nonché sviluppo e promozione del turismo, in collaborazione con gli enti e organismi competenti; sono in ogni caso escluse dai compiti delle Camere di commercio le attività promozionali direttamente svolte all'estero;

d-ter) competenze in materia ambientale attribuite dalla normativa nonché supporto alle piccole e medie imprese per il miglioramento delle condizioni ambientali;

e) orientamento al lavoro e alle professioni anche mediante la collaborazione con i soggetti pubblici e privati competenti, in coordinamento con il Governo e con le Regioni e l'ANPAL attraverso in particolare:

1) la tenuta e la gestione, senza oneri a carico dei soggetti tenuti all'iscrizione, ivi compresi i diritti di segreteria a carico delle imprese, del registro nazionale per l'alternanza scuola-lavoro di cui all'articolo 1, comma 41 della legge 13 luglio 2015 n. 107, sulla base di accordi con il Ministero dell'Istruzione, dell'università e della ricerca e con il Ministero del lavoro e delle politiche sociali;

2) la collaborazione per la realizzazione del sistema di certificazione delle competenze acquisite in contesti non formali e informali e nell'ambito dei percorsi di alternanza scuola-lavoro;

3) il supporto all'incontro domanda-offerta di lavoro, attraverso servizi informativi anche a carattere previsionale volti a favorire l'inserimento occupazionale e a facilitare l'accesso delle imprese ai servizi dei Centri per l'impiego, in raccordo con l'ANPAL;

4) il sostegno alla transizione dalla scuola e dall'università al lavoro, attraverso l'orientamento e lo sviluppo di servizi, in particolare telematici, a supporto dei processi di placement svolti dalle Università;

f) assistenza e supporto alle imprese in regime di libera concorrenza da realizzare in regime di separazione contabile. Dette attività sono limitate a quelle strettamente indispensabili al perseguimento delle finalità istituzionali del sistema camerale e non possono essere finanziate al di fuori delle previsioni di cui all'articolo 18 comma 1 lettera *b*);

g) ferme restando quelle già in corso o da completare, attività oggetto di convenzione con le regioni ed altri soggetti pubblici e privati stipulate compatibilmente con la normativa europea. Dette attività riguardano, tra l'altro, gli ambiti della digitalizzazione, della qualificazione aziendale e dei prodotti, del supporto al placement e all'orientamento, della risoluzione alternativa delle controversie. Le stesse possono essere finanziate con le risorse di cui all'articolo 18, comma 1, lettera *a*), esclusivamente in cofinanziamento con oneri a carico delle controparti non inferiori al 50% (3).

2-*bis*. Fermo restando quanto previsto dall'articolo 18, comma 3, per le attività di cui al comma 2, lettere *a*), *b*), *c*), *d*), *e*), numeri 2), 3), 4), *g*) non possono essere richiesti oneri aggiuntivi alle imprese al di fuori dei diritti di segreteria di cui all'articolo 18 (4).

[3. Le camere di commercio, nei cui registri delle imprese siano iscritte o annotate meno di 40.000 imprese, esercitano le funzioni di cui alle lett. *g*), *h*), *i*) e *l*) obbligatoriamente in forma associata.] (5)

4. Per il raggiungimento dei propri scopi, le camere di commercio promuovono, realizzano e gestiscono strutture ed infrastrutture di interesse economico generale a livello locale, regionale e nazionale, direttamente o mediante la partecipazione, secondo le norme del codice civile, con altri soggetti pubblici e privati, ad organismi anche associativi, ad enti, a consorzi e, nel rispetto delle previsioni del decreto legislativo 19 agosto 2016, n. 175, recante il testo unico in materia di società a partecipazione pubblica, a società, dandone comunicazione al Ministero dello sviluppo economico (6) (7).

5. Le camere di commercio, nel rispetto dei limiti previsti dalla presente legge e di criteri di equilibrio economico e finanziario, possono costituire, dandone comunicazione al Ministero (8) dello sviluppo economico, in forma singola o associata, aziende speciali operanti secondo le norme del diritto privato. Le aziende speciali delle camere di commercio sono organismi strumentali dotati di soggettività tributaria. Le camere di commercio possono attribuire alle aziende speciali il compito di realizzare le iniziative funzionali al perseguimento delle proprie finalità istituzionali e del proprio programma di attività, assegnando alle stesse le risorse finanziarie e strumentali necessarie (9).

[6. Per la realizzazione di interventi a favore del sistema delle imprese e dell'economia, le camere di commercio e le loro unioni possono partecipare agli accordi di programma ai sensi dell'articolo 34 del citato decreto legislativo 18 agosto 2000, n. 267.] (10)

7. La programmazione degli interventi in favore del sistema delle imprese e dell'economia-nell'ambito del programma pluriennale di attività di cui all'articolo 11, comma 1, lettera *c*) è formulata in coerenza con la programmazione dell'Unione europea, dello Stato e delle regioni (11).

8. Le camere di commercio possono costituirsi parte civile nei giudizi relativi ai delitti contro l'economia pubblica, l'industria e il commercio. Possono, altresì, promuovere l'azione per la repressione della concorrenza sleale ai sensi dell'articolo 2601 del codice civile.

9. Le camere di commercio e le loro unioni possono formulare pareri e proposte alle amministrazioni dello Stato, alle regioni e agli enti locali sulle questioni che comunque interessano le imprese della circoscrizione territoriale di competenza.

(1) *Articolo sostituito dall'art. 1, comma 2, d.lgs. 15 febbraio 2010, n. 23.*

(2) *Comma abrogato dall'art. 1, comma 1, lett.* b), *n. 1), d.lgs. 25 novembre 2016, n. 219.*

(3) *Comma, da ultimo, così sostituito dall'art. 1, comma 1, lett.* b), *n. 2), d.lgs. 25 novembre 2016, n. 219. Precedentemente il comma era stato modificato dapprima dall'art. 43, comma 1-*quinquies, *d.l. 22 giugno 2012, n. 83, conv., con modif., in l. 7 agosto 2012, n. 134, e successiva-*

mente dall'art. 5, comma 5, d.l. 23 dicembre 2013, n. 145 conv., con modif., in l. 21 febbraio 2014, n. 9.

(4) *Comma aggiunto dall'art. 1, comma 1, lett.* b), *n. 3), d.lgs. 25 novembre 2016, n. 219.*

(5) *Comma abrogato dall'art. 1, comma 1, lett.* b), *n. 4), d.lgs. 25 novembre 2016, n. 219.*

(6) *Le parole* « dandone comunicazione al Ministero dello sviluppo economico » *sono state sostituite alle parole* « previa approvazione del Ministro dello sviluppo economico » *dall'art. 61, comma 5, lett.* a), *d.l. 14 agosto 2020, n. 104, conv., con modif., in l. 13 ottobre 2020, n. 126.*

(7) *Comma modificato dall'art. 1, comma 1, lett.* b), *n. 5), d.lgs. 25 novembre 2016, n. 219.*

(8) *Le parole* « dandone comunicazione al Ministero » *sono state sostituite alle parole* « previa approvazione del Ministro » *dall'art. 61, comma 5, lett.* b), *d.l. n. 104, cit.*

(9) *Comma sostituito dall'art. 1, comma 1, lett.* b), *n. 6), d.lgs. 25 novembre 2016, n. 219.*

(10) *Comma abrogato dall'art. 1, comma 1, lett.* b), *n. 7), d.lgs. 25 novembre 2016, n. 219.*

(11) *Comma modificato dall'art. 1, comma 1, lett.* b), *n. 8), d.lgs. 25 novembre 2016, n. 219.*

3 Potestà statutaria e regolamentare (1).

1. In conformità ai principi della presente legge, ad ogni camera di commercio è riconosciuta potestà statutaria e regolamentare. Lo statuto disciplina, tra l'altro, con riferimento alle caratteristiche del territorio:

a) l'ordinamento e l'organizzazione della camera di commercio;

b) le competenze e le modalità di funzionamento degli organi;

c) la composizione degli organi per le parti non disciplinate dalla presente legge;

d) le forme di partecipazione.

2. Lo statuto stabilisce, altresì, anche tenendo conto degli eventuali criteri a tal fine individuati dal decreto di cui all'articolo 10, comma 3, norme per assicurare condizioni di pari opportunità tra uomo e donna ai sensi del decreto legislativo 11 aprile 2006, n. 198, e per promuovere la presenza di entrambi i sessi negli organi collegiali delle camere di commercio, nonché degli enti e aziende da esse dipendenti.

3. Lo statuto è approvato dal consiglio con il voto dei due terzi dei componenti. Le disposizioni di cui al presente comma si applicano anche alle modifiche statutarie.

4. Lo statuto è pubblicato sul sito internet istituzionale della camera di commercio ed inviato al Ministero dello sviluppo economico per essere inserito nella raccolta ufficiale degli statuti.

4-*bis*) I regolamenti per l'esercizio delle funzioni e dei compiti amministrativi e quelli relativi alle materie disciplinate dallo statuto sono approvati dal consiglio con il voto della maggioranza assoluta dei componenti (2).

(1) *Articolo sostituito dall'art. 1, comma 3, d.lgs. 15 febbraio 2010, n. 23.*

(2) *Comma aggiunto dall'art. 1, comma 1, lett.* c), *d.lgs. 25 novembre 2016, n. 219.*

4 Vigilanza (1).

1. La vigilanza sul sistema camerale, di cui al comma 2 dell'articolo 1, spetta rispettivamente:

a) al Ministero dello sviluppo economico per le funzioni ed i compiti attinenti alla competenza dello Stato;

b) alle regioni nelle materie di propria competenza.

2. La vigilanza si esercita, in particolare, negli ambiti relativi all'attività amministrativa e contabile, al funzionamento degli organi e allo svolgimento dei compiti di interesse generale secondo quanto stabilito negli articoli 4-*bis*, 5 e 5-*bis*.

(1) *Articolo sostituito dall'art. 1, comma 4, d.lgs. 15 febbraio 2010, n. 23.*

4-bis (*Omissis*).

CAPO II
Registro delle imprese

8 Registro delle imprese (1).

1. È istituito presso la camera di commercio l'ufficio del registro delle imprese di cui all'articolo 2188 del codice civile.

2. Al fine di garantire condizioni di uniformità informativa su tutto il territorio nazionale e fatte salve le disposizioni legislative e regolamentari in materia, nonché gli atti amministrativi generali da esse previsti, il Ministero dello sviluppo economico, d'intesa con il Ministero della giustizia, sentita l'Unioncamere, emana direttive sulla tenuta del registro, assicurandone la relativa vigilanza (2).

3. L'ufficio provvede alla tenuta del registro delle imprese in conformità agli articoli 2188, e seguenti, del codice civile, nonché alle disposizioni della presente legge e al regolamento di cui al comma 6 bis del presente articolo, sotto la vigilanza di uno o più giudici delegati scelti tra i giudici assegnati alle sezioni specializzate in materia di impresa, e nominati dal presidente del Tribunale competente per territorio e presso cui è istituita la sezione specializzata in materia di impresa, su indicazione del presidente della medesima sezione (3).

4. Gli uffici delle Camere di commercio della circoscrizione territoriale su cui ha competenza il tribunale delle imprese sono retti da un unico conservatore nominato dal Ministero dello sviluppo economico su proposta dell'Unioncamere, sentiti i presidenti delle camere di commercio operanti nell'ambito della stessa circoscrizione, tra i dirigenti delle camere di commercio in possesso dei requisiti definiti con il decreto di cui al comma 5 dell'articolo 20. Il conservatore può delegare parte dei propri compiti a dirigenti delle altre camere di commercio della circoscrizione territoriale. L'atto di nomina del conservatore è pubblicato sul sito istituzionale di tutte le camere di commercio interessate e del Ministero dello sviluppo economico. Il ruolo di conservatore costituisce o integra il contenuto dell'incarico dirigenziale conferito dalla camere di commercio di appartenenza (4).

5. L'iscrizione nelle sezioni speciali ha funzione di certificazione anagrafica di pubblicità notizia, oltre agli effetti previsti dalle leggi speciali (5).

6. La predisposizione, la tenuta, la conservazione e la gestione, secondo tecniche informatiche, del registro delle imprese ed il funzionamento dell'ufficio so-

no realizzati in modo da assicurare completezza ed organicità, pubblicità per tutte le imprese soggette ad iscrizione attraverso un unico sistema informativo nazionale, garantendo la tempestività dell'informazione su tutto il territorio nazionale (6).

6-*bis*. Con regolamento emanato, ai sensi dell'articolo 17, comma 1, della legge 23 agosto 1988, n. 400, su proposta del Ministro dello sviluppo economico di concerto con il Ministro della giustizia e con Ministro per la semplificazione e la pubblica amministrazione, sono disciplinate le norme di attuazione del presente articolo (7).

6-*ter*. Fino all'emanazione del decreto di cui al comma 6-*bis* continua ad applicarsi il decreto del Presidente della Repubblica 7 dicembre 1995, n. 581, e successive modificazioni (8).

(1) *Articolo modificato dall'art. 15 D.P.R. 14 dicembre 1999, n. 558 e successivamente sostituito dall'art. 1, comma 10, d.lgs. 15 febbraio 2010, n. 23.*

(2) *Comma modificato dall'art. 1, comma 1, lett.* h, *n. 1) d.lgs. 25 novembre 2016, n. 219.*

(3) *Comma sostituito dall'art. 1, comma 1, lett.* h, *n. 2) d.lgs. 25 novembre 2016, n. 219.*

(4) *Comma sostituito dall'art. 1, comma 1, lett.* h, *n. 3) D.Lgs 25 novembre 2016, n. 219.*

(5) *V. l'art. 4 d.m. 23 maggio 2001, n. 278, l'art. 1 d.m. 13 luglio 2004, il d.m. 27 febbraio 2005, il d.m. 21 aprile 2011 e il d.m. 8 gennaio 2015.*

(6) *Comma sostituito dall'art. 1, comma 1, lett.* h, *n. 4) d.lgs. 25 novembre 2016, n. 219.*

(7) *Comma aggiunto dall'art. 1, comma 1, lett.* h, *n. 5) d.lgs. 25 novembre 2016, n. 219.*

(8) *Comma aggiunto dall'art. 1, comma 1, lett.* h, *n. 5) d.lgs. 25 novembre 2016, n. 219.*

9-24 (*Omissis*).

27. Legge 9 maggio 1989, n. 168. — Istituzione del Ministero dell'università e della ricerca scientifica e tecnologica. (*estratto*) (1).

(1) *La legge per esteso è riportata* sub *V, 123.*

(*Omissis*).

TITOLO II
Autonomia delle università e degli enti di ricerca

6 Autonomia delle università.

1. Le università sono dotate di personalità giuridica e, in attuazione dell'articolo 33 della Costituzione, hanno autonomia didattica, scientifica, organizzativa, finanziaria e contabile; esse si danno ordinamenti autonomi con propri statuti e regolamenti.

2. Nel rispetto dei principi di autonomia stabiliti dall'articolo 33 della Costituzione e specificati dalla legge, le università sono disciplinate, oltre che dai rispettivi statuti e regolamenti, esclusivamente da norme legislative che vi operino espresso riferimento. È esclusa l'applicabilità di disposizioni emanate con circolare.

3. Le università svolgono attività didattica e organizzano le relative strutture nel rispetto della libertà di insegnamento dei docenti e dei principi generali fissati nella disciplina relativa agli ordinamenti didattici universitari. Nell'osservanza di questi principi gli statuti determinano i corsi di diploma, anche effettuati presso scuole dirette a fini speciali, di laurea e di specializzazione; definiscono e disciplinano i criteri per l'attivazione dei corsi di perfezionamento, di dottorato di ricerca e dei servizi didattici integrativi.

4. Le università sono sedi primarie della ricerca scientifica e operano, per la realizzazione delle proprie finalità istituzionali, nel rispetto della libertà di ricerca dei docenti e dei ricercatori nonché dell'autonomia di ricerca delle strutture scientifiche. I singoli docenti e ricercatori, secondo le norme del rispettivo stato giuridico, nonché le strutture di ricerca:

a) accedono ai fondi destinati alla ricerca universitaria, ai sensi dell'articolo 65 del decreto del Presidente della Repubblica 11 luglio 1980, n. 382;

b) possono partecipare a programmi di ricerca promossi da amministrazioni dello Stato, da enti pubblici o privati o da istituzioni internazionali, nel rispetto delle relative normative.

5. Le università, in osservanza delle norme di cui ai commi precedenti, provvedono all'istituzione, organizzazione e funzionamento delle strutture didattiche, di ricerca e di servizio, anche per quanto concerne i connessi aspetti amministrativi, finanziari e di gestione.

6. I regolamenti di ateneo e quelli interni di ciascuna struttura sono emanati con decreto del rettore nel rispetto dei principi e delle procedure stabiliti dallo statuto.

7. L'autonomia finanziaria e contabile delle università si esercita ai sensi dell'articolo 7.

8. La legge di attuazione dei principi di autonomia di cui al presente articolo stabilisce termini e limiti dell'autonomia delle università, quanto all'assunzione e alla gestione del personale non docente.

9. Gli statuti e i regolamenti di ateneo sono deliberati dagli organi competenti dell'università a maggioranza assoluta dei componenti. Essi sono trasmessi al Ministro che, entro il termine perentorio di sessanta giorni, esercita il controllo di legittimità e di merito nella forma della richiesta motivata di riesame. In assenza di rilievi essi sono emanati dal rettore.

10. Il Ministro può per una sola volta, con proprio decreto, rinviare gli statuti e i regolamenti all'università, indicando le norme illegittime e quelle da riesaminare nel merito. Gli organi competenti dell'università possono non conformarsi ai rilievi di legittimità con deliberazione adottata dalla maggioranza dei tre quinti dei suoi componenti, ovvero ai rilievi di merito con deliberazione adottata dalla maggioranza assoluta. In tal caso il Ministro può ricorrere contro l'atto

emanato dal rettore, in sede di giurisdizione amministrativa per i soli vizi di legittimità. Quando la maggioranza qualificata non sia stata raggiunta, le norme contestate non possono essere emanate.

11. Gli statuti delle università sono pubblicati nella Gazzetta Ufficiale, i regolamenti nel Bollettino Ufficiale del Ministero.

(*Omissis*).

[8 Autonomia degli enti di ricerca (1) (2).

1. Il CNR, l'Istituto nazionale di fisica nucleare (INFN), gli Osservatori astronomici, astrofisici e vesuviano, nonché gli enti e istituzioni pubbliche nazionali di ricerca a carattere non strumentale hanno autonomia scientifica, organizzativa, finanziaria e contabile ai sensi dell'articolo 33 della Costituzione e si danno ordinamenti autonomi, nel rispetto delle loro finalità istituzionali, con propri regolamenti.

2. Gli enti e le istituzioni pubbliche di ricerca di cui al comma 1 sono individuati con decreto del Presidente della Repubblica. Il decreto viene adottato sentite le competenti commissioni della Camera dei deputati e del Senato della Repubblica, dal Consiglio dei ministri, su proposta del Ministro. In prima applicazione, il decreto è emanato entro sei mesi dalla data di entrata in vigore della presente legge (2).

3. Gli enti di cui al presente articolo:

a) svolgono attività di ricerca scientifica nel rispetto dell'autonomia di ricerca delle strutture scientifiche e della libertà di ricerca dei ricercatori, singoli o associati, in coerenza con le rispettive funzioni istituzionali e nel quadro della programmazione nazionale;

b) gestiscono programmi di ricerca di interesse nazionale, attuati anche in collaborazione con altri enti pubblici e privati, e partecipano alla elaborazione, al coordinamento ed alla esecuzione di programmi di ricerca comunitari ed internazionali;

c) provvedono all'istituzione, alla organizzazione e al funzionamento delle strutture di ricerca e di servizio, anche per quanto concerne i connessi aspetti amministrativi, finanziari e di gestione;

d) esercitano la propria autonomia finanziaria e contabile ai sensi del comma 5.

4. I regolamenti di cui al comma 1 sono deliberati nel rispetto dei limiti e delle procedure stabiliti dalla apposita legge di attuazione dei principi di autonomia di cui al presente articolo e sono trasmessi al Ministro che esercita i controlli di legittimità e di merito. I controlli di legittimità e di merito si esercitano nelle forme di cui all'articolo 6, commi 9 e 10; il controllo di merito è esercitato nella forma della richiesta motivata di riesame nel termine perentorio di sessanta giorni dalla loro comunicazione, decorso il quale si intendono approvati. I regolamenti sono emanati dagli enti e pubblicati nella Gazzetta Ufficiale.

5. Agli enti di cui al presente articolo si estendono, in quanto compatibili con i rispettivi ordinamenti, le norme in materia di autonomia finanziaria e contabile di cui ai commi 1, 4, 5, 6, 7 e 8 dell'articolo 7. Il regolamento di amministrazione, finanza e contabilità di ciascuno degli enti di ricerca è emanato secondo le procedure previste dalle rispettive normative ed è sottoposto al controllo del Ministro nelle forme di cui al comma 4.]

(1) *Articolo soppresso dall'art. 20, comma 2, d.lgs. 25 novembre 2016, n. 218.*

(2) *V. l'art. 1, commi 241 e ss., l. 27 dicembre 2019 n. 160* (sub V, 129) *che prevede che: « Per realizzare le finalità di cui al comma 240 è istituita un'apposita agenzia, denominata Agenzia nazionale per la ricerca (ANR), dotata di autonomia statutaria, organizzativa, tecnico-operativa e gestionale, sottoposta alla vigilanza della Presidenza del Consiglio dei ministri e del Ministero dell'istruzione, dell'università e della ricerca. L'ANR promuove il coordinamento delle attività di ricerca di università, enti e istituti di ricerca pubblici verso obiettivi di eccellenza, incrementando la sinergia e la cooperazione tra di essi e con il sistema economico-produttivo, pubblico e privato, in relazione agli obiettivi strategici della ricerca e dell'innovazione nonché agli obiettivi di politica economica del Governo funzionali alla produttività e alla competitività del Paese. L'ANR favorisce altresì l'internazionalizzazione delle attività di ricerca, promuovendo, sostenendo e coordinando la partecipazione italiana a progetti e iniziative europee e internazionali ».*

V. anche per il Consorzio CINECA l'art. 9, commi 11-bis-*11*-quater, *d.l. 19 giugno 2015, n. 78, conv., con modif., in l. 6 agosto 2015, n. 125*, sub *II, 43*.

(3) *Comma modificato dall'art. 7, d.lgs. 5 giugno 1998, n. 204.*

9-22 (*Omissis*).

CAPO II
SOCIETÀ PUBBLICHE-IN HOUSE PROVIDING

28. Legge 7 agosto 2015, n. 124. — Deleghe al Governo in materia di riorganizzazione delle amministrazioni pubbliche. (*estratto*).

Pubblicata nella Gazzetta Ufficiale n. 187 del 13 agosto 2015.

18 Riordino della disciplina delle partecipazioni societarie delle amministrazioni pubbliche (1).

1. Il decreto legislativo per il riordino della disciplina in materia di partecipazioni societarie delle amministrazioni pubbliche è adottato al fine prioritario di assicurare la chiarezza della disciplina, la semplificazione normativa e la tutela e promozione della concorrenza, con particolare riferimento al superamento dei regimi transitori, nel rispetto dei seguenti principi e criteri direttivi, che si aggiungono a quelli di cui all'articolo 16:

a) distinzione tra tipi di società in relazione alle attività svolte, agli interessi pubblici di riferimento, alla misura e qualità della partecipazione e alla sua natura diretta o indiretta, alla modalità diretta o mediante procedura di evidenza pubblica dell'affidamento, nonché alla quotazione in borsa o all'emissione di strumenti finanziari quotati nei mercati regolamentati, e individuazione della relativa disciplina, anche in base al principio di proporzionalità delle deroghe rispetto alla disciplina privatistica, ivi compresa quella in materia di organizzazione e crisi d'impresa;

b) ai fini della razionalizzazione e riduzione delle partecipazioni pubbliche secondo criteri di efficienza, efficacia ed economicità, ridefinizione della disciplina, delle condizioni e dei limiti per la costituzione di società, l'assunzione e il mantenimento di partecipazioni societarie da parte di amministrazioni pubbliche entro il perimetro dei compiti istituzionali o di ambiti strategici per la tutela di interessi pubblici rilevanti, quale la gestione di servizi di interesse economico generale; applicazione dei principi della presente lettera anche alle partecipazioni pubbliche già in essere;

c) precisa definizione del regime delle responsabilità degli amministratori delle amministrazioni partecipanti nonché dei dipendenti e degli organi di gestione e di controllo delle società partecipate;

d) definizione, al fine di assicurare la tutela degli interessi pubblici, la corretta gestione delle risorse e la salvaguardia dell'immagine del socio pubblico, dei requisiti e della garanzia di onorabilità dei candidati e dei componenti degli organi di amministrazione e controllo delle società, anche al fine di garantirne l'autonomia rispetto agli enti proprietari;

e) razionalizzazione dei criteri pubblicistici per gli acquisti e il reclutamento del personale, per i vincoli alle assunzioni e le politiche retributive, finalizzati al contenimento dei costi, tenendo conto delle distinzioni di cui alla lettera *a*) e introducendo criteri di valutazione oggettivi, rapportati al valore anche economico dei risultati; previsione che i risultati economici positivi o negativi ottenuti assumano rilievo ai fini del compenso economico variabile degli amministratori in considerazione dell'obiettivo di migliorare la qualità del servizio offerto ai cittadini e tenuto conto della congruità della tariffa e del costo del servizio;

f) promozione della trasparenza e dell'efficienza attraverso l'unificazione, la completezza e la massima intelligibilità dei dati economico-patrimoniali e dei principali indicatori di efficienza, nonché la loro pubblicità e accessibilità;

g) attuazione dell'articolo 151, comma 8, del testo unico di cui al decreto legislativo 18 agosto 2000, n. 267, in materia di consolidamento delle partecipazioni nei bilanci degli enti proprietari;

h) eliminazione di sovrapposizioni tra regole e istituti pubblicistici e privatistici ispirati alle medesime esigenze di disciplina e controllo;

i) possibilità di piani di rientro per le società con bilanci in disavanzo con eventuale commissariamento;

l) regolazione dei flussi finanziari, sotto qualsiasi forma, tra amministrazione pubblica e società partecipate secondo i criteri di parità di trattamento tra imprese pubbliche e private e operatore di mercato;

m) con riferimento alle società partecipate dagli enti locali:

1) per le società che gestiscono servizi strumentali e funzioni amministrative, definizione di criteri e procedure per la scelta del modello societario e per l'internalizzazione nonché di procedure, limiti e condizioni per l'assunzione, la conservazione e la razionalizzazio-

ne di partecipazioni, anche in relazione al numero dei dipendenti, al fatturato e ai risultati di gestione;

2) per le società che gestiscono servizi pubblici di interesse economico generale, individuazione di un numero massimo di esercizi con perdite di bilancio che comportino obblighi di liquidazione delle società, nonché definizione, in conformità con la disciplina dell'Unione europea, di criteri e strumenti di gestione volti ad assicurare il perseguimento dell'interesse pubblico e ad evitare effetti distorsivi sulla concorrenza, anche attraverso la disciplina dei contratti di servizio e delle carte dei diritti degli utenti e attraverso forme di controllo sulla gestione e sulla qualità dei servizi;

3) rafforzamento delle misure volte a garantire il raggiungimento di obiettivi di qualità, efficienza, efficacia ed economicità, anche attraverso la riduzione dell'entità e del numero delle partecipazioni e l'incentivazione dei processi di aggregazione, intervenendo sulla disciplina dei rapporti finanziari tra ente locale e società partecipate nel rispetto degli equilibri di finanza pubblica e al fine di una maggior trasparenza;

4) promozione della trasparenza mediante pubblicazione, nel sito internet degli enti locali e delle società partecipate interessati, dei dati economico-patrimoniali e di indicatori di efficienza, sulla base di modelli generali che consentano il confronto, anche ai fini del rafforzamento e della semplificazione dei processi di armonizzazione dei sistemi contabili e degli schemi di bilancio delle amministrazioni pubbliche partecipanti e delle società partecipate;

5) introduzione di un sistema sanzionatorio per la mancata attuazione dei principi di razionalizzazione e riduzione di cui al presente articolo, basato anche sulla riduzione dei trasferimenti dello Stato alle amministrazioni che non ottemperano alle disposizioni in materia;

6) introduzione di strumenti, anche contrattuali, volti a favorire la tutela dei livelli occupazionali nei processi di ristrutturazione e privatizzazione relativi alle società partecipate;

7) ai fini del rafforzamento del sistema dei controlli interni previsti dal testo unico di cui al decreto legislativo 18 agosto 2000, n. 267, revisione degli obblighi di trasparenza e di rendicontazione delle società partecipate nei confronti degli enti locali soci, attraverso specifici flussi informativi che rendano analizzabili e confrontabili i dati economici e industriali del servizio, gli obblighi di servizio pubblico imposti e gli standard di qualità, per ciascun servizio o attività svolta dalle società medesime nell'esecuzione dei compiti affidati, anche attraverso l'adozione e la predisposizione di appositi schemi di contabilità separata .

(1) *La Corte costituzionale, con sentenza 25 novembre 2016, n. 251 ha dichiarato, tra l'altro:* a) *l'*illegittimità costituzionale *dell'art. 11, comma 1, lett.* a), b), *n. 2)*, c), *nn. 1) e 2)*, e), f), g), h), i), l), m), n), o), p) *e* q), *e comma 2, l. 7 agosto 2015, n. 124, nella parte in cui prevede che i decreti legislativi attuativi siano adottati previa acquisizione del parere reso in sede di Conferenza unificata, anziché previa intesa in sede di Conferenza Stato-Regioni;* b) *l'*illegittimità costituzionale *dell'art. 17, comma 1, lett.* a), b), c), d), e), f), l), m), o), q), r), s) *e* t), *l. n. 124, cit., nella parte in cui, in combinato disposto con l'art. 16, commi 1 e 4, della medesima legge n. 124 del 2015, prevede che il Governo adotti i relativi decreti legislativi attuativi previo parere in sede di Conferenza unificata, anziché previa intesa in sede di Conferenza Stato-Regioni;* c) *l'*illegittimità costituzionale *dell'art. 18, lett.* a), b), c), e), i), l) *e* m), *nn. da 1) a 7), l. n. 124 cit., nella parte in cui, in combinato disposto con l'art. 16, commi 1 e 4, della medesima legge n. 124 del 2015, prevede che il Governo adotti i relativi decreti legislativi attuativi previo parere, anziché previa intesa, in sede di Conferenza unificata;* d) *l'*illegittimità costituzionale *dell'art. 19, lett.* b), c), d), g), h), l), m), n), o), p), s), t) *e* u), *l. n. 124 cit., nella parte in cui, in combinato disposto con l'art. 16, commi 1 e 4, della medesima legge n. 124 del 2015, prevede che il Governo adotti i relativi decreti legislativi attuativi previo parere, anziché previa intesa, in sede di Conferenza unificata.*

(2) *In attuazione della delega prevista dal presente articolo v. il d.lgs. 19 agosto 2016, n. 175.*

29. Decreto legislativo 19 agosto 2016, n. 175. — Testo unico in materia di società a partecipazione pubblica.

Pubblicato nella Gazzetta Ufficiale n. 210 dell'8 settembre 2016.

IL PRESIDENTE DELLA REPUBBLICA

Visti gli articoli 76 e 87 della Costituzione;

Visto l'articolo 18 della legge 7 agosto 2015, n. 124, recante deleghe al Governo in materia di riorganizzazione delle amministrazioni pubbliche;

Vista la legge 7 agosto 1990, n. 241;

Visto il decreto legislativo 18 agosto 2000, n. 267;

Visto il decreto legislativo 30 marzo 2001, n. 165, recante norme generali sull'ordinamento del lavoro alle dipendenze delle amministrazioni pubbliche;

Visto il decreto legislativo 14 marzo 2013, n. 33, recante « Riordino della disciplina riguardante il diritto di accesso civico e gli obblighi di pubblicità, trasparenza e diffusione di informazioni da parte delle pubbliche amministrazioni »;

Visto il decreto legislativo 18 aprile 2016, n. 50, recante « Attuazione delle direttive 2014/23/UE, 2014/24/UE e 2014/25/UE sull'aggiudicazione dei contratti di concessione, sugli appalti pubblici e sulle procedure d'appalto degli enti erogatori nei settori dell'acqua, dell'energia, dei trasporti e dei servizi postali, nonché per il riordino della disciplina vigente in materia di contratti pubblici relativi a lavori, servizi e forniture »;

Vista la preliminare deliberazione del Consiglio dei ministri, adottata nella riunione del 20 gennaio 2016;

Acquisito il parere della Conferenza unificata, ai sensi dell'articolo 8, del decreto legislativo 28 agosto 1997, n. 281, espresso nella riunione del 14 aprile 2016;

Udito il parere del Consiglio di Stato, espresso dalla Sezione consultiva per gli atti normativi nell'adunanza del 16 marzo 2016;

Acquisito il parere della Commissione parlamentare per la semplificazione e delle Commissioni parlamentari competenti per materia e per i profili finanziari;

Vista la preliminare deliberazione del Consiglio dei ministri, adottata nella riunione del 14 luglio 2016;

Acquisiti i pareri definitivi delle competenti Commissioni parlamentari ai sensi dell'articolo 16, comma 4, della citata legge n. 124 del 2015;

Vista la deliberazione del Consiglio dei ministri, adottata nella riunione del 10 agosto 2016;

Acquisita l'intesa in sede di Conferenza Unificata, di cui all'articolo 8 del decreto legislativo 28 agosto 1997, n. 281, raggiunta nella seduta del 16 marzo 2017; (1)

Sulla proposta del Ministro per la semplificazione e la pubblica amministrazione, di concerto con il Ministro dell'economia e delle finanze;

Emana

il seguente decreto legislativo:

(1) *Periodo aggiunto dall'art. 2 d.lgs. 16 giugno 2017, n. 100.*

1 Oggetto.

1. Le disposizioni del presente decreto hanno a oggetto la costituzione di società da parte di amministrazioni pubbliche, nonché l'acquisto, il mantenimento e la gestione di partecipazioni da parte di tali amministrazioni, in società a totale o parziale partecipazione pubblica, diretta o indiretta.

2. Le disposizioni contenute nel presente decreto sono applicate avendo riguardo all'efficiente gestione delle partecipazioni pubbliche, alla tutela e promozione della concorrenza e del mercato, nonché alla razionalizzazione e riduzione della spesa pubblica.

3. Per tutto quanto non derogato dalle disposizioni del presente decreto, si applicano alle società a partecipazione pubblica le norme sulle società contenute nel codice civile e le norme generali di diritto privato.

4. Restano ferme:

a) le specifiche disposizioni, contenute in leggi o regolamenti governativi o ministeriali, che disciplinano società a partecipazione pubblica di diritto singolare costituite per l'esercizio della gestione di servizi di interesse generale o di interesse economico generale o per il perseguimento di una specifica missione di pubblico interesse;

b) le disposizioni di legge riguardanti la partecipazione di amministrazioni pubbliche a enti associativi diversi dalle società e a fondazioni.

5. Le disposizioni del presente decreto si applicano, solo se espressamente previsto, alle società quotate, come definite dall'articolo 2, comma 1, lettera *p*) nonché alle società da esse controllate (1).

(1) *Comma modificato dapprima dall'art. 3, comma 1 d.lgs. 16 giugno 2017, n. 100 e successivamente dall'art. 1, comma 721, l. 30 dicembre 2018, n. 145, a decorrere dal 1° gennaio 2019, che ha sostiuito la parola* « controllate » *alle parole* « partecipate, salvo che queste ultime siano, non per il tramite di società quotate, controllate o partecipate da amministrazioni pubbliche ».

2 Definizioni.

1. Ai fini del presente decreto si intendono per:

a) « amministrazioni pubbliche »: le amministrazioni di cui all'articolo 1, comma 2, del decreto legislativo n. 165 del 2001, i loro consorzi o associazioni per qualsiasi fine istituiti, gli enti pubblici economici e le autorità di sistema portuale (1);

b) « controllo »: la situazione descritta nell'articolo 2359 del codice civile. Il controllo può sussistere anche quando, in applicazione di norme di legge o statutarie o di patti parasociali, per le decisioni finanziarie e gestionali strategiche relative all'attività sociale è richiesto il consenso unanime di tutte le parti che condividono il controllo;

c) « controllo analogo »: la situazione in cui l'amministrazione esercita su una società un controllo analogo a quello esercitato sui propri servizi, esercitando un'influenza determinante sia sugli obiettivi strategici che sulle decisioni significative della società controllata. Tale controllo può anche essere esercitato da una persona giuridica diversa, a sua volta controllata allo stesso modo dall'amministrazione partecipante;

d) « controllo analogo congiunto »: la situazione in cui l'amministrazione esercita congiuntamente con altre amministrazioni su una società un controllo analogo a quello esercitato sui propri servizi. La suddetta situazione si verifica al ricorrere delle condizioni di cui all'articolo 5, comma 5, del decreto legislativo 18 aprile 2016, n. 50;

e) « enti locali »: gli enti di cui all'articolo 2 del decreto legislativo 18 agosto 2000, n. 267;

f) « partecipazione »: la titolarità di rapporti comportanti la qualità di socio in società o la titolarità di strumenti finanziari che attribuiscono diritti amministrativi;

g) « partecipazione indiretta »: la partecipazione in una società detenuta da un'amministrazione pubblica per il tramite di società o altri organismi soggetti a controllo da parte della medesima amministrazione pubblica;

h) « servizi di interesse generale »: le attività di produzione e fornitura di beni o servizi che non sarebbero svolte dal mercato senza un intervento pubblico o sarebbero svolte a condizioni differenti in termini di accessibilità fisica ed economica, continuità, non discriminazione, qualità e sicurezza, che le amministrazioni pubbliche, nell'ambito delle rispettive competenze, assumono come necessarie per assicurare la soddisfazione dei bisogni della collettività di riferimento, così da garantire l'omogeneità dello sviluppo e la coesione sociale, ivi inclusi i servizi di interesse economico generale;

i) « servizi di interesse economico generale »: i servizi di interesse generale erogati o suscettibili di essere erogati dietro corrispettivo economico su un mercato;

l) « società »: gli organismi di cui ai titoli V e VI, capo I, del libro V del codice civile, anche aventi come oggetto sociale lo svolgimento di attività consortili, ai sensi dell'articolo 2615-ter del codice civile; (2);

m) « società a controllo pubblico »: le società in cui una o più amministrazioni pubbliche esercitano poteri di controllo ai sensi della lettera *b*);

n) « società a partecipazione pubblica »: le società a controllo pubblico, nonché le altre società partecipate direttamente da amministrazioni pubbliche o da società a controllo pubblico;

o) « società in house »: le società sulle quali un'amministrazione esercita il controllo analogo o più amministrazioni esercitano il controllo analogo congiunto, nelle quali la partecipazione di capitali privati avviene nelle forme di cui all'articolo 16, comma 1, e che soddisfano il requisito dell'attività prevalente di cui all'articolo 16, comma 3 (3);

p) « società quotate »: le società a partecipazione pubblica che emettono azioni quotate in mercati regolamentati; le società che hanno emesso, alla data del 31 dicembre 2015, strumenti finanziari, diversi dalle azioni, quotati in mercati regolamentati; [le società partecipate dalle une o dalle altre, salvo che le stesse siano anche controllate o partecipate da amministrazioni pubbliche] (4).

(1) *Le parole* « e le autorità di sistema portuale » *sono state sostituite alle parole* « e le autorità portuali » *dall'art. 4 d.lgs. 16 giugno 2017, n. 100.*

(2) *Lettera sostituita dal d.lgs. 16 giugno 2017, n. 100. Il testo precedente era:* « *l*) società:gli organismi di cui al titolo V del libro V del codice civile ».

(3) *Le parole da* « nelle quali la partecipazione » *a* « articolo 16, comma 3 » *sono state aggiunte dall'art. 4 d.lgs. 16 giugno 2017, n. 100.*

(4) *Le parole tra parentesi quadre sono state soppresse dall'art. 4 d.lgs. 16 giugno 2017, n. 100.*

3 Tipi di società in cui è ammessa la partecipazione pubblica.

1. Le amministrazioni pubbliche possono partecipare esclusivamente a società, anche consortili, costituite in forma di società per azioni o di società a responsabilità limitata, anche in forma cooperativa.

2. Nelle società a responsabilità limitata a controllo pubblico l'atto costitutivo o lo statuto in ogni caso prevede la nomina dell'organo di controllo o di un revisore. Nelle società per azioni a controllo pubblico la revisione legale dei conti non può essere affidata al collegio sindacale.

4 Finalità perseguibili mediante l'acquisizione e la gestione di partecipazioni pubbliche.

1. Le amministrazioni pubbliche non possono, direttamente o indirettamente, costituire società aventi per oggetto attività di produzione di beni e servizi non strettamente necessarie per il perseguimento delle proprie finalità istituzionali, né acquisire o mantenere partecipazioni, anche di minoranza, in tali società.

2. Nei limiti di cui al comma 1, le amministrazioni pubbliche possono, direttamente o indirettamente, costituire società e acquisire o mantenere partecipazioni in società esclusivamente per lo svolgimento delle attività sotto indicate:

a) produzione di un servizio di interesse generale, ivi inclusa la realizzazione e la gestione delle reti e degli impianti funzionali ai servizi medesimi;

b) progettazione e realizzazione di un'opera pubblica sulla base di un accordo di programma fra amministrazioni pubbliche, ai sensi dell'articolo 193 del decreto legislativo n. 50 del 2016;

c) realizzazione e gestione di un'opera pubblica ovvero organizzazione e gestione di un servizio d'interesse generale attraverso un contratto di partenariato di cui all'articolo 180 del decreto legislativo n. 50 del 2016, con un imprenditore selezionato con le modalità di cui all'articolo 17, commi 1 e 2;

d) autoproduzione di beni o servizi strumentali all'ente o agli enti pubblici partecipantio allo svolgimento delle loro funzioni (1), nel rispetto delle condizioni stabilite dalle direttive europee in materia di contratti pubblici e della relativa disciplina nazionale di recepimento;

e) servizi di committenza, ivi incluse le attività di committenza ausiliarie, apprestati a supporto di enti senza scopo di lucro e di amministrazioni aggiudicatrici di cui all'articolo 3, comma 1, lettera *a*), del decreto legislativo n. 50 del 2016.

3. Al solo fine di ottimizzare e valorizzare l'utilizzo di beni immobili facenti parte del proprio patrimonio, le amministrazioni pubbliche possono, altresì, anche in deroga al comma 1, acquisire partecipazioni in società aventi per oggetto sociale esclusivo la valorizzazione del patrimonio delle amministrazioni stesse, tramite il conferimento di beni immobili allo scopo di realizzare un investimento secondo criteri propri di un qualsiasi operatore di mercato.

4. Le società in house hanno come oggetto sociale esclusivo una o più delle attività di cui alle lettere *a*), *b*), *d*) ed *e*) del comma 2. Salvo quanto previsto dall'articolo 16, tali società operano in via prevalente con gli enti costituenti o partecipanti o affidanti.

5. Fatte salve le diverse previsioni di legge regionali adottate nell'esercizio della potestà legislativa in materia di organizzazione amministrativa, è fatto divieto alle società di cui al comma 2, lettera *d*), controllate da enti locali, di costituire nuove società e di acquisire nuove partecipazioni in società. Il divieto non si applica alle società che hanno come oggetto sociale esclusivo la gestione delle partecipazioni societarie di enti locali, salvo il rispetto degli obblighi previsti in materia di trasparenza dei dati finanziari e di consolidamento del bilancio degli enti partecipanti.

6. È fatta salva la possibilità di costituire società o enti in attuazione dell'articolo 34 del regolamento (CE) n. 1303/2013 del Parlamento europeo e del Consiglio del 17 dicembre 2013, dell'articolo 42 del regolamento (UE) n. 1305/2013 del Parlamento europeo e del Consiglio, del 17 dicembre 2013, (2) e dell'articolo 61 del regolamento (CE) n. 508 del 2014 del Parlamento europeo e del Consiglio 15 maggio 2014.

7. Sono altresì ammesse le partecipazioni nelle società aventi per oggetto sociale prevalente la gestione di spazi fieristici e l'organizzazione di eventi fieristici, [nonché] (3) la realizzazione e la gestione di impianti di trasporto a fune per la mobilità turistico-sportiva eserciti in aree montane, nonché la produzione di energia da fonti rinnovabili (4).

8. È fatta salva la possibilità di costituire, ai sensi degli articoli 2 e 3 del decreto legislativo 27 luglio 1999, n. 297, le società con caratteristiche di spin off o di start up universitari previste dall'articolo 6, comma 9, della legge 30 dicembre 2010, n. 240, nonché quelle con caratteristiche analoghe degli enti di ricerca. È inoltre fatta salva la possibilità, per le università, di costituire società per la gestione di aziende agricole con funzioni didattiche (5).

9. Con decreto del Presidente del Consiglio dei ministri, su proposta del Ministro dell'economia e delle finanze o dell'organo di vertice dell'amministrazione partecipante, motivato con riferimento alla misura e qualità della partecipazione pubblica, agli interessi pubblici a essa connessi e al tipo di attività svolta, ri-

conducibile alle finalità di cui al comma 1, anche al fine di agevolarne la quotazione ai sensi dell'articolo 18, può essere deliberata l'esclusione totale o parziale dell'applicazione delle disposizioni del presente articolo a singole società a partecipazione pubblica. Il decreto è trasmesso alle Camere ai fini della comunicazione alle commissioni parlamentari competenti. I Presidenti di Regione e delle province autonome di Trento e Bolzano, con provvedimento adottato ai sensi della legislazione regionale e nel rispetto dei principi di trasparenza e pubblicità, possono, nell'ambito delle rispettive competenze, deliberare l'esclusione totale o parziale dell'applicazione delle disposizioni del presente articolo a singole società a partecipazione della Regione o delle province autonome di Trento e Bolzano, motivata con riferimento alla misura e qualità della partecipazione pubblica, agli interessi pubblici a essa connessi e al tipo di attività svolta, riconducibile alle finalità di cui al comma 1. (6) Il predetto provvedimento è trasmesso alla competente Sezione regionale di controllo della Corte dei conti, alla struttura di cui all'articolo 15, comma 1, nonché alle Camere ai fini della comunicazione alle commissioni parlamentari competenti. (6)

9-*bis*. Nel rispetto della disciplina europea, è fatta salva la possibilità per le amministrazioni pubbliche di acquisire o mantenere partecipazioni in società che producono servizi economici di interesse generale a rete, di cui all'articolo 3-*bis* del decreto-legge 13 agosto 2011, n. 138, convertito, con modificazioni, dalla legge 14 settembre 2011, n. 148, anche fuori dall'ambito territoriale della collettività di riferimento, in deroga alle previsioni di cui al comma 2, lettera *a*), purché l'affidamento dei servizi, in corso e nuovi, sia avvenuto e avvenga tramite procedure ad evidenza pubblica. Per tali partecipazioni, trova piena applicazione l'articolo 20, comma 2, lettera *e*). Resta fermo quanto previsto dall'articolo 16. (7).

9-*ter*. È fatta salva la possibilità per le amministrazioni pubbliche di acquisire o mantenere partecipazioni, comunque non superiori all'1 per cento del capitale sociale, in società bancarie di finanza etica e sostenibile, come definite dall'articolo 111-*bis* del testo unico delle leggi in materia bancaria e creditizia, di cui al decreto legislativo 1° settembre 1993, n. 385, senza ulteriori oneri finanziari rispetto a quelli derivanti dalla partecipazione medesima (8).

9-*quater*. Le disposizioni del presente articolo non si applicano alla costituzione né all'acquisizione o al mantenimento di partecipazioni, da parte delle amministrazioni pubbliche, in società aventi per oggetto sociale prevalente la produzione, il trattamento, la lavorazione e l'immissione in commercio del latte, comunque trattato, e dei prodotti lattiero-caseari (9).

(1) *Le parole* « o allo svolgimento delle loro funzioni » *sono state inserite dall'art. 5, comma 1, lett.* a), *d.lgs. 16 giugno 2017, n. 100.*

(2) *Le parole* «, dell'articolo 42 del regolamento (UE) n. 1305/2013 del Parlamento europeo e del Consiglio, del 17 dicembre 2013, » *sono state inserite dall'art. 1, comma 722, l. 30 dicembre 2018, n. 145, a decorrere dal 1° gennaio 2019.*

(3) *Parola soppressa dall'art. 5, comma 1, lett.* b), *d.lgs. 16 giugno 2017, n. 100.*

(4) *Le parole* « nonché la produzione di energia da fonti rinnovabili. » *sono state inserite dall'art. 5, comma 1, lett.* b), *d.lgs.16 giugno 2017, n. 100.*

(5) *Periodo aggiunto dall'art. 5, comma 1, lett.* c), *d.lgs. 16 giugno 2017, n. 100.*

(6) *Periodo aggiunto dall'art. 5, comma 1, lett.* d), *d.lgs. 16 giugno 2017, n. 100.*

(7) *Comma aggiunto dall'art. 5, comma 1, lett.* e), *d.lgs. 16 giugno 2017, n. 100.*

(8) *Comma aggiunto dall'art. 1, comma 891, l. 27 dicembre 2017, n. 205, a decorrere dal 1° gennaio 2018.*

(9) *Comma aggiunto dall'art. 1, comma 1, l. 1° ottobre 2019, n. 119.*

4-*bis* (1) Disposizioni speciali per lo svolgimento di attività di ricerca nell'ambito del Piano nazionale di ripresa e resilienza.

1. Le attività di ricerca svolte dalle società a partecipazione pubblica e dagli enti pubblici di ricerca di cui all'articolo 1, comma 1, del decreto legislativo 25 novembre 2016, n. 218, per la realizzazione degli interventi compresi nel quadro di attuazione del Piano nazionale di ripresa e resilienza rientrano tra quelle perseguibili dalle amministrazioni pubbliche ai sensi del comma 2 dell'articolo 4 del presente decreto.

(1) *Articolo inserito dall'art. 25-*bis, *d.l. 6 novembre 2021, n. 152, conv., con modif., in l. 29 dicembre 2021, n. 233.*

5 Oneri di motivazione analitica.

1. A eccezione dei casi in cui la costituzione di una società o l'acquisto di una partecipazione, anche attraverso aumento di capitale, avvenga in conformità a espresse previsioni legislative, l'atto deliberativo di costituzione di una società a partecipazione pubblica, anche nei casi di cui all'articolo 17, o di acquisto di partecipazioni, anche indirette, da parte di amministrazioni pubbliche in società già costituite deve essere analiticamente motivato con riferimento alla necessità della società per il perseguimento delle finalità istituzionali di cui all'articolo 4, evidenziando, altresì, le ragioni e le finalità che giustificano tale scelta, anche sul piano della convenienza economica e della sostenibilità finanziaria [e in considerazione della possibilità di destinazione alternativa delle risorse pubbliche impegnate] (1), nonché di gestione diretta o esternalizzata del servizio affidato. La motivazione deve anche dare conto della compatibilità della scelta con i principi di efficienza, di efficacia e di economicità dell'azione amministrativa.

2. L'atto deliberativo di cui al comma 1 dà atto della compatibilità dell'intervento finanziario previsto con le norme dei trattati europei e, in particolare, con la disciplina europea in materia di aiuti di Stato alle imprese. Gli enti locali sottopongono lo schema di atto deliberativo a forme di consultazione pubblica, secondo modalità da essi stessi disciplinate (2).

3. L'amministrazione invia l'atto deliberativo di costituzione della società o di acquisizione della partecipazione diretta o indiretta alla Corte dei conti, a fini conoscitivi, e all'Autorità garante della concorrenza e del mercato, che può esercitare i poteri di cui all'articolo 21-*bis* della legge 10 ottobre 1990, n. 287.

4. Ai fini di quanto previsto dal comma 3, per gli atti delle amministrazioni dello Stato e degli enti nazionali sono competenti le Sezioni Riunite in sede di controllo (3); per gli atti delle regioni e degli enti locali, nonché dei loro enti strumentali, delle università o delle altre istituzioni pubbliche di autonomia aventi sede nella

regione, è competente la Sezione regionale di controllo; per gli atti degli enti assoggettati a controllo della Corte dei conti (4) ai sensi della legge 21 marzo 1958, n. 259, è competente la Sezione del controllo sugli enti medesimi.

(1) *Parole soppresse dall'art. 6 d.lgs. 16 giugno 2017, n. 100.*
(2) *Le parole* « secondo modalità da essi stessi disciplinate » *sono state aggiunte dall'art. 6 d.lgs. 16 giugno 2017, n. 100.*
(3) *Le parole* « e degli enti nazionali sono competenti le Sezioni Riunite in sede di controllo » *sono state sostituite alle parole* « è competente l'ufficio di controllo di legittimità sugli atti » *dall'art. 6 d.lgs. 16 giugno 2017, n. 100.*
(4) *Le parole* « Corte dei conti » *sono state sostituite alle parole* « Corte di conti » *dall'art. 6 d.lgs. 16 giugno 2017, n. 100*

6 Principi fondamentali sull'organizzazione e sulla gestione delle società a controllo pubblico.

1. Le società a controllo pubblico, che svolgano attività economiche protette da diritti speciali o esclusivi, insieme con altre attività svolte in regime di economia di mercato, in deroga all'obbligo di separazione societaria previsto dal comma 2-*bis* dell'articolo 8 della legge 10 ottobre 1990, n. 287, adottano sistemi di contabilità separata per le attività oggetto di diritti speciali o esclusivi e per ciascuna attività.

2. Le società a controllo pubblico predispongono specifici programmi di valutazione del rischio di crisi aziendale e ne informano l'assemblea nell'ambito della relazione di cui al comma 4.

3. Fatte salve le funzioni degli organi di controllo previsti a norma di legge e di statuto, le società a controllo pubblico valutano l'opportunità di integrare, in considerazione delle dimensioni e delle caratteristiche organizzative nonché dell'attività svolta, gli strumenti di governo societario con i seguenti:

a) regolamenti interni volti a garantire la conformità dell'attività della società alle norme di tutela della concorrenza, comprese quelle in materia di concorrenza sleale, nonché alle norme di tutela della proprietà industriale o intellettuale;

b) un ufficio di controllo interno strutturato secondo criteri di adeguatezza rispetto alla dimensione e alla complessità dell'impresa sociale, che collabora con l'organo di controllo statutario, riscontrando tempestivamente le richieste da questo provenienti, e trasmette periodicamente all'organo di controllo statutario relazioni sulla regolarità e l'efficienza della gestione;

c) codici di condotta propri, o adesione a codici di condotta collettivi aventi a oggetto la disciplina dei comportamenti imprenditoriali nei confronti di consumatori, utenti, dipendenti e collaboratori, nonché altri portatori di legittimi interessi coinvolti nell'attività della società;

d) programmi di responsabilità sociale d'impresa, in conformità alle raccomandazioni della Commissione dell'Unione europea.

4. Gli strumenti eventualmente adottati ai sensi del comma 3 sono indicati nella relazione sul governo societario che le società controllate predispongono annualmente, a chiusura dell'esercizio sociale e pubblicano contestualmente al bilancio d'esercizio.

5. Qualora le società a controllo pubblico non integrino gli strumenti di governo societario con quelli di cui al comma 3, danno conto delle ragioni all'interno della relazione di cui al comma 4.

7 Costituzione di società a partecipazione pubblica.

1. La deliberazione di partecipazione di un'amministrazione pubblica alla costituzione di una società è adottata con:

a) decreto del Presidente del Consiglio dei ministri, su proposta del Ministro dell'economia e delle finanze di concerto con i ministri competenti per materia, previa deliberazione del Consiglio dei ministri, in caso di partecipazioni statali;

b) provvedimento del competente organo della regione, in caso di partecipazioni regionali;

c) deliberazione del consiglio comunale, in caso di partecipazioni comunali;

d) delibera dell'organo amministrativo dell'ente, in tutti gli altri casi di partecipazioni pubbliche.

2. L'atto deliberativo è redatto in conformità a quanto previsto all'articolo 5, comma 1.

3. L'atto deliberativo contiene altresì l'indicazione degli elementi essenziali dell'atto costitutivo, come previsti dagli articoli 2328 e 2463 del codice civile, rispettivamente per le società per azioni e per le società a responsabilità limitata.

4. L'atto deliberativo è pubblicato sui siti istituzionali dell'amministrazione pubblica partecipante.

5. Nel caso in cui sia prevista la partecipazione all'atto costitutivo di soci privati, la scelta di questi ultimi avviene con procedure di evidenza pubblica a norma dell'articolo 5, comma 9, del decreto legislativo n. 50 del 2016.

6. Nel caso in cui una società a partecipazione pubblica sia costituita senza l'atto deliberativo di una o più amministrazioni pubbliche partecipanti, o l'atto deliberativo di partecipazione di una o più amministrazioni sia dichiarato nullo o annullato, le partecipazioni sono liquidate secondo quanto disposto dall'articolo 24, comma 5. Se la mancanza o invalidità dell'atto deliberativo riguarda una partecipazione essenziale ai fini del conseguimento dell'oggetto sociale, si applicano le disposizioni di cui all'articolo 2332 del codice civile.

7. Sono, altresì, adottati con le modalità di cui ai commi 1 e 2:

a) le modifiche di clausole dell'oggetto sociale che consentano un cambiamento significativo dell'attività della società;

b) la trasformazione della società;

c) il trasferimento della sede sociale all'estero;

d) la revoca dello stato di liquidazione.

8 Acquisto di partecipazioni in società già costituite.

1. Le operazioni, anche mediante sottoscrizione di un aumento di capitale o partecipazione a operazioni straordinarie, che comportino l'acquisto da parte di un'amministrazione pubblica di partecipazioni in so-

cietà già esistenti sono deliberate secondo le modalità di cui all'articolo 7, commi 1 e 2.

2. L'eventuale mancanza o invalidità dell'atto deliberativo avente ad oggetto l'acquisto della partecipazione rende inefficace il contratto di acquisto della partecipazione medesima.

3. Le disposizioni del presente articolo si applicano anche all'acquisto, da parte di pubbliche amministrazioni, di partecipazioni in società quotate, unicamente nei casi in cui l'operazione comporti l'acquisto della qualità di socio.

9 Gestione delle partecipazioni pubbliche.

1. Per le partecipazioni pubbliche statali i diritti del socio sono esercitati dal Ministero dell'economia e delle finanze, di concerto con altri Ministeri competenti per materia, individuati dalle relative disposizioni di legge o di regolamento ministeriale.

2. Per le partecipazioni regionali i diritti del socio sono esercitati secondo la disciplina stabilita dalla regione titolare delle partecipazioni.

3. Per le partecipazioni di enti locali i diritti del socio sono esercitati dal sindaco o dal presidente o da un loro delegato.

4. In tutti gli altri casi i diritti del socio sono esercitati dall'organo amministrativo dell'ente.

5. La conclusione, la modificazione e lo scioglimento di patti parasociali sono deliberati ai sensi dell'articolo 7, comma 1.

6. La violazione delle disposizioni di cui ai commi da 1 a 5 e il contrasto con impegni assunti mediante patti parasociali non determinano l'invalidità delle deliberazioni degli organi della società partecipata, ferma restando la possibilità che l'esercizio del voto o la deliberazione siano invalidate in applicazione di norme generali di diritto privato.

7. Qualora lo statuto della società partecipata preveda, ai sensi dell'articolo 2449 del codice civile, la facoltà del socio pubblico di nominare o revocare direttamente uno o più componenti di organi interni della società, i relativi atti sono efficaci dalla data di ricevimento, da parte della società, della comunicazione dell'atto di nomina o di revoca. È fatta salva l'applicazione dell'articolo 2400, secondo comma, del codice civile.

8. Nei casi di cui al comma 7, la mancanza o invalidità dell'atto deliberativo interno di nomina o di revoca rileva come causa di invalidità dell'atto di nomina o di revoca anche nei confronti della società.

9. Le disposizioni del presente articolo si applicano anche alle partecipazioni di pubbliche amministrazioni nelle società quotate.

10. Resta fermo quanto disposto dal decreto-legge 15 marzo 2012, n. 21, convertito, con modificazioni, dalla legge 11 maggio 2012, n. 56.

10 Alienazione di partecipazioni sociali.

1. Gli atti deliberativi aventi ad oggetto l'alienazione o la costituzione di vincoli su partecipazioni sociali delle amministrazioni pubbliche sono adottati secondo le modalità di cui all'articolo 7, comma 1.

2. L'alienazione delle partecipazioni è effettuata nel rispetto dei principi di pubblicità, trasparenza e non discriminazione. In casi eccezionali, a seguito di deliberazione motivata dell'organo competente ai sensi del comma 1, che dà analiticamente atto della convenienza economica dell'operazione, con particolare riferimento alla congruità del prezzo di vendita, l'alienazione può essere effettuata mediante negoziazione diretta con un singolo acquirente. È fatto salvo il diritto di prelazione dei soci eventualmente previsto dalla legge o dallo statuto.

3. La mancanza o invalidità dell'atto deliberativo avente ad oggetto l'alienazione della partecipazione rende inefficace l'atto di alienazione della partecipazione.

4. È fatta salva la disciplina speciale in materia di alienazione delle partecipazioni dello Stato.

11 Organi amministrativi e di controllo delle società a controllo pubblico.

1. Salvi gli ulteriori requisiti previsti dallo statuto, i componenti degli organi amministrativi e di controllo di società a controllo pubblico devono possedere i requisiti di onorabilità, professionalità e autonomia stabiliti con decreto del Presidente del Consiglio dei ministri, su proposta del Ministro dell'economia e delle finanze, previa intesa in Conferenza unificata ai sensi dell'articolo 9 del decreto legislativo 28 agosto 1997, n. 281 (1). Resta fermo quanto disposto dall'articolo 12 del decreto legislativo 8 aprile 2013, n. 39, e dall'articolo 5, comma 9, del decreto-legge 6 luglio 2012, n. 95, convertito, con modificazioni, dalla legge 7 agosto 2012, n. 135.

2. L'organo amministrativo delle società a controllo pubblico è costituito, di norma, da un amministratore unico.

3. L'assemblea della società a controllo pubblico, con delibera motivata con riguardo a specifiche ragioni di adeguatezza organizzativa e tenendo conto delle esigenze di contenimento dei costi, può disporre che la società sia amministrata da un consiglio di amministrazione composto da tre o cinque membri, ovvero che sia adottato uno dei sistemi alternativi di amministrazione e controllo previsti dai paragrafi 5 e 6 della sezione VI-*bis* del capo V del titolo V del libro V del codice civile. La delibera è trasmessa alla sezione della Corte dei conti competente ai sensi dell'articolo 5, comma 4, e alla struttura di cui all'articolo 15 (2).

4. Nella scelta degli amministratori delle società a controllo pubblico, le amministrazioni assicurano il rispetto del principio di equilibrio di genere, almeno nella misura di un terzo, da computare sul numero complessivo delle designazioni o nomine effettuate in corso d'anno. Qualora la società abbia un organo amministrativo collegiale, lo statuto prevede che la scelta degli amministratori da eleggere sia effettuata nel rispetto dei criteri stabiliti dalla legge 12 luglio 2011, n. 120.

5. Quando la società a controllo pubblico sia costituita in forma di società a responsabilità limitata, non è consentito, in deroga all'articolo 2475, terzo comma, del codice civile, prevedere che l'amministrazione sia

affidata, disgiuntamente o congiuntamente, a due o più soci.

6. Con decreto del Ministro dell'economia e delle finanze[, sentita la Conferenza unificata per i profili di competenza] (3), previo parere delle Commissioni parlamentari competenti, per le società a controllo pubblico sono definiti indicatori dimensionali quantitativi e qualitativi al fine di individuare fino a cinque fasce per la classificazione delle suddette società.Per le società controllate dalle regioni o dagli enti locali, il decreto di cui al primo periodo è adottato previa intesa in Conferenza unificata ai sensi dell'articolo 9 del decreto legislativo 28 agosto 1997, n. 281 (4). Per ciascuna fascia è determinato, in proporzione, il limite dei compensi massimi al quale gli organi di dette società devono fare riferimento, secondo criteri oggettivi e trasparenti, per la determinazione del trattamento economico annuo onnicomprensivo da corrispondere agli amministratori, ai titolari e componenti degli organi di controllo, ai dirigenti e ai dipendenti, che non potrà comunque eccedere il limite massimo di euro 240.000 annui al lordo dei contributi previdenziali e assistenziali e degli oneri fiscali a carico del beneficiario, tenuto conto anche dei compensi corrisposti da altre pubbliche amministrazioni o da altre società a controllo pubblico. Le stesse società verificano il rispetto del limite massimo del trattamento economico annuo onnicomprensivo dei propri amministratori e dipendenti fissato con il suddetto decreto. Sono in ogni caso fatte salve le disposizioni legislative e regolamentari che prevedono limiti ai compensi inferiori a quelli previsti dal decreto di cui al presente comma. Il decreto stabilisce altresì i criteri di determinazione della parte variabile della remunerazione, commisurata ai risultati di bilancio raggiunti dalla società nel corso dell'esercizio precedente. In caso di risultati negativi attribuibili alla responsabilità dell'amministratore, la parte variabile non può essere corrisposta.

7 Fino all'emanazione del decreto di cui al comma 6 restano in vigore le disposizioni di cui all'articolo 4, comma 4, secondo periodo, del decreto-legge 6 luglio 2012, n. 95, convertito, con modificazioni, dalla legge 7 agosto 2012, n. 135, e successive modificazioni, e al decreto del Ministro dell'economia e delle finanze 24 dicembre 2013, n. 166.

8. Gli amministratori delle società a controllo pubblico non possono essere dipendenti delle amministrazioni pubbliche controllanti o vigilanti. Qualora siano dipendenti della società controllante, in virtù del principio di onnicomprensività della retribuzione, fatto salvo il diritto alla copertura assicurativa e al rimborso delle spese documentate, nel rispetto del limite di spesa di cui al comma 6, essi hanno l'obbligo di riversare i relativi compensi alla società di appartenenza. Dall'applicazione del presente comma non possono derivare aumenti della spesa complessiva per i compensi degli amministratori.

9. Gli statuti delle società a controllo pubblico prevedono altresì:

a) l'attribuzione da parte del consiglio di amministrazione di deleghe di gestione a un solo amministratore, salva l'attribuzione di deleghe al presidente ove preventivamente autorizzata dall'assemblea;

b) l'esclusione della carica di vicepresidente o la previsione che la carica stessa sia attribuita esclusivamente quale modalità di individuazione del sostituto del presidente in caso di assenza o impedimento, senza riconoscimento di compensi aggiuntivi;

c) il divieto di corrispondere gettoni di presenza o premi di risultato deliberati dopo lo svolgimento dell'attività, e il divieto di corrispondere trattamenti di fine mandato, ai componenti degli organi sociali;

d) il divieto di istituire organi diversi da quelli previsti dalle norme generali in tema di società.

10. È comunque fatto divieto di corrispondere ai dirigenti delle società a controllo pubblico indennità o trattamenti di fine mandato diversi o ulteriori rispetto a quelli previsti dalla legge o dalla contrattazione collettiva ovvero di stipulare patti o accordi di non concorrenza, anche ai sensi dell'articolo 2125 del codice civile.

11. Nelle società di cui amministrazioni pubbliche detengono il controllo indiretto, non è consentito nominare, nei consigli di amministrazione o di gestione, amministratori della società controllante, a meno che siano attribuite ai medesimi deleghe gestionali a carattere continuativo ovvero che la nomina risponda all'esigenza di rendere disponibili alla società controllata particolari e comprovate competenze tecniche degli amministratori della società controllante o di favorire l'esercizio dell'attività di direzione e coordinamento.

12. Coloro che hanno un rapporto di lavoro con società a controllo pubblico e che sono al tempo stesso componenti degli organi di amministrazione della società con cui è instaurato il rapporto di lavoro, sono collocati in aspettativa non retribuita e con sospensione della loro iscrizione ai competenti istituti di previdenza e di assistenza, salvo che rinuncino ai compensi dovuti a qualunque titolo agli amministratori.

13. Le società a controllo pubblico limitano ai casi previsti dalla legge la costituzione di comitati con funzioni consultive o di proposta. Per il caso di loro costituzione, non può comunque essere riconosciuta ai componenti di tali comitati alcuna remunerazione complessivamente superiore al 30 per cento del compenso deliberato per la carica di componente dell'organo amministrativo e comunque proporzionata alla qualificazione professionale e all'entità dell'impegno richiesto.

14. Restano ferme le disposizioni in materia di inconferibilità e incompatibilità di incarichi di cui al decreto legislativo 8 aprile 2013, n. 39.

15. Agli organi di amministrazione e controllo delle società in house si applica il decreto-legge 16 maggio 1994, n. 293, convertito, con modificazioni, dalla legge 15 luglio 1994, n. 444 (5).

16. Nelle società a partecipazione pubblica ma non a controllo pubblico, l'amministrazione pubblica che sia titolare di una partecipazione pubblica superiore al dieci per cento del capitale propone agli organi societari l'introduzione di misure analoghe a quelle di cui ai commi 6 e 10.

(1) *Le parole* « previa intesa in Conferenza unificata ai sensi dell'articolo 9 del decreto legislativo 28 agosto 1997, n. 281 » *sono state inserite dall'art. 7 d.lgs. 16 giugno 2017, n. 100.*

(2) *Comma così sostituito dall'art. 11 d.lgs. 16 giugno 2017, n. 100. Il testo previgente era il seguente:* « 3. Con decreto del Presidente del

Consiglio dei ministri, su proposta del Ministro dell'economia e finanze, di concerto con il Ministro delegato per la semplificazione e la pubblica amministrazione, adottato entro sei mesi dalla data di entrata in vigore del presente decreto, sono definiti i criteri in base ai quali, per specifiche ragioni di adeguatezza organizzativa, l'assemblea della società a controllo pubblico può disporre che la società sia amministrata da un consiglio di amministrazione composto da tre o cinque membri, ovvero che sia adottato uno dei sistemi alternativi di amministrazione e controllo previsti dai paragrafi 5 e 6 della sezione VI-*bis* del capo V del titolo V del libro V del codice civile. In caso di adozione del sistema dualistico, al consiglio di sorveglianza sono attribuiti i poteri di cui all'articolo 2409-terdecies, primo comma, lettera f-bis), del codice civile. Nel caso in cui sia adottato uno dei sistemi alternativi, il numero complessivo dei componenti degli organi di amministrazione e controllo non può essere superiore a cinque ».

(3) *Parole soppresse dall'art. 7 d.lgs. 16 giugno 2017, n. 100.*

(4) *Periodo aggiunto dall'art. 7 d.lgs. 16 giugno 2017, n. 100.*

(5) *Ai sensi dell'art. 1, comma 4-duodecies, d.l. 7 ottobre 2020, n. 125, conv., con modif., in l. 27 novembre 2020, n. 159, in considerazione dell'emergenza epidemiologica da COVID-19, dalla data del 17 marzo 2020 e fino al 15 dicembre 2020, non si applica il presente comma. « Nel suddetto periodo, agli organi delle società in house si applicano gli articoli 2385, secondo comma, e 2400, primo comma, ultimo periodo, del codice civile. Nel medesimo periodo sono fatti salvi gli atti posti in essere da tali organi e la loro eventuale cessazione, per scadenza del termine, non produce effetti fino a quando gli stessi non sono stati ricostituiti ».*

12 Responsabilità degli enti partecipanti e dei componenti degli organi delle società partecipate.

1. I componenti degli organi di amministrazione e controllo delle società partecipate sono soggetti alle azioni civili di responsabilità previste dalla disciplina ordinaria delle società di capitali, salva la giurisdizione della Corte dei conti per il danno erariale causato dagli amministratori e dai dipendenti delle società in house. È devoluta alla Corte dei conti, nei limiti della quota di partecipazione pubblica, la giurisdizione sulle controversie in materia di danno erariale di cui al comma 2.

2. Costituisce danno erariale il danno, patrimoniale o non patrimoniale, subito dagli enti partecipanti, ivi compreso il danno conseguente alla condotta dei rappresentanti degli enti pubblici partecipanti o comunque dei titolari del potere di decidere per essi, che, nell'esercizio dei propri diritti di socio, abbiano con dolo o colpa grave pregiudicato il valore della partecipazione.

13 Controllo giudiziario sull'amministrazione di società a controllo pubblico.

1. Nelle società a controllo pubblico, in deroga ai limiti minimi di partecipazione previsti dall'articolo 2409 del codice civile, ciascuna amministrazione pubblica socia, indipendentemente dall'entità della partecipazione di cui è titolare, è legittimata a presentare denunzia di gravi irregolarità al tribunale.

2. Il presente articolo si applica anche alle società a controllo pubblico costituite in forma di società a responsabilità limitata.

14 Crisi d'impresa di società a partecipazione pubblica.

1. Le società a partecipazione pubblica sono soggette alle disposizioni sul fallimento e sul concordato preventivo, nonché, ove ne ricorrano i presupposti, a quelle in materia di amministrazione straordinaria delle grandi imprese in stato di insolvenza (1) di cui al decreto legislativo 8 luglio 1999, n. 270, e al decreto-legge 23 dicembre 2003, n. 347, convertito, con modificazioni, dalla legge 18 febbraio 2004, n. 39.

2. Qualora emergano, nell'ambito dei programmi di valutazione del rischio di cui all'articolo 6, comma 2 (2), uno o più indicatori di crisi aziendale, l'organo amministrativo della società a controllo pubblico adotta senza indugio i provvedimenti necessari al fine di prevenire l'aggravamento della crisi, di correggerne gli effetti ed eliminarne le cause, attraverso un idoneo piano di risanamento.

3. Quando si determini la situazione di cui al comma 2 (3), la mancata adozione di provvedimenti adeguati, da parte dell'organo amministrativo, costituisce grave irregolarità ai sensi dell'articolo 2409 del codice civile.

4. Non costituisce provvedimento adeguato, ai sensi dei commi 1 e 2, la previsione di un ripianamento delle perdite da parte dell'amministrazione o delle amministrazioni pubbliche socie, anche se attuato in concomitanza a un aumento di capitale o ad un trasferimento straordinario di partecipazioni o al rilascio di garanzie o in qualsiasi altra forma giuridica, a meno che tale intervento sia accompagnato da un piano di ristrutturazione aziendale, dal quale risulti comprovata la sussistenza di concrete prospettive di recupero dell'equilibrio economico delle attività svolte, approvato ai sensi del comma 2 (4), anche in deroga al comma 5.

5. Le amministrazioni di cui all'articolo 1, comma 3, della legge 31 dicembre 2009, n. 196, non possono, salvo quanto previsto dagli articoli 2447 e 2482-*ter* del codice civile, sottoscrivere aumenti di capitale, effettuare trasferimenti straordinari, aperture di credito (5), né rilasciare garanzie a favore delle società partecipate, con esclusione delle società quotate e degli istituti di credito, che abbiano registrato, per tre esercizi consecutivi, perdite di esercizio ovvero che abbiano utilizzato riserve disponibili per il ripianamento di perdite anche infrannuali. Sono in ogni caso consentiti i trasferimenti straordinari alle società di cui al primo periodo, a fronte di convenzioni, contratti di servizio o di programma relativi allo svolgimento di servizi di pubblico interesse ovvero alla realizzazione di investimenti, purché le misure indicate siano contemplate in un piano di risanamento, approvato dall'Autorità di regolazione di settore ove esistente e comunicato alla Corte dei conti con le modalità di cui all'articolo 5, che contempli il raggiungimento dell'equilibrio finanziario entro tre anni. Al fine di salvaguardare la continuità nella prestazione di servizi di pubblico interesse, a fronte di gravi pericoli per la sicurezza pubblica, l'ordine pubblico e la sanità, su richiesta della amministrazione interessata, con decreto del Presidente del Consiglio dei ministri, adottato su proposta del Ministro dell'economia e delle finanze, di concerto con gli altri Ministri competenti e soggetto a registrazione della Corte dei conti, possono essere autorizzati gli interventi di cui al primo periodo del presente comma.

6. Nei cinque anni successivi alla dichiarazione di fallimento di una società a controllo pubblico titolare di affidamenti diretti, le pubbliche amministrazioni controllanti non possono costituire nuove società, né

acquisire o mantenere partecipazioni in società, qualora le stesse gestiscano i medesimi servizi di quella dichiarata fallita.

(1) *Le parole* « in stato di insolvenza » *sono state sostituite alla parola* « insolventi » *dall'art. 8 d.lgs. 16 giugno 2017, n. 100.*
(2) *Le parole* « comma 2 » *sono state sostituite alle parole* « comma 3 » *dall'art. 8 d.lgs. 16 giugno 2017, n. 100.*
(3) *Le parole* « comma 2 » *sono state sostituite alle parole* « comma 1 » *dall'art. 8 d.lgs. 16 giugno 2017, n. 100.*
(4) *Le parole* « comma 2 » *sono state sostituite alle parole* « comma 4 » *dall'art. 8 d.lgs. 16 giugno 2017, n. 100.*
(5) *Le parole* « sottoscrivere aumenti di capitale, effettuare trasferimenti straordinari, aperture di credito » *sono state sostituite alle parole* « effettuare aumenti di capitale, trasferimenti straordinari, aperture di credito » *dall'art. 8 d.lgs. 16 giugno 2017, n. 100.*

15 Monitoraggio, indirizzo e coordinamento sulle società a partecipazione pubblica.

1. Nell'ambito del Ministero dell'economia e delle finanze, nei limiti delle risorse disponibili a legislazione vigente, con decreto del Ministro dell'economia e delle finanze, (1) è individuata la struttura competente per l'indirizzo, (2) il controllo e il monitoraggio sull'attuazione del presente decreto. Il Ministero dell'economia e delle finanze assicura la separazione, a livello organizzativo, tra la suddetta struttura e gli uffici responsabili dell'esercizio dei diritti sociali. (3)

2. Fatte salve le norme di settore e le competenze dalle stesse previste, ai fini dell'applicazione delle disposizioni del presente decreto, la struttura di cui al comma 1 fornisce orientamenti e indicazioni in materia di applicazione del presente decreto e del decreto legislativo 11 novembre 2003, n. 333, e promuove le migliori pratiche presso le società a partecipazione pubblica, adotta nei confronti delle stesse società le direttive sulla separazione contabile e verifica il loro rispetto, ivi compresa la relativa trasparenza.

3. La struttura di cui al comma 1 tiene un elenco pubblico, accessibile anche in via telematica, di tutte le società a partecipazione pubblica esistenti, utilizzando le informazioni della banca dati di cui all'articolo 17, comma 4, del decreto-legge 24 giugno 2014, n. 90, convertito, con modificazioni, dalla legge 11 agosto 2014, n. 114.

4. Fermo restando quanto disposto dal citato articolo 17, comma 4, del decreto-legge n. 90 del 2014, le amministrazioni pubbliche e le società a partecipazione pubblica inviano alla struttura cui al comma 1, con le modalità e nei termini da essa stabiliti, le segnalazioni periodiche e ogni altro dato o documento richiesto. Esse trasmettono anche i bilanci e gli altri documenti obbligatori, di cui all'articolo 6 del presente decreto, con le modalità e nei termini stabiliti dalla medesima struttura.

5. In relazione agli obblighi previsti dal presente decreto, i poteri ispettivi di cui all'articolo 6, comma 3, del decreto-legge 6 luglio 2012, n. 95, convertito, con modificazioni, dalla legge 7 agosto 2012, n. 135, sono esercitati nei confronti di tutte le società a partecipazione pubblica.

(1) *L'inciso* « con decreto del Ministro dell'economia e delle finanze, » *è stato inserito dall'art. 9 d.lgs. 16 giugno 2017, n. 100.*
(2) *La parola* « l'indirizzo » *è stata inserita dall'art. 9 d.lgs. 16 giugno 2017, n. 100.*
(3) *Per l'individuazione della struttura prevista dal presente comma v. l'art. 1, d.m. 16 maggio 2017.*

16 Società in house.

1. Le società in house ricevono affidamenti diretti di contratti pubblici dalle amministrazioni che esercitano su di esse il controllo analogo o da ciascuna delle amministrazioni che esercitano su di esse il controllo analogo congiunto solo se non vi sia partecipazione di capitali privati, ad eccezione di quella prescritta da norme di legge e che avvenga in forme che non comportino controllo o potere di veto, né l'esercizio di un'influenza determinante sulla società controllata.

2. Ai fini della realizzazione dell'assetto organizzativo di cui al comma 1:

a) gli statuti delle società per azioni possono contenere clausole in deroga delle disposizioni dell'articolo 2380-*bis* e dell'articolo 2409-*novies* del codice civile;

b) gli statuti delle società a responsabilità limitata possono prevedere l'attribuzione all'ente o agli enti pubblici soci di particolari diritti, ai sensi dell'articolo 2468, terzo comma, del codice civile;

c) in ogni caso, i requisiti del controllo analogo possono essere acquisiti anche mediante la conclusione di appositi patti parasociali; tali patti possono avere durata superiore a cinque anni, in deroga all'articolo 2341-*bis*, primo comma, del codice civile.

3. Gli statuti delle società di cui al presente articolo devono prevedere che oltre l'ottanta per cento del loro fatturato sia effettuato nello svolgimento dei compiti a esse affidati dall'ente pubblico o dagli enti pubblici soci [e che la produzione ulteriore rispetto al suddetto limite di fatturato sia consentita solo a condizione che la stessa permetta di conseguire economie di scala o altri recuperi di efficienza sul complesso dell'attività principale della società.] (1).

3-*bis*. La produzione ulteriore rispetto al limite di fatturato di cui al comma 3, che può essere rivolta anche a finalità diverse, è consentita solo a condizione che la stessa permetta di conseguire economie di scala o altri recuperi di efficienza sul complesso dell'attività principale della società. (2)

4. Il mancato rispetto del limite quantitativo di cui al comma 3 costituisce grave irregolarità ai sensi dell'articolo 2409 del codice civile e dell'articolo 15 del presente decreto.

5. Nel caso di cui al comma 4, la società può sanare l'irregolarità se, entro tre mesi dalla data in cui la stessa si è manifestata, rinunci a una parte dei rapporti [di fornitura] (3) con soggetti terzi, sciogliendo i relativi rapporti contrattuali, ovvero rinunci agli affidamenti diretti da parte dell'ente o degli enti pubblici soci, sciogliendo i relativi rapporti. In quest'ultimo caso le attività precedentemente affidate alla società controllata devono essere riaffidate, dall'ente o dagli enti pubblici soci, mediante procedure competitive regolate dalla disciplina in materia di contratti pubblici, entro i sei mesi successivi allo scioglimento del rapporto contrattuale. Nelle more dello svolgimento delle procedure di gara i beni o servizi continueranno ad essere forniti dalla stessa società controllata.

6. Nel caso di rinuncia agli affidamenti diretti, di cui al comma 5, la società può continuare la propria attività se e in quanto sussistano i requisiti di cui all'articolo 4. A seguito della cessazione degli affidamenti diretti, perdono efficacia le clausole statutarie e i patti parasociali finalizzati a realizzare i requisiti del controllo analogo.

7. Le società di cui al presente articolo sono tenute all'acquisto di lavori, beni e servizi secondo la disciplina di cui al decreto legislativo n. 50 del 2016. Resta fermo quanto previsto dall'articolo dagli articoli 5 e (4) 192 del medesimo decreto legislativo n. 50 del 2016.

(1) *Periodo soppresso dall'art. 10 d.lgs. 16 giugno 2017, n. 100.*
(2) *Comma inserito dall'art. 10 d.lgs. 16 giugno 2017, n. 100.*
(3) *Parola soppressa dall'art. 10 d.lgs. 16 giugno 2017, n. 100.*
(4) *Le parole* « dagli articoli 5 e » *sono state sostituite alle parole* « dall'articolo » *dall'art. 10 d.lgs. 16 giugno 2017, n. 100.*

17 Società a partecipazione mista pubblico-privata.

1. Nelle società a partecipazione mista pubblico-privata (1), la quota di partecipazione del soggetto privato non può essere inferiore al trenta per cento e la selezione del medesimo si svolge con procedure di evidenza pubblica a norma dell'articolo 5, comma 9, del decreto legislativo n. 50 del 2016 e ha a oggetto, al contempo, la sottoscrizione o l'acquisto della partecipazione societaria da parte del socio privato e l'affidamento del contratto di appalto o di concessione oggetto esclusivo dell'attività della società mista.

2. Il socio privato deve possedere i requisiti di qualificazione previsti da norme legali o regolamentari in relazione alla prestazione per cui la società è stata costituita. All'avviso pubblico sono allegati la bozza dello statuto e degli eventuali accordi parasociali, nonché degli elementi essenziali del contratto di servizio e dei disciplinari e regolamenti di esecuzione che ne costituiscono parte integrante. Il bando di gara deve specificare l'oggetto dell'affidamento, i necessari requisiti di qualificazione generali e speciali di carattere tecnico ed economico-finanziario dei concorrenti, nonché il criterio di aggiudicazione che garantisca una valutazione delle offerte in condizioni di concorrenza effettiva in modo da individuare un vantaggio economico complessivo per l'amministrazione pubblica che ha indetto la procedura. I criteri di aggiudicazione possono includere, tra l'altro, aspetti qualitativi ambientali, sociali connessi all'oggetto dell'affidamento o relativi all'innovazione.

3. La durata della partecipazione privata alla società, aggiudicata ai sensi del comma 1 del presente articolo, non può essere superiore alla durata dell'appalto o della concessione. Lo statuto prevede meccanismi idonei a determinare lo scioglimento del rapporto societario in caso di risoluzione del contratto di servizio.

4. Nelle società di cui al presente articolo:

a) gli statuti delle società per azioni possono contenere clausole in deroga delle disposizioni dell'articolo 2380-*bis* e dell'articolo 2409-*novies* del codice civile al fine di consentire il controllo interno del socio pubblico sulla gestione dell'impresa;

b) gli statuti delle società a responsabilità limitata possono prevedere l'attribuzione all'ente o agli enti pubblici partecipanti e ai soci privati di particolari diritti, ai sensi dell'articolo 2468, terzo comma, del codice civile, e derogare all'articolo 2479, primo comma, del codice civile nel senso di eliminare o limitare la competenza dei soci;

c) gli statuti delle società per azioni possono prevedere l'emissione di speciali categorie di azioni e di azioni con prestazioni accessorie da assegnare al socio privato;

d) i patti parasociali possono avere durata superiore a cinque anni, in deroga all'articolo 2341-*bis*, primo comma, del codice civile, purché entro i limiti di durata del contratto per la cui esecuzione la società è stata costituita.

5. Nel rispetto delle disposizioni del presente articolo, al fine di ottimizzare la realizzazione e la gestione di più opere e servizi, anche non simultaneamente assegnati, la società può emettere azioni correlate ai sensi dell'articolo 2350, secondo comma, del codice civile, o costituire patrimoni destinati o essere assoggettata a direzione e coordinamento da parte di un'altra società.

6. Alle società di cui al presente articolo che non siano organismi di diritto pubblico, costituite per la realizzazione di lavori o opere o per la produzione di beni o servizi non destinati ad essere collocati sul mercato in regime di concorrenza, per la realizzazione dell'opera pubblica o alla gestione del servizio per i quali sono state specificamente costituite non si applicano le disposizioni del decreto legislativo n. 50 del 2016, se ricorrono le seguenti condizioni:

a) la scelta del socio privato è avvenuta nel rispetto di procedure di evidenza pubblica;

b) il socio privato ha i requisiti di qualificazione previsti dal decreto legislativo n. 50 del 2016 in relazione alla prestazione per cui la società è stata costituita;

c) la società provvede in via diretta alla realizzazione dell'opera o del servizio, in misura superiore al 70% del relativo importo.

(1) *Le parole* « a partecipazione mista pubblico-privata » *sono state sostituite alle precedenti* « costituite per le finalità di cui all'articolo 4, comma 2, lettera *c*), » *dall'art. 11 d.lgs. 16 giugno 2017, n. 100.*

18 Quotazione di società a controllo pubblico in mercati regolamentati.

1. Le società controllate da una o più amministrazioni pubbliche possono quotare azioni o altri strumenti finanziari in mercati regolamentati, a seguito di deliberazione adottata ai sensi dell'articolo 5, comma 1, secondo le modalità di cui all'articolo 7, comma 1. L'atto deliberativo prevede uno specifico programma avente ad oggetto il mantenimento o la progressiva dismissione del controllo pubblico sulla società quotata.

2. L'atto deliberativo avente ad oggetto la richiesta di ammissione alla quotazione è adottato con le modalità di cui all'articolo 7, comma 1.

3. È fatta salva la possibilità di quotazione in mercati regolamentati di società a partecipazione pubblica singolarmente individuate, soggette a regimi speciali in base ad apposite norme di legge.

19 Gestione del personale.

1. Salvo quanto previsto dal presente decreto, ai rapporti di lavoro dei dipendenti delle società a controllo pubblico si applicano le disposizioni del capo I, titolo II, del libro V del codice civile, dalle leggi sui rapporti di lavoro subordinato nell'impresa, ivi incluse quelle in materia di ammortizzatori sociali, secondo quanto previsto dalla normativa vigente, e dai contratti collettivi.

2. Le società a controllo pubblico stabiliscono, con propri provvedimenti, criteri e modalità per il reclutamento del personale nel rispetto dei principi, anche di derivazione europea, di trasparenza, pubblicità e imparzialità e dei principi di cui all'articolo 35, comma 3, del decreto legislativo 30 marzo 2001, n. 165. In caso di mancata adozione dei suddetti provvedimenti, trova diretta applicazione il suddetto articolo 35, comma 3, del decreto legislativo n. 165 del 2001.

3. I provvedimenti di cui al comma 2 sono pubblicati sul sito istituzionale della società. In caso di mancata o incompleta pubblicazione si applicano gli articoli 22, comma 4, 46 e 47, comma 2, del decreto legislativo 14 marzo 2013, n. 33.

4. Salvo quanto previsto dall'articolo 2126 del codice civile, ai fini retributivi, i contratti di lavoro stipulati in assenza dei provvedimenti o delle procedure di cui al comma 2, sono nulli. Resta ferma la giurisdizione ordinaria sulla validità dei provvedimenti e delle procedure di reclutamento del personale.

5. Le amministrazioni pubbliche socie fissano, con propri provvedimenti, obiettivi specifici, annuali e pluriennali, sul complesso delle spese di funzionamento, ivi comprese quelle per il personale, delle società controllate, anche attraverso il contenimento degli oneri contrattuali e delle assunzioni di personale e tenuto conto di quanto stabilito all'articolo 25, ovvero delle eventuali disposizioni che stabiliscono, a loro carico, divieti o limitazioni alle assunzioni di personale, tenendo conto del settore in cui ciascun soggetto opera (1).

6. Le società a controllo pubblico garantiscono il concreto perseguimento degli obiettivi di cui al comma 5 tramite propri provvedimenti da recepire, ove possibile, nel caso del contenimento degli oneri contrattuali, in sede di contrattazione di secondo livello.

7. I provvedimenti e i contratti di cui ai commi 5 e 6 sono pubblicati sul sito istituzionale della società e delle pubbliche amministrazioni socie. In caso di mancata o incompleta pubblicazione si applicano l'articolo 22, comma 4, 46 e 47, comma 2, del decreto legislativo 14 marzo 2013, n. 33.

8. Le pubbliche amministrazioni titolari di partecipazioni di controllo in società, in caso di reinternalizzazione di funzioni o servizi esternalizzati, affidati alle società stesse, procedono, prima di poter effettuare nuove assunzioni, al riassorbimento delle unità di personale già dipendenti a tempo indeterminato da amministrazioni pubbliche e transitate alle dipendenze della società interessata dal processo di reinternalizzazione, mediante l'utilizzo delle procedure di mobilità di cui all'articolo 30 del decreto legislativo n. 165 del 2001 e nel rispetto dei vincoli in materia di finanza pubblica e contenimento delle spese di personale. Il riassorbimento può essere disposto solo nei limiti dei posti vacanti nelle dotazioni organiche dell'amministrazione interessata e nell'ambito delle facoltà assunzionali disponibili.La spesa per il riassorbimento del personale già in precedenza dipendente dalle stesse amministrazioni con rapporto di lavoro a tempo indeterminato non rileva nell'ambito delle facoltà assunzionali disponibili e, per gli enti territoriali, anche del parametro di cui all'articolo 1, comma 557-quater, della legge n. 296 del 2006, a condizione che venga fornita dimostrazione, certificata dal parere dell'organo di revisione economico-finanziaria, che le esternalizzazioni siano state effettuate nel rispetto degli adempimenti previsti dall'articolo 6-bis del decreto legislativo 30 marzo 2001, n. 165, e, in particolare, a condizione che:

a) in corrispondenza del trasferimento alla società della funzione sia stato trasferito anche il personale corrispondente alla funzione medesima, con le correlate risorse stipendiali;

b) la dotazione organica dell'ente sia stata corrispondentemente ridotta e tale contingente di personale non sia stato sostituito;

c) siano state adottate le necessarie misure di riduzione dei fondi destinati alla contrattazione integrativa;

d) l'aggregato di spesa complessiva del personale soggetto ai vincoli di contenimento sia stato ridotto in misura corrispondente alla spesa del personale trasferito alla società (2) (3).

9. Le disposizioni di cui all'articolo 1, commi da 565 a 568 della legge 27 dicembre 2013, n. 147, continuano ad applicarsi fino alla data di pubblicazione del decreto di cui all'articolo 25, comma 1, e comunque non oltre il 31 dicembre 2017. (4).

(1) *Le parole* « tenendo conto del settore in cui ciascun soggetto opera » *sono state aggiunte dall'art. 12 d.lgs. 16 giugno 2017, n. 100.*

(2) *Periodo aggiunto dall'art. 12 d.lgs. 16 giugno 2017, n. 100.*

(3) *Sull'applicabilità del presente comma v. l'art. 1, comma 872, l. 27 dicembre 2017, n. 205, ai sensi del quale: « Le disposizioni degli articoli 19, comma 8, e 25 del testo unico in materia di società a partecipazione pubblica, di cui al decreto legislativo 19 agosto 2016, n. 175, si applicano, salva diversa disciplina normativa a tutela dei lavoratori, anche ai dipendenti dei consorzi e delle aziende costituiti, rispettivamente, ai sensi degli articoli 31 e 114 del testo unico delle leggi sull'ordinamento degli enti locali, di cui al decreto legislativo 18 agosto 2000, n. 267, che, alla data di entrata in vigore del predetto testo unico di cui al decreto legislativo n. 175 del 2016, risultino già posti in liquidazione da parte di amministrazioni pubbliche di cui all'articolo 1, comma 2, del decreto legislativo 30 marzo 2001, n. 165 ».*

(4) *Le parole* « fino alla data di pubblicazione del decreto di cui all'articolo 25, comma 1, e comunque non oltre il 31 dicembre 2017 » *sono state sostituite alle precedenti* « alle sole procedure in corso alla data di entrata in vigore del presente decreto » *dall'art. 12 d.lgs. 16 giugno 2017, n. 100.*

20 Razionalizzazione periodica delle partecipazioni pubbliche.

1. Fermo quanto previsto dall'articolo 24, comma 1, le amministrazioni pubbliche effettuano annualmente, con proprio provvedimento, un'analisi dell'assetto complessivo delle società in cui detengono partecipazioni, dirette o indirette, predisponendo, ove ricorrano i presupposti di cui al comma 2, un piano di riassetto per la loro razionalizzazione, fusione o soppressione, anche mediante messa in liquidazione o cessione. Fatto salvo quanto previsto dall'articolo 17, comma 4, del decreto-legge 24 giugno 2014, n. 90, convertito, con modificazioni, dalla legge 11 agosto 2014, n. 114, le

amministrazioni che non detengono alcuna partecipazione lo comunicano alla sezione della Corte dei conti competente ai sensi dell'articolo 5, comma 4, e alla struttura di cui all'articolo 15.

2. I piani di razionalizzazione, corredati di un'apposita relazione tecnica, con specifica indicazione di modalità e tempi di attuazione, sono adottati ove, in sede di analisi di cui al comma 1, le amministrazioni pubbliche rilevino:

a) partecipazioni societarie che non rientrino in alcuna delle categorie di cui all'articolo 4;

b) società che risultino prive di dipendenti o abbiano un numero di amministratori superiore a quello dei dipendenti;

c) partecipazioni in società che svolgono attività analoghe o similari a quelle svolte da altre società partecipate o da enti pubblici strumentali;

d) partecipazioni in società che, nel triennio precedente, abbiano conseguito un fatturato medio non superiore a un milione di euro;

e) partecipazioni in società diverse da quelle costituite per la gestione di un servizio d'interesse generale che abbiano prodotto un risultato negativo per quattro dei cinque esercizi precedenti;

f) necessità di contenimento dei costi di funzionamento;

g) necessità di aggregazione di società aventi ad oggetto le attività consentite all'articolo 4.

3. I provvedimenti di cui ai commi 1 e 2 sono adottati entro il 31 dicembre di ogni anno e sono trasmessi con le modalità di cui all'articolo 17 del decreto-legge n. 90 del 2014, convertito, con modificazioni, dalla legge di conversione 11 agosto 2014, n. 114 e rese disponibili alla struttura di cui all'articolo 15 e alla sezione di controllo della Corte dei conti competente ai sensi dell'articolo 5, comma 4.

4. In caso di adozione del piano di razionalizzazione, entro il 31 dicembre dell'anno successivo le pubbliche amministrazioni approvano una relazione sull'attuazione del piano, evidenziando i risultati conseguiti, e la trasmettono alla struttura di cui all'articolo 15 e alla sezione di controllo della Corte dei conti competente ai sensi dell'articolo 5, comma 4.

5. I piani di riassetto possono prevedere anche la dismissione o l'assegnazione in virtù di operazioni straordinarie delle partecipazioni societarie acquistate anche per espressa previsione normativa. I relativi atti di scioglimento delle società o di alienazione delle partecipazioni sociali sono disciplinati, salvo quanto diversamente disposto nel presente decreto, dalle disposizioni del codice civile e sono compiuti anche in deroga alla previsione normativa originaria riguardante la costituzione della società o l'acquisto della partecipazione.

6. Resta ferma la disposizione dell'articolo 1, comma 568-*bis*, della legge 27 dicembre 2013, n. 147.

7. La mancata adozione degli atti di cui ai commi da 1 a 4da parte degli enti locali (1) comporta la sanzione amministrativa del pagamento di una somma da un minimo di euro 5.000 a un massimo di euro 500.000, salvo il danno eventualmente rilevato in sede di giudizio amministrativo contabile, comminata dalla competente sezione giurisdizionale regionale della Corte dei conti". Si applica l'articolo 24, commi 5, 6, 7, 8 e 9.

8. Resta fermo quanto previsto dall'articolo 29, comma 1-*ter*, del decreto-legge 6 luglio 2011, n. 98, convertito, con modificazioni, dalla legge 15 luglio 2011, n. 111, e dall'articolo 1, commi da 611 a 616, della legge 23 dicembre 2014, n. 190.

9. Entro un anno dalla data di entrata in vigore del presente decreto, il conservatore del registro delle imprese cancella d'ufficio dal registro delle imprese, con gli effetti previsti dall'articolo 2495 del codice civile, le società a controllo pubblico che, per oltre tre anni consecutivi, non abbiano depositato il bilancio d'esercizio ovvero non abbiano compiuto atti di gestione. Prima di procedere alla cancellazione, il conservatore comunica l'avvio del procedimento agli amministratori o ai liquidatori, che possono, entro 60 giorni, presentare formale e motivata domanda di prosecuzione dell'attività, corredata dell'atto deliberativo delle amministrazioni pubbliche socie, adottata nelle forme e con i contenuti previsti dall'articolo 5. In caso di regolare presentazione della domanda, non si dà seguito al procedimento di cancellazione. Unioncamere presenta, entro due anni dalla data di entrata in vigore del presente decreto, alla struttura di cui all'articolo 15, una dettagliata relazione sullo stato di attuazione della presente norma.

(1) *Le parole* « da parte degli enti locali » *sono state aggiunte dall'art. 13 d.lgs. 16 giugno 2017, n. 100.*

21 Norme finanziarie sulle società partecipate dalle amministrazioni locali.

1. Nel caso in cui società partecipate dalle pubbliche amministrazioni locali comprese nell'elenco di cui all'articolo 1, comma 3, della legge 31 dicembre 2009, n. 196, presentino un risultato di esercizio negativo, le pubbliche amministrazioni locali partecipanti, che adottano la contabilità finanziaria, accantonano nell'anno successivo in apposito fondo vincolato un importo pari al risultato negativo non immediatamente ripianato, in misura proporzionale alla quota di partecipazione. Le pubbliche amministrazioni locali che adottano la contabilità civilistica adeguano il valore della partecipazione, nel corso dell'esercizio successivo, all'importo corrispondente alla frazione del patrimonio netto della società partecipata ove il risultato negativo non venga immediatamente ripianato e costituisca perdita durevole di valore. Per le società che redigono il bilancio consolidato, il risultato di esercizio è quello relativo a tale bilancio. Limitatamente alle società che svolgono servizi pubblici a rete di rilevanza economica, per risultato si intende la differenza tra valore e costi della produzione ai sensi dell'articolo 2425 del codice civile. L'importo accantonato è reso disponibile in misura proporzionale alla quota di partecipazione nel caso in cui l'ente partecipante ripiani la perdita di esercizio o dismetta la partecipazione o il soggetto partecipato sia posto in liquidazione. Nel caso in cui i soggetti partecipati ripianino in tutto o in parte le perdite conseguite negli esercizi precedenti l'importo accantonato viene reso disponibile agli enti partecipanti in misura corrispondente e proporzionale alla quota di partecipazione.

2. Gli accantonamenti e le valutazioni di cui al comma 1 si applicano a decorrere dall'anno 2015. In sede di

prima applicazione, per gli anni 2015, 2016 e 2017, in presenza di adozione della contabilità finanziaria:

a) l'ente partecipante a società che hanno registrato nel triennio 2011-2013 un risultato medio negativo accantona, in proporzione alla quota di partecipazione, una somma pari alla differenza tra il risultato conseguito nell'esercizio precedente e il risultato medio 2011-2013 migliorato, rispettivamente, del 25 per cento per il 2014, del 50 per cento per il 2015 e del 75 per cento per il 2016; qualora il risultato negativo sia peggiore di quello medio registrato nel triennio 2011-2013, l'accantonamento è operato nella misura indicata dalla lettera *b*);

b) l'ente partecipante a società che hanno registrato nel triennio 2011-2013 un risultato medio non negativo accantona, in misura proporzionale alla quota di partecipazione, una somma pari al 25 per cento per il 2015, al 50 per cento per il 2016 e al 75 per cento per il 2017 del risultato negativo conseguito nell'esercizio precedente.

3. Le società a partecipazione di maggioranza, diretta e indiretta, delle pubbliche amministrazioni locali titolari di affidamento diretto da parte di soggetti pubblici per una quota superiore all'80 per cento del valore della produzione, che nei tre esercizi precedenti abbiano conseguito un risultato economico negativo, procedono alla riduzione del 30 per cento del compenso dei componenti degli organi di amministrazione. Il conseguimento di un risultato economico negativo per due anni consecutivi rappresenta giusta causa ai fini della revoca degli amministratori. Quanto previsto dal presente comma non si applica ai soggetti il cui risultato economico, benché negativo, sia coerente con un piano di risanamento preventivamente approvato dall'ente controllante.

3-*bis*. Le pubbliche amministrazioni locali partecipanti possono procedere al ripiano delle perdite subite dalla società partecipata con le somme accantonate ai sensi del comma 1, nei limiti della loro quota di partecipazione e nel rispetto dei principi e della legislazione dell'Unione europea in tema di aiuti di Stato. (1)

(1) *Comma inserito dall'art. 14 d.lgs. 16 giugno 2017, n. 100.*

22 Trasparenza.

1. Le società a controllo pubblico assicurano il massimo livello di trasparenza sull'uso delle proprie risorse e sui risultati ottenuti, secondo le previsioni del decreto legislativo 14 marzo 2013, n. 33.

23 Clausola di salvaguardia.

1. Le disposizioni del presente decreto si applicano nelle Regioni a statuto speciale e nelle province autonome di Trento e di Bolzano compatibilmente con i rispettivi statuti e le relative norme di attuazione, anche con riferimento alla legge costituzionale 18 ottobre 2001, n. 3.

24 Revisione straordinaria delle partecipazioni.

1. Le partecipazioni detenute, direttamente o indirettamente, dalle amministrazioni pubbliche alla data di entrata in vigore del presente decreto in società non riconducibili ad alcuna delle categorie di cui all'articolo 4, [commi 1, 2 e 3,] (1) ovvero che non soddisfano i requisiti di cui all'articolo 5, commi 1 e 2, o che ricadono in una delle ipotesi di cui all'articolo 20, comma 2, sono alienate o sono oggetto delle misure di cui all'articolo 20, commi 1 e 2. A tal fine, entro il 30 settembre 2017 (2), ciascuna amministrazione pubblica effettua con provvedimento motivato la ricognizione di tutte le partecipazioni possedute alla [medesima] (1) data di entrata in vigore del presente decreto, individuando quelle che devono essere alienate. L'esito della ricognizione, anche in caso negativo, è comunicato con le modalità di cui all'articolo 17 del decreto-legge n. 90 del 2014, convertito, con modificazioni, dalla legge 11 agosto 2014, n. 114. Le informazioni sono rese disponibili alla sezione della Corte dei conti competente ai sensi dell'articolo 5, comma 4, e alla struttura di cui all'articolo 15.

2. Per le amministrazioni di cui all'articolo 1, comma 611, della legge 23 dicembre 2014, n. 190, il provvedimento di cui al comma 1 costituisce aggiornamento del piano operativo di razionalizzazione adottato ai sensi del comma 612 dello stesso articolo, fermi restando i termini ivi previsti.

3. Il provvedimento di ricognizione è inviato alla sezione della Corte dei conti competente ai sensi dell'articolo 5, comma 4, nonché alla struttura di cui all'articolo 15, perché verifichi il puntuale adempimento degli obblighi di cui al presente articolo (3).

4. L'alienazione, da effettuare ai sensi dell'articolo 10, avviene entro un anno dalla conclusione della ricognizione di cui al comma 1.

5. In caso di mancata adozione dell'atto ricognitivo ovvero di mancata alienazione entro i termini previsti dal comma 4, il socio pubblico non può esercitare i diritti sociali nei confronti della società e, salvo in ogni caso il potere di alienare la partecipazione, la medesima è liquidata in denaro in base ai criteri stabiliti all'articolo 2437-*ter*, secondo comma, e seguendo il procedimento di cui all'articolo 2437-*quater* del codice civile (3).

5-*bis*. A tutela del patrimonio pubblico e del valore delle quote societarie pubbliche, fino al 31 dicembre 2021 le disposizioni dei commi 4 e 5 non si applicano nel caso in cui le società partecipate abbiano prodotto un risultato medio in utile nel triennio precedente alla ricognizione. L'amministrazione pubblica che detiene le partecipazioni è conseguentemente autorizzata a non procedere all'alienazione (4).

5-*ter*. Le disposizioni del comma 5-*bis* si applicano anche per l'anno 2022 nel caso in cui le società partecipate abbiano prodotto un risultato medio in utile nel triennio 2017-2019 (5).

6. Nei casi di cui al sesto e al settimo comma dell'articolo 2437-*quater* del codice civile ovvero in caso di estinzione della partecipazione in una società unipersonale, la società è posta in liquidazione.

7. Gli obblighi di alienazione di cui al comma 1 valgono anche nel caso di partecipazioni societarie acquistate in conformità ad espresse previsioni normative, statali o regionali.

8. Per l'attuazione dei provvedimenti di cui al comma 1, si applica l'articolo 1, commi 613 e 614, della legge n. 190 del 2014.

9. All'esclusivo fine di favorire i processi di cui al presente articolo, in occasione della prima gara successiva alla cessazione dell'affidamento in favore della società a controllo pubblico interessata da tali processi, il rapporto di lavoro del personale già impiegato nell'appalto o nella concessione continua con il subentrante nell'appalto o nella concessione ai sensi dell'articolo 2112 del codice civile.

(1) *Parole soppresse dall'art. 15 d.lgs. 16 giugno 2017, n. 100.*

(2) *Le parole* « il 30 settembre 2017 » *sono state sostituite alle parole* « sei mesi dalla data di entrata in vigore del presente decreto » *dall'art. 15 d.lgs. 16 giugno 2017, n. 100.*

(3) *Si veda l'art. 21 comma 2 d.lgs. 16 giugno 2017, n. 100, ai sensi del quale: « Le disposizioni di cui all'articolo 24, commi 3 e 5, del decreto legislativo n. 175 del 2016 si applicano a decorrere dal 1° ottobre 2017 e sono fatti salvi gli atti di esercizio dei diritti sociali di cui al predetto articolo 24, comma 5, compiuti dal socio pubblico sino alla data di entrata in vigore del presente decreto ».*

(4) *Comma aggiunto dall'art. 1, comma 723, l. 30 dicembre 2018, n. 145, a decorrere dal 1° gennaio 2019.*

(5) *Comma inserito dall'art. 16, comma 3-*bis, *d.l. 25 maggio 2021, n. 73, conv., con modif., in l. 23 luglio 2021, n. 106.*

25 Disposizioni in materia di personale (1).

1. Entro il 30 settembre di ciascuno degli anni 2020, 2021 e 2022, le società a controllo pubblico effettuano una ricognizione del personale in servizio, per individuare eventuali eccedenze, anche in relazione a quanto previsto dall'articolo 24. L'elenco del personale eccedente, con la puntuale indicazione dei profili posseduti, è trasmesso alla regione nel cui territorio la società ha sede legale secondo modalità stabilite con decreto del Ministro del lavoro e delle politiche sociali, di concerto con il Ministro per la pubblica amministrazione e con il Ministro dell'economia e delle finanze, previa intesa in sede di Conferenza unificata ai sensi dell'articolo 8, comma 6, della legge 5 giugno 2003, n. 131.

2. Le regioni formano e gestiscono l'elenco dei lavoratori dichiarati eccedenti ai sensi del comma 1 e agevolano processi di mobilità in ambito regionale, con le modalità stabilite dal decreto previsto dal medesimo comma 1 e previo accordo con le organizzazioni sindacali comparativamente più rappresentative, tramite riallocazione totale o parziale del personale in eccedenza presso altre società controllate dal medesimo ente o da altri enti della stessa regione, sulla base di un accordo tra le società interessate.

3. Decorsi dodici mesi dalla scadenza dei termini di cui al comma 1, le regioni trasmettono gli elenchi dei lavoratori dichiarati eccedenti e non ricollocati all'Agenzia nazionale per le politiche attive del lavoro, che gestisce, d'intesa con ciascuna regione territorialmente competente, l'elenco dei lavoratori dichiarati eccedenti e non ricollocati.

(1) *Articolo così sostituito, in sede di conversione, dall'art. 1, comma 10-*novies, *d.l. 30 dicembre 2019, n. 162, conv., con modif., in l. 28 febbraio 2020, n. 8. Ai sensi del comma 10-*decies *del medesimo art. 1 d.l. n. 162, cit. « Fermi restando gli obblighi di riassorbimento del personale stabiliti dal comma 8 dell'articolo 19 del testo unico di cui al decreto legislativo 19 agosto 2016, n. 175, le disposizioni di cui al comma 10-*novies *del presente articolo si applicano, salva diversa disciplina normativa a tutela dei lavoratori, anche ai dipendenti dei consorzi e delle aziende costituiti, rispettivamente, ai sensi degli articoli 31 e 114 del testo unico delle leggi sull'ordinamento degli enti locali, di cui al* decreto legislativo 18 agosto 2000, n. 267, *che, alla data di entrata in vigore della legge di conversione del presente decreto, risultino già posti in liquidazione da parte delle amministrazioni pubbliche di cui all'articolo 1, comma 2, del decreto legislativo 30 marzo 2001, n. 165 ». Il testo dell'articolo, come modificato dall'art. 16 d.lgs. 16 giugno 2017, n. 100, era il seguente:* « Art. 25. *(Disposizioni transitorie in materia di personale)* – 1. Entro sei mesi dalla data di entrata in vigore del presente decreto, le società a controllo pubblico effettuano una ricognizione del personale in servizio, per individuare eventuali eccedenze, anche in relazione a quanto previsto dall'articolo 24. L'elenco del personale eccedente, con la puntuale indicazione dei profili posseduti, è trasmesso alla regione nel cui territorio la società ha sede legale secondo modalità stabilite da un decreto del Ministro del lavoro e delle politiche sociali, di concerto con il Ministro delegato per la semplificazione e la pubblica amministrazione e con il Ministro dell'economia e delle finanze. – 2. 2. Le regioni formano e gestiscono l'elenco dei lavoratori dichiarati eccedenti ai sensi del comma 1 e agevolano processi di mobilità in ambito regionale, con modalità definite dal decreto di cui al medesimo comma. - 3. Decorsi ulteriori sei mesi dalla scadenza del termine di cui al comma 1, le regioni trasmettono gli elenchi dei lavoratori dichiarati eccedenti e non ricollocati all'Agenzia nazionale per le politiche attive del lavoro, che gestisce l'elenco dei lavoratori dichiarati eccedenti e non ricollocati. - 4. Fino al 30 giugno 2018, le società a controllo pubblico non possono procedere a nuove assunzioni a tempo indeterminato se non attingendo, con le modalità definite dal decreto di cui al comma 1, agli elenchi di cui ai commi 2 e 3. - 5. Esclusivamente ove sia indispensabile personale con profilo infungibile inerente a specifiche competenze e lo stesso non sia disponibile negli elenchi di cui ai commi 2 e 3, le regioni, fino alla scadenza del termine di cui al comma 3, possono autorizzare, in deroga a quanto previsto dal comma 4, l'avvio delle procedure di assunzione ai sensi dell'articolo 19. Dopo la scadenza del suddetto termine, l'autorizzazione è accordata dall'Agenzia nazionale per le politiche attive del lavoro. Per le società controllate dallo Stato, prima e dopo la scadenza del suddetto termine, l'autorizzazione è accordata dal Ministero dell'economia e delle finanze. - 6. I rapporti di lavoro stipulati in violazione delle disposizioni del presente articolo sono nulli e i relativi provvedimenti costituiscono grave irregolarità ai sensi dell'articolo 2409 del codice civile. - 7. Sono escluse dall'applicazione del presente articolo le società a prevalente capitale privato di cui all'articolo 17 che producono servizi di interesse generale e che nei tre esercizi precedenti abbiano prodotto un risultato positivo ».

26 Altre disposizioni transitorie.

1. Le società a controllo pubblico già costituite all'atto dell'entrata in vigore del presente decreto adeguano i propri statuti alle disposizioni del presente decreto entro il 31 luglio 2017 (1). Per le disposizioni dell'articolo 17, comma 1, il termine per l'adeguamento è fissato al 31 dicembre 2017.

2. L'articolo 4 del presente decreto non è applicabile alle società elencate nell'allegato A, nonché alle società aventi come oggetto sociale esclusivo la gestione di fondi europei per conto dello Stato o delle regioni, ovvero la realizzazione di progetti di ricerca finanziati dalle istituzioni dell'Unione europea (2).

3. Le pubbliche amministrazioni possono comunque mantenere le partecipazioni in società quotate detenute al 31 dicembre 2015.

4. Nei diciotto (3) mesi successivi alla sua entrata in vigore, il presente decreto non si applica alle società in partecipazione pubblica che abbiano deliberato la quotazione delle proprie azioni in mercati regolamentati con provvedimento comunicato alla Corte dei conti. Ove entro il suddetto termine la società interessata abbia presentato domanda di ammissione alla quotazione, il presente decreto continua a non applicarsi alla stessa società fino alla conclusione del procedimento di quotazione.

5. Nei dodici mesi successivi alla sua entrata in vigore, il presente decreto non si applica alle società in partecipazione pubblica che, entro la data del 30 giugno 2016, abbiano adottato atti volti all'emissione di strumenti finanziari, diversi dalle azioni, quotati in mercati regolamentati. I suddetti atti sono comunicati alla Corte dei conti entro sessanta giorni dalla data di entrata in vigore del presente decreto. Ove entro il suddetto termine di dodici mesi il procedimento di quotazione si sia concluso, il presente decreto continua a non applicarsi alla stessa società. Sono comunque fatti salvi, anche in deroga all'articolo 7, gli effetti degli atti volti all'emissione di strumenti finanziari, diversi dalle azioni, quotati in mercati regolamentati, adottati prima della data di entrata in vigore del presente decreto.

6. Le disposizioni degli articoli 4, 17, 19 e 25 (4) non si applicano alle società a partecipazione pubblica derivanti da una sperimentazione gestionale costituite ai sensi dell'articolo 9-*bis* del decreto legislativo 30 dicembre 1992, n. 502.

6-*bis*. Le disposizioni dell'articolo 20 non si applicano alle società a partecipazione pubblica di cui all'articolo 4, comma 6 (5).

7. Sono fatte salve, fino al completamento dei relativi progetti, le partecipazioni pubbliche nelle società costituite per il coordinamento e l'attuazione dei patti territoriali e dei contratti d'area per lo sviluppo locale, ai sensi della delibera Cipe 21 marzo 1997.

8. Ove alla data di entrata in vigore del presente decreto non sia stato adottato il decreto previsto dall'articolo 1, comma 672, della legge 28 dicembre 2015, n. 208, il decreto di cui all'articolo 11, comma 6 è adottato entro trenta giorni dalla suddetta data.

9. Al decreto legislativo 23 giugno 2011, n. 118, sono apportate le seguenti modificazioni:

a) all'articolo 11-*quater*, comma 1, le parole: « Si definisce » sono sostituite dalle seguenti: « Ai fini dell'elaborazione del bilancio consolidato, si definisce »;

b) all'articolo 11-*quinquies*, comma 1, le parole: « Per società partecipata » sono sostituite dalle seguenti: « Ai fini dell'elaborazione del bilancio consolidato, per società partecipata ».

10. Le società a controllo pubblico si adeguano alle previsioni dell'articolo 11, comma 8, entro il 31 luglio 2017 (6).

11. Salva l'immediata applicazione della disciplina sulla revisione straordinaria di cui all'articolo 24, alla razionalizzazione periodica di cui all'articolo 20 si procede a partire dal 2018, con riferimento alla situazione al 31 dicembre 2017.

12. Al fine di favorire il riordino delle partecipazioni dello Stato e di dare piena attuazione alla previsione di cui all'articolo 9, comma 1, ove entro il 31 ottobre 2016 pervenga la proposta dei relativi ministri, con decreto del Presidente del Consiglio dei ministri la titolarità delle partecipazioni societarie delle altre amministrazioni statali è trasferita al Ministero dell'economia e delle finanze, anche in deroga alla previsione normativa originaria riguardante la costituzione della società o l'acquisto della partecipazione.

12-*bis*. Sono escluse dall'applicazione del presente decreto le società destinatarie dei provvedimenti di cui al decreto legislativo 6 settembre 2011, n. 159, nonché la società di cui all'articolo 7 del decreto-legge 3 maggio 2016, n. 59, convertito, con modificazioni, dalla legge 30 giugno 2016, n. 119 (7).

12-*ter*. Per le società di cui all'articolo 4, comma 8, le disposizioni dell'articolo 20 trovano applicazione decorsi 5 anni dalla loro costituzione (7).

12-*quater*. Per le società di cui all'articolo 4, comma 7, solo ai fini della prima applicazione del criterio di cui all'articolo 20, comma 2, lettera *e*), si considerano i risultati dei cinque esercizi successivi all'entrata in vigore del presente decreto (7).

12-*quinquies*. Ai fini dell'applicazione del criterio di cui all'articolo 20, comma 2, lettera *d*), il primo triennio rilevante è il triennio 2017-2019. Nelle more della prima applicazione del suddetto criterio relativo al triennio 2017-2019, si applica la soglia di fatturato medio non superiore a cinquecentomila euro per il triennio precedente l'entrata in vigore del presente decreto ai fini dell'adozione dei piani di revisione straordinaria di cui all'articolo 24 e per i trienni 2015-2017 e 2016-2018 ai fini dell'adozione dei piani di razionalizzazione di cui all'articolo 20 (7).

12-*sexies*. In deroga all'articolo 4, le amministrazioni pubbliche possono acquisire o mantenere partecipazioni nelle società che, alla data di entrata in vigore del presente decreto legislativo, risultano già costituite e autorizzate alla gestione delle case da gioco ai sensi della legislazione vigente. Con riguardo a tali società, le disposizioni di cui all'articolo 20, comma 2, lettere *a*) ed *e*), non trovano applicazione e le disposizioni di cui all'articolo 14, comma 5, si applicano a decorrere dal 31 maggio 2018 (7).

(1) *Le parole* « 31 luglio 2017 » *sono state sostituite alle parole:* « 31 dicembre 2016 » *dall'art. 17 d.lgs. 16 giugno 2017, n. 100.*

(2) *Le parole* « ovvero la realizzazione di progetti di ricerca finanziati dalle istituzioni dell'Unione europea » *sono state aggiunte dell'art. 17 d.lgs. 16 giugno 2017, n. 100.*

(3) *La parola* « diciotto » *è stata sostituita alla parola:* « dodici » *dall'art. 17 d.lgs. 16 giugno 2017, n. 100.*

(4) *Le parole* « 17, 19 e 25 » *sono state sostituite alle parole* « e 19 » *dall'art. 17 d.lgs. 16 giugno 2017, n. 100.*

(5) *Comma aggiunto dall'art. 1, comma 724, l. 30 dicembre 2018, n. 145, a decorrere dal 1° gennaio 2019.*

(6) *Le parole* « entro il 31 luglio 2017 » *sono state sostituite alle precedenti parole* « entro sei mesi dalla data di entrata in vigore del presente decreto » *dall'art. 17 d.lgs. 16 giugno 2017, n. 100.*

(7) *Comma aggiunto dall'art. 17 d.lgs. 16 giugno 2017, n. 100.*

27 Coordinamento con la legislazione vigente.

1. All'articolo 18 del decreto-legge 25 giugno 2008, n. 112, convertito, con modificazioni, dalla legge 6 agosto 2008, n. 133 sono apportate le seguenti modificazioni:

a) nella rubrica, le parole: « delle società » sono sostituite dalle seguenti: « delle aziende e istituzioni »;

b) al comma 2-*bis*, le parole: « Le aziende speciali, le istituzioni e le società a partecipazione pubblica locale totale o di controllo », ovunque occorrano, sono sostituite dalle seguenti: « Le aziende speciali e le istituzioni ».

2. All'articolo 1 della legge 27 dicembre 2013, n. 147, sono apportate le seguenti modificazioni:

a) al comma 550, le parole: « alle aziende speciali, alle istituzioni e alle società » sono sostituite dalle seguenti: « alle aziende speciali e alle istituzioni »;

b) al comma 554, le parole: « le aziende speciali, le istituzioni e le società » sono sostituite dalle seguenti: « le aziende speciali e le istituzioni »;

c) al comma 555, le parole: « diversi dalle società che svolgono servizi pubblici locali » sono soppresse.

2-*bis*. Resta fermo quanto previsto dall'articolo 3-*bis*, comma 2-*bis*, del decreto-legge 13 agosto 2011, n. 138, convertito, con modificazioni, dalla legge 14 settembre 2011, n. 148. (1)

2-*ter*. All'articolo 2-*bis*, comma 2, del decreto legislativo 14 marzo 2013, n. 33, la lettera *b*) è sostituita dalla seguente: "*b*) alle società in controllo pubblico come definite dall'articolo 2, comma 1, lettera *m*), del decreto legislativo 19 agosto 2016, n. 175. Sono escluse le società quotate come definite dall'articolo 2, comma 1, lettera *p*), dello stesso decreto legislativo, nonché le società da esse partecipate, salvo che queste ultime siano, non per il tramite di società quotate, controllate o partecipate da amministrazioni pubbliche." (1)

(1) *Comma aggiunto dall'art. 18 d.lgs. 16 giugno 2017, n. 100.*

28 Abrogazioni.

1. Sono abrogati:

a) gli articoli 116, 122 del decreto legislativo 18 agosto 2000, n. 267;

b) l'articolo 14, comma 1, del decreto legge 30 settembre 2003, n. 269, convertito, con modificazioni, dalla legge 24 novembre 2003, n. 326;

c) l'articolo 1, comma 3, lettera *n*), della legge 23 agosto 2004, n. 239;

d) l'articolo 13 del decreto legge 4 luglio 2006, n. 223, convertito, con modificazioni, dalla legge 4 agosto 2006, n. 248;

e) l'articolo 1, commi 725, 726, 727, 728, 729, 730, 733 e 735 della legge 27 dicembre 2006, n. 296;

f) l'articolo 3, commi 12, 12-*bis*, 14, 15, 16, 17, 27, 27-*bis*, 28, 28-*bis*, 29, 32-*bis*, 32-*ter* e 44, ottavo periodo, della legge 24 dicembre 2007, n. 244;

g) l'articolo 18 del decreto-legge 25 giugno 2008, n. 112, convertito, con modificazioni, dalla legge 6 agosto 2008, n. 133, commi 1, 2 e 3;

h) l'articolo 71 della legge 18 giugno 2009, n. 69;

l) l'articolo 6, comma 19, del decreto-legge 31 maggio 2010, n. 78, convertito, con modificazioni, dalla legge 30 luglio 2010, n. 122;

m) l'articolo 3-*bis*, comma 6, del decreto-legge 13 agosto 2011, n. 138, convertito, con modificazioni, dalla legge 14 settembre 2011, n. 148;

n) l'articolo 23-*bis*, commi 5-*bis*, 5-*ter*, 5-*quater*, 5-*quinquies* e 5-*sexies*, del decreto-legge 6 dicembre 2011, n. 201, convertito, con modificazioni, dalla legge 22 dicembre 2011, n. 214;

o) l'articolo 4, comma 4, del decreto-legge 6 luglio 2012, n. 95, convertito, con modificazioni, dalla legge 7 agosto 2012, n. 135, limitatamente al primo e al terzo periodo;

p) l'articolo 4, comma 5, del citato decreto-legge n. 95 del 2012, limitatamente al primo periodo e alle parole "e dal terzo" del secondo periodo;

q) l'articolo 4, comma 13, del citato decreto-legge n. 95 del 2012, limitatamente al primo, al secondo e al quarto periodo;

r) l'articolo 3, comma 7-*bis*, del decreto-legge 31 agosto 2013, n. 101, convertito in legge 30 ottobre 2013, n. 125;

s) l'articolo 1, commi 551, limitatamente al secondo periodo, 558 e 562, limitatamente alla lettera *b*), della legge 27 dicembre 2013, n. 147;

t) l'articolo 1, commi da 563 a 568 e da 568-*ter* a 569-*bis*, della legge 27 dicembre 2013, n. 147;

u) l'articolo 23 del decreto-legge 24 aprile 2014, n. 66, convertito, con modificazioni, dalla legge 23 giugno 2014, n. 89;

v) l'articolo 1, comma 672, della legge 28 dicembre 2015, n. 208.

ALLEGATO N. 1

ALLEGATO A (1)

SOCIETÀ
Coni Servizi
EXPO
Arexpo
Invimit
Fises
GRUPPO
Gruppo ANAS
Gruppo GSE
Gruppo Invitalia
Gruppo IPZS
Gruppo Sogin
Gruppo Eur
Gruppo Fira
Gruppo Sviluppo Basilicata
Gruppo Fincalabra
Gruppo Sviluppo Campania
Gruppo Friulia
Gruppo Lazio Innova
Gruppo Filse
Gruppo Finlombarda
Gruppo Finlombarda Gestione SGR
Gruppo Finmolise
Gruppo Finpiemonte
Gruppo Puglia Sviluppo
Gruppo SFIRS
Gruppo IRFIS-FinSicilia
Gruppo Fidi-Toscana
Gruppo GEPAFIN
Gruppo Finaosta
Gruppo Veneto Sviluppo
Gruppo Trentino Sviluppo
Gruppo Ligurcapital
Gruppo Aosta Factor
Gruppo Friuli Veneto Sviluppo SGR
Gruppo Sviluppumbria
Gruppo Sviluppo Imprese
Centro Italia - SICI SGR

(1) *L'allegato è stato sostituito dall'art. 19 d.lgs. 16 giugno 2017, n. 100. Si riporta l'elencazione previgente:*

« SOCIETÀ
Coni Servizi
EXPO

Arexpo
Invimit
IPZS
Sogin
Gruppo ANAS
Gruppo GSE
Gruppo Invitalia
Gruppo Eur
FIRA
Sviluppo Basilicata
Fincalabra
Sviluppo Campania
Gruppo Friulia
Lazio Innova
Filse
Finlombarda
Finlombarda Gestione SGR
Finmolise
Finpiemonte
Puglia Sviluppo
SFIRS
IRFIS-FinSicilia
Fidi-Toscana GEPAFIN
Finaosta
Veneto Sviluppo
Trentino Sviluppo
Ligurcapital
Aosta Factor
FVS SGR
Friulia Veneto Sviluppo SGR
Sviluppumbria
Sviluppo Imprese Centro Italia - SICI SGR ».

30. Regio decreto 16 marzo 1942, n. 262. – Approvazione del testo del codice civile. (*estratto*).

Pubblicato nella Gazzetta Ufficiale n. 79 del 4 aprile 1942.

TITOLO V
Delle società

CAPO V
Società per azioni (1)

(1) *L'originario Capo V, comprendente gli articoli da 2325 a 2461, è stato interamente sostituito dall'art. 1 d.lgs. 17 gennaio 2003, n. 6, con effetto dal 1° gennaio 2004. L'attuale formulazione del Capo comprende gli artt. da 2325 a 2451. Per le modifiche apportate dal d.lgs. 6 febbraio 2004, n. 37, v. la disciplina transitoria dettata dall'art. 6, commi 1 e 2, dello stesso decreto legislativo, secondo i quali: « 1. Le disposizioni attuative e regolamentari dei* decreti legislativi numero 385 del 1993 e numero 58 del 1998 *in materia di sistemi di amministrazione e controllo dualistico e monistico nonché quelle in materia di categorie di azioni diverse dalle ordinarie e di strumenti finanziari sono emanate rispettivamente entro sei e nove mesi dalla pubblicazione del presente decreto. - 2. Per le materie di cui al comma 1, le norme dei* decreti legislativi numero 385 del 1993 e numero 58 del 1998, *modificate o sostituite dal presente decreto e le correlate norme del codice civile modificate o sostituite dal decreto legislativo n. 6 del 2003, continuano a trovare applicazione fino all'emanazione delle relative disposizioni attuative e comunque non oltre i termini di cui al comma 1 ».*

SEZIONE XIII
Delle società con partecipazione dello Stato o di enti pubblici

2449 Società con partecipazione dello Stato o di enti pubblici (1).

Se lo Stato o gli enti pubblici hanno partecipazioni in una società per azioni che non fa ricorso al mercato del capitale di rischio, lo statuto può ad essi conferire la facoltà di nominare un numero di amministratori e sindaci, ovvero componenti del consiglio di sorveglianza, proporzionale alla partecipazione al capitale sociale.

Gli amministratori e i sindaci o i componenti del consiglio di sorveglianza nominati a norma del primo comma possono essere revocati soltanto dagli enti che li hanno nominati. Essi hanno i diritti e gli obblighi dei membri nominati dall'assemblea. Gli amministratori non possono essere nominati per un periodo superiore a tre esercizi e scadono alla data dell'assemblea convocata per l'approvazione del bilancio relativo all'ultimo esercizio della loro carica.

I sindaci, ovvero i componenti del consiglio di sorveglianza, restano in carica per tre esercizi e scadono alla data dell'assemblea convocata per l'approvazione del bilancio relativo al terzo esercizio della loro carica.

Alle società che fanno ricorso al capitale di rischio si applicano le disposizioni del sesto comma dell'articolo 2346. Il consiglio di amministrazione può altresì proporre all'assemblea, che delibera con le maggioranze previste per l'assemblea ordinaria, che i diritti amministrativi previsti dallo statuto a favore dello Stato o degli enti pubblici siano rappresentati da una particolare categoria di azioni. A tal fine è in ogni caso necessario il consenso dello Stato o dell'ente pubblico a favore del quale i diritti amministrativi sono previsti.

(1) *Articolo, da ultimo, così sostituito dall'art. 13 comma 1 l. 25 febbraio 2008, n. 34 (legge comunitaria 2007). Ai sensi del successivo comma 2 dell'art. 13 l. n. 34 del 2008, cit.: « Il consiglio di amministrazione, nelle società che ricorrono al capitale di rischio e nelle quali sia prevista la nomina di amministratori ai sensi dell'articolo 2449 del codice civile, nel testo vigente anteriormente alla data di entrata in vigore della [medesima] legge [21 marzo 2008], adegua lo statuto entro otto mesi da tale data, prevedendo che i diritti amministrativi siano rappresentati da strumenti finanziari, non trasferibili e condizionati alla persistenza della partecipazione dello Stato o dell'ente pubblico, ai sensi dell'articolo 2346, sesto comma, del codice civile. Scaduto il predetto termine di otto mesi, perdono efficacia le disposizioni statutarie non conformi alle disposizioni dell'articolo 2449, come sostituito dal comma 1 ». Il testo previgente dell'articolo era il seguente: « «* Se lo Stato o gli enti pubblici hanno partecipazioni in una società per azioni, lo statuto può ad essi conferire la facoltà di nominare uno o più amministratori o sindaci ovvero componenti del consiglio di sorveglianza. – Gli amministratori e i sindaci o i componenti del consiglio di sorveglianza nominati a norma del comma precedente possono essere revocati soltanto dagli enti che li hanno nominati. – Essi hanno i diritti e gli obblighi dei membri nominati dall'assemblea. Sono salve le disposizioni delle leggi speciali ».

31. Decreto legge 5 dicembre 1991, n. 386, convertito, con modificazioni, in legge 29 gennaio 1992, n. 35. — Trasformazione degli enti pubblici economici, dismissione delle partecipazioni statali ed alienazione di beni patrimoniali suscettibili di gestione economica.

Pubblicato nella Gazzetta Ufficiale n. 286 del 6 dicembre 1991; la legge di conversione è stata pubblicata nella Gazzetta ufficiale n. 24 del 30 gennaio 1992.

1 1. Gli enti di gestione delle partecipazioni statali e gli altri enti pubblici economici, nonché le aziende autonome statali, possono essere trasformati in società per azioni.

2. Le trasformazioni di cui al comma 1 sono attuate in conformità agli indirizzi di politica economica ed industriale, nel rispetto dei criteri di economicità ed efficienza, deliberati dal CIPE su proposta del Ministro del bilancio e della programmazione economica, d'intesa con i Ministri competenti. Alle aziende di credito pubbliche si applicano le disposizioni di cui alla legge 30 luglio 1990, n. 218. Il presente decreto non si applica agli enti od aziende ai quali partecipino prevalentemente le regioni o gli enti disciplinati dalla legge 8 giugno 1990, n. 142.

3. Le trasformazioni di cui al comma 1 e le conseguenti modifiche statutarie sono deliberate dagli organi competenti in materia in conformità ai criteri di cui al comma 2 ed entro due mesi dalla formale comunicazione di questi da parte del Ministro del bilancio e della programmazione economica. Le società per azioni derivate dagli enti di cui al comma 1 succedono a questi nella totalità dei rapporti giuridici. I fondi di dotazione sono trasformati in capitale sociale, di proprietà dello Stato.

4. Le deliberazioni, adottate ai sensi del comma 3, sono approvate con decreto del Ministro del bilancio e della programmazione economica, di concerto con il Ministro del tesoro e con i Ministri competenti, restando soggette alla stessa approvazione, anche successivamente, le deliberazioni comunque concernenti il diritto di voto.

5. Le società di cui al comma 1 sono sottoposte alla normativa generale vigente per le società per azioni; è fatta salva la disposizione di cui all'articolo 14 della legge 12 agosto 1977, n. 675, in materia di revisione dei bilanci d'esercizio.

6. Il Presidente del Consiglio dei Ministri, di concerto con i Ministri del tesoro, del bilancio e della programmazione economica e delle finanze e con gli altri Ministri competenti, sentito il CIPE, nomina i rappresentanti dello Stato nelle assemblee delle so cietà di cui al comma 3 e nei collegi sindacali, ai sensi della sezione XII del capo V del titolo V del libro V del codice civile. I poteri spettanti ai rappresentanti della parte pubblica sono esercitati ai sensi dell'articolo 2372 del codice civile.

7. Salvo quanto previsto dal presente decreto, le disposizioni che subordinano l'attività degli enti ed aziende di cui al comma 1 a specifiche direttive gestionali cessano di avere vigore nei confronti delle società da essi derivate, fatti salvi gli indirizzi di carattere generale. È abrogato l'articolo 1 del decreto del Presidente della Repubblica 30 marzo 1968, n. 626.

8. Ogni altra modificazione delle norme degli statuti, discendente dalle disposizioni contenute nel presente decreto, è soggetta alla procedura di approvazione prevista dal comma 4. Sarà, comunque, prevista la costituzione di giunte o comitati esecutivi con i poteri di cui all'articolo 2384 del codice civile.

9. Le partecipazioni, risultanti dalle trasformazioni di cui al comma 1, fatti salvi i diritti partecipativi spettanti a soggetti diversi dallo Stato, possono essere alienate nel rispetto degli indirizzi deliberati dal CIPE anche in relazione alla pubblicità, ai limiti e alle condizioni da osservare nelle procedure di valutazione, di collocamento e di cessione delle partecipazioni previste dal presente decreto. Le alienazioni ed ogni altra operazione, dalle quali derivi la perdita del controllo di maggioranza, diretto o indiretto, da parte dello Stato nelle società di cui al comma 1, sono approvate dal Consiglio dei Ministri in conformità a specifiche deliberazioni delle Camere, adottate secondo le procedure e modalità dalle stesse stabilite.

10. Con decreti del Ministro del tesoro, sentito il CIPE, si provvede alle operazioni di collocamento, anche parziale, sul mercato finanziario e presso investitori istituzionali delle partecipazioni spettanti allo Stato, previa valutazione delle stesse partecipazioni e determinazione delle condizioni, dei prezzi, delle entità e modalità delle cessioni, delle forme di tutela dei diritti, anche di minoranza, dell'azionista pubblico, nonché all'attribuzione delle partecipazioni di controllo, tenute presenti anche le esigenze di efficienza delle società.

11. Il collocamento e le cessioni delle partecipazioni devono essere eseguiti in modo da assicurare, di regola, l'ampia e durevole diffusione di esse fra il pubblico e da prevenire, anche in forma indiretta, concentrazioni o posizioni dominanti.

12. Le trasformazioni dirette alla costituzione delle società di cui al comma 1 ed alle successive alienazioni, nonché le occorrenti valutazioni, possono essere effettuate con l'assistenza di istituti di intermediazione di comprovata e specifica esperienza. I corrispettivi professionali per la stima dei beni conferiti e per ogni altra valutazione prevista dal presente decreto sono stabiliti con decreto del Ministro del tesoro, sentito il Ministro della giustizia.

13. I proventi derivanti dalla cessione delle partecipazioni di proprietà dello Stato sono versati all'entrata del bilancio con le modalità determinate dal Ministro del tesoro.

14. Per i dipendenti delle società per azioni di cui al comma 1 le disposizioni legislative e contrattuali, vigenti in materia di previdenza alla data di entrata in vigore del presente decreto, si applicano facendo salvi

i diritti quesiti e gli effetti di leggi speciali. Con decreti del Ministro del lavoro e della previdenza sociale, di concerto con il Ministro del tesoro e con gli altri Ministri competenti, sono disciplinate le modalità e le procedure ai fini del conferimento dei trattamenti di previdenza.

15. Le deliberazioni del CIPE di cui ai commi 2 e 10 sono comunicate alle competenti commissioni parlamentari, che rendono il parere entro il termine regolamentare. Si prescinde dal parere se esso non è espresso nel predetto termine.

16. Entro tre mesi dall'avvio delle operazioni previste dal presente decreto, il Presidente del Consiglio dei Ministri comunica al Parlamento una relazione contenente l'elenco delle società per azioni di cui al comma 1, nonché delle società da queste direttamente o indirettamente partecipate, con l'indicazione dell'attività imprenditoriale svolta da ciascuna società o ente.

17. Entro il 31 marzo di ogni anno, il Presidente del Consiglio dei Ministri presenta al Parlamento una relazione sullo stato di attuazione del presente decreto.

18. Per le trasformazioni e le conseguenti operazioni, inclusi i conferimenti, disposti ai sensi del presente decreto, si applicano ai fini fiscali le disposizioni contenute nella legge 30 luglio 1990, n. 218, e successive modificazioni.

19. Le disposizioni di cui al comma 18 si applicano alle operazioni perfezionate entro cinque anni dalla data di entrata in vigore del presente decreto.

20. Entro novanta giorni dalla comunicazione di cui al comma 3, le aziende e le società adeguano i propri statuti alle disposizioni del presente decreto.

2 (*Omissis*) (1).

(1) *Articolo abrogato dall'art. 3, comma 97, l. 23 dicembre 1996, n. 662.*

3 1. Il presente decreto entra in vigore il giorno stesso della sua pubblicazione nella Gazzetta Ufficiale della Repubblica italiana e sarà presentato alle Camere per la conversione in legge.

32. Decreto legge 11 luglio 1992, n. 333, convertito, con modificazioni, in legge 8 agosto 1992, n. 359. — Misure urgenti per il risanamento della finanza pubblica. (*estratto*).

Pubblicato nella Gazzetta Ufficiale n. 162 dell'11 luglio 1992; la legge di conversione è stata pubblicata nella Gazzetta Ufficiale n. 190 del 13 agosto 1992.

14 1. Con riferimento agli enti di cui al presente capo ed alle società da essi controllate, tutte le attività, nonché i diritti minerari, attribuiti o riservati per legge o con atti amministrativi ad amministrazioni diverse da quelle istituzionalmente competenti, ad enti pubblici, ovvero a società a partecipazione statale, restano attribuiti a titolo di concessione ai medesimi soggetti che ne sono attualmente titolari (1).

2. Le concessioni di cui al comma 1 sono disciplinate dalle amministrazioni competenti in conformità alle disposizioni vigenti. Ove la materia non sia regolata da leggi preesistenti, la disciplina sarà stabilita dall'atto di concessione in conformità ai principi generali vigenti in materia.

3. Le concessioni di cui al comma 1 avranno la durata massima prevista dalle norme vigenti, comunque non inferiore a venti anni, con decorrenza dalla data di entrata in vigore del presente decreto (2).

4. Le concessioni di attività in favore dei soggetti di cui al comma 1, che siano già in vigore, sono prorogate per la stessa durata prevista dal comma 3. Le amministrazioni competenti potranno, ove occorra, modificarle o integrarle (2).

4-*bis*. Fino alla emanazione di una nuova disciplina, le società per azioni derivate dalla trasformazione di cui agli articoli 15 e 18 esercitano, nei medesimi limiti e con i medesimi effetti, le attribuzioni in materia di dichiarazione di pubblica utilità e di necessità e di urgenza, già spettanti agli enti originari (3).

(1) *V. art. 1, comma 33, l. 23 agosto 2004, n. 239, che così dispone: « Sono fatte salve le concessioni di distribuzione di energia elettrica in essere, ivi compresa, per quanto riguarda l'attività di distribuzione, la concessione di cui all'*articolo 14, comma 1, del decreto-legge 11 luglio 1992, n. 333, *convertito, con modificazioni, dalla* legge 8 agosto 1992, n. 359. *Il Ministro delle attività produttive, sentita l'Autorità per l'energia elettrica e il gas, anche al fine di garantire la parità di condizioni, può proporre modifiche e variazioni delle clausole contenute nelle relative convenzioni ».*

(2) *Per l'interpretazione autentica del presente comma v. l'art. 10 l. 5 marzo 2001, n. 57.*

(3) *L'art. 131, comma 1, l. 23 dicembre 2000, n. 388, dispone che, relativamente alla materia del trasporto ferroviario e di applicazione della normativa vigente in materia di appalti ferroviari, le disposizioni di cui al presente articolo si applicano per la parte concernente l'infrastruttura ferroviaria e cessano di applicarsi al trasporto ferroviario.*

15 1. L'Istituto nazionale per la ricostruzione industriale - IRI, l'Ente nazionale idrocarburi ENI, l'Istituto nazionale assicurazioni — INA e l'Ente nazionale energia elettrica — ENEL sono trasformati in società per azioni con effetto dalla data di entrata in vigore del presente decreto.

2. Il capitale iniziale di ciascuna delle società per azioni derivanti dalle trasformazioni è determinato con decreto del Ministro del tesoro in base al netto patrimoniale risultante dai rispettivi ultimi bilanci. I consigli di amministrazione di ciascuna delle predette società per azioni devono; entro la data fissata con decreto del Ministro del tesoro e comunque non oltre il 31 dicembre 1994, proporre al Ministro del tesoro una rettifica dei valori dell'attivo e del passivo, accompagnata da una relazione redatta da una o più società specializzate, ovvero da soggetto o soggetti in possesso dei requisiti previsti dall'articolo 11 del decreto legislativo 27 gennaio 1992, n. 88, che attesti che i valori proposti non sono superiori a quelli risultanti dall'applicazione dei criteri di cui all'articolo 2, comma 2, della legge 29 dicembre 1990, n. 408. Le proposte di rettifica dovranno essere formulate in coerenza con il

piano di dismissioni adottato dal Governo. I corrispettivi professionali dei detti soggetti sono determinati con decreto del Ministro del tesoro. Sulla base della predetta proposta di rettifica, il Ministro del tesoro determina il patrimonio netto rivalutato. Tale determinazione vale ai fini dell'applicazione ad ogni effetto dell'articolo 19 del presente decreto. In attesa della determinazione di cui sopra, gli organi sociali possono, in via transitoria, determinare il patrimonio netto, sempre in misura non superiore a quella risultante dall'applicazione dei criteri di cui all'articolo 2, comma 2, della legge 29 dicembre 1990, n. 408, e nei limiti autorizzati dal Ministro del tesoro. Anche siffatta rivalutazione rileva ai fini dell'articolo 19 del presente decreto. La differenza fra il netto patrimoniale risultante dall'ultimo bilancio e il patrimonio netto rivalutato potrà essere imputata in tutto o in parte ad una speciale riserva o al capitale sociale. Potranno altresì ricostituirsi, in tutto o in parte, le riserve risultanti nel patrimonio netto esistente nei bilanci anteriori alla trasformazione, mantenendo a tali riserve l'originario regime civilistico e fiscale. Le società derivanti dalla trasformazione emetteranno azioni del valore nominale di L. 1.000 cadauna e per un importo globale pari al capitale determinato come sopra (1).

3. Le azioni delle società di cui al comma 1, unitamente a quelle della BNL S.p.a., sono attribuite al Ministero del tesoro. Il Ministro del tesoro esercita i diritti dell'azionista secondo le direttive del Presidente del Consiglio dei Ministri d'intesa con il Ministro da lui delegato, con il Ministro del bilancio e della programmazione economica e con il Ministro dell'industria, del commercio e dell'artigianato. Sono parimenti attribuite al Ministero del tesoro le partecipazioni della Cassa depositi e prestiti nell'IMI S.p.a. e negli altri istituti di intermediazione creditizia e finanziaria. Le minusvalenze derivanti nel bilancio della Cassa depositi e prestiti dal trasferimento al Ministero del tesoro delle partecipazioni di cui al presente comma sono poste a carico del fondo di riserva della Cassa stessa (2).

4. Lo statuto di ciascuna delle società derivanti dalle trasformazioni sarà deliberato dalla prima assemblea. In via provvisoria rimangono in vigore le norme, legislative e statutarie, che disciplinano i singoli enti. I presidenti delle società per azioni derivanti dalla trasformazione convocheranno le rispettive assemblee sociali entro dieci giorni dalla data di entrata in vigore del presente decreto (3).

5. La pubblicazione del presente decreto tiene luogo di tutti gli adempimenti in materia di costituzione delle società previsti dalla normativa vigente.

(1) *Comma modificato dall'art. 1 d.l. 21 giugno 1993, n. 198, conv., con modif. in l. 9 agosto 1993, n. 292.*

(2) *Comma modificato dall'art. 2 d.l. 23 aprile 1993, n. 118, conv., con modif., in l. 23 giugno 1993, n. 202.*

(3) *Per la decorrenza del termine di cui al presente comma, relativamente alla trasformazione dell'Istituto Poligrafico e Zecca dello Stato in società per azioni vedi la deliberazione CIPE 2 agosto 2002, n. 59.*

16 1. Entro tre mesi dalla data di entrata in vigore della legge di conversione del presente decreto, il Ministro del tesoro predispone un programma di riordino delle partecipazioni di cui all'articolo 15 e lo trasmette, d'intesa con i Ministri del bilancio e della programmazione economica, dell'industria, del commercio e dell'artigianato e delle partecipazioni statali, al Presidente del Consiglio dei ministri. Il programma di riordino delle partecipazioni di cui all'articolo 15 è finalizzato alla valorizzazione delle partecipazioni stesse, anche attraverso la previsione di cessioni di attività e di rami di aziende, scambi di partecipazioni, fusioni, incorporazioni ed ogni altro atto necessario per il riordino.

2. Il programma deve prevedere la quotazione delle società partecipate derivanti dal riordino delle attuali partecipazioni e l'ammontare dei ricavi da destinare alla riduzione del debito pubblico.

3. Il Presidente del Consiglio dei ministri invia il programma di riordino alle competenti Commissioni parlamentari che esprimono il proprio parere entro il termine previsto dai regolamenti di ciascuna Camera. Decorso tale termine, il programma è approvato dal Consiglio dei ministri e diviene esecutivo.

33. Decreto legge 23 aprile 1993, n. 118, convertito, con modificazioni, in legge 23 giugno 1993, n. 202. — Disposizioni urgenti per la soppressione del Ministero delle partecipazioni statali e per il riordino di IRI, ENI, ENEL, IMI, BNL e INA.

Pubblicato nella Gazzetta Ufficiale n. 95 del 24 aprile 1993; la legge di conversione è stata pubblicata nella Gazzetta Ufficiale, n. 145 del 23 giugno 1993.

1 1. Il Ministero delle partecipazioni statali e la relativa Ragioneria centrale, istituiti con legge 22 dicembre 1956, n. 1589, sono soppressi con effetto dalla data del 22 febbraio 1993.

2. Il Ministro dell'industria, del commercio e dell'artigianato subentra, con effetto dalla data di cui al comma 1, nelle attribuzioni e nei rapporti del Ministro e del Ministero delle partecipazioni statali. Nella composizione degli organi collegiali politici o amministrativi ogni riferimento al Ministro o al Ministero delle partecipazioni statali dovrà tenere conto di tale trasferimento di attribuzioni.

3. (1).

4. (1).

(1) *Comma soppresso in sede di conversione in legge.*

2 1. (*Omissis*) (1).

2. Restano ferme le competenze attribuite dalla legge al Ministero dell'industria, del commercio e dell'artigianato e alle altre amministrazioni nei settori di attività delle società derivate dalla trasformazione e

dal riordino di IRI, ENI, ENEL, IMI, BNL, INA nonché dal programma di razionalizzazione e liquidazione dell'EFIM, nonché quelle previste dall'articolo 14 del citato decreto-legge n. 333 del 1992 (2).

(1) *Sostituisce, a partire dal 22 febbraio 1993, il secondo periodo del comma 3 dell'art. 15, d.l. 11 luglio 1992, n. 333, conv., con modif. in l. 8 agosto 1992, n. 359.*
(2) *Comma modificato in sede di conversione in legge.*

3 1. Il personale dipendente dal soppresso Ministero delle partecipazioni statali è trasferito presso il Ministero dell'industria, del commercio e dell'artigianato e collocato, ivi compreso il personale in posizione di soprannumero, in un ruolo aggiunto istituito con decreto del Ministro dell'industria, del commercio e dell'artigianato, di concerto con i Ministri del tesoro e per la funzione pubblica. Tale ruolo è determinato in conformità alla tabella allegata al presente decreto e corrisponde alle dotazioni organiche dei posti di funzione dirigenziale e delle qualifiche funzionali e dei profili professionali del personale del soppresso Ministero delle partecipazioni statali, quali risultano rispettivamente dalla tabella XVIII di cui all'allegato II del decreto del Presidente della Repubblica 30 giugno 1972, n. 748, modificata dal decreto del Presidente della Repubblica 30 novembre 1990, pubblicato nella Gazzetta Ufficiale n. 18 del 22 gennaio 1991, nonché dal decreto del Presidente del Consiglio dei Ministri 13 gennaio 1992, pubblicato sulla Gazzetta Ufficiale n. 79 del 3 aprile 1992. Detto personale potrà essere utilizzato, con gli effetti del comando, in posizione corrispondente per sopperire ad esigenze di funzionamento del Ministero dell'industria, del commercio e dell'artigianato (1) (2).

2. (3).

2-*bis*. (3).

3. Con le modalità previste dalle specifiche disposizioni vigenti, il Ministero del tesoro provvede alla riutilizzazione del personale dipendente dalla Ragioneria generale dello Stato, ivi compreso quello con qualifiche dirigenziali, in servizio alla data di cui al comma 1 dell'articolo 1 presso la Ragioneria centrale del soppresso Ministero delle partecipazioni statali.

(1) *A norma dell'art. 1, comma 3, d.P.R. 28 luglio 2000, n. 276, il ruolo aggiunto di cui al presente articolo è soppresso. Successivamente, l'art. 16, comma 1, lett. c), d.P.R. 26 marzo 2001, n. 175, ha disposto l'abrogazione dell d.P.R. n. 276, cit., salva l'applicazione delle disposizioni transitorie di cui all'art. 1, comma 2, ultimo periodo, e comma 3, ultimo e penultimo periodo, fino al loro originario termine di efficacia.,. Ma il predetto d.P.R: n. 175, cit., è stato a sua volta abrogato dall'art. 21 d.P.R. 14 novembre 2007, n. 225, e dall'art. 8 d.P.R. 14 novembre 2007, n. 253.*
(2) *Comma sostituito in sede di conversione in legge.*
(3) *Comma abrogato dall'art. 1 d.P.R. 28 luglio 2000, n. 276.*

4 1. Per la copertura degli oneri di personale e di funzionamento previsti dal presente decreto, le somme rimaste da pagare alla chiusura dell'esercizio finanziario 1992, nello stato di previsione del soppresso Ministero delle partecipazioni statali, nonché gli stanziamenti concernenti le spese obbligatorie e le spese in conto capitale iscritti nello stato di previsione del medesimo Ministero (tabella n. 18), di cui alla legge 23 dicembre 1992, n. 501, saranno trasferiti in corrispondenti capitoli già istituiti o da istituire nello stato di previsione del Ministero dell'industria, del commercio e dell'artigianato per l'anno finanziario 1993 (1).

2. Il Ministro del tesoro è autorizzato ad apportare, con propri decreti, le occorrenti variazioni di bilancio, anche in conto residui.

(1) *Comma sostituito in sede di conversione in legge.*

5 1. Per le esigenze derivanti dall'attuazione del decreto-legge 11 luglio 1992, n. 333, convertito, con modificazioni, dalla legge 8 agosto 1992, n. 359, ed in relazione ai nuovi compiti attribuiti al Ministero del tesoro con le misure previste dalla legge di delega 23 ottobre 1992, n. 421, per la razionalizzazione e la revisione delle discipline in materia di sanità, di pubblico impiego, di previdenza e di finanza territoriale, la composizione del consiglio dei ragionieri, di cui all'articolo 164 del regio decreto 23 maggio 1924, n. 827, viene integrata con l'aggiunta di cinque dirigenti generali di livello C della Ragioneria generale dello Stato, con funzioni di consigliere ministeriale.

2. Il quadro H della tabella A allegata al decreto del Presidente della Repubblica 23 marzo 1989, pubblicato nella Gazzetta Ufficiale n. 288 dell'11 dicembre 1989, è sostituito dal quadro H di cui all'allegato del presente decreto.

3. I compiti del consiglio dei ragionieri di cui agli articoli 164 e 165 del regio decreto 23 maggio 1924, n. 827, vengono rideterminati con decreto del Presidente del Consiglio dei Ministri, adottato su proposta del Ministro del tesoro.

5-*bis* 1. L'Ente autonomo di gestione per il cinema è trasformato in società per azioni con le procedure di cui al decreto-legge 11 luglio 1992, n. 333, convertito, con modificazioni, dalla legge 8 agosto 1992, n. 359, e successive modificazioni e integrazioni.

2. In attesa del riordino della disciplina generale delle partecipazioni societarie dello Stato, nella società di cui al comma 1 il Ministro del tesoro, del bilancio e della programmazione economica assume la titolarità delle relative partecipazioni e il Ministero per i beni culturali e ambientali esercita i diritti dell'azionista, sentito il Ministro del tesoro, del bilancio e della programmazione economica per quanto riguarda i profili patrimoniali, finanziari e statutari (1).

3. La società presenta, annualmente, all'autorità competente in materia di turismo e spettacolo, unitamente alle società in essa inquadrate, una proposta di programma di produzione, distribuzione e promozione in Italia e all'estero di opere cinematografiche di lungo e corto metraggio di interesse culturale, un programma di attività nei settori dell'esercizio, delle industrie tecniche e dei servizi e di altre attività previste dagli statuti delle singole società inquadrate, nonché una proposta di programma di attività finanziaria volta al potenziamento del cinema nazionale ed un programma di riconversione e restauro di pellicole e materiali fotocinematografici dei propri archivi; è tenuta inoltre a presentare un programma di acquisizione e potenziamento di sale cinematografiche per promuovere in particolare la programmazione della cinematografia italiana ed europea.

Con decreto dell'autorità competente in materia di turismo e spettacolo, sulla base del programma preventivamente approvato, vengono assegnate ed erogate le relative sovvenzioni a valere sul Fondo unico per lo spettacolo di cui all'articolo 1 della legge 30 aprile 1985, n. 163, sulla base di una percentuale della quota del Fondo medesimo destinata al cinema, previamente definita per ciascun anno con decreto del Ministro per i beni e le attività culturali. Tali sovvenzioni sono sostitutive di tutti i contributi previsti dalla legislazione vigente a favore dell'Ente autonomo di gestione per il cinema e delle società in esso inquadrate a carico del Fondo suddetto. Il programma deve essere realizzato entro il 31 dicembre del secondo anno successivo alla data della sua approvazione (2).

4. Nella prospettiva della costituzione di un polo pubblico dell'audiovisivo, la società stipula convenzioni con l'IRI S.p.a. nei settori di attività di interesse comune.

(1) *Comma così sostituito dall'art. 12 l. 12 luglio 1999, n. 237.*
(2) *Comma, da ultimo, così modificato dall'art. 12 l. 12 luglio 1999, n. 237.*

5-*ter* 1. Il Ministro dell'industria, del commercio e dell'artigianato, entro novanta giorni dalla data di entrata in vigore della legge di conversione del presente decreto, predispone un programma di riordino del settore termale (1).

(1) *Comma sostituito in sede di conversione in legge.*

6 1. Il presente decreto entra in vigore il giorno stesso della sua pubblicazione nella Gazzetta Ufficiale della Repubblica italiana e sarà presentato alle Camere per la conversione in legge.

ALLEGATO 1
TABELLA

(*Omissis*).

ALLEGATO 2
ALLEGATO

(*Omissis*).

34. Decreto legge 31 maggio 1994, n. 332, convertito, con modificazioni, in legge 30 luglio 1994, n. 474. — Norme per l'accelerazione delle procedure di dismissione di partecipazioni dello Stato e degli enti pubblici in società per azioni.

Pubblicato nella Gazzetta Ufficiale n. 126 del 1° giugno 1994; la legge di conversione è stata pubblicata nella Gazzetta Ufficiale n. 177 del 30 luglio 1994.

1 Modalità delle dismissioni delle partecipazioni azionarie dello Stato e degli enti pubblici.

1. Le vigenti norme di legge e di regolamento sulla contabilità generale dello Stato non si applicano alle alienazioni delle partecipazioni dello Stato e degli enti pubblici in società per azioni e ai conferimenti delle stesse società partecipate, nonché agli atti ed alle operazioni complementari e strumentali alle medesime alienazioni inclusa la concessione di indennità e manleva secondo la prassi dei mercati (1).

2. L'alienazione delle partecipazioni di cui al comma 1 è effettuata con modalità trasparenti e non discriminatorie, finalizzate anche alla diffusione dell'azionariato tra il pubblico dei risparmiatori e degli investitori istituzionali. Dette modalità di alienazione sono preventivamente individuate, per ciascuna società, con decreto del Presidente del Consiglio dei ministri, su proposta del Ministro dell'economia e delle finanze, di concerto con il Ministro delle attività produttive (2).

2-*bis*. Al fine di realizzare la massimizzazione del gettito per l'Erario, il contenimento dei costi e la rapidità di esecuzione della cessione, in deroga alle disposizioni di cui al comma 2, il Ministro dell'economia e delle finanze individua, con proprio decreto, le modalità di alienazione delle partecipazioni direttamente detenute dallo Stato non di controllo e di valore inferiore ad euro 50 milioni, secondo tecniche in uso nei mercati finanziari e fermo restando il rispetto dei principi di trasparenza e non discriminazione (3).

2-*ter*. Alle alienazioni di cui al comma 2 si applica l'articolo 1, comma 2, della legge 14 novembre 1995, n. 481, e successive modificazioni, per la dismissione delle partecipazioni di controllo ivi indicate, salvo il caso di alienazione di titoli azionari già quotati in mercati regolamentati nazionali o comunitari qualora il collocamento sia rivolto, direttamente o indirettamente, ad un pubblico indistinto di risparmiatori o di investitori istituzionali (3).

3. In caso di cessione mediante trattativa diretta di partecipazioni in società controllate direttamente o indirettamente dallo Stato, con decreto del Presidente del Consiglio dei Ministri, adottato su proposta del Ministro del tesoro, d'intesa con i Ministri dell'industria, del commercio e dell'artigianato e del bilancio e della programmazione economica, ovvero, per le società controllate indirettamente, con deliberazione dell'organo competente, possono essere individuate le società per le quali, al fine di costituire un nucleo stabile di azionisti di riferimento, la cessione della partecipazione deve essere effettuata invitando potenziali acquirenti, che presentino requisiti di idonea capacità imprenditoriale, ad avanzare, agendo di concerto, offerte comprensive dell'impegno, da inserire nel contratto di cessione, di garantire, mediante accordo fra i partecipanti al nucleo stabile, determinate condizioni finanziarie, economiche e gestionali. Il contratto può altresì

prevedere, per un periodo determinato, il divieto di cessione della partecipazione, il divieto di cessione dell'azienda e la determinazione del risarcimento in caso di inadempimento ai sensi dell'articolo 1382 del codice civile. Il contratto di cessione e l'accordo fra i partecipanti al nucleo stabile, nonché le eventuali modificazioni, devono essere depositati, entro quindici giorni, presso l'ufficio del registro delle imprese nella cui circoscrizione è stabilita la sede sociale della società e devono essere pubblicati nei successivi quindici giorni per estratto a cura della società su due quotidiani a diffusione nazionale.

4. Nel caso in cui tra i partecipanti al nucleo stabile sia presente il Ministro del tesoro, questi può riservarsi, per un periodo da indicare nel contratto di cui al comma 3, il diritto di prelazione nel caso di cessione della partecipazione.

5. Il Ministero dell'economia e delle finanze, per quanto concerne le proprie partecipazioni, e gli altri enti pubblici per le loro partecipazioni, ai fini della predisposizione ed esecuzione delle operazioni di alienazione delle azioni delle società di cui al comma 1 e loro controllate e delle operazioni di conferimento, possono affidare, anche in deroga alle disposizioni dell'articolo 24 della legge 27 dicembre 2002, n. 289, ove applicabili, salvo quanto previsto dalla direttiva 92/50/CEE del Consiglio, del 18 giugno 1992, a società di provata esperienza e capacità operativa nazionali ed estere, nonché a singoli professionisti, incarichi di studio, consulenza, valutazione, assistenza operativa, amministrazione di titoli di proprietà dello Stato e direzione delle operazioni di collocamento con facoltà di compiere per conto dello Stato operazioni strumentali e complementari, fatte salve le incompatibilità derivanti da conflitti d'interesse. Gli incarichi di valutazione non possono essere affidati a società di revisione che abbiano svolto incarichi di consulenza in favore delle società di cui al comma 1 nei due anni precedenti la data di entrata in vigore del presente de creto. I soggetti incaricati della valutazione possono partecipare ai consorzi di collocamento ma non assumerne la guida. I compensi e le modalità di pagamento degli incarichi di cui al presente comma devono essere previamente stabiliti dalle parti (4).

5-*bis*. Le disposizioni di cui ai commi 1 e 5 si applicano anche agli incarichi conferiti dal Ministero dell'economia e delle finanze in relazione a piani di riordino, risanamento o ristrutturazione delle società partecipate dallo Stato, propedeutici alla dismissione della partecipazione (3).

6. (5).

7. (6).

7-*bis*. (7).

7-*ter*. (7).

(1) *Per il prezzo delle operazioni di alienazione delle partecipazioni di cui al presente comma vedi l'art. 80, comma 7, l. 27 dicembre 2002, n. 289.*

(2) *Comma sostituito dall'art. 4, comma 218, l. 24 dicembre 2003, n. 350.*

(3) *Comma inserito dall'art. 4, comma 218, l. 24 dicembre 2003, n. 350.*

(4) *Comma modificato dall'art. 25 l. 1° marzo 2002, n. 39 (legge comunitaria), e infine dall'art. 4, comma 218, l. 24 dicembre 2003, n. 350.*

(5) *Comma abrogato dall'art. 17, comma 60, l. 15 maggio 1997, n. 127.*

(6) *Comma abrogato dall'art. 30 d.lgs. 17 maggio 1999, n. 153.*

(7) *Comma abrogato dall'art. 30 d.lgs. 17 maggio 1999, n. 153.*

1-*bis* Regolazione delle tariffe e controllo della qualità dei servizi.

1. Le dismissioni delle partecipazioni azionarie dello Stato e degli enti pubblici nelle società di cui all'articolo 2 sono subordinate alla creazione di organismi indipendenti per la regolarizzazione delle tariffe e il controllo della qualità dei servizi di rilevante interesse pubblico (1).

(1) *Sulla istituzione delle Autorità di regolazione dei servizi di pubblica utilità, v. la l. 14 novembre 1995, n. 481.*

2 Poteri speciali (1).

1. Tra le società controllate direttamente o indirettamente dallo Stato operanti nel settore della difesa, dei trasporti, delle telecomunicazioni, delle fonti di energia, e degli altri pubblici servizi, sono individuate con decreto del Presidente del Consiglio dei ministri, adottato su proposta del Ministro dell'economia e finanze, di intesa con il Ministro delle attività produttive, nonché con i Ministri competenti per settore, previa comunicazione alle competenti Commissioni parlamentari, quelle nei cui statuti, prima di ogni atto che determini la perdita del controllo, deve essere introdotta con deliberazione dell'assemblea straordinaria una clausola che attribuisca al Ministro dell'economia e delle finanze la titolarità di uno o più dei seguenti poteri speciali da esercitare di intesa con il Ministro delle attività produttive (2):

a) opposizione all'assunzione, da parte dei soggetti nei confronti dei quali opera il limite al possesso azionario di cui all'articolo 3, di partecipazioni rilevanti, per tali intendendosi quelle che rappresentano almeno la ventesima parte del capitale sociale rappresentato da azioni con diritto di voto nelle assemblee ordinarie o la percentuale minore fissata dal Ministro dell'economia e delle finanze con proprio decreto. L'opposizione deve essere espressa entro dieci giorni dalla data della comunicazione che deve essere effettuata dagli amministratori al momento della richiesta di iscrizione nel libro soci, qualora il Ministro ritenga che l'operazione rechi pregiudizio agli interessi vitali dello Stato. Nelle more di decorrenza del termine per l'esercizio del potere di opposizione, il diritto di voto e comunque quelli aventi contenuto diverso da quello patrimoniale, connessi alle azioni che rappresentano la partecipazione rilevante, sono sospesi. In caso di esercizio del potere di opposizione, attraverso provvedimento debitamente motivato in relazione al concreto pregiudizio arrecato dall'operazione agli interessi vitali dello Stato, il cessionario non può esercitare i diritti di voto e comunque quelli aventi contenuto diverso da quello patrimoniale, connessi alle azioni che rappresentano la partecipazione rilevante e dovrà cedere le stesse azioni entro un anno. In caso di mancata ottemperanza il tribunale, su richiesta del Ministro dell'economia e delle finanze, ordina la vendita delle azioni che rappresentano la partecipazione rilevante secondo le procedure di cui all'articolo 2359-*ter* del codice civile. Il provvedimento di esercizio del potere di opposizione è impugnabile entro sessanta giorni dal cessionario innanzi al tribunale amministrativo regionale del Lazio (3);

b) opposizione alla conclusione di patti o accordi di cui all'articolo 122 del testo unico di cui al decreto legislativo 24 febbraio 1998, n. 58, nel caso in cui vi sia rappresentata almeno la ventesima parte del capitale sociale costituito da azioni con diritto di voto nell'assemblea ordinaria o la percentuale minore fissata dal Ministro dell'economia e delle finanze con proprio decreto. Ai fini dell'esercizio del potere di opposizione la CONSOB informa il Ministro dell'economia e delle finanze dei patti e degli accordi rilevanti ai sensi del presente articolo di cui abbia avuto comunicazione in base al citato articolo 122 del testo unico di cui al decreto legislativo n. 58 del 1998. Il potere di opposizione deve essere esercitato entro dieci giorni dalla data della comunicazione effettuata dalla CONSOB. Nelle more di decorrenza del termine per l'esercizio del potere di opposizione, il diritto di voto e comunque quelli aventi contenuto diverso da quello patrimoniale dei soci aderenti al patto sono sospesi. In caso di emanazione del provvedimento di opposizione, debitamente motivato in relazione al concreto pregiudizio arrecato dai suddetti accordi o patti agli interessi vitali dello Stato, gli accordi sono inefficaci. Qualora dal comportamento in assemblea dei soci sindacali si desuma il mantenimento degli impegni assunti con l'adesione ai patti di cui al citato articolo 122 del testo unico di cui al decreto legislativo n. 58 del 1998, le delibere assunte con il voto determinante dei soci stessi sono impugnabili. Il provvedimento di esercizio del potere di opposizione è impugnabile entro sessanta giorni dai soci aderenti ai patti o agli accordi innanzi al tribunale amministrativo regionale del Lazio (3);

c) veto, debitamente motivato in relazione al concreto pregiudizio arrecato agli interessi vitali dello Stato, all'adozione delle delibere di scioglimento della società, di trasferimento dell'azienda, di fusione, di scissione, di trasferimento della sede sociale all'estero, di cambiamento dell'oggetto sociale, di modifica dello statuto che sopprimono o modificano i poteri di cui al presente articolo. Il provvedimento di esercizio del potere di veto è impugnabile entro sessanta giorni dai soci dissenzienti innanzi al tribunale amministrativo regionale del Lazio;

d) nomina di un amministratore senza diritto di voto (4).

1-*bis*. Il contenuto della clausola che attribuisce i poteri speciali è individuato con decreto del Ministro del tesoro, di concerto con i Ministri del bilancio e della programmazione economica, e dell'industria, del commercio e dell'artigianato (5).

2. Ai soci dissenzienti dalle deliberazioni che introducono i poteri speciali di cui al comma 1, lettera *c*), spetta il diritto di recesso ai sensi dell'articolo 2437 del codice civile.

3. Le disposizioni del presente articolo si applicano anche alle società controllate, direttamente o indirettamente da enti pubblici, anche territoriali ed economici, operanti nel settore dei trasporti e degli altri servizi pubblici e individuate con provvedimento dell'ente pubblico partecipante, al quale verranno riservati altresì i poteri previsti al comma 1.

(1) *Ai sensi dell'art. 3, comma 2, del d.l. 15 marzo 2012, n. 21, conv., con modif., in l. 11 maggio 2012, n. 56, come modificato dall'art. 4-*bis*, comma 1, lett.* e), *n. 2), d.l. 21 settembre 2019, n. 105, conv., con modif. in l. 18 novembre 2019, n. 133, il presente articolo cessa di avere efficacia, « con riferimento ai singoli settori, a decorrere dalla data di entrata in vigore dei decreti, relativi a ciascun settore, di cui all'articolo 1, comma 1, e dei decreti, relativi a ciascun settore, di cui all'articolo 2, commi 1 e 1-*ter*, del presente decreto. Le predette disposizioni sono comunque abrogate a decorrere dalla data di entrata in vigore dell'ultimo dei decreti di cui al primo periodo che completano l'individuazione dei settori. Gli amministratori senza diritto di voto eventualmente nominati ai sensi del predetto articolo 2 del decreto-legge n. 332 del 1994, convertito, con modificazioni, dalla legge n. 474 del 1994, e successive modificazioni, e in carica alla data della sua abrogazione cessano alla scadenza del mandato ».*

*V. l'art. 66, comma 3, l. 23 dicembre 1999, n. 488 ai sensi del quale « I poteri speciali di cui all'*art. 2 del decreto-legge 31 maggio 1994, n. 332, *convertito, con modificazioni, dalla* legge 30 luglio 1994, n. 474, *possono essere introdotti esclusivamente per rilevanti e imprescindibili motivi di interesse generale, in particolare con riferimento all'ordine pubblico, alla sicurezza pubblica, alla sanità pubblica e alla difesa, in forma e misura idonee e proporzionali alla tutela di detti interessi, anche per quanto riguarda i limiti temporali; detti poteri sono posti nel rispetto dei princìpi dell'ordinamento interno e comunitario, e tra questi in primo luogo del principio di non discriminazione, e in coerenza con gli obiettivi, in materia di privatizzazioni e di tutela della concorrenza e del mercato ».*

(2) *Con d.m. 21 marzo 1997 sono stati definiti i poteri speciali attribuiti al Ministro del tesoro da introdurre negli statuti di Stet S.p.a. e Telecom Italia S.p.a.; con d.m. 24 marzo 1997 è stata fissata la misura della partecipazione rilevante ai fini dell'esercizio del potere speciale del gradimento attribuito al Ministro del tesoro sempre in relazione alle società Stet S.p.a. e Telecom Italia S.p.a.*

Per l'individuazione del contenuto della clausola da inserire nello statuto di ENEL S.p.a., che attribuisce al Ministro dell'economia e delle finanze la titolarità dei poteri speciali vedi d.m. 17 settembre 2004.

(3) *Per l'esercizio del potere di opposizione di cui alla presente lettera v. l'art. 4, comma 228, l. 24 dicembre 2003, n. 350.*

(4) *Comma sostituito dall'art. 4, comma 227, l. 24 dicembre 2003, n. 350.*

(5) *Per l'individuazione del contenuto della clausola statutaria da inserire negli statuti di ENEL S.p.a., di ENEL Produzione S.p.a., di Terna S.p.a. e di ENEL Distribuzione S.p.a., vedi il d.m. 17 settembre 1999.*

3 Altre clausole statutarie.

1. Le società operanti nei settori di cui all'articolo 2, nonché le banche e le imprese assicurative, direttamente o indirettamente controllate dallo Stato o da enti pubblici anche territoriali ed economici, possono introdurre nello statuto un limite massimo di possesso azionario non superiore, per le società di cui all'articolo 2, al cinque per cento, riferito al singolo socio, al suo nucleo familiare, comprendente il socio stesso, il coniuge non separato legalmente e i figli minori, ed al gruppo di appartenenza: per tale intendendosi il soggetto, anche non avente forma societaria, che esercita il controllo, le società controllate e quelle controllate da uno stesso soggetto controllante, nonché le società collegate; il limite riguarda altresì i soggetti che, direttamente o indirettamente, anche tramite controllate, società fiduciarie o interposta persona aderiscono anche con terzi ad accordi relativi all'esercizio del diritto di voto o al trasferimento di azioni o quote di società terze o comunque ad accordi o patti di cui all'articolo 10, comma 4, della legge 18 febbraio 1992, n. 149, come sostituito dall'articolo 7, comma 1, lettera *b*), del presente decreto, in relazione a società terze, qualora tali accordi o patti riguardino almeno il dieci per cento

delle quote o delle azioni con diritto di voto se si tratta di società quotate, o il venti per cento se si tratta di società non quotate.

2. Con riferimento alle partecipazioni azionarie diverse da quelle detenute dallo Stato, da enti pubblici o soggetti da questi controllati, il superamento del limite di cui al comma 1 comporta divieto di eser citare il diritto di voto e comunque i diritti aventi contenuto diverso da quello patrimoniale, attinenti alle partecipazioni eccedenti il limite stesso. Alla partecipazione eccedente il limite alla data del 2 ottobre 1993 le disposizioni di cui al presente comma non si applicano per un periodo di tre anni dalla stessa data (1).

3. Le clausole statutarie introdotte ai sensi del comma 1 del presente articolo, nonché quelle introdotte al fine di assicurare la tutela di minoranze azionarie, non possono essere modificate per un periodo di tre anni dall'iscrizione delle relative delibere assembleari. La clausola che prevede un limite di possesso decade comunque allorché il limite sia superato per effetto di una offerta pubblica di acquisto promossa ai sensi degli articoli 106 e 107 del testo unico delle disposizioni in materia di mercati finanziari, emanato ai sensi dell'articolo 21 della legge 6 febbraio 1996, n. 52 (2).

(1) *Comma modificato dall'art. 1 d.l. 28 settembre 1996, n. 504.*
(2) *Comma modificato dall'art. 212 d.lgs. 24 febbraio 1998, n. 58, con effetto a decorrere dal 1° luglio 1998.*

4-16 (*Omissis*).

35. Decreto legge 30 settembre 2003, n. 269, convertito, con modificazioni, in legge 24 novembre 2003, n. 326. — Disposizioni urgenti per favorire lo sviluppo e per la correzione dell'andamento dei conti pubblici. (*estratto*).

Pubblicato nella Gazzetta Ufficiale n. 229 del 2 ottobre 2003, S.O.; la legge di conversione è stata pubblicata nella Gazzetta ufficiale n. 274 del 25 novembre 2003, S.O.

5 Trasformazione della Cassa depositi e prestiti in società per azioni.

1. La Cassa depositi e prestiti è trasformata in società per azioni con la denominazione di "Cassa depositi e prestiti società per azioni" (CDP S.p.A.), con effetto dalla data della pubblicazione nella Gazzetta Ufficiale del decreto ministeriale di cui al comma 3. La CDP S.p.A., salvo quanto previsto dal comma 3, subentra nei rapporti attivi e passivi e conserva i diritti e gli obblighi anteriori alla trasformazione (1).

2. Le azioni della CDP S.p.A. sono attribuite allo Stato, che esercita i diritti dell'azionista ai sensi dell'articolo 24, comma 1, lettera *a*), del decreto legislativo 30 luglio 1999, n. 300; non si applicano le disposizioni dell'articolo 2362 del codice civile. Le fondazioni di cui all'articolo 2 del decreto legislativo 17 maggio 1999, n. 153, e altri soggetti pubblici o privati possono detenere quote complessivamente di minoranza del capitale della CDP S.p.A.

3. Con decreto del Ministro dell'economia e delle finanze di natura non regolamentare, da emanare entro due mesi dalla data di entrata in vigore del presente decreto, sono determinati:

a) le funzioni, le attività e le passività della Cassa depositi e prestiti anteriori alla trasformazione che sono trasferite al Ministero dell'economia e delle finanze e quelle assegnate alla gestione separata della CDP S.p.A. di cui al comma 8;

b) i beni e le partecipazioni societarie dello Stato, anche indirette, che sono trasferite alla CDP S.p.A. e assegnate alla gestione separata di cui al comma 8, anche in deroga alla normativa vigente. I relativi valori di trasferimento e di iscrizione in bilancio sono determinati sulla scorta della relazione giurata di stima prodotta da uno o più soggetti di adeguata esperienza e qualificazione professionale nominati dal Ministero, anche in deroga agli articoli da 2342 a 2345 del codice civile ed all'articolo 24 della legge 27 dicembre 2002, n.2 89. Con successivi decreti ministeriali possono essere disposti ulteriori trasferimenti e conferimenti. I decreti ministeriali di cui alla presente lettera sono soggetti al controllo preventivo della Corte dei conti e trasmessi alle competenti Commissioni parlamentari (2);

c) gli impegni accessori assunti dallo Stato;

d) il capitale sociale della CDP S.p.A., comunque in misura non inferiore al fondo di dotazione della Cassa depositi e prestiti risultante dall'ultimo bilancio di esercizio approvato (3).

3-*bis*. Con decreto di natura non regolamentare il Ministro dell'economia e delle finanze adegua il tasso di remunerazione del conto corrente di Tesoreria centrale denominato 'CDP SpA - gestione separata', al fine di allinearlo ai livelli di mercato in relazione all'effettiva durata finanziaria delle giacenze del conto medesimo, tenendo conto altresì del costo effettivo delle passività che lo alimentano (4).

4. Con decreto del Presidente del Consiglio dei ministri, di natura non regolamentare, su proposta del Ministro dell'economia e delle finanze, è approvato lo Statuto della CDP spa e sono nominati i componenti del consiglio di amministrazione e del collegio sindacale per il primo periodo di durata in carica. Per tale primo periodo restano in carica i componenti del collegio dei revisori indicati ai sensi e per gli effetti dell'articolo 10 della legge 13 maggio 1983, n. 197. Le successive modifiche allo statuto della CDP spa e le nomine dei componenti degli organi sociali per i successivi periodi sono deliberate a norma del codice civile (5).

5. Il primo esercizio sociale della CDP S.p.A. si chiude al 31 dicembre 2004.

6. Alla CDP S.p.A. si applicano le disposizioni del Titolo V del testo unico delle leggi in materia bancaria e creditizia, di cui al decreto legislativo 1° settembre 1993, n. 385, previste per gli intermediari iscritti nell'elenco speciale di cui all'articolo 107 del medesimo

decreto legislativo, tenendo presenti le caratteristiche del soggetto vigilato e la speciale disciplina della gestione separata di cui al comma 8.

7. La CDP S.p.A. finanzia, sotto qualsiasi forma:

a) lo Stato, le regioni, gli enti locali, gli enti pubblici e gli organismi di diritto pubblico, utilizzando fondi rimborsabili sotto forma di libretti di risparmio postale e di buoni fruttiferi postali, assistiti dalla garanzia dello Stato e distribuiti attraverso Poste italiane S.p.A. o società da essa controllate, e fondi provenienti dall'emissione di titoli, dall'assunzione di finanziamenti e da altre operazioni finanziarie, che possono essere assistiti dalla garanzia dello Stato. L'utilizzo dei fondi di cui alla presente lettera è consentito anche per il compimento di ogni altra operazione di interesse pubblico prevista dallo statuto sociale della CDP S.p.A. effettuata nei confronti dei medesimi soggetti di cui al primo periodo, o dai medesimi promossa, nonché nei confronti di soggetti privati per il compimento di operazioni nei settori di interesse generale individuati ai sensi del successivo comma 11, lettera *e*), o al fine di contribuire al raggiungimento degli obiettivi stabiliti nell'ambito degli accordi internazionali sul clima e sulla tutela ambientale nonché su altri beni pubblici globali ai quali l'Italia ha aderito, (6) tenuto conto della sostenibilità economico-finanziaria di ciascuna operazione. Le operazioni adottate nell'ambito delle attività di cooperazione internazionale allo sviluppo, di cui all'articolo 22 della legge 11 agosto 2014, n. 125, possono essere effettuate anche in cofinanziamento con istituzioni finanziarie europee, multilaterali o sovranazionali, nel limite annuo stabilito con apposita convenzione stipulata tra la medesima CDP S.p.A. e il Ministero dell'economia e delle finanze. Le operazioni di cui alla presente lettera possono essere effettuate anche in deroga a quanto previsto dal comma 11, lettera *b*) (7);

b) le opere, gli impianti, le reti e le dotazioni destinati a iniziative di pubblica utilità, gli investimenti finalizzati a ricerca, sviluppo, innovazione, tutela e valorizzazione del patrimonio culturale, anche in funzione di promozione del turismo, ambiente, efficientamento energetico e promozione dello sviluppo sostenibile, anche con riferimento a quelle interessanti i territori montani e rurali per investimenti nel campo della green economy nonché le iniziative per la crescita, anche per aggregazione, delle imprese, in Italia e all'estero, in via preferenziale in cofinanziamento con enti creditizi e comunque, utilizzando fondi provenienti dall'emissione di titoli, dall'assunzione di finanziamenti e da altre operazioni finanziarie, senza garanzia dello Stato e con preclusione della raccolta di fondi a vista. [La raccolta di fondi è effettuata esclusivamente presso investitori istituzionali] (8).

7-*bis*. Fermo restando quanto stabilito al comma 7, la Cassa depositi e prestiti S.p.A., ai sensi del comma 7, lettera *a*), secondo periodo, può altresì fornire alle banche italiane e alle succursali di banche estere comunitarie ed extracomunitarie, operanti in Italia e autorizzate all'esercizio dell'attività bancaria, provvista attraverso finanziamenti, sotto la forma tecnica individuata nella convenzione di cui al periodo seguente, per l'erogazione di mutui garantiti da ipoteca su immobili residenziali da destinare prioritariamente all'acquisto dell'abitazione principale, preferibilmente appartenente ad una delle classi energetiche A, B o C, e ad interventi di ristrutturazione e accrescimento dell'efficienza energetica, con priorità per le giovani coppie, per i nuclei familiari di cui fa parte almeno un soggetto disabile e per le famiglie numerose. A tal fine le predette banche possono contrarre finanziamenti secondo contratti tipo definiti con apposita convenzione tra la Cassa depositi e prestiti S.p.A. e l'Associazione Bancaria Italiana. Nella suddetta convenzione sono altresì definite le modalità con cui i minori differenziali sui tassi di interesse in favore delle banche si trasferiscono sul costo del mutuo a vantaggio dei mutuatari. Ai finanziamenti di cui alla presente lettera concessi dalla Cassa depositi e prestiti S.p.A. alle banche, da destinare in via esclusiva alle predette finalità, si applica il regime fiscale di cui al comma 24 (9).

8. La CDP S.p.A. assume partecipazioni e svolge le attività, strumentali, connesse e accessorie; per l'attuazione di quanto previsto al comma 7, lettera *a*), la CDP S.p.A. istituisce un sistema separato ai soli fini contabili ed organizzativi, la cui gestione è uniformata a criteri di trasparenza e di salvaguardia dell'equilibrio economico. Sono assegnate alla gestione separata le partecipazioni e le attività ad essa strumentali, connesse e accessorie, e le attività di assistenza e di consulenza in favore dei soggetti di cui al comma 7, lettera *a*). Il decreto ministeriale di cui al comma 3 può prevedere forme di razionalizzazione e concentrazione delle partecipazioni detenute dalla Cassa depositi e prestiti alla data di trasformazione in società per azioni.

8-*bis*. Fermo restando quanto previsto al comma 8, CDP S.p.A. può altresì assumere partecipazioni in società di rilevante interesse nazionale in termini di strategicità del settore di operatività, di livelli occupazionali, di entità di fatturato ovvero di ricadute per il sistema economico-produttivo del Paese, e che risultino in una stabile situazione di equilibrio finanziario, patrimoniale ed economico e siano caratterizzate da adeguate prospettive di redditività. Ai fini della qualificazione di società di interesse nazionale, con decreto del Ministro dell'economia e delle finanze di natura non regolamentare sono definiti i requisiti, anche quantitativi, delle società oggetto di possibile acquisizione da parte di CDP S.p.A. ai sensi del presente comma. Il decreto è trasmesso alle Camere. Le medesime partecipazioni possono essere acquisite anche attraverso veicoli societari o fondi di investimento partecipati da CDP S.p.A. ed eventualmente da società private o controllate dallo Stato o enti pubblici. Nel caso in cui dette partecipazioni siano acquisite mediante utilizzo di risorse provenienti dalla raccolta postale, le stesse sono contabilizzate nella gestione separata di cui al comma 8 (10).

8-*ter*. Fermo restando quanto previsto dai commi precedenti, la Cassa depositi e prestiti S.p.A. può acquistare obbligazioni bancarie garantite emesse a fronte di portafogli di mutui garantiti da ipoteca su immobili residenziali e/o titoli emessi ai sensi della legge 30 aprile 1999, n. 130, nell'ambito di operazioni di cartolarizzazione aventi ad oggetto crediti derivanti da mutui garantiti da ipoteca su immobili residenziali (11).

8-*quater*. Fermo restando quanto previsto dai commi precedenti, la Cassa depositi e prestiti S.p.A. può acquistare titoli emessi ai sensi della legge 30 aprile 1999, n. 130, nell'ambito di operazioni di cartolarizzazione aventi ad oggetto crediti verso piccole e medie imprese al fine di accrescere il volume del credito alle piccole e medie imprese. Gli acquisti dei predetti titoli, ove effettuati a valere sui fondi di cui al comma 7, lettera *a*), possono essere garantiti dallo Stato secondo criteri e modalità stabiliti con decreto di natura non regolamentare del Ministro dell'economia e delle finanze. Agli oneri derivanti dalle eventuali escussioni delle garanzie di cui al presente comma si provvede a valere sulle disponibilità del Fondo di garanzia per le piccole e medie imprese di cui all'articolo 2, comma 100, lettera *a*), della legge 23 dicembre 1996, n. 66 (12).

9. Al Ministro dell'economia e delle finanze spetta il potere di indirizzo della gestione separata di cui al comma 8. Ferme restando le attribuzioni proprie della Commissione di vigilanza prevista dall'articolo 3 del regio decreto 2 gennaio 1913, n. 453, e successive modificazioni, nell'ambito delle competenze proprie della Commissione parlamentare di cui all'articolo 56 della legge 9 marzo 1989, n. 88, e successive modificazioni, rientrano anche le funzioni di vigilanza sulla gestione separata di cui al comma 8 del presente articolo relativamente ai profili di operazioni di finanziamento e sostegno del settore pubblico realizzate con riferimento all'intero settore previdenziale e assistenziale (13) (14).

10. Per l'amministrazione della gestione separata di cui al comma 8 il consiglio di amministrazione della CDP S.p.A. è integrato dai membri, con funzioni di amministratore, indicati alle lettere *c*), *d*) ed *f*) del primo comma dell'articolo 7 della legge 13 maggio 1983, n. 197.

11. Per l'attività della gestione separata di cui al comma 8 il Ministro dell'economia e delle finanze determina con propri decreti di natura non regolamentare:

a) i criteri per la definizione delle condizioni generali ed economiche dei libretti di risparmio postale, dei buoni fruttiferi postali, dei titoli, dei finanziamenti e delle altre operazioni finanziarie assistiti dalla garanzia dello Stato (14);

b) i criteri per la definizione delle condizioni generali ed economiche degli impieghi, nel rispetto dei principi di accessibilità, uniformità di trattamento, predeterminazione e non discriminazione (14);

c) le norme in materia di trasparenza, pubblicità, contratti e comunicazioni periodiche;

d) i criteri di gestione delle partecipazioni assegnate ai sensi del comma 3;

e) i criteri generali per la individuazione delle operazioni promosse dai soggetti di cui al comma 7, lettera *a*), ammissibili a finanziamento, e i settori di intervento di cui al medesimo comma 7, lettera *a*), nonché i criteri e i limiti delle operazioni dei soggetti privati e i relativi settori di intervento (15).

e-*bis*) [con riferimento a ciascun esercizio finanziario,] le esposizioni assunte o previste da CDP S.p.A., diverse da quelle di cui al comma 7, lettera *b*), che possono essere garantite dallo Stato, anche a livello pluriennale. La garanzia dello Stato può essere rilasciata a prima domanda, [con rinuncia all'azione di regresso su CDP S.p.A.,] deve essere onerosa e compatibile con la normativa dell'Unione europea in materia di garanzie onerose concesse dallo Stato [a condizioni di mercato]. Con una o più convenzioni tra il Ministero dell'economia e delle finanze e la Cassa depositi e presiti S.p.A. sono disciplinati i criteri e le modalità operative, la durata e la remunerazione della predetta garanzia (16).

11-*bis*. Il Ministro dell'economia e delle finanze determina, con decreti di natura non regolamentare adottati di concerto con il Ministro degli affari esteri e della cooperazione internazionale, i criteri e le modalità per l'effettuazione delle operazioni adottate nell'ambito delle attività di cooperazione internazionale allo sviluppo di cui al comma 7, lettera *a*), terzo periodo (17).

12. Sino all'emanazione dei decreti di cui al comma 11 la CDP S.p.A. continua a svolgere le funzioni oggetto della gestione separata di cui al comma 8 secondo le disposizioni vigenti alla data di trasformazione della Cassa depositi e prestiti in società per azioni. I rapporti in essere e i procedimenti amministrativi in corso alla data di entrata in vigore dei decreti di cui al comma 11 continuano ad essere regolati dai provvedimenti adottati e dalle norme legislative e regolamentari vigenti in data anteriore. Per quanto non disciplinato dai decreti di cui al comma 11 continua ad applicarsi la normativa vigente in quanto compatibile. Le attribuzioni del consiglio di amministrazione e del direttore generale della Cassa depositi e prestiti anteriori alla trasformazione sono esercitate, rispettivamente, dal consiglio di amministrazione e, se previsto, dall'amministratore delegato della CDP S.p.A.

13. All'attività di impiego della gestione separata di cui al comma 8 continuano ad applicarsi le disposizioni più favorevoli previste per la Cassa depositi e prestiti anteriori alla trasformazione, inclusa la disposizione di cui all'articolo 204, comma 2, del decreto legislativo 18 agosto 2000, n. 267.

14. La gestione separata di cui al comma 8 subentra nei rapporti attivi e passivi e conserva i diritti e gli obblighi sorti per effetto della cartolarizzazione dei crediti effettuata ai sensi dell'articolo 8 del decreto-legge 15 aprile 2002, n. 63, convertito, con modificazioni, dalla legge 15 giugno 2002, n. 112.

15. La gestione separata di cui al comma 8 può avvalersi dell'Avvocatura dello Stato, ai sensi dell'articolo 43 del testo unico delle leggi e delle norme giuridiche sulla rappresentanza e difesa in giudizio dello Stato e sull'ordinamento dell'Avvocatura dello Stato, di cui al regio decreto 30 ottobre 1933, n. 1611, e successive modificazioni.

16. Il Ministro dell'economia e delle finanze, sulla base di apposita relazione presentata dalla CDP S.p.A., riferisce annualmente al Parlamento sulle attività svolte e sui risultati conseguiti dalla CDP S.p.A.

17. Il controllo della Corte dei conti si svolge sulla CDP S.p.A. con le modalità previste dall'articolo 12 della legge 21 marzo 1958, n. 259.

18. La CDP S.p.A. può destinare propri beni e rapporti giuridici al soddisfacimento dei diritti dei porta-

tori di titoli da essa emessi e di altri soggetti finanziatori. A tal fine la CDP S.p.A. adotta apposita deliberazione contenente l'esatta descrizione dei beni e dei rapporti giuridici destinati, dei soggetti a cui vantaggio la destinazione è effettuata, dei diritti ad essi attribuiti e delle modalità con le quali è possibile disporre, integrare e sostituire elementi del patrimonio destinato. La deliberazione è depositata e iscritta a norma dell'articolo 2436 del codice civile. Dalla data di deposito della deliberazione i beni e i rapporti giuridici individuati sono destinati esclusivamente al soddisfacimento dei diritti dei soggetti a cui vantaggio la destinazione è effettuata e costituiscono patrimonio separato a tutti gli effetti da quello della CDP S.p.A. e dagli altri patrimoni destinati. Fino al completo soddisfacimento dei diritti dei soggetti a cui vantaggio la destinazione è effettuata, sul patrimonio destinato e sui frutti e proventi da esso derivanti sono ammesse azioni soltanto a tutela dei diritti dei predetti soggetti. Se la deliberazione di destinazione del patrimonio non dispone diversamente, delle obbligazioni nei confronti dei soggetti a cui vantaggio la destinazione è effettuata la CDP S.p.A. risponde esclusivamente nei limiti del patrimonio ad essi destinato e dei diritti ad essi attribuiti. Resta salva in ogni caso la responsabilità illimitata della CDP S.p.A. per le obbligazioni derivanti da fatto illecito. Con riferimento a ciascun patrimonio separato la CDP S.p.A. tiene separatamente i libri e le scritture contabili prescritti dagli articoli 2214 e seguenti del codice civile. Per il caso di sottoposizione della CDP S.p.A. alle procedure di cui al Titolo IV del testo unico delle leggi in materia bancaria e creditizia, di cui al decreto legislativo 1° settembre 1993, n. 385, o ad altra procedura concorsuale applicabile, i contratti relativi a ciascun patrimonio destinato continuano ad avere esecuzione e continuano ad applicarsi le previsioni contenute nel presente comma. Gli organi della procedura provvedono al tempestivo pagamento delle passività al cui servizio il patrimonio è destinato e nei limiti dello stesso, secondo le scadenze e gli altri termini previsti nei relativi contratti preesistenti. Gli organi della procedura possono trasferire o affidare in gestione a banche i beni e i rapporti giuridici ricompresi in ciascun patrimonio destinato e le relative passività.

19. Alla scadenza, anche anticipata per qualsiasi motivo, del contratto di servizio ovvero del rapporto con il quale è attribuita la disponibilità o è affidata la gestione delle opere, degli impianti, delle reti e delle dotazioni destinati alla fornitura di servizi pubblici in relazione ai quali è intervenuto il finanziamento della CDP S.p.A. o di altri soggetti autorizzati alla concessione di credito, gli indennizzi dovuti al soggetto uscente sono destinati prioritariamente al soddisfacimento dei crediti della CDP S.p.A. e degli altri finanziatori di cui al presente comma, sono indisponibili da parte del soggetto uscente fino al completo soddisfacimento dei predetti crediti e non possono formare oggetto di azioni da parte di creditori diversi dalla CDP S.p.A. e dagli altri finanziatori di cui al presente comma. Il nuovo soggetto gestore assume, senza liberazione del debitore originario, l'eventuale debito residuo nei confronti della CDP S.p.A. e degli altri finanziatori di cui al presente comma. L'ente affidante e, se prevista, la società proprietaria delle opere, degli impianti, delle reti e delle dotazioni garantiscono in solido il debito residuo fino all'individuazione del nuovo soggetto gestore. Anche ai finanziamenti concessi dalla CDP S.p.A. si applicano le disposizioni di cui ai commi 3 e 4 dell'articolo 42 del testo unico delle leggi in materia bancaria e creditizia, di cui al decreto legislativo 1° settembre 1993, n. 385.

20. Salvo le deleghe previste dallo statuto, l'organo amministrativo della CDP S.p.A. delibera le operazioni di raccolta di fondi con obbligo di rimborso sotto qualsiasi forma. Ad esse non si applicano, fermo restando quanto previsto dalla lettera *b*) del comma 7 del presente articolo, il divieto di raccolta del risparmio tra il pubblico previsto dall'articolo 11, comma 2, del testo unico delle leggi in materia bancaria e creditizia, di cui al decreto legislativo 1° settembre 1993, n. 385, né i limiti quantitativi alla raccolta previsti dalla normativa vigente; non trovano altresì applicazione gli articoli da 2410 a 2420 del codice civile. Per ciascuna emissione di titoli può essere nominato un rappresentante comune dei portatori dei titoli, il quale ne cura gli interessi e in loro rappresentanza esclusiva esercita i poteri stabiliti in sede di nomina e approva le modificazioni delle condizioni dell'operazione (18).

21. Ai decreti ministeriali emanati in base alle norme contenute nel presente articolo si applicano le disposizioni di cui all'articolo 3, comma 13, della legge 14 gennaio 1994, n. 20 (19).

22. La pubblicazione del decreto di cui al comma 3 nella Gazzetta Ufficiale tiene luogo degli adempimenti in materia di costituzione delle società previsti dalla normativa vigente.

23. Tutti gli atti e le operazioni posti in essere per la trasformazione della Cassa depositi e prestiti e per l'effettuazione dei trasferimenti e conferimenti previsti dal presente articolo sono esenti da imposizione fiscale, diretta ed indiretta.

24. Tutti gli atti, contratti, trasferimenti, prestazioni e formalità relativi alle operazioni di raccolta e di impiego, sotto qualsiasi forma, effettuate dalla gestione separata di cui al comma 8, alla loro esecuzione, modificazione ed estinzione, alle garanzie anche reali di qualunque tipo da chiunque e in qualsiasi momento prestate, sono esenti dall'imposta di registro, dall'imposta di bollo, dalle imposte ipotecaria e catastale e da ogni altra imposta indiretta, nonché ogni altro tributo o diritto. Non si applica la ritenuta di cui ai commi 2 e 3 dell'articolo 26 del decreto del Presidente della Repubblica 29 settembre 1973, n. 600, sugli interessi e gli altri proventi dei conti correnti dedicati alla gestione separata di cui al comma 8. Gli interessi e gli altri proventi dei buoni fruttiferi postali e degli altri titoli emessi ai sensi del comma 7, lettera *a*), con le caratteristiche autorizzate e nei limiti di emissione previsti con decreto del direttore generale del Tesoro, sono soggetti al regime dell'imposta sostitutiva delle imposte sui redditi nella misura applicabile ai titoli di cui all'articolo 31 del decreto del Presidente della Repubblica 29 settembre 1973, n. 601 (20).

25. Fatto salvo quanto previsto dal comma 24 per la gestione separata e da altre disposizioni specificatamente vigenti per quanto rientra nella medesima ge-

stione, alla Cassa depositi e prestiti S.p.A. si applicano le disposizioni in materia di imposta sul reddito delle società, imposta regionale sulle attività produttive, imposte di registro, di bollo, ipotecaria e catastale, imposta sostitutiva di cui agli articoli 15 e seguenti del decreto del Presidente della Repubblica 29 settembre 1973, n. 601, nonché quelle concernenti le altre imposte dirette e indirette previste per le banche. Le ritenute di cui all'articolo 26, comma 2, del decreto del Presidente della Repubblica 29 settembre 1973, n. 600, nonché l'imposta sul reddito delle società e l'imposta regionale sulle attività produttive, dovute sia a titolo di saldo che di acconto dalla Cassa depositi e prestiti S.p.A., sono riscosse mediante versamento in Tesoreria con imputazione ai competenti capitoli dello stato di previsione dell'entrata (21).

26. Il rapporto di lavoro del personale alle dipendenze della Cassa depositi e prestiti al momento della trasformazione prosegue con la CDP S.p.A. ed è disciplinato dalla contrattazione collettiva e dalle leggi che regolano il rapporto di lavoro privato. Sono fatti salvi i diritti quesiti e gli effetti, per i dipendenti della Cassa, rivenienti dalla originaria natura pubblica dell'ente di appartenenza, ivi inclusa l'ammissibilità ai concorsi pubblici per i quali sia richiesta una specifica anzianità di servizio, ove conseguita. I trattamenti vigenti alla data di entrata in vigore del presente decreto continuano ad applicarsi al personale già dipendente della Cassa depositi e prestiti fino alla stipulazione di un nuovo contratto. In sede di prima applicazione, non può essere attribuito al predetto personale un trattamento economico meno favorevole di quello spettante alla data di entrata in vigore del presente decreto. Per il personale già dipendente dalla Cassa depositi e prestiti, che ne fa richiesta, entro sessanta giorni dalla trasformazione si attivano, sentite le organizzazioni sindacali, le procedure di mobilità, con collocamento prioritario al Ministero dell'economia e delle finanze. Il personale trasferito è inquadrato, in base all'ex livello di appartenenza e secondo le equipollenze definite dal decreto del Presidente della Repubblica 4 agosto 1984 e successive modificazioni e 4 agosto 1986 e successive modificazioni, nella corrispondente area e posizione economica, o in quella eventualmente ricoperta in precedenti servizi prestati presso altre pubbliche amministrazioni, se superiore. Al personale trasferito o reinquadrato nelle pubbliche amministrazioni ai sensi del presente comma è riconosciuto un assegno personale pensionabile, riassorbibile con qualsiasi successivo miglioramento, pari alla differenza tra la retribuzione globale percepibile al momento della trasformazione, come definita dal vigente CCNL, e quella spettante in base al nuovo inquadramento; le indennità spettanti presso l'amministrazione di destinazione sono corrisposte nella misura eventualmente eccedente l'importo del predetto assegno personale. Entro cinque anni dalla trasformazione, il personale già dipendente della Cassa depositi e prestiti che ha proseguito il rapporto di lavoro dipendente con CDP S.p.A. può richiedere il reinquadramento nei ruoli delle amministrazioni pubbliche secondo le modalità e i termini previsti dall'articolo 54 del CCNL per il personale non dirigente della Cassa depositi e prestiti per il quadriennio normativo 1998-2001. I dipendenti in servizio all'atto della trasformazione mantengono il regime pensionistico e quello relativo all'indennità di buonuscita secondo le regole vigenti per il personale delle pubbliche amministrazioni. Entro sei mesi dalla data di trasformazione, i predetti dipendenti possono esercitare, con applicazione dell'articolo 6 della legge 7 febbraio 1979, n. 29, opzione per il regime pensionistico applicabile ai dipendenti assunti in data successiva alla trasformazione, i quali sono iscritti all'assicurazione obbligatoria gestita dall'INPS e hanno diritto al trattamento di fine rapporto ai sensi dell'articolo 2120 del codice civile (22).

27. Nell'articolo 8, comma 4, del decreto-legge 15 aprile 2002, n. 63, convertito, con modificazioni, dalla legge 15 giugno 2002, n. 112, i periodi quinto, sesto, settimo ed ottavo sono sostituiti dai seguenti: "Infrastrutture S.p.A. può destinare propri beni e rapporti giuridici al soddisfacimento dei diritti dei portatori di titoli da essa emessi e di altri soggetti finanziatori. A tal fine Infrastrutture S.p.A. adotta apposita deliberazione contenente l'esatta descrizione dei beni e dei rapporti giuridici destinati, dei soggetti a cui vantaggio la destinazione è effettuata, dei diritti ad essi attribuiti e delle modalità con le quali è possibile disporre, integrare e sostituire elementi del patrimonio destinato. La deliberazione è depositata e iscritta a norma dell'articolo 2436 del codice civile. Dalla data di deposito della deliberazione i beni e i rapporti giuridici individuati sono destinati esclusivamente al soddisfacimento dei diritti dei soggetti a cui vantaggio la destinazione è effettuata e costituiscono patrimonio separato a tutti gli effetti da quello di Infrastrutture S.p.A. e dagli altri patrimoni destinati. Fino al completo soddisfacimento dei diritti dei soggetti a cui vantaggio la destinazione eeffettuata, sul patrimonio destinato e sui frutti e proventi da esso derivanti sono ammesse azioni soltanto a tutela dei diritti dei predetti soggetti. Se la deliberazione di destinazione del patrimonio non dispone diversamente, delle obbligazioni nei confronti dei soggetti a cui vantaggio la destinazione è effettuata Infrastrutture S.p.A. risponde esclusivamente nei limiti del patrimonio ad essi destinato e dei diritti ad essi attribuiti. Resta salva in ogni caso la responsabilità illimitata di Infrastrutture S.p.A. per le obbligazioni derivanti da fatto illecito. Per ciascuna emissione di titoli può essere nominato un rappresentante comune dei portatori dei titoli, il quale ne cura gli interessi e in loro rappresentanza esclusiva esercita i poteri stabiliti in sede di nomina e approva le modificazioni delle condizioni dell'operazione. Con riferimento a ciascun patrimonio separato Infrastrutture S.p.A. tiene separatamente i libri e le scritture contabili prescritti dagli articoli 2214 e seguenti del codice civile. Per il caso di scioglimento di Infrastrutture S.p.A. e di sottoposizione a procedura di liquidazione di qualsiasi natura, i contratti relativi a ciascun patrimonio separato continuano ad avere esecuzione e continuano ad applicarsi le previsioni contenute nel presente comma. Gli organi della procedura provvedono al tempestivo pagamento delle passività al cui servizio il patrimonio è destinato e nei limiti dello stesso, secondo le scadenze e gli altri termini previsti nei relativi contratti preesistenti. Gli organi della pro-

cedura possono trasferire o affidare in gestione a banche i beni e i rapporti giuridici ricompresi in ciascun patrimonio destinato e le relative passività" (23) (24).

(1) *Per la trasformazione della Cassa depositi e prestiti in società per azioni, in attuazione del presente decreto-legge, v. il d.m. 5 dicembre 2003. In attuazione del presente comma v. l'art. 1, comma 1145 l. 27 dicembre 2017, n. 205. V. anche l'art. 1, comma 961, l. 30 dicembre 2018, n. 145.*

(2) *Lettera modificata dall'art. 23-*bis, *comma 7, d.l. 6 luglio 2012, n. 95, conv., con modif., in l. 7 agosto 2012, n. 135.*

(3) *Per la trasformazione della Cassa depositi e prestiti in società per azioni, in attuazione del presente decreto-legge, v. il d.m. 5 dicembre 2003. V. anche l'art. 1, comma 961, l. 30 dicembre 2018, n. 145.*

(4) *Comma inserito dall'articolo 17-*quater, *comma 1, d.l. 14 febbraio 2016, n. 18, conv., con modif., in l. 8 aprile 2016 n. 49.*

(5) *Comma così sostituito in sede di conversione.*

(6) *Le parole da* « o al fine di contribuire » *a* « l'Italia ha aderito, » *sono state inserite dall'art. 1, comma 495, l. 30 dicembre 2021, n. 234.*

(7) *Lettera modificata in sede di conversione, successivamente dall'art. 22, comma 1, d.l. 29 novembre 2008, n. 185 e dall'art. 31, comma 5, lett.* a), *l. 11 agosto 2014, n. 125 e, da ultimo, dall'art. 10, commi 1, lett.* a), *e 2-*bis, *lett.* a), *d.l. 12 settembre 2014, n. 133, conv. con modif. in l. 11 novembre 2014 n. 164.*

(8) *Lettera modificata in sede di conversione, successivamente dall'art. 1, comma 45, l. 27 dicembre 2013, n. 147 e dall'art. 10, comma 1, lett.* b), *d.l. 12 settembre 2014, n. 133, conv., con modif., in l. 11 novembre 2014 n. 164, e da ultimo dall'art. 1, comma 659, lett.* a), b) *e* c) *l. 30 dicembre 2018, n. 145, a decorrere dal 1° gennaio 2019.*

(9) *Comma aggiunto dall'art. 6, comma 1, lett.* a) *d.l. 31 agosto 2013, n. 102, conv., con modif., in l. 28 ottobre 2013, n. 124.*

(10) *Comma inserito dall'art. 7, comma 1, d.l. 31 marzo 2011, n. 34.*

(11) *Comma aggiunto dall'art. 6, comma 1, lett.* b) *d.l. 31 agosto 2013, n. 102, conv., con modif., in l. 28 ottobre 2013, n. 124.*

(12) *Il presente comma 8-*quater *è stato inserito dell'art. 1, comma 46, l. 27 dicembre 2013, n. 147, a decorrere dal 1° gennaio 2014. Il medesimo art. 1 con il successivo comma 52 aveva disposto l'inserimento di un comma con la stessa numerazione, che disponeva: :* « *8-quater.* Al fine di rispettare gli impegni assunti in sede di Unione europea volti a incrementare l'efficienza energetica del 20 per cento per il 2020, la Cassa depositi e prestiti Spa può prestare garanzia sui finanziamenti relativi agli interventi di incremento dell'efficienza energetica delle infrastrutture pubbliche, compresi quelli relativi all'illuminazione pubblica, realizzati attraverso il ricorso a forme di partenariato tra pubblico e privato o a società private appositamente costituite, in particolare per garantire il pagamento dei corrispettivi dovuti dall'amministrazione pubblica per la realizzazione degli interventi e per la fornitura dei servizi di cui al presente comma. In caso di escussione della garanzia, l'Agenzia delle entrate, entro il 30 settembre di ciascun anno, sulla base dei dati comunicati dalla Cassa depositi e prestiti Spa, provvede a trattenere le relative somme, per i comuni interessati, all'atto del pagamento agli stessi dell'imposta municipale propria di cui all'articolo 13 del decreto-legge 6 dicembre 2011, n. 201, convertito, con modificazioni, dalla legge 22 dicembre 2011, n. 214, e successive modificazioni, riscossa tramite modello F24 o bollettino di conto corrente postale e, per le province, all'atto del riversamento alle medesime dell'imposta sulle assicurazioni contro la responsabilità civile derivante dalla circolazione dei veicoli a motore, esclusi i ciclomotori, di cui all'articolo 60 del decreto legislativo 15 dicembre 1997, n. 446, e successive modificazioni, riscossa tramite modello F24. Con decreto del Ministro dell'economia e delle finanze, di concerto con il Ministro dello sviluppo economico, sono definite le modalità attuative del presente comma e, in particolare, i criteri, le tipologie e le caratteristiche degli interventi di cui al presente comma, le modalità di selezione nonché di concessione, di gestione e di escussione della medesima garanzia, l'importo massimo utilizzabile e le modalità di comunicazione dei dati da parte della Cassa depostiti e prestiti Spa all'Agenzia delle entrate. Le somme trattenute di cui al periodo precedente sono assegnate alla Cassa depositi e prestiti Spa ai sensi delle disposizioni di cui all'articolo 1, commi 11, 12 e 13, del decreto-legge 8 aprile 2013, n. 35, convertito, con modificazioni, dalla legge 6 giugno 2013, n. 64. Agli eventuali maggiori oneri derivanti dal presente comma si provvede a valere su ulteriori risorse messe a disposizione dagli enti pubblici territoriali sulla base di convenzioni stipulate con il Ministero dello sviluppo economico e con il Ministero dell'economia e delle finanze, nonché sulle risorse derivanti dalla programmazione dell'Unione europea per il periodo 2014-2020 ». *L'art. 2, comma 1, d.lgs. 22 gennaio 2016, n. 10, ha poi disposto l'abrogazione del citato comma 8-*quater *inserito dal comma 52 dell'art. 1 l. n. 147, cit.*

(13) *Comma modificato dall'art. 1, comma 253, l. 23 dicembre 2014, n. 190.*

(14) *V. il d.m. 6 ottobre 2004.*

(15) *Lettera inserita dall'art. 22, comma 2, d.l. 29 novembre 2008, n. 185 e successivamente modificata dall'art. 10, comma 1, lett.* c), *d.l. 12 settembre 2014, n. 133, conv., con modif., in l. 11 novembre 2014, n. 164.*

(16) *Lettera aggiunta dall'art. 1, comma 47, l. 27 dicembre 2013, n. 147 e successivamente modificata dall'art. 10, comma 1, lett.* d), *d.l. 12 settembre 2014, n. 133, conv. con modif. in l. 11 novembre 2014 n. 164.*

(17) *Comma inserito dall'art. 31, comma 5, lett.* b), *l. 11 agosto 2014, n. 125 e successivamente modificato dall'art. 10, comma 2-*bis, *lett.* b), *d.l. 12 settembre 2014, n. 133, conv., con modif., in l. 11 novembre 2014 n. 164.*

(18) *Comma modificato dall'art. 4, comma 123, l. 24 dicembre 2003, n. 350.*

(19) *V. il d.m. 6 ottobre 2004.*

(20) *Comma modificato dall'art. 22-*quinques, *comma 1, lett.* a), *d.l. 24 giugno 2014, n. 91, conv. con modif., in l. 11 agosto 2014, n. 116.*

(21) *Comma sostituito dall'art. 22-*quinques, *comma 1, lett.* b), *d.l. 24 giugno 2014, n. 91, conv., con modif., in l. 11 agosto 2014, n. 116.*

(22) *Il termine di cui al presente periodo è stato differito al 31 luglio 2004 dall'art. 17 d.l. 24 dicembre 2003, n. 355.*

(23) *Comma modificato in sede di conversione.*

(24) *A norma dell'art. 2, comma 264, l. 24 dicembre 2007, n. 244 presso la Cassa Depositi e Prestiti s.p.a. è costituito il Fondo di garanzia per le opere pubbliche (FGOP). Per la dotazione e le modalità operative del fondo v. il medesimo art. 2, commi 265, 266, 267 e 268 l. n. 244, cit.*

36. Decreto legislativo 11 novembre 2003, n. 333. — Attuazione della direttiva 2000/52/CE, che modifica la direttiva 80/723/CEE relativa alla trasparenza delle relazioni finanziarie tra gli Stati membri e le loro imprese pubbliche, nonché alla trasparenza finanziaria all'interno di talune imprese.

Pubblicato nella Gazzetta Ufficiale n. 276 del 27 novembre 2003.

1 Finalità.

1. Il presente decreto assicura la trasparenza delle relazioni finanziarie tra i poteri pubblici e le imprese pubbliche mediante la documentazione:

a) delle assegnazioni di risorse pubbliche operate dai poteri pubblici direttamente alle imprese pubbliche interessate;

b) delle assegnazioni di risorse pubbliche effettuate da parte dei poteri pubblici tramite imprese pubbliche od enti finanziari;

c) della utilizzazione effettiva di tali risorse pubbliche.

2. Fatte salve le norme comunitarie specifiche, il presente decreto assicura altresì che la struttura finanziaria ed organizzativa delle imprese soggette all'obbligo di tenere una contabilità separata risulti correttamente documentata da tale contabilità, in modo che emergano chiaramente:

a) i costi e i ricavi relativi alle distinte attività;

b) i metodi dettagliati con i quali detti costi e ricavi sono imputati o attribuiti alle distinte attività.

2 Definizioni.

1. Ai fini del presente decreto si intendono per:

a) « poteri pubblici », le amministrazioni dello Stato, le regioni, comprese le regioni a statuto speciale, e le province autonome di Trento e di Bolzano, gli enti locali e gli altri enti pubblici;

b) « impresa pubblica », ogni impresa nei confronti della quale i poteri pubblici possono esercitare, direttamente o indirettamente, un'influenza dominante per ragioni di proprietà, di partecipazione finanziaria o della normativa che la disciplina;

c) « imprese pubbliche attive nel settore manifatturiero », tutte le imprese la cui principale area di attività, corrispondente almeno al 50 per cento del fatturato annuo totale, rientra nel settore manifatturiero. Si tratta delle imprese le cui operazioni rientrano nell'allegato sezione D - attività manifatturiere, da sottosezione DA a sottosezione DN compresa, della classificazione NACE (Rev 1), annesso al regolamento (CEE) n. 3037/90 del Consiglio, del 9 ottobre 1990, relativo alla classificazione statistica delle attività economiche nelle Comunità europee, e successive modifiche;

d) "impresa soggetta all'obbligo di tenere una contabilità separata", ogni impresa che fruisce di diritti speciali o esclusivi riconosciuti da uno Stato membro a norma dell'articolo 86, paragrafo 1, del trattato o è incaricata della gestione di servizi di interesse economico generale a norma dell'articolo 86, paragrafo 2, del trattato, che riceve compensazioni in qualsiasi forma per prestazioni di servizio pubblico in relazione a tali servizi e che esercita anche altre attività (1);

e) « attività distinte », da un lato, le attività relative ai prodotti o servizi per i quali ad un'impresa sono stati riconosciuti diritti speciali o esclusivi ovvero relative ai servizi di interesse economico generale della cui gestione l'impresa è stata incaricata e, dall'altro, le attività relative a ogni altro prodotto o servizio svolte dall'impresa medesima;

f) « diritti esclusivi », i diritti riconosciuti ad un'impresa mediante qualsiasi disposizione legislativa, regolamentare o amministrativa che riserva alla stessa, con riferimento ad una determinata area geografica, la facoltà di prestare un servizio o esercitare un'attività;

g) « diritti speciali », i diritti riconosciuti ad un numero limitato di imprese mediante qualsiasi disposizione legislativa, regolamentare o amministrativa che, con riferimento ad una determinata area geografica, congiuntamente o disgiuntamente:

1) limita a due o più, senza osservare criteri di oggettività, proporzionalità e non discriminazione, il numero delle imprese autorizzate a prestare un dato servizio o una data attività;

2) designa, senza osservare detti criteri, varie imprese concorrenti come soggetti autorizzati a prestare un dato servizio o esercitare una data attività;

3) conferisce, senza osservare detti criteri, ad una o più imprese determinati vantaggi, previsti da leggi o regolamenti, che pregiudicano in modo sostanziale la capacità di ogni altra impresa di prestare il medesimo servizio o esercitare la medesima attività nella stessa area geografica a condizioni sostanzialmente equivalenti;

h) « direttiva », la direttiva 80/723/CEE, come modificata da ultimo dalla direttiva 2000/52/CE, relativa alla trasparenza delle relazioni finanziarie tra gli Stati membri e le loro imprese pubbliche e alla trasparenza finanziaria all'interno di talune imprese;

i) « trattato » è il trattato istitutivo della Comunità europea.

(1) *Lettera sostituita dall'art. 1 d.lgs. 19 novembre 2007, n. 226.*

3 Influenza dominante.

1. L'influenza che i poteri pubblici possono esercitare su un'impresa pubblica si presume dominante qualora i poteri pubblici si trovino nei riguardi dell'impresa, direttamente o indirettamente, almeno in una delle seguenti situazioni:

a) detengano la maggioranza del capitale sottoscritto dell'impresa;

b) dispongano della maggioranza dei voti attribuiti alle quote emesse dall'impresa;

c) possano designare più della metà dei membri dell'organo di amministrazione, di direzione o di vigilanza dell'impresa.

4 Assegnazione di risorse.

1. Ai fini della trasparenza delle relazioni finanziarie costituiscono assegnazioni di risorse:

a) il ripiano di perdite di esercizio;

b) i conferimenti in capitale sociale o dotazione;

c) i conferimenti a fondo perduto od i prestiti a condizioni privilegiate;

d) la concessione di vantaggi finanziari sotto forma di non percezione dei benefici o di non restituzione dei crediti;

e) la rinuncia ad una remunerazione normale delle risorse pubbliche impiegate;

f) la compensazione di oneri imposti dai poteri pubblici.

2. Le assegnazioni di risorse debbono risultare con le modalità previste all'articolo 5.

5 Documentazione delle assegnazioni di risorse.

1. I poteri pubblici registrano le assegnazioni di risorse a favore di imprese pubbliche, univocamente individuate per mezzo del codice fiscale, in apposita sezione degli albi dei beneficiari di provvidenze di natura economica, tenuti ai sensi del decreto del Presidente della Repubblica 7 aprile 2000, n. 118, entro trenta giorni dalla assegnazione. L'accesso alle informazioni contenute nella predetta sezione e nei registri di cui ai commi 2 e 3 è consentito solo alle amministrazioni con competenza specifica nel settore.

2. Le imprese pubbliche destinatarie iscrivono le assegnazioni di risorse in apposito registro obbligatorio riferito al presente decreto, entro trenta giorni dalla messa a disposizione.

3. Le assegnazioni di risorse pubbliche erogate tramite imprese pubbliche ovvero tramite enti finanziatori sono registrate sia dai poteri pubblici, sia dal sog-

getto intermediario, sia dal soggetto ultimo beneficiario, nello stesso termine di cui ai commi 1 e 2.

6 Contabilità separata.

1. Le imprese soggette all'obbligo di tenere una contabilità separata sono tenute altresì:

a) alla separazione dei conti interni corrispondenti alle attività distinte;

b) alla corretta imputazione o attribuzione dei costi e dei ricavi, sulla base di principi di contabilità dei costi applicati in modo coerente e obiettivamente giustificati;

c) alla chiara definizione dei principi di contabilità dei costi, in base ai quali sono tenuti i conti separati.

2. Le imprese soggette all'obbligo di tenere una contabilità separata predispongono una relazione sui sistemi di contabilità dei costi applicati, da tenere a disposizione della Commissione europea.

3. Le disposizioni del presente articolo si applicano alle attività non disciplinate da norme comunitarie specifiche e fanno salvi gli obblighi imposti dal trattato o da tali norme specifiche.

7 Conservazione dei dati e relativa messa a disposizione.

1. I dati relativi alle assegnazioni di risorse restano a disposizione della Commissione per un periodo di cinque anni a decorrere dalla fine dell'esercizio finanziario nel corso del quale le risorse pubbliche sono state assegnate alle imprese pubbliche interessate. Se le risorse pubbliche sono utilizzate nel corso di un esercizio ulteriore, il termine di cinque anni decorre dalla fine di questo stesso esercizio.

2. I dati relativi alla struttura finanziaria ed organizzativa delle imprese soggette all'obbligo di tenere una contabilità separata restano a disposizione della Commissione per un periodo di cinque anni a decorrere dalla fine dell'esercizio finanziario cui tali informazioni si riferiscono.

3. I dati di cui ai commi 1 e 2, nonché i relativi elementi di valutazione eventualmente necessari con particolare riguardo agli obiettivi perseguiti sono comunicati alla Commissione europea, su richiesta della stessa, a cura dell'amministrazione con competenza specifica nel settore. È fatto obbligo alle imprese pubbliche di collaborare per gli occorrenti adempimenti mettendo a disposizione tutti i dati necessari e, in particolare, i dati dei registri obbligatori di cui all'articolo 5, comma 2.

8 Imprese pubbliche attive nel settore manifatturiero.

1. Per le imprese pubbliche attive nel settore manifatturiero le informazioni di carattere finanziario di cui al comma 2 sono fornite alla Commissione su base annua e nei termini di cui al comma 4.

2. Le informazioni di carattere finanziario richieste per ciascuna impresa pubblica attiva nel settore manifatturiero e secondo le modalità specificate nel comma 3 sono le seguenti:

a) la relazione sulla gestione e i conti annuali, ai sensi della quarta direttiva 78/660/CEE del Consiglio, del 25 luglio 1978, relativa ai conti annuali di taluni tipi di società. I conti annuali e la relazione sulla gestione comprendono lo stato patrimoniale, il conto economico e la nota integrativa, unitamente alla prassi contabile, alle dichiarazioni degli amministratori, alle relazioni settoriali e sull'attività, nonché le comunicazioni in merito alle riunioni degli azionisti ed eventuali altre informazioni salienti.

Sono inoltre forniti i dati indicati nelle lettere seguenti, se e in quanto essi non sono stati inseriti nella relazione sulla gestione e nei conti annuali delle singole imprese pubbliche;

b) la disponibilità di capitale azionario o di fondi assimilabili al capitale sociale, con la specificazione delle forme in cui si configura tale disponibilità, avendo riguardo tra l'altro alle azioni ordinarie, privilegiate, postergate o convertibili, nonché ai relativi tassi d'interesse, dividendi e diritti di conversione;

c) le sovvenzioni non rimborsabili o rimborsabili solo a certe condizioni;

d) la concessione all'impresa di prestiti, compresi scoperti, nonché anticipi su apporti di capitale, precisando i tassi d'interesse e le condizioni del prestito, nonché l'eventuale garanzia fornita al mutuante dall'impresa beneficiaria;

e) le garanzie fornite all'impresa dai poteri pubblici per i prestiti, con la specificazione delle condizioni e degli oneri a carico delle imprese per tali garanzie;

f) i dividendi versati e gli utili trattenuti;

g) le eventuali altre forme di intervento pubblico, compresa la rinuncia alla percezione di somme dovute ai poteri pubblici da un'impresa pubblica per il rimborso di prestiti e sussidi, il pagamento di imposte sulle società, di oneri sociali o altri oneri analoghi.

3. Le informazioni richieste al comma 2 sono fornite per tutte le imprese, il cui fatturato per l'anno finanziario più recente è risultato superiore a 250 milioni di euro. Le informazioni sopra richieste vengono fornite separatamente per le singole imprese, comprese quelle situate in altri Stati membri, e comprendono all'occorrenza i particolari relativi a tutte le operazioni intra ed intergruppo tra diverse imprese pubbliche, nonché quelle svoltesi direttamente tra le imprese e i poteri pubblici. Il capitale azionario di cui al comma 2, lettera *b*), comprende il capitale azionario proveniente direttamente dai poteri pubblici e quello eventualmente fornito da una holding o altre imprese pubbliche, compresi gli istituti finanziari, esterne o interne allo stesso gruppo ad una determinata impresa pubblica. Va sempre specificato il rapporto tra la fonte dei finanziamenti e il beneficiario.

Analogamente le informazioni di cui al comma 2 sono fornite separatamente per le singole imprese, nonché per la società holding, o sub-holding, che raggruppa varie imprese, se le vendite consolidate di tale società inducono a classificarla nella categoria delle imprese manifatturiere sopra definita. Per le imprese che dividono le proprie attività tra varie società giuridicamente distinte è ammessa un'unica relazione consolidata. Il consolidamento dovrà riflettere la realtà economica di un gruppo di imprese che svolgono la propria attività nello stesso settore o in settori strettamente collegati. Non sono sufficienti le relazioni consolidate provenienti da diverse società holding aventi natura puramente finanziaria.

4. Le informazioni di cui al comma 2 sono fornite alla Commissione con periodicità annua. Le informazioni sono fornite entro quindici giorni lavorativi dalla data di pubblicazione della relazione sulla gestione dell'impresa interessata. Per le imprese che non pubblicano la relazione sulla gestione, le informazioni richieste sono presentate entro nove mesi dalla fine dell'anno d'esercizio dell'impresa. Per la determinazione del numero di società cui si riferisce il sistema di notifica qui specificato, va fornito alla Commissione a cura dell'amministrazione con competenza specifica nel settore l'elenco delle società interessate dal presente articolo, con il relativo fatturato. Tale elenco è aggiornato entro il 31 marzo di ciascun anno.

5. Sono fornite alla Commissione le eventuali altre informazioni che essa ritenga necessarie per effettuare una valutazione esauriente dei dati trasmessi.

6. Per gli adempimenti previsti dal presente articolo continuano ad applicarsi le modalità vigenti.

9 Esclusioni.

1. Sono escluse dagli obblighi di trasparenza di cui agli articoli 5 e 7, comma 1, le assegnazioni di risorse effettuate dai poteri pubblici nei confronti degli enti di seguito indicati:

a) la Banca d'Italia;

b) gli enti creditizi pubblici, in relazione ai depositi di fondi pubblici effettuati dai poteri pubblici alle normali condizioni di mercato;

c) le imprese pubbliche, per quanto riguarda la prestazione di servizi che non sono atti ad incidere sensibilmente sugli scambi fra gli Stati membri;

d) le imprese pubbliche il cui fatturato netto totale annuo non ha raggiunto 40 milioni di euro negli ultimi due esercizi finanziari precedenti quello dell'assegnazione o dell'utilizzazione delle risorse. Per gli enti creditizi pubblici, questa soglia corrisponde ad un bilancio totale pari a 800 milioni di euro.

2. Sono escluse dagli obblighi di trasparenza di cui agli articoli 6 e 7, comma 2, le imprese di seguito indicate:

a) le imprese la cui prestazione di servizi non è atta ad incidere sensibilmente sugli scambi tra gli Stati membri;

b) le imprese il cui fatturato netto totale annuo è stato inferiore a 40 milioni di euro negli ultimi due esercizi finanziari precedenti l'esercizio in cui fruiscono di un diritto speciale o esclusivo riconosciuto ai sensi dell'articolo 86, paragrafo 1, del trattato CE, o in cui sono incaricate della gestione di un servizio di interesse economico generale ai sensi dell'articolo 86, paragrafo 2, del trattato CE. Per gli enti creditizi pubblici questa soglia corrisponde ad un bilancio totale di 800 milioni di euro;

c) le imprese che sono state incaricate della gestione di servizi d'interesse economico generale a norma dell'articolo 86, paragrafo 2, del trattato CE se gli aiuti di Stato che ricevono in qualsivoglia forma, sia contributi, sia sussidi, sia indennizzi, sono stati fissati per un periodo appropriato con una procedura pubblica, trasparente e non discriminatoria.

37. Decreto legge 4 luglio 2006, n. 223, convertito, con modificazioni, in legge 4 agosto 2006, n. 248. — Disposizioni urgenti per il rilancio economico e sociale, per il contenimento e la razionalizzazione della spesa pubblica, nonché interventi in materia di entrate e di contrasto all'evasione fiscale. (*estratto*).

Pubblicato nella Gazzetta Ufficiale n. 153 del 2 luglio 2006; la legge di conversione è stata pubblicata nella Gazzetta ufficiale n. 186 dell'11 agosto 2006, S.O. [

[13 Norme per la riduzione dei costi degli apparati pubblici regionali e locali e a tutela della concorrenza (1).

1. Al fine di evitare alterazioni o distorsioni della concorrenza e del mercato e di assicurare la parità degli operatori nel territorio nazionale, le società, a capitale interamente pubblico o misto, costituite o partecipate dalle amministrazioni pubbliche regionali e locali per la produzione di beni e servizi strumentali all'attività di tali enti in funzione della loro attività, con esclusione dei servizi pubblici locali e dei servizi di committenza o delle centrali di committenza apprestati a livello regionale a supporto di enti senza scopo di lucro e di amministrazioni aggiudicatrici di cui all'articolo 3, comma 25, del codice dei contratti pubblici relativi a lavori, servizi e forniture, di cui al decreto legislativo 12 aprile 2006, n. 163, nonché, nei casi consentiti dalla legge, per lo svolgimento esternalizzato di funzioni amministrative di loro competenza, devono operare [esclusivamente] con gli enti costituenti o partecipanti o affidanti, non possono svolgere prestazioni a favore di altri soggetti pubblici o privati, né in affidamento diretto né con gara, e non possono partecipare ad altre società o enti aventi sede nel territorio nazionale. Le società che svolgono l'attività di intermediazione finanziaria prevista dal testo unico di cui al decreto legislativo 1° settembre 1993, n. 385, sono escluse dal divieto di partecipazione ad altre società o enti (2).

2. Le società di cui al comma 1 sono ad oggetto sociale esclusivo e non possono agire in violazione delle regole di cui al comma 1.

3. Al fine di assicurare l'effettività delle precedenti disposizioni, le società di cui al comma 1 cessano entro quarantadue mesi dalla data di entrata in vigore del presente decreto le attività non consentite. A tale fine possono cedere, nel rispetto delle procedure ad evi-

denza pubblica, le attività non consentite a terzi ovvero scorporarle, anche costituendo una separata società [da collocare sul mercato, secondo le procedure del decreto-legge 31 maggio 1994, n. 332, convertito, con modificazioni, dalla legge 30 luglio 1994, n. 474, entro ulteriori diciotto mesi]. I contratti relativi alle attività non cedute o scorporate ai sensi del periodo precedente perdono efficacia alla scadenza del termine indicato nel primo periodo del presente comma (3).

4. I contratti conclusi, dopo la data di entrata in vigore del presente decreto, in violazione delle prescrizioni dei commi 1 e 2 sono nulli. Restano validi, fatte salve le prescrizioni di cui al comma 3, i contratti conclusi dopo la data di entrata in vigore del presente decreto, ma in esito a procedure di aggiudicazione bandite prima della predetta data (4).]

(1) *Articolo, da ultimo, abrogato dall'art. 28, comma 1, lett.* d)*, d.lgs. 19 agosto 2016, n. 175.*

(2) *Comma modificato dapprima dall'art. 1, comma 720, l. 27 dicembre 2006, n. 296, successivamente dall'art. 18, comma 4-*septies*, d.l. 29 novembre 2008 n. 185, conv., con modif., in l. 28 gennaio 2009, n. 2 e infine dall'art. 48, comma 1, l. 23 luglio 2009, n. 99, che ha soppresso la parola* « esclusivamente » *indicata tra parentesi quadra.*

(3) *Comma modificato dapprima dall'art. 1, comma 720, l. 27 dicembre 2006, n. 296, successivamente dall'art. 4 comma 7 d.l. 3 giugno 2008, n. 97, conv., con modif., in l. 2 agosto 2008, n. 129, e infine dall'art. 20, comma 1-*bis*, d.l. 30 dicembre 2008, n. 207, conv., con modif., in l. 27 febbraio 2009, n. 14.*

(4) *Comma modificato dall'art. 1, comma 720, l. 27 dicembre 2006, n. 296.*

38. Legge 24 dicembre 2007, n. 244. — Disposizioni per la formazione del bilancio annuale e pluriennale dello Stato (legge finanziaria 2008). (*estratto*).

Pubblicata nella Gazzetta Ufficiale n. 300 del 28 dicembre 2007, S.O.

3 Disposizioni in materia di: Fondi da ripartire; Contenimento e razionalizzazione delle spese valide per tutte le missioni; Pubblico impiego. Norme finali.

1-26. (*Omissis*).

[27. Al fine di tutelare la concorrenza e il mercato, le amministrazioni di cui all'articolo 1, comma 2, del decreto legislativo 30 marzo 2001, n. 165, non possono costituire società aventi per oggetto attività di produzione di beni e di servizi non strettamente necessarie per il perseguimento delle proprie finalità istituzionali, né assumere o mantenere direttamente partecipazioni, anche di minoranza, in tali società. È sempre ammessa la costituzione di società che producono servizi di interesse generale e che forniscono servizi di committenza o di centrali di committenza a livello regionale a supporto di enti senza scopo di lucro e di amministrazioni aggiudicatrici di cui all'articolo 3, comma 25, del codice dei contratti pubblici relativi a lavori, servizi e forniture, di cui al decreto legislativo 12 aprile 2006, n. 163, e l'assunzione di partecipazioni in tali società da parte delle amministrazioni di cui all'articolo 1, comma 2, del decreto legislativo 30 marzo 2001, n. 165, nell'ambito dei rispettivi livelli di competenza.] (1)

28-164. (*Omissis*).

(1) *Comma, da ultimo, abrogato dall'art. 28, comma 1, lett.* f)*, d.lgs. 19 agosto 2016, n. 175. Il comma era stato modificato dapprima dall'art. 18, comma 4-*octies*, d.l. 29 novembre 2008 n. 185,, conv., con modif., in l. 28 gennaio 2009, n. 2, e successivamente dall'art. 71, comma 1, lett.* b)*, l. 18 giugno 2009, n. 69.*

39. Decreto legge 25 giugno 2008, n. 112, convertito, con modificazioni, in legge 6 agosto 2008, n. 133. — Disposizioni urgenti per lo sviluppo economico, la semplificazione, la competitività, la stabilizzazione della finanza pubblica e la perequazione tributaria. (*estratto*).

Pubblicato nella Gazzetta Ufficiale n. 147 del 25 giugno 2008; la legge di conversione è stata pubblicata nella Gazzetta Ufficiale n. 195 del 21 agosto 2008, S.O.

18 Reclutamento del personale delle aziende e istituzioni pubbliche (1).

[1. A decorrere dal sessantesimo giorno successivo alla data di entrata in vigore della legge di conversione del presente decreto-legge, le società che gestiscono servizi pubblici locali a totale partecipazione pubblica adottano, con propri provvedimenti, criteri e modalità per il reclutamento del personale e per il conferimento degli incarichi nel rispetto dei principi di cui al comma 3 dell'articolo 35 del decreto legislativo 30 marzo 2001, n. 165.] (2)

[2. Le altre società a partecipazione pubblica totale o di controllo adottano, con propri provvedimenti, criteri e modalità per il reclutamento del personale e per il conferimento degli incarichi nel rispetto dei principi, anche di derivazione comunitaria, di trasparenza, pubblicità e imparzialità.] (3)

2-*bis*. Le aziende speciali e le istituzioni si attengono al principio di riduzione dei costi del personale, attraverso il contenimento degli oneri contrattuali e delle assunzioni di personale. A tal fine l'ente controllante, con proprio atto di indirizzo, tenuto anche conto delle disposizioni che stabiliscono, a suo carico, divieti o limitazioni alle assunzioni di personale, definisce, per ciascuno dei soggetti di cui al precedente periodo, specifici criteri e modalità di attuazione del principio di contenimento dei costi del personale, tenendo conto del settore in cui ciascun soggetto opera. Le aziende speciali, le istituzioni e le società a partecipazione pubblica locale totale o di controllo adottano tali indirizzi con propri provvedimenti e, nel caso del contenimento degli oneri contrattuali, gli stessi vengono recepiti in sede di contrattazione di secondo livello. Le aziende speciali e le istituzioni che gestiscono servizi socio-assistenziali ed educativi, scolastici e per l'infanzia, culturali e alla persona (ex IPAB) e le farmacie sono escluse dai limiti di cui al precedente periodo, fermo restando l'obbligo di mantenere un livello dei costi del personale coerente rispetto alla quantità di servizi erogati. Per le aziende speciali cosiddette multiservizi le disposizioni di cui al periodo precedente si applicano qualora l'incidenza del fatturato dei servizi esclusi risulti superiore al 50 per cento del totale del valore della produzione (4).

[3. Le disposizioni di cui al presente articolo non si applicano alle società quotate su mercati regolamentati.] (5)

(1) *Rubrica modificata dall'art. 27, comma 1, lett.* a), *d.lgs. 19 agosto 2016, n. 175.*

(2) *Comma modificato in sede di conversione in legge e successivamente abrogato dall'art. 28, comma 1, lett.* g), *d.lgs. 19 agosto 2016, n. 175.*

(3) *Comma abrogato dall'art. 28, comma 1, lett.* g), *d.lgs. 19 agosto 2016, n. 175.*

(4) *Comma dapprima aggiunto dall'art. 19, comma 1, d.l. 1 luglio 2009, n. 78, conv., con modif., in l. 3 agosto 2009, n. 102, successivamente sostituito dall'art. 1, comma 557, l. 27 dicembre 2013, n. 147 e ancora dall'art. 4, comma 12-*bis *d.l. 24 aprile 2014, n. 66, conv., con modif., in l. 23 giugno 2014, n. 89. Infine il presente comma è stato così modificato dall'art. 3, comma 5-*quinquies*, d.l. 24 giugno 2014, n. 90, conv., con modif., in l. 11 agosto 2014, n. 114 e dall'art. 27, comma 1, lett.* b), *d.lgs. 19 agosto 2016, n. 175.*

(5) *Comma abrogato dall'art. 28, comma 1, lett.* g), *d.lgs. 19 agosto 2016, n. 175.*

[23-*bis* Servizi pubblici locali di rilevanza economica (1) (2).

1-9. (*Omissis*).

10. Il Governo, su proposta del Ministro per i rapporti con le regioni ed entro il 31 dicembre 2009, sentita la Conferenza unificata di cui all'articolo 8 del decreto legislativo 28 agosto 1997, n. 281, e successive modificazioni, nonché le competenti Commissioni parlamentari, emana uno o più regolamenti, ai sensi dell'articolo 17, comma 2, della legge 23 agosto 1988, n. 400, al fine di (3):

a) prevedere l'assoggettamento dei soggetti affidatari cosiddetti *in house* di servizi pubblici locali al patto di stabilità interno, tenendo conto delle scadenze fissate al comma 8, e l'osservanza da parte delle società in house e delle società a partecipazione mista pubblica e privata di procedure ad evidenza pubblica per l'acquisto di beni e servizi e l'assunzione di personale (4)].

(*Omissis*)

(1) *Il testo completo dell'art. 23-*bis *è riportato nella parte relativa ai servizi pubblici locali, sub III, 65.*

(2) *L'art. 23-*bis *è stato abrogato dall'art. 1, comma 1, d.P.R. 18 luglio 2011, n. 113, a decorrere dal 21 luglio 2011, ai sensi dell'art. 1, comma 2, del medesimo decreto. V. l'art. 34 d.l. 18 ottobre 2012, n. 179, conv., con modif. in l. n. 17 dicembre 2012, n. 221, sub III, 68.*

(3) *Alinea così modificato dall'art. 15, comma 1, lett.* e), *d.l. 25 settembre 2009, n. 135, conv., con modif., in l. 20 novembre 2009, n. 166.*

(4) *Lettera così modificata dall'art. 15, comma 1, lett.* f), *d.l. n. 135, cit. Successivamente la Corte Costituzionale, con sentenza 17 novembre 2010, n. 325, ha dichiarato* l'illegittimità costituzionale *della prima parte della presente lettera — aggiunta dalla legge di conversione 6 agosto 2008, n. 133 —, sia nel testo originario, sia in quello modificato dall'art. 15, comma 1, d.l. n. 135, cit., limitatamente alle parole:* « l'assoggettamento dei soggetti affidatari diretti di servizi pubblici locali al patto di stabilità interno e ».

40. Decreto legge 6 luglio 2012, n. 95, convertito, con modificazioni, in legge 7 agosto 2012, n. 135. — Disposizioni urgenti per la revisione della spesa pubblica con invarianza dei servizi ai cittadini (*estratto*).

Pubblicato nella Gazzetta Ufficiale n. 156 del 6 luglio 2012, S.O.; la legge di conversione è stata pubblicata nella Gazzetta Ufficiale n. 189 del 14 agosto 2012, S.O.

4 Riduzione di spese, messa in liquidazione e privatizzazione di società pubbliche(A).

[1. Nei confronti delle società controllate direttamente o indirettamente dalle pubbliche amministrazioni di cui all'articolo 1, comma 2, del decreto legislativo n. 165 del 2001, che abbiano conseguito nell'anno 2011 un fatturato da prestazione di servizi a favore di pubbliche amministrazioni superiore al 90 per cento dell'intero fatturato, si procede, alternativamente (1):

a) allo scioglimento della società entro il 31 dicembre 2013.Gli atti e le operazioni posti in essere in favore delle pubbliche amministrazioni di cui al presente comma in seguito allo scioglimento della società sono esenti da imposizione fiscale, fatta salva l'applicazione dell'imposta sul valore aggiunto, e assoggettati in misura fissa alle imposte di registro, ipotecarie e catastali (2);

b) all'alienazione, con procedure di evidenza pubblica, delle partecipazioni detenute alla data di entrata in vigore del presente decreto entro il 31 dicembre 2013 ed alla contestuale assegnazione del servizio per cinque anni, non rinnovabili, a decorrere dal 1° luglio 2014. Il bando di gara considera, tra gli elementi rilevanti di valutazione dell'offerta, l'adozione di strumenti di tutela dei livelli di occupazione. L'alienazione deve riguardare l'intera partecipazione della pubblica amministrazione controllante (3) (4).] (5)

[2. Ove l'amministrazione non proceda secondo quanto stabilito ai sensi del comma 1, a decorrere dal 1° luglio 2014 le predette società non possono comunque ricevere affidamenti diretti di servizi, né possono fruire del rinnovo di affidamenti di cui sono titolari. I servizi già prestati dalle società, ove non vengano prodotti nell'ambito dell'amministrazione, devono essere acquisiti nel rispetto della normativa comunitaria e nazionale (6) (7).] (8)

[3. Le disposizioni di cui al comma 1 del presente

articolo non si applicano alle società che svolgono servizi di interesse generale, anche aventi rilevanza economica, alle società che svolgono prevalentemente compiti di centrali di committenza ai sensi dell'articolo 33 del decreto legislativo 12 aprile 2006, n. 163, nonché alle società di cui all'articolo 23-*quinquies*, commi 7 e 8, del presente decreto, e alle società finanziarie partecipate dalle regioni, ovvero a quelle che gestiscono banche dati strategiche per il conseguimento di obiettivi economico-finanziari, individuate, in relazione alle esigenze di tutela della riservatezza e della sicurezza dei dati, nonché all'esigenza di assicurare l'efficacia dei controlli sulla erogazione degli aiuti comunitari del settore agricolo, con decreto del Presidente del Consiglio dei Ministri, da adottare su proposta del Ministro o dei Ministri aventi poteri di indirizzo e vigilanza, di concerto con il Ministro dell'economia e delle finanze, previa deliberazione del Consiglio dei Ministri. Le medesime disposizioni non si applicano qualora, per le peculiari caratteristiche economiche, sociali, ambientali e geomorfologiche del contesto, anche territoriale, di riferimento non sia possibile per l'amministrazione pubblica controllante un efficace e utile ricorso al mercato. In tal caso, l'amministrazione, in tempo utile per rispettare i termini di cui al comma 1, predispone un'analisi del mercato e trasmette una relazione contenente gli esiti della predetta verifica all'Autorità garante della concorrenza e del mercato per l'acquisizione del parere vincolante, da rendere entro sessanta giorni dalla ricezione della relazione. Il parere dell'Autorità è comunicato alla Presidenza del Consiglio dei Ministri. Le disposizioni del presente articolo non si applicano altresì alle società costituite al fine della realizzazione dell'evento di cui al decreto del Presidente del Consiglio dei Ministri 30 agosto 2007, richiamato dall'articolo 3, comma 1, lettera *a*), del decreto-legge 15 maggio 2012, n. 59, convertito, con modificazioni, dalla legge 12 luglio 2012, n. 100 (9) (10).] (11)

3-*bis*. Le attività informatiche riservate allo Stato ai sensi del decreto legislativo 19 novembre 1997, n. 414, e successivi provvedimenti di attuazione, nonché le attività di sviluppo e gestione dei sistemi informatici delle amministrazioni pubbliche, svolte attualmente dalla Consip S.p.A. ai sensi di legge e di statuto, sono trasferite, mediante operazione di scissione, alla Sogei S.p.A., e sono svolte sulla base delle strategie di sviluppo per l'informatica, definite dal Ministero dell'economia e delle finanze, di comune intesa tra i capi dei Dipartimenti. Ciascun Dipartimento del Ministero dell'economia e delle finanze, fatta eccezione per il Dipartimento delle finanze relativamente al Sistema informativo della fiscalità, entro il 31 dicembre 2021, stipula un apposito accordo con la Società di cui all'articolo 83, comma 15, del decreto-legge 25 giugno 2008, n. 112, convertito, con modificazioni, dalla legge 6 agosto 2008, n. 133, per la progettazione, lo sviluppo e la conduzione delle infrastrutture, dei sistemi e delle soluzioni informatiche, della connettività e per l'erogazione dei connessi servizi, secondo il modello relazionale definito dal Dipartimento.

Analoga facoltà è riconosciuta al Segretariato generale della Corte dei conti per quanto concerne i sistemi informativi attinenti al sistema di finanza pubblica. A partire dal 1° gennaio 2021 con uno o più provvedimenti del Capo del Dipartimento dell'amministrazione generale del personale e dei servizi, sentita la SOGEI Spa, gli importi dei corrispettivi previsti dalla convenzione per la realizzazione e gestione delle attività informatiche dello Stato 2013-2016 sono rideterminati, in conseguenza della sottoscrizione degli accordi e dei disciplinari stipulati dai singoli Dipartimenti, secondo criteri di ripartizione definiti ed applicati nell'ambito della convenzione, ivi inclusi quelli applicati nell'ambito delle attività di customer satisfaction, approvati dal Comitato di governo della convenzione relativamente all'anno precedente. Gli effetti della convenzione di cui al quarto periodo e degli altri accordi e rapporti contrattuali ad essa correlati cessano a seguito dell'efficacia di tutti gli accordi previsti al secondo e al terzo periodo. Il Dipartimento delle finanze, ai sensi dall'articolo 56, comma 1, lettera *e*), del decreto legislativo 30 luglio 1999, n. 300, e dell'articolo 5, comma 4, del decreto-legge 2 marzo 2012, n. 16, convertito, con modificazioni, dalla legge 26 aprile 2012, n. 44, stipula, d'intesa con le Agenzie fiscali e gli altri enti della fiscalita', entro il 31 dicembre 2021, un nuovo atto regolativo con la Società di cui all'articolo 83, comma 15, del decreto-legge 25 giugno 2008, n. 112, convertito, con modificazioni, dalla legge 6 agosto 2008, n. 133, per il Sistema informativo della fiscalità.

Fino alla stipula del nuovo atto regolativo, continuano ad avere vigore gli istituti contrattuali che disciplinano il rapporto di servizio tra l'Amministrazione finanziaria e la SOGEI Spa (12).

3-*ter*. Fermo restando lo svolgimento da parte di Consip S.p.A. delle attività ad essa affidate con provvedimenti normativi, le attività di realizzazione del Programma di razionalizzazione degli acquisti, di centrale di committenza e di e-procurement continuano ad essere svolte dalla Consip S.p.A. Ferme restando le disposizioni di cui all'articolo 12, commi da 2 a 10, del decreto-legge 6 luglio 2011, n. 98, convertito, con modificazioni, dalla legge 15 luglio 2011, n. 111, gli strumenti di acquisto e di negoziazione messi a disposizione da Consip S.p.A. possono avere ad oggetto anche attività di manutenzione e lavori pubblici (13). La medesima società svolge, inoltre, le attività ad essa affidate con provvedimenti amministrativi del Ministero dell'economia e delle finanze. La Consip S.p.A. può, altresì, svolgere, nell'ambito del Programma di razionalizzazione degli acquisti, procedure di aggiudicazione di contratti di concessione di servizi. Sogei S.p.A., sulla base di apposita convenzione disciplinante i relativi rapporti nonché i tempi e le modalità di realizzazione delle attività, si avvale di Consip S.p.A, nella sua qualità di centrale di committenza, per le acquisizioni di beni e servizi (14) (15).

3-*quater*. Per la realizzazione di quanto « previsto dall'articolo 14-*bis* del decreto legislativo 7 marzo 2005, n. 82, Consip S.p.A. svolge altresì le attività di centrale di committenza relative alle Reti telematiche delle pubbliche amministrazioni, al Sistema pubblico di connettività ai sensi [dell'articolo 83] del decreto legislativo 7 marzo 2005, n. 82, e alla Rete internazionale delle pubbliche amministrazioni ai sensi [all'articolo 86] del decreto medesimo nonché ai contratti-quadro ai sensi dell'articolo 1, comma 192, della legge 30 dicembre 2004, n. 311. A tal fine Consip S.p.A. applica il contributo di cui all'articolo 18, comma 3, del decreto legislativo 1° dicembre 2009, n. 177 (16).

[3-*quinquies*. Consip S.p.A. svolge, inoltre, l'istruttoria ai fini del rilascio dei pareri di congruità tecnico-economica da parte dell'Agenzia per l'Italia Digitale che a tal fine stipula con Consip apposita convenzione per la disciplina dei relativi rapporti.] (17)

[3-*sexies*. Entro novanta giorni dalla data di entrata in vigore della legge di conversione del presente decreto le pubbliche amministrazioni di cui al comma 1 possono predisporre appositi piani di ristrutturazione e razionalizzazione delle società controllate. Detti piani sono approvati previo parere favorevole del Commissario straordinario per la razionalizzazione della spesa per acquisto di beni e servizi di cui all'articolo 2 del decreto-legge 7 maggio 2012, n. 52, convertito, con modificazioni, dalla legge 6 luglio 2012, n. 94, e prevedono l'individuazione delle attività connesse esclusivamente all'esercizio di funzioni amministrative di cui all'articolo 118 della Costituzione, che possono essere riorganizzate e accorpate attraverso società che rispondono ai requisiti della legislazione comunitaria in materia di in house providing. I termini di cui al comma 1 sono prorogati per il tempo strettamente necessario per l'attuazione del piano di ristrutturazione e razionalizzazione con decreto del Presidente del Consiglio dei Ministri, di concerto con il Ministro dell'economia e delle finanze, adottato su proposta del Commissario straordinario per la razionalizzazione della spesa per acquisto di beni e servizi (18) (19).] (20)

4. [Fatta salva la facoltà di nomina di un amministratore unico, i consigli di amministrazione delle so cietà controllate direttamente o indirettamente dalle amministrazioni pubbliche di cui all'articolo 1, comma 2, del decreto legislativo 30 marzo 2001, n. 165, e successive modificazioni, che abbiano conseguito nell'anno 2011 un fatturato da prestazione di servizi a favore di amministrazioni pubbliche superiore al 90 per cento dell'intero fatturato devono essere composti da non più di tre membri, ferme restando le disposizioni in materia di inconferibilità e incompatibilità di incarichi di cui al decreto legislativo 8 aprile 2013, n. 39.] A decorrere dal 1° gennaio 2015, il costo annuale sostenuto per i compensi degli amministratori di tali società, ivi compresa la remunerazione di quelli investiti di particolari cariche, non può superare l'80 per cento del costo complessivamente sostenuto nell'anno 2013. [In virtù del principio di onnicomprensività della retribuzione, qualora siano nominati dipendenti dell'amministrazione titolare della partecipazione, o della società controllante in caso di partecipazione indiretta o del titolare di poteri di indirizzo e di vigilanza, fatto salvo il diritto alla copertura assicurativa e al rimborso delle spese documentate, nel rispetto del limite di spesa di cui al precedente periodo, essi hanno l'obbligo di riversare i relativi compensi all'amministrazione o alla società di appartenenza] [e, ove riassegnabili, in base alle vigenti disposizioni, al fondo per il finanziamento del trattamento economico accessorio] (21).

5. [Fermo restando quanto diversamente previsto da specifiche disposizioni di legge e fatta salva la facoltà di nomina di un amministratore unico, i consigli di amministrazione delle altre società a totale partecipazione pubblica, diretta o indiretta, devono essere composti da tre o da cinque membri, tenendo conto della rilevanza e della complessità delle attività svolte.] A tali società si applica quanto previsto dal secondo [e dal terzo] periodo del comma 4 (22).

6. A decorrere dal 1° gennaio 2013 le pubbliche amministrazioni di cui all'articolo 1, comma 2, del decreto legislativo n. 165 del 2001 possono acquisire a titolo oneroso servizi di qualsiasi tipo, anche in base a convenzioni, da enti di diritto privato di cui agli articoli da 13 a 42 del codice civile esclusivamente in base a procedure previste dalla normativa nazionale in conformità con la disciplina comunitaria. Gli enti di diritto privato di cui agli articoli da 13 a 42 del codice civile, che forniscono servizi a favore dell'amministrazione stessa, anche a titolo gratuito, non possono ricevere contributi a carico delle finanze pubbliche. Sono escluse le fondazioni istituite con lo scopo di promuovere lo sviluppo tecnologico e l'alta formazione tecnologica e gli enti e le associazioni operanti nel campo dei servizi socio-assistenziali e dei beni ed attività culturali, dell'istruzione e della formazione, le associazioni di promozione sociale di cui alla legge 7 dicembre 2000, n. 383, gli enti di volontariato di cui alla legge 11 agosto 1991, n. 266, le organizzazioni non governative di cui alla legge 26 febbraio 1987, n. 49, le cooperative sociali di cui alla legge 8 novembre 1991, n. 381, le associazioni sportive dilettantistiche di cui all'articolo 90 della legge 27 dicembre 2002, n. 289, nonché le associazioni rappresentative, di coordinamento o di supporto degli enti territoriali e locali (23).

6-*bis*. Le disposizioni del comma 6 e del comma 8 non si applicano all'associazione di cui al decreto legislativo 25 gennaio 2010, n. 6. A decorrere dalla data di entrata in vigore della legge di conversione del presente decreto, il relativo consiglio di amministrazione è composto, oltre che dal Presidente, dal Capo del dipartimento della funzione pubblica, da tre membri di cui uno designato dal Ministro per la pubblica amministrazione e la semplificazione e due designati dall'assemblea tra esperti di qualificata professionalità nel settore della formazione e dell'organizzazione delle pubbliche amministrazioni. Ai membri del consiglio di amministrazione non spetta alcun compenso quali componenti del consiglio stesso, fatto salvo il rimborso delle spese documentate. L'associazione di cui al presente comma non può detenere il controllo in società o in altri enti privati e le partecipazioni possedute alla data di entrata in vigore della legge di conversione del presente decreto sono cedute entro il 31 dicembre (24).

7. Al fine di evitare distorsioni della concorrenza e del mercato e di assicurare la parità degli operatori nel territorio nazionale, a decorrere dal 1° gennaio 2014 le pubbliche amministrazioni di cui all'articolo 1, comma 2, del decreto legislativo n. 165 del 2001, le stazioni appaltanti, gli enti aggiudicatori e i soggetti aggiudicatori di cui al decreto legislativo 12 aprile 2006, n. 163, nel rispetto dell'articolo 2, comma 1 del citato decreto

acquisiscono sul mercato i beni e servizi strumentali alla propria attività mediante le procedure concorrenziali previste dal citato decreto legislativo. È ammessa l'acquisizione in via diretta di beni e servizi tramite convenzioni realizzate ai sensi dell'articolo 30 della legge 7 dicembre 2000, n. 383, dell'articolo 7 della legge 11 agosto 1991, n. 266, dell'articolo 90 della legge 27 dicembre 2002, n. 289, e dell'articolo 5 della legge 8 novembre 1991, n. 381. Sono altresì ammesse le convenzioni siglate con le organizzazioni non governative per le acquisizioni di beni e servizi realizzate negli ambiti di attività previsti dalla legge 26 febbraio 1987, n. 49, e relativi regolamenti di attuazione (25).

8. A decorrere dal 1° gennaio 2014 l'affidamento diretto può avvenire solo a favore di società a capitale interamente pubblico, nel rispetto dei requisiti richiesti dalla normativa e dalla giurisprudenza comunitaria per la gestione in house [e a condizione che il valore economico del servizio o dei beni oggetto dell'affidamento sia complessivamente pari o inferiore a 200.000 euro annui]. Sono fatti salvi gli affidamenti in essere fino alla scadenza naturale e comunque fino al 31 dicembre 2014. Sono altresì fatte salve le acquisizioni in via diretta di beni e servizi il cui valore complessivo sia pari o inferiore a 200.000 euro in favore delle associazioni di promozione sociale di cui alla legge 7 dicembre 2000, n. 383, degli enti di volontariato di cui alla legge 11 agosto 1991, n. 266, delle associazioni sportive dilettantistiche di cui all'articolo 90 della legge 27 dicembre 2002, n. 289, delle organizzazioni non governative di cui alla legge 26 febbraio 1987, n. 49, e delle cooperative sociali di cui alla legge 8 novembre 1991, n. 381 (26) (27).

8-*bis*. I commi 7 e 8 non si applicano alle procedure previste dall'articolo 5 della legge 8 novembre 1991, n. 381 (28).

[9. A decorrere dall'entrata in vigore del presente decreto e fino al 31 dicembre 2015, alle società di cui al comma 1 si applicano le disposizioni limitative delle assunzioni previste per l'amministrazione controllante. Resta fermo, sino alla data di entrata in vigore del presente decreto, quanto previsto dall'articolo 9, comma 29, del decreto-legge 31 maggio 2010, n. 78, convertito, con modificazioni, dalla legge 30 luglio 2010, n. 122. Salva comunque l'applicazione della disposizione più restrittiva prevista dal primo periodo del presente comma, continua ad applicarsi l'articolo 18, comma 2, del decreto-legge 25 giugno 2008, n. 112, convertito, con modificazioni, dalla legge 6 agosto 2008, n. 133.] (29)

[10. A decorrere dall'anno 2013 le società di cui al comma 1 possono avvalersi di personale a tempo determinato ovvero con contratti di collaborazione coordinata e continuativa nel limite del 50 per cento della spesa sostenuta per le rispettive finalità nell'anno 2009. Le medesime società applicano le disposizioni di cui all'articolo 7, commi 6 e 6-*bis*, del decreto legislativo 30 marzo 2001, n. 165, e successive modificazioni, in materia di presupposti, limiti e obblighi di trasparenza nel conferimento degli incarichi.] (30)

[11. A decorrere dal 1° gennaio 2013 e fino al 31 dicembre 2014 il trattamento economico complessivo dei singoli dipendenti delle società di cui al comma 1, ivi compreso quello accessorio, non può superare quello ordinariamente spettante per l'anno 2011.] (31)

12. Le amministrazioni vigilanti verificano sul rispetto dei vincoli di cui ai commi precedenti; in caso di violazione dei suddetti vincoli gli amministratori esecutivi e i dirigenti responsabili della società rispondono, a titolo di danno erariale, per le retribuzioni ed i compensi erogati in virtù dei contratti stipulati.

13. [Le disposizioni del presente articolo non si applicano alle società quotate ed alle loro controllate. Le medesime disposizioni non si applicano alle società per azioni a totale partecipazione pubblica autorizzate a prestare il servizio di gestione collettiva del risparmio.] L'amministrazione interessata di cui al comma 1 continua ad avvalersi degli organismi di cui agli articoli 1, 2 e 3 del decreto del Presidente della Repubblica 14 maggio 2007, n. 114. [Le disposizioni del presente articolo e le altre disposizioni, anche di carattere speciale, in materia di società a totale o parziale partecipazione pubblica si interpretano nel senso che, per quanto non diversamente stabilito e salvo deroghe espresse, si applica comunque la disciplina del codice civile in materia di società di capitali] (32).

14. Dalla data di entrata in vigore del presente decreto è fatto divieto, a pena di nullità, di inserire clausole arbitrali in sede di stipulazione di contratti di servizio ovvero di atti convenzionali comunque denominati, intercorrenti tra società a totale partecipazione pubblica, diretta o indiretta, e amministrazioni statali e regionali; dalla predetta data perdono comunque efficacia, salvo che non si siano già costituti i relativi collegi arbitrali, le clausole arbitrali contenute nei contratti e negli atti anzidetti, ancorché scaduti, intercorrenti tra le medesime parti (33).

(1) *Alinea modificato in sede di conversione in legge.*

(2) *Lettera modificata in sede di conversione in legge.*

(3) *Lettera modificata in sede di conversione in legge e successivamente dall'art. 49, comma 1, lett.* a), *d.l. 21 giugno 2013, n. 69, conv., con modif., in l. 9 agosto 2013, n. 98.*

(4) *La Corte Costituzionale, con sentenza 16 luglio 2013, n. 229 ha dichiarato* l'illegittimità costituzionale *del presente comma nella parte in cui si applica alle Regioni ad autonomia ordinaria.*

(5) *Comma abrogato dall'art. 1, comma 562, lett.* a), *l. 27 dicembre 2013, n. 147, a decorrere dal 1° gennaio 2014.*

(6) *Comma modificato dall'art. 49, comma 1, lett.* b), *d.l. 21 giugno 2013, n. 69, conv., con modif., in l. 9 agosto 2013, n. 98.*

(7) *La Corte Costituzionale, con sentenza 16 luglio 2013, n. 229, cit., ha dichiarato* l'illegittimità costituzionale *del presente comma nella parte in cui si applica alle Regioni ad autonomia ordinaria.*

(8) *Comma abrogato dall'art. 1, comma 562, lett.* a), *l. 27 dicembre 2013, n. 147.*

(9) *Comma sostituito in sede di conversione in legge.*

(10) *La Corte Costituzionale, con sentenza 16 luglio 2013, n. 229, cit.ha dichiarato* l'illegittimità costituzionale *del secondo periodo del presente comma nella parte in cui si applica alle Regioni ad autonomia ordinaria.*

(11) *Comma abrogato dall'art. 1, comma 562, lett.* a), *l. 27 dicembre 2013, n. 147, a decorrere dal 1° gennaio 2014.*

(12) *Comma dapprima inserito in sede di conversione in legge, e successivamente modificato dall'art. 1, comma 408, l. 24 dicembre 2012, n. 228 e dall'art. 1, comma 297, l. 23 dicembre 2014, n. 190, e da ultimo modificato dall'art. 31*-septies *d.l. 28 ottobre 2020, n. 137, conv., con modif., in l. 18 dicembre 2020, n. 176, che ha sostituito le parole da* « e sono svolte sulla base delle strategie di sviluppo per l'informatica, definite dal Ministero dell'economia » *a* « che disciplinano il rapporto di servizio tra l'Amministrazione finanziaria e la SOGEI Spa » *alle parole* « che, sulla base delle strategie di sviluppo per l'informatica definite dal Ministero dell'economia e delle finanze, di comune intesa tra i capi dei Dipartimenti, ai fini del conseguimento degli obiettivi di controllo e monitoraggio della finanza pubblica e di razionalizzazione ed efficientamento dell'amministrazione pubblica, svolge le correlate

attività di progettazione tecnica, sviluppo e conduzione. Conseguentemente, la Sogei S.p.A. stipula, entro il 30 giugno 2015, con il Dipartimento dell'amministrazione generale, del personale e dei servizi del Ministero dell'economia e delle finanze, unitariamente per il Ministero, ivi incluso il Sistema informativo della fiscalità, un apposito accordo quadro non normativo, in cui, sulla base del modello relazionale definito dal Ministero, che tenga conto delle specificità organizzative e operative dei singoli Dipartimenti dell'Amministrazione economico-finanziaria e delle Agenzie fiscali, degli obiettivi di cui al periodo precedente e delle esigenze di operatività della Sogei S.p.A., sono disciplinati i servizi erogati e fissati relativi costi, regole e meccanismi di monitoraggio. Nell'ambito dell'accordo quadro di cui al periodo precedente le singole articolazioni dipartimentali del Ministero e le Agenzie fiscali stipulano a loro volta accordi derivati che, sulla base dei servizi regolamentati e dei relativi corrispettivi, determinano le specifiche prestazioni da erogare da parte della Sogei S.p.A. Resta fermo, fino alla stipula del predetto accordo, quanto previsto dai contratti attualmente in vigore tra il Ministero e la Sogei S.p.A. Al fine di assicurare l'esercizio del controllo analogo il Dipartimento dell'amministrazione generale, del personale e dei servizi fornisce i necessari elementi informativi alle competenti articolazioni dell'Amministrazione. Al fine di assicurare e supportare le attività di supervisione, verifica e monitoraggio della attività e della qualità dei servizi forniti dalla Sogei S.p.A. il Dipartimento dell'amministrazione generale, del personale e dei servizi si coordina con le competenti articolazioni dell'Amministrazione economico-finanziaria. Nell'ambito delle attività relative alla definizione del modello relazionale, sono effettuate congiuntamente con i Dipartimenti e le Agenzie le attività di ricognizione e valutazione dei beni strumentali del Ministero dell'economia e delle finanze, nonché dei relativi rapporti contrattuali in essere, propedeutiche alla stipulazione dell'accordo quadro di cui al presente comma. Ai fini della omogeneizzazione del modello di relazione tra il Ministero dell'economia e delle finanze e la Sogei S.p.A., dal 30 giugno 2015, le infrastrutture informatiche di proprietà del Ministero dell'economia e delle finanze sono conferite alla Sogei S.p.A., ferma restando la facoltà per le strutture ministeriali conferenti di fornire indirizzi operativi sulla gestione delle stesse. All'acquisto dell'efficacia della suddetta operazione di scissione, le disposizioni normative che affidano a Consip S.p.A. le attività oggetto di trasferimento si intendono riferite a Sogei S.p.A. ».

(13) *Le parole* « e lavori pubblici » *sono state aggiunte dall'art. 1, comma 582 l. 27 dicembre 2019, n. 160 (legge di bilancio 2020), a decorrere dal 1° gennaio 2020.*

(14) *Il periodo da* « La Consip S.p.A. » *a* « concessione di servizi » *è stato inserito dall'art. 1, comma 587, l. 27 dicembre 2019, n. 160 (legge di bilancio 2020), a decorrere dal 1° gennaio 2020.*

(15) *Comma dapprima inserito in sede di conversione e successivamente modificato dall'art. 1, comma 504, l. 28 dicembre 2015, n. 208, a decorrere dal 1° gennaio 2016.*

(16) *Comma inserito in sede di conversione in legge e successivamente modificato dall'art. 61, comma 6, d.lgs. 26 agosto 2016, n. 179.*

(17) *Comma inserito in sede di conversione in legge, e successivamente abrogato dall'art. 1, comma 518, l. 28 dicembre 2015, n. 208,, a decorrere dal 1° gennaio 2016.*

(18) *Comma inserito in sede di conversione in legge.*

(19) *La Corte Costituzionale, con sentenza 16 luglio 2013, n. 229, cit. ha dichiarato l'illegittimità costituzionale del presente comma nella parte in cui si applica alle Regioni ad autonomia ordinaria.*

(20) *Comma abrogato dall'art. 1, comma 562, lett.* a)*, l. 27 dicembre 2013, n. 147, a decorrere dal 1° gennaio 2014.*

(21) *Comma sostituito dall'art. 16, comma 1, lett.* a)*, d.l. 24 giugno 2014, n. 90, conv., con modif., in l. 11 agosto 2014, n. 114 e, da ultimo, modificato dall'art. 1, comma 235, l. 28 dicembre 2015, n. 208 e dall'art. 28, comma 1, lett.* o)*, d.lgs. 19 agosto 2016, n. 175. In precedenza il comma era stato modificato dapprima in sede di conversione in legge e dall'art. 1, comma 562, lett.* b)*, l. 27 dicembre 2013, n. 147.*

(22) *Comma sostituito dall'art. 16, comma 1, lett. b), d.l. 24 giugno 2014, n. 90, conv., con modif., in l. 11 agosto 2014, n. 114 e successivamente modificato dall'art. 28, comma 1, lett.* p)*, d.lgs. 19 agosto 2016, n. 175.*

(23) *Comma modificato in sede di conversione in legge.*

(24) *Comma inserito in sede di conversione in legge.*

(25) *Comma modificato in sede di conversione in legge.*

(26) *Comma modificato in sede di conversione e successivamente dall'art. 34, comma 27, d.l. 18 ottobre 2013, n. 179, conv., con modif., in l. 17 dicembre 2012, n. 221.*

(27) *La Corte Costituzionale, con sentenza 16 luglio 2013, n. 229, cit., ha dichiarato l'illegittimità costituzionale del presente comma nella parte in cui si applica alle Regioni ad autonomia ordinaria.*

(28) *Comma inserito in sede di conversione in legge.*

(29) *Comma abrogato dall'art. 1, comma 562, lett.* a)*, l. 27 dicembre 2013, n. 147, a decorrere dal 1° gennaio 2014.*

(30) *Comma modificato dall'art. 1, comma 148, l. 24 dicembre 2012, n. 228, e successivamente abrogato dall'art. 1, comma 562, lett.* a)*, l. 27 dicembre 2013, n. 147, a decorrere dal 1° gennaio 2014.*

(31) *Comma abrogato dall'art. 1, comma 562, lett.* a)*, l. 27 dicembre 2013, n. 147 a decorrere dal 1° gennaio 2014.*

(32) *Comma modificato in sede di conversione in legge e successivamente modificato dall'art. 28, comma 1, lett.* q)*, d.lgs. 19 agosto 2016, n. 175.*

(33) *Comma modificato in sede di conversione in legge.*

23-*bis* Dismissione e razionalizzazione di partecipazioni societarie dello Stato (1).

1. Ai fini della razionalizzazione e del riassetto industriale nell'ambito delle partecipazioni detenute dallo Stato, che continua ad avvalersi dell'organismo di cui all'articolo 1 del decreto del Presidente del Consiglio dei Ministri 4 maggio 2007, è attribuito a Cassa Depositi e Prestiti Società per azioni (CDP S.p.A.) il diritto di opzione per l'acquisto delle partecipazioni azionarie detenute dallo Stato in Fintecna S.p.A., Sace S.p.A. e Simest S.p.A. I diritti di opzione possono essere esercitati anche disgiuntamente entro centoventi giorni dall'entrata in vigore del presente decreto.

2. Entro dieci giorni dall'eventuale esercizio dell'opzione, CDP S.p.A. provvede al pagamento al Ministero dell'economia e delle finanze del corrispettivo provvisorio pari al 60 per cento del valore del patrimonio netto contabile come risultante dal bilancio, consolidato ove redatto, al 31 dicembre 2011 di ciascuna società per la quale ha esercitato l'opzione di cui al comma 1. Conseguentemente si provvede ai relativi adempimenti connessi al trasferimento delle partecipazioni.

3. Con decreto del Ministro dell'economia e delle finanze, da emanare, entro sessanta giorni dalla data di esercizio dell'opzione di cui al comma 1, ai sensi dell'articolo 5, comma 3, lettera *b*), del decreto-legge 30 settembre 2003, n. 269, convertito, con modificazioni, dalla legge 24 novembre 2003, n. 326, è determinato il valore definitivo di trasferimento, ritenuto congruo da CDP S.p.A.

4. I corrispettivi provvisorio e definitivo derivanti dalle operazioni di cessione delle partecipazioni dello Stato di cui al presente articolo, al netto degli oneri inerenti alle medesime, sono versati all'entrata del bilancio dello Stato per essere riassegnati al Fondo per l'ammortamento dei titoli di Stato o destinati al pagamento dei debiti dello Stato; a tale ultimo fine i corrispettivi possono essere riassegnati al Fondo speciale per reiscrizione dei residui perenti delle spese correnti e al Fondo speciale per la reiscrizione dei residui perenti in conto capitale, ovvero possono essere utilizzati per incrementare l'importo stabilito dall'articolo 35, comma 1, lettera *b*), del decreto-legge 24 gennaio 2012, n. 1, convertito, con modificazioni, dalla legge 24 marzo 2012, n. 27. Con decreto del Presidente del Consiglio dei Ministri, su proposta del Ministro dell'economia e delle finanze, si provvede alla determinazione delle percentuali di riparto tra le finalità indicate nel presente comma.

5. Fintecna S.p.A., Sace S.p.A. e Simest S.p.A. continuano a svolgere le attività loro già affidate sulla base

di provvedimenti normativi e regolamentari vigenti alla data di entrata in vigore del presente decreto. La Simest S.p.A., nella gestione degli interventi di sostegno finanziario all'internazionalizzazione del sistema produttivo, continua ad osservare le convenzioni con il Ministero dello sviluppo economico già sottoscritte o che verranno sottoscritte in base alla normativa di riferimento.

6. Alla data di trasferimento della partecipazione azionaria detenuta dallo Stato in Sace, è abrogato l'articolo 6, commi 2 e 18, del decreto-legge 30 settembre 2003, n. 269, convertito, con modificazioni, dalla legge 24 novembre 2003, n. 326. Alla data di trasferimento della partecipazione azionaria detenuta dallo Stato in Simest S.p.A. sono abrogati l'articolo 1, commi 6 e 7, e l'articolo 3, commi 5 e 6, della legge 24 aprile 1990, n. 100.

7. All'articolo 5, comma 3, lettera *b*), del decreto-legge 30 settembre 2003, n. 269, convertito, con modificazioni, dalla legge 24 novembre 2003, n. 326, è aggiunto il seguente periodo: "I decreti ministeriali di cui alla presente lettera sono soggetti al controllo preventivo della Corte dei conti e trasmessi alle competenti Commissioni parlamentari".

8. Ai fini di certezza giuridica e fermo restando quanto previsto dal comma 1, entro 10 giorni dalla data di pubblicazione nella Gazzetta Ufficiale della Repubblica Italiana della presente disposizione, CDP S.p.A. provvede comunque a presentare le necessarie preventive istanze per il rilascio di pareri, nulla-osta o comunque per l'emissione da parte di Autorità pubbliche, istituzioni, enti o altre autorità di atti o provvedimenti di loro competenza. I termini per il rilascio dei relativi pareri e nulla-osta ovvero per l'emissione dei relativi atti da parte delle Autorità pubbliche competenti decorrono dalla data di comunicazione dell'istanza.

(1) *Articolo inserito in sede di conversione in legge.*

41. Legge 27 dicembre 2013, n. 147. — Disposizioni per la formazione del bilancio annuale e pluriennale dello Stato (*estratto*).

Pubblicata nella Gazzetta Ufficiale n. 302 del 27 dicembre 2013, S.O.

1 1-549.
(*Omissis*).

550. Le disposizioni del presente comma e dei commi da 551 a 562 si applicano alle aziende speciali e alle istituzioni partecipate dalle pubbliche amministrazioni locali indicate nell'elenco di cui all'articolo 1, comma 3, della legge 31 dicembre 2009, n. 196. Sono esclusi gli intermediari finanziari di cui all'articolo 106 del testo unico di cui al decreto legislativo 1° settembre 1993, n. 385, nonché le società emittenti strumenti finanziari quotati nei mercati regolamentati e le loro controllate. (1)

551. Nel caso in cui i soggetti di cui al comma 550 presentino un risultato di esercizio o saldo finanziario negativo, le pubbliche amministrazioni locali partecipanti accantonano nell'anno successivo in apposito fondo vincolato un importo pari al risultato negativo non immediatamente ripianato, in misura proporzionale alla quota di partecipazione. Limitatamente alle società che svolgono servizi pubblici a rete di rilevanza economica, compresa la gestione dei rifiuti, per risultato si intende la differenza tra valore e costi della produzione ai sensi dell'articolo 2425 del codice civile. L'importo accantonato è reso disponibile in misura proporzionale alla quota di partecipazione nel caso in cui l'ente partecipante ripiani la perdita di esercizio o dismetta la partecipazione o il soggetto partecipato sia posto in liquidazione. Nel caso in cui i soggetti partecipati ripianino in tutto o in parte le perdite conseguite negli esercizi precedenti l'importo accantonato viene reso disponibile agli enti partecipanti in misura corrispondente e proporzionale alla quota di partecipazione. (2)

552. Gli accantonamenti di cui al comma 551 si applicano a decorrere dall'anno 2015. In sede di prima applicazione, per gli anni 2015, 2016 e 2017:

a) l'ente partecipante di soggetti che hanno registrato nel triennio 2011-2013 un risultato medio negativo accantona, in proporzione alla quota di partecipazione, una somma pari alla differenza tra il risultato conseguito nell'esercizio precedente e il risultato medio 2011-2013 migliorato, rispettivamente, del 25 per cento per il 2014, del 50 per cento per il 2015 e del 75 per cento per il 2016. Qualora il risultato negativo sia peggiore di quello medio registrato nel triennio 2011-2013, l'accantonamento è operato nella misura indicata dalla lettera *b*);

b) l'ente partecipante di soggetti che hanno registrato nel triennio 2011-2013 un risultato medio non negativo accantona, in misura proporzionale alla quota di partecipazione, una somma pari al 25 per cento per il 2015, al 50 per cento per il 2016 e al 75 per cento per il 2017 del risultato negativo conseguito nell'esercizio precedente.

553. A decorrere dall'esercizio 2014 i soggetti di cui al comma 550 a partecipazione di maggioranza, diretta e indiretta, delle pubbliche amministrazioni locali concorrono alla realizzazione degli obiettivi di finanza pubblica, perseguendo la sana gestione dei servizi secondo criteri di economicità e di efficienza. Per i servizi pubblici locali sono individuati parametri standard dei costi e dei rendimenti costruiti nell'ambito della banca dati delle Amministrazioni pubbliche, di cui all'articolo 13 della legge 31 dicembre 2009, n. 196, utilizzando le informazioni disponibili presso le Amministrazioni pubbliche. Per i servizi strumentali i parametri standard di riferimento sono costituiti dai prezzi di mercato.

554. A decorrere dall'esercizio 2015, le aziende speciali e le istituzioni a partecipazione di maggioranza, diretta e indiretta, delle pubbliche amministrazioni locali titolari di affidamento diretto da parte di soggetti pubblici per una quota superiore all'80 per cento del valore della produzione, che nei tre esercizi precedenti abbiano conseguito un risultato economico negativo, procedono alla riduzione del 30 per cento del compenso dei componenti degli organi di amministrazione. Il

conseguimento di un risultato economico negativo per due anni consecutivi rappresenta giusta causa ai fini della revoca degli amministratori. Quanto previsto dal presente comma non si applica ai soggetti il cui risultato economico, benché negativo, sia coerente con un piano di risanamento preventivamente approvato dall'ente controllante (3).

555. A decorrere dall'esercizio 2017, in caso di risultato negativo per quattro dei cinque esercizi precedenti, i soggetti di cui al comma 554 sono posti in liquidazione entro sei mesi dalla data di approvazione del bilancio o rendiconto relativo all'ultimo esercizio. In caso di mancato avvio della procedura di liquidazione entro il predetto termine, i successivi atti di gestione sono nulli e la loro adozione comporta responsabilità erariale dei soci. Le disposizioni del presente comma non trovano applicazione qualora il recupero dell'equilibrio economico delle attività svolte sia comprovato da un idoneo piano di risanamento aziendale che può prevedere da parte dell'amministrazione o delle amministrazioni pubbliche socie interventi di ricapitalizzazione o trasferimenti straordinari di risorse. L'adozione del piano può essere accompagnata dalla copertura del disavanzo, anche in deroga alle condizioni previste dall'articolo 194, comma 1, lettera *b*), del testo unico di cui al decreto legislativo 18 agosto 2000, n. 267. Il piano costituisce un atto fondamentale ai sensi dell'articolo 114, comma 6, del testo unico di cui al decreto legislativo 18 agosto 2000, n. 267 (4).

556. All'articolo 18, comma 2, lettera *a*), del decreto legislativo 19 novembre 1997, n. 422, e successive modificazioni, le parole da: «, con esclusione » fino a: « forniti dalle stesse. » sono sostituite dalle seguenti: « . Le società, nonché le loro controllanti, collegate e controllate che, in Italia o all'estero, sono destinatarie di affidamenti non conformi al combinato disposto degli articoli 5 e 8, paragrafo 3, del regolamento (CE) n. 1370/2007 del Parlamento europeo e del Consiglio, del 23 ottobre 2007, e la cui durata ecceda il termine del 3 dicembre 2019, non possono partecipare ad alcuna procedura per l'affidamento dei servizi, anche se già avviata. L'esclusione non si applica alle imprese affidatarie del servizio oggetto di procedura concorsuale. ».

557. All'articolo 18 del decreto-legge 25 giugno 2008, n. 112, convertito, con modificazioni, dalla legge 6 agosto 2008, n. 133, il comma 2-*bis* è sostituito dal seguente:« 2-*bis*. Le disposizioni che stabiliscono, a carico delle amministrazioni di cui all'articolo 1, comma 2, del decreto legislativo 30 marzo 2001, n. 165, e successive modificazioni, divieti o limitazioni alle assunzioni di personale si applicano, in relazione al regime previsto per l'amministrazione controllante, anche alle aziende speciali, alle istituzioni e alle società a partecipazione pubblica locale totale o di controllo che siano titolari di affidamenti diretti di servizi senza gara, ovvero che svolgano funzioni volte a soddisfare esigenze di interesse generale aventi carattere non industriale né commerciale, ovvero che svolgano attività nei confronti della pubblica amministrazione a supporto di funzioni amministrative di natura pubblicistica inserite nel conto economico consolidato della pubblica amministrazione, come individuate dall'Istituto nazionale di statistica (ISTAT) ai sensi del comma 5 dell'articolo 1 della legge 30 dicembre 2004, n. 311. Si applicano, altresì, le disposizioni che stabiliscono, a carico delle rispettive pubbliche amministrazioni locali, obblighi di contenimento degli oneri contrattuali e delle altre voci di natura retributiva o indennitaria e per consulenze, attraverso misure di estensione al personale dei soggetti medesimi della vigente normativa in materia di vincoli alla retribuzione individuale e alla retribuzione accessoria. A tal fine, su atto di indirizzo dell'ente controllante, nella contrattazione di secondo livello è stabilita la concreta applicazione dei citati vincoli alla retribuzione individuale e alla retribuzione accessoria, fermo restando il contratto nazionale di lavoro vigente alla data di entrata in vigore della presente disposizione. Fermo restando quanto previsto dall'articolo 76, comma 7, del presente decreto, le società che gestiscono servizi pubblici locali a rilevanza economica sono escluse dall'applicazione diretta dei vincoli previsti dal presente articolo. Per queste società, l'ente locale controllante, nell'esercizio delle prerogative e dei poteri di controllo, stabilisce modalità e applicazione dei citati vincoli assunzionali e di contenimento delle politiche retributive, che verranno adottate con propri provvedimenti. Fermo restando quanto previsto dall'articolo 76, comma 7, del presente decreto, gli enti locali di riferimento possono escludere, con propria motivata deliberazione, dal regime limitativo le assunzioni di personale per le singole aziende speciali e istituzioni che gestiscono servizi socio-assistenziali ed educativi, scolastici e per l'infanzia, culturali e alla persona (ex IPAB) e le farmacie, fermo restando l'obbligo di garantire il raggiungimento degli obiettivi di risparmio e di contenimento della spesa di personale ».

558-749. (*Omissis*).

(1) *Comma così modificato dall'art. 27, comma 2, lett.* a), *d.lgs. 19 agosto 2016, n. 175.*

(2) *Comma così modificato dall'art. 28, comma 1, lett.* s), *d.lgs. 19 agosto 2016, n. 175.*

(3) *Comma così modificato dall'art. 27, comma 2, lett.* b), *d.lgs. 19 agosto 2016, n. 175.*

(4) *Comma così modificato dapprima dall'art. 27, comma 2, lett.* c), *d.lgs. 19 agosto 2016, n. 175, successivamente dall'art. 56-*ter *d.l. 25 maggio 2021, n. 73, conv., con modif., in l. 23 luglio 2021, n. 106 e da ultimo dall'art. 13-*quater *d.l. 27 gennaio 2022, n. 4, conv., con modif., in l. 28 marzo 2022, n. 25.*

42. Decreto legge 24 giugno 2014, n. 90, convertito, con modificazioni, in legge 11 agosto 2014, n. 114. — Misure urgenti per la semplificazione e la trasparenza amministrativa e per l'efficienza degli uffici giudiziari. (*estratto*).

Pubblicato nella Gazzetta Ufficiale n. 144 del 24 giugno 2014; la legge di conversione è stata pubblicata nella Gazzetta ufficiale n. 190 del 18 agosto 2014, S.O.

17 Ricognizione degli enti pubblici e unificazione delle banche dati delle società partecipale.

1. Al fine di procedere ad una razionalizzazione degli enti pubblici e di quelli ai quali lo Stato contribuisce in via ordinaria, il Dipartimento della finzione pubblica della Presidenza del Consiglio dei Ministri, entro sessanta giorni dalla data di entrata in vigore della legge di conversione del presente decreto, predispone un sistema informatico di acquisizione di dati e proposte di razionalizzazione in ordine ai predetti enti. Il sistema informatico si avvale di un software libero con codice sorgente aperto. Le amministrazioni statali inseriscono i dati e le proposte con riferimento a ciascun ente pubblico o privato; da ciascuna di esse finanziato o vigilato. Decorsi tre mesi dall'abilitazione all'inserimento, l'elenco delle amministrazioni adempienti e di quelle non adempienti all'obbligo di inserimento è pubblicato nel sito internet istituzionale del Dipartimento della funzione pubblica della Presidenza del Consiglio dei ministri. Decorsi tre mesi dall'abilitazione all'inserimento, è vietato alle suddette amministrazioni, con riferimento agli enti per i quali i dati e le proposte non siano stati immessi, il compimento di qualsiasi atto nei confronti dei suddetti enti, ivi compresi il trasferimento di fondi e la nomina di titolari e componenti dei relativi organi.

2. Al fine di procedere ad una razionalizzazione dei servizi strumentali all'attività delle amministrazioni statali, con le modalità di cui al comma 1, il Dipartimento della funzione pubblica della Presidenza del Consiglio dei Ministri predispone un sistema informatica di acquisizione di dati relativi alla modalità di gestione dei servizi strumentali, con particolare riferimento ai servizi esternalizzati. Il sistema informatico si avvale di un software libero con codice sorgente aperto. Nello stesso termine e con le stesse modalità di cui al comma 1, le amministrazioni statali inseriscono i relativi dati. Il mancato inserimento rileva ai fini della responsabilità dirigenziale del dirigente competente.

2-*bis*. I dati di cui ai commi 1 e 2 sono inseriti nella banca dati di cui al comma 3, consultabile e aggiornabile dalle amministrazioni pubbliche coinvolte nella rilevazione. Il Dipartimento della funzione pubblica della Presidenza del Consiglio dei ministri consente altresì, con le stesse modalità, la consultazione dei dati di cui all'articolo 60, comma 3, del decreto legislativo 30 marzo 2001, n. 165, e successive modificazioni.

2-*ter*. Entro il 15 febbraio 2015 sono pubblicati nel sito internet istituzionale del Dipartimento della funzione pubblica della Presidenza del Consiglio dei ministri l'elenco delle amministrazioni adempienti e di quelle non adempienti all'obbligo di inserimento di cui al comma 2 e i dati inviati a norma del medesimo comma.

3. A decorrere dal 1° gennaio 2015, nella banca dati del Dipartimento del Tesoro del Ministero dell'economia e delle finanze, di cui all'articolo 2, comma 222, della legge 23 dicembre 2009, n. 191, confluiscono, secondo le modalità fissate dal decreto di cui al comma 4, le informazioni di cui all'articolo 60, comma 3, del decreto legislativo 30 marzo 2001, n. 165 e successive modificazioni, nonché quelle acquisite fino al 31 dicembre 2014 ai sensi dell'articolo 1, comma 587, della legge 27 dicembre 2006, n. 296. Tali informazioni sono rese disponibili alla banca dati delle amministrazioni pubbliche di cui all'articolo 13 della legge 31 dicembre 2009, n. 196. Al Dipartimento della funzione pubblica è garantito l'accesso alle informazioni contenute nella banca dati in cui confluiscono i dati di cui al primo periodo ai fini dello svolgimento delle relative attività istituzionali.

4. A decorrere dal 1° gennaio 2015, il Ministero dell'economia e delle finanze acquisisce le informazioni relative alle partecipazioni in società ed enti di diritto pubblico e di diritto privato detenute direttamente o indirettamente dalle amministrazioni pubbliche individuate dall'Istituto nazionale di statistica ai sensi dell'articolo 1 della legge 31 dicembre 2009, n. 196, e successive modificazioni, e da quelle di cui all'articolo 1, comma 2, del decreto legislativo 30 marzo 2001, n. 165, e successive modificazioni. L'acquisizione delle predette informazioni può avvenire attraverso banche dati esistenti ovvero con la richiesta di invio da parte delle citate amministrazioni pubbliche ovvero da parte delle società da esse partecipate. Tali informazioni sono rese disponibili alla banca dati delle amministrazioni pubbliche di cui all'articolo 13 della legge 31 dicembre 2009, n. 196. Con decreto del Ministro dell'economia e delle finanze, di concerto con il Ministro delegato per la semplificazione e la pubblica amministrazione, da adottare entro novanta giorni dalla data di entrata in vigore della legge di conversione del presente decreto, sono indicate le informazioni che le amministrazioni sono tenute a comunicare e definite le modalità tecniche di attuazione del presente comma. L'elenco delle amministrazioni adempienti e di quelle non adempienti all'obbligo di comunicazione è pubblicato sul sito istituzionale del Dipartimento del Tesoro del Ministero dell'economia e delle finanze e su quello del Dipartimento della funzione pubblica della Presidenza del Consiglio dei Ministri (1).

5. A decorrere dal 1° gennaio 2015, i commi da 587 a 591 dell'articolo 1 della legge 27 dicembre 2006, n. 296 sono abrogati.

(1) *Per la definizione delle informazioni da trasmettere al Dipartimento del Tesoro relativamente alle partecipazioni detenute dalle Amministrazioni pubbliche e disciplina delle modalità tecniche di comunicazione, acquisizione e fruizione dei dati, v. il d.m. 25 gennaio 2015 (G.U. 10 marzo 2015, n. 57).*

43. Decreto legge 19 giugno 2015, n. 78, convertito, con modificazioni, in legge 6 agosto 2015, n. 125. — Disposizioni urgenti in materia di enti territoriali. Disposizioni per garantire la continuità dei dispositivi di sicurezza e di controllo del territorio. Razionalizzazione delle spese del Servizio sanitario nazionale nonché norme in materia di rifiuti e di emissioni industriali. (*estratto*).

Pubblicato nella Gazzetta Ufficale n. 140 del 19 giugno 2015, S.O.; la legge di conversione è stata pubblicata nella Gazzetta ufficiale n. 188 del 14 agosto 2015, S.O.

9 Disposizioni concernenti le regioni e in tema di sanità ed università.

1-11. (*Omissis*).

11-*bis*. Fanno parte del Consorzio interuniversitario CINECA, che opera senza scopo di lucro ed è sottoposto alla vigilanza del Ministero dell'istruzione, dell'università e della ricerca, persone giuridiche pubbliche o private che svolgono attività nel settore dell'istruzione, dell'università e della ricerca, secondo quanto previsto dallo statuto del Consorzio medesimo.

11-*ter*. Il Ministero dell'istruzione, il Ministero dell'università e della ricerca (1) e le altre amministrazioni consorziate esercitano, congiuntamente, sul Consorzio interuniversitario CINECA un controllo analogo a quello esercitato sui propri servizi, previo adeguamento, ove necessario, dello statuto del Consorzio medesimo.

11-*quater*. I servizi informativi strumentali al funzionamento dei soggetti facenti parte del sistema dell'istruzione, dell'università e della ricerca possono essere svolti da detti soggetti direttamente o per il tramite di enti, anche con personalità giuridica di diritto privato, costituiti su iniziativa delle amministrazioni pubbliche di cui all'articolo 1, comma 2, del decreto legislativo 30 marzo 2001, n. 165, e successive modificazioni, e da queste partecipati, purché siano soddisfatte le seguenti condizioni:

a) oltre l'80 per cento delle attività dell'ente è effettuato nello svolgimento dei compiti ad esso affidati dall'amministrazione controllante o da altre persone giuridiche controllate dalla stessa;

b) nella persona giuridica controllata non vi è alcuna partecipazione diretta di capitali privati, ad eccezione di forme di partecipazione di capitali privati che non comportano controllo o potere di veto e che non esercitano un'influenza determinante sulla persona giuridica controllata;

c) le amministrazioni partecipanti esercitano su tali enti, anche in maniera congiunta, un controllo analogo a quello da esse esercitato sui propri servizi.

(1) *Le parole* « Il Ministero dell'istruzione, il Ministero dell'università e della ricerca » *sono state sostituite alle parole* « Il Ministero dell'istruzione, dell'università e della ricerca » *dall'art. 3, comma 9 d.l. 9 gennaio 2020, n. 1, conv., con modif., in l. 5 marzo 2020, n. 12.*

44. Decreto legislativo 18 aprile 2016, n. 50. — Codice dei contratti pubblici (1). (*estratto*).

Pubblicato nella Gazzetta Ufficiale n. 91 del 19 aprile 2016, S.O.

(1) *Rubrica così modificata dall'art. 1 d.lgs. 19 aprile 2017, n. 56. Il testo della rubrica era il seguente:* « Attuazione delle direttive 2014/23/UE, 2014/24/UE e 2014/25/UE sull'aggiudicazione dei contratti di concessione, sugli appalti pubblici e sulle procedure d'appalto degli enti erogatori nei settori dell'acqua, dell'energia, dei trasporti e dei servizi postali, nonché per il riordino della disciplina vigente in materia di contratti pubblici relativi a lavori, servizi e forniture ».

5 Principi comuni in materia di esclusione per concessioni, appalti pubblici e accordi tra enti e amministrazioni aggiudicatrici nell'ambito del settore pubblico.

1. Una concessione o un appalto pubblico, nei settori ordinari o speciali, aggiudicati da un'amministrazione aggiudicatrice o da un ente aggiudicatore a una persona giuridica di diritto pubblico o di diritto privato, non rientra nell'ambito di applicazione del presente codice quando sono soddisfatte tutte le seguenti condizioni:

a) l'amministrazione aggiudicatrice o l'ente aggiudicatore esercita sulla persona giuridica di cui trattasi un controllo analogo a quello esercitato sui propri servizi;

b) oltre l'80 per cento delle attività della persona giuridica controllata è effettuata nello svolgimento dei compiti ad essa affidati dall'amministrazione aggiudicatrice controllante o da altre persone giuridiche controllate dall'amministrazione aggiudicatrice o da un ente aggiudicatore di cui trattasi;

c) nella persona giuridica controllata non vi è alcuna partecipazione diretta di capitali privati, ad eccezione di forme di partecipazione di capitali privati le quali non comportano controllo o potere di veto (1) previste dalla legislazione nazionale, in conformità dei trattati, che non esercitano un'influenza determinante sulla persona giuridica controllata.

2. Un'amministrazione aggiudicatrice o un ente aggiudicatore esercita su una persona giuridica un controllo analogo a quello esercitato sui propri servizi ai sensi del comma 1, lettera *a*), qualora essa eserciti un'influenza determinante sia sugli obiettivi strategici che sulle decisioni significative della persona giuridica

controllata. Tale controllo può anche essere esercitato da una persona giuridica diversa, a sua volta controllata allo stesso modo dall'amministrazione aggiudicatrice o dall'ente aggiudicatore.

3. Il presente codice non si applica anche quando una persona giuridica controllata che è un'amministrazione aggiudicatrice o un ente aggiudicatore, aggiudica un appalto o una concessione alla propria amministrazione aggiudicatrice o all'ente aggiudicatore controllante o ad un altro soggetto giuridico controllato dalla stessa amministrazione aggiudicatrice o ente aggiudicatore, a condizione che nella persona giuridica alla quale viene aggiudicato l'appalto pubblico non vi sia alcuna partecipazione diretta di capitali privati, ad eccezione di forme di partecipazione di capitali privati che non comportano controllo o potere di veto prescritte dalla legislazione nazionale, in conformità dei trattati, che non esercitano un'influenza determinante sulla persona giuridica controllata.

4. Un'amministrazione aggiudicatrice o un ente aggiudicatore può aggiudicare un appalto pubblico o una concessione senza applicare il presente codice qualora ricorrano le condizioni di cui al comma 1, anche in caso di controllo congiunto.

5. Le amministrazioni aggiudicatrici o gli enti aggiudicatori esercitano su una persona giuridica un controllo congiunto quando sono soddisfatte tutte le seguenti condizioni:

a) gli organi decisionali della persona giuridica controllata sono composti da rappresentanti di tutte le amministrazioni aggiudicatrici o enti aggiudicatori partecipanti. Singoli rappresentanti possono rappresentare varie o tutte le amministrazioni aggiudicatrici o enti aggiudicatori partecipanti;

b) tali amministrazioni aggiudicatrici o enti aggiudicatori sono in grado di esercitare congiuntamente un'influenza determinante sugli obiettivi strategici e sulle decisioni significative di detta persona giuridica;

c) la persona giuridica controllata non persegue interessi contrari a quelli delle amministrazioni aggiudicatrici o degli enti aggiudicatori controllanti.

6. Un accordo concluso esclusivamente tra due o più amministrazioni aggiudicatrici non rientra nell'ambito di applicazione del presente codice, quando sono soddisfatte tutte le seguenti condizioni:

a) l'accordo stabilisce o realizza una cooperazione tra le amministrazioni aggiudicatrici o gli enti aggiudicatori partecipanti, finalizzata a garantire che i servizi pubblici che essi sono tenuti a svolgere siano prestati nell'ottica di conseguire gli obiettivi che essi hanno in comune;

b) l'attuazione di tale cooperazione è retta esclusivamente da considerazioni inerenti all'interesse pubblico;

c) le amministrazioni aggiudicatrici o gli enti aggiudicatori partecipanti svolgono sul mercato aperto meno del 20 per cento delle attività interessate dalla cooperazione.

7. Per determinare la percentuale delle attività di cui al comma 1, lettera *b*), e al comma 6, lettera *c*), si prende in considerazione il fatturato totale medio, o una idonea misura alternativa basata sull'attività, quale i costi sostenuti dalla persona giuridica o amministrazione aggiudicatrice o l'ente aggiudicatore nei settori dei servizi, delle forniture e dei lavori per i tre anni precedenti l'aggiudicazione dell'appalto o della concessione.

8. Se, a causa della data di costituzione o di inizio dell'attività della persona giuridica o amministrazione aggiudicatrice o ente aggiudicatore, ovvero a causa della riorganizzazione delle sue attività, il fatturato o la misura alternativa basata sull'attività, quali i costi, non è disponibile per i tre anni precedenti o non è più pertinente, è sufficiente dimostrare, segnatamente in base a proiezioni dell'attività, che la misura dell'attività è credibile.

9. Nei casi in cui le norme vigenti consentono la costituzione di società miste per la realizzazione e gestione di un'opera pubblica o per l'organizzazione e la gestione di un servizio di interesse generale, la scelta del socio privato avviene con procedure di evidenza pubblica.

(1) *Le parole* « le quali non comportano controllo o potere di veto » *sono state inserite dall'art. 6 d.lgs. 19 aprile 2017, n. 56.*

TITOLO II
In house

192 Regime speciale degli affidamenti in house.

1. È istituito presso l'ANAC, anche al fine di garantire adeguati livelli di pubblicità e trasparenza nei contratti pubblici, l'elenco delle amministrazioni aggiudicatrici e degli enti aggiudicatori che operano mediante affidamenti diretti nei confronti di proprie società in house di cui all'articolo 5. L'iscrizione nell'elenco avviene a domanda, dopo che sia stata riscontrata l'esistenza dei requisiti, secondo le modalità e i criteri che l'Autorità definisce con proprio atto. L'Autorità per la raccolta delle informazioni e la verifica dei predetti requisiti opera mediante procedure informatiche, anche attraverso il collegamento, sulla base di apposite convenzioni, con i relativi sistemi in uso presso altre Amministrazioni pubbliche ed altri soggetti operanti nel settore dei contratti pubblici (1). La domanda di iscrizione consente alle amministrazioni aggiudicatrici e agli enti aggiudicatori sotto la propria responsabilità, di effettuare affidamenti diretti dei contratti all'ente strumentale. Resta fermo l'obbligo di pubblicazione degli atti connessi all'affidamento diretto medesimo secondo quanto previsto al comma 3.

2. Ai fini dell'affidamento in house di un contratto avente ad oggetto servizi disponibili sul mercato in regime di concorrenza, le stazioni appaltanti effettuano preventivamente la valutazione sulla congruità economica dell'offerta dei soggetti in house, avuto riguardo all'oggetto e al valore della prestazione, dando conto nella motivazione del provvedimento di affidamento delle ragioni del mancato ricorso al mercato, nonché dei benefici per la collettività della forma di gestione prescelta, anche con riferimento agli obiettivi di universalità e socialità, di efficienza, di economicità e di qualità del servizio, nonché di ottimale impiego delle risorse pubbliche.

3. Sul profilo del committente nella sezione Amministrazione trasparente sono pubblicati e aggiornati, in conformità alle disposizioni di cui al decreto legislativo 14 marzo 2013, n. 33, in formato open-data, tutti gli atti connessi all'affidamento degli appalti pubblici e dei contratti di concessione tra enti nell'ambito del settore pubblico, ove non secretati ai sensi dell'articolo 162.

(1) *Periodo inserito dall'art. 113 d.lgs. 19 aprile 2017, n. 56.*

CAPO III
FONDAZIONI E PRIVATIZZAZIONI

45. Legge 30 luglio 1990, n. 218. — Disposizioni in materia di ristrutturazione e integrazione patrimoniale degli istituti di credito di diritto pubblico. (*estratto*).

Pubblicata nella Gazzetta Ufficiale n. 182 del 6 agosto 1990.

1 Fusioni, trasformazioni e conferimenti.

1. Gli enti creditizi pubblici iscritti nell'albo di cui all'articolo 29 del regio decreto-legge 12 marzo 1936, n. 375, convertito, con modificazioni, dalla legge 7 marzo 1938, n. 141, e successive modificazioni e integrazioni, nonché le casse comunali di credito agrario e i monti di credito su pegno di seconda categoria che non raccolgono risparmio tra il pubblico possono effettuare trasformazioni ovvero fusioni con altri enti creditizi di qualsiasi natura, da cui, anche a seguito di successive trasformazioni o conferimenti, risultino comunque società per azioni operanti nel settore del credito, [nel rispetto della distinzione tra enti che raccolgono risparmio a breve termine ed enti che hanno per oggetto la raccolta del risparmio a medio e lungo termine] (1).

2. Alle operazioni di cui al comma 1 nonché ai conferimenti dell'azienda ovvero di rami di essa, effettuati dai medesimi enti creditizi pubblici, in una o più società per azioni già iscritte nell'albo suddetto ovvero appositamente costituite anche con atto unilaterale e aventi per oggetto l'attività svolta dall'ente conferente o rami di essa, si applicano le norme fiscali di cui all'articolo 7 (2).

3. Le operazioni di cui ai commi 1 e 2, una volta deliberate dagli organi interni competenti in materia di modifiche statutarie, devono essere approvate con decreto del Ministro del tesoro, sentito il Comitato interministeriale per il credito ed il risparmio (CICR), che deve accertarne la rispondenza alle esigenze di razionalizzazione del sistema creditizio.

(1) *Comma modificato dall'art. 49, comma 5, d.lgs. 14 dicembre 1992, n. 481.*

(2) *Comma modificato dall'art. 1, comma 24, d.l. 28 giugno 1995, n. 250, conv., con modif., in l. 8 agosto 1995, n. 349.*

2 Modalità di attuazione.

1. Per la realizzazione delle operazioni di cui all'articolo 1 il Governo della Repubblica è delegato ad emanare norme dirette a:

a) consentire agli enti creditizi pubblici di effettuare il conferimento dell'azienda, anche ripartendolo in più fasi, e di continuare eventualmente l'esercizio di attività residue. Le società per azioni di cui all'articolo 1 potranno proseguire, anche in via provvisoria, ed in vista del trasferimento dell'azienda o di un ramo di essa ad altra società, nelle attività svolte dall'ente conferente o trasformato;

b) regolare la conversione in azioni dei titoli emessi dagli enti creditizi prevedendo la convertibilità delle quote di partecipazione in azioni ordinarie, delle quote di risparmio in azioni di risparmio e la facoltà del titolare di quote di natura mista di optare per la conversione, anche in parte, in azioni di risparmio. A tal fine le società per azioni di cui all'articolo 1, anche se non quotate in borsa, possono emettere azioni di risparmio ai sensi dell'articolo 14 del decreto-legge 8 aprile 1974, n. 95, convertito, con modificazioni, dalla legge 7 giugno 1974, n. 216; ove non sopravvenga la quotazione in borsa, l'ammontare delle azioni di risparmio emesse in sede di conversione delle quote non potrà essere aumentato. I termini e le condizioni del concambio dovranno essere approvati dal Ministro del tesoro, sentite la Banca d'Italia e la Commissione nazionale per le società e la borsa. Le assemblee delle società di cui all'articolo 1 potranno provvedere ad ulteriori conversioni delle azioni di risparmio in azioni ordinarie;

c) disciplinare gli enti che hanno effettuato i conferimenti di cui all'articolo 1 e specificamente quelli che hanno conferito l'intera azienda. Ferma restando la disciplina vigente in tema di organizzazione, lo statuto dovrà prevedere che oggetto dell'ente sia la gestione di partecipazioni bancarie e finanziarie, dirette e indirette, e che lo scopo si ispiri alle finalità originarie dell'ente. Lo statuto dovrà inoltre fissare i limiti per l'acquisto e la cessione di partecipazioni, prevedendo, in particolare, che la cessione di azioni delle società per azioni risultanti dai conferimenti dovrà essere approvata dal

Comitato interministeriale per il credito ed il risparmio, qualora l'ente conferente perda il controllo della maggioranza delle azioni con diritto di voto nell'assemblea ordinaria della società conferitaria. Lo statuto potrà, infine, prevedere limitazioni all'erogazione degli utili, finalizzate alla costituzione di riserve utilizzabili anche per la sottoscrizione di aumenti di capitale;

d) introdurre una disciplina volta a garantire la permanenza del controllo diretto o indiretto di enti pubblici sulla maggioranza delle azioni con diritto di voto nell'assemblea ordinaria delle società per azioni di cui all'articolo 1. In casi eccezionali, al fine di rafforzare il sistema creditizio italiano, la sua presenza internazionale, la sua dimensione patrimoniale, e di permettergli di raggiungere dimensioni che ne accrescano la capacità competitiva, per finalità di pubblico interesse, uno speciale regime autorizzatorio potrà consentire deroghe al suddetto principio subordinando le relative operazioni:

1) alla presenza, negli statuti degli enti creditizi interessati, di disposizioni volte a impedire che soggetti individuali o gruppi non bancari acquisiscano posizioni dominanti e comunque pregiudizievoli per l'indipendenza dell'ente creditizio;

2) al parere della Banca d'Italia, che provvede all'istruttoria;

3) all'approvazione del Consiglio dei Ministri, con comunicazione alle competenti commissioni parlamentari;

e) disciplinare le procedure per la vendita delle azioni al fine di assicurare trasparenza e congruità applicando ad essa le norme sulle offerte pubbliche per i collocamenti sul mercato.

[2. Il Governo è altresì delegato ad emanare norme volte a disciplinare l'alimentazione della base sociale delle casse di risparmio costituite in associativa anche con modalità diverse dal metodo della cooptazione. In particolare dovrà prevedersi che l'integrazione della compagine sociale possa avvenire anche mediante soggetti designati da istituzioni culturali, da enti e organismi economico-professionali nonché da enti territoriali.] (1)

3. All'art. 4 della legge 24 gennaio 1978, n. 14 è aggiunto, in fine, il seguente comma:

"La richiesta di parere relativa al rinnovo di un mandato in un ente pubblico che esercita attività creditizia o che, a seguito di operazioni di conferimento d'azienda, detiene partecipazioni di controllo, anche indirette, in enti creditizi costituiti in forma di società per azioni deve contenere una relazione sull'evoluzione tecnica dell'ente pubblico nel periodo di durata del mandato scaduto. La disposizione si applica anche per il passaggio fra cariche di presidente e vicepresidente nel medesimo ente ovvero fra gli enti pubblici precedentemente indicati".

(1) *Comma abrogato dall'art. 30, comma 1, lett.* a), *d.lgs. 17 maggio 1999, n. 153.*

3-7 (*Omissis*).

46. Decreto legislativo 20 novembre 1990, n. 356. — Disposizioni per la ristrutturazione e per la disciplina del gruppo creditizio. (*estratto*).

Pubblicato nella Gazzetta Ufficiale n. 282 del 3 dicembre 1990, S.O.

TITOLO I
Disciplina delle operazioni di ristrutturazione

1 Fusioni, trasformazioni e conferimenti.

1. Gli enti creditizi pubblici iscritti all'albo di cui all'art. 29 del regio decreto-legge 12 marzo 1936, n. 375, e successive modificazioni e integrazioni, le casse comunali di credito agrario e i monti di credito su pegno di seconda categoria che non raccolgono risparmio tra il pubblico possono effettuare trasformazioni ovvero fusioni con altri enti creditizi di qualsiasi natura, da cui, anche a seguito di successive trasformazioni, conferimenti o fusioni, risultino comunque società per azioni operanti nel settore del credito (1).

2. Le operazioni di cui al comma precedente nonché i conferimenti d'azienda effettuati dai medesimi enti in una o più società per azioni, già iscritte nell'albo suddetto ovvero appositamente costituite anche con atto unilaterale e aventi per oggetto l'attività svolta dall'ente conferente o rami di essa, sono regolati dalle disposizioni del presente decreto.

(1) *Comma così modificato dall'art. 49 d.lgs. 14 dicembre 1992, n. 481.*

2 Progetto.

1. Gli enti di cui all'art. 1, comma 1, che intendono procedere a ristrutturazione devono inoltrare alla Banca d'Italia un progetto nel quale illustrano le singole operazioni da effettuare, le modalità e i tempi previsti per la loro attuazione, le finalità perseguite e quanto richiesto dal successivo art. 10, comma 1.

2. Il progetto presentato da enti aventi sezioni di credito speciale prive di personalità giuridica può prevedere, in deroga alla distinzione tra enti che raccolgono risparmio a breve termine ed enti che raccolgono risparmio a medio e lungo termine, che le società bancarie risultanti continuino ad esercitare le attività svolte dagli enti originari per un periodo massimo da stabilirsi in sede di approvazione del progetto medesimo. Durante detto periodo le attività connesse alla raccolta di risparmio a medio e lungo termine devono avere separata evidenza contabile, secondo le istruzioni della Banca d'Italia.

3. Il progetto è deliberato dall'organo dell'ente competente in materia di modificazioni statutarie, con le maggioranze previste per la regolare costituzione e per la validità delle relative deliberazioni.

4. La Banca d'Italia, sulla base della documentazione ricevuta e degli altri dati e informazioni all'occor-

renza acquisiti, e sentita la Commissione nazionale per le società e la borsa per quanto di competenza, riferisce al Comitato interministeriale per il credito ed il risparmio.

5. La Banca d'Italia dà notizia al Comitato interministeriale per il credito ed il risparmio della presentazione dei singoli progetti di ristrutturazione e riferisce semestralmente in merito ai progetti di cui è in corso di svolgimento l'istruttoria o l'attuazione.

3 Approvazione del progetto.

1. Il progetto è approvato con decreto del Ministro del tesoro sentito il Comitato interministeriale per il credito ed il risparmio. L'approvazione è subordinata all'accertamento della rispondenza del progetto alle esigenze di razionalizzazione del sistema creditizio: in particolare sono valutati i profili della stabilità, dell'efficienza, della funzionalità, dell'adeguatezza organizzativa e, con riferimento alla struttura del gruppo che eventualmente si determini, anche l'economia nel ricorso ad una pluralità di soggetti giuridici. L'approvazione del progetto può essere condizionata a modifiche e integrazioni, sulle quali l'ente delibera con le modalità di cui all'art. 2, comma 3. Il decreto fissa un termine per la cessazione dell'esercizio dell'attività bancaria da parte dell'ente che effettua l'operazione.

2. Il Ministro del tesoro, sentito il Comitato interministeriale per il credito ed il risparmio, approva anche le variazioni che possono essere apportate dall'ente al progetto originario.

3. Il decreto di approvazione sostituisce tutti i provvedimenti comunque di competenza del Comitato interministeriale per il credito ed il risparmio, del Ministro del tesoro, ivi compreso quello di cui all'art. 21 della legge 4 giugno 1985, n. 281, della Banca d'Italia o di altre autorità. Restano fermi i poteri di intervento spettanti alla Commissione nazionale per le società e la borsa e quelli attribuiti alla Banca d'Italia ai sensi dell'art. 20 della legge 10 ottobre 1990, n. 287.

4. I progetti ai quali partecipino enti di cui all'art. 1, comma 1, aventi sede nelle regioni a statuto speciale sono, prima dell'approvazione, trasmessi dal Ministro del tesoro alle regioni stesse, che devono esprimere il proprio parere entro trenta giorni dalla richiesta. Decorso tale termine si prescinde dal parere.

5. Le singole operazioni indicate nel progetto approvato, per le quali le norme vigenti prevedono il rilascio di un provvedimento autorizzatorio, devono essere comunicate alla Banca d'Italia ai soli fini della verifica di conformità al progetto. La conformità si intende accertata ove, trascorsi sessanta giorni dalla ricezione della comunicazione, la Banca d'Italia non si sia pronunciata in senso contrario.

4 Trasformazioni.

1. Gli enti di cui all'art. 1, comma 1, aventi il fondo di dotazione a composizione associativa possono trasformarsi in società per azioni bancarie.

2. La deliberazione di trasformazione deve essere assunta con le modalità di cui all'art. 2, comma 3, nella forma di atto pubblico, e deve contenere le indicazioni prescritte per l'atto costitutivo delle società per azioni. Lo statuto della società è parte integrante della deliberazione e deve essere a questa allegato.

3. La deliberazione di trasformazione deve altresì contenere la determinazione del patrimonio netto iniziale della società. In particolare:

a) il capitale sociale deve essere indicato di norma in misura non inferiore al capitale o fondo di dotazione dell'ente originario, e comunque in misura non inferiore all'importo minimo richiesto per la costituzione di società per azioni bancarie;

b) il residuo del patrimonio netto è imputato a riserve e fondi mantenendo, ove possibile, le denominazioni e le destinazioni previste nel bilancio dell'ente originario, ivi comprese quelle derivanti dall'applicazione di norme tributarie. Il complesso del capitale e delle riserve indisponibili per legge e per statuto non può essere diminuito salvo che per la quota eventualmente utilizzata a fronte di minusvalenze accertate in sede di trasformazione.

4. La determinazione del patrimonio netto iniziale deve essere corredata da una relazione degli amministratori e dei sindaci e certificata da una società di revisione quando l'ente abbia emesso titoli quotati.

5. L'esistenza del patrimonio netto iniziale, come determinato ai sensi del comma 3, deve risultare da una relazione giurata di stima da parte di un collegio di tre esperti in materia bancaria, nominati dal presidente del tribunale, dei quali almeno uno scelto tra gli iscritti all'albo dei dottori commercialisti. Agli esperti si applicano le disposizioni dell'art. 64 del codice di procedura civile. Non si applica l'art. 2343 del codice civile.

6. Entro trenta giorni dall'accertamento di conformità di cui all'art. 3, comma 5, la deliberazione di cui al comma 2 del presente articolo, unitamente alla relazione di stima di cui al comma precedente, è depositata, a cura del notaio o degli amministratori dell'ente, per l'iscrizione nel registro delle imprese nella cui circoscrizione è stabilita la sede sociale. Si applicano le disposizioni degli articoli 2330, commi 3 e 4, e 2330- bis del codice civile.

5 Fusioni.

1. Gli enti di cui all'art. 1, comma 1, con fondo di dotazione a composizione associativa possono effettuare, tra loro ovvero con società bancarie, fusioni dalle quali — sia mediante incorporazione sia mediante costituzione di nuovi soggetti — risultino società per azioni bancarie.

2. La deliberazione di fusione deve essere assunta dagli enti con le modalità di cui all'art. 2, comma 3, e dalle società bancarie secondo la disciplina generale delle società per azioni, ove non diversamente stabilito dal presente decreto. Lo statuto della società risultante dalla fusione si considera parte integrante di ciascuna deliberazione e deve essere a queste allegato.

3. La deliberazione di fusione deve fissare il rapporto di cambio, anche ai sensi dei successivi articoli 8, 9 e 10, e determinare il patrimonio netto iniziale della società risultante dalla fusione a norma dell'art. 4, commi 3, 4 e 5.

4. Entro trenta giorni dall'accertamento di conformità di cui all'art. 3, comma 5, le deliberazioni sono depositate per l'iscrizione nel registro delle imprese. Si applicano le disposizioni dell'art. 2411, commi 1, 2 e 3, del codice civile, nonché quelle degli articoli 2503 e 2504 del codice civile. L'atto di fusione deve essere stipulato entro quarantacinque giorni dall'ultimo dei decreti con cui il tribunale ordina la iscrizione delle delibere nel registro delle imprese.

5. Per le operazioni ricomprese nel progetto approvato ai sensi dell'art. 3 il termine di cui all'art. 2503, comma 1, del codice civile è ridotto a quindici giorni.

6 Conferimenti.

1. Per l'attuazione delle operazioni di cui all'art. 1, i conferimenti dell'azienda bancaria o di rami di essa effettuati da uno o più enti di cui all'art. 1, comma 1, in società per azioni, di nuova costituzione o già esistenti, bancarie, finanziarie o strumentali alle precedenti devono essere deliberati con le modalità di cui all'art. 2, comma 3. In caso di conferimento a società di nuova costituzione, lo statuto di quest'ultima si considera parte integrante della deliberazione e deve essere ad essa allegato.

2. La costituzione di società per azioni può avvenire anche con atto unilaterale da parte di un solo ente pubblico conferente nel rispetto delle norme in tema di costituzione delle società per azioni e di quanto previsto dal presente decreto. In tal caso alla deliberazione di conferimento si applicano le disposizioni di cui all'art. 4, commi 3, 4 e 5.

3. Negli altri casi, la stima deve essere redatta ai sensi dell'art. 2343, comma 1, del codice civile da un collegio di tre esperti in materia bancaria nominati dal presidente del tribunale, dei quali almeno uno scelto tra gli iscritti all'albo dei dottori commercialisti.

4. In caso di conferimenti da parte di più enti ad una medesima società ovvero di conferimenti da parte di un ente a più società ovvero di conferimenti da parte di più enti a medesime società, il tribunale nomina un unico collegio. Quando concorrano diverse competenze territoriali provvede alla nomina il presidente del tribunale del capoluogo di regione; quando concorrano competenze territoriali di tribunali di più regioni provvede il presidente del tribunale di Roma. Agli esperti si applicano le disposizioni dell'art. 64 del codice di procedura civile.

5. L'atto costitutivo della società conferitaria, ovvero la delibera di aumento di capitale in caso di conferimento a società già esistente, deve comunque contenere la determinazione del patrimonio netto, secondo quanto previsto dall'art. 4, comma 3, e la relazione del collegio di cui al comma precedente che attesta l'esistenza di tale patrimonio netto. Non si applica l'art. 2343, commi 3 e 4, del codice civile.

6. Entro trenta giorni dall'accertamento di conformità di cui all'art. 3, comma 5, l'atto costitutivo ovvero la deliberazione di aumento di capitale della società conferitaria sono depositati a cura del notaio o degli amministratori per l'iscrizione nel registro delle imprese nella cui circoscrizione è stabilita la sede legale della società conferitaria, insieme alla deliberazione dell'ente conferente con i relativi allegati. Si applicano le disposizioni degli articoli 2330, commi 3 e 4, 2330-bis del codice civile e, in caso di conferimento in società già esistenti, le disposizioni dell'art. 2411, commi 1, 2 e 3, del codice civile.

7. In caso di conferimenti tra loro collegati ai sensi del comma 4, la competenza ad ordinare la iscrizione nel registro delle imprese spetta al tribunale il cui presidente ha nominato gli esperti. Il tribunale può ordinare l'iscrizione con unico decreto.

7 Costituzione di più società con un medesimo atto.

1. Per la realizzazione delle operazioni di cui al presente decreto possono essere costituite con un unico atto una società per azioni controllante e una o più società per azioni controllate. In questi casi le aziende e i rami di azienda appartenenti agli enti originari sono conferiti direttamente alle società controllate e le azioni sono attribuite alla controllante. All'ente che effettua le operazioni con le modalità previste dal presente articolo sono attribuite le azioni della società controllante, la quale si considera società conferitaria ai sensi e per gli effetti delle norme contenute nel presente decreto. Si applicano le disposizioni dell'art. 6.

47. Legge 23 dicembre 1998, n. 461. — Delega al Governo per il riordino della disciplina civilistica e fiscale degli enti conferenti, di cui all'art. 11, comma 1, del decreto legislativo 20 novembre 1990, n. 356, e della disciplina fiscale delle operazioni di ristrutturazione bancaria (1).

Pubblicata nella Gazzetta Ufficiale n. 4 del 7 gennaio 1999.

(1) *Per l'interpretazione delle disposizioni della presente legge v. l'art. 5 d.l. 15 aprile 2002, n. 63, conv., con modif., in l. 15 giugno 2002, n. 112.*

1 Ambito della delega.

1. Il Governo è delegato ad emanare, sentite le competenti commissioni parlamentari, entro centoventi giorni dalla data di entrata in vigore della presente legge, uno o più decreti legislativi aventi per oggetto:

a) il regime, anche tributario, degli enti conferenti di cui all'art. 11, comma 1, del decreto legislativo 20 novembre 1990, n. 356, coordinando le norme vigenti nelle stesse materie ed apportando alle medesime le integrazioni e le modificazioni necessarie al predetto coordinamento;

b) il regime fiscale dei trasferimenti delle partecipazioni dagli stessi enti detenute, direttamente o indirettamente, in società bancarie per effetto dei conferimenti previsti dalla legge 30 luglio 1990, n. 218 e successive modificazioni e integrazioni, e dalla legge 26 novembre 1993, n. 489 e successive modificazioni e integrazioni;

c) il regime civilistico e fiscale dello scorporo, mediante scissione o retrocessione, di taluni cespiti appartenenti alle società conferitarie, già compresi nei conferimenti effettuati ai sensi della legge 30 luglio 1990, n. 218 e successive modificazioni e integrazioni e della legge 26 novembre 1993, n. 489 e successive modificazioni e integrazioni;

d) una nuova disciplina fiscale volta a favorire una più completa ristrutturazione del settore bancario.

2 Regime civilistico degli enti.

1. Nel riordinare la disciplina degli enti di cui alla lettera *a*) del comma 1 dell'art. 1 si deve prevedere che essi:

a) perseguono esclusivamente scopi di utilità sociale e di promozione dello sviluppo economico, fermi restando compiti e funzioni attribuiti dalla legge ad altre istituzioni;

b) devolvono ai fini statutari nei settori di cui alla lettera *d*) una parte di reddito, al netto delle spese di funzionamento, degli oneri fiscali e degli accantonamenti e riserve obbligatori, non inferiore al limite minimo stabilito ai sensi della lettera *i*) e comunque non inferiore alla metà, destinando le ulteriori disponibilità ad eventuali altri fini statutari, al reinvestimento, ad accantonamenti e riserve facoltativi ovvero alle altre erogazioni previste da specifiche norme di legge, con divieto di distribuzione o assegnazione, sotto qualsiasi forma, di utili agli associati, agli amministratori, ai fondatori e ai dipendenti;

c) operano secondo princìpi di economicità della gestione e, fermo l'obiettivo di conservazione del valore del patrimonio, lo impiegano in modo da ottenerne un'adeguata redditività rispetto al patrimonio stesso, anche attraverso la diversificazione degli investimenti ed il conferimento, ai fini della gestione patrimoniale, di incarichi a soggetti autorizzati, dovendosi altresì adottare per le operazioni di dismissione modalità idonee a garantire la trasparenza, la congruità e l'equità;

d) possono esercitare, con contabilità separate, imprese direttamente strumentali ai fini statutari, esclusivamente nei settori della ricerca scientifica, dell'istruzione, dell'arte, della conservazione e valorizzazione dei beni culturali e ambientali, della sanità e dell'assistenza alle categorie sociali deboli, in conformità a quanto previsto dalla normativa vigente per i singoli settori, e detenere partecipazioni di controllo in enti e società che abbiano per oggetto esclusivo l'esercizio di tali imprese;

e) tengono i libri e le scritture contabili, redigono il bilancio di esercizio e la relazione sulla gestione, anche con riferimento alle singole erogazioni effettuate nell'esercizio, secondo le disposizioni del codice civile relative alle società per azioni, in quanto applicabili, e provvedono a rendere pubblici il bilancio e la relazione;

f) possono imputare direttamente al patrimonio netto le plusvalenze e le minusvalenze da realizzo, anche parziale, o da valutazione delle partecipazioni nella società bancaria o nella società nella quale l'ente abbia eventualmente conferito, in tutto o in parte, la partecipazione bancaria, escludendo che le eventuali perdite derivanti da realizzo delle predette partecipazioni, nonché le eventuali minusvalenze derivanti dalla valutazione delle stesse, costituiscano impedimento a ulteriori erogazioni effettuate secondo le finalità istituzionali dell'ente;

g) prevedono nei loro statuti distinti organi di indirizzo, di amministrazione e di controllo, composti da persone in possesso di requisiti di onorabilità, fissando specifici requisiti di professionalità e ipotesi di incompatibilità per coloro che ricoprono i rispettivi incarichi e assicurando, nell'ambito dell'organo di indirizzo, comunque la rappresentanza del territorio e l'apporto di personalità che per preparazione ed esperienza possano efficacemente contribuire al perseguimento dei fini istituzionali. Per quanto riguarda le fondazioni la cui operatività è territorialmente delimitata in ambito locale dai rispettivi statuti, verrà assicurata la presenza negli organi collegiali di una rappresentanza non inferiore al cinquanta per cento di persone residenti da almeno tre anni nei territori stessi;

h) prevedono che la carica di consigliere di amministrazione dell'ente conferente sia incompatibile con la carica di consigliere di amministrazione della società conferitaria;

i) sono sottoposti ad un'autorità di vigilanza la quale verifica il rispetto della legge e dello statuto, la sana e prudente gestione, la redditività del patrimonio e l'effettiva tutela degli interessi contemplati negli statuti. A tal fine autorizza le operazioni di trasformazione e concentrazione; approva le modifiche statutarie; determina, con riferimento a periodi annuali, sentite le organizzazioni rappresentative delle fondazioni, un limite minimo di reddito in relazione al patrimonio; sentiti gli interessati può sciogliere gli organi di amministrazione e di controllo per gravi e ripetute irregolarità nella gestione e, nei casi di impossibilità di raggiungimento dei fini statutari, può disporre la liquidazione dell'ente. Fino all'entrata in vigore della nuova disciplina dell'autorità di controllo sulle persone giuridiche di cui al titolo II del libro primo del codice civile, ed anche successivamente, finché ciascun ente rimarrà titolare di partecipazioni di controllo, diretto o indiretto, in società bancarie ovvero concorrerà al controllo, diretto o indiretto, di dette società attraverso la partecipazione a patti di sindacato o accordi di qualunque tipo, le funzioni suddette sono esercitate dal Ministro del tesoro, del bilancio e della programmazione economica. Saranno altresì emanate disposizioni di coordinamento con la disciplina relativa alle organizzazioni non lucrative di utilità sociale;

l) provvedono ad adeguare gli statuti alle disposizioni dettate dai decreti legislativi previsti dalla presente legge entro centottanta giorni dalla data di entrata in vigore dei decreti stessi; con l'approvazione delle relative modifiche statutarie gli enti diventano persone giuridiche private con piena autonomia statutaria e gestionale;

m) sono inclusi tra i soggetti di cui all'art. 20, terzo comma, del regio decreto-legge 12 marzo 1936, n. 375, convertito, con modificazioni, dalla legge 7 marzo 1938, n. 141, qualora abbiano provveduto alle modificazioni statutarie previste dal presente comma.

2. Gli enti che abbiano provveduto alle modificazioni statutarie previste dal comma 1 possono, anche in deroga a disposizioni di legge o di statuto:

a) convertire, previa deliberazione dell'assemblea della società bancaria partecipata, le azioni ordinarie, dagli stessi detenute direttamente o indirettamente a seguito dei conferimenti di cui al decreto legislativo 20 novembre 1990, n. 356 e successive modificazioni, in azioni delle stesse società privilegiate nella ripartizione degli utili e nel rimborso del capitale sociale e senza diritto di voto nell'assemblea ordinaria. Le azioni con voto limitato non possono superare la metà del capitale sociale;

b) emettere, previa deliberazione dell'assemblea della società bancaria partecipata, titoli di debito convertibili in azioni ordinarie delle predette società bancarie, dagli stessi detenute direttamente o indirettamente, ovvero dotati di cedole rappresentative del diritto all'acquisto delle medesime azioni.

3 Regime tributario degli enti.

1. Il riordino della disciplina tributaria degli enti di cui alla lettera *a*) del comma 1 dell'art. 1 è informato ai seguenti criteri e princìpi direttivi:

a) attribuzione del regime previsto dall'art. 6 del decreto del Presidente della Repubblica 29 settembre 1973, n. 601, a condizione che gli enti, se di natura non commerciale, abbiano perseguito o perseguano i fini previsti dall'art. 12 del decreto legislativo 20 novembre 1990, n. 356 e successive modificazioni ovvero operino in misura prevalente, dalla data di entrata in vigore dei decreti legislativi di cui all'art. 1, nei settori di cui all'art. 2, comma 1, lettera *d*); il possesso di partecipazione di controllo, diretto o indiretto, nella società bancaria conferitaria o nella società nella quale l'ente ha conferito in tutto o in parte la partecipazione bancaria nel periodo indicato alla lettera *a*) del comma 1 dell'art. 4 non fa venir meno il requisito della prevalenza;

b) a decorrere dalla data di entrata in vigore dei decreti legislativi di cui all'art. 1, qualificazione degli enti conferenti quali enti non commerciali ai sensi dell'art. 87, comma 1, lettera *c*), del testo unico delle imposte sui redditi, approvato con decreto del Presidente della Repubblica 22 dicembre 1986, n. 917, anche se perseguono le finalità statutarie con le modalità previste dalla lettera *d*) del comma 1 dell'art. 2 della presente legge, sempre che, dopo il termine del periodo previsto al comma 1, lettera *a*), dell'art. 4, nel corso del quale sui relativi redditi si applica l'aliquota ordinaria, non siano titolari di diritti reali su beni immobili diversi da quelli strumentali per le attività direttamente esercitate dall'ente medesimo o da imprese, enti o società strumentali di cui al predetto comma 1, lettera *d*), dell'art. 2. La titolarità di diritti reali su beni immobili acquisita a titolo gratuito è priva di rilievo, ai fini precedentemente indicati, per la durata di due anni dall'acquisto;

c) godimento del credito d'imposta sui dividendi in misura non superiore all'imposta dovuta sui dividendi medesimi;

d) armonizzazione della disciplina delle imposte applicabili agli atti a titolo gratuito in favore degli enti conferenti di cui al presente articolo con le disposizioni di cui al decreto legislativo 4 dicembre 1997, n. 460.

4 Regime fiscale dei trasferimenti delle partecipazioni bancarie.

1. Il riordino del regime fiscale dei trasferimenti di cui alla lettera *b*) del comma 1 dell'art. 1 è informato ai seguenti criteri e princìpi direttivi:

a) non tassabilità dell'ente conferente riguardo alle plusvalenze derivanti dal trasferimento dei titoli di debito di cui all'art. 2, comma 2, lettera *b*), nonché delle azioni detenute nella società bancaria conferitaria ovvero nella società nella quale l'ente ha conferito in tutto o in parte la partecipazione bancaria, a condizione che detto trasferimento sia effettuato entro la fine del quarto anno dalla data di entrata in vigore dei decreti legislativi di cui all'art. 1;

b) perdita, ai fini tributari, della qualifica di ente non commerciale e cessazione dell'applicazione delle disposizioni contenute nell'art. 3 qualora, allo scadere del termine previsto dalla lettera *a*) del presente comma, risulti ancora posseduta una partecipazione di controllo ai sensi dell'art. 2359, primo e secondo comma, del codice civile nelle società di cui alla medesima lettera *a*);

c) applicazione del regime fiscale previsto dalla lettera *a*) del presente comma anche nei confronti della società nella quale l'ente ha conferito, per effetto di operazioni richiamate alla lettera *b*) del comma 1 dell'art. 1, in tutto o in parte la partecipazione bancaria con riguardo alle plusvalenze derivanti dal trasferimento delle azioni detenute nella medesima società bancaria conferitaria.

5 Regime fiscale degli scorpori.

1. Il regime fiscale dello scorporo di cui alla lettera *c*) del comma 1 dell'art. 1 prevede la neutralità fiscale dell'apporto di beni immobili a favore di fondi comuni di investimento immobiliare chiusi di cui alla legge 25 gennaio 1994, n. 86 e successive modificazioni e integrazioni, ovvero delle scissioni, anche parziali, se operate, nel rispetto delle condizioni previste dal comma 1, lettera *b*), dell'art. 3, a favore di società controllate dall'ente, dalla società conferente ovvero dalla società nella quale l'ente ha conferito in tutto o in parte la partecipazione bancaria, sempre che l'apporto o la scissione abbiano per oggetto beni non strumentali nonché partecipazioni non strumentali ai sensi dell'art. 59 del testo unico delle leggi in materia bancaria e creditizia, emanato con decreto legislativo 1° settembre 1993, n. 385, ricevuti a seguito dei conferimenti effettuati ai sensi della legge 30 luglio 1990, n. 218 e successive modificazioni e integrazioni, e della legge 26 novembre 1993, n. 489 e successive modificazioni e integrazioni. Il medesimo regime si applica altresì agli apporti di beni immobili a favore di fondi comuni di

investimento immobiliare chiusi posti in essere dall'ente conferente per conformarsi al disposto del comma 1, lettera *b*), dell'art. 3, nonché alle permute di beni immobili di proprietà dell'ente con beni o titoli della società bancaria conferitaria, sempre che i primi risultino già direttamente utilizzati dalla società bancaria e l'operazione sia posta in essere dall'ente conferente allo scopo di conformarsi al disposto del comma 1, lettera *b*), dell'art. 3.

2. Gli scorpori di beni e partecipazioni non strumentali di cui al comma 1 possono essere attuati altresì nel rispetto delle condizioni previste dalla lettera *b*) del comma 1 dell'art. 3, mediante assegnazione all'ente o alla società conferente di cui al comma 1 del presente articolo, ovvero tramite cessione diretta. In tali casi, il valore dei beni e delle partecipazioni assegnati o ceduti non concorre a formare la base imponibile ai fini dell'imposta sul reddito, dell'imposta sul valore aggiunto e dell'imposta comunale sull'incremento di valore degli immobili. Le imposte di registro, ipotecaria e catastale si applicano in misura fissa.

3. Con riferimento alle società nelle quali gli enti hanno conferito in tutto o in parte la partecipazione bancaria, l'assegnazione di cui al comma 2 a favore degli enti conferenti che detengono l'intero capitale delle società medesime può essere altresì realizzata mediante liquidazione delle stesse. Si applica lo stesso regime fiscale previsto al comma 2.

4. Il patrimonio netto delle società che procedono all'apporto di cui al comma 1 ovvero all'assegnazione di cui ai commi 2 e 3 è diminuito, in regime di neutralità fiscale, con le modalità previste dall'art. 2445 del codice civile, di un importo pari al valore contabile dei beni apportati o assegnati. Le quote del fondo immobiliare sono direttamente attribuite all'ente, alla società conferente ovvero alla società nella quale l'ente ha conferito in tutto o in parte la partecipazione bancaria. I beni, le partecipazioni o quote ricevuti a seguito delle operazioni di cui ai commi 1, 2 e 3 non concorrono a formare il reddito dei soggetti che li ricevono e sono portati in diminuzione delle corrispondenti voci di bilancio formate a seguito dei conferimenti di cui al comma 1, lettera *c*), dell'art. 1.

5. Le società conferitarie indicate all'art. 1, possono imputare al patrimonio netto le minusvalenze derivanti dalla valutazione dei beni e partecipazioni di cui al comma 1 del presente articolo, fino a concorrenza delle rivalutazioni effettuate in occasione delle operazioni di conferimento già effettuate ai sensi della legge 30 luglio 1990, n. 218 e successive modificazioni e integrazioni, e della legge 26 novembre 1993, n. 489 e successive modificazioni e integrazioni. L'imputazione non costituisce deroga agli articoli 61 e 66 del testo unico delle imposte sui redditi, approvato con decreto del Presidente della Repubblica 22 dicembre 1986, n. 917.

6 Disciplina fiscale delle ristrutturazioni.

1. La disciplina fiscale di cui alla lettera *d*) del comma 1 dell'art. 1 è informata ai seguenti criteri:

a) tassazione con l'aliquota ridotta del 12,5 per cento degli utili destinati ad una speciale riserva delle banche risultanti da operazioni di fusione ovvero beneficiarie di operazioni di scissione e conferimento, sempre che tali operazioni abbiano dato luogo a fenomeni di concentrazione; la tassazione ridotta spetta per un periodo non superiore a cinque anni dalla data di perfezionamento di tali operazioni ed ha ad oggetto un importo di utili complessivamente non superiore all'1,2 per cento della differenza fra la consistenza complessiva dei crediti e debiti delle aziende o complessi aziendali che hanno partecipato all'operazione di concentrazione e l'analogo aggregato della maggiore azienda o complesso aziendale che ha partecipato a tali operazioni; nel caso in cui la riserva sia distribuita entro il terzo anno dalla data di destinazione degli utili è applicata la tassazione ordinaria con accredito dell'imposta ridotta precedentemente assolta;

b) applicazione della disciplina di cui alla lettera *a*) alle banche che abbiano acquisito la partecipazione di controllo di altra banca, nonché per le operazioni di acquisizione da parte di un'unica società delle partecipazioni di controllo di una pluralità di banche partecipate; la tassazione ridotta spetta, nel primo caso, alla banca che ha acquisito la partecipazione di controllo e, nel secondo caso, a ciascuna banca interessata all'operazione, in misura proporzionale alla rispettiva consistenza complessiva dei crediti e dei debiti; la tassazione ridotta ha per oggetto un importo di utili complessivamente non superiore all'1,2 per cento della differenza fra la consistenza complessiva dei crediti e debiti delle banche interessate all'operazione e l'analogo aggregato della maggiore banca interessata all'operazione stessa;

c) possibilità di optare, in alternativa all'ordinario regime di neutralità fiscale dei disavanzi emergenti da operazioni di fusione e scissione, per l'applicazione di un'imposta sostitutiva con aliquota del 27 per cento, con conseguente riconoscimento fiscale dei valori iscritti; riconoscimento fiscale dei valori con cui viene imputato il disavanzo, anche senza l'applicazione dell'imposta sostitutiva, previa dimostrazione dell'avvenuto assoggettamento a tassazione del maggior valore delle partecipazioni da cui il disavanzo è derivato;

d) possibilità di optare, in alternativa al regime previsto dal testo unico delle imposte sui redditi, approvato con decreto del Presidente della Repubblica 22 dicembre 1986, n. 917, per l'applicazione di un'imposta sostitutiva con la medesima aliquota prevista alla lettera *c*), sulle plusvalenze derivanti dalla cessione di aziende o di partecipazioni di controllo o collegamento di cui all'art. 2359, primo comma, n. 1), e terzo comma, ultimo periodo, del codice civile, con riconoscimento fiscale dei relativi valori ovvero, ma nella sola ipotesi di conferimento in società, per la neutralità dell'operazione con mantenimento dei valori fiscali originari; possibilità, in quest'ultimo caso, di revocare l'opzione per la neutralità entro il quarto periodo di imposta successivo all'esecuzione del conferimento con assoggettamento ad imposta sostitutiva, con la medesima aliquota prevista alla lettera *c*), dei valori oggetto di conferimento e relativo riconoscimento fiscale;

e) previsione di particolari disposizioni volte ad evitare possibili effetti distorsivi in conseguenza dell'applicazione dei regimi sostitutivi di cui alle precedenti lettere; possibilità di introdurre criteri particolari di dilazione del pagamento dell'imposta sostitutiva; applicazione delle imposte di registro, ipotecaria e catastale in misura fissa e neutralità ai fini dell'imposta comunale sull'incremento di valore degli immobili;

f) coordinamento delle disposizioni previste nel presente articolo e nell'art. 5 con quelle di cui al testo unico delle imposte sui redditi, approvato con decreto del Presidente della Repubblica 22 dicembre 1986, n. 917, alla legge 30 luglio 1990, n. 218 e successive modificazioni e integrazioni, alla legge 25 gennaio 1994, n. 86 e successive modificazioni e integrazioni, e al decreto-legge 23 febbraio 1995, n. 41, convertito, con modificazioni, dalla legge 22 marzo 1995, n. 85, nonché ai decreti legislativi 8 ottobre 1997, n. 358, 18 dicembre 1997, n. 466, e 18 dicembre 1997, n. 467.

7 Partecipazioni al capitale della Banca d'Italia.

1. Il regime fiscale di trasferimento delle quote di partecipazione al capitale della Banca d'Italia, ai sensi dell'art. 2, comma 1, lettera *m*), viene determinato dal Governo secondo criteri di neutralità fiscale, con decreto legislativo da emanare, sentite le competenti commissioni parlamentari, entro centocinquanta giorni dalla data di entrata in vigore della presente legge, tenendo conto, per gli enti di cui alla presente legge, anche del patrimonio, dell'ambito territoriale di operatività nonché della parte di reddito che essi prevedono di devolvere ai fini statutari.

8 Copertura finanziaria.

1. Alle minori entrate derivanti dalla presente legge, valutate in lire 80 miliardi annue a decorrere dal 1998, si provvede mediante corrispondente riduzione dello stanziamento iscritto, ai fini del bilancio triennale 1998-2000, nell'ambito dell'unità previsionale di base di parte corrente "Fondo speciale" dello stato di previsione del Ministero del tesoro, del bilancio e della programmazione economica per l'anno 1998, allo scopo parzialmente utilizzando l'accantonamento relativo al Ministero medesimo.

2. Il Ministro del tesoro, del bilancio e della programmazione economica è autorizzato ad apportare, con propri decreti, le occorrenti variazioni di bilancio.

48. Decreto legislativo 17 maggio 1999, n. 153. – Disciplina civilistica e fiscale degli enti conferenti di cui all'art. 11, comma 1, del decreto legislativo 20 novembre 1990, n. 356, e disciplina fiscale delle operazioni di ristrutturazione bancaria, a norma dell'art. 1 della legge 23 dicembre 1998, n. 461 (1).

Pubblicato nella Gazzetta Ufficiale n. 125 del 31 maggio 1999.

(1) *Vedi, anche, l'art. 1, comma 201, l. 27 dicembre 2017, n. 205, che così dispone: « Per le erogazioni relative ai progetti promossi dalle fondazioni di cui al decreto legislativo 17 maggio 1999, n. 153, nel perseguimento dei propri scopi statutari, finalizzati, nel rispetto delle disposizioni di cui all'articolo 3, comma 2, del citato decreto, alla promozione di un welfare di comunità, attraverso interventi e misure di contrasto alle povertà, alle fragilità sociali e al disagio giovanile, di tutela dell'infanzia, di cura e assistenza agli anziani e ai disabili, di inclusione socio-lavorativa e integrazione degli immigrati nonché di dotazione di strumentazioni per le cure sanitarie, su richiesta degli enti di cui all'articolo 114 della Costituzione, degli enti pubblici deputati all'erogazione di servizi sanitari e socio-assistenziali e, tramite selezione pubblica, degli enti del terzo settore previsti dal codice di cui al decreto legislativo 3 luglio 2017, n. 117, è riconosciuto alle fondazioni medesime un contributo, sotto forma di credito d'imposta, pari al 65 per cento delle erogazioni effettuate nei periodi d'imposta successivi a quello in corso al 31 dicembre 2017, a condizione che le predette erogazioni siano utilizzate dai soggetti richiedenti nell'ambito dell'attività non commerciale ».*

1 Definizioni.

1. Nel presente decreto si intendono per:

a) "Legge di Delega": la legge 23 dicembre 1998, n. 461;

b) "TUIR": testo unico delle imposte sui redditi, approvato con decreto del Presidente della Repubblica 22 dicembre 1986, n. 917;

c) "Fondazione": l'ente che ha effettuato il conferimento dell'azienda bancaria ai sensi del decreto legislativo 20 novembre 1990, n. 356;

c-bis) "Settori ammessi":

1) famiglia e valori connessi; crescita e formazione giovanile; educazione, istruzione e formazione, incluso l'acquisto di prodotti editoriali per la scuola; volontariato, filantropia e beneficenza; religione e sviluppo spirituale; assistenza agli anziani; diritti civili;

2) prevenzione della criminalità e sicurezza pubblica; sicurezza alimentare e agricoltura di qualità; sviluppo locale ed edilizia popolare locale; protezione dei consumatori; protezione civile; salute pubblica, medicina preventiva e riabilitativa; attività sportiva; prevenzione e recupero delle tossicodipendenze; patologia e disturbi psichici e mentali;

3) ricerca scientifica e tecnologica; protezione e qualità ambientale;

4) arte, attività e beni culturali.

I settori indicati possono essere modificati con regolamento dell'Autorità di vigilanza da emanare ai sensi dell'articolo 17, comma 3, della legge 23 agosto 1988, n. 400 (1);

d) "Settori rilevanti": i settori ammessi scelti, ogni tre anni, dalla fondazione, in numero non superiore a cinque (2);

e) "Autorità di vigilanza": l'autorità prevista dall'art. 2, comma 1, della Legge di Delega, le cui funzioni sono esercitate in via transitoria dal Ministero del tesoro, del bilancio e della programmazione economica, secondo quanto previsto dall'art. 10;

f) "Società bancaria conferitaria": la società titolare direttamente o indirettamente di tutta o parte dell'originaria azienda bancaria della fondazione e nella quale la stessa detiene direttamente o indirettamente una partecipazione, ivi compresi, in particolare:

1) la società titolare di tutta o parte dell'originaria azienda bancaria conferita dalla fondazione ai sensi del decreto legislativo 20 novembre 1990, n. 356;

2) la società risultante da operazioni di fusione della Società bancaria conferitaria;

3) la società beneficiaria di operazioni di scissione e di conferimento di tutta o parte dell'azienda bancaria da parte della Società bancaria conferitaria;

4) la società che detiene il controllo delle società di cui ai punti 1, 2 e 3;

g) "Società conferitaria": la società destinataria dei conferimenti effettuati ai sensi della legge 30 luglio 1990, n. 218 e successive modifiche e integrazioni, e della legge 26 novembre 1993, n. 489 e successive modifiche e integrazioni, ivi compresi, in particolare:

1) la società titolare di tutta o parte dell'originaria azienda conferita dalla fondazione ai sensi del decreto legislativo 20 novembre 1990, n. 356;

2) la società risultante da operazioni di fusione della Società conferitaria;

3) la società beneficiaria di operazioni di scissione e di conferimento di azienda da parte della Società conferitaria;

4) la società che detiene il controllo delle società di cui ai punti 1, 2 e 3;

h) "Impresa strumentale": impresa esercitata dalla fondazione o da una società di cui la fondazione detiene il controllo, operante in via esclusiva per la diretta realizzazione degli scopi statutari perseguiti dalla Fondazione nei settori rilevanti;

i) "Partecipazione indiretta": la partecipazione detenuta tramite società controllata, società fiduciaria o per interposta persona;

j) "Conferimenti": i conferimenti effettuati ai sensi della legge 30 luglio 1990, n. 218 e successive modifiche ed integrazioni, e della legge 26 novembre 1993, n. 489 e successive modifiche ed integrazioni;

k) "Fondi immobiliari": i fondi comuni di investimento immobiliare chiusi;

l) "Direttiva del 18 novembre 1994": la direttiva del Ministro del tesoro in data 18 novembre 1994, pubblicata nella Gazzetta Ufficiale n. 273 del 22 novembre 1994 e recante "Criteri e procedure per la dismissione delle partecipazioni deliberate dagli enti conferenti di cui all'art. 11 del decreto legislativo 20 novembre 1990, n. 356, nonché per la diversificazione del rischio degli investimenti effettuati dagli enti stessi", adottata ai sensi dell'art. 1, commi 7 e 7-*bis*, del decreto-legge 31 maggio 1994, n. 332, convertito, con modificazioni, dalla legge 30 luglio 1994, n. 474.

(1) *Lettera aggiunta dall'art. 11, comma 1, l. 28 dicembre 2001, n. 448. La Corte Costituzionale, con sentenza 29 settembre 2003, n. 301, ha dichiarato* l'illegittimità costituzionale *del suddetto comma 1 dell'art. 11, limitatamente alle parole « i settori indicati possono essere modificati con regolamento dell'Autorità di vigilanza da emanare ai sensi dell'art. 17, comma 3, della legge 23 agosto 1988, n. 400 ».*

(2) *Lettera sostituita dall'art. 11, comma 2, l. 28 dicembre 2001, n. 448, e successivamente modificata dall'art. 39, comma 14-*nonies*, d.l. 30 settembre 2003, n. 269, conv., con modif., in l. 24 novembre 2003, n. 326.*

TITOLO I
Regime civilistico delle fondazioni

2 Natura e scopi delle fondazioni.

1. Le fondazioni sono persone giuridiche private senza fine di lucro, dotate di piena autonomia statutaria e gestionale. Perseguono esclusivamente scopi di utilità sociale e di promozione dello sviluppo economico secondo quanto previsto dai rispettivi statuti.

2. Le fondazioni, in rapporto prevalente con il territorio, indirizzano la propria attività esclusivamente nei settori ammessi e operano in via prevalente nei settori rilevanti, assicurando, singolarmente e nel loro insieme, l'equilibrata destinazione delle risorse e dando preferenza ai settori a maggiore rilevanza sociale (1).

(1) *Comma sostituito dall'art. 11, comma 3, l. 28 dicembre 2001, n. 448.*

3 Modalità di perseguimento degli scopi statutari.

1. Le fondazioni perseguono i propri scopi con tutte le modalità consentite dalla loro natura giuridica, come definita dall'art. 2, comma 1. Operano nel rispetto di principi di economicità della gestione. Possono esercitare imprese solo se direttamente strumentali ai fini statutari ed esclusivamente nei settori rilevanti.

2. Non sono consentiti alle fondazioni l'esercizio di funzioni creditizie; è esclusa altresì qualsiasi forma di finanziamento, di erogazione o, comunque, di sovvenzione, diretti o indiretti, ad enti con fini di lucro o in favore di imprese di qualsiasi natura, con eccezione delle imprese strumentali, delle cooperative che operano nel settore dello spettacolo, dell'informazione e del tempo libero delle imprese sociali e delle cooperative sociali di cui alla legge 8 novembre 1991, n. 381 e successive modificazioni (1).

3. Gli statuti delle fondazioni assicurano il rispetto della disposizione di cui all'art. 15 della legge 11 agosto 1991, n. 266.

4. Le fondazioni determinano in via generale, nelle forme stabilite dagli statuti, le modalità e i criteri che presiedono allo svolgimento dell'attività istituzionale, con particolare riferimento alle modalità di individuazione e di selezione dei progetti e delle iniziative da finanziare, allo scopo di assicurare la trasparenza dell'attività, la motivazione delle scelte e la più ampia possibilità di tutela degli interessi contemplati dagli statuti, nonché la migliore utilizzazione delle risorse e l'efficacia degli interventi.

(1) *Comma modificato dapprima dall'art. 17, comma 2, d.lgs. 24 marzo 2006, n. 155, e successivamente dall'art. 1, comma 7-*ter*, d.l. 18 maggio 2012, n. 63, conv., con modif., in l. 16 luglio 2012, n. 103. Ai sensi dell'art. 3 d.lgs. 3 luglio 2017, n. 112, il suddetto d.lgs. 24 marzo 2006, n. 155, è abrogato e tutti i riferimenti a quest'ultimo decreto si intendono riferiti allo stesso d.lgs. n. 112 del 2017, cit.*

4 Organi.

1. Gli statuti, nel definire l'assetto organizzativo delle fondazioni, si conformano ai seguenti princìpi:

a) previsione di organi distinti per le funzioni di indirizzo, di amministrazione e di controllo;

b) attribuzione all'organo di indirizzo della competenza in ordine alla determinazione dei programmi, delle priorità e degli obiettivi della fondazione ed alla verifica dei risultati, prevedendo che l'organo stesso provveda comunque in materia di:

1) approvazione e modifica dello statuto e dei regolamenti interni;

2) nomina e revoca dei componenti dell'organo di amministrazione e di controllo e determinazione dei relativi compensi;

3) esercizio dell'azione di responsabilità nei confronti dei componenti gli organi di amministrazione e di controllo;

4) approvazione del bilancio;

5) definizione delle linee generali della gestione patrimoniale e della politica degli investimenti;

6) trasformazioni e fusioni;

c) previsione, nell'ambito dell'organo di indirizzo, di una prevalente e qualificata rappresentanza degli enti, diversi dallo Stato, di cui all'articolo 114 della Costituzione, idonea a rifletterne le competenze nei settori ammessi in base agli articoli 117 e 118 della Costituzione, fermo restando quanto stabilito per le fondazioni di origine associativa dalla lettera *d*), nonché dell'apporto di personalità che per professionalità, competenza ed esperienza, in particolare nei settori cui è rivolta l'attività della fondazione, possano efficacemente contribuire al perseguimento dei fini istituzionali, fissando un numero di componenti idoneo ad assicurare l'efficace esercizio dei relativi compiti e prevedendo modalità di designazione e di nomina, ispirate a criteri oggettivi e trasparenti, improntati alla valorizzazione dei principi di onorabilità e professionalità, dirette a consentire un'equilibrata, e comunque non maggioritaria, rappresentanza di ciascuno dei singoli soggetti che partecipano alla formazione dell'organo. Salvo quanto previsto al periodo precedente, i soggetti ai quali è attribuito il potere di designare componenti dell'organo di indirizzo e i componenti stessi degli organi delle fondazioni non devono essere portatori di interessi riferibili ai destinatari degli interventi delle fondazioni (1);

d) le fondazioni di origine associativa possono, nell'esercizio della loro autonomia statutaria, prevedere il mantenimento dell'assemblea dei soci, disciplinandone la composizione, ferme rimanendo in ogni caso le competenze dell'organo di indirizzo da costituirsi ai sensi del presente articolo. All'assemblea dei soci può essere attribuito dallo statuto il potere di designare una quota non maggioritaria dei componenti dell'organo medesimo, nel rispetto di quanto previsto dalla lettera *c*); in tale caso, i soggetti nominati per designazione dell'assemblea dei soci, non possono comunque superare la metà del totale dei componenti l'organo di indirizzo (2);

e) attribuzione all'organo di amministrazione dei compiti di gestione della fondazione, nonché di proposta e di impulso dell'attività della fondazione, nell'ambito dei programmi, delle priorità e degli obiettivi stabiliti dall'organo di indirizzo;

f) previsione, nell'ambito degli organi collegiali delle fondazioni la cui attività è indirizzata ai rispettivi statuti a specifici ambiti territoriali, della presenza di una rappresentanza non inferiore al cinquanta per cento di persone residenti da almeno tre anni nei territori stessi;

g) determinazione, per i soggetti che svolgono funzioni di indirizzo, amministrazione, direzione e controllo presso le fondazioni, nel rispetto degli indirizzi generali fissati ai sensi dell'art. 10, comma 3, lettera *e*), di requisiti di professionalità e onorabilità, intesi come requisiti di esperienza e di idoneità etica confacenti ad un ente senza scopo di lucro, ipotesi di incompatibilità, riferite anche alla carica di direttore generale della Società bancaria conferitaria ovvero ad incarichi esterni o cariche pubbliche, e cause che comportano la sospensione temporanea dalla carica o la decadenza, in modo da evitare conflitti di interesse e di assicurare l'indipendenza nello svolgimento dei rispettivi compiti e la trasparenza delle decisioni (3);

g-bis) previsione, tra le ipotesi di incompatibilità di cui alla lettera *g*), dell'assunzione o dell'esercizio di cariche negli organi gestionali, di sorveglianza e di controllo o di funzioni di direzione di società concorrenti della società bancaria conferitaria o di società del suo gruppo" (4).

h) previsione dell'obbligo dei componenti degli organi della fondazione di dare immediata comunicazione delle cause di decadenza o sospensione e delle cause di incompatibilità che li riguardano;

i) previsione che i componenti degli organi della fondazione sono nominati per periodi di tempo delimitati e possono essere confermati per una sola volta;

j) previsione che ciascun organo verifica per i propri componenti la sussistenza dei requisiti delle incompatibilità o delle cause di sospensione e di decadenza ed assume entro trenta giorni i conseguenti provvedimenti.

2. I componenti dell'organo di indirizzo non rappresentano i soggetti esterni che li hanno nominati né ad essi rispondono.

2-*bis*. I soggetti che svolgono funzioni di amministrazione, direzione o controllo presso la fondazione non possono ricoprire funzioni di amministrazione, direzione o controllo presso la società bancaria conferitaria o sue controllate o partecipate. I soggetti che svolgono funzioni di indirizzo presso la fondazione non possono ricoprire funzioni di amministrazione, direzione o controllo presso la società bancaria conferitaria (5).

3. I soggetti che svolgono funzioni di amministrazione, direzione o controllo presso la fondazione non possono ricoprire funzioni di amministrazione, direzione o controllo presso la società bancaria conferitaria o sue controllate o partecipate. I soggetti che svolgono funzioni di indirizzo presso la fondazione non possono ricoprire funzioni di amministrazione, direzione o controllo presso la società bancaria conferitaria (6).

4. L'organo di controllo è composto da persone che hanno i requisiti professionali per l'esercizio del controllo legale dei conti.

5. Alle associazioni rappresentative o di categoria delle fondazioni non possono essere attribuiti sotto qualsiasi forma poteri di nomina o di designazione degli organi della fondazione (7).

(1) *Lettera dapprima sostituita dall'art. 11, comma 4, l. 28 dicembre 2001, n. 448, e successivamente modificata, in sede di conversione, dall'art. 27*-quater, *comma 1, d.l. 24 gennaio 2012, n. 1, conv., con modif., in l. 24 marzo 2012, n. 27.*
La Corte costituzionale, con sentenza del 29 settembre 2003, n. 301, ha dichiarato l'illegittimità costituzionale *del suddetto comma 4 dell'art. 11, primo periodo, l. n. 448, cit., nella parte in cui prevede nella composizione dell'organo di indirizzo « una prevalente e qualificata rappresentanza degli enti, diversi dallo Stato, di cui all'articolo 114 della Costituzione, idonea a rifletterne le competenze nei settori ammessi in base agli articoli 117 e 118 della Costituzione », anziché « una prevalente e qualificata rappresentanza degli enti, pubblici e privati, espressivi delle realtà locali ».*
(2) *Lettera modificata dall'art. 11, comma 5, l. 28 dicembre 2001, n. 448.*
(3) *Lettera modificata dall'art. 11, comma 6, l. 28 dicembre 2001, n. 448. Successivamente la Corte Costituzionale, con sentenza 29 settembre 2003, n. 301, ha dichiarato* l'illegittimità costituzionale *della presente lettera, limitatamente alle parole* « nel rispetto degli indirizzi generali fissati ai sensi dell'articolo 10, comma 3, lettera *e*) ».
(4) *Lettera aggiunta, in sede di conversione, dall'art. 27*-quater, *comma 1, d.l. 24 gennaio 2012, n. 1, conv., con modif., in l. 24 marzo 2012, n. 27.*
(5) *Comma inserito dall'art. 52, comma 1*-quater, *d.l. 31 maggio 2010, n. 78, conv., con modif., in l. 30 luglio 2010, n. 122.*
(6) *Comma sostituito dapprima dall'art. 11, comma 7, l. 28 dicembre 2001, n. 448, successivamente dall'art. 80, comma 20, l. 27 dicembre 2002, n. 289, ed infine dall'art. 2, comma 26, l. 24 dicembre 2003, n. 350.*
(7) *Comma modificato dall'art. 11, comma 8, l. 28 dicembre 2001, n. 448.*

5 Patrimonio.

1. Il patrimonio della fondazione è totalmente vincolato al perseguimento degli scopi statutari ed è gestito in modo coerente con la natura delle fondazioni quali enti senza scopo di lucro che operano secondo principi di trasparenza e moralità. Le fondazioni, nell'amministrare il patrimonio, osservano criteri prudenziali di rischio, in modo da conservarne il valore ed ottenerne una redditività adeguata (1).

2. La gestione del patrimonio è svolta con modalità organizzative interne idonee ad assicurarne la separazione dalle altre attività della fondazione, ovvero può essere affidata a intermediari abilitati, ai sensi del decreto legislativo 24 febbraio 1998, n. 58. In quest'ultimo caso le spese di gestione sono comprese fra quelle di funzionamento detraibili a norma dell'art. 8, comma 1, lettera *a*). L'affidamento della gestione patrimoniale a soggetti esterni avviene in base a criteri di scelta rispondenti all'esclusivo interesse della fondazione.

3. Il patrimonio è incrementato dalla riserva prevista dall'art. 8, comma 1, lettera *c*), nonché dalle altre componenti di cui all'art. 9, comma 4.

(1) *Comma modificato dall'art. 11, comma 9, l. 28 dicembre 2001, n. 448.*

6 Partecipazioni di controllo.

1. Le fondazioni possono detenere partecipazioni di controllo solamente in enti e società che abbiano per oggetto esclusivo l'esercizio di imprese strumentali.

2. Ai fini del presente decreto il controllo sussiste nei casi previsti dall'art. 2359, primo e secondo comma, del codice civile.

3. Il controllo si considera esistente nella forma dell'influenza dominante, ai sensi del primo comma, n. 2, dell'art. 2359 del codice civile, quando:

a) la fondazione, in base ad accordi in qualsiasi forma stipulati con altri soci, ha il diritto di nominare la maggioranza degli amministratori, ovvero dispone della maggioranza dei voti esercitabili nell'assemblea ordinaria;

b) la fondazione ha il potere, in base ad accordi in qualsiasi forma stipulati con altri soci, di subordinare al proprio assenso la nomina o la revoca della maggioranza degli amministratori;

c) sussistono rapporti, anche tra soci, di carattere finanziario e organizzativo idonei ad attribuire alla fondazione i poteri o i diritti di cui alle lettere *a*) o *b*).

4. A decorrere dalla data di entrata in vigore del presente decreto le fondazioni non possono acquisire nuove partecipazioni di controllo in società diverse da quelle di cui al comma 1 né conservare le partecipazioni di controllo già detenute nelle società stesse, fatta salva l'applicazione della disposizione di cui all'art. 25.

5. La scissione a favore di società controllate dalla fondazione non può riguardare partecipazioni di controllo in enti o società diversi da quelli previsti al comma 1.

5-*bis*. Una società bancaria o capogruppo bancario si considera controllata da una fondazione anche quando il controllo è riconducibile, direttamente o indirettamente, a più fondazioni, in qualunque modo o comunque sia esso determinato. (1)

(1) *Comma aggiunto dall'art. 11, comma 10, l. 28 dicembre 2001, n. 448.*

7 Diversificazione del patrimonio.

1. Le fondazioni diversificano il rischio di investimento del patrimonio e lo impiegano in modo da ottenerne un'adeguata redditività assicurando il collegamento funzionale con le loro finalità istituzionali ed in particolare con lo sviluppo del territorio. Al medesimo fine possono mantenere o acquisire partecipazioni non di controllo in società anche diverse da quelle aventi per oggetto esclusivo l'esercizio di imprese strumentali (1).

2. Nella dismissione delle attività patrimoniali le fondazioni operano secondo criteri di trasparenza, congruità e non discriminazione.

3. Le operazioni aventi per oggetto le partecipazioni detenute dalla fondazione nella Società bancaria conferitaria sono previamente comunicate all'Autorità di vigilanza insieme con un prospetto informativo nel quale sono illustrati i termini, le modalità, gli obiettivi e i soggetti interessati dall'operazione. Trascorsi trenta giorni dal ricevimento della comunicazione da parte dell'Autorità di vigilanza senza che siano state formulate osservazioni la fondazione può procedere alle operazioni deliberate.

3-*bis*. Le fondazioni possono investire una quota non superiore al 15 per cento del proprio patrimonio in beni immobili diversi da quelli strumentali. Possono altresì investire parte del loro patrimonio in beni che non producono l'adeguata redditività di cui al comma 1, qualora si tratti di beni, mobili o immobili, di interesse storico o artistico con stabile destinazione pubblica o di beni immobili adibiti a sede della fondazione o allo svolgimento della sua attività istituzionale o di quella delle imprese strumentali (2).

(1) *Comma modificato dall'art. 11, comma 11, l. 28 dicembre 2001, n. 448.*

(2) *Comma aggiunto dall'art. 4 d.l. 24 giugno 2003, n. 143, conv., con modif., in l. 1° agosto 2003 n. 212, e successivamente modificato dall'art. 52, comma 1-*ter, *d.l. 31 maggio 2010, n. 78, conv., con modif., in l. 30 luglio 2010, n. 122.*

8 Destinazione del reddito.

1. Le fondazioni destinano il reddito secondo il seguente ordine:

a) spese di funzionamento, nel rispetto di princìpi di adeguatezza delle spese alla struttura organizzativa ed all'attività svolta dalla singola fondazione;

b) oneri fiscali;

c) riserva obbligatoria, nella misura determinata dall'Autorità di vigilanza (1);

d) almeno il cinquanta per cento del reddito residuo o, se maggiore, l'ammontare minimo di reddito stabilito dall'Autorità di vigilanza ai sensi dell'art. 10, ai settori rilevanti;

e) eventuali altri fini statutari, reinvestimento del reddito o accantonamenti e riserve facoltativi previsti dallo statuto o dall'Autorità di vigilanza;

e-bis) acquisto, secondo parametri fissati dall'Autorità di vigilanza, su richiesta delle singole istituzioni scolastiche, di prodotti editoriali da devolvere agli istituti scolastici pubblici e privati nell'ambito del territorio nel quale opera la fondazione con il vincolo che tali istituti utilizzino i medesimi prodotti editoriali per attuare azioni a sostegno della lettura tra gli studenti e favorire la diffusione della lettura dei giornali quotidiani nelle scuole (2);

f) erogazioni previste da specifiche norme di legge.

2. Resta salvo quanto disposto dall'art. 5, comma 3.

3. È fatto divieto alle fondazioni di distribuire o assegnare quote di utili, di patrimonio ovvero qualsiasi altra forma di utilità economiche agli associati, agli amministratori, ai fondatori e ai dipendenti, con esclusione dei compensi previsti dall'art. 4, comma 1, lettera *b*).

4. Ai fini dei titoli I e V del presente decreto si intende per reddito l'ammontare dei ricavi, delle plusvalenze e di ogni altro provento comunque percepiti dalla fondazione. Concorrono in ogni caso alla determinazione del reddito le quote di utili realizzati dalle società strumentali controllate dalla fondazione ai sensi dell'art. 6, comma 1, ancorché non distribuiti.

(1) *Per la determinazione dell'accantonamento alla riserva obbligatoria di cui alla presente lettera vedi il d.m. 26 marzo 2002, per l'esercizio 2001; il d.m.27 marzo 2003, per l'esercizio 2002; il d.m. 25 marzo 2004, per l'esercizio 2003; il d.m. 15 marzo 2005, per l'esercizio 2004; il d.m. 13 marzo 2006, per l'esercizio 2005; il d.m.23 marzo 2007, per l'esercizio 2006; il d.m. 20 marzo 2008, per l'esercizio 2007; il d.m. 11 marzo 2009, per l'esercizio 2008; il d.m. 13 aprile 2010, per l'esercizio 2009; il d.m. 7 aprile 2011, per l'esercizio 2010; e il d.m. 26 marzo 2012 per l'esercizio 2011; il d.m. 25 marzo 2013, per l'esercizio 2012, il d.m. 8 marzo 2016 per l'esercizio 2015; il d.m. 10 febbraio 2017, per l'esercizio 2016; il d.m. 9 marzo 2018, per l'esercizio 2017.*

(2) *Lettera aggiunta dall'art. 19 l. 7 marzo 2001, n. 62.*

9 Bilancio e scritture contabili.

1. Il bilancio delle fondazioni è costituito dai documenti previsti dall'art. 2423 del codice civile. Le fondazioni tengono i libri e le scritture contabili, redigono il bilancio di esercizio e la relazione sulla gestione, anche con riferimento alle singole erogazioni effettuate nell'esercizio. La relazione sulla gestione illustra, in un'apposita sezione, gli obiettivi sociali perseguiti dalla fondazione e gli interventi realizzati, evidenziando i risultati ottenuti nei confronti delle diverse categorie di destinatari.

2. Per la tenuta dei libri e delle scritture contabili previsti dal comma 1, si osservano, in quanto applicabili, le disposizioni degli articoli da 2421 a 2435 del codice civile.

3. Le fondazioni predispongono contabilità separate con riguardo alle imprese dalle stesse esercitate ai sensi dell'art. 3, comma 2. L'istituzione di tali imprese è disposta dall'organo di indirizzo della fondazione. Esse tengono i libri e le scritture obbligatorie previsti dal codice civile per le imprese soggette all'obbligo di iscrizione nel registro.

4. Le fondazioni, aventi natura di ente non commerciale ai sensi dell'art. 12, possono imputare direttamente al patrimonio netto le plusvalenze e le minusvalenze, anche conseguenti a valutazione, relative alla partecipazione nella Società bancaria conferitaria. Le perdite derivanti dal realizzo delle predette partecipazioni, nonché le minusvalenze derivanti dalla valutazione delle stesse, imputate al conto economico, non rilevano ai fini della determinazione del reddito da destinare alle attività istituzionali ai sensi dell'art. 8.

5. Fermo quanto previsto dal comma 2, l'Autorità di vigilanza disciplina con regolamento la redazione e le forme di pubblicità dei bilanci e della relativa relazione, in conformità con la natura di organismi senza fine di lucro delle fondazioni, in modo da:

a) rendere trasparenti i profili patrimoniali, economici e finanziari dell'attività svolta dalle fondazioni,

b) fornire una corretta ed esauriente rappresentazione delle forme di investimento del patrimonio, al fine di consentire la verifica dell'effettivo perseguimento degli obiettivi di conservazione del suo valore e dei criteri seguiti per ottenerne un'adeguata redditività.

10 Organi, finalità e modalità della vigilanza.

1. Fino all'entrata in vigore della nuova disciplina dell'autorità di controllo sulle persone giuridiche di cui al titolo II del libro primo del codice civile, ed anche successivamente, finché ciascuna fondazione rimarrà titolare di partecipazioni di controllo, diretto o indiretto, in società bancarie ovvero concorrerà al controllo, diretto o indiretto, di dette società attraverso la partecipazione a patti di sindacato o accordi di qualunque tipo, la vigilanza sulla fondazioni è attribuita al Ministero del tesoro, del bilancio e della programmazione economica (1).

2. La vigilanza sulle fondazioni ha per scopo la verifica del rispetto della legge e degli statuti, la sana e prudente gestione delle fondazioni, la redditività dei

patrimoni e l'effettiva tutela degli interessi contemplati negli statuti.

3. L'Autorità di vigilanza:

a) autorizza le operazioni di trasformazione e fusione, escluse le operazioni dirette al mutamento della natura giuridica e degli scopi istituzionali delle fondazioni, come individuati all'art. 2;

b) determina, con riferimento a periodi annuali, sentite le organizzazioni rappresentative delle fondazioni, un limite minimo di reddito in relazione al patrimonio, commisurato ad un profilo prudenziale di rischio adeguato all'investimento patrimoniale delle fondazioni;

c) approva, al fine di verificare il rispetto degli scopi indicati al comma 2, le modificazioni statutarie, con provvedimento da emanarsi entro sessanta giorni dal ricevimento della relativa documentazione; decorso tale termine le modificazioni si intendono approvate. Qualora siano formulate osservazioni il termine è interrotto e ricomincia a decorrere dalla data di ricevimento della risposta da parte della fondazione interessata;

d) può chiedere alle fondazioni la comunicazione di dati e notizie e la trasmissione di atti e documenti con le modalità e nei termini dalla stessa stabiliti. L'organo di controllo informa senza indugio l'Autorità di vigilanza di tutti gli atti o i fatti, di cui venga a conoscenza nell'esercizio dei propri compiti, che possano costituire un'irregolarità nella gestione ovvero una violazione delle norme che disciplinano l'attività delle fondazioni;

e) emana, sentite le organizzazioni rappresentative delle fondazioni, atti di indirizzo di carattere generale aventi ad oggetto, tra l'altro, la diversificazione degli investimenti, le procedure relative alle operazioni aventi ad oggetto le partecipazioni nella Società bancaria conferitaria detenute dalla fondazione, i requisiti di professionalità e onorabilità, le ipotesi di incompatibilità e le cause che determinano la sospensione temporanea dalla carica dei soggetti che svolgono funzioni di indirizzo, amministrazione, direzione e controllo presso le fondazioni e la disciplina del conflitto di interessi, nonché i parametri di adeguatezza delle spese di funzionamento tenuto conto di criteri di efficienza e di sana e prudente gestione; i poteri di indirizzo sono esercitati in conformità e nei limiti delle disposizioni del presente decreto (2);

f) può effettuare ispezioni presso le fondazioni e richiedere alle stesse l'esibizione dei documenti e il compimento degli atti ritenuti necessari per il rispetto di quanto previsto al comma 2;

g) emana il regolamento di cui all'art. 9, comma 5, relativo alle modalità di redazione dei bilanci;

h) può disporre, anche limitatamente a determinate tipologie o categorie di fondazioni di maggiore rilevanza; che i bilanci siano sottoposti a revisione e certificazione ai sensi delle disposizioni di cui al decreto legislativo 24 febbraio 1998, n. 58;

i) stabilisce le forme e le modalità per la revisione sociale dei bilanci;

j) quando non siano adottati dai competenti organi della fondazione, nei termini prescritti, i provvedimenti di cui all'art. 4, comma 1, lettera *j*), provvede all'adozione dei provvedimenti stessi, anche su segnalazione dell'organo di controllo;

k) cura l'istituzione e la tenuta di un albo delle fondazioni.

k-bis) presenta, entro il 30 giugno, una relazione al Parlamento sull'attività svolta dalle Fondazioni bancarie nell'anno precedente, con riferimento, tra l'altro, agli interventi finalizzati a promuovere lo sviluppo economico-sociale nei territori locali in cui operano le medesime fondazioni (3).

(1) *Ai sensi dell'art. 52, comma 1, d.l. 31 maggio 2010, n. 78, conv., con modif., in l. 30 luglio 2010, n. 122, il presente comma « si interpreta nel senso che, fino a che non è istituita, nell'ambito di una riforma organica, una nuova autorità di controllo sulle persone giuridiche private disciplinate dal titolo II del libro primo del codice civile, la vigilanza sulle fondazioni bancarie è attribuita al Ministero dell'economia e delle finanze, indipendentemente dalla circostanza che le fondazioni controllino, direttamente o indirettamente società bancarie, o partecipino al controllo di esse tramite patti di sindacato o accordi in qualunque forma stipulati. Le fondazioni bancarie che detengono partecipazioni di controllo, diretto o indiretto, in società bancarie ovvero concorrono al controllo, diretto o indiretto, di dette società attraverso patti di sindacato o accordi di qualunque tipo continuano a essere vigilate dal Ministero dell'economia e delle finanze anche dopo l'istituzione dell'autorità di cui al primo periodo ». L'art. 5 d.P.R. 10 febbraio 2000, n. 361 ha previsto che: « Le funzioni amministrative già attribuite all'autorità governativa dalle norme del capo II, titolo II, libro I del codice civile, sono esercitate dalle prefetture ovvero dalle regioni o dalle province autonome competenti ».*

(2) *La Corte Costituzionale, con sentenza 29 settembre 2003, n. 301, ha dichiarato l'*illegittimità costituzionale *della presente lettera, limitatamente alle parole* « atti di indirizzo di carattere generale ».

(3) *Lettera aggiunta, in sede di conversione, dall'art. 52, comma 1-*quinquies, *d.l. 31 maggio 2010, n. 78, conv., con modif., in l. 30 luglio 2010, n. 122.*

11 Provvedimenti straordinari dell'Autorità di vigilanza.

1. L'Autorità di vigilanza, sentiti gli interessati, può disporre con decreto lo scioglimento degli organi con funzione di amministrazione e di controllo della fondazione quando risultino gravi e ripetute irregolarità nella gestione, ovvero gravi violazioni delle disposizioni legislative, amministrative e statutarie, che regolano l'attività della fondazione.

2. Con il decreto di scioglimento vengono nominati uno o più commissari straordinari ed un comitato di sorveglianza composto da tre membri. I commissari straordinari esercitano tutti i poteri degli organi disciolti; la loro attività è controllata dal comitato di sorveglianza.

3. I commissari straordinari provvedono a rimuovere le irregolarità riscontrate e promuovono le soluzioni utili al perseguimento dei fini istituzionali ed al ripristino dell'ordinario funzionamento degli organi. Possono motivatamente proporre all'Autorità di vigilanza la liquidazione, ove si verifichino le situazioni previste nel comma 7.

4. Ai commissari straordinari spetta l'esercizio dell'azione di responsabilità nei confronti dei componenti dei disciolti organi della fondazione, sentito il comitato di sorveglianza e con l'autorizzazione dell'Autorità di vigilanza.

5. L'indennità spettante ai commissari straordinari e ai membri del comitato di sorveglianza è determinata con provvedimento dell'Autorità di vigilanza ed è posta a carico della fondazione.

6. Le funzioni dell'organo di indirizzo sono sospese per tutta la durata della gestione commissariale.

7. L'Autorità di vigilanza, sentiti gli interessati, può disporre con decreto di liquidazione della fondazione, in caso di impossibilità di raggiungimento dei fini statutari e negli altri casi previsti dallo statuto. L'Autorità di vigilanza nel decreto di liquidazione, provvede a nominare uno o più liquidatori ed un comitato di sorveglianza. L'eventuale patrimonio residuo è devoluto ad altre fondazioni, assicurando, ove possibile, la continuità degli interventi nel territorio e nei settori interessati dalla fondazione posta in liquidazione. Si applicano le disposizioni dei commi 4, 5 e 6.

8. La liquidazione prevista dal comma 7 si svolge secondo le disposizioni del libro I, titolo II, capo II, del codice civile e relative disposizioni di attuazione, sotto la sorveglianza dell'Autorità di vigilanza. Quando ricorrono particolari ragioni di interesse generale l'Autorità di vigilanza può provvedere alla liquidazione coatta amministrativa.

9. L'Autorità di vigilanza può sospendere temporaneamente gli organi di amministrazione e di controllo e nominare un commissario per il compimento di atti specifici necessari per il rispetto delle norme di legge, dello statuto e delle disposizioni ed atti di indirizzo di carattere generale emanati dalla stessa Autorità, al fine di assicurare il regolare andamento dell'attività della fondazione.

TITOLO II
Regime tributario delle fondazioni

12 Disposizioni varie di carattere tributario.

1. Le Fondazioni che hanno adeguato gli statuti alle disposizioni del titolo I si considerano enti non commerciali di cui all'art. 87, comma 1, lettera *c*), del TUIR, anche se perseguono le loro finalità mediante esercizio, le modalità previste all'art. 9, di imprese strumentali ai loro fini statutari.

2. *Omissis* (1)

3. La fondazione perde la qualifica di ente non commerciale e cessa di fruire delle agevolazioni previste dai commi precedenti se, successivamente alla data del 31 dicembre 2005, è ancora in possesso di una partecipazione di controllo, così come individuato dall'art. 6, nella Società bancaria conferitaria. Si applica l'art. 111-*bis*, comma 3, del TUIR (2).

4. La natura di ente non commerciale viene meno se la fondazione, successivamente alla data del 31 dicembre 2005, risulta titolare di diritti reali su beni immobili diversi da quelli strumentali per le attività direttamente esercitate dalla stessa o da imprese strumentali in misura superiore alla quota percentuale prevista dall'articolo 7, comma 3-*bis*. In ogni caso, fino al 31 dicembre 2005, i redditi derivanti da detti beni non fruiscono del regime previsto dall'art. 6 del decreto del Presidente della Repubblica 29 settembre 1973, n. 601. L'acquisto a titolo gratuito di beni immobili e diritti reali immobiliari non fa venire meno la natura di ente non commerciale e il regime agevolativo per i due anni successivi alla predetta acquisizione (2).

5. La disciplina prevista dal comma si applica anche se la fondazione possiede, fino al 31 dicembre 2005, partecipazioni di controllo nella Società bancaria conferitaria ai sensi dell'art. 6 (3).

6. Non si fa luogo al rimborso o a riporto a nuovo del credito d'imposta sui dividendi percepiti dalle fondazioni.

7. Nell'art. 3, comma 1, del testo unico delle disposizioni concernenti l'imposta sulle successioni e donazioni approvato con decreto legislativo 31 ottobre 1990, n. 346, sono aggiunte, infine, le seguenti parole: "e a fondazioni previste dal decreto legislativo emanato in attuazione della legge 23 dicembre 1998, n. 461.".

8. Nell'art. 25, primo comma, lettera *c*), del decreto del Presidente della Repubblica 26 ottobre 1972, n. 643, recante disciplina dell'imposta sull'incremento di valore degli immobili, relativo all'esenzione dall'imposta degli incrementi di valore degli immobili acquistati a titolo gratuito, dopo le parole ONLUS, sono inserite le seguenti: "e dalle fondazioni previste dal decreto legislativo emanato in attuazione della legge 23 dicembre 1998, n. 461.".

9. L'imposta sostitutiva di quella comunale sull'incremento di valore degli immobili di cui all'art. 11, comma 3, del decreto-legge 28 marzo 1997, n. 79, convertito, con modificazioni, dalla legge 28 maggio 1997, n. 140, non è dovuta dalle Fondazioni.

(1) *Comma abrogato dall'art. 2 del d.l. 12 luglio 2004, n. 168, conv., con modif., in l. 30 luglio 2004, n. 191.*

(2) *Comma modificato dapprima dall'art. 4 d.l. 24 giugno 2003, n. 143, conv., con modif., in l. 1° agosto 2003, n. 212, e successivamente dall'art. 22, comma 4, l. 15 dicembre 2011, n. 217.*

(3) *Comma così modificato dall'art. 2 d.l. 12 luglio 2004, n. 168,, conv., con modif., in l. 30 luglio 2004, n. 191.*

13 Plusvalenze.

1. Per le fondazioni, non concorrono alla formazione del reddito imponibile ai fini dell'imposta sul reddito delle persone giuridiche né alla base imponibile dell'imposta regionale sulle attività produttive le plusvalenze derivanti dal trasferimento delle azioni detenute nella Società bancaria conferitaria, se il trasferimento avviene entro il 31 dicembre 2005. Non concorrono alla formazione della base imponibile ai fini dell'imposta sul reddito delle persone giuridiche né dell'imposta regionale sulle attività produttive le plusvalenze derivanti dal trasferimento, entro lo stesso termine, delle azioni detenute nella medesima Società bancaria conferitaria, realizzate dalla società nella quale la fondazione, ai sensi della legge 30 luglio 1990, n. 218 e successive modifiche e integrazioni, e della legge 26 novembre 1993, n. 489, ha conferito in tutto o in parte la partecipazione bancaria (1).

(1) *Comma così modificato dall'art. 4 del d.l. 24 giugno 2003, n. 143, conv., con modif., in l. 1° agosto 2003, n. 212.*

TITOLO III
Regime civilistico e fiscale degli scorpori

14 Soggetti e oggetto degli scorpori.

1. Le Società conferitarie possono procedere a ope-

razioni di scorporo, mediante scissione o retrocessione a favore della fondazione o della società conferente, ovvero della società nella quale la fondazione ha conferito in tutto o in parte la partecipazione nella Società bancaria conferitaria, dei beni non strumentali, nonché delle partecipazioni non strumentali, ricevuti per effetto di conferimenti. La retrocessione è effettuata mediante assegnazione, liquidazione, cessione diretta o, per i beni immobili, anche mediante apporto a favore di Fondi immobiliari, secondo le disposizioni degli articoli 16, 17 e 18.

2. Ai fini del comma 1, si considerano non strumentali i beni materiali diversi da quelli iscritti nel registro dei beni ammortizzabili di cui all'art. 16 del decreto del Presidente della Repubblica 29 settembre 1973, n. 600, e le partecipazioni in società diverse da quelle che, ai sensi dell'art. 59 del testo unico delle leggi in materia bancaria e creditizia, approvato con decreto legislativo 1° settembre 1993, n. 385, esercitano, in via esclusiva o prevalente, attività che hanno carattere ausiliario dell'attività delle società del gruppo bancario di cui all'art. 60 del medesimo testo unico, comprese quelle di gestione di immobili e di servizi anche informatici.

3. Se le partecipazioni previste al comma 1 sono state annullate per effetto di operazioni di fusione o di scissione, le disposizioni del presente articolo si applicano con riferimento ai beni della società fusa o incorporata ovvero con riferimento alle partecipazioni ricevute a seguito della fusione o scissione.

15 Scissione.

1. Le Società conferitarie possono procedere, con le limitazioni indicate all'art. 6, comma 5, alla scissione, prevista dall'art. 14, a favore di società controllate dalla fondazione, dalla società conferente ovvero dalla società nella quale la fondazione ha conferito in tutto o in parte la partecipazione nella Società bancaria conferitaria.

16 Assegnazione.

1. Le Società conferitarie deliberano l'assegnazione prevista nell'art. 14 con le modalità stabilite dall'art. 2445 del codice civile, previo deposito della relazione degli esperti predisposta in conformità con quella disciplinata dall'art. 2501-*quinquies* del codice civile. L'assegnazione alle fondazioni non può riguardare partecipazioni di controllo in enti o società diversi da quelli operanti nei settori rilevanti.

2. Il patrimonio netto delle Società conferitarie che procedono all'assegnazione prevista al comma 1 è diminuito di un importo pari al valore contabile dei beni e delle partecipazioni assegnati. Per lo stesso importo il soggetto assegnatario imputa il valore dei beni e delle partecipazioni assegnati in diminuzione del valore contabile della partecipazione nella relativa Società conferitaria.

3. Per la Società conferitaria, l'assegnazione prevista al comma 1 non dà luogo a componenti positive o negative di reddito ai fini dell'imposta sul reddito delle persone giuridiche né a componenti positive o negative della base imponibile ai fini dell'imposta regionale sulle attività produttive; non si applica l'imposta sul valore aggiunto. La diminuzione del patrimonio netto prevista dal comma 2 non concorre, in ogni caso, alla formazione del reddito imponibile ai fini delle imposte dirette. (1)

4. Per il soggetto assegnatario i beni e le partecipazioni assegnati ai sensi del comma 1 non danno luogo a componenti positive o negative di reddito ai fini dell'imposta sul reddito delle persone giuridiche né a componenti positive o negative della base imponibile ai fini dell'imposta regionale sulle attività produttive. Il soggetto assegnatario subentra nella posizione della Società conferitaria in ordine ai beni e alle partecipazioni assegnati, facendo risultare da apposito prospetto di riconciliazione i dati esposti in bilancio e i valori fiscalmente riconosciuti.

5. Per le assegnazioni previste al comma 1 le imposte di registro, ipotecarie e catastali si applicano in misura fissa. Ai fini dell'imposta comunale sull'incremento di valore degli immobili, le assegnazioni non si considerano atti di alienazione e si applicano le disposizioni degli articoli 3, secondo comma, secondo e terzo periodo, e 6, settimo comma, del decreto del Presidente della Repubblica 26 ottobre 1972, n. 643 e successive modificazioni. (1)

6. Le Società conferitarie che non esercitano attività bancaria, interamente possedute, direttamente o indirettamente, da fondazioni, possono realizzare l'assegnazione prevista al comma 1 anche mediante la propria liquidazione, con le modalità, gli effetti e nel rispetto delle condizioni previsti dai precedenti commi. Le disposizioni dell'art. 44 del TUIR non si applicano all'attribuzione alla fondazione della parte di patrimonio netto della società nella quale la fondazione, ai sensi delle leggi 30 luglio 1990, n. 218 e 26 novembre 1993, n. 489, ha conferito la partecipazione bancaria, corrispondente al corrispettivo delle cessioni poste in essere dalla medesima società per realizzare le condizioni previste all'art. 12, comma 3, ovvero quelle di cui all'art. 2, comma 2, lettera *b*), della direttiva del 18 novembre 1994.

(1) *Il regime delle agevolazioni, rese disponibili in favore delle banche in forza della l. 23 dicembre 1998, n. 461, è sospeso a decorrere dal periodo d'imposta per il quale, alla data di entrata in vigore del d.l. 15 aprile 2002, n. 63, conv., con modif., in l. 15 giugno 2002, n. 112, è ancora aperto il termine per la presentazione della relativa dichiarazione dei redditi (ai sensi dell'art. 5, comma 1, d.l. n. 63, cit.).*

17 Cessione diretta.

1. Le Società conferitarie deliberano la cessione diretta prevista all'art. 14, comma 1, se a titolo gratuito, con le modalità, gli effetti e nel rispetto delle condizioni stabiliti dall'art. 16 per le operazioni di scorporo realizzate mediante assegnazione. Se la cessione diretta è a titolo oneroso si producono gli effetti previsti dai commi 3 e 5 del medesimo art. 16.

18 Apporto di beni immobili a fondi immobiliari.

1. Le Società conferitarie possono effettuare la retrocessione prevista all'art. 14, comma 1, mediante apporto di beni immobili a favore di fondi immobiliari

e attribuzione diretta delle relative quote alla fondazione o alla società conferente ovvero alla società nella quale la fondazione ha conferito in tutto o in parte la partecipazione nella Società bancaria conferitaria.

2. L'apporto previsto al comma 1 è deliberato con le modalità stabilite all'art. 16 e produce gli effetti contabili e fiscali ivi previsti per le operazioni di scorporo realizzate mediante assegnazione. Il soggetto al quale sono attribuite le quote assume, quale valore fiscale delle quote ricevute, l'ultimo valore fiscalmente riconosciuto delle partecipazioni nella Società conferitaria annullate, facendo risultare da apposito prospetto di riconciliazione i dati esposti in bilancio e i valori fiscalmente riconosciuti.

3. L'apporto di cui al comma 1 è consentito, in deroga alle disposizioni che regolano i fondi immobiliari, esclusivamente nei casi contemplati dal presente decreto, deve essere previsto nel regolamento del fondo immobiliare ed è sottoposto all'autorizzazione dell'Autorità di vigilanza. La relazione degli esperti, da redigersi in conformità al disposto dell'art. 2501-*quinquies* del codice civile, deve essere predisposta anche per conto della società di gestione del fondo immobiliare che intende ricevere l'apporto.

19 Apporto di beni immobili da parte di fondazioni.

1. Le fondazioni, possono sottoscrivere quote di fondi immobiliari mediante apporto di beni immobili o di diritti reali su immobili nel termine previsto dall'art. 12, comma 3.

2. All'apporto effettuato da fondazioni ai sensi del comma 1, si applica il regime indicato all'art. 18, commi 2 e 3, fatta eccezione per i richiami agli adempimenti contemplati nell'art. 16, comma 1. La fondazione assume, quale valore fiscale delle quote ricevute, l'ultimo valore fiscalmente riconosciuto degli immobili apportati, facendo risultare da apposito prospetto di riconciliazione i dati esposti in bilancio e i valori fiscalmente riconosciuti.

20 Permuta di beni immobili.

1. La permuta, mediante la quale la fondazione acquisisce beni o titoli della Società bancaria conferitaria, attribuendo alla medesima società beni immobili o diritti reali su immobili, sempre che gli stessi risultino già direttamente utilizzati dalla società stessa, è soggetta al regime indicato all'art. 16, commi 3 e 5. Ai fini dell'imposta sul reddito delle persone giuridiche, la fondazione e la Società bancaria conferitaria subentrano nella posizione del rispettivo soggetto permutante in ordine ai beni ricevuti in permuta, facendo risultare da apposito prospetto di riconciliazione i dati esposti in bilancio e i valori fiscalmente riconosciuti.

21 Valutazione dei beni e delle partecipazioni.

1. Le Società conferitarie possono imputare al patrimonio netto le minusvalenze derivanti dalla valutazione dei beni e delle partecipazioni non strumentali indicati nell'art. 14, comma 2, fino a concorrenza dei maggiori valori iscritti nelle proprie scritture contabili a seguito dei conferimenti.

2. I beni e le partecipazioni oggetto di valutazione ai sensi del comma 1 conservano il valore fiscalmente riconosciuto ai fini dell'imposta sul reddito delle persone giuridiche. Con riferimento a detto valore, i componenti positivi e negativi di reddito, relativi ai medesimi beni e partecipazioni, continuano ad essere disciplinati dalle disposizioni del TUIR. Se i maggiori valori iscritti nelle scritture contabili in sede di conferimento sono fiscalmente riconosciuti, le componenti negative di reddito sono ammesse in deduzione, nei periodi d'imposta in cui se ne verificano i presupposti, anche se non imputate al conto economico.

3. Le Società conferitarie che procedono alla valutazione di cui al comma 1 devono far risultare da apposito prospetto di riconciliazione i dati esposti in bilancio e i valori fiscalmente riconosciuti.

TITOLO IV
Disciplina fiscale delle ristrutturazioni

22 Fusioni e altre operazioni di concentrazione strutturale.

1. Il reddito complessivo netto dichiarato dalle banche risultanti da operazioni di fusione, nonché da quelle beneficiarie di operazioni di scissione ovvero destinatarie di conferimenti, sempre che tali operazioni abbiano dato luogo a fenomeni di concentrazione, è assoggettabile all'imposta sul reddito delle persone giuridiche con l'aliquota del 12,5 per cento per cinque periodi d'imposta consecutivi, a partire da quello nel quale è stata perfezionata l'operazione, per la parte corrispondente agli utili destinati, ad una speciale riserva denominata con riferimento alla presente legge. La tassazione ridotta spetta entro il limite massimo complessivo dell'1,2 per cento della differenza tra: *a*) la consistenza complessiva dei crediti e dei debiti delle banche o delle aziende bancarie che hanno partecipato alla fusione o alle operazioni di scissione o di conferimento, e che risultano dai rispettivi ultimi bilanci precedenti alle operazioni stesse, e *b*) l'analogo aggregato risultante dall'ultimo bilancio della maggiore banca o azienda bancaria che hanno partecipato a tali operazioni. Gli utili destinati alla speciale riserva non possono comunque eccedere un quinto del limite massimo complessivo consentito per i cinque periodi d'imposta. (1)

2. Se la speciale riserva di cui al comma 1 è distribuita ai soci entro il terzo anno dalla data di destinazione degli utili alla riserva stessa, le somme attribuite ai soci, aumentate dell'imposta di cui al comma 1 corrispondente all'ammontare distribuito, concorrono a formare il reddito imponibile della società ed il reddito imponibile dei soci. Le riduzioni di capitale deliberate dopo l'imputazione a capitale della speciale riserva entro il periodo medesimo si considerano, fino al corrispondente ammontare, prelevate dalla parte di capitale formata con l'imputazione di tale riserva.

3. L'imposta sul reddito delle persone giuridiche applicata ai sensi del comma 1 concorre a formare l'ammontare delle imposte di cui ai commi 2 e 3 dell'art. 105 del TUIR. Il reddito assoggettato all'imposta sul reddito delle persone giuridiche ai sensi del comma 1, rileva anche agli effetti della determinazione dell'ammontare delle imposte di cui al comma 4 dell'art. 105 del predetto testo unico, secondo i criteri previsti per i proventi di cui al numero 1 di tale comma. A tale fine si considera come provento non assoggettato a tassazione la quota del 66,22 per cento degli utili destinati alla speciale riserva di cui al comma 1.

4. Per i periodi d'imposta per i quali le disposizioni del decreto legislativo 18 dicembre 1997, n. 466, hanno effetto nei confronti delle banche, ai sensi dell'art. 7 del decreto stesso, la tassazione ridotta prevista dal comma 1, è applicata alla parte di reddito complessivo netto dichiarato assoggettabile all'imposta sul reddito delle persone giuridiche con l'aliquota prevista dall'art. 91 del TUIR e, ad esaurimento di questa, alla parte di reddito delle persone giuridiche con l'aliquota prevista dall'art. 1, comma 1, del decreto legislativo 18 dicembre 1997, n. 466. La disposizione dell'art. 1, comma 3, del medesimo decreto legislativo n. 466 del 1997, è applicata alla parte di reddito complessivo netto dichiarato che non usufruisce della tassazione ridotta prevista al comma 1.

5. Le disposizioni dei commi 1 e 2 si applicano, in quanto compatibili, anche alle banche comunitarie per le succursali stabilite nel territorio dello Stato.

(1) *Il regime delle agevolazioni, rese disponibili in favore delle banche in forza della l. 23 dicembre 1998, n. 461, è sospeso a decorrere dal periodo d'imposta per il quale, alla data di entrata in vigore del d.l. 15 aprile 2002, n. 63, conv., con modif., in l. 15 giugno 2002, n. 112, è ancora aperto il termine per la presentazione della relativa dichiarazione dei redditi (ai sensi dell'art. 5, comma 1, d.l. n. 63, cit.).*

23 Operazioni di concentrazione non strutturale.

1. Le disposizioni dell'art. 22 si applicano anche alle banche che abbiano acquisito la partecipazione di controllo di altra banca, ai sensi dell'art. 23 del testo unico delle leggi in materia bancaria e creditizia, approvato con decreto legislativo 1° settembre 1993, n. 385, nonché, per le operazioni che hanno dato luogo all'aggregazione di una pluralità di banche, alle banche presenti nel gruppo bancario, di cui all'art. 60 del medesimo decreto legislativo n. 385 del 1993, nella qualità di controllate o di controllanti. La tassazione ridotta spetta, nel primo caso, alla banca che ha acquisito la partecipazione di controllo e, nel secondo caso, a ciascuna banca presente nel gruppo bancario, in misura proporzionale alla consistenza complessiva dei rispettivi crediti e debiti. Nel secondo caso, la società controllante, se esercente attività bancaria, può optare, in tutto o in parte, per l'applicazione della tassazione ridotta nei suoi confronti; l'opzione va esercitata nella dichiarazione dei redditi relativa al periodo d'imposta nel corso del quale si è perfezionata l'operazione che ha dato luogo all'aggregazione di una pluralità di banche e comunicata alle banche controllate per le eventuali limitazioni parziali o totali del beneficio disposto dal presente comma. La tassazione ridotta spetta, in entrambi i casi, entro il limite massimo complessivo dell'1,2 per cento della differenza tra *a*) la consistenza complessiva dei crediti e dei debiti delle banche interessate alle operazioni, risultanti dai rispettivi ultimi bilanci precedenti alle operazioni stesse, e *b*) l'analogo aggregato risultante dall'ultimo bilancio della maggiore banca interessata a tali operazioni. (1)

2. L'applicazione delle disposizioni del comma 1, esclude, per le banche interessate alle operazioni ivi previste, l'applicazione delle disposizioni dell'art. 22 per le eventuali ulteriori operazioni di fusione, scissione e conferimento tra le banche stesse.

(1) *Il regime delle agevolazioni, rese disponibili in favore delle banche in forza della l. 23 dicembre 1998, n. 461, è sospeso a decorrere dal periodo d'imposta per il quale, alla data di entrata in vigore del d.l. 15 aprile 2002, n. 63, conv., con modif., in l. 15 giugno 2002, n. 112, è ancora aperto il termine per la presentazione della relativa dichiarazione dei redditi (ai sensi dell'art. 5, comma 1, d.l. n. 63, cit.).*

24 Regime speciale ai fini delle imposte indirette.

1. Per le fusioni, le scissioni, i conferimenti e le cessioni di aziende poste in essere nell'ambito di operazioni di ristrutturazione del settore bancario le imposte di registro, ipotecarie e catastali si applicano in misura fissa. Ai fini dell'imposta comunale sull'incremento di valore degli immobili, i conferimenti e le cessioni di aziende non si considerano atti di alienazione e si applicano le disposizioni degli articoli 3, secondo comma, secondo e terzo periodo, e 6, settimo comma, del decreto del Presidente della Repubblica 26 ottobre 1972, n. 643 e successive modificazioni. (1)

(1) *Il regime delle agevolazioni, rese disponibili in favore delle banche in forza della l. 23 dicembre 1998, n. 461, è sospeso a decorrere dal periodo d'imposta per il quale, alla data di entrata in vigore del d.l. 15 aprile 2002, n. 63, conv., con modif., in l. 15 giugno 2002, n. 112, è ancora aperto il termine per la presentazione della relativa dichiarazione dei redditi (ai sensi dell'art. 5, comma 1, d.l. n. 63, cit.).*

TITOLO V
Disposizioni finali e transitorie

25 Detenzione delle partecipazioni di controllo nel periodo transitorio.

1. Le partecipazioni di controllo nelle Società bancarie conferitarie, in essere alla data di entrata in vigore del presente decreto, possono continuare ad essere detenute, in via transitoria, sino al 31 dicembre 2005, ai fini della loro dismissione (1).

1-*bis*. Al fine del rispetto di quanto previsto nel comma 1, la partecipazione nella Società bancaria conferitaria può essere affidata ad una società di gestione del risparmio che la gestisce in nome proprio secondo criteri di professionalità e indipendenza e che è scelta nel rispetto di procedure competitive; resta salva la possibilità per la fondazione di dare indicazioni per le deliberazioni dell'assemblea straordinaria nei casi previsti dall'articolo 2365 del codice civile. La dismissione è comunque realizzata non oltre il terzo anno successivo alla scadenza indicata al primo periodo del comma 1 (2).

1-*ter*. Il Ministro dell'economia e delle finanze e la Banca d'Italia esercitano i poteri ad essi attribuiti dal testo unico delle leggi in materia bancaria e creditizia, di cui al decreto legislativo 1° settembre 1993, n. 385, e dal testo unico delle disposizioni in materia di intermediazione finanziaria, di cui al decreto legislativo 24 febbraio 1998, n. 58 (2).

2. Le partecipazioni di controllo in società diverse da quelle di cui al comma 1, con esclusione di quelle detenute dalla fondazione in imprese strumentali, sono dismesse entro il termine stabilito dall'Autorità di vigilanza tenuto conto dell'esigenza di salvaguardare il valore del patrimonio e, comunque, non oltre il termine di cui allo stesso comma 1 (3).

3. A partire dal 1° gennaio 2006 la fondazione non può esercitare il diritto di voto nelle assemblee ordinarie e straordinarie delle società indicate nei commi 1 e 2 per le azioni eccedenti il 30 per cento del capitale rappresentato da azioni aventi diritto di voto nelle medesime assemblee. Con deliberazione dell'assemblea straordinaria delle società interessate, le azioni eccedenti la predetta percentuale possono essere convertite in azioni prive del diritto di voto. Il presente comma non si applica alle fondazioni di cui al comma 3-*bis* (4).

3-*bis*. Alle fondazioni con patrimonio netto contabile risultante dall'ultimo bilancio approvato non superiore a 200 milioni di euro, nonché a quelle con sedi operative prevalentemente in regioni a statuto speciale, non si applicano le disposizioni di cui al comma 3 dell'articolo 12, ai commi 1 e 2, al comma 1 dell'articolo 6, limitatamente alle partecipazioni di controllo nelle società bancarie conferitarie, ed il termine previsto nell'articolo 13. Per le stesse fondazioni il termine di cui all'articolo 12, comma 4, è fissato alla fine del settimo anno dalla data di entrata in vigore del presente decreto (5).

(1) *Comma modificato dapprima dall'art. 11, l. 28 dicembre 2001, n. 448, e successivamente dall'art. 4 d.l. 24 giugno 2003, n. 143, conv., con modif., in l. 1° agosto 2003, n. 212.*

(2) *Comma aggiunto dall'art. 11, l. 28 dicembre 2001, n. 448.*

(3) *Comma modificato dall'art. 4 d.l. 24 giugno 2003, n. 143, conv., con modif., in l. 1° agosto 2003, n. 212.*

(4) *Comma sostituito dall'art. 7 l. 28 dicembre 2005, n. 262. Successivamente l'art. 4, comma 1, d.lgs. 29 dicembre 2006 n. 303, ha abrogato predetto art. 7.*

(5) *Comma dappruma aggiunto dall'art. 80 l. 27 dicembre 2002, n. 289, e successivamente sostituito dall'art. 4 d.l. 24 giugno 2003, n. 143, conv., con modif., in l. 1° agosto 2003, n. 212.*

26 Coordinamento con la direttiva del Ministro del tesoro del 18 novembre 1994.

1. Per le operazioni previste nel programma di diversificazione, in attuazione della direttiva del 18 novembre 1994, non ancora realizzate alla data di entrata in vigore del presente decreto, le agevolazioni fiscali, previste dall'art. 2, comma 3, della direttiva medesima, continuano ad operare anche se le operazioni si perfezionano dopo la scadenza dei termini stabiliti per l'esecuzione del programma, purché entro il termine di cui all'art. 13.

2. Per le fondazioni che, alla data di scadenza dei cinque anni previsti dall'art. 2, comma 2, della direttiva del 18 novembre 1994, o del diverso termine previsto dai decreti di approvazione dei progetti di trasformazione di cui al decreto legislativo 20 novembre 1990, n. 356, raggiungono il parametro di diversificazione dell'attivo previsto dall'art. 2, comma 2, lettera *b*), della direttiva medesima, il termine quadriennale di cui all'art. 13 del presente decreto decorre, rispettivamente, dalla data di scadenza del predetto termine quinquennale o del diverso termine previsto dai decreti di approvazione dei progetti di trasformazione di cui al citato decreto legislativo n. 356 del 1990.

3. Nei casi previsti dai commi 1 e 2 la conformità alla direttiva del 18 novembre 1994 è accertata dal Ministro del tesoro, del bilancio e della programmazione economica nel termine di trenta giorni dalle scadenze previste dai commi stessi. Decorso tale termine la conformità si intende accertata.

27 Partecipazione al capitale della Banca d'Italia.

1. Le fondazioni che hanno adeguato gli statuti ai sensi dell'art. 28, comma 1, sono incluse tra i soggetti che possono partecipare al capitale della Banca d'Italia, a condizione che:

a) abbiano un patrimonio almeno pari a 50 miliardi;

b) operino, secondo quanto previsto dai rispettivi statuti, in almeno due province ovvero in una delle province autonome di Trento e Bolzano;

c) prevedano nel loro ordinamento la devoluzione ai fini statutari nei settori rilevanti di una parte di reddito superiore al limite minimo stabilito dall'Autorità di vigilanza ai sensi dell'art. 10.

2. Il trasferimento delle quote di partecipazione al capitale della Banca d'Italia agli enti di cui al comma 1 non costituisce presupposto per l'applicazione dell'imposta sul reddito delle persone giuridiche, dell'imposta regionale sulle attività produttive, dell'imposta sul valore aggiunto e delle altre imposte sui trasferimenti. (1)

3. Ulteriori condizioni e requisiti per l'ammissione delle fondazioni al capitale della Banca d'Italia e per il trasferimento delle quote possono essere previsti dallo statuto della Banca, approvato con regio decreto 11 giugno 1936, n. 1067 e successive modifiche ed integrazioni, in particolare al fine di mantenere un equilibrato assetto della distribuzione delle quote e dei relativi diritti.

4. Restano fermi i poteri che lo statuto della Banca d'Italia attribuisce agli organi deliberativi della stessa in materia di cessione delle quote di partecipazione al capitale della Banca.

(1) *Il regime delle agevolazioni, rese disponibili in forza del presente comma, è sospeso a decorrere dal periodo d'imposta per il quale, alla data di entrata in vigore del d.l. 15 aprile 2002, n. 63, conv., con modif., in l. 15 giugno 2002, n. 112, è ancora aperto il termine per la presentazione della relativa dichiarazione dei redditi, nella misura in cui la duplice operazione costituita dall'attribuzione delle quote di partecipazione al capitale della Banca d'Italia alla società conferitaria e dal successivo trasferimento alla fondazione produca effetti sul bilancio della società conferitaria (ai sensi dell'art. 5, comma 1, d.l. n. 63, cit.).*

28 Disposizioni transitorie.

1. Le fondazioni adeguano gli statuti alle disposizioni del presente decreto entro centottanta giorni dalla

data di entrata in vigore del decreto stesso. Il periodo di tempo intercorrente fra tale data e quella nella quale l'Autorità di vigilanza provvede, in sede di prima applicazione del presente decreto, ad emanare gli atti necessari per l'adeguamento degli statuti, ai sensi dell'art. 10, comma 3, lettera *e*), non è considerato ai fini del calcolo del termine di centottanta giorni stabilito per procedere al predetto adeguamento. Tali atti debbono essere comunque emanati nel termine di sessanta giorni dalla data di entrata in vigore del presente decreto, trascorso il quale le fondazioni possono comunque procedere all'adozione degli statuti.

2. La disposizione di cui all'art. 2, comma 1, si applica alle singole fondazioni a decorrere dalla data di approvazione delle modifiche statutarie previste dal comma 1.

3. Le fondazioni che hanno provveduto ad adeguare gli statuti alle disposizioni del presente decreto possono, anche in deroga alle norme statutarie:

a) convertire le azioni ordinarie detenute nelle Società conferitarie in azioni privilegiate nella ripartizione degli utili e nel rimborso del capitale e senza diritto di voto nell'assemblea ordinaria. La proposta di conversione è sottoposta all'approvazione dell'assemblea straordinaria della società partecipata. Alla relativa deliberazione non prende parte la fondazione, le cui azioni sono tuttavia computate nel capitale ai fini del calcolo delle quote richieste per la regolare costituzione dell'assemblea stessa. Le azioni con voto limitato non possono superare la metà del capitale sociale;

b) emettere titoli di debito, con scadenza non successiva alla fine del quarto anno dalla data di entrata in vigore del presente decreto, convertibili in azioni ordinarie della Società bancaria conferitaria detenute dalla fondazione, ovvero dotati di cedole rappresentative del diritto all'acquisto delle azioni medesime. Il Comitato interministeriale per il credito e il risparmio (CICR), su proposta della Banca d'Italia, sentita la Commissione nazionale per le società e la borsa (CONSOB), stabilisce, entro sei mesi dall'entrata in vigore del presente decreto, limiti e criteri per l'emissione dei titoli di cui alla presente lettera.

4. L'incompatibilità prevista dall'art. 4, comma 3, con riguardo ai componenti l'organo di amministrazione di fondazioni che ricoprono alla data di entrata in vigore del presente decreto anche la carica di consigliere di amministrazione in Società bancarie conferitarie, diventa operativa allo scadere del termine della carica ricoperta nella fondazione e, comunque, non oltre la data di adozione del nuovo statuto ai sensi del comma 1.

5. L'Autorità di vigilanza emana, ai sensi dell'art. 10, comma 3, lettera *e*), le disposizioni transitorie in materia di bilanci idonee ad assicurare l'ordinato passaggio al nuovo ordinamento previsto dal presente decreto.

6. Le disposizioni previste dagli articoli 22 e 23 si applicano alle operazioni perfezionate nel periodo di imposta il cui termine di presentazione delle dichiarazioni dei redditi scade successivamente alla data di entrata in vigore del presente decreto e fino al sesto periodo di imposta successivo.

29 Disposizione finale.

1. Per quanto non previsto dalla legge di delega e dal presente decreto, alle fondazioni si applicano, in quanto compatibili, le disposizioni degli articoli 12 e seguenti e 2501 e seguenti, del codice civile.

30 Abrogazioni.

1. Sono abrogati:

a) l'art. 2, comma 2, della legge 30 luglio 1990, n. 218;

b) gli articoli 11, 12, 13, 14, 15, 22 e 23 del decreto legislativo 20 novembre 1990, n. 356;

c) l'art. 1, commi 7, 7-*bis* e 7-*ter*, del decreto-legge 31 maggio 1994, n. 332, convertito, con modificazioni, dalla legge 30 luglio 1994, n. 474.

31 Copertura finanziaria.

1. Agli oneri recati dall'attuazione del presente decreto si provvede ai sensi dell'art. 8 della legge di delega.

2. Con regolamento del Ministro del tesoro, del bilancio e della programmazione economica, di concerto con il Ministro delle finanze, adottato ai sensi dell'art. 17, comma 3, della legge 23 agosto 1988, n. 400, sono stabilite le modalità.

49. Decreto legge 31 maggio 2010, n. 78, convertito, con modificazioni, in legge 30 luglio 2010, n. 122. — Misure urgenti in materia di stabilizzazione finanziaria e di competitività economica. (*estratto*).

Pubblicato nella Gazzetta Ufficiale n. 125 del 31 maggio 2010, S.O.; la legge di conversione è stata pubblicata nella Gazzetta Ufficiale n. 176 del 30 luglio 2010, S.O.

52 Fondazioni bancarie.

1. L'articolo 10, comma 1, del decreto legislativo 17 maggio 1999, n. 153, si interpreta nel senso che, fino a che non è istituita, nell'ambito di una riforma organica, una nuova autorità di controllo sulle persone giuridiche private disciplinate dal titolo II del libro primo del codice civile, la vigilanza sulle fondazioni bancarie è attribuita al Ministero dell'economia e delle finanze, indipendentemente dalla circostanza che le fondazioni controllino, direttamente o indirettamente società bancarie, o partecipino al controllo di esse tramite patti di sindacato o accordi in qualunque forma stipulati. Le fondazioni bancarie che detengono partecipazioni di controllo, diretto o indiretto, in società bancarie ovvero concorrono al controllo, diretto o indiretto, di dette

società attraverso patti di sindacato o accordi di qualunque tipo continuano a essere vigilate dal Ministero dell'economia e delle finanze anche dopo l'istituzione dell'autorità di cui al primo periodo.

1-*bis*. Le disposizioni dell'articolo 15, commi 13, 14 e 15, del decreto-legge 29 novembre 2008, n. 185, convertito, con modificazioni, dalla legge 28 gennaio 2009, n. 2, si applicano anche per l'esercizio in corso alla data di entrata in vigore del presente decreto (1).

1-*ter*. All'articolo 7, comma 3-*bis*, del decreto legislativo 17 maggio 1999, n. 153, le parole: "non superiore al 10 per cento" sono sostituite dalle seguenti: "non superiore al 15 per cento" (1).

1-*quater*. All'articolo 4 del decreto legislativo 17 maggio 1999, n. 153, dopo il comma 2 è inserito il seguente:

"2-*bis*. I soggetti che svolgono funzioni di amministrazione, direzione o controllo presso la fondazione non possono ricoprire funzioni di amministrazione, direzione o controllo presso la società bancaria conferitaria o sue controllate o partecipate. I soggetti che svolgono funzioni di indirizzo presso la fondazione non possono ricoprire funzioni di amministrazione, direzione o controllo presso la società bancaria conferitaria" (1).

1-*quinquies*. All'articolo 10, comma 3, del decreto legislativo 17 maggio 1999, n. 153, dopo la lettera *k*), è aggiunta la seguente:

"*k-bis*) presenta, entro il 30 giugno, una relazione al Parlamento sull'attività svolta dalle Fondazioni bancarie nell'anno precedente, con riferimento, tra l'altro, agli interventi finalizzati a promuovere lo sviluppo economico-sociale nei territori locali in cui operano le medesime fondazioni" » (1).

(1) *Comma aggiunto in sede di conversione in legge.*

50. Decreto legislativo 30 giugno 1994, n. 509. — Attuazione della delega conferita dall'art. 1, comma 32, della legge 24 dicembre 1993, n. 537, in materia di trasformazione in persone giuridiche private di enti gestori di forme obbligatorie di previdenza e assistenza.

Pubblicato nella Gazzetta Ufficiale n. 196 del 23 agosto 1994.

1 Enti privatizzati.

1. Gli enti di cui all'elenco A allegato al presente decreto legislativo sono trasformati, a decorrere dal 1° gennaio 1995, in associazioni o in fondazioni con deliberazione dei competenti organi di ciascuno di essi, adottata a maggioranza qualificata dei due terzi dei propri componenti, a condizione che non usufruiscano di finanziamenti pubblici o altri ausili pubblici di carattere finanziario.

2. Gli enti trasformati continuano a sussistere come enti senza scopo di lucro e assumono la personalità giuridica di diritto privato, ai sensi degli articoli 12 e seguenti del codice civile e secondo le disposizioni di cui al presente decreto, rimanendo titolari di tutti i rapporti attivi e passivi dei corrispondenti enti previdenziali e dei rispettivi patrimoni. Gli atti di trasformazione e tutte le operazioni connesse sono esenti da imposte e tasse.

3. Gli enti trasformati continuano a svolgere le attività previdenziali e assistenziali in atto riconosciute a favore delle categorie di lavoratori e professionisti per le quali sono stati originariamente istituiti, ferma restando la obbligatorietà della iscrizione e della contribuzione. Agli enti stessi non sono consentiti finanziamenti pubblici diretti o indiretti, con esclusione di quelli connessi con gli sgravi e la fiscalizzazione degli oneri sociali.

4. Contestualmente alla deliberazione di cui al comma 1, gli enti adottano lo statuto ed il regolamento, che debbono essere approvati ai sensi dell'art. 3, comma 2, ed ispirarsi ai seguenti criteri:

a) trasparenza nei rapporti con gli iscritti e composizione degli organi collegiali, fermi restando i vigenti criteri di composizione degli organi stessi, così come previsti dagli attuali ordinamenti;

b) determinazione dei requisiti per l'esercizio dell'attività istituzionale, con particolare riferimento all'onorabilità e professionalità dei componenti degli organi collegiali e, comunque, dei responsabili dell'associazione o fondazione. Tale professionalità è considerata esistente qualora essa costituisca un dato caratterizzante l'attività professionale della categoria interessata;

c) previsione di una riserva legale, al fine di assicurare la continuità nell'erogazione delle prestazioni, in misura non inferiore a cinque annualità dell'importo delle pensioni in essere. Ferme restando le riserve tecniche esistenti alla data di entrata in vigore del presente decreto, all'eventuale adeguamento di esse si provvede, nella fase di prima applicazione, mediante accantonamenti pari ad una annualità per ogni biennio.

2 Gestione.

1. Le associazioni o le fondazioni hanno autonomia gestionale, organizzativa e contabile nel rispetto dei princìpi stabiliti dal presente articolo nei limiti fissati dalle disposizioni del presente decreto in relazione alla natura pubblica dell'attività svolta.

1-*bis*. Le associazioni e le fondazioni, comprese quelle di cui al decreto legislativo 10 febbraio 1996, n. 103, sono titolari dei valori e delle disponibilità conferiti in gestione, restando peraltro in facoltà delle stesse di concludere, in tema di titolarità, diversi accordi con i gestori a ciò abilitati nel caso di gestione accompagnata dalla garanzia di restituzione del capitale. I valori e le disponibilità affidati ai gestori secondo le modalità e i criteri stabiliti nelle convenzioni costituiscono in ogni caso patrimonio separato e autonomo e non possono essere distratti dal fine al quale sono stati destinati, né formare oggetto di esecuzione sia da parte dei creditori dei soggetti gestori, sia da parte di rappresentanti dei creditori stessi, né possono essere coinvolti nelle procedure concorsuali che riguardano il gestore. Le associazioni e le fondazioni sono legittimate a proporre la domanda di rivendicazione di cui all'articolo 103 del regio decreto 16 marzo 1942, n. 267. Possono essere rivendicati tutti i valori conferiti in gestione, anche se non individualmente determinati o individuati e anche se depositati presso terzi, diversi dal soggetto gestore. Per l'accertamento dei valori oggetto della domanda è ammessa ogni prova documentale, compresi i rendiconti redatti dal gestore o dai terzi depositari. Sulle somme di denaro e sugli strumenti finanziari delle associazioni o delle fondazioni depositati a qualsiasi titolo presso un depositario non sono ammesse azioni dei creditori del depositario, del subdepositario o nell'interesse degli stessi (1).

2. La gestione economico-finanziaria deve assicurare l'equilibrio di bilancio mediante l'adozione di provvedimenti coerenti alle indicazioni risultanti dal bilancio tecnico da redigersi con periodicità almeno triennale.

3. I rendiconti annuali delle associazioni o fondazioni di cui all'art. 1 sono sottoposti a revisione contabile indipendente e a certificazione da parte dei soggetti in possesso dei requisiti per l'iscrizione al registro di cui all'art. 1 del decreto legislativo 27 gennaio 1992, n. 88.

4. In caso di disavanzo economico-finanziario, rilevato dai rendiconti annuali e confermato anche dal bilancio tecnico di cui al comma 2, con decreto del Ministro del lavoro e della previdenza sociale, di concerto con i Ministri di cui all'art. 3, comma 1, si provvede alla nomina di un commissario straordinario, il quale adotta i provvedimenti necessari per il riequilibrio della gestione. Sino al ristabilimento dell'equilibrio finanziario sono sospesi tutti i poteri degli organi di amministrazione delle associazioni e delle fondazioni. Ai fini dei provvedimenti di cui ai periodi precedenti la Commissione parlamentare di controllo sull'attività degli enti gestori di forme obbligatorie di previdenza e assistenza sociale segnala ai Ministeri vigilanti le situazioni di disavanzo economico-finanziario di cui è venuta a conoscenza nell'esercizio delle proprie funzioni di controllo dei bilanci di tali enti ai sensi dell'articolo 56 della legge 9 marzo 1989, n. 88 (2) (3).

5. In caso di persistenza dello stato di disavanzo economico e finanziario dopo tre anni dalla nomina del commissario, ed accertata l'impossibilità da parte dello stesso di poter provvedere al riequilibrio finanziario dell'associazione o della fondazione, con decreto del Ministro del lavoro e della previdenza sociale, di concerto con i Ministri di cui all'art. 3, comma 1, è nominato un commissario liquidatore al quale sono attribuiti i poteri previsti dalle vigenti norme in materia di liquidazione coatta, in quanto applicabili.

6. Nel caso in cui gli organi di amministrazione e di rappresentanza si rendessero responsabili di gravi violazioni di legge afferenti la corretta gestione dell'associazione o della fondazione, il Ministro del lavoro e della previdenza sociale, di concerto con i Ministri di cui all'art. 3, comma 1, nomina un commissario straordinario con il compito di salvaguardare la corretta gestione dell'ente e, entro sei mesi dalla sua nomina, avvia e conclude la procedura per rieleggere gli amministratori dell'ente stesso, così come previsto dallo statuto.

(1) *Comma inserito dall'art. 1 comma 182, l. 27 dicembre 2017, n. 205, a decorrere dal 1° gennaio 2018.*

(2) *Comma così modificato dall'art. 1, comma 97, l. 11 dicembre 2016, n. 232, a decorrere dal 1° gennaio 2017.*

(3) *Ai sensi dell'art. 1, comma 118, l. 30 dicembre 2021, n. 234 (legge di bilancio 2022), fino al 30 giugno 2022 è sospesa, con riferimento alla sola gestione sostitutiva dell'assicurazione generale obbligatoria dell'INPGI, l'efficacia delle disposizioni del presente comma.*

3 Vigilanza.

1. La vigilanza sulle associazioni o fondazioni di cui all'art. 1 è esercitata dal Ministero del lavoro e della previdenza sociale, dal Ministero del tesoro, nonché dagli altri Ministeri rispettivamente competenti ad esercitare la vigilanza per gli enti trasformati ai sensi dell'art. 1, comma 1. Nei collegi dei sindaci deve essere assicurata la presenza di rappresentanti delle predette Amministrazioni.

2. Nell'esercizio della vigilanza il Ministero del lavoro e della previdenza sociale, di concerto con i Ministeri di cui al comma 1, approva i seguenti atti:

a) lo statuto e i regolamenti, nonché le relative integrazioni o modificazioni;

b) le delibere in materia di contributi e prestazioni, sempre che la relativa potestà sia prevista dai singoli ordinamenti vigenti. Per le forme di previdenza sostitutive dell'assicurazione generale obbligatoria le delibere sono adottate sulla base delle determinazioni definite dalla contrattazione collettiva nazionale.

3. Il Ministero del lavoro e della previdenza sociale, di intesa con i Ministeri di cui al comma 1, può formulare motivati rilievi su: i bilanci preventivi e i conti consuntivi; le note di variazione al bilancio di previsione; i criteri di individuazione e di ripartizione del rischio nella scelta degli investimenti così come sono indicati in ogni bilancio preventivo; le delibere contenenti criteri direttivi generali. Nel formulare tali rilievi il Ministero del lavoro e della previdenza sociale, d'intesa con i Ministeri di cui al comma 1, rinvia gli atti al nuovo esame da parte degli organi di amministrazione per riceverne una motivata decisione definitiva. I suddetti rilievi devono essere formulati per i bilanci consuntivi entro sessanta giorni dalla data di ricezione e entro trenta giorni dalla data di ricezione, per tutti gli altri atti di cui al presente comma. Trascorsi detti termini ogni atto relativo diventa esecutivo.

4. All'atto della trasformazione in associazione o fondazione dell'ente privatizzato, continuerà ad operare la disciplina della contribuzione previdenziale prevista in materia dai singoli ordinamenti.

5. La Corte dei conti esercita il controllo generale sulla gestione delle assicurazioni obbligatorie, per assicurare la legalità e l'efficacia, e riferisce annualmente al Parlamento.

4 Albo.

1. È istituito presso il Ministero del lavoro e della previdenza sociale l'albo delle associazioni e delle fondazioni che gestiscono attività di previdenza ed assistenza. Nell'albo sono iscritte di diritto le associazioni e le fondazioni di cui all'art. 1, comma 1.

2. Entro un anno dall'avvenuta trasformazione prevista dall'art. 1, i lavoratori già iscritti agli istituti, tra quelli di cui all'allegato A, gestori di forme assicurative in regime sostitutivo dell'assicurazione generale obbligatoria, possono optare per l'iscrizione a detta assicurazione, con facoltà di trasferimento della posizione assicurativa maturata presso gli istituti di provenienza (1).

(1) *Con d.m. 2 maggio 1996, n. 337, è stato approvato il regolamento per l'istituzione dell'albo delle associazioni e delle fondazioni che gestiscono attività di previdenza ed assistenza.*

5 Personale.

1. Entro tre mesi dalla stipulazione del primo contratto collettivo di lavoro, ovvero dalla sua sottoscrizione, il personale degli enti di cui all'elenco A può optare per la permanenza nel pubblico impiego. Ad esso si applicano le norme della legge 24 dicembre 1993, n. 537, e del decreto legislativo 3 febbraio 1993, n. 29, e successive modificazioni (1).

2. Fino alla stipulazione del primo contratto collettivo di lavoro, al personale delle associazioni e fondazioni si applica il trattamento economico e giuridico vigente alla data di entrata in vigore del presente decreto legislativo. Il dipendente addetto all'ufficio legale dell'ente all'atto di trasformazione in persona giuridica privata, conserva l'iscrizione nell'apposito elenco speciale degli avvocati e procuratori se e fino a quando duri il rapporto di lavoro e la collocazione presso l'ufficio legale predetto (2).

3. Continuano ad essere attribuite alla giurisdizione esclusiva del giudice amministrativo le controversie relative a questioni attinenti al periodo di lavoro svoltosi anteriormente alla data di trasformazione dell'ente.

(1) *Comma così sostituito dall'art. 9, d.l. 1° ottobre 1996, n. 510, conv., con modif., in l. 28 novembre 1996, n. 608.*
(2) *Periodo aggiunto dall'art. 9, d.l. 1° ottobre 1996, n. 510, conv., con modif., in l. 28 novembre 1996, n. 608.*

ALLEGATO UNICO

ELENCO A

ENTI GESTORI DI FORME DI PREVIDENZA E ASSISTENZA OBBLIGATORIE DA TRASFORMARE IN PERSONE GIURIDICHE PRIVATE

Cassa nazionale di previdenza e assistenza avvocati [e procuratori legali].

Cassa di previdenza tra dottori commercialisti.

Cassa nazionale previdenza e assistenza geometri.

Cassa nazionale previdenza e assistenza ingegneri e architetti liberi professionisti.

Cassa nazionale del notariato.

Cassa nazionale previdenza e assistenza ragionieri e periti commerciali.

Ente nazionale di assistenza per gli agenti e i rappresentanti di commercio (ENASARCO).

Ente nazionale di previdenza e assistenza consulenti del lavoro (ENPACL).

Ente nazionale di previdenza e assistenza medici (ENPAM).

Ente nazionale di previdenza e assistenza farmacisti (ENPAF).

Ente nazionale di previdenza e assistenza veterinari (ENPAV).

Ente nazionale di previdenza e assistenza per gli impiegati dell'agricoltura (ENPAIA).

Fondo di previdenza per gli impiegati delle imprese di spedizione e agenzie marittime.

Istituto nazionale di previdenza dirigenti aziende industriali (INPDAI).

Istituto nazionale di previdenza dei giornalisti italiani (INPGI).

Opera nazionale assistenza orfani sanitari italiani (ONAOSI).

51. Decreto legislativo 29 giugno 1996, n. 367. — Disposizioni per la trasformazione degli enti che operano nel settore musicale in fondazioni di diritto privato. (*estratto*).

Pubblicato nella Gazzetta Ufficiale n. 161 del 11 luglio 1996.

TITOLO I

Disposizioni generali

1 Trasformazione.

1. Gli enti di prioritario interesse nazionale che operano nel settore musicale devono trasformarsi in fondazioni di diritto privato secondo le disposizioni previste dal presente decreto.

2 Enti operanti nel settore musicale (1).

1. Il presente decreto si applica (2):

a) agli enti autonomi lirici e alle istituzioni concertistiche assimilate di cui al titolo II della legge 14 agosto 1967, n. 800, e successive modificazioni (3);

b) ad altri enti operanti nel settore della musica, del teatro e della danza, identificati sulla base di criteri previamente definiti dal Ministro per i beni e le attività culturali, anche con riferimento alle categorie previste dal titolo III della legge 14 agosto 1967, n. 800, e successive modificazioni (4).

2. (*Omissis*) (5).

3. Gli enti di cui al comma 1, lettera *b*) definiscono con lo statuto, adottato ai sensi dell'art. 6, i propri organi, nonché i poteri, i compiti e la durata dei medesimi. A tali enti si applicano l'art. 14 in tema di collegio dei revisori e le altre disposizioni del presente decreto, in quanto compatibili (6).

(1) *Rubrica così modificata dall'art. 6 d.lgs. 23 aprile 1998, n. 134.*
(2) *Alinea così modificato dall'art. 6 d.lgs. 23 aprile 1998, n. 134.*
(3) *Lettera così modificata dall'art. 6 d.lgs. 23 aprile 1998, n. 134.*
(4) *Lettera, da ultimo, così sostituita dall'art. 7 d.lgs. 21 dicembre 1998, n. 492.*
(5) *Comma abrogato dall'art. 6 d.lgs. 23 aprile 1998, n. 134.*
(6) *Comma così modificato dall'art. 6 d.lgs. 23 aprile 1998, n. 134.*

3 Finalità delle fondazioni.

1. Le fondazioni di cui all'art. 1 perseguono, senza scopo di lucro, la diffusione dell'arte musicale, per quanto di competenza la formazione professionale dei quadri artistici e l'educazione musicale della collettività.

2. Per il perseguimento dei propri fini, le fondazioni provvedono direttamente alla gestione dei teatri loro affidati, conservandone il patrimonio storico-culturale e realizzano, anche in sedi diverse, nel territorio nazionale o all'estero, spettacoli lirici, di balletto e concerti; possono altresì svolgere, in conformità degli scopi istituzionali, attività commerciali ed accessorie. Esse operano secondo criteri di imprenditorialità ed efficienza e nel rispetto del vincolo di bilancio.

4 Personalità giuridica delle fondazioni e norme applicabili.

1. Le fondazioni di cui all'art. 1 hanno personalità giuridica di diritto privato e sono disciplinate, per quanto non espressamente previsto dal presente decreto, dal codice civile e dalle disposizioni di attuazione del medesimo.

(*Omissis*).

52. Decreto legislativo 16 ottobre 2003, n. 288. — Riordino della disciplina degli Istituti di ricovero e cura a carattere scientifico, a norma dell'articolo 42, comma 1, della legge 16 gennaio 2003, n. 3. (*estratto*).

Pubblicato nella Gazzetta Ufficiale n. 250 del 27 ottobre 2003.

CAPO I
Definizioni

1 Natura e finalità.

1. Gli Istituti di ricovero e cura a carattere scientifico sono enti a rilevanza nazionale dotati di autonomia e personalità giuridica che, secondo standards di eccellenza, perseguono finalità di ricerca, prevalentemente clinica e traslazionale, nel campo biomedico e in quello dell'organizzazione e gestione dei servizi sanitari ed effettuano prestazioni di ricovero e cura di alta specialità o svolgono altre attività aventi i caratteri di eccellenza di cui all'articolo 13, comma 3, lettera *d*) (1).

2. Ferme restando le funzioni di vigilanza e di controllo spettanti al Ministero della salute, alle Regioni competono le funzioni legislative e regolamentari connesse alle attività di assistenza e di ricerca svolte dagli Istituti di cui al comma 1, da esercitarsi nell'ambito dei principi fondamentali stabiliti dalla normativa vigente in materia di ricerca biomedica e tutela della salute (2).

(1) *Comma modificato, in sede di conversione, dall'art. 14, comma 9-bis, d.l. 13 settembre 2012, n. 158, conv., con modif., in l. 8 novembre 2012, n. 189.*
(2) *La Corte costituzionale, con sentenza 7 luglio 2005, n. 270, ha dichiarato l'illegittimità del presente comma limitatamente alle* parole « e di controllo ».

CAPO II
Forma giuridica

2 Trasformazione degli Istituti in Fondazioni.

1. Su istanza della Regione in cui l'Istituto ha la sede prevalente di attività clinica e di ricerca, con decreto adottato dal Ministro della salute, gli Istituti di ricovero e cura a carattere scientifico di diritto pubblico esistenti alla data di entrata in vigore della legge 16 gennaio 2003, n. 3, ferma restandone la natura pubblica, possono essere trasformati in Fondazioni di rilievo nazionale aventi le finalità di cui all'articolo 1, aperte alla partecipazione di soggetti pubblici e privati e sottoposte alla vigilanza del Ministero della salute e del Ministero dell'economia e delle finanze. Gli enti trasformati assumono la denominazione di Fondazione IRCCS.

2. Sono enti fondatori il Ministero della salute, la Regione ed il Comune in cui l'Istituto da trasformare ha la sede effettiva di attività e, quando siano presenti, i soggetti rappresentativi degli interessi originari. Altri enti pubblici e soggetti privati, che condividano gli scopi della fondazione ed intendano contribuire al loro raggiungimento, possono aderire in qualità di partecipanti, purché in assenza di conflitto di interessi: gli statuti, in conformità al presente decreto legislativo, disciplinano le modalità e le condizioni della loro partecipazione, ivi compreso l'apporto patrimoniale loro

richiesto all'atto della adesione e le modalità di rappresentanza nel consiglio di amministrazione.

3. Le Fondazioni IRCCS hanno durata illimitata. Ad esse sono trasferiti, in assenza di oneri, i rapporti attivi e passivi, il patrimonio mobiliare e immobiliare ed il personale degli Istituti trasformati.

[4. Nei confronti dell'Istituto « Giannina Gaslini » di Genova le disposizioni di cui al comma 1 si attuano mediante il suo accorpamento con l'esistente Fondazione « Gerolamo Gaslini », in quanto rappresentativa degli interessi originari, nel rispetto delle previsioni statutarie e degli atti di fondazione in materia di funzioni e composizione degli organi e di separazione delle gestioni. Sulla proposta di accorpamento e sul testo del nuovo statuto il Presidente della Regione acquisisce il parere obbligatorio della Fondazione.] (1)

(1) *Comma abrogato dall'art. 1, comma 4, lett.* a), *d.l. 7 ottobre 2008, n. 154, conv., con modif., in l. 4 dicembre 2008, n. 189.*

3 Statuti delle Fondazioni.

1. Ai fini di cui all'articolo 2, la regione interessata inoltra l'istanza di trasformazione da Istituto di ricovero e cura a carattere scientifico - IRCCS in « Fondazione IRCCS » al Ministero della salute, unitamente ad una proposta di testo statutario. Il Ministro della salute, d'intesa con il Presidente della Regione interessata, approva il testo definitivo e dispone con decreto la trasformazione. Alle Fondazioni IRCCS si applicano, per quanto compatibili con le disposizioni del presente decreto legislativo, le disposizioni di cui al Libro I, Titolo II del codice civile.

2. Nello statuto deve essere comunque previsto che il consiglio di amministrazione della Fondazione IRCCS sia composto da non più di sette consiglieri, dei quali tre designati dal Ministro della salute, tre dal Presidente della Regione e uno dal Comune in cui insiste la sede prevalente di attività clinica e di ricerca, se si tratta di Comune con più di diecimila abitanti, ovvero dalla Conferenza dei sindaci, qualora il Comune abbiadimensione demografica inferiore. In caso di presenza di soggetti rappresentativi degli interessi originari e/o di soggetti partecipanti, ai sensi dell'articolo 2, comma 1, il numero dei consiglieri è elevabile fino a nove per consentire l'elezione di un rappresentante degli interessi originari e di uno dei soggetti partecipanti. In caso di Istituti aventi sedi in più Regioni, uno dei consiglieri di nomina regionale è designato congiuntamente, a norma di statuto, dai Presidenti delle Regioni in cui insiste almeno una sede dell'Istituto (1).

3. Il Presidente della Fondazione IRCCS è scelto dal consiglio di amministrazione tra i componenti nominati dal Ministro della salute e dal Presidente della Regione competente (2).

4. Lo statuto delle Fondazioni IRCCS deve disciplinare l'organizzazione e il funzionamento dell'ente, separando le funzioni di indirizzo e verifica, riservate al consiglio di amministrazione, dalle funzioni di gestione, demandate ad un direttore generale, nominato dal consiglio di amministrazione tra soggetti esterni allo stesso e dalle funzioni di direzione scientifica, affidate ad un direttore scientifico, nominato dal Ministro della salute, sentito il Presidente della Regione. Lo statuto deve prevedere maggioranze qualificate per l'assunzione delle determinazioni più rilevanti per la vita e l'attività dell'ente.

5. In caso di inerzia da parte del consiglio di amministrazione, il Ministro della salute, d'intesa con il Presidente della Regione interessata, nomina un commissario ad acta, che provvede all'adozione dello statuto nei sessanta giorni successivi alla nomina.

6. I Commissari straordinari in carica alla data di entrata in vigore del presente decreto cessano all'insediamento dei primi consigli di amministrazione.

(1) *La Corte costituzionale, con sentenza 7 luglio 2005, n. 270, ha dichiarato l'illegittimità costituzionale del presente comma, limitatamente alle parole* « dei quali tre designati dal Ministro della salute, tre dal Presidente della Regione e uno dal comune in cui insiste la sede prevalente di attività clinica e di ricerca, se si tratta di comune con più di diecimila abitanti, ovvero dalla Conferenza dei Sindaci, qualora il comune abbia dimensione demografica inferiore ».

(2) *La Corte costituzionale, con sentenza 7 luglio 2005, n. 270, cit., ha dichiarato l'illegittimità costituzionale del presente comma limitatamente alle parole* « nominati dal Ministro della salute e dal Presidente della Regione competente ».

4-19 (*Omissis*).

SEZIONE QUINTA
AUTORITÀ INDIPENDENTI

CAPO I
NORME GENERALI

53. Legge 29 luglio 2003, n. 229. — Interventi in materia di qualità della regolazione, riassetto normativo e codificazione. — Legge di semplificazione 2001. (*rinvio*).

Pubblicata nella Gazzetta Ufficiale n. 196 del 25 agosto 2003 (1).

(1) Sub *I, 10; v. art. 12 per l'analisi di impatto delle funzioni di vigilanza e regolazione delle autorità amministrative indipendenti.*

54. Legge 28 dicembre 2005, n. 262. — Disposizioni per la tutela del risparmio e la disciplina dei mercati finanziari. (*estratto*).

Pubblicata nella Gazzetta Ufficiale n. 301 del 28 dicembre 2005, S.O. n. 208.

1-18 (*Omissis*).

TITOLO IV
Disposizioni concernenti le autorità di vigilanza

CAPO I
Principi di organizzazione e rapporti fra le autorità

19 (*Omissis*).

20 Cordinamento dell'attività delle Autorità.

1. La Banca d'Italia, la CONSOB, l'Istituto per la vigilanza sulle assicurazioni private e di interesse collettivo (ISVAP), la Commissione di vigilanza sui fondi pensione (COVIP) e l'Autorità garante della concorrenza e del mercato, nel rispetto della reciproca indipendenza, individuano forme di cordinamento per l'esercizio delle competenze ad essi attribuite anche attraverso protocolli d'intesa o l'istituzione, senza nuovi o maggiori oneri a carico della finanza pubblica, di comitati di cordinamento.

2. Le forme di cordinamento di cui al comma 1 prevedono la riunione delle Autorità indicate nel medesimo comma almeno una volta l'anno.

21 Collaborazione fra le Autorità (1).

1. La Banca d'Italia, la CONSOB, l'ISVAP, la COVIP e l'Autorità garante della concorrenza e del mercato collaborano tra loro, anche mediante scambio di informazioni, per agevolare l'esercizio delle rispettive funzioni. Le Autorità non possono reciprocamente opporsi il segreto d'ufficio. Tutti i dati, le informazioni e i documenti comunque comunicati da una ad altra Autorità, anche attraverso l'inserimento in archivi gestiti congiuntamente, restano sottoposti al segreto d'ufficio secondo le disposizioni previste dalla legge per l'Autorità che li ha prodotti o acquisiti per prima.

(1) *V. anche l'art. 2-*bis *d.l. 15 marzo 2012, n. 21, conv., con modif., in l. 11 maggio 2012, n. 56, il quale, circa la collaborazione tra autorità indipendenti e altre amministrazioni, dispone: « 1. La Banca d'Italia, la Commissione nazionale per le società e la borsa, la Commissione di vigilanza sui fondi pensione, l'Istituto per la vigilanza sulle assicurazioni, l'Autorità di regolazione dei trasporti, l'Autorità garante della concorrenza e del mercato, l'Autorità per le garanzie nelle comunicazioni, l'Autorità di regolazione per energia, reti e ambiente e il gruppo di coordinamento istituito ai sensi dell'articolo 3 del decreto del Presidente del Consiglio dei ministri 6 agosto 2014 collaborano tra loro, anche mediante scambio di informazioni, al fine di agevolare l'esercizio delle funzioni di cui al presente decreto. Le autorità indicate al primo periodo, esclusivamente per le finalità di cui al medesimo periodo, non possono opporre al gruppo di coordinamento il segreto d'ufficio ».*

22 Collaborazione da parte del Corpo della guardia di finanza.

1. Nell'esercizio dei poteri di vigilanza informativa e ispettiva, le Autorità di cui all'articolo 20 possono avvalersi, in relazione alle specifiche finalità degli accertamenti, del Corpo della guardia di finanza, che agisce

con i poteri ad esso attribuiti per l'accertamento dell'imposta sul valore aggiunto e delle imposte sui redditi, utilizzando strutture e personale esistenti in modo da non determinare oneri aggiuntivi.

2. Tutte le notizie, le informazioni e i dati acquisiti dal Corpo della guardia di finanza nell'assolvimento dei compiti previsti dal comma 1 sono coperti dal segreto d'ufficio e vengono senza indugio comunicati esclusivamente alle Autorità competenti.

CAPO II
Disposizioni generali sui procedimenti di competenza delle autorità

23 Procedimenti per l'adozione di atti regolamentari e generali.

1. I provvedimenti della Banca d'Italia, della CONSOB, dell'ISVAP e della COVIP aventi natura regolamentare o di contenuto generale, esclusi quelli attinenti all'organizzazione interna, devono essere motivati con riferimento alle scelte di regolazione e di vigilanza del settore ovvero della materia su cui vertono.

2. Gli atti di cui al comma 1 sono accompagnati da una relazione che ne illustra le conseguenze sulla regolamentazione, sull'attività delle imprese e degli operatori e sugli interessi degli investitori e dei risparmiatori. Nella definizione del contenuto degli at ti di regolazione generale, le Autorità di cui al comma 1 tengono conto in ogni caso del principio di proporzionalità, inteso come criterio di esercizio del potere adeguato al raggiungimento del fine, con il minore sacrificio degli interessi dei destinatari. A questo fine, esse consultano gli organismi rappresentativi dei soggetti vigilati, dei prestatori di servizi finanziari e dei consumatori.

3. Le Autorità di cui al comma 1 sottopongono a revisione periodica, almeno ogni tre anni, il contenuto degli atti di regolazione da esse adottati, per adeguarli all'evoluzione delle condizioni del mercato e degli interessi degli investitori e dei risparmiatori.

4. Le Autorità di cui al comma 1 disciplinano con propri regolamenti l'applicazione dei principi di cui al presente articolo, indicando altresì i casi di necessità e di urgenza o le ragioni di riservatezza per cui è ammesso derogarvi (1).

(1) *Con delibera 5 luglio 2016, n. 19654 la Consob ha adottato il « Regolamento concernente i procedimenti per l'adozione di atti di regolazione generale ».*

24 Procedimenti per l'adozione di provvedimenti individuali.

1. Ai procedimenti della Banca d'Italia, della CONSOB, dell'ISVAP e della COVIP volti all'emanazione di provvedimenti individuali si applicano, in quanto compatibili, i principi sull'individuazione e sulle funzioni del responsabile del procedimento, sulla partecipazione al procedimento e sull'accesso agli atti amministrativi recati dalla legge 7 agosto 1990, n. 241, e successive modificazioni. I procedimenti di controllo a carattere contenzioso e i procedimenti sanzionatori sono svolti nel rispetto dei principi, della piena conoscenza degli atti istruttori, del contraddittorio, della verbalizzazione nonché della distinzione tra funzioni istruttorie e funzioni decisorie rispetto all'irrogazione della sanzione. Le notizie sottoposte per iscritto da soggetti interessati possono essere valutate nell'istruzione del procedimento. Le Autorità di cui al presente comma disciplinano le modalità organizzative per dare attuazione al principio della distinzione tra funzioni istruttorie e funzioni decisorie rispetto all'irrogazione della sanzione (1) (2).

2. Gli atti delle Autorità di cui al comma 1 devono essere motivati. La motivazione deve indicare le ragioni giuridiche e i presupposti di fatto che hanno determinato la decisione, in relazione alle risultanze dell'istruttoria.

3. Le Autorità di cui al comma 1 disciplinano con propri regolamenti l'applicazione dei principi di cui al presente articolo, indicando altresì i casi di necessità e di urgenza o le ragioni di riservatezza per cui è ammesso derogarvi.

4. Alle sanzioni amministrative irrogate dalla Banca d'Italia, dalla CONSOB, dall'ISVAP, dalla COVIP e dall'Autorità garante della concorrenza e del mercato non si applicano le disposizioni sul pagamento in misura ridotta contenute nell'articolo 16 della legge 24 novembre 1981, n. 689, e successive modificazioni, salvo che per le sanzioni indicate dall'articolo 193, comma 2, del testo unico di cui al decreto legislativo 24 febbraio 1998, n. 58, per la violazione delle disposizioni previste dall'articolo 120, commi 2, 3 e 4, del medesimo testo unico (3).

[5. Avverso gli atti adottati dalle Autorità di cui al comma 4 può essere proposto ricorso giurisdizionale dinanzi al tribunale amministrativo regionale del Lazio. I termini processuali sono ridotti della metà, con esclusione di quelli previsti per la presentazione del ricorso. Non possono essere nominati consulenti tecnici d'ufficio i dipendenti dell'Autorità sul cui atto verte il ricorso, anche se cessati dal servizio. Restano ferme le disposizioni previste per l'impugnazione dei provvedimenti sanzionatori dall'articolo 145, commi 4 e seguenti, del testo unico di cui al decreto legislativo 1° settembre 1993, n. 385, dall'articolo 187-*septies*, commi 4 e seguenti, e 195, commi 4 e seguenti, del testo unico di cui al decreto legislativo 24 febbraio 1998, n. 58, dall'articolo 6 della legge 5 marzo 2001, n. 57, dagli articoli 12, quinto comma, e 19, settimo comma, della legge 7 febbraio 1979, n. 48, dall'articolo 10, sesto comma, della legge 28 novembre 1984, n. 792, dall'articolo 11, comma 5, della legge 17 febbraio 1992, n. 166, e dall'articolo 18-*bis*, comma 5-*bis*, del decreto legislativo 21 aprile 1993, n. 124] (4).

[6. L'appello al Consiglio di Stato avverso la sentenza o le ordinanze emesse in primo grado non sospende l'esecuzione delle stesse né l'efficacia dei provvedimenti impugnati] (5).

6-*bis*. Nell'esercizio delle proprie funzioni di controllo le Autorità di cui al comma 1 e l'Autorità garante della concorrenza e del mercato, i componenti dei loro organi nonché i loro dipendenti rispondono dei danni cagionati da atti o comportamenti posti in essere con dolo o colpa grave (6).

(1) *Per le modalità organizzative per l'attuazione del principio della distinzione tra funzioni istruttorie e funzioni decisorie nell'ambito della*

procedura sanzionatoria v. il Comunicato della Banca d'Italia 11 maggio 2006 (G.U. 11 maggio 2006, n. 108).

(2) *Comma modificato dall'art. 4, comma 3, d.lgs. 29 dicembre 2006, n. 303.*

(3) *Si riporta l'art. 195 d.lgs. 24 febbraio 1998, n. 58 (consultabile anche* sub *II, 68, e a cui si rinvia):* « 195. (Procedura sanzionatoria). — 1. *Le sanzioni amministrative previste nel presente titolo sono applicate dalla Banca d'Italia o dalla Consob, secondo le rispettive competenze, con provvedimento motivato, previa contestazione degli addebiti agli interessati, da effettuarsi entro centottanta giorni dall'accertamento ovvero entro trecentosessanta giorni se l'interessato risiede o ha la sede all'estero. I soggetti interessati possono, entro trenta giorni dalla contestazione, presentare deduzioni e chiedere un'audizione personale in sede di istruttoria, cui possono partecipare anche con l'assistenza di un avvocato. –* 1-bis. *Ai fini dell'applicazione delle sanzioni amministrative pecuniarie previste dal presente titolo, per fatturato si intende il fatturato totale annuo della società o dell'ente, risultante dall'ultimo bilancio disponibile approvato dall'organo competente, così come definito dalle disposizioni attuative di cui all'articolo* 196-bis. *– 2. Il procedimento sanzionatorio è retto dai princìpi del contraddittorio, della conoscenza degli atti istruttori, della verbalizzazione nonché della distinzione tra funzioni istruttorie e funzioni decisorie. – [3. Il provvedimento di applicazione delle sanzioni è pubblicato per estratto nel Bollettino della Banca d'Italia o della CONSOB. La Banca d'Italia o la CONSOB, tenuto conto della natura della violazione e degli interessi coinvolti, possono stabilire modalità ulteriori per dare pubblicità al provvedimento, ponendo le relative spese a carico dell'autore della violazione, ovvero escludere la pubblicità del provvedimento, quando la stessa possa mettere gravemente a rischio i mercati finanziari o arrecare un danno sproporzionato alle parti.] – 4. Avverso il provvedimento che applica la sanzione è ammesso ricorso alla corte d'appello del luogo in cui ha sede la società o l'ente cui appartiene l'autore della violazione ovvero, nei casi in cui tale criterio non sia applicabile, del luogo in cui la violazione è stata commessa. Il ricorso è notificato, a pena di decadenza, all'Autorità che ha emesso il provvedimento nel termine di trenta giorni dalla comunicazione del provvedimento impugnato, ovvero sessanta giorni se il ricorrente risiede all'estero, ed è depositato in cancelleria, unitamente ai documenti offerti in comunicazione, nel termine perentorio di trenta giorni dalla notifica. – 5. L'opposizione non sospende l'esecuzione del provvedimento. La corte d'appello, se ricorrono gravi motivi, può disporre la sospensione con ordinanza non impugnabile. – 6. Il Presidente della corte d'appello designa il giudice relatore e fissa con decreto l'udienza pubblica per la discussione dell'opposizione. Il decreto è notificato alle parti a cura della cancelleria almeno sessanta giorni prima dell'udienza. L'Autorità deposita memorie e documenti nel termine di dieci giorni prima dell'udienza. Se alla prima udienza l'opponente non si presenta senza addurre alcun legittimo impedimento, il giudice, con ordinanza ricorribile per Cassazione, dichiara il ricorso improcedibile, ponendo a carico dell'opponente le spese del procedimento. – 7. All'udienza la corte d'appello dispone, anche d'ufficio, i mezzi di prova che ritiene necessari, nonché l'audizione personale delle parti che ne abbiano fatto richiesta. Successivamente le parti procedono alla discussione orale della causa. La sentenza è depositata in cancelleria entro sessanta giorni. Quando almeno una delle parti manifesta l'interesse alla pubblicazione anticipata del dispositivo rispetto alla sentenza, il dispositivo è pubblicato mediante deposito in cancelleria non oltre sette giorni dall'udienza di discussione. –* 7-bis. *Con la sentenza la corte d'appello può rigettare l'opposizione, ponendo a carico dell'opponente le spese del procedimento o accoglierla, annullando in tutto o in parte il provvedimento o riducendo l'ammontare o la durata della sanzione. – 8. Copia della sentenza è trasmessa, a cura della cancelleria della corte d'appello, all'Autorità che ha emesso il provvedimento, anche ai fini della pubblicazione prevista dall'articolo* 195-bis. *– [9. Le società e gli enti ai quali appartengono gli autori delle violazioni rispondono, in solido con questi, del pagamento della sanzione e delle spese di pubblicità previste dal secondo periodo del comma 3 e sono tenuti ad esercitare il diritto di regresso verso i responsabili]* ».

Si riportano altresì gli artt. 195-bis *e* 195-ter *d.lgs. n. 58 del 1998, cit.:* « 195-bis. (Pubblicazione delle sanzioni). — 1. *Il provvedimento di applicazione delle sanzioni previste dal presente decreto è pubblicato senza ritardo e per estratto nel sito internet della Banca d'Italia o della Consob, in conformità alla normativa europea di riferimento. Nel caso in cui avverso il provvedimento di applicazione della sanzione sia adita l'autorità giudiziaria, la Banca d'Italia o la Consob menzionano l'avvio dell'azione giudiziaria e l'esito della stessa a margine della pubblicazione. La Banca d'Italia o la Consob, tenuto conto della natura della violazione e degli interessi coinvolti, possono stabilire modalità ulteriori per dare pubblicità al provvedimento, ponendo le relative spese a carico dell'autore della violazione. – 2. Nel provvedimento di applicazione della sanzione, la Banca d'Italia o la Consob dispongono la pubblicazione in forma anonima del provvedimento sanzionatorio quando quella ordinaria: a) abbia ad oggetto dati personali ai sensi del decreto legislativo 30 giugno 2003, n. 196, la cui pubblicazione appaia sproporzionata rispetto alla violazione sanzionata; b) possa comportare rischi per la stabilità dei mercati finanziari o pregiudicare lo svolgimento di un'indagine penale in corso; c) possa causare un danno sproporzionato ai soggetti coinvolti, purché tale danno sia determinabile. – 3. Se le situazioni descritte nel comma 2 hanno carattere temporaneo, la pubblicazione può essere rimandata ed effettuata quando dette esigenze sono venute meno. –* 3-bis. *La Banca d'Italia o la Consob possono escludere la pubblicità del provvedimento sanzionatorio, se consentito dal diritto dell'Unione europea, nel caso in cui le opzioni stabilite dai commi 2 e 3 siano ritenute insufficienti ad assicurare: a) che la stabilità dei mercati finanziari non sia messa a rischio; b) la proporzionalità della pubblicazione delle decisioni rispetto all'irrogazione della sanzione prevista dall'articolo* 194-quater.

195-ter. (Comunicazione all'ABE e all'AESFEM sulle sanzioni applicate). *– 1. La Banca d'Italia comunica all'ABE le sanzioni amministrative applicate alle banche alle Sim, alle imprese di investimento UE e alle imprese di paesi terzi diverse dalle banche ai sensi degli articoli 189, 190, 190.3,* 190-bis, 194-ter, 194-quater *e* 194-septies, *ivi comprese quelle pubblicate in forma anonima, nonché le informazioni ricevute dai soggetti interessati sulle azioni da essi avviate avverso i provvedimenti sanzionatori e sull'esito delle stesse. –* 1-bis. *La Consob e la Banca d'Italia, secondo le rispettive competenze, comunicano all'AESFEM le informazioni relative alle sanzioni amministrative da esse applicate, nonché alle sanzioni penali applicate dall'Autorità giudiziaria, necessarie ai fini dell'adempimento degli obblighi informativi previsti dalla normativa europea nei confronti dell'AESFEM* ».

Per il procedimento sanzionatorio della Consob v. in origine il regolamento contenente « Disposizioni organizzative e procedurali relative all'applicazione di sanzioni amministrative e istituzione dell'Ufficio Sanzioni Amministrative », approvato dalla Consob con delibera del 21 giugno 2005, n. 15086, poi sostituito dal « Regolamento sul procedimento sanzionatorio della Consob, ai sensi dell'articolo 24 della legge 28 dicembre 2005, n. 262 e successive modificazioni », approvato con delibera del 19 dicembre 2013, n. 18750.

(4) *Comma modificato dall'art. 4, comma 3, d.lgs. n. 303, cit., e successivamente abrogato dall'art. 4 dell'Allegato 4 d.lgs. 2 luglio 2010, n. 104, con effetto a decorrere dal 16 settembre 2010.*

(5) *Comma abrogato dall'art. 4 dell'Allegato 4 d.lgs. n. 104, cit., con effetto a decorrere dal 16 settembre 2010.*

(6) *Comma aggiunto dall'art. 4, comma 3, d.lgs. n. 303, cit.*

55. Decreto legge 6 dicembre 2011, n. 201 convertito, con modificazioni, in legge 22 dicembre 2011, n. 214. — Disposizioni urgenti per la crescita, l'equità e il consolidamento dei conti pubblici. (*estratto*).

Pubblicato nella Gazzetta Ufficiale n. 284 del 6 dicembre 2011, S.O. n. 251; la legge di conversione è stata pubblicata nella Gazzetta ufficiale n. 300 del 27 dicembre 2011, S.O.

23 Riduzione dei costi di funzionamento delle Autorità di Governo, del CNEL, delle Autorità indipendenti e delle Province.

1. Al fine di perseguire il contenimento della spesa complessiva per il funzionamentodelle Autorità amministrative indipendenti, il numero dei componenti:

a) del Consiglio dell'Autorità per le garanzie nelle comunicazioni è ridotto da otto a quattro, escluso il Presidente. Conseguentemente, il numero dei componenti della commissione per le infrastrutture e le reti dell'Autorità per le garanzie nelle comunicazioni è ridotto da quattro a due, escluso il Presidente, e quello dei componenti della commissione per i servizi e i prodotti della medesima Autorità è ridotto da quattro a due, escluso il Presidente;

b) dell'Autorità per la vigilanza sui contratti pubblici di lavori, servizi e forniture è ridotto da sette a tre, compreso il Presidente;

[*c*) dell'Autorità per l'energia elettrica e il gas è ridotto da cinque a tre, compreso il Presidente;] (1)

d) dell'Autorità garante della concorrenza e del mercato è ridotto da cinque a tre, compreso il Presidente;

[*e*) della Commissione nazionale per la società e la borsa è ridotto da cinque a tre, compreso il Presidente;] (2)

f) del Consiglio dell'Istituto per la vigilanza sulle assicurazioni private e di interesse collettivo è ridotto da sei a tre, compreso il Presidente;

g) della Commissione per la vigilanza sui fondi pensione è ridotto da cinque a tre, compreso il Presidente;

h) della Commissione per la valutazione, la trasparenza e l'integrità delle amministrazioni pubbliche è ridotto da cinque a tre, compreso il Presidente;

i) della Commissione di garanzia dell'attuazione della legge sullo sciopero nei servizi pubblici essenziali è ridotto da nove a cinque, compreso il Presidente.

2. La disposizione di cui al comma 1 non si applica ai componenti già nominati alla data di entrata in vigore del presente decreto. Ove l'ordinamento preveda la cessazione contestuale di tutti componenti, la disposizione di cui al comma 1 si applica a decorrere dal primo rinnovo successivo alla data di entrata in vigore del presente decreto. Ove il numero dei componenti, incluso il Presidente, risulti pari, ai fini delle deliberazioni, in caso di parità, il voto del Presidente vale doppio.

(*Omissis*)

(1) *Lettera abrogata dall'art. 1, comma 528, l. 27 dicembre 2017, n. 205, a decorrere dal 1° gennaio 2018.*

(2) *Lettera soppressa dall'art. 22, comma 13, d.l. 24 giugno 2014, n. 90, conv., con modif., in l. l. 11 agosto 2014, n. 114.*

56. Decreto legge 24 giugno 2014, n. 90, convertito, con modificazioni, in legge 11 agosto 2014, n. 114. — Misure urgenti per la semplificazione e la trasparenza amministrativa e per l'efficienza degli uffici giudiziari. (*estratto*).

Pubblicato nella Gazzetta Ufficiale n. 144 del 24 giugno 2014; la legge di conversione è stata pubblicata nella Gazzetta Ufficale n. 190 del 18 agosto 2014, S.O.

22 Razionalizzazione delle autorità indipendenti.

1. I componenti dell'Autorità garante della concorrenza e del mercato, della Commissione nazionale per le società e la borsa, dell'Autorità di regolazione dei trasporti, dell'Autorità per l'energia elettrica, il gas e il sistema idrico, dell'Autorità per le garanzie nelle comunicazioni, del Garante per la protezione dei dati personali, dell'Autorità nazionale anticorruzione, della Commissione di vigilanza sui fondi pensione e della Commissione di garanzia dell'attuazione della legge sullo sciopero nei servizi pubblici essenziali, alla cessazione dall'incarico, non possono essere nuovamente nominati componenti di una autorità indipendente, a pena di decadenza, per un periodo pari a cinque anni.

2. Nel capo III del titolo IV della legge 28 dicembre 2005, n. 262, dopo l'articolo 29 è aggiunto il seguente:

"Art. 29-*bis*. (*Incompatibilità per i componenti e i dirigenti della CONSOB cessati dall'incarico*).

1. I componenti degli organi di vertice e i dirigenti della Commissione nazionale per le società e la borsa, nei due anni successivi alla cessazione dell'incarico, non possono intrattenere, direttamente o indirettamente, rapporti di collaborazione, di consulenza o di impiego con i soggetti regolati né con società controllate da questi ultimi. I contratti conclusi in violazione del presente comma sono nulli. Le disposizioni del presente comma non si applicano ai dirigenti che negli ultimi due anni di servizio sono stati responsabili esclusivamente dì uffici di supporto. Le disposizioni del presente articolo si applicano ai componenti degli organi di vertice e ai dirigenti della Banca d'Italia e dell'Istituto per la vigilanza sulle assicurazioni per un periodo, non superiore a due anni, stabilito con decreto del Presidente del Consiglio dei ministri, da emanare previo parere della Banca centrale europea, che viene richiesto entro trenta giorni dalla data di entrata in vigore della presente disposizione".

3. All'articolo 2, comma 9, della legge 14 novembre 1995, n. 481, sono apportate le seguenti modificazioni:

oa) al primo periodo, la parola: "quattro" è sostituita dalla seguente: "due" (4);

a) dopo le parole: "i componenti" sono inserite le seguenti: "e i dirigenti";

b) è aggiunto in fine il seguente periodo: "Le disposizioni del presente comma non si applicano ai dirigenti che negli ultimi quattro anni di servizio sono stati responsabili esclusivamente di uffici dì supporto.".

4. Le procedure concorsuali per il reclutamento di personale degli organismi dì cui al comma 1 sono gestite unitariamente. previa stipula di apposite convenzioni tra gli stessi organismi, che assicurino Ia trasparenza e l'imparzialità delle procedure e la specificità delle professionalità di ciascun organismo. Sono nulle le procedure concorsuali avviate dopo l'entrata in vigore del presente decreto e prima della stipula delle convenzioni o poste in essere, successivamente alla predetta stipula, in violazione degli obblighi di cui al presente comma e le successive eventuali assunzioni. Restano valide le procedure concorsuali in corso alla data di entrata in vigore del presente decreto.

5. A decorrere dal 1° luglio 2014, gli organismi di cui

ai comma 1 provvedono, nell'ambito dei propri ordinamenti, a una riduzione non inferiore al venti per cento del trattamento economico accessorio del personale dipendente, inclusi i dirigenti.

6. A decorrere dal 1° ottobre 2014, gli organismi di cui al comma I riducono in misura non inferiore al cinquanta per cento, rispetto a quella complessivamente sostenuta nel 2013, la spesa per incarichi dì consulenza, studio e ricerca e quella per gli organi collegiali non previsti dalla legge. Gli incarichi e i contratti in corso sono rinegoziati entro trenta giorni dalla data di entrata in vigore della legge di conversione del presente decreto al fine di assicurare il rispetto dei limiti di cui al periodo precedente.

7. Gli organismi di cui al comma I gestiscono i servizi strumentali in modo unitario, mediante la stipula di convenzioni o la costituzione di uffici comuni ad almeno due organismi. Entro il 31 dicembre 2014, i predetti organismi provvedono ai sensi del primo periodo per almeno tre dei seguenti servizi: affari generali, servizi finanziari e contabili, acquisti e appalti, amministrazione del personale, gestione del patrimonio, servizi tecnici e logistici, sistemi informativi ed informatici. Dall'applicazione del presente comma devono derivare, entro l'anno 2015, risparmi complessivi pari ad almeno il dieci per cento della spesa complessiva sostenuta dagli stessi organismi per i medesimi servizi nell'anno 2013.

8. Alla legge 27 dicembre 2006. n. 296 sono apportate le seguenti modificazioni:

a) all'articolo 1, comma 449, al secondo periodo, dopo le parole "e successive modificazioni," sono aggiunte le seguenti: "nonché le autorità indipendenti,";

b) all'articolo 1, comma 450, al secondo periodo, dopo le parole: "le altre amministrazioni pubbliche di cui all'articolo 1 del decreto legislativo 30 marzo 2001, n. 165," sono aggiunte le seguenti: " nonché le autorità indipendenti,".

9. Gli organismi di cui al comma 1 gestiscono i propri servizi logistici in modo da rispettare i seguenti criteri:

a) sede in edificio di proprietà pubblica o in uso gratuito, salve le spese di funzionamento, o in locazione a condizioni più favorevoli rispetto a quelle degli edifici demaniali disponibili;

b) concentrazione degli uffici nella sede principale, salvo che per oggettive esigenze di diversa collocazione in relazione alle specifiche funzioni di singoli uffici;

c) esclusione di locali adibiti ad abitazione o foresteria per i componenti e il personale;

d) spesa complessiva per sedi secondarie, rappresentanza, trasferte e missioni non superiore al 20 per cento della spesa complessiva;

e) presenza effettiva del personale nella sede principale non inferiore al 70 per cento del totale su base annuale, tranne che per la Commissione nazionale per le società e la borsa;

f) spesa complessiva per incarichi di consulenza, studio e ricerca non superiore al 2 per cento della spesa complessiva.

9-*bis*. Gli organismi di cui al comma 1 assicurano il rispetto dei criteri di cui allo stesso comma 1 entro un anno dalla data di entrata in vigore della legge di conversione del presente decreto e ne danno conto nelle successive relazioni annuali, che sono trasmesse anche alla Corte dei conti. Nell'ipotesi di violazione di uno dei criteri di cui alle lettere *a*), *b*) e *c*) del comma 9, entro l'anno solare successivo a quello della violazione il Ministero dell'economia e delle finanze, tramite l'Agenzia del demanio, individua uno o più edifici di proprietà pubblica da adibire a sede, eventualmente comune, delle relative autorità. L'organismo interessato trasferisce i propri uffici nei sei mesi successivi all'individuazione. Nell'ipotesi di violazione di uno dei criteri di cui alle lettere *d*), *e*) e *f*) del citato comma 9, l'organismo interessato trasferisce al Ministero dell'economia e delle finanze una somma corrispondente all'entità dello scostamento o della maggiore spesa, che rimane acquisita all'erario.

10. L'articolo 2, comma 3, della legge 14 novembre 1995, n. 481, è abrogato.

[11. A decorrere dal 1° ottobre 2014, la sede dell'autorità di cui all'articolo 37 del decreto-legge 6 dicembre 2011, n. 201, convertito, con modificazioni, dalla legge 22 dicembre 2011, n. 214 è individuata ai sensi del comma 9. A decorrere dalla medesima data, il comma secondo periodo, dell'articolo 37 del citato decreto-legge n. 201 del 2011 è soppresso.] (1)

[12. All'allegato 1 (Codice del processo amministrativo) del decreto legislativo 2 luglio 2010, n. 104, l'articolo 14, comma 2, è abrogato.] (1)

13. Dalla data di entrata in vigore della legge di conversione del presente decreto, l'articolo 23, comma 1, lettera *e*), del decreto-legge 6 dicembre 2011, n. 201, come convertito dalla legge 22 dicembre 2011, n. 214, è soppresso.

14. Al decreto-legge 8 aprile 1974, 95, come convertito dalla legge 7 giugno 1974, n. 216, sono apportate le seguenti modificazioni:

a) all'articolo 1, nono comma, è inserito, prima delle parole ". I predetti regolamenti", il seguente periodo: "Le deliberazioni della Commissione concernenti i regolamenti di cui ai precedenti commi sono adottate con non meno di quattro voti favorevoli.";

b) all'articolo 2, quarto comma, terzo periodo, le parole "dalla Commissione" sono sostituite dalle seguenti: "con non meno di quattro voti favorevoli.";

c) all'articolo 2, quarto comma, quarto periodo, dopo le parole "su proposta del Presidente" sono inserite le seguenti: "e con non meno di quattro voti favorevoli.";

d) all'articolo 2, ottavo comma, è aggiunto, in fine, il seguente periodo: "Le relative deliberazioni sono adottate con non meno di quattro voti favorevoli.".

15. Ai maggiori oneri di cui al comma 13, pari a 480.000 euro annui, si fa fronte nell'ambito del bilancio della Consob che a tal fine effettua corrispondenti risparmi di spesa, ulteriori rispetto a quelli previsti a legislazione vigente, senza incrementare il contributo a carico dei soggetti vigilati.

16. Le disposizioni di cui al comma 14 si applicano dalla data di nomina dell'ultimo dei cinque componenti della Consob.

(1) *Comma soppresso in sede di conversione in legge.*

57. Legge 7 agosto 2015, n. 124. — Deleghe al Governo in materia di riorganizzazione delle amministrazioni pubbliche. (*estratto*).

Pubblicata nella Gazzetta Ufficiale n. 187 del 13 agosto 2015.

8 Riorganizzazione dell'amministrazione dello Stato.

1. Il Governo è delegato ad adottare, entro diciotto mesi (1) dalla data di entrata in vigore della presente legge, uno o più decreti legislativi per modificare la disciplina della Presidenza del Consiglio dei ministri, dei Ministeri, delle agenzie governative nazionali e degli enti pubblici non economici nazionali. I decreti legislativi sono adottati nel rispetto dei seguenti principi e criteri direttivi:

(*omissis*)

c) con riferimento alla sola amministrazione centrale, applicare i principi e criteri direttivi di cui agli articoli 11, 12 e 14 della legge 15 marzo 1997, n. 59, e successive modificazioni, nonché, all'esclusivo fine di attuare l'articolo 95 della Costituzione e di adeguare le statuizioni dell'articolo 5 della legge 23 agosto 1988, n. 400, definire:

(*omissis*)

6) razionalizzazione con eventuale soppressione degli uffici ministeriali le cui funzioni si sovrappongono a quelle proprie delle autorità indipendenti e viceversa; individuazione di criteri omogenei per la determinazione del trattamento economico dei componenti e del personale delle autorità indipendenti, in modo da evitare maggiori oneri per la finanza pubblica, salvaguardandone la relativa professionalità; individuazione di criteri omogenei di finanziamento delle medesime autorità, tali da evitare maggiori oneri per la finanza pubblica, mediante la partecipazione, ove non attualmente prevista, delle imprese operanti nei settori e servizi di riferimento, o comunque regolate o vigilate (2);

(1) *Le parole* « diciotto mesi » *sono state sostituite alle parole* « dodici mesi » *dall'art. 1, comma 2, l. 14 luglio 2016, n. 131.*

(2) *La delega non è stata esercitata.*

(*Omissis*)

CAPO II
AUTORITÀ GARANTE DELLA CONCORRENZA E DEL MERCATO

58. Legge 10 ottobre 1990, n. 287. — Norme per la tutela della concorrenza e del mercato.

Pubblicata nella Gazzetta Ufficiale n. 240 del 13 ottobre 1990.

TITOLO I
Norme sulle intese, sull'abuso di posizione dominante e sulle operazioni di concentrazione

1 Ambito di applicazione e rapporti con l'ordinamento comunitario.

1. La disposizioni della presente legge in attuazione dell'articolo 41 della Costituzione a tutela e garanzia del diritto di iniziativa economica, si applicano alle intese, agli abusi di posizione dominante e alle concentrazioni di imprese [che non ricadono nell'ambito di applicazione degli articoli 65 e/o 66 del Trattato istitutivo della Comunità europea del carbone e dell'acciaio, degli articoli 85 e/o 86 del Trattato istitutivo della Comunità economica europea (CEE), dei regolamenti della CEE o di atti comunitari con efficacia normativa equiparata] (1).

2. L'Autorità garante della concorrenza e del mercato di cui all'articolo 10, di seguito denominata "Autorità", applica anche parallelamente in relazione a uno stesso caso gli articoli 101 e 102 del Trattato sul funzionamento dell'Unione europea e gli articoli 2 e 3 della presente legge in materia di intese restrittive della libertà di concorrenza e di abuso di posizione dominante (2). [3. Per le fattispecie in relazione alle quali risulti già iniziata una procedura presso la Commissione delle Comunità europee in base alle norme richiamate nel comma 1, l'Autorità sospende l'istruttoria, salvo che per gli eventuali aspetti di esclusiva rilevanza nazionale.] (3)

4. L'interpretazione delle norme contenute nel presente titolo è effettuata in base ai princìpi dell'ordinamento delle Comunità europee in materia di disciplina della concorrenza.

(1) *Comma modificato dall'art. 17, comma 1, lett.* a), *d.lgs. 19 gennaio 2017, n. 3.*

(2) *Comma sostituito dall'art. 17, comma 1, lett.* b), *d.lgs. d.lgs.19 gennaio 2017, n. 3.*

(3) *Comma abrogato dall'art. 17, comma 1, lett.* c), *d.lgs. d.lgs.19 gennaio 2017, n. 3.*

2 Intese restrittive della libertà di concorrenza.

1. Sono considerati intese gli accordi e/o le pratiche concordati tra imprese nonché le deliberazioni, anche se adottate ai sensi di disposizioni statutarie o regolamentari, di consorzi, associazioni di imprese ed altri organismi similari.

2. Sono vietate le intese tra imprese che abbiano per oggetto o per effetto di impedire, restringere o falsare in maniera consistente il gioco della concorrenza all'interno del mercato nazionale o in una sua parte rilevante, anche attraverso attività consistenti nel:

a) fissare direttamente o indirettamente i prezzi d'acquisto o di vendita ovvero altre condizioni contrattuali;

b) impedire o limitare la produzione, gli sbocchi, o gli accessi al mercato, gli investimenti, lo sviluppo tecnico o il progresso tecnologico;

c) ripartire i mercati o le fonti di approvvigionamento;

d) applicare, nei rapporti commerciali con altri contraenti, condizioni oggettivamente diverse per prestazioni equivalenti, così da determinare per essi ingiustificati svantaggi nella concorrenza;

e) subordinare la conclusione di contratti all'accettazione da parte degli altri contraenti di prestazioni supplementari che, per loro natura o secondo gli usi commerciali, non abbiano alcun rapporto con l'oggetto dei contratti stessi.

3. Le intese vietate sono nulle ad ogni effetto.

3 Abuso di posizione dominante.

1. È vietato l'abuso da parte di una o più imprese di una posizione dominante all'interno del mercato nazionale o in una sua parte rilevante, ed inoltre è vietato:

a) imporre direttamente o indirettamente prezzi

di acquisto, di vendita o altre condizioni contrattuali ingiustificatamente gravose;

b) impedire o limitare la produzione, gli sbocchi o gli accessi al mercato, lo sviluppo tecnico o il progresso tecnologico, a danno dei consumatori;

c) applicare nei rapporti commerciali con altri contraenti condizioni oggettivamente diverse per prestazioni equivalenti, così da determinare per essi ingiustificati svantaggi nella concorrenza;

d) subordinare la conclusione dei contratti all'accettazione da parte degli altri contraenti di prestazioni supplementari che, per loro natura e secondo gli usi commerciali, non abbiano alcuna connessione con l'oggetto dei contratti stessi.

4 Deroghe al divieto di intese restrittive della libertà di concorrenza.

1. L'Autorità può autorizzare, con proprio provvedimento, per un periodo limitato, intese o categorie di intese vietate ai sensi dell'articolo 2, che diano luogo a miglioramenti nelle condizioni di offerta sul mercato i quali abbiano effetti tali da comportare un sostanziale beneficio per i consumatori e che siano individuati anche tenendo conto della necessità di assicurare alle imprese la necessaria concorrenzialità sul piano internazionale e connessi in particolare con l'aumento della produzione, o con il miglioramento qualitativo della produzione stessa o della distribuzione ovvero con il progresso tecnico o tecnologico. L'autorizzazione non può comunque consentire restrizioni non strettamente necessarie al raggiungimento delle finalità di cui al presente comma né può consentire che risulti eliminata la concorrenza da una parte sostanziale del mercato.

2. L'Autorità può revocare il provvedimento di autorizzazione in deroga di cui al comma 1, previa diffida, qualora l'interessato abusi dell'autorizzazione ovvero quando venga meno alcuno dei presupposti per l'autorizzazione.

3. La richiesta di autorizzazione è presentata all'Autorità, che si avvale dei poteri di istruttoria di cui all'articolo 14 e provvede entro centoventi giorni dalla presentazione della richiesta stessa.

5 Operazioni di concentrazione.

1. L'operazione di concentrazione si realizza:

a) quando due o più imprese procedono a fusione;

b) quando uno o più soggetti in posizione di controllo di almeno un'impresa ovvero una o più imprese acquisiscono direttamente od indirettamente, sia mediante acquisto di azioni o di elementi del patrimonio, sia mediante contratto o qualsiasi altro mezzo, il controllo dell'insieme o di parti di una o più imprese;

c) quando due o più imprese procedono, attraverso la costituzione di una nuova società, alla costituzione di un'impresa comune.

2. L'assunzione del controllo di un'impresa non si verifica nel caso in cui una banca o un istituto finanziario acquisti, all'atto della costituzione di un'impresa o dell'aumento del suo capitale, partecipazioni in tale impresa al fine di rivenderle sul mercato, a condizione che durante il periodo di possesso di dette partecipazioni, comunque non superiore a ventiquattro mesi, non eserciti i diritti di voto inerenti alle partecipazioni stesse.

3. Le operazioni aventi quale oggetto o effetto principale il coordinamento del comportamento di imprese indipendenti non danno luogo ad una concentrazione.

6 Divieto delle operazioni di concentrazione restrittive della libertà di concorrenza (1).

1. Nei riguardi delle operazioni di concentrazione soggette a comunicazione ai sensi dell'articolo 16, l'Autorità valuta se comportino la costituzione o il rafforzamento di una posizione dominante sul mercato nazionale in modo da eliminare o ridurre in modo sostanziale e durevole la concorrenza. Tale situazione deve essere valutata tenendo conto delle possibilità di scelta dei fornitori e degli utilizzatori, della posizione sul mercato delle imprese interessate, del loro accesso alle fonti di approvvigionamento o agli sbocchi di mercato, della struttura dei mercati, della situazione competitiva dell'industria nazionale, delle barriere all'entrata sul mercato di imprese concorrenti, nonché dell'andamento della domanda e dell'offerta dei prodotti o servizi in questione.

2. L'Autorità, al termine dell'istruttoria di cui all'articolo 16, comma 4, quando accerti che l'operazione comporta le conseguenze di cui al comma 1, vieta la concentrazione ovvero l'autorizza prescrivendo le misure necessarie ad impedire tali conseguenze.

(1) *Ai sensi del comma 4 dell'art. 3 d.l. 25 giugno 2017 n. 99, conv., con modif., in l. 31 luglio 2017, n. 121: « Se la concentrazione che deriva dalla cessione non è disciplinata dal regolamento (CE) n. 139/2004 del Consiglio del 20 gennaio 2004, essa si intende autorizzata in deroga alle procedure previste dalla legge 10 ottobre 1990, n. 287, per rilevanti interessi generali dell'economia nazionale ».*

L'art. 1 dello stesso d.l. n. 99, cit. (« Ambito di applicazione ») prevede che: « 1. Il presente decreto disciplina l'avvio e lo svolgimento della liquidazione coatta amministrativa di Banca Popolare di Vicenza S.p.A. e di Veneto Banca S.p.A. (ciascuna singolarmente, la "Banca" o, collettivamente, le "Banche") nonché le modalità e le condizioni delle misure a sostegno di queste ultime in conformità con la disciplina europea in materia di aiuti di Stato. Ai fini del presente decreto per "soggetti sottoposti a liquidazione" si intendono le Banche poste in liquidazione coatta amministrativa ai sensi dell'articolo 2.

2. Le misure previste dal presente decreto che costituiscano un aiuto di Stato ai sensi dell'articolo 107 del Trattato sul funzionamento dell'Unione Europea sono adottate a seguito della positiva decisione della Commissione Europea sulla loro compatibilità con la disciplina dell'Unione Europea in materia di aiuti di Stato. –

3. Il Ministero dell'economia e delle finanze ("Ministero"), sulla base degli elementi forniti dalla Banca d'Italia, presenta alla Commissione Europea, sino al termine della procedura, una relazione annuale contenente informazioni dettagliate riguardo agli interventi dello Stato effettuati ai sensi del presente decreto ».

Il successivo art. 3, comma 1, del suddetto d.l. n. 99, cit., stabilisce che: « 1. I commissari liquidatori, in conformità con quanto previsto dal decreto adottato ai sensi dell'articolo 2, comma 1, provvedono a cedere ad un soggetto, individuato ai sensi del comma 3, l'azienda, suoi singoli rami, nonché beni, diritti e rapporti giuridici individuabili in blocco, ovvero attività e passività, anche parziali o per una quota di ciascuna di esse, di uno dei soggetti in liquidazione o di entrambi ».

7 Controllo.

1. Ai fini del presente titolo si ha controllo nei casi contemplati dall'articolo 2359 del codice civile ed inoltre in presenza di diritti, contratti o altri rapporti giu-

ridici che conferiscono, da soli o congiuntamente, e tenuto conto delle circostanze di fatto e di diritto, la possibilità di esercitare un'influenza determinante sulle attività di un'impresa, anche attraverso:

a) diritti di proprietà o di godimento sulla totalità o su parti del patrimonio di un'impresa;

b) diritti, contratti o altri rapporti giuridici che conferiscono un'influenza determinante sulla composizione, sulle deliberazioni o sulle decisioni degli organi di un'impresa.

2. Il controllo è acquisito dalla persona o dalla impresa o dal gruppo di persone o di imprese:

a) che siano titolari dei diritti o beneficiari dei contratti o soggetti degli altri rapporti giuridici suddetti;

b) che, pur non essendo titolari di tali diritti o beneficiari di tali contratti o soggetti di tali rapporti giuridici, abbiano il potere di esercitare i diritti che ne derivano.

8 Imprese pubbliche e in monopolio legale.

1. Le disposizioni contenute nei precedenti articoli si applicano sia alle imprese private che a quelle pubbliche o a prevalente partecipazione statale.

2. Le disposizioni di cui ai precedenti articoli non si applicano alle imprese che, per disposizioni di legge, esercitano la gestione di servizi di interesse economico generale ovvero operano in regime di monopolio sul mercato, per tutto quanto strettamente connesso all'adempimento degli specifici compiti loro affidati.

2-*bis*. Le imprese di cui al comma 2, qualora intendano svolgere attività in mercati diversi da quelli in cui agiscono ai sensi del medesimo comma 2, operano mediante società separate (1).

2-*ter*. La costituzione di società e l'acquisizione di posizioni di controllo in società operanti nei mercati diversi di cui al comma 2-*bis* sono soggette a preventiva comunicazione all'Autorità (1).

2-*quater*. Al fine di garantire pari opportunità di iniziativa economica, qualora le imprese di cui al comma 2 rendano disponibili a società da esse partecipate o controllate nei mercati diversi di cui al comma 2-*bis* beni o servizi, anche informativi, di cui abbiano la disponibilità esclusiva in dipendenza delle attività svolte ai sensi del medesimo comma 2, esse sono tenute a rendere accessibili tali beni o servizi, a condizioni equivalenti, alle altre imprese direttamente concorrenti (1) (2).

2-*quinquies*. Nei casi di cui ai commi 2-*bis*, 2-*ter* e 2-*quater*, l'Autorità esercita i poteri di cui all'articolo 14. Nei casi di accertata infrazione agli articoli 2 e 3, le imprese sono soggette alle disposizioni e alle sanzioni di cui all'articolo 15 (1).

2-*sexies*. In caso di violazione degli obblighi di comunicazione di cui al comma 2-*ter*, l'Autorità applica la sanzione amministrativa pecuniaria fino a euro 51.645 (1).

(1) *Comma aggiunto dall'art. 11, l. 5 marzo 2001, n. 57.*
In deroga all'obbligo di separazione societaria previsto dal presente comma v., per le società a controllo pubblico, l'art. 6, comma 1, d.lgs. 19 agosto 2016, n. 175, il quale prevede che « 1. Le società a controllo pubblico, che svolgano attivit à economiche protette da diritti speciali o esclusivi, insieme con altre attività svolte in regime di economia di mercato, in deroga all'obbligo di separazione societaria previsto dal comma 2-bis dell'articolo 8 della legge 10 ottobre 1990, n. 287, adottano sistemi di contabilità separata per le attività oggetto di diritti speciali o esclusivi e per ciascuna attività ».

(2) *Ai sensi dell'art. 1, comma 6, d.l. 6 maggio 2021, n. 59, conv., con modif., in l. 1° luglio 2021, n. 101, allo scopo di agevolare la realizzazione degli interventi previsti dal comma 2, lett. f), punto 1, del citato art. 1 d.l. n. 59, cit., dalla data di entrata in vigore della legge di conversione del suddetto decreto e fino al 31 dicembre 2023, le disposizioni di cui al presente comma non si applicano ai soggetti individuati per l'attuazione degli interventi ricompresi nel Piano nazionale per gli investimenti complementari al Piano nazionale di ripresa e resilienza.*

9 Autoproduzione.

1. La riserva per legge allo Stato ovvero a un ente pubblico del monopolio su un mercato, nonché la riserva per legge ad un'impresa incaricata della gestione di attività di prestazione al pubblico di beni o di servizi contro corrispettivo, non comporta per i terzi il divieto di produzione di tali beni o servizi per uso proprio, della società controllante e delle società controllate.

2. L'autoproduzione non è consentita nei casi in cui in base alle disposizioni che prevedono la riserva risulti che la stessa è stabilita per motivi di ordine pubblico, sicurezza pubblica e difesa nazionale, nonché, salvo concessione, per quanto concerne il settore delle telecomunicazioni.

TITOLO II
Istituzione e compiti dell'autorità garante della concorrenza e del mercato

CAPO I
Istituzione dell'autorità

10 Autorità garante della concorrenza e del mercato (1).

1. È istituita l'Autorità garante della concorrenza e del mercato, denominata ai fini della presente legge Autorità, con sede in Roma.

2. L'Autorità opera in piena autonomia e con indipendenza di giudizio e di valutazione ed è organo collegiale costituito dal presidente e da quattro membri, nominati con determinazione adottata d'intesa dai Presidenti della Camera dei deputati e del Senato della Repubblica. Il presidente è scelto tra persone di notoria indipendenza che abbiano ricoperto incarichi istituzionali di grande responsabilità e rilievo. I quattro membri sono scelti tra persone di notoria indipendenza da individuarsi tra magistrati del Consiglio di Stato, della Corte dei conti o della Corte di cassazione, professori universitari ordinari di materie economiche o giuridiche, e personalità provenienti da settori economici dotate di alta e riconosciuta professionalità (2).

3. I membri dell'Autorità sono nominati per sette anni e non possono essere confermati. Essi non possono esercitare, a pena di decadenza, alcuna attività professionale o di consulenza, né possono essere amministratori o dipendenti di enti pubblici o privati, né ricoprire altri uffici pubblici di qualsiasi natura. I

dipendenti statali sono collocati fuori ruolo per l'intera durata del mandato. I membri dell'Autorità non possono essere rimossi o destituiti per motivi connessi al corretto svolgimento dei loro compiti o al corretto esercizio dei poteri nell'applicazione della presente legge ovvero degli articoli 101 o 102 del TFUE. I membri dell'Autorità possono essere sollevati dall'incarico solamente quando è applicata la pena accessoria di cui all'articolo 28 del Codice penale con sentenza passata in giudicato; in tali casi, il Collegio dell'Autorità informa i Presidenti della Camera dei deputati e del Senato della Repubblica per i provvedimenti di competenza (3).

3-*bis*. I membri e il personale dell'Autorità svolgono i loro compiti ed esercitano i loro poteri ai fini dell'applicazione della presente legge e degli articoli 101 o 102 del TFUE in modo indipendente da ingerenze politiche e da altre influenze esterne. Essi non sollecitano né accettano istruzioni dal Governo o da altri soggetti pubblici o privati nello svolgimento dei loro compiti o nell'esercizio dei loro poteri. I membri e il personale dell'Autorità si astengono dall'intraprendere qualsiasi azione incompatibile con lo svolgimento dei loro compiti o con l'esercizio dei loro poteri ai fini dell'applicazione della presente legge ovvero degli articoli 101 o 102 del TFUE (3).

3-*ter*. L'Autorità adotta e pubblica un codice di condotta per i propri membri e il proprio personale, che include disposizioni in materia di conflitto di interessi e le relative sanzioni. I membri e il personale dell'Autorità, per i tre anni successivi dalla cessazione delle loro funzioni, non possono essere coinvolti in procedimenti istruttori riguardanti l'applicazione degli articoli 101 o 102 TFUE ovvero degli articoli 2 o 3 della presente legge di cui si sono occupati durante il loro rapporto di lavoro o incarico presso l'Autorità. I contratti conclusi e gli incarichi conferiti in violazione di quanto previsto dal precedente periodo sono nulli (3).

4. L'Autorità ha diritto di corrispondere con tutte le pubbliche amministrazioni e con gli enti di diritto pubblico, e di chiedere ad essi, oltre a notizie ed informazioni, la collaborazione per l'adempimento delle sue funzioni. L'Autorità, in quanto autorità nazionale competente per la tutela della concorrenza e del mercato, intrattiene con gli organi delle Comunità europee i rapporti previsti dalla normativa comunitaria in materia.

5. Entro novanta giorni dalla data di entrata in vigore della presente legge, con decreto del Presidente della Repubblica, su proposta del Ministro dell'industria, del commercio e dell'artigianato, sentito il Ministro del tesoro, previa deliberazione del Consiglio dei Ministri, sono stabilite procedure istruttorie che garantiscono agli interessati la piena conoscenza degli atti istruttori, il contraddittorio e la verbalizzazione (4).

6. L'Autorità delibera le norme concernenti la propria organizzazione e il proprio funzionamento, quelle concernenti il trattamento giuridico ed economico del personale e l'ordinamento delle carriere, nonché quelle dirette a disciplinare la gestione delle spese nei limiti previsti dalla presente legge, anche in deroga alle disposizioni sulla contabilità generale dello Stato.

7. L'Autorità provvede all'autonoma gestione delle spese per il proprio funzionamento nei limiti del contributo di cui al comma 7-*ter*. L'Autorità è indipendente nell'utilizzare la propria dotazione finanziaria (5). La gestione finanziaria si svolge in base al bilancio di previsione approvato dall'Autorità entro il 31 dicembre dell'anno precedente a quello cui il bilancio si riferisce. Il contenuto e la struttura del bilancio di previsione, il quale deve comunque contenere le spese indicate entro i limiti delle entrate previste, sono stabiliti dal regolamento di cui al comma 6, che disciplina anche le modalità per le eventuali variazioni. Il rendiconto della gestione finanziaria, approvato entro il 30 aprile dell'anno successivo, è soggetto al controllo della Corte dei conti. Il bilancio preventivo e il rendiconto della gestione finanziaria sono pubblicati nella Gazzetta Ufficiale della Repubblica italiana (6).

[7-*bis*. L'Autorità, ai fini della copertura dei costi relativi al controllo delle operazioni di concentrazione, determina annualmente le contribuzioni dovute dalle imprese tenute all'obbligo di comunicazione ai sensi dell'articolo 16, comma 1. A tal fine, l'Autorità adotta criteri di parametrazione dei contributi commisurati ai costi complessivi relativi all'attività di controllo delle concentrazioni, tenuto conto della rilevanza economica dell'operazione sulla base del valore della transazione interessata e comunque in misura non superiore all'1,2 per cento del valore stesso, stabilendo soglie minime e massime della contribuzione] (7).

7-*ter*. All'onere derivante dal funzionamento dell'Autorità garante della concorrenza e del mercato si provvede mediante un contributo di importo pari allo 0,08 per mille del fatturato risultante dall'ultimo bilancio approvato dalle società di capitale, con ricavi totali superiori a 50 milioni di euro, fermi restando i criteri stabiliti dal comma 2 dell'articolo 16 della presente legge. La soglia massima di contribuzione a carico di ciascuna impresa non può essere superiore a cento volte la misura minima (8).

7-*quater*. Ferme restando, per l'anno 2012, tutte le attuali forme di finanziamento, ivi compresa l'applicazione dell'articolo 2, comma 241, della legge 23 dicembre 2009, n. 191, in sede di prima applicazione, per l'anno 2013, il contributo di cui al comma 7-*ter* è versato direttamente all'Autorità con le modalità determinate dall'Autorità medesima con propria deliberazione, entro il 30 ottobre 2012. Per gli anni successivi, a decorrere dall'anno 2014, il contributo è versato, entro il 31 luglio di ogni anno, direttamente all'Autorità con le modalità determinate dall'Autorità medesima con propria deliberazione. Eventuali variazioni della misura e delle modalità di contribuzione possono essere adottate dall'Autorità medesima con propria deliberazione, nel limite massimo dello 0,5 per mille del fatturato risultante dal bilancio approvato precedentemente all'adozione della delibera, ferma restando la soglia massima di contribuzione di cui al comma 7-*ter* (8).

8. Con decreto del Presidente del Consiglio dei Ministri, su proposta del Ministro dell'industria, del commercio e dell'artigianato, d'intesa con il Ministro del tesoro, sono determinate le indennità spettanti al presidente e ai membri dell'Autorità.

(1) *V. anche gli artt. 4 e ss. della Direttiva (UE) 2019/1 del Parlamento europeo e del Consiglio dell'11 dicembre 2018 che conferisce alle autorità garanti della concorrenza degli Stati membri poteri di applicazione più efficace e che assicura il corretto funzionamento del mercato interno (sub II, 65) su indipendenza e risorse delle autorità garanti della concorrenza.*

(2) *Membri ridotti a tre compreso il Presidente dalla lett.* d) *del comma 1 dell'art. 23 d.l. 6 dicembre 2011, n. 201, conv., con modif., in l. 22 dicembre 2011, n. 214..*

(3) *Commi 3, 3-*bis *e 3-*ter *così sostituiti all'originario comma 3 dall'art. 1, comma 1, lett.* a) *d.lgs. 8 novembre 2021, n. 185. Il testo del comma 3 era il seguente:* « 3. I membri dell'Autorità sono nominati per sette anni e non possono essere confermati. Essi non possono esercitare, a pena di decadenza, alcuna attività professionale o di consulenza, né possono essere amministratori o dipendenti di enti pubblici o privati, né ricoprire altri uffici pubblici di qualsiasi natura. I dipendenti statali sono collocati fuori ruolo per l'intera durata del mandato ».

(4) *V. d.P.R. 30 aprile 1998, n. 217 (« Regolamento recante norme in materia di procedure istruttorie di competenza dell'Autorità garante della concorrenza e del mercato »).*

(5) *Periodo aggiunto dall'art. 1, comma 1, lett.* b) *d.lgs. 8 novembre 2021, n. 185.*

(6) *Comma modificato dall'art. 5-*bis*, comma 2, lett.* a)*, d.l. 24 gennaio 2012, n. 1, conv., con modif., in l. 24 marzo 2012, n. 27, a decorrere dal 1° gennaio 2013.*

(7) *Comma dapprima inserito dall'art. 1, comma 69, l. 23 dicembre 2005, n. 266, esuccessivamente abrogato dall'art. 5-*bis*, comma 2, lett.* b)*, d.l. n. 1, cit, a decorrere dal 1° gennaio 2013.*

(8) *Comma aggiunto dall'art. 5-*bis*, comma 1, d.l., n. 1, cit.*

11 Personale della Autorità.

1. Con decreto del Presidente del Consiglio dei Ministri è istituito un apposito ruolo del personale dipendente dell'Autorità. Il numero dei posti previsti dalla pianta organica non può eccedere le centocinquanta unità. L'assunzione del personale avviene per pubblico concorso ad eccezione delle categorie per le quali sono previste assunzioni in base all'articolo 16 della legge 28 febbraio 1987, n. 56.

2. Il trattamento giuridico ed economico del personale e l'ordinamento delle carriere sono stabiliti in base ai criteri fissati dal contratto collettivo di lavoro in vigore per la Banca d'Italia, tenuto conto delle specifiche esigenze funzionali ed organizzative dell'Autorità.

3. Al personale in servizio presso l'Autorità è in ogni caso fatto divieto di assumere altro impiego o incarico o esercitare attività professionali, commerciali e industriali.

4. L'Autorità può assumere direttamente dipendenti con contratto a tempo determinato, disciplinato dalle norme di diritto privato, in numero di cinquanta unità. L'Autorità può inoltre avvalersi, quando necessario, di esperti da consultare su specifici temi e problemi (1).

5. Al funzionamento dei servizi e degli uffici dell'Autorità sovraintende il segretario generale, che ne risponde al presidente, e che è nominato dal Ministro dell'industria, del commercio e dell'artigianato, su proposta del presidente dell'Autorità.

(1) *Il numero dei contratti a tempo determinato di cui al presente comma è stato incrementato di quattro unità, ai sensi di quanto disposto dall'art. 5 d.l. 6 marzo 2006, n. 68, conv., con modif., in l. 24 marzo 2006, n. 127.*

CAPO II
Poteri dell'autorità in materia di intese restrittive della libertà di concorrenza e di abuso di posizione dominante

12 Poteri di indagine.

1. L'Autorità, valutati gli elementi comunque in suo possesso e quelli portati a sua conoscenza da pubbliche amministrazioni o da chiunque vi abbia interesse, ivi comprese le associazioni rappresentative dei consumatori, procede ad istruttoria per verificare l'esistenza di infrazioni ai divieti stabiliti negli articoli 2 e 3.

1-*bis*. I tipi di prove ammissibili dinanzi all'Autorità comprendono i documenti, le dichiarazioni orali, i messaggi elettronici, le registrazioni e tutti gli altri documenti contenenti informazioni, indipendentemente dalla loro forma e dal supporto sul quale le informazioni sono conservate (1).

1-*ter*. L'Autorità ha il potere di definire le priorità di intervento ai fini dell'applicazione della presente legge e degli articoli 101 e 102 del TFUE. L'Autorità può non dare seguito alle segnalazioni che non rientrino tra le proprie priorità di intervento (1).

1-*quater*. I procedimenti relativi alle infrazioni degli articoli 101 o 102 del TFUE ovvero degli articoli 2 o 3 della presente legge, incluso l'esercizio dei poteri di cui al presente capo II da parte dell'Autorità, rispettano i principi generali del diritto dell'Unione europea e la Carta dei diritti fondamentali dell'Unione europea (1).

2. L'Autorità può, inoltre, procedere, d'ufficio o su richiesta del Ministro dell'industria, del commercio e dell'artigianato o del Ministro delle partecipazioni statali, ad indagini conoscitive di natura generale nei settori economici nei quali l'evoluzione degli scambi, il comportamento dei prezzi, o altre circostanze facciano presumere che la concorrenza sia impedita, ristretta o falsata.

(1) *Comma inserito dall'art. 1, comma 2, d.lgs. 8 novembre 2021, n. 185.*

13 Comunicazione delle intese.

1. Le imprese possono comunicare all'Autorità le intese intercorse. Se l'Autorità non avvia l'istruttoria di cui all'articolo 14 entro centoventi giorni dalla comunicazione non può più procedere a detta istruttoria, fatto salvo, il caso di comunicazioni incomplete o non veritiere.

14 Istruttoria.

1. L'Autorità, nei casi di presunta infrazione degli articoli 101 o 102 del TFUE ovvero degli articoli 2 o 3 della presente legge, svolge l'istruttoria in tempi ragionevoli e ne notifica l'apertura alle imprese e agli enti interessati. I titolari o legali rappresentanti delle imprese ed enti hanno diritto di essere sentiti, personalmente o a mezzo di procuratore speciale, nel termine fissato contestualmente alla notifica ed hanno facoltà

di presentare deduzioni e pareri in ogni stadio dell'istruttoria, nonché di essere nuovamente sentiti prima della chiusura della stessa (1).

2. L'Autorità può in ogni momento dell'istruttoria richiedere a imprese, associazioni di imprese o persone fisiche e giuridiche che ne sono in possesso di fornire informazioni e di esibire documenti utili ai fini dell'istruttoria, entro un termine ragionevole e indicato nella richiesta. Tali richieste di informazioni sono proporzionate e non obbligano i destinatari ad ammettere un'infrazione degli articoli 101 o 102 del TFUE ovvero degli articoli 2 o 3 della presente legge. L'obbligo di fornire tutte le informazioni necessarie comprende le informazioni accessibili ai destinatari della richiesta (2).

2-*bis*. L'Autorità può in ogni momento dell'istruttoria convocare in audizione ogni rappresentante di un'impresa o di un'associazione di imprese, un rappresentante di altre persone giuridiche e ogni persona fisica se tali rappresentanti o tali persone fisiche possono essere in possesso di informazioni rilevanti ai fini dell'istruttoria (2).

2-*ter*. L'Autorità può disporre perizie e analisi economiche e statistiche nonché la consultazione di esperti in ordine a qualsiasi elemento rilevante ai fini dell'istruttoria (2).

2-*quater*. L'Autorità può in ogni momento dell'istruttoria disporre presso imprese e associazioni di imprese tutte le ispezioni necessarie all'applicazione della presente legge e degli articoli 101 e 102 del TFUE. I funzionari dell'Autorità incaricati di procedere alle ispezioni possono:

a) accedere a tutti i locali, terreni e mezzi di trasporto delle imprese e associazioni di imprese;

b) controllare i libri e qualsiasi altro documento connesso all'azienda, su qualsiasi forma di supporto, e accedere a tutte le informazioni accessibili all'entità oggetto dell'accertamento ispettivo;

c) fare o acquisire, sotto qualsiasi forma, copie o estratti dei suddetti libri o documenti e, se lo ritengono opportuno, continuare dette ricerche di informazioni e la selezione di copie o estratti nei locali dell'Autorità o in altri locali da essa designati;

d) apporre sigilli a tutti i locali, libri e documenti aziendali per la durata dell'accertamento ispettivo e nella misura necessaria al suo espletamento;

e) chiedere a qualsiasi rappresentante o membro del personale dell'impresa o dell'associazione di imprese spiegazioni sui fatti o documenti relativi all'oggetto e allo scopo dell'accertamento ispettivo e verbalizzarne le risposte (2).

2-*quinquies*. Se vi sono motivi ragionevoli di sospettare che libri o altri documenti connessi all'azienda e all'oggetto dell'ispezione, che possono essere pertinenti per provare un'infrazione degli articoli 101 o 102 del TFUE ovvero degli articoli 2 o 3 della presente legge, siano conservati in locali, terreni e mezzi di trasporto diversi da quelli di cui all'articolo 14, comma 2-*quater*, lettera *a*), della presente legge, compresa l'abitazione di dirigenti, amministratori e altri membri del personale delle imprese o associazioni di imprese interessate, l'Autorità può disporre ispezioni in tali locali, terreni e mezzi di trasporto. I funzionari dell'Autorità incaricati dell'ispezione dispongono dei poteri di cui al comma 2-*quater*, lettere *a*), *b*), e *c*), del presente articolo (2).

2-*sexies*. L'accertamento ispettivo nei luoghi di cui al comma 2-*quinquies* del presente articolo può essere eseguito soltanto se autorizzato con decreto motivato emesso dal procuratore della Repubblica del luogo ove deve svolgersi l'accesso. Il decreto è notificato all'Autorità entro dieci giorni dall'emissione. Contro il decreto di diniego, l'Autorità può proporre opposizione, entro dieci giorni dalla notificazione, con atto presentato alla segreteria del procuratore della Repubblica che ha emesso il decreto. L'atto di opposizione è trasmesso, unitamente al decreto di diniego, al giudice per le indagini preliminari ai sensi dell'articolo 368 del codice di procedura penale (2).

2-*septies*. Nello svolgimento dell'attività ispettiva di cui ai commi 2-*quater* e 2-*quinquies* del presente articolo, l'Autorità può avvalersi della collaborazione dei militari della Guardia di finanza, che, ai sensi dell'articolo 54, comma 4, della legge 6 febbraio 1996, n. 52, agiscono con i poteri e le facoltà previsti dai decreti del Presidente della Repubblica 26 ottobre 1972, n. 633, e 29 settembre 1973, n. 600, e dalle altre disposizioni tributarie, nonché della collaborazione di altri organi dello Stato (2).

2-*octies*. Quando l'Autorità svolge un'ispezione ai sensi dei commi 2-*quater* e 2-*quinquies* del presente articolo o un'audizione ai sensi del comma 2-*bis* del presente articolo, in nome e per conto di altre autorità nazionali garanti della concorrenza conformemente all'articolo 22 del regolamento (CE) n. 1/2003 del Consiglio, del 16 dicembre 2002, i funzionari e le altre persone che li accompagnano autorizzati o nominati dall'autorità nazionale garante della concorrenza richiedente possono assistere all'ispezione o all'audizione svolti dall'Autorità e parteciparvi attivamente, sotto il controllo dei funzionari dell'Autorità medesima (2).

3. Tutte le notizie, le informazioni o i dati riguardanti le imprese oggetto di istruttoria da parte dell'Autorità sono tutelati dal segreto d'ufficio anche nei riguardi delle pubbliche amministrazioni.

4. I funzionari dell'Autorità nell'esercizio delle loro funzioni sono pubblici ufficiali. Essi sono vincolati dal segreto d'ufficio.

5. L'Autorità dispone l'applicazione di una sanzione amministrativa pecuniaria fino all'1 per cento del fatturato totale realizzato a livello mondiale durante l'esercizio precedente se, dolosamente o per colpa:

a) le imprese o le associazioni di imprese ostacolano l'ispezione di cui al comma 2-*quater*, del presente articolo;

b) sono stati infranti i sigilli apposti ai sensi del comma 2-*quater*, lettera *d*), del presente articolo, ferme le ulteriori sanzioni penali previste per l'autore dell'infrazione;

c) in risposta ad una domanda rivolta nel corso di un'ispezione ai sensi del comma 2-*quater*, lettera *e*), del presente articolo, le imprese e le associazioni di imprese non forniscono una risposta completa o forniscono informazioni inesatte o fuorvianti;

d) in risposta ad una richiesta di informazioni ai sensi del comma 2 del presente articolo, le imprese e le associazioni di imprese forniscono informazioni inesatte, incomplete o fuorvianti oppure non forniscono le informazioni entro il termine stabilito;

e) le imprese o le associazioni di imprese non si presentano all'audizione convocata ai sensi del comma 2-*bis* del presente articolo (3).

6. L'Autorità può irrogare alle imprese e associazioni di imprese penalità di mora il cui importo può giungere fino al 5 per cento del fatturato medio giornaliero realizzato a livello mondiale durante l'esercizio sociale precedente per ogni giorno di ritardo a decorrere dalla data fissata nella richiesta o nel provvedimento, al fine di costringerle:

a) a fornire informazioni complete ed esatte in risposta ad una richiesta di informazioni ai sensi del comma 2 del presente articolo;

b) a presentarsi all'audizione convocata ai sensi del comma 2-*bis* del presente articolo;

c) a sottoporsi all'ispezione di cui al comma 2-*quater* del presente articolo (3).

7. Con provvedimento dell'Autorità, sono sottoposte alla sanzione amministrativa pecuniaria da 150 euro a 25.823 euro le persone fisiche che, dolosamente o per colpa:

a) ostacolano l'accertamento ispettivo di cui al comma 2-*quinquies* del presente articolo;

b) in risposta ad una richiesta di informazioni ai sensi del comma 2 del presente articolo, forniscono informazioni inesatte, incomplete o fuorvianti oppure non forniscono le informazioni entro il termine stabilito, salvo rifiuto motivato se le informazioni richieste possono far emergere la propria responsabilità per un illecito passibile di sanzioni amministrative di carattere punitivo o per un reato;

c) non si presentano all'audizione convocata ai sensi del comma 2-*bis* del presente articolo (3).

8. L'Autorità può irrogare alle persone fisiche penalità di mora da 150 euro a 500 euro per ogni giorno di ritardo a decorrere dalla data fissata nella richiesta o nel provvedimento, al fine di costringerle a:

a) fornire informazioni complete ed esatte in risposta a una richiesta di informazioni ai sensi del comma 2 del presente articolo, salvo rifiuto motivato se le informazioni richieste possono far emergere la propria responsabilità per un illecito passibile di sanzioni amministrative di carattere punitivo o per un reato;

b) presentarsi all'audizione convocata ai sensi del comma 2-*bis* del presente articolo;

c) sottoporsi all'ispezione di cui al comma 2-*quinquies* del presente articolo (3) (4).

(1) *Comma così sostituito dall'art. 1, comma 3, lett.* a) *d.lgs. 8 novembre 2021, n. 185. Il testo del comma era il seguente:* « 1. L'Autorità, nei casi di presunta infrazione agli artt. 2 o 3, notifica l'apertura dell'istruttoria alle imprese e agli enti interessati. I titolari o legali rappresentanti delle imprese ed enti hanno diritto di essere sentiti, personalmente o a mezzo di procuratore speciale, nel termine fissato contestualmente alla notifica ed hanno facoltà di presentare deduzioni e pareri in ogni stadio dell'istruttoria, nonché di essere nuovamente sentiti prima della chiusura di questa ».

(2) *Commi da 2 a 2-*octies *così sostituiti all'originario comma 2 dall'art. 1, comma 3, lett.* b) *d.lgs. n. 185, cit. Il testo del comma 2 era il seguente:* « 2. L'Autorità può in ogni momento dell'istruttoria richiedere alle imprese, enti o persone che ne siano in possesso, di fornire informazioni e di esibire documenti utili ai fini dell'istruttoria; disporre ispezioni al fine di controllare i documenti aziendali e di prenderne copia, anche avvalendosi della collaborazione di altri organi dello Stato; disporre perizie e analisi economiche e statistiche nonché la consultazione di esperti in ordine a qualsiasi elemento rilevante ai fini dell'istruttoria ».

(3) *Commi da 5 a 8 così sostituiti all'originario comma 5 dall'art. 1, comma 3, lett.* c) *d.lgs. n. 185, cit. Il testo del comma 5 era il seguente:* « 5. Con provvedimento dell'Autorità, i soggetti richiesti di fornire gli elementi di cui al comma 2 sono sottoposti alla sanzione amministrativa pecuniaria fino a cinquanta milioni di lire [€ 25.822] se rifiutano od omettono, senza giustificato motivo, di fornire le informazioni o di esibire i documenti ovvero alla sanzione amministrativa pecuniaria fino a cento milioni di lire [€ 51.645] se forniscono informazioni od esibiscono documenti non veritieri. Sono salve le diverse sanzioni previste dall'ordinamento vigente ».

(4) *V. anche l'art. 22 del Regolamento UE n. 1/2003 (sub V, 2) e gli artt. 6 e ss. della Direttiva (UE) 2019/1 del Parlamento europeo e del Consiglio dell'11 dicembre 2018 che conferisce alle autorità garanti della concorrenza degli Stati membri poteri di applicazione più efficace e che assicura il corretto funzionamento del mercato interno (sub II, 65).*

14-*bis* Misure cautelari (1).

1. Nei casi di urgenza dovuta al rischio di un danno grave e irreparabile per la concorrenza, l'Autorità può, d'ufficio, ove constati ad un sommario esame la sussistenza di un'infrazione, deliberare l'adozione di misure cautelari.

2. Le decisioni adottate ai sensi del comma 1 del presente articolo sono proporzionate e applicabili fino all'adozione della decisione finale oppure per un periodo di tempo specificato che può, se necessario e opportuno, essere prorogato. L'Autorità informa la rete europea della concorrenza delle misure cautelari adottate nel contesto di procedimenti volti all'accertamento di infrazioni degli articoli 101 e 102 del TFUE (2).

3. L'Autorità, quando le imprese non adempiano a una decisione che dispone misure cautelari, può infliggere sanzioni amministrative pecuniarie fino al 3 per cento del fatturato totale realizzato a livello mondiale durante l'esercizio precedente (3) (4).

(1) *Articolo inserito dall'art. 14 d.l. 4 luglio 2006, n. 223, conv., con modif., in l. 4 agosto 2006, n. 248.*

(2) *Comma così sostituito dall'art. 1, comma 4, lett.* a) *d.lgs. 8 novembre 2021, n. 185. Il testo del comma era il seguente:* « 2. Le decisioni adottate ai sensi del comma 1 non possono essere in ogni caso rinnovate o prorogate ».

(3) *Le parole* « totale realizzato a livello mondiale durante l'esercizio precedente » *sono state aggiunte dall'art. 1, comma 4, lett.* b) *d.lgs. n. 185, cit.*

(4) *V. anche l'art. 8 del Regolamento UE n. 1/2003 (sub V, 2) e l'art. 11 della Direttiva (UE) 2019/1 del Parlamento europeo e del Consiglio dell'11 dicembre 2018 che conferisce alle autorità garanti della concorrenza degli Stati membri poteri di applicazione più efficace e che assicura il corretto funzionamento del mercato interno (sub II, 65).*

14-*ter* Impegni (1).

1. Entro tre mesi dalla notifica dell'apertura di un'istruttoria per l'accertamento della violazione degli artt. 2 o 3 della presente legge o degli artt. 81 o 82 del Trattato CE, le imprese possono presentare impegni tali da far venire meno i profili anticoncorrenziali oggetto dell'istruttoria. L'Autorità, valutata l'idoneità di tali impegni e previa consultazione degli operatori del mercato (2), può, nei limiti previsti dall'ordinamento comunitario, renderli obbligatori per le imprese. Tale decisione può essere adottata per un periodo di tempo determinato e chiude (2) il procedimento senza accertare l'infrazione.

2. L'Autorità in caso di mancato rispetto degli impegni resi obbligatori ai sensi del comma 1 può irrogare

una sanzione amministrativa pecuniaria fino al 10 per cento del fatturato totale realizzato a livello mondiale durante l'esercizio precedente. Al fine di monitorare l'attuazione degli impegni, l'Autorità esercita i poteri di cui all'articolo 14 della presente legge (3).

3. L'Autorità può d'ufficio riaprire il procedimento se:

a) si modifica in modo determinante (4) la situazione di fatto rispetto ad un elemento su cui si fonda la decisione;

b) le imprese interessate contravvengono agli impegni assunti;

c) la decisione si fonda su informazioni trasmesse dalle parti che sono incomplete inesatte o fuorvianti (5).

(1) *Articolo inserito dall'art. 14 d.l. 4 luglio 2006, n. 223, conv., con modif., in l. 4 agosto 2006, n. 248.*

(2) *Le parole* « e previa consultazione degli operatori del mercato » *sono state aggiunte, e le parole* « . Tale decisione può essere adottata per un periodo di tempo determinato e chiude » *sono state sostituite alle parole* « e chiudere » *dall'art. 1, comma 5, lett.* a) *d.lgs. 8 novembre 2021, n. 185.*

(3) *Le parole da* « totale realizzato » *a* « della presente legge » *sono state aggiunte dall'art. 1, comma 5, lett.* b) *d.lgs. n. 185, cit.*

(4) *Le parole* « in modo determinante » *sono state aggiunte dall'art. 1, comma 5, lett.* c) *d.lgs. n. 185, cit.*

(5) *V. anche l'art. 9 del Regolamento UE n. 1/2003 (*sub *V, 2) e l'art. 12 della Direttiva (UE) 2019/1 del Parlamento europeo e del Consiglio dell'11 dicembre 2018 che conferisce alle autorità garanti della concorrenza degli Stati membri poteri di applicazione più efficace e che assicura il corretto funzionamento del mercato interno (*sub *II, 65).*

15 Diffide e sanzioni.

1. Se, a seguito dell'istruttoria di cui all'articolo 14 della presente legge, l'Autorità ravvisa un'infrazione degli articoli 101 o 102 del TFUE ovvero degli articoli 2 o 3 della presente legge, fissa alle imprese e associazioni di imprese interessate il termine per l'eliminazione dell'infrazione stessa ovvero, se l'infrazione è già cessata, ne vieta la reiterazione. A tal fine l'Autorità può imporre l'adozione di qualsiasi rimedio comportamentale o strutturale proporzionato all'infrazione commessa e necessario a far cessare effettivamente l'infrazione stessa. Al momento di scegliere fra due rimedi ugualmente efficaci, l'Autorità opta per il rimedio meno oneroso per l'impresa, in linea con il principio di proporzionalità (1).

1-*bis*. Tenuto conto della gravità e della durata dell'infrazione, dispone inoltre l'applicazione di una sanzione amministrativa pecuniaria fino al 10 per cento del fatturato realizzato in ciascuna impresa o associazione di imprese nell'ultimo esercizio chiuso anteriormente alla notificazione della diffida, determinando i termini entro i quali l'impresa deve procedere al pagamento della sanzione. Se l'infrazione commessa da un'associazione di imprese riguarda le attività dei suoi membri, l'Autorità dispone l'applicazione di una sanzione amministrativa pecuniaria fino al 10 per cento della somma dei fatturati totali a livello mondiale realizzati nell'ultimo esercizio chiuso anteriormente alla notificazione della diffida di ciascun membro operante sul mercato interessato dall'infrazione commessa dall'associazione. Tuttavia, la responsabilità finanziaria di ciascuna impresa riguardo al pagamento della sanzione non può superare il 10 per cento del fatturato da essa realizzato nell'ultimo esercizio chiuso anteriormente alla notificazione della diffida (1).

1-*ter*. Quando a un'associazione di imprese è irrogata una sanzione tenendo conto del fatturato dei suoi membri ai sensi degli articoli 14, comma 5, e 15, comma 1-*bis*, e l'associazione non è solvibile, essa è tenuta a richiedere ai propri membri contributi a concorrenza dell'importo della sanzione. Se tali contributi non sono stati versati integralmente all'associazione di imprese entro il termine fissato dall'Autorità, l'Autorità può esigere il pagamento della sanzione direttamente da qualsivoglia impresa i cui rappresentanti erano membri degli organi decisionali dell'associazione quando quest'ultima ha assunto la decisione che ha costituito l'infrazione. Se necessario per garantire il pagamento integrale della sanzione, dopo aver richiesto il pagamento a dette imprese, l'Autorità può anche esigere il pagamento dell'importo della sanzione ancora dovuto da qualsivoglia membro dell'associazione che operava sul mercato nel quale si è verificata l'infrazione. Tuttavia, non può esigersi il pagamento dalle imprese che dimostrano che non hanno attuato la decisione dell'associazione che ha costituito l'infrazione e che o non erano a conoscenza della sua esistenza, o si sono attivamente dissociate da essa prima dell'inizio dell'indagine (1).

1-*quater*. Se, in base alle informazioni di cui dispone, l'Autorità ritiene che non sussistono le condizioni per ravvisare un'infrazione, l'Autorità può assumere una decisione in tal senso.

Quando, dopo aver informato la Commissione europea ai sensi dell'articolo 11, paragrafo 3, del regolamento (CE) n. 1/2003, l'Autorità ritiene che sono venuti meno i motivi di intervento e chiude pertanto il procedimento istruttorio, ne informa di conseguenza la Commissione europea (1).

2. In caso di inottemperanza alla diffida di cui al comma 1, l'Autorità applica la sanzione amministrativa pecuniaria fino al dieci per cento del fatturato ovvero, nei casi in cui sia stata applicata la sanzione di cui al comma 1, di importo minimo non inferiore al doppio della sanzione già applicata con un limite massimo del dieci per cento del fatturato come individuato al comma 1, determinando altresì il termine entro il quale il pagamento della sanzione deve essere effettuato. Nei casi di reiterata inottemperanza l'Autorità può disporre la sospensione dell'attività d'impresa fino a trenta giorni.

2-*bis*. L'Autorità può irrogare alle imprese e associazioni di imprese penalità di mora il cui importo può giungere fino al 5 per cento del fatturato medio giornaliero realizzato a livello mondiale durante l'esercizio sociale precedente per ogni giorno di ritardo a decorrere dalla data fissata nella decisione, al fine di costringerle a:

a) ottemperare alla diffida di cui al comma 1 del presente articolo;

b) ottemperare alle misure cautelari adottate ai sensi dell'articolo 14-*bis*;

c) rispettare gli impegni resi obbligatori mediante decisione ai sensi dell'articolo 14-*ter* (2).

(1) *Commi da 1 a 1-*quater *così sostituiti all'originario comma 1 dall'art. 1, comma 6, lett.* a) *d.lgs. 8 novembre 2021, n. 185. Il testo del*

comma 1, come modificato dall'art. 11, comma 4, l. 5 marzo 2001, n. 57, era il seguente: « 1. Se a seguito dell'istruttoria di cui all'art. 14 l'Autorità ravvisa infrazioni agli artt. 2 o 3, fissa alle imprese e agli enti interessati il termine per l'eliminazione delle infrazioni stesse. Nei casi di infrazioni gravi, tenuto conto della gravità e della durata dell'infrazione, dispone inoltre l'applicazione di una sanzione amministrativa pecuniaria fino al 10% del fatturato realizzato in ciascuna impresa o ente nell'ultimo esercizio chiuso anteriormente alla notificazione della diffida, determinando i termini entro i quali l'impresa deve procedere al pagamento della sanzione ».

(2) *Comma così sostituito dall'art. 1, comma 6, lett.* b) *d.lgs. n. 185, cit. Il testo del comma, come inserito dall'art. 14, comma 2, d.l. 4 luglio 2006, n. 223, conv. in l. 4 agosto 2006, n. 248, era il seguente:* « 2-*bis*. L'Autorità, in conformità all'ordinamento comunitario, definisce con proprio provvedimento generale i casi in cui, in virtù della qualificata collaborazione prestata dalle imprese nell'accertamento di infrazioni alle regole di concorrenza, la sanzione amministrativa pecuniaria può essere non applicata ovvero ridotta nelle fattispecie previste dal diritto comunitario ».

15-*bis* Non applicazione delle sanzioni (1).

1. L'Autorità, in conformità all'ordinamento dell'Unione europea, adotta con proprio provvedimento generale un programma di trattamento favorevole che definisce i casi in cui, in virtù della qualificata collaborazione prestata dalle imprese nell'accertamento di infrazioni delle regole di concorrenza, la sanzione amministrativa pecuniaria può essere non applicata o ridotta per le imprese che rivelino la loro partecipazione a cartelli segreti.

2. Ai fini dell'applicazione di tali disposizioni, per cartello segreto si intende un accordo o pratica concordata fra due o più concorrenti, di cui è celata in tutto o in parte l'esistenza, volta a coordinare la loro condotta concorrenziale sul mercato o a influire sui pertinenti parametri di concorrenza mediante pratiche consistenti, tra l'altro, nel fissare o coordinare i prezzi di acquisto o di vendita o di altre condizioni di transazione, anche in relazione ai diritti di proprietà intellettuale, nell'allocare quote di produzione o di vendita, nel ripartire i mercati e i clienti, tra l'altro mediante manipolazione delle gare d'appalto, le restrizioni delle importazioni o delle esportazioni o azioni anticoncorrenziali dirette contro altre imprese concorrenti.

3. L'Autorità concede l'immunità dalle sanzioni solo se il richiedente:

a) soddisfa le condizioni di cui all'articolo 15-*quater* della presente legge;

b) rivela la sua partecipazione a un cartello segreto; e

c) fornisce, per primo, elementi probatori che:

1) nel momento in cui l'Autorità riceve la domanda, consentono a quest'ultima di effettuare un accertamento ispettivo mirato riguardo al cartello segreto, purché l'Autorità non sia ancora in possesso di elementi probatori sufficienti per decidere di effettuare tale accertamento ispettivo o non abbia già effettuato detto accertamento ispettivo; o

2) a giudizio dell'Autorità, sono sufficienti a quest'ultima per constatare un'infrazione che ricade nell'ambito del programma di trattamento favorevole, a condizione che l'Autorità non sia ancora in possesso di elementi probatori sufficienti per constatare tale infrazione e che a nessuna impresa sia stata accordata l'immunità ai sensi del numero 1), in relazione a detto cartello segreto.

4. L'immunità dalle sanzioni non può essere concessa alle imprese che hanno esercitato coercizione su altre imprese perché aderissero al cartello segreto o continuassero a parteciparvi.

5. L'Autorità informa il richiedente se gli è stata concessa o meno l'immunità condizionale dalle sanzioni. Il richiedente può chiedere di essere informato per iscritto dall'Autorità circa l'esito della sua domanda. Nei casi in cui l'Autorità respinge la domanda di immunità dalle sanzioni, il richiedente interessato può chiedere che la sua domanda sia esaminata come una domanda di riduzione delle sanzioni.

(1) *Articolo inserito dall'art. 1, comma 7, d.lgs. 8 novembre 2021, n. 185.*

15-*ter* Riduzione delle sanzioni (1).

1. L'Autorità concede la riduzione delle sanzioni solo se il richiedente:

a) soddisfa le condizioni di cui all'articolo 15-*quater* della presente legge;

b) rivela la sua partecipazione a un cartello segreto; e

c) fornisce, elementi probatori del presunto cartello segreto che costituiscono un valore aggiunto significativo al fine di provare un'infrazione che ricade nell'ambito del programma di trattamento favorevole rispetto agli elementi probatori già in possesso dell'Autorità al momento della presentazione della domanda.

2. Se il richiedente fornisce elementi probatori inconfutabili, che l'Autorità utilizza per provare ulteriori circostanze che determinano l'aumento delle sanzioni rispetto a quelle che sarebbero altrimenti state imposte ai partecipanti al cartello segreto, l'Autorità non tiene conto di tali ulteriori circostanze al momento di determinare la sanzione da irrogare al suddetto richiedente che ha fornito tali elementi probatori.

(1) *Articolo inserito dall'art. 1, comma 7, d.lgs. 8 novembre 2021, n. 185.*

15-*quater* Condizioni generali per l'applicazione del trattamento favorevole (1).

1. Per poter beneficiare del trattamento favorevole per la partecipazione a cartelli segreti, il richiedente deve soddisfare le seguenti condizioni:

a) aver posto fine alla sua partecipazione al presunto cartello segreto al più tardi immediatamente dopo aver presentato la domanda legata a un programma di trattamento favorevole, tranne per quanto, a giudizio dell'Autorità, sia ragionevolmente necessario per preservare l'integrità della sua indagine;

b) cooperare in modo genuino, integralmente, su base continuativa e sollecitamente con l'Autorità dal momento in cui presenta la domanda fino a quando l'Autorità non ha chiuso il procedimento istruttorio nei confronti di tutte le parti oggetto dell'indagine adottando una decisione o ha altrimenti chiuso il procedimento istruttorio; tale cooperazione comporta quanto segue:

1) fornire prontamente all'Autorità tutte le pertinenti informazioni ed elementi probatori riguardanti il presunto cartello segreto di cui il richiedente venga in possesso o a cui possa accedere, in particolare:

1.1. la denominazione e l'indirizzo del richiedente;

1.2. la denominazione di tutte le altre imprese che partecipano o hanno partecipato al presunto cartello segreto;

1.3. una descrizione dettagliata del presunto cartello segreto, inclusi i prodotti che ne formano l'oggetto, l'ambito geografico, la durata e la natura della condotta del presunto cartello segreto;

1.4. informazioni su precedenti domande di trattamento favorevole presentate a qualsiasi altra autorità garante della concorrenza in relazione al presunto cartello segreto, ovvero informazioni su possibili domande future;

2) restare a disposizione dell'Autorità per rispondere a qualsiasi richiesta che possa contribuire a stabilire i fatti;

3) mettere a disposizione per audizioni di fronte all'Autorità i direttori, gli amministratori e gli altri membri del personale e compiere ragionevoli sforzi per fare altrettanto con gli ex direttori, amministratori e altri membri del personale;

4) non distruggere, falsificare o celare informazioni o elementi probatori pertinenti; e

5) non rivelare di aver presentato la domanda di trattamento favorevole né rendere nota alcuna parte del suo contenuto prima che nel procedimento istruttorio l'Autorità abbia inviato la comunicazione delle risultanze istruttorie, a meno che non sia stato convenuto altrimenti; e

c) nel periodo in cui prevede di presentare una domanda di trattamento favorevole all'Autorità, non deve:

1) aver distrutto, falsificato o celato elementi probatori pertinenti riguardanti il presunto cartello segreto; o

2) aver rivelato di voler presentare la domanda né aver reso nota nessuna parte del suo contenuto, a eccezione di altre autorità garanti della concorrenza dell'Unione europea e di Paesi terzi.

(1) *Articolo inserito dall'art. 1, comma 7, d.lgs. 8 novembre 2021, n. 185.*

15-*quinquies* Forma delle dichiarazioni legate a un programma di trattamento favorevole (1).

1. Le dichiarazioni legate a un programma di trattamento favorevole relative a domande complete o semplificate ai sensi dell'articolo 15-*septies* possono essere presentate per iscritto o in forma orale. Con il provvedimento di cui all'articolo 15-*bis*, comma 1, l'Autorità può individuare altri mezzi che consentono ai richiedenti di non acquisire il possesso, la custodia o il controllo delle dichiarazioni presentate.

2. Su istanza del richiedente, l'Autorità conferma per iscritto la ricezione delle domande complete o semplificate, indicandone la data e l'ora.

3. Le dichiarazioni legate a un programma di trattamento favorevole relative a domande complete o semplificate, incluse quelle presentate ai sensi dell'articolo 15-*sexies*, sono presentate in lingua italiana. L'Autorità può concordare bilateralmente con il richiedente che la domanda sia presentata in altra lingua.

(1) *Articolo inserito dall'art. 1, comma 7, d.lgs. 8 novembre 2021, n. 185.*

15-*sexies* Numero d'ordine per le domande di non applicazione delle sanzioni (1).

1. Le imprese che intendono chiedere la non applicazione delle sanzioni possono ricevere inizialmente un posto nell'elenco relativo al trattamento favorevole, se lo richiedono, per un periodo determinato di volta in volta dall'Autorità, in modo che il richiedente raccolga le informazioni e gli elementi probatori necessari per raggiungere la soglia probatoria pertinente ai fini dell'immunità dalle sanzioni. La scelta dell'Autorità in ordine all'accoglimento della domanda è pienamente discrezionale.

2. L'impresa che presenti la richiesta di cui al comma 1 fornisce all'Autorità, ove disponibili, le seguenti informazioni:

a) la denominazione e l'indirizzo del richiedente;

b) gli elementi alla base delle preoccupazioni che hanno portato alla richiesta;

c) i nomi di tutte le altre imprese che partecipano o hanno partecipato al presunto cartello segreto;

d) i prodotti e i territori interessati;

e) la durata e la natura della condotta del presunto cartello segreto;

f) informazioni su precedenti domande di trattamento favorevole presentate alle altre autorità garanti della concorrenza in relazione al presunto cartello segreto ovvero informazioni su possibili domande future.

3. Le informazioni e gli elementi di prova forniti dal richiedente nel periodo determinato ai sensi del comma 1 sono considerati come presentati alla data della richiesta iniziale.

(1) *Articolo inserito dall'art. 1, comma 7, d.lgs. 8 novembre 2021, n. 185.*

15-*septies* Domande semplificate (1).

1. L'impresa che ha richiesto alla Commissione europea il trattamento favorevole in relazione a un cartello segreto che ricade nell'ambito di applicazione dell'articolo 101 del TFUE, presentando una domanda completa o richiedendo un numero d'ordine, può presentare all'Autorità una domanda in forma semplificata in relazione al medesimo cartello, a condizione che la domanda riguardi più di tre Paesi membri come territori interessati.

2. La domanda semplificata consta di una breve descrizione di ciascuno dei seguenti elementi:

a) la denominazione e l'indirizzo del richiedente;

b) la denominazione delle altre parti del presunto cartello segreto;

c) il prodotto o i prodotti che ne formano oggetto e gli ambiti geografici;

d) la durata e la natura della condotta del presunto cartello segreto;

e) lo Stato membro o gli Stati membri dove verosimilmente si trovano gli elementi probatori del presunto cartello segreto; e

f) le informazioni relative alle domande di trattamento favorevole già presentate alle altre autorità garanti della concorrenza dell'Unione europea e di Paesi terzi in relazione al presunto cartello segreto, ovvero informazioni su possibili domande future.

3. Se la Commissione europea riceve una domanda completa e l'Autorità riceve una domanda semplificata in relazione allo stesso presunto cartello, l'Autorità considera la Commissione come il principale interlocutore del richiedente in particolare nel fornire le istruzioni al richiedente sullo svolgimento di qualsiasi ulteriore indagine interna, finché non è precisato se la Commissione perseguirà, integralmente o parzialmente, il caso. In tale periodo l'Autorità può chiedere all'impresa che ha presentato una domanda semplificata di fornire chiarimenti specifici solo in merito agli elementi di cui al comma 2, prima di chiedere la presentazione di una domanda completa a norma del comma 5.

4. Quando riceve una domanda semplificata, l'Autorità verifica se ha già ricevuto una domanda semplificata o completa da altri richiedenti in relazione allo stesso presunto cartello segreto. Se l'Autorità non ha ricevuto altre domande di trattamento favorevole da altri richiedenti e ritiene che la domanda semplificata soddisfa i requisiti di cui al comma 2, ne informa di conseguenza il richiedente.

5. Quando la Commissione europea informa l'Autorità di non voler perseguire, integralmente o parzialmente, il caso, l'Autorità può sollecitare i richiedenti a presentare ad essa una domanda completa.

L'Autorità può esigere che il richiedente presenti la domanda completa prima che la Commissione abbia informato l'Autorità che non intende perseguire, integralmente o parzialmente, il caso, solo in circostanze eccezionali, qualora ciò si riveli strettamente necessario per la definizione o l'allocazione del caso. Quando l'Autorità richiede la presentazione di una domanda completa, indica al richiedente un termine ragionevole per la presentazione di tale domanda, nonché delle informazioni e degli elementi probatori corrispondenti. In ogni caso, resta impregiudicato il diritto del richiedente di presentare volontariamente una domanda completa all'Autorità in una fase anteriore.

6. Se il richiedente presenta la domanda completa conformemente al comma 5 entro il periodo specificato dall'Autorità, la domanda completa è considerata come presentata all'ora della domanda semplificata, a condizione che la domanda semplificata riguardi lo stesso o gli stessi prodotti e il territorio o i territori interessati e abbia la stessa durata del presunto cartello segreto di cui alla domanda di trattamento favorevole presentata alla Commissione europea, eventualmente aggiornata.

(1) *Articolo inserito dall'art. 1, comma 7, d.lgs. 8 novembre 2021, n. 185.*

CAPO II-*BIS*
Assistenza investigativa nell'ambito della rete europea della concorrenza (1).

(1) *Capo aggiunto, unitamente agli artt. da 15-*octies *a 15-*duodecies*, dall'art. 1, comma 8, d.lgs. 8 novembre 2021, n. 185.*

15-*octies* Cooperazione investigativa (1).

1. Fatto salvo l'articolo 14, comma 2-*octies*, l'Autorità può esercitare i poteri di indagine di cui all'articolo 14 in nome e per conto di altre autorità nazionali garanti della concorrenza dei Paesi dell'Unione europea che ne fanno richiesta, al fine di accertare un'eventuale inottemperanza, da parte di imprese o associazioni di imprese, alle richieste di informazioni, agli accertamenti ispettivi, alle convocazioni in audizione, alle diffide, alle misure cautelari e alle decisioni con impegni adottate dall'autorità richiedente in relazione all'applicazione degli articoli 101 e 102 del TFUE.

2. L'Autorità può richiedere alle altre autorità nazionali garanti della concorrenza dei Paesi dell'Unione europea di esercitare i poteri di indagine ad esse conferiti dal diritto nazionale al fine di accertare un'eventuale inottemperanza, da parte di imprese o associazioni di imprese, alle richieste di informazioni, agli accertamenti ispettivi, alle convocazioni in audizione, alle diffide, alle misure cautelari e alle decisioni con impegni adottate dall'Autorità in relazione all'applicazione degli articoli 101 e 102 del TFUE.

3. L'Autorità trasmette all'autorità richiedente le informazioni raccolte ai sensi del comma 1 e utilizza come mezzo di prova le informazioni ad essa trasmesse da altre autorità ai sensi del comma 2, fatte salve le garanzie di cui all'articolo 12 del regolamento (CE) n. 1/2003.

(1) *V. nota* sub *Capo II*-bis.

15-*nonies* Richieste di notifica (1).

1. L'Autorità, su richiesta di altre autorità nazionali garanti della concorrenza dei Paesi dell'Unione europea formulata in relazione all'applicazione degli articoli 101 o 102 del TFUE, notifica ai destinatari sul territorio nazionale:

a) le comunicazioni delle risultanze istruttorie riguardanti una presunta infrazione degli articoli 101 o 102 del TFUE e le decisioni che applicano tali articoli adottate dall'autorità richiedente;

b) qualsiasi altro atto procedimentale adottato nell'ambito del procedimento istruttorio che debba essere notificato a norma del diritto nazionale dell'autorità richiedente;

c) qualsiasi altra documentazione pertinente relativa all'applicazione degli articoli 101 e 102 del TFUE, inclusa la documentazione relativa all'esecuzione delle decisioni che applicano sanzioni o penalità di mora.

2. L'Autorità, quando applica gli articoli 101 o 102 del TFUE, può richiedere alle altre autorità nazionali garanti della concorrenza dei Paesi dell'Unione europea di notificare ai destinatari sul territorio nazionale dell'autorità adita:

a) le comunicazioni delle risultanze istruttorie riguardanti una presunta infrazione degli articoli 101 o 102 del TFUE e le decisioni che applicano tali articoli;

b) qualsiasi altro atto procedimentale adottato nell'ambito del procedimento istruttorio che debba essere notificato a norma del diritto nazionale;

c) qualsiasi altra documentazione pertinente relativa all'applicazione degli articoli 101 e 102 del TFUE, inclusa la documentazione relativa all'esecuzione delle decisioni che applicano sanzioni o penalità di mora.

(1) *V. nota* sub *Capo II*-bis.

15-*decies* Richieste di esecuzione delle decisioni che impongono sanzioni o penalità di mora (1).

1. L'Autorità, su richiesta di altre autorità nazionali garanti della concorrenza dei Paesi dell'Unione europea, adotta in raccordo con le competenti amministrazioni le misure necessarie ad assicurare l'esecuzione delle decisioni definitive che impongono sanzioni o penalità di mora adottate dall'autorità richiedente in relazione all'applicazione degli articoli 101 e 102 del TFUE, se l'autorità richiedente, dopo aver compiuto ragionevoli sforzi nel proprio territorio, ha accertato che l'impresa o l'associazione di imprese nei cui confronti la sanzione o la penalità di mora è esecutiva non dispone di beni sufficienti nello Stato membro dell'autorità richiedente per consentire il recupero di detta sanzione o penalità di mora.

2. Nei casi che non ricadono nel comma 1, in particolare quando l'impresa o l'associazione di imprese, nei cui confronti la sanzione o la penalità di mora è esecutiva, è stabilita in Italia, su istanza dell'autorità richiedente l'Autorità può comunque prestare assistenza per dare esecuzione alle decisioni definitive che impongono sanzioni o penalità di mora adottate dall'autorità richiedente in relazione all'applicazione degli articoli 101 e 102 del TFUE.

3. L'Autorità può richiedere alle autorità competenti all'uopo designate dagli altri Paesi dell'Unione europea di assicurare l'esecuzione delle decisioni definitive che impongono sanzioni o penalità di mora adottate dall'Autorità in relazione all'applicazione degli articoli 101 e 102 del TFUE.

4. Le questioni relative ai termini di prescrizione per l'esecuzione di sanzioni e penalità di mora sono disciplinate dal diritto nazionale dello Stato membro dell'autorità richiedente.

5. Ai fini del presente articolo si considerano decisioni definitive quelle non più suscettibili di essere impugnate con mezzi ordinari.

(1) *V. nota* sub *Capo II*-bis.

15-*undecies* Procedura di cooperazione (1).

1. L'Autorità dà esecuzione alle richieste di cui agli articoli 15-*nonies*, comma 1, e 15-*decies*, commi 1 e 2, senza indebito ritardo, sulla scorta di uno strumento uniforme corredato di una copia dell'atto da notificare o a cui dare esecuzione.

2. Tale strumento uniforme indica i seguenti elementi:

a) la denominazione, l'indirizzo conosciuto del destinatario e altre informazioni utili alla sua identificazione;

b) un riassunto dei fatti e delle circostanze pertinenti;

c) un riassunto della copia acclusa dell'atto da notificare o a cui dare esecuzione;

d) la denominazione, l'indirizzo e altri dati di contatto dell'autorità adita;

e) il termine entro cui si dovrebbe effettuare la notifica o l'esecuzione, quali i termini decadenziali previsti dalla legge o i termini di prescrizione.

3. Per le richieste di cui all'articolo 15-*decies*, oltre ai requisiti di cui al comma 2, lo strumento uniforme contiene quanto segue:

a) le informazioni relative alla decisione che consente l'esecuzione nello Stato membro dell'autorità richiedente;

b) la data in cui la decisione è diventata definitiva;

c) l'importo della sanzione o penalità di mora;

d) le informazioni che attestano gli sforzi ragionevoli compiuti dall'autorità richiedente per dare esecuzione alla decisione nel proprio territorio. Il requisito di cui alla presente lettera non si applica alle richieste formulate ai sensi dell'articolo 15-*decies*, comma 2.

4. Lo strumento uniforme è trasmesso all'Autorità in lingua italiana. Tuttavia, l'Autorità può concordare bilateralmente con l'autorità richiedente, caso per caso, che lo strumento uniforme possa essere trasmesso in una lingua diversa. L'atto da notificare o la decisione che consente l'esecuzione della sanzione o della penalità di mora devono essere corredati da una traduzione in lingua italiana. Tuttavia, l'Autorità può concordare bilateralmente con l'autorità richiedente, caso per caso, che tale traduzione possa essere fornita in una lingua diversa.

5. Lo strumento uniforme di cui al comma 1 del presente articolo costituisce l'unica base delle misure di esecuzione adottate dall'Autorità. Esso non è oggetto di alcun atto di riconoscimento, completamento o sostituzione.

6. L'Autorità non è tenuta a dare esecuzione a una richiesta di cui agli articoli 15-*nonies* e 15-*decies* solo se:

a) la richiesta non è conforme alle disposizioni del presente articolo; ovvero

b) l'Autorità adduce validi motivi che dimostrino come l'esecuzione della richiesta sarebbe manifestamente contraria all'ordine pubblico. Se l'Autorità intende rifiutare una richiesta di assistenza di cui agli articoli 15-*nonies* e 15-*decies* della presente legge o chiede ulteriori informazioni, contatta l'autorità richiedente.

7. L'Autorità può richiedere che l'autorità richiedente sostenga tutti i costi aggiuntivi ragionevoli, compresi i costi di traduzione, retributivi e amministrativi, in relazione alle misure adottate a norma degli articoli 15-*octies* e 15-*nonies*.

8. L'Autorità può recuperare l'importo totale dei costi sostenuti in relazione alle azioni intraprese di cui all'articolo 15-*decies* dalle sanzioni o penalità di mora

riscosse per conto dell'autorità richiedente, compresi i costi di traduzione, retributivi e amministrativi. Se l'Autorità non riesce a riscuotere le sanzioni o penalità di mora, può chiedere all'autorità richiedente di farsi carico dei costi sostenuti. L'Autorità può altresì recuperare i costi sostenuti in relazione all'esecuzione di siffatte decisioni dall'impresa nei cui confronti la sanzione o la penalità di mora è esecutiva.

9. L'Autorità recupera tali importi dovuti in euro, secondo le disposizioni applicabili nel diritto nazionale. Se necessario, l'Autorità converte in euro, in conformità del diritto nazionale, l'importo delle sanzioni o penalità di mora, applicando il tasso di cambio in vigore alla data in cui le sanzioni o penalità di mora sono state imposte.

10. L'Autorità può convenire, su base di reciprocità, la rinuncia al recupero dei costi di cui ai commi 7 e 8 nei confronti delle altre autorità nazionali di concorrenza dei Paesi dell'Unione europea.

(1) *V. nota* sub *Capo II*-bis.

15-*duodecies* Competenza e legislazione applicabile (1).

1. Le controversie rientrano nella competenza degli organi competenti dello Stato membro dell'autorità richiedente e sono disciplinate dal diritto di tale Stato membro, se riguardano:

a) la legittimità di un atto da notificare ai sensi dell'articolo 15-*nonies* o di una decisione cui dare esecuzione ai sensi dell'articolo 15-*decies*; e

b) la legittimità dello strumento uniforme che consente l'esecuzione nello Stato membro dell'autorità adita.

2. Le controversie riguardanti le misure di esecuzione adottate nello Stato membro dell'autorità adita o la validità di una notifica effettuata dall'autorità adita rientrano nella competenza degli organi competenti dello Stato membro dell'autorità adita e sono disciplinate dal diritto di tale Stato membro.

(1) *V. nota* sub *Capo II*-bis.

CAPO III
Poteri dell'autorità in materia di divieto delle operazioni di concentrazione

16 Comunicazione delle concentrazioni.

1. Le operazioni di concentrazione di cui all'articolo 5 devono essere preventivamente comunicate all'Autorità qualora il fatturato totale realizzato a livello nazionale dall'insieme delle imprese interessate sia superiore a quattrocentonovantadue milioni di euro e qualora il fatturato totale realizzato individualmente a livello nazionale da almeno due delle imprese interessate sia superiore a trenta milioni di euro. Tali valori sono incrementati ogni anno di un ammontare equivalente all'aumento dell'indice del deflattore dei prezzi del prodotto interno lordo (1).

2. Per gli istituti bancari e finanziari il fatturato è considerato pari al valore di un decimo del totale dell'attivo dello stato patrimoniale, esclusi i conti d'ordine, e per le compagnie di assicurazione pari al valore dei premi incassati.

3. Entro cinque giorni dalla comunicazione di una operazione di concentrazione l'Autorità ne dà notizia al Presidente del Consiglio dei Ministri ed al Ministro dell'industria, del commercio e dell'artigianato.

4. Se l'Autorità ritiene che un'operazione di concentrazione sia suscettibile di essere vietata ai sensi dell'articolo 6, avvia entro trenta giorni dal ricevimento della notifica, o dal momento in cui ne abbia comunque avuto conoscenza, l'istruttoria attenendosi alle norme dell'articolo 14. L'Autorità, a fronte di un'operazione di concentrazione ritualmente comunicata, qualora non ritenga necessario avviare l'istruttoria deve dare comunicazione alle imprese interessate ed al Ministro dell'industria, del commercio e dell'artigianato delle proprie conclusioni nel merito, entro trenta giorni dal ricevimento della notifica.

5. L'offerta pubblica di acquisto che possa dar luogo ad operazioni di concentrazione soggetta alla comunicazione di cui al comma 1 deve essere comunicata all'Autorità contestualmente alla sua comunicazione alla Commissione nazionale per le società e la borsa.

6. Nel caso di offerta pubblica di acquisto comunicata all'Autorità ai sensi del comma 5, l'Autorità deve notificare l'avvio dell'istruttoria entro quindici giorni dal ricevimento della comunicazione e contestualmente darne comunicazione alla Commissione nazionale per le società e la borsa.

7. L'Autorità può avviare l'istruttoria dopo la scadenza dei termini di cui al presente articolo, nel caso in cui le informazioni fornite dalle imprese con la comunicazione risultino gravemente inesatte, incomplete o non veritiere.

8. L'Autorità, entro il termine perentorio di quarantacinque giorni dall'inizio dell'istruttoria di cui al presente articolo, deve dare comunicazione alle imprese interessate ed al Ministro dell'industria, del commercio e dell'artigianato, delle proprie conclusioni nel merito. Tale termine può essere prorogato nel corso dell'istruttoria per un periodo non superiore a trenta giorni, qualora le imprese non forniscano informazioni e dati a loro richiesti che siano nella loro disponibilità (2).

(1) *Comma dapprima modificato dall'art.* 5-bis, *comma 2, lett.* c), *d.l. 24 gennaio 2012, n. 1, conv., con modif., in l. 24 marzo 2012, n. 27, e successivamente sostituito dall'art. 1, comma 177 l. 4 agosto 2017, n. 124.*

(2) *V. anche l'art. 23 del Regolamento UE n. 1/2003 (*sub *V, 2) e gli artt. 13 e ss. della Direttiva (UE) 2019/1 del Parlamento europeo e del Consiglio dell'11 dicembre 2018 che conferisce alle autorità garanti della concorrenza degli Stati membri poteri di applicazione più efficace e che assicura il corretto funzionamento del mercato interno. (*sub *II, 65).*

17 Sospensione temporanea dell'operazione di concentrazione.

1. L'Autorità, nel far luogo all'istruttoria di cui all'articolo 16, può ordinare alle imprese interessate di sospendere la realizzazione della concentrazione fino alla conclusione dell'istruttoria.

2. La disposizione del comma 1 non impedisce la realizzazione di un'offerta pubblica di acquisto che sia stata comunicata all'Autorità ai sensi dell'articolo 16,

comma 5, sempre che l'acquirente non eserciti i diritti di voto inerenti ai titoli in questione.

18 Conclusione dell'istruttoria sulle concentrazioni.

1. L'Autorità, se in esito all'istruttoria di cui all'articolo 16 accerta che una concentrazione rientra tra quelle contemplate dall'articolo 6, ne vieta l'esecuzione.

2. L'Autorità, ove nel corso dell'istruttoria non emergano elementi tali da consentire un intervento nei confronti di un'operazione di concentrazione, provvede a chiudere l'istruttoria, e deve dare immediata comunicazione alle imprese interessate ed al Ministro dell'industria, del commercio e dell'artigianato delle proprie conclusioni in merito. Tale provvedimento può essere adottato a richiesta delle imprese interessate che comprovino di avere eliminato dall'originario progetto di concentrazione gli elementi eventualmente distorsivi della concorrenza.

3. L'Autorità, se l'operazione di concentrazione è già stata realizzata, può prescrivere le misure necessarie a ripristinare condizioni di concorrenza effettiva, eliminando gli effetti distorsivi.

19 Sanzioni amministrative pecuniarie per inottemperanza al divieto di concentrazione o all'obbligo di notifica.

1. Qualora le imprese realizzino un'operazione di concentrazione in violazione del divieto di cui all'articolo 18, comma 1, o non ottemperino alle prescrizioni di cui al comma 3 del medesimo articolo, l'Autorità infligge sanzioni amministrative pecuniarie non inferiori all'uno per cento e non superiore al dieci per cento del fatturato delle attività di impresa oggetto della concentrazione.

2. Nel caso di imprese che non abbiano ottemperato agli obblighi di comunicazione preventiva di cui al comma 1 dell'articolo 16, l'Autorità può infliggere alle imprese stesse sanzioni amministrative pecuniarie fino all'uno per cento del fatturato dell'anno precedente a quello in cui è effettuata la contestazione in aggiunta alle sanzioni eventualmente applicabili in base a quanto previsto dal comma 1, a seguito delle conclusioni dell'istruttoria prevista dal presente capo III, il cui inizio decorre dalla data di notifica della sanzione di cui al presente comma.

CAPO IV
Disposizioni speciali

20 Aziende ed istituti di credito, imprese assicurative e dei settori della radiodiffusione e dell'editoria.

[1. Nei confronti delle imprese operanti nei settori della radiodiffusione e dell'editoria l'applicazione degli articoli 2, 3, 4 e 6 spetta all'autorità garante prevista dalla legislazione vigente per i settori della radiodiffusione e dell'editoria] (1).

[2. Nei confronti delle aziende ed istituti di credito l'applicazione degli articoli 2, 3, 4 e 6 spetta alla competente autorità di vigilanza] (2).

[3. I provvedimenti delle autorità di vigilanza di cui ai commi 1 e 2, in applicazione degli articoli 2, 3, 4 e 6, sono adottati sentito il parere dell'Autorità garante della concorrenza e del mercato di cui all'articolo 10, che si pronuncia entro trenta giorni dal ricevimento della documentazione posta a fondamento del provvedimento. Decorso inutilmente tale termine l'autorità di vigilanza può adottare il provvedimento di sua competenza] (2).

04. Nel caso in cui l'intesa, l'abuso di posizione dominante o la concentrazione riguardino imprese operanti in settori sottoposti alla vigilanza di più autorità, ciascuna di esse può adottare i provvedimenti di propria competenza (3).

4. Nel caso di operazioni che coinvolgono imprese assicurative, i provvedimenti dell'Autorità di cui all'articolo 10 sono adottati sentito il parere dell'Istituto per la vigilanza sulle assicurazioni private e d'interesse collettivo (ISVAP), che si pronuncia entro trenta giorni dal ricevimento della documentazione posta a fondamento del provvedimento. Decorso inutilmente tale termine l'Autorità di cui all'articolo 10 può adottare il provvedimento di sua competenza. Il decorso del termine del procedimento per il quale il parere viene richiesto è sospeso fino al ricevimento, da parte dell'Autorità garante della concorrenza e del mercato, del parere dell'ISVAP o comunque fino allo spirare del termine previsto per la pronuncia di tale parere (4).

5. Per le operazioni di acquisizione del controllo di banche che costituiscono concentrazione soggetta a comunicazione preventiva ai sensi dell'articolo 16, i provvedimenti della Banca d'Italia, previsti dall'articolo 19 del testo unico di cui al decreto legislativo 1° settembre 1993, n. 385, per le valutazioni di sana e prudente gestione, e dell'Autorità di cui all'articolo 10, ai sensi dell'articolo 6, per le valutazioni relative all'assetto concorrenziale del mercato, sono adottati entro sessanta giorni lavorativi dalla presentazione dell'istanza completa della documentazione occorrente (5).

5-*bis*. L'Autorità garante della concorrenza e del mercato, su richiesta della Banca d'Italia, può autorizzare:

a) un'intesa, in deroga al divieto dell'articolo 2, per esigenze di funzionalità del sistema dei pagamenti, per un tempo limitato e tenendo conto dei criteri di cui all'articolo 4, comma 1;

b) un'operazione di concentrazione riguardante banche o gruppi bancari che determini o rafforzi una posizione dominante, per esigenze di stabilità di uno o più dei soggetti coinvolti (6).

5-*ter*. Le autorizzazioni previste dal comma 5-*bis* non possono comunque consentire restrizioni della concorrenza non strettamente necessarie al perseguimento della finalità indicate (6).

[6. L'Autorità di cui all'articolo 10 può segnalare alle autorità di vigilanza di cui ai commi 1 e 2 la sussistenza di ipotesi di violazione degli articoli 2 e 3] (2).

[7. Fatto salvo quanto disposto nei commi precedenti, allorché l'intesa, l'abuso di posizione dominante o la concentrazione riguardano imprese operanti in settori sottoposti alla vigilanza di più autorità, ciascuna di esse può adottare i provvedimenti di propria competenza] (7).

[8. Le autorità di vigilanza di cui al presente articolo operano secondo le procedure previste per l'Autorità di cui all'articolo 10] (7).

9. Le disposizioni della presente legge in materia di concentrazione non costituiscono deroga alle norme vigenti nei settori bancario, assicurativo, della radiodiffusione e dell'editoria.

(1) *Comma abrogato dall'art. 1 l. 31 luglio 1997, n. 249.*
(2) *Comma abrogato dall'art. 19, comma 11 l. 28 dicembre 2005, n. 262.*
(3) *Comma inserito dall'art. 2 d.ls. 29 dicembre 2006 n. 303.*
(4) *Comma modificato dall'art. 2 d.ls. n. 303, cit.*
(5) *Comma dapprima sostituito dall'art. 2 d.ls. n. 303, cit. e successivamente modificato dall'art. 3 d.ls. 27 gennaio 2010 n. 21, come rettificato con Avviso in G.U. 25 febbraio 2010, n. 46.*
(6) *Comma inserito dall'art. 2 d.ls. n. 303, cit.*
(7) *Comma abrogato dall'art. 2 d.ls. n. 303, cit.*

TITOLO III

Poteri conoscitivi e consultivi dell'autorità

21 Potere di segnalazione al Parlamento ed al Governo (1).

1. Allo scopo di contribuire ad una più completa tutela della concorrenza e del mercato, l'Autorità individua i casi di particolare rilevanza nei quali norme di legge o di regolamento o provvedimenti amministrativi di carattere generale determinano distorsioni della concorrenza o del corretto funzionamento del mercato che non siano giustificate da esigenze di interesse generale.

2. L'Autorità segnala le situazioni distorsive derivanti da provvedimenti legislativi al Parlamento e al Presidente del Consiglio dei Ministri e, negli altri casi, al Presidente del Consiglio dei Ministri, ai Ministri competenti e agli enti locali e territoriali interessati.

3. L'Autorità, ove ne ravvisi l'opportunità, esprime parere circa le iniziative necessarie per rimuovere o prevenire le distorsioni e può pubblicare le segnalazioni ed i pareri nei modi più congrui in relazione alla natura e all'importanza delle situazioni distorsive.

(1) *V. l'art. 47 l. 23 luglio 2009, n. 99 (Disposizioni per lo sviluppo e l'internazionalizzazione delle imprese, nonché in materia di energia), che così dispone:*

« Art. 47 (Legge annuale per il mercato e la concorrenza). — *1. Il presente articolo disciplina l'adozione della legge annuale per il mercato e la concorrenza, al fine di rimuovere gli ostacoli regolatori, di carattere normativo o amministrativo, all'apertura dei mercati, di promuovere lo sviluppo della concorrenza e di garantire la tutela dei consumatori. — 2. Entro sessanta giorni dalla data di trasmissione al Governo della relazione annuale dell'Autorità garante della concorrenza e del mercato, ai sensi dell'articolo 23 della legge 10 ottobre 1990, n. 287, come modificato dal comma 5 del presente articolo, il Governo, su proposta del Ministro dello sviluppo economico, sentita la Conferenza unificata di cui all'articolo 8 del decreto legislativo 28 agosto 1997, n. 281, e successive modificazioni, tenendo conto anche delle segnalazioni eventualmente trasmesse agli stessi fini di cui al comma 1 del presente articolo dall'Autorità garante della concorrenza e del mercato, presenta alle Camere il disegno di legge annuale per il mercato e la concorrenza. — 3. Il disegno di legge di cui al comma 2 reca, in distinte sezioni:* a) *norme di immediata applicazione, al fine, anche in relazione ai pareri e alle segnalazioni dell'Autorità garante della concorrenza e del mercato, espressi ai sensi degli articoli 21, 22 e 23 della legge 10 ottobre 1990, n. 287, nonché alle indicazioni contenute nelle relazioni annuali dell'Autorità per le garanzie nelle comunicazioni e delle altre autorità amministrative indipendenti, di rimuovere gli ostacoli all'apertura dei mercati, di promuovere lo sviluppo della concorrenza, anche con riferimento alle funzioni pubbliche e ai costi regolatori condizionanti l'esercizio delle attività economiche private, nonché di garantire la tutela dei consumatori;* b) *una o più deleghe al Governo per l'emanazione di decreti legislativi, da adottare non oltre centoventi giorni dalla data di entrata in vigore della legge, ai fini di cui al comma 1;* c) *l'autorizzazione all'adozione di regolamenti, decreti ministeriali e altri atti, ai fini di cui al comma 1;* d) *disposizioni recanti i princìpi fondamentali nel rispetto dei quali le regioni e le province autonome esercitano le proprie competenze normative, quando vengano in rilievo profili attinenti alla tutela della concorrenza, ai sensi dell'articolo 117, secondo comma, lettera* e), *della Costituzione;* e) *norme integrative o correttive di disposizioni contenute in precedenti leggi per il mercato e la concorrenza, con esplicita indicazione delle norme da modificare o abrogare. — 4. Il Governo allega al disegno di legge di cui al comma 2 una relazione di accompagnamento che evidenzi:* a) *lo stato di conformità dell'ordinamento interno ai princìpi comunitari in materia di libera circolazione, concorrenza e apertura dei mercati, nonché alle politiche europee in materia di concorrenza;* b) *lo stato di attuazione degli interventi previsti nelle precedenti leggi per il mercato e la concorrenza, indicando gli effetti che ne sono derivati per i cittadini, le imprese e la pubblica amministrazione;* c) *l'elenco delle segnalazioni e dei pareri dell'Autorità garante della concorrenza e del mercato, espressi ai sensi degli articoli 21 e 22 della legge 10 ottobre 1990, n. 287, indicando gli ambiti in cui non si è ritenuto opportuno darvi seguito. — 5. All'articolo 23, comma 1, primo periodo, della legge 10 ottobre 1990, n. 287, le parole: « entro il 30 aprile di ogni anno » sono sostituite dalle seguenti: « entro il 31 marzo di ogni anno ».*

21-*bis* Poteri dell'Autorità Garante della concorrenza e del mercato sugli atti amministrativi che determinano distorsioni della concorrenza.

1. L'Autorità garante della concorrenza e del mercato è legittimata ad agire in giudizio contro gli atti amministrativi generali, i regolamenti ed i provvedimenti di qualsiasi amministrazione pubblica che violino le norme a tutela della concorrenza e del mercato.

2. L'Autorità garante della concorrenza e del mercato, se ritiene che una pubblica amministrazione abbia emanato un atto in violazione delle norme a tutela della concorrenza e del mercato, emette, entro sessanta giorni, un parere motivato, nel quale indica gli specifici profili delle violazioni riscontrate. Se la pubblica amministrazione non si conforma nei sessanta giorni successivi alla comunicazione del parere, l'Autorità può presentare, tramite l'Avvocatura dello Stato, il ricorso, entro i successivi trenta giorni.

3. Ai giudizi instaurati ai sensi del comma 1 si applica la disciplina di cui al Libro IV, Titolo V, del *decreto legislativo 2 luglio 2010, n. 104* (1).

(1) *Articolo aggiunto dal comma 1 dell'art. 35, d.l. 6 dicembre 2011, n. 201, come modificato in sede di conversione in l. 22 dicembre 2011, n. 214.*

22 Attività consultiva.

1. L'Autorità può esprimere pareri sulle iniziative legislative o regolamentari e sui problemi riguardanti la concorrenza ed il mercato quando lo ritenga opportuno, o su richiesta di amministrazioni ed enti pubblici interessati. Il Presidente del Consiglio dei Ministri può chiedere il parere dell'Autorità sulle iniziative legislative o regolamentari che abbiano direttamente per effetto:

a) di sottomettere l'esercizio di una attività o l'accesso ad un mercato a restrizioni quantitative;

b) di stabilire diritti esclusivi in certe aree;

c) di imporre pratiche generalizzate in materia di prezzi e di condizioni di vendita (1).

(1) *Per i limiti alle restrizioni in materia di professioni v. d.lgs. 16 ottobre 2020, n. 142, recante "Attuazione della direttiva (UE) 2018/958 del Parlamento europeo e del Consiglio, del 28 giugno 2018 relativa a un test della proporzionalità prima dell'adozione di una nuova regolamentazione delle professioni", in nota ad art. 34 d.l. n. 201/2011,* sub *III, 15.*

23 Relazione annuale.

1. L'Autorità presenta al Presidente del Consiglio dei Ministri, entro il 31 marzo di ogni anno, una relazione sull'attività svolta nell'anno precedente. Il Presidente del Consiglio dei Ministri trasmette entro trenta giorni la relazione al Parlamento (1).

1-*bis*. La relazione annuale include informazioni circa la nomina e la rimozione dei membri dell'Autorità, l'importo della dotazione finanziaria di cui all'articolo 10, comma 7-*ter*, della presente legge per l'anno in questione e la variazione di tale importo rispetto agli anni precedenti. La relazione annuale è resa disponibile al pubblico sul sito internet dell'Autorità (2).

(1) *Comma così modificato dall'art. 47, comma 5, l. 23 luglio 2009, n. 99; v. inoltre* sub *art. 21.*

(2) *Comma aggiunto dall'art. 1, comma 9, d.lgs. 8 novembre 2021, n. 185.*

24 Relazione al Governo su alcuni settori.

1. L'Autorità, sentite le amministrazioni interessate, entro diciotto mesi dalla sua costituzione presenta al Presidente del Consiglio dei Ministri un rapporto circa le azioni da promuovere per adeguare ai principi della concorrenza la normativa relativa ai settori degli appalti pubblici, delle imprese concessionarie e della distribuzione commerciale.

TITOLO IV

Norme sui poteri del governo in materia di operazioni di concentrazione

25 Poteri del Governo in materia di operazioni di concentrazione.

1. Il Consiglio dei Ministri, su proposta del Ministro dell'industria, del commercio e dell'artigianato, determina in linea generale e preventiva i criteri sulla base dei quali l'Autorità può eccezionalmente autorizzare, per rilevanti interessi generali dell'economia nazionale nell'ambito dell'integrazione europea, operazioni di concentrazione vietate ai sensi dell'articolo 6, sempreché esse non comportino la eliminazione della concorrenza dal mercato o restrizioni alla concorrenza non strettamente giustificate dagli interessi generali predetti. In tali casi l'Autorità prescrive comunque le misure necessarie per il ristabilimento di condizioni di piena concorrenza entro un termine prefissato.

2. Nel caso delle operazioni di cui all'articolo 16 alle quali partecipano enti o imprese di Stati che non tutelano l'indipendenza degli enti o delle imprese con norme di effetto equivalente a quello dei precedenti titoli o applicano disposizioni discriminatorie o impongono clausole aventi effetti analoghi nei confronti di acquisizioni da parte di imprese o enti italiani, il Presidente del Consiglio dei Ministri, previa deliberazione del Consiglio dei Ministri, su proposta del Ministro dell'industria, del commercio e dell'artigianato, può, entro trenta giorni dalla comunicazione di cui all'articolo 16, comma 3, vietare l'operazione per ragioni essenziali di economia nazionale.

26 Pubblicità delle decisioni.

1. Le decisioni di cui agli articoli 15, 16, 18, 19 e 25 sono pubblicate entro venti giorni in un apposito bollettino, a cura della Presidenza del Consiglio dei Ministri. Nello stesso bollettino sono pubblicate, ove l'Autorità lo ritenga opportuno, le conclusioni delle indagini di cui all'articolo 12, comma 2 (1).

(1) *V., anche, l'art. 1, comma 1249, l. 27 dicembre 2006, n. 296.*

TITOLO V

Norme in materia di partecipazione al capitale di enti creditizi (1)

(1) *Titolo, comprendente gli artt. 27-30, abrogato dall'art. 161 d.lgs. 1° settembre 1993, n. 385.*

27-30 (1).

(1) *Articoli abrogati dall'art. 161 d.lgs. 1° settembre 1993, n. 385.*

TITOLO VI

Disposizioni finali

31 Sanzioni.

1. Per le sanzioni amministrative pecuniarie conseguenti alla violazione della presente legge si osservano, in quanto applicabili, le disposizioni contenute nel capo I, sezioni I e II, della legge 24 novembre 1981, n. 689.

31-*bis* Termini di prescrizione (1).

1. I termini di prescrizione per l'irrogazione di sanzioni o di penalità di mora da parte dell'Autorità a norma della presente legge sono interrotti per la durata dei procedimenti istruttori dinanzi alle autorità nazionali garanti della concorrenza di altri Stati membri o alla Commissione per un'infrazione riguardante lo stesso accordo, la stessa decisione di un'associazione di imprese, pratica concordata o altra condotta vietata dagli articoli 101 o 102 del TFUE.

L'interruzione del termine di prescrizione decorre dalla notifica della prima misura formale di indagine ad almeno una impresa oggetto del procedimento istruttorio e si applica a tutte le imprese o associazioni di imprese che hanno partecipato all'infrazione.

2. L'interruzione termina alla data in cui l'autorità nazionale garante della concorrenza in questione o la Commissione chiude il procedimento istruttorio adottando una decisione che accerta l'infrazione e ne ordina la cessazione, impone una sanzione ovvero rende obbligatori gli impegni proposti dalle parti, op-

pure conclude che non vi sono motivi per ulteriori azioni.

3. Per effetto dell'interruzione si inizia un nuovo periodo di prescrizione. La prescrizione opera tuttavia al più tardi allo spirare del doppio del termine previsto dall'articolo 28, comma 1, della legge 24 novembre 1981, n. 689, se l'Autorità non ha irrogato una sanzione o una penalità di mora entro tale termine.

4. Il termine di prescrizione applicabile all'irrogazione di sanzioni o di penalità di mora da parte dell'Autorità rimane sospeso fino a quando la decisione da essa adottata forma oggetto di un procedimento pendente dinanzi al giudice amministrativo, ai sensi dell'articolo 33.

(1) *Articolo inserito dall'art. 1, comma 10, d.lgs. 8 novembre 2021, n. 185.*

31-*ter* Accesso al fascicolo (1).

1. L'accesso a dichiarazioni legate al programma di trattamento favorevole di cui all'articolo 15-*bis* o alle proposte di transazione, ove previste, è concesso solo alle parti oggetto del pertinente procedimento e unicamente ai fini dell'esercizio dei loro diritti di difesa. Ai fini della presente legge, per proposta di transazione si intende la dichiarazione volontaria da parte o per conto di un'impresa a un'autorità garante della concorrenza dell'Unione europea, in cui l'impresa riconosce, o rinuncia a contestare, la sua partecipazione a un'infrazione degli articoli 101 o 102 del TFUE ovvero del diritto nazionale della concorrenza e la propria responsabilità in tale infrazione, predisposta specificamente per consentire all'autorità garante della concorrenza di applicare una procedura semplificata o accelerata.

2. La parte che ha ottenuto l'accesso al fascicolo del procedimento istruttorio avviato dall'Autorità può utilizzare informazioni desunte dalle dichiarazioni legate al programma di trattamento favorevole o dalle proposte di transazione, ove previste, solo in quanto necessario per l'esercizio dei diritti di difesa nei procedimenti dinanzi all'autorità giudiziaria nei casi che sono direttamente collegati al caso per il quale è stato concesso l'accesso e solo se tali procedimenti riguardano:

a) la ripartizione tra i partecipanti al cartello della sanzione imposta loro in solido dall'Autorità; ovvero

b) il riesame di una decisione mediante la quale l'Autorità ha constatato un'infrazione degli articoli 101 o 102 del TFUE ovvero degli articoli 2 o 3 della presente legge.

3. Le parti di un procedimento istruttorio dinanzi all'Autorità, fino a quando l'Autorità non ha chiuso il procedimento istruttorio nei confronti di tutte le parti oggetto dell'indagine adottando una decisione che accerta l'infrazione o che rende obbligatori gli impegni proposti dalle parti o non ha altrimenti concluso il procedimento, non possono utilizzare, in procedimenti dinanzi all'autorità giudiziaria, le seguenti informazioni acquisite nel corso del procedimento istruttorio dinanzi alla medesima Autorità:

a) le informazioni preparate da altre persone fisiche o giuridiche specificamente ai fini del procedimento istruttorio avviato dall'Autorità;

b) le informazioni che l'Autorità ha redatto e comunicato alle parti nel corso del suo procedimento istruttorio; e

c) ove previste, le proposte di transazione ritirate.

4. Le dichiarazioni legate a un programma di trattamento favorevole possono essere scambiate tra le autorità nazionali garanti della concorrenza a norma dell'articolo 12 del regolamento (CE) n. 1/2003 unicamente:

a) con il consenso del richiedente; ovvero

b) se anche l'autorità nazionale garante della concorrenza che riceve la dichiarazione legata a un programma di trattamento favorevole ha ricevuto una domanda di trattamento favorevole in merito alla medesima infrazione e dal medesimo richiedente dell'autorità nazionale garante della concorrenza che trasmette tale dichiarazione, a condizione che al momento in cui la dichiarazione legata a un programma di trattamento favorevole è trasmessa, il richiedente non abbia la possibilità di ritirare le informazioni che ha fornito alla autorità nazionale garante della concorrenza che riceve tale dichiarazione.

5. Le disposizioni di cui al presente articolo si applicano indipendentemente dalla forma in cui sono presentate le dichiarazioni legate a un programma di trattamento favorevole.

(1) *Articolo inserito dall'art. 1, comma 10, d.lgs. 8 novembre 2021, n. 185.*

31-*quater* Interazione tra le domande di non applicazione delle sanzioni e le sanzioni imposte alle persone fisiche (1).

1. Non sono punibili gli attuali ed ex direttori, amministratori e altri membri del personale delle imprese, che in relazione alla partecipazione a un cartello segreto hanno commesso taluno dei fatti previsti dagli articoli 353, 353-*bis*, 354 e 501 del Codice penale, se:

a) tali imprese hanno presentato all'Autorità o, per le fattispecie che ricadono nell'ambito di applicazione dell'articolo 101 del TFUE, alla Commissione europea o ad altra autorità nazionale di concorrenza di un Paese dell'Unione europea una domanda di non applicazione delle sanzioni ai sensi dell'articolo 15-*bis* della presente legge in relazione al medesimo cartello segreto e tale domanda soddisfa i requisiti di cui all'articolo 15-*bis*, comma 3, lettere *b*) e *c*), della presente legge;

b) gli attuali ed ex direttori, gli amministratori e gli altri membri del personale in questione collaborano attivamente a tale riguardo con l'autorità della concorrenza che persegue il caso;

c) tale domanda è stata presentata in un momento anteriore a quello in cui gli attuali ed ex direttori, gli amministratori e gli altri membri del personale in questione hanno avuto notizia che nei loro confronti sono svolte indagini in relazione a tali fatti;

d) gli attuali ed ex direttori, gli amministratori e gli altri membri del personale in questione collaborano attivamente a tale riguardo con il pubblico ministero, fornendo indicazioni utili e concrete per assicurare la prova del reato e individuare gli altri responsabili.

2. Se la domanda di non applicazione delle sanzioni è stata presentata alla Commissione europea o ad altra autorità nazionale di concorrenza di un Paese dell'Unione europea ai sensi del comma 1, lettera *a*), l'Autorità assicura il raccordo necessario tra il pubblico ministero e l'autorità che ha ricevuto la domanda.

3. È fatto salvo il diritto delle vittime che hanno subito un danno a causa dell'infrazione della legislazione sulla concorrenza di chiedere il pieno risarcimento di tale danno, ai sensi dell'articolo 33, comma 2, della presente legge e del decreto legislativo 19 gennaio 2017, n. 3.

(1) *Articolo inserito dall'art. 1, comma 10, d.lgs. 8 novembre 2021, n. 185.*

32 Copertura finanziaria.

1. All'onere derivante dall'applicazione della presente legge, valutato in lire 20 miliardi (€ 10.329.138) per il 1990, lire 32 miliardi (€ 16.526.621) per il 1991 e lire 35 miliardi (€ 18.075.991) per il 1992, si provvede mediante corrispondente riduzione dello stanziamento iscritto, ai fini del bilancio triennale 1990-1992, al capitolo 6856 dello stato di previsione del Ministero del tesoro per l'anno 1990, all'uopo utilizzando lo specifico accantonamento "Interventi per la tutela della concorrenza e del mercato".

33 Competenza giurisdizionale.

1. La tutela giurisdizionale davanti al giudice amministrativo è disciplinata dal codice del processo amministrativo (1).

2. Le azioni di nullità e di risarcimento del danno, nonché i ricorsi intesi ad ottenere provvedimenti di urgenza in relazione alla violazione delle disposizioni di cui ai titoli dal I al IV sono promossi davanti al tribunale competente per territorio presso cui è istituita la sezione specializzata di cui all'articolo 1 del decreto legislativo 26 giugno 2003, n. 168, e successive modificazioni (2).

(1) *Comma così sostituito dall'art. 3, comma 3, dell'Allegato 4 d.ls. 2 luglio 2010, n. 104, con effetto a decorrere dal 16 settembre 2010. Il testo del comma era il seguente*: « 1. I ricorsi avverso i provvedimenti amministrativi adottati sulla base delle disposizioni di cui ai titoli dal I al IV della presente legge rientrano nella giurisdizione esclusiva del giudice amministrativo. Essi devono essere proposti davanti al Tribunale amministrativo regionale del Lazio ».

(2) *Comma modificato dall'art. 2, comma 2, d.l. 24 gennaio 2012, n. 1, conv., con modif., in l. 24 marzo 2012, n. 27. Per la decorrenza vedi il medesimo art. 2, comma 6.*

34 Entrata in vigore.

1. La presente legge entra in vigore il giorno successivo a quello della sua pubblicazione sulla Gazzetta Ufficiale della Repubblica italiana.

La presente legge, munita del sigillo dello Stato, sarà inserita nella Raccolta ufficiale degli atti normativi della Repubblica italiana. È fatto obbligo a chiunque spetti di osservarla e di farla osservare come legge dello Stato.

59. Decreto del Presidente della Repubblica 30 aprile 1998, n. 217. — Regolamento recante norme in materia di procedure istruttorie di competenza dell'Autorità garante della concorrenza e del mercato.

Pubblicato nella Gazzetta Ufficiale n. 158 del 9 luglio 1998.

1 Definizioni.

1. Ai fini del presente regolamento si intende:

a) per legge, la legge 10 ottobre 1990, n. 287;

b) per Autorità, l'Autorità garante della concorrenza e del mercato di cui all'articolo 10 della legge;

c) per collegio, il presidente e i quattro componenti dell'Autorità;

d) per uffici, le unità organizzative istituite ai sensi dell'articolo 10, comma 6, della legge;

e) per bollettino, quello di cui all'articolo 26 della legge.

2 Ambito di applicazione.

1. Il presente regolamento si applica ai procedimenti in materia di intese, abusi di posizione dominante e concentrazioni, nonché alle indagini conoscitive di cui alla legge 10 ottobre 1990, n. 287.

3 Comunicazione volontaria delle intese.

1. Le comunicazioni volontarie di intese, ai sensi dell'articolo 13 della legge, sono presentate da ciascuna impresa o da tutte le imprese che partecipino ad intese, o dai consorzi ed associazioni di imprese in relazione a deliberazioni da questi adottate e devono contenere le informazioni e recare gli allegati che consentano di valutare il contenuto dell'intesa.

2. Le comunicazioni sono presentate per mezzo di un apposito formulario, predisposto dall'Autorità, e pubblicato nel bollettino, nel quale sono indicate le informazioni e gli allegati essenziali per la valutazione dell'intesa.

3. L'Autorità informa le imprese nel caso che la comunicazione sia incompleta o irregolare. In tal caso, il termine di cui all'articolo 13 della legge decorre dal ricevimento delle informazioni che integrano la comunicazione.

4. Qualsiasi modificazione degli elementi essenziali contenuti nella comunicazione deve essere comunicata all'Autorità, non appena conosciuta, dalle parti o da talune di esse. Ai fini del decorso del termine di cui all'articolo 13 della legge, la comunicazione di modificazione equivale alla comunicazione di una nuova intesa.

5. Le comunicazioni sono sottoscritte dai legali rappresentanti delle imprese o da persone munite di procura speciale; esse sono presentate, unitamente all'eventuale procura speciale, all'Autorità a mezzo raccomandata con avviso di ricevimento o mediante consegna a mano contro ricevuta.

4 Richiesta di autorizzazione di intese in deroga al divieto di cui all'articolo 2 della legge.

1. Le richieste di autorizzazione di intese di cui all'articolo 4, comma 3, della legge, in deroga al divieto dell'articolo 2 della legge stessa, sono presentate da ciascuna impresa o da tutte le imprese che partecipino ad intese o dai consorzi ed associazioni di imprese in relazione a deliberazioni da questi adottate e devono contenere le informazioni e recare gli allegati che consentano di valutare il contenuto della richiesta.

2. Le richieste sono presentate per mezzo di un apposito formulario predisposto dall'Autorità, da pubblicarsi nel bollettino, nel quale sono indicate le informazioni e gli allegati essenziali per la valutazione delle richieste.

3. L'Autorità può richiedere alle imprese notizie ed elementi integrativi necessari per la valutazione della richiesta. In tal caso, il termine di cui all'articolo 4, comma 3, della legge decorre dal ricevimento di quanto richiesto.

4. Qualsiasi modificazione degli elementi essenziali contenuti nella richiesta, che è nota alle parti o a taluna di esse, deve essere immediatamente comunicata dalle parti, o da taluna di esse, che ne siano al corrente all'Autorità. Ai fini del decorso del termine di cui all'articolo 4, comma 3, della legge, la comunicazione della modificazione equivale alla presentazione di una nuova richiesta.

5. Ai fini della sottoscrizione e presentazione delle richieste, si applicano le disposizioni dell'articolo 3, comma 5.

6. Della richiesta di autorizzazione è data notizia mediante pubblicazione nel bollettino di un breve avviso concernente l'intesa oggetto della richiesta di autorizzazione, invitando i terzi interessati a presentare le loro eventuali osservazioni entro il termine di trenta giorni dalla pubblicazione.

7. L'autorizzazione, di cui all'articolo 4 della legge non produce effetti anteriori alla data della richiesta.

5 Comunicazione preventiva delle operazioni di concentrazione.

1. Le comunicazioni preventive delle operazioni di concentrazione, di cui all'articolo 16, comma 1, della legge, devono contenere tutte le informazioni ed essere corredate degli allegati ed elementi essenziali ad una completa valutazione dell'operazione di concentrazione.

2. Le comunicazioni sono presentate secondo il formulario predisposto dall'Autorità e pubblicato nel bollettino, nel quale sono richieste le informazioni, gli allegati e gli elementi di cui al comma 1.

3. L'Autorità informa le imprese nel caso di comunicazione gravemente inesatta, incompleta o non veritiera. In tal caso, il termine di trenta giorni previsto dall'articolo 16, comma 4, della legge decorre dal ricevimento delle informazioni che integrano la comunicazione.

4. Ai fini della sottoscrizione e della presentazione della comunicazione, si applicano le disposizioni dell'articolo 3, comma 5.

6 Avvio dell'istruttoria.

1. Il collegio, nei casi di presunta infrazione agli articoli 2, comma 2, 3 e 6, comma 1, della legge, valutate le proposte degli uffici, delibera sull'avvio dell'istruttoria di cui all'articolo 14 della legge.

2. Nel caso di presentazione di richieste di autorizzazione in deroga, ai sensi dell'articolo 4, comma 3, della legge, l'istruttoria ha inizio dal momento della presentazione della richiesta di autorizzazione completa delle informazioni e degli allegati essenziali. Qualora le richieste di autorizzazione in deroga siano presentate nel corso di un'istruttoria avviata ai sensi dell'articolo 14 della legge, l'Autorità può procedere alla loro valutazione nell'ambito dell'istruttoria stessa, ove necessario prorogando il termine fissato per la sua conclusione.

3. Il provvedimento di avvio dell'istruttoria deve indicare gli elementi essenziali in merito alle presunte infrazioni, il termine di conclusione del proce dimento, il responsabile del procedimento, l'ufficio dove si può prendere visione degli atti del procedimento, nonché il termine entro il quale le imprese e gli enti interessati possono esercitare il diritto di essere sentiti di cui all'articolo 14, comma 1, della legge.

4. Il provvedimento di avvio dell'istruttoria è notificato alle imprese e agli enti interessati, nonché ai soggetti che ai sensi dell'articolo 12, comma 1, della legge, avendo un interesse diretto, immediato ed attuale, hanno presentato denunce o istanze utili all'avvio dell'istruttoria. Qualora l'istruttoria riguardi imprese che operano nel settore assicurativo, ne è data immediata comunicazione all'ISVAP.

5. La notificazione può essere effettuata da un funzionario o da altro dipendente appositamente incaricato dell'Autorità mediante consegna nelle mani proprie del destinatario ovvero a mezzo del servizio postale secondo le modalità di cui all'articolo 149 del codice di procedura civile.

6. Nel caso che per il rilevante numero dei destinatari la notificazione personale risulti impossibile o particolarmente gravosa, la notificazione è effettuata tramite pubblicazione su almeno due quotidiani a diffusione nazionale o mediante altre idonee forme di pubblicità.

7. Dell'avvio dell'istruttoria è data notizia mediante pubblicazione del relativo provvedimento nel bollettino.

7 Partecipazione all'istruttoria.

1. Possono partecipare all'istruttoria:

a) i soggetti ai quali è stato notificato il provvedimento di avvio dell'istruttoria, ai sensi dell'articolo 6, comma 4;

b) i soggetti portatori di interessi pubblici o privati, nonché le associazioni rappresentative dei consumatori, cui possa derivare un pregiudizio diretto, immediato ed attuale dalle infrazioni oggetto dell'istruttoria o dai provvedimenti adottati in esito alla stessa e che facciano motivata richiesta di intervenire entro trenta giorni dalla pubblicazione nel bollettino del provvedimento di avvio dell'istruttoria.

2. I soggetti che partecipano all'istruttoria hanno facoltà di:

a) presentare memorie scritte, documenti, deduzioni e pareri;

b) accedere ai documenti, ai sensi dell'articolo 13.

3. I soggetti ai quali è stato notificato il provvedimento di avvio dell'istruttoria, ai sensi dell'articolo 6, comma 4, hanno diritto di essere sentiti ai sensi dell'articolo 14, comma 1, della legge.

4. Nel corso delle audizioni i soggetti interessati possono comparire in persona del proprio rappresentante legale oppure di procuratore speciale munito di apposita documentazione giustificativa del potere di rappresentanza. Essi possono altresì farsi assistere da consulenti di propria fiducia, senza tuttavia che l'esercizio di tale facoltà comporti la sospensione dell'audizione.

8 Poteri istruttori.

1. I poteri istruttori di cui all'articolo 14, comma 2, della legge, sono esercitati a decorrere dalla notifica del provvedimento di avvio dell'istruttoria alle imprese e agli enti interessati, anche contestualmente alla notifica stessa. Nel caso che l'apertura dell'istruttoria sia stata notificata ad una pluralità di soggetti, i relativi poteri possono essere esercitati nei confronti di ciascuno di essi dal ricevimento della notifica loro indirizzata.

2. Gli uffici possono sentire, al fine di integrare l'istruttoria, ogni altra persona, impresa o ente, verbalizzando le informazioni raccolte.

3. Degli accertamenti svolti nel corso delle procedure istruttorie è in ogni caso informato il collegio.

4. Ai sensi dell'articolo 54, comma 4, della legge 6 febbraio 1996, n. 52, l'Autorità può avvalersi della collaborazione della Guardia di finanza.

9 Richiesta di informazioni ed esibizione di documenti.

1. Le richieste di informazioni e di esibizione di documenti devono essere formulate per iscritto e comunicate secondo le modalità di cui all'articolo 19.

2. Esse devono sinteticamente indicare:

a) i fatti e le circostanze in ordine ai quali si chiedono chiarimenti;

b) lo scopo;

c) il termine entro il quale dovrà pervenire la risposta o essere esibito il documento, il quale deve essere congruo in relazione all'urgenza del caso ed alla natura, quantità e qualità delle informazioni richieste, tenuto conto del tempo necessario per predisporle;

d) le modalità attraverso le quali dovranno essere fornite le informazioni e la persona o le persone cui potranno essere esibiti i documenti o comunicate le informazioni richieste;

e) le sanzioni applicabili in caso di rifiuto, omissione o ritardo, senza giustificato motivo, di fornire le informazioni od esibire i documenti richiesti, nonché quelle previste nel caso siano fornite informazioni o esibiti documenti non veritieri.

3. I documenti di cui è richiesta l'esibizione dovranno essere forniti in originale o copia dichiarata conforme all'originale con attestazione dei titolari o rappresentanti legali delle imprese.

4. Le richieste di informazioni e di esibizione di documenti possono essere formulate anche oralmente, nel corso di audizioni od ispezioni, rendendo note all'interessato e verbalizzando le medesime indicazioni previste dal comma 2. Nel caso di risposta orale ed immediata o di esibizione immediata di documenti, è consentito integrare nel termine stabilito gli elementi forniti.

5. Dell'esibizione di documenti e delle informazioni fornite oralmente viene redatto processo verbale, secondo le modalità di cui all'articolo 18.

6. L'obbligo di fornire le informazioni e di esibire i documenti richiesti ad imprese o ad enti grava sui titolari delle imprese o loro rappresentanti e, se si tratta di enti con o senza personalità giuridica, su coloro che per legge o in base allo statuto ne hanno la rappresentanza legale.

10 Ispezioni.

1. Il collegio autorizza le ispezioni proposte dagli uffici presso chiunque sia ritenuto in possesso di documenti aziendali utili ai fini dell'istruttoria. Nei confronti delle amministrazioni pubbliche si chiede previamente l'esibizione degli atti.

2. I funzionari dell'Autorità incaricati dal responsabile del procedimento di procedere alle ispezioni esercitano i loro poteri su presentazione di un atto scritto che precisi l'oggetto dell'accertamento e le sanzioni per il rifiuto, l'omissione o il ritardo, senza giustificato motivo, di fornire informazioni ed esibire documenti richiesti nel corso dell'ispezione, nonché nel caso in cui siano fornite informazioni ed esibiti documenti non veritieri.

3. In ogni caso, non costituisce giustificato motivo di rifiuto o di omissione, ai fini dell'applicazione delle sanzioni previste dall'articolo 14, comma 5, della legge, l'opposizione:

a) di vincoli di riservatezza o di competenza imposti da regolamenti aziendali o prescrizioni interne, anche orali;

b) di esigenze di autotutela dal rischio di sanzioni fiscali o amministrative;

c) di esigenze di tutela del segreto aziendale o industriale, salvo i casi in cui l'Autorità riconosca particolari esigenze segnalate al riguardo.

4. Per documento si intende ogni rappresentazione grafica, fotocinematografica, elettromagnetica o di qualunque altra specie del contenuto di atti, anche interni ed informali, formati e utilizzati ai fini dell'attività dell'impresa, indipendentemente dal livello di responsabilità e rappresentatività dell'autore del documento, nonché ogni documento prodotto o contenuto su supporto informatico.

[5. I funzionari di cui al comma 2 dispongono dei seguenti poteri:

a) accedere a tutti i locali, terreni e mezzi di trasporto del soggetto nei cui confronti si svolge l'ispezione, con esclusione dei luoghi di residenza o di domicilio estranei all'attività aziendale oggetto dell'indagine;

b) controllare i documenti di cui al comma 4;

c) prendere copia dei documenti di cui alla lettera *b*);

d) richiedere informazioni e spiegazioni orali.] (1)

6. Nel corso delle ispezioni i soggetti interessati possono farsi assistere da consulenti di propria fiducia, senza tuttavia che l'esercizio di tale facoltà comporti la sospensione dell'ispezione.

7. Di tutta l'attività svolta nel corso dell'ispezione, con particolare riferimento alle dichiarazioni e ai documenti acquisiti, è redatto processo verbale secondo le modalità di cui all'articolo 18.

[8. Nello svolgimento dell'attività ispettiva l'Autorità può avvalersi della collaborazione dei militari della Guardia di finanza, che, ai sensi dell'articolo 54, comma 4, della legge 6 febbraio 1996, n. 52, agiscono con i poteri e le facoltà previsti dal d.P.R. 26 ottobre 1972, n. 633, e dal d.P.R. 29 settembre 1973, n. 600, e successive modificazioni, e dalle altre norme tributarie.] (1)

(1) *Comma abrogato dall'art. 2, comma 1, d.lgs. 8 novembre 2021, n. 185.*

11 Perizie, analisi statistiche ed economiche e consultazione di esperti.

1. In ordine a qualsiasi elemento rilevante ai fini dell'istruttoria, il collegio autorizza le perizie e analisi statistiche ed economiche, nonché la consultazione di esperti, proposte dagli uffici.

2. Il provvedimento con il quale sono disposte le perizie e le analisi, nonché i risultati definitivi delle stesse, sono comunicati ai fini dell'esercizio delle facoltà di cui all'articolo 7, comma 2, ai soggetti cui il procedimento si riferisce, nonché a coloro che, avendo un interesse diretto, immediato e attuale ai sensi dell'articolo 12, comma 1, della legge, hanno presentato esposti, denunce o istanze utili all'avvio dell'istruttoria o, comunque, sono intervenuti nel procedimento ai sensi dell'articolo 7, comma 1, lettera *b*).

12 Segreto di ufficio.

1. Le informazioni raccolte in applicazione della legge e del presente regolamento possono essere utilizzate soltanto per lo scopo per il quale sono state richieste e, ai sensi dell'articolo 14, comma 3, della legge sono tutelate dal segreto d'ufficio anche nei riguardi delle pubbliche amministrazioni, fatti salvi gli obblighi di denuncia di cui all'articolo 331 del codice di procedura penale e quelli di collaborazione con le istituzioni delle Comunità europee di cui agli articoli 1, comma 2, e 10, comma 4, della legge n. 287 del 1990.

13 Accesso ai documenti e riservatezza delle informazioni raccolte.

1. Il diritto di accesso ai documenti formati o stabilmente detenuti dall'Autorità nei procedimenti concernenti intese, abusi di posizione dominante ed operazioni di concentrazione è riconosciuto nel corso dell'istruttoria dei procedimenti stessi ai soggetti direttamente interessati di cui all'articolo 7, comma 1.

2. Qualora i documenti di cui al comma 1 contengano informazioni riservate di carattere personale, commerciale, industriale e finanziario, relative a persone ed imprese coinvolte nei procedimenti, il diritto di accesso è consentito, in tutto o in parte, nei limiti in cui ciò sia necessario per assicurare il contraddittorio.

3. I documenti che contengono segreti commerciali sono sottratti all'accesso. Qualora essi forniscano elementi di prova di un'infrazione o elementi essenziali per la difesa di un'impresa, gli uffici ne consentono l'accesso, limitatamente a tali elementi.

4. Nel consentire l'accesso nei casi di cui ai commi 2 e 3 e nel rispetto dei criteri ivi contenuti, gli uffici tengono conto, adottando tutti i necessari accorgimenti, dell'interesse delle persone e delle imprese a che le informazioni riservate o i segreti commerciali non vengano divulgati.

5. Sono sottratti all'accesso le note, le proposte ed ogni altra elaborazione degli uffici con funzione di studio e di preparazione del contenuto di atti.

6. Possono essere sottratti all'accesso, in tutto o in parte, i verbali delle adunanze del collegio, nonché i documenti inerenti a rapporti tra l'Autorità e le istituzioni dell'Unione europea, nonché tra l'Autorità e gli organi di altri Stati o di altre organizzazioni internazionali, dei quali non sia stata autorizzata la divulgazione.

7. I soggetti che intendono salvaguardare la riservatezza o la segretezza delle informazioni fornite devono presentare agli uffici una apposita richiesta, che deve contenere l'indicazione dei documenti o delle parti di documenti che si ritiene debbano essere sottratti all'accesso, specificandone i motivi.

8. L'ufficio, ove non ritenga sussistenti gli elementi di riservatezza o di segretezza addotti a giustificazione delle richieste di cui al comma 7, ne dà comunicazione agli interessati con provvedimento motivato.

9. Nel caso di comunicazioni, informazioni, dichiarazioni o richieste presentate in forma singola o congiunta da una o più imprese, possono essere presentate separatamente in allegato le informazioni coperte da segreto aziendale o industriale. Analoghe cautele possono essere richieste dalle imprese con riferimento alle eventuali audizioni congiunte ed alle verbalizzazioni.

10. L'ufficio può disporre motivatamente il differimento dell'accesso ai documenti richiesti sino a quando non sia accertata la loro rilevanza ai fini della prova delle infrazioni e comunque non oltre la comunicazione delle risultanze istruttorie di cui all'articolo 14.

11. Il diritto di accesso si esercita mediante richiesta scritta e motivata, sulla quale il responsabile del procedimento provvede entro trenta giorni, informandone il collegio.

12. Il collegio determina, con delibera da pubblicarsi nel bollettino, le modalità di esercizio del diritto di accesso, nonché i costi di riproduzione.

14 Comunicazione delle risultanze istruttorie e audizione finale delle imprese interessate.

1. Il collegio, verificata la non manifesta infondatezza delle proposte formulate dagli uffici in relazione agli elementi probatori acquisiti, autorizza l'invio della comunicazione delle risultanze istruttorie alle imprese.

2. Gli uffici comunicano ai soggetti di cui all'articolo 6, comma 4, il termine di chiusura dell'istruttoria, nonché le risultanze di quest'ultima, almeno trenta giorni prima della scadenza del termine stesso.

3. La comunicazione delle risultanze istruttorie può essere effettuata mediante pubblicazione nel bollettino ovvero mediante altre forme di pubblicità idonee, stabilite di volta in volta, nel caso in cui per il rilevante numero dei destinatari la comunicazione personale risulti impossibile o eccessivamente gravosa. In tal caso, nella pubblicazione si deve tenere conto dell'interesse delle imprese a che non vengano divulgati segreti commerciali.

4. I soggetti di cui al comma 2 possono presentare memorie scritte e documenti sino a cinque giorni prima del termine di chiusura dell'istruttoria indicato nella suddetta comunicazione.

5. Le imprese e gli enti interessati hanno diritto di essere sentiti dinanzi al collegio. A tal fine, essi devono far pervenire apposita richiesta entro cinque giorni dal ricevimento della comunicazione delle risultanze istruttorie. A seguito di detta richiesta, il collegio fissa la data dell'audizione, che è comunicata alle imprese.

6. Il collegio può inoltre sentire gli altri soggetti che hanno preso parte al procedimento e ne facciano motivata richiesta.

7. Il collegio può sentire le imprese ed enti interessati separatamente o congiuntamente. In quest'ultimo caso si deve tenere conto dell'interesse delle imprese a che non vengano divulgati i segreti commerciali relativi alla propria attività.

8. Dell'audizione è redatto processo verbale, contenente le principali dichiarazioni rilasciate dalle parti, secondo le modalità di cui all'articolo 18.

9. Completata l'istruttoria, il collegio adotta il provvedimento finale.

15 Revoca delle autorizzazioni.

1. Alla revoca dei provvedimenti di autorizzazione di cui all'articolo 4, comma 2, della legge si provvede con la medesima procedura del presente regolamento, previa diffida notificata agli interessati con le modalità di cui all'articolo 6, comma 5. I poteri istruttori, nonché le facoltà e i diritti degli interessati, si esercitano a decorrere dal ricevimento di detta diffida, fatta salva la possibilità di ridurre di un terzo, in caso di particolare urgenza, i termini di cui all'articolo 14.

16 Istruttoria per le operazioni di concentrazione.

1. Ai fini dell'istruttoria di cui all'articolo 16, comma 4, della legge, il termine di trenta giorni indicato dall'articolo 7, comma 1, lettera *b*), è ridotto a dieci giorni.

2. Gli uffici, acquisiti gli elementi probatori, comunicano ai soggetti nei cui confronti è stata avviata l'istruttoria il termine di chiusura dell'istruttoria stessa, comunque non inferiore a sette giorni.

3. La proroga del termine di chiusura dell'istruttoria, ai sensi dell'articolo 16, comma 8, della legge, deve essere comunicata agli interessati con le medesime modalità con le quali è comunicata l'apertura dell'istruttoria stessa.

4. Il collegio, qualora non ritenga necessario, a seguito di un'operazione ritualmente comunicata, avviare l'istruttoria, dà comunicazione delle proprie conclusioni nel merito alle imprese ed al Ministro dell'industria, del commercio e dell'artigianato.

17 Indagini conoscitive di natura generale.

1. L'avvio delle indagini conoscitive di natura generale di cui all'articolo 12, comma 2, della legge può essere pubblicato nel bollettino.

2. Nel corso delle indagini di cui al comma 1 gli uffici possono richiedere informazioni o l'esibizione di documenti, nonché disporre ispezioni, perizie, analisi statistiche ed economiche o la consultazione di esperti, secondo le modalità di cui agli articoli 10, 11 e 12.

3. Non si applicano le sanzioni richiamate agli articoli 9 e 10 e alle richieste di informazioni e documentazioni sono opponibili esigenze di segreto aziendale o industriale. Non si applicano, altresì, le disposizioni in materia di accesso.

4. Dell'esito delle attività svolte può essere data notizia mediante la pubblicazione dei risultati dell'indagine nel bollettino.

5. Qualora nel corso dell'indagine, di cui al presente articolo, emergano elementi di presunzione in merito alla violazione dei divieti di cui agli articoli 2 e 3 della legge, ovvero siano accertate le condizioni di cui all'articolo 4, comma 2, della stessa, il collegio delibera l'avvio delle istruttorie previste dall'articolo 6.

18 Verbalizzazioni.

1. Ai fini delle verbalizzazioni previste dal presente regolamento, il verbale contenente le principali dichiarazioni delle imprese intervenute alle operazioni oggetto di verbalizzazione è sottoscritto, al termine dell'audizione, dal funzionario verbalizzante e dal tito-

lare o dal legale rappresentante delle suddette imprese, ovvero da soggetto cui sia stata conferita apposita procura.

2. Quando taluna delle parti non vuole o non è in grado di sottoscrivere verbale, ne è fatta menzione nel verbale stesso con l'indicazione del motivo.

3. Copia del verbale, o stralcio dello stesso per quanto di ragione, sono consegnati ai soggetti intervenuti alle operazioni oggetto di verbalizzazione che ne facciano richiesta.

4. Ai soli fini della predisposizione del verbale, può essere effettuata registrazione fonografica delle audizioni.

19 Comunicazioni.

1. Le richieste, la trasmissione di documenti e convocazione ai destinatari devono essere effettuate in uno dei seguenti modi:

a) lettera raccomandata con avviso di ricevimento;

b) consegna a mano contro ricevuta;

c) telefax con domanda di conferma scritta del suo ricevimento;

d) telex o telegramma.

2. Le medesime disposizioni si applicano alla trasmissione di documenti e di richieste connesse all'istruttoria da parte degli interessati o di terzi all'Autorità. In caso di trasmissione per telex, telegramma o telefax, i documenti si considerano pervenuti al destinatario il giorno stesso in cui sono stati inviati, salvo prova contraria.

3. Quando le comunicazioni sono firmate dai rappresentanti dei soggetti o delle imprese ed enti, detti rappresentanti devono provare di disporre dei poteri di rappresentanza.

20 Disposizioni finali.

1. È abrogato il decreto del Presidente della Repubblica 10 settembre 1991, n. 461.

60. Legge 20 luglio 2004, n. 215. — Norme in materia di risoluzione dei conflitti di interessi. (*rinvio*) (1).

(1) *Vedi sub II, 5.*

61. Decreto legislativo 6 settembre 2005, n. 206. — Codice del consumo, a norma dell'articolo 7 della legge 29 luglio 2003, n. 229. (*estratto*).

TITOLO III
Pratiche commerciali, pubblicità e altre informazioni commerciali (1) (2)

(1) *Rubrica modificata dall'art. 4 d.lgs. 23 ottobre 2007 n. 221.*

(2) *Gli attuali capo I (artt. 18 19), capo II (artt. 20-26) e capo III (art. 27) così sostituiscono gli originari capo I (art. 18) e capo II (artt. 19-27) del presente titolo ai sensi di quanto disposto dall'art. 1 d.lgs. 2 agosto 2007, n. 146.*

CAPO I
Disposizioni generali (1)

(1) *V. sub Titolo III.*

18 Definizioni (1).

1. Ai fini del presente titolo, si intende per:

a) « consumatore »: qualsiasi persona fisica che, nelle pratiche commerciali oggetto del presente titolo, agisce per fini che non rientrano nel quadro della sua attività commerciale, industriale, artigianale o professionale;

b) « professionista »: qualsiasi persona fisica o giuridica che, nelle pratiche commerciali oggetto del presente titolo, agisce nel quadro della sua attività commerciale, industriale, artigianale o professionale e chiunque agisce in nome o per conto di un professionista;

c) « prodotto »: qualsiasi bene o servizio, compresi i beni immobili, i diritti e le obbligazioni;

d) « pratiche commerciali tra professionisti e consumatori » (di seguito denominate: « pratiche commerciali »): qualsiasi azione, omissione, condotta o dichiarazione, comunicazione commerciale ivi compresa la pubblicità e la commercializzazione del prodotto, posta in essere da un professionista, in relazione alla promozione, vendita o fornitura di un prodotto ai consumatori;

d-bis) 'microimprese': entità, società o associazioni che, a prescindere dalla forma giuridica, esercitano un'attività economica, anche a titolo individuale o familiare, occupando meno di dieci persone e realizzando un fatturato annuo oppure un totale di bilancio annuo non superiori a due milioni di euro, ai sensi dell'articolo 2, paragrafo 3, dell'allegato alla raccomandazione n. 2003/361/CE della Commissione, del 6 maggio 2003 (2).

e) « falsare in misura rilevante il comportamento economico dei consumatori »: l'impiego di una pratica commerciale idonea ad alterare sensibilmente la capacità del consumatore di prendere una decisione consapevole, inducendolo pertanto ad assumere una decisione di natura commerciale che non avrebbe altrimenti preso;

f) « codice di condotta »: un accordo o una normativa che non è imposta dalle disposizioni legislative, regolamentari o amministrative di uno Stato membro e che definisce il comportamento dei professionisti che si impegnano a rispettare tale codice in relazione a una o più pratiche commerciali o ad uno o più settori imprenditoriali specifici;

g) « responsabile del codice »: qualsiasi soggetto, compresi un professionista o un gruppo di professionisti, responsabile della formulazione e revisione di un codice di condotta ovvero del controllo del rispetto del codice da parte di coloro che si sono impegnati a rispettarlo;

h) « diligenza professionale »: il normale grado della specifica competenza ed attenzione che ragionevolmente i consumatori attendono da un professionista nei loro confronti rispetto ai principi generali di correttezza e di buona fede nel settore di attività del professionista;

i) « invito all'acquisto »: una comunicazione commerciale indicante le caratteristiche e il prezzo del prodotto in forme appropriate rispetto al mezzo impiegato per la comunicazione commerciale e pertanto tale da consentire al consumatore di effettuare un acquisto;

l) « indebito condizionamento »: lo sfruttamento di una posizione di potere rispetto al consumatore per esercitare una pressione, anche senza il ricorso alla forza fisica o la minaccia di tale ricorso, in modo da limitare notevolmente la capacità del consumatore di prendere una decisione consapevole;

m) « decisione di natura commerciale »: la decisione presa da un consumatore relativa a se acquistare o meno un prodotto, in che modo farlo e a quali condizioni, se pagare integralmente o parzialmente, se tenere un prodotto o disfarsene o se esercitare un diritto contrattuale in relazione al prodotto; tale decisione può portare il consumatore a compiere un'azione o all'astenersi dal compierla;

n) « professione regolamentata »: attività professionale, o insieme di attività professionali, l'accesso alle quali e il cui esercizio, o una delle cui modalità di esercizio, è subordinata direttamente o indirettamente, in base a disposizioni legislative, regolamentari o amministrative, al possesso di determinate qualifiche professionali.

(1) *Articolo sostituito dall'art. 1 d.lgs. 2 agosto 2007, n. 146.*

(2) *Lettera aggiunta dall'art. 7, comma 1, d.l. 24 gennaio 2012, n. 1, conv., con modif. in l. 24 marzo 2012, n. 27.*

19 Ambito di applicazione (1).

1. Il presente titolo si applica alle pratiche commerciali scorrette tra professionisti e consumatori poste in essere prima, durante e dopo un'operazione commerciale relativa a un prodotto, nonché alle pratiche commerciali scorrette tra professionisti e microimprese. Per le microimprese la tutela in materia di pubblicità ingannevole e di pubblicità comparativa illecita è assicurata in via esclusiva dal decreto legislativo 2 agosto 2007, n. 145 (2).

2. Il presente titolo non pregiudica:

a) l'applicazione delle disposizioni normative in materia contrattuale, in particolare delle norme sulla formazione, validità od efficacia del contratto;

b) l'applicazione delle disposizioni normative, comunitarie o nazionali, in materia di salute e sicurezza dei prodotti;

c) l'applicazione delle disposizioni normative che determinano la competenza giurisdizionale;

d) l'applicazione delle disposizioni normative relative allo stabilimento, o ai regimi di autorizzazione, o i codici deontologici o altre norme specifiche che disciplinano le professioni regolamentate, per garantire livelli elevati di correttezza professionale.

3. In caso di contrasto, le disposizioni contenute in direttive o in altre disposizioni comunitarie e nelle relative norme nazionali di recepimento che disciplinano aspetti specifici delle pratiche commerciali scorrette prevalgono sulle disposizioni del presente titolo e si applicano a tali aspetti specifici.

4. Il presente titolo non è applicabile in materia di certificazione e di indicazioni concernenti il titolo degli articoli in metalli preziosi.

(1) *Articolo sostituito dall'art. 1 d.lgs. 2 agosto 2007, n. 146.*

(2) *Comma modificato dall'art. 7, comma 2, d.l. 24 gennaio 2012, n. 1 conv., con modif. in l. 24 marzo 2012, n. 27.*

CAPO II
Pratiche commerciali scorrette (1)

(1) *V.* sub *Titolo III.*

20 Divieto delle pratiche commerciali scorrette (1).

1. Le pratiche commerciali scorrette sono vietate.

2. Una pratica commerciale è scorretta se è contraria alla diligenza professionale, ed è falsa o idonea a falsare in misura apprezzabile il comportamento economico, in relazione al prodotto, del consumatore medio che essa raggiunge o al quale è diretta o del membro medio di un gruppo qualora la pratica commerciale sia diretta a un determinato gruppo di consumatori.

3. Le pratiche commerciali che, pur raggiungendo gruppi più ampi di consumatori, sono idonee a falsare in misura apprezzabile il comportamento economico solo di un gruppo di consumatori chiaramente individuabile, particolarmente vulnerabili alla pratica o al prodotto cui essa si riferisce a motivo della loro infermità mentale o fisica, della loro età o ingenuità, in un modo che il professionista poteva ragionevolmente prevedere, sono valutate nell'ottica del membro medio di tale gruppo. È fatta salva la pratica pubblicitaria comune e legittima consistente in dichiarazioni esagerate o in dichiarazioni che non sono destinate ad essere prese alla lettera.

4. In particolare, sono scorrette le pratiche commerciali:

a) ingannevoli di cui agli articoli 21, 22 e 23 o

b) aggressive di cui agli articoli 24, 25 e 26.

5. Gli articoli 23 e 26 riportano l'elenco delle pratiche commerciali, rispettivamente ingannevoli e aggressive, considerate in ogni caso scorrette.

(1) *Articolo sostituito dall'art. 1 d.lgs. 2 agosto 2007, n. 146.*

SEZIONE I
Pratiche commerciali ingannevoli

21 Azioni ingannevoli (1).

1. È considerata ingannevole una pratica commerciale che contiene informazioni non rispondenti al vero o, seppure di fatto corretta, in qualsiasi modo, anche nella sua presentazione complessiva, induce o è idonea ad indurre in errore il consumatore medio riguardo ad uno o più dei seguenti elementi e, in ogni caso, lo induce o è idonea a indurlo ad assumere una decisione di natura commerciale che non avrebbe altrimenti preso:

a) l'esistenza o la natura del prodotto;

b) le caratteristiche principali del prodotto, quali la sua disponibilità, i vantaggi, i rischi, l'esecuzione, la composizione, gli accessori, l'assistenza post-vendita al consumatore e il trattamento dei reclami, il metodo e la data di fabbricazione o della prestazione, la consegna, l'idoneità allo scopo, gli usi, la quantità, la descrizione, l'origine geografica o commerciale o i risultati che si possono attendere dal suo uso, o i risultati e le caratteristiche fondamentali di prove e controlli effettuati sul prodotto;

c) la portata degli impegni del professionista, i motivi della pratica commerciale e la natura del processo di vendita, qualsiasi dichiarazione o simbolo relativi alla sponsorizzazione o all'approvazione dirette o indirette del professionista o del prodotto;

d) il prezzo o il modo in cui questo è calcolato o l'esistenza di uno specifico vantaggio quanto al prezzo;

e) la necessità di una manutenzione, ricambio, sostituzione o riparazione;

f) la natura, le qualifiche e i diritti del professionista o del suo agente, quali l'identità, il patrimonio, le capacità, lo status, il riconoscimento, l'affiliazione o i collegamenti e i diritti di proprietà industriale, commerciale o intellettuale o i premi e i riconoscimenti;

g) i diritti del consumatore, incluso il diritto di sostituzione o di rimborso ai sensi dell'articolo 130 del presente Codice.

2. È altresì considerata ingannevole una pratica commerciale che, nella fattispecie concreta, tenuto conto di tutte le caratteristiche e circostanze del caso, induce o è idonea ad indurre il consumatore medio ad assumere una decisione di natura commerciale che non avrebbe altrimenti preso e comporti:

a) una qualsivoglia attività di commercializzazione del prodotto che ingenera confusione con i prodotti, i marchi, la denominazione sociale e altri segni distintivi di un concorrente, ivi compresa la pubblicità comparativa illecita;

b) il mancato rispetto da parte del professionista degli impegni contenuti nei codici di condotta che il medesimo si è impegnato a rispettare, ove si tratti di un impegno fermo e verificabile, e il professionista indichi in una pratica commerciale che è vincolato dal codice.

3. È considerata scorretta la pratica commerciale che, riguardando prodotti suscettibili di porre in pericolo la salute e la sicurezza dei consumatori, omette di darne notizia in modo da indurre i consumatori a trascurare le normali regole di prudenza e vigilanza.

3-*bis*. È considerata scorretta la pratica commerciale di una banca, di un istituto di credito o di un intermediario finanziario che, ai fini della stipula di un contratto di mutuo, obbliga il cliente alla sottoscrizione di una polizza assicurativa erogata dalla medesima banca, istituto o intermediario ovvero all'apertura di un conto corrente presso la medesima banca, istituto o intermediario (2).

4. È considerata, altresì, scorretta la pratica commerciale che, in quanto suscettibile di raggiungere bambini ed adolescenti, può, anche indirettamente, minacciare la loro sicurezza.

4-*bis*. È considerata, altresì, scorretta la pratica commerciale che richieda un sovrapprezzo dei costi per il completamento di una transazione elettronica con un fornitore di beni o servizi (3).

(1) *Articolo sostituito dall'art. 1 d.lgs. 2 agosto 2007, n. 146.*

(2) *Comma dapprima aggiunto dall'art. 36-*bis*, comma 1, d.l. 6 dicembre 2011, n. 201, conv., con modif., in l. 22 dicembre 2011, n. 214 e, successivamente, modificato dall'art. 28, comma 3, d.l. 24 gennaio 2012, n. 1, conv., con modif., in l. 24 marzo 2012, n. 27.*

(3) *Comma aggiunto, in sede di conversione, dall'art. 15, comma 5-*quater*, d.l. 18 ottobre 2012, n. 179., conv., con modif., in l. 17 dicembre 2012, n. 221.*

22 Omissioni ingannevoli (1).

1. È considerata ingannevole una pratica commerciale che nella fattispecie concreta, tenuto conto di tutte le caratteristiche e circostanze del caso, nonché dei limiti del mezzo di comunicazione impiegato, omette informazioni rilevanti di cui il consumatore medio ha bisogno in tale contesto per prendere una decisione consapevole di natura commerciale e induce o è idonea ad indurre in tal modo il consumatore medio ad assumere una decisione di natura commerciale che non avrebbe altrimenti preso.

2. Una pratica commerciale è altresì considerata un'omissione ingannevole quando un professionista occulta o presenta in modo oscuro, incomprensibile, ambiguo o intempestivo le informazioni rilevanti di cui al comma 1, tenendo conto degli aspetti di cui al detto comma, o non indica l'intento commerciale della pratica stessa qualora questi non risultino già evidente dal contesto nonché quando, nell'uno o nell'altro caso, ciò induce o è idoneo a indurre il consumatore medio ad assumere una decisione di natura commerciale che non avrebbe altrimenti preso.

3. Qualora il mezzo di comunicazione impiegato per la pratica commerciale imponga restrizioni in termini di spazio o di tempo, nel decidere se vi sia stata un'omissione di informazioni, si tiene conto di dette restrizioni e di qualunque misura adottata dal professionista per rendere disponibili le informazioni ai consumatori con altri mezzi.

4. Nel caso di un invito all'acquisto sono considerate rilevanti, ai sensi del comma 1, le informazioni seguenti, qualora non risultino già evidenti dal contesto:

a) le caratteristiche principali del prodotto in misura adeguata al mezzo di comunicazione e al prodotto stesso;

b) l'indirizzo geografico e l'identità del professionista, come la sua denominazione sociale e, ove questa informazione sia pertinente, l'indirizzo geografico e l'identità del professionista per conto del quale egli agisce;

c) il prezzo comprensivo delle imposte o, se la natura del prodotto comporta l'impossibilità di calcolare ragionevolmente il prezzo in anticipo, le mo dalità di calcolo del prezzo e, se del caso, tutte le spese aggiuntive di spedizione, consegna o postali oppure, qualora tali spese non possano ragionevolmente essere calcolate in anticipo, l'indicazione che tali spese potranno essere addebitate al consumatore;

d) le modalità di pagamento, consegna, esecuzione e trattamento dei reclami qualora esse siano difformi dagli obblighi imposti dalla diligenza professionale;

e) l'esistenza di un diritto di recesso o scioglimento del contratto per i prodotti e le operazioni commerciali che comportino tale diritto.

5. Sono considerati rilevanti, ai sensi del comma 1, gli obblighi di informazione, previsti dal diritto comunitario, connessi alle comunicazioni commerciali, compresa la pubblicità o la commercializzazione del prodotto.

(1) *Articolo sostituito dall'art. 1 d.lgs. 2 agosto 2007, n. 146.*

22-*bis* Pubblicità ingannevole delle tariffe marittime (1).

1. È considerata ingannevole la pubblicità che, riguardando le tariffe praticate da compagnie marittime che operano sul territorio italiano direttamente o in code-sharing, reclamizzi il prezzo del biglietto dovuto alla compagnia marittima separatamente dagli oneri accessori, dalle tasse portuali e da tutti gli oneri comunque destinati a gravare sul consumatore, dovendo la compagnia marittima pubblicizzare un unico prezzo che includa tutte queste voci.

(1) *Articolo inserito dall'art. 22, comma 1, l. 23 luglio 2009, n. 99.*

23 Pratiche commerciali considerate in ogni caso ingannevoli (1).

1. Sono considerate in ogni caso ingannevoli le seguenti pratiche commerciali:

a) affermazione non rispondente al vero, da parte di un professionista, di essere firmatario di un codice di condotta;

b) esibire un marchio di fiducia, un marchio di qualità o un marchio equivalente senza aver ottenuto la necessaria autorizzazione;

c) asserire, contrariamente al vero, che un codice di condotta ha l'approvazione di un organismo pubblico o di altra natura;

d) asserire, contrariamente al vero, che un professionista, le sue pratiche commerciali o un suo prodotto sono stati autorizzati, accettati o approvati, da un organismo pubblico o privato o che sono state rispettate le condizioni dell'autorizzazione, dell'accettazione o dell'approvazione ricevuta;

e) invitare all'acquisto di prodotti ad un determinato prezzo senza rivelare l'esistenza di ragionevoli motivi che il professionista può avere per ritenere che non sarà in grado di fornire o di far fornire da un altro professionista quei prodotti o prodotti equivalenti a quel prezzo entro un periodo e in quantità ragionevoli in rapporto al prodotto, all'entità della pubblicità fatta del prodotto e al prezzo offerti;

f) invitare all'acquisto di prodotti ad un determinato prezzo e successivamente:

1) rifiutare di mostrare l'articolo pubblicizzato ai consumatori, oppure

2) rifiutare di accettare ordini per l'articolo o di consegnarlo entro un periodo di tempo ragionevole, oppure

3) fare la dimostrazione dell'articolo con un campione difettoso, con l'intenzione di promuovere un altro prodotto.

g) dichiarare, contrariamente al vero, che il prodotto sarà disponibile solo per un periodo molto limitato o che sarà disponibile solo a condizioni particolari per un periodo di tempo molto limitato, in modo da ottenere una decisione immediata e privare i consumatori della possibilità o del tempo sufficiente per prendere una decisione consapevole;

h) impegnarsi a fornire l'assistenza post-vendita a consumatori con i quali il professionista ha comunicato prima dell'operazione commerciale in una lingua diversa dalla lingua ufficiale dello Stato membro in cui il professionista è stabilito e poi offrire concretamente tale servizio soltanto in un'altra lingua, senza che questo sia chiaramente comunicato al consumatore prima del suo impegno a concludere l'operazione;

i) affermare, contrariamente al vero, o generare comunque l'impressione che la vendita del prodotto è lecita;

l) presentare i diritti conferiti ai consumatori dalla legge come una caratteristica propria dell'offerta fatta dal professionista;

m) salvo quanto previsto dal decreto legislativo 31 luglio 2005, n. 177, e successive modificazioni, impiegare contenuti redazionali nei mezzi di comunicazione per promuovere un prodotto, qualora i costi di tale promozione siano stati sostenuti dal professionista senza che ciò emerga dai contenuti o da immagini o suoni chiaramente individuabili per il consumatore;

n) formulare affermazioni di fatto inesatte per quanto riguarda la natura e la portata dei rischi per la sicurezza personale del consumatore o della sua famiglia se egli non acquistasse il prodotto;

o) promuovere un prodotto simile a quello fabbricato da un altro produttore in modo tale da fuorviare deliberatamente il consumatore inducendolo a ritenere, contrariamente al vero, che il prodotto è fabbricato dallo stesso produttore;

p) avviare, gestire o promuovere un sistema di promozione a carattere piramidale nel quale il consumatore fornisce un contributo in cambio della possibilità di ricevere un corrispettivo derivante principalmente dall'entrata di altri consumatori nel sistema piuttosto che dalla vendita o dal consumo di prodotti;

q) affermare, contrariamente al vero, che il professionista è in procinto di cessare l'attività o traslocare;

r) affermare che alcuni prodotti possono facilitare la vincita in giochi basati sulla sorte;

s) affermare, contrariamente al vero, che un prodotto ha la capacità di curare malattie, disfunzioni o malformazioni;

t) comunicare informazioni inesatte sulle condizioni di mercato o sulla possibilità di ottenere il prodotto allo scopo d'indurre il consumatore all'acquisto a condizioni meno favorevoli di quelle normali di mercato;

u) affermare in una pratica commerciale che si organizzano concorsi o promozioni a premi senza attribuire i premi descritti o un equivalente ragionevole;

v) descrivere un prodotto come gratuito o senza alcun onere, se il consumatore deve pagare un supplemento di prezzo rispetto al normale costo necessario per rispondere alla pratica commerciale e ritirare o farsi recapitare il prodotto;

z) includere nel materiale promozionale una fattura o analoga richiesta di pagamento che lasci intendere, contrariamente al vero, al consumatore di aver già ordinato il prodotto;

aa) dichiarare o lasciare intendere, contrariamente al vero, che il professionista non agisce nel quadro della sua attività commerciale, industriale, artigianale o professionale, o presentarsi, contrariamente al vero, come consumatore;

bb) lasciare intendere, contrariamente al vero, che i servizi post-vendita relativi a un prodotto siano disponibili in uno Stato membro diverso da quello in cui è venduto il prodotto.

(1) *Articolo sostituito dall'art. 1 d.lgs. 2 agosto 2007, n. 146.*

SEZIONE II
Pratiche commerciali aggressive

24 Pratiche commerciali aggressive (1).

1. È considerata aggressiva una pratica commerciale che, nella fattispecie concreta, tenuto conto di tutte le caratteristiche e circostanze del caso, mediante molestie, coercizione, compreso il ricorso alla forza fisica o indebito condizionamento, limita o è idonea a limitare considerevolmente la libertà di scelta o di comportamento del consumatore medio in relazione al prodotto e, pertanto, lo induce o è idonea ad indurlo ad assumere una decisione di natura commerciale che non avrebbe altrimenti preso.

(1) *Articolo sostituito dall'art. 1 d.lgs. 2 agosto 2007, n. 146.*

25 Ricorso a molestie coercizione o indebito condizionamento (1).

1. Nel determinare se una pratica commerciale comporta, ai fini del presente capo, molestie, coercizione, compreso il ricorso alla forza fisica, o indebito condizionamento, sono presi in considerazione i seguenti elementi:

a) i tempi, il luogo, la natura o la persistenza;

b) il ricorso alla minaccia fisica o verbale;

c) lo sfruttamento da parte del professionista di qualsivoglia evento tragico o circostanza specifica di gravità tale da alterare la capacità di valutazione del consumatore, al fine di influenzarne la decisione relativa al prodotto;

d) qualsiasi ostacolo non contrattuale, oneroso o sproporzionato, imposto dal professionista qualora un consumatore intenda esercitare diritti contrattuali, compresi il diritto di risolvere un contratto o quello di cambiare prodotto o rivolgersi ad un altro professionista;

e) qualsiasi minaccia di promuovere un'azione legale ove tale azione sia manifestamente temeraria o infondata.

(1) *Articolo sostituito dall'art. 1 d.lgs. 2 agosto 2007, n. 146.*

26 Pratiche commerciali considerate in ogni caso aggressive (1).

1. Sono considerate in ogni caso aggressive le seguenti pratiche commerciali:

a) creare l'impressione che il consumatore non possa lasciare i locali commerciali fino alla conclusione del contratto;

b) effettuare visite presso l'abitazione del consumatore, ignorando gli inviti del consumatore a lasciare la sua residenza o a non ritornarvi, fuorché nelle circostanze e nella misura in cui siano giustificate dalla legge nazionale ai fini dell'esecuzione di un'obbligazione contrattuale;

c) effettuare ripetute e non richieste sollecitazioni commerciali per telefono, via fax, per posta elettronica o mediante altro mezzo di comunicazione a distanza, fuorché nelle circostanze e nella misura in cui siano giustificate dalla legge nazionale ai fini dell'esecuzione di un'obbligazione contrattuale, fatti salvi l'articolo 58 e l'articolo 130 del decreto legislativo 30 giugno 2003, n. 196;

d) imporre al consumatore che intenda presentare una richiesta di risarcimento del danno in virtù di una polizza di assicurazione di esibire documenti che non possono ragionevolmente essere considerati pertinenti per stabilire la fondatezza della richiesta, o omettere sistematicamente di rispondere alla relativa corrispondenza, al fine di dissuadere un consumatore dall'esercizio dei suoi diritti contrattuali;

e) salvo quanto previsto dal decreto legislativo 31 luglio 2005, n. 177, e successive modificazioni, includere in un messaggio pubblicitario un'esortazione diretta ai bambini affinché acquistino o convincano i genitori o altri adulti ad acquistare loro i prodotti reclamizzati;

f) esigere il pagamento immediato o differito o la restituzione o la custodia di prodotti che il professionista ha fornito, ma che il consumatore non ha richiesto, salvo quanto previsto dall'articolo 66-*sexies*, comma 2 (2);

g) informare esplicitamente il consumatore che, se non acquista il prodotto o il servizio saranno in pericolo il lavoro o la sussistenza del professionista;

h) lasciare intendere, contrariamente al vero, che il consumatore abbia già vinto, vincerà o potrà vincere compiendo una determinata azione un premio o una vincita equivalente, mentre in effetti non esiste alcun premio né vincita equivalente oppure che qualsiasi azione volta a reclamare il premio o altra vincita equivalente è subordinata al versamento di denaro o al sostenimento di costi da parte del consumatore (1).

(1) *Articolo sostituito dall'art. 1 d.lgs. 2 agosto 2007, n. 146.*
(2) *Lettera modificata dall'art. 1, comma 3, d.lgs. 21 febbraio 2014, n. 21, con la decorrenza di cui all'art. 2, comma 1, del medesimo d.lgs. n. 21 del 2014, cit.*

CAPO III
Applicazione (1)

(1) *V.* sub *Titolo III.*

27 Tutela amministrativa e giurisdizionale (1).

1. L'Autorità garante della concorrenza e del mercato, di seguito denominata "Autorità", esercita le attribuzioni disciplinate dal presente articolo anche quale autorità competente per l'applicazione del regolamento (UE) 2017/2394 del Parlamento europeo e del Consiglio, del 12 dicembre 2017, sulla cooperazione tra le autorità nazionali responsabili dell'esecuzione della normativa che tutela i consumatori e che abroga il regolamento (CE) n. 2006/2004 (2), nei limiti delle disposizioni di legge.

1-*bis*. Anche nei settori regolati, ai sensi dell'articolo 19, comma 3, la competenza ad intervenire nei confronti delle condotte dei professionisti che integrano una pratica commerciale scorretta, fermo restando il rispetto della regolazione vigente, spetta, in via esclusiva, all'Autorità garante della concorrenza e del mercato, che la esercita in base ai poteri di cui al presente articolo, acquisito il parere dell'Autorità di regolazione competente. Resta ferma la competenza delle Autorità di regolazione ad esercitare i propri poteri nelle ipotesi di violazione della regolazione che non integrino gli estremi di una pratica commerciale scorretta. Le Autorità possono disciplinare con protocolli di intesa gli aspetti applicativi e procedimentali della reciproca collaborazione, nel quadro delle rispettive competenze (3).

2. L'Autorità, d'ufficio o su istanza di ogni soggetto o organizzazione che ne abbia interesse, inibisce la continuazione delle pratiche commerciali scorrette e ne elimina gli effetti. A tale fine, l'Autorità si avvale dei poteri investigativi ed esecutivi di cui al citato regolamento (UE) 2017/2394 (4) anche in relazione alle infrazioni non transfrontaliere. Per lo svolgimento dei compiti di cui al comma 1 l'Autorità può avvalersi della Guardia di finanza che agisce con i poteri ad essa attribuiti per l'accertamento dell'imposta sul valore aggiunto e dell'imposta sui redditi. L'intervento dell'Autorità è indipendente dalla circostanza che i consumatori interessati si trovino nel territorio dello Stato membro in cui è stabilito il professionista o in un altro Stato membro.

3. L'Autorità può disporre, con provvedimento motivato, la sospensione provvisoria delle pratiche commerciali scorrette, laddove sussiste particolare urgenza. In ogni caso, comunica l'apertura dell'istruttoria al professionista e, se il committente non è conosciuto, può richiedere al proprietario del mezzo che ha diffuso la pratica commerciale ogni informazione idonea ad identificarlo. L'Autorità può, altresì, richiedere a imprese, enti o persone che ne siano in possesso le informazioni ed i documenti rilevanti al fine dell'accertamento dell'infrazione. Si applicano le disposizioni previste dall'articolo 14, commi 2, 3 e 4, della legge 10 ottobre 1990, n. 287.

3-*bis*. L'Autorità garante della concorrenza e del mercato, in conformità a quanto disposto dall'articolo 9 del regolamento (UE) 2017/2394 del Parlamento europeo e del Consiglio, del 12 dicembre 2017, può ordinare, anche in via cautelare, ai fornitori di servizi di connettività alle reti internet, ai gestori di altre reti telematiche o di telecomunicazione nonché agli operatori che in relazione ad esse forniscono servizi telematici o di telecomunicazione la rimozione di iniziative o attività destinate ai consumatori italiani e diffuse attraverso le reti telematiche o di tele-comunicazione che integrano gli estremi di una pratica commerciale scorretta. I destinatari dei predetti ordini, disposti ai sensi del primo periodo, hanno l'obbligo di inibire l'utilizzazione delle reti delle quali sono gestori o in relazione alle quali forniscono servizi, al fine di evitare la pro-trazione di attività pregiudizievoli per i consumatori e poste in essere in violazione del presente codice. In caso di inottemperanza, senza giustificato motivo, a quanto disposto dall'Autorità garante della concorrenza e del mercato ai sensi del primo periodo del presente comma, l'Autorità stessa può applicare una sanzione amministrativa fino a 5.000.000 di euro (5).

4. In caso di inottemperanza, senza giustificato motivo, a quanto disposto dall'Autorità ai sensi dell'articolo 14, comma 2, della legge 10 ottobre 1990, n. 287, l'Autorità applica una sanzione amministrativa pecuniaria da 2.000,00 euro a 20.000,00 euro. Qualora le informazioni o la documentazione fornite non siano veritiere, l'Autorità applica una sanzione amministrativa pecuniaria da 4.000,00 euro a 40.000,00 euro.

5. L'Autorità può disporre che il professionista fornisca prove sull'esattezza dei dati di fatto connessi alla pratica commerciale se, tenuto conto dei diritti o degli interessi legittimi del professionista e di qualsiasi altra parte nel procedimento, tale esigenza risulti giustificata, date le circostanze del caso specifico. Se tale prova è omessa o viene ritenuta insufficiente, i dati di fatto sono considerati inesatti. Incombe, in ogni caso, al professionista l'onere di provare, con allegazioni fattuali, che egli non poteva ragionevolmente prevedere l'impatto della pratica commerciale sui consumatori, ai sensi dell'articolo 20, comma 3.

6. Quando la pratica commerciale è stata o deve essere diffusa attraverso la stampa periodica o quotidiana ovvero per via radiofonica o televisiva o altro mezzo di telecomunicazione, l'Autorità, prima di provvedere, richiede il parere dell'Autorità per le garanzie nelle comunicazioni.

7. Ad eccezione dei casi di manifesta scorrettezza e gravità della pratica commerciale, l'Autorità può ottenere dal professionista responsabile l'assunzione dell'impegno di porre fine all'infrazione, cessando la diffusione della stessa o modificandola in modo da elimi-

nare i profili di illegittimità. L'Autorità può disporre la pubblicazione della dichiarazione dell'impegno in questione a cura e spese del professionista. In tali ipotesi, l'Autorità, valutata l'idoneità di tali impegni, può renderli obbligatori per il professionista e definire il procedimento senza procedere all'accertamento dell'infrazione.

8. L'Autorità, se ritiene la pratica commerciale scorretta, vieta la diffusione, qualora non ancora portata a conoscenza del pubblico, o la continuazione, qualora la pratica sia già iniziata. Con il medesimo provvedimento può essere disposta, a cura e spese del professionista, la pubblicazione della delibera, anche per estratto, ovvero di un'apposita dichiarazione rettificativa, in modo da impedire che le pratiche commerciali scorrette continuino a produrre effetti.

9. Con il provvedimento che vieta la pratica commerciale scorretta, l'Autorità dispone inoltre l'applicazione di una sanzione amministrativa pecuniaria da 5.000,00 euro a 5.000.000 euro, tenuto conto della gravità e della durata della violazione. Nel caso di pratiche commerciali scorrette ai sensi dell'articolo 21, commi 3 e 4, la sanzione non può essere inferiore a 50.000,00 euro (6) (7) (8).

10. Nei casi riguardanti comunicazioni commerciali inserite sulle confezioni di prodotti, l'Autorità, nell'adottare i provvedimenti indicati nei commi 3 e 8, assegna per la loro esecuzione un termine che tenga conto dei tempi tecnici necessari per l'adeguamento.

11. L'Autorità garante della concorrenza e del mercato, con proprio regolamento, disciplina la procedura istruttoria, in modo da garantire il contraddittorio, la piena cognizione degli atti e la verbalizzazione.

12. In caso di inottemperanza ai provvedimenti d'urgenza e a quelli inibitori o di rimozione degli effetti di cui ai commi 3, 8 e 10 ed in caso di mancato rispetto degli impegni assunti ai sensi del comma 7, l'Autorità applica una sanzione amministrativa pecuniaria da 10.000 a 5.000.000 euro. Nei casi di reiterata inottemperanza l'Autorità può disporre la sospensione dell'attività d'impresa per un periodo non superiore a trenta giorni (6) (9).

13. [I ricorsi avverso le decisioni adottate dall'Autorità sono soggetti alla giurisdizione esclusiva del giudice amministrativo.] Per le sanzioni amministrative pecuniarie conseguenti alle violazioni del presente decreto si osservano, in quanto applicabili, le disposizioni contenute nel capo I, sezione I, e negli articoli 26, 27, 28 e 29 della legge 24 novembre 1981, n. 689, e successive modificazioni. Il pagamento delle sanzioni amministrative di cui al presente articolo deve essere effettuato entro trenta giorni dalla notifica del provvedimento dell'Autorità (10).

14. Ove la pratica commerciale sia stata assentita con provvedimento amministrativo, preordinato anche alla verifica del carattere non scorretto della stessa, la tutela dei soggetti e delle organizzazioni che vi abbiano interesse, è esperibile in via giurisdizionale con ricorso al giudice amministrativo avverso il predetto provvedimento.

15. È comunque fatta salva la giurisdizione del giudice ordinario in materia di atti di concorrenza sleale, a norma dell'articolo 2598 del codice civile, nonché, per quanto concerne la pubblicità comparativa, in materia di atti compiuti in violazione della disciplina sul diritto d'autore protetto dalla legge 22 aprile 1941, n. 633, e successive modificazioni, e dei marchi d'impresa protetto a norma del decreto legislativo 10 febbraio 2005, n. 30, e successive modificazioni, nonché delle denominazioni di origine riconosciute e protette in Italia e di altri segni distintivi di imprese, beni e servizi concorrenti (11).

(1) *Articolo sostituito dall'art. 1 d.lgs. 2 agosto 2007, n. 146.*

(2) *Le parole da* « regolamento (UE) 2017/2394 » *a* « che abroga il regolamento (CE) n. 2006/2004 » *sono state sostituite alle parole* « regolamento 2006/2004/CE del Parlamento europeo e del Consiglio, del 27 ottobre 2004, sulla cooperazione tra le autorità nazionali responsabili dell'esecuzione della normativa che tutela i consumatori » *dall'art. 37, comma 1, lett.* a), *n. 1 l. 23 dicembre 2021, n. 238.*

(3) *Comma inserito dall'art. 1, comma 6, lett.* a), *d.lgs. 21 febbraio 2014, n. 21.*

(4) *Le parole* « regolamento (UE) 2017/2394 » *sono state sostituite alle parole* « regolamento 2006/2004/CE » *dall'art. 37, comma 1, lett.* a), *n. 2 l. n. 238, cit.*

(5) *Comma inserito in sede di conversione dall'art. 263-bis, comma 1 d.l. 19 maggio 2020, n. 34, conv., con modif., in l. 17 luglio 2020, n. 77.*

(6) *A norma dell'art. 23, comma 12-*quinquiesdecies, *d.l. 6 luglio 2012, n. 95, conv., con modif. in l. 7 agosto 2012, n. 135, l'importo massimo delle sanzioni, in materia di pratiche commerciali scorrette, di cui al presente comma è aumentato a 5.000.000 di euro. Successivamente, l'art. 1, comma 7, d.lgs. 21 febbraio 2014, n. 21, ha abrogato il comma 12-*quinquiesdecies, *dell'art. 23 d.l. n. 95, cit.*

(7) *Comma modificato dall'art. 1, comma 6, lett.* b), *d.lgs. n. 21, cit.*

(8) *L'art. 1 della Direttiva (UE) 2019/2161 del Parlamento europeo e del Consiglio del 27 novembre 2019, che modifica la direttiva 93/13/CEE del Consiglio e le direttive 98/6/CE, 2005/29/CE e 2011/83/UE del Parlamento europeo e del Consiglio per una migliore applicazione e una modernizzazione delle norme dell'Unione relative alla protezione dei consumatori, sostituisce l'art. 13 della Direttiva 2005/29/CE del Parlamento europeo e del Consiglio dell'11 maggio 2005, relativa alle pratiche commerciali sleali tra imprese e consumatori nel mercato interno:*

« 13. Sanzioni - 1. Gli Stati membri determinano le norme in materia di sanzioni applicabili alle violazioni delle disposizioni nazionali adottate conformemente alla presente direttiva e prendono tutti i provvedimenti necessari per garantirne l'attuazione. Le sanzioni previste devono essere effettive, proporzionate e dissuasive.

2. Gli Stati membri assicurano che, ai fini dell'irrogazione delle sanzioni, si tenga conto dei seguenti criteri, non esaustivi e indicativi, ove appropriati:

a) *natura, gravità, entità e durata della violazione;*

b) *eventuali azioni intraprese dal professionista per attenuare il danno subito dai consumatori o per porvi rimedio;*

c) *eventuali violazioni commesse in precedenza dal professionista;*

d) *i benefici finanziari conseguiti o le perdite evitate dal professionista in conseguenza della violazione, se i relativi dati sono disponibili;*

e) *sanzioni inflitte al professionista per la stessa violazione in altri Stati membri in casi transfrontalieri in cui informazioni relative a tali sanzioni sono disponibili attraverso il meccanismo istituito dal regolamento (UE) 2017/2394 del Parlamento europeo e del Consiglio;*

f) *eventuali altri fattori aggravanti o attenuanti applicabili alle circostanze del caso.*

3. Gli Stati membri provvedono a che, quando le sanzioni devono essere inflitte a norma dell'articolo 21 del regolamento (UE) 2017/2394, esse possano essere di tipo pecuniario, inflitte attraverso un procedimento amministrativo o giudiziario o entrambi, e per un importo massimo almeno pari al 4% del fatturato annuo del professionista nello Stato membro o negli Stati membri interessati. Fatte salve le disposizioni di detto regolamento, gli Stati membri possono, per motivi attinenti all'ordinamento costituzionale nazionale, limitare l'imposizione di sanzioni pecuniarie:

a) *alle violazioni degli articoli 6, 7, 8 e 9 e dell'allegato 1 della presente direttiva; e*

b) *ai casi di ricorso continuato, da parte del professionista, a una pratica commerciale dichiarata abusiva dall'autorità, anche giudiziaria, nazionale competente, quando tale pratica commerciale non sia una violazione di cui alla lettera* a).

4. Per i casi in cui deve essere inflitta una sanzione pecuniaria a norma del paragrafo 3, ma informazioni sul fatturato annuo del professionista non sono disponibili, gli Stati membri introducono la possibilità di imporre sanzioni pecuniarie il cui importo massimo sia di almeno 2 milioni di EUR.

5. Entro il 28 novembre 2021 gli Stati membri notificano alla Commissione le norme e le misure di cui al paragrafo 1, e la informano immediatamente delle eventuali successive modificazioni ».

(9) *Comma modificato dall'art. 1, comma 6, lett. c), d.lgs. n. 21, cit..*

(10) *Comma modificato dall'art. 4, comma 1, punto 33), dell'Allegato 4 al d.lgs. 2 luglio 2010, n. 104.*

(11) *Per il divieto di pubblicizzazione parassitaria e le relative sanzioni v. gli artt. 10 e ss. d.l. 11 marzo 2020, n. 16, conv., con modif., in l. 8 maggio 2020, n. 31,* sub *V, 135.*

27-*bis* Codici di condotta (1).

1. Le associazioni o le organizzazioni imprenditoriali e professionali possono adottare, in relazione a una o più pratiche commerciali o ad uno o più settori imprenditoriali specifici, appositi codici di condotta che definiscono il comportamento dei professionisti che si impegnano a rispettare tali codici con l'indicazione del soggetto responsabile o dell'organismo incaricato del controllo della loro applicazione.

2. Il codice di condotta è redatto in lingua italiana e inglese ed è reso accessibile dal soggetto o organismo responsabile al consumatore, anche per via telematica.

3. Nella redazione di codici di condotta deve essere garantita almeno la protezione dei minori e salvaguardata la dignità umana.

4. I codici di condotta di cui al comma 1 sono comunicati, per la relativa adesione, agli operatori dei rispettivi settori e conservati ed aggiornati a cura del responsabile del codice, con l'indicazione degli aderenti.

5. Dell'esistenza del codice di condotta, dei suoi contenuti e dell'adesione il professionista deve preventivamente informare i consumatori.

(1) *Articolo inserito dall'art. 1 d.lgs. 2 agosto 2007, n. 146.*

27-*ter* Autodisciplina (1).

1. I consumatori, i concorrenti, anche tramite le loro associazioni o organizzazioni, prima di avviare la procedura di cui all'articolo 27, possono convenire con il professionista di adire preventivamente, il soggetto responsabile o l'organismo incaricato del controllo del codice di condotta relativo ad uno specifico settore la risoluzione concordata della controversia volta a vietare o a far cessare la continuazione della pratica commerciale scorretta.

2. In ogni caso il ricorso ai sensi del presente articolo, qualunque sia l'esito della procedura, non pregiudica il diritto del consumatore di adire l'Autorità, ai sensi dell'articolo 27, o il giudice competente.

3. Iniziata la procedura davanti ad un organismo di autodisciplina, le parti possono convenire di astenersi dall'adire l'Autorità fino alla pronuncia definitiva, ovvero possono chiedere la sospensione del procedimento innanzi all'Autorità, ove lo stesso sia stato attivato anche da altro soggetto legittimato, in attesa della pronuncia dell'organismo di autodisciplina. L'Autorità, valutate tutte le circostanze, può disporre la sospensione del procedimento per un periodo non superiore a trenta giorni.

(1) *Articolo inserito dall'art. 1 d.lgs. 2 agosto 2007, n. 146.*

27-*quater* Oneri di informazione (1).

1. L'Autorità garante della concorrenza e del mercato e le associazioni o le organizzazioni imprenditoriali e professionali di cui all'articolo 27-*bis*, comunicano periodicamente al Ministero dello sviluppo economico le decisioni adottate ai sensi del presente titolo.

2. Il Ministero dello sviluppo economico provvederà affinché sul proprio sito siano disponibili:

a) le informazioni generali sulle procedure relative ai meccanismi di reclamo e ricorso disponibili in caso di controversie, nonché sui codici di condotta adottati ai sensi dell'articolo 27-*bis*;

b) gli estremi delle autorità, organizzazioni o associazioni presso le quali si possono ottenere ulteriori informazioni o assistenza;

c) gli estremi e la sintesi delle decisioni significative riguardo a controversie, comprese quelle adottate dagli organi di composizione extragiudiziale.

(1) *Articolo inserito dall'art. 1 d.lgs. 2 agosto 2007, n. 146.*

TITOLO IV (1)
Particolari modalità della comunicazione pubblicitaria

(1) *Denominazione così sostituita dall'art. 1 d.ls. 2 agosto 2007, n. 146.*

CAPO I (1)
Rafforzamento della tutela del consumatore

(1) *Denominazione così sostituita dall'art. 1 d.ls. 2 agosto 2007, n. 146.*

28 Ambito di applicazione (1).

1. Le disposizioni del presente capo si applicano alle televendite, come definite nel regolamento in materia di pubblicità radiotelevisiva e televendite, adottato dall'Autorità per le garanzie nelle comunicazioni con delibera n. 538/01/CSP del 26 luglio 2001, comprese quelle di astrologia, di cartomanzia ed assimilabili e di servizi relativi a concorsi o giochi comportanti ovvero strutturati in guisa di pronostici. Le medesime disposizioni si applicano altresì agli spot di televendita.

(1) *Articolo rettificato con Avviso in G.U. 3 gennaio 2006, n. 2 e modificato dall'art. 1 d.lgs. 2 agosto 2007, n. 146.*

29 Prescrizioni.

1. Le televendite devono evitare ogni forma di sfruttamento della superstizione, della credulità o della paura, non devono contenere scene di violenza fisica o morale o tali da offendere il gusto e la sensibilità dei consumatori per indecenza, volgarità o ripugnanza.

30 Divieti.

1. È vietata la televendita che offenda la dignità umana, comporti discriminazioni di razza, sesso o nazionalità, offenda convinzioni religiose e politiche, induca a comportamenti pregiudizievoli per la salute o la sicu-

rezza o la protezione dell'ambiente. È vietata la televendita di sigarette o di altri prodotti a base di tabacco.

2. Le televendite non devono contenere dichiarazioni o rappresentazioni che possono indurre in errore gli utenti o i consumatori, anche per mezzo di omissioni, ambiguità o esagerazioni, in particolare per ciò che riguarda le caratteristiche e gli effetti del servizio, il prezzo, le condizioni di vendita o di pagamento, le modalità della fornitura, gli eventuali premi, l'identità delle persone rappresentate.

31 Tutela dei minori.

1. La televendita non deve esortare i minorenni a stipulare contratti di compravendita o di locazione di prodotti e di servizi.

La televendita non deve arrecare pregiudizio morale o fisico ai minorenni e deve rispettare i seguenti criteri a loro tutela:

a) non esortare i minorenni ad acquistare un prodotto o un servizio, sfruttandone l'inesperienza o la credulità;

b) non esortare i minorenni a persuadere genitori o altri ad acquistare tali prodotti o servizi;

c) non sfruttare la particolare fiducia che i minorenni ripongono nei genitori, negli insegnanti o in altri;

d) non mostrare minorenni in situazioni pericolose.

32 Sanzioni.

1. Salvo che il fatto costituisca reato, e fatte salve le disposizioni ed il regime sanzionatorio stabiliti per i contratti a distanza, così come disciplinati alla parte III, titolo III, capo I, sezione II, dall'articolo 50 all'articolo 61, del codice, nonché le ulteriori disposizioni stabilite in materia di pubblicità, alle televendite sono applicabili altresì le sanzioni di cui all'articolo 2, comma 20, lettera *c*), della legge 14 novembre 1995, n. 481, e di cui all'articolo 1, comma 31, della legge 31 luglio 1997, n. 249 (1).

(1) *Così rettificato con Avviso in G.U. 3 gennaio 2006, n. 2.*

PARTE III
Il rapporto di consumo

TITOLO I
Dei contratti del consumatore in generale

33 Clausole vessatorie nel contratto tra professionista e consumatore.

1. Nel contratto concluso tra il consumatore ed il professionista si considerano vessatorie le clausole che, malgrado la buona fede, determinano a carico del consumatore un significativo squilibrio dei diritti e degli obblighi derivanti dal contratto.

2. Si presumono vessatorie fino a prova contraria le clausole che hanno per oggetto, o per effetto, di:

a) escludere o limitare la responsabilità del professionista in caso di morte o danno alla persona del consumatore, risultante da un fatto o da un'omissione del professionista (1);

b) escludere o limitare le azioni o i diritti del consumatore nei confronti del professionista o di un'altra parte in caso di inadempimento totale o parziale o di adempimento inesatto da parte del professionista;

c) escludere o limitare l'opportunità da parte del consumatore della compensazione di un debito nei confronti del professionista con un credito vantato nei confronti di quest'ultimo;

d) prevedere un impegno definitivo del consumatore mentre l'esecuzione della prestazione del professionista è subordinata ad una condizione il cui adempimento dipende unicamente dalla sua volontà;

e) consentire al professionista di trattenere una somma di denaro versata dal consumatore se quest'ultimo non conclude il contratto o recede da esso, senza prevedere il diritto del consumatore di esigere dal professionista il doppio della somma corrisposta se è quest'ultimo a non concludere il contratto oppure a recedere;

f) imporre al consumatore, in caso di inadempimento o di ritardo nell'adempimento, il pagamento di una somma di denaro a titolo di risarcimento, clausola penale o altro titolo equivalente d'importo manifestamente eccessivo;

g) riconoscere al solo professionista e non anche al consumatore la facoltà di recedere dal contratto, nonché consentire al professionista di trattenere anche solo in parte la somma versata dal consumatore a titolo di corrispettivo per prestazioni non ancora adempiute, quando sia il professionista a recedere dal contratto;

h) consentire al professionista di recedere da contratti a tempo indeterminato senza un ragionevole preavviso, tranne nel caso di giusta causa;

i) stabilire un termine eccessivamente anticipato rispetto alla scadenza del contratto per comunicare la disdetta al fine di evitare la tacita proroga o rinnovazione;

l) prevedere l'estensione dell'adesione del consumatore a clausole che non ha avuto la possibilità di conoscere prima della conclusione del contratto;

m) consentire al professionista di modificare unilateralmente le clausole del contratto, ovvero le caratteristiche del prodotto o del servizio da fornire, senza un giustificato motivo indicato nel contratto stesso;

n) stabilire che il prezzo dei beni o dei servizi sia determinato al momento della consegna o della prestazione;

o) consentire al professionista di aumentare il prezzo del bene o del servizio senza che il consumatore possa recedere se il prezzo finale è eccessivamente elevato rispetto a quello originariamente convenuto;

p) riservare al professionista il potere di accertare la conformità del bene venduto o del servizio prestato a quello previsto nel contratto o conferirgli il diritto esclusivo d'interpretare una clausola qualsiasi del contratto;

q) limitare la responsabilità del professionista rispetto alle obbligazioni derivanti dai contratti stipulati in suo nome dai mandatari o subordinare l'adempimento delle suddette obbligazioni al rispetto di particolari formalità;

r) limitare o escludere l'opponibilità dell'eccezione d'inadempimento da parte del consumatore;

s) consentire al professionista di sostituire a sé un terzo nei rapporti derivanti dal contratto, anche nel caso di preventivo consenso del consumatore, qualora risulti diminuita la tutela dei diritti di quest'ultimo;

t) sancire a carico del consumatore decadenze, limitazioni della facoltà di opporre eccezioni, deroghe alla competenza dell'autorità giudiziaria, limitazioni all'adduzione di prove, inversioni o modificazioni dell'onere della prova, restrizioni alla libertà contrattuale nei rapporti con i terzi;

u) stabilire come sede del foro competente sulle controversie località diversa da quella di residenza o domicilio elettivo del consumatore;

v) prevedere l'alienazione di un diritto o l'assunzione di un obbligo come subordinati ad una condizione sospensiva dipendente dalla mera volontà del professionista a fronte di un'obbligazione immediatamente efficace del consumatore. È fatto salvo il disposto dell'articolo 1355 del codice civile.

v-bis) imporre al consumatore che voglia accedere ad una procedura di risoluzione extragiudiziale delle controversie prevista dal titolo II-*bis* della parte V, di rivolgersi esclusivamente ad un'unica tipologia di organismi ADR o ad un unico organismo ADR (2);

v-ter) rendere eccessivamente difficile per il consumatore l'esperimento della procedura di risoluzione extragiudiziale delle controversie prevista dal titolo II-*bis* della parte V (2).

3. Se il contratto ha ad oggetto la prestazione di servizi finanziari a tempo indeterminato il professionista può, in deroga alle lettere *h*) e *m*) del comma 2:

a) recedere, qualora vi sia un giustificato motivo, senza preavviso, dandone immediata comunicazione al consumatore;

b) modificare, qualora sussista un giustificato motivo, le condizioni del contratto, preavvisando entro un congruo termine il consumatore, che ha diritto di recedere dal contratto.

4. Se il contratto ha ad oggetto la prestazione di servizi finanziari il professionista può modificare, senza preavviso, sempreché vi sia un giustificato motivo in deroga alle lettere *n*) e *o*) del comma 2, il tasso di interesse o l'importo di qualunque altro onere relativo alla prestazione finanziaria originariamente convenuti, dandone immediata comunicazione al consumatore che ha diritto di recedere dal contratto.

5. Le lettere *h*), *m*), *n*) e *o*) del comma 2 non si applicano ai contratti aventi ad oggetto valori mobiliari, strumenti finanziari ed altri prodotti o servizi il cui prezzo è collegato alle fluttuazioni di un corso e di un indice di borsa o di un tasso di mercato finanziario non controllato dal professionista, nonché la compravendita di valuta estera, di assegni di viaggio o di vaglia postali internazionali emessi in valuta estera.

6. Le lettere *n*) e *o*) del comma 2 non si applicano alle clausole di indicizzazione dei prezzi, ove consentite dalla legge, a condizione che le modalità di variazione siano espressamente descritte.

(1) *Lettera modificata dall'art. 5 d.lgs. 23 ottobre 2007, n. 221.*

(2) *Lettera inserita dall'art. 1, comma 9, d.lgs. 6 agosto 2015, n. 130. A norma dell'art. 2, comma 1, d.lgs. n. 130 del 2015, le presenti disposizioni si applicano a decorrere dal 9 gennaio 2016.*

34 Accertamento della vessatorietà delle clausole.

1. La vessatorietà di una clausola è valutata tenendo conto della natura del bene o del servizio oggetto del contratto e facendo riferimento alle circostanze esistenti al momento della sua conclusione ed alle altre clausole del contratto medesimo o di un altro collegato o da cui dipende.

2. La valutazione del carattere vessatorio della clausola non attiene alla determinazione dell'oggetto del contratto, né all'adeguatezza del corrispettivo dei beni e dei servizi, purché tali elementi siano individuati in modo chiaro e comprensibile.

3. Non sono vessatorie le clausole che riproducono disposizioni di legge ovvero che siano riproduttive di disposizioni o attuative di principi contenuti in convenzioni internazionali delle quali siano parti contraenti tutti gli Stati membri dell'Unione europea o l'Unione europea.

4. Non sono vessatorie le clausole o gli elementi di clausola che siano stati oggetto di trattativa individuale.

5. Nel contratto concluso mediante sottoscrizione di moduli o formulari predisposti per disciplinare in maniera uniforme determinati rapporti contrattuali, incombe sul professionista l'onere di provare che le clausole, o gli elementi di clausola, malgrado siano dal medesimo unilateralmente predisposti, siano stati oggetto di specifica trattativa con il consumatore.

35 Forma e interpretazione.

1. Nel caso di contratti di cui tutte le clausole o talune clausole siano proposte al consumatore per iscritto, tali clausole devono sempre essere redatte in modo chiaro e comprensibile.

2. In caso di dubbio sul senso di una clausola, prevale l'interpretazione più favorevole al consumatore.

3. La disposizione di cui al comma 2 non si applica nei casi di cui all'articolo 37.

36 Nullità di protezione.

1. Le clausole considerate vessatorie ai sensi degli articoli 33 e 34 sono nulle mentre il contratto rimane valido per il resto.

2. Sono nulle le clausole che, quantunque oggetto di trattativa, abbiano per oggetto o per effetto di:

a) escludere o limitare la responsabilità del professionista in caso di morte o danno alla persona del consumatore, risultante da un fatto o da un'omissione del professionista;

b) escludere o limitare le azioni del consumatore nei confronti del professionista o di un'altra parte in caso di inadempimento totale o parziale o di adempimento inesatto da parte del professionista;

c) prevedere l'adesione del consumatore come estesa a clausole che non ha avuto, di fatto, la possibilità di conoscere prima della conclusione del contratto.

3. La nullità opera soltanto a vantaggio del consumatore e può essere rilevata d'ufficio dal giudice.

4. Il venditore ha diritto di regresso nei confronti del fornitore per i danni che ha subito in conseguenza della declaratoria di nullità delle clausole dichiarate abusive.

5. È nulla ogni clausola contrattuale che, prevedendo l'applicabilità al contratto di una legislazione di un Paese extracomunitario, abbia l'effetto di privare il consumatore della protezione assicurata dal presente titolo, laddove il contratto presenti un collegamento più stretto con il territorio di uno Stato membro dell'Unione europea (1).

(1) *Così rettificato in Gazz. Uff. 3 gennaio, n. 2.*

37 Azione inibitoria.

1. Le associazioni rappresentative dei consumatori, di cui all'articolo 137, le associazioni rappresentative dei professionisti e le camere di commercio, industria, artigianato e agricoltura, possono convenire in giudizio il professionista o l'associazione di professionisti che utilizzano, o che raccomandano l'utilizzo di condizioni generali di contratto e richiedere al giudice competente che inibisca l'uso delle condizioni di cui sia accertata l'abusività ai sensi del presente titolo (1).

2. L'inibitoria può essere concessa, quando ricorrono giusti motivi di urgenza, ai sensi degli articoli 669-*bis* e seguenti del codice di procedura civile.

3. Il giudice può ordinare che il provvedimento sia pubblicato in uno o più giornali, di cui uno almeno a diffusione nazionale.

4. Per quanto non previsto dal presente articolo, alle azioni inibitorie esercitate dalle associazioni dei consumatori di cui al comma 1, si applicano le disposizioni dell'articolo 140.

(1) *Così rettificato in G.U. 3 gennaio, n. 2.*

37-*bis* Tutela amministrativa contro le clausole vessatorie (1).

1. L'Autorità garante della concorrenza e del mercato è designata, ai sensi dell'articolo 5, paragrafo 1, del regolamento (UE) 2017/2394, quale autorità competente responsabile dell'applicazione della direttiva 93/13/CEE del Consiglio, del 5 aprile 1993, concernente le clausole abusive nei contratti stipulati con i consumatori. In materia di accertamento e di sanzione delle violazioni della citata direttiva 93/13/CEE, si applica l'articolo 27 del presente codice. L'Autorità (2), sentite le associazioni di categoria rappresentative a livello nazionale e le camere di commercio interessate o loro unioni, d'ufficio o su denuncia, ai soli fini di cui ai commi successivi, dichiara la vessatorietà delle clausole inserite nei contratti tra professionisti e consumatori che si concludono mediante adesione a condizioni generali di contratto o con la sottoscrizione di moduli, modelli o formulari. Si applicano le disposizioni previste dall'articolo 14, commi 2, 3 e 4, della legge 10 ottobre 1990, n. 287, secondo le modalità previste dal regolamento di cui al comma 5. In caso di inottemperanza, a quanto disposto dall'Autorità ai sensi dell'articolo 14, comma 2, della legge 10 ottobre 1990, n. 287, l'Autorità applica una sanzione amministrativa pecuniaria da 2.000 euro a 20.000 euro. Qualora le informazioni o la documentazione fornite non siano veritiere, l'Autorità applica una sanzione amministrativa pecuniaria da 4.000 euro a 40.000 euro.

2. Il provvedimento che accerta la vessatorietà della clausola è diffuso anche per estratto mediante pubblicazione su apposita sezione del sito internet istituzionale dell'Autorità, sul sito dell'operatore che adotta la clausola ritenuta vessatoria e mediante ogni altro mezzo ritenuto opportuno in relazione all'esigenza di informare compiutamente i consumatori a cura e spese dell'operatore. In caso di inottemperanza alle disposizioni di cui al presente comma, l'Autorità applica una sanzione amministrativa pecuniaria da 5.000 euro a 50.000 euro (3).

3. Le imprese interessate hanno facoltà di interpellare preventivamente l'Autorità in merito alla vessatorietà delle clausole che intendono utilizzare nei rapporti commerciali con i consumatori secondo le modalità previste dal regolamento di cui al comma 5. L'Autorità si pronuncia sull'interpello entro il termine di centoventi giorni dalla richiesta, salvo che le informazioni fornite risultino gravemente inesatte, incomplete o non veritiere. Le clausole non ritenute vessatorie a seguito di interpello non possono essere successivamente valutate dall'Autorità per gli effetti di cui al comma 2. Resta in ogni caso ferma la responsabilità dei professionisti nei confronti dei consumatori.

4. In. materia di tutela giurisdizionale, contro gli atti dell'Autorità, adottati in applicazione del presente articolo, è competente il giudice amministrativo. È fatta salva la giurisdizione del giudice ordinario sulla validità delle clausole vessatorie e sul risarcimento del danno.

5. L'Autorità, con proprio regolamento, disciplina la procedura istruttoria in modo da garantire il contraddittorio e l'accesso agli atti, nel rispetto dei legittimi motivi di riservatezza. Con lo stesso regolamento l'Autorità disciplina le modalità di consultazione con le associazioni di categoria rappresentative a livello nazionale e con le camere di commercio interessate o loro unioni attraverso l'apposita sezione del sito internet di cui al comma 2 nonché la procedura di interpello. Nell'esercizio delle competenze di cui al presente articolo, l'Autorità può sentire le autorità di regolazione o vigilanza dei settori in cui i professionisti interessati operano, nonché le camere di commercio interessate o le loro unioni. 6. Le attività di cui al presente articolo sono svolte con le risorse umane, strumentali e finanziarie già disponibili a legislazione vigente.

(1) *Articolo inserito dall'art. 5 d.l. 24 gennaio 2012 n. 1, conv., con modif., in l. 24 marzo 2012, n. 27.*

(2) *Le parole da* « è designata, ai sensi dell'articolo 5, » *a* « . L'Autorità » *sono state inserite dall'art. 37, comma 1, lett.* b), *l. 23 dicembre 2021, n. 238.*

(3) *L'art. 1 della Direttiva (UE) 2019/2161 del Parlamento europeo e del Consiglio del 27 novembre 2019 che modifica la direttiva 93/13/CEE del Consiglio e le direttive 98/6/CE, 2005/29/CE e 2011/83/UE del Parlamento europeo e del Consiglio per una migliore applicazione e una modernizzazione delle norme dell'Unione relative alla protezione dei*

*consumatori, inserisce il seguente art. 8-*ter *alla Direttiva 93/13/CEE del Consiglio del 5 aprile 1993 concernente le clausole abusive nei contratti stipulati con i consumatori: « 1. Gli Stati membri determinano le norme in materia di sanzioni applicabili alle violazioni delle disposizioni nazionali adottate conformemente alla presente direttiva e prendono tutte le misure necessarie per garantirne l'attuazione. Le sanzioni previste devono essere effettive, proporzionate e dissuasive.*

2. Gli Stati membri possono limitare tali sanzioni alle situazioni in cui le clausole contrattuali sono espressamente definite abusive in qualsiasi circostanza nel diritto nazionale o ai casi in cui un venditore o fornitore continui a utilizzare clausole contrattuali dichiarate abusive con una decisione definitiva adottata conformemente all'articolo 7, paragrafo 2.

3. Gli Stati membri assicurano che, ai fini dell'irrogazione delle sanzioni, si tenga conto dei seguenti criteri, non esaustivi e indicativi, ove appropriati:

a) *natura, gravità, entità e durata della violazione;*

b) *eventuali azioni intraprese dal venditore o fornitore per attenuare il danno subito dai consumatori o per porvi rimedio;*

c) *eventuali violazioni commesse in precedenza dal venditore o fornitore;*

d) *i benefici finanziari conseguiti o le perdite evitate dal venditore o fornitore in conseguenza della violazione, se i relativi dati sono disponibili;*

e) *sanzioni inflitte al venditore o fornitore per la stessa violazione in altri Stati membri in casi transfrontalieri in cui le informazioni relative a tali sanzioni sono disponibili attraverso il meccanismo istituito dal regolamento (UE) 2017/2394 del Parlamento europeo e del Consiglio;*

f) *eventuali altri fattori aggravanti o attenuanti applicabili alle circostanze del caso.*

4. Fatto salvo il paragrafo 2 del presente articolo, gli Stati membri provvedono a che, quando le sanzioni devono essere inflitte a norma dell'articolo 21 del regolamento (UE) 2017/2934, esse possano essere di tipo pecuniario, inflitte attraverso un procedimento amministrativo o giudiziario o entrambi, e per un importo massimo almeno pari al 4 % del fatturato annuo del venditore o fornitore nello Stato membro o negli Stati membri interessati.

5. Per i casi in cui deve essere inflitta una sanzione pecuniaria a norma del paragrafo 4, ma le informazioni sul fatturato annuo del venditore o fornitore non sono disponibili, gli Stati membri introducono la possibilità di imporre sanzioni pecuniarie il cui importo massimo sia di almeno 2 milioni di EUR.

6. Entro il 28 novembre 2021 gli Stati membri notificano alla Commissione le norme e le misure di cui al paragrafo 1, e la informano immediatamente delle eventuali successive modificazioni ».

38 Rinvio.

1. Per quanto non previsto dal presente codice, ai contratti conclusi tra il consumatore ed il professionista si applicano le disposizioni del codice civile.

(1) *Comma modificato dall'art. 6 d.lgs. 23 ottobre 2007, n. 221.*

39-43 (*Omissis*).

TITOLO III
Modalità contrattuali

44 Contratti negoziati nei locali commerciali. Rinvio.

1. Ove non diversamente disciplinato dal presente codice, per la disciplina del settore del commercio si fa rinvio al decreto legislativo 31 marzo 1998, n. 114, recante riforma della disciplina relativa al settore del commercio, a norma dell'articolo 4, comma 4, della legge 15 marzo 1997, n. 59.

CAPO I
Particolari modalità di conclusione del contratto (1)

45 Definizioni (1)

1. Ai fini delle Sezioni da I a IV del presente capo, si intende per:

a) "consumatore": la persona fisica, di cui all'articolo 3, comma 1, lettera *a*);

b) "professionista": il soggetto, di cui all'articolo 3, comma 1, lettera *c*);

c) "bene": qualsiasi bene mobile materiale ad esclusione dei beni oggetto di vendita forzata o comunque venduti secondo altre modalità dalle autorità giudiziarie; rientrano fra i beni oggetto della presente direttiva l'acqua, il gas e l'elettricità, quando sono messi in vendita in un volume delimitato o in quantità determinata;

d) "beni prodotti secondo le indicazioni del consumatore": qualsiasi bene non prefabbricato prodotto in base a una scelta o decisione individuale del consumatore;

e) "contratto di vendita": qualsiasi contratto in base al quale il professionista trasferisce o si impegna a trasferire la proprietà di beni al consumatore e il consumatore ne paga o si impegna a pagarne il prezzo, inclusi i contratti che hanno come oggetto sia beni che servizi;

f) "contratto di servizi": qualsiasi contratto diverso da un contratto di vendita in base al quale il professionista fornisce o si impegna a fornire un servizio al consumatore e il consumatore paga o si impegna a pagarne il prezzo;

g) "contratto a distanza": qualsiasi contratto concluso tra il professionista e il consumatore nel quadro di un regime organizzato di vendita o di prestazione di servizi a distanza senza la presenza fisica e simultanea del professionista e del consumatore, mediante l'uso esclusivo di uno o più mezzi di comunicazione a distanza fino alla conclusione del contratto, compresa la conclusione del contratto stesso;

h) "contratto negoziato fuori dei locali commerciali": qualsiasi contratto tra il professionista e il consumatore:

1) concluso alla presenza fisica e simultanea del professionista e del consumatore, in un luogo diverso dai locali del professionista;

2) per cui è stata fatta un'offerta da parte del consumatore, nelle stesse circostanze di cui al numero 1;

3) concluso nei locali del professionista o mediante qualsiasi mezzo di comunicazione a distanza immediatamente dopo che il consumatore è stato avvicinato personalmente e singolarmente in un luogo diverso dai locali del professionista, alla presenza fisica e simultanea del professionista e del consumatore; oppure;

4) concluso durante un viaggio promozionale organizzato dal professionista e avente lo scopo o l'effetto di promuovere e vendere beni o servizi al consumatore;

i) "locali commerciali":

1) qualsiasi locale immobile adibito alla vendita al dettaglio in cui il professionista esercita la sua attività su base permanente; oppure;

2) qualsiasi locale mobile adibito alla vendita al dettaglio in cui il professionista esercita la propria attività a carattere abituale;

l) "supporto durevole": ogni strumento che permetta al consumatore o al professionista di conservare le informazioni che gli sono personalmente indirizzate in modo da potervi accedere in futuro per un periodo di tempo adeguato alle finalità cui esse sono destinate e che permetta la riproduzione identica delle informazioni memorizzate;

m) "contenuto digitale": i dati prodotti e forniti in formato digitale;

n) "servizio finanziario": qualsiasi servizio di natura bancaria, creditizia, assicurativa, servizi pensionistici individuali, di investimento o di pagamento;

o) "asta pubblica": metodo di vendita in cui beni o servizi sono offerti dal professionista ai consumatori che partecipano o cui è data la possibilità di partecipare all'asta di persona, mediante una trasparente procedura competitiva di offerte gestita da una casa d'aste e in cui l'aggiudicatario è vincolato all'acquisto dei beni o servizi;

p) "garanzia": qualsiasi impegno di un professionista o di un produttore (il "garante"), assunto nei confronti del consumatore, in aggiunta agli obblighi di legge in merito alla garanzia di conformità, di rimborsare il prezzo pagato, sostituire, riparare, o intervenire altrimenti sul bene, qualora esso non corrisponda alle caratteristiche, o a qualsiasi altro requisito non relativo alla conformità, enunciati nella dichiarazione di garanzia o nella relativa pubblicità disponibile al momento o prima della conclusione del contratto;

q) "contratto accessorio": un contratto mediante il quale il consumatore acquista beni o servizi connessi a un contratto a distanza o negoziato fuori dei locali commerciali e in cui tali beni o servizi sono forniti dal professionista o da un terzo in base ad un accordo tra il terzo e il professionista.

(1) *Articolo sostituito dall'art. 1, comma 1, d.lgs. 21 febbraio 2014, n. 21, in vigore dal 13 giugno 2014 e con applicazione ai contratti conclusi dopo tale data ai sensi dell'art. 2, comma 1, del medesimo d.lgs. n. 21, cit.*

46 Ambito di applicazione (1).

1. Le disposizioni delle Sezioni da I a IV del presente Capo si applicano, a qualsiasi contratto concluso tra un professionista e un consumatore, inclusi i contratti per la fornitura di acqua, gas, elettricità o teleriscaldamento, anche da parte di prestatori pubblici, nella misura in cui detti prodotti di base sono forniti su base contrattuale.

2. In caso di conflitto tra le disposizioni delle Sezioni da I a IV del presente Capo e una disposizione di un atto dell'Unione europea che disciplina settori specifici, quest'ultima e le relative norme nazionali di recepimento prevalgono e si applicano a tali settori specifici.

3. Le disposizioni delle Sezioni da I a IV del presente Capo non impediscono ai professionisti di offrire ai consumatori condizioni contrattuali più favorevoli rispetto alla tutela prevista da tali disposizioni.

(1) *Articolo sostituito dall'art. 1, comma 1, d.lgs. 21 febbraio 2014, n. 21, in vigore dal 13 giugno 2014 e con applicazione ai contratti conclusi dopo tale data ai sensi dell'art. 2, comma 1, del medesimo d.lgs. n. 21, cit.*

V. anche gli artt. 98-quaterdecies e 98-quinquiesdecies d.lgs. 1° agosto 2003, n. 259, Sub V, 94.

47 Esclusioni (1).

1. Le disposizioni delle Sezioni da I a IV del presente Capo non si applicano ai contratti:

a) per i servizi sociali, compresi gli alloggi popolari, l'assistenza all'infanzia e il sostegno alle famiglie e alle persone temporaneamente o permanentemente in stato di bisogno, ivi compresa l'assistenza a lungo termine;

b) di assistenza sanitaria, per i servizi prestati da professionisti sanitari a pazienti, al fine di valutare, mantenere o ristabilire il loro stato di salute, ivi compresa la prescrizione, la somministrazione e la fornitura di medicinali e dispositivi medici, sia essa fornita o meno attraverso le strutture di assistenza sanitaria;

c) di attività di azzardo che implicano una posta di valore pecuniario in giochi di fortuna, comprese le lotterie, i giochi d'azzardo nei casinò e le scommesse;

d) di servizi finanziari;

e) aventi ad oggetto la creazione di beni immobili o la costituzione o il trasferimento di diritti su beni immobili;

f) per la costruzione di nuovi edifici, la trasformazione sostanziale di edifici esistenti e per la locazione di alloggi a scopo residenziale;

g) che rientrano nell'ambito di applicazione della disciplina concernente i contratti del turismo organizzato, di cui al Capo I del Titolo VI dell'Allegato 1 al decreto legislativo 23 maggio 2011, n. 79 (2);

h) che rientrano nell'ambito di applicazione della disciplina concernente la tutela dei consumatori per quanto riguarda taluni aspetti dei contratti di multiproprietà, dei contratti relativi ai prodotti per le vacanze di lungo termine e dei contratti di rivendita e di scambio, di cui agli articoli da 69 a 81-*bis* del presente Codice;

i) stipulati con l'intervento di un pubblico ufficiale, tenuto per legge all'indipendenza e all'imparzialità, il quale deve garantire, fornendo un'informazione giuridica completa, che il consumatore concluda il contratto soltanto sulla base di una decisione giuridica ponderata e con conoscenza della sua rilevanza giuridica;

l) di fornitura di alimenti, bevande o altri beni destinati al consumo corrente nella famiglia e fisicamente forniti da un professionista in giri frequenti e regolari al domicilio, alla residenza o al posto di lavoro del consumatore;

m) di servizi di trasporto passeggeri, fatti salvi l'articolo 51, comma 2, e gli articoli 62 e 65;

n) conclusi tramite distributori automatici o locali commerciali automatizzati;

o) conclusi con operatori delle telecomunicazioni impiegando telefoni pubblici a pagamento per il loro utilizzo o conclusi per l'utilizzo di un solo collegamento tramite telefono, Internet o fax, stabilito dal consumatore.

2. Le disposizioni delle Sezioni da I a IV del presente Capo non si applicano ai contratti negoziati fuori dei locali commerciali in base ai quali il corrispettivo che il consumatore deve pagare non è superiore a 50 euro. Tuttavia, si applicano le disposizioni del presente Capo nel caso di più contratti stipulati contestualmente tra le medesime parti, qualora l'entità del corrispettivo globale che il consumatore deve pagare, indipendentemente dall'importo dei singoli contratti, superi l'importo di 50 euro.

(1) *Articolo sostituito dall'art. 1, comma 1, d.lgs. 21 febbraio 2014, n. 21, in vigore dal 13 giugno 2014 e con applicazione ai contratti conclusi dopo tale data ai sensi dell'art. 2, comma 1, del medesimo d.lgs.*

(2) *Lettera sostituita dall'art. 2, comma 1, d.lgs. 21 maggio 2018, n. 62. Ai sensi dell'art. 3, comma 1, d.lgs. cit. le presenti disposizioni « entrano in vigore il 1° luglio 2018 e si applicano ai contratti conclusi a decorrere da tale data ». Il testo della lettera era il seguente: « g)* che rientrano nell'ambito di applicazione della disciplina concernente i viaggi, le vacanze ed i circuiti "tutto compreso", di cui agli articoli da 32 a 51 del decreto legislativo 23 maggio 2011, n. 79 ».

SEZIONE I
Informazioni precontrattuali per i consumatori nei contratti diversi dai contratti a distanza o negoziati fuori dei locali commerciali

48 Obblighi d'informazione nei contratti diversi dai contratti a distanza o negoziati fuori dei locali commerciali oo negoziati fuori dei locali commerciali (1).

1. Prima che il consumatore sia vincolato da un contratto diverso da un contratto a distanza o negoziato fuori dei locali commerciali o da una corrispondente offerta, il professionista fornisce al consumatore le seguenti informazioni in modo chiaro e comprensibile, qualora esse non siano già apparenti dal contesto:

a) le caratteristiche principali dei beni o servizi, nella misura adeguata al supporto e ai beni o servizi;

b) l'identità del professionista, l'indirizzo geografico in cui è stabilito e il numero di telefono e, ove questa informazione sia pertinente, l'indirizzo geografico e l'identità del professionista per conto del quale egli agisce;

c) il prezzo totale dei beni o servizi comprensivo delle imposte o, se la natura dei beni o dei servizi comporta l'impossibilità di calcolare ragionevolmente il prezzo in anticipo, le modalità di calcolo del prezzo e, se applicabili, tutte le spese aggiuntive di spedizione, consegna o postali oppure, qualora tali spese non possano ragionevolmente essere calcolate in anticipo, l'indicazione che tali spese potranno essere addebitate al consumatore;

d) se applicabili, le modalità di pagamento, consegna ed esecuzione, la data entro la quale il professionista si impegna a consegnare i beni o a prestare il servizio e il trattamento dei reclami da parte del professionista;

e) oltre a un richiamo dell'esistenza della garanzia legale di conformità per i beni, l'esistenza e le condizioni del servizio postvendita e delle garanzie commerciali, se applicabili;

f) la durata del contratto, se applicabile, o, se il contratto è a tempo indeterminato o è un contratto a rinnovo automatico, le condizioni di risoluzione del contratto;

g) se applicabile, la funzionalità del contenuto digitale, comprese le misure applicabili di protezione tecnica;

h) qualsiasi interoperabilità pertinente del contenuto digitale con l'hardware e il software, di cui il professionista sia a conoscenza o di cui ci si può ragionevolmente attendere che sia venuto a conoscenza, se applicabili.

2. Gli obblighi di informazione precontrattuali, di cui al comma 1, si applicano anche ai contratti per la fornitura di acqua, gas o elettricità, quando non sono messi in vendita in un volume limitato o in quantità determinata, di teleriscaldamento o di contenuto digitale non fornito su un supporto materiale.

3. Gli obblighi di informazione precontrattuali, di cui al comma 1, non si applicano ai contratti che implicano transazioni quotidiane e che sono eseguiti immediatamente al momento della loro conclusione.

4. È fatta salva la possibilità di prevedere o mantenere obblighi aggiuntivi di informazione precontrattuale per i contratti ai quali si applica il presente articolo.

5. Sono fatte salve le disposizioni di cui agli articoli da 6 a 12 del presente Codice.

(1) *Articolo sostituito dall'art. 1, comma 1, d.lgs. 21 febbraio 2014, n. 21, in vigore dal 13 giugno 2014 e con applicazione ai contratti conclusi dopo tale data ai sensi dell'art. 2, comma 1, del medesimo d.lgs.*

V. anche gli artt. 98-quaterdecies e 98-quinquiesdecies d.lgs. 1° agosto 2003, n. 259, sub *V, 94.*

SEZIONE II
Informazioni precontrattuali per il consumatore e diritto di recesso nei contratti a distanza e nei contratti negoziati fuori dei locali commerciali

49 Norme applicabili (1).

1. Prima che il consumatore sia vincolato da un contratto a distanza o negoziato fuori dei locali commerciali o da una corrispondente offerta, il professionista fornisce al consumatore le informazioni seguenti, in maniera chiara e comprensibile:

a) le caratteristiche principali dei beni o servizi, nella misura adeguata al supporto e ai beni o servizi;

b) l'identità del professionista;

c) l'indirizzo geografico dove il professionista è stabilito e il suo numero di telefono, di fax e l'indirizzo elettronico, ove disponibili, per consentire al consumatore di contattare rapidamente il professionista e comunicare efficacemente con lui e, se applicabili, l'indirizzo geografico e l'identità del professionista per conto del quale agisce;

d) se diverso dall'indirizzo fornito in conformità della lettera *c*), l'indirizzo geografico della sede del professionista a cui il consumatore può indirizzare eventuali reclami e, se applicabile, quello del professionista per conto del quale agisce;

e) il prezzo totale dei beni o dei servizi comprensivo delle imposte o, se la natura dei beni o servizi comporta l'impossibilità di calcolare ragionevolmente il prezzo in anticipo, le modalità di calcolo del prezzo e, se del caso, tutte le spese aggiuntive di spedizione, consegna o postali e ogni altro costo oppure, qualora tali spese non possano ragionevolmente essere calcolate in anticipo, l'indicazione che tali spese potranno essere addebitate al consumatore; nel caso di un contratto a tempo indeterminato o di un contratto comprendente un abbonamento, il prezzo totale include i costi totali per periodo di fatturazione; quando tali contratti prevedono l'addebitamento di una tariffa fissa, il prezzo totale equivale anche ai costi mensili totali; se i costi totali non possono essere ragionevolmente calcolati in anticipo, devono essere fornite le modalità di calcolo del prezzo;

f) il costo dell'utilizzo del mezzo di comunicazione a distanza per la conclusione del contratto quando tale costo è calcolato su una base diversa dalla tariffa di base;

g) le modalità di pagamento, consegna ed esecuzione, la data entro la quale il professionista si impegna a consegnare i beni o a prestare i servizi e, se del caso, il trattamento dei reclami da parte del professionista;

h) in caso di sussistenza di un diritto di recesso, le condizioni, i termini e le procedure per esercitare tale diritto conformemente all'articolo 54, comma 1, nonché il modulo tipo di recesso di cui all'allegato I, parte B;

i) se applicabile, l'informazione che il consumatore dovrà sostenere il costo della restituzione dei beni in caso di recesso e in caso di contratti a distanza qualora i beni per loro natura non possano essere normalmente restituiti a mezzo posta;

l) che, se il consumatore esercita il diritto di recesso dopo aver presentato una richiesta ai sensi dell'articolo 50, comma 3, o dell'articolo 51, comma 8, egli è responsabile del pagamento al professionista di costi ragionevoli, ai sensi dell'articolo 57, comma 3;

m) se non è previsto un diritto di recesso ai sensi dell'articolo 59, l'informazione che il consumatore non beneficerà di un diritto di recesso o, se del caso, le circostanze in cui il consumatore perde il diritto di recesso;

n) un promemoria dell'esistenza della garanzia legale di conformità per i beni;

o) se applicabili, l'esistenza e le condizioni dell'assistenza postvendita al consumatore, dei servizi postvendita e delle garanzie commerciali;

p) l'esistenza di codici di condotta pertinenti, come definiti all'articolo 18, comma 1, lettera *f*), del presente Codice, e come possa esserne ottenuta copia, se del caso;

q) la durata del contratto, se applicabile, o, se il contratto è a tempo indeterminato o è un contratto a rinnovo automatico, le condizioni per recedere dal contratto;

r) se applicabile, la durata minima degli obblighi del consumatore a norma del contratto;

s) se applicabili, l'esistenza e le condizioni di depositi o altre garanzie finanziarie che il consumatore è tenuto a pagare o fornire su richiesta del professionista;

t) se applicabile, la funzionalità del contenuto digitale, comprese le misure applicabili di protezione tecnica;

u) qualsiasi interoperabilità pertinente del contenuto digitale con l'hardware e il software, di cui il professionista sia a conoscenza o di cui ci si può ragionevolmente attendere che sia venuto a conoscenza, se applicabile;

v) se applicabile, la possibilità di servirsi di un meccanismo extra-giudiziale di reclamo e ricorso cui il professionista è soggetto e le condizioni per avervi accesso.

2. Gli obblighi di informazione precontrattuali, di cui al comma 1, si applicano anche ai contratti per la fornitura di acqua, gas o elettricità, quando non sono messi in vendita in un volume limitato o in quantità determinata, di teleriscaldamento o di contenuto digitale non fornito su un supporto materiale.

3. Nel caso di un'asta pubblica, le informazioni di cui al comma 1, lettere *b*), *c*) e *d*), possono essere sostituite dai corrispondenti dati della casa d'aste.

4. Le informazioni di cui al comma 1, lettere *h*), *i*) e *l*), possono essere fornite mediante le istruzioni tipo sul recesso di cui all'allegato I, parte A. Il professionista ha adempiuto agli obblighi di informazione di cui al comma 1, lettere *h*), *i*) e *l*), se ha presentato dette istruzioni al consumatore, debitamente compilate.

5. Le informazioni di cui al comma 1 formano parte integrante del contratto a distanza o del contratto negoziato fuori dei locali commerciali e non possono essere modificate se non con accordo espresso delle parti.

6. Se il professionista non adempie agli obblighi di informazione sulle spese aggiuntive o gli altri costi di cui al comma 1, lettera *e*), o sui costi della restituzione dei beni di cui al comma 1, lettera *i*), il consumatore non deve sostenere tali spese o costi aggiuntivi.

7. Nel caso di utilizzazione di tecniche che consentono una comunicazione individuale, le informazioni di cui al comma 1 sono fornite, ove il consumatore lo richieda, in lingua italiana.

8. Gli obblighi di informazione stabiliti nella presente sezione si aggiungono agli obblighi di informazione contenuti nel e successive modificazioni, e nel decreto legislativo 9 aprile 2003, n. 70, e successive modificazioni, e non ostano ad obblighi di informazione aggiuntivi previsti in conformità a tali disposizioni.

9. Fatto salvo quanto previsto dal comma 8, in caso di conflitto tra una disposizione del decreto legislativo 26 marzo 2010, n. 59, e successive modificazioni, e del decreto legislativo 9 aprile 2003, n. 70, e successive modificazioni, sul contenuto e le modalità di rilascio delle informazioni e una disposizione della presente sezione, prevale quest'ultima.

10. L'onere della prova relativo all'adempimento degli obblighi di informazione di cui alla presente sezione incombe sul professionista.

(1) *Articolo sostituito dall'art. 1, comma 1, d.lgs. 21 febbraio 2014, n. 21, con la decorrenza di cui all'art. 2, comma 1, del medesimo d.lgs.*

50 Requisiti formali per i contratti negoziati fuori dei locali commerciali (1).

1. Per quanto riguarda i contratti negoziati fuori dei locali commerciali il professionista fornisce al consumatore le informazioni di cui all'articolo 49, comma 1, su supporto cartaceo o, se il consumatore è d'accordo, su un altro mezzo durevole. Dette informazioni devono

essere leggibili e presentate in un linguaggio semplice e comprensibile.

2. Il professionista fornisce al consumatore una copia del contratto firmato o la conferma del contratto su supporto cartaceo o, se il consumatore è d'accordo, su un altro mezzo durevole, compresa, se del caso, la conferma del previo consenso espresso e dell'accettazione del consumatore in conformità all'articolo 59, comma 1, lettera *o*).

3. Se un consumatore vuole che la prestazione dei servizi ovvero la fornitura di acqua, gas o elettricità, quando non sono messi in vendita in un volume limitato o in quantità determinata, o di teleriscaldamento inizi durante il periodo di recesso previsto all'articolo 52, comma 2, il professionista esige che il consumatore ne faccia esplicita richiesta su un supporto durevole.

4. Per i contratti negoziati fuori dei locali commerciali in cui il consumatore ha chiesto espressamente i servizi del professionista ai fini dell'effettuazione di lavori di riparazione o manutenzione e in virtù dei quali il professionista e il consumatore adempiono immediatamente ai propri obblighi contrattuali e l'importo a carico del consumatore non supera i 200 euro:

a) il professionista fornisce al consumatore, prima che questi sia vincolato dal contratto, le informazioni di cui all'articolo 49, comma 1, lettere *b*) e *c*), e le informazioni concernenti il prezzo o le modalità di calcolo del prezzo, accompagnate da una stima del prezzo totale, su supporto cartaceo o, se il consumatore è d'accordo, su un altro mezzo durevole. Il professionista fornisce le informazioni di cui all'articolo 49, comma 1, lettere *a*), *h*) ed *m*), ma può scegliere di non fornirle su formato cartaceo o su un altro mezzo durevole se il consumatore ha espressamente acconsentito;

b) la conferma del contratto fornita conformemente al comma 2 del presente articolo contiene tutte le informazioni di cui all'articolo 49, comma 1.

(1) *Articolo sostituito dall'art. 1, comma 1, d.lgs. 21 febbraio 2014, n. 21, in vigore dal 13 giugno 2014 e con applicazione ai contratti conclusi dopo tale data ai sensi dell'art. 2, comma 1, del medesimo d.lgs..*

51 Requisiti formali per i contratti a distanza (1).

1. Per quanto riguarda i contratti a distanza il professionista fornisce o mette a disposizione del consumatore le informazioni di cui all'articolo 49, comma 1, in modo appropriato al mezzo di comunicazione a distanza impiegato in un linguaggio semplice e comprensibile. Nella misura in cui dette informazioni sono presentate su un supporto durevole, esse devono essere leggibili.

2. Se un contratto a distanza che deve essere concluso con mezzi elettronici impone al consumatore l'obbligo di pagare, il professionista gli comunica in modo chiaro ed evidente le informazioni di cui all'articolo 49, comma 1, lettere *a*), *e*), *q*) ed *r*), direttamente prima che il consumatore inoltri l'ordine. Il professionista garantisce che, al momento di inoltrare l'ordine, il consumatore riconosca espressamente che l'ordine implica l'obbligo di pagare. Se l'inoltro dell'ordine implica di azionare un pulsante o una funzione analoga, il pulsante o la funzione analoga riportano in modo facilmente leggibile soltanto le parole "ordine con obbligo di pagare" o una formulazione corrispondente inequivocabile indicante che l'inoltro dell'ordine implica l'obbligo di pagare il professionista. Se il professionista non osserva il presente comma, il consumatore non è vincolato dal contratto o dall'ordine.

3. I siti di commercio elettronico indicano in modo chiaro e leggibile, al più tardi all'inizio del processo di ordinazione, se si applicano restrizioni relative alla consegna e quali mezzi di pagamento sono accettati.

4. Se il contratto è concluso mediante un mezzo di comunicazione a distanza che consente uno spazio o un tempo limitato per visualizzare le informazioni, il professionista fornisce, su quel mezzo in particolare e prima della conclusione del contratto, almeno le informazioni precontrattuali riguardanti le caratteristiche principali dei beni o servizi, l'identità del professionista, il prezzo totale, il diritto di recesso, la durata del contratto e, nel caso di contratti a tempo indeterminato, le condizioni di risoluzione del contratto, conformemente all'articolo 49, comma 1, lettere *a*), *b*), *e*), *h*) e *q*). Le altre informazioni di cui all'articolo 49, comma 1, sono fornite dal professionista in un modo appropriato conformemente al comma 1 del presente articolo.

5. Fatto salvo il comma 4, se il professionista telefona al consumatore al fine di concludere un contratto a distanza, all'inizio della conversazione con il consumatore egli deve rivelare la sua identità e, ove applicabile, l'identità della persona per conto della quale effettua la telefonata, nonché lo scopo commerciale della chiamata e l'informativa di cui all'articolo 10 del decreto del Presidente della Repubblica 7 settembre 2010, n. 178.

6. Quando un contratto a distanza deve essere concluso per telefono, il professionista deve confermare l'offerta al consumatore, il quale è vincolato solo dopo aver firmato l'offerta o dopo averla accettata per iscritto; in tali casi il documento informatico può essere sottoscritto con firma elettronica ai sensi dell'articolo 21 del decreto legislativo 7 marzo 2005, n. 82, e successive modificazioni. Dette conferme possono essere effettuate, se il consumatore acconsente, anche su un supporto durevole.

7. Il professionista fornisce al consumatore la conferma del contratto concluso su un mezzo durevole, entro un termine ragionevole dopo la conclusione del contratto a distanza e al più tardi al momento della consegna dei beni oppure prima che l'esecuzione del servizio abbia inizio. Tale conferma comprende:

a) tutte le informazioni di cui all'articolo 49, comma 1, a meno che il professionista non abbia già fornito l'informazione al consumatore su un mezzo durevole prima della conclusione del contratto a distanza; e

b) se del caso, la conferma del previo consenso espresso e dell'accettazione del consumatore conformemente all'articolo 59, lettera *o*).

8. Se un consumatore vuole che la prestazione di servizi ovvero la fornitura di acqua, gas o elettricità, quando non sono messi in vendita in un volume limitato o in quantità determinata, o di teleriscaldamento inizi durante il periodo di recesso previsto all'articolo 52, comma 2, il professionista esige che il consumatore ne faccia richiesta esplicita.

9. Il presente articolo lascia impregiudicate le disposizioni relative alla conclusione di contratti elettronici e all'inoltro di ordini per via elettronica conformemente agli articoli 12, commi 2 e 3, e 13 del decreto legislativo 9 aprile 2003, n. 70, e successive modificazioni.

(1) *Articolo dapprima modificato dall'art. 7, comma 1, d.lgs. 23 ottobre 2007, n. 221 e, successivamente sostituito dall'art. 1, comma 1,*

d.lgs. 21 febbraio 2014, n. 21, in vigore dal 13 giugno 2014 e con applicazione ai contratti conclusi dopo tale data ai sensi dell'art. 2, comma 1, del medesimo d.lgs..

52 Diritto di recesso (1).

1. Fatte salve le eccezioni di cui all'articolo 59, il consumatore dispone di un periodo di quattordici giorni per recedere da un contratto a distanza o negoziato fuori dei locali commerciali senza dover fornire alcuna motivazione e senza dover sostenere costi diversi da quelli previsti all'articolo 56, comma 2, e all'articolo 57.

2. Fatto salvo l'articolo 53, il periodo di recesso di cui al comma 1 termina dopo quattordici giorni a partire:

a) nel caso dei contratti di servizi, dal giorno della conclusione del contratto;

b) nel caso di contratti di vendita, dal giorno in cui il consumatore o un terzo, diverso dal vettore e designato dal consumatore, acquisisce il possesso fisico dei beni o:

1) nel caso di beni multipli ordinati dal consumatore mediante un solo ordine e consegnati separatamente, dal giorno in cui il consumatore o un terzo, diverso dal vettore e designato dal consumatore, acquisisce il possesso fisico dell'ultimo bene;

2) nel caso di consegna di un bene costituito da lotti o pezzi multipli, dal giorno in cui il consumatore o un terzo, diverso dal vettore e designato dal consumatore, acquisisce il possesso fisico dell'ultimo lotto o pezzo;

3) nel caso di contratti per la consegna periodica di beni durante un determinato periodo di tempo, dal giorno in cui il consumatore o un terzo, diverso dal vettore e designato dal consumatore, acquisisce il possesso fisico del primo bene;

c) nel caso di contratti per la fornitura di acqua, gas o elettricità, quando non sono messi in vendita in un volume limitato o in quantità determinata, di teleriscaldamento o di contenuto digitale non fornito su un supporto materiale, dal giorno della conclusione del contratto.

3. Le parti del contratto possono adempiere ai loro obblighi contrattuali durante il periodo di recesso. Tuttavia, nel caso di contratti negoziati fuori dei locali commerciali, il professionista non può accettare, a titolo di corrispettivo, effetti cambiari che abbiano una scadenza inferiore a quindici giorni dalla conclusione del contratto per i contratti di servizi o dall'acquisizione del possesso fisico dei beni per i contratti di vendita e non può presentarli allo sconto prima di tale termine.

(1) *Articolo sostituito dall'art. 1, comma 1, d.lgs. 21 febbraio 2014, n. 21, in vigore dal 13 giugno 2014 e con applicazione ai contratti conclusi dopo tale data ai sensi dell'art. 2, comma 1, del medesimo d.lgs..*

53 Non adempimento dell'obbligo d'informazione sul diritto di recesso (1).

1. Se in violazione dell'articolo 49, comma 1, lettera *h*), il professionista non fornisce al consumatore le informazioni sul diritto di recesso, il periodo di recesso termina dodici mesi dopo la fine del periodo di recesso iniziale, come determinato a norma dell'articolo 52, comma 2.

2. Se il professionista fornisce al consumatore le informazioni di cui al comma 1 entro dodici mesi dalla data di cui all'articolo 52, comma 2, il periodo di recesso termina quattordici giorni dopo il giorno in cui il consumatore riceve le informazioni.

(1) *Articolo sostituito dall'art. 1, comma 1, d.lgs. 21 febbraio 2014, n. 21, in vigore dal 13 giugno 2014 e con applicazione ai contratti conclusi dopo tale data ai sensi dell'art. 2, comma 1, del medesimo d.lgs.*

54 Esercizio del diritto di recesso (1).

1. Prima della scadenza del periodo di recesso, il consumatore informa il professionista della sua decisione di esercitare il diritto di recesso dal contratto. A tal fine il consumatore può:

a) utilizzare il modulo tipo di recesso di cui all'allegato I, parte B; oppure

b) presentare una qualsiasi altra dichiarazione esplicita della sua decisione di recedere dal contratto.

2. Il consumatore ha esercitato il proprio diritto di recesso entro il periodo di recesso di cui all'articolo 52, comma 2, e all'articolo 53 se la comunicazione relativa all'esercizio del diritto di recesso è inviata dal consumatore prima della scadenza del periodo di recesso.

3. Il professionista, oltre alle possibilità di cui al comma 1, può offrire al consumatore l'opzione di compilare e inviare elettronicamente il modulo di recesso tipo riportato all'allegato I, parte B, o una qualsiasi altra dichiarazione esplicita sul sito web del professionista. In tali casi il professionista comunica senza indugio al consumatore una conferma di ricevimento, su un supporto durevole, del recesso esercitato.

4. L'onere della prova relativa all'esercizio del diritto di recesso conformemente al presente articolo incombe sul consumatore.

(1) *Articolo sostituito dall'art. 1, comma 1, d.lgs.. 21 febbraio 2014, n. 21, in vigore dal 13 giugno 2014 e con applicazione ai contratti conclusi dopo tale data ai sensi dell'art. 2, comma 1, del medesimo d.lgs.*

55 Effetti del recesso (1).

1. L'esercizio del diritto di recesso pone termine agli obblighi delle parti:

a) di eseguire il contratto a distanza o negoziato fuori dei locali commerciali; oppure

b) di concludere un contratto a distanza o negoziato fuori dei locali commerciali nei casi in cui un'offerta sia stata fatta dal consumatore.

(1) *Articolo sostituito dall'art. 1, comma 1, d.lgs. 21 febbraio 2014, n. 21, in vigore dal 13 giugno 2014 e con applicazione ai contratti conclusi dopo tale data ai sensi dell'art. 2, comma 1, del medesimo d.lgs. n. 21, cit.*

56 Obblighi del professionista nel caso di recesso (1).

1. Il professionista rimborsa tutti i pagamenti ricevuti dal consumatore, eventualmente comprensivi delle spese di consegna, senza indebito ritardo e comunque entro quattordici giorni dal giorno in cui è informato della decisione del consumatore di recedere dal contratto ai sensi dell'articolo 54. Il professionista esegue il rimborso di cui al primo periodo utilizzando lo stesso mezzo di pagamento usato dal consumatore per la transazione iniziale, salvo che il consumatore abbia espressamente convenuto altrimenti e a condizione che questi non debba sostenere alcun costo quale conseguenza del rimborso. Nell'ipotesi in cui il pa-

gamento sia stato effettuato per mezzo di effetti cambiari, qualora questi non siano stati ancora presentati all'incasso, deve procedersi alla loro restituzione. È nulla qualsiasi clausola che preveda limitazioni al rimborso nei confronti del consumatore delle somme versate in conseguenza dell'esercizio del diritto di recesso.

2. Fatto salvo il comma 1, il professionista non è tenuto a rimborsare i costi supplementari, qualora il consumatore abbia scelto espressamente un tipo di consegna diversa dal tipo meno costoso di consegna offerto dal professionista.

3. Salvo che il professionista abbia offerto di ritirare egli stesso i beni, con riguardo ai contratti di vendita, il professionista può trattenere il rimborso finché non abbia ricevuto i beni oppure finché il consumatore non abbia dimostrato di aver rispedito i beni, a seconda di quale situazione si verifichi per prima.

(1) *Articolo sostituito dall'art. 1, comma 1, d.lgs. 21 febbraio 2014, n. 21, in vigore dal 13 giugno 2014 e con applicazione ai contratti conclusi dopo tale data ai sensi dell'art. 2, comma 1, del medesimo d.lgs.*

57 Obblighi del consumatore nel caso di recesso (1).

1. A meno che il professionista abbia offerto di ritirare egli stesso i beni, il consumatore restituisce i beni o li consegna al professionista o a un terzo autorizzato dal professionista a ricevere i beni, senza indebito ritardo e in ogni caso entro quattordici giorni dalla data in cui ha comunicato al professionista la sua decisione di recedere dal contratto ai sensi dell'articolo 54. Il termine è rispettato se il consumatore rispedisce i beni prima della scadenza del periodo di quattordici giorni. Il consumatore sostiene solo il costo diretto della restituzione dei beni, purché il professionista non abbia concordato di sostenerlo o abbia omesso di informare il consumatore che tale costo è a carico del consumatore. Nel caso di contratti negoziati fuori dei locali commerciali in cui i beni sono stati consegnati al domicilio del consumatore al momento della conclusione del contratto, il professionista ritira i beni a sue spese qualora i beni, per loro natura, non possano essere normalmente restituiti a mezzo posta.

2. Il consumatore è responsabile unicamente della diminuzione del valore dei beni risultante da una manipolazione dei beni diversa da quella necessaria per stabilire la natura, le caratteristiche e il funzionamento dei beni. Il consumatore non è in alcun caso responsabile per la diminuzione del valore dei beni se il professionista ha omesso di informare il consumatore del suo diritto di recesso a norma dell'articolo 49, comma 1, lettera *h*).

3. Qualora un consumatore eserciti il diritto di recesso dopo aver presentato una richiesta in conformità dell'articolo 50, comma 3, o dell'articolo 51, comma 8, il consumatore versa al professionista un importo proporzionale a quanto è stato fornito fino al momento in cui il consumatore ha informato il professionista dell'esercizio del diritto di recesso, rispetto a tutte le prestazioni previste dal contratto. L'importo proporzionale che il consumatore deve pagare al professionista è calcolato sulla base del prezzo totale concordato nel contratto. Se detto prezzo totale è eccessivo, l'importo proporzionale è calcolato sulla base del valore di mercato di quanto è stato fornito.

4. Il consumatore non sostiene alcun costo per:

a) la prestazione di servizi o la fornitura di acqua, gas o elettricità, quando non sono messi in vendita in un volume limitato o in quantità determinata, o di teleriscaldamento, in tutto o in parte, durante il periodo di recesso quando:

1) il professionista ha omesso di fornire informazioni in conformità all'articolo 49, comma 1, lettere *h*) ed *l*); oppure

2) il consumatore non ha espressamente chiesto che la prestazione iniziasse durante il periodo di recesso in conformità all'articolo 50, comma 3, e dell'articolo 51, comma 8; oppure

b) la fornitura, in tutto o in parte, del contenuto digitale che non è fornito su un supporto materiale quando:

1) il consumatore non ha dato il suo previo consenso espresso circa l'inizio della prestazione prima della fine del periodo di quattordici giorni di cui all'articolo 52;

2) il consumatore non ha riconosciuto di perdere il diritto di recesso quando ha espresso il suo consenso; oppure

3) il professionista ha omesso di fornire la conferma conformemente all'articolo 50, comma 2, o all'articolo 51, comma 7.

5. Fatto salvo quanto previsto nell'articolo 56, comma 2, e nel presente articolo, l'esercizio del diritto di recesso non comporta alcuna responsabilità per il consumatore.

(1) *Articolo sostituito dall'art. 2, comma 1, d.lgs. 2 agosto 2007, n. 146, successivamente modificato dall'art. 8, comma 1, d.lgs. 23 ottobre 2007, n. 221 e, da ultimo, sostituito dall'art. 1, comma 1, d.lgs. 21 febbraio 2014, n. 21, in vigore dal 13 giugno 2014 e con applicazione ai contratti conclusi dopo tale data ai sensi dell'art. 2, comma 1, del medesimo d.lgs.*

58 Effetti dell'esercizio del diritto di recesso sui contratti accessori (1).

1. Fatto salvo quanto previsto dal decreto legislativo 13 agosto 2010, n. 141, e successive modificazioni, in materia di contratti di credito ai consumatori, se il consumatore esercita il suo diritto di recesso da un contratto a distanza o concluso fuori dei locali commerciali a norma degli articoli da 52 a 57, eventuali contratti accessori sono risolti di diritto, senza costi per il consumatore, ad eccezione di quelli previsti dall'articolo 56, comma 2, e dall'articolo 57.

(1) *Articolo modificato dapprima dall'art. 19-bis, comma 1, d.l. 30 dicembre 2005, n. 273, conv., con modif., in l. 23 febbraio 2006, n. 51, successivamente dall'art. 20-bis, comma 4, d.l. 25 settembre 2009, n. 135, conv., con modif., in l. 20 novembre 2009, n. 166 e, infine, sostituito dall'art. 1, comma 1, d.lgs. 21 febbraio 2014, n. 21, in vigore dal 13 giugno 2014 e con applicazione ai contratti conclusi dopo tale data ai sensi dell'art. 2, comma 1, del medesimo d.lgs.*

59 Eccezioni al diritto di recesso (1).

1. Il diritto di recesso di cui agli articoli da 52 a 58 per i contratti a distanza e i contratti negoziati fuori dei locali commerciali è escluso relativamente a:

a) i contratti di servizi dopo la completa prestazione del servizio se l'esecuzione è iniziata con l'accordo espresso del consumatore e con l'accettazione della perdita del diritto di recesso a seguito della piena esecuzione del contratto da parte del professionista;

b) la fornitura di beni o servizi il cui prezzo è legato a fluttuazioni nel mercato finanziario che il professionista non è in grado di controllare e che possono verificarsi durante il periodo di recesso;

c) la fornitura di beni confezionati su misura o chiaramente personalizzati;

d) la fornitura di beni che rischiano di deteriorarsi o scadere rapidamente;

e) la fornitura di beni sigillati che non si prestano ad essere restituiti per motivi igienici o connessi alla protezione della salute e sono stati aperti dopo la consegna;

f) la fornitura di beni che, dopo la consegna, risultano, per loro natura, inscindibilmente mescolati con altri beni;

g) la fornitura di bevande alcoliche, il cui prezzo sia stato concordato al momento della conclusione del contratto di vendita, la cui consegna possa avvenire solo dopo trenta giorni e il cui valore effettivo dipenda da fluttuazioni sul mercato che non possono essere controllate dal professionista;

h) i contratti in cui il consumatore ha specificamente richiesto una visita da parte del professionista ai fini dell'effettuazione di lavori urgenti di riparazione o manutenzione. Se, in occasione di tale visita, il professionista fornisce servizi oltre a quelli specificamente richiesti dal consumatore o beni diversi dai pezzi di ricambio necessari per effettuare la manutenzione o le riparazioni, il diritto di recesso si applica a tali servizi o beni supplementari;

i) la fornitura di registrazioni audio o video sigillate o di software informatici sigillati che sono stati aperti dopo la consegna;

l) la fornitura di giornali, periodici e riviste ad eccezione dei contratti di abbonamento per la fornitura di tali pubblicazioni;

m) i contratti conclusi in occasione di un'asta pubblica;

n) la fornitura di alloggi per fini non residenziali, il trasporto di beni, i servizi di noleggio di autovetture, i servizi di catering o i servizi riguardanti le attività del tempo libero qualora il contratto preveda una data o un periodo di esecuzione specifici;

o) la fornitura di contenuto digitale mediante un supporto non materiale se l'esecuzione è iniziata con l'accordo espresso del consumatore e con la sua accettazione del fatto che in tal caso avrebbe perso il diritto di recesso.

(1) *Articolo sostituito dall'art. 1, comma 1, d.lgs. 21 febbraio 2014, n. 21, in vigore dal 13 giugno 2014 e con applicazione ai contratti conclusi dopo tale data ai sensi dell'art. 2, comma 1, del medesimo d.lgs.*

SEZIONE III
Altri diritti del consumatore

60 Ambito di applicazione (1).

1. Gli articoli 61 e 63 si applicano ai contratti di vendita. Detti articoli non si applicano ai contratti per la fornitura di acqua, gas o elettricità, quando non sono messi in vendita in un volume limitato o in quantità determinata, di teleriscaldamento o di contenuto digitale non fornito su un supporto materiale.

2. Gli articoli 62, 64 e 65 si applicano ai contratti di vendita, ai contratti di servizio e ai contratti di fornitura di acqua, gas, elettricità, teleriscaldamento o contenuto digitale.

(1) *Articolo sostituito dall'art. 1, comma 1, d.lgs. 21 febbraio 2014, n. 21, in vigore dal 13 giugno 2014 e con applicazione ai contratti conclusi dopo tale data ai sensi dell'art. 2, comma 1, del medesimo d.lgs.*

61 Consegna (1).

1. Salva diversa pattuizione delle parti del contratto di vendita, il professionista è obbligato a consegnare i beni al consumatore senza ritardo ingiustificato e al più tardi entro trenta giorni dalla data di conclusione del contratto.

2. L'obbligazione di consegna è adempiuta mediante il trasferimento della disponibilità materiale o comunque del controllo dei beni al consumatore.

3. Se il professionista non adempie all'obbligo di consegna dei beni entro il termine pattuito ovvero entro il termine di cui al comma 1, il consumatore lo invita ad effettuare la consegna entro un termine supplementare appropriato alle circostanze. Se il termine supplementare così concesso scade senza che i beni gli siano stati consegnati, il consumatore è legittimato a risolvere il contratto, salvo il diritto al risarcimento dei danni.

4. Il consumatore non è gravato dall'onere di concedere al professionista il termine supplementare di cui al comma 3 se:

a) il professionista si è espressamente rifiutato di consegnare i beni, ovvero;

b) se il rispetto del termine pattuito dalle parti per la consegna del bene deve considerarsi essenziale, tenuto conto di tutte le circostanze che hanno accompagnato la conclusione del contratto, ovvero;

c) se il consumatore ha informato il professionista, prima della conclusione del contratto, che la consegna entro o ad una data determinata è essenziale.

5. Nei casi previsti dal comma 4, se non riceve in consegna il bene entro il termine pattuito con il professionista ovvero entro il termine di cui al comma 1, il consumatore è legittimato a risolvere immediatamente il contratto, salvo il diritto al risarcimento dei danni.

6. Nel caso di risoluzione posta in essere dal consumatore a norma dei commi 3 e 5, il professionista è tenuto a rimborsargli senza indebito ritardo tutte le somme versate in esecuzione del contratto.

7. È fatta salva la possibilità per il consumatore di far valere i diritti di cui al Capo XIV del Titolo II del Libro IV del codice civile.

(1) *Articolo sostituito dall'art. 1, comma 1, d.lgs. 21 febbraio 2014, n. 21, in vigore dal 13 giugno 2014 e con applicazione ai contratti conclusi dopo tale data ai sensi dell'art. 2, comma 1, del medesimo d.lgs.*

62 Tariffe per l'utilizzo di mezzi di pagamento (1).

1. Ai sensi dell'articolo 3, comma 4, del decreto legislativo 27 gennaio 2010, n. 11, i professionisti non possono imporre ai consumatori, in relazione all'uso di determinati strumenti di pagamento, spese per l'uso di detti strumenti, ovvero nei casi espressamente stabiliti, tariffe che superino quelle sostenute dal professionista.

2. L'istituto di emissione della carta di pagamento riaccredita al consumatore i pagamenti in caso di addebitamento eccedente rispetto al prezzo pattuito ovvero in caso di uso fraudolento della propria carta di pagamento da parte del professionista o di un terzo. L'istituto di emissione della carta di pagamento ha diritto di addebitare al professionista le somme riaccreditate al consumatore.

(1) *Articolo modificato dall'art. 44, comma 10, d.l. 30 dicembre 2008, n. 207, conv., con modif., in l. 27 febbraio 2009, n. 14 e, successivamente, dall'art. 1, comma 1, d.lgs. 21 febbraio 2014, n. 21, in vigore dal 13 giugno 2014 e con applicazione ai contratti conclusi dopo tale data ai sensi dell'art. 2, comma 1, del medesimo d.lgs.*

63 Passaggio del rischio (1).

1. Nei contratti che pongono a carico del professionista l'obbligo di provvedere alla spedizione dei beni il rischio della perdita o del danneggiamento dei beni, per causa non imputabile al venditore, si trasferisce al consumatore soltanto nel momento in cui quest'ultimo, o un terzo da lui designato e diverso dal vettore, entra materialmente in possesso dei beni.

2. Tuttavia, il rischio si trasferisce al consumatore già nel momento della consegna del bene al vettore qualora quest'ultimo sia stato scelto dal consumatore e tale scelta non sia stata proposta dal professionista, fatti salvi i diritti del consumatore nei confronti del vettore.

(1) *Articolo sostituito dall'art. 1, comma 1, d.lgs. 21 febbraio 2014, n. 21, in vigore dal 13 giugno 2014 e con applicazione ai contratti conclusi dopo tale data ai sensi dell'art. 2, comma 1, del medesimo d.lgs.*

64 Comunicazione telefonica (1).

1. Qualora il professionista utilizza una linea telefonica allo scopo di essere contattato dal consumatore per telefono in merito al contratto concluso, il consumatore non è tenuto a pagare più della tariffa di base quando contatta il professionista, fermo restando il diritto dei fornitori dei servizi di comunicazione elettronica di applicare una tariffa per dette telefonate.

(1) *Articolo sostituito dall'art. 1, comma 1, d.lgs. 21 febbraio 2014, n. 21, in vigore dal 13 giugno 2014 e con applicazione ai contratti conclusi dopo tale data ai sensi dell'art. 2, comma 1, del medesimo d.lgs.*

65 Pagamenti supplementari (1).

1. Prima che il consumatore sia vincolato dal contratto o dall'offerta, il professionista chiede il consenso espresso del consumatore per qualsiasi pagamento supplementare oltre alla remunerazione concordata per l'obbligo contrattuale principale del professionista. Se il professionista non ottiene il consenso espresso del consumatore ma l'ha dedotto utilizzando opzioni prestabilite che il consumatore deve rifiutare per evitare il pagamento supplementare, il consumatore ha diritto al rimborso di tale pagamento.

(1) *Articolo sostituito dall'art. 1, comma 1, d.lgs. 21 febbraio 2014, n. 21, in vigore dal 13 giugno 2014 e con applicazione ai contratti conclusi dopo tale data ai sensi dell'art. 2, comma 1, del medesimo d.lgs.*

SEZIONE IV
Disposizioni generali

66 Tutela amministrativa e giurisdizionale (1).

1. Al fine di garantire il rispetto delle disposizioni contenute nelle Sezioni da I a IV del presente Capo da parte degli operatori, trovano applicazione le disposizioni di cui agli articoli 27, 139, 140, 140-*bis*, 141 e 144 del presente Codice.

2. L'Autorità Garante della Concorrenza e del Mercato, d'ufficio o su istanza di ogni soggetto o organizzazione che ne abbia interesse, accerta le violazioni delle norme di cui alle Sezioni da I a IV del presente Capo nonché dell'articolo 141-*sexies*, commi 1, 2 e 3, ne inibisce la continuazione e ne elimina gli effetti (2).

3. In materia di accertamento e sanzione delle violazioni, si applica l'articolo 27, commi da 2 a 15, del presente Codice.

4. L'Autorità Garante della Concorrenza e del Mercato svolge le funzioni di autorità competente ai sensi dell'articolo 3, numero 6), del regolamento (UE) 2017/2394 del Parlamento europeo e del Consiglio, del 12 dicembre 2017 (3) del Parlamento europeo e del Consiglio, del 27 ottobre 2004, nelle materie di cui alle Sezioni da I a IV del presente Capo.

5. È comunque fatta salva la giurisdizione del giudice ordinario. È altresì fatta salva la possibilità di promuovere la risoluzione extragiudiziale delle controversie inerenti al rapporto di consumo, nelle materie di cui alle sezioni da I a IV del presente capo, mediante il ricorso alle procedure di cui alla parte V, titolo II-*bis*, del presente codice (4).

(1) *Articolo sostituito dall'art. 1, comma 1, d.lgs. 21 febbraio 2014, n. 21, in vigore dal 13 giugno 2014 e con applicazione ai contratti conclusi dopo tale data ai sensi dell'art. 2, comma 1, del medesimo d.lgs.*

(2) *Comma modificato dall'art. 1, comma 6, d.lgs. 6 agosto 2015, n. 130. Ai sensi dell'art. 2, comma 1, d.lgs. n. 130 del 2015, cit., le presenti disposizioni si applicano a decorrere dal 9 gennaio 2016.*

(3) *Le parole* « ai sensi dell'articolo 3, numero 6), del regolamento (UE) 2017/2394 del Parlamento europeo e del Consiglio, del 12 dicembre 2017 » *sono state sostituite alle parole* « ai sensi dell'articolo 3, lettera c), del regolamento (CE) n. 2006/2004 » *dall'art. 37, comma 1, lett. c), l. 23 dicembre 2021, n. 238.*

(4) *Comma sostituito dall'art. 1, comma 7, d.lgs. 6 agosto 2015, n. 130. Ai sensi dell'art. 2, comma 1, d.lgs. n. 130 del 2015, cit. le presenti disposizioni si applicano a decorrere dal 9 gennaio 2016.*

66-*bis* Foro competente (1).

1. Per le controversie civili inerenti all'applicazione delle Sezioni da I a IV del presente capo la competenza territoriale inderogabile è del giudice del luogo di residenza o di domicilio del consumatore, se ubicati nel territorio dello Stato.

(1) *Articolo inserito dall'art. 1, comma 1, d.lgs. 21 febbraio 2014, n. 21, in vigore dal 13 giugno 2014 e con applicazione ai contratti conclusi dopo tale data ai sensi dell'art. 2, comma 1, del medesimo d.lgs.*

66-*ter* Carattere imperativo (1).

1. Se il diritto applicabile al contratto è quello di uno Stato membro dell'Unione europea, i consumatori residenti in Italia non possono rinunciare ai diritti conferiti loro dalle disposizioni delle Sezioni da I a IV del presente Capo.

2. Eventuali clausole contrattuali che escludano o limitino, direttamente o indirettamente, i diritti derivanti dalle disposizioni delle Sezioni da I a IV del presente Capo, non vincolano il consumatore.

(1) *Articolo inserito dall'art. 1, comma 1, d.lgs. 21 febbraio 2014, n. 21, in vigore dal 13 giugno 2014 e con applicazione ai contratti conclusi dopo tale data ai sensi dell'art. 2, comma 1, del medesimo d.lgs.*

66-*quater* Informazione e ricorso extragiudiziale (1).

1. Le comunicazioni e i documenti relativi ai contratti negoziati fuori dai locali commerciali e ai contratti a distanza, ivi compresi i moduli, i formulari, le note d'ordine, la pubblicità o le comunicazioni sui siti Internet, devono contenere un riferimento al presente Capo.

2. L'operatore può adottare appositi codici di condotta, secondo le modalità di cui all'articolo 27-*bis*.

3. Per la risoluzione delle controversie sorte dall'esatta applicazione dei contratti disciplinati dalle disposizioni delle sezioni da I a IV del presente capo è possibile ricorrere alle procedure di risoluzione extragiudiziale delle controversie, di cui alla parte V, titolo II-*bis*, del presente codice (2).

(1) *Articolo inserito dall'art. 1, comma 1, d.lgs. 21 febbraio 2014, n. 21, in vigore dal 13 giugno 2014 e con applicazione ai contratti conclusi dopo tale data ai sensi dell'art. 2, comma 1, del medesimo d.lgs.*

(2) *Comma modificato dall'art. 1, comma 8, d.lgs. 6 agosto 2015, n. 130. Ai sensi dell'art. 2, comma 1, d.lgs. n. 130 del 2015, cit., le presenti disposizioni si applicano a decorrere dal 9 gennaio 2016.*

66-*quinquies* Fornitura non richiesta (1).

1. Il consumatore è esonerato dall'obbligo di fornire qualsiasi prestazione corrispettiva in caso di fornitura non richiesta di beni, acqua, gas, elettricità, teleriscaldamento o contenuto digitale o di prestazione non richiesta di servizi, vietate dall'articolo 20, comma 5, e dall'articolo 26, comma 1, lettera *f*), del presente Codice. In tali casi, l'assenza di una risposta da parte del consumatore in seguito a tale fornitura non richiesta non costituisce consenso.

2. Salvo consenso del consumatore, da esprimersi prima o al momento della conclusione del contratto, il professionista non può adempiere eseguendo una fornitura diversa da quella pattuita, anche se di valore e qualità equivalenti o superiori.

(1) *Articolo inserito dall'art. 1, comma 1, d.lgs. 21 febbraio 2014, n. 21, in vigore dal 13 giugno 2014 e con applicazione ai contratti conclusi dopo tale data ai sensi dell'art. 2, comma 1, del medesimo d.lgs.*

67 Tutela in base ad altre disposizioni (1).

1. Le disposizioni delle Sezioni da I a IV del presente Capo non escludono né limitano i diritti che sono attribuiti al consumatore da altre norme dell'ordinamento giuridico di fonte comunitaria o adottate in conformità a norme comunitarie.

2. Per quanto non previsto dalle Sezioni da I a IV del presente Capo, si applicano le disposizioni del codice civile in tema di validità, formazione o efficacia dei contratti.

3. Ai contratti di cui alla sezione III del presente Capo si applicano altresì le disposizioni di cui agli articoli 18, 19 e 20 del decreto legislativo 31 marzo 1998, n. 114, e successive modificazioni, recante riforma della disciplina relativa al settore del commercio, a norma dell'articolo 4, comma 4, della legge 15 marzo 1997, n. 59.

(1) *Articolo, da ultimo, sostituito dall'art. 1, comma 1, d.lgs. 21 febbraio 2014, n. 21, in vigore dal 13 giugno 2014 e con applicazione ai contratti conclusi dopo tale data ai sensi dell'art. 2, comma 1, del medesimo d.lgs. Precedentemente l'articolo era stato modificato dapprima dall'art. 22, comma 1, lett.* a), *l. 7 luglio 2009, n. 88 (legge comunitaria 2008), successivamente dall'art. 2 d.lgs. 13 agosto 2010, n. 141.*

67-*bis*-146 (*Omissis*).

62. Decreto legislativo 2 agosto 2007, n. 145. — Attuazione dell'articolo 14 della direttiva 2005/29/CE che modifica la direttiva 84/450/CEE sulla pubblicità ingannevole (1).

(1) *Per il divieto di pubblicizzazione parassitaria v. gli artt. 10 e ss. d.l. 11 marzo 2020, n. 16, conv., con modif., in l. 8 maggio 2020, n. 31, sub V, 135.*

Pubblicato nella Gazzetta Ufficiale n. 207 del 6 settembre 2007.

1 Finalità.

1. Le disposizioni del presente decreto legislativo hanno lo scopo di tutelare i professionisti dalla pubblicità ingannevole e dalle sue conseguenze sleali, nonché di stabilire le condizioni di liceità della pubblicità comparativa.

2. La pubblicità deve essere palese, veritiera e corretta.

2 Definizioni.

1. Ai fini del presente decreto legislativo si intende per:

a) pubblicità: qualsiasi forma di messaggio che è diffuso, in qualsiasi modo, nell'esercizio di un'attività commerciale, industriale, artigianale o professionale allo scopo di promuovere il trasferimento di beni mobili o immobili, la prestazione di opere o di servizi oppure la costituzione o il trasferimento di diritti ed obblighi su di essi;

b) pubblicità ingannevole: qualsiasi pubblicità che in qualunque modo, compresa la sua presentazione è idonea ad indurre in errore le persone fisiche o giuridiche alle quali è rivolta o che essa raggiunge e che, a causa del suo carattere ingannevole, possa pregiudicare il loro comportamento economico ovvero che, per questo motivo, sia idonea a ledere un concorrente;

c) professionista: qualsiasi persona fisica o giuridica che agisce nel quadro della sua attività commerciale, industriale, artigianale o professionale; e chiunque agisce in nome o per conto di un professionista;

d) pubblicità comparativa: qualsiasi pubblicità

che identifica in modo esplicito o implicito un concorrente o beni o servizi offerti da un concorrente;

e) operatore pubblicitario: il committente del messaggio pubblicitario ed il suo autore, nonché, nel caso in cui non consenta all'identificazione di costoro, il proprietario del mezzo con cui il messaggio pubblicitario è diffuso ovvero il responsabile della programmazione radiofonica o televisiva.

3 Elementi di valutazione.

1. Per determinare se la pubblicità è ingannevole se ne devono considerare tutti gli elementi, con riguardo in particolare ai suoi riferimenti:

a) alle caratteristiche dei beni o dei servizi, quali la loro disponibilità, la natura, l'esecuzione, la composizione, il metodo e la data di fabbricazione o della prestazione, l'idoneità allo scopo, gli usi, la quantità, la descrizione, l'origine geografica o commerciale, o i risultati che si possono ottenere con il loro uso, o i risultati e le caratteristiche fondamentali di prove o controlli effettuati sui beni o sui servizi;

b) al prezzo o al modo in cui questo è calcolato ed alle condizioni alle quali i beni o i servizi sono forniti;

c) alla categoria, alle qualifiche e ai diritti dell'operatore pubblicitario, quali l'identità, il patrimonio, le capacità, i diritti di proprietà intellettuale e industriale, ogni altro diritto su beni immateriali relativi all'impresa ed i premi o riconoscimenti.

4 Condizioni di liceità della pubblicità comparativa.

1. Per quanto riguarda il confronto, la pubblicità comparativa è lecita se sono soddisfatte le seguenti condizioni:

a) non è ingannevole ai sensi del presente decreto legislativo o degli articoli 21, 22 e 23 del decreto legislativo 6 settembre 2005, n. 206, recante "Codice del consumo";

b) confronta beni o servizi che soddisfano gli stessi bisogni o si propongono gli stessi obiettivi;

c) confronta oggettivamente una o più caratteristiche essenziali, pertinenti, verificabili e rappresentative, compreso eventualmente il prezzo, di tali beni e servizi;

d) non ingenera confusione sul mercato tra i professionisti o tra l'operatore pubblicitario ed un concorrente o tra i marchi, le denominazioni commerciali, altri segni distintivi, i beni o i servizi dell'operatore pubblicitario e quelli di un concorrente;

e) non causa discredito o denigrazione di marchi, denominazioni commerciali, altri segni distintivi, beni, servizi, attività o posizione di un concorrente;

f) per i prodotti recanti denominazione di origine, si riferisce in ogni caso a prodotti aventi la stessa denominazione;

g) non trae indebitamente vantaggio dalla notorietà connessa al marchio, alla denominazione commerciale ovvero ad altro segno distintivo di un concorrente o alle denominazioni di origine di prodotti concorrenti;

h) non presenta un bene o un servizio come imitazione o contraffazione di beni o servizi protetti da un marchio o da una denominazione commerciale depositati.

2. Il requisito della verificabilità di cui al comma 1, lettera *c*), si intende soddisfatto quando i dati addotti ad illustrazione della caratteristica del bene o servizio pubblicizzato sono suscettibili di dimostrazione.

3. Qualunque raffronto che fa riferimento a un'offerta speciale deve indicare in modo chiaro e non equivoco il termine finale dell'offerta oppure, nel caso in cui l'offerta speciale non sia ancora avviata, la data di inizio del periodo nel corso del quale si applicano il prezzo speciale o altre condizioni particolari o, se del caso, che l'offerta speciale dipende dalla disponibilità dei beni e servizi.

5 Trasparenza della pubblicità.

1. La pubblicità deve essere chiaramente riconoscibile come tale. La pubblicità a mezzo di stampa deve essere distinguibile dalle altre forme di comunicazione al pubblico, con modalità grafiche di evidente percezione.

2. I termini "garanzia", "garantito" e simili possono essere usati solo se accompagnati dalla precisazione del contenuto e delle modalità della garanzia offerta. Quando la brevità del messaggio pubblicitario non consente di riportare integralmente tali precisazioni, il riferimento sintetico al contenuto ed alle modalità della garanzia offerta deve essere integrato dall'esplicito rinvio ad un testo facilmente conoscibile dal consumatore in cui siano riportate integralmente le precisazioni medesime.

3. È vietata ogni forma di pubblicità subliminale.

6 Pubblicità di prodotti pericolosi per la salute e la sicurezza.

1. È considerata ingannevole la pubblicità che, riguardando prodotti suscettibili di porre in pericolo la salute e la sicurezza dei soggetti che essa raggiunge, omette di darne notizia in modo da indurre tali soggetti a trascurare le normali regole di prudenza e vigilanza.

7 Bambini e adolescenti.

1. È considerata ingannevole la pubblicità che, in quanto suscettibile di raggiungere bambini ed adolescenti, abusa della loro naturale credulità o mancanza di esperienza o che, impiegando bambini ed adolescenti in messaggi pubblicitari, fermo quanto disposto dall'articolo 10 della legge 3 maggio 2004, n. 112, abusa dei naturali sentimenti degli adulti per i più giovani.

2. È considerata ingannevole la pubblicità, che, in quanto suscettibile di raggiungere bambini ed adolescenti, può, anche indirettamente, minacciare la loro sicurezza.

8 Tutela amministrativa e giurisdizionale (1).

1. L'Autorità garante della concorrenza e del mer-

cato, di seguito chiamata Autorità, esercita le attribuzioni disciplinate dal presente articolo.

2. L'Autorità, d'ufficio o su istanza di ogni soggetto o organizzazione che ne abbia interesse, inibisce la continuazione ed elimina gli effetti della pubblicità ingannevole e comparativa illecita. Per lo svolgimento dei compiti di cui al comma 1, l'Autorità può avvalersi della Guardia di Finanza che agisce con i poteri ad essa attribuiti per l'accertamento dell'imposta sul valore aggiunto e dell'imposta sui redditi.

3. L'Autorità può disporre con provvedimento motivato la sospensione provvisoria della pubblicità ingannevole e comparativa illecita in caso di particolare urgenza. In ogni caso, comunica l'apertura dell'istruttoria al professionista e, se il committente non è conosciuto, può richiedere al proprietario del mezzo che ha diffuso il messaggio pubblicitario ogni informazione idonea ad identificarlo. L'Autorità può, altresì, richiedere ad ogni soggetto le informazioni ed i documenti rilevanti al fine dell'accertamento dell'infrazione. Si applicano le disposizioni previste dall'articolo 14, commi 2, 3 e 4, della legge 10 ottobre 1990, n. 287.

4. In caso di inottemperanza, senza giustificato motivo, a quanto disposto dall'Autorità ai sensi dell'articolo 14, comma 2, della legge 10 ottobre 1990, n. 287, l'Autorità applica una sanzione amministrativa pecuniaria da 2.000,00 euro a 20.000,00 euro. Qualora le informazioni o la documentazione fornite non siano veritiere, l'Autorità applica una sanzione amministrativa pecuniaria da 4.000,00 euro a 40.000,00 euro.

5. L'Autorità può disporre che il professionista fornisca prove sull'esattezza materiale dei dati di fatto contenuti nella pubblicità se, tenuto conto dei diritti o degli interessi legittimi del professionista e di qualsiasi altra parte nel procedimento, tale esigenza risulti giustificata, date le circostanze del caso specifico. Se tale prova è omessa o viene ritenuta insufficiente, i dati di fatto sono considerati inesatti.

6. Quando la pubblicità è stata o deve essere diffusa attraverso la stampa periodica o quotidiana ovvero per via radiofonica o televisiva o altro mezzo di telecomunicazione, l'Autorità, prima di provvedere, richiede il parere dell'Autorità per le garanzie nelle comunicazioni.

7. Ad eccezione dei casi di manifesta scorrettezza e gravità l'Autorità può ottenere dal professionista responsabile della pubblicità ingannevole e comparativa illecita l'assunzione dell'impegno a porre fine all'infrazione, cessando la diffusione della stessa o modificandola in modo da eliminare i profili di illegittimità. L'Autorità può disporre la pubblicazione della dichiarazione di assunzione dell'impegno in questione, a cura e spese del professionista. In tali ipotesi, l'Autorità, valutata l'idoneità di tali impegni, può renderli obbligatori per il professionista e definire il procedimento senza procedere all'accertamento dell'infrazione.

8. L'Autorità, se ritiene la pubblicità ingannevole o il messaggio di pubblicità comparativa illecito, vieta la diffusione, qualora non ancora portata a conoscenza del pubblico, o la continuazione, qualora sia già iniziata. Con il medesimo provvedimento può essere disposta, a cura e spese del professionista, la pubblicazione della delibera, anche per estratto, nonché, eventualmente, di un'apposita dichiarazione rettificativa in modo da impedire che la pubblicità ingannevole o il messaggio di pubblicità comparativa illecito continuino a produrre effetti.

9. Con il provvedimento che vieta la diffusione della pubblicità, l'Autorità dispone inoltre l'applicazione di una sanzione amministrativa pecuniaria da 5.000,00 euro a 500.000,00 euro, tenuto conto della gravità e della durata della violazione. Nel caso di pubblicità che possono comportare un pericolo per la salute o la sicurezza, nonché suscettibili di raggiungere, direttamente o indirettamente, minori o adolescenti, la sanzione non può essere inferiore a 50.000,00 euro.

10. Nei casi riguardanti pubblicità inserite sulle confezioni di prodotti, l'Autorità, nell'adottare i provvedimenti indicati nei commi 3 e 8, assegna per la loro esecuzione un termine che tenga conto dei tempi tecnici necessari per l'adeguamento.

11. L'Autorità garante della concorrenza e del mercato, con proprio regolamento, da emanarsi entro novanta giorni dalla data di pubblicazione del presente decreto legislativo, disciplina la procedura istruttoria, in modo da garantire il contraddittorio, la piena cognizione degli atti e la verbalizzazione (2).

12. In caso di inottemperanza ai provvedimenti d'urgenza e a quelli inibitori o di rimozione degli effetti di cui ai commi 3, 8 e 10 ed in caso di mancato rispetto degli impegni assunti ai sensi del comma 7, l'Autorità applica una sanzione amministrativa pecuniaria da 10.000,00 a 150.000,00 euro. Nei casi di reiterata inottemperanza l'Autorità può disporre la sospensione dell'attività d'impresa per un periodo non superiore a trenta giorni.

13. [I ricorsi avverso le decisioni adottate dall'Autorità sono soggetti alla giurisdizione esclusiva del giudice amministrativo.] (3) Per le sanzioni amministrative pecuniarie conseguenti alle violazioni del presente decreto si osservano, in quanto applicabili, le disposizioni contenute nel capo I, sezione I, e negli articoli 26, 27, 28 e 29 della legge 24 novembre 1981, n. 689, e successive modificazioni. Il pagamento delle sanzioni amministrative di cui al presente articolo deve essere effettuato entro trenta giorni dalla notifica del provvedimento dell'Autorità.

14. Ove la pubblicità sia stata assentita con provvedimento amministrativo, preordinato anche alla verifica del carattere non ingannevole della stessa o di liceità del messaggio di pubblicità comparativa, la tutela dei soggetti e delle organizzazioni che vi abbiano interesse, è esperibile in via giurisdizionale con ricorso al giudice amministrativo avverso il predetto provvedimento.

15. È comunque fatta salva la giurisdizione del giudice ordinario in materia di atti di concorrenza sleale, a norma dell'articolo 2598 del codice civile, nonché, per quanto concerne la pubblicità comparativa, in materia di atti compiuti in violazione della disciplina sul diritto d'autore protetto dalla legge 22 aprile 1941, n. 633, e successive modificazioni, e del marchio d'impresa protetto a norma del decreto legislativo 10 febbraio 2005, n. 30, e successive modificazioni, nonché delle denominazioni

di origine riconosciute e protette in Italia e di altri segni distintivi di imprese, beni e servizi concorrenti.

16. Al fine di consentire l'esercizio delle competenze disciplinate dal presente decreto, il numero dei posti previsti per la pianta organica del personale di ruolo dell'Autorità garante della concorrenza e del mercato dall'articolo 11, comma 1, della legge 10 ottobre 1990, n. 287, è incrementato di venti unità, di cui due di livello dirigenziale. Ai medesimi fini, è altresì incrementato di dieci unità il numero dei contratti di cui all'articolo 11, comma 4, della legge 10 ottobre 1990, n. 287, e l'Autorità potrà avvalersi dell'istituto del comando per un contingente di dieci unità di personale. Agli oneri finanziari derivanti dalla presente disposizione si farà fronte con le risorse raccolte ai sensi dell'articolo 10, comma 7-*bis*, della legge 10 ottobre 1990, n. 287.

(1) *Il presente articolo è richiamato dall'art. 12, d.l. 11 marzo 2020, n. 16, conv., con modif., in l. 8 maggio 2020, n. 31,* sub *V, 135, per il divieto di pubblicizzazione parassitaria (v. anche gli artt. 10 e 11 dello stesso d.l.).*

(2) *V. la Deliberazione dell'Autorità garante della concorrenza e del mercato 15 novembre 2007 (G.U. 5 dicembre 2007, n. 283), che approva le procedure istruttorie in materia di pubblicità ingannevole e comparativa illecita.*

(3) *Periodo abrogato dall'art. 4 dell'Allegato 4 d.ls. 2 luglio 2010, n. 104, con effetto a decorrere dal 16 settembre 2010.*

9 Autodisciplina.

1. Le parti interessate possono richiedere che sia inibita la continuazione degli atti di pubblicità ingannevole o di pubblicità comparativa ritenuta illecita, ricorrendo ad organismi volontari e autonomi di autodisciplina.

2. Iniziata la procedura davanti ad un organismo di autodisciplina, le parti possono convenire di astenersi dall'adire l'Autorità fino alla pronuncia definitiva, ovvero possono chiedere la sospensione del procedimento innanzi all'Autorità, ove lo stesso sia stato attivato, anche da altro soggetto legittimato, inattesa della pronuncia dell'organismo di autodisciplina. L'Autorità, valutate tutte le circostanze, può disporre la sospensione del procedimento per un periodo non superiore a trenta giorni.

10 Neutralità finanziaria.

1. Dall'attuazione del presente decreto non devono derivare nuovi o maggiori oneri per la finanza pubblica.

63. Decreto legislativo 26 marzo 2010, n. 59. — Attuazione della direttiva 2006/123/CE relativa ai servizi nel mercato interno (*estratto*).

Pubblicato nella Gazzetta Ufficiale n. 94 del 23 aprile 2010, S.O. n. 75.

29 Divieto di discriminazioni.

1. Al destinatario non possono essere imposti requisiti discriminatori fondati sulla sua nazionalità o sul suo luogo di residenza.

2. È fatto divieto ai prestatori di prevedere condizioni generali di accesso al servizio offerto che contengano condizioni discriminatorie basate sulla nazionalità o sul luogo di residenza del destinatario, ferma restando la possibilità di prevedere condizioni d'accesso differenti allorché queste sono direttamente giustificate da criteri oggettivi.

3. A decorrere dalla data di entrata in vigore del presente decreto sono abrogate le disposizioni legislative e regolamentari statali incompatibili con le disposizioni di cui al comma 1.

30 Assistenza ai destinatari.

1. Il Ministero dello sviluppo economico provvede affinché siano fornite le seguenti informazioni ai destinatari di attività di servizi che ne facciano richiesta:

a) informazioni generali sui requisiti applicati negli altri Stati membri in materia di accesso alle attività di servizi e al loro esercizio, in particolare quelli connessi con la tutela dei consumatori;

b) informazioni generali sui mezzi di ricorso esperibili in caso di controversia tra un prestatore e un destinatario;

c) i dati delle associazioni o organizzazioni, compresi gli sportelli della rete dei centri europei dei consumatori, presso le quali i prestatori o i destinatari possono ottenere assistenza pratica.

1-*bis*. Al fine di assicurare il rispetto del divieto di discriminazioni di cui all'articolo 29, il Centro europeo dei consumatori per l'Italia riceve le segnalazioni dei consumatori, delle micro-imprese di cui all'articolo 18, comma 1, lettera *d-bis*), del codice di cui al decreto legislativo 6 settembre 2005, n. 206, e delle associazioni dei consumatori; fornisce loro assistenza anche per facilitarne la comunicazione con il prestatore del servizio; ove appropriato, d'ufficio o su segnalazione, contatta il prestatore del servizio al fine di ottenere il rispetto delle normative europee e nazionali relative al predetto divieto di discriminazioni, avvalendosi anche della rete dei centri europei dei consumatori (ECC-NET). Ove tali iniziative non consentano di ottenere il rispetto del divieto, il Centro europeo dei consumatori per l'Italia invia un documentato rapporto all'Autorità garante della concorrenza e del mercato, che può intervenire applicando i poteri di cui all'articolo 27 del citato codice di cui al decreto legislativo n. 206 del 2005, e successive modificazioni. Con proprio regolamento, da adottare entro centoventi giorni dalla data di entrata in vigore della presente disposizione, l'Autorità garante della concorrenza e del mercato disciplina la procedura istruttoria, in modo da garantire il contraddittorio e l'accesso agli atti. Con il medesimo regolamento l'Autorità garante della concorrenza e del mercato disciplina i propri rapporti con il Centro europeo dei consumatori per l'Italia (1).

2. Per le imprese destinatarie di attività di servizi, le informazioni di cui al comma 1 sono fornite dal sistema

delle Camere di commercio, dell'industria, dell'artigianato e dell'agricoltura.

(1) *Comma aggiunto dall'art. 6, comma 1, lett.* a), *l. 30 ottobre 2014, n. 161.*

64. Decreto legge 24 gennaio 2012, n. 1, convertito, con modificazioni, in legge 24 marzo 2012, n. 27. — Disposizioni urgenti per la concorrenza, lo sviluppo delle infrastrutture e la competitività. (Crescitalia). (*estratto*).

Pubblicato nella Gazzetta Ufficiale n. 19 del 24 gennaio 2012, S.O. n. 18; la legge di conversione è stata pubblicata nella Gazzetta Ufficiale n. 71 del 24 marzo 2012.

5-*ter* Rating di legalità delle imprese.

1. Al fine di promuovere l'introduzione di principi etici nei comportamenti aziendali, all'Autorità garante della concorrenza e del mercato è attribuito il compito di segnalare al Parlamento le modifiche normative necessarie al perseguimento del sopraindicato scopo anche in rapporto alla tutela dei consumatori, nonché di procedere, in raccordo con i Ministeri della giustizia e dell'interno, alla elaborazione ed all'attribuzione, su istanza di parte, di un rating di legalità per le imprese operanti nel territorio nazionale che raggiungano un fatturato minimo di due milioni di euro, riferito alla singola impresa o al gruppo di appartenenza, secondo i criteri e le modalità stabilite da un regolamento dell'Autorità garante della concorrenza e del mercato da emanare entro novanta giorni dalla data di entrata in vigore della presente disposizione. Al fine dell'attribuzione del rating, possono essere chieste informazioni a tutte le pubbliche amministrazioni. Del rating attribuito si tiene conto in sede di concessione di finanziamenti da parte delle pubbliche amministrazioni, nonché in sede di accesso al credito bancario, secondo le modalità stabilite con decreto del Ministro dell'economia e delle finanze e del Ministro dello sviluppo economico, da emanare entro novanta giorni dalla data di entrata in vigore della presente disposizione. Gli istituti di credito che omettono di tener conto del rating attribuito in sede di concessione dei finanziamenti alle imprese sono tenuti a trasmettere alla Banca d'Italia una dettagliata relazione sulle ragioni della decisione assunta (1).

(1) *Comma modificato dall'art. 1, comma 1-*quinquies*, d.l. 24 marzo 2012, n. 29, conv., con modif., in l. 15 marzo 2012, n. 62.*

65. Direttiva (UE) 2019/1 del Parlamento europeo e del Consiglio dell'11 dicembre 2018 che conferisce alle autorità garanti della concorrenza degli Stati membri poteri di applicazione più efficace e che assicura il corretto funzionamento del mercato interno. (*estratto*) (1).

Pubblicata nella G.U.U.E. del 14 gennaio 2019 n. L11/3.

(1) *Per l'attuazione della presente direttiva, v. le modifiche apportate alla l. n. 287/1990, sub II, 58, dal d.lgs. 8 novembre 2021, n. 185.*

considerando quanto segue:

(1) Gli articoli 101 e 102 del trattato sul funzionamento dell'Unione europea (TFUE) sono una questione di ordine pubblico ed è opportuno provvedere alla loro applicazione efficace in tutta l'Unione per garantire che la concorrenza nel mercato interno non venga distorta. L'applicazione efficace degli articoli 101 e 102 TFUE è necessaria per garantire che nell'Unione vi siano mercati concorrenziali più equi e più aperti, in cui le imprese si fanno maggiormente concorrenza in base ai loro meriti e senza erigere barriere all'ingresso nel mercato, in modo da poter generare ricchezza e creare posti di lavoro. Essa protegge i consumatori e le imprese operanti nel mercato interno da pratiche commerciali volte a mantenere i prezzi di beni e servizi artificialmente elevati e permette loro di avere una scelta più ampia di beni e di servizi innovativi.

(2) L'applicazione a livello pubblicistico degli articoli 101 e 102 TFUE compete alle autorità nazionali garanti della concorrenza (ANC) degli Stati membri parallelamente alla Commissione, a norma del regolamento (CE) n. 1/2003 del Consiglio (3). Insieme, le ANC e la Commissione formano una rete di pubbliche autorità che applicano le norme dell'Unione in materia di concorrenza in stretta cooperazione (« rete europea della concorrenza »).

(3) A norma dell'articolo 3, paragrafo 1, del regolamento (CE) n. 1/2003, le ANC e le giurisdizioni nazionali sono tenute ad applicare gli articoli 101 e 102 TFUE agli accordi, alle decisioni di associazioni di imprese, alle pratiche concordate o all'abuso di posizione dominante, che possano pregiudicare il commercio tra Stati membri. In pratica, la maggior parte delle ANC applica il diritto nazionale della concorrenza parallelamente agli articoli 101 e 102 TFUE. Pertanto, la presente direttiva, il cui obiettivo è far sì che le ANC dispongano delle garanzie di indipendenza, delle risorse e dei poteri di indagine e sanzionatori necessari per applicare efficacemente gli articoli 101 e 102 TFUE, avrà inevitabilmente un impatto sul diritto nazionale della concorrenza applicato parallelamente dalle ANC. Inoltre l'applicazione, da parte delle ANC, del diritto nazionale della concorrenza agli accordi, alle decisioni di associazioni di imprese o alle pratiche concordate, che possano pregiudicare il commercio tra Stati membri, non dovrebbe portare a un risultato diverso da quello rag-

giunto dall'ANC conformemente al diritto dell'Unione ai sensi dell'articolo 3, paragrafo 2, del regolamento (CE) n. 1/2003. In tali casi di applicazione parallela del diritto nazionale della concorrenza e del diritto dell'Unione, è essenziale pertanto che le ANC abbiano le stesse garanzie di indipendenza, le stesse risorse e gli stessi poteri di indagine e sanzionatori necessari per garantire che non si giunga a un risultato diverso. Inoltre, il fatto di conferire alle ANC il potere di acquisire tutte le informazioni relative all'impresa oggetto dell'indagine, anche in formato digitale, su qualsiasi forma di supporto influenzerebbe altresì la portata dei poteri delle ANC quando, nelle fasi iniziali del loro procedimento, adottano le misure di indagine pertinenti in base al diritto nazionale della concorrenza applicato parallelamente agli articoli 101 e 102 TFUE. L'attribuzione alle ANC di poteri ispettivi di portata diversa a seconda che, in definitiva, esse applichino solo il diritto nazionale della concorrenza oppure, parallelamente, anche gli articoli 101 e 102 TFUE, comprometterebbe l'efficacia dell'applicazione del diritto della concorrenza nel mercato interno. Di conseguenza, è opportuno che l'ambito di applicazione della direttiva riguardi sia l'applicazione autonoma degli articoli 101 e 102 TFUE sia l'applicazione parallela del diritto nazionale della concorrenza allo stesso caso. Per quanto riguarda la tutela delle dichiarazioni legate a un programma di trattamento favorevole e delle proposte di transazione, la presente direttiva dovrebbe riguardare anche l'applicazione autonoma del diritto nazionale della concorrenza.

(5) La legislazione nazionale impedisce a molte ANC di disporre delle garanzie di indipendenza, delle risorse e dei poteri di indagine e sanzionatori che risultano necessari per applicare efficacemente le norme dell'Unione in materia di concorrenza. Ciò compromette la capacità delle ANC di applicare efficacemente gli articoli 101 e 102 TFUE e il diritto nazionale della concorrenza parallelamente agli articoli 101 e 102 TFUE. Per esempio, ai sensi del diritto nazionale, molte ANC non hanno strumenti efficaci per rinvenire le prove di infrazioni degli articoli 101 e 102 TFUE o per irrogare ammende alle imprese che violano la legge, oppure non dispongono di risorse umane e finanziarie adeguate né dell'indipendenza operativa necessarie per applicare efficacemente gli articoli in questione. Ciò può far sì che le ANC rinuncino a intervenire del tutto o limitino il proprio ambito di intervento. La mancanza delle garanzie di indipendenza, delle risorse e dei poteri di indagine e sanzionatori perché molte ANC siano in grado di applicare efficacemente gli articoli 101 e 102 TFUE fa sì che le imprese che adottano pratiche anticoncorrenziali siano esposte a esiti procedimentali differenti a seconda dello Stato membro in cui operano. Esse potrebbero non essere soggette all'applicazione dell'articolo 101 o 102 TFUE o essere soggette soltanto a un'applicazione inefficace. Per esempio, in alcuni Stati membri le imprese possono sottrarsi alla responsabilità per le ammende semplicemente operando una ristrutturazione.

(6) L'applicazione non uniforme degli articoli 101 e 102 TFUE, applicati tanto autonomamente, quanto parallelamente al diritto nazionale della concorrenza compromette le possibilità di eliminare gli ostacoli all'ingresso sul mercato e di creare mercati concorrenziali più equi in tutta l'Unione, in cui le imprese possano competere in base ai loro meriti. Le imprese e i consumatori sono penalizzati soprattutto in quegli Stati membri in cui le ANC sono meno attrezzate per applicare le norme in modo efficace. Le imprese non possono competere sulla base dei propri meriti se vi è la possibilità che le pratiche anticoncorrenziali non siano perseguite, per esempio perché non si possono raccogliere le prove delle pratiche anticoncorrenziali o perché le imprese sono in grado di sottrarsi alla responsabilità per le ammende. Le imprese sono pertanto disincentivate a entrare su tali mercati, a esercitarvi il loro diritto di stabilimento e a fornire beni e servizi. Negli Stati membri in cui l'applicazione è meno intensa, i consumatori perdono i vantaggi di un'efficace applicazione delle norme in materia di concorrenza. L'applicazione disomogenea degli articoli 101 e 102 TFUE, applicati tanto autonomamente quanto parallelamente al diritto nazionale della concorrenza, in tutta l'Unione determina pertanto distorsioni della concorrenza nel mercato interno e ne compromette il corretto funzionamento.

(7) Le lacune e le limitazioni degli strumenti e delle garanzie di cui dispongono le ANC minano il sistema di competenze parallele per l'applicazione degli articoli 101 e 102 TFUE, che è concepito per funzionare come un insieme coeso basato sulla stretta cooperazione all'interno della rete europea della concorrenza. Tale sistema dipende dalla capacità delle autorità di fare affidamento le une sulle altre per svolgere misure di indagine le une per conto delle altre onde promuovere la cooperazione e l'assistenza reciproca tra gli Stati membri. Non può tuttavia funzionare correttamente se alcune ANC non dispongono ancora di adeguati strumenti di indagine. Per quanto riguarda altri aspetti fondamentali, le ANC non sono in grado di prestarsi assistenza reciproca. Per esempio, nella maggior parte degli Stati membri, le imprese che operano a livello transfrontaliero riescono a eludere il pagamento delle ammende per il semplice fatto di non essere giuridicamente presenti in alcuni dei territori degli Stati membri in cui sono attive, il che riduce gli incentivi a rispettare gli articoli 101 e 102 TFUE. La conseguente applicazione inefficace distorce la concorrenza per le imprese che rispettano la legge e compromette la fiducia dei consumatori nel mercato interno, in particolare nell'ambiente digitale.

(8) Al fine di garantire uno spazio veramente comune di applicazione nell'Unione delle norme in materia di concorrenza che offra maggiore parità di condizioni alle imprese operanti nel mercato interno e riduca le disparità di condizioni per i consumatori, è necessario introdurre garanzie fondamentali di indipendenza e adeguate risorse finanziarie, umane, tecniche e tecnologiche nonché poteri minimi di indagine e sanzionatori quando si applicano gli articoli 101 e 102 TFUE e il diritto nazionale della concorrenza parallelamente a tali articoli, in modo che le autorità amministrative nazionali garanti della concorrenza possano essere pienamente efficaci.

(9) È opportuno fondare la presente direttiva sulla duplice base giuridica degli articoli 103 e 114 TFUE. La presente direttiva riguarda infatti non solo l'applicazione degli articoli 101 e 102 TFUE e del diritto nazionale della concorrenza parallela a tali articoli, ma anche le lacune e le limitazioni negli strumenti e nelle garanzie di cui dispongono le ANC per l'applicazione degli articoli 101 e 102 TFUE, le quali incidono negativamente sia sulla concorrenza che sul corretto funzionamento del mercato interno.

(10) L'introduzione di garanzie fondamentali per far sì che le ANC applichino in modo uniforme ed efficace gli articoli 101 e 102 TFUE non dovrebbe pregiudicare la facoltà degli Stati membri di mantenere in vigore o di introdurre garanzie di indipendenza e risorse più ampie per le autorità amministrative nazionali garanti della concorrenza e norme più dettagliate sui poteri di indagine e sanzionatori delle ANC. In particolare, gli Stati membri dovrebbero essere in grado di conferire alle ANC poteri supplementari oltre a quelli fondamentali di cui alla presente direttiva, al fine di migliorare la loro efficacia, come il potere di irrogare ammende a persone fisiche o in via eccezionale il potere di svolgere accertamenti ispettivi con il consenso di coloro che vi sono soggetti.

(11) Sono invece necessarie norme dettagliate per quanto riguarda le condizioni per la concessione del trattamento favorevole nei casi di cartelli segreti. Le imprese forniranno informazioni sui cartelli segreti ai quali hanno partecipato solo se dispongono di sufficiente certezza giuridica circa la possibilità di beneficiare dell'immunità dalle ammende. Le marcate differenze tra i programmi di trattamento favorevole negli Stati membri provocano incertezza giuridica per i potenziali richiedenti. Questo può disincentivare tali soggetti dal richiedere il trattamento favorevole. Se gli Stati membri avessero la possibilità di attuare o applicare norme più chiare e armonizzate sul trattamento favorevole nell'ambito di applicazione della presente direttiva, tale possibilità non solo contribuirebbe all'obiettivo di mantenere gli incentivi per i richiedenti a rivelare l'esistenza di cartelli segreti, al fine di rendere l'applicazione delle norme di concorrenza nell'Unione quanto più efficace possibile, ma garantirebbe anche parità di condizioni per le imprese operanti nel mercato interno. Ciò non dovrebbe impedire agli Stati membri di applicare programmi di trattamento favorevole che riguardano non soltanto i cartelli segreti, ma anche altre infrazioni dell'articolo 101 TFUE e di disposizioni equivalenti del diritto nazionale della concorrenza, o di accettare domande di trattamento favorevole da parte di persone fisiche che agiscono a proprio nome. La presente direttiva dovrebbe lasciare inoltre impregiudicati i programmi di trattamento favorevole che prevedono esclusivamente l'immunità da sanzioni nel quadro di procedimenti giudiziari penali per l'applicazione dell'articolo 101 TFUE.

(12) La presente direttiva non dovrebbe applicarsi alle legislazioni nazionali nella misura in cui queste prevedono l'imposizione di sanzioni penali alle persone fisiche, a eccezione delle norme che disciplinano l'interazione tra i programmi di trattamento favorevole e l'imposizione di sanzioni nei confronti delle persone fisiche. Non dovrebbe applicarsi inoltre alle legislazioni nazionali che prevedono l'irrogazione di sanzioni amministrative nei confronti delle persone fisiche che non operano come soggetti economici indipendenti su un mercato.

(13) A norma dell'articolo 35 del regolamento (CE) n. 1/2003, gli Stati membri possono demandare l'applicazione degli articoli 101 e 102 TFUE esclusivamente a un'autorità amministrativa, come è il caso nella maggior parte delle giurisdizioni, o possono demandarla sia alle autorità giudiziarie che a quelle amministrative. Nel caso in questione l'autorità amministrativa è almeno il principale responsabile dello svolgimento delle indagini, mentre all'autorità giudiziaria è demandato solitamente il potere di adottare decisioni che irrogano ammende ed eventualmente il potere di adottare altre decisioni, come constatare un'infrazione degli articoli 101 e 102 TFUE.

L'esercizio dei poteri conferiti dalla presente direttiva alle ANC, compresi i poteri di indagine, dovrebbe essere soggetto a garanzie adeguate che soddisfino almeno i principi generali del diritto dell'Unione e la Carta dei diritti fondamentali dell'Unione europea, conformemente alla giurisprudenza della Corte di giustizia dell'Unione europea, in particolare nell'ambito di procedimenti che potrebbero dar luogo all'irrogazione di sanzioni. Tali garanzie comprendono il diritto a una buona amministrazione e il rispetto dei diritti di difesa delle imprese, di cui una componente essenziale è il diritto di essere sentiti. In particolare, le ANC dovrebbero informare le parti oggetto dell'indagine in merito agli addebiti mossi nei loro confronti a norma dell'articolo 101 o 102 TFUE sotto forma di una comunicazione degli addebiti o di una misura simile prima di adottare una decisione che constata un'infrazione e le stesse parti dovrebbero avere la possibilità di far conoscere in modo efficace il loro punto di vista su tali addebiti prima dell'adozione di una tale decisione. Le parti alle quali sono stati comunicati addebiti riguardo a una presunta infrazione dell'articolo 101 o 102 TFUE dovrebbero avere il diritto di accedere al relativo fascicolo delle ANC, per poter esercitare efficacemente il proprio diritto di difesa. Il diritto di accedere al fascicolo non dovrebbe pregiudicare il legittimo interesse delle imprese alla tutela dei propri segreti aziendali e non dovrebbe estendersi alle informazioni riservate né ai documenti interni della Commissione e delle ANC e alla corrispondenza tra di loro. Inoltre, per le decisioni delle ANC, in particolare le decisioni che constatano un'infrazione dell'articolo 101 o 102 TFUE e impongono rimedi o ammende, i destinatari dovrebbero avere diritto a un ricorso effettivo dinanzi a un giudice, conformemente all'articolo 47 della Carta dei diritti fondamentali dell'Unione europea. Tali decisioni dovrebbero essere motivate in modo da consentire ai destinatari di tali decisioni di conoscere le ragioni della decisione e di esercitare il loro diritto a un ricorso effettivo. Oltre a ciò, conformemente al diritto a una buona amministrazione, gli Stati membri dovrebbero garantire che, nell'applicare gli articoli 101 e 102 TFUE, le ANC svolgano i procedimenti entro tempi ragionevoli, tenendo conto delle specificità di ciascun caso. Tali garanzie dovrebbero essere concepite in modo da trovare il giusto equilibrio tra il rispetto dei diritti fondamentali delle imprese e l'obbligo di garantire l'applicazione efficace degli articoli 101 e 102 TFUE.

(15) Lo scambio di informazioni tra le ANC e l'uso di tali informazioni come mezzo di prova per l'applicazione dell'articolo 101 o 102 TFUE dovrebbero svolgersi a norma dell'articolo 12 del regolamento (CE) n. 1/2003.

(16) Il conferimento di poteri alle autorità amministrative nazionali garanti della concorrenza per l'applicazione degli articoli 101 e 102 TFUE in modo imparziale e nell'interesse comune di un'efficace applicazione delle norme dell'Unione in materia di concorrenza costituisce un elemento essenziale verso l'applicazione efficace e uniforme di tali norme.

(17) È opportuno rafforzare l'indipendenza operativa delle autorità amministrative nazionali garanti della concorrenza per garantire l'applicazione efficace e uniforme degli articoli 101 e 102 TFUE. A tal fine, è opportuno prevedere nella normativa nazionale una disposizione esplicita per garantire che, quando applicano gli articoli 101 e 102 TFUE, le autorità amministrative nazionali garanti della concorrenza siano protette da qualsiasi intervento o pressione politica esterni che sia tale da comprometterne l'imparzialità nella valutazione delle questioni loro sottoposte. A tal fine, è opportuno stabilire preventivamente nel diritto nazionale i motivi riguardanti la rimozione dall'autorità amministrativa nazionale garante della concorrenza di quelle persone che adottano decisioni esercitando i poteri di cui agli articoli 10, 11, 12, 13 e 16 della presente direttiva, in modo da dissipare ogni ragionevole dubbio circa la loro imparzialità e la loro impermeabilità ai fattori esterni. Analogamente, dovrebbero essere fissate preventivamente nel diritto nazionale norme e procedure chiare e trasparenti per la selezione, l'assunzione o la nomina di tali persone. Inoltre, per garantire l'imparzialità delle autorità amministrative nazionali garanti della concorrenza, le ammende che esse irrogano per le infrazioni degli articoli 101 e 102 TFUE non dovrebbero essere utilizzate per finanziare direttamente tali autorità.

(18) Per garantire l'indipendenza operativa delle autorità amministrative nazionali garanti della concorrenza, i loro vertici, il personale e coloro che adottano le decisioni dovrebbero agire con integrità e astenersi da qualsiasi azione incompatibile con lo svolgimento dei loro compiti. Per evitare che le valutazioni indipendenti da parte dei vertici, del personale e di coloro che adottano le decisioni siano messe a rischio, essi dovrebbero astenersi da qualsiasi attività incompatibile, remunerata o meno, per la durata del loro contratto o mandato e per un ragionevole periodo di tempo successivo.

(19) Questo significa che per la durata del loro contratto o mandato, il personale e coloro che adottano le decisioni non dovrebbero potersi occupare di procedimenti relativi all'applicazione dell'articolo 101 o 102 TFUE a cui hanno partecipato o che riguardano direttamente imprese o associazioni di imprese presso cui sono stati impiegati o altrimenti impegnati professionalmente, se ciò rischia di compromettere la loro imparzialità in un caso specifico. Analogamente, il personale e coloro che adottano le decisioni, nonché i loro parenti stretti, non dovrebbero detenere interessi in imprese o organizzazioni oggetto di un procedimento relativo all'applicazione dell'articolo 101 o 102 TFUE al quale partecipano, se ciò rischia di compromettere la loro imparzialità in un caso specifico. Per valutare se la loro imparzialità potrebbe essere compromessa, si dovrebbe, in un caso specifico, tenere conto della natura e dell'importanza dell'interesse della persona interessata e del suo livello di coinvolgimento o partecipazione. Qualora sia necessario per garantire l'imparzialità dell'indagine e del processo decisionale, l'individuo interessato dovrebbe essere tenuto ad astenersi dal trattare il caso specifico.

(20) Ciò significa anche che, per un lasso di tempo ragionevole dopo aver cessato le proprie funzioni presso l'autorità amministrativa nazionale garante della concorrenza, gli ex membri del personale o coloro che hanno adottato decisioni non dovrebbero, quando esercitano un'attività collegata al procedimento riguardante l'applicazione dell'articolo 101 o 102 TFUE di cui si occupavano durante il loro contratto o mandato, essere coinvolti nello stesso caso nell'ambito dello svolgimento della loro nuova attività.

La durata di tale periodo potrebbe essere determinata tenendo conto della natura della nuova attività delle persone interessate nonché del livello del loro coinvolgimento e della loro responsabilità nello stesso procedimento durante il loro contratto o mandato presso l'autorità amministrativa nazionale garante della concorrenza.

(21) Ciascuna autorità amministrativa nazionale garante della concorrenza dovrebbe pubblicare un codice di condotta che, fatta salva l'applicazione di norme nazionali più severe, includa norme in materia di conflitti di interessi.

(22) L'indipendenza operativa delle autorità amministrative nazionali garanti della concorrenza non dovrebbe ostare all'esercizio del sindacato giurisdizionale né alla vigilanza parlamentare ai sensi del diritto nazionale. Dovrebbero contribuire a garantire la credibilità e la legittimità delle azioni delle autorità amministrative nazionali garanti della concorrenza anche obblighi di responsabilità. Tra gli obblighi di responsabilità proporzionati figura la pubblicazione da parte delle autorità amministrative nazionali garanti della concorrenza di relazioni periodiche sulle loro attività indirizzate a un organo parlamentare o governativo. Le autorità amministrative nazionali garanti della concorrenza potrebbero anche essere soggette al controllo o alla sorveglianza delle loro spese finanziarie, purché ciò non pregiudichi la loro indipendenza.

(23) Le autorità amministrative nazionali garanti della concorrenza dovrebbero essere in grado di organizzare l'ordine di priorità dei loro procedimenti ai fini dell'applicazione degli articoli 101 e 102 TFUE in modo tale da garantire l'uso efficace delle loro risorse e per potersi concentrare sulla prevenzione e sulla cessazione delle condotte anticoncorrenziali che distorcono la concorrenza nel mercato interno. A tal fine, dovrebbero poter respingere le denunce a motivo del fatto che non costituiscono una priorità, con l'eccezione, se del

caso, di quelle presentate dalle autorità pubbliche che hanno competenza concorrente a un'autorità amministrativa nazionale garante della concorrenza per l'applicazione degli articoli 101 e 102 TFUE e del diritto nazionale della concorrenza. Ciò non dovrebbe pregiudicare la facoltà delle autorità amministrative nazionali garanti della concorrenza di respingere le denunce per altri motivi, come per esempio l'incompetenza, o di decidere che non hanno motivo di intervenire. Nei casi di denunce depositate formalmente, tali reiezioni dovrebbero poter formare oggetto di un ricorso effettivo ai sensi del diritto nazionale. Il potere delle autorità amministrative nazionali garanti della concorrenza di organizzare l'ordine di priorità dei loro procedimenti istruttori non pregiudica il diritto di un governo di uno Stato membro di comunicare alle autorità amministrative nazionali garanti della concorrenza norme di indirizzo generale o orientamenti sulle priorità che non riguardino indagini settoriali o procedimenti specifici di applicazione degli articoli 101 e 102 TFUE.

(24) Le ANC dovrebbero disporre di risorse sufficienti in termini di personale qualificato in grado di svolgere valutazioni giuridiche ed economiche competenti, mezzi finanziari, competenze e attrezzature tecniche e tecnologiche, compresi adeguati strumenti di tecnologia dell'informazione, tali da garantire che siano in grado di svolgere efficacemente i loro compiti quando applicano gli articoli 101 e 102 TFUE. Nel caso in cui i compiti e le competenze delle ANC conferiti loro in forza del diritto nazionale siano ampliati, gli Stati membri dovrebbero provvedere affinché le ANC dispongano di sufficienti risorse per svolgere tali funzioni.

(25) L'indipendenza delle ANC dovrebbe essere rafforzata consentendo loro di decidere in autonomia dell'utilizzo della dotazione di bilancio ai fini dello svolgimento dei compiti loro affidati, fatte salve le norme e le procedure di bilancio nazionali.

(26) Per garantire che le autorità amministrative nazionali garanti della concorrenza dispongano delle risorse necessarie per svolgere i loro compiti, potrebbero essere presi in considerazione diversi mezzi di finanziamento, come il finanziamento proveniente da fonti alternative, diverse dal bilancio dello Stato.

(27) Per garantire un efficace monitoraggio dell'attuazione della presente direttiva, gli Stati membri dovrebbero assicurare che le autorità nazionali garanti della concorrenza presentino a un organo governativo o parlamentare relazioni periodiche sulle loro attività e sulle loro risorse. Tali relazioni dovrebbero includere informazioni sulla nomina e sulla rimozione dall'incarico dei membri dell'organo decisionale, sull'importo delle risorse assegnate nel corso dell'esercizio in questione e su qualsiasi variazione di tale importo rispetto agli esercizi precedenti. Tali relazioni dovrebbero essere messe a disposizione del pubblico.

(28) Le ANC hanno bisogno di una serie minima di poteri investigativi e decisionali comuni per essere in grado di applicare efficacemente gli articoli 101 e 102 TFUE.

(29) È opportuno che le autorità amministrative nazionali garanti della concorrenza abbiano efficaci poteri di indagine per individuare accordi, decisioni o pratiche concordate vietati dall'articolo 101 TFUE o qualsiasi abuso di posizione dominante vietato dall'articolo 102 TFUE in qualsiasi fase del procedimento dinanzi a tali autorità. Le autorità amministrative nazionali garanti della concorrenza dovrebbero essere in grado di esercitare detti poteri nei confronti delle imprese e delle associazioni di imprese oggetto di un procedimento riguardante l'applicazione degli articoli 101 e 102 TFUE, nonché degli altri operatori del mercato che possano essere in possesso di informazioni rilevanti ai fini di tale procedimento. Il conferimento di tali efficaci poteri di indagine alle autorità amministrative nazionali garanti della concorrenza dovrebbe garantire che esse siano tutte in grado di assistersi reciprocamente in modo efficace quando viene loro richiesto di effettuare un accertamento ispettivo o qualsiasi altro tipo di misura di indagine sul proprio territorio a nome e per conto di un'altra ANC a norma dell'articolo 22 del regolamento (CE) n. 1/2003.

(30) È opportuno che i poteri d'indagine delle autorità amministrative nazionali garanti della concorrenza siano adeguati per rispondere alle difficoltà di applicazione legate all'ambiente digitale ed è opportuno che essi consentano alle ANC di acquisire tutte le informazioni relative all'impresa o associazione di imprese oggetto dell'indagine in formato digitale, compresi i dati ottenuti con mezzi forensi, su qualsiasi forma di supporto, per esempio computer portatili, telefoni cellulari, altri dispositivi mobili o archiviazione sul cloud.

(31) Le autorità amministrative nazionali garanti della concorrenza dovrebbero poter effettuare tutti i necessari accertamenti ispettivi nei locali delle imprese e delle associazioni di imprese qualora, in linea con la giurisprudenza della Corte di giustizia dell'Unione europea, possano dimostrare che vi sono ragionevoli motivi per sospettare un'infrazione dell'articolo 101 o 102 TFUE. La presente direttiva non dovrebbe ostare a che gli Stati membri esigano l'autorizzazione preventiva di un'autorità giudiziaria nazionale per tali accertamenti ispettivi.

(32) Per essere efficace, il potere delle autorità amministrative nazionali garanti della concorrenza di effettuare accertamenti ispettivi dovrebbe consentire loro di accedere alle informazioni accessibili all'impresa o all'associazione di imprese o alla persona oggetto dell'accertamento ispettivo e relative all'impresa o all'associazione di imprese sottoposta a indagine. Questo dovrebbe includere necessariamente il potere di ricercare documenti, fascicoli o dati su dispositivi che non sono preventivamente definiti in maniera precisa. Senza tale potere sarebbe impossibile ottenere le informazioni necessarie per l'indagine se le imprese o le associazioni di imprese adottano un atteggiamento ostruzionistico o rifiutano di collaborare. Il potere di controllare libri o documenti dovrebbe includere tutte le forme di corrispondenza, compresi i messaggi elettronici, indipendentemente dal fatto che appaiano non letti o siano stati cancellati.

(33) Per evitare per quanto possibile che gli accertamenti ispettivi si protraggano inutilmente, le autorità amministrative nazionali garanti della concorrenza

dovrebbero avere il potere di continuare a effettuare la ricerca e selezionare copie o estratti di libri e documenti contabili connessi all'attività dell'impresa o dell'associazione di imprese oggetto di accertamento ispettivo nei propri locali o in altri locali a tal fine designati. Tali ricerche dovrebbero garantire che i diritti di difesa delle imprese siano costantemente e debitamente rispettati.

(34) L'esperienza dimostra che i documenti riguardanti l'impresa possono essere conservati presso il domicilio dei dirigenti, degli amministratori e di altri membri del personale delle imprese o delle associazioni di imprese, in particolare a causa dell'uso sempre più diffuso delle modalità di lavoro flessibili. Al fine di garantire che gli accertamenti ispettivi siano efficaci, le autorità amministrative nazionali garanti della concorrenza dovrebbero poter accedere a tutti i locali, comprese le abitazioni private, se possono dimostrare che vi sia il ragionevole sospetto che in tali locali siano conservati documenti riguardanti l'impresa che possono essere rilevanti per provare un'infrazione dell'articolo 101 o 102 TFUE. L'esercizio del suddetto potere dovrebbe essere soggetto all'ottenimento, da parte dall'autorità amministrativa nazionale garante della concorrenza, dell'autorizzazione preventiva di un'autorità giudiziaria nazionale, che in taluni ordinamenti giuridici nazionali può includere un pubblico ministero. Ciò non dovrebbe impedire agli Stati membri, in casi di estrema urgenza, di affidare i compiti di un'autorità giudiziaria nazionale a un'autorità amministrativa nazionale garante della concorrenza che funge da autorità giudiziaria o, in via eccezionale, di consentire che tali accertamenti ispettivi siano svolti con il consenso di coloro che vi sono soggetti. Lo svolgimento di tali accertamenti potrebbe essere affidato da un'autorità amministrativa nazionale garante della concorrenza alla polizia o a un'autorità equivalente, a condizione che l'accertamento ispettivo sia effettuato alla presenza dell'autorità amministrativa nazionale garante della concorrenza. Ciò dovrebbe lasciare impregiudicato il diritto dell'autorità amministrativa nazionale garante della concorrenza di svolgere l'accertamento ispettivo essa stessa e ottenere la necessaria assistenza da parte della polizia o di un'autorità equivalente, anche in via cautelativa, al fine di sormontare l'eventuale opposizione da parte di coloro che sono oggetto dell'accertamento ispettivo.

(35) Le ANC dovrebbero disporre di poteri effettivi per imporre alle imprese o alle associazioni di imprese di fornire le informazioni necessarie per individuare le infrazioni degli articoli 101 e 102 TFUE. A tal fine, le ANC dovrebbero poter esigere la comunicazione di informazioni che possano consentire loro di indagare sulle presunte infrazioni. Ciò dovrebbe includere il diritto di richiedere informazioni in qualsiasi formato digitale, compresi messaggi di posta elettronica e messaggistica istantanea, indipendentemente dal luogo in cui sono conservate, inclusi cloud e server, a condizione che siano accessibili all'impresa o all'associazione di imprese che è la destinataria della richiesta di informazioni. Tale diritto non dovrebbe gravare l'impresa o l'associazione di imprese di un obbligo sproporzionato rispetto alle esigenze dell'indagine. Per esempio, non dovrebbe comportare costi o sforzi eccessivi per l'impresa o l'associazione di imprese. Fermo restando che il diritto di richiedere informazioni è fondamentale per individuare le infrazioni, tali richieste dovrebbero essere commisurate alla finalità perseguita. Dette richieste non dovrebbero costringere un'impresa o un'associazione di imprese ad ammettere che ha commesso un'infrazione, poiché l'onere della prova incombe alle ANC. Ciò dovrebbe lasciare impregiudicati gli obblighi delle imprese o delle associazioni di imprese di rispondere a quesiti concreti e fornire documenti. Analogamente le ANC dovrebbero disporre di strumenti efficaci per chiedere a qualsiasi persona fisica o giuridica di fornire informazioni che possano essere pertinenti ai fini dell'applicazione degli articoli 101 e 102 TFUE. Gli Stati membri dovrebbero avere la libertà di prevedere norme procedurali riguardanti tali richieste di informazioni, come la forma giuridica che assumono, a condizione che tali norme consentano l'uso efficace di tale strumento. L'esperienza dimostra anche che le informazioni fornite su base volontaria in risposta a richieste di informazioni non obbligatorie possono costituire una preziosa fonte di informazioni per un'applicazione informata e rigorosa. Analogamente, le informazioni fornite da terzi, quali concorrenti, clienti e consumatori sul mercato, di loro iniziativa possono contribuire all'applicazione efficace, una prassi che le ANC dovrebbero incoraggiare.

(36) L'esperienza dimostra che il potere di svolgere audizioni è un utile strumento per raccogliere prove e aiutare le autorità garanti della concorrenza a valutare la portata delle prove già raccolte. Le ANC dovrebbero disporre di mezzi efficaci per convocare in audizione qualsiasi rappresentante di un'impresa o associazione di imprese, qualsiasi rappresentante di altre persone giuridiche e qualsiasi persona fisica che possa essere in possesso di informazioni pertinenti ai fini dell'applicazione degli articoli 101 e 102 TFUE. Gli Stati membri dovrebbero avere la libertà di prevedere norme che disciplinano lo svolgimento di tali audizioni, a condizione che tali norme consentano l'uso efficace di questo strumento.

(37) È indispensabile per le ANC poter esigere che le imprese e le associazioni di imprese pongano fine alle infrazioni dell'articolo 101 o 102 TFUE, anche quando l'infrazione continua dopo che le ANC hanno formalmente avviato il procedimento. Inoltre le ANC dovrebbero disporre di mezzi efficaci per ripristinare la concorrenza sul mercato attraverso l'imposizione di rimedi strutturali e comportamentali commisurati all'infrazione commessa e necessari per far cessare l'infrazione stessa. Il principio di proporzionalità impone che, al momento di scegliere tra due rimedi ugualmente efficaci, le ANC dovrebbero scegliere il rimedio meno oneroso per l'impresa. I rimedi strutturali, come gli obblighi di cedere una partecipazione azionaria in un concorrente o di liberarsi di un'unità operativa, hanno ripercussioni sul patrimonio di un'impresa e si può presumere siano più onerosi per quest'ultima dei rimedi comportamentali. Tuttavia, questo non dovrebbe precludere alle ANC di ritenere, in un caso specifico, che le circostanze di una particolare infrazione giustifichino l'imposizione di un rimedio strutturale, poiché

sarebbe più efficace per porre fine all'infrazione rispetto a un rimedio comportamentale.

(38) Le misure cautelari possono essere uno strumento importante per garantire che, mentre è in corso un'indagine, l'infrazione oggetto dell'indagine non danneggi in modo grave e irreparabile la concorrenza. Tale strumento è importante per evitare sviluppi del mercato che potrebbe essere molto difficile invertire mediante una decisione adottata dall'ANC al termine del procedimento. Le ANC dovrebbero pertanto avere il potere di adottare misure cautelari tramite decisione. Tale facoltà dovrebbe applicarsi almeno nei casi in cui una ANC abbia constatato prima facie la sussistenza di un'infrazione dell'articolo 101 o 102 TFUE e in cui vi sia un rischio di danno grave e irreparabile per la concorrenza. Gli Stati membri sono liberi di attribuire alle ANC poteri più estesi per permettere loro adottare misure cautelari. La decisione che dispone le misure cautelari dovrebbe essere valida solo per un determinato periodo di tempo, o fino alla conclusione del procedimento da parte di una ANC o per un periodo di tempo stabilito, rinnovabile se necessario e opportuno. Gli Stati membri dovrebbero garantire che la legittimità, inclusa la proporzionalità, di tali misure possa essere riesaminata con procedure accelerate di impugnazione o con altre procedure che prevedono ugualmente il controllo giurisdizionale accelerato. Inoltre, gli Stati membri dovrebbero creare le condizioni necessarie per garantire che le ANC possano ricorrere, nella pratica, alle misure cautelari. È necessario in particolare consentire a tutte le autorità garanti della concorrenza di far fronte alle trasformazioni di mercati in rapida evoluzione e pertanto di riflettere nell'ambito della rete europea della concorrenza sull'uso delle misure cautelari e di tenere conto di tale esperienza nell'elaborazione di qualsiasi misura non vincolante pertinente o nel futuro riesame della presente direttiva.

(39) Qualora, nel corso di un procedimento che potrebbe portare a vietare un accordo o una pratica concordata, le imprese o associazioni di imprese propongano alle ANC impegni tali da rispondere alle loro preoccupazioni, tali ANC dovrebbero essere in grado di adottare decisioni che rendano detti impegni obbligatori ed esecutivi nei confronti delle imprese o associazioni di imprese interessate. In linea di principio, tali decisioni con impegni non sono adeguate nel caso di cartelli segreti, rispetto ai quali le ANC dovrebbero irrogare ammende. Le decisioni con impegni dovrebbero accertare che l'intervento delle ANC non è più giustificato senza giungere alla conclusione dell'eventuale sussistere di un'infrazione dell'articolo 101 o 102 TFUE. Le ANC dovrebbero poter decidere discrezionalmente se accettare gli impegni. Le decisioni con impegni non pregiudicano la facoltà delle autorità garanti della concorrenza e delle giurisdizioni nazionali di procedere a detto accertamento dell'infrazione e di adottare una decisione. Inoltre, i mezzi che consentono di controllare efficacemente l'osservanza degli impegni da parte delle imprese o delle associazioni di imprese e di imporre sanzioni nei casi di inottemperanza si sono dimostrati validi strumenti per le autorità garanti della concorrenza. Le ANC dovrebbero disporre di mezzi efficaci per riaprire il procedimento, se intervengono modifiche determinanti rispetto a uno qualsiasi degli elementi su cui era fondata una decisione con impegni, se un'impresa o un'associazione di imprese ha agito in contrasto con i suoi impegni, o se la decisione con impegni era basata su informazioni incomplete, inesatte o fuorvianti fornite dalle parti.

(40) Al fine di garantire l'applicazione efficace e uniforme degli articoli 101 e 102 TFUE, le autorità amministrative nazionali garanti della concorrenza dovrebbero avere il potere di irrogare ammende efficaci, proporzionate e dissuasive alle imprese e alle associazioni di imprese per le infrazioni dell'articolo 101 o 102 TFUE, direttamente nell'ambito di un proprio procedimento, in particolare di un procedimento amministrativo, a condizione che tale procedimento consenta l'irrogazione diretta di ammende efficaci, proporzionate e dissuasive, oppure chiedendo l'irrogazione delle ammende in un procedimento giudiziario non penale. Ciò lascia impregiudicate le legislazioni nazionali che prevedono l'imposizione di sanzioni alle imprese e alle associazioni di imprese da parte dei giudici in procedimenti penali per le infrazioni degli articoli 101 e 102 TFUE, qualora l'infrazione costituisca un illecito penale ai sensi del diritto nazionale e a condizione che non incida sull'applicazione efficace e uniforme degli articoli 101 e 102 TFUE.

(41) Al fine di garantire che le imprese e le associazioni di imprese abbiano incentivi a rispettare le misure investigative e le decisioni delle ANC, le autorità amministrative nazionali garanti della concorrenza dovrebbero essere in grado di irrogare ammende efficaci in caso di inosservanza delle misure e decisioni di cui agli articoli 6, 8, 9, 10, 11 e 12, direttamente nell'ambito di un proprio procedimento o richiedendo l'irrogazione di ammende in un procedimento giudiziario non penale. Ciò lascia impregiudicato il diritto nazionale che prevede l'irrogazione di tali ammende a imprese e associazioni di imprese da parte delle autorità giudiziarie nei procedimenti penali.

(42) In conformità della Carta dei diritti fondamentali dell'Unione europea, in un procedimento dinanzi ad autorità amministrative nazionali garanti della concorrenza o, a seconda dei casi, in un procedimento giudiziario non penale, le ammende dovrebbero essere irrogate qualora l'infrazione sia stata commessa dolosamente o per colpa. I concetti di dolo e colpa dovrebbero essere interpretati in linea con la giurisprudenza della Corte di giustizia dell'Unione europea in materia di applicazione degli articoli 101 e 102 TFUE e non in linea con i concetti di dolo e colpa nei procedimenti condotti dalle autorità penali in relazione a questioni penali. Ciò lascia impregiudicate le legislazioni nazionali conformemente alle quali l'accertamento di un'infrazione si basa sul criterio di responsabilità oggettiva a condizione che ciò sia compatibile con la giurisprudenza della Corte di giustizia dell'Unione europea. La presente direttiva non incide né sulle norme nazionali relative alla soglia probatoria né sugli obblighi delle ANC di accertamento dei fatti del pertinente caso, purché dette norme e detti obblighi siano compatibili con i principi generali del diritto dell'Unione.

(43) Le ammende dovrebbero essere stabilite in proporzione al fatturato totale, a livello mondiale, delle imprese e delle associazioni di imprese interessate.

(44) Le penalità di mora sono uno strumento fondamentale per garantire che le ANC dispongano di mezzi efficaci per contrastare l'inottemperanza attuale e futura da parte delle imprese e delle associazioni di imprese alle loro misure e decisioni di cui agli articoli 6, 8, 9, 10, 11 e 12. Esse non dovrebbero applicarsi alla constatazione di infrazioni già cessate. Il potere di irrogare le penalità di mora non pregiudica la facoltà delle ANC di punire l'inottemperanza alle misure di cui all'articolo 13, paragrafo 2. Tali penalità di mora dovrebbero essere stabilite in proporzione al fatturato totale giornaliero medio a livello mondiale delle imprese e delle associazioni di imprese interessate.

(45) Ai fini dell'irrogazione di ammende e penalità di mora, il termine « decisione » dovrebbe includere qualsiasi misura che produca effetti giuridici vincolanti sul destinatario e capace di influire sugli interessi di quest'ultimo, modificando distintamente la sua sfera giuridica.

(46) Al fine di garantire l'applicazione efficace e uniforme degli articoli 101 e 102 TFUE, la nozione di « impresa », di cui agli stessi articoli, che dovrebbe essere applicata conformemente alla giurisprudenza della Corte di giustizia dell'Unione europea, fa riferimento a un'unità economica, anche qualora sia costituita da più persone fisiche o giuridiche. Di conseguenza, le ANC dovrebbero poter applicare la nozione di impresa per stabilire la responsabilità di una società controllante e irrogarle un'ammenda per sanzionare il comportamento di una delle sue controllate, qualora la società controllante e la sua controllata rappresentino una sola unità economica. Per evitare che le imprese si sottraggano alla responsabilità ai fini dell'ammenda per le infrazioni degli articoli 101 e 102 TFUE operando cambiamenti di natura giuridica o organizzativa, le ANC dovrebbero potere individuare i successori giuridici o economici dell'impresa responsabile e irrogare loro le ammende per le infrazioni degli articoli 101 e 102 TFUE, conformemente alla giurisprudenza della Corte di giustizia dell'Unione europea.

(47) Al fine di garantire che le ammende irrogate per le infrazioni degli articoli 101 e 102 TFUE rispecchino l'importanza economica dell'infrazione, le ANC dovrebbero prendere in considerazione la gravità dell'infrazione. È inoltre opportuno che possano fissare ammende proporzionate alla durata dell'infrazione. Tali fattori dovrebbero essere valutati in conformità della pertinente giurisprudenza della Corte di giustizia dell'Unione europea e in maniera da garantire la deterrenza. La gravità dovrebbe essere valutata caso per caso per ciascun tipo di infrazione, tenendo conto di tutte le circostanze rilevanti. I fattori che potrebbero essere presi in considerazione includono la natura dell'infrazione, la quota di mercato aggregata di tutte le imprese interessate, l'estensione geografica dell'infrazione, se sia stata data attuazione o meno alle pratiche illecite, il valore delle vendite di beni e servizi dell'impresa a cui l'infrazione si riferisce direttamente o indirettamente e la dimensione e il potere di mercato dell'impresa interessata. L'esistenza di infrazioni reiterate da parte dello stesso soggetto dimostra la sua propensione a commettere tali infrazioni ed è pertanto un indice molto significativo dell'esigenza di aumentare il livello della sanzione per conseguire un reale effetto dissuasivo. Di conseguenza, le ANC dovrebbero avere la possibilità di aumentare l'ammenda irrogata a un'impresa o a un'associazione di imprese qualora la Commissione o una ANC abbiano previamente adottato una decisione in cui si constata che detta impresa o associazione di imprese ha violato l'articolo 101 o 102 TFUE e che l'impresa o associazione di imprese continua a commettere la stessa infrazione o ne commette una analoga. Ai sensi della direttiva 2014/104/UE del Parlamento europeo e del Consiglio (4), le ANC dovrebbero poter tenere conto dell'eventuale risarcimento versato a seguito di una transazione consensuale. In aggiunta, in circostanze eccezionali, le ANC dovrebbero poter tenere conto della sostenibilità economica dell'impresa interessata.

(48) Poiché, come dimostra l'esperienza, le associazioni di imprese svolgono regolarmente un ruolo nelle infrazioni delle norme di concorrenza, le ANC dovrebbero pertanto poter irrogare loro ammende in modo efficace. Nel valutare la gravità dell'infrazione ai fini della determinazione dell'importo dell'ammenda nell'ambito di un procedimento avviato nei confronti di associazioni di imprese, quando l'infrazione riguarda l'attività dei loro membri, dovrebbe essere possibile considerare la somma delle vendite di beni e servizi a cui l'infrazione si riferisce direttamente o indirettamente, effettuate dalle imprese che sono membri dell'associazione. Quando è irrogata un'ammenda non soltanto all'associazione ma anche ai suoi membri, il fatturato dei membri a cui è imposta l'ammenda non dovrebbe essere preso in considerazione nel calcolo dell'ammenda dell'associazione. Al fine di assicurare la riscossione effettiva delle ammende irrogate ad associazioni di imprese per le infrazioni da esse commesse, è necessario stabilire le condizioni alle quali è a discrezione delle ANC richiedere il pagamento dell'ammenda ai membri dell'associazione nei casi in cui quest'ultima non sia solvibile. In questo contesto, le ANC dovrebbero tener conto della dimensione relativa delle imprese appartenenti all'associazione e, in particolare, della situazione delle piccole e medie imprese. Il pagamento dell'ammenda da parte di uno o più membri di un'associazione non pregiudica le disposizioni del diritto nazionale sul recupero dell'importo pagato da altri membri dell'associazione.

(49) L'effetto dissuasivo delle ammende varia notevolmente da un paese europeo all'altro e in alcuni Stati membri l'importo massimo di ammenda che può essere irrogato è molto basso. Per far sì che le ANC possano irrogare ammende dissuasive, l'importo massimo dell'ammenda che può essere irrogata per ciascuna infrazione dell'articolo 101 o 102 TFUE dovrebbe essere fissato a un livello non inferiore al 10 % del fatturato totale a livello mondiale dell'impresa interessata. Ciò non dovrebbe impedire agli Stati membri di mantenere o introdurre un massimo edittale dell'ammenda più elevato.

(*omissis*)

In un sistema in cui la Commissione e le ANC hanno competenze parallele per l'applicazione degli articoli 101 e 102 TFUE, è necessaria una stretta cooperazione tra le ANC e tra le ANC e la Commissione. In particolare quando una ANC svolge un accertamento ispettivo o un'audizione ai sensi della propria legislazione nazionale per conto di un'altra ANC a norma dell'articolo 22, paragrafo 1, del regolamento (CE) n. 1/2003, si dovrebbero consentire la presenza e l'assistenza dei funzionari dell'autorità richiedente al fine di migliorare l'efficacia di tali accertamenti ispettivi e audizioni, fornendo ulteriori risorse, conoscenze e competenze tecniche. Le ANC dovrebbero anche avere la facoltà di chiedere alle altre ANC di assisterle nell'accertare se le imprese o le associazioni di imprese non hanno osservato le misure di indagine e le decisioni adottate dalle ANC richiedenti.

(69) È opportuno adottare disposizioni atte a consentire alle ANC di chiedere l'assistenza reciproca per la notifica di documenti relativi all'applicazione dell'articolo 101 o 102 TFUE su base transfrontaliera alle parti del procedimento o ad altre imprese, associazioni di imprese o persone fisiche che possano essere i destinatari di tali notifiche. Analogamente, le ANC dovrebbero poter chiedere l'esecuzione delle decisioni che irrogano ammende o penalità di mora da parte delle autorità in altri Stati membri qualora l'autorità richiedente abbia compiuto ragionevoli sforzi per accertare che l'impresa nei cui confronti l'ammenda o la penalità di mora deve essere riscossa non dispone di beni sufficienti nello Stato membro dell'autorità richiedente. Gli Stati membri dovrebbero altresì prevedere in particolare che, qualora l'impresa nei cui confronti l'ammenda o la penalità di mora deve essere riscossa non sia stabilita nello Stato membro dell'autorità richiedente, l'autorità adita possa dare esecuzione alle decisioni adottate dall'autorità richiedente su istanza di quest'ultima. Ciò garantirebbe l'applicazione efficace degli articoli 101 e 102 TFUE e contribuirebbe al corretto funzionamento del mercato interno. Per far sì che le ANC destinino risorse adeguate alle richieste di assistenza reciproca e al fine di incentivare tale assistenza, le autorità adite dovrebbero poter recuperare i costi che sostengono nel fornire assistenza. Tale assistenza reciproca non pregiudica l'applicazione della decisione quadro 2005/214/GAI del Consiglio (5).

(70) Al fine di garantire l'applicazione efficace degli articoli 101 e 102 TFUE da parte delle ANC, è necessario prevedere norme funzionali in materia di termini di prescrizione. In particolare, in un sistema di competenze parallele, è opportuno sospendere o interrompere i termini nazionali di prescrizione per la durata del procedimento dinanzi alle ANC di un altro Stato membro o alla Commissione. Tale sospensione o interruzione non dovrebbe impedire agli Stati membri di mantenere o introdurre termini di prescrizione assoluti, purché la durata di tali limitazioni assolute non renda praticamente impossibile o eccessivamente difficile l'applicazione efficace degli articoli 101 e 102 TFUE.

(71) Al fine di garantire che i casi siano trattati in maniera efficace ed efficiente all'interno della rete europea della concorrenza, negli Stati membri in cui sia un'autorità amministrativa nazionale garante della concorrenza che un'autorità giudiziaria nazionale garante della concorrenza siano designate come ANC allo scopo di applicare gli articoli 101 e 102 TFUE a norma degli articoli 6, 7, 8, 9, 10, 11, 12, 13 e 16 della presente direttiva, le autorità amministrative nazionali garanti della concorrenza dovrebbero poter promuovere l'azione direttamente dinanzi all'autorità giudiziaria nazionale garante della concorrenza. Inoltre, nella misura in cui gli organi giurisdizionali nazionali agiscono nei procedimenti avviati avverso le decisioni adottate dalle ANC che applicano l'articolo 101 o 102 TFUE, le autorità amministrative nazionali garanti della concorrenza dovrebbero essere legittimate a pieno titolo a partecipare in veste di pubblico ministero o parte convenuta in tali procedimenti, e dovrebbero godere degli stessi diritti di tali parti pubbliche nell'ambito del procedimento.

(72) Il rischio che materiale autoincriminante sia divulgato al di fuori dell'ambito dell'indagine per la quale era stato fornito potrebbe indebolire gli incentivi per i potenziali richiedenti il trattamento favorevole a collaborare con le autorità garanti della concorrenza. Di conseguenza, indipendentemente dalla forma in cui sono presentate le dichiarazioni legate a un programma di trattamento favorevole, le informazioni in esse contenute che sono state acquisite accedendo al fascicolo dovrebbero essere usate solo se ciò è necessario per l'esercizio dei diritti di difesa nei procedimenti dinanzi ai giudici nazionali in alcuni casi molto limitati, direttamente collegati al caso in cui è stato concesso l'accesso. Ciò non dovrebbe impedire alle autorità garanti della concorrenza di pubblicare le proprie decisioni conformemente al diritto dell'Unione o nazionale applicabile.

(73) Le prove sono un elemento importante nell'applicazione degli articoli 101 e 102 TFUE. Le ANC dovrebbero poter prendere in considerazione gli elementi probatori pertinenti indipendentemente dal fatto che siano per iscritto, oralmente o in forma elettronica o registrata, compresa la possibilità di considerare le registrazioni effettuate di nascosto da persone fisiche o giuridiche che non sono autorità pubbliche, a condizione che tali registrazioni non siano l'unica fonte di prova. Ciò dovrebbe lasciare impregiudicato il diritto di essere sentiti e fare salva l'ammissibilità di registrazioni fatte o ottenute dalle autorità pubbliche. Analogamente, le ANC dovrebbero essere in grado di considerare elementi probatori pertinenti i messaggi elettronici, indipendentemente dal fatto che tali messaggi appaiano non letti o siano stati cancellati.

(74) Garantire che le ANC abbiano poteri di applicazione più efficace rafforza l'esigenza di una stretta cooperazione e di una comunicazione bilaterale e multilaterale efficace all'interno della rete europea della concorrenza. Ciò dovrebbe includere lo sviluppo di misure non vincolanti per agevolare e sostenere l'attuazione della presente direttiva.

(75) Per sostenere la stretta collaborazione nell'ambito della rete europea della concorrenza, la Commissione dovrebbe mantenere, sviluppare, conservare, gestire e supportare un sistema informativo centrale (sistema della rete europea della concorrenza) nel rispetto delle

pertinenti norme di riservatezza e protezione e sicurezza dei dati. La rete europea della concorrenza si basa sull'interoperabilità per funzionare efficacemente ed efficientemente. Il bilancio generale dell'Unione dovrebbe sostenere i costi di manutenzione, sviluppo, hosting, supporto all'utente e gestione del sistema della rete europea della concorrenza, nonché altri costi amministrativi legati al funzionamento della rete europea della concorrenza, in particolare i costi relativi all'organizzazione delle riunioni. Fino al 2020 è stato previsto che i costi per il sistema della rete europea della concorrenza dovrebbero essere coperti dal programma sulle soluzioni di interoperabilità e sui quadri comuni per le pubbliche amministrazioni europee, le imprese e i cittadini europei (programma ISA2), istituito dalla decisione (UE) 2015/2240 del Parlamento europeo e del Consiglio (6), in base alla disponibilità delle risorse e ai criteri di ammissibilità e di definizione delle priorità del programma.
(*omissis*)

CAPO I
Oggetto, ambito di applicazione e definizioni

1 Oggetto e ambito di applicazione

1. La presente direttiva stabilisce alcune norme per garantire che le autorità nazionali garanti della concorrenza dispongano delle necessarie garanzie di indipendenza, delle risorse e dei poteri di indagine e sanzionatori per poter applicare efficacemente gli articoli 101 e 102 TFUE, in modo che la concorrenza nel mercato interno non sia falsata e che i consumatori e le imprese non siano svantaggiati dalle leggi e dalle misure nazionali che impediscano alle autorità nazionali garanti della concorrenza di applicare le norme con efficacia.

2. La presente direttiva riguarda l'applicazione degli articoli 101 e 102 TFUE e l'applicazione parallela del diritto nazionale della concorrenza allo stesso caso. Per quanto riguarda l'articolo 31, paragrafi 3 e 4, della presente direttiva, quest'ultima ricomprende anche l'applicazione autonoma del diritto nazionale della concorrenza.

3. La presente direttiva stabilisce talune norme efficaci in materia di assistenza reciproca al fine di tutelare il corretto funzionamento del mercato interno e del sistema di stretta cooperazione nell'ambito della rete europea della concorrenza.

2 Definizioni.

1. Ai fini della presente direttiva si applicano le seguenti definizioni:

1) « autorità nazionale garante della concorrenza »: un'autorità designata da uno Stato membro ai sensi dell'articolo 35 del regolamento (CE) n. 1/2003 come responsabile dell'applicazione degli articoli 101 e 102 TFUE; gli Stati membri possono designare uno o più autorità amministrative nazionali garanti della concorrenza (autorità amministrative nazionali garanti della concorrenza), nonché autorità giudiziarie (autorità giudiziarie nazionali garanti della concorrenza);

2) « autorità amministrativa nazionale garante della concorrenza »: un'autorità amministrativa designata da uno Stato membro per svolgere tutte o alcune delle funzioni di un'autorità nazionale della concorrenza;

3) « autorità giudiziaria nazionale garante della concorrenza »: un'autorità giudiziaria designata da uno Stato membro per svolgere tutte o alcune delle funzioni di un'autorità nazionale della concorrenza;

4) « autorità garante della concorrenza »: un'autorità nazionale garante della concorrenza, la Commissione o ambedue, a seconda del contesto;

5) « rete europea della concorrenza »: la rete di pubbliche autorità formata dalle autorità nazionali garanti della concorrenza e dalla Commissione quale sede di discussione e cooperazione in materia di applicazione e di esecuzione degli articoli 101 e 102 TFUE;

6) « diritto nazionale della concorrenza »: le disposizioni del diritto nazionale che perseguono principalmente lo stesso obiettivo degli articoli 101 e 102 TFUE e che sono applicate allo stesso caso e parallelamente al diritto della concorrenza dell'Unione ai sensi dell'articolo 3, paragrafo 1, del regolamento (CE) n. 1/2003, nonché le disposizioni del diritto nazionale che perseguono principalmente lo stesso obiettivo degli articoli 101 e 102 TFUE e che sono applicate autonomamente per quanto riguarda l'articolo 31, paragrafi 3 e 4, della presente direttiva, escluse le disposizioni del diritto nazionale che impongono sanzioni penali a persone fisiche;

7) « giudice nazionale »: una giurisdizione di uno Stato membro ai sensi dell'articolo 267 TFUE;

8) « giudice del ricorso »: un giudice nazionale che ha il potere, in seguito alla proposizione di mezzi di impugnazione ordinari, di rivedere le decisioni emesse da un'autorità nazionale garante della concorrenza o le pronunce giurisdizionali formulate su tali decisioni, indipendentemente dal fatto che tale giudice abbia il potere di constatare un'infrazione del diritto della concorrenza;

9) « procedimento istruttorio »: il procedimento dinanzi a un'autorità garante della concorrenza per l'applicazione dell'articolo 101 o 102 TFUE, fino a quando tale autorità garante della concorrenza non abbia chiuso tale procedimento adottando una decisione ai sensi degli articoli 10, 12 o 13 della presente direttiva nel caso di un'autorità nazionale garante della concorrenza, o adottando una decisione di cui agli articoli 7, 9 o 10 del regolamento (CE) n. 1/2003 nel caso della Commissione, o fin quando l'autorità garante della concorrenza non abbia concluso che non vi sono motivi per ulteriori azioni da parte sua;

10) « impresa »: ai sensi degli articoli 101 e 102 TFUE, qualsiasi entità che esercita un'attività economica, a prescindere dal suo status giuridico e dalle sue modalità di finanziamento;

11) « cartello »: accordo o pratica concordata fra due o più concorrenti, volta a coordinare la loro condotta concorrenziale sul mercato o a influire sui pertinenti parametri di concorrenza mediante pratiche consistenti, tra l'altro, nel fissare o coordinare i prezzi di acquisto o di vendita o di altre condizioni di transazio-

ne, anche in relazione ai diritti di proprietà intellettuale, nell'allocare quote di produzione o di vendita, nel ripartire i mercati e i clienti, tra l'altro mediante manipolazione delle gare d'appalto, le restrizioni delle importazioni o delle esportazioni o azioni anticoncorrenziali dirette contro altre imprese concorrenti;

12)« cartello segreto »: un cartello di cui è celata, in tutto o in parte, l'esistenza;

13) « immunità dalle ammende »: un'esenzione dalle ammende che sarebbero altrimenti irrogate a un'impresa per la sua partecipazione a un cartello segreto, al fine di ricompensarla per la sua collaborazione con un'autorità garante della concorrenza nell'ambito di un programma di trattamento favorevole;

14) « riduzione delle ammende »: una riduzione dell'importo dell'ammenda che sarebbe altrimenti irrogata a un'impresa per la sua partecipazione a un cartello segreto, al fine di ricompensarla per la sua collaborazione con un'autorità garante della concorrenza nell'ambito di un programma di trattamento favorevole;

15) « trattamento favorevole »: sia l'immunità dalle ammende che la riduzione del loro importo;

16) « programma di trattamento favorevole »: un programma relativo all'applicazione dell'articolo 101 TFUE o di una corrispondente disposizione ai sensi del diritto nazionale della concorrenza in base al quale un partecipante a un cartello segreto, indipendentemente dalle altre imprese coinvolte nel cartello, collabora a un'indagine dell'autorità garante della concorrenza presentando volontariamente elementi di propria conoscenza del cartello e il ruolo svolto al suo interno, ricevendo in cambio, per decisione o interruzione del procedimento, l'immunità dalle ammende irrogate per il suo coinvolgimento nel cartello o una loro riduzione;

17) « dichiarazione legata a un programma di trattamento favorevole »: una dichiarazione orale o scritta presentata volontariamente da parte o per conto di un'impresa o di una persona fisica a un'autorità garante della concorrenza, o una registrazione di una tale dichiarazione, che descrive la conoscenza dell'impresa o della persona fisica in merito a un cartello e descrive il ruolo da essa svolto al suo interno, predisposta specificamente per essere presentata all'autorità garante della concorrenza allo scopo di ottenere l'immunità o una riduzione delle ammende ai sensi di un programma di trattamento favorevole e che non comprende le prove esistenti indipendentemente dal procedimento istruttorio, a prescindere dalla presenza o meno di siffatte informazioni nel fascicolo di un'autorità garante della concorrenza, segnatamente le informazioni preesistenti;

18) « proposta di transazione »: la dichiarazione volontaria da parte o per conto di un'impresa a un'autorità garante della concorrenza, in cui l'impresa riconosce, o rinuncia a contestare, la sua partecipazione a un'infrazione dell'articolo 101 o 102 TFUE o del diritto nazionale della concorrenza e la propria responsabilità in tale infrazione, predisposta specificamente per consentire all'autorità garante della concorrenza di applicare una procedura semplificata o accelerata;

19) « richiedente »: un'impresa che presenta una domanda di immunità o di riduzione dell'ammenda nell'ambito di un programma di trattamento favorevole;

20) « autorità richiedente »: un'autorità nazionale garante della concorrenza che presenta una richiesta di assistenza reciproca di cui agli articoli 24, 25, 26, 27 o 28;

21) « autorità adita »: un'autorità nazionale garante della concorrenza che riceve una richiesta di assistenza reciproca; nel caso di una richiesta di assistenza di cui agli articoli 25, 26, 27 o 28, l'organismo pubblico competente che ha la responsabilità principale per l'esecuzione di tali decisioni ai sensi delle leggi, dei regolamenti e delle prassi amministrative nazionali;

22) « decisione definitiva »: una decisione che non può o non può più essere impugnata con mezzi ordinari.

2. Qualsiasi riferimento all'applicazione o all'infrazione degli articoli 101 e 102 TFUE nella presente direttiva va inteso come comprensivo dell'applicazione parallela del diritto nazionale della concorrenza allo stesso caso.

CAPO II
Diritti fondamentali

3 Garanzie

1. I procedimenti relativi alle infrazioni dell'articolo 101 o 102 TFUE, incluso l'esercizio dei poteri di cui alla presente direttiva da parte delle autorità nazionali garanti della concorrenza, rispettano i principi generali del diritto dell'Unione e la Carta dei diritti fondamentali dell'Unione europea.

2. Gli Stati membri provvedono a che l'esercizio dei poteri di cui al paragrafo 1 sia soggetto a garanzie adeguate per quanto concerne il diritto di difesa delle imprese, compresi il diritto di essere sentiti e il diritto a un ricorso effettivo dinanzi a un giudice.

3. Gli Stati membri provvedono a che i procedimenti istruttori delle autorità nazionali garanti della concorrenza siano svolti in tempi ragionevoli. Gli Stati membri provvedono a che, prima di adottare una decisione ai sensi dell'articolo 10 della presente direttiva, le autorità nazionali garanti della concorrenza adottino una comunicazione degli addebiti.

CAPO III
Indipendenza e risorse

4 Indipendenza

1. Al fine di garantire l'indipendenza delle autorità amministrative nazionali garanti della concorrenza quando applicano gli articoli 101 e 102 TFUE, gli Stati membri provvedono affinché tali autorità svolgano i loro compiti ed esercitino i loro poteri in modo imparziale e nell'interesse di un'applicazione efficace e uniforme di dette disposizioni, subordinatamente a obblighi proporzionati di responsabilità e senza pregiudica-

re la stretta cooperazione tra le autorità garanti della concorrenza nell'ambito della rete europea della concorrenza.

2. Gli Stati membri garantiscono in particolare almeno che il personale e le persone che adottano le decisioni nell'esercizio dei poteri di cui agli articoli da 10 a 13 e all'articolo 16 della presente direttiva in seno alle autorità amministrative nazionali garanti della concorrenza:

a) siano in grado di svolgere i loro compiti ed esercitare i loro poteri ai fini dell'applicazione degli articoli 101 e 102 TFUE in modo indipendente da ingerenze politiche e da altre influenze esterne;

b) non sollecitino né accettino istruzioni dal governo o da altre entità pubbliche o private nello svolgimento dei loro compiti o nell'esercizio dei loro poteri ai fini dell'applicazione degli articoli 101 e 102 TFUE, fatto salvo il diritto del governo di uno Stato membro, ove applicabile, di emanare norme generali di indirizzo che non riguardino indagini settoriali o procedimenti istruttori specifici; e

c) si astengano dall'intraprendere qualsiasi azione incompatibile con lo svolgimento dei loro compiti e/o con l'esercizio dei loro poteri ai fini dell'applicazione degli articoli 101 e 102 TFUE e siano soggetti a procedure volte ad assicurare che, per un periodo ragionevole dopo la cessazione delle loro funzioni, si astengano dal trattare procedimenti istruttori che possano determinare conflitti di interessi.

3. Le persone che adottano le decisioni nell'esercizio dei poteri di cui agli articoli da 10 a 13 e all'articolo 16 della presente direttiva in seno alle autorità amministrative nazionali garanti della concorrenza non sono rimosse da tali autorità per motivi connessi al corretto svolgimento dei loro compiti o al corretto esercizio dei loro poteri nell'applicazione degli articoli 101 e 102 TFUE, quale prevista all'articolo 5, paragrafo 2, della presente direttiva. Possono essere sollevate dall'incarico solamente se non soddisfano più le condizioni richieste per lo svolgimento dei loro compiti o se riconosciute responsabili di gravi illeciti ai sensi del diritto nazionale. Le condizioni richieste per lo svolgimento dei loro compiti e la definizione degli illeciti gravi sono fissati preventivamente nel diritto nazionale, tenendo conto della necessità di assicurare un'esecuzione efficace.

4. Gli Stati membri provvedono affinché i membri dell'organo decisionale delle autorità amministrative nazionali garanti della concorrenza siano selezionati, assunti o nominati in base a procedure chiare e trasparenti, stabilite in anticipo nel diritto nazionale.

5. Le autorità amministrative nazionali garanti della concorrenza hanno il potere di definire le loro priorità per lo svolgimento dei compiti ai fini dell'applicazione degli articoli 101 e 102 TFUE di cui all'articolo 5, paragrafo 2, della presente direttiva. Nella misura in cui tali autorità sono tenute a prendere in considerazione le denunce formali, esse hanno il potere di respingere tali denunce a motivo del fatto che non le considerano delle priorità investigative. Ciò non pregiudica il potere delle autorità amministrative nazionali garanti della concorrenza di respingere le denunce per altri motivi definiti dal diritto nazionale.

5 Risorse.

1. Gli Stati membri assicurano almeno che le autorità nazionali garanti della concorrenza dispongano di sufficiente personale qualificato e di sufficienti risorse finanziarie, tecniche e tecnologiche per l'efficace svolgimento dei loro compiti e l'esercizio dei loro poteri, ai fini dell'applicazione degli articoli 101 e 102 TFUE, come definiti al paragrafo 2 del presente articolo.

2. Ai fini del paragrafo 1, le autorità nazionali garanti della concorrenza possono, almeno, svolgere indagini ai fini dell'applicazione degli articoli 101 e 102 del TFUE, adottare decisioni per l'applicazione di tali disposizioni sulla base dell'articolo 5 del regolamento (CE) n. 1/2003, e collaborare strettamente nell'ambito della rete europea della concorrenza al fine di assicurare l'applicazione efficace e uniforme degli articoli 101 e 102 TFUE. Entro i limiti previsti dalla legislazione nazionale, le autorità nazionali garanti della concorrenza possono inoltre consigliare le istituzioni e gli organi pubblici, se del caso, in merito alle misure legislative, regolamentari e amministrative che possono avere un'incidenza sulla concorrenza nel mercato interno, nonché promuovere la sensibilizzazione del pubblico in merito agli articoli 101 e 102 TFUE.

3. Fatte salve le regole e procedure di bilancio nazionali, gli Stati membri assicurano che le autorità nazionali garanti della concorrenza siano indipendenti nell'utilizzare la dotazione finanziaria assegnata per svolgere i compiti di cui al paragrafo 2.

4. Gli Stati membri provvedono affinché le autorità amministrative nazionali garanti della concorrenza presentino a un organo governativo o parlamentare relazioni periodiche sulle loro attività e risorse. Gli Stati membri provvedono affinché tali relazioni includano informazioni circa la nomina e la rimozione dei membri dell'organo decisionale, l'importo delle risorse assegnate nel corso dell'anno in questione e qualsiasi variazione di tale importo rispetto agli anni precedenti. Tali relazioni sono pubblicamente consultabili.

CAPO IV
Poteri

6 Potere di effettuare accertamenti ispettivi nei locali dell'impresa.

1. Gli Stati membri provvedono affinché le autorità amministrative nazionali garanti della concorrenza possano svolgere tutti gli accertamenti ispettivi a sorpresa necessari presso le imprese e le associazioni di imprese ai fini dell'applicazione degli articoli 101 e 102 TFUE. Gli Stati membri provvedono affinché i funzionari e le altre persone che li accompagnano autorizzati o nominati dalle autorità nazionali garanti della concorrenza per procedere a tali accertamenti ispettivi dispongano almeno del potere di:

a) accedere a tutti i locali, terreni e mezzi di trasporto delle imprese e associazioni di imprese;

b) controllare i libri e qualsiasi altro documento connesso all'azienda, su qualsiasi forma di supporto, e avere il diritto di accedere a tutte le informazioni accessibili all'entità oggetto dell'accertamento ispettivo;

c) fare o acquisire, sotto qualsiasi forma, copie o estratti dei suddetti libri o documenti e, qualora lo ritengano opportuno, continuare dette ricerche di informazioni e la selezione di copie o estratti nei locali delle autorità nazionali garanti della concorrenza o in altri locali designati;

d) apporre sigilli a tutti i locali, libri e documenti aziendali per la durata dell'accertamento ispettivo e nella misura necessaria al suo espletamento;

e) chiedere a qualsiasi rappresentante o membro del personale dell'impresa o dell'associazione di imprese spiegazioni su fatti o documenti relativi all'oggetto e allo scopo dell'accertamento ispettivo e verbalizzarne le risposte.

2. Gli Stati membri provvedono affinché le imprese e le associazioni di imprese siano obbligate a sottoporsi agli accertamenti ispettivi di cui al paragrafo 1. Lo Stato membro provvede altresì affinché, se un'impresa o un'associazione di imprese si oppone a un accertamento ispettivo disposto da un'autorità amministrativa nazionale garante della concorrenza e/o autorizzato da un'autorità giudiziaria nazionale, le autorità nazionali garanti della concorrenza possano ottenere l'assistenza necessaria per l'esecuzione dell'accertamento ispettivo dalla polizia o da un'autorità equivalente. Tale assistenza può anche essere richiesta in via cautelativa.

3. Il presente articolo lascia impregiudicati i requisiti previsti dal diritto nazionale riguardo all'autorizzazione preventiva dell'autorità giudiziaria nazionale per tali accertamenti ispettivi.

7 Potere di effettuare accertamenti ispettivi in altri locali.

1. Gli Stati membri provvedono affinché se vi sono motivi ragionevoli di sospettare che libri o altri documenti connessi all'azienda e all'oggetto dell'accertamento ispettivo, che possono essere pertinenti per provare un'infrazione dell'articolo 101 o 102 TFUE, siano conservati in locali, terreni e mezzi di trasporto diversi da quelli di cui all'articolo 6, paragrafo 1, lettera *a*), della presente direttiva, compresa l'abitazione di dirigenti, amministratori e altri membri del personale delle imprese o associazioni di imprese interessate, gli Stati membri provvedono affinché le autorità amministrative nazionali garanti della concorrenza possano effettuare accertamenti ispettivi a sorpresa in tali locali, terreni e mezzi di trasporto.

2. Tali accertamenti ispettivi non sono eseguiti senza l'autorizzazione preventiva dell'autorità giudiziaria nazionale.

3. Gli Stati membri provvedono affinché i funzionari e le altre persone che li accompagnano autorizzati o nominati dalle autorità nazionali garanti della concorrenza per effettuare un accertamento ispettivo ai sensi del paragrafo 1 del presente articolo dispongano almeno dei poteri di cui all'articolo 6, paragrafo 1, lettere *a*), *b*) e *c*), e all'articolo 6, paragrafo 2.

8 Richieste di informazioni.

Gli Stati membri provvedono affinché le autorità amministrative nazionali garanti della concorrenza possano richiedere alle imprese e associazioni di imprese di fornire tutte le informazioni necessarie per l'applicazione degli articoli 101 e 102 TFUE entro un termine ragionevole e determinato. Tali richieste di informazioni sono proporzionate e non obbligano i destinatari delle richieste ad ammettere un'infrazione degli articoli 101 e 102 TFUE. L'obbligo di fornire tutte le informazioni necessarie comprende le informazioni accessibili a dette imprese o associazioni di imprese. Le autorità nazionali garanti della concorrenza hanno inoltre il potere di richiedere a qualsiasi persona fisica o giuridica di fornire informazioni che possano essere pertinenti ai fini dell'applicazione degli articoli 101 e 102 TFUE entro un termine ragionevole e determinato.

9 Audizioni

Gli Stati membri provvedono affinché le autorità amministrative nazionali garanti della concorrenza abbiano almeno il potere di convocare in audizione ogni rappresentante di un'impresa o di un'associazione di imprese, un rappresentante di altre persone giuridiche e ogni persona fisica qualora tali rappresentanti o tali persone fisiche possano essere in possesso di informazioni pertinenti ai fini dell'applicazione degli 101 e 102 TFUE.

10 Constatazione e cessazione delle infrazioni

1. Gli Stati membri provvedono affinché, qualora le autorità nazionali garanti della concorrenza constatino un'infrazione dell'articolo 101 o 102 TFUE, esse possano obbligare mediante decisione le imprese e associazioni di imprese interessate a porre fine all'infrazione constatata. A tal fine esse possono imporre l'adozione di qualsiasi rimedio comportamentale o strutturale proporzionato all'infrazione commessa e necessario a far cessare effettivamente l'infrazione stessa. Al momento di scegliere fra due rimedi ugualmente efficaci, le autorità nazionali garanti della concorrenza devono optare per il rimedio meno oneroso per l'impresa, in linea con il principio di proporzionalità.

Gli Stati membri provvedono affinché le autorità nazionali garanti della concorrenza possano procedere alla constatazione di un'infrazione dell'articolo 101 o 102 TFUE già cessata.

2. Quando, dopo aver informato la Commissione ai sensi dell'articolo 11, paragrafo 3, del regolamento (CE) n. 1/2003, le autorità nazionali garanti della concorrenza decidano che non vi sono motivi per proseguire il procedimento istruttorio e chiudono pertanto tale procedimento istruttorio, gli Stati membri provvedono affinché tali autorità nazionali garanti della concorrenza informino di conseguenza la Commissione.

11 Misure cautelari.

1. Gli Stati membri provvedono affinché le autorità nazionali garanti della concorrenza siano legittimate ad agire d'ufficio al fine di ordinare, mediante decisione, l'imposizione di misure cautelari alle imprese e alle associazioni di imprese almeno nei casi di urgenza dovuta al rischio di danno grave e irreparabile per la concorrenza, ove constatino prima facie la sussistenza di un'infrazione dell'articolo 101 o 102 TFUE. Tale decisione è proporzionata ed è applicabile per un periodo di tempo specificato che può, se necessario e opportuno, essere prorogato, oppure fino all'adozione della decisione finale. Le autorità nazionali garanti della concorrenza informano la rete europea della concorrenza dell'adozione di dette misure cautelari.

2. Gli Stati membri provvedono affinché la legittimità, inclusa la proporzionalità, delle misure cautelari di cui al paragrafo 1 possa essere riesaminata nell'ambito di procedure accelerate di impugnazione.

12 Impegni.

1. Gli Stati membri provvedono affinché, nei procedimenti istruttori avviati al fine di adottare una decisione volta a far cessare un'infrazione dell'articolo 101 o 102 TFUE, le autorità nazionali garanti della concorrenza possano, previa consultazione formale o informale degli operatori del mercato, rendere obbligatori mediante decisione gli impegni proposti dalle imprese o associazioni di imprese, qualora tali impegni rispondano alle preoccupazioni espresse dalle autorità nazionali garanti della competenza. Tale decisione può essere adottata per un periodo di tempo determinato e giunge alla conclusione che l'intervento dell'autorità garante della concorrenza non è più giustificato.

2. Gli Stati membri provvedono affinché le autorità nazionali garanti della concorrenza abbiano poteri efficaci per monitorare l'attuazione degli impegni di cui al paragrafo 1.

3. Gli Stati membri provvedono affinché le autorità nazionali garanti della concorrenza possano riaprire il procedimento istruttorio se intervengono modifiche determinanti rispetto a uno degli elementi su cui era fondata una decisione di cui al paragrafo 1, se un'impresa o un'associazione di imprese agisce in contrasto con i propri impegni o se la decisione di cui al paragrafo 1 era basata su informazioni incomplete, inesatte o fuorvianti fornite dalle parti.

CAPO V
Ammende e penalità di mora

13 Ammende irrogate alle imprese e alle associazioni di imprese.

1. Gli Stati membri provvedono affinché le autorità amministrative nazionali garanti della concorrenza possano procedere all'irrogazione, mediante decisione nel proprio procedimento istruttorio, o possano chiedere l'irrogazione, in un procedimento giudiziario non penale, di ammende efficaci, proporzionate e dissuasive alle imprese o associazioni di imprese qualora, dolosamente o per colpa, commettano un'infrazione delle disposizioni dell'articolo 101 o 102 TFUE.

2. Gli Stati membri provvedono almeno affinché le autorità amministrative nazionali garanti della concorrenza possano procedere all'irrogazione, mediante decisione nel proprio procedimento istruttorio, o possano chiedere l'irrogazione alle imprese e alle associazioni di imprese, in un procedimento giudiziario non penale, di ammende efficaci, proporzionate e dissuasive. Tali ammende sono stabilite in proporzione al loro fatturato totale a livello mondiale, quando, dolosamente o per colpa:

a) non si conformino a un accertamento ispettivo di cui all'articolo 6, paragrafo 2;

b) siano stati infranti i sigilli di cui all'articolo 6, paragrafo 1, lettera *d*), apposti dai funzionari o da altre persone che li accompagnano autorizzati o designati dalle autorità nazionali garanti della concorrenza;

c) in risposta a una domanda di cui all'articolo 6, paragrafo 1, lettera *e*), forniscano una risposta inesatta o fuorviante, non forniscano o rifiutino di fornire una risposta completa;

d) forniscano informazioni inesatte, incomplete o fuorvianti in risposta a una richiesta di cui all'articolo 8 oppure non forniscano le informazioni entro il termine stabilito;

e) non si presentino all'audizione di cui all'articolo 9;

f) non ottemperino a una decisione di cui agli articoli 10, 11 e 12.

3. Gli Stati membri provvedono affinché i procedimenti di cui ai paragrafi 1 e 2 consentano di irrogare ammende efficaci, proporzionate e dissuasive.

4. Il presente articolo lascia impregiudicate le legislazioni nazionali che consentono l'imposizione di sanzioni nell'ambito di procedimenti giudiziari penali, a condizione che l'applicazione di tali legislazioni non incida sull'applicazione efficace e uniforme degli articoli 101 e 102 TFUE.

5. Gli Stati membri provvedono affinché, ai fini dell'irrogazione delle ammende alle società controllanti e ai successori legali ed economici delle imprese, si applichi la nozione di impresa.

14 Calcolo delle ammende.

1. Gli Stati membri provvedono affinché le autorità nazionali garanti della concorrenza tengano conto sia della gravità che della durata dell'infrazione quando determinano l'importo dell'ammenda per un'infrazione dell'articolo 101 o 102 TFUE.

2. Gli Stati membri provvedono affinché le autorità nazionali garanti della concorrenza possano considerare il risarcimento versato a seguito di una transazione consensuale nel determinare l'importo dell'ammenda da irrogare per un'infrazione dell'articolo 101 o 102 TFUE, ai sensi dell'articolo 18, paragrafo 3, della direttiva 2014/104/UE.

3. Gli Stati membri provvedono affinché, qualora sia irrogata un'ammenda per un'infrazione dell'articolo

101 o 102 TFUE a un'associazione di imprese tenendo conto del fatturato dei suoi membri e l'associazione non sia solvibile, l'associazione sia tenuta a richiedere ai propri membri contributi a concorrenza dell'importo dell'ammenda.

4. Gli Stati membri provvedono affinché, qualora i contributi di cui al paragrafo 3 non siano stati versati integralmente all'associazione di imprese entro il termine fissato dalle autorità nazionali garanti della concorrenza, le autorità nazionali garanti della concorrenza possano esigere il pagamento dell'ammenda direttamente da qualsivoglia impresa i cui rappresentanti erano membri degli organi decisionali dell'associazione. Se necessario per garantire il pagamento integrale dell'ammenda, dopo aver richiesto il pagamento a dette imprese, le autorità nazionali garanti della concorrenza possono anche esigere il pagamento dell'importo dell'ammenda ancora dovuto da qualsivoglia membro dell'associazione che operava sul mercato nel quale si è verificata l'infrazione. Tuttavia, non si esige il pagamento ai sensi del presente paragrafo dalle imprese che dimostrino che non hanno attuato la decisione dell'associazione che ha costituito l'infrazione e che o non erano a conoscenza della sua esistenza, o si sono attivamente dissociate da essa prima dell'inizio dell'indagine.

15 Importo massimo dell'ammenda.

1. Gli Stati membri provvedono affinché l'importo massimo dell'ammenda che le autorità nazionali garanti della concorrenza possono irrogare a ciascuna impresa o associazione di imprese partecipanti a un'infrazione dell'articolo 101 o 102 TFUE non sia inferiore al 10 % del fatturato totale realizzato dall'impresa o dall'associazione di imprese a livello mondiale durante l'esercizio precedente la decisione di cui all'articolo 13, paragrafo 1.

2. Qualora l'infrazione commessa da un'associazione di imprese riguardi le attività dei suoi membri, l'importo massimo dell'ammenda non è inferiore al 10 % della somma dei fatturati totali a livello mondiale di ciascun membro operante sul mercato interessato dall'infrazione commessa dall'associazione. Tuttavia, la responsabilità finanziaria di ciascuna impresa riguardo al pagamento dell'ammenda non supera l'importo massimo fissato ai sensi del paragrafo 1.

16 Penalità di mora.

1. Gli Stati membri provvedono affinché le autorità amministrative nazionali garanti della concorrenza possano irrogare alle imprese e alle associazioni di imprese mediante decisione penalità di mora efficaci, proporzionate e dissuasive. Tali penalità di mora sono stabilite in proporzione al fatturato totale giornaliero medio a livello mondiale realizzato da tali imprese o associazioni di imprese durante l'esercizio precedente per ogni giorno e calcolato a decorrere dalla data fissata in detta decisione al fine di costringere tali imprese o associazioni di imprese almeno:

a) a fornire informazioni complete ed esatte in risposta a una domanda di cui all'articolo 8;

b) a presentarsi all'audizione di cui all'articolo 9.

2. Gli Stati membri provvedono affinché le autorità nazionali garanti della concorrenza possano irrogare alle imprese e alle associazioni di imprese mediante decisione penalità di mora efficaci, proporzionate e dissuasive. Tali penalità di mora sono stabilite in proporzione al rispettivo fatturato totale giornaliero medio a livello mondiale realizzato da tali imprese o associazioni di imprese durante l'esercizio precedente per ogni giorno e calcolato a decorrere dalla data fissata in detta decisione al fine di costringerle almeno:

a) a sottoporsi agli accertamenti ispettivi di cui all'articolo 6, paragrafo 2;

b) a rispettare una decisione di cui agli articoli 10, 11 e 12.

CAPO VI
Programmi di trattamento favorevole per i cartelli segreti

17-23 (*Omissis*).

CAPO VII
Assistenza reciproca

24 Cooperazione tra le autorità amministrative nazionali garanti della concorrenza.

1. Gli Stati membri provvedono affinché, qualora le autorità amministrative nazionali garanti della concorrenza svolgano un accertamento ispettivo o un'audizione in nome e per conto di altre autorità nazionali garanti della concorrenza conformemente all'articolo 22 del regolamento (CE) n. 1/2003, i funzionari e le altre persone che li accompagnano autorizzati o nominati dall'autorità nazionale garante della concorrenza richiedente possano assistere all'accertamento ispettivo o all'audizione svolti dall'autorità nazionale garante della concorrenza adita e parteciparvi attivamente, sotto il controllo dei funzionari dell'autorità nazionale garante della concorrenza adita quando l'autorità nazionale garante della concorrenza adita esercita i poteri di cui agli articoli 6, 7 e 9 della presente direttiva.

2. Gli Stati membri provvedono affinché le autorità amministrative nazionali garanti della concorrenza possano esercitare nel proprio territorio i poteri di cui agli articoli da 6 a 9 della presente direttiva, conformemente al loro diritto nazionale, in nome e per conto di altre autorità nazionali garanti della concorrenza al fine di accertare un'eventuale inottemperanza, da parte di imprese o associazioni di imprese, alle misure di indagine e alle decisioni adottate dall'autorità nazionale garante della concorrenza richiedente, di cui all'articolo 6 e agli articoli da 8 a 12 della presente direttiva. Le autorità nazionali garanti della concorrenza richiedenti e adite hanno la facoltà di scambiare e utilizzare le informazioni come mezzo di prova a tal fine, fatte salve le garanzie di cui all'articolo 12 del regolamento (CE) n. 1/2003.

25-28 (*Omissis*).

CAPO VIII
Termini di prescrizione

29 Norme relative ai termini di prescrizione in materia di irrogazione di ammende e di penalità di mora

1. Gli Stati membri provvedono affinché i termini di prescrizione per l'irrogazione di ammende o di penalità di mora da parte delle autorità nazionali garanti della concorrenza a norma degli articoli 13 e 16 siano sospesi o interrotti per la durata dei procedimenti istruttori dinanzi alle autorità nazionali garanti della concorrenza di altri Stati membri o alla Commissione per un'infrazione riguardante lo stesso accordo, la stessa decisione di un'associazione di imprese, pratica concordata o altra condotta vietata dall'articolo 101 o 102 TFUE.

La sospensione o l'interruzione del termine di prescrizione decorrono dalla notifica della prima misura formale di indagine ad almeno una impresa oggetto del procedimento istruttorio. Si applicano a tutte le imprese o associazioni di imprese che hanno partecipato all'infrazione.

La sospensione o l'interruzione terminano alla data in cui l'autorità garante della concorrenza in questione chiude il suo procedimento istruttorio adottando una decisione di cui agli articoli 10, 12 o 13 della presente direttiva o ai sensi degli articoli 7, 9 o 10 del regolamento (CE) n. 1/2003, oppure conclude che non vi sono motivi per ulteriori azioni da parte sua. La durata di tale sospensione o interruzione lascia impregiudicati i termini di prescrizione assoluti previsti dal diritto nazionale.

2. Il termine di prescrizione applicabile all'irrogazione di ammende o di penalità di mora da parte di un'autorità nazionale garante della concorrenza rimane sospeso o interrotto fino a quando la decisione di tale autorità nazionale garante della concorrenza forma oggetto di un procedimento pendente dinanzi a un giudice del ricorso.

3. La Commissione provvede affinché la notifica dell'avvio della prima misura formale di indagine da parte di un'autorità nazionale garante della concorrenza a norma dell'articolo 11, paragrafo 3, del regolamento (CE) n. 1/2003, sia resa disponibile alle altre autorità nazionali garanti della concorrenza nell'ambito della rete europea della concorrenza.

CAPO IX
Disposizioni generali

30 Ruolo delle autorità amministrative nazionali garanti della concorrenza dinanzi alle giurisdizioni nazionali.

1. Gli Stati membri che designano sia un'autorità amministrativa nazionale garante della concorrenza che un'autorità giudiziaria nazionale garante della concorrenza preposte all'applicazione degli articoli 101 e 102 TFUE provvedono affinché l'azione dinanzi all'autorità giudiziaria nazionale garante della concorrenza possa essere promossa direttamente dall'autorità amministrativa nazionale garante della concorrenza.

2. Nella misura in cui gli organi giurisdizionali nazionali agiscono nell'ambito di procedimenti avviati avverso le decisioni adottate dalle autorità nazionali garanti della concorrenza nell'esercizio dei poteri di cui al capo IV e agli articoli 13 e 16 della presente direttiva per l'applicazione dell'articolo 101 o 102 TFUE, inclusa l'esecuzione delle ammende e delle sanzioni periodiche imposte al riguardo, gli Stati membri provvedono affinché l'autorità amministrativa nazionale garante della concorrenza sia legittimata a pieno titolo a partecipare, a seconda dei casi, in veste di pubblico ministero o parte convenuta a tali procedimenti, e godere degli stessi diritti di tali parti pubbliche nell'ambito del procedimento.

3. L'autorità amministrativa nazionale garante della concorrenza ha il potere, con gli stessi diritti di cui al paragrafo 2, di proporre impugnazioni avverso:

a) le decisioni degli organi giurisdizionali nazionali che si pronunciano sulle decisioni adottate dalle autorità nazionali garanti della concorrenza di cui al capo IV e agli articoli 13 e 16 della presente direttiva, per quanto riguarda l'applicazione dell'articolo 101 o 102 TFUE, inclusa l'esecuzione delle ammende e delle penalità di mora imposte al riguardo; e

b) il rifiuto dell'autorità giudiziaria nazionale di concedere l'autorizzazione preventiva per un accertamento ispettivo di cui agli articoli 6 e 7 della presente direttiva, nella misura in cui tale autorizzazione è necessaria.

31 Accesso delle parti al fascicolo e limiti all'uso delle informazioni.

1. Gli Stati membri possono disporre che, se un'autorità nazionale garante della concorrenza richiede a una persona fisica di fornire informazioni sulla base delle misure di cui all'articolo 6, paragrafo 1, lettera *e*), all'articolo 8 o all'articolo 9, tali informazioni non sono utilizzate come prova per irrogare sanzioni nei confronti di detta persona fisica o dei suoi parenti stretti.

2. Gli Stati membri provvedono affinché le autorità nazionali garanti della concorrenza, i loro funzionari, il loro personale e le altre persone che lavorano sotto il controllo di tali autorità non divulghino le informazioni che sono state acquisite sulla base dei poteri di cui alla presente direttiva e che sono coperte dall'obbligo del segreto professionale, tranne quando tale divulgazione è consentita dal diritto nazionale.

3. Gli Stati membri provvedono affinché l'accesso a dichiarazioni legate a un programma di trattamento favorevole o alle proposte di transazione sia concesso solo alle parti oggetto del pertinente procedimento e unicamente ai fini dell'esercizio dei loro diritti di difesa.

4. Gli Stati membri provvedono affinché la parte che ha ottenuto l'accesso al fascicolo del procedimento istruttorio avviato dalle autorità nazionali garanti della concorrenza possa utilizzare informazioni desunte

dalle dichiarazioni legate a un programma di trattamento favorevole o dalle proposte di transazione solo in quanto necessario per l'esercizio dei diritti di difesa nei procedimenti dinanzi ai giudici nazionali nei casi che sono direttamente collegati al caso per il quale è stato concesso l'accesso e solo laddove tali procedimenti riguardino:

a) la ripartizione tra i partecipanti al cartello dell'ammenda imposta loro in solido da un'autorità nazionale garante della concorrenza; o

b) il riesame di una decisione mediante la quale un'autorità nazionale garante della concorrenza ha constatato un'infrazione dell'articolo 101 o 102 TFUE o di disposizioni del diritto nazionale della concorrenza.

5. Gli Stati membri provvedono affinché le seguenti categorie di informazioni acquisite da una parte nel corso di un procedimento istruttorio dinanzi a un'autorità nazionale garante della concorrenza non siano utilizzate da tale parte in procedimenti dinanzi alle giurisdizioni nazionali fino a quando l'autorità garante della concorrenza non abbia chiuso il procedimento istruttorio nei confronti di tutte le parti oggetto dell'indagine adottando una decisione ai sensi dell'articolo 10 o dell'articolo 12 o abbia altrimenti concluso il procedimento:

a) informazioni preparate da altre persone fisiche o giuridiche specificamente ai fini del procedimento istruttorio dell'autorità nazionale garante della concorrenza;

b) informazioni che l'autorità nazionale garante della concorrenza ha redatto e comunicato alle parti nel corso del suo procedimento istruttorio; e

c) proposte di transazione ritirate.

6. Gli Stati membri provvedono affinché le dichiarazioni legate a un programma di trattamento favorevole siano scambiate tra le autorità nazionali garanti della concorrenza a norma dell'articolo 12 del regolamento (CE) n. 1/2003 unicamente alle condizioni seguenti:

a) con il consenso del richiedente; o

b) qualora anche l'autorità nazionale garante della concorrenza che riceve la dichiarazione legata a un programma di trattamento favorevole abbia ricevuto anche una domanda di trattamento favorevole in merito alla medesima infrazione e dal medesimo richiedente dell'autorità nazionale garante della concorrenza che trasmette tale dichiarazione, a condizione che al momento in cui la dichiarazione legata a un programma di trattamento favorevole è trasmessa, il richiedente non abbia la possibilità di ritirare le informazioni che ha fornito alla autorità nazionale garante della concorrenza che riceve tale dichiarazione.

7. La forma in cui sono presentate le dichiarazioni legate a un programma di trattamento favorevole a norma dell'articolo 20 non pregiudica l'applicazione dei paragrafi da 3 a 6 del presente articolo.

32 Ammissibilità delle prove dinanzi alle autorità nazionali garanti della concorrenza

Gli Stati membri provvedono affinché i tipi di prove ammissibili dinanzi a un'autorità nazionale garante della concorrenza comprendano i documenti, le dichiarazioni orali, i messaggi elettronici, le registrazioni e tutti gli altri oggetti contenenti informazioni, indipendentemente dalla loro forma e dal supporto sul quale le informazioni sono conservate.

33 Funzionamento della rete europea della concorrenza.

1. I costi sostenuti dalla Commissione in relazione alla manutenzione e allo sviluppo del sistema centrale di informazione della rete europea della concorrenza (sistema della rete europea della concorrenza) e alla cooperazione all'interno di quest'ultima sono a carico del bilancio generale dell'Unione nei limiti degli stanziamenti disponibili.

2. La rete europea della concorrenza deve poter elaborare e, se del caso, pubblicare migliori prassi e raccomandazioni su questioni quali l'indipendenza, le risorse, i poteri, le ammende e l'assistenza reciproca.

CAPO X
Disposizioni finali

34 Recepimento.

1. Gli Stati membri mettono in vigore le disposizioni legislative, regolamentari e amministrative necessarie per conformarsi alla presente direttiva entro il 4 febbraio 2021. Essi ne informano immediatamente la Commissione.

Le misure adottate dagli Stati membri contengono un riferimento alla presente direttiva o sono corredate di tale riferimento all'atto della pubblicazione ufficiale. Le modalità del riferimento sono stabilite dagli Stati membri.

2. Gli Stati membri comunicano alla Commissione il testo delle misure principali di diritto interno che adottano nel settore disciplinato dalla presente direttiva.

35 Riesame.

Entro il 12 dicembre 2024, la Commissione presenta una relazione al Parlamento europeo e al Consiglio sul recepimento e sull'attuazione della stessa. Se del caso, la Commissione può riesaminare la presente direttiva e presentare, ove necessario, una proposta legislativa.

CAPO III
AUTORITÀ PER LE GARANZIE NELLE COMUNICAZIONI

66. Legge 31 luglio 1997, n. 249. — Istituzione dell'Autorità per le garanzie nelle comunicazioni e norme sui sistemi delle telecomunicazioni e radiotelevisivo. (*estratto*).

Pubblicata nella Gazzetta Ufficiale n. 177 del 31 luglio 1997, S.O.

1 Autorità per le garanzie nelle comunicazioni.

1. È istituita l'Autorità per le garanzie nelle comunicazioni, di seguito denominata « Autorità », la quale opera in piena autonomia e con indipendenza di giudizio e di valutazione (1).

2. Ferme restando le attribuzioni di cui al decreto-legge 1° dicembre 1993, n. 487, convertito, con modificazioni, dalla legge 29 gennaio 1994, n. 71, il Ministero delle poste e delle telecomunicazioni assume la denominazione di "Ministero delle comunicazioni".

3. Sono organi dell'Autorità il presidente, la commissione per le infrastrutture e le reti, la commissione per i servizi e i prodotti e il consiglio. Ciascuna commissione è organo collegiale costituito dal presidente dell'Autorità e da due commissari. Il consiglio è costituito dal presidente e da tutti i commissari. Il Senato della Repubblica e la Camera dei deputati eleggono due commissari ciascuno, i quali vengono nominati con decreto del Presidente della Repubblica. Ciascun senatore e ciascun deputato esprime il voto indicando un nominativo per il consiglio. In caso di morte, di dimissioni o di impedimento di un commissario, la Camera competente procede all'elezione di un nuovo commissario che resta in carica fino alla scadenza ordinaria del mandato dei componenti l'Autorità. Al commissario che subentri quando mancano meno di tre anni alla predetta scadenza ordinaria non si applica il divieto di conferma di cui all'articolo 2, comma 8, della legge 14 novembre 1995, n. 481. Il presidente dell'Autorità è nominato con decreto del Presidente della Repubblica su proposta del Presidente del Consiglio dei ministri d'intesa con il Ministro dello sviluppo economico (2). La designazione del nominativo del presidente dell'Autorità è previamente sottoposta al parere delle competenti Commissioni parlamentari ai sensi dell'articolo 2 della legge 14 novembre 1995, n. 481. I commissari ed il presidente sono scelti sulla base del merito, delle competenze e dalla conoscenza del settore, tra persone di riconosciuta levatura ed esperienza professionale, che abbiano manifestato e motivato il proprio interesse a ricoprire tali ruoli ed inviato il proprio curriculum professionale (3). Prima della elezione dei commissari e la designazione del presidente, i curricula ricevuti dal Senato della Repubblica, dalla Camera dei deputati e dalla Presidenza del Consiglio dei ministri, entro i termini e secondo le modalità da questi fissati, sono pubblicati sui rispettivi siti istituzionali (3) (4).

4. La Commissione parlamentare per l'indirizzo generale e la vigilanza dei servizi radiotelevisivi verifica il rispetto delle norme previste dagli articoli 1 e4 della legge 14 aprile 1975, n. 103, dalla legge 25 giugno 1993, n. 206, e dall'articolo 1 del decreto-legge 23 ottobre 1996, n. 545, convertito, con modificazioni, dalla legge 23 dicembre 1996, n. 650.

5. Ai componenti dell'Autorità si applicano le disposizioni di cui all'articolo 2, commi 8, 9, 10 e 11, della legge 14 novembre 1995, n. 481.

6. Le competenze dell'Autorità sono così individuate:

a) la commissione per le infrastrutture e le reti esercita le seguenti funzioni:

1) esprime parere al Ministero delle comunicazioni sullo schema del piano nazionale di ripartizione delle frequenze da approvare con decreto del Ministro delle comunicazioni, sentiti gli organismi di cui al comma 3 dell'articolo 3 della legge 6 agosto 1990, n. 223, indicando le frequenze destinate al servizio di protezione civile, in particolare per quanto riguarda le organizzazioni di volontariato e il Corpo nazionale del soccorso alpino (5);

2) elabora, avvalendosi anche degli organi del Ministero delle comunicazioni e sentite la concessionaria pubblica e le associazioni a carattere nazionale dei titolari di emittenti o reti private nel rispetto del piano nazionale di ripartizione delle frequenze, i piani di assegnazione delle frequenze, comprese quelle da assegnare alle strutture di protezione civile ai sensi del-

l'articolo 11 della legge 24 febbraio 1992, n. 225 (6), in particolare per quanto riguarda le organizzazioni di volontariato e il Corpo nazionale del soccorso alpino, e li approva, con esclusione delle bande attribuite in uso esclusivo al Ministero della difesa che provvede alle relative assegnazioni. Per quanto concerne le bande in compartecipazione con il Ministero della difesa, l'Autorità provvede al previo coordinamento con il medesimo;

3) definisce, fermo restando quanto previsto dall'articolo 15 della legge 31 dicembre 1996, n. 675, le misure di sicurezza delle comunicazioni e promuove l'intervento degli organi del Ministero delle comunicazioni per l'eliminazione delle interferenze elettromagnetiche, anche attraverso la modificazione di impianti, sempreché conformi all'equilibrio dei piani di assegnazione;

4) sentito il parere del Ministero delle comunicazioni e nel rispetto della normativa comunitaria, determina gli standard per i decodificatori in modo da favorire la fruibilità del servizio;

5) cura la tenuta del registro degli operatori di comunicazione al quale si devono iscrivere in virtù della presente legge i soggetti destinatari di concessione ovvero di autorizzazione in base alla vigente normativa da parte dell'Autorità o delle amministrazioni competenti, le imprese concessionarie di pubblicità da trasmettere mediante impianti radiofonici o televisivi o da diffondere su giornali quotidiani o periodici, sul web e altre piattaforme digitali fisse o mobili, le imprese di produzione e distribuzione dei programmi radiofonici e televisivi, i fornitori di servizi di intermediazione on line e i motori di ricerca on line, anche se non stabiliti, che offrono servizi in Italia, i fornitori di servizi di piattaforma per la condivisione di video di cui alle disposizioni attuative della direttiva (UE)1808/2018 (7) nonché le imprese editrici di giornali quotidiani, i prestatori di servizi della società dell'informazione, comprese le imprese di media monitoring e rassegne stampa, nonché quelle operanti nel settore del video on demand, (8) di periodici o riviste e le agenzie di stampa di carattere nazionale, nonché le imprese fornitrici di servizi telematici e di telecomunicazioni ivi compresa l'editoria elettronica e digitale; nel registro sono altresì censite le infrastrutture di diffusione operanti nel territorio nazionale. L'Autorità adotta apposito regolamento per l'organizzazione e la tenuta del registro e per la definizione dei criteri di individuazione dei soggetti tenuti all'iscrizione diversi da quelli già iscritti al registro alla data di entrata in vigore della presente legge (9);

6) dalla data di entrata in vigore del regolamento di cui al numero 5) sono abrogate tutte le disposizioni concernenti la tenuta e l'organizzazione del Registro nazionale della stampa e del Registro nazionale delle imprese radiotelevisive contenute nella legge 5 agosto 1981, n. 416, e successive modificazioni, e nella legge 6 agosto 1990, n. 223, nonché nei regolamenti di cui al decreto del Presidente della Repubblica 27 aprile 1982, n. 268, al decreto del Presidente della Repubblica 15 febbraio 1983, n. 49, e al decreto del Presidente della Repubblica 27 marzo 1992, n. 255. Gli atti relativi ai registri di cui al presente numero esistenti presso l'ufficio del Garante per la radiodiffusione e l'editoria sono trasferiti all'Autorità ai fini di quanto previsto dal numero 5);

7) definisce criteri obiettivi e trasparenti, anche con riferimento alle tariffe massime, per l'interconnessione e per l'accesso alle infrastrutture di telecomunicazione secondo criteri di non discriminazione;

8) regola le relazioni tra gestori e utilizzatori delle infrastrutture di telecomunicazioni e verifica che i gestori di infrastrutture di telecomunicazioni garantiscano i diritti di interconnessione e di accesso alle infrastrutture ai soggetti che gestiscono reti ovvero offrono servizi di telecomunicazione; promuove accordi tecnologici tra gli operatori del settore per evitare la proliferazione di impianti tecnici di trasmissione sul territorio;

9) sentite le parti interessate, dirime le controversie in tema di interconnessione e accesso alle infrastrutture di telecomunicazione entro novanta giorni dalla notifica della controversia;

10) riceve periodicamente un'informativa dai gestori del servizio pubblico di telecomunicazioni sui casi di interruzione del servizio agli utenti, formulando eventuali indirizzi sulle modalità di interruzione. Gli utenti interessati possono proporre ricorso all'Autorità avverso le interruzioni del servizio, nei casi previsti da un apposito regolamento definito dalla stessa Autorità;

11) individua, in conformità alla normativa comunitaria, alle leggi, ai regolamenti e in particolare a quanto previsto nell'articolo 5, comma 5, l'ambito oggettivo e soggettivo degli eventuali obblighi di servizio universale e le modalità di determinazione e ripartizione del relativo costo, e ne propone le eventuali modificazioni;

12) promuove l'interconnessione dei sistemi nazionali di telecomunicazione con quelli di altri Paesi;

13) determina, sentiti i soggetti interessati che ne facciano richiesta, i criteri di definizione dei piani di numerazione nazionale delle reti e dei servizi di telecomunicazione, basati su criteri di obiettività, trasparenza, non discriminazione, equità e tempestività;

14) interviene nelle controversie tra l'ente gestore del servizio di telecomunicazioni e gli utenti privati;

15) vigila sui tetti di radiofrequenze compatibili con la salute umana e verifica che tali tetti, anche per effetto congiunto di più emissioni elettromagnetiche, non vengano superati, anche avvalendosi degli organi periferici del Ministero delle comunicazioni. Il rispetto di tali indici rappresenta condizione obbligatoria per le licenze o le concessioni all'installazione di apparati con emissioni elettromagnetiche. Il Ministero dell'ambiente, d'intesa con il Ministero della sanità e con il Ministero delle comunicazioni, sentiti l'Istituto superiore di sanità e l'Agenzia nazionale per la protezione dell'ambiente (ANPA), fissa entro sessanta giorni i tetti di cui al presente numero, tenendo conto anche delle norme comunitarie (10);

b) la commissione per i servizi e i prodotti:

1) vigila sulla conformità alle prescrizioni della legge dei servizi e dei prodotti che sono forniti da ciascun operatore destinatario di concessione ovvero di autorizzazione in base alla vigente normativa promuovendo l'integrazione delle tecnologie e dell'offerta di servizi di telecomunicazioni;

2) emana direttive concernenti i livelli generali di qualità dei servizi e per l'adozione, da parte di ciascun gestore, di una carta del servizio recante l'indicazione di standard minimi per ogni comparto di attività (11);

3) vigila sulle modalità di distribuzione dei servizi e dei prodotti, inclusa la pubblicità in qualunque forma diffusa, fatte salve le competenze attribuite dalla legge a diverse autorità, e può emanare regolamenti, nel rispetto delle norme dell'Unione europea, per la disciplina delle relazioni tra gestori di reti fisse e mobili e operatori che svolgono attività di rivendita di servizi di telecomunicazioni;

4) assicura il rispetto dei periodi minimi che debbono trascorrere per l'utilizzazione delle opere audiovisive da parte dei diversi servizi a partire dalla data di edizione di ciascuna opera, in osservanza della normativa vigente, tenuto conto anche di eventuali diversi accordi tra produttori;

4-*bis*) svolge i compiti attribuiti dall'articolo 182-*bis* della legge 22 aprile 1941, n. 633, e successive modificazioni (12);

5) in materia di pubblicità sotto qualsiasi forma e di televendite, emana i regolamenti attuativi delle disposizioni di legge e regola l'interazione organizzata tra il fornitore del prodotto o servizio o il gestore di rete e l'utente, che comporti acquisizione di informazioni dall'utente, nonché l'utilizzazione delle informazioni relative agli utenti (13);

6) verifica il rispetto nel settore radiotelevisivo delle norme in materia di tutela dei minori anche tenendo conto dei codici di autoregolamentazione relativi al rapporto tra televisione e minori e degli indirizzi della Commissione parlamentare per l'indirizzo generale e la vigilanza dei servizi radiotelevisivi. In caso di inosservanza delle norme in materia di tutela dei minori, ivi comprese quelle previste dal Codice di autoregolamentazione TV e minori approvato il 29 novembre 2002, e successive modificazioni, la Commissione per i servizi e i prodotti dell'Autorità delibera l'irrogazione delle sanzioni previste dall'articolo 31 della legge 6 agosto 1990, n. 223. Le sanzioni si applicano anche se il fatto costituisce reato e indipendentemente dall'azione penale. Alle sanzioni inflitte sia dall'Autorità che dal Comitato di applicazione del Codice di autoregolamentazione TV e minori viene data adeguata pubblicità e la emittente sanzionata ne deve dare notizia nei notiziari diffusi in ore di massimo o di buon ascolto (14).

7) vigila sul rispetto della tutela delle minoranze linguistiche riconosciute nell'ambito del settore delle comunicazioni di massa;

8) verifica il rispetto nel settore radiotelevisivo delle norme in materia di diritto di rettifica;

9) garantisce l'applicazione delle disposizioni vigenti sulla propaganda, sulla pubblicità e sull'informazione politica nonché l'osservanza delle norme in materia di equità di trattamento e di parità di accesso nelle pubblicazioni e nella trasmissione di informazione e di propaganda elettorale ed emana le norme di attuazione;

10) propone al Ministero delle comunicazioni lo schema della convenzione annessa alla concessione del servizio pubblico radiotelevisivo e verifica l'attuazione degli obblighi previsti nella suddetta convenzione e in tutte le altre che vengono stipulate tra concessionaria del servizio pubblico e amministrazioni pubbliche. La Commissione parlamentare per l'indirizzo generale e la vigilanza dei servizi radiotelevisivi esprime parere obbligatorio entro trenta giorni sullo schema di convenzione e sul contratto di servizio con la concessionaria del servizio pubblico; inoltre, vigila in ordine all'attuazione delle finalità del predetto servizio pubblico;

11) garantisce, anche alla luce dei processi di convergenza multimediale, che le rilevazioni degli indici di ascolto e di lettura dei diversi mezzi di comunicazione, su qualsiasi piattaforma di distribuzione e di diffusione, si conformino a criteri di correttezza metodologica, trasparenza, verificabilità e certificazione da parte di soggetti indipendenti e siano realizzate da organismi dotati della massima rappresentatività dell'intero settore di riferimento. L'Autorità emana le direttive necessarie ad assicurare il rispetto dei citati criteri e principi e vigila sulla loro attuazione. Qualora l'Autorità accerti il mancato rispetto delle disposizioni di cui al presente numero, previa diffida, può irrogare al soggetto inadempiente una sanzione fino all'1 per cento del fatturato dell'anno precedente a quello in cui è effettuata la contestazione. La manipolazione dei dati tramite metodologie consapevolmente errate ovvero tramite la consapevole utilizzazione di dati falsi è punita ai sensi dell'articolo 476, primo comma, del codice penale; (15)

12) verifica che la pubblicazione e la diffusione dei sondaggi sui mezzi di comunicazione di massa siano effettuate rispettando i criteri contenuti nell'apposito regolamento che essa stessa provvede ad emanare (16);

13) effettua il monitoraggio delle trasmissioni radiotelevisive anche avvalendosi degli ispettorati territoriali del Ministero delle comunicazioni (17);

14) applica le sanzioni previste dall'articolo 31 della legge 6 agosto 1990, n. 223;

15) favorisce l'integrazione delle tecnologie e dell'offerta di servizi di comunicazioni;

c) il consiglio:

1) segnala al Governo l'opportunità di interventi, anche legislativi, in relazione alle innovazioni tecnologiche ed all'evoluzione, sul piano interno ed internazionale, del settore delle comunicazioni;

2) garantisce l'applicazione delle norme legislative sull'accesso ai mezzi e alle infrastrutture di comunicazione, anche attraverso la predisposizione di specifici regolamenti;

3) promuove ricerche e studi in materia di innovazione tecnologica e di sviluppo nel settore delle comunicazioni e dei servizi multimediali, anche avvalendosi dell'Istituto superiore delle poste e delle telecomunicazioni, che viene riordinato in "Istituto superiore delle comunicazioni e delle tecnologie dell'informazione", ai sensi dell'articolo 12, comma 1, lettera *b*), del decreto-legge 1° dicembre 1993, n. 487, convertito, con modificazioni, dalla legge 29 gennaio 1994, n. 71;

4) adotta i regolamenti di cui al comma 9 e i provvedimenti di cui ai commi 11 e 12;

5) adotta le disposizioni attuative del regolamento di cui all'articolo 1, comma 2, del decreto-legge 23 ottobre 1996, n. 545, convertito, con modificazioni, dalla legge

23 dicembre 1996, n. 650, sui criteri e sulle modalità per il rilascio delle licenze e delle autorizzazioni e per la determinazione dei relativi contributi, nonché il regolamento sui criteri e sulle modalità di rilascio delle concessioni e delle autorizzazioni in materia radiotelevisiva e per la determinazione dei relativi canoni e contributi (18);

6) propone al Ministero delle comunicazioni i disciplinari per il rilascio delle concessioni e delle autorizzazioni in materia radiotelevisiva sulla base dei regolamenti approvati dallo stesso consiglio;

7) verifica i bilanci ed i dati relativi alle attività ed alla proprietà dei soggetti autorizzati o concessionari del servizio radiotelevisivo, secondo modalità stabilite con regolamento;

8) accerta la effettiva sussistenza di posizioni dominanti nel settore radiotelevisivo e comunque vietate ai sensi della presente legge e adotta i conseguenti provvedimenti;

9) assume le funzioni e le competenze assegnate al Garante per la radiodiffusione e l'editoria, escluse le funzioni in precedenza assegnate al Garante ai sensi del comma 1 dell'articolo 20 della legge 10 ottobre 1990, n. 287, che è abrogato;

10) accerta la mancata osservanza, da parte della società concessionaria del servizio radiotelevisivo pubblico, degli indirizzi formulati dalla Commissione parlamentare per l'indirizzo generale e la vigilanza dei servizi radiotelevisivi ai sensi degli articoli 1 e 4 della legge 14 aprile 1975, n. 103, e richiede alla concessionaria stessa l'attivazione dei procedimenti disciplinari previsti dai contratti di lavoro nei confronti dei dirigenti responsabili;

11) esprime, entro trenta giorni dal ricevimento della relativa documentazione, parere obbligatorio sui provvedimenti, riguardanti operatori del settore delle comunicazioni, predisposti dall'Autorità garante della concorrenza e del mercato in applicazione degli articoli 2, 3, 4 e 6 della legge 10 ottobre 1990, n. 287; decorso tale termine i provvedimenti sono adottati anche in mancanza di detto parere;

12) entro il 30 giugno di ogni anno presenta al Presidente del Consiglio dei ministri per la trasmissione al Parlamento una relazione sull'attività svolta dall'Autorità e sui programmi di lavoro; la relazione contiene, fra l'altro, dati e rendiconti relativi ai settori di competenza, in particolare per quanto attiene allo sviluppo tecnologico, alle risorse, ai redditi e ai capitali, alla diffusione potenziale ed effettiva, agli ascolti e alle letture rilevate, alla pluralità delle opinioni presenti nel sistema informativo, alle partecipazioni incrociate tra radio, televisione, stampa quotidiana, stampa periodica e altri mezzi di comunicazione a livello nazionale e comunitario;

13) autorizza i trasferimenti di proprietà delle società che esercitano l'attività radiotelevisiva previsti dalla legge;

14) esercita tutte le altre funzioni e poteri previsti nella legge 14 novembre 1995, n. 481, nonché tutte le altre funzioni dell'Autorità non espressamente attribuite alla commissione per le infrastrutture e le reti e alla commissione per i servizi e i prodotti.

14-*bis*) garantisce l'adeguata ed efficace applicazione del regolamento (UE) 2019/1150 del Parlamento europeo e del Consiglio, del 20 giugno 2019, che promuove equità e trasparenza per gli utenti commerciali di servizi di intermediazione on line, anche mediante l'adozione di linee guida, la promozione di codici di condotta e la raccolta di informazioni pertinenti (19).

7. Le competenze indicate al comma 6 possono essere ridistribuite con il regolamento di organizzazione dell'Autorità di cui al comma 9.

7-*bis*. Per l'esecuzione del regolamento (UE) 2017/1128 del Parlamento europeo e del Consiglio, del 14 giugno 2017, relativo alla portabilità transfrontaliera di servizi di contenuti online nel mercato interno, l'Autorità per le garanzie nelle comunicazioni è designata quale autorità competente ai sensi dell'articolo 5 del regolamento (UE) 2017/2394 del Parlamento europeo e del Consiglio, del 12 dicembre 2017. L'Autorità per le garanzie nelle comunicazioni svolge le relative funzioni, ai sensi dell'articolo 3, numero 6), del citato regolamento (UE) 2017/2394, con i poteri di indagine e di esecuzione di cui all'articolo 9 dello stesso regolamento, esercitati conformemente all'articolo 10 del medesimo regolamento, nonché con i poteri previsti dalla presente legge e dall'articolo 2, comma 20, della legge 14 novembre 1995, n. 481 (20).

8. La separazione contabile e amministrativa, cui sono tenute le imprese operanti nel settore destinatarie di concessioni o autorizzazioni, deve consentire l'evidenziazione dei corrispettivi per l'accesso e l'interconnessione alle infrastrutture di telecomunicazione, l'evidenziazione degli oneri relativi al servizio universale e quella dell'attività di installazione e gestione delle infrastrutture separata da quella di fornitura del servizio e la verifica dell'insussistenza di sussidi incrociati e di pratiche discriminatorie. La separazione contabile deve essere attuata nel termine previsto dal regolamento di cui all'articolo 1, comma 2, del decreto-legge 23 ottobre 1996, n. 545, convertito, con modificazioni, dalla legge 23 dicembre 1996, n. 650. Le imprese operanti nel settore delle telecomunicazioni pubblicano entro due mesi dall'approvazione del bilancio un documento riassuntivo dei dati di bilancio, con l'evidenziazione degli elementi di cui al presente comma.

9. L'Autorità, entro novanta giorni dal primo insediamento, adotta un regolamento concernente l'organizzazione e il funzionamento, i bilanci, i rendiconti e la gestione delle spese, anche in deroga alle disposizioni sulla contabilità generale dello Stato, nonché il trattamento giuridico ed economico del personale addetto, sulla base della disciplina contenuta nella legge 14 novembre 1995, n. 481, prevedendo le modalità di svolgimento dei concorsi e le procedure per l'immissione nel ruolo del personale assunto con contratto a tempo determinato ai sensi del comma 18. L'Autorità provvede all'autonoma gestione delle spese per il proprio funzionamento nei limiti del fondo stanziato a tale scopo nel bilancio dello Stato ed iscritto in apposito capitolo dello stato di previsione della spesa del Ministero del tesoro. L'Autorità adotta regolamenti sulle modalità operative e comportamentali del personale, dei dirigenti e dei componenti della Autorità attraverso l'emanazione di un documento denominato Codice

etico dell'Autorità per le garanzie nelle comunicazioni. Tutte le delibere ed i regolamenti di cui al presente comma sono adottati dall'Autorità con il voto favorevole della maggioranza assoluta dei suoi componenti.

10. Qualunque soggetto, portatore di interessi pubblici o privati, nonché i portatori di interessi diffusi costituiti in associazioni o comitati, cui possa derivare un pregiudizio dal provvedimento, hanno facoltà di denunziare violazioni di norme di competenza dell'Autorità e di intervenire nei procedimenti.

11. L'Autorità disciplina con propri provvedimenti le modalità per la soluzione non giurisdizionale delle controversie che possono insorgere fra utenti o categorie di utenti ed un soggetto autorizzato o destinatario di licenze oppure tra soggetti autorizzati o destinatari di licenze tra loro. Per le predette controversie, individuate con provvedimenti dell'Autorità, non può proporsi ricorso in sede giurisdizionale fino a che non sia stato esperito un tentativo obbligatorio di conciliazione da ultimare entro trenta giorni dalla proposizione dell'istanza all'Autorità. A tal fine, i termini per agire in sede giurisdizionale sono sospesi fino alla scadenza del termine per la conclusione del procedimento di conciliazione (21).

12. I provvedimenti dell'Autorità definiscono le procedure relative ai criteri minimi adottati dalle istituzioni dell'Unione europea per la regolamentazione delle procedure non giurisdizionali a tutela dei consumatori e degli utenti. I criteri individuati dall'Autorità nella definizione delle predette procedure costituiscono principi per la definizione delle controversie che le parti concordino di deferire ad arbitri.

13. L'Autorità si avvale degli organi del Ministero delle comunicazioni e degli organi del Ministero dell'interno per la sicurezza e la regolarità dei servizi di telecomunicazioni nonché degli organi e delle istituzioni di cui può attualmente avvalersi, secondo le norme vigenti, il Garante per la radiodiffusione e l'editoria. Riconoscendo le esigenze di decentramento sul territorio al fine di assicurare le necessarie funzioni di governo, di garanzia e di controllo in tema di comunicazione, sono funzionalmente organi dell'Autorità i comitati regionali per le comunicazioni, che possono istituirsi con leggi regionali entro sei mesi dall'insediamento, ai quali sono altresì attribuite le competenze attualmente svolte dai comitati regionali radiotelevisivi. L'Autorità, d'intesa con la Conferenza permanente per i rapporti tra lo Stato, le regioni e le province autonome di Trento e di Bolzano, individua gli indirizzi generali relativi ai requisiti richiesti ai componenti, ai criteri di incompatibilità degli stessi, ai modi organizzativi e di finanziamento dei comitati. Entro il termine di cui al secondo periodo e in caso di inadempienza le funzioni dei comitati regionali per le comunicazioni sono assicurate dai comitati regionali radiotelevisivi operanti. L'Autorità d'intesa con la Conferenza permanente per i rapporti tra lo Stato, le regioni e le province autonome di Trento e di Bolzano adotta un regolamento per definire le materie di sua competenza che possono essere delegate ai comitati regionali per le comunicazioni. Nell'esplicazione delle funzioni l'Autorità può richiedere la consulenza di soggetti o organismi di riconosciuta indipendenza e competenza. Le comunicazioni dirette all'Autorità sono esenti da bollo. L'Autorità si coordina con i preposti organi dei Ministeri della difesa e dell'interno per gli aspetti di comune interesse.

14. Il reclutamento del personale di ruolo dei comitati regionali per le comunicazioni avviene prioritariamente mediante le procedure di mobilità previste dall'articolo 4, comma 2, del decreto-legge 12 maggio 1995, n. 163, convertito, con modificazioni, dalla legge 11 luglio 1995, n. 273, per il personale in ruolo del Ministero delle poste e delle telecomunicazioni che, alla data di entrata in vigore della presente legge, risulti applicato al relativo ispettorato territoriale. Analoga priorità è riconosciuta al personale in posizione di comando dall'Ente poste italiane presso gli stessi ispettorati territoriali, nei limiti della dotazione organica del Ministero, stabilita dal decreto-legge 23 ottobre 1996, n. 540, i cui effetti sono stati fatti salvi dalla legge 23 dicembre 1996, n. 650.

15. Con decreto del Ministro dell'interno, di concerto con il Ministro delle comunicazioni e con il Ministro del tesoro, sono determinati le strutture, il personale ed i mezzi di cui si avvale il servizio di polizia delle telecomunicazioni, nei limiti delle dotazioni organiche del personale del Ministero dell'interno e degli stanziamenti iscritti nello stato di previsione dello stesso Ministero, rubrica sicurezza pubblica. Con decreto del Ministro delle finanze, di concerto con il Ministro dell'interno, con il Ministro delle comunicazioni e con il Ministro del tesoro, sono determinati le strutture, il personale e i mezzi della Guardia di finanza per i compiti d'istituto nello specifico settore della radiodiffusione e dell'editoria.

16. (22).

17. È istituito il ruolo organico del personale dipendente dell'Autorità nel limite di duecentosessanta unità. Alla definitiva determinazione della pianta organica si procede con decreto del Presidente del Consiglio dei ministri su proposta del Ministro delle comunicazioni di concerto con il Ministro del tesoro e con il Ministro per la funzione pubblica, su parere conforme dell'Autorità, in base alla rilevazione dei carichi di lavoro, anche mediante il ricorso alle procedure di mobilità previste dalla normativa vigente e compatibilmente con gli stanziamenti ordinari di bilancio previsti per il funzionamento dell'Autorità.

18. L'Autorità, in aggiunta al personale di ruolo, può assumere direttamente dipendenti con contratto a tempo determinato, disciplinato dalle norme di diritto privato, in numero non superiore a sessanta unità, con le modalità previste dall'articolo 2, comma 30, della legge 14 novembre 1995, n. 481.

19. L'Autorità può avvalersi, per motivate esigenze, di dipendenti dello Stato o di altre amministrazioni pubbliche o di enti pubblici collocati in posizione di fuori ruolo nelle forme previste dai rispettivi ordinamenti, ovvero in aspettativa ai sensi dell'articolo 13 del decreto del Presidente della Repubblica 11 luglio 1980, n. 382, e successive modificazioni, in numero non superiore, complessivamente, a trenta unità e per non oltre il 20 per cento delle qualifiche dirigenziali, lasciando non coperto un corrispondente numero di posti di ruolo. Al personale di cui al presente comma è

corrisposta l'indennità prevista dall'articolo 41 del decreto del Presidente della Repubblica 10 luglio 1991, n. 231.

20. In sede di prima attuazione della presente legge l'Autorità può provvedere al reclutamento del personale di ruolo, nella misura massima del 50 per cento dei posti disponibili nella pianta organica, mediante apposita selezione proporzionalmente alle funzioni ed alle competenze trasferite nell'ambito del personale dipendente dal Ministero delle comunicazioni e dall'Ufficio del Garante per la radiodiffusione e l'editoria purché in possesso delle competenze e dei requisiti di professionalità ed esperienza richiesti per l'espletamento delle singole funzioni.

21. All'Autorità si applicano le disposizioni di cui all'articolo 2 della legge 14 novembre 1995, n. 481, non derogate dalle disposizioni della presente legge. Le disposizioni del comma 9, limitatamente alla deroga alle norme sulla contabilità generale dello Stato, nonché dei commi 16 e 19 del presente articolo si applicano anche alle altre Autorità istituite dalla legge 14 novembre 1995, n. 481, senza oneri a carico dello Stato.

22. Con effetto dalla data di entrata in vigore del regolamento di organizzazione previsto dal comma 9 del presente articolo, sono abrogati i commi 1, 2, 3, 4, 5, 12 e 13 dell'articolo 6 della legge 6 agosto 1990, n. 223, nonché il secondo comma dell'articolo 8 della legge 5 agosto 1981, n. 416. Con effetto dalla data di entrata in vigore delle norme di cui ai commi 11 e 12 del presente articolo sono abrogati i commi 7 e 8 dell'articolo 6 della legge 6 agosto 1990, n. 223. È abrogata altresì ogni norma incompatibile con le disposizioni della presente legge. Dalla data del suo insediamento l'Autorità subentra nei procedimenti amministrativi e giurisdizionali e nella titolarità dei rapporti attivi e passivi facenti capo al Garante per la radiodiffusione e l'editoria.

23. Entro novanta giorni dalla data di entrata in vigore della presente legge, su proposta del Ministro delle comunicazioni, sono emanati uno o più regolamenti, ai sensi dell'articolo 17, comma 2, della legge 23 agosto 1988, n. 400, per individuare le competenze trasferite, coordinare le funzioni dell'Autorità con quelle delle pubbliche amministrazioni interessate dal trasferimento di competenze, riorganizzare o sopprimere gli uffici di dette amministrazioni e rivedere le relative piante organiche. A decorrere dalla data di entrata in vigore dei regolamenti sono abrogate le disposizioni legislative e regolamentari che disciplinano gli uffici soppressi o riorganizzati, indicate nei regolamenti stessi.

24. (23).

25. Fino all'entrata in funzione dell'Autorità il Ministero delle comunicazioni svolge le funzioni attribuite all'Autorità dalla presente legge, salvo quelle attribuite al Garante per la radiodiffusione e l'editoria, anche ai fini di quanto previsto dall'articolo 1-*bis* del decreto-legge 31 maggio 1994, n. 332, convertito, con modificazioni, dalla legge 30 luglio 1994, n. 474.

26. La tutela giurisdizionale davanti al giudice amministrativo è disciplinata dal codice del processo amministrativo (24).

27. (25).

28. È istituito presso l'Autorità un Consiglio nazionale degli utenti, composto da esperti designati dalle associazioni rappresentative delle varie categorie degli utenti dei servizi di telecomunicazioni e radiotelevisivi fra persone particolarmente qualificate in campo giuridico, sociologico, psicologico, pedagogico, educativo e mass-mediale, che si sono distinte nella affermazione dei diritti e della dignità della persona o delle particolari esigenze di tutela dei minori. Il Consiglio nazionale degli utenti esprime pareri e formula proposte all'Autorità, al Parlamento e al Governo e a tutti gli organismi pubblici e privati, che hanno competenza in materia audiovisiva o svolgono attività in questi settori su tutte le questioni concernenti la salvaguardia dei diritti e le legittime esigenze dei cittadini, quali soggetti attivi del processo comunicativo, promuovendo altresì iniziative di confronto e di dibattito su detti temi. Con proprio regolamento l'Autorità detta i criteri per la designazione, l'organizzazione e il funzionamento del Consiglio nazionale degli utenti e fissa il numero dei suoi componenti, il quale non deve essere superiore a undici. I pareri e le proposte che attengono alla tutela dei diritti di cui all'articolo 1, comma 1, della legge 31 dicembre 1996, n. 675, sono trasmessi al Garante per la protezione dei dati personali.

29. I soggetti che nelle comunicazioni richieste dall'Autorità espongono dati contabili o fatti concernenti l'esercizio della propria attività non rispondenti al vero, sono puniti con le pene previste dall'articolo 2621 del codice civile.

30. I soggetti che non provvedono, nei termini e con le modalità prescritti, alla comunicazione dei documenti, dei dati e delle notizie richiesti dall'Autorità sono puniti con la sanzione amministrativa pecuniaria da lire un milione a lire duecento milioni irrogata dalla stessa Autorità.

31. I soggetti che non ottemperano agli ordini e alle diffide dell'Autorità, impartiti ai sensi della presente legge, sono puniti con la sanzione amministrativa pecuniaria da lire venti milioni a lire cinquecento milioni. Se l'inottemperanza riguarda provvedimenti adottati in ordine alla violazione delle norme sulle posizioni dominanti o in applicazione del regolamento (UE) 2019/1150 del Parlamento europeo e del Consiglio, del 20 giugno 2019 (26), si applica a ciascun soggetto interessato una sanzione amministrativa pecuniaria non inferiore al 2 per cento e non superiore al 5 per cento del fatturato realizzato dallo stesso soggetto nell'ultimo esercizio chiuso anteriormente alla notificazione della contestazione. Le sanzioni amministrative pecuniarie previste dal presente comma sono irrogate dall'Autorità.

32. Nei casi previsti dai commi 29, 30 e 31, se la violazione è di particolare gravità o reiterata, può essere disposta nei confronti del titolare di licenza o autorizzazione o concessione anche la sospensione dell'attività, per un periodo non superiore ai sei mesi, ovvero la revoca.

(1) *In base all'art. 21 d.l. 24 gennaio 2012 n. 1, conv., con modif., in l. 24 marzo 2012, n. 27 l'Autorità per le garanzie nelle comunicazioni ha acquisito le competenze di regolamentazione del settore postale.*

(2) *Le parole* « Ministro dello sviluppo economico » *sono state sostituite alle parole* « Ministro delle comunicazioni » *dall'art. 3, comma 1, lett.* a) *d.lgs. 8 novembre 2021, n. 207.*

(3) *Periodo aggiunto dall'art. 3, comma 1, lett.* b) *d.lgs. n. 207, cit.*

(4) *Comma modificato dall'art. 1, comma 2-bis, lett.* a) *e* b)*, d.l. 24 marzo 2012, n. 29, conv., con modif., in l. 18 maggio 2012, n. 62.*

A norma dell'art. 23, comma 1, lett. a) *d.l. 6 dicembre 2011, n. 201, conv., con modif., in l. 22 dicembre 2011, n. 214, il numero dei componenti del Consiglio dell'Autorità per le garanzie nelle comunicazioni è ridotto da otto a quattro, escluso il Presidente. Conseguentemente, il numero dei componenti della commissione per le infrastrutture e le reti dell'Autorità per le garanzie nelle comunicazioni è ridotto da quattro a due, escluso il Presidente, e quello dei componenti della commissione per i servizi e i prodotti della medesima Autorità è ridotto da quattro a due, escluso il Presidente.*

L'art. 7 d.l. 21 settembre 2019, n. 104, conv., con modif., in l. 18 novembre 2019, n. 132, come modificato dall'art. 2, comma 1, d.l. 20 dicembre 2019, n. 162, conv., con modif., in l. 28 febbraio 2020, n. 8 e da ultimo dall'art. 117 d.l. 17 marzo 2020 n. 18, conv., con modif., in l. 24 aprile 2020, n. 27, ha disposto che: « Il Presidente e i componenti del Consiglio dell'Autorità per le garanzie nelle comunicazioni di cui all'articolo 1 della legge 31 luglio 1997, n. 249, in carica alla data del 19 settembre 2019, continuano a esercitare le proprie funzioni [, limitatamente agli atti di ordinaria amministrazione e a quelli indifferibili e urgenti,] fino all'insediamento del nuovo Consiglio e comunque fino a non oltre i sessanta giorni successivi alla data di cessazione dello stato di emergenza sul territorio nazionale relativo al rischio sanitario connesso all'insorgenza di patologie derivanti da agenti virali trasmissibili, dichiarato con la delibera del Consiglio dei ministri del 31 gennaio 2020, pubblicata nella Gazzetta Ufficiale n. 26 del l° febbraio 2020 ».

(5) *L'art. 1, comma 8, l. 13 dicembre 2010, n. 220 ha previsto che: « 8. Entro quindici giorni dalla data di entrata in vigore della presente legge, l'Autorità per le garanzie nelle comunicazioni avvia le procedure per l'assegnazione di diritti d'uso di frequenze radioelettriche da destinare a servizi di comunicazione elettronica mobili in larga banda con l'utilizzo della banda 790-862 MHz e di altre risorse eventualmente disponibili, conformemente a quanto previsto dal codice delle comunicazioni elettroniche, di cui al decreto legislativo 1° agosto 2003, n. 259. In coerenza con la normativa dell'Unione europea, il Ministro dello sviluppo economico fissa la data per l'assegnazione delle frequenze della banda 790-862 MHz e delle altre risorse eventualmente disponibili ai servizi di comunicazione elettronica mobili in larga banda. La liberazione delle frequenze di cui al primo periodo per la loro destinazione ai servizi di comunicazione elettronica mobili in larga banda deve comunque avere luogo entro e non oltre il 31 dicembre 2012. Alla scadenza del predetto termine, in caso di mancata liberazione delle suddette frequenze, l'Amministrazione competente procede senza ulteriore preavviso alla disattivazione coattiva degli impianti avvalendosi degli organi della polizia postale e delle comunicazioni ai sensi dell'articolo 98 del codice delle comunicazioni elettroniche, di cui al decreto legislativo 1° agosto 2003, n. 259. In caso di indisponibilità delle frequenze della banda 790 - 862 MHz, dalla scadenza del predetto termine e fino all'effettiva liberazione delle frequenze, gli assegnatari dei relativi diritti d'uso in esito alle procedure di cui al primo periodo del presente comma hanno diritto a percepire un importo pari agli interessi legali sulle somme versate a decorrere dal 1° gennaio 2013. Il Ministero dell'economia e delle finanze si rivale di tale importo sui soggetti che non hanno proceduto tempestivamente alla liberazione delle frequenze stesse. Il Ministero dello sviluppo economico può sostituire le frequenze già assegnate nella banda 790-862 MHz con quelle liberate ai sensi delle disposizioni dei commi da 9 a 12 o altrimenti disponibili. Il piano nazionale di ripartizione delle frequenze e il piano nazionale di assegnazione delle frequenze televisive sono adeguati alle disposizioni del presente comma ». Con i successivi commi 10, 11 e 12 dello stesso articolo è stato stabilito che: « 10. Prima della data stabilita per la definitiva cessazione delle trasmissioni televisive in tecnica analogica, ai sensi dell'articolo 2-bis, comma 5, primo periodo, del decreto-legge 23 gennaio 2001, n. 5, convertito, con modificazioni, dalla legge 20 marzo 2001, n. 66, e successive modificazioni, il Ministero dello sviluppo economico provvede alla definitiva assegnazione dei diritti d'uso del radiospettro, anche mediante la trasformazione del rilascio provvisorio in assegnazione definitiva dei diritti d'uso, e rilascia i relativi titoli abilitativi conformemente ai criteri previsti dall'articolo 15, comma 1, del testo unico dei servizi di media audiovisivi e radiofonici, di cui al decreto legislativo 31 luglio 2005, n. 177, e successive modificazioni, e dall'articolo 8-novies del decreto-legge 8 aprile 2008, n. 59, convertito, con modificazioni, dalla legge 6 giugno 2008, n. 101, e successive modificazioni. Successivamente all'assegnazione di cui al precedente periodo, i soggetti privi del necessario titolo abilitativo si astengono dal compiere atti che comportino l'utilizzo delle radiofrequenze o che siano suscettibili di interferire con il legittimo uso delle stesse da parte di terzi. In caso di violazione di tale obbligo o di indebita occupazione delle radiofrequenze da parte di soggetti operanti in tecnica analogica o digitale, si applicano gli articoli 97 e 98 del codice delle comunicazioni elettroniche, di cui al decreto legislativo 1° agosto 2003, n. 259, e successive modificazioni. L'attivazione, anche su reti SFN (Single Frequency Network), di impianti non preventivamente autorizzati dal Ministero dello sviluppo economico comporta, ferma restando la disattivazione dell'impianto illecitamente attivato, la sospensione temporanea del diritto d'uso da un minimo di tre mesi a un massimo di un anno e, in caso di recidiva entro tre anni, la revoca del medesimo diritto d'uso. – 11. Entro trenta giorni dalla data di entrata in vigore della presente legge, il Ministero dello sviluppo economico e l'Autorità per le garanzie nelle comunicazioni, nell'ambito delle rispettive competenze, fissano gli ulteriori obblighi dei titolari dei diritti d'uso delle radiofrequenze destinate alla diffusione di servizi di media audiovisivi, ai fini di un uso più efficiente dello spettro e della valorizzazione e promozione delle culture regionali o locali. Il mancato rispetto degli obblighi stabiliti ai sensi del presente comma comporta l'applicazione delle sanzioni di cui all'articolo 52, comma 3, del testo unico dei servizi di media audiovisivi e radiofonici, di cui al decreto legislativo 31 luglio 2005, n. 177. Il Ministero dello sviluppo economico acquisisce il diritto di disporre dei diritti d'uso sulle radiofrequenze precedentemente assegnate. – 12. In caso di trasmissione di programmi televisivi in tecnica digitale in mancanza del necessario titolo abilitativo, al soggetto che ne ha la responsabilità editoriale si applicano le sanzioni amministrative pecuniarie previste dall'articolo 98, comma 2, del codice delle comunicazioni elettroniche, di cui al decreto legislativo 1° agosto 2003, n. 259, e successive modificazioni. L'operatore di rete che ospita nel proprio blocco di diffusione un fornitore di servizi di media audiovisivi privo di titolo abilitativo è soggetto alla sospensione o alla revoca dell'utilizzo della risorsa assegnata con il diritto d'uso ».*

(6) *Ai sensi dell'art. 47, comma 1, lett.* u)*, d.lgs. 2 gennaio 2018, n. 1, il riferimento è da intendersi all'art. 13 del citato decreto.*

(7) *Le parole* « i fornitori di servizi di piattaforma per la condivisione di video di cui alle disposizioni attuative della direttiva (UE)1808/2018 » *sono state inserite dall'art. 71, comma 5, lett.* a) *d.lgs. 8 novembre 2021, n. 208.*

(8) *Le parole da* « i prestatori di servizi » *a* « del video on demand, » *sono state inserite dall'art. 3, comma 2, d.lgs. 8 novembre 2021, n. 177.*

(9) *Numero modificato, da ultimo, dall'art. 1, comma 515, lett.* a)*, n. 1 l. 30 dicembre 2020, n. 178 (legge di bilancio 2021), che ha aggiunto le parole:* « i fornitori di servizi di intermediazione on line e i motori di ricerca on line, anche se non stabiliti, che offrono servizi in Italia, ». *Il numero era stato anche modificato dall'art. 3, comma 5-ter, d.l. 18 maggio 2012, n. 63, nel testo integrato dalla legge di conversione 16 luglio 2012, n. 103.*

(10) *Numero modificato dall'art. 3, comma 5-ter, d.l. 30 gennaio 1999, n. 15, conv., con modif., in l. 29 marzo 1999, n. 78. Successivamente il predetto art. 3, comma 5-ter, d.l. n. 15, cit. è stato abrogato dall'art. 54, comma 1, lett.* b)*, n. 2, d.lgs. 31 luglio 2005, n. 177, a decorrere dall'8 settembre 2005.*

(11) *Per le direttive previste dal presente punto, v.:*

– direttiva generale in materia di qualità e carte dei servizi di telecomunicazioni, deliberazione 24 luglio 2003, n. 179;

– direttiva in materia di qualità e carte dei servizi di telefonia vocale fissa, deliberazione 10 novembre 2004, n. 254;

– direttiva in materia di carte dei servizi e qualità dei servizi di televisione a pagamento, deliberazione 10 dicembre 2004, n. 278.

(12) *Numero inserito dall'art. 11, comma 2, l. 18 agosto 2000, n. 248.*

(13) *Il regolamento in materia di pubblicità televisiva e televendite è stato approvato con deliberazione 26 luglio 2001, n. 538.*

(14) *Numero modificato dall'art. 10, comma 4, l. 3 maggio 2004, n. 112, a decorrere dal 6 maggio 2004.*

(15) *Numero così sostituito dall'art. 71, comma 5, lett.* b) *d.lgs. n. 208 del 2021. Il testo del numero era il seguente:* « 11) cura le rilevazioni degli indici di ascolto e di diffusione dei diversi mezzi di comunicazione; vigila sulla correttezza delle indagini sugli indici di ascolto e di diffusione dei diversi mezzi di comunicazione rilevati da altri soggetti, effettuando verifiche sulla congruità delle metodologie utilizzate e riscontri sulla veridicità dei dati pubblicati, nonché sui monitoraggi delle trasmissioni televisive e sull'operato delle imprese che svolgono le indagini; la manipolazione dei dati tramite metodologie consapevolmente errate ovvero tramite la consapevole utilizzazione di dati falsi è punita ai sensi dell'articolo 476, primo comma, del codice penale; laddove la rilevazione degli indici di ascolto non risponda a criteri universalistici del campionamento rispetto alla popolazione o ai mezzi interessati, l'Autorità può provvedere ad effettuare le rilevazioni necessarie; ».

(16) *Per il regolamento di cui al presente numero, v. deliberazione 25 luglio 2002, n. 153.*

(17) *Numero modificato dall'art. 3, comma 5-quater, d.l. n. 15, cit., conv., con modif., in l. 29 marzo 1999, n. 78. Successivamente il predetto art. 3, comma 5-quater, d.l. n. 15, cit. è stato abrogato dall'art. 54, comma 1, lett.* b)*, numero 2, d.lgs. n. 177, cit., a decorrere dall'8 settembre 2005.*

(18) *Il regolamento concernente la diffusione via satellite di programmi televisivi è stato approvato con Deliberazione Autorità per le garanzie nelle comunicazioni, 1° marzo 2000, n. 127.*

(19) *Numero aggiunto dall'art. 1, comma 515, lett.* a), *n. 2 l. 30 dicembre 2020, n. 178 (legge di bilancio 2021).*

(20) *Comma inserito dall'art. 34 l. 23 dicembre 2021, n. 238.*

(21) *Per la risoluzione delle controversie tra operatori di comunicazione e utenti, v. la deliberazione 19 aprile 2007, n. 173.*

(22) *Comma abrogato dall'art. 218, comma 3, lett.* t), *d.lgs. 1° agosto 2003, n. 259, a decorrere dal 16 settembre 2003.*

(23) *Comma abrogato dall'art. 54, comma 1, lett.* d), *numero 1, d.lgs. n. 177, cit., a decorrere dall'8 settembre 2005.*

(24) *Comma così sostituito dall'art. 3, comma 8, dell'Allegato 4 d.lgs. 2 luglio 2010, n. 104, con effetto a decorrere dal 16 settembre 2010. Il testo del comma era il seguente*: « 26. I ricorsi avverso i provvedimenti dell'Autorità rientrano nella giurisdizione esclusiva del giudice amministrativo. La competenza di primo grado è attribuita in via esclusiva ed inderogabile al tribunale amministrativo regionale del Lazio ».

(25) *Comma abrogato dall'art. 4, comma 2, l. 21 luglio 2000, n. 205.*

(26) *Le parole* « o in applicazione del regolamento (UE) 2019/1150 del Parlamento europeo e del Consiglio, del 20 giugno 2019 » *sono state aggiunte dall'art. 1, comma 515, lett.* b), *l. 30 dicembre 2020, n. 178 (legge di bilancio 2021).*

2-7 *(Omissis).*

CAPO IV
CONSOB E BANCA D'ITALIA

67. Decreto legge 8 aprile 1974, n. 95, convertito, con modificazioni, in legge 7 giugno 1974, n. 216. — Disposizioni relative al mercato mobiliare ed al trattamento fiscale dei titoli azionari.

Pubblicato nella Gazzetta Ufficiale n. 94 del 3 aprile 1974; la legge di conversione è stata pubblicata nella Gazzetta Ufficiale n. 149 dell'8 giugno 1974.

1 È istituita con sede in Roma la Commissione nazionale per le società e la borsa. La Commissione ha in Milano la sede secondaria operativa.

La Commissione nazionale per le società e la borsa ha personalità giuridica di diritto pubblico e piena autonomia nei limiti stabiliti dalla legge.

La Commissione è composta da un presidente e da quattro membri, scelti tra persone di specifica e comprovata competenza ed esperienza e di indiscussa moralità e indipendenza, nominati con decreto del Presidente della Repubblica su proposta del Presidente del Consiglio dei ministri, previa deliberazione del Consiglio stesso. Essi durano in carica 5 anni e possono essere confermati una sola volta. Le disposizioni degli articoli 1, 2, primo comma, 3, 4, 6, 7 e 8 della legge 24 gennaio 1978, n. 14, si applicano nei confronti del presidente e dei membri della Commissione. Le Commissioni parlamentari competenti possono procedere alla audizione delle persone designate quando non vi ostino i rispettivi regolamenti parlamentari (1).

Con decreto del Presidente del Consiglio dei ministri, su proposta del Ministro del tesoro, sono determinate le indennità spettanti al presidente e ai membri.

Il presidente e i membri della Commissione non possono esercitare, a pena di decadenza dall'ufficio, alcuna attività professionale, neppure di consulenza, né essere amministratori, ovvero soci a responsabilità illimitata, di società commerciali, sindaci revisori o dipendenti di imprese commerciali o di enti pubblici o privati, né ricoprire altri uffici pubblici di qualsiasi natura, né essere imprenditori commerciali. Per tutta la durata del mandato i dipendenti statali sono collocati fuori ruolo e i dipendenti di enti pubblici sono collocati d'ufficio in aspettativa. Il rapporto di lavoro dei dipendenti privati è sospeso ed i dipendenti stessi hanno diritto alla conservazione del posto.

Le deliberazioni della Commissione sono adottate collegialmente, salvo casi di urgenza previsti dalla legge, il presidente sovrintende all'attività istruttoria e cura l'esecuzione delle deliberazioni; non è ammessa delega permanente di funzioni ai commissari.

La Commissione provvede all'autonoma gestione delle spese per il proprio funzionamento nei limiti del fondo stanziato a tale scopo nel bilancio dello Stato e iscritto, con unico capitolo, nello stato di previsione della spesa del Ministero del tesoro. La gestione finanziaria si svolge in base al bilancio di previsione approvato dalla Commissione entro il 31 dicembre dell'anno precedente a quello cui il bilancio si riferisce. Il contenuto e la struttura del bilancio di previsione, il quale deve comunque contenere le spese indicate entro i limiti delle entrate previste, sono stabiliti dal regolamento, di cui al successivo comma, che disciplina anche le modalità per le eventuali variazioni. Il rendiconto della gestione finanziaria, approvato entro il 30 aprile dell'anno successivo, è soggetto al controllo della Corte dei conti. Il bilancio preventivo e il rendiconto della gestione finanziaria sono pubblicati nel Bollettino della Commissione.

La Commissione delibera le norme concernenti la propria organizzazione ed il proprio funzionamento, disciplinando in ogni caso i rapporti tra il presidente ed i commissari anche ai fini della relazione in Commissione su singoli affari; quelle concernenti il trattamento giuridico ed economico del personale e l'ordinamento delle carriere, nonché quelle dirette a disciplinare la gestione delle spese nei limiti previsti dal presente decreto, anche in deroga alle disposizioni sulla contabilità generale dello Stato.

[Le deliberazioni della Commissione concernenti i regolamenti di cui ai precedenti commi sono adottate con non meno di quattro voti favorevoli.] Le deliberazioni della Commissione concernenti i regolamenti di cui ai precedenti commi sono adottate con non meno di quattro voti favorevoli. I predetti regolamenti sono sottoposti al Presidente del Consiglio dei ministri, il quale, sentito il Ministro del tesoro, ne verifica la legittimità in relazione alle norme del presente decreto, e successive modificazioni e integrazioni, e li rende esecutivi, con proprio decreto, entro il termine di venti giorni dal ricevimento, ove non intenda formulare, entro il termine suddetto, proprie eventuali osservazioni. Queste ultime devono essere effettuate, in unico contesto, sull'insieme del regolamento e sulle singole disposizioni. In ogni caso, trascorso il termine di venti giorni dal ricevimento senza che siano state formulate osservazioni, i regolamenti divengono esecutivi (2).

Per la rappresentanza e la difesa nei giudizi attivi e passivi avanti l'autorità giudiziaria, le giurisdizioni amministrative e speciali ed i collegi arbitrali, la Commissione può avvalersi anche dell'Avvocatura dello Stato.

[La Commissione ha diritto di richiedere notizie, informazioni e collaborazioni a tutte le pubbliche amministrazioni. I dati, le notizie e le informazioni acquisiti dalla Commissione nell'esercizio delle sue attribuzioni sono tutelati dal segreto d'ufficio anche nei riguardi delle pubbliche amministrazioni, ad eccezione del Ministro del tesoro.] (3)

Il presidente della Commissione tiene informato il Ministro del tesoro sugli atti e sugli eventi di maggior rilievo e gli trasmette le notizie e i dati di volta in volta richiesti; in ogni caso gli comunica gli atti di natura regolamentare diversi da quelli disciplinati dai commi ottavo e nono del presente articolo e dal terzo comma dell'articolo 2 del presente decreto. Il Ministro del tesoro può formulare le proprie valutazioni alla Commissione, informando il Parlamento. Il Ministro del tesoro informa altresì il Parlamento degli atti e degli eventi di maggior rilievo dei quali abbia avuto notizia o comunicazione quando li ritenga rilevanti al fine del corretto funzionamento del mercato dei valori mobiliari.

Entro il 31 marzo di ciascun anno la Commissione trasmette al Ministro del tesoro una relazione sull'attività svolta, sulle questioni in corso e sugli indirizzi e le linee programmatiche che intende seguire. Entro il 31 maggio successivo il Ministro del tesoro trasmette detta relazione al Parlamento con le proprie eventuali valutazioni.

Nel caso di impossibilità di funzionamento o di continuata inattività, il Presidente del Consiglio dei ministri, sentito il Ministro del tesoro, ove intenda proporre lo scioglimento della Commissione ne dà motivata comunicazione al Parlamento. Lo scioglimento, previa deliberazione del Consiglio dei ministri, è disposto con decreto del Presidente della Repubblica. Con il decreto di scioglimento è nominato un commissario straordinario per l'esercizio dei poteri e delle attribuzioni della Commissione. Sono esclusi dalla nomina il presidente ed i membri della Commissione disciolta. Al commissario straordinario, scelto tra persone di specifica e comprovata competenza ed esperienza e di indiscussa moralità ed indipendenza, si applicano, in materia di incompatibilità, le disposizioni di cui al precedente quinto comma e quelle previste dall'articolo 7 della legge 24 gennaio 1978, n. 14. Entro quarantacinque giorni dallo scioglimento si procede alla nomina del presidente e dei membri della Commissione. Il commissario straordinario resta in carica fino all'insediamento della Commissione. Il decreto di scioglimento della Commissione e di nomina del commissario straordinario determina il compenso dovuto al commissario medesimo ed è pubblicato nella Gazzetta Ufficiale della Repubblica (4).

(1) *A norma dell'art. 23, comma 1, lett.* e), *d.l. 6 dicembre 2011, n. 201, conv., con modif., in l. 22 dicembre 2011, n. 214, il numero dei componenti della Commissione nazionale per la società e la borsa è ridotto da cinque a tre, compreso il Presidente. Il numero dei componenti è stato poi riportato a cinque dall'art. 23, comma 2-*bis, *lett.* a) *d.l. n. 201, cit.*

(2) *Comma modificato dall'art. 23, comma 2-*bis, *lett.* a) *d.l. n. 201, cit. e successivamente dall'art. 22, comma 14, lett.* a), *d.l. 24 giugno 2014, n. 90, conv., con modif. in l. 11 agosto 2014, n. 114, a decorrere dalla data di nomina dell'ultimo dei cinque componenti della Consob.*

(3) *Comma abrogato dall'art. 214, comma 1, d.lgs. 24 febbraio 1998, n. 58, a decorrere dal 1° luglio 1998.*

(4) *Articolo sostituito dapprima in sede di conversione, e successivamente dall'art. 1 l. 4 giugno 1985, n. 281.*

2 (*Omissis*).

68. Decreto legislativo 24 febbraio 1998, n. 58. — Testo unico delle disposizioni in materia di intermediazione finanziaria, ai sensi degli articoli 8 e 21 della legge 6 febbraio 1996, n. 52. (*estratto*).

Pubblicato nella Gazzetta Ufficiale del 26 marzo, n. 71, S.O. n. 52.

2 Rapporti con il diritto dell'Unione europea e integrazione nel SEVIF (1).

1. Il Ministero dell'economia e delle finanze, la Banca d'Italia e la Consob esercitano i poteri loro attribuiti in armonia con le disposizioni dell'Unione europea, applicano i regolamenti e le decisioni dell'Unione europea e provvedono in merito alle raccomandazioni concernenti le materie disciplinate dal presente decreto.

2. La Banca d'Italia e la Consob, nell'esercizio delle rispettive competenze, sono parti del SEVIF e partecipano alle attività che esso svolge, tenendo conto della convergenza in ambito europeo degli strumenti e delle prassi di vigilanza.

2-*bis*. Le Autorità indicate al comma 1 esercitano, ciascuna per quanto di competenza, i poteri d'intervento attribuiti loro dalle parti I e II del presente decreto legislativo anche per assicurare il rispetto del regolamento UE n. 575/2013, delle relative norme tecniche di regolamentazione e di attuazione emanate dalla Commissione europea ai sensi degli articoli 10 e 15 del regolamento UE n. 1093/2010, ovvero in caso di inosservanza degli atti dell'AESFEM o dell'ABE direttamente applicabili adottati ai sensi di questi ultimi regolamenti (2).

3. La Banca d'Italia e la Consob, nei casi di crisi o di tensioni sui mercati finanziari, tengono conto degli effetti dei propri atti sulla stabilità del sistema finanziario degli altri Stati membri, anche avvalendosi degli opportuni scambi di informazioni con l'AESFEM, il Comitato congiunto, il CERS e le autorità di vigilanza degli altri Stati membri.

(1) *Articolo sostituito art. 2, comma 2, d.lgs. 30 luglio 2012, n. 130.*

(2) *Comma aggiunto dall'art. 4, comma 2, d.lgs. 12 maggio 2015, n. 72.*

4 Collaborazione tra autorità e segreto d'ufficio.

1. La Banca d'Italia, la Consob, la COVIP (1) e l'IVASS (2) collaborano tra loro, anche mediante scambio di informazioni, al fine di agevolare le rispettive funzioni. Dette autorità non possono reciprocamente opporsi il segreto d'ufficio.

2. La Banca d'Italia e la Consob collaborano, anche mediante scambio di informazioni, con le autorità e i comitati che compongono il SEVIF e con la Banca Centrale Europea (BCE) (3) al fine di agevolare le rispettive funzioni. Nei casi e nei modi stabiliti dalla normativa europea adempiono agli obblighi di comunicazione e di cooperazione nei (4) confronti di tali soggetti e delle altre autorità e istituzioni indicate dalle disposizioni dell'Unione europea (5).

2-*bis*. Ai fini indicati al comma 2, la Consob e la Banca d'Italia possono concludere con le autorità competenti degli Stati membri dell'Unione europea, con l'AESFEM e la BCE (6) accordi di collaborazione, che possono prevedere la delega reciproca di compiti di vigilanza. La Consob e la Banca d'Italia possono ricorrere all'AESFEM e all'ABE per (7) la risoluzione delle controversie con le autorità di vigilanza degli altri Stati membri in situazioni transfrontaliere (8).

2-*ter*. La Consob è il punto di contatto per la ricezione delle richieste di informazioni provenienti da autorità competenti di Stati membri dell'Unione europea in materia di servizi e attività di investimento svolti da soggetti abilitati, di sedi di negoziazione e di servizi di comunicazione dati (9). La Consob interessa la Banca d'Italia per gli aspetti di competenza di questa ultima. La Banca d'Italia trasmette le informazioni contestualmente all'autorità competente dello Stato membro dell'Unione europea che le ha richieste e alla Consob (10).

3. [...] (11) la Banca d'Italia e la Consob possono cooperare, anche mediante scambio di informazioni, con le autorità competenti degli Stati extracomunitari.

4. Le informazioni ricevute dalla Banca d'Italia e dalla Consob ai sensi dei commi 1, 2 e 3 non possono essere trasmesse a terzi né ad altre autorità italiane, ivi incluso il Ministro dell'economia e delle finanze, senza il consenso dell'autorità che le ha fornite (12).

5. La Banca d'Italia e la Consob possono scambiare informazioni:

a) con autorità amministrative e giudiziarie nell'ambito di procedimenti di liquidazione o di fallimento, in Italia o all'estero, relativi a soggetti abilitati;

b) con gli organismi preposti all'amministrazione dei sistemi di indennizzo;

c) con le controparti centrali e i depositari centrali (13).

d) con i gestori delle sedi di negoziazione, al fine di garantire il regolare funzionamento delle sedi da essi gestite (14).

5-*bis*. Lo scambio di informazioni con autorità di Paesi extracomunitari è subordinato all'esistenza di norme in materia di segreto di ufficio (15).

6. Le informazioni indicate nel comma 5, lett. *b*), *c*) e *d*), possono essere rivelate a terzi con il consenso del soggetto che le ha fornite. Si può prescindere dal consenso se le informazioni siano fornite in ottemperanza a obblighi di cooperazione e collaborazione internazionale.

7. La Banca d'Italia e la Consob possono esercitare i poteri a esse assegnati dall'ordinamento anche ai fini della cooperazione con altre autorità e su richiesta delle medesime. Le autorità competenti di Stati comunitari, o extracomunitari possono chiedere alla Banca d'Italia e alla Consob di effettuare per loro conto, secondo le norme previste nel presente decreto, un'indagine sul territorio dello Stato, nonché di eseguire, per loro conto, notifiche sul territorio dello Stato inerenti ai provvedimenti da esse adottati (16) (17). Le predette autorità possono chiedere che venga consentito ad alcuni membri del loro personale di accompagnare il personale della Banca d'Italia e della Consob durante l'espletamento dell'indagine (16).

8. Restano ferme le norme che disciplinano il segreto d'ufficio sulle notizie, i dati e le informazioni in possesso della Banca d'Italia.

9. Al fine di agevolare l'esercizio della vigilanza su base consolidata nei confronti di gruppi operanti in più Stati comunitari la Banca d'Italia, nel rispetto delle condizioni previste dalle disposizioni dell'Unione europea e sulla (18) base di accordi con le autorità competenti, definisce forme di collaborazione e coordinamento, istituisce collegi di supervisori e partecipa ai collegi istituiti da altre autorità. In tale ambito, la Banca d'Italia può concordare specifiche ripartizioni di compiti e deleghe di funzioni (19).

9-*bis*. La Banca d'Italia, se nell'esercizio della vigilanza consolidata verifica una situazione di emergenza, inclusa una situazione descritta all'articolo 18 del regolamento (UE) n. 1093/2010, o un'evoluzione negativa sui mercati, che possa compromettere la liquidità del mercato e la stabilità del sistema finanziario in uno Stato membro dell'Unione europea in cui opera il gruppo individuato ai sensi dell'articolo 11, informa tempestivamente l'ABE, il CERS e le pertinenti autorità competenti, tra cui la Consob, e comunica tutte le informazioni essenziali allo svolgimento dei loro compiti (20).

10. Tutte le notizie, le informazioni e i dati in possesso della Consob in ragione della sua attività di vigilanza sono coperti dal segreto d'ufficio anche nei confronti delle pubbliche amministrazioni, a eccezione del Ministro dell'economia e delle finanze (21). Sono fatti salvi i casi previsti dalla legge per le indagini relative a violazioni sanzionate penalmente (22).

11. I dipendenti della Consob, nell'esercizio delle funzioni di vigilanza, sono pubblici ufficiali e hanno l'obbligo di riferire esclusivamente alla Commissione tutte le irregolarità constatate, anche quando integrino ipotesi di reato.

12. I dipendenti e coloro che a qualunque titolo lavorano o hanno lavorato per la Consob, nonché i consulenti e gli esperti dei quali la stessa si avvale o si è avvalsa, (23) sono vincolati dal segreto d'ufficio.

13. Le pubbliche amministrazioni e gli enti pubblici forniscono dati, notizie e documenti e ogni ulteriore collaborazione richiesta dalla Consob, in conformità delle leggi disciplinanti i rispettivi ordinamenti.

13-*bis*. Ai fini della cooperazione, mediante scambio di informazioni, con le autorità competenti di Stati membri dell'Unione europea e con l'AESFEM, la Consob e la Banca d'Italia stabiliscono con il Ministero della giustizia, anche sulla base di un protocollo d'intesa, le modalità di acquisizione delle informazioni relative alle sanzioni penali applicate dall'Autorità giudiziaria, per i reati di cui all'art. 2638 del codice civile e agli artt. 166, 167, 168, 169, 170-*bis* e 173-*bis*, per la successiva comunicazione all'AESFEM, ai sensi dell'art. 195-*ter*, comma 1-*bis* (24).

13-*ter*. Per i medesimi fini di cui al comma 13-*bis* e fermo restando il divieto di cui all'art. 329 del c.p.p., la Consob e la Banca d'Italia possono richiedere informazioni all'autorità giudiziaria procedente in ordine alle indagini e (25) ai procedimenti penali per i reati previsti dal comma 13-*bis* (24).

(1) *La parola* « COVIP » *è stata sostituita alle parole* « Commissione di vigilanza sui fondi pensione » *dall'art. 1, comma 2, d.lgs. 13 febbraio 2019, n. 19, di adeguamento ai regolamenti (UE) 2016/1011 e (UE) 2015/2365.*

(2) *La parola* « IVASS » *è stata sostituita alla parola* « Isvap » *dall'art. 1, comma 2, d.lgs. 4 marzo 2014, n. 44, di attuazione della dir. 2011/61/UE.*

(3) *Le parole* « e con la Banca Centrale Europea (BCE) » *sono state inserite dall'art. 1, comma 3, lett.* a), *d.lgs. 3 agosto 2017, n. 129, di attuazione della dir. 2014/65/UE.*

(4) *Le parole* « comunicazione e di cooperazione nei » *sono state sostituite alle parole* « comunicazione nei » *dall'art. 1, comma 1, lett.* b), *n. 1 d.lgs. 5 novembre 2021, n. 201.*

(5) *Comma così sostituito dall'art. 2, comma 3, lett.* b), *d.lgs. 30 luglio 2012, n. 130.*

(6) *Le parole* «, con l'AESFEM e la BCE » *sono state inserite dall'art. 1, comma 3, lett.* b), *d.lgs. n. 129, cit.*

(7) *Le parole* « AESFEM e all'ABE per » *sono state sostituite alle parole* « AESFEM per » *dall'art. 1, comma 1, lett.* b), *n. 2 d.lgs. n. 201, cit.*

(8) *Comma dapprima inserito dall'art. 1, comma 2, lett.* a), *d.lgs. 17 settembre 2007, n. 164 e successivamente così sostituito dall'art. 2, comma 3, lett.* c), *d.lgs. 30 luglio 2012, n. 130.*

(9) *Le parole* «, di sedi di negoziazione e di servizi di comunicazione dati » *sono state sostituite alle parole* « e di mercati regolamentati » *dall'art. 1, comma 3, lett.* c), *d.lgs. n. 129, cit.*

(10) *Comma inserito dall'art. 1, comma 2, lett.* a), *d.lgs. n. 164, cit.*

(11) *Le parole* « Al medesimo fine, » *sono state soppresse dall'art. 1, lett.* b), *d.lgs. n. 164, cit.*

(12) *Comma da ultimo così sostituito dall'art. 9, comma 1, lett.* a), *n. 1, l. 18 aprile 2005, n. 62.*

(13) *Lettera così sostituita dall'art. 1, comma 2, lett.* a), *d.lgs. 12 agosto 2016, n. 176.*

(14) *Lettera così sostituita dall'art. 1, comma 3, lett.* d), *d.lgs. n. 129, cit.*

(15) *Comma dapprima inserito dall'art. 3, comma 2, d.lgs. 1° agosto 2003, n. 274 e successivamente così modificato dall'art. 9, comma 1, lett.* a), *n. 2, l. 18 aprile 2005, n. 62.*

(16) *Periodo aggiunto dall'art. 9, comma 1, lett.* a), *n. 3, l. n. 62, cit.*

(17) *Le parole da* «, nonché » *a* « adottati » *sono state inserite dall'art. 1, comma 2, d.lgs. 19 novembre 2007, n. 229.*

(18) *Le parole* « la Banca d'Italia, nel rispetto delle condizioni previste dalle disposizioni dell'Unione europea e sulla » *sono state sostituite alle parole* « la Banca d'Italia, sulla » *dall'art. 1, comma 1, lett.* b), *n. 3 d.lgs. n. 201, cit.*

(19) *Comma così sostituito dall'art. 2, comma 1, lett.* a), *d.lgs. 30 dicembre 2010, n. 239.*

(20) *Comma introdotto dall'art. 1, comma 1, lett.* b), *n. 4 d.lgs. n. 201, cit.*

(21) *In origine* « *Ministro del tesoro, del bilancio e della programmazione economica* ».

(22) *Cfr. C. cost. 3 novembre 2000, n. 460 e C. cost. 26 gennaio 2005, n. 32.*

(23) *Le parole* « I dipendenti e coloro che a qualunque titolo lavorano o hanno lavorato per la Consob, nonché i consulenti e gli esperti dei quali la stessa si avvale o si è avvalsa, » *sono state sostituite alle parole* « I dipendenti della Consob, i consulenti e gli esperti dei quali la stessa si avvale » *dall'art. 1, comma 1, lett.* b), *n. 5 d.lgs. n. 201, cit.*

(24) *Comma aggiunto dall'art. 1, comma 1, lett.* a), *d.lgs. n. 71, cit.*

(25) *Le parole* « alle indagini e » *sono state inserite dall'art. 1, comma 2, lett.* b), *d.lgs. 12 agosto 2016, n. 176.*

4-*duodecies* Procedura di segnalazione alle Autorità di Vigilanza (1).

1. La Banca d'Italia e la Consob (2):

a) ricevono, ciascuna per le materie di propria competenza, da parte del personale dei soggetti indicati dall'articolo 4-undecies, segnalazioni che si riferiscono a violazioni delle norme del presente decreto, nonché di atti dell'Unione europea direttamente applicabili nelle stesse materie;

b) tengono conto dei criteri previsti all'articolo 4-undecies, comma 2, lettere *a*) e *b*), e possono stabilire condizioni, limiti e procedure per la ricezione delle segnalazioni;

c) si avvalgono delle informazioni contenute nelle segnalazioni, ove rilevanti, esclusivamente nell'esercizio delle funzioni di vigilanza;

d) prevedono, mediante protocollo d'intesa, le opportune misure di coordinamento nello svolgimento delle attività di rispettiva competenza, ivi compresa l'applicazione delle relative sanzioni, in modo da coordinare l'esercizio delle funzioni di vigilanza e ridurre al minimo gli oneri gravanti sui soggetti vigilati.

1-*bis*. Il comma 1 si applica alle segnalazioni alla Consob, da chiunque effettuate, di violazioni del regolamento prospetto come definito all'articolo 93-*bis*, comma 1, lettera *a*), o (3) di violazioni del regolamento (UE) n. 596/2014.

Le procedure sono adottate dalla Consob conformemente a quanto previsto dalla direttiva di esecuzione (UE) 2015/2392 (4).

2. Gli atti relativi alle segnalazioni di cui ai commi 1 e 1-*bis* (5) sono sottratti all'accesso previsto dagli articoli 22 e seguenti della legge 7 agosto 1990, n. 241, e successive modificazioni.

2-*bis*. Alle segnalazioni di violazioni effettuate con le procedure di cui al presente articolo si applica l'articolo 4 *undecies*, comma 3 (6).

(1) *Articolo inserito dall'art. 1, comma 6, del d.lgs. 3 agosto 2017, n. 129. Per l'applicazione, v. l'art. 10, comma 2, del d.lgs. 129/2017, sub art. 4, nota 3.*

(2) *Alinea sostituito dall'art. 1, comma 1, lett.* a) *d.lgs. 10 agosto 2018, n. 107. Il testo dell'alinea era il seguente:* « Le Autorità di cui all'articolo 4, comma 1: ».

(3) *Le parole* « di violazioni del regolamento prospetto come definito all'articolo 93-*bis*, comma 1, lettera *a*), o » *sono state inserite dall'art. 1, comma 4, lett.* a), *d.lgs. 2 febbraio 2021, n. 17.*

(4) *Comma inserito dall'art. 1, comma 1, lett.* b) *d.lgs. 10 agosto 2018, n. 107.*

(5) *Le parole* « ai commi 1 e 1-*bis* » *sono state sostituite alle parole* « al comma 1 » *dall'art. 1, comma 1, lett.* c) *d.lgs. 10 agosto 2018, n. 107.*

(6) *Comma inserito dall'art. 1, comma 4, lett.* b), *d.lgs. n. 17, cit.*

TITOLO I-*BIS*

Abuso di mercato (1)

(1) *A norma dell'art. 9, comma 2, l. 18 aprile 2005, n. 62 (legge comunitaria 2004) il presente titolo sostituisce la ripartizione precedente del capo IV del titolo I della parte V. Le disposizioni previste dal presente titolo si applicano anche alle violazioni commesse anteriormente alla data di entrata in vigore della medesima legge che le ha depenalizzate, quando il relativo procedimento penale non sia stato definito. Per ogni altro effetto si applica l'articolo 2 del codice penale.*

CAPO III

Sanzioni amministrative (1)

(1) *A norma dell'art. 9, comma 2, l. 18 aprile 2005, n. 62 (Legge comunitaria 2004) il Titolo I-bis, contenente il presente Capo, sostituisce la partizione « Capo IV "Abusi di informazioni privilegiate e aggiotaggio su strumenti finanziari" » comprendente gli artt. 180-187-*bis.

187-*bis* (1) Abuso e comunicazione illecita di informazioni privilegiate (2).

1. Salve le sanzioni penali quando il fatto costituisce reato, è punito con la sanzione amministrativa pecuniaria da ventimila euro a cinque milioni di euro chiunque viola il divieto di abuso di informazioni privilegiate e di comunicazione illecita di informazioni privilegiate di cui all'articolo 14 del regolamento (UE) n. 596/2014 (3).

[2. La stessa sanzione di cui al comma 1 si applica a chiunque essendo in possesso di informazioni privilegiate a motivo della preparazione o esecuzione di attività delittuose compie taluna delle azioni di cui al medesimo comma 1] (4)

[3. Ai fini del presente articolo per strumenti finanziari si intendono anche gli strumenti finanziari di cui all'articolo 1, comma 2, il cui valore dipende da uno strumento finanziario di cui all'articolo 180, comma 1, lettera *a*)] (4).

[4. La sanzione prevista al comma 1 si applica anche a chiunque, in possesso di informazioni privilegiate, conoscendo o potendo conoscere in base ad ordinaria diligenza il carattere privilegiato delle stesse, compie taluno dei fatti ivi descritti] (4).

5. Le sanzioni amministrative pecuniarie previste dal presente articolo sono aumentate fino al triplo o fino al maggiore importo di dieci volte il profitto conseguito ovvero le perdite evitate per effetto dell'illecito quando, tenuto conto dei criteri elencati all'articolo 194-*bis* e della entità del prodotto o del profitto dell'illecito, esse appaiono inadeguate anche se applicate nel massimo (5).

6. Per le fattispecie previste dal presente articolo il tentativo è equiparato alla consumazione.

(1) *Articolo inserito dall'art. 7 d.lgs. 11 aprile 2002, n. 61 e, successivamente, sostituito dall'art. 9, comma 2, l. 18 aprile 2005, n. 62 (Legge comunitaria 2004). Il testo dell'articolo era il seguente: « 187-bis (Abuso di informazioni privilegiate)* - 1. Salve le sanzioni penali quando il fatto costituisce reato, è punito con la sanzione amministrativa pecuniaria da euro centomila a euro quindici milioni chiunque, essendo in possesso di informazioni privilegiate in ragione della sua qualità di membro di organi di amministrazione, direzione o controllo dell'emittente, della partecipazione al capitale dell'emittente, ovvero dell'esercizio di un'attività lavorativa, di una professione o di una funzione, anche pubblica, o di un ufficio:

a) acquista, vende o compie altre operazioni, direttamente o indirettamente, per conto proprio o per conto di terzi su strumenti finanziari utilizzando le informazioni medesime;

b) comunica informazioni ad altri, al di fuori del normale esercizio del lavoro, della professione, della funzione o dell'ufficio;

c) raccomanda o induce altri, sulla base di esse, al compimento di taluna delle operazioni indicate nella lettera *a*).

2. La stessa sanzione di cui al comma 1 si applica a chiunque essendo in possesso di informazioni privilegiate a motivo della preparazione o esecuzione di attività delittuose compie taluna delle azioni di cui al medesimo comma 1.

3. Ai fini del presente articolo per strumenti finanziari si intendono anche gli strumenti finanziari di cui all'articolo 1, comma 2, il cui valore dipende da uno strumento finanziario di cui all'articolo 180, comma 1, lettera *a*).

4. La sanzione prevista al comma 1 si applica anche a chiunque, in possesso di informazioni privilegiate, conoscendo o potendo conoscere in base ad ordinaria diligenza il carattere privilegiato delle stesse, compie taluno dei fatti ivi descritti.

5. Le sanzioni amministrative pecuniarie previste dai commi 1, 2 e 4 sono aumentate fino al triplo o fino al maggiore importo di dieci volte il prodotto o il profitto conseguito dall'illecito quando, per le qualità personali del colpevole ovvero per l'entità del prodotto o del profitto conseguito dall'illecito, esse appaiono inadeguate anche se applicate nel massimo.

6. Per le fattispecie previste dal presente articolo il tentativo è equiparato alla consumazione ».

(2) *Rubrica sostituita dall'art. 4, comma 9, lett.* a) *d.lgs. 10 agosto 2018, n. 107. Il testo della rubrica precedente era il seguente:* « Abuso delle informazioni privilegiate ».

(3) *Comma così sostituito dall'art. 4, comma 9, lett.* b) *d.lgs. n. 107, cit. Il testo del comma, come modificato dall'art. 39, comma 3, l. 28 dicembre 2005, n. 262, era il seguente:* « 1. Salve le sanzioni penali quando il fatto costituisce reato, è punito con la sanzione amministrativa pecuniaria da euro centomila a euro quindici milioni chiunque, essendo in possesso di informazioni privilegiate in ragione della sua qualità di membro di organi di amministrazione, direzione o controllo dell'emittente, della partecipazione al capitale dell'emittente, ovvero dell'esercizio di un'attività lavorativa, di una professione o di una funzione, anche pubblica, o di un ufficio:

a) acquista, vende o compie altre operazioni, direttamente o indirettamente, per conto proprio o per conto di terzi su strumenti finanziari utilizzando le informazioni medesime;

b) comunica informazioni ad altri, al di fuori del normale esercizio del lavoro, della professione, della funzione o dell'ufficio;

c) raccomanda o induce altri, sulla base di esse, al compimento di taluna delle operazioni indicate nella lettera *a*) ».

(4) *Comma abrogato dall'art. 4, comma 9, lett.* c) *d.lgs. n. 107, cit.*

(5) *Comma sostituito dall'art. 4, comma 9, lett.* d) *d.lgs. n. 107, cit. Il testo del comma era il seguente:* « 5. Le sanzioni amministrative pecuniarie previste dai commi 1, 2 e 4 sono aumentate fino al triplo o fino al maggiore importo di dieci volte il prodotto o il profitto conseguito dall'illecito quando, per le qualità personali del colpevole ovvero per l'entità del prodotto o del profitto conseguito dall'illecito, esse appaiono inadeguate anche se applicate nel massimo ».

187-*ter* Manipolazione del mercato (1).

1. Salve le sanzioni penali quando il fatto costituisce reato, è punito con la sanzione amministrativa pecuniaria da ventimila euro a cinque milioni di euro chiunque viola il divieto di manipolazione del mercato di cui all'articolo 15 del regolamento (UE) n. 596/2014 (2).

2. Si applica la disposizione dell'articolo 187-*bis*, comma 5 (3).

[3. Salve le sanzioni penali quando il fatto costituisce reato, è punito con la sanzione amministrativa pecuniaria di cui al comma 1 chiunque pone in essere:

a) operazioni od ordini di compravendita che forniscano o siano idonei a fornire indicazioni false o fuorvianti in merito all'offerta, alla domanda o al prezzo di strumenti finanziari;

b) operazioni od ordini di compravendita che consentono, tramite l'azione di una o di più persone che agiscono di concerto, di fissare il prezzo di mercato di uno o più strumenti finanziari ad un livello anomalo o artificiale;

c) operazioni od ordini di compravendita che utilizzano artifizi od ogni altro tipo di inganno o di espediente;

d) altri artifizi idonei a fornire indicazioni false o fuorvianti in merito all'offerta, alla domanda o al prezzo di strumenti finanziari] (4).

4. Non può essere assoggettato a sanzione amministrativa ai sensi del presente articolo chi dimostri di avere agito per motivi legittimi e in conformità alle prassi di mercato ammesse nel mercato interessato (5).

[5. Le sanzioni amministrative pecuniarie previste dai commi precedenti sono aumentate fino al triplo o fino al maggiore importo di dieci volte il prodotto o il profitto conseguito dall'illecito quando, per le qualità personali del colpevole, per l'entità del prodotto o del profitto conseguito dall'illecito ovvero per gli effetti prodotti sul mercato, esse appaiono inadeguate anche se applicate nel massimo] (6).

[6. Il Ministero dell'economia e delle finanze, sentita la CONSOB ovvero su proposta della medesima, può individuare, con proprio regolamento, in conformità alle disposizioni di attuazione della direttiva 2003/6/CE adottate dalla Commissione europea, secondo la procedura di cui all'articolo 17, paragrafo 2, della stessa direttiva, le fattispecie, anche ulteriori rispetto a quelle previste nei commi precedenti, rilevanti ai fini dell'applicazione del presente articolo] (6).

[7. La CONSOB rende noti, con proprie disposizioni, gli elementi e le circostanze da prendere in considerazione per la valutazione dei comportamenti idonei a costituire manipolazioni di mercato, ai sensi della direttiva 2003/6/CE e delle disposizioni di attuazione della stessa] (6) (7).

(1) *Articolo inserito dall'art. 9, comma 2, l. 18 aprile 2005, n. 62 (Legge comunitaria 2004).*

(2) *Comma così sostituito dall'art. 4, comma 10, lett.* a) *d.lgs. 10 agosto 2018, n. 107. Il testo del comma, come modificato dall'art. 39, comma 3, l. 28 dicembre 2005, n. 262, era il seguente:* « 1. Salve le sanzioni penali quando il fatto costituisce reato, è punito con la sanzione amministrativa pecuniaria da euro centomila a euro venticinque milioni chiunque, tramite mezzi di informazione, compreso INTERNET o ogni altro mezzo, diffonde informazioni, voci o notizie false o fuorvianti che forniscano o siano suscettibili di fornire indicazioni false ovvero fuorvianti in merito agli strumenti finanziari ».

(3) *Comma così sostituito dall'art. 4, comma 10, lett.* a) *d.lgs. n. 107, cit. Il testo del comma era il seguente:* « 2. Per i giornalisti che operano nello svolgimento della loro attività professionale la diffusione delle informazioni va valutata tenendo conto delle norme di autoregolamentazione proprie di detta professione, salvo che tali soggetti traggano, direttamente o indirettamente, un vantaggio o un profitto dalla diffusione delle informazioni ».

(4) *Comma abrogato dall'art. 4, comma 10, lett.* b) *d.lgs. n. 107, cit.*

(5) *Comma sostituito dall'art. 4, comma 10, lett.* c) *d.lgs. n. 107, cit. Il testo del comma era il seguente:* « 4. Per gli illeciti indicati al comma 3, lettere *a*) e *b*), non può essere assoggettato a sanzione amministrativa chi dimostri di avere agito per motivi legittimi e in conformità alle prassi di mercato ammesse nel mercato interessato ».

(6) *Comma abrogato dall'art. 4, comma 10, lett.* d) *d.lgs. n. 107, cit.*

(7) *Per l'adozione del Regolamento recante norme di attuazione del presente decreto, in materia di mercati, vedi ora la Deliberazione CONSOB 29 ottobre 2007, n. 16191.*

187-*octies* Poteri della CONSOB (1).

1. La Consob è l'autorità nazionale competente ai sensi dell'articolo 22 del regolamento (UE) n. 596/2014, relativo agli abusi di mercato (2).

2. La CONSOB compie tutti gli atti necessari all'accertamento delle violazioni delle disposizioni contenute nel regolamento (UE) n. 596/2014 e nel (3) presente titolo, utilizzando i poteri ad essa attribuiti dal presente decreto.

3. La CONSOB può nei confronti di chiunque possa essere informato sui fatti:

a) richiedere notizie, dati o documenti sotto qualsiasi forma stabilendo il termine per la relativa comunicazione;

b) richiedere le registrazioni esistenti relative a conversazioni telefoniche, a comunicazioni elettroniche e allo scambio di dati, stabilendo il termine per la relativa trasmissione (4);

c) procedere ad audizione personale;

c-bis) in relazione a strumenti derivati su merci, richiedere dati sulle operazioni e accedere direttamente ai sistemi dei partecipanti al mercato (5);

d) procedere al sequestro dei beni che possono formare oggetto di confisca ai sensi dell'articolo 187-sexies;

e) procedere ad ispezioni, anche mediante autorizzazione di revisori legali o società di revisione legale a procedere a verifiche o ispezioni per suo conto quando sussistono particolari necessità e non sia possibile provvedere con risorse proprie; il soggetto autorizzato a procedere alle predette verifiche ed ispezioni agisce in veste di pubblico ufficiale (6);

f) procedere a perquisizioni nei modi previsti dall'articolo 33 del decreto del Presidente della Repubblica 29 settembre 1973, n. 600, e dall'articolo 52 del decreto del Presidente della Repubblica 26 ottobre 1972, n. 633.

4. La CONSOB può altresì:

a) avvalersi della collaborazione delle pubbliche amministrazioni, richiedendo la comunicazione di dati ed informazioni anche in deroga ai divieti di cui all'articolo 25, comma 1, del decreto legislativo 30 giugno 2003, n. 196, ed accedere al sistema informativo dell'anagrafe tributaria secondo le modalità previste dagli articoli 2 e 3, comma 1, del decreto legislativo 12 luglio 1991, n. 212;

a-bis) accedere direttamente, mediante apposita connessione telematica, ai dati contenuti negli elenchi di cui all'articolo 55, comma 7, del decreto legislativo 1° agosto 2003, n. 259 (7);

b) chiedere l'acquisizione presso il fornitore dei dati relativi al traffico di cui al decreto legislativo 30 giugno 2003, n. 196, o acquisire direttamente tali dati mediante connessione telematica (8);

c) richiedere la comunicazione di dati personali anche in deroga ai divieti di cui all'articolo 25, comma 1, del decreto legislativo 30 giugno 2003, n. 196;

d) avvalersi, ove necessario, dei dati contenuti nell'anagrafe dei conti e dei depositi di cui all'articolo 20, comma 4, della legge 30 dicembre 1991, n. 413, secondo le modalità indicate dall'articolo 3, comma 4, lettera *b*), del decreto-legge 3 maggio 1991, n. 143, convertito, con modificazioni, dalla legge 5 luglio 1991, n. 197, nonché acquisire anche mediante accesso diretto i dati contenuti nell'archivio indicato all'articolo 13 del decreto-legge 15 dicembre 1979, n. 625, convertito, con modificazioni, dalla legge 6 febbraio 1980, n. 15;

e) accedere direttamente, mediante apposita connessione telematica, ai dati contenuti nella Centrale dei rischi della Banca d'Italia, di cui alla deliberazione del Comitato interministeriale per il credito e il risparmio del 29 marzo 1994, pubblicata nella Gazzetta Ufficiale n. 91 del 20 aprile 1994.

e-bis) avvalersi, ove necessario, anche mediante connessione telematica, dei dati contenuti nell'apposita sezione dell'anagrafe tributaria di cui all'articolo 7, sesto comma, del decreto del Presidente della Repubblica 29 settembre 1973, n. 605 (9).

5. I poteri di cui al comma 3, lettere *d*) e *f*), e al comma 4, lettera *b*), sono esercitati previa autorizzazione del procuratore della Repubblica. Detta autoriz-

zazione è necessaria anche in caso di esercizio dei poteri di cui al comma 3, lettere *b*) ed *e*), e al comma 4, lettera *c*), nei confronti di soggetti diversi dai soggetti abilitati e dagli altri soggetti vigilati ai sensi del regolamento (UE) n. 596/2014 e del presente decreto (10).

6. Qualora sussistano elementi che facciano presumere l'esistenza di violazioni delle norme del regolamento (UE) n. 596/2014 e del presente titolo, la Consob può anche in via cautelare:

a) ordinare la cessazione temporanea o permanente di qualunque pratica o condotta;

b) salvo quanto previsto dall'articolo 114, comma 5, adottare tutte le misure necessarie a garantire che il pubblico sia correttamente informato con riguardo, tra l'altro, alla correzione di informazioni false o fuorvianti precedentemente divulgate, anche imponendo ai soggetti interessati di pubblicare una dichiarazione di rettifica (11).

7. È fatta salva l'applicazione delle disposizioni degli articoli 199, 200, 201, 202 e 203 del codice di procedura penale, in quanto compatibili.

8. Nei casi previsti dai commi 3, lettere *c*), *d*), *e*) e *f*), e 12 viene redatto processo verbale dei dati e delle informazioni acquisite o dei fatti accertati, dei sequestri eseguiti e delle dichiarazioni rese dagli interessati, i quali sono invitati a firmare il processo verbale e hanno diritto di averne copia.

9. Quando si è proceduto a sequestro ai sensi del comma 3, lettera *d*), gli interessati possono proporre opposizione alla CONSOB.

10. Sull'opposizione la decisione è adottata con provvedimento motivato emesso entro il trentesimo giorno successivo alla sua proposizione.

11. I valori sequestrati devono essere restituiti agli aventi diritto quando:

a) è deceduto l'autore della violazione;

b) viene provato che gli aventi diritto sono terzi estranei all'illecito;

c) l'atto di contestazione degli addebiti non è notificato nei termini prescritti dall'articolo 187-*septies*, comma 1 (12).

d) la sanzione amministrativa pecuniaria non è stata applicata entro il termine di due anni dall'accertamento della violazione.

12. Nell'esercizio dei poteri previsti dai commi 2, 3 e 4 la CONSOB può avvalersi della Guardia di finanza che esegue gli accertamenti richiesti agendo con i poteri di indagine ad essa attribuiti ai fini dell'accertamento dell'imposta sul valore aggiunto e delle imposte sui redditi.

13. Tutte le notizie, le informazioni e i dati acquisiti dalla Guardia di finanza nell'assolvimento dei compiti previsti dal comma 12 sono coperti dal segreto d'ufficio e vengono, senza indugio, comunicati esclusivamente alla CONSOB.

14. Il provvedimento della CONSOB che infligge la sanzione pecuniaria ha efficacia di titolo esecutivo. Decorso inutilmente il termine fissato per il pagamento, la CONSOB procede alla esazione delle somme dovute in base alle norme previste per la riscossione, mediante ruolo, delle entrate dello Stato, degli enti territoriali, degli enti pubblici e previdenziali.

15. Quando l'autore della violazione esercita un'attività professionale, il provvedimento che infligge la sanzione è trasmesso al competente ordine professionale.

(1) *Articolo inserito dall'art. 9, comma 2, l. 18 aprile 2005, n. 62 (Legge comunitaria 2004).*

(2) *Comma sostituito dall'art. 4, comma 15, lett.* a) *d.lgs. 10 agosto 2018, n. 107. Il testo del comma era il seguente:* « 1. La CONSOB vigila sulla osservanza delle disposizioni di cui al presente titolo e di tutte le altre disposizioni emanate in attuazione della direttiva 2003/6/CE. ».

(3) *Le parole* « contenute nel regolamento (UE) n. 596/2014 e nel » *sono state sostituite alle parole* « di cui al » *dall'art. 4, comma 15, lett.* b) *d.lgs. 10 agosto 2018, n. 107.*

(4) *Lettera sostituita dall'art. 4, comma 15, lett.* c) *d.lgs. 10 agosto 2018, n. 107. Il testo della lettera era il seguente:* « b) richiedere le registrazioni telefoniche esistenti stabilendo il termine per la relativa comunicazione; ».

(5) *Lettera inserita dall'art. 4, comma 15, lett.* d) *d.lgs. 10 agosto 2018, n. 107.*

(6) *Le parole* «, anche mediante autorizzazione di revisori legali o società di revisione legale a procedere a verifiche o ispezioni per suo conto quando sussistono particolari necessità e non sia possibile provvedere con risorse proprie; il soggetto autorizzato a procedere alle predette verifiche ed ispezioni agisce in veste di pubblico ufficiale » *sono state aggiunte dall'art. 4, comma 15, lett.* e) *d.lgs. 10 agosto 2018, n. 107.*

(7) *Lettera inserita dall'art. 4, comma 15, lett.* f) *d.lgs. 10 agosto 2018, n. 107.*

(8) *Le parole* «, o acquisire direttamente tali dati mediante connessione telematica » *sono state aggiunte dall'art. 4, comma 15, lett.* g) *d.lgs. 10 agosto 2018, n. 107.*

(9) *Lettera inserita dall'art. 1, comma 20, d.lgs. 17 luglio 2009, n. 101.*

(10) *Le parole* « e dagli altri soggetti vigilati ai sensi del regolamento (UE) n. 596/2014 e del presente decreto » *sono state sostituite alle parole* «, dai soggetti indicati nell'articolo 114, commi 1, 2 e 8, e dagli altri soggetti vigilati ai sensi del presente decreto *dall'art. 4, comma 15, lett.* h) *d.lgs. 10 agosto 2018, n. 107.*

(11) *Comma sostituito dall'art. 4, comma 15, lett.* i) *d.lgs. 10 agosto 2018, n. 107. Il testo del comma era il seguente:* « 6. Qualora sussistano elementi che facciano presumere l'esistenza di violazioni delle norme del presente titolo, la CONSOB può in via cautelare ordinare di porre termine alle relative condotte. ».

(12) *Le parole* « 187-*septies*, comma 1 » *sono state sostituite alle parole* « 14 della legge 24 novembre 1981, n. 689 » *dall'art. 4, comma 15, lett.* l) *d.lgs. 10 agosto 2018, n. 107.*

CAPO V

Rapporti tra procedimenti (1)

(1) *A norma dell'art. 9, comma 2, l. 18 aprile 2005, n. 62 (Legge comunitaria 2004) il Titolo I-*bis*, contenente il presente Capo, sostituisce la ripartizione precedente del Capo IV del Titolo I della Parte V.*

187-*decies* Rapporti con la magistratura (1).

1. Quando ha notizia di uno dei reati previsti dal capo II il pubblico ministero ne informa senza ritardo il Presidente della CONSOB.

2. Il Presidente della CONSOB trasmette al pubblico ministero, con una relazione motivata, la documentazione raccolta nello svolgimento dell'attività di accertamento nel caso in cui emergano elementi che facciano presumere la esistenza di un reato. La trasmissione degli atti al pubblico ministero avviene al più tardi al termine dell'attività di accertamento delle violazioni delle disposizioni di cui al presente titolo, capo III.

3. La CONSOB e l'autorità giudiziaria collaborano tra loro, anche mediante scambio di informazioni, al fine di agevolare l'accertamento delle violazioni di cui al presente titolo anche quando queste non costituiscono reato. A tale fine la CONSOB può utilizzare i

documenti, i dati e le notizie acquisiti dalla Guardia di finanza nei modi e con le forme previsti dall'articolo 63, primo comma, del decreto del Presidente della Repubblica 26 ottobre 1972, n. 633, e dall'articolo 33, terzo comma, del decreto del Presidente della Repubblica 29 settembre 1973, n. 600.

(1) *Articolo inserito dall'art. 9, comma 2, l. 18 aprile 2005, n. 62 (Legge comunitaria 2004).*

187-*duodecies* Rapporti tra procedimento penale e procedimento amministrativo e di opposizione (1).

1. Il procedimento amministrativo di accertamento e il procedimento di opposizione di cui all'articolo 187-*septies* non possono essere sospesi per la pendenza del procedimento penale avente ad oggetto i medesimi fatti o fatti dal cui accertamento dipende la relativa definizione.

(1) *Articolo inserito dall'art. 9, comma 2, l. 18 aprile 2005, n. 62 (Legge comunitaria 2004).*

187-*terdecies* Applicazione ed esecuzione delle sanzioni penali ed amministrative (1).

1. Quando per lo stesso fatto è stata applicata, a carico del reo, dell'autore della violazione o dell'ente una sanzione amministrativa pecuniaria ai sensi dell'articolo 187-*septies* ovvero una sanzione penale o una sanzione amministrativa dipendente da reato:

a) l'autorità giudiziaria o la CONSOB tengono conto, al momento dell'irrogazione delle sanzioni di propria competenza, delle misure punitive già irrogate;

b) l'esazione della pena pecuniaria, della sanzione pecuniaria dipendente da reato ovvero della sanzione pecuniaria amministrativa è limitata alla parte eccedente quella riscossa, rispettivamente, dall'autorità amministrativa ovvero da quella giudiziaria.

(1) *Articolo da ultimo sostituito dall'art. 4, comma 17 d.lgs. 10 agosto 2018, n. 107. Il testo dell'articolo, inserito dall'art. 9, comma 2, l. 18 aprile 2005, n. 62 (Legge comunitaria 2004), e successivamente modificato dall'art. 3, comma 19, d.lgs. 29 dicembre 2006 n. 303 era il seguente:* « Art. 187-*terdecies - Esecuzione delle pene pecuniarie e delle sanzioni pecuniarie nel processo penale*. — 1. Quando per lo stesso fatto è stata applicata a carico del reo o dell'ente una sanzione amministrativa pecuniaria ai sensi dell'articolo 187-*septies*, la esazione della pena pecuniaria e della sanzione pecuniaria dipendente da reato è limitata alla parte eccedente quella riscossa dall'Autorità amministrativa ».

TITOLO II

Sanzioni (1)

(1) *A norma dell'art. 39, comma 3 l. 28 dicembre 2005, n. 262, le sanzioni amministrative pecuniarie previste dal presente decreto, che non siano state già modificate dalla stessa l. n. 262, cit., sono quintuplicate.*

187-*quinquiesdecies* Tutela dell'attività di vigilanza della Banca d'Italia e della Consob (1) (2) (3).

1. Fuori dai casi previsti dall'articolo 2638 del codice civile, è punito ai sensi del presente articolo chiunque non ottempera nei termini alle richieste della Banca d'Italia e della Consob, ovvero non coopera con le medesime autorità al fine dell'espletamento delle relative funzioni di vigilanza, ovvero ritarda l'esercizio delle stesse (4) (5).

1-*bis*. Se la violazione è commessa da una persona fisica, si applica nei confronti di quest'ultima la sanzione amministrativa pecuniaria da euro diecimila fino a euro cinque milioni (6).

1-*ter*. Se la violazione è commessa da una società o un ente, si applica nei confronti di questi ultimi la sanzione amministrativa pecuniaria da euro diecimila fino a euro cinque milioni, ovvero fino al dieci per cento del fatturato, quando tale importo èsuperiore a euro cinque milioni e il fatturato è determinabile ai sensi dell'articolo 195, comma 1-*bis*. Fermo restando quanto previsto per le società e gli enti nei confronti dei quali sono accertate le violazioni, si applica la sanzione amministrativa pecuniaria prevista dal comma 1-*bis* nei confronti degli esponenti aziendali e del personale della società o dell'ente nei casi previsti dall'articolo 190-*bis*, comma 1, lettera *a*) (6).

1-*quater*. Se il vantaggio ottenuto dall'autore della violazione come conseguenza della violazione stessa è superiore ai limiti massimi indicati nel presente articolo, la sanzione amministrativa pecuniaria è elevata fino al doppio dell'ammontare del vantaggio ottenuto, purché tale ammontare sia determinabile (6).

(1) *Rubrica sostituita dall'art. 24, comma 1, lett.* c), *n. 1, d.l. 18 ottobre 2012, n. 179, conv., con modif., in l. 17 dicembre 2012, n. 221.*

(2) *Articolo inserito dall'art. 9, comma 2, l. 18 aprile 2005, n. 62 (Legge comunitaria 2004).*

(3) *Articolo dichiarato* costituzionalmente illegittimo *nel testo originariamente introdotto dall'art. 9, comma 2, lett.* b), *l. 18 aprile 2005, n. 62* « nella parte in cui si applica anche alla persona fisica che si sia rifiutata di fornire alla CONSOB risposte che possano far emergere la sua responsabilità per un illecito passibile di sanzioni amministrative di carattere punitivo, ovvero per un reato » *(Corte cost. 30 aprile 2021, n. 84); con la medesima sentenza, la Corte costituzionale ha dichiarato, in via consequenziale, ai sensi dell'art. 27 l. 11 marzo 1953, n. 87,* l'illegittimità costituzionale *del presente articolo, nel testo modificato dall'art. 24, comma 1, lett.* c), *d.l. 18 ottobre 2012, n. 179, conv., con modif., in l. 17 dicembre 2012, n. 221,* « nella parte in cui si applica anche alla persona fisica che si sia rifiutata di fornire alla Banca d'Italia o alla CONSOB risposte che possano far emergere la sua responsabilità per un illecito passibile di sanzioni amministrative di carattere punitivo, ovvero per un reato »; *infine, con la medesima sentenza, la Corte costituzionale ha dichiarato, in via consequenziale, ai sensi dell'art. 27 l. 11 marzo 1953, n. 87,* l'illegittimità costituzionale *del presente articolo, nel testo modificato dall'art. 5, comma 3, d.lgs. 3 agosto 2017, n. 129,* « nella parte in cui si applica anche alla persona fisica che si sia rifiutata di fornire alla Banca d'Italia o alla CONSOB risposte che possano far emergere la sua responsabilità per un illecito passibile di sanzioni amministrative di carattere punitivo, ovvero per un reato ».

(4) *L'importo della sanzione amministrativa prevista dal presente comma è così elevato a norma dell'art. 39, comma 3, l. 28 dicembre 2005, n. 262.*

(5) *Comma così sostituito dall'art. 5, comma 3, lett.* a), *d.lgs. 3 agosto 2017, n. 129. V. l'art. 10, commi 1 e 2, d.lgs. n. 129, cit., ai sensi dei quali:* « *1. Il presente decreto entra in vigore il giorno successivo a quello della sua pubblicazione nella Gazzetta Ufficiale della Repubblica italiana. - 2. Le disposizioni del decreto legislativo 24 febbraio 1998, n. 58, modificate dal presente decreto, si applicano dal 3 gennaio 2018, fatto salvo quanto diversamente previsto dall'articolo 93 della direttiva 2014/65/UE, con riferimento dell'articolo 65, paragrafo 2, della direttiva medesima, le cui disposizioni attuative si applicano dal 3 settembre 2019, e dall'articolo 55 del regolamento (UE) n. 600/2014, e successive modificazioni, nonché dal comma 3. Fino alle predette date continuano ad applicarsi le disposizioni in vigore il giorno precedente alla data di entrata in vigore del presente decreto legislativo. Fermo restando quanto previsto dalle disposizioni dell'Unione europea direttamente applicabili, le disposizioni emanate dalla Banca d'Italia e dalla Consob, anche congiuntamente, ai sensi di disposizioni del decreto legislativo 24 febbraio 1998, n. 58, abrogate o modifi-*

*cate dal presente decreto, continuano a essere applicate fino alla data di entrata in vigore dei provvedimenti emanati dalla Banca d'Italia o dalla Consob nelle corrispondenti materie. La Banca d'Italia e la Consob adottano tali provvedimenti entro centottanta giorni dalla data di entrata in vigore del presente decreto. Al fine di garantire il coordinamento dell'esercizio delle funzioni di vigilanza nell'ambito delle rispettive competenze, continua ad applicarsi, fino alla data della sua revisione, il protocollo d'intesa stipulato dalla Consob e dalla Banca d'Italia in data 31 ottobre 2007 ai sensi dell'articolo 5, comma 5-*bis*, del decreto legislativo 24 febbraio 1998, n. 58, nel testo vigente prima della data di entrata in vigore del presente decreto. Al fine di assicurare il rispetto delle disposizioni attuative, emanate ai sensi delle norme abrogate o sostituite dal presente decreto, che continuano ad applicarsi, ai sensi del periodo precedente, la Banca d'Italia e la Consob, per la fase transitoria, conservano tutti i poteri previsti dal decreto legislativo 24 febbraio 1998, n. 58, previgente alla data di entrata in vigore del presente decreto ». Il testo del comma, come modificato dall'art. 24, comma 1, lett.* c), *n. 2, d.l. n. 179, cit., era il seguente:* « 1. Fuori dai casi previsti dall'articolo 2638 del codice civile, chiunque non ottempera nei termini alle richieste della Banca d'Italia e della CONSOB ovvero ritarda l'esercizio delle sue funzioni è punito con la sanzione amministrativa pecuniaria da euro cinquantamila ad euro un milione ».

(6) *Comma aggiunto dall'art. 5, comma 3, lett.* b) *d.lgs. n. 129, cit. V. nota 4 per la disciplina di applicazione di cui all'art. 10 del medesimo d.lgs.*

194-*bis* Criteri per la determinazione delle sanzioni (1).

1. Nella determinazione del tipo, della durata e dell'ammontare delle sanzioni previste dal presente decreto, la Banca d'Italia o la Consob considerano ogni circostanza rilevante e, in particolare, tenuto conto del fatto che il destinatario della sanzione sia persona fisica o giuridica, le seguenti, ove pertinenti (2):

a) gravità e durata della violazione;

b) grado di responsabilità;

c) capacità finanziaria del responsabile della violazione;

d) entità del vantaggio ottenuto o delle perdite evitate attraverso la violazione, nella misura in cui essa sia determinabile;

e) pregiudizi cagionati a terzi attraverso la violazione, nella misura in cui il loro ammontare sia determinabile;

f) livello di cooperazione del responsabile della violazione con la Banca d'Italia o la Consob;

g) precedenti violazioni in materia bancaria o finanziaria commesse da parte del medesimo soggetto;

g-bis) la criticità dell'indice di riferimento per la stabilità finanziaria (3);

h) potenziali conseguenze sistemiche della violazione.

h-bis) misure adottate dal responsabile della violazione, successivamente alla violazione stessa, al fine di evitare, in futuro, il suo ripetersi (4).

(1) *Articolo inserito dall'art. 5, comma 14, d.lgs. 12 maggio 2015, n. 72.*

(2) *Alinea modificato dall'art. 1, comma 11, del d.lgs. 15 febbraio 2016 n. 25 e successivamente dall'art. 1, comma 1, lett.* i), *n. 1), d.lgs. 18 aprile 2016, n. 71.*

(3) *Lettera inserita dall'art. 2, comma 4, d.lgs. 13 febbraio 2019, n. 19.*

(4) *Lettera aggiunta dall'art. 1, comma 1, lett.* i), *n. 2), d.lgs. 18 aprile 2016, n. 71.*

194-*quater* Ordine di porre termine alle violazioni (1).

1. Quando le violazioni sono connotate da scarsa offensività o pericolosità, nei confronti delle società o degli enti interessati, può essere applicata, in alternativa alle sanzioni amministrative pecuniarie, una sanzione consistente nell'ordine di eliminare le infrazioni contestate, anche indicando le misure da adottare e il termine per l'adempimento, nel caso di inosservanza:

a) delle norme previste dagli articoli 4-*undecies*; 6; 12; 21; 33, comma 4; 35-*decies*; 67-*ter*; 68, commi 1 e 2; 68-quater, commi 2 e 3; 98-*ter*, commi 2 e 3, e delle relative disposizioni attuative (2);

b) delle disposizioni generali o particolari emanate dalla Consob ai sensi dell'articolo 98-*quater*;

c) delle norme richiamate dall'articolo 63, paragrafo 1, del regolamento (UE) n. 909/2014 e delle relative disposizioni attuative;

c-bis) delle norme del regolamento (UE) n. 600/2014 richiamate dall'articolo 70, paragrafo 3, lettera *b*), della direttiva 2014/65/UE e delle relative disposizioni attuative (3).

c-ter) dell'articolo 59, paragrafi 2, 3 e 5, del regolamento (UE) n. 1031/2010 e delle relative disposizioni di attuazione, richiamate dall'articolo 190, comma 2-*quater* (4);

c-quater) delle norme del regolamento (UE) n. 648/2012 e del regolamento (UE) 2015/2365 richiamate dall'articolo 193-quater, commi 1, 1-*bis* e 1-*ter* (5);

c-quinquies) delle norme del regolamento (UE) 2016/1011 richiamate dall'articolo 190-*bis*.1, commi 1 e 3 (6);

c-sexies) delle norme previste dagli articoli 124-quinquies, 124-*sexies*, 124-*septies*, 124-*octies* e delle relative disposizioni attuative (7).

c-septies) delle disposizioni richiamate dall'articolo 191, commi 1, 4 e 5 (8).

c-octies) delle norme del regolamento (UE) 2019/2033 richiamate dall'articolo 194-*ter*.1 e delle relative disposizioni attuative (9);

c-novies) delle norme del regolamento (UE) n. 575/2013 richiamate dall'articolo 194-*ter* e delle relative disposizioni attuative. (9)

2. Per l'inosservanza dell'ordine entro il termine stabilito si applica la sanzione amministrativa pecuniaria prevista per la violazione originariamente contestata aumentata fino ad un terzo.

(1) *Articolo inserito dall'articolo 5, comma 14, d.lgs. 12 maggio 2015, n. 72, successivamente modificato dall'art. 1, comma 12, d.lgs. 15 febbraio 2016 n. 25, dall'art. 1, comma 1, lett.* l), *d.lgs. 18 aprile 2016, n. 71, e da ultimo sostituito dall'art. 3, comma 7, d.lgs. 12 agosto 2016, n. 176.*

(2) *Lettera così sostituita dall'art. 5, comma 24, lett.* c), *d.lgs. 3 agosto 2017, n. 129, a decorrere dal 26 agosto 2017, ai sensi di quanto disposto dall'art. 10, comma 1, del medesimo d.lgs. n. 129/2017; per l'applicabilità di tale disposizione v. l'art. 10, co. 13, d.lgs. n. 129/2017 ai sensi del quale « Le modifiche apportate dal presente decreto alla parte V del decreto legislativo 24 febbraio 1998, n. 58, si applicano alle violazioni commesse a partire dal 3 gennaio 2018 ».*

(3) *Lettera aggiunta dall'art. 5, comma 24, lett.* d), *d.lgs. 3 agosto 2017, n. 129, a decorrere dal 26 agosto 2017, ai sensi di quanto disposto dall'art. 10, comma 1, del medesimo d.lgs. n. 129/2017; per l'applicabilità di tale disposizione v. l'art. 10, co. 13, d.lgs. n. 129/2017 sub nota 2.*

(4) *Lettera aggiunta dall'art. 13, comma 1, lett.* c), *l. 3 maggio 2019, n. 37 (Legge Europea 2018).*

(5) *Lettera aggiunta dall'art. 2, comma 5, d.lgs. 13 febbraio 2019, n. 19 e successivamente rinumerata dall'art. 45, comma 2, d.l. 30 aprile 2019, n. 34, conv., con modif., in l. 28 giugno 2019, n. 58.*

(6) *Lettera aggiunta dall'art. 2, comma 5, d.lgs. 13 febbraio 2019, n. 19 e successivamente rinumerata dall'art. 45, comma 2, d.l. 30 aprile 2019, n. 34, conv., con modif., in l. 28 giugno 2019, n. 58*

(7) *Lettera aggiunta dall'art. 4, comma 6, d.lgs. 10 maggio 2019, n. 49, a decorrere dal 10 giugno 2019, ai sensi di quanto disposto dall'art. 7, comma 1, del medesimo d.lgs. n. 49/2019.*

(8) *Lettera aggiunta dall'art. 4, comma 6 d.lgs. 2 febbraio 2021, n. 17, in vigore dall'11 marzo 2021.*

(9) *Lettera inserita dall'art. 1, comma, lett.* x), *n. 2 d.lgs. 5 novembre 2021, n. 201.*

195 Procedura sanzionatoria (1).

1. Le sanzioni amministrative previste nel presente titolo sono applicate dalla Banca d'Italia o dalla Consob, secondo le rispettive competenze, con provvedimento motivato, previa contestazione degli addebiti agli interessati, da effettuarsi entro centottanta giorni dall'accertamento ovvero entro trecentosessanta giorni se l'interessato risiede o ha la sede all'estero. I soggetti interessati possono, entro trenta giorni dalla contestazione, presentare deduzioni e chiedere un'audizione personale in sede di istruttoria, cui possono partecipare anche con l'assistenza di un avvocato (2).

1-*bis*. Ai fini dell'applicazione delle sanzioni amministrative pecuniarie previste dal presente titolo, per fatturato si intende il fatturato totale annuo della società o dell'ente, risultante dall'ultimo bilancio disponibile approvato dall'organo competente, così come definito dalle disposizioni attuative di cui all'articolo 196-*bis* (3).

2. Il procedimento sanzionatorio è retto dai principi del contraddittorio, della conoscenza degli atti istruttori, della verbalizzazione nonché della distinzione tra funzioni istruttorie e funzioni decisorie.

[3. Il provvedimento di applicazione delle sanzioni è pubblicato per estratto nel Bollettino della Banca d'Italia o della CONSOB. La Banca d'Italia o la CONSOB, tenuto conto della natura della violazione e degli interessi coinvolti, possono stabilire modalità ulteriori per dare pubblicità al provvedimento, ponendo le relative spese a carico dell'autore della violazione, ovvero escludere la pubblicità del provvedimento, quando la stessa possa mettere gravemente a rischio i mercati finanziari o arrecare un danno sproporzionato alle parti (4).] (5)

4. Avverso il provvedimento che applica la sanzione è ammesso ricorso alla corte d'appello del luogo in cui ha sede la società o l'ente cui appartiene l'autore della violazione ovvero, nei casi in cui tale criterio non sia applicabile, del luogo in cui la violazione è stata commessa. Il ricorso è notificato, a pena di decadenza, all'Autorità che ha emesso il provvedimento nel termine di trenta giorni dalla comunicazione del provvedimento impugnato, ovvero sessanta giorni se il ricorrente risiede all'estero, ed è depositato in cancelleria, unitamente ai documenti offerti in comunicazione, nel termine perentorio di trenta giorni dalla notifica (6) (7).

5. L'opposizione non sospende l'esecuzione del provvedimento. La corte d'appello, se ricorrono gravi motivi, può disporre la sospensione con ordinanza non impugnabile (7) (8).

6. Il Presidente della corte d'appello designa il giudice relatore e fissa con decreto l'udienza pubblica per la discussione dell'opposizione. Il decreto è notificato alle parti a cura della cancelleria almeno sessanta giorni prima dell'udienza. L'Autorità deposita memorie e documenti nel termine di dieci giorni prima dell'udienza. Se alla prima udienza l'opponente non si presenta senza addurre alcun legittimo impedimento, il giudice, con ordinanza ricorribile per Cassazione, dichiara il ricorso improcedibile, ponendo a carico dell'opponente le spese del procedimento (7) (9).

7. All'udienza la corte d'appello dispone, anche d'ufficio, i mezzi di prova che ritiene necessari, nonché l'audizione personale delle parti che ne abbiano fatto richiesta. Successivamente le parti procedono alla discussione orale della causa. La sentenza è depositata in cancelleria entro sessanta giorni. Quando almeno una delle parti manifesta l'interesse alla pubblicazione anticipata del dispositivo rispetto alla sentenza, il dispositivo è pubblicato mediante deposito in cancelleria non oltre sette giorni dall'udienza di discussione (7) (10).

7-*bis*. Con la sentenza la corte d'appello può rigettare l'opposizione, ponendo a carico dell'opponente le spese del procedimento o accoglierla, annullando in tutto o in parte il provvedimento o riducendo l'ammontare o la durata della sanzione (11).

8. Copia della sentenza è trasmessa, a cura della cancelleria della corte d'appello, all'Autorità che ha emesso il provvedimento, anche ai fini della pubblicazione prevista dall'articolo 195-*bis* (7)(12).

9. Le società e gli enti ai quali appartengono gli autori delle violazioni rispondono, in solido con questi, del pagamento della sanzione e delle spese di pubblicità previste dal secondo periodo del comma 3 e sono tenuti ad esercitare il diritto di regresso verso i responsabili.] (13) (14).

(1) *Articolo sostituito dall'art. 9, comma 2, l. 18 aprile 2005, n. 62 (Legge comunitaria 2004).*

(2) *Comma dapprima modificato dall'art. 16 d.lgs. 17 settembre 2007, n. 164, con la decorrenza indicata nell'art. 19 dello stesso decreto, e successivamente così sostituito dall'art. 5, comma 15, lett.* a), *d.lgs. 12 maggio 2015, n. 72.*

(3) *Comma inserito dall'art. 5, comma 27, d.lgs. 3 agosto 2017, n. 129, a decorrere dal 26 agosto 2017, ai sensi di quanto disposto dall'art. 10, comma 1, del medesimo d.lgs. n. 129/2017; per l'applicabilità di tale disposizione v. l'art. 10, comma 13, d.lgs. n. 129/2017, ai sensi del quale « le modifiche apportate dal presente decreto alla parte V del decreto legislativo 24 febbraio 1998, n. 58, si applicano alle violazioni commesse a partire dal 3 gennaio 2018 »*

(4) *Comma modificato dall'art. 16 d.lgs. 17 settembre 2007, n. 164, con la decorrenza indicata nell'articolo 19 dello stesso decreto.*

(5) *Comma abrogato dall'art. 5, comma 2, lett.* b), *d.lgs. 12 maggio 2015, n. 72.*

(6) *Comma, da ultimo, così sostituito dall'art. 5, comma 2, lett.* c), *d.lgs. 12 maggio 2015, n. 72. V. anche, alla nota successiva, quanto era stato disposto l'art. 4, comma 1, n. 19), dell'Allegato 4 al d.lgs. 2 luglio 2010, n. 104. In precedenza il comma era stato modificato dall'art. 16 del d.lgs. 17 settembre 2007, n. 164, con la decorrenza indicata nell'articolo 19 dello stesso decreto, e successivamente dall'art. 1, comma 25, d.lgs. 17 luglio 2009, n. 101.*

(7) *L'art. 4, comma 1, n. 19), dell'Allegato 4 al d.lgs. 2 luglio 2010, n. 104 aveva disposto l'abrogazione dei commi da 4 a 8, ma successivamente la Corte Costituzionale, con sentenza 27 giugno 2012, n. 162, ha dichiarato* l'illegittimità costituzionale *del suddetto n. 19) del comma 1 dell'art. 4 dell'Allegato 4 al d.lgs. n. 104 del 2010, cit. L'art. 3, comma 1, del d.lgs. 14 settembre 2012, n. 160, ha poi soppresso il n. 19) del comma 1 dell'art. 4 dell'Allegato 4 al d.lgs n. 104 del 2010, cit. La Corte Costituzionale, con sentenza 15 aprile 2014, n. 94, ha altresì dichiarato* l'illegittimità costituzionale *del n. 19) del comma 1 dell'art. 4 dell'Allegato 4 al d.lgs. n. 104 del 2010, cit., nella parte in cui abroga i commi da 4 a 8 del presente art. 195.*

(8) *Comma, da ultimo, così sostituito dall'art. 5, comma 2, lett.* d), *d.lgs. 12 maggio 2015, n. 72.*

(9) *Comma, da ultimo, così sostituito dall'art. 5, comma 2, lett.* e), *d.lgs. 12 maggio 2015, n. 72.*

(10) *Comma, da ultimo, così sostituito dall'art. 5, comma 2, lett.* f), *d.lgs. 12 maggio 2015, n. 72.*

(11) *Comma inserito dall'articolo 5, comma 2, lett.* g), *d.lgs. 12 maggio 2015, n. 72.*

(12) *Comma, da ultimo, così sostituito dall'art. 5, comma 2, lett.* h), *d.lgs. 12 maggio 2015, n. 72.*

(13) *Comma abrogato dall'art. 5, comma 2, lett.* i), *d.lgs. 12 maggio 2015, n. 72.*

(14) *Per il procedimento sanzionatorio della Consob vedi in origine il regolamento contenente « Disposizioni organizzative e procedurali relative all'applicazione di sanzioni amministrative e istituzione dell'Ufficio Sanzioni Amministrative », approvato dalla Consob con delibera n. 15086 del 21 giugno 2005, poi sostituito dal « Regolamento sul procedimento sanzionatorio della Consob, ai sensi dell'articolo 24 della legge 28 dicembre 2005, n. 262 e successive modificazioni », approvato con delibera n. 18750 del 19 dicembre 2013.*

195-*bis* Pubblicazione delle sanzioni (1).

1. Il provvedimento di applicazione delle sanzioni previste dal presente decreto è pubblicato senza ritardo e per estratto nel sito internet della Banca d'Italia o [nel Bollettino] della Consob, in conformità alla normativa europea di riferimento. Nel caso in cui avverso il provvedimento di applicazione della sanzione sia adita l'autorità giudiziaria, la Banca d'Italia o la Consob menzionano l'avvio dell'azione giudiziaria e l'esito della stessa a margine della pubblicazione. La Banca d'Italia o la Consob, tenuto conto della natura della violazione e degli interessi coinvolti, possono stabilire modalità ulteriori per dare pubblicità al provvedimento, ponendo le relative spese a carico dell'autore della violazione [, ovvero escludere la pubblicità del provvedimento, quando la stessa possa mettere gravemente a rischio i mercati finanziari o arrecare un danno sproporzionato alle parti] (2).

2. Nel provvedimento di applicazione della sanzione, la Banca d'Italia o la Consob dispongono la pubblicazione in forma anonima del provvedimento sanzionatorio quando quella ordinaria:

a) abbia ad oggetto dati personali ai sensi regolamento (UE) 2016/679 del Parlamento europeo e del Consiglio, del 27 aprile 2016 (3), la cui pubblicazione appaia sproporzionata rispetto alla violazione sanzionata;

b) possa comportare rischi per la stabilità dei mercati finanziari o pregiudicare lo svolgimento di un'indagine penale in corso;

c) possa causare un danno sproporzionato ai soggetti coinvolti, purché tale danno sia determinabile.

3. Se le situazioni descritte nel comma 2 hanno carattere temporaneo, la pubblicazione può essere rimandata ed effettuata quando dette esigenze sono venute meno.

3-*bis*. La Banca d'Italia o la Consob possono escludere la pubblicità del provvedimento sanzionatorio, se consentito dal diritto dell'Unione europea, nel caso in cui le opzioni stabilite dai commi 2 e 3 siano ritenute insufficienti ad assicurare:

a) che la stabilità dei mercati finanziari non sia messa a rischio;

b) la proporzionalità della pubblicazione delle decisioni rispetto all'irrogazione della sanzione prevista dall'articolo 194-*quater* (4).

(1) *Articolo inserito dall'art. 5, comma 16, d.lgs. 12 maggio 2015, n. 72.*

(2) *Comma modificato dall'art. 1, comma 14, d.lgs. 15 febbraio 2016 n. 25 e successivamente dall'art. 1, comma 1, lett.* n), *n. 1), d.lgs. 18 aprile 2016, n. 71.*

(3) *Le parole « regolamento (UE) 2016/679 del Parlamento europeo e del Consiglio, del 27 aprile 2016 » sono state sostituite alle parole « del decreto legislativo 30 giugno 2003, n. 196 » dall'art. 4, comma 9 d.lgs. 2 febbraio 2021, n. 17, in vigore dall'11 marzo 2021.*

(4) *Comma aggiunto dall'art. 1, comma 1, lett.* n), *n. 2), d.lgs. 18 aprile 2016, n. 71 e successivamente modificato dall'art. 3, comma 10, d.lgs. 12 agosto 2016, n. 176.*

196 Sanzioni applicabili ai consulenti finanziari (1).

1. I soggetti iscritti all'albo di cui all'articolo 31, comma 4 (2) che violano le norme del presente decreto o le disposizioni generali o particolari emanate [dalla CONSOB] in forza di esso, sono puniti, in base alla gravità della violazione e tenuto conto dell'eventuale recidiva, con una delle seguenti sanzioni (3):

a) richiamo scritto;

b) sanzione amministrativa pecuniaria da lire cinque milioni a lire duecentocinquanta milioni (4);

c) sospensione da uno a quattro mesi dall'albo;

d) radiazione dall'albo.

2. Il procedimento sanzionatorio è retto dai principi del contraddittorio, della conoscenza degli atti istruttori, della verbalizzazione nonché della distinzione tra funzioni istruttorie e funzioni decisorie. Le sanzioni sono applicate dall'Organismo di vigilanza e tenuta dell'albo unico dei consulenti finanziari previsto dall'articolo 31, comma 4, con provvedimento motivato, previa contestazione degli addebiti agli interessati, da effettuarsi entro centottanta giorni dall'accertamento ovvero entro trecentossessanta giorni se l'interessato risiede o ha la sede all'estero, e valutate le deduzioni da essi presentate nei successivi trenta giorni. Nello stesso termine gli interessati possono altresì chiedere di essere sentiti personalmente (5).

[3. Alle sanzioni previste dal presente articolo si applicano le disposizioni contenute nella legge 24 novembre 1981, n. 689, a eccezione dell'articolo 16] (6).

4. Le società che si avvalgono dei responsabili delle violazioni rispondono, in solido con essi, del pagamento delle sanzioni pecuniarie e sono tenute a esercitare il regresso verso i responsabili.

4-*bis*. Avverso le decisioni adottate ai sensi del comma 1 dall'Organismo di vigilanza e tenuta dell'albo unico dei consulenti finanziari è ammesso ricorso dinanzi alla Corte d'Appello. Si applicano i commi 4, 5, 6, 7, 7-*bis* e 8 dell'articolo 195 (7).

(1) *Rubrica modificata dall'art. 1, comma 39, l. 28 dicembre 2015, n. 208 e successivamente sostituita dall'art. 5, comma 31, lett.* a), *d.lgs. 3 agosto 2017, n. 129. Per l'applicazione, v. l'art. 10, comma 2, del d.lgs. 129/2017 medesimo ai sensi del quale « le modifiche apportate dal presente decreto alla parte V del decreto legislativo 24 febbraio 1998, n. 58, si applicano alle violazioni commesse a partire dal 3 gennaio 2018 ».*

(2) *L'art. 31, comma 4, prevede che*: « 4. È istituito l'albo unico dei consulenti finanziari, nel quale sono iscritti in tre distinte sezioni i consulenti finanziari abilitati all'offerta fuori sede, i consulenti finanziari autonomi e le società di consulenza finanziaria. Alla tenuta dell'albo provvede l'Organismo di vigilanza e tenuta dell'albo unico dei consulenti finanziari che è costituito dalle associazioni professionali rappresentative dei consulenti finanziari abilitati all'offerta fuori sede, dei consulenti finanziari autonomi, delle società di consulenza finanziaria e dei soggetti abilitati. Alle riunioni dell'assemblea dell'Organismo può assistere un rappresentante della Consob. L'Organismo ha personalità giuridica ed è ordinato in forma di associazione, con autonomia organizzativa e statutaria, nel rispetto del principio di

articolazione territoriale delle proprie strutture e attività. L'Organismo esercita i poteri cautelari di cui all'articolo 7-septies e i poteri sanzionatori di cui all'articolo 196. I provvedimenti dell'Organismo sono pubblicati sul proprio sito internet. Lo statuto e il regolamento interno dell'Organismo, e le loro successive modifiche, sono trasmessi al Ministero dell'economia e delle finanze per l'approvazione, sentita la Consob. Il Ministero dell'economia e delle finanze nomina il Presidente del collegio sindacale dell'Organismo. Nell'ambito della propria autonomia finanziaria l'Organismo determina e riscuote i contributi e le altre somme dovute dagli iscritti, dai richiedenti l'iscrizione e da coloro che intendono sostenere la prova valutativa di cui al comma 5, nella misura necessaria per garantire lo svolgimento delle proprie attività. Il provvedimento con cui l'Organismo ingiunge il pagamento dei contributi dovuti ha efficacia di titolo esecutivo. Decorso inutilmente il termine fissato per il pagamento, l'Organismo procede alla esazione delle somme dovute in base alle norme previste per la riscossione, mediante ruolo, delle entrate dello Stato, degli enti territoriali, degli enti pubblici e previdenziali. Esso provvede all'iscrizione all'albo, previa verifica dei necessari requisiti, alla cancellazione dall'albo nelle ipotesi stabilite dalla Consob con il regolamento di cui al comma 6, e svolge ogni altra attività necessaria per la tenuta dell'albo. L'Organismo opera nel rispetto dei principi e dei criteri stabiliti con regolamento della Consob, e sotto la vigilanza della medesima. All'Organismo, nell'esercizio dell'attività di vigilanza sui soggetti iscritti all'albo, si applica il regime di responsabilità previsto per l'esercizio delle funzioni di controllo da parte della Consob ai sensi dell'articolo 24, comma 6-*bis*, della legge 28 dicembre 2005, n. 262".

*Ai sensi dell'art. 1, comma 36, l. n. 208/2015: « Le funzioni di vigilanza sui promotori finanziari attribuite alla CONSOB dal testo unico delle disposizioni in materia di intermediazione finanziaria, di cui al decreto legislativo 24 febbraio 1998, n. 58, di seguito denominato « decreto legislativo n. 58 del 1998 », sono trasferite all'organismo di cui all'articolo 31, comma 4, del predetto decreto legislativo, che assume anche le funzioni dell'organismo di cui agli articoli 18-*bis*, comma 6, e 18-*ter*, comma 3, del medesimo decreto legislativo nonché la denominazione di « organismo di vigilanza e tenuta dell'albo unico dei consulenti finanziari ». Tale organismo opera nel rispetto dei princìpi e dei criteri stabiliti dalla CONSOB con proprio regolamento e sotto la vigilanza della medesima. I riferimenti all'organismo di tenuta dell'albo dei consulenti finanziari nonché alla CONSOB, contenuti negli articoli 18-*bis*, comma 6, 31, comma 7, 55 e 196, comma 2, del decreto legislativo n. 58 del 1998, si intendono sostituiti da riferimenti all'organismo di cui al primo periodo del presente comma. I commi 2, 3, 4 e 5 dell'articolo 18-*bis* del decreto legislativo n. 58 del 1998 sono abrogati. Resta ferma la vigente regolamentazione degli obblighi previdenziali degli iscritti all'albo di cui al citato articolo 31, comma 4, del decreto legislativo n. 58 del 1998 ».*

(3) *Alinea modificato dall'art. 1, comma 39, l. 28 dicembre 2015, n. 208, e successivamente dall'art. 5, comma 31, lett.* b), *d.lgs. 3 agosto 2017, n. 129. Per l'applicazione, v. l'art. 10, comma 2, d.lgs. 129/2017 medesimo,* sub *nota 1.*

(4) *L'importo della sanzione amministrativa prevista dal presente comma è così elevato a norma dell'articolo 39, comma 3, l. 28 dicembre 2005, n. 262.*

(5) *Comma dapprima modificato dall'art. 1, comma 26, d.lgs. 17 luglio 2009, n. 101 e da ultimo sostituito dall'art. 5, comma 31, lett.* c), *d.lgs. 3 agosto 2017, n. 129. Per l'applicazione, v. l'art. 10, comma 2, d.lgs. medesimo,* sub *nota 1.*

A norma dell'art. 1, comma 36, l. 28 dicembre 2015, n. 208 (cfr. nota 2), i riferimenti all'organismo di tenuta dell'albo dei consulenti finanziari nonché alla CONSOB, contenuto nel presente comma, si intendono sostituiti da riferimenti all'organismo di cui al primo periodo del citato comma 36.

(6) *Comma abrogato dall'art. 5, comma 31, lett.* d), *d.lgs. 3 agosto 2017, n. 129. Per l'applicazione, v. l'art. 10, comma 2, del d.lgs. medesimo,* sub *nota 1.*

(7) *Comma aggiunto dall'art. 5, comma 31, lett.* e), *d.lgs. 3 agosto 2017, n. 129. Per l'applicazione, v. l'art. 10, comma 2, del d.lgs. medesimo,* sub *nota 1.*

69. Legge 28 dicembre 2005, n. 262. — Disposizioni per la tutela del risparmio e la disciplina dei mercati finanziari. (*estratto*).

Pubblicata nella Gazzetta Ufficiale n. 301 del 28 dicembre 2005, S.O. n. 208.

1-18 (*Omissis*).

TITOLO IV
Disposizioni concernenti le autorità di vigilanza

CAPO I
Principi di organizzazione e rapporti fra le autorità

19 Banca d'Italia.

1. La Banca d'Italia è parte integrante del Sistema europeo di banche centrali ed agisce secondo gli indirizzi e le istruzioni della Banca centrale europea (1).

2. La Banca d'Italia è istituto di diritto pubblico.

3. Le disposizioni normative nazionali, di rango primario e secondario, assicurano alla Banca d'Italia ed ai componenti dei suoi organi l'indipendenza richiesta dalla normativa comunitaria per il migliore esercizio dei poteri attribuiti nonché per l'assolvimento dei compiti e dei doveri spettanti.

4. La Banca d'Italia, nell'esercizio delle proprie funzioni e con particolare riferimento a quelle di vigilanza, opera nel rispetto del principio di trasparenza, naturale complemento dell'indipendenza dell'autorità di vigilanza. Trasmette al Parlamento e al Governo, entro il 30 giugno di ciascun anno, una relazione sull'attività svolta nell'anno precedente (2).

5. Gli atti emessi dagli organi della Banca d'Italia hanno forma scritta e sono motivati, secondo quanto previsto dal secondo periodo del comma 1 dell'articolo 3 della legge 7 agosto 1990, n. 241. Delle riunioni degli organi collegiali viene redatto apposito verbale.

6. La competenza ad adottare i provvedimenti aventi rilevanza esterna rientranti nella competenza del governatore e quella relativa agli atti adottati su sua delega sono trasferite al direttorio. Agli atti del direttorio si applica quanto previsto dal comma 5. Le deliberazioni del direttorio sono adottate a maggioranza; in caso di parità dei voti prevale il voto del governatore. La disposizione contenuta nel primo periodo non si applica, comunque, alle decisioni rientranti nelle attribuzioni del Sistema europeo di banche centrali.

7. Il governatore dura in carica sei anni, con la possibilità di un solo rinnovo del mandato. Gli altri membri del direttorio durano in carica sei anni, con la possibilità di un solo rinnovo del mandato. In sede di prima applicazione i membri del direttorio diversi dal governatore cessano dalla carica secondo una articolazione delle scadenze disciplinata dallo statuto dell'Istituto, compresa in un periodo comunque non superiore ai cinque anni.

8. La nomina del governatore è disposta con decreto del Presidente della Repubblica, su proposta del Pre-

sidente del Consiglio dei ministri, previa deliberazione del Consiglio dei ministri, sentito il parere del Consiglio superiore della Banca d'Italia. Il procedimento previsto dal presente comma si applica anche, nei casi previsti dall'articolo 14.2 del Protocollo sullo statuto del Sistema europeo di banche centrali e della Banca centrale europea, per la revoca del governatore. Le disposizioni del presente comma e del primo periodo del comma 7 entrano in vigore alla data di pubblicazione della presente legge nella Gazzetta Ufficiale.

9. Lo statuto della Banca d'Italia è adeguato alle disposizioni contenute nei commi da 1 a 7 entro due mesi dalla data di entrata in vigore della presente legge, con le modalità stabilite dal comma 2 dell'articolo 10 del decreto legislativo 10 marzo 1998, n. 43. Entro il medesimo termine lo statuto della Banca d'Italia è adeguato ridefinendo le competenze del Consiglio superiore in modo tale da attribuire allo stesso anche funzioni di vigilanza e controllo all'interno della Banca d'Italia. Le istruzioni di vigilanza sono adeguate alle disposizioni contenute nei commi da 1 a 8 entro dodici mesi dalla data di entrata in vigore della presente legge (3).

10. [Con regolamento da adottare ai sensi dell'articolo 17 della legge 23 agosto 1988, n. 400, è ridefinito l'assetto proprietario della Banca d'Italia, e sono disciplinate le modalità di trasferimento, entro tre anni dalla data di entrata in vigore della presente legge, delle quote di partecipazione al capitale della Banca d'Italia in possesso di soggetti diversi dallo Stato o da altri enti pubblici] (4)

11. I commi 2, 3 e 6 dell'articolo 20 della legge 10 ottobre 1990, n. 287, sono abrogati.

[12. Per le operazioni di acquisizione di cui all'articolo 19 del testo unico di cui al decreto legislativo 1° settembre 1993, n. 385, e per le operazioni di concentrazione ai sensi dell'articolo 6 della legge 10 ottobre 1990, n. 287, che riguardano banche sono necessarie sia l'autorizzazione della Banca d'Italia, ai sensi del citato articolo 19 del testo unico di cui al decreto legislativo 1° settembre 1993, n. 385, per le valutazioni di sana e prudente gestione, sia l'autorizzazione dell'Autorità garante della concorrenza e del mercato di cui all'articolo 10 della citata legge n. 287 del 1990, ai sensi dell'articolo 6, comma 2, della medesima legge, ovvero il nulla osta della stessa a seguito delle valutazioni relative all'assetto concorrenziale del mercato] (5).

[13. I provvedimenti delle Autorità di cui al comma 12 sono emanati con un unico atto, entro sessanta giorni dalla presentazione dell'istanza completa della documentazione occorrente. L'atto deve contenere le specifiche motivazioni relative alle finalità attribuite alle due Autorità] (4).

[14. Al fine di assicurare la funzionalità dell'attività amministrativa e di contenere gli oneri per i soggetti vigilati, le Autorità di cui al comma 12 si cordinano ai sensi dell'articolo 21] (5).

(1) *V. anche gli artt. 4 e 5 d.l. 23 novembre 2013, n. 133, conv., con modif., n l. 29 gennaio 2014 n. 5, che così dispongono: «* ***Art. 4*** *(Capitale della Banca d'Italia) 1. La Banca d'Italia, istituto di diritto pubblico, è la banca centrale della Repubblica italiana, è parte integrante del Sistema Europeo di Banche Centrali ed è autorità nazionale competente nel meccanismo di vigilanza unico di cui all'articolo 6 del Regolamento (UE) n. 1024/2013 del Consiglio del 15 ottobre 2013. È indipendente nell'esercizio dei suoi poteri e nella gestione delle sue finanze.*

2. La Banca d'Italia è autorizzata ad aumentare il proprio capitale mediante utilizzo delle riserve statutarie all'importo di euro 7.500.000.000; a seguito dell'aumento il capitale è rappresentato da quote nominative di partecipazione di nuova emissione, di euro 25.000 ciascuna.

3. Ai partecipanti possono essere distribuiti esclusivamente dividendi annuali, a valere sugli utili netti, per un importo non superiore al 6 per cento del capitale.

4. Le quote di partecipazione al capitale di cui al comma 2 possono appartenere solamente a:

a) *banche aventi sede legale e amministrazione centrale in Italia;*

b) *imprese di assicurazione e riassicurazione aventi sede legale e amministrazione centrale in Italia;*

c) *fondazioni di cui all'articolo 27 del decreto legislativo 17 maggio 1999, n. 153;*

d) *enti ed istituti di previdenza ed assicurazione aventi sede legale in Italia e fondi pensione istituiti ai sensi dell'articolo 4, comma 1, del decreto legislativo 5 dicembre 2005, n. 252.*

4-bis. *Nei casi in cui i soggetti di cui alle lettere* a) e b) *del comma 4 dovessero perdere il requisito di sede legale o di amministrazione centrale in Italia si dovrà procedere alla vendita delle quote a favore di un soggetto in possesso dei requisiti di territorialità richiesti ai sensi delle lettere* a) e b) *del comma 4. Fino alla vendita delle predette quote rimane sospeso il relativo diritto di voto.*

5. Ciascun partecipante non può possedere, direttamente o indirettamente, una quota del capitale superiore al 3 per cento. Ai fini del calcolo delle partecipazioni indirette si fa riferimento alle definizioni di controllo dettate dagli ordinamenti di settore dei quotisti. Per le quote possedute in eccesso non spetta il diritto di voto ed i relativi dividendi sono imputati alle riserve statutarie della Banca d'Italia.

6. La Banca d'Italia, al fine di favorire il rispetto dei limiti di partecipazione al proprio capitale fissati al comma 5, può acquistare temporaneamente le proprie quote di partecipazione e stipulare contratti aventi ad oggetto le medesime. Tali operazioni sono autorizzate dal Consiglio Superiore con il parere favorevole del Collegio Sindacale ed effettuate con i soggetti appartenenti alle categorie di cui al comma 4, con modalità tali da assicurare trasparenza, parità di trattamento e salvaguardia del patrimonio della Banca d'Italia, con riferimento al presumibile valore di realizzo. Per il periodo di tempo limitato in cui le quote restano nella disponibilità della Banca d'Italia, il relativo diritto di voto è sospeso e i dividendi sono imputati alle riserve statutarie della Banca d'Italia.

6-bis. *La Banca d'Italia riferisce annualmente alle Camere in merito alle operazioni di partecipazione al proprio capitale in base a quanto stabilito dal presente articolo.*

Art. 5 *(Organi della Banca d'Italia) 1. L'Assemblea dei partecipanti e il Consiglio Superiore della Banca d'Italia non hanno ingerenza nelle materie relative all'esercizio delle funzioni pubbliche attribuite dal Trattato sul funzionamento dell'Unione Europea, dallo Statuto del SEBC e della BCE, dalla normativa dell'Unione Europea e dalla legge alla Banca d'Italia o al Governatore per il perseguimento delle finalità istituzionali.*

2. Il Consiglio Superiore della Banca d'Italia si compone del Governatore e di 13 consiglieri, nominati nelle assemblee dei partecipanti presso le sedi della Banca, fra i candidati individuati da un comitato costituito all'interno dello stesso Consiglio tra persone che posseggano i requisiti di indipendenza, onorabilità e professionalità previsti dallo Statuto della Banca d'Italia »

V. Infine il Reg. (CE) 15/10/2013, n. 1024/2013 che attribuisce alla Banca centrale europea compiti specifici in merito alle politiche in materia di vigilanza prudenziale degli enti creditizi, di seguito riportato per estratto:

« Considerando

(1) Negli ultimi decenni l'Unione ha compiuto progressi considerevoli nella creazione di un mercato interno dei servizi bancari. Di conseguenza, in molti Stati membri una quota significativa del mercato è detenuta da gruppi bancari aventi sede in un altro Stato membro e gli enti creditizi hanno diversificato l'attività sul piano geografico, sia all'interno che all'esterno della zona euro.

(2) L'attuale crisi finanziaria ed economica ha mostrato che l'integrità della moneta unica e del mercato interno potrebbe essere minacciata dalla frammentazione del settore finanziario. È quindi essenziale intensificare l'integrazione della vigilanza bancaria al fine di rafforzare l'Unione, ripristinare la stabilità finanziaria e gettare le basi per la ripresa economica.

(3) Per rilanciare la crescita economica nell'Unione e per un adeguato finanziamento dell'economia reale è essenziale mantenere e approfondire il mercato interno dei servizi bancari, sfida che tuttavia si dimostra sempre più impegnativa. La realtà dei fatti indica che l'integrazione dei mercati bancari nell'Unione sta subendo una battuta di arresto.

(4) Nel contempo, l'esperienza maturata con la crisi finanziaria degli ultimi anni insegna che, oltre all'adozione di un quadro regolamentare rafforzato dell'Unione, le autorità di vigilanza devono intensificare

l'attività di controllo ed essere in grado di vigilare su mercati ed enti estremamente complessi e interconnessi.

(5) Nell'Unione la competenza a vigilare sui singoli enti creditizi resta principalmente a livello nazionale. Il coordinamento tra autorità di vigilanza è essenziale, ma la crisi ha dimostrato che il solo coordinamento non è sufficiente, in particolare nel contesto della moneta unica. Per preservare la stabilità finanziaria nell'Unione e aumentare gli effetti positivi sulla crescita e il benessere dell'integrazione dei mercati, è opportuno aumentare l'integrazione delle competenze di vigilanza. Ciò è particolarmente importante per garantire un controllo efficace e solido di un intero gruppo bancario e della sua salute complessiva e ridurrebbe il rischio di diverse interpretazioni e decisioni contraddittorie a livello del singolo ente.

(6) In molti casi la stabilità di un ente creditizio è ancora strettamente legata allo Stato membro in cui è stabilito. I dubbi sulla sostenibilità del debito pubblico, sulle prospettive di crescita economica e sulla solidità degli enti creditizi hanno alimentato tendenze di mercato che si rinforzano a vicenda, con possibili conseguenze in termini sia di rischi per la solidità di alcuni enti creditizi e la stabilità del sistema finanziario nella zona euro e nell'Unione nel suo complesso sia di imposizione di pesanti oneri a carico delle finanze pubbliche già in difficoltà degli Stati membri interessati.

(7) L'Autorità europea di vigilanza (Autorità bancaria europea) (ABE), istituita nel 2011 dal regolamento (UE) n. 1093/2010 del Parlamento europeo e del Consiglio, del 24 novembre 2010, che istituisce l'Autorità europea di vigilanza (Autorità bancaria europea), e il Sistema europeo di vigilanza finanziaria (SEVIF), istituito dall'articolo 2 dello stesso regolamento, e dall'articolo 2 del regolamento (UE) n. 1094/2010 del Parlamento europeo e del Consiglio, del 24 novembre 2010, che istituisce l'Autorità europea di vigilanza (Autorità europea delle assicurazioni e delle pensioni aziendali e professionali) (AEAP), e dall'articolo 2 del regolamento (UE) n. 1095/2010 del Parlamento europeo e del Consiglio, del 24 novembre 2010, che istituisce l'Autorità europea di vigilanza (Autorità europea degli strumenti finanziari e dei mercati) (AESFEM), hanno consentito di migliorare notevolmente la cooperazione tra le autorità di vigilanza bancaria nell'Unione. L'ABE contribuisce in modo rilevante alla definizione di un corpus unico di norme sui servizi finanziari nell'Unione e ha svolto un ruolo determinante nell'attuazione coerente della ricapitalizzazione di grandi enti creditizi dell'Unione decisa nell'ottobre 2011 dal vertice euro, conformemente agli orientamenti e alle condizioni in materia di aiuti di Stato adottati dalla Commissione.

(8) Il Parlamento europeo ha invitato a più riprese ad affidare ad un organo europeo la competenza diretta di alcuni compiti di vigilanza sugli istituti finanziari, a cominciare dalle risoluzioni sulla comunicazione della Commissione « Messa in atto del quadro di azione per i servizi finanziari: piano d'azione », del 13 aprile 2000 (4), e sulle norme di vigilanza prudenziale nell'Unione europea, del 21 novembre 2002 (5).

(9) Nelle conclusioni del 29 giugno 2012 il Consiglio europeo ha invitato il presidente del Consiglio europeo a sviluppare una tabella di marcia per la creazione di un'autentica unione economica e monetaria. Lo stesso giorno il vertice euro ha sottolineato che, una volta istituito, per le banche della zona euro, un efficace meccanismo di vigilanza unico con la partecipazione della Banca centrale europea (BCE), il meccanismo europeo di stabilità (MES) potrà, mediante decisione ordinaria, avere facoltà di ricapitalizzare direttamente gli istituti bancari, nel rispetto di adeguate condizioni, tra cui l'osservanza delle norme sugli aiuti di Stato.

(10) Il Consiglio europeo del 19 ottobre 2012 ha concluso che il processo di approfondimento dell'unione economica e monetaria dovrebbe essere basato sul quadro istituzionale e giuridico dell'Unione e improntato all'apertura e alla trasparenza nei confronti degli Stati membri la cui moneta non è l'euro, nonché dal rispetto dell'integrità del mercato interno. Il quadro finanziario integrato disporrà di un meccanismo di vigilanza unico che sarà aperto per quanto possibile a tutti gli Stati membri che desiderino aderirvi.

(11) È pertanto opportuno creare nell'Unione un'unione bancaria basata su un corpus unico di norme completo e dettagliato sui servizi finanziari per il mercato interno nel suo complesso e comprendente un meccanismo di vigilanza unico e nuovi quadri di garanzia dei depositi e di risoluzione delle crisi bancarie. Dati gli stretti legami e interconnessioni fra gli Stati membri la cui moneta è l'euro, è opportuno che l'unione bancaria si applichi almeno a tutti gli Stati membri della zona l'euro. Nella prospettiva di mantenere e approfondire il mercato interno, l'unione bancaria dovrebbe essere anche aperta, per quanto possibile sul piano istituzionale, alla partecipazione di altri Stati membri.

(12) Come primo passo verso un'unione bancaria, si dovrebbe assicurare, tramite un meccanismo di vigilanza unico, che la politica dell'Unione in materia di vigilanza prudenziale sugli enti creditizi sia attuata in maniera coerente ed efficace, che il corpus unico di norme sui servizi finanziari sia applicato nella stessa maniera agli enti creditizi in tutti gli Stati membri interessati e che tali enti creditizi siano sottoposti a una vigilanza ottimale sotto il profilo qualitativo e libera da considerazioni estranee all'ottica prudenziale. In particolare, il meccanismo di vigilanza unico (MVU) dovrebbe essere coerente con il funzionamento del mercato interno dei servizi finanziari e con la libera circolazione dei capitali. Un meccanismo di vigilanza unico costituisce il punto di partenza per le tappe successive dell'unione bancaria, a concretamento del principio secondo cui il MES potrà, mediante decisione ordinaria, avere facoltà di ricapitalizzare direttamente gli istituti bancari una volta istituito un efficace meccanismo di vigilanza unico. Il Consiglio europeo ha preso atto, nelle conclusioni del 13/14 dicembre 2012, che « In un contesto in cui la vigilanza bancaria è trasferita effettivamente ad un meccanismo di vigilanza unico sarà necessario un meccanismo di risoluzione unico, dotato dei poteri atti ad assicurare che qualsiasi banca in uno Stato membro partecipante possa essere assoggettata a risoluzione mediante gli strumenti opportuni » e che « il meccanismo di risoluzione unico dovrebbe basarsi sui contributi dello stesso settore finanziario e comprendere adeguate ed efficaci misure di sostegno. ».

(13) In quanto banca centrale della zona euro dotata di ampie competenze in materia macroeconomica e di stabilità finanziaria, la BCE è l'istituzione adatta ad assolvere compiti di vigilanza chiaramente definiti nell'ottica di tutelare la stabilità del sistema finanziario dell'Unione. Molte banche centrali, infatti, sono già responsabili per vigilanza bancaria. È quindi opportuno attribuire alla BCE compiti specifici in merito alle politiche che riguardano la vigilanza prudenziale degli enti creditizi negli Stati membri partecipanti.

(14) La BCE e le autorità competenti degli Stati membri che non sono Stati membri partecipanti (« Stati membri non partecipanti ») dovrebbero concludere un memorandum d'intesa che descriva in termini generali come intendono cooperare nell'esecuzione dei loro compiti di vigilanza ai sensi del diritto dell'Unione in relazione agli enti finanziari di cui al presente regolamento. Il memorandum d'intesa potrebbe tra l'altro chiarire la consultazione relativa alle decisioni della BCE che si ripercuotono su filiazioni o succursali stabilite in uno Stato membro non partecipante la cui impresa madre è stabilita in uno Stato membro partecipante, come pure la cooperazione in situazioni di emergenza, meccanismi di allerta rapida compresi in conformità delle procedure previste dal pertinente diritto dell'Unione. Il memorandum dovrebbe essere riesaminato periodicamente

(omissis)

Articolo 4 Compiti attribuiti alla BCE

1. Nel quadro dell'articolo 6, conformemente al paragrafo 3 del presente articolo la BCE ha competenza esclusiva nell'assolvimento dei compiti seguenti, a fini di vigilanza prudenziale, nei confronti di tutti gli enti creditizi stabiliti negli Stati membri partecipanti:

a) rilasciare e revocare l'autorizzazione agli enti creditizi fatto salvo l'articolo 14;

b) nei confronti degli enti creditizi stabiliti in uno Stato membro partecipante che desiderano aprire una succursale o prestare servizi transfrontalieri in uno Stato membro non partecipante, assolvere i compiti che incombono all'autorità competente dello Stato membro di origine in virtù del pertinente diritto dell'Unione;

c) valutare le notifiche di acquisizione e di cessione di partecipazioni qualificate in enti creditizi, tranne nel caso della risoluzione di una crisi bancaria, e fatto salvo l'articolo 15;

d) assicurare il rispetto degli atti di cui all'articolo 4, paragrafo 3, primo comma, che impongono agli enti creditizi requisiti prudenziali relativamente a requisiti in materia di fondi propri, cartolarizzazione, limiti ai grandi rischi, liquidità, leva finanziaria, segnalazione e informativa al pubblico delle informazioni su tali aspetti;

e) assicurare il rispetto degli atti di cui all'articolo 4, paragrafo 3, primo comma, che impongono agli enti creditizi requisiti che assicurino la presenza di solidi dispositivi di governo societario, compresi i requisiti di professionalità e onorabilità per le persone responsabili dell'amministrazione degli enti creditizi, di processi di gestione del rischio, di meccanismi di controllo interno, di politiche e prassi di remunerazione e di processi efficaci di valutazione dell'adeguatezza del capitale interno, compresi i modelli basati sui rating interni;

f) effettuare le valutazioni prudenziali comprese, se del caso in coordinamento con l'ABE, le prove di stress e la loro eventuale pubblicazione, per accertare se i dispositivi, le strategie, i processi e meccanismi instaurati dagli enti creditizi e i fondi propri da essi detenuti permettano una gestione solida e la copertura dei rischi e, alla luce di tale valutazione prudenziale, imporre agli enti creditizi obblighi specifici in materia di fondi propri aggiuntivi, specifici requisiti di informativa e di liquidità, nonché altre misure, ove specificamente contemplati dal pertinente diritto dell'Unione;

g) esercitare la vigilanza su base consolidata sulle imprese madri degli enti creditizi stabilite in uno degli Stati membri partecipanti, comprese le società di partecipazione finanziaria e le società di partecipazione finanziaria mista, e partecipare alla vigilanza su base consolidata, anche in collegi delle autorità di vigilanza, fatta salva la partecipazione delle autorità nazionali competenti a tali collegi in qualità di osservatori, sulle imprese madri non stabilite in uno degli Stati membri partecipanti;

h) partecipare alla vigilanza supplementare dei conglomerati finanziari in relazione agli enti creditizi che ne fanno parte e assumere i compiti di coordinatore quando la BCE è nominata coordinatore per un conglomerato finanziario conformemente ai criteri fissati nel pertinente diritto dell'Unione;

i) assolvere i compiti di vigilanza collegati ai piani di risanamento e alle misure di intervento precoce qualora un ente creditizio o gruppo nei cui confronti la BCE sia l'autorità di vigilanza su base consolidata non soddisfi o rischi di violare i requisiti prudenziali applicabili, nonché, solo nei casi previsti espressamente dal pertinente diritto dell'Unione per le autorità competenti, a cambiamenti strutturali richiesti agli enti creditizi per prevenire lo stress finanziario o il fallimento, ad esclusione dei poteri di risoluzione."

(omissis)

Art. 6 Cooperazione con l'MVU (« meccanismo di vigilanza unico »)

1. La BCE assolve i suoi compiti nel quadro di un meccanismo di vigilanza unico composto dalla BCE e dalle autorità nazionali competenti. La BCE è responsabile del funzionamento efficace e coerente dell'MVU.

2. Sia la BCE che le autorità nazionali competenti sono soggette al dovere di cooperazione in buona fede e all'obbligo di scambio di informazioni.

Fatto salvo il potere della BCE di ricevere direttamente le informazioni comunicate su base continuativa dagli enti creditizi, o di accedervi direttamente, le autorità nazionali competenti forniscono in particolare alla BCE tutte le informazioni necessarie per l'assolvimento dei compiti attribuiti alla BCE stessa dal presente regolamento.

(Omissis). ».

(2) *Comma modificato dall'art. 4, comma 2, d.lgs. 29 dicembre 2006, n. 303.*

(3) *Per il nuovo statuto della Banca d'Italia v. il d.P.R. 12 dicembre 2006 (G.U. 15 dicembre 2006, n. 291).*

Lo Statuto della banca d'Italia era stato approvato con R.D. 11 giugno 1936 n. 1066 – Approvazione dello statuto della Banca d'Italia, poi abrogato dal combinato disposto del comma 1 dell'art. 1 e dell'allegato 1 al D.P.R. 13 dicembre 2010, n. 248. L'art. 1 di tale R.D. prevedeva: « [La Banca d'Italia è un istituto di diritto pubblico ai sensi del regio decreto-legge 12 marzo 1936, n. 375. Essa esercita funzioni bancarie.

A partire dalla data indicata a norma dell'art. 11, comma 1, del decreto legislativo 10 marzo 1998, n. 43, la Banca d'Italia, banca centrale della Repubblica italiana, è parte integrante del Sistema europeo di banche centrali (SEBC). Svolge i compiti e le funzioni che in tale qualità le competono, nel rispetto dello statuto del Sistema europeo di banche centrali e della Banca centrale europea (statuto del SEBC). Persegue gli obiettivi assegnati al SEBC ai sensi dell'art. 105 (1) del trattato che istituisce la Comunità europea (trattato).

In particolare, la Banca d'Italia emette banconote in applicazione di quanto disposto dall'art. 4, comma 1, del decreto legislativo 10 marzo 1998, n. 43.

La Banca d'Italia assolve inoltre gli altri compiti e funzioni ad essa attribuiti dalla legge.

Nel suo nuovo ordinamento la Banca d'Italia riassume tutte indistintamente le attività, i diritti, i privilegi e le passività, gli obblighi e gli impegni dell'Istituto creato con la l. 10 agosto 1893, n. 449] ».

(4) *Comma abrogato dall'art. 6, comma 10, d.l. 30 novembre 2013, n. 133, conv., con modif., in l. 29 gennaio 2014, n. 5.*

(5) *Comma abrogato dall'art. 4, comma 2, lett.* b) *d.lgs. n. 303, cit.*

29-*bis* Incompatibilità per i componenti e i dirigenti della CONSOB cessati dall'incarico (1).

1. I componenti degli organi di vertice e i dirigenti della Commissione nazionale per le società e la borsa, nei due anni successivi alla cessazione dell'incarico, non possono intrattenere, direttamente o indirettamente, rapporti di collaborazione, di consulenza o di impiego con i soggetti regolati né con società controllate da questi ultimi. I contratti conclusi in violazione del presente comma sono nulli. Le disposizioni del presente comma non si applicano ai dirigenti che negli ultimi due anni di servizio sono stati responsabili esclusivamente dì uffici di supporto. Le disposizioni del presente articolo si applicano ai componenti degli organi di vertice e ai dirigenti della Banca d'Italia e dell'Istituto per la vigilanza sulle assicurazioni per un periodo, non superiore a due anni, stabilito con decreto del Presidente del Consiglio dei ministri, da emanare previo parere della Banca centrale europea, che viene richiesto entro trenta giorni dalla data di entrata in vigore della presente disposizione (2).

(1) *Articolo inserito dall'art. 22, comma 2, d.l. 24 giugno 2014, n. 90, conv., con modif., in l. 11 agosto 2014, n. 114.*

(2) *A norma dell'art. 1, comma 1, d.P.C.M. 29 gennaio 2015, la durata del divieto di cui al presente articolo, per i componenti degli organi di vertice e per i dirigenti della Banca d'Italia e dell'Istituto per la vigilanza sulle assicurazioni, è stabilità in due anni a decorrere dalla data di cessazione dall'incarico o dall'impiego.*

CAPO V
AUTORITÀ DI REGOLAZIONE PER ENERGIA, RETI E AMBIENTE (1)

(1) *Ai sensi dell'art. 1, comma 528, l. 27 dicembre 2017 n. 205 (sub II, 72) "la denominazione « Autorità per l'energia elettrica, il gas e il sistema idrico » è sostituita, ovunque ricorre, dalla denominazione « Autorità di regolazione per energia, reti e ambiente » (ARERA)".*

70. Legge 14 novembre 1995, n. 481. — Norme per la concorrenza e la regolazione dei servizi di pubblica utilità. Istituzione delle Autorità di regolazione dei servizi di pubblica utilità.

Pubblicata nella Gazzetta Ufficiale n. 270 del 18 novembre 1995, S.O. n. 136.

1 Finalità.

1. Le disposizioni della presente legge hanno la finalità di garantire la promozione della concorrenza e dell'efficienza nel settore dei servizi di pubblica utilità, di seguito denominati "servizi" nonché adeguati livelli di qualità nei servizi medesimi in condizioni di economicità e di redditività, assicurandone la fruibilità e la diffusione in modo omogeneo sull'intero territorio nazionale, definendo un sistema tariffario certo, trasparente e basato su criteri predefiniti, promuovendo la tutela degli interessi di utenti e consumatori, tenuto conto della normativa comunitaria in materia e degli indirizzi di politica generale formulati dal Governo. Il sistema tariffario deve altresì armonizzare gli obiettivi economico-finanziari dei soggetti esercenti il servizio con gli obiettivi generali di carattere sociale, di tutela ambientale e di uso efficiente delle risorse.

2. Per la privatizzazione dei servizi di pubblica utilità, il Governo definisce i criteri per la privatizzazione di ciascuna impresa e le relative modalità di dismissione e li trasmette al Parlamento ai fini dell'espressione del parere da parte delle competenti Commissioni parlamentari (1) (2).

(1) *Comma così modificato dall'art. 3 l. 31 luglio 1997, n. 249.*
(2) *In attuazione del presente comma, v. l'art. 1, comma 905, l. 27 dicembre 2006, n. 296 (legge di bilancio 2007).*

2 Istituzione delle Autorità per i servizi di pubblica utilità.

1. Sono istituite le Autorità di regolazione di servizi di pubblica utilità, competenti, rispettivamente, per l'energia elettrica, il gas ed il sistema idrico [e il gas] e per le telecomunicazioni. Tenuto conto del quadro complessivo del sistema delle comunicazioni, all'Autorità per le telecomunicazioni potranno essere attribuite competenze su altri aspetti di tale sistema (1).

2. Le disposizioni del presente articolo costituiscono princìpi generali cui si ispira la normativa relativa alle Autorità.

[3. Al fine di consentire una equilibrata distribuzione sul territorio italiano degli organismi pubblici che svolgono funzioni di carattere nazionale, più Autorità per i servizi pubblici non possono avere sede nella medesima città.] (2)

4. La disciplina e la composizione di ciascuna Autorità sono definite da normative particolari che tengono conto delle specificità di ciascun settore sulla base dei princìpi generali del presente articolo. La presente legge disciplina nell'articolo 3 il settore dell'energia elettrica e del gas. Gli altri settori saranno disciplinati con appositi provvedimenti legislativi.

5. Le Autorità operano in piena autonomia e con indipendenza di giudizio e di valutazione; esse sono preposte alla regolazione e al controllo del settore di propria competenza. Per i settori dell'energia elettrica e del gas, al fine di tutelare i clienti finali e di garantire mercati effettivamente concorrenziali, le competenze ricomprendono tutte le attività della relativa filiera (3).

6. Le Autorità, in quanto autorità nazionali competenti per la regolazione e il controllo, svolgono attività consultiva e di segnalazione al Governo nelle materie di propria competenza anche ai fini della definizione, del recepimento e della attuazione della normativa comunitaria.

7. Ciascuna Autorità è organo collegiale costituito dal presidente e da due membri, nominati con decreto del Presidente della Repubblica, previa deliberazione del Consiglio dei Ministri su proposta del Ministro competente. Le designazioni effettuate dal Governo sono previamente sottoposte al parere delle competenti Commissioni parlamentari. In nessun caso le nomine possono essere effettuate in mancanza del parere favorevole espresso dalle predette Commissioni a maggioranza dei due terzi dei componenti. Le medesime Commissioni possono procedere all'audizione delle persone designate. In sede di prima attuazione della presente legge le Commissioni parlamentari si pro-

nunciano entro trenta giorni dalla richiesta del parere; decorso tale termine il parere viene espresso a maggioranza assoluta (4).

8. I componenti di ciascuna Autorità sono scelti fra persone dotate di alta e riconosciuta professionalità e competenza nel settore; durano in carica sette anni e non possono essere confermati. A pena di decadenza essi non possono esercitare, direttamente o indirettamente, alcuna attività professionale o di consulenza, essere amministratori o dipendenti di soggetti pubblici o privati né ricoprire altri uffici pubblici di qualsiasi natura, ivi compresi gli incarichi elettivi o di rappresentanza nei partiti politici né avere interessi diretti o indiretti nelle imprese operanti nel settore di competenza della medesima Autorità. I dipendenti delle amministrazioni pubbliche sono collocati fuori ruolo per l'intera durata dell'incarico (4).

9. Per almeno due anni dalla cessazione dell'incarico i componenti e i dirigenti delle Autorità non possono intrattenere, direttamente o indirettamente, rapporti di collaborazione, di consulenza o di impiego con le imprese operanti nel settore di competenza; la violazione di tale divieto è punita, salvo che il fatto costituisca reato, con una sanzione pecuniaria pari, nel minimo, alla maggiore somma tra 50 milioni di lire e l'importo del corrispettivo percepito e, nel massimo alla maggiore somma tra 500 milioni di lire e l'importo del corrispettivo percepito. All'imprenditore che abbia violato tale divieto si applica la sanzione amministrativa pecuniaria pari allo 0,5 per cento del fatturato e, comunque, non inferiore a 300 milioni di lire e non superiore a 200 miliardi di lire, e, nei casi più gravi o quando il comportamento illecito sia stato reiterato, la revoca dell'atto concessivo o autorizzativo. I valori di tali sanzione sono rivalutati secondo il tasso di variazione annuo dei prezzi al consumo per le famiglie di operai e impiegati rilevato dall'ISTAT. Le disposizioni del presente comma non si applicano ai dirigenti che negli ultimi quattro anni di servizio sono stati responsabili esclusivamente di uffici dì supporto (5).

10. I componenti e i funzionari delle Autorità, nell'esercizio delle funzioni, sono pubblici ufficiali e sono tenuti al segreto d'ufficio. Fatta salva la riserva all'organo collegiale di adottare i provvedimenti nelle materie di cui al comma 12, per garantire la responsabilità e l'autonomia nello svolgimento delle procedure istruttorie, ai sensi della legge 7 agosto 1990, n. 241, e successive modificazioni, e del decreto legislativo 3 febbraio 1993, n. 29, e successive modificazioni, si applicano i princìpi riguardanti l'individuazione e le funzioni del responsabile del procedimento, nonché quelli relativi alla distinzione tra funzioni di indirizzo e controllo, attribuite agli organi di vertice, e quelli concernenti le funzioni di gestione attribuite ai dirigenti.

11. Le indennità spettanti ai componenti le Autorità sono determinate con decreto del Presidente del Consiglio dei ministri, su proposta del Ministro del tesoro.

12. Ciascuna Autorità nel perseguire le finalità di cui all'articolo 1 svolge le seguenti funzioni:

a) formula osservazioni e proposte da trasmettere al Governo e al Parlamento sui servizi da assoggettare a regime di concessione o di autorizzazione e sulle relative forme di mercato, nei limiti delle leggi esistenti, proponendo al Governo le modifiche normative e regolamentari necessarie in relazione alle dinamiche tecnologiche, alle condizioni di mercato ed all'evoluzione delle normative comunitarie;

b) propone ai Ministri competenti gli schemi per il rinnovo nonché per eventuali variazioni dei singoli atti di concessione o di autorizzazione, delle convenzioni e dei contratti di programma;

c) controlla che le condizioni e le modalità di accesso per i soggetti esercenti i servizi, comunque stabilite, siano attuate nel rispetto dei princìpi della concorrenza e della trasparenza, anche in riferimento alle singole voci di costo, anche al fine di prevedere l'obbligo di prestare il servizio in condizioni di eguaglianza in modo che tutte le ragionevoli esigenze degli utenti siano soddisfatte, ivi comprese quelle degli anziani e dei disabili, garantendo altresì il rispetto: dell'ambiente, la sicurezza degli impianti e la salute degli addetti;

d) propone la modifica delle clausole delle concessioni e delle convenzioni, ivi comprese quelle relative all'esercizio in esclusiva, delle autorizzazioni, dei contratti di programma in essere e delle condizioni di svolgimento dei servizi, ove ciò sia richiesto dall'andamento del mercato o dalle ragionevoli esigenze degli utenti, definendo altresì le condizioni tecnico-economiche di accesso e di interconnessione alle reti, ove previsti dalla normativa vigente;

e) stabilisce e aggiorna, in relazione all'andamento del mercato, la tariffa base, i parametri e gli altri elementi di riferimento per determinare le tariffe di cui ai commi 17, 18 e 19, nonché le modalità per il recupero dei costi eventualmente sostenuti nell'interesse generale in modo da assicurare la qualità, l'efficienza del servizio e l'adeguata diffusione del medesimo sul territorio nazionale, nonché la realizzazione degli obiettivi generali di carattere sociale, di tutela ambientale e di uso efficiente delle risorse di cui al comma 1 dell'articolo 1, tenendo separato dalla tariffa qualsiasi tributo od onere improprio; verifica la conformità ai criteri di cui alla presente lettera delle proposte di aggiornamento delle tariffe annualmente presentate e si pronuncia, sentiti eventualmente i soggetti esercenti il servizio, entro novanta giorni dal ricevimento della proposta; qualora la pronuncia non intervenga entro tale termine, le tariffe si intendono verificate positivamente;

f) emana le direttive per la separazione contabile e amministrativa e verifica i costi delle singole prestazioni per assicurare, tra l'altro, la loro corretta disaggregazione e imputazione per funzione svolta, per area geografica e per categoria di utenza evidenziando separatamente gli oneri conseguenti alla fornitura del servizio universale definito dalla convenzione, provvedendo quindi al confronto tra essi e i costi analoghi in altri Paesi, assicurando la pubblicizzazione dei dati;

g) controlla lo svolgimento dei servizi con poteri di ispezione, di accesso, di acquisizione della documentazione e delle notizie utili, determinando altresì i casi di indennizzo automatico da parte del soggetto esercente il servizio nei confronti dell'utente ove il medesimo soggetto non rispetti le clausole contrattuali o eroghi il servizio con livelli qualitativi inferiori a quelli stabiliti nel regolamento di servizio di cui al comma 37, nel contratto di programma ovvero ai sensi della lettera *h*);

h) emana le direttive concernenti la produzione e l'erogazione dei servizi da parte dei soggetti esercenti i servizi medesimi, definendo in particolare i livelli generali di qualità riferiti al complesso delle prestazioni e i livelli specifici di qualità riferiti alla singola prestazione da garantire all'utente, sentiti i soggetti esercenti il servizio e i rappresentanti degli utenti e dei consumatori, eventualmente differenziandoli per settore e tipo di prestazione; tali determinazioni producono gli effetti di cui al comma 37;

i) assicura la più ampia pubblicità delle condizioni dei servizi; studia l'evoluzione del settore e dei singoli servizi, anche per modificare condizioni tecniche, giuridiche ed economiche relative allo svolgimento o all'erogazione dei medesimi; promuove iniziative volte a migliorare le modalità di erogazione dei servizi; presenta annualmente al Parlamento e al Presidente del Consiglio dei ministri una relazione sullo stato dei servizi e sull'attività svolta;

l) pubblicizza e diffonde la conoscenza delle condizioni di svolgimento dei servizi al fine di garantire la massima trasparenza, la concorrenzialità dell'offerta e la possibilità di migliori scelte da parte degli utenti intermedi o finali;

m) valuta reclami, istanze e segnalazioni presentate dagli utenti o dai consumatori, singoli o associati, in ordine al rispetto dei livelli qualitativi e tariffari da parte dei soggetti esercenti il servizio nei confronti dei quali interviene imponendo, ove opportuno, modifiche alle modalità di esercizio degli stessi ovvero procedendo alla revisione del regolamento di servizio di cui al comma 37;

n) verifica la congruità delle misure adottate dai soggetti esercenti il servizio al fine di assicurare la parità di trattamento tra gli utenti, garantire la continuità della prestazione dei servizi, verificare periodicamente la qualità e l'efficacia delle prestazioni all'uopo acquisendo anche la valutazione degli utenti, garantire ogni informazione circa le modalità di prestazione dei servizi e i relativi livelli qualitativi, consentire a utenti e consumatori il più agevole accesso agli uffici aperti al pubblico, ridurre il numero degli adempimenti richiesti agli utenti semplificando le procedure per l'erogazione del servizio, assicurare la sollecita risposta a reclami, istanze e segnalazioni nel rispetto dei livelli qualitativi e tariffari;

o) propone al Ministro competente la sospensione o la decadenza della concessione per i casi in cui tali provvedimenti siano consentiti dall'ordinamento;

p) controlla che ciascun soggetto esercente il servizio adotti, in base alla direttiva sui princìpi dell'erogazione dei servizi pubblici del Presidente del Consiglio dei ministri del 27 gennaio 1994, pubblicata nella Gazzetta Ufficiale n. 43 del 22 febbraio 1994, una carta di servizio pubblico con indicazione di standards dei singoli servizi e ne verifica il rispetto (4).

13. Il Ministro competente, se respinge le proposte di cui alle lettere *b*) *d*) e *o*) del comma 12, chiede all'Autorità una nuova proposta e indica esplicitamente i princìpi e i criteri previsti dalla presente legge ai quali attenersi. Il Ministro competente, qualora non intenda accogliere la seconda proposta dell'Autorità, propone al Presidente del Consiglio dei ministri di decidere, previa deliberazione del Consiglio dei ministri, in difformità esclusivamente per gravi e rilevanti motivi di utilità generale.

14. A ciascuna Autorità sono trasferite tutte le funzioni amministrative esercitate da organi statali e da altri enti e amministrazioni pubblici, anche a ordinamento autonomo, relative alle sue attribuzioni. Fino alla data di entrata in vigore dei regolamenti di cui al comma 28, il Ministro competente continua comunque ad esercitare le funzioni in precedenza ad esso attribuite dalla normativa vigente. Sono fatte salve le funzioni di indirizzo nel settore spettanti al Governo e le attribuzioni riservate alle autonomie locali.

15. Nelle province autonome di Trento e di Bolzano si applicano gli articoli 12 e 13 del testo unico approvato con decreto del Presidente della Repubblica 31 agosto 1972, n. 670, e le relative norme di attuazione contenute nel decreto del Presidente della Repubblica 22 marzo 1974, n. 381, e nel decreto del Presidente della Repubblica 26 marzo 1977, n. 235.

16. Nella regione Valle d'Aosta si applicano le norme contenute negli articoli 7, 8, 9 e 10 dello statuto speciale, approvato con legge costituzionale 26 febbraio 1948, n. 4.

17. Ai fini della presente legge si intendono per tariffe i prezzi massimi unitari dei servizi al netto delle imposte.

18. Salvo quanto previsto dall'articolo 3 e unitamente ad altri criteri di analisi e valutazioni, i parametri di cui al comma 12, lettera *e*), che l'Autorità fissa per la determinazione della tariffa con il metodo del price-cap, inteso come limite massimo della variazione di prezzo vincolata per un periodo pluriennale, sono i seguenti:

a) tasso di variazione medio annuo riferito ai dodici mesi precedenti dei prezzi al consumo per le famiglie di operai e impiegati rilevato dall'ISTAT;

b) obiettivo di variazione del tasso annuale di produttività, prefissato per un periodo almeno triennale.

19. Ai fini di cui al comma 18 si fa altresì riferimento ai seguenti elementi:

a) recupero di qualità del servizio rispetto a standards prefissati per un periodo almeno triennale;

b) costi derivanti da eventi imprevedibili ed eccezionali, da mutamenti del quadro normativo o dalla variazione degli obblighi relativi al servizio universale;

c) costi derivanti dall'adozione di interventi volti al controllo e alla gestione della domanda attraverso l'uso efficiente delle risorse.

20. Per lo svolgimento delle proprie funzioni, ciascuna Autorità:

a) richiede, ai soggetti esercenti il servizio, informazioni e documenti sulle loro attività;

b) effettua controlli in ordine al rispetto degli atti di cui ai commi 36 e 37;

c) irroga, salvo che il fatto costituisca reato, in caso di inosservanza dei propri provvedimenti o in caso di mancata ottemperanza da parte dei soggetti esercenti il servizio, alle richieste di informazioni o a quelle connesse all'effettuazione dei controlli, ovvero nel caso in cui le informazioni e i documenti acquisiti non siano veritieri, sanzioni amministrative pecuniarie non inferiori nel minimo a euro 2.500 e non superiori nel massimo a lire 300 miliardi; in caso di reiterazione delle violazioni ha la facoltà, qualora ciò non comprometta la fruibilità del servizio da parte degli utenti, di sospendere l'attività di impresa fino a 6 mesi ovvero proporre al Ministro competente la sospensione o la decadenza della concessione (6);

d) ordina al soggetto esercente il servizio la cessazione di comportamenti lesivi dei diritti degli utenti, imponendo, ai sensi del comma 12, lettera *g*), l'obbligo di corrispondere un indennizzo;

e) può adottare, nell'ambito della procedura di conciliazione o di arbitrato, provvedimenti temporanei diretti a garantire la continuità dell'erogazione del servizio ovvero a far cessare forme di abuso o di scorretto funzionamento da parte del soggetto esercente il servizio.

21. Il Governo, nell'ambito del documento di programmazione economico-finanziaria, indica alle Autorità il quadro di esigenze di sviluppo dei servizi di pubblica utilità che corrispondono agli interessi generali del Paese.

22. Le pubbliche amministrazioni e le imprese sono tenute a fornire alle Autorità, oltre a notizie e informazioni, la collaborazione per l'adempimento delle loro funzioni.

23. Le Autorità disciplinano, ai sensi del capo III della legge 7 agosto 1990, n. 241, con proprio regolamento, da adottare entro novanta giorni dall'avvenuta nomina, audizioni periodiche delle formazioni associative nelle quali i consumatori e gli utenti siano organizzati. Nel medesimo regolamento sono altresì disciplinati audizioni periodiche delle associazioni ambientaliste, delle associazioni sindacali delle imprese e dei lavoratori e lo svolgimento di rilevazioni sulla soddisfazione degli utenti e sull'efficacia dei servizi.

24. Entro sessanta giorni dalla data di entrata in vigore della presente legge, con uno o più regolamenti emanati ai sensi dell'articolo 17, comma 1, della legge 23 agosto 1988, n. 400, sono definiti:

a) le procedure relative alle attività svolte dalle Autorità idonee a garantire agli interessati la piena conoscenza degli atti istruttori, il contraddittorio, in forma scritta e orale, e la verbalizzazione;

b) i criteri, le condizioni, i termini e le modalità per l'esperimento di procedure di conciliazione o di arbitrato in contraddittorio presso le Autorità nei casi di controversie insorte tra utenti e soggetti esercenti il Servizio, prevedendo altresì i casi in cui tali procedure di conciliazione o di arbitrato possano essere rimesse in prima istanza alle commissioni arbitrali e conciliative istituite presso le camere di commercio, industria, artigianato e agricoltura. Fino alla scadenza del termine fissato per la presentazione delle istanze di conciliazione o di deferimento agli arbitri, sono sospesi i termini per il ricorso in sede giurisdizionale che, se proposto, è improcedibile. Il verbale di conciliazione o la decisione arbitrale costituiscono titolo esecutivo (4) (7).

25. La tutela giurisdizionale davanti al giudice amministrativo è disciplinata dal codice del processo amministrativo (8).

26. La pubblicità di atti e procedimenti delle Autorità è assicurata anche attraverso un apposito bollettino pubblicato dalla Presidenza del Consiglio dei ministri (9).

27. Ciascuna Autorità ha autonomia organizzativa, contabile e amministrativa. Il bilancio preventivo e il rendiconto della gestione, soggetto al controllo della Corte dei conti, sono pubblicati nella Gazzetta Ufficiale.

28. Ciascuna Autorità, con propri regolamenti, definisce, entro trenta giorni dalla sua costituzione, le norme concernenti l'organizzazione interna e il funzionamento, la pianta organica del personale di ruolo, che non può eccedere le centoventi unità, l'ordinamento delle carriere, nonché, in base ai criteri fissati dal contratto collettivo di lavoro in vigore per l'Autorità garante della concorrenza e del mercato e tenuto conto delle specifiche esigenze funzionali e organizzative, il trattamento giuridico ed economico del personale. Alle Autorità non si applicano le disposizioni di cui al *d.lgs.* 3 febbraio 1993, n. 29, e successive modificazioni, fatto salvo quanto previsto dal comma 10 del presente articolo (10).

29. Il regolamento del personale di ruolo previsto nella pianta organica di ciascuna Autorità avviene mediante pubblico concorso, ad eccezione delle categorie per le quali sono previste assunzioni in base all'articolo 16 della legge 28 febbraio 1987, n. 56, e successive modificazioni. In sede di prima attuazione della presente legge ciascuna Autorità provvede mediante apposita selezione anche nell'ambito del personale dipendente da pubbliche amministrazioni in possesso delle competenze e dei requisiti di professionalità ed esperienza richiesti per l'espletamento delle singole funzioni e tale da garantire la massima neutralità e imparzialità comunque nella misura massima del 50 per cento dei posti previsti nella pianta organica.

30. Ciascuna autorità può assumere, in numero non superiore a sessanta unità, dipendenti con contratto a tempo determinato di durata non superiore a due anni nonché esperti e collaboratori esterni, in numero non superiore a dieci, per specifici obiettivi e contenuti professionali, con contratti a tempo determinato di durata non superiore a due anni che possono essere rinnovati per non più di due volte (10) (11).

31. Il personale dipendente in servizio anche in forza di contratto a tempo determinato presso le Autorità non può assumere altro impiego o incarico né esercitare altra attività professionale, anche se a carattere occasionale. Esso, inoltre, non può avere interessi diretti o indiretti nelle imprese del settore. La violazione di tali divieti costituisce causa di decadenza dall'impiego ed è punita, ove il fatto non costituisca reato, con una sanzione amministrativa pecuniaria pari, nel minimo, a 5 milioni di lire, e, nel massimo, alla maggior somma tra 50 milioni di lire e l'importo del corrispettivo percepito.

32. Entro novanta giorni dalla data di entrata in vigore della presente legge, sono emanati, ai sensi dell'articolo 17, comma 2, della legge 23 agosto 1988, n.

400, uno o più regolamenti volti a trasferire le ulteriori competenze connesse a quelle attribuite alle Autorità dalla presente legge nonché a riorganizzare o a sopprimere gli uffici e a rivedere le piante organiche delle amministrazioni pubbliche interessate dalla applicazione della presente legge e cessano le competenze esercitate in materia dal Comitato interministeriale per la programmazione economica. A decorrere dalla data di entrata in vigore dei regolamenti di cui al presente comma sono abrogate le disposizioni legislative e regolamentari che disciplinano gli uffici soppressi riorganizzati. I regolamenti indicano le disposizioni abrogate ai sensi del precedente periodo.

33. Le Autorità, con riferimento agli atti e ai comportamenti delle imprese operanti nei settori sottoposti al loro controllo, segnalano all'Autorità garante della concorrenza e del mercato la sussistenza di ipotesi di violazione delle disposizioni della legge 10 ottobre 1990, n. 287.

34. Per le materie attinenti alla tutela della concorrenza, l'Autorità garante della concorrenza e del mercato esprime parere obbligatorio entro il termine di 30 giorni alle amministrazioni pubbliche competenti in ordine alla definizione delle concessioni, dei contratti di servizio e degli altri strumenti di regolazione dell'esercizio dei servizi nazionali.

35. Le concessioni rilasciate nei settori di cui al comma 1, la cui durata non può essere superiore ad anni quaranta, possono essere onerose, con le eccezioni previste dalla normativa vigente.

36. L'esercizio del servizio in concessione è disciplinato da convenzioni ed eventuali contratti di programma stipulati tra l'amministrazione concedente e il soggetto esercente il servizio, nei quali sono definiti, in particolare, l'indicazione degli obiettivi generali, degli scopi specifici e degli obblighi reciproci da perseguire nello svolgimento del servizio; le procedure di controllo e le sanzioni in caso di inadempimento; le modalità e le procedure di indennizzo automatico nonché le modalità di aggiornamento, revisione e rinnovo del contratto di programma o della convenzione.

37. Il soggetto esercente il servizio predispone un regolamento di servizio nel rispetto dei princìpi di cui alla presente legge e di quanto stabilito negli atti di cui al comma 36. Le determinazioni delle Autorità di cui al comma 12, lettera *h*), costituiscono modifica o integrazione del regolamento di servizio.

38. All'onere derivante dall'istituzione e dal funzionamento delle Autorità, determinato in lire 3 miliardi per il 1995 e in lire 20 miliardi, per ciascuna Autorità, a decorrere dal 1996, si provvede:

a) per il 1995, mediante corrispondente riduzione dello stanziamento iscritto, ai fini del bilancio triennale 1995-1997, al capitolo 6856 dello stato di previsione del Ministero del tesoro per l'anno 1995 all'uopo parzialmente utilizzando l'accantonamento relativo al Ministero dell'industria, del commercio e dell'artigianato;

[*b*) a decorrere dal 1996, mediante contributo di importo non superiore all'uno per mille dei ricavi dell'ultimo esercizio, versato dai soggetti esercenti il servizio stesso; il contributo è versato entro il 31 luglio di ogni anno nella misura e secondo le modalità stabilite con decreto del Ministro delle finanze emanato, di concerto con il Ministro del tesoro, entro trenta giorni dalla data di entrata in vigore della presente legge (12).

[39. Il Ministro delle finanze è autorizzato ad adeguare il contributo a carico dei soggetti esercenti il servizio in relazione agli oneri atti a coprire le effettive spese di funzionamento di ciascuna Autorità.] (13)

40. Le somme di cui al comma 38, lettera *b*), afferenti all'Autorità per le garanzie nelle comunicazioni e all'Autorità per l'energia elettrica e il gas sono versate direttamente ai bilanci dei predetti enti (14).

41. Il Ministro del tesoro è autorizzato ad apportare, con propri decreti, le occorrenti variazioni di bilancio.

(1) *Comma modificato dall'art. 13, comma 13, d.l. 23 dicembre 2013 n. 145, conv., con modif., in l. 21 febbraio 2014, n. 9.*

(2) *Comma abrogato dall'art. 22, comma 10, d.l. 24 giugno 2014, n. 90, conv., con modif., in l. 11 agosto 2014, n. 114.*

(3) *Comma modificato dall'art. 28, comma 1, l. 23 luglio 2009, n. 99.*

(4) *V. il d.P.R. 9 maggio 2001, n. 244 (« Regolamento recante disciplina delle procedure istruttorie dell'Autorità per l'energia elettrica e il gas, a norma dell'articolo 2, comma 24, lettera* a), *della legge 14 novembre 1995, n. 481 »), l'art. 1 l. 23 agosto 2004, n. 239 (« Riordino del settore energetico, nonché delega al Governo per il riassetto delle disposizioni vigenti in materia di energia ») e l'art. 1 della Deliberazione dell'Autorità per l'energia elettrica e il gas 18 dicembre 2006.*

A norma dell'art. 23, comma 1, lett. c) *d.l. 6 dicembre 2011, n. 201, conv., con modif., in l. 22 dicembre 2011, n. 214, il numero dei componenti dell'Autorità per l'energia elettrica e il gas è ridotto da cinque a tre, compreso il Presidente. Vedi anche quanto disposto dal comma 2 del medesimo articolo.*

(5) *Comma modificato dall'art. 22, comma 3, lett.* 0a) a) e b), *d.l. 24 giugno 2014, n. 90, conv., con modif., in l. 11 agosto 2014, n. 114.*

(6) *Lettera modificata dall'art. 28, comma 4, l. 23 luglio 2009, n. 99.*

(7) *Lettera così modificata dall'art. 5, comma 1, lett.* a), *d.lgs. 25 novembre 2016, n. 219.*

(8) *Comma sostituito dall'art. 3, comma 6, dell'Allegato 4 d.lgs. 2 luglio 2010, n. 104.*

(9) *V., anche, l'art. 1, comma 1249, l. 27 dicembre 2006, n. 296, secondo il quale « Gli adempimenti e gli oneri finanziari relativi alle pubblicazioni di atti [di cui al presente comma] sono posti a carico delle Autorità interessate ».*

(10) *Comma così sostituito dall'articolo unico l. 23 agosto 2004, n. 239.*

(11) *Per una riduzione da sessanta a venti unità del numero dei dipendenti a tempo determinato, di cui al presente comma, v. art. 1, comma 347, l. 30 dicembre 2018, n. 145*

(12) *Lettera abrogata dall'art. 1, comma 68, l. 23 dicembre 2005, n. 266. A norma del medesimo art. 1, comma 66, l'entità della contribuzione a carico dei soggetti operanti nel settore delle comunicazioni è fissata in misura pari all'1,5 per mille.*

(13) *Comma abrogato dall'art. 1, comma 68* bis, *l. 23 dicembre 2005, n. 266, come inserito dall'art. 39-*quinquies *d.l. 30 dicembre 2005, n. 273.*

(14) *Comma sostituito dall'art. 18, comma 24, l. 30 dicembre 2004, n. 312.*

3 Disposizioni relative all'Autorità per l'energia elettrica e il gas e altre disposizioni concernenti il settore elettrico (1).

1. In relazione a quanto previsto dall'articolo 2, comma 14, della presente legge, sono trasferite all'Autorità per l'energia elettrica e il gas le funzioni in materia di energia elettrica e gas attribuite dall'articolo 5, comma 2, lettera *b*), del decreto del Presidente della Repubblica 20 aprile 1994, n. 373, al Ministro dell'industria, del commercio e dell'artigianato, che le esercita, a norma del predetto articolo 5, sino alla emanazione del regolamento di organizzazione e funzionamento dell'Autorità di cui all'articolo 2, comma 28, della presente legge.

2. Per le tariffe relative ai servizi di fornitura dell'energia elettrica i prezzi unitari da applicare per tipologia di utenza sono identici sull'intero territorio nazionale. Tali tariffe comprendono anche le voci derivanti dai costi connessi all'utilizzazione dei combustibili fossili e agli acquisti di energia da produttori nazionali e agli acquisti di energia importata nonché le voci derivanti dagli oneri connessi all'incentivazione della nuova energia elettrica prodotta con fonti rinnovabili ed assimilate. L'Autorità accerta, inoltre, la sussistenza di presupposti delle voci derivanti dalla reintegrazione degli oneri connessi alla sospensione e alla interruzione dei lavori per la realizzazione di centrali nucleari ed alla chiusura definitiva delle centrali nucleari, nonché dalla copertura finanziaria delle minori entrate connesse alle disposizioni fiscali introdotte in attuazione del piano energetico nazionale, secondo quanto previsto dall'articolo 33 della legge 9 gennaio 1991, n. 9. Tali voci vengono specificate nella tariffa. L'Autorità verifica la congruità dei criteri adottati per determinare i rimborsi degli oneri connessi alla sospensione e alla interruzione dei lavori per la realizzazione di centrali nucleari nonché alla loro chiusura, anche per l'esercizio delle competenze di cui al comma 7 del presente articolo (2).

3. L'Autorità, nell'esercizio delle funzioni e dei poteri di cui all'articolo 2, comma 12, lettera *c*), e commi 20 e 22, emana direttive per assicurare l'individuazione delle diverse componenti le tariffe di cui al comma 2, nonché dei tributi (3).

4. Per l'aggiornamento delle tariffe per la parte al netto delle voci di costo di cui al comma 2, i soggetti esercenti il servizio, sulla base delle variazioni dei parametri di cui all'articolo 2, comma 18, stabiliti dall'Autorità ai sensi dell'articolo 2, comma 12, lettera *e*), nonché degli eventuali elementi di cui all'articolo 2, comma 19, predispongono la proposta di aggiornamento delle tariffe da sottoporre entro il 30 settembre di ogni anno alla verifica da parte dell'Autorità nell'esercizio delle funzioni di cui all'articolo 2, comma 12. Trascorsi quarantacinque giorni dalla comunicazione della proposta di aggiornamento senza che l'Autorità abbia verificato la proposta la stessa si intende positivamente verificata. Ove l'Autorità ritenga necessario richiedere notizie o effettuare approfondimenti, il suddetto termine è prorogato di 15 giorni. Le tariffe relative ai servizi di fornitura dell'energia elettrica, aggiornate entro il 31 dicembre di ogni anno, entrano in vigore dal 1° gennaio dell'anno successivo. Consensualmente l'Autorità provvede a definire eventuali aggiornamenti delle perequazioni.

5. L'aggiornamento delle tariffe in relazione ai costi relativi ai combustibili fossili, all'energia elettrica acquistata da produttori nazionali e importata avviene per effetto di meccanismi di calcolo automatici sulla base di criteri predefiniti dall'Autorità e correlati all'andamento del mercato. L'aggiornamento delle tariffe viene effettuato a cura dei soggetti esercenti il servizio ed è sottoposto a successiva verifica da parte dell'Autorità (2).

6. I sistemi di perequazione tra i diversi soggetti esercenti il servizio sono disciplinati sulla base dei provvedimenti generali emanati in materia dal Ministro competente o, dopo l'entrata in vigore dei regolamenti di cui all'articolo 2, comma 28, dall'Autorità.

7. I provvedimenti già adottati dal Comitato interministeriale prezzi e dal Ministero dell'industria, del commercio e dell'artigianato in materia di energia elettrica e di gas conservano piena validità ed efficacia, salvo modifica o abrogazione disposta dal Ministro, anche nell'atto di concessione, o dalla Autorità competente. Il provvedimento CIP n. 6 del 29 aprile 1992, pubblicato nella Gazzetta Ufficiale n. 109 del 12 maggio 1992, come integrato e modificato dal decreto del Ministro dell'industria, del commercio e dell'artigianato del 4 agosto 1994, pubblicato nella Gazzetta Ufficiale n. 186 del 10 agosto 1994, si applica, per tutta la durata del contratto, alle iniziative prescelte, alla data di entrata in vigore della presente legge, ai fini della stipula delle convenzioni, anche preliminari, previste dal decreto del Ministro dell'industria, del commercio e dell'artigianato del 25 settembre 1992, pubblicato nella Gazzetta Ufficiale n. 235 del 6 ottobre 1992, nonché alle proposte di cessione dell'energia elettrica prodotta da fonti rinnovabili propriamente dette, presentate all'ENEL S.p.A. entro il 31 dicembre 1994 ed alle proposte di cessione di energia elettrica che utilizzano gas d'altoforno o di cokeria presentate alla medesima data, a condizione che in tali ultimi casi permanga la necessaria attività primaria dell'azienda. Conservano altresì efficacia le disposizioni di cui al decreto del Presidente della Repubblica del 28 gennaio 1994, pubblicato nella Gazzetta Ufficiale n. 56 del 9 marzo 1994. Per le altre iniziative continua ad applicarsi la normativa vigente, ivi compreso il citato provvedimento CIP n. 6 del 1992 ed i relativi aggiornamenti previsti dall'articolo 22, comma 5, della legge 9 gennaio 1991, n. 9, che terranno conto dei princìpi di cui all'articolo 1 della presente legge.

8. Per i soggetti esercenti il servizio nel settore elettrico la separazione contabile di cui all'articolo 2, comma 12, lettera *f*), deve essere attuata nel termine di due anni dalla data di entrata in vigore della presente legge, e concerne, in particolare, le diverse fasi di generazione, di trasmissione e di distribuzione come se le stesse fossero gestite da imprese separate. Tali soggetti pubblicano nella relazione annuale sulla gestione uno stato patrimoniale e un conto profitti e perdite distinti per ogni fase. Fermo restando quanto previsto dall'articolo 20, primo comma, della legge 29 maggio 1982, n. 308, le attività elettriche già esercitate dalle imprese elettriche degli enti locali restano affidate in concessione da parte del Ministro dell'industria, del commercio e dell'artigianato. I rapporti tra le imprese elettriche degli enti locali e l'ENEL S.p.A. restano regolati da convenzioni stipulate ai sensi dell'articolo 21 della legge 9 gennaio 1991, n. 9.

9. La presente legge entra in vigore il giorno successivo a quello della sua pubblicazione nella Gazzetta Ufficiale.

(1) *Ai sensi dell'art. 1, comma 528, l. 27 dicembre 2017, n. 205* (sub *II, 72*) *"la denominazione « Autorità per l'energia elettrica, il gas e il sistema idrico » è sostituita, ovunque ricorre, dalla denominazione « Autorità di regolazione per energia, reti e ambiente » (ARERA)".*

(2) *V. l'art. 1 del d.P.C.M. 31 ottobre 2002 recante « Criteri generali integrativi per la definizione delle tariffe dell'elettricità e del gas ».*

(3) *Comma sostituito dall'art. 1 d.l. n. 473, cit., conv., con modif., in l. 14 novembre 1996, n. 577.*

71. Decreto legge 6 dicembre 2011, n. 201, convertito, con modificazioni, in legge 22 dicembre 2011, n. 214. — Disposizioni urgenti per la crescita, l'equità e il consolidamento dei conti pubblici. (Salva-Italia). (*estratto*).

Pubblicato sulla Gazzetta Ufficiale n. 284 del 6 dicembre 2011, S.O. n. 251; la legge di conversione è stata pubblicata nella Gazzetta Ufficiale del 27 dicembre 2011, n. 300.

21 Soppressione enti e organismi.

(*omissis*)

19. Con riguardo all'Agenzia nazionale per la regolazione e la vigilanza in materia di acqua, sono trasferite all'Autorità per l'energia elettrica e il gas le funzioni attinenti alla regolazione e al controllo dei servizi idrici, che vengono esercitate con i medesimi poteri attribuiti all'Autorità stessa dalla legge 14 novembre 1995, n. 481. Le funzioni da trasferire sono individuate con decreto del Presidente del Consiglio dei Ministri, su proposta del Ministro dell'ambiente e della tutela del territorio e del mare, da adottare entro novanta giorni dalla data di entrata in vigore del presente decreto (1).

19-*bis*. All'onere derivante dal funzionamento dell'Autorità per l'energia elettrica e il gas, in relazione ai compiti di regolazione e controllo dei servizi idrici di cui al comma 19, si provvede mediante un contributo di importo non superiore all'uno per mille dei ricavi dell'ultimo esercizio versato dai soggetti esercenti i servizi stessi, ai sensi dell'articolo 2, comma 38, lettera *b*), della legge 14 novembre 1995, n. 481, e successive modificazioni, e dell'articolo 1, comma 68-*bis*, della legge 23 dicembre 2005, n. 266 (2).

19-*ter*. In ragione delle nuove competenze attribuite all'Autorità per l'energia elettrica e il gas ai sensi del comma 19, la pianta organica dell'Autorità è incrementata di quaranta posti (2).

(*omissis*)

(1) *Comma sostituito in sede di conversione.*
(2) *Comma inserito dall'art. 24* bis, *comma 1, d.l. 24 gennaio 2012, n. 1, conv., con modif., in l. 24 marzo 2012, n. 27.*

72. Legge 27 dicembre 2017, n. 205. — Bilancio di previsione dello Stato per l'anno finanziario 2018 e bilancio pluriennale per il triennio 2018-2020. (*estratto*).

Pubblicata nella Gazzetta Ufficiale n. 302 del 29 dicembre 2017.

1

(*omissis*)

527. Al fine di migliorare il sistema di regolazione del ciclo dei rifiuti, anche differenziati, urbani e assimilati, per garantire accessibilità, fruibilità e diffusione omogenee sull'intero territorio nazionale nonché adeguati livelli di qualità in condizioni di efficienza ed economicità della gestione, armonizzando gli obiettivi economico-finanziari con quelli generali di carattere sociale, ambientale e di impiego appropriato delle risorse, nonché di garantire l'adeguamento infrastrutturale agli obiettivi imposti dalla normativa europea, superando così le procedure di infrazione già avviate con conseguenti benefici economici a favore degli enti locali interessati da dette procedure, sono attribuite all'Autorità per l'energia elettrica, il gas e il sistema idrico, come ridenominata ai sensi del comma 528, con i medesimi poteri e nel quadro dei principi, delle finalità e delle attribuzioni, anche di natura sanzionatoria, stabiliti dalla legge 14 novembre 1995, n. 481, le seguenti funzioni di regolazione e controllo, in particolare in materia di:

a) emanazione di direttive per la separazione contabile e amministrativa della gestione, la valutazione dei costi delle singole prestazioni, anche ai fini della corretta disaggregazione per funzioni, per area geografica e per categorie di utenze, e definizione di indici di valutazione dell'efficienza e dell'economicità delle gestioni a fronte dei servizi resi;

b) definizione dei livelli di qualità dei servizi, sentiti le regioni, i gestori e le associazioni dei consumatori, nonché vigilanza sulle modalità di erogazione dei servizi;

c) diffusione della conoscenza e della trasparenza delle condizioni di svolgimento dei servizi a beneficio dell'utenza;

d) tutela dei diritti daegli utenti, anche tramite la valutazione di reclami, istanze e segnalazioni presentati dagli utenti e dai consumatori, singoli o associati;

e) definizione di schemi tipo dei contratti di servizio di cui all'articolo 203 del decreto legislativo 3 aprile 2006, n. 152;

f) predisposizione ed aggiornamento del metodo tariffario per la determinazione dei corrispettivi del servizio integrato dei rifiuti e dei singoli servizi che costituiscono attività di gestione, a copertura dei costi di esercizio e di investimento, compresa la remunerazione dei capitali, sulla base della valutazione dei costi efficienti e del principio « chi inquina paga »;

g) fissazione dei criteri per la definizione delle tariffe di accesso agli impianti di trattamento;

h) approvazione delle tariffe definite, ai sensi della legislazione vigente, dall'ente di governo dell'ambito territoriale ottimale per il servizio integrato e dai gestori degli impianti di trattamento;

i) verifica della corretta redazione dei piani di ambito esprimendo osservazioni e rilievi;

l) formulazione di proposte relativamente alle attività comprese nel sistema integrato di gestione dei rifiuti da assoggettare a regime di concessione o autorizzazione in relazione alle condizioni di concorrenza dei mercati;

m) formulazione di proposte di revisione della disciplina vigente, segnalandone altresì i casi di gravi inadempienze e di non corretta applicazione;

n) predisposizione di una relazione annuale alle Camere sull'attività svolta.

528. La denominazione « Autorità per l'energia elettrica, il gas e il sistema idrico » è sostituita, ovunque ricorre, dalla denominazione « Autorità di regolazione per energia, reti e ambiente » (ARERA). I componenti di detta Autorità sono cinque, compreso il presidente, e sono nominati, ai sensi dell'articolo 2, commi 7 e 8, della legge 14 novembre 1995, n. 481, su proposta del Ministro dello sviluppo economico d'intesa con il Ministro dell'ambiente e della tutela del territorio e del mare. Conseguentemente, la lettera *c*) del comma 1 dell'articolo 23 del decreto-legge 6 dicembre 2011, n. 201, convertito, con modificazioni, dalla legge 22 dicembre 2011, n. 214, è abrogata.

73. Decreto legge 10 aprile 2018, n. 30, convertito, con modificazioni, in legge 31 maggio 2018, n. 64. — Misure urgenti per assicurare la continuità delle funzioni dell'Autorità di regolazione per energia, reti e ambiente (ARERA).

Pubblicato nella Gazzetta Ufficiale n. 83 del 10 aprile 2018; la legge di conversione è stata pubblicata nella Gazzetta Ufficiale n. 131 dell'8 giugno 2018.

1 1. I componenti l'Autorità di regolazione per energia, reti e ambiente nominati con decreto del Presidente della Repubblica 11 febbraio 2011 continuano ad esercitare le proprie funzioni, limitatamente agli atti di ordinaria amministrazione e a quelli indifferibili e urgenti, fino alla nomina dei nuovi componenti la predetta Autorità non oltre il novantesimo giorno dal giuramento del primo Governo formato successivamente alla data di entrata in vigore del presente decreto e, comunque, non oltre il 30 settembre 2018.

1-*bis*. L'Autorità di regolazione per energia, reti e ambiente, durante il periodo di cui al comma 1, trasmette alle Camere, ogni quarantacinque giorni a decorrere dalla data di entrata in vigore della presente disposizione, una relazione concernente gli atti di ordinaria amministrazione e quelli indifferibili e urgenti adottati nel periodo di riferimento, con l'illustrazione dei presupposti e delle motivazioni. Nella prima relazione l'Autorità dà conto anche degli atti adottati nel periodo intercorrente tra la data di entrata in vigore del presente decreto e quella di entrata in vigore della presente disposizione, nonché delle linee guida eventualmente adottate al fine di individuare gli atti emanati dalla predetta Autorità da considerare di ordinaria amministrazione ovvero indifferibili e urgenti.

CAPO VI
GARANTE PER LA PROTEZIONE DEI DATI PERSONALI

74. Decreto legislativo 30 giugno 2003, n. 196. — Codice in materia di protezione dei dati personali, recante disposizioni per l'adeguamento dell'ordinamento nazionale al regolamento (UE) n. 2016/679 del Parlamento europeo e del Consiglio, del 27 aprile 2016, relativo alla protezione delle persone fisiche con riguardo al trattamento dei dati personali, nonché alla libera circolazione di tali dati e che abroga la direttiva 95/46/CE. (*estratto*) (1) (2) (3).

Pubblicato nella Gazzetta Ufficiale n. 174 del 29 luglio 2003, S.O. n. 123.

(1) *Nel presente provvedimento la parola « abbonato », ovunque ricorrente, è stata sostituita dalla parola « contraente » ai sensi di quanto disposto dall'art. 1, comma 12, d.lgs. 28 maggio 2012, n. 69.*

(2) *Le parole da* «, recante disposizioni per l'adeguamento » *a* « che abroga la direttiva 95/46/CE » *sono state aggiunte dall'art. 1, comma 1, d.lgs. 10 agosto 2018, n. 101. Per le disposizioni transitorie, v. art. 22 d.lgs. n. 101, cit. In particolare, ai sensi del comma 6 del citato art. 22 "Dalla data di entrata in vigore del presente decreto, i rinvii alle disposizioni del codice in materia di protezione dei dati personali, di cui al decreto legislativo n. 196 del 2003, abrogate dal presente decreto, contenuti in norme di legge e di regolamento, si intendono riferiti alle corrispondenti disposizioni del Regolamento (UE) 2016/679 e a quelle introdotte o modificate dal presente decreto, in quanto compatibili.*

(3) *V. anche il Regolamento (UE) del Parlamento europeo e del Consiglio del 27 aprile 2016 N. 679 relativo alla protezione delle persone fisiche con riguardo al trattamento dei dati personali, nonché alla libera circolazione di tali dati e che abroga la direttiva 95/46/CE (regolamento generale sulla protezione dei dati), riportato in estratto sub II, 75, e, in particolare, gli artt. 51 e ss. per le Autorità di controllo.*

PARTE I
Disposizioni generali

TITOLO I
Principi e disposizioni generali (1)

(1) *Rubrica così sostituita dall'art. 2, comma 1, lett.* a), *d.lgs. 10 agosto 2018, n. 101. Per le disposizioni transitorie, v. art. 22 d.lgs. n. 101, cit., sub Epigrafe. Il testo della rubrica era il seguente:* « Principi generali ».

CAPO I
Oggetto, finalità e Autorità di controllo (1)

(1) *Capo inserito dall'art. 2, comma 1, lett.* b), *d.lgs. 10 agosto 2018, n. 101. Per le disposizioni transitorie, v. art. 22 d.lgs. n. 101, cit. sub Epigrafe.*

1 (1) Oggetto.

1. Il trattamento dei dati personali avviene secondo le norme del regolamento (UE) 2016/679 del Parlamento europeo e del Consiglio, del 27 aprile 2016, di seguito « Regolamento », e del presente codice, nel rispetto della dignità umana, dei diritti e delle libertà fondamentali della persona.

(1) *Articolo così sostituito dall'art. 2, comma 1, lett.* c), *d.lgs. 10 agosto 2018, n. 101. Per le disposizioni transitorie, v. art. 22 d.lgs. n. 101, cit. sub Epigrafe. Il testo dell'articolo, come modificato dall'articolo 4, comma 9, l. 4 marzo 2009, n. 15, e da ultimo modificato dalla l. 4 novembre 2010, n. 183, era il seguente:* « **Art. 1.** (*Diritto alla protezione dei dati personali*). — 1. Chiunque ha diritto alla protezione dei dati personali che lo riguardano ».

2 Finalità (1).

1. Il presente codice reca disposizioni per l'adeguamento dell'ordinamento nazionale alle disposizioni del regolamento.

(1) *Articolo così sostituito dall'art. 2, comma 1, lett.*d), *d.lgs. 10 agosto 2018, n. 101. Per le disposizioni transitorie, v. art. 22 d.lgs. n. 101, cit. sub Epigrafe. Il testo dell'articolo era il seguente:* « Art. 2. (*Finalità*). — 1. Il presente testo unico, di seguito denominato codice, garantisce che il trattamento dei dati personali si svolga nel rispetto dei diritti e delle libertà fondamentali, nonché della dignità dell'interessato, con particolare riferimento alla riservatezza, all'identità personale e al diritto alla protezione dei dati personali. — 2. Il trattamento dei dati personali è disciplinato assicurando un elevato livello di tutela dei diritti e delle libertà di cui al comma 1 nel rispetto dei principi di semplificazione, armonizzazione ed efficacia delle modalità previste per il loro esercizio da parte degli interessati, nonché per l'adempimento degli obblighi da parte dei titolari del trattamento ».

2-*bis* Autorità di controllo (1).

1. L'Autorità di controllo di cui all'articolo 51 del regolamento è individuata nel Garante per la protezione dei dati personali, di seguito « Garante », di cui all'articolo 153.

(1) *Articolo inserito dall'art. 2, comma 1, lett.* e), *d.lgs. 10 agosto 2018, n. 101. Per le disposizioni transitorie, v. art. 22 d.lgs. n. 101, cit. sub Epigrafe.*

CAPO II
Principi (1)

(1) *Capo inserito dall'art. 2, comma 1, lett.* f), *d.lgs. 10 agosto 2018, n. 101. Per le disposizioni transitorie, v. art. 22 d.lgs. n. 101, cit. sub Epigrafe.*

2-*ter* (1) Base giuridica per il trattamento di dati personali effettuato per l'esecuzione di un compito di interesse pubblico o connesso all'esercizio di pubblici poteri.

1. La base giuridica prevista dall'art. 6, par. 3, lett. *b*), del regolamento è costituita [esclusivamente] da una norma di legge o [, nei casi previsti dalla legge,] di regolamento o da atti amministrativi generali (2).

1-*bis*. Fermo restando ogni altro obbligo previsto dal Regolamento e dal presente codice, il trattamento dei dati personali da parte di un'amministrazione pubblica di cui all'articolo 1, comma 2, del decreto legislativo 30 marzo 2001, n. 165, ivi comprese le autorità indipendenti e le amministrazioni inserite nell'elenco di cui all'articolo 1, comma 3, della legge 31 dicembre 2009, n. 196, nonché da parte di una società a controllo pubblico statale o, limitatamente ai gestori di servizi pubblici, locale, di cui all'articolo 16 del testo unico in materia di società a partecipazione pubblica, di cui al decreto legislativo 19 agosto 2016, n. 175, con esclusione, per le società a controllo pubblico, dei trattamenti correlati ad attività svolte in regime di libero mercato, è anche consentito se necessario per l'adempimento di un compito svolto nel pubblico interesse o per l'esercizio di pubblici poteri ad esse attribuiti. In modo da assicurare che tale esercizio non possa arrecare un pregiudizio effettivo e concreto alla tutela dei diritti e delle libertà degli interessati, le disposizioni di cui al presente comma sono esercitate nel rispetto dell'articolo 6 del Regolamento (3).

2. La comunicazione fra titolari che effettuano trattamenti di dati personali, diversi da quelli ricompresi nelle particolari categorie di cui all'art. 9 del Regolamento e di quelli relativi a condanne penali e reati di cui all'art. 10 del Regolamento, per l'esecuzione di un compito di interesse pubblico o connesso all'esercizio di pubblici poteri è ammessa se prevista ai sensi del comma 1 o se necessaria ai sensi del comma 1-*bis* (4). [In mancanza di tale norma, la comunicazione è ammessa quando è comunque necessaria per lo svolgimento di compiti di interesse pubblico e lo svolgimento di funzioni istituzionali e può essere iniziata se è decorso il termine di quarantacinque giorni dalla relativa comunicazione al Garante, senza che lo stesso abbia adottato una diversa determinazione delle misure da adottarsi a garanzia degli interessati.] (5)

3. La diffusione e la comunicazione di dati personali, trattati per l'esecuzione di un compito di interesse pubblico o connesso all'esercizio di pubblici poteri, a soggetti che intendono trattarli per altre finalità sono ammesse unicamente se previste ai sensi del comma 1 o se necessarie ai sensi del comma 1-*bis*. In tale ultimo caso, ne viene data notizia al Garante almeno dieci giorni prima dell'inizio della comunicazione o diffusione (6).

4. Si intende per:

a) « comunicazione », il dare conoscenza dei dati personali a uno o più soggetti determinati diversi dall'interessato, dal rappresentante del titolare nel territorio dell'Unione europea, dal responsabile o dal suo rappresentante nel territorio dell'Unione europea, dalle persone autorizzate, ai sensi dell'art. 2-*quaterdecies*, al trattamento dei dati personali sotto l'autorità diretta del titolare o del responsabile, in qualunque forma, anche mediante la loro messa a disposizione, consultazione o mediante interconnessione;

b) « diffusione », il dare conoscenza dei dati personali a soggetti indeterminati, in qualunque forma, anche mediante la loro messa a disposizione o consultazione.

(1) *V. nota* sub *Capo II.*

(2) *Le parole* « esclusivamente » *e* «, o nei casi previsti dalla legge » *sono state soppresse e le parole* « o da atti amministrativi generali » *sono state inserite dall'art. 9, comma 1, lett.* a), *n. 1, d.l. 8 ottobre 2021, n. 139, conv. in l. 3 dicembre 2021, n. 205. Ai sensi dell'art. 9, comma 5, d.l. n. 139, cit.*, « *Gli articoli* 2-ter, *comma 1,* 2-sexies, *comma 1, e 58, commi 1 e 2, del codice di cui al decreto legislativo n. 196 del 2003 e l'articolo 5 del decreto legislativo n. 51 del 2018, come modificati dal presente articolo, si applicano anche ai casi in cui disposizioni di legge già in vigore stabiliscono che i tipi di dati che possono essere trattati, le operazioni eseguibili, il motivo di interesse pubblico rilevante, la finalità del trattamento nonché le misure appropriate e specifiche per tutelare i diritti fondamentali dell'interessato e i suoi interessi sono previsti da uno o più regolamenti* ».

(3) *Comma inserito dall'art. 9, comma 1, lett.* a), *n. 2, d.l. n. 139, cit.*

(4) *Le parole* « o se necessaria ai sensi del comma 1-*bis* » *sono state aggiunte dall'art. 9, comma 1, lett.* a), *n. 3, d.l. n. 139, cit.*

(5) *Periodo soppresso dall'art. 9, comma 1, lett.* a), *n. 3, d.l. n. 139, cit.*

(6) *Le parole* « o se necessarie ai sensi del comma 1-*bis*. In tale ultimo caso, ne viene data notizia al Garante almeno dieci giorni prima dell'inizio della comunicazione o diffusione » *sono state aggiunte dall'art. 9, comma 1, lett.* a), *n. 4, d.l. n. 139, cit.*

2-*quater* (1) Regole deontologiche.

1. Il Garante promuove, nell'osservanza del principio di rappresentatività e tenendo conto delle raccomandazioni del Consiglio d'Europa sul trattamento dei dati personali, l'adozione di regole deontologiche per i trattamenti previsti dalle disposizioni di cui agli articoli 6, paragrafo 1, lettere *c*) ed e), 9, paragrafo 4, e al capo IX del Regolamento, ne verifica la conformità alle disposizioni vigenti, anche attraverso l'esame di osservazioni di soggetti interessati e contribuisce a garantirne la diffusione e il rispetto.

2. Lo schema di regole deontologiche è sottoposto a consultazione pubblica per almeno sessanta giorni.

3. Conclusa la fase delle consultazioni, le regole deontologiche sono approvate dal Garante ai sensi dell'articolo 154-*bis*, comma 1, lettera *b*), pubblicate nella Gazzetta Ufficiale della Repubblica italiana e, con decreto del Ministro della giustizia, sono riportate nell'allegato A del presente codice.

4. Il rispetto delle disposizioni contenute nelle regole deontologiche di cui al comma 1 costituisce condizione essenziale per la liceità e la correttezza del trattamento dei dati personali.

(1) *Articolo inserito dall'art. 2, comma 1, lett.* f), *d.lgs. 10 agosto 2018, n. 101, che ha inserito il Capo II. Per le disposizioni transitorie, v. art. 22 d.lgs. n. 101, cit. sub Epigrafe.*

2-*quinquies* (1) Consenso del minore in relazione ai servizi della società dell'informazione.

1. In attuazione dell'articolo 8, paragrafo 1, del Regolamento, il minore che ha compiuto i quattordici anni può esprimere il consenso al trattamento dei propri dati personali in relazione all'offerta diretta di servizi della società dell'informazione. Con riguardo a tali servizi, il trattamento dei dati personali del minore di età inferiore a quattordici anni, fondato sull'articolo 6, paragrafo 1, lettera *a*), del Regolamento, è lecito a condizione che sia prestato da chi esercita la responsabilità genitoriale.

2. In relazione all'offerta diretta ai minori dei servizi di cui al comma 1, il titolare del trattamento redige con linguaggio particolarmente chiaro e semplice, conciso ed esaustivo, facilmente accessibile e comprensibile dal minore, al fine di rendere significativo il consenso prestato da quest'ultimo, le informazioni e le comunicazioni relative al trattamento che lo riguardi.

(1) *Articolo inserito dall'art. 2, comma 1, lett.* f), *d.lgs. 10 agosto 2018, n. 101, che ha inserito il Capo II. Per le disposizioni transitorie, v. art. 22 d.lgs. n. 101, cit. sub Epigrafe.*

2-*sexies* (1) Trattamento di categorie particolari di dati personali necessario per motivi di interesse pubblico rilevante.

1. I trattamenti delle categorie particolari di dati personali di cui all'art. 9, par. 1, del Regolamento, necessari per motivi di interesse pubblico rilevante ai sensi del par. 2, lett. *g*), del medesimo articolo, sono ammessi qualora siano previsti dal diritto dell'Unione europea ovvero, nell'ordinamento interno, da disposizioni di legge o [, nei casi previsti dalla legge,] di regolamento o da atti amministrativi generali (2) che specifichino i tipi di dati che possono essere trattati, le operazioni eseguibili e il motivo di interesse pubblico rilevante, nonché le misure appropriate e specifiche per tutelare i diritti fondamentali e gli interessi dell'interessato.

1-*bis*. I dati personali relativi alla salute, privi di elementi identificativi diretti, sono trattati, nel rispetto delle finalità istituzionali di ciascuno, dal Ministero della salute, dall'Istituto superiore di sanità, dall'Agenzia nazionale per i servizi sanitari regionali, dall'Agenzia italiana del farmaco, dall'Istituto nazionale per la promozione della salute delle popolazioni migranti e per il contrasto delle malattie della povertà e, relativamente ai propri assistiti, dalle regioni anche mediante l'interconnessione a livello nazionale dei sistemi informativi su base individuale del Servizio sanitario nazionale, ivi incluso il Fascicolo sanitario elettronico (FSE), aventi finalità compatibili con quelle sottese al trattamento, con le modalità e per le finalità fissate con decreto del Ministro della salute, ai sensi del comma 1, previo parere del Garante, nel rispetto di quanto previsto dal Regolamento, dal presente codice, dal codice dell'amministrazione digitale, di cui al decreto legislativo 7 marzo 2005, n. 82, e dalle linee guida dell'Agenzia per l'Italia digitale in materia di interoperabilità (3).

2. Fermo quanto previsto dal comma 1, si considera rilevante l'interesse pubblico relativo a trattamenti effettuati da soggetti che svolgono compiti di interesse pubblico o connessi all'esercizio di pubblici poteri nelle seguenti materie:

a) accesso a documenti amministrativi e accesso civico;

b) tenuta degli atti e dei registri dello stato civile, delle anagrafi della popolazione residente in Italia e dei cittadini italiani residenti all'estero, e delle liste elettorali, nonché rilascio di documenti di riconoscimento o di viaggio o cambiamento delle generalità;

c) tenuta di registri pubblici relativi a beni immobili o mobili;

d) tenuta dell'anagrafe nazionale degli abilitati alla guida e dell'archivio nazionale dei veicoli;

e) cittadinanza, immigrazione, asilo, condizione dello straniero e del profugo, stato di rifugiato;

f) elettorato attivo e passivo ed esercizio di altri diritti politici, protezione diplomatica e consolare, nonché documentazione delle attività istituzionali di organi pubblici, con particolare riguardo alla redazione di verbali e resoconti dell'attività di assemblee rappresentative, commissioni e di altri organi collegiali o assembleari;

g) esercizio del mandato degli organi rappresentativi, ivi compresa la loro sospensione o il loro scioglimento, nonché l'accertamento delle cause di ineleggibilità, incompatibilità o di decadenza, ovvero di rimozione o sospensione da cariche pubbliche;

h) svolgimento delle funzioni di controllo, indirizzo politico, inchiesta parlamentare o sindacato ispettivo e l'accesso a documenti riconosciuto dalla legge e dai regolamenti degli organi interessati per esclusive finalità direttamente connesse all'espletamento di un mandato elettivo;

i) attività dei soggetti pubblici dirette all'applicazione, anche tramite i loro concessionari, delle disposizioni in materia tributaria e doganale, comprese quelle di prevenzione e contrasto all'evasione fiscale (4);

l) attività di controllo e ispettive;

m) concessione, liquidazione, modifica e revoca di benefici economici, agevolazioni, elargizioni, altri emolumenti e abilitazioni;

n) conferimento di onorificenze e ricompense, riconoscimento della personalità giuridica di associazioni, fondazioni ed enti, anche di culto, accertamento dei requisiti di onorabilità e di professionalità per le nomine, per i profili di competenza del soggetto pubblico, ad uffici anche di culto e a cariche direttive di persone giuridiche, imprese e di istituzioni scolastiche non statali, nonché rilascio e revoca di autorizzazioni o abilitazioni, concessione di patrocini, patronati e premi di rappresentanza, adesione a comitati d'onore e ammissione a cerimonie ed incontri istituzionali;

o) rapporti tra i soggetti pubblici e gli enti del terzo settore;

p) obiezione di coscienza;

q) attività sanzionatorie e di tutela in sede amministrativa o giudiziaria;

r) rapporti istituzionali con enti di culto, confessioni religiose e comunità religiose;

s) attività socio-assistenziali a tutela dei minori e soggetti bisognosi, non autosufficienti e incapaci;

t) attività amministrative e certificatorie correlate a quelle di diagnosi, assistenza o terapia sanitaria o sociale, ivi incluse quelle correlate ai trapianti d'organo e di tessuti nonché alle trasfusioni di sangue umano;

u) compiti del servizio sanitario nazionale e dei soggetti operanti in ambito sanitario, nonché compiti di igiene e sicurezza sui luoghi di lavoro e sicurezza e salute della popolazione, protezione civile, salvaguardia della vita e incolumità fisica;

v) programmazione, gestione, controllo e valutazione dell'assistenza sanitaria, ivi incluse l'instaurazione, la gestione, la pianificazione e il controllo dei rapporti tra l'amministrazione ed i soggetti accreditati o convenzionati con il servizio sanitario nazionale;

z) vigilanza sulle sperimentazioni, farmacovigilanza, autorizzazione all'immissione in commercio e all'importazione di medicinali e di altri prodotti di rilevanza sanitaria;

aa) tutela sociale della maternità ed interruzione volontaria della gravidanza, dipendenze, assistenza, integrazione sociale e diritti dei disabili;

bb) istruzione e formazione in ambito scolastico, professionale, superiore o universitario;

cc) trattamenti effettuati a fini di archiviazione nel pubblico interesse o di ricerca storica, concernenti la conservazione, l'ordinamento e la comunicazione dei documenti detenuti negli archivi di Stato negli archivi storici degli enti pubblici, o in archivi privati dichiarati di interesse storico particolarmente importante, per fini di ricerca scientifica, nonché per fini statistici da parte di soggetti che fanno parte del sistema statistico nazionale (Sistan);

dd) instaurazione, gestione ed estinzione, di rapporti di lavoro di qualunque tipo, anche non retribuito o onorario, e di altre forme di impiego, materia sindacale, occupazione e collocamento obbligatorio, previdenza e assistenza, tutela delle minoranze e pari opportunità nell'ambito dei rapporti di lavoro, adempimento degli obblighi retributivi, fiscali e contabili, igiene e sicurezza del lavoro o di sicurezza o salute della popolazione, accertamento della responsabilità civile, disciplinare e contabile, attività ispettiva.

3. Per i dati genetici, biometrici e relativi alla salute il trattamento avviene comunque nel rispetto di quanto previsto dall'art. 2-*septies*.

(1) *V. nota* sub *Capo II.*

(2) *Le parole* «, o nei casi previsti dalla legge » *sono state soppresse e le parole* « o da atti amministrativi generali » *sono state inserite dall'art. 9, comma 1, lett.* b), *n. 1, d.l. 8 ottobre 2021, n. 139, conv. in l. 3 dicembre 2021, n. 205. Ai sensi dell'art. 9, comma 5, d.l. n. 139, cit.,* « *Gli articoli* 2-ter, *comma 1,* 2-sexies, *comma 1, e 58, commi 1 e 2, del codice di cui al decreto legislativo n. 196 del 2003 e l'articolo 5 del decreto legislativo n. 51 del 2018, come modificati dal presente articolo, si applicano anche ai casi in cui disposizioni di legge già in vigore stabiliscono che i tipi di dati che possono essere trattati, le operazioni eseguibili, il motivo di interesse pubblico rilevante, la finalità del trattamento nonché le misure appropriate e specifiche per tutelare i diritti fondamentali dell'interessato e i suoi interessi sono previsti da uno o più regolamenti* ».

(3) *Comma inserito dall'art. 9, comma 1, lett.* b), *n. 2, d.l. n. 139, cit.*

(4) *Le parole* «, comprese quelle di prevenzione e contrasto all'evasione fiscale » *sono state aggiunte dall'art. 1, comma 681, lett.* a), *l. 27 dicembre 2019, n. 160, in vigore dall'1-1-2020.*

2-*septies* (1) Misure di garanzia per il trattamento dei dati genetici, biometrici e relativi alla salute.

1. In attuazione di quanto previsto dall'articolo 9, paragrafo 4, del regolamento, i dati genetici, biometrici e relativi alla salute, possono essere oggetto di trattamento in presenza di una delle condizioni di cui al paragrafo 2 del medesimo articolo ed in conformità alle misure di garanzia disposte dal Garante, nel rispetto di quanto previsto dal presente articolo.

2. Il provvedimento che stabilisce le misure di garanzia di cui al comma 1 è adottato con cadenza almeno biennale e tenendo conto:

a) delle linee guida, delle raccomandazioni e delle migliori prassi pubblicate dal Comitato europeo per la protezione dei dati e delle migliori prassi in materia di trattamento dei dati personali;

b) dell'evoluzione scientifica e tecnologica nel settore oggetto delle misure;

c) dell'interesse alla libera circolazione dei dati personali nel territorio dell'Unione europea.

3. Lo schema di provvedimento è sottoposto a consultazione pubblica per un periodo non inferiore a sessanta giorni.

4. Le misure di garanzia sono adottate nel rispetto di quanto previsto dall'articolo 9, paragrafo 2, del Regolamento, e riguardano anche le cautele da adottare relativamente a:

a) contrassegni sui veicoli e accessi a zone a traffico limitato;

b) profili organizzativi e gestionali in ambito sanitario;

c) modalità per la comunicazione diretta all'interessato delle diagnosi e dei dati relativi alla propria salute;

d) prescrizioni di medicinali.

5. Le misure di garanzia sono adottate in relazione a ciascuna categoria dei dati personali di cui al comma 1, avendo riguardo alle specifiche finalità del trattamento e possono individuare, in conformità a quanto previsto al comma 2, ulteriori condizioni sulla base delle quali il trattamento di tali dati è consentito. In particolare, le misure di garanzia individuano le misure di sicurezza, ivi comprese quelle tecniche di cifratura e di pseudonomizzazione, le misure di minimizzazione, le specifiche modalità per l'accesso selettivo ai dati e per rendere le informazioni agli interessati, nonché le eventuali altre misure necessarie a garantire i diritti degli interessati.

6. Le misure di garanzia che riguardano i dati genetici e il trattamento dei dati relativi alla salute per finalità di prevenzione, diagnosi e cura nonché quelle di cui al comma 4, lettere *b*), *c*) e *d*), sono adottate sentito il Ministro della salute che, a tal fine, acquisisce il parere del Consiglio superiore di sanità. Limitatamente ai dati genetici, le misure di garanzia possono individuare, in caso di particolare ed elevato livello di rischio, il consenso come ulteriore misura di protezione dei diritti dell'interessato, a norma dell'articolo 9, paragrafo 4, del regolamento, o altre cautele specifiche.

7. Nel rispetto dei principi in materia di protezione dei dati personali, con riferimento agli obblighi di cui all'articolo 32 del Regolamento, è ammesso l'utilizzo

dei dati biometrici con riguardo alle procedure di accesso fisico e logico ai dati da parte dei soggetti autorizzati, nel rispetto delle misure di garanzia di cui al presente articolo.

8. I dati personali di cui al comma 1 non possono essere diffusi.

(1) *Articolo inserito dall'art. 2, comma 1, lett. f), d.lgs. 10 agosto 2018, n. 101, che ha inserito il Capo II. Per le disposizioni transitorie, v. art. 22 d.lgs. n. 101, cit. sub Epigrafe.*

2-*octies* (1) Principi relativi al trattamento di dati relativi a condanne penali e reati.

1. Fatto salvo quanto previsto dal decreto legislativo 18 maggio 2018, n. 51, il trattamento di dati personali relativi a condanne penali e a reati o a connesse misure di sicurezza sulla base dell'articolo 6, paragrafo 1, del Regolamento, che non avviene sotto il controllo dell'autorità pubblica, è consentito, ai sensi dell'articolo 10 del medesimo regolamento, solo se autorizzato da una norma di legge o, nei casi previsti dalla legge, di regolamento, che prevedano garanzie appropriate per i diritti e le libertà degli interessati.

2. In mancanza delle predette disposizioni di legge o di regolamento, i trattamenti dei dati di cui al comma 1 nonché le garanzie di cui al medesimo comma sono individuati con decreto del Ministro della giustizia, da adottarsi, ai sensi dell'articolo 17, comma 3, della legge 23 agosto 1988, n. 400, sentito il Garante.

3. Fermo quanto previsto dai commi 1 e 2, il trattamento di dati personali relativi a condanne penali e a reati o a connesse misure di sicurezza è consentito se autorizzato da una norma di legge o, nei casi previsti dalla legge, di regolamento, riguardanti, in particolare:

a) l'adempimento di obblighi e l'esercizio di diritti da parte del titolare o dell'interessato in materia di diritto del lavoro o comunque nell'ambito dei rapporti di lavoro, nei limiti stabiliti da leggi, regolamenti e contratti collettivi, secondo quanto previsto dagli articoli 9, paragrafo 2, lettera *b*), e 88 del regolamento;

b) l'adempimento degli obblighi previsti da disposizioni di legge o di regolamento in materia di mediazione finalizzata alla conciliazione delle controversie civili e commerciali;

c) la verifica o l'accertamento dei requisiti di onorabilità, requisiti soggettivi e presupposti interdittivi nei casi previsti dalle leggi o dai regolamenti;

d) l'accertamento di responsabilità in relazione a sinistri o eventi attinenti alla vita umana, nonché la prevenzione, l'accertamento e il contrasto di frodi o situazioni di concreto rischio per il corretto esercizio dell'attività assicurativa, nei limiti di quanto previsto dalle leggi o dai regolamenti in materia;

e) l'accertamento, l'esercizio o la difesa di un diritto in sede giudiziaria;

f) l'esercizio del diritto di accesso ai dati e ai documenti amministrativi, nei limiti di quanto previsto dalle leggi o dai regolamenti in materia;

g) l'esecuzione di investigazioni o le ricerche o la raccolta di informazioni per conto di terzi ai sensi dell'articolo 134 del testo unico delle leggi di pubblica sicurezza;

h) l'adempimento di obblighi previsti da disposizioni di legge in materia di comunicazioni e informazioni antimafia o in materia di prevenzione della delinquenza di tipo mafioso e di altre gravi forme di pericolosità sociale, nei casi previsti da leggi o da regolamenti, o per la produzione della documentazione prescritta dalla legge per partecipare a gare d'appalto;

i) l'accertamento del requisito di idoneità morale di coloro che intendono partecipare a gare d'appalto, in adempimento di quanto previsto dalle vigenti normative in materia di appalti;

l) l'attuazione della disciplina in materia di attribuzione del rating di legalità delle imprese ai sensi dell'articolo 5-*ter* del decreto-legge 24 gennaio 2012, n. 1, convertito, con modificazioni, dalla legge 24 marzo 2012, n. 27;

m) l'adempimento degli obblighi previsti dalle normative vigenti in materia di prevenzione dell'uso del sistema finanziario a scopo di riciclaggio dei proventi di attività criminose e di finanziamento del terrorismo.

4. Nei casi in cui le disposizioni di cui al comma 3 non individuano le garanzie appropriate per i diritti e le libertà degli interessati, tali garanzie sono previste con il decreto di cui al comma 2.

5. Quando il trattamento dei dati di cui al presente articolo avviene sotto il controllo dell'autorità pubblica si applicano le disposizioni previste dall'articolo 2-*sexies*.

6. Con il decreto di cui al comma 2 è autorizzato il trattamento dei dati di cui all'articolo 10 del Regolamento, effettuato in attuazione di protocolli di intesa per la prevenzione e il contrasto dei fenomeni di criminalità organizzata, stipulati con il Ministero dell'interno o con le prefetture-UTG. In relazione a tali protocolli, il decreto di cui al comma 2 individua, le tipologie dei dati trattati, gli interessati, le operazioni di trattamento eseguibili, anche in relazione all'aggiornamento e alla conservazione e prevede le garanzie appropriate per i diritti e le libertà degli interessati. Il decreto è adottato, limitatamente agli ambiti di cui al presente comma, di concerto con il Ministro dell'interno.

(1) *Articolo inserito dall'art. 2, comma 1, lett. f), d.lgs. 10 agosto 2018, n. 101, che ha inserito il Capo II. Per le disposizioni transitorie, v. art. 22 d.lgs. n. 101, cit. sub Epigrafe.*

2-*novies* (1) Trattamenti disciplinati dalla Presidenza della Repubblica, dalla Camera dei deputati, dal Senato della Repubblica e dalla Corte costituzionale.

1. Le disposizioni degli articoli 2-sexies, 2-septies e 2-octies del presente decreto legislativo recano principi applicabili, in conformità ai rispettivi ordinamenti, ai trattamenti delle categorie di dati personali di cui agli articoli 9, paragrafo 1, e 10 del Regolamento, disciplinati dalla Presidenza della Repubblica, dal Senato della Repubblica, dalla Camera dei deputati e dalla Corte costituzionale.

(1) *Articolo inserito dall'art. 2, comma 1, lett. f), d.lgs. 10 agosto 2018, n. 101, che ha inserito il Capo II. Per le disposizioni transitorie, v. art. 22 d.lgs. n. 101, cit. sub Epigrafe.*

2-*decies* (1) **Inutilizzabilità dei dati.**

1. I dati personali trattati in violazione della disciplina rilevante in materia di trattamento dei dati personali non possono essere utilizzati, salvo quanto previsto dall'articolo 160-*bis* (2).

(1) *Articolo inserito dall'art. 2, comma 1, lett.* f), *d.lgs. 10 agosto 2018, n. 101, che ha inserito il Capo II. Per le disposizioni transitorie, v. art. 22 d.lgs. n. 101, cit. sub Epigrafe.*

(2) *Ai sensi dell'art. 160-bis « La validità, l'efficacia e l'utilizzabilità nel procedimento giudiziario di atti, documenti e provvedimenti basati sul trattamento di dati personali non conforme a disposizioni di legge o di Regolamento restano disciplinate dalle pertinenti disposizioni processuali ».*

CAPO III

Disposizioni in materia di diritti dell'interessato (1)

(1) *Capo inserito dall'art. 2, comma 1, lett.* f), *d.lgs. 10 agosto 2018, n. 101. Per le disposizioni transitorie, v. art. 22 d.lgs. n. 101, cit. sub Epigrafe.*

2-*undecies* (1) **Limitazioni ai diritti dell'interessato.**

1. I diritti di cui agli articoli da 15 a 22 del Regolamento non possono essere esercitati con richiesta al titolare del trattamento ovvero con reclamo ai sensi dell'articolo 77 del Regolamento qualora dall'esercizio di tali diritti possa derivare un pregiudizio effettivo e concreto:

a) agli interessi tutelati in base alle disposizioni in materia di riciclaggio;

b) agli interessi tutelati in base alle disposizioni in materia di sostegno alle vittime di richieste estorsive;

c) all'attività di Commissioni parlamentari d'inchiesta istituite ai sensi dell'articolo 82 della Costituzione;

d) alle attività svolte da un soggetto pubblico, diverso dagli enti pubblici economici, in base ad espressa disposizione di legge, per esclusive finalità inerenti alla politica monetaria e valutaria, al sistema dei pagamenti, al controllo degli intermediari e dei mercati creditizi e finanziari, nonché alla tutela della loro stabilità;

e) allo svolgimento delle investigazioni difensive o all'esercizio di un diritto in sede giudiziaria;

f) alla riservatezza dell'identità del dipendente che segnala ai sensi della legge 30 novembre 2017, n. 179, l'illecito di cui sia venuto a conoscenza in ragione del proprio ufficio.

f-bis) agli interessi tutelati in materia tributaria e allo svolgimento delle attività di prevenzione e contrasto all'evasione fiscale (2).

2. Nei casi di cui al comma 1, lettera *c*), si applica quanto previsto dai regolamenti parlamentari ovvero dalla legge o dalle norme istitutive della Commissione d'inchiesta.

3. Nei casi di cui al comma 1, lettere *a*), *b*), *d*) *e*), *f*) e *f-bis*) i diritti di cui al medesimo comma sono esercitati conformemente alle disposizioni di legge o di regolamento che regolano il settore, che devono almeno recare misure dirette a disciplinare gli ambiti di cui all'articolo 23, paragrafo 2, del Regolamento. L'esercizio dei medesimi diritti può, in ogni caso, essere ritardato, limitato o escluso con comunicazione motivata e resa senza ritardo all'interessato, a meno che la comunicazione possa compromettere la finalità della limitazione, per il tempo e nei limiti in cui ciò costituisca una misura necessaria e proporzionata, tenuto conto dei diritti fondamentali e dei legittimi interessi dell'interessato, al fine di salvaguardare gli interessi di cui al comma 1, lettere *a*), *b*), *d*), *e*), *f*) e *f-bis*). In tali casi, i diritti dell'interessato possono essere esercitati anche tramite il Garante con le modalità di cui all'articolo 160. In tale ipotesi, il Garante informa l'interessato di aver eseguito tutte le verifiche necessarie o di aver svolto un riesame, nonché del diritto dell'interessato di proporre ricorso giurisdizionale. Il titolare del trattamento informa l'interessato delle facoltà di cui al presente comma (3).

(1) *Articolo inserito dall'art. 2, comma 1, lett.* f), *d.lgs. 10 agosto 2018, n. 101. Per le disposizioni transitorie, v. art. 22 d.lgs. n. 101, cit. sub Epigrafe.*

(2) *Lettera aggiunta dall'art. 1, comma 681, lett.* a), *della l. 27 dicembre 2019, n. 160 (legge di bilancio 2020), con effetto a decorrere dal 1° gennaio 2020.*

(3) *Le parole «* e), f) e f-bis) *» sono state sostituite alle parole «* e) ed f) *» dall'art. 1, comma 681, lett.* b), *della l. 27 dicembre 2019, n. 160 (legge di bilancio 2020), con effetto a decorrere dal 1° gennaio 2020.*

2-*duodecies* (1) **Limitazioni per ragioni di giustizia.**

1. In applicazione dell'articolo 23, paragrafo 1, lettera *f*), del Regolamento, in relazione ai trattamenti di dati personali effettuati per ragioni di giustizia nell'ambito di procedimenti dinanzi agli uffici giudiziari di ogni ordine e grado nonché dinanzi al Consiglio superiore della magistratura e agli altri organi di autogoverno delle magistrature speciali o presso il Ministero della giustizia, i diritti e gli obblighi di cui agli articoli da 12 a 22 e 34 del Regolamento sono disciplinati nei limiti e con le modalità previste dalle disposizioni di legge o di Regolamento che regolano tali procedimenti, nel rispetto di quanto previsto dall'articolo 23, paragrafo 2, del Regolamento.

2. Fermo quanto previsto dal comma 1, l'esercizio dei diritti e l'adempimento degli obblighi di cui agli articoli da 12 a 22 e 34 del Regolamento possono, in ogni caso, essere ritardati, limitati o esclusi, con comunicazione motivata e resa senza ritardo all'interessato, a meno che la comunicazione possa compromettere la finalità della limitazione, nella misura e per il tempo in cui ciò costituisca una misura necessaria e proporzionata, tenuto conto dei diritti fondamentali e dei legittimi interessi dell'interessato, per salvaguardare l'indipendenza della magistratura e dei procedimenti giudiziari.

3. Si applica l'articolo 2-*undecies*, comma 3, terzo, quarto e quinto periodo.

4. Ai fini del presente articolo si intendono effettuati per ragioni di giustizia i trattamenti di dati personali correlati alla trattazione giudiziaria di affari e di controversie, i trattamenti effettuati in materia di trattamento giuridico ed economico del personale di magistratura, nonché i trattamenti svolti nell'ambito delle attività ispettive su uffici giudiziari. Le ragioni di giustizia non ricorrono per l'ordinaria attività amministrativo-gestionale di personale, mezzi o strutture, quando non è pregiudicata la segretezza di atti diret-

tamente connessi alla trattazione giudiziaria di procedimenti.

(1) *Articolo inserito dall'art. 2, comma 1, lett. f), d.lgs. 10 agosto 2018, n. 101. Per le disposizioni transitorie, v. art. 22 d.lgs. n. 101, cit. sub Epigrafe.*

2-*terdecies* (1) Diritti riguardanti le persone decedute.

1. I diritti di cui agli articoli da 15 a 22 del Regolamento riferiti ai dati personali concernenti persone decedute possono essere esercitati da chi ha un interesse proprio, o agisce a tutela dell'interessato, in qualità di suo mandatario, o per ragioni familiari meritevoli di protezione.

2. L'esercizio dei diritti di cui al comma 1 non è ammesso nei casi previsti dalla legge o quando, limitatamente all'offerta diretta di servizi della società dell'informazione, l'interessato lo ha espressamente vietato con dichiarazione scritta presentata al titolare del trattamento o a quest'ultimo comunicata.

3. La volontà dell'interessato di vietare l'esercizio dei diritti di cui al comma 1 deve risultare in modo non equivoco e deve essere specifica, libera e informata; il divieto può riguardare l'esercizio soltanto di alcuni dei diritti di cui al predetto comma.

4. L'interessato ha in ogni momento il diritto di revocare o modificare il divieto di cui ai commi 2 e 3.

5. In ogni caso, il divieto non può produrre effetti pregiudizievoli per l'esercizio da parte dei terzi dei diritti patrimoniali che derivano dalla morte dell'interessato nonché del diritto di difendere in giudizio i propri interessi.

(1) *Articolo inserito dall'art. 2, comma 1, lett. f), d.lgs. 10 agosto 2018, n. 101. Per le disposizioni transitorie, v. art. 22 d.lgs. n. 101, cit. sub Epigrafe.*

CAPO IV

Disposizioni relative al titolare del trattamento e al responsabile del trattamento (1)

(1) *Capo inserito dall'art. 2, comma 1, lett. f), d.lgs. 10 agosto 2018, n. 101. Per le disposizioni transitorie, v. art. 22 d.lgs. n. 101, cit. sub Epigrafe.*

2-*quaterdecies* (1) Attribuzione di funzioni e compiti a soggetti designati.

1. Il titolare o il responsabile del trattamento possono prevedere, sotto la propria responsabilità e nell'ambito del proprio assetto organizzativo, che specifici compiti e funzioni connessi al trattamento di dati personali siano attribuiti a persone fisiche, espressamente designate, che operano sotto la loro autorità.

2. Il titolare o il responsabile del trattamento individuano le modalità più opportune per autorizzare al trattamento dei dati personali le persone che operano sotto la propria autorità diretta.

(1) *Articolo inserito dall'articolo 2, comma 1, lett. f), d.lgs. 10 agosto 2018, n. 101. Per le disposizioni transitorie, v. art. 22 d.lgs. n. 101, cit. sub Epigrafe.*

2-*quinquiesdecies* (1) [Trattamento che presenta rischi elevati per l'esecuzione di un compito di interesse pubblico.

1. Con riguardo ai trattamenti svolti per l'esecuzione di un compito di interesse pubblico che possono presentare rischi elevati ai sensi dell'articolo 35 del Regolamento, il Garante può, sulla base di quanto disposto dall'articolo 36, paragrafo 5, del medesimo Regolamento e con provvedimenti di carattere generale adottati d'ufficio, prescrivere misure e accorgimenti a garanzia dell'interessato, che il titolare del trattamento è tenuto ad adottare.]

(1) *Articolo abrogato dall'art. 9, comma 1, lett.* b), *d.l. 8 ottobre 2021, n. 139, conv. in l. 3 dicembre 2021, n. 205. L'articolo era stato inserito dall'art. 2, comma 1, lett. f), d.lgs. 10 agosto 2018, n. 101. Per le disposizioni transitorie, v. art. 22 d.lgs. n. 101, cit. sub Epigrafe.*

2-*sexiesdecies* (1) Responsabile della protezione dei dati per i trattamenti effettuati dalle autorità giudiziarie nell'esercizio delle loro funzioni.

1. Il responsabile della protezione dati è designato, a norma delle disposizioni di cui alla sezione 4 del capo IV del Regolamento, anche in relazione ai trattamenti di dati personali effettuati dalle autorità giudiziarie nell'esercizio delle loro funzioni.

(1) *Articolo inserito dall'art. 2, comma 1, lett. f), d.lgs. 10 agosto 2018, n. 101. Per le disposizioni transitorie, v. art. 22 d.lgs. n. 101, cit. sub Epigrafe.*

2-*septiesdecies* (1) Organismo nazionale di accreditamento.

1. L'organismo nazionale di accreditamento di cui all'articolo 43, paragrafo 1, lettera *b*), del Regolamento è l'Ente unico nazionale di accreditamento, istituito ai sensi del Regolamento (CE) n. 765/2008, del Parlamento europeo e del Consiglio, del 9 luglio 2008, fatto salvo il potere del Garante di assumere direttamente, con deliberazione pubblicata nella Gazzetta Ufficiale della Repubblica italiana e in caso di grave inadempimento dei suoi compiti da parte dell'Ente unico nazionale di accreditamento, l'esercizio di tali funzioni, anche con riferimento a una o più categorie di trattamenti.

(1) *Articolo inserito dall'art. 2, comma 1, lett. f), d.lgs. 10 agosto 2018, n. 101. Per le disposizioni transitorie, v. art. 22 d.lgs. n. 101, cit. sub Epigrafe.*

3 (1) [Principio di necessità nel trattamento dei dati.

1. I sistemi informativi e i programmi informatici sono configurati riducendo al minimo l'utilizzazione di dati personali e di dati identificativi, in modo da escluderne il trattamento quando le finalità perseguite nei singoli casi possono essere realizzate mediante, rispettivamente, dati anonimi od opportune modalità che permettano di identificare l'interessato solo in caso di necessità.]

(1) *Articolo abrogato dall'art. 27, comma 1, lett.a), numero 1), d.lgs. 10 agosto 2018, n. 101. V. nt. 3 all'epigrafe della presente legge.*

4 (1) [Definizioni.

1. Ai fini del presente codice si intende per:

a) « trattamento », qualunque operazione o complesso di operazioni, effettuati anche senza l'ausilio di strumenti elettronici, concernenti la raccolta, la registrazione, l'organizzazione, la conservazione, la consultazione, l'elaborazione, la modificazione, la selezione, l'estrazione, il raffronto, l'utilizzo, l'interconnessione, il blocco, la comunicazione, la diffusione, la cancellazione e la distruzione di dati, anche se non registrati in una banca di dati;

b) « dato personale », qualunque informazione relativa a persona fisica, identificata o identificabile, anche indirettamente, mediante riferimento a qualsiasi altra informazione, ivi compreso un numero di identificazione personale (2);

c) « dati identificativi », i dati personali che permettono l'identificazione diretta dell'interessato;

d) « dati sensibili », i dati personali idonei a rivelare l'origine razziale ed etnica, le convinzioni religiose, filosofiche o di altro genere, le opinioni politiche, l'adesione a partiti, sindacati, associazioni od organizzazioni a carattere religioso, filosofico, politi co o sindacale, nonché i dati personali idonei a rivelare lo stato di salute e la vita sessuale;

e) « dati giudiziari », i dati personali idonei a rivelare provvedimenti di cui all'articolo 3, comma 1, lettere da *a*) a *o*) e da *r*) a *u*), del d.P.R. 14 novembre 2002, n. 313, in materia di casellario giudiziale, di anagrafe delle sanzioni amministrative dipendenti da reato e dei relativi carichi pendenti, o la qualità di imputato o di indagato ai sensi degli articoli 60 e 61 del codice di procedura penale;

f) « titolare », la persona fisica, la persona giuridica, la pubblica amministrazione e qualsiasi altro ente, associazione od organismo cui competono, anche unitamente ad altro titolare, le decisioni in ordine alle finalità, alle modalità del trattamento di dati personali e agli strumenti utilizzati, ivi compreso il profilo della sicurezza;

g) « responsabile », la persona fisica, la persona giuridica, la pubblica amministrazione e qualsiasi altro ente, associazione od organismo preposti dal titolare al trattamento di dati personali;

h) « incaricati », le persone fisiche autorizzate a compiere operazioni di trattamento dal titolare o dal responsabile;

i) « interessato », la persona fisica, cui si riferiscono i dati personali (2);

l) « comunicazione », il dare conoscenza dei dati personali a uno o più soggetti determinati diversi dall'interessato, dal rappresentante del titolare nel territorio dello Stato, dal responsabile e dagli incaricati, in qualunque forma, anche mediante la loro messa a disposizione o consultazione;

m) « diffusione », il dare conoscenza dei dati personali a soggetti indeterminati, in qualunque forma, anche mediante la loro messa a disposizione o consultazione;

n) « dato anonimo », il dato che in origine, o a seguito di trattamento, non può essere associato ad un interessato identificato o identificabile;

o) « blocco », la conservazione di dati personali con sospensione temporanea di ogni altra operazione del trattamento;

p) « banca di dati », qualsiasi complesso organizzato di dati personali, ripartito in una o più unità dislocate in uno o più siti;

q) « Garante », l'autorità di cui all'articolo 153, istituita dalla legge 31 dicembre 1996, n. 675.

2. Ai fini del presente codice si intende, inoltre, per:

a) « comunicazione elettronica », ogni informazione scambiata o trasmessa tra un numero finito di soggetti tramite un servizio di comunicazione elettronica accessibile al pubblico. Sono escluse le informazioni trasmesse al pubblico tramite una rete di comunicazione elettronica, come parte di un servizio di radiodiffusione, salvo che le stesse informazioni siano collegate ad un abbonato o utente ricevente, identificato o identificabile;

b) chiamata, la connessione istituita da un servizio di comunicazione elettronica accessibile al pubblico che consente la comunicazione bidirezionale (3);

c) reti di comunicazione elettronica, i sistemi di trasmissione e, se del caso, le apparecchiature di commutazione o di instradamento e altre risorse, inclusi gli elementi di rete non attivi, che consentono di trasmettere segnali via cavo, via radio, a mezzo di fibre ottiche o con altri mezzi elettromagnetici, comprese le reti satellitari, le reti terrestri mobili e fisse a commutazione di circuito e a commutazione di pacchetto, compresa Internet, le reti utilizzate per la diffusione circolare dei programmi sonori e televisivi, i sistemi per il trasporto della corrente elettrica, nella misura in cui siano utilizzati per trasmettere i segnali, le reti televisive via cavo, indipendentemente dal tipo di informazione trasportato (4);

d) rete pubblica di comunicazioni, una rete di comunicazione elettronica utilizzata interamente o prevalentemente per fornire servizi di comunicazione elettronica accessibili al pubblico, che supporta il trasferimento di informazioni tra i punti terminali di reti (5);

e) « servizio di comunicazione elettronica », i servizi consistenti esclusivamente o prevalentemente nella trasmissione di segnali su reti di comunicazioni elettroniche, compresi i servizi di telecomunicazioni e i servizi di trasmissione nelle reti utilizzate per la diffusione circolare radiotelevisiva, nei limiti previsti dall'articolo 2, lettera *c*), della direttiva 2002/21/CE del Parlamento europeo e del Consiglio, del 7 marzo 2002;

f) « abbonato », qualunque persona fisica, persona giuridica, ente o associazione parte di un contratto con un fornitore di servizi di comunicazione elettronica accessibili al pubblico per la fornitura di tali servizi, o comunque destinatario di tali servizi tramite schede prepagate;

g) « utente », qualsiasi persona fisica che utilizza un servizio di comunicazione elettronica accessibile al pubblico, per motivi privati o commerciali, senza esservi necessariamente abbonata;

h) « dati relativi al traffico », qualsiasi dato sottoposto a trattamento ai fini della trasmissione di una comunicazione su una rete di comunicazione elettronica o della relativa fatturazione;

i) « dati relativi all'ubicazione », ogni dato trattato in una rete di comunicazione elettronica che indica la posizione geografica dell'apparecchiatura terminale dell'utente di un servizio di comunicazione elettronica accessibile al pubblico;

l) « servizio a valore aggiunto », il servizio che richiede il trattamento dei dati relativi al traffico o dei dati relativi all'ubicazione diversi dai dati relativi al traffico, oltre a quanto è necessario per la trasmissione di una comunicazione o della relativa fatturazione;

m) « posta elettronica », messaggi contenenti testi, voci, suoni o immagini trasmessi attraverso una rete pubblica di comunicazione, che possono essere archiviati in rete o nell'apparecchiatura terminale ricevente, fino a che il ricevente non ne ha preso conoscenza.

3. Ai fini del presente codice si intende, altresì, per:

a) « misure minime », il complesso delle misure tecniche, informatiche, organizzative, logistiche e procedurali di sicurezza che configurano il livello minimo di protezione richiesto in relazione ai rischi previsti nell'articolo 31;

b) « strumenti elettronici », gli elaboratori, i programmi per elaboratori e qualunque dispositivo elettronico o comunque automatizzato con cui si effettua il trattamento;

c) « autenticazione informatica », l'insieme degli strumenti elettronici e delle procedure per la verifica anche indiretta dell'identità;

d) « credenziali di autenticazione », i dati ed i dispositivi, in possesso di una persona, da questa conosciuti o ad essa univocamente correlati, utilizzati per l'autenticazione informatica;

e) « parola chiave », componente di una credenziale di autenticazione associata ad una persona ed a questa nota, costituita da una sequenza di caratteri o altri dati in forma elettronica;

f) « profilo di autorizzazione », l'insieme delle informazioni, univocamente associate ad una persona, che consente di individuare a quali dati essa può accedere, nonché i trattamenti ad essa consentiti;

g) « sistema di autorizzazione », l'insieme degli strumenti e delle procedure che abilitano l'accesso ai dati e alle modalità di trattamento degli stessi, in funzione del profilo di autorizzazione del richiedente.

g-bis) violazione di dati personali: violazione della sicurezza che comporta anche accidentalmente la distruzione, la perdita, la modifica, la rivelazione non autorizzata o l'accesso ai dati personali trasmessi, memorizzati o comunque elaborati nel contesto della fornitura di un servizio di comunicazione accessibile al pubblico (6).

4. Ai fini del presente codice si intende per:

a) « scopi storici », le finalità di studio, indagine, ricerca e documentazione di figure, fatti e circostanze del passato;

b) « scopi statistici », le finalità di indagine statistica o di produzione di risultati statistici, anche a mezzo di sistemi informativi statistici;

c) « scopi scientifici », le finalità di studio e di indagine sistematica finalizzata allo sviluppo delle conoscenze scientifiche in uno specifico settore.]

(1) *Articolo abrogato dall'articolo 27, comma 1, lettera* a), *numero 1), d.lgs. 10 agosto 2018, n. 101. V. nt. 2 all'epigrafe della presente legge.*

(2) *Lettera così modificata dall'art. 40, comma 2, lett.* a) *d.l. 6 dicembre 2011, n. 201 conv., con modif., in l. 22 dicembre 2011, n. 214.*

(3) *Lettera sostituita dall'art. 1, comma 1, lett.* a), *n. 1), d.lgs. 28 maggio 2012, n. 69.*

(4) *Lettera sostituita dall'art. 1, comma 1, lett.* a), *n. 2), d.lgs. n. 69, cit.*

(5) *Lettera sostituita dall'art. 1, comma 1, lett.* a), *n. 3), d.lgs. n. 69, cit.*

(6) *Lettera aggiunta dall'art. 1, comma 1, lett.* b), *d.lgs. n. 69, cit.*

5 (3) [Oggetto ed ambito di applicazione.

1. Il presente codice disciplina il trattamento di dati personali, anche detenuti all'estero, effettuato da chiunque è stabilito nel territorio dello Stato o in un luogo comunque soggetto alla sovranità dello Stato.

2. Il presente codice si applica anche al trattamento di dati personali effettuato da chiunque è stabilito nel territorio di un Paese non appartenente all'Unione europea e impiega, per il trattamento, strumenti situati nel territorio dello Stato anche diversi da quelli elettronici, salvo che essi siano utilizzati solo ai fini di transito nel territorio dell'Unione europea. In caso di applicazione del presente codice, il titolare del trattamento designa un proprio rappresentante stabilito nel territorio dello Stato ai fini dell'applicazione della disciplina sul trattamento dei dati personali.

3. Il trattamento di dati personali effettuato da persone fisiche per fini esclusivamente personali è soggetto all'applicazione del presente codice solo se i dati sono destinati ad una comunicazione sistematica o alla diffusione. Si applicano in ogni caso le disposizioni in tema di responsabilità e di sicurezza dei dati di cui agli articoli 15 e 31.

3-*bis*. [Il trattamento dei dati personali relativi a persone giuridiche, imprese, enti o associazioni effettuato nell'ambito di rapporti intercorrenti esclusivamente tra i medesimi soggetti per le finalità amministrativo-contabili, come definite all'articolo 34, comma 1-*ter*, non è soggetto all'applicazione del presente codice] (2).]

(1) *Articolo abrogato dall'art. 27, comma 1, lett.* a), *n. 1), d.lgs. 10 agosto 2018, n. 101. V.nt. 2 all'epigrafe della presente legge.*

(2) *Comma aggiunto dall'art. 6, comma 2, lett.* a) *n. 1) d.l. 13 maggio 2012, n. 70, conv., con modif., in l. 12 luglio 2011, n. 106 e poi abrogato dall'art. 40, comma 2, lett.* c) *d.l. 6 dicembre 2011, n. 201, conv., con modif., in l. 22 dicembre 2011, n. 214.*

6 (1) [Disciplina del trattamento.

1. Le disposizioni contenute nella presente Parte si applicano a tutti i trattamenti di dati, salvo quanto previsto, in relazione ad alcuni trattamenti, dalle disposizioni integrative o modificative della Parte II.]

(1) *Articolo abrogato dall'art. 27, comma 1, lett.* a) *n. 1), d.lgs. 10 agosto 2018, n. 101. V. nt. 2 all'epigrafe della presente legge.*

[TITOLO II

Diritti dell'interessato] (1)

(1) *Titolo abrogato dall'art. 27, comma 1, lett.* a), *n. 2), d.lgs. 10 agosto 2018, n. 101. V. nt. 2 all'epigrafe della presente legge.*

[TITOLO III
Regole generali per il trattamento dei dati] (1)

(1) *Titolo abrogato dall'art. 27, comma 1, lett.* a), *n. 2), d.lgs. 10 agosto 2018, n. 101. V. nt. 2 all'epigrafe della presente legge.*

26 (1) [Garanzie per i dati sensibili.

1. I dati sensibili possono essere oggetto di trattamento solo con il consenso scritto dell'interessato e previa autorizzazione del Garante, nell'osservanza dei presupposti e dei limiti stabiliti dal presente codice, nonché dalla legge e dai regolamenti.

2. Il Garante comunica la decisione adottata sulla richiesta di autorizzazione entro quarantacinque giorni, decorsi i quali la mancata pronuncia equivale a rigetto. Con il provvedimento di autorizzazione, ovvero successivamente, anche sulla base di eventuali verifiche, il Garante può prescrivere misure e accorgimenti a garanzia dell'interessato, che il titolare del trattamento è tenuto ad adottare.

3. Il comma 1 non si applica al trattamento:

a) dei dati relativi agli aderenti alle confessioni religiose e ai soggetti che con riferimento a finalità di natura esclusivamente religiosa hanno contatti regolari con le medesime confessioni, effettuato dai relativi organi, ovvero da enti civilmente riconosciuti, sempre che i dati non siano diffusi o comunicati fuori delle medesime confessioni. Queste ultime determinano idonee garanzie relativamente ai trattamenti effettuati, nel rispetto dei principi indicati al riguardo con autorizzazione del Garante;

b) dei dati riguardanti l'adesione di associazioni od organizzazioni a carattere sindacale o di categoria ad altre associazioni, organizzazioni o confederazioni a carattere sindacale o di categoria.

b-bis) dei dati contenuti nei curricula, nei casi di cui all'articolo 13, comma 5-*bis* (2).

4. I dati sensibili possono essere oggetto di trattamento anche senza consenso, previa autorizzazione del Garante:

a) quando il trattamento è effettuato da associazioni, enti od organismi senza scopo di lucro, anche non riconosciuti, a carattere politico, filosofico, religioso o sindacale, ivi compresi partiti e movimenti politici, per il perseguimento di scopi determinati e legittimi individuati dall'atto costitutivo, dallo statuto o dal contratto collettivo, relativamente ai dati personali degli aderenti o dei soggetti che in relazione a tali finalità hanno contatti regolari con l'associazione, ente od organismo, sempre che i dati non siano comunicati all'esterno o diffusi e l'ente, associazione od organismo determini idonee garanzie relativamente ai trattamenti effettuati, prevedendo espressamente le modalità di utilizzo dei dati con determinazione resa nota agli interessati all'atto dell'informativa ai sensi dell'articolo 13;

b) quando il trattamento è necessario per la salvaguardia della vita o dell'incolumità fisica di un terzo. Se la medesima finalità riguarda l'interessato e quest'ultimo non può prestare il proprio consenso per impossibilità fisica, per incapacità di agire o per incapacità di intendere o di volere, il consenso è manifestato da chi esercita legalmente la potestà, ovvero da un prossimo congiunto, da un familiare, da un convivente o, in loro assenza, dal responsabile della struttura presso cui dimora l'interessato. Si applica la disposizione di cui all'articolo 82, comma 2;

c) quando il trattamento è necessario ai fini dello svolgimento delle investigazioni difensive di cui alla legge 7 dicembre 2000, n. 397, o, comunque, per far valere o difendere in sede giudiziaria un diritto, sempre che i dati siano trattati esclusivamente per tali finalità e per il periodo strettamente necessario al loro perseguimento. Se i dati sono idonei a rivelare lo stato di salute e la vita sessuale, il diritto deve essere di rango pari a quello dell'interessato, ovvero consistente in un diritto della personalità o in un altro diritto o libertà fondamentale e inviolabile;

d) quando è necessario per adempiere a specifici obblighi o compiti previsti dalla legge, da un regolamento o dalla normativa comunitaria per la gestione del rapporto di lavoro, anche in materia di igiene e sicurezza del lavoro e della popolazione e di previdenza e assistenza, nei limiti previsti dall'autorizzazione e ferme restando le disposizioni del codice di deontologia e di buona condotta di cui all'articolo 111.

5. I dati idonei a rivelare lo stato di salute non possono essere diffusi.]

(1) *L'art. 27, comma 1, lett.* a), *n. 2), d.lgs. 10 agosto 2018, n. 101, ha abrogato l'intero titolo III. V. nota all'Epigrafe della presente legge.*

(2) *Lettera aggiunta dall'art. 6, comma 2, lett.* a), *n. 4), d.l. 13 maggio 2011, n. 70, conv., con modif., in l. 12 luglio 2011, n. 106.*

27 (1) [Garanzie per i dati giudiziari.

1. Il trattamento di dati giudiziari da parte di privati o di enti pubblici economici è consentito soltanto se autorizzato da espressa disposizione di legge o provvedimento del Garante che specifichino le rilevanti finalità di interesse pubblico del trattamento, i tipi di dati trattati e di operazioni eseguibili.

Si applica quanto previsto dall'articolo 21, comma 1-*bis* (2).]

(1) *L'art. 27, comma 1, lett.* a), *n. 2), d.lgs. 10 agosto 2018, n. 101, ha abrogato l'intero titolo III. V. nt. 2 all'epigrafe della presente legge.*

(2) *Comma modificato dall'art. 45, comma 1, lett.* a) *d.l. 9 febbraio 2012, n. 5, conv., con modif., in l. 4 aprile 2012, n. 35.*

28-45 [(*Omissis*).] (1)

(1) *Articoli abrogati dall'art. 27, comma 1, lett.* a), *n. 2), d.lgs. 10 agosto 2018, n. 101, che ha abrogato i Titoli IV-VII.*

PARTE II
Disposizioni specifiche per i trattamenti necessari per adempiere ad un obbligo legale o per l'esecuzione di un compito di interesse pubblico o connesso all'esercizio di pubblici poteri nonché disposizioni per i trattamenti di cui al capo IX del regolamento (1)

(1) *Rubrica così sostituita dall'art. 3, comma 1 d.lgs. 10 agosto 2018, n. 101. Per le disposizioni transitorie, v. art. 22 d.lgs. n. 101, cit. sub Epigrafe. Il testo della rubrica era il seguente:* « Disposizioni relative a specifici settori ».

TITOLO 0.I

Disposizioni sulla base giuridica (1)

(1) *Titolo inserito dall'art. 3, comma 2, lettera* a) *d.lgs. 10 agosto 2018, n. 101. Per le disposizioni transitorie, v. art. 22 d.lgs. n. 101, cit. sub Epigrafe.*

45-*bis* (1) Base giuridica

1. Le disposizioni contenute nella presente parte sono stabilite in attuazione dell'articolo 6, paragrafo 2, nonché dell'articolo 23, paragrafo 1, del regolamento.

(1) *Articolo inserito dall'art. 3, comma 2, lett.* a), *d.lgs. 10 agosto 2018, n. 101. Per le disposizioni transitorie, v. art. 22 d.lgs. n. 101, cit. sub Epigrafe.*

TITOLO I

Trattamenti in ambito giudiziario

[CAPO I

Profili generali] (1)

(1) *Capo abrogato dall'art. 27, comma 1, lett.* b), *n. 1) d.lgs. 10 agosto 2018, n. 101. Per le disposizioni transitorie, v. art. 22 d.lgs. n. 101, cit. sub Epigrafe.*

46 (1) [Titolari dei trattamenti.

1. Gli uffici giudiziari di ogni ordine e grado, il Consiglio superiore della magistratura, gli altri organi di autogoverno e il Ministero della giustizia sono titolari dei trattamenti di dati personali relativi alle rispettive attribuzioni conferite per legge o regolamento.

2. Con decreto del Ministro della giustizia sono individuati, nell'allegato C) al presente codice, i trattamenti non occasionali di cui al comma 1 effettuati con strumenti elettronici, relativamente a banche di dati centrali od oggetto di interconnessione tra più uffici o titolari. I provvedimenti con cui il Consiglio superiore della magistratura e gli altri organi di autogoverno di cui al comma 1 individuano i medesimi trattamenti da essi effettuati sono riportati nell'allegato C) con decreto del Ministro della giustizia.]

(1) *Articolo abrogato dall'art. 27, comma 1, lett.* b), *n. 1) d.lgs. 10 agosto 2018, n. 101. Per le disposizioni transitorie, v. art. 22 d.lgs. n. 101, cit. V. nota 2 all'Epigrafe della presente legge.*

47 (1) [Trattamenti per ragioni di giustizia.

1. In caso di trattamento di dati personali effettuato presso uffici giudiziari di ogni ordine e grado, presso il Consiglio superiore della magistratura, gli altri organi di autogoverno e il Ministero della giustizia, non si applicano, se il trattamento è effettuato per ragioni di giustizia, le seguenti disposizioni del codice:

a) articoli 9, 10, 12, 13 e 16, da 18 a 22, 37, 38, commi da 1 a 5, e da 39 a 45;

b) articoli da 145 a 151.

2. Agli effetti del presente codice si intendono effettuati per ragioni di giustizia i trattamenti di dati personali direttamente correlati alla trattazione giudiziaria di affari e di controversie, o che, in materia di trattamento giuridico ed economico del personale di magistratura, hanno una diretta incidenza sulla funzione giurisdizionale, nonché le attività ispettive su uffici giudiziari. Le medesime ragioni di giustizia non ricorrono per l'ordinaria attività amministrativo-gestionale di personale, mezzi o strutture, quando non è pregiudicata la segretezza di atti direttamente connessi alla predetta trattazione.]

(1) *Articolo abrogato dall'art. 27, comma 1, lett.* b), *n. 1 d.lgs. 10 agosto 2018, n. 101. Per le disposizioni transitorie, v. art. 22 d.lgs. n. 101, cit. V. nota 2 all'Epigrafe della presente legge.*

48 (1) [Banche di dati di uffici giudiziari.

1. Nei casi in cui l'autorità giudiziaria di ogni ordine e grado può acquisire in conformità alle vigenti disposizioni processuali dati, informazioni, atti e documenti da soggetti pubblici, l'acquisizione può essere effettuata anche per via telematica. A tale fine gli uffici giudiziari possono avvalersi delle convenzioni-tipo stipulate dal Ministero della giustizia con soggetti pubblici, volte ad agevolare la consultazione da parte dei medesimi uffici, mediante reti di comunicazione elettronica, di pubblici registri, elenchi, schedari e banche di dati, nel rispetto delle pertinenti disposizioni e dei principi di cui agli articoli 3 e 11 del presente codice.]

(1) *Articolo abrogato dall'art. 27, comma 1, lettera* b), *numero 1) d.lgs. 10 agosto 2018, n. 101. Per le disposizioni transitorie, v. art. 22 d.lgs. n. 101, cit. V. nota 2 all'Epigrafe della presente legge.*

49 (1) [Disposizioni di attuazione.

1. Con decreto del Ministro della giustizia sono adottate, anche ad integrazione del decreto del Ministro di grazia e giustizia 30 settembre 1989, n. 334, le disposizioni regolamentari necessarie per l'attuazione dei principi del presente codice nella materia penale e civile.]

(1) *Articolo abrogato dall'art. 27, comma 1, lettera* b), *n. 1) d.lgs. 10 agosto 2018, n. 101. Per le disposizioni transitorie, v. art. 22 d.lgs. n. 101, cit. V. nota 2 all'Epigrafe della presente legge.*

CAPO II

Minori

50 Notizie o immagini relative a minori.

1. Il divieto di cui all'articolo 13 del decreto del Presidente della Repubblica 22 settembre 1988, n. 448, di pubblicazione e divulgazione con qualsiasi mezzo di notizie o immagini idonee a consentire l'identificazione di un minore si osserva anche in caso di coinvolgimento a qualunque titolo del minore in procedimenti giudiziari in materie diverse da quella penale. La violazione del divieto di cui al presente articolo è punita ai sensi dell'articolo 684 del codice penale (1).

(1) *Periodo aggiunto dall'art. 3, comma 2, lettera* b), *d.lgs. 10 agosto 2018, n. 101. Per le disposizioni transitorie, v. art. 22 d.lgs. n. 101, cit. sub Epigrafe.*

CAPO III
Informatica giuridica

51 Principi generali.

1. Fermo restando quanto previsto dalle disposizioni processuali concernenti la visione e il rilascio di estratti e di copie di atti e documenti, i dati identificativi delle questioni pendenti dinanzi all'autorità giudiziaria di ogni ordine e grado sono resi accessibili a chi vi abbia interesse anche mediante reti di comunicazione elettronica, ivi compreso il sito istituzionale della medesima autorità nella rete Internet.

2. Le sentenze e le altre decisioni dell'autorità giudiziaria di ogni ordine e grado depositate in cancelleria o segreteria sono rese accessibili anche at traverso il sistema informativo e il sito istituzionale della medesima autorità nella rete Internet, osservando le cautele previste dal presente capo.

52 Dati identificativi degli interessati.

1. Fermo restando quanto previsto dalle disposizioni concernenti la redazione e il contenuto di sentenze e di altri provvedimenti giurisdizionali dell'autorità giudiziaria di ogni ordine e grado, l'interessato può chiedere per motivi legittimi, con richiesta depositata nella cancelleria o segreteria dell'ufficio che procede prima che sia definito il relativo grado di giudizio, che sia apposta a cura della medesima cancelleria o segreteria, sull'originale della sentenza o del provvedimento, un'annotazione volta a precludere, in caso di riproduzione della sentenza o provvedimento in qualsiasi forma, [per finalità di informazione giuridica su riviste giuridiche, supporti elettronici o mediante reti di comunicazione elettronica,] (1) l'indicazione delle generalità e di altri dati identificativi del medesimo interessato riportati sulla sentenza o provvedimento.

2. Sulla richiesta di cui al comma 1 provvede in calce con decreto, senza ulteriori formalità, l'autorità che pronuncia la sentenza o adotta il provvedimento. La medesima autorità può disporre d'ufficio che sia apposta l'annotazione di cui al comma 1, a tutela dei diritti o della dignità degli interessati.

3. Nei casi di cui ai commi 1 e 2, all'atto del deposito della sentenza o provvedimento, la cancelleria o segreteria vi appone e sottoscrive anche con timbro la seguente annotazione, recante l'indicazione degli estremi del presente articolo: 'In caso di diffusione omettere le generalità e gli altri dati identificativi di.....'.

4. In caso di diffusione anche da parte di terzi di sentenze o di altri provvedimenti recanti l'annotazione di cui al comma 2, o delle relative massime giuridiche, è omessa l'indicazione delle generalità e degli altri dati identificativi dell'interessato.

5. Fermo restando quanto previsto dall'articolo 734-*bis* del codice penale relativamente alle persone offese da atti di violenza sessuale, chiunque diffonde sentenze o altri provvedimenti giurisdizionali dell'autorità giudiziaria di ogni ordine e grado è tenuto ad omettere in ogni caso, anche in mancanza dell'annotazione di cui al comma 2, le generalità, altri dati identificativi o altri dati anche relativi a terzi dai quali può desumersi anche indirettamente l'identità di minori, oppure delle parti nei procedimenti in materia di rapporti di famiglia e di stato delle persone.

6. Le disposizioni di cui al presente articolo si applicano anche in caso di deposito di lodo ai sensi dell'articolo 825 del codice di procedura civile. La parte può formulare agli arbitri la richiesta di cui al comma 1 prima della pronuncia del lodo e gli arbitri appongono sul lodo l'annotazione di cui al comma 3, anche ai sensi del comma 2. Il collegio arbitrale costituito presso la camera arbitrale per i lavori pubblici ai sensi dell'articoloarticolo 209 del Codice dei contratti pubblici di cui al decreto legislativo 18 aprile 2016, n. 50 (2),, provvede in modo analogo in caso di richiesta di una parte.

7. Fuori dei casi indicati nel presente articolo è ammessa la diffusione in ogni forma del contenuto anche integrale di sentenze e di altri provvedimenti giurisdizionali.

(1) *Le parole* « per finalità di informazione giuridica su riviste giuridiche, supporti elettronici o mediante reti di comunicazione elettronica, » *sono state soppresse dall'art. 3, comma 2, lett.* c), *n. 1) d.lgs. 10 agosto 2018, n. 101. Per le disposizioni transitorie, v. art. 22 d.lgs. n. 101, cit. sub Epigrafe.*

(2) *Le parole* « dell'articolo 209 del Codice dei contratti pubblici di cui al decreto legislativo 18 aprile 2016, n. 50, » *sono state sostituite alle parole* « dell'articolo 32 della legge 11 febbraio 1994, n. 109, » *dall'art. 3, comma 2, lett.* c), *n. 2) d.lgs. n. 101, cit. Per le disposizioni transitorie, v. art. 22 d.lgs. n. 101, cit. sub Epigrafe.*

TITOLO II
Trattamenti da parte di forze di polizia

CAPO I
Profili generali

53 (1) [Ambito applicativo e titolari dei trattamenti.

1. Agli effetti del presente codice si intendono effettuati per finalità di polizia i trattamenti di dati personali direttamente correlati all'esercizio dei compiti di polizia di prevenzione dei reati, di tutela dell'ordine e della sicurezza pubblica, nonché di polizia giudiziaria, svolti, ai sensi del codice di procedura penale, per la prevenzione e repressione dei reati.

2. Ai trattamenti di dati personali previsti da disposizioni di legge, di regolamento, nonché individuati dal decreto di cui al comma 3, effettuati dal Centro elaborazione dati del Dipartimento della pubblica sicurezza o da forze di polizia sui dati destinati a confluirvi, ovvero da organi di pubblica sicurezza o altri soggetti pubblici nell'esercizio delle attribuzioni conferite da disposizioni di legge o di regolamento non si applicano, se il trattamento è effettuato per finalità di polizia, le seguenti disposizioni del codice:

a) articoli 9, 10, 12, 13 e 16, da 18 a 22, 37, 38, commi da 1 a 5, e da 39 a 45;

b) articoli da 145 a 151.

3. Con decreto adottato dal Ministro dell'interno, previa comunicazione alle competenti Commissioni parlamentari, sono individuati, nell'allegato C) al presente codice, i trattamenti non occasionali di cui al

comma 2 effettuati con strumenti elettronici e i relativi titolari.]

(1) *Articolo abrogato dall'art. 49, comma 1, d.lgs. 18 maggio 2018, n. 51. V. nt. 2 all'epigrafe della presente legge. Precedentemente l'art. era stato sostituito dall'art. 7, comma 1, d.l. 18 febbraio 2015 n. 7, conv., con modif., in l. 17 aprile 2015, n. 43.*

54 (1) [Modalità di trattamento e flussi di dati.

1. Nei casi in cui le autorità di pubblica sicurezza o le forze di polizia possono acquisire in conformità alle vigenti disposizioni di legge o di regolamento dati, informazioni, atti e documenti da altri soggetti, l'acquisizione può essere effettuata anche per via telematica. A tal fine gli organi o uffici interessati possono avvalersi di convenzioni volte ad agevolare la consultazione da parte dei medesimi organi o uffici, mediante reti di comunicazione elettronica, di pubblici registri, elenchi, schedari e banche di dati, nel rispetto delle pertinenti disposizioni e dei principi di cui agli articoli 3 e 11. Le convenzioni-tipo sono adottate dal Ministero dell'interno, su conforme pa rere del Garante, e stabiliscono le modalità dei collegamenti e degli accessi anche al fine di assicurare l'accesso selettivo ai soli dati necessari al perseguimento delle finalità di cui all'articolo 53.

2. I dati trattati per le finalità di cui al medesimo articolo 53 sono conservati separatamente da quelli registrati per finalità amministrative che non richiedono il loro utilizzo.

3. Fermo restando quanto previsto dall'articolo 11, il Centro elaborazioni dati di cui all'articolo 53 assicura l'aggiornamento periodico e la pertinenza e non eccedenza dei dati personali trattati anche attraverso interrogazioni autorizzate del casellario giudiziale e del casellario dei carichi pendenti del Ministero della giustizia di cui al decreto del Presidente della Repubblica 14 novembre 2002, n. 313, o di altre banche di dati di forze di polizia, necessarie per le finalità di cui all'articolo 53.

4. Gli organi, uffici e comandi di polizia verificano periodicamente i requisiti di cui all'articolo 11 in riferimento ai dati trattati anche senza l'ausilio di strumenti elettronici, e provvedono al loro aggiornamento anche sulla base delle procedure adottate dal Centro elaborazioni dati ai sensi del comma 3, o, per i trattamenti effettuati senza l'ausilio di strumenti elettronici, mediante annotazioni o integrazioni dei documenti che li contengono.]

(1) *Articolo abrogato dall'art. 49, comma 1, d.lgs. 18 maggio 2018, n. 51. V. nt. 2 all'epigrafe della presente legge.*

55 (1) [Particolari tecnologie.

1. Il trattamento di dati personali che implica maggiori rischi di un danno all'interessato, con particolare riguardo a banche di dati genetici o biometrici, a tecniche basate su dati relativi all'ubicazione, a banche di dati basate su particolari tecniche di elaborazione delle informazioni e all'introduzione di particolari tecnologie, è effettuato nel rispetto delle misure e degli accorgimenti a garanzia dell'interessato prescritti ai sensi dell'articolo 17 sulla base di preventiva comunicazione ai sensi dell'articolo 39.]

(1) *Articolo abrogato dall'art. 49, comma 1, d.lgs. 18 maggio 2018, n. 51. V. nt. 2 all'epigrafe della presente legge.*

56 (1) [Tutela dell'interessato.

1. Le disposizioni di cui all'articolo 10, commi 3, 4 e 5, della legge 1° aprile 1981, n. 121, e successive modificazioni, si applicano anche, oltre che ai dati destinati a confluire nel Centro elaborazione dati di cui all'articolo 53, a dati trattati con l'ausilio di strumenti elettronici da organi, uffici o comandi di polizia.]

(1) *Articolo abrogato dall'art. 49, comma 1, d.lgs. 18 maggio 2018, n. 51. V. nt. 2 all'epigrafe della presente legge.*

57 (1) [Disposizioni di attuazione.

1. Con decreto del Presidente della Repubblica, previa deliberazione del Consiglio dei ministri, su proposta del Ministro dell'interno, di concerto con il Ministro della giustizia, sono individuate le modalità di attuazione dei principi del presente codice relativamente al trattamento dei dati effettuato per le finalità di cui all'articolo 53 dal Centro elaborazioni dati e da organi, uffici o comandi di polizia, anche ad integrazione e modifica del decreto del Presidente della Repubblica 3 maggio 1982, n. 378, e in attuazione della Raccomandazione R(87) 15 del Consiglio d'Europa del 17 settembre 1987, e successive modificazioni. Le modalità sono individuate con particolare riguardo:

a) al principio secondo cui la raccolta dei dati è correlata alla specifica finalità perseguita, in relazione alla prevenzione di un pericolo concreto o alla repressione di reati, in particolare per quanto riguarda i trattamenti effettuati per finalità di analisi;

b) all'aggiornamento periodico dei dati, anche relativi a valutazioni effettuate in base alla legge, alle diverse modalità relative ai dati trattati senza l'ausilio di strumenti elettronici e alle modalità per rendere conoscibili gli aggiornamenti da parte di altri organi e uffici cui i dati sono stati in precedenza comunicati;

c) ai presupposti per effettuare trattamenti per esigenze temporanee o collegati a situazioni particolari, anche ai fini della verifica dei requisiti dei dati ai sensi dell'articolo 11, dell'individuazione delle categorie di interessati e della conservazione separata da altri dati che non richiedono il loro utilizzo;

d) all'individuazione di specifici termini di conservazione dei dati in relazione alla natura dei dati o agli strumenti utilizzati per il loro trattamento, nonché alla tipologia dei procedimenti nell'ambito dei quali essi sono trattati o i provvedimenti sono adottati;

e) alla comunicazione ad altri soggetti, anche all'estero o per l'esercizio di un diritto o di un interesse legittimo, e alla loro diffusione, ove necessaria in conformità alla legge;

f) all'uso di particolari tecniche di elaborazione e di ricerca delle informazioni, anche mediante il ricorso a sistemi di indice.]

(1) *Articolo abrogato, a decorrere dall'8 giugno 2019, dall'art. 49, comma 2, d.lgs. 18 maggio 2018, n. 51. Successivamente, a norma dell'art. 9, comma 1, del d.l. 14 giugno 2019, n. 53, conv., con modif., in l. 8 agosto 2019, n. 77, il presente articolo ha ripreso vigenza a decorrere dal 15 giugno 2019 fino al 31 dicembre 2019.*

TITOLO III
Difesa e sicurezza dello stato

CAPO I
Profili generali

58 (1) Trattamenti di dati personali per fini di sicurezza nazionale o difesa.

1. Ai trattamenti di dati personali effettuati dagli organismi di cui agli artt. 4, 6 e 7 della l. 3 agosto 2007, n. 124, sulla base dell'art. 26 della predetta legge o di altre disposizioni di legge o regolamento o previste da atti amministrativi generali (2), ovvero relativi a dati coperti da segreto di Stato ai sensi degli artt. 39 e seguenti della medesima legge, si applicano le disposizioni di cui all'art. 160, comma 4, nonché, in quanto compatibili, le disposizioni di cui agli artt. 2, 3, 8, 15, 16, 18, 25, 37, 41, 42 e 43 del d.lgs. 18 maggio 2018, n. 51.

2. Fermo restando quanto previsto dal comma 1, ai trattamenti effettuati da soggetti pubblici per finalità di difesa o di sicurezza dello Stato, in base a (3) disposizioni di legge o di regolamento o previste da atti amministrativi generali, (4) che prevedano specificamente il trattamento, si applicano le disposizioni di cui al comma 1 del presente articolo, nonché quelle di cui agli artt. 23 e 24 del d.lgs. 18 maggio 2018, n. 51.

3. Con uno o più regolamenti sono individuate le modalità di applicazione delle disposizioni di cui ai commi 1 e 2, in riferimento alle tipologie di dati, di interessati, di operazioni di trattamento eseguibili e di persone autorizzate al trattamento dei dati personali sotto l'autorità diretta del titolare o del responsabile ai sensi dell'art. 2-*quaterdecies*, anche in relazione all'aggiornamento e alla conservazione. I regolamenti, negli ambiti di cui al comma 1, sono adottati ai sensi dell'art. 43 della l. 3 agosto 2007, n. 124, e, negli ambiti di cui al comma 2, sono adottati con decreto del Presidente del Consiglio dei ministri, ai sensi dell'art. 17, comma 3, della l. 23 agosto 1988, n. 400, su proposta dei Ministri competenti.

4. Con uno o più regolamenti adottati con decreto del Presidente della Repubblica su proposta del Ministro della difesa, sono disciplinate le misure attuative del presente decreto in materia di esercizio delle funzioni di difesa e sicurezza nazionale da parte delle Forze armate.

(1) *Articolo così sostituito dall'art. 4, comma 1, d.lgs. 10 agosto 2018, n. 101. Il testo dell'articolo era il seguente:* « Art. 58 (*Disposizioni applicabili*). — 1. Ai trattamenti effettuati dagli organismi di cui agli articoli 3, 4 e 6 della legge 24 ottobre 1977, n. 801, ovvero sui dati coperti da segreto di Stato ai sensi dell'articolo 12 della medesima legge, le disposizioni del presente codice si applicano limitatamente a quelle previste negli articoli da 1 a 6, 11, 14, 15, 31, 33, 58, 154, 160 e 169. — 2. Ai trattamenti effettuati da soggetti pubblici per finalità di difesa o di sicurezza dello Stato, in base ad espresse disposizioni di legge che prevedano specificamente il trattamento, le disposizioni del presente codice si applicano limitatamente a quelle indicate nel comma 1, nonché alle disposizioni di cui agli articoli 37, 38 e 163. — 3. Le misure di sicurezza relative ai dati trattati dagli organismi di cui al comma 1 sono stabilite e periodicamente aggiornate con decreto del Presidente del Consiglio dei ministri, con l'osservanza delle norme che regolano la materia. — 4. Con decreto del Presidente del Consiglio dei ministri sono individuate le modalità di applicazione delle disposizioni applicabili del presente codice in riferimento alle tipologie di dati, di interessati, di operazioni di trattamento eseguibili e di incaricati, anche in relazione all'aggiornamento e alla conservazione. »

(2) *Le parole* « o previste da atti amministrativi generali » *sono state inserite dall'art. 9, comma 1, lett.* d), *n. 1 d.l. 8 ottobre 2021, n. 139, conv. in l. 3 dicembre 2021, n. 205. Ai sensi dell'art. 9, comma 5, d.l. n. 139, cit.*, « *Gli articoli* 2-ter, *comma 1,* 2-sexies, *comma 1, e 58, commi 1 e 2, del codice di cui al decreto legislativo n. 196 del 2003 e l'articolo 5 del decreto legislativo n. 51 del 2018, come modificati dal presente articolo, si applicano anche ai casi in cui disposizioni di legge già in vigore stabiliscono che i tipi di dati che possono essere trattati, le operazioni eseguibili, il motivo di interesse pubblico rilevante, la finalità del trattamento nonché le misure appropriate e specifiche per tutelare i diritti fondamentali dell'interessato e i suoi interessi sono previsti da uno o più regolamenti* ».

(3) *La parola* « a » *è stata sostituita alle parole* « ad espresse » *dall'art. 9, comma 1, lett.* d), *n. 2 d.l. n. 139, cit.*

(4) *Le parole* « o di regolamento o previste da atti amministrativi generali, » *sono state inserite dall'art. 9, comma 1, lett.* d), *n. 2 d.l. n. 139, cit.*

TITOLO IV
Trattamenti in ambito pubblico

CAPO I
Accesso ai documenti amministrativi

59 Accesso a documenti amministrativi e accesso civico (1).

1. Fatto salvo quanto previsto dall'articolo 60, i presupposti, le modalità, i limiti per l'esercizio del diritto di accesso a documenti amministrativi contenenti dati personali, e la relativa tutela giurisdizionale, restano disciplinati dalla legge 7 agosto 1990, n. 241, e successive modificazioni e dalle altre disposizioni di legge in materia, nonché dai relativi regolamenti di attuazione, anche per ciò che concerne i tipi di dati di cui agli articoli 9 e 10 del regolamento (2) e le operazioni di trattamento eseguibili in esecuzione di una richiesta di accesso. [Le attività finalizzate all'applicazione di tale disciplina si considerano di rilevante interesse pubblico.]

1-*bis*. I presupposti, le modalità e i limiti per l'esercizio del diritto di accesso civico restano disciplinati dal decreto legislativo 14 marzo 2013, n. 33 (3).

(1) *Le parole* « e accesso civico » *sono state inserite dall'art. 5, comma 1, lett.* a), *n. 1), d.lgs. 10 agosto 2018, n. 101.*

(2) *Le parole* « di cui agli articoli 9 e 10 del regolamento » *sono state sostituite alle parole* « sensibili e giudiziari » *dall'art. 5, comma 1, lett.* a), *numero 2), d.lgs. 10 agosto 2018, n. 101.*

(3) *Comma aggiunto dall'art. 5, comma 1, lett.* a), *n. 3), d.lgs. 10 agosto 2018, n. 101.*

60 (1) Dati relativi alla salute o alla vita sessuale o all'orientamento sessuale.

1. Quando il trattamento concerne dati genetici, relativi alla salute, alla vita sessuale o all'orientamento sessuale della persona, il trattamento è consentito se la situazione giuridicamente rilevante che si intende tutelare con la richiesta di accesso ai documenti amministrativi, è di rango almeno pari ai diritti dell'interessato, ovvero consiste in un diritto della personalità o in un altro diritto o libertà fondamentale.

(1) *Articolo così sostituito dall'art. 5, comma 1, lett.* b), *d.lgs. 10 agosto 2018, n. 101. Il testo dell'articolo era il seguente:* « Art. 60. (*Dati idonei a rivelare lo stato di salute e la vita sessuale*) — 1. Quando il

trattamento concerne dati idonei a rivelare lo stato di salute o la vita sessuale, il trattamento è consentito se la situazione giuridicamente rilevante che si intende tutelare con la richiesta di accesso ai documenti amministrativi è di rango almeno pari ai diritti dell'interessato, ovvero consiste in un diritto della personalità o in un altro diritto o libertà fondamentale e inviolabile ».

CAPO II
Registri pubblici e albi professionali

61 Utilizzazione di dati pubblici e regole deontologiche (1).

1. Il Garante promuove, ai sensi dell'articolo 2-*quater*, l'adozione di regole deontologiche per il trattamento dei dati personali provenienti da archivi, registri, elenchi, atti o documenti tenuti da soggetti pubblici, anche individuando i casi in cui deve essere indicata la fonte di acquisizione dei dati e prevedendo garanzie appropriate per l'associazione di dati provenienti da più archivi, tenendo presenti le pertinenti Raccomandazioni del Consiglio d'Europa (2).

2. Agli effetti dell'applicazione del presente codice i dati personali diversi da quelli di cui agli articoli 9 e 10 del regolamento, che devono essere inseriti in un albo professionale in conformità alla legge o ad un regolamento, possono essere comunicati a soggetti pubblici e privati o diffusi, ai sensi dell'articolo 2-*ter* del presente codice, anche mediante reti di comunicazione elettronica. Può essere altresì menzionata l'esistenza di provvedimenti che a qualsiasi titolo incidono sull'esercizio della professione (3).

3. L'ordine o collegio professionale può, a richiesta della persona iscritta nell'albo che vi ha interesse, integrare i dati di cui al comma 2 con ulteriori dati pertinenti e non eccedenti in relazione all'attività professionale.

4. A richiesta dell'interessato l'ordine o collegio professionale può altresì fornire a terzi notizie o informazioni relative, in particolare, a speciali qualificazioni professionali non menzionate nell'albo, ovvero alla disponibilità ad assumere incarichi o a ricevere materiale informativo a carattere scientifico inerente anche a convegni o seminari.

(1) *Le parole* « e regole deontologiche » *sono state inserite dall'art. 5, comma 1, lett.* c), *n. 1), d.lgs. 10 agosto 2018, n. 101.*

(2) *Comma così sostituito dall'art. 5, comma 1, lett.* c), *n. 2), d.lgs. 10 agosto 2018, n. 101. Il testo del comma era il seguente:* « 1. Il Garante promuove, ai sensi dell'articolo 12, la sottoscrizione di un codice di deontologia e di buona condotta per il trattamento dei dati personali provenienti da archivi, registri, elenchi, atti o documenti tenuti da soggetti pubblici, anche individuando i casi in cui deve essere indicata la fonte di acquisizione dei dati e prevedendo garanzie appropriate per l'associazione di dati provenienti da più archivi, tenendo presente quanto previsto dalla Raccomandazione n. R (91)10 del Consiglio d'Europa in relazione all'articolo 11 ».

(3) *Comma così sostituito dall'art. 5, comma 1, lett.* c), *n. 2), d.lgs. 10 agosto 2018, n. 101. Il testo del comma era il seguente:* « 2. Agli effetti dell'applicazione del presente codice i dati personali diversi da quelli sensibili o giudiziari, che devono essere inseriti in un albo professionale in conformità alla legge o ad un regolamento, possono essere comunicati a soggetti pubblici e privati o diffusi, ai sensi dell'articolo 19, commi 2 e 3, anche mediante reti di comunicazione elettronica. Può essere altresì menzionata l'esistenza di provvedimenti che dispongono la sospensione o che incidono sull'esercizio della professione ».

[CAPO III
Stato civile, anagrafi e liste elettorali] (1)

(1) *Capo abrogato dall'art. 27, comma 1, lettera* b), *numero 2), d.lgs. 10 agosto 2018, n. 101.*

62 (1) [Dati sensibili e giudiziari.

1. Si considerano di rilevante interesse pubblico, ai sensi degli articoli 20 e 21, le finalità relative alla tenuta degli atti e dei registri dello stato civile, delle anagrafi della popolazione residente in Italia e dei cittadini italiani residenti all'estero, e delle liste elettorali, nonché al rilascio di documenti di riconoscimento o al cambiamento delle generalità.]

(1) *Articolo abrogato dall'art. 27, comma 1, lett.* b), *n. 2), d.lgs. 10 agosto 2018, n. 101. V. nt. 2 all'epigrafe della presente legge.*

63 (1) [Consultazione di atti.

1. Gli atti dello stato civile conservati negli Archivi di Stato sono consultabili nei limiti previsti dall'articolo 107 del decreto legislativo 29 ottobre 1999, n. 490.]

(1) *Articolo abrogato dall'art. 27, comma 1, lett.* b), *n. 2), d.lgs. 10 agosto 2018, n. 101. V. nota 2 all'Epigrafe della presente legge.*

64-74 [(*Omissis*)] (1).

(1) *Articoli abrogati dall art. 27, comma 1, lett.* b), *n. 2), d.lgs. 10 agosto 2018, n. 101, che ha abrogato il Capo IV.*

TITOLO V
Trattamento di dati personali in ambito sanitario

CAPO I
Principi generali

75 (1) Specifiche condizioni in ambito sanitario.

1. Il trattamento dei dati personali effettuato per finalità di tutela della salute e incolumità fisica dell'interessato o di terzi o della collettività deve essere effettuato ai sensi dell'articolo 9, paragrafi 2, lettere *h*) ed *i*), e 3 del regolamento, dell'articolo 2-septies del presente codice, nonché nel rispetto delle specifiche disposizioni di settore.

(1) *Articolo così sostituito dall'art. 6, comma 1, lett.* a), *d.lgs. 10 agosto 2018, n. 101. Il testo dell'articolo era il seguente:* « Art. 75. *(Ambito applicativo).* — Il presente titolo disciplina il trattamento dei dati personali in ambito sanitario. ».

76 (1) [Esercenti professioni sanitarie e organismi sanitari pubblici.

1. Gli esercenti le professioni sanitarie e gli organismi sanitari pubblici, anche nell'ambito di un'attività di rilevante interesse pubblico ai sensi dell'articolo 85, trattano i dati personali idonei a rivelare lo stato di salute:

a) con il consenso dell'interessato e anche senza l'autorizzazione del Garante, se il trattamento riguarda dati e operazioni indispensabili per perseguire una finalità di tutela della salute o dell'incolumità fisica dell'interessato;

b) anche senza il consenso dell'interessato e previa autorizzazione del Garante, se la finalità di cui alla lettera *a*) riguarda un terzo o la collettività.

2. Nei casi di cui al comma 1 il consenso può essere prestato con le modalità semplificate di cui al capo II.

3. Nei casi di cui al comma 1 l'autorizzazione del Garante è rilasciata, salvi i casi di particolare urgenza, sentito il Consiglio superiore di sanità.]

(1) *Articolo abrogato dall'art. 27, comma 1, lett.* b), *n. 3), d.lgs. 10 agosto 2018, n. 101.*

CAPO II
Modalità particolari per informare l'interessato e per il trattamento dei dati personali (1)

(1) *Rubrica così sostituita dall'art. 6, comma 1, lett.* b), *d.lgs. 10 agosto 2018, n. 101. Il testo della rubrica era il seguente:* « Modalità semplificate per informativa e consenso ».

77 (1) Modalità particolari.

1. Le disposizioni del presente titolo individuano modalità particolari utilizzabili dai soggetti di cui al comma 2:

a) per informare l'interessato ai sensi degli articoli 13 e 14 del Regolamento;

b) per il trattamento dei dati personali.

2. Le modalità di cui al comma 1 sono applicabili:

a) dalle strutture pubbliche e private, che erogano prestazioni sanitarie e socio-sanitarie e dagli esercenti le professioni sanitarie;

b) dai soggetti pubblici indicati all'articolo 80.

(1) *Articolo così sostituito dall'art. 6, comma 1, lett.* c), *d.lgs. 10 agosto 2018, n. 101. Il testo dell'articolo era il seguente:* « Art. 77. (*Casi di semplificazione*) — 1. Il presente capo individua modalità semplificate utilizzabili dai soggetti di cui al comma 2: *a*) per informare l'interessato relativamente ai dati personali raccolti presso il medesimo interessato o presso terzi, ai sensi dell'articolo 13, commi 1 e 4; *b*) per manifestare il consenso al trattamento dei dati personali nei casi in cui ciò è richiesto ai sensi dell'articolo 76; *c*) per il trattamento dei dati personali. — 2. Le modalità semplificate di cui al comma 1 sono applicabili: *a*) dagli organismi sanitari pubblici; *b*) dagli altri organismi privati e dagli esercenti le professioni sanitarie; *c*) dagli altri soggetti pubblici indicati nell'articolo 80 ».

78 Informazioni (1) del medico di medicina generale o del pediatra.

1. Il medico di medicina generale o il pediatra di libera scelta informano l'interessato relativamente al trattamento dei dati personali, in forma chiara e tale da rendere agevolmente comprensibili gli elementi indicati nell'articolo 13 e 14 del Regolamento (2).

2. Le informazioni possono essere fornite (3) per il complessivo trattamento dei dati personali necessario per attività di diagnosi, assistenza e terapia sanitaria (4), svolte dal medico o dal pediatra a tutela della salute o dell'incolumità fisica dell'interessato, su richiesta dello stesso o di cui questi è informato in quanto effettuate nel suo interesse.

3. Le informazioni possono riguardare, altresì, dati personali eventualmente raccolti presso terzi e sono fornite preferibilmente per iscritto (5).

4. Le informazioni (6), se non è diversamente specificato dal medico o dal pediatra, riguardano (6) anche il trattamento di dati correlato a quello effettuato dal medico di medicina generale o dal pediatra di libera scelta, effettuato da un professionista o da altro soggetto, parimenti individuabile in base alla prestazione richiesta, che:

a) sostituisce temporaneamente il medico o il pediatra;

b) fornisce una prestazione specialistica su richiesta del medico e del pediatra;

c) può trattare lecitamente i dati nell'ambito di un'attività professionale prestata in forma associata;

d) fornisce farmaci prescritti;

e) comunica dati personali al medico o pediatra in conformità alla disciplina applicabile.

5. Le informazioni rese (7) ai sensi del presente articolo evidenziano (7) analiticamente eventuali trattamenti di dati personali che presentano rischi specifici per i diritti e le libertà fondamentali, nonché per la dignità dell'interessato, in particolare in caso di trattamenti effettuati:

a) per fini di ricerca scientifica anche nell'ambito di sperimentazioni cliniche, in conformità alle leggi e ai regolamenti, ponendo in particolare evidenza che il consenso, ove richiesto, è manifestato liberamente (8);

b) nell'ambito della teleassistenza o telemedicina;

c) per fornire altri beni o servizi all'interessato attraverso una rete di comunicazione elettronica.

c-bis) ai fini dell'implementazione del fascicolo sanitario elettronico di cui all'articolo 12 del decreto-legge 18 ottobre 2012, n. 179, convertito, con modificazioni, dalla legge 17 dicembre 2012, n. 221 (9);

c-ter) ai fini dei sistemi di sorveglianza e dei registri di cui all'articolo 12 del decreto-legge 18 ottobre 2012, n. 179, convertito, con modificazioni, dalla legge 17 dicembre 2012, n. 221 (9).

(1) *La parola* « Informazioni » *è stata sostituita alla parola* « Informativa » *dall'art. 6, comma 1, lett.* d), *n. 1), d.lgs. 10 agosto 2018, n. 101.*

(2) *Le parole* « negli articoli 13 e 14 del Regolamento » *sono state sostituite alle parole* « nell'articolo 13, comma 1 » *dall'art. 6, comma 1, lett.* d), *n. 2), d.lgs. n. 101, cit.*

(3) *Le parole* « Le informazioni possono essere fornite » *sono state sostituite alle parole* « L'informativa può essere fornita » *dall'art. 6, comma 1, lett.* d), *n. 3), d.lgs. n. 101, cit.*

(4) *Le parole* « diagnosi, assistenza e terapia sanitaria » » sono state sostituite alle parole « prevenzione, diagnosi, cura e riabilitazione, » *dall'art. 6, comma 1, lett.* d), *n. 3), d.lgs. n. 101, cit.*

(5) *Comma così sostituito dall'art. 6, comma 1, lett.* d), *n. 4), d.lgs. n. 101, cit. Il testo del comma era il seguente:* « 3. L'informativa può riguardare, altresì, dati personali eventualmente raccolti presso terzi, ed è fornita preferibilmente per iscritto, anche attraverso carte tascabili con eventuali allegati pieghevoli, includendo almeno gli elementi indicati dal Garante ai sensi dell'articolo 13, comma 3, eventualmente integrati anche oralmente in relazione a particolari caratteristiche del trattamento ».

(6) *Le parole* « Le informazioni » *sono state sostituite alle parole* « L'informativa » *e la parola* « riguardano » *è stata sostituita alla parola* « riguarda » *dall'art. 6, comma 1, lett.* d), *n. 5), d.lgs. n. 101, cit.*

79 Informazioni da parte di strutture pubbliche e private che erogano prestazioni sanitarie e socio-sanitarie (1).

1. Le strutture pubbliche e private, che erogano prestazioni sanitarie e socio-sanitarie possono avvalersi delle modalità particolari di cui all'articolo 78 in riferi-

mento ad una pluralità di prestazioni erogate anche da distinti reparti ed unità della stessa struttura o di sue articolazioni ospedaliere o territoriali specificamente identificate (2).

2. Nei casi di cui al comma 1 la struttura o le sue articolazioni (3) annotano l'avvenuta informazione (3) con modalità uniformi e tali da permettere una verifica al riguardo da parte di altri reparti ed unità che, anche in tempi diversi, trattano dati relativi al medesimo interessato.

3. Le modalità particolari di cui all'articolo 78 (4) possono essere utilizzate in modo omogeneo e coordinato in riferimento all'insieme dei trattamenti di dati personali effettuati nel complesso delle strutture facenti capo alle aziende sanitarie.

4. Sulla base di adeguate misure organizzative in applicazione del comma 3, le modalità particolari (5) possono essere utilizzate per più trattamenti di dati effettuati nei casi di cui al presente articolo e dai soggetti di cui all'articolo 80.

(1) *Rubrica così sostituita dall'art. 6, comma 1, lett.* e), *n. 1), d.lgs. 10 agosto 2018, n. 101. Il testo della rubrica era il seguente:* « Informativa da parte di organismi sanitari ».

(2) *Comma così sostituito dall'art. 6, comma 1, lett.* e), *numero 2), d.lgs. n. 101, cit. Il testo del comma era il seguente:* « 1. Gli organismi sanitari pubblici e privati possono avvalersi delle modalità semplificate relative all'informativa e al consenso di cui agli articoli 78 e 81 in riferimento ad una pluralità di prestazioni erogate anche da distinti reparti ed unità dello stesso organismo o di più strutture ospedaliere o territoriali specificamente identificati ».

(3) *Le parole* « la struttura o le sue articolazioni » *sono state sostituite alle parole* « l'organismo o le strutture » *e la parola* « informazione » *è stata sostituita alle parole* « informativa e il consenso » *dall'art. 6, comma 1, lett.e), n. 3), d.lgs. n. 101, cit*

(4) *Le parole* « particolari di cui all'articolo 78 » *sono state sostituite alle parole* « semplificate di cui agli articoli 78 e 81 » *dall'art. 6, comma 1, lett.* e), *n. 4), d.lgs. n. 101, cit.*

(5) *La parola* « particolari » *è stata sostituita alla parola « semplificate » dall'art. 6, comma 1, lett.* e), *n. 5), d.lgs. n. 101, cit.*

80 (1) Informazioni da parte di altri soggetti.

1. Nel fornire le informazioni di cui agli articoli 13 e 14 del Regolamento, oltre a quanto previsto dall'articolo 79, possono avvalersi della facoltà di fornire un'unica informativa per una pluralità di trattamenti di dati effettuati, a fini amministrativi e in tempi diversi, rispetto a dati raccolti presso l'interessato e presso terzi, i competenti servizi o strutture di altri soggetti pubblici, diversi da quelli di cui al predetto articolo 79, operanti in ambito sanitario o della protezione e sicurezza sociale.

2. Le informazioni di cui al comma 1 sono integrate con appositi e idonei cartelli ed avvisi agevolmente visibili al pubblico, affissi e diffusi anche nell'ambito di pubblicazioni istituzionali e mediante reti di comunicazione elettronica, in particolare per quanto riguarda attività amministrative effettuate per motivi di interesse pubblico rilevante che non richiedono il consenso degli interessati.

(1) *Articolo così sostituito dall'art. 6, comma 1, lett.* f), *d.lgs. 10 agosto 2018, n. 101. Il testo dell'articolo era il seguente:* « Art. 80. (*Informativa da parte di altri soggetti pubblici*) — 1. Oltre a quanto previsto dall'articolo 79, possono avvalersi della facoltà di fornire un'unica informativa per una pluralità di trattamenti di dati effettuati, a fini amministrativi e in tempi diversi, rispetto a dati raccolti presso l'interessato e presso terzi, i competenti servizi o strutture di soggetti pubblici operanti in ambito sanitario o della prevenzione e sicurezza del lavoro. — 2. L'informativa di cui al comma 1 è integrata con appositi e idonei cartelli ed avvisi agevolmente visibili al pubblico, affissi e diffusi anche nell'ambito di pubblicazioni istituzionali e mediante reti di comunicazione elettronica, in particolare per quanto riguarda attività amministrative di rilevante interesse pubblico che non richiedono il consenso degli interessati ».

81 (1) [Prestazione del consenso.

1. Il consenso al trattamento dei dati idonei a rivelare lo stato di salute, nei casi in cui è necessario ai sensi del presente codice o di altra disposizione di legge, può essere manifestato con un'unica dichiarazione, anche oralmente. In tal caso il consenso è documentato, anziché con atto scritto dell'interessato, con annotazione dell'esercente la professione sanitaria o dell'organismo sanitario pubblico, riferita al trattamento di dati effettuato da uno o più soggetti e all'informativa all'interessato, nei modi indicati negli articoli 78, 79 e 80.

2. Quando il medico o il pediatra fornisce l'informativa per conto di più professionisti ai sensi dell'articolo 78, comma 4, oltre quanto previsto dal comma 1, il consenso è reso conoscibile ai medesimi professionisti con adeguate modalità, anche attraverso menzione, annotazione o apposizione di un bollino o tagliando su una carta elettronica o sulla tessera sanitaria, contenente un richiamo al medesimo articolo 78, comma 4, e alle eventuali diverse specificazioni apposte all'informativa ai sensi del medesimo comma.]

(1) *Articolo abrogato dall'art. 27, comma 1, lett.* b), *n. 3), d.lgs. 10 agosto 2018, n. 101.*

82 Emergenze e tutela della salute e dell'incolumità fisica.

Le informazioni di cui agli articoli 13 e 14 del Regolamento possono essere rese (1) senza ritardo, successivamente alla prestazione, nel caso di emergenza sanitaria o di igiene pubblica per la quale la competente autorità ha adottato un'ordinanza contingibile ed urgente ai sensi dell'articolo 117 del decreto legislativo 31 marzo 1998, n. 112.

2. Tali informazioni possono altresì essere rese (2) senza ritardo, successivamente alla prestazione, in caso di:

a) impossibilità fisica, incapacità di agire o incapacità di intendere o di volere dell'interessato, quando non è possibile rendere le informazioni, nei casi previsti, a chi esercita legalmente la rappresentanza, ovvero a un prossimo congiunto, a un familiare, a un convivente o unito civilmente ovvero a un fiduciario ai sensi dell'articolo 4 della legge 22 dicembre 2017, n. 219 o, in loro assenza, al responsabile della struttura presso cui dimora l'interessato (3);

b) rischio grave, imminente ed irreparabile per la salute o dell'interessato.

3. Le informazioni di cui al comma 1 possono essere rese (4) senza ritardo, successivamente alla prestazione, anche in caso di prestazione medica che può essere pregiudicata dal loro preventivo rilascio (4), in termini di tempestività o efficacia.

4. Dopo il raggiungimento della maggiore età le informazioni sono fornite (5) all'interessato nel caso in cui non siano state fornite in precedenza (5).

(1) *Le parole* « Le informazioni di cui agli articoli 13 e 14 del Regolamento possono essere rese » *sono state sostituite alle parole* « L'informativa e il consenso al trattamento dei dati personali possono intervenire » *dall'art. 6, comma 1, lett.* g), *n. 1), d.lgs.. 10 agosto 2018, n. 101.*

(2) *Le parole* « Tali informazioni possono altresì essere rese »*sono state sostituite alle parole* « L'informativa e il consenso al trattamento dei dati personali possono altresì intervenire » *dall'art. 6, comma 1, lett.* g), *n. 2), d.lgs. n. 101, cit.*

(3) *Lettera così sostituita dall'art. 6, comma 1, lett.* g), *n. 2), d.lgs. n. 101, cit. Il testo della lettera era il seguente:* « *a*) impossibilità fisica, incapacità di agire o incapacità di intendere o di volere dell'interessato, quando non è possibile acquisire il consenso da chi esercita legalmente la potestà, ovvero da un prossimo congiunto, da un familiare, da un convivente o, in loro assenza, dal responsabile della struttura presso cui dimora l'interessato; ».

(4) *Le parole* « Le informazioni di cui al comma 1 possono essere rese » *sono state sostituite alle parole* « L'informativa e il consenso al trattamento dei dati personali possono intervenire » *e le parole* « dal loro preventivo rilascio » *sono state sostituite alle parole* « dall'acquisizione preventiva del consenso » *dall'art. 6, comma 1, lett.* g), *n. 3), d.lgs. n. 101, cit.*

(5) *Le parole* « le informazioni sono fornite » *sono state sostituite alle parole* « l'informativa è fornita » *e le parole* « nel caso in cui non siano state fornite in precedenza » *sono state sostituite alle parole* « anche ai fini della acquisizione di una nuova manifestazione del consenso quando questo è necessario » *dall'art. 6, comma 1, lett.* g), *n. 4), d.lgs. n. 101, cit.*

83 (1) [Altre misure per il rispetto dei diritti degli interessati].

(1) *Articolo abrogato dall'art. 27, comma 1, lett.* b), *n. 3), d.lgs. 10 agosto 2018, n. 101. Ai sensi dell'art. 22, comma 6, del citato d.lgs. n. 101/2018 « Dalla data di entrata in vigore del presente decreto, i rinvii alle disposizioni del codice in materia di protezione dei dati personali, di cui al decreto legislativo n. 196 del 2003, abrogate dal presente decreto, contenuti in norme di legge e di regolamento, si intendono riferiti alle corrispondenti disposizioni del Regolamento (UE) 2016/679 e a quelle introdotte o modificate dal presente decreto, in quanto compatibili ».*

84 (1) [Comunicazione di dati all'interessato].

(1) *Articolo abrogato dall'art. 27, comma 1, lett.* b), *n. 3), d.lgs. 10 agosto 2018, n. 101. Ai sensi dell'art. 22, comma 6, del citato d.lgs. n. 101/2018 « Dalla data di entrata in vigore del presente decreto, i rinvii alle disposizioni del codice in materia di protezione dei dati personali, di cui al decreto legislativo n. 196 del 2003, abrogate dal presente decreto, contenuti in norme di legge e di regolamento, si intendono riferiti alle corrispondenti disposizioni del Regolamento (UE) 2016/679 e a quelle introdotte o modificate dal presente decreto, in quanto compatibili ».*

[CAPO III
Finalità di rilevante interesse pubblico] (1)

(1) *Capo abrogato dall'art. 27, comma 1, lett.* b), *n. 4), d.lgs. 10 agosto 2018, n. 101. V. nt. 2 all'epigrafe della presente legge.*

CAPO IV
Prescrizione mediche

87 (1) [Medicinali a carico del Servizio sanitario nazionale].

(1) *Articolo abrogato dall'art. 27, comma 1, lett.* b), *n. 5), d.lgs. 10 agosto 2018, n. 101. V. nt. 2 all'epigrafe della presente legge.*

88 (1) [Medicinali non a carico del Servizio sanitario nazionale].

(1) *Articolo abrogato dall'art. 27, comma 1, lett.* b), *n. 5), d.lgs. 10 agosto 2018, n. 101. V. nt. 2 all'epigrafe della presente legge.*

89 (1) [Casi particolari].

(1) *Articolo abrogato dall'art. 27, comma 1, lett.* b), *n. 5), d.lgs. 10 agosto 2018, n. 101. V. nt. 2 all'epigrafe della presente legge.*

89-*bis* (1) Prescrizioni di medicinali

1. Per le prescrizioni di medicinali, laddove non è necessario inserire il nominativo dell'interessato, si adottano cautele particolari in relazione a quanto disposto dal Garante nelle misure di garanzia di cui all'articolo 2-septies, anche ai fini del controllo della correttezza della prescrizione ovvero per finalità amministrative o per fini di ricerca scientifica nel settore della sanità pubblica.

(1) *Articolo inserito dall'art. 6, comma 1, lett.* h), *d.lgs. 10 agosto 2018, n. 101.*

[CAPO V
Dati genetici] (1)

(1) *Capo abrogato dall'art. 27, comma 1, lett.* b), *n. 6), d.lgs. 10 agosto 2018, n. 101. Ai sensi dell'art. 22, comma 6, del citato d.lgs. n. 101/2018 « Dalla data di entrata in vigore del presente decreto, i rinvii alle disposizioni del codice in materia di protezione dei dati personali, di cui al decreto legislativo n. 196 del 2003, abrogate dal presente decreto, contenuti in norme di legge e di regolamento, si intendono riferiti alle corrispondenti disposizioni del Regolamento (UE) 2016/679 e a quelle introdotte o modificate dal presente decreto, in quanto compatibili ».*

90 (1) [Trattamento dei dati genetici e donatori di midollo osseo].

(1) *Articolo abrogato dall'art. 27, comma 1, lett.* b), *n. 6), d.lgs. 10 agosto 2018, n. 101. V. nt. 2 all'epigrafe della presente legge.*

CAPO VI
Disposizioni varie

91 (1) [Dati trattati mediante carte].

(1) *Articolo abrogato dall'art. 27, comma 1, lett.* b), *n. 7), d.lgs. 10 agosto 2018, n. 101. V. nt. 2 all'epigrafe della presente legge.*

92 Cartelle cliniche.

1. Nei casi in cui strutture, pubbliche e private, che erogano prestazioni sanitarie e socio-sanitarie (1) redigono e conservano una cartella clinica in conformità alla disciplina applicabile, sono adottati opportuni accorgimenti per assicurare la comprensibilità dei dati e per distinguere i dati relativi al paziente da quelli eventualmente riguardanti altri interessati, ivi comprese informazioni relative a nascituri.

2. Eventuali richieste di presa visione o di rilascio di copia della cartella e dell'acclusa scheda di dimissione ospedaliera da parte di soggetti diversi dall'interessato possono essere accolte, in tutto o in parte, solo se la richiesta è giustificata dalla documentata necessità:

a) di esercitare (2) o difendere un diritto in sede giudiziaria, ai sensi dell'articolo 9, paragrafo 2, lettera *f*), del Regolamento, (2) di rango pari a quello dell'interessato, ovvero consistente in un diritto della personalità o in un altro diritto o libertà fondamentale (2);

b) di tutelare, in conformità alla disciplina sull'accesso ai documenti amministrativi, una situazione giuridicamente rilevante di rango pari a quella dell'interessato, ovvero consistente in un diritto della personalità o in un altro diritto o libertà fondamentale (3).

(1) *Le parole* « strutture, pubbliche e private, che erogano prestazioni sanitarie e socio-sanitarie » *sono state sostituite alle parole* « organismi sanitari pubblici e privati » *dall'art. 6, comma 1, lett.* i), *n. 1), d.lgs. 10 agosto 2018, n. 101.*

(2) *Le parole* « di esercitare » *sono state sostituite alle parole* « di far valere », *le parole* « ai sensi dell'articolo 9, paragrafo 2, lettera *f*), del Regolamento, » *sono state sostituite alle parole* « ai sensi dell'articolo 26, comma 4, lettera *c*), » *e le parole* « e inviolabile » *che seguivano le parole* « libertà fondamentale » *sono state soppresse dall'art. 6, comma 1, lett.* i), *n. 2), d.lgs. n. 101, cit.*

(3) *Le parole* « e inviolabile » *che seguivano le parole* « libertà fondamentale » *sono state soppresse dall'art. 6, comma 1, lett.* i), *n. 3), d.lgs. n. 101, cit.*

93 Certificato di assistenza al parto.

1. Ai fini della dichiarazione di nascita il certificato di assistenza al parto è sempre sostituito da una semplice attestazione contenente i soli dati richiesti nei registri di nascita. Si osservano, altresì, le disposizioni dell'articolo 109.

2. Il certificato di assistenza al parto o la cartella clinica, ove comprensivi dei dati personali che rendono identificabile la madre che abbia dichiarato di non voler essere nominata avvalendosi della facoltà di cui all'articolo 30, comma 1, del decreto del Presidente della Repubblica 3 novembre 2000, n. 396, possono essere rilasciati in copia integrale a chi vi abbia interesse, in conformità alla legge, decorsi cento anni dalla formazione del documento.

3. Durante il periodo di cui al comma 2 la richiesta di accesso al certificato o alla cartella può essere accolta relativamente ai dati relativi alla madre che abbia dichiarato di non voler essere nominata, osservando le opportune cautele per evitare che quest'ultima sia identificabile.

94-135 *(Omissis).*

TITOLO XII

Giornalismo, libertà di informazione e di espressione (1)

(1) *Rubrica così sostituita dall'art. 12, comma 1, lett.* a), *d.lgs. 10 agosto 2018, n. 101. Il testo della rubirca era il seguente:* « Giornalismo ed espressione letteraria ed artistica ».

CAPO I

Profili generali

136 Finalità giornalistiche e altre manifestazioni del pensiero.

1. Le disposizioni del presente titolo si applicano, ai sensi dell'articolo 85 del Regolamento, (1) al trattamento:

a) effettuato nell'esercizio della professione di giornalista e per l'esclusivo perseguimento delle relative finalità;

b) effettuato dai soggetti iscritti nell'elenco dei pubblicisti o nel registro dei praticanti di cui agli articoli 26 e 33 della legge 3 febbraio 1963, n. 69;

c) (2) finalizzato esclusivamente alla pubblicazione o diffusione anche (2) occasionale di articoli, saggi e altre manifestazioni del pensiero anche nell'espressione accademica, artistica e letteraria (2).

(1) *Le parole* «, ai sensi dell'articolo 85 del Regolamento, » *sono state inserite dall'art. 12, comma 1, lett.* b), *n. 1) d.lgs. 10 agosto 2018, n. 101.*

(2) *La parola* « temporaneo » *che compariva all'inizio della lettera è stata soppressa, la parola* « anche » *è stata inserita e le parole* « nell'espressione accademica, artistica e letteraria » *sono state sostituite alle parole* « nell'espressione artistica » *dall'art. 12, comma 1, lett.* b), *n. 2) d.lgs. n. 101, cit.*

137 (1) Disposizioni applicabili.

1. Con riferimento a quanto previsto dall'articolo 136, possono essere trattati i dati di cui agli articoli 9 e 10 del Regolamento anche senza il consenso dell'interessato, purché nel rispetto delle regole deontologiche di cui all'articolo 139.

2. Ai trattamenti indicati nell'articolo 136 non si applicano le disposizioni relative:

a) alle misure di garanzia di cui all'articolo 2-*septies* [e ai provvedimenti generali di cui all'articolo 2-*quinquiesdecies*] (2);

b) al trasferimento dei dati verso paesi terzi o organizzazioni internazionali, contenute nel Capo V del Regolamento.

3. In caso di diffusione o di comunicazione dei dati per le finalità di cui all'articolo 136 restano fermi i limiti del diritto di cronaca a tutela dei diritti di cui all'articolo 1, paragrafo 2, del Regolamento e all'articolo 1 del presente codice e, in particolare, quello dell'essenzialità dell'informazione riguardo a fatti di interesse pubblico. Possono essere trattati i dati personali relativi a circostanze o fatti resi noti direttamente dagli interessati o attraverso loro comportamenti in pubblico.

(1) *Articolo così sostituito dall'art. 12, comma 1, lett.* c), *d.lgs. 10 agosto 2018, n. 101. Il testo dell'articolo era il seguente:* « Art. 137. (*Disposizioni applicabili*). — 1. Ai trattamenti indicati nell'articolo 136 non si applicano le disposizioni del presente codice relative: *a*) all'autorizzazione del Garante prevista dall'articolo 26; *b*) alle garanzie previste dall'articolo 27 per i dati giudiziari; *c*) al trasferimento dei dati all'estero, contenute nel Titolo VII della Parte I. — 2. Il trattamento dei dati di cui al comma 1 è effettuato anche senza il consenso dell'interessato previsto dagli articoli 23 e 26. — 3. In caso di diffusione o di comunicazione dei dati per le finalità di cui all'articolo 136 restano fermi i limiti del diritto di cronaca a tutela dei diritti di cui all'articolo 2 e, in particolare, quello dell'essenzialità dell'informazione riguardo a fatti di interesse pubblico. Possono essere trattati i dati personali relativi a circostanze o fatti resi noti direttamente dagli interessati o attraverso loro comportamenti in pubblico ».

(2) *Le parole* « e ai provvedimenti generali di cui all'art. 2-*quinquiesdecies* » *sono state soppresse dall'art. 9, comma 1, lett.* f), *d.l. 8 ottobre 2021, n. 139, conv. in l. 3 dicembre 2021, n. 205.*

138 Segreto professionale.

1. In caso di richiesta dell'interessato di conoscere

l'origine dei dati personali ai sensi dell'articolo15, paragrafo 1, lettera *g*), del Regolamento (1), restano ferme le norme sul segreto professionale degli esercenti la professione di giornalista, limitatamente alla fonte della notizia.

(1) *Le parole* « dell'articolo 15, paragrafo 1, lettera *g*), del Regolamento » *sono state sostituite alle parole* « dell'articolo 7, comma 2, lettera *a*) » *dall'art. 12, comma 1, lett.* d), *d.lgs. 10 agosto 2018, n. 101.*

CAPO II
Regole deontologiche relative ad attività giornalistiche e ad altre manifestazioni del pensiero (1)

(1) *Rubrica così sostituita dall'art. 12, comma 1, lettera* e), *d.lgs. 10 agosto 2018, n. 101. Il testo della rubrica era il seguente:* « Codice di deontologia ».

139 (1) Regole deontologiche relative ad attività giornalistiche.

1. Il Garante promuove, ai sensi dell'articolo 2-quater, l'adozione da parte del Consiglio nazionale dell'ordine dei giornalisti di regole deontologiche relative al trattamento dei dati di cui all'articolo 136, che prevedono misure ed accorgimenti a garanzia degli interessati rapportate alla natura dei dati, in particolare per quanto riguarda quelli relativi alla salute e alla vita o all'orientamento sessuale. Le regole possono anche prevedere forme particolari per le informazioni di cui agli articoli 13 e 14 del Regolamento.

2. Le regole deontologiche o le modificazioni od integrazioni alle stesse che non sono adottate dal Consiglio entro sei mesi dalla proposta del Garante sono adottate in via sostitutiva dal Garante e sono efficaci sino a quando diviene efficace una diversa disciplina secondo la procedura di cooperazione.

3. Le regole deontologiche e le disposizioni di modificazione ed integrazione divengono efficaci quindici giorni dopo la loro pubblicazione nella Gazzetta Ufficiale della Repubblica italiana ai sensi dell'articolo 2-quater.

4. In caso di violazione delle prescrizioni contenute nelle regole deontologiche, il Garante può vietare il trattamento ai sensi dell'articolo 58 del Regolamento.

5. Il Garante, in cooperazione con il Consiglio nazionale dell'ordine dei giornalisti, prescrive eventuali misure e accorgimenti a garanzia degli interessati, che il Consiglio è tenuto a recepire.

(1) *Articolo così sostituito dall'art. 12, comma 1, lett.* f), *d.lgs. 10 agosto 2018, n. 101. Il testo dell'articolo era il seguente:* « Art. 139. *(Codice di deontologia relativo ad attività giornalistiche)*. — 1. Il Garante promuove ai sensi dell'articolo 12 l'adozione da parte del Consiglio nazionale dell'ordine dei giornalisti di un codice di deontologia relativo al trattamento dei dati di cui all'articolo 136, che prevede misure ed accorgimenti a garanzia degli interessati rapportate alla natura dei dati, in particolare per quanto riguarda quelli idonei a rivelare lo stato di salute e la vita sessuale. Il codice può anche prevedere forme semplificate per le informative di cui all'articolo 13. — 2. Nella fase di formazione del codice, ovvero successivamente, il Garante, in cooperazione con il Consiglio, prescrive eventuali misure e accorgimenti a garanzia degli interessati, che il Consiglio è tenuto a recepire. — 3. Il codice o le modificazioni od integrazioni al codice di deontologia che non sono adottati dal Consiglio entro sei mesi dalla proposta del Garante sono adottati in via sostitutiva dal Garante e sono efficaci sino a quando diviene efficace una diversa disciplina secondo la procedura di cooperazione. — 4. Il codice e le disposizioni di modificazione ed integrazione divengono efficaci quindici giorni dopo la loro pubblicazione nella Gazzetta Ufficiale ai sensi dell'articolo 12. — 5. In caso di violazione delle prescrizioni contenute nel codice di deontologia, il Garante può vietare il trattamento ai sensi dell'articolo 143, comma 1, lettera *c*).

[TITOLO XIII
Marketing diretto] (1)

(1) *Titolo abrogato dall'art. 27, comma 1, lett.* b), *numero 8), d.lgs. 10 agosto 2018, n. 101. V. nt. 2 all'epigrafe della presente legge.*

[CAPO I
Profili generali (1)

(1) *V. nota* sub *Titolo XIII.*

140 (1) [Codice di deontologia e di buona condotta].

(1) *Articolo abrogato dall'art. 27, comma 1, lett.* b), *n. 8), d.lgs. 10 agosto 2018, n. 101. Ai sensi dell'art. 22, comma 6, del citato d.lgs. n. 101/2018 « Dalla data di entrata in vigore del presente decreto, i rinvii alle disposizioni del codice in materia di protezione dei dati personali, di cui al decreto legislativo n. 196 del 2003, abrogate dal presente decreto, contenuti in norme di legge e di regolamento, si intendono riferiti alle corrispondenti disposizioni del Regolamento (UE) 2016/679 e a quelle introdotte o modificate dal presente decreto, in quanto compatibili ».*

PARTE III
Tutela dell'interessato e sanzioni

TITOLO I
Tutela amministrativa e giurisdizionale

CAPO 0.I
Alternatività delle forme di tutela (1)

(1) *Capo inserito dall'art. 13, comma 1, lett.* a), *d.lgs. 10 agosto 2018, n. 101.*

140-*bis* (1) Forme alternative di tutela.

1. Qualora ritenga che i diritti di cui gode sulla base della normativa in materia di protezione dei dati personali siano stati violati, l'interessato può proporre reclamo al Garante o ricorso dinanzi all'autorità giudiziaria.

2. Il reclamo al Garante non può essere proposto se, per il medesimo oggetto e tra le stesse parti, è stata già adita l'autorità giudiziaria.

3. La presentazione del reclamo al Garante rende improponibile un'ulteriore domanda dinanzi all'autorità giudiziaria tra le stesse parti e per il medesimo oggetto, salvo quanto previsto dall'articolo 10, comma 4, del decreto legislativo 1° settembre 2011, n. 150.

(1) *Articolo inserito dall'art. 13, comma 1, lett.a), d.lgs. 10 agosto 2018, n. 101.*

CAPO I
Tutela dinanzi al garante (1)

(1) *Le parole* « Sezione I - Principi generali » *che seguivano la parola « garante » sono state soppresse dall'art. 13, comma 1, lett.* b), *d.lgs. 10 agosto 2018, n. 101.*

141 (1) Reclamo al Garante.

1. L'interessato può rivolgersi al Garante mediante reclamo ai sensi dell'articolo 77 del Regolamento

(1) *Articolo così sostituito dall'art. 13, comma 1, lett.* c), *d.lgs. 10 agosto 2018, n. 101. Il testo dell'articolo era il seguente:* « Art. 141. (*Forme di tutela*). – 1. L'interessato può rivolgersi al Garante: *a*) mediante reclamo circostanziato nei modi previsti dall'articolo 142, per rappresentare una violazione della disciplina rilevante in materia di trattamento di dati personali; *b*) mediante segnalazione, se non è possibile presentare un reclamo circostanziato ai sensi della lettera *a*), al fine di sollecitare un controllo da parte del Garante sulla disciplina medesima; *c*) mediante ricorso, se intende far valere gli specifici diritti di cui all'articolo 7 secondo le modalità e per conseguire gli effetti previsti nella sezione III del presente capo ».

[SEZIONE II
Principi generali] (1)

(1) *Le parole* « Sezione II – Principi generali » *sono state soppresse dall'art. 13, comma 1, lett.d), d.lgs. 10 agosto 2018, n. 101.*

142 (1) Proposizione del reclamo.

1. Il reclamo contiene un'indicazione per quanto possibile dettagliata dei fatti e delle circostanze su cui si fonda, delle disposizioni che si presumono violate e delle misure richieste, nonché gli estremi identificativi del titolare o del responsabile del trattamento, ove conosciuto.

2. Il reclamo è sottoscritto dall'interessato o, su mandato di questo, da un ente del terzo settore soggetto alla disciplina del decreto legislativo 3 luglio 2017, n. 117, che sia attivo nel settore della tutela dei diritti e delle libertà degli interessati, con riguardo alla protezione dei dati personali.

3. Il reclamo reca in allegato la documentazione utile ai fini della sua valutazione e l'eventuale mandato, e indica un recapito per l'invio di comunicazioni anche tramite posta elettronica, telefax o telefono.

4. Il Garante predispone un modello per il reclamo, da pubblicare nel proprio sito istituzionale, di cui favorisce la disponibilità con strumenti elettronici.

5. Il Garante disciplina con proprio regolamento il procedimento relativo all'esame dei reclami, nonché modalità semplificate e termini abbreviati per la trattazione di reclami che abbiano ad oggetto la violazione degli articoli da 15 a 22 del Regolamento.

(1) *Articolo così sostituito dall'art. 13, comma 1, lett.* e), *d.lgs. 10 agosto 2018, n. 101. Il testo dell'articolo era il seguente:* « Art. 142. (*Proposizione dei reclami*). — 1. Il Reclamo Contiene Un'indicazione Per Quanto Possibile Dettagliata Dei Fatti E Delle circostanze su cui si fonda, delle disposizioni che si presumono violate e delle misure richieste, nonché gli estremi identificativi del titolare, del responsabile, ove conosciuto, e dell'istante. — 2. Il reclamo è sottoscritto dagli interessati, o da associazioni che li rappresentano anche ai sensi dell'articolo 9, comma 2, ed è presentato al Garante senza particolari formalità. Il reclamo reca in allegato la documentazione utile al fini della sua valutazione e l'eventuale procura, e indica un recapito per l'invio di comunicazioni anche tramite posta elettronica, telefax o telefono. — 3. Il Garante può predisporre un modello per il reclamo da pubblicare nel Bollettino e di cui favorisce la disponibilità con strumenti elettronici. »

143 (1) Decisione del reclamo.

1. Esaurita l'istruttoria preliminare, se il reclamo non è manifestamente infondato e sussistono i presupposti per adottare un provvedimento, il Garante, anche prima della definizione del procedimento può adottare i provvedimenti di cui all'articolo 58 del Regolamento nel rispetto delle disposizioni di cui all'articolo 56 dello stesso.

2. I provvedimenti di cui al comma 1 sono pubblicati nella Gazzetta Ufficiale della Repubblica italiana se i relativi destinatari non sono facilmente identificabili per il numero o per la complessità degli accertamenti.

3. Il Garante decide il reclamo entro nove mesi dalla data di presentazione e, in ogni caso, entro tre mesi dalla predetta data informa l'interessato sullo stato del procedimento. In presenza di motivate esigenze istruttorie, che il Garante comunica all'interessato, il reclamo è deciso entro dodici mesi. In caso di attivazione del procedimento di cooperazione di cui all'articolo 60 del Regolamento, il termine rimane sospeso per la durata del predetto procedimento.

4. Avverso la decisione è ammesso ricorso giurisdizionale ai sensi dell'articolo 152.

(1) *Articolo così sostituito dall'art. 13, comma 1, lett.* f), *d.lgs. 10 agosto 2018, n. 101. Il testo dell'articolo era il seguente:* « Art. 143. (*Procedimento per i reclami*). — 1. Esaurita l'istruttoria preliminare, se il reclamo non è manifestamente infondato e sussistono i presupposti per adottare un provvedimento, il Garante, anche prima della definizione del procedimento: *a*) prima di prescrivere le misure di cui alla lettera *b*), ovvero il divieto o il blocco ai sensi della lettera *c*), può invitare il titolare, anche in contraddittorio con l'interessato, ad effettuare il blocco spontaneamente; *b*) prescrive al titolare le misure opportune o necessarie per rendere il trattamento conforme alle disposizioni vigenti; *c*) dispone il blocco o vieta, in tutto o in parte, il trattamento che risulta illecito o non corretto anche per effetto della mancata adozione delle misure necessarie di cui alla lettera *b*), oppure quando, in considerazione della natura dei dati o, comunque, delle modalità del trattamento o degli effetti che esso può determinare, vi è il concreto rischio del verificarsi di un pregiudizio rilevante per uno o più interessati; *d*) può vietare in tutto o in parte il trattamento di dati relativi a singoli soggetti o a categorie di soggetti che si pone in contrasto con rilevanti interessi della collettività. — 2. I provvedimenti di cui al comma 1 sono pubblicati nella Gazzetta Ufficiale della Repubblica italiana se i relativi destinatari non sono facilmente identificabili per il numero o per la complessità degli accertamenti ».

144 (1) Segnalazioni.

1. Chiunque può rivolgere una segnalazione che il Garante può valutare anche ai fini dell'emanazione dei provvedimenti di cui all'articolo 58 del Regolamento.

2. I provvedimenti del Garante di cui all'articolo 58 del Regolamento possono essere adottati anche d'ufficio.

(1) *Articolo così sostituito dall'art. 13, comma 1, lett.* g), *d.lgs. 10 agosto 2018, n. 101. Il testo dell'articolo era il seguente:* « Art. 144. (*Segnalazioni*). — 1. I provvedimenti di cui all'articolo 143 possono essere adottati anche a seguito delle segnalazioni di cui all'articolo 141, comma 1, lettera *b*), se è avviata un'istruttoria preliminare e anche prima della definizione del procedimento. »

144-*bis* (1) Revenge porn.

1. Chiunque, compresi i minori ultraquattordicenni, abbia fondato motivo di ritenere che registrazioni audio, immagini o video o altri documenti informatici a contenuto sessualmente esplicito che lo riguardano, destinati a rimanere privati, possano essere oggetto di invio, consegna, cessione, pubblicazione o diffusione attraverso piattaforme digitali senza il suo consenso ha facoltà di segnalare il pericolo al Garante, il quale, nelle quarantotto ore dal ricevimento della segnalazione, decide ai sensi degli articoli 143 e 144 del presente codice.

2. Quando le registrazioni audio, le immagini o i video o gli altri documenti informatici riguardano minori, la segnalazione al Garante può essere effettuata anche dai genitori o dagli esercenti la responsabilità genitoriale o la tutela.

3. Per le finalità di cui al comma 1, l'invio al Garante di registrazioni audio, immagini o video o altri documenti informatici a contenuto sessualmente esplicito riguardanti soggetti terzi, effettuato dall'interessato, non integra il reato di cui all'articolo 612-*ter* del codice penale.

4. I gestori delle piattaforme digitali destinatari dei provvedimenti di cui al comma 1 conservano il materiale oggetto della segnalazione, a soli fini probatori e con misure indicate dal Garante, anche nell'ambito dei medesimi provvedimenti, idonee a impedire la diretta identificabilità degli interessati, per dodici mesi a decorrere dal ricevimento del provvedimento stesso.

5. Il Garante, con proprio provvedimento, può disciplinare specifiche modalità di svolgimento dei procedimenti di cui al comma 1 e le misure per impedire la diretta identificabilità degli interessati di cui al medesimo comma.

6. I fornitori di servizi di condivisione di contenuti audiovisivi, ovunque stabiliti, che erogano servizi accessibili in Italia, indicano senza ritardo al Garante o pubblicano nel proprio sito internet un recapito al quale possono essere comunicati i provvedimenti adottati ai sensi del comma 1. In caso di inadempimento dell'obbligo di cui al periodo precedente, il Garante diffida il fornitore del servizio ad adempiere entro trenta giorni. In caso di inottemperanza alla diffida si applica la sanzione amministrativa pecuniaria di cui all'articolo 83, paragrafo 4, del Regolamento.

7. Quando il Garante, a seguito della segnalazione di cui al comma 1, acquisisce notizia della consumazione del reato di cui all'articolo 612-*ter* del codice penale, anche in forma tentata, nel caso di procedibilità d'ufficio trasmette al pubblico ministero la segnalazione ricevuta e la documentazione acquisita.

(1) *Articolo inserito dall'art. 9, comma 1, lett. g), d.l. 8 ottobre 2021, n. 139, conv. in l. 3 dicembre 2021, n. 205. Ai sensi dell'art. 9, comma 6, d.l. n. 139, cit., « In fase di prima attuazione, l'obbligo di indicazione o di pubblicazione del recapito previsto dall'articolo 144-*bis*, comma 6, del codice di cui al decreto legislativo n. 196 del 2003, introdotto dalla lettera g) del comma 1 del presente articolo, è adempiuto nel termine di sei mesi dalla data di entrata in vigore della legge di conversione del presente decreto ».*

[SEZIONE III
Tutela alternativa a quella giurisdizionale] (1)

(1) *Sezione abrogata dall'art. 27, comma 1, lett. c), n. 1), d.lgs. 10 agosto 2018, n. 101. Ai sensi dell'art. 22, comma 6, del citato d.lgs. n. 101/2018 « Dalla data di entrata in vigore del presente decreto, i rinvii alle disposizioni del codice in materia di protezione dei dati personali, di cui al decreto legislativo n. 196 del 2003, abrogate dal presente decreto, contenuti in norme di legge e di regolamento, si intendono riferiti alle corrispondenti disposizioni del Regolamento (UE) 2016/679 e a quelle introdotte o modificate dal presente decreto, in quanto compatibili ».*

CAPO II
Tutela giurisdizionale

152 Autorità giudiziaria ordinaria.

1. Tutte le controversie che riguardano le materie oggetto dei ricorsi giurisdizionali di cui agli articoli 78 e 79 del Regolamento e quelli comunque riguardanti l'applicazione della normativa in materia di protezione dei dati personali, nonché il diritto al risarcimento del danno ai sensi dell'articolo 82 del medesimo regolamento, sono attribuite all'autorità giudiziaria ordinaria (1).

1-*bis* Le controversie di cui al comma 1 sono disciplinate dall'articolo 10 del decreto legislativo 1° settembre 2011, n. 150 (2).

[2. Per tutte le controversie di cui al comma 1 l'azione si propone con ricorso depositato nella cancelleria del tribunale del luogo ove risiede il titolare del trattamento.] (3).

[3. Il tribunale decide in ogni caso in composizione monocratica.] (3).

[4. Se è presentato avverso un provvedimento del Garante anche ai sensi dell'articolo 143, il ricorso è proposto entro il termine di trenta giorni dalla data di comunicazione del provvedimento o dalla data del rigetto tacito. Se il ricorso è proposto oltre tale termine il giudice lo dichiara inammissibile con ordinanza ricorribile per cassazione.] (3).

[5. La proposizione del ricorso non sospende l'esecuzione del provvedimento del Garante. Se ricorrono gravi motivi il giudice, sentite le parti, può disporre diversamente in tutto o in parte con ordinanza impugnabile unitamente alla decisione che definisce il grado di giudizio.] (3).

[6. Quando sussiste pericolo imminente di un danno grave ed irreparabile il giudice può emanare i provvedimenti necessari con decreto motivato, fissando, con il medesimo provvedimento, l'udienza di comparizione delle parti entro un termine non superiore a quindici giorni. In tale udienza, con ordinanza, il giudice conferma, modifica o revoca i provvedimenti emanati con decreto.] (3).

[7. Il giudice fissa l'udienza di comparizione delle parti con decreto con il quale assegna al ricorrente il termine perentorio entro cui notificarlo alle altre parti e al Garante. Tra il giorno della notificazione e l'udienza di comparizione intercorrono non meno di trenta giorni.] (3).

[8. Se alla prima udienza il ricorrente non compare senza addurre alcun legittimo impe-dimento, il giudice dispone la cancellazione della causa dal ruolo e dichiara l'estinzione del processo, ponendo a carico del ricorrente le spese di giudizio.] (3).

[9. Nel corso del giudizio il giudice dispone, anche d'ufficio, omettendo ogni formalità non necessaria al contraddittorio, i mezzi di prova che ritiene necessari e può disporre la cita-zione di testimoni anche senza la formulazione di capitoli.] (3).

[10. Terminata l'istruttoria, il giudice invita le parti a precisare le conclusioni ed a proce-dere, nella stessa udienza, alla discussione orale della causa, pronunciando subito dopo la sentenza mediante lettura del dispositivo. Le motivazioni della sentenza sono depositate in cancelleria entro i successivi trenta giorni. Il giudice può anche redigere e leggere, unitamente al dispositivo, la motivazione della sentenza, che è subito dopo depositata in cancelleria.] (3).

[11. e necessario, il giudice può concedere alle parti un termine non superiore a dieci giorni per il deposito di note difensive e rinviare la causa all'udienza immediatamente successiva alla scadenza del termine per la discussione e la pronuncia della sentenza.] (3).

[12. Con la sentenza il giudice, anche in deroga al divieto di cui all'articolo 4 della legge 20 marzo 1865, n. 2248, allegato E), quando è necessario anche in relazione all'eventuale atto del soggetto pubblico titolare o responsabile, accoglie o rigetta la domanda, in tutto o in parte, prescrive le misure necessarie, dispone sul risarcimento del danno, ove richiesto, e pone a carico della parte soccombente le spese del procedimento.] (3).

13. La sentenza non è appellabile, ma è ammesso il ricorso per cassazione.] (3).

14. Le disposizioni di cui al presente articolo si applicano anche nei casi previsti dall'articolo 10, comma 5, della legge 1° aprile 1981, n. 121, e successive modificazioni.] (3).

(1) *Comma così sostituito dall'art. 13, comma 1, lett.* h), *d.lgs. 10 agosto 2018, n. 101. Il testo del comma, come modificato dall'art. 34 comma 9 lett.* a) *d.ls. 1° settembre 2011, n. 150, era il seguente:* « 1. Tutte le controversie che riguardano, comunque, l'applicazione delle disposizioni del presente codice, comprese quelle inerenti ai provvedimenti del Garante in materia di protezione dei dati personali o alla loro mancata adozione, nonché le controversie previste dall'articolo 10, comma 5, della legge 1° aprile 1981, n. 121, e successive modificazioni, sono attribuite all'autorità giudiziaria ordinaria ». *Con riferimento alla precedente formulazione del comma, ai sensi dell'art. 36 d.ls. n. 150, cit.,* « *Le norme abrogate o modificate dal [suddetto] decreto continuano ad applicarsi alle controversie pendenti alla data di entrata in vigore dello stesso* ».

(2) *Comma inserito dall'art. 34, comma 9, lett.* b), *d.ls. n. 150, cit,.*

(3) *Comma abrogato dall'art. 34, comma 9, lett.* c), *d.ls. n. 150, cit..*

TITOLO II

Autorità di controllo indipendente (1).

(1) *Rubrica così sostituita dall'articolo 14, comma 1, lett.a), d.lgs. 10 agosto 2018, n. 101. Il testo della rubrica era il seguente:* « *L'autorità* ».

CAPO I

Il garante per la protezione dei dati personali

153 (1) Garante per la protezione dei dati personali.

1. Il Garante è composto dal Collegio, che ne costituisce il vertice, e dall'Ufficio. Il Collegio è costituito da quattro componenti, eletti due dalla Camera dei deputati e due dal Senato della Repubblica con voto limitato. I componenti devono essere eletti tra coloro che presentano la propria candidatura nell'ambito di una procedura di selezione il cui avviso deve essere pubblicato nei siti internet della Camera, del Senato e del Garante almeno sessanta giorni prima della nomina. Le candidature devono pervenire almeno trenta giorni prima della nomina e i curricula devono essere pubblicati negli stessi siti internet. Le candidature possono essere avanzate da persone che assicurino indipendenza e che risultino di comprovata esperienza nel settore della protezione dei dati personali, con particolare riferimento alle discipline giuridiche o dell'informatica.

2. I componenti eleggono nel loro ambito un presidente, il cui voto prevale in caso di parità. Eleggono altresì un vice presidente, che assume le funzioni del presidente in caso di sua assenza o impedimento.

3. L'incarico di presidente e quello di componente hanno durata settennale e non sono rinnovabili. Per tutta la durata dell'incarico il presidente e i componenti non possono esercitare, a pena di decadenza, alcuna attività professionale o di consulenza, anche non remunerata, né essere amministratori o dipendenti di enti pubblici o privati, né ricoprire cariche elettive.

4. I membri del Collegio devono mantenere il segreto, sia durante sia successivamente alla cessazione dell'incarico, in merito alle informazioni riservate cui hanno avuto accesso nell'esecuzione dei propri compiti o nell'esercizio dei propri poteri.

5. All'atto dell'accettazione della nomina il presidente e i componenti sono collocati fuori ruolo se dipendenti di pubbliche amministrazioni o magistrati in attività di servizio; se professori universitari di ruolo, sono collocati in aspettativa senza assegni ai sensi dell'art. 13 del d.P.R. 11 luglio 1980, n. 382. Il personale collocato fuori ruolo o in aspettativa non può essere sostituito.

6. Al presidente e ai componenti (2) compete una indennità di funzione pari alla retribuzione in godimento al primo Presidente della Corte di cassazione, nei limiti previsti dalla legge per il trattamento economico annuo omnicomprensivo di chiunque riceva a carico delle finanze pubbliche emolumenti o retribuzioni nell'ambito di rapporti di lavoro dipendente o autonomo con pubbliche amministrazioni statali. L'indennità di funzione di cui al primo periodo è da ritenere onnicomprensiva ad esclusione del rimborso delle spese effettivamente sostenute e documentate in occasione di attività istituzionali (3).

7. Alle dipendenze del Garante è posto l'Ufficio di cui all'art. 155.

8. Il presidente, i componenti, il segretario generale e i dipendenti si astengono dal trattare, per i due anni successivi alla cessazione dell'incarico ovvero del servizio presso il Garante, procedimenti dinanzi al Garante, ivi compresa la presentazione per conto di terzi di reclami richieste di parere o interpelli.

(1) *Articolo così sostituito dall'art. 14, comma 1, lett.* a), *d.lgs. 10 agosto 2018, n. 101.*

Il testo dell'articolo era il seguente: « Art. 153. *(Il Garante).* — 1. Il Garante opera in piena autonomia e con indipendenza di giudizio e di valutazione. — 2. Il Garante è organo collegiale costituito da quattro componenti, eletti due dalla Camera dei deputati e due dal Senato della Repubblica con voto limitato. I componenti sono scelti tra persone che assicurano indipendenza e che sono esperti di riconosciuta competenza delle materie del diritto o dell'informatica, garantendo la presenza di entrambe le qualificazioni. — 3. I componenti eleggono nel loro ambito un presidente, il cui voto prevale in caso di parità. Eleggono altresì un vice presidente, che assume le funzioni del presidente in caso di sua assenza o impedimento. — 4. Il presidente e i componenti durano in carica quattro anni e non possono essere confermati per più di una volta; per tutta la durata dell'incarico il presidente e i componenti non possono esercitare, a pena di decadenza, alcuna attività professionale o di consulenza, né essere amministratori o dipendenti di enti pubblici o privati, né ricoprire cariche elettive. — 5. All'atto dell'accettazione della nomina il presidente e i componenti sono collocati fuori ruolo se dipendenti di pubbliche amministrazioni o magistrati in attività di servizio; se professori universitari di ruolo, sono collocati in aspettativa senza assegni ai sensi dell'articolo 13 del decreto del Presidente della Repubblica 11 luglio 1980, n. 382, e successive modificazioni. Il personale collocato fuori ruolo o in aspettativa non può essere sostituito. — 6. Al presidente compete una indennità di funzione non eccedente, nel massimo, la retribuzione spettante al primo presidente della Corte di cassazione. Ai componenti compete un'indennità non eccedente nel massimo, i due terzi di quella spettante al presidente. Le predette indennità di funzione sono determinate dall'articolo 6 del decreto del Presidente della Repubblica 31 marzo 1998, n. 501, in misura tale da poter essere corrisposte a carico degli ordinari stanziamenti. — 7. Alle dipendenze del Garante è posto l'Ufficio di cui all'articolo 156 ». *Vedi gli artt. 51-59 del Regolamento (Ue) del Parlamento Europeo e del Consiglio del 27 aprile 2016 n. 679 relativo alla protezione delle persone fisiche con riguardo al trattamento dei dati personali, nonché alla libera circolazione di tali dati e che abroga la direttiva 95/46/CE (regolamento generale sulla protezione dei dati)*, sub *II, 75. L'art. 1 d.l. 7 agosto 2019 n. 75, conv., con modif., in l. 4 ottobre 2019, n. 107, come modificato dall'art. 2 d.l. 30 dicembre 2019 n. 162, conv., con modif., in l. 28 febbraio 2020, n. 8 e da ultimo dall'art. 118 d.l. 17 marzo 2020 n. 18, conv., con modif., in l. 24 aprile 2020, n. 27, ha disposto che: « Il Presidente e i componenti del Collegio del Garante per la protezione dei dati personali, di cui all'articolo 153 del decreto legislativo 30 giugno 2003, n. 196, e successive modificazioni, eletti dal Senato della Repubblica e dalla Camera dei deputati nelle rispettive sedute del 6 giugno 2012, continuano a esercitare le proprie funzioni [, limitatamente agli atti di ordinaria amministrazione e a quelli indifferibili e urgenti,] fino all'insediamento del nuovo Collegio e, comunque, entro i sessanta giorni successivi alla data di cessazione dello stato di emergenza sul territorio nazionale relativo al rischio sanitario connesso all'insorgenza di patologie derivanti da agenti virali trasmissibili, dichiarato con la delibera del Consiglio dei ministri del 31 gennaio 2020, pubblicata nella Gazzetta Ufficiale n. 26 del 1° febbraio 2020 ».*

(2) *Le parole* « e ai componenti » *sono state inserite dall'art. 9, comma 1, lett.* h), *d.l. 8 ottobre 2021, n. 139, conv. in l. 3 dicembre 2021, n. 205.*

(3) *Secondo periodo così sostituito dall'art. 9, comma 1, lett.* h), *d.l. n. 139, cit. Il testo del periodo era il seguente:* « Ai componenti compete una indennità pari ai due terzi di quella spettante al Presidente ».

154 (1) Compiti.

1. Oltre a quanto previsto da specifiche disposizioni e dalla Sezione II del Capo VI del regolamento, il Garante, ai sensi dell'articolo 57, paragrafo 1, lettera *v*), del Regolamento medesimo, anche di propria iniziativa e avvalendosi dell'Ufficio, in conformità alla disciplina vigente e nei confronti di uno o più titolari del trattamento, ha il compito di:

a) controllare se i trattamenti sono effettuati nel rispetto della disciplina applicabile, anche in caso di loro cessazione e con riferimento alla conservazione dei dati di traffico;

b) trattare i reclami presentati ai sensi del regolamento, e delle disposizioni del presente codice, anche individuando con proprio regolamento modalità specifiche per la trattazione, nonché fissando annualmente le priorità delle questioni emergenti dai reclami che potranno essere istruite nel corso dell'anno di riferimento;

c) promuovere l'adozione di regole deontologiche, nei casi di cui all'articolo 2-quater;

d) denunciare i fatti configurabili come reati perseguibili d'ufficio, dei quali viene a conoscenza nell'esercizio o a causa delle funzioni;

e) trasmettere la relazione, predisposta annualmente ai sensi dell'articolo 59 del Regolamento, al Parlamento e al Governo entro il 31 maggio dell'anno successivo a quello cui si riferisce;

f) assicurare la tutela dei diritti e delle libertà fondamentali degli individui dando idonea attuazione al Regolamento e al presente codice;

g) provvedere altresì all'espletamento dei compiti ad esso attribuiti dal diritto dell'Unione europea o dello Stato e svolgere le ulteriori funzioni previste dall'ordinamento.

2. Il Garante svolge altresì, ai sensi del comma 1, la funzione di controllo o assistenza in materia di trattamento dei dati personali prevista da leggi di ratifica di accordi o convenzioni internazionali o da atti comunitari o dell'Unione europea e, in particolare:

a) dal Regolamento (CE) n. 1987/2006 del Parlamento europeo e del Consiglio, del 20 dicembre 2006, sull'istituzione, l'esercizio e l'uso del sistema d'informazione Schengen di seconda generazione (SIS II) e Decisione 2007/533/GAI del Consiglio, del 12 giugno 2007, sull'istituzione, l'esercizio e l'uso del sistema d'informazione Schengen di seconda generazione (SIS II);

b) dal Regolamento (UE) 2016/794 del Parlamento europeo e del Consiglio, dell'11 maggio 2016, che istituisce l'Agenzia dell'Unione europea per la cooperazione nell'attività di contrasto (Europol) e sostituisce e abroga le decisioni del Consiglio 2009/371/GAI, 2009/934/GAI, 2009/935/GAI, 2009/936/GAI e 2009/968/GAI;

c) dal Regolamento (UE) 2015/1525 del Parlamento europeo e del Consiglio, del 9 settembre 2015, che modifica il Regolamento (CE) n. 515/97 del Consiglio relativo alla mutua assistenza tra le autorità amministrative degli Stati membri e alla collaborazione tra queste e la Commissione per assicurare la corretta applicazione delle normative doganale e agricola e decisione 2009/917/GAI del Consiglio, del 30 novembre 2009, sull'uso dell'informatica nel settore doganale;

d) dal Regolamento (CE) n. 603/2013 del Parlamento europeo e del Consiglio, del 26 giugno 2013, che istituisce l'Eurodac per il confronto delle impronte digitali per l'efficace applicazione del Regolamento (UE) n. 604/2013 che stabilisce i criteri e i meccanismi di determinazione dello Stato membro competente per l'esame di una domanda di protezione internazionale presentata in uno degli Stati membri da un cittadino di un paese terzo o da un apolide e per le richieste di confronto con i dati Eurodac presentate dalle autorità di contrasto degli Stati membri e da Europol a fini di contrasto, e che modifica il Regolamento (UE) n. 1077/2011 che istituisce un'agenzia europea per la gestione operativa dei sistemi IT su larga scala nello spazio di libertà, sicurezza e giustizia;

e) dal Regolamento (CE) n. 767/2008 del Parlamento europeo e del Consiglio, del 9 luglio 2008, concernente il sistema di informazione visti (VIS) e lo scambio di dati tra Stati membri sui visti per soggiorni di breve durata (Regolamento VIS) e decisione n. 2008/633/GAI del Consiglio, del 23 giugno 2008, relativa all'accesso per la consultazione al sistema di informazione visti (VIS) da parte delle autorità designate degli Stati membri e di Europol ai fini della prevenzione, dell'individuazione e dell'investigazione di reati di terrorismo e altri reati gravi;

f) dal Regolamento (CE) n. 1024/2012 del Parlamento europeo e del Consiglio, del 25 ottobre 2012, relativo alla cooperazione amministrativa attraverso il sistema di informazione del mercato interno e che abroga la decisione 2008/49/CE della Commissione (Regolamento IMI) Testo rilevante ai fini del SEE;

g) dalle disposizioni di cui al capitolo IV della Convenzione n. 108 sulla protezione delle persone rispetto al trattamento automatizzato di dati di carattere personale, adottata a Strasburgo il 28 gennaio 1981 e resa esecutiva con legge 21 febbraio 1989, n. 98, quale autorità designata ai fini della cooperazione tra Stati ai sensi dell'articolo 13 della convenzione medesima.

3. Per quanto non previsto dal Regolamento e dal presente codice, il Garante disciplina con proprio Regolamento, ai sensi dell'articolo 156, comma 3, le modalità specifiche dei procedimenti relativi all'esercizio dei compiti e dei poteri ad esso attribuiti dal Regolamento e dal presente codice.

4. Il Garante collabora con altre autorità amministrative indipendenti nazionali nello svolgimento dei rispettivi compiti.

5. Fatti salvi i termini più brevi previsti per legge, il parere del Garante, anche nei casi di cui agli articoli 36, paragrafo 4, del Regolamento, è reso nel termine di quarantacinque giorni dal ricevimento della richiesta. Decorso il termine, l'amministrazione può procedere indipendentemente dall'acquisizione del parere.

5-*bis*. Il parere di cui all'articolo 36, paragrafo 4, del Regolamento è reso dal Garante nei soli casi in cui la legge o il regolamento in corso di adozione disciplina espressamente le modalità del trattamento descrivendo una o più operazioni, compiute con o senza l'ausilio di processi automatizzati e applicate a dati personali o insiemi di dati personali, come la raccolta, la registrazione, l'organizzazione, la strutturazione, la conservazione, l'adattamento o la modifica, l'estrazione, la consultazione, l'uso, la comunicazione mediante trasmissione, diffusione o qualsiasi altra forma di messa a disposizione, il raffronto o l'interconnessione, la limitazione, la cancellazione o la distruzione, nonché nei casi in cui la norma di legge o di regolamento autorizza espressamente un trattamento di dati personali da parte di soggetti privati senza rinviare la disciplina delle modalità del trattamento a fonti sottoordinate (2).

5-*ter*. Quando il Presidente del Consiglio dei ministri dichiara che ragioni di urgenza non consentono la consultazione preventiva e comunque nei casi di adozione di decreti-legge, il Garante esprime il parere di cui al comma 5-*bis*:

a) in sede di esame parlamentare dei disegni di legge o dei disegni di legge di conversione dei decreti-legge;

b) in sede di esame definitivo degli schemi di decreto legislativo sottoposti al parere delle Commissioni parlamentari (2).

Quando, per esigenze istruttorie, non può essere rispettato il termine di cui al presente comma, tale termine può essere interrotto per una sola volta e il parere deve essere reso definitivamente entro venti giorni dal ricevimento degli elementi istruttori da parte delle amministrazioni interessate.

6. Copia dei provvedimenti emessi dall'autorità giudiziaria in relazione a quanto previsto dal presente codice o in materia di criminalità informatica è trasmessa, a cura della cancelleria, al Garante.

7. Il Garante non è competente per il controllo dei trattamenti effettuati dalle autorità giudiziarie nell'esercizio delle loro funzioni.

(1) *Articolo così sostituito dall'art. 14, comma 1, lett.c), d.lgs. 10 agosto 2018, n. 101. Il testo dell'articolo, come modificato dall'art. 41 d.lgs. 30 maggio 2008, n. 109, era il seguente:* « Art. 154. *(Compiti)*. — 1. Oltre a quanto previsto da specifiche disposizioni, il Garante, anche avvalendosi dell'Ufficio e in conformità al presente codice, ha il compito di:

a) controllare se i trattamenti sono effettuati nel rispetto della disciplina applicabile e in conformità alla notificazione, anche in caso di loro cessazione e con riferimento alla conservazione dei dati di traffico;

b) esaminare i reclami e le segnalazioni e provvedere sui ricorsi presentati dagli interessati o dalle associazioni che li rappresentano;

c) prescrivere anche d'ufficio ai titolari del trattamento le misure necessarie o opportune al fine di rendere il trattamento conforme alle disposizioni vigenti, ai sensi dell'articolo 143;

d) vietare anche d'ufficio, in tutto o in parte, il trattamento illecito o non corretto dei dati o disporne il blocco ai sensi dell'articolo 143, e di adottare gli altri provvedimenti previsti dalla disciplina applicabile al trattamento dei dati personali;

e) promuovere la sottoscrizione di codici ai sensi dell'articolo 12 e dell'articolo 139;

f) segnalare al Parlamento e al Governo l'opportunità di interventi normativi richiesti dalla necessità di tutelare i diritti di cui all'articolo 2 anche a seguito dell'evoluzione del settore;

g) esprimere pareri nei casi previsti;

h) curare la conoscenza tra il pubblico della disciplina rilevante in materia di trattamento dei dati personali e delle relative finalità, nonché delle misure di sicurezza dei dati;

i) denunciare i fatti configurabili come reati perseguibili d'ufficio, dei quali viene a conoscenza nell'esercizio o a causa delle funzioni;

l) tenere il registro dei trattamenti formato sulla base delle notificazioni di cui all'articolo 37;

m) predisporre annualmente una relazione sull'attività svolta e sullo stato di attuazione del presente codice, che è trasmessa al Parlamento e al Governo entro il 30 aprile dell'anno successivo a quello cui si riferisce. — 2. Il Garante svolge altresì, ai sensi del comma 1, la funzione di controllo o assistenza in materia di trattamento dei dati personali prevista da leggi di ratifica di accordi o convenzioni internazionali o da regolamenti comunitari e, in particolare:

a) dalla legge 30 settembre 1993, n. 388, e successive modificazioni, di ratifica ed esecuzione dei protocolli e degli accordi di adesione all'accordo di Schengen e alla relativa convenzione di applicazione;

b) dalla legge 23 marzo 1998, n. 93, e successive modificazioni, di ratifica ed esecuzione della convenzione istitutiva dell'Ufficio europeo di polizia (Europol);

c) dal regolamento CE n. 515/97 del Consiglio, del 13 marzo 1997, e dalla legge 30 luglio 1998, n. 291, e successive modificazioni, di ratifica ed esecuzione della convenzione sull'uso dell'informatica nel settore doganale;

d) dal regolamento CE n. 2725/2000 del Consiglio, dell'11 dicembre 2000, che istituisce l'"Eurodac" per il confronto delle impronte digitali e per l'efficace applicazione della convenzione di Dublino;

e) nel capitolo IV della convenzione n. 108 sulla protezione delle persone rispetto al trattamento automatizzato di dati di carattere personale, adottata a Strasburgo il 28 gennaio 1981 e resa esecutiva con legge 21 febbraio 1989, n. 98, quale autorità designata ai fini della cooperazione tra Stati ai sensi dell'articolo 13 della convenzione medesima. — 3. Il Garante coopera con altre autorità amministrative indipendenti nello svolgimento dei rispettivi compiti. A tale fine, il Garante può anche invitare rappresentanti di un'altra autorità a partecipare alle proprie riunioni, o essere invitato alle riunioni di altra autorità, prendendo parte alla discussione di argomenti di comune interesse; può richiedere, altresì, la collaborazione di personale specializzato addetto ad altra autorità. — 4. Il Presidente del Consiglio dei ministri e ciascun ministro consultano il Garante all'atto della predisposizione delle norme regolamentari e degli atti amministrativi suscettibili di incidere sulle materie disciplinate dal presente codice. — 5. Fatti salvi i termini più brevi previsti per legge, il parere del Garante è reso nei casi previsti nel termine di quarantacinque giorni dal ricevimento della richiesta. Decorso il termine, l'amministrazione può procedere indipendentemente dall'acquisizione del parere. Quando, per esigenze istruttorie, non può essere rispettato il termine di cui al presente comma, tale termine può essere interrotto per una sola volta e il parere deve essere reso definitivamente entro venti giorni dal ricevimento degli elementi istruttori da parte delle amministrazioni interessate. — 6. Copia dei provvedimenti emessi dall'autorità giudiziaria in relazione a quanto previsto dal presente codice o in materia di criminalità informatica è trasmessa, a cura della cancelleria, al Garante ».

(2) *Comma inserito dall'art. 9, comma 1, lett.* i), *d.l. 8 ottobre 2021, n. 139, conv. in l. 3 dicembre 2021, n. 205.*

154-*bis* (1) Poteri.

1. Oltre a quanto previsto da specifiche disposizioni, dalla Sezione II del Capo VI del Regolamento e dal presente codice, ai sensi dell'articolo 58, paragrafo 6, del Regolamento medesimo, il Garante ha il potere di:

a) adottare linee guida di indirizzo riguardanti le misure organizzative e tecniche di attuazione dei principi del Regolamento, anche per singoli settori e in applicazione dei principi di cui all'articolo 25 del Regolamento;

b) approvare le regole deontologiche di cui all'articolo 2-*quater*.

2. Il Garante può invitare rappresentanti di un'altra autorità amministrativa indipendente nazionale a partecipare alle proprie riunioni, o essere invitato alle riunioni di altra autorità amministrativa indipendente nazionale, prendendo parte alla discussione di argomenti di comune interesse; può richiedere, altresì, la collaborazione di personale specializzato addetto ad altra autorità amministrativa indipendente nazionale.

3. Il Garante pubblica i propri provvedimenti sulla base di quanto previsto con atto di natura generale che disciplina anche la durata di tale pubblicazione, la pubblicità nella Gazzetta Ufficiale della Repubblica italiana e sul proprio sito internet istituzionale nonché i casi di oscuramento.

4. In considerazione delle esigenze di semplificazione delle micro, piccole e medie imprese, come definite dalla raccomandazione 2003/361/CE, il Garante per la protezione dei dati personali, nel rispetto delle disposizioni del Regolamento e del presente Codice, promuove, nelle linee guida adottate a norma del comma 1, lettera *a*), modalità semplificate di adempimento degli obblighi del titolare del trattamento.

(1) *Articolo inserito dall'art. 14, comma 1, lett.* d), *d.lgs. 10 agosto 2018, n. 101.*

154-*ter* (1) Potere di agire e rappresentanza in giudizio.

1. Il Garante è legittimato ad agire in giudizio nei confronti del titolare o del responsabile del trattamento in caso di violazione delle disposizioni in materia di protezione dei dati personali.

2. Il Garante è rappresentato in giudizio dall'Avvocatura dello Stato, ai sensi dell'articolo 1 del regio decreto 30 ottobre 1933, n. 1611.

3. Nei casi di conflitto di interesse, il Garante, sentito l'Avvocato generale dello Stato, può stare in giudizio tramite propri funzionari iscritti nell'elenco speciale degli avvocati dipendenti di enti pubblici ovvero avvocati del libero foro.

(1) *Articolo inserito dall'art. 14, comma 1, lett.* d), *d.lgs. 10 agosto 2018, n. 101.*

CAPO II
L'ufficio del garante

155 Ufficio del Garante (1).

1. All'Ufficio del Garante, al fine di garantire la responsabilità e l'autonomia ai sensi della legge 7 agosto 1990, n. 241, e successive modificazioni, e del decreto legislativo 30 marzo 2001, n. 165, e successive modificazioni, si applicano i principi riguardanti l'individuazione e le funzioni del responsabile del procedimento, nonché quelli relativi alla distinzione fra le funzioni di indirizzo e di controllo, attribuite agli organi di vertice, e le funzioni di gestione attribuite ai dirigenti. Si applicano altresì le disposizioni del medesimo decreto legislativo n. 165 del 2001 espressamente richiamate dal presente codice.

(1) *Rubrica così sostituita dall'art.14, comma 1, lett.e), d.lgs. 10 agosto 2018, n. 101. Il testo della rubrica era il seguente:* « Principi applicabili ».

156 (1) Ruolo organico e personale.

1. All'Ufficio del Garante è preposto un segretario generale, nominato tra persone di elevata e comprovata qualificazione professionale rispetto al ruolo e agli obiettivi da conseguire, scelto anche tra i magistrati ordinari, amministrativi e contabili, gli avvocati dello Stato, i professori universitari di ruolo in materie giuridiche ed economiche, nonché i dirigenti di prima fascia dello Stato.

2. A decorrere dal 1° gennaio 2022, il ruolo organico del personale dipendente è stabilito nel limite di duecento unità (2). Al ruolo organico del Garante si accede esclusivamente mediante concorso pubblico. Nei casi in cui sia ritenuto utile al fine di garantire l'economicità e l'efficienza dell'azione amministrativa, nonché di favorire il reclutamento di personale con maggiore esperienza nell'ambito delle procedure concorsuali di cui al secondo periodo, il Garante può riservare una quota non superiore al cinquanta per cento dei posti banditi al personale di ruolo delle amministrazioni pubbliche che sia stato assunto per concorso pubblico e abbia maturato un'esperienza almeno triennale nel rispettivo ruolo organico. La disposizione di cui all'art. 30 del d.lgs. 30 marzo 2001, n. 165, si applica esclusivamente nell'ambito del personale di ruolo delle autorità amministrative indipendenti di cui all'art. 22, comma 1, del d.l. 24 giugno 2014, n. 90, convertito, con modificazioni, dalla l. 11 agosto 2014, n. 114.

3. Con propri regolamenti pubblicati nella *Gazzetta Ufficiale* della Repubblica italiana, il Garante definisce:

a) l'organizzazione e il funzionamento dell'Ufficio anche ai fini dello svolgimento dei compiti e dell'esercizio dei poteri di cui agli artt. 154, 154-*bis*, 160, nonché all'art. 57, par. 1, del Regolamento;

b) l'ordinamento delle carriere e le modalità di reclutamento del personale secondo i principi e le procedure di cui agli artt. 1, 35 e 36 del d.lgs. n. 165 del 2001;

c) la ripartizione dell'organico tra le diverse aree e qualifiche;

d) il trattamento giuridico ed economico del personale, secondo i criteri previsti dalla l. 31 luglio 1997, n. 249, e, per gli incarichi dirigenziali, dagli artt. 19, comma 6, e 23-*bis* del d.lgs. 30 marzo 2001, n. 165, tenuto conto delle specifiche esigenze funzionali e organizzative. Nelle more della più generale razionalizzazione del trattamento economico delle autorità amministrative indipendenti, al personale è attribuito il trattamento (3) economico del personale dell'Autorità per le garanzie nelle comunicazioni;

e) la gestione amministrativa e la contabilità, anche in deroga alle norme sulla contabilità generale dello Stato.

4. L'Ufficio può avvalersi, per motivate esigenze, di dipendenti dello Stato o di altre amministrazioni pubbliche o di enti pubblici collocati in posizione di fuori ruolo o equiparati nelle forme previste dai rispettivi ordinamenti, ovvero in aspettativa ai sensi dell'art. 13 del d.P.R. 11 luglio 1980, n. 382, in numero non superiore, complessivamente, a trenta unità (4) e per non oltre il venti per cento delle qualifiche dirigenziali, lasciando non coperto un corrispondente numero di posti di ruolo.

5. In aggiunta al personale di ruolo, l'Ufficio può assumere dipendenti con contratto a tempo determinato o avvalersi di consulenti incaricati ai sensi dell'art. 7, comma 6, del d.lgs. n. 165 del 2001, in misura comunque non superiore a trenta unità (5) complessive. Resta in ogni caso fermo, per i contratti a tempo determinato, il rispetto dell'art. 36 del d.lgs. n. 165 del 2001.

6. Il personale addetto all'Ufficio del Garante ed i consulenti sono tenuti, sia durante che dopo il mandato, al segreto su ciò di cui sono venuti a conoscenza, nell'esercizio delle proprie funzioni, in ordine a notizie che devono rimanere segrete.

7. Il personale dell'Ufficio del Garante addetto agli accertamenti di cui all'art. 158 e agli artt. 57, par. 1, lett. *h*), 58, par. 1, lett. *b*), e 62, del Regolamento riveste, nei limiti del servizio cui è destinato e secondo le rispettive attribuzioni, la qualifica di ufficiale o agente di polizia giudiziaria.

8. Le spese di funzionamento del Garante, in adempimento all'art. 52, par. 4, del Regolamento, ivi comprese quelle necessarie ad assicurare la sua partecipazione alle procedure di cooperazione e al meccanismo di coerenza introdotti dal Regolamento, nonché quelle connesse alle risorse umane, tecniche e finanziarie, ai locali e alle infrastrutture necessarie per l'effettivo adempimento dei suoi compiti e l'esercizio dei propri poteri, sono poste a carico di un fondo stanziato a tale scopo nel bilancio dello Stato e iscritto in apposita missione e programma di spesa del Ministero dell'economia e delle finanze. Il rendiconto della gestione finanziaria è soggetto al controllo della Corte dei conti. Il Garante può esigere dal titolare del trattamento il versamento di diritti di segreteria in relazione a particolari procedimenti.

(1) *Articolo così sostituito dall'art. 14, comma 1, lett.* f), *d.lgs. 10 agosto 2018, n. 101. Il testo dell'articolo era il seguente:* « Art. 156. *(Ruolo organico e personale)* — 1. All'Ufficio del Garante è preposto un segretario generale scelto anche tra magistrati ordinari o amministrativi. — 2. Il ruolo organico del personale dipendente è stabilito nel limite di cento unità. — 3. Con propri regolamenti pubblicati nella Gazzetta ufficiale della Repubblica italiana, il Garante definisce: *a*) l'organizzazione e il funzionamento dell'ufficio anche ai fini dello svolgimento dei compiti di cui all'articolo 154; *b*) l'ordinamento delle carriere e le modalità di reclutamento del personale secondo le procedure previste dall'articolo 35 del decreto legislativo n. 165 del 2001; *c*) la ripartizione dell'organico tra le diverse aree e qualifiche; *d*) il trattamento giuridico ed economico del personale, secondo i criteri previsti dalla legge 31 luglio 1997, n. 249, e successive modificazioni e, per gli incarichi dirigenziali, dagli articoli 19, comma 6, e 23-*bis* del decreto legislativo 30 marzo 2001, n. 165, tenuto conto delle specifiche esigenze funzionali e organizzative. Nelle more della più generale razionalizzazione del trattamento economico delle autorità amministrative indipendenti, al personale è attribuito l'ottanta per cento del trattamento economico del personale dell'Autorità per le garanzie nelle comunicazioni; *e*) la gestione amministrativa e la contabilità, anche in deroga alle norme sulla contabilità generale dello Stato, l'utilizzo dell'avanzo di amministrazione nel quale sono iscritte le somme già versate nella contabilità speciale, nonché l'individuazione dei casi di riscossione e utilizzazione dei diritti di segreteria o di corrispettivi per servizi resi in base a disposizioni di legge secondo le modalità di cui all'articolo 6, comma 2, della legge 31 luglio 1997, n. 249. — 4. L'Ufficio può avvalersi, per motivate esigenze, di dipendenti dello Stato o di altre amministrazioni pubbliche o di enti pubblici collocati in posizione di fuori ruolo o equiparati nelle forme previste dai rispettivi ordinamenti, ovvero in aspettativa ai sensi dell'articolo 13 del decreto del Presidente della Repubblica 11 luglio 1980, n. 382, e successive modificazioni, in numero non superiore, complessivamente, a venti unità e per non oltre il venti per cento delle qualifiche dirigenziali, lasciando non coperto un corrispondente numero di posti di ruolo. Al personale di cui al presente comma è corrisposta un'indennità pari all'eventuale differenza tra il trattamento erogato dall'amministrazione o dall'ente di provenienza e quello spettante al personale di ruolo, sulla base di apposita tabella di corrispondenza adottata dal Garante, e comunque non inferiore al cinquanta per cento della retribuzione in godimento, con esclusione dell'indennità integrativa speciale. — 5. In aggiunta al personale di ruolo, l'ufficio può assumere direttamente dipendenti con contratto a tempo determinato, in numero non superiore a venti unità ivi compresi i consulenti assunti con contratto a tempo determinato ai sensi del comma 7. — 6. Si applicano le disposizioni di cui all'articolo 30 del decreto legislativo n. 165 del 2001. — 7. Nei casi in cui la natura tecnica o la delicatezza dei problemi lo richiedono, il Garante può avvalersi dell'opera di consulenti, i quali sono remunerati in base alle vigenti tariffe professionali ovvero sono assunti con contratti a tempo determinato, di durata non superiore a due anni, che possono essere rinnovati per non più di due volte. — 8. Il personale addetto all'Ufficio del Garante ed i consulenti sono tenuti al segreto su ciò di cui sono venuti a conoscenza, nell'esercizio delle proprie funzioni, in ordine a notizie che devono rimanere segrete. 9. Il personale dell'Ufficio del Garante addetto agli accertamenti di cui all'articolo 158 riveste, in numero non superiore a cinque unità, nei limiti del servizio cui è destinato e secondo le rispettive attribuzioni, la qualifica di ufficiale o agente di polizia giudiziaria. 10. Le spese di funzionamento del Garante sono poste a carico di un fondo stanziato a tale scopo nel bilancio dello Stato e iscritto in apposito capitolo dello stato di previsione del Ministero dell'economia e delle finanze. Il rendiconto della gestione finanziaria è soggetto al controllo della Corte dei conti ».

(2) *Primo periodo così sostituito dall'art. 9, comma 1, lett.* l), *n. 1 d.l. 8 ottobre 2021, n. 139, conv. in l. 3 dicembre 2021, n. 205. Il testo del periodo era il seguente:* « Il ruolo organico del personale dipendente è stabilito nel limite di centosessantadue unità ».

(3) *Le parole* « il trattamento » *sono state sostituite alle parole* « l'80 per cento del trattamento » *dall'art. 9, comma 1, lett.* l), *n. 2 d.l. n. 139, cit.*

(4) *Le parole* « trenta unità » *sono state sostituite alle parole* « venti unità » *dall'art. 9, comma 1, lett.* l), *n. 3 d.l. n. 139, cit.*

(5) *Le parole* « trenta unità » *sono state sostituite alle parole* « venti unità » *dall'art. 9, comma 1, lett.* l), *n. 4 d.l. n. 139, cit.*

CAPO III
Accertamenti e controlli

157 (1) Richiesta di informazioni e di esibizione di documenti.

1. Nell'ambito dei poteri di cui all'articolo 58 del Regolamento, e per l'espletamento dei propri compiti, il Garante può richiedere al titolare, al responsabile, al rappresentante del titolare o del responsabile, all'interessato o anche a terzi di fornire informazioni e di esibire documenti anche con riferimento al contenuto di banche di dati.

(1) *Articolo così sostituito dall'articolo 14, comma 1, lettera g), d.lgs. 10 agosto 2018, n. 101. Il testo dell'articolo era il seguente:* « Art. 157. *(Richiesta di informazioni e di esibizione di documenti)* — 1. Per l'espletamento dei propri compiti il Garante può richiedere al titolare, al responsabile, all'interessato o anche a terzi di fornire informazioni e di esibire documenti. ».

158 (1) Accertamenti.

1. Il Garante può disporre accessi a banche di dati, archivi o altre ispezioni e verifiche nei luoghi ove si svolge il trattamento o nei quali occorre effettuare rilevazioni comunque utili al controllo del rispetto della disciplina in materia di trattamento dei dati personali.

2. I controlli di cui al comma 1, nonché quelli effettuati ai sensi dell'articolo 62 del Regolamento, sono eseguiti da personale dell'Ufficio, con la partecipazione, se del caso, di componenti o personale di autorità di controllo di altri Stati membri dell'Unione europea.

3. Il Garante si avvale anche, ove necessario, della collaborazione di altri organi dello Stato per lo svolgimento dei suoi compiti istituzionali.

4. Gli accertamenti di cui ai commi 1 e 2, se svolti in un'abitazione o in un altro luogo di privata dimora o nelle relative appartenenze, sono effettuati con l'assenso informato del titolare o del responsabile, oppure previa autorizzazione del presidente del tribunale competente per territorio in relazione al luogo dell'accertamento, il quale provvede con decreto motivato senza ritardo, al più tardi entro tre giorni dal ricevimento della richiesta del Garante quando è documentata l'indifferibilità dell'accertamento.

5. Con le garanzie di cui al comma 4, gli accertamenti svolti nei luoghi di cui al medesimo comma possono altresì riguardare reti di comunicazione accessibili al pubblico, potendosi procedere all'acquisizione di dati e informazioni on-line. A tal fine, viene redatto apposito verbale in contraddittorio con le parti ove l'accertamento venga effettuato presso il titolare del trattamento.

(1) *Articolo così sostituito dall'art. 14, comma 1, lett.h), d.lgs. 10 agosto 2018, n. 101. Il testo dell'articolo era il seguente:* « Art. 158. *(Accertamenti)*. — 1. Il Garante può disporre accessi a banche di dati, archivi o altre ispezioni e verifiche nei luoghi ove si svolge il trattamento o nei quali occorre effettuare rilevazioni comunque utili al controllo del rispetto della disciplina in materia di trattamento dei dati personali. — 2. I controlli di cui al comma a sono eseguiti da personale dell'Ufficio. Il Garante si avvale anche, ove necessario, della collaborazione di altri organi dello Stato. — 3. Gli accertamenti di cui al comma 1, se svolti in un'abitazione o in un altro luogo di privata dimora o nelle relative appartenenze, sono effettuati con l'assenso informato del titolare o del responsabile, oppure previa autorizzazione del presidente del tribunale competente per territorio in relazione al luogo dell'accertamento, il quale provvede con decreto motivato senza ritardo, al più tardi entro tre giorni dal ricevimento della richiesta del Garante quando è documentata l'indifferibilità dell'accertamento ».

159 Modalità.

1. Il personale operante, munito di documento di riconoscimento, può essere assistito ove necessario da consulenti tenuti al segreto su ciò di cui sono venuti a conoscenza, nell'esercizio delle proprie funzioni, in ordine a notizie che devono rimanere segrete (1). Nel procedere a rilievi e ad operazioni tecniche può altresì estrarre copia di ogni atto, dato e documento, anche a campione e su supporto informatico o per via telematica. Degli accertamenti è redatto sommario verbale nel quale sono annotate anche le eventuali dichiarazioni dei presenti.

2. Ai soggetti presso i quali sono eseguiti gli accertamenti è consegnata copia dell'autorizzazione del presidente del tribunale, ove rilasciata. I medesimi soggetti sono tenuti a farli eseguire e a prestare la collaborazione a tal fine necessaria. In caso di rifiuto gli accertamenti sono comunque eseguiti e le spese in tal caso occorrenti sono poste a carico del titolare con il provvedimento che definisce il procedimento, che per questa parte costituisce titolo esecutivo ai sensi degli articoli 474 e 475 del codice di procedura civile.

3. Gli accertamenti, se effettuati presso il titolare o il responsabile o il rappresentante del titolare o del responsabile (2), sono eseguiti dandone informazione a quest'ultimo o, se questo è assente o non è designato, alle persone autorizzate al trattamento dei dati personali sotto l'autorità diretta del titolare o del responsabile ai sensi dell'articolo 2-quaterdecies (2). Agli accertamenti possono assistere persone indicate dal titolare o dal responsabile.

4. Se non è disposto diversamente nel decreto di autorizzazione del presidente del tribunale, l'accertamento non può essere iniziato prima delle ore sette e dopo le ore venti, e può essere eseguito anche con preavviso quando ciò può facilitarne l'esecuzione.

5. Le informative, le richieste e i provvedimenti di cui al presente articolo e agli articoli 157 e 158 possono essere trasmessi anche mediante posta elettronica (3).

6. Quando emergono indizi di reato si osserva la disposizione di cui all'articolo 220 delle norme di attuazione, di coordinamento e transitorie del codice di procedura penale, approvate con decreto legislativo 28 luglio 1989, n. 271.

(1) *Le parole* « su ciò di cui sono venuti a conoscenza, nell'esercizio delle proprie funzioni, in ordine a notizie che devono rimanere segrete » *sono state sostituite alle parole* « ai sensi dell'articolo 156, comma 8 » *dall'art. 14, comma 1, lett.* i), *n. 1), d.lgs. 10 agosto 2018, n. 101.*

(2) *Le parole* « o il rappresentante del titolare o del responsabile » *sono state inserite e le parole* « alle persone autorizzate al trattamento dei dati personali sotto l'autorità diretta del titolare o del responsabile ai sensi dell'articolo 2-*quaterdecies* » *sono state sostituite alle parole* « agli incaricati » *dall'art. 14, comma 1, lett.* i), *n. 2), d.lgs. n. 101, cit.*

(3) *Le parole* « e telefax » *che seguivano le parole* « posta elettronica » *sono state soppresse dall'art. 14, comma 1, lett.* i), *n. 3), d.lgs. n. 101, cit.*

160 (1) Particolari accertamenti.

1. Per i trattamenti di dati personali di cui all'articolo 58, gli accertamenti sono effettuati per il tramite di un componente designato dal Garante.

2. Se il trattamento non risulta conforme alle norme del Regolamento ovvero alle disposizioni di legge o di Regolamento, il Garante indica al titolare o al responsabile le necessarie modificazioni ed integrazioni e ne verifica l'attuazione. Se l'accertamento è stato richiesto dall'interessato, a quest'ultimo è fornito in ogni caso un riscontro circa il relativo esito, se ciò non pregiudica azioni od operazioni a tutela dell'ordine e della sicurezza pubblica o di prevenzione e repressione di

reati o ricorrono motivi di difesa o di sicurezza dello Stato.

3. Gli accertamenti non sono delegabili. Quando risulta necessario in ragione della specificità della verifica, il componente designato può farsi assistere da personale specializzato tenuto al segreto su ciò di cui sono venuti a conoscenza in ordine a notizie che devono rimanere segrete. Gli atti e i documenti acquisiti sono custoditi secondo modalità tali da assicurarne la segretezza e sono conoscibili dal presidente e dai componenti del Garante e, se necessario per lo svolgimento delle funzioni dell'organo, da un numero delimitato di addetti all'Ufficio individuati dal Garante sulla base di criteri definiti dal Regolamento di cui all'articolo 156, comma 3, lettera *a*).

4. Per gli accertamenti di cui al comma 3 relativi agli organismi di informazione e di sicurezza e ai dati coperti da segreto di Stato il componente designato prende visione degli atti e dei documenti rilevanti e riferisce oralmente nelle riunioni del Garante.

(1) *Articolo così sostituito dall'articolo 14, comma 1, lett.l), d.lgs. 10 agosto 2018, n. 101. Il testo dell'articolo era il seguente:* « Art. 160. (*Particolari accertamenti*). — 1. Per i trattamenti di dati personali indicati nei titoli I, II e III della Parte II gli accertamenti sono effettuati per il tramite di un componente designato dal Garante. — 2. Se il trattamento non risulta conforme alle disposizioni di legge o di regolamento, il Garante indica al titolare o al responsabile le necessarie modificazioni ed integrazioni e ne verifica l'attuazione. Se l'accertamento è stato richiesto dall'interessato, a quest'ultimo è fornito in ogni caso un riscontro circa il relativo esito, se ciò non pregiudica azioni od operazioni a tutela dell'ordine e della sicurezza pubblica o di prevenzione e repressione di reati o ricorrono motivi di difesa o di sicurezza dello Stato. — 3. Gli accertamenti non sono delegabili. Quando risulta necessario in ragione della specificità della verifica, il componente designato può farsi assistere da personale specializzato tenuto al segreto ai sensi dell'articolo 156, comma 8. Gli atti e i documenti acquisiti sono custoditi secondo modalità tali da assicurarne la segretezza e sono conoscibili dal presidente e dai componenti del Garante e, se necessario per lo svolgimento delle funzioni dell'organo, da un numero delimitato di addetti all'Ufficio individuati dal Garante sulla base di criteri definiti dal regolamento di cui all'articolo 156, comma 3, lettera *a*). — 4. Per gli accertamenti relativi agli organismi di informazione e di sicurezza e ai dati coperti da segreto di Stato il componente designato prende visione degli atti e dei documenti rilevanti e riferisce oralmente nelle riunioni del Garante. — 5. Nell'effettuare gli accertamenti di cui al presente articolo nei riguardi di uffici giudiziari, il Garante adotta idonee modalità nel rispetto delle reciproche attribuzioni e della particolare collocazione istituzionale dell'organo procedente. Gli accertamenti riferiti ad atti di indagine coperti dal segreto sono differiti, se vi è richiesta dell'organo procedente, al momento in cui cessa il segreto. — 6. La validità, l'efficacia e l'utilizzabilità di atti, documenti e provvedimenti nel procedimento giudiziario basati sul trattamento di dati personali non conforme a disposizioni di legge o di regolamento restano disciplinate dalle pertinenti disposizioni processuali nella materia civile e penale ».

160-*bis* (1) Validità, efficacia e utilizzabilità nel procedimento giudiziario di atti, documenti e provvedimenti basati sul trattamento di dati personali non conforme a disposizioni di legge o di Regolamento.

1. La validità, l'efficacia e l'utilizzabilità nel procedimento giudiziario di atti, documenti e provvedimenti basati sul trattamento di dati personali non conforme a disposizioni di legge o di Regolamento restano disciplinate dalle pertinenti disposizioni processuali.

(1) *Articolo inserito dall'art. 14, comma 1, lett.* m), *d.lgs. 10 agosto 2018, n. 101*

TITOLO III
Sanzioni

CAPO I
Violazioni amministrative

161-165 (*Omissis*).

166 (1) Criteri di applicazione delle sanzioni amministrative pecuniarie e procedimento per l'adozione dei provvedimenti correttivi e sanzionatori.

1. Sono soggette alla sanzione amministrativa di cui all'art. 83, par. 4, del Regolamento le violazioni delle disposizioni di cui agli artt. 2-*quinquies*, comma 2, (2) 92, comma 1, 93, comma 1, 123, comma 4, 128, 129, comma 2, e 132-*ter*. Alla medesima sanzione amministrativa è soggetto colui che non effettua la valutazione di impatto di cui all'art. 110, comma 1, primo periodo, ovvero non sottopone il programma di ricerca a consultazione preventiva del Garante a norma del terzo periodo del predetto comma.

2. Sono soggette alla sanzione amministrativa di cui all'art. 83, par. 5, del Regolamento le violazioni delle disposizioni di cui agli artt. 2-*ter*, 2-*quinquies*, comma 1, 2-*sexies*, 2-*septies*, comma 8, 2-*octies*, 2-*terdecies*, commi 1, 2, 3 e 4, 52, commi 4 e 5, 75, 78, 79, 80, 82, 92, comma 2, 93, commi 2 e 3, 96, 99, 100, commi 1, 2 e 4, 101, 105 commi 1, 2 e 4, 110-*bis*, commi 2 e 3, 111, 111-*bis*, 116, comma 1, 120, comma 2, 122, 123, commi 1, 2, 3 e 5, 124, 125, 126, 130, commi da 1 a 5, 131, 132, 132-*bis*, comma 2, 132-*quater*, 157, nonché delle misure di garanzia, delle regole deontologiche di cui rispettivamente agli artt. 2-*septies* e 2-*quater*.

3. Il Garante è l'organo competente ad adottare i provvedimenti correttivi di cui all'art. 58, par. 2, del Regolamento, nonché ad irrogare le sanzioni di cui all'art. 83 del medesimo Regolamento e di cui ai commi 1 e 2.

4. Il procedimento per l'adozione dei provvedimenti e delle sanzioni indicati al comma 3 può essere avviato, nei confronti sia di soggetti privati, sia di autorità pubbliche ed organismi pubblici, a seguito di reclamo ai sensi dell'art. 77 del Regolamento o di attività istruttoria d'iniziativa del Garante, nell'ambito dell'esercizio dei poteri d'indagine di cui all'art. 58, par. 1, del Regolamento, nonché in relazione ad accessi, ispezioni e verifiche svolte in base a poteri di accertamento autonomi, ovvero delegati dal Garante.

5. L'Ufficio del Garante, quando ritiene che gli elementi acquisiti nel corso delle attività di cui al comma 4 configurino una o più violazioni indicate nel presente titolo e nell'art. 83, parr. 4, 5 e 6, del Regolamento, avvia il procedimento per l'adozione dei provvedimenti e delle sanzioni di cui al comma 3 notificando al titolare o al responsabile del trattamento le presunte violazioni, nel rispetto delle garanzie previste dal Regolamento di cui al comma 9, salvo che la previa notifica della contestazione non risulti incompatibile con la natura e le finalità del provvedimento da adottare.

Nei confronti dei titolari del trattamento di cui agli articoli 2-*ter*, comma 1-*bis*, e 58 del presente codice e all'articolo 1, comma 1, del decreto legislativo 18 maggio 2018, n. 51, la predetta notifica può essere omessa esclusivamente nel caso in cui il Garante abbia accertato che le presunte violazioni hanno già arrecato e continuano ad arrecare un effettivo, concreto, attuale e rilevante pregiudizio ai soggetti interessati al trattamento, che il Garante ha l'obbligo di individuare e indicare nel provvedimento, motivando puntualmente le ragioni dell'omessa notifica (3). In assenza di tali presupposti, il giudice competente accerta l'inefficacia del provvedimento (3).

6. Entro trenta giorni dal ricevimento della comunicazione di cui al comma 5, il contravventore può inviare al Garante scritti difensivi o documenti e può chiedere di essere sentito dalla medesima autorità.

7. Nell'adozione dei provvedimenti sanzionatori nei casi di cui al comma 3 si osservano, in quanto applicabili, gli artt. da 1 a 9, da 18 a 22 e da 24 a 28 della l. 24 novembre 1981, n. 689; nei medesimi casi può essere applicata la sanzione amministrativa accessoria della pubblicazione dell'ordinanza-ingiunzione, per intero o per estratto, sul sito internet del Garante o dell'ingiunzione a realizzare campagne di comunicazione istituzionale volte alla promozione della consapevolezza del diritto alla protezione dei dati personali, sulla base di progetti previamente approvati dal Garante e che tengano conto della gravità della violazione. Nella determinazione della sanzione ai sensi dell'articolo 83, paragrafo 2, del Regolamento, il Garante tiene conto anche di eventuali campagne di comunicazione istituzionale volte alla promozione della consapevolezza del diritto alla protezione dei dati personali, realizzate dal trasgressore anteriormente alla commissione della violazione (4). I proventi delle sanzioni, nella misura del cinquanta per cento del totale annuo, sono riassegnati al fondo di cui all'art. 156, comma 8, per essere destinati alle specifiche attività di sensibilizzazione e di ispezione nonché di attuazione del Regolamento svolte dal Garante.

8. Entro il termine di cui all'art. 10, comma 3, del d.lgs. n. 150 del 2011 previsto per la proposizione del ricorso, il trasgressore e gli obbligati in solido possono definire la controversia adeguandosi alle prescrizioni del Garante, ove impartite, e mediante il pagamento di un importo pari alla metà della sanzione irrogata.

9. Nel rispetto dell'art. 58, par. 4, del Regolamento, con proprio regolamento pubblicato nella *Gazzetta Ufficiale* della Repubblica italiana, il Garante definisce le modalità del procedimento per l'adozione dei provvedimenti e delle sanzioni di cui al comma 3 ed i relativi termini, in conformità ai principi della piena conoscenza degli atti istruttori, del contraddittorio, della verbalizzazione, nonché della distinzione tra funzioni istruttorie e funzioni decisorie rispetto all'irrogazione della sanzione.

10. Le disposizioni relative a sanzioni amministrative previste dal presente codice e dall'art. 83 del Regolamento non si applicano in relazione ai trattamenti svolti in ambito giudiziario.

(1) *Articolo così sostituito dall'art. 15, comma 1, lett.* a), *d.lgs. 10 agosto 2018, n. 101. Il testo dell'articolo era il seguente:* « Art. 166. (*Procedimento di applicazione*). — 1. L'organo competente a ricevere il rapporto e ad irrogare le sanzioni di cui al presente capo e all'articolo 179, comma 3, è il Garante. Si osservano, in quanto applicabili, le disposizioni della l. 24 novembre 1981, n. 689, e successive modificazioni. I proventi, nella misura del cinquanta per cento del totale annuo, sono riassegnati al fondo di cui all'articolo 156, comma 10, e sono utilizzati unicamente per l'esercizio dei compiti di cui agli articoli 154, comma 1, lettera *h*), e 158 ».

(2) *Seguivano le parole* « 2-*quinquiesdecies* », *soppresse dall'art. 9, comma 1, lett.* m), *n. 1 d.l. 8 ottobre 2021, n. 139, conv. in l. 3 dicembre 2021, n. 205.*

(3) *Periodo aggiunto dall'art. 9, comma 1, lett.* m), *n. 2 d.l. n. 139, cit.*

(4) *Le parole da* « o dell'ingiunzione a realizzare campagne » *a* « commissione della violazione » *sono state aggiunte dall'art. 9, comma 1, lett.* m), *n. 3 d.l. n. 139, cit.*

CAPO II
Illeciti penali

167 (1) Trattamento illecito di dati.

1. Salvo che il fatto costituisca più grave reato, chiunque, al fine di trarre per sé o per altri profitto ovvero di arrecare danno all'interessato, operando in violazione di quanto disposto dagli articoli 123, 126 e 130 o dal provvedimento di cui all'articolo 129 arreca nocumento all'interessato, è punito con la reclusione da sei mesi a un anno e sei mesi.

2. Salvo che il fatto costituisca più grave reato, chiunque, al fine di trarre per sé o per altri profitto ovvero di arrecare danno all'interessato, procedendo al trattamento dei dati personali di cui agli articoli 9 e 10 del Regolamento in violazione delle disposizioni di cui agli articoli 2-*sexies* e 2-*octies*, o delle misure di garanzia di cui all'articolo 2-*septies* [ovvero operando in violazione delle misure adottate ai sensi dell'articolo 2-*quinquiesdecies*] (2) arreca nocumento all'interessato, è punito con la reclusione da uno a tre anni.

3. Salvo che il fatto costituisca più grave reato, la pena di cui al comma 2 si applica altresì a chiunque, al fine di trarre per sé o per altri profitto ovvero di arrecare danno all'interessato, procedendo al trasferimento dei dati personali verso un paese terzo o un'organizzazione internazionale al di fuori dei casi consentiti ai sensi degli articoli 45, 46 o 49 del Regolamento, arreca nocumento all'interessato.

4. Il Pubblico ministero, quando ha notizia dei reati di cui ai commi 1, 2 e 3, ne informa senza ritardo il Garante.

5. Il Garante trasmette al pubblico ministero, con una relazione motivata, la documentazione raccolta nello svolgimento dell'attività di accertamento nel caso in cui emergano elementi che facciano presumere la esistenza di un reato. La trasmissione degli atti al pubblico ministero avviene al più tardi al termine dell'attività di accertamento delle violazioni delle disposizioni di cui al presente decreto.

6. Quando per lo stesso fatto è stata applicata a norma del presente codice o del Regolamento a carico dell'imputato o dell'ente una sanzione amministrativa pecuniaria dal Garante e questa è stata riscossa, la pena è diminuita.

(1) *Articolo così sostituito dall'articolo 15, comma 1, lettera* b), *d.lgs. 10 agosto 2018, n. 101. Il testo dell'articolo era il seguente:* « Art. 167. (*Trattamento illecito di dati*). — 1. Salvo che il fatto costituisca più grave reato, chiunque, al fine di trarne per sé o per altri profitto o di

recare ad altri un danno, procede al trattamento di dati personali in violazione di quanto disposto dagli articoli 18, 19, 23, 123, 126 e 130, ovvero in applicazione dell'articolo 129, è punito, se dal fatto deriva nocumento, con la reclusione da sei a diciotto mesi o, se il fatto consiste nella comunicazione o diffusione, con la reclusione da sei a ventiquattro mesi. — 2. Salvo che il fatto costituisca più grave reato, chiunque, al fine di trarne per sé o per altri profitto o di recare ad altri un danno, procede al trattamento di dati personali in violazione di quanto disposto dagli articoli 17, 20, 21, 22, commi 8 e 11, 25, 26, 27 e 45, è punito, se dal fatto deriva nocumento, con la reclusione da uno a tre anni ».

(2) *Le parole* « ovvero operando in violazione delle misure adottate ai sensi dell'art. 2-*quinquiesdecies* » *sono state soppresse dall'art. 9, comma 1, lett.* n), *d.l. 8 ottobre 2021, n. 139, conv. in l. 3 dicembre 2021, n. 205.*

167-*bis* (1) Comunicazione e diffusione illecita di dati personali oggetto di trattamento su larga scala.

1. Salvo che il fatto costituisca più grave reato, chiunque comunica o diffonde al fine di trarre profitto per sé o altri ovvero al fine di arrecare danno, un archivio automatizzato o una parte sostanziale di esso contenente dati personali oggetto di trattamento su larga scala, in violazione degli articoli 2-*ter*, 2-*sexies* e 2-*octies*, è punito con la reclusione da uno a sei anni.

2. Salvo che il fatto costituisca più grave reato, chiunque, al fine trarne profitto per sé o altri ovvero di arrecare danno, comunica o diffonde, senza consenso, un archivio automatizzato o una parte sostanziale di esso contenente dati personali oggetto di trattamento su larga scala, è punito con la reclusione da uno a sei anni, quando il consenso dell'interessato è richiesto per le operazioni di comunicazione e di diffusione.

3. Per i reati di cui ai commi 1 e 2, si applicano i commi 4, 5 e 6 dell'articolo 167.

(1) *Articolo inserito dall'art. 15, comma 1, lett.* c), *d.lgs. 10 agosto 2018, n. 101.*

(2) *V. inoltre Protocollo d'intesa tra la Procura di Roma e il Garante Privacy dell'8 gennaio 2019.*

Art. 167-*ter* (1) Acquisizione fraudolenta di dati personali oggetto di trattamento su larga scala.

1. Salvo che il fatto costituisca più grave reato, chiunque, al fine trarne profitto per sé o altri ovvero di arrecare danno, acquisisce con mezzi fraudolenti un archivio automatizzato o una parte sostanziale di esso contenente dati personali oggetto di trattamento su larga scala è punito con la reclusione da uno a quattro anni.

2. Per il reato di cui al comma 1 si applicano i commi 4, 5 e 6 dell'articolo 167.

(1) *Articolo inserito dall'art. 15, comma 1, lett.* c), *d.lgs. 10 agosto 2018, n. 101.*

168 (1) Falsità nelle dichiarazioni al Garante e interruzione dell'esecuzione dei compiti o dell'esercizio dei poteri del Garante.

1. Salvo che il fatto costituisca più grave reato, chiunque, in un procedimento o nel corso di accertamenti dinanzi al Garante, dichiara o attesta falsamente notizie o circostanze o produce atti o documenti falsi, è punito con la reclusione da sei mesi a tre anni.

2. Fuori dei casi di cui al comma 1, è punito con la reclusione sino ad un anno chiunque intenzionalmente cagiona un'interruzione o turba la regolarità di un procedimento dinanzi al Garante o degli accertamenti dallo stesso svolti.

(1) *Articolo così sostituito dall'art. 15, comma 1, lett.* d), *d.lgs. 10 agosto 2018, n. 101.*

Il testo dell'articolo, come modificato dall'art. 1, comma 11, d.lgs. 28 maggio 2012, n. 69, era il seguente: « Art. 168. (*Falsità nelle dichiarazioni e notificazioni al Garante*). — 1. Chiunque, nelle comunicazioni di cui all'articolo 32-*bis*, commi 1 e 8, nella notificazione di cui all'articolo 37 o in comunicazioni, atti, documenti o dichiarazioni resi o esibiti in un procedimento dinanzi al Garante o nel corso di accertamenti, dichiara o attesta falsamente notizie o circostanze o produce atti o documenti falsi, è punito, salvo che il fatto costituisca più grave reato, con la reclusione da sei mesi a tre anni ».

169 (1) [Misure di sicurezza.

1. Chiunque, essendovi tenuto, omette di adottare le misure minime previste dall'articolo 33 è punito con l'arresto sino a due anni (2).

2. All'autore del reato, all'atto dell'accertamento o, nei casi complessi, anche con successivo atto del Garante, è impartita una prescrizione fissando un termine per la regolarizzazione non eccedente il periodo di tempo tecnicamente necessario, prorogabile in caso di particolare complessità o per l'oggettiva difficoltà dell'adempimento e comunque non superiore a sei mesi. Nei sessanta giorni successivi allo scadere del termine, se risulta l'adempimento alla prescrizione, l'autore del reato è ammesso dal Garante a pagare una somma pari al quarto del massimo della sanzione stabilita per la violazione amministrativa. L'adempimento e il pagamento estinguono il reato. L'organo che impartisce la prescrizione e il pubblico ministero provvedono nei modi di cui agli articoli 21, 22, 23 e 24 del decreto legislativo 19 dicembre 1994, n. 758, e successive modificazioni, in quanto applicabili (3).]

(1) *Articolo abrogato dall'art.27, comma 1, lett.* c), *n. 2), d.lgs. 10 agosto 2018, n. 101.*

(2) *Comma modificato dall'art. 44, comma 9, lett.* a), *d.l. 30 dicembre 2008, n. 207, conv., con modif., in l. 27 febbraio 2009, n. 14.*

(3) *Comma modificato dall'art. 44, comma 9, lett.* b), *d.l. n. 207, cit.*

170 (1) Inosservanza di provvedimenti del Garante.

1. Chiunque, non osservando (2) il provvedimento adottato dal Garante ai sensi degli artt. 58, par. 2, lett. *f*) del Regolamento, dell'art. 2-*septies*, comma 1, nonché i provvedimenti generali di cui all'art. 21, comma 1, del d.lgs. di attuazione dell'art. 13 della l. 25 ottobre 2017, n. 163, arreca un concreto nocumento a uno o più soggetti interessati al trattamento (3) è punito, a querela della persona offesa, (3) con la reclusione da tre mesi a due anni.

(1) *Articolo così sostituito dall'art. 15, comma 1, lett.e), d.lgs. 10 agosto 2018, n. 101. Il testo dell'articolo era il seguente:* « Art. 170. (*Inosservanza di provvedimenti del Garante*). — 1. Chiunque, essendovi tenuto, non osserva il provvedimento adottato dal Garante ai sensi degli articoli 26, comma 2, 90, 150, commi 1 e 2, e 143, comma 1, lett. *c*), è punito con la reclusione da tre mesi a due anni ».

(2) *Le parole* « non osservando » *sono state sostituite alle parole* « essendovi tenuto, non osserva » *dall'art. 9, comma 1, lett.* o), *d.l. 8 ottobre 2021, n. 139, conv. in l. 3 dicembre 2021, n. 205.*

(3) *Le parole* «, arreca un concreto nocumento a uno o più soggetti interessati al trattamento » *e le parole* «, a querela della persona offesa, » *sono state inserite dall'art. 9, comma 1, lett.* o), *d.l. n. 139, cit.*

171 (1) Violazioni delle disposizioni in materia di controlli a distanza e indagini sulle opinioni dei lavoratori.

1. La violazione delle disposizioni di cui agli articoli 4, comma 1, e 8 della legge 20 maggio 1970, n. 300, è punita con le sanzioni di cui all'articolo 38 della medesima legge.

(1) *Articolo così sostituito dall'art.15, comma 1, lett.* f), *d.lgs. 10 agosto 2018, n. 101. Il testo dell'articolo, come già sostituito dall'art. 232 d.lgs. 14 settembre 2015, n. 151, era il seguente:* « Art. 171. (*Altre fattispecie*). — La violazione delle disposizioni di cui all'articolo 113 e all'articolo 4, primo e secondo comma, della legge 20 maggio 1970, n. 300, è punita con le sanzioni di cui all'articolo 38 della legge n. 300 del 1970 ».

172 Pene accessorie.

1. La condanna per uno dei delitti previsti dal presente codice importa la pubblicazione della sentenza, ai sensi dell'articolo 36, secondo e terzo comma, del codice penale (1).

(1) *Le parole* «, ai sensi dell'articolo 36, secondo e terzo comma, del codice penale » *sono state aggiunte dall'art. 15, comma 1, lett.* g), *d.lgs. 10 agosto 2018, n. 101.*

TITOLO IV
Disposizioni modificative, abrogative, transitorie e finali

173-183 (*Omissis*).

CAPO IV
Norme finali

184-185 (*Omissis*).

186 Entrata in vigore.

1. Le disposizioni di cui al presente codice entrano in vigore il 1° gennaio 2004, ad eccezione delle disposizioni di cui agli articoli 156, 176, commi 3, 4, 5 e 6 e 182, che entrano in vigore il giorno successivo alla data di pubblicazione del presente codice. Dalla medesima data si osservano altresì i termini in materia di ricorsi di cui agli articoli 149, comma 8, e 150, comma 2.

75. Regolamento (UE) del Parlamento europeo e del Consiglio del 27 aprile 2016, n. 679 relativo alla protezione delle persone fisiche con riguardo al trattamento dei dati personali, nonché alla libera circolazione di tali dati e che abroga la direttiva 95/46/CE (regolamento generale sulla protezione dei dati).

Pubblicato nella G.U.U.E. 4 maggio 2016, n. L 119.

Considerando quanto segue:

(1) La protezione delle persone fisiche con riguardo al trattamento dei dati di carattere personale è un diritto fondamentale. L'articolo 8, paragrafo 1, della Carta dei diritti fondamentali dell'Unione europea (« Carta ») e l'articolo 16, paragrafo 1, del trattato sul funzionamento dell'Unione europea (« TFUE ») stabiliscono che ogni persona ha diritto alla protezione dei dati di carattere personale che la riguardano.

(2) I principi e le norme a tutela delle persone fisiche con riguardo al trattamento dei dati personali dovrebbero rispettarne i diritti e le libertà fondamentali, in particolare il diritto alla protezione dei dati personali, a prescindere dalla loro nazionalità o dalla loro residenza. Il presente regolamento è inteso a contribuire alla realizzazione di uno spazio di libertà, sicurezza e giustizia e di un'unione economica, al progresso economico e sociale, al rafforzamento e alla convergenza delle economie nel mercato interno e al benessere delle persone fisiche.

(3) La direttiva 95/46/CE del Parlamento europeo e del Consiglio (23) ha come obiettivo di armonizzare la tutela dei diritti e delle libertà fondamentali delle persone fisiche rispetto alle attività di trattamento dei dati e assicurare la libera circolazione dei dati personali tra Stati membri.

(4) Il trattamento dei dati personali dovrebbe essere al servizio dell'uomo. Il diritto alla protezione dei dati di carattere personale non è una prerogativa assoluta, ma va considerato alla luce della sua funzione sociale e va contemperato con altri diritti fondamentali, in ossequio al principio di proporzionalità. Il presente regolamento rispetta tutti i diritti fondamentali e osserva le libertà e i principi riconosciuti dalla Carta, sanciti dai trattati, in particolare il rispetto della vita privata e familiare, del domicilio e delle comunicazioni, la protezione dei dati personali, la libertà di pensiero, di coscienza e di religione, la libertà di espressione e d'informazione, la libertà d'impresa, il diritto a un ricorso effettivo e a un giudice imparziale, nonché la diversità culturale, religiosa e linguistica.

(5) L'integrazione economica e sociale conseguente al funzionamento del mercato interno ha condotto a un considerevole aumento dei flussi transfrontalieri di dati personali e quindi anche dei dati personali scambiati, in tutta l'Unione, tra attori pubblici e privati, comprese persone fisiche, associazioni e imprese. Il diritto dell'Unione impone alle autorità nazionali degli Stati membri di cooperare e scambiarsi dati personali

per essere in grado di svolgere le rispettive funzioni o eseguire compiti per conto di un'autorità di un altro Stato membro.

(6) La rapidità dell'evoluzione tecnologica e la globalizzazione comportano nuove sfide per la protezione dei dati personali. La portata della condivisione e della raccolta di dati personali è aumentata in modo significativo. La tecnologia attuale consente tanto alle imprese private quanto alle autorità pubbliche di utilizzare dati personali, come mai in precedenza, nello svolgimento delle loro attività. Sempre più spesso, le persone fisiche rendono disponibili al pubblico su scala mondiale informazioni personali che li riguardano. La tecnologia ha trasformato l'economia e le relazioni sociali e dovrebbe facilitare ancora di più la libera circolazione dei dati personali all'interno dell'Unione e il loro trasferimento verso paesi terzi e organizzazioni internazionali, garantendo al tempo stesso un elevato livello di protezione dei dati personali.

(7) Tale evoluzione richiede un quadro più solido e coerente in materia di protezione dei dati nell'Unione, affiancato da efficaci misure di attuazione, data l'importanza di creare il clima di fiducia che consentirà lo sviluppo dell'economia digitale in tutto il mercato interno. È opportuno che le persone fisiche abbiano il controllo dei dati personali che li riguardano e che la certezza giuridica e operativa sia rafforzata tanto per le persone fisiche quanto per gli operatori economici e le autorità pubbliche.

(8) Ove il presente regolamento preveda specificazioni o limitazioni delle sue norme ad opera del diritto degli Stati membri, gli Stati membri possono, nella misura necessaria per la coerenza e per rendere le disposizioni nazionali comprensibili alle persone cui si applicano, integrare elementi del presente regolamento nel proprio diritto nazionale.

(9) Sebbene i suoi obiettivi e principi rimangano tuttora validi, la direttiva 95/46/CE non ha impedito la frammentazione dell'applicazione della protezione dei dati personali nel territorio dell'Unione, né ha eliminato l'incertezza giuridica o la percezione, largamente diffusa nel pubblico, che in particolare le operazioni online comportino rischi per la protezione delle persone fisiche. La compresenza di diversi livelli di protezione dei diritti e delle libertà delle persone fisiche, in particolare del diritto alla protezione dei dati personali, con riguardo al trattamento di tali dati negli Stati membri può ostacolare la libera circolazione dei dati personali all'interno dell'Unione. Tali differenze possono pertanto costituire un freno all'esercizio delle attività economiche su scala dell'Unione, falsare la concorrenza e impedire alle autorità nazionali di adempiere agli obblighi loro derivanti dal diritto dell'Unione. Tale divario creatosi nei livelli di protezione è dovuto alle divergenze nell'attuare e applicare la direttiva 95/46/CE.

(10) Al fine di assicurare un livello coerente ed elevato di protezione delle persone fisiche e rimuovere gli ostacoli alla circolazione dei dati personali all'interno dell'Unione, il livello di protezione dei diritti e delle libertà delle persone fisiche con riguardo al trattamento di tali dati dovrebbe essere equivalente in tutti gli Stati membri. È opportuno assicurare un'applicazione coerente e omogenea delle norme a protezione dei diritti e delle libertà fondamentali delle persone fisiche con riguardo al trattamento dei dati personali in tutta l'Unione. Per quanto riguarda il trattamento dei dati personali per l'adempimento di un obbligo legale, per l'esecuzione di un compito di interesse pubblico o connesso all'esercizio di pubblici poteri di cui è investito il titolare del trattamento, gli Stati membri dovrebbero rimanere liberi di mantenere o introdurre norme nazionali al fine di specificare ulteriormente l'applicazione delle norme del presente regolamento. In combinato disposto con la legislazione generale e orizzontale in materia di protezione dei dati che attua la direttiva 95/46/CE gli Stati membri dispongono di varie leggi settoriali in settori che richiedono disposizioni più specifiche. Il presente regolamento prevede anche un margine di manovra degli Stati membri per precisarne le norme, anche con riguardo al trattamento di categorie particolari di dati personali (« dati sensibili »). In tal senso, il presente regolamento non esclude che il diritto degli Stati membri stabilisca le condizioni per specifiche situazioni di trattamento, anche determinando con maggiore precisione le condizioni alle quali il trattamento di dati personali è lecito.

(11) Un'efficace protezione dei dati personali in tutta l'Unione presuppone il rafforzamento e la disciplina dettagliata dei diritti degli interessati e degli obblighi di coloro che effettuano e determinano il trattamento dei dati personali, nonché poteri equivalenti per controllare e assicurare il rispetto delle norme di protezione dei dati personali e sanzioni equivalenti per le violazioni negli Stati membri.

(omissis)

(22) Qualsiasi trattamento di dati personali effettuato nell'ambito delle attività di uno stabilimento di un titolare del trattamento o responsabile del trattamento nel territorio dell'Unione dovrebbe essere conforme al presente regolamento, indipendentemente dal fatto che il trattamento avvenga all'interno dell'Unione. Lo stabilimento implica l'effettivo e reale svolgimento di attività nel quadro di un'organizzazione stabile. A tale riguardo, non è determinante la forma giuridica assunta, sia essa una succursale o una filiale dotata di personalità giuridica.

(omissis)

(1) *Vedi anche il d.lgs. n. 196/2003, Codice in materia di protezione dei dati personali, sub II, 74 e, in particolare la nota (1) all'art. 153.*

CAPO I
Disposizioni generali

1 Oggetto e finalità.

1. Il presente regolamento stabilisce norme relative alla protezione delle persone fisiche con riguardo al trattamento dei dati personali, nonché norme relative alla libera circolazione di tali dati.

2. Il presente regolamento protegge i diritti e le libertà fondamentali delle persone fisiche, in particolare il diritto alla protezione dei dati personali.

3. La libera circolazione dei dati personali nell'Unione non può essere limitata né vietata per motivi

attinenti alla protezione delle persone fisiche con riguardo al trattamento dei dati personali.

2 Ambito di applicazione materiale.

1. Il presente regolamento si applica al trattamento interamente o parzialmente automatizzato di dati personali e al trattamento non automatizzato di dati personali contenuti in un archivio o destinati a figurarvi.

2. Il presente regolamento non si applica ai trattamenti di dati personali:

a) effettuati per attività che non rientrano nell'ambito di applicazione del diritto dell'Unione;

b) effettuati dagli Stati membri nell'esercizio di attività che rientrano nell'ambito di applicazione del titolo V, capo 2, TUE;

c) effettuati da una persona fisica per l'esercizio di attività a carattere esclusivamente personale o domestico;

d) effettuati dalle autorità competenti a fini di prevenzione, indagine, accertamento o perseguimento di reati o esecuzione di sanzioni penali, incluse la salvaguardia contro minacce alla sicurezza pubblica e la prevenzione delle stesse.

3. Per il trattamento dei dati personali da parte di istituzioni, organi, uffici e agenzie dell'Unione, si applica il regolamento (CE) n. 45/2001. Il regolamento (CE) n. 45/2001 e gli altri atti giuridici dell'Unione applicabili a tale trattamento di dati personali devono essere adeguati ai principi e alle norme del presente regolamento conformemente all'articolo 98.

4. Il presente regolamento non pregiudica pertanto l'applicazione della direttiva 2000/31/CE, in particolare le norme relative alla responsabilità dei prestatori intermediari di servizi di cui agli articoli da 12 a 15 della medesima direttiva.

3 Ambito di applicazione territoriale.

1. Il presente regolamento si applica al trattamento dei dati personali effettuato nell'ambito delle attività di uno stabilimento da parte di un titolare del trattamento o di un responsabile del trattamento nell'Unione, indipendentemente dal fatto che il trattamento sia effettuato o meno nell'Unione.

2. Il presente regolamento si applica al trattamento dei dati personali di interessati che si trovano nell'Unione, effettuato da un titolare del trattamento o da un responsabile del trattamento che non è stabilito nell'Unione, quando le attività di trattamento riguardano:

a) l'offerta di beni o la prestazione di servizi ai suddetti interessati nell'Unione, indipendentemente dall'obbligatorietà di un pagamento dell'interessato; oppure

b) il monitoraggio del loro comportamento nella misura in cui tale comportamento ha luogo all'interno dell'Unione.

3. Il presente regolamento si applica al trattamento dei dati personali effettuato da un titolare del trattamento che non è stabilito nell'Unione, ma in un luogo soggetto al diritto di uno Stato membro in virtù del diritto internazionale pubblico.

4 Definizioni.

1. Ai fini del presente regolamento s'intende per:

1) « dato personale »: qualsiasi informazione riguardante una persona fisica identificata o identificabile (« interessato »); si considera identificabile la persona fisica che può essere identificata, direttamente o indirettamente, con particolare riferimento a un identificativo come il nome, un numero di identificazione, dati relativi all'ubicazione, un identificativo online o a uno o più elementi caratteristici della sua identità fisica, fisiologica, genetica, psichica, economica, culturale o sociale;

2) « trattamento »: qualsiasi operazione o insieme di operazioni, compiute con o senza l'ausilio di processi automatizzati e applicate a dati personali o insiemi di dati personali, come la raccolta, la registrazione, l'organizzazione, la strutturazione, la conservazione, l'adattamento o la modifica, l'estrazione, la consultazione, l'uso, la comunicazione mediante trasmissione, diffusione o qualsiasi altra forma di messa a disposizione, il raffronto o l'interconnessione, la limitazione, la cancellazione o la distruzione;

3) « limitazione di trattamento »: il contrassegno dei dati personali conservati con l'obiettivo di limitarne il trattamento in futuro;

4) « profilazione »: qualsiasi forma di trattamento automatizzato di dati personali consistente nell'utilizzo di tali dati personali per valutare determinati aspetti personali relativi a una persona fisica, in particolare per analizzare o prevedere aspetti riguardanti il rendimento professionale, la situazione economica, la salute, le preferenze personali, gli interessi, l'affidabilità, il comportamento, l'ubicazione o gli spostamenti di detta persona fisica;

5) « pseudonimizzazione »: il trattamento dei dati personali in modo tale che i dati personali non possano più essere attribuiti a un interessato specifico senza l'utilizzo di informazioni aggiuntive, a condizione che tali informazioni aggiuntive siano conservate separatamente e soggette a misure tecniche e organizzative intese a garantire che tali dati personali non siano attribuiti a una persona fisica identificata o identificabile;

6) « archivio »: qualsiasi insieme strutturato di dati personali accessibili secondo criteri determinati, indipendentemente dal fatto che tale insieme sia centralizzato, decentralizzato o ripartito in modo funzionale o geografico;

7) « titolare del trattamento »: la persona fisica o giuridica, l'autorità pubblica, il servizio o altro organismo che, singolarmente o insieme ad altri, determina le finalità e i mezzi del trattamento di dati personali; quando le finalità e i mezzi di tale trattamento sono determinati dal diritto dell'Unione o degli Stati membri, il titolare del trattamento o i criteri specifici applicabili alla sua designazione possono essere stabiliti dal diritto dell'Unione o degli Stati membri;

8) « responsabile del trattamento »: la persona fisica o giuridica, l'autorità pubblica, il servizio o altro organismo che tratta dati personali per conto del titolare del trattamento;

9) « destinatario »: la persona fisica o giuridica, l'autorità pubblica, il servizio o un altro organismo che riceve comunicazione di dati personali, che si tratti o meno di terzi. Tuttavia, le autorità pubbliche che possono ricevere comunicazione di dati personali nell'ambito di una specifica indagine conformemente al diritto dell'Unione o degli Stati membri non sono considerate destinatari; il trattamento di tali dati da parte di dette autorità pubbliche è conforme alle norme applicabili in materia di protezione dei dati secondo le finalità del trattamento;

10) « terzo »: la persona fisica o giuridica, l'autorità pubblica, il servizio o altro organismo che non sia l'interessato, il titolare del trattamento, il responsabile del trattamento e le persone autorizzate al trattamento dei dati personali sotto l'autorità diretta del titolare o del responsabile;

11) « consenso dell'interessato »: qualsiasi manifestazione di volontà libera, specifica, informata e inequivocabile dell'interessato, con la quale lo stesso manifesta il proprio assenso, mediante dichiarazione o azione positiva inequivocabile, che i dati personali che lo riguardano siano oggetto di trattamento;

12) « violazione dei dati personali »: la violazione di sicurezza che comporta accidentalmente o in modo illecito la distruzione, la perdita, la modifica, la divulgazione non autorizzata o l'accesso ai dati personali trasmessi, conservati o comunque trattati;

13) « dati genetici »: i dati personali relativi alle caratteristiche genetiche ereditarie o acquisite di una persona fisica che forniscono informazioni univoche sulla fisiologia o sulla salute di detta persona fisica, e che risultano in particolare dall'analisi di un campione biologico della persona fisica in questione;

14) « dati biometrici »: i dati personali ottenuti da un trattamento tecnico specifico relativi alle caratteristiche fisiche, fisiologiche o comportamentali di una persona fisica che ne consentono o confermano l'identificazione univoca, quali l'immagine facciale o i dati dattiloscopici;

15) « dati relativi alla salute »: i dati personali attinenti alla salute fisica o mentale di una persona fisica, compresa la prestazione di servizi di assistenza sanitaria, che rivelano informazioni relative al suo stato di salute;

16) « stabilimento principale »:

a) per quanto riguarda un titolare del trattamento con stabilimenti in più di uno Stato membro, il luogo della sua amministrazione centrale nell'Unione, salvo che le decisioni sulle finalità e i mezzi del trattamento di dati personali siano adottate in un altro stabilimento del titolare del trattamento nell'Unione e che quest'ultimo stabilimento abbia facoltà di ordinare l'esecuzione di tali decisioni, nel qual caso lo stabilimento che ha adottato siffatte decisioni è considerato essere lo stabilimento principale;

b) con riferimento a un responsabile del trattamento con stabilimenti in più di uno Stato membro, il luogo in cui ha sede la sua amministrazione centrale nell'Unione o, se il responsabile del trattamento non ha un'amministrazione centrale nell'Unione, lo stabilimento del responsabile del trattamento nell'Unione in cui sono condotte le principali attività di trattamento nel contesto delle attività di uno stabilimento del responsabile del trattamento nella misura in cui tale responsabile è soggetto a obblighi specifici ai sensi del presente regolamento;

17) « rappresentante »: la persona fisica o giuridica stabilita nell'Unione che, designata dal titolare del trattamento o dal responsabile del trattamento per iscritto ai sensi dell'articolo 27, li rappresenta per quanto riguarda gli obblighi rispettivi a norma del presente regolamento;

18) « impresa »: la persona fisica o giuridica, indipendentemente dalla forma giuridica rivestita, che eserciti un'attività economica, comprendente le società di persone o le associazioni che esercitano regolarmente un'attività economica;

19) « gruppo imprenditoriale »: un gruppo costituito da un'impresa controllante e dalle imprese da questa controllate;

20) « norme vincolanti d'impresa »: le politiche in materia di protezione dei dati personali applicate da un titolare del trattamento o responsabile del trattamento stabilito nel territorio di uno Stato membro al trasferimento o al complesso di trasferimenti di dati personali a un titolare del trattamento o responsabile del trattamento in uno o più paesi terzi, nell'ambito di un gruppo imprenditoriale o di un gruppo di imprese che svolge un'attività economica comune;

21) « autorità di controllo »: l'autorità pubblica indipendente istituita da uno Stato membro ai sensi dell'articolo 51;

22) « autorità di controllo interessata »: un'autorità di controllo interessata dal trattamento di dati personali in quanto:

a) il titolare del trattamento o il responsabile del trattamento è stabilito sul territorio dello Stato membro di tale autorità di controllo;

b) gli interessati che risiedono nello Stato membro dell'autorità di controllo sono o sono probabilmente influenzati in modo sostanziale dal trattamento; oppure

c) un reclamo è stato proposto a tale autorità di controllo;

23) « trattamento transfrontaliero »:

a) trattamento di dati personali che ha luogo nell'ambito delle attività di stabilimenti in più di uno Stato membro di un titolare del trattamento o responsabile del trattamento nell'Unione ove il titolare del trattamento o il responsabile del trattamento siano stabiliti in più di uno Stato membro; oppure

b) trattamento di dati personali che ha luogo nell'ambito delle attività di un unico stabilimento di un titolare del trattamento o responsabile del trattamento nell'Unione, ma che incide o probabilmente incide in modo sostanziale su interessati in più di uno Stato membro;

24) « obiezione pertinente e motivata »: un'obiezione al progetto di decisione sul fatto che vi sia o meno una violazione del presente regolamento, oppure che l'azione prevista in relazione al titolare del trattamento o responsabile del trattamento sia conforme al presente regolamento, la quale obiezione dimostra chiaramente la rilevanza dei rischi posti dal progetto di decisione riguardo ai diritti e alle libertà fondamentali de-

gli interessati e, ove applicabile, alla libera circolazione dei dati personali all'interno dell'Unione;

25) « servizio della società dell'informazione »: il servizio definito all'articolo 1, paragrafo 1, lettera *b*), della direttiva (UE) 2015/1535 del Parlamento europeo e del Consiglio;

26) « organizzazione internazionale »: un'organizzazione e gli organismi di diritto internazionale pubblico a essa subordinati o qualsiasi altro organismo istituito da o sulla base di un accordo tra due o più Stati.

CAPO II
Principi

5 Principi applicabili al trattamento di dati personali.

1. I dati personali sono:

a) trattati in modo lecito, corretto e trasparente nei confronti dell'interessato (« liceità, correttezza e trasparenza »);

b) raccolti per finalità determinate, esplicite e legittime, e successivamente trattati in modo che non sia incompatibile con tali finalità; un ulteriore trattamento dei dati personali a fini di archiviazione nel pubblico interesse, di ricerca scientifica o storica o a fini statistici non è, conformemente all'articolo 89, paragrafo 1, considerato incompatibile con le finalità iniziali (« limitazione della finalità »);

c) adeguati, pertinenti e limitati a quanto necessario rispetto alle finalità per le quali sono trattati (« minimizzazione dei dati »);

d) esatti e, se necessario, aggiornati; devono essere adottate tutte le misure ragionevoli per cancellare o rettificare tempestivamente i dati inesatti rispetto alle finalità per le quali sono trattati (« esattezza »);

e) conservati in una forma che consenta l'identificazione degli interessati per un arco di tempo non superiore al conseguimento delle finalità per le quali sono trattati; i dati personali possono essere conservati per periodi più lunghi a condizione che siano trattati esclusivamente a fini di archiviazione nel pubblico interesse, di ricerca scientifica o storica o a fini statistici, conformemente all'articolo 89, paragrafo 1, fatta salva l'attuazione di misure tecniche e organizzative adeguate richieste dal presente regolamento a tutela dei diritti e delle libertà dell'interessato (« limitazione della conservazione »);

f) trattati in maniera da garantire un'adeguata sicurezza dei dati personali, compresa la protezione, mediante misure tecniche e organizzative adeguate, da trattamenti non autorizzati o illeciti e dalla perdita, dalla distruzione o dal danno accidentali (« integrità e riservatezza »).

2. Il titolare del trattamento è competente per il rispetto del paragrafo 1 e in grado di comprovarlo (« responsabilizzazione »).

(omissis)

6 Liceità del trattamento.

1. Il trattamento è lecito solo se e nella misura in cui ricorre almeno una delle seguenti condizioni:

a) l'interessato ha espresso il consenso al trattamento dei propri dati personali per una o più specifiche finalità;

b) il trattamento è necessario all'esecuzione di un contratto di cui l'interessato è parte o all'esecuzione di misure precontrattuali adottate su richiesta dello stesso;

c) il trattamento è necessario per adempiere un obbligo legale al quale è soggetto il titolare del trattamento;

d) il trattamento è necessario per la salvaguardia degli interessi vitali dell'interessato o di un'altra persona fisica;

e) il trattamento è necessario per l'esecuzione di un compito di interesse pubblico o connesso all'esercizio di pubblici poteri di cui è investito il titolare del trattamento;

f) il trattamento è necessario per il perseguimento del legittimo interesse del titolare del trattamento o di terzi, a condizione che non prevalgano gli interessi o i diritti e le libertà fondamentali dell'interessato che richiedono la protezione dei dati personali, in particolare se l'interessato è un minore.

La lettera *f*) del primo comma non si applica al trattamento di dati effettuato dalle autorità pubbliche nell'esecuzione dei loro compiti.

2. Gli Stati membri possono mantenere o introdurre disposizioni più specifiche per adeguare l'applicazione delle norme del presente regolamento con riguardo al trattamento, in conformità del paragrafo 1, lettere *c*) ed *e*), determinando con maggiore precisione requisiti specifici per il trattamento e altre misure atte a garantire un trattamento lecito e corretto anche per le altre specifiche situazioni di trattamento di cui al capo IX.

3. La base su cui si fonda il trattamento dei dati di cui al paragrafo 1, lettere *c*) ed *e*), deve essere stabilita:

a) dal diritto dell'Unione; o

b) dal diritto dello Stato membro cui è soggetto il titolare del trattamento.

La finalità del trattamento è determinata in tale base giuridica o, per quanto riguarda il trattamento di cui al paragrafo 1, lettera *e*), è necessaria per l'esecuzione di un compito svolto nel pubblico interesse o connesso all'esercizio di pubblici poteri di cui è investito il titolare del trattamento. Tale base giuridica potrebbe contenere disposizioni specifiche per adeguare l'applicazione delle norme del presente regolamento, tra cui: le condizioni generali relative alla liceità del trattamento da parte del titolare del trattamento; le tipologie di dati oggetto del trattamento; gli interessati; i soggetti cui possono essere comunicati i dati personali e le finalità per cui sono comunicati; le limitazioni della finalità, i periodi di conservazione e le operazioni e procedure di trattamento, comprese le misure atte a garantire un trattamento lecito e corretto, quali quelle per altre specifiche situazioni di trattamento di cui al capo IX. Il diritto dell'Unione o degli Stati membri persegue un obiettivo di interesse pubblico ed è proporzionato all'obiettivo legittimo perseguito.

4. Laddove il trattamento per una finalità diversa da quella per la quale i dati personali sono stati raccolti non sia basato sul consenso dell'interessato o su un atto legislativo dell'Unione o degli Stati membri che costituisca una misura necessaria e proporzionata in una società democratica per la salvaguardia degli obiettivi di cui all'articolo 23, paragrafo 1, al fine di verificare se il trattamento per un'altra finalità sia compatibile con la finalità per la quale i dati personali sono stati inizialmente raccolti, il titolare del trattamento tiene conto, tra l'altro:

a) di ogni nesso tra le finalità per cui i dati personali sono stati raccolti e le finalità dell'ulteriore trattamento previsto;

b) del contesto in cui i dati personali sono stati raccolti, in particolare relativamente alla relazione tra l'interessato e il titolare del trattamento;

c) della natura dei dati personali, specialmente se siano trattate categorie particolari di dati personali ai sensi dell'articolo 9, oppure se siano trattati dati relativi a condanne penali e a reati ai sensi dell'articolo 10;

d) delle possibili conseguenze dell'ulteriore trattamento previsto per gli interessati;

e) dell'esistenza di garanzie adeguate, che possono comprendere la cifratura o la pseudonimizzazione.

7 Condizioni per il consenso.

1. Qualora il trattamento sia basato sul consenso, il titolare del trattamento deve essere in grado di dimostrare che l'interessato ha prestato il proprio consenso al trattamento dei propri dati personali.

2. Se il consenso dell'interessato è prestato nel contesto di una dichiarazione scritta che riguarda anche altre questioni, la richiesta di consenso è presentata in modo chiaramente distinguibile dalle altre materie, in forma comprensibile e facilmente accessibile, utilizzando un linguaggio semplice e chiaro. Nessuna parte di una tale dichiarazione che costituisca una violazione del presente regolamento è vincolante.

3. L'interessato ha il diritto di revocare il proprio consenso in qualsiasi momento. La revoca del consenso non pregiudica la liceità del trattamento basata sul consenso prima della revoca. Prima di prestare il proprio consenso, l'interessato è informato di ciò. Il consenso è revocato con la stessa facilità con cui è accordato (1).

4. Nel valutare se il consenso sia stato liberamente prestato, si tiene nella massima considerazione l'eventualità, tra le altre, che l'esecuzione di un contratto, compresa la prestazione di un servizio, sia condizionata alla prestazione del consenso al trattamento di dati personali non necessario all'esecuzione di tale contratto.

(1) *Così corretto con avviso di Rettifica pubblicato in G.U.C.E. L 23 maggio 2018, n. 127.*

8 Condizioni applicabili al consenso dei minori in relazione ai servizi della società dell'informazione.

1. Qualora si applichi l'articolo 6, paragrafo 1, lettera *a*), per quanto riguarda l'offerta diretta di servizi della società dell'informazione ai minori, il trattamento di dati personali del minore è lecito ove il minore abbia almeno 16 anni. Ove il minore abbia un'età inferiore ai 16 anni, tale trattamento è lecito soltanto se e nella misura in cui tale consenso è prestato o autorizzato dal titolare della responsabilità genitoriale.

Gli Stati membri possono stabilire per legge un'età inferiore a tali fini purché non inferiore ai 13 anni.

2. Il titolare del trattamento si adopera in ogni modo ragionevole per verificare in tali casi che il consenso sia prestato o autorizzato dal titolare della responsabilità genitoriale sul minore, in considerazione delle tecnologie disponibili.

3. Il paragrafo 1 non pregiudica le disposizioni generali del diritto dei contratti degli Stati membri, quali le norme sulla validità, la formazione o l'efficacia di un contratto rispetto a un minore.

9 Trattamento di categorie particolari di dati personali.

1. È vietato trattare dati personali che rivelino l'origine razziale o etnica, le opinioni politiche, le convinzioni religiose o filosofiche, o l'appartenenza sindacale, nonché trattare dati genetici, dati biometrici intesi a identificare in modo univoco una persona fisica, dati relativi alla salute o alla vita sessuale o all'orientamento sessuale della persona.

2. Il paragrafo 1 non si applica se si verifica uno dei seguenti casi:

a) l'interessato ha prestato il proprio consenso esplicito al trattamento di tali dati personali per una o più finalità specifiche, salvo nei casi in cui il diritto dell'Unione o degli Stati membri dispone che l'interessato non possa revocare il divieto di cui al paragrafo 1;

b) il trattamento è necessario per assolvere gli obblighi ed esercitare i diritti specifici del titolare del trattamento o dell'interessato in materia di diritto del lavoro e della sicurezza sociale e protezione sociale, nella misura in cui sia autorizzato dal diritto dell'Unione o degli Stati membri o da un contratto collettivo ai sensi del diritto degli Stati membri, in presenza di garanzie appropriate per i diritti fondamentali e gli interessi dell'interessato;

c) il trattamento è necessario per tutelare un interesse vitale dell'interessato o di un'altra persona fisica qualora l'interessato si trovi nell'incapacità fisica o giuridica di prestare il proprio consenso;

d) il trattamento è effettuato, nell'ambito delle sue legittime attività e con adeguate garanzie, da una fondazione, associazione o altro organismo senza scopo di lucro che persegua finalità politiche, filosofiche, religiose o sindacali, a condizione che il trattamento riguardi unicamente i membri, gli ex membri o le persone che hanno regolari contatti con la fondazione, l'associazione o l'organismo a motivo delle sue finalità e che i dati personali non siano comunicati all'esterno senza il consenso dell'interessato;

e) il trattamento riguarda dati personali resi manifestamente pubblici dall'interessato;

f) il trattamento è necessario per accertare, esercitare o difendere un diritto in sede giudiziaria o ogniqualvolta le autorità giurisdizionali esercitino le loro funzioni giurisdizionali;

g) il trattamento è necessario per motivi di interesse pubblico rilevante sulla base del diritto dell'Unione o degli Stati membri, che deve essere proporzionato alla finalità perseguita, rispettare l'essenza del diritto alla protezione dei dati e prevedere misure appropriate e specifiche per tutelare i diritti fondamentali e gli interessi dell'interessato;

h) il trattamento è necessario per finalità di medicina preventiva o di medicina del lavoro, valutazione della capacità lavorativa del dipendente, diagnosi, assistenza o terapia sanitaria o sociale ovvero gestione dei sistemi e servizi sanitari o sociali sulla base del diritto dell'Unione o degli Stati membri o conformemente al contratto con un professionista della sanità, fatte salve le condizioni e le garanzie di cui al paragrafo 3;

i) il trattamento è necessario per motivi di interesse pubblico nel settore della sanità pubblica, quali la protezione da gravi minacce per la salute a carattere transfrontaliero o la garanzia di parametri elevati di qualità e sicurezza dell'assistenza sanitaria e dei medicinali e dei dispositivi medici, sulla base del diritto dell'Unione o degli Stati membri che prevede misure appropriate e specifiche per tutelare i diritti e le libertà dell'interessato, in particolare il segreto professionale;

j) il trattamento è necessario a fini di archiviazione nel pubblico interesse, di ricerca scientifica o storica o a fini statistici in conformità dell'articolo 89, paragrafo 1, sulla base del diritto dell'Unione o nazionale, che è proporzionato alla finalità perseguita, rispetta l'essenza del diritto alla protezione dei dati e prevede misure appropriate e specifiche per tutelare i diritti fondamentali e gli interessi dell'interessato.

3. I dati personali di cui al paragrafo 1 possono essere trattati per le finalità di cui al paragrafo 2, lettera *h*), se tali dati sono trattati da o sotto la responsabilità di un professionista soggetto al segreto professionale conformemente al diritto dell'Unione o degli Stati membri o alle norme stabilite dagli organismi nazionali competenti o da altra persona anch'essa soggetta all'obbligo di segretezza conformemente al diritto dell'Unione o degli Stati membri o alle norme stabilite dagli organismi nazionali competenti.

4. Gli Stati membri possono mantenere o introdurre ulteriori condizioni, comprese limitazioni, con riguardo al trattamento di dati genetici, dati biometrici o dati relativi alla salute.

10 Trattamento dei dati personali relativi a condanne penali e reati

Il trattamento dei dati personali relativi alle condanne penali e ai reati o a connesse misure di sicurezza sulla base dell'articolo 6, paragrafo 1, deve avvenire soltanto sotto il controllo dell'autorità pubblica o se il trattamento è autorizzato dal diritto dell'Unione o degli Stati membri che preveda garanzie appropriate per i diritti e le libertà degli interessati. Un eventuale registro completo delle condanne penali deve essere tenuto soltanto sotto il controllo dell'autorità pubblica.

11 Trattamento che non richiede l'identificazione

1. Se le finalità per cui un titolare del trattamento tratta i dati personali non richiedono o non richiedono più l'identificazione dell'interessato, il titolare del trattamento non è obbligato a conservare, acquisire o trattare ulteriori informazioni per identificare l'interessato al solo fine di rispettare il presente regolamento.

2. Qualora, nei casi di cui al paragrafo 1 del presente articolo, il titolare del trattamento possa dimostrare di non essere in grado di identificare l'interessato, ne informa l'interessato, se possibile. In tali casi, gli articoli da 15 a 20 non si applicano tranne quando l'interessato, al fine di esercitare i diritti di cui ai suddetti articoli, fornisce ulteriori informazioni che ne consentano l'identificazione.

CAPO III
Diritti dell'interessato

SEZIONE 1
Trasparenza e modalità

12 Informazioni, comunicazioni e modalità trasparenti per l'esercizio dei diritti dell'interessato.

1. Il titolare del trattamento adotta misure appropriate per fornire all'interessato tutte le informazioni di cui agli articoli 13 e 14 e le comunicazioni di cui agli articoli da 15 a 22 e all'articolo 34 relative al trattamento in forma concisa, trasparente, intelligibile e facilmente accessibile, con un linguaggio semplice e chiaro, in particolare nel caso di informazioni destinate specificamente ai minori. Le informazioni sono fornite per iscritto o con altri mezzi, anche, se del caso, con mezzi elettronici. Se richiesto dall'interessato, le informazioni possono essere fornite oralmente, purché sia comprovata con altri mezzi l'identità dell'interessato.

2. Il titolare del trattamento agevola l'esercizio dei diritti dell'interessato ai sensi degli articoli da 15 a 22. Nei casi di cui all'articolo 11, paragrafo 2, il titolare del trattamento non può rifiutare di soddisfare la richiesta dell'interessato al fine di esercitare i suoi diritti ai sensi degli articoli da 15 a 22, salvo che il titolare del trattamento dimostri che non è in grado di identificare l'interessato.

3. Il titolare del trattamento fornisce all'interessato le informazioni relative all'azione intrapresa riguardo a una richiesta ai sensi degli articoli da 15 a 22 senza ingiustificato ritardo e, comunque, al più tardi entro un mese dal ricevimento della richiesta stessa. Tale termine può essere prorogato di due mesi, se necessario, tenuto conto della complessità e del numero delle richieste. Il titolare del trattamento informa l'interessato di tale proroga, e dei motivi del ritardo, entro un mese dal ricevimento della richiesta. Se l'interessato presenta la richiesta mediante mezzi elettronici, le informazioni sono fornite, ove possibile, con mezzi elettronici, salvo diversa indicazione dell'interessato.

4. Se non ottempera alla richiesta dell'interessato, il titolare del trattamento informa l'interessato senza ritardo, e al più tardi entro un mese dal ricevimento della richiesta, dei motivi dell'inottemperanza e della possibilità di proporre reclamo a un'autorità di controllo e di proporre ricorso giurisdizionale.

5. Le informazioni fornite ai sensi degli articoli 13 e 14 ed eventuali comunicazioni e azioni intraprese ai sensi degli articoli da 15 a 22 e dell'articolo 34 sono gratuite. Se le richieste dell'interessato sono manifestamente infondate o eccessive, in particolare per il loro carattere ripetitivo, il titolare del trattamento può:

a) addebitare un contributo spese ragionevole tenendo conto dei costi amministrativi sostenuti per fornire le informazioni o la comunicazione o intraprendere l'azione richiesta; oppure

b) rifiutare di soddisfare la richiesta.

Incombe al titolare del trattamento l'onere di dimostrare il carattere manifestamente infondato o eccessivo della richiesta.

6. Fatto salvo l'articolo 11, qualora il titolare del trattamento nutra ragionevoli dubbi circa l'identità della persona fisica che presenta la richiesta di cui agli articoli da 15 a 21, può richiedere ulteriori informazioni necessarie per confermare l'identità dell'interessato.

7. Le informazioni da fornire agli interessati a norma degli articoli 13 e 14 possono essere fornite in combinazione con icone standardizzate per dare, in modo facilmente visibile, intelligibile e chiaramente leggibile, un quadro d'insieme del trattamento previsto. Se presentate elettronicamente, le icone sono leggibili da dispositivo automatico.

8. Alla Commissione è conferito il potere di adottare atti delegati conformemente all'articolo 92 al fine di stabilire le informazioni da presentare sotto forma di icona e le procedure per fornire icone standardizzate.

SEZIONE 2
Informazione e accesso ai dati personali

13 Informazioni da fornire qualora i dati personali siano raccolti presso l'interessato.

1. In caso di raccolta presso l'interessato di dati che lo riguardano, il titolare del trattamento fornisce all'interessato, nel momento in cui i dati personali sono ottenuti, le seguenti informazioni:

a) l'identità e i dati di contatto del titolare del trattamento e, ove applicabile, del suo rappresentante;

b) i dati di contatto del responsabile della protezione dei dati, ove applicabile;

c) le finalità del trattamento cui sono destinati i dati personali nonché la base giuridica del trattamento;

d) qualora il trattamento si basi sull'articolo 6, paragrafo 1, lettera *f*), i legittimi interessi perseguiti dal titolare del trattamento o da terzi;

e) gli eventuali destinatari o le eventuali categorie di destinatari dei dati personali;

f) ove applicabile, l'intenzione del titolare del trattamento di trasferire dati personali a un paese terzo o a un'organizzazione internazionale e l'esistenza o l'assenza di una decisione di adeguatezza della Commissione o, nel caso dei trasferimenti di cui all'articolo 46 o 47, o all'articolo 49, paragrafo 1, secondo comma, il riferimento alle garanzie appropriate o opportune e i mezzi per ottenere una copia di tali garanzie o il luogo dove sono state rese disponibili (1).

2. In aggiunta alle informazioni di cui al paragrafo 1, nel momento in cui i dati personali sono ottenuti, il titolare del trattamento fornisce all'interessato le seguenti ulteriori informazioni necessarie per garantire un trattamento corretto e trasparente:

a) il periodo di conservazione dei dati personali oppure, se non è possibile, i criteri utilizzati per determinare tale periodo;

b) l'esistenza del diritto dell'interessato di chiedere al titolare del trattamento l'accesso ai dati personali e la rettifica o la cancellazione degli stessi o la limitazione del trattamento dei dati personali che lo riguardano o di opporsi al loro trattamento, oltre al diritto alla portabilità dei dati (1);

c) qualora il trattamento sia basato sull'articolo 6, paragrafo 1, lettera *a*), oppure sull'articolo 9, paragrafo 2, lettera *a*), l'esistenza del diritto di revocare il consenso in qualsiasi momento senza pregiudicare la liceità del trattamento basata sul consenso prestato prima della revoca;

d) il diritto di proporre reclamo a un'autorità di controllo;

e) se la comunicazione di dati personali è un obbligo legale o contrattuale oppure un requisito necessario per la conclusione di un contratto, e se l'interessato ha l'obbligo di fornire i dati personali nonché le possibili conseguenze della mancata comunicazione di tali dati;

f) l'esistenza di un processo decisionale automatizzato, compresa la profilazione di cui all'articolo 22, paragrafi 1 e 4, e, almeno in tali casi, informazioni significative sulla logica utilizzata, nonché l'importanza e le conseguenze previste di tale trattamento per l'interessato.

3. Qualora il titolare del trattamento intenda trattare ulteriormente i dati personali per una finalità diversa da quella per cui essi sono stati raccolti, prima di tale ulteriore trattamento fornisce all'interessato informazioni in merito a tale diversa finalità e ogni ulteriore informazione pertinente di cui al paragrafo 2.

4. I paragrafi 1, 2 e 3 non si applicano se e nella misura in cui l'interessato dispone già delle informazioni.

(1) *Così corretto con avviso di Rettifica pubblicato in G.U.C.E. L 23 maggio 2018, n. 127.*

14 Informazioni da fornire qualora i dati personali non siano stati ottenuti presso l'interessato.

1. Qualora i dati non siano stati ottenuti presso l'interessato, il titolare del trattamento fornisce all'interessato le seguenti informazioni:

a) l'identità e i dati di contatto del titolare del trattamento e, ove applicabile, del suo rappresentante;

b) i dati di contatto del responsabile della protezione dei dati, ove applicabile;

c) le finalità del trattamento cui sono destinati i dati personali nonché la base giuridica del trattamento;

d) le categorie di dati personali in questione;

e) gli eventuali destinatari o le eventuali categorie di destinatari dei dati personali;

f) ove applicabile, l'intenzione del titolare del trattamento di trasferire dati personali a un destinatario in un paese terzo o a un'organizzazione internazionale e l'esistenza o l'assenza di una decisione di adeguatezza della Commissione o, nel caso dei trasferimenti di cui all'articolo 46 o 47, o all'articolo 49, paragrafo 1, secondo comma, il riferimento alle garanzie adeguate o opportune e i mezzi per ottenere una copia di tali garanzie o il luogo dove sono state rese disponibili (1).

2. Oltre alle informazioni di cui al paragrafo 1, il titolare del trattamento fornisce all'interessato le seguenti informazioni necessarie per garantire un trattamento corretto e trasparente nei confronti dell'interessato:

a) il periodo di conservazione dei dati personali oppure, se non è possibile, i criteri utilizzati per determinare tale periodo;

b) qualora il trattamento si basi sull'articolo 6, paragrafo 1, lettera *f*), i legittimi interessi perseguiti dal titolare del trattamento o da terzi;

c) l'esistenza del diritto dell'interessato di chiedere al titolare del trattamento l'accesso ai dati personali e la rettifica o la cancellazione degli stessi o la limitazione del trattamento dei dati personali che lo riguardano e di opporsi al loro trattamento, oltre al diritto alla portabilità dei dati;

d) qualora il trattamento sia basato sull'articolo 6, paragrafo 1, lettera *a*), oppure sull'articolo 9, paragrafo 2, lettera *a*), l'esistenza del diritto di revocare il consenso in qualsiasi momento senza pregiudicare la liceità del trattamento basata sul consenso prima della revoca;

e) il diritto di proporre reclamo a un'autorità di controllo;

f) la fonte da cui hanno origine i dati personali e, se del caso, l'eventualità che i dati provengano da fonti accessibili al pubblico;

g) l'esistenza di un processo decisionale automatizzato, compresa la profilazione di cui all'articolo 22, paragrafi 1 e 4, e, almeno in tali casi, informazioni significative sulla logica utilizzata, nonché l'importanza e le conseguenze previste di tale trattamento per l'interessato.

3. Il titolare del trattamento fornisce le informazioni di cui ai paragrafi 1 e 2:

a) entro un termine ragionevole dall'ottenimento dei dati personali, ma al più tardi entro un mese, in considerazione delle specifiche circostanze in cui i dati personali sono trattati;

b) nel caso in cui i dati personali siano destinati alla comunicazione con l'interessato, al più tardi al momento della prima comunicazione all'interessato; oppure

c) nel caso sia prevista la comunicazione ad altro destinatario, non oltre la prima comunicazione dei dati personali.

4. Qualora il titolare del trattamento intenda trattare ulteriormente i dati personali per una finalità diversa da quella per cui essi sono stati ottenuti, prima di tale ulteriore trattamento fornisce all'interessato informazioni in merito a tale diversa finalità e ogni informazione pertinente di cui al paragrafo 2.

5. I paragrafi da 1 a 4 non si applicano se e nella misura in cui:

a) l'interessato dispone già delle informazioni;

b) comunicare tali informazioni risulta impossibile o implicherebbe uno sforzo sproporzionato; in particolare per il trattamento a fini di archiviazione nel pubblico interesse, di ricerca scientifica o storica o a fini statistici, fatte salve le condizioni e le garanzie di cui all'articolo 89, paragrafo 1, o nella misura in cui l'obbligo di cui al paragrafo 1 del presente articolo rischi di rendere impossibile o di pregiudicare gravemente il conseguimento delle finalità di tale trattamento. In tali casi, il titolare del trattamento adotta misure appropriate per tutelare i diritti, le libertà e i legittimi interessi dell'interessato, anche rendendo pubbliche le informazioni;

c) l'ottenimento o la comunicazione sono espressamente previsti dal diritto dell'Unione o dello Stato membro cui è soggetto il titolare del trattamento e che prevede misure appropriate per tutelare gli interessi legittimi dell'interessato; oppure

d) qualora i dati personali debbano rimanere riservati conformemente a un obbligo di segreto professionale disciplinato dal diritto dell'Unione o degli Stati membri, compreso un obbligo di segretezza previsto per legge.

(1) *Così corretto con avviso di Rettifica pubblicato in G.U.C.E. L 23 maggio 2018, n. 127.*

15 Diritto di accesso dell'interessato.

1. L'interessato ha il diritto di ottenere dal titolare del trattamento la conferma che sia o meno in corso un trattamento di dati personali che lo riguardano e in tal caso, di ottenere l'accesso ai dati personali e alle seguenti informazioni:

a) le finalità del trattamento;

b) le categorie di dati personali in questione;

c) i destinatari o le categorie di destinatari a cui i dati personali sono stati o saranno comunicati, in particolare se destinatari di paesi terzi o organizzazioni internazionali;

d) quando possibile, il periodo di conservazione dei dati personali previsto oppure, se non è possibile, i criteri utilizzati per determinare tale periodo;

e) l'esistenza del diritto dell'interessato di chiedere al titolare del trattamento la rettifica o la cancellazione dei dati personali o la limitazione del trattamento dei dati personali che lo riguardano o di opporsi al loro trattamento;

f) il diritto di proporre reclamo a un'autorità di controllo;

g) qualora i dati non siano raccolti presso l'interessato, tutte le informazioni disponibili sulla loro origine;

h) l'esistenza di un processo decisionale automatizzato, compresa la profilazione di cui all'articolo 22, paragrafi 1 e 4, e, almeno in tali casi, informazioni significative sulla logica utilizzata, nonché l'importanza e le conseguenze previste di tale trattamento per l'interessato.

2. Qualora i dati personali siano trasferiti a un paese terzo o a un'organizzazione internazionale, l'interessato ha il diritto di essere informato dell'esistenza di garanzie adeguate ai sensi dell'articolo 46 relative al trasferimento.

3. Il titolare del trattamento fornisce una copia dei dati personali oggetto di trattamento. In caso di ulteriori copie richieste dall'interessato, il titolare del trattamento può addebitare un contributo spese ragionevole basato sui costi amministrativi. Se l'interessato presenta la richiesta mediante mezzi elettronici, e salvo indicazione diversa dell'interessato, le informazioni sono fornite in un formato elettronico di uso comune.

4. Il diritto di ottenere una copia di cui al paragrafo 3 non deve ledere i diritti e le libertà altrui.

SEZIONE 3
Rettifica e cancellazione

16 Diritto di rettifica.

L'interessato ha il diritto di ottenere dal titolare del trattamento la rettifica dei dati personali inesatti che lo riguardano senza ingiustificato ritardo. Tenuto conto delle finalità del trattamento, l'interessato ha il diritto di ottenere l'integrazione dei dati personali incompleti, anche fornendo una dichiarazione integrativa.

17 Diritto alla cancellazione (« diritto all'oblio »)

1. L'interessato ha il diritto di ottenere dal titolare del trattamento la cancellazione dei dati personali che lo riguardano senza ingiustificato ritardo e il titolare del trattamento ha l'obbligo di cancellare senza ingiustificato ritardo i dati personali, se sussiste uno dei motivi seguenti:

a) i dati personali non sono più necessari rispetto alle finalità per le quali sono stati raccolti o altrimenti trattati;

b) l'interessato revoca il consenso su cui si basa il trattamento conformemente all'articolo 6, paragrafo 1, lettera *a*), o all'articolo 9, paragrafo 2, lettera *a*), e se non sussiste altro fondamento giuridico per il trattamento;

c) l'interessato si oppone al trattamento ai sensi dell'articolo 21, paragrafo 1, e non sussiste alcun motivo legittimo prevalente per procedere al trattamento, oppure si oppone al trattamento ai sensi dell'articolo 21, paragrafo 2;

d) i dati personali sono stati trattati illecitamente;

e) i dati personali devono essere cancellati per adempiere un obbligo giuridico previsto dal diritto dell'Unione o dello Stato membro cui è soggetto il titolare del trattamento (1);

f) i dati personali sono stati raccolti relativamente all'offerta di servizi della società dell'informazione di cui all'articolo 8, paragrafo 1.

2. Il titolare del trattamento, se ha reso pubblici dati personali ed è obbligato, ai sensi del paragrafo 1, a cancellarli, tenendo conto della tecnologia disponibile e dei costi di attuazione adotta le misure ragionevoli, anche tecniche, per informare i titolari del trattamento che stanno trattando i dati personali della richiesta dell'interessato di cancellare qualsiasi link, copia o riproduzione dei suoi dati personali.

3. I paragrafi 1 e 2 non si applicano nella misura in cui il trattamento sia necessario:

a) per l'esercizio del diritto alla libertà di espressione e di informazione;

b) per l'adempimento di un obbligo giuridico che richieda il trattamento previsto dal diritto dell'Unione o dello Stato membro cui è soggetto il titolare del trattamento o per l'esecuzione di un compito svolto nel pubblico interesse oppure nell'esercizio di pubblici poteri di cui è investito il titolare del trattamento (2);

c) per motivi di interesse pubblico nel settore della sanità pubblica in conformità dell'articolo 9, paragrafo 2, lettere *h*) e *i*), e dell'articolo 9, paragrafo 3;

d) a fini di archiviazione nel pubblico interesse, di ricerca scientifica o storica o a fini statistici conformemente all'articolo 89, paragrafo 1, nella misura in cui il diritto di cui al paragrafo 1 rischi di rendere impossibile o di pregiudicare gravemente il conseguimento degli obiettivi di tale trattamento; o

e) per l'accertamento, l'esercizio o la difesa di un diritto in sede giudiziaria.

(1) *Così corretto con avviso di Rettifica pubblicato in G.U.C.E. L 23 maggio 2018, n. 127.*

(2) *Così corretto con avviso di Rettifica pubblicato in G.U.C.E. L 23 maggio 2018, n. 127.*

18 Diritto di limitazione di trattamento.

1. L'interessato ha il diritto di ottenere dal titolare del trattamento la limitazione del trattamento quando ricorre una delle seguenti ipotesi:

a) l'interessato contesta l'esattezza dei dati personali, per il periodo necessario al titolare del trattamento per verificare l'esattezza di tali dati personali;

b) il trattamento è illecito e l'interessato si oppone alla cancellazione dei dati personali e chiede invece che ne sia limitato l'utilizzo;

c) benché il titolare del trattamento non ne abbia più bisogno ai fini del trattamento, i dati personali sono necessari all'interessato per l'accertamento, l'esercizio o la difesa di un diritto in sede giudiziaria;

d) l'interessato si è opposto al trattamento ai sensi dell'articolo 21, paragrafo 1, in attesa della verifica in merito all'eventuale prevalenza dei motivi legittimi del titolare del trattamento rispetto a quelli dell'interessato.

2. Se il trattamento è limitato a norma del paragrafo 1, tali dati personali sono trattati, salvo che per la conservazione, soltanto con il consenso dell'interessato o per l'accertamento, l'esercizio o la difesa di un diritto in sede giudiziaria oppure per tutelare i diritti di un'altra persona fisica o giuridica o per motivi di interesse pubblico rilevante dell'Unione o di uno Stato membro.

3. L'interessato che ha ottenuto la limitazione del trattamento a norma del paragrafo 1 è informato dal

titolare del trattamento prima che detta limitazione sia revocata.

19 Obbligo di notifica in caso di rettifica o cancellazione dei dati personali o limitazione del trattamento.

Il titolare del trattamento comunica a ciascuno dei destinatari cui sono stati trasmessi i dati personali le eventuali rettifiche o cancellazioni o limitazioni del trattamento effettuate a norma dell'articolo 16, dell'articolo 17, paragrafo 1, e dell'articolo 18, salvo che ciò si riveli impossibile o implichi uno sforzo sproporzionato. Il titolare del trattamento comunica all'interessato tali destinatari qualora l'interessato lo richieda.

20 Diritto alla portabilità dei dati.

1. L'interessato ha il diritto di ricevere in un formato strutturato, di uso comune e leggibile da dispositivo automatico i dati personali che lo riguardano forniti a un titolare del trattamento e ha il diritto di trasmettere tali dati a un altro titolare del trattamento senza impedimenti da parte del titolare del trattamento cui li ha forniti qualora:

a) il trattamento si basi sul consenso ai sensi dell'articolo 6, paragrafo 1, lettera *a*), o dell'articolo 9, paragrafo 2, lettera *a*), o su un contratto ai sensi dell'articolo 6, paragrafo 1, lettera *b*); e

b) il trattamento sia effettuato con mezzi automatizzati.

2. Nell'esercitare i propri diritti relativamente alla portabilità dei dati a norma del paragrafo 1, l'interessato ha il diritto di ottenere la trasmissione diretta dei dati personali da un titolare del trattamento all'altro, se tecnicamente fattibile.

3. L'esercizio del diritto di cui al paragrafo 1 del presente articolo lascia impregiudicato l'articolo 17. Tale diritto non si applica al trattamento necessario per l'esecuzione di un compito di interesse pubblico o connesso all'esercizio di pubblici poteri di cui è investito il titolare del trattamento.

4. Il diritto di cui al paragrafo 1 non deve ledere i diritti e le libertà altrui.

SEZIONE 4
Diritto di opposizione e processo decisionale automatizzato relativo alle persone f isiche

21 Diritto di opposizione

1. L'interessato ha il diritto di opporsi in qualsiasi momento, per motivi connessi alla sua situazione particolare, al trattamento dei dati personali che lo riguardano ai sensi dell'articolo 6, paragrafo 1, lettere *e*) o *f*), compresa la profilazione sulla base di tali disposizioni. Il titolare del trattamento si astiene dal trattare ulteriormente i dati personali salvo che egli dimostri l'esistenza di motivi legittimi cogenti per procedere al trattamento che prevalgono sugli interessi, sui diritti e sulle libertà dell'interessato oppure per l'accertamento, l'esercizio o la difesa di un diritto in sede giudiziaria.

2. Qualora i dati personali siano trattati per finalità di marketing diretto, l'interessato ha il diritto di opporsi in qualsiasi momento al trattamento dei dati personali che lo riguardano effettuato per tali finalità, compresa la profilazione nella misura in cui sia connessa a tale marketing diretto.

3. Qualora l'interessato si opponga al trattamento per finalità di marketing diretto, i dati personali non sono più oggetto di trattamento per tali finalità.

4. Il diritto di cui ai paragrafi 1 e 2 è esplicitamente portato all'attenzione dell'interessato ed è presentato chiaramente e separatamente da qualsiasi altra informazione al più tardi al momento della prima comunicazione con l'interessato.

5. Nel contesto dell'utilizzo di servizi della società dell'informazione e fatta salva la direttiva 2002/58/CE, l'interessato può esercitare il proprio diritto di opposizione con mezzi automatizzati che utilizzano specifiche tecniche(2).

6. 6. Qualora i dati personali siano trattati a fini di ricerca scientifica o storica o a fini statistici a norma dell'articolo 89, paragrafo 1, l'interessato, per motivi connessi alla sua situazione particolare, ha il diritto di opporsi al trattamento di dati personali che lo riguardano, salvo se il trattamento è necessario per l'esecuzione di un compito di interesse pubblico (1).

(1) *Così corretto con avviso di Rettifica pubblicato in G.U.C.E. L 23 maggio 2018, n. 127.*

(2) *V. anche L. 11 gennaio 2018, n. 5 (Nuove disposizioni in materia di iscrizione e funzionamento del registro delle opposizioni e istituzione di prefissi nazionali per le chiamate telefoniche a scopo statistico, promozionale e di ricerche di mercato) in G.U. n. 28 del 3 febbraio 2018.*

22 Processo decisionale automatizzato relativo alle persone fisiche, compresa la profilazione.

1. L'interessato ha il diritto di non essere sottoposto a una decisione basata unicamente sul trattamento automatizzato, compresa la profilazione, che produca effetti giuridici che lo riguardano o che incida in modo analogo significativamente sulla sua persona.

2. Il paragrafo 1 non si applica nel caso in cui la decisione:

a) sia necessaria per la conclusione o l'esecuzione di un contratto tra l'interessato e un titolare del trattamento;

b) sia autorizzata dal diritto dell'Unione o dello Stato membro cui è soggetto il titolare del trattamento, che precisa altresì misure adeguate a tutela dei diritti, delle libertà e dei legittimi interessi dell'interessato;

c) si basi sul consenso esplicito dell'interessato.

3. Nei casi di cui al paragrafo 2, lettere *a*) e *c*), il titolare del trattamento attua misure appropriate per tutelare i diritti, le libertà e i legittimi interessi dell'interessato, almeno il diritto di ottenere l'intervento umano da parte del titolare del trattamento, di esprimere la propria opinione e di contestare la decisione.

4. Le decisioni di cui al paragrafo 2 non si basano sulle categorie particolari di dati personali di cui all'articolo 9, paragrafo 1, a meno che non sia d'applicazione l'articolo 9, paragrafo 2, lettere *a*) o *g*), e non

siano in vigore misure adeguate a tutela dei diritti, delle libertà e dei legittimi interessi dell'interessato.

SEZIONE 5
Limitazioni

23 Limitazioni.

1. Il diritto dell'Unione o dello Stato membro cui è soggetto il titolare del trattamento o il responsabile del trattamento può limitare, mediante misure legislative, la portata degli obblighi e dei diritti di cui agli articoli da 12 a 22 e 34, nonché all'articolo 5, nella misura in cui le disposizioni ivi contenute corrispondano ai diritti e agli obblighi di cui agli articoli da 12 a 22, qualora tale limitazione rispetti l'essenza dei diritti e delle libertà fondamentali e sia una misura necessaria e proporzionata in una società democratica per salvaguardare:

a) la sicurezza nazionale;

b) la difesa;

c) la sicurezza pubblica;

d) la prevenzione, l'indagine, l'accertamento e il perseguimento di reati o l'esecuzione di sanzioni penali, incluse la salvaguardia contro e la prevenzione di minacce alla sicurezza pubblica;

e) altri importanti obiettivi di interesse pubblico generale dell'Unione o di uno Stato membro, in particolare un rilevante interesse economico o finanziario dell'Unione o di uno Stato membro, anche in materia monetaria, di bilancio e tributaria, di sanità pubblica e sicurezza sociale;

f) la salvaguardia dell'indipendenza della magistratura e dei procedimenti giudiziari;

g) le attività volte a prevenire, indagare, accertare e perseguire violazioni della deontologia delle professioni regolamentate;

h) una funzione di controllo, d'ispezione o di regolamentazione connessa, anche occasionalmente, all'esercizio di pubblici poteri nei casi di cui alle lettere da *a*), a *e*) e *g*);

i) la tutela dell'interessato o dei diritti e delle libertà altrui;

j) l'esecuzione delle azioni civili.

2. In particolare qualsiasi misura legislativa di cui al paragrafo 1 contiene disposizioni specifiche riguardanti almeno, se del caso:

a) le finalità del trattamento o le categorie di trattamento;

b) le categorie di dati personali;

c) la portata delle limitazioni introdotte;

d) le garanzie per prevenire abusi o l'accesso o il trasferimento illeciti;

e) l'indicazione precisa del titolare del trattamento o delle categorie di titolari;

f) i periodi di conservazione e le garanzie applicabili tenuto conto della natura, dell'ambito di applicazione e delle finalità del trattamento o delle categorie di trattamento;

g) i rischi per i diritti e le libertà degli interessati; e

h) il diritto degli interessati di essere informati della limitazione, a meno che ciò possa compromettere la finalità della stessa.

CAPO IV
Titolare del trattamento e responsabile del trattamento

SEZIONE 1
Obblighi generali

24 Responsabilità del titolare del trattamento.

1. Tenuto conto della natura, dell'ambito di applicazione, del contesto e delle finalità del trattamento, nonché dei rischi aventi probabilità e gravità diverse per i diritti e le libertà delle persone fisiche, il titolare del trattamento mette in atto misure tecniche e organizzative adeguate per garantire, ed essere in grado di dimostrare, che il trattamento è effettuato conformemente al presente regolamento. Dette misure sono riesaminate e aggiornate qualora necessario.

2. Se ciò è proporzionato rispetto alle attività di trattamento, le misure di cui al paragrafo 1 includono l'attuazione di politiche adeguate in materia di protezione dei dati da parte del titolare del trattamento.

3. L'adesione ai codici di condotta di cui all'articolo 40 o a un meccanismo di certificazione di cui all'articolo 42 può essere utilizzata come elemento per dimostrare il rispetto degli obblighi del titolare del trattamento.

25 Protezione dei dati fin dalla progettazione e protezione dei dati per impostazione predefinita (1)

1. Tenendo conto dello stato dell'arte e dei costi di attuazione, nonché della natura, dell'ambito di applicazione, del contesto e delle finalità del trattamento, come anche dei rischi aventi probabilità e gravità diverse per i diritti e le libertà delle persone fisiche costituiti dal trattamento, sia al momento di determinare i mezzi del trattamento sia all'atto del trattamento stesso il titolare del trattamento mette in atto misure tecniche e organizzative adeguate, quali la pseudonimizzazione, volte ad attuare in modo efficace i principi di protezione dei dati, quali la minimizzazione, e a integrare nel trattamento le necessarie garanzie al fine di soddisfare i requisiti del presente regolamento e tutelare i diritti degli interessati.

2. Il titolare del trattamento mette in atto misure tecniche e organizzative adeguate per garantire che siano trattati, per impostazione predefinita, solo i dati personali necessari per ogni specifica finalità del trattamento. Tale obbligo vale per la quantità dei dati personali raccolti, la portata del trattamento, il periodo di conservazione e l'accessibilità. In particolare, dette misure garantiscono che, per impostazione predefinita, non siano resi accessibili dati personali a un numero indefinito di persone fisiche senza l'intervento della persona fisica.

3. Un meccanismo di certificazione approvato ai sensi dell'articolo 42 può essere utilizzato come ele-

mento per dimostrare la conformità ai requisiti di cui ai paragrafi 1 e 2 del presente articolo.

(1) *Così corretto con avviso di Rettifica pubblicato in G.U.C.E. L 23 maggio 2018, n. 127.*

26 Contitolari del trattamento

1. Allorché due o più titolari del trattamento determinano congiuntamente le finalità e i mezzi del trattamento, essi sono contitolari del trattamento. Essi determinano in modo trasparente, mediante un accordo interno, le rispettive responsabilità in merito all'osservanza degli obblighi derivanti dal presente regolamento, con particolare riguardo all'esercizio dei diritti dell'interessato, e le rispettive funzioni di comunicazione delle informazioni di cui agli articoli 13 e 14, a meno che e nella misura in cui le rispettive responsabilità siano determinate dal diritto dell'Unione o dello Stato membro cui i titolari del trattamento sono soggetti. Tale accordo può designare un punto di contatto per gli interessati.

2. L'accordo di cui al paragrafo 1 riflette adeguatamente i rispettivi ruoli e i rapporti dei contitolari con gli interessati. Il contenuto essenziale dell'accordo è messo a disposizione dell'interessato.

3. Indipendentemente dalle disposizioni dell'accordo di cui al paragrafo 1, l'interessato può esercitare i propri diritti ai sensi del presente regolamento nei confronti di e contro ciascun titolare del trattamento.

27 Rappresentanti di titolari del trattamento o dei responsabili del trattamento non stabiliti nell'Unione.

1. Ove si applichi l'articolo 3, paragrafo 2, il titolare del trattamento o il responsabile del trattamento designa per iscritto un rappresentante nell'Unione.

2. L'obbligo di cui al paragrafo 1 del presente articolo non si applica:

a) al trattamento se quest'ultimo è occasionale, non include il trattamento, su larga scala, di categorie particolari di dati di cui all'articolo 9, paragrafo 1, o di dati personali relativi a condanne penali e a reati di cui all'articolo 10, ed è improbabile che presenti un rischio per i diritti e le libertà delle persone fisiche, tenuto conto della natura, del contesto, dell'ambito di applicazione e delle finalità del trattamento; oppure

b) alle autorità pubbliche o agli organismi pubblici.

3. Il rappresentante è stabilito in uno degli Stati membri in cui si trovano gli interessati e i cui dati personali sono trattati nell'ambito dell'offerta di beni o servizi o il cui comportamento è monitorato.

4. Ai fini della conformità con il presente regolamento, il rappresentante è incaricato dal titolare del trattamento o dal responsabile del trattamento a fungere da interlocutore, in aggiunta o in sostituzione del titolare del trattamento o del responsabile del trattamento, in particolare delle autorità di controllo e degli interessati, per tutte le questioni riguardanti il trattamento.

5. La designazione di un rappresentante a cura del titolare del trattamento o del responsabile del trattamento fa salve le azioni legali che potrebbero essere promosse contro lo stesso titolare del trattamento o responsabile del trattamento.

28 Responsabile del trattamento.

1. Qualora un trattamento debba essere effettuato per conto del titolare del trattamento, quest'ultimo ricorre unicamente a responsabili del trattamento che presentino garanzie sufficienti per mettere in atto misure tecniche e organizzative adeguate in modo tale che il trattamento soddisfi i requisiti del presente regolamento e garantisca la tutela dei diritti dell'interessato.

2. Il responsabile del trattamento non ricorre a un altro responsabile senza previa autorizzazione scritta, specifica o generale, del titolare del trattamento. Nel caso di autorizzazione scritta generale, il responsabile del trattamento informa il titolare del trattamento di eventuali modifiche previste riguardanti l'aggiunta o la sostituzione di altri responsabili del trattamento, dando così al titolare del trattamento l'opportunità di opporsi a tali modifiche.

3. I trattamenti da parte di un responsabile del trattamento sono disciplinati da un contratto o da altro atto giuridico a norma del diritto dell'Unione o degli Stati membri, che vincoli il responsabile del trattamento al titolare del trattamento e che stipuli la materia disciplinata e la durata del trattamento, la natura e la finalità del trattamento, il tipo di dati personali e le categorie di interessati, gli obblighi e i diritti del titolare del trattamento. Il contratto o altro atto giuridico prevede, in particolare, che il responsabile del trattamento:

a) tratti i dati personali soltanto su istruzione documentata del titolare del trattamento, anche in caso di trasferimento di dati personali verso un paese terzo o un'organizzazione internazionale, salvo che lo richieda il diritto dell'Unione o nazionale cui è soggetto il responsabile del trattamento; in tal caso, il responsabile del trattamento informa il titolare del trattamento circa tale obbligo giuridico prima del trattamento, a meno che il diritto vieti tale informazione per rilevanti motivi di interesse pubblico;

b) garantisca che le persone autorizzate al trattamento dei dati personali si siano impegnate alla riservatezza o abbiano un adeguato obbligo legale di riservatezza;

c) adotti tutte le misure richieste ai sensi dell'articolo 32;

d) rispetti le condizioni di cui ai paragrafi 2 e 4 per ricorrere a un altro responsabile del trattamento;

e) tenendo conto della natura del trattamento, assista il titolare del trattamento con misure tecniche e organizzative adeguate, nella misura in cui ciò sia possibile, al fine di soddisfare l'obbligo del titolare del trattamento di dare seguito alle richieste per l'esercizio dei diritti dell'interessato di cui al capo III;

f) assista il titolare del trattamento nel garantire il rispetto degli obblighi di cui agli articoli da 32 a 36, tenendo conto della natura del trattamento e delle informazioni a disposizione del responsabile del trattamento;

g) su scelta del titolare del trattamento, cancelli o gli restituisca tutti i dati personali dopo che è terminata la prestazione dei servizi relativi al trattamento e cancelli le copie esistenti, salvo che il diritto dell'Unione o degli Stati membri preveda la conservazione dei dati; e

h) metta a disposizione del titolare del trattamento tutte le informazioni necessarie per dimostrare il rispetto degli obblighi di cui al presente articolo e consenta e contribuisca alle attività di revisione, comprese le ispezioni, realizzati dal titolare del trattamento o da un altro soggetto da questi incaricato.

Con riguardo alla lettera *h*) del primo comma, il responsabile del trattamento informa immediatamente il titolare del trattamento qualora, a suo parere, un'istruzione violi il presente regolamento o altre disposizioni, nazionali o dell'Unione, relative alla protezione dei dati.

4. Quando un responsabile del trattamento ricorre a un altro responsabile del trattamento per l'esecuzione di specifiche attività di trattamento per conto del titolare del trattamento, su tale altro responsabile del trattamento sono imposti, mediante un contratto o un altro atto giuridico a norma del diritto dell'Unione o degli Stati membri, gli stessi obblighi in materia di protezione dei dati contenuti nel contratto o in altro atto giuridico tra il titolare del trattamento e il responsabile del trattamento di cui al paragrafo 3, prevedendo in particolare garanzie sufficienti per mettere in atto misure tecniche e organizzative adeguate in modo tale che il trattamento soddisfi i requisiti del presente regolamento. Qualora l'altro responsabile del trattamento ometta di adempiere ai propri obblighi in materia di protezione dei dati, il responsabile iniziale conserva nei confronti del titolare del trattamento l'intera responsabilità dell'adempimento degli obblighi dell'altro responsabile.

5. L'adesione da parte del responsabile del trattamento a un codice di condotta approvato di cui all'articolo 40 o a un meccanismo di certificazione approvato di cui all'articolo 42 può essere utilizzata come elemento per dimostrare le garanzie sufficienti di cui ai paragrafi 1 e 4 del presente articolo.

6. Fatto salvo un contratto individuale tra il titolare del trattamento e il responsabile del trattamento, il contratto o altro atto giuridico di cui ai paragrafi 3 e 4 del presente articolo può basarsi, in tutto o in parte, su clausole contrattuali tipo di cui ai paragrafi 7 e 8 del presente articolo, anche laddove siano parte di una certificazione concessa al titolare del trattamento o al responsabile del trattamento ai sensi degli articoli 42 e 43.

7. La Commissione può stabilire clausole contrattuali tipo per le materie di cui ai paragrafi 3 e 4 del presente articolo e secondo la procedura d'esame di cui all'articolo 93, paragrafo 2.

8. Un'autorità di controllo può adottare clausole contrattuali tipo per le materie di cui ai paragrafi 3 e 4 del presente articolo in conformità del meccanismo di coerenza di cui all'articolo 63.

9. Il contratto o altro atto giuridico di cui ai paragrafi 3 e 4 è stipulato in forma scritta, anche in formato elettronico.

10. Fatti salvi gli articoli 82, 83 e 84, se un responsabile del trattamento viola il presente regolamento, determinando le finalità e i mezzi del trattamento, è considerato un titolare del trattamento in questione.

29 Trattamento sotto l'autorità del titolare del trattamento o del responsabile del trattamento.

Il responsabile del trattamento, o chiunque agisca sotto la sua autorità o sotto quella del titolare del trattamento, che abbia accesso a dati personali non può trattare tali dati se non è istruito in tal senso dal titolare del trattamento, salvo che lo richieda il diritto dell'Unione o degli Stati membri.

30 Registri delle attività di trattamento.

1. Ogni titolare del trattamento e, ove applicabile, il suo rappresentante tengono un registro delle attività di trattamento svolte sotto la propria responsabilità. Tale registro contiene tutte le seguenti informazioni:

a) il nome e i dati di contatto del titolare del trattamento e, ove applicabile, del contitolare del trattamento, del rappresentante del titolare del trattamento e del responsabile della protezione dei dati;

b) le finalità del trattamento;

c) una descrizione delle categorie di interessati e delle categorie di dati personali;

d) le categorie di destinatari a cui i dati personali sono stati o saranno comunicati, compresi i destinatari di paesi terzi od organizzazioni internazionali;

e) ove applicabile, i trasferimenti di dati personali verso un paese terzo o un'organizzazione internazionale, compresa l'identificazione del paese terzo o dell'organizzazione internazionale e, per i trasferimenti di cui al secondo comma dell'articolo 49, la documentazione delle garanzie adeguate;

f) ove possibile, i termini ultimi previsti per la cancellazione delle diverse categorie di dati;

g) ove possibile, una descrizione generale delle misure di sicurezza tecniche e organizzative di cui all'articolo 32, paragrafo 1.

2. Ogni responsabile del trattamento e, ove applicabile, il suo rappresentante tengono un registro di tutte le categorie di attività relative al trattamento svolte per conto di un titolare del trattamento, contenente:

a) il nome e i dati di contatto del responsabile o dei responsabili del trattamento, di ogni titolare del trattamento per conto del quale agisce il responsabile del trattamento, del rappresentante del titolare del trattamento o del responsabile del trattamento e, ove applicabile, del responsabile della protezione dei dati;

b) le categorie dei trattamenti effettuati per conto di ogni titolare del trattamento;

c) ove applicabile, i trasferimenti di dati personali verso un paese terzo o un'organizzazione internazionale, compresa l'identificazione del paese terzo o dell'organizzazione internazionale e, per i trasferimenti di cui al secondo comma dell'articolo 49, la documentazione delle garanzie adeguate;

d) ove possibile, una descrizione generale delle misure di sicurezza tecniche e organizzative di cui all'articolo 32, paragrafo 1.

3. I registri di cui ai paragrafi 1 e 2 sono tenuti in forma scritta, anche in formato elettronico.

4. Su richiesta, il titolare del trattamento o il responsabile del trattamento e, ove applicabile, il rappresentante del titolare del trattamento o del responsabile del trattamento mettono il registro a disposizione dell'autorità di controllo.

5. Gli obblighi di cui ai paragrafi 1 e 2 non si applicano alle imprese o organizzazioni con meno di 250 dipendenti, a meno che il trattamento che esse effettuano possa presentare un rischio per i diritti e le libertà dell'interessato, il trattamento non sia occasionale o includa il trattamento di categorie particolari di dati di cui all'articolo 9, paragrafo 1, o i dati personali relativi a condanne penali e a reati di cui all'articolo 10.

31 Cooperazione con l'autorità di controllo.

Il titolare del trattamento, il responsabile del trattamento e, ove applicabile, il loro rappresentante cooperano, su richiesta, con l'autorità di controllo nell'esecuzione dei suoi compiti.

SEZIONE 2
Sicurezza dei dati personali

32 Sicurezza del trattamento

1. Tenendo conto dello stato dell'arte e dei costi di attuazione, nonché della natura, dell'oggetto, del contesto e delle finalità del trattamento, come anche del rischio di varia probabilità e gravità per i diritti e le libertà delle persone fisiche, il titolare del trattamento e il responsabile del trattamento mettono in atto misure tecniche e organizzative adeguate per garantire un livello di sicurezza adeguato al rischio, che comprendono, tra le altre, se del caso:

a) la pseudonimizzazione e la cifratura dei dati personali;

b) la capacità di assicurare su base permanente la riservatezza, l'integrità, la disponibilità e la resilienza dei sistemi e dei servizi di trattamento;

c) la capacità di ripristinare tempestivamente la disponibilità e l'accesso dei dati personali in caso di incidente fisico o tecnico;

d) una procedura per testare, verificare e valutare regolarmente l'efficacia delle misure tecniche e organizzative al fine di garantire la sicurezza del trattamento.

2. Nel valutare l'adeguato livello di sicurezza, si tiene conto in special modo dei rischi presentati dal trattamento che derivano in particolare dalla distruzione, dalla perdita, dalla modifica, dalla divulgazione non autorizzata o dall'accesso, in modo accidentale o illegale, a dati personali trasmessi, conservati o comunque trattati.

3. L'adesione a un codice di condotta approvato di cui all'articolo 40 o a un meccanismo di certificazione approvato di cui all'articolo 42 può essere utilizzata come elemento per dimostrare la conformità ai requisiti di cui al paragrafo 1 del presente articolo.

4. Il titolare del trattamento e il responsabile del trattamento fanno sì che chiunque agisca sotto la loro autorità e abbia accesso a dati personali non tratti tali dati se non è istruito in tal senso dal titolare del trattamento, salvo che lo richieda il diritto dell'Unione o degli Stati membri.

33 Notifica di una violazione dei dati personali all'autorità di controllo.

1. In caso di violazione dei dati personali, il titolare del trattamento notifica la violazione all'autorità di controllo competente a norma dell'articolo 55 senza ingiustificato ritardo e, ove possibile, entro 72 ore dal momento in cui ne è venuto a conoscenza, a meno che sia improbabile che la violazione dei dati personali presenti un rischio per i diritti e le libertà delle persone fisiche. Qualora la notifica all'autorità di controllo non sia effettuata entro 72 ore, è corredata dei motivi del ritardo.

2. Il responsabile del trattamento informa il titolare del trattamento senza ingiustificato ritardo dopo essere venuto a conoscenza della violazione.

3. La notifica di cui al paragrafo 1 deve almeno:

a) descrivere la natura della violazione dei dati personali compresi, ove possibile, le categorie e il numero approssimativo di interessati in questione nonché le categorie e il numero approssimativo di registrazioni dei dati personali in questione;

b) comunicare il nome e i dati di contatto del responsabile della protezione dei dati o di altro punto di contatto presso cui ottenere più informazioni;

c) descrivere le probabili conseguenze della violazione dei dati personali;

d) descrivere le misure adottate o di cui si propone l'adozione da parte del titolare del trattamento per porre rimedio alla violazione dei dati personali e anche, se del caso, per attenuarne i possibili effetti negativi.

4. Qualora e nella misura in cui non sia possibile fornire le informazioni contestualmente, le informazioni possono essere fornite in fasi successive senza ulteriore ingiustificato ritardo.

5. Il titolare del trattamento documenta qualsiasi violazione dei dati personali, comprese le circostanze a essa relative, le sue conseguenze e i provvedimenti adottati per porvi rimedio. Tale documentazione consente all'autorità di controllo di verificare il rispetto del presente articolo.

34 Comunicazione di una violazione dei dati personali all'interessato.

1. Quando la violazione dei dati personali è suscettibile di presentare un rischio elevato per i diritti e le libertà delle persone fisiche, il titolare del trattamento comunica la violazione all'interessato senza ingiustificato ritardo.

2. La comunicazione all'interessato di cui al paragrafo 1 del presente articolo descrive con un linguaggio semplice e chiaro la natura della violazione dei dati personali e contiene almeno le informazioni e le misure di cui all'articolo 33, paragrafo 3, lettere *b*), *c*) e *d*).

3. Non è richiesta la comunicazione all'interessato di cui al paragrafo 1 se è soddisfatta una delle seguenti condizioni:

a) il titolare del trattamento ha messo in atto le misure tecniche e organizzative adeguate di protezione e tali misure erano state applicate ai dati personali oggetto della violazione, in particolare quelle destinate a rendere i dati personali incomprensibili a chiunque non sia autorizzato ad accedervi, quali la cifratura;

b) il titolare del trattamento ha successivamente adottato misure atte a scongiurare il sopraggiungere di un rischio elevato per i diritti e le libertà degli interessati di cui al paragrafo 1;

c) detta comunicazione richiederebbe sforzi sproporzionati. In tal caso, si procede invece a una comunicazione pubblica o a una misura simile, tramite la quale gli interessati sono informati con analoga efficacia.

4. Nel caso in cui il titolare del trattamento non abbia ancora comunicato all'interessato la violazione dei dati personali, l'autorità di controllo può richiedere, dopo aver valutato la probabilità che la violazione dei dati personali presenti un rischio elevato, che vi provveda o può decidere che una delle condizioni di cui al paragrafo 3 è soddisfatta.

SEZIONE 3
Valutazione d'impatto sulla protezione dei dati e consultazione preventiva

35 Valutazione d'impatto sulla protezione dei dati.

1. Quando un tipo di trattamento, allorché prevede in particolare l'uso di nuove tecnologie, considerati la natura, l'oggetto, il contesto e le finalità del trattamento, può presentare un rischio elevato per i diritti e le libertà delle persone fisiche, il titolare del trattamento effettua, prima di procedere al trattamento, una valutazione dell'impatto dei trattamenti previsti sulla protezione dei dati personali. Una singola valutazione può esaminare un insieme di trattamenti simili che presentano rischi elevati analoghi.

2. Il titolare del trattamento, allorquando svolge una valutazione d'impatto sulla protezione dei dati, si consulta con il responsabile della protezione dei dati, qualora ne sia designato uno.

3. La valutazione d'impatto sulla protezione dei dati di cui al paragrafo 1 è richiesta in particolare nei casi seguenti:

a) una valutazione sistematica e globale di aspetti personali relativi a persone fisiche, basata su un trattamento automatizzato, compresa la profilazione, e sulla quale si fondano decisioni che hanno effetti giuridici o incidono in modo analogo significativamente su dette persone fisiche;

b) il trattamento, su larga scala, di categorie particolari di dati personali di cui all'articolo 9, paragrafo 1, o di dati relativi a condanne penali e a reati di cui all'articolo 10; o

c) la sorveglianza sistematica su larga scala di una zona accessibile al pubblico.

4. L'autorità di controllo redige e rende pubblico un elenco delle tipologie di trattamenti soggetti al requisito di una valutazione d'impatto sulla protezione dei dati ai sensi del paragrafo 1. L'autorità di controllo comunica tali elenchi al comitato di cui all'articolo 68.

5. L'autorità di controllo può inoltre redigere e rendere pubblico un elenco delle tipologie di trattamenti per le quali non è richiesta una valutazione d'impatto sulla protezione dei dati. L'autorità di controllo comunica tali elenchi al comitato.

6. Prima di adottare gli elenchi di cui ai paragrafi 4 e 5, l'autorità di controllo competente applica il meccanismo di coerenza di cui all'articolo 63 se tali elenchi comprendono attività di trattamento finalizzate all'offerta di beni o servizi a interessati o al monitoraggio del loro comportamento in più Stati membri, o attività di trattamento che possono incidere significativamente sulla libera circolazione dei dati personali all'interno dell'Unione.

7. La valutazione contiene almeno:

a) una descrizione sistematica dei trattamenti previsti e delle finalità del trattamento, compreso, ove applicabile, l'interesse legittimo perseguito dal titolare del trattamento;

b) una valutazione della necessità e proporzionalità dei trattamenti in relazione alle finalità;

c) una valutazione dei rischi per i diritti e le libertà degli interessati di cui al paragrafo 1; e

d) le misure previste per affrontare i rischi, includendo le garanzie, le misure di sicurezza e i meccanismi per garantire la protezione dei dati personali e dimostrare la conformità al presente regolamento, tenuto conto dei diritti e degli interessi legittimi degli interessati e delle altre persone in questione.

8. Nel valutare l'impatto del trattamento effettuato dai relativi titolari o responsabili è tenuto in debito conto il rispetto da parte di questi ultimi dei codici di condotta approvati di cui all'articolo 40, in particolare ai fini di una valutazione d'impatto sulla protezione dei dati.

9. Se del caso, il titolare del trattamento raccoglie le opinioni degli interessati o dei loro rappresentanti sul trattamento previsto, fatta salva la tutela degli interessi commerciali o pubblici o la sicurezza dei trattamenti.

10. Qualora il trattamento effettuato ai sensi dell'articolo 6, paragrafo 1, lettere *c*) o *e*), trovi nel diritto dell'Unione o nel diritto dello Stato membro cui il titolare del trattamento è soggetto una base giuridica, tale diritto disciplini il trattamento specifico o l'insieme di trattamenti in questione, e sia già stata effettuata una valutazione d'impatto sulla protezione dei dati nell'ambito di una valutazione d'impatto generale nel contesto dell'adozione di tale base giuridica, i paragrafi da 1 a 7 non si applicano, salvo che gli Stati membri ritengano necessario effettuare tale valutazione prima di procedere alle attività di trattamento.

11. Se necessario, il titolare del trattamento procede a un riesame per valutare se il trattamento dei dati personali sia effettuato conformemente alla valutazio-

ne d'impatto sulla protezione dei dati almeno quando insorgono variazioni del rischio rappresentato dalle attività relative al trattamento.

36 Consultazione preventiva

1. Il titolare del trattamento, prima di procedere al trattamento, consulta l'autorità di controllo qualora la valutazione d'impatto sulla protezione dei dati a norma dell'articolo 35 indichi che il trattamento presenterebbe un rischio elevato in assenza di misure adottate dal titolare del trattamento per attenuare il rischio.

2. Se ritiene che il trattamento previsto di cui al paragrafo 1 violi il presente regolamento, in particolare qualora il titolare del trattamento non abbia identificato o attenuato sufficientemente il rischio, l'autorità di controllo fornisce, entro un termine di otto settimane dal ricevimento della richiesta di consultazione, un parere scritto al titolare del trattamento e, ove applicabile, al responsabile del trattamento e può avvalersi dei poteri di cui all'articolo 58. Tale periodo può essere prorogato di sei settimane, tenendo conto della complessità del trattamento previsto. L'autorità di controllo informa il titolare del trattamento e, ove applicabile, il responsabile del trattamento di tale proroga, unitamente ai motivi del ritardo, entro un mese dal ricevimento della richiesta di consultazione. La decorrenza dei termini può essere sospesa fino all'ottenimento da parte dell'autorità di controllo delle informazioni richieste ai fini della consultazione.

3. Al momento di consultare l'autorità di controllo ai sensi del paragrafo 1, il titolare del trattamento comunica all'autorità di controllo:

a) ove applicabile, le rispettive responsabilità del titolare del trattamento, dei contitolari del trattamento e dei responsabili del trattamento, in particolare relativamente al trattamento nell'ambito di un gruppo imprenditoriale;

b) le finalità e i mezzi del trattamento previsto;

c) le misure e le garanzie previste per proteggere i diritti e le libertà degli interessati a norma del presente regolamento;

d) ove applicabile, i dati di contatto del responsabile della protezione dei dati; (1)

e) la valutazione d'impatto sulla protezione dei dati di cui all'articolo 35; e (1)

f) ogni altra informazione richiesta dall'autorità di controllo.

4. Gli Stati membri consultano l'autorità di controllo durante l'elaborazione di una proposta di atto legislativo che deve essere adottato dai parlamenti nazionali o di misura regolamentare basata su detto atto legislativo relativamente al trattamento.

5. Nonostante il paragrafo 1, il diritto degli Stati membri può prescrivere che i titolari del trattamento consultino l'autorità di controllo, e ne ottengano l'autorizzazione preliminare, in relazione al trattamento da parte di un titolare del trattamento per l'esecuzione, da parte di questi, di un compito di interesse pubblico, tra cui il trattamento con riguardo alla protezione sociale e alla sanità pubblica.

(1) *Così corretto con avviso di Rettifica pubblicato in G.U.C.E. L 23 maggio 2018, n. 127.*

SEZIONE 4
Responsabile della protezione dei dati

37 Designazione del responsabile della protezione dei dati

1. Il titolare del trattamento e il responsabile del trattamento designano sistematicamente un responsabile della protezione dei dati ogniqualvolta:

a) il trattamento è effettuato da un'autorità pubblica o da un organismo pubblico, eccettuate le autorità giurisdizionali quando esercitano le loro funzioni giurisdizionali;

b) le attività principali del titolare del trattamento o del responsabile del trattamento consistono in trattamenti che, per loro natura, ambito di applicazione e/o finalità, richiedono il monitoraggio regolare e sistematico degli interessati su larga scala; oppure

c) le attività principali del titolare del trattamento o del responsabile del trattamento consistono nel trattamento, su larga scala, di categorie particolari di dati personali di cui all'articolo 9 o di dati relativi a condanne penali e a reati di cui all'articolo 10.

2. Un gruppo imprenditoriale può nominare un unico responsabile della protezione dei dati, a condizione che un responsabile della protezione dei dati sia facilmente raggiungibile da ciascuno stabilimento.

3. Qualora il titolare del trattamento o il responsabile del trattamento sia un'autorità pubblica o un organismo pubblico, un unico responsabile della protezione dei dati può essere designato per più autorità pubbliche o organismi pubblici, tenuto conto della loro struttura organizzativa e dimensione.

4. Nei casi diversi da quelli di cui al paragrafo 1, il titolare del trattamento, il responsabile del trattamento o le associazioni e gli altri organismi rappresentanti le categorie di titolari del trattamento o di responsabili del trattamento possono o, se previsto dal diritto dell'Unione o degli Stati membri, devono designare un responsabile della protezione dei dati. Il responsabile della protezione dei dati può agire per dette associazioni e altri organismi rappresentanti i titolari del trattamento o i responsabili del trattamento (1).

5. Il responsabile della protezione dei dati è designato in funzione delle qualità professionali, in particolare della conoscenza specialistica della normativa e delle prassi in materia di protezione dei dati, e della capacità di assolvere i compiti di cui all'articolo 39.

6. Il responsabile della protezione dei dati può essere un dipendente del titolare del trattamento o del responsabile del trattamento oppure assolvere i suoi compiti in base a un contratto di servizi.

7. Il titolare del trattamento o il responsabile del trattamento pubblica i dati di contatto del responsabile della protezione dei dati e li comunica all'autorità di controllo.

(1) *Così corretto con avviso di Rettifica pubblicato in G.U.C.E. L 23 maggio 2018, n. 127.*

38 Posizione del responsabile della protezione dei dati.

1. Il titolare del trattamento e il responsabile del

trattamento si assicurano che il responsabile della protezione dei dati sia tempestivamente e adeguatamente coinvolto in tutte le questioni riguardanti la protezione dei dati personali.

2. Il titolare e del trattamento e il responsabile del trattamento sostengono il responsabile della protezione dei dati nell'esecuzione dei compiti di cui all'articolo 39 fornendogli le risorse necessarie per assolvere tali compiti e accedere ai dati personali e ai trattamenti e per mantenere la propria conoscenza specialistica.

3. Il titolare del trattamento e il responsabile del trattamento si assicurano che il responsabile della protezione dei dati non riceva alcuna istruzione per quanto riguarda l'esecuzione di tali compiti. Il responsabile della protezione dei dati non è rimosso o penalizzato dal titolare del trattamento o dal responsabile del trattamento per l'adempimento dei propri compiti. Il responsabile della protezione dei dati riferisce direttamente al vertice gerarchico del titolare del trattamento o del responsabile del trattamento.

4 Gli interessati possono contattare il responsabile della protezione dei dati per tutte le questioni relative al trattamento dei loro dati personali e all'esercizio dei loro diritti derivanti dal presente regolamento.

5. Il responsabile della protezione dei dati è tenuto al segreto o alla riservatezza in merito all'adempimento dei propri compiti, in conformità del diritto dell'Unione o degli Stati membri.

6. Il responsabile della protezione dei dati può svolgere altri compiti e funzioni. Il titolare del trattamento o il responsabile del trattamento si assicura che tali compiti e funzioni non diano adito a un conflitto di interessi.

39 Compiti del responsabile della protezione dei dati

1. Il responsabile della protezione dei dati è incaricato almeno dei seguenti compiti:

a) informare e fornire consulenza al titolare del trattamento o al responsabile del trattamento nonché ai dipendenti che eseguono il trattamento in merito agli obblighi derivanti dal presente regolamento nonché da altre disposizioni dell'Unione o degli Stati membri relative alla protezione dei dati;

b) sorvegliare l'osservanza del presente regolamento, di altre disposizioni dell'Unione o degli Stati membri relative alla protezione dei dati nonché delle politiche del titolare del trattamento o del responsabile del trattamento in materia di protezione dei dati personali, compresi l'attribuzione delle responsabilità, la sensibilizzazione e la formazione del personale che partecipa ai trattamenti e alle connesse attività di controllo;

c) fornire, se richiesto, un parere in merito alla valutazione d'impatto sulla protezione dei dati e sorvegliarne lo svolgimento ai sensi dell'articolo 35;

d) cooperare con l'autorità di controllo; e

e) fungere da punto di contatto per l'autorità di controllo per questioni connesse al trattamento, tra cui la consultazione preventiva di cui all'articolo 36, ed effettuare, se del caso, consultazioni relativamente a qualunque altra questione.

2. Nell'eseguire i propri compiti il responsabile della protezione dei dati considera debitamente i rischi inerenti al trattamento, tenuto conto della natura, dell'ambito di applicazione, del contesto e delle finalità del medesimo.

(*omissis*)

CAPO VI
Autorità di controllo indipendenti

SEZIONE 1
Indipendenza

51 Autorità di controllo.

1. Ogni Stato membro dispone che una o più autorità pubbliche indipendenti siano incaricate di controllare l'applicazione del presente regolamento al fine di tutelare i diritti e le libertà fondamentali delle persone fisiche con riguardo al trattamento e di agevolare la libera circolazione dei dati personali all'interno dell'Unione (« autorità di controllo »)(1).

2. Ogni autorità di controllo contribuisce alla coerente applicazione del presente regolamento in tutta l'Unione. A tale scopo, le autorità di controllo cooperano tra loro e con la Commissione, conformemente al capo VII.

3. Qualora in uno Stato membro siano istituite più autorità di controllo, detto Stato membro designa l'autorità di controllo che rappresenta tali autorità nel comitato e stabilisce il meccanismo in base al quale le altre autorità si conformano alle norme relative al meccanismo di coerenza di cui all'articolo 63.

4. Ogni Stato membro notifica alla Commissione le disposizioni di legge adottate ai sensi del presente capo al più tardi entro il 25 maggio 2018, e comunica senza ritardo ogni successiva modifica (1).

(1) *Così corretto con avviso di Rettifica pubblicato in G.U.C.E. L 23 maggio 2018, n. 127.*

52 Indipendenza

1. Ogni autorità di controllo agisce in piena indipendenza nell'adempimento dei propri compiti e nell'esercizio dei propri poteri conformemente al presente regolamento.

2. Nell'adempimento dei rispettivi compiti e nell'esercizio dei rispettivi poteri previsti dal presente regolamento, il membro o i membri di ogni autorità di controllo non subiscono pressioni esterne, né dirette, né indirette, e non sollecitano né accettano istruzioni da alcuno.

3. Il membro o i membri dell'autorità di controllo si astengono da qualunque azione incompatibile con le loro funzioni e per tutta la durata del mandato non possono esercitare alcuna altra attività incompatibile, remunerata o meno.

4. Ogni Stato membro provvede affinché ogni autorità di controllo sia dotata delle risorse umane, tecniche e finanziarie, dei locali e delle infrastrutture necessari per l'effettivo adempimento dei suoi compiti e l'esercizio dei propri poteri, compresi quelli nell'ambi-

to dell'assistenza reciproca, della cooperazione e della partecipazione al comitato.

5. Ogni Stato membro provvede affinché ogni autorità di controllo selezioni e disponga di proprio personale, soggetto alla direzione esclusiva del membro o dei membri dell'autorità di controllo interessata.

6. Ogni Stato membro provvede affinché ogni autorità di controllo sia soggetta a un controllo finanziario che non ne pregiudichi l'indipendenza e disponga di bilanci annuali, separati e pubblici, che possono far parte del bilancio generale statale o nazionale.

53 Condizioni generali per i membri dell'autorità di controllo

1. Gli Stati membri dispongono che ciascun membro delle rispettive autorità di controllo sia nominato attraverso una procedura trasparente:
— dal rispettivo parlamento;
— dal rispettivo governo;
— dal rispettivo capo di Stato; oppure
— da un organismo indipendente incaricato della nomina a norma del diritto dello Stato membro.

2. Ogni membro possiede le qualifiche, l'esperienza e le competenze, in particolare nel settore della protezione dei dati personali, richieste per l'esercizio delle sue funzioni e dei suoi poteri.

3. Il mandato dei membri cessa alla scadenza del termine o in caso di dimissioni volontarie o di provvedimento d'ufficio, a norma del diritto dello Stato membro interessato.

4. Un membro è rimosso solo in casi di colpa grave o se non soddisfa più le condizioni richieste per l'esercizio delle sue funzioni.

54 Norme sull'istituzione dell'autorità di controllo

1. Ogni Stato membro prevede con legge tutte le condizioni seguenti:

a) l'istituzione di ogni autorità di controllo;

b) le qualifiche e le condizioni di idoneità richieste per essere nominato membro di ogni autorità di controllo;

c) le norme e le procedure per la nomina del membro o dei membri di ogni autorità di controllo;

d) la durata del mandato del membro o dei membri di ogni autorità di controllo non inferiore a quattro anni, salvo per le prime nomine dopo il 24 maggio 2016, alcune delle quali possono avere una durata inferiore qualora ciò sia necessario per tutelare l'indipendenza dell'autorità di controllo mediante una procedura di nomina scaglionata (1);

e) l'eventuale rinnovabilità e, in caso positivo, il numero di rinnovi del mandato del membro o dei membri di ogni autorità di controllo;

f) le condizioni che disciplinano gli obblighi del membro o dei membri e del personale di ogni autorità di controllo, i divieti relativi ad attività, professioni e benefici incompatibili con tali obblighi durante e dopo il mandato e le regole che disciplinano la cessazione del rapporto di lavoro.

2. Il membro o i membri e il personale di ogni autorità di controllo sono tenuti, in virtù del diritto dell'Unione o degli Stati membri, al segreto professionale in merito alle informazioni riservate cui hanno avuto accesso nell'esecuzione dei loro compiti o nell'esercizio dei loro poteri, sia durante che dopo il mandato. Per tutta la durata del loro mandato, tale obbligo del segreto professionale si applica in particolare alle segnalazioni da parte di persone fisiche di violazioni del presente regolamento.

(1) *Così corretto con avviso di Rettifica pubblicato in G.U.C.E. L 23 maggio 2018, n. 127.*

SEZIONE 2
Competenza, compiti e poteri

55 Competenza.

1. Ogni autorità di controllo è competente a eseguire i compiti assegnati e a esercitare i poteri a essa conferiti a norma del presente regolamento nel territorio del rispettivo Stato membro.

2. Se il trattamento è effettuato da autorità pubbliche o organismi privati che agiscono sulla base dell'articolo 6, paragrafo 1, lettera *c*) o *e*), è competente l'autorità di controllo dello Stato membro interessato. In tal caso, non si applica l'articolo 56.

3. Le autorità di controllo non sono competenti per il controllo dei trattamenti effettuati dalle autorità giurisdizionali nell'esercizio delle loro funzioni giurisdizionali.

56 Competenza dell'autorità di controllo capofila.

1. Fatto salvo l'articolo 55, l'autorità di controllo dello stabilimento principale o dello stabilimento unico del titolare e del trattamento o responsabile del trattamento è competente ad agire in qualità di autorità di controllo capofila per i trattamenti transfrontalieri effettuati dal suddetto titolare del trattamento o responsabile del trattamento, secondo la procedura di cui all'articolo 60.

2. In deroga al paragrafo 1, ogni autorità di controllo è competente per la gestione dei reclami a essa proposti o di eventuali violazioni del presente regolamento se l'oggetto riguarda unicamente uno stabilimento nel suo Stato membro o incide in modo sostanziale sugli interessati unicamente nel suo Stato membro.

3. Nei casi indicati al paragrafo 2 del presente articolo, l'autorità di controllo informa senza ritardo l'autorità di controllo capofila in merito alla questione. Entro un termine di tre settimane da quando è stata informata, l'autorità di controllo capofila decide se intende o meno trattare il caso secondo la procedura di cui all'articolo 60, tenendo conto dell'esistenza o meno di uno stabilimento del titolare del trattamento o responsabile del trattamento nello Stato membro dell'autorità di controllo che l'ha informata(1).

4. Qualora l'autorità di controllo capofila decida di trattare il caso, si applica la procedura di cui all'articolo 60. L'autorità di controllo che ha informato l'autorità di controllo capofila può presentare a quest'ultima un

progetto di decisione. L'autorità di controllo capofila tiene nella massima considerazione tale progetto nella predisposizione del progetto di decisione di cui all'articolo 60, paragrafo 3.

5. Nel caso in cui l'autorità di controllo capofila decida di non trattarlo, l'autorità di controllo che ha informato l'autorità di controllo capofila tratta il caso conformemente agli articoli 61 e 62.

6. L'autorità di controllo capofila è l'unico interlocutore del titolare del trattamento o del responsabile del trattamento in merito al trattamento transfrontaliero effettuato da tale titolare del trattamento o responsabile del trattamento.

(1) *Così corretto con avviso di Rettifica pubblicato in G.U.C.E. L 23 maggio 2018, n. 127.*

57 Compiti

1. Fatti salvi gli altri compiti indicati nel presente regolamento, sul proprio territorio ogni autorità di controllo:

a) sorveglia e assicura l'applicazione del presente regolamento;

b) promuove la consapevolezza e favorisce la comprensione del pubblico riguardo ai rischi, alle norme, alle garanzie e ai diritti in relazione al trattamento. Sono oggetto di particolare attenzione le attività destinate specificamente ai minori;

c) fornisce consulenza, a norma del diritto degli Stati membri, al parlamento nazionale, al governo e ad altri organismi e istituzioni in merito alle misure legislative e amministrative relative alla protezione dei diritti e delle libertà delle persone fisiche con riguardo al trattamento;

d) promuove la consapevolezza dei titolari del trattamento e dei responsabili del trattamento riguardo agli obblighi imposti loro dal presente regolamento;

e) su richiesta, fornisce informazioni all'interessato in merito all'esercizio dei propri diritti derivanti dal presente regolamento e, se del caso, coopera a tal fine con le autorità di controllo di altri Stati membri;

f) tratta i reclami proposti da un interessato, o da un organismo, un'organizzazione o un'associazione ai sensi dell'articolo 80, e svolge le indagini opportune sull'oggetto del reclamo e informa il reclamante dello stato e dell'esito delle indagini entro un termine ragionevole, in particolare ove siano necessarie ulteriori indagini o un coordinamento con un'altra autorità di controllo;

g) collabora, anche tramite scambi di informazioni, con le altre autorità di controllo e presta assistenza reciproca al fine di garantire l'applicazione e l'attuazione coerente del presente regolamento;

h) svolge indagini sull'applicazione del presente regolamento, anche sulla base di informazioni ricevute da un'altra autorità di controllo o da un'altra autorità pubblica;

i) sorveglia gli sviluppi che presentano un interesse, se e in quanto incidenti sulla protezione dei dati personali, in particolare l'evoluzione delle tecnologie dell'informazione e della comunicazione e le prassi commerciali;

j) adotta le clausole contrattuali tipo di cui all'articolo 28, paragrafo 8, e all'articolo 46, paragrafo 2, lettera *d*);

k) redige e tiene un elenco in relazione al requisito di una valutazione d'impatto sulla protezione dei dati ai sensi dell'articolo 35, paragrafo 4;

l) offre consulenza sui trattamenti di cui all'articolo 36, paragrafo 2;

m) incoraggia l'elaborazione di codici di condotta ai sensi dell'articolo 40, paragrafo 1, e fornisce un parere su tali codici di condotta e approva quelli che forniscono garanzie sufficienti, a norma dell'articolo 40, paragrafo 5;

n) incoraggia l'istituzione di meccanismi di certificazione della protezione dei dati nonché di sigilli e marchi di protezione dei dati a norma dell'articolo 42, paragrafo 1, e approva i criteri di certificazione a norma dell'articolo 42, paragrafo 5;

o) ove applicabile, effettua un riesame periodico delle certificazioni rilasciate in conformità dell'articolo 42, paragrafo 7;

p) definisce e pubblica i requisiti per l'accreditamento di un organismo per il controllo dei codici di condotta ai sensi dell'articolo 41 e di un organismo di certificazione ai sensi dell'articolo 43 (1);

q) effettua l'accreditamento di un organismo per il controllo dei codici di condotta ai sensi dell'articolo 41 e di un organismo di certificazione ai sensi dell'articolo 43;

r) autorizza le clausole contrattuali e le altre disposizioni di cui all'articolo 46, paragrafo 3;

s) approva le norme vincolanti d'impresa ai sensi dell'articolo 47;

t) contribuisce alle attività del comitato;

u) tiene registri interni delle violazioni del presente regolamento e delle misure adottate in conformità dell'articolo 58, paragrafo 2; e

v) svolge qualsiasi altro compito legato alla protezione dei dati personali.

2. Ogni autorità di controllo agevola la proposizione di reclami di cui al paragrafo 1, lettera *f*), tramite misure quali un modulo per la proposizione dei reclami compilabile anche elettronicamente, senza escludere altri mezzi di comunicazione.

3. Ogni autorità di controllo svolge i propri compiti senza spese né per l'interessato né, ove applicabile, per il responsabile della protezione dei dati.

4. Qualora le richieste siano manifestamente infondate o eccessive, in particolare per il carattere ripetitivo, l'autorità di controllo può addebitare un contributo spese ragionevole basato sui costi amministrativi o rifiutarsi di soddisfare la richiesta. Incombe all'autorità di controllo dimostrare il carattere manifestamente infondato o eccessivo della richiesta.

(1) *Così corretto con avviso di Rettifica pubblicato in G.U.C.E. L 23 maggio 2018, n. 127.*

58 Poteri

1. Ogni autorità di controllo ha tutti i poteri di indagine seguenti:

a) ingiungere al titolare del trattamento e al responsabile del trattamento e, ove applicabile, al rappresentante del titolare del trattamento o del responsabile del trattamento, di fornirle ogni informazione di cui necessiti per l'esecuzione dei suoi compiti;

b) condurre indagini sotto forma di attività di revisione sulla protezione dei dati;

c) effettuare un riesame delle certificazioni rilasciate in conformità dell'articolo 42, paragrafo 7;

d) notificare al titolare del trattamento o al responsabile del trattamento le presunte violazioni del presente regolamento;

e) ottenere, dal titolare del trattamento o dal responsabile del trattamento, l'accesso a tutti i dati personali e a tutte le informazioni necessarie per l'esecuzione dei suoi compiti; e

f) ottenere accesso a tutti i locali del titolare del trattamento e del responsabile del trattamento, compresi tutti gli strumenti e mezzi di trattamento dei dati, in conformità con il diritto dell'Unione o il diritto processuale degli Stati membri.

2. Ogni autorità di controllo ha tutti i poteri correttivi seguenti:

a) rivolgere avvertimenti al titolare del trattamento o al responsabile del trattamento sul fatto che i trattamenti previsti possono verosimilmente violare le disposizioni del presente regolamento;

b) rivolgere ammonimenti al titolare e del trattamento o al responsabile del trattamento ove i trattamenti abbiano violato le disposizioni del presente regolamento;

c) ingiungere al titolare del trattamento o al responsabile del trattamento di soddisfare le richieste dell'interessato di esercitare i diritti loro derivanti dal presente regolamento;

d) ingiungere al titolare del trattamento o al responsabile del trattamento di conformare i trattamenti alle disposizioni del presente regolamento, se del caso, in una determinata maniera ed entro un determinato termine;

e) ingiungere al titolare del trattamento di comunicare all'interessato una violazione dei dati personali;

f) imporre una limitazione provvisoria o definitiva al trattamento, incluso il divieto di trattamento;

g) ordinare la rettifica, la cancellazione di dati personali o la limitazione del trattamento a norma degli articoli 16, 17 e 18 e la notificazione di tali misure ai destinatari cui sono stati comunicati i dati personali ai sensi dell'articolo 17, paragrafo 2, e dell'articolo 19;

h) revocare la certificazione o ingiungere all'organismo di certificazione di ritirare la certificazione rilasciata a norma degli articoli 42 e 43, oppure ingiungere all'organismo di certificazione di non rilasciare la certificazione se i requisiti per la certificazione non sono o non sono più soddisfatti;

i) infliggere una sanzione amministrativa pecuniaria ai sensi dell'articolo 83, in aggiunta alle misure di cui al presente paragrafo, o in luogo di tali misure, in funzione delle circostanze di ogni singolo caso; e

j) ordinare la sospensione dei flussi di dati verso un destinatario in un paese terzo o un'organizzazione internazionale.

3. Ogni autorità di controllo ha tutti i poteri autorizzativi e consultivi seguenti:

a) fornire consulenza al titolare del trattamento, secondo la procedura di consultazione preventiva di cui all'articolo 36;

b) rilasciare, di propria iniziativa o su richiesta, pareri destinati al parlamento nazionale, al governo dello Stato membro, oppure, conformemente al diritto degli Stati membri, ad altri organismi e istituzioni e al pubblico su questioni riguardanti la protezione dei dati personali;

c) autorizzare il trattamento di cui all'articolo 36, paragrafo 5, se il diritto dello Stato membro richiede una siffatta autorizzazione preliminare;

d) rilasciare un parere sui progetti di codici di condotta e approvarli, ai sensi dell'articolo 40, paragrafo 5;

e) accreditare gli organismi di certificazione a norma dell'articolo 43;

f) rilasciare certificazioni e approvare i criteri di certificazione conformemente all'articolo 42, paragrafo 5;

g) adottare le clausole tipo di protezione dei dati di cui all'articolo 28, paragrafo 8, e all'articolo 46, paragrafo 2, lettera *d*);

h) autorizzare le clausole contrattuali di cui all'articolo 46, paragrafo 3, lettera *a*);

i) autorizzare gli accordi amministrativi di cui all'articolo 46, paragrafo 3, lettera *b*);

j) approvare le norme vincolanti d'impresa ai sensi dell'articolo 47.

4. L'esercizio da parte di un'autorità di controllo dei poteri attribuitile dal presente articolo è soggetto a garanzie adeguate, inclusi il ricorso giurisdizionale effettivo e il giusto processo, previste dal diritto dell'Unione e degli Stati membri conformemente alla Carta.

5. Ogni Stato membro dispone per legge che la sua autorità di controllo abbia il potere di intentare un'azione o di agire in sede giudiziale o, ove del caso, stragiudiziale in caso di violazione del presente regolamento per far rispettare le disposizioni dello stesso.

6. Ogni Stato membro può prevedere per legge che la sua autorità di controllo abbia ulteriori poteri rispetto a quelli di cui ai paragrafi 1, 2 e 3. L'esercizio di tali poteri non pregiudica l'operatività effettiva del capo VII.

59 Relazioni sull'attività (1).

Ogni autorità di controllo elabora una relazione annuale sulla propria attività, in cui può figurare un elenco delle tipologie di violazioni notificate e di misure adottate a norma dell'articolo 58, paragrafo 2. Tali relazioni sono trasmesse al parlamento nazionale, al governo e alle altre autorità designate dal diritto dello Stato membro. Esse sono messe a disposizione del pubblico, della Commissione e del comitato.

(1) *Così corretto con avviso di Rettifica pubblicato in G.U.C.E. L 23 maggio 2018, n. 127.*

(*omissis*)

CAPO VIII
Mezzi di ricorso, responsabilità e sanzioni

77 Diritto di proporre reclamo all'autorità di controllo

1. Fatto salvo ogni altro ricorso amministrativo o giurisdizionale, l'interessato che ritenga che il trattamento che lo riguarda violi il presente regolamento ha il diritto di proporre reclamo a un'autorità di controllo, segnatamente nello Stato membro in cui risiede abitualmente, lavora oppure del luogo ove si è verificata la presunta violazione.

2. L'autorità di controllo a cui è stato proposto il reclamo informa il reclamante dello stato o dell'esito del reclamo, compresa la possibilità di un ricorso giurisdizionale ai sensi dell'articolo 78.

78 Diritto a un ricorso giurisdizionale effettivo nei confronti dell'autorità di controllo

1. Fatto salvo ogni altro ricorso amministrativo o extragiudiziale, ogni persona fisica o giuridica ha il diritto di proporre un ricorso giurisdizionale effettivo avverso una decisione giuridicamente vincolante dell'autorità di controllo che la riguarda.

2. Fatto salvo ogni altro ricorso amministrativo o extragiudiziale, ciascun interessato ha il diritto di proporre un ricorso giurisdizionale effettivo qualora l'autorità di controllo che sia competente ai sensi degli articoli 55 e 56 non tratti un reclamo o non lo informi entro tre mesi dello stato o dell'esito del reclamo proposto ai sensi dell'articolo 77.

3. Le azioni nei confronti dell'autorità di controllo sono promosse dinanzi alle autorità giurisdizionali dello Stato membro in cui l'autorità di controllo è stabilita.

4. Qualora siano promosse azioni avverso una decisione di un'autorità di controllo che era stata preceduta da un parere o da una decisione del comitato nell'ambito del meccanismo di coerenza, l'autorità di controllo trasmette tale parere o decisione all'autorità giurisdizionale.

79 Diritto a un ricorso giurisdizionale effettivo nei confronti del titolare del trattamento o del responsabile del trattamento

1. Fatto salvo ogni altro ricorso amministrativo o extragiudiziale disponibile, compreso il diritto di proporre reclamo a un'autorità di controllo ai sensi dell'articolo 77, ogni interessato ha il diritto di proporre un ricorso giurisdizionale effettivo qualora ritenga che i diritti di cui gode a norma del presente regolamento siano stati violati a seguito di un trattamento.

2. Le azioni nei confronti del titolare del trattamento o del responsabile del trattamento sono promosse dinanzi alle autorità giurisdizionali dello Stato membro in cui il titolare del trattamento o il responsabile del trattamento ha uno stabilimento. In alternativa, tali azioni possono essere promosse dinanzi alle autorità giurisdizionali dello Stato membro in cui l'interessato risiede abitualmente, salvo che il titolare del trattamento o il responsabile del trattamento sia un'autorità pubblica di uno Stato membro nell'esercizio dei pubblici poteri.

80 Rappresentanza degli interessati

1. L'interessato ha il diritto di dare mandato a un organismo, un'organizzazione o un'associazione senza scopo di lucro, che siano debitamente costituiti secondo il diritto di uno Stato membro, i cui obiettivi statutari siano di pubblico interesse e che siano attivi nel settore della protezione dei diritti e delle libertà degli interessati con riguardo alla protezione dei dati personali, di proporre il reclamo per suo conto e di esercitare per suo conto i diritti di cui agli articoli 77, 78 e 79 nonché, se previsto dal diritto degli Stati membri, il diritto di ottenere il risarcimento di cui all'articolo 82.

2. Gli Stati membri possono prevedere che un organismo, organizzazione o associazione di cui al paragrafo 1 del presente articolo, indipendentemente dal mandato conferito dall'interessato, abbia il diritto di proporre, in tale Stato membro, un reclamo all'autorità di controllo competente, e di esercitare i diritti di cui agli articoli 78 e 79, qualora ritenga che i diritti di cui un interessato gode a norma del presente regolamento siano stati violati in seguito al trattamento.

81 Sospensione delle azioni

1. L'autorità giurisdizionale competente di uno Stato membro che venga a conoscenza di azioni riguardanti lo stesso oggetto relativamente al trattamento dello stesso titolare del trattamento o dello stesso responsabile del trattamento pendenti presso un'autorità giurisdizionale in un altro Stato membro, prende contatto con tale autorità giurisdizionale nell'altro Stato membro per confermare l'esistenza delle azioni.

2. Qualora azioni riguardanti lo stesso oggetto relativamente al trattamento dello stesso titolare del trattamento o dello stesso responsabile del trattamento siano pendenti presso un'autorità giurisdizionale in un altro Stato membro, qualunque autorità giurisdizionale competente successivamente adita può sospendere le azioni.

3. Se tali azioni sono pendenti in primo grado, qualunque autorità giurisdizionale successivamente adita può parimenti dichiarare la propria incompetenza su richiesta di una delle parti a condizione che l'autorità giurisdizionale adita per prima sia competente a conoscere delle domande proposte e la sua legge consenta la riunione dei procedimenti.

82 Diritto al risarcimento e responsabilità

1. Chiunque subisca un danno materiale o immateriale causato da una violazione del presente regolamento ha il diritto di ottenere il risarcimento del danno dal titolare del trattamento o dal responsabile del trattamento.

2. Un titolare del trattamento coinvolto nel trattamento risponde per il danno cagionato dal suo trattamento che violi il presente regolamento. Un responsabile del trattamento risponde per il danno causato dal trattamento solo se non ha adempiuto gli obblighi del presente regolamento specificatamente diretti ai responsabili del trattamento o ha agito in modo difforme o contrario rispetto alle legittime istruzioni del titolare del trattamento.

3. Il titolare del trattamento o il responsabile del trattamento è esonerato dalla responsabilità, a norma del paragrafo 2 se dimostra che l'evento dannoso non gli è in alcun modo imputabile.

4. Qualora più titolari del trattamento o responsabili del trattamento oppure entrambi il titolare del trattamento e il responsabile del trattamento siano coinvolti nello stesso trattamento e siano, ai sensi dei paragrafi 2 e 3, responsabili dell'eventuale danno causato dal trattamento, ogni titolare del trattamento o responsabile del trattamento è responsabile in solido per l'intero ammontare del danno, al fine di garantire il risarcimento effettivo dell'interessato.

5. Qualora un titolare del trattamento o un responsabile del trattamento abbia pagato, conformemente al paragrafo 4, l'intero risarcimento del danno, tale titolare del trattamento o responsabile del trattamento ha il diritto di reclamare dagli altri titolari del trattamento o responsabili del trattamento coinvolti nello stesso trattamento la parte del risarcimento corrispondente alla loro parte di responsabilità per il danno conformemente alle condizioni di cui al paragrafo 2.

6. Le azioni legali per l'esercizio del diritto di ottenere il risarcimento del danno sono promosse dinanzi alle autorità giurisdizionali competenti a norma del diritto dello Stato membro di cui all'articolo 79, paragrafo 2.

83 Condizioni generali per infliggere sanzioni amministrative pecuniarie

1. Ogni autorità di controllo provvede affinché le sanzioni amministrative pecuniarie inflitte ai sensi del presente articolo in relazione alle violazioni del presente regolamento di cui ai paragrafi 4, 5 e 6 siano in ogni singolo caso effettive, proporzionate e dissuasive.

2. Le sanzioni amministrative pecuniarie sono inflitte, in funzione delle circostanze di ogni singolo caso, in aggiunta alle misure di cui all'articolo 58, paragrafo 2, lettere da *a*) a *h*) e *j*), o in luogo di tali misure. Al momento di decidere se infliggere una sanzione amministrativa pecuniaria e di fissare l'ammontare della stessa in ogni singolo caso si tiene debito conto dei seguenti elementi:

a) la natura, la gravità e la durata della violazione tenendo in considerazione la natura, l'oggetto o a finalità del trattamento in questione nonché il numero di interessati lesi dal danno e il livello del danno da essi subito;

b) il carattere doloso o colposo della violazione;

c) le misure adottate dal titolare del trattamento o dal responsabile del trattamento per attenuare il danno subito dagli interessati;

d) il grado di responsabilità del titolare del trattamento o del responsabile del trattamento tenendo conto delle misure tecniche e organizzative da essi messe in atto ai sensi degli articoli 25 e 32;

e) eventuali precedenti violazioni pertinenti commesse dal titolare del trattamento o dal responsabile del trattamento;

f) il grado di cooperazione con l'autorità di controllo al fine di porre rimedio alla violazione e attenuarne i possibili effetti negativi;

g) le categorie di dati personali interessate dalla violazione;

h) la maniera in cui l'autorità di controllo ha preso conoscenza della violazione, in particolare se e in che misura il titolare del trattamento o il responsabile del trattamento ha notificato la violazione;

i) qualora siano stati precedentemente disposti provvedimenti di cui all'articolo 58, paragrafo 2, nei confronti del titolare del trattamento o del responsabile del trattamento in questione relativamente allo stesso oggetto, il rispetto di tali provvedimenti;

j) l'adesione ai codici di condotta approvati ai sensi dell'articolo 40 o ai meccanismi di certificazione approvati ai sensi dell'articolo 42; e

k) eventuali altri fattori aggravanti o attenuanti applicabili alle circostanze del caso, ad esempio i benefici finanziari conseguiti o le perdite evitate, direttamente o indirettamente, quale conseguenza della violazione.

3. Se, in relazione allo stesso trattamento o a trattamenti collegati, un titolare del trattamento o un responsabile del trattamento viola, con dolo o colpa, varie disposizioni del presente regolamento, l'importo totale della sanzione amministrativa pecuniaria non supera l'importo specificato per la violazione più grave.

4. In conformità del paragrafo 2, la violazione delle disposizioni seguenti è soggetta a sanzioni amministrative pecuniarie fino a 10 000 000 EUR, o per le imprese, fino al 2 % del fatturato mondiale totale annuo dell'esercizio precedente, se superiore:

a) gli obblighi del titolare del trattamento e del responsabile del trattamento a norma degli articoli 8, 11, da 25 a 39, 42 e 43;

b) gli obblighi dell'organismo di certificazione a norma degli articoli 42 e 43;

c) gli obblighi dell'organismo di controllo a norma dell'articolo 41, paragrafo 4;

5. In conformità del paragrafo 2, la violazione delle disposizioni seguenti è soggetta a sanzioni amministrative pecuniarie fino a 20 000 000 EUR, o per le imprese, fino al 4 % del fatturato mondiale totale annuo dell'esercizio precedente, se superiore:

a) i principi di base del trattamento, comprese le condizioni relative al consenso, a norma degli articoli 5, 6, 7 e 9;

b) i diritti degli interessati a norma degli articoli da 12 a 22;

c) i trasferimenti di dati personali a un destinatario in un paese terzo o un'organizzazione internazionale a norma degli articoli da 44 a 49;

d) qualsiasi obbligo ai sensi delle legislazioni degli Stati membri adottate a norma del capo IX;

e) l'inosservanza di un ordine, di una limitazione provvisoria o definitiva di trattamento o di un ordine di sospensione dei flussi di dati dell'autorità di controllo ai sensi dell'articolo 58, paragrafo 2, o il negato accesso in violazione dell'articolo 58, paragrafo 1.

6. In conformità del paragrafo 2 del presente articolo, l'inosservanza di un ordine da parte dell'autorità di controllo di cui all'articolo 58, paragrafo 2, è soggetta a sanzioni amministrative pecuniarie fino a 20 000 000 EUR, o per le imprese, fino al 4 % del fatturato mondiale totale annuo dell'esercizio precedente, se superiore.

7. Fatti salvi i poteri correttivi delle autorità di controllo a norma dell'articolo 58, paragrafo 2, ogni Stato membro può prevedere norme che dispongano se e in quale misura possono essere inflitte sanzioni amministrative pecuniarie ad autorità pubbliche e organismi pubblici istituiti in tale Stato membro.

8. L'esercizio da parte dell'autorità di controllo dei poteri attribuitile dal presente articolo è soggetto a garanzie procedurali adeguate in conformità del diritto dell'Unione e degli Stati membri, inclusi il ricorso giurisdizionale effettivo e il giusto processo.

9. Se l'ordinamento giuridico dello Stato membro non prevede sanzioni amministrative pecuniarie, il presente articolo può essere applicato in maniera tale che l'azione sanzionatoria sia avviata dall'autorità di controllo competente e la sanzione pecuniaria sia irrogata dalle competenti autorità giurisdizionali nazionali, garantendo nel contempo che i mezzi di ricorso siano effettivi e abbiano effetto equivalente alle sanzioni amministrative pecuniarie irrogate dalle autorità di controllo. In ogni caso, le sanzioni pecuniarie irrogate sono effettive, proporzionate e dissuasive. Tali Stati membri notificano alla Commissione le disposizioni di legge adottate a norma del presente paragrafo al più tardi entro il 25 maggio 2018 e comunicano senza ritardo ogni successiva modifica (1).

(1) *Così corretto con avviso di Rettifica pubblicato in G.U.C.E. L 23 maggio 2018, n. 127.*

84 Sanzioni

1. Gli Stati membri stabiliscono le norme relative alle altre sanzioni per le violazioni del presente regolamento in particolare per le violazioni non soggette a sanzioni amministrative pecuniarie a norma dell'articolo 83, e adottano tutti i provvedimenti necessari per assicurarne l'applicazione. Tali sanzioni devono essere effettive, proporzionate e dissuasive.

2. Ogni Stato membro notifica alla Commissione le disposizioni di legge adottate ai sensi del paragrafo 1 al più tardi entro il 25 maggio 2018, e comunica senza ritardo ogni successiva modifica (1).

(1) *Così corretto con avviso di Rettifica pubblicato in G.U.C.E. L 23 maggio 2018, n. 127.*

(*omissis*)

99 Entrata in vigore e applicazione

1. Il presente regolamento entra in vigore il ventesimo giorno successivo alla pubblicazione nella Gazzetta ufficiale dell'Unione europea.

2.Esso si applica a decorrere dal 25 maggio 2018(1).

Il presente regolamento è obbligatorio in tutti i suoi elementi e direttamente applicabile in ciascuno degli Stati membri.

76. Decreto legislativo 10 agosto 2018, n. 101. — Disposizioni per l'adeguamento della normativa nazionale alle disposizioni del regolamento (UE) 2016/679 del Parlamento europeo e del Consiglio, del 27 aprile 2016, relativo alla protezione delle persone fisiche con riguardo al trattamento dei dati personali, nonché alla libera circolazione di tali dati e che abroga la direttiva 95/46/CE. (*estratto*).

Pubblicato nella Gazzetta Ufficiale n. 205 del 4 settembre 2018.

CAPO VI
Disposizioni transitorie, finali e finanziarie

18 Definizione agevolata delle violazioni in materia di protezione dei dati personali

1. In deroga all'articolo 16 della legge 24 novembre 1981, n. 689, per i procedimenti sanzionatori riguardanti le violazioni di cui agli articoli 161, 162, 162-*bis*, 162-*ter*, 163, 164, 164-*bis*, comma 2, del Codice in materia di protezione dei dati personali, di cui al decreto legislativo 30 giugno 2003, n. 196, e le violazioni delle misure di cui all'articolo 33 e 162, comma 2-*bis*, del medesimo Codice, che, alla data di applicazione del Regolamento, risultino non ancora definiti con l'adozione dell'ordinanza-ingiunzione, è ammesso il pagamento in misura ridotta di un somma pari a due quinti del minimo edittale. Fatti salvi i restanti atti del procedimento eventualmente già adottati, il pagamento potrà essere effettuato entro novanta giorni dalla data di entrata in vigore del presente decreto.

2. Decorsi i termini previsti dal comma 1, l'atto con il quale sono stati notificati gli estremi della violazione o l'atto di contestazione immediata di cui all'articolo 14 della legge 24 novembre 1981, n. 689, assumono il valore dell'ordinanza-ingiunzione di cui all'articolo 18 della predetta legge, senza obbligo di ulteriore notificazione, sempre che il contravventore non produca memorie difensive ai sensi del comma 4.

3. Nei casi di cui al comma 2, il contravventore è tenuto a corrispondere gli importi indicati negli atti di

cui al primo periodo del predetto comma entro sessanta giorni dalla scadenza del termine previsto dal comma 1.

4. Entro il termine di cui al comma 3, il contravventore che non abbia provveduto al pagamento può produrre nuove memorie difensive. Il Garante, esaminate tali memorie, dispone l'archiviazione degli atti comunicandola all'organo che ha redatto il rapporto o, in alternativa, adotta specifica ordinanza-ingiunzione con la quale determina la somma dovuta per la violazione e ne ingiunge il pagamento, insieme con le spese, all'autore della violazione ed alle persone che vi sono obbligate solidalmente.

5. L'entrata in vigore del presente decreto determina l'interruzione del termine di prescrizione del diritto a riscuotere le somme dovute a norma del presente articolo, di cui all'art. 28 della legge 24 novembre 1981, n. 689 (1).

(1) *Comma dichiarato* costituzionalmente illegittimo *da C. cost. 28 dicembre 2021, n. 260.*

19 Trattazione di affari pregressi

1. Entro il termine di sessanta giorni dalla data di pubblicazione nella Gazzetta Ufficiale della Repubblica italiana dell'avviso di cui al comma 3, i soggetti che dichiarano il loro attuale interesse possono presentare al Garante per la protezione dei dati personali motivata richiesta di trattazione dei reclami, delle segnalazioni e delle richieste di verifica preliminare pervenuti entro la predetta data.

2. La richiesta di cui al comma 1 non riguarda i reclami e le segnalazioni di cui si è già esaurito l'esame o di cui il Garante per la protezione dei dati personali ha già esaminato nel corso del 2018 un motivato sollecito o una richiesta di trattazione, o per i quali il Garante medesimo è a conoscenza, anche a seguito di propria denuncia, che sui fatti oggetto di istanza è in corso un procedimento penale.

3. Entro quindici giorni dalla data di entrata in vigore del presente decreto il Garante per la protezione dei dati personali provvede a dare notizia di quanto previsto dai commi 1 e 2 mediante avviso pubblicato nel proprio sito istituzionale e trasmesso, altresì, all'Ufficio pubblicazioni leggi e decreti del Ministero della giustizia per la sua pubblicazione nella Gazzetta Ufficiale della Repubblica italiana.

4. In caso di mancata presentazione di una richiesta di trattazione ai sensi del comma 1, e salvo quanto previsto dal comma 2, i relativi procedimenti di cui al comma 1 sono improcedibili.

5. I ricorsi pervenuti al Garante per la protezione dei dati personali e non definiti, neppure nelle forme del rigetto tacito, alla data di applicazione del Regolamento (UE) 2016/679 sono trattati come reclami ai sensi dell'articolo 77 del medesimo Regolamento.

20 Codici di deontologia e di buona condotta vigenti alla data di entrata in vigore del presente decreto

1. Le disposizioni del codice di deontologia e di buona condotta di cui agli allegati A.5 e A.7 del codice in materia di protezione dei dati personali, di cui al decreto legislativo n. 196 del 2003, continuano a produrre effetti, sino alla definizione della procedura di approvazione cui alla lettera *b*), a condizione che si verifichino congiuntamente le seguenti condizioni:

a) entro sei mesi dalla data di entrata in vigore del presente decreto le associazioni e gli altri organismi rappresentanti le categorie interessate sottopongano all'approvazione del Garante per la protezione dei dati personali, a norma dell'articolo 40 del Regolamento (UE) 2016/679, i codici di condotta elaborati a norma del paragrafo 2 del predetto articolo;

b) la procedura di approvazione si concluda entro sei mesi dalla sottoposizione del codice di condotta all'esame del Garante per la protezione dei dati personali.

2. Il mancato rispetto di uno dei termini di cui al comma 1, lettere *a*) e *b*) comporta la cessazione di efficacia delle disposizioni del codice di deontologia di cui al primo periodo a decorrere dalla scadenza del termine violato.

3. Le disposizioni contenute nei codici riportati negli allegati A.1, A.2, A.3, A.4 e A.6 del codice in materia di protezione dei dati personali, di cui al decreto legislativo n. 196 del 2003, continuano a produrre effetti fino alla pubblicazione delle disposizioni ai sensi del comma 4.

4. Entro novanta giorni dalla data di entrata in vigore del presente decreto, il Garante per la protezione dei dati personali verifica la conformità al Regolamento (UE) 2016/679 delle disposizioni di cui al comma 3. Le disposizioni ritenute compatibili, ridenominate regole deontologiche, sono pubblicate nella Gazzetta Ufficiale della Repubblica italiana e, con decreto del Ministro della giustizia, sono successivamente riportate nell'allegato A del codice in materia di protezione dei dati personali, di cui al decreto legislativo n. 196 del 2003.

5. Il Garante per la protezione dei dati personali promuove la revisione delle disposizioni dei codici di cui al comma 3 con le modalità di cui all'articolo 2-*quater* del codice in materia di protezione dei dati personali, di cui al decreto legislativo n. 196 del 2003.

21 Autorizzazioni generali del Garante per la protezione dei dati personali

1. Il Garante per la protezione dei dati personali, con provvedimento di carattere generale da porre in consultazione pubblica entro novanta giorni dalla data di entrata in vigore del presente decreto, individua le prescrizioni contenute nelle autorizzazioni generali già adottate, relative alle situazioni di trattamento di cui agli articoli 6, paragrafo 1, lettere *c*) ed *e*), 9, paragrafo 2, lettera *b*) e 4, nonché al Capo IX del regolamento (UE) 2016/679, che risultano compatibili con le disposizioni del medesimo regolamento e del presente decreto e, ove occorra, provvede al loro aggiornamento. Il provvedimento di cui al presente comma è adottato entro sessanta giorni dall'esito del procedimento di consultazione pubblica.

2. Le autorizzazioni generali sottoposte a verifica a norma del comma 1 che sono state ritenute incompa-

tibili con le disposizioni del Regolamento (UE) 2016/679 cessano di produrre effetti dal momento della pubblicazione nella Gazzetta Ufficiale della Repubblica italiana del provvedimento di cui al comma 1.

3. Le autorizzazioni generali del Garante per la protezione dei dati personali adottate prima della data di entrata in vigore del presente decreto e relative a trattamenti diversi da quelli indicati al comma 1 cessano di produrre effetti alla predetta data.

4. Sino all'adozione delle regole deontologiche e delle misure di garanzia di cui agli articoli 2-quater e 2-*septies* del Codice in materia di protezione dei dati personali di cui al decreto legislativo 30 giugno 2003, n. 196 producono effetti, per la corrispondente categoria di dati e di trattamenti, le autorizzazioni generali di cui al comma 2 e le pertinenti prescrizioni individuate con il provvedimento di cui al comma 1.

5. Salvo che il fatto costituisca reato, le violazioni delle prescrizioni contenute nelle autorizzazioni generali di cui al presente articolo e nel provvedimento generale di cui al comma 1 sono soggette alla sanzione amministrativa di cui all'articolo 83, paragrafo 5, del Regolamento (UE) 2016/679.

22 Altre disposizioni transitorie e finali

1. Il presente decreto e le disposizioni dell'ordinamento nazionale si interpretano e si applicano alla luce della disciplina dell'Unione europea in materia di protezione dei dati personali e assicurano la libera circolazione dei dati personali tra Stati membri ai sensi dell'articolo 1, paragrafo 3, del Regolamento (UE) 2016/679.

2. A decorrere dal 25 maggio 2018 le espressioni « dati sensibili » e « dati giudiziari » utilizzate ai sensi dell'articolo 4, comma 1, lettere *d*) ed *e*), del codice in materia di protezione dei dati personali, di cui al decreto legislativo n. 196 del 2003, ovunque ricorrano, si intendono riferite, rispettivamente, alle categorie particolari di dati di cui all'articolo 9 del Regolamento (UE) 2016/679 e ai dati di cui all'articolo 10 del medesimo regolamento.

[3 Sino all'adozione dei corrispondenti provvedimenti generali di cui all'articolo 2-quinquiesdecies del codice in materia di protezione dei dati personali, di cui al decreto legislativo n. 196 del 2003, i trattamenti di cui al medesimo articolo, già in corso alla data di entrata in vigore del presente decreto, possono proseguire qualora avvengano in base a espresse disposizioni di legge o regolamento o atti amministrativi generali, ovvero nel caso in cui siano stati sottoposti a verifica preliminare o autorizzazione del Garante per la protezione dei dati personali, che abbiano individuato misure e accorgimenti adeguati a garanzia dell'interessato.] (1)

4. A decorrere dal 25 maggio 2018, i provvedimenti del Garante per la protezione dei dati personali continuano ad applicarsi, in quanto compatibili con il suddetto regolamento e con le disposizioni del presente decreto.

5. A decorrere dal 25 maggio 2018, le disposizioni di cui ai commi 1022 e 1023 dell'articolo 1 della legge 27 dicembre 2017, n. 205 si applicano esclusivamente ai trattamenti dei dati personali funzionali all'autorizzazione del cambiamento del nome o del cognome dei minorenni. Con riferimento a tali trattamenti, il Garante per la protezione dei dati personali può, nei limiti e con le modalità di cui all'articolo 36 del Regolamento (UE) 2016/679, adottare provvedimenti di carattere generale ai sensi dell'articolo 2-quinquiesdecies. Al fine di semplificare gli oneri amministrativi, i soggetti che rispettano le misure di sicurezza e gli accorgimenti prescritti con i provvedimenti di cui al secondo periodo sono esonerati dall'invio al Garante dell'informativa di cui al citato comma 1022. In sede di prima applicazione, le suddette informative, se dovute a norma del terzo periodo, sono inviate entro sessanta giorni dalla pubblicazione del provvedimento del Garante nella Gazzetta Ufficiale della Repubblica italiana.

6. Dalla data di entrata in vigore del presente decreto, i rinvii alle disposizioni del codice in materia di protezione dei dati personali, di cui al decreto legislativo n. 196 del 2003, abrogate dal presente decreto, contenuti in norme di legge e di regolamento, si intendono riferiti alle corrispondenti disposizioni del Regolamento (UE) 2016/679 e a quelle introdotte o modificate dal presente decreto, in quanto compatibili.

7. All'articolo 1, comma 233, della legge 27 dicembre 2017, n. 205, dopo le parole « le modalità di restituzione » sono inserite le seguenti: « in forma aggregata ».

8. Il registro dei trattamenti di cui all'articolo 37, comma 4, del codice in materia di protezione dei dati personali, di cui al decreto legislativo n. 196 del 2003, cessa di essere alimentato a far data dal 25 maggio 2018. Da tale data e fino al 31 dicembre 2019, il registro resta accessibile a chiunque secondo le modalità stabilite nel suddetto articolo 37, comma 4, del decreto legislativo n. 196 del 2003.

9. Le disposizioni di legge o di regolamento che individuano il tipo di dati trattabili e le operazioni eseguibili al fine di autorizzare i trattamenti delle pubbliche amministrazioni per motivi di interesse pubblico rilevante trovano applicazione anche per i soggetti privati che trattano i dati per i medesimi motivi.

10. La disposizione di cui all'articolo 160, comma 4, del codice in materia di protezione dei dati personali, di cui al decreto legislativo n. 196 del 2003, nella parte in cui ha riguardo ai dati coperti da segreto di Stato, si applica fino alla data di entrata in vigore della disciplina relativa alle modalità di opposizione al Garante per la protezione dei dati personali del segreto di Stato.

11. Le disposizioni del codice in materia di protezione dei dati personali, di cui al decreto legislativo n. 196 del 2003, relative al trattamento di dati genetici, biometrici o relativi alla salute continuano a trovare applicazione, in quanto compatibili con il Regolamento (UE) 2016/679, sino all'adozione delle corrispondenti misure di garanzia di cui all'articolo 2-*septies* del citato codice, introdotto dall'articolo 2, comma 1, lett. *e*) del presente decreto.

12. Sino alla data di entrata in vigore del decreto del Ministro della giustizia di cui all'articolo 2-octies, commi 2 e 6, del codice in materia di protezione dei dati personali, di cui al decreto legislativo n. 196 del 2003, da adottarsi entro diciotto mesi dalla data di entrata in vigore del presente decreto, il trattamento dei dati di cui all'articolo 10 del Regolamento (UE) 2016/679 è consentito quando è effettuato in attuazione di protocolli di in-

tesa per la prevenzione e il contrasto dei fenomeni di criminalità organizzata stipulati con il Ministero dell'interno o con le Prefetture - UTG, previo parere del Garante per la protezione dei dati personali, che specificano la tipologia dei dati trattati e delle operazioni eseguibili.

13. Per i primi otto mesi dalla data di entrata in vigore del presente decreto, il Garante per la protezione dei dati personali tiene conto, ai fini dell'applicazione delle sanzioni amministrative e nei limiti in cui risulti compatibile con le disposizioni del Regolamento (UE) 2016/679, della fase di prima applicazione delle disposizioni sanzionatorie.

14. All'articolo 1 della legge 11 gennaio 2018, n. 5 sono apportate le seguenti modificazioni:

a) al comma 9, le parole « di cui all'articolo 162, comma 2-bis » sono sostituite dalle seguenti: « di cui all'articolo 166, comma 2 »;

b) al comma 10, le parole « di cui all'articolo 162, comma 2-*quater* » sono sostituite dalle seguenti: « di cui all'articolo 166, comma 2 ».

15. All'articolo 5-*ter*, comma 1, lettera *c*), del decreto legislativo 14 marzo 2013, n. 33 le parole « di cui all'articolo 162, comma 2-bis » sono sostituite dalle seguenti: « di cui all'articolo 166, comma 2 ».

(*Omissis*)

(1) *Comma abrogato dall'art. 9, comma 2, d.l. 8 ottobre 2021, n. 139, conv., con modif., in l. 3 dicembre 2021, n. 205.*

24 Applicabilità delle sanzioni amministrative alle violazioni anteriormente commesse.

1. Le disposizioni del presente decreto che, mediante abrogazione, sostituiscono sanzioni penali con le sanzioni amministrative previste dal Regolamento (UE) 2016/679 si applicano anche alle violazioni commesse anteriormente alla data di entrata in vigore del decreto stesso, sempre che il procedimento penale non sia stato definito con sentenza o con decreto divenuti irrevocabili.

2. Se i procedimenti penali per i reati depenalizzati dal presente decreto sono stati definiti, prima della sua entrata in vigore, con sentenza di condanna o decreto irrevocabili, il giudice dell'esecuzione revoca la sentenza o il decreto, dichiarando che il fatto non è previsto dalla legge come reato e adotta i provvedimenti conseguenti. Il giudice dell'esecuzione provvede con l'osservanza delle disposizioni dell'articolo 667, comma 4, del codice di procedura penale.

3. Ai fatti commessi prima della data di entrata in vigore del presente decreto non può essere applicata una sanzione amministrativa pecuniaria per un importo superiore al massimo della pena originariamente prevista o inflitta per il reato, tenuto conto del criterio di ragguaglio di cui all'articolo 135 del codice penale. A tali fatti non si applicano le sanzioni amministrative accessorie introdotte dal presente decreto, salvo che le stesse sostituiscano corrispondenti pene accessorie.

25 Trasmissione degli atti all'autorità amministrativa

1. Nei casi previsti dall'articolo 24, comma 1, l'autorità giudiziaria, entro novanta giorni dalla data di entrata in vigore del presente decreto, dispone la trasmissione all'autorità amministrativa competente degli atti dei procedimenti penali relativi ai reati trasformati in illeciti amministrativi, salvo che il reato risulti prescritto o estinto per altra causa alla medesima data.

2. Se l'azione penale non è stata ancora esercitata, la trasmissione degli atti è disposta direttamente dal pubblico ministero che, in caso di procedimento già iscritto, annota la trasmissione nel registro delle notizie di reato. Se il reato risulta estinto per qualsiasi causa, il pubblico ministero richiede l'archiviazione a norma del codice di procedura penale; la richiesta ed il decreto del giudice che la accoglie possono avere ad oggetto anche elenchi cumulativi di procedimenti.

3. Se l'azione penale è stata esercitata, il giudice pronuncia, ai sensi dell'articolo 129 del codice di procedura penale, sentenza inappellabile perché il fatto non è previsto dalla legge come reato, disponendo la trasmissione degli atti a norma del comma 1. Quando è stata pronunciata sentenza di condanna, il giudice dell'impugnazione, nel dichiarare che il fatto non è previsto dalla legge come reato, decide sull'impugnazione ai soli effetti delle disposizioni e dei capi della sentenza che concernono gli interessi civili.

4. L'autorità amministrativa notifica gli estremi della violazione agli interessati residenti nel territorio della Repubblica entro il termine di novanta giorni e a quelli residenti all'estero entro il termine di trecentosettanta giorni dalla ricezione degli atti.

5. Entro sessanta giorni dalla notificazione degli estremi della violazione l'interessato è ammesso al pagamento in misura ridotta, pari alla metà della sanzione irrogata, oltre alle spese del procedimento. Si applicano, in quanto compatibili, le disposizioni di cui all'articolo 16 della legge 24 novembre 1981, n. 689.

6. Il pagamento determina l'estinzione del procedimento.

(*omissis*).

CAPO VII
AUTORITÀ NAZIONALE ANTICORRUZIONE

77. Decreto legislativo 27 ottobre 2009, n. 150. — Attuazione della legge 4 marzo 2009, n. 15, in materia di ottimizzazione della produttività del lavoro pubblico e di efficienza e trasparenza delle pubbliche amministrazioni. (*estratto*) (1).

Pubblicato nella Gazzetta Ufficiale n. 254 del 31 ottobre 2009, S.O. n. 197.

(1) *Per il testo completo del decreto v.* Sub *II, 96.*

13 Autorità nazionale anticorruzione (1) (2) (3).

1. La Commissione istituita in attuazione dell'articolo 4, comma 2, lettera *f*), della legge 4 marzo 2009, n. 15, e ridenominata Autorità nazionale anticorruzione ai sensi dell'articolo 1 della legge 6 novembre 2012, n. 190 e dell'articolo 19 del decreto-legge 24 giugno 2014, n. 90, opera in posizione di indipendenza di giudizio e di valutazione e in piena autonomia, in collaborazione con la Presidenza del Consiglio dei Ministri - Dipartimento della funzione pubblica e con il Ministero dell'economia e delle finanze - Dipartimento della Ragioneria generale dello Stato ed eventualmente in raccordo con altri enti o istituzioni pubbliche [, con il compito di indirizzare, coordinare e sovrintendere all'esercizio indipendente delle funzioni di valutazione, di garantire la trasparenza dei sistemi di valutazione, di assicurare la comparabilità e la visibilità degli indici di andamento gestionale, informando annualmente il Ministro per l'attuazione del programma di Governo sull'attività svolta] (4).

2. Mediante intesa tra la Conferenza delle Regioni e delle Province autonome, l'Anci, l'Upi e l'Autorità sono definiti i protocolli di collaborazione per la realizzazione delle attività di cui ai commi [5,] 6 e 8 (5).

3. L'Autorità è organo collegiale composto dal presidente e da quattro componenti scelti tra esperti di elevata professionalità, anche estranei all'amministrazione, con comprovate competenze in Italia e all'estero, sia nel settore pubblico che in quello privato, di notoria indipendenza e comprovata esperienza in materia di contrasto alla corruzione [, di management e misurazione della performance, nonché di gestione e valutazione del personale]. Il presidente e i componenti sono nominati, tenuto conto del principio delle pari opportunità di genere, con decreto del Presidente della Repubblica, previa deliberazione del Consiglio dei ministri, previo parere favorevole delle Commissioni parlamentari competenti espresso a maggioranza dei due terzi dei componenti. Il presidente è nominato su proposta del Ministro per la pubblica amministrazione e la semplificazione, di concerto con il Ministro della giustizia e il Ministro dell'interno; i componenti sono nominati su proposta del Ministro per la pubblica amministrazione e la semplificazione. Il presidente e i componenti dell'Autorità non possono essere scelti tra persone che rivestono incarichi pubblici elettivi o cariche in partiti politici o in organizzazioni sindacali o che abbiano rivestito tali incarichi e cariche nei tre anni precedenti la nomina e, in ogni caso, non devono avere interessi di qualsiasi natura in conflitto con le funzioni dell'Autorità. I componenti sono nominati per un periodo di sei anni e non possono essere confermati nella carica (6) (7) (8).

4. La struttura operativa dell'Autorità è diretta da un Segretario generale nominato con deliberazione dell'Autorità medesima tra soggetti aventi specifica professionalità ed esperienza gestionale-organizzativa nel campo del lavoro pubblico. L'Autorità definisce con propri regolamenti le norme concernenti il proprio funzionamento [e determina, altresì, i contingenti di personale di cui avvalersi entro il limite massimo di 30 unità. Alla copertura dei posti si provvede esclusivamente mediante personale di altre amministrazioni in posizione di comando o fuori ruolo, cui si applica l'articolo 17, comma 14, della legge 15 maggio 1997, n. 127, o mediante personale con contratto a tempo determinato]. Nei limiti delle disponibilità di bilancio l'Autorità può avvalersi di non più di 10 esperti di elevata professionalità ed esperienza sui temi [della misurazione e della valutazione della performance e] della prevenzione e della lotta alla corruzione, con contratti di diritto privato di collaborazione autonoma. [L'Autorità, previo accordo con il Presidente dell'ARAN, può altresì avvalersi del personale e delle strut-

ture dell'ARAN.] Può inoltre richiedere indagini, accertamenti e relazioni all'Ispettorato per la funzione pubblica (9).

[5. La Commissione indirizza, coordina e sovrintende all'esercizio delle funzioni di valutazione da parte degli Organismi indipendenti di cui all'articolo 14 e delle altre Agenzie di valutazione; a tale fine:

a) promuove sistemi e metodologie finalizzati al miglioramento della performance delle amministrazioni pubbliche;

b) assicura la trasparenza dei risultati conseguiti;

c) confronta le performance rispetto a standard ed esperienze, nazionali e internazionali;

d) favorisce, nella pubblica amministrazione, la cultura della trasparenza anche attraverso strumenti di prevenzione e di lotta alla corruzione;

e) favorisce la cultura delle pari opportunità con relativi criteri e prassi applicative.] (10)

6. L'Autorità nel rispetto dell'esercizio e delle responsabilità autonome di valutazione proprie di ogni amministrazione:

[*a*) fornisce supporto tecnico e metodologico all'attuazione delle varie fasi del ciclo di gestione della performance;] (11)

[*b*) definisce la struttura e le modalità di redazione del Piano e della Relazione di cui all'articolo 10;] (11)

[*c*) verifica la corretta predisposizione del Piano e della Relazione sulla Performance delle amministrazioni centrali e, a campione, analizza quelli degli Enti territoriali, formulando osservazioni e specifici rilievi;] (11)

[*d*) definisce i parametri e i modelli di riferimento del Sistema di misurazione e valutazione della performance di cui all'articolo 7 in termini di efficienza e produttività;] (11)

e) adotta le linee guida per la predisposizione dei Programma triennale per la trasparenza e l'integrità di cuiall'articolo 10, comma 8, del decreto legislativo 14 marzo 2013, n. 33 (12);

[*f*) adotta le linee guida per la definizione degli Strumenti per la qualità dei servizi pubblici;] (11)

[*g*) definisce i requisiti per la nomina dei componenti dell'Organismo indipendente di valutazione di cui all'articolo 14;] (11)

[*h*) promuove analisi comparate della performance delle amministrazioni pubbliche sulla base di indicatori di andamento gestionale e la loro diffusione attraverso la pubblicazione nei siti istituzionali ed altre modalità ed iniziative ritenute utili;] (11)

[*i*) redige la graduatoria di performance delle amministrazioni statali e degli enti pubblici nazionali di cui all'articolo 40, comma 3-*quater*, del decreto legislativo n. 165 del 2001; a tale fine svolge adeguata attività istruttoria e può richiedere alle amministrazioni dati, informazioni e chiarimenti;] (11)

[*l*) promuove iniziative di confronto con i cittadini, le imprese e le relative associazioni rappresentative; le organizzazioni sindacali e le associazioni professionali; le associazioni rappresentative delle amministrazioni pubbliche; gli organismi di valutazione di cui all'articolo 14 e quelli di controllo interni ed esterni alle amministrazioni pubbliche;] (11)

[*m*) definisce un programma di sostegno a progetti innovativi e sperimentali, concernenti il miglioramento della performance attraverso le funzioni di misurazione, valutazione e controllo;] (13)

[*n*) predispone una relazione annuale sulla performance delle amministrazioni centrali e ne garantisce la diffusione attraverso la pubblicazione sul proprio sito istituzionale ed altre modalità ed iniziative ritenute utili;] (11)

[*o*) sviluppa ed intrattiene rapporti di collaborazione con analoghe strutture a livello europeo ed internazionale;] (11)

[p) realizza e gestisce, in collaborazione con il CNIPA il portale della trasparenza che contiene i piani e le relazioni di performance delle amministrazioni pubbliche.] (13)

[7. La Commissione provvede al coordinamento, al supporto operativo e al monitoraggio delle attività di cui all'articolo 11, comma 2, del decreto legislativo 30 luglio 1999, n. 286, come modificato dall'articolo 28 del presente decreto.] (14)

8. Presso l'Autorità è istituita la Sezione per l'integrità nelle amministrazioni pubbliche con la funzione di favorire, all'interno della amministrazioni pubbliche, la diffusione della legalità e della trasparenza e sviluppare interventi a favore della cultura dell'integrità. La Sezione promuove la trasparenza e l'integrità nelle amministrazioni pubbliche; a tale fine predispone le linee guida del Programma triennale per l'integrità e la trasparenza di cui articolo 11, ne verifica l'effettiva adozione e vigila sul rispetto degli obblighi in materia di trasparenza da parte di ciascuna amministrazione.

9. I risultati dell'attività dell'Autorità sono pubblici. L'Autorità assicura la disponibilità, per le associazioni di consumatori o utenti, i centri di ricerca e ogni altro osservatore qualificato, di tutti i dati sui quali la valutazione si basa e trasmette una relazione annuale sulle proprie attività al Ministro per l'attuazione del programma di Governo.

10. Dopo cinque anni, dalla data di costituzione, l'Autorità affida ad un valutatore indipendente un'analisi dei propri risultati ed un giudizio sull'efficacia della sua attività e sull'adeguatezza della struttura di gestione, anche al fine di formulare eventuali proposte di integrazioni o modificazioni dei propri compiti. L'esito della valutazione e le eventuali raccomandazioni sono trasmesse al Ministro per la pubblica amministrazione e l'innovazione e pubblicate sul sito istituzionale dell'Autorità.

11. Con decreto del Ministro per la pubblica amministrazione e l'innovazione, di concerto con il Ministro dell'economia e delle finanze, sono stabilite le modalità di organizzazione, le norme regolatrici dell'autonoma gestione finanziaria dell'Autorità e fissati i compensi per i componenti.

12. Il sistema di valutazione delle attività amministrative delle università e degli enti di ricerca di cui al Capo I del decreto legislativo 31 dicembre 2009, n. 213, è svolto dall'Agenzia nazionale di valutazione del sistema universitario e della ricerca (ANVUR) nel rispetto del presente decreto (15).

13. Agli oneri derivanti dal presente articolo pari a due milioni di euro per l'anno 2009 e a 8 milioni di euro a decorrere dall'anno 2010 si provvede nei limiti dell'autorizzazione di spesa di cui all'articolo 4, comma 3, primo periodo, della legge 4 marzo 2009, n. 15. All'attuazione della lettera *p*) del comma 6 si provvede nell'ambito dell'autorizzazione di spesa di cui all'articolo 4, comma 3, secondo periodo, della legge 4 marzo 2009, n. 15, ferme restando le risorse da destinare alle altre finalità di cui al medesimo comma 3 dell'articolo 4 (16) (17).

(1) *V. quanto disposto dall'art. 34-*bis *d.l. 10 ottobre 2012, n. 179, conv., con modif., in l. 17 dicembre 2012, n. 221, che al comma 2 prevede che « La Commissione di cui al comma 1 si avvale, sulla base di intese con il Ministro dell'economia e delle finanze, della Guardia di finanza, che agisce con i poteri di indagine ad essa attribuiti ai fini degli accertamenti relativi all'imposta sul valore aggiunto e all'imposta sui redditi. La Commissione, agli stessi fini, può richiedere indagini, accertamenti e relazioni all'Ispettorato per la funzione pubblica ».*

(2) *Per la ridenominazione della Commissione di cui al presente articolo v. l'art. 19, comma 2, d.l. 24 giugno 2014, n. 90, conv., con modif., in l. 11 agosto 2014, n. 114,* Sub. *II, 56.*

In precedenza, l'art. 13 d.lgs. n. 150/2009 era così rubricato: « Commissione per la valutazione, la trasparenza e l'integrità delle amministrazioni pubbliche » e così prevedeva al comma 1 « In attuazione dell'articolo 4, comma 2, lettera f*), della legge 4 marzo 2009, n. 15, è istituita la Commissione per la valutazione, la trasparenza e l'integrità delle amministrazioni pubbliche, di seguito denominata « Commissione », che opera in posizione di indipendenza di giudizio e di valutazione e in piena autonomia, in collaborazione con la Presidenza del Consiglio dei Ministri - Dipartimento della funzione pubblica e con il Ministero dell'economia e delle finanze - Dipartimento della Ragioneria generale dello Stato ed eventualmente in raccordo con altri enti o istituzioni pubbliche, con il compito di indirizzare, coordinare e sovrintendere all'esercizio indipendente delle funzioni di valutazione, di garantire la trasparenza dei sistemi di valutazione, di assicurare la comparabilità e la visibilità degli indici di andamento gestionale, informando annualmente il Ministro per l'attuazione del programma di Governo sull'attività svolta ».*

(3) *Rubrica sostituita dall'art. 10, comma 1, lett.* a*), d.lgs. 25 maggio 2017, n. 74.*

(4) *Comma modificato dall'art.10, comma 1, lett.* c*), d.lgs. 25 maggio 2017, n. 74.*

(5) *Comma modificato dall'art. 10, comma 1, lett.* d*), d.lgs. 25 maggio 2017, n. 74.*

(6) *Comma modificato dall'art. 2, comma 12-*decies*, d.l. 29 dicembre 2010, n. 225, conv., con modif., in l. 26 febbraio 2011, n. 10.*

(7) *A norma dell'art. 23, comma 1, lett.* h*), d.l. 6 dicembre 2011, n. 201, conv., con modif., in l. 22 dicembre 2011, n. 214, il numero dei componenti della Commissione per la valutazione, la trasparenza e l'integrità delle amministrazioni pubbliche è ridotto da cinque a tre, compreso il Presidente. Vedi anche quanto disposto dal comma 2 del medesimo articolo.*

(8) *Comma, da ultimo, sostituito dall'art. 5, comma 5, d.l. 31 agosto 2013, n. 101, conv., con modif., in l. 30 ottobre 2013, n. 125 e poi ulteriormente modificato dall'art. 10, comma 1, lett.* e*), d.lgs. 25 maggio 2017, n. 74.*

(9) *Comma modificato dall'art. 10, comma 1, lett.* f*), del d.lgs. 25 maggio 2017, n. 74.*

(10) *Comma abrogato dall'art. 8, comma 1, lett.* c*), del d.P.R. 9 maggio 2016, n. 105.*

(11) *Lettera abrogata dall'art. 8, comma 1, lett.* c*), d.P.R. 9 maggio 2016, n. 105.*

(12) *Lettera modificata dall'art. 10, comma 1, lett.* g*), numero 1), del d.lgs. 25 maggio 2017, n. 74.*

(13) *Lettera abrogata dall'art. 10, comma 1, lett.* g*), numero 2), del d.lgs. 25 maggio 2017, n. 74.*

(14) *Comma abrogato dall'art. 19, comma 12, d.l. 24 giugno 2014, n. 90, conv., con modif., in l. 11 agosto 2014, n. 114.*

(15) *Comma modificato dall'art. 60, comma 2, d.l. 21 giugno 2013, n. 69, conv., con modif., in l. 9 agosto 2013, n. 98 e successivamente sostituito dall'art.10, comma 1, lett.* h*), d.lgs. 25 maggio 2017, n. 74.*

(16) *A norma dell'art. 5, comma 7, d.l. 31 agosto 2013, n. 101, conv., con modif., in l. 30 ottobre 2013, n. 125, il Presidente e i componenti della Commissione di cui al presente articolo, già insediati alla data di entrata in vigore del d.l. n. 101/2013, restano in carica fino alla nomina del nuovo Presidente e dei nuovi componenti.*

(17) *A norma dell'art. 10, comma 1, lett.* b*), d.lgs. 25 maggio 2017, n. 74, nel presente articolo le parole: « la Commissione » e « della Commissione », ovunque ricorrono, sono state sostituite, rispettivamente, dalle seguenti: « l'Autorità » e « dell'Autorità ».*

78. Decreto legislativo 18 aprile 2016, n. 50. — Codice dei contratti pubblici. *(estratto)* (1).

(1) *Titolo così sostituito dall'art. 1 d.lgs. 19 aprile 2017, n. 56. Il testo del titolo era il seguente: « Attuazione delle direttive 2014/23/UE, 2014/24/UE e 2014/25/UE sull'aggiudicazione dei contratti di concessione, sugli appalti pubblici e sulle procedure d'appalto degli enti erogatori nei settori dell'acqua, dell'energia, dei trasporti e dei servizi postali, nonché per il riordino della disciplina vigente in materia di contratti pubblici relativi a lavori, servizi e forniture ». Per l'intero d.lgs v.* sub *III, 44.*

211 Pareri di precontenzioso dell'ANAC.

1. Su iniziativa della stazione appaltante o di una o più delle altre parti, l'ANAC esprime parere, previo contraddittorio, relativamente a questioni insorte durante lo svolgimento delle procedure di gara, entro trenta giorni dalla ricezione della richiesta. Il parere obbliga le parti che vi abbiano preventivamente acconsentito ad attenersi a quanto in esso stabilito. Il parere vincolante è impugnabile innanzi ai competenti organi della giustizia amministrativa ai sensi dell'articolo 120 del codice del processo amministrativo. In caso di rigetto del ricorso contro il parere vincolante, il giudice valuta il comportamento della parte ricorrente ai sensi e per gli effetti dell'articolo 26 del codice del processo amministrativo (1).

1-*bis*. L'ANAC è legittimata ad agire in giudizio per l'impugnazione dei bandi, degli altri atti generali e dei provvedimenti relativi a contratti di rilevante impatto, emessi da qualsiasi stazione appaltante, qualora ritenga che essi violino le norme in materia di contratti pubblici relativi a lavori, servizi e forniture (2).

1-*ter*. L'ANAC, se ritiene che una stazione appaltante abbia adottato un provvedimento viziato da gravi violazioni del presente codice, emette, entro sessanta giorni dalla notizia della violazione, un parere motivato nel quale indica specificamente i vizi di legittimità riscontrati. Il parere è trasmesso alla stazione appaltante; se la stazione appaltante non vi si conforma entro il termine assegnato dall'ANAC, comunque non superiore a sessanta giorni dalla trasmissione, l'ANAC può presentare ricorso, entro i successivi trenta giorni, innanzi al giudice amministrativo. Si applica l'articolo 120 del codice del processo amministrativo di cui al l'allegato 1 annesso al decreto legislativo 2 luglio 2010, n. 104 (2).

1-*quater*. L'ANAC, con proprio regolamento, può individuare i casi o le tipologie di provvedimenti in relazione ai quali esercita i poteri di cui ai commi 1-*bis* e 1-*ter* (2).

[2. Qualora l'ANAC, nell'esercizio delle proprie funzioni, ritenga sussistente un vizio di legittimità in uno degli atti della procedura di gara invita mediante atto di raccomandazione la stazione appaltante ad agire in autotutela e a rimuovere altresì gli eventuali effetti degli atti illegittimi, entro un termine non superiore a sessanta giorni. Il mancato adeguamento della stazione appaltante alla raccomandazione vincolante dell'Autorità entro il termine fissato è punito con la sanzione amministrativa pecuniaria entro il limite minimo di euro 250 e il limite massimo di euro 25.000, posta a carico del dirigente responsabile. La sanzione incide altresì sul sistema reputazionale delle stazioni appaltanti, di cui all'articolo 36 del presente codice. La raccomandazione è impugnabile innanzi ai competenti organi della giustizia amministrativa ai sensi dell'articolo 120 del codice del processo amministrativo (3).] (4).

(1) *Comma modificato dall'art. 123, comma 1, lett.* a), *del d.lgs. 19 aprile 2017, n. 56.*

(2) *Comma aggiunto dall'articolo 52-*ter, *comma 1, del d.l. 24 aprile 2017, n. 50, conv., con modif., in l. 24 aprile 2017, n. 50.*

(3) *Così rettificato con Comunicato 15 luglio 2016 (in Gazz. Uff., 15 luglio 2016, n. 164).*

(4) *Comma abrogato dall'art. 123, comma 1, lett.* b), *d.lgs. 19 aprile 2017, n. 56.*

213 Autorità Nazionale Anticorruzione.

1. La vigilanza e il controllo sui contratti pubblici e l'attività di regolazione degli stessi, sono attribuiti, nei limiti di quanto stabilito dal presente codice, all'Autorità nazionale anticorruzione (ANAC) di cui all'articolo 19 del decreto legge 24 giugno 2014, n. 90, convertito, con modificazioni, dalla legge 11 agosto 2014, n. 114, che agisce anche al fine di prevenire e contrastare illegalità e corruzione.

2. L'ANAC, attraverso linee guida, bandi-tipo, capitolati-tipo, contratti-tipo ed altri strumenti di regolazione flessibile, comunque denominati, garantisce la promozione dell'efficienza, della qualità dell'attività delle stazioni appaltanti, cui fornisce supporto anche facilitando lo scambio di informazioni e la omogeneità dei procedimenti amministrativi e favorisce lo sviluppo delle migliori pratiche. Trasmette alle Camere, immediatamente dopo la loro adozione, gli atti di regolazione e gli altri atti di cui al precedente periodo ritenuti maggiormente rilevanti in termini di impatto, per numero di operatori potenzialmente coinvolti, riconducibilità a fattispecie criminose, situazioni anomale o comunque sintomatiche di condotte illecite da parte delle stazioni appaltanti. Resta ferma l'impugnabilità delle decisioni e degli atti assunti dall'ANAC innanzi ai competenti organi di giustizia amministrativa. L'ANAC, per l'emanazione delle linee guida, si dota, nei modi previsti dal proprio ordinamento, di forme e metodi di consultazione, di analisi e di verifica dell'impatto della regolazione, di consolidamento delle linee guida in testi unici integrati, organici e omogenei per materia, di adeguata pubblicità, anche sulla Gazzetta Ufficiale, in modo che siano rispettati la qualità della regolazione e il divieto di introduzione o di mantenimento di livelli di regolazione superiori a quelli minimi richiesti dalla legge n. 11 del 2016 e dal presente codice (1).

3. Nell'ambito dei poteri ad essa attribuiti, l'Autorità:

a) vigila sui contratti pubblici, anche di interesse regionale, di lavori, servizi e forniture nei settori ordinari e nei settori speciali e sui contratti secretati o che esigono particolari misure di sicurezza ai sensi dell'articolo 1, comma 2, lettera *f-bis*), della legge 6 novembre 2012, n. 190, nonché sui contratti esclusi dall'ambito di applicazione del codice;

b) vigila affinché sia garantita l'economicità dell'esecuzione dei contratti pubblici e accerta che dalla stessa non derivi pregiudizio per il pubblico erario;

c) segnala al Governo e al Parlamento, con apposito atto, fenomeni particolarmente gravi di inosservanza o di applicazione distorta della normativa di settore;

d) formula al Governo proposte in ordine a modifiche occorrenti in relazione alla normativa vigente di settore;

e) predispone e invia al Governo e al Parlamento la relazione prevista dall'articolo 1, comma 2, della legge 6 novembre 2012, n. 190, come modificato dall'articolo 19, comma 5-*ter*, del decreto-legge 24 giugno 2014, n. 90, convertito, con modificazioni, dalla legge 11 agosto 2014, n. 114, annuale sull'attività svolta evidenziando le disfunzioni riscontrate nell'esercizio delle proprie funzioni (2);

f) vigila sul sistema di qualificazione degli esecutori dei contratti pubblici di lavori ed esercita i correlati poteri sanzionatori;

g) vigila sul divieto di affidamento dei contratti attraverso procedure diverse rispetto a quelle ordinarie ed opera un controllo sulla corretta applicazione della specifica disciplina derogatoria prevista per i casi di somma urgenza e di protezione civile di cui all'articolo 163 del presente codice;

h) per affidamenti di particolare interesse, svolge attività di vigilanza collaborativa attuata previa stipula di protocolli di intesa con le stazioni appaltanti richiedenti, finalizzata a supportare le medesime nella predisposizione degli atti e nell'attività di gestione dell'intera procedura di gara.

h-bis) al fine di favorire l'economicità dei contratti pubblici e la trasparenza delle condizioni di acquisto, provvede con apposite linee guida, fatte salve le normative di settore, all'elaborazione dei costi standard dei lavori e dei prezzi di riferimento di beni e servizi, avvalendosi a tal fine, sulla base di apposite convenzioni, del supporto dell'ISTAT e degli altri enti del Sistema statistico nazionale, alle condizioni di maggiore efficienza, tra quelli di maggiore impatto in termini di costo a carico della pubblica amministrazione, avvalendosi eventualmente anche delle informazioni contenute nelle banche dati esistenti presso altre Amministrazioni pubbliche e altri soggetti operanti nel settore dei contratti pubblici (3).

4. L'Autorità gestisce il sistema di qualificazione delle stazioni appaltanti e delle centrali di committenza.

5. Nell'ambito dello svolgimento della propria attività, l'Autorità può disporre ispezioni, anche su richiesta motivata di chiunque ne abbia interesse, avvalendosi eventualmente della collaborazione di altri organi dello Stato nonché dell'ausilio del Corpo della Guardia di Finanza, che esegue le verifiche e gli accertamenti richiesti agendo con i poteri di indagine ad esso attribuiti

ai fini degli accertamenti relativi all'imposta sul valore aggiunto e alle imposte sui redditi.

6. Qualora accerti l'esistenza di irregolarità, l'Autorità trasmette gli atti e i propri rilievi agli organi di controllo e, se le irregolarità hanno rilevanza penale, alle competenti Procure della Repubblica. Qualora accerti che dalla esecuzione dei contratti pubblici derivi pregiudizio per il pubblico erario, gli atti e i rilievi sono trasmessi anche ai soggetti interessati e alla Procura generale della Corte dei conti.

7. L'Autorità collabora con l'Autorità Garante della Concorrenza e del Mercato per la rilevazione di comportamenti aziendali meritevoli di valutazione al fine dell'attribuzione del "Rating di legalità" delle imprese di cui all'articolo 5-*ter* del decreto-legge 24 gennaio 2012, n. 1, convertito, con modificazioni, dalla legge 24 marzo 2012, n. 27. Il rating di legalità concorre anche alla determinazione del rating di impresa di cui all'articolo 83, comma 10 (4).

8. Per le finalità di cui al comma 2, l'Autorità gestisce la Banca Dati Nazionale dei Contratti Pubblici, nella quale confluiscono, oltre alle informazioni acquisite per competenza tramite i propri sistemi informatizzati, tutte le informazioni contenute nelle banche dati esistenti, anche a livello territoriale, onde garantire accessibilità unificata, trasparenza, pubblicità e tracciabilità delle procedure di gara e delle fasi a essa prodromiche e successive. Con proprio provvedimento, l'Autorità individua le modalità e i tempi entro i quali i titolari di suddette banche dati, previa stipula di protocolli di interoperabilità, garantiscono la confluenza dei dati medesimi nell'unica Banca dati accreditata, di cui la medesima autorità è titolare in via esclusiva. Per le opere pubbliche, l'Autorità, il Ministero dell'economia e delle finanze, il Ministero delle infrastrutture e dei trasporti, la Presidenza del Consiglio dei ministri e le Regioni e le Province autonome quali gestori dei sistemi informatizzati di cui al comma 4 dell'articolo 29 concordano le modalità di rilevazione e interscambio delle informazioni nell'ambito della banca dati nazionale dei contratti pubblici, della banca dati di cui all'articolo 13 della legge 31 dicembre 2009, n. 196, della banca dati di cui all'articolo 1, comma 5, della legge 17 maggio 1999, n. 144 e della banca dati di cui all'articolo 36 del decreto-legge 24 giugno 2014, n. 90, convertito, con modificazioni, dalla legge 11 agosto 2014, n. 114, al fine di assicurare, ai sensi del decreto legislativo 29 dicembre 2011, n. 229, del decreto legislativo 14 marzo 2013, n. 33 e del presente codice, il rispetto del principio di unicità dell'invio delle informazioni e la riduzione degli oneri amministrativi per i soggetti di cui all'articolo 1, comma 1, l'efficace monitoraggio dalla programmazione alla realizzazione delle opere e la tracciabilità dei relativi flussi finanziari o il raccordo degli adempimenti in termini di trasparenza preventiva. [Ferma restando l'autonomia della banca dati nazionale degli operatori economici di cui all'articolo 81, l'Autorità e il Ministero delle infrastrutture e dei trasporti concordano le modalità di interscambio delle informazioni per garantire la funzione di prevenzione dalla corruzione e di tutela della legalità dell'Autorità e nel contempo evitare sovrapposizione di competenze e ottimizzare l'utilizzo dei dati nell'interesse della fruizione degli stessi da parte degli operatori economici e delle stazioni appaltanti] (5) (6).

9. Per la gestione della Banca dati di cui al comma 8, l'Autorità si avvale dell'Osservatorio dei contratti pubblici relativi a lavori, servizi e forniture, composto da una sezione centrale e da sezioni regionali aventi sede presso le regioni e le province autonome. L'Osservatorio opera mediante procedure informatiche, sulla base di apposite convenzioni, anche attraverso collegamento con i relativi sistemi in uso presso le sezioni regionali e presso altre Amministrazioni pubbliche e altri soggetti operanti nei settore dei contratti pubblici. L'Autorità stabilisce le modalità di funzionamento dell'Osservatorio nonché le informazioni obbligatorie, i termini e le forme di comunicazione che le stazioni appaltanti e gli enti aggiudicatori sono tenuti a trasmettere all'Osservatorio. Nei confronti del soggetto che ometta, senza giustificato motivo, di fornire informazioni richieste ovvero fornisce informazioni non veritiere, l'Autorità può irrogare la sanzione amministrativa pecuniaria di cui al comma 13. La sezione centrale dell'Osservatorio si avvale delle sezioni regionali competenti per territorio per l'acquisizione delle informazioni necessarie allo svolgimento dei compiti istituzionali, [ovvero di analoghe strutture delle regioni] sulla base di appositi accordi con le regioni [stesse]. La sezione centrale dell'Osservatorio provvede a monitorare l'applicazione dei criteri ambientali minimi di cui al decreto di cui all'articolo 34 comma 1 e il raggiungimento degli obiettivi prefissati dal Piano d'azione per la sostenibilità dei consumi nel settore della pubblica amministrazione (7).

10. L'Autorità gestisce il Casellario Informatico dei contratti pubblici di lavori, servizi e forniture, istituito presso l'Osservatorio, contenente tutte le notizie, le informazioni e i dati relativi agli operatori economici con riferimento alle iscrizioni previste dall'articolo 80. L'Autorità stabilisce le ulteriori informazioni che devono essere presenti nel casellario ritenute utili ai fini della tenuta dello stesso, della verifica dei gravi illeciti professionali di cui all'articolo 80, comma 5, lettera *c*), dell'attribuzione del rating di impresa di cui all'articolo 83, comma 10, o del conseguimento dell'attestazione di qualificazione di cui all'articolo 84. L'Autorità assicura, altresì, il collegamento del casellario con la banca dati di cui all'articolo 81 (8).

11. Presso l'Autorità opera la Camera arbitrale per i contratti pubblici relativi a lavori, servizi, forniture di cui all'articolo 210.

12. Resta fermo quanto previsto dall'articolo 1, comma 67, legge 23 dicembre 2005, n. 266.

13. Nel rispetto dei principi di cui alla legge 24 novembre 1981, n. 689, l'Autorità ha il potere di irrogare sanzioni amministrative pecuniarie nei confronti dei soggetti che rifiutano od omettono, senza giustificato motivo, di fornire le informazioni o di esibire i documenti richiesti dalla stessa e nei confronti degli operatori economici che non ottemperano alla richiesta della stazione appaltante o dell'ente aggiudicatore di comprovare il possesso dei requisiti di partecipazione alla procedura di affidamento, entro il limite minimo di euro 250 e il limite massimo di euro 25.000. Nei confronti dei soggetti che a fronte della richiesta di infor-

mazioni o di esibizione di documenti da parte dell'Autorità forniscono informazioni o esibiscono documenti non veritieri e nei confronti degli operatori economici che forniscono alle stazioni appaltanti o agli enti aggiudicatori o agli organismi di attestazione, dati o documenti non veritieri circa il possesso dei requisiti di qualificazione, fatta salva l'eventuale sanzione penale, l'Autorità ha il potere di irrogare sanzioni amministrative pecuniarie entro il limite minimo di euro 500 e il limite massimo di euro 50.000. Con propri atti l'Autorità disciplina i procedimenti sanzionatori di sua competenza (9).

14. Le somme derivanti dal pagamento delle sanzioni di cui all'articolo 211 sono versate all'entrata del bilancio dello Stato per la successiva riassegnazione in un apposito fondo da istituire nello stato di previsione del Ministero delle infrastrutture e dei trasporti, per essere destinate, con decreto dello stesso Ministro, alla premialità delle stazioni appaltanti, secondo i criteri individuati dall'ANAC ai sensi dell'articolo 38. Il Ministro dell'economia e delle finanze è autorizzato ad apportare con propri decreti le occorrenti variazioni di bilancio (10).

15. L'Autorità gestisce e aggiorna l'Albo Nazionale obbligatorio dei componenti delle commissioni giudicatrici di cui all'articolo 78 nonché l'elenco delle stazioni appaltanti che operano mediante affidamenti diretti nei confronti di proprie società in house ai sensi dell'articolo 192.

16. È istituito, presso l'Autorità, nell'ambito dell'Anagrafe unica delle stazioni appaltanti l'elenco dei soggetti aggregatori.

17. Al fine di garantire la consultazione immediata e suddivisa per materia degli strumenti di regolazione flessibile adottati dall'ANAC comunque denominati, l'ANAC pubblica i suddetti provvedimenti con modalità tali da rendere immediatamente accessibile alle stazioni appaltanti e agli operatori economici la disciplina applicabile a ciascun procedimento.

17-*bis*. L'ANAC indica negli strumenti di regolazione flessibile, di cui al comma 2, e negli ulteriori atti previsti dal presente codice, la data in cui gli stessi acquistano efficacia, che di regola coincide con il quindicesimo giorno successivo alla loro pubblicazione nella Gazzetta Ufficiale della Repubblica italiana e che, in casi di particolare urgenza, non può comunque essere anteriore al giorno successivo alla loro pubblicazione nella Gazzetta Ufficiale della Repubblica italiana. Gli atti stessi si applicano alle procedure e ai contratti per i quali i bandi o gli avvisi, con cui si indice la procedura di scelta del contraente, siano pubblicati successivamente alla data di decorrenza di efficacia indicata dall'ANAC ai sensi del primo periodo; in caso di contratti senza pubblicazione di bandi o di avvisi si applicano alle procedure e ai contratti in relazione ai quali, alla data di decorrenza di efficacia, non siano ancora stati inviati gli inviti a presentare le offerte (11).

(1) *Così rettificato con Comunicato 15 luglio 2016 (in Gazz. Uff., 15 luglio 2016, n. 164).*
(2) *Lettera modificata dall'art. 125, comma 1, lett.* a), *d.lgs. 19 aprile 2017, n. 56.*
(3) *Lettera aggiunta dall'art. 125, comma 1, lett.* a), *d.lgs. 19 aprile 2017, n. 56.*
(4) *Così rettificato con Comunicato 15 luglio 2016 (in Gazz. Uff., 15 luglio 2016, n. 164).*
(5) *Periodo soppresso dall'art. 53, comma 5, lett.* f) *d.l. 31 maggio 2021, n. 77, conv., con modif., in l. 29 luglio 2021, n. 108.*
(6) *Così rettificato con Comunicato 15 luglio 2016 (in Gazz. Uff., 15 luglio 2016, n. 164), successivamente modificato dall'art. 125, comma 1, lett.* b), *d.lgs. 19 aprile 2017, n. 56.*
(7) *Comma modificato dall'art. 125, comma 1, lett.* c), *d.lgs. 19 aprile 2017, n. 56.*
(8) *Comma modificato dall'art. 125, comma 1, lett.* d), *d.lgs. 19 aprile 2017, n. 56.*
(9) *Così rettificato con Comunicato 15 luglio 2016 (in Gazz. Uff., 15 luglio 2016, n. 164), successivamente modificato dall'art. 125, comma 1, lett.* e), *d.lgs. 19 aprile 2017, n. 56.*
(10) *Così rettificato con Comunicato 15 luglio 2016 (in Gazz. Uff., 15 luglio 2016, n. 164).*
(11) *Comma aggiunto dall'art. 125, comma 1, lett.* f), *d.lgs. 19 aprile 2017, n. 56.*

79. Legge 6 novembre 2012, n. 190. — Disposizioni per la prevenzione e la repressione della corruzione e dell'illegalità nella pubblica amministrazione. (Legge anticorruzione). (*estratto*). (1)

Pubblicata nella Gazzetta Ufficiale n. 265 del 13 novembre 2012.

(1) *Per altre disposizioni della legge n. 190/2012 v. sub III, 20 e Sub V, 66.*

1 Disposizioni per la prevenzione e la repressione della corruzione e dell'illegalità nella pubblica amministrazione.

1. In attuazione dell'articolo 6 della Convenzione dell'Organizzazione delle Nazioni Unite contro la corruzione, adottata dalla Assemblea generale dell'ONU il 31 ottobre 2003 e ratificata ai sensi della legge 3 agosto 2009, n. 116, e degli articoli 20 e 21 della Convenzione penale sulla corruzione, fatta a Strasburgo il 27 gennaio 1999 e ratificata ai sensi della legge 28 giugno 2012, n. 110, la presente legge individua, in ambito nazionale, l'Autorità nazionale anticorruzione e gli altri organi incaricati di svolgere, con modalità tali da assicurare azione coordinata, attività di controllo, di prevenzione e di contrasto della corruzione e dell'illegalità nella pubblica amministrazione.

2. La Commissione per la valutazione, la trasparenza e l'integrità delle amministrazioni pubbliche, di cui all'articolo 13 del decreto legislativo 27 ottobre 2009, n. 150, e successive modificazioni, di seguito denominata « Commissione », opera quale Autorità nazionale anticorruzione, ai sensi del comma 1 del presente articolo. In particolare, la Commissione:

a) collabora con i paritetici organismi stranieri, con le organizzazioni regionali ed internazionali competenti;

b) adotta il Piano nazionale anticorruzione ai sensi del comma 2-*bis* (1);

c) analizza le cause e i fattori della corruzione e individua gli interventi che ne possono favorire la prevenzione e il contrasto;

d) esprime parere obbligatorio sugli atti di direttiva e di indirizzo, nonché sulle circolari del Ministro per la pubblica amministrazione e la semplificazione in materia di conformità di atti e comportamenti dei funzionari pubblici alla legge, ai codici di comportamento e ai contratti, collettivi e individuali, regolanti il rapporto di lavoro pubblico (2).

e) esprime pareri facoltativi in materia di autorizzazioni, di cui all'articolo 53 del decreto legislativo 30 marzo 2001, n. 165, e successive modificazioni, allo svolgimento di incarichi esterni da parte dei dirigenti amministrativi dello Stato e degli enti pubblici nazionali, con particolare riferimento all'applicazione del comma 16-*ter*, introdotto dal comma 42, lettera *l*), del presente articolo;

f) esercita la vigilanza e il controllo sull'effettiva applicazione e sull'efficacia delle misure adottate dalle pubbliche amministrazioni ai sensi dei commi 4 e 5 del presente articolo e sul rispetto delle regole sulla trasparenza dell'attività amministrativa previste dai commi da 15 a 36 del presente articolo e dalle altre disposizioni vigenti;

[*f-bis*) esercita la vigilanza e il controllo sui contratti di cui agli articoli 17 e seguenti del codice dei contratti pubblici relativi a lavori, servizi e forniture, di cui al decreto legislativo 12 aprile 2006, n. 163 (3).]

g) riferisce al Parlamento, presentando una relazione entro il 31 dicembre di ciascun anno, sull'attività di contrasto della corruzione e dell'illegalità nella pubblica amministrazione e sull'efficacia delle disposizioni vigenti in materia.

2-*bis*. Il Piano nazionale anticorruzione è adottato sentiti il Comitato interministeriale di cui al comma 4 e la Conferenza unificata di cui all'articolo 8, comma 1, del decreto legislativo 28 agosto 1997, n. 281. Il Piano ha durata triennale ed è aggiornato annualmente. Esso costituisce atto di indirizzo per le pubbliche amministrazioni di cui all'articolo 1, comma 2, del decreto legislativo 30 marzo 2001, n. 165, ai fini dell'adozione dei propri piani triennali di prevenzione della corruzione, e per gli altri soggetti di cui all'articolo 2-*bis*, comma 2, del decreto legislativo 14 marzo 2013, n. 33, ai fini dell'adozione di misure di prevenzione della corruzione integrative di quelle adottate ai sensi del decreto legislativo 8 giugno 2001, n. 231, anche per assicurare l'attuazione dei compiti di cui al comma 4, lettera *a*). Esso, inoltre, anche in relazione alla dimensione e ai diversi settori di attività degli enti, individua i principali rischi di corruzione e i relativi rimedi e contiene l'indicazione di obiettivi, tempi e modalità di adozione e attuazione delle misure di contrasto alla corruzione (4).

3. Per l'esercizio delle funzioni di cui al comma 2, lettera *f*), l'Autorità nazionale anticorruzione esercita poteri ispettivi mediante richiesta di notizie, informazioni, atti e documenti alle pubbliche amministrazioni, e ordina l'adozione di atti o provvedimenti richiesti dai piani di cui ai commi 4 e 5 del presente articolo e dalle regole sulla trasparenza dell'attività amministrativa previste dalle disposizioni vigenti, ovvero la rimozione di comportamenti o atti contrastanti con i piani e le regole sulla trasparenza citati (5).

(*Omissis*).

(1) *Comma modificato dall'art. 41, comma 1, del decreto legislativo recante revisione e semplificazione delle disposizioni in materia di prevenzione della corruzione, pubblicità e trasparenza, correttivo della l. 6 novembre 2012, n. 190 e del d.lgs. 14 marzo 2013, n. 33, ai sensi dell'art. 7 l. 7 agosto 2015, n. 124, in materia di riorganizzazione delle amministrazioni pubbliche. Il testo originario della lettera era il seguente:* « *b*) approva il Piano nazionale anticorruzione predisposto dal Dipartimento della funzione pubblica, di cui al comma 4, lettera *c*) ».

(2) *Lettera sostituita dall'art. 54-*bis*, comma 1, lett.* a), *d.l. 21 giugno 2013, n. 69, conv., con modif., in l. 9 agosto 2013, n. 98.*

(3) *Lettera inserita dall'art. 8, comma 1, l. 27 maggio 2015, n. 69, e successivamente abrogata dall'art. 217, comma 1, lett. ii), d.lgs. 18 aprile 2016, n. 50, come modificato dall'art. 129, comma 1, lett.* h), *d.lgs. 19 aprile 2017, n. 56.*

(4) *Comma aggiunto dall'art. 41, comma 1, del "decreto trasparenza", di cui* sub *nota. 1.*

(5) *Comma modificato dall'art. 54-*bis*, comma 1, lett.* b), *d.l. n. 69, cit, e, successivamente, dall'art. 41, comma 1, del "decreto trasparenza", di cui* sub *nota. 1. Il testo originario del comma era il seguente:* « 3. Per l'esercizio delle funzioni di cui al comma 2, lettera *f*), la Commissione esercita poteri ispettivi mediante richiesta di notizie, informazioni, atti e documenti alle pubbliche amministrazioni, e ordina l'adozione di atti o provvedimenti richiesti dai piani di cui ai commi 4 e 5 del presente articolo e dalle regole sulla trasparenza dell'attività amministrativa previste dai commi da 15 a 36 del presente articolo e dalle altre disposizioni vigenti, ovvero la rimozione di comportamenti o atti contrastanti con i piani e le regole sulla trasparenza citati. La Commissione e le amministrazioni interessate danno notizia, nei rispettivi siti web istituzionali, dei provvedimenti adottati ai sensi del presente comma e danno tempestiva comunicazione dell'avvenuta pubblicazione sui detti siti alla Presidenza del Consiglio dei ministri - Dipartimento della funzione pubblica ».

80. Decreto legge 24 giugno 2014, n. 90, convertito, con modificazioni, in legge 11 agosto 2014, n. 114. — Misure urgenti per la semplificazione e la trasparenza amministrativa e per l'efficienza degli uffici giudiziari. (*estratto*).

Pubblicato nella Gazzetta Ufficiale n. 144 del 24 giugno 2014; la legge di conversione è stata pubblicata nella Gazzetta Ufficiale n. 190 del 18 agosto 2014.

19 Soppressione dell'Autorità per la vigilanza sui contratti pubblici di lavori, servizi e forniture e definizione delle funzioni dell'Autorità nazionale anticorruzione.

1. L'Autorità di vigilanza sui contratti pubblici di lavori, servizi e forniture, di cui all'articolo 6 del decreto legislativo 12 aprile 2006, n. 163 e successive modificazioni, è soppressa ed i relativi organi decadono a decorrere dalla data di entrata in vigore del presente decreto.

2. I compiti e le funzioni svolti dall'Autorità di vigilanza sui contratti pubblici di lavori, servizi e forniture sono trasferiti all'Autorità nazionale anticorruzione e per la valutazione e la trasparenza (ANAC), di cui all'articolo 13 del decreto legislativo 27 ottobre 2009, n.

150, che è ridenominata Autorità nazionale anticorruzione.

3. Il Presidente dell'Autorità nazionale anticorruzione, entro il 31 dicembre 2014, presenta al Presidente del Consiglio dei ministri un piano per il riordino dell'Autorità stessa, che contempla:

a) il trasferimento definitivo delle risorse umane, finanziarie e strumentali, necessarie per lo svolgimento delle funzioni di cui al comma 2, specificando che il personale attualmente in servizio presso l'ANAC, appartenente ai ruoli delle amministrazioni pubbliche di cui all'articolo 1, comma 2, del decreto legislativo 30 marzo 2001, n. 165, e successive modificazioni, confluisce in un unico ruolo insieme con il personale della soppressa Autorità per la vigilanza sui contratti pubblici di lavori, servizi e forniture individuato nel piano di riordino di cui all'alinea del presente comma;

b) la riduzione non inferiore al venti per cento del trattamento economico accessorio del personale dipendente, inclusi i dirigenti;

c) la riduzione delle spese di funzionamento non inferiore al venti per cento.

4. Il piano di cui al comma 3 acquista efficacia a seguito dell'approvazione con decreto del Presidente del Consiglio dei ministri, da emanare, previo parere delle competenti Commissioni parlamentari, entro sessanta giorni dalla presentazione del medesimo piano al Presidente del Consiglio dei ministri.

5. In aggiunta ai compiti di cui al comma 2, l'Autorità nazionale anticorruzione:

a) riceve notizie e segnalazioni di illeciti, anche nelle forme di cui all'Art. 54-*bis* del decreto legislativo 30 marzo 2001, n. 165;

a-bis) riceve notizie e segnalazioni da ciascun avvocato dello Stato il quale, nell'esercizio delle funzioni di cui all'articolo 13 del testo unico di cui al regio decreto 30 ottobre 1933, n. 1611, venga a conoscenza di violazioni di disposizioni di legge o di regolamento o di altre anomalie o irregolarità relative ai contratti che rientrano nella disciplina del codice di cui al decreto legislativo 12 aprile 2006, n. 163. Per gli avvocati dello Stato segnalanti resta fermo l'obbligo di denuncia di cui all'articolo 331 del codice di procedura penale;

b) salvo che il fatto costituisca reato, applica, nel rispetto delle norme previste dalla legge 24 novembre 1981, n. 689, una sanzione amministrativa non inferiore nel minimo a euro 1.000 e non superiore nel massimo a euro 10.000, nel caso in cui il soggetto obbligato ometta l'adozione dei piani triennali di prevenzione della corruzione, dei programmi triennali di trasparenza o dei codici di comportamento.

5-*bis*. Per le controversie aventi ad oggetto le sanzioni di cui al comma 5, lettera *b*), è competente il tribunale in composizione monocratica.

5-*ter*. Nella relazione di cui all'articolo 1, comma 2, lettera *g*), della legge 6 novembre 2012, n. 190, l'Autorità nazionale anticorruzione dà altresì conto dell'attività svolta ai sensi dei commi 2, 3, 4 e 5 del presente articolo, indicando le possibili criticità del quadro amministrativo e normativo che rendono il sistema dell'affidamento dei lavori pubblici vulnerabile a fenomeni di corruzione.

6. Le somme versate a titolo di pagamento delle sanzioni amministrative di cui al comma 5 lett. *b*), restano nella disponibilità dell'Autorità nazionale anticorruzione e sono utilizzabili per le proprie attività istituzionali. Le stesse somme vengono rendicontate ogni sei mesi e pubblicate nel sito internet istituzionale dell'Autorità nazionale anticorruzione specificando la sanzione applicata e le modalità di impiego delle suddette somme, anche in caso di accantonamento o di mancata utilizzazione.

7. Il Presidente dell'Autorità nazionale anticorruzione formula proposte al Commissario unico delegato del Governo per l'Expo Milano 2015 ed alla Società Expo 2015 p.a. per la corretta gestione delle procedure d'appalto per la realizzazione dell'evento. Il presidente dell'Autorità nazionale anticorruzione segnala all'autorità amministrativa di cui all'articolo 47, comma 3, del decreto legislativo 14 marzo 2013, n. 33, le violazioni in materia di comunicazione delle informazioni e dei dati e di obblighi di pubblicazione previste nel citato articolo 47, ai fini dell'esercizio del potere sanzionatorio di cui al medesimo articolo.

8. Allo svolgimento dei compiti di cui ai commi 2 e 5, il Presidente dell'ANAC provvede con le risorse umane, strumentali e finanziarie della soppressa Autorità di vigilanza sui contratti pubblici di lavori, servizi e forniture, nelle more dell'approvazione del piano di cui al comma 4.

9. Al fine di concentrare l'attività dell'Autorità nazionale anticorruzione sui compiti di trasparenza e di prevenzione della corruzione nelle pubbliche amministrazioni, le funzioni della predetta Autorità in materia di misurazione e valutazione della performance, di cui agli articoli 7, 8, 9, 10, 12, 13 e 14 del decreto legislativo 27 ottobre 2009, n. 150, sono trasferite al Dipartimento della funzione pubblica della Presidenza del Consiglio dei ministri, a decorrere dalla data di entrata in vigore della legge di conversione del presente decreto. Con riguardo al solo trasferimento delle funzioni di cui all'articolo 13, comma 6, lettere *m*) e *p*), del decreto legislativo n. 150 del 2009, relativamente ai progetti sperimentali e al Portale della trasparenza, detto trasferimento di funzioni deve avvenire previo accordo tra il Dipartimento della funzione pubblica e l'Autorità nazionale anticorruzione, anche al fine di individuare i progetti che possono più opportunamente rimanere nell'ambito della medesima Autorità nazionale anticorruzione.

10. Con regolamento da emanare ai sensi dell'articolo 17, comma 2, della legge 23 agosto 1988, n. 400, entro 180 giorni dall'entrata in vigore del presente decreto, il Governo provvede a riordinare le funzioni di cui al comma 9 in materia di misurazione e valutazione della performance, sulla base delle seguenti norme generali regolatrici della materia:

a) revisione e semplificazione degli adempimenti a carico delle amministrazioni pubbliche, al fine di valorizzare le premialità nella valutazione della performance, organizzativa e individuale, anche utilizzando le risorse disponibili ai sensi dell'articolo 16, commi 4 e 5, del decreto-legge 6 luglio 2011, n. 98, convertito, con modificazioni, dalla legge 15 luglio 2011, n. 111;

b) progressiva integrazione del ciclo della performance con la programmazione finanziaria;

c) raccordo con il sistema dei controlli interni;

d) valutazione indipendente dei sistemi e risultati;

e) conseguente revisione della disciplina degli organismi indipendenti di valutazione.

11. Il Dipartimento della funzione pubblica della Presidenza del Consiglio dei ministri può avvalersi ai sensi dell'articolo 17, comma 14, della legge 15 maggio 1997, n. 127, di personale in posizione di fuori ruolo o di comando per lo svolgimento delle funzioni relative alla misurazione e valutazione della performance.

12. Il comma 7, dell'articolo 13, del decreto legislativo 27 ottobre 2009, n. 150 è abrogato.

13. All'articolo 11 del decreto legislativo 30 luglio 1999, n. 286, sono apportate le seguenti modificazioni:

a) il comma 2 è abrogato;

b) al comma 5, secondo periodo, le parole: "sino a diversa disposizione adottata ai sensi del comma 2," sono soppresse.

14. Il Comitato tecnico-scientifico di cui all'articolo 1 del decreto del Presidente della Repubblica 12 dicembre 2006, n. 315 è soppresso.

14-*bis*. Le funzioni di supporto dell'autorità politica delegata per il coordinamento in materia di controllo strategico nelle amministrazioni dello Stato sono attribuite all'Ufficio per il programma di Governo della Presidenza del Consiglio dei ministri. L'Ufficio provvede alle funzioni trasferite con le risorse umane, strumentali e finanziarie disponibili a legislazione vigente.

15. Le funzioni del Dipartimento della funzione pubblica della Presidenza del Consiglio dei Ministri in materia di trasparenza e prevenzione della corruzione di cui all'articolo 1, commi 4, 5 e 8, della legge 6 novembre 2012 n. 190, e le funzioni di cui all'articolo 48 del decreto legislativo 14 marzo 2013, n. 33, sono trasferite all'Autorità nazionale anticorruzione.

16. Dall'applicazione del presente articolo non devono derivare nuovi o maggiori oneri per la finanza pubblica.

CAPO VIII
AUTORITÀ DI REGOLAZIONE DEI TRASPORTI

81. Decreto legge 6 dicembre 2011, n. 201, convertito, con modificazioni, in legge 22 dicembre 2011, n. 214. — Disposizioni urgenti per la crescita, l'equità e il consolidamento dei conti pubblici. (Salva-Italia) (*estratto*).

Pubblicato nella Gazzetta Ufficiale n. 284 del 6 dicembre 2011, S.O n. 251; la legge di conversione è stata pubblicata nella Gazzetta Ufficiale n. 300 del 27 dicembre 2011.

37 Liberalizzazione del settore dei trasporti.

1. Nell'ambito delle attività di regolazione dei servizi di pubblica utilità di cui alla legge 14 novembre 1995, n. 481, è istituita l'Autorità di regolazione dei trasporti, di seguito denominata "Autorità", la quale opera in piena autonomia e con indipendenza di giudizio e di valutazione. La sede dell'Autorità è individuata in un immobile di proprietà pubblica nella città di Torino, laddove idoneo e disponibile, con decreto del Presidente del Consiglio dei ministri, su proposta del Ministro delle infrastrutture e dei trasporti, entro il termine del 31 dicembre 2013. In sede di prima attuazione del presente articolo, il collegio dell'Autorità è costituito entro il 31 maggio 2012. L'Autorità è competente nel settore dei trasporti e dell'accesso alle relative infrastrutture e ai servizi accessori, in conformità con la disciplina europea e nel rispetto del principio di sussidiarietà e delle competenze delle regioni e degli enti locali di cui al titolo V della parte seconda della Costituzione. L'Autorità esercita le proprie competenze a decorrere dalla data di adozione dei regolamenti di cui all'articolo 2, comma 28, della legge 14 novembre 1995, n. 481. All'Autorità si applicano, in quanto compatibili, le disposizioni organizzative e di funzionamento di cui alla medesima legge (1).

1-*bis*. L'Autorità è organo collegiale composto dal presidente e da due componenti nominati secondo le procedure di cui all'articolo 2, comma 7, della legge 14 novembre 1995, n. 481. Ai componenti e ai funzionari dell'Autorità si applica il regime previsto dall'articolo 2, commi da 8 a 11, della medesima legge. Il collegio nomina un segretario generale, che sovrintende al funzionamento dei servizi e degli uffici e ne risponde al presidente (2).

1-*ter*. I componenti dell'Autorità sono scelti, nel rispetto dell'equilibrio di genere, tra persone di indiscussa moralità e indipendenza e di comprovata professionalità e competenza nei settori in cui opera l'Autorità. A pena di decadenza essi non possono esercitare, direttamente o indirettamente, alcuna attività professionale o di consulenza, essere amministratori o dipendenti di soggetti pubblici o privati né ricoprire altri uffici pubblici di qualsiasi natura, ivi compresi gli incarichi elettivi o di rappresentanza nei partiti politici, né avere interessi diretti o indiretti nelle imprese operanti nel settore di competenza della medesima Autorità. I dipendenti delle amministrazioni pubbliche sono collocati fuori ruolo per l'intera durata dell'incarico. I componenti dell'Autorità sono nominati per un periodo di sette anni e non possono essere confermati nella carica. In caso di dimissioni o impedimento del presidente o di un membro dell'Autorità, si procede alla sostituzione secondo le regole ordinarie previste per la nomina dei componenti dell'Autorità, la loro durata in carica e la non rinnovabilità del mandato (2).

2. L'Autorità è competente nel settore dei trasporti e dell'accesso alle relative infrastrutture ed in particolare provvede:

a) a garantire, secondo metodologie che incentivino la concorrenza, l'efficienza produttiva delle gestioni e il contenimento dei costi per gli utenti, le imprese e i consumatori, condizioni di accesso eque e non discriminatorie alle infrastrutture ferroviarie, portuali, aeroportuali e alle reti autostradali, fatte salve le competenze dell'Agenzia per le infrastrutture stradali e autostradali di cui all'articolo 36 del decreto-legge 6 luglio 2011, n. 98, convertito, con modificazioni, dalla legge 15 luglio 2011, n. 111, nonché in relazione alla mobilità dei passeggeri e delle merci in ambito nazionale, locale e urbano anche collegata a stazioni, aeroporti e porti;

b) a definire, se ritenuto necessario in relazione alle condizioni di concorrenza effettivamente esistenti nei singoli mercati dei servizi dei trasporti nazionali e locali, i criteri per la fissazione da parte dei soggetti competenti delle tariffe, dei canoni, dei pedaggi, tenendo conto dell'esigenza di assicurare l'equilibrio economico delle imprese regolate, l'efficienza produttiva delle gestioni e il contenimento dei costi per gli utenti, le imprese, i consumatori;

c) a verificare la corretta applicazione da parte dei soggetti interessati dei criteri fissati ai sensi della lettera *b*);

d) a stabilire le condizioni minime di qualità dei servizi di trasporto nazionali e locali connotati da oneri di servizio pubblico, individuate secondo caratteristiche territoriali di domanda e offerta;

e) a definire, in relazione ai diversi tipi di servizio e alle diverse infrastrutture, il contenuto minimo degli specifici diritti, anche di natura risarcitoria, che gli utenti possono esigere nei confronti dei gestori dei servizi e delle infrastrutture di trasporto; sono fatte salve le ulteriori garanzie che accrescano la protezione degli utenti che i gestori dei servizi e delle infrastrutture possono inserire nelle proprie carte dei servizi;

f) a definire i criteri per la determinazione delle eccezioni al principio della minore estensione territoriale dei lotti di gara rispetto ai bacini di pianificazione, tenendo conto della domanda effettiva e di quella potenziale, delle economie di scala e di integrazione tra servizi, di eventuali altri criteri determinati dalla normativa vigente, nonché a definire gli schemi dei bandi delle gare per l'assegnazione dei servizi di trasporto in esclusiva e delle convenzioni da inserire nei capitolati delle medesime gare e a stabilire i criteri per la nomina delle commissioni aggiudicatrici; con riferimento al trasporto ferroviario regionale, l'Autorità verifica che nei relativi bandi di gara non sussistano condizioni discriminatorie o che impediscano l'accesso al mercato a concorrenti potenziali e specificamente che la disponibilità del materiale rotabile già al momento della gara non costituisca un requisito per la partecipazione ovvero un fattore di discriminazione tra le imprese partecipanti. In questi casi, all'impresa aggiudicataria è concesso un tempo massimo di diciotto mesi, decorrenti dall'aggiudicazione definitiva, per l'acquisizione del materiale rotabile indispensabile per lo svolgimento del servizio. Con riferimento al trasporto pubblico locale l'Autorità definisce anche gli schemi dei contratti di servizio per i servizi esercitati da società in house o da società con prevalente partecipazione pubblica ai sensi del decreto legislativo 19 agosto 2016, n. 175, nonché per quelli affidati direttamente. Sia per i bandi di gara che per i predetti contratti di servizio esercitati in house o affidati direttamente l'Autorità determina la tipologia di obiettivi di efficacia e di efficienza che il gestore deve rispettare, nonché gli obiettivi di equilibrio finanziario; per tutti i contratti di servizio prevede obblighi di separazione contabile tra le attività svolte in regime di servizio pubblico e le altre attività (13);

g) con particolare riferimento al settore autostradale, a stabilire per le nuove concessioni sistemi tariffari dei pedaggi basati sul metodo del price cap, con determinazione dell'indicatore di produttività X a cadenza quinquennale per ciascuna concessione; a definire gli schemi di concessione da inserire nei bandi di gara relativi alla gestione o costruzione; a definire gli schemi dei bandi relativi alle gare cui sono tenuti i concessionari autostradali per le nuove concessioni nonché per quelle di cui all'articolo 43, comma 1 e, per gli aspetti di competenza, comma 2 (14); a definire gli ambiti ottimali di gestione delle tratte autostradali, allo scopo di promuovere una gestione plurale sulle diverse tratte e stimolare la concorrenza per confronto;

h) con particolare riferimento al settore aeroportuale, a svolgere ai sensi degli articoli da 71 a 81 del decreto-legge 24 gennaio 2012, n. 1, tutte le funzioni di Autorità di vigilanza istituita dall'articolo 71, comma 2, del predetto decreto-legge n. 1 del 2012, in attuazione della direttiva 2009/12/CE del Parlamento europeo e del Consiglio, dell'11 marzo 2009, concernente i diritti aeroportuali;

i) con particolare riferimento all'accesso all'infrastruttura ferroviaria, a svolgere tutte le funzioni di organismo di regolazione di cui all'articolo 37 del decreto legislativo 8 luglio 2003, n. 188, e, in particolare, a definire i criteri per la determinazione dei pedaggi da parte del gestore dell'infrastruttura e i criteri di assegnazione delle tracce e della capacità e a vigilare sulla loro corretta applicazione da parte del gestore dell'infrastruttura;

l) l'Autorità, in caso di inosservanza di propri provvedimenti o di mancata ottemperanza da parte dei soggetti esercenti il servizio alle richieste di informazioni o a quelle connesse all'effettuazione dei controlli, ovvero nel caso in cui le informazioni e i documenti non siano veritieri, può irrogare sanzioni amministrative pecuniarie determinate in fase di prima applicazione secondo le modalità e nei limiti di cui all'articolo 2 della legge 14 novembre 1995, n. 481.

L'ammontare riveniente dal pagamento delle predette sanzioni è destinato ad un fondo per il finanziamento di progetti a vantaggio dei consumatori dei settori dei trasporti, approvati dal Ministro delle infrastrutture e dei trasporti su proposta dell'Autorità. Tali progetti possono beneficiare del sostegno di altre istituzioni pubbliche nazionali e europee;

m) con particolare riferimento al servizio taxi, a monitorare e verificare la corrispondenza dei livelli di offerta del servizio taxi, delle tariffe e della qualità delle prestazioni alle esigenze dei diversi contesti urbani, secondo i criteri di ragionevolezza e proporzionalità, allo scopo di garantire il diritto di mobilità degli utenti. Comuni e regioni, nell'ambito delle proprie competenze, provvedono, previa acquisizione di preventivo parere da parte dell'Autorità, ad adeguare il servizio dei taxi, nel rispetto dei seguenti principi:

1) l'incremento del numero delle licenze ove ritenuto necessario anche in base alle analisi effettuate dalla Autorità per confronto nell'ambito di realtà europee comparabili, a seguito di un'istruttoria sui costi-benefici anche ambientali, in relazione a comprovate ed oggettive esigenze di mobilità ed alle caratteristiche demografiche e territoriali, bandendo concorsi straordinari in conformità alla vigente programmazione numerica, ovvero in deroga ove la programmazione numerica manchi o non sia ritenuta idonea dal comune ad assicurare un livello di offerta adeguato, per il rilascio, a titolo gratuito o a titolo oneroso, di nuove licenze da assegnare ai soggetti in possesso dei requisiti stabi-

liti dall'articolo 6 della legge 15 gennaio 1992, n. 21, fissando, in caso di titolo oneroso, il relativo importo ed individuando, in caso di eccedenza delle domande, uno o più criteri selettivi di valutazione automatica o immediata, che assicurino la conclusione della procedura in tempi celeri. I proventi derivanti dal rilascio di licenze a titolo oneroso sono finalizzati ad adeguate compensazioni da corrispondere a coloro che sono già titolari di licenza;

2) consentire ai titolari di licenza d'intesa con i comuni una maggiore libertà nell'organizzazione del servizio sia per fronteggiare particolari eventi straordinari o periodi di prevedibile incremento della domanda e in numero proporzionato alle esigenze dell'utenza, sia per sviluppare nuovi servizi integrativi come il taxi ad uso collettivo o altre forme;

3) consentire una maggiore libertà nella fissazione delle tariffe, la possibilità di una loro corretta e trasparente pubblicizzazione a tutela dei consumatori, prevedendo la possibilità per gli utenti di avvalersi di tariffe predeterminate dal comune per percorsi prestabiliti;

4) migliorare la qualità di offerta del servizio, individuando criteri mirati ad ampliare la formazione professionale degli operatori con particolare riferimento alla sicurezza stradale e alla conoscenza delle lingue straniere, nonché alla conoscenza della normativa in materia fiscale, amministrativa e civilistica del settore, favorendo gli investimenti in nuove tecnologie per l'efficientamento organizzativo ed ambientale del servizio e adottando la carta dei servizi a livello regionale;

n) con riferimento alla disciplina di cui alla lettera *m*), l'Autorità può ricorrere al tribunale amministrativo regionale del Lazio (3).

3. Nell'esercizio delle competenze disciplinate dal comma 2 del presente articolo, l'Autorità [individuata ai sensi del medesimo comma] (4):

a) può sollecitare e coadiuvare le amministrazioni pubbliche competenti all'individuazione degli ambiti di servizio pubblico e dei metodi più efficienti per finanziarli, mediante l'adozione di pareri che può rendere pubblici;

b) determina i criteri per la redazione della contabilità delle imprese regolate e può imporre, se necessario per garantire la concorrenza, la separazione contabile e societaria delle imprese integrate (5);

c) propone all'amministrazione competente la sospensione, la decadenza o la revoca degli atti di concessione, delle convenzioni, dei contratti di servizio pubblico, dei contratti di programma e di ogni altro atto assimilabile comunque denominato, qualora sussistano le condizioni previste dall'ordinamento;

d) richiede a chi ne è in possesso le informazioni e l'esibizione dei documenti necessari per l'esercizio delle sue funzioni, nonché raccoglie da qualunque soggetto informato dichiarazioni, da verbalizzare se rese oralmente;

e) se sospetta possibili violazioni della regolazione negli ambiti di sua competenza, svolge ispezioni presso i soggetti sottoposti alla regolazione mediante accesso a impianti, a mezzi di trasporto e uffici; durante l'ispezione, anche avvalendosi della collaborazione di altri organi dello Stato, può controllare i libri contabili e qualsiasi altro documento aziendale, ottenerne copia, chiedere chiarimenti e altre informazioni, apporre sigilli; delle operazioni ispettive e delle dichiarazioni rese deve essere redatto apposito verbale;

f) ordina la cessazione delle condotte in contrasto con gli atti di regolazione adottati e con gli impegni assunti dai soggetti sottoposti a regolazione, disponendo le misure opportune di ripristino; nei casi in cui intenda adottare una decisione volta a fare cessare un'infrazione e le imprese propongano impegni idonei a rimuovere le contestazioni da essa avanzate, può rendere obbligatori tali impegni per le imprese e chiudere il procedimento senza accertare l'infrazione; può riaprire il procedimento se mutano le circostanze di fatto su cui sono stati assunti gli impegni o se le informazioni trasmesse dalle parti si rivelano incomplete, inesatte o fuorvianti; in circostanze straordinarie, ove ritenga che sussistano motivi di necessità e di urgenza, al fine di salvaguardare la concorrenza e di tutelare gli interessi degli utenti rispetto al rischio di un danno grave e irreparabile, può adottare provvedimenti temporanei di natura cautelare;

g) valuta i reclami, le istanze e le segnalazioni presentati dagli utenti e dai consumatori, singoli o associati, in ordine al rispetto dei livelli qualitativi e tariffari da parte dei soggetti esercenti il servizio sottoposto a regolazione, ai fini dell'esercizio delle sue competenze;

h) favorisce l'istituzione di procedure semplici e poco onerose per la conciliazione e la risoluzione delle controversie tra esercenti e utenti;

i) ferme restando le sanzioni previste dalla legge, da atti amministrativi e da clausole convenzionali, irroga una sanzione amministrativa pecuniaria fino al 10 per cento del fatturato dell'impresa interessata nei casi di inosservanza dei criteri per la formazione e l'aggiornamento di tariffe, canoni, pedaggi, diritti e prezzi sottoposti a controllo amministrativo, comunque denominati, di inosservanza dei criteri per la separazione contabile e per la disaggregazione dei costi e dei ricavi pertinenti alle attività di servizio pubblico e di violazione della disciplina relativa all'accesso alle reti e alle infrastrutture o delle condizioni imposte dalla stessa Autorità, nonché di inottemperanza agli ordini e alle misure disposti;

l) applica una sanzione amministrativa pecuniaria fino all'1 per cento del fatturato dell'impresa interessata qualora:

1) i destinatari di una richiesta della stessa Autorità forniscano informazioni inesatte, fuorvianti o incomplete, ovvero non forniscano le informazioni nel termine stabilito;

2) i destinatari di un'ispezione rifiutino di fornire ovvero presentino in modo incompleto i documenti aziendali, nonché rifiutino di fornire o forniscano in modo inesatto, fuorviante o incompleto i chiarimenti richiesti;

m) nel caso di inottemperanza agli impegni di cui alla lettera *f*) applica una sanzione fino al 10 per cento del fatturato dell'impresa interessata.

4. Restano ferme tutte le altre competenze diverse da quelle disciplinate nel presente articolo delle amministrazioni pubbliche, statali e regionali, nei set-

tori indicati; in particolare, restano ferme le competenze in materia di vigilanza, controllo e sanzione nell'ambito dei rapporti con le imprese di trasporto e con i gestori delle infrastrutture, in materia di sicurezza e standard tecnici, di definizione degli ambiti del servizio pubblico, di tutela sociale e di promozione degli investimenti. Tutte le amministrazioni pubbliche, statali e regionali, nonché gli enti strumentali che hanno competenze in materia di sicurezza e standard tecnici delle infrastrutture e dei trasporti trasmettono all'Autorità le delibere che possono avere un impatto sulla concorrenza tra operatori del settore, sulle tariffe, sull'accesso alle infrastrutture, con facoltà da parte dell'Autorità di fornire segnalazioni e pareri circa la congruenza con la regolazione economica. Restano altresì ferme e possono essere contestualmente esercitate le competenze dell'Autorità garante della concorrenza disciplinate dalla legge 10 ottobre 1990, n. 287 e dai decreti legislativi 2 agosto 2007, n. 145 e 2 agosto 2007, n. 146, e le competenze dell'Autorità di vigilanza sui contratti pubblici di cui al decreto legislativo 12 aprile 2006, n. 163 e le competenze dell'Agenzia per le infrastrutture stradali e autostradali di cui all'articolo 36 del decreto-legge 6 luglio 2011, n. 98 (6).

5. L'Autorità [individuata ai sensi del comma 2] rende pubblici nei modi più opportuni i provvedimenti di regolazione e riferisce annualmente alle Camere evidenziando lo stato della disciplina di liberalizzazione adottata e la parte ancora da definire. La regolazione approvata ai sensi del presente articolo resta efficace fino a quando è sostituita dalla regolazione posta dalle amministrazioni pubbliche cui saranno affidate le competenze previste dal presente articolo (7).

6. All'esercizio delle competenze di cui al comma 2 e alle attività di cui al comma 3, nonché all'esercizio delle altre competenze e alle altre attività attribuite dalla legge, (15) si provvede come segue:

a) agli oneri derivanti dall'istituzione dell'Autorità e dal suo funzionamento, nel limite massimo di 1,5 milioni di euro per l'anno 2013 e 2,5 milioni di euro per l'anno 2014, si provvede mediante corrispondente riduzione dello stanziamento del Fondo speciale di parte corrente iscritto, ai fini del bilancio triennale 2013-2015, nell'ambito del programma « Fondi di riserva e speciali » della missione « Fondi da ripartire » dello stato di previsione del Ministero dell'economia e delle finanze per l'anno 2013, allo scopo parzialmente utilizzando l'accantonamento relativo al Ministero degli affari esteri. Al fine di assicurare l'immediato avvio dell'Autorità di regolazione dei trasporti, l'Autorità garante della concorrenza e del mercato anticipa, nei limiti di stanziamento del proprio bilancio, le risorse necessarie per la copertura degli oneri derivanti dall'istituzione dell'Autorità di regolazione dei trasporti e dal suo funzionamento, nella misura di 1,5 milioni di euro per l'anno 2013 e di 2,5 milioni di euro per l'anno 2014. Le somme anticipate sono restituite all'Autorità garante della concorrenza e del mercato a valere sulle risorse di cui al primo periodo della presente lettera. Fino all'attivazione del contributo di cui alla lettera *b*), l'Autorità garante della concorrenza e del mercato, nell'ambito delle predette risorse, assicura all'Autorità di regolazione dei trasporti, tramite apposita convenzione, il necessario supporto operativo-logistico, economico e finanziario per lo svolgimento delle attività strumentali all'implementazione della struttura organizzativa dell'Autorità di regolazione dei trasporti (8);

b) mediante un contributo versato dagli operatori economici operanti nel settore del trasporto e per i quali l'Autorità abbia concretamente avviato, nel mercato in cui essi operano, l'esercizio delle competenze o il compimento delle attività previste dalla legge, in misura non superiore all'1 per mille del fatturato derivante dall'esercizio delle attività svolte percepito nell'ultimo esercizio, con la previsione di soglie di esenzione che tengano conto della dimensione del fatturato. Il computo del fatturato è effettuato in modo da evitare duplicazioni di contribuzione. Il contributo è determinato annualmente con atto dell'Autorità, sottoposto ad approvazione da parte del Presidente del Consiglio dei Ministri, di concerto con il Ministro dell'economia e delle finanze. Nel termine di trenta giorni dalla ricezione dell'atto, possono essere formulati rilievi cui l'Autorità si conforma; in assenza di rilievi nel termine l'atto si intende approvato (9).

b-bis) ai sensi dell'articolo 2, comma 29, ultimo periodo, della legge 14 novembre 1995, n. 481, in sede di prima attuazione del presente articolo, l'Autorità provvede al reclutamento del personale di ruolo, nella misura massima del 50 per cento dei posti disponibili nella pianta organica, determinata in ottanta unità, e nei limiti delle risorse disponibili, mediante apposita selezione nell'ambito del personale dipendente da pubbliche amministrazioni in possesso delle competenze e dei requisiti di professionalità ed esperienza richiesti per l'espletamento delle singole funzioni e tale da garantire la massima neutralità e imparzialità. In fase di avvio il personale selezionato dall'Autorità è comandato da altre pubbliche amministrazioni, con oneri a carico delle amministrazioni di provenienza. A seguito del versamento dei contributi di cui alla lettera *b*), il predetto personale è immesso nei ruoli dell'Autorità nella qualifica assunta in sede di selezione (10).

6-*bis*. Nelle more dell'entrata in operatività dell'Autorità, determinata con propria delibera, le funzioni e le competenze attribuite alla stessa ai sensi del presente articolo continuano ad essere svolte dalle amministrazioni e dagli enti pubblici competenti nei diversi settori interessati. A decorrere dalla stessa data l'Ufficio per la regolazione dei servizi ferroviari (URSF) del Ministero delle infrastrutture e dei trasporti di cui all'articolo 4, comma 1, lettera *c*), del regolamento di cui al decreto del Presidente della Repubblica 3 dicembre 2008, n. 211, istituito ai sensi dell'articolo 37 del decreto legislativo 8 luglio 2003, n. 188, è soppresso. Conseguentemente, il Ministero delle infrastrutture e dei trasporti provvede alla riduzione della dotazione organica del personale dirigenziale di prima e di seconda fascia in misura corrispondente agli uffici dirigenziali di livello generale e non generale soppressi. Sono, altresì, soppressi gli stanziamenti di bilancio destinati alle relative spese di funzionamento (11).

6-*ter*. Restano ferme le competenze del Ministero delle infrastrutture e dei trasporti, del Ministero dell'economia e delle finanze nonché del CIPE in materia di approvazione di contratti di programma nonché di atti convenzionali, con particolare riferimento ai profili di finanza pubblica (11) (12).

(1) *Comma sostituito dapprima in sede di conversione, successivamente dall'art. 36, comma 1, lett.* a), *d.l. 24 gennaio 2012, n. 1, conv., con modif., in l. 24 marzo 2012, n. 27, e da ultimo modificato dall'art. 25-*bis, *comma 1, d.l. 21 giugno 2013, n. 69, conv., con modif., in l. l. 9 agosto 2013, n. 98.*
(2) *Comma aggiunto dall'art. 36, comma 1, lett.* a), *d.l. n. 1, cit.*
(3) *Comma modificato in sede di conversione e successivamente sostituito dall'art. 36, comma 1, lett.* a), *d.l. n. 1, cit.*
(4) *Alinea modificato dall'art. 36, comma 1, lett.* b), *d.l. n. 1, cit.*
(5) *A norma dell'art. 5, comma 6, d.lgs. 15 maggio 2015, n. 112, è fatto salvo quanto previsto dalla presente lettera.*
(6) *Comma modificato dall'art. 36, comma 1, lett.* c), *d.l. n. 1, cit.*
(7) *Comma modificato dall'art. 36, comma 1, lett.* d), *d.l. n. 1, cit.*
(8) *Lettera sostituita dall'art. 36, comma 1, lett.* e), *n. 1) d.l. n. 1, cit. e successivamente dall'art. 6, comma 4, d.l.. 31 agosto 2013, n. 101, conv., con modif. in l. 30 ottobre 2013, n. 125.*
(9) *Lettera modificata dall'art. 36, comma 1, lett.* e), *n. 2) d.l. n. 1, cit., e successivamente dall'art. 16, comma 1, lett.* a-ter) *d.l. 28 settembre 2018, n. 109, conv., con modif., in l. 16 novembre 2018, n. 130.*
(10) *Lettera aggiunta dall'art. 36, comma 1, lett.* e), *n. 3) d.l. n. 1, cit.*
(11) *Comma aggiunto dall'art. 36, comma 1, lett.* f) *d.l. n. 1, cit.*
(12) *Ai sensi dell'art. 37 del d.l. n. 1, cit., l'autorità di regolazione dei trasporti « nel settore del trasporto ferroviario definisce, sentiti il Ministero delle infrastrutture e dei trasporti, le regioni e gli enti locali interessati, gli ambiti del servizio pubblico sulle tratte e le modalità di finanziamento. L'Autorità, dopo un congruo periodo di osservazione delle dinamiche dei processi di liberalizzazione, analizza l'efficienza dei diversi gradi di separazione tra l'impresa che gestisce l'infrastruttura e l'impresa ferroviaria, anche in relazione alle esperienze degli altri Stati membri dell'Unione europea e all'esigenza di tutelare l'utenza pendolare del servizio ferroviario regionale. In esito all'analisi, l'Autorità predispone, entro e non oltre il 30 giugno 2013, una relazione da trasmettere al Governo e al Parlamento ».*
(13) *Lettera così modificata dall'art. 48, comma 6, lett.* a) *e* b), *d.l. 24 aprile 2017, n. 50, conv., con modif., in l. 21 giugno 2017, n. 96.*
(14) *Le parole* « nonché per quelle di cui all'articolo 43, comma 1 e, per gli aspetti di competenza, comma 2 » *sono state inserite dall'art. 16, comma 1, lett.* a) *d.l. n. 109, cit.*
(15) *Le parole* « All'esercizio delle competenze di cui al comma 2 e alle attività di cui al comma 3, nonché all'esercizio delle altre competenze e alle altre attività attribuite dalla legge, » *sono state sostituite alle parole* « Alle attività di cui al comma 3 del presente articolo » *dall'art. 16, comma 1, lett. a-bis) d.l. n. 109, cit.*

43 Alleggerimento e semplificazione delle procedure, riduzione dei costi e altre misure

1. Gli aggiornamenti o le revisioni delle convenzioni autostradali vigenti alla data di entrata in vigore del presente decreto, laddove comportino variazioni o modificazioni al piano degli investimenti ovvero ad aspetti di carattere regolatorio a tutela della finanza pubblica, sono trasmessi, sentita l'Autorità di regolazione dei trasporti per i profili di competenza di cui all'articolo 37, comma 2, lettera *g*), in merito all'individuazione dei sistemi tariffari, dal Ministero delle infrastrutture e dei trasporti al CIPE che, sentito il NARS, (1) si pronuncia entro trenta giorni e, successivamente, approvati con decreto del Ministro delle infrastrutture e dei trasporti, di concerto con il Ministro dell'economia e delle finanze, da emanarsi entro trenta giorni dalla avvenuta trasmissione dell'atto convenzionale ad opera dell'amministrazione concedente.

2. Gli aggiornamenti o le revisioni delle convenzioni autostradali vigenti alla data di entrata in vigore del presente decreto che non comportano le variazioni o le modificazioni di cui al comma 1 sono approvate con decreto del Ministro delle infrastrutture e dei trasporti, di concerto con il Ministro dell'economia e delle finanze, da emanarsi entro trenta giorni dall'avvenuta trasmissione dell'atto convenzionale ad opera dell'amministrazione concedente.

2-*bis*. Nei casi di cui ai commi 1 e 2 il concedente, sentita l'Autorità di regolazione dei trasporti, verifica l'applicazione dei criteri di determinazione delle tariffe, anche con riferimento all'effettivo stato di attuazione degli investimenti già inclusi in tariffa (2).

3. Gli aggiornamenti o le revisioni delle convenzioni autostradali, i cui schemi di atti aggiuntivi sono già stati sottoposti al parere del CIPE alla data di entrata in vigore del presente decreto, sono approvati con decreto del Ministro delle infrastrutture e dei trasporti, di concerto con il Ministro dell'economia e delle finanze, da emanarsi entro trenta giorni dall'avvenuta trasmissione dell'atto convenzionale ad opera dell'amministrazione concedente.

(1) *Le parole* « sono trasmessi, sentita l'Autorità di regolazione dei trasporti per i profili di competenza di cui all'articolo 37, comma 2, lettera *g*), in merito all'individuazione dei sistemi tariffari, dal Ministero delle infrastrutture e dei trasporti al CIPE che, sentito il NARS, » *sono state sostituite alle parole* « sono sottoposti al parere del CIPE che, sentito il NARS, » *dall'art. 16, comma 1, lett.* b) *d.l. 28 settembre 2018, n. 109, conv., con modif., in l. 16 novembre 2018, n. 130.*
(2) *Comma inserito dall'art. 16, comma 1, lett.* c) *d.l. n. 109, cit.*

CAPO IX
ISTITUTO PER LA VIGILANZA SULLE ASSICURAZIONI

82. Decreto legislativo 7 settembre 2005, n. 209. — Codice delle assicurazioni private. (*estratto*).

Pubblicato nella Gazzetta Ufficiale n. 239 del 13 ottobre 2005, S.O.

CAPO II
Vigilanza sull'attività assicurativa e riassicurativa

3 Finalità della vigilanza.

1. Scopo principale della vigilanza è l'adeguata protezione degli assicurati e degli aventi diritto alle prestazioni assicurative. A tal fine l'IVASS persegue la sana e prudente gestione delle imprese di assicurazione e riassicurazione, nonché, unitamente alla Consob, ciascuna secondo le rispettive competenze, la loro trasparenza e correttezza nei confronti della clientela. Altro obiettivo della vigilanza, ma subordinato al precedente, è la stabilità del sistema e dei mercati finanziari.

(1) *Articolo sostituito dall'art. 1, comma 2, d.lgs. 12 maggio 2015, n. 74.*

3-*bis* Principi generali della vigilanza (1).

1. La vigilanza è basata su un metodo prospettico fondato sul rischio ed include la verifica continua del corretto esercizio dell'attività di assicurazione o di riassicurazione e dell'osservanza delle disposizioni di vigilanza da parte delle imprese di assicurazione o di riassicurazione.

2. La vigilanza sulle imprese di assicurazione e di riassicurazione comprende un'opportuna combinazione di attività cartolari e ispezioni in loco.

3. I requisiti stabiliti nel presente codice sono applicati in modo proporzionato alla natura, alla portata e alla complessità dei rischi inerenti all'attività di un'impresa di assicurazione o di riassicurazione.

4. L'IVASS, nell'esercizio delle sue funzioni, tiene conto della convergenza degli strumenti di vigilanza e delle pratiche di vigilanza dell'Unione europea.

5. Ai fini del comma 4 l'IVASS partecipa alle attività dell'AEAP e si conforma ai suoi orientamenti e raccomandazioni, fornendo adeguata motivazione ove ritenga di non conformarsi.

(1) *Articolo inserito dall'art. 1, comma 3, d.lgs. 12 maggio 2015, n. 74.*

4 Ministro dello sviluppo economico.

1. Il Ministro dello sviluppo economico adotta i provvedimenti previsti nel presente codice nell'ambito delle linee di politica assicurativa determinate dal Governo (1).

(1) *Articolo modificato dall'art. 1, comma 213, d.lgs. 12 maggio 2015, n. 74.*

5 Autorità di vigilanza (5).

1. L'IVASS svolge le funzioni di vigilanza sul settore assicurativo mediante l'esercizio dei poteri di natura autorizzativa, prescrittiva, accertativa, cautelare e repressiva previsti dalle disposizioni del presente codice (1).

1-*bis*. L'IVASS, nell'esercizio delle funzioni di vigilanza, è parte del SEVIF e partecipa alle attività che esso svolge, tenendo conto della convergenza degli strumenti e delle prassi di vigilanza in ambito europeo (2).

1-*ter*. Fatto salvo quanto previsto dall'articolo 3, comma 1, l'IVASS, nell'espletamento delle sue funzioni, prende in considerazione il potenziale impatto delle sue decisioni sulla stabilità dei sistemi finanziari dell'Unione europea, soprattutto in situazioni di emergenza, tenendo conto delle informazioni disponibili al momento, anche avvalendosi degli opportuni scambi di informazioni con l'AEAP, il Comitato congiunto, il CERS e le autorità di vigilanza degli altri Stati membri. In periodi di turbolenze eccezionali sui mercati finanziari, l'IVASS tiene conto dei potenziali effetti prociclici derivanti dai suoi interventi (3).

2. L'IVASS adotta ogni regolamento necessario per la sana e prudente gestione delle imprese o per la trasparenza e la correttezza dei comportamenti dei soggetti vigilati ed allo stesso fine rende nota ogni utile raccomandazione o interpretazione (4) (1).

3. L'IVASS effettua le attività necessarie per promuovere un appropriato grado di protezione del consumatore e per sviluppare la conoscenza del mercato

assicurativo, comprese le indagini statistiche ed economiche e la raccolta di elementi per l'elaborazione delle linee di politica assicurativa (1).

[4. L'ISVAP promuove le forme di collaborazione con le autorità degli altri Stati membri al fine di rendere organica, efficace ed omogenea la vigilanza sull'attività assicurativa e riassicurativa in conformità alle procedure stabilite dall'ordinamento comunitario.] (5)

5. L'ordinamento dell'IVASS è disciplinato dalla legge 12 agosto 1982, n. 576, e successive modificazioni, e dall'articolo 13 del decreto-legge 6 luglio 2012, n. 95, convertito, con modificazioni, dalla legge 7 agosto 2012, n. 135, nel rispetto dei principi di autonomia organizzativa, finanziaria e contabile necessari ai fini dell'esercizio imparziale ed efficace delle funzioni di vigilanza sul settore assicurativo (6).

5-*bis*. L'IVASS, nell'ambito della propria autonomia, garantisce comunque il rispetto dei principi di contenimento dei costi di cui al Capo I del Titolo I del decreto-legge 31 maggio 2010, n. 78, convertito, con modificazioni, dalla legge 30 luglio 2010, n. 122 (7).

(1) *Comma modificato dall'art. 1, comma 213, d.lgs. 12 maggio 2015, n. 74.*

(2) *Comma inserito dall'art. 5, comma 2, lett.* a), *d.lgs. 30 luglio 2012, n. 130 e successivamente modificato dall'art. 1, comma 213, d.lgs. n. 74, cit.*

(3) *Comma inserito dall'art. 5, comma 2, lett.* a), *d.lgs. n. 130, cit. e successivamente sostituito dall'art. 1, comma 4, lett.* a) *d.lgs. n. 74, cit.*

(4) *V., da ultimo, Regolamento IVASS 27 aprile 2021 (G.U. 14 maggio 2021, n. 114).*

(5) *Comma abrogato dall'art. 5, comma 2, lett.* b), *d.lgs. n. 130, cit.*

(6) *Comma successivamente sostituito dall'art. 1, comma 4, lett.* b) *d.lgs. n. 74, cit.*

(7) *Comma aggiunto dall'art. 1, comma 4, lett.* c) *d.lgs. n. 74, cit.*

6 Destinatari della vigilanza.

1. L'IVASS esercita le funzioni di vigilanza nei confronti (1):

a) delle imprese, comunque denominate e costituite, che esercitano nel territorio della Repubblica attività di assicurazione o di riassicurazione in qualsiasi ramo e in qualsiasi forma, ovvero operazioni di capitalizzazione e di gestione di fondi collettivi costituiti per l'erogazione di prestazioni in caso di morte, in caso di vita o in caso di cessazione o riduzione dell'attività lavorativa;

b) dei gruppi assicurativi e dei conglomerati finanziari nei quali sono incluse imprese di assicurazione e di riassicurazione in conformità alla specifica normativa ad essi applicabile;

c) dei soggetti, enti e organizzazioni che in qualunque forma svolgono funzioni parzialmente comprese nel ciclo operativo delle imprese di assicurazione o di riassicurazione limitatamente ai profili assicurativi e riassicurativi, fermi restando i poteri nei confronti delle imprese di assicurazione o di riassicurazione per le attività esternalizzate (2);

d) degli intermediari di assicurazione e di riassicurazione [, dei periti di assicurazione] e di ogni altro operatore del mercato assicurativo (3).

(1) *Alinea modificato dall'art. 1, comma 213, d.lgs. 12 maggio 2015, n. 74.*

(2) *Lettera modificata dall'art. 1, comma 5, lett.* a) *d.lgs. n. 74, cit.*

(3) *Lettera modificata dall'art. 1, comma 5, lett.* b) *d.lgs. n. 74, cit.*

7 Reclami.

1. Le persone fisiche e giuridiche, nonché le associazioni riconosciute per la rappresentanza degli interessi dei consumatori hanno facoltà di proporre reclamo all'IVASS, per l'accertamento dell'osservanza delle disposizioni previste nel presente codice, nei confronti delle imprese di assicurazione e di riassicurazione e degli intermediari secondo la procedura prevista con regolamento.

(1) *Articolo sostituito dall'art. 1, comma 6, d.lgs. 12 maggio 2015, n. 74.*

8 Rapporti con il diritto dell'Unione europea e integrazione nel SEVIF (1).

1. Ministero dello sviluppo economico e l'IVASS esercitano i poteri attribuiti in armonia con le disposizioni dell'Unione europea, si conformano ai regolamenti e alle decisioni dell'Unione europea e provvedono in merito alle raccomandazioni concernenti le materie disciplinate dal presente codice (2).

(1) *Rubrica sostituita dall'art. 5, comma 3, lett.* a), *d.lgs. 30 luglio 2012, n. 130.*

(2) *Comma modificato dall'art. 5, comma 3, lett.* b), *d.lgs. n. 130, cit. e successivamente dall'art. 1, comma 213, d.lgs. 12 maggio 2015, n. 74.*

9 Regolamenti e altri provvedimenti.

1. I regolamenti ministeriali sono adottati ai sensi dell'articolo 17, comma 3, della legge 23 agosto 1988, n. 400.

2. I regolamenti adottati dall'IVASS ai sensi del presente codice sono emanati [dal presidente dell'Istituto] nel rispetto della procedura prevista dall'articolo 191, commi 4 e 5 (1) (2).

3. L'IVASS stabilisce, con regolamento, i termini e le procedure per l'adozione degli atti e dei provvedimenti di competenza. L'IVASS disciplina, in particolare, i procedimenti relativi all'accertamento delle violazioni ed all'irrogazione delle sanzioni nel rispetto dei principi della facoltà di denuncia di parte, della piena conoscenza degli atti istruttori, del contraddittorio, della verbalizzazione nonché della distinzione tra le funzioni istruttorie e quelle decisorie. Si applicano, in quanto compatibili, i principi sull'individuazione e sulle funzioni del responsabile del procedimento, sulla partecipazione al procedimento e sull'accesso agli atti amministrativi previsti dalla legge 7 agosto 1990, n. 241. L'IVASS determina i casi di necessità ed urgenza o i motivi di riservatezza per cui è consentito derogare ai principi sanciti nel presente comma (3).

4. Le disposizioni del presente codice che prevedono un'autorizzazione dell'IVASS possono essere applicate dall'Istituto anche mediante il rilascio di autorizzazioni relative a determinate categorie di atti o di soggetti. Le autorizzazioni rilasciate dall'IVASS in via generale sono rese pubbliche secondo le modalità previste per i regolamenti (3).

5. I regolamenti ministeriali, i regolamenti, le raccomandazioni di carattere generale adottati dall'IVASS sono pubblicati nella Gazzetta Ufficiale. I medesimi atti, nonché ogni altro provvedimento rilevante relati-

vo ai soggetti sottoposti a vigilanza, sono pubblicati dall'IVASS nel suo bollettino entro il mese successivo a quello della loro adozione e sono altresì resi prontamente disponibili sul suo sito Internet (3).

6. Entro il 31 gennaio di ogni anno, tutti i regolamenti e i provvedimenti di carattere generale emanati ai sensi del presente codice sono pubblicati, a cura del Ministero dello sviluppo economico, in un'unica raccolta, anche in forma elettronica, se nel corso dell'anno precedente ne siano stati emanati di nuovi o siano intervenute modifiche di quelli già emanati (3).

(1) *Comma modificato dall'art. 1, commi 7 e 213, d.lgs. 12 maggio 2015, n. 74.*
(2) *V., da ultimo, Regolamento IVASS 27 aprile 2021 (G.U. 14 maggio 2021, n. 114).*
(3) *Comma modificato dall'art. 1, comma 213, d.lgs. n. 74, cit..*

9-*bis* Trasparenza e responsabilità dell'attività di vigilanza (1).

1. L'IVASS svolge la propria attività in modo trasparente e responsabile. Nel perseguimento di tali principi, fatto salvo il rispetto della riservatezza, pubblica sul sito internet ed aggiorna periodicamente le seguenti informazioni:

a) il testo delle disposizioni legislative, regolamentari e amministrative, delle raccomandazioni e degli orientamenti generali in materia assicurativa e riassicurativa, ed ogni altro provvedimento rilevante di carattere generale relativo ai soggetti sottoposti a vigilanza;

b) i criteri generali e i metodi di vigilanza, inclusi gli strumenti utilizzati nell'ambito del processo di controllo prudenziale di cui all'articolo 47-*quinquies*;

c) i dati statistici aggregati sugli aspetti principali relativi all'applicazione della regolamentazione prudenziale;

d) le modalità di esercizio delle opzioni previste dalla direttiva n. 2009/138/CE;

e) gli obiettivi della vigilanza e le principali funzioni e attività svolte dall'IVASS.

2. Le informazioni di cui al comma 1 sono pubblicate in modo tale da consentire un raffronto dei metodi di vigilanza adottati dalle autorità di vigilanza degli Stati membri, anche mediante l'utilizzo di un formato comune definito a livello comunitario.

(1) *Articolo inserito dall'art. 1, comma 8, d.lgs. 12 maggio 2015, n. 74.*

10 Segreto d'ufficio (1).

1. Tutte le notizie, le informazioni e i dati in possesso dell'IVASS in ragione della sua attività di vigilanza sono coperti dal segreto d'ufficio anche nei confronti delle pubbliche amministrazioni. Sono fatti salvi i casi previsti dalla legge per le indagini su violazioni sanzionate penalmente (2).

2. I dipendenti dell'IVASS, nell'esercizio delle funzioni di vigilanza, sono pubblici ufficiali e hanno l'obbligo di riferire esclusivamente al presidente dell'IVASS tutte le irregolarità constatate, anche se costituenti reato perseguibile d'ufficio (2).

3. I dipendenti dell'IVASS, i consulenti, i revisori e gli esperti dei quali l'Istituto si avvale sono vincolati dal segreto d'ufficio, anche dopo la cessazione del rapporto di lavoro o la conclusione dell'incarico. Tutte le notizie, informazioni, dati ricevuti da questi soggetti nell'esercizio delle loro funzioni non possono essere divulgati ad alcuna persona o autorità se non in forma sommaria o aggregata in modo che non si possano individuare le singole imprese di assicurazione o di riassicurazione (3).

4. La disposizione di cui al comma 3 non osta a che l'IVASS collabori, anche mediante scambio di informazioni, con la Banca d'Italia, la Commissione nazionale per le società e la borsa (CONSOB), l'Autorità garante della concorrenza e del mercato, la Commissione di vigilanza sui fondi pensione (COVIP), e ciascuna delle suddette istituzioni collabora con l'IVASS al fine di agevolare l'esercizio delle rispettive funzioni. Non può essere reciprocamente opposto il segreto di ufficio (4).

5. Il segreto di ufficio non può essere altresì opposto nei confronti del Ministro dello sviluppo economico e nei confronti dei due rami del Parlamento che acquisiscono i dati, le notizie e le informazioni secondo le competenze e le modalità stabilite nei rispettivi regolamenti (2).

6. Le pubbliche amministrazioni e gli enti pubblici forniscono dati, notizie e documenti e ogni ulteriore collaborazione richiesta dall'IVASS, in conformità alle leggi disciplinanti i rispettivi ordinamenti (2).

7. L'IVASS, secondo le modalità e alle condizioni previste dalle disposizioni dell'Unione europea, collabora, anche mediante scambio di informazioni, con l'AEAP e le altre autorità di vigilanza europee, con il Comitato congiunto, con il CERS, con le istituzioni dell'Unione europea e le autorità di vigilanza dei singoli Stati membri, al fine di agevolare l'esercizio delle rispettive funzioni. Le informazioni ricevute dall'IVASS provenienti da Autorità di vigilanza di altri Stati membri possono essere trasmesse ad altre autorità italiane o a terzi solo con il consenso dell'autorità che le ha fornite e unicamente per i fini per cui il consenso è stato accordato (5).

7-*bis*. Nei casi e nei modi previsti dalle disposizioni dell'Unione europea, l'IVASS può concludere con l'AEAP e con le autorità di vigilanza degli altri Stati membri accordi che possono prevedere anche la delega di compiti; può, inoltre, ricorrere all'AEAP per la risoluzione delle controversie con le autorità di vigilanza degli altri Stati membri in situazioni transfrontaliere (6).

8. Nell'ambito di accordi di cooperazione e a condizione di reciprocità e di equivalenti obblighi di riservatezza, l'IVASS può scambiare informazioni con le autorità competenti degli Stati terzi rispetto all'Unione europea. (2)

9. L'IVASS può scambiare informazioni con le autorità amministrative o giudiziarie o gli altri organi che intervengono nell'ambito di procedimenti di liquidazione o concorsuali, in Italia o all'estero, relativi ai soggetti vigilati. Nei rapporti con le autorità di Stati terzi lo scambio di informazioni avviene con le modalità di cui al comma 7 (7).

(1) *Rubrica sostituita dall'art. 1, comma 9, lett.* a) *d.lgs. 12 maggio 2015, n. 74.*
(2) *Comma modificato dall'art. 1, comma 213, d.lgs. n. 74, cit.*
(3) *Comma sostituito dall'art. 1, comma 9, lett.* b) *d.lgs. n. 74, cit.*

(4) *Comma sostituito dall'art. 1, comma 9, lett. c) d.lgs. n. 74, cit.*
(5) *Comma modificato dall'art. 5, comma 4, lett. a), d.lgs. 30 luglio 2012, n. 130 e successivamente dall'art. 1, comma 9, lett. d), e comma 213, d.lgs. n. 74, cit.*
(6) *Comma inserito dall'art. 5, comma 4, lett. b), d.lgs. n. 130, cit. e successivamente modificato dall'art. 1, comma 213, d.lgs. n. 74. cit.*
(7) *Comma modificato dall'art. 1, comma 9, lett. e), e dall'art. 1, comma 213, d.lgs. n. 74, cit.*

83. Decreto legge 6 luglio 2012, n. 95, convertito, con modificazioni, in legge 7 agosto 2012, n. 135. — Disposizioni urgenti per la revisione della spesa pubblica con invarianza dei servizi ai cittadini nonché misure di rafforzamento patrimoniale delle imprese del settore bancario. (Spending review). (*estratto*).

Pubblicato nella Gazzetta Ufficiale n. 156 del 6 luglio 2012; la legge di conversione è stata pubblicata nella Gazzetta Ufficiale n. 189 del 14 agosto 2012.

13 Istituzione dell'Istituto per la vigilanza sulle assicurazioni.

1. Al fine di assicurare la piena integrazione dell'attività di vigilanza nel settore assicurativo, anche attraverso un più stretto collegamento con la vigilanza bancaria, è istituito, con sede legale in Roma, l'Istituto per la vigilanza sulle assicurazioni (IVASS). Resta, in ogni caso, ferma la disciplina in materia di poteri di vigilanza regolamentare, informativa, ispettiva e sanzionatori esercitati dalla Consob sui soggetti abilitati e sulle imprese di assicurazione nonché sui prodotti di cui all'articolo 1, comma 1, lettera *w-bis*), del decreto legislativo 24 febbraio 1998, n. 58, e relativa disciplina regolamentare di attuazione (1).

2. L'IVASS ha personalità giuridica di diritto pubblico.

3. L'Istituto opera sulla base di principi di autonomia organizzativa, finanziaria e contabile, oltre che di trasparenza e di economicità, mantenendo i contributi di vigilanza annuali previsti dal Capo II del Titolo XIX del decreto legislativo 7 settembre 2005, n. 209 (Codice delle assicurazione private) (1).

4. L'IVASS e i componenti dei suoi organi operano con piena autonomia e indipendenza e non sono sottoposti alle direttive di altri soggetti pubblici o privati. L'IVASS può fornire dati al Ministro dello sviluppo economico e al Ministro dell'economia e delle finanze, esclusivamente in forma aggregata.

5. L'Istituto trasmette annualmente al Parlamento e al Governo una relazione sulla propria attività.

6. Fermo restando quanto previsto dagli articoli 25-*bis*, 30, comma 9, 32, comma 2, e 190 del decreto legislativo 24 febbraio 1998, n. 58, l'IVASS svolge le funzioni già affidate all'Istituto per la vigilanza sulle assicurazioni private e di interesse collettivo (ISVAP) ai sensi dell'art. 4 della legge 12 agosto 1982, n. 576, (Riforma della vigilanza sulle assicurazioni) e dell'art. 5 del *d.lgs.* 7 settembre 2005, n. 209.

7. (*Omissis*)

8. (*Omissis*)

9. (*Omissis*)

10. Sono organi dell'IVASS:

a) il Presidente;

b) il Consiglio;

c) il Direttorio di cui all'art. 21 dello Statuto della Banca d'Italia, operante nella composizione integrata di cui al comma 17.

11. Presidente dell'Istituto è il Direttore Generale della Banca d'Italia.

12. Il Presidente è il legale rappresentante dell'Istituto e presiede il Consiglio.

13. Il Consiglio è composto dal Presidente e da due consiglieri scelti tra persone di indiscussa moralità ed indipendenza oltre che di elevata qualificazione professionale in campo assicurativo, nominati con decreto del Presidente della Repubblica, previa delibera del Consiglio dei Ministri, ad iniziativa del Presidente del Consiglio, su proposta del Governatore della Banca d'Italia e di concerto con il Ministro dello sviluppo economico.

14. I due consiglieri restano in carica sei anni, con possibilità di rinnovo per un ulteriore mandato.

Gli emolumenti connessi alla carica sono fissati con decreto del Ministro dello sviluppo economico, adottato su proposta del Governatore della Banca d'Italia.

15. Al Consiglio spetta l'amministrazione generale dell'IVASS.

In particolare il Consiglio:

— adotta il regolamento organizzativo dell'IVASS;

— delibera in ordine al trattamento normativo ed economico del personale dipendente dell'Istituto e adotta il relativo regolamento;

— adotta i provvedimenti di nomina, assegnazione, promozione e cessazione dal servizio dei dipendenti;

— conferisce gli incarichi di livello dirigenziale;

— approva gli accordi stipulati con le organizzazioni sindacali;

— provvede alla gestione dei contributi dei soggetti vigilati;

— esamina ed approva il bilancio;

— esercita le ulteriori competenze indicate dallo Statuto e delibera sulle questioni che il Direttorio integrato eventualmente ritenga di sottoporgli.

16. Nell'ambito delle proprie competenze, il Consiglio può rilasciare deleghe anche a singoli consiglieri o al personale dell'Istituto con qualifica dirigenziale per l'adozione di provvedimenti che non richiedono valutazioni di carattere discrezionale, stabilendone oggetto e limiti, nel rispetto delle modalità previste dallo Statuto.

17. Ai soli fini dell'esercizio delle funzioni istituzionali attribuite all'IVASS in materia assicurativa, il Direttorio della Banca d'Italia è integrato con i due consiglieri di cui al comma 13.

18. Al Direttorio integrato spetta l'attività di indirizzo e direzione strategica dell'IVARP e la competenza ad assumere i provvedimenti aventi rilevanza esterna

relativi all'esercizio delle funzioni istituzionali in materia di vigilanza assicurativa.

19. Nell'ambito delle proprie competenze il Direttorio integrato può rilasciare deleghe al Presidente, a singoli consiglieri, a dipendenti dell'Istituto con qualifica dirigenziale o a Comitati, Commissioni o Collegi previsti dallo Statuto, stabilendone oggetto e limiti nel rispetto delle modalità previste dallo Statuto medesimo.

20. Rientra, in ogni caso, nella competenza esclusiva del Direttorio integrato l'approvazione della relazione annuale di cui al comma 5, del presente articolo e l'adozione di provvedimenti a carattere normativo.

21. Rientra, altresì, nella competenza del Direttorio integrato l'adozione nei confronti dei dirigenti dell'IVASS di provvedimenti di distacco ed il conferimento di particolari incarichi, ivi compresa la nomina dei delegati presso l'Autorità europea delle assicurazioni e delle pensioni aziendali e professionali (EIOPA).

22. Nei casi di necessità e di urgenza, i provvedimenti di competenza del Direttorio integrato possono essere assunti dai componenti del Consiglio di amministrazione anche singolarmente, salvo ratifica collegiale.

23. Il Direttorio integrato viene informato dal Presidente dell'IVASS sui fatti rilevanti concernenti l'amministrazione dell'Istituto.

24. In sede di prima applicazione lo Statuto dell'IVASS è deliberato dal Direttorio della Banca d'Italia ed approvato con decreto del Presidente della Repubblica su proposta del Presidente del Consiglio dei Ministri, di concerto con il Ministro dello sviluppo economico, previa deliberazione del Consiglio dei Ministri. Le modifiche allo Statuto dell'IVASS, deliberate dal Direttorio integrato, sono approvate con le medesime modalità.

25. Lo Statuto detta disposizioni in ordine all'assetto organizzativo dell'IVASS e in particolare:

— stabilisce norme di dettaglio sulle competenze degli organi dell'Istituto;

- prevede la facoltà del Direttorio integrato di nominare un Segretario generale con compiti di ordinaria amministrazione, anche su delega del Consiglio;

— disciplina il funzionamento degli organi e in tale ambito, stabilisce i quorum costitutivi e deliberativi di quelli collegiali, prevedendo che il Direttorio integrato possa assumere i provvedimenti di sua competenza solo con la presenza di almeno uno dei consiglieri di cui al comma 13;

— definisce principi e criteri ai fini del conferimento delle deleghe da parte degli organi collegiali;

— definisce le modalità dell'esercizio delle funzioni istituzionali nei casi di necessità e di urgenza;

— stabilisce norme in materia di incompatibilità e principi per l'adozione di un codice etico sia per i dipendenti che per i componenti degli organi;

— definisce i criteri ai fini di eventuali provvedimenti di distacco dei dipendenti dalla Banca d'Italia all'IVASS o dall'IVASS alla Banca d'Italia;

— definisce norme relative alla consulenza e rappresentanza in giudizio dell'Istituto.

26. Lo Statuto, tenendo conto delle funzioni dell'Istituto, stabilisce criteri per l'ottimizzazione delle risorse, la riduzione delle spese per il funzionamento e per le collaborazioni esterne.

27. Ai fini dell'esercizio delle sue funzioni l'IVASS può avvalersi delle infrastrutture tecnologiche della Banca d'Italia.

28. Alla data di entrata in vigore del presente decreto gli organi dell'ISVAP decadono e il Presidente dell'ente soppresso assume le funzioni di Commissario per l'ordinaria e straordinaria amministrazione dell'ente, mantenendo il trattamento economico connesso all'incarico precedentemente ricoperto, ridotto del 10 per cento (1).

29. Il Commissario straordinario riferisce con cadenza almeno quindicinale al direttore generale della Banca d'Italia in ordine all'attività svolta ed ai provvedimenti assunti dall'ISVAP. L'ISVAP, per tutta la fase transitoria, continua ad avvalersi del patrocinio e della rappresentanza in giudizio dell'Avvocatura dello Stato (1).

30. Entro 120 giorni dalla data di cui al comma 28 del presente articolo, sono nominati i Consiglieri di cui al comma 13 e il Direttorio della Banca d'Italia predispone lo Statuto dell'IVASS.

31. Alla data di entrata in vigore dello Statuto, il Commissario straordinario decade automaticamente dalle funzioni.

32. Alla medesima data l'ISVAP è soppresso e l'IVASS succede in tutte le funzioni, le competenze, i poteri e in tutti i rapporti attivi e passivi. All'IVASS sono trasferite le risorse finanziarie e strumentali dell'ente soppresso. Il personale del soppresso ISVAP passa alle dipendenze dell'IVASS conservando di diritto il trattamento giuridico, economico e previdenziale di provenienza. La dotazione dell'IVASS è determinata entro il limite di un numero pari alle unità di personale di ruolo a tempo indeterminato trasferite, in servizio presso l'ente soppresso (1) (2).

33. Entro centoventi giorni dalla data di subentro dell'IVASS nelle funzioni di ISVAP, il consiglio di amministrazione, sentite le organizzazioni sindacali, definisce il trattamento giuridico, economico e previdenziale del personale dell'IVASS, fermo restando che lo stesso non potrà, in nessun caso, comportare oneri di bilancio aggiuntivi rispetto a quelli previsti nel precedente ordinamento dell'ISVAP (1).

34. Entro centoventi giorni dalla data di subentro dell'IVASS nelle funzioni di ISVAP il consiglio definisce il piano di riassetto organizzativo che tenga conto dei principi dettati dallo statuto ai sensi del comma 25 del presente articolo. In ogni caso, il piano dovrà realizzare risparmi rispetto al costo totale di funzionamento dell'ente soppresso (1).

35. Alla data di subentro dell'IVASS nelle funzioni precedentemente attribuite all'ISVAP, è trasferita alla Consap - Concessionaria servizi assicurativi pubblici Spa, la tenuta del ruolo dei periti assicurativi di cui agli artt. 157 e segg. del decreto legislativo 7 settembre 2005, n. 209, e ogni altra competenza spettante all'ISVAP in materia.

36. Alla medesima data è trasferita alla Consap Spa la gestione del Centro di informazione previsto dagli artt. 154 e 155 del decreto legislativo 7 settembre 2005, n. 209.

37. Con decreto del Ministro dello sviluppo economico, sentita l'IVASS, è stabilita la quota dei contributi di vigilanza di cui al comma 3 del presente articolo, da riconoscere alla Consap Spa a copertura degli oneri sostenuti per l'esercizio delle funzioni di cui ai commi 35 e 36.

[38. Con regolamento emanato ai sensi dell'art. 17 della legge 23 agosto 1988, n. 400, da adottarsi entro due anni dalla data di entrata in vigore del presente decreto, è disciplinata l'istituzione di apposito Organismo, avente personalità giuridica di diritto privato e ordinato in forma di associazione, cui saranno trasferite le funzioni e competenze in materia di tenuta del Registro unico degli intermediari assicurativi e riassicurativi nonché la vigilanza sui soggetti iscritti nel registro medesimo. Il regolamento potrà prevedere, nel rispetto dei principi di semplificazione e proporzionalità, una revisione delle categorie di soggetti tenuti all'iscrizione nel Registro.

L'organismo sarà soggetto alla vigilanza dell'IVARP. Il regolamento disciplinerà, altresì, il procedimento di nomina dei componenti dell'Organismo e il passaggio al medesimo delle funzioni e competenze attribuite in via transitoria all'IVARP con attribuzione dei necessari poteri sanzionatori.] (3)

39. La contabilità dell'IVASS viene verificata da revisori esterni così come stabilito per la Banca d'Italia ai sensi dell'articolo 27 dello statuto del Sistema europeo di banche centrali e della Banca centrale europea (SEBC), fermi restando i controlli già esercitati dalla Corte dei conti su ISVAP ai sensi dell'articolo 4 della legge 12 agosto 1982, n. 576, come modificato dall'articolo 351, comma 1, del decreto legislativo 7 settembre 2005, n. 209 (1).

40. A decorrere dalla data di entrata in vigore dello statuto dell'IVASS sono abrogati gli articoli 9, 10, 11, 12, 13, 14 e 17 della legge 12 agosto 1982, n. 576, nonché l'articolo 13, comma 2, della legge 8 agosto 1995, n. 335. Sono altresì abrogate tutte le disposizioni incompatibili con le norme di cui ai precedenti commi (1).

41. (*Omissis*)

42. Dalla data di cui ai commi 40 e 41 e fermo restando quanto previsto al comma 40 del presente articolo, ogni riferimento all'ISVAP contenuto in norme di legge o in altre disposizioni normative è da intendersi effettuato all'IVASS. Per le norme che disciplinano la gestione dei compiti di cui ai commi 35 e 36, del presente articolo, ogni riferimento all'IVASS si intende effettuato alla Consap Spa.

43. Le disposizioni adottate dall'ISVAP nell'esercizio delle funzioni e delle competenze trasferite all'IVASS restano in vigore fino all'eventuale adozione, da parte dell'IVASS medesimo, di nuove disposizioni nelle materie regolate (1).

(1) *Comma sostituito dall'art. 1, comma 1, l. n. 135, cit., in sede di conversione.*

(2) *Per una deroga alla disposizione dell'ultimo periodo del presente comma, v. art. 4, comma 5, d.lgs. 21 maggio 2018, n. 68.*

(3) *Comma abrogato dall'art. 4, comma 1, d.lgs. 21 maggio 2018, n. 68. Ai sensi del successivo comma 2 « Fino alla data di entrata in vigore del regolamento di cui all'art. 108-*bis *del decreto legislativo 7 settembre 2005, n. 209, restano attribuite all'IVASS le funzioni di registrazione degli intermediari di cui all'art. 109, assegnate all'Organismo ai sensi degli articoli 109, 112, 113, 116, 116-*bis*, 116-*ter*, 116-*quater *e 116-*quinquies *del medesimo decreto legislativo ». Si riporta il testo dell'art. 108-*bis *d.lgs. 7 settembre 2005, n. 209 (« Organismo per la registrazione degli intermediari assicurativi, anche a titolo accessorio, e riassicurativi »): « 1. È istituito un Organismo per la registrazione degli intermediari di cui all'articolo 109, comma 2, e per lo svolgimento degli adempimenti relativi agli elenchi di cui agli articoli 109, comma 1-*bis*, e alle sezioni I e II del Titolo IX, Capo II. Con decreto del Presidente della Repubblica emanato ai sensi dell'articolo 17, comma 2, della legge 23 agosto 1988, n. 400, su proposta del Ministro dello sviluppo economico, è disciplinata l'organizzazione dell'Organismo. L'Organismo promuove altresì la diffusione dei principi di correttezza e diligenza professionale presso gli intermediari di cui all'articolo 109, comma 2. In particolare il regolamento disciplina, nel rispetto dei principi di semplificazione e proporzionalità:*

a) *l'istituzione dell'Organismo avente personalità giuridica di diritto privato, dotato di autonomia statutaria, organizzativa e finanziaria, ordinato in forma di associazione, cui sono trasferite funzioni e competenze in materia di tenuta del registro degli intermediari assicurativi e riassicurativi;*

b) *il procedimento di nomina dei componenti dell'Organismo nel rispetto dei principi di imparzialità e terzietà;*

c) *il passaggio all'Organismo di funzioni e competenze attribuite in via transitoria all'IVASS;*

d) *le modalità attraverso le quali l'Organismo riscuote e gestisce i contributi dovuti dagli intermediari iscritti nel registro di cui all'articolo 109 del Codice delle assicurazioni private di cui al decreto legislativo 7 settembre 2005, n. 209, ai sensi dell'articolo 336 del medesimo Codice;*

e) *la vigilanza dell'IVASS sull'Organismo di cui alla lettera* a).

2. L'Organismo è sottoposto al controllo dell'IVASS che, con regolamento, disciplina le modalità di esercizio del controllo, inclusi i flussi informativi e i poteri ispettivi, 1 secondo modalità improntate a criteri di proporzionalità ed economicità dell'azione di controllo, con la finalità di verificare l'adeguatezza delle procedure interne adottate e l'efficacia dell'attività svolta in relazione alle funzioni affidate.

3. L'Organismo è finanziato mediante una quota del contributo di vigilanza sugli intermediari di assicurazione e riassicurazione di cui all'articolo 336 del Codice delle assicurazioni private di cui al decreto legislativo 7 settembre 2005, n. 209 versato all'IVASS e successivamente trasferito allo stesso Organismo, secondo la misura e le modalità individuate dal regolamento di cui al comma 1.

4. L'IVASS, con regolamento, stabilisce le modalità con cui l'Organismo esercita la propria attività e le forme di collaborazione con l'IVASS per l'attuazione delle disposizioni di cui al presente Capo, inclusi le procedure e i poteri nei confronti degli intermediari iscritti al registro, tenendo anche presente l'esigenza di evitare duplicazioni di costi e adempimenti per soggetti iscritti in altri albi o registri ».

CAPO X
ALTRI ORGANISMI

84. Legge 12 giugno 1990, n. 146. — Norme sull'esercizio del diritto di sciopero nei servizi pubblici essenziali e sulla salvaguardia dei diritti della persona costituzionalmente tutelati. Istituzione della Commissione di garanzia dell'attuazione della legge. (*rinvio*) (1).

Pubblicata nella Gazzetta Ufficiale n. 137 del 14 giugno 1990.

(1) *V.* sub *III*, 56.

85. Legge 27 luglio 2000, n. 212. — Disposizioni in materia di statuto dei diritti del contribuente.

Pubblicata nella Gazzetta Ufficiale n. 177 del 31 luglio 2000.

1 Princìpi generali.

1. Le disposizioni della presente legge, in attuazione degli articoli 3, 23, 53 e 97 della Costituzione, costituiscono principi generali dell'ordinamento tributario e possono essere derogate o modificate solo espressamente e mai da leggi speciali.

2. L'adozione di norme interpretative in materia tributaria può essere disposta soltanto in casi eccezionali e con legge ordinaria, qualificando come tali le disposizioni di interpretazione autentica.

3. Le regioni a statuto ordinario regolano le materie disciplinate dalla presente legge in attuazione delle disposizioni in essa contenute; le regioni a statuto speciale e le province autonome di Trento e di Bolzano provvedono, entro un anno dalla data di entrata in vigore della presente legge, ad adeguare i rispettivi ordinamenti alle norme fondamentali contenute nella medesima legge.

4. Gli enti locali provvedono, entro sei mesi dalla data di entrata in vigore della presente legge, ad adeguare i rispettivi statuti e gli atti normativi da essi emanati ai principi dettati dalla presente legge.

2 Chiarezza e trasparenza delle disposizioni tributarie.

1. Le leggi e gli altri atti aventi forza di legge che contengono disposizioni tributarie devono menzionarne l'oggetto nel titolo; la rubrica delle partizioni interne e dei singoli articoli deve menzionare l'oggetto delle disposizioni ivi contenute.

2. Le leggi e gli atti aventi forza di legge che non hanno un oggetto tributario non possono contenere disposizioni di carattere tributario, fatte salve quelle strettamente inerenti all'oggetto della legge medesima.

3. I richiami di altre disposizioni contenuti nei provvedimenti normativi in materia tributaria si fanno indicando anche il contenuto sintetico della disposizione alla quale si intende fare rinvio.

4. Le disposizioni modificative di leggi tributarie debbono essere introdotte riportando il testo conseguentemente modificato.

3 Efficacia temporale delle norme tributarie (1).

1. Salvo quanto previsto dall'art. 1, comma 2, le disposizioni tributarie non hanno effetto retroattivo. Relativamente ai tributi periodici le modifiche introdotte si applicano solo a partire dal periodo d'imposta successivo a quello in corso alla data di entrata in vigore delle disposizioni che le prevedono (2).

2. In ogni caso, le disposizioni tributarie non possono prevedere adempimenti a carico dei contribuenti la cui scadenza sia fissata anteriormente al sessantesimo giorno dalla data della loro entrata in vigore o dell'adozione dei provvedimenti di attuazione in esse espressamente previsti.

3. I termini di prescrizione e di decadenza per gli accertamenti di imposta non possono essere prorogati (3) (4) (5).

(1) *Per una deroga al presente articolo, v. art. 157, commi 1 e 7-bis, d.l. 19 maggio 2020, n. 34, conv., con modif., in l. 17 luglio 2020, n. 77.*

Per la proroga di un anno dei termini di decadenza per la notificazione delle cartelle di pagamento, per le dichiarazioni presentate nel 2019, in deroga a quanto previsto dal presente articolo, v. art. 5, comma 8, d.l. 22 marzo 2021, n. 42, conv., con modif., in l. 21 maggio 2021, n. 69.

(2) *Per una deroga alla presente disposizione, v. l'art. 5, comma 3, l. 18 ottobre 2001, n. 383 e l'art. 3 d.lgs. 15 novembre 1993, n. 507.*

(3) *A norma dell'art. 1 comma 67 l. 31 dicembre 2004, n. 311 i termini per l'accertamento dell'imposta comunale sono prorogati al 31 dicembre 2005, limitatamente alle annualità d'imposta 2000 e successive.*

(4) *V. l'art. 12 d.lgs. 24 settembre 2015, n. 159 che così dispone: « 1. Le disposizioni in materia di sospensione dei termini di versamento dei tributi, dei contributi previdenziali e assistenziali e dei premi per l'assicurazione obbligatoria contro gli infortuni e le malattie professionali, a favore dei soggetti interessati da eventi eccezionali, comportano altresì, per un corrispondente periodo di tempo, relativamente alle stesse entrate, la sospensione dei termini previsti per gli adempimenti anche processuali, nonché la sospensione dei termini di prescrizione e decadenza in materia di liquidazione, controllo, accertamento, contenzioso e riscossione a favore degli enti impositori, degli enti previdenziali e assistenziali e degli agenti della riscossione, in deroga alle disposizioni dell'articolo 3, comma 3, della legge 27 luglio 2000, n. 212. Salvo diverse disposizioni, i versamenti sospesi sono effettuati entro il mese successivo al termine del periodo di sospensione.*

2. I termini di prescrizione e decadenza relativi all'attività degli uffici degli enti impositori, degli enti previdenziali e assistenziali e degli agenti della riscossione aventi sede nei territori dei Comuni colpiti dagli eventi eccezionali, ovvero aventi sede nei territori di Comuni diversi ma riguardanti debitori aventi domicilio fiscale o sede operativa nei territori di Comuni colpiti da eventi eccezionali e per i quali è stata disposta la sospensione degli adempimenti e dei versamenti tributari, che scadono entro il 31 dicembre dell'anno o degli anni durante i quali si verifica la sospensione, sono prorogati, in deroga alle disposizioni dell'articolo 3, comma 3, della legge 27 luglio 2000, n. 212, fino al 31 dicembre del secondo anno successivo alla fine del periodo di sospensione.

3. L'Agente della riscossione non procede alla notifica delle cartelle di pagamento durante il periodo di sospensione di cui al comma 1 ».

(5) *Per una deroga rispetto a quanto previsto dal presente comma, con riferimento alle misure di contrasto all'emergenza epidemiologica da Covid-19, v. l'art. 67, comma 4 d.l. 17 marzo 2020, n. 18, conv., con modif., in l. 24 aprile 2020, n. 27, ai sensi del quale: « 4. Con riferimento ai termini di prescrizione e decadenza relativi all'attività degli uffici degli enti impositori si applica, anche in deroga alle disposizioni dell'articolo 3, comma 3, della legge 27 luglio 2000, n. 212, l'articolo 12, commi 1 e 3, del decreto legislativo 24 settembre 2015, n. 159 ».*

Per una deroga in materia di iscrizione al catasto edilizio urbano dei fabbricati rurali ubicati nei comuni colpiti dal sisma 2016 e 2017, v. art. 160 d.l. 19 maggio 2020, n. 34, conv., con modif., in l. 17 luglio 2020, n. 77.

Per una deroga in materia di esecuzione delle decisioni adottate nell'ambito delle procedure amichevoli o delle procedure di risoluzione delle controversie, v. artt. 19 e 25 d.lgs. 10 giugno 2020, n. 49.

4 Utilizzo del decreto-legge in materia tributaria.

1. Non si può disporre con decreto-legge l'istituzione di nuovi tributi né prevedere l'applicazione di tributi esistenti ad altre categorie di soggetti.

5 Informazione del contribuente.

1. L'amministrazione finanziaria deve assumere idonee iniziative volte a consentire la completa e agevole conoscenza delle disposizioni legislative e amministrative vigenti in materia tributaria, anche curando la predisposizione di testi cordinati e mettendo gli stessi a disposizione dei contribuenti presso ogni ufficio impositore. L'amministrazione finanziaria deve altresì assumere idonee iniziative di informazione elettronica, tale da consentire aggiornamenti in tempo reale, ponendola a disposizione gratuita dei contribuenti.

2. L'amministrazione finanziaria deve portare a conoscenza dei contribuenti tempestivamente e con i mezzi idonei tutte le circolari e le risoluzioni da essa emanate, nonché ogni altro atto o decreto che dispone sulla organizzazione, sulle funzioni e sui procedimenti.

6 Conoscenza degli atti e semplificazione.

1. L'amministrazione finanziaria deve assicurare l'effettiva conoscenza da parte del contribuente degli atti a lui destinati. A tale fine essa provvede comunque a comunicarli nel luogo di effettivo domicilio del contribuente, quale desumibile dalle informazioni in possesso della stessa amministrazione o di altre amministrazioni pubbliche indicate dal contribuente, ovvero nel luogo ove il contribuente ha eletto domicilio speciale ai fini dello specifico procedimento cui si riferiscono gli atti da comunicare. Gli atti sono in ogni caso comunicati con modalità idonee a garantire che il loro contenuto non sia conosciuto da soggetti diversi dal loro destinatario. Restano ferme le disposizioni in materia di notifica degli atti tributari.

2. L'amministrazione deve informare il contribuente di ogni fatto o circostanza a sua conoscenza dai quali possa derivare il mancato riconoscimento di un credito ovvero l'irrogazione di una sanzione, richiedendogli di integrare o correggere gli atti prodotti che impediscono il riconoscimento, seppure parziale, di un credito.

3. L'amministrazione finanziaria assume iniziative volte a garantire che i modelli di dichiarazione, le relative istruzioni, i servizi telematici, la modulistica e i documenti di prassi amministrativa siano messi a disposizione del contribuente, con idonee modalità di comunicazione e di pubblicità, almeno sessanta giorni prima del termine assegnato al contribuente per l'adempimento al quale si riferiscono (1).

3-*bis*. I modelli e le relative istruzioni devono essere comprensibili anche ai contribuenti sforniti di conoscenze in materia tributaria. L'amministrazione finanziaria assicura che il contribuente possa ottemperare agli obblighi tributari con il minor numero di adempimenti e nelle forme meno costose e più agevoli (2).

3-*ter*. Le amministrazioni interessate provvedono alle attività relative all'attuazione dei commi 3 e 3-*bis* nell'ambito delle risorse umane, finanziarie e strumentali disponibili a legislazione vigente e, comunque, senza nuovi o maggiori oneri per la finanza pubblica (2).

4. Al contribuente non possono, in ogni caso, essere richiesti documenti ed informazioni già in possesso dell'amministrazione finanziaria o di altre amministrazioni pubbliche indicate dal contribuente. Tali documenti ed informazioni sono acquisiti ai sensi dell'art. 18, commi 2 e 3, della legge 7 agosto 1990, n. 241, relativi ai casi di accertamento d'ufficio di fatti, stati e qualità del soggetto interessato dalla azione amministrativa.

5. Prima di procedere alle iscrizioni a ruolo derivanti dalla liquidazione di tributi risultanti da dichiarazioni, qualora sussistano incertezze su aspetti rilevanti della dichiarazione, l'amministrazione finanziaria deve invitare il contribuente, a mezzo del servizio postale o con mezzi telematici, a fornire i chiarimenti necessari

o a produrre i documenti mancanti entro un termine congruo e comunque non inferiore a trenta giorni dalla ricezione della richiesta. La disposizione si applica anche qualora, a seguito della liquidazione, emerga la spettanza di un minore rimborso di imposta rispetto a quello richiesto. La disposizione non si applica nell'ipotesi di iscrizione a ruolo di tributi per i quali il contribuente non è tenuto ad effettuare il versamento diretto. Sono nulli i provvedimenti emessi in violazione delle disposizioni di cui al presente comma (3).

(1) *Comma sostituito dall'art.* 4-septies, *comma 4, lett.* a), *d.l. 30 aprile 2019, n. 34, conv., con modif., in l. 28 giugno 2019, n. 58. Il testo del comma era il seguente:* « 3. L'amministrazione finanziaria assume iniziative volte a garantire che i modelli di dichiarazione, le istruzioni e, in generale, ogni altra propria comunicazione siano messi a disposizione del contribuente in tempi utili e siano comprensibili anche ai contribuenti sforniti di conoscenze in materia tributaria e che il contribuente possa adempiere le obbligazioni tributarie con il minor numero di adempimenti e nelle forme meno costose e più agevoli ».

(2) *Comma inserito dall'art.* 4-septies, *comma 4, lett.* b), *del d.l. 30 aprile 2019, n. 34, conv., con modif., in l. 28 giugno 2019, n. 58.*

(3) *V. l'art.* 2-bis, *comma 1 d.l. 30 settembre 2005, n. 203, nel testo modificato dall'art. 1, comma 62 l. 27 dicembre 2006, n. 296, che prevede che « 1. A partire dalle dichiarazioni presentate dal 1° gennaio 2006, l'invito previsto dall'*articolo 6, comma 5, della legge 27 luglio 2000, n. 212, *è effettuato:* a) *con mezzi telematici ai soggetti di cui all'articolo 3, comma 3, del regolamento di cui al* decreto del Presidente della Repubblica 22 luglio 1998, n. 322, *che, se previsto nell'incarico di trasmissione, portano a conoscenza dei contribuenti interessati, tempestivamente e comunque nei termini di cui all'*articolo 2, comma 2, del decreto legislativo 18 dicembre 1997, n. 462, *e successive modificazioni, gli esiti della liquidazione delle dichiarazioni contenuti nell'invito; b) mediante raccomandata in ogni altro caso ».*

7 Chiarezza e motivazione degli atti.

1. Gli atti dell'amministrazione finanziaria sono motivati secondo quanto prescritto dall'art. 3 della legge 7 agosto 1990, n. 241, concernente la motivazione dei provvedimenti amministrativi, indicando i presupposti di fatto e le ragioni giuridiche che hanno determinato la decisione dell'amministrazione. Se nella motivazione si fa riferimento ad un altro atto, questo deve essere allegato all'atto che lo richiama.

2. Gli atti dell'amministrazione finanziaria e dei concessionari della riscossione devono tassativamente indicare:

a) l'ufficio presso il quale è possibile ottenere informazioni complete in merito all'atto notificato o comunicato e il responsabile del procedimento;

b) l'organo o l'autorità amministrativa presso i quali è possibile promuovere un riesame anche nel merito dell'atto in sede di autotutela;

c) le modalità, il termine, l'organo giurisdizionale o l'autorità amministrativa cui è possibile ricorrere in caso di atti impugnabili.

3. Sul titolo esecutivo va riportato il riferimento all'eventuale precedente atto di accertamento ovvero, in mancanza, la motivazione della pretesa tributaria.

4. La natura tributaria dell'atto non preclude il ricorso agli organi di giustizia amministrativa, quando ne ricorrano i presupposti.

8 Tutela dell'integrità patrimoniale.

1. L'obbligazione tributaria può essere estinta anche per compensazione.

2. È ammesso l'accollo del debito d'imposta altrui senza liberazione del contribuente originario.

3. Le disposizioni tributarie non possono stabilire né prorogare termini di prescrizione oltre il limite ordinario stabilito dal codice civile.

4. L'amministrazione finanziaria è tenuta a rimborsare il costo delle fideiussioni che il contribuente ha dovuto richiedere per ottenere la sospensione del pagamento o la rateizzazione o il rimborso dei tributi. Il rimborso va effettuato quando sia stato definitivamente accertato che l'imposta non era dovuta o era dovuta in misura minore rispetto a quella accertata.

5. L'obbligo di conservazione di atti e documenti, stabilito a soli effetti tributari, non può eccedere il termine di dieci anni dalla loro emanazione o dalla loro formazione.

6. Con decreto del Ministro delle finanze, adottato ai sensi dell'art. 17, comma 3, della legge 23 agosto 1988, n. 400, relativo ai poteri regolamentari dei Ministri nelle materie di loro competenza, sono emanate le disposizioni di attuazione del presente articolo.

7. La pubblicazione e ogni informazione relative ai redditi tassati, anche previste dall'art. 15 della legge 5 luglio 1982, n. 441, sia nelle forme previste dalla stessa legge sia da parte di altri soggetti, deve sempre comprendere l'indicazione dei redditi anche al netto delle relative imposte.

8. Ferme restando, in via transitoria, le disposizioni vigenti in materia di compensazione, con regolamenti emanati ai sensi dell'art. 17, comma 2, della legge 23 agosto 1988, n. 400, è disciplinata l'estinzione dell'obbligazione tributaria mediante compensazione, estendendo, a decorrere dall'anno d'imposta 2002, l'applicazione di tale istituto anche a tributi per i quali attualmente non è previsto.

9 Rimessione in termini.

1. Il Ministro delle finanze, con decreto da pubblicare nella Gazzetta Ufficiale, rimette in termini i contribuenti interessati, nel caso in cui il tempestivo adempimento di obblighi tributari è impedito da cause di forza maggiore. Qualora la rimessione in termini concerna il versamento di tributi, il decreto è adottato dal Ministro delle finanze di concerto con il Ministro del tesoro, del bilancio e della programmazione economica.

2. Con proprio decreto il Ministro delle finanze, sentito il Ministro del tesoro, del bilancio e della programmazione economica, può sospendere o differire il termine per l'adempimento degli obblighi tributari a favore dei contribuenti interessati da eventi eccezionali ed imprevedibili.

2-*bis*. La ripresa dei versamenti dei tributi sospesi o differiti, ai sensi del comma 2, avviene, senza applicazione di sanzioni, interessi e oneri accessori, relativi al periodo di sospensione, anche mediante rateizzazione fino a un massimo di diciotto rate mensili di pari importo, a decorrere dal mese successivo alla data di scadenza della sospensione. Con decreto del Ministro dell'economia e delle finanze sono definiti le modalità e i termini della ripresa dei versamenti, tenendo anche conto della durata del periodo di sospensione, nei limiti delle risorse preordinate allo scopo dal fondo previsto dall'articolo 1, comma 430, della legge 28 dicembre 2015, n. 208. I versamenti dei tributi oggetto di sospensione sono versati all'entrata del bilancio dello Stato per essere destinati al predetto fondo. (1).

[2-*ter*. Per i tributi non sospesi né differiti ai sensi del comma 2, nei limiti delle risorse preordinate allo scopo, i contribuenti residenti o aventi sede legale o sede operativa nei territori colpiti da eventi calamitosi con danni riconducibili all'evento e individuati con la medesima ordinanza della Presidenza del Consiglio dei ministri con la quale è dichiarato lo stato di emergenza possono chiedere la rateizzazione, fino a un massimo di diciotto rate mensili di pari importo, dei tributi che scadono nei sei mesi successivi alla dichiarazione dello stato di emergenza, con istanza da presentare al competente ufficio, secondo modalità e termini stabiliti con decreto del Ministro dell'economia e delle finanze, da adottare entro novanta giorni dalla data di entrata in vigore della presente disposizione] (2).

(1) *Comma aggiunto dall'art. 1, comma 429, l. 28 dicembre 2015, n. 208 a decorrere dal 1° gennaio 2016 e, successivamente, così sostituito dall'art. 48, comma 15, lett.* a), *d.l. 17 ottobre 2016, n. 189, conv., con modif., in l. 15 dicembre 2016, n. 229.*

(2) *Comma aggiunto dall'art. 1, comma 429, l. 28 dicembre 2015, n. 208 e poi abrogato dall'art. 48, comma 15, lett.* b), *d.l. n. 189, cit.*

10 Tutela dell'affidamento e della buona fede. Errori del contribuente.

1. I rapporti tra contribuente e amministrazione finanziaria sono improntati al principio della collaborazione e della buona fede.

2. Non sono irrogate sanzioni né richiesti interessi moratori al contribuente, qualora egli si sia conformato a indicazioni contenute in atti dell'amministrazione finanziaria, ancorché successivamente modificate dall'amministrazione medesima, o qualora il suo comportamento risulti posto in essere a seguito di fatti direttamente conseguenti a ritardi, omissioni od errori dell'amministrazione stessa.

3. Le sanzioni non sono comunque irrogate quando la violazione dipende da obiettive condizioni di incertezza sulla portata e sull'ambito di applicazione della norma tributaria o quando si traduce in una mera violazione formale senza alcun debito di imposta; in ogni caso non determina obiettiva condizione di incertezza la pendenza di un giudizio in ordine alla legittimità della norma tributaria. Le violazioni di disposizioni di rilievo esclusivamente tributario non possono essere causa di nullità del contratto (1).

(1) *Comma modificato dall'art. 1 d.l. 17 giugno 2005, n. 106.*

10-*bis* Disciplina dell'abuso del diritto o elusione fiscale (1).

1. Configurano abuso del diritto una o più operazioni prive di sostanza economica che, pur nel rispetto formale delle norme fiscali, realizzano essenzialmente vantaggi fiscali indebiti. Tali operazioni non sono opponibili all'amministrazione finanziaria, che ne disconosce i vantaggi determinando i tributi sulla base delle norme e dei principi elusi e tenuto conto di quanto versato dal contribuente per effetto di dette operazioni.

2. Ai fini del comma 1 si considerano:

a) operazioni prive di sostanza economica i fatti, gli atti e i contratti, anche tra loro collegati, inidonei a produrre effetti significativi diversi dai vantaggi fiscali. Sono indici di mancanza di sostanza economica, in particolare, la non coerenza della qualificazione delle singole operazioni con il fondamento giuridico del loro insieme e la non conformità dell'utilizzo degli strumenti giuridici a normali logiche di mercato;

b) vantaggi fiscali indebiti i benefici, anche non immediati, realizzati in contrasto con le finalità delle norme fiscali o con i principi dell'ordinamento tributario.

3. Non si considerano abusive, in ogni caso, le operazioni giustificate da valide ragioni extrafiscali, non marginali, anche di ordine organizzativo o gestionale, che rispondono a finalità di miglioramento strutturale o funzionale dell'impresa ovvero dell'attività professionale del contribuente.

4. Resta ferma la libertà di scelta del contribuente tra regimi opzionali diversi offerti dalla legge e tra operazioni comportanti un diverso carico fiscale.

5. Il contribuente può proporre interpello ai sensi dell'articolo 11, comma 1, lettera *c*), per conoscere se le operazioni costituiscano fattispecie di abuso del diritto.

6. Senza pregiudizio dell'ulteriore azione accertatrice nei termini stabiliti per i singoli tributi, l'abuso del diritto è accertato con apposito atto, preceduto, a pena di nullità, dalla notifica al contribuente di una richiesta di chiarimenti da fornire entro il termine di sessanta giorni, in cui sono indicati i motivi per i quali si ritiene configurabile un abuso del diritto.

7. La richiesta di chiarimenti è notificata dall'amministrazione finanziaria ai sensi dell'articolo 60 del decreto del Presidente della Repubblica 29 settembre 1973, n. 600, e successive modificazioni, entro il termine di decadenza previsto per la notificazione dell'atto impositivo. Tra la data di ricevimento dei chiarimenti ovvero di inutile decorso del termine assegnato al contribuente per rispondere alla richiesta e quella di decadenza dell'amministrazione dal potere di notificazione dell'atto impositivo intercorrono non meno di sessanta giorni. In difetto, il termine di decadenza per la notificazione dell'atto impositivo è automaticamente prorogato, in deroga a quello ordinario, fino a concorrenza dei sessanta giorni.

8. Fermo quanto disposto per i singoli tributi, l'atto impositivo è specificamente motivato, a pena di nullità, in relazione alla condotta abusiva, alle norme o ai principi elusi, agli indebiti vantaggi fiscali realizzati, nonché ai chiarimenti forniti dal contribuente nel termine di cui al comma 6.

9. L'amministrazione finanziaria ha l'onere di dimostrare la sussistenza della condotta abusiva, non rilevabile d'ufficio, in relazione agli elementi di cui ai commi 1 e 2. Il contribuente ha l'onere di dimostrare l'esistenza delle ragioni extrafiscali di cui al comma 3.

10. In caso di ricorso, i tributi o i maggiori tributi accertati, unitamente ai relativi interessi, sono posti in

riscossione, ai sensi dell'articolo 68 del decreto legislativo 31 dicembre 1992, n. 546, e, successive modificazioni, e dell'articolo 19, comma 1, del decreto legislativo 18 dicembre 1997, n. 472.

11. I soggetti diversi da quelli cui sono applicate le disposizioni del presente articolo possono chiedere il rimborso delle imposte pagate a seguito delle operazioni abusive i cui vantaggi fiscali sono stati disconosciuti dall'amministrazione finanziaria, inoltrando a tal fine, entro un anno dal giorno in cui l'accertamento è divenuto definitivo ovvero è stato definito mediante adesione o conciliazione giudiziale, istanza all'Agenzia delle entrate, che provvede nei limiti dell'imposta e degli interessi effettivamente riscossi a seguito di tali procedure.

12. In sede di accertamento l'abuso del diritto può essere configurato solo se i vantaggi fiscali non possono essere disconosciuti contestando la violazione di specifiche disposizioni tributarie.

13. Le operazioni abusive non danno luogo a fatti punibili ai sensi delle leggi penali tributarie. Resta ferma l'applicazione delle sanzioni amministrative tributarie.

(1) *Articolo aggiunto dall'art. 1 d.lgs. 5 agosto 2015 n. 128.*

(2) *Comma sostituito dall'art. 7, comma 15, d.lgs. 24 settembre 2015, n. 156.*

11 Interpello del contribuente (1) (2).

1. Il contribuente può interpellare l'amministrazione per ottenere una risposta riguardante fattispecie concrete e personali relativamente a:

a) l'applicazione delle disposizioni tributarie, quando vi sono condizioni di obiettiva incertezza sulla corretta interpretazione di tali disposizioni e la corretta qualificazione di fattispecie alla luce delle disposizioni tributarie applicabili alle medesime, ove ricorrano condizioni di obiettiva incertezza e non siano comunque attivabili le procedure di cui all'articolo 31-*ter* del decreto del Presidente della Repubblica 29 settembre 1973, n. 600, introdotto dall'articolo 1 del decreto legislativo 14 settembre 2015, n. 147 e di cui all'articolo 2 del medesimo decreto legislativo 14 settembre 2015, n. 147;

b) la sussistenza delle condizioni e la valutazione della idoneità degli elementi probatori richiesti dalla legge per l'adozione di specifici regimi fiscali nei casi espressamente previsti;

c) l'applicazione della disciplina sull'abuso del diritto ad una specifica fattispecie.

2. Il contribuente interpella l'amministrazione finanziaria per la disapplicazione di norme tributarie che, allo scopo di contrastare comportamenti elusivi, limitano deduzioni, detrazioni, crediti d'imposta, o altre posizioni soggettive del soggetto passivo altrimenti ammesse dall'ordinamento tributario, fornendo la dimostrazione che nella particolare fattispecie tali effetti elusivi non possono verificarsi. Nei casi in cui non sia stata resa risposta favorevole, resta comunque ferma la possibilità per il contribuente di fornire la dimostrazione di cui al periodo precedente anche ai fini dell'accertamento in sede amministrativa e contenziosa.

3. L'amministrazione risponde alle istanze di cui alla lettera *a*) del comma 1 nel termine di novanta giorni e a quelle di cui alle lettere *b*) e *c*) del medesimo comma 1 ed a quelle di cui al comma 2 nel termine di centoventi giorni. La risposta, scritta e motivata, vincola ogni organo della amministrazione con esclusivo riferimento alla questione oggetto dell'istanza e limitatamente al richiedente. Quando la risposta non è comunicata al contribuente entro il termine previsto, il silenzio equivale a condivisione, da parte dell'amministrazione, della soluzione prospettata dal contribuente. Gli atti, anche a contenuto impositivo o sanzionatorio difformi dalla risposta, espressa o tacita, sono nulli. Tale efficacia si estende ai comportamenti successivi del contribuente riconducibili alla fattispecie oggetto di interpello, salvo rettifica della soluzione interpretativa da parte dell'amministrazione con valenza esclusivamente per gli eventuali comportamenti futuri dell'istante.

4. Non ricorrono condizioni di obiettiva incertezza quando l'amministrazione ha compiutamente fornito la soluzione per fattispecie corrispondenti a quella rappresentata dal contribuente mediante atti pubblicati ai sensi dell'articolo 5, comma 2.

5. La presentazione delle istanze di cui ai commi 1 e 2 non ha effetto sulle scadenze previste dalle norme tributarie, né sulla decorrenza dei termini di decadenza e non comporta interruzione o sospensione dei termini di prescrizione.

6. L'amministrazione provvede alla pubblicazione mediante la forma di circolare o di risoluzione delle risposte rese nei casi in cui un numero elevato di contribuenti abbia presentato istanze aventi ad oggetto la stessa questione o questioni analoghe fra loro, nei casi in cui il parere sia reso in relazione a norme di recente approvazione o per le quali non siano stati resi chiarimenti ufficiali, nei casi in cui siano segnalati comportamenti non uniformi da parte degli uffici, nonché in ogni altro caso in cui ritenga di interesse generale il chiarimento fornito. Resta ferma, in ogni caso, la comunicazione della risposta ai singoli istanti.

(1) *Articolo sostituito dall'art. 1, comma 1, d.lgs. 24 settembre 2015, n. 156 a decorrere dal 1° gennaio 2016.*

(2) *In tema di misure di contrasto all'emergenza epidemiologica da Covid-19, v. l'art. 67, comma 1 d.l. 17 marzo 2020, n. 18, conv., con modif., in l. 24 aprile 2020, n. 27, secondo cui sono sospesi dall'8 marzo al 31 maggio 2020 i termini per fornire risposte alle istanze di interpello di cui al presente articolo.*

12 Diritti e garanzie del contribuente sottoposto a verifiche fiscali.

1. Tutti gli accessi, ispezioni e verifiche fiscali nei locali destinati all'esercizio di attività commerciali, industriali, agricole, artistiche o professionali sono effettuati sulla base di esigenze effettive di indagine e controllo sul luogo. Essi si svolgono, salvo casi eccezionali e urgenti adeguatamente documentati, durante l'orario ordinario di esercizio delle attività e con modalità tali da arrecare la minore turbativa possibile allo svolgimento delle attività stesse nonché alle relazioni commerciali o professionali del contribuente.

2. Quando viene iniziata la verifica, il contribuente ha diritto di essere informato delle ragioni che l'abbia-

no giustificata e dell'oggetto che la riguarda, della facoltà di farsi assistere da un professionista abilitato alla difesa dinanzi agli organi di giustizia tributaria, nonché dei diritti e degli obblighi che vanno riconosciuti al contribuente in occasione delle verifiche.

3. Su richiesta del contribuente, l'esame dei documenti amministrativi e contabili può essere effettuato nell'ufficio dei verificatori o presso il professionista che lo assiste o rappresenta.

4. Delle osservazioni e dei rilievi del contribuente e del professionista, che eventualmente lo assista, deve darsi atto nel processo verbale delle operazioni di verifica.

5. La permanenza degli operatori civili o militari dell'amministrazione finanziaria, dovuta a verifiche presso la sede del contribuente, non può superare i trenta giorni lavorativi, prorogabili per ulteriori trenta giorni nei casi di particolare complessità dell'indagine individuati e motivati dal dirigente dell'ufficio. Gli operatori possono ritornare nella sede del contribuente, decorso tale periodo, per esaminare le osservazioni e le richieste eventualmente presentate dal contribuente dopo la conclusione delle operazioni di verifica ovvero, previo assenso motivato del dirigente dell'ufficio, per specifiche ragioni. Il periodo di permanenza presso la sede del contribuente di cui al primo periodo, così come l'eventuale proroga ivi prevista, non può essere superiore a quindici giorni lavorativi contenuti nell'arco di non più di un trimestre, in tutti i casi in cui la verifica sia svolta presso la sede di imprese in contabilità semplificata e lavoratori autonomi. In entrambi i casi, ai fini del computo dei giorni lavorativi, devono essere considerati i giorni di effettiva presenza degli operatori civili o militari dell'Amministrazione finanziaria presso la sede del contribuente (1).

6. Il contribuente, nel caso ritenga che i verificatori procedano con modalità non conformi alla legge, può rivolgersi anche al Garante del contribuente, secondo quanto previsto dall'art. 13.

7. Nel rispetto del principio di coperazione tra amministrazione e contribuente, dopo il rilascio della copia del processo verbale di chiusura delle operazioni da parte degli organi di controllo, il contribuente può comunicare entro sessanta giorni osservazioni e richieste che sono valutate dagli uffici impositori. L'avviso di accertamento non può essere emanato prima della scadenza del predetto termine, salvo casi di particolare e motivata urgenza.

(1) *Comma così modificato dall'art. 7, comma 2, lett. c), d.l. 13 maggio 2011, n. 70, conv., con modif., in l. 12 luglio 2011, n. 106.*

13 Garante del contribuente.

1. Presso ogni direzione regionale delle entrate e direzione delle entrate delle province autonome è istituito il Garante del contribuente.

2. Il Garante del contribuente, operante in piena autonomia, è organo monocratico scelto e nominato dal presidente della commissione tributaria regionale o sua sezione distaccata nella cui circoscrizione è compresa la direzione regionale dell'Agenzia delle entrate, tra gli appartenenti alle seguenti categorie (1):

a) magistrati, professori universitari di materie giuridiche ed economiche, notai, sia a riposo sia in attività di servizio;

[*b*) dirigenti dell'amministrazione finanziaria e ufficiali generali e superiori della Guardia di finanza, a riposo da almeno due anni, scelti in una terna formata, per ciascuna direzione regionale delle entrate, rispettivamente, per i primi, dal direttore generale al Dipartimento delle entrate e, per i secondi, dal Comandante generale della Guardia di finanza;] (2)

c) avvocati, dottori commercialisti e ragionieri collegiati, pensionati, scelti in una terna formata, per ciascuna direzione regionale delle entrate, dai rispettivi ordini di appartenenza.

3. L'incarico ha durata quadriennale ed è rinnovabile tenendo presenti professionalità, produttività ed attività già svolta. [Le funzioni di Presidente sono svolte dal componente scelto nell'ambito delle categorie di cui alla lettera *a*) del comma 2. Gli altri due componenti sono scelti uno nell'ambito delle categorie di cui alla lettera *b*) e l'altro nell'ambito delle categorie di cui alla lettera *c*) del comma 2] (3).

4. Per ogni Garante il compenso mensile lordo è fissato in euro 2.788,87. Al Garante del contribuente che risiede in un comune diverso da quello in cui ha sede l'organo compete il rimborso delle spese di trasferta previsto dalle norme vigenti per la partecipazione alle relative sedute. Analogo trattamento compete per gli accessi in uffici finanziari situati in comuni diversi da quelli in cui ha la residenza il Garante (5).

5. Le funzioni di segreteria e tecniche sono assicurate al Garante del contribuente dagli uffici delle direzioni regionali delle entrate presso le quali lo stesso è istituito.

6. Il Garante del contribuente, anche sulla base di segnalazioni inoltrate per iscritto dal contribuente o da qualsiasi altro soggetto interessato che lamenti disfunzioni, irregolarità, scorrettezze, prassi amministrative anomale o irragionevoli o qualunque altro comportamento suscettibile di incrinare il rapporto di fiducia tra cittadini e amministrazione finanziaria, rivolge richieste di documenti o chiarimenti agli uffici competenti, i quali rispondono entro trenta giorni, e attiva le procedure di autotutela nei confronti di atti amministrativi di accertamento o di riscossione notificati al contribuente. Il Garante del contribuente comunica l'esito dell'attività svolta alla direzione regionale o compartimentale o al comando di zona della Guardia di finanza competente nonché agli organi di controllo, informandone l'autore della segnalazione.

7. Il Garante del contribuente rivolge raccomandazioni ai dirigenti degli uffici ai fini della tutela del contribuente e della migliore organizzazione dei servizi.

8. Il Garante del contribuente ha il potere di accedere agli uffici finanziari e di controllare la funzionalità dei servizi di assistenza e di informazione al contribuente nonché l'agibilità degli spazi aperti al pubblico.

9. Il Garante del contribuente richiama gli uffici al rispetto di quanto previsto dagli articoli 5 e 12 della presente legge.

10. Il Garante del contribuente richiama gli uffici al rispetto dei termini previsti per il rimborso d'imposta.

11. Il Garante del contribuente individua i casi di particolare rilevanza in cui le disposizioni in vigore ovvero i comportamenti dell'amministrazione deter minano un pregiudizio dei contribuenti o conseguenze negative nei loro rapporti con l'amministrazione, segnalandoli al direttore-regionale o compartimentale o al comandante di zona della Guardia di finanza competente e all'ufficio centrale per l'informazione del contribuente, al fine di un eventuale avvio del procedimento disciplinare. Prospetta al Ministro delle finanze i casi in cui possono essere esercitati i poteri di rimessione in termini previsti dall'art. 9.

12. Ogni sei mesi il Garante del contribuente presenta una relazione sull'attività svolta al Ministro delle finanze, al direttore regionale delle entrate, ai direttori compartimentali delle dogane e del territorio nonché al comandante di zona della Guardia di finanza, individuando gli aspetti critici più rilevanti e prospettando le relative soluzioni.

13. Il Ministro delle finanze riferisce annualmente alle competenti Commissioni parlamentari m ordine al funzionamento del Garante del contribuente, all'efficacia dell'azione da esso svolta ed alla natura delle questioni segnalate nonché ai provvedimenti adottati a seguito delle segnalazioni del Garante stesso.

13-*bis*. Con relazione annuale, il Garante fornisce al Governo ed al Parlamento dati e notizie sullo stato dei rapporti tra fisco e contribuenti nel campo della politica fiscale (4).

(1) *Alinea sostituito dall'art. 4, comma 36, lett.* a), *n. 1) l. 12 novembre 2011, n. 183, a decorrere dal 1° gennaio 2012, ai sensi dell'art. 36, comma 1, della medesima l. n. 183 del 2011.*

(2) *Lettera abrogata dall'art. 4, comma 36, lett.* a), *n. 2) l. n. 183, cit. a decorrere dal 1° gennaio 2012; v.* sub *nota 1.*

(3) *Comma così modificato dall'art. 94 l. 27 dicembre 2002, n. 289 e successivamente dall'art. 4, comma 36, lett.* b) *l. n. 183, cit. a decorrere dal 1° gennaio 2012; v.* sub *nota 1.*

(4) *Comma aggiunto dall'art. 94 l. n. 289, cit.*

(5) *Comma così sostituito dall'art. 19-septies, comma 1, lett.* b), *d.l. 16 ottobre 2017, n. 148, conv., con modif., in L. 4 dicembre 2017, n. 172, a decorrere dal 1° gennaio 2018. Il testo del comma era il seguente:* « Con decreto del Ministro delle finanze sono determinati il compenso ed i rimborsi spettanti ai componenti del Garante del contribuente. ».

14 Contribuenti non residenti.

1. Al contribuente residente all'estero sono assicurate le informazioni sulle modalità di applicazione delle imposte, la utilizzazione di moduli semplificati nonché agevolazioni relativamente all'attribuzione del codice fiscale e alle modalità di presentazione delle dichiarazioni e di pagamento delle imposte.

2. Con decreto del Ministro delle finanze, adottato ai sensi dell'art. 17, comma 3, della legge 23 agosto 1988, n. 400, relativo ai poteri regolamentari dei Ministri nelle materie di loro competenza, sono emanate le disposizioni di attuazione del presente articolo (1).

(1) *V. d.m. 17 maggio 2001, n. 281.*

15 Codice di comportamento per il personale addetto alle verifiche tributarie.

1. Il Ministro delle finanze, sentiti i direttori generali del Ministero delle finanze ed il Comandante generale della Guardia di finanza, emana un codice di comportamento che regoli le attività del personale addetto alle verifiche tributarie, aggiornandolo eventualmente anche in base alle segnalazioni delle disfunzioni operate annualmente dal Garante del contribuente.

16 Cordinamento normativo.

1. Il Governo è delegato ad emanare, entro centottanta giorni dalla data di entrata in vigore della presente legge, previo parere delle competenti Commissioni parlamentari, uno o più decreti legislativi recanti le disposizioni correttive delle leggi tributarie vigenti strettamente necessarie a garantirne la coerenza con i principi desumibili dalle disposizioni della presente legge.

2. Entro il termine di cui al comma 1 il Governo provvede ad abrogare le norme regolamentari incompatibili con la presente legge.

17 Concessionari della riscossione.

1. Le disposizioni della presente legge si applicano anche nei confronti dei soggetti che rivestono la qualifica di concessionari e di organi indiretti dell'amministrazione finanziaria, ivi compresi i soggetti che esercitano l'attività di accertamento, liquidazione e riscossione di tributi di qualunque natura.

18 Disposizioni di attuazione.

1. I decreti ministeriali previsti dagli articoli 8 e 11 devono essere emanati entro centottanta giorni dalla data di entrata in vigore della presente legge.

2. Entro il termine di cui al comma 1 sono nominati i componenti del Garante del contribuente di cui all'art. 13.

19 Attuazione del diritto di interpello del contribuente.

1. L'amministrazione finanziaria, nel quadro dell'attuazione del decreto legislativo 30 luglio 1999, n. 300, adotta ogni opportuno adeguamento della struttura organizzativa ed individua l'occorrente riallocazione delle risorse umane, allo scopo di assicurare la piena operatività delle disposizioni dell'art. 11 della presente legge.

2. Per le finalità di cui al comma 1 il Ministro delle finanze è altresì autorizzato ad adottare gli opportuni provvedimenti per la riqualificazione del personale in servizio.

20 Copertura finanziaria.

1. Agli oneri derivanti dall'attuazione dell'art. 13, valutati in euro 3.098.741,39 annue a decorrere dall'anno 2000, si provvede mediante utilizzo dello stanziamento iscritto, ai fini del bilancio triennale 2000-2002, nell'ambito dell'unità previsionale di base di parte corrente "Fondo speciale" dello stato di previ-sione del Ministero del tesoro, del bilancio e della programmazione economica per l'anno 2000, allo scopo parzial-

mente utilizzando l'accantonamento relativo al Ministero della pubblica istruzione.

2. Agli oneri derivanti dall'attuazione dell'art. 19, determinati nel limite massimo di euro 7.230.396,59 annue per il triennio 2000-2002, si provvede mediante utilizzo dello stanziamento iscritto, ai fini del bilancio triennale 2000-2002, nell'ambito dell'unità previsionale di base di parte corrente "Fondo speciale" dello stato di previsione del Ministero del tesoro, del bilancio e della programmazione economica per l'anno 2000, allo scopo parzialmente utilizzando l'accantonamento relativo al Ministero della pubblica istruzione.

3. Il Ministro del tesoro, del bilancio e della programmazione economica è autorizzato ad apportare, con proprio decreto, le occorrenti variazioni di bilancio.

21 Entrata in vigore.

1. La presente legge entra in vigore il giorno successivo a quello della sua pubblicazione nella Gazzetta Ufficiale.

86. Decreto legislativo 18 agosto 2000, n. 267. — Testo unico delle leggi sull'ordinamento degli enti locali. (*rinvio*) (1).

Pubblicato nella Gazzetta Ufficiale n. 227 del 28 settembre 2000, S.O. n. 162/L.

(1) *V.* sub *II, 12, in particolare l'art. 11 sul difensore civico.*

87. Decreto legge 25 giugno 2008, n. 112, convertito, con modificazioni, in legge 6 agosto 2008, n. 133. — Disposizioni urgenti per lo sviluppo economico, la semplificazione, la competitività, la stabilizzazione della finanza pubblica e la perequazione tributaria. (*estratto*).

Pubblicato nella Gazzetta Ufficiale n. 117 del 25 giugno 2008, S.O. n. 152; la legge di conversione è stata pubblicata nella Gazzetta Ufficiale n. 195 del 21 agosto 2008.

5 Sorveglianza dei prezzi.

1. I commi 198 e 199 dell'articolo 2 della legge 24 dicembre 2007, n. 244, sono sostituiti dai seguenti:

"198. È istituito presso il Ministero dello sviluppo economico il Garante per la sorveglianza dei prezzi che svolge la funzione di sovrintendere alla tenuta ed elaborazione dei dati e delle informazioni segnalate agli "uffici prezzi" delle camere di commercio, industria, artigianato e agricoltura di cui al comma 196. Esso verifica le segnalazioni delle associazioni dei consumatori riconosciute, analizza le ulteriori segnalazioni ritenute meritevoli di approfondimento e decide, se necessario, di avviare indagini conoscitive finalizzate a verificare l'andamento dei prezzi di determinati prodotti e servizi. I risultati dell'attività svolta sono messi a disposizione, su richiesta, dell'Autorità garante della concorrenza e del mercato.".

"199. Per l'esercizio della propria attività il Garante di cui al comma 198 si avvale dei dati rilevati dall'ISTAT, della collaborazione dei Ministeri competenti per materia, dell'Ismea, dell'Unioncamere, delle Camere di commercio, industria, artigianato e agricoltura, nonché del supporto operativo della Guardia di finanza per lo svolgimento di indagini conoscitive. Il Garante può convocare le imprese e le associazioni di categoria interessate al fine di verificare i livelli di prezzo dei beni e dei servizi di largo consumo corrispondenti al corretto e normale andamento del mercato. L'attività del Garante viene resa nota al pubblico attraverso il sito dell'Osservatorio dei prezzi del Ministero dello sviluppo economico. Nel sito sono altresì tempestivamente pubblicati ed aggiornati quadri di confronto, elaborati a livello provinciale, dei prezzi dei principali beni di consumo e durevoli, con particolare riguardo ai prodotti alimentari ed energetici, senza nuovi o maggiori oneri a carico della finanza pubblica".

2. Ai commi 200 e 201 dell'articolo 2 della legge 24 dicembre 2007, n. 244, le parole "di cui al comma "199", sono sostituite dalle seguenti "di cui al comma "198".

SEZIONE SESTA
ENTI PRIVATI E ATTIVITÀ DI INTERESSE PUBBLICO

88. Decreto legislativo 3 luglio 2017, n. 112. — Revisione della disciplina in materia di impresa sociale, a norma dell'articolo 1 (1), comma 2, lettera *c*) della legge 6 giugno 2016, n. 106. (Riforma impresa sociale).

Pubblicato nella Gazzetta Ufficiale n. 167 del 19 luglio 2017.

(1) *Le parole* « a norma dell'articolo 1 » *sono state sostituite alle parole* « a norma dell'articolo 2 » *dall'art. 8, comma 1, lett.* a) *d.lgs. 20 luglio 2018, n. 95.*

IL PRESIDENTE DELLA REPUBBLICA

Visti gli articoli 76 ed 87 della Costituzione;

Visto l'articolo 117, secondo comma, lettera *l*), della Costituzione;

Vista la legge 6 giugno 2016, n. 106, recante delega al Governo per la riforma del Terzo settore, dell'impresa sociale e per la disciplina del servizio civile universale;

Visto in particolare l'articolo 1, comma 2, lettera *c*), della legge n. 106 del 2016 che prevede l'adozione di un decreto legislativo per la revisione della disciplina in materia di impresa sociale;

Visto l'articolo 6 della legge n. 106 del 2016, recante il criterio di delega relativo al riordino e alla revisione della disciplina in materia di impresa sociale, tenuto conto di quanto previsto dagli articoli 2, 4 e 9 della medesima legge;

Vista la preliminare deliberazione del Consiglio dei ministri, adottata nella riunione del 12 maggio 2017;

Acquisito il parere delle competenti commissioni della Camera dei deputati e del Senato della Repubblica;

Vista la deliberazione del Consiglio dei ministri, adottata nella riunione del 28 giugno 2017;

Sulla proposta del Ministro del lavoro e delle politiche sociali, di concerto con il Ministro dell'economia e delle finanze;

Emana il seguente decreto legislativo:

1 Nozione e qualifica di impresa sociale.

1. Possono acquisire la qualifica di impresa sociale tutti gli enti privati, inclusi quelli costituiti nelle forme di cui al libro V del codice civile, che, in conformità alle disposizioni del presente decreto, esercitano in via stabile e principale un'attività d'impresa di interesse generale, senza scopo di lucro e per finalità civiche, solidaristiche e di utilità sociale, adottando modalità di gestione responsabili e trasparenti e favorendo il più ampio coinvolgimento dei lavoratori, degli utenti e di altri soggetti interessati alle loro attività.

2. Non possono acquisire la qualifica di impresa sociale le società costituite da un unico socio persona fisica, le amministrazioni pubbliche di cui all'articolo 1, comma 2, del decreto legislativo 30 marzo 2001, n. 165, e successive modificazioni, e gli enti i cui atti costitutivi limitino, anche indirettamente, l'erogazione dei beni e dei servizi in favore dei soli soci o associati.

3. Agli enti religiosi civilmente riconosciuti e alle fabbricerie di cui all'articolo 72 della legge 20 maggio 1985, n. 222, (1) le norme del presente decreto si applicano limitatamente allo svolgimento delle attività di cui all'articolo 2, a condizione che per tali attività adottino un regolamento, in forma di atto pubblico o scrittura privata autenticata, che, ove non diversamente previsto ed in ogni caso nel rispetto della struttura e delle finalità di tali enti, recepisca le norme del presente decreto. Per lo svolgimento di tali attività deve essere costituito un patrimonio destinato e devono essere tenute separatamente le scritture contabili di cui all'articolo 9. I beni che compongono il patrimonio destinato sono indicati nel regolamento, anche con atto distinto ad esso allegato (2). Per le obbligazioni contratte in relazione alle attività di cui all'articolo 2, gli enti religiosi civilmente riconosciuti e le fabbricerie di cui all'articolo 72 della legge n. 222 del 1985 (3) rispondono nei limiti del patrimonio destinato (2). Gli altri creditori dell'ente religioso civilmente riconosciuto o della fabbriceria (4) non possono far valere alcun diritto sul patrimonio destinato allo svolgimento delle attività di cui al citato articolo 2 (2).

4. Le cooperative sociali e i loro consorzi, di cui alla legge 8 novembre 1991, n. 381, acquisiscono di diritto la qualifica di imprese sociali. Alle cooperative sociali e ai loro consorzi, le disposizioni del presente decreto si applicano nel rispetto della normativa specifica delle cooperative ed in quanto compatibili, fermo restando l'ambito di attività di cui all'articolo 1 della citata legge

n. 381 del 1991, come modificato ai sensi dell'articolo 17, comma 1.

5. Alle imprese sociali si applicano, in quanto compatibili con le disposizioni del presente decreto, le norme del codice del Terzo settore di cui al decreto legislativo 3 luglio 2017, n. 117 (5) e, in mancanza e per gli aspetti non disciplinati, le norme del codice civile e le relative disposizioni di attuazione concernenti la forma giuridica in cui l'impresa sociale è costituita.

6. Le disposizioni del presente decreto si applicano in quanto compatibili con il decreto legislativo 19 agosto 2016, n. 175.

7. Le disposizioni del presente decreto non si applicano agli enti di cui al decreto legislativo 17 maggio 1999, n. 153.

(1) *Le parole* « e alle fabbricerie di cui all'articolo 72 della legge 20 maggio 1985, n. 222, » *sono state inserite dall'art. 9, comma 1*-ter, *lett.* a) *d.l. 30 dicembre 2021, n. 228, conv., con modif., in l. 25 febbraio 2022, n. 15.*

(2) *Periodo aggiunto dall'art. 66, comma 1*-bis, *d.l. 31 maggio 2021, n. 77, conv., con modif., in l. 29 luglio 2021, n. 108.*

(3) *Le parole* « e le fabbricerie di cui all'articolo 72 della legge n. 222 del 1985 » *sono state inserite dall'art. 9, comma 1*-ter, *lett.* b) *d.l. n. 228, cit.*

(4) *Le parole* « o della fabbriceria » *sono state inserite dall'art. 9, comma 1*-ter, *lett.* c) *d.l. n. 228, cit.*

(5) *Le parole* « di cui al decreto legislativo 3 luglio 2017, n. 117 » *sono state sostituite alle parole* « di cui all'articolo 1, comma 2, lettera b), *della legge 6 giugno 2016, n. 106* » *dall'art. 8, comma 1, lett.* b) *d.lgs. 20 luglio 2018, n. 95.*

2 Attività d'impresa di interesse generale.

1. L'impresa sociale esercita in via stabile e principale una o più attività d'impresa di interesse generale per il perseguimento di finalità civiche, solidaristiche e di utilità sociale. Ai fini del presente decreto, si considerano di interesse generale, se svolte in conformità alle norme particolari che ne disciplinano l'esercizio, le attività d'impresa aventi ad oggetto:

a) interventi e servizi sociali ai sensi dell'articolo 1, commi 1 e 2, della legge 8 novembre 2000, n. 328, e successive modificazioni, ed interventi, servizi e prestazioni di cui alla legge 5 febbraio 1992, n. 104, e successive modificazioni, e di cui alla legge 22 giugno 2016, n. 112, e successive modificazioni;

b) interventi e prestazioni sanitarie;

c) prestazioni socio-sanitarie di cui al decreto del Presidente del Consiglio dei ministri del 14 febbraio 2001, pubblicato nella Gazzetta Ufficiale n. 129 del 6 giugno 2001, e successive modificazioni;

d) educazione, istruzione e formazione professionale, ai sensi della legge 28 marzo 2003, n. 53, e successive modificazioni, nonché le attività culturali di interesse sociale con finalità educativa;

e) interventi e servizi finalizzati alla salvaguardia e al miglioramento delle condizioni dell'ambiente e all'utilizzazione accorta e razionale delle risorse naturali, con esclusione dell'attività, esercitata abitualmente, di raccolta e riciclaggio dei rifiuti urbani, speciali e pericolosi;

f) interventi di tutela e valorizzazione del patrimonio culturale e del paesaggio, ai sensi del decreto legislativo 22 gennaio 2004, n. 42, e successive modificazioni;

g) formazione universitaria e post-universitaria;

h) ricerca scientifica di particolare interesse sociale;

i) organizzazione e gestione di attività culturali, artistiche o ricreative di interesse sociale, incluse attività, anche editoriali, di promozione e diffusione della cultura e della pratica del volontariato, e delle attività di interesse generale di cui al presente articolo;

j) radiodiffusione sonora a carattere comunitario, ai sensi dell'articolo 16, comma 5, della legge 6 agosto 1990, n. 223, e successive modificazioni;

k) organizzazione e gestione di attività turistiche di interesse sociale, culturale o religioso;

l) formazione extra-scolastica, finalizzata alla prevenzione della dispersione scolastica e al successo scolastico e formativo, alla prevenzione del bullismo ed al contrasto della povertà educativa;

m) servizi strumentali alle imprese sociali o ad altri enti del Terzo settore resi da enti composti in misura non inferiore al settanta per cento da imprese sociali o da altri enti del Terzo settore;

n) cooperazione allo sviluppo, ai sensi della legge 11 agosto 2014, n. 125, e successive modificazioni;

o) attività commerciali, produttive, di educazione e informazione, di promozione, di rappresentanza, di concessione in licenza di marchi di certificazione, svolte nell'ambito o a favore di filiere del commercio equo e solidale, da intendersi come un rapporto commerciale con un produttore operante in un'area economica svantaggiata situata, di norma, in un Paese in via di sviluppo, sulla base di un accordo di lunga durata finalizzato a promuovere l'accesso del produttore al mercato, e che preveda il pagamento di un prezzo equo, misure di sviluppo in favore del produttore e l'obbligo del produttore di garantire condizioni di lavoro sicure, nel rispetto delle normative nazionali ed internazionali, in modo da permettere ai lavoratori di condurre un'esistenza libera e dignitosa, e di rispettare i diritti sindacali, nonché di impegnarsi per il contrasto del lavoro infantile;

p) servizi finalizzati all'inserimento o al reinserimento nel mercato del lavoro dei lavoratori e delle persone di cui al comma 4;

q) alloggio sociale, ai sensi del decreto del Ministro delle infrastrutture 22 aprile 2008, e successive modificazioni nonché ogni altra attività di carattere residenziale temporaneo diretta a soddisfare bisogni sociali, sanitari, culturali, formativi o lavorativi;

r) accoglienza umanitaria ed integrazione sociale dei migranti;

s) microcredito, ai sensi dell'articolo 111 del decreto legislativo 1° settembre 1993, n. 385, e successive modificazioni;

t) agricoltura sociale, ai sensi dell'articolo 2 della legge 18 agosto 2015, n. 141, e successive modificazioni;

u) organizzazione e gestione di attività sportive dilettantistiche;

v) riqualificazione di beni pubblici inutilizzati o di beni confiscati alla criminalità organizzata.

2. Tenuto conto delle finalità civiche, solidaristiche e di utilità sociale di cui all'articolo 1, comma 1, della legge n. 106 del 2016, nonché delle finalità e dei principi di cui agli articoli 1 e 2 del codice del Terzo settore di cui al decreto legislativo 3 luglio 2017, n. 117 (1),

l'elenco delle attività d'impresa di interesse generale di cui al comma 1 può essere aggiornato con decreto del Presidente del Consiglio dei ministri da adottarsi, ai sensi dell'articolo 17, comma 3, della legge 23 agosto 1988, n. 400, su proposta del Ministro del lavoro e delle politiche sociali, di concerto con il Ministro dell'economia e delle finanze, previa intesa in sede di Conferenza unificata, acquisito il parere delle commissioni parlamentari competenti, che si esprimono entro trenta giorni dalla data di trasmissione del decreto, decorsi i quali quest'ultimo può essere comunque adottato.

3. Ai fini di cui al comma 1, si intende svolta in via principale l'attività per la quale i relativi ricavi siano superiori al settanta per cento dei ricavi complessivi dell'impresa sociale, secondo criteri di computo definiti con decreto del Ministro dello sviluppo economico, di concerto con il Ministro del lavoro e delle politiche sociali (2).

4. Ai fini del presente decreto, si considera comunque di interesse generale, indipendentemente dal suo oggetto, l'attività d'impresa nella quale, per il perseguimento di finalità civiche, solidaristiche e di utilità sociale, sono occupati:

a) lavoratori molto svantaggiati ai sensi dell'articolo 2, numero 99), del regolamento (UE) n. 651/2014 della Commissione, del 17 giugno 2014, e successive modificazioni;

b) persone svantaggiate o con disabilità ai sensi dell'articolo 112, comma 2, del decreto legislativo 18 aprile 2016, n. 50, e successive modificazioni, nonché persone beneficiarie di protezione internazionale ai sensi del decreto legislativo 19 novembre 2007, n. 251, e successive modificazioni, e persone senza fissa dimora iscritte nel registro di cui all'articolo 2, quarto comma, della legge 24 dicembre 1954, n. 1228, le quali versino in una condizione di povertà tale da non poter reperire e mantenere un'abitazione in autonomia.

5. Ai fini di cui al comma 4, l'impresa sociale impiega alle sue dipendenze un numero di persone di cui alle lettere *a*) e *b*) non inferiore al trenta per cento dei lavoratori. Ai fini del computo di questa percentuale minima, i lavoratori di cui alla lettera *a*) non possono contare per più di un terzo e per più di ventiquattro mesi dall'assunzione (3). La situazione dei lavoratori di cui al comma 4 deve essere attestata ai sensi della normativa vigente.

6. Per gli enti di cui all'articolo 1, comma 3, le disposizioni di cui ai commi 3 e 5 si applicano limitatamente allo svolgimento delle attività di cui al presente articolo.

(1) *Le parole* « di cui al decreto legislativo 3 luglio 2017, n. 117 » *sono state sostituite alle parole* « di cui all'articolo 1, comma 2, lett. b), della legge 6 giugno 2016, n. 106 » *dall'art. 8, comma 1, lett.* b) *d.lgs. 20 luglio 2018, n. 95.*

(2) *Per il computo dei ricavi dell'impresa sociale in attuazione del presente comma, v. d.m. 22 giugno 2021 (G.U. 25 agosto 2021, n. 203)..*

(3) *Le parole* « e per più di ventiquattro mesi dall'assunzione » *sono state aggiunte dall'art. 2 d.lgs. 20 luglio 2018, n. 95.*

3 Assenza di scopo di lucro.

1. Salvo quanto previsto dal comma 3 e dall'articolo 16, l'impresa sociale destina eventuali utili ed avanzi di gestione allo svolgimento dell'attività statutaria o ad incremento del patrimonio.

2. Ai fini di cui al comma 1, è vietata la distribuzione, anche indiretta, di utili ed avanzi di gestione, fondi e riserve comunque denominati, a fondatori, soci o associati, lavoratori e collaboratori, amministratori ed altri componenti degli organi sociali, anche nel caso di recesso o di qualsiasi altra ipotesi di scioglimento individuale del rapporto. Nelle imprese sociali costituite nelle forme di cui al libro V del codice civile è ammesso il rimborso al socio del capitale effettivamente versato ed eventualmente rivalutato o aumentato nei limiti di cui al comma 3, lettera *a*). Ai sensi e per gli effetti di cui al presente comma, si considerano in ogni caso distribuzione indiretta di utili:

a) la corresponsione ad amministratori, sindaci e a chiunque rivesta cariche sociali di compensi individuali non proporzionati all'attività svolta, alle responsabilità assunte e alle specifiche competenze o comunque superiori a quelli previsti in enti che operano nei medesimi o analoghi settori e condizioni;

b) la corresponsione ai lavoratori subordinati o autonomi di retribuzioni o compensi superiori del quaranta per cento rispetto a quelli previsti, per le medesime qualifiche, dai contratti collettivi di cui all'articolo 51 del decreto legislativo 15 giugno 2015, n. 81, salvo comprovate esigenze attinenti alla necessità di acquisire specifiche competenze ai fini dello svolgimento delle attività di interesse generale di cui all'articolo 2, comma 1, lettere *b*), *g*) o *h*);

c) la remunerazione degli strumenti finanziari diversi dalle azioni o quote, a soggetti diversi dalle banche e dagli intermediari finanziari autorizzati, in misura superiore a due punti rispetto al limite massimo previsto per la distribuzione di dividendi dal comma 3, lettera *a*);

d) l'acquisto di beni o servizi per corrispettivi che, senza valide ragioni economiche, siano superiori al loro valore normale;

e) le cessioni di beni e le prestazioni di servizi, a condizioni più favorevoli di quelle di mercato, a soci, associati o partecipanti, ai fondatori, ai componenti gli organi amministrativi e di controllo, a coloro che a qualsiasi titolo operino per l'organizzazione o ne facciano parte, ai soggetti che effettuano erogazioni liberali a favore dell'organizzazione, ai loro parenti entro il terzo grado ed ai loro affini entro il secondo grado, nonché alle società da questi direttamente o indirettamente controllate o collegate, esclusivamente in ragione della loro qualità, salvo che tali cessioni o prestazioni non costituiscano l'oggetto dell'attività di interesse generale di cui all'articolo 2;

f) la corresponsione a soggetti diversi dalle banche e dagli intermediari finanziari autorizzati, di interessi passivi, in dipendenza di prestiti di ogni specie, superiori di quattro punti al tasso annuo di riferimento. Il predetto limite può essere aggiornato con decreto del Ministro del lavoro e delle politiche sociali, di concerto con il Ministro dell'economia e delle finanze.

2-*bis*. Ai fini di cui ai commi 1 e 2, non si considera distribuzione, neanche indiretta, di utili ed avanzi di gestione la ripartizione ai soci di ristorni correlati ad attività di interesse generale di cui all'articolo 2, effettuata ai sensi dell'art. 2545-*sexies* del codice civile e nel rispetto di condizioni e limiti stabiliti dalla legge o dallo statuto, da imprese sociali costituite in forma di società cooperativa, a condizione che lo statuto o l'atto costitutivo indichi i criteri di ripartizione dei ristorni ai soci proporzionalmente alla quantità e alla qualità degli scambi mutualistici e che si registri un avanzo della gestione mutualistica (1).

3. L'impresa sociale può destinare una quota inferiore al cinquanta per cento degli utili e degli avanzi di gestione annuali, dedotte eventuali perdite maturate negli esercizi precedenti:

a) se costituita nelle forme di cui al libro V del codice civile, ad aumento gratuito del capitale sociale sottoscritto e versato dai soci, nei limiti delle variazioni dell'indice nazionale generale annuo dei prezzi al consumo per le famiglie di operai e di impiegati, calcolate dall'Istituto nazionale di statistica (ISTAT) per il periodo corrispondente a quello dell'esercizio sociale in cui gli utili e gli avanzi di gestione sono stati prodotti, oppure alla distribuzione, anche mediante aumento gratuito del capitale sociale o l'emissione di strumenti finanziari, di dividendi ai soci, in misura comunque non superiore all'interesse massimo dei buoni postali fruttiferi, aumentato di due punti e mezzo rispetto al capitale effettivamente versato;

b) a erogazioni gratuite in favore di enti del Terzo settore diversi dalle imprese sociali, che non siano fondatori, associati, soci dell'impresa sociale o società da questa controllate, finalizzate alla promozione di specifici progetti di utilità sociale.

(1) *Comma inserito dall'art. 3 d.lgs. 20 luglio 2018, n. 95.*

4 Struttura proprietaria e disciplina dei gruppi.

1. All'attività di direzione e coordinamento di un'impresa sociale si applicano, in quanto compatibili, le norme di cui al capo IX del titolo V del libro V e l'articolo 2545-*septies* del codice civile. Si considera, in ogni caso, esercitare attività di direzione e coordinamento il soggetto che, per previsioni statutarie o per qualsiasi altra ragione, abbia la facoltà di nominare la maggioranza dei componenti dell'organo di amministrazione dell'impresa sociale.

2. I gruppi di imprese sociali sono tenuti a depositare l'accordo di partecipazione presso il registro delle imprese. I gruppi di imprese sociali sono inoltre tenuti a redigere e depositare i documenti contabili ed il bilancio sociale in forma consolidata, predisposto in conformità alle linee guida di cui all'articolo 9.

3. Le società costituite da un unico socio persona fisica, gli enti con scopo di lucro e le amministrazioni pubbliche di cui all'articolo 1, comma 2, del decreto legislativo 30 marzo 2001, n. 165, e successive modificazioni, non possono esercitare attività di direzione e coordinamento o detenere, in qualsiasi forma, anche analoga, congiunta o indiretta, il controllo di un'impresa sociale ai sensi dell'articolo 2359 del codice civile, ad eccezione delle associazioni o fondazioni di diritto privato ex Ipab derivanti dai processi di trasformazione delle istituzioni pubbliche di assistenza o beneficenza, ai sensi del decreto del Presidente del Consiglio dei ministri 16 febbraio 1990, pubblicato nella Gazzetta Ufficiale n. 45 del 23 febbraio 1990, e del decreto legislativo 4 maggio 2001, n. 207, in quanto la nomina da parte della pubblica amministrazione degli amministratori di tali enti si configura come mera designazione, intesa come espressione della rappresentanza della cittadinanza, e non si configura quindi mandato fiduciario con rappresentanza, sicché è sempre esclusa qualsiasi norma di controllo da parte di quest'ultima (1).

4. Le decisioni assunte in violazione del divieto di cui al comma 3 sono annullabili e possono essere impugnate in conformità delle norme del codice civile entro il termine di centottanta giorni. La legittimazione ad impugnare spetta anche al Ministero del lavoro e delle politiche sociali.

(1) *Le parole da* «, ad eccezione delle associazioni » *fino alla fine del comma sono state aggiunte dall'art. 11*-sexies, *d.l. 14 dicembre 2018, n. 135, conv. con modif. in l. 11 febbraio 2019, n. 12.*

5 Costituzione.

1. L'impresa sociale è costituita con atto pubblico. Oltre a quanto specificamente previsto per ciascun tipo di organizzazione, secondo la normativa applicabile a ciascuna di esse, gli atti costitutivi devono esplicitare il carattere sociale dell'impresa in conformità alle norme del presente decreto e in particolare indicare:

a) l'oggetto sociale, con particolare riferimento alle disposizioni di cui all'articolo 2, comma 1, 2 e 3 o le condizioni di cui all'articolo 2, commi 4 e 5;

b) l'assenza di scopo di lucro, di cui all'articolo 3.

2. Gli atti costitutivi, le loro modificazioni e gli altri atti relativi all'impresa devono essere depositati entro trenta giorni a cura del notaio o degli amministratori presso l'ufficio del registro delle imprese nella cui circoscrizione è stabilita la sede legale, per l'iscrizione in apposita sezione. Si applica l'articolo 31, comma 2, della legge 24 novembre 2000, n. 340.

3. Il Ministero del lavoro e delle politiche sociali, ai fini di cui all'articolo 15, accede anche in via telematica agli atti depositati presso l'ufficio del registro delle imprese.

4. Gli enti di cui all'articolo 1, comma 3, sono tenuti al deposito del solo regolamento e delle sue modificazioni.

5. Con decreto del Ministro dello sviluppo economico, di concerto con il Ministro del lavoro e delle politiche sociali, sono definiti gli atti che devono essere depositati e le procedure di cui al presente articolo (1).

(1) *V. d.m. 16 marzo 2018 (in G.U. 21 aprile 2018, n. 93).*

6 Denominazione.

1. La denominazione o ragione sociale, in qualunque modo formate, devono contenere l'indicazione di « impresa sociale ». Di tale indicazione deve farsi uso negli atti e nella corrispondenza dell'impresa sociale.

2. La disposizione di cui al comma 1 non si applica agli enti di cui all'articolo 1, comma 3.

3. L'indicazione di « impresa sociale », ovvero di altre parole o locuzioni equivalenti o ingannevoli, non può essere usata da soggetti diversi dalle imprese sociali.

7 Cariche sociali.

1. L'atto costitutivo o lo statuto possono riservare a soggetti esterni all'impresa sociale la nomina di com-

ponenti degli organi sociali. In ogni caso, la nomina della maggioranza dei componenti dell'organo di amministrazione è riservata all'assemblea degli associati o dei soci dell'impresa sociale.

2. Non possono assumere la presidenza dell'impresa sociale rappresentanti degli enti di cui all'articolo 4, comma 3.

3. Fermo restando quanto previsto dal decreto legislativo 8 aprile 2013, n. 39, l'atto costitutivo deve prevedere specifici requisiti di onorabilità, professionalità ed indipendenza per coloro che assumono cariche sociali.

8 Ammissione ed esclusione.

1. Le modalità di ammissione ed esclusione di soci o associati, nonché il rapporto sociale, sono regolati dagli atti costitutivi o dagli statuti dell'impresa sociale secondo il principio di non discriminazione, tenendo conto delle peculiarità della compagine sociale e della struttura associativa o societaria e compatibilmente con la forma giuridica in cui l'impresa sociale è costituita.

2. Compatibilmente con la forma giuridica in cui l'impresa sociale è costituita, gli atti costitutivi o gli statuti disciplinano la facoltà per l'istante di investire l'assemblea degli associati o dei soci, o un altro organo eletto dalla medesima, in relazione ai provvedimenti di diniego di ammissione o di esclusione di soci o associati.

9 Scritture contabili.

1. L'impresa sociale deve tenere il libro giornale e il libro degli inventari in conformità alle disposizioni del codice civile applicabili, e deve redigere e depositare presso il registro delle imprese il bilancio di esercizio redatto, a seconda dei casi, ai sensi degli articoli 2423 e seguenti, 2435-*bis* o 2435-*ter* del codice civile, in quanto compatibili.

2. L'impresa sociale deve, inoltre, depositare presso il registro delle imprese e pubblicare nel proprio sito internet il bilancio sociale redatto secondo linee guida adottate con decreto del Ministro del lavoro e delle politiche sociali, sentito il Consiglio nazionale del Terzo settore di cui all'articolo 5, comma 1, lettera *g*), della legge 6 giugno 2016, n. 106, e tenendo conto, tra gli altri elementi, della natura dell'attività esercitata e delle dimensioni dell'impresa sociale, anche ai fini della valutazione dell'impatto sociale delle attività svolte (1).

3. Per gli enti di cui all'articolo 1, comma 3, le disposizioni di cui al presente articolo si applicano limitatamente alle attività indicate nel regolamento.

(1) *V. il d.m. 4 luglio 2019 (G.U. 9 agosto 2019, n. 186), recante « Adozione delle Linee guida per la redazione del bilancio sociale degli enti del Terzo settore ».*

10 Organi di controllo interno.

1. Fatte salve disposizioni più restrittive relative alla forma giuridica in cui l'impresa sociale è costituita, l'atto costitutivo dell'impresa sociale deve prevedere la nomina di uno o più sindaci aventi i requisiti di cui all'articolo 2397, comma 2, e 2399 del codice civile.

2. I sindaci vigilano sull'osservanza della legge e dello statuto e sul rispetto dei principi di corretta amministrazione, anche con riferimento alle disposizioni del decreto legislativo 8 giugno 2001, n. 231, qualora applicabili, nonché sull'adeguatezza dell'assetto organizzativo, amministrativo e contabile e sul suo concreto funzionamento.

3. I sindaci esercitano, inoltre, compiti di monitoraggio dell'osservanza delle finalità sociali da parte dell'impresa sociale, avuto particolare riguardo alle disposizioni di cui agli articoli 2, 3, 4, 11 e 13, ed attestano che il bilancio sociale sia stato redatto in conformità alle linee guida di cui all'articolo 9, comma 2. Il bilancio sociale dà atto degli esiti del monitoraggio svolto dai sindaci.

4. I sindaci possono in qualsiasi momento procedere ad atti di ispezione e di controllo. A tal fine, essi possono chiedere agli amministratori notizie, anche con riferimento ai gruppi di imprese sociali, sull'andamento delle operazioni o su determinati affari.

5. Fatte salve disposizioni più restrittive relative alla forma giuridica in cui l'impresa sociale è costituita, nel caso in cui l'impresa sociale superi per due esercizi consecutivi due dei limiti indicati nel primo comma dell'articolo 2435-*bis* del codice civile, la revisione legale dei conti è esercitata da un revisore legale o da una società di revisione legale iscritti nell'apposito registro, o da sindaci iscritti nell'apposito registro dei revisori legali.

11 Coinvolgimento dei lavoratori, degli utenti e di altri soggetti interessati alle attività.

1. Nei regolamenti aziendali o negli statuti delle imprese sociali devono essere previste adeguate forme di coinvolgimento dei lavoratori e degli utenti e di altri soggetti direttamente interessati alle loro attività.

2. Per coinvolgimento deve intendersi un meccanismo di consultazione o di partecipazione mediante il quale lavoratori, utenti e altri soggetti direttamente interessati alle attività siano posti in grado di esercitare un'influenza sulle decisioni dell'impresa sociale, con particolare riferimento alle questioni che incidano direttamente sulle condizioni di lavoro e sulla qualità dei beni o dei servizi.

3. Le modalità di coinvolgimento devono essere individuate dall'impresa sociale tenendo conto, tra gli altri elementi, dei contratti collettivi di cui all'articolo 51 del decreto legislativo 15 giugno 2015, n. 81, della natura dell'attività esercitata, delle categorie di soggetti da coinvolgere e delle dimensioni dell'impresa sociale, in conformità a linee guida adottate con decreto del Ministro del lavoro e delle politiche sociali, sentito il Consiglio nazionale del Terzo settore. Delle forme e modalità di coinvolgimento deve farsi menzione nel bilancio sociale di cui all'articolo 9, comma 2.

4. Gli statuti delle imprese sociali devono in ogni caso disciplinare:

a) i casi e le modalità della partecipazione dei lavoratori e degli utenti, anche tramite loro rappresentanti, all'assemblea degli associati o dei soci;

b) nelle imprese sociali che superino due dei limiti indicati nel primo comma dell'articolo 2435-*bis* del codice civile ridotti della metà, la nomina, da parte dei lavoratori ed eventualmente degli utenti di almeno un componente sia dell'organo di amministrazione che dell'organo di controllo.

5. Il presente articolo non si applica alle imprese sociali costituite nella forma di società cooperativa a mutualità prevalente e agli enti di cui all'articolo 1, comma 3.

12 Trasformazione, fusione, scissione, cessione d'azienda e devoluzione del patrimonio.

1. Salvo quanto specificamente previsto dal codice civile per le società cooperative, la trasformazione (1), la fusione e la scissione delle imprese sociali devono essere realizzate in modo da preservare l'assenza di scopo di lucro, i vincoli di destinazione del patrimonio, e il perseguimento delle attività e delle finalità da parte dei soggetti risultanti dagli atti posti in essere; la cessione d'azienda o di un ramo d'azienda relativo allo svolgimento dell'attività d'impresa di interesse generale deve essere realizzata, previa relazione giurata di un esperto designato dal tribunale nel cui circondario ha sede l'impresa sociale, attestante il valore effettivo del patrimonio dell'impresa, in modo da preservare il perseguimento delle attività e delle finalità da parte del cessionario. Per gli enti di cui all'articolo 1, comma 3, la disposizione di cui al presente comma si applica limitatamente alle attività indicate nel regolamento.

2. Gli atti di cui al comma 1 devono essere posti in essere in conformità alle disposizioni dell'apposito decreto adottato dal Ministro del lavoro e delle politiche sociali, sentito il Consiglio nazionale del Terzo settore.

3. L'organo di amministrazione dell'impresa sociale notifica, con atto scritto di data certa, al Ministero del lavoro e delle politiche sociali l'intenzione di procedere ad uno degli atti di cui al comma 1, allegando la documentazione necessaria alla valutazione di conformità al decreto di cui al comma 2, ovvero la denominazione dei beneficiari della devoluzione del patrimonio.

4. L'efficacia degli atti di cui al comma 1 è subordinata all'autorizzazione del Ministero del lavoro e delle politiche sociali, che si intende concessa decorsi novanta giorni dalla ricezione della notificazione. Avverso il provvedimento del Ministero del lavoro e delle politiche sociali che nega l'autorizzazione è ammesso ricorso dinanzi al giudice amministrativo.

5. In caso di scioglimento volontario dell'ente o di perdita volontaria della qualifica di impresa sociale, il patrimonio residuo, dedotto, nelle imprese sociali costituite nelle forme di cui al libro V del codice civile, il capitale effettivamente versato dai soci, eventualmente rivalutato o aumentato, e i dividendi deliberati e non distribuiti nei limiti di cui all'articolo 3, comma 3, lettera *a*), è devoluto, salvo quanto specificamente previsto in tema di società cooperative, ad altri enti del Terzo settore costituiti ed operanti da almeno tre anni o ai fondi di cui all'articolo 16, comma 1, secondo le disposizioni statutarie. La disposizione di cui al presente comma non si applica agli enti di cui all'articolo 1, comma 3.

(1) *Le parole* « Salvo quanto specificamente previsto dal codice civile per le società cooperative, la trasformazione, » *sono state sostituite alle parole* « La trasformazione, » *dall'art. 4 d.lgs. 20 luglio 2018, n. 95.*

13 Lavoro nell'impresa sociale.

1. I lavoratori dell'impresa sociale hanno diritto ad un trattamento economico e normativo non inferiore a quello previsto dai contratti collettivi di cui all'articolo 51 del decreto legislativo 15 giugno 2015, n. 81. In ogni caso, la differenza retributiva tra lavoratori dipendenti dell'impresa sociale non può essere superiore al rapporto uno ad otto, da calcolarsi sulla base della retribuzione annua lorda. Le imprese sociali danno conto del rispetto di tale parametro nel proprio bilancio sociale.

2. Salva la specifica disciplina per gli enti di cui all'articolo 1, comma 3, nelle imprese sociali è ammessa la prestazione di attività di volontariato, ma il numero dei volontari impiegati nell'attività d'impresa, dei quali l'impresa sociale deve tenere un apposito registro, non può essere superiore a quello dei lavoratori. L'impresa sociale deve assicurare i volontari che prestano attività di volontariato nell'impresa medesima contro gli infortuni e le malattie connessi allo svolgimento dell'attività stessa, nonché per la responsabilità civile verso terzi.

2-*bis*. Le prestazioni di attività di volontariato possono essere utilizzate in misura complementare e non sostitutiva rispetto ai parametri di impiego di operatori professionali previsti dalle disposizioni vigenti. Esse non concorrono alla determinazione dei costi di servizio, fatta eccezione per gli oneri connessi all'applicazione del comma 2 (1).

(1) *Comma aggiunto dall'art. 5 d.lgs. 20 luglio 2018, n. 95.*

14 Procedure concorsuali.

1. In caso di insolvenza, le imprese sociali sono assoggettate alla liquidazione coatta amministrativa, di cui al regio decreto 16 marzo 1942, n. 267, e successive modificazioni.

2. Il provvedimento che dispone la liquidazione coatta amministrativa delle imprese sociali, ad esclusione di quelle aventi la forma di società cooperativa, nonché la contestuale o successiva nomina del relativo commissario liquidatore di cui all'articolo 198 del regio decreto 16 marzo 1942, n. 267, è adottato con decreto del Ministro del lavoro e delle politiche sociali.

3. Nelle procedure di liquidazione coatta amministrativa di cui al comma 2, con decreto del Ministro del lavoro e delle politiche sociali, di concerto con il Ministro dell'economia e delle finanze, sono individuati criteri e modalità di remunerazione dei commissari liquidatori e dei membri del comitato di sorveglianza, sulla base dell'economicità, efficacia ed efficienza delle attività svolte.

4. Fino all'adozione del decreto di cui al comma 3, la liquidazione del compenso dei commissari liquidatori e dei componenti dei comitati di sorveglianza è stabilita sulla base del decreto del Ministro dello sviluppo

economico 3 novembre 2016, recante « Criteri per la determinazione e liquidazione dei compensi spettanti ai commissari liquidatori e ai membri dei comitati di sorveglianza delle procedure di liquidazione coatta amministrativa ai sensi dell'articolo 2545-*terdecies* c.c. e di scioglimento per atto dell'autorità ai sensi dell'articolo 2545-*septiesdecies* c.c. ».

5. Il patrimonio residuo al termine della procedura concorsuale è devoluto ai sensi dell'articolo 15, comma 8.

6. Le disposizioni di cui al presente articolo non si applicano agli enti di cui all'articolo 1, comma 3.

15 Funzioni di monitoraggio, ricerca e controllo.

1. Il Ministero del lavoro e delle politiche sociali promuove attività di raccordo con altre amministrazioni pubbliche di cui all'articolo 1, comma 2, del decreto legislativo 30 marzo 2001, n. 165, il Consiglio nazionale del Terzo settore e le parti sociali, al fine di sviluppare azioni di sistema e svolgere attività di monitoraggio e ricerca.

2. Il Ministero del lavoro e delle politiche sociali demanda all'Ispettorato nazionale del lavoro di cui all'articolo 1 del decreto legislativo 14 settembre 2015, n. 149, le funzioni ispettive, al fine di verificare il rispetto delle disposizioni del presente decreto da parte delle imprese sociali.

3. Ai fini dell'esercizio dell'attività ispettiva nei confronti delle imprese sociali il Ministero del lavoro e delle politiche sociali può avvalersi di enti associativi riconosciuti, cui aderiscano almeno mille imprese sociali iscritte nel registro delle imprese di almeno cinque diverse regioni o province autonome, e delle associazioni di cui all'articolo 3 del decreto legislativo 2 agosto 2002, n. 220.

4. Con decreto del Ministro del lavoro e delle politiche sociali sono definiti le forme, i contenuti e le modalità dell'attività ispettiva sulle imprese sociali, nonché il contributo per l'attività ispettiva da porre a loro carico, e, ai fini del comma 3, sono individuati i criteri, i requisiti e le procedure per il riconoscimento degli enti associativi tra imprese sociali, e le forme di vigilanza su tali enti da parte del Ministero del lavoro e delle politiche sociali. Le imprese sociali sono sottoposte ad attività ispettiva almeno una volta all'anno sulla base di un modello di verbale approvato con decreto del Ministro del lavoro e delle politiche sociali.

5. L'attività ispettiva sulle imprese sociali costituite in forma di società cooperativa è svolta nel rispetto delle attribuzioni, delle modalità e dei termini di cui al decreto legislativo 2 agosto 2002, n. 220. Con decreto del Ministro dello sviluppo economico, di concerto con il Ministro del lavoro e delle politiche sociali, sono individuate le norme di coordinamento necessarie al fine di assicurare l'unicità, la completezza, la periodicità e l'efficacia dell'attività ispettiva.

6. In caso di accertata violazione delle disposizioni di cui al presente decreto, il soggetto esercente l'attività ispettiva ai sensi dei commi 2 e 3 diffida gli organi di amministrazione dell'impresa sociale a regolarizzare i comportamenti illegittimi entro un congruo termine.

7. In caso di ostacolo allo svolgimento dell'attività ispettiva o di mancata ottemperanza alla diffida di cui al comma 6, il Ministero vigilante può nominare un commissario ad acta, anche nella persona del legale rappresentante dell'impresa sociale, che affianchi gli organi dell'impresa sociale e provveda allo specifico adempimento richiesto.

8. Nel caso di irregolarità non sanabili o non sanate il Ministro vigilante dispone la perdita della qualifica di impresa sociale. Tale provvedimento dispone altresì che il patrimonio residuo dell'impresa sociale, dedotto, nelle imprese sociali costituite nelle forme di cui al libro V del codice civile, il capitale effettivamente versato dai soci, eventualmente rivalutato o aumentato, e i dividendi deliberati e non distribuiti nei limiti di cui all'articolo 3, comma 3, lettera *a*), è devoluto al fondo istituito ai sensi dell'articolo 16 dall'ente o dall'associazione cui l'impresa sociale aderisce o, in mancanza, dalla Fondazione Italia Sociale, salvo quanto specificamente previsto in tema di società cooperative. Il provvedimento è trasmesso ai fini della cancellazione dell'impresa sociale dall'apposita sezione del registro delle imprese.

9. Avverso i provvedimenti del Ministro del lavoro e delle politiche sociali emessi ai sensi del comma 8 è ammesso ricorso dinanzi al giudice amministrativo.

16 Fondo per la promozione e lo sviluppo delle imprese sociali.

1. Le imprese sociali possono destinare una quota non superiore al tre per cento degli utili netti annuali, dedotte eventuali perdite maturate negli esercizi precedenti, a fondi istituiti dagli enti e dalle associazioni di cui all'articolo 15, comma 3, nonché dalla Fondazione Italia Sociale, specificamente ed esclusivamente destinati alla promozione e allo sviluppo delle imprese sociali attraverso azioni ed iniziative di varia natura, quali il finanziamento di progetti di studio e di ricerca in tema di impresa sociale o di attività di formazione dei lavoratori dell'impresa sociale, la promozione della costituzione di imprese sociali o di loro enti associativi, o il finanziamento di specifici programmi di sviluppo di imprese sociali o di loro enti associativi. Tali versamenti sono deducibili ai fini dell'imposta sui redditi dell'impresa sociale erogante.

17 Norme di coordinamento e transitorie.

1. All'articolo 1, comma 1, lettera *a*), della legge 8 novembre 1991, n. 381, dopo le parole: « servizi sociosanitari ed educativi », sono inserite le seguenti: «, incluse le attività di cui all'articolo 2, comma 1, lettere *a*), *b*), *c*), *d*), *l*), e *p*), del decreto legislativo recante revisione della disciplina in materia di impresa sociale, di cui all'articolo 1, comma 2, lettera *c*), della legge 6 giugno 2016, n. 106 ».

2. Le società cooperative che assumono la qualifica di impresa sociale per le attività di cui all'articolo 2, comma 1, lettera *q*), possono iscriversi all'Albo nazionale istituito ai sensi dell'articolo 13 della legge 31 gennaio 1992, n. 59. Le società cooperative edilizie di abitazione e loro consorzi iscritte all'Albo nazionale di cui

al periodo precedente possono in ogni caso svolgere le attività di cui all'articolo 2, comma 1, lettera *q*).

3. Le imprese sociali già costituite al momento dell'entrata in vigore del presente decreto, si adeguano alle disposizioni del presente decreto entro il 31 marzo 2021 (1). Entro il medesimo termine, esse possono modificare i propri statuti con le modalità e le maggioranze previste per le deliberazioni dell'assemblea ordinaria al fine di adeguarli alle nuove disposizioni inderogabili o di introdurre clausole che escludono l'applicazione di nuove disposizioni, derogabili mediante specifica clausola statutaria (2) (3).

4. Ogni riferimento nel presente decreto al Consiglio nazionale del Terzo settore diviene efficace ed operativo dal momento dell'istituzione di tale Consiglio.

(1) *Le parole* « entro il 31 marzo 2021 » *sono state sostituite alle parole* « entro il 31 ottobre 2020 » *dall'art. 1, comma 4-*decies, *d.l. 7 ottobre 2020, n. 125, conv., con modif., in l. 27 novembre 2020, n. 159.*

(2) *Le parole da* « al fine di adeguarli » *fino alla fine sono state inserite dall'art. 6, comma 1, lett.* b) *d.lgs. 20 luglio 2018, n. 95.*

(3) *V. l'art. 43, comma 4-*bis, *d.l. 30 aprile 2019, n. 34, conv., con modif., in l. 28 giugno 2019, n. 58, ai sensi del quale: « In deroga a quanto previsto dall'articolo 101, comma 2, del codice del Terzo settore, di cui al decreto legislativo 3 luglio 2017, n. 117, i termini per l'adeguamento degli statuti delle bande musicali, delle organizzazioni non lucrative di utilità sociale, delle organizzazioni di volontariato e delle associazioni di promozione sociale sono prorogati al 30 giugno 2020. Il termine per il medesimo adeguamento da parte delle imprese sociali, in deroga a quanto previsto dall'articolo 17, comma 3, del decreto legislativo 3 luglio 2017, n. 112, è differito al 30 giugno 2020 ».*

18 Misure fiscali e di sostegno economico.

1. Non concorrono alla formazione del reddito imponibile delle imprese sociali le somme destinate al versamento del contributo per l'attività ispettiva di cui all'articolo 15, nonché le somme destinate ad apposite riserve ai sensi dell'articolo 3, commi 1 e 2. L'utilizzazione delle riserve a copertura di perdite è consentita e non comporta la decadenza dal beneficio, sempre che non si dia luogo a distribuzione di utili fino a quando le riserve non siano state ricostituite (1).

2. Non concorrono altresì a formare il reddito imponibile delle imprese sociali le imposte sui redditi riferibili alle variazioni effettuate ai sensi dell'articolo 83 del testo unico delle imposte sui redditi, approvato con decreto del Presidente della Repubblica 22 dicembre 1986, n. 917. La disposizione di cui al periodo precedente è applicabile solo se determina un utile o un maggior utile da destinare a incremento del patrimonio ai sensi dell'articolo 3, comma 1 (1).

3. Dall'imposta lorda sul reddito delle persone fisiche si detrae un importo pari al trenta per cento della somma investita, successivamente alla data di entrata in vigore del presente decreto, dal contribuente nel capitale sociale di una o più società, incluse società cooperative, che abbiano acquisito la qualifica di impresa sociale da non più di cinque anni (2). L'ammontare, in tutto o in parte, non detraibile nel periodo d'imposta di riferimento può essere portato in detrazione dall'imposta sul reddito delle persone fisiche nei periodi d'imposta successivi, ma non oltre il terzo. L'investimento massimo detraibile non può eccedere, in ciascun periodo d'imposta, l'importo di euro 1.000.000 e deve essere mantenuto per almeno cinque anni (3). L'eventuale cessione, anche parziale, dell'investimento prima del decorso di tale termine, comporta la decadenza dal beneficio e l'obbligo per il contribuente di restituire l'importo detratto, unitamente agli interessi legali.

4. Non concorre alla formazione del reddito dei soggetti passivi dell'imposta sul reddito delle società, il trenta per cento della somma investita, successivamente alla data di entrata in vigore del presente decreto, nel capitale sociale di una o più società, incluse società cooperative, che abbiano acquisito la qualifica di impresa sociale da non più di cinque anni (4). L'investimento massimo deducibile non può eccedere, in ciascun periodo d'imposta, l'importo di euro 1.800.000 e deve essere mantenuto per almeno cinque anni (5). L'eventuale cessione, anche parziale, dell'investimento prima del decorso di tale termine, comporta la decadenza dal beneficio ed il recupero a tassazione dell'importo dedotto. Sull'imposta non versata per effetto della deduzione non spettante sono dovuti gli interessi legali.

5. Le disposizioni di cui ai commi 3 e 4 si applicano anche agli atti di dotazione e ai contributi di qualsiasi natura, posti in essere successivamente alla data di entrata in vigore del presente decreto, in favore di che abbiano acquisito la qualifica di impresa sociale da non più di cinque anni (6).

6. Con decreto del Ministro del lavoro e delle politiche sociali, di concerto con il Ministro dell'economia e delle finanze e con il Ministro dello sviluppo economico, da adottarsi entro sessanta giorni dalla data di entrata in vigore del presente decreto, sono individuate le modalità di attuazione delle disposizioni di cui ai commi 3, 4 e 5.

7. Alle imprese sociali non si applica la disciplina prevista per le società di cui all'articolo 30 della legge 23 dicembre 1994, n. 724, all'articolo 2, commi da 36-*decies* a 36-*duodecies* del decreto-legge 13 agosto 2011, n. 138, convertito, con modificazioni, dalla legge 14 settembre 2011, n. 148, all'articolo 62-*bis* del decreto-legge 30 agosto 1993, n. 331, convertito, con modificazioni, dalla legge 29 ottobre 1993, n. 427, all'articolo 3, commi da 181 a 189, della legge 28 dicembre 1995, n. 549 e all'articolo 9-*bis* del decreto-legge 24 aprile 2017, n. 50, convertito, con modificazioni, dalla legge 21 giugno 2017, n. 96 (7).

8. Al testo unico delle disposizioni in materia di intermediazione finanziaria di cui al decreto legislativo 24 febbraio 1998, n. 58, sono apportate le seguenti modificazioni:

a) all'articolo 1:

1) al comma 5-*novies*, le parole: « portale per la raccolta di capitali per le PMI » sono sostituite dalle seguenti: « portale per la raccolta di capitali per le PMI e per le imprese sociali », e prima delle parole « e degli organismi di investimento collettivo del risparmio » sono inserite le seguenti: «, delle imprese sociali »;

2) dopo il comma 5-*undecies* è inserito il seguente:

« 5-*duodecies.* Per "imprese sociali" si intendono le imprese sociali ai sensi del decreto legislativo di cui all'articolo 1, comma 2, lettera *c*), della legge 6 giugno 2016, n. 106, costituite in forma di società di capitali o di società cooperativa »;

b) la rubrica del capo III-*quater*, del titolo III, della Parte II, è sostituita dalla seguente: « Gestione di portali per la raccolta di capitali per le PMI e per le imprese sociali »;

c) all'articolo 50-*quinquies*:

1) la rubrica è sostituita dalla seguente: « Gestione di portali per la raccolta di PMI e per le imprese sociali »;

2) al comma 1, prima delle parole « per gli organismi di investimento collettivo del risparmio » sono inserite le seguenti: «, per le imprese sociali, »;

3) al comma 2, prima delle parole « per gli organismi di investimento collettivo del risparmio » sono inserite le seguenti: «, per le imprese sociali, »;

d) all'articolo 100-*ter*, comma 1, prima delle parole « dagli organismi di investimento collettivo del risparmio », sono inserite le seguenti parole: «, dalle imprese sociali, »;

e) all'articolo 100-*ter*, comma 2, le parole: « o della PMI innovativa », sono sostituite dalle seguenti: «, della PMI innovativa o dell'impresa sociale »;

f) all'articolo 100-*ter*, comma 2-*bis*, le parole « e di PMI innovative » sono sostituite dalle seguenti: «, di PMI innovative e di imprese sociali »;

g) all'articolo 100-*ter*, comma 2-*quater*, le parole « e da PMI innovative » sono sostituite dalle seguenti: «, da PMI innovative e da imprese sociali ».

8-*bis*. Ai fini dell'applicazione delle disposizioni del presente articolo, le amministrazioni vigilanti trasmettono all'Amministrazione finanziaria gli esiti dei controlli di competenza, ai fini dell'eventuale assunzione dei conseguenti provvedimenti. A seguito della propria attività di controllo, l'Amministrazione finanziaria trasmette alle amministrazioni vigilanti ogni elemento utile ai fini della valutazione in merito all'eventuale perdita della qualifica di impresa sociale di cui all'articolo 15, comma 8. È fatto comunque salvo il potere di autonomo controllo da parte dell'Amministrazione finanziaria (8).

8-*ter*. In caso di violazione delle disposizioni del presente articolo, oltre alla decadenza dalle agevolazioni, si applica l'articolo 2545-*sexiesdecies* del codice civile ai fini della gestione commissariale (8).

9. L'efficacia delle disposizioni del presente articolo e dell'articolo 16 è subordinata, ai sensi dell'articolo 108, paragrafo 3, del Trattato sul funzionamento dell'Unione europea, all'autorizzazione della Commissione europea, richiesta a cura del Ministero del lavoro e delle politiche sociali.

(1) *I commi 1 e 2 sono stati così sostituiti dall'art. 7, comma 1, lett.* a), *d.lgs. 20 luglio 2018, n. 95. Il testo dei commi era il seguente:* « 1. Gli utili e gli avanzi di gestione delle imprese sociali non costituiscono reddito imponibile ai fini delle imposte dirette qualora vengano destinati ad apposita riserva indivisibile in sospensione d'imposta in sede di approvazione del bilancio dell'esercizio in cui sono stati conseguiti, e risultino effettivamente destinati, entro il secondo periodo di imposta successivo a quello in cui sono stati conseguiti, allo svolgimento dell'attività statutaria o ad incremento del patrimonio ai sensi dell'articolo 3, comma 1, nonché al versamento del contributo per l'attività ispettiva di cui all'articolo 15. La destinazione degli utili e degli avanzi di gestione deve risultare dalle scritture contabili previste dall'articolo 9. Salvo quanto previsto dal comma 2, concorrono alla determinazione del reddito imponibile gli utili e gli avanzi di gestione destinati ai sensi dell'articolo 3, comma 3, lett. a) e lett. b). — 2. Non concorrono alla determinazione del reddito imponibile ai fini delle imposte dirette gli utili e gli avanzi di gestione destinati, ai sensi dell'articolo 3, comma 3, lett. a), ad aumento gratuito del capitale sociale sottoscritto e versato dai soci nei limiti delle variazioni dell'indice nazionale generale annuo dei prezzi al consumo per le famiglie di operai e di impiegati, calcolate dall'Istituto nazionale di statistica (ISTAT) per il periodo corrispondente a quello dell'esercizio sociale in cui gli utili e gli avanzi di gestione sono stati prodotti ».

(2) *Periodo così sostituito dall'art. 7, comma 1, lett.* b), *d.lgs. 20 luglio 2018, n. 95. Il testo del periodo era il seguente:* « Dall'imposta lorda sul reddito delle persone fisiche si detrae un importo pari al trenta per cento della somma investita dal contribuente nel capitale sociale di una o più società, incluse società cooperative, che abbiano acquisito la qualifica di impresa sociale successivamente alla data di entrata in vigore del presente decreto e siano costituite da non più di trentasei mesi dalla medesima data ».

(3) *Le parole* « cinque anni » *sono state sostituite alle parole* « tre anni » *dall'art. 7, comma 1, lett.* c) *d.lgs. 20 luglio 2018, n. 95.*

(4) *Periodo così sostituito dall'art. 7, comma 1, lett.* d), *d.lgs. 20 luglio 2018, n. 95. Il testo previgente del periodo era il seguente:* « Non concorre alla formazione del reddito dei soggetti passivi dell'imposta sul reddito delle società, il trenta per cento della somma investita nel capitale sociale di una o più società, incluse società cooperative, che abbiano acquisito la qualifica di impresa sociale successivamente alla data di entrata in vigore del presente decreto e siano costituite da non più di trentasei mesi dalla medesima data ».

(5) *Le parole* « cinque anni » *sono state sostituite alle parole* « tre anni » *dall'art. 7, comma 1, lett.* e) *d.lgs. 20 luglio 2018, n. 95.*

(6) *Le parole* « che abbiano acquisito la qualifica di impresa sociale da non più di cinque anni. » *sono state sostituite alle parole* « che abbiano acquisito la qualifica di impresa sociale successivamente alla medesima data e siano costituite da non più di trentasei mesi dalla stessa. » *dall'art. 7, comma 1, lett.* f) *d.lgs. 20 luglio 2018, n. 95.*

(7) *Le parole* « e all'articolo 9-*bis* del decreto-legge 24 aprile 2017, n. 50, convertito, con modificazioni, dalla legge 21 giugno 2017, n. 96. » *sono state sostituite alle parole* « e all'articolo 7-*bis* del decreto-legge 22 ottobre 2016, n. 193, convertito, con modificazioni, dalla legge 1° dicembre 2016, n. 225. » *dall'art. 7, comma 1, lett.* g) *d.lgs. 20 luglio 2018, n. 95.*

(8) *Comma inserito dall'art. 7, comma 1, lett.* h), *d.lgs. 20 luglio 2018, n. 95.*

19 Abrogazioni.

1. Il decreto legislativo 24 marzo 2006, n. 155, è abrogato e tutti i riferimenti a quest'ultimo decreto si intendono riferiti al presente decreto legislativo.

89. Decreto legislativo 3 luglio 2017, n. 117. — Codice del Terzo settore, a norma dell'articolo 1, comma 2, lettera *b*), della legge 6 giugno 2016, n. 106 (*estratto*).

Pubblicato nella Gazzetta Ufficiale n. 179, 2 agosto 2017, S.O.

TITOLO I
Disposizioni generali

1 Finalità ed oggetto.

1. Al fine di sostenere l'autonoma iniziativa dei cittadini che concorrono, anche in forma associata, a perseguire il bene comune, ad elevare i livelli di cittadinanza attiva, di coesione e protezione sociale, favorendo la partecipazione, l'inclusione e il pieno sviluppo della persona, a valorizzare il potenziale di crescita e di occupazione lavorativa, in attuazione degli articoli 2, 3, 4, 9, 18 e 118, quarto comma, della Costituzione, il presente Codice provvede al riordino e alla revisione organica della disciplina vigente in materia di enti del Terzo settore.

2 Principi generali.

1. È riconosciuto il valore e la funzione sociale degli enti del Terzo settore, dell'associazionismo, dell'attività di volontariato e della cultura e pratica del dono quali espressione di partecipazione, solidarietà e pluralismo, ne è promosso lo sviluppo salvaguardandone la spontaneità ed autonomia, e ne è favorito l'apporto originale per il perseguimento di finalità civiche, solidaristiche e di utilità sociale, anche mediante forme di collaborazione con lo Stato, le Regioni, le Province autonome e gli enti locali.

3 Norme applicabili.

1. Le disposizioni del presente Codice si applicano, ove non derogate ed in quanto compatibili, anche alle categorie di enti del Terzo settore che hanno una disciplina particolare.

2. Per quanto non previsto dal presente Codice, agli enti del Terzo settore si applicano, in quanto compatibili, le norme del Codice civile e le relative disposizioni di attuazione.

3. Salvo quanto previsto dal Capo II del Titolo VIII, le disposizioni del presente Codice non si applicano agli enti di cui al decreto legislativo 17 maggio 1999, n. 153.

TITOLO II
Degli enti del Terzo settore in generale

4 Enti del Terzo settore.

1. Sono enti del Terzo settore le organizzazioni di volontariato, le associazioni di promozione sociale, gli enti filantropici, le imprese sociali, incluse le cooperative sociali, le reti associative, le società di mutuo soccorso, le associazioni, riconosciute o non riconosciute, le fondazioni e gli altri enti di carattere privato diversi dalle società costituiti per il perseguimento, senza scopo di lucro, di finalità civiche, solidaristiche e di utilità sociale mediante lo svolgimento, in via esclusiva o principale (1), di una o più attività di interesse generale in forma di azione volontaria o di erogazione gratuita di denaro, beni o servizi, o di mutualità o di produzione o scambio di beni o servizi, ed iscritti nel registro unico nazionale del Terzo settore.

2. Non sono enti del Terzo settore le amministrazioni pubbliche di cui all'articolo 1, comma 2, del decreto legislativo 30 marzo 2001, n. 165, le formazioni e le associazioni politiche, i sindacati, le associazioni professionali e di rappresentanza di categorie economiche, le associazioni di datori di lavoro, nonché gli enti sottoposti a direzione e coordinamento o controllati dai suddetti enti, ad esclusione dei soggetti operanti nel settore della protezione civile alla cui disciplina si provvede ai sensi dell'articolo 32, comma 4. Sono esclusi dall'ambito di applicazione del presente comma i corpi volontari dei vigili del fuoco delle Province autonome di Trento e di Bolzano e della Regione autonoma della Valle d'Aosta. Sono altresì escluse dall'ambito di applicazione del presente comma le associazioni o fondazioni di diritto privato ex Ipab derivanti dai processi di trasformazione delle istituzioni pubbliche di assistenza o beneficenza, ai sensi del decreto del Presidente del Consiglio dei ministri 16 febbraio 1990, pubblicato nella Gazzetta Ufficiale n. 45 del 23 febbraio 1990, e del decreto legislativo 4 maggio 2001, n. 207, in quanto la nomina da parte della pubblica amministrazione degli amministratori di tali enti si configura come mera designazione, intesa come espressione della rappresentanza della cittadinanza, e non si configura quindi mandato fiduciario con rappresentanza, sicché è sempre esclusa qualsiasi forma di controllo da parte di quest'ultima (2).

3. Agli enti religiosi civilmente riconosciuti e alle fabbricerie di cui all'articolo 72 della legge 20 maggio 1985, n. 222, (3) le norme del presente decreto si applicano limitatamente allo svolgimento delle attività di cui all'articolo 5, nonché delle eventuali attività diverse di cui all'articolo 6 (4) a condizione che per tali attività adottino un regolamento, in forma di atto pubblico o scrittura privata autenticata, che, ove non diversamente previsto ed in ogni caso nel rispetto della struttura e della finalità di tali enti, recepisca le norme del presente Codice e sia depositato nel Registro unico nazionale del Terzo settore. Per lo svolgimento di tali attività deve essere costituito un patrimonio destinato e devono essere tenute separatamente le scritture contabili di cui all'articolo 13. I beni che compongono il patrimonio destinato sono indicati nel regolamento, anche con atto distinto ad esso allegato (5). Per le obbligazioni contratte in relazione alle attività di cui agli articoli 5 e 6, gli enti religiosi civilmente riconosciuti e le fabbricerie di cui all'articolo 72 della legge n. 222 del 1985 (6) rispondono nei limiti del patrimonio destinato (5). Gli altri creditori dell'ente religioso civilmente riconosciuto o della fabbriceria (7) non possono far valere alcun diritto sul patrimonio destinato allo svolgimento delle attività di cui ai citati articoli 5 e 6 (5).

(1) *Le parole* « , in via esclusiva o principale, » *sono state aggiunte dall'art. 2 d.lgs. 3 agosto 2018, n. 105.*

(2) *Periodo aggiunto dall'art. 11-*sexies, *comma 2, d.l. 14 dicembre 2018, n. 135, conv., con modif., in l. 11 febbraio 2019, n. 12.*

(3) *Le parole* « e alle fabbricerie di cui all'articolo 72 della legge 20 maggio 1985, n. 222, » *sono state inserite dall'art. 9, comma 1-*bis, *lett.* a) *d.l. 30 dicembre 2021, n. 228, conv., con modif., in l. 25 febbraio 2022, n. 15.*

(4) *Le parole* « nonché delle eventuali attività diverse di cui all'articolo 6 » *sono state aggiunte dall'art. 66, comma 01, lett.* a) *d.l. 31 maggio 2021, n. 77, conv., con modif., in l. 29 luglio 2021, n. 108.*

(5) *Periodo aggiunto dall'art. 66, comma 01, lett.* b) *d.l. n. 77, cit.*

(6) *Le parole* « e le fabbricerie di cui all'articolo 72 della legge n. 222 del 1985 » *sono state inserite dall'art. 9, comma 1-*bis, *lett.* b) *d.l. n. 228, cit.*

(7) *Le parole* « o della fabbriceria » *sono state inserite dall'art. 9, comma 1-*bis, *lett.* c) *d.l. n. 228, cit.*

5 Attività di interesse generale.

1. Gli enti del Terzo settore, diversi dalle imprese sociali incluse le cooperative sociali, esercitano in via esclusiva o principale una o più attività di interesse generale per il perseguimento, senza scopo di lucro, di finalità civiche, solidaristiche e di utilità sociale. Si considerano di interesse generale, se svolte in conformità alle norme particolari che ne disciplinano l'esercizio, le attività aventi ad oggetto:

a) interventi e servizi sociali ai sensi dell'articolo 1, commi 1 e 2, della legge 8 novembre 2000, n. 328, e successive modificazioni, e interventi, servizi e prestazioni di cui alla legge 5 febbraio 1992, n. 104, e alla legge 22 giugno 2016, n. 112, e successive modificazioni;

b) interventi e prestazioni sanitarie;

c) prestazioni socio-sanitarie di cui al decreto del Presidente del Consiglio dei ministri 14 febbraio 2001, pubblicato nella Gazzetta Ufficiale n. 129 del 6 giugno 2001, e successive modificazioni;

d) educazione, istruzione e formazione professionale, ai sensi della legge 28 marzo 2003, n. 53, e successive modificazioni, nonché le attività culturali di interesse sociale con finalità educativa;

e) interventi e servizi finalizzati alla salvaguardia e al miglioramento delle condizioni dell'ambiente e all'utilizzazione accorta e razionale delle risorse naturali, con esclusione dell'attività, esercitata abitualmente, di raccolta e riciclaggio dei rifiuti urbani, speciali e pericolosi, nonché alla tutela degli animali e prevenzione del randagismo, ai sensi della legge 14 agosto 1991, n. 281 (1);

f) interventi di tutela e valorizzazione del patrimonio culturale e del paesaggio, ai sensi del decreto legislativo 22 gennaio 2004, n. 42, e successive modificazioni;

g) formazione universitaria e post-universitaria;

h) ricerca scientifica di particolare interesse sociale;

i) organizzazione e gestione di attività culturali, artistiche o ricreative di interesse sociale, incluse attività, anche editoriali, di promozione e diffusione della cultura e della pratica del volontariato e delle attività di interesse generale di cui al presente articolo;

j) radiodiffusione sonora a carattere comunitario, ai sensi dell'articolo 16, comma 5, della legge 6 agosto 1990, n. 223, e successive modificazioni;

k) organizzazione e gestione di attività turistiche di interesse sociale, culturale o religioso;

l) formazione extra-scolastica, finalizzata alla prevenzione della dispersione scolastica e al successo scolastico e formativo, alla prevenzione del bullismo e al contrasto della povertà educativa;

m) servizi strumentali ad enti del Terzo settore resi da enti composti in misura non inferiore al settanta per cento da enti del Terzo settore;

n) cooperazione allo sviluppo, ai sensi della legge 11 agosto 2014, n. 125, e successive modificazioni;

o) attività commerciali, produttive, di educazione e informazione, di promozione, di rappresentanza, di concessione in licenza di marchi di certificazione, svolte nell'ambito o a favore di filiere del commercio equo e solidale, da intendersi come un rapporto commerciale con un produttore operante in un'area economica svantaggiata, situata, di norma, in un Paese in via di sviluppo, sulla base di un accordo di lunga durata finalizzato a promuovere l'accesso del produttore al mercato e che preveda il pagamento di un prezzo equo, misure di sviluppo in favore del produttore e l'obbligo del produttore di garantire condizioni di lavoro sicure, nel rispetto delle normative nazionali ed internazionali, in modo da permettere ai lavoratori di condurre un'esistenza libera e dignitosa, e di rispettare i diritti sindacali, nonché di impegnarsi per il contrasto del lavoro infantile;

p) servizi finalizzati all'inserimento o al reinserimento nel mercato del lavoro dei lavoratori e delle persone di cui all'articolo 2, comma 4, del decreto legislativo recante revisione della disciplina in materia di impresa sociale, di cui all'articolo 1, comma 2, lettera *c*), della legge 6 giugno 2016, n. 106;

q) alloggio sociale, ai sensi del decreto del Ministero delle infrastrutture del 22 aprile 2008, e successive modificazioni, nonché ogni altra attività di carattere residenziale temporaneo diretta a soddisfare bisogni sociali, sanitari, culturali, formativi o lavorativi;

r) accoglienza umanitaria ed integrazione sociale dei migranti;

s) agricoltura sociale, ai sensi dell'articolo 2 della legge 18 agosto 2015, n. 141, e successive modificazioni;

t) organizzazione e gestione di attività sportive dilettantistiche;

u) beneficenza, sostegno a distanza, cessione gratuita di alimenti o prodotti di cui alla legge 19 agosto 2016, n. 166, e successive modificazioni, o erogazione di denaro, beni o servizi a sostegno di persone svantaggiate o di attività di interesse generale a norma del presente articolo;

v) promozione della cultura della legalità, della pace tra i popoli, della nonviolenza e della difesa non armata;

w) promozione e tutela dei diritti umani, civili, sociali e politici, nonché dei diritti dei consumatori e degli utenti delle attività di interesse generale di cui al presente articolo, promozione delle pari opportunità e delle iniziative di aiuto reciproco, incluse le banche dei tempi di cui all'articolo 27 della legge 8 marzo 2000, n. 53, e i gruppi di acquisto solidale di cui all'articolo 1, comma 266, della legge 24 dicembre 2007, n. 244;

x) cura di procedure di adozione internazionale ai sensi della legge 4 maggio 1983, n. 184;

y) protezione civile ai sensi della legge 24 febbraio 1992, n. 225, e successive modificazioni;

z) riqualificazione di beni pubblici inutilizzati o di beni confiscati alla criminalità organizzata.

2. Tenuto conto delle finalità civiche, solidaristiche e di utilità sociale di cui all'articolo 1, comma 1, della legge 6 giugno 2016, n. 106, nonché delle finalità e dei principi di cui agli articoli 1 e 2 del presente Codice, l'elenco delle attività di interesse generale di cui al comma 1 può essere aggiornato con decreto del Presidente del Consiglio dei ministri da adottarsi ai sensi dell'articolo 17, comma 3, della legge 23 agosto 1988, n. 400 su proposta del Ministro del lavoro e delle politiche sociali, di concerto con il Ministro dell'economia e delle finanze, previa intesa in sede di Conferenza Unificata, acquisito il parere delle Commissioni parlamentari competenti, che si esprimono entro trenta giorni dalla data di trasmissione del decreto, decorsi i quali quest'ultimo può essere comunque adottato.

(1) *Le parole* «, nonché alla tutela degli animali e prevenzione del randagismo, ai sensi della legge 14 agosto 1991, n. 281; » *sono state aggiunte dall'art. 3 d.lgs. 3 agosto 2018, n. 105.*

6 Attività diverse (1).

1. Gli enti del Terzo settore possono esercitare attività diverse da quelle di cui all'articolo 5, a condizione che l'atto costitutivo o lo statuto lo consentano e siano secondarie e strumentali rispetto alle attività di interesse generale, secondo criteri e limiti definiti con decreto del Ministro del lavoro e delle politiche sociali, di concerto con il Ministro dell'economia e delle finanze, da adottarsi ai sensi dell'articolo 17, comma 3, della legge 23 agosto 1988, n. 400, sentita la Cabina di regia di cui all'articolo 97, tenendo conto dell'insieme delle risorse, anche volontarie e gratuite, impiegate in tali attività in rapporto all'insieme delle risorse, anche volontarie e gratuite, impiegate nelle attività di interesse generale.

(1) *Per il regolamento ai sensi del presente articolo, concernente l'individuazione di criteri e limiti delle attività diverse, v. d.m. 19 maggio 2021, n. 107.*

7 Raccolta fondi.

1. Per raccolta fondi si intende il complesso delle attività ed iniziative poste in essere da un ente del Terzo settore al fine di finanziare le proprie attività di interesse generale, anche attraverso la richiesta a terzi di lasciti, donazioni e contributi di natura non corrispettiva.

2. Gli enti del Terzo settore, possono realizzare attività di raccolta fondi anche in forma organizzata e continuativa, anche mediante sollecitazione al pubblico o attraverso la cessione o erogazione di beni o servizi di modico valore, impiegando risorse proprie e di terzi, inclusi volontari e dipendenti, nel rispetto dei principi di verità, trasparenza e correttezza nei rapporti con i sostenitori e il pubblico, in conformità a linee guida adottate con decreto del Ministro del lavoro e delle politiche sociali, sentiti la Cabina di regia di cui all'articolo 97 e il Consiglio nazionale del Terzo settore.

8 Destinazione del patrimonio ed assenza di scopo di lucro.

1. Il patrimonio degli enti del Terzo settore, comprensivo di eventuali ricavi, rendite, proventi, entrate comunque denominate è utilizzato per lo svolgimento dell'attività statutaria ai fini dell'esclusivo perseguimento di finalità civiche, solidaristiche e di utilità sociale.

2. Ai fini di cui al comma 1, è vietata la distribuzione, anche indiretta, di utili ed avanzi di gestione, fondi e riserve comunque denominate a fondatori, associati, lavoratori e collaboratori, amministratori ed altri componenti degli organi sociali, anche nel caso di recesso o di ogni altra ipotesi di scioglimento individuale del rapporto associativo.

3. Ai sensi e per gli effetti del comma 2, si considerano in ogni caso distribuzione indiretta di utili:

a) la corresponsione ad amministratori, sindaci e a chiunque rivesta cariche sociali di compensi individuali non proporzionati all'attività svolta, alle responsabilità assunte e alle specifiche competenze o comunque superiori a quelli previsti in enti che operano nei medesimi o analoghi settori e condizioni;

b) la corresponsione a lavoratori subordinati o autonomi di retribuzioni o compensi superiori del quaranta per cento rispetto a quelli previsti, per le medesime qualifiche, dai contratti collettivi di cui all'articolo 51 del decreto legislativo 15 giugno 2015, n. 81, salvo comprovate esigenze attinenti alla necessità di acquisire specifiche competenze ai fini dello svolgimento delle attività di interesse generale di cui all'articolo 5, comma 1, lettere *b*), *g*) o *h*);

c) l'acquisto di beni o servizi per corrispettivi che, senza valide ragioni economiche, siano superiori al loro valore normale;

d) le cessioni di beni e le prestazioni di servizi, a condizioni più favorevoli di quelle di mercato, a soci, associati o partecipanti, ai fondatori, ai componenti gli organi amministrativi e di controllo, a coloro che a qualsiasi titolo operino per l'organizzazione o ne facciano parte, ai soggetti che effettuano erogazioni liberali a favore dell'organizzazione, ai loro parenti entro il terzo grado ed ai loro affini entro il secondo grado, nonché alle società da questi direttamente o indirettamente controllate o collegate, esclusivamente in ragione della loro qualità, salvo che tali cessioni o prestazioni non costituiscano l'oggetto dell'attività di interesse generale di cui all'articolo 5;

e) la corresponsione a soggetti diversi dalle banche e dagli intermediari finanziari autorizzati, di interessi passivi, in dipendenza di prestiti di ogni specie, superiori di quattro punti al tasso annuo di riferimento. Il predetto limite può essere aggiornato con decreto del Ministro del lavoro e delle politiche sociali, di concerto con il Ministro dell'economia e delle finanze.

9 Devoluzione del patrimonio in caso di scioglimento.

1. In caso di estinzione o scioglimento, il patrimonio residuo è devoluto, previo parere positivo dell'Ufficio di cui all'articolo 45, comma 1, e salva diversa destinazione imposta dalla legge, ad altri enti del Terzo settore secondo le disposizioni statutarie o dell'organo sociale competente o, in mancanza, alla Fondazione Italia Sociale. Il parere è reso entro trenta giorni dalla data di ricezione della richiesta che l'ente interessato è tenuto a inoltrare al predetto Ufficio con raccomandata a/r o secondo le disposizioni previste dal decreto legislativo 7 marzo 2005, n. 82, decorsi i quali il parere si intende reso positivamente. Gli atti di devoluzione del patrimonio residuo compiuti in assenza o in difformità dal parere sono nulli.

10 Patrimoni destinati ad uno specifico affare.

1. Gli enti del Terzo settore dotati di personalità giuridica ed iscritti nel registro delle imprese possono costituire uno o più patrimoni destinati ad uno specifico affare ai sensi e per gli effetti degli articoli 2447-*bis* e seguenti del codice civile.

11 Iscrizione.

1. Gli enti del Terzo settore si iscrivono nel registro unico nazionale del Terzo settore ed indicano gli estremi dell'iscrizione negli atti, nella corrispondenza e nelle comunicazioni al pubblico.

2. Oltre che nel registro unico nazionale del Terzo settore, gli enti del Terzo settore che esercitano la propria attività esclusivamente o principalmente in forma di impresa commerciale sono soggetti all'obbligo dell'iscrizione nel registro delle imprese.

3. Per le imprese sociali, l'iscrizione nell'apposita sezione del registro delle imprese soddisfa il requisito dell'iscrizione nel registro unico nazionale del Terzo settore.

12-16 (*Omissis*).

TITOLO III
Del volontario e dell'attività di volontariato

17 Volontario e attività di volontariato.

1. Gli enti del Terzo settore possono avvalersi di volontari nello svolgimento delle proprie attività e sono tenuti a iscrivere in un apposito registro i volontari che svolgono la loro attività in modo non occasionale.

2. Il volontario è una persona che, per sua libera scelta, svolge attività in favore della comunità e del bene comune, anche per il tramite di un ente del Terzo settore, mettendo a disposizione il proprio tempo e le proprie capacità per promuovere risposte ai bisogni delle persone e delle comunità beneficiarie della sua azione, in modo personale, spontaneo e gratuito, senza fini di lucro, neanche indiretti, ed esclusivamente per fini di solidarietà.

3. L'attività del volontario non può essere retribuita in alcun modo nemmeno dal beneficiario. Al volontario possono essere rimborsate dall'ente del Terzo settore tramite il quale svolge l'attività soltanto le spese effettivamente sostenute e documentate per l'attività prestata, entro limiti massimi e alle condizioni preventivamente stabilite dall'ente medesimo. Sono in ogni caso vietati rimborsi spese di tipo forfetario.

4. Ai fini di cui al comma 3, le spese sostenute dal volontario possono essere rimborsate anche a fronte di una autocertificazione resa ai sensi dell'articolo 46 del decreto del Presidente della Repubblica 28 dicembre 2000, n. 445, purché non superino l'importo di 10 euro giornalieri e 150 euro mensili e l'organo sociale competente deliberi sulle tipologie di spese e le attività di volontariato per le quali è ammessa questa modalità di rimborso. La disposizione di cui al presente comma non si applica alle attività di volontariato aventi ad oggetto la donazione di sangue e di organi.

5. La qualità di volontario è incompatibile con qualsiasi forma di rapporto di lavoro subordinato o autonomo e con ogni altro rapporto di lavoro retribuito con l'ente di cui il volontario è socio o associato o tramite il quale svolge la propria attività volontaria. Le disposizioni di cui al presente comma non si applicano agli operatori che prestano attività di soccorso per le organizzazioni di cui all'articolo 76 della legge provinciale 5 marzo 2001, n. 7, della Provincia autonoma di Bolzano e di cui all'articolo 55-*bis* della legge provinciale 19 luglio 1990, n. 23, della Provincia autonoma di Trento (1) (2).

6. Ai fini del presente Codice non si considera volontario l'associato che occasionalmente coadiuvi gli organi sociali nello svolgimento delle loro funzioni.

6-*bis*. I lavoratori subordinati che intendano svolgere attività di volontariato in un ente del Terzo settore hanno diritto di usufruire delle forme di flessibilità di orario di lavoro o delle turnazioni previste dai contratti o dagli accordi collettivi, compatibilmente con l'organizzazione aziendale (3).

7. Le disposizioni di cui al presente titolo non si applicano agli operatori volontari del servizio civile universale, al personale impiegato all'estero a titolo volontario nelle attività di cooperazione internazionale allo sviluppo, nonché agli operatori che prestano le attività di cui alla legge 21 marzo 2001, n. 74.

(1) *Periodo aggiunto dall'art. 5, comma 1, lett.* a) *d.lgs. 3 agosto 2018, n. 105.*

(2) *Ai sensi dell'art. 2-*septies *d.l. 17 marzo 2020, n. 18, conv., con modif., in l. 24 aprile 2020, n. 27, per fronteggiare l'emergenza epidemiologica da COVID-19, per la durata dello stato emergenziale, come stabilita dalla delibera del Consiglio dei ministri del 31 gennaio 2020, non si applica il regime di incompatibilità di cui al presente comma.*

(3) *Comma aggiunto dall'art. 5, comma 1, lett.* b) *d.lgs. 3 agosto 2018, n. 105.*

18 Assicurazione obbligatoria.

1. Gli enti del Terzo settore che si avvalgono di volontari devono assicurarli contro gli infortuni e le malattie connessi allo svolgimento dell'attività di volontariato, nonché per la responsabilità civile verso i terzi.

2. Con decreto del Ministro dello sviluppo economico, da emanarsi di concerto con il Ministro del lavoro e delle politiche sociali entro sei mesi dalla data di entrata in vigore del presente Codice, sono individuati meccanismi assicurativi semplificati, con polizze anche numeriche, e sono disciplinati i relativi controlli.

3. La copertura assicurativa è elemento essenziale delle convenzioni tra gli enti del Terzo settore e le amministrazioni pubbliche, e i relativi oneri sono a carico dell'amministrazione pubblica con la quale viene stipulata la convenzione.

19 Promozione della cultura del volontariato.

1. Le amministrazioni pubbliche di cui all'articolo 1, comma 2, del decreto legislativo 30 marzo 2001, n. 165, nei limiti delle risorse disponibili, promuovono la cultura del volontariato, in particolare tra i giovani, anche attraverso apposite iniziative da svolgere nell'ambito delle strutture e delle attività scolastiche, universitarie ed extrauniversitarie, valorizzando le diverse esperienze ed espressioni di volontariato, anche attraverso il coinvolgimento delle organizzazioni di volontariato e di altri enti del Terzo settore, nelle attività di sensibilizzazione e di promozione.

2. Il Ministro del lavoro e delle politiche sociali, di concerto con il Ministro dell'istruzione, dell'università

e della ricerca e del Ministro per la semplificazione e la pubblica amministrazione, previa intesa in sede di Conferenza Stato-Regioni, definisce con decreto i criteri per il riconoscimento in ambito scolastico e lavorativo delle competenze acquisite nello svolgimento di attività o percorsi di volontariato.

3. Ai fini del conseguimento di titoli di studio, le Università possono riconoscere, nei limiti previsti dalla normativa vigente, crediti formativi a favore degli studenti che abbiano svolto attività di volontariato certificate nelle organizzazioni di volontariato o in altri enti del Terzo settore rilevanti per la crescita professionale e per il curriculum degli studi.

4. All'articolo 10, comma 2, della legge 6 marzo 2001, n. 64, dopo le parole « che prestano il servizio civile o il servizio militare di leva », sono inserite le seguenti: « o attività di volontariato in enti del Terzo settore iscritti nel Registro unico nazionale per un numero di ore regolarmente certificate ».

TITOLO IV
Delle associazioni e delle fondazioni del Terzo settore

CAPO I
Disposizioni generali

20 Ambito di applicazione.

1. Le disposizioni del presente titolo si applicano a tutti gli enti del Terzo settore costituiti in forma di associazione, riconosciuta o non riconosciuta, o di fondazione.

CAPO II
Della Costituzione

21 Atto costitutivo e statuto.

1. L'atto costitutivo deve indicare la denominazione dell'ente; l'assenza di scopo di lucro e le finalità civiche, solidaristiche e di utilità sociale perseguite; l'attività di interesse generale che costituisce l'oggetto sociale; la sede legale il patrimonio iniziale ai fini dell'eventuale riconoscimento della personalità giuridica; le norme sull'ordinamento, l'amministrazione e la rappresentanza dell'ente; i diritti e gli obblighi degli associati, ove presenti; i requisiti per l'ammissione di nuovi associati, ove presenti, e la relativa procedura, secondo criteri non discriminatori, coerenti con le finalità perseguite e l'attività di interesse generale svolta; la nomina dei primi componenti degli organi sociali obbligatori e, quando previsto, del soggetto incaricato della revisione legale dei conti; le norme sulla devoluzione del patrimonio residuo in caso di scioglimento o di estinzione; la durata dell'ente, se prevista.

2. Lo statuto contenente le norme relative al funzionamento dell'ente, anche se forma oggetto di atto separato, costituisce parte integrante dell'atto costitutivo. In caso di contrasto tra le clausole dell'atto costitutivo e quelle dello statuto prevalgono le seconde.

22 Acquisto della personalità giuridica.

1. Le associazioni e le fondazioni del Terzo settore possono, in deroga al decreto del Presidente della Repubblica 10 febbraio 2000, n. 361, acquistare la personalità giuridica mediante l'iscrizione nel registro unico nazionale del Terzo settore ai sensi del presente articolo (1).

1-*bis*. Per le associazioni e fondazioni del Terzo settore già in possesso della personalità giuridica ai sensi del decreto del Presidente della Repubblica 10 febbraio 2000, n. 361, che ottengono l'iscrizione nel registro unico nazionale del Terzo settore ai sensi delle disposizioni del presente articolo e nel rispetto dei requisiti ivi indicati, l'efficacia dell'iscrizione nei registri delle persone giuridiche di cui al decreto del Presidente della Repubblica 10 febbraio 2000, n. 361 è sospesa fintanto che sia mantenuta l'iscrizione nel registro unico nazionale del Terzo settore. Nel periodo di sospensione, le predette associazioni e fondazioni non perdono la personalità giuridica acquisita con la pregressa iscrizione e non si applicano le disposizioni di cui al citato decreto del Presidente della Repubblica n. 361 del 2000. Dell'avvenuta iscrizione al registro unico nazionale del Terzo settore nonché dell'eventuale successiva cancellazione, è data comunicazione, da parte dell'ufficio di cui all'articolo 45 competente, entro 15 giorni, alla Prefettura o alla Regione o Provincia autonoma competente (2).

2-7 (*omissis*)

(1) *Le parole* « ai sensi del presente articolo. » *sono state aggiunte dall'art. 6, comma 1, lett.* a) *d.lgs. 3 agosto 2018, n. 105.*

(2) *Comma aggiunto dall'art. 6, comma 1, lett.* b) *d.lgs. 3 agosto 2018, n. 105.*

CAPO III
Dell'ordinamento e della amministrazione

23-31 (*Omissis*).

TITOLO V
Di particolari categorie di enti del Terzo settore

CAPO I
Delle organizzazioni di volontariato

32 Organizzazioni di volontariato.

1. Le organizzazioni di volontariato sono enti del Terzo settore costituiti in forma di associazione, riconosciuta o non riconosciuta, da un numero non inferiore a sette persone fisiche o a tre organizzazioni di volontariato, per lo svolgimento prevalentemente in favore di terzi di una o più attività di cui all'articolo 5, avvalendosi in modo prevalente dell'attività di volontariato dei propri associati o delle persone aderenti agli enti associati (1).

1-*bis*. Se successivamente alla costituzione il numero degli associati diviene inferiore a quello stabilito nel comma 1, esso deve essere integrato entro un anno, trascorso il quale l'organizzazione di volontariato è cancellata dal Registro unico nazionale del Terzo settore se non formula richiesta di iscrizione in un'altra sezione del medesimo (2).

2. Gli atti costitutivi delle organizzazioni di volontariato possono prevedere l'ammissione come associati di altri enti del Terzo settore o senza scopo di lucro, a condizione che il loro numero non sia superiore al cinquanta per cento del numero delle organizzazioni di volontariato.

3. La denominazione sociale deve contenere l'indicazione di organizzazione di volontariato o l'acronimo ODV. L'indicazione di organizzazione di volontariato o l'acronimo ODV, ovvero di parole o locuzioni equivalenti o ingannevoli, non può essere usata da soggetti diversi dalle organizzazioni di volontariato.

4. Alle organizzazioni di volontariato che svolgono l'attività di cui all'articolo 5, comma 1, lettera *y*), le norme del presente capo si applicano nel rispetto delle disposizioni in materia di protezione civile e alla relativa disciplina si provvede nell'ambito di quanto previsto dall'articolo 1, comma 1, lettera *d*), della legge 16 marzo 2017, n. 30. Ai fini del calcolo della quota percentuale di cui al comma 2 non sono computati i gruppi comunali, intercomunali e provinciali di protezione civile (3).

(1) *Le parole* « dell'attività di volontariato dei propri associati o delle persone aderenti agli enti associati » *sono state sostituite alle parole* « delle prestazioni dei volontari associati » *dall'art. 9, comma 1, lett.* a) *d.lgs. 3 agosto 2018, n. 105.*

(2) *Comma inserito dall'art. 9, comma 1, lett.* b) *d.lgs. 3 agosto 2018, n. 105.*

(3) *Periodo aggiunto dall'art. 66, comma 02 d.l. 31 maggio 2021, n. 77, conv., con modif., in l. 29 luglio 2021, n. 108.*

33 Risorse.

1. Le organizzazioni di volontariato possono assumere lavoratori dipendenti o avvalersi di prestazioni di lavoro autonomo o di altra natura esclusivamente nei limiti necessari al loro regolare funzionamento oppure nei limiti occorrenti a qualificare o specializzare l'attività svolta. In ogni caso, il numero dei lavoratori impiegati nell'attività non può essere superiore al cinquanta per cento del numero dei volontari.

2. Salvo quanto previsto dal comma 3, le organizzazioni di volontariato possono trarre le risorse economiche necessarie al loro funzionamento e allo svolgimento della propria attività da fonti diverse, quali quote associative, contributi pubblici e privati, donazioni e lasciti testamentari, rendite patrimoniali ed attività di raccolta fondi nonché delle attività di cui all'articolo 6.

3. Per l'attività di interesse generale prestata le organizzazioni di volontariato possono ricevere, soltanto il rimborso delle spese effettivamente sostenute e documentate, salvo che tale attività sia svolta quale attività secondaria e strumentale nei limiti di cui all'articolo 6 (1).

(1) *Le parole da* « salvo che tale attività » *fino alla fine, sono state aggiunte dall'art. 24-*ter *d.l. 23 ottobre 2018, n. 119, conv., con modif., in l. 17 dicembre 2018, n. 136.*

34 Ordinamento ed amministrazione.

1. Tutti gli amministratori delle organizzazioni di volontariato sono scelti tra le persone fisiche associate ovvero indicate, tra i propri associati, dagli enti associati (1). Si applica l'articolo 2382 del codice civile.

2. Ai componenti degli organi sociali, ad eccezione di quelli di cui all'articolo 30, comma 5 che siano in possesso dei requisiti di cui all'articolo 2397, secondo comma, del codice civile, non può essere attribuito alcun compenso, salvo il rimborso delle spese effettivamente sostenute e documentate per l'attività prestata ai fini dello svolgimento della funzione.

(1) *Le parole* « dagli enti associati. » *sono state sostituite alle parole* « dalle organizzazioni di volontariato associate » *dall'art. 10, comma 1, lett.* a) *d.lgs. 3 agosto 2018, n. 105.*

CAPO II

Delle associazioni di promozione sociale

35 Associazioni di promozione sociale.

1. Le associazioni di promozione sociale sono enti del Terzo settore costituiti in forma di associazione, riconosciuta o non riconosciuta, da un numero non inferiore a sette persone fisiche o a tre associazioni di promozione sociale per lo svolgimento in favore dei propri associati, di loro familiari o di terzi di una o più attività di cui all'articolo 5, avvalendosi in modo prevalente dell'attività di volontariato dei propri associati o delle persone aderenti agli enti associati (1).

1-*bis*. Se successivamente alla costituzione il numero degli associati diviene inferiore a quello stabilito nel comma 1, esso deve essere integrato entro un anno, trascorso il quale l'associazione di promozione sociale è cancellata dal Registro unico nazionale del Terzo settore se non formula richiesta di iscrizione in un'altra sezione del medesimo (2).

2. Non sono associazioni di promozione sociale i circoli privati e le associazioni comunque denominate che dispongono limitazioni con riferimento alle condizioni economiche e discriminazioni di qualsiasi natura in relazione all'ammissione degli associati o prevedono il diritto di trasferimento, a qualsiasi titolo, della quota associativa o che, infine, collegano, in qualsiasi forma, la partecipazione sociale alla titolarità di azioni o quote di natura patrimoniale.

3. Gli atti costitutivi delle associazioni di promozione sociale possono prevedere l'ammissione come associati di altri enti del Terzo settore o senza scopo di lucro, a condizione che il loro numero non sia superiore al cinquanta per cento del numero delle associazioni di promozione sociale.

4. Il comma 3 non si applica agli enti di promozione sportiva riconosciuti dal CONI che associano un numero non inferiore a cinquecento associazioni di promozione sociale.

5. La denominazione sociale deve contenere l'indicazione di associazione di promozione sociale o l'acronimo APS. L'indicazione di associazione di promozione sociale o l'acronimo APS, ovvero di parole o locuzioni equivalenti o ingannevoli, non può essere usata

da soggetti diversi dalle associazioni di promozione sociale.

(1) *Le parole* « o delle persone aderenti agli enti associati. » *sono state aggiunte dall'art. 11, comma 1, lett.* a) *d.lgs. 3 agosto 2018, n. 105.*

(2) *Comma inserito dall'art. 11, comma 1, lett.* b) *d.lgs. 3 agosto 2018, n. 105.*

36 Risorse.

1. Le associazioni di promozione sociale possono assumere lavoratori dipendenti o avvalersi di prestazioni di lavoro autonomo o di altra natura, anche dei propri associati, fatto comunque salvo quanto disposto dall'articolo 17, comma 5, solo quando ciò sia necessario ai fini dello svolgimento dell'attività di interesse generale e al perseguimento delle finalità. In ogni caso, il numero dei lavoratori impiegati nell'attività non può essere superiore al cinquanta per cento del numero dei volontari o al cinque per cento del numero degli associati.

CAPO III
Degli enti filantropici

37 Enti filantropici.

1. Gli enti filantropici sono enti del Terzo settore costituiti in forma di associazione riconosciuta o di fondazione al fine di erogare denaro, beni o servizi, anche di investimento, a sostegno di categorie di persone svantaggiate o di attività di interesse generale.

2. La denominazione sociale deve contenere l'indicazione di ente filantropico. L'indicazione di ente filantropico, ovvero di parole o locuzioni equivalenti o ingannevoli, non può essere usata da soggetti diversi dagli enti filantropici.

38 Risorse.

1. Gli enti filantropici traggono le risorse economiche necessarie allo svolgimento della propria attività principalmente da contributi pubblici e privati, donazioni e lasciti testamentari, rendite patrimoniali ed attività di raccolta fondi.

2. Gli atti costitutivi degli enti filantropici indicano i principi ai quali essi devono attenersi in merito alla gestione del patrimonio, alla raccolta di fondi e risorse in genere, alla destinazione, alle modalità di erogazione di denaro, beni o servizi, anche di investimento (1) [e alle attività di investimento] (1) a sostegno di categorie di persone svantaggiate o di attività di interesse generale (1).

(1) *Le parole* «, anche di investimento » *sono state aggiunte, le parole* « e alle attività di investimento » *sono state soppresse e le parole* « di categorie di persone svantaggiate o di attività di interesse generale. » *sono state sostituite alle parole* « degli enti del Terzo settore » *dall'art. 12 d.lgs. 3 agosto 2018, n. 105.*

39 Bilancio sociale.

1. Il bilancio sociale degli enti filantropici deve contenere l'elenco e gli importi delle erogazioni deliberate ed effettuate nel corso dell'esercizio, con l'indicazione dei beneficiari diversi dalle persone fisiche.

CAPO IV
Delle imprese sociali

40 Rinvio.

1. Le imprese sociali sono disciplinate dal decreto legislativo recante revisione della disciplina in materia di impresa sociale, di cui all'articolo 1, comma 2, lettera *c*), della legge 6 giugno 2016, n. 106.

2. Le cooperative sociali e i loro consorzi sono disciplinati dalla legge 8 novembre 1991, n. 381.

CAPO V
Delle reti associative

41 Reti associative.

1. Le reti associative sono enti del Terzo settore costituiti in forma di associazione, riconosciuta o non riconosciuta, che:

a) associano, anche indirettamente attraverso gli enti ad esse aderenti, un numero non inferiore a 100 enti del Terzo settore, o, in alternativa, almeno 20 fondazioni del Terzo settore, le cui sedi legali o operative siano presenti in almeno cinque regioni o province autonome;

b) svolgono, anche attraverso l'utilizzo di strumenti informativi idonei a garantire conoscibilità e trasparenza in favore del pubblico e dei propri associati, attività di coordinamento, tutela, rappresentanza, promozione o supporto degli enti del Terzo settore loro associati e delle loro attività di interesse generale, anche allo scopo di promuoverne ed accrescerne la rappresentatività presso i soggetti istituzionali.

2. Sono reti associative nazionali le reti associative di cui al comma 1 che associano, anche indirettamente attraverso gli enti ad esse aderenti, un numero non inferiore a 500 enti del Terzo settore o, in alternativa, almeno 100 fondazioni del Terzo settore, le cui sedi legali o operative siano presenti in almeno dieci regioni o province autonome. Le associazioni del terzo settore formate da un numero non inferiore a 100 mila persone fisiche associate e con sedi in almeno 10 regioni o provincie autonome sono equiparate alle reti associative nazionali ai fini di cui all'articolo 59, comma 1, lettera *b*).

3. Le reti associative nazionali possono esercitare, oltre alle proprie attività statutarie, anche le seguenti attività:

a) monitoraggio dell'attività degli enti ad esse associati, eventualmente anche con riguardo al suo impatto sociale, e predisposizione di una relazione annuale al Consiglio nazionale del Terzo settore;

b) promozione e sviluppo delle attività di controllo, anche sotto forma di autocontrollo e di assistenza tecnica nei confronti degli enti associati.

4. Le reti associative possono promuovere partenariati e protocolli di intesa con le pubbliche amministra-

zioni di cui all'articolo 1, comma 2, del decreto legislativo 30 marzo 2001, n. 165, e con soggetti privati.

5. È condizione per l'iscrizione delle reti associative nel Registro unico nazionale del Terzo settore che i rappresentanti legali ed amministratori non abbiano riportato condanne penali, passate in giudicato, per reati che comportano l'interdizione dai pubblici uffici. L'iscrizione, nonché la costituzione e l'operatività da almeno un anno, sono condizioni necessarie per accedere alle risorse del Fondo di cui all'articolo 72 che, in ogni caso, non possono essere destinate, direttamente o indirettamente, ad enti diversi dalle organizzazioni di volontariato, dalle associazioni di promozione sociale e dalle fondazioni del Terzo settore.

6. Alle reti associative operanti nel settore di cui all'articolo 5, comma 1, lettera *y*), le disposizioni del presente articolo si applicano nel rispetto delle disposizioni in materia di protezione civile, e alla relativa disciplina si provvede nell'ambito di quanto previsto dall'articolo 1, comma 1, lettera *d*), della legge 16 marzo 2017, n. 30.

7. Gli atti costitutivi o gli statuti disciplinano l'ordinamento interno, la struttura di governo e la composizione e il funzionamento degli organi sociali delle reti associative nel rispetto dei principi di democraticità, pari opportunità ed eguaglianza di tutti gli associati e di elettività delle cariche sociali.

8. Gli atti costitutivi o gli statuti delle reti associative possono disciplinare il diritto di voto degli associati in assemblea anche in deroga a quanto stabilito dall'articolo 24, comma 2.

9. Gli atti costitutivi o gli statuti delle reti associative possono disciplinare le modalità e i limiti delle deleghe di voto in assemblea anche in deroga a quanto stabilito dall'articolo 24, comma 3.

10. Gli atti costitutivi o gli statuti delle reti associative possono disciplinare le competenze dell'assemblea degli associati anche in deroga a quanto stabilito dall'articolo 25, comma 1.

CAPO VI
Delle società di mutuo soccorso

42 Rinvio.

1. Le società di mutuo soccorso sono disciplinate dalla legge 15 aprile 1886, n. 3818, e successive modificazioni.

43 Trasformazione.

1. Le società di mutuo soccorso, già esistenti alla data di entrata in vigore del presente Codice, che entro il 31 dicembre 2022 (1) si trasformano in associazioni del Terzo settore o in associazioni di promozione sociale, mantengono, in deroga all'articolo 8, comma 3, della legge 15 aprile 1886, n. 3818, il proprio patrimonio.

(1) *Le parole* « 31 dicembre 2022 » *sono state sostituite alle parole* « 31 dicembre 2021 » *dall'art. 9, comma 1, d.l. 30 dicembre 2021, n. 228, conv., con modif., in l. 25 febbraio 2022, n. 15.*

Le parole « entro il 31 dicembre 2021 » *erano state sostituite alle parole* « nei successivi tre anni da tale data » *dall'art. 11, comma 1, d.l. 31 dicembre 2020, n. 183, conv., con modif., in l. 26 febbraio 2021, n. 21.*

44 Modifiche e integrazioni alla disciplina.

1. Alle società di mutuo soccorso non si applica l'obbligo di versamento del contributo del 3 per cento sugli utili netti annuali di cui all'articolo 11 della legge 31 gennaio 1992, n. 59.

2. In deroga all'articolo 23, comma 1, del decreto-legge 18 ottobre 2012, n. 179, convertito, con modificazioni, dalla legge 17 dicembre 2012, n. 221, non sono soggette all'obbligo di iscrizione nella sezione delle imprese sociali presso il registro delle imprese le società di mutuo soccorso che hanno un versamento annuo di contributi associativi non superiore a 50.000 euro e che non gestiscono fondi sanitari integrativi.

TITOLO VI
Del registro unico nazionale del Terzo settore

45 Registro unico nazionale del Terzo settore.

1. Presso il Ministero del lavoro e delle politiche sociali è istituito il Registro unico nazionale del Terzo settore, operativamente gestito su base territoriale e con modalità informatiche in collaborazione con ciascuna Regione e Provincia autonoma, che, a tal fine, individua, entro centottanta giorni dalla data di entrata in vigore del presente decreto, la struttura competente. Presso le Regioni, la struttura di cui al periodo precedente è indicata come « Ufficio regionale del Registro unico nazionale del Terzo settore ». Presso le Province autonome la stessa assume la denominazione di « Ufficio provinciale del Registro unico nazionale del Terzo settore ». Il Ministero del lavoro e delle politiche sociali individua nell'ambito della dotazione organica dirigenziale non generale disponibile a legislazione vigente la propria struttura competente di seguito indicata come « Ufficio statale del Registro unico nazionale del Terzo settore ».

2. Il registro è pubblico ed è reso accessibile a tutti gli interessati in modalità telematica.

46-54 (*Omissis*).

TITOLO VII
Dei rapporti con gli enti pubblici

55 Coinvolgimento degli enti del Terzo settore.

1. In attuazione dei principi di sussidiarietà, cooperazione, efficacia, efficienza ed economicità, omogeneità, copertura finanziaria e patrimoniale, responsabilità ed unicità dell'amministrazione, autonomia organizzativa e regolamentare, le amministrazioni pubbliche di cui all'articolo 1, comma 2, del decreto legislativo 30 marzo 2001, n. 165, nell'esercizio delle proprie funzioni di programmazione e organizzazione a livello territoriale degli interventi e dei servizi nei settori di attività di cui all'articolo 5, assicurano il coinvolgimento attivo degli enti del Terzo settore, attraverso

forme di co-programmazione e co-progettazione e accreditamento, poste in essere nel rispetto dei principi della legge 7 agosto 1990, n. 241, nonché delle norme che disciplinano specifici procedimenti ed in particolare di quelle relative alla programmazione sociale di zona.

2. La co-programmazione è finalizzata all'individuazione, da parte della pubblica amministrazione procedente, dei bisogni da soddisfare, degli interventi a tal fine necessari, delle modalità di realizzazione degli stessi e delle risorse disponibili.

3. La co-progettazione è finalizzata alla definizione ed eventualmente alla realizzazione di specifici progetti di servizio o di intervento finalizzati a soddisfare bisogni definiti, alla luce degli strumenti di programmazione di cui comma 2.

4. Ai fini di cui al comma 3, l'individuazione degli enti del Terzo settore con cui attivare il partenariato avviene anche mediante forme di accreditamento nel rispetto dei principi di trasparenza, imparzialità, partecipazione e parità di trattamento, previa definizione, da parte della pubblica amministrazione procedente, degli obiettivi generali e specifici dell'intervento, della durata e delle caratteristiche essenziali dello stesso nonché dei criteri e delle modalità per l'individuazione degli enti partner.

56 Convenzioni.

1. Le amministrazioni pubbliche di cui all'articolo 1, comma 2, del decreto legislativo 30 marzo 2001, n. 165, possono sottoscrivere con le organizzazioni di volontariato e le associazioni di promozione sociale, iscritte da almeno sei mesi nel Registro unico nazionale del Terzo settore, convenzioni finalizzate allo svolgimento in favore di terzi di attività o servizi sociali di interesse generale, se più favorevoli rispetto al ricorso al mercato.

2. Le convenzioni di cui al comma 1 possono prevedere esclusivamente il rimborso alle organizzazioni di volontariato e alle associazioni di promozione sociale delle spese effettivamente sostenute e documentate.

3. L'individuazione delle organizzazioni di volontariato e delle associazioni di promozione sociale con cui stipulare la convenzione è fatta nel rispetto dei principi di imparzialità, pubblicità, trasparenza, partecipazione e parità di trattamento, mediante procedure comparative riservate alle medesime. Le organizzazioni di volontariato e le associazioni di promozione sociale devono essere in possesso dei requisiti di moralità professionale, e dimostrare adeguata attitudine, da valutarsi in riferimento alla struttura, all'attività concretamente svolta, alle finalità perseguite, al numero degli aderenti, alle risorse a disposizione e alla capacità tecnica e professionale, intesa come concreta capacità di operare e realizzare l'attività oggetto di convenzione, da valutarsi anche con riferimento all'esperienza maturata, all'organizzazione, alla formazione e all'aggiornamento dei volontari.

3-*bis*. Le amministrazioni procedenti pubblicano sui propri siti informatici gli atti di indizione dei procedimenti di cui al presente articolo e i relativi provvedimenti finali. I medesimi atti devono altresì formare oggetto di pubblicazione da parte delle amministrazioni procedenti nella sezione "Amministrazione trasparente", con l'applicazione delle disposizioni di cui al decreto legislativo 14 marzo 2013, n. 33 (1).

4. Le convenzioni devono contenere disposizioni dirette a garantire l'esistenza delle condizioni necessarie a svolgere con continuità le attività oggetto della convenzione, nonché il rispetto dei diritti e della dignità degli utenti, e, ove previsti dalla normativa nazionale o regionale, degli standard organizzativi e strutturali di legge. Devono inoltre prevedere la durata del rapporto convenzionale, il contenuto e le modalità dell'intervento volontario, il numero e l'eventuale qualifica professionale delle persone impegnate nelle attività convenzionate, le modalità di coordinamento dei volontari e dei lavoratori con gli operatori dei servizi pubblici, le coperture assicurative di cui all'articolo 18, i rapporti finanziari riguardanti le spese da ammettere a rimborso fra le quali devono figurare necessariamente gli oneri relativi alla copertura assicurativa, le modalità di risoluzione del rapporto, forme di verifica delle prestazioni e di controllo della loro qualità, la verifica dei reciproci adempimenti nonché le modalità di rimborso delle spese, nel rispetto del principio dell'effettività delle stesse, con esclusione di qualsiasi attribuzione a titolo di maggiorazione, accantonamento, ricarico o simili, e con la limitazione del rimborso dei costi indiretti alla quota parte imputabile direttamente all'attività oggetto della convenzione.

(1) *Comma aggiunto dall'art. 13 d.lgs. 3 agosto 2018, n. 105.*

57 Servizio di trasporto sanitario di emergenza e urgenza.

1. I servizi di trasporto sanitario di emergenza e urgenza possono essere, in via prioritaria, oggetto di affidamento in convenzione alle organizzazioni di volontariato, iscritte da almeno sei mesi nel Registro unico nazionale del Terzo settore, aderenti ad una rete associativa di cui all'articolo 41, comma 2, ed accreditate ai sensi della normativa regionale in materia, ove esistente, nelle ipotesi in cui, per la natura specifica del servizio, l'affidamento diretto garantisca l'espletamento del servizio di interesse generale, in un sistema di effettiva contribuzione a una finalità sociale e di perseguimento degli obiettivi di solidarietà, in condizioni di efficienza economica e adeguatezza, nonché nel rispetto dei principi di trasparenza e non discriminazione.

2. Alle convenzioni aventi ad oggetto i servizi di cui al comma 1 si applicano le disposizioni di cui ai commi 2, 3, 3-*bis* e 4 (1) dell'articolo 56.

(1) *Le parole* « ai commi 2, 3, 3-*bis* e 4 » *sono state sostituite alle parole* « ai commi 2, 3 e 4 » *dall'art. 14 d.lgs. 3 agosto 2018, n. 105.*

TITOLO VIII
Della promozione e del sostegno degli enti del Terzo settore

CAPO I
Del Consiglio nazionale del Terzo settore

58-89 *(Omissis)*.

TITOLO XI
Dei controlli e del coordinamento

90-104 *(Omissis)*.

SEZIONE SETTIMA
IL RAPPORTO DI LAVORO ALLE DIPENDENZE DELLE AMMINISTRAZIONI PUBBLICHE

CAPO I
NORME GENERALI E PRIVATIZZAZIONE

90. Decreto del Presidente della Repubblica 10 gennaio 1957, n. 3. — Testo unico delle disposizioni concernenti lo statuto degli impiegati civili dello Stato (1) (2) (3). *(estratto)*.

Pubblicato nella Gazzetta Ufficiale n. 22 del 25 gennaio 1957, S.O.

(1) *In luogo di soprattasse e/o pene pecuniarie, nonché ogni altra sanzione amministrativa, ancorché diversamente denominata, leggasi sanzione pecuniaria di uguale importo (art. 26, comma 1, d.lgs. 18 dicembre 1997, n. 472).*

(2) *La Parte II del presente provvedimento, relativa alla disciplina dell'ordinamento delle carriere, è stata successivamente regolata dalla nuova normativa entrata in vigore con la l. 11 luglio 1980, n. 312.*

(3) *Per i limiti temporali di applicabilità di diverse disposizioni del presente testo v. gli allegati al d.lgs. 30 marzo 2001, n. 165* (sub II, 95).

PARTE PRIMA
Stato giuridico

TITOLO I
Classificazione delle carriere ed ammissione agli impieghi

CAPO I
Classificazione delle carriere

1 Distinzione delle carriere.

Le carriere degli impiegati civili dello Stato, amministrativi e tecnici, sono distinte come segue:
carriere direttive;
carriere di concetto;
carriere esecutive;
carriere del personale ausiliario.

Le singole carriere e le relative qualifiche sono stabilite per ciascuna amministrazione nei quadri annessi al presente decreto.

CAPO II
Ammissione agli impieghi (1)

(1) *Per ulteriori disposizioni in materia, v. l'art. 3, comma 7, l. 15 maggio 1997, n. 127.*

2 Requisiti generali.

Possono accedere agli impieghi civili dello Stato coloro che posseggono i seguenti requisiti generali:
1) cittadinanza italiana;
2) età non inferiore agli anni 18 e non superiore ai 40. Per i candidati appartenenti a categorie per le quali leggi speciali prevedono deroghe, il limite massimo non può superare, anche in caso di cumulo di benefici, i quarantacinque anni di età (1);
[3) buona condotta] (2);
4) idoneità fisica all'impiego.

L'Amministrazione ha facoltà di sottoporre a visita medica di controllo i vincitori del concorso.

Per l'ammissione a particolari carriere, gli ordinamenti delle singole amministrazioni possono prescrivere anche altri requisiti.

Il titolo di studio per l'accesso a ciascuna carriera è stabilito dagli articoli seguenti.

Non possono accedere agli impieghi coloro che siano esclusi dall'elettorato attivo politico e coloro che siano stati destituiti o dispensati dall'impiego presso una pubblica amministrazione.

Salvo che i singoli ordinamenti non dispongano diversamente, sono equiparati ai cittadini gli italiani non appartenenti alla Repubblica.

I requisiti prescritti devono essere posseduti alla data di scadenza del termine stabilito nel bando di concorso per la presentazione della domanda di ammissione.

(1) *Numero così sostituito dall'art. 2 l. 3 giugno 1978, n. 288, e, da ultimo, dall'art. 1 l. 27 gennaio 1989, n. 25.*

(2) *Numero abrogato per effetto dell'articolo unico l. 29 ottobre 1984, n. 732.*

3 Concorsi di ammissione.

L'assunzione agli impieghi civili dello Stato è effettuata mediante pubblico concorso per esami alle qualifiche iniziali, salvo quanto diversamente disposto dal presente decreto.

L'amministrazione stabilisce, di volta in volta, il numero dei posti disponibili nel ruolo da mettere a concorso nelle qualifiche iniziali, previa valutazione dell'effettivo fabbisogno di personale in relazione alle accertate esigenze del servizio.

È in facoltà dell'Amministrazione mettere a concorso, oltre i posti già disponibili alla data del bando, anche quelli che si faranno vacanti nelle qualifiche superiori, in dipendenza di collocamento a riposo di ufficio, nel semestre successivo alla data di pubblicazione del decreto che indice il concorso. Le nomine a tali posti in eccedenza sono conferite al verificarsi delle singole vacanze qualora il concorso venga espletato prima.

Il concorso è indetto con decreto del Ministro da pubblicarsi nella Gazzetta Ufficiale.

Il termine per la presentazione delle domande non può essere inferiore a trenta giorni dalla data di pubblicazione del decreto.

Salve le eccezioni previste dal presente decreto, l'assunzione agli impieghi senza il concorso prescritto per le singole carriere è nulla di diritto e non produce alcun effetto a carico dell'Amministrazione, ferma restando la responsabilità dell'impiegato che vi ha provveduto.

4 Esclusione dal concorso.

L'esclusione dal concorso può essere disposta soltanto per diretto dei requisiti prescritti e con decreto motivato del Ministro.

5 Riserva dei posti e preferenze.

Nei concorsi per l'ammissione alle carriere direttive e di concetto le riserve di posti previste da leggi speciali in favore di particolari categorie di cittadini non possono complessivamente superare la metà dei posti messi a concorso.

Se, in relazione a tale limite, si imponga una riduzione dei posti da riservare secondo legge, essa si attua in misura proporzionale per ciascuna categoria di aventi diritto a riserva.

Salvo quanto disposto dall'art. 207, i titoli che dànno luogo a riserva di posti o preferenze nell'ammissione alle diverse carriere non sono influenti ai fini della progressione in carriera.

Nei concorsi per l'ammissione alle varie carriere sono preferiti a parità di merito:

1) gli insigniti di medaglia al valor militare;
2) i mutilati ed invalidi di guerra ex combattenti;
3) i mutilati ed invalidi per fatto di guerra;
4) i mutilati ed invalidi per servizio;
5) gli orfani di guerra;
6) gli orfani dei caduti per fatto di guerra;
7) gli orfani dei caduti per servizio;
8) i feriti in combattimento;
9) gli insigniti di croce di guerra o di altra attestazione speciale di merito di guerra nonché i capi di famiglia numerosa;
10) coloro che hanno frequentato con esito favorevole i corsi di preparazione o di integrazione previsti dall'art. 150, tenendo conto del punteggio conseguito per la preferenza fra gli stessi;
11) i figli dei mutilati e degli invalidi di guerra ex combattenti;
12) i figli dei mutilati e degli invalidi per fatto di guerra;
13) i figli dei mutilati e degli invalidi per servizio;
14) le madri e le vedove non rimaritate e le sorelle vedove o nubili dei caduti in guerra;
15) le madri e le vedove non maritate e le sorelle vedove o nubili dei caduti per fatto di guerra;
16) le madri e le vedove non rimaritate e le sorelle vedove o nubili dei caduti per servizio;
17) coloro che abbiano prestato servizio militare come combattenti;
18) coloro che abbiano prestato lodevole servizio a qualunque titolo, per non meno d'un anno, nell'amministrazione che ha indetto il concorso;
19) i coniugati con riguardo al numero dei figli;

A parità di titoli, la preferenza è determinata:

a) dallo stato di coniugato con riguardo al numero dei figli;

b) dall'aver prestato lodevole servizio nelle Amministrazioni dello Stato;

c) dall'età.

6 Svolgimento delle prove.

Il diario delle prove scritte deve essere comunicato ai candidati ammessi al concorso non meno di quindici giorni prima dell'inizio di esse.

Del diario delle prove è dato avviso, nello stesso termine, nella Gazzetta Ufficiale.

Ai candidati che conseguono l'ammissione alla prova orale deve esserne data comunicazione con l'indicazione del voto riportato in ciascuna delle prove scritte. L'avviso per la presentazione alla prova orale deve essere dato ai singoli candidati almeno venti giorni prima di quello in cui essi debbono sostenerla.

Al termine di ogni seduta dedicata alla prova orale la commissione giudicatrice forma l'elenco dei candidati esaminati, con l'indicazione dei voti da ciascuno riportati.

L'elenco, sottoscritto dal presidente e dal segretario della commissione, è affisso nel medesimo giorno nell'albo dell'amministrazione.

7 Graduatoria del concorso.

Espletate le prove del concorso, la commissione forma la graduatoria di merito con l'indicazione del punteggio conseguito da ciascun candidato.

Il Ministro, con proprio decreto, riconosciuta la regolarità del procedimento, approva la graduatoria e dichiara i vincitori del concorso.

La graduatoria dei vincitori del concorso e quella dei dichiarati idonei sono pubblicate nel bollettino ufficiale del Ministero. Di tale pubblicazione si dà notizia mediante avviso inserito nella Gazzetta Ufficiale della Repubblica. Dalla data della pubblicazione dell'avviso nella Gazzetta Ufficiale decorre il termine per le eventuali impugnative.

8 Conferimento di posti disponibili agli idonei.

L'amministrazione ha facoltà di conferire, oltre i posti messi a concorso, anche quelli che risultino disponibili alla data di approvazione della graduatoria.

Detti posti, da conferire secondo l'ordine della graduatoria, non possono superare il decimo di quelli messi a concorso per le carriere direttive ed il quinto per le altre carriere.

Nel caso che alcuni dei posti messi a concorso restino scoperti per rinuncia, decadenza o dimissioni dei vincitori, l'amministrazione ha facoltà di procedere, nel termine di due anni dalla data di approvazione della graduatoria, ad altrettante nomine secondo l'ordine della graduatoria stessa (1).

(1) *Comma così sostituito dall'articolo unico l. 8 luglio 1975, n. 305.*

9 Nomina in prova.

I vincitori del concorso conseguono la nomina in prova, che viene disposta con decreto del Ministro, salvo che la legge prescriva diversamente.

La nomina dell'impiegato che per giustificato motivo assume servizio con ritardo sul termine prefissogli decorre, agli effetti economici, dal giorno in cui prende servizio.

Colui che ha conseguito la nomina, se non assume servizio senza giustificato motivo entro il termine stabilito, decade dalla nomina.

10 Periodo di prova.

Il periodo di prova ha la durata di sei mesi.

L'impiegato in prova svolge le mansioni affidategli nei vari servizi ai quali viene applicato e frequenta i corsi di formazione istituiti dalla amministrazione.

Compiuto il periodo di prova, l'impiegato consegue la nomina in ruolo con decreto del Ministro, previo giudizio favorevole del consiglio di amministrazione, fondato anche sulle relazioni dei capi dei servizi ai quali è stato applicato e sull'esito dei corsi eventualmente frequentati. Nel caso di giudizio sfavorevole il periodo di prova è prorogato di altri sei mesi, al termine dei quali, ove il giudizio sia ancora sfavorevole, il Ministro dichiara la risoluzione del rapporto di impiego con decreto motivato. In tal caso spetta all'impiegato una indennità pari a due mensilità del trattamento relativo al periodo di prova.

Qualora entro tre mesi dalla scadenza del periodo di prova non sia intervenuto un provvedimento di proroga ovvero un giudizio sfavorevole, la prova si intende conclusa favorevolmente.

È esonerato dal periodo di prova il vincitore del concorso che provenga da una carriera corrispondente della stessa o di altra amministrazione, presso la quale abbia superato il periodo di prova e disimpegnato mansioni analoghe a quelle della qualifica per la quale ha concorso. L'amministrazione ha facoltà di obbligarlo a frequentare i corsi di formazione.

Per l'impiego nominato in ruolo il servizio di prova è computato come servizio di ruolo a tutti gli effetti.

TITOLO II
Doveri - Responsabilità - Diritti

CAPO I
Doveri

11 Promessa solenne e giuramento.

[L'impiegato, all'atto dell'assunzione in prova, deve fare, davanti al capo dell'Ufficio o ad un suo delegato, in presenza di due testimoni, solenne promessa secondo la formula seguente:

"Prometto di essere fedele alla Repubblica, di osservare lealmente la Costituzione e le leggi dello Stato, di adempiere ai doveri del mio ufficio nell'interesso dell'Amministrazione per il pubblico bene".

Prima di assumere servizio di ruolo l'impiegato deve prestare giuramento davanti al capo dell'uffi cio, o ad un suo delegato, in presenza di due testimoni, secondo la formula seguente:

"Giuro di essere fedele alla Repubblica, di osservare lealmente la Costituzione e le leggi dello Stato, di adempiere ai doveri del mio ufficio nell'interesse dell'Amministrazione per il pubblico bene".

La promessa solenne e il giuramento non si ripetono nel caso di passaggio ad altro impiego.

Il rifiuto di prestare la promessa solenne o il giuramento importa la decadenza dall'impiego] (1).

(1) *Articolo abrogato dall'art. 3, comma 1, d.P.R. 19 aprile 2001, n. 253.*

12 Obbligo della residenza.

L'impiegato deve risiedere nel luogo ove ha sede l'ufficio cui è destinato.

Il capo dell'ufficio, per rilevanti ragioni, autorizza l'impiegato a risiedere altrove, quando ciò sia conciliabile col pieno e regolare adempimento d'ogni altro suo dovere; dell'eventuale diniego è data comunicazione scritta all'interessato.

13 Comportamento in servizio.

L'impiegato deve prestare tutta la sua opera nel disimpegno delle mansioni che gli sono affidate curando, in conformità delle leggi, con diligenza e nel miglior modo, l'interesse dell'Amministrazione per il pubblico bene.

L'impiegato deve conformare la sua condotta al dovere di servire esclusivamente la Nazione, di osservare lealmente la Costituzione e le altre leggi e non deve svolgere attività incompatibili con l'anzidetto dovere.

Nei rapporti con i superiori e con i colleghi l'impiegato deve ispirarsi al principio di un'assidua o solerte collaborazione; deve essere di guida e di esempio ai dipendenti, in modo da assicurare il più efficace rendimento del servizio.

Nei rapporti con il pubblico, il comportamento dell'impiegato deve essere tale da stabilire completa fiducia e sincera collaborazione tra i cittadini e l'Amministrazione.

Qualora non sussistano particolari ragioni da sottoporre al capo dell'ufficio, l'impiegato deve, di regola, trattare gli affari attribuiti alla sua competenza tempestivamente e secondo il loro ordine cronologico.

Fuori dell'ufficio, l'impiegato deve mantenere condotta conforme alla dignità delle proprie funzioni.

14 Orario di servizio.

L'orario giornaliero di servizio rimane regolato dalle norme in vigore.

Quando le esigenze dell'Amministrazione lo richiedano l'impiegato è tenuto a prestare servizio con diritto alla retribuzione per lavoro straordinario anche in ore non comprese nell'orario normale, salvo che sia esonerato per giustificati motivi (1) (2).

(1) *Per l'interpretazione del presente articolo v. l'art. 30, comma 1, l. 29 marzo 1983, n. 93, ai sensi del quale l'orario di lavoro di cui al presente articolo è pari a trentasei ore settimanali.*

(2) *Ai sensi dell'art. 26, comma 1, lett.* a), *d.P.R. 23 maggio 2001, n. 316, la presente disposizione non si applica, in riferimento all'art. 3 del citato d.P.R. n. 316/2001, nei confronti dei funzionari appartenenti alla carriera prefettizia.*

15 Segreto d'ufficio.

1. L'impiegato deve mantenere il segreto d'ufficio. Non può trasmettere a chi non ne abbia diritto informazioni riguardanti provvedimenti od operazioni amministrative, in corso o conclusione, ovvero notizie di cui sia venuto a conoscenza a causa delle sue funzioni, al di fuori delle ipotesi e delle modalità previste dalle norme sul diritto di accesso. Nell'ambito delle proprie attribuzioni, l'impiegato preposto ad un ufficio rilascia copie ed estratti di atti e documenti di ufficio nei casi non vietati dall'ordinamento (1).

(1) *Articolo così sostituito dall'art. 28, comma 1, l. 7 agosto 1990, n. 241.*

16 Dovere verso il superiore.

L'impiegato deve eseguire gli ordini che gli siano impartiti dal superiore gerarchico relativamente alle proprie funzioni o mansioni.

Quando, nell'esercizio delle sue funzioni, l'impiegato rilevi difficoltà od inconvenienti, derivanti dalle disposizioni impartite dai superiori per l'organizzazione o lo svolgimento dei servizi, deve riferirne per via gerarchica, formulando le proposte a suo avviso opportune per rimuovere la difficoltà o l'inconveniente. Parimenti per via gerarchica deve essere inoltrata ogni altra comunicazione od istanza dell'impiegato.

Tuttavia l'impiegato ha diritto di consegnare al proprio superiore pieghi suggellati diretti al Ministro, esclusivamente per questioni personali di particolare gravità e delicatezza attinenti al rapporto d'impiego.

Tali pieghi devono essere inoltrati d'ufficio senza indugio.

17 Limiti al dovere verso il superiore.

L'impiegato, al quale, dal proprio superiore, venga impartito un ordine che egli ritenga palesemente illegittimo, deve farne rimostranza allo stesso superiore, dichiarandone le ragioni.

Se l'ordine è rinnovato per iscritto, l'impiegato ha il dovere di darvi esecuzione.

L'impiegato non deve comunque eseguire l'ordine del superiore quando l'atto sia vietato dalla legge penale.

CAPO II
Responsabilità

18 Responsabilità dell'impiegato verso l'Amministrazione.

L'impiegato delle amministrazioni dello Stato anche ad ordinamento autonomo, è tenuto a risarcire alle amministrazioni stesse i danni derivanti da violazioni di obblighi di servizio.

Se l'impiegato ha agito per un ordine che era obbligato ad eseguire va esente da responsabilità, salva la responsabilità del superiore che ha impartito l'ordine.

L'impiegato, invece, è responsabile se ha agito per delega del superiore.

19 Giurisdizione della Corte dei conti.

L'impiegato, per la responsabilità di cui al precedente articolo, è sottoposto alla giurisdizione della Corte dei Conti nei modi previsti dalle leggi in materia.

La Corte, valutate le singole responsabilità, può porre a carico dei responsabili tutto il danno accertato o parte di esso.

Il diritto al risarcimento si estingue con il decorso del termine di prescrizione ordinario previsto dal Codice civile (1).

(1) *Per l'azione di responsabilità davanti alla Corte dei Conti, v. i termini di prescrizione, previsti dall'art. 1, commi 2,* 2-bis, 2-ter *e 3 l. 14 gennaio 1994, n. 20, che così dispongono: « 2. Il diritto al risarcimento del danno si prescrive in ogni caso in cinque anni, decorrenti dalla data in cui si è verificato il fatto dannoso, ovvero, in caso di occultamento doloso del danno, dalla data della sua scoperta. -* 2-bis. *Per i fatti che rientrano nell'ambito di applicazione dell'art. 1, comma 7, del decreto-legge 27 agosto 1993, n. 324, convertito, con modificazioni, dalla legge 27 ottobre 1993, n. 423, la prescrizione si compie entro cinque anni ai sensi del comma 2 e comunque non prima del 31 dicembre 1996. -* 2-ter. *Per i fatti verificatisi anteriormente alla data del 15 novembre 1993 e per i quali stia decorrendo un termine di prescrizione decennale, la prescrizione si compie entro il 31 dicembre 1998, ovvero nel più breve termine dato dal compiersi del decennio. - 3. Qualora la prescrizione del diritto al risarcimento sia maturata a causa di omissione o ritardo della denuncia del fatto, rispondono del danno erariale i soggetti che hanno omesso o ritardato la denuncia. In tali casi, l'azione è proponibile entro cinque anni dalla data in cui la prescrizione è maturata ».*

20 Obbligo di denuncia.

[Il direttore generale e il capo del servizio che vengano a conoscenza direttamente od a seguito di rapporto cui sono tenuti gli organi inferiori, di fatti che diano luogo a responsabilità ai sensi dell'art. 18 devono farne denuncia al procuratore generale della Corte dei conti, indicando tutti gli elementi raccolti per l'accertamento della responsabilità e la determinazione dei danni.

Qualora il fatto dannoso venga accertato da un impiegato con qualifica di ispettore generale, nel corso di una ispezione, questi è tenuto a farne immediatamente denuncia al procuratore generale della Corte dei conti, informandone nel contempo il direttore generale o il capo del servizio competente.

Se il fatto dannoso sia imputabile al direttore generale o al capo di un servizio posto alle dirette dipendenze del Ministro, la denuncia è fatta a cura del Ministro stesso.

Ove in sede di giudizio si accerti che la denuncia fu omessa per dolo o colpa grave, la Corte può condannare al risarcimento anche i responsabili dell'omissione] (1).

(1) *Articolo abrogato dall'art. 4, comma 1, lett.* c), *dell'allegato 3 al D.Lgs. 26 agosto 2016, n. 174 (v.* sub *VI, 17), a decorrere dal 7 ottobre 2016. A norma del comma 2 del medesimo art. 4, quando disposizioni vigenti richiamano le disposizioni abrogate dal suddetto comma 1, il riferimento agli istituti previsti da queste ultime si intende operato ai corrispondenti istituti disciplinati nel codice di giustizia contabile allegato al citato D.Lgs. n. 174/2016.*

21 Responsabilità dell'agente contabile.

Resta regolata dalle norme vigenti la speciale responsabilità dell'agente contabile.

22 Responsabilità verso i terzi.

L'impiegato che, nell'esercizio delle attribuzioni ad esso conferite dalle leggi o dai regolamenti, cagioni ad altri un danno ingiusto ai sensi dell'art. 23 è personalmente obbligato a risarcirlo. L'azione di risarcimento nei suoi confronti può essere esercitata congiuntamente con l'azione diretta nei confronti dell'Amministrazione qualora, in base alle norme ed ai principi vigenti dell'ordinamento giuridico, sussista anche la responsabilità dello Stato.

L'amministrazione che abbia risarcito il terzo del danno cagionato dal dipendente si rivale agendo contro quest'ultimo a norma degli articoli 18 e 19. Contro l'impiegato addetto alla conduzione di autoveicoli o di altri mezzi meccanici l'azione dell'Amministrazione è ammessa solo nel caso di danni arrecati per dolo o colpa grave.

23 Danno ingiusto.

È danno ingiusto, agli effetti previsti dall'art. 22, quello derivante da ogni violazione dei diritti dei terzi che l'impiegato abbia commesso per dolo o per colpa grave; restano salve le responsabilità più gravi previste dalle leggi vigenti.

La responsabilità personale dell'impiegato sussiste tanto se la violazione del diritto del terzo sia cagionata dal compimento di atti od operazioni, quanto se la detta violazione consista nell'omissione o nel ritardo ingiustificato di atti od operazioni al cui compimento l'impiegato sia obbligato per legge o per regolamento.

24 Responsabilità degli organi collegiali.

Quando la violazione del diritto sia derivata da atti od operazioni di collegi amministrativi deliberanti, sono responsabili, in solido, il presidente ed i membri del collegio che hanno partecipato all'atto od all'operazione. La responsabilità è esclusa per coloro che abbiano fatto constatare nel verbale il proprio dissenso.

25 Diffida.

L'omissione di atti o di operazioni, al cui compimento l'impiegato sia tenuto per legge o per regolamento, deve essere fatta constare da chi vi ha interesse mediante diffida notificata all'impiegato e all'Amministrazione a mezzo di ufficiale giudiziario.

Quando si tratti di atti o di operazioni da compiersi ad istanza dell'interessato, la diffida è inefficace se non siano trascorsi sessanta giorni dalla data di presentazione dell'istanza stessa.

Qualora l'atto o l'operazione faccia parte di un procedimento amministrativo, la diffida è inefficace se non siano trascorsi sessanta giorni dalla data di compimento dell'atto od operazione precedente ovvero, qualora si tratti di atti od operazioni di competenza di più uffici, dalla data in cui l'atto precedente, oppure la relazione o il verbale della precedente operazione, trasmesso dall'ufficio che ha provveduto, sia pervenuto all'ufficio che deve attendere agli ulteriori incombenti.

Se le leggi ed i regolamenti amministrativi, ovvero i capitolati generali o speciali e i disciplinari di concessione, stabiliscono per il compimento di determinati atti od operazioni termini più brevi o più ampi di quelli previsti nei commi precedenti la diffida è efficace se notificata dopo la scadenza del termine entro il quale gli atti o le operazioni debbono essere compiuti, secondo la specifica norma che li concerne.

Decorsi inutilmente trenta giorni dalla notificazione della diffida, l'interessato può proporre l'azione di risarcimento, senza pregiudizio del diritto alla riparazione dei danni che si siano già verificati in conseguenza dell'omissione o del ritardo.

26 Inesecuzione del giudicato amministrativo.

Qualora il danno del terzo derivi dalla mancata esecuzione del giudicato formatosi contro l'Amministrazione, l'azione di risarcimento può essere iniziata soltanto dopo che siano trascorsi sessanta giorni dalla notificazione, con diffida a provvedere, della decisione del Consiglio di Stato in sede giurisdizionale che, ai sensi dell'art. 27, n. 4, del testo unico 26 giugno 1924, n. 1054, dichiara l'obbligo dell'autorità amministrativa di conformarsi al giudicato, salvo il diritto alla riparazione dei danni che si siano verificati.

27 Comunicazione della diffida.

L'impiegato convenuto in giudizio ai sensi dell'art. 22 o quello cui sia stata notificata una delle diffide previste dagli artt. 25 e 26 ha il dovere di darne, senzaindugio, notizia al capo dell'ufficio dal quale dipende.

Il capo dell'ufficio ha il dovere di informare senza indugio il Ministro degli atti di citazione e delle diffide che siano notificati a lui stesso, ovvero ad impiegati dipendenti.

Debbono altresì essere comunicate al capo dell'ufficio ed al Ministro, ai sensi del primo e secondo comma del presente articolo, le sentenze, rinuncie e transazioni intervenute nei detti giudizi.

La difesa dell'impiegato convenuto in giudizio può essere assunta dall'Avvocatura dello Stato, nei casi e con le forme previste dall'art. 44 del T.U. 30 ottobre 1933, n. 1611.

28 Esclusione della responsabilità verso i terzi.

Alla responsabilità dell'impiegato verso i terzi si applicano le disposizioni del secondo comma dell'art. 18.

29 Altri casi di esclusione della responsabilità verso i terzi.

La responsabilità personale verso i terzi di cui agli articoli precedenti è esclusa, oltre che negli altri casi previsti dalla legge, quando l'impiegato ha agito per legittima difesa di sé o di altri o quando sia stato costretto all'azione od omissione dannosa da violenza fisica esercitata sulla persona. Quando ha agito perché costrettovi dalla necessità di salvare sé o altri dal pericolo attuale di un danno grave alla persona ed il pericolo non è stato da lui volontariamente causato né era altrimenti evitabile, al danneggiato è dovuto dall'amministrazione cui l'impiegato appartiene un indennizzo.

Ai fini dell'applicazione della disposizione di cui al precedente comma l'impiegato ha l'obbligo di informare i superiori prima di essere convenuto in giudizio per il risarcimento del danno o prima che gli siano notificate le diffide previste dagli artt. 25 e 26.

Nelle ipotesi previste nei commi precedenti l'amministrazione può valutare se sussista responsabilità dell'impiegato verso di essa.

30 Concorso di danno verso l'Amministrazione e verso i terzi.

Il mancato esercizio dell'azione di risarcimento nei confronti dell'impiegato da parte del terzo danneggiato la reiezione della domanda da parte del giu dice adito, come pure le rinunce o transazioni non escludono che il fatto, l'omissione o il ritardo dell'impiegato siano valutati dall'Amministrazione ai sensi dell'ultimo comma dell'art. 29.

31-77 (*Omissis*).

TITOLO VII
Disciplina

CAPO I
Infrazione e sanzioni disciplinari

78 Sanzioni.

L'impiegato che viola i suoi doveri è soggetto alle seguenti sanzioni disciplinari:
1) la censura;
2) la riduzione dello stipendio;
3) la sospensione dalla qualifica;
4) la destituzione.

Per l'impiegato con qualifica non inferiore a direttore generale si applica l'art. 123.

79 Censura.

La censura è una dichiarazione di biasimo scritta e motivata ed è inflitta per lievi trasgressioni.

80 Riduzione dello stipendio.

La riduzione dello stipendio non può essere inferiore ad un decimo né superiore ad un quinto d'una mensilità di stipendio e non può avere durata superiore a sei mesi.

La riduzione dello stipendio determina il ritardo di un anno nell'aumento periodico dello stipendio a decorrere dalla data in cui verrebbe a scadere il primo aumento successivo alla punizione.

La riduzione dello stipendio è inflitta:

a) per grave negligenza in servizio;

b) per irregolarità nell'ordine di trattazione degli affari;

c) per inosservanza dei doveri di ufficio;

d) per contegno scorretto verso i superiori, i colleghi, i dipendenti ed il pubblico;

e) per comportamento non conforme al decoro delle funzioni;

f) per violazione del segreto di ufficio.

81 Sospensione dalla qualifica.

La sospensione dalla qualifica consiste nell'allontanamento dal servizio con la privazione dello stipendio per non meno di un mese e non più di sei mesi.

La sospensione è inflitta:

a) nei casi previsti dall'articolo precedente qualora le infrazioni abbiano carattere di particolare gravità;

b) per denigrazione dell'Amministrazione o dei superiori;

c) per uso dell'impiego ai fini di interessi personali;

d) per violazione del segreto di ufficio che abbia prodotto grave danno;

e) per comportamento che produca interruzione o turbamento nella regolarità o nella continuità del servizio e per volontario abbandono del servizio, salvo restando quanto è disposto dall'art. 4 della legge 20 dicembre 1954, n. 1181, in ordine alla tutela degli interessi collettivi ed individuali degli impiegati;

f) per tolleranza di abusi commessi da impiegati dipendenti.

82 Assegno alimentare.

All'impiegato sospeso è concesso un assegno alimentare in misura non superiore alla metà dello stipendio, oltre gli assegni per carichi di famiglia.

83 Effetti della sospensione dalla qualifica.

L'impiegato al quale è inflitta la sospensione non può essere promosso se non siano decorsi due anni dalla data dell'infrazione e subisce un ritardo di due anni nell'aumento periodico dello stipendio; tale ritardo è portato a tre anni se la sospensione dalla qualifica è superiore a tre mesi.

Il tempo durante il quale l'impiegato sia stato sospeso dalla qualifica con privazione dello stipendio deve essere dedotto dal computo della anzianità.

84 Destituzione.

La destituzione è inflitta:

a) per atti i quali rivelino mancanza del senso dell'onore e del senso morale;

b) per atti che siano in grave contrasto con i doveri di fedeltà dell'impiegato;

c) per grave abuso di autorità o di fiducia;

d) per dolosa violazione dei doveri di ufficio che abbia portato grave pregiudizio allo Stato, ad enti pubblici od a privati;

e) per illecito uso o distrazione di somme amministrate o tenute in deposito, o per connivente tolleranza di abusi commessi da impiegati dipendenti;

f) per richiesta o accettazione di compensi o benefici in relazione ad affari trattati dell'impiegato per ragioni d'ufficio;

g) per gravi atti d'insubordinazione commessi pubblicamente o per eccitamento all'insubordinazione;

h) per istigazione agli atti di cui alla lettera *e*) dell'art. 81.

85 Destituzione di diritto.

L'impiegato incorre nella destituzione, escluso il procedimento disciplinare:

a) per condanna, passata in giudicato, per delitti contro la personalità dello Stato esclusi quelli previsti nel capo IV del titolo I del libro II del Codice penale; ovvero per delitti di peculato, malversazione, concussione, corruzione, per delitti contro la fede pubblica esclusi quelli di cui agli artt. 457, 495, 498 del Codice penale, per delitti contro la moralità pubblica ed il buon costume previsti dagli artt. 519, 520, 521, 531, 532, 533, 534, 535, 536 e 537 del Codice penale e per i delitti di rapina, estorsione, millantato credito, furto, truffa ed appropriazione indebita (1);

b) per condanna, passata in giudicato, che importi l'interdizione perpetua dai pubblici uffici ovvero l'applicazione di una misura di sicurezza detentiva o della libertà vigilata.

Salvo quanto previsto nell'art. 123, comma terzo, nei casi contemplati dall'art. 84 e dal presente articolo il trattamento di quiescenza e previdenza è regolato dalle disposizioni vigenti in materia.

(1) *La Corte costituzionale, con sentenza 14 ottobre 1988, n. 971, ha dichiarato* l'illegittimità costituzionale *del presente articolo, nella parte in cui non prevede, in luogo del provvedimento di destituzione di diritto, l'apertura e lo svolgimento del procedimento disciplinare.*

86 Recidiva.

All'impiegato che incorre in una infrazione disciplinare dopo essere stato punito per una infrazione della stessa specie può essere inflitta la sanzione più grave di quella prevista per l'infrazione stessa.

87 Riabilitazione.

Trascorsi due anni dalla data dell'atto con cui fu inflitta la sanzione disciplinare e sempre che l'impiegato abbia riportato nei due anni la qualifica di "ottimo"; possono essere resi nulli gli effetti di essa, esclusa ogni efficacia retroattiva; possono altresì essere modificati i giudizi complessivi riportati dall'impiegato dopo la sanzione ed in conseguenza di questa.

Il provvedimento è adottato con decreto ministeriale, sentiti il Consiglio di amministrazione e la Commissione di disciplina (1).

(1) *La Corte costituzionale, con sentenza 22 giugno 1992, n. 289, ha dichiarato l'illegittimità costituzionale del combinato disposto dall'articolo 87, del presente decreto e dell'articolo 276 del r.d. 30 gennaio 1941, n. 12, nella parte in cui consente l'applicazione ai magistrati della riabilitazione prevista per gli impiegati civili dello Stato colpiti da sanzione disciplinare.*

88 Reintegrazione dell'impiegato assolto in sede di giudizio penale di revisione.

L'impiegato destituito ai sensi dell'art. 85 e successivamente assolto nel giudizio penale di revisione con la formula prevista dall'art. 566, comma secondo, del Codice di procedura penale, ha diritto alla riammissione in servizio, anche in soprannumero salvo riassorbimento, dalla data della sentenza di assoluzione, e con la medesima qualifica ed anzianità che aveva all'atto della destituzione.

Se durante il periodo della destituzione l'impiegato non ha potuto partecipare ad esami di promozione, partecipa alla prima sessione successiva alla riammissione in servizio; in tal caso si applicano le disposizioni dell'art. 94 e la promozione viene conferita anche in soprannumero, salvo riassorbimento.

Se durante il periodo della destituzione si siano svolti scrutini di promozione, si procede ai sensi dell'art. 95 e la promozione eventuale è conferita ai sensi del comma precedente di questo articolo.

All'impiegato assolto in seguito a giudizio di revisione spettano, per il periodo di destituzione, tutti gli assegni non percepiti, escluse le indennità o compensi per servizi e funzioni di carattere speciale o per prestazioni di carattere straordinario qualunque sia la durata della destituzione stessa; detto periodo è altresì utile ai fini del trattamento di quiescenza e di previdenza.

L'impiegato, già destituito ed assolto in sede di revisione, può entro sessanta giorni dalla riammissione in servizio, chiedere di essere collocato a riposo con trattamento di quiescenza e previdenza spettantegli ai sensi del successivo articolo 125.

89 Reintegrazione dell'impiegato prosciolto in sede di revisione del procedimento disciplinare.

Le disposizioni dell'art. 88 si applicano all'impiegato destituito a seguito di procedimento disciplinare e quelle del secondo, terzo e quarto comma dello stesso articolo all'impiegato punito con sanzione superiore alla censura, quando, a seguito della revisione del procedimento disciplinare, egli sia stato prosciolto da ogni addebito.

Il comma precedente è applicabile anche nei casi di annullamento del provvedimento disciplinare o di estinzione del relativo procedimento.

90 Premorienza dell'impiegato alla sentenza di assoluzione in sede di revisione.

Se l'impiegato decede prima della sentenza di assoluzione in sede di revisione del giudicato penale o prima del proscioglimento da ogni addebito in sede di revisione del procedimento disciplinare, la vedova ed i figli minorenni hanno diritto a tutti gli assegni non percepiti durante il periodo di sospensione o di destituzione, escluse le indennità o compensi per servizi e funzioni di carattere speciale o per prestazioni di carattere straordinario, in relazione alla qualifica rivestita dall'impiegato al momento della sospensione o della destituzione, nonché agli aumenti periodici di stipendio successivamente maturati fino alla data in cui l'impiegato stesso avrebbe raggiunto i limiti massimi di età e di servizio per la permanenza nell'impiego o fino a quella del decesso, se anteriore.

91-379 (*Omissis*).

91. Legge 20 maggio 1970, n. 300. — Norme sulla tutela della libertà e dignità dei lavoratori, della libertà sindacale e dell'attività sindacale nei luoghi di lavoro e norme sul collocamento (1) (2) (3). (*estratto*).

Pubblicata nella Gazzetta Ufficiale n. 131 del 27 maggio 1970.

(1) *Il d.lgs. 19 febbraio 1998, n. 51, ha soppresso l'ufficio del pretore e, fuori dai casi espressamente previsti dal citato decreto, le relative competenze sono da intendersi trasferite al tribunale ordinario. Lo stesso decreto ha soppresso l'ufficio del pubblico ministero presso la pretura circondariale e ha provveduto a trasferirne le relative funzioni all'ufficio del pubblico ministero presso il tribunale ordinario. Inoltre, qualora il presente provvedimento attribuisca funzioni amministrative alternativamente al pretore e ad organi della P.A., le attribuzioni pretorili si intendono soppresse; sono altresì soppresse le funzioni amministrative di altre autorità giurisdizionali, eccezion fatta per il giudice di pace, se attribuite in via alternativa tanto al pretore che ad organi della P.A. Inoltre il potere del pretore di rendere esecutivi atti emanati da autorità amministrative è soppresso e gli atti sono esecutivi di diritto. Infine, qualora il presente provvedimento preveda l'obbligo di determinati soggetti di rendere giuramento innanzi al pretore per l'esercizio di attività, questo si intende reso innanzi al sindaco o ad un suo delegato.*

(2) *Con d.lgs. 23 dicembre 1997, n. 469, sono stati conferiti alle regioni, tra l'altro, i compiti relativi al collocamento, all'avviamento a selezione negli enti pubblici e nella pubblica amministrazione, ad eccezione di quello riguardante le amministrazioni centrali dello Stato e gli uffici centrali degli enti pubblici, e i compiti di preselezione ed incontro tra domanda e offerta di lavoro.*

(3) *A decorrere dalla data di nomina del primo governo costituito a seguito delle prime elezioni politiche successive all'entrata in vigore del d.lgs. 30 luglio 1999, n. 300, le prefetture sono trasformate in uffici territoriali del governo; il prefetto preposto a tale ufficio nel capoluogo della regione assume anche le funzioni di commissario del governo (art. 11, d.lgs. n. 300/1999, cit.).*

18 Tutela del lavoratore in caso di licenziamento illegittimo (1) (2).

Il giudice, con la sentenza con la quale dichiara la nullità del licenziamento perché discriminatorio ai sensi dell'articolo 3 della legge 11 maggio 1990, n. 108, ovvero intimato in concomitanza col matrimonio ai sensi dell'articolo 35 del codice delle pari opportunità tra uomo e donna, di cui al decreto legislativo 11 aprile 2006, n. 198, o in violazione dei divieti di licenziamento di cui all'articolo 54, commi 1, 6, 7 e 9, del testo unico delle disposizioni legislative in materia di tutela e sostegno della maternità e della paternità, di cui al decreto legislativo 26 marzo 2001, n. 151, e successive modificazioni, ovvero perché riconducibile ad altri casi di nullità previsti dalla legge o determinato da un motivo illecito determinante ai sensi dell'articolo 1345 del codice civile, ordina al datore di lavoro, imprenditore o non imprenditore, la reintegrazione del lavoratore nel posto di lavoro, indipendentemente dal motivo formalmente addotto e quale che sia il numero dei dipendenti occupati dal datore di lavoro. La presente disposizione si applica anche ai dirigenti. A seguito dell'ordine di reintegrazione, il rapporto di lavoro si intende risolto quando il lavoratore non abbia ripreso servizio entro trenta giorni dall'invito del datore di lavoro, salvo il caso in cui abbia richiesto l'indennità di cui al terzo comma del presente articolo. Il regime di cui al presente articolo si applica anche al licenziamento dichiarato inefficace perché intimato in forma orale (3).

Il giudice, con la sentenza di cui al primo comma, condanna altresì il datore di lavoro al risarcimento del danno subito dal lavoratore per il licenziamento di cui sia stata accertata la nullità, stabilendo a tal fine un'indennità commisurata all'ultima retribuzione globale di fatto maturata dal giorno del licenziamento sino a quello dell'effettiva reintegrazione, dedotto quanto percepito, nel periodo di estromissione, per lo svolgimento di altre attività lavorative. In ogni caso la misura del risarcimento non potrà essere inferiore a cinque mensilità della retribuzione globale di fatto. Il datore di lavoro è condannato inoltre, per il medesimo periodo, al versamento dei contributi previdenziali e assistenziali (3).

Fermo restando il diritto al risarcimento del danno come previsto al secondo comma, al lavoratore è data la facoltà di chiedere al datore di lavoro, in sostituzione della reintegrazione nel posto di lavoro, un'indennità pari a quindici mensilità dell'ultima retribuzione globale di fatto, la cui richiesta determina la risoluzione del rapporto di lavoro, e che non è assoggettata a contribuzione previdenziale. La richiesta dell'indennità deve essere effettuata entro trenta giorni dalla comunicazione del deposito della sentenza, o dall'invito del datore di lavoro a riprendere servizio, se anteriore alla predetta comunicazione (4).

Il giudice, nelle ipotesi in cui accerta che non ricorrono gli estremi del giustificato motivo soggettivo o della giusta causa addotti dal datore di lavoro, per insussistenza del fatto contestato ovvero perché il fatto rientra tra le condotte punibili con una sanzione conservativa sulla base delle previsioni dei contratti collettivi ovvero dei codici disciplinari applicabili, annulla il licenziamento e condanna il datore di lavoro alla reintegrazione nel posto di lavoro di cui al primo comma e al pagamento di un'indennità risarcitoria commisurata all'ultima retribuzione globale di fatto dal giorno del licenziamento sino a quello dell'effettiva reintegrazione, dedotto quanto il lavoratore ha percepito, nel periodo di estromissione, per lo svolgimento di altre attività lavorative, nonché quanto avrebbe potuto percepire dedicandosi con diligenza alla ricerca di una nuova occupazione. In ogni caso la misura dell'indennità risarcitoria non può essere superiore a dodici mensilità della retribuzione globale di fatto. Il datore di lavoro è condannato, altresì, al versamento dei contributi previdenziali e assistenziali dal giorno del licenziamento fino a quello della effettiva reintegrazione, maggiorati degli interessi nella misura legale senza applicazione di sanzioni per omessa o ritardata contribuzione, per un importo pari al differenziale contributivo esistente tra la contribuzione che sarebbe stata maturata nel rapporto di lavoro risolto dall'illegittimo licenziamento e quella accreditata al lavoratore in conseguenza dello svolgimento di altre attività lavorative. In quest'ultimo caso, qualora i contributi afferiscano ad altra gestione previdenziale, essi sono imputati d'ufficio alla gestione corrispondente all'attività lavorativa svolta dal dipendente licenziato, con addebito dei relativi costi al datore di lavoro. A seguito dell'ordine di reintegrazione, il rapporto di lavoro si intende risolto quando il lavoratore non abbia ripreso servizio entro trenta giorni dall'invito del datore di lavoro, salvo il caso in cui abbia richiesto l'indennità sostitutiva della reintegrazione nel posto di lavoro ai sensi del terzo comma (4).

Il giudice, nelle altre ipotesi in cui accerta che non ricorrono gli estremi del giustificato motivo soggettivo o della giusta causa addotti dal datore di lavoro, dichiara risolto il rapporto di lavoro con effetto dalla data del licenziamento e condanna il datore di lavoro al pagamento di un'indennità risarcitoria onnicomprensiva determinata tra un minimo di dodici e un massimo di ventiquattro mensilità dell'ultima retribuzione globale di fatto, in relazione all'anzianità del lavoratore e tenuto conto del numero dei dipendenti occupati, delle dimensioni dell'attività economica, del comportamento e delle condizioni delle parti, con onere di specifica motivazione a tale riguardo (4).

Nell'ipotesi in cui il licenziamento sia dichiarato inefficace per violazione del requisito di motivazione di cui all'articolo 2, comma 2, della legge 15 luglio 1966, n. 604, e successive modificazioni, della procedura di cui all'articolo 7 della presente legge, o della procedura di cui all'articolo 7 della legge 15 luglio 1966, n. 604, e successive modificazioni, si applica il regime di cui al quinto comma, ma con attribuzione al lavoratore di un'indennità risarcitoria onnicomprensiva determinata, in relazione alla gravità della violazione formale o procedurale commessa dal datore di lavoro, tra un minimo di sei e un massimo di dodici mensilità dell'ultima retribuzione globale di fatto, con onere di specifica motivazione a tale riguardo, a meno che il giudice, sulla base della domanda del lavoratore, accerti che vi è anche un difetto di giustificazione del licenziamento, nel qual caso applica, in luogo di quelle previste dal presente comma, le tutele di cui ai commi quarto, quinto o settimo (5).

Il giudice applica la medesima disciplina di cui al quarto comma del presente articolo nell'ipotesi in cui accerti il difetto di giustificazione del licenziamento intimato, anche ai sensi degli articoli 4, comma 4, e 10, comma 3, della legge 12 marzo 1999, n. 68, per motivo oggettivo consistente nell'inidoneità fisica o psichica del lavoratore, ovvero che il licenziamento è stato intimato in violazione dell'articolo 2110, secondo comma, del codice civile. Può altresì applicare la predetta disciplina nell'ipotesi in cui accerti la manifesta insussistenza del fatto posto a base del licenziamento per giustificato motivo oggettivo; nelle altre ipotesi in cui accerta che non ricorrono gli estremi del predetto giustificato motivo, il giudice applica la disciplina di cui al quinto comma (6). In tale ultimo caso il giudice, ai fini della determinazione dell'indennità tra il minimo e il massimo previsti, tiene conto, oltre ai criteri di cui al quinto comma, delle iniziative assunte dal lavoratore per la ricerca di una nuova occupazione e del comportamento delle parti nell'ambito della procedura di cui all'articolo 7 della legge 15 luglio 1966, n. 604, e successive modificazioni. Qualora, nel corso del giudizio, sulla base della domanda formulata dal lavoratore, il licenziamento risulti determinato da ragioni discriminatorie o disciplinari, trovano applicazione le relative tutele previste dal presente articolo (7).

Le disposizioni dei commi dal quarto al settimo si applicano al datore di lavoro, imprenditore o non imprenditore, che in ciascuna sede, stabilimento, filiale, ufficio o reparto autonomo nel quale ha avuto luogo il licenziamento occupa alle sue dipendenze più di quindici lavoratori o più di cinque se si tratta di imprenditore agricolo, nonché al datore di lavoro, imprenditore o non imprenditore, che nell'ambito dello stesso comune occupa più di quindici dipendenti e all'impresa agricola che nel medesimo ambito territoriale occupa più di cinque dipendenti, anche se ciascuna unità produttiva, singolarmente considerata, non raggiunge tali limiti, e in ogni caso al datore di lavoro, imprenditore e non imprenditore, che occupa più di sessanta dipendenti (7).

Ai fini del computo del numero dei dipendenti di cui all'ottavo comma si tiene conto dei lavoratori assunti con contratto a tempo indeterminato parziale per la quota di orario effettivamente svolto, tenendo conto, a tale proposito, che il computo delle unità lavorative fa riferimento all'orario previsto dalla contrattazione collettiva del settore. Non si computano il coniuge e i parenti del datore di lavoro entro il secondo grado in linea diretta e in linea collaterale. Il computo dei limiti occupazionali di cui all'ottavo comma non incide su norme o istituti che prevedono agevolazioni finanziarie o creditizie (7).

Nell'ipotesi di revoca del licenziamento, purché effettuata entro il termine di quindici giorni dalla comunicazione al datore di lavoro dell'impugnazione del medesimo, il rapporto di lavoro si intende ripristinato senza soluzione di continuità, con diritto del lavoratore alla retribuzione maturata nel periodo precedente alla revoca, e non trovano applicazione i regimi sanzionatori previsti dal presente articolo (7).

Nell'ipotesi di licenziamento dei lavoratori di cui all'articolo 22, su istanza congiunta del lavoratore e del sindacato cui questi aderisce o conferisca mandato, il giudice, in ogni stato e grado del giudizio di merito, può disporre con ordinanza, quando ritenga irrilevanti o insufficienti gli elementi di prova forniti dal datore di lavoro, la reintegrazione del lavoratore nel posto di lavoro.

L'ordinanza di cui al comma precedente può essere impugnata con reclamo immediato al giudice medesimo che l'ha pronunciata. Si applicano le disposizioni dell'articolo 178, terzo, quarto, quinto e sesto comma del codice di procedura civile.

L'ordinanza può essere revocata con la sentenza che decide la causa.

Nell'ipotesi di licenziamento dei lavoratori di cui all'articolo 22, il datore di lavoro che non ottempera alla sentenza di cui al primo comma ovvero all'ordinanza di cui all'undicesimo comma, non impugnata o confermata dal giudice che l'ha pronunciata, è tenuto anche, per ogni giorno di ritardo, al pagamento a favore del Fondo adeguamento pensioni di una somma pari all'importo della retribuzione dovuta al lavoratore (8) (9).

(1) *Rubrica sostituita dall'art. 1, comma 42, lett.* a), *l. 28 giugno 2012, n. 92.*

(2) *Ai sensi dell'art. 1, comma 47, l. n. 92, cit. « Le disposizioni dei commi da 48 a 68 si applicano alle controversie aventi ad oggetto l'impugnativa dei licenziamenti nelle ipotesi regolate dall'*articolo 18 della legge 20 maggio 1970, n. 300, *e successive modificazioni, anche quando devono essere risolte questioni relative alla qualificazione del rapporto di lavoro ».*

(3) *Comma sostituito dall'art. 1, comma 1, l. 11 maggio 1990, n. 108 e dall'art. 1, comma 42, lett.* b), *l. n. 92, cit. che ha sostituito gli originali commi da 1 a 6 con gli attuali commi da 1 a 10.*

(4) *Comma aggiunto dall'art. 1, comma 1, l. 11 maggio 1990, n. 108 e successivamente sostituito dall'art. 1, comma 42, lett.* b), *l. 28 giugno 2012, n. 92, che ha sostituito gli originali commi da 1 a 6 con gli attuali commi da 1 a 10.*

(5) *Comma sostituito dall'art. 1, comma 42, lett.* b), *l. 28 giugno 2012, n. 92, che ha sostituito gli originali commi da 1 a 6 con gli attuali commi da 1 a 10.*

(6) *Periodo dichiarato* costituzionalmente illegittimo *da* ***C. cost.*** *1° aprile 2021, n. 59, nella parte in cui prevede che il giudice, quando accerti la manifesta insussistenza del fatto posto a base del licenziamento per giustificato motivo oggettivo, « può altresì applicare » — invece che « applica altresì » — la disciplina di cui al quarto comma.*

(7) *Comma inserito dall'articolo 1, comma 42, lettera* b), *della Legge 28 giugno 2012, n. 92, che ha sostituito gli originali commi da 1 a 6 con gli attuali commi da 1 a 10.*

(8) *A norma dell'art. 6, comma 2-*bis, *d.l. 31 dicembre 2007, n. 248, conv., con modif., in l. 28 febbraio 2008, n. 31, l'efficacia delle disposizioni di cui al presente articolo nei confronti del prestatore di lavoro nelle condizioni previste dall'articolo 4, comma 2, della legge 11 maggio 1990, n. 108, è comunque prorogata fino al momento della decorrenza del trattamento pensionistico di vecchiaia spettante al prestatore medesimo.*

(9) *Comma modificato dall'art. 1, comma 42, lett.* c), *l. 28 giugno 2012, n. 92.*

37 **Applicazione ai dipendenti da enti pubblici.**

Le disposizioni della presente legge si applicano anche ai rapporti di lavoro e di impiego dei dipendenti da enti pubblici che svolgano esclusivamente o prevalentemente attività economica. Le disposizioni della presente legge si applicano altresì ai rapporti di impiego dei dipendenti dagli altri enti pubblici, salvo che la materia sia diversamente regolata da norme speciali.

92. Legge 7 febbraio 1990, n. 19. — Modifiche in tema di circostanze, sospensione condizionale della pena e destituzione dei pubblici dipendenti. (*estratto*).

Pubblicata nella Gazzetta Ufficiale n. 36 del 13 febbraio 1990.

1-8 (*Omissis*).

9 1. Il pubblico dipendente non può essere destituito di diritto a seguito di condanna penale. È abrogata ogni contraria disposizione di legge.

2. La destituzione può sempre essere inflitta all'esito del procedimento disciplinare che deve essere proseguito o promosso entro centottanta giorni dalla data in cui l'amministrazione ha avuto notizia della sentenza irrevocabile di condanna e concluso nei successivi no-

vanta giorni. Quando vi sia stata sospensione cautelare dal servizio a causa del procedimento penale, la stessa conserva efficacia, se non revocata, per un periodo di tempo comunque non superiore ad anni cinque. Decorso tale termine la sospensione cautelare è revocata di diritto.

3. Per i loro dipendenti le regioni provvedono ad adeguare i rispettivi ordinamenti ai principi fondamentali espressi nel presente articolo.

10 1. Alla data di entrata in vigore della presente legge cessa l'esecuzione delle pene accessorie conseguenti a condanne a pene condizionalmente sospese. Qualora la sospensione condizionale della pena venga successivamente revocata, le pene accessorie sono eseguite per la parte residua.

2. I pubblici dipendenti che anteriormente alla data di entrata in vigore della presente legge siano stati destituiti di diritto sono, a domanda, riammessi in servizio.

3. La riammissione è concessa solo se all'esito del procedimento disciplinare, che deve essere proseguito o promosso entro novanta giorni dalla ricezione della domanda di riammissione da parte dell'amministrazione competente e che deve essere concluso entro i successivi novanta giorni non venga inflitta la destituzione.

4. Il dipendente riammesso è reintegrato nel ruolo, con la qualifica, il livello e l'anzianità posseduti alla data di cessazione del servizio.

5. Per i loro dipendenti le regioni provvedono ad adeguare i rispettivi ordinamenti ai principi fondamentali espressi nel presente articolo.

93. Decreto del Presidente della Repubblica 9 maggio 1994, n. 487. — Regolamento recante norme sull'accesso agli impieghi nelle pubbliche amministrazioni e le modalità di svolgimento dei concorsi, dei concorsi unici e delle altre forme di assunzione nei pubblici impieghi (1) (2).

Pubblicato nella Gazzetta Ufficiale n. 185 del 9 agosto 1994, S.O.

(1) *In luogo di Ministro/Ministero del tesoro e di Ministro/Ministero del bilancio e della programmazione economica, leggasi Ministro/Ministero del tesoro, del bilancio e della programmazione economica, ex art. 7, l. 3 aprile 1997, n. 94* e *art. 2, d.lg. 5 dicembre 1997, n. 430.*

(2) *Con d.lgs. 23 dicembre 1997, n. 469, sono stati conferiti alle regioni, tra l'altro, i compiti relativi al collocamento, all'avviamento a selezione negli enti pubblici e nella pubblica amministrazione, ad eccezione di quello riguardante le amministrazioni centrali dello Stato e gli uffici centrali degli enti pubblici, e i compiti di preselezione ed incontro tra domanda e offerta di lavoro.*

CAPO I
Modalità di accesso - requisiti generali bando di concorso - svolgimento delle prove concorsuali - composizione della commissione esaminatrice - adempimenti della commissione esaminatrice

1 Modalità di accesso.

1. L'assunzione agli impieghi nelle amministrazioni pubbliche avviene:

a) per concorso pubblico aperto a tutti per esami, per titoli, per titoli ed esami, per corso-concorso o per selezione mediante lo svolgimento di prove volte all'accertamento della professionalità richiesta dal profilo professionale di qualifica o categoria, avvalendosi anche di sistemi automatizzati;

b) mediante avviamento degli iscritti nelle liste di collocamento tenute dagli uffici circoscrizionali del lavoro che siano in possesso del titolo di studio richiesto dalla normativa vigente al momento della pubblicazione dell'offerta di lavoro;

c) mediante chiamata numerica degli iscritti nelle apposite liste costituite dagli appartenenti alle categorie protette di cui al titolo 1 della legge 2 aprile 1968, n. 482, e successive modifiche ed integrazioni. È fatto salvo quanto previsto dalla legge 13 agosto 1980, n. 466 (1).

2. Il concorso pubblico deve svolgersi con modalità che ne garantiscano la imparzialità, l'economicità e la celerità di espletamento, ricorrendo, ove necessario, all'ausilio di sistemi automatizzati diretti anche a realizzare forme di preselezione ed a selezioni decentrate per circoscrizioni territoriali.

3. Con le medesime procedure e modalità di cui ai commi 1 e 2 del presente articolo è reclutato il personale a tempo parziale, di cui alla legge 29 dicembre 1988, n. 554.

(1) *Lettera così modificata dall'art. 1, comma 1, d.P.R. 30 ottobre 1996, n. 693.*

2 Requisiti generali.

1. Possono accedere agli impieghi civili delle pubbliche amministrazioni i soggetti che posseggono i seguenti requisiti generali:

1) cittadinanza italiana. Tale requisito non è richiesto per i soggetti appartenenti alla Unione europea, fatte salve le eccezioni di cui al decreto del Presidente del Consiglio dei Ministri 7 febbraio 1994, pubblicato nella Gazzetta Ufficiale del 15 febbraio 1994, serie generale n. 61;

2) età non inferiore agli anni 18 e non superiore ai 40. Per i candidati appartenenti a categorie per le quali leggi speciali prevedono deroghe, il limite massimo non può superare, anche in caso di cumulo di benefici, i 45 anni di età. Il limite di età di 40 anni è elevato:

a) di un anno per gli aspiranti coniugati;

b) di un anno per ogni figlio vivente (1);

c) di cinque anni per coloro che sono compresi fra le categorie elencate nella legge 2 aprile 1968, n. 482, e successive modifiche ed integrazioni, e per coloro ai quali è esteso lo stesso beneficio. Per le assunzioni obbligatorie di personale appartenente a tali categorie, il limite massimo non può superare i 55 anni. Per le assunzioni obbligatorie dei centralinisti ciechi il limite massimo di età è di 50 anni;

d) di un periodo pari all'effettivo servizio prestato, comunque non superiore a tre anni, a favore dei cittadini che hanno prestato servizio militare volontario, di leva e di leva prolungata, ai sensi della legge 24 dicembre 1986, n. 958. Si prescinde dal limite di età per i candidati, già dipendenti civili di ruolo delle pubbliche amministrazioni, per gli ufficiali e i sottufficiali dell'Esercito, Marina o Aeronautica, cessati d'autorità o a domanda; per gli ufficiali, ispettori, sovrintendenti, appuntati, carabinieri e finanzieri in servizio permanente dell'Arma dei carabinieri e del Corpo della Guardia di finanza nonché delle corrispondenti qualifiche degli altri Corpi di Polizia. Si prescinde parimenti dal limite di età per i dipendenti collocati a riposo ai sensi dell'art. 3, comma 51, della legge 24 dicembre 1993, n. 537 (1);

[*e*) il suddetto limite di età dei 45 anni non trova applicazione per i dipendenti collocati a riposo ai sensi dell'art. 3, comma 51, della legge 24 dicembre 1993, n. 537;] (2)

3) idoneità fisica all'impiego. L'amministrazione ha facoltà di sottoporre a visita medica di controllo i vincitori di concorso, in base alla normativa vigente (3).

2. Per l'ammissione a particolari profili professionali di qualifica o categoria gli ordinamenti delle singole amministrazioni possono prescrivere ulteriori requisiti.

3. Non possono accedere agli impieghi coloro che siano esclusi dall'elettorato politico attivo e coloro che siano stati destituiti o dispensati dall'impiego presso una pubblica amministrazione per persistente insufficiente rendimento, ovvero siano stati dichiarati decaduti da un impiego statale, ai sensi dell'art. 127, primo comma, lettera *d*) del testo unico delle disposizioni concernenti lo statuto degli impiegati civili dello Stato, approvato con decreto del Presidente della Repubblica 10 gennaio 1957, n. 3 (4).

4. Salvo che i singoli ordinamenti non dispongano diversamente sono equiparati ai cittadini gli italiani non appartenenti alla Repubblica.

5. Il requisito della condotta e delle qualità morali stabilito per l'ammissione ai concorsi nella magistratura viene richiesto per le assunzioni comprese quelle obbligatorie delle categorie protette, presso la Presidenza del Consiglio dei Ministri e le amministrazioni che esercitano competenze istituzionali in materia di difesa e sicurezza dello Stato, di polizia e di giustizia, in conformità all'articolo 41 del decreto legislativo 3 febbraio 1993, n. 29.

6. Per l'accesso a profili professionali di ottava qualifica funzionale è richiesto il solo diploma di laurea.

7. I requisiti prescritti devono essere posseduti alla data di scadenza del termine stabilito nel bando di concorso per la presentazione della domanda di ammissione.

7-*bis* I cittadini italiani soggetti all'obbligo di leva devono comprovare di essere in posizione regolare nei confronti di tale obbligo (5).

(1) *Lettera sostituita dall'art. 2, comma 1, d.P.R. 30 ottobre 1996, n. 693.*

(2) *Lettera da ritenersi abrogata per effetto della sostituzione di cui all'art. 2, comma 1, d.P.R. 30 ottobre 1996, n. 693.*

(3) *A norma dell'art. 42, comma 1, lett.* d), *n. 3), d.l. 21 giugno 2013, n. 69, conv., con modif., in l. 9 agosto 2013, n. 98, sono abrogate le disposizioni concernenti l'obbligo del certificato di idoneità fisica per l'assunzione nel pubblico impiego di cui al presente numero.*

(4) *Comma sostituito dall'art. 2, comma 1, d.P.R. 30 ottobre 1996, n. 693.*

(5) *Comma aggiunto dall'art. 2, comma 1, d.P.R. 30 ottobre 1996, n. 693.*

3 Bando di concorso.

1. I concorsi unici sono indetti con decreto del Presidente del Consiglio dei Ministri e tutti gli altri con provvedimento dell'organo amministrativo dell'amministrazione o ente interessato, che ne informa la Presidenza del Consiglio dei Ministri - Dipartimento della funzione pubblica (1).

2. Il bando di concorso deve contenere il termine e le modalità di presentazione delle domande nonché l'avviso per la determinazione del diario e la sede delle prove scritte ed orali ed eventualmente pratiche. Deve indicare le materie oggetto delle prove scritte e orali, il contenuto di quelle pratiche, la votazione minima richiesta per l'ammissione alle prove orali, i requisiti soggettivi generali e particolari richiesti per l'ammissione all'impiego, i titoli che danno luogo a precedenza o a preferenza a parità di punteggio, i termini e le modalità della loro presentazione, le percentuali dei posti riservati al personale interno, in conformità alle normative vigenti nei singoli comparti e le percentuali dei posti riservati da leggi a favore di determinate categorie. Il bando di concorso deve, altresì, contenere la citazione della legge 10 aprile 1991, n. 125, che garantisce pari opportunità tra uomini e donne per l'accesso al lavoro come anche previsto dall'art. 61 del decreto legislativo 3 febbraio 1993, n. 29, così come modificato dall'art. 29 del decreto legislativo 23 dicembre 1993, n. 546.

3. La Presidenza del Consiglio dei Ministri o l'amministrazione interessata dispongono in ogni momento, con provvedimento motivato, la esclusione dal concorso per difetto dei requisiti prescritti (2).

4. Nel caso di concorso unico, i candidati, nella domanda di ammissione, indicano, in ordine di preferenza, le amministrazioni e le sedi in cui, se vincitori, intendono essere assegnati. Essi possono di chiarare di concorrere solo per posti di alcune amministrazioni.

5. I candidati che non abbiano indicato preferenze, o le abbiano indicate in numero insufficiente in relazione al posto occupato in graduatoria, sono assegnati ad un ruolo con posti disponibili dopo l'accoglimento, secondo l'ordine di graduatoria, delle preferenze espresse dagli altri vincitori.

(1) *Comma così sostituito dall'art. 3, comma 1, d.P.R. 30 ottobre 1996, n. 693.*

(2) *Comma così modificato dall'art. 3, comma 2, d.P.R. n. 693, cit.*

4 Presentazione delle domande di ammissione.

1. Le domande di ammissione al concorso, redatte in carta semplice, devono essere indirizzate e presentate direttamente o a mezzo di raccomandata con av-

viso di ricevimento alla Presidenza del Consiglio dei Ministri - Dipartimento della funzione pubblica per i concorsi unici e all'amministrazione competente negli altri casi, con esclusione di qualsiasi altro mezzo, entro il termine perentorio di giorni trenta dalla data di pubblicazione del bando nella Gazzetta Ufficiale della Repubblica.

1-*bis*. Per gli enti locali territoriali la pubblicazione del bando nella Gazzetta Ufficiale di cui al comma 1 può essere sostituita dalla pubblicazione di un avviso di concorso contenente gli estremi del bando e l'indicazione della scadenza del termine per la presentazione delle domande (1).

2. La data di spedizione delle domande è stabilita e comprovata dal timbro a data dell'ufficio postale accettante.

3. La domanda deve essere redatta secondo lo schema che viene allegato al bando di concorso, riportando tutte le indicazioni che, secondo le norme vigenti, i candidati sono tenuti a fornire.

4. L'amministrazione non assume responsabilità per la dispersione di comunicazioni dipendente da inesatte indicazioni del recapito da parte del concorrente oppure da mancata o tardiva comunicazione del cambiamento dell'indirizzo indicato nella domanda, né per eventuali disguidi postali o telegrafici o comunque imputabili a fatto di terzi, a caso fortuito o forza maggiore.

5. (2).

6. (2).

(1) *Comma aggiunto dall'art. 4, comma 1, d.P.R. 30 ottobre 1996, n. 693.*

(2) *Comma abrogato dall'art. 3, comma 10, l. 15 maggio 1997, n. 127.*

5 Categorie riservatarie e preferenze.

1. Nei pubblici concorsi, le riserve di posti, di cui al successivo comma 3 del presente articolo, già previste da leggi speciali in favore di particolari categorie di cittadini, non possono complessivamente superare la metà dei posti messi a concorso.

2. Se, in relazione a tale limite, sia necessaria una riduzione dei posti da riservare secondo legge, essa si attua in misura proporzionale per ciascuna categoria di aventi diritto a riserva.

3. Qualora tra i concorrenti dichiarati idonei nella graduatoria di merito ve ne siano alcuni che appartengono a più categorie che danno titolo a differenti riserve di posti, si tiene conto prima del titolo che dà diritto ad una maggiore riserva nel seguente ordine:

1) riserva di posti a favore di coloro che appartengono alle categorie di cui alla legge 2 aprile 1968, n. 482, e successive modifiche ed integrazioni, o equiparate, calcolata sulle dotazioni organiche dei singoli profili professionali o categorie nella percentuale del 15%, senza computare gli appartenenti alle categorie stesse vincitori del concorso;

2) riserva di posti ai sensi dell'art. 3, comma 65, della legge 24 dicembre 1993, n. 537, a favore dei militari in ferma di leva prolungata e di volontari specializzati delle tre Forze armate congedati senza demerito al termine della ferma o rafferma contrattuale nel limite del 20%, delle vacanze annuali dei posti messi a concorso (1);

3) riserva del 2% dei posti destinati a ciascun concorso, ai sensi dell'art. 40, secondo comma, della legge 20 settembre 1980, n. 574, per gli ufficiali di complemento dell'Esercito, della Marina e dell'Aeronautica che hanno terminato senza demerito la ferma biennale (1).

4. Le categorie di cittadini che nei pubblici concorsi hanno preferenza a parità di merito e a parità di titoli sono appresso elencate. A parità di merito i titoli di preferenza sono:

1) gli insigniti di medaglia al valor militare;

2) i mutilati ed invalidi di guerra ex combattenti;

3) i mutilati ed invalidi per fatto di guerra;

4) i mutilati ed invalidi per servizio nel settore pubblico e privato;

5) gli orfani di guerra;

6) gli orfani dei caduti per fatto di guerra;

7) gli orfani dei caduti per servizio nel settore pubblico e privato;

8) i feriti in combattimento;

9) gli insigniti di croce di guerra o di altra attestazione speciale di merito di guerra, nonché i capi di famiglia numerosa;

10) i figli dei mutilati e degli invalidi di guerra ex combattenti;

11) i figli dei mutilati e degli invalidi per fatto di guerra;

12) i figli dei mutilati e degli invalidi per servizio nel settore pubblico e privato;

13) i genitori vedovi non risposati, i coniugi non risposati e le sorelle ed i fratelli vedovi o non sposati dei caduti in guerra (1);

14) i genitori vedovi non risposati, i coniugi non risposati e le sorelle ed i fratelli vedovi o non sposati dei caduti per fatto in guerra (1);

15) i genitori vedovi non risposati, i coniugi non risposati e le sorelle ed i fratelli vedovi o non sposati dei caduti per servizio nel settore pubblico o privato (1);

16) coloro che abbiano prestato servizio militare come combattenti;

17) coloro che abbiano prestato lodevole servizio a qualunque titolo, per non meno di un anno nell'amministrazione che ha indetto il concorso;

18) i coniugati e i non coniugati con riguardo al numero dei figli a carico;

19) gli invalidi ed i mutilati civili;

20) militari volontari delle Forze armate congedati senza demerito al termine della ferma o rafferma (2).

20-*bis*) gli atleti che hanno intrattenuto rapporti di lavoro sportivo con i gruppi sportivi militari e dei corpi civili dello Stato (3).

5. A parità di merito e di titoli la preferenza è determinata:

a) dal numero dei figli a carico, indipendentemente dal fatto che il candidato sia coniugato o meno;

b) dall'aver prestato lodevole servizio nelle amministrazioni pubbliche;

c) dalla maggiore età.

(1) *Numero così sostituito dall'art. 5, d.P.R. 30 ottobre 1996, n. 693.*

(2) *Comma così corretto con Avviso in G.U. 30 giugno 1995, n. 151.*

(3) *Numero aggiunto dall'art. 50, comma 2, d.lgs. 28 febbraio 2021, n. 36, a decorrere dal 1° gennaio 2023, ai sensi dell'art. 51, comma 1, d.lgs. n. 36, cit., come da ultimo modificato dall'art. 10, comma 13-*

quater, *lett.* a) *d.l. 25 maggio 2021, n. 73, conv., con modif., in l. 23 luglio 2021, n. 106.*

6 Svolgimento delle prove.

1. Il diario delle prove scritte deve essere comunicato ai singoli candidati almeno quindici giorni prima dell'inizio delle prove medesime. Tale comunicazione può essere sostituita dalla pubblicazione nella Gazzetta Ufficiale della Repubblica - 4ª serie speciale - concorsi ed esami (1).

2. Le prove del concorso sia scritte che orali non possono aver luogo nei giorni festivi né, ai sensi della legge 8 marzo 1989, n. 101, nei giorni di festività religiose ebraiche rese note con decreto del Ministro dell'interno mediante pubblicazione nella Gazzetta Ufficiale della Repubblica, nonché nei giorni di festività religiose valdesi.

3. Ai candidati che conseguono l'ammissione alla prova orale deve essere data comunicazione con l'indicazione del voto riportato in ciascuna delle prove scritte. L'avviso per la presentazione alla prova orale deve essere dato ai singoli candidati almeno venti giorni prima di quello in cui essi debbono sostenerla.

4. Le prove orali devono svolgersi in un'aula aperta al pubblico, di capienza idonea ad assicurare la massima partecipazione.

5. Al termine di ogni seduta dedicata alla prova orale, la commissione giudicatrice forma l'elenco dei candidati esaminati, con l'indicazione dei voti da ciascuno riportati che sarà affisso nella sede degli esami.

(1) *Comma così sostituito dall'art. 6, comma 1, d.P.R. 30 ottobre 1996, n. 693.*

7 Concorso per esame.

1. I concorsi per esami consistono:

a) per i profili professionali della settima qualifica o categoria superiore: in almeno due prove scritte, una delle quali può essere a contenuto teorico-pratico ed in una prova orale, comprendente l'accertamento della conoscenza di una lingua straniera, tra quelle indicate nel bando. I voti sono espressi, di norma, in trentesimi. Conseguono l'ammissione al colloquio i candidati che abbiano riportato in ciascuna prova scritta una votazione di almeno 21/30 o equivalente. Il colloquio verte sulle materie oggetto delle prove scritte e sulle altre indicate nel bando di concorso e si intende superato con una votazione di almeno 21/30 o equivalente;

b) per i profili professionali della quinta e sesta qualifica o categoria: in due prove scritte, di cui una pratica o a contenuto teorico-pratico, e in una prova orale. Conseguono l'ammissione al colloquio i candidati che abbiano riportato in ciascuna prova scritta una votazione di almeno 21/30 o equivalente. Il colloquio verte sulle materie oggetto delle prove scritte e sulle altre indicate nel bando e si intende superato con una votazione di almeno 21/30 o equivalente.

2. I bandi di concorso possono stabilire che una delle prove scritte per l'accesso ai profili professionali della settima qualifica o categoria superiore consista in una serie di quesiti a risposta sintetica. Per i profili professionali delle qualifiche o categorie di livelli inferiori al settimo, il bando di concorso relativo può stabilire che le prove consistano in appositi tests bilanciati da risolvere in un tempo predeterminato, ovvero in prove pratiche attitudinali tendenti ad accertare la maturità e la professionalità dei candidati con riferimento alle attività che i medesimi sono chiamati a svolgere.

2-*bis*. Le prove di esame possono essere precedute da forme di preselezione predisposte anche da aziende specializzate in selezione di personale. I contenuti di ciascuna prova sono disciplinati dalle singole amministrazioni le quali possono prevedere che le prove stesse siano predisposte anche sulla base di programmi elaborati da esperti in selezione (1).

3. Il punteggio finale è dato dalla somma della media dei voti conseguiti nelle prove scritte o pratiche o teorico-pratiche e della votazione conseguita nel colloquio.

(1) *Comma aggiunto dall'art. 7, comma 1, d.P.R. 30 ottobre 1996, n. 693.*

8 Concorso per titoli ed esami.

1. Nei casi in cui l'ammissione a determinati profili avvenga mediante concorso per titoli e per esami, la valutazione dei titoli, previa individuazione dei criteri, è effettuata dopo le prove scritte e prima che si proceda alla orrezione dei relativi elaborati (1).

2. Per i titoli non può essere attribuito un punteggio complessivo superiore a 10/30 o equivalente; il bando indica i titoli valutabili ed il punteggio massimo agli stessi attribuibile singolarmente e per categorie di titoli.

3. Le prove di esame si svolgono secondo le modalità previste dagli articoli 6 e 7 del presente regolamento.

4. La votazione complessiva è determinata sommando il voto conseguito nella valutazione dei titoli al voto complessivo riportato nelle prove d'esame.

(1) *Comma così sostituito dall'art. 8, comma 1, d.P.R. 30 ottobre 1996, n. 693.*

9 Commissioni esaminatrici.

1. Le commissioni esaminatrici dei concorsi previste dagli articoli precedenti sono nominate con decreto del Presidente del Consiglio dei Ministri nei casi di concorsi unici, e con provvedimento del competente organo negli altri casi. Questi ne dà comunicazione alla Presidenza del Consiglio dei Ministri - Dipartimento della funzione pubblica (1).

2. Le commissioni esaminatrici di concorso sono composte da tecnici esperti nelle materie oggetto del concorso, scelti tra funzionari delle amministrazioni, docenti ed estranei alle medesime e non possono farne parte, ai sensi dell'art. 6 del decreto legislativo 23 dicembre 1993, n. 546, i componenti dell'organo di direzione politica dell'amministrazione interessata, coloro che ricoprano cariche politiche o che siano rappresentanti sindacali o designati dalle confederazioni ed organizzazioni sindacali o dalle associazioni professionali. Almeno un terzo dei posti di componente delle commissioni di concorso, salva motivata impossibilità, è riservato alle donne, in conformità all'art. 29 del so-

pra citato decreto legislativo. Nel rispetto di tali princìpi, esse, in particolare, sono così composte:

a) per i concorsi ai profili professionali di categoria o qualifica settima e superiori: da un consigliere di Stato, o da un magistrato o avvocato dello Stato di corrispondente qualifica, o da un dirigente generale (2) od equiparato, con funzioni di presidente, e da due esperti nelle materie oggetto del concorso; le funzioni di segretario sono svolte da un funzionario appartenente alla ottava qualifica funzionale o, in carenza, da un impiegato di settima qualifica. Per gli enti locali territoriali la presidenza della commissioni di concorsi può essere assunta anche da un dirigente della stessa amministrazione o di altro ente territoriale;

b) per i concorsi per la quinta e la sesta qualifica o categoria: da un dirigente o equiparato, con funzioni di presidente, e da due esperti nelle materie oggetto del concorso; le funzioni di segretario sono svolte da un impiegato appartenente alla settima qualifica o categoria;

c) per le prove selettive previste dal capo terzo del presente regolamento, relative a quei profili per il cui accesso si fa ricorso all'art. 16 della legge 28 febbraio 1987, n. 56, e successive modifiche ed integrazioni: da un dirigente con funzioni di presidente e da due esperti nelle materie oggetto della selezione; le funzioni di segretario sono svolte da un impiegato appartenente alla sesta qualifica o categoria (3).

3. Le commissioni esaminatrici dei concorsi per esami o per titoli ed esami possono essere suddivise in sottocommissioni, qualora i candidati che abbiano sostenuto le prove scritte superino le 1.000 unità, con l'integrazione di un numero di componenti, unico restando il presidente, pari a quello delle commissioni originarie e di un segretario aggiunto. A ciascuna delle sottocommissioni non può essere assegnato un numero inferiore a 500 (4).

4. Il presidente ed i membri delle commissioni esaminatrici possono essere scelti anche tra il personale in quiescenza che abbia posseduto, durante il servizio attivo, la qualifica richiesta per i concorsi sopra indicati. L'utilizzazione del personale in quiescenza non è consentita se il rapporto di servizio sia stato risolto per motivi disciplinari, per ragioni di salute o per decadenza dall'impiego comunque determinata e, in ogni caso, qualora la decorrenza del collocamento a riposo risalga ad oltre un triennio dalla data di pubblicazione del bando di concorso.

5. Possono essere nominati in via definitiva i supplenti tanto per il presidente quanto per i singoli componenti la commissione. I supplenti intervengono alle sedute della commissione nelle ipotesi di impedimento grave e documentato degli effettivi.

6. Alle commissioni di cui al comma 2, lettere *a*) e *b*), del presente articolo possono essere aggregati membri aggiunti per gli esami di lingua straniera e per materie speciali (5).

7. Quando le prove scritte abbiano luogo in più sedi, si costituisce in ciascuna sede un comitato di vigilanza, presieduto da un membro della commis sione ovvero da un impiegato dell'amministrazione di qualifica o categoria non inferiore all'ottava, e costituita da due impiegati di qualifica o categoria non inferiore alla settima e da un segretario scelto tra gli impiegati di settima o sesta qualifica o categoria.

8. Gli impiegati nominati presidente e membri dei comitati di vigilanza sono scelti fra quelli in servizio nella sede di esame, a meno che, per giustificate esigenze di servizio, sia necessario destinare a tale funzione impiegati residenti in altra sede.

(1) *Comma così sostituito dall'art. 9, comma 1, d.P.R. 30 ottobre 1996, n. 693.*
(2) *Leggasi dirigente di ufficio dirigenziale generale (art. 45, comma 2, d.lgs. 31 marzo 1998, n. 80).*
(3) *Comma così modificato dall'art. 9, commi 2 e 3, d.P.R., n. 693, cit.*
(4) *Comma così sostituito dall'art. 9, comma 4, d.P.R. n. 693, cit.*
(5) *Comma così sostituito dall'art. 9, comma 5, d.P.R. n. 693, cit.*

10 Cessazione dall'incarico di componente di commissione esaminatrice.

1. I componenti delle commissioni, il cui rapporto di impiego si risolva per qualsiasi causa durante l'espletamento dei lavori della commissione, cessano dall'incarico, salvo conferma dell'amministrazione.

11 Adempimenti della commissione.

1. Prima dell'inizio delle prove concorsuali la commissione, considerato il numero dei concorrenti, stabilisce il termine del procedimento concorsuale e lo rende pubblico. I componenti, presa visione dell'elenco dei partecipanti, sottoscrivono la dichiarazione che non sussistono situazioni di incompatibilità tra essi ed i concorrenti, ai sensi degli articoli 51 e 52 del codice di procedura civile.

2. La commissione prepara tre tracce per ciascuna prova scritta, se gli esami hanno luogo in una sede, ed una sola traccia quando gli esami hanno luogo in più sedi. Le tracce sono segrete e ne è vietata la divulgazione.

3. Le tracce, appena formulate, sono chiuse in pieghi suggellati e firmati esteriormente sui lembi di chiusura dai componenti della commissione e dal segretario.

4. All'ora stabilita per ciascuna prova, che deve essere la stessa per tutte le sedi, il presidente della commissione esaminatrice o del comitato di vigilanza fa procedere all'appello nominale dei concorrenti e, previo accertamento della loro identità personale, li fa collocare in modo che non possano comunicare fra loro. Indi fa constatare l'integrità della chiusura dei tre pieghi o del piego contenente i temi, e nel primo caso fa sorteggiare da uno dei candidati il tema da svolgere.

5. Le procedure concorsuali devono concludersi entro sei mesi dalla data di effettuazione delle prove scritte o, se trattasi di concorsi per titoli, dalla data della prima convocazione. L'inosservanza di tale termine dovrà essere giustificata collegialmente dalla Commissione esaminatrice con motivata relazione da inoltrare alla Presidenza del Consiglio dei Ministri - Dipartimento della funzione pubblica, o all'amministrazione o ente che ha proceduto all'emanazione del bando di concorso e per conoscenza al Dipartimento della funzione pubblica.

12 Trasparenza amministrativa nei procedimenti concorsuali.

1. Le commissioni esaminatrici, alla prima riunione, stabiliscono i criteri e le modalità di valutazione delle prove concorsuali, da formalizzare nei relativi verbali, al fine di assegnare i punteggi attribuiti alle singole prove. Esse, immediatamente prima dell'inizio di ciascuna prova orale, determinano i quesiti da porre ai singoli candidati per ciascuna delle materie di esame. Tali quesiti sono proposti a ciascun candidato previa estrazione a sorte (1).

2. Nei concorsi per titoli ed esami il risultato della valutazione dei titoli deve essere reso noto agli interessati prima dell'effettuazione delle prove orali (1).

3. I candidati hanno facoltà di esercitare il diritto di accesso agli atti del procedimento concorsuale ai sensi degli articoli 1 e 2 del decreto del Presidente della Repubblica 27 giugno 1992, n. 352, con le modalità ivi previste.

(1) *Comma così sostituito dall'art. 10, comma 1, d.P.R. 3 ottobre 1996, n. 693.*

13 Adempimenti dei concorrenti durante lo svolgimento delle prove scritte.

1. Durante le prove scritte non è permesso ai concorrenti di comunicare tra loro verbalmente o per iscritto, ovvero di mettersi in relazione con altri, salvo che con gli incaricati della vigilanza o con i membri della commissione esaminatrice.

2. Gli elaborati debbono essere scritti esclusivamente, a pena di nullità, su carta portante il timbro d'ufficio e la firma di un componente della commissione esaminatrice o, nel caso di svolgimento delle prove in località diverse, da un componente del comitato di vigilanza (1).

3. I candidati non possono portare carta da scrivere, appunti manoscritti, libri o pubblicazioni di qualunque specie. Possono consultare soltanto i testi di legge non commentati ed autorizzati dalla commissione, se previsti dal bando di concorso, ed i dizionari.

4. Il concorrente che contravviene alle disposizioni dei commi precedenti o comunque abbia copiato in tutto o in parte lo svolgimento del tema, è escluso dal concorso. Nel caso in cui risulti che uno o più candidati abbiano copiato, in tutto o in parte, l'esclusione è disposta nei confronti di tutti i candidati coinvolti.

5. La commissione esaminatrice o il comitato di vigilanza curano l'osservanza delle disposizioni stesse ed hanno facoltà di adottare i provvedimenti necessari. A tale scopo, almeno due dei rispettivi membri devono trovarsi nella sala degli esami. La mancata esclusione all'atto della prova non preclude che l'esclusione sia disposta in sede di valutazione delle prove medesime.

(1) *Comma così sostituito dall'art. 11, comma 1, d.P.R. 30 ottobre 1996, n. 693.*

14 Adempimenti dei concorrenti e della commissione al termine delle prove scritte.

1. Al candidato sono consegnate in ciascuno dei giorni di esame due buste di eguale colore: una grande munita di linguetta staccabile ed una piccola contenente un cartoncino bianco.

2. Il candidato, dopo aver svolto il tema, senza apporvi sottoscrizione, né altro contrassegno, mette il foglio o i fogli nella busta grande. Scrive il proprio nome e cognome, la data ed il luogo di nascita nel cartoncino e lo chiude nella busta piccola. Pone, quindi, anche la busta piccola nella grande che richiude e consegna al presidente della commissione o del comitato di vigilanza od a chi ne fa le veci. Il presidente della commissione o del comitato di vigilanza, o chi ne fa le veci, appone trasversalmente sulla busta, in modo che vi resti compreso il lembo della chiusura e la restante parte della busta stessa, la propria firma e l'indicazione della data della consegna.

3. Al termine di ogni giorno di esame è assegnato alla busta contenente l'elaborato di ciascun concorrente lo stesso numero da apporsi sulla linguetta staccabile, in modo da poter riunire, esclusivamente attraverso la numerazione, le buste appartenenti allo stesso candidato.

4. Successivamente alla conclusione dell'ultima prova di esame e comunque non oltre le ventiquattro ore si procede alla riunione delle buste aventi lo stesso numero in un unica busta, dopo aver staccata la relativa linguetta numerata. Tale operazione è effettuata dalla commissione esaminatrice o dal comitato di vigilanza con l'intervento di almeno due componenti della commissione stessa nel luogo, nel giorno e nell'ora di cui è data comunicazione orale ai candidati presenti in aula all'ultima prova di esame, con l'avvertimento che alcuni di essi, in numero non superiore alle dieci unità, potranno assistere alle anzidette operazioni.

5. I pieghi sono aperti alla presenza della commissione esaminatrice quando essa deve procedere all'esame dei lavori relativi a ciascuna prova di esame.

6. Il riconoscimento deve essere fatto a conclusione dell'esame e del giudizio di tutti gli elaborati dei concorrenti.

7. I pieghi contenenti i lavori svolti dai candidati nelle sedi diverse da quelle della commissione esaminatrice ed i relativi verbali sono custoditi dal presidente del singolo comitato di vigilanza e da questi trasmessi in plico raccomandato per il tramite del capo dell'ufficio periferico al presidente della commissione dell'amministrazione interessata, al termine delle prove scritte.

15 Processo verbale delle operazioni d'esame e formazione delle graduatorie.

1. Di tutte le operazioni di esame e delle deliberazioni prese dalla commissione esaminatrice, anche nel giudicare i singoli lavori, si redige giorno per giorno un processo verbale sottoscritto da tutti i commissari e dal segretario.

2. La graduatoria di merito dei candidati è formata secondo l'ordine dei punti della votazione complessiva riportata da ciascun candidato, con l'osservanza, a parità di punti, delle preferenze previste dall'art. 5.

3. Sono dichiarati vincitori, nei limiti dei posti complessivamente messi a concorso, i candidati utilmente

collocati nelle graduatorie di merito, tenuto conto di quanto disposto dalla legge 2 aprile 1968, n. 482 o da altre disposizioni di legge in vigore che prevedono riserve di posti in favore di particolari categorie di cittadini (1).

4. La graduatoria di merito, unitamente a quella dei vincitori del concorso, è approvata con decreto del Ministro per la funzione pubblica o dall'autorità competente nel caso in cui il concorso sia bandito da altre pubbliche amministrazioni ed è immediatamente efficace.

5. Le graduatorie dei vincitori dei concorsi sono pubblicate nel Bollettino ufficiale della Presidenza del Consiglio dei Ministri o dell'amministrazione interessata.

6. Di tale pubblicazione è data notizia mediante avviso nella Gazzetta Ufficiale della Repubblica. Dalla data di pubblicazione di detto avviso decorre il termine per le eventuali impugnative.

6-*bis*. Per gli enti locali territoriali le graduatorie di cui al comma 5 sono pubblicate nell'albo pretorio del relativo ente (2).

7. Le graduatorie dei vincitori rimangono efficaci per un termine di diciotto mesi dalla data della sopracitata pubblicazione per eventuali coperture di posti per i quali il concorso è stato bandito e che successivamente ed entro tale data dovessero rendersi disponibili. Non si dà luogo a dichiarazioni di idoneità al concorso con esclusione delle procedure di concorso relative al personale del comparto scuola.

(1) *Comma così modificato dall'art. 12, comma 1, d.P.R. 30 ottobre 1996, n. 693.*
(2) *Comma aggiunto dall'art. 12, comma 2, d.P.R. n. 693, cit.*

16 Presentazione dei titoli preferenziali e di riserva nella nomina.

1. I concorrenti che abbiano superato la prova orale dovranno far pervenire alla Presidenza del Consiglio dei Ministri - Dipartimento della funzione pubblica, per i concorsi unici, o all'amministrazione interessata, nel caso di concorso espletato dalla medesima, entro il termine perentorio di quindici giorni decorrenti dal giorno successivo a quello in cui hanno sostenuto il colloquio, i documenti in carta semplice attestanti il possesso dei titoli di riserva, preferenza e precedenza, a parità di valutazione, il diritto ad usufruire dell'elevazione del limite massimo di età, già indicati nella domanda, dai quali risulti, altresì, il possesso del requisito alla data di scadenza del termine utile per la presentazione della domanda di ammissione al concorso. Tale documentazione non è richiesta nei casi in cui le pubbliche amministrazioni ne siano in possesso o ne possano disporre facendo richiesta ad altre pubbliche amministrazioni.

2. I candidati appartenenti a categorie previste dalla legge 2 aprile 1968, n. 482, che abbiano conseguito l'idoneità, verranno inclusi nella graduatoria tra i vincitori, purché, ai sensi dell'art. 19 della predetta legge n. 482, risultino iscritti negli appositi elenchi istituiti presso gli uffici provinciali del lavoro e della massima occupazione e risultino disoccupati sia al momento della scadenza del termine per la presentazione delle domande di ammissione al concorso sia all'atto dell'immissione in servizio.

17 Assunzioni in servizio.

1. I candidati dichiarati vincitori sono invitati, a mezzo assicurata convenzionale, ad assumere servizio in via provvisoria, sotto riserva di accertamento del possesso dei requisiti prescritti per la nomina e sono assunti in prova nel profilo professionale di qualifica o categoria per il quale risultano vincitori. La durata del periodo di prova è differenziata in ragione della complessità delle prestazioni professionali richieste e sarà definita in sede di contrattazione collettiva. I provvedimenti di nomina in prova sono immediatamente esecutivi.

2. Le pubbliche amministrazioni comunicano alla Presidenza del Consiglio dei Ministri - Dipartimento della funzione pubblica, il numero dei candidati vincitori assunti ed eventuali modifiche nell'arco dei diciotto mesi di validità della graduatoria di cui all'articolo 15, comma 7.

3. I vincitori dei concorsi, salva la possibilità di trasferimenti d'ufficio nei casi previsti dalla legge, devono permanere nella sede di prima destinazione per un periodo non inferiore a sette anni e, in tale periodo, non possono essere nemmeno comandati o distaccati presso sedi con dotazioni organiche complete. In ogni caso non può essere attivato alcun comando o distacco nel caso in cui la sede di prima destinazione abbia posti vacanti nella dotazione organica della qualifica posseduta, salvo che il dirigente della sede di appartenenza non lo consenta espressamente.

4. Il vincitore, che non assuma servizio senza giustificato motivo entro il termine stabilito, decade dalla nomina. Qualora il vincitore assuma servizio, per giustificato motivo, con ritardo sul termine prefissatogli, gli effetti economici decorrono dal giorno di presa di servizio.

18 Compensi.

1. Con decreto del Presidente del Consiglio dei Ministri, adottato di concerto con il Ministro del tesoro, sono determinati, per tutti i tipi di concorso, i compensi da corrispondere al presidente, ai membri ed al segretario delle commissioni esaminatrici, nonché al personale addetto alla vigilanza.

2. La misura dei compensi indicati nel comma 1 può essere aggiornata, ogni triennio, con decreto del Presidente del Consiglio dei Ministri, di concerto con il Ministro del tesoro, in relazione alle variazioni del costo della vita, rilevate secondo gli indici ISTAT.

18-*bis* Norme di indirizzo per gli enti locali (1).

1. Quanto previsto dall'articolo 3, commi 4 e 5, dall'articolo 6, commi 1 e 3, dall'articolo 7 comma 1, lettera *b*), e dagli articoli 10, 11, 13, 14, 16 e 17 costituisce per gli enti locali territoriali norma di indirizzo.

(1) *Articolo aggiunto dall'art. 13, comma 1, d.P.R. 30 ottobre 1996, n. 693.*

CAPO II
Concorsi unici

19 Concorsi unici.

1. Le amministrazioni pubbliche, ad eccezione delle regioni, delle amministrazioni, aziende ed enti del Servizio sanitario nazionale, degli enti locali e loro consorzi, delle istituzioni universitarie e delle istituzioni ed enti di ricerca e di sperimentazione, reclutano il personale di cui necessitano, mediante ricorso alle graduatorie di vincitori di concorso predisposte presso la Presidenza del Consiglio dei Ministri - Dipartimento della funzione pubblica.

2. Con decreto del Presidente del Consiglio dei Ministri su proposta del Ministro per la funzione pubblica, le amministrazioni pubbliche possono essere autorizzate a svolgere direttamente i concorsi.

20 Concorsi circoscrizionali e sedi di esami.

1. Per gli uffici aventi sede in determinate regioni, compartimenti o province, sono banditi, per i posti ivi disponibili, concorsi circoscrizionali per l'accesso ai profili professionali di qualifica o categoria, fatta salva la facoltà di parteciparvi per tutti i cittadini.

2. Le prove di esami dei concorsi si possono svolgere in sedi decentrate, qualora il numero dei concorrenti lo renda necessario.

21 Adempimenti per il concorso unico.

1. La Presidenza del Consiglio dei Ministri - Dipartimento della funzione pubblica, procede a selezionare un numero di vincitori pari alle esigenze programmate, per un biennio.

2. A tal fine, la Presidenza del Consiglio dei Ministri Dipartimento della funzione pubblica, entro il mese di febbraio di ogni anno, sulla base di comunicazioni delle amministrazioni relative alle necessità di personale per il biennio successivo, fissa il contingente di posti da coprire mediante i vincitori del concorso.

3. Entro il successivo mese di maggio la Presidenza del Consiglio dei Ministri - Dipartimento della funzione pubblica, indìce il concorso da svolgere durante l'anno.

4. Le amministrazioni di cui all'art. 19, comma 1, possono utilizzare il contingente di un concorso solo dopo l'esaurimento della graduatoria del concorso precedente.

5. Ove il numero dei candidati al concorso sia superiore al triplo del numero costituente il contingente, si procede alla pre-selezione dei concorrenti mediante il ricorso a prove psico-attitudinali o anche congiunte a valutazione del titolo di studio in modo da ridurre il numero dei partecipanti al triplo dei posti messi a concorso.

6. Il reclutamento del personale per determinati profili professionali, individuati con successivo decreto del Presidente del Consiglio dei Ministri può avvenire, con l'ausilio di strumenti automatizzati, mediante selezione volta ad accertare la professionalità richiesta, con riguardo alle mansioni del profilo professionale per il quale è espletato il concorso.

22 Richiesta delle amministrazioni e relative assegnazioni.

1. Le amministrazioni avanzano richiesta alla Presidenza del Consiglio dei Ministri - Dipartimento della funzione pubblica, per le unità di personale relative ai posti da coprire distinti per sede di destinazione e profilo professionale.

2. Entro venti giorni dalla richiesta, la Presidenza del Consiglio dei Ministri - Dipartimento della funzione pubblica, con decreto del Presidente del Consiglio, assegna il personale richiesto.

3. Tale decreto costituisce autorizzazione ad assumere qualora le disposizioni legislative in materia la richiedano.

CAPO III
Assunzioni mediante gli uffici circoscrizionali per l'impiego ai sensi dell'articolo 16 della legge 28 febbraio 1987, n. 56

23 Campo di applicazione.

1. Le amministrazioni pubbliche effettuano le assunzioni per le categorie, le qualifiche ed i profili professionali per i quali è richiesto il solo requisito della scuola dell'obbligo, sulla base di selezioni tra gli iscritti, nelle liste di collocamento formate ai sensi dell'art. 16 della legge 28 febbraio 1987, n. 56, che abbiano la professionalità eventualmente richiesta ed i requisiti previsti per l'accesso al pubblico impiego. I lavoratori sono avviati numericamente alla selezione secondo l'ordine di graduatoria risultante dalle liste delle sezioni circoscrizionali per l'impiego territorialmente competenti.

2. Possiede il requisito della scuola dell'obbligo anche chi abbia conseguito la licenza elementare anteriormente al 1962.

3. I lavoratori possono iscriversi in una sola lista di collocamento, anche di sede diversa da quella di residenza.

4. La presente disciplina non si applica per le assunzioni del personale militare e militarizzato delle Forze armate, dei Corpi di polizia, del Corpo nazionale dei vigili del fuoco.

5. Gli avviamenti sono effettuati sulla base delle graduatorie circoscrizionali, oppure, nel caso di enti la cui attività si esplichi nel territorio di più circoscrizioni, con riferimento alle graduatorie delle circoscrizioni interessate, e per gli enti la cui attività si esplichi nell'intero territorio regionale, con riferi mento alle graduatorie di tutte le circoscrizioni della regione.

24 Iscrizione nelle liste.

1. Le sezioni circoscrizionali per l'impiego formano una graduatoria relativa a categorie, qualifiche e profili generici e diverse graduatorie per categorie, qualifiche e profili che richiedono specifiche professionali-

tà, nelle quali l'inserimento, a differenza della prima, è operato sulla base del possesso di qualifica riconosciuta con attestati o sulla base di precedenti lavorativi, anche nell'impiego privato. Le graduatorie sono formate sulla base degli elementi di cui alla tabella allegata al presente decreto, valutati uniformemente in tutto il territorio nazionale secondo i coefficienti ivi indicati.

2. Hanno titolo a partecipare alle selezioni per l'assunzione:

a) presso le amministrazioni e gli enti a carattere infraregionale o uffici periferici anche di amministrazioni e di enti a carattere nazionale e pluriregionale, il cui ambito territoriale di competenza è compreso o coincide con quello di una sezione circoscrizionale per l'impiego, i lavoratori inseriti nella graduatoria della selezione stessa;

b) presso le amministrazioni e gli enti, o uffici periferici, il cui ambito territoriale è compreso o coincide con quello di più sezioni della stessa provincia o della stessa regione, i lavoratori inseriti nelle graduatorie di tutte le sezioni circoscrizionali per l'impiego rispettivamente interessate;

c) presso le sedi ministeriali delle amministrazioni centrali dello Stato, le sedi delle direzioni generali e centrali delle amministrazioni ad ordinamento autonomo e degli enti a carattere nazionale o ultraregionale e le strutture alle sedi stesse direttamente riferibili, i lavoratori iscritti nella graduatoria di qualsiasi sezione circoscrizionale per l'impiego operante nel territorio nazionale.

3. Il lavoratore aspirante all'avviamento al lavoro deve dichiarare alla sezione di iscrizione, ai sensi della legge 4 gennaio 1968, n. 15, il possesso dei requisiti generali di ammissione agli impieghi e la non sussistenza delle ipotesi di esclusione. È comunque riservato all'amministrazione o ente che procede all'assunzione di provvedere all'accertamento di titoli e requisiti nei modi di legge.

4. I lavoratori che si trovino nelle condizioni di cui all'art. 30 della legge 31 maggio 1975, n. 191, come sostituito dall'art. 19 della legge 24 dicembre 1986, n. 958, debbono produrre alle sezioni circoscrizionali per l'impiego apposita certificazione rilasciata dagli organismi militari competenti. La sezione circoscrizionale per l'impiego annota il titolo a fianco dei nomi dei lavoratori interessati nella graduatoria degli iscritti nelle liste di collocamento.

5. I dipendenti aventi titolo alla riserva di posti partecipano alle prove selettive previste dal presente decreto, di norma unitamente ai lavoratori iscritti nelle liste di collocamento appositamente avviati e convocati. Per la copertura di posti riservati a dipendenti in servizio ed ai destinatari dell'art. 19 della legge 24 dicembre 1986, n. 958, eventualmente dagli stessi non ricoperti, si provvede con lavoratori da assumere con le procedure previste dal presente decreto.

6. Ai fini delle assunzioni con rapporti a tempo parziale e a tempo determinato, i lavoratori interessati debbono espressamente dichiarare la propria disponibilità. La dichiarazione si intende revocata qualora il lavoratore non risponda alla convocazione o rifiuti l'avviamento a selezione, limitatamente al relativo tipo di rapporto. Le sezioni circoscrizionali per l'impiego formano, con le medesime modalità per le assunzioni a tempo indeterminato, separate graduatorie dei lavoratori che abbiano dichiarato la disponibilità ai predetti rapporti.

6-*bis*. Le graduatorie di cui ai commi 1 e 6 sono approvate dalla commissione circoscrizionale per l'impiego (1).

7. I lavoratori assunti con rapporto a tempo determinato permangono nelle graduatorie per le assunzioni a tempo indeterminato.

(1) *Comma aggiunto dall'art. 14, comma 1, d.P.R. 30 ottobre 1996, n. 693.*

25 Procedure per l'avviamento a selezione a livello locale o periferico.

1. Le amministrazioni e gli enti con circoscrizione amministrativa, anche periferica, compresa in quella di competenza di una sola sezione circoscrizionale per l'impiego, inoltrano direttamente alla sezione medesima la richiesta di avviamento a selezione di un numero di lavoratori pari al doppio dei posti da ricoprire, con l'indicazione del titolo di studio, della qualifica di iscrizione nelle liste di collocamento e del livello retributivo. La sezione circoscrizionale per l'impiego, entro dieci giorni dalla ricezione della richiesta, salvo eccezionale e motivato impedimento, procede ad avviare a selezione i lavoratori nel numero richiesto secondo l'ordine di graduatoria degli iscritti aventi i requisiti indicati nella richiesta stessa.

2. Le amministrazioni e gli enti con circoscrizione amministrativa, anche periferica, compresa in quelle di competenza di più sezioni circoscrizionali per l'impiego, inoltrano a ciascuna di dette sezioni richiesta di un numero di lavoratori pari al doppio dei posti da ricoprire. La richiesta deve essere trasmessa anche all'ufficio provinciale del lavoro e della massi ma occupazione, nel caso in cui siano interessate più circoscrizioni della stessa provincia, ovvero all'ufficio regionale del lavoro e della massima occupazione, nel caso in cui siano interessate circoscrizioni di province diverse, perché formulino, sulla base dei punteggi comunicati dalle sezioni circoscrizionali interessate, apposita graduatoria unica integrata dai lavoratori individuati dalle sezioni medesime secondo l'ordine delle rispettive graduatorie approvate. La graduatoria unica è resa pubblica mediante affissione all'albo degli uffici e delle sezioni interessate. L'ufficio provinciale o l'ufficio regionale del lavoro, entro dieci giorni dalla ricezione della richiesta, salvo eccezionale e motivato impedimento, sono tenuti ad avviare a selezionare i lavoratori secondo l'ordine della graduatoria unica in numero corrispondente al doppio dei posti da ricoprire. Fino alla comunicazione dell'avvenuta assunzione i lavoratori già avviati a selezione possono essere avviati a nuova selezione presso altre amministrazioni ed enti che ne facciano richiesta (1).

3. Le amministrazioni e gli enti obbligati ad assumere militari in ferma di leva prolungata e volontari specializzati delle tre Forze armate congedati senza demerito al termine della ferma o rafferma contratta, debbono indicare nella richiesta di avviamento il numero dei posti riservati ai lavoratori aventi diritto ai sensi dell'art. 30, comma 1, della legge 31 maggio 1975, n. 191, come modificato dall'art. 19, legge 24 dicembre 1986, n. 958.

(1) *Comma così modificato dall'art. 15, comma 1, d.P.R. 30 ottobre 1996, n. 693.*

26 Assunzioni nelle sedi centrali.

1. Le selezioni di personale per le sedi centrali delle amministrazioni dello Stato, anche ad ordinamento autonomo e degli enti pubblici non economici a carattere nazionale sono effettuate dalla Presidenza del Consiglio dei Ministri - Dipartimento della funzione pubblica, mediante selezioni uniche per le stesse categorie, qualifiche e profili interessanti più amministrazioni ed enti.

2. Le amministrazioni di cui al comma 1, entro il 1° febbraio di ogni anno, segnalano il contingente di posti da coprire distinti per categoria, qualifica e profilo professionale.

3. I lavoratori iscritti nelle liste delle sezioni circoscrizionali per l'impiego, interessati a tali assunzioni, presentano domanda secondo le modalità e nei termini previsti dai bandi di offerta di lavoro emanati dalla Presidenza del Consiglio dei Ministri - Dipartimento della funzione pubblica, pubblicati nella Gazzetta Ufficiale della Repubblica.

4. I bandi debbono indicare il numero dei posti offerti, distinti per profilo professionale e per amministrazione, nonché l'aliquota di posti riservati.

5. Le domande degli aspiranti, compilate su modelli predisposti, devono, in ogni caso, essere corredate, a pena di nullità, da apposita certificazione della sezione circoscrizionale per l'impiego d'iscrizione, attestante l'iscrizione nelle liste di collocamento della medesima e la relativa qualifica, nonché la posizione in graduatoria ed il punteggio attribuito. L'attestazione può essere apposta anche in calce alla domanda.

6. Con riferimento ai profili professionali di cui al bando di offerta di lavoro, si formula apposita graduatoria integrata, ordinata secondo il punteggio attestato dalle sezioni circoscrizionali per l'impiego. Nella graduatoria sono evidenziati i nomi degli aventi titolo alla riserva.

7. La graduatoria è resa pubblica con le stesse modalità previste per il bando di offerta di lavoro. Entro dieci giorni dalla pubblicazione, i lavoratori possono proporre opposizione avverso la posizione in graduatoria se derivante da errata trascrizione del punteggio. La rettifica è effettuata nei cinque giorni successivi. La collocazione nella graduatoria integrata costituisce ordine di precedenza per la convocazione dei lavoratori per le prove selettive. I lavoratori sono convocati in numero pari al doppio dei posti da ricoprire.

8. In casi di particolare urgenza, qualora non sia possibile provvedere tempestivamente con le procedure di cui sopra, la Presidenza del Consiglio dei Ministri, su proposta del Dipartimento della funzione pubblica può autorizzare amministrazioni ed enti ad attivare direttamente graduatorie integrate con le medesime modalità indicate nel presente articolo.

27 Selezione.

1. Le amministrazioni e gli enti, entro dieci giorni dalla ricezione delle comunicazioni di avviamento, ovvero la Presidenza del Consiglio dei Ministri - Dipartimento della funzione pubblica, entro dieci giorni dalla pubblicazione delle graduatorie integrali, debbono convocare i candidati per sottoporli alle prove di idoneità, rispettivamente secondo l'ordine di avviamento e di graduatoria integrata, indicando giorno e luogo di svolgimento delle stesse.

2. La selezione consiste nello svolgimento di prove pratiche attitudinali ovvero in sperimentazioni lavorative i cui contenuti sono determinati con riferimento a quelli previsti nelle declaratorie e nei mansionari di qualifica, categoria e profilo professionale dei comparti di appartenenza od eventualmente anche delle singole amministrazioni e comunque con riferimento ai contenuti ed alle modalità stabilite per le prove di idoneità relative al conseguimento degli attestati di professionalità della regione nel cui ambito ricade l'amministrazione che deve procedere alla selezione, alla stregua degli articoli 14 e 18 della legge 21 dicembre 1978, n. 845.

3. La selezione deve tendere ad accertare esclusivamente l'idoneità del lavoratore a svolgere le relative mansioni e non comporta valutazione comparativa.

4. Alla sostituzione dei lavoratori che non abbiano risposto alla convocazione o non abbiano superato le prove o non abbiano accettato la nomina ovvero non siano più in possesso dei requisiti richiesti, si provvede fino alla copertura dei posti con ulteriori avviamenti effettuati, secondo l'ordine della stessa graduatoria vigente al momento della richiesta, in seguito alla comunicazione da parte dell'ente dell'esito del precedente avviamento.

5. Le operazioni di selezione, sono, a pena di nullità, pubbliche e sono precedute dall'affissione di apposito avviso all'albo dell'amministrazione o dell'ente. A tutte le operazioni provvede la stessa commissione, fino alla completa copertura dei posti complessivamente indicati nella richiesta di avviamento o nel bando di offerta di lavoro.

28 Assunzioni in servizio.

1. Le amministrazioni e gli enti interessati procedono a nominare in prova e ad immettere in servizio i lavoratori utilmente selezionati, anche singolarmente o per scaglioni, nel rispetto dell'ordine di avviamento e di graduatoria integrata.

2. La Presidenza del Consiglio dei Ministri - Dipartimento della funzione pubblica, nel rispetto dell'ordine della graduatoria integrata, assegna i lavoratori utilmente selezionati alle amministrazioni ed enti di cui al bando di offerta, per la rispettiva nomina in prova ed immissione in servizio.

CAPO IV

Assunzioni obbligatorie presso i datori di lavoro pubblici - Requisiti e modalità di iscrizione e di assunzione (1)

(1) *Rubrica così sostituita dall'art. 2, comma 2, d.P.R. 18 giugno 1997, n. 246.*

29 Campo di applicazione.

1. Le assunzioni obbligatorie presso le amministrazioni ed enti pubblici, dei soggetti di cui all'art. 1 della legge 2 aprile 1968, n. 482, come integrato dall'art. 19

della legge 5 febbraio 1992, n. 104, avvengono secondo le modalità di cui all'art. 30 del presente regolamento.

30 Modalità di iscrizione e requisiti.

1. I soggetti appartenenti alle categorie protette presentano domanda di iscrizione all'ufficio provinciale del lavoro e della massima occupazione. La domanda deve essere munita della necessaria documentazione, concernente la sussistenza dei requisiti che danno titolo al collocamento obbligatorio ed attestante le attitudini lavorative e professionali del richiedente anche in relazione all'occupazione cui aspira e deve essere, altresì, corredata, per coloro che hanno menomazioni fisiche, da dichiarazione di un ufficiale sanitario comprovante che l'invalido, per la natura ed il grado di mutilazione o di invalidità, non è di pregiudizio alla salute o incolumità dei compagni di lavoro o alla sicurezza degli impianti.

2. I soggetti appartenenti alle categorie protette al momento dell'iscrizione negli appositi elenchi formati dall'ufficio provinciale del lavoro devono dichiarare, ai sensi della legge 4 gennaio 1968, n. 15, il possesso dei requisiti generali di ammissione nelle amministrazioni pubbliche previsti dalla normativa vigente.

3. È comunque riservata all'amministrazione od ente che procede all'assunzione la facoltà di provvedere all'accertamento dei titoli e dei requisiti nei modi di legge.

4. Il titolo di studio richiesto è quello delle declaratorie dei profili professionali o qualifica o categoria nelle quali è prevista l'assunzione.

5. Gli uffici provinciali del lavoro inseriscono i lavoratori negli elenchi previo accertamento del grado di invalidità.

31 Graduatorie (1).

1. Le graduatorie dei lavoratori aventi diritto alle assunzioni obbligatorie sono formate dalle direzioni provinciali del lavoro - servizio politiche del lavoro secondo i criteri ed i punteggi previsti nella tabella allegata.

2. Le graduatorie hanno validità annuale, sono formate dalle direzioni provinciali del lavoro con riferimento alla data del 31 dicembre di ciascun anno e pubblicate entro il 31 marzo dell'anno successivo. Fino alla data della pubblicazione continuano ad applicarsi le graduatorie dell'anno precedente.

3. I criteri ed i punteggi per la formazione delle graduatorie di cui al presente articolo possono essere modificati con decreto del Ministro del lavoro e della previdenza sociale di concerto con il Ministro per la funzione pubblica. Le modifiche hanno effetto sulla formazione delle graduatorie a partire dall'anno successivo a quello dell'adozione del decreto di modifica.

4. La direzione provinciale del lavoro, sentita la commissione provinciale per il collocamento obbligatorio, stabilisce criteri generali che prevedano la cancellazione o eventuali penalizzazioni del punteggio di graduatoria nei confronti dei lavoratori che, senza giustificato motivo, rinunciano all'avviamento a selezione.

(1) *Articolo così sostituito dall'art. 3, d.P.R. 18 giugno 1997, n. 246.*

32 Modalità di assunzione (1).

1. Le richieste di avviamento da parte di amministrazioni ed enti pubblici, anche a carattere nazionale e regionale, devono essere rivolte alla direzione provinciale del lavoro - servizio politiche del lavoro competente nella sede presso la quale il lavoratore dovrà prestare servizio. Tali richieste devono essere rese pubbliche mediante avviso nella Gazzetta Ufficiale della Repubblica - 4ª serie speciale "Concorsi ed esami".

2. Le direzioni provinciali del lavoro, in conformità alla disciplina attuativa dell'articolo 16 della legge 28 febbraio 1987, n. 56, avviano i soggetti aventi titolo all'assunzione obbligatoria alla prova tendente ad accertare l'idoneità a svolgere le mansioni, secondo l'ordine di graduatoria di ciascuna categoria, in misura pari rispetto ai posti da ricoprire.

3. Le prove selettive devono essere espletate, dall'amministrazione o ente interessati, entro quarantacinque giorni dalla data di avviamento a selezione ed il loro esito deve essere comunicato anche alla direzione provinciale del lavoro entro cinque giorni dalla conclusione della prova. Il lavoratore può essere avviato ad altra selezione soltanto dopo che è trascorso il suddetto periodo di cinquanta giorni, anche se la precedente selezione non è stata ancora espletata.

4. Le prove non comportano valutazione comparativa e sono preordinate ad accertare l'idoneità a svolgere le mansioni del profilo nel quale avviene l'assunzione.

5. In mancanza di iscritti appartenenti alla categoria richiesta, la direzione provinciale del lavoro, d'intesa con l'amministrazione o ente richiedente, avvia a selezione proporzionalmente i riservatari di altre categorie.

6. Qualora non vi siano iscritti in possesso della professionalità richiesta, la direzione provinciale del lavoro concorda con l'ente interessato l'avviamento a selezione di lavoratori in possesso di diverse professionalità di livello corrispondente.

7. La visita di controllo della permanenza dello stato invalidante di cui all'articolo 9, comma 1, del decreto-legge 12 settembre 1983, n. 463, convertito, con modificazioni, dalla legge 11 novembre 1983, n. 638, deve essere richiesta direttamente all'amministrazione o ente pubblico interessati, prima di procedere all'assunzione, nei confronti di tutti i lavoratori invalidi, qualunque sia il tipo e il grado di invalidità. Copia del certificato sanitario deve essere trasmessa entro trenta giorni alla direzione provinciale del lavoro - servizio politiche del lavoro a cura dell'ente che ha richiesto l'accertamento.

(1) *Articolo così sostituito dall'art. 4, comma 1, d.P.R. 18 giugno 1997, n. 246.*

TABELLA (1)

(1) *Tabella sostituita dall'art. 3 d.P.R. 18 giugno 1997, n. 246.*

CRITERI PER LA FORMAZIONE DELLE GRADUATORIE

A) *Elementi che concorrono alla formazione delle graduatorie.*

a) Carico famliare: si intende quello rilevato dallo stato di famiglia e determinato secondo le modalità previste per la corresponsione dell'assegno per il nucleo familiare.

Le persone a carico da considerare sono:

1) coniuge convivente e disoccupato iscritto in prima classe;

2) figlio minorenne convivente e a carico;

3) figlio maggiorenne fino al compimento del ventiseiesimo anno di età se studente e disoccupato iscritto in prima classe, oltre che convivente e a carico, ovvero senza limiti di età se invalido permanentemente inabile al lavoro;

4) fratello o sorella minorenne convivente e a carico.

b) Situazione economica e patrimoniale del lavoratore: deve intendersi la condizione reddituale derivante anche dal patrimonio immobiliare e mobiliare dell'iscritto, con esclusione del suo nucleo familiare.

c) Anzianità di iscrizione: viene calcolata con riferimento alla data di iscrizione o reiscrizione negli elenchi del collocamento obbligatorio.

d) Grado di invalidità.

B) *Valutazione degli elementi.*

A tutti gli iscritti è attribuito un punteggio base uguale a 1000 riferito alla data convenzionale del mese di aprile 1988; su tale punteggio base sono da operare le seguenti variazioni, con l'avvertenza che il punteggio da attribuire per l'anzianità di iscrizione o reiscrizione è quello relativo al mese a cui si fa riferimento, senza considerare le frazioni:

I) per ogni mese di anzianità pregressa alla suddetta data: punti 1;

II) per le iscrizioni e le reiscrizioni effettuate successivamente alla data convenzionale del mese di aprile 1988 si dovranno aggiungere al punteggio base per ogni mese: punti 1;

III) per ogni persona a carico: punti 12;

IV) per i redditi annui a qualsiasi titolo imputabili personalmente al lavoratore:

(*Omissis*)

V) a tutti i lavoratori invalidi iscritti negli elenchi del collocamento obbligatorio sono attribuiti i seguenti punteggi:

(*Omissis*)

Il punteggio complessivo di graduatoria deve essere riferito alla data del 31 dicembre di ciascun anno.

Il punteggio per i figli a carico è attribuito ad entrambi i genitori disoccupati, in caso di assunzione di uno dei due coniugi la posizione in graduatoria dell'altro rimasto disoccupato è immediatamente rideterminata non computando il punteggio prima attribuito per il coniuge ed i figli.

Il lavoratore con punteggio minore precede in graduatoria il lavoratore con punteggio maggiore; in caso di parità i lavoratori sono collocati in graduatoria secondo la maggiore anzianità di iscrizione e, in caso di ulteriore parità, in ordine decrescente di data di nascita.

94. Legge 27 marzo 2001, n. 97. — Norme sul rapporto tra procedimento penale e procedimento disciplinare ed effetti del giudicato penale nei confronti dei dipendenti delle amministrazioni pubbliche.

Pubblicata nella Gazzetta Ufficiale n. 80 del 5 aprile 2001.

1 Efficacia della sentenza penale nel giudizio disciplinare.

1. All'articolo 653 del codice di procedura penale sono apportate le seguenti modificazioni:

a) nella rubrica, le parole: "di assoluzione" sono soppresse;

b) nel comma 1, le parole: "pronunciata in seguito a dibattimento" sono soppresse e, dopo le parole: "il fatto non sussiste o", sono inserite le seguenti: "non costituisce illecito penale ovvero";

c) dopo il comma 1, è aggiunto il seguente:

"1-*bis*. La sentenza penale irrevocabile di condanna ha efficacia di giudicato nel giudizio per responsabilità disciplinare davanti alle pubbliche autorità quanto all'accertamento della sussistenza del fatto, della sua illiceità penale e all'affermazione che l'imputato lo ha commesso".

2 Modifica all'articolo 445 del codice di procedura penale.

1. All'articolo 445, comma 1, secondo periodo, del codice di procedura penale la parola: "Anche" è sostituita dalle seguenti: "Salvo quanto previsto dall'articolo 653, anche".

3 Trasferimento a seguito di rinvio a giudizio.

1. Salva l'applicazione della sospensione dal servizio in conformità a quanto previsto dai rispettivi ordinamenti, quando nei confronti di un dipendente di amministrazioni o di enti pubblici ovvero di enti a prevalente partecipazione pubblica è disposto il giudizio per alcuni dei delitti previsti dagli articoli 314, primo comma, 317, 318, 319, 319-*ter*, 319-*quater* e 320 del

codice penale e dall'articolo 3 della legge 9 dicembre 1941, n. 1383, l'amministrazione di appartenenza lo trasferisce ad un ufficio diverso da quello in cui prestava servizio al momento del fatto, con attribuzione di funzioni corrispondenti, per inquadramento, mansioni e prospettive di carriera, a quelle svolte in precedenza. L'amministrazione di appartenenza, in relazione alla propria organizzazione, può procedere al trasferimento di sede, o alla attribuzione di un incarico differente da quello già svolto dal dipendente, in presenza di evidenti motivi di opportunità circa la permanenza del dipendente nell'ufficio in considerazione del discredito che l'amministrazione stessa può ricevere da tale permanenza (1).

2. Qualora, in ragione della qualifica rivestita, ovvero per obiettivi motivi organizzativi, non sia possibile attuare il trasferimento di ufficio, il dipendente è posto in posizione di aspettativa o di disponibilità, con diritto al trattamento economico in godimento salvo che per gli emolumenti strettamente connessi alle presenze in servizio, in base alle disposizioni dell'ordinamento dell'amministrazione di appartenenza.

3. Salvo che il dipendente chieda di rimanere presso il nuovo ufficio o di continuare ad esercitare le nuove funzioni, i provvedimenti di cui ai commi 1 e 2 perdono efficacia se per il fatto è pronunciata sentenza di proscioglimento o di assoluzione anche non definitiva e, in ogni caso, decorsi cinque anni dalla loro adozione, sempre che non sia intervenuta sentenza di condanna definitiva. In caso di proscioglimento o di assoluzione anche non definitiva, l'amministrazione, sentito l'interessato, adotta i provvedimenti consequenziali nei dieci giorni successivi alla comunicazione della sentenza, anche a cura dell'interessato.

4. Nei casi previsti nel comma 3, in presenza di obiettive e motivate ragioni per le quali la riassegnazione all'ufficio originariamente coperto sia di pregiudizio alla funzionalità di quest'ultimo, l'amministrazione di appartenenza può non dare corso al rientro.

5. Dopo il comma 1 dell'articolo 133 delle norme di attuazione, di coordinamento e transitorie del codice di procedura penale, approvate con decreto legislativo 28 luglio 1989, n. 271, è aggiunto il seguente:

"1-*bis*. Il decreto è altresì comunicato alle amministrazioni o enti di appartenenza quando è emesso nei confronti di dipendenti di amministrazioni pubbliche o di enti pubblici ovvero di enti a prevalente partecipazione pubblica, per alcuno dei delitti previsti dagli articoli 314, primo comma, 317, 318, 319, 319-*ter* e 320 del codice penale e dall'articolo 3 della legge 9 dicembre 1941, n. 1383".

(1) *Comma modificato dall'art. 1, comma 83, l. 6 novembre 2012, n. 190.*

4 Sospensione a seguito di condanna non definitiva.

1. Nel caso di condanna anche non definitiva, ancorché sia concessa la sospensione condizionale della pena, per alcuno dei delitti previsti dall'articolo 3, comma 1, i dipendenti indicati nello stesso articolo sono sospesi dal servizio.

2. La sospensione perde efficacia se per il fatto è successivamente pronunciata sentenza di proscioglimento o di assoluzione anche non definitiva e, in ogni caso, decorso un periodo di tempo pari a quello di prescrizione del reato (1).

(1) *La Corte costituzionale, con sentenza del 3 maggio 2002, n. 145, ha dichiarato* l'illegittimità costituzionale *del presente comma, nella parte in cui dispone che la sospensione perde efficacia decorso un periodo di tempo pari a quello di prescrizione del reato.*

5 Pena accessoria dell'estinzione del rapporto di impiego o di lavoro. Procedimento disciplinare a seguito di condanna definitiva.

1. All'articolo 19, primo comma, del codice penale, dopo il numero 5) è inserito il seguente:

"5-*bis*) l'estinzione del rapporto di impiego o di lavoro;".

2. Dopo l'articolo 32-*quater* del codice penale è inserito il seguente:

"Art. 32-*quinquies*. — (Casi nei quali alla condanna consegue l'estinzione del rapporto di lavoro o di impiego). — Salvo quanto previsto dagli articoli 29 e 31, la condanna alla reclusione per un tempo non inferiore a tre anni per i delitti di cui agli articoli 314, primo comma, 317, 318, 319, 319-*ter* e 320 importa altresì l'estinzione del rapporto di lavoro o di impiego nei confronti del dipendente di amministrazioni od enti pubblici ovvero di enti a prevalente partecipazione pubblica".

3. All'articolo 3 della legge 9 dicembre 1941, n. 1383, è aggiunto il seguente comma:

"Nel caso di condanna alla reclusione per un tempo non inferiore a tre anni si applica il disposto dell'articolo 32-*quinquies* del codice penale".

4. Salvo quanto disposto dall'articolo 32-*quinquies* del codice penale, nel caso sia pro-nunciata sentenza penale irrevocabile di condanna nei confronti dei dipendenti indicati nel comma 1 dell'articolo 3, ancorché a pena condizionalmente sospesa, l'estinzione del rapporto di lavoro o di impiego può essere pronunciata a seguito di procedimento disciplinare. Il procedimento disciplinare deve avere inizio o, in caso di intervenuta sospensione, proseguire entro il termine di novanta giorni dalla comunicazione della sentenza all'amministrazione o all'ente competente per il procedimento disciplinare. Il procedimento disciplinare deve concludersi [, salvi termini diversi previsti dai contratti collettivi nazionali di lavoro,] entro centottanta giorni decorrenti dal termine di inizio o di proseguimento, fermo quanto disposto dall'articolo 653 del codice di procedura penale (1).

(1) *Comma modificato dall'art. 72, comma 2, d.lgs. 27 ottobre 2009, n. 150.*

6 Disposizioni patrimoniali.

1. Dopo l'articolo 335 del codice penale, è inserito il seguente:

"Art. 335-*bis*. — (Disposizioni patrimoniali). — Salvo quanto previsto dall'articolo 322-*ter*, nel caso di condanna per delitti previsti dal presente capo è comunque ordinata la confisca anche nelle ipotesi previste dall'articolo 240, primo comma".

2. Nel caso di condanna per delitti di cui al capo I del titolo II del libro secondo del codice penale commessi a fini patrimoniali, la sentenza è trasmessa al procuratore generale presso la Corte dei conti, che procede ad accertamenti patrimoniali a carico del condannato.

3. All'articolo 321 del codice di procedura penale, dopo il comma 2 è inserito il seguente:

"2-*bis*. Nel corso del procedimento penale relativo a delitti previsti dal capo I del titolo II del libro secondo del codice penale il giudice dispone il sequestro dei beni di cui è consentita la confisca".

4. I beni immobili confiscati ai sensi degli articoli 322-*ter* e 335-*bis* del codice penale sono acquisiti di diritto e gratuitamente al patrimonio disponibile del comune nel cui territorio si trovano. La sentenza che dispone la confiscacostituisce titolo per la trascrizione nei registri immobiliari.

7 [Responsabilità per danno erariale] (1).

(1) *Articolo abrogato dall'art. 4, comma 1, lett.* g), *dell'allegato 3 al d.lgs. 26 agosto 2016, n. 174 (v.* sub *VI, 17), a decorrere dal 7 ottobre 2016. Il testo era il seguente* « 1. La sentenza irrevocabile di condanna pronunciata nei confronti dei dipendenti indicati nell'articolo 3 per i delitti contro la pubblica amministrazione previsti nel capo I del titolo II del libro secondo del codice penale è comunicata al competente procuratore regionale della Corte dei conti affinché promu va entro trenta giorni l'eventuale procedimento di responsabilità per danno erariale nei confronti del condannato. Resta salvo quanto disposto dall'articolo 129 delle norme di attuazione, di coordinamento e transitorie del codice di procedura penale, approvate con decreto legislativo 28 luglio 1989, n. 271 ». *A norma del comma 2 del medesimo art. 4, quando disposizioni vigenti richiamano le disposizioni abrogate dal suddetto comma 1, il riferimento agli istituti previsti da queste ultime si intende operato ai corrispondenti istituti disciplinati nel codice di giustizia contabile allegato al citato d.lgs. n. 174/2016.*

8 Prevalenza della legge sulle disposizioni contrattuali.

1. Le disposizioni della presente legge prevalgono sulle disposizioni di natura contrattuale regolanti la materia.

2. I contratti collettivi nazionali di lavoro stipulati dopo la data di entrata in vigore della presente legge non possono, in alcun caso, derogare alle disposizioni della presente legge.

9 Estensione dell'articolo 652 del codice di procedura penale al giudizio promosso nell'interesse del danneggiato.

1. Al comma 1 dell'articolo 652 del codice di procedura penale, le parole da: "promosso dal danneggiato" fino alla fine, sono sostituite dalle seguenti: "promosso dal danneggiato o nell'interesse dello stesso, sempre che il danneggiato si sia costituito o sia stato posto in condizione di costituirsi parte civile, salvo che il danneggiato dal reato abbia esercitato l'azione in sede civile a norma dell'articolo 75, comma "2".

10 Disposizioni transitorie.

1. Le disposizioni della presente legge si applicano ai procedimenti penali, ai giudizi civili e amministrativi e ai procedimenti disciplinari in corso alla data di entrata in vigore della legge stessa (1).

2. Ai procedimenti di cui al comma 1 non si applicano le pene accessorie e le sanzioni patrimoniali previste dalla presente legge, ferma restando l'applicazione delle sanzioni previgenti.

3. I procedimenti disciplinari per fatti commessi anteriormente alla data di entrata in vigore della presente legge devono essere instaurati entro centoventi giorni dalla conclusione del procedimento penale con sentenza irrevocabile (2).

(1) *La Corte costituzionale, con sentenza 25 luglio 2002, n. 394, ha dichiarato* l'illegittimità costituzionale *del presente comma, nella parte in cui prevede che gli articoli 1 e 2 della stessa legge si riferiscono anche alle sentenze di applicazione della pena su richiesta pronunciate anteriormente alla sua entrata in vigore.*

(2) *La Corte costituzionale, con sentenza 24 giugno 2004, n. 186, ha dichiarato* l'illegittimità costituzionale *del presente comma, nella parte in cui prevede, per i fatti commessi anteriormente alla data di entrata in vigore di detta legge, l'instaurazione dei procedimenti disciplinari entro centoventi giorni dalla conclusione del procedimento penale con sentenza irrevocabile di condanna, anziché entro il termine di novanta giorni dalla comunicazione della sentenza all'amministrazione o all'ente competente per il procedimento disciplinare.*

11 Entrata in vigore.

1. La presente legge entra in vigore il giorno successivo a quello della sua pubblicazione nella Gazzetta Ufficiale. La presente legge, munita del sigillo dello Stato, sarà inserita nella Raccolta ufficiale degli atti normativi della Repubblica italiana. È fatto obbligo a chiunque spetti di osservarla e di farla osservare come legge dello Stato.

95. Decreto legislativo 30 marzo 2001, n. 165. — Norme generali sull'ordinamento del lavoro alle dipendenze delle amministrazioni pubbliche (1) (2).

Pubblicato nella Gazzetta Ufficiale n. 106 del 9 maggio 2001, S.O.

(1) *Ai sensi dell'art. 22 comma 4 d.lgs. 25 maggio 2017, n. 75, nel presente decreto legislativo le parole* « Ministero della ricerca scientifica », *ovunque ricorrano, sono sostituite dalle seguenti:* « Ministero dell'istruzione, dell'università e della ricerca », *e le parole* « del tesoro, del bilancio e della programmazione economica » *sono sostituite, ovunque ricorrano, dalle seguenti:* « dell'economia e delle finanze ». *V. anche il d.l. 9 giugno 2021 n. 80, conv. in l. 6 agosto 2021, n. 113, sub VIII, 5, (Misure urgenti per il rafforzamento della capacità amministrativa delle pubbliche amministrazioni funzionale all'attuazione del Piano nazionale di ripresa e resilienza (PNRR) e per l'efficienza della giustizia) per le modalità speciali per il reclutamento del personale e il conferimento di incarichi professionali per l'attuazione del PNRR da parte delle amministrazioni pubbliche.*

(2) *V. l'art. 3, commi 10-*bis *e 10-*ter *l. 8 agosto 1995, n. 335, come modificato dall'art. 9, comma 3, lett.* a), *d.l. 30 dicembre 2021, n. 228, conv., con modif., in l. 25 febbraio 2022, n. 15 .*

TITOLO I
Principi generali

1 Finalità ed ambito di applicazione. (Art. 1 del d.ls. n. 29 del 1993, come modificato dall'art. 1 del d.ls. n. 80 del 1998).

1. Le disposizioni del presente decreto disciplinano l'organizzazione degli uffici e i rapporti di lavoro e di impiego alle dipendenze delle amministrazioni pubbliche, tenuto conto delle autonomie locali e di quelle delle regioni e delle province autonome, nel rispetto dell'articolo 97, comma primo, della Costituzione, al fine di:

a) accrescere l'efficienza delle amministrazioni in relazione a quella dei corrispondenti uffici e servizi dei Paesi dell'Unione europea, anche mediante il coordinato sviluppo di sistemi informativi pubblici;

b) razionalizzare il costo del lavoro pubblico, contenendo la spesa complessiva per il personale, diretta e indiretta, entro i vincoli di finanza pubblica;

c) realizzare la migliore utilizzazione delle risorse umane nelle pubbliche amministrazioni, assicurando la formazione e lo sviluppo professionale dei dipendenti, applicando condizioni uniformi rispetto a quelle del lavoro privato, garantendo pari opportunità alle lavoratrici ed ai lavoratori nonché l'assenza di qualunque forma di discriminazione e di violenza morale o psichica (1).

2. Per amministrazioni pubbliche si intendono tutte le amministrazioni dello Stato, ivi compresi gli istituti e scuole di ogni ordine e grado e le istituzioni educative, le aziende ed amministrazioni dello Stato ad ordinamento autonomo, le Regioni, le Province, i Comuni, le Comunità montane, e loro consorzi e associazioni, le istituzioni universitarie, gli Istituti autonomi case popolari, le Camere di commercio, industria, artigianato e agricoltura e loro associazioni, tutti gli enti pubblici non economici nazionali, regionali e locali, le amministrazioni, le aziende e gli enti del Servizio sanitario nazionale, l'Agenzia per la rappresentanza negoziale delle pubbliche amministrazioni (ARAN) e le Agenzie di cui al decreto legislativo 30 luglio 1999, n. 300. Fino alla revisione organica della disciplina di settore, le disposizioni di cui al presente decreto continuano ad applicarsi anche al CONI (2) (3) (4) (5) (6) (7).

3. Le disposizioni del presente decreto costituiscono principi fondamentali ai sensi dell'articolo 117 della Costituzione. Le Regioni a statuto ordinario si attengono ad esse tenendo conto delle peculiarità dei rispettivi ordinamenti. I principi desumibili dall'articolo 2 della legge 23 ottobre 1992, n. 421, e successive modificazioni, e dall'articolo 11, comma 4, della legge 15 marzo 1997, n. 59, e successive modificazioni ed integrazioni, costituiscono altresì, per le Regioni a statuto speciale e per le province autonome di Trento e di Bolzano, norme fondamentali di riforma economico-sociale della Repubblica (8).

(1) *Lettera sostituita dall'art. 21, comma 1, lett.* a), *l. 4 novembre 2010, n. 183.*

(2) *Periodo aggiunto dall'art. 2, comma 2-*quaterdecies, *d.l. 29 dicembre 2010, n. 225, conv., con modif., in l. 26 febbraio 2011, n. 10.*

(3) *Comma modificato dall'art. 1 l. 15 luglio 2002, n. 145.*

(4) *Con riferimento alle misure straordinarie ed urgenti per contrastare l'emergenza epidemiologica da COVID-19, v. dapprima l'art. 103, comma 5, d.l. 17 marzo 2020, n. 18, conv., con modif., in l. 24 aprile 2020, n. 27, il quale ha disposto che i termini dei procedimenti disciplinari del personale delle amministrazioni di cui al presente comma, pendenti alla data del 23 febbraio 2020 o iniziati successivamente a tale data, sono sospesi fino alla data del 15 aprile 2020; successivamente l'art. 37, comma 1, d.l. 8 aprile 2020, n. 23, conv., con modif., in l. 5 giugno 2020, n. 40 ha prorogato il predetto termine al 15 maggio 2020.*

(5) *Ai sensi dell'art. 2, comma 35, l. 22 dicembre 2008, n. 203, dalla data di presentazione del disegno di legge finanziaria decorrono le trattative per il rinnovo dei contratti del personale di cui al presente comma.*

(6) *Ai sensi dell'art. 38-*bis, *comma 1, d.l. 24 aprile 2014, n. 66, conv., con modif., in l. 23 giugno 2014, n. 89, gli atti di cessione dei crediti certi, liquidi ed esigibili nei confronti delle pubbliche amministrazioni di cui al presente comma « per somministrazioni, forniture ed appalti e per obbligazioni relative a prestazioni professionali, alla data del 31 dicembre 2013, nonché le operazioni di ridefinizione dei relativi debiti richieste dalla pubblica amministrazione debitrice e garanzie connesse, sono esenti da imposte, tasse e diritti di qualsiasi tipo ». Tale disposizione non si applica all'imposta sul valore aggiunto. A norma, inoltre, dell'art. 41, comma 1, d.l. n. 66, cit., a decorrere dall'esercizio 2014, alle relazioni ai bilanci consuntivi o di esercizio delle pubbliche amministrazioni, di cui al presente comma, « è allegato un prospetto, sottoscritto dal rappresentante legale e dal responsabile finanziario, attestante l'importo dei pagamenti relativi a transazioni commerciali effettuati dopo la scadenza dei termini previsti dal decreto legislativo 9 ottobre 2002, n. 231, nonché l'indicatore annuale di tempestività dei pagamenti di cui all'articolo 33 del decreto legislativo 14 marzo 2013, n. 33. In caso di superamento dei predetti termini, le medesime relazioni indicano le misure adottate o previste per consentire la tempestiva effettuazione dei pagamenti. L'organo di controllo di regolarità amministrativa e contabile verifica le attestazioni di cui al primo periodo, dandone atto nella propria relazione. Per le Amministrazioni dello Stato, in sede di rendiconto generale, il prospetto di cui al primo periodo è allegato a ciascuno stato di previsione della spesa ».*

(7) *Ai sensi dell'art. 1, comma 2, d.l. 24 giugno 2014, n. 90, conv., con modif., in l. 11 agosto 2014, n. 114, i trattenimenti in servizio disposti dalle amministrazioni pubbliche, di cui al presente comma, e non ancora efficaci alla data di entrata in vigore del suddetto decreto-legge sono revocati.*

(8) *V. l'art. 23, comma 6, d.ls. 5 dicembre 2005, n. 252, l'art. 3, commi 27, 29, 44 e 94 l. 24 dicembre 2007, n. 244.*

2 Fonti. (Art. 2, commi da 1 a 3 del d.ls. n. 29 del 1993, come sostituiti prima dall'art. 2 del d.ls. n. 546 del 1993 e poi dall'art. 2 del d.ls. n. 80 del 1998).

1. Le amministrazioni pubbliche definiscono, secondo principi generali fissati da disposizioni di legge e, sulla base dei medesimi, mediante atti organizzativi secondo i rispettivi ordinamenti, le linee fondamentali di organizzazione degli uffici; individuano gli uffici di maggiore rilevanza e i modi di conferimento della titolarità dei medesimi; determinano le dotazioni organiche complessive. Esse ispirano la loro organizzazione ai seguenti criteri:

a) funzionalità rispetto ai compiti e ai programmi di attività, nel perseguimento degli obiettivi di efficienza, efficacia ed economicità. A tal fine, periodicamente e comunque all'atto della definizione dei programmi operativi e dell'assegnazione delle risorse, si procede a specifica verifica e ad eventuale revisione;

b) ampia flessibilità, garantendo adeguati margini alle determinazioni operative e gestionali da assumersi ai sensi dell'articolo 5, comma 2;

c) collegamento delle attività degli uffici, adeguandosi al dovere di comunicazione interna ed esterna, ed interconnessione mediante sistemi informatici e statistici pubblici;

d) garanzia dell'imparzialità e della trasparenza dell'azione amministrativa, anche attraverso l'istituzione di apposite strutture per l'informazione ai cittadini e attribuzione ad un unico ufficio, per ciascun procedimento, della responsabilità complessiva dello stesso;

e) armonizzazione degli orari di servizio e di apertura degli uffici con le esigenze dell'utenza e con gli orari delle amministrazioni pubbliche dei Paesi dell'Unione europea.

1-*bis*. I criteri di organizzazione di cui al presente articolo sono attuati nel rispetto della disciplina in materia di trattamento dei dati personali (1).

2. I rapporti di lavoro dei dipendenti delle amministrazioni pubbliche sono disciplinati dalle disposizioni del capo I, titolo II, del libro V del codice civile e dalle leggi sui rapporti di lavoro subordinato nell'impresa, fatte salve le diverse disposizioni contenute nel presente decreto, che costituiscono disposizioni a carattere imperativo. Eventuali disposizioni di legge, regolamento o statuto, che introducano o che abbiano introdotto (2) discipline dei rapporti di lavoro la cui applicabilità sia limitata ai dipendenti delle amministrazioni pubbliche, o a categorie di essi, possono essere derogate nelle materie affidate alla contrattazione collettiva ai sensi dell'articolo 40, comma 1, e nel rispetto dei principi stabiliti dal presente decreto, (3) da successivi contratti o accordi collettivi nazionali (4) e, per la parte derogata, non sono ulteriormente applicabili (5) (6).

3. I rapporti individuali di lavoro di cui al comma 2 sono regolati contrattualmente. I contratti collettivi sono stipulati secondo i criteri e le modalità previste nel titolo III del presente decreto; i contratti individuali devono conformarsi ai principi di cui all'articolo 45, comma 2. L'attribuzione di trattamenti economici può avvenire esclusivamente mediante contratti collettivi e salvo i casi previsti dal comma 3-*ter* e 3-*quater* dell'articolo 40 e le ipotesi di tutela delle retribuzioni di cui all'articolo 47-*bis*, o, alle condizioni previste, mediante contratti individuali. Le disposizioni di legge, regolamenti o atti amministrativi che attribuiscono incrementi retributivi non previsti da contratti cessano di avere efficacia a far data dall'entrata in vigore dal relativo rinnovo contrattuale. I trattamenti economici più favorevoli in godimento sono riassorbiti con le modalità e nelle misure previste dai contratti collettivi e i risparmi di spesa che ne conseguono incrementano le risorse disponibili per la contrattazione collettiva (7).

3-*bis*. el caso di nullità delle disposizioni contrattuali per violazione di norme imperative o dei limiti fissati alla contrattazione collettiva, si applicano gli articoli 1339 e 1419, secondo comma, del codice civile (8).

(1) *Comma inserito dall'art. 176, comma 2, d.ls. 30 giugno 2003, n. 196, con effetto a decorrere dal 1° gennaio 2004, come disposto dall'articolo 186, comma 1, del medesimo d.ls.*

(2) *Le parole* « o che abbiano introdotto » *sono state inserite dall'art. 1, comma 1, lett.* a), *d.ls. 25 maggio 2017, n. 75.*

(3) *Le parole da* « nelle materie affidate » *fino a* « dal presente decreto, » *sono state inserite dall'art. 1, comma 1, lett.* b), *d.ls. n. 75, cit.*

(4) *La parola* « nazionali » *è stata inserita dall'art. 1, comma 1, lett.* c), *d.ls. n. 75, cit.*

(5) *Le parole* «, solo qualora ciò sia espressamente previsto dalla legge » *sono state soppresse dall'art. 1, comma 1, lett.* d), *d.ls. n. 75, cit.*

(6) *Comma modificato dall'art. 1, comma 1, l. 4 marzo 2009, n. 15 e dall'art. 33, comma 1, lett.* a), *d.ls. 27 ottobre 2009, n. 150. Ai sensi di quanto disposto dal comma 2 dell'art. 1 l. n. 15, cit., il secondo periodo del presente comma si applica alle disposizioni emanate o adottate successivamente alla data di entrata in vigore della suddetta legge.*

(7) *Comma modificato dall'art. 33, comma 1, lett.* b), *d.ls. n. 150, cit.*

(8) *Comma inserito dall'art. 33, comma 1, lett.* c), *d.ls. n. 150, cit.*

3 Personale in regime di diritto pubblico.

(Art. 2, commi 4 e 5 del d.ls. n. 29 del 1993, come sostituiti dall'art. 2 del d.ls. n. 546 del 1993 e successivamente modificati dall'art. 2, comma 2 del d.ls. n. 80 del 1998) (1).

1. In deroga all'art. 2, commi 2 e 3, rimangono disciplinati dai rispettivi ordinamenti: i magistrati ordinari, amministrativi e contabili, gli avvocati e procuratori dello Stato, il personale militare e delle Forze di polizia di Stato, il personale della carriera diplomatica e della carriera prefettizia, nonché i dipendenti degli enti che svolgono la loro attività nelle materie contemplate dall'articolo 1 del decreto legislativo del Capo provvisorio dello Stato 17 luglio 1947, n. 691, e dalle leggi 4 giugno 1985, n. 281, e successive modificazioni ed integrazioni, e 10 ottobre 1990, n. 287 (2).

1-*bis*. In deroga all'articolo 2, commi 2 e 3, il rapporto di impiego del personale, anche di livello dirigenziale, del Corpo nazionale dei vigili del fuoco, esclusi il personale volontario previsto dal regolamento di cui al decreto del Presidente della Repubblica 2 novembre 2000, n. 362, e il personale volontario di leva, è disciplinato in regime di diritto pubblico secondo autonome disposizioni ordinamentali (3) (2).

1-*ter*. In deroga all'articolo 2, commi 2 e 3, il personale della carriera dirigenziale penitenziaria è disciplinato dal rispettivo ordinamento (4) (2).

2. Il rapporto di impiego dei professori e dei ricercatori universitari, a tempo indeterminato o determinato, (5) resta disciplinato dalle disposizioni rispettivamente vigenti, in attesa della specifica disciplina che la regoli in modo organico ed in conformità ai principi della autonomia universitaria di cui all'articolo 33 della Costituzione ed agli articoli 6 e seguenti della legge 9 maggio 1989, n. 168, e successive modificazioni ed integrazioni, tenuto conto dei principi di cui all'articolo 2, comma 1, della legge 23 ottobre 1992, n. 421 (6).

(1) *Con riferimento alle misure straordinarie ed urgenti per contrastare l'emergenza epidemiologica da COVID-19, v. dapprima l'art. 103, comma 5, d.l. 17 marzo 2020, n. 18, conv., con modif., in l. 24 aprile 2020, n. 27, il quale ha disposto che i termini dei procedimenti disciplinari del personale delle amministrazioni di cui al presente comma, pendenti alla data del 23 febbraio 2020 o iniziati successivamente a tale data, sono sospesi fino alla data del 15 aprile 2020; successivamente l'art. 37, comma 1, d.l. 8 aprile 2020, n. 23, conv., con modif., in l. 5 giugno 2020, n. 40 ha prorogato il predetto termine al 15 maggio 2020.*

(2) *Ai sensi dell'art. 2, comma 35, l. 22 dicembre 2008, n. 203, dalla data di presentazione del disegno di legge finanziaria decorrono le trattative per il rinnovo dei contratti del personale di cui al presente comma.*

(3) *Comma inserito dall'art. 1 l. 30 settembre 2004, n. 252.*

(4) *Comma inserito dall'art. 2 l. 27 luglio 2005, n. 154.*

(5) *Le parole* «, a tempo indeterminato o determinato, » *sono state inserite dall'art. 22, comma 16, d.ls. 25 maggio 2017, n. 75.*

(6) *V. l'art.* 2-septies *d.l. 26 aprile 2005, n. 63, l'art. 1, comma 186, l. 23 dicembre 2005, n. 266, l'art. 1, comma 576, l. 27 dicembre 2006, n. 296, l'art. 3, comma 146, l. 24 dicembre 2007, n. 244 e l'art. 69, comma 1, d.l. 25 giugno 2008, n. 112, conv., con modif., in l. 6 agosto 2008, n. 133.*

4 Indirizzo politico-amministrativo. Funzioni e responsabilità.

(Art. 3 del d.ls. n. 29 del 1993, come sostituito prima dall'art. 2 del d.ls. n. 470 del 1993, poi dall'art. 3 del d.ls. n. 80 del 1998 e successivamente modificato dall'art. 1 del d.ls. n. 387 del 1998).

1. Gli organi di governo esercitano le funzioni di indirizzo politico-amministrativo, definendo gli obiet-

ivi ed i programmi da attuare ed adottando gli altri atti ientranti nello svolgimento di tali funzioni, e verifica-o la rispondenza dei risultati dell'attività amministra-iva e della gestione agli indirizzi impartiti. Ad essi pettano, in particolare:

a) le decisioni in materia di atti normativi e adozione dei relativi atti di indirizzo interpretativo ed pplicativo;

b) la definizione di obiettivi, priorità, piani, pro-rammi e direttive generali per l'azione amministrati-a e per la gestione;

c) la individuazione delle risorse umane, materiali d economico-finanziarie da destinare alle diverse fi-alità e la loro ripartizione tra gli uffici di livello diri-enziale generale;

d) la definizione dei criteri generali in materia di usili finanziari a terzi e di determinazione di tariffe, anoni e analoghi oneri a carico di terzi;

e) le nomine, designazioni ed atti analoghi ad essi ttribuiti da specifiche disposizioni;

f) le richieste di pareri alle autorità amministrative ndipendenti ed al Consiglio di Stato;

g) gli altri atti indicati dal presente decreto.

2. Ai dirigenti spetta l'adozione degli atti e provve-dimenti amministrativi, compresi tutti gli atti che im-pegnano l'amministrazione verso l'esterno, nonché la gestione finanziaria, tecnica e amministrativa median-te autonomi poteri di spesa, di organizzazio ne delle risorse umane, strumentali e di controllo. Essi sono responsabili in via esclusiva dell'attività amministrati-va, della gestione e dei relativi risultati.

3. Le attribuzioni dei dirigenti indicate dal comma 2 possono essere derogate soltanto espressamente e ad opera di specifiche disposizioni legislative.

4. Le amministrazioni pubbliche i cui organi di ver-tice non siano direttamente o indirettamente espres-sione di rappresentanza politica, adeguano i propri ordinamenti al principio della distinzione tra indirizzo e controllo, da un lato, e attuazione e gestione dall'al-tro. A tali amministrazioni è fatto divieto di istituire uffici di diretta collaborazione, posti alle di rette dipen-denze dell'organo di vertice dell'ente (1).

(1) *Comma modificato dall'art. 2, comma 632, l. 24 dicembre 2007, n. 244. V., anche, il comma 633 dello stesso articolo, secondo cui* « *Alla scadenza del rispettivo incarico, i vertici degli uffici di diretta collabora-zione istituiti alla data di entrata in vigore della presente legge presso le amministrazioni di cui all'*articolo 4, comma 4, del decreto legislativo 30 marzo 2001, n. 165, *decadono e il personale appartenente ai ruoli della pubblica amministrazione, compresi i dirigenti, è riassegnato secondo le procedure ordinarie* ».

5 Potere di organizzazione. (Art. 4 del d.ls. n. 29 del 1993, come sostituito prima dall'art. 3 del d.ls. n. 546 del 1993, successivamente modificato dall'art. 9 del d.ls. n. 396 del 1997, e nuovamente sostituito dall'art. 4 del d.ls. n. 80 del 1998).

1. Le amministrazioni pubbliche assumono ogni determinazione organizzativa al fine di assicurare l'attuazione dei principi di cui all'articolo 2, comma 1, e la rispondenza al pubblico interesse dell'azione ammi-nistrativa.

2. Nell'ambito delle leggi e degli atti organizzativi di cui all'articolo 2, comma 1, le determinazioni per l'or-ganizzazione degli uffici e le misure inerenti alla ge-stione dei rapporti di lavoro, nel rispetto del principio di pari opportunità, e in particolare la direzione e l'or-ganizzazione del lavoro nell'ambito degli uffici (1) sono assunte in via esclusiva dagli organi preposti alla ge-stione con la capacità e i poteri del privato datore di lavoro, fatte salve la sola informazione ai sindacati ov-vero le ulteriori forme di partecipazione (2), ove previ-ste nei contratti di cui all'articolo 9 (3) (4).

3. Gli organismi di controllo interno verificano pe-riodicamente la rispondenza delle determinazioni or-ganizzative ai principi indicati all'articolo 2, comma 1, anche al fine di proporre l'adozione di eventuali inter-venti correttivi e di fornire elementi per l'adozione del-le misure previste nei confronti dei responsabili della gestione.

3-*bis*.Le disposizioni del presente articolo si appli-cano anche alle Autorità amministrative indipenden-ti (5).

(1) *Le parole da* « nel rispetto del principio » *a* « nell'ambito degli uffici » *sono state inserite dall'art. 2 comma 1 lett.* a) *d.lgs. 25 maggio 2017, n. 75.*

(2) *Le parole da* « fatte salve la sola » *a* « forme di partecipazio-ne, » *sono state sostituite alle parole* « fatti salvi la sola informazione ai sindacati per le determinazioni relative all'organizzazione degli uffici ovvero, limitatamente alle misure riguardanti i rapporti di lavoro, l'esame congiunto, » *dall'art. 2 comma 1 lett.* b) *d.lgs. 25 maggio 2017, n. 75.*

(3) *Seguiva un ultimo periodo soppresso dall'art. 2 comma 1 lett.* c) *d.lgs. 25 maggio 2017, n. 75. Il testo era il seguente:* « Rientrano, in particolare, nell'esercizio dei poteri dirigenziali le misure inerenti la gestione delle risorse umane nel rispetto del principio di pari oppor-tunità, nonché la direzione, l'organizzazione del lavoro nell'ambito degli uffici ».

(4) *Comma sostituito dall'art. 34, comma 1, lett.* a), *d.lgs. 27 ottobre 2009, n. 150. Il testo previgente era il seguente:* « *Nell'ambito delle leggi e degli atti organizzativi di cui all'articolo 2, comma 1, le determinazioni per l'organizzazione degli uffici e le misure inerenti alla gestione dei rapporti di lavoro sono assunte dagli organi preposti alla gestione con la capacità e i poteri del privato datore di lavoro* ».

(5) *Comma inserito dall'art. 34, comma 1, lett.* b), *d.lgs. n. 150, cit.*

6 Organizzazione degli uffici e fabbisogni di personale. (1) (Art. 6 del d.ls. n. 29 del 1993, come sostituito prima dall'art. 4 del d.ls. n. 546 del 1993 e poi dall'art. 5 del d.ls. n. 80 del 1998 e successivamen-te modificato dall'art. 2 del d.ls. n. 387 del 1998).

1. Le amministrazioni pubbliche definiscono l'orga-nizzazione degli uffici per le finalità indicate all'artico-lo 1, comma 1, adottando, in conformità al piano trien-nale dei fabbisogni di cui al comma 2, gli atti previsti dai rispettivi ordinamenti, previa informazione sinda-cale, ove prevista nei contratti collettivi nazionali (2).

2. Allo scopo di ottimizzare l'impiego delle risorse pubbliche disponibili e perseguire obiettivi di perfor-mance organizzativa, efficienza, economicità e qualità dei servizi ai cittadini, le amministrazioni pubbliche adottano il piano triennale dei fabbisogni di personale, in coerenza con la pianificazione pluriennale delle attività e della performance, nonché con le linee di indirizzo emanate ai sensi dell'articolo 6-*ter*. Qualora siano individuate eccedenze di personale, si applica l'articolo 33. Nell'ambito del piano, le amministrazioni pubbliche curano l'ottimale distribuzione delle risorse umane attraverso la coordinata attuazione dei processi di mobilità e di reclutamento del personale, anche con

riferimento alle unità di cui all'articolo 35, comma 2. Il piano triennale indica le risorse finanziarie destinate all'attuazione del piano, nei limiti delle risorse quantificate sulla base della spesa per il personale in servizio e di quelle connesse alle facoltà assunzionali previste a legislazione vigente (2).

3. In sede di definizione del piano di cui al comma 2, ciascuna amministrazione indica la consistenza della dotazione organica e la sua eventuale rimodulazione in base ai fabbisogni programmati e secondo le linee di indirizzo di cui all'articolo 6-*ter*, nell'ambito del potenziale limite finanziario massimo della medesima e di quanto previsto dall'articolo 2, comma 10-*bis*, del decreto-legge 6 luglio 2012, n. 95, convertito, con modificazioni, dalla legge 7 agosto 2012, n. 135, garantendo la neutralità finanziaria della rimodulazione. Resta fermo che la copertura dei posti vacanti avviene nei limiti delle assunzioni consentite a legislazione vigente (2).

4. Nelle amministrazioni statali, il piano di cui al comma 2, adottato annualmente dall'organo di vertice, è approvato, anche per le finalità di cui all'articolo 35, comma 4, con decreto del Presidente del Consiglio dei ministri o del Ministro delegato, su proposta del Ministro competente, di concerto con il Ministro dell'economia e delle finanze. Per le altre amministrazioni pubbliche il piano triennale dei fabbisogni, adottato annualmente nel rispetto delle previsioni di cui ai commi 2 e 3, è approvato secondo le modalità previste dalla disciplina dei propri ordinamenti. Nell'adozione degli atti di cui al presente comma, è assicurata la preventiva informazione sindacale, ove prevista nei contratti collettivi nazionali (2).

4-*bis*. (3).

5. Per la Presidenza del Consiglio dei ministri, per il Ministero degli affari esteri, nonché per le amministrazioni che esercitano competenze istituzionali in materia di difesa e sicurezza dello Stato, di polizia e di giustizia, sono fatte salve le particolari disposizioni dettate dalle normative di settore. L'articolo 5, comma 3, del decreto legislativo 30 dicembre 1992, n. 503, relativamente al personale appartenente alle Forze di polizia ad ordinamento civile, si interpreta nel senso che al predetto personale non si applica l'articolo 16 dello stesso decreto. Restano salve le disposizioni vigenti per la determinazione delle dotazioni organiche del personale degli istituti e scuole di ogni ordine e grado e delle istituzioni educative. Le attribuzioni del Ministero dell'università e della ricerca scientifica e tecnologica, relative a tutto il personale tecnico e amministrativo universitario, ivi compresi i dirigenti, sono devolute all'università di appartenenza. Parimenti sono attribuite agli osservatori astronomici, astrofisici e vesuviano tutte le attribuzioni del Ministero dell'università e della ricerca scientifica e tecnologica in materia di personale, ad eccezione di quelle relative al reclutamento del personale di ricerca.

6. Le amministrazioni pubbliche che non provvedono agli adempimenti di cui al presente articolo non possono assumere nuovo personale. (4)(5).

6-*bis*. Sono fatte salve le procedure di reclutamento del personale docente, educativo e amministrativo, tecnico e ausiliario (ATA) delle istituzioni scolastiche ed educative statali, delle istituzioni di alta formazione artistica, musicale e coreutica e delle istituzioni universitarie, nonché degli enti pubblici di ricerca di cui al decreto legislativo 25 novembre 2016, n. 218. Per gli enti del servizio sanitario nazionale sono fatte salve le particolari disposizioni dettate dalla normativa di settore (6) (7).

(1) *Rubrica così sostituita dall'art. 4 comma 1 lett.* a) *d.lgs. 25 maggio 2017, n. 75. Il testo della rubrica era il seguente:* « Organizzazione e disciplina degli uffici e dotazioni organiche ». *Ai sensi dell'art. 22 comma 11 d.lgs. n. 75, cit. con riferimento alle disposizioni di cui al presente articolo, come modificate dal suddetto decreto,* « in sede di prima applicazione sono fatte salve le procedure di reclutamento del personale dell'Amministrazione giudiziaria di cui all'articolo 1, commi 2-*bis* e 2-*quater*, del decreto-legge 30 giugno 2016, n. 117, convertito dalla legge 12 agosto 2016, n. 161, e all'articolo 1, comma 372, della legge 11 dicembre 2016, n. 232 ».

(2) *I commi 1, 2, 3 e 4 sono stati così sostituiti dall'art. 4, comma 1, lett.* b) *d.lgs. n. 75, cit.. Il testo previgente era il seguente:* « 1. Nelle amministrazioni pubbliche l'organizzazione e la disciplina degli uffici, nonché la consistenza e la variazione delle dotazioni organiche sono determinate in funzione delle finalità indicate all'articolo 1, comma 1, previa verifica degli effettivifabbisogni e previa informazione, delle organizzazioni sindacali rappresentative ove prevista nei contratti di cui all'articolo 9. Nei casi in cui processi di riorganizzazione degli uffici comportano l'individuazione di esuberi o l'avvio di processi di mobilità, al fine di assicurare obiettività e trasparenza, le pubbliche amministrazioni sono tenute a darne informazione, ai sensi dell'articolo 33, alle organizzazioni sindacali rappresentative del settore interessato e ad avviare con le stesse un esame sui criteri per l'individuazione degli esuberi o sulle modalità per i processi di mobilità. Decorsi trenta giorni dall'avvio dell'esame, in assenza dell'individuazione di criteri e modalità condivisi, la pubblica amministrazione procede alla dichiarazione di esubero e alla messa in mobilità. Nell'individuazione delle dotazioni organiche, le amministrazioni non possono determinare, in presenza di vacanze di organico, situazioni di soprannumerarietà di personale, anche temporanea, nell'ambito dei contingenti relativi alle singole posizioni economiche delle aree funzionali e di livello dirigenziale. Ai fini della mobilità collettiva le amministrazioni effettuano annualmente rilevazioni delle eccedenze di personale su base territoriale per categoria o area, qualifica e profilo professionale. Le amministrazioni pubbliche curano l'ottimale distribuzione delle risorse umane attraverso la coordinata attuazione dei processi di mobilità e di reclutamento del personale. — 2. Per le amministrazioni dello Stato, anche ad ordinamento autonomo, si applica l'articolo 17, comma 4-*bis*, della legge 23 agosto 1988, n. 400. La distribuzione del personale dei diversi livelli o qualifiche previsti dalla dotazione organica può essere modificata con decreto del Presidente del Consiglio dei ministri, su proposta del ministro competente di concerto con il Ministro dell'economia e delle finanze, ove comporti riduzioni di spesa o comunque non incrementi la spesa complessiva riferita al personale effettivamente in servizio al 31 dicembre dell'anno precedente. — 3. Per la ridefinizione degli uffici e delle dotazioni organiche si procede periodicamente e comunque a scadenza triennale, nonché ove risulti necessario a seguito di riordino, fusione, trasformazione o trasferimento di funzioni. Ogni amministrazione procede adottando gli atti previsti dal proprio ordinamento. — 4. Le variazioni delle dotazioni organiche già determinate sono approvate dall'organo di vertice delle amministrazioni in coerenza con la programmazione triennale del fabbisogno di personale di cui all'articolo 39 della legge 27 dicembre 1997, n. 449, e successive modificazioni ed integrazioni, e con gli strumenti di programmazione economico-finanziaria pluriennale. Per le amministrazioni dello Stato, la programmazione triennale del fabbisogno di personale è deliberata dal Consiglio dei ministri e le variazioni delle dotazioni organiche sono determinate ai sensi dell'articolo 17, comma 4-*bis*, della legge 23 agosto 1988, n. 400 ».

(3) *Comma abrogato dall'art. 4 comma 1 lett.* c) *d.lgs.25 maggio 2017, n. 75. Il testo previgente, come aggiunto dall'art. 35 d.ls. 27 ottobre 2009, n. 150, era il seguente:* « 4-*bis*. Il documento di programmazione triennale del fabbisogno di personale ed i suoi aggiornamenti di cui al comma 4 sono elaborati su proposta dei competenti dirigenti che individuano i profili professionali necessari allo svolgimento dei compiti istituzionali delle strutture cui sono preposti ».

(4) *Comma così sostituito dall'art. 4 comma 1 lett.* d) *d.lgs.25 maggio 2017, n. 75. Il testo previgente era il seguente:* « 6. Le amministrazioni pubbliche che non provvedono agli adempimenti di cui al presente articolo non possono assumere nuovo personale, compreso quello appartenente alle categorie protette ».

(5) *In deroga a tale comma, v. l'art. 1, comma 328, l. 27 dicembre 2019, n. 160 (legge di bilancio 2020) secondo cui: « Al fine di rafforzare lo svolgimento dell'attività a completamento dell'avvio del Centro di valutazione e certificazione nazionale (CVCN) delle funzioni aggiuntive attribuite al Ministero dello sviluppo economico in materia di laboratorio di certificazione, di normativa tecnica e vigilanza sulla sicurezza dei prodotti e dei processi produttivi, di crisi di impresa, di amministrazioni straordinarie, di contenzioso e arbitrati internazionali in materia di energia, di vigilanza e controllo del corretto uso delle frequenze, il Ministero dello sviluppo economico è autorizzato a bandire concorsi pubblici e, conseguentemente, ad assumere a tempo indeterminato, in aggiunta alle settantasette unità già autorizzate ai sensi dell'art. 2, comma 1, del decreto-legge 21 settembre 2019, n. 105, convertito, con modificazioni, dalla legge 18 novembre 2019, n. 133, e in deroga all'articolo 6, commi 1, 2, 3, 4 e 6, e all'articolo 34-*bis *del decreto legislativo 30 marzo 2001, n. 165, all'articolo 4, comma 3, del decreto-legge 31 agosto 2013 n. 101, convertito, con modificazioni, dalla legge 30 ottobre 2013, n. 125, nonché ai limiti di cui all'articolo 66 del decreto-legge 25 giugno 2008, n. 112, convertito, con modificazioni, dalla legge 6 agosto 2008, n. 133, con conseguente incremento della vigente dotazione organica nel limite delle unità eccedenti, in aggiunta alle ordinarie facoltà assunzionali, trecentonove unità di personale da inquadrare nella III area del personale non dirigenziale, posizione economica F1, e trecentodiciotto unità di personale da inquadrare nella II area del personale non dirigenziale, posizione economica F1, con professionalità pertinenti alle funzioni di cui al presente comma. A tal fine, è autorizzata la spesa di euro 3.788.477 per l'anno 2020, di euro 11.365.430 per l'anno 2021, di euro 18.942.383 per l'anno 2022 e di euro 22.730.859 a decorrere dall'anno 2023 ».*

(6) *Comma aggiunto dall'art. 4, comma 1, lett.* e) *d.lgs. 25 maggio 2017, n. 75.*

(7) *Ai sensi dell'art. 17, comma 1-*bis, *d.l. 30 dicembre 2019, n. 162, come modificato in sede di conversione dalla l. 28 febbraio 2020, n. 8: « Per l'attuazione del piano triennale dei fabbisogni di personale di cui all'articolo 6 del decreto legislativo 30 marzo 2001, n. 165, gli enti locali possono procedere allo scorrimento delle graduatorie ancora valide per la copertura dei posti previsti nel medesimo piano, anche in deroga a quanto stabilito dal comma 4 dell'articolo 91 del testo unico delle leggi sull'ordinamento degli enti locali, di cui al decreto legislativo 18 agosto 2000, n. 267 ».*

6-*bis* Misure in materia di organizzazione e razionalizzazione della spesa per il funzionamento delle pubbliche amministrazioni (1).

1. Le pubbliche amministrazioni di cui all'articolo 1, comma 2, nonché gli enti finanziati direttamente o indirettamente a carico del bilancio dello Stato sono autorizzati, nel rispetto dei princìpi di concorrenza e di trasparenza, ad acquistare sul mercato i servizi, originariamente prodotti al proprio interno, a condizione di ottenere conseguenti economie di gestione e di adottare le necessarie misure in materia di personale [e di dotazione organica] (2).

2.Le amministrazioni interessate dai processi di cui al presente articolo provvedono al congelamento dei posti e alla temporanea riduzione dei fondi della contrattazione in misura corrispondente, fermi restando i processi di riallocazione e di mobilità del personale (3).

3. I collegi dei revisori dei conti e gli organi di controllo interno delle amministrazioni che attivano i processi di cui al comma 1 vigilano sull'applicazione del presente articolo, dando evidenza, nei propri verbali, dei risparmi derivanti dall'adozione dei provvedimenti in materia di organizzazione e di personale, anche ai fini della valutazione del personale con incarico dirigenziale di cui all'articolo 5 del decreto legislativo 30 luglio 1999, n. 286.

(1) *Articolo inserito dall'art. 22, comma 1, l. 18 giugno 2009, n. 69.*

(2) *Le parole* « e di dotazione organica » *sono state soppresse dall'art. 4, comma 2, lett.* a) *d.lgs. 25 maggio 2017, n. 75.*

(3) *Comma così sostituito dall'art. 4, comma 2, lett.* b) *d.lgs. 25 maggio 2017, n. 75. Il testo previgente era il seguente:* « 2. Relativamente alla spesa per il personale e alle dotazioni organiche, le amministrazioni interessate dai processi di cui al presente articolo provvedono al congelamento dei posti e alla temporanea riduzione dei fondi della contrattazione, fermi restando i conseguenti processi di riduzione e di rideterminazione delle dotazioni organiche nel rispetto dell'articolo 6 nonché i conseguenti processi di riallocazione e di mobilità del personale ».

6-*ter* Linee di indirizzo per la pianificazione dei fabbisogni di personale (1) (2).

1. Con decreti di natura non regolamentare adottati dal Ministro per la semplificazione e la pubblica amministrazione di concerto con il Ministro dell'economia e delle finanze, sono definite, nel rispetto degli equilibri di finanza pubblica, linee di indirizzo per orientare le amministrazioni pubbliche nella predisposizione dei rispettivi piani dei fabbisogni di personale ai sensi dell'articolo 6, comma 2, anche con riferimento a fabbisogni prioritari o emergenti di nuove figure e competenze professionali.

2. Le linee di indirizzo di cui al comma 1 sono definite anche sulla base delle informazioni rese disponibili dal sistema informativo del personale del Ministero dell'economia e delle finanze - Dipartimento della Ragioneria generale dello Stato, di cui all'articolo 60.

3. Con riguardo alle regioni, agli enti regionali, al sistema sanitario nazionale e agli enti locali, i decreti di cui al comma 1 sono adottati previa intesa in sede di Conferenza unificata di cui all'articolo 8, comma 6, della legge 5 giugno 2003, n. 131. Con riguardo alle aziende e agli enti del Servizio sanitario nazionale, i decreti di cui al comma 1 sono adottati di concerto anche con il Ministro della salute.

4. Le modalità di acquisizione dei dati del personale di cui all'articolo 60 sono a tal fine implementate per consentire l'acquisizione delle informazioni riguardanti le professioni e relative competenze professionali, nonché i dati correlati ai fabbisogni.

5. Ciascuna amministrazione pubblica comunica secondo le modalità definite dall'articolo 60 le predette informazioni e i relativi aggiornamenti annuali che vengono resi tempestivamente disponibili al Dipartimento della funzione pubblica. La comunicazione dei contenuti dei piani è effettuata entro trenta giorni dalla loro adozione e, in assenza di tale comunicazione, è fatto divieto alle amministrazioni di procedere alle assunzioni.

6. Qualora, sulla base del monitoraggio effettuato dal Ministero dell'economia e delle finanze di intesa con il Dipartimento della funzione pubblica attraverso il sistema informativo di cui al comma 2, con riferimento alle amministrazioni dello Stato, si rilevino incrementi di spesa correlati alle politiche assunzionali tali da compromettere gli obiettivi e gli equilibri di finanza pubblica, il Ministro per la semplificazione e la pubblica amministrazione, con decreto di natura non regolamentare, di concerto con il Ministro dell'economia e delle finanze, adotta le necessarie misure correttive delle linee di indirizzo di cui al comma 1. Con riguardo alle regioni, agli enti regionali, al sistema sanitario nazionale ed agli enti locali, le misure correttive sono adottate con le modalità di cui al comma 3.

(1) *Articolo inserito dall'art. 4 comma 3 d.lgs. 25 maggio 2017, n. 75.*

(2) *V. l'art. 22, comma 1, d.lgs. 25 maggio 2017, n. 75:* « Le linee di indirizzo per la pianificazione di personale di cui all'articolo 6-*ter* del decreto legislativo n. 165 del 2001, come introdotte dall'articolo 4, sono adottate entro novanta giorni dalla data di entrata in vigore del presente decreto. In sede di prima applicazione, il divieto di cui all'articolo 6, comma 6, del decreto legislativo n. 165 del 2001, come modificato dal presente decreto, si applica a decorrere dal 30 marzo 2018 e comunque solo decorso il termine di sessanta giorni dalla pubblicazione delle linee di indirizzo di cui al primo periodo ».

7 Gestione delle risorse umane. (Art. 7 del d.ls. n. 29 del 1993, come sostituito prima dall'art. 5 del d.ls. n. 546 del 1993 e poi modificato dall'art. 3 del d.ls. n. 387 del 1998).

1. Le pubbliche amministrazioni garantiscono parità e pari opportunità tra uomini e donne e l'assenza di ogni forma di discriminazione, diretta e indiretta, relativa al genere, all'età, all'orientamento sessuale, alla razza, all'origine etnica, alla disabilità, alla religione o alla lingua, nell'accesso al lavoro, nel trattamento e nelle condizioni di lavoro, nella formazione professionale, nelle promozioni e nella sicurezza sul lavoro. Le pubbliche amministrazioni garantiscono altresì un ambiente di lavoro improntato al benessere organizzativo e si impegnano a rilevare, contrastare ed eliminare ogni forma di violenza morale o psichica al proprio interno (1).

2. Le amministrazioni pubbliche garantiscono la libertà di insegnamento e l'autonomia professionale nello svolgimento dell'attività didattica, scientifica e di ricerca.

3. Le amministrazioni pubbliche individuano criteri certi di priorità nell'impiego flessibile del personale, purché compatibile con l'organizzazione degli uffici e del lavoro, a favore dei dipendenti in situazioni di svantaggio personale, sociale e familiare e dei dipendenti impegnati in attività di volontariato ai sensi della legge 11 agosto 1991, n. 266.

4. Le amministrazioni pubbliche curano la formazione e l'aggiornamento del personale, ivi compreso quello con qualifiche dirigenziali, garantendo altresì l'adeguamento dei programmi formativi, al fine di contribuire allo sviluppo della cultura di genere della pubblica amministrazione.

5. Le amministrazioni pubbliche non possono erogare trattamenti economici accessori che non ccorrispondano alle prestazioni effettivamente rese.

5-*bis*. È fatto divieto alle amministrazioni pubbliche di stipulare contratti di collaborazione che si concretano in prestazioni di lavoro esclusivamente personali, continuative e le cui modalità di esecuzione siano organizzate dal committente anche con riferimento ai tempi e al luogo di lavoro. I contratti posti in essere in violazione del presente comma sono nulli e determinano responsabilità erariale. I dirigenti che operano in violazione delle disposizioni del presente comma sono, altresì, responsabili ai sensi dell'articolo 21 e ad essi non può essere erogata la retribuzione di risultato. Resta fermo che la disposizione di cui all'articolo 2, comma 1, del decreto legislativo 15 giugno 2015, n. 81, non si applica alle pubbliche amministrazioni (2).

6. Fermo restando quanto previsto dal comma 5-*bis*, per specifiche esigenze (3) cui non possono far fronte con personale in servizio, le amministrazioni pubbliche possono conferire incarichi esclusivamente (4) individuali, con contratti di lavoro autonomo, [di natura occasionale o coordinata e continuativa,] (5) ad esperti di particolare e comprovata specializzazione anche universitaria, in presenza dei seguenti presupposti di legittimità:

a) l'oggetto della prestazione deve corrispondere alle competenze attribuite dall'ordinamento all'amministrazione conferente, ad obiettivi e progetti specifici e determinati e deve risultare coerente con le esigenze di funzionalità dell'amministrazione conferente;

b) l'amministrazione deve avere preliminarmente accertato l'impossibilità oggettiva di utilizzare le risorse umane disponibili al suo interno;

c) la prestazione deve essere di natura temporanea e altamente qualificata; non è ammesso il rinnovo; l'eventuale proroga dell'incarico originario è consentita, in via eccezionale, al solo fine di completare il progetto e per ritardi non imputabili al collaboratore, ferma restando la misura del compenso pattuito in sede di affidamento dell'incarico (6);

d) devono essere preventivamente determinati durata, [luogo,] (7) oggetto e compenso della collaborazione.

Si prescinde dal requisito della comprovata specializzazione universitaria in caso di stipulazione di contratti di collaborazione [di natura occasionale o coordinata e continuativa] (5) per attività che debbano essere svolte da professionisti iscritti in ordini o albi o con soggetti che operino nel campo dell'arte, dello spettacolo, dei mestieri artigianali o dell'attività informatica nonché a supporto dell'attività didattica e di ricerca, per i servizi di orientamento, compreso il collocamento, e di certificazione dei contratti di lavoro di cui al decreto legislativo 10 settembre 2003, n. 276, purché senza nuovi o maggiori oneri a carico della finanza pubblica, ferma restando la necessità di accertare la maturata esperienza nel settore.

Il ricorso ai contratti di cui al presente comma per lo svolgimento di funzioni ordinarie o l'utilizzo dei soggetti incaricati ai sensi del medesimo comma come lavoratori subordinati (8) è causa di responsabilità amministrativa per il dirigente che ha stipulato i contratti. Il secondo periodo dell'articolo 1, comma 9, del decreto-legge 12 luglio 2004, n. 168 convertito, con modificazioni, dalla legge 30 luglio 2004, n. 191, è soppresso. Si applicano le disposizioni previste dall'articolo 36, comma 3, del presente decreto e, in caso di violazione delle disposizioni di cui al presente comma, fermo restando il divieto di costituzione di rapporti di lavoro a tempo indeterminato, si applica quanto previsto dal citato articolo 36, comma 5-*quater* (9) (10).

6-*bis*. Le amministrazioni pubbliche disciplinano e rendono pubbliche, secondo i propri ordinamenti, procedure comparative per il conferimento degli incarichi di collaborazione (11).

6-*ter*. I regolamenti di cui all'articolo 110, comma 6, del testo unico di cui al decreto legislativo 18 agosto 2000, n. 267, si adeguano ai principi di cui al comma 6 (11).

6-*quater*. Le disposizioni di cui ai commi 6, 6-*bis* e 6-*ter* non si applicano ai componenti degli organismi indipendenti di valutazione di cui all'articolo 14 del decreto legislativo 27 ottobre 2009, n. 150 (12) e dei nuclei di valutazione, nonché degli organismi operanti per le finalità di cui all'articolo 1, comma 5, della legge 17 maggio 1999, n. 144 (13) (14).

6-*quinquies*. Rimangono ferme le speciali disposizioni previste per gli enti pubblici di ricerca dall'articolo 14 del decreto legislativo 25 novembre 2016, n. 218 (15).

(1) *Comma da ultimo sostituito dall'art. 21, comma 1, lett.* b) *l. 4 novembre 2010, n. 183. Il testo previgente era il seguente:* « Le amministrazioni pubbliche garantiscono parità e pari opportunità tra uomini e donne per l'accesso al lavoro ed il trattamento sul lavoro ».

(2) *Comma inserito dall'art. 5 comma 1 lett.* a) *d.lgs. 25 maggio 2017, n. 75. Ai sensi dell'art. 22 comma 8 d.lgs. 25 maggio 2017, n. 75, come modificato dall'art. 1 comma 1131, lett. f), l. 30 dicembre 2018, n. 145, il divieto di cui al presente comma si applica a decorrere dal 1° luglio 2019. V. l'art. 1, comma 284, l. 27 dicembre 2019, n. 160 secondo cui: « Per le esigenze didattiche derivanti dalla* legge 21 dicembre 1999, n. 508, *cui non si possa far fronte con il personale di ruolo o con contratto a tempo determinato nell'ambito delle dotazioni organiche, le istituzioni di cui all'*articolo 2, comma 1, della predetta legge *provvedono, con oneri a carico del proprio bilancio, in deroga a quanto disposto dall'*articolo 7, comma 5-*bis*, del decreto legislativo 30 marzo 2001, n. 165, *mediante l'attribuzione di incarichi di insegnamento della durata di un anno accademico e rinnovabili annualmente per un periodo massimo di tre anni, anche ove temporaneamente conferiti a personale incluso nelle graduatorie nazionali ».*

(3) *Le parole* « Fermo restando quanto previsto dal comma 5-*bis*, per specifiche esigenze » *sono state sostituite alle parole* « Per esigenze » *dall'art. 5 comma 1 lett.* b) *n. 1 d.lgs. 25 maggio 2017, n. 75.*

(4) *La parola* « esclusivamente » *è stata inserita dall'art. 5 comma 1 lett.* b) *n. 1 d.lgs. 25 maggio 2017, n. 75.*

(5) *Parole soppresse dall'art. 5 comma 1 lett.* b) *n. 1 d.lgs. 25 maggio 2017, n. 75..*

(6) *Lettera modificata dall'art. 1, comma 147, l. 24 dicembre 2012, n. 228.*

(7) *La parola* « luogo, » *è stata soppressa dall'art. 5 comma 1 lett.* b) *n. 2 d.lgs. 25 maggio 2017, n. 75.*

(8) *Le parole da* « Il ricorso ai contratti » *a* « come lavoratori subordinati » *sono state sostituite alle parole* « Il ricorso a contratti di collaborazione coordinata e continuativa per lo svolgimento di funzioni ordinarie o l'utilizzo dei collaboratori come lavoratori subordinati » *dall'art. 5 comma 1 lett.* b) *n. 4 d.lgs. 25 maggio 2017, n. 75.*

(9) *Comma sostituito dall'art. 32 d.l. 4 luglio 2006, n. 223, successivamente modificato dall'art. 3, comma 76, l. 24 dicembre 2007, n. 244, nuovamente sostituito dall'art. 46, comma 1, d.l. 25 giugno 2008, n. 112, modificato dall'art. 22, comma 2, lettera* a), *l. 18 giugno 2009, n. 69, dall'art. 17, comma 27, d.l. 1° luglio 2009, n. 78 e dall'articolo 4, comma 2, d.l. 31 agosto 2013, n. 101, conv., con modif., in l. 30 ottobre 2013, n. 125.*

(10) *A norma dall'art. 35, comma 1, d.l. 30 dicembre 2008, n. 207, limitatamente agli enti di ricerca, le disposizioni di cui al presente comma, non si applicano fino al 30 giugno 2009.*

(11) *Comma inserito dall'art. 32 d.l. 4 luglio 2006, n. 223, conv., con modif., in l. 4 agosto 2006, n. 248.*

(12) *Le parole* « indipendenti di valutazione di cui all'articolo 14 del decreto legislativo 27 ottobre 2009, n. 150 » *sono state sostituite alle parole* « di controllo interno » *dall'art. 5 comma 1 lett.* c) *d.lgs. 25 maggio 2017, n. 75.*

(13) *Comma aggiunto dall'art. 3, comma 77, l. 24 dicembre 2007, n. 244.*

(14) *V. deroga di cui all'art. 1, comma 11 d.l. 4 novembre 2009, n. 152 conv., con modif., in l. 29 dicembre 2009, n. 197.*

(15) *Comma inserito dall'art. 5 comma 1 lett.* d) *d.lgs. 25 maggio 2017, n. 75.*

7-*bis* Fomazione del personale (1).

(1) *Articolo dapprima inserito dall'art. 4 l. 16 gennaio 2003, n. 3 e successivamente abrogato dall'art. 18 comma 1 lett.* a) *d.P.R. 16 aprile 2013, n. 70, di cui v. ora le corrispondenti disposizioni. Il testo dell'articolo era il seguente:* « 1.Le amministrazioni di cui all'articolo 1, comma 2, con esclusione delle università e degli enti di ricerca, nell'ambito delle attività di gestione delle risorse umane e finanziarie, predispongono annualmente un piano di formazione del personale, compreso quello in posizione di comando o fuori ruolo, tenendo conto dei fabbisogni rilevati, delle competenze necessarie in relazione agli obiettivi, nonché della programmazione delle assunzioni e delle innovazioni normative e tecnologiche. Il piano di formazione indica gli obiettivi e le risorse finanziarie necessarie, nei limiti di quelle, a tale scopo, disponibili, prevedendo l'impiego delle risorse interne, di quelle statali e comunitarie, nonché le metodologie formative da adottare in riferimento ai diversi destinatari. – 2. Le amministrazioni dello Stato, anche ad ordinamento autonomo, nonché gli enti pubblici non economici, predispongono entro il 30 gennaio di ogni anno il piano di formazione del personale e lo trasmettono, a fini informativi, alla Presidenza del Consiglio dei ministri - Dipartimento della funzione pubblica e al Ministero dell'economia e delle finanze. Decorso tale termine e, comunque, non oltre il 30 settembre, ulteriori interventi in materia di formazione del personale, dettati da esigenze sopravvenute o straordinarie, devono essere specificamente comunicati alla Presidenza del Consiglio dei ministri - Dipartimento della funzione pubblica e al Ministero dell'economia e delle finanze indicando gli obiettivi e le risorse utilizzabili, interne, statali o comunitarie. Ai predetti interventi formativi si dà corso qualora, entro un mese dalla comunicazione, non intervenga il diniego della Presidenza del Consiglio dei ministri - Dipartimento della funzione pubblica, di concerto con il Ministero dell'economia e delle finanze. Il Dipartimento della funzione pubblica assicura il raccordo con il Dipartimento per l'innovazione e le tecnologie relativamente agli interventi di formazione connessi all'uso delle tecnologie dell'informazione e della comunicazione ».

8 Costo del lavoro, risorse finanziarie e controlli. (Art. 9 del d.ls. n. 29 del 1993).

1. Le amministrazioni pubbliche adottano tutte le misure affinché la spesa per il proprio personale sia evidente, certa e prevedibile nella evoluzione. Le risorse finanziarie destinate a tale spesa sono determinate in base alle compatibilità economico-finanziaria definite nei documenti di programmazione e di bilancio.

2. L'incremento del costo del lavoro negli enti pubblici economici e nelle aziende pubbliche che producono servizi di pubblica utilità, nonché negli enti di cui all'articolo 70, comma 4, è soggetto a limiti compatibili con gli obiettivi e i vincoli di finanza pubblica.

9 Partecipazione sindacale (1).

1. Fermo restando quanto previsto dall'articolo 5, comma 2, i contratti collettivi nazionali disciplinano le modalità e gli istituti della partecipazione.

(1) *Articolo sostituito dall'art. 36, comma 1, d.lgs. 27 ottobre 2009, n. 150.*

TITOLO II
Organizzazione

CAPO I
Relazioni con il pubblico

10 Trasparenza delle amministrazioni pubbliche. (Art. 11 del d.ls. n. 29 del 1993, come modificato dall'art. 43, comma 9 del d.ls. n. 80 del 1998).

1. L'organismo di cui all'articolo 2, comma 1, lettera *mm*), della legge 23 ottobre 1992, n. 421, ai fini della trasparenza e rapidità del procedimento, definisce, ai sensi dell'articolo 2, comma 1, lettera *c*), i modelli e sistemi informativi utili alla interconnessione tra le amministrazioni pubbliche.

2. La Presidenza del Consiglio dei ministri - Dipartimento della funzione pubblica ed i comitati metropolitani di cui all'articolo 18 del decreto-legge 24 novembre 1990, n. 344, convertito, con modificazioni, dalla

legge 23 gennaio 1991, n. 21, promuovono, utilizzando il personale degli uffici di cui all'articolo 11, la costituzione di servizi di accesso polifunzionale alle amministrazioni pubbliche nell'ambito dei progetti finalizzati di cui all'articolo 26 della legge 11 marzo 1988, n. 67, e successive modificazioni ed integrazioni.

11 Ufficio relazioni con il pubblico. (Art. 12, commi da 1 a 5-*ter* del d.ls. n. 29 del 1993, come sostituiti dall'art. 7 del d.ls. n. 546 del 1993 e successivamente modificati dall'art. 3 del decreto legge n. 163 del 1995, convertito con modificazioni dalla legge n. 273 del 1995).

1. Le amministrazioni pubbliche, al fine di garantire la piena attuazione della legge 7 agosto 1990, n. 241, e successive modificazioni ed integrazioni, individuano, nell'ambito della propria struttura uffici per le relazioni con il pubblico.

2. Gli uffici per le relazioni con il pubblico provvedono, anche mediante l'utilizzo di tecnologie informatiche:

a) al servizio all'utenza per i diritti di partecipazione di cui al capo III della legge 7 agosto 1990, n. 241, e successive modificazioni ed integrazioni;

b) all'informazione all'utenza relativa agli atti e allo stato dei procedimenti;

c) alla ricerca ed analisi finalizzate alla formulazione di proposte alla propria amministrazione sugli aspetti organizzativi e logistici del rapporto con l'utenza.

3. Agli uffici per le relazioni con il pubblico viene assegnato, nell'ambito delle attuali dotazioni organiche delle singole amministrazioni, personale con idonea qualificazione e con elevata capacità di avere contatti con il pubblico, eventualmente assicurato da apposita formazione.

4. Al fine di assicurare la conoscenza di normative, servizi e strutture, le amministrazioni pubbliche programmano ed attuano iniziative di comunicazione di pubblica utilità; in particolare, le amministrazioni dello Stato, per l'attuazione delle iniziative individuate nell'ambito delle proprie competenze, si avvalgono del Dipartimento per l'informazione e l'editoria della Presidenza del Consiglio dei ministri quale struttura centrale di servizio, secondo un piano annuale di coordinamento del fabbisogno di prodotti e servizi, da sottoporre all'approvazione del Presidente del Consiglio dei ministri.

5. Per le comunicazioni previste dalla legge 7 agosto 1990, n. 241, e successive modificazioni ed integrazioni non si applicano le norme vigenti che dispongono la tassa a carico del destinatario.

6. Il responsabile dell'ufficio per le relazioni con il pubblico e il personale da lui indicato possono promuovere iniziative volte, anche con il supporto delle procedure informatiche, al miglioramento dei servizi per il pubblico, alla semplificazione e all'accelerazione delle procedure e all'incremento delle modalità di accesso informale alle informazioni in possesso dell'amministrazione e ai documenti amministrativi.

7. L'organo di vertice della gestione dell'amministrazione o dell'ente verifica l'efficacia dell'applicazione delle iniziative di cui al comma 6, ai fini dell'inserimento della verifica positiva nel fascicolo personale del dipendente. Tale riconoscimento costituisce titolo autonomamente valutabile in concorsi pubblici e nella progressione di carriera del dipendente. Gli organi di vertice trasmettono le iniziative riconosciute ai sensi del presente comma al Dipartimento della funzione pubblica, ai fini di un'adeguata pubblicizzazione delle stesse. Il Dipartimento annualmente individua le forme di pubblicazione.

12 Uffici per la gestione del contenzioso del lavoro. (Art. 12-*bis* del d.ls. n. 29 del 1993, aggiunto dall'art. 7 del d.ls. n. 80 del 1998).

1. Le amministrazioni pubbliche provvedono, nell'ambito dei rispettivi ordinamenti, ad organizzare la gestione del contenzioso del lavoro, anche creando appositi uffici, in modo da assicurare l'efficace svolgimento di tutte le attività stragiudiziali e giudiziali inerenti alle controversie. Più amministrazioni omogenee o affini possono istituire, mediante convenzione che ne regoli le modalità di costituzione e di funzionamento, un unico ufficio per la gestione di tutto o parte del contenzioso comune.

CAPO II
Dirigenza

SEZIONE I
Qualifiche, uffici dirigenziali ed attribuzioni

13 Amministrazioni destinatarie. (Art. 13 del d.ls. n. 29 del 1993, come sostituito prima dall'art. 3 del d.ls. n. 470 del 1993 e poi dall'art. 8 del d.ls. n. 80 del 1998).

1. Le disposizioni del presente capo si applicano alle amministrazioni dello Stato, anche ad ordinamento autonomo.

14 Indirizzo politico-amministrativo. (Art. 14 del d.ls. n. 29 del 1993, come sostituito prima dall'art. 8 del d.ls. n. 546 del 1993 e poi dall'art. 9 del d.ls. n. 80 del 1998).

1. Il Ministro esercita le funzioni di cui all'articolo 4, comma 1. A tal fine periodicamente, e comunque ogni anno entro dieci giorni dalla pubblicazione della legge di bilancio, anche sulla base delle proposte dei dirigenti di cui all'articolo 16:

a) definisce obiettivi, priorità, piani e programmi da attuare ed emana le conseguenti direttive generali per l'attività amministrativa e per la gestione;

b) effettua, ai fini dell'adempimento dei compiti definiti ai sensi della lettera *a*), l'assegnazione ai dirigenti preposti ai centri di responsabilità delle rispettive amministrazioni delle risorse di cui all'articolo 4, comma 1, lettera *c*), del presente decreto, ivi comprese quelle di cui all'articolo 3 del decreto legislativo 7 agosto 1997, n. 279, e successive modificazioni ed integrazioni, ad esclusione delle risorse necessarie per il funzionamento degli uffici di cui al comma 2; provvede alle variazioni delle assegnazioni con le modalità previste dal medesimo decreto legislativo 7 agosto 1997, n. 279, tenendo altresì conto dei procedimenti e subprocedimenti attribuiti ed adotta gli altri provvedimenti ivi previsti.

2. Per l'esercizio delle funzioni di cui al comma 1 il Ministro si avvale di uffici di diretta collaborazione, aventi esclusive competenze di supporto e di raccordo con l'amministrazione, istituiti e disciplinati con regolamento adottato ai sensi dell'articolo 17, comma 4-*bis*, della legge 23 agosto 1988, n. 400. A tali uffici sono assegnati, nei limiti stabiliti dallo stesso regolamento: dipendenti pubblici anche in posizione di aspettativa, fuori ruolo o comando; collaboratori assunti con contratti a tempo determinato disciplinati dalle norme di diritto privato; esperti e consulenti per particolari professionalità e specializzazioni con incarichi di collaborazione coordinata e continuativa. All'atto del giuramento del Ministro, tutte le assegnazioni di personale, ivi compresi gli incarichi anche di livello dirigenziale e le consulenze e i contratti, anche a termine, conferiti nell'ambito degli uffici di cui al presente comma, decadono automaticamente ove non confermati entro trenta giorni dal giuramento del nuovo Ministro. Per i dipendenti pubblici si applica la disposizione di cui all'articolo 17, comma 14, della legge 15 maggio 1997, n. 127. Con lo stesso regolamento si provvede al riordino delle segreterie particolari dei Sottosegretari di Stato. Con decreto adottato dall'autorità di governo competente, di concerto con il Ministro del tesoro, del bilancio e della programmazione economica, è determinato, in attuazione dell'articolo 12, comma 1, lettera *n*) della legge 15 marzo 1997, n. 59, senza aggravi di spesa e, per il personale disciplinato dai contratti collettivi nazionali di lavoro, fino ad una specifica disciplina contrattuale, il trattamento economico accessorio, da corrispondere mensilmente, a fronte delle responsabilità, degli obblighi di reperibilità e di disponibilità ad orari disagevoli, ai dipendenti assegnati agli uffici dei Ministri e dei Sottosegretari di Stato. Tale trattamento, consistente in un unico emolumento, è sostitutivo dei compensi per il lavoro straordinario, per la produttività collettiva e per la qualità della prestazione individuale. Con effetto dall'entrata in vigore del regolamento di cui al presente comma sono abrogate le norme del regio decreto legge 10 luglio 1924, n. 1100, e successive modificazioni ed integrazioni, ed ogni altra norma riguardante la costituzione e la disciplina dei gabinetti dei Ministri e delle segreterie particolari dei Ministri e dei Sottosegretari di Stato (1) (2).

3. Il Ministro non può revocare, riformare, riservare o avocare a sé o altrimenti adottare provvedimenti o atti di competenza dei dirigenti. In caso di inerzia o ritardo il Ministro può fissare un termine perentorio entro il quale il dirigente deve adottare gli atti o i provvedimenti. Qualora l'inerzia permanga, o in caso di grave inosservanza delle direttive generali da parte del dirigente competente, che determinino pregiudizio per l'interesse pubblico, il Ministro può nominare, salvi i casi di urgenza previa contestazione, un commissario ad acta, dando comunicazione al Presidente del Consiglio dei ministri del relativo provvedimento. Resta salvo quanto previsto dall'articolo 2, comma 3, lett. *p*) della legge 23 agosto 1988, n. 400. Resta altresì salvo quanto previsto dall'articolo 6 del testo unico delle leggi di pubblica sicurezza, approvato con regio decreto 18 giugno 1931, n. 773, e successive modificazioni ed integrazioni, e dall'articolo 10 del relativo regolamento emanato con regio decreto 6 maggio 1940, n. 635. Resta salvo il potere di annullamento ministeriale per motivi di legittimità.

(1) *Comma modificato dall'art. 1, comma 24-*bis*, d.l. 18 maggio 2006, n. 181, conv., con modif., in l. 17 luglio 2006, n. 233 con la decorrenza indicata dal comma 24-*ter* del medesimo art. 1.*

(2) *L'art. 31, comma 2, d.l. 4 luglio 2006, n. 223 conv., con modif., in l. 4 agosto 2006, n. 248, ha disposto che il personale addetto agli uffici preposti all'attività di valutazione e controllo strategico non può superare il numero massimo di unità pari al 10 per cento di quello complessivamente assegnato agli uffici di diretta collaborazione degli organi di indirizzo politico.*

15 **Dirigenti.** (Art. 15 del d.ls. n. 29 del 1993, come sostituito dall'art. 4 d.ls. n. 470 del 1993 e successivamente modificato dall'art. 10 d.ls. n. 80 del 1998; Art. 27 del d.ls. n. 29 del 1993, commi 1 e 3, come sostituiti dall'art. 7 d.ls. n. 470 del 1993).

1. Nelle amministrazioni pubbliche di cui al presente capo, la dirigenza è articolata nelle due fasce dei ruoli di cui all'articolo 23. Restano salve le particolari disposizioni concernenti le carriere diplomatica e prefettizia e le carriere delle Forze di polizia e delle Forze armate. Per le amministrazioni dello Stato, anche ad ordinamento autonomo, è fatto salvo quanto previsto dall'articolo 6 (1).

2. Nelle istituzioni e negli enti di ricerca e sperimentazione nonché negli altri istituti pubblici di cui al sesto comma dell'articolo 33 della Costituzione, le attribuzioni della dirigenza amministrativa non si estendono alla gestione della ricerca e dell'insegnamento.

3. In ciascuna struttura organizzativa non affidata alla direzione del dirigente generale, il dirigente preposto all'ufficio di più elevato livello è sovraordinato al dirigente preposto ad ufficio di livello inferiore.

4. Per le regioni, il dirigente cui sono conferite funzioni di coordinamento è sovraordinato, limitatamente alla durata dell'incarico, al restante personale dirigenziale.

5. Per il Consiglio di Stato e per i tribunali amministrativi regionali, per la Corte dei conti, per il Consiglio nazionale dell'economia e del lavoro e per l'Avvocatura generale dello Stato, le attribuzioni che il presente decreto demanda agli organi di Governo sono di competenza rispettivamente, del Presidente del Consiglio di Stato, del Presidente della Corte dei conti, del Presidente del Consiglio nazionale dell'economia e del lavoro e dell'Avvocato generale dello Stato; le attribuzioni che il presente decreto demanda ai dirigenti preposti ad uffici dirigenziali di livello generale sono di competenza dei segretari generali dei predetti istituti (2).

(1) *Comma modificato dall'art. 3, comma 8, lett.* a), *l. 15 luglio 2002, n. 145.*

(2) *Le* parole «, per il Consiglio nazionale dell'economia e del lavoro » *e le parole* «, del Presidente del Consiglio nazionale dell'economia e del lavoro » *sono state inserite dall'art. 9, comma 7-*bis*, d.l. 6 luglio 2012, n. 95, conv., con modif., in l. 7 agosto 2012, n. 135.*

16 Funzioni dei dirigenti di uffici dirigenziali generali. (Art. 16 del d.ls. n. 29 del 1993, come sostituito prima dall'art. 9 del d.ls. n. 546 del 1993 e poi dall'art. 11 del d.ls. n. 80 del 1998 e successivamente modificato dall'art. 4 del d.ls. n. 387 del 1998).

1. I dirigenti di uffici dirigenziali generali, comunque denominati, nell'ambito di quanto stabilito dall'articolo 4 esercitano, fra gli altri, i seguenti compiti e poteri:

a) formulano proposte ed esprimono pareri al Ministro, nelle materie di sua competenza;

a-bis) propongono le risorse e i profili professionali necessari allo svolgimento dei compiti dell'ufficio cui sono preposti anche al fine dell'elaborazione del documento di programmazione triennale del fabbisogno di personale di cui all'articolo 6, comma 4 (1);

b) curano l'attuazione dei piani, programmi e direttive generali definite dal Ministro e attribuiscono ai dirigenti gli incarichi e la responsabilità di specifici progetti e gestioni; definiscono gli obiettivi che i dirigenti devono perseguire e attribuiscono le conseguenti risorse umane, finanziarie e materiali;

c) adottano gli atti relativi all'organizzazione degli uffici di livello dirigenziale non generale;

d) adottano gli atti e i provvedimenti amministrativi ed esercitano i poteri di spesa e quelli di ac quisizione delle entrate rientranti nella competenza dei propri uffici, salvo quelli delegati ai dirigenti;

d-bis) adottano i provvedimenti previsti dall'articolo 17, comma 2, del decreto legislativo 12 aprile 2006, n. 163, e successive modificazioni (2);

e) dirigono, coordinano e controllano l'attività dei dirigenti e dei responsabili dei procedimenti amministrativi, anche con potere sostitutivo in caso di inerzia, e propongono l'adozione, nei confronti dei dirigenti, delle misure previste dall'articolo 21;

f) promuovono e resistono alle liti ed hanno il potere di conciliare e di transigere, fermo restando quanto disposto dall'articolo 12, comma 1, della legge 3 aprile 1979, n. 103;

g) richiedono direttamente pareri agli organi consultivi dell'amministrazione e rispondono ai rilievi degli organi di controllo sugli atti di competenza;

h) svolgono le attività di organizzazione e gestione del personale e di gestione dei rapporti sindacali e di lavoro;

i) decidono sui ricorsi gerarchici contro gli atti e i provvedimenti amministrativi non definitivi dei dirigenti;

l) curano i rapporti con gli uffici dell'Unione europea e degli organismi internazionali nelle materie di competenza secondo le specifiche direttive dell'organo di direzione politica, sempreché tali rapporti non siano espressamente affidati ad apposito ufficio o organo.

l-bis) concorrono alla definizione di misure idonee a prevenire e contrastare i fenomeni di corruzione e a controllarne il rispetto da parte dei dipendenti dell'ufficio cui sono preposti (1).

l-ter) forniscono le informazioni richieste dal soggetto competente per l'individuazione delle attività nell'ambito delle quali è più elevato il rischio corruzione e formulano specifiche proposte volte alla prevenzione del rischio medesimo (3).

l-quater) provvedono al monitoraggio delle attività nell'ambito delle quali è più elevato il rischio corruzione svolte nell'ufficio a cui sono preposti, disponendo, con provvedimento motivato, la rotazione del personale nei casi di avvio di procedimenti penali o disciplinari per condotte di natura corruttiva (3).

2. I dirigenti di uffici dirigenziali generali riferiscono al Ministro sull'attività da essi svolta correntemente e in tutti i casi in cui il Ministro lo richieda o lo ritenga opportuno.

3. L'esercizio dei compiti e dei poteri di cui al comma 1 può essere conferito anche a dirigenti preposti a strutture organizzative comuni a più amministrazioni pubbliche, ovvero alla attuazione di particolari programmi, progetti e gestioni.

4. Gli atti e i provvedimenti adottati dai dirigenti preposti al vertice dell'amministrazione e dai dirigenti di uffici dirigenziali generali di cui al presente articolo non sono suscettibili di ricorso gerarchico.

5. Gli ordinamenti delle amministrazioni pubbliche al cui vertice è preposto un segretario generale, capo dipartimento o altro dirigente comunque denominato, con funzione di coordinamento di uffici dirigenziali di livello generale, ne definiscono i compiti ed i poteri.

(1) *Lettera inserita dall'art. 38, comma 1, d.lgs. 27 ottobre 2009, n. 150.*

(2) *Lettera inserita dall'art. 8, comma 10, d.l. 31 maggio 2010, n. 78, conv., con modif., in l. 30 luglio 2010, n. 122. Ai sensi del comma 15-*bis *del medesimo art. 8, le presenti disposizioni non si applicano agli enti di cui al d.ls. 30 giugno 1994, n. 509, e al d.ls. 10 febbraio 1996, n. 103.*

(3) *Lettera aggiunta dall'art. 1, comma 24, del d.l. 6 luglio 2012, n. 95.*

17 Funzioni dei dirigenti. (Art. 17 del d.ls. n. 29 del 1993, come sostituito prima dall'art. 10 del d.ls. n. 546 del 1993 e poi dall'art. 12 del d.ls. n. 80 del 1998).

1. I dirigenti, nell'ambito di quanto stabilito dall'articolo 4 esercitano, fra gli altri, i seguenti compiti e poteri:

a) formulano proposte ed esprimono pareri ai dirigenti degli uffici dirigenziali generali;

b) curano l'attuazione dei progetti e delle gestioni ad essi assegnati dai dirigenti degli uffici dirigenziali generali, adottando i relativi atti e provvedimenti amministrativi ed esercitando i poteri di spesa e di acquisizione delle entrate;

c) svolgono tutti gli altri compiti ad essi delegati dai dirigenti degli uffici dirigenziali generali;

d) dirigono, coordinano e controllano l'attività degli uffici che da essi dipendono e dei responsabili dei procedimenti amministrativi, anche con poteri sostitutivi in caso di inerzia;

d-bis) concorrono all'individuazione delle risorse e dei profili professionali necessari allo svolgimento dei compiti dell'ufficio cui sono preposti anche al fine dell'elaborazione del documento di programmazione triennale del fabbisogno di personale di cui all'articolo 6, comma 4 (1);

e) provvedono alla gestione del personale e delle risorse finanziarie e strumentali assegnate ai propri uffici, anche ai sensi di quanto previsto all'articolo 16, comma 1, lettera *l-bis* (2).

e-bis) effettuano la valutazione del personale assegnato ai propri uffici, nel rispetto del principio del merito, ai fini della progressione economica e tra le aree, nonché della corresponsione di indennità e premi incentivanti (3).

1-*bis*. I dirigenti, per specifiche e comprovate ragioni di servizio, possono delegare per un periodo di tempo determinato, con atto scritto e motivato, alcune delle competenze comprese nelle funzioni di cui alle lettere *b*), *d*) ed *e*) del comma 1 a dipendenti che ricoprano le posizioni funzionali più elevate nell'ambito degli uffici ad essi affidati. Non si applica in ogni caso l'articolo 2103 del codice civile (4).

(1) *Lettera inserita dall'art. 39, comma 1, lett.* a), *d.lgs. 27 ottobre 2009, n. 150.*
(2) *Lettera modificata dall'art. 39, comma 1, lett.* b), *d.lgs. n. 150, cit.*
(3) *Lettera inserita dall'art. 39, comma 1, lett.* c), *d.lgs. n. 150, cit.*
(4) *Comma aggiunto dall'art. 2 l. 15 luglio 2002, n. 145.*

17-*bis* Vicedirigenza (1).

[1. La contrattazione collettiva del comparto Ministeri disciplina l'istituzione di un'apposita separata area della vicedirigenza nella quale è ricompreso il personale laureato appartenente alle posizioni C2 e C3, che abbia maturato complessivamente cinque anni di anzianità in dette posizioni o nelle corrispondenti qualifiche VIII e IX del precedente ordinamento. In sede di prima applicazione la disposizione di cui al presente comma si estende al personale non laureato che, in possesso degli altri requisiti richiesti, sia risultato vincitore di procedure concorsuali per l'accesso alla ex carriera direttiva anche speciale. I dirigenti possono delegare ai vice dirigenti parte delle competenze di cui all'articolo 17 (2).

2. La disposizione di cui al comma 1 si applica, ove compatibile, al personale dipendente dalle altre amministrazioni di cui all'articolo 1, comma 2, appartenente a posizioni equivalenti alle posizioni C2 e C3 del comparto Ministeri; l'equivalenza delle posizioni è definita con decreto del Ministro per la funzione pubblica, di concerto con il Ministro dell'economia e delle finanze. Restano salve le competenze delle regioni e degli enti locali secondo quanto stabilito dall'articolo 27.] (3)

(1) *Articolo inserito dall'art. 7, comma 3, l. 15 luglio 2002, n. 145. Per l'interpretazione autentica del presente articolo, v. l'art. 8 l. 4 marzo 2009, n. 15.*
(2) *Comma modificato dall'art. 14-*octies *d.l. 30 giugno 2005, n. 115, conv., con modif., in l. 17 agosto 2005, n. 168.*
(3) *Articolo abrogato dal comma 13 dell'art. 5, d.l. 6 luglio 2012, n. 95, convertito con modificazioni in l.7 agosto 2012, n. 135.*

18 Criteri di rilevazione e analisi dei costi e dei rendimenti. (Art. 18 del d.ls. n. 29 del 1993, come sostituito dall'art. 5 del d.ls. n. 470 del 1993).

1. Sulla base delle indicazioni di cui all'articolo 59 del presente decreto, i dirigenti preposti ad uffici dirigenziali di livello generale adottano misure organizzative idonee a consentire la rilevazione e l'analisi dei costi e dei rendimenti dell'attività amministrativa, della gestione e delle decisioni organizzative.

2. Il Dipartimento della funzione pubblica può chiedere all'Istituto nazionale di statistica - ISTAT l'elaborazione di norme tecniche e criteri per le rilevazioni ed analisi di cui al comma 1 e, al Centro nazionale per l'informatica nella pubblica amministrazione (1), l'elaborazione di procedure informatiche standardizzate allo scopo di evidenziare gli scostamenti dei costi e dei rendimenti rispetto a valori medi e "standards".

(1) *A norma dell'art. 176, comma 6 d.lgs. 30 giugno 2003, n. 196 la precedente denominazione dell'Autorità per l'informatica nella pubblica amministrazione è così sostituita.*

19 Incarichi di funzioni dirigenziali. (Art. 19 del d.ls. n. 29 del 1993, come sostituito prima dall'art. 11 del d.ls. n. 546 del 1993 e poi dall'art. 13 del d.ls. n. 80 del 1998 e successivamente modificato dall'art. 5 del d.ls. n. 387 del 1998).

1. Ai fini del conferimento di ciascun incarico di funzione dirigenziale si tiene conto, in relazione alla natura e alle caratteristiche degli obiettivi prefissati ed alla complessità della struttura interessata, delle attitudini e delle capacità professionali del singolo dirigente, dei risultati conseguiti in precedenza nell'amministrazione di appartenenza e della relativa valutazione, delle specifiche competenze organizzative possedute, nonché delle esperienze di direzione eventualmente maturate all'estero, presso il settore privato o presso altre amministrazioni pubbliche, purché attinenti al conferimento dell'incarico. Al conferimento degli incarichi e al passaggio ad incarichi diversi non si applica l'articolo 2103 del codice civile (1).

1-*bis*. L'amministrazione rende conoscibili, anche mediante pubblicazione di apposito avviso sul sito istituzionale, il numero e la tipologia dei posti di funzione che si rendono disponibili nella dotazione organica ed i criteri di scelta; acquisisce le disponibilità dei dirigenti interessati e le valuta (2).

1-*ter*. Gli incarichi dirigenziali possono essere revocati esclusivamente nei casi e con le modalità di cui all'articolo 21, comma 1, secondo periodo. [L'amministrazione che, in dipendenza dei processi di riorganizzazione ovvero alla scadenza, in assenza di una valutazione negativa, non intende confermare l'incarico conferito al dirigente, è tenuta a darne idonea e motivata comunicazione al dirigente stesso con un preavviso congruo, prospettando i posti disponibili per un nuovo incarico.] (3)

2. Tutti gli incarichi di funzione dirigenziale nelle amministrazioni dello Stato, anche ad ordinamento autonomo, sono conferiti secondo le disposizioni del presente articolo. Con il provvedimento di conferimento dell'incarico, ovvero con separato provvedimento del Presidente del Consiglio dei ministri o del Ministro competente per gli incarichi di cui al comma 3, sono individuati l'oggetto dell'incarico e gli obiettivi da conseguire, con riferimento alle priorità, ai piani e ai programmi definiti dall'organo di vertice nei propri atti di indirizzo e alle eventuali modifiche degli stessi che intervengano nel corso del rapporto, nonché la durata dell'incarico, che deve essere correlata agli obiettivi prefissati e che, comunque, non può essere inferiore a tre anni né eccedere il termine di cinque

anni. La durata dell'incarico può essere inferiore a tre anni se coincide con il conseguimento del limite di età per il collocamento a riposo dell'interessato. Gli incarichi sono rinnovabili. Al provvedimento di conferimento dell'incarico accede un contratto individuale con cui è definito il corrispondente trattamento economico, nel rispetto dei principi definiti dall'articolo 24. È sempre ammessa la risoluzione consensuale del rapporto. In caso di primo conferimento ad un dirigente della seconda fascia di incarichi di uffici dirigenziali generali o di funzioni equiparate, la durata dell'incarico è pari a tre anni. Resta fermo che per i dipendenti statali titolari di incarichi di funzioni dirigenziali ai sensi del presente articolo, ai fini dell'applicazione dell'articolo 43, comma 1, del decreto del Presidente della Repubblica 29 dicembre 1973, n. 1092, e successive modificazioni, l'ultimo stipendio va individuato nell'ultima retribuzione percepita in relazione all'incarico svolto. Nell'ipotesi prevista dal terzo periodo del presente comma, ai fini della liquidazione del trattamento di fine servizio, comunque denominato, nonché dell'applicazione dell'articolo 43, comma 1, del decreto del Presidente della Repubblica 29 dicembre 1973, n. 1092, e successive modificazioni, l'ultimo stipendio va individuato nell'ultima retribuzione percepita prima del conferimento dell'incarico avente durata inferiore a tre anni (4).

3. Gli incarichi di Segretario generale di ministeri, gli incarichi di direzione di strutture articolate al loro interno in uffici dirigenziali generali e quelli di livello equivalente sono conferiti con decreto del Presidente della Repubblica, previa deliberazione del Consiglio dei ministri, su proposta del Ministro competente, a dirigenti della prima fascia dei ruoli di cui all'articolo 23 o, con contratto a tempo determinato, a persone in possesso delle specifiche qualità professionali e nelle percentuali previste dal comma 6 (5).

4. Gli incarichi di funzione dirigenziale di livello generale sono conferiti con decreto del Presidente del Consiglio dei ministri, su proposta del Ministro competente, a dirigenti della prima fascia dei ruoli di cui all'articolo 23 o, in misura non superiore al 70 per cento della relativa dotazione, agli altri dirigenti appartenenti ai medesimi ruoli ovvero, con contratto a tempo determinato, a persone in possesso delle specifiche qualità professionali richieste dal comma 6 (6).

4-*bis*. I criteri di conferimento degli incarichi di funzione dirigenziale di livello generale, conferiti ai sensi del comma 4 del presente articolo, tengono conto delle condizioni di pari opportunità di cui all'articolo 7 (7).

5. Gli incarichi di direzione degli uffici di livello dirigenziale sono conferiti, dal dirigente dell'ufficio di livello dirigenziale generale, ai dirigenti assegnati al suo ufficio ai sensi dell'articolo 4, comma 1, lettera *c*).

5-*bis*. Ferma restando la dotazione effettiva di ciascuna amministrazione, gli incarichi di cui ai commi da 1 a 5 possono essere conferiti, da ciascuna amministrazione, anche a dirigenti non appartenenti ai ruoli di cui all'articolo 23, purché dipendenti delle amministrazioni di cui all'articolo 1, comma 2, ovvero di organi costituzionali, previo collocamento fuori ruolo, aspettativa non retribuita, comando o analogo provvedimento secondo i rispettivi ordinamenti. [Gli incarichi di cui ai commi 1, 2, 4 e 5 possono essere conferiti entro il limite del 15 per cento della dotazione organica dei dirigenti appartenenti alla prima fascia dei ruoli di cui al medesimo articolo 23 e del 10 per cento della dotazione organica di quelli appartenenti alla seconda fascia.] (8) I suddetti limiti percentuali possono essere aumentati, rispettivamente, fino ad un massimo del 25 e del 18 per cento, con contestuale diminuzione delle corrispondenti percentuali fissate dal comma 6 (9) (10).

5-*ter*. I criteri di conferimento degli incarichi di direzione degli uffici di livello dirigenziale, conferiti ai sensi del comma 5 del presente articolo, tengono conto delle condizioni di pari opportunità di cui all'articolo 7 (11).

6. Gli incarichi di cui ai commi da 1 a 5 possono essere conferiti, da ciascuna amministrazione, entro il limite del 10 per cento della dotazione organica dei dirigenti appartenenti alla prima fascia dei ruoli di cui all'articolo 23 e dell'8 per cento della dotazione organica di quelli appartenenti alla seconda fascia, a tempo determinato ai soggetti indicati dal presente comma (12). La durata di tali incarichi, comunque, non può eccedere, per gli incarichi di funzione dirigenziale di cui ai commi 3 e 4, il termine di tre anni, e, per gli altri incarichi di funzione dirigenziale il termine di cinque anni. Tali incarichi sono conferiti, fornendone esplicita motivazione, a persone di particolare e comprovata qualificazione professionale, non rinvenibile nei ruoli dell'Amministrazione, che abbiano svolto attività in organismi ed enti pubblici o privati ovvero aziende pubbliche o private con esperienza acquisita per almeno un quinquennio in funzioni dirigenziali, o che abbiano conseguito una particolare specializzazione professionale, culturale e scientifica desumibile dalla formazione universitaria e postuniversitaria, da pubblicazioni scientifiche e da concrete esperienze di lavoro maturate per almeno un quinquennio, anche presso amministrazioni statali, ivi comprese quelle che conferiscono gli incarichi, in posizioni funzionali previste per l'accesso alla dirigenza, o che provengano dai settori della ricerca, della docenza universitaria, delle magistrature e dei ruoli degli avvocati e procuratori dello Stato. Il trattamento economico può essere integrato da una indennità commisurata alla specifica qualificazione professionale, tenendo conto della temporaneità del rapporto e delle condizioni di mercato relative alle specifiche competenze professionali. Per il periodo di durata dell'incarico, i dipendenti delle pubbliche amministrazioni sono collocati in aspettativa senza assegni, con riconoscimento dell'anzianità di servizio. La formazione universitaria richiesta dal presente comma non può essere inferiore al possesso della laurea specialistica o magistrale ovvero del diploma di laurea conseguito secondo l'ordinamento didattico previgente al regolamento di cui al decreto del Ministro dell'università e della ricerca scientifica e tecnologica 3 novembre 1999, n. 509 (13) (14).

6-*bis*. Fermo restando il contingente complessivo dei dirigenti di prima o seconda fascia il quoziente derivante dall'applicazione delle percentuali previste dai commi 4, 5-*bis* e 6, è arrotondato all'unità inferiore, se il primo decimale è inferiore a cinque, o all'unità superiore, se esso è uguale o superiore a cinque (15).

6-*ter*. Il comma 6 ed il comma 6-*bis* si applicano alle amministrazioni di cui all'articolo 1, comma 2 (15).

6-*quater*. Per gli enti di ricerca di cui all'articolo 8 del regolamento di cui al decreto del Presidente del Consiglio dei ministri 30 dicembre 1993, n. 593, il numero complessivo degli incarichi conferibili ai sensi del comma 6 è elevato rispettivamente al 20 per cento della dotazione organica dei dirigenti appartenenti alla prima fascia e al 30 per cento della dotazione organica dei dirigenti appartenenti alla seconda fascia, a condizione che gli incarichi eccedenti le percentuali di cui al comma 6 siano conferiti a personale in servizio con qualifica di ricercatore o tecnologo previa selezione interna volta ad accertare il possesso di comprovata esperienza pluriennale e specifica professionalità da parte dei soggetti interessati nelle materie oggetto dell'incarico, nell'ambito delle risorse disponibili a legislazione vigente (16).

[7. Gli incarichi di direzione degli uffici dirigenziali di cui ai commi precedenti sono revocati nelle ipotesi di responsabilità dirigenziale per inosservanza delle direttive generali e per i risultati negativi dell'attività amministrativa e della gestione, disciplinate dall'articolo 21, ovvero nel caso di risoluzione consensuale del contratto individuale di cui all'articolo 24, comma 2.] (17)

8. Gli incarichi di funzione dirigenziale di cui al comma 3 [, al comma 5-*bis*, limitatamente al personale non appartenente ai ruoli di cui all'articolo 23, e al comma 6,] cessano decorsi novanta giorni dal voto sulla fiducia al Governo (18).

9. Degli incarichi di cui ai commi 3 e 4 è data comunicazione al Senato della Repubblica ed alla Camera dei deputati, allegando una scheda relativa ai titoli ed alle esperienze professionali dei soggetti prescelti.

10. I dirigenti ai quali non sia affidata la titolarità di uffici dirigenziali svolgono, su richiesta degli organi di vertice delle amministrazioni che ne abbiano interesse, funzioni ispettive, di consulenza, studio e ricerca o altri incarichi specifici previsti dall'ordinamento, ivi compresi quelli presso i collegi di revisione degli enti pubblici in rappresentanza di amministrazioni ministeriali (19).

11. Per la Presidenza del Consiglio dei ministri, per il Ministero degli affari esteri nonché per le amministrazioni che esercitano competenze in materia di difesa e sicurezza dello Stato, di polizia e di giustizia, la ripartizione delle attribuzioni tra livelli dirigenziali differenti è demandata ai rispettivi ordinamenti.

12. Per il personale di cui all'articolo 3, comma 1, il conferimento degli incarichi di funzioni dirigenziali continuerà ad essere regolato secondo i rispettivi ordinamenti di settore. Restano ferme le disposizioni di cui all'articolo 2 della legge 10 agosto 2000, n. 246 (20).

12-*bis*. Le disposizioni del presente articolo costituiscono norme non derogabili dai contratti o accordi collettivi (21).

(1) *Comma sostituito dall'art. 3, comma 1, lett.* a), *l. 15 luglio 2002, n. 145 e successivamente dall'art. 40, comma 1, lett.* a), *d.lgs. 27 ottobre 2009, n. 150.*

(2) *Comma inserito dall'art. 40, comma 1, lett.* b), *d.lgs. 27 ottobre 2009, n. 150.*

(3) *Comma inserito dall'art. 40, comma 1, lett.* b), *d.lgs. 27 ottobre 2009, n. 150 e successivamente modificato dall'art. 9, comma 32, del d.l. 31 maggio 2010, n. 78.*

(4) *Comma sostituito dall'art. 3, comma 1, lett.* b), *l. 15 luglio 2002, n. 145, e successivamente modificato dall'artt. 14-*sexies*, comma 1, d.l. 30 giugno 2005, n. 115, conv., con modif., in l. 17 agosto 2005, n. 168, dall'art. 40, comma 1, lett.* c), *d.ls. 27 ottobre 2009, n. 150 e dall'art. 1, comma 32, d.l. 13 agosto 2011, n. 138, conv., con modif., in l. 14 settembre 2011, n. 148, con riferimento agli incarichi aventi decorrenza successiva al 1° ottobre 2011.*

(5) *Comma modificato dall'art. 3, comma 1, lett.* c), *l. 15 luglio 2002, n. 145 e successivamente dall'art. 40, comma 1, lett.* d), *d.ls. 27 ottobre 2009, n. 150.*

(6) *Comma sostituito dall'art. 3, comma 1, lett.* d), *l. 15 luglio 2002, n. 145, e successivamente modificato dall'art. 3, comma 147, l. 24 dicembre 2003, n. 350.*

In deroga ai limiti percentuali previsti dal comma, v. l'art. 22, comma 4, d.l. 30 dicembre 2019, n. 162, conv., con modif., in l. 28 febbraio 2020, n. 8: « Per le esigenze di cui all'articolo 51, comma 2, lettera b), del decreto-legge 26 ottobre 2019, n. 124, *convertito, con modificazioni, dalla* legge 19 dicembre 2019, n. 157, *il Consiglio di Stato è autorizzato a conferire, nell'ambito della dotazione organica vigente, a persona dotata di alte competenze informatiche, un incarico dirigenziale di livello generale, in deroga ai limiti percentuali previsti dall'*articolo 19, commi 4 e 6, del decreto legislativo 30 marzo 2001, n. 165. *Agli oneri di cui al presente comma si fa fronte nei limiti delle facoltà assunzionali disponibili a legislazione vigente ».*

(7) *Comma inserito dall'art. 3, comma 1, lett.* e), *l. 15 luglio 2002, n. 145.*

(8) *Periodo soppresso dall'art. 3, comma 3-*ter, *d.l. 9 giugno 2021, n. 80, conv., con modif., in l. 6 agosto 2021, n. 113.*

(9) *Comma così sostituito dall'art. 2, comma 8-*ter, *d.l. 31 agosto 2013, n. 101, conv., con modif., in l. 30 ottobre 2013, n. 125. Il testo del comma, come inserito dall'art. 3, comma 1, lett. f), l. n. 145, cit., era il seguente:* « Gli incarichi di cui ai commi da 1 a 5 possono essere conferiti, da ciascuna amministrazione, entro il limite del 10 per cento della dotazione organica dei dirigenti appartenenti alla prima fascia dei ruoli di cui all'articolo 23 e del 5 per cento della dotazione organica di quelli appartenenti alla seconda fascia, anche a dirigenti non appartenenti ai ruoli di cui al medesimo articolo 23, purché dipendenti delle amministrazioni di cui all'articolo 1, comma 2, ovvero di organi costituzionali, previo collocamento fuori ruolo, comando o analogo provvedimento secondo i rispettivi ordinamenti ». *V. le disposizioni di cui all'art. 1, comma 10-*bis, *d.l. 18 maggio 2006, n. 181, conv., con modif., in l. 17 luglio 2006, n. 233.*

(10) *Ai sensi dell'art. 3, comma 3-*bis, *d.l. n. 80 del 2021, a decorrere dalla data di entrata in vigore della legge di conversione del suddetto decreto, le percentuali di cui al presente comma cessano di avere efficacia.*

(11) *Comma inserito dall'art. 3, comma 1, lett.* f), *l. 15 luglio 2002, n. 145.*

(12) *In deroga al limite previsto dal primo periodo del comma, v. l'art. 1, comma 158, l. 27 dicembre 2019, n. 160 che così dispone: « Per le medesime finalità di cui al comma 155, nonché al fine di sostenere le attività in materia di programmazione, realizzazione e monitoraggio delle opere pubbliche, nel triennio 2020-2022, la percentuale stabilita al primo periodo del comma 6 dell'articolo 19 del decreto legislativo 30 marzo 2001, n. 165, per gli incarichi di livello dirigenziale non generale da conferire al personale in servizio presso il Ministero delle infrastrutture e dei trasporti in possesso di comprovate professionalità, con oneri a valere sulle facoltà assunzionali del medesimo Ministero, è pari al 12 per cento ».*

(13) *Comma sostituito dall'art. 3, comma 1, lett.* g), *l. 15 luglio 2002, n. 145, e, da ultimo, modificato dall'art. 2, comma 8-*quater, *d.l. 31 agosto 2013, n. 101, conv., con modif., in l. 30 ottobre 2013, n. 125, che ha aggiunto l'ultimo periodo.*

L'art. 33, comma 3, d.l. 4 luglio 2006, n. 223, conv., con modif., in l. 4 agosto 2006, n. 248, dispone che « i limiti di età per il collocamento a riposo dei dipendenti pubblici risultanti anche dall'applicazione dell'art. 16, comma 1, del d.ls. 30 dicembre 1992, n. 503, si applicano anche ai fini dell'attribuzione degli incarichi dirigenziali di cui al presente comma.

*V. anche le disposizioni di cui all'art. 1, comma 10-*bis, *d.l. 18 maggio 2006, n. 181, conv., con modif., in l. 17 luglio 2006, n. 233, che così dispone: « In sede di prima applicazione del presente decreto e al fine di assicurare il funzionamento delle strutture trasferite, gli incarichi dirigenziali conferiti nell'ambito delle predette strutture ai sensi dei commi 5-*bis *e 6 dell'articolo 19 del decreto legislativo 30 marzo 2001, n. 165, e successive modificazioni, salvo quanto previsto dal comma 23 del presente articolo, possono essere mantenuti fino alla scadenza attualmente prevista per ciascuno di essi, anche in deroga ai contingenti indicati dai citati commi 5-*bis *e 6 dell'articolo 19 del decreto legislativo n. 165 del*

2001. Le amministrazioni che utilizzano i predetti contingenti in deroga e limitatamente agli stessi, possono conferire, relativamente ai contratti in corso che abbiano termine entro il 30 giugno 2007, alla rispettiva scadenza, nuovi incarichi dirigenziali, di durata non superiore al 30 giugno 2008 ».

*V. deroga al limite previsto dal presente comma, di cui all'art. 42 d.lgs. 27 gennaio 2010, n. 39. In riferimento al presente comma v. inoltre l'art. 2, comma 8-*bis*, d.l. 31 agosto 2013, n. 101. Vedi inoltre l'art. 11, comma 3, d.l. 24 giugno 2014, n. 90.*

(14) *Per la rideterminazione della percentuale di cui al presente comma, per il triennio 2016-2018, v. l'art. 1, comma 94, l. 13 luglio 2015 n. 107.*

Si veda anche l'art. 1, comma 352, l. 30 dicembre 2018, n. 145, come modificato dall'art. 1, comma 150, l. 27 dicembre 2019, n. 160, che così dispone: « Per le medesime finalità del comma 348 [, per il triennio 2019-2021,] la percentuale stabilita al primo periodo del comma 6 dell'articolo 19 del decreto legislativo 30 marzo 2001, n. 165, per gli incarichi di livello dirigenziale non generale da conferire al personale in servizio presso il Ministero dell'economia e delle finanze in possesso di comprovate professionalità tecniche, con oneri a valere sulle facoltà assunzionali del medesimo Ministero, è pari al 12 per cento ».

V. inoltre l'art. 1, comma 6, d.l. 30 dicembre 2019, n. 162, conv., con modif., in l. 28 febbraio 2020, n. 8, che prevede: « La percentuale di cui al comma 6 dell'articolo 19 del decreto legislativo 30 marzo 2001, n. 165, può essere elevata dall'8 per cento al 10 per cento, a valere sulle facoltà assunzionali di ciascuna amministrazione ».

(15) *Comma inserito dall'art. 40, comma 1, lett.* f), *del d.lgs. 27 ottobre 2009, n. 150.*

(16) *Comma così sostituito dall'art. 11, comma 2, del d.l. 24 giugno 2014, n. 90, conv., con modif., in l. 11 agosto 2014, n. 114. Il testo del comma, come da ultimo sostituito dall'art. 4-*ter*, comma 13, d.l. 2 marzo 2012, n. 16, conv., con modif., in l. 26 aprile 2012, n. 44, era il seguente: « 6-quater.* Per gli enti locali il numero complessivo degli incarichi a contratto nella dotazione organica dirigenziale, conferibili ai sensi dell'articolo 110, comma 1, del testo unico delle leggi sull'ordinamento degli enti locali, di cui al decreto legislativo 18 agosto 2000, n. 267, è stabilito nel limite massimo del 10 per cento della dotazione organica della qualifica dirigenziale a tempo indeterminato. Per i comuni con popolazione inferiore o pari a 100.000 abitanti il limite massimo di cui al primo periodo del presente comma è pari al 20 per cento della dotazione organica della qualifica dirigenziale a tempo indeterminato. Per i comuni con popolazione superiore a 100.000 abitanti e inferiore o pari a 250.000 abitanti il limite massimo di cui al primo periodo del presente comma può essere elevato fino al 13 per cento della dotazione organica della qualifica dirigenziale a tempo indeterminato a valere sulle ordinarie facoltà per le assunzioni a tempo indeterminato. Si applica quanto previsto dal comma 6-*bis*. In via transitoria, con provvedimento motivato volto a dimostrare che il rinnovo sia indispensabile per il corretto svolgimento delle funzioni essenziali degli enti, i limiti di cui al presente comma possono essere superati, a valere sulle ordinarie facoltà assunzionali a tempo indeterminato, al fine di rinnovare, per una sola volta, gli incarichi in corso alla data di entrata in vigore della presente disposizione e in scadenza entro il 31 dicembre 2012. Contestualmente gli enti adottano atti di programmazione volti ad assicurare, a regime, il rispetto delle percentuali di cui al presente comma ».

(17) *Comma abrogato dall'art. 3, comma 1, lett.* h), *l. 15 luglio 2002, n. 145.*

(18) *Comma sostituito dall'art. 3, comma 1, lett.* i), *l. 15 luglio 2002, n. 145, e successivamente modificato dall'art. 40, comma 1, lett.* g), *d.lgs. 27 ottobre 2009, n. 150. V., anche, i commi 160 e 161 del medesimo articolo 2. La Corte Costituzionale, con sentenza 11 aprile 2011, n. 124 (in* Gazz. Uff.*, 13 aprile, n. 16), ha dichiarato* l'illegittimità costituzionale *del presente comma, nel testo vigente prima dell'entrata in vigore dell'art. 40 del decreto legislativo 27 ottobre 2009, n. 150 (Attuazione della legge 4 marzo 2009, n. 15, in materia di ottimizzazione della produttività del lavoro pubblico e di efficienza e trasparenza delle pubbliche amministrazioni), nella parte in cui dispone che gli incarichi di funzione dirigenziale generale di cui al comma 5-*bis*, limitatamente al personale non appartenente ai ruoli di cui all'art. 23 del presente decreto, cessano decorsi novanta giorni dal voto sulla fiducia al Governo. Successivamente, la Corte Costituzionale, con sentenza 25 luglio 2011, n. 246 (in Gazz. Uff., 27 luglio, n. 32), ha dichiarato* l'illegittimità costituzionale *del presente comma, come modificato dall'art. 2, comma 159, del decreto-legge 3 ottobre 2006, n. 262 (Disposizioni urgenti in materia tributaria e finanziaria), convertito, con modificazioni, dalla legge 24 novembre 2006, n. 286, nel testo vigente prima dell'entrata in vigore dell'art. 40 del decreto legislativo 27 ottobre 2009, n. 150 (Attuazione della legge 4 marzo 2009, n. 15, in materia di ottimizzazione della produttività del lavoro pubblico e di efficienza e trasparenza delle pubbliche amministrazioni), nella parte in cui dispone che gli incarichi di funzione dirigenziale conferiti ai sensi del comma 6 del presente articolo, cessano decorsi novanta giorni dal voto sulla fiducia al Governo.*

(19) *Comma sostituito dall'art. 3, comma 1, lett.* l), *l. 15 luglio 2002, n. 145.*

(20) *Comma modificato dall'art. 3, comma 1, lett.* m), *l. 15 luglio 2002, n. 145.*

(21) *Comma inserito dall'art. 3, comma 1, lett.* n), *l. 15 luglio 2002, n. 145.*

20 **Verifica dei risultati.** (Art. 20 del d.ls. n. 29 del 1993, come sostituito dall'art. 6 del d.ls. n. 470 del 1993 e successivamente modificato prima dall'art. 43, comma 1 del d.ls. n. 80 del 1998, poi dall'art. 6 del d.ls. n. 387 del 1998 e, infine, dagli artt. 5, comma 5 e 10, comma 2 del d.ls. n. 286 del 1999).

1. Per la Presidenza del Consiglio dei ministri e per le amministrazioni che esercitano competenze in materia di difesa e sicurezza dello Stato, di polizia e di giustizia, le operazioni di cui verifica sono effettuate dal Ministro per i dirigenti e dal Consiglio dei ministri per i dirigenti preposti ad ufficio di livello dirigenziale generale. I termini e le modalità di attuazione del procedimento di verifica dei risultati da parte del Ministro competente e del Consiglio dei ministri sono stabiliti rispettivamente con regolamento ministeriale e con decreto del Presidente della Repubblica adottato ai sensi dell'articolo 17 della legge 23 agosto 1988, n. 400, e successive modificazioni ed integrazioni, ovvero, fino alla data di entrata in vigore di tale decreto, con provvedimenti dei singoli ministeri interessati.

21 **Responsabilità dirigenziale.** (Art. 21, commi 1, 2 e 5 del d.ls. n. 29 del 1993, come sostituiti prima dall'art. 12 del d.ls. n. 546 del 1993 e poi dall'art. 14 del d.ls. n. 80 del 1998 e successivamente modificati dall'art. 7 del d.ls. n. 387 del 1998) (1).

1. Il mancato raggiungimento degli obiettivi accertato attraverso le risultanze del sistema di valutazione di cui al Titolo II del decreto legislativo di attuazione della legge 4 marzo 2009, n. 15, in materia di ottimizzazione della produttività del lavoro pubblico e di efficienza e trasparenza delle pubbliche amministrazioni ovvero l'inosservanza delle direttive imputabili al dirigente comportano, previa contestazione e ferma restando l'eventuale responsabilità disciplinare secondo la disciplina contenuta nel contratto collettivo, l'impossibilità di rinnovo dello stesso incarico dirigenziale. In relazione alla gravità dei casi, l'amministrazione può inoltre, previa contestazione e nel rispetto del principio del contraddittorio, revocare l'incarico collocando il dirigente a disposizione dei ruoli di cui all'articolo 23 ovvero recedere dal rapporto di lavoro secondo le disposizioni del contratto collettivo (2).

1-*bis*. Al di fuori dei casi di cui al comma 1, al dirigente nei confronti del quale sia stata accertata, previa contestazione e nel rispetto del principio del contraddittorio secondo le procedure previste dalla legge e dai contratti collettivi nazionali, la colpevole violazione del dovere di vigilanza sul rispetto, da parte del personale assegnato ai propri uffici, degli standard quantitativi e qualitativi fissati dall'amministrazione, conformemente agli indirizzi deliberati dalla Commissione di cui all'articolo 13 del decreto legislativo di attuazione della legge 4 marzo 2009, n. 15, in materia di ottimizzazione della produttività del lavoro pubblico e di efficienza e trasparenza delle pubbliche amministrazioni, la retribuzione di risultato è decurtata, sentito il Comitato dei garanti, in relazione alla gravità della violazione di una quota fino all'ottanta per cento (3).

[2. Nel caso di grave inosservanza delle direttive impartite dall'organo competente o di ripetuta valutazione negativa, ai sensi del comma 1, il dirigente, previa contestazione e contraddittorio, può essere escluso dal conferimento di ulteriori incarichi di livello dirigenziale corrispondente a quello revocato, per un periodo non inferiore a due anni. Nei casi di maggiore gravità, l'amministrazione può recedere dal rapporto di lavoro, secondo le disposizioni del codice civile e dei contratti collettivi.] (4).

3. Restano ferme le disposizioni vigenti per il personale delle qualifiche dirigenziali delle Forze di polizia, delle carriere diplomatica e prefettizia e delle Forze armate nonché del Corpo nazionale dei vigili del fuoco (5).

(1) *Ai sensi dell'art. 1, comma 14, l. 6 novembre 2012, n. 190, come sostituito dall'art. 41, comma 1, lett. l), d.lgs. 25 maggio 2016, n. 97, « In caso di ripetute violazioni delle misure di prevenzione previste dal Piano, il responsabile individuato ai sensi del comma 7 del presente articolo risponde ai sensi dell'articolo 21 del decreto legislativo 30 marzo 2001, n. 165, e successive modificazioni, nonché, per omesso controllo, sul piano disciplinare, salvo che provi di avere comunicato agli uffici le misure da adottare e le relative modalità e di avere vigilato sull'osservanza del Piano. La violazione, da parte dei dipendenti dell'amministrazione, delle misure di prevenzione previste dal Piano costituisce illecito disciplinare. Entro il 15 dicembre di ogni anno, il dirigente individuato ai sensi del comma 7 del presente articolo trasmette all'organismo indipendente di valutazione e all'organo di indirizzo dell'amministrazione una relazione recante i risultati dell'attività svolta e la pubblica nel sito web dell'amministrazione. Nei casi in cui l'organo di indirizzo lo richieda o qualora il dirigente responsabile lo ritenga opportuno, quest'ultimo riferisce sull'attività ».*

(2) *Comma sostituito dall'art. 3, comma 2, lett.* a), *l. 15 luglio 2002, n. 145 e successivamente dall'art. 41, comma 1, lett.* a), *d.lgs. 27 ottobre 2009, n. 150.*

(3) *Comma inserito dall'art. 41, comma 1, lett.* b), *d.ls. n. 150, cit.*

(4) *Comma abrogato dall'art. 3, comma 2, lett.* b), *l. n. 145, cit.*

(5) *Comma modificato dall'art. 73 d.lgs. 13 ottobre 2005, n. 217, con la decorrenza indicata dall'articolo 175 del medesimo d.lgs.*

22 Comitato dei garanti (1).

1. I provvedimenti di cui all'articolo 21, commi 1 e 1-*bis*, sono adottati sentito il Comitato dei garanti, i cui componenti, nel rispetto del principio di genere, sono nominati con decreto del Presidente del Consiglio dei Ministri. Il Comitato dura in carica tre anni e l'incarico non è rinnovabile.

2. Il Comitato dei garanti è composto da un consigliere della Corte dei conti, designato dal suo Presidente, e da quattro componenti designati rispettivamente, uno dal Presidente della Commissione di cui all'articolo 13 del decreto legislativo di attuazione della legge 4 marzo 2009, n. 15, in materia di ottimizzazione della produttività del lavoro pubblico, e di efficienza e trasparenza delle pubbliche amministrazioni, uno dal Ministro per la pubblica amministrazione e l'innovazione, scelto tra un esperto scelto tra soggetti con specifica qualificazione ed esperienza nei settori dell'organizzazione amministrativa e del lavoro pubblico, e due scelti tra dirigenti di uffici dirigenziali generali di cui almeno uno appartenente agli Organismi indipendenti di valutazione, estratti a sorte fra coloro che hanno presentato la propria candidatura. I componenti sono collocati fuori ruolo e il posto corrispondente nella dotazione organica dell'amministrazione di appartenenza è reso indisponibile per tutta la durata del mandato. Per la partecipazione al Comitato non è prevista la corresponsione di emolumenti o rimborsi spese.

3. Il parere del Comitato dei garanti viene reso entro il termine di quarantacinque giorni dalla richiesta; decorso inutilmente tale termine si prescinde dal parere.

(1) *Articolo modificato dall'art. 3, comma 3, l. 15 luglio 2002, n. 145 e successivamente sostituito dall'art. 42, comma 1, d.ls. 27 ottobre 2009, n. 150.*

23 Ruolo dei dirigenti. (Art. 23 del d.ls. n. 29 del 1993, come sostituito dall'art. 15 del d.ls. n. 80 del 1998 e successivamente modificato dall'art. 8 del d.ls. n. 387 del 1998) (1).

1. In ogni amministrazione dello Stato, anche ad ordinamento autonomo, è istituito il ruolo dei dirigenti, che si articola nella prima e nella seconda fascia, nel cui ambito sono definite apposite sezioni in modo da garantire la eventuale specificità tecnica. I dirigenti della seconda fascia sono reclutati attraverso i meccanismi di accesso di cui all'articolo 28. I dirigenti della seconda fascia transitano nella prima qualora abbiano ricoperto incarichi di direzione di uffici dirigenziali generali o equivalenti, in base ai particolari ordinamenti di cui all'articolo 19, comma 11, per un periodo pari almeno a cinque anni senza essere incorsi nelle misure previste dall'articolo 21 per le ipotesi di responsabilità dirigenziale, nei limiti dei posti disponibili, ovvero nel momento in cui si verifica la prima disponibilità di posto utile, tenuto conto, quale criterio di precedenza ai fini del transito, della data di maturazione del requisito dei cinque anni e, a parità di data di maturazione, della maggiore anzianità nella qualifica dirigenziale (2).

2. È assicurata la mobilità dei dirigenti, nei limiti dei posti disponibili, in base all'articolo 30 del presente decreto. I contratti o accordi collettivi nazionali disciplinano, secondo il criterio della continuità dei rapporti e privilegiando la libera scelta del dirigente, gli effetti connessi ai trasferimenti e alla mobilità in generale in ordine al mantenimento del rapporto assicurativo con l'ente di previdenza, al trattamento di fine rapporto e allo stato giuridico legato all'anzianità di servizio e al fondo di previdenza complementare. La Presidenza del Consiglio dei ministri - Dipartimento della funzione pubblica cura una banca dati informatica contenente i dati relativi ai ruoli delle amministrazioni dello Stato (3).

(1) *Articolo sostituito dall'art. 3, comma 4, l. 15 luglio 2002, n. 145. Per il Regolamento relativo all'istituzione, l'organizzazione ed il funzionamento del ruolo dei dirigenti presso le amministrazioni dello Stato, anche ad ordinamento autonomo, v. d.P.R. 23 aprile 2004 n. 108.*

(2) *Comma modificato dall'articolo 14-*sexies *del d.l. 30 giugno 2005, n. 115 e successivamente dall'articolo 43, comma 1, del d.lgs. 27 ottobre 2009, n. 150. A norma dell'articolo 43, comma 2, del d.lgs. 27 ottobre 2009, n. 150, per i dirigenti ai quali sia stato conferito l'incarico di direzione di uffici dirigenziali generali o equivalenti prima della data di entrata in vigore del presente decreto, il termine di cui al terzo periodo del presente comma, rimane fissato in tre anni. Comma successivamente modificato dall'articolo 2, comma 15-*bis, *del d.l. 6 luglio 2012, n. 95.*

(3) *Comma modificato dall'art. 3-*bis *d.l. 28 maggio 2004, n. 136.*

23-*bis* Disposizioni in materia di mobilità tra pubblico e privato (1).

1. In deroga all'articolo 60 del testo unico delle disposizioni concernenti lo statuto degli impiegati civili dello

Stato, di cui al decreto del Presidente della Repubblica 10 gennaio 1957, n. 3, i dipendenti delle pubbliche amministrazioni, ivi compresi gli appartenenti alle carriere diplomatica e prefettizia, (2) e, limitatamente agli incarichi pubblici, i magistrati ordinari, amministrativi e contabili e gli avvocati e procuratori dello Stato ono collocati, salvo motivato diniego dell'amministrazione di appartenenza in ordine alle proprie preminenti esigenze organizzative, in aspettativa senza assegni per lo svolgimento di attività presso soggetti e organismi, pubblici o privati, anche operanti in sede internazionale, i quali provvedono al relativo trattamento previdenziale. Resta ferma la disciplina vigente in materia di collocamento fuori ruolo nei casi consentiti. Il periodo di aspettativa comporta il mantenimento della qualifica posseduta. È sempre ammessa la ricongiunzione dei periodi contributivi a domanda dell'interessato, ai sensi della legge 7 febbraio 1979, n. 29, presso una qualsiasi delle forme assicurative nelle quali abbia maturato gli anni di contribuzione. Quando l'incarico è espletato presso organismi operanti in sede internazionale, la ricongiunzione dei periodi contributivi è a carico dell'interessato, salvo che l'ordinamento dell'amministrazione di destinazione non disponga altrimenti (3) (4).

2. I dirigenti di cui all'articolo 19, comma 10, sono collocati a domanda in aspettativa senza assegni per lo svolgimento dei medesimi incarichi di cui al comma 1 del presente articolo, salvo motivato diniego dell'amministrazione di appartenenza in ordine alle proprie preminenti esigenze organizzative (5).

3. Per i magistrati ordinari, amministrativi e contabili, e per gli avvocati e procuratori dello Stato, gli organi competenti deliberano il collocamento in aspettativa, fatta salva per i medesimi la facoltà di valutare ragioni ostative all'accoglimento della domanda.

4. Nel caso di svolgimento di attività presso soggetti diversi dalle amministrazioni pubbliche, il periodo di collocamento in aspettativa di cui al comma 1 non può superare i cinque anni, è rinnovabile per una sola volta (6) e non è computabile ai fini del trattamento di quiescenza e previdenza.

5. L'aspettativa per lo svolgimento di attività o incarichi presso soggetti privati o pubblici da parte del personale di cui al comma 1 non può comunque essere disposta se:

a) il personale, nei due anni precedenti, è stato addetto a funzioni di vigilanza, di controllo ovvero, nel medesimo periodo di tempo, ha stipulato contratti o formulato pareri o avvisi su contratti o concesso autorizzazioni a favore di soggetti presso i quali intende svolgere l'attività. Ove l'attività che si intende svolgere sia presso una impresa, il divieto si estende anche al caso in cui le predette attività istituzionali abbiano interessato imprese che, anche indirettamente, la controllano o ne sono controllate, ai sensi dell'articolo 2359 del codice civile;

b) il personale intende svolgere attività in organismi e imprese private che, per la loro natura o la loro attività, in relazione alle funzioni precedentemente esercitate, possa cagionare nocumento all'immagine dell'amministrazione o comprometterne il normale funzionamento o l'imparzialità.

6. . Il personale di cui al comma 1, nei successivi due anni, non può essere destinatario di incarichi né essere impiegato nello svolgimento di attività che comportino l'esercizio delle funzioni individuate alla lettera *a*) del comma 5 (7).

7. Sulla base di appositi protocolli di intesa tra le parti, le amministrazioni di cui all'articolo 1, comma 2, possono disporre, per singoli progetti di interesse specifico dell'amministrazione e con il consenso dell'interessato, l'assegnazione temporanea di personale presso altre pubbliche amministrazioni o imprese private. I protocolli disciplinano le funzioni, le modalità di inserimento, l'onere per la corresponsione del trattamento economico da porre a carico delle imprese destinatarie. Nel caso di assegnazione temporanea presso imprese private i predetti protocolli possono prevedere l'eventuale attribuzione di un compenso aggiuntivo, con oneri a carico delle imprese medesime (8).

8. Il servizio prestato dai dipendenti durante il periodo di assegnazione temporanea di cui al comma 7 costituisce titolo valutabile ai fini della progressione di carriera.

9. Le disposizioni del presente articolo non trovano comunque applicazione nei confronti del personale militare e delle Forze di polizia, nonché del Corpo nazionale dei vigili del fuoco.

[10. Con regolamento da emanare ai sensi dell'articolo 17, comma 1, della legge 23 agosto 1988, n. 400, sono individuati i soggetti privati e gli organismi internazionali di cui al comma 1 e sono definite le modalità e le procedure attuative del presente articolo.] (9)

(1) *Articolo inserito dall'art. 7, comma 1, l. 15 luglio 2002, n. 145. V. le disposizioni di cui all'art. 101, comma 4-*bis*, d.lS. 18 agosto 2000, n. 267, nel testo inserito dall'art. 7, comma 2, l. 15 luglio 2002, n. 145.*

(2) *Comma modificato dall'art. 4, comma 1, lett. a), l. 19 giugno 2019, n. 56, che ha sostituito le parole* « i dipendenti delle pubbliche amministrazioni, ivi compresi gli appartenenti alle carriere diplomatica e prefettizia, » *alle parole* « i dirigenti delle pubbliche amministrazioni, nonché gli appartenenti alla carriera diplomatica e prefettizia ».

(3) *Per l'interpretazione autentica del presente comma v. l'art. 1, comma 578, l. 27 dicembre 2006, n. 296.*

(4) *Comma modificato dall'art. 44, comma 1, lett.* a), *d.lS. 27 ottobre 2009, n. 150.*

(5) *Comma modificato dall'art. 44, comma 1, lett.* b), *d.lS. 27 ottobre 2009, n. 150.*

(6) *Le parole* « è rinnovabile per una sola volta » *sono state aggiunte dall'*art. 4, *comma 1, lett.* b), *l. 19 giugno 2019, n. 56.*

(7) *Comma così sostituito dall'*art. 4, comma 1, lett. c*), l. 19 giugno 2019, n. 56. Il testo del comma era il seguente:* « Il dirigente non può, nei successivi due anni, ricoprire incarichi che comportino l'esercizio delle funzioni individuate alla lettera a) del comma 5 ».

(8) *Comma sostituito dall'art. 5, comma 1, d.l. 31 gennaio 2005, n. 7.*

(9) *Comma abrogato dall'art. 2, comma 9-bis, d.l. 31 agosto 2013, n. 101.*

24 Trattamento economico.

(Art. 24 del d.lS. n. 29 del 1993, come sostituito prima dall'art. 13 del d.lS. n. 546 del 1993 e poi dall'art. 16 del d.lS. n. 80 del 1998 e successivamente modificato prima dall'art. 9 del d.lS. n. 387 del 1998 e poi dall'art. 26, comma 6 della legge n. 448 del 1998).

1. La retribuzione del personale con qualifica di dirigente è determinata dai contratti collettivi per le aree dirigenziali, prevedendo che il trattamento economico accessorio sia correlato alle funzioni attribuite, alle connesse responsabilità e ai risultati conseguiti. La graduazione delle funzioni e responsabilità ai fini del tratta-

mento accessorio è definita, ai sensi dell'articolo 4, con decreto ministeriale per le amministrazioni dello Stato e con provvedimenti dei rispettivi organi di governo per le altre amministrazioni o enti, ferma restando comunque l'osservanza dei criteri e dei limiti delle compatibilità finanziarie fissate dal Presidente del Consiglio dei ministri, di concerto con il Ministro del tesoro, del bilancio e della programmazione economica (1).

1-*bis*. Il trattamento accessorio collegato ai risultati deve costituire almeno il 30 per cento della retribuzione complessiva del dirigente considerata al netto della retribuzione individuale di anzianità e degli incarichi aggiuntivi soggetti al regime dell'onnicomprensività (2).

1-*ter*. I contratti collettivi nazionali incrementano progressivamente la componente legata al risultato, in modo da adeguarsi a quanto disposto dal comma 1-*bis*, entro la tornata contrattuale successiva a quella decorrente dal 1° gennaio 2010, destinando comunque a tale componente tutti gli incrementi previsti per la parte accessoria della retribuzione. La disposizione di cui al comma 1-*bis* non si applica alla dirigenza del Servizio sanitario nazionale e dall'attuazione del medesimo comma non devono derivare nuovi o maggiori oneri per la finanza pubblica (2).

1-*quater*. La parte della retribuzione collegata al raggiungimento dei risultati della prestazione non può essere corrisposta al dirigente responsabile qualora l'amministrazione di appartenenza, decorso il periodo transitorio di sei mesi dalla data di entrata in vigore del decreto legislativo di attuazione della legge 4 marzo 2009, n. 15, in materia di ottimizzazione della produttività del lavoro pubblico e di efficienza e trasparenza delle pubbliche amministrazioni, non abbia predisposto il sistema di valutazione di cui al Titolo II del citato decreto legislativo (2).

2. Per gli incarichi di uffici dirigenziali di livello generale ai sensi dell'articolo 19, commi 3 e 4, con contratto individuale è stabilito il trattamento economico fondamentale, assumendo come parametri di base i valori economici massimi contemplati dai contratti collettivi per le aree dirigenziali, e sono determinati gli istituti del trattamento economico accessorio, collegato al livello di responsabilità attribuito con l'incarico di funzione ed ai risultati conseguiti nell'attività amministrativa e di gestione, ed i relativi importi. Con decreto del Presidente del Consiglio dei Ministri, di concerto con il Ministro dell'economia e delle finanze sono stabiliti i criteri per l'individuazione dei trattamenti accessori massimi, secondo principi di contenimento della spesa e di uniformità e perequazione (3).

3. Il trattamento economico determinato ai sensi dei commi 1 e 2 remunera tutte le funzioni ed i compiti attribuiti ai dirigenti in base a quanto previsto dal presente decreto, nonché qualsiasi incarico ad essi conferito in ragione del loro ufficio o comunque conferito dall'amministrazione presso cui prestano servizio o su designazione della stessa; i compensi dovuti dai terzi sono corrisposti direttamente alla medesima amministrazione e confluiscono nelle risorse destinate al trattamento economico accessorio della dirigenza (4).

4. Per il restante personale con qualifica dirigenziale indicato dall'articolo 3, comma 1, la retribuzione è determinata ai sensi dell'articolo 2, commi 5 e 7, della legge 6 marzo 1992, n. 216 nonché dalle successive modifiche ed integrazioni della relativa disciplina.

5. Il bilancio triennale e le relative leggi finanziarie, nell'ambito delle risorse da destinare ai miglioramenti economici delle categorie di personale di cui all'articolo 3, indicano le somme da destinare, in caso di perequazione, al riequilibrio del trattamento economico del restante personale dirigente civile e militare non contrattualizzato con il trattamento previsto dai contratti collettivi nazionali per i dirigenti del comparto ministeri, tenendo conto dei rispettivi trattamenti economici complessivi e degli incrementi comunque determinatisi a partire dal febbraio 1993 e secondo i criteri indicati nell'articolo 1, comma 2, della legge 2 ottobre 1997, n. 334.

6. I fondi per la perequazione di cui all'articolo 2 della legge 2 ottobre 1997, n. 334, destinati al personale di cui all'articolo 3, comma 2, sono assegnati alle università e da queste utilizzati per l'incentivazione dell'impegno didattico dei professori e ricercatori universitari, con particolare riferimento al sostegno dell'innovazione didattica, delle attività di orientamento e tutorato, della diversificazione dell'offerta formativa. Le università possono destinare allo stesso scopo propri fondi, utilizzando anche le somme attualmente stanziate per il pagamento delle supplenze e degli affidamenti. Le università possono erogare, a valere sul proprio bilancio, appositi compensi incentivanti ai professori e ricercatori universitari che svolgono attività di ricerca nell'ambito dei progetti e dei programmi dell'Unione europea e internazionali. L'incentivazione, a valere sui fondi di cui all'articolo 2 della predetta legge n. 334 del 1997, è erogata come assegno aggiuntivo pensionabile.

7. I compensi spettanti in base a norme speciali ai dirigenti dei ruoli di cui all'articolo 23 o equiparati sono assorbiti nel trattamento economico attribuito ai sensi dei commi precedenti (5).

8. Ai fini della determinazione del trattamento economico accessorio le risorse che si rendono disponibili ai sensi del comma 7 confluiscono in appositi fondi istituiti presso ciascuna amministrazione, unitamente agli altri compensi previsti dal presente articolo (6).

9. (7).

(1) *Comma modificato dall'art. 45, comma 1, lett.* a), *d.ls. 27 ottobre 2009, n. 150.*
(2) *Comma inserito dall'art. 45, comma 1, lett.* b), *d.ls. n. 150, cit.*
(3) *Comma modificato dall'art. 34 d.l. 4 luglio 2006, n. 223.*
(4) *V. l'art. 16, comma 1, l. 28 dicembre 2001, n. 448 e l'art. 1, comma 22-*bis, *d.l. 18 maggio 2006, n. 181.*
(5) *Comma modificato dall'art. 1-*ter *d.l. 28 maggio 2004, n. 136.*
(6) *V. l'art. 2, comma 161,.l. 3 ottobre 2006, n. 262.*
(7) *Comma abrogato dall'art. 1-*ter *d.l. n. 136, cit.*

25 Dirigenti delle istituzioni scolastiche.

(Art. 25-*bis* del d.ls. n. 29 del 1993, aggiunto dall'art. 1 del d.ls. n. 59 del 1998; Art. 25-*ter* del d.ls. n. 29 del 1993, aggiunto dall'art. 1 del d.ls. n. 59 del 1998).

1. Nell'ambito dell'amministrazione scolastica periferica è istituita la qualifica dirigenziale per i capi di istituto preposti alle istituzioni scolastiche ed educative alle quali è stata attribuita personalità giuridica ed autonomia a norma dell'articolo 21 della legge 15 marzo 1997, n. 59 e successive modificazioni ed integrazioni. I dirigenti scolastici sono inquadrati in ruoli di di-

mensione regionale e rispondono, agli effetti dell'articolo 21, in ordine ai risultati, che sono valutati tenuto conto della specificità delle funzioni e sulla base delle verifiche effettuate da un nucleo di valutazione istituito presso l'amministrazione scolastica regionale, presieduto da un dirigente e composto da esperti anche non appartenenti all'amministrazione stessa.

2. Il dirigente scolastico assicura la gestione unitaria dell'istituzione, ne ha la legale rappresentanza, è responsabile della gestione delle risorse finanziarie e strumentali e dei risultati del servizio. Nel rispetto delle competenze degli organi collegiali scolastici, spettano al dirigente scolastico autonomi poteri di direzione, di coordinamento e di valorizzazione delle risorse umane. In particolare, il dirigente scolastico organizza l'attività scolastica secondo criteri di efficienza e di efficacia formative ed è titolare delle relazioni sindacali.

3. Nell'esercizio delle competenze di cui al comma 2, il dirigente scolastico promuove gli interventi per assicurare la qualità dei processi formativi e la collaborazione delle risorse culturali, professionali, sociali ed economiche del territorio, per l'esercizio della libertà di insegnamento, intesa anche come libertà di ricerca e innovazione metodologica e didattica, per l'esercizio della libertà di scelta educativa delle famiglie e per l'attuazione del diritto all'apprendimento da parte degli alunni.

4. Nell'ambito delle funzioni attribuite alle istituzioni scolastiche, spetta al dirigente l'adozione dei provvedimenti di gestione delle risorse e del personale.

5. Nello svolgimento delle proprie funzioni organizzative e amministrative il dirigente può avvalersi di docenti da lui individuati, ai quali possono essere delegati specifici compiti, ed è coadiuvato dal responsabile amministrativo, che sovrintende, con autonomia operativa, nell'ambito delle direttive di massima impartite e degli obiettivi assegnati, ai servizi amministrativi ed ai servizi generali dell'istituzione scolastica, coordinando il relativo personale.

6. Il dirigente presenta periodicamente al consiglio di circolo o al consiglio di istituto motivata relazione sulla direzione e il coordinamento dell'attività formativa, organizzativa e amministrativa al fine di garantire la più ampia informazione e un efficace raccordo per l'esercizio delle competenze degli organi della istituzione scolastica.

7. I capi di istituto con rapporto di lavoro a tempo indeterminato, ivi compresi i rettori e i vicerettori dei convitti nazionali, le direttrici e vice direttrici degli educandati, assumono la qualifica di dirigente, previa frequenza di appositi corsi di formazione, all'atto della preposizione alle istituzioni scolastiche dotate di autonomia e della personalità giuridica a norma dell'articolo 21 della legge 15 marzo 1997, n. 59 e successive modificazioni ed integrazioni, salvaguardando, per quanto possibile, la titolarità della sede di servizio.

8. Il Ministro della pubblica istruzione, con proprio decreto, definisce gli obiettivi, i contenuti e la durata della formazione; determina le modalità di partecipazione ai diversi moduli formativi e delle connesse verifiche; definisce i criteri di valutazione e di certificazione della qualità di ciascun corso; individua gli organi dell'amministrazione scolastica responsabili dell'articolazione e del coordinamento dei corsi sul territorio, definendone i criteri; stabilisce le modalità di svolgimento dei corsi con il loro affidamento ad università, agenzie specializzate ed enti pubblici e privati anche tra loro associati o consorziati.

9. La direzione dei conservatori di musica, delle accademie di belle arti, degli istituti superiori per le industrie artistiche e delle accademie nazionali di arte drammatica e di danza, è equiparata alla dirigenza dei capi d'istituto. Con decreto del Ministro della pubblica istruzione sono disciplinate le modalità di designazione e di conferimento e la durata dell'incarico, facendo salve le posizioni degli attuali direttori di ruolo.

10. Contestualmente all'attribuzione della qualifica dirigenziale, ai vicerettori dei convitti nazionali e alle vicedirettrici degli educandati sono soppressi i corrispondenti posti. Alla conclusione delle operazioni sono soppressi i relativi ruoli.

11. I capi d'istituto che rivestano l'incarico di Ministro o Sottosegretario di Stato, ovvero siano in aspettativa per mandato parlamentare o amministrativo o siano in esonero sindacale, distaccati, comandati, utilizzati o collocati fuori ruolo possono assolvere all'obbligo di formazione mediante la frequenza di appositi moduli nell'ambito della formazione prevista dal presente articolo, ovvero della formazione di cui all'articolo 29. In tale ultimo caso l'inquadramento decorre ai fini giuridici dalla prima applicazione degli inquadramenti di cui al comma 7 ed ai fini economici dalla data di assegnazione ad una istituzione scolastica autonoma.

26 Norme per la dirigenza del Servizio sanitario nazionale. (Art. 26, commi 1, 2-*quinquies* e 3 del d.ls. n. 29 del 1993, modificati prima dall'art. 14 del d.ls. n. 546 del 1993 e poi dall'art. 45, comma 15 del d.ls. n. 80 del 1998).

1. Alla qualifica di dirigente dei ruoli professionale, tecnico ed amministrativo del Servizio sanitario nazionale si accede mediante concorso pubblico per titoli ed esami, al quale sono ammessi candidati in possesso del relativo diploma di laurea, con cinque anni di servizio effettivo corrispondente alla medesima professionalità prestato in enti del Servizio sanitario nazionale nella posizione funzionale di settimo e ottavo livello, ovvero in qualifiche funzionali di settimo, ottavo e nono livello di altre pubbliche amministrazioni. Relativamente al personale del ruolo tecnico e professionale, l'ammissione è altresì consentita ai candidati in possesso di esperienze lavorative con rapporto di lavoro libero-professionale o di attività coordinata e continuata presso enti o pubbliche amministrazioni, ovvero di attività documentate presso studi professionali privati, società o istituti di ricerca, aventi contenuto analogo a quello previsto per corrispondenti profili del ruolo medesimo.

2. Nell'attribuzione degli incarichi dirigenziali, determinati in relazione alla struttura organizzativa derivante dalle leggi regionali di cui all'articolo 3 del decreto legislativo 30 dicembre 1992, n. 502, si deve tenere conto della posizione funzionale posseduta dal relativo personale all'atto dell'inquadramento nella qualifica di dirigente. È assicurata la corrispondenza di

funzioni, a parità di struttura organizzativa, dei dirigenti di più elevato livello dei ruoli di cui al comma 1 con i dirigenti di secondo livello del ruolo sanitario.

3. Fino alla ridefinizione delle piante organiche non può essere disposto alcun incremento delle dotazioni organiche per ciascuna delle attuali posizioni funzionali dirigenziali del ruolo sanitario, professionale, tecnico ed amministrativo.

27 Criteri di adeguamento per le pubbliche amministrazioni non statali. (Art. 27-*bis* del d.ls. n. 29 del 1993, aggiunto dall'art. 17 del d.ls. n. 80 del 1998).

1. Le regioni a statuto ordinario, nell'esercizio della propria potestà statutaria, legislativa e regolamentare, e le altre pubbliche amministrazioni, nell'esercizio della propria potestà statutaria e regolamentare, adeguano ai principi dell'articolo 4 e del presente capo i propri ordinamenti, tenendo conto delle relative peculiarità. Gli enti pubblici non economici nazionali si adeguano, anche in deroga alle speciali disposizioni di legge che li disciplinano, adottando appositi regolamenti di organizzazione.

2. Le pubbliche amministrazioni di cui al comma 1 trasmettono, entro due mesi dalla adozione, le deliberazioni, le disposizioni ed i provvedimenti adottati in attuazione del medesimo comma alla Presidenza del Consiglio dei ministri, che ne cura la raccolta e la pubblicazione.

SEZIONE II
Accesso alla dirigenza e riordino della Scuola superiore della pubblica amministrazione

28 Accesso alla qualifica di dirigente della seconda fascia. (Art. 28 del d.ls. n. 29 del 1993, come sostituito prima dall'art. 8 del d.ls. n. 470 del 1993, poi dall'art. 15 del d.ls. n. 546 del 1993, successivamente modificato dall'art. 5-*bis* del decreto legge n. 163 del 1995, convertito con modificazioni dalla legge n. 273 del 1995, e poi nuovamente sostituito dall'art. 10 del d.ls. n. 387 del 1998) (1) (2).

1. L'accesso alla qualifica di dirigente nelle amministrazioni statali, anche ad ordinamento autonomo, e negli enti pubblici non economici avviene per concorso [per esami] indetto dalle singole amministrazioni ovvero per corso-concorso selettivo di formazione bandito dalla Scuola superiore della pubblica amministrazione (3).

1-*bis*. Nelle procedure concorsuali per l'accesso alla dirigenza in aggiunta all'accertamento delle conoscenze delle materie disciplinate dal decreto del Presidente della Repubblica 9 maggio 1994, n. 487, i bandi definiscono gli ambiti di competenza da valutare e prevedono la valutazione delle capacità, attitudini e motivazioni individuali, anche attraverso prove, scritte e orali, finalizzate alla loro osservazione e valutazione comparativa, definite secondo metodologie e standard riconosciuti (4).

1-*ter*. Fatta salva la percentuale non inferiore al 50 per cento dei posti da ricoprire, destinata al corso-concorso selettivo di formazione bandito dalla Scuola nazionale dell'amministrazione, ai fini di cui al comma 1, una quota non superiore al 30 per cento dei posti residui disponibili sulla base delle facoltà assunzionali autorizzate è riservata da ciascuna pubblica amministrazione al personale in servizio a tempo indeterminato, in possesso dei titoli di studio previsti a legislazione vigente e che abbia maturato almeno cinque anni di servizio nell'area o categoria apicale. Il personale di cui al presente comma è selezionato attraverso procedure comparative bandite dalla Scuola nazionale dell'amministrazione, che tengono conto della valutazione conseguita nell'attività svolta, dei titoli professionali, di studio o di specializzazione ulteriori rispetto a quelli previsti per l'accesso alla qualifica dirigenziale, e in particolar modo del possesso del dottorato di ricerca, nonché della tipologia degli incarichi rivestiti con particolare riguardo a quelli inerenti agli incarichi da conferire e sono volte ad assicurare la valutazione delle capacità, attitudini e motivazioni individuali. Una quota non superiore al 15 per cento è altresì riservata al personale di cui al periodo precedente, in servizio a tempo indeterminato, che abbia ricoperto o ricopra l'incarico di livello dirigenziale di cui all'articolo 19, comma 6, del decreto legislativo 30 marzo 2001, n. 165. A tal fine, i bandi definiscono gli ambiti di competenza da valutare e prevedono prove scritte e orali di esclusivo carattere esperienziale, finalizzate alla valutazione comparativa e definite secondo metodologie e standard riconosciuti. A questo scopo, sono nominati membri di commissione professionisti esperti nella valutazione dei suddetti ambiti di competenza, senza nuovi o maggiori oneri a carico della finanza pubblica. Le disposizioni di cui al presente comma non si applicano agli enti di cui ai commi 2 e 2-*bis* dell'articolo 2 del decreto-legge 31 agosto 2013, n. 101, convertito, con modificazioni, dalla legge 30 ottobre 2013, n. 125 (4).

[2. Al concorso per esami possono essere ammessi i dipendenti di ruolo delle pubbliche amministrazioni, muniti di laurea, che abbiano compiuto almeno cinque anni di servizio o, se in possesso del dottorato di ricerca o del diploma di specializzazione conseguito presso le scuole di specializzazione individuate con decreto del Presidente del Consiglio dei ministri, di concerto con il Ministro dell'istruzione, dell'università e della ricerca, almeno tre anni di servizio, svolti in posizioni funzionali per l'accesso alle quali è richiesto il possesso del diploma di laurea. Per i dipendenti delle amministrazioni statali reclutati a seguito di corso-concorso, il periodo di servizio è ridotto a quattro anni. Sono, altresì, ammessi soggetti in possesso della qualifica di dirigente in enti e strutture pubbliche non ricomprese nel campo di applicazione dell'articolo 1, comma 2, muniti del diploma di laurea, che hanno svolto per almeno due anni le funzioni dirigenziali. Sono, inoltre, ammessi coloro che hanno ricoperto incarichi dirigenziali o equiparati in amministrazioni pubbliche per un periodo non inferiore a cinque anni, purché muniti di diploma di laurea. Sono altresì ammessi i cittadini italiani, forniti di idoneo titolo di studio universitario, che hanno maturato, con servizio continuativo per almeno quattro anni presso enti od organismi internazionali, esperienze lavorative in posizioni funzionali apicali per l'accesso alle quali è richiesto il possesso del diploma di laurea.] (5)

[3. Al corso-concorso selettivo di formazione possono essere ammessi, con le modalità stabilite nel regolamento di cui al comma 5, soggetti muniti di laurea nonché di uno dei seguenti titoli: laurea specialistica, diploma di specializzazione, dottorato di ricerca, o altro titolo post-universitario rilasciato da istituti universitari italiani o stranieri, ovvero da primarie istituzioni formative pubbliche o private, secondo modalità di riconoscimento disciplinate con decreto del Presidente del Consiglio dei ministri, sentiti il Ministero dell'istruzione, dell'università e della ricerca e la Scuola superiore della pubblica amministrazione. Al corso-concorso possono essere ammessi dipendenti di ruolo delle pubbliche amministrazioni, muniti di laurea, che abbiano compiuto almeno cinque anni di servizio, svolti in posizioni funzionali per l'accesso alle quali è richiesto il possesso del diploma di laurea. Possono essere ammessi, altresì, dipendenti di strutture private, collocati in posizioni professionali equivalenti a quelle indicate nel comma 2 per i dipendenti pubblici, secondo modalità individuate con decreto del Presidente del Consiglio dei ministri, ai sensi dell'articolo 17, comma 3, della legge 23 agosto 1988, n. 400. Tali dipendenti devono essere muniti del diploma di laurea e avere maturato almeno cinque anni di esperienza lavorativa in tali posizioni professionali all'interno delle strutture stesse] (6) (7)

[4. Il corso di cui al comma 3 ha la durata di dodici mesi ed è seguito, previo superamento di esame, da un semestre di applicazione presso amministrazioni pubbliche o private. Al termine, i candidati sono sottoposti ad un esame-concorso finale. Ai partecipanti al corso e al periodo di applicazione è corrisposta una borsa di studio a carico della Scuola superiore della pubblica amministrazione] (8)

5. Con regolamento emanato ai sensi dell'articolo 17, comma 1, della legge 23 agosto 1988, n. 400, su proposta del Ministro per la funzione pubblica sentita, per la parte relativa al corso-concorso, la Scuola superiore della pubblica amministrazione, sono definiti:

a) le percentuali, sul complesso dei posti di dirigente disponibili, riservate al concorso per esami [e, in misura non inferiore al 30 per cento], al corso-concorso (9);

b) la percentuale di posti che possono essere riservati al personale di ciascuna amministrazione che indice i concorsi pubblici per esami;

c) i criteri per la composizione e la nomina delle commissioni esaminatrici;

d) le modalità di svolgimento delle selezioni, prevedendo anche la valutazione delle esperienze di servizio professionali maturate nonché, nella fase di prima applicazione del concorso di cui al comma 2, una riserva di posti non superiore al 30 per cento per il personale appartenente da almeno quindici anni alla qualifica apicale, comunque denominata, della carriera direttiva;

e) l'ammontare delle borse di studio per i partecipanti al corso-concorso (10).

6. I vincitori dei concorsi di cui al comma 2, anteriormente al conferimento del primo incarico dirigenziale, frequentano un ciclo di attività formative organizzato dalla Scuola superiore della pubblica amministrazione e disciplinato ai sensi del decreto legislativo 30 luglio 1999, n. 287. Tale ciclo può comprendere anche l'applicazione presso amministrazioni italiane e straniere, enti o organismi internazionali, istituti o aziende pubbliche o private. Il medesimo ciclo formativo, di durata non superiore a dodici mesi, può svolgersi anche in collaborazione con istituti universitari italiani o stranieri, ovvero primarie istituzioni formative pubbliche o private.

[7. In coerenza con la programmazione del fabbisogno di personale delle amministrazioni pubbliche ai sensi dell'articolo 39 della legge 27 dicembre 1997, n. 449, le amministrazioni di cui al comma 1 comunicano, entro il 30 giugno di ciascun anno, alla Presidenza del Consiglio dei ministri - Dipartimento della funzione pubblica, il numero dei posti che si renderanno vacanti nei propri ruoli dei dirigenti. Il Dipartimento della funzione pubblica, entro il 31 luglio di ciascun anno, comunica alla Scuola superiore della pubblica amministrazione i posti da coprire mediante corso-concorso di cui al comma 3. Il corso-concorso è bandito dalla Scuola superiore della pubblica amministrazione entro il 31 dicembre di ciascun anno] (11) (12)

[7-*bis*. Le amministrazioni statali, anche ad ordinamento autonomo, e gli enti pubblici non economici comunicano, altresì, entro il 30 giugno di ciascun anno alla Presidenza del Consiglio dei ministri - Dipartimento della funzione pubblica i dati complessivi e riepilogativi relativi ai ruoli, alla dotazione organica, agli incarichi dirigenziali conferiti, anche ai sensi dell'articolo 19, commi 5-*bis* e 6, nonché alle posizioni di comando, fuori ruolo, aspettativa e mobilità, con indicazione della decorrenza e del termine di scadenza. Le informazioni sono comunicate e tempestivamente aggiornate per via telematica a cura delle amministrazioni interessate, con inserimento nella banca dati prevista dall'articolo 23, comma 2, secondo le modalità individuate con circolare della Presidenza del Consiglio dei ministri - Dipartimento della funzione pubblica] (13).

8. Restano ferme le vigenti disposizioni in materia di accesso alle qualifiche dirigenziali delle carriere diplomatica e prefettizia, delle Forze di polizia, delle Forze armate e del Corpo nazionale dei vigili del fuoco.

9. Per le finalità di cui al presente articolo, è attribuito alla Scuola superiore della pubblica amministrazione un ulteriore contributo di 1.500 migliaia di euro a decorrere dall'anno 2002.

10. All'onere derivante dall'attuazione del comma 9, pari a 1.500 migliaia di euro a decorrere dall'anno 2002, si provvede mediante corrispondente riduzione dello stanziamento iscritto, ai fini del bilancio triennale 2002-2004, nell'ambito dell'unità previsionale di base di parte corrente "Fondo speciale" dello stato di previsione del Ministero dell'economia e delle finanze per l'anno 2002, allo scopo parzialmente utilizzando l'accantonamento relativo al medesimo Ministero.

(1) *Articolo sostituito dall'art. 3, comma 5, l. 15 luglio 2002, n. 145. Per il regolamento relativo all'ammissione al corso-concorso selettivo di formazione dirigenziale di cui al presente articolo v. il d.P.C.M. 11 febbraio 2004 n. 118.*

(2) *Rubrica sostituita dall'art. 46, comma 1, lett.* a), *d.lgs. 27 ottobre 2009, n. 150.*

(3) *Le parole tra parentesi quadre sono state abrogate dall'art. 18, comma 1, lett.* b), *d.P.R. 16 aprile 2013, n. 70.*

(4) *Comma inserito dall'art. 3, comma 3, d.l. 9 giugno 2021, n. 80, conv., con modif., in l. 6 agosto 2021, n. 113.*

(5) *Comma modificato dall'art. 14 l. 29 luglio 2003, n. 229 e dall'art. 46, comma 1, lett.* b), *d.lgs. 27 ottobre 2009, n. 150 e, da ultimo, abrogato dall'art. 18, comma 1, lett.* c) *d.P.R. 16 aprile 2013, n. 70.*

(6) *Per il Regolamento relativo alle modalità di riconoscimento dei titoli post-universitari v. d.P.C.M. 29 settembre 2004, n. 295.*

(7) *Comma abrogato dall'art. 18, comma 1, lett.* c) *d.P.R. 16 aprile 2013, n. 70.*

(8) *Comma modificato dall'art. 34, comma 25, l. 27 dicembre 2002, n. 289 e successivamente abrogato dall'art. 18, comma 1, lett.* c) *d.P.R. 16 aprile 2013, n. 70.*

(9) *Lettera modificata dall'art. 18, comma 1, lett. d) d.P.R. 16 aprile 2013, n. 70.*

(10) *Per il Regolamento relativo all'accesso alla qualifica di dirigente v. d.P.R. 24 settembre 2004, n. 272.*

(11) *Comma sostituito dall'art. 34, comma 25, l. 27 dicembre 2002, n. 289.*

(12) *Comma abrogato dall'art. 18, comma 1, lett.* c) *d.P.R. 16 aprile 2013, n. 70.*

(13) *Comma inserito dall'art. 3-*bis *d.l. 28 maggio 2004, n. 136, conv., con modif., in l. 27 luglio 2004, n. 186 e successivamente abrogato dall'art. 18, comma 1, lett.* c) *d.P.R. 16 aprile 2013, n. 70.*

28-*bis* Accesso alla qualifica di dirigente della prima fascia (1).

1. Fermo restando quanto previsto dall'articolo 19, comma 4, e dall'articolo 23, comma 1, secondo periodo, l'accesso alla qualifica di dirigente di prima fascia nelle amministrazioni statali, anche ad ordinamento autonomo, e negli enti pubblici non economici avviene, per il 50 per cento dei posti, calcolati con riferimento a quelli che si rendono disponibili ogni anno per la cessazione dal servizio dei soggetti incaricati, con le modalità di cui al comma 3-*bis*. A tal fine, entro il 31 dicembre di ogni anno, le amministrazioni indicano, per il triennio successivo, il numero dei posti che si rendono vacanti per il collocamento in quiescenza del personale dirigenziale di ruolo di prima fascia e la programmazione relativa a quelli da coprire mediante concorso (2).

2. Nei casi in cui le amministrazioni valutino che la posizione da ricoprire richieda specifica esperienza, peculiare professionalità e attitudini manageriali e qualora le ordinarie procedure di interpello non abbiano dato esito soddisfacente, l'attribuzione dell'incarico può avvenire attraverso il coinvolgimento di primarie società di selezione di personale dirigenziale e la successiva valutazione delle candidature proposte da parte di una commissione indipendente composta anche da membri esterni, senza maggiori oneri per la finanza pubblica. Nei casi di cui al presente comma non si applicano i limiti percentuali di cui all'articolo 19, comma 6. Gli incarichi sono conferiti con contratti di diritto privato a tempo determinato e stipulati per un periodo non superiore a tre anni. L'applicazione della disposizione di cui al presente comma non deve determinare posizioni sovrannumerarie (3).

3. Al concorso per titoli ed esami di cui al comma 1 possono essere ammessi i dirigenti di ruolo delle pubbliche amministrazioni, che abbiano maturato almeno cinque anni di servizio nei ruoli dirigenziali e gli altri soggetti in possesso di titoli di studio e professionali individuati nei bandi di concorso, con riferimento alle specifiche esigenze dell'Amministrazione e sulla base di criteri generali di equivalenza stabiliti con decreto del Presidente del Consiglio dei Ministri, previo parere della Scuola superiore della pubblica amministrazione, sentito il Ministro dell'istruzione, dell'università e della ricerca. A tale fine le amministrazioni che bandiscono il concorso tengono in particolare conto del personale di ruolo che ha esercitato per almeno cinque anni funzioni di livello dirigenziale generale all'interno delle stesse ovvero del personale appartenente all'organico dell'Unione europea in virtù di un pubblico concorso organizzato da dette istituzioni.

3-*bis*. Al fine di assicurare la valutazione delle capacità, attitudini e motivazioni individuali, i concorsi di cui al comma 3 definiscono gli ambiti di competenza da valutare e prevedono prove scritte e orali, finalizzate alla valutazione comparativa, definite secondo metodologie e standard riconosciuti. A questo scopo, sono nominati membri di commissione professionisti esperti nella valutazione dei suddetti ambiti di competenza, senza maggiori oneri a carico della finanza pubblica (4).

4. I vincitori del concorso di cui al comma 1 sono assunti dall'amministrazione e, anteriormente al conferimento dell'incarico, sono tenuti all'espletamento di un periodo di formazione presso uffici amministrativi di uno Stato dell'Unione europea o di un organismo comunitario o internazionale secondo moduli definiti dalla Scuola nazionale dell'amministrazione (5). In ogni caso il periodo di formazione è completato entro tre anni dalla conclusione del concorso.[

5. La frequenza del periodo di formazione è obbligatoria ed è a tempo pieno, per una durata pari a sei mesi, anche non continuativi, e si svolge presso gli uffici di cui al comma 4, scelti dal vincitore tra quelli indicati dall'amministrazione.] (6)

6. Con regolamento emanato ai sensi dell'articolo 17, comma 1, della legge 23 agosto 1988, n. 400, su proposta del Ministro per la pubblica amministrazione e l'innovazione, di concerto con il Ministro dell'economia e delle finanze, e sentita la Scuola superiore della pubblica amministrazione, sono disciplinate le modalità di compimento del periodo di formazione, tenuto anche conto di quanto previsto nell'articolo 32.

7. Al termine del periodo di formazione è prevista, da parte degli uffici di cui al comma 4, una valutazione del livello di professionalità acquisito che equivale al superamento del periodo di prova necessario per l'immissione in ruolo di cui all'articolo 70, comma 13.

8. Le spese sostenute per l'espletamento del periodo di formazione svolto presso le sedi estere di cui al comma 4 sono a carico delle singole amministrazioni nell'ambito delle risorse finanziarie disponibili a legislazione vigente.

(1) *Articolo inserito dall'art. 47, comma 1, d.ls. 27 ottobre 2009, n. 150. Per la sospensione delle modalità di reclutamento previste dal presente articolo v. il comma 15, dell'art. 2, d.l. 6 luglio 2012, n. 95, come da ultimo modificato dall'art. 3, comma 5, d.l. 9 giugno 2021, n. 80, conv., con modif., in l. 6 agosto 2021, n. 113.*

(2) *Comma così sostituito dall'art. 3, comma 4, lett.* a), *d.l. n. 80, cit. Il testo del comma era il seguente:* « 1. Fermo restando quanto previsto dall'articolo 19, comma 4, l'accesso alla qualifica di dirigente di prima fascia nelle amministrazioni statali, anche ad ordinamento autonomo, e negli enti pubblici non economici avviene, per il cinquanta per cento dei posti, calcolati con riferimento a quelli che si rendono disponibili ogni anno per la cessazione dal servizio dei soggetti incaricati, tramite concorso pubblico per titoli ed esami indetto dalle singole amministrazioni, sulla base di criteri generali stabiliti con decreto del Presi-

dente del Consiglio dei Ministri, previo parere della Scuola superiore della pubblica amministrazione ».

(3) *Comma così sostituito dall'art. 3, comma 4, lett.* b), *d.l. n. 80, cit. Il testo del comma era il seguente:* « 2. Nei casi in cui lo svolgimento dei relativi incarichi richieda specifica esperienza e peculiare professionalità, alla copertura di singoli posti e comunque di una quota non superiore alla metà di quelli da mettere a concorso ai sensi del comma 1 si può provvedere, con contratti di diritto privato a tempo determinato, attraverso concorso pubblico aperto ai soggetti in possesso dei requisiti professionali e delle attitudini manageriali corrispondenti al posto di funzione da coprire. I contratti sono stipulati per un periodo non superiore a tre anni ».

(4) *Comma inserito dall'art. 3, comma 4, lett.* c), *d.l. n. 80, cit.*

(5) *Le parole* « secondo moduli definiti dalla Scuola nazionale dell'amministrazione » *sono state inserito dall'art. 3, comma 4, lett.* d), *d.l. n. 80, cit.*

(6) *Comma abrogato dall'art. 3, comma 4, lett.* e), *d.l. n. 80, cit.*

29 Reclutamento dei dirigenti scolastici (1). (Art. 28-*bis* del d.ls. n. 29 del 1993, aggiunto dall'art. 1 del d.ls. n. 59 del 1998 e successivamente modificato dall'art. 11, comma 15 della legge n. 124 del 1999).

1. Il reclutamento dei dirigenti scolastici si realizza mediante concorso selettivo per titoli ed esami, organizzato su base regionale, bandito dal Ministero dell'istruzione, dell'università e della ricerca, di concerto con il Ministro per la pubblica amministrazione e con il Ministro dell'economia e delle finanze, per tutti i posti vacanti nel triennio, fermo restando il regime autorizzatorio in materia di assunzioni di cui all'articolo 39, comma 3-*bis*, della legge 27 dicembre 1997, n. 449, e successive modificazioni. Al concorso può partecipare il personale docente ed educativo delle istituzioni scolastiche ed educative statali in possesso del relativo diploma di laurea magistrale ovvero di laurea conseguita in base al previgente ordinamento, che abbia maturato un'anzianità complessiva nel ruolo di appartenenza di almeno cinque anni. È previsto il pagamento di un contributo, da parte dei candidati, per le spese della procedura concorsuale. Il concorso può comprendere una prova preselettiva e comprende una o più prove scritte, cui sono ammessi tutti coloro che superano l'eventuale preselezione, e una prova orale, a cui segue la valutazione dei titoli. Le prove scritte e la prova orale sono superate dai candidati che conseguano, in ciascuna prova, il punteggio minimo di sette decimi o equivalente. Con uno o più decreti del Ministro dell'istruzione, dell'università e della ricerca, di concerto con il Ministro per la pubblica amministrazione e con il Ministro dell'economia e delle finanze, sono definiti le modalità di svolgimento del concorso e dell'eventuale preselezione, le prove e i programmi concorsuali, la valutazione della preselezione, delle prove e dei titoli, la disciplina del periodo di formazione e prova e i contenuti dei moduli formativi relativi ai due anni successivi alla conferma in ruolo. (2).

(1) *Articolo sostituito dall'art. 17, comma 1, d.l. 12 settembre 2013, n. 104.*

(2) *Comma sostituito dall'art. 2, comma 1, d.l. 29 ottobre 2019, n. 126, conv., con modif., in l. 20 dicembre 2019, n. 159. Il testo del comma, come sostituito dall'art. 1, comma 217, l. 28 dicembre 2015, n. 208, era il seguente:* « Il reclutamento dei dirigenti scolastici si realizza mediante corso-concorso selettivo di formazione bandito dal Ministero dell'istruzione, dell'università e della ricerca, sentito il Ministero dell'economia e delle finanze, per tutti i posti vacanti nel triennio, fermo restando il regime autorizzatorio in materia di assunzioni di cui all'articolo 39, comma 3-*bis*, della legge 27 dicembre 1997, n. 449, e successive modificazioni. Al corso-concorso possono essere ammessi candidati in numero superiore a quello dei posti, secondo una percentuale massima del 20 per cento, determinata dal decreto di cui all'ultimo periodo del presente comma. Al concorso per l'accesso al corso-concorso può partecipare il personale docente ed educativo delle istituzioni scolastiche ed educative statali in possesso del relativo diploma di laurea magistrale ovvero di laurea conseguita in base al previgente ordinamento, che abbia maturato un'anzianità complessiva nel ruolo di appartenenza di almeno cinque anni. È previsto il pagamento di un contributo, da parte dei candidati, per le spese della procedura concorsuale. Il concorso può comprendere una prova preselettiva e comprende una o più prove scritte, cui sono ammessi tutti coloro che superano l'eventuale preselezione, e una prova orale, a cui segue la valutazione dei titoli. Il corsoconcorso si svolge in giorni e orari e con metodi didattici compatibili con l'attività didattica svolta dai partecipanti, con eventuale riduzione del loro carico didattico. Le spese di viaggio e alloggio sono a carico dei partecipanti. Con decreto del Ministro dell'istruzione, dell'università e della ricerca sono definite le modalità di svolgimento delle procedure concorsuali, la durata del corso e le forme di valutazione dei candidati ammessi al corso ». *In attuazione di quanto disposto dal presente comma v. il d.m. 3 agosto 2017, n. 138.*

CAPO III

Uffici, piante organiche, mobilità e accessi

29-*bis* Mobilità intercompartimentale (1).

1. Al fine di favorire i processi di mobilità fra i comparti di contrattazione del personale delle pubbliche amministrazioni, con decreto del Presidente del Consiglio dei Ministri, su proposta del Ministro per la pubblica amministrazione e l'innovazione, di concerto con il Ministro dell'economia e delle finanze, previo parere della Conferenza unificata di cui all'articolo 8 del decreto legislativo n. 281 del 1997, sentite le Organizzazioni sindacali è definita, senza nuovi o maggiori oneri per la finanza pubblica, una tabella di equiparazione fra i livelli di inquadramento previsti dai contratti collettivi relativi ai diversi comparti di contrattazione.

(1) *Articolo inserito dall'art. 48, comma 1, d.ls. 27 ottobre 2009, n. 150.*

30 Passaggio diretto di personale tra amministrazioni diverse. (Art. 33 del d.ls. n. 29 del 1993, come sostituito prima dall'art. 13 del d.ls. n. 470 del 1993 e poi dall'art. 18 del d.ls. n. 80 del 1998 e successivamente modificato dall'art. 20, comma 2 della legge n. 488 del 1999).

1. Le amministrazioni possono ricoprire posti vacanti in organico mediante passaggio diretto di dipendenti di cui all'articolo 2, comma 2, appartenenti a una qualifica corrispondente e in servizio presso altre amministrazioni, che facciano domanda di trasferimento[, previo assenso dell'amministrazione di appartenenza] (1). È richiesto il previo assenso dell'amministrazione di appartenenza nel caso in cui si tratti di posizioni dichiarate motivatamente infungibili dall'amministrazione cedente o, di personale assunto da meno di tre anni o qualora la mobilità determini una carenza di organico superiore al 20 per cento nella qualifica corrispondente a quella del richiedente (2). È fatta salva la possibilità di differire, per motivate esigenze organizzative, il passaggio diretto del dipendente fino ad un massimo di sessanta giorni dalla ricezione dell'istanza di passaggio diretto ad altra amministrazione (2). Le disposizioni di cui ai periodi secondo e

terzo non si applicano al personale delle aziende e degli enti del servizio sanitario nazionale e degli enti locali con un numero di dipendenti a tempo indeterminato non superiore a 100 (3), per i quali è comunque richiesto il previo assenso dell'amministrazione di appartenenza (2). Al personale della scuola continuano ad applicarsi le disposizioni vigenti in materia (2). Le amministrazioni, fissando preventivamente i requisiti e le competenze professionali richieste, pubblicano sul proprio sito istituzionale, per un periodo pari almeno a trenta giorni, un bando in cui sono indicati i posti che intendono ricoprire attraverso passaggio diretto di personale di altre amministrazioni, con indicazione dei requisiti da possedere. In via sperimentale e fino all'introduzione di nuove procedure per la determinazione dei fabbisogni standard di personale delle amministrazioni pubbliche, per il trasferimento tra le sedi centrali di differenti ministeri, agenzie ed enti pubblici non economici nazionali non è richiesto l'assenso dell'amministrazione di appartenenza, la quale dispone il trasferimento entro due mesi dalla richiesta dell'amministrazione di destinazione, fatti salvi i termini per il preavviso e a condizione che l'amministrazione di destinazione abbia una percentuale di posti vacanti superiore all'amministrazione di appartenenza. Per agevolare le procedure di mobilità la Presidenza del Consiglio dei Ministri - Dipartimento della funzione pubblica istituisce un portale finalizzato all'incontro tra la domanda e l'offerta di mobilità (4).

1.1. [Le disposizioni di cui al comma 1 non si applicano agli enti locali con un numero di dipendenti a tempo indeterminato non superiore a 100] (5). Per gli enti locali con un numero di dipendenti compreso tra 101 e 250, la percentuale di cui al comma 1 è stabilita al 5 per cento; per gli enti locali con un numero di dipendenti non superiore a 500, la predetta percentuale è fissata al 10 per cento. La percentuale di cui al comma 1 è da considerare all'esito della mobilità e riferita alla dotazione organica dell'ente (6).

1-*bis*. L'amministrazione di destinazione provvede alla riqualificazione dei dipendenti la cui domanda di trasferimento è accolta, eventualmente avvalendosi, ove sia necessario predisporre percorsi specifici o settoriali di formazione, della Scuola nazionale dell'amministrazione. All'attuazione del presente comma si provvede utilizzando le risorse umane, strumentali e finanziarie disponibili a legislazione vigente e, comunque, senza nuovi o maggiori oneri per la finanza pubblica (7).

1-*ter*. La dipendente vittima di violenza di genere inserita in specifici percorsi di protezione, debitamente certificati dai servizi sociali del comune di residenza, può presentare domanda di trasferimento ad altra amministrazione pubblica ubicata in un comune diverso da quello di residenza, previa comunicazione all'amministrazione di appartenenza. Entro quindici giorni dalla suddetta comunicazione l'amministrazione di appartenenza dispone il trasferimento presso l'amministrazione indicata dalla dipendente, ove vi siano posti vacanti corrispondenti alla sua qualifica professionale (8).

2. Nell'ambito dei rapporti di lavoro di cui all'articolo 2, comma 2, i dipendenti possono essere trasferiti all'interno della stessa amministrazione o, previo accordo tra le amministrazioni interessate, in altra amministrazione, in sedi collocate nel territorio dello stesso comune ovvero a distanza non superiore a cinquanta chilometri dalla sede cui sono adibiti. Ai fini del presente comma non si applica il terzo periodo del primo comma dell'articolo 2103 del codice civile. Con decreto del Ministro per la semplificazione e la pubblica amministrazione, previa consultazione con le confederazioni sindacali rappresentative e previa intesa, ove necessario, in sede di conferenza unificata di cui all'articolo 8 del decreto legislativo 28 agosto 1997, n. 281, possono essere fissati criteri per realizzare i processi di cui al presente comma, anche con passaggi diretti di personale tra amministrazioni senza preventivo accordo, per garantire l'esercizio delle funzioni istituzionali da parte delle amministrazioni che presentano carenze di organico. Le disposizioni di cui al presente comma si applicano ai dipendenti con figli di età inferiore a tre anni, che hanno diritto al congedo parentale, e ai soggetti di cui all'articolo 33, comma 3, della legge 5 febbraio 1992, n. 104, e successive modificazioni, con il consenso degli stessi alla prestazione della propria attività lavorativa in un'altra sede (9).

2.1. Nei casi di cui ai commi 1 e 2 per i quali sia necessario un trasferimento di risorse, si applica il comma 2.3 (10).

2.2. I contratti collettivi nazionali possono integrare le procedure e i criteri generali per l'attuazione di quanto previsto dai commi 1 e 2. Sono nulli gli accordi, gli atti o le clausole dei contratti collettivi in contrasto con le disposizioni di cui ai commi 1 e 2 (10).

2.3. Al fine di favorire i processi di cui ai commi 1 e 2, è istituito, nello stato di previsione del Ministero dell'economia e delle finanze, un fondo destinato al miglioramento dell'allocazione del personale presso le pubbliche amministrazioni, con una dotazione di 15 milioni di euro per l'anno 2014 e di 30 milioni di euro a decorrere dall'anno 2015, da attribuire alle amministrazioni destinatarie dei predetti processi. Al fondo confluiscono, altresì, le risorse corrispondenti al cinquanta per cento del trattamento economico spettante al personale trasferito mediante versamento all'entrata dello Stato da parte dell'amministrazione cedente e corrispondente riassegnazione al fondo ovvero mediante contestuale riduzione dei trasferimenti statali all'amministrazione cedente. I criteri di utilizzo e le modalità di gestione-delle risorse del fondo sono stabiliti con decreto del Presidente del Consiglio dei Ministri, di concerto con il Ministro dell'economia e delle finanze. In sede di prima applicazione, nell'assegnazione delle risorse vengono prioritariamente valutate le richieste finalizzate all'ottimale funzionamento degli uffici giudiziari che presentino rilevanti carenze di personale. Le risorse sono assegnate alle amministrazioni di destinazione sino al momento di effettiva permanenza in servizio del personale e conseguentemente alla piena applicazione della riforma delle province di cui alla legge 7 aprile 2014, n. 56 oggetto delle procedure di cui ai commi 1 e 2 (10).

2.4. Agli oneri derivanti dall'attuazione del comma 2.3, pari a 15 milioni di euro per l'anno 2014 e a 30 milioni di euro a decorrere dall'anno 2015, si provvede, quanto a 6 milioni di euro per l'anno 2014 e a 9 milioni di euro a decorrere dal 2015 mediante corrispondente riduzione dell'autorizzazione di spesa di cui all'articolo 3, comma 97, della legge 24 dicembre 2007, n. 244, quanto a 9 milioni di euro a decorrere dal 2014 mediante corrispondente riduzione dell'autorizzazione di spesa di cui all'articolo 1, comma 14, del decreto-legge del 3 ottobre 2006, n. 262 convertito con modificazioni, dalla legge 24 novembre 2006, n. 286 e quanto a 12 milioni di euro a decorrere dal 2015 mediante corrispondente riduzione dell'autorizzazione di spesa di cui all'articolo 1, comma 527, della legge 27 dicembre 2006, n. 296. A decorrere dall'anno 2015, il fondo di cui al comma 2.3 può essere rideterminato ai sensi dell'articolo 11, comma 3, lettera *d*), della legge 31 dicembre 2009, n. 196. Il Ministro dell'economia e delle finanze è autorizzato ad apportare con propri decreti le occorrenti variazioni di bilancio per l'attuazione del presente articolo (10).

2-*bis*. Le amministrazioni, prima di procedere all'espletamento di procedure concorsuali, finalizzate alla copertura di posti vacanti in organico, devono attivare le procedure di mobilità di cui al comma 1, provvedendo, in via prioritaria, all'immissione in ruolo dei dipendenti, provenienti da altre amministrazioni, in posizione di comando o di fuori ruolo, appartenenti alla stessa area funzionale, che facciano domanda di trasferimento nei ruoli delle amministrazioni in cui prestano servizio. Il trasferimento è disposto, nei limiti dei posti vacanti, con inquadramento nell'area funzionale e posizione economica corrispondente a quella posseduta presso le amministrazioni di provenienza; il trasferimento può essere disposto anche se la vacanza sia presente in area diversa da quella di inquadramento assicurando la necessaria neutralità finanziaria (11).

2-*ter*. L'immissione in ruolo di cui al comma 2-*bis*, limitatamente alla Presidenza del Consiglio dei Ministri e al Ministero degli affari esteri, in ragione della specifica professionalità richiesta ai propri dipendenti, avviene previa valutazione comparativa dei titoli di servizio e di studio, posseduti dai dipendenti comandati o fuori ruolo al momento della presentazione della domanda di trasferimento, nei limiti dei posti effettivamente disponibili (12).

2-*quater*. La Presidenza del Consiglio dei Ministri, per fronteggiare le situazioni di emergenza in atto, in ragione della specifica professionalità richiesta ai propri dipendenti può procedere alla riserva di posti da destinare al personale assunto con ordinanza per le esigenze della Protezione civile e del servizio civile, nell'ambito delle procedure concorsuali di cui all'articolo 3, comma 59, della legge 24 dicembre 2003, n. 350, e all'articolo 1, comma 95, della legge 30 dicembre 2004, n. 311 (12).

2-*quinques*. Salvo diversa previsione, a seguito dell'iscrizione nel ruolo dell'amministrazione di destinazione, al dipendente trasferito per mobilità si applica esclusivamente il trattamento giuridico ed economico, compreso quello accessorio, previsto nei contratti collettivi vigenti nel comparto della stessa amministrazione (13).

2-*sexies*. Le pubbliche amministrazioni, per motivate esigenze organizzative, risultanti dai documenti di programmazione previsti all'articolo 6, possono utilizzare in assegnazione temporanea, con le modalità previste dai rispettivi ordinamenti, personale di altre amministrazioni per un periodo non superiore a tre anni, fermo restando quanto già previsto da norme speciali sulla materia, nonché il regime di spesa eventualmente previsto da tali norme e dal presente decreto (14) (15).

(1) *Le parole* «, previo assenso dell'amministrazione di appartenenza » *sono state soppresse dall'art. 3, comma 7, lett.* a), *d.l. 9 giugno 2021, n. 80, conv., con modif., in l. 6 agosto 2021, n. 113.*

(2) *Periodo inserito dall'art. 3, comma 7, lett.* b), *d.l. n. 80, cit.*

(3) *Le parole* « e degli enti locali con un numero di dipendenti a tempo indeterminato non superiore a 100 » *sono state inserite dall'art. 12, comma 1, lett.* a) *d.l. 21 ottobre 2021, n. 146, conv., con modif., in l. 17 dicembre 2021, n. 215.*

(4) *Comma modificato dall'art. 16 l. 28 novembre 2005, n. 246 e successivamente sostituito dall'art. 49, comma 1, d.lgs. 27 ottobre 2009, n. 150 e dall'art. 4, comma 1, d.l. 24 giugno 2014, n. 90, conv., con modif., in l. 11 agosto 2014, n. 114. In deroga a quanto disposto dal presente comma v. l''art. 29, comma 3, l. 28 dicembre 2015, n. 221 e l'art. 1, comma 445, l. 27 dicembre 2017, n. 205. Quest'ultimo prevede che: « 445. Per il biennio 2018-2019, nel rispetto della programmazione triennale del fabbisogno di personale l'AGENAS può bandire, in deroga alle procedure di mobilità di cui all'articolo 30, comma 1, del decreto legislativo 30 marzo 2001, n. 165, e successive modificazioni, nonché ad ogni altra procedura per l'assorbimento del personale in esubero dalle amministrazioni pubbliche e nel limite dei posti disponibili nella propria dotazione organica, procedure concorsuali, per esami, per assunzioni a tempo indeterminato di 100 unità di personale, di cui 10 dirigenti di area III, 80 di categoria D a posizione economica di base, 7 di categoria C a posizione economica di base e 3 di categoria B a posizione economica di base, con una riserva di posti non superiore al 50 per cento per il personale non di ruolo, di qualifica non dirigenziale, che, alla data di entrata in vigore della presente legge, presti servizio, con contratto a tempo determinato ovvero con contratto di lavoro flessibile, ivi compresi i contratti di collaborazione coordinata e continuativa da almeno tre anni, presso l'AGENAS ».*

(5) *Periodo soppresso dall'art. 12, comma 1, lett.* b) *d.l. n. 146, cit.*

(6) *Comma inserito dall'art. 3, comma 7-*bis*, d.l. n. 80, cit.*

(7) *Comma inserito dall'art. 49, comma 2, d.lgs. 27 ottobre 2009, n. 150 e successivamente sostitutito dall'art. 4, comma 1, d.l. n. 90, cit.*

(8) *Comma inserito dall'art. 14, comma 6, l. 7 agosto 2015, n. 124.*

(9) *Comma modificato dall'art. 16 l. 28 novembre 2005, n. 246 e successivamente sostitutito dall'art. 4, comma 1, d.l. n. 90, cit.*

(10) *Comma così sostituito dall'art. 3 comma 1 d.lgs. 25 maggio 2017, n. 75. Il testo del comma era il seguente:* « 2.2. Sono nulli gli accordi, gli atti o le clausole dei contratti collettivi in contrasto con le disposizioni di cui ai commi 1 e 2 ». *Tale comma era stato inserito dall'art. 4, comma 1, d.l. n. 90, cit., per effetto della sostituzione dei precedenti commi da 1 a 2 con i commi da 1 a 2.4.*

(11) *Comma inserito dall'art. 5, comma 1-*quater *d.l. 31 gennaio 2005, n. 7, conv., con modif., in l. 31 marzo 2005, n. 43, e successivamente modificato dall'art. 1, comma 19, d.l. 13 agosto 2011, n. 138, conv., con modif., in l. 14 settembre 2011, n. 148.*

(12) *Comma inserito dall'art. 5, comma 1-*quater *d.l. n. 7, cit.*

(13) *Comma aggiunto dall'art. 16 l. 28 novembre 2005, n. 246.*

(14) *Comma aggiunto dall'art. 13, comma 2, l. 4 novembre 2010, n. 183. A norma dell'art. 1, comma 413, l. 24 dicembre 2012, n. 228, a decorrere dal 1° gennaio 2013, i provvedimenti con i quali sono disposte le assegnazioni temporanee. del personale tra amministrazioni pubbliche, di cui al presente comma, sono adottati d'intesa tra le amministrazioni interessate, con l'assenso dell'interessato.*

(15) *In deroga a quanto disposto dal presente articolo v. l'art. 15-*ter, *comma 3, d.l. 16 ottobre 2017, n. 148, conv., con modif., in l. 4 dicembre 2017, n. 172, e successivamente l'art. 1, commi 567, 572 e 576, l. 27 dicembre 2017, n. 205, che così dispongono: « 567. In attuazione dei commi 565 e 566 il Ministero delle infrastrutture e dei trasporti è autorizzato ad avviare appositi concorsi pubblici, tenuto conto di quanto previsto all'articolo 4, comma 3, del decreto-legge 31 agosto 2013, n. 101, convertito, con modificazioni, dalla legge 30 ottobre 2013, n. 125, in deroga a quanto previsto all'articolo 30 del decreto legislativo 30 marzo 2001, n. 165, e all'articolo 4, comma 3-*quinquies*, del citato decreto-legge 31 agosto 2013, n. 101. Resta ferma la facoltà di avvalersi della previsione di cui all'articolo 3, comma 61, terzo periodo, della legge 24 dicembre 2003, n. 350. - 572. In attuazione dei commi 570 e 571, il Ministero delle infrastrutture e dei trasporti è autorizzato ad avviare appositi concorsi pubblici, tenuto conto di quanto previsto dall'articolo 4, comma 3, del decreto-legge 31 agosto 2013, n. 101, convertito, con modificazioni, dalla legge 30 ottobre 2013, n. 125, in deroga a quanto previsto dall'articolo 30 del decreto legislativo 30 marzo 2001, n. 165, e*

*dall'articolo 4, comma 3-*quinquies, *del citato decreto-legge n. 101 del 2013. Resta ferma la facoltà di avvalersi della previsione di cui all'articolo 3, comma 61, terzo periodo, della legge 24 dicembre 2003, n. 350. 576. Al fine di garantire il rispetto, da parte di tutti gli operatori del sistema dell'aviazione civile, degli standard di sicurezza stabiliti dalla normativa internazionale, l'ENAC, in aggiunta alle vigenti facoltà assunzionali, è autorizzato, nei limiti dell'attuale dotazione organica, in considerazione dei significativi incrementi degli investimenti in opere aeroportuali, del numero dei passeggeri e delle merci trasportate, a procedere, previo svolgimento di procedure selettive pubbliche, all'assunzione di 93 unità di personale appartenenti alle categorie professionali e operative, tenuto conto di quanto previsto dall'articolo 4, comma 3, del decreto-legge 31 agosto 2013, n. 101, convertito, con modificazioni, dalla legge 30 ottobre 2013, n. 125, in deroga a quanto previsto dall'articolo 30 del decreto legislativo 30 marzo 2001, n. 165, e dall'articolo 4, comma 3-*quinquies, *del citato decreto-legge n. 101 del 2013, in relazione alle specifiche professionalità necessarie per lo svolgimento, in particolare, di attività di certificazione, ispezione, vigilanza e controllo sugli operatori aerei e sulle organizzazioni aeronautiche. All'onere derivante dall'attuazione del precedente periodo, pari a 5.050.000 euro annui a decorrere dall'anno 2018, l'ENAC provvede con risorse proprie. ».*

*Si veda anche l'art. 15, comma 3, d.l. 28 settembre 2018, n. 109, conv., con modif., in l. 16 novembre 2018, n. 130, secondo cui: « 3. In attuazione dei commi 1 e 2, il Ministero delle infrastrutture e dei trasporti è autorizzato ad avviare appositi concorsi pubblici, tenuto conto di quanto previsto dall'articolo 4, comma 3, del decreto-legge 31 agosto 2013, n. 101, convertito, con modificazioni, dalla legge 30 ottobre 2013, n. 125, in deroga a quanto previsto dall'articolo 30 del decreto legislativo 30 marzo 2001, n. 165, e dall'articolo 4, comma 3-*quinquies, *del citato decreto-legge n. 101 del 2013. Resta ferma la facoltà di avvalersi della previsione di cui all'articolo 3, comma 61, terzo periodo, della legge 24 dicembre 2003, n. 350 ».*

*Si veda anche l'art. 15-*bis, *comma 1, d.l. 28 settembre 2018, n. 109, conv., con modif., in l. 16 novembre 2018, n. 130, ai sensi del quale: « 1. Per far fronte alla necessità di coprire le gravi scoperture organiche degli uffici giudiziari del distretto della corte di appello di Genova nonché per garantire il regolare andamento dell'attività giudiziaria in ragione dell'incremento dei procedimenti civili e penali presso i medesimi uffici, il Ministero della giustizia è a autorizzato ad assumere in via straordinaria, nell'ambito dell'attuale dotazione organica, nel biennio 2018-2019, con contratto di lavoro a tempo indeterminato un contingente massimo di 50 unità di personale amministrativo non dirigenziale da inquadrare nei ruoli dell'amministrazione giudiziaria. Il personale di cui al periodo precedente è assunto, in deroga a quanto previsto dagli articoli 30 e 35, comma 4, del decreto legislativo 30 marzo 2001, n. 165, e ferme restando le previsioni di cui all'articolo 4, commi 3, 3-*bis *e 3-*ter, *del decreto-legge 31 agosto 2013, n. 101, convertito, con modificazioni, dalla legge 30 ottobre 2013, n. 125, mediante lo scorrimento di graduatorie delle pubbliche amministrazioni in corso di validità alla data di entrata in vigore della legge di conversione del presente decreto ovvero mediante selezioni pubbliche svolte su base nazionale, anche con modalità semplificate definite con decreto del Ministro per la pubblica amministrazione, di concerto con il Ministro della giustizia, da adottare entro trenta giorni dalla data di entrata in vigore della legge di conversione del presente decreto, anche in deroga alla disciplina prevista dal regolamento di cui al decreto del Presidente della Repubblica 9 maggio 1994, n. 487, per quanto concerne, in particolare, la tipologia e le modalità di svolgimento delle prove di esame e la nomina delle commissioni e delle sottocommissioni. Il personale di cui è autorizzata l'assunzione ai sensi del presente comma è destinato in via esclusiva agli uffici giudiziari del distretto della corte di appello di Genova e, tra questi, in via prioritaria agli uffici giudiziari della città di Genova, presso i quali deve prestare servizio per un periodo non inferiore a cinque anni ai sensi dell'articolo 35, comma 5-*bis, *del citato decreto legislativo n. 165 del 2001 ».*

*V. inoltre l'art. 1, comma 10-*octies, *d.l. 30 dicembre 2019, n. 162, conv., con modif., in l. 28 febbraio 2020 n. 8, secondo cui « 10-*octies. *A decorrere dal 1° marzo 2020, le amministrazioni pubblicano i bandi di mobilità di cui all'articolo 30, comma 1, del decreto legislativo 30 marzo 2001, n. 165, nel portale internet del Dipartimento della funzione pubblica della Presidenza del Consiglio dei ministri. A tale fine, con decreto del Ministro per la pubblica amministrazione, previa intesa in sede di Conferenza unificata di cui all'articolo 8 del decreto legislativo 28 agosto 1997, n. 281, sono disciplinate le modalità di pubblicazione nel portale, di cui al predetto articolo 30, comma 1, del decreto legislativo n. 165 del 2001, degli avvisi di mobilità adottati dalle pubbliche amministrazioni, dei bandi di concorso per l'accesso al pubblico impiego, delle relative graduatorie di merito e delle graduatorie degli idonei non vincitori ai quali le amministrazioni possono attingere, ai sensi dell'articolo 3, comma 61, della legge 24 dicembre 2003, n. 350, nei limiti di validità delle graduatorie medesime. Fermo restando quanto previsto dall'articolo 34-*bis, *comma 5, del citato decreto legislativo n. 165 del 2001, le assunzioni effettuate in deroga agli articoli 30 e 34-*bis *del medesimo decreto legislativo sono fatte salve a condizione che, alla data di entrata in vigore della legge di conversione del presente decreto, non sia intervenuto un provvedimento giurisdizionale definitivo ».*

31 Passaggio di dipendenti per effetto di trasferimento di attività. (Art. 34 del d.ls. n. 29 del 1993, come sostituito dall'art. 19 del d.ls. n. 80 del 1998).

1. Fatte salve le disposizioni speciali, nel caso di trasferimento o conferimento di attività, svolte da pubbliche amministrazioni, enti pubblici o loro aziende o strutture, ad altri soggetti, pubblici o privati, al personale che passa alle dipendenze di tali soggetti si applicano l'articolo 2112 del codice civile e si osservano le procedure di informazione e di consultazione di cui all'articolo 47, commi da 1 a 4, della legge 29 dicembre 1990, n. 428.

32 Scambio di funzionari appartenenti a Paesi diversi e temporaneo servizio all'estero. (Art. 33-*bis* del d.ls. n. 29 del 1993, aggiunto dall'art. 11 del d.ls. n. 387 del 1998) (1).

1. Le amministrazioni pubbliche favoriscono e incentivano le esperienze del proprio personale presso le istituzioni europee, le organizzazioni internazionali nonché gli Stati membri dell'Unione europea, gli Stati candidati all'adesione all'Unione e gli altri Stati con i quali l'Italia intrattiene rapporti di collaborazione, ai sensi della lettera *c*), al fine di favorire lo scambio internazionale di esperienze amministrative e di rafforzare il collegamento tra le amministrazioni di provenienza e quelle di destinazione. I dipendenti delle amministrazioni pubbliche possono essere destinati a prestare temporaneamente servizio presso:

a) il Parlamento europeo, il Consiglio dell'Unione europea, la Commissione europea, le altre istituzioni e gli altri organi dell'Unione europea, incluse le agenzie, prioritariamente in qualità di esperti nazionali distaccati;

b) le organizzazioni e gli enti internazionali ai quali l'Italia aderisce;

c) le amministrazioni pubbliche degli Stati membri dell'Unione europea, degli Stati candidati all'adesione all'Unione e di altri Stati con i quali l'Italia intrattiene rapporti di collaborazione, a seguito di appositi accordi di reciprocità stipulati tra le amministrazioni interessate, d'intesa con il Ministero degli affari esteri e con la Presidenza del Consiglio dei Ministri - Dipartimento della funzione pubblica.

2. Ai fini di cui al comma 1, la Presidenza del Consiglio dei Ministri - Dipartimenti della funzione pubblica e per le politiche europee e il Ministero degli affari esteri, d'intesa tra loro:

a) coordinano la costituzione di una banca dati di potenziali candidati qualificati dal punto di vista delle competenze in materia europea o internazionale e delle conoscenze linguistiche;

b) definiscono, d'intesa con le amministrazioni interessate, le aree di impiego prioritarie del personale da distaccare, con specifico riguardo agli esperti nazionali presso le istituzioni dell'Unione europea;

c) promuovono la sensibilizzazione dei centri decisionali, le informazioni relative ai posti vacanti nelle istituzioni internazionali e dell'Unione europea e la formazione del personale, con specifico riguardo agli esperti nazionali presso le istituzioni dell'Unione.

3. Il trattamento economico degli esperti nazionali distaccati può essere a carico delle amministrazioni di provenienza, di quelle di destinazione o essere suddiviso tra esse, ovvero essere rimborsato in tutto o in parte allo Stato italiano dall'Unione europea o da un'organizzazione o ente internazionale.

4. Il personale che presta servizio temporaneo all'estero resta a tutti gli effetti dipendente dell'amministrazione di appartenenza. L'esperienza maturata all'estero costituisce titolo preferenziale per l'accesso a posizioni economiche superiori o a progressioni orizzontali e verticali di carriera all'interno dell'amministrazione pubblica.

(1) *Articolo sostituito dall'art. 21, comma 2, l. 24 dicembre 2012, n. 234.*

33 Eccedenze di personale e mobilità collettiva. (Art. 35 del d.ls. n. 29 del 1993, come sostituito prima dall'art. 14 del d.ls. n. 470 del 1993 e dall'art. 16 del d.ls. n. 546 del 1993 e poi dall'art. 20 del d.ls. n. 80 del 1998 e successivamente modificato dall'art. 12 del d.ls. n. 387 del 1998).

1. Le pubbliche amministrazioni che hanno situazioni di soprannumero o rilevino comunque eccedenze di personale, in relazione alle esigenze funzionali o alla situazione finanziaria, anche in sede di ricognizione annuale prevista dall'articolo 6, comma 1, terzo e quarto periodo, sono tenute ad osservare le procedure previste dal presente articolo dandone immediata comunicazione al Dipartimento della funzione pubblica.

2. Le amministrazioni pubbliche che non adempiono alla ricognizione annuale di cui al comma 1 non possono effettuare assunzioni o instaurare rapporti di lavoro con qualunque tipologia di contratto pena la nullità degli atti posti in essere.

3. La mancata attivazione delle procedure di cui al presente articolo da parte del dirigente responsabile è valutabile ai fini della responsabilità disciplinare.

4. Nei casi previsti dal comma 1 del presente articolo il dirigente responsabile deve dare un'informativa preventiva alle rappresentanze unitarie del personale e alle organizzazioni sindacali firmatarie del contratto collettivo nazionale del comparto o area.

5. Trascorsi dieci giorni dalla comunicazione di cui al comma 4, l'amministrazione applica l'articolo 72, comma 11, del decreto-legge 25 giugno 2008, n. 112, convertito, con modificazioni, dalla legge 6 agosto 2008, n. 133, in subordine, verifica la ricollocazione totale o parziale del personale in situazione di soprannumero o di eccedenza nell'ambito della stessa amministrazione, anche mediante il ricorso a forme flessibili di gestione del tempo di lavoro o a contratti di solidarietà, ovvero presso altre amministrazioni, previo accordo con le stesse, comprese nell'ambito della regione tenuto anche conto di quanto previsto dall'articolo 1, comma 29, del decreto-legge 13 agosto 2011, n. 138, convertito, con modificazioni, dalla legge 14 settembre 2011, n. 148, nonché del comma 6.

6. I contratti collettivi nazionali possono stabilire criteri generali e procedure per consentire, tenuto conto delle caratteristiche del comparto, la gestione delle eccedenze di personale attraverso il passaggio diretto ad altre amministrazioni al di fuori del territorio regionale che, in relazione alla distribuzione territoriale delle amministrazioni o alla situazione del mercato del lavoro, sia stabilito dai contratti collettivi nazionali. Si applicano le disposizioni dell'articolo 30.

7. Trascorsi novanta giorni dalla comunicazione di cui al comma 4 l'amministrazione colloca in disponibilità il personale che non sia possibile impiegare diversamente nell'ambito della medesima amministrazione e che non possa essere ricollocato presso altre amministrazioni nell'ambito regionale, ovvero che non abbia preso servizio presso la diversa amministrazione secondo gli accordi di mobilità.

8. Dalla data di collocamento in disponibilità restano sospese tutte le obbligazioni inerenti al rapporto di lavoro e il lavoratore ha diritto ad un'indennità pari all'80 per cento dello stipendio e dell'indennità integrativa speciale, con esclusione di qualsiasi altro emolumento retributivo comunque denominato, per la durata massima di ventiquattro mesi. I periodi di godimento dell'indennità sono riconosciuti ai fini della determinazione dei requisiti di accesso alla pensione e della misura della stessa. È riconosciuto altresì il diritto all'assegno per il nucleo familiare di cui all'articolo 2 del decreto-legge 13 marzo 1988, n. 69, convertito, con modificazioni, dalla legge 13 maggio 1988, n. 153 (1).

(1) *Articolo modificato dall'art. 50, comma 1, d.lgs. 27 ottobre 2009, n. 150 e, successivamente, sostituito dall'art. 16, comma 1, l. 12 novembre 2011, n. 183, a decorrere dal 1° gennaio 2012, ai sensi dell'art. 36, comma 1, della medesima l. n. 183, cit.*

34 Gestione del personale in disponibilità. (Art. 35-*bis* del d.ls. n. 29 del 1993, aggiunto dall'art. 21 del d.ls. n. 80 del 1998).

1. Il personale in disponibilità è iscritto in appositi elenchi secondo l'ordine cronologico di sospensione del relativo rapporto di lavoro (1).

2. Per le amministrazioni dello Stato, anche ad ordinamento autonomo e per gli enti pubblici non economici nazionali, il Dipartimento della funzione pubblica della Presidenza del Consiglio dei ministri forma e gestisce l'elenco, avvalendosi anche, ai fini della riqualificazione professionale del personale e della sua ricollocazione in altre amministrazioni, della collaborazione delle strutture regionali e provinciali di cui al decreto legislativo 23 dicembre 1997, n. 469, e realizzando opportune forme di coordinamento con l'elenco di cui al comma 3.

3. Per le altre amministrazioni, l'elenco è tenuto dalle strutture regionali e provinciali di cui al decreto legislativo 23 dicembre 1997, n. 469 e successive modificazioni ed integrazioni, alle quali sono affidati i compiti di riqualificazione professionale e ricollocazione presso altre amministrazioni del personale. Le leggi regionali previste dal decreto legislativo 23 dicembre 1997, n. 469, nel provvedere all'organizzazione

del sistema regionale per l'impiego, si adeguano ai principi di cui al comma 2.

3-*bis*. Gli elenchi di cui ai commi 2 e 3 sono pubblicati sul sito istituzionale delle amministrazioni competenti (2).

4. Il personale in disponibilità iscritto negli appositi elenchi ha diritto all'indennità di cui all'articolo 33, comma 8, per la durata massima ivi prevista. La spesa relativa grava sul bilancio dell'amministrazione di appartenenza sino al trasferimento ad altra amministrazione, ovvero al raggiungimento del periodo massimo di fruizione dell'indennità di cui al medesimo comma 8. Fermo restando quanto previsto dall'articolo 33, il rapporto di lavoro si intende definitivamente risolto alla data del raggiungimento del periodo massimo di fruizione dell'indennità di cui al comma 8 del medesimo articolo 33, ovvero, prima del raggiungimento di detto periodo massimo, qualora il dipendente in disponibilità rinunci o non accetti per due volte l'assegnazione disposta ai sensi dell'articolo 34-*bis* nell'ambito della provincia dallo stesso indicata (3). Gli oneri sociali relativi alla retribuzione goduta al momento del collocamento in disponibilità sono corrisposti dall'amministrazione di appartenenza all'ente previdenziale di riferimento per tutto il periodo della disponibilità. Nei sei mesi anteriori alla data di scadenza del termine di cui all'articolo 33, comma 8, il personale in disponibilità può presentare, alle amministrazioni di cui ai commi 2 e 3, istanza di ricollocazione, in deroga all'articolo 2103 del codice civile, nell'ambito dei posti vacanti in organico, anche in una qualifica inferiore o in posizione economica inferiore della stessa o di inferiore area o categoria di un solo livello per ciascuna delle suddette fattispecie, al fine di ampliare le occasioni di ricollocazione. In tal caso la ricollocazione non può avvenire prima dei trenta giorni anteriori alla data di scadenza del termine di cui all'articolo 33, comma 8. Il personale ricollocato ai sensi del periodo precedente non ha diritto all'indennità di cui all'articolo 33, comma 8, e mantiene il diritto di essere successivamente ricollocato nella propria originaria qualifica e categoria di inquadramento, anche attraverso le procedure di mobilità volontaria di cui all'articolo 30. In sede di contrattazione collettiva con le organizzazioni sindacali maggiormente rappresentative possono essere stabiliti criteri generali per l'applicazione delle disposizioni di cui al quinto e al sesto periodo (4).

5. I contratti collettivi nazionali possono riservare appositi fondi per la riqualificazione professionale del personale trasferito ai sensi dell'articolo 33 o collocato in disponibilità e per favorire forme di incentivazione alla ricollocazione del personale, in particolare mediante mobilità volontaria.

6. Nell'ambito della programmazione triennale del personale di cui all'articolo 39 della legge 27 dicembre 1997, n. 449, e successive modificazioni, l'avvio di procedure concorsuali e le nuove assunzioni a tempo indeterminato o determinato per un periodo superiore a dodici mesi, ad esclusione di quelle relative al conferimento di incarichi dirigenziali ai sensi dell'articolo 19, comma 6, nonché al conferimento degli incarichi di cui all'articolo 110 del testo unico delle leggi sull'ordinamento degli enti locali, di cui al decreto legislativo 18 agosto 2000, n. 267, e all'articolo 15-*septies* del decreto legislativo 30 dicembre 1992, n. 502 (5), sono subordinate alla verificata impossibilità di ricollocare il personale in disponibilità iscritto nell'apposito elenco e in possesso della qualifica e della categoria di inquadramento occorrenti (5). I dipendenti iscritti negli elenchi di cui al presente articolo possono essere assegnati, nell'ambito dei posti vacanti in organico, in posizione di comando presso amministrazioni che ne facciano richiesta o presso quelle individuate ai sensi dell'articolo 34-*bis*, comma 5-*bis*. Gli stessi dipendenti possono, altresì, avvalersi della disposizione di cui all'articolo 23-*bis*. Durante il periodo in cui i dipendenti sono utilizzati con rapporto di lavoro a tempo determinato o in posizione di comando presso altre amministrazioni pubbliche o si avvalgono dell'articolo 23-*bis* il termine di cui all'articolo 33 comma 8 resta sospeso e l'onere retributivo è a carico dall'amministrazione o dell'ente che utilizza il dipendente (6).

7. Per gli enti pubblici territoriali le economie derivanti dalla minore spesa per effetto del collocamento in disponibilità restano a disposizione del loro bilancio e possono essere utilizzate per la formazione e la riqualificazione del personale nell'esercizio successivo.

8. Sono fatte salve le procedure di cui al decreto legislativo 18 agosto 2000, n. 267, relative al collocamento in disponibilità presso gli enti locali che hanno dichiarato il dissesto.

(1) *Comma sostituito dall'art. 5, comma 1-*quinquies*, d.l. 31 gennaio 2005, n. 7, conv., con modif., in l. 31 marzo 2005, n. 43.*

(2) *Comma inserito dall'art. 5, comma 1, lett.* a), *d.l. 24 giugno 2014, n. 90, conv., con modif., in l. 11 agosto 2014, n. 114.*

(3) *Il terzo periodo del comma è stato così sostituito dall'art. 3, comma 9, lett.* a), *n. 1), l. 19 giugno 2019, n. 56. Il testo del periodo era il seguente:* « Il rapporto di lavoro si intende definitivamente risolto a tale data, fermo restando quanto previsto nell'articolo 33 ». *Ai sensi dell'art. 6, comma 1, l. n. 56, cit. le disposizioni di cui al predetto art. 3 « recano norme di diretta attuazione dell'articolo 97 della Costituzione e costituiscono principi generali dell'ordinamento »*

(4) *Comma modificato dall'art. 5, comma 1, lett.* b), *d.l. n. 90, cit.*

(5) *Le parole da* « ad esclusione di quelle relative » *a* « decreto legislativo 30 dicembre 1992, n. 502 » *e le parole* « e in possesso della qualifica e della categoria di inquadramento occorrenti » *sono state aggiunte dall'art. 3, comma 9, lett.* a), *n. 2), l. 19 giugno 2019, n. 56. V. nota 3 per le disposizioni di cui all'art. 6, comma 1 l. n. 56, cit.*

(6) *Comma sostituito dall'art. 5, comma 1, lett.* c), *d.l. n. 90, cit.*

34-*bis* Disposizioni in materia di mobilità del personale (1).

1. Le amministrazioni pubbliche di cui all'articolo 1, comma 2, con esclusione delle amministrazioni previste dall'articolo 3, comma 1, ivi compreso il Corpo nazionale dei vigili del fuoco, prima di avviare le procedure di assunzione di personale, sono tenute a comunicare ai soggetti di cui all'articolo 34, commi 2 e 3, l'area, il livello e la sede di destinazione per i quali si intende bandire il concorso nonché, se necessario, le funzioni e le eventuali specifiche idoneità richieste.

2. La Presidenza del Consiglio dei Ministri - Dipartimento della funzione pubblica, di concerto con il Ministero dell'economia e delle finanze e le strutture regionali e provinciali di cui all'articolo 34, comma 3, provvedono, entro quindici giorni dalla comunicazione, ad assegnare secondo l'anzianità di iscrizione nel relativo elenco il personale collocato in disponibilità ai

sensi degli articoli 33 e 34. Le predette strutture regionali e provinciali, accertata l'assenza negli appositi elenchi di personale da assegnare alle amministrazioni che intendono bandire il concorso, comunicano tempestivamente alla Presidenza del Consiglio dei Ministri - Dipartimento della funzione pubblica le informazioni inviate dalle stesse amministrazioni. Entro quindici giorni dal ricevimento della predetta comunicazione, la Presidenza del Consiglio dei Ministri - Dipartimento della funzione pubblica, di concerto con il Ministero dell'economia e delle finanze, provvede ad assegnare alle amministrazioni che intendono bandire il concorso il personale inserito nell'elenco previsto dall'articolo 34, comma 2. A seguito dell'assegnazione, l'amministrazione destinataria iscrive il dipendente in disponibilità nel proprio ruolo e il rapporto di lavoro prosegue con l'amministrazione che ha comunicato l'intenzione di bandire il concorso (2).

L'amministrazione destinataria comunica tempestivamente alla Presidenza del Consiglio dei ministri - Dipartimento della funzione pubblica e alle strutture regionali e provinciali di cui all'articolo 34, comma 3, la rinuncia o la mancata accettazione dell'assegnazione da parte del dipendente in disponibilità (3).

3. Le amministrazioni possono provvedere a organizzare percorsi di qualificazione del personale assegnato ai sensi del comma 2.

4. Le amministrazioni, decorsi decorsi quarantacinque giorni (4) dalla ricezione della comunicazione di cui al comma 1 da parte del Dipartimento della funzione pubblica direttamente per le amministrazioni dello Stato e per gli enti pubblici non economici nazionali, comprese le università, e per conoscenza per le altre amministrazioni, possono procedere all'avvio della procedura concorsuale per le posizioni per le quali non sia intervenuta l'assegnazione di personale ai sensi del comma 2 (5).

5. Le assunzioni effettuate in violazione del presente articolo sono nulle di diritto. Restano ferme le disposizioni previste dall'articolo 39 della legge 27 dicembre 1997, n. 449, e successive modificazioni.

5-*bis*. Ove se ne ravvisi l'esigenza per una più tempestiva ricollocazione del personale in disponibilità iscritto nell'elenco di cui all'articolo 34, comma 2, il Dipartimento della funzione pubblica effettua ricognizioni presso le amministrazioni pubbliche per verificare l'interesse all'acquisizione in mobilità dei medesimi dipendenti. Si applica l'articolo 4, comma 2, del decreto-legge 12 maggio 1995, n. 163, convertito, con modificazioni, dalla legge 11 luglio 1995, n. 273 (6) (7).

(1) *Articolo inserito dall'art. 7 l. 16 gennaio 2003, n. 3.*

(2) *Comma sostituito dall'art. 5, comma 1-*sexies, *d.l. 31 gennaio 2005, n. 7, conv., con modif., in l. 31 marzo 2005, n. 43.*

(3) *Ultimo periodo aggiunto dall'art. 3, comma 9, lett.* b), *l. 19 giugno 2019, n. 56. Ai sensi dell'art. 6, comma 1, l. n. 56, cit. le disposizioni di cui al predetto art. 3 « recano norme di diretta attuazione dell'articolo 97 della Costituzione e costituiscono principi generali dell'ordinamento ».*

(4) *Comma così modificato dall'art. 3, comma 9, lett.* b), *l. 19 giugno 2019, n. 56, che ha sostituito le parole «* decorsi quarantacinque giorni *» alle parole «* decorsi due mesi *». V. nota 3 per le disposizioni di cui all'art. 6 l. n. 56, cit.*

(5) *Comma modificato dall'art. 5, comma 1-*septies, *d.l. n. 7, cit.*

(6) *Comma aggiunto dall'art. 5, comma 1-*octies, *d.l. n. 7, cit.*

(7) *Per la deroga alle presenti disposizioni v. l'art. 1, comma 247, l. 23 dicembre 2005, n. 266.*

34-*ter* (1) Anagrafe dei dipendenti della pubblica amministrazione.

1. Per il completo raggiungimento dei traguardi e degli obiettivi relativi alla missione M1C1: "Digitalizzazione, innovazione e sicurezza nella PA", del Piano nazionale di ripresa e resilienza, e per il completamento del fascicolo elettronico del dipendente è avviato, presso il Dipartimento della funzione pubblica della Presidenza del Consiglio dei ministri, il censimento anagrafico permanente dei dipendenti pubblici, avvalendosi della base di dati del personale della pubblica amministrazione del Ministero dell'economia e finanze, strumentale all'erogazione dei servizi di cui all'articolo 11, comma 9, del decreto-legge 6 luglio 2011, n. 98, convertito, con modificazioni, dalla legge 15 luglio 2011, n. 111, ed ampliata in attuazione del Piano Triennale per l'informatica nella pubblica amministrazione 2017-2019, nel rispetto delle norme del regolamento (UE) 2016/679 del Parlamento europeo e del Consiglio, del 27 aprile 2016, e del decreto legislativo 30 giugno 2003, n. 196. Con decreto del Ministro per la pubblica amministrazione e del Ministro dell'economia e delle finanze, di concerto con il Ministro per l'innovazione tecnologica e la transizione digitale, da adottare entro trenta giorni dalla data di entrata in vigore della presente disposizione, previa intesa in Conferenza unificata di cui all'articolo 8 del decreto legislativo 28 agosto 1997, n. 281, sono disciplinate le modalità di funzionamento e di comunicazione dei dati da parte delle amministrazioni pubbliche di cui all'articolo 1, comma 2, e degli enti pubblici economici. Alle attività derivanti dal presente articolo il Dipartimento della funzione pubblica provvede con le risorse umane, strumentali e finanziarie disponibili a legislazione vigente.

(1) *Articolo inserito dall'art. 35, comma 1, d.l. 1° marzo 2022, n. 17, in corso di conversione in legge.*

35 Reclutamento del personale. (Art. 36, commi da 1 a 6 del d.lgs n. 29 del 1993, come sostituiti prima dall'art. 17 del d.lgs n. 546 del 1993 e poi dall'art. 22 del d.lgs n. 80 del 1998, successivamente modificati dall'art. 2, comma 2-*ter* del decreto legge 17 giugno 1999, n. 180 convertito con modificazioni dalla legge n. 269 del 1999; Art. 36-*bis* del d.lgs n. 29 del 1993, aggiunto dall'art. 23 del d.lgs n. 80 del 1998 e successivamente modificato dall'art. 274, comma 1, lett. *aa*) del d.lgs n. 267 del 2000).

1. L'assunzione nelle amministrazioni pubbliche avviene con contratto individuale di lavoro:

a) tramite procedure selettive, conformi ai principi del comma 3, volte all'accertamento della professionalità richiesta, che garantiscano in misura adeguata l'accesso dall'esterno;

b) mediante avviamento degli iscritti nelle liste di collocamento ai sensi della legislazione vigente per le qualifiche e profili per i quali è richiesto il solo requisito della scuola dell'obbligo, facendo salvi gli eventuali ulteriori requisiti per specifiche professionalità.

2. Le assunzioni obbligatorie da parte delle amministrazioni pubbliche, aziende ed enti pubblici dei soggetti di cui alla legge 12 marzo 1999, n. 68, avvengono

per chiamata numerica degli iscritti nelle liste di collocamento ai sensi della vigente normativa, previa verifica della compatibilità della invalidità con le mansioni da svolgere. Per il coniuge superstite e per i figli del personale delle Forze armate, delle Forze dell'ordine, del Corpo nazionale dei vigili del fuoco e del personale della Polizia municipale deceduto nell'espletamento del servizio, nonché delle vittime del terrorismo e della criminalità organizzata di cui alla legge 13 agosto 1980, n. 466, e successive modificazioni ed integrazioni, tali assunzioni avvengono per chiamata diretta nominativa.

3. Le procedure di reclutamento nelle pubbliche amministrazioni si conformano ai seguenti principi:

a) adeguata pubblicità della selezione e modalità di svolgimento che garantiscano l'imparzialità e assicurino economicità e celerità di espletamento, ricorrendo, ove è opportuno, all'ausilio di sistemi automatizzati, diretti anche a realizzare forme di preselezione (1);

b) adozione di meccanismi oggettivi e trasparenti, idonei a verificare il possesso dei requisiti attitudinali e professionali richiesti in relazione alla posizione da ricoprire;

c) rispetto delle pari opportunità tra lavoratrici e lavoratori;

d) decentramento delle procedure di reclutamento;

e) composizione delle commissioni esclusivamente con esperti di provata competenza nelle materie di concorso, scelti tra funzionari delle amministrazioni, docenti ed estranei alle medesime, che non siano componenti dell'organo di direzione politica dell'amministrazione, che non ricoprano cariche politiche e che non siano rappresentanti sindacali o designati dalle confederazioni ed organizzazioni sindacali o dalle associazioni professionali.

[*e-bis*) facoltà, per ciascuna amministrazione, di limitare nel bando il numero degli eventuali idonei in misura non superiore al venti per cento dei posti messi a concorso, con arrotondamento all'unità superiore, fermo restando quanto previsto dall'articolo 400, comma 15, del decreto legislativo 16 aprile 1994, n. 297 e dal decreto legislativo 13 aprile 2017, n. 59;] (2)

e-ter) possibilità di richiedere, tra i requisiti previsti per specifici profili o livelli di inquadramento di alta specializzazione, il possesso del titolo di dottore di ricerca o del master universitario di secondo livello. In tali casi, nelle procedure sono individuate, tra le aree dei settori scientifico-disciplinari definite ai sensi dell'articolo 17, comma 99, della legge 15 maggio 1997, n. 127, afferenti al titolo di dottore di ricerca o al master universitario di secondo livello, quelle pertinenti alla tipologia del profilo o livello di inquadramento (3).

3-*bis*. Le amministrazioni pubbliche, nel rispetto della programmazione triennale del fabbisogno, nonché del limite massimo complessivo del 50 per cento delle risorse finanziarie disponibili ai sensi della normativa vigente in materia di assunzioni ovvero di contenimento della spesa di personale, secondo i rispettivi regimi limitativi fissati dai documenti di finanza pubblica e, per le amministrazioni interessate, previo espletamento della procedura di cui al comma 4, possono avviare procedure di reclutamento mediante concorso pubblico:

a) con riserva dei posti, nel limite massimo del 40 per cento di quelli banditi, a favore dei titolari di rapporto di lavoro subordinato a tempo determinato che, alla data di pubblicazione dei bandi, hanno maturato almeno tre anni di servizio alle dipendenze dell'amministrazione che emana il bando;

b) per titoli ed esami, finalizzati a valorizzare, con apposito punteggio, l'esperienza professionale maturata dal personale di cui alla lettera *a*) e di coloro che, alla data di emanazione del bando, hanno maturato almeno tre anni di contratto di lavoro flessibile (4) nell'amministrazione che emana il bando (5).

3-*ter*. Con decreto del Presidente del Consiglio dei Ministri di concerto con il Ministro dell'economia e delle finanze, da adottare ai sensi dell'articolo 17, comma 3, della legge 23 agosto 1988, n. 400, entro il 31 gennaio 2013, sono dettati modalità e criteri applicativi del comma 3-*bis* e la disciplina della riserva dei posti di cui alla lettera *a*) del medesimo comma in rapporto ad altre categorie riservatarie. Le disposizioni normative del comma 3-*bis* costituiscono principi generali a cui devono conformarsi tutte le amministrazioni pubbliche (5).

[3-*quater*. Con decreto del Presidente del Consiglio dei ministri, di concerto con il Ministro dell'università e della ricerca, il Ministro della salute e il Ministro della giustizia, adottato ai sensi dell'articolo 17, comma 3, della legge 23 agosto 1988, n. 400, sono disciplinati i criteri di valutazione del titolo di dottore di ricerca di cui alla lettera *e-ter)* del comma 3 e degli altri titoli di studio e di abilitazione professionale, anche con riguardo, rispettivamente, alla durata dei relativi corsi e alle modalità di conseguimento, nonché alla loro pertinenza ai fini del concorso] (6).

4. Le determinazioni relative all'avvio di procedure di reclutamento sono adottate da ciascuna amministrazione o ente sulla base del piano triennale dei fabbisogni approvato ai sensi dell'articolo 6, comma 4 (7). Con decreto del Presidente del Consiglio dei ministri di concerto con il Ministro dell'economia e delle finanze, sono autorizzati l'avvio delle procedure concorsuali e le relative assunzioni del personale delle amministrazioni dello Stato, anche ad ordinamento autonomo, delle agenzie e degli enti pubblici non economici (8) (9) (10).

4-*bis*. L'avvio delle procedure concorsuali mediante l'emanazione di apposito decreto del Presidente del Consiglio dei Ministri, di concerto con il Ministro dell'economia e delle finanze, di cui al comma 4 si applica anche alle procedure di reclutamento a tempo determinato per contingenti superiori alle cinque unità, inclusi i contratti di formazione e lavoro, e tiene conto degli aspetti finanziari, nonché dei criteri previsti dall'articolo 36 (11).

5. Fermo restando quanto previsto dall'articolo 4, comma 3-*quinquies*, del decreto-legge 31 agosto 2013, n. 101, convertito, con modificazioni, dalla legge 30 ottobre 2013, n. 125, per le amministrazioni di cui al comma 4, le restanti amministrazioni pubbliche, per lo svolgimento delle proprie procedure selettive, possono rivolgersi al Dipartimento della funzione pubblica e avvalersi della Commissione per l'attuazione del Pro-

getto di Riqualificazione delle Pubbliche Amministrazioni (RIPAM). Tale Commissione è nominata con decreto del Ministro per la pubblica amministrazione ed è composta dal Capo del Dipartimento della funzione pubblica della Presidenza del Consiglio dei ministri, che la presiede, dall'Ispettore generale capo dell'Ispettorato generale per gli ordinamenti del personale e l'analisi dei costi del lavoro pubblico del Dipartimento della Ragioneria generale dello Stato del Ministero dell'economia e delle finanze e dal Capo del Dipartimento per le politiche del personale dell'amministrazione civile e per le risorse strumentali e finanziarie del Ministero dell'interno, o loro delegati. La Commissione:

a) approva i bandi di concorso per il reclutamento di personale a tempo indeterminato;

b) indice i bandi di concorso e nomina le commissioni esaminatrici;

c) valida le graduatorie finali di merito delle procedure concorsuali trasmesse dalle commissioni esaminatrici;

d) assegna i vincitori e gli idonei delle procedure concorsuali alle amministrazioni pubbliche interessate;

e) adotta ogni ulteriore eventuale atto connesso alle procedure concorsuali, fatte salve le competenze proprie delle commissioni esaminatrici. A tali fini, la Commissione RIPAM si avvale di personale messo a disposizione dall'Associazione Formez PA (12) (13).

5.1. Nell'ipotesi di cui al comma 5, il bando di concorso può fissare un contributo di ammissione, ai sensi dell'articolo 4, comma 3-*septies* del decreto-legge 31 agosto 2013, n. 101, convertito con modificazioni nella legge 30 ottobre 2013, n. 125 (14) (15).

5.2. Il Dipartimento della funzione pubblica, anche avvalendosi dell'Associazione Formez PA e della Commissione RIPAM, elabora, previo accordo in sede di Conferenza Unificata ai sensi dell'articolo 4 del decreto legislativo n. 281 del 1997, linee guida di indirizzo amministrativo sullo svolgimento delle prove concorsuali e sulla valutazione dei titoli, ispirate alle migliori pratiche a livello nazionale e internazionale in materia di reclutamento del personale, nel rispetto della normativa, anche regolamentare, vigente in materia. Le linee guida per le prove concorsuali e la valutazione dei titoli del personale sanitario, tecnico e professionale, anche dirigente, del Servizio sanitario nazionale sono adottate di concerto con il Ministero della salute (15).

5-*bis*. I vincitori dei concorsi devono permanere nella sede di prima destinazione per un periodo non inferiore a cinque anni, ad eccezione dei direttori dei servizi generali e amministrativi delle istituzioni scolastiche ed educative che permangono nella sede di prima destinazione per un periodo non inferiore a tre anni (16). La presente disposizione costituisce norma non derogabile dai contratti collettivi (17).

5-*ter*. Le graduatorie dei concorsi per il reclutamento del personale presso le amministrazioni pubbliche rimangono vigenti per un termine di due anni dalla data di approvazione (18). Sono fatti salvi i periodi di vigenza inferiori previsti da leggi regionali. Il principio della parità di condizioni per l'accesso ai pubblici uffici è garantito, mediante specifiche disposizioni del bando, con riferimento al luogo di residenza dei concorrenti, quando tale requisito sia strumentale all'assolvimento di servizi altrimenti non attuabili o almeno non attuabili con identico risultato (19).

6. Ai fini delle assunzioni di personale presso la Presidenza del Consiglio dei ministri e le amministrazioni che esercitano competenze istituzionali in materia di difesa e sicurezza dello Stato, di polizia, di giustizia ordinaria, amministrativa, contabile e di difesa in giudizio dello Stato, si applica il disposto di cui all'articolo 26 della legge 1 febbraio 1989, n. 53, e successive modificazionie ed intergrazioni.

7. Il regolamento sull'ordinamento degli uffici e dei servizi degli enti locali disciplina le dotazioni organiche, le modalità di assunzione agli impieghi, i requisiti di accesso e le procedure concorsuali, nel rispetto dei principi fissati dai commi precedenti (20).

(1) *A norma dell'articolo 7, comma 2, del D.Lgs. 2 marzo 2012, n. 24, resta ferma la previsione di cui alla presente lettera.*

(2) *Lettera dapprima inserita dall'art. 6, comma 1, lett.* a) *d.ls. 25 maggio 2017, n. 75, e successivamente abrogata dall'art. 1, comma 364, l. 30 dicembre 2018, n. 145 (legge di bilancio 2019), « fermo restando quanto previsto dall'articolo 400, comma 15, del testo unico di cui al decreto legislativo 16 aprile 1994, n. 297, e dal decreto legislativo 13 aprile 2017, n. 59 ». Ai sensi del successivo comma 366– come modificato dall'art. 14*-ter *comma 2 d.l. 28 gennaio 2019, n. 4, conv., con modif., in l. 28 marzo 2019, n. 26, e successivamente, dall'art. 33, comma 2*-bis, *d.l. 30 aprile 2019, n. 34, conv., con modif., in l. 28 giugno 2019, n. 58 – tale disposizione non si applica alle assunzioni del personale scolastico, inclusi i dirigenti, e del personale delle istituzioni di alta formazione artistica, musicale e coreutica. Ai sensi dell'art. 9*-bis *comma 1 lett.* a) *del d.l. 14 dicembre 2018, n. 135, conv., con modif., in l. 11 febbraio 2019, n. 12 « Le previsioni di cui ai commi 361, 363 e 364 [dell'art. 1 legge n. 145/2018 cit.] si applicano alle procedure concorsuali per l'assunzione di personale medico, tecnico-professionale e infermieristico, bandite dalle aziende e dagli enti del Servizio sanitario nazionale a decorrere dal 1° gennaio 2020 ».*

(3) *Lettera così sostituita dall'art. 3, comma 8, lett.* a), *d.l. 9 giugno 2021, n. 80, conv., con modif., in l. 6 agosto 2021, n. 113. Il testo della lettera, come inserita dall'art. 6 comma 1 lett.* a) *d.lgs. 25 maggio 2017, n. 75, e poi modificata dall'art. 3*-ter, *comma 2, lett.* a) *d.l. 9 gennaio 2020, n. 1, conv., con modif., in l. 5 marzo 2020, n. 12, era il seguente: « e-ter*) possibilità di richiedere, tra i requisiti previsti per specifici profili o livelli di inquadramento, il possesso del titolo di dottore di ricerca, che deve prioritariamente essere valutato, ove pertinente, tra i titoli rilevanti ai fini del concorso ».

(4) *Le parole* « di lavoro flessibile » *sono state sostituite alle parole* « di collaborazione coordinata e continuativa » *dall'art. 6 comma 1 lett.* b)*d.lgs. 25 maggio 2017, n. 75.*

(5) *Comma inserito dall'articolo 1, comma 401, della Legge 24 dicembre 2012, n. 228.*

(6) *Comma abrogato dall'art. 3, comma 8, lett.* b), *d.l. n. 80, cit. Il comma era stato inserito dall'art. 3*-ter, *comma 2, lett.* b) *d.l. n. 1, cit.*

(7) *Le parole* « del piano triennale dei fabbisogni approvato ai sensi dell'articolo 6, comma 4 » *sono state sostituite alle parole* « della programmazione triennale del fabbisogno di personale deliberata ai sensi dell'articolo 39 della legge 27 dicembre 1997, n. 449, e successive modificazioni ed integrazioni » *dall'art. 6 comma 1 lett.* c)*d.lgs. 25 maggio 2017, n. 75.*

(8) *Periodi soppressi dall'art. 12 comma 1 d.lgs. 25 novembre 2016, n. 218. Il testo previgente era il seguente*« Per gli enti di ricerca, l'autorizzazione all'avvio delle procedure concorsuali e alle relative assunzioni è concessa, in sede di approvazione del piano triennale del fabbisogno del personale e della consistenza dell'organico, secondo i rispettivi ordinamenti. Per gli enti di ricerca di cui all'articolo 1, comma 1, del decreto legislativo 31 dicembre 2009, n. 213, l'autorizzazione di cui al presente comma è concessa in sede di approvazione dei Piani triennali di attività e del piano di fabbisogno del personale e della consistenza dell'organico, di cui all'articolo 5, comma 4, del medesimo decreto ».

(9) *Comma modificato dall'articolo 1, comma 104, della legge 30 dicembre 2004, n. 311 e dall'articolo 4, comma 16, del D.L. 31 agosto 2013, n. 101, convertito, con modificazioni, dalla Legge 30 ottobre 2013, n. 125. Per l'avviamento delle procedure di reclutamento vedi l'articolo 1 del D.P.R. 30 gennaio 2003. In riferimento al presente comma vedi, inoltre, l'articolo 4, commi 3*-quinquies, *3*-sexies *e 3*-septies, *del D.L. 31*

agosto 2013, n. 101, convertito, con modificazioni, dalla Legge 30 ottobre 2013, n. 125. Da ultimo, comma modificato dall'articolo 3, comma 10, lettere **a)** *e* **b)**, *del D.L. 24 giugno 2014, n. 90, convertito, con modificazioni, dalla Legge 11 agosto 2014, n. 114. Vedi, inoltre, il D.P.C.M. 3 febbraio 2016. Comma ulteriormente modificato dall'articolo 12, comma 1, del D.Lgs. 25 novembre 2016, n. 218.*

(10) *In deroga a quanto previsto dal presente comma, si veda l'art. 15-*bis, *comma 1, d.l. 28 settembre 2018, n. 109, convertito in l. 16 novembre 2018, n. 130: "1. Per far fronte alla necessità di coprire le gravi scoperture organiche degli uffici giudiziari del distretto della corte di appello di Genova nonché per garantire il regolare andamento dell'attività giudiziaria in ragione dell'incremento dei procedimenti civili e penali presso i medesimi uffici, il Ministero della giustizia è autorizzato ad assumere in via straordinaria, nell'ambito dell'attuale dotazione organica, nel biennio 2018-2019, con contratto di lavoro a tempo indeterminato un contingente massimo di 50 unità di personale amministrativo non dirigenziale da inquadrare nei ruoli dell'amministrazione giudiziaria. Il personale di cui al periodo precedente è assunto, in deroga a quanto previsto dagli articoli 30 e 35, comma 4, del decreto legislativo 30 marzo 2001, n. 165, e ferme restando le previsioni di cui all'articolo 4, commi 3, 3-*bis *e 3-*ter, *del decreto-legge 31 agosto 2013, n. 101, convertito, con modificazioni, dalla legge 30 ottobre 2013, n. 125, mediante lo scorrimento di graduatorie delle pubbliche amministrazioni in corso di validità alla data di entrata in vigore della legge di conversione del presente decreto ovvero mediante selezioni pubbliche svolte su base nazionale, anche con modalità semplificate definite con decreto del Ministro per la pubblica amministrazione, di concerto con il Ministro della giustizia, da adottare entro trenta giorni dalla data di entrata in vigore della legge di conversione del presente decreto, anche in deroga alla disciplina prevista dal regolamento di cui al decreto del Presidente della Repubblica 9 maggio 1994, n. 487, per quanto concerne, in particolare, la tipologia e le modalità di svolgimento delle prove di esame e la nomina delle commissioni e delle sottocommissioni. Il personale di cui è autorizzata l'assunzione ai sensi del presente comma è destinato in via esclusiva agli uffici giudiziari del distretto della corte di appello di Genova e, tra questi, in via prioritaria agli uffici giudiziari della città di Genova, presso i quali deve prestare servizio per un periodo non inferiore a cinque anni ai sensi dell'articolo 35, comma 5-*bis, *del citato decreto legislativo n. 165 del 2001." V. anche l'art. 31, comma 3, d.l. 30 aprile 2019, n. 34, conv., con modif., in l. 28 giugno 2019, n. 58 che così dispone: « Al fine dello svolgimento dei nuovi incrementali adempimenti, il Ministero dello sviluppo economico è autorizzato, nei limiti della vigente dotazione organica, ad assumere a tempo indeterminato dieci unità da inquadrare nell'area III, posizione economica F1, selezionate attraverso apposito concorso pubblico, in possesso degli specifici requisiti professionali necessari all'espletamento dei nuovi compiti operativi. Le assunzioni sono effettuate in deroga agli articoli 30, comma 2-*bis *e 35, comma 4, del decreto legislativo 30 marzo 2001, n. 165, e all'articolo 4, commi 3 e 3-*quinquies, *del decreto-legge 31 agosto 2013, n. 101, convertito con modificazioni, dalla legge 30 ottobre 2013, n. 125. Per l'attuazione del presente comma è autorizzata la spesa di 400.000 euro annui a decorrere dall'anno 2020 ».*

(11) *Comma inserito dall'articolo 4 del D.L. 10 gennaio 2006, n. 4.*

(12) *Le parole da* « Tale Commissione » *a* « commissioni esaminatrici » *sono state sostituite, in sede di conversione, alle parole* «, di cui al decreto interministeriale 25 luglio 1994, fatte comunque salve le competenze delle Commissioni esaminatrici » *dall'art. 18, comma 1-*quater, *d.l. 30 dicembre 2019, n. 162, conv., con modif., in l. 28 febbraio 2020, n. 8. V. anche i commi 1-*quinquies *e 1-*sexies *del predetto art. 18 d.l. n. 162, cit., secondo cui: « 1-*quinquies. *Sono fatti salvi gli atti della Commissione per l'attuazione del progetto di riqualificazione delle pubbliche amministrazioni (RIPAM) compiuti prima della data di entrata in vigore della legge di conversione del presente decreto e fino alla nomina della nuova commissione secondo le modalità di cui al comma 5 dell'articolo 35 del decreto legislativo 30 marzo 2001, n. 165, come modificato dal comma 1-*quater *del presente articolo. - 1-*sexies. *Al fine di rivedere le procedure di selezione del personale della pubblica amministrazione riducendone i tempi di svolgimento, anche attraverso la loro automazione e digitalizzazione, i decreti di cui al comma 5 dell'articolo 2 della legge 19 giugno 2019, n. 56, come modificato dal comma 1-*bis *del presente articolo, destinano fino al 20 per cento delle risorse ivi previste alla realizzazione di strutture tecnologicamente avanzate per lo svolgimento dei concorsi pubblici ».*

(13) *Comma sostituito dall'art. 6 comma 1 lett.* d) *d.lgs. 25 maggio 2017, n. 75. Il testo del comma era il seguente:* « 5. I concorsi pubblici per le assunzioni nelle amministrazioni dello Stato e nelle aziende autonome si espletano di norma a livello regionale. Eventuali deroghe, per ragioni tecnico-amministrative o di economicità, sono autorizzate dal Presidente del Consiglio dei ministri. Per gli uffici aventi sede regionale, compartimentale o provinciale possono essere banditi concorsi unici circoscrizionali per l'accesso alle varie professionalità ».

(14) *In G.U. è riportato il seguente riferimento normativo non corretto:* « legge 31 ottobre 2013, n. 125 ».

(15) *Comma inserito dall'art. 6 comma 1 lett.* e) *d.lgs. 25 maggio 2017, n. 75.*

(16) *Le parole da* «, ad eccezione dei direttori » *a* « inferiore a tre anni » *sono state inserite dall'art. 1, comma 957, l. 30 dicembre 2021, n. 234.*

(17) *Comma inserito dall'art. 1, comma 230, l. 23 dicembre 2005, n. 266.*

(18) *Comma così modificato dall'art. 1, comma 149, l. 27 dicembre 2019, n. 160, con effetto a decorrere dal 1° gennaio 2020, che ha sostituito le parole « due anni dalla data di approvazione » alle parole « tre anni dalla data di pubblicazione ».*

(19) *Comma inserito dall'art. 3, comma 87, l. 24 dicembre 2007, n. 244 e successivamente modificato dall'art. 51, comma 1, d.lgs. 27 ottobre 2009, n. 150. Per la deroga alle disposizioni del presente comma v. l'art. 24-*quater *d.l. 31 dicembre 2007, n. 248, conv., con modif., in l. 28 febbraio 2008, n. 31. Si veda anche l'art. 1, comma 361, l. 30 dicembre 2018, n. 145, ai sensi del quale: « 361. Fermo quanto previsto dall'articolo 35, comma 5-*ter, *del decreto legislativo 30 marzo 2001, n. 165, le graduatorie dei concorsi per il reclutamento del personale presso le amministrazioni pubbliche di cui all'articolo 1, comma 2, del medesimo decreto legislativo sono utilizzate esclusivamente per la copertura dei posti messi a concorso ».*

Si veda altresì l'art. 1, comma 365, l. 30 dicembre 2018, n. 145, così come modificata dal d.l. 14 dicembre 2018, n. 135, conv., con modif., in l. 11 febbraio 2019, n. 12, che così dispone: « 365. La previsione di cui al comma 361 si applica alle graduatorie delle procedure concorsuali bandite successivamente alla data di entrata in vigore della presente legge. Le previsioni di cui ai commi 361, 363 e 364 si applicano alle procedure concorsuali per l'assunzione di personale medico, tecnico-professionale e infermieristico, bandite dalle aziende e dagli enti del Servizio sanitario nazionale a decorrere dal 1° gennaio 2020 ».

(20) *Si veda anche l'art. 1, comma 360, 363, 364, 366 e 399, l. n. 145, cit., quest'ultimo come modificato dall'art. 33, comma 2-*bis *d.l. 30 aprile 2019, n. 34, conv., con modif., in l. 28 giugno 2019, n. 58, che così dispongono: « 360. A decorrere dall'anno 2019, le amministrazioni pubbliche di cui all'articolo 1, comma 2, del decreto legislativo 30 marzo 2001, n. 165, procedono al reclutamento del personale secondo le modalità semplificate individuate con il decreto di cui al comma 300. Fino alla data di entrata in vigore del decreto di cui al periodo precedente, il reclutamento avviene secondo le modalità stabilite dalla disciplina vigente. – 363. All'articolo 4 del decreto-legge 31 agosto 2013, n. 101, convertito, con modificazioni, dalla legge 30 ottobre 2013, n. 125, la lettera* b) *del comma 3 e i commi 3-*ter *e 3-*quater *sono abrogati. - 364. All'articolo 35 del decreto legislativo 30 marzo 2001, n. 165, la lettera* e-bis) *del comma 3 è abrogata, fermo restando quanto previsto dall'articolo 400, comma 15, del testo unico di cui al decreto legislativo 16 aprile 1994, n. 297, e dal decreto legislativo 13 aprile 2017, n. 59. 366. I commi da 360 a 364 non si applicano alle assunzioni del personale scolastico, inclusi i dirigenti, e del personale delle istituzioni di alta formazione artistica, musicale e coreutica. [...] 399. Per l'anno 2019, la Presidenza del Consiglio dei ministri, i Ministeri, gli enti pubblici non economici e le agenzie fiscali, in relazione alle ordinarie facoltà assunzionali riferite al predetto anno, non possono effettuare assunzioni di personale a tempo indeterminato con decorrenza giuridica ed economica anteriore al 15 novembre 2019. Per le università la disposizione di cui al periodo precedente si applica con riferimento al 1° dicembre 2019 relativamente alle ordinarie facoltà assunzionali dello stesso anno. Sono fatti salvi gli inquadramenti al ruolo di professore associato ai sensi dell'articolo 24, comma 5, della legge 30 dicembre 2010, n. 240, che possono essere disposti nel corso dell'anno 2019 al termine del contratto come ricercatore di cui all'articolo 24, comma 3, lettera* b), *della stessa legge ».*

35-*bis* Prevenzione del fenomeno della corruzione nella formazione di commissioni e nelle assegnazioni agli uffici (1).

1. Coloro che sono stati condannati, anche con sentenza non passata in giudicato, per i reati previsti nel capo I del titolo II del libro secondo del codice penale:

a) non possono fare parte, anche con compiti di segreteria, di commissioni per l'accesso o la selezione a pubblici impieghi;

b) non possono essere assegnati, anche con funzioni direttive, agli uffici preposti alla gestione delle risorse finanziarie, all'acquisizione di beni, servizi e forniture, nonché alla concessione o all'erogazione di sovvenzioni, contributi, sussidi, ausili finanziari o attribuzioni di vantaggi economici a soggetti pubblici e privati;

c) non possono fare parte delle commissioni per la scelta del contraente per l'affidamento di lavori, forniture e servizi, per la concessione o l'erogazione di sovvenzioni, contributi, sussidi, ausili finanziari, nonché per l'attribuzione di vantaggi economici di qualunque genere.

2. La disposizione prevista al comma 1 integra le leggi e regolamenti che disciplinano la formazione di commissioni e la nomina dei relativi segretari.

(1) *Articolo inserito dall'art. 1, comma 46, della l. 6 novembre 2012, n. 190.*

36 Personale a tempo determinato o assunto con forme di lavoro flessibile (1) (2).

1. Per le esigenze connesse con il proprio fabbisogno ordinario le pubbliche amministrazioni assumono esclusivamente con contratti di lavoro subordinato a tempo indeterminato seguendo le procedure di reclutamento previste dall'articolo 35.

2. Le amministrazioni pubbliche possono stipulare contratti di lavoro subordinato a tempo determinato, contratti di formazione e lavoro e contratti di somministrazione di lavoro a tempo determinato, nonché avvalersi delle forme contrattuali flessibili previste dal codice civile e dalle altre leggi sui rapporti di lavoro nell'impresa, esclusivamente nei limiti e con le modalità in cui se ne preveda l'applicazione nelle amministrazioni pubbliche (3). Le amministrazioni pubbliche possono stipulare i contratti di cui al primo periodo del presente comma soltanto per comprovate esigenze di carattere esclusivamente temporaneo o eccezionale e nel rispetto delle condizioni e modalità di reclutamento stabilite dall'articolo 35 (3). I contratti di lavoro subordinato a tempo determinato possono essere stipulati nel rispetto degli articoli 19 e seguenti del decreto legislativo 15 giugno 2015, n. 81, escluso il diritto di precedenza che si applica al solo personale reclutato secondo le procedure di cui all'articolo 35, comma 1, lettera *b*), del presente decreto (3). I contratti di somministrazione di lavoro a tempo determinato sono disciplinati dagli articoli 30 e seguenti del decreto legislativo 15 giugno 2015, n. 81, fatta salva la disciplina ulteriore eventualmente prevista dai contratti collettivi nazionali di lavoro (3). Non è possibile ricorrere alla somministrazione di lavoro per l'esercizio di funzioni direttive e dirigenziali. Per prevenire fenomeni di precariato, le amministrazioni pubbliche, nel rispetto delle disposizioni del presente articolo, sottoscrivono contratti a tempo determinato con i vincitori e gli idonei delle proprie graduatorie vigenti per concorsi pubblici a tempo indeterminato. È consentita l'applicazione dell'articolo 3, comma 61, terzo periodo, della legge 24 dicembre 2003, n. 350, ferma restando la salvaguardia della posizione occupata nella graduatoria dai vincitori e dagli idonei per le assunzioni a tempo indeterminato (4).

2-*bis*. I rinvii operati dal decreto legislativo 15 giugno 2015, n. 81, ai contratti collettivi devono intendersi riferiti, per quanto riguarda le amministrazioni pubbliche, ai contratti collettivi nazionali stipulati dall'ARAN (5).

3. Al fine di combattere gli abusi nell'utilizzo del lavoro flessibile, sulla base di apposite istruzioni fornite con direttiva del Ministro per la semplificazione e la pubblica amministrazione, le amministrazioni redigono, dandone informazione alle organizzazioni sindacali tramite invio all'Osservatorio paritetico presso l'Aran, senza nuovi o maggiori oneri per la finanza pubblica, un analitico rapporto informativo sulle tipologie di lavoro flessibile utilizzate, con l'indicazione dei dati identificativi dei titolari del rapporto nel rispetto della normativa vigente in tema di protezione dei dati personali, da trasmettere, entro il 31 gennaio di ciascun anno, ai nuclei di valutazione e agli organismi indipendenti di valutazione di cui all'articolo 14 del decreto legislativo 27 ottobre 2009, n. 150, nonché alla Presidenza del Consiglio dei ministri - Dipartimento della funzione pubblica che redige una relazione annuale al Parlamento (6) (7).

4. Le amministrazioni pubbliche comunicano, nell'ambito del rapporto di cui al precedente comma 3, anche le informazioni concernenti l'utilizzo dei lavoratori socialmente utili (8).

5. In ogni caso, la violazione di disposizioni imperative riguardanti l'assunzione o l'impiego di lavoratori, da parte delle pubbliche amministrazioni, non può comportare la costituzione di rapporti di lavoro a tempo indeterminato con le medesime pubbliche amministrazioni, ferma restando ogni responsabilità e sanzione. Il lavoratore interessato ha diritto al risarcimento del danno derivante dalla prestazione di lavoro in violazione di disposizioni imperative. Le amministrazioni hanno l'obbligo di recuperare le somme pagate a tale titolo nei confronti dei dirigenti responsabili, qualora la violazione sia dovuta a dolo o colpa grave. I dirigenti che operano in violazione delle disposizioni del presente articolo sono responsabili anche ai sensi dell'articolo 21 del presente decreto. Di tali violazioni si terrà conto in sede di valutazione dell'operato del dirigente ai sensi dell'articolo 5 del decreto legislativo 30 luglio 1999, n. 286 (9).

5-*bis*. (10)

5-*ter*. (11).

5-*quater*. I contratti di lavoro [a tempo determinato] (12) posti in essere in violazione del presente articolo sono nulli e determinano responsabilità erariale. I dirigenti che operano in violazione delle disposizioni del presente articolo sono, altresì, responsabili ai sensi dell'articolo 21. Al dirigente responsabile di irregolarità nell'utilizzo del lavoro flessibile non può essere erogata la retribuzione di risultato (13).

5-*quinquies*. Il presente articolo, fatto salvo il comma 5, non si applica al reclutamento del personale docente, educativo e amministrativo, tecnico e ausiliario (ATA), a tempo determinato presso le istituzioni scolastiche ed educative statali e degli enti locali, le istituzioni di alta formazione artistica, musicale e coreutica. Per gli enti di ricerca pubblici di cui agli articoli 1, comma 1, e 19, comma 4, del decreto legislativo 25 novembre 2016, n. 218, rimane fermo quanto stabilito dal medesimo decreto. (14).

(1) *Rubrica così sostituita dall'art. 9 comma 1 lett.* a) *d.lgs. 25 maggio 2017, n. 75. Il testo della rubrica era il seguente:* « Utilizzo di contratti di lavoro flessibile ».

(2) *Articolo modificato dall'art. 4 d.l. 10 gennaio 2006, n. 4, conv., con modif., in l. 9 marzo 2006, n. 80, sostituito dapprima dall'art. 3, comma 79, l. 24 dicembre 2007, n. 244 e in seguito dall'art. 49 d.l. 25 giugno 2008, n. 112 conv., con modif., in l. 6 agosto 2008, n. 133. V. le disposizioni di cui all'art. 1, comma 345 e 346, l. 24 dicembre 2007, n. 244.*

(3) *I periodi da 1 a 4 sono stati sostituiti agli originari primo e secondo periodo dall'art. 9 comma 1 lett.* b) *d.lgs. 25 maggio 2017, n. 75. Il testo previgente era il seguente:* « Per rispondere ad esigenze di carattere esclusivamente temporaneo o eccezionale le amministrazioni pubbliche possono avvalersi delle forme contrattuali flessibili di assunzione e di impiego del personale previste dal codice civile e dalle leggi sui rapporti di lavoro subordinato nell'impresa, nel rispetto delle procedure di reclutamento vigenti. Ferma restando la competenza delle amministrazioni in ordine alla individuazione delle necessità organizzative in coerenza con quanto stabilito dalle vigenti disposizioni di legge, i contratti collettivi nazionali provvedono a disciplinare la materia dei contratti di lavoro a tempo determinato, dei contratti di formazione e lavoro, degli altri rapporti formativi e della somministrazione di lavoro, in applicazione di quanto previsto dal decreto legislativo 6 settembre 2001, n. 368, dall'articolo 3 del decreto-legge 30 ottobre 1984, n. 726, convertito, con modificazioni, dalla legge 19 dicembre 1984, n. 863, dall'articolo 16 del decreto-legge 16 maggio 1994, n. 299, convertito con modificazioni, dalla legge 19 luglio 1994, n. 451, dal decreto legislativo 10 settembre 2003, n. 276 per quanto riguarda la somministrazione di lavoro ed il lavoro accessorio di cui all'articolo 70 del medesimo decreto legislativo n. 276 del 2003, e successive modificazioni ed integrazioni, nonché da ogni successiva modificazione o integrazione della relativa disciplina con riferimento alla individuazione dei contingenti di personale utilizzabile ».

(4) *Comma modificato dall'art. 17, comma 26, lett.* a), *d.l 1° luglio 2009, n. 78, conv., con modif., in l. 3 agosto 2010, n. 102 e dall'art. 4, comma 1, lett.* a) *e* a-bis), *d.l. 31 agosto 2013, n. 101, conv., con modif., in l. 30 ottobre 2013, n. 125.*

(5) *Comma inserito dall'art. 9, comma 1, lett.* c) *d.lgs. 25 maggio 2017, n. 75.*

(6) *Comma da ultimo sostituito dall'art. 9, comma 1, lett.* d) *d.lgs. 25 maggio 2017, n. 75. Il testo del comma, come da ultimo modificato dall'art. 4, comma 1, lett. c) d.l. n. 101, cit., era il seguente:* « 3. Al fine di combattere gli abusi nell'utilizzo del lavoro flessibile, entro il 31 dicembre di ogni anno, sulla base di apposite istruzioni fornite con Direttiva del Ministro per la pubblica amministrazione e l'innovazione, le amministrazioni redigono, senza nuovi o maggiori oneri per la finanza pubblica, un analitico rapporto informativo sulle tipologie di lavoro flessibile utilizzate da trasmettere, entro il 31 gennaio di ciascun anno, ai nuclei di valutazione o ai servizi di controllo interno di cui al decreto legislativo 30 luglio 1999, n. 286, nonché alla Presidenza del Consiglio dei Ministri - Dipartimento della funzione pubblica che redige una relazione annuale al Parlamento ».

(7) *V. anche la Direttiva della Presidenza del Consiglio dei Ministri 16 febbraio 2010, n. 2.*

(8) *Comma sostituito dall'art. 17, comma 26, lett.* c), *d.l. n. 78, cit.*

(9) *Per le ulteriori modifiche al presente comma, vedi l'art. 17, comma 26, del d.l. 1° luglio 2009, n. 78.*

(10) *Comma dapprima aggiunto dall'articolo 17, comma 26, lett.* d), *d.l. n. 78, cit., e successivamente abrogato dall'art. 9, comma 1, lett.* e) *d.lgs. 25 maggio 2017, n. 75. Il testo del comma era il seguente:* « Le disposizioni previste dall'articolo 5, commi 4-*quater*, 4-*quinquies* e 4-*sexies* del decreto legislativo 6 settembre 2001, n. 368 si applicano esclusivamente al personale reclutato secondo le procedure di cui all'articolo 35, comma 1, lettera *b*), del presente decreto ».

(11) *Comma dapprima aggiunto dall'art. 4, comma 1, lett.* b), *d.l. n. 101, cit., e successivamente abrogato dall'art. 9, comma 1, lett.* e) *d.lgs. 25 maggio 2017, n. 75. Il testo del comma era il seguente:* « Le disposizioni previste dal decreto legislativo 6 settembre 2001, n. 368 si applicano alle pubbliche amministrazioni, fermi restando per tutti i settori l'obbligo di rispettare il comma 1, la facoltà di ricorrere ai contratti di lavoro a tempo determinato esclusivamente per rispondere alle esigenze di cui al comma 2 e il divieto di trasformazione del contratto di lavoro da tempo determinato a tempo indeterminato ».

(12) *Parole soppresse dall'art. 9, comma 1, lett.* f) *d.lgs. 25 maggio 2017, n. 75.*

(13) *Comma aggiunto dall'art. 4, comma 1, lett.* b), *d.l. n. 101, cit.*

(14) *Comma inserito dall'art. 9, comma 1, lett.* g), *d.lgs. 25 maggio 2017, n. 75.*

37 Accertamento delle conoscenze informatiche e di lingue straniere nei concorsi pubblici.
(Art. 36-*ter* del d.ls. n. 29 del 1993, aggiunto dall'art. 13 del d.ls. n. 387 del 1998).

1. A decorrere dal 1 gennaio 2000 i bandi di concorso per l'accesso alle pubbliche amministrazioni di cui all'articolo 1, comma 2, prevedono l'accertamento della conoscenza dell'uso delle apparecchiature e delle applicazioni informatiche più diffuse e della lingua inglese, nonché, ove opportuno in relazione al profilo professionale richiesto, di altre lingue straniere (1).

2. Per i dirigenti il regolamento di cui all'articolo 28 definisce il livello di conoscenza richiesto e le modalità per il relativo accertamento.

3. Per gli altri dipendenti delle amministrazioni dello Stato, con regolamento emanato ai sensi dell'articolo 17, comma 1, della legge 23 agosto 1988, n. 400, e successive modificazioni ed integrazioni, su proposta del Presidente del Consiglio dei ministri, sono stabiliti i livelli di conoscenza, anche in relazione alla professionalità cui si riferisce il bando, e le modalità per l'accertamento della conoscenza medesima. Il regolamento stabilisce altresì i casi nei quali il comma 1 non si applica.

(1) *Le parole da* « e della lingua inglese, » *a* « di altre lingue straniere » *sono state sostituite alle parole* « e di almeno una lingua straniera » *dall'art. 7 comma 1 d.lgs. 25 maggio 2017, n. 75.*

38 Accesso dei cittadini degli Stati membri della Unione europea.
(Art. 37 d.ls. n. 29 del 1993, come modificato dall'art. 24 del d.ls. n. 80 del 1998).

1. I cittadini degli Stati membri dell'Unione europea e i loro familiari non aventi la cittadinanza di uno Stato membro che siano titolari del diritto di soggiorno o del diritto di soggiorno permanente possono accedere ai posti di lavoro presso le amministrazioni pubbliche che non implicano esercizio diretto o indiretto di pubblici poteri, ovvero non attengono alla tutela dell'interesse nazionale (1).

2. Con decreto del Presidente del Consiglio dei ministri, ai sensi dell'articolo 17 della legge 23 agosto 1988, n. 400, e successive modificazioni ed integrazioni, sono individuati i posti e le funzioni per i quali non può prescindersi dal possesso della cittadinanza italiana, nonché i requisiti indispensabili all'accesso dei cittadini di cui al comma 1.

3. Sino all'adozione di una regolamentazione della materia da parte dell'Unione europea, al riconoscimento dei titoli di studio esteri, aventi valore ufficiale nello Stato in cui sono stati conseguiti, ai fini della partecipazione ai concorsi pubblici destinati al reclutamento di personale dipendente, con esclusione dei concorsi per il personale docente delle scuole di ogni ordine e grado, provvede la Presidenza del Consiglio dei ministri - Dipartimento della funzione pubblica, previo parere conforme del Ministero dell'istruzione ovvero del Ministero dell'università e della ricerca. I candidati che presentano domanda di riconoscimento del titolo di ammissione al concorso ai sensi del primo periodo sono ammessi a partecipare con riserva. La Presidenza del Consiglio dei ministri - Dipartimento

della funzione pubblica conclude il procedimento di riconoscimento di cui al presente comma solo nei confronti dei vincitori del concorso, che hanno l'onere, a pena di decadenza, di dare comunicazione dell'avvenuta pubblicazione della graduatoria, entro quindici giorni, al Ministero dell'università e della ricerca ovvero al Ministero dell'istruzione (2).

3.1. Per i fini previsti dagli articoli 3 e 4 del regolamento di cui al decreto del Presidente della Repubblica 30 luglio 2009, n. 189, e per le selezioni pubbliche di personale non dipendente, al riconoscimento del titolo di studio provvede, con le medesime modalità di cui al comma 3 del presente articolo, il Ministero dell'università e della ricerca, indipendentemente dalla cittadinanza posseduta, anche per i titoli conseguiti in Paesi diversi da quelli firmatari della Convenzione sul riconoscimento dei titoli di studio relativi all'insegnamento superiore nella Regione europea, fatta a Lisbona l'11 aprile 1997, ratificata ai sensi della legge 11 luglio 2002, n. 148 (2).

3.2. Al riconoscimento accademico e al conferimento del valore legale ai titoli di formazione superiore esteri, ai dottorati di ricerca esteri e ai titoli accademici esteri conseguiti nel settore artistico, musicale e coreutico, indipendentemente dalla cittadinanza posseduta, provvedono le istituzioni di formazione superiore italiane ai sensi dell'articolo 2 della legge 11 luglio 2002, n. 148, anche per i titoli conseguiti in Paesi diversi da quelli firmatari della Convenzione sul riconoscimento dei titoli di studio relativi all'insegnamento superiore nella Regione europea, fatta a Lisbona l'11 aprile 1997, ratificata ai sensi della citata legge n. 148 del 2002. Il riconoscimento accademico produce gli effetti legali del corrispondente titolo italiano, anche ai fini dei concorsi pubblici per l'accesso al pubblico impiego (2).

3-*bis*. Le disposizioni di cui ai commi 1, 2 e 3 si applicano ai cittadini di Paesi terzi che siano titolari del permesso di soggiorno CE per soggiornanti di lungo periodo o che siano titolari dello *status* di rifugiato ovvero dello status di protezione sussidiaria (3).

3-*ter*. Sono fatte salve, in ogni caso, le disposizioni di cui all'articolo 1 del decreto del Presidente della Repubblica 26 luglio 1976, n. 752, in materia di conoscenza della lingua italiana e di quella tedesca per le assunzioni al pubblico impiego nella provincia autonoma di Bolzano (3).

(1) *Comma modificato dall'art. 7, comma 1, lett.* a), *l. 6 agosto 2013, n. 97.*

(2) *Comma così sostituito all'originario comma 3 dall'art. 1, comma 28-*quinquies, *d.l. 30 dicembre 2021, n. 228, conv., con modif., in l. 25 febbraio 2022, n. 15. Il testo dell'originario comma 3, come da ultimo modificato dall'art. 19, comma 6-*bis, *d.l. 16 luglio 2020, n. 76, conv., con modif., in l. 11 settembre 2020, n. 120, era il seguente:* « 3. Nei casi in cui non sia intervenuta una disciplina adottata al livello dell'Unione europea, all'equiparazione dei titoli di studio e professionali provvede la Presidenza del Consiglio dei Ministri - Dipartimento della funzione pubblica, sentiti il Ministero dell'istruzione e il Ministero dell'università e della ricerca. Secondo le disposizioni del primo periodo è altresì stabilita l'equivalenza tra i titoli accademici e di servizio rilevanti ai fini dell'inserimento in graduatoria e dell'assunzione dopo il superamento di concorso pubblico ».

(3) *Comma aggiunto dall'art. 7, comma 1, lett.* b), *l. 6 agosto 2013, n. 97.*

39 Assunzioni obbligatorie e tirocinio delle categorie protette. (Art. 42 del d.ls. n. 29 del 1993, come sostituito dall'art. 19 del d.ls. n. 546 del 1993 e modificato prima dall'art. 43, comma 1 del d.ls. n. 80 del 1998 e poi dall'art. 22, comma 1 del d.ls. n. 387 del 1998) (1) (2).

1. Le amministrazioni pubbliche promuovono o propongono, anche per profili professionali delle aree o categorie previste dai contratti collettivi di comparto per i quali non è previsto il solo requisito della scuola dell'obbligo e nel rispetto dei princìpi di cui all'articolo 35, comma 3, del presente decreto, programmi di assunzioni ai sensi dell'articolo 11 della legge 12 marzo 1999, n. 68, destinati ai soggetti titolari del diritto al collocamento obbligatorio previsto dagli articoli 3 e 18 della medesima legge n. 68 del 1999 e dall'articolo 1, comma 2, della legge 23 novembre 1998, n. 407, sulla base delle direttive impartite dalla Presidenza del Consiglio dei ministri - Dipartimento della funzione pubblica e dal Ministero del lavoro, della salute e delle politiche sociali, cui confluisce il Dipartimento degli affari sociali della Presidenza del Consiglio dei ministri ai sensi dell'articolo 45, comma 3 del decreto legislativo 30 luglio 1999, n. 300 con le decorrenze previste dall'articolo 10, commi 3 e 4, del decreto legislativo 30 luglio 1999, n. 303 (3).

(1) *Rubrica così sostituita dall'art. 3, comma 9, lett.* c), *n. 2), l. 19 giugno 2019, n. 56. Il testo della rubrica era il seguente:* « Assunzioni obbligatorie delle categorie protette e tirocinio per portatori di handicap ».

(2) *In attuazione di quanto disposto dal presente articolo, v. il Provvedimento della Conferenza unificata 16 novembre 2006, n. 992.*

(3) *Le parole da* « Le amministrazioni pubbliche » *a* « legge 23 novembre 1998, n. 407 » *sono state sostituite alle parole* « Le amministrazioni pubbliche promuovono o propongono programmi di assunzioni per portatori di handicap ai sensi dell'articolo 11 della legge 12 marzo 1999, n. 68, » *dall'art. 3, comma 9, lett.* c), *n. 1), l. 19 giugno 2019, n. 56. Ai sensi dell'art. 6, comma 1 l. n. 56, cit. le disposizioni di cui al predetto art. 3* « *recano norme di diretta attuazione dell'articolo 97 della Costituzione e costituiscono principi generali dell'ordinamento* ».

39-*bis* (1) Consulta nazionale per l'integrazione in ambiente di lavoro delle persone con disabilità.

1. Presso il Dipartimento della funzione pubblica della Presidenza del Consiglio dei ministri è istituita, senza nuovi o maggiori oneri per la finanza pubblica, la Consulta nazionale per l'integrazione in ambiente di lavoro delle persone con disabilità, di seguito Consulta.

2. La Consulta è composta da un rappresentante del Dipartimento della funzione pubblica, un rappresentante del Presidente del Consiglio dei ministri ovvero del Ministro delegato per la famiglia e le disabilità (2), un rappresentante del Dipartimento per le pari opportunità, un rappresentante del Ministero del lavoro e delle politiche sociali, un rappresentante del Ministero della salute, un rappresentante dell'Istituto nazionale per l'assicurazione contro gli infortuni sul lavoro (INAIL), un rappresentante dell'Agenzia nazionale politiche attive del lavoro (ANPAL), due rappresentanti designati dalla Conferenza unificata di cui all'articolo 8 del decreto legislativo 28 agosto 1997, n. 281, due rappresentanti delle organizzazioni sindacali maggiormente rappresentative sul piano nazionale e

due rappresentanti delle associazioni del mondo della disabilità indicati dall'osservatorio nazionale di cui all'articolo 3 della legge 3 marzo 2009, n. 18. Ai componenti della Consulta non spettano gettoni di presenza, compensi, indennità ed emolumenti comunque denominati, ad eccezione del rimborso delle spese effettivamente sostenute previsto dalla normativa vigente.

3. La Consulta svolge le seguenti funzioni:

a) elabora piani, programmi e linee di indirizzo per ottemperare agli obblighi di cui alla legge 12 marzo 1999, n. 68;

b) effettua il monitoraggio sul rispetto degli obblighi di comunicazione di cui all'articolo 39-*quater*;

c) propone alle amministrazioni pubbliche iniziative e misure innovative finalizzate al miglioramento dei livelli di occupazione e alla valorizzazione delle capacità e delle competenze dei lavoratori disabili nelle pubbliche amministrazioni;

d) prevede interventi straordinari per l'adozione degli accomodamenti ragionevoli nei luoghi di lavoro previsti dall'articolo 3, comma 3-*bis*, del decreto legislativo 9 luglio 2003, n. 216;

e) verifica lo stato di attuazione e la corretta applicazione delle disposizioni in materia di tutela e sostegno della disabilità da parte delle amministrazioni, con particolare riferimento alle forme di agevolazione previste dalla legge e alla complessiva disciplina delle quote di riserva.

(1) *Articolo inserito dall'art. 10 comma 1 d.lgs. 25 maggio 2017, n. 75.*

(2) *Le parole* « un rappresentante del Presidente del Consiglio dei ministri ovvero del Ministro delegato per la famiglia e le disabilità, » *sono state inserite dall'art. 3, comma 4, lett.* l-bis), *d.l. 12 luglio 2018, n. 86, conv., con modif., in l. 9 agosto 2018, n. 97.*

39-*ter* (1) Responsabile dei processi di inserimento delle persone con disabilità.

1. Al fine di garantire un'efficace integrazione nell'ambiente di lavoro delle persone con disabilità, le amministrazioni pubbliche con più di 200 dipendenti, senza nuovi o maggiori oneri per la finanza pubblica e nell'ambito delle risorse umane, finanziarie e strumentali disponibili a legislazione vigente, nominano un responsabile dei processi di inserimento.

2. Il responsabile dei processi di inserimento svolge le seguenti funzioni:

a) cura i rapporti con il centro per l'impiego territorialmente competente per l'inserimento lavorativo dei disabili, nonché con i servizi territoriali per l'inserimento mirato;

b) predispone, sentito il medico competente della propria amministrazione ed eventualmente il comitato tecnico di cui alla legge 12 marzo 1999, n. 68, gli accorgimenti organizzativi e propone, ove necessario, le soluzioni tecnologiche per facilitare l'integrazione al lavoro anche ai fini dei necessari accomodamenti ragionevoli di cui all'articolo 3, comma 3-*bis*, del decreto legislativo 9 luglio 2003, n. 216;

c) verifica l'attuazione del processo di inserimento, recependo e segnalando ai servizi competenti eventuali situazioni di disagio e di difficoltà di integrazione.

(1) *Articolo inserito dall'art. 10 comma 1 d.lgs. 25 maggio 2017, n. 75.*

39-*quater* (1) Monitoraggio sull'applicazione della legge 12 marzo 1999, n. 68.

1. Al fine di verificare la corretta e uniforme applicazione della legge 12 marzo 1999, n. 68, le amministrazioni pubbliche, tenute a dare attuazione alle disposizioni in materia di collocamento obbligatorio, inviano il prospetto informativo di cui all'articolo 9, comma 6, della legge n. 68 del 1999, al Dipartimento della funzione pubblica della Presidenza del Consiglio dei ministri, al Ministero del lavoro e delle politiche sociali e al Centro per l'impiego territorialmente competente.

2. Entro i successivi sessanta giorni le amministrazioni pubbliche di cui al comma 1 trasmettono, in via telematica, al servizio inserimento lavorativo disabili territorialmente competente, al Dipartimento della funzione pubblica e al Ministero del lavoro e delle politiche sociali una comunicazione contenente tempi e modalità di copertura della quota di riserva. In tale comunicazione sono indicati anche eventuali bandi di concorso per specifici profili professionali per i quali non è previsto il solo requisito della scuola dell'obbligo, riservati ai soggetti di cui all'articolo 8 della legge 12 marzo 1999, n. 68, o, in alternativa, le convenzioni di cui all'articolo 11 della citata legge. Tali informazioni sono trasmesse anche al fine di consentire una opportuna verifica della disciplina delle quote di riserva, in rapporto anche a quanto previsto per le vittime del terrorismo, della criminalità organizzata e del dovere. Le informazioni sono altresì trasmesse alla Consulta nazionale per l'integrazione in ambiente di lavoro delle persone con disabilità, ai fini di cui all'articolo 39-*bis*, comma 3, lettera *e*).

3. Le informazioni di cui al presente articolo sono raccolte nell'ambito della banca dati di cui all'articolo 8 del decreto-legge 28 giugno 2013, n. 76, convertito, con modificazioni, dalla legge 9 agosto 2013, n. 99.

4. In caso di mancata osservanza delle disposizioni del presente articolo o di mancato rispetto dei tempi concordati, i centri per l'impiego avviano numericamente i lavoratori disabili attingendo alla graduatoria vigente con profilo professionale generico, dando comunicazione delle inadempienze al Dipartimento della funzione pubblica della Presidenza del Consiglio dei ministri.

(1) *Articolo inserito dall'art. 10 comma 1 d.lgs. 25 maggio 2017, n. 75.*

TITOLO III
Contrattazione collettiva e rappresentanza sindacale

40 Contratti collettivi nazionali e integrativi.

(Art. 45 del d.ls. n. 29 del 1993, come sostituito prima dall'art. 15 del d.ls. n. 470 del 1993 e poi dall'art. 1 del d.ls. n. 396 del 1997 e successivamente modificato dall'art. 43, comma 1 del d.ls. n. 80 del 1998).

1. La contrattazione collettiva disciplina il rapporto di lavoro e le relazioni sindacali e si svolge con le modalità previste dal presente decreto. Nelle materie relative alle sanzioni disciplinari, alla valutazione delle

prestazioni ai fini della corresponsione del trattamento accessorio, della mobilità, la contrattazione collettiva è consentita nei limiti previsti dalle norme di legge. Sono escluse dalla contrattazione collettiva le materie attinenti all'organizzazione degli uffici, quelle oggetto di partecipazione sindacale ai sensi dell'articolo 9, quelle afferenti alle prerogative dirigenziali ai sensi degli articoli 5, comma 2, 16 e 17, la materia del conferimento e della revoca degli incarichi dirigenziali, nonché quelle di cui all'articolo 2, comma 1, lettera *c*), della legge 23 ottobre 1992, n. 421 (1) (2).

2. Tramite appositi accordi tra l'ARAN e le Confederazioni rappresentative, secondo le procedure di cui agli articoli 41, comma 5, e 47, senza nuovi o maggiori oneri per la finanza pubblica, sono definiti fino a un massimo di quattro comparti di contrattazione collettiva nazionale, cui corrispondono non più di quattro separate aree per la dirigenza. Una apposita area o (3) sezione contrattuale di un'area dirigenziale riguarda la dirigenza del ruolo sanitario del Servizio sanitario nazionale, per gli effetti di cui all'articolo 15 del decreto legislativo 30 dicembre 1992, n. 502, e successive modificazioni. Nell'ambito dei comparti di contrattazione possono essere costituite apposite sezioni contrattuali per specifiche professionalità (2).

3. La contrattazione collettiva disciplina, in coerenza con il settore privato, la struttura contrattuale, i rapporti tra i diversi livelli e la durata dei contratti collettivi nazionali e integrativi. La durata viene stabilita in modo che vi sia coincidenza fra la vigenza della disciplina giuridica e di quella economica (2).

3-*bis*. Le pubbliche amministrazioni attivano autonomi livelli di contrattazione collettiva integrativa, nel rispetto dell'articolo 7, comma 5, e dei vincoli di bilancio risultanti dagli strumenti di programmazione annuale e pluriennale di ciascuna amministrazione. La contrattazione collettiva integrativa assicura adeguati livelli di efficienza e produttività dei servizi pubblici, incentivando l'impegno e la qualità della performance «, destinandovi, per l'ottimale perseguimento degli obiettivi organizzativi ed individuali, una quota prevalente delle risorse finalizzate ai trattamenti economici accessori comunque denominati (4) ai sensi dell'articolo 45, comma 3. La predetta quota è collegata alle risorse variabili determinate per l'anno di riferimento (5). La contrattazione collettiva integrativa (6) si svolge sulle materie, con i vincoli e nei limiti stabiliti dai contratti collettivi nazionali, tra i soggetti e con le procedure negoziali che questi ultimi prevedono; essa può avere ambito territoriale e riguardare più amministrazioni. I contratti collettivi nazionali definiscono il termine delle sessioni negoziali in sede decentrata. Alla scadenza del termine le parti riassumono le rispettive prerogative e libertà di iniziativa e decisione (2).

3-*ter*. Nel caso in cui non si raggiunga l'accordo per la stipulazione di un contratto collettivo integrativo, qualora il protrarsi delle trattative determini un pregiudizio alla funzionalità dell'azione amministrativa, nel rispetto dei principi di correttezza e buona fede fra le parti, l'amministrazione interessata può provvedere, in via provvisoria, sulle materie oggetto del mancato accordo fino alla successiva sottoscrizione e prosegue le trattative al fine di pervenire in tempi celeri alla conclusione dell'accordo. Agli atti adottati unilateralmente si applicano le procedure di controllo di compatibilità economico-finanziaria previste dall'articolo 40-*bis*. I contratti collettivi nazionali possono individuare un termine minimo di durata delle sessioni negoziali in sede decentrata, decorso il quale l'amministrazione interessata può in ogni caso provvedere, in via provvisoria, sulle materie oggetto del mancato accordo. È istituito presso l'ARAN, senza nuovi o maggiori oneri a carico della finanza pubblica, un osservatorio a composizione paritetica con il compito di monitorare i casi e le modalità con cui ciascuna amministrazione adotta gli atti di cui al primo periodo. L'osservatorio verifica altresì che tali atti siano adeguatamente motivati in ordine alla sussistenza del pregiudizio alla funzionalità dell'azione amministrativa. Ai componenti non spettano compensi, gettoni, emolumenti, indennità o rimborsi di spese comunque denominati (7) (2).

3-*quater*. (8) (2).

3-*quinquies*. La contrattazione collettiva nazionale dispone, per le amministrazioni di cui al comma 3 dell'articolo 41, le modalità di utilizzo delle risorse indicate all'articolo 45, comma 3-*bis*, individuando i criteri e i limiti finanziari entro i quali si deve svolgere la contrattazione integrativa. Le regioni, per quanto concerne le proprie amministrazioni, e gli enti locali possono destinare risorse aggiuntive alla contrattazione integrativa nei limiti stabiliti dalla contrattazione nazionale e nei limiti dei parametri di virtuosità fissati per la spesa di personale dalle vigenti disposizioni, in ogni caso nel rispetto degli obiettivi di finanza pubblica (9) e di analoghi strumenti del contenimento della spesa. Lo stanziamento delle risorse aggiuntive per la contrattazione integrativa è correlato all'affettivo rispetto dei principi in materia di misurazione, valutazione e trasparenza della performance e in materia di merito e premi applicabili alle regioni e agli enti locali secondo quanto previsto dagli articoli 16 e 31 del decreto legislativo di attuazione della legge 4 marzo 2009, n. 15, in materia di ottimizzazione della produttività del lavoro pubblico e di efficienza e trasparenza delle pubbliche amministrazioni. Le pubbliche amministrazioni non possono in ogni caso sottoscrivere in sede decentrata contratti collettivi integrativi in contrasto con i vincoli e con i limiti risultanti dai contratti collettivi nazionali o che disciplinano materie non espressamente delegate a tale livello negoziale ovvero che comportano oneri non previsti negli strumenti di programmazione annuale e pluriennale di ciascuna amministrazione. Nei casi di violazione dei vincoli e dei limiti di competenza imposti dalla contrattazione nazionale o dalle norme di legge, le clausole sono nulle, non possono essere applicate e sono sostituite ai sensi degli articoli 1339 e 1419, secondo comma, del codice civile. In caso di superamento di vincoli finanziari accertato da parte delle sezioni regionali di controllo della Corte dei conti, del Dipartimento della funzione pubblica o del Ministero dell'economia e delle finanze è fatto altresì obbligo di recupero nell'ambito della sessione negoziale successiva, con quote annuali e per un numero massimo di annualità corrispondente a quelle in cui si è verificato il superamento di tali vincoli (10). Al fine di non pregiudicare l'ordinata prosecuzione dell'attività amministrativa delle amministrazioni interessate, la quota del recupero non può eccedere il 25 per cento delle risorse destinate alla contrattazione integrativa ed il numero di annualità di cui al periodo precedente, previa certificazione degli organi di controllo di cui all'articolo 40-*bis*, comma 1, è corrispondentemente incrementato (10). In alternativa a quanto disposto dal periodo precedente, le regioni e gli enti locali possono prorogare il termine per procedere al recupero delle somme indebitamente erogate, per un periodo non superiore a cinque anni, a condizione che adottino o abbiano adottato le misure di contenimento della spesa di cui all'articolo 4, comma 1, del decreto-legge 6 marzo 2014, n. 16, dimostrino l'effettivo conseguimento delle riduzioni di spesa previste dalle predette misure, nonché il conseguimento di ulteriori riduzioni di spesa derivanti dall'adozione di misure di razionalizzazione relative ad altri settori anche con riferimento a processi di soppressione e fusione di società, enti o agenzie strumentali (10). Le regioni e gli enti locali forniscono la dimostrazione di cui al periodo precedente con apposita relazione, corredata del parere dell'organo di revisione economico-finanziaria, allegata al conto consuntivo di ciascun anno in cui è effettuato il recupero (10). Le disposizioni del presente comma trovano applicazione a decorrere dai contratti sottoscritti successivamente alla data di entrata in vigore del decreto legislativo di attuazione della legge 4 marzo 2009, n. 15, in materia di ottimizzazione della produttività del lavoro pubblico e di efficienza e trasparenza delle pubbliche amministrazioni (2).

3-*sexies*. A corredo di ogni contratto integrativo le pubbliche amministrazioni, redigono una relazione tecnico-finanziaria ed una relazione illustrativa, utilizzando gli schemi appositamente predisposti e resi disponibili tramite i rispettivi siti istituzionali dal Ministero dell'economia e delle finanze di intesa con il Dipartimento della funzione pubblica. Tali relazioni vengono certificate dagli organi di controllo di cui all'articolo 40-*bis*, comma 1 (2).

4. Le pubbliche amministrazioni adempiono agli obblighi assunti con i contratti collettivi nazionali o integrativi dalla data della sottoscrizione definitiva e ne assicurano l'osservanza nelle forme previste dai rispettivi ordinamenti.

4-*bis*. I contratti collettivi nazionali di lavoro devono prevedere apposite clausole che impediscono incrementi della consistenza complessiva delle risorse destinate ai trattamenti economici accessori, nei casi in cui i dati sulle assenze, a livello di amministrazione o di sede di contrattazione integrativa, rilevati a consuntivo, evidenzino, anche con riferimento alla concentrazione in determinati periodi in cui è necessario assicurare continuità nell'erogazione dei servizi all'utenza o, comunque, in continuità con le giornate festive e di riposo settimanale, significativi scostamenti rispetto a dati medi annuali nazionali o di settore (11).

4-*ter*. Al fine di semplificare la gestione amministrativa dei fondi destinati alla contrattazione integrativa e di consentirne un utilizzo più funzionale ad obiettivi di valorizzazione degli apporti del personale, nonché di miglioramento della produttività e della qualità dei servizi, la contrattazione collettiva nazionale provvede al riordino, alla razionalizzazione ed alla semplificazione delle discipline in materia di dotazione ed utilizzo dei fondi destinati alla contrattazione integrativa (11).

(1) *Comma così sostituito dall'art. 11 comma 1 lett.* a) *d.lgs. 25 maggio 2017, n. 75. Il testo previgente era il seguente:* « 1. La contrattazione collettiva determina i diritti e gli obblighi direttamente pertinenti al rapporto di lavoro, nonché le materie relative alle relazioni sindacali. Sono, in particolare, escluse dalla contrattazione collettiva le materie attinenti all'organizzazione degli uffici, quelle oggetto di partecipazione sindacale ai sensi dell'articolo 9, quelle afferenti alle prerogative dirigenziali ai sensi degli articoli 5, comma 2, 16 e 17, la materia del conferimento e della revoca degli incarichi dirigenziali, nonché quelle di cui all'articolo 2, comma 1, lettera *c*), della legge 23 ottobre 1992, n. 421. Nelle materie relative alle sanzioni disciplinari, alla valutazione delle prestazioni ai fini della corresponsione del trattamento accessorio, della mobilità e delle progressioni economiche, la contrattazione collettiva è consentita negli esclusivi limiti previsti dalle norme di legge ».

(2) *I commi da 1 a 3-*sexies *così sostituiscono i precedenti commi da 1 a 3 ai sensi dell'art. 54, comma 1, d.lgs. 27 ottobre 2009, n. 150. Precedentemente il comma 2 era stato modificato dall'art. 7, comma 4, l. 15 luglio 2002, n. 145, dall'art. 14 l. 29 luglio 2003, n. 229, dall'art. 1, comma 125, l. 30 dicembre 2004, n. 311.*

(3) *Le parole* « area o » *sono state inserite dall'art. 11 comma 1 lett.* b) *d.lgs. 25 maggio 2017, n. 75.*

(4) *Le parole da* « destinandovi, » *a* « comunque denominati » *sono state inserite dall'art. 11 comma 1 lett.* c) *n. 1 d.lgs. 25 maggio 2017, n. 75.*

(5) *Terzo periodo così sostituito dall'art. 11 comma 1 lett.* c) *n. 2 d.lgs. 25 maggio 2017, n. 75. Il testo previgente era il seguente:* « A tale fine destina al trattamento economico accessorio collegato alla performance individuale una quota prevalente del trattamento accessorio complessivo comunque denominato ».

(6) *Le parole* « La contrattazione collettiva integrativa » *sono state sostituite alla parola* « Essa » *dall'art. 11 comma 1 lett.* c) *n. 3 d.lgs. 25 maggio 2017, n. 75.*

(7) *Comma così sostituito dall'art. 11 comma 1 lett.* d) *d.lgs. 25 maggio 2017, n. 75. Il testo previgente era il seguente:* « 3-*ter*. Al fine di assicurare la continuità e il migliore svolgimento della funzione pubblica, qualora non si raggiunga l'accordo per la stipulazione di un contratto collettivo integrativo, l'amministrazione interessata può provvedere, in via provvisoria, sulle materie oggetto del mancato accordo, fino alla successiva sottoscrizione. Agli atti adottati unilateralmente si applicano le procedure di controllo di compatibilità economico-finanziaria previste dall'articolo 40-*bis* ».

(8) *Comma abrogato dall'art. 11 comma 1 lett.* e) *d.lgs. 25 maggio 2017, n. 75. Il testo previgente era* « 3-*quater*. La Commissione di cui all'articolo 13 del decreto legislativo di attuazione della legge 4 marzo 2009, n. 15, in materia di ottimizzazione della produttività del lavoro pubblico e di efficienza e trasparenza delle pubbliche amministrazioni, fornisce, entro il 31 maggio di ogni anno, all'ARAN una graduatoria di performance delle amministrazioni statali e degli enti pubblici nazionali. Tale graduatoria raggruppa le singole amministrazioni, per settori, su almeno tre livelli di merito, in funzione dei risultati di performance ottenuti. La contrattazione nazionale definisce le modalità di ripartizione delle risorse per la contrattazione decentrata tra i diversi livelli di merito assicurando l'invarianza complessiva dei relativi oneri nel comparto o nell'area di contrattazione ».

(9) *Le parole* « degli obiettivi di finanza pubblica » *sono state sostituite alle parole* « dei vincoli di bilancio e del patto di stabilità », *dall'art. 11 comma 1 lett.* f) *d.lgs. 25 maggio 2017, n. 75.*

(10) *Periodi sostituiti all'originario sesto periodo dall'art. 11 comma 1 lett.* f) *d.lgs. 25 maggio 2017, n. 75. Il testo del sesto periodo era il seguente:* « In caso di accertato superamento di vincoli finanziari da parte delle sezioni regionali di controllo della Corte dei conti, del Dipartimento della funzione pubblica o del Ministero dell'economia e delle finanze è fatto altresì obbligo di recupero nell'ambito della sessione negoziale successiva ».

(11) *Comma aggiunto dall'art. 11 comma 1 lett.* g) *d.lgs. 25 maggio 2017, n. 75.*

40-*bis* Controlli in materia di contrattazione integrativa (1).

1. Il controllo sulla compatibilità dei costi della contrattazione collettiva integrativa con i vincoli di bilancio e quelli derivanti dall'applicazione delle norme di legge, con particolare riferimento alle disposizioni in-

derogabili che incidono sulla misura e sulla corresponsione dei trattamenti accessori è effettuato dal collegio dei revisori dei conti, dal collegio sindacale, dagli uffici centrali di bilancio o dagli analoghi organi previsti dai rispettivi ordinamenti. Qualora dai contratti integrativi derivino costi non compatibili con i rispettivi vincoli di bilancio delle amministrazioni, si applicano le disposizioni di cui all'articolo 40, comma 3-*quinquies*, sesto periodo.

2. Per le amministrazioni statali, anche ad ordinamento autonomo, nonché per gli enti pubblici non economici e per gli enti e le istituzioni di ricerca con organico superiore a duecento unità, i contratti integrativi sottoscritti, corredati da una apposita relazione tecnico-finanziaria ed una relazione illustrativa certificate dai competenti organi di controllo previsti dal comma 1, sono trasmessi alla Presidenza del Consiglio dei Ministri - Dipartimento della funzione pubblica e al Ministero dell'economia e delle finanze - Dipartimento della Ragioneria generale dello Stato, che, entro trenta giorni dalla data di ricevimento, ne accertano, congiuntamente, la compatibilità economico-finanziaria, ai sensi del presente articolo e dell'articolo 40, comma 3-*quinquies*. Decorso tale termine, che può essere sospeso in caso di richiesta di elementi istruttori, la delegazione di parte pubblica può procedere alla stipula del contratto integrativo. Nel caso in cui il riscontro abbia esito negativo, le parti riprendono le trattative.

3. Le amministrazioni pubbliche di cui all'articolo 1, comma 2, inviano entro il 31 maggio di ogni anno, specifiche informazioni sui costi della contrattazione integrativa, certificate dagli organi di controllo interno, al Ministero dell'economia e delle finanze, che predispone, allo scopo, uno specifico modello di rilevazione, d'intesa con la Corte dei conti e con la Presidenza del Consiglio dei Ministri - Dipartimento della funzione pubblica. Tali informazioni sono volte ad accertare, oltre il rispetto dei vincoli finanziari in ordine sia alla consistenza delle risorse assegnate ai fondi per la contrattazione integrativa sia all'evoluzione della consistenza dei fondi e della spesa derivante dai contratti integrativi applicati, anche la concreta definizione ed applicazione di criteri improntati alla premialità, al riconoscimento del merito ed alla valorizzazione dell'impegno e della qualità della performanceindividuale, con riguardo ai diversi istituti finanziati dalla contrattazione integrativa, nonché a parametri di selettività, con particolare riferimento alle progressioni economiche. Le informazioni sono trasmesse alla Corte dei conti che, ferme restando le ipotesi di responsabilità eventualmente ravvisabili le utilizza, unitamente a quelle trasmesse ai sensi del Titolo V, anche ai fini del referto sul costo del lavoro.

[4. Le amministrazioni pubbliche hanno l'obbligo di pubblicare in modo permanente sul proprio sito istituzionale, con modalità che garantiscano la piena visibilità e accessibilità delle informazioni ai cittadini, i contratti integrativi stipulati con la relazione tecnico-finanziaria e quella illustrativa certificate dagli organi di controllo di cui al comma 1, nonché le informazioni trasmesse annualmente ai sensi del comma 3. La relazione illustrativa, fra l'altro, evidenzia gli effetti attesi in esito alla sottoscrizione del contratto integrativo in materia di produttività ed efficienza dei servizi erogati, anche in relazione alle richieste dei cittadini. Il Dipartimento per la funzione pubblica di intesa con il Ministero dell'economia e delle finanze e in sede di Conferenza unificata predispone un modello per la valutazione, da parte dell'utenza, dell'impatto della contrattazione integrativa sul funzionamento dei servizi pubblici, evidenziando le richieste e le previsioni di interesse per la collettività. Tale modello e gli esiti della valutazione vengono pubblicati sul sito istituzionale delle amministrazioni pubbliche interessate dalla contrattazione integrativa.] (2)

5. Ai fini dell'articolo 46, comma 4, le pubbliche amministrazioni sono tenute a trasmettere all'ARAN, per via telematica, entro cinque giorni dalla sottoscrizione, il testo contrattuale con l'allegata relazione tecnico-finanziaria ed illustrativa e con l'indicazione delle modalità di copertura dei relativi oneri con riferimento agli strumenti annuali e pluriennali di bilancio. I predetti testi contrattuali sono altresì trasmessi al CNEL.

6. Il Dipartimento della funzione pubblica, il Dipartimento della Ragioneria generale dello Stato presso il Ministero dell'economia e delle finanze e la Corte dei conti possono avvalersi ai sensi dell'articolo 17, comma 14, della legge 15 maggio 1997, n. 127, di personale in posizione di fuori ruolo o di comando per l'esercizio delle funzioni di controllo sulla contrattazione integrativa.

7. In caso di mancato adempimento delle prescrizioni del presente articolo, oltre alle sanzioni previste dall'articolo 60, comma 2, è fatto divieto alle amministrazioni di procedere a qualsiasi adeguamento delle risorse destinate alla contrattazione integrativa. Gli organi di controllo previsti dal comma 1 vigilano sulla corretta applicazione delle disposizioni del presente articolo.

(1) *Articolo inserito dall'art. 17, comma 2, l. 28 dicembre 2001, n. 448, modificato dall'art. 14 l. 16 gennaio 2003, n. 3 e successivamente sostituito dall'art. 55, comma 1, d.ls. 27 ottobre 2009, n. 150.*

(2) *Comma abrogato dall'art. 53, comma 1, lett.* d) *d.ls. 14 marzo 2013, n. 33.*

41 Poteri di indirizzo nei confronti dell'ARAN (1).

1. Il potere di indirizzo nei confronti dell'ARAN e le altre competenze relative alle procedure di contrattazione collettiva nazionale sono esercitati dalle pubbliche amministrazioni attraverso le proprie istanze associative o rappresentative, le quali costituiscono comitati di settore che regolano autonomamente le proprie modalità di funzionamento e di deliberazione. In ogni caso, le deliberazioni assunte in materia di indirizzo all'ARAN o di parere sull'ipotesi di accordo nell'ambito della procedura di contrattazione collettiva di cui all'articolo 47, si considerano definitive e non richiedono ratifica da parte delle istanze associative o rappresentative delle pubbliche amministrazioni del comparto.

2. È costituito un comitato di settore nell'ambito della Conferenza delle Regioni, che esercita [, per uno dei comparti di cui all'articolo 40, comma 2,] le competenze di cui al comma 1, per le regioni, i relativi enti dipendenti, e le amministrazioni del Servizio sanitario nazionale; a tale comitato partecipa un rappresentante del Governo, designato dal Ministro del lavoro, della

salute e delle politiche sociali per le competenze delle amministrazioni del Servizio sanitario nazionale. È costituito un comitato di settore nell'ambito dell'Associazione nazionale dei Comuni italiani (ANCI), dell'Unione delle province d'Italia (UPI) e dell'Unioncamere che esercita [, per uno dei comparti di cui all'articolo 40, comma 2,] le competenze di cui al comma 1, per i dipendenti degli enti locali, delle Camere di commercio e dei segretari comunali e provinciali (2).

3. Per tutte le altre amministrazioni opera come comitato di settore il Presidente del Consiglio dei Ministri tramite il Ministro per la pubblica amministrazione e l'innovazione, di concerto con il Ministro dell'economia e finanze. Al fine di assicurare la salvaguardia delle specificità delle diverse amministrazioni e delle categorie di personale ivi comprese, gli indirizzi sono emanati per il sistema scolastico, sentito il Ministro dell'istruzione, dell'università e della ricerca, nonché, per i rispettivi ambiti di competenza, sentiti i direttori delle Agenzie fiscali, la Conferenza dei rettori delle università italiane; le istanze rappresentative promosse dai presidenti degli enti di ricerca e degli enti pubblici non economici ed il presidente del Consiglio nazionale dell'economia e del lavoro.

4. Rappresentati designati dai Comitati di settore possono assistere l'ARAN nello svolgimento delle trattative. I comitati di settore possono stipulare con l'ARAN specifici accordi per i reciproci rapporti in materia di contrattazione e per eventuali attività in comune. Nell'ambito del regolamento di organizzazione dell'ARAN per assicurare il miglior raccordo tra i Comitati di settore delle Regioni e degli enti locali e l'ARAN, a ciascun comitato corrisponde una specifica struttura, senza nuovi o maggiori oneri per la finanza pubblica.

5. Per la stipulazione degli accordi che definiscono o modificano i comparti o le aree di contrattazione collettiva di cui all'articolo 40, comma 2, o che regolano istituti comuni a più comparti o che si applicano a un comparto per il quale operano più comitati di settore le funzioni di indirizzo e le altre competenze inerenti alla contrattazione collettiva sono esercitate collegialmente dai comitati di settore (3).

(1) *Articolo modificato dall'art. 3 d.ls. 2 luglio 2003, n. 173 e successivamente sostituito dall'art. 56, comma 1, d.ls. 27 ottobre 2009, n. 150.*

(2) *Comma modificato dall'art. 1, comma 468, lett.* a) *e* b), *l. 28 dicembre 2015 n. 208.*

(3) *Comma modificato dall'art. 1, comma 468, lett.* c), *l. 28 dicembre 2015 n. 208.*

42 Diritti e prerogative sindacali nei luoghi di lavoro. (Art. 47 del d.ls. n. 29 del 1993, come sostituito dall'art. 6 del d.ls. n. 396 del 1997).

1. Nelle pubbliche amministrazioni la libertà e l'attività sindacale sono tutelate nelle forme previste dalle disposizioni della legge 20 maggio 1970, n. 300, e successive modificazioni ed integrazioni. Fino a quando non vengano emanate norme di carattere generale sulla rappresentatività sindacale che sostituiscano o modifichino tali disposizioni, le pubbliche amministrazioni, in attuazione dei criteri di cui all'articolo 2, comma 1, lettera *b*) della legge 23 ottobre 1992, n. 421, osservano le disposizioni seguenti in materia di rappresentatività delle organizzazioni sindacali ai fini dell'attribuzione dei diritti e delle prerogative sindacali nei luoghi di lavoro e dell'esercizio della contrattazione collettiva.

2. In ciascuna amministrazione, ente o struttura amministrativa di cui al comma 8, le organizzazioni sindacali che, in base ai criteri dell'articolo 43, siano ammesse alle trattative per la sottoscrizione dei contratti collettivi, possono costituire rappresentanze sindacali aziendali ai sensi dell'articolo 19 e seguenti della legge 20 maggio 1970, n. 300, e successive modificazioni ed integrazioni. Ad esse spettano, in proporzione alla rappresentatività, le garanzie previste dagli articoli 23, 24 e 30 della medesima legge n. 300 del 1970, e le migliori condizioni derivanti dai contratti collettivi.

3. In ciascuna amministrazione, ente o struttura amministrativa di cui al comma 8, ad iniziativa anche disgiunta delle organizzazioni sindacali di cui al comma 2, viene altresì costituito, con le modalità di cui ai commi seguenti, un organismo di rappresentanza unitaria del personale mediante elezioni alle quali è garantita la partecipazione di tutti i lavoratori.

4. Con appositi accordi o contratti collettivi nazionali, tra l'ARAN e le confederazioni o organizzazioni sindacali rappresentative ai sensi dell'articolo 43, sono definite la composizione dell'organismo di rappresentanza unitaria del personale e le specifiche modalità delle elezioni, prevedendo in ogni caso il voto segreto, il metodo proporzionale e il periodico rinnovo, con esclusione della prorogabilità. Deve essere garantita la facoltà di presentare liste, oltre alle organizzazioni che, in base ai criteri dell'articolo 43, siano ammesse alle trattative per la sottoscrizione dei contratti collettivi, anche ad altre organizzazioni sindacali, purché siano costituite in associazione con un proprio statuto e purché abbiano aderito agli accordi o contratti collettivi che disciplinano l'elezione e il funzionamento dell'organismo. Per la presentazione delle liste, può essere richiesto a tutte le organizzazioni sindacali promotrici un numero di firme di dipendenti con diritto al voto non superiore al 3 per cento del totale dei dipendenti nelle amministrazioni, enti o strutture amministrative fino a duemila dipendenti, e del 2 per cento in quelle di dimensioni superiori (1).

5. I medesimi accordi o contratti collettivi possono prevedere che, alle condizioni di cui al comma 8, siano costituite rappresentanze unitarie del personale comuni a più amministrazioni o enti di modeste dimensioni ubicati nel medesimo territorio. Essi possono altresì prevedere che siano costituiti organismi di coordinamento tra le rappresentanze unitarie del personale nelle amministrazioni e enti con pluralità di sedi o strutture di cui al comma 8.

6. I componenti della rappresentanza unitaria del personale sono equiparati ai dirigenti delle rappresentanze sindacali aziendali ai fini della legge 20 maggio 1970, n. 300, e successive modificazioni ed integrazioni, e del presente decreto. Gli accordi o contratti collettivi che regolano l'elezione e il funzionamento dell'organismo, stabiliscono i criteri e le modalità con cui sono trasferite ai componenti eletti della rappresentanza unitaria del personale le garanzie spettanti alle rappresentanze sindacali aziendali delle organizzazio-

ni sindacali di cui al comma 2 che li abbiano sottoscritti o vi aderiscano.

7. I medesimi accordi possono disciplinare le modalità con le quali la rappresentanza unitaria del personale esercita in via esclusiva i diritti di informazione e di partecipazione riconosciuti alle rappresentanze sindacali aziendali dall'articolo 9 o da altre disposizioni della legge e della contrattazione collettiva. Essi possono altresì prevedere che, ai fini dell'esercizio della contrattazione collettiva integrativa, la rappresentanza unitaria del personale sia integrata da rappresentanti delle organizzazioni sindacali firmatarie del contratto collettivo nazionale del comparto.

8. Salvo che i contratti collettivi non prevedano, in relazione alle caratteristiche del comparto, diversi criteri dimensionali, gli organismi di cui ai commi 2 e 3 del presente articolo possono essere costituiti, alle condizioni previste dai commi precedenti, in ciascuna amministrazione o ente che occupi oltre quindici dipendenti. Nel caso di amministrazioni o enti con pluralità di sedi o strutture periferiche, possono essere costituiti anche presso le sedi o strutture periferiche che siano considerate livelli decentrati di contrattazione collettiva dai contratti collettivi nazionali.

9. Fermo restando quanto previsto dal comma 2, per la costituzione di rappresentanze sindacali aziendali ai sensi dell'articolo 19 della legge 20 maggio 1970, n. 300, e successive modificazioni ed integrazioni, la rappresentanza dei dirigenti nelle amministrazioni, enti o strutture amministrative è disciplinata, in coerenza con la natura delle loro funzioni, dagli accordi o contratti collettivi riguardanti la relativa area contrattuale.

10. Alle figure professionali per le quali nel contratto collettivo del comparto sia prevista una disciplina distinta ai sensi dell'articolo 40, comma 2, deve essere garantita una adeguata presenza negli organismi di rappresentanza unitaria del personale, anche mediante l'istituzione, tenuto conto della loro incidenza quantitativa e del numero dei componenti dell'organismo, di specifici collegi elettorali.

11. Per quanto riguarda i diritti e le prerogative sindacali delle organizzazioni sindacali delle minoranze linguistiche, nell'ambito della provincia di Bolzano e della regione Valle d'Aosta, si applica quanto previsto dall'articolo 9 del decreto del Presidente della Repubblica 6 gennaio 1978, n. 58, e dal decreto legislativo 28 dicembre 1989, n. 430.

(1) *Per una deroga al presente comma, in materia di differimento delle elezioni degli organismi della rappresentanza sindacale, v. art. 31-quinquies d.l. 28 ottobre 2020, n. 137, conv., con modif., in l. 18 dicembre 2020, n. 176.*

43 Rappresentatività sindacale ai fini della contrattazione collettiva.

(Art. 47-*bis* del d.ls. n. 29 del 1993, aggiunto dall'art. 7 del d.ls. n. 396 del 1997, modificato dall'art. 44, comma 4 del d.ls. n. 80 del 1998; Art. 44 comma 7 del d.ls. n. 80 del 1998, come modificato dall'art. 22, comma 4 del d.ls. n. 387 del 1998).

1. L'ARAN ammette alla contrattazione collettiva nazionale le organizzazioni sindacali che abbiano nel comparto o nell'area una rappresentatività non inferiore al 5 per cento, considerando a tal fine la media tra il dato associativo e il dato elettorale. Il dato associativo è espresso dalla percentuale delle deleghe per il versamento dei contributi sindacali rispetto al totale delle deleghe rilasciate nell'ambito considerato. Il dato elettorale è espresso dalla percentuale dei voti ottenuti nelle elezioni delle rappresentanze unitarie del personale, rispetto al totale dei voti espressi nell'ambito considerato.

2. Alla contrattazione collettiva nazionale per il relativo comparto o area partecipano altresì le confederazioni alle quali le organizzazioni sindacali ammesse alla contrattazione collettiva ai sensi del comma 1 siano affiliate.

3. L'ARAN sottoscrive i contratti collettivi verificando previamente, sulla base della rappresentatività accertata per l'ammissione alle trattative ai sensi del comma 1, che le organizzazioni sindacali che aderiscono all'ipotesi di accordo rappresentino nel loro complesso almeno il 51 per cento come media tra dato associativo e dato elettorale nel comparto o nell'area contrattuale, o almeno il 60 per cento del dato elettorale nel medesimo ambito.

4. L'ARAN ammette alla contrattazione collettiva per la stipulazione degli accordi o contratti collettivi che definiscono o modificano i comparti o le aree o che regolano istituti comuni a tutte le pubbliche amministrazioni o riguardanti più comparti, le confederazioni sindacali alle quali, in almeno due comparti o due aree contrattuali, siano affiliate organizzazioni sindacali rappresentative ai sensi del comma 1.

5. I soggetti e le procedure della contrattazione collettiva integrativa sono disciplinati, in conformità all'articolo 40, commi 3-*bis* e seguenti, dai contratti collettivi nazionali, fermo restando quanto previsto dall'articolo 42, comma 7, per gli organismi di rappresentanza unitaria del personale (1).

6. Agli effetti dell'accordo tra l'ARAN e le confederazioni sindacali rappresentative, previsto dall'articolo 50, comma 1, e dei contratti collettivi che regolano la materia, le confederazioni e le organizzazioni sindacali ammesse alla contrattazione collettiva nazionale ai sensi dei commi precedenti, hanno titolo ai permessi, aspettative e distacchi sindacali, in quota proporzionale alla loro rappresentatività ai sensi del comma 1, tenendo conto anche della diffusione territoriale e della consistenza delle strutture organizzative nel comparto o nell'area.

7. La raccolta dei dati sui voti e sulle deleghe è assicurata dall'ARAN. I dati relativi alle deleghe rilasciate a ciascuna amministrazione nell'anno considerato sono rilevati e trasmessi all'ARAN non oltre il 31 marzo dell'anno successivo dalle pubbliche amministrazioni, controfirmati da un rappresentante dell'organizzazione sindacale interessata, con modalità che garantiscano la riservatezza delle informazioni. Le pubbliche amministrazioni hanno l'obbligo di indicare il funzionario responsabile della rilevazione e della trasmissione dei dati. Per il controllo sulle procedure elettorali e per la raccolta dei dati relativi alle deleghe l'ARAN si avvale, sulla base di apposite convenzioni, della collaborazione del Dipartimento della funzione pubblica,

del Ministero del lavoro, delle istanze rappresentative o associative delle pubbliche amministrazioni.

8. Per garantire modalità di rilevazione certe ed obiettive, per la certificazione dei dati e per la risoluzione delle eventuali controversie è istituito presso l'ARAN un comitato paritetico, che può essere articolato per comparti, al quale partecipano le organizzazioni sindacali ammesse alla contrattazione collettiva nazionale.

9. Il comitato procede alla verifica dei dati relativi ai voti ed alle deleghe. Può deliberare che non siano prese in considerazione, ai fini della misurazione del dato associativo, le deleghe a favore di organizzazioni sindacali che richiedano ai lavoratori un contributo economico inferiore di più della metà rispetto a quello mediamente richiesto dalle organizzazioni sindacali del comparto o dell'area.

10. Il comitato delibera sulle contestazioni relative alla rilevazione dei voti e delle deleghe. Qualora vi sia dissenso, e in ogni caso quando la contestazione sia avanzata da un soggetto sindacale non rappresentato nel comitato, la deliberazione è adottata su conforme parere del Consiglio nazionale dell'economia e del lavoro - CNEL, che lo emana entro quindici giorni dalla richiesta. La richiesta di parere è trasmessa dal comitato al Ministro per la funzione pubblica, che provvede a presentarla al CNEL entro cinque giorni dalla ricezione.

11. Ai fini delle deliberazioni, l'ARAN e le organizzazioni sindacali rappresentate nel comitato votano separatamente e il voto delle seconde è espresso dalla maggioranza dei rappresentanti presenti.

12. A tutte le organizzazioni sindacali vengono garantite adeguate forme di informazione e di accesso ai dati, nel rispetto della legislazione sulla riservatezza delle informazioni di cui alla legge 31 dicembre 1996, n. 675, e successive disposizioni correttive ed integrative.

13. Ai sindacati delle minoranze linguistiche della Provincia di Bolzano e delle regioni Valle d'Aosta e Friuli-Venezia Giulia, riconosciuti rappresentativi agli effetti di speciali disposizioni di legge regionale e provinciale o di attuazione degli Statuti, spettano, eventualmente anche con forme di rappresentanza in comune, i medesimi diritti, poteri e prerogative, previsti per le organizzazioni sindacali considerate rappresentative in base al presente decreto. Per le organizzazioni sindacali che organizzano anche lavoratori delle minoranze linguistiche della provincia di Bolzano e della regione della Val d'Aosta, i criteri per la determinazione della rappresentatività si riferiscono esclusivamente ai rispettivi ambiti territoriali e ai dipendenti ivi impiegati.

(1) *Comma modificato dall'art. 64, comma 1, d.ls. 27 ottobre 2009, n. 150.*

44 Nuove forme di partecipazione alla organizzazione del lavoro.

(Art. 48 del d.ls. n. 29 del 1993, come sostituito dall'art. 16 del d.ls. n. 470 del 1993).

1. In attuazione dell'articolo 2, comma 1, lettera *a*), della legge 23 ottobre 1992, n. 421, la contrattazione collettiva nazionale definisce nuove forme di partecipazione delle rappresentanze del personale ai fini dell'organizzazione del lavoro nelle amministrazioni pubbliche di cui all'articolo 1, comma 2. Sono abrogate le norme che prevedono ogni forma di rappresentanza, anche elettiva, del personale nei consigli di amministrazione delle predette amministrazioni pubbliche, nonché nelle commissioni di concorso. La contrattazione collettiva nazionale indicherà forme e procedure di partecipazione che sostituiranno commissioni del personale e organismi di gestione, comunque denominati.

45 Trattamento economico.

(Art. 49 del d.ls. n. 29 del 1993, come sostituito dall'art. 23 del d.ls. n. 546 del 1993).

1. Il trattamento economico fondamentale ed accessorio fatto salvo quanto previsto all'articolo 40, commi 3-*ter* e 3-*quater*, e all'articolo 47-*bis*, comma 1, è definito dai contratti collettivi (1).

2. Le amministrazioni pubbliche garantiscono ai propri dipendenti di cui all'articolo 2, comma 2, parità di trattamento contrattuale e comunque trattamenti non inferiori a quelli previsti dai rispettivi contratti collettivi.

3. I contratti collettivi definiscono, in coerenza con le disposizioni legislative vigenti, trattamenti economici accessori collegati:

a) alla performance individuale;

b) alla performance organizzativa con riferimento all'amministrazione nel suo complesso e alle unità organizzative o aree di responsabilità in cui si articola l'amministrazione;

c) all'effettivo svolgimento di attività particolarmente disagiate ovvero pericolose o dannose per la salute (2).

3-*bis*. Per premiare il merito e il miglioramento della performance dei dipendenti, ai sensi delle vigenti disposizioni di legge, sono destinate, compatibilmente con i vincoli di finanza pubblica, apposite risorse nell'ambito di quelle previste per il rinnovo del contratto collettivo nazionale di lavoro (3).

4. I dirigenti sono responsabili dell'attribuzione dei trattamenti economici accessori.

5. Le funzioni ed i relativi trattamenti economici accessori del personale non diplomatico del Ministero degli affari esteri, per i servizi che si prestano all'estero presso le rappresentanze diplomatiche, gli uffici consolari e le istituzioni culturali e scolastiche, sono disciplinati, limitatamente al periodo di servizio ivi prestato, dalle disposizioni del decreto del Presidente della Repubblica 5 gennaio 1967, n. 18, e successive modificazioni ed integrazioni, nonché dalle altre pertinenti normative di settore del Ministero degli affari esteri.

(1) *Comma sostituito dall'art. 57, comma 1, lett.* a), *d.ls. 27 ottobre 2009, n. 150.*

(2) *Comma sostituito dall'art. 57, comma 1, lett.* b), *d.ls. n. 150, cit.*

(3) *Comma inserito dall'art. 57, comma 1, lett.* c), *d.ls. n. 150, cit.*

(4) *In deroga a quanto disposto dal presente articolo, v. l'art. 1, comma 143, l. 27 dicembre 2019, n. 160 che così dispone: « . Al fine di perseguire la progressiva armonizzazione dei trattamenti economici accessori del personale appartenente alle aree professionali e del personale dirigenziale dei Ministeri, è istituito nello stato di previsione del Ministero dell'economia e delle finanze un fondo da ripartire, con dota-*

zione pari a 80 milioni di euro annui a decorrere dall'anno 2021. A decorrere dall'anno 2020, il fondo può essere alimentato con le eventuali somme, da accertarsi con decreto del Ministro dell'economia e delle finanze, che si rendono disponibili a seguito del rinnovo dei contratti del pubblico impiego precedenti al triennio contrattuale 2019-2021, ai sensi dell'articolo 48, comma 1, del decreto legislativo 30 marzo 2001, n. 165. Per l'attuazione di quanto previsto dal precedente periodo, le somme iscritte nel conto dei residui sul fondo da ripartire per l'attuazione dei contratti del personale dello stato di previsione del Ministero dell'economia e delle finanze sono versate all'entrata del bilancio dello Stato per la successiva riassegnazione al fondo di cui al primo periodo. Le risorse del fondo sono destinate, nella misura del 90 per cento, alla graduale armonizzazione delle indennità di amministrazione del personale appartenente alle aree professionali dei Ministeri al fine di ridurne il differenziale e, per la restante parte, all'armonizzazione dei fondi per la retribuzione di posizione e di risultato delle medesime amministrazioni. Con uno o più decreti del Presidente del Consiglio dei ministri, su proposta del Ministro per la pubblica amministrazione e del Ministro dell'economia e delle finanze, si provvede alla ripartizione delle risorse del fondo tra le amministrazioni di cui al primo periodo per il finanziamento del trattamento accessorio di ciascuna di esse, tenendo conto anche del differenziale dei trattamenti di cui al precedente periodo e, in deroga all'articolo 45 del decreto legislativo 30 marzo 2001, n. 165, alla conseguente rideterminazione delle relative indennità di amministrazione. La Presidenza del Consiglio dei ministri, a decorrere dall'esercizio finanziario 2020, incrementa il fondo per le risorse decentrate del personale non dirigenziale di 5 milioni di euro annui e il fondo per la retribuzione di posizione e per la retribuzione di risultato del personale di livello dirigenziale non generale di 2 milioni di euro annui, a valere sulle risorse finanziarie disponibili a legislazione vigente nel proprio bilancio autonomo».

46 Agenzia per la rappresentanza negoziale delle pubbliche amministrazioni.

(Art. 50, commi da 1 a 12 e 16 del d.ls. n. 29 del 1993, come sostituiti prima dall'art. 17 del d.ls. n. 470 del 1993 e poi dall'art. 2 del d.ls. n. 396 del 1997).

1. Le pubbliche amministrazioni sono legalmente rappresentate dall'Agenzia per la rappresentanza negoziale delle pubbliche amministrazioni - ARAN, agli effetti della contrattazione collettiva nazionale. L'ARAN esercita a livello nazionale, in base agli indirizzi ricevuti ai sensi degli articoli 41 e 47, ogni attività relativa alle relazioni sindacali, alla negoziazione dei contratti collettivi e alla assistenza delle pubbliche amministrazioni ai fini dell'uniforme applicazione dei contratti collettivi. Sottopone alla valutazione della commissione di garanzia dell'attuazione della legge 12 giugno 1990, n. 146, e successive modificazioni e integrazioni, gli accordi nazionali sulle prestazioni indispensabili ai sensi dell'articolo 2 della legge citata.

2. Le pubbliche amministrazioni possono avvalersi dell'assistenza dell'ARAN ai fini della contrattazione integrativa. Sulla base di apposite intese, l'assistenza può essere assicurata anche collettivamente ad amministrazioni dello stesso tipo o ubicate nello stesso ambito territoriale. Su richiesta dei comitati di settore, in relazione all'articolazione della contrattazione collettiva integrativa nel comparto ed alle specifiche esigenze delle pubbliche amministrazioni interessate, possono essere costituite, anche per periodi determinati, delegazioni dell'ARAN su base regionale o pluriregionale.

3. L'ARAN cura le attività di studio, monitoraggio e documentazione necessarie all'esercizio della contrattazione collettiva. Predispone a cadenza semestrale, ed invia al Governo, ai comitati di settore dei comparti regioni e autonomie locali e sanità e alle commissioni parlamentari competenti, un rapporto sull'evoluzione delle retribuzioni di fatto dei pubblici dipendenti. A tale fine l'ARAN si avvale della collaborazione dell'ISTAT per l'acquisizione di informazioni statistiche e per la formulazione di modelli statistici di rilevazione. L'ARAN si avvale, altresì, della collaborazione del Ministero dell'economia e delle finanze che garantisce l'accesso ai dati raccolti in sede di predisposizione del bilancio dello Stato, del conto annuale del personale e del monitoraggio dei flussi di cassa e relativi agli aspetti riguardanti il costo del lavoro pubblico (1).

4. L'ARAN effettua il monitoraggio sull'applicazione dei contratti collettivi nazionali e sulla contrattazione collettiva integrativa e presenta annualmente al Dipartimento della funzione pubblica, al Ministero dell'economia e delle finanze nonché ai comitati di settore, un rapporto in cui verifica l'effettività e la congruenza della ripartizione fra le materie regolate dalla legge, quelle di competenza della contrattazione nazionale e quelle di competenza dei contratti integrativi nonché le principali criticità emerse in sede di contrattazione collettiva nazionale ed integrativa (2).

5. Sono organi dell'ARAN:

a) il Presidente;

b) il Collegio di indirizzo e controllo (3).

6. Il Presidente dell'ARAN è nominato con decreto del Presidente della Repubblica, su proposta del Ministro per la pubblica amministrazione e l'innovazione previo parere della Conferenza unificata. Il Presidente rappresenta l'agenzia ed è scelto fra esperti in materia di economia del lavoro, diritto del lavoro, politiche del personale e strategia aziendale, anche estranei alla pubblica amministrazione, nel rispetto delle disposizioni riguardanti le incompati bilità di cui al comma 7-*bis*. Il Presidente dura in carica quattro anni e può essere riconfermato per una sola volta. La carica di Presidente è incompatibile con qualsiasi altra attività professionale a carattere continuativo, se dipendente pubblico, è collocato in aspettativa o in posizione di fuori ruolo secondo l'ordinamento dell'amministrazione di appartenenza (4).

7. Il collegio di indirizzo e controllo è costituito da quattro componenti scelti tra esperti di riconosciuta competenza in materia di relazioni sindacali e di gestione del personale, anche estranei alla pubblica amministrazione e dal presidente dell'Agenzia che lo presiede; due di essi sono designati con decreto del Presidente del Consiglio dei Ministri, su proposta, rispettivamente, del Ministro per la pubblica amministrazione e l'innovazione e del Ministro dell'economia e delle finanze e gli altri due, rispettivamente, dall'ANCI e dall'UPI e dalla Conferenza delle Regioni e delle province autonome. Il collegio coordina la strategia negoziale e ne assicura l'omogeneità, assumendo la responsabilità per la contrattazione collettiva e verificando che le trattative si svolgano in coerenza con le direttive contenute negli atti di indirizzo. Nell'esercizio delle sue funzioni il collegio delibera a maggioranza, su proposta del presidente. Il collegio dura in carica quattro anni e i suoi componenti possono essere riconfermati per una sola volta (5).

7-*bis*. Non possono far parte del collegio di indirizzo e controllo né ricoprire funzioni di presidente, persone che rivestano incarichi pubblici elettivi o cariche in partiti politici ovvero che ricoprano o abbiano ricoperto nei cinque anni precedenti alla nomina cariche in organizzazioni sindacali. L'incompatibilità si intende estesa a qualsiasi rapporto di carattere professionale o di consulenza con le predette organizzazioni sindacali o politiche. L'assenza delle predette cause di incompatibilità costituisce presupposto necessario per l'affidamento degli incarichi dirigenziali nell'agenzia (6).

8. Per la sua attività, l'ARAN si avvale:

a) delle risorse derivanti da contributi posti a carico delle singole amministrazioni dei vari comparti, corrisposti in misura fissa per dipendente in servizio. La misura annua del contributo individuale è definita, sentita l'ARAN, con decreto del Ministro dell'economia e delle finanze, di concerto con il Ministro della pubblica amministrazione e l'innovazione, d'intesa con la Conferenza unificata ed è riferita a ciascun triennio contrattuale (7) (8);

b) di quote per l'assistenza alla contrattazione integrativa e per le altre prestazioni eventualmente richieste, poste a carico dei soggetti che se ne avvalgano.

9. La riscossione dei contributi di cui al comma 8 è effettuata:

a) per le amministrazioni dello Stato mediante l'assegnazione di risorse pari all'ammontare dei contributi che si prevedono dovuti nell'esercizio di riferimento. L'assegnazione è effettuata annualmente sulla base della quota definita al comma 8, lettera *a*), con la legge annuale di bilancio, con imputazione alla pertinente unità previsionale di base dello stato di previsione del ministero dell'economia e finanze (9);

b) per le amministrazioni diverse dallo Stato, mediante un sistema di trasferimenti da definirsi tramite decreti del Ministro per la funzione pubblica di concerto con il Ministro del tesoro, del bilancio e della programmazione economica e, a seconda del comparto, dei Ministri competenti, nonché, per gli aspetti di interesse regionale e locale, previa intesa espressa dalla Conferenza unificata Stato-regioni e Stato-città.

10. L'ARAN ha personalità giuridica di diritto pubblico. Ha autonomia organizzativa e contabile nei limiti del proprio bilancio. Affluiscono direttamente al bilancio dell'ARAN i contributi di cui al comma 8. L'ARAN definisce con propri regolamenti le norme concernenti l'organizzazione interna, il funzionamento e la gestione finanziaria. I regolamenti sono soggetti al controllo del Dipartimento della funzione pubblica e del Ministero dell'economia e delle finanze, adottati d'intesa con la Conferenza unificata, da esercitarsi entro quarantacinque giorni dal ricevimento degli stessi. La gestione finanziaria è soggetta al controllo consuntivo della Corte dei conti (10).

11. Il ruolo del personale dipendente dell'ARAN è definito in base ai regolamenti di cui al comma 1. Alla copertura dei relativi posti si provvede nell'ambito delle disponibilità di bilancio tramite concorsi pubblici, ovvero mediante assunzioni con contratto di lavoro a tempo determinato, regolati dalle norme di diritto privato (11).

12. L'ARAN può altresì avvalersi di un contingente di personale, anche di qualifica dirigenziale, proveniente dalle pubbliche amministrazioni rappresentate, in posizione di comando o fuori ruolo in base ai regolamenti di cui al comma 10. I dipendenti comandati o collocati fuori ruolo conservano lo stato giuridico ed il trattamento economico delle amministrazioni di provenienza. Ad essi sono attribuite dall'ARAN, secondo le disposizioni contrattuali vigenti, le voci retributive accessorie, ivi compresa la produttività per il personale non dirigente e per i dirigenti la retribuzione di posizione e di risultato. Il collocamento in posizione di comando o di fuori ruolo è disposto secondo le disposizioni vigenti nonché ai sensi dell'articolo 17, comma 14, della legge 15 maggio 1997, n. 127. L'ARAN può utilizzare, sulla base di apposite intese, anche personale direttamente messo a disposizione dalle amministrazioni e dagli enti rappresentati, con oneri a carico di questi. L'ARAN può avvalersi di esperti e collaboratori esterni con modalità di rapporto stabilite con i regolamenti adottati ai sensi del comma 10, nel rispetto dell'articolo 7, commi 6 e seguenti (12).

13. Le regioni a statuto speciale e le province autonome possono avvalersi, per la contrattazione collettiva di loro competenza, di agenzie tecniche istituite con legge regionale o provinciale ovvero dell'assistenza dell'ARAN ai sensi del comma 2.

(1) *Comma sostituito dall'art. 58, comma 1, lett.* a), *d.ls. 27 ottobre 2009, n. 150.*
(2) *Comma sostituito dall'art. 58, comma 1, lett.* a), *d.ls. n. 150, cit.*
(3) *Comma sostituito dall'art. 58, comma 1, lett.* a), *d.ls. n. 150, cit.*
(4) *Comma sostituito dall'art. 58, comma 1, lett.* a), *d.ls. n. 150, cit.*
(5) *Comma sostituito dall'art. 58, comma 1, lett.* a), *d.ls. n. 150, cit.*
(6) *Comma inserito dall'art. 58, comma 1, lett.* b), *d.ls. n. 150, cit.*
(7) *Per l'individuazione dei contributi annuali che le regioni sono tenute a versare all'ARAN v. da ultimo per il 2020, il d.m. 28 novembre 2019.*
(8) *Lettera modificata dall'art. 58, comma 1, lett.* c), *d.ls. n. 150, cit.*
(9) *Lettera sostituita dall'art. 58, comma 1, lett.* d), *d.ls. n. 150, cit.*
(10) *Comma modificato dall'art. 58, comma 1, lett.* e), *d.ls. n. 150, cit.*
(11) *Comma modificato dall'art. 58, comma 1, lett.* f), *d.ls. n. 150, cit.*
(12) *Comma modificato dall'art. 58, comma 1, lett.* g), *d.ls. n. 150, cit.*

47 Procedimento di contrattazione collettiva (1).

1. Gli indirizzi per la contrattazione collettiva nazionale sono emanati dai Comitati di settore prima di ogni rinnovo contrattuale.

2. Gli atti di indirizzo delle amministrazioni di cui all'articolo 41, comma 2, emanati dai rispettivi comitati di settore, sono sottoposti al Governo che, nei successivi venti giorni, può esprimere le sue valutazioni per quanto attiene agli aspetti riguardanti la compatibilità con le linee di politica economica e finanziaria nazionale. Trascorso inutilmente tale termine l'atto di indirizzo può essere inviato all'ARAN.

3. Sono altresì inviati appositi atti di indirizzo all'ARAN in tutti gli altri casi in cui è richiesta una attività negoziale. L'ARAN informa costantemente i comitati di settore e il Governo sullo svolgimento delle trattative.

4. L'ipotesi di accordo è trasmessa dall'ARAN, corredata dalla prescritta relazione tecnica, ai comitati di settore ed al Governo entro 10 giorni dalla data di sottoscrizione. Per le amministrazioni di cui all'articolo 41, comma 2, il comitato di settore esprime il parere sul testo contrattuale e sugli oneri finanziari diretti e indi-

retti a carico dei bilanci delle amministrazioni interessate.Fino alla data di entrata in vigore dei decreti di attuazione della legge 5 maggio 2009, n. 42, il Consiglio dei Ministri può esprimere osservazioni entro 20 giorni dall'invio del contratto da parte dell'ARAN. Per le amministrazioni di cui al comma 3 del medesimo articolo 41, il parere è espresso dal Presidente del Consiglio dei Ministri, tramite il Ministro per la pubblica amministrazione e l'innovazione, previa deliberazione del Consiglio dei Ministri.

5. Acquisito il parere favorevole sull'ipotesi di accordo, nonché la verifica da parte delle amministrazioni interessate sulla copertura degli oneri contrattuali, il giorno successivo l'ARAN trasmette la quantificazione dei costi contrattuali alla Corte dei conti ai fini della certificazione di compatibilità con gli strumenti di programmazione e di bilancio di cui all'articolo 1-*bis* della legge 5 agosto 1978, n. 468, e successive modificazioni. La Corte dei conti certifica l'attendibilità dei costi quantificati e la loro compatibilità con gli strumenti di programmazione e di bilancio. La Corte dei conti delibera entro quindici giorni dalla trasmissione della quantificazione dei costi contrattuali, decorsi i quali la certificazione si intende effettuata positivamente. L'esito della certificazione viene comunicato dalla Corte all'ARAN, al comitato di settore e al Governo. Se la certificazione è positiva, il presidente dell'ARAN sottoscrive definitivamente il contratto collettivo.

6. La Corte dei conti può acquisire elementi istruttori e valutazioni sul contratto collettivo da parte di tre esperti in materia di relazioni sindacali e costo del lavoro individuati dal Ministro per la pubblica amministrazione e l'innovazione, tramite il Capo del Dipartimento della funzione pubblica di intesa con il Capo del Dipartimento della Ragioneria generale dello Stato, nell'ambito di un elenco definito di concerto con il Ministro dell'economia e delle finanze. Nel caso delle amministrazioni di cui all'articolo 41, comma 2, la designazione di due esperti viene effettuata dall'ANCI, dall'UPI e dalla Conferenza delle Regioni e delle province autonome.

7. In caso di certificazione non positiva della Corte dei conti le parti contraenti non possono procedere alla sottoscrizione definitiva dell'ipotesi di accordo. Nella predetta ipotesi, il Presidente dell'ARAN, d'intesa con il competente comitato di settore, che può dettare indirizzi aggiuntivi, provvede alla riapertura delle trattative ed alla sottoscrizione di una nuova ipotesi di accordo adeguando i costi contrattuali ai fini delle certificazioni. In seguito alla sottoscrizione della nuova ipotesi di accordo si riapre la procedura di certificazione prevista dai commi precedenti. Nel caso in cui la certificazione non positiva sia limitata a singole clausole contrattuali l'ipotesi può essere sottoscritta definitivamente ferma restando l'inefficacia delle clausole contrattuali non positivamente certificate.

8. I contratti e accordi collettivi nazionali, nonché le eventuali interpretazioni autentiche sono pubblicati nella Gazzetta Ufficiale della Repubblica italiana oltre che sul sito dell'ARAN e delle amministrazioni interessate.

9. Dal computo dei termini previsti dal presente articolo sono esclusi i giorni considerati festivi per legge, nonché il sabato.

(1) *Articolo modificato dall'art. 17, comma 1, l. 28 dicembre 2001, n. 448, dall'art. 1, comma 548, l. 27 dicembre 2006, n. 296, dall'art. 67, comma 7, lett. a), del d.l. 25 giugno 2008, n. 112, e successivamente sostituito dall'art. 59, comma 1, d.ls. 27 ottobre 2009, n. 150.*

47-*bis* Tutela retributiva per i dipendenti pubblici (1).

1. Decorsi sessanta giorni dalla data di entrata in vigore della legge finanziaria che dispone in materia di rinnovi dei contratti collettivi per il periodo di riferimento, gli incrementi previsti per il trattamento stipendiale possono essere erogati in via provvisoria previa deliberazione dei rispettivi comitati di settore, sentite le organizzazioni sindacali rappresentative, salvo conguaglio all'atto della stipulazione dei contratti collettivi nazionali di lavoro.

2. In ogni caso a decorrere dal mese di aprile dell'anno successivo alla scadenza del contratto collettivo nazionale di lavoro, qualora lo stesso non sia ancora stato rinnovato e non sia stata disposta l'erogazione di cui al comma 1, è riconosciuta ai dipendenti dei rispettivi comparti di contrattazione, nella misura e con le modalità stabilite dai contratti nazionali, e comunque entro i limiti previsti dalla legge finanziaria in sede di definizione delle risorse contrattuali, una copertura economica che costituisce un'anticipazione dei benefici complessivi che saranno attribuiti all'atto del rinnovo contrattuale.

(1) *Articolo inserito dall'art. 59, comma 2, d.ls. 27 ottobre 2009, n. 150.*

48 Disponibilità destinate alla contrattazione collettiva nelle amministrazioni pubbliche e verifica. (Art. 52 del d.ls. n. 29 del 1993, come sostituito prima dall'art. 19 del d.ls. n. 470 del 1993 e poi dall'art. 5 del d.ls. n. 396 del 1997 e successivamente modificato dall'art. 14, commi da 2 a 4 del d.ls. n. 387 del 1998).

1. Il Ministero del tesoro, del bilancio e della programmazione economica, quantifica, in coerenza con i parametri previsti dagli strumenti di programmazione e di bilancio di cui all'articolo 1-*bis* della legge 5 agosto 1978, n. 468 e successive modificazioni e integrazioni, l'onere derivante dalla contrattazione collettiva nazionale a carico del bilancio dello Stato con apposita norma da inserire nella legge finanziaria ai sensi dell'articolo 11 della legge 5 agosto 1978, n. 468, e successive modificazioni ed integrazioni. Allo stesso modo sono determinati gli eventuali oneri aggiuntivi a carico del bilancio dello Stato per la contrattazione integrativa delle amministrazioni dello Stato di cui all'articolo 40, comma 3-*bis* (1) (2).

2. Per le amministrazioni di cui all'articolo 41, comma 2, nonché per le università italiane, gli enti pubblici non economici e gli enti e le istituzioni di ricerca, ivi compresi gli enti e le amministrazioni di cui all'articolo 70, comma 4, gli oneri derivanti dalla contrattazione collettiva nazionale sono determinati a carico dei ri-

spettivi bilanci nel rispetto dell'articolo 40, comma 3-*quinquies*. Le risorse per gli incrementi retributivi per il rinnovo dei contratti collettivi nazionali delle amministrazioni regionali, locali e degli enti del Servizio sanitario nazionale sono definite dal Governo, nel rispetto dei vincoli di bilancio, del patto di stabilità e di analoghi strumenti di contenimento della spesa, previa consultazione con le rispettive rappresentanze istituzionali del sistema delle autonomie (3) (4).

3. I contratti collettivi sono corredati da prospetti contenenti la quantificazione degli oneri nonché l'indicazione della copertura complessiva per l'intero periodo di validità contrattuale, prevedendo con apposite clausole la possibilità di prorogare l'efficacia temporale del contratto ovvero di sospenderne l'esecuzione parziale o totale in caso di accertata esorbitanza dai limiti di spesa.

4. La spesa posta a carico del bilancio dello Stato è iscritta in apposito fondo dello stato di previsione del Ministero del tesoro, del bilancio e della programmazione economica in ragione dell'ammontare complessivo. In esito alla sottoscrizione dei singoli contratti di comparto, il Ministero del tesoro, del bilancio e della programmazione economica è autorizzato a ripartire, con propri decreti, le somme destinate a ciascun comparto mediante assegnazione diretta a favore dei competenti capitoli di bilancio, anche di nuova istituzione, per il personale dell'amministrazione statale, ovvero mediante trasferimento ai bilanci delle amministrazioni autonome e degli enti in favore dei quali sia previsto l'apporto finanziario dello Stato a copertura dei relativi oneri. Per le amministrazioni diverse dalle amministrazioni dello Stato e per gli altri enti cui si applica il presente decreto, l'autorizzazione di spesa relativa al rinnovo dei contratti collettivi è disposta nelle stesse forme con cui vengono approvati i bilanci, con distinta indicazione dei mezzi di copertura.

5. Le somme provenienti dai trasferimenti di cui al comma 4 devono trovare specifica allocazione nelle entrate dei bilanci delle amministrazioni ed enti beneficiari, per essere assegnate ai pertinenti capitoli di spesa dei medesimi bilanci. I relativi stanziamenti sia in entrata che in uscita non possono essere incrementati se non con apposita autorizzazione legislativa.

[6. Il controllo sulla compatibilità dei costi della contrattazione collettiva integrativa con i vincoli di bilancio ai sensi dell'articolo 40, comma 3, è effettuato dal collegio dei revisori dei conti ovvero, laddove tale organo non sia previsto, dai nuclei di valutazione o dai servizi di controllo interno, ai sensi del d.ls. 30 luglio 1999, n. 286] (5).

7. Ferme restando le disposizioni di cui al titolo V del presente decreto, la Corte dei conti, anche nelle sue articolazioni regionali di controllo, verifica periodicamente gli andamenti della spesa per il personale delle pubbliche amministrazioni, utilizzando, per ciascun comparto, insiemi significativi di amministrazioni. A tal fine, la Corte dei conti può avvalersi, oltre che dei servizi di controllo interno o nuclei di valutazione, di esperti designati a sua richiesta da amministrazioni ed enti pubblici.

(1) *Comma modificato dall'art. 60, comma 1, lett.* a), *d.ls. 27 ottobre 2009, n. 150.*

(2) *V. l'art. 3, comma 46, l. 24 dicembre 2003, n. 350, l'art. 1, comma 88, l. 30 dicembre 2004, n. 311, l'art. 1, commi 176 e 183 l. 23 dicembre 2005, n. 266 e l'art. 3, comma 143, l. 24 dicembre 2007, n. 244.*

(3) *Comma sostituito dall'art. 60, comma 1, lett.* b), *d.ls. n. 150, cit.*

(4) *V. l'art. 3, comma 49, l. n. 350, cit. Per la deroga alle disposizioni di cui al presente comma v. l'art. 1, commi 178 e 186, l. n. 266, cit. e l'art. 3, commi 140 e 146, l. n. 244, cit.*

(5) *Comma abrogato dall'art. 60, comma 1, lett.* c), *d.ls. n. 150, cit.*

49 Interpretazione autentica dei contratti collettivi (1).

1. Quando insorgano controversie sull'interpretazione dei contratti collettivi, le parti che li hanno sottoscritti si incontrano per definire consensualmente il significato delle clausole controverse.

2. L'eventuale accordo di interpretazione autentica, stipulato con le procedure di cui all'articolo 47, sostituisce la clausola in questione sin dall'inizio della vigenza del contratto. Qualora tale accordo non comporti oneri aggiuntivi e non vi sia divergenza sulla valutazione degli stessi, il parere del Presidente del Consiglio dei Ministri è espresso tramite il Ministro per la pubblica amministrazione e l'innovazione, di concerto con il Ministro dell'economia e delle finanze.

(1) *Articolo sostituito dall'art. 61, comma 1, d.ls. 27 ottobre 2009, n. 150.*

50 Aspettative e permessi sindacali. (Art. 54, commi da 1 a 3 e 5 del d.ls. n. 29 del 1993, come modificati prima dall'art. 20 del d.ls. n. 470 del 1993 poi dall'art. 2 del decreto legge n. 254 del 1996, convertito con modificazioni dalla legge n. 365 del 1996, e, infine, dall'art. 44, comma 5, del d.ls. n. 80 del 1998).

1. Al fine del contenimento, della trasparenza e della razionalizzazione delle aspettative e dei permessi sindacali nel settore pubblico, la contrattazione collettiva ne determina i limiti massimi in un apposito accordo, tra l'ARAN e le confederazioni sindacali rappresentative ai sensi dell'articolo 43.

2. La gestione dell'accordo di cui al comma 1, ivi comprese le modalità di utilizzo e distribuzione delle aspettative e dei permessi sindacali tra le confederazioni e le organizzazioni sindacali aventi titolo sulla base della loro rappresentatività e con riferimento a ciascun comparto e area separata di contrattazione, è demandata alla contrattazione collettiva, garantendo a decorrere dal 1 agosto 1996 in ogni caso l'applicazione della legge 20 maggio 1970, n. 300, e successive modificazioni ed integrazioni. Per la provincia autonoma di Bolzano si terrà conto di quanto previsto dall'articolo 9 del decreto del Presidente della Repubblica 6 gennaio 1978, n. 58.

3. Le amministrazioni pubbliche sono tenute a fornire alla Presidenza del Consiglio dei ministri - Dipartimento della funzione pubblica il numero complessivo ed i nominativi dei beneficiari dei permessi sindacali.

4. Oltre ai dati relativi ai permessi sindacali, le pubbliche amministrazioni sono tenute a fornire alla Presidenza del Consiglio dei ministri - Dipartimento della funzione pubblica gli elenchi nominativi, suddivisi per qualifica, del personale dipendente collocato in aspettativa, in quanto chiamato a ricoprire una funzione pubblica elettiva, ovvero per motivi sindacali. I dati riepi-

logativi dei predetti elenchi sono pubblicati in allegato alla relazione annuale da presentare al Parlamento ai sensi dell'articolo 16 della legge 29 marzo 1983, n. 93.

50-*bis* (Personale rappresentanze diplomatiche e consolari e degli istituti italiani di cultura all'estero) (1).

1. In considerazione di quanto disposto dall'articolo 42, comma 3-*bis*, le disposizioni di cui all'articolo 50 si applicano anche al personale in servizio presso le rappresentanze diplomatiche e consolari nonché presso gli istituti italiani di cultura all'estero, ancorché assunto con contratto regolato dalla legge locale.

(1) *Articolo aggiunto dall'art. 2, comma 1, della l. 22 marzo 2012, n. 38.*

TITOLO IV
Rapporto di lavoro

51 Disciplina del rapporto di lavoro (Art. 55 del d.ls. n. 29 del 1993).

1. Il rapporto di lavoro dei dipendenti delle amministrazioni pubbliche è disciplinato secondo le disposizioni degli articoli 2, commi 2 e 3, e 3, comma 1.

2. La legge 20 maggio 1970, n. 300, e successive modificazioni ed integrazioni, si applica alle pubbli che amministrazioni a prescindere dal numero dei dipendenti.

52 Disciplina delle mansioni. (Art. 56 del d.ls. n. 29 del 1993, come sostituito dall'art. 25 del d.ls. n. 80 del 1998 e successivamente modificato dall'art. 15 del d.ls. n. 387 del 1998).

1. Il prestatore di lavoro deve essere adibito alle mansioni per le quali è stato assunto o alle mansioni equivalenti nell'ambito dell'area di inquadramentoovvero a quelle corrispondenti alla qualifica superiore che abbia successivamente acquisito per effetto delle procedure selettive di cui all'articolo 35, comma 1, lettera *a*). L'esercizio di fatto di mansioni non corrispondenti alla qualifica di appartenenza non ha effetto ai fini dell'inquadramento del lavoratore o dell'assegnazione di incarichi di direzione (1).

1-*bis*. I dipendenti pubblici, con esclusione dei dirigenti e del personale docente della scuola, delle accademie, dei conservatori e degli istituti assimilati, sono inquadrati in almeno tre distinte aree funzionali. La contrattazione collettiva individua un'ulteriore area per l'inquadramento del personale di elevata qualificazione. Le progressioni all'interno della stessa area avvengono, con modalità stabilite dalla contrattazione collettiva, in funzione delle capacità culturali e professionali e dell'esperienza maturata e secondo principi di selettività, in funzione della qualità dell'attività svolta e dei risultati conseguiti, attraverso l'attribuzione di fasce di merito. Fatta salva una riserva di almeno il 50 per cento delle posizioni disponibili destinata all'accesso dall'esterno, le progressioni fra le aree e, negli enti locali, anche fra qualifiche diverse, avvengono tramite procedura comparativa basata sulla valutazione positiva conseguita dal dipendente negli ultimi tre anni in servizio, sull'assenza di provvedimenti disciplinari, sul possesso di titoli o competenze professionali ovvero di studio ulteriori rispetto a quelli previsti per l'accesso all'area dall'esterno, nonché sul numero e sulla tipologia de gli incarichi rivestiti. In sede di revisione degli ordinamenti professionali, i contratti collettivi nazionali di lavoro di comparto per il periodo 2019-2021 possono definire tabelle di corrispondenza tra vecchi e nuovi inquadramenti, ad esclusione dell'area di cui al secondo periodo, sulla base di requisiti di esperienza e professionalità maturate ed effettivamente utilizzate dall'amministrazione di appartenenza per almeno cinque anni, anche in deroga al possesso del titolo di studio richiesto per l'accesso all'area dall'esterno. All'attuazione del presente comma si provvede nei limiti delle risorse destinate ad assunzioni di personale a tempo indeterminato disponibili a legislazione vigente (2).

[1-*ter*. Per l'accesso alle posizioni economiche apicali nell'ambito delle aree funzionali è definita una quota di accesso nel limite complessivo del 50 per cento da riservare a concorso pubblico sulla base di un corso concorso bandito dalla Scuola superiore della pubblica amministrazione] (3).

2. Per obiettive esigenze di servizio il prestatore di lavoro può essere adibito a mansioni proprie della qualifica immediatamente superiore:

a) nel caso di vacanza di posto in organico, per non più di sei mesi, prorogabili fino a dodici qualora siano state avviate le procedure per la copertura dei posti vacanti come previsto al comma 4;

b) nel caso di sostituzione di altro dipendente assente con diritto alla conservazione del posto, con esclusione dell'assenza per ferie, per la durata dell'assenza.

3. Si considera svolgimento di mansioni superiori, ai fini del presente articolo, soltanto l'attribuzione in modo prevalente, sotto il profilo qualitativo, quantitativo e temporale, dei compiti propri di dette mansioni.

4. Nei casi di cui al comma 2, per il periodo di effettiva prestazione, il lavoratore ha diritto al trattamento previsto per la qualifica superiore. Qualora l'utilizzazione del dipendente sia disposta per sopperire a vacanze dei posti in organico, immediatamente, e comunque nel termine massimo di novanta giorni dalla data in cui il dipendente è assegnato alle predette mansioni, devono essere avviate le procedure per la copertura dei posti vacanti.

5. Al di fuori delle ipotesi di cui al comma 2, è nulla l'assegnazione del lavoratore a mansioni proprie di una qualifica superiore, ma al lavoratore è corrisposta la differenza di trattamento economico con la qualifica superiore. Il dirigente che ha disposto l'assegnazione risponde personalmente del maggior onere conseguente, se ha agito con dolo o colpa grave.

6. Le disposizioni del presente articolo si applicano in sede di attuazione della nuova disciplina degli ordinamenti professionali prevista dai contratti collettivi e con la decorrenza da questi stabilita. I medesimi contratti collettivi possono regolare diversamente gli effetti di cui ai commi 2, 3 e 4. Fino a tale data, in nessun

caso lo svolgimento di mansioni superiori rispetto alla qualifica di appartenenza, può comportare il diritto ad avanzamenti automatici nell'inquadramento professionale del lavoratore.

(1) *Comma sostituito dall'art. 62, comma 1, d.ls. 27 ottobre 2009, n. 150.*

(2) *Comma così sostituito dall'art. 3, comma 1, d.l. 9 giugno 2021, n. 80, conv., con modif., in l. 6 agosto 2021, n. 113. Il testo del comma, come inserito dall'art. 62, comma 1, d.ls. 27 ottobre 2009, n. 150, e poi modificato dall'art. 3-*ter*, comma 2, lett.* c) *d.l. 9 gennaio 2020, n. 1, conv., con modif., in l. 5 marzo 2020, n. 12, era il seguente:* « 1-*bis*. I dipendenti pubblici, con esclusione dei dirigenti e del personale docente della scuola, delle accademie, conservatori e istituti assimilati, sono inquadrati in almeno tre distinte aree funzionali. Le progressioni all'interno della stessa area avvengono secondo principi di selettività, in funzione delle qualità culturali e professionali, dell'attività svolta e dei risultati conseguiti, attraverso l'attribuzione di fasce di merito. Le progressioni fra le aree avvengono tramite concorso pubblico, ferma restando la possibilità per l'amministrazione di destinare al personale interno, in possesso dei titoli di studio richiesti per l'accesso dall'esterno, una riserva di posti comunque non superiore al 50 per cento di quelli messi a concorso. La valutazione positiva conseguita dal dipendente per almeno tre anni costituisce titolo rilevante ai fini della progressione economica e dell'attribuzione dei posti riservati nei concorsi per l'accesso all'area superiore. La contrattazione collettiva assicura che nella determinazione dei criteri per l'attribuzione delle progressioni economiche sia adeguatamente valorizzato il possesso del titolo di dottore di ricerca nonché degli altri titoli di studio e di abilitazione professionale di cui all'articolo 35, comma 3-*quater* ».

(3) *Comma inserito dall'art. 62, comma 1, d.ls. 27 ottobre 2009, n. 150 e successivamente abrogato dall'art. 18, comma 1, lett.* e) *d.P.R. 16 aprile 2013, n. 70.*

53 Incompatibilità, cumulo di impieghi e incarichi.

(Art. 58 del d.ls. n. 29 del 1993, come modificato prima dall'art. 2 del decreto legge n. 358 del 1993, convertito dalla legge n. 448 del 1993, poi dall'art. 1 del decreto legge n. 361 del 1995, convertito con modificazioni dalla legge n. 437 del 1995, e, infine, dall'art. 26 del d.ls. n. 80 del 1998, nonché dall'art. 16 del d.ls. n. 387 del 1998).

1. Resta ferma per tutti i dipendenti pubblici la disciplina delle incompatibilità dettata dagli articoli 60 e seguenti del testo unico approvato con decreto del Presidente della Repubblica 10 gennaio 1957, n. 3, salva la deroga prevista dall'articolo 23-*bis* del presente decreto, nonché, per i rapporti di lavoro a tempo parziale, dall'articolo 6, comma 2, del decreto del Presidente del Consiglio dei ministri 17 marzo 1989, n. 117 e dall'articolo 1, commi 57 e seguenti della legge 23 dicembre 1996, n. 662. Restano ferme altresì le disposizioni di cui agli articoli 267, comma 1, 273, 274, 508 nonché 676 del decreto legislativo 16 aprile 1994, n. 297, all'articolo 9, commi 1 e 2, della legge 23 dicembre 1992, n. 498, all'articolo 4, comma 7, della legge 30 dicembre 1991, n. 412, ed ogni altra successiva modificazione ed integrazione della relativa disciplina (1) (2).

1-*bis* Non possono essere conferiti incarichi di direzione di strutture deputate alla gestione del personale a soggetti che rivestano o abbiano rivestito negli ultimi due anni cariche in partiti politici o in organizzazioni sindacali o che abbiano avuto negli ultimi due anni rapporti continuativi di collaborazione o di consulenza con le predette organizzazioni (3).

2. Le pubbliche amministrazioni non possono conferire ai dipendenti incarichi, non compresi nei compiti e doveri di ufficio, che non siano espressamente previsti o disciplinati da legge o altre fonti normative, o che non siano espressamente autorizzati (4).

3. Ai fini previsti dal comma 2, con appositi regolamenti, da emanarsi ai sensi dell'articolo 17, comma 2, della legge 23 agosto 1988, n. 400, sono individuati gli incarichi consentiti e quelli vietati ai magistrati ordinari, amministrativi, contabili e militari, nonché agli avvocati e procuratori dello Stato, sentiti, per le diverse magistrature, i rispettivi istituti.

3-*bis* Ai fini previsti dal comma 2, con appositi regolamenti emanati su proposta del Ministro per la pubblica amministrazione e la semplificazione, di concerto con i Ministri interessati, ai sensi dell'articolo 17, comma 2, della legge 23 agosto 1988, n. 400, e successive modificazioni, sono individuati, secondo criteri differenziati in rapporto alle diverse qualifiche e ruoli professionali, gli incarichi vietati ai dipendenti delle amministrazioni pubbliche di cui all'articolo 1, comma 2 (5).

4. Nel caso in cui i regolamenti di cui al comma 3 non siano emanati, l'attribuzione degli incarichi è consentita nei soli casi espressamente previsti dalla legge o da altre fonti normative.

5. In ogni caso, il conferimento operato direttamente dall'amministrazione, nonché l'autorizzazione all'esercizio di incarichi che provengano da amministrazione pubblica diversa da quella di appartenenza, ovvero da società o persone fisiche, che svolgano attività d'impresa o commerciale, sono disposti dai rispettivi organi competenti secondo criteri oggettivi e predeterminati, che tengano conto della specifica professionalità, tali da escludere casi di incompatibilità, sia di diritto che di fatto, nell'interesse del buon andamento della pubblica amministrazione o situazioni di conflitto, anche potenziale, di interessi, che pregiudichino l'esercizio imparziale delle funzioni attribuite al dipendente (6).

6. I commi da 7 a 13 del presente articolo si applicano ai dipendenti delle amministrazioni pubbliche di cui all'articolo 1, comma 2, compresi quelli di cui all'articolo 3, con esclusione dei dipendenti con rapporto di lavoro a tempo parziale con prestazione lavorativa non superiore al cinquanta per cento di quella a tempo pieno, dei docenti universitari a tempo definito e delle altre categorie di dipendenti pubblici ai quali è consentito da disposizioni speciali lo svolgimento di attività libero-professionali. Sono nulli tutti gli atti e provvedimenti comunque denominati, regolamentari e amministrativi, adottati dalle amministrazioni di appartenenza in contrasto con il presente comma. Gli incarichi retribuiti, di cui ai commi seguenti, sono tutti gli incarichi, anche occasionali, non compresi nei compiti e doveri di ufficio, per i quali è previsto, sotto qualsiasi forma, un compenso. Sono esclusi i compensi e le prestazioni derivanti (7):

a) dalla collaborazione a giornali, riviste, enciclopedie e simili;

b) dalla utilizzazione economica da parte dell'autore o inventore di opere dell'ingegno e di invenzioni industriali;

c) dalla partecipazione a convegni e seminari;

d) da incarichi per i quali è corrisposto solo il rimborso delle spese documentate;

e) da incarichi per lo svolgimento dei quali il dipendente è posto in posizione di aspettativa, di comando o di fuori ruolo;

f) da incarichi conferiti dalle organizzazioni sindacali a dipendenti presso le stesse distaccati o in aspettativa non retribuita.

f-bis) da attività di formazione diretta ai dipendenti della pubblica amministrazione nonché di docenza e di ricerca scientifica (8).

7. I dipendenti pubblici non possono svolgere incarichi retribuiti che non siano stati conferiti o previamente autorizzati dall'amministrazione di appartenenza. Ai fini dell'autorizzazione, l'amministrazione verifica l'insussistenza di situazioni, anche potenziali, di conflitto di interessi. Con riferimento ai professori universitari a tempo pieno, gli statuti o i regolamenti degli atenei disciplinano i criteri e le procedure per il rilascio dell'autorizzazione nei casi previsti dal presente decreto. In caso di inosservanza del divieto, salve le più gravi sanzioni e ferma restando la responsabilità disciplinare, il compenso dovuto per le prestazioni eventualmente svolte deve essere versato, a cura dell'erogante o, in difetto, del percettore, nel conto dell'entrata del bilancio dell'amministrazione di appartenenza del dipendente per essere destinato ad incremento del fondo di produttività o di fondi equivalenti (9).

7-*bis* L'omissione del versamento del compenso da parte del dipendente pubblico indebito percettore costituisce ipotesi di responsabilità erariale soggetta alla giurisdizione della Corte dei conti (10).

8. Le pubbliche amministrazioni non possono conferire incarichi retribuiti a dipendenti di altre amministrazioni pubbliche senza la previa autorizzazione dell'amministrazione di appartenenza dei dipendenti stessi. Salve le più gravi sanzioni, il conferimento dei predetti incarichi, senza la previa autorizzazione, costituisce in ogni caso infrazione disciplinare per il funzionario responsabile del procedimento; il relativo provvedimento è nullo di diritto. In tal caso l'importo previsto come corrispettivo dell'incarico, ove gravi su fondi in disponibilità dell'amministrazione conferente, è trasferito all'amministrazione di appartenenza del dipendente ad incremento del fondo di produttività o di fondi equivalenti.

9. Gli enti pubblici economici e i soggetti privati non possono conferire incarichi retribuiti a dipendenti pubblici senza la previa autorizzazione dell'amministrazione di appartenenza dei dipendenti stessi. Ai fini dell'autorizzazione, l'amministrazione verifica l'insussistenza di situazioni, anche potenziali, di conflitto di interessi. In caso di inosservanza si applica la disposizione dell'articolo 6, comma 1, del decreto legge 28 marzo 1997, n. 79, convertito, con modificazioni, dalla legge 28 maggio 1997, n. 140, e successive modificazioni ed integrazioni. All'accertamento delle violazioni e all'irrogazione delle sanzioni provvede il Ministero delle finanze, avvalendosi della Guardia di finanza, secondo le disposizioni della legge 24 novembre 1981, n. 689, e successive modificazioni ed integrazioni. Le somme riscosse sono acquisite alle entrate del Ministero delle finanze (9).

10. L'autorizzazione, di cui ai commi precedenti, deve essere richiesta all'amministrazione di appartenenza del dipendente dai soggetti pubblici o privati, che intendono conferire l'incarico; può, altresì, essere richiesta dal dipendente interessato. L'amministrazione di appartenenza deve pronunciarsi sulla richiesta di autorizzazione entro trenta giorni dalla ricezione della richiesta stessa. Per il personale che presta comunque servizio presso amministrazioni pubbliche diverse da quelle di appartenenza, l'autorizzazione è subordinata all'intesa tra le due amministrazioni. In tal caso il termine per provvedere è per l'amministrazione di appartenenza di 45 giorni e si prescinde dall'intesa se l'amministrazione presso la quale il dipendente presta servizio non si pronunzia entro 10 giorni dalla ricezione della richiesta di intesa da parte dell'amministrazione di appartenenza. Decorso il termine per provvedere, l'autorizzazione, se richiesta per incarichi da conferirsi da amministrazioni pubbliche, si intende accordata; in ogni altro caso, si intende definitivamente negata.

11. Entro quindici giorni dall'erogazione del compenso per gli incarichi di cui al comma 6, i soggetti pubblici o privati comunicano all'amministrazione di appartenenza l'ammontare dei compensi erogati ai dipendenti pubblici (11).

12. Le amministrazioni pubbliche che conferiscono o autorizzano incarichi, anche a titolo gratuito, ai propri dipendenti comunicano in via telematica, nel termine di quindici giorni, al Dipartimento della funzione pubblica gli incarichi conferiti o autorizzati ai dipendenti stessi, con l'indicazione dell'oggetto dell'incarico e del compenso lordo, ove previsto. (12)(13).

13. Le amministrazioni di appartenenza sono tenute a comunicare tempestivamente (14) al Dipartimento della funzione pubblica, in via telematica [o su apposito supporto magnetico] (15), per ciascuno dei propri dipendenti e distintamente per ogni incarico conferito o autorizzato, i compensi[, relativi all'anno precedente] (15), da esse erogati o della cui erogazione abbiano avuto comunicazione dai soggetti di cui al comma 11 (16).

14. Al fine della verifica dell'applicazione delle norme di cui all'articolo 1, commi 123 e 127, della legge 23 dicembre 1996, n. 662, e successive modificazioni e integrazioni, le amministrazioni pubbliche sono tenute a comunicare al Dipartimento della funzione pubblica, in via telematica, tempestivamente e comunque nei termini previsti dal decreto legislativo 14 marzo 2013, n. 33, i dati di cui agli articoli 15 e 18 del medesimo decreto legislativo n. 33 del 2013, relativi a tutti gli incarichi conferiti o autorizzati a qualsiasi titolo. (17) Le amministrazioni rendono noti, mediante inserimento nelle proprie banche dati accessibili al pubblico per via telematica, gli elenchi dei propri consulenti indicando l'oggetto, la durata e il compenso dell'incarico nonché l'attestazione dell'avvenuta verifica dell'insussistenza di situazioni, anche potenziali, di conflitto di interessi. Le informazioni relative a consulenze e incarichi comunicate dalle amministrazioni al Dipartimento della funzione pubblica, nonché le informazioni pubblicate dalle stesse nelle proprie banche dati accessibili al pubblico per via telematica ai sensi del presente arti-

colo, sono trasmesse e pubblicate in tabelle riassuntive rese liberamente scaricabili in un formato digitale standard aperto che consenta di analizzare e rielaborare, anche a fini statistici, i dati informatici. Entro il 31 dicembre di ciascun anno il Dipartimento della funzione pubblica trasmette alla Corte dei conti l'elenco delle amministrazioni che hanno omesso di trasmettere e pubblicare, in tutto o in parte, le informazioni di cui al terzo periodo del presente comma in formato digitale standard aperto. Entro il 31 dicembre di ciascun anno il Dipartimento della funzione pubblica trasmette alla Corte dei conti l'elenco delle amministrazioni che hanno omesso di effettuare la comunicazione, avente ad oggetto l'elenco dei collaboratori esterni e dei soggetti cui sono stati affidati incarichi di consulenza (18).

15. Le amministrazioni che omettono gli adempimenti di cui ai commi da 11 a 14 non possono conferire nuovi incarichi fino a quando non adempiono. I soggetti di cui al comma 9 che omettono le comunicazioni di cui al comma 11 incorrono nella sanzione di cui allo stesso comma 9 (19).

16. Il Dipartimento della funzione pubblica, entro il 31 dicembre di ciascun anno, riferisce al Parlamento sui dati raccolti, adotta le relative misure di pubblicità e trasparenza e formula proposte per il contenimento della spesa per gli incarichi e per la razionalizzazione dei criteri di attribuzione degli incarichi stessi (20).

16-*bis* La Presidenza del Consiglio dei Ministri - Dipartimento della funzione pubblica può disporre verifiche del rispetto delle disposizioni del presente articolo e dell'articolo 1, commi 56 e seguenti, della legge 23 dicembre 1996, n. 662, per il tramite dell'Ispettorato per la funzione pubblica. A tale fine quest'ultimo opera d'intesa con i Servizi ispettivi di finanza pubblica del Dipartimento della Ragioneria generale dello Stato (21).

16-*ter* I dipendenti che, negli ultimi tre anni di servizio, hanno esercitato poteri autoritativi o negoziali per conto delle pubbliche amministrazioni di cui all'articolo 1, comma 2, non possono svolgere, nei tre anni successivi alla cessazione del rapporto di pubblico impiego, attività lavorativa o professionale presso i soggetti privati destinatari dell'attività della pubblica amministrazione svolta attraverso i medesimi poteri. I contratti conclusi e gli incarichi conferiti in violazione di quanto previsto dal presente comma sono nulli ed è fatto divieto ai soggetti privati che li hanno conclusi o conferiti di contrattare con le pubbliche amministrazioni per i successivi tre anni con obbligo di restituzione dei compensi eventualmente percepiti e accertati ad essi riferiti (22).

(1) *Comma rettificato con comunicato 16 ottobre 2001 (in Gazz. Uff., 16 ottobre 2001, n. 241), e successivamente modificato dall'art. 3 della legge 15 luglio 2002, n. 145.*

(2) *In riferimento al presente articolo vedi: circ. CNR 5 aprile 2013 n. 13/2013.*

(3) *Comma inserito dall'art. 52, comma 1, lett.* a), *d.ls. 27 ottobre 2009, n. 150. In riferimento al presente comma vedi: circ. Presidenza del Consiglio dei Ministri n. 11 del 03 settembre 2010*

(4) *Vedi l'art. 52, comma 67, l. 28 dicembre 2001, n. 448.*

(5) *Comma inserito dall'art. 1, comma 42, lett.* a), *l. 6 novembre 2012, n. 190.*

(6) *Comma modificato dall'art. 1, comma 42, lett.* b), *l. 6 novembre 2012, n. 190.*

(7) *Alinea da ultimo modificato dall'art. 15, comma* 2-bis, *d.l. 16 luglio 2020, n. 76, conv., con modif., in l. 11 settembre 2020, n. 120, che ha aggiunto le parole* « e le prestazioni ». *L'alinea era stato modificato dall'art. 2, comma* 13-quinquies, *lett.* a), *d.l. 31 agosto 2013, n. 101.*

(8) *Lettera aggiunta dall'art.* 7-novies *d.l. 31 gennaio 2005, n. 7 e, successivamente, modificata dall'art. 2, comma* 13-quinquies, *lett.* b), *d.l. 31 agosto 2013, n. 101.*

(9) *Comma modificato dall'art. 1, comma 42, lett.* c), *l. 6 novembre 2012, n. 190.*

(10) *Comma inserito dall'art. 1, comma 42, lett.* d), *l. 6 novembre 2012, n. 190.*

(11) *Comma sostituito dall'art. 1, comma 42, lett.* e), *l. 6 novembre 2012, n. 190.*

(12) *Seguivano un secondo e un terzo periodo, soppressi dall'art. 8 comma 1 lett.* a) *d.lgs. 25 maggio 2017, n. 75. Ai sensi dell'art. 22 comma 12 d.lgs. 25 maggio 2017, n. 75, la presente disposizione si applica agli incarichi conferiti successivamente al 1° gennaio 2018. Il testo previgente era il seguente:* « La comunicazione è accompagnata da una relazione nella quale sono indicate le norme in applicazione delle quali gli incarichi sono stati conferiti o autorizzati, le ragioni del conferimento o dell'autorizzazione, i criteri di scelta dei dipendenti cui gli incarichi sono stati conferiti o autorizzati e la rispondenza dei medesimi ai principi di buon andamento dell'amministrazione, nonché le misure che si intendono adottare per il contenimento della spesa. Entro il 30 giugno di ciascun anno e con le stesse modalità le amministrazioni che, nell'anno precedente, non hanno conferito o autorizzato incarichi ai propri dipendenti, anche se comandati o fuori ruolo, dichiarano di non aver conferito o autorizzato incarichi ».

(13) *Comma modificato dall'art. 1, comma 42, lett.* f), *l. 6 novembre 2012, n. 190.*

(14) *La parola* « Le » *è stata sostituita alle parole* « Entro il 30 giugno di ciascun anno le », *la parola* « tempestivamente » *è stata inseritadall'art. 8 comma 1 lett.* b) *d.lgs. 25 maggio 2017, n. 75.*

(15) *Parolesoppresse dall'art. 8 comma 1 lett.* b) *d.lgs. 25 maggio 2017, n. 75.*

(16) *Comma modificato dall'art. 1, comma 42, lett.* g), *l. 6 novembre 2012, n. 190.*

(17) *Le parole da* « tempestivamente e comunque » *a* « autorizzati a qualsiasi titolo » *sono state sostituite alle parole* « o su supporto magnetico, entro il 30 giugno di ciascun anno, i compensi percepiti dai propri dipendenti anche per incarichi relativi a compiti e doveri d'ufficio; sono altresì tenute a comunicare semestralmente l'elenco dei collaboratori esterni e dei soggetti cui sono stati affidati incarichi di consulenza, con l'indicazione della ragione dell'incarico e dell'ammontare dei compensi corrisposti. » *dall'art. 8 comma 1 lett.* c) *d.lgs. 25 maggio 2017, n. 75.*

(18) *Comma modificato dall'art. 34 d.l. 4 luglio 2006, n. 223 e successivamente dall'art. 61, comma 4, d.l. 25 giugno 2008, n. 112 e dall'art. 1, comma 42, lett.* h) *ed* i), *l. 6 novembre 2012, n. 190.*

(19) *La Corte Costituzionale, con sentenza 29 aprile 2015 (Gazz. Uff., 10 giugno 2015, n. 23), ha dichiarato l'illegittimità costituzionale del presente comma, nella parte in cui prevede che « I soggetti di cui al comma 9 che omettono le comunicazioni di cui al comma 11 incorrono nella sanzione di cui allo stesso comma 9 ».*

(20) *Comma modificato dall'art. 34 d.l. 4 luglio 2006, n. 223.*

(21) *Comma aggiunto dall'art. 47 del d.l. 25 giugno 2008, n. 112 e successivamente sostituito dall'articolo 52, comma 1, lettera* b), *del d.lgs. 27 ottobre 2009, n. 150.*

(22) *Comma aggiunto dall'art. 1, comma 42, lettera* l), *della Legge 6 novembre 2012, n. 190. Vedi inoltre il comma 43 del medesimo art. 1 l. n. 190 del 2012.*

54 Codice di comportamento. (Art. 58-*bis* del d.ls. n. 29 del 1993, aggiunto dall'art. 26 del d.ls. n. 546 del 1993 e successivamente sostituito dall'art. 27 del d.ls. n. 80 del 1998) (1).

1. Il Governo definisce un codice di comportamento dei dipendenti delle pubbliche amministrazioni al fine di assicurare la qualità dei servizi, la prevenzione dei fenomeni di corruzione, il rispetto dei doveri costituzionali di diligenza, lealtà, imparzialità e servizio esclusivo alla cura dell'interesse pubblico. Il codice contiene una specifica sezione dedicata ai doveri dei dirigenti, articolati in relazione alle funzioni attribuite, e comunque prevede per tutti i dipendenti pubblici il divieto di chiedere o di accettare, a qualsiasi titolo, compensi, regali o altre utilità, in connessione con l'e-

spletamento delle proprie funzioni o dei compiti affidati, fatti salvi i regali d'uso, purché di modico valore e nei limiti delle normali relazioni di cortesia.

2. Il codice, approvato con decreto del Presidente della Repubblica, previa deliberazione del Consiglio dei ministri, su proposta del Ministro per la pubblica amministrazione e la semplificazione, previa intesa in sede di Conferenza unificata, è pubblicato nella Gazzetta Ufficiale e consegnato al dipendente, che lo sottoscrive all'atto dell'assunzione.

3. La violazione dei doveri contenuti nel codice di comportamento, compresi quelli relativi all'attuazione del Piano di prevenzione della corruzione, è fonte di responsabilità disciplinare. La violazione dei doveri è altresì rilevante ai fini della responsabilità civile, amministrativa e contabile ogniqualvolta le stesse responsabilità siano collegate alla violazione di doveri, obblighi, leggi o regolamenti. Violazioni gravi o reiterate del codice comportano l'applicazione della sanzione di cui all'articolo 55-*quater*, comma 1.

4. Per ciascuna magistratura e per l'Avvocatura dello Stato, gli organi delle associazioni di categoria adottano un codice etico a cui devono aderire gli appartenenti alla magistratura interessata. In caso di inerzia, il codice è adottato dall'organo di autogoverno.

5. Ciascuna pubblica amministrazione definisce, con procedura aperta alla partecipazione e previo parere obbligatorio del proprio organismo indipendente di valutazione, un proprio codice di comportamento che integra e specifica il codice di comportamento di cui al comma 1. Al codice di comportamento di cui al presente comma si applicano le disposizioni del comma 3. A tali fini, la Commissione per la valutazione, la trasparenza e l'integrità delle amministrazioni pubbliche (CIVIT) definisce criteri, linee guida e modelli uniformi per singoli settori o tipologie di amministrazione.

6. Sull'applicazione dei codici di cui al presente articolo vigilano i dirigenti responsabili di ciascuna struttura, le strutture di controllo interno e gli uffici di disciplina.

7. Le pubbliche amministrazioni verificano annualmente lo stato di applicazione dei codici e organizzano attività di formazione del personale per la conoscenza e la corretta applicazione degli stessi.

(1) *Articolo sostituito dall'art. 1, comma 44, della l. 6 novembre 2012, n. 190.*

54-*bis* Tutela del dipendente pubblico che segnala illeciti (1).

1. Il pubblico dipendente che, nell'interesse dell'integrità della pubblica amministrazione, segnala al responsabile della prevenzione della corruzione e della trasparenza di cui all'articolo 1, comma 7, della legge 6 novembre 2012, n. 190, ovvero all'Autorità nazionale anticorruzione (ANAC), o denuncia all'autorità giudiziaria ordinaria o a quella contabile, condotte illecite di cui è venuto a conoscenza in ragione del proprio rapporto di lavoro non può essere sanzionato, demansionato, licenziato, trasferito, o sottoposto ad altra misura organizzativa avente effetti negativi, diretti o indiretti, sulle condizioni di lavoro determinata dalla segnalazione. L'adozione di misure ritenute ritorsive, di cui al primo periodo, nei confronti del segnalante è comunicata in ogni caso all'ANAC dall'interessato o dalle organizzazioni sindacali maggiormente rappresentative nell'amministrazione nella quale le stesse sono state poste in essere. L'ANAC informa il Dipartimento della funzione pubblica della Presidenza del Consiglio dei ministri o gli altri organismi di garanzia o di disciplina per le attività e gli eventuali provvedimenti di competenza.

2. Ai fini del presente articolo, per dipendente pubblico si intende il dipendente delle amministrazioni pubbliche di cui all'articolo 1, comma 2, ivi compreso il dipendente di cui all'articolo 3, il dipendente di un ente pubblico economico ovvero il dipendente di un ente di diritto privato sottoposto a controllo pubblico ai sensi dell'articolo 2359 del codice civile. La disciplina di cui al presente articolo si applica anche ai lavoratori e ai collaboratori delle imprese fornitrici di beni o servizi e che realizzano opere in favore dell'amministrazione pubblica.

3. L'identità del segnalante non può essere rivelata. Nell'ambito del procedimento penale, l'identità del segnalante è coperta dal segreto nei modi e nei limiti previsti dall'articolo 329 del codice di procedura penale. Nell'ambito del procedimento dinanzi alla Corte dei conti, l'identità del segnalante non può essere rivelata fino alla chiusura della fase istruttoria. Nell'ambito del procedimento disciplinare l'identità del segnalante non può essere rivelata, ove la contestazione dell'addebito disciplinare sia fondata su accertamenti distinti e ulteriori rispetto alla segnalazione, anche se conseguenti alla stessa. Qualora la contestazione sia fondata, in tutto o in parte, sulla segnalazione e la conoscenza dell'identità del segnalante sia indispensabile per la difesa dell'incolpato, la segnalazione sarà utilizzabile ai fini del procedimento disciplinare solo in presenza di consenso del segnalante alla rivelazione della sua identità.

4. La segnalazione è sottratta all'accesso previsto dagli articoli 22 e seguenti della legge 7 agosto 1990, n. 241, e successive modificazioni.

5. L'ANAC, sentito il Garante per la protezione dei dati personali, adotta apposite linee guida relative alle procedure per la presentazione e la gestione delle segnalazioni. Le linee guida prevedono l'utilizzo di modalità anche informatiche e promuovono il ricorso a strumenti di crittografia per garantire la riservatezza dell'identità del segnalante e per il contenuto delle segnalazioni e della relativa documentazione.

6. Qualora venga accertata, nell'ambito dell'istruttoria condotta dall'ANAC, l'adozione di misure discriminatorie da parte di una delle amministrazioni pubbliche o di uno degli enti di cui al comma 2, fermi restando gli altri profili di responsabilità, l'ANAC applica al responsabile che ha adottato tale misura una sanzione amministrativa pecuniaria da 5.000 a 30.000 euro. Qualora venga accertata l'assenza di procedure per l'inoltro e la gestione delle segnalazioni ovvero l'adozione di procedure non conformi a quelle di cui al comma 5, l'ANAC applica al responsabile la sanzione amministrativa pecuniaria da 10.000 a 50.000 euro. Qualora venga accertato il mancato svolgimento da parte del responsabile di attività di verifica e analisi

delle segnalazioni ricevute, si applica al responsabile la sanzione amministrativa pecuniaria da 10.000 a 50.000 euro. L'ANAC determina l'entità della sanzione tenuto conto delle dimensioni dell'amministrazione o dell'ente cui si riferisce la segnalazione.

7. È a carico dell'amministrazione pubblica o dell'ente di cui al comma 2 dimostrare che le misure discriminatorie o ritorsive, adottate nei confronti del segnalante, sono motivate da ragioni estranee alla segnalazione stessa. Gli atti discriminatori o ritorsivi adottati dall'amministrazione o dall'ente sono nulli.

8. Il segnalante che sia licenziato a motivo della segnalazione è reintegrato nel posto di lavoro ai sensi dell'articolo 2 del decreto legislativo 4 marzo 2015, n. 23.

9. Le tutele di cui al presente articolo non sono garantite nei casi in cui sia accertata, anche con sentenza di primo grado, la responsabilità penale del segnalante per i reati di calunnia o diffamazione o comunque per reati commessi con la denuncia di cui al comma 1 ovvero la sua responsabilità civile, per lo stesso titolo, nei casi di dolo o colpa grave (2).

(1) *Articolo inserito dall'art. 1, comma 51, l. 6 novembre 2012, n. 190, modificato dall'art. 31, comma 1, d.l. 24 giugno 2014, n. 90 e successivamente da ultimo sostituito dall'art. 1, comma 1, l. 30 novembre 2017, n. 179. Il testo dell'articolo era il seguente:* « 1. Fuori dei casi di responsabilità a titolo di calunnia o diffamazione, ovvero per lo stesso titolo ai sensi dell'articolo 2043 del codice civile, il pubblico dipendente che denuncia all'autorità giudiziaria o alla Corte dei conti, o all'Autorità nazionale anticorruzione (ANAC), ovvero riferisce al proprio superiore gerarchico condotte illecite di cui sia venuto a conoscenza in ragione del rapporto di lavoro, non può essere sanzionato, licenziato o sottoposto ad una misura discriminatoria, diretta o indiretta, avente effetti sulle condizioni di lavoro per motivi collegati direttamente o indirettamente alla denuncia.

2. Nell'ambito del procedimento disciplinare, l'identità del segnalante non può essere rivelata, senza il suo consenso, sempre che la contestazione dell'addebito disciplinare sia fondata su accertamenti distinti e ulteriori rispetto alla segnalazione. Qualora la contestazione sia fondata, in tutto o in parte, sulla segnalazione, l'identità può essere rivelata ove la sua conoscenza sia assolutamente indispensabile per la difesa dell'incolpato.

3. L'adozione di misure discriminatorie è segnalata al Dipartimento della funzione pubblica, per i provvedimenti di competenza, dall'interessato o dalle organizzazioni sindacali maggiormente rappresentative nell'amministrazione nella quale le stesse sono state poste in essere.

4. La denuncia è sottratta all'accesso previsto dagli articoli 22 e seguenti della legge 7 agosto 1990, n. 241, e successive modificazioni »

(2) *Si veda anche art. 3 l. 30 novembre 2017, n. 179: « 1. Nelle ipotesi di segnalazione o denuncia effettuate nelle forme e nei limiti di cui all'articolo 54-*bis *del decreto legislativo 30 marzo 2001, n. 165, e all'articolo 6 del decreto legislativo 8 giugno 2001, n. 231, come modificati dalla presente legge, il perseguimento dell'interesse all'integrità delle amministrazioni, pubbliche e private, nonché alla prevenzione e alla repressione delle malversazioni, costituisce giusta causa di rivelazione di notizie coperte dall'obbligo di segreto di cui agli articoli 326, 622 e 623 del codice penale e all'articolo 2105 del codice civile. — 2. La disposizione di cui al comma 1 non si applica nel caso in cui l'obbligo di segreto professionale gravi su chi sia venuto a conoscenza della notizia in ragione di un rapporto di consulenza professionale o di assistenza con l'ente, l'impresa o la persona fisica interessata. — 3. Quando notizie e documenti che sono comunicati all'organo deputato a riceverli siano oggetto di segreto aziendale, professionale o d'ufficio, costituisce violazione del relativo obbligo di segreto la rivelazione con modalità eccedenti rispetto alle finalità dell'eliminazione dell'illecito e, in particolare, la rivelazione al di fuori del canale di comunicazione specificamente predisposto a tal fine ».*

55 Responsabilità, infrazioni e sanzioni, procedure conciliative (1).

1. Le disposizioni del presente articolo e di quelli seguenti, fino all'articolo 55-*octies*, costituiscono norme imperative, ai sensi e per gli effetti degli articoli 1339 e 1419, secondo comma, del codice civile, e si applicano ai rapporti di lavoro di cui all'articolo 2, comma 2, alle dipendenze delle amministrazioni pubbliche di cui all'articolo 1, comma 2. La violazione dolosa o colposa delle suddette disposizioni costituisce illecito disciplinare in capo ai dipendenti preposti alla loro applicazione (2).

2. Ferma la disciplina in materia di responsabilità civile, amministrativa, penale e contabile, ai rapporti di lavoro di cui al comma 1 si applica l'articolo 2106 del codice civile. Salvo quanto previsto dalle disposizioni del presente Capo, la tipologia delle infrazioni e delle relative sanzioni è definita dai contratti collettivi. La pubblicazione sul sito istituzionale dell'amministrazione del codice disciplinare, recante l'indicazione delle predette infrazioni e relative sanzioni, equivale a tutti gli effetti alla sua affissione all'ingresso della sede di lavoro.

3. La contrattazione collettiva non può istituire procedure di impugnazione dei provvedimenti disciplinari. Resta salva la facoltà di disciplinare mediante i contratti collettivi procedure di conciliazione non obbligatoria, fuori dei casi per i quali è prevista la sanzione disciplinare del licenziamento, da instaurarsi e concludersi entro un termine non superiore a trenta giorni dalla contestazione dell'addebito e comunque prima dell'irrogazione della sanzione. La sanzione concordemente determinata all'esito di tali procedure non può essere di specie diversa da quella prevista, dalla legge o dal contratto collettivo, per l'infrazione per la quale si procede e non è soggetta ad impugnazione. I termini del procedimento disciplinare restano sospesi dalla data di apertura della procedura conciliativa e riprendono a decorrere nel caso di conclusione con esito negativo. Il contratto collettivo definisce gli atti della procedura conciliativa che ne determinano l'inizio e la conclusione.

4. Fermo quanto previsto nell'articolo 21, per le infrazioni disciplinari ascrivibili al dirigente ai sensi degli articoli 55-*bis*, comma 7, e 55-*sexies*, comma 3, si applicano, ove non diversamente stabilito dal contratto collettivo, le disposizioni di cui al comma 4 del predetto articolo 55-*bis*, ma le determinazioni conclusive del procedimento sono adottate dal dirigente generale o titolare di incarico conferito ai sensi dell'articolo 19, comma 3.

(1) *Articolo sostituito dall'art. 68, comma 1, d.ls. 27 ottobre 2009, n. 150.*

(2) *Periodo aggiunto dall'art. 12 comma 1 d.ls. 25 maggio 2017, n. 75. Ai sensi dell'art. 22 comma 13 d.lgs. 25 maggio 2017, n. 75, la presente disposizione si applica agli illeciti disciplinari commessi successivamente alla data di entrata in vigore del suddetto decreto.*

55-*bis* Forme e termini del procedimento disciplinare (1).

1. Per le infrazioni di minore gravità, per le quali è prevista l'irrogazione della sanzione del rimprovero verbale, il procedimento disciplinare è di competenza del responsabile della struttura presso cui presta servizio il dipendente. Alle infrazioni per le quali è previsto

il rimprovero verbale si applica la disciplina stabilita dal contratto collettivo (2).

2. Ciascuna amministrazione, secondo il proprio ordinamento e nell'ambito della propria organizzazione, individua l'ufficio per i procedimenti disciplinari competente per le infrazioni punibili con sanzione superiore al rimprovero verbale e ne attribuisce la titolarità e responsabilità (3).

3. Le amministrazioni, previa convenzione, possono prevedere la gestione unificata delle funzioni dell'ufficio competente per i procedimenti disciplinari, senza maggiori oneri per la finanza pubblica (4).

4. Fermo restando quanto previsto dall'articolo 55-*quater*, commi 3-*bis* e 3-*ter*, per le infrazioni per le quali è prevista l'irrogazione di sanzioni superiori al rimprovero verbale, il responsabile della struttura presso cui presta servizio il dipendente, segnala immediatamente, e comunque entro dieci giorni, all'ufficio competente per i procedimenti disciplinari i fatti ritenuti di rilevanza disciplinare di cui abbia avuto conoscenza. L'Ufficio competente per i procedimenti disciplinari, con immediatezza e comunque non oltre trenta giorni decorrenti dal ricevimento della predetta segnalazione, ovvero dal momento in cui abbia altrimenti avuto piena conoscenza dei fatti ritenuti di rilevanza disciplinare, provvede alla contestazione scritta dell'addebito e convoca l'interessato, con un preavviso di almeno venti giorni, per l'audizione in contraddittorio a sua difesa. Il dipendente può farsi assistere da un procuratore ovvero da un rappresentante dell'associazione sindacale cui aderisce o conferisce mandato. In caso di grave ed oggettivo impedimento, ferma la possibilità di depositare memorie scritte, il dipendente può richiedere che l'audizione a sua difesa sia differita, per una sola volta, con proroga del termine per la conclusione del procedimento in misura corrispondente. Salvo quanto previsto dall'articolo 54-*bis*, comma 4, il dipendente ha diritto di accesso agli atti istruttori del procedimento. L'ufficio competente per i procedimenti disciplinari conclude il procedimento, con l'atto di archiviazione o di irrogazione della sanzione, entro centoventi giorni dalla contestazione dell'addebito. Gli atti di avvio e conclusione del procedimento disciplinare, nonché l'eventuale provvedimento di sospensione cautelare del dipendente, sono comunicati dall'ufficio competente di ogni amministrazione, per via telematica, all'Ispettorato per la funzione pubblica, entro venti giorni dalla loro adozione. Al fine di tutelare la riservatezza del dipendente, il nominativo dello stesso è sostituito da un codice identificativo (5).

5. La comunicazione di contestazione dell'addebito al dipendente, nell'ambito del procedimento disciplinare, è effettuata tramite posta elettronica certificata, nel caso in cui il dipendente dispone di idonea casella di posta, ovvero tramite consegna a mano. In alternativa all'uso della posta elettronica certificata o della consegna a mano, le comunicazioni sono effettuate tramite raccomandata postale con ricevuta di ritorno. Per le comunicazioni successive alla contestazione dell'addebito, è consentita la comunicazione tra l'amministrazione ed i propri dipendenti tramite posta elettronica o altri strumenti informatici di comunicazione, ai sensi dell'articolo 47, comma 3, secondo periodo, del decreto legislativo 7 marzo 2005, n. 82, ovvero anche al numero di fax o altro indirizzo di posta elettronica, previamente comunicati dal dipendente o dal suo procuratore (6).

6. Nel corso dell'istruttoria, l'Ufficio per i procedimenti disciplinari può acquisire da altre amministrazioni pubbliche (7) informazioni o documenti rilevanti per la definizione del procedimento. La predetta attività istruttoria non determina la sospensione del procedimento, né il differimento dei relativi termini.

7. Il [lavoratore] (8) dipendente o il dirigente, appartenente alla stessa o a una diversa (9) amministrazione pubblica dell'incolpato [o ad una diversa] (8), che, essendo a conoscenza per ragioni di ufficio o di servizio di informazioni rilevanti per un procedimento disciplinare in corso, rifiuta, senza giustificato motivo, la collaborazione richiesta dall'Ufficio disciplinare (10) procedente ovvero rende dichiarazioni false o reticenti, è soggetto all'applicazione, da parte dell'amministrazione di appartenenza, della sanzione disciplinare della sospensione dal servizio con privazione della retribuzione, commisurata alla gravità dell'illecito contestato al dipendente, fino ad un massimo di quindici giorni.

8. In caso di trasferimento del dipendente, a qualunque titolo, in un'altra amministrazione pubblica, il procedimento disciplinare è avviato o concluso e (11) la sanzione è applicata presso quest'ultima. In caso di trasferimento del dipendente in pendenza di procedimento disciplinare, l'ufficio per i procedimenti disciplinari che abbia in carico gli atti provvede alla loro tempestiva trasmissione al competente ufficio disciplinare dell'amministrazione presso cui il dipendente è trasferito (12). In tali casi il procedimento disciplinare è interrotto e dalla data di ricezione degli atti da parte dell'ufficio disciplinare dell'amministrazione presso cui il dipendente è trasferito decorrono nuovi termini per la contestazione dell'addebito o per la conclusione del procedimento (12). Nel caso in cui l'amministrazione di provenienza venga a conoscenza dell'illecito disciplinare successivamente al trasferimento del dipendente, la stessa Amministrazione provvede a segnalare immediatamente e comunque entro venti giorni i fatti ritenuti di rilevanza disciplinare all'Ufficio per i procedimenti disciplinari dell'amministrazione presso cui il dipendente è stato trasferito e dalla data di ricezione della predetta segnalazione decorrono i termini per la contestazione dell'addebito e per la conclusione del procedimento (12). Gli esiti del procedimento disciplinare vengono in ogni caso comunicati anche all'amministrazione di provenienza del dipendente (12).

9. La cessazione del rapporto di lavoro estingue il procedimento disciplinare salvo che per l'infrazione commessa sia prevista la sanzione del licenziamento o comunque sia stata disposta la sospensione cautelare dal servizio. In tal caso le determinazioni conclusive sono assunte ai fini degli effetti giuridici ed economici non preclusi dalla cessazione del rapporto di lavoro (13).

9-*bis*. Sono nulle le disposizioni di regolamento, le clausole contrattuali o le disposizioni interne, comunque qualificate, che prevedano per l'irrogazione di sanzioni disciplinari requisiti formali o procedurali ulteriori rispetto a quelli indicati nel presente articolo o che comunque aggravino il procedimento disciplinare (14).

9-*ter*. La violazione dei termini e delle disposizioni sul procedimento disciplinare previste dagli articoli da 55 a 55-*quater*, fatta salva l'eventuale responsabilità del dipendente cui essa sia imputabile, non determina la decadenza dall'azione disciplinare né l'invalidità degli atti e della sanzione irrogata, purché non risulti irrimediabilmente compromesso il diritto di difesa del dipendente, e le modalità di esercizio dell'azione disciplinare, anche in ragione della natura degli accertamenti svolti nel caso concreto, risultino comunque compatibili con il principio di tempestività. Fatto salvo quanto previsto dall'articolo 55-*quater*, commi 3-*bis* e 3-*ter*, sono da considerarsi perentori il termine per la contestazione dell'addebito e il termine per la conclusione del procedimento (14).

9-*quater*. Per il personale docente, educativo e amministrativo, tecnico e ausiliario (ATA) presso le istituzioni scolastiche ed educative statali, il procedimento disciplinare per le infrazioni per le quali è prevista l'irrogazione di sanzioni fino alla sospensione dal servizio con privazione della retribuzione per dieci giorni è di competenza del responsabile della struttura in possesso di qualifica dirigenziale e si svolge secondo le disposizioni del presente articolo. Quando il responsabile della struttura non ha qualifica dirigenziale o comunque per le infrazioni punibili con sanzioni più gravi di quelle indicate nel primo periodo, il procedimento disciplinare si svolge dinanzi all'Ufficio competente per i procedimenti disciplinari (14).

(1) *Articolo inserito dall'art. 69, comma 1, d.ls. 27 ottobre 2009, n. 150.*

(2) *Comma così sostituito dall'art. 13 comma 1 lett.* a) *d.lgs. 25 maggio 2017, n. 75. Ai sensi dell'art. 22 comma 13 d.ls. n. 75, cit., la presente disposizione si applica agli illeciti disciplinari commessi successivamente alla data di entrata in vigore del suddetto decreto. Il testo del comma era il seguente:* « 1. Per le infrazioni di minore gravità, per le quali è prevista l'irrogazione di sanzioni superiori al rimprovero verbale ed inferiori alla sospensione dal servizio con privazione della retribuzione per più di dieci giorni, il procedimento disciplinare, se il responsabile della struttura ha qualifica dirigenziale, si svolge secondo le disposizioni del comma 2. Quando il responsabile della struttura non ha qualifica dirigenziale o comunque per le infrazioni punibili con sanzioni più gravi di quelle indicate nel primo periodo, il procedimento disciplinare si svolge secondo le disposizioni del comma 4. Alle infrazioni per le quali è previsto il rimprovero verbale si applica la disciplina stabilita dal contratto collettivo ».

(3) *Comma così sostituito dall'art. 13 comma 1 lett.* b) *d.lgs. 25 maggio 2017, n. 75., con la disposizione di applicazione di cui* sub *nota* 2. *Il testo del comma era il seguente:* « 2. Il responsabile, con qualifica dirigenziale, della struttura in cui il dipendente lavora, anche in posizione di comando o di fuori ruolo, quando ha notizia di comportamenti punibili con taluna delle sanzioni disciplinari di cui al comma 1, primo periodo, senza indugio e comunque non oltre venti giorni contesta per iscritto l'addebito al dipendente medesimo e lo convoca per il contraddittorio a sua difesa, con l'eventuale assistenza di un procuratore ovvero di un rappresentante dell'associazione sindacale cui il lavoratore aderisce o conferisce mandato, con un preavviso di almeno dieci giorni. Entro il termine fissato, il dipendente convocato, se non intende presentarsi, può inviare una memoria scritta o, in caso di grave ed oggettivo impedimento, formulare motivata istanza di rinvio del termine per l'esercizio della sua difesa. Dopo l'espletamento dell'eventuale ulteriore attività istruttoria, il responsabile della struttura conclude il procedimento, con l'atto di archiviazione o di irrogazione della sanzione, entro sessanta giorni dalla contestazione dell'addebito. In caso di differimento superiore a dieci giorni del termine a difesa, per impedimento del dipendente, il termine per la conclusione del procedimento è prorogato in misura corrispondente. Il differimento può essere disposto per una sola volta nel corso del procedimento. La violazione dei termini stabiliti nel presente comma comporta, per l'amministrazione, la decadenza dall'azione disciplinare ovvero, per il dipendente, dall'esercizio del diritto di difesa ».

(4) *Comma così sostituito dall'art. 13 comma 1 lett.* c) *d.ls. n. 75, cit., con la disposizione di applicazione di cui* sub *nota* 2. *Il testo del comma era il seguente:* « 3. Il responsabile della struttura, se non ha qualifica dirigenziale ovvero se la sanzione da applicare è più grave di quelle di cui al comma 1, primo periodo, trasmette gli atti, entro cinque giorni dalla notizia del fatto, all'ufficio individuato ai sensi del comma 4, dandone contestuale comunicazione all'interessato ».

(5) *Comma così sostituito dall'art. 13 comma 1 lett.* d) *d.ls. n. 75, cit., con la disposizione di applicazione di cui* sub *nota* 2. *Il testo del comma era il seguente:* « 4. Ciascuna amministrazione, secondo il proprio ordinamento, individua l'ufficio competente per i procedimenti disciplinari ai sensi del comma 1, secondo periodo. Il predetto ufficio contesta l'addebito al dipendente, lo convoca per il contraddittorio a sua difesa, istruisce e conclude il procedimento secondo quanto previsto nel comma 2, ma, se la sanzione da applicare è più grave di quelle di cui al comma 1, primo periodo, con applicazione di termini pari al doppio di quelli ivi stabiliti e salva l'eventuale sospensione ai sensi dell'articolo 55-*ter*. Il termine per la contestazione dell'addebito decorre dalla data di ricezione degli atti trasmessi ai sensi del comma 3 ovvero dalla data nella quale l'ufficio ha altrimenti acquisito notizia dell'infrazione, mentre la decorrenza del termine per la conclusione del procedimento resta comunque fissata alla data di prima acquisizione della notizia dell'infrazione, anche se avvenuta da parte del responsabile della struttura in cui il dipendente lavora. La violazione dei termini di cui al presente comma comporta, per l'amministrazione, la decadenza dall'azione disciplinare ovvero, per il dipendente, dall'esercizio del diritto di difesa ».

(6) *Comma così sostituito dall'art. 13 comma 1 lett.* e) *d.ls. n. 75, cit., con la disposizione di applicazione di cui* sub *nota* 2. *Il testo del comma era il seguente:* « 5. Ogni comunicazione al dipendente, nell'ambito del procedimento disciplinare, è effettuata tramite posta elettronica certificata, nel caso in cui il dipendente dispone di idonea casella di posta, ovvero tramite consegna a mano. Per le comunicazioni successive alla contestazione dell'addebito, il dipendente può indicare, altresì, un numero di fax, di cui egli o il suo procuratore abbia la disponibilità. In alternativa all'uso della posta elettronica certificata o del fax ed altresì della consegna a mano, le comunicazioni sono effettuate tramite raccomandata postale con ricevuta di ritorno. Il dipendente ha diritto di accesso agli atti istruttori del procedimento. È esclusa l'applicazione di termini diversi o ulteriori rispetto a quelli stabiliti nel presente articolo ».

(7) *Le parole* « l'Ufficio per i procedimenti disciplinari può acquisire da altre amministrazioni pubbliche » *sono state sostituite alle parole* « il capo della struttura o l'ufficio per i procedimenti disciplinari possono acquisire da altre amministrazioni pubbliche » *dall'art. 13 comma 1 lett.* f) *d.ls. n. 75, cit., con la disposizione di applicazione di cui* sub *nota* 2.

(8) *Parole soppresse dall'art. 13 comma 1 lett.* g) *d.lgs. 25 maggio 2017, n. 75.*

(9) *Le parole* « o a una diversa » *sono state inserite, dall'art. 13 comma 1 lett.* g) *25 maggio 2017, n. 75.*

(10) *Le parole* « dall'Ufficio disciplinare » *sono state sostituite alle parole* « dall'autorità disciplinare » *dall'art. 13 comma 1 lett.* g) *d.lgs.25 maggio 2017, n. 75. con la disposizione di applicazione di cui* sub *nota* 2.

(11) *Le parole* « concluso e » *sono state sostituite alle parole* « concluso o » *dall'art. 13 comma 1 lett.* h) *d.ls. n. 75, cit., con la disposizione di applicazione di cui* sub *nota* 2.

(12) *I periodi da 2 a 5 sono stati sostituiti all'originario ultimo periodo dall'art. 13 comma 1 lett.* h) *d.ls. n. 75, cit., con la disposizione di applicazione di cui* sub *nota* 2. *Il testo dell'ultimo periodo era il seguente:* « In tali casi i termini per la contestazione dell'addebito o per la conclusione del procedimento, se ancora pendenti, sono interrotti e riprendono a decorrere alla data del trasferimento ».

(13) *Comma così sostituito dall'art. 13 comma 1 lett.* i) *d.ls. n. 75, cit., con la disposizione di applicazione di cui* sub *nota* 2. *Il testo del comma era il seguente:* « 9. In caso di dimissioni del dipendente, se per l'infrazione commessa è prevista la sanzione del licenziamento o se comunque è stata disposta la sospensione cautelare dal servizio, il procedimento disciplinare ha egualmente corso secondo le disposizioni del presente articolo e le determinazioni conclusive sono assunte ai fini degli effetti giuridici non preclusi dalla cessazione del rapporto di lavoro ».

(14) *Comma aggiunto dall'art. 13 comma 1 lett.* j) *d.ls. n. 75, cit., con la disposizione di applicazione di cui* sub *nota* 2.

55-*ter* Rapporti fra procedimento disciplinare e procedimento penale (1).

1. Il procedimento disciplinare, che abbia ad oggetto, in tutto o in parte, fatti in relazione ai quali procede l'autorità giudiziaria, è proseguito e concluso anche in

pendenza del procedimento penale (2). Per le infrazioni per le quali è applicabile una sanzione superiore alla sospensione dal servizio con privazione della retribuzione fino a dieci giorni, l'ufficio competente per i procedimenti disciplinari (3), nei casi di particolare complessità dell'accertamento del fatto addebitato al dipendente e quando all'esito dell'istruttoria non dispone di elementi sufficienti a motivare l'irrogazione della sanzione, può sospendere il procedimento disciplinare fino al termine di quello penale. Fatto salvo quanto previsto al comma 3, il procedimento disciplinare sospeso può essere riattivato qualora l'amministrazione giunga in possesso di elementi nuovi, sufficienti per concludere il procedimento, ivi incluso un provvedimento giurisdizionale non definitivo (4). Resta in ogni caso salva la possibilità di adottare la sospensione o altri provvedimenti cautelari nei confronti del dipendente (4).

2. Se il procedimento disciplinare, non sospeso, si conclude con l'irrogazione di una sanzione e, successivamente, il procedimento penale viene definito con una sentenza irrevocabile di assoluzione che riconosce che il fatto addebitato al dipendente non sussiste o non costituisce illecito penale o che il dipendente medesimo non lo ha commesso, l'ufficio competente per i procedimenti disciplinari (5), ad istanza di parte da proporsi entro il termine di decadenza di sei mesi dall'irrevocabilità della pronuncia penale, riapre il procedimento disciplinare per modificarne o confermarne l'atto conclusivo in relazione all'esito del giudizio penale.

3. Se il procedimento disciplinare si conclude con l'archiviazione ed il processo penale con una sentenza irrevocabile di condanna, l'ufficio competente per i procedimenti disciplinari (5) riapre il procedimento disciplinare per adeguare le determinazioni conclusive all'esito del giudizio penale. Il procedimento disciplinare è riaperto, altresì, se dalla sentenza irrevocabile di condanna risulta che il fatto addebitabile al dipendente in sede disciplinare comporta la sanzione del licenziamento, mentre ne è stata applicata una diversa.

4. Nei casi di cui ai commi 1, 2 e 3, il procedimento disciplinare è, rispettivamente, ripreso o riaperto, mediante rinnovo della contestazione dell'addebito, entro sessanta giorni dalla comunicazione della sentenza, da parte della cancelleria del giudice, all'amministrazione di appartenenza del dipendente, ovvero dal ricevimento dell'istanza di riapertura. Il procedimento si svolge secondo quanto previsto nell'articolo 55-*bis* con integrale nuova decorrenza dei termini ivi previsti per la conclusione dello stesso. Ai fini delle determinazioni conclusive, l'ufficio procedente, nel procedimento disciplinare ripreso o riaperto, applica le disposizioni dell'articolo 653, commi 1 e 1-*bis*, del codice di procedura penale (6).

(1) *Articolo inserito dall'art. 69, comma 1, d.ls. 27 ottobre 2009, n. 150.*

(2) *Periodo soppresso dall'art. 14 comma 1 lett.* a) *d.lgs. 25 maggio 2017, n. 75. Ai sensi dell'art. 22 comma 13 d.lgs. 25 maggio 2017, n. 75, la presente disposizione si applica agli illeciti disciplinari commessi successivamente alla data di entrata in vigore del suddetto decreto. Il testo previgente era il seguente:* « Per le infrazioni di minore gravità, di cui all'articolo 55-*bis*, comma 1, primo periodo, non è ammessa la sospensione del procedimento. ».

(3) *Le parole da* « Per le infrazioni » *a* « procedimenti disciplinari » *sono state sostituite alle parole* « Per le infrazioni di maggiore gravità, di cui all'articolo 55-*bis*, comma 1, secondo periodo, l'ufficio competente », *dall'art. 14 comma 1 lett.* a) *d.lgs. 25 maggio 2017, n. 75, con la disposizione di applicazione di cui* sub *nota 2.*

(4) *Periodo sostituito alle parole* «, salva la possibilità di adottare la sospensione o altri strumenti cautelari nei confronti del dipendente » *dall'art. 14 comma 1 lett.* a) *d.lgs. 25 maggio 2017, n. 75, con la disposizione di applicazione di cui* sub *nota 2.*

(5) *Le parole* « l'ufficio competente per i procedimenti disciplinari » *sono state sostituite alle parole* « l'autorità competente » *dall'art. 14 comma 1 lett.* b) e c) *d.lgs. 25 maggio 2017, n. 75, con la disposizione di applicazione di cui* sub *nota 2.*

(6) *Comma così sostituito dall'art. 14 comma 1 lett.* d) *d.lgs. 25 maggio 2017, n. 75, con la disposizione di applicazione di cui* sub *nota 2. Il testo previgente era il seguente:* « 4. Nei casi di cui ai commi 1, 2 e 3 il procedimento disciplinare è, rispettivamente, ripreso o riaperto entro sessanta giorni dalla comunicazione della sentenza all'amministrazione di appartenenza del lavoratore ovvero dalla presentazione dell'istanza di riapertura ed è concluso entro centottanta giorni dalla ripresa o dalla riapertura. La ripresa o la riapertura avvengono mediante il rinnovo della contestazione dell'addebito da parte dell'autorità disciplinare competente ed il procedimento prosegue secondo quanto previsto nell'articolo 55-*bis*. Ai fini delle determinazioni conclusive, l'autorità procedente, nel procedimento disciplinare ripreso o riaperto, applica le disposizioni dell'articolo 653, commi 1 ed 1-*bis*, del codice di procedura penale ».

55-*quater* Licenziamento disciplinare (1) (2).

1. Ferma la disciplina in tema di licenziamento per giusta causa o per giustificato motivo e salve ulteriori ipotesi previste dal contratto collettivo, si applica comunque la sanzione disciplinare del licenziamento nei seguenti casi:

a) falsa attestazione della presenza in servizio, mediante l'alterazione dei sistemi di rilevamento della presenza o con altre modalità fraudolente, ovvero giustificazione dell'assenza dal servizio mediante una certificazione medica falsa o che attesta falsamente uno stato di malattia;

b) assenza priva di valida giustificazione per un numero di giorni, anche non continuativi, superiore a tre nell'arco di un biennio o comunque per più di sette giorni nel corso degli ultimi dieci anni ovvero mancata ripresa del servizio, in caso di assenza ingiustificata, entro il termine fissato dall'amministrazione;

c) ingiustificato rifiuto del trasferimento disposto dall'amministrazione per motivate esigenze di servizio;

d) falsità documentali o dichiarative commesse ai fini o in occasione dell'instaurazione del rapporto di lavoro ovvero di progressioni di carriera;

e) reiterazione nell'ambiente di lavoro di gravi condotte aggressive o moleste o minacciose o ingiuriose o comunque lesive dell'onore e della dignità personale altrui;

f) condanna penale definitiva, in relazione alla quale è prevista l'interdizione perpetua dai pubblici uffici ovvero l'estinzione, comunque denominata, del rapporto di lavoro;

f-bis) gravi o reiterate violazioni dei codici di comportamento, ai sensi dell'articolo 54, comma 3 (3);

f-ter) commissione dolosa, o gravemente colposa, dell'infrazione di cui all'articolo 55-*sexies*, comma 3; (3)

f-quater) la reiterata violazione di obblighi concernenti la prestazione lavorativa, che abbia determinato l'applicazione, in sede disciplinare, della sospensione dal servizio per un periodo complessivo superiore a un anno nell'arco di un biennio (3);

f-quinquies) insufficiente rendimento, dovuto alla reiterata violazione degli obblighi concernenti la prestazione lavorativa, stabiliti da norme legislative o regolamentari, dal contratto collettivo o individuale, da atti e provvedimenti dell'amministrazione di appartenenza, e rilevato dalla costante valutazione negativa della performance del dipendente per ciascun anno dell'ultimo triennio, resa a tali specifici fini ai sensi dell'articolo 3, comma 5-*bis*, del decreto legislativo n. 150 del 2009 (3).

1-*bis*. Costituisce falsa attestazione della presenza in servizio qualunque modalità fraudolenta posta in essere, anche avvalendosi di terzi, per far risultare il dipendente in servizio o trarre in inganno l'amministrazione presso la quale il dipendente presta attività lavorativa circa il rispetto dell'orario di lavoro dello stesso. Della violazione risponde anche chi abbia agevolato con la propria condotta attiva o omissiva la condotta fraudolenta (4).

2. (5)

3. Nei casi di cui al comma 1, lettere *a*), *d*), *e*) ed *f*), il licenziamento è senza preavviso. Nei casi in cui le condotte punibili con il licenziamento sono accertate in flagranza, si applicano le previsioni dei commi da 3-*bis* a 3-*quinquies*. (6)

3-*bis*. Nel caso di cui al comma 1, lettera *a*), la falsa attestazione della presenza in servizio, accertata in flagranza ovvero mediante strumenti di sorveglianza o di registrazione degli accessi o delle presenze, determina l'immediata sospensione cautelare senza stipendio del dipendente, fatto salvo il diritto all'assegno alimentare nella misura stabilita dalle disposizioni normative e contrattuali vigenti, senza obbligo di preventiva audizione dell'interessato. La sospensione è disposta dal responsabile della struttura in cui il dipendente lavora o, ove ne venga a conoscenza per primo, dall'ufficio di cui all'articolo 55-*bis*, comma 4, con provvedimento motivato, in via immediata e comunque entro quarantotto ore dal momento in cui i suddetti soggetti ne sono venuti a conoscenza. La violazione di tale termine non determina la decadenza dall'azione disciplinare né l'inefficacia della sospensione cautelare, fatta salva l'eventuale responsabilità del dipendente cui essa sia imputabile (6).

3-*ter*. Con il medesimo provvedimento di sospensione cautelare di cui al comma 3-*bis* si procede anche alla contestuale contestazione per iscritto dell'addebito e alla convocazione del dipendente dinanzi all'Ufficio di cui all'articolo 55-*bis*, comma 4. Il dipendente è convocato, per il contraddittorio a sua difesa, con un preavviso di almeno quindici giorni e può farsi assistere da un procuratore ovvero da un rappresentante dell'associazione sindacale cui il lavoratore aderisce o conferisce mandato. Fino alla data dell'audizione, il dipendente convocato può inviare una memoria scritta o, in caso di grave, oggettivo e assoluto impedimento, formulare motivata istanza di rinvio del termine per l'esercizio della sua difesa per un periodo non superiore a cinque giorni. Il differimento del termine a difesa del dipendente può essere disposto solo una volta nel corso del procedimento. L'Ufficio conclude il procedimento entro trenta giorni dalla ricezione, da parte del dipendente, della contestazione dell'addebito. La violazione dei suddetti termini, fatta salva l'eventuale responsabilità del dipendente cui essa sia imputabile, non determina la decadenza dall'azione disciplinare né l'invalidità della sanzione irrogata, purché non risulti irrimediabilmente compromesso il diritto di difesa del dipendente e non sia superato il termine per la conclusione del procedimento di cui all'articolo 55-*bis*, comma 4 (6).

3-*quater*. Nei casi di cui al comma 3-*bis*, la denuncia al pubblico ministero e la segnalazione alla competente procura regionale della Corte dei conti avvengono entro venti (7) giorni dall'avvio del procedimento disciplinare. La Procura della Corte dei conti, quando ne ricorrono i presupposti, emette invito a dedurre per danno d'immagine entro tre mesi dalla conclusione della procedura di licenziamento (8). L'azione di responsabilità è esercitata, con le modalità e nei termini di cui all'articolo 5 del decreto-legge 15 novembre 1993, n. 453, convertito, con modificazioni, dalla legge 14 gennaio 1994, n. 19, entro i centocinquanta (9) giorni successivi alla denuncia, senza possibilità di proroga (8). L'ammontare del danno risarcibile è rimesso alla valutazione equitativa del giudice anche in relazione alla rilevanza del fatto per i mezzi di informazione e comunque l'eventuale condanna non può essere inferiore a sei mensilità dell'ultimo stipendio in godimento, oltre interessi e spese di giustizia (6) (8).

3-*quinquies*. Nei casi di cui al comma 3-*bis*, per i dirigenti che abbiano acquisito conoscenza del fatto, ovvero, negli enti privi di qualifica dirigenziale, per i responsabili di servizio competenti, l'omessa attivazione del procedimento disciplinare e l'omessa adozione del provvedimento di sospensione cautelare, senza giustificato motivo, costituiscono illecito disciplinare punibile con il licenziamento e di esse è data notizia, da parte dell'ufficio competente per il procedimento disciplinare, all'Autorità giudiziaria ai fini dell'accertamento della sussistenza di eventuali reati (6).

3-*sexies*. I provvedimenti di cui ai commi 3-*bis* e 3-*ter* e quelli conclusivi dei procedimenti di cui al presente articolo sono comunicati all'Ispettorato per la funzione pubblica ai sensi di quanto previsto dall'articolo 55-*bis*, comma 4 (10).

(1) *Articolo inserito dall'articolo 69, comma 1, del D.Lgs. 27 ottobre 2009, n. 150.*

(2) *In riferimento al presente articolo, vedi: Circolare del Ministero della Difesa 11 febbraio 2011, n. 9226.*

(3) *Lettera inserita dall'art. 15 comma 1 lett.* a) *d.lgs. 25 maggio 2017, n. 75. Ai sensi dell'art. 22 comma 13 d.lgs. 25 maggio 2017, n. 75, la presente disposizione si applica agli illeciti disciplinari commessi successivamente alla data di entrata in vigore del suddetto decreto.*

(4) *Comma inserito dall'articolo 1, comma 1, lettera* a), *del d.lgs. 20 giugno 2016 n. 116. Ai sensi dell'art. 3 dello stesso d. lgs. n. 116/2016 « Le disposizioni di cui all'articolo 1 si applicano agli illeciti disciplinari commessi successivamente alla data di entrata in vigore del presente decreto ».*

(5) *Comma abrogato dall'art. 15 comma 1 lett.* b) *d.lgs. 25 maggio 2017, n. 75, con la disposizione di applicazione di cui* sub nota 3. *Il testo previgente era il seguente:* « Il licenziamento in sede disciplinare è disposto, altresì, nel caso di prestazione lavorativa, riferibile ad un arco temporale non inferiore al biennio, per la quale l'amministrazione di appartenenza formula, ai sensi delle disposizioni legislative e contrattuali concernenti la valutazione del personale delle amministrazioni pubbliche, una valutazione di insufficiente rendimento e questo è dovuto alla reiterata violazione degli obblighi concernenti la prestazione stessa, stabiliti da norme legislative o regolamentari, dal

contratto collettivo o individuale, da atti e provvedimenti dell'amministrazione di appartenenza o dai codici di comportamento di cui all'articolo 54. »

(5) *Periodo aggiunto dall'art. 15 comma 1 lett.* c) *d.lgs. 25 maggio 2017, n. 75, con la disposizione di applicazione di cui* sub *nota 3.*

(6) *Comma inserito dall'articolo 1, comma 1, lettera* b), *del D.Lgs. 20 giugno 2016 n. 116. V. nota 4 per la disciplina transitoria di cui all'art. 3 del d.lgs. n. 116, cit.*

(7) *La parola* « venti » *è stata sostituita alla parola* « quindici » *dall'art. 1 comma 1 lett.* b) *d.lgs. 20 giugno 2016 n. 116, come modificato dall'art. 3 comma 1 lett.* a) *d.lgs. 20 luglio 2017, n. 118.*

(8) *La Corte costituzionale, con sentenza 10 aprile 2020, n. 61, ha dichiarato* l'illegittimità costituzionale *del secondo, terzo e quarto periodo del presente comma 3-*quater*, per violazione dell'art. 76 Cost., « nella parte in cui ha previsto, omettendo di tenere in considerazione i criteri direttivi indicati nella legge di delegazione e finalizzati ad assicurare il mero riordino normativo del procedimento disciplinare, che, nel caso in cui la falsa attestazione della presenza in servizio del pubblico dipendente, assicurata mediante l'alterazione dei sistemi di rilevamento della presenza o con altre modalità fraudolente, sia accertata in flagranza ovvero mediante strumenti di sorveglianza o di registrazione degli accessi o delle presenze, (a) la Procura della Corte dei conti, quando ne ricorrono i presupposti, emette invito a dedurre per danno all'immagine entro 3 mesi dalla conclusione della procedura di licenziamento; (b) l'azione di responsabilità è esercitata entro i 120 giorni successivi alla denuncia senza possibilità di proroga; (c) l'ammontare del danno risarcibile è rimesso alla valutazione equitativa del giudice, anche in relazione alla rilevanza del fatto per i mezzi di informazione, non potendo comunque l'eventuale condanna essere inferiore a 6 mensilità dell'ultimo stipendio in godimento, oltre interessi e spese di giustizia ».*

(9) *La parola* « centocinquata » *è stata sostituita alla parola* « centoventi » *dall'art. 1 comma 1 lett.* b) *d.lgs. 20 giugno 2016 n. 116, come modificato dall'art. 3 comma 1 lett.* a) *d.lgs. 20 luglio 2017, n. 118.*

(10) *Lettera aggiunta dall'art. 1 comma 1 lett.* b) *d.lgs. 20 giugno 2016 n. 116, come modificato dall'art. 3 comma 1 lett.* b) *d.lgs. 20 luglio 2017, n. 118.*

55-*quinquies* False attestazioni o certificazioni (1).

1. Fermo quanto previsto dal codice penale, il lavoratore dipendente di una pubblica amministrazione che attesta falsamente la propria presenza in servizio, mediante l'alterazione dei sistemi di rilevamento della presenza o con altre modalità fraudolente, ovvero giustifica l'assenza dal servizio mediante una certificazione medica falsa o falsamente attestante uno stato di malattia è punito con la reclusione da uno a cinque anni e con la multa da euro 400 ad euro 1.600. La medesima pena si applica al medico e a chiunque altro concorre nella commissione del delitto.

2. Nei casi di cui al comma 1, il lavoratore, ferme la responsabilità penale e disciplinare e le relative sanzioni, è obbligato a risarcire il danno patrimoniale, pari al compenso corrisposto a titolo di retribuzione nei periodi per i quali sia accertata la mancata prestazione, nonché il danno d'immagine di cui all'articolo 55-*quater*, comma 3-*quater* (2).

3. La sentenza definitiva di condanna o di applicazione della pena per il delitto di cui al comma 1 comporta, per il medico, la sanzione disciplinare della radiazione dall'albo ed altresì, se dipendente di una struttura sanitaria pubblica o se convenzionato con il servizio sanitario nazionale, il licenziamento per giusta causa o la decadenza dalla convenzione. Le medesime sanzioni disciplinari si applicano se il medico, in relazione all'assenza dal servizio, rilascia certificazioni che attestano dati clinici non direttamente constatati né oggettivamente documentati.

3-*bis*. Fermo restando quanto previsto dall'articolo 55-*quater*, comma 1, lettere *a*) e *b*), i contratti collettivi nazionali individuano le condotte e fissano le corrispondenti sanzioni disciplinari con riferimento alle ipotesi di ripetute e ingiustificate assenze dal servizio in continuità con le giornate festive e di riposo settimanale, nonché con riferimento ai casi di ingiustificate assenze collettive in determinati periodi nei quali è necessario assicurare continuità nell'erogazione dei servizi all'utenza (3).

(1) *Articolo inserito dall'articolo 69, comma 1, del D.Lgs. 27 ottobre 2009, n. 150.*

(2) *Le parole* « il danno d'immagine di cui all'articolo 55-*quater*, comma 3-*quater*. » *sono state sostituite alle parole* « il danno all'immagine subiti dall'amministrazione. » *dall'art. 16 comma 1 lett.* a) *d.lgs. 25 maggio 2017, n. 75. Ai sensi dell'art. 22 comma 13 d.lgs. 25 maggio 2017, n. 75, la presente disposizione si applica agli illeciti disciplinari commessi successivamente alla data di entrata in vigore del suddetto decreto.*

(3) *Comma aggiunto dall'art. 16 d.lgs. 25 maggio 2017, n. 75.., con la disciplina transitoria di cui all'art. 22 comma 13 dello stesso decreto, indicata alla nota sub 2.*

55-*sexies* Responsabilità disciplinare per condotte pregiudizievoli per l'amministrazione e limitazione della responsabilità per l'esercizio dell'azione disciplinare (1).

1. La violazione di obblighi concernenti la prestazione lavorativa, che abbia determinato la condanna dell'amministrazione al risarcimento del danno, comporta comunque, nei confronti del dipendente responsabile, l'applicazione della sospensione dal servizio con privazione della retribuzione da un minimo di tre giorni fino ad un massimo di tre mesi, in proporzione all'entità del risarcimento, salvo che ricorrano i presupposti per l'applicazione di una più grave sanzione disciplinare (2).

2. Fuori dei casi previsti nel comma 1, il lavoratore, quando cagiona grave danno al normale funzionamento dell'ufficio di appartenenza, per inefficienza o incompetenza professionale accertate dall'amministrazione ai sensi delle disposizioni legislative e contrattuali concernenti la valutazione del personale delle amministrazioni pubbliche, è collocato in disponibilità, all'esito del procedimento disciplinare che accerta tale responsabilità, e si applicano nei suoi confronti le disposizioni di cui all'articolo 33, comma 8, e all'articolo 34, commi 1, 2, 3 e 4. Il provvedimento che definisce il giudizio disciplinare stabilisce le mansioni e la qualifica per le quali può avvenire l'eventuale ricollocamento. Durante il periodo nel quale è collocato in disponibilità, il lavoratore non ha diritto di percepire aumenti retributivi sopravvenuti.

3. Il mancato esercizio o la decadenza dall'azione disciplinare, dovuti all'omissione o al ritardo, senza giustificato motivo, degli atti del procedimento disciplinare, inclusa la segnalazione di cui all'articolo 55-*bis*, comma 4, ovvero a valutazioni manifestamente irragionevoli di insussistenza dell'illecito in relazione a condotte aventi oggettiva e palese rilevanza disciplinare, comporta, per i soggetti responsabili, l'applicazione della sospensione dal servizio fino a un massimo di tre mesi, salva la maggiore sanzione del licenziamento prevista nei casi di cui all'articolo 55-*quater*, comma 1, lettera *f-ter*), e comma 3-*quinquies*. Tale condotta, per il personale con qualifica dirigenziale o titolare di funzioni o incarichi dirigenziali, è valutata anche ai fini

della responsabilità di cui all'articolo 21 del presente decreto. Ogni amministrazione individua preventivamente il titolare dell'azione disciplinare per le infrazioni di cui al presente comma commesse da soggetti responsabili dell'ufficio di cui all'articolo 55-*bis*, comma 4 (3).

4. La responsabilità civile eventualmente configurabile a carico del dirigente in relazione a profili di illiceità nelle determinazioni concernenti lo svolgimento del procedimento disciplinare è limitata, in conformità ai principi generali, ai casi di dolo o colpa grave.

(1) *Articolo inserito dall'art. 69, comma 1, d.lgs. 27 ottobre 2009, n. 150.*

(2) *Comma così sostituito dall'art. 17 comma 1 lett.* a) *d.lgs. 25 maggio 2017, n. 75. Ai sensi dell'art. 22 comma 13 d.lgs. 25 maggio 2017, n. 75, la presente disposizione si applica agli illeciti disciplinari commessi successivamente alla data di entrata in vigore del suddetto decreto. Il testo previgente era il seguente:* « 1. La condanna della pubblica amministrazione al risarcimento del danno derivante dalla violazione, da parte del lavoratore dipendente, degli obblighi concernenti la prestazione lavorativa, stabiliti da norme legislative o regolamentari, dal contratto collettivo o individuale, da atti e provvedimenti dell'amministrazione di appartenenza o dai codici di comportamento di cui all'articolo 54, comporta l'applicazione nei suoi confronti, ove già non ricorrano i presupposti per l'applicazione di un'altra sanzione disciplinare, della sospensione dal servizio con privazione della retribuzione da un minimo di tre giorni fino ad un massimo di tre mesi, in proporzione all'entità del risarcimento ».

(3) *Comma così sostituito dall'art. 17 comma 1 lett.* b) *d.lgs. 25 maggio 2017, n. 75, con la disposizione di applicazione di cui* sub *nota 2. Il testo previgente era il seguente:* « 3. Il mancato esercizio o la decadenza dell'azione disciplinare, dovuti all'omissione o al ritardo, senza giustificato motivo, degli atti del procedimento disciplinare o a valutazioni sull'insussistenza dell'illecito disciplinare irragionevoli o manifestamente infondate, in relazione a condotte aventi oggettiva e palese rilevanza disciplinare, comporta, per i soggetti responsabili aventi qualifica dirigenziale, l'applicazione della sanzione disciplinare della sospensione dal servizio con privazione della retribuzione in proporzione alla gravità dell'infrazione non perseguita, fino ad un massimo di tre mesi in relazione alle infrazioni sanzionabili con il licenziamento, ed altresì la mancata attribuzione della retribuzione di risultato per un importo pari a quello spettante per il doppio del periodo della durata della sospensione. Ai soggetti non aventi qualifica dirigenziale si applica la predetta sanzione della sospensione dal servizio con privazione della retribuzione, ove non diversamente stabilito dal contratto collettivo ».

55-*septies* Controlli sulle assenze (1) (2).

1. Nell'ipotesi di assenza per malattia protratta per un periodo superiore a dieci giorni, e, in ogni caso, dopo il secondo evento di malattia nell'anno solare l'assenza viene giustificata esclusivamente mediante certificazione medica rilasciata da una struttura sanitaria pubblica o da un medico convenzionato con il Servizio sanitario nazionale. I controlli sulla validità delle suddette certificazioni restano in capo alle singole amministrazioni pubbliche interessate (3).

2. In tutti i casi di assenza per malattia la certificazione medica è inviata per via telematica, direttamente dal medico o dalla struttura sanitaria che la rilascia, all'Istituto nazionale della previdenza sociale, secondo le modalità stabilite per la trasmissione telematica dei certificati medici nel settore privato dalla normativa vigente, e in particolare dal decreto del Presidente del Consiglio dei Ministri previsto dall'articolo 50, comma 5-*bis*, del decreto-legge 30 settembre 2003, n. 269, convertito, con modificazioni, dalla legge 24 novembre 2003, n. 326, introdotto dall'articolo 1, comma 810, della legge 27 dicembre 2006, n. 296, e dal predetto Istituto è immediatamente resa disponibile (4), con le medesime modalità, all'amministrazione interessata. L'Istituto nazionale della previdenza sociale utilizza la medesima certificazione per lo svolgimento delle attività di cui al successivo comma 3 anche mediante la trattazione dei dati riferiti alla diagnosi (5). I relativi certificati devono contenere anche il codice nosologico (5). Il medico o la struttura sanitaria invia telematicamente la medesima certificazione all'indirizzo di posta elettronica personale del lavoratore qualora il medesimo ne faccia espressa richiesta fornendo un valido indirizzo (6).

2-*bis*. Gli accertamenti medico-legali sui dipendenti assenti dal servizio per malattia sono effettuati, sul territorio nazionale, in via esclusiva dall'Inps d'ufficio o su richiesta con oneri a carico dell'Inps che provvede nei limiti delle risorse trasferite delle Amministrazioni interessate. Il rapporto tra l'Inps e i medici di medicina fiscale è disciplinato da apposite convenzioni, stipulate dall'Inps con le organizzazioni sindacali di categoria maggiormente rappresentative in campo nazionale. L'atto di indirizzo per la stipula delle convenzioni è adottato con decreto del Ministro del lavoro e delle politiche sociali, di concerto con il Ministro per la semplificazione e la pubblica amministrazione e con il Ministro della salute, sentito l'Inps per gli aspetti organizzativo-gestionali e sentite la Federazione nazionale degli Ordini dei medici chirurghi e degli odontoiatri e le organizzazioni sindacali di categoria maggiormente rappresentative. Le convenzioni garantiscono il prioritario ricorso ai medici iscritti nelle liste di cui all'articolo 4, comma 10-*bis*, del decreto-legge 31 agosto 2013, n. 101, convertito, con modificazioni, dalla legge 30 ottobre 2013, n. 125, per tutte le funzioni di accertamento medico-legali sulle assenze dal servizio per malattia dei pubblici dipendenti, ivi comprese le attività ambulatoriali inerenti alle medesime funzioni. Il predetto atto di indirizzo stabilisce, altresì, la durata delle convenzioni, demandando a queste ultime, anche in funzione della relativa durata, la disciplina delle incompatibilità in relazione alle funzioni di certificazione delle malattie (7).

3. L'Istituto nazionale della previdenza sociale, gli enti del servizio sanitario nazionale e le altre amministrazioni interessate svolgono le attività di cui al comma 2 con le risorse finanziarie, strumentali e umane disponibili a legislazione vigente, senza nuovi o maggiori oneri a carico della finanza pubblica.

4. L'inosservanza degli obblighi di trasmissione per via telematica della certificazione medica concernente assenze di lavoratori per malattia di cui al comma 2 costituisce illecito disciplinare e, in caso di reiterazione, comporta l'applicazione della sanzione del licenziamento ovvero, per i medici in rapporto convenzionale con le aziende sanitarie locali, della decadenza dalla convenzione, in modo inderogabile dai contratti o accordi collettivi. Affinché si configuri l'ipotesi di illecito disciplinare devono ricorrere sia l'elemento oggettivo dell'inosservanza all'obbligo di trasmissione, sia l'elemento soggettivo del dolo o della colpa. Le sanzioni sono applicate secondo criteri di gradualità e pro-

porzionalità, secondo le previsioni degli accordi e dei contratti collettivi di riferimento (8).

5. Le pubbliche amministrazioni dispongono per il controllo sulle assenze per malattia dei dipendenti valutando la condotta complessiva del dipendente e gli oneri connessi all'effettuazione della visita, tenendo conto dell'esigenza di contrastare e prevenire l'assenteismo. Il controllo è in ogni caso richiesto sin dal primo giorno quando l'assenza si verifica nelle giornate precedenti o successive a quelle non lavorative (9).

5-*bis*. Al fine di armonizzare la disciplina dei settori pubblico e privato, con decreto del Ministro per la semplificazione e la pubblica amministrazione, di concerto con il Ministro del lavoro e delle politiche sociali, sono stabilite le fasce orarie di reperibilità entro le quali devono essere effettuate le visite di controllo e sono definite le modalità per lo svolgimento delle visite medesime e per l'accertamento, anche con cadenza sistematica e ripetitiva, delle assenze dal servizio per malattia. Qualora il dipendente debba allontanarsi dall'indirizzo comunicato durante le fasce di reperibilità per effettuare visite mediche, prestazioni o accertamenti specialistici o per altri giustificati motivi, che devono essere, a richiesta, documentati, è tenuto a darne preventiva comunicazione all'amministrazione che, a sua volta, ne dà comunicazione all'Inps. (10).

5-*ter*. Nel caso in cui l'assenza per malattia abbia luogo per l'espletamento di visite, terapie, prestazioni specialistiche od esami diagnostici il permesso è giustificato mediante la presentazione di attestazione, anche in ordine all'orario, rilasciata dal medico o dalla struttura, anche privati, che hanno svolto la visita o la prestazione o trasmessa da questi ultimi mediante posta elettronica (11).

6. Il responsabile della struttura in cui il dipendente lavora nonché il dirigente eventualmente preposto all'amministrazione generale del personale, secondo le rispettive competenze, curano l'osservanza delle disposizioni del presente articolo, in particolare al fine di prevenire o contrastare, nell'interesse della funzionalità dell'ufficio, le condotte assenteistiche. Si applicano, al riguardo, le disposizioni degli articoli 21 e 55-*sexies*, comma 3.

(1) *Articolo inserito dall'art. 69, comma 1, d.ls. 27 ottobre 2009, n. 150.*

(2) *In riferimento al presente articolo, vedi: Circolare del Ministero della Difesa 11 febbraio 2011, n. 9226, Circolare dell'Autorità per la Vigilanza sui Lavori pubblici 23 febbraio 2011, Circolare Autorità per la Vigilanza sui Lavori Pubblici n. 1 del 23 febbraio 2011, la Circolare della Presidenza del Consiglio dei Ministri (vari dipartimenti) 4 febbraio 2014, n. 2/2014; la Circolare della Presidenza del Consiglio dei Ministri - Dipartimento della Funzione Pubblica 17 febbraio 2014, n. 2;Nota del Ministero dell'Istruzione, dell'Università e della Ricerca 22 aprile 2014, n. 5181.*

(3) *Periodo aggiunto dall'art. 18 comma 1 lett.* a) *d.lgs. 25 maggio 2017, n. 75.*

(4) *Le parole* « resa disponibile » *sono state sostituite alla parola* « inoltrata » *dall'art. 18 comma 1 lett.* b) *d.lgs. 25 maggio 2017, n. 75.*

(5) *Periodo inserito dall'art. 18 comma 1 lett.* b) *d.ls. n. 75, cit.*

(6) *Comma modificato dall'art. 7, comma 1-*bis*, d.l. 18 ottobre 2012 n. 179 come modificato in sede di conversione. Comma modificato dall'art. 13, comma 3-*bis*, d.l. 18 ottobre 2012 n. 179.*

(7) *Comma inserito dall'art. 18 comma 1 lett.* c) *d.lgs. 25 maggio 2017, n. 75. Si veda art. 22 comma 2 d.lgs. 25 maggio 2017, n. 75: « La disposizione di cui all'articolo 55-*septies*, comma 2-*bis*, primo periodo, del decreto legislativo 30 marzo 2001, n. 165, che attribuisce all'Inps la competenza esclusiva ad effettuare gli accertamenti medico legali sui dipendenti assenti dal servizio per malattia, si applica a decorrere dal 1°(gradi) settembre 2017 e, nei confronti del personale delle istituzioni scolastiche ed educative statali, a decorrere dall'anno scolastico 2017/2018. Il decreto di adozione dell'atto di indirizzo di cui all'articolo 55-*septies*, comma 2-*bis*, del decreto legislativo n. 165 del 2001, come introdotto dal presente decreto, nonché il decreto di cui al comma 5-*bis* del medesimo articolo sono adottati entro trenta giorni dalla data di entrata in vigore del presente decreto. In sede di prima applicazione, le convenzioni sono stipulate, entro il 31 agosto 2017, sentite anche le associazioni maggiormente rappresentative dei medici fiscali. L'atto di indirizzo detta altresì la disciplina transitoria da applicarsi agli accertamenti medico-legali sui dipendenti pubblici, a decorrere dal 1°(gradi) settembre 2017, in caso di mancata stipula delle predette convenzioni. ».*

(8) *Periodo aggiunto dall'art. 13 comma 3-*bis *d.l. 18 ottobre 2012, n. 179, conv., con modif., in l. 17 dicembre 2012, n. 221*

(9) *Comma sostituito dall'art. 16, comma 9, d.l. 6 luglio 2011 n. 98.*

(10) *Comma dapprima aggiunto dall'art. 16, comma 9, d.l. 6 luglio 2011 n. 98 e successivamente sostituito dall'art. 18 comma 1 lett.* d *d.lgs. 25 maggio 2017, n. 75. Il testo previgente era il seguente: « 5-*bis*.* Le fasce orarie di reperibilità entro le quali devono essere effettuate le visite di controllo e il regime delle esenzioni dalla reperibilità sono stabiliti con decreto del Ministro per la pubblica amministrazione e l'innovazione. Qualora il dipendente debba allontanarsi dall'indirizzo comunicato durante le fasce di reperibilità per effettuare visite mediche, prestazioni o accertamenti specialistici o per altri giustificati motivi, che devono essere, a richiesta, documentati, è tenuto a darne preventiva comunicazione all'amministrazione ». *V. inoltre d.P.C.M. 17 ottobre 2017, n. 206.*

(11) *Comma aggiunto dall'art. 16, comma 9, d.l. 6 luglio 2011 n. 98 e successivamente modificato dall'art. 4, comma 16-*bis*, lettere* a), b) *e* c), *d.l. 31 agosto 2013, n. 101.*

55-*octies* Permanente inidoneità psicofisica (1).

1. Nel caso di accertata permanente inidoneità psicofisica al servizio dei dipendenti delle amministrazioni pubbliche, di cui all'articolo 2, comma 2, l'amministrazione può risolvere il rapporto di lavoro. Con regolamento da emanarsi, ai sensi dell'articolo 17, comma 1, lettera *b*), della legge 23 agosto 1988, n. 400, sono disciplinati, per il personale delle amministrazioni statali, anche ad ordinamento autonomo, nonché degli enti pubblici non economici:

a) la procedura da adottare per la verifica dell'idoneità al servizio, anche ad iniziativa dell'Amministrazione;

b) la possibilità per l'amministrazione, nei casi di pericolo per l'incolumità del dipendente interessato nonché per la sicurezza degli altri dipendenti e degli utenti, di adottare provvedimenti di sospensione cautelare dal servizio, in attesa dell'effettuazione della visita di idoneità, nonché nel caso di mancata presentazione del dipendente alla visita di idoneità, in assenza di giustificato motivo;

c) gli effetti sul trattamento giuridico ed economico della sospensione di cui alla lettera *b*), nonché il contenuto e gli effetti dei provvedimenti definitivi adottati dall'amministrazione in seguito all'effettuazione della visita di idoneità;

d) la possibilità, per l'amministrazione, di risolvere il rapporto di lavoro nel caso di reiterato rifiuto, da parte del dipendente, di sottoporsi alla visita di idoneità.

(1) *Articolo inserito dall'art. 69, comma 1, d.ls. 27 ottobre 2009, n. 150.*

55-*nonies* Identificazione del personale a contatto con il pubblico (1).

1. I dipendenti delle amministrazioni pubbliche che svolgono attività a contatto con il pubblico sono tenuti

a rendere conoscibile il proprio nominativo mediante l'uso di cartellini identificativi o di targhe da apporre presso la postazione di lavoro.

2. Dall'obbligo di cui al comma 1 è escluso il personale individuato da ciascuna amministrazione sulla base di categorie determinate, in relazione ai compiti ad esse attribuiti, mediante uno o più decreti del Presidente del Consiglio dei Ministri o del Ministro per la pubblica amministrazione e l'innovazione, su proposta del Ministro competente ovvero, in relazione al personale delle amministrazioni pubbliche non statali, previa intesa in sede di Conferenza permanente per i rapporti tra lo Stato, le regioni e le province autonome di Trento e di Bolzano o di Conferenza Stato-città ed autonomie locali.

(1) *Articolo inserito dall'art. 69, comma 1, d.ls. 27 ottobre 2009, n. 150.*

56 [Impugnazione delle sanzioni disciplinari. (Art. 59-*bis* del d.ls. n. 29 del 1993, aggiunto dall'art. 28 del d.ls. n. 80 del 1998) (1).]

(1) *Articolo abrogato dall'art. 72, comma 1, lett. c), d.ls. 27 ottobre 2009, n. 150.Il testo dell'articolo era il seguente: « 1. Se i contratti collettivi nazionali non hanno istituito apposite procedure di conciliazione e arbitrato, le sanzioni disciplinari possono essere impugnate dal lavoratore davanti al collegio di conciliazione di cui all'articolo 66, con le modalità e con gli effetti di cui all'articolo 7, commi sesto e settimo, della legge 20 maggio 1970, n. 300 ».*

57 Pari opportunità. (Art. 61 del d.ls. n. 29 del 1993, come sostituito dall'art. 29 del d.ls. n. 546 del 1993, successivamente modificato prima dall'art. 43, comma 8 del d.ls. n. 80 del 1998 e poi dall'art. 17 del d.ls. n. 387 del 1998).

01. Le pubbliche amministrazioni costituiscono al proprio interno, entro centoventi giorni dalla data di entrata in vigore della presente disposizione e senza nuovi o maggiori oneri per la finanza pubblica, il Comitato unico di garanzia per le pari opportunità, la valorizzazione del benessere di chi lavora e contro le discriminazionii che sostituisce, unificando le competenze in un solo organismo, i comitati per le pari opportunità e i comitati paritetici sul fenomeno del mobbing, costituiti in applicazione della contrattazione collettiva, dei quali assume tutte le funzioni previste dalla legge, dai contratti collettivi relativi al personale delle amministrazioni pubbliche o da altre disposizioni (1).

02. Il Comitato unico di garanzia per le pari opportunità, la valorizzazione del benessere di chi lavora e contro le discriminazioni ha composizione paritetica ed è formato da un componente designato da ciascuna delle organizzazioni sindacali maggiormente rappresentative a livello di amministrazione e da un pari numero di rappresentanti dell'amministrazione in modo da assicurare nel complesso la presenza paritaria di entrambi i generi. Il presidente del Comitato unico di garanzia è designato dall'amministrazione (1).

03. Il Comitato unico di garanzia, all'interno dell'amministrazione pubblica, ha compiti propositivi, consultivi e di verifica e opera in collaborazione con la consigliera o il consigliere nazionale di parità. Contribuisce all'ottimizzazione della produttività del lavoro pubblico, migliorando l'efficienza delle prestazioni collegata alla garanzia di un ambiente di lavoro caratterizzato dal rispetto dei princìpi di pari opportunità, di benessere organizzativo e dal contrasto di qualsiasi forma di discriminazione e di violenza morale o psichica per i lavoratori (1).

04. Le modalità di funzionamento dei Comitati unici di garanzia sono disciplinate da linee guida contenute in una direttiva emanata di concerto dal Dipartimento della funzione pubblica e dal Dipartimento per le pari opportunità della Presidenza del Consiglio dei Ministri entro novanta giorni dalla data di entrata in vigore della presente disposizione (1).

05. La mancata costituzione del Comitato unico di garanzia comporta responsabilità dei dirigenti incaricati della gestione del personale, da valutare anche al fine del raggiungimento degli obiettivi (1).

1. Le pubbliche amministrazioni, al fine di garantire pari opportunità tra uomini e donne per l'accesso al lavoro ed il trattamento sul lavoro:

a) riservano alle donne, salva motivata impossibilità, almeno un terzo dei posti di componente delle commissioni di concorso, fermo restando il principio di cui all'articolo 35, comma 3, lettera *e*); in caso di quoziente frazionario si procede all'arrotondamento all'unità superiore qualora la cifra decimale sia pari o superiore a 0,5 e all'unità inferiore qualora la cifra decimale sia inferiore a 0,5 (1-*bis*);

b) adottano propri atti regolamentari per assicurare pari opportunità fra uomini e donne sul lavoro, conformemente alle direttive impartite dalla Presidenza del Consiglio dei ministri - Dipartimento della funzione pubblica;

c) garantiscono la partecipazione delle proprie dipendenti ai corsi di formazione e di aggiornamento professionale in rapporto proporzionale alla loro presenza nelle amministrazioni interessate ai corsi medesimi, adottando modalità organizzative atte a favorirne la partecipazione, consentendo la conciliazione fra vita professionale e vita familiare;

d) possono finanziare programmi di azioni positive e l'attività dei Comitati unici di garanzia per le pari opportunità, per la valorizzazione del benessere di chi lavora e contro le discriminazioni, nell'ambito delle proprie disponibilità di bilancio (2).

1-*bis*. L'atto di nomina della commissione di concorso è inviato, entro tre giorni, alla consigliera o al consigliere di parità nazionale ovvero regionale, in base all'ambito territoriale dell'amministrazione che ha bandito il concorso, che, qualora ravvisi la violazione delle disposizioni contenute nel comma 1, lettera *a*), diffida l'amministrazione a rimuoverla entro il termine massimo di trenta giorni. In caso di inottemperanza alla diffida, la consigliera o il consigliere di parità procedente propone, entro i successivi quindici giorni, ricorso ai sensi dell'articolo 37, comma 4, del codice delle pari opportunità tra uomo e donna, di cui al decreto legislativo 11 aprile 2006, n. 198, e successive modificazioni; si applica il comma 5 del citato articolo 37 del codice di cui al decreto legislativo n. 198 del 2006, e successive modificazioni. Il mancato invio dell'atto di nomina della commissione di concorso alla consigliera o al consigliere di parità comporta responsabilità del dirigente responsabile del procedimento, da valutare anche al fine del raggiungimento degli obiettivi (2-*bis*).

2. Le pubbliche amministrazioni, secondo le modalità di cui all'articolo 9, adottano tutte le misure per attuare le direttive dell'Unione europea in materia di pari opportunità, contrasto alle discriminazioni ed alla violenza morale o psichica, sulla base di quanto disposto dalla Presidenza del Consiglio dei Ministri Dipartimento della funzione pubblica (3).

(1) *Comma premesso dall'art. 21, comma 1, lett. c) l. 4 novembre 2010, n. 183.*

(1-*bis*) *Lettera modificata dall'art. 5, comma 1, lett. a), della l. 23 novembre 2012, n. 215.*

(2) *Lettera così sostituita dall'art. 21, comma 1, lett. d) l. n. 183, cit. Il testo della lettera era il seguente:* « *d*) possono finanziare programmi di azioni positive e l'attività dei Comitati pari opportunità nell'ambito delle proprie disponibilità di bilancio. ».

(2-*bis*) *Comma inserito dall'art. 5, comma 1, lett. b), della l. 23 novembre 2012, n. 215.*

(3) *Comma così sostituito dall'art. 21, comma 1, lett. e) l. n. 183, cit. Il testo del comma era il seguente:* « 2. Le pubbliche amministrazioni, secondo le modalità di cui all'articolo 9, adottano tutte le misure per attuare le direttive della Unione europea in materia di pari opportunità, sulla base di quanto disposto dalla Presidenza del Consiglio dei ministri - Dipartimento della funzione pubblica. ».

TITOLO V
Controllo della spesa

58-60 (*Omissis*).

60-*bis* Istituzione e attività del Nucleo della concretezza (1).

1. Ferme le competenze dell'Ispettorato di cui all'articolo 60, comma 6, e dell'Unità per la semplificazione e la qualità della regolazione di cui all'articolo 1, comma 22-*bis*, del decreto-legge 18 maggio 2006, n. 181, convertito, con modificazioni, dalla legge 17 luglio 2006, n. 233, è istituito, presso il Dipartimento della funzione pubblica della Presidenza del Consiglio dei ministri, il Nucleo delle azioni concrete di miglioramento dell'efficienza amministrativa, denominato "Nucleo della Concretezza".

2. Con decreto del Ministro per la pubblica amministrazione, di concerto con il Ministro dell'interno, previa intesa in sede di Conferenza unificata di cui all'articolo 8 del decreto legislativo 28 agosto 1997, n. 281, per la parte relativa alle azioni da effettuare nelle regioni, negli enti strumentali regionali, negli enti del Servizio sanitario regionale e negli enti locali, è approvato il Piano triennale delle azioni concrete per l'efficienza delle pubbliche amministrazioni, predisposto annualmente dal Dipartimento della funzione pubblica della Presidenza del Consiglio dei ministri. Il Piano contiene:

a) le azioni dirette a garantire la corretta applicazione delle disposizioni in materia di organizzazione, funzionamento, trasparenza e digitalizzazione delle pubbliche amministrazioni e la conformità dell'attività amministrativa ai princìpi di imparzialità e buon andamento;

b) le tipologie di azioni dirette a incrementare l'efficienza delle pubbliche amministrazioni, anche con riferimento all'impiego delle risorse dei fondi strutturali e di investimento europei (2);

c) l'indicazione delle modalità di svolgimento delle attività del Nucleo della Concretezza nei confronti delle regioni, degli enti strumentali regionali, degli enti del Servizio sanitario regionale e degli enti locali.

3. Il Nucleo della Concretezza assicura la concreta realizzazione delle misure indicate nel Piano di cui al comma 2. A tal fine, in collaborazione con l'Ispettorato di cui all'articolo 60, comma 6, effettua sopralluoghi e visite finalizzati a rilevare lo stato di attuazione delle disposizioni da parte delle pubbliche amministrazioni, nonché le modalità di organizzazione e di gestione dell'attività amministrativa alla luce dei criteri di efficienza, efficacia ed economicità, proponendo eventuali misure correttive. Le amministrazioni dello Stato, anche ad ordinamento autonomo, le agenzie e gli enti pubblici non economici nazionali realizzano le misure correttive entro tempi definiti e comunque nei limiti di quelli indicati nel Piano di cui al comma 2.

4. Di ogni sopralluogo e visita è redatto processo verbale, sottoscritto dal rappresentante dell'amministrazione o da un suo delegato, da cui risultano le visite e le rilevazioni eseguite, le richieste avanzate, la documentazione visionata o acquisita, nonché le risposte e i chiarimenti ricevuti. Il verbale contiene anche l'indicazione delle eventuali misure correttive e, per le amministrazioni di cui al terzo periodo del comma 3, del termine entro il quale le stesse devono essere attuate. L'amministrazione, nei tre giorni successivi, può formulare osservazioni e fornire ulteriori documenti.

5. I verbali redatti in occasione di sopralluoghi e visite effettuati in comuni o in altri enti locali sono trasmessi anche al prefetto territorialmente competente.

6. Le pubbliche amministrazioni provvedono alla comunicazione al Nucleo della Concretezza dell'avvenuta attuazione delle misure correttive entro quindici giorni dall'attuazione medesima, fermo restando, per le pubbliche amministrazioni di cui al terzo periodo del comma 3, il rispetto del termine assegnato dal Nucleo medesimo.

7. L'inosservanza del termine assegnato, ai sensi del comma 3, per l'attuazione delle misure correttive rileva ai fini della responsabilità dirigenziale e disciplinare e determina l'iscrizione della pubblica amministrazione inadempiente in un elenco pubblicato nel sito del Dipartimento della funzione pubblica della Presidenza del Consiglio dei ministri. Entro il 30 giugno di ogni anno, il Dipartimento della funzione pubblica trasmette una relazione sugli esiti dei sopralluoghi e delle visite, con l'evidenziazione dei casi di mancato adeguamento, al Ministro per la pubblica amministrazione, al Ministro dell'interno e alla Corte dei conti. Il Ministro per la pubblica amministrazione trasmette tale relazione alle Camere, ai fini del deferimento alle competenti Commissioni parlamentari.

(1) *Articolo inserito dall'*art. 1, comma 1, *l. 19 giugno 2019, n. 56. Ai sensi dell'art. 6, comma 1, l. n. 56, cit. le disposizioni di cui al predetto art. 1 « recano norme di diretta attuazione dell'articolo 97 della Costituzione e costituiscono principi generali dell'ordinamento ».*

(2) *Lettera così sostituita dall'art. 18, comma 2, d.l. 30 dicembre 2019, n. 162, conv., con modif., in l. 28 febbraio 2020, n. 8, come modificato in sede di conversione. Il testo della lettera era il seguente:* « b) le azioni dirette a implementare l'efficienza delle pubbliche amministrazioni, con indicazione dei tempi per la realizzazione delle azioni correttive; ».

60-*ter* Collaborazione tra il prefetto e il Nucleo della Concretezza (1).

1. Il prefetto può segnalare al Nucleo della Concretezza di cui all'articolo 60-*bis*, comma 1, eventuali irregolarità dell'azione amministrativa degli enti locali e chiederne l'intervento. In tal caso può partecipare ai sopralluoghi e alle visite anche personale della prefettura-ufficio territoriale del Governo richiedente.

(1) *Articolo inserito dall'art. 1, comma 1, l. 19 giugno 2019, n. 56. Ai sensi dell'art. 6, comma 1, l. n. 56, cit. le disposizioni di cui al predetto art. 1 « recano norme di diretta attuazione dell'articolo 97 della Costituzione e costituiscono principi generali dell'ordinamento ».*

60-*quater*. Personale del Nucleo della Concretezza (1).

1. Fermo restando quanto previsto dall'articolo 60-*quater*, le disposizioni degli articoli 60-*bis* e 60-*ter* si applicano, nell'ambito delle risorse umane, finanziarie e strumentali disponibili a legislazione vigente e, comunque, senza nuovi o maggiori oneri per la finanza pubblica, agli istituti e scuole di ogni ordine e grado e alle istituzioni educative tenendo conto delle loro specificità organizzative e funzionali e nel rispetto dell'autonomia organizzativa, didattica, di ricerca e di sviluppo ad essi riconosciuta dalle vigenti disposizioni.

(1) *Articolo inserito dall'art. 1, comma 1, l. 19 giugno 2019, n. 56. Ai sensi dell'art. 6, comma 1, l. n. 56, cit. le disposizioni di cui al predetto art. 1 « recano norme di diretta attuazione dell'articolo 97 della Costituzione e costituiscono principi generali dell'ordinamento ».*

60-*quinquies* Applicazione alle istituzioni scolastiche ed educative (1).

1. Fermo restando quanto previsto dall'articolo 60-*quater*, le disposizioni degli articoli 60-*bis* e 60-*ter* si applicano, nell'ambito delle risorse umane, finanziarie e strumentali disponibili a legislazione vigente e, comunque, senza nuovi o maggiori oneri per la finanza pubblica, agli istituti e scuole di ogni ordine e grado e alle istituzioni educative tenendo conto delle loro specificità organizzative e funzionali e nel rispetto dell'autonomia organizzativa, didattica, di ricerca e di sviluppo ad essi riconosciuta dalle vigenti disposizioni.

(1) *Articolo inserito dall'art. 1, comma 1, l. 19 giugno 2019, n. 56. Ai sensi dell'art. 6, comma 1, l. n. 56, cit. le disposizioni di cui al predetto art. 1 « recano norme di diretta attuazione dell'articolo 97 della Costituzione e costituiscono principi generali dell'ordinamento ».*

61-62 (*Omissis*).

TITOLO VI
Giurisdizione

63 Controversie relative ai rapporti di lavoro. (Art. 68 del d.ls. n. 29 del 1993, come sostituito prima dall'art. 33 del d.ls. n. 546 del 1993 e poi dall'art. 29 del d.ls. n. 80 del 1998 e successivamente modificato dall'art. 18 del d.ls. n. 387 del 1998).

1. Sono devolute al giudice ordinario, in funzione di giudice del lavoro, tutte le controversie relative ai rapporti di lavoro alle dipendenze delle pubbliche amministrazioni di cui all'articolo 1, comma 2, ad eccezione di quelle relative ai rapporti di lavoro di cui al comma 4, incluse le controversie concernenti l'assunzione al lavoro, il conferimento e la revoca degli incarichi dirigenziali e la responsabilità dirigenziale, nonché quelle concernenti le indennità di fine rap porto, comunque denominate e corrisposte, ancorché vengano in questione atti amministrativi presupposti. Quando questi ultimi siano rilevanti ai fini della decisione, il giudice li disapplica, se illegittimi. L'impugnazione davanti al giudice amministrativo dell'atto amministrativo rilevante nella controversia non è causa di sospensione del processo.

2. Il giudice adotta, nei confronti delle pubbliche amministrazioni, tutti i provvedimenti, di accertamento, costitutivi o di condanna, richiesti dalla natura dei diritti tutelati. Le sentenze con le quali riconosce il diritto all'assunzione, ovvero accerta che l'assunzione è avvenuta in violazione di norme sostanziali o procedurali, hanno anche effetto rispettivamente costitutivo o estintivo del rapporto di lavoro. Il giudice, con la sentenza con la quale annulla o dichiara nullo il licenziamento, condanna l'amministrazione alla reintegrazione del lavoratore nel posto di lavoro e al pagamento di un'indennità risarcitoria commisurata all'ultima retribuzione di riferimento per il calcolo del trattamento di fine rapporto corrispondente al periodo dal giorno del licenziamento fino a quello dell'effettiva reintegrazione, e comunque in misura non superiore alle ventiquattro mensilità, dedotto quanto il lavoratore abbia percepito per lo svolgimento di altre attività lavorative. (1) Il datore di lavoro è condannato, altresì, per il medesimo periodo, al versamento dei contributi previdenziali e assistenziali (1).

2-*bis*. Nel caso di annullamento della sanzione disciplinare per difetto di proporzionalità, il giudice può rideterminare la sanzione, in applicazione delle disposizioni normative e contrattuali vigenti, tenendo conto della gravità del comportamento e dello specifico interesse pubblico violato (2).

3. Sono devolute al giudice ordinario, in funzione di giudice del lavoro, le controversie relative a comportamenti antisindacali delle pubbliche amministrazioni ai sensi dell'articolo 28 della legge 20 maggio 1970, n. 300, e successive modificazioni ed integrazioni, e le controversie, promosse da organizzazioni sindacali, dall'ARAN o dalle pubbliche amministrazioni, relative alle procedure di contrattazione collettiva di cui all'articolo 40 e seguenti del presente decreto.

4. Restano devolute alla giurisdizione del giudice amministrativo le controversie in materia di procedure concorsuali per l'assunzione dei dipendenti delle pubbliche amministrazioni, nonché, in sede di giurisdizione esclusiva, le controversie relative ai rapporti di lavoro di cui all'articolo 3, ivi comprese quelle attinenti ai diritti patrimoniali connessi.

5. Nelle controversie di cui ai commi 1 e 3 e nel caso di cui all'articolo 64, comma 3, il ricorso per cassazione può essere proposto anche per violazione o falsa applicazione dei contratti e accordi collettivi nazionali di cui all'articolo 40.

(1) *Periodo aggiunto dall'art. 21 comma 1 lett.* a) *d.lgs. 25 maggio 2017, n. 75.*

(2) *Comma inserito dall'art. 21 comma 1 lett.* b) *d.lgs. 25 maggio 2017, n. 75.*

63-*bis* Intervento dell'ARAN nelle controversie relative ai rapporti di lavoro (1).

1. L'ARAN può intervenire nei giudizi innanzi al giudice ordinario, in funzione di giudice del lavoro, aventi ad oggetto le controversie relative ai rapporti di lavoro alle dipendenze delle pubbliche amministrazioni di cui agli articoli 1, comma 2, e 70, comma 4, al fine di garantire la corretta interpretazione e l'uniforme applicazione dei contratti collettivi. Per le controversie relative al personale di cui all'articolo 3, derivanti dalle specifiche discipline ordinamentali e retributive, l'intervento in giudizio può essere assicurato attraverso la Presidenza del Consiglio dei ministri - Dipartimento della funzione pubblica, d'intesa con il Ministero dell'economia e delle finanze.

(1) *Articolo aggiunto dall'art. 1, comma 134, l. 30 dicembre 2004, n. 311.*

64 Accertamento pregiudiziale sull'efficacia, validità ed interpretazione dei contratti collettivi. (Art. 68-*bis* del d.ls. n. 29 del 1993, aggiunto dall'art. 30 del d.ls. n. 80 del 1998 e successivamente modificato dall'art. 19, commi 1 e 2 del d.ls. n. 387 del 1998).

1. Quando per la definizione di una controversia individuale di cui all'articolo 63, è necessario risolvere in via pregiudiziale una questione concernente l'efficacia, la validità o l'interpretazione delle clausole di un contratto o accordo collettivo nazionale, sottoscritto dall'ARAN ai sensi dell'articolo 40 e seguenti, il giudice, con ordinanza non impugnabile, nella quale indica la questione da risolvere, fissa una nuova udienza di discussione non prima di centoventi giorni e dispone la comunicazione, a cura della cancelleria, dell'ordinanza, del ricorso introduttivo e della memoria difensiva all'ARAN.

2. Entro trenta giorni dalla comunicazione di cui al comma 1, l'ARAN convoca le organizzazioni sindacali firmatarie per verificare la possibilità di un accordo sull'interpretazione autentica del contratto o accordo collettivo, ovvero sulla modifica della clausola controversa. All'accordo sull'interpretazione autentica o sulla modifica della clausola si applicano le disposizioni dell'articolo 49. Il testo dell'accordo è trasmesso, a cura dell'ARAN, alla cancelleria del giudice procedente, la quale provvede a darne avviso alle parti almeno dieci giorni prima dell'udienza. Decorsi novanta giorni dalla comunicazione di cui al comma 1, in mancanza di accordo, la procedura si intende conclusa.

3. Se non interviene l'accordo sull'interpretazione autentica o sulla modifica della clausola controversa, il giudice decide con sentenza sulla sola questione di cui al comma 1, impartendo distinti provvedimenti per l'ulteriore istruzione o, comunque, per la prosecuzione della causa. La sentenza è impugnabile soltanto con ricorso immediato per Cassazione, proposto nel termine di sessanta giorni dalla comunicazione dell'avviso di deposito della sentenza. Il deposito nella cancelleria del giudice davanti a cui pende la causa di una copia del ricorso per cassazione, dopo la notificazione alle altre parti, determina la sospensione del processo.

4. La Corte di cassazione, quando accoglie il ricorso a norma dell'articolo 383 del codice di procedura civile, rinvia la causa allo stesso giudice che ha pronunciato la sentenza cassata. La riassunzione della causa può essere fatta da ciascuna delle parti entro il termine perentorio di sessanta giorni dalla comunicazione della sentenza di cassazione. In caso di estinzione del processo, per qualsiasi causa, la sentenza della Corte di cassazione conserva i suoi effetti.

5. L'ARAN e le organizzazioni sindacali firmatarie possono intervenire nel processo anche oltre il termine previsto dall'articolo 419 del codice di procedura civile e sono legittimate, a seguito dell'intervento alla proposizione dei mezzi di impugnazione delle sentenze che decidono una questione di cui al comma 1. Possono, anche se non intervenute, presentare memorie nel giudizio di merito ed in quello per cassazione. Della presentazione di memorie è dato avviso alle parti, a cura della cancelleria.

6. In pendenza del giudizio davanti alla Corte di cassazione, possono essere sospesi i processi la cui definizione dipende dalla risoluzione della medesima questione sulla quale la Corte è chiamata a pronunciarsi. Intervenuta la decisione della Corte di cassazione, il giudice fissa, anche d'ufficio, l'udienza per la prosecuzione del processo.

7. Quando per la definizione di altri processi è necessario risolvere una questione di cui al comma 1 sulla quale e già intervenuta una pronuncia della Corte di cassazione e il giudice non ritiene di uniformarsi alla pronuncia della Corte, si applica il disposto del comma 3.

8. La Corte di cassazione, nelle controversie di cui è investita ai sensi del comma 3, può condannare la parte soccombente, a norma dell'articolo 96 del codice di procedura civile, anche in assenza di istanza di parte.

TITOLO VII
Disposizioni diverse e norme transitorie finali

CAPO I
Disposizioni diverse

67 Integrazione funzionale del Dipartimento della funzione pubblica con la Ragioneria generale dello Stato. (Art. 70 del d.ls. n. 29 del 1993, come sostituito dall'art. 35 del d.ls. n. 546 del 1993).

1. Il più efficace perseguimento degli obiettivi di cui all'articolo 48, commi da 1 a 3, ed agli articoli da 58 a 60 è realizzato attraverso l'integrazione funzionale della Presidenza del Consiglio dei ministri - Dipartimento della funzione pubblica con il Ministero del tesoro, del bilancio e della programmazione economica - Dipartimento della Ragioneria generale dello Stato, da conseguirsi mediante apposite conferenze di servizi presiedute dal Ministro per la funzione pubblica o da un suo delegato.

2. L'applicazione dei contratti collettivi di lavoro, nazionali e decentrati, per i dipendenti delle amministrazioni pubbliche, è oggetto di verifica del Ministero del tesoro, del bilancio e della programmazione economica e della Presidenza del Consiglio dei Ministri — Dipartimento della funzione pubblica, con riguardo, rispettivamente, al rispetto dei costi prestabiliti ed agli

effetti degli istituti contrattuali sull'efficiente organizzazione delle amministrazioni pubbliche e sulla efficacia della loro azione.

3. Gli schemi di provvedimenti legislativi e i progetti di legge, comunque sottoposti alla valutazione del Governo, contenenti disposizioni relative alle amministrazioni pubbliche richiedono il necessario concerto del Ministero del tesoro, del bilancio e della programmazione economica e del Dipartimento della funzione pubblica. I provvedimenti delle singole amministrazioni dello Stato incidenti nella medesima materia sono adottati d'intesa con il Ministero del tesoro, del bilancio e della programmazione economica e con la Presidenza del Consiglio dei ministri - Dipartimento della funzione pubblica in apposite conferenze di servizi da indire ai sensi e con le modalità di cui all'articolo 14 della legge 7 agosto 1990, n. 241, e successive modificazioni ed integrazioni.

68 Aspettativa per mandato parlamentare. (Art. 71, commi da 1 a 3 e 5 del d.ls. n. 29 del 1993).

1. I dipendenti delle pubbliche amministrazioni eletti al Parlamento nazionale, al Parlamento europeo e nei Consigli regionali sono collocati in aspettativa senza assegni per la durata del mandato. Essi possono optare per la conservazione, in luogo dell'indennità parlamentare e dell'analoga indennità corrisposta ai consiglieri regionali, del trattamento economico in godimento presso l'amministrazione di appartenenza, che resta a carico della medesima.

2. Il periodo di aspettativa è utile ai fini dell'anzianità di servizio e del trattamento di quiescenza e di previdenza.

3. Il collocamento in aspettativa ha luogo all'atto della proclamazione degli eletti; di questa le Camere ed i Consigli regionali danno comunicazione alle amministrazioni di appartenenza degli eletti per i conseguenti provvedimenti.

4. Le regioni adeguano i propri ordinamenti ai principi di cui ai commi 1, 2 e 3.

96. Decreto legislativo 27 ottobre 2009, n. 150. — Attuazione della legge 4 marzo 2009, n. 15, in materia di ottimizzazione della produttività del lavoro pubblico e di efficienza e trasparenza delle pubbliche amministrazioni. (*estratto*).

Pubblicato nella Gazzetta Ufficiale n. 254 del 31 ottobre 2009, S.O. n. 197.

TITOLO I
Principi generali

1 Oggetto e finalità.

1. In attuazione degli articoli da 2 a 7 della legge 4 marzo 2009, n. 15, le disposizioni del presente decreto recano una riforma organica della disciplina del rapporto di lavoro dei dipendenti delle amministrazioni pubbliche, di cui all'articolo 2, comma 2, del decreto legislativo 30 marzo 2001, n. 165, intervenendo in particolare in materia di contrattazione collettiva, di valutazione delle strutture e del personale delle amministrazioni pubbliche, di valorizzazione del merito, di promozione delle pari opportunità, di dirigenza pubblica e di responsabilità disciplinare. Fermo quanto previsto dall'articolo 3 del decreto legislativo 30 marzo 2001, n. 165, recano altresì norme di raccordo per armonizzare con la nuova disciplina i procedimenti negoziali, di contrattazione e di concertazione di cui all'articolo 112 del decreto del Presidente della Repubblica 5 gennaio 1967, n. 18, e ai decreti legislativi 12 maggio 1995, n. 195, 19 maggio 2000, n. 139, 13 ottobre 2005, n. 217, e 15 febbraio 2006, n. 63.

2. Le disposizioni del presente decreto assicurano una migliore organizzazione del lavoro, il rispetto degli ambiti riservati rispettivamente alla legge e alla contrattazione collettiva, elevati standard qualitativi ed economici delle funzioni e dei servizi, l'incentivazione della qualità della prestazione lavorativa, la selettività e la concorsualità nelle progressioni di carriera, il riconoscimento di meriti e demeriti, la selettività e la valorizzazione delle capacità e dei risultati ai fini degli incarichi dirigenziali, il rafforzamento dell'autonomia, dei poteri e della responsabilità della dirigenza, l'incremento dell'efficienza del lavoro pubblico ed il contrasto alla scarsa produttività e all'assenteismo, nonché la trasparenza dell'operato delle amministrazioni pubbliche anche a garanzia della legalità.

TITOLO II
Misurazione, valutazione e trasparenza della performance

CAPO I
Disposizioni generali

2 Oggetto e finalità.

1. Le disposizioni contenute nel presente Titolo disciplinano il sistema di valutazione delle strutture e dei dipendenti delle amministrazioni pubbliche il cui rapporto di lavoro è disciplinato dall'articolo 2, comma 2,

del decreto legislativo 30 marzo 2001, n. 165, al fine di assicurare elevati standard qualitativi ed economici del servizio tramite la valorizzazione dei risultati e della performance organizzativa e individuale.

3 Principi generali.

1. La misurazione e la valutazione della performance sono volte al miglioramento della qualità dei servizi offerti dalle amministrazioni pubbliche, nonché alla crescita delle competenze professionali, attraverso la valorizzazione del merito e l'erogazione dei premi per i risultati perseguiti dai singoli e dalle unità organizzative in un quadro di pari opportunità di diritti e doveri, trasparenza dei risultati delle amministrazioni pubbliche e delle risorse impiegate per il loro perseguimento.

2. Ogni amministrazione pubblica è tenuta a misurare ed a valutare la performance con riferimento all'amministrazione nel suo complesso, alle unità organizzative o aree di responsabilità in cui si articola e ai singoli dipendenti, secondo le modalità indicate nel presente Titolo e gli indirizzi impartiti dal Dipartimento della funzione pubblica ai sensi dell'articolo 19 del decreto-legge 24 giugno 2014, n. 90, convertito, con modificazioni, dalla legge 11agosto 2014, n. 114 (1).

3. Le amministrazioni pubbliche adottano modalità e strumenti di comunicazione che garantiscono la massima trasparenza delle informazioni concernenti le misurazioni e le valutazioni della performance.

4. Le amministrazioni pubbliche adottano metodi e strumenti idonei a misurare, valutare e premiare la performance individuale e quella organizzativa, secondo criteri strettamente connessi al soddisfacimento dell'interesse del destinatario dei servizi e degli interventi.

5. Il rispetto delle disposizioni del presente Titolo è condizione necessaria per l'erogazione di premi e componenti del trattamento retributivo legati alla performance e rileva ai fini del riconoscimento delle progressioni economiche, dell'attribuzione di incarichi di responsabilità al personale, nonché del conferimento degli incarichi dirigenziali (2).

5-*bis*. La valutazione negativa, come disciplinata nell'ambito del sistema di misurazione e valutazione della performance, rileva ai fini dell'accertamento della responsabilità dirigenziale e ai fini dell'irrogazione del licenziamento disciplinare ai sensi dell'articolo 55-*quater*, comma 1, lettera *f-quinquies*), del decreto legislativo 30 marzo 2001, n. 165, ove resa a tali fini specifici nel rispetto delle disposizioni del presente decreto (3).

6. Fermo quanto previsto dall'articolo 13, dall'applicazione delle disposizioni del presente Titolo non devono derivare nuovi o maggiori oneri per la finanza pubblica. Le amministrazioni interessate utilizzano a tale fine le risorse umane, finanziarie e strumentali disponibili a legislazione vigente.

(1) *Le parole da* « secondo le modalità » *a* « legge 11 agosto 2014, n. 114 » *sono state sostituite alle parole« secondo modalità conformi alle direttive impartite dalla Commissione di cui all'articolo 13 » dall'art. 1, comma 1, lettera* a), *del D.Lgs. 25 maggio 2017, n. 74.*

(2) *Le parole da « e componenti del trattamento » a « nonché del conferimento degli incarichi dirigenziali » sono state sostituite alle parole « legati al merito ed alla performance » dall'art. 1, comma 1, lettera* b), *del D.Lgs. 25 maggio 2017, n. 74.*

(3) *Comma aggiunto dall'articolo 1, comma 1, lettera* c), *del D.Lgs. 25 maggio 2017, n. 74.*

CAPO II
Il ciclo di gestione della performance

4 Ciclo di gestione della performance.

1. Ai fini dell'attuazione dei principi generali di cui all'articolo 3, le amministrazioni pubbliche sviluppano, in maniera coerente con i contenuti e con il ciclo della programmazione finanziaria e del bilancio, il ciclo di gestione della performance.

2. Il ciclo di gestione della performance si articola nelle seguenti fasi:

a) definizione e assegnazione degli obiettivi che si intendono raggiungere, dei valori attesi di risultato e dei rispettivi indicatori «, tenendo conto anche dei risultati conseguiti nell'anno precedente, come documentati e validati nella relazione annuale sulla performance di cui all'articolo 10 (1);

b) collegamento tra gli obiettivi e l'allocazione delle risorse;

c) monitoraggio in corso di esercizio e attivazione di eventuali interventi correttivi;

d) misurazione e valutazione della performance, organizzativa e individuale;

e) utilizzo dei sistemi premianti, secondo criteri di valorizzazione del merito;

f) rendicontazione dei risultati agli organi di indirizzo politico-amministrativo, ai vertici delle amministrazioni, nonché ai competenti organi di controllo interni ed (2) esterni, ai cittadini, ai soggetti interessati, agli utenti e ai destinatari dei servizi.

(1) *Le parole « tenendo conto anche dei risultati conseguiti nell'anno precedente, come documentati e validati nella relazione annuale sulla performance di cui all'articolo 10 »sono state inserite dall'articolo 2, comma 1, lettera* a), *del D.Lgs. 25 maggio 2017, n. 74.*

(2) *Le parole « di controllo interni ed » sono state inserite dall'articolo 2, comma 1, lettera* b), *del D.Lgs. 25 maggio 2017, n. 74.*

5 Obiettivi e indicatori.

01. Gli obiettivi si articolano in:

a) obiettivi generali, che identificano, in coerenza con le priorità delle politiche pubbliche nazionali nel quadro del programma di Governo e con gli eventuali indirizzi adottati dal Presidente del Consiglio dei ministri ai sensi dell'articolo 8 del decreto legislativo 30 luglio 1999, n. 286, le priorità strategiche delle pubbliche amministrazioni in relazione alle attività e ai servizi erogati, anche tenendo conto del comparto di contrattazione di appartenenza e in relazione anche al livello e alla qualità dei servizi da garantire ai cittadini;

b) obiettivi specifici di ogni pubblica amministrazione, individuati, in coerenza con la direttiva annuale adottata ai sensi dell'articolo 8 del decreto legislativo 30 luglio 1999, n. 286, nel Piano della performance di cui all'articolo 10 (1).

1. Gli obiettivi di cui al comma 01, lettera *a*), sono determinati con apposite linee guida adottate su base triennale con decreto del Presidente del Consiglio dei

ministri. Per gli enti territoriali, il decreto di cui al primo periodo è adottato previa intesa in sede di Conferenza unificata di cui all'articolo 8 della legge 5 giugno 2003, n. 131. Gli obiettivi di cui al comma 01, lettera *b*), sono programmati, in coerenza con gli obiettivi generali, su base triennale e definiti, prima dell'inizio del rispettivo esercizio, dagli organi di indirizzo politico-amministrativo, sentiti i vertici dell'amministrazione che a loro volta consultano i dirigenti o i responsabili delle unità organizzative. Gli obiettivi sono definiti in coerenza con gli obiettivi di bilancio indicati nei documenti programmatici di cui alla legge 31 dicembre 2009, n. 196, e di cui alla normativa economica e finanziaria applicabile alle regioni e agli enti locali e il loro conseguimento costituisce condizione per l'erogazione degli incentivi previsti dalla contrattazione integrativa. Nelle more dell'adozione delle linee guida di determinazione degli obiettivi generali, ogni pubblica amministrazione programma e definisce i propri obiettivi, secondo i tempi stabiliti per l'adozione del Piano di cui all'articolo 10, salvo procedere successivamente al loro aggiornamento (2).

1-*bis*. Nel caso di gestione associata di funzioni da parte degli enti locali, su base volontaria ovvero obbligatoria ai sensi dell'articolo 14 del decreto-legge 31 maggio 2010, n. 78, convertito, con modificazioni, dalla legge 30 luglio 2010, n. 122, gli obiettivi specifici relativi all'espletamento di tali funzioni sono definiti unitariamente (3).

1-*ter*. Nel caso di differimento del termine di adozione del bilancio di previsione degli enti territoriali, devono essere comunque definiti obiettivi specifici per consentire la continuità dell'azione amministrativa (3).

2. Gli obiettivi sono:

a) rilevanti e pertinenti rispetto ai bisogni della collettività, alla missione istituzionale, alle priorità politiche ed alle strategie dell'amministrazione;

b) specifici e misurabili in termini concreti e chiari;

c) tali da determinare un significativo miglioramento della qualità dei servizi erogati e degli interventi;

d) riferibili ad un arco temporale determinato, di norma corrispondente ad un anno;

e) commisurati ai valori di riferimento derivanti da standard definiti a livello nazionale e internazionale, nonché da comparazioni con amministrazioni omologhe;

f) confrontabili con le tendenze della produttività dell'amministrazione con riferimento, ove possibile, almeno al triennio precedente;

g) correlati alla quantità e alla qualità delle risorse disponibili.

(1) *Comma premesso dall'articolo 3, comma 1, lettera* a), *del D.Lgs. 25 maggio 2017, n. 74.*

(2) *Comma sostituito dall'articolo 3, comma 1, lettera* b), *del D.Lgs. 25 maggio 2017, n. 74. Il testo previgente era:* « Gli obiettivi sono programmati su base triennale e definiti, prima dell'inizio del rispettivo esercizio, dagli organi di indirizzo politico-amministrativo, sentiti i vertici dell'amministrazione che a loro volta consultano i dirigenti o i responsabili delle unità organizzative. Gli obiettivi sono definiti in coerenza con quelli di bilancio indicati nei documenti programmatici di cui alla legge 5 agosto 1978, n. 468, e successive modificazioni, e il loro conseguimento costituisce condizione per l'erogazione degli incentivi previsti dalla contrattazione integrativa. »

(3) *Comma aggiunto dall'articolo 3, comma 1, lettera* c), *del D.Lgs. 25 maggio 2017, n. 74.*

6 Monitoraggio della performance.

1. Gli Organismi indipendenti di valutazione, anche accedendo alle risultanze dei sistemi di controllo strategico e di gestione presenti nell'amministrazione (1), verificano l'andamento delle performance rispetto agli obiettivi programmati durante il periodo di riferimento e segnalano la necessità o l'opportunità di interventi correttivi in corso di esercizio all'organo di indirizzo politico-amministrativo, anche in relazione al verificarsi di eventi imprevedibili tali da alterare l'assetto dell'organizzazione e delle risorse a disposizione dell'amministrazione. Le variazioni, verificatesi durante l'esercizio, degli obiettivi e degli indicatori della performance organizzativa e individuale sono inserite nella relazione sulla performance e vengono valutate dall'OIV ai fini della validazione di cui all'articolo 14, comma 4, lettera *c*) (2).

2. (3).

(1) *Le parole « Gli Organismi indipendenti di valutazione, anche accedendo alle risultanze dei sistemi di controllo strategico e di gestione presenti nell'amministrazione » sono state sostituite alle parole « Gli organi di indirizzo politico-amministrativo, con il supporto dei dirigenti » dall'articolo 4, comma 1, lettera* a), *del D.Lgs. 25 maggio 2017, n. 74.*

(2) *Le parole da « programmati durante il periodo di riferimento e segnalano » fino alla fine sono state sostituite alle parole « di cui all'articolo 5 durante il periodo di riferimento e propongono, ove necessario, interventi correttivi in corso di esercizio » dall'articolo 4, comma 1, lettera* a), *del D.Lgs. 25 maggio 2017, n. 74.*

(3) *Comma abrogato dall'articolo 4, comma 1, lettera* b), *del D.Lgs. 25 maggio 2017, n. 74. Il testo previgente era: « Ai fini di cui al comma 1, gli organi di indirizzo politico amministrativo si avvalgono delle risultanze dei sistemi di controllo di gestione presenti nell'amministrazione ».*

7 Sistema di misurazione e valutazione della performance.

1. Le amministrazioni pubbliche valutano annualmente la performance organizzativa e individuale. A tale fine adottano e aggiornano annualmente, previo parere vincolante dell'Organismo indipendente di valutazione (1), il Sistema di misurazione e valutazione della performance.

2. La funzione di misurazione e valutazione delle performance è svolta:

a) dagli Organismi indipendenti di valutazione della performance di cui all'articolo 14, cui compete la misurazione e valutazione della performance di ciascuna struttura amministrativa nel suo complesso, nonché la proposta di valutazione annuale dei dirigenti di vertice ai sensi del comma 4, lettera *e*), del medesimo articolo;

b) dai dirigenti di ciascuna amministrazione, secondo quanto previsto agli articoli 8 e 9 (2);

c) dai cittadini o dagli altri utenti finali in rapporto alla qualità dei servizi resi dall'amministrazione, partecipando alla valutazione della performance organizzativa dell'amministrazione, secondo quanto stabilito dagli articoli 8 e 19-*bis* (3).

2-*bis*. Il Sistema di misurazione e valutazione della performance, di cui al comma 1, è adottato in coerenza con gli indirizzi impartiti dal Dipartimento della funzione pubblica ai sensi dell'articolo 3, comma 2, e in esso sono previste, altresì, le procedure di conciliazione, a garanzia dei valutati, relative all'applicazione del sistema di misurazione e valutazione della performance e le modalità di raccordo e integrazione con i documenti di programmazione finanziaria e di bilancio (4).

3. (5).

(1) *Le parole* « e aggiornano annualmente, previo parere vincolante dell'Organismo indipendente di valutazione, » *sono state sostituite alle parole* «, con apposito provvedimento » *dall'art. 5, comma 1, lettera* a), *del D.Lgs. 25 maggio 2017, n. 74.*

(2) *Lettera così sostituita dall'art. 5, comma 1, lettera* b), *del D.Lgs. 25 maggio 2017, n. 74. Il testo previgente era: « dalla Commissione di cui all'articolo 13 ai sensi del comma 6 del medesimo articolo ».*

(3) *Lettera così sostituita dall'art. 5, comma 1, lettera* b), *del D.Lgs. 25 maggio 2017, n. 74. Il testo previgente era: « dai dirigenti di ciascuna amministrazione, secondo quanto previsto agli articoli 16 e 17, comma 1, lettera* e-bis), *del decreto legislativo 30 marzo 2001, n. 165, come modificati dagli articoli 38 e 39 del presente decreto ».*

(4) *Comma introdotto dall'art. 5, comma 1, lettera* c), *del D.Lgs. 25 maggio 2017, n. 74.*

(5) *Comma abrogato dall'art. 8, comma 1, lett.* a), *D.P.R. 9 maggio 2016, n. 105. Il testo previgente era:* « Il Sistema di misurazione e valutazione della performance, di cui al comma 1, individua, secondo le direttive adottate dalla Commissione di cui all'articolo 13, secondo quanto stabilito dal comma 2 del medesimo articolo:

a) le fasi, i tempi, le modalità, i soggetti e le responsabilità del processo di misurazione e valutazione della performance, in conformità alle disposizioni del presente decreto;

b) le procedure di conciliazione relative all'applicazione del sistema di misurazione e valutazione della performance;

c) le modalità di raccordo e di integrazione con i sistemi di controllo esistenti;

d) le modalità di raccordo e integrazione con i documenti di programmazione finanziaria e di bilancio. »

8 Ambiti di misurazione e valutazione della performance organizzativa.

1. Il Sistema di misurazione e valutazione della performance organizzativa concerne:

a) l'attuazione di politiche e il conseguimento di obiettivi collegati ai bisogni e alle esigenze della collettività (1);

b) l'attuazione di piani e programmi, ovvero la misurazione dell'effettivo grado di attuazione dei medesimi, nel rispetto delle fasi e dei tempi previsti, degli standard qualitativi e quantitativi definiti, del livello previsto di assorbimento delle risorse;

c) la rilevazione del grado di soddisfazione dei destinatari delle attività e dei servizi anche attraverso modalità interattive;

d) la modernizzazione e il miglioramento qualitativo dell'organizzazione e delle competenze professionali e la capacità di attuazione di piani e programmi;

e) lo sviluppo qualitativo e quantitativo delle relazioni con i cittadini, i soggetti interessati, gli utenti e i destinatari dei servizi, anche attraverso lo sviluppo di forme di partecipazione e collaborazione;

f) l'efficienza nell'impiego delle risorse, con particolare riferimento al contenimento ed alla riduzione dei costi, nonché all'ottimizzazione dei tempi dei procedimenti amministrativi;

g) la qualità e la quantità delle prestazioni e dei servizi erogati;

h) il raggiungimento degli obiettivi di promozione delle pari opportunità.

1-*bis*. Le valutazioni della performance organizzativa sono predisposte sulla base di appositi modelli definiti dal Dipartimento della funzione pubblica, tenendo conto anche delle esperienze di valutazione svolte da agenzie esterne di valutazione, ove previste, e degli esiti del confronto tra i soggetti appartenenti alla rete nazionale per la valutazione delle amministrazioni pubbliche, di cui al decreto emanato in attuazione dell'articolo 19 del decreto-legge n. 90 del 2014, con particolare riguardo all'ambito di cui alla lettera *g*) del comma 1 (2).

(1) *Lettera sostituita dall'articolo 6, comma 1, lettera* a), *del D.Lgs. 25 maggio 2017, n. 74. Il testo previgente era* « l'attuazione delle politiche attivate sulla soddisfazione finale dei bisogni della collettività ».

(2) *Comma aggiunto dall'articolo 6, comma 1, lettera* b), *del D.Lgs. 25 maggio 2017, n. 74.*

9 Ambiti di misurazione e valutazione della performance individuale.

1. La misurazione e la valutazione della performance individuale dei dirigenti e del personale responsabile di una unità organizzativa in posizione di autonomia e responsabilità, secondo le modalità indicate nel sistema di cui all'articolo 7 (1), è collegata:

a) agli indicatori di performance relativi all'ambito organizzativo di diretta responsabilità, ai quali è attribuito un peso prevalente nella valutazione complessiva (2);

b) al raggiungimento di specifici obiettivi individuali;

c) alla qualità del contributo assicurato alla performance generale della struttura, alle competenze professionali e manageriali dimostrate, nonché ai comportamenti organizzativi richiesti per il più efficace svolgimento delle funzioni assegnate (3);

d) alla capacità di valutazione dei propri collaboratori, dimostrata tramite una significativa differenziazione dei giudizi.

1-*bis*. La misurazione e valutazione della performance individuale dei dirigenti titolari degli incarichi di cui all'articolo 19, commi 3 e 4, del decreto legislativo 30 marzo 2001, n. 165, è collegata altresì al raggiungimento degli obiettivi individuati nella direttiva generale per l'azione amministrativa e la gestione e nel Piano della performance, nonché di quelli specifici definiti nel contratto individuale (4).

2. La misurazione e la valutazione svolte dai dirigenti sulla performance individuale del personale sono effettuate sulla base del sistema di cui all'articolo 7 e collegate:

a) al raggiungimento di specifici obiettivi di gruppo o individuali;

b) alla qualità del contributo assicurato alla performance dell'unità organizzativa di appartenenza, alle competenze dimostrate ed ai comportamenti professionali e organizzativi.

3. Nella valutazione di performance individuale non sono considerati i periodi di congedo di maternità, di paternità e parentale.

(1) *Le parole* «, *secondo le modalità indicate nel sistema di cui all'articolo 7,* » *sono state inserite dall'articolo 7, comma 1, lettera* a), *del D.Lgs. 25 maggio 2017, n. 74.*

(2) *Le parole* « *ai quali è attribuito un peso prevalente nella valutazione complessiva,* » *sono state inserite dall'articolo 7, comma 1, lettera* b), *del D.Lgs. 25 maggio 2017, n. 74.*

(3) *Le parole « nonché ai comportamenti organizzativi richiesti per il più efficace svolgimento delle funzioni assegnate »; sono state inserite dall'articolo 7, comma 1, lettera* c), *del D.Lgs. 25 maggio 2017, n. 74.*

(4) *Comma inserito dall'articolo 7, comma 1, lettera* d), *del D.Lgs. 25 maggio 2017, n. 74.*

10 Piano della performance e Relazione sulla performance.

1. Al fine di assicurare la qualità, comprensibilità ed attendibilità dei documenti di rappresentazione della performance, le amministrazioni pubbliche redigono e pubblicano sul sito istituzionale ogni anno (1):

a) entro il 31 gennaio il Piano della performance, documento programmatico triennale, che è definito dall'organo di indirizzo politico-amministrativo in collaborazione con i vertici dell'amministrazione e secondo gli indirizzi impartiti dal Dipartimento della funzione pubblica ai sensi dell'articolo 3, comma 2, e che individua gli indirizzi e gli obiettivi strategici ed operativi di cui all'articolo 5, comma 01, lettera *b*) (2), e definisce, con riferimento agli obiettivi finali ed intermedi ed alle risorse, gli indicatori per la misurazione e la valutazione della performance dell'amministrazione, nonché gli obiettivi assegnati al personale dirigenziale ed i relativi indicatori;

b) entro il 30 giugno, la Relazione annuale sulla performance, che è approvata dall'organo di indirizzo politico-amministrativo e validata dall'Organismo di valutazione ai sensi dell'articolo 14 e (3) che evidenzia, a consuntivo, con riferimento all'anno precedente, i risultati organizzativi e individuali raggiunti rispetto ai singoli obiettivi programmati ed alle risorse, con rilevazione degli eventuali scostamenti, e il bilancio di genere realizzato.

1-*bis*. Per gli enti locali, ferme restando le previsioni di cui all'articolo 169, comma 3-*bis*, del decreto legislativo 18 agosto 2000, n. 267, la Relazione sulla performance di cui al comma 1, lettera *b*), può essere unificata al rendiconto della gestione di cui all'articolo 227 del citato decreto legislativo (4).

1-*ter*. Il Piano della performance di cui al comma 1, lettera *a*), è predisposto a seguito della presentazione alle Camere del documento di economia e finanza, di cui all'articolo 10 della legge 31 dicembre 2009, n. 196. Il Piano delle performance è adottato non oltre il termine di cui al comma 1, lettera *a*), in coerenza con le note integrative al bilancio di previsione di cui all'articolo 21 della legge 31 dicembre 2009, n. 196, o con il piano degli indicatori e dei risultati attesi di bilancio, di cui all'articolo 19 del decreto legislativo 31 maggio 2011, n. 91 (4).

2. (5).

3. (5).

4. (5).

5. In caso di mancata adozione del Piano della performance è fatto divieto di erogazione della retribuzione di risultato ai dirigenti che risultano avere concorso alla mancata adozione del Piano, per omissione o inerzia nell'adempimento dei propri compiti, e l'amministrazione non può procedere ad assunzioni di personale o al conferimento di incarichi di consulenza o di collaborazione comunque denominati. Nei casi in cui la mancata adozione del Piano o della Relazione sulla performance dipenda da omissione o inerzia dell'organo di indirizzo di cui all'articolo 12, comma 1, lettera *c*), l'erogazione dei trattamenti e delle premialità di cui al Titolo III è fonte di responsabilità amministrativa del titolare dell'organo che ne ha dato disposizione e che ha concorso alla mancata adozione del Piano, ai sensi del periodo precedente (6). In caso di ritardo nell'adozione del Piano o della Relazione sulla performance, l'amministrazione comunica tempestivamente le ragioni del mancato rispetto dei termini al Dipartimento della funzione pubblica (6).

(1) *Le parole « redigono e pubblicano sul sito istituzionale ogni anno » sono state sostituite alle parole «, secondo quanto stabilito dall'articolo 15, comma 2, lettera* d), *redigono annualmente » dall'articolo 8, comma 1, lettera* a), *del D.Lgs. 25 maggio 2017, n. 74.*

(2) *Le parole da « il Piano della performance » a « di cui all'articolo 5, comma 01, lettera* b), *» sono state sostituite alle parole « un documento programmatico triennale, denominato Piano della performance da adottare in coerenza con i contenuti e il ciclo della programmazione finanziaria e di bilancio, che individua gli indirizzi e gli obiettivi strategici ed operativi » dall'articolo 8, comma 1, lettera* b), *del D.Lgs. 25 maggio 2017, n. 74.*

(3) *Periodo aggiunto dall'articolo 8, comma 1, lettera* c), *del D.Lgs. 25 maggio 2017, n. 74.*

(4) *Comma inserito dall'articolo 8, comma 1, lettera* d), *del D.Lgs. 25 maggio 2017, n. 74.*

(5) *Comma abrogato dall'art. 8, comma 1, lett.* b), *D.P.R. 9 maggio 2016, n. 105. Il testo previgente era: « 2. I documenti di cui alle lettere* a) *e* b) *del comma 1 sono immediatamente trasmessi alla Commissione di cui all'articolo 13 e al Ministero dell'economia e delle finanze. 3. Eventuali variazioni durante l'esercizio degli obiettivi e degli indicatori della performance organizzativa e individuale sono tempestivamente inserite all'interno nel Piano della performance. 4. Per le amministrazioni dello Stato il Piano della performance contiene la direttiva annuale del Ministro di cui all'articolo 14 del decreto legislativo 30 marzo 2001, n. 165. »*

(6) *Periodo aggiunto dall'articolo 8, comma 1, lettera* e), *del D.Lgs. 25 maggio 2017, n. 74.*

CAPO III
Trasparenza e rendicontazione della performance

11 Trasparenza.

[1. La trasparenza è intesa come accessibilità totale, anche attraverso lo strumento della pubblicazione sui siti istituzionali delle amministrazioni pubbliche, delle informazioni concernenti ogni aspetto dell'organizzazione, degli indicatori relativi agli andamenti gestionali e all'utilizzo delle risorse per il perseguimento delle funzioni istituzionali, dei risultati dell'attività di misurazione e valutazione svolta dagli organi competenti, allo scopo di favorire forme diffuse di controllo del rispetto dei principi di buon andamento e imparzialità. Essa costituisce livello essenziale delle prestazioni erogate dalle amministrazioni pubbliche ai sensi dell'articolo 117, secondo comma, lettera *m*), della Costituzione.

2. Ogni amministrazione, sentite le associazioni rappresentate nel Consiglio nazionale dei consumatori e degli utenti, adotta un Programma triennale per la trasparenza e l'integrità, da aggiornare annualmente, che indica le iniziative previste per garantire:

a) un adeguato livello di trasparenza, anche sulla base delle linee guida elaborate dalla Commissione di cui all'articolo 13;

b) la legalità e lo sviluppo della cultura dell'integrità.

3. Le amministrazioni pubbliche garantiscono la massima trasparenza in ogni fase del ciclo di gestione della performance.

4. Ai fini della riduzione del costo dei servizi, dell'utilizzo delle tecnologie dell'informazione e della comunicazione, nonché del conseguente risparmio sul costo del lavoro, le pubbliche amministrazioni provvedono annualmente ad individuare i servizi erogati, agli utenti sia finali che intermedi, ai sensi dell'articolo 10, comma 5, del decreto legislativo 7 agosto 1997, n. 279. Le amministrazioni provvedono altresì alla contabilizzazione dei costi e all'evidenziazione dei costi effettivi e di quelli imputati al personale per ogni servizio erogato, nonché al monitoraggio del loro andamento nel tempo, pubblicando i relativi dati sui propri siti istituzionali.

5. Al fine di rendere effettivi i principi di trasparenza, le pubbliche amministrazioni provvedono a dare attuazione agli adempimenti relativi alla posta elettronica certificata di cui all'articolo 6, comma 1, del decreto legislativo del 7 marzo 2005, n. 82, agli articoli 16, comma 8, e 16-*bis*, comma 6, del decreto-legge 29 novembre 2008, n. 185, convertito, con modificazioni, dalla legge 28 gennaio 2009, n. 2, e di cui all'articolo 34, comma 1, della legge 18 giugno 2009, n. 69.

6. Ogni amministrazione presenta il Piano e la Relazione sulla performance di cui all'articolo 10 comma 1, lettere *a*) e *b*), alle associazioni di consumatori o utenti, ai centri di ricerca e a ogni altro osservatore qualificato, nell'ambito di apposite giornate della trasparenza senza nuovi o maggiori oneri per la finanza pubblica.

7. Nell'ambito del Programma triennale per la trasparenza e l'integrità sono specificate le modalità, i tempi di attuazione, le risorse dedicate e gli strumenti di verifica dell'efficacia delle iniziative di cui al comma 2.

8. Ogni amministrazione ha l'obbligo di pubblicare sul proprio sito istituzionale in apposita sezione di facile accesso e consultazione, e denominata: « Trasparenza, valutazione e merito »:

a) il Programma triennale per la trasparenza e l'integrità ed il relativo stato di attuazione;

b) il Piano e la Relazione di cui all'articolo 10;

c) l'ammontare complessivo dei premi collegati alla performance stanziati e l'ammontare dei premi effettivamente distribuiti;

d) l'analisi dei dati relativi al grado di differenziazione nell'utilizzo della premialità sia per i dirigenti sia per i dipendenti;

e) i nominativi ed i curricula dei componenti degli Organismi indipendenti di valutazione e del Responsabile delle funzioni di misurazione della performance di cui all'articolo 14;

f) i curricula dei dirigenti e dei titolari di posizioni organizzative, redatti in conformità al vigente modello europeo;

g) le retribuzioni dei dirigenti, con specifica evidenza sulle componenti variabili della retribuzione e delle componenti legate alla valutazione di risultato;

h) i curricula e le retribuzioni di coloro che rivestono incarichi di indirizzo politico amministrativo;

i) gli incarichi, retribuiti e non retribuiti, conferiti ai dipendenti pubblici e a soggetti privati.

9. In caso di mancata adozione e realizzazione del Programma triennale per la trasparenza e l'integrità o di mancato assolvimento degli obblighi di pubblicazione di cui ai commi 5 e 8 è fatto divieto di erogazione della retribuzione di risultato ai dirigenti preposti agli uffici coinvolti.] (1)

(1) *Articolo abrogato dall'art. 53, comma 1, lettera* i), *d.lis. 14 marzo 2013, n. 33. A norma dell'art. 52, comma 5, del medesimo decreto, dalla data di entrata in vigore del suddetto decreto, qualsiasi rinvio al Programma triennale per la trasparenza e l'integrità di cui al presente articolo, si intende riferito all'articolo 10.*

CAPO IV
Soggetti del processo di misurazione e valutazione della performance

12 Soggetti.

1. Nel processo di misurazione e valutazione della performance organizzativa e individuale delle amministrazioni pubbliche intervengono:

a) il Dipartimento della funzione pubblica titolare delle funzioni di promozione, indirizzo e coordinamento, esercitate secondo le previsioni del decreto adottato ai sensi dell'articolo 19, comma 10, del decreto-legge n. 90 del 2014 (1);

b) gli Organismi indipendenti di valutazione della performance di cui all'articolo 14;

c) l'organo di indirizzo politico amministrativo di ciascuna amministrazione;

d) i dirigenti di ciascuna amministrazione.

(1) *Lettera sostituita dall'articolo 9, comma 1, lettera* a), *del D.Lgs. 25 maggio 2017, n. 74. Il testo previgente era: « a) un organismo centrale, denominato: « Commissione per la valutazione, la trasparenza e l'integrità delle amministrazioni pubbliche », di cui all'articolo 13; ».*

13 Autorità nazionale anticorruzione (1) (2) (3) (4).

1. La Commissione istituita in attuazione dell'articolo 4, comma 2, lettera *f*), della legge 4 marzo 2009, n. 15, e ridenominata Autorità nazionale anticorruzione ai sensi dell'articolo 1 della legge 6 novembre 2012, n. 190 e dell'articolo 19 del decreto-legge 24 giugno 2014, n. 90 (5), che opera in posizione di indipendenza di giudizio e di valutazione e in piena autonomia, in collaborazione con la Presidenza del Consiglio dei Ministri - Dipartimento della funzione pubblica e con il Ministero dell'economia e delle finanze - Dipartimento della Ragioneria generale dello Stato ed eventualmente in raccordo con altri enti o istituzioni pubbliche [, con il compito di indirizzare, coordinare e sovrintendere all'esercizio indipendente delle funzioni di valutazione, di garantire la trasparenza dei sistemi di valutazione, di assicurare la comparabilità e la visibilità degli indici di andamento gestionale, informando annualmente il Ministro per l'attuazione del programma di Governo sull'attività svolta] (6).

2. Mediante intesa tra la Conferenza delle Regioni e delle Province autonome, l'Anci, l'Upi e la Commissione sono definiti i protocolli di collaborazione per la realizzazione delle attività di cui ai commi [5] (6), 6 e 8.

3. L'Autorità è organo collegiale composto dal presidente e da quattro componenti scelti tra esperti di elevata professionalità, anche estranei all'amministrazione, con comprovate competenze in Italia e all'estero, sia nel settore pubblico che in quello privato, di notoria indipendenza e comprovata esperienza in materia di contrasto alla corruzione, [di management e misurazione della performance, nonché di gestione e valutazione del personale] (6). Il presidente e i componenti sono nominati, tenuto conto del principio delle pari opportunità di genere, con decreto del Presidente della Repubblica, previa deliberazione del Consiglio dei ministri, previo parere favorevole delle Commissioni parlamentari competenti espresso a maggioranza dei due terzi dei componenti. Il presidente è nominato su proposta del Ministro per la pubblica amministrazione e la semplificazione, di concerto con il Ministro della giustizia e il Ministro dell'interno; i componenti sono nominati su proposta del Ministro per la pubblica amministrazione e la semplificazione. Il presidente e i componenti dell'Autorità non possono essere scelti tra persone che rivestono incarichi pubblici elettivi o cariche in partiti politici o in organizzazioni sindacali o che abbiano rivestito tali incarichi e cariche nei tre anni precedenti la nomina e, in ogni caso, non devono avere interessi di qualsiasi natura in conflitto con le funzioni dell'Autorità. I componenti sono nominati per un periodo di sei anni e non possono essere confermati nella carica (7) (8) (9).

4. La struttura operativa della Commissione è diretta da un Segretario generale nominato con deliberazione della Commissione medesima tra soggetti aventi specifica professionalità ed esperienza gestionale-organizzativa nel campo del lavoro pubblico. La Commissione definisce con propri regolamenti le norme concernenti il proprio funzionamento [e determina, altresì, i contingenti di personale di cui avvalersi entro il limite massimo di 30 unità. Alla copertura dei posti si provvede esclusivamente mediante personale di altre amministrazioni in posizione di comando o fuori ruolo, cui si applica l'articolo 17, comma 14, della legge 15 maggio 1997, n. 127, o mediante personale con contratto a tempo determinato] (6). Nei limiti delle disponibilità di bilancio la Commissione può avvalersi di non più di 10 esperti di elevata professionalità ed esperienza sui temi [della misurazione e della valutazione della performance] (6) e della prevenzione e della lotta alla corruzione, con contratti di diritto privato di collaborazione autonoma. [La Commissione, previo accordo con il Presidente dell'ARAN, può altresì avvalersi del personale e delle strutture dell'ARAN. Può inoltre richiedere indagini, accertamenti e relazioni all'Ispettorato per la funzione pubblica] (6).

[5. La Commissione indirizza, coordina e sovrintende all'esercizio delle funzioni di valutazione da parte degli Organismi indipendenti di cui all'articolo 14 e delle altre Agenzie di valutazione; a tale fine:

a) promuove sistemi e metodologie finalizzati al miglioramento della performance delle amministrazioni pubbliche;

b) assicura la trasparenza dei risultati conseguiti;

c) confronta le performance rispetto a standard ed esperienze, nazionali e internazionali;

d) favorisce, nella pubblica amministrazione, la cultura della trasparenza anche attraverso strumenti di prevenzione e di lotta alla corruzione;

e) favorisce la cultura delle pari opportunità con relativi criteri e prassi applicative.] (10)

6. La Commissione nel rispetto dell'esercizio e delle responsabilità autonome di valutazione proprie di ogni amministrazione:

[*a*) fornisce supporto tecnico e metodologico all'attuazione delle varie fasi del ciclo di gestione della performance;] (10)

[*b*) definisce la struttura e le modalità di redazione del Piano e della Relazione di cui all'articolo 10;] (10)

[*c*) verifica la corretta predisposizione del Piano e della Relazione sulla Performance delle amministrazioni centrali e, a campione, analizza quelli degli Enti territoriali, formulando osservazioni e specifici rilievi;] (10)

[*d*) definisce i parametri e i modelli di riferimento del Sistema di misurazione e valutazione della performance di cui all'articolo 7 in termini di efficienza e produttività;] (10)

e) adotta le linee guida per la predisposizione dei Programma triennale per la trasparenza e l'integrità di cui all'articolo 10, comma 8, del decreto legislativo 14 marzo 2013, n. 33 (11);

[*f*) adotta le linee guida per la definizione degli Strumenti per la qualità dei servizi pubblici;] (10)

[*g*) definisce i requisiti per la nomina dei componenti dell'Organismo indipendente di valutazione di cui all'articolo 14;] (10)

[*h*) promuove analisi comparate della performance delle amministrazioni pubbliche sulla base di indicatori di andamento gestionale e la loro diffusione attraverso la pubblicazione nei siti istituzionali ed altre modalità ed iniziative ritenute utili;] (10)

[*i*) redige la graduatoria di performance delle amministrazioni statali e degli enti pubblici nazionali di cui all'articolo 40, comma 3-*quater*, del decreto legislativo n. 165 del 2001; a tale fine svolge adeguata attività istruttoria e può richiedere alle amministrazioni dati, informazioni e chiarimenti;] (10)

[*l*) promuove iniziative di confronto con i cittadini, le imprese e le relative associazioni rappresentative; le organizzazioni sindacali e le associazioni professionali; le associazioni rappresentative delle amministrazioni pubbliche; gli organismi di valutazione di cui all'articolo 14 e quelli di controllo interni ed esterni alle amministrazioni pubbliche;] (10)

[*m*) definisce un programma di sostegno a progetti innovativi e sperimentali, concernenti il miglioramento della performance attraverso le funzioni di misurazione, valutazione e controllo] (12);

[*n*) predispone una relazione annuale sulla performance delle amministrazioni centrali e ne garantisce la diffusione attraverso la pubblicazione sul proprio sito istituzionale ed altre modalità ed iniziative ritenute utili;] (10)

[o) sviluppa ed intrattiene rapporti di collaborazione con analoghe strutture a livello europeo ed internazionale;] (10)

[p) realizza e gestisce, in collaborazione con il CNIPA il portale della trasparenza che contiene i piani e le relazioni di performance delle amministrazioni pubbliche.] (12)

[7. La Commissione provvede al coordinamento, al supporto operativo e al monitoraggio delle attività di cui all'articolo 11, comma 2, del decreto legislativo 30 luglio 1999, n. 286, come modificato dall'articolo 28 del presente decreto.] (13)

8. Presso la Commissione è istituita la Sezione per l'integrità nelle amministrazioni pubbliche con la funzione di favorire, all'interno della amministrazioni pubbliche, la diffusione della legalità e della trasparenza e sviluppare interventi a favore della cultura dell'integrità. La Sezione promuove la trasparenza e l'integrità nelle amministrazioni pubbliche; a tale fine predispone le linee guida del Programma triennale per l'integrità e la trasparenza di cui articolo 11, ne verifica l'effettiva adozione e vigila sul rispetto degli obblighi in materia di trasparenza da parte di ciascuna amministrazione.

9. I risultati dell'attività della Commissione sono pubblici. La Commissione assicura la disponibilità, per le associazioni di consumatori o utenti, i centri di ricerca e ogni altro osservatore qualificato, di tutti i dati sui quali la valutazione si basa e trasmette una relazione annuale sulle proprie attività al Ministro per l'attuazione del programma di Governo.

10. Dopo cinque anni, dalla data di costituzione, la Commissione affida ad un valutatore indipendente un'analisi dei propri risultati ed un giudizio sull'efficacia della sua attività e sull'adeguatezza della struttura di gestione, anche al fine di formulare eventuali proposte di integrazioni o modificazioni dei propri compiti. L'esito della valutazione e le eventuali raccomandazioni sono trasmesse al Ministro per la pubblica amministrazione e l'innovazione e pubblicate sul sito istituzionale della Commissione.

11. Con decreto del Ministro per la pubblica amministrazione e l'innovazione, di concerto con il Ministro dell'economia e delle finanze, sono stabilite le modalità di organizzazione, le norme regolatrici dell'autonoma gestione finanziaria della Commissione e fissati i compensi per i componenti.

12. Il sistema di valutazione delle attività amministrative delle università e degli enti di ricerca di cui al Capo I del decreto legislativo 31 dicembre 2009, n. 213, è svolto dall'Agenzia nazionale di valutazione del sistema universitario e della ricerca (ANVUR) nel rispetto del presente decreto. (14).

13. Agli oneri derivanti dal presente articolo pari a due milioni di euro per l'anno 2009 e a 8 milioni di euro a decorrere dall'anno 2010 si provvede nei limiti dell'autorizzazione di spesa di cui all'articolo 4, comma 3, primo periodo, della legge 4 marzo 2009, n. 15. All'attuazione della lettera *p*) del comma 6 si provvede nell'ambito dell'autorizzazione di spesa di cui all'articolo 4, comma 3, secondo periodo, della legge 4 marzo 2009, n. 15, ferme restando le risorse da destinare alle altre finalità di cui al medesimo comma 3 dell'articolo 4 (15).

(1) *Vedi quanto disposto dall'articolo 34-*bis *del D.L. 10 ottobre 2012, n. 179.*

(2) *Per la ridenominazione della Commissione di cui al presente articolo vedi l'articolo 19, comma 2, del D.L. 24 giugno 2014, n. 90, convertito, con modificazioni, dalla Legge 11 agosto 2014, n. 114.*

(3) *Rubrica sostituita dall'articolo 10, comma 1, lettera* a)*, del D.Lgs. 25 maggio 2017, n. 74. La precedente era: « Commissione per la valutazione, la trasparenza e l'integrità delle amministrazioni pubbliche ».*

(4) *A norma dell'articolo 10, comma 1, lett.* b)*, del d.ls. n. 74/2017, nel presente articolo le parole: « la Commissione » e « della Commissione », ovunque ricorrenti, sono state sostituite, rispettivamente, dalle seguenti: « l'Autorità » e « dell'Autorità ».*

(5) *Periodo sostituito dall'articolo 10, comma 1, lettera* c)*, del D.Lgs. 25 maggio 2017, n. 74. Il testo prvigente era:* « In attuazione dell'articolo 4, comma 2, lettera *f*), della legge 4 marzo 2009, n. 15, è istituita la Commissione per la valutazione, la trasparenza e l'integrità delle amministrazioni pubbliche, di seguito denominata « Commissione » ».

(6) *Parole soppresse dall'articolo 10, comma 1, lettera* c), d), e) *ed* f)*, del D.Lgs. 25 maggio 2017, n. 74.*

(7) *Comma modificato dall'articolo 2, comma 12-*decies *del D.L. 29 dicembre 2010, n. 225.*

(8) *A norma dell'articolo 23, comma 1, lettera* h)*, del D.L. 6 dicembre 2011, n. 201 il numero dei componenti della Commissione per la valutazione, la trasparenza e l'integrità delle amministrazioni pubbliche è ridotto da cinque a tre, compreso il Presidente. Vedi anche quanto disposto dal comma 2 del medesimo articolo.*

(9) *Comma, da ultimo, sostituito dall'articolo 5, comma 5, del D.L. 31 agosto 2013, n. 101, convertito, con modificazioni, dalla Legge 30 ottobre 2013, n. 125.*

(10) *Comma abrogato dall'articolo 8, comma 1, lettera* c)*, del D.P.R. 9 maggio 2016, n. 105.*

(11) *Le parole « all'articolo 10, comma 8, del decreto legislativo 14 marzo 2013, n. 33 » sono state sostituite alle parole « all'articolo 11, comma 8, lettera* a) *» dall'art. 10, comma 1, lett* g)*, del D.Lgs. 25 maggio 2017, n. 74.*

(12) *Lettere soppresse dall'art. 10, comma 1, lett.* g) *n. 2, del D.Lgs. 25 maggio 2017, n. 74.*

(13) *Comma abrogato dall'articolo 19, comma 12, del D.L. 24 giugno 2014, n. 90, convertito, con modificazioni, dalla l. 11 agosto 2014, n. 114.*

(14) *Comma dapprima modificato dall'articolo 60, comma 2, del D.L. 21 giugno 2013, n. 69, convertito, con modificazioni, dalla Legge 9 agosto 2013, n. 98 e da ultimo sostituito dall'art. 10, comma 1, lett.* h)*, del D.Lgs. 25 maggio 2017, n. 74. Il testo previgente era:* « Con uno o più decreti del Presidente del Consiglio dei Ministri, su proposta del Ministro per la pubblica amministrazione e l'innovazione, di concerto con i Ministri competenti, sono dettate disposizioni per il raccordo tra le attività della Commissione e quelle delle esistenti Agenzie di valutazione. Il sistema di valutazione delle attività amministrative delle università e degli enti di ricerca di cui al Capo I del decreto legislativo 31 dicembre 2009, n. 213, è svolto dall'Agenzia nazionale di valutazione del sistema universitario e della ricerca (ANVUR) nel rispetto dei principi generali di cui all'articolo 3 e in conformità ai poteri di indirizzo della Commissione di cui al comma 5 ».

(15) *A norma dell'art. 5, comma 7, del D.L. 31 agosto 2013, n. 101, conv., con modif., dalla Legge 30 ottobre 2013, n. 125, il Presidente e i componenti della Commissione di cui al presente articolo, già insediati alla data di entrata in vigore del D.L. 101/2013, restano in carica fino alla nomina del nuovo Presidente e dei nuovi componenti.*

14 Organismo indipendente di valutazione della performance.

1. Ogni amministrazione, singolarmente o in forma associata, senza nuovi o maggiori oneri per la finanza pubblica, si dota di un Organismo indipendente di valutazione della performance. Il Dipartimento della funzione pubblica assicura la corretta istituzione e composizione degli Organismi indipendenti di valutazione (1).

2. L'Organismo di cui al comma 1 sostituisce i servizi di controllo interno, comunque denominati, di cui

al decreto legislativo 30 luglio 1999, n. 286, ed esercita, in piena autonomia, le attività di cui al comma 4. Esercita, altresì, le attività di controllo strategico di cui all'articolo 6, comma 1, del citato decreto legislativo n. 286 del 1999, e riferisce, in proposito, direttamente all'organo di indirizzo politico-amministrativo.

2-*bis*. L'Organismo indipendente di valutazione della performance è costituito, di norma, in forma collegiale con tre componenti. Il Dipartimento della funzione pubblica definisce i criteri sulla base dei quali le amministrazioni possono istituire l'Organismo in forma monocratica (2).

2-*ter*. Il Dipartimento della funzione pubblica individua i casi in cui sono istituiti Organismi in forma associata tra più pubbliche amministrazioni (2).

[3. L'Organismo indipendente di valutazione è nominato, sentita la Commissione di cui all'articolo 13, dall'organo di indirizzo politico-amministrativo per un periodo di tre anni. L'incarico dei componenti può essere rinnovato una sola volta.] (3).

4. L'Organismo indipendente di valutazione della performance:

a) monitora il funzionamento complessivo del sistema della valutazione, della trasparenza e integrità dei controlli interni ed elabora una relazione annuale sullo stato dello stesso, anche formulando proposte e raccomandazioni ai vertici amministrativi (4);

b) comunica tempestivamente le criticità riscontrate ai competenti organi interni di governo ed amministrazione, nonché alla Corte dei conti e al Dipartimento della funzione pubblica (5);

c) valida la Relazione sulla performance di cui all'articolo 10, a condizione che la stessa sia redatta in forma sintetica, chiara e di immediata comprensione ai cittadini e agli altri utenti finali (6) e ne assicura la visibilità attraverso la pubblicazione sul sito istituzionale dell'amministrazione;

d) garantisce la correttezza dei processi di misurazione e valutazione con particolare riferimento alla significativa differenziazione dei giudizi di cui all'articolo 9, comma 1, lettera *d*) (7), nonché dell'utilizzo dei premi di cui al Titolo III, secondo quanto previsto dal presente decreto, dai contratti collettivi nazionali, dai contratti integrativi, dai regolamenti interni all'amministrazione, nel rispetto del principio di valorizzazione del merito e della professionalità;

e) propone, sulla base del sistema di cui all'articolo 7, all'organo di indirizzo politico-amministrativo, la valutazione annuale dei dirigenti di vertice e l'attribuzione ad essi dei premi di cui al Titolo III;

f) è responsabile della corretta applicazione delle linee guida, delle metodologie e degli strumenti predisposti dal Dipartimento della funzione pubblica sulla base del decreto adottato ai sensi dell'articolo 19, comma 10, del decreto legge n. 90 del 2014 (8);

g) promuove e attesta l'assolvimento degli obblighi relativi alla trasparenza e all'integrità di cui al presente Titolo;

h) verifica i risultati e le buone pratiche di promozione delle pari opportunità.

4-*bis*. Gli Organismi indipendenti di valutazione esercitano i compiti di cui al comma 4 e, in particolare, procedono alla validazione della Relazione sulla performance, tenendo conto anche delle risultanze delle valutazioni realizzate con il coinvolgimento dei cittadini o degli altri utenti finali per le attività e i servizi rivolti, nonché, ove presenti, dei risultati prodotti dalle indagini svolte dalle agenzie esterne di valutazione e dalle analisi condotte dai soggetti appartenenti alla rete nazionale per la valutazione delle amministrazioni pubbliche, di cui al decreto emanato in attuazione dell'articolo 19 del decreto-legge n. 90 del 2014, e dei dati e delle elaborazioni forniti dall'amministrazione, secondo le modalità indicate nel sistema di cui all'articolo 7 (9).

4-*ter*. Nell'esercizio delle funzioni di cui al comma 4, l'Organismo indipendente di valutazione ha accesso a tutti gli atti e documenti in possesso dell'amministrazione, utili all'espletamento dei propri compiti, nel rispetto della disciplina in materia di protezione dei dati personali. Tale accesso è garantito senza ritardo. L'Organismo ha altresì accesso diretto a tutti i sistemi informativi dell'amministrazione, ivi incluso il sistema di controllo di gestione, e può accedere a tutti i luoghi all'interno dell'amministrazione, al fine di svolgere le verifiche necessarie all'espletamento delle proprie funzioni, potendo agire anche in collaborazione con gli organismi di controllo di regolarità amministrativa e contabile dell'amministrazione. Nel caso di riscontro di gravi irregolarità, l'Organismo indipendente di valutazione effettua ogni opportuna segnalazione agli organi competenti (9).

[5. L'Organismo indipendente di valutazione della performance, sulla base di appositi modelli forniti dalla Commissione di cui all'articolo 13, cura annualmente la realizzazione di indagini sul personale dipendente volte a rilevare il livello di benessere organizzativo e il grado di condivisione del sistema di valutazione nonché la rilevazione della valutazione del proprio superiore gerarchico da parte del personale, e ne riferisce alla predetta Commissione.] (10)

6. La validazione della Relazione sulla performance di cui al comma 4, lettera *c*), è condizione inderogabile per l'accesso agli strumenti per premiare il merito di cui al Titolo III.

[7. L'Organismo indipendente di valutazione è costituito da un organo monocratico ovvero collegiale composto da 3 componenti dotati dei requisiti stabiliti dalla Commissione ai sensi dell'articolo 13, comma 6, lettera *g*), e di elevata professionalità ed esperienza, maturata nel campo del management, della valutazione della performance e della valutazione del personale delle amministrazioni pubbliche. I loro curricula sono comunicati alla Commissione di cui all'articolo 13.] (11)

8. I componenti dell'Organismo indipendente di valutazione non possono essere nominati tra i dipendenti dell'amministrazione interessata o (12) tra soggetti che rivestano incarichi pubblici elettivi o cariche in partiti politici o in organizzazioni sindacali ovvero che abbiano rapporti continuativi di collaborazione o di consulenza con le predette organizzazioni, ovvero che abbiano rivestito simili incarichi o cariche o che abbiano avuto simili rapporti nei tre anni precedenti la designazione.

9. Presso l'Organismo indipendente di valutazione è costituita, senza nuovi o maggiori oneri per la finanza pubblica, una struttura tecnica permanente per la misurazione della performance, dotata delle risorse necessarie all'esercizio delle relative funzioni.

10. Il responsabile della struttura tecnica permanente deve possedere una specifica professionalità ed esperienza nel campo della misurazione della performance nelle amministrazioni pubbliche.

11. Agli oneri derivanti dalla costituzione e dal funzionamento degli organismi di cui al presente articolo si provvede nei limiti delle risorse attualmente destinate ai servizi di controllo interno.

(1) *Periodo aggiunto dall'art. 14, comma 1, lett* a), *del D.Lgs. 25 maggio 2017, n. 74.*

(2) *Comma aggiunto dall'articolo 14, comma 1, lettera* b), *del D.Lgs. 25 maggio 2017, n. 74.*

(3) *Comma abrogato dall'articolo 8, comma 1, lettera* d), *del D.P.R. 9 maggio 2016, n. 105.*

(4) *Le parole «, anche formulando proposte e raccomandazioni ai vertici amministrativi » sono state aggiunte dall'articolo 14, comma 1, lettera* c), *numero 1), del D.Lgs. 25 maggio 2017, n. 74.*

(5) *Le parole « e al Dipartimento della funzione pubblica » sono state sostituite alle parole«, all'Ispettorato per la funzione pubblica e alla Commissione di cui all'articolo 13 » dall'articolo 14, comma 1, lettera* c), *numero 2), del D.Lgs. 25 maggio 2017, n. 74.*

(6) *Le parole «, a condizione che la stessa sia redatta in forma sintetica, chiara e di immediata comprensione ai cittadini e agli altri utenti finali » sono state inserite dall'articolo 14, comma 1, lettera* c), *numero 3), del D.Lgs. 25 maggio 2017, n. 74.*

(7) *Le parole « con particolare riferimento alla significativa differenziazione dei giudizi di cui all'articolo 9, comma 1, lettera* d) *» sono state inserite dall'articolo 14, comma 1, lettera* c), *numero 4), del D.Lgs. 25 maggio 2017, n. 74.*

(8) *Le parole « dal Dipartimento della funzione pubblica sulla base del decreto adottato ai sensi dell'articolo 19, comma 10, del decreto legge n. 90 del 2014 » sono state sostituite alle parole « dalla Commissione di cui all'articolo 13 » dall'articolo 14, comma 1, lettera* c), *numero 5), del D.Lgs. 25 maggio 2017, n. 74.*

(9) *Comma aggiunto dall'articolo 14, comma 1, lettera* c), *numero 6), del D.Lgs. 25 maggio 2017, n. 74.*

(10) *Comma abrogato dall'articolo 8, comma 1, lettera* d), *del D.P.R. 9 maggio 2016, n. 105.*

(11) *Comma abrogato dall'articolo 8, comma 1, lettera* d), *del D.P.R. 9 maggio 2016, n. 105.*

(12) *Le parole « tra i dipendenti dell'amministrazione interessata o » sono state inserite dall'art. 14, comma 1, lett.* d), *n. 4), del D.Lgs. 25 maggio 2017, n. 74.*

14-*bis* Elenco, durata e requisiti dei componenti degli OIV (1).

1. Il Dipartimento della funzione pubblica tiene e aggiorna l'Elenco nazionale dei componenti degli Organismi indipendenti di valutazione, secondo le modalità indicate nel decreto adottato ai sensi dell'articolo 19, comma 10, del decreto-legge n. 90 del 2014.

2. La nomina dell'organismo indipendente di valutazione è effettuata dall'organo di indirizzo politico-amministrativo, tra gli iscritti all'elenco di cui al comma 1, previa procedura selettiva pubblica.

3. La durata dell'incarico di componente dell'Organismo indipendente di valutazione è di tre anni, rinnovabile una sola volta presso la stessa amministrazione, previa procedura selettiva pubblica.

4. L'iscrizione all'Elenco nazionale dei componenti degli Organismi indipendenti di valutazione avviene sulla base di criteri selettivi che favoriscono il merito e le conoscenze specialistiche, nel rispetto di requisiti generali, di integrità e di competenza individuati ai sensi del comma 1.

5. Con le modalità di cui al comma 1, sono stabiliti gli obblighi di aggiornamento professionale e formazione continua posti a carico degli iscritti all'elenco nazionale dei componenti degli organismi indipendenti di valutazione.

6. Le nomine e i rinnovi dei componenti degli Organismi indipendenti di valutazione sono nulli in caso di inosservanza delle modalità e dei requisiti stabiliti dall'articolo 14 e dal presente articolo. Il Dipartimento della funzione pubblica segnala alle amministrazioni interessate l'inosservanza delle predette disposizioni.

(1) *Articolo inserito dall'art. 14, comma 2, d.lgs. 25 maggio 2017, n. 74.*

15 Responsabilità dell'organo di indirizzo politico-amministrativo.

1. L'organo di indirizzo politico-amministrativo promuove la cultura della responsabilità per il miglioramento della performance, del merito, della trasparenza e dell'integrità.

2. L'organo di indirizzo politico-amministrativo di ciascuna amministrazione:

a) emana le direttive generali contenenti gli indirizzi strategici;

b) definisce in collaborazione con i vertici dell'amministrazione il Piano e la Relazione di cui all'articolo 10, comma 1, lettere *a*) e *b*);

c) verifica il conseguimento effettivo degli obiettivi strategici;

d) definisce il Programma triennale per la trasparenza e l'integrità di cui all'articolo 11, nonché gli eventuali aggiornamenti annuali.

16 Norme per gli Enti territoriali e il Servizio sanitario nazionale.

[1. Negli ordinamenti delle regioni, anche per quanto concerne i propri enti e le amministrazioni del Servizio sanitario nazionale, e degli enti locali trovano diretta applicazione le disposizioni dell'articolo 11, commi 1 e 3.] (1)

2. Le regioni, anche per quanto concerne i propri enti e le amministrazioni del Servizio sanitario nazionale, e gli enti locali adeguano i propri ordinamenti ai principi contenuti negli articoli 3, 4, 5, comma 2, 7, 9 e 15, comma 1. Per l'attuazione delle restanti disposizioni di cui al presente decreto, si procede tramite accordo da sottoscrivere ai sensi dell'articolo 4 del decreto legislativo n. 281 del 1997 in sede di Conferenza unificata.

[3. Nelle more dell'adeguamento di cui al comma 2, da attuarsi entro il 31 dicembre 2010, negli ordinamenti delle regioni e degli enti locali si applicano le disposizioni vigenti; decorso il termine fissato per l'adeguamento si applicano le disposizioni previste nel presente Titolo fino all'emanazione della disciplina regionale e locale] (1).

(1) *Comma abrogato dall'articolo 12, comma 1, lettera* a) *e* c), *del D.Lgs. 25 maggio 2017, n. 74.*

(2) *Comma sostituito dall'articolo 12, comma 1, lettera* b), *del D.Lgs. 25 maggio 2017, n. 74. Il testo previgente era il seguente: « Le regioni e gli enti locali adeguano i propri ordinamenti ai principi contenuti negli articoli 3, 4, 5, comma 2, 7, 9 e 15, comma 1 ».*

TITOLO III
Merito e premi

CAPO I
Disposizioni generali

17 Oggetto e finalità.

1. Le disposizioni del presente titolo recano strumenti di valorizzazione del merito e metodi di incentivazione della produttività e della qualità della pre stazione lavorativa informati a principi di selettività e concorsualità nelle progressioni di carriera e nel riconoscimento degli incentivi.

2. Dall'applicazione delle disposizioni del presente Titolo non devono derivare nuovi o maggiori oneri per la finanza pubblica. Le amministrazioni interessate utilizzano a tale fine le risorse umane, finanziarie e strumentali disponibili a legislazione vigente.

18 Criteri e modalità per la valorizzazione del merito ed incentivazione della performance.

1. Le amministrazioni pubbliche promuovono il merito e il miglioramento della performance organizzativa e individuale, anche attraverso l'utilizzo di sistemi premianti selettivi, secondo logiche meritocratiche, nonché valorizzano i dipendenti che conseguono le migliori performance attraverso l'attribuzione selettiva di incentivi sia economici sia di carriera.

2. È vietata la distribuzione in maniera indifferenziata o sulla base di automatismi di incentivi e premi collegati alla performance in assenza delle verifiche e attestazioni sui sistemi di misurazione e valutazione adottati ai sensi del presente decreto.

19 Criteri per la differenziazione delle valutazioni (1).

1. Il contratto collettivo nazionale, nell'ambito delle risorse destinate al trattamento economico accessorio collegato alla performance ai sensi dell'articolo 40, comma 3-*bis*, del decreto legislativo 30 marzo 2001, n. 165, stabilisce la quota delle risorse destinate a remunerare, rispettivamente, la performance organizzativa e quella individuale e fissa criteri idonei a garantire che alla significativa differenziazione dei giudizi di cui all'articolo 9, comma 1, lettera *d*), corrisponda un'effettiva diversificazione dei trattamenti economici correlati.

2. Per i dirigenti, il criterio di attribuzione dei premi di cui al comma 1 è applicato con riferimento alla retribuzione di risultato.

(1) *Articolo sostituito dall'art. 13, comma 1, d.lgs. 25 maggio 2017, n. 74. Il testo previgente era: « 1. In ogni amministrazione, l'Organismo indipendente, sulla base dei livelli di performance attribuiti ai valutati secondo il sistema di valutazione di cui al Titolo II del presente decreto, compila una graduatoria delle valutazioni individuali del personale dirigenziale, distinto per livello generale e non, e del personale non dirigenziale.*

2. In ogni graduatoria di cui al comma 1 il personale è distribuito in differenti livelli di performance in modo che:

a) il venticinque per cento è collocato nella fascia di merito alta, alla quale corrisponde l'attribuzione del cinquanta per cento delle risorse destinate al trattamento accessorio collegato alla performance individuale;

b) il cinquanta per cento è collocato nella fascia di merito intermedia, alla quale corrisponde l'attribuzione del cinquanta per cento delle risorse destinate al trattamento accessorio collegato alla performance individuale;

c) il restante venticinque per cento è collocato nella fascia di merito bassa, alla quale non corrisponde l'attribuzione di alcun trattamento accessorio collegato alla performance individuale.

3. Per i dirigenti si applicano i criteri di compilazione della graduatoria e di attribuzione del trattamento accessorio di cui al comma 2, con riferimento alla retribuzione di risultato.

4. La contrattazione collettiva integrativa può prevedere deroghe alla percentuale del venticinque per cento di cui alla lettera a) *del comma 2 in misura non superiore a cinque punti percentuali in aumento o in diminuzione, con corrispondente variazione compensativa delle percentuali di cui alle lettere* b) *o* c). *La contrattazione può altresì prevedere deroghe alla composizione percentuale delle fasce di cui alle lettere* b) *e* c) *e alla distribuzione tra le medesime fasce delle risorse destinate ai trattamenti accessori collegati alla performance individuale.*

5. Il Dipartimento della funzione pubblica provvede al monitoraggio delle deroghe di cui al comma 4, al fine di verificare il rispetto dei principi di selettività e di meritocrazia e riferisce in proposito al Ministro per la pubblica amministrazione e l'innovazione.

6. Le disposizioni di cui ai commi 2 e 3 non si applicano al personale dipendente, se il numero dei dipendenti in servizio nell'amministrazione non è superiore a quindici e, ai dirigenti, se il numero dei dirigenti in servizio nell'amministrazione non è superiore a cinque. In ogni caso, deve essere garantita l'attribuzione selettiva della quota prevalente delle risorse destinate al trattamento economico accessorio collegato alla perfomance, in applicazione del principio di differenziazione del merito, ad una parte limitata del personale dirigente e non dirigente ».

19-*bis* Partecipazione dei cittadini e degli altri utenti finali (1).

1. I cittadini, anche in forma associata, partecipano al processo di misurazione delle performance organizzative, anche comunicando direttamente all'Organismo indipendente di valutazione il proprio grado di soddisfazione per le attività e per i servizi erogati, secondo le modalità stabilite dallo stesso Organismo.

2. Ciascuna amministrazione adotta sistemi di rilevazione del grado di soddisfazione degli utenti e dei cittadini in relazione alle attività e ai servizi erogati, favorendo ogni più ampia forma di partecipazione e collaborazione dei destinatari dei servizi, secondo quanto stabilito dall'articolo 8, comma 1, lettere *c*) ed *e*).

3. Gli utenti interni alle amministrazioni partecipano al processo di misurazione delle performance organizzative in relazione ai servizi strumentali e di supporto secondo le modalità individuate dall'Organismo indipendente di valutazione.

4. I risultati della rilevazione del grado di soddisfazione dei soggetti di cui ai commi da 1 a 3 sono pubblicati, con cadenza annuale, sul sito dell'amministrazione.

5. L'organismo indipendente di valutazione verifica l'effettiva adozione dei predetti sistemi di rilevazione, assicura la pubblicazione dei risultati in forma chiara e comprensibile e ne tiene conto ai fini della valutazione della performance organizzativa dell'amministrazione e in particolare, ai fini della validazione della Relazione sulla performance di cui all'articolo 14, comma 4, lettera *c*).

(1) *Articolo inserito dall'art. 13, comma 2, d.ls. 25 maggio 2017, n. 74.*

CAPO II
Premi

20 Strumenti.

1. Gli strumenti per premiare il merito e le professionalità sono:

a) il bonus annuale delle eccellenze, di cui all'articolo 21;

b) il premio annuale per l'innovazione, di cui all'articolo 22;

c) le progressioni economiche, di cui all'articolo 23;

d) le progressioni di carriera, di cui all'articolo 24;

e) l'attribuzione di incarichi e responsabilità, di cui all'articolo 25;

f) l'accesso a percorsi di alta formazione e di crescita professionale, in ambito nazionale e internazionale, di cui all'articolo 26.

2. Gli incentivi di cui alle lettere *a*), *b*), *c*), ed *e*) del comma 1 sono riconosciuti a valere sulle risorse disponibili per la contrattazione collettiva integrativa.

21 Bonus annuale delle eccellenze.

1. Ogni amministrazione pubblica, nell'ambito delle risorse di cui al comma 3-*bis* dell'articolo 45 del decreto legislativo 30 marzo 2001, n. 165, può attribuire un bonus annuale al quale concorre il personale, dirigenziale e non, cui è attribuita una valutazione di eccellenza (1)

2. Nei limiti delle risorse disponibili, la contrattazione collettiva nazionale determina l'ammontare del bonus annuale delle eccellenze.

3. Il personale premiato con il bonus annuale di cui al comma 1 può accedere agli strumenti premianti di cui agli articoli 22 e 26 a condizione che rinunci al bonus stesso.

4. Entro il mese di aprile di ogni anno, le amministrazioni pubbliche, a conclusione del processo di valutazione della performance, assegnano al personale il bonus annuale relativo all'esercizio precedente.

(1) *Comma sostituito dall'art. 14, comma 1, d.ls. 25 maggio 2017, n. 74. Il testo previgente era:* « È istituito, nell'ambito delle risorse di cui al comma 3-*bis* dell'articolo 45 del decreto legislativo 30 marzo 2001, n. 165, come modificato dall'articolo 57, comma 1, lettera *c*), del presente decreto, il bonus annuale delle eccellenze al quale concorre il personale, dirigenziale e non, che si è collocato nella fascia di merito alta nelle rispettive graduatorie di cui all'articolo 19, comma 2, lettera *a*). Il bonus è assegnato alle performance eccellenti individuate in non più del cinque per cento del personale, dirigenziale e non, che si è collocato nella predetta fascia di merito alta. ».

22 Premio annuale per l'innovazione.

1. Ogni amministrazione pubblica istituisce un premio annuale per l'innovazione, di valore pari all'ammontare del bonus annuale di eccellenza, di cui all'articolo 21, per ciascun dipendente premiato.

2. Il premio viene assegnato al miglior progetto realizzato nell'anno, in grado di produrre un significativo cambiamento dei servizi offerti o dei processi interni di lavoro, con un elevato impatto sulla performance dell'organizzazione.

3. L'assegnazione del premio per l'innovazione compete all'Organismo indipendente di valutazione della performance di cui all'articolo 14, sulla base di una valutazione comparativa delle candidature presentate da singoli dirigenti e dipendenti o da gruppi di lavoro.

4. Il progetto premiato è l'unico candidabile al Premio nazionale per l'innovazione nelle amministrazioni pubbliche, promosso dal Ministro per la pubblica amministrazione e l'innovazione.

23 Progressioni economiche.

1. Le amministrazioni pubbliche riconoscono selettivamente le progressioni economiche di cui all'articolo 52, comma 1-*bis*, del decreto legislativo 30 marzo 2001, n. 165, [come introdotto dall'articolo 62 del presente decreto,] (1) sulla base di quanto previsto dai contratti collettivi nazionali e integrativi di lavoro e nei limiti delle risorse disponibili.

2. Le progressioni economiche sono attribuite in modo selettivo, ad una quota limitata di dipendenti, in relazione allo sviluppo delle competenze professionali ed ai risultati individuali e collettivi rilevati dal sistema di valutazione.

3. [La collocazione nella fascia di merito alta ai sensi dell'articolo 19, comma 2, lettera *a*), per tre anni consecutivi, ovvero per cinque annualità anche non consecutive, costituisce titolo prioritario ai fini dell'attribuzione delle progressioni economiche.] (2).

(1) *Comma modificato all'art. 15, comma 1, lett.* a), *d.lgs. 25 maggio 2017, n. 74.*

(2) *Comma abrogato dall'art. 15, comma 1, lett.* b), *d.lgs. 25 maggio 2017, n. 74.*

24 Progressioni di carriera.

1. Ai sensi dell'articolo 52, comma 1-*bis*, del decreto legislativo n. 165 del 2001, [come introdotto dall'articolo 62 del presente decreto,] (1) le amministrazioni pubbliche, a decorrere dal 1° gennaio 2010, coprono i posti disponibili nella dotazione organica attraverso concorsi pubblici, con riserva non superiore al cinquanta per cento a favore del personale interno, nel rispetto delle disposizioni vigenti in materia di assunzioni.

2. L'attribuzione dei posti riservati al personale interno è finalizzata a riconoscere e valorizzare le competenze professionali sviluppate dai dipendenti, in relazione alle specifiche esigenze delle amministrazioni.

3. [La collocazione nella fascia di merito alta, di cui all'articolo 19, comma 2, lettera *a*), per tre anni consecutivi, ovvero per cinque annualità anche non consecutive, costituisce titolo rilevante ai fini della progressione di carriera] (2).

(1) *Comma modificato all'art. 16, comma 1, lett.* a), *d.lgs. 25 maggio 2017, n. 74.*

(2) *Comma abrogato dall'art. 16, comma 1, lett.* b), *d.lgs. 25 maggio 2017, n. 74.*

25 Attribuzione di incarichi e responsabilità.

1. Le amministrazioni pubbliche favoriscono la crescita professionale e la responsabilizzazione dei dipendenti pubblici ai fini del continuo miglioramento dei processi e dei servizi offerti.

2. La professionalità sviluppata e attestata dal sistema di misurazione e valutazione costituisce criterio

per l'assegnazione di incarichi e responsabilità secondo criteri oggettivi e pubblici.

26 Accesso a percorsi di alta formazione e di crescita professionale.

1. Le amministrazioni pubbliche riconoscono e valorizzano i contributi individuali e le professionalità sviluppate dai dipendenti e a tali fini:

a) promuovono l'accesso privilegiato dei dipendenti a percorsi di alta formazione in primarie istituzioni educative nazionali e internazionali;

b) favoriscono la crescita professionale e l'ulteriore sviluppo di competenze dei dipendenti, anche attraverso periodi di lavoro presso primarie istituzioni pubbliche e private, nazionali e internazionali.

2. Gli incentivi di cui al comma 1 sono riconosciuti nei limiti delle risorse disponibili di ciascuna amministrazione.

27 Premio di efficienza.

1. Fermo restando quanto disposto dall'articolo 61 del decreto-legge 25 giugno 2008, n. 112, convertito, con modificazioni, dalla legge 6 agosto 2008, n. 133, e dall'articolo 2, commi 33 e 34, della legge 22 dicembre 2008, n. 203, una quota fino al 30 per cento dei risparmi sui costi di funzionamento derivanti da processi di ristrutturazione, riorganizzazione e innovazione all'interno delle pubbliche amministrazioni è destinata, in misura fino a due terzi, a premiare, secondo criteri generali definiti dalla contrattazione collettiva integrativa, il personale direttamente e proficuamente coinvolto e per la parte residua ad incrementare le somme disponibili per la contrattazione stessa.

2. Le risorse di cui al comma 1 possono essere utilizzate solo se i risparmi sono stati documentati nella Relazione di performance, validati dall'Organismo di valutazione di cui all'articolo 14 e verificati dal Ministero dell'economia e delle finanze - Dipartimento della Ragioneria generale dello Stato.

3. Le risorse di cui al comma 1 per le regioni, anche per quanto concerne i propri enti e le amministrazioni del Servizio sanitario nazionale, e i relativi enti dipendenti, nonché per gli enti locali possono essere utilizzate solo se i risparmi sono stati documentati nella Relazione di performance e validati dal proprio organismo di valutazione.

28 Qualità dei servizi pubblici.

1. Il comma 2 dell'articolo 11 del decreto legislativo 30 luglio 1999, n. 286, è sostituito dal seguente: « 2. Le modalità di definizione, adozione e pubblicizzazione degli standard di qualità, i casi e le modalità di adozione delle carte dei servizi, i criteri di misurazione della qualità dei servizi, le condizioni di tutela degli utenti, nonché i casi e le modalità di indennizzo automatico e forfettario all'utenza per mancato rispetto degli standard di qualità sono stabilite con direttive, aggiornabili annualmente, del Presidente del Consiglio dei Ministri, su proposta della Commissione per la valutazione, la trasparenza e l'integrità nelle amministrazioni pubbliche. Per quanto riguarda i servizi erogati direttamente o indirettamente dalle regioni e dagli enti locali, si provvede con atti di indirizzo e coordinamento adottati d'intesa con la Conferenza unificata di cui al decreto legislativo 28 agosto 1997, n. 281, su proposta della Commissione per la valutazione, la trasparenza e l'integrità nelle amministrazioni pubbliche. ».

CAPO III
Norme finali, transitorie e abrogazioni

29 Inderogabilità.

1. Fermo restando quanto previsto dall'articolo 31, per le regioni, anche per quanto concerne i propri enti e le amministrazioni del Servizio sanitario nazionale, e per gli enti locali, le disposizioni del presente Titolo hanno carattere imperativo, non possono essere derogate dalla contrattazione collettiva e sono inserite di diritto nei contratti collettivi ai sensi e per gli effetti degli articoli 1339 e 1419, secondo comma, del codice civile, a decorrere dal periodo contrattuale successivo a quello in corso alla data di entrata in vigore del presente decreto.

30 Norme transitorie e abrogazioni.

1. La Commissione di cui all'articolo 13 è costituita entro 30 giorni dalla data di entrata in vigore del presente decreto.

2. Gli Organismi indipendenti di cui all'articolo 14 sono costituiti entro il 30 aprile 2010. Fino alla loro costituzione continuano ad operare gli uffici e i soggetti preposti all'attività di valutazione e controllo strategico di cui all'articolo 6 del decreto legislativo 30 luglio 1999, n. 286.

3. In sede di prima attuazione del presente decreto, gli Organismi indipendenti di cui all'articolo 14 provvedono, entro il 30 settembre 2010, sulla base degli indirizzi della Commissione di cui all'articolo 13 a definire i sistemi di valutazione della performance di cui all'articolo 7 in modo da assicurarne la piena operatività a decorrere dal 1° gennaio 2011. La Commissione effettua il monitoraggio sui parametri e i modelli di riferimento dei predetti sistemi ai sensi dell'articolo 13, comma 6, lettera *d*).

4. A decorrere dal 30 aprile 2010 sono abrogate le seguenti disposizioni del decreto legislativo 30 luglio 1999, n. 286:

a) il terzo periodo dell'articolo 1, comma 2, lettera *a*);

b) l'articolo 1, comma 6;

c) l'articolo 5;

d) l'articolo 6, commi 2 e 3;

e) l'articolo 11, comma 3 (1).

(1) *Così corretto con Comunicato 10 novembre 2009 (G.U. 10 novembre 2009, n. 262).*

31 Norme per gli Enti territoriali e il Servizio sanitario nazionale.

1. Le regioni, anche per quanto concerne i propri enti e le amministrazioni del Servizio sanitario nazio-

nale, e gli enti locali adeguano i propri ordinamenti ai principi contenuti negli articoli 17, comma 2, 18, 19 (1), 23, commi 1 e 2, 24, commi 1 e 2, 25, 26 e 27, comma 1.

[2. Le regioni, anche per quanto concerne i propri enti e le amministrazioni del Servizio sanitario nazionale, e gli enti locali, nell'esercizio delle rispettive potestà normative, prevedono che una quota prevalente delle risorse destinate al trattamento economico accessorio collegato alla performance individuale venga attribuita al personale dipendente e dirigente che si colloca nella fascia di merito alta e che le fasce di merito siano comunque non inferiori a tre. Si applica comunque quanto previsto dall'articolo 19, comma 6](2).

[3. Per premiare il merito e la professionalità, le regioni, anche per quanto concerne i propri enti e le amministrazioni del Servizio sanitario nazionale, e gli enti locali, oltre a quanto autonomamente stabilito, nei limiti delle risorse disponibili per la contrattazione integrativa, utilizzano gli strumenti di cui all'articolo 20, comma 1, lettere *c*), *d*), *e*) ed *f*), nonché, adattandoli alla specificità dei propri ordinamenti, quelli di cui alle lettere *a*) e *b*). Gli incentivi di cui alle predette lettere *a*), *b*), *c*) ed *e*) sono riconosciuti a valere sulle risorse disponibili per la contrattazione collettiva integrativa.] (3)[

4. Nelle more dell'adeguamento di cui al comma 1, da attuarsi entro il 31 dicembre 2010, negli ordinamenti delle regioni e degli enti locali si applicano le disposizioni vigenti alla data di entrata in vigore del presente decreto; decorso il termine fissato per l'adeguamento si applicano le disposizioni previste nel presente titolo fino alla data di emanazione della disciplina regionale e locale.] (3)[

5. Entro il 31 dicembre 2011, le regioni e gli enti locali trasmettono, anche attraverso i loro rappresentanti istituzionali, i dati relativi alla attribuzione al personale dipendente e dirigente delle risorse destinate al trattamento economico accessorio collegato alla performance individuale alla Conferenza unificata che verifica l'efficacia delle norme adottate in attuazione dei principi di cui agli articoli 17, comma 2, 18, 23, commi 1 e 2, 24, commi 1 e 2, 25, 26 e 27, comma 1, anche al fine di promuovere l'adozione di eventuali misure di correzione e migliore adeguamento.] (3)

(1) *Numero inserito dall'articolo 17, comma 1, lettera* a), *del D.Lgs. 25 maggio 2017, n. 74.*

(2) *Comma modificato dall'articolo 3, comma 1, del d.ls. 1° agosto 2011, n. 141 e successivamente abrogato dall'articolo 17, comma 1, lettera* b), *del D.Lgs. 25 maggio 2017, n. 74.*

(3) *Comma abrogato dall'articolo 17, comma 1, lettera* b), *del D.Lgs. 25 maggio 2017, n. 74.*

TITOLO IV
Nuove norme generali sull'ordinamento del lavoro alle dipendenze delle amministrazioni pubbliche

CAPO I
Principi generali

32 Oggetto, ambito e finalità.

1. Le disposizioni del presente Capo definiscono la ripartizione tra le materie sottoposte alla legge, nonché sulla base di questa, ad atti organizzativi e all'autonoma responsabilità del dirigente nella gestione delle risorse umane e quelle oggetto della contrattazione collettiva.

33-36 (*Omissis*) (1).

(1) *Gli artt. da 33 a 36 apportano modifiche al d.ls. 30 marzo 2001 n. 165.*

CAPO II
Dirigenza pubblica

37 Oggetto, ambito di applicazione e finalità.

1. Le disposizioni del presente capo modificano la disciplina della dirigenza pubblica per conseguire la migliore organizzazione del lavoro e assicurare il progressivo miglioramento della qualità delle prestazioni erogate al pubblico, utilizzando anche i criteri di gestione e di valutazione del settore privato, al fine di realizzare adeguati livelli di produttività del lavoro pubblico, di favorire il riconoscimento di meriti e demeriti, e di rafforzare il principio di distinzione tra le funzioni di indirizzo e controllo spettanti agli organi di governo e le funzioni di gestione amministrativa spettanti alla dirigenza, nel rispetto della giurisprudenza costituzionale in materia, regolando il rapporto tra organi di vertice e dirigenti titolari di incarichi apicali in modo da garantire la piena e coerente attuazione dell'indirizzo politico in ambito amministrativo.

38-52 (*Omissis*) (1).

(1) *Gli artt. da 38 a 52 apportano modifiche al d.ls. 30 marzo 2001 n. 165.*

CAPO IV
Contrattazione collettiva nazionale e integrativa

53 Oggetto, ambito di applicazione e finalità.

1. Il presente capo reca disposizioni in materia di contrattazione collettiva e integrativa e di funzionalità delle amministrazioni pubbliche, al fine di conseguire, in coerenza con il modello contrattuale sottoscritto dalle parti sociali, una migliore organizzazione del lavoro e di assicurare il rispetto della ripartizione tra le materie sottoposte alla legge, nonché, sulla base di questa, ad atti organizzativi e all'autonoma determinazione dei dirigenti, e quelle sottoposte alla contrattazione collettiva.

54-66 (*Omissis*) (1).

(1) *Gli artt. da 54 a 62 apportano modifiche al d.ls. 30 marzo 2001 n. 165.*

CAPO V
Sanzioni disciplinari e responsabilità dei dipendenti pubblici

67-71 (*Omissis*) (1).

(1) *Gli artt. 67-71 apportano modifiche al d.ls. 30 marzo 2001 n. 165.*

72 Abrogazioni.

1. Sono abrogate le seguenti disposizioni:

a) articolo 71, commi 2 e 3, del decreto-legge 25 giugno 2008, n. 112, convertito, con modificazioni, dalla legge 6 agosto 2008, n. 133;

b) articoli da 502 a 507 del decreto legislativo 16 aprile 1994, n. 297;

c) l'articolo 56 del decreto legislativo 30 marzo 2001, n. 165.

2. All'articolo 5, comma 4, della legge 27 marzo 2001, n. 97, le parole: «, salvi termini diversi previsti dai contratti collettivi nazionali di lavoro, » sono soppresse.

73 Norme transitorie.

1. Dalla data di entrata in vigore del presente decreto non è ammessa, a pena di nullità, l'impugnazione di sanzioni disciplinari dinanzi ai collegi arbitrali di disciplina. I procedimenti di impugnazione di sanzioni disciplinari pendenti dinanzi ai predetti collegi alla data di entrata in vigore del presente decreto sono definiti, a pena di nullità degli atti, entro il termine di sessanta giorni decorrente dalla predetta data.

2. L'obbligo di esposizione di cartellini o targhe identificativi, previsto dall'articolo 55-*novies* del decreto legislativo 30 marzo 2001, n. 165, introdotto dall'articolo 69 del presente decreto, decorre dal novantesimo giorno successivo all'entrata in vigore del presente decreto.

3. Le disposizioni di legge, non incompatibili con quelle del presente decreto, concernenti singole amministrazioni e recanti fattispecie sanzionatorie specificamente concernenti i rapporti di lavoro del personale di cui all'articolo 2, comma 2, del decreto legislativo 30 marzo 2001, n. 165, continuano ad essere applicabili fino al primo rinnovo del contratto collettivo di settore successivo alla data di entrata in vigore del presente decreto.

TITOLO V
Norme finali e transitorie

74 Ambito di applicazione.

1. Gli articoli 11, commi 1 e 3, da 28 a 30, da 33 a 36, 54, 57, 61, 62, comma 1, 64, 65, 66, 68, 69 e 73, commi 1 e 3, rientrano nella potestà legislativa esclusiva esercitata dallo Stato, ai sensi dell'articolo 117, secondo comma, letterel) edm), della Costituzione.

2. Gli articoli 3, 4, 5, comma 2, 7, 9, 15, comma 1, 17, comma 2, 18, 23, commi 1 e 2, 24, commi 1 e 2, 25, 26, 27, comma 1, e l'articolo 62, commi 1-*bis* e 1-*ter* recano norme di diretta attuazione dell'articolo 97 della Costituzione e costituiscono principi generali dell'ordinamento ai quali si adeguano le regioni e gli enti locali, anche con riferimento agli enti del Servizio sanitario nazionale, negli ambiti di rispettiva competenza.

3. Con uno o più decreti del Presidente del Consiglio dei Ministri sono determinati, in attuazione dell'articolo 2, comma 5, della legge 4 marzo 2009, n. 15, limiti e modalità di applicazione delle disposizioni, anche inderogabili, del presente decreto alla Presidenza del Consiglio dei Ministri, anche con riferimento alla definizione del comparto autonomo di contrattazione collettiva, in considerazione della peculiarità del relativo ordinamento, che discende dagli articoli 92 e 95 della Costituzione. Fino alla data di entrata in vigore di ciascuno di tali decreti, alla Presidenza del Consiglio dei Ministri continua ad applicarsi la normativa previgente.

4. Con decreto del Presidente del Consiglio dei Ministri, di concerto con il Ministro dell'istruzione, dell'università e della ricerca e con il Ministro dell'economia e delle finanze, sono determinati i limiti e le modalità di applicazione delle diposizioni dei Titoli II e III del presente decreto al personale docente della scuola e delle istituzioni di alta formazione artistica e musicale, nonché ai tecnologi e ai ricercatori degli enti di ricerca. Resta comunque esclusa la costituzione degli Organismi di cui all'articolo 14 nell'ambito del sistema scolastico e delle istituzioni di alta formazione artistica e musicale.

5. Le disposizioni del presente decreto legislativo si applicano nei confronti delle regioni a statuto speciale e delle province autonome di Trento e di Bolzano compatibilmente con le attribuzioni previste dagli statuti e dalle relative norme di attuazione.

97. Decreto legge 31 maggio 2010, n. 78, convertito, con modificazioni, in legge 30 luglio 2010, n. 122. — Misure urgenti in materia di stabilizzazione finanziaria e di competitività economica. (*estratto*).

Pubblicato nella Gazzetta Ufficiale n. 125 del 31 maggio 2010, S.O.; la legge di conversione è stata pubblicata nella Gazzetta Ufficiale n. 176 del 30 luglio 2010.

9 Contenimento delle spese in materia di impiego pubblico.

1. Per gli anni 2011, 2012 e 2013 il trattamento economico complessivo dei singoli dipendenti, anche di qualifica dirigenziale, ivi compreso il trattamento accessorio, previsto dai rispettivi ordinamenti delle amministrazioni pubbliche inserite nel conto economico consolidato della pubblica amministrazione, come

individuate dall'Istituto nazionale di statistica (ISTAT) ai sensi del comma 3 dell'articolo 1 della legge 31 dicembre 2009, n. 196, non può superare, in ogni caso, il trattamento ordinariamente spettante per l'anno 2010, al netto degli effetti derivanti da eventi straordinari della dinamica retributiva, ivi incluse le variazioni dipendenti da eventuali arretrati, conseguimento di funzioni diverse in corso d'anno, fermo in ogni caso quanto previsto dal comma 21, terzo e quarto periodo, per le progressioni di carriera comunque denominate, maternità, malattia, missioni svolte all'estero, effettiva presenza in servizio, e dall'articolo 8, comma 14, fatto salvo quanto previsto dal comma 17, secondo periodo (1).

2. In considerazione della eccezionalità della situazione economica internazionale e tenuto conto delle esigenze prioritarie di raggiungimento degli obiettivi di finanza pubblica concordati in sede europea, a decorrere dal 1° gennaio 2011 e sino al 31 dicembre 2013 i trattamenti economici complessivi dei singoli dipendenti, anche di qualifica dirigenziale, previsti dai rispettivi ordinamenti, delle amministrazioni pubbliche, inserite nel conto economico consolidato della pubblica amministrazione, come individuate dall'Istituto nazionale di Statistica (ISTAT), ai sensi del comma 3, dell'art. 1, della legge 31 dicembre 2009, n. 196, superiori a 90.000 euro lordi annui sono ridotti del 5 per cento per la parte eccedente il predetto importo fino a 150.000 euro, nonché del 10 per cento per la parte eccedente 150.000 euro; a seguito della predetta riduzione il trattamento economico complessivo non può essere comunque inferiore 90.000 euro lordi annui; le indennità corrisposte ai responsabili degli uffici di diretta collaborazione dei Ministri di cui all'art. 14, comma 2, del decreto legislativo n. 165 del 2001 sono ridotte del 10 per cento; la riduzione si applica sull'intero importo dell'indennità. Per i procuratori ed avvocati dello Stato rientrano nella definizione di trattamento economico complessivo, ai fini del presente comma, anche gli onorari di cui all'articolo 21 del R. D. 30 ottobre 1933, n. 1611. La riduzione prevista dal primo periodo del presente comma non opera ai fini previdenziali. A decorrere dalla data di entrata in vigore del presente decreto e sino al 31 dicembre 2013, nell'ambito delle amministrazioni di cui all'articolo 1, comma 2, del decreto legislativo 30 marzo 2001, n. 165 e successive modifiche e integrazioni, i trattamenti economici complessivi spettanti ai titolari degli incarichi dirigenziali, anche di livello generale, non possono essere stabiliti in misura superiore a quella indicata nel contratto stipulato dal precedente titolare ovvero, in caso di rinnovo, dal medesimo titolare, ferma restando la riduzione prevista nel presente comma (2) (3) (4).

2-*bis*. A decorrere dal 1° gennaio 2011 e sino al 31 dicembre 2014 l'ammontare complessivo delle risorse destinate annualmente al trattamento accessorio del personale, anche di livello dirigenziale, di ciascuna delle amministrazioni di cui all'articolo 1, comma 2, del decreto legislativo 30 marzo 2001, n. 165, non può superare il corrispondente importo dell'anno 2010 ed è, comunque, automaticamente ridotto in misura proporzionale alla riduzione del personale in servizio. A decorrere dal 1° gennaio 2015, le risorse destinate annualmente al trattamento economico accessorio sono decurtate di un importo pari alle riduzioni operate per effetto del precedente periodo (5).

3. A decorrere dalla data di entrata in vigore del presente provvedimento, nei confronti dei titolari di incarichi di livello dirigenziale generale delle amministrazioni pubbliche, come individuate dall'Istituto nazionale di Statistica (ISTAT), ai sensi del comma 3, dell'art. 1, della legge 31 dicembre 2009, n. 196, non si applicano le disposizioni normative e contrattuali che autorizzano la corresponsione, a loro favore, di una quota deil'importo derivante dall'espletamento di incarichi aggiuntivi.

4. I rinnovi contrattuali del personale dipendente dalle pubbliche amministrazioni per il biennio 2008-2009 ed i miglioramenti economici del rimanente personale in regime di diritto pubblico per il medesimo biennio non possono, in ogni caso, determinare aumenti retributivi superiori al 3,2 per cento. La disposizione di cui al presente comma si applica anche ai contratti ed accordi stipulati prima della data di entrata in vigore del presente decreto; le clausole difformi contenute nei predetti contratti ed accordi sono inefficaci a decorrere dalla mensilità successiva alla data di entrata in vigore del presente decreto; i trattamenti retributivi saranno conseguentemente adeguati. La disposizione di cui al primo periodo del presente comma non si applica al comparto sicurezza-difesa ed ai Vigili del fuoco (6).

5. All'articolo 3, comma 102, della legge 24 dicembre 2007, n. 244, come modificato dall'articolo 66, comma 7, del decreto-legge 25 giugno 2008, n. 112, convertito, con modificazioni, dalla legge 6 agosto 2008, n. 133 le parole "Per gli anni 2010 e 2011" sono sostituite dalle seguenti: "Per il quadriennio 2010-2013".

6. All'articolo 66, comma 9-*bis*, del decreto-legge 25 giugno 2008, n. 112, convertito, con modificazioni, dalla legge 6 agosto 2008, n. 133, le parole "Per ciascuno degli anni 2010, 2011 e 2012" sono sostituite dalle seguenti: "A decorrere dall'anno 2010".

7. All'articolo 66, comma 9, del decreto-legge 25 giugno 2008, n. 112, convertito, con modificazioni, dalla legge 6 agosto 2008, n. 133, la parola "2012" è sostituita dalla parola "2014" (7).

[8. Nell'anno 2016, le amministrazioni di cui all'articolo 1, comma 523, della legge 27 dicembre 2006, n. 296, possono procedere ad assunzioni di personale a tempo indeterminato, nel limite di un contingente di personale complessivamente corrispondente ad una spesa pari al 60 per cento di quella relativa al personale cessato nell'anno precedente. La predetta facoltà assunzionale è fissata nella misura dell'80 per cento nell'anno 2017 e del 100 per cento a decorrere dall'anno 2018. Il comma 103 dell'articolo 1 della legge 30 dicembre 2004, n. 311, come modificato da ultimo dall'articolo 66, comma 12, del decreto-legge 25 giugno 2008, n. 112, convertito, con modificazioni, dalla legge 6 agosto 2008, n. 133, è abrogato.] (8)

9. All'articolo 66, comma 14, del decreto-legge 25 giugno 2008, n. 112, convertito, con modificazioni, dalla legge 6 agosto 2008, n. 133, sono apportate le seguenti modificazioni:

— le parole "triennio 2010-2012" sono sostituite dalle parole "anno 2010".

— dopo il primo periodo sono aggiunti i seguenti: "Per il triennio 2011-2013 gli enti di ricerca possono procedere, per ciascun anno, previo effettivo svolgimento delle procedure di mobilità, ad assunzioni di personale con rapporto di lavoro a tempo indeterminato entro il limite dell'80 per cento delle proprie entrate correnti complessive, come risultanti dal bilancio consuntivo dell'anno precedente, purché entro il limite del 20 per cento delle risorse relative alla cessazione dei rapporti di lavoro a tempo indeterminato intervenute nell'anno precedente. La predetta facoltà assunzionale è fissata nella misura del 50 per cento per l'anno 2014 e del 100 per cento a decorrere dall'anno 2015.

10. Resta fermo quanto previsto dall'articolo 35, comma 3, del decreto-legge 30 dicembre 2008, n. 207, convertito, con modificazioni, dalla legge 27 febbraio 2009, n. 14.

11. Qualora per ciascun ente le assunzioni effettuabili in riferimento alle cessazioni intervenute nell'anno precedente, riferite a ciascun anno, siano inferiori all'unità, le quote non utilizzate possono essere cumulate con quelle derivanti dalle cessazioni relative agli anni successivi, fino al raggiungimento dell'unità.

12. Per le assunzioni di cui ai commi 5, 6, 7, 8 e 9 trova applicazione quanto previsto dal comma 10 dell'articolo 66, del decreto-legge 25 giugno 2008, n. 112, convertito, con modificazioni, dalla legge 6 agosto 2008, n. 133

15. Per l'anno scolastico 2010/2011 è assicurato un contingente di docenti di sostegno pari a quello in attività di servizio d'insegnamento nell'organico di fatto dell'anno scolastico 2009/2010, fatta salva l'autorizzazione di posti di sostegno in deroga al predetto contingente da attivarsi esclusivamente nelle situazioni di particolare gravità, di cui all'articolo 3, comma 3, della legge 5 febbraio 1992, n. 104.

15-*bis*. Il Ministero dell'istruzione, dell'università e della ricerca, anche attraverso i propri uffici periferici, nei limiti di spesa previsti dall'elenco 1 allegato alla legge 23 dicembre 2009, n. 191, è autorizzato a prorogare i rapporti convenzionali in essere, attivati dagli uffici scolastici provinciali e prorogati ininterrottamente, per l'espletamento di funzioni corrispondenti ai collaboratori scolastici, a seguito del subentro dello Stato ai sensi dell'articolo 8 della legge 3 maggio 1999, n. 124, nonché del decreto del Ministro della pubblica istruzione 23 luglio 1999, pubblicato nella Gazzetta Ufficiale n. 16 del 21 gennaio 2000, nei compiti degli enti locali (9).

16. In conseguenza delle economie di spesa per il personale dipendente e convenzionato che si determinano per gli enti del servizio sanitario nazionale in attuazione di quanto previsto del comma 17 del presente articolo, il livello del finanziamento del Servizio sanitario nazionale a cui concorre ordinariamente lo Stato, previsto dall'articolo 2, comma 67, della legge 23 dicembre 2009, n. 191, è rideterminato in riduzione di 418 milioni di euro per l'anno 2011 e di 1.132 milioni di euro a decorrere dall'anno 2012.

17. Non si dà luogo, senza possibilità di recupero, alle procedure contrattuali e negoziali relative al triennio 2010-2012 del personale di cui all'articolo 2, comma 2 e articolo 3 del decreto legislativo 30 marzo 2001, n. 165 e successive modificazioni. Si dà luogo alle procedure contrattuali e negoziali ricadenti negli anni 2013, 2014 e 2015 del personale dipendente dalle amministrazioni pubbliche di cui all'articolo 1, comma 2, del decreto legislativo 30 marzo 2001, n. 165, e successive modificazioni, per la sola parte normativa e senza possibilità di recupero per la parte economica. È fatta salva l'erogazione dell'indennità di vacanza contrattuale nelle misure previste a decorrere dall'anno 2010 in applicazione dell'articolo 2, comma 35, della legge 22 dicembre 2008, n. 203 (10).

18. Conseguentemente sono rideterminate le risorse di cui all'articolo 2, della legge 23 dicembre 2009, n. 191, come di seguito specificato:

a) comma 13, in 313 milioni di euro per l'anno 2011 e a decorrere dall'anno 2012;

b) comma 14, per l'anno 2011 e a decorrere dall'anno 2012 complessivamente in 222 milioni di euro annui, con specifica destinazione di 135 milioni di euro annui per il personale delle forze armate e dei corpi di polizia di cui al decreto legislativo 12 maggio 1995, n. 195.

19. Le somme di cui al comma 18, comprensive degli oneri contributivi e dell'IRAP di cui al decreto legislativo 15 dicembre 1997, n. 446, concorrono a costituire l'importo complessivo massimo di cui all'articolo 11, comma 3, lettera *g*) della legge 31 dicembre 2009, n. 196 (11).

20. Gli oneri di cui all'art. 2, comma 16, della legge 23 dicembre 2009, n. 191, stabiliti per l'anno 2011 e a decorrere dall'anno 2012 si adeguano alle misure corrispondenti a quelle indicate al comma 18, lettera *a*) per il personale statale.

21. I meccanismi di adeguamento retributivo per il personale non contrattualizzato di cui all'articolo 3, del decreto legislativo 30 marzo 2001, n. 165, così come previsti dall'articolo 24 della legge 23 dicembre 1998, n. 448, non si applicano per gli anni 2011, 2012 e 2013 ancorché a titolo di acconto, e non danno comunque luogo a successivi recuperi. Per le categorie di personale di cui all'articolo 3 del decreto legislativo 30 marzo 2001, n. 165 e successive modificazioni, che fruiscono di un meccanismo di progressione automatica degli stipendi, gli anni 2011, 2012 e 2013 non sono utili ai fini della maturazione delle classi e degli scatti di stipendio previsti dai rispettivi ordinamenti. Per il personale di cui all'articolo 3 del decreto legislativo 30 marzo 2001, n. 165 e successive modificazioni le progressioni di carriera comunque denominate eventualmente disposte negli anni 2011, 2012 e 2013 hanno effetto, per i predetti anni, ai fini esclusivamente giuridici. Per il personale contrattualizzato le progressioni di carriera comunque denominate ed i passaggi tra le aree eventualmente disposte negli anni 2011, 2012 e 2013 hanno effetto, per i predetti anni, ai fini esclusivamente giuridici (12).

22. Per il personale di cui alla legge n. 27/1981 non sono erogati, senza possibilità di recupero, gli acconti degli anni 2011, 2012 e 2013 ed il conguaglio del triennio 2010-2012; per tale personale, per il triennio 2013-2015 l'acconto spettante per l'anno 2014 è pari alla misura già prevista per l'anno 2010 e il conguaglio per

l'anno 2015 viene determinato con riferimento agli anni 2009, 2010 e 2014 (13).

Per il predetto personale l'indennità speciale di cui all'articolo 3 della legge 19 febbraio 1981, n. 27, spettante negli anni 2011, 2012 e 2013, è ridotta del 15 per cento per l'anno 2011, del 25 per cento per l'anno 2012 e del 32 per cento per l'anno 2013. Tale riduzione non opera ai fini previdenziali. Nei confronti del predetto personale non si applicano le disposizioni di cui ai commi 1 e 21, secondo e terzo periodo (14).

23. Per il personale docente, Amministrativo, Tecnico ed Ausiliario (A.T.A.) della Scuola, gli anni 2010, 2011 e 2012 non sono utili ai fini della maturazione delle posizioni stipendiali e dei relativi incrementi economici previsti dalle disposizioni contrattuali vigenti. È fatto salvo quanto previsto dall'articolo 8, comma 14 (15).

24. Le disposizioni recate dal comma 17 si applicano anche al personale convenzionato con il servizio sanitario nazionale.

25. In deroga a quanto previsto dall'articolo 33 del decreto legislativo 30 marzo 2001, n. 165, e successive modificazioni e integrazioni, le unità di personale eventualmente risultanti in soprannumero all'esito delle riduzioni previste dall'articolo 2, comma 8-*bis*, del decreto-legge 30 dicembre 2009, n. 194, convertito, con modificazioni, dalla legge 26 febbraio 2010, n. 25, non costituiscono eccedenze ai sensi del citato articolo 33 e restano temporaneamente in posizione soprannumeraria, nell'ambito dei contingenti di ciascuna area o qualifica dirigenziale. Le posizioni soprannumerarie si considerano riassorbite all'atto delle cessazioni, a qualunque titolo, nell'ambito della corrispondente area o qualifica dirigenziale. In relazione alla presenza di posizioni soprannumerarie in un'area, viene reso indisponibile un numero di posti equivalente dal punto di vista finanziario in aree della stessa amministrazione che presentino vacanze in organico. In coerenza con quanto previsto dal presente comma il personale, già appartenente all'Amministrazione Autonoma dei Monopoli di Stato distaccato presso l'Ente Tabacchi Italiani, dichiarato in esubero a seguito di ristrutturazioni aziendali e ricollocato presso uffici delle pubbliche amministrazioni, ai sensi dell'art. 4 del decreto legislativo 9 luglio 1998, n. 283, a decorrere dal 1° gennaio 2011 è inquadrato anche in posizione di soprannumero, salvo riassorbimento al verificarsi delle relative vacanze in organico, nei ruoli degli enti presso i quali presta servizio alla data del presente decreto. Al predetto personale è attribuito un assegno personale riassorbibile pari alla differenza tra il trattamento economico in godimento ed il trattamento economico spettante nell'ente di destinazione. Il Ministero dell'economia e delle finanze provvede ad assegnare agli enti le relative risorse finanziarie.

26. In alternativa a quanto previsto dal comma 25 del presente articolo, al fine di rispondere alle esigenze di garantire la ricollocazione del personale in soprannumero e la funzionalità degli uffici della amministrazioni pubbliche interessate dalie misure di riorganizzazione di cui all'articolo 2, comma 8-*bis*, del decreto-legge 30 dicembre 2009, n. 194, convertito con modificazioni dalla legge 26 febbraio 2010, n. 25, queste ultime possono stipulare accordi di mobilità, anche intercompartimentale, intesi alla ricollocazione del personale predetto presso uffici che presentino vacanze di organico (16).

27. Fino al completo riassorbimento, alle amministrazioni interessate è fatto divieto di procedere ad assunzioni di personale a qualunque titolo e con qualsiasi contratto in relazione alle aree che presentino soprannumeri e in relazione a posti resi indisponibili in altre aree ai sensi del comma 25 (17).

28. A decorrere dall'anno 2011, le amministrazioni dello Stato, anche ad ordinamento autonomo, le agenzie, incluse le Agenzie fiscali di cui agli articoli 62, 63 e 64 del decreto legislativo 30 luglio 1999, n. 300, e successive modificazioni, gli enti pubblici non economici, [gli enti di ricerca,] le università e gli enti pubblici di cui all'articolo 70, comma 4, del decreto legislativo 30 marzo 2001, n. 165 e successive modificazioni e integrazioni, le camere di commercio, industria, artigianato e agricoltura fermo quanto previsto dagli articoli 7, comma 6, e 36 del decreto legislativo 30 marzo 2001, n. 165, possono avvalersi di personale a tempo determinato o con convenzioni ovvero con contratti di collaborazione coordinata e continuativa, nel limite del 50 per cento della spesa sostenuta per le stesse finalità nell'anno 2009. Per le medesime amministrazioni la spesa per personale relativa a contratti di formazione lavoro, ad altri rapporti formativi, alla somministrazione di lavoro, nonché al lavoro accessorio di cui all'articolo 70, comma 1, lettera *d*) del decreto legislativo 10 settembre 2003, n. 276, e successive modificazioni ed integrazioni, non può essere superiore al 50 per cento di quella sostenuta per le rispettive finalità nell'anno 2009. I limiti di cui al primo e al secondo periodo non si applicano, anche con riferimento ai lavori socialmente utili, ai lavori di pubblica utilità e ai cantieri di lavoro, nel caso in cui il costo del personale sia coperto da finanziamenti specifici aggiuntivi o da fondi dell'Unione europea; nell'ipotesi di cofinanziamento, i limiti medesimi non si applicano con riferimento alla sola quota finanziata da altri soggetti. Le disposizioni di cui al presente comma costituiscono principi generali ai fini del coordinamento della finanza pubblica ai quali si adeguano le regioni, le province autonome, gli enti locali e gli enti del Servizio sanitario nazionale. Per gli enti locali in sperimentazione di cui all'articolo 36 del decreto legislativo 23 giugno 2011, n. 118, per l'anno 2014, il limite di cui ai precedenti periodi è fissato al 60 per cento della spesa sostenuta nel 2009. A decorrere dal 2013 gli enti locali possono superare il predetto limite per le assunzioni strettamente necessarie a garantire l'esercizio delle funzioni di polizia locale, di istruzione pubblica e del settore sociale nonché per le spese sostenute per lo svolgimento di attività sociali mediante forme di lavoro accessorio di cui all'articolo 70, comma 1, del decreto legislativo 10 settembre 2003, n. 276. Le limitazioni previste dal presente comma non si applicano alle regioni e (18) agli enti locali in regola con l'obbligo di riduzione delle spese di personale di cui ai commi 557 e 562 dell'articolo 1 della legge 27 dicembre 2006, n. 296, e successive modificazioni, nell'ambito delle risorse disponibili a legislazione vigente. Resta fermo che comunque la spesa complessiva non

può essere superiore alla spesa sostenuta per le stesse finalità nell'anno 2009. Sono in ogni caso escluse dalle limitazioni previste dal presente comma le spese sostenute per le assunzioni a tempo determinato ai sensi dell'articolo 110, comma 1, del testo unico di cui al decreto legislativo 18 agosto 2000, n. 267. Per il comparto scuola e per quello delle istituzioni di alta formazione e specializzazione artistica e musicale trovano applicazione le specifiche disposizioni di settore. Resta fermo quanto previsto dall'articolo 1, comma 188, della legge 23 dicembre 2005, n. 266. Per gli enti di ricerca resta fermo, altresì, quanto previsto dal comma 187 dell'articolo 1 della medesima legge n. 266 del 2005, e successive modificazioni. Alle minori economie pari a 27 milioni di euro a decorrere dall'anno 2011 derivanti dall'esclusione degli enti di ricerca dall'applicazione delle disposizioni del presente comma, si provvede mediante utilizzo di quota parte delle maggiori entrate derivanti dall'articolo 38, commi 13-*bis* e seguenti. [Al fine di assicurare la continuità dell'attività di vigilanza sui concessionari della rete autostradale, ai sensi dell'art. 11, comma 5, secondo periodo, del decreto-legge n. 216 del 2011, il presente comma non si applica altresì, nei limiti di cinquanta unità di personale, al Ministero delle infrastrutture e dei trasporti esclusivamente per lo svolgimento della predetta attività;] (19) alla copertura del relativo onere si provvede mediante l'attivazione della procedura per l'individuazione delle risorse di cui all'articolo 25, comma 2, del decreto-legge 21 giugno 2013, n. 69, convertito, con modificazioni, dalla legge 9 agosto 2013, n. 98. Il presente comma non si applica alla struttura di missione di cui all'art. 163, comma 3, lettera *a*), del decreto legsilsativo 12 aprile 2006, n. 163. Il mancato rispetto dei limiti di cui al presente comma costituisce illecito disciplinare e determina responsabilità erariale. Per le amministrazioni che nell'anno 2009 non hanno sostenuto spese per le finalità previste ai sensi del presente comma, il limite di cui al primo periodo è computato con riferimento alla media sostenuta per le stesse finalità nel triennio 2007-2009 (20) (21) (22) (23).

29. Le società non quotate, inserite nel conto economico consolidato della pubblica amministrazione, come individuate dall'ISTAT ai sensi del comma 3 dell'articolo 1 della legge 31 dicembre 2009, n. 196, controllate direttamente o indirettamente dalle amministrazioni pubbliche, adeguano le loro politiche assunzionali alle disposizioni previste nel presente articolo (21) (23).

30. Gli effetti dei provvedimenti normativi di cui all'articolo 3, comma 155, secondo periodo, della legge 24 dicembre 2003, n. 350, decorrono dal 1° gennaio 2011.

[31. Al fine di agevolare il processo di riduzione degli assetti organizzativi delle pubbliche amministrazioni, a decorrere dalla data di entrata in vigore del presente decreto, fermo il rispetto delle condizioni e delle procedure previste dai commi da 7 a 10 dell'art. 72 del decreto-legge 25 giugno 2008, n. 112, convertito, con modificazioni, dalla legge 6 agosto 2008, n. 133, i trattenimenti in servizio previsti dalle predette disposizioni possono essere disposti esclusivamente nell'ambito delle facoltà assunzionali consentite dalla legislazione vigente in base alle cessazioni del personale e con il rispetto delle relative procedure autorizzatorie; le risorse destinabili a nuove assunzioni in base alle predette cessazioni sono ridotte in misura pari ail'importo del trattamento retributivo derivante dai trattenimenti in servizio. Sono fatti salvi i trattenimenti in servizio aventi decorrenza anteriore al l° gennaio 2011, disposti prima dell'entrata in vigore del presente decreto. I trattenimenti in servizio aventi decorrenza successiva al 1° gennaio 2011, disposti prima dell'entrata in vigore del presente decreto, sono privi di effetti. Il presente comma non si applica ai trattenimenti in servizio previsti dall'art. 16, comma 1-*bis* del decreto legislativo 30 dicembre 1992, n. 503 e, in via transitoria limitatamente agli anni 2011 e 2012, ai capi di rappresentanza diplomatica nominati anteriormente alla data di entrata in vigore della legge di conversione del presente decreto.] (24)

32. A decorrere dalla data di entrata in vigore del presente provvedimento le pubbliche amministrazioni di cui all'art. 1, comma 2, del decreto legislativo n. 165 del 2001 che, alla scadenza di un incarico di livello dirigenziale, anche in dipendenza dei processi di riorganizzazione, non intendono, anche in assenza di una valutazione negativa, confermare l'incarico conferito al dirigente, conferiscono al medesimo dirigente un altro incarico, anche di valore economico inferiore. Non si applicano le eventuali disposizioni normative e contrattuali più favorevoli; a decorrere dalla medesima data è abrogato l'art. 19, comma 1 ter, secondo periodo, del decreto legislativo n. 165 del 2001. Resta fermo che, nelle ipotesi di cui al presente comma, al dirigente viene conferito un incarico di livello generale o di livello non generale, a seconda, rispettivamente, che il dirigente appartenga alla prima o alla seconda fascia.

33. Ferma restando la riduzione prevista dall'art. 67, comma 3, del decreto-legge 25 giugno 2008, n. 112, convertito con modificazioni dalla legge 6 agosto 2008, n. 133, la quota del 10 per cento delle risorse determinate ai sensi dell'articolo 12, del decreto-legge 28 marzo 1997, n. 79, convertito, con modificazioni, dalla legge 28 maggio 1997, n. 140, e successive modificazioni, è destinata, per metà, al fondo di assistenza per i finanzieri di cui alla legge 20 ottobre 1960, n. 1265 e, per la restante metà, al fondo di previdenza per il personale del Ministero delle finanze, cui sono iscritti, a decorrere dal 1° gennaio 2010, anche gli altri dipendenti civili dell'Amministrazione economico-finanziaria. A decorrere dall'anno 2011 l'autorizzazione di spesa corrispondente al predetto Fondo di cui al capitolo 3985 dello stato di previsione del Ministero dell'economia e delle finanze, nell'ambito del programma di spesa "Regolazione giurisdizione e coordinamento del sistema della fiscalità" della missione "Politiche economico-finanziarie e di bilancio", non può essere comunque superiore alla dotazione per l'anno 2010, come integrata dal presente comma (25).

34. A decorrere dall'anno 2014, con determinazione interministeriale prevista dall'articolo 4, comma 2, del D.P.R. 10 maggio 1996, n. 360, l'indennità di impiego operativo per reparti di campagna, è corrisposta nel limite di spesa determinato per l'anno 2008, con il medesimo provvedimento interministeriale, ridotto del

30%. Per l'individuazione del suddetto contingente l'Amministrazione dovrà tener conto dell'effettivo impiego del personale alle attività nei reparti e nelle unità di campagna. Ai relativi oneri, pari a 38 milioni di euro per ciascuno degli anni 2011, 2012 e 2013, si fa fronte, quanto a 38 milioni di euro per l'anno 2011 e 34 milioni di euro per ciascuno degli anni 2012 e 2013, mediante utilizzo di quota parte delle maggiori entrate derivanti dall'articolo 32 e, quanto a 4 milioni di euro per ciascuno degli anni 2012 e 2013, mediante utilizzo di quota parte delle maggiori entrate derivanti dall'articolo 38, commi 13-*bis* e seguenti (26).

35. In conformità all'articolo 7, comma 10, del decreto legislativo 12 maggio 1995, n. 195, l'articolo 52, comma 3, del decreto del Presidente della Repubblica 18 giugno 2002, n. 164 si interpreta nel senso che la determinazione ivi indicata, nell'individuare il contingente di personale, tiene conto delle risorse appositamente stanziate.

35-*bis*. L'articolo 32 della legge 22 maggio 1975, n. 152, si interpreta nel senso che, in presenza dei presupposti ivi previsti, le spese di difesa, anche diverse dalle anticipazioni, sono liquidate dal Ministero dell'interno, sempre a richiesta dell'interessato che si è avvalso del libero professionista di fiducia (27).

36. Per gli enti di nuova istituzione non derivanti da processi di accorpamento o fusione di precedenti organismi, limitatamente al quinquennio decorrente dall'istituzione, le nuove assunzioni, previo esperimento delle procedure di mobilità, fatte salve le maggiori facoltà assunzionali eventualmente previste dalla legge istitutiva, possono essere effettuate nel limite del 50% delle entrate correnti ordinarie aventi carattere certo e continuativo e, comunque nel limite complessivo del 60% della dotazione organica. A tal fine gli enti predispongono piani annuali di assunzioni da sottoporre all'approvazione da parte dell'amministrazione vigilante d'intesa con il Dipartimento della Funzione Pubblica ed il Ministero dell'Economia e delle Finanze (28).

37. Fermo quanto previsto dal comma 1 del presente articolo, le disposizioni contrattuali del comparto Scuola previste dagli artt. 82 e 83 del CCNL 2006-2009 del 29 novembre 2007 saranno oggetto di specifico confronto tra le parti al termine del triennio 2010-2012.

(1) *Comma modificato in sede di conversione. A norma dell'art. 1, comma 1, lett.* a), *del d.P.R. 4 settembre 2013, n. 122, le disposizioni recate dal presente comma, sono prorogate fino al 31 dicembre 2014. A norma dell'art. 1, comma 4, del d.l. 23 gennaio 2014, n. 3, conv., con modif., in l. 19 marzo 2014, n. 41, il presente comma, per il personale della scuola, non trova applicazione per l'anno 2014, nell'ambito degli stanziamenti di bilancio relativi alle competenze stipendiali.*

(2) *In riferimento al presente comma v. anche l'art. 2, comma 1, d.l. 13 agosto 2011, n. 138, conv., con modif., in l. 14 settembre 2011, n. 148.*

(3) *La Corte Costituzionale, con sentenza 11 ottobre 2012, n. 223 (G.U., 17 ottobre, n. 41), ha dichiarato* l'illegittimità costituzionale *del presente comma, nella parte in cui dispone che a decorrere dal 1° gennaio 2011 e sino al 31 dicembre 2013 i trattamenti economici complessivi dei singoli dipendenti, anche di qualifica dirigenziale, previsti dai rispettivi ordinamenti, delle amministrazioni pubbliche, inserite nel conto economico consolidato della pubblica amministrazione, come individuate dall'Istituto nazionale di statistica (ISTAT), ai sensi del comma 3, dell'articolo 1, della legge 31 dicembre 2009, n. 196 (Legge di contabilità e finanza pubblica), superiori a 90.000 euro lordi annui siano ridotti del 5% per la parte eccedente il predetto importo fino a 150.000 euro, nonché del 10% per la parte eccedente 150.000 euro.*

(4) *A norma dell'art. 1, comma 1, lett.* a), *del d.P.R. 4 settembre 2013, n. 122, le disposizioni recate dal presente comma, nella parte vigente, sono prorogate fino al 31 dicembre 2014.*

(5) *Comma inserito in sede di conversione e successivamente modificato dall'art. 1, comma 456, della l. 27 dicembre 2013, n. 147. V. l'art. 1, comma 103, della l. 27 dicembre 2013, n. 147. A norma dell'art. 1, comma 1, lett. a), del d.P.R. 4 settembre 2013, n. 122, le disposizioni recate dal presente comma, sono prorogate fino al 31 dicembre 2014.*

(6) *Comma modificato in sede di conversione.*

(7) *Comma modificato in sede di conversione.*

(8) *Comma modificato in sede di conversione e successivamente dall'art. 14, comma 1, lett.* c) *d.l. 6 luglio 2012, n. 95, conv., con modif., in l. 7 agosto 2012, n. 135, e dall'art. 1, comma 462, l. 27 dicembre 2013, n. 147. Da ultimo, il comma è stato abrogato dall'art. 3, comma 9, lett.* a), *d.l. 24 giugno 2014, n. 90, conv., con modif., in l. 11 agosto 2014, n. 114.*

(9) *Comma inserito in sede di conversione.*

(10) *Comma modificato dall'art. 1, comma 453, l. 27 dicembre 2013, n. 147 e dall'art. 1, comma 254, della l. 23 dicembre 2014, n. 190. Successivamente la Corte Costituzionale, con sentenza 23 luglio 2015, n. 178 (G. U., 29 luglio, n. 30), ha dichiarato* l'illegittimità costituzionale *sopravvenuta, a decorrere dal giorno successivo alla pubblicazione della citata sentenza nella Gazzetta Ufficiale della Repubblica, del regime di sospensione della contrattazione collettiva, risultante dai suddetti commi 453 e 254.*

(11) *Comma modificato in sede di conversione.*

(12) *A norma dell'art. 1, comma 1, lett.* a), *del d.P.R. 4 settembre 2013, n. 122, le disposizioni recate dal presente comma, sono prorogate fino al 31 dicembre 2014. Successivamente, a norma dell'articolo 1, comma 256, della l. 23 dicembre 2014, n. 190, le disposizioni di cui al presente comma, primo e secondo periodo, sono ulteriormente prorogate fino al 31 dicembre 2015 e resta ferma l'inapplicabilità delle disposizioni di cui al presente comma, primo e secondo periodo, al personale di cui alla legge 19 febbraio 1981, n. 27.*

(13) *La Corte Costituzionale, con sentenza 11 ottobre 2012, n. 223 (G.U., 17 ottobre, n. 41), ha dichiarato* l'illegittimità costituzionale *del presente comma, nella parte in cui dispone che, per il personale di cui alla legge 19 febbraio 1981, n. 27 non sono erogati, senza possibilità di recupero, gli acconti degli anni 2011, 2012 e 2013 ed il conguaglio del triennio 2010-2012 e che per tale personale, per il triennio 2013-2015 l'acconto spettante per l'anno 2014 è pari alla misura già prevista per l'anno 2010 e il conguaglio per l'anno 2015 viene determinato con riferimento agli anni 2009, 2010 e 2014; nonché nella parte in cui non esclude che a detto personale sia applicato il primo periodo del comma 21. Inoltre, ha anche dichiarato l'illegittimità costituzionale del presente comma, nella parte in cui dispone che l'indennità speciale di cui all'articolo 3 della legge n. 27 del 1981, spettante al personale indicato in tale legge, negli anni 2011, 2012 e 2013, sia ridotta del 15% per l'anno 2011, del 25% per l'anno 2012 e del 32% per l'anno 2013.*

(14) *Comma modificato sede di conversione.*

(15) *Comma modificato in sede di conversione. A norma dell'art. 1, comma 1, lett.* b), *del d.P.R. 4 settembre 2013, n. 122, le disposizioni recate dal presente comma, sono prorogate fino al 31 dicembre 2013. Per l'applicazione per l'anno 2014, v. l'art. 1, comma 4, del d.l. 23 gennaio 2014, n. 3, conv., con modif., in l. 19 marzo 2014, n. 41.*

(16) *Comma modificato in sede di conversione.*

(17) *Comma modificato in sede di conversione.*

(18) *Le parole* « alle regioni e » *dopo le parole* « non si applicano » *di cui al settimo periodo sono state inserite dall'art. 1, comma 156 l. 27 dicembre 2019, n. 160, con effetto a decorrere dal 1° gennaio 2020.*

(19) *Le parole tra parentesi quadre sono state soppresse dall'art. 1, comma 545, l. 27 dicembre 2019, n. 160, con effetto a decorrere dal 1° gennaio 2020.*

(20) *Comma modificato dall'art. 4, comma 102, lett.* a) e b) *della L. 12 novembre 2011, n. 183, a decorrere dal 1° gennaio 2012, ai sensi dell'art. 36, comma 1, della medesima l. n. 183, cit. In riferimento al presente comma, v. anche l'art. 6, comma 1, del D.L. 31 marzo 2011, n. 34, conv., con modif., in l. 26 maggio 2011, n. 75 e l'art. 1, comma 6-*bis, *del D.L. 29 dicembre 2011, n. 216, conv., con modif., in l. 24 febbraio 2011, n. 14. Successivamente, il presente comma è stato ulteriormente modificato dall'art. 4-*ter, *comma 12, del D.L. 2 marzo 2012, n. 16, dall'art. 9, comma 12, del D.L. 28 giugno 2013, n. 76, conv., con modif., in l. 9 agosto 2013, n. 99; dall'art. 9, comma 8, del D.L. 31 agosto 2013, n. 102, conv., con modif., in l. 28 ottobre 2013, n. 124; dall'art. 6, comma 3, del D.L. 31 agosto 2013, n. 101, conv., con modif., in l. 30 ottobre 2013, n. 125. V. anche gli artt. 4, comma 9-*bis, *e 10, comma 10-*bis *del D.L. 31 agosto 2013, n. 101, conv., con modif., in l. 30 ottobre 2013, n. 125 e dall'art. 11, comma 4-*bis, *del D.L. 24 giugno 2014, n. 90, conv., con modif., in l. 11 agosto 2014, n. 114. V. anche il comma 4-*ter *del medesimo articolo 11. Da ultimo, comma modificato dall'art. 3, comma 9, lett.* b), *del D.L. 24 giugno 2014, n. 90, conv., con modif., in l. 11 agosto 2014, n. 114 e dall'art.*

*16, comma 1-*quater*, del D.L. 24 giugno 2016, n. 113, conv., con modif., in l. 7 agosto 2016, n. 160.*

(21) *Si veda la deroga di cui all'articolo 22, comma 1 del D.L. 24 aprile 2017, n. 50 convertito, con modificazioni, dalla Legge 21 giugno 2017, n. 96 ai sensi del quale « 1. Fermo restando il rispetto degli obiettivi di finanza pubblica e della vigente normativa in materia di contenimento dalla spesa complessiva di personale, i comuni, in deroga a quanto disposto dall'articolo 9, comma 28, del decreto-legge 31 maggio 2010, n. 78, convertito, con modificazioni, dalla legge 30 luglio 2010, n. 122, possono procedere ad assunzioni di personale con contratto di lavoro a tempo determinato a carattere stagionale, nel rispetto delle procedure di natura concorsuale ad evidenza pubblica, a condizione che i relativi oneri siano integralmente a carico di risorse, già incassate nel bilancio dei comuni, derivanti da contratti di sponsorizzazione ed accordi di collaborazione con soggetti privati e che le assunzioni siano finalizzate esclusivamente alla fornitura di servizi aggiuntivi rispetto a quelli ordinari, di servizi pubblici non essenziali o di prestazioni verso terzi paganti, non connessi a garanzia di diritti fondamentali ».*

*Si veda anche quanto disposto dall'art. 1, comma 200, l. 27 dicembre 2017, n. 205, come modificato dall'art. 13, comma 1-*ter *d.l. 28 gennaio 2019, n. 4, conv., con modif., in l. 28 marzo 2019, n. 26, secondo cui: « 200. Al fine di garantire il servizio sociale professionale come funzione fondamentale dei comuni, secondo quanto stabilito dall'articolo 14, comma 27, lettera g), del decreto-legge 31 maggio 2010, n. 78, convertito, con modificazioni, dalla legge 30 luglio 2010, n. 122, e, contestualmente, i servizi di cui all'articolo 7, comma 1, del decreto legislativo 15 settembre 2017, n. 147, a valere e nei limiti della metà delle risorse di cui all'articolo 7, comma 3, del medesimo decreto legislativo attribuite a ciascun ambito territoriale, possono essere effettuate assunzioni di assistenti sociali con rapporto di lavoro a tempo determinato, fermo restando il rispetto degli obiettivi del pareggio di bilancio, in deroga ai vincoli di contenimento della spesa di personale di cui all'articolo 9, comma 28, del citato decreto-legge n. 78 del 2010, convertito, con modificazioni, dalla legge n. 122 del 2010, e all'articolo 1, commi 557 e 562, della legge 27 dicembre 2006, n. 296 ». ».*

Si veda inoltre quanto disposto dall'art. 1, comma 434, l. 27 dicembre 2017, n. 205: « 434. I contratti di lavoro a tempo determinato di cui ai commi da 422 a 432 sono stipulati in deroga ai limiti di cui all'articolo 9, comma 28, del decreto-legge 31 maggio 2010, n. 78, convertito, con modificazioni, dalla legge 30 luglio 2010, n. 122, e all'articolo 2, comma 71, della legge 23 dicembre 2009, n. 191 ».

Si veda altresì quanto disposto:

- dall'art. 1, comma 752, l. 27 dicembre 2017, n. 205: « 752. Per assicurare la funzionalità degli uffici impegnati nelle attività connesse alla ricostruzione, i comuni di Lacco Ameno e di Casamicciola Terme possono assumere personale rispettivamente nel limite di 4 e 6 unità per l'anno 2018, e rispettivamente 8 e 12 unità per gli anni 2019 e 2020, e il Comune di Forio nel limite di 4 unità per gli anni 2019 e 2020, con contratti di lavoro a tempo determinato nei limiti temporali di cui all'articolo 19 del decreto legislativo 15 giugno 2015, n. 81, in deroga ai vincoli assunzionali di cui all'articolo 9, comma 28, del decreto-legge 31 maggio 2010, n. 78, convertito, con modificazioni, dalla legge 30 luglio 2010, n. 122, e di cui all'articolo 1, comma 557, della legge 27 dicembre 2006, n. 296, nonché in deroga all'articolo 259, comma 6, del testo unico di cui al decreto legislativo 18 agosto 2000, n. 267 ».

- dall'art. 1, comma 757, l. 27 dicembre 2017, n. 205, così come modificato dal d.l. 28 settembre 2018, n. 109, convertito in l. 16 novembre 2018, n. 130: « 757. Al fine di assicurare, con continuità, il regolare svolgimento delle attività concernenti l'allertamento, il soccorso e l'assistenza alle popolazioni colpite dagli eventi sismici che hanno interessato il territorio delle regioni Lazio, Marche, Umbria e Abruzzo il 24 agosto 2016, il 26 e il 30 ottobre 2016 e il 18 gennaio 2017, nonché delle attività delle strutture regionali di protezione civile, dei centri funzionali decentrati e delle sale operative del Servizio nazionale di protezione civile, le medesime regioni possono procedere, negli anni 2018 e 2019, ad assunzioni di personale a tempo determinato anche mediante proroghe di contratti in essere, purché nel limite massimo imposto dalle disposizioni dell'Unione europea. A tal fine, per i predetti anni, la percentuale di cui all'articolo 9, comma 28, del decreto-legge 31 maggio 2010, n. 78, convertito, con modificazioni, dalla legge 30 luglio 2010, n. 122, è aumentata al 70 per cento ».

*- dall'art. 1, comma 764, l. 27 dicembre 2017, n. 205: « 764. Al fine di accelerare le attività connesse alla situazione emergenziale prodottasi a seguito degli eventi sismici del 20 e 29 maggio 2012, il Presidente della regione Lombardia in qualità di Commissario delegato per la ricostruzione può destinare, mediante utilizzo delle risorse finanziarie già disponibili sulla propria contabilità speciale, fino a 0,5 milioni di euro per l'anno 2019 per rimborsare i costi sostenuti per le unità di personale assunte con contratto di lavoro flessibile da destinare al supporto degli uffici tecnici dei comuni colpiti dagli eventi sismici del 20 e 29 maggio 2012, come individuati ai sensi dell'articolo 1, comma 1, del decreto-legge 6 giugno 2012, n. 74, convertito, con modificazioni, dalla legge 1° agosto 2012, n. 122, e dell'articolo 67-*septies *del decreto-legge 22 giugno 2012, n. 83, convertito, con modificazioni, dalla legge 7 agosto 2012, n. 134. Le assunzioni di tali unità di personale, in deroga ai vincoli di cui ai commi 557 e 562 dell'articolo 1 della legge 27 dicembre 2006, n. 296, e al comma 28 dell'articolo 9 del decreto-legge 31 maggio 2010, n. 78, convertito, con modificazioni, dalla legge 30 luglio 2010, n. 122, sono effettuate dai comuni singoli ovvero dalle unioni di comuni, con facoltà di attingere dalle graduatorie, anche per le assunzioni a tempo indeterminato, vigenti alla data di entrata in vigore della presente legge, garantendo in ogni caso il rispetto dell'ordine di collocazione dei candidati nelle medesime graduatorie ».*

Si veda inoltre l'art. 2, comma 1, d.l. 28 settembre 2018, n. 109, convertito, con modificazioni in l. 16 novembre 2018, n. 130, come modificato dall'art. 15, comma 3, lett. a) *d.l. 30 dicembre 2019, n. 162, conv., con modif., in l. 28 febbraio 2020, n. 8: « Per far fronte alle necessità conseguenti all'evento, la Regione Liguria, gli enti del settore regionale allargato, con esclusione degli enti del Servizio sanitario nazionale, la Città metropolitana di Genova, il Comune di Genova e le società controllate dalle predette amministrazioni territoriali nonché la camera di commercio, industria, artigianato e agricoltura di Genova, previa autorizzazione del Commissario delegato per l'emergenza nominato con ordinanza del Capo del Dipartimento della protezione civile n. 539 del 20 agosto 2018, possono assumere, complessivamente per gli anni 2018, 2019 e 2020 con contratti di lavoro a tempo determinato, ulteriori unità di personale con funzioni di protezione civile, polizia locale e di supporto all'emergenza, fino a 300 unità, in deroga ai vincoli di contenimento della spesa di personale previsti dalla normativa vigente ed in particolare dall'articolo 9, comma 28, del decreto-legge 31 maggio 2010, n. 78, convertito, con modificazioni, dalla legge 30 luglio 2010, n. 122 e dall'articolo 1, commi 557 e 562, della legge 27 dicembre 2006, n. 296 ». ».*

(22) *In deroga a tale articolo, v. l'art. 14-*bis*, commi 1, 2 e 5, d.l. 18 aprile 2019, n. 32, conv., con modif., in l. 14 giugno 2019, n. 55 che così dispongono: « 1. Tenuto conto degli eventi sismici di cui alla deliberazione del Consiglio dei ministri 28 dicembre 2018, pubblicata nella Gazzetta Ufficiale n. 13 del 16 gennaio 2019, e del conseguente numero di procedimenti gravanti sui comuni della città metropolitana di Catania indicati nell'allegato 1, gli stessi possono assumere con contratti di lavoro a tempo determinato, in deroga all'articolo 259, comma 6, del testo unico delle leggi sull'ordinamento degli enti locali, di cui al decreto legislativo 18 agosto 2000, n. 267, e ai vincoli di contenimento della spesa di personale di cui all'articolo 9, comma 28, del decreto-legge 31 maggio 2010, n. 78, convertito, con modificazioni, dalla legge 30 luglio 2010, n. 122, e di cui all'articolo 1, commi 557 e 562, della legge 27 dicembre 2006, n. 296, nel limite di spesa di euro 830.000 per l'anno 2019, di euro 1.660.000 per l'anno 2020 e di euro 1.660.000 per l'anno 2021, ulteriori unità di personale con professionalità di tipo tecnico o amministrativo-contabile fino a 40 unità complessive per ciascuno degli anni 2020 e 2021. Ai relativi oneri, nel limite di euro 830.000 per l'anno 2019, di euro 1.660.000 per l'anno 2020 e di euro 1.660.000 per l'anno 2021, si fa fronte con le risorse disponibili nella contabilità speciale intestata al Commissario straordinario per la ricostruzione nei territori dei comuni della città metropolitana di Catania, di cui all'articolo 8. - 2. Nei limiti delle risorse finanziarie previste dal comma 1 e delle unità di personale assegnate con i provvedimenti di cui al comma 3, i comuni della città metropolitana di Catania, con efficacia limitata agli anni 2019, 2020 e 2021, possono incrementare la durata della prestazione lavorativa dei rapporti di lavoro a tempo parziale già in essere con professionalità di tipo tecnico o amministrativo, in deroga ai vincoli di contenimento della spesa di personale di cui all'articolo 9, comma 28, del decreto-legge 31 maggio 2010, n. 78, convertito, con modificazioni, dalla legge 30 luglio 2010, n. 122, e di cui all'articolo 1, commi 557 e 562, della legge 27 dicembre 2006, n. 296. — 5. Nelle more dell'espletamento delle procedure previste dal comma 4 e limitatamente allo svolgimento di compiti di natura tecnico-amministrativa strettamente connessi ai servizi sociali, all'attività di progettazione, all'attività di affidamento dei lavori, dei servizi e delle forniture, all'attività di direzione dei lavori e di controllo sull'esecuzione degli appalti, nell'ambito delle risorse a tal fine previste, i comuni di cui all'allegato 1, in deroga ai vincoli di contenimento della spesa di personale di cui all'articolo 9, comma 28, del decreto-legge 31 maggio 2010, n. 78, convertito, con modificazioni, dalla legge 30 luglio 2010, n. 122, e di cui all'articolo 1, commi 557 e 562, della legge 27 dicembre 2006, n. 296, possono sottoscrivere contratti di lavoro autonomo di collaborazione coordinata e continuativa, ai sensi e per gli effetti dell'articolo 7, comma 6, del decreto legislativo 30 marzo 2001, n. 165, con durata non superiore al 31 dicembre 2019. I contratti di collaborazione coordinata e continuativa di cui al precedente periodo possono essere rinnovati, anche in deroga alla normativa vigente, per una sola volta e per una durata non superiore al 31 dicembre 2020, limitatamente alle unità di personale che non sia stato possibile reclutare secondo le procedure di cui al comma 4. La durata dei contratti di lavoro autonomo e di collaborazione coordi-*

nata e continuativa non può andare oltre, anche in caso di rinnovo, l'immissione in servizio del personale reclutato secondo le procedure previste dal comma 4 »

*Per ulteriori deroghe, v. l'art. 8, comma 1, d.l. 14 giugno 2019, n. 53, conv., con modif., in l. 8 agosto 2019, n. 77 secondo cui « Al fine di dare attuazione ad un programma di interventi, temporaneo ed eccezionale, finalizzato ad eliminare, anche mediante l'uso di strumenti telematici, l'arretrato relativo ai procedimenti di esecuzione delle sentenze penali di condanna, nonché di assicurare la piena efficacia dell'attività di prevenzione e repressione dei reati, il Ministero della giustizia è autorizzato ad assumere, per il biennio 2019-2020, con contratto di lavoro a tempo determinato di durata annuale, anche in sovrannumero rispetto all'attuale dotazione organica e alle assunzioni già programmate, in aggiunta alle facoltà assunzionali ordinarie e straordinarie previste a legislazione vigente, un contingente massimo di 800 unità di personale amministrativo non dirigenziale, di cui 200 unità di Area I/ F2 e 600 unità di Area II/F2. L'assunzione di personale di cui al primo periodo è autorizzata, ai sensi dell'articolo 36, comma 2, del decreto legislativo 30 marzo 2001, n. 165, e in deroga ai limiti di spesa di cui all'articolo 9, comma 28, del decreto-legge 31 maggio 2010, n. 78, convertito, con modificazioni, dalla legge 30 luglio 2010, n. 122, con le modalità semplificate di cui all'articolo 14, comma 10-*ter*, del decreto-legge 28 gennaio 2019, n. 4, convertito, con modificazioni, dalla legge 28 marzo 2019, n. 26, nonché mediante l'avviamento degli iscritti nelle liste di collocamento secondo le procedure previste dall'articolo 35, comma 1, lettera b), del decreto legislativo 30 marzo 2001, n. 165, nonché mediante lo scorrimento delle graduatorie vigenti alla data di entrata in vigore del presente decreto. L'amministrazione giudiziaria può indicare l'attribuzione di un punteggio aggiuntivo in favore dei soggetti che hanno maturato i titoli di preferenza di cui all'articolo 50, commi 1-*quater e 1-*quinquies*, del decreto-legge 24 giugno 2014, n. 90, convertito, con modificazioni, dalla legge 11 agosto 2014, n. 114 » e, da ultimo, l'art. 9-*sexies*, comma 1, d.l. 24 ottobre 2019, n. 123, conv., con modif., in l. 12 dicembre 2019, n. 156 che prevede: « In deroga a quanto stabilito dall'articolo 9, comma 28, del decreto-legge 31 maggio 2010, n. 78, convertito, con modificazioni, dalla legge 30 luglio 2010, n. 122, il Comune dell'Aquila, secondo le disposizioni dell'articolo 4, comma 14, del decreto-legge 31 agosto 2013, n. 101, convertito, con modificazioni, dalla legge 30 ottobre 2013, n. 125, può avvalersi di personale a tempo determinato, nel limite massimo di spesa di 1 milione di euro, fino al 31 dicembre 2020, a valere sulle disponibilità del bilancio comunale, fermo restando il rispetto dei vincoli di bilancio e della vigente normativa in materia di contenimento della spesa complessiva di personale ».*

Per una deroga relativa alla società di gestione del sistema informativo dell'amministrazione finanziaria, v. l'art. 51, comma 3, d.l. 26 ottobre 2019, n. 124, conv., con modif., in l. 19 dicembre 2019, n. 157, come modificato dall'art. 1, comma 286, l. 27 dicembre 2019, n. 160, che così dispone: « Al fine di favorire il perseguimento degli obiettivi di cui al comma 1, fermo restando il concorso della Società agli obiettivi di finanza pubblica, alla Società di cui all'articolo 83, comma 15, del decreto-legge 25 giugno 2008, n. 112, convertito, con modificazioni, dalla legge 6 agosto 2008, n. 133, non si applicano le disposizioni di cui all'articolo 9, commi 28 e 29, del decreto-legge 31 maggio 2010, n. 78, convertito, con modificazioni, dalla legge 30 luglio 2010, n. 122, nel rispetto delle direttive dell'azionista e del controllore analogo ».

A norma dell'art. 103, comma 23, d.l. 19 maggio 2020, n. 34, conv., con modif., in l. 17 luglio 2020, n. 77, come da ultimo modificato dall'art. 1, comma 648, l. 30 dicembre 2021, n. 234, il Ministero dell'interno è autorizzato ad utilizzare per un periodo non superiore a diciotto mesi, tramite una o più agenzie di somministrazione di lavoro, prestazioni di lavoro a contratto a termine, nel limite massimo di spesa di 30.000.000 di euro per il 2020 nonché di 20.000.000 di euro per l'anno 2022, da ripartire nelle sedi di servizio interessate nelle procedure di regolarizzazione, in deroga ai limiti di cui al presente comma.

(23) *Comma sostituito in sede di conversione.*

(24) *Comma modificato in sede di conversione e successivamente abrogato dall'art. 1, comma 1, del D.L. 24 giugno 2014, n. 90, conv., con modif., in l. 11 agosto 2014, n. 114. V. inoltre quanto disposto dai commi 2, 3 e 3-*bis *del medesimo articolo 1.*

(25) *Comma modificato in sede di conversione.*

(26) *Comma modificato in sede di conversione.*

(27) *Comma inserito in sede di conversione.*

(28) *Si veda quanto disposto dall'art. 1, comma 533, l. 27 dicembre 2017, n. 205: « Al fine di supportare Roma Capitale nelle funzioni di valorizzazione dei beni ambientali e fluviali di cui al decreto legislativo 18 aprile 2012, n. 61, con particolare riferimento alla riduzione del rischio idrologico nel bacino del fiume Tevere, l'Autorità di bacino distrettuale dell'Appennino Centrale è autorizzata, nell'anno 2018 e in deroga ai limiti di cui all'articolo 9, comma 36, del decreto-legge 31 maggio 2010, n. 78, convertito, con modificazioni, dalla legge 30 luglio 2010, n. 122, ad assumere con contratto di lavoro a tempo indeterminato un contingente di unità di personale nel limite di spesa di 2 milioni di euro annui. A tal fine è autorizzata la spesa di 2 milioni di euro a decorrere dall'anno 2018 ».*

98. Decreto legge 13 agosto 2011, n. 138, convertito, con modificazioni, in legge 14 settembre 2011, n. 148. — Ulteriori misure urgenti per la stabilizzazione finanziaria e per lo sviluppo (*estratto*).

Pubblicato nella Gazzetta Ufficiale n. 188 del 13 agosto 2011; la legge di conversione è stata pubblicata nella Gazzetta Ufficiale n. 216 del 16 settembre 2011.

1 Disposizioni per la riduzione della spesa pubblica.

01-17. (*Omissis*)

18. Al fine di assicurare la massima funzionalità e flessibilità, in relazione a motivate esigenze organizzative, le pubbliche amministrazioni di cui all'articolo 1, comma 2, del decreto legislativo 30 marzo 2001, n. 165, possono disporre, nei confronti del personale appartenente alla carriera prefettizia ovvero avente qualifica dirigenziale, il passaggio ad altro incarico prima della data di scadenza dell'incarico ricoperto prevista dalla normativa o dal contratto. In tal caso il dipendente conserva, sino alla predetta data, il trattamento economico in godimento a condizione che, ove necessario, sia prevista la compensazione finanziaria, anche a carico del fondo per la retribuzione di posizione e di risultato o di altri fondi analoghi.

19-33-*bis*. (*Omissis*)

99. Legge 28 giugno 2012, n. 92. — Disposizioni in materia di riforma del mercato del lavoro in una prospettiva di crescita. (*estratto*).

Pubblicata nella Gazzetta Ufficiale n. 153 del 3 luglio 2012, S.O. n. 136.

1 Disposizioni generali, tipologie contrattuali e disciplina in tema di flessibilità in uscita e tutele del lavoratore.

1. La presente legge dispone misure e interventi intesi a realizzare un mercato del lavoro inclusivo e dinamico, in grado di contribuire alla creazione di occupazione, in quantità e qualità, alla crescita sociale ed economica e alla riduzione permanente del tasso di disoccupazione, in particolare:

a) favorendo l'instaurazione di rapporti di lavoro più stabili e ribadendo il rilievo prioritario del lavoro subordinato a tempo indeterminato, cosiddetto « contratto dominante », quale forma comune di rapporto di lavoro;

b) valorizzando l'apprendistato come modalità prevalente di ingresso dei giovani nel mondo del lavoro;

c) ridistribuendo in modo più equo le tutele dell'impiego, da un lato contrastando l'uso improprio e strumentale degli elementi di flessibilità progressivamente introdotti nell'ordinamento con riguardo alle tipologie contrattuali; dall'altro adeguando contestualmente alle esigenze del mutato contesto di riferimento la disciplina del licenziamento, con previsione altresì di un procedimento giudiziario specifico per accelerare la definizione delle relative controversie;

d) rendendo più efficiente, coerente ed equo l'assetto degli ammortizzatori sociali e delle politiche attive in una prospettiva di universalizzazione e di rafforzamento dell'occupabilità delle persone;

e) contrastando usi elusivi di obblighi contributivi e fiscali degli istituti contrattuali esistenti;

f) promuovendo una maggiore inclusione delle donne nella vita economica;

g) favorendo nuove opportunità di impiego ovvero di tutela del reddito per i lavoratori ultracinquantenni in caso di perdita del posto di lavoro;

h) promuovendo modalità partecipative di relazioni industriali in conformità agli indirizzi assunti in sede europea, al fine di migliorare il processo competitivo delle imprese.

2. Al fine di monitorare lo stato di attuazione degli interventi e delle misure di cui alla presente legge e di valutarne gli effetti sull'efficienza del mercato del lavoro, sull'occupabilità dei cittadini, sulle modalità di entrata e di uscita nell'impiego, è istituito presso il Ministero del lavoro e delle politiche sociali, in collaborazione con le altre istituzioni competenti, un sistema permanente di monitoraggio e valutazione basato su dati forniti dall'Istituto nazionale di statistica (ISTAT) e da altri soggetti del Sistema statistico nazionale (Sistan). Al sistema concorrono altresì le parti sociali attraverso la partecipazione delle organizzazioni maggiormente rappresentative sul piano nazionale dei datori di lavoro e dei lavoratori.

3. Il sistema di cui al comma 2 assicura, con cadenza almeno annuale, rapporti sullo stato di attuazione delle singole misure, sulle conseguenze in termini microeconomici e macroeconomici, nonché sul grado di effettivo conseguimento delle finalità di cui al comma 1. Il sistema assicura altresì elementi conoscitivi sull'andamento dell'occupazione femminile, rilevando, in particolare, la corrispondenza dei livelli retributivi al principio di parità di trattamento nonché sugli effetti determinati dalle diverse misure sulle dinamiche intergenerazionali. Dagli esiti del monitoraggio e della valutazione di cui ai commi da 2 a 6 sono desunti elementi per l'implementazione ovvero per eventuali correzioni delle misure e degli interventi introdotti dalla presente legge, anche alla luce dell'evoluzione del quadro macroeconomico, degli andamenti produttivi, delle dinamiche del mercato del lavoro e, più in generale, di quelle sociali (1).

4. Allo scopo di assicurare il monitoraggio e la valutazione indipendenti della riforma, l'Istituto nazionale della previdenza sociale (INPS) e l'ISTAT organizzano delle banche dati informatizzate anonime, rendendole disponibili, a scopo di ricerca scientifica, a gruppi di ricerca collegati a università, enti di ricerca o enti che hanno anche finalità di ricerca italiani ed esteri. I risultati delle ricerche condotte mediante l'utilizzo delle banche dati sono resi pubblici e comunicati al Ministero del lavoro e delle politiche sociali.

5. Le banche dati di cui al comma 4 contengono i dati individuali anonimi, relativi ad età, genere, area di residenza, periodi di fruizione degli ammortizzatori sociali con relativa durata ed importi corrisposti, periodi lavorativi e retribuzione spettante, stato di disoccupazione, politiche attive e di attivazione ricevute ed eventuali altre informazioni utili ai fini dell'analisi di impatto e del monitoraggio.

6. L'attuazione delle disposizioni dei commi da 1 a 5 non deve comportare nuovi o maggiori oneri a carico della finanza pubblica ed è effettuata con le risorse finanziarie, umane e strumentali previste a legislazione vigente.

7. Le disposizioni della presente legge, per quanto da esse non espressamente previsto, costituiscono principi e criteri per la regolazione dei rapporti di lavoro dei dipendenti delle pubbliche amministrazioni di cui all'articolo 1, comma 2, del decreto legislativo 30 marzo 2001, n. 165, e successive modificazioni, in coerenza con quanto disposto dall'articolo 2, comma 2, del medesimo decreto legislativo. Restano ferme le previsioni di cui all'articolo 3 del medesimo decreto legislativo.

8. Al fine dell'applicazione del comma 7 il Ministro per la pubblica amministrazione e la semplificazione, sentite le organizzazioni sindacali maggiormente rappresentative dei dipendenti delle amministrazioni pubbliche, individua e definisce, anche mediante iniziative normative, gli ambiti, le modalità e i tempi di armonizzazione della disciplina relativa ai dipendenti delle amministrazioni pubbliche.

9-69. (*Omissis*)

100. Decreto del Presidente della Repubblica 16 aprile 2013, n. 62. — Regolamento recante codice di comportamento dei dipendenti pubblici, a norma dell'articolo 54 del decreto legislativo 30 marzo 2001, n. 165.

Pubblicato nella Gazzetta Ufficiale n. 129 del 4 giugno 2013.

1 Disposizioni di carattere generale.

1. Il presente codice di comportamento, di seguito denominato "Codice", definisce, ai fini dell'articolo 54 del decreto legislativo 30 marzo 2001, n. 165, i doveri minimi di diligenza, lealtà, imparzialità e buona condotta che i pubblici dipendenti sono tenuti ad osservare.

2. Le previsioni del presente Codice sono integrate e specificate dai codici di comportamento adottati dalle singole amministrazioni ai sensi dell'articolo 54, comma 5, del citato decreto legislativo n. 165 del 2001.

2 Ambito di applicazione.

1. Il presente codice si applica ai dipendenti delle pubbliche amministrazioni di cui all'articolo 1, comma 2, del decreto legislativo 30 marzo 2001, n. 165, il cui rapporto di lavoro è disciplinato in base all'articolo 2, commi 2 e 3, del medesimo decreto.

2. Fermo restando quanto previsto dall'articolo 54, comma 4, del decreto legislativo 30 marzo 2001, n. 165, le norme contenute nel presente codice costituiscono principi di comportamento per le restanti categorie di personale di cui all'articolo 3 del citato decreto n. 165 del 2001, in quanto compatibili con le disposizioni dei rispettivi ordinamenti.

3. Le pubbliche amministrazioni di cui all'articolo 1, comma 2, del decreto legislativo n. 165 del 2001 estendono, per quanto compatibili, gli obblighi di condotta previsti dal presente codice a tutti i collaboratori o consulenti, con qualsiasi tipologia di contratto o incarico e a qualsiasi titolo, ai titolari di organi e di incarichi negli uffici di diretta collaborazione delle autorità politiche, nonché nei confronti dei collaboratori a qualsiasi titolo di imprese fornitrici di beni o servizi e che realizzano opere in favore dell'amministrazione. A tale fine, negli atti di incarico o nei contratti di acquisizioni delle collaborazioni, delle consulenze o dei servizi, le amministrazioni inseriscono apposite disposizioni o clausole di risoluzione o decadenza del rapporto in caso di violazione degli obblighi derivanti dal presente codice.

4. Le disposizioni del presente codice si applicano alle regioni a statuto speciale e alle province autonome di Trento e di Bolzano nel rispetto delle attribuzioni derivanti dagli statuti speciali e delle relative norme di attuazione, in materia di organizzazione e contrattazione collettiva del proprio personale, di quello dei loro enti funzionali e di quello degli enti locali del rispettivo territorio.

3 Principi generali.

1. Il dipendente osserva la Costituzione, servendo la Nazione con disciplina ed onore e conformando la propria condotta ai principi di buon andamento e imparzialità dell'azione amministrativa. Il dipendente svolge i propri compiti nel rispetto della legge, perseguendo l'interesse pubblico senza abusare della posizione o dei poteri di cui è titolare.

2. Il dipendente rispetta altresì i principi di integrità, correttezza, buona fede, proporzionalità, obiettività, trasparenza, equità e ragionevolezza e agisce in posizione di indipendenza e imparzialità, astenendosi in caso di conflitto di interessi.

3. Il dipendente non usa a fini privati le informazioni di cui dispone per ragioni di ufficio, evita situazioni e comportamenti che possano ostacolare il corretto adempimento dei compiti o nuocere agli interessi o all'immagine della pubblica amministrazione. Prerogative e poteri pubblici sono esercitati unicamente per le finalità di interesse generale per le quali sono stati conferiti.

4. Il dipendente esercita i propri compiti orientando l'azione amministrativa alla massima economicità, efficienza ed efficacia. La gestione di risorse pubbliche ai fini dello svolgimento delle attività amministrative deve seguire una logica di contenimento dei costi, che non pregiudichi la qualità dei risultati.

5. Nei rapporti con i destinatari dell'azione amministrativa, il dipendente assicura la piena parità di trattamento a parità di condizioni, astenendosi, altresì, da azioni arbitrarie che abbiano effetti negativi sui destinatari dell'azione amministrativa o che comportino discriminazioni basate su sesso, nazionalità, origine etnica, caratteristiche genetiche, lingua, religione o credo, convinzioni personali o politiche, appartenenza a una minoranza nazionale, disabilità, condizioni sociali o di salute, età e orientamento sessuale o su altri diversi fattori.

6. Il dipendente dimostra la massima disponibilità e collaborazione nei rapporti con le altre pubbliche amministrazioni, assicurando lo scambio e la trasmissione delle informazioni e dei dati in qualsiasi forma anche telematica, nel rispetto della normativa vigente.

4 Regali, compensi e altre utilità.

1. Il dipendente non chiede, né sollecita, per sé o per altri, regali o altre utilità.

2. Il dipendente non accetta, per sé o per altri, regali o altre utilità, salvo quelli d'uso di modico valore effettuati occasionalmente nell'ambito delle normali relazioni di cortesia e nell'ambito delle consuetudini internazionali. In ogni caso, indipendentemente dalla circostanza che il fatto costituisca reato, il dipendente non chiede, per sé o per altri, regali o altre utilità, neanche di modico valore a titolo di corrispettivo per compiere o per aver compiuto un atto del proprio ufficio da soggetti che possano trarre benefici da decisioni o attività inerenti all'ufficio, né da soggetti nei cui con-

fronti è o sta per essere chiamato a svolgere o a esercitare attività o potestà proprie dell'ufficio ricoperto.

3. Il dipendente non accetta, per sé o per altri, da un proprio subordinato, direttamente o indirettamente, regali o altre utilità, salvo quelli d'uso di modico valore. Il dipendente non offre, direttamente o indirettamente, regali o altre utilità a un proprio sovraordinato, salvo quelli d'uso di modico valore.

4. I regali e le altre utilità comunque ricevuti fuori dai casi consentiti dal presente articolo, a cura dello stesso dipendente cui siano pervenuti, sono immediatamente messi a disposizione dell'Amministrazione per la restituzione o per essere devoluti a fini istituzionali.

5. Ai fini del presente articolo, per regali o altre utilità di modico valore si intendono quelle di valore non superiore, in via orientativa, a 150 euro, anche sotto forma di sconto. I codici di comportamento adottati dalle singole amministrazioni possono prevedere limiti inferiori, anche fino all'esclusione della possibilità di riceverli, in relazione alle caratteristiche dell'ente e alla tipologia delle mansioni.

6. Il dipendente non accetta incarichi di collaborazione da soggetti privati che abbiano, o abbiano avuto nel biennio precedente, un interesse economico significativo in decisioni o attività inerenti all'ufficio di appartenenza.

7. Al fine di preservare il prestigio e l'imparzialità dell'amministrazione, il responsabile dell'ufficio vigila sulla corretta applicazione del presente articolo.

5 Partecipazione ad associazioni e organizzazioni.

1. Nel rispetto della disciplina vigente del diritto di associazione, il dipendente comunica tempestivamente al responsabile dell'ufficio di appartenenza la propria adesione o appartenenza ad associazioni od organizzazioni, a prescindere dal loro carattere riservato o meno, i cui ambiti di interessi possano interferire con lo svolgimento dell'attività dell'ufficio. Il presente comma non si applica all'adesione a partiti politici o a sindacati.

2. Il pubblico dipendente non costringe altri dipendenti ad aderire ad associazioni od organizzazioni, né esercita pressioni a tale fine, promettendo vantaggi o prospettando svantaggi di carriera.

6 Comunicazione degli interessi finanziari e conflitti d'interesse.

1. Fermi restando gli obblighi di trasparenza previsti da leggi o regolamenti, il dipendente, all'atto dell'assegnazione all'ufficio, informa per iscritto il dirigente dell'ufficio di tutti i rapporti, diretti o indiretti, di collaborazione con soggetti privati in qualunque modo retribuiti che lo stesso abbia o abbia avuto negli ultimi tre anni, precisando:

a) se in prima persona, o suoi parenti o affini entro il secondo grado, il coniuge o il convivente abbiano ancora rapporti finanziari con il soggetto con cui ha avuto i predetti rapporti di collaborazione;

b) se tali rapporti siano intercorsi o intercorrano con soggetti che abbiano interessi in attività o decisioni inerenti all'ufficio, limitatamente alle pratiche a lui affidate.

2. Il dipendente si astiene dal prendere decisioni o svolgere attività inerenti alle sue mansioni in situazioni di conflitto, anche potenziale, di interessi con interessi personali, del coniuge, di conviventi, di parenti, di affini entro il secondo grado. Il conflitto può riguardare interessi di qualsiasi natura, anche non patrimoniali, come quelli derivanti dall'intento di voler assecondare pressioni politiche, sindacali o dei superiori gerarchici.

7 Obbligo di astensione.

1. Il dipendente si astiene dal partecipare all'adozione di decisioni o ad attività che possano coinvolgere interessi propri, ovvero di suoi parenti, affini entro il secondo grado, del coniuge o di conviventi, oppure di persone con le quali abbia rapporti di frequentazione abituale, ovvero, di soggetti od organizzazioni con cui egli o il coniuge abbia causa pendente o grave inimicizia o rapporti di credito o debito significativi, ovvero di soggetti od organizzazioni di cui sia tutore, curatore, procuratore o agente, ovvero di enti, associazioni anche non riconosciute, comitati, società o stabilimenti di cui sia amministratore o gerente o dirigente. Il dipendente si astiene in ogni altro caso in cui esistano gravi ragioni di convenienza. Sull'astensione decide il responsabile dell'ufficio di appartenenza.

8 Prevenzione della corruzione.

1. Il dipendente rispetta le misure necessarie alla prevenzione degli illeciti nell'amministrazione. In particolare, il dipendente rispetta le prescrizioni contenute nel piano per la prevenzione della corruzione, presta la sua collaborazione al responsabile della prevenzione della corruzione e, fermo restando l'obbligo di denuncia all'autorità giudiziaria, segnala al proprio superiore gerarchico eventuali situazioni di illecito nell'amministrazione di cui sia venuto a conoscenza.

9 Trasparenza e tracciabilità.

1. Il dipendente assicura l'adempimento degli obblighi di trasparenza previsti in capo alle pubbliche amministrazioni secondo le disposizioni normative vigenti, prestando la massima collaborazione nell'elaborazione, reperimento e trasmissione dei dati sottoposti all'obbligo di pubblicazione sul sito istituzionale.

2. La tracciabilità dei processi decisionali adottati dai dipendenti deve essere, in tutti i casi, garantita attraverso un adeguato supporto documentale, che consenta in ogni momento la replicabilità.

10 Comportamento nei rapporti privati.

1. Nei rapporti privati, comprese le relazioni extralavorative con pubblici ufficiali nell'esercizio delle loro funzioni, il dipendente non sfrutta, né menziona la posizione che ricopre nell'amministrazione per otte-

nere utilità che non gli spettino e non assume nessun altro comportamento che possa nuocere all'immagine dell'amministrazione.

11 Comportamento in servizio.

1. Fermo restando il rispetto dei termini del procedimento amministrativo, il dipendente, salvo giustificato motivo, non ritarda né adotta comportamenti tali da far ricadere su altri dipendenti il compimento di attività o l'adozione di decisioni di propria spettanza.

2. Il dipendente utilizza i permessi di astensione dal lavoro, comunque denominati, nel rispetto delle condizioni previste dalla legge, dai regolamenti e dai contratti collettivi.

3. Il dipendente utilizza il materiale o le attrezzature di cui dispone per ragioni di ufficio e i servizi telematici e telefonici dell'ufficio nel rispetto dei vincoli posti dall'amministrazione. Il dipendente utilizza i mezzi di trasporto dell'amministrazione a sua disposizione soltanto per lo svolgimento dei compiti d'ufficio, astenendosi dal trasportare terzi, se non per motivi d'ufficio.

12 Rapporti con il pubblico.

1. Il dipendente in rapporto con il pubblico si fa riconoscere attraverso l'esposizione in modo visibile del badge od altro supporto identificativo messo a disposizione dall'amministrazione, salvo diverse disposizioni di servizio, anche in considerazione della sicurezza dei dipendenti, opera con spirito di servizio, correttezza, cortesia e disponibilità e, nel rispondere alla corrispondenza, a chiamate telefoniche e ai messaggi di posta elettronica, opera nella maniera più completa e accurata possibile. Qualora non sia competente per posizione rivestita o per materia, indirizza l'interessato al funzionario o ufficio competente della medesima amministrazione. Il dipendente, fatte salve le norme sul segreto d'ufficio, fornisce le spiegazioni che gli siano richieste in ordine al comportamento proprio e di altri dipendenti dell'ufficio dei quali ha la responsabilità od il coordinamento. Nelle operazioni da svolgersi e nella trattazione delle pratiche il dipendente rispetta, salvo diverse esigenze di servizio o diverso ordine di priorità stabilito dall'amministrazione, l'ordine cronologico e non rifiuta prestazioni a cui sia tenuto con motivazioni generiche. Il dipendente rispetta gli appuntamenti con i cittadini e risponde senza ritardo ai loro reclami.

2. Salvo il diritto di esprimere valutazioni e diffondere informazioni a tutela dei diritti sindacali, il dipendente si astiene da dichiarazioni pubbliche offensive nei confronti dell'amministrazione.

3. Il dipendente che svolge la sua attività lavorativa in un'amministrazione che fornisce servizi al pubblico cura il rispetto degli standard di qualità e di quantità fissati dall'amministrazione anche nelle apposite carte dei servizi. Il dipendente opera al fine di assicurare la continuità del servizio, di consentire agli utenti la scelta tra i diversi erogatori e di fornire loro informazioni sulle modalità di prestazione del servizio e sui livelli di qualità.

4. Il dipendente non assume impegni né anticipa l'esito di decisioni o azioni proprie o altrui inerenti all'ufficio, al di fuori dei casi consentiti. Fornisce informazioni e notizie relative ad atti od operazioni amministrative, in corso o conclusi, nelle ipotesi previste dalle disposizioni di legge e regolamentari in materia di accesso, informando sempre gli interessati della possibilità di avvalersi anche dell'Ufficio per le relazioni con il pubblico. Rilascia copie ed estratti di atti o documenti secondo la sua competenza, con le modalità stabilite dalle norme in materia di accesso e dai regolamenti della propria amministrazione.

5. Il dipendente osserva il segreto d'ufficio e la normativa in materia di tutela e trattamento dei dati personali e, qualora sia richiesto oralmente di fornire informazioni, atti, documenti non accessibili tutelati dal segreto d'ufficio o dalle disposizioni in materia di dati personali, informa il richiedente dei motivi che ostano all'accoglimento della richiesta. Qualora non sia competente a provvedere in merito alla richiesta cura, sulla base delle disposizioni interne, che la stessa venga inoltrata all'ufficio competente della medesima amministrazione.

13 Disposizioni particolari per i dirigenti.

1. Ferma restando l'applicazione delle altre disposizioni del Codice, le norme del presente articolo si applicano ai dirigenti, ivi compresi i titolari di incarico ai sensi dell'articolo 19, comma 6, del decreto legislativo n. 165 del 2001 e dell'articolo 110 del decreto legislativo 18 agosto 2000, n. 267, ai soggetti che svolgono funzioni equiparate ai dirigenti operanti negli uffici di diretta collaborazione delle autorità politiche, nonché ai funzionari responsabili di posizione organizzativa negli enti privi di dirigenza.

2. Il dirigente svolge con diligenza le funzioni ad esso spettanti in base all'atto di conferimento dell'incarico, persegue gli obiettivi assegnati e adotta un comportamento organizzativo adeguato per l'assolvimento dell'incarico.

3. Il dirigente, prima di assumere le sue funzioni, comunica all'amministrazione le partecipazioni azionarie e gli altri interessi finanziari che possano porlo in conflitto di interessi con la funzione pubblica che svolge e dichiara se ha parenti e affini entro il secondo grado, coniuge o convivente che esercitano attività politiche, professionali o economiche che li pongano in contatti frequenti con l'ufficio che dovrà dirigere o che siano coinvolti nelle decisioni o nelle attività inerenti all'ufficio. Il dirigente fornisce le informazioni sulla propria situazione patrimoniale e le dichiarazioni annuali dei redditi soggetti all'imposta sui redditi delle persone fisiche previste dalla legge.

4. Il dirigente assume atteggiamenti leali e trasparenti e adotta un comportamento esemplare e imparziale nei rapporti con i colleghi, i collaboratori e i destinatari dell'azione amministrativa. Il dirigente cura, altresì, che le risorse assegnate al suo ufficio siano utilizzate per finalità esclusivamente istituzionali e, in nessun caso, per esigenze personali.

5. Il dirigente cura, compatibilmente con le risorse disponibili, il benessere organizzativo nella struttura a cui è preposto, favorendo l'instaurarsi di rapporti cordiali e rispettosi tra i collaboratori, assume iniziative

finalizzate alla circolazione delle informazioni, alla formazione e all'aggiornamento del personale, all'inclusione e alla valorizzazione delle differenze di genere, di età e di condizioni personali.

6. Il dirigente assegna l'istruttoria delle pratiche sulla base di un'equa ripartizione del carico di lavoro, tenendo conto delle capacità, delle attitudini e della professionalità del personale a sua disposizione. Il dirigente affida gli incarichi aggiuntivi in base alla professionalità e, per quanto possibile, secondo criteri di rotazione.

7. Il dirigente svolge la valutazione del personale assegnato alla struttura cui è preposto con imparzialità e rispettando le indicazioni ed i tempi prescritti.

8. Il dirigente intraprende con tempestività le iniziative necessarie ove venga a conoscenza di un illecito, attiva e conclude, se competente, il procedimento disciplinare, ovvero segnala tempestivamente l'illecito all'autorità disciplinare, prestando ove richiesta la propria collaborazione e provvede ad inoltrare tempestiva denuncia all'autorità giudiziaria penale o segnalazione alla corte dei conti per le rispettive competenze. Nel caso in cui riceva segnalazione di un illecito da parte di un dipendente, adotta ogni cautela di legge affinché sia tutelato il segnalante e non sia indebitamente rilevata la sua identità nel procedimento disciplinare, ai sensi dell'articolo 54-*bis* del decreto legislativo n. 165 del 2001.

9. Il dirigente, nei limiti delle sue possibilità, evita che notizie non rispondenti al vero quanto all'organizzazione, all'attività e ai dipendenti pubblici possano diffondersi. Favorisce la diffusione della conoscenza di buone prassi e buoni esempi al fine di rafforzare il senso di fiducia nei confronti dell'amministrazione.

14 Contratti ed altri atti negoziali.

1. Nella conclusione di accordi e negozi e nella stipulazione di contratti per conto dell'amministrazione, nonché nella fase di esecuzione degli stessi, il dipendente non ricorre a mediazione di terzi, né corrisponde o promette ad alcuno utilità a titolo di intermediazione, né per facilitare o aver facilitato la conclusione o l'esecuzione del contratto. Il presente comma non si applica ai casi in cui l'amministrazione abbia deciso di ricorrere all'attività di intermediazione professionale.

2. Il dipendente non conclude, per conto dell'amministrazione, contratti di appalto, fornitura, servizio, finanziamento o assicurazione con imprese con le quali abbia stipulato contratti a titolo privato o ricevuto altre utilità nel biennio precedente, ad eccezione di quelli conclusi ai sensi dell'articolo 1342 del codice civile. Nel caso in cui l'amministrazione concluda contratti di appalto, fornitura, servizio, finanziamento o assicurazione, con imprese con le quali il dipendente abbia concluso contratti a titolo privato o ricevuto altre utilità nel biennio precedente, questi si astiene dal partecipare all'adozione delle decisioni ed alle attività relative all'esecuzione del contratto, redigendo verbale scritto di tale astensione da conservare agli atti dell'ufficio.

3. Il dipendente che conclude accordi o negozi ovvero stipula contratti a titolo privato, ad eccezione di quelli conclusi ai sensi dell'articolo 1342 del codice civile, con persone fisiche o giuridiche private con le quali abbia concluso, nel biennio precedente, contratti di appalto, fornitura, servizio, finanziamento ed assicurazione, per conto dell'amministrazione, ne informa per iscritto il dirigente dell'ufficio.

4. Se nelle situazioni di cui ai commi 2 e 3 si trova il dirigente, questi informa per iscritto il dirigente apicale responsabile della gestione del personale.

5. Il dipendente che riceva, da persone fisiche o giuridiche partecipanti a procedure negoziali nelle quali sia parte l'amministrazione, rimostranze orali o scritte sull'operato dell'ufficio o su quello dei propri collaboratori, ne informa immediatamente, di regola per iscritto, il proprio superiore gerarchico o funzionale.

15 Vigilanza, monitoraggio e attività formative.

1. Ai sensi dell'articolo 54, comma 6, del decreto legislativo 30 marzo 2001, n. 165, vigilano sull'applicazione del presente Codice e dei codici di comportamento adottati dalle singole amministrazioni, i dirigenti responsabili di ciascuna struttura, le strutture di controllo interno e gli uffici etici e di disciplina.

2. Ai fini dell'attività di vigilanza e monitoraggio prevista dal presente articolo, le amministrazioni si avvalgono dell'ufficio procedimenti disciplinari istituito ai sensi dell'articolo 55-*bis*, comma 4, del decreto legislativo n. 165 del 2001 che svolge, altresì, le funzioni dei comitati o uffici etici eventualmente già istituiti.

3. Le attività svolte ai sensi del presente articolo dall'ufficio procedimenti disciplinari si conformano alle eventuali previsioni contenute nei piani di prevenzione della corruzione adottati dalle amministrazioni ai sensi dell'articolo 1, comma 2, della legge 6 novembre 2012, n. 190. L'ufficio procedimenti disciplinari, oltre alle funzioni disciplinari di cui all'articolo 55-*bis* e seguenti del decreto legislativo n. 165 del 2001, cura l'aggiornamento del codice di comportamento dell'amministrazione, l'esame delle segnalazioni di violazione dei codici di comportamento, la raccolta delle condotte illecite accertate e sanzionate, assicurando le garanzie di cui all'articolo 54-*bis* del decreto legislativo n. 165 del 2001. Il responsabile della prevenzione della corruzione cura la diffusione della conoscenza dei codici di comportamento nell'amministrazione, il monitoraggio annuale sulla loro attuazione, ai sensi dell'articolo 54, comma 7, del decreto legislativo n. 165 del 2001, la pubblicazione sul sito istituzionale e della comunicazione all'Autorità nazionale anticorruzione, di cui all'articolo 1, comma 2, della legge 6 novembre 2012, n. 190, dei risultati del monitoraggio. Ai fini dello svolgimento delle attività previste dal presente articolo, l'ufficio procedimenti disciplinari opera in raccordo con il responsabile della prevenzione di cui all'articolo 1, comma 7, della legge n. 190 del 2012.

4. Ai fini dell'attivazione del procedimento disciplinare per violazione dei codici di comportamento, l'ufficio procedimenti disciplinari può chiedere all'Autorità nazionale anticorruzione parere facoltativo secondo quanto stabilito dall'articolo 1, comma 2, lettera *d*), della legge n. 190 del 2012.

5. Al personale delle pubbliche amministrazioni sono rivolte attività formative in materia di trasparenza e integrità, che consentano ai dipendenti di conseguire una piena conoscenza dei contenuti del codice di comportamento, nonché un aggiornamento annuale e sistematico sulle misure e sulle disposizioni applicabili in tali ambiti.

6. Le Regioni e gli enti locali, definiscono, nell'ambito della propria autonomia organizzativa, le linee guida necessarie per l'attuazione dei principi di cui al presente articolo.

7. Dall'attuazione delle disposizioni del presente articolo non devono derivare nuovi o maggiori oneri a carico della finanza pubblica. Le amministrazioni provvedono agli adempimenti previsti nell'ambito delle risorse umane, finanziarie, e strumentali disponibili a legislazione vigente.

16 Responsabilità conseguente alla violazione dei doveri del codice.

1. La violazione degli obblighi previsti dal presente Codice integra comportamenti contrari ai doveri d'ufficio. Ferme restando le ipotesi in cui la violazione delle disposizioni contenute nel presente Codice, nonché dei doveri e degli obblighi previsti dal piano di prevenzione della corruzione, dà luogo anche a responsabilità penale, civile, amministrativa o contabile del pubblico dipendente, essa è fonte di responsabilità disciplinare accertata all'esito del procedimento disciplinare, nel rispetto dei principi di gradualità e proporzionalità delle sanzioni.

2. Ai fini della determinazione del tipo e dell'entità della sanzione disciplinare concretamente applicabile, la violazione è valutata in ogni singolo caso con riguardo alla gravità del comportamento eall'entità del pregiudizio, anche morale, derivatone al decoro o al prestigio dell'amministrazione di appartenenza. Le sanzioni applicabili sono quelle previste dalla legge, dai regolamenti e dai contratti collettivi, incluse quelle espulsiveche possono essere applicate esclusivamente nei casi, da valutare in relazione alla gravità, di violazione delle disposizioni di cui agli articoli 4, qualora concorrano la non modicità del valore del regalo o delle altre utilità e l'immediata correlazione di questi ultimi con il compimento di un atto o di un'attività tipici dell'ufficio, 5, comma 2, 14, comma 2, primo periodo, valutata ai sensi del primo periodo. La disposizione di cui al secondo periodo si applica altresì nei casi di recidiva negli illeciti di cui agli articoli 4, comma 6, 6, comma 2, esclusi i conflitti meramente potenziali, e 13, comma 9, primo periodo. I contratti collettivi possono prevedere ulteriori criteri di individuazione delle sanzioni applicabili in relazione alle tipologie di violazione del presente codice.

3. Resta ferma la comminazione del licenziamento senza preavviso per i casi già previsti dalla legge, dai regolamenti e dai contratti collettivi.

4. Restano fermi gli ulteriori obblighi e le conseguenti ipotesi di responsabilità disciplinare dei pubblici dipendenti previsti da norme di legge, di regolamento o dai contratti collettivi.

17 Disposizioni finali e abrogazioni.

1. Le amministrazioni danno la più ampia diffusione al presente decreto, pubblicandolo sul proprio sito internet istituzionale e nella rete intranet, nonché trasmettendolo tramite e-mail a tutti i propri dipendenti e ai titolari di contratti di consulenza o collaborazione a qualsiasi titolo, anche professionale, ai titolari di organi e di incarichi negli uffici di diretta collaborazione dei vertici politici dell'amministrazione, nonché ai collaboratori a qualsiasi titolo, anche professionale, di imprese fornitrici di servizi in favore dell'amministrazione. L'amministrazione, contestualmente alla sottoscrizione del contratto di lavoro o, in mancanza, all'atto di conferimento dell'incarico, consegna e fa sottoscrivere ai nuovi assunti, con rapporti comunque denominati, copia del codice di comportamento.

2. Le amministrazioni danno la più ampia diffusione ai codici di comportamento da ciascuna definiti ai sensi dell'articolo 54, comma 5, del citato decreto legislativo n. 165 del 2001 secondo le medesime modalità previste dal comma 1 del presente articolo.

3. Il decreto del Ministro per la funzione pubblica in data 28 novembre 2000 recante "Codice di comportamento dei dipendenti delle pubbliche amministrazioni", pubblicato nella Gazzetta Ufficiale n. 84 del 10 aprile 2001, è abrogato.

101. Legge 7 agosto 2015, n. 124. — Deleghe al Governo in materia di riorganizzazione delle amministrazioni pubbliche. (*estratto*).

Pubblicata nella Gazzetta Ufficiale n. 187 del 13 agosto 2015.

17 Riordino della disciplina del lavoro alle dipendenze delle amministrazioni pubbliche.

1. I decreti legislativi per il riordino della disciplina in materia di lavoro alle dipendenze delle amministrazioni pubbliche e connessi profili di organizzazione amministrativa sono adottati, sentite le organizzazioni sindacali maggiormente rappresentative, entro diciotto mesi dalla data di entrata in vigore della presente legge, nel rispetto dei seguenti principi e criteri direttivi, che si aggiungono a quelli di cui all'articolo 16:

a) previsione nelle procedure concorsuali pubbliche di meccanismi di valutazione finalizzati a valorizzare l'esperienza professionale acquisita da coloro che hanno avuto rapporti di lavoro flessibile con le amministrazioni pubbliche, con esclusione, in ogni caso, dei servizi prestati presso uffici di diretta collaborazione degli organi politici e ferma restando, comunque, la garanzia di un adeguato accesso dall'esterno (1);

b) previsione di prove concorsuali che privilegino l'accertamento della capacità dei candidati di utilizzare e applicare a problemi specifici e casi concreti nozioni teoriche, con possibilità di svolgere unitariamente la valutazione dei titoli e le prove concorsuali relative a diversi concorsi (1);

c) svolgimento dei concorsi, per tutte le amministrazioni pubbliche, in forma centralizzata o aggregata, con effettuazione delle prove in ambiti territoriali sufficientemente ampi da garantire adeguate partecipazione ed economicità dello svolgimento della procedura concorsuale, e con applicazione di criteri di valutazione uniformi, per assicurare omogeneità qualitativa e professionale in tutto il territorio nazionale per funzioni equivalenti; revisione delle modalità di espletamento degli stessi, in particolare con la predisposizione di strumenti volti a garantire l'effettiva segretezza dei temi d'esame fino allo svolgimento delle relative prove, di misure di pubblicità sui temi di concorso e di forme di preselezione dei componenti delle commissioni; gestione dei concorsi per il reclutamento del personale degli enti locali a livello provinciale; definizione di limiti assoluti e percentuali, in relazione al numero dei posti banditi, per gli idonei non vincitori; riduzione dei termini di validità delle graduatorie; per le amministrazioni pubbliche di cui all'articolo 1, comma 2, del decreto legislativo 30 marzo 2001, n. 165, e aventi graduatorie in vigore alla data di approvazione dello schema di decreto legislativo di cui al presente comma, in attuazione dell'articolo 1, commi 424 e 425, della legge 23 dicembre 2014, n. 190, nel rispetto dei limiti di finanza pubblica, l'introduzione di norme transitorie finalizzate esclusivamente all'assunzione dei vincitori di concorsi pubblici, le cui graduatorie siano state approvate e pubblicate entro la data di entrata in vigore della presente legge (1);

d) soppressione del requisito del voto minimo di laurea per la partecipazione ai concorsi per l'accesso agli impieghi nelle pubbliche amministrazioni (1);

e) previsione dell'accertamento della conoscenza della lingua inglese e di altre lingue, quale requisito di partecipazione al concorso o titolo di merito valutabile dalle commissioni giudicatrici, secondo modalità definite dal bando anche in relazione ai posti da coprire (1);

f) valorizzazione del titolo di dottore di ricerca, in attuazione di quanto previsto dall'articolo 4, comma 7, della legge 3 luglio 1998, n. 210, e dall'articolo 17, comma 111, della legge 15 maggio 1997, n. 127, e successive modificazioni (1);

g) introduzione di un sistema informativo nazionale, finalizzato alla formulazione di indirizzi generali e di parametri di riferimento in grado di orientare la programmazione delle assunzioni anche in relazione agli interventi di riorganizzazione delle amministrazioni pubbliche; rafforzamento della funzione di coordinamento e di controllo del Dipartimento della funzione pubblica della Presidenza del Consiglio dei ministri in relazione alle assunzioni del personale appartenente alle categorie protette;

h) attribuzione, con le risorse attualmente disponibili e senza nuovi o maggiori oneri per la finanza pubblica, all'Agenzia di cui all'articolo 46 del decreto legislativo 30 marzo 2001, n. 165, di funzioni di supporto tecnico ai fini dell'attuazione delle lettere *g*) e *i*) del presente comma, delle funzioni di controllo sull'utilizzo delle prerogative sindacali, nonché di funzioni di supporto tecnico alle amministrazioni rappresentate nelle funzioni di misurazione e valutazione della performance e nelle materie inerenti alla gestione del personale, previa stipula di apposite convenzioni, e rafforzamento della funzione di assistenza ai fini della contrattazione integrativa; concentrazione delle sedi di contrattazione integrativa, revisione del relativo sistema dei controlli e potenziamento degli strumenti di monitoraggio sulla stessa; definizione dei termini e delle modalità di svolgimento della funzione di consulenza in materia di contrattazione integrativa; definizione delle materie escluse dalla contrattazione integrativa anche al fine di assicurare la semplificazione amministrativa, la valorizzazione del merito e la parità di trattamento tra categorie omogenee, nonché di accelerare le procedure negoziali;

i) rilevazione delle competenze dei lavoratori pubblici;

l) riorganizzazione delle funzioni in materia di accertamento medico-legale sulle assenze dal servizio per malattia dei dipendenti pubblici, al fine di garantire l'effettività del controllo, con attribuzione all'Istituto nazionale della previdenza sociale della relativa competenza e delle risorse attualmente impiegate dalle amministrazioni pubbliche per l'effettuazione degli accertamenti, previa intesa in sede di Conferenza permanente per i rapporti tra lo Stato, le regioni e le province autonome di Trento e di Bolzano per la quantificazione delle predette risorse finanziarie e per la definizione delle modalità d'impiego del personale medico attualmente adibito alle predette funzioni, senza maggiori oneri per la finanza pubblica e con la previsione del prioritario ricorso alle liste di cui all'articolo 4, comma 10-*bis*, del decreto-legge 31 agosto 2013, n. 101, convertito, con modificazioni, dalla legge 30 ottobre 2013, n. 125, e successive modificazioni (1);

m) definizione di obiettivi di contenimento delle assunzioni, differenziati in base agli effettivi fabbisogni (1);

n) per garantire un'efficace integrazione nell'ambiente di lavoro delle persone con disabilità di cui alla legge 12 marzo 1999, n. 68, previsione della nomina, da parte del Ministro per la semplificazione e la pubblica amministrazione, senza nuovi o maggiori oneri per la finanza pubblica, di una Consulta nazionale, composta da rappresentanti delle amministrazioni pubbliche centrali e territoriali, sentita la Conferenza unificata di cui all'articolo 8 del decreto legislativo 28 agosto 1997, n. 281, dei sindacati maggiormente rappresentativi e delle associazioni di categoria, con il compito di:

1) elaborare piani per ottemperare agli obblighi derivanti dalla legge 12 marzo 1999, n. 68;

2) prevedere interventi straordinari per l'adozione degli accomodamenti ragionevoli nei luoghi di lavoro previsti dall'articolo 3, comma 3-*bis*, del decreto legislativo 9 luglio 2003, n. 216;

3) monitorare e controllare l'obbligo di trasmissione annuale da parte delle pubbliche amministrazioni alla Consulta, al Dipartimento della funzione pubblica della Presidenza del Consiglio dei ministri e al Ministero del lavoro e delle politiche sociali nonché al centro per l'impiego territorialmente competente della comunicazione relativa ai posti riservati ai lavoratori disabili

non coperti e di un programma relativo a tempi e modalità di copertura della quota di riserva prevista dalla normativa vigente, nel rispetto dei vincoli normativi in materia di assunzioni da parte delle pubbliche amministrazioni;

o) disciplina delle forme di lavoro flessibile, con individuazione di limitate e tassative fattispecie, caratterizzate dalla compatibilità con la peculiarità del rapporto di lavoro alle dipendenze delle amministrazioni pubbliche e con le esigenze organizzative e funzionali di queste ultime, anche al fine di prevenire il precariato (1);

p) previsione della facoltà, per le amministrazioni pubbliche, di promuovere il ricambio generazionale mediante la riduzione su base volontaria e non revocabile dell'orario di lavoro e della retribuzione del personale in procinto di essere collocato a riposo, garantendo, attraverso la contribuzione volontaria ad integrazione ai sensi dell'articolo 8 del decreto legislativo 16 settembre 1996, n. 564, la possibilità di conseguire l'invarianza della contribuzione previdenziale, consentendo nel contempo, nei limiti delle risorse effettivamente accertate a seguito della conseguente minore spesa per retribuzioni, l'assunzione anticipata di nuovo personale, nel rispetto della normativa vigente in materia di vincoli assunzionali. Il ricambio generazionale di cui alla presente lettera non deve comunque determinare nuovi o maggiori oneri a carico degli enti previdenziali e delle amministrazioni pubbliche;

q) progressivo superamento della dotazione organica come limite alle assunzioni fermi restando i limiti di spesa anche al fine di facilitare i processi di mobilità (1);

r) semplificazione delle norme in materia di valutazione dei dipendenti pubblici, di riconoscimento del merito e di premialità; razionalizzazione e integrazione dei sistemi di valutazione, anche al fine della migliore valutazione delle politiche; sviluppo di sistemi distinti per la misurazione dei risultati raggiunti dall'organizzazione e dei risultati raggiunti dai singoli dipendenti; potenziamento dei processi di valutazione indipendente del livello di efficienza e qualità dei servizi e delle attività delle amministrazioni pubbliche e degli impatti da queste prodotti, anche mediante il ricorso a standard di riferimento e confronti; riduzione degli adempimenti in materia di programmazione anche attraverso una maggiore integrazione con il ciclo di bilancio; coordinamento della disciplina in materia di valutazione e controlli interni; previsione di forme di semplificazione specifiche per i diversi settori della pubblica amministrazione (1);

s) introduzione di norme in materia di responsabilità disciplinare dei pubblici dipendenti finalizzate ad accelerare e rendere concreto e certo nei tempi di espletamento e di conclusione l'esercizio dell'azione disciplinare (1);

t) rafforzamento del principio di separazione tra indirizzo politico-amministrativo e gestione e del conseguente regime di responsabilità dei dirigenti, attraverso l'esclusiva imputabilità agli stessi della responsabilità amministrativo-contabile per l'attività gestionale (1);

u) razionalizzazione dei flussi informativi dalle amministrazioni pubbliche alle amministrazioni centrali e concentrazione degli stessi in ambiti temporali definiti;

v) riconoscimento alle regioni a statuto speciale e alle province autonome di Trento e di Bolzano della potestà legislativa in materia di lavoro del proprio personale dipendente, nel rispetto della disciplina nazionale sull'ordinamento del personale alle dipendenze delle amministrazioni pubbliche, come definita anche dal decreto legislativo 30 marzo 2001, n. 165, dei principi di coordinamento della finanza pubblica, anche con riferimento alla normativa volta al contenimento del costo del personale, nonché dei rispettivi statuti speciali e delle relative norme di attuazione. Dalle disposizioni di cui alla presente lettera non devono derivare nuovi o maggiori oneri a carico della finanza pubblica;

z) al fine di garantire un'efficace integrazione in ambiente di lavoro di persone con disabilità ai sensi della legge 12 marzo 1999, n. 68, previsione della nomina, da parte delle amministrazioni pubbliche con più di 200 dipendenti, senza nuovi o maggiori oneri per la finanza pubblica e con le risorse umane, finanziarie e strumentali disponibili a legislazione vigente, di un responsabile dei processi di inserimento, definendone i compiti con particolare riferimento alla garanzia dell'accomodamento ragionevole di cui all'articolo 3, comma 3-*bis*, del decreto legislativo 9 luglio 2003, n. 216; previsione dell'obbligo di trasmissione annuale da parte delle amministrazioni pubbliche al Ministro delegato per la semplificazione e la pubblica amministrazione e al Ministro del lavoro e delle politiche sociali oltre che al centro per l'impiego territorialmente competente, non solo della comunicazione relativa alle scoperture di posti riservati ai lavoratori disabili, ma anche di una successiva dichiarazione relativa a tempi e modalità di copertura della quota di riserva prevista dalla normativa vigente, nel rispetto dei vincoli normativi assunzionali delle amministrazioni pubbliche, nonché previsione di adeguate sanzioni per il mancato invio della suddetta dichiarazione, anche in termini di avviamento numerico di lavoratori con disabilità da parte del centro per l'impiego territorialmente competente.

2. Le deleghe di cui all'articolo 11 e al presente articolo possono essere esercitate congiuntamente mediante l'adozione di uno o più decreti legislativi secondo la procedura di cui all'articolo 16, purché i decreti siano adottati entro il termine di cui all'articolo 11, comma 1.

3. All'articolo 5, comma 9, del decreto-legge 6 luglio 2012, n. 95, convertito, con modificazioni, dalla legge 7 agosto 2012, n. 135, e successive modificazioni, il terzo periodo è sostituito dai seguenti: « Gli incarichi, le cariche e le collaborazioni di cui ai periodi precedenti sono comunque consentiti a titolo gratuito. Per i soli incarichi dirigenziali e direttivi, ferma restando la gratuità, la durata non può essere superiore a un anno, non prorogabile né rinnovabile, presso ciascuna amministrazione. ».

(1) *La Corte costituzionale, con sentenza 25 novembre 2016, n. 251, ha dichiarato l'illegittimità costituziona delle lett.* a), b), c), d), e), f), l), m), o), q), r), s) e t) *del presente articolo, nella parte in cui, in combinato disposto con l'art. 16, commi 1 e 4, della presente legge, prevede che il Governo adotti i relativi decreti legislativi attuativi previo parere in sede di Conferenza unificata, anziché previa intesa in sede di Conferenza Stato-Regioni.*

102. Decreto del Presidente della Repubblica 9 maggio 2016, n. 105. — Regolamento di disciplina delle funzioni del Dipartimento della funzione pubblica della Presidenza del Consiglio dei ministri in materia di misurazione e valutazione della performance delle pubbliche amministrazioni.

Pubblicato nella Gazzetta Ufficiale n. 140 del 17 giugno 2016.

1 Oggetto.

1. Ai sensi di quanto previsto dall'articolo 19, comma 10, del decreto-legge 24 giugno 2014, n. 90, convertito, con modificazioni, dalla legge 11 agosto 2014, n. 114, il presente regolamento riordina le funzioni in materia di misurazione e valutazione della performance trasferite al Dipartimento della funzione pubblica della Presidenza del Consiglio dei ministri, di cui agli articoli 7, 8, 9, 10, 12, 13 e 14 del decreto legislativo 27 ottobre 2009, n. 150, con esclusione di quelle di cui all'articolo 13, comma 6, lettere *m*) e *p*), del predetto decreto legislativo.

2. Restano ferme le funzioni di coordinamento del Presidente del Consiglio dei ministri o dell'Autorità politica delegata in materia di valutazione e controllo strategico nei confronti delle amministrazioni dello Stato.

3. Nelle more dell'adozione del decreto legislativo attuativo dell'articolo 17, comma 1, lettera *r*), della legge 7 agosto 2015, n. 124, le disposizioni del presente regolamento trovano applicazione nei confronti delle regioni e degli enti locali nei limiti di quanto previsto dall'articolo 3, comma 4, del presente decreto, nonché dagli articoli 16, commi 2 e 3, e 74 del citato decreto legislativo n. 150 del 2009.

4. Ai sensi dell'articolo 74, comma 5, del decreto legislativo n. 150 del 2009 le disposizioni del presente decreto si applicano nelle regioni a statuto speciale e nelle province autonome compatibilmente con le attribuzioni previste dai rispettivi statuti e dalle relative norme di attuazione.

2 Promozione e coordinamento delle attività di misurazione e valutazione della performance

1. Il Dipartimento della funzione pubblica della Presidenza del Consiglio dei ministri (di seguito « Dipartimento ») promuove e coordina le attività di valutazione e misurazione della performance delle amministrazioni pubbliche in conformità con i seguenti criteri:

a) ridurre gli oneri informativi a carico delle amministrazioni pubbliche;

b) promuovere la progressiva integrazione del ciclo della performance e del ciclo di programmazione economico finanziaria;

c) supportare l'uso di indicatori nei processi di misurazione e valutazione;

d) garantire l'accessibilità e la comparabilità dei sistemi di misurazione;

e) introdurre progressivamente elementi di valutazione anche su un orizzonte temporale pluriennale e promuovere il progressivo avvicinamento dei sistemi di misurazione per amministrazioni operanti nei medesimi settori;

f) differenziare i requisiti relativi al ciclo della performance in ragione della dimensione, del tipo di amministrazione e della natura delle attività delle diverse amministrazioni ed introdurre regimi semplificati;

g) migliorare il raccordo tra ciclo della performance e il sistema dei controlli interni, incluso il controllo di gestione, e gli indirizzi espressi dall'Autorità nazionale anticorruzione in materia di trasparenza e prevenzione della corruzione;

h) accrescere l'indipendenza della valutazione della performance.

3 Le funzioni svolte dal Dipartimento.

1. Il Dipartimento assicura le funzioni di promozione e coordinamento delle attività di valutazione e misurazione della performance delle amministrazioni pubbliche, di cui all'articolo 2, attraverso:

a) il raccordo con il Ministero dell'economia e delle finanze - Dipartimento della Ragioneria generale dello Stato, al fine di assicurare l'allineamento delle indicazioni metodologiche in tema di ciclo della performance con quelle relative alla predisposizione dei documenti di programmazione e rendicontazione economico finanziaria, anche con riferimento alle istruzioni tecniche per la predisposizione del piano degli indicatori e dei risultati attesi e per il loro monitoraggio, di cui all'articolo 19 del decreto legislativo 31 maggio 2011, n. 91;

b) l'individuazione delle caratteristiche e dei contenuti dei documenti di cui all'articolo 10 del decreto legislativo n. 150 del 2009, anche mediante la previsione di modelli semplificati;

c) il monitoraggio del grado di attuazione dei propri indirizzi da parte delle amministrazioni dello Stato anche mediante l'analisi dei documenti di cui alla lettera *b*);

d) il sostegno all'attuazione e al miglioramento delle attività di misurazione e valutazione della performance organizzativa anche mediante il progressivo sviluppo di linee guida che tengano conto delle specificità settoriali;

e) la promozione di interventi di rafforzamento della capacità amministrativa volti ad accrescere l'efficacia dei sistemi di misurazione e valutazione delle performance, nonché la loro integrazione con i sistemi di gestione del rischio;

f) il sostegno alla sperimentazione di buone pratiche, incoraggiando il confronto tra amministrazioni, anche assumendo a riferimento esperienze nazionali ed internazionali e garantendo la diffusione dei risultati emersi;

g) l'accessibilità alla piattaforma tecnologica che contiene in formato digitale i documenti e i dati relativi al ciclo della performance anche nell'ottica di una maggiore trasparenza e partecipazione;

h) la predisposizione di una relazione periodica sul ciclo della performance delle amministrazioni centrali;

i) la valorizzazione, nell'ambito della Rete nazionale per la valutazione delle amministrazioni pubbliche di cui all'articolo 7, delle esperienze di valutazione esterna delle amministrazioni pubbliche e dei relativi impatti;

j) l'acquisizione, a fini informativi e ricognitivi, delle esperienze in materia di misurazione e valutazione della performance realizzate dalle regioni e dagli enti locali, coinvolgendoli nel confronto fra amministrazioni e nello sviluppo delle buone pratiche.

2. Le attività di cui alle lettere *c*) e *h*) sono svolte tenendo conto degli indirizzi adottati dal Presidente del Consiglio dei ministri o dall'Autorità politica delegata all'esercizio delle funzioni di coordinamento in materia di valutazione e controllo strategico nelle amministrazioni dello Stato.

3. Con riferimento agli organismi indipendenti di valutazione, di cui all'articolo 14 del decreto legislativo n. 150 del 2009, il Dipartimento:

a) indirizza l'esercizio delle relative funzioni di valutazione;

b) tiene e aggiorna un Elenco nazionale dei componenti degli organismi indipendenti di valutazione secondo quanto previsto dall'articolo 6;

c) verifica l'operato degli organismi indipendenti di valutazione anche promuovendo la valutazione fra pari;

d) promuove la razionalizzazione degli organismi indipendenti di valutazione al fine di contenerne il numero ed accrescerne la funzionalità, attraverso indirizzi di comparto volti ad assicurare: specializzazione per contesti di attività, non duplicazione delle funzioni, concentrazione a livello territoriale, integrazione tra amministrazioni in ragione delle dipendenza organizzativa e finanziaria, integrazione nel caso di gestioni associate;

e) elabora criteri e parametri di riferimento per definire gli importi massimi dei compensi dei componenti degli organismi indipendenti di valutazione, che tengano conto della complessità organizzativa delle amministrazioni, senza maggiori oneri a carico della finanza pubblica e, comunque, entro i limiti delle risorse complessive destinate ai compensi dei predetti componenti dall'insieme delle amministrazioni;

f) promuove e supporta iniziative di collaborazione tra organismi indipendenti di valutazione;

g) indirizza e promuove, anche in collaborazione con la Scuola nazionale di amministrazione (SNA), attività di aggiornamento e formazione dei componenti gli organismi indipendenti di valutazione, nell'ambito degli stanziamenti previsti a legislazione vigente.

4. Il Dipartimento identifica strumenti e modalità di raccordo tra l'esercizio delle proprie funzioni in tema di misurazione e valutazione della performance delle pubbliche amministrazioni e le attività delle esistenti agenzie di valutazione. Mediante intesa tra la Conferenza delle regioni e delle province autonome, l'Associazione nazionale comuni italiani (Anci), l'Unione delle province d'Italia (UPI) e il Dipartimento della funzione pubblica, sono definiti i protocolli di collaborazione per la realizzazione delle attività di cui al presente articolo per quanto di competenza delle Autonomie territoriali.

5. Resta fermo quanto previsto dall'articolo 13, comma 12, secondo periodo, del decreto legislativo n. 150 del 2009 in riferimento al sistema di valutazione delle attività amministrative delle università e degli enti di ricerca di cui al Capo I del decreto legislativo 31 dicembre 2009, n. 213, e alle relative funzioni svolte dall'Agenzia nazionale di valutazione del sistema universitario e della ricerca (ANVUR) nel rispetto dei criteri di cui all'articolo 2 in quanto applicabili.

4 Commissione tecnica per la performance.

1. È istituita presso il Dipartimento la Commissione tecnica per la performance, di seguito denominata Commissione tecnica.

2. La Commissione tecnica è organo consultivo del Dipartimento per l'indirizzo tecnico-metodologico necessario allo sviluppo delle attività di misurazione e valutazione della performance nelle amministrazioni pubbliche, coerenti con i criteri di cui all'articolo 2.

3. La Commissione tecnica è costituita da cinque componenti nominati con decreto del Ministro per la semplificazione e la pubblica amministrazione scelti tra professori o docenti universitari, dirigenti di amministrazioni pubbliche ed esperti provenienti dal settore delle imprese, dotati di requisiti di competenza, esperienza e integrità. I componenti durano in carica per un periodo di due anni, rinnovabile una sola volta.

4. Non possono far parte della Commissione tecnica componenti in carica di Organismi indipendenti di valutazione, di collegi dei revisori dei conti o di altri organismi di controllo interni alle amministrazioni. Non possono, altresì, far parte della Commissione tecnica soggetti deputati allo svolgimento di funzioni di controllo esterno alle amministrazioni, inclusi i magistrati contabili. I componenti non possono essere scelti tra persone che rivestono incarichi pubblici elettivi o cariche in partiti politici o in organizzazioni sindacali o che abbiano rivestito tali incarichi e cariche nei tre anni precedenti alla nomina. I componenti, in ogni caso, non devono avere interessi di qualsiasi natura in conflitto con le funzioni della Commissione tecnica.

5. La Commissione tecnica opera assicurando stabilmente il coinvolgimento dei soggetti rilevanti nei diversi territori e comparti della pubblica amministrazione.

6. Ai componenti della Commissione non spettano compensi, indennità o gettoni di presenza. Le eventuali spese di viaggio, vitto e alloggio dei componenti non residenti sono posti a carico del pertinente capitolo di bilancio del Dipartimento.

5 Dotazione di personale.

1. Per lo svolgimento delle funzioni di cui al presente regolamento e a supporto delle attività della Commissione tecnica di cui all'articolo 4, il Dipartimento si avvale del contingente di personale previsto dall'articolo 19, comma 11, del decreto-legge n. 90 del 2014, in

posizione di fuori ruolo o di comando, ai sensi dell'articolo 17, comma 14, della legge 15 maggio 1997, n. 127, ferma restando la dotazione organica della Presidenza del Consiglio dei ministri. Il contingente è composto da un massimo di venticinque unità di personale, delle quali cinque con qualifica dirigenziale non generale e venti unità con qualifica non dirigenziale. Al personale dirigenziale non generale, proveniente da ministeri e, in misura non superiore a due unità, da altre amministrazioni pubbliche sono conferiti incarichi ai sensi dell'articolo 19, comma 10, del decreto legislativo 30 marzo 2001, n. 165. Il personale non dirigenziale è proveniente dai ministeri e, in misura non superiore a sette, da altre amministrazioni pubbliche.

2. Al personale di cui al comma 1 è attribuito il trattamento economico accessorio previsto per il corrispondente personale di ruolo della Presidenza del Consiglio dei ministri.

3. Il Dipartimento può avvalersi anche di personale assunto con contratto a tempo determinato e di esperti nei limiti delle disponibilità finanziarie previste per i progetti assegnati al Dipartimento, sulla base dell'accordo di cui all'articolo 19, comma 9, del decreto-legge n. 90 del 2014, nonché di altri eventuali progetti.

4. All'attuazione dei commi 1 e 2 e alle altre spese di funzionamento, pari a euro 1.134.375,00 per l'anno 2016 e a euro 1.512.500,00 annui a decorrere dall'anno 2017, si provvede mediante utilizzo, per un ammontare corrispondente, delle risorse di cui all'articolo 4, comma 4, della legge 4 marzo 2009, n. 15.

6 Valutazione indipendente e revisione della disciplina degli Organismi indipendenti di valutazione.

1. La valutazione indipendente della performance è assicurata in ogni amministrazione pubblica dall'organismo indipendente di valutazione di cui all'articolo 14 del decreto legislativo n. 150 del 2009.

2. L'organismo indipendente di valutazione svolge le funzioni e le attività di cui all'articolo 14 del decreto legislativo n. 150 del 2009 con l'obiettivo di supportare l'amministrazione sul piano metodologico e verificare la correttezza dei processi di misurazione, monitoraggio, valutazione e rendicontazione della performance organizzativa e individuale. Verifica, inoltre, che l'amministrazione realizzi nell'ambito del ciclo della performance un'integrazione sostanziale tra programmazione economico-finanziaria e pianificazione strategico-gestionale. Ai fini della valutazione della performance organizzativa, promuove l'utilizzo da parte dell'amministrazione dei risultati derivanti dalle attività di valutazione esterna delle amministrazioni e dei relativi impatti.

3. L'Organismo indipendente di valutazione è costituito da un organo monocratico ovvero collegiale composto da 3 componenti. I componenti dell'organismo indipendente di valutazione sono nominati da ciascuna amministrazione, singolarmente o in forma associata, tra i soggetti iscritti all'Elenco nazionale dei componenti degli organismi indipendenti di valutazione, tenuto dal Dipartimento.

4. Possono chiedere di essere iscritti all'Elenco nazionale soggetti, dotati dei requisiti di competenza, esperienza ed integrità stabiliti con decreto del Ministro delegato per la semplificazione e la pubblica amministrazione da emanarsi entro centoventi giorni dall'entrata in vigore del presente regolamento, con il quale sono stabiliti anche i limiti relativi all'appartenenza a più organismi indipendenti di valutazione.

5. I commi 3 e 4 si applicano a partire dai rinnovi degli organismi indipendenti di valutazione successivi alla data di entrata in vigore del decreto di cui al comma 4. I componenti degli organismi già nominati rimangono in carica fino alla naturale scadenza dei rispettivi mandati.

7 Rete nazionale per la valutazione delle amministrazioni pubbliche.

1. Il Dipartimento promuove la costituzione di una Rete nazionale per la valutazione delle amministrazioni pubbliche (di seguito « Rete Nazionale ») al fine di valorizzare le esperienze di valutazione esterna delle pubbliche amministrazioni e dei relativi impatti che vengono condotte in specifici ambiti e settori, favorire la condivisione di tali esperienze e definire metodologie di valutazione comuni.

2. Con l'obiettivo di favorire la comunicazione tra i soggetti coinvolti nella Rete nazionale e garantire la massima trasparenza e conoscibilità delle loro attività, il Dipartimento sviluppa le funzionalità del Portale della performance, già Portale della Trasparenza, ai sensi di quanto disposto dall'articolo 19, comma 9, del decreto-legge n. 90 del 2014.

8 Abrogazioni.

1. Al decreto legislativo n. 150 del 2009 sono abrogati:

a) l'articolo 7, comma 3;

b) l'articolo 10, commi 2, 3 e 4;

c) l'articolo 13, comma 5 e comma 6, lettere *a*), *b*), *c*), *d*), *f*), *g*), *h*), *i*), *l*), *n*), *o*);

d) l'articolo 14, commi 3, 5 e 7.

2. Sono in ogni caso fatti salvi gli effetti delle leggi regionali e dei regolamenti adottati dagli enti locali in attuazione dei principi recati dalle norme di cui al comma 1.

Il presente decreto, munito del sigillo dello Stato, sarà inserito nella Raccolta ufficiale degli atti normativi della Repubblica italiana. È fatto obbligo a chiunque spetti di osservarlo e di farlo osservare.

103. Legge 19 giugno 2019, n. 56. — Interventi per la concretezza delle azioni delle pubbliche amministrazioni e la prevenzione dell'assenteismo.

Pubblicata nella Gazzetta Ufficiale n. 145 del 22 giugno 2019.

1 Istituzione del Nucleo della Concretezza (1)

(1) *V. artt.* 60-bis- 60-quinquies. *del d. lgs. n. 30 marzo 2001, 165, sub II,95.*

2 Misure per il contrasto all'assenteismo

[1. Ai fini della verifica dell'osservanza dell'orario di lavoro, le amministrazioni pubbliche di cui all'articolo 1, comma 2, del decreto legislativo 30 marzo 2001, n. 165, con esclusione dei dipendenti di cui all'articolo 3 del medesimo decreto e fuori dei casi di cui all'articolo 18 della legge 22 maggio 2017, n. 81, introducono, nell'ambito delle risorse umane, finanziarie e strumentali disponibili a legislazione vigente e della dotazione del fondo di cui al comma 5, sistemi di verifica biometrica dell'identità e di videosorveglianza degli accessi, in sostituzione dei diversi sistemi di rilevazione automatica, attualmente in uso, nel rispetto dei princìpi di proporzionalità, non eccedenza e gradualità sanciti dall'articolo 5, paragrafo 1, lettera *c*), del regolamento (UE) 2016/679 del Parlamento europeo e del Consiglio, del 27 aprile 2016, e del principio di proporzionalità previsto dall'articolo 52 della Carta dei diritti fondamentali dell'Unione europea. Con decreto del Presidente del Consiglio dei ministri, su proposta del Ministro per la pubblica amministrazione, da adottare ai sensi dell'articolo 17, comma 3, della legge 23 agosto 1988, n. 400, previa intesa in sede di Conferenza unificata di cui all'articolo 8 del decreto legislativo 28 agosto 1997, n. 281, e previo parere del Garante per la protezione dei dati personali ai sensi dell'articolo 154 del codice in materia di protezione dei dati personali, di cui al decreto legislativo 30 giugno 2003, n. 196, sulle modalità di trattamento dei dati biometrici, sono individuate le modalità attuative del presente comma, nel rispetto dell'articolo 9 del regolamento (UE) 2016/679 del Parlamento europeo e del Consiglio, del 27 aprile 2016, e delle misure di garanzia definite dal predetto Garante, ai sensi dell'articolo 2-*septies* del citato codice di cui al decreto legislativo n. 196 del 2003.] (1)

[2. I dirigenti delle amministrazioni di cui all'articolo 1, comma 2, del decreto legislativo 30 marzo 2001, n. 165, adeguano la propria prestazione lavorativa nella sede di lavoro alle esigenze dell'organizzazione e dell'incarico dirigenziale svolto nonché a quelle connesse con la corretta gestione e il necessario coordinamento delle risorse umane. Per le finalità di cui al presente comma, ai medesimi dirigenti, ad eccezione di quelli appartenenti alle categorie di cui all'articolo 3 del decreto legislativo 30 marzo 2001, n. 165, si applicano i sistemi di verifica biometrica dell'identità e di videosorveglianza di cui al comma 1.] (1)

[3. Le pubbliche amministrazioni che per espressa previsione normativa sono tenute a utilizzare i servizi di pagamento degli stipendi messi a disposizione dal Ministero dell'economia e delle finanze provvedono all'attuazione delle misure di cui ai commi 1 e 2 con le risorse umane, strumentali e finanziarie disponibili a legislazione vigente e senza nuovi o maggiori oneri per la finanza pubblica, avvalendosi dei servizi di rilevazione delle presenze forniti dal sistema « NoiPA » del Ministero dell'economia e delle finanze. Le altre amministrazioni pubbliche provvedono all'attuazione delle misure di cui ai commi 1 e 2 con le risorse umane, strumentali e finanziarie disponibili a legislazione vigente e senza nuovi o maggiori oneri per la finanza pubblica, anche avvalendosi dei servizi di rilevazione delle presenze forniti dal sistema « NoiPA » del Ministero dell'economia e delle finanze.] (1)

[4. Il personale degli istituti scolastici ed educativi nonché i dirigenti scolastici sono esclusi dall'ambito di applicazione del presente articolo] (1) (2).

5. [Per l'attuazione degli interventi previsti ai commi 1 e 4 nonché] (3) al fine di realizzare strutture tecnologicamente avanzate per lo svolgimento dei concorsi pubblici (4) nonché di assistere gli enti locali nell'organizzazione delle procedure concorsuali anche ai sensi dell'articolo 10 del decreto-legge 1° aprile 2021, n. 44, convertito, con modificazioni, dalla legge 28 maggio 2021, n. 76 (5), è istituito nello stato di previsione del Ministero dell'economia e delle finanze un apposito fondo da ripartire, con una dotazione di 35 milioni di euro per l'anno 2019. L'utilizzo del fondo è disposto, previa ricognizione dei fabbisogni, con uno o più decreti del Presidente del Consiglio dei ministri, su proposta del Ministro per la pubblica amministrazione, di concerto con il Ministro dell'economia e delle finanze, in relazione alle esigenze presentate.

6. Agli oneri derivanti dal comma 5, pari a 35 milioni di euro per l'anno 2019, si provvede mediante corrispondente riduzione dello stanziamento del fondo speciale di conto capitale iscritto, ai fini del bilancio triennale 2019-2021, nell'ambito del programma « Fondi di riserva e speciali » della missione « Fondi da ripartire » dello stato di previsione del Ministero dell'economia e delle finanze per l'anno 2019, allo scopo parzialmente utilizzando l'accantonamento relativo al medesimo Ministero. Il Ministro dell'economia e delle finanze è autorizzato ad apportare, con propri decreti, le occorrenti variazioni di bilancio.

(1) *I commi da 1 a 4 sono stati abrogati dall'art. 1, comma 958, l. 30 dicembre 2020, n. 178 (legge di bilancio 2021).*

(2) *Comma modificato dall'art. 3, comma 1, d.l. 29 ottobre 2019, n. 126, conv., con modif., in l. 20 dicembre 2019, n. 159. Il testo del comma era il seguente:* « Il personale docente ed educativo degli istituti e delle scuole di ogni ordine e grado e delle istituzioni educative è escluso dall'ambito di applicazione del presente articolo. I dirigenti dei medesimi istituti, scuole e istituzioni sono soggetti ad accertamento esclusivamente ai fini della verifica dell'accesso, secondo modalità stabilite, nell'ambito delle risorse umane, finanziarie e strumentali disponibili a legislazione vigente e della dotazione del fondo di cui al comma 5, con decreto del Ministro per la pubblica amministrazione, di concerto con il Ministro dell'istruzione, dell'università e della ricerca, da adottare ai sensi dell'articolo 17, comma 3, della legge 23 agosto 1988, n. 400, previo parere del Garante per la protezione dei dati personali, ai sensi dell'articolo 154 del citato codice di cui al decreto legislativo n. 196 del 2003, nel rispetto dell'articolo 9 del citato regolamento (UE)

2016/679 e delle misure di garanzia definite dal predetto Garante, ai sensi dell'articolo 2-*septies* del citato codice di cui al decreto legislativo n. 196 del 2003 ».

(3) *Le parole tra parentesi quadre sono state soppresse dall'art. 1, comma 15-*quinquies*, lett.* a) *d.l. 9 giugno 2021, n. 80, conv., con modif., in l. 6 agosto 2021, n. 113.*

(4) *Le parole* « nonché al fine di realizzare strutture tecnologicamente avanzate per lo svolgimento dei concorsi pubblici » *sono state inserite dall'art. 18, comma 1-*bis*, d.l. 30 dicembre 2019, n. 162, conv., con modif., in l. 28 febbraio 2020, n. 8.*

(5) *Le parole da* « nonché di assistere » *a* « legge 28 maggio 2021, n. 76 » *sono state inserite dall'art. 1, comma 15-*quinquies*, lett.* b) *d.l. n. 80, cit.*

3 Misure per accelerare le assunzioni mirate e il ricambio generazionale nella pubblica amministrazione.

1. Fatto salvo quanto previsto dall'articolo 1, comma 399, della legge 30 dicembre 2018, n. 145, le amministrazioni dello Stato, anche ad ordinamento autonomo, le agenzie e gli enti pubblici non economici, ivi compresi quelli di cui all'articolo 70, comma 4, del decreto legislativo 30 marzo 2001, n. 165, possono procedere, a decorrere dall'anno 2019, ad assunzioni di personale a tempo indeterminato nel limite di un contingente di personale complessivamente corrispondente ad una spesa pari al 100 per cento di quella relativa al personale di ruolo cessato nell'anno precedente. Ai Corpi di polizia, al Corpo nazionale dei vigili del fuoco, al comparto della scuola e alle università si applica la normativa di settore.

2. Al fine di accrescere l'efficienza dell'organizzazione e dell'azione amministrativa, le amministrazioni di cui al comma 1 predispongono il piano dei fabbisogni di cui agli articoli 6 e 6-*ter* del decreto legislativo n. 165 del 2001, tenendo conto dell'esigenza di assicurare l'effettivo ricambio generazionale e la migliore organizzazione del lavoro, nonché, in via prioritaria, di reclutare figure professionali con elevate competenze in materia di:

a) digitalizzazione;

b) razionalizzazione e semplificazione dei processi e dei procedimenti amministrativi;

c) qualità dei servizi pubblici;

d) gestione dei fondi strutturali e della capacità di investimento;

e) contrattualistica pubblica;

f) controllo di gestione e attività ispettiva;

g) contabilità pubblica e gestione finanziaria.

3. Le assunzioni di cui al comma 1 sono autorizzate con il decreto e le procedure di cui all'articolo 35, comma 4, del decreto legislativo n. 165 del 2001, previa richiesta delle amministrazioni interessate, predisposta sulla base del piano dei fabbisogni di cui agli articoli 6 e 6-*ter* del medesimo decreto legislativo n. 165 del 2001, corredata da analitica dimostrazione delle cessazioni avvenute nell'anno precedente e delle conseguenti economie e dall'individuazione delle unità da assumere e dei correlati oneri. Fatto salvo quanto previsto dall'articolo 1, comma 399, della legge 30 dicembre 2018, n. 145, a decorrere dall'anno 2019 è consentito il cumulo delle risorse, corrispondenti a economie da cessazione del personale già maturate, destinate alle assunzioni per un arco temporale non superiore a cinque anni, a partire dal budget assunzionale più risalente, nel rispetto del piano dei fabbisogni e della programmazione finanziaria e contabile.

4. Al fine di ridurre i tempi di accesso al pubblico impiego, per il triennio 2019-2021, fatto salvo quanto stabilito dall'articolo 1, comma 399, della legge 30 dicembre 2018, n. 145, le amministrazioni di cui al comma 1 possono procedere, in deroga a quanto previsto dal primo periodo del comma 3 del presente articolo e all'articolo 30 del decreto legislativo n. 165 del 2001, nel rispetto dell'articolo 4, commi 3 e 3-*bis*, del decreto-legge 31 agosto 2013, n. 101, convertito, con modificazioni, dalla legge 30 ottobre 2013, n. 125, nonché del piano dei fabbisogni definito secondo i criteri di cui al comma 2 del presente articolo:

a) all'assunzione a tempo indeterminato di vincitori o allo scorrimento delle graduatorie vigenti, nel limite massimo dell'80 per cento delle facoltà di assunzione previste dai commi 1 e 3, per ciascun anno;

b) all'avvio di procedure concorsuali, nel limite massimo dell'80 per cento delle facoltà di assunzione previste per il corrispondente triennio, al netto delle risorse di cui alla lettera *a*), secondo le modalità di cui all'articolo 4, commi 3-*quinquies* e 3-*sexies*, del medesimo decreto-legge n. 101 del 2013 e all'articolo 35, comma 5, del decreto legislativo 30 marzo 2001, n. 165. Le assunzioni di cui alla presente lettera possono essere effettuate successivamente alla maturazione della corrispondente facoltà di assunzione.

5. Le amministrazioni che si avvalgono della facoltà di cui al comma 4 comunicano, entro trenta giorni, i dati relativi alle assunzioni o all'avvio delle procedure di reclutamento alla Presidenza del Consiglio dei ministri - Dipartimento della funzione pubblica e al Ministero dell'economia e delle finanze - Dipartimento della Ragioneria generale dello Stato, al fine di consentire agli stessi di operare i controlli successivi e procedere alle restanti autorizzazioni, ai sensi del comma 3.

5-*bis*. Al fine di accelerare le procedure assunzionali per il triennio 2020-2022, il Dipartimento della funzione pubblica elabora, entro il 30 marzo 2020, bandi-tipo volti a avviare le procedure concorsuali con tempestività e omogeneità di contenuti e gestisce le procedure concorsuali e le prove selettive delle amministrazioni pubbliche che ne facciano richiesta (1).

5-*ter*. Il Dipartimento della funzione pubblica della Presidenza del Consiglio dei ministri assicura l'esercizio delle funzioni, delle azioni e delle attività del Nucleo della Concretezza, di cui all'articolo 60-*bis* del decreto legislativo 30 marzo 2001, n. 165, anche in deroga alle procedure previste nel medesimo articolo. Alla Presidenza del Consiglio dei ministri sono assegnate, per il predetto Dipartimento, le risorse finanziarie, strumentali e di personale di cui all'articolo 60-*quater* del citato decreto legislativo n. 165 del 2001. Il Presidente del Consiglio dei ministri, nell'ambito dell'autonomia organizzativa della Presidenza del Consiglio dei ministri, adotta i conseguenti provvedimenti di riorganizzazione e di adeguamento delle dotazioni organiche senza nuovi o maggiori oneri a carico della finanza pubblica"; *b*) il comma 12 è abrogato; *c*) al comma 13 è aggiunto, in fine, il seguente periodo: "Tali incarichi si considerano attività di servizio a tutti gli effetti di legge, qualunque sia l'amministrazione che li ha conferiti"; *d*) al comma 14, dopo le parole: "pubblico impiego" sono inserite le seguenti: "e della Commissione per l'attuazione del progetto di riqualificazione delle pubbliche amministrazioni (RIPAM) (2).

6. Per le finalità del comma 4, nelle more dell'entrata in vigore del decreto previsto dall'articolo 1, comma 300, della legge 30 dicembre 2018, n. 145, e predisposto anche tenendo conto delle lettere *a*) e *b*) del presente comma, le procedure concorsuali di cui alla lettera *b*) del medesimo comma 4 sono svolte dal Dipartimento della funzione pubblica della Presidenza del Consiglio dei ministri, con modalità semplificate, anche in deroga alla disciplina prevista dal regolamento di cui al decreto del Presidente della Repubblica 9 maggio 1994, n. 487, per quanto concerne, in particolare:

a) la nomina e la composizione della commissione d'esame, prevedendo la costituzione di sottocommissioni anche per le prove scritte e stabilendo che a ciascuna delle sottocommissioni non può essere assegnato un numero di candidati inferiore a duecentocinquanta;

b) la tipologia e le modalità di svolgimento delle prove di esame, prevedendo:

1) la facoltà di far precedere le prove di esame da una prova preselettiva, qualora le domande di partecipazione al concorso siano in numero superiore a due volte il numero dei posti banditi;

2) la possibilità di svolgere prove preselettive consistenti nella risoluzione di quesiti a risposta multipla, gestite con l'ausilio di enti o istituti specializzati pubblici e privati e con possibilità di predisposizione dei quesiti da parte degli stessi;

3) forme semplificate di svolgimento delle prove scritte, anche concentrando le medesime in un'unica prova sulle materie previste dal bando, eventualmente mediante il ricorso a domande con risposta a scelta multipla;

4) per i profili tecnici, lo svolgimento di prove pratiche in aggiunta a quelle scritte o in sostituzione delle medesime;

5) lo svolgimento delle prove di cui ai numeri da 1) a 3) e la correzione delle medesime prove anche mediante l'ausilio di sistemi informatici e telematici;

6) la valutazione dei titoli solo dopo lo svolgimento delle prove orali nei casi di assunzione per determinati profili mediante concorso per titoli ed esami;

7) l'attribuzione, singolarmente o per categoria di titoli, di un punteggio fisso stabilito dal bando, con la previsione che il totale dei punteggi per titoli non può essere superiore ad un terzo del punteggio complessivo attribuibile.

7. Per le finalità di cui al comma 4, il Dipartimento della funzione pubblica della Presidenza del Consiglio dei ministri provvede allo sviluppo di un portale del reclutamento per la raccolta e la gestione, con modalità automatizzate e nel rispetto delle disposizioni del regolamento (UE) 2016/679 del Parlamento europeo e del Consiglio, del 27 aprile 2016, e del codice in materia di protezione dei dati personali, di cui al decreto legislativo 30 giugno 2003, n. 196, delle domande di partecipazione ai concorsi pubblici e delle fasi delle procedure concorsuali, anche mediante la creazione del fascicolo elettronico del candidato. All'attuazione delle disposizioni del presente comma si provvede nell'ambito delle risorse umane, finanziarie e strumentali disponibili a legislazione vigente e, comunque, senza nuovi o maggiori oneri per la finanza pubblica.

8. Fatto salvo quanto stabilito dall'articolo 1, comma 399, della legge 30 dicembre 2018, n. 145, al fine di ridurre i tempi di accesso al pubblico impiego, nel triennio 2019-2021, le procedure concorsuali bandite dalle pubbliche amministrazioni di cui all'articolo 1, comma 2, del decreto legislativo 30 marzo 2001, n. 165, e le conseguenti assunzioni possono essere effettuate senza il previo svolgimento delle procedure previste dall'articolo 30 del medesimo decreto legislativo n. 165 del 2001.

9-15. (*Omissis*)

(1) *Comma inserito dall'art. 18, comma 1, d.l. 30 dicembre 2019, n. 162, conv., con modif., in l. 28 febbraio 2020, n. 8.*

(2) *Comma inserito, in sede di conversione, dall'art. 18, comma 1-ter, d.l. n. 162, cit.*

6 Disposizioni finali e clausola di salvaguardia.

1. Le disposizioni di cui agli articoli 1 e 3 recano norme di diretta attuazione dell'articolo 97 della Costituzione e costituiscono princìpi generali dell'ordinamento.

2. Le disposizioni di cui all'articolo 2 attengono alla materia dell'ordinamento civile di cui all'articolo 117, secondo comma, lettera l), della Costituzione.

3. Le disposizioni di cui all'articolo 5 costituiscono princìpi fondamentali in materia di coordinamento della finanza pubblica ai sensi dell'articolo 117, terzo comma, della Costituzione.

4. Ai sensi dei commi 1, 2 e 3, le regioni, anche per quanto concerne i propri enti e le amministrazioni del Servizio sanitario nazionale, e gli enti locali adeguano i propri ordinamenti alle disposizioni della presente legge.

5. Le disposizioni della presente legge sono applicabili nelle regioni a statuto speciale e nelle Province autonome di Trento e di Bolzano compatibilmente con i rispettivi statuti e le relative norme di attuazione.

CAPO II
LA DIRIGENZA

104. Decreto del Presidente della Repubblica 10 gennaio 1957, n. 3. — Testo unico delle disposizioni concernenti lo statuto degli impiegati civili dello Stato. (*estratto*).

Pubblicato nella Gazzetta Ufficiale n. 22 del 25 gennaio 1957, S.O.

155 Attribuzioni del direttore generale.

Il direttore generale ed il capo di ufficio centrale equiparato alla direzione generale esercitano le funzioni che ad essi sono direttamente attribuite da leggi e regolamenti; provvedono nelle materie ad essi delegate dal Ministro; coadiuvano il Ministro nello svolgimento dell'azione amministrativa; propongono al Ministro i provvedimenti di carattere generale nelle materie di competenza degli uffici da essi diretti; predispongono gli elementi per la relazione al Parlamento sul bilancio preventivo; dirigono e coordinano l'attività dei dipendenti uffici, assicurandone la legalità, l'imparzialità e la rispondenza al pubblico interesse; promuovono la migliore organizzazione ed il perfezionamento dei servizi; provvedono direttamente agli atti vincolati di competenza dell'amministrazione centrale e dispongono per quelli dovuti da organi inferiore, qualora siano stati da questi indebitamente omessi e non sia all'uopo previsto dalle leggi l'intervento di altri organi amministrativi.

105. Legge 18 marzo 1968, n. 249. — Delega al Governo per il riordinamento dell'Amministrazione dello Stato, per il decentramento delle funzioni e per il riassetto dclle carriere e delle retribuzioni dei dipendenti statali. (*estratto*).

Pubblicata nella Gazzetta Ufficiale n. 83 del 30 marzo 1968.

16 Con uno o più decreti aventi valore di legge ordinaria, da emanare entro il 30 giugno 1972, con l'osservanza dei criteri e principi direttivi appresso indicati, il Governo della Repubblica provvederà a stabilire una nuova disciplina delle funzioni dirigenziali - comprese quelle relative alle amministrazioni ad ordinamento autonomo - e delle attribuzioni esterne ed interne degli uffici centrali e periferici delle Amministrazioni dello Stato in attuazione degli articoli 5, 95, 97 e 98 della Costituzione ed in armonia, con la realizzazione del decentramento regionale.

La nuova disciplina, nell'osservanza ed in attuazione dei principi fissati negli articoli 1, 2 e 3 della presente legge, dovrà prevedere:

a) la determinazione delle funzioni dirigenziali dei funzionari preposti agli uffici centrali e periferici dei diversi livelli e le loro attribuzioni in ragione della preposizione ad uffici con compiti di direzione amministrativa e tecnica, dei compiti di ricerca e studi, nonché della responsabilità della vigilanza sull'adempimento degli atti da parte degli uffici dipendenti;

b) la definizione dei capi delle direzioni generali e degli uffici centrali equiparati e superiori, delle divisioni nonché dei capi degli uffici periferici, quali organi esterni delle Amministrazioni dello Stato;

c) l'attribuzione di poteri decisionali, anche definitivi, ai capi degli uffici previsti nella lettera *b*), fermi i poteri connessi alla supremazia gerarchica generale spettante ai Ministri su tutti gli uffici ed in ordine ad ogni attività del dicastero cui sono preposti, ai sensi dell'articolo 95 della Costituzione. In particolare saranno deferiti nelle materie di competenza dei rispettivi uffici:

1) ai capi delle direzioni generali e degli uffici centrali e periferici equiparati e superiori: provvedimenti discrezionali che non incidono su scelte ed orientamenti di carattere generale, da determinarsi con le norme delegate, per categorie, genere o specie e limiti di spesa, ferma la facoltà di delega del Ministro per atti

di valore superiore, nonché gli atti vincolati, anche se comportino impegni di spesa;

2) ai capi delle divisioni o uffici centrali e periferici equiparati e superiori: provvedimenti discrezionali di importanza minore da determinarsi con le norme delegate secondo i criteri di cui al precedente n. 1), nonché gli atti vincolati, che non eccedano i limiti di spesa da determinarsi con le stesse norme delegate, salvo la facoltà di delega del Ministro o, col suo consenso, del superiore gerarchico per atti di valore superiore.

Il Ministro ha facoltà di procedere all'annullamento d'ufficio, entro 40 giorni, di propria iniziativa o su denuncia, per vizi di legittimità e alla revoca, per vizi di merito, degli atti emanati dagli stessi funzionari;

d) la determinazione del numero dei dirigenti, tale che esso non superi quello degli uffici cui possono essere preposti, aumentato del 10 per cento a livello di qualifiche funzionali corrispondenti a direttore generale od equiparato e superiore e del 10 per cento per le altre qualifiche funzionali, corrispondenti a quelle attuali di ispettore generale e capo divisione;

e) la modalità di conferimento delle funzioni dirigenziali: in particolare sarà previsto che la preposizione alle direzioni generali ed agli uffici centrali e periferici equiparati e superiori sarà conferita o revocata con decreto del Ministro sentito il Presidente del Consiglio dei Ministri ai funzionari aventi la corrispondente qualifica funzionale; quando si tratta di estranei alla amministrazione o di altri dipendenti dello Stato aventi funzioni o qualifica equipollenti o superiori a direttore generale, la preposizione all'ufficio o la revoca sarà effettuata con deliberazione del Consiglio dei Ministri; in questo ultimo caso i prescelti non ricopriranno il posto di ruolo previsto per la qualifica funzionale corrispondente delle amministrazioni interessate.

La dirigenza d'ufficio a livello inferiore sarà attribuita o revocata con provvedimento del Ministro, sentito il consiglio di amministrazione;

f) la regolamentazione dei peculiari aspetti dello stato giuridico dei dirigenti che dovrà contenere tra l'altro ferma restando la responsabilità penale, civile, amministrativo-contabile e disciplinare la definizione della responsabilità degli stessi per l'esercizio delle rispettive funzioni.

In particolare sarà previsto che essi sono responsabili sia dell'osservanza degli indirizzi politico-amministrativi emanati dal Governo, sia della rigorosa osservanza dei termini di procedimento previsti dalle disposizioni di legge o di regolamento, sia del conseguimento dei risultati.

Per i direttori generali o funzionari di qualifica equiparata e superiore, sarà prevista la responsabilità nei confronti del Governo, che potrà disporre in casi particolari il loro collocamento a disposizione o a riposo di autorità, garantendo in quest'ultimo caso, un particolare trattamento di quiescenza.

Sarà stabilito un particolare orario di lavoro per i dirigenti;

g) le nuove denominazioni da attribuirsi alle qualifiche dirigenziali in modo da diversificarle dai titoli con cui verranno denominati i capi degli uffici di cui sopra;

h) sarà riordinata e potenziata la scuola superiore della pubblica amministrazione in relazione alla necessità di determinare nuovi sistemi di formazione e selezione del personale.

Sarà previsto l'accesso alla carriera direttiva dei dipendenti appartenenti ad altre carriere che, prescindendo dal titolo di studio, dimostrino di possedere il grado di cultura generale, giuridica e tecnica necessario, fermo restando quanto già previsto all'articolo 11.

Sarà poi previsto che l'accesso a livello dirigenziale corrispondente all'attuale qualifica di direttore di divisione, avvenga mediante corso di formazione dirigenziale con esami finali. Il corso dovrà avere una durata non inferiore ad un anno durante il quale i candidati saranno applicati per congrui periodi di tempo a servizi di amministrazioni pubbliche diverse da quelle di provenienza o inviati presso grandi aziende pubbliche o private per compiere studi di organizzazione aziendale;

i) le norme transitorie dirette ad attuare il graduale passaggio dal vecchio al nuovo ordinamento garantendo ai funzionari direttivi in servizio al 30 giugno 1970 la piena valutazione del servizio prestato, la conservazione dei trattamenti economici e delle posizioni giuridiche conseguite e le attuali possibilità di carriera previste dalle norme in vigore e dalle attuali dotazioni organiche; in particolare sarà agevolato l'avanzamento all'attuale qualifica di direttore di divisione dei direttori di sezione che siano tali alla data del 31 dicembre 1970 e che a tale data abbiano prestato almeno dieci anni di servizio o abbiano superato il concorso di merito distinto o l'esame di idoneità.

Saranno inoltre dettate norme per agevolare l'avanzamento alla qualifica immediatamente superiore degli impiegati che a domanda passeranno alle dipendenze delle regioni, salvo la competenza delle stesse in materia di organizzazione degli uffici.

Per adeguare il numero degli impiegati direttivi alle esigenze future, oltre alle riduzioni di personale conseguenti al trasferimento alle regioni degli uffici centrali e periferici dello Stato per effetto dell'attuazione dell'ordinamento regionale e per la delega di funzioni amministrative ai sensi dell'articolo 118 della Costituzione, e di quelle conseguenti all'applicazione della legge 24 maggio 1970, n. 336, saranno dettate norme per favorire l'esodo volontario, con concessione di particolari incentivi anche ai fini del trattamento di previdenza e di quiescenza.

Sarà infine, agevolato il passaggio da una ad altra amministrazione.

La struttura della residua carriera direttiva inferiore a quella dirigenziale sarà articolata in modo che gli impiegati, che non conseguano l'accesso al primo livello dirigenziale, abbiano una qualifica terminale, con connesso trattamento economico superiore a quello iniziale di dirigente (1).

(1) *Così sostituito dall'art. 12, l. 28 ottobre 1970, n. 775.*

106. Decreto del Presidente della Repubblica 30 giugno 1972, n. 748. — Disciplina delle funzioni dirigenziali nelle Amministrazioni dello Stato, anche ad ordinamento autonomo. (*estratto*) (1).

Pubblicato nella Gazzetta Ufficiale n. 320 dell'11 dicembre 1972.

(1) *Le disposizioni del presente decreto incompatibili con quelle contenute nel d.lg. 30 marzo 2001, n. 165, sono state abrogate ai sensi dell'art. 72, comma 1, lett. b), dello stesso decreto.*

TITOLO I
Funzioni e statuto dei dirigenti

CAPO I
Funzioni, attribuzioni, responsabilità e reclutamento dei dirigenti (1).

(1) *L'art. 74, d.ls. 3 febbraio 1993, n. 29 nel testo modificato dall'art. 43, d.ls. 31 marzo 1998, n. 80 e l'art. 72, d.l. 30 marzo 2001, n. 165, hanno abrogato le disposizioni contenute nel presente Capo I del Titolo I ad eccezione, secondo quanto disposto dall'art. 21, d.ls. 29 ottobre 1998, n. 387, delle disposizioni di cui agli articoli da 4 a 12, nonché 15, 19, 21, 24 e 25, che, nei limiti di rispettiva applicazione, continuano ad applicarsi al personale dirigenziale delle carriere previste dall'articolo 15, comma 1, secondo periodo, dello stesso d.ls. 29 ottobre 1998, n. 387.*

1 Qualifiche.

[Nell'ambito delle carriere direttive delle Amministrazioni dello Stato, anche ad ordinamento autonomo, le qualifiche dei dirigenti sono articolate come segue:

dirigente generale;

dirigente superiore;

primo dirigente.

In relazione a funzioni dirigenziali particolari, proprie di talune Amministrazioni, nelle annesse tabelle relative ai ruoli organici dei dirigenti sono previste qualifiche superiori] (1).

(1) *L'art. 74, d.ls. 3 febbraio 1993, n. 29, nel testo modificato dall'art. 43, d.ls. 31 marzo 1998, n. 80 e l'art. 72, d.ls. 30 marzo 2001, n. 165, hanno abrogato le disposizioni contenute nel presente Capo I del Titolo I ad eccezione, secondo quanto disposto dall'art. 21, d.ls. 29 ottobre 1998, n. 387, delle disposizioni di cui agli articoli da 4 a 12, nonché 15, 19, 21, 24 e 25, che, nei limiti di rispettiva applicazione, continuano ad applicarsi al personale dirigenziale delle carriere previste dall'articolo 15, comma 1, secondo periodo, dello stesso d.ls. 29 ottobre 1998, n. 387. Per la disapplicazione delle norme contenute nel presente articolo vedi l'art. 16, Accordo 18 novembre 2004.*

2 Compiti dei dirigenti.

[I dirigenti attendono ai seguenti compiti: direzione, con connessa potestà decisoria, di ampie ripartizioni delle Amministrazioni centrali, dei più importanti uffici periferici e delle maggiori ripartizioni di quelli con circoscrizione non inferiore alla provincia; studio e ricerca; consulenza, progettazione, programmazione; emanazione, in relazione alle direttive generali impartite dal Ministro, di istruzioni e disposizioni per l'applicazione di leggi e regolamenti; propulsione, coordinamento, vigilanza e controllo, al fine di assicurare la legalità, l'imparzialità, l'economicità, la speditezza e la rispondenza al pubblico interesse dell'attività dei dipendenti uffici; partecipazione ad organi collegiali commissioni o comitati operanti in seno alla Amministrazione; rappresentanza dell'Amministrazione e cura degli interessi della medesima presso gli enti e le società sottoposte alla vigilanza dello Stato, nei casi previsti dalla legge.

I dirigenti preposti agli uffici centrali e periferici hanno, nell'esercizio delle proprie attribuzioni, la rappresentanza giuridica dell'Amministrazione nei confronti dei terzi, fermo restando il disposto di cui alla L. 25 marzo 1958, n. 260, e successive integrazioni e modificazioni.

Le funzioni e le attribuzioni particolari dei dirigenti delle diverse qualifiche sono stabilite negli articoli seguenti.

Ai fini di quanto previsto dall'art. 15 del D.P.R. 3 maggio 1957, n. 686, i dirigenti precedono nell'ordine gli impiegati delle altre qualifiche della carriera direttiva] (1).

(1) *L'art. 74, d.ls. 3 febbraio 1993, n. 29 nel testo modificato dall'art. 43, d.lgs. 31 marzo 1998, n. 80 e l'art. 72, d.ls. 30 marzo 2001, n. 165, hanno abrogato le disposizioni contenute nel presente Capo I del Titolo I ad eccezione, secondo quanto disposto dall'art. 21, d.lgs. 29 ottobre 1998, n. 387, delle disposizioni di cui agli articoli da 4 a 12, nonché 15, 19, 21, 24 e 25, che, nei limiti di rispettiva applicazione, continuano ad applicarsi al personale dirigenziale delle carriere previste dall'articolo 15, comma 1, secondo periodo, dello stesso d.ls. 29 ottobre 1998, n. 387.*

3 Direttive generali del Ministro.

[Il Ministro stabilisce le direttive generali alle quali gli organi centrali e periferici dell'Amministrazione devono ispirare la propria azione, nonché i programmi di massima, e l'eventuale scala delle priorità per l'azione da svolgere, nei limiti degli stanziamenti di bilancio e delle rispettive competenze.

I provvedimenti adottati dai dirigenti preposti agli uffici centrali e periferici, compresi nelle categorie specificate in apposito decreto ministeriale, sono comunicati al Ministro con le modalità nello stesso decreto stabilite. Il Ministro ha facoltà di procedere, di ufficio, entro quaranta giorni dall'emanazione, all'annullamento per vizi di legittimità e alla revoca, o riforma, per motivi di merito degli atti emanati dai dirigenti, fermo restando quanto previsto dall'art. 6 del testo unico della legge comunale e provinciale approvato con regio decreto 3 marzo 1934, n. 383. Restano, altresì, salve le disposizioni di cui all'art. 6 del testo unico delle leggi di pubblica sicurezza approvato con regio decreto 18 giugno 1931, n. 773, e successive modificazioni e integrazioni, e all'art. 10 del relativo regolamento approvato con regio decreto 6 maggio 1940, n. 635.

Contro i provvedimenti non definitivi adottati dai dirigenti di qualsiasi qualifica o livello, addetti agli organi centrali o periferici, è ammesso ricorso gerarchico in unica istanza al Ministro, tanto per motivi di legittimità quanto per motivi di merito. Si applicano al riguardo le disposizioni di cui al decreto del Presidente della Repubblica 24 novembre 1971, n. 1199, ferme restando le speciali norme concernenti i ricorsi alle commissioni tributarie, nonché per quanto riguarda le autorità alle quali va diretto il ricorso, quelle relative ai ricorsi gerarchici previsti dal citato testo unico delle leggi di pubblica sicurezza.

Il Ministro ha facoltà, sentito il consiglio di amministrazione, di revocare o modificare, per sopravvenute ragioni di pubblico interesse, i provvedimenti di concessione di durata pluriennale, o rinnovabili o prorogabili, adottati dai dirigenti.

I provvedimenti del Ministro previsti dai precedenti commi terzo e quinto e quelli per la decisione dei ricorsi gerarchici sono adottati con decreto motivato, sentiti il dirigente che ha emanato l'atto e il direttore generale o capo del servizio centrale competente per materia.

Le disposizioni di cui all'art. 20 della legge 6 dicembre 1971, n. 1034, e dell'art. 6 del decreto del Presidente della Repubblica 24 novembre 1971, n. 1199, si applicano anche nei casi di ricorso in via gerarchica contro atti o provvedimenti non definitivi emessi dagli organi centrali dell'Amministrazione dello Stato] (1).

(1) *L'art. 74, d.lgs. 3 febbraio 1993, n. 29 nel testo modificato dall'art. 43, d.ls. 31 marzo 1998, n. 80 e l'art. 72, d.ls. 30 marzo 2001, n. 165, hanno abrogato le disposizioni contenute nel presente Capo I del Titolo I ad eccezione, secondo quanto disposto dall'art. 21, d.ls. 29 ottobre 1998, n. 387, delle disposizioni di cui agli articoli da 4 a 12, nonché 15, 19, 21, 24 e 25, che, nei limiti di rispettiva applicazione, continuano ad applicarsi al personale dirigenziale delle carriere previste dall'articolo 15, comma 1, secondo periodo, dello stesso d.ls. 29 ottobre 1998, n. 387.*

4 Funzioni dei dirigenti generali e qualifiche superiori.

I funzionari con qualifica di dirigente generale e qualifiche superiori esercitano le funzioni di capo delle direzioni generali o degli uffici centrali o periferici di livello pari o superiore, nonché quelle di consigliere ministeriale con compiti di studi e ricerca ed altre di pari rilevanza specificate dalle disposizioni particolari concernenti le singole Amministrazioni (1).

(1) *L'art. 74, d.lgs. 3 febbraio 1993, n. 29, nel testo modificato dall'art. 43, d.ls. 31 marzo 1998, n. 80 e l'art. 72, d.ls. 30 marzo 2001, n. 165, hanno abrogato le disposizioni contenute nel presente Capo I del Titolo I ad eccezione, secondo quanto disposto dall'art. 21, d.ls. 29 ottobre 1998, n. 387, delle disposizioni di cui agli articoli da 4 a 12, nonché 15, 19, 21, 24 e 25, che, nei limiti di rispettiva applicazione, continuano ad applicarsi al personale dirigenziale delle carriere previste dall'articolo 15, comma 1, secondo periodo, dello stesso d.ls. 29 ottobre 1998, n. 387. L'art. 40, d.ls. 19 maggio 2000, n. 139, ha disposto che, dalla data di entrata in vigore del medesimo provvedimento, non si applicano, al personale della carriera prefettizia, gli articoli dal 4 al 12, commi primo, secondo, terzo e quarto, e gli articoli 15, 19 e 25, primo comma, del presente decreto.*

5 Funzioni dei dirigenti superiori.

I funzionari con qualifica di dirigente superiore esercitano le funzioni di vicario dei titolari degli uffici previsti dall'articolo precedente, di capo di servizio centrale dipendente organicamente dal Ministro o di altri uffici di pari livello previsti dalla legge, di consigliere ministeriale aggiunto con compiti di studi e ricerca, di ispettore generale, di capo di ufficio periferico particolarmente importante con circoscrizione non inferiore a quella provinciale, ed altre di pari rilevanza specificate dalle disposizioni particolari concernenti le singole Amministrazioni (1).

(1) *L'art. 74, d.ls. 3 febbraio 1993, n. 29, nel testo modificato dall'art. 43, d.lgs. 31 marzo 1998, n. 80 e l'art. 72, d.lgs. 30 marzo 2001, n. 165, hanno abrogato le disposizioni contenute nel presente Capo I del Titolo I ad eccezione, secondo quanto disposto dall'art. 21, d.lgs. 29 ottobre 1998, n. 387, delle disposizioni di cui agli articoli da 4 a 12, nonché 15, 19, 21, 24 e 25, che, nei limiti di rispettiva applicazione, continuano ad applicarsi al personale dirigenziale delle carriere previste dall'articolo 15, comma 1, secondo periodo, dello stesso d.ls. 29 ottobre 1998, n. 387. L'art. 40, d.ls. 19 maggio 2000, n. 139, ha disposto che, dalla data di entrata in vigore del medesimo provvedimento, non si applicano, al personale della carriera prefettizia, gli articoli dal 4 al 12, commi primo, secondo, terzo e quarto, e gli articoli 15, 19 e 25, primo comma, del presente decreto. Per la disapplicazione delle norme contenute nel presente articolo vedi l'art. 16, Accordo 18 novembre 2004.*

6 Funzioni dei primi dirigenti.

I funzionari con la qualifica di primo dirigente esercitano le funzioni di direttore di divisione, di vice consigliere ministeriale con compiti di studio e ricerca, di ispettore capo, di capo di ufficio periferico con circoscrizione provinciale o di altri di particolare importanza. Negli uffici periferici diretti da dirigenti con qualifica superiore, essi sono preposti alle ripartizioni di livello corrispondente alla divisione, ove esistano o svolgono altre funzioni di pari rilevanza previste dalle disposizioni particolari concernenti le singole Amministrazioni (1).

(1) *L'art. 74, d.lgs. 3 febbraio 1993, n. 29, nel testo modificato dall'art. 43, d.ls. 31 marzo 1998, n. 80 e l'art. 72, d.ls. 30 marzo 2001, n. 165, hanno abrogato le disposizioni contenute nel presente Capo I del Titolo I ad eccezione, secondo quanto disposto dall'art. 21, d.ls. 29 ottobre 1998, n. 387, delle disposizioni di cui agli articoli da 4 a 12, nonché 15, 19, 21, 24 e 25, che, nei limiti di rispettiva applicazione, continuano ad applicarsi al personale dirigenziale delle carriere previste dall'articolo 15, comma 1, secondo periodo, dello stesso d.ls. 29 ottobre 1998, n. 387. L'art. 40, d.ls. 19 maggio 2000, n. 139, ha disposto che, dalla data di entrata in vigore del medesimo provvedimento, non si applicano, al personale della carriera prefettizia, gli articoli dal 4 al 12, commi primo, secondo, terzo e quarto, e gli articoli 15, 19 e 25, primo comma, del presente decreto.*

7 Attribuzioni particolari dei dirigenti generali.

Salvo le attribuzioni devolute ad altri organi dal terzo comma del presente articolo e dagli articoli successivi, ai dirigenti generali preposti alle direzioni generali e agli uffici centrali equiparati spetta in particolare, nell'ambito della competenza dei predetti uffici, di:

a) esercitare le funzioni che ad essi sono direttamente attribuite da leggi o regolamenti anche ministeriali;

b) coadiuvare il Ministro nello svolgimento della azione amministrativa e proporgli l'adozione di provvedimenti di competenza superiore alla propria, eventualmente necessari;

c) predisporre gli elementi per la formazione del progetto di bilancio preventivo e per le proposte di variazione in corso di esercizio;

d) predisporre gli elementi per la formazione dei programmi, annuali e pluriennali, dell'attività dell'Amministrazione;

e) approvare, in attuazione dei programmi stabiliti dal Ministro, i progetti per lavori, forniture e prestazioni fino all'importo di 600 milioni di lire, ridotto alla metà quando alla esecuzione si intenda provvedere in economia, a trattativa privata o col sistema della concessione, nonché, ove occorra, provvedere all'approvazione dei contratti e alla concessione dei lavori;

f) concludere ed approvare le transazioni relative a lavori e forniture e servizi da essi gestiti, quando ciò che si chiede di promettere, di abbandonare o di pagare non superi 120 milioni di lire concorrendo a formare tale somma le transazioni che fossero precedentemente intervenute sullo stesso oggetto o per l'esecuzione dello stesso contratto;

g) disporre la non applicazione di clausole penali quando la somma controversa o che la Amministrazione abbandona non superi i 120 milioni di lire;

h) provvedere a tutte le operazioni successive alla approvazione del progetto o del contratto per opere, forniture e servizi, compresa la nomina dei collaudatori, la liquidazione ed il pagamento del saldo e, ove occorra, la formazione e l'approvazione di atti integrativi, aggiuntivi o sostitutivi dei contratti, sempre entro i limiti di competenza stabiliti nelle precedenti lettere;

i) promuovere liti attive e resistere a quelle passive quando l'oggetto della controversia non superi 120 milioni di lire;

l) adottare le concessioni di contributi, sussidi, concorsi e sovvenzioni previste dalla legge, a carico del bilancio dello Stato, a favore di enti e persone, fino all'importo di lire 120 milioni e proporre al Ministro le concessioni di importo superiore, emanando i conseguenti provvedimenti formali;

m) adottare i provvedimenti di concessione, autorizzazione, licenze ed analoghi salvo quelli di competenza del Presidente della Repubblica, nonché quelli che saranno espressamente riservati al Ministro o ad altri dirigenti dalla legge o dal regolamento anche ministeriale e salva in ogni caso la facoltà del Ministro di avocare i singoli affari;

n) disporre il movimento, tra le maggiori ripartizioni del proprio ufficio, del personale in servizio, esclusi i dirigenti;

o) provvedere agli atti vincolati di competenza dell'Amministrazione centrale che comportino impegni di spesa superiore a 20 milioni di lire ed agli altri specificati con regolamento anche ministeriale;

p) provvedere, previa diffida ad adempiere entro un congruo termine ed informandone preventivamente il Ministro, agli atti obbligatori di competenza degli organi inferiori o degli enti vigilati, qualora siano stati da questi indebitamente omessi o ritardati e non sia all'uopo previsto dalla legge, l'intervento di altri organi amministrativi.

I provvedimenti di cui alle lettere *e*), *f*), *g*), *h*), *i*), *l*), *o*) sono definitivi.

Nei casi in cui particolari ordinamenti prevedano la esistenza di unità organiche costituite da più uffici centrali assimilabili alle direzioni generali e nel caso di Aziende autonome dello Stato, ai dirigenti preposti a tali unità organiche ed Aziende competono, salvo quanto previsto al successivo art. 14, le attribuzioni stabilite dai precedenti commi, elevati i limiti di valore, per gli atti per i quali siano previsti, di un terzo se trattasi di dirigenti generali, e della metà se trattasi di dirigenti con qualifica superiore.

Per l'emanazione degli atti e provvedimenti di valore eccedente i limiti stabiliti nei precedenti commi e nei successivi articoli 8, 9 e 13 si osserva la procedura disposta con l'art. 1 del D.Lgs. 17 aprile 1948, n. 777, nel testo sostituito dall'art. 5 della legge 23 marzo 1964, n. 134. Restano ferme le speciali disposizioni che prevedono limiti di valore superiore o prescindono da tale procedura.

Sono, altresì, fatte salve le attribuzioni degli organi collegiali interni delle singole amministrazioni, anche ad ordinamento autonomo, previsti da speciali disposizioni, sempreché, ove siano contemplati limiti di valore, trattisi di atti o provvedimenti di importo superiore a quelli stabiliti dai precedenti commi e dai successivi articoli 8, 9 e 13 (1) (2).

(1) *La l. 25 maggio 1978, n. 233 (Gazz. Uff. 6 giugno 1978, n. 155) ha raddoppiato i limiti di somma indicati negli artt. 7, 8 e 9 del presente d.P.R., ora riportati con i detti importi aggiornati. Inoltre l'art. 20, l. 12 febbraio 1981, n. 17 ha ulteriormente raddoppiato i limiti di somma indicati negli artt. 7, 8 e 9 del presente decreto per i dirigenti dell'Azienda autonoma delle ferrovie dello Stato. V., anche, l'art. 14, l. 10 febbraio 1982, n. 39.*

(2) *L'art. 74, d.lgs. 3 febbraio 1993, n. 29, nel testo modificato dall'art. 43, d.ls. 31 marzo 1998, n. 80 e l'art. 72, d.ls. 30 marzo 2001, n. 165, hanno abrogato le disposizioni contenute nel presente Capo I del Titolo I ad eccezione, secondo quanto disposto dall'art. 21, d.ls. 29 ottobre 1998, n. 387, delle disposizioni di cui agli artt. da 4 a 12, nonché 15, 19, 21, 24 e 25, che, nei limiti di rispettiva applicazione, continuano ad applicarsi al personale dirigenziale delle carriere previste dall'art. 15, comma 1, secondo periodo, dello stesso d.ls. 29 ottobre 1998, n. 387. L'art. 40, d.ls. 19 maggio 2000, n. 139, ha disposto che, dalla data di entrata in vigore del medesimo provvedimento, non si applicano, al personale della carriera prefettizia, gli artt. dal 4 al 12, commi primo, secondo, terzo e quarto, e gli artt. 15, 19 e 25, primo comma, del presente decreto.*

8 Attribuzioni particolari dei dirigenti superiori.

Ai dirigenti superiori preposti ai servizi dipendenti organicamente dal Ministro spettano, nell'ambito della competenza del proprio ufficio, le attribuzioni stabilite nel primo comma del precedente art. 7.

Salvo quanto previsto dal successivo art. 9, ai dirigenti superiori preposti agli altri uffici indicati nell'art. 5 spetta in particolare, nell'ambito della competenza del proprio ufficio, di:

a) esercitare le funzioni che ad essi sono direttamente attribuite da leggi o regolamenti anche ministeriali;

b) approvare, in attuazione dei programmi stabiliti dal Ministro i progetti per lavori, forniture e prestazioni fino all'importo di 300 milioni di lire, ridotto alla metà quando alla esecuzione s'intenda provvedere in economia, a trattativa privata o col sistema della concessione, nonché ove occorra, provvedere all'approvazione dei contratti o alla concessione dei lavori;

c) concludere ed approvare le transazioni relative a lavori e forniture e servizi da essi gestite, quando ciò che si chiede di promettere, di abbandonare o di pagare non superi 60 milioni di lire, concorrendo a formare tale somma le transazioni che fossero precedentemente intervenute sullo stesso oggetto o per l'esecuzione dello stesso contratto;

d) disporre la non applicazione di clausole penali quando la somma controversa o che la Amministrazione abbandona, non superi i 60 milioni di lire;

e) provvedere a tutte le operazioni successive all'approvazione del progetto o del contratto per opere, forniture e servizi, compresa la nomina dei collaudatori, la liquidazione ed il pagamento del saldo, e, ove occorra, la formazione e l'approvazione di atti integrativi, aggiuntivi o sostitutivi dei contratti, sempre entro i limiti di competenza stabiliti nelle precedenti lettere;

f) promuovere liti attive e resistere a quelle passive quando l'oggetto della controversia non superi 60 milioni di lire;

g) adottare i provvedimenti di concessione, autorizzazione, licenze ed analoghi ad essi espressamente attribuiti dalla legge o dal regola mento anche ministeriale e salva in ogni caso la facoltà del Ministro di avocare i singoli affari;

h) disporre il movimento, tra le maggiori ripartizioni del proprio ufficio, del personale in servizio, esclusi i dirigenti;

i) provvedere agli atti vincolati di competenza dell'Amministrazione centrale che comportino impegni di spesa non superiore a 200 milioni di lire ed agli altri specificati con regolamento anche ministeriale;

l) provvedere, previa diffida ad adempiere entro un congruo termine ed informandone preventivamente il Ministro, agli atti obbligatori di competenza degli organi inferiori, qualora siano stati da questi indebitamente omessi o ritardati e non sia all'uopo previsto dalla legge l'intervento di altri organi amministrativi.

I provvedimenti di cui alle lettere *b*), *c*), *d*), *e*), *f*), *i*), sono definitivi (1) (2).

(1) *La l. 25 maggio 1978, n. 233 (Gazz. Uff. 6 giugno 1978, n. 155) ha raddoppiato i limiti di somma indicati negli artt. 7, 8 e 9 del presente d.P.R., ora riportati con i detti importi aggiornati. Inoltre l'art. 20, l. 12 febbraio 1981, n. 17 ha ulteriormente raddoppiato i limiti di somma indicati negli artt. 7, 8 e 9 del presente decreto per i dirigenti dell'Azienda autonoma delle ferrovie dello Stato. V., anche, l'art. 14, l. 10 febbraio 1982, n. 39.*

(2) *L'art. 74, d.lgs. 3 febbraio 1993, n. 29, nel testo modificato dall'art. 43, d.ls. 31 marzo 1998, n. 80 e l'art. 72, d.ls. 30 marzo 2001, n. 165, hanno abrogato le disposizioni contenute nel presente Capo I del Titolo I ad eccezione, secondo quanto disposto dall'art. 21, d.ls.29 ottobre 1998, n. 387, delle disposizioni di cui agli artt. da 4 a 12, nonché 15, 19, 21, 24 e 25, che, nei limiti di rispettiva applicazione, continuano ad applicarsi al personale dirigenziale delle carriere previste dall'art. 15, comma 1, secondo periodo, dello stesso d.ls.29 ottobre 1998, n. 387. L'art. 40, d.ls. 19 maggio 2000, n. 139, ha disposto che, dalla data di entrata in vigore del medesimo provvedimento, non si applicano, al personale della carriera prefettizia, gli artt. dal 4 al 12, commi primo, secondo, terzo e quarto, e gli articoli 15, 19 e 25, primo comma, del presente decreto. Per la disapplicazione delle norme contenute nel presente articolo v. l'art. 16, Accordo 18 novembre 2004.*

9 Attribuzioni particolari dei primi dirigenti.

Ai funzionari con qualifica di primo dirigente preposti alle divisioni ed agli uffici centrali equiparati spetta in particolare nell'ambito della competenza del proprio ufficio, di:

a) esercitare le funzioni che ad essi sono direttamente attribuite da leggi o regolamenti anche ministeriali;

b) approvare in attuazione dei programmi stabiliti dal Ministro, i progetti per lavori, forniture e prestazioni fino all'importo di 150 milioni di lire, ridotto alla metà quando all'esecuzione s'intenda provvedere in economia, a trattativa privata o col sistema della concessione, nonché ove occorra, provvedere all'approvazione dei contratti o alla concessione dei lavori;

c) concludere ed approvare le transazioni relative a lavori e forniture e servizi da essi gestite, quando ciò che si chiede di promettere, di abbandonare o di pagare non superi 30 milioni di lire, concorrendo a formare tale somma le transazioni che fossero precedentemente intervenute sullo stesso oggetto o per l'esecuzione dello stesso contratto;

d) disporre la non applicazione di clausole penali quando la somma controversa o che la Amministrazione abbandona, non superi i 30 milioni di lire;

e) provvedere a tutte le operazioni successive alla approvazione del progetto o del contratto per opere, forniture e servizi, compresa la nomina di collaudatori, la liquidazione ed il pagamento del saldo, e, ove occorra, la formazione e l'approvazione di atti integrativi, aggiuntivi o sostitutivi dei contratti, sempre entro i limiti di competenza stabiliti nelle precedenti lettere;

f) promuovere liti attive e resistere a quelle passive quando l'oggetto della controversia non superi 30 milioni di lire;

g) adottare i provvedimenti di concessione, autorizzazione, licenze ed analoghi ad essi espressamente attribuiti dalla legge o dal regolamento anche ministeriale e salva, in ogni caso, la facoltà del Ministro di avocare i singoli affari;

h) disporre il movimento, tra le maggiori ripartizioni del proprio ufficio, del personale in servizio;

i) provvedere agli atti vincolati di competenza dell'Amministrazione centrale che comportino impegni di spesa non superiore a 100 milioni di lire ed agli altri specificati cod regolamento anche ministeriale.

I provvedimenti di cui alle lettere *b*), *c*), *d*), *e*), *f*), *i*), sono definitivi.

I dirigenti di cui al primo comma emettono, altresì, i titoli di pagamento relativi ad atti di impegno di spesa divenuti esecutivi, qualunque sia l'importo, e dispongono per gli atti preliminari ed istruttori negli affari di competenza degli organi superiori.

Ai predetti primi dirigenti spettano, infine, sempre nell'ambito della competenza del proprio ufficio, le attribuzioni non espressamente devolute dalla legge o dal regolamento anche ministeriale agli altri organi dell'Amministrazione, salvo quanto è previsto dalla lettera *m*) dell'articolo 7 (1) (2).

(1) *La l. 25 maggio 1978, n. 233 (Gazz. Uff. 6 giugno 1978, n. 155) ha raddoppiato i limiti di somma indicati negli artt. 7, 8 e 9 del presente d.P.R., ora riportati con i detti importi aggiornati. Inoltre l'art. 20, l. 12 febbraio 1981, n. 17 ha ulteriormente raddoppiato i limiti di somma indicati negli artt. 7, 8 e 9 del presente decreto per i dirigenti dell'Azienda autonoma delle ferrovie dello Stato. V., anche, l'art. 14, l. 10 febbraio 1982, n. 39.*

(2) *L'art. 74, d.lgs. 3 febbraio 1993, n. 29, nel testo modificato dall'art. 43, d.ls. 31 marzo 1998, n. 80 e l'art. 72, d.ls. 30 marzo 2001, n. 165, hanno abrogato le disposizioni contenute nel presente Capo I del Titolo I ad eccezione, secondo quanto disposto dall'art. 21, d.ls.29 ottobre 1998, n. 387, delle disposizioni di cui agli artt. da 4 a 12, nonché 15, 19, 21, 24 e 25, che, nei limiti di rispettiva applicazione, continuano ad applicarsi al personale dirigenziale delle carriere previste dall'art. 15, comma 1, secondo periodo, dello stesso d.ls.29 ottobre 1998, n. 387. L'art. 40, d.ls. 19 maggio 2000, n. 139, ha disposto che, dalla data di entrata in vigore del medesimo provvedimento, non si applicano, al personale della carriera prefettizia, gli artt. dal 4 al 12, commi primo, secondo, terzo e quarto, e gli artt. 15, 19 e 25, primo comma, del presente decreto. Per la disapplicazione delle norme contenute nel presente articolo v. l'art. 16, Accordo 18 novembre 2004.*

10 Attribuzioni particolari dei dirigenti preposti all'amministrazione del personale.

Spetta al dirigente con funzioni di capo del personale, salvo quanto attribuito dal presente decreto alla competenza di altri organi, l'emanazione dei provvedimenti relativi allo stato giuridico, alla carriera ed al trattamento economico del personale delle diverse carriere e l'obbligo di promuovere l'azione disciplinare quando venga a conoscenza di atti che comportano responsabilità disciplinare. Restano, comunque, riservati alla competenza del Ministro i provvedimenti relativi alla nomina all'impiego, alle promozioni, ai trasferimenti di sede, nonché le autorizzazioni di missione all'estero, l'irrogazione delle sanzioni disciplinari superiori alla riduzione dello stipendio ed i provvedimenti di sospensione cautelare facoltativa.

Spettano ai direttori delle divisioni che amministrano il personale nell'ambito della competenza del proprio ufficio: la concessione dei congedi straordinari e delle aspettative, esclusa quella per motivi di famiglia; l'attribuzione dei benefici combattentistici, delle classi di stipendio e degli aumenti periodici di stipendio anche anticipati; la liquidazione delle indennità di missione e di trasferimento; l'adozione dei provvedimenti relativi al riconoscimento di anzianità a fini di carriera, al riscatto di servizi pre-ruolo ai fini del trattamento di quiescenza e alla liquidazione delle pensioni; l'emanazione dei ruoli di spesa fissa.

Restano ferme le competenze dei consigli di amministrazione e delle commissioni di disciplina.

Sono, inoltre, fatte salve le competenze già devolute agli organi periferici (1).

(1) *L'art. 74, d.lgs. 3 febbraio 1993, n. 29, nel testo modificato dall'art. 43, d.ls. 31 marzo 1998, n. 80 e l'art. 72, d.ls. 30 marzo 2001, n. 165, hanno abrogato le disposizioni contenute nel presente Capo I del Titolo I ad eccezione, secondo quanto disposto dall'art. 21, d.ls.29 ottobre 1998, n. 387, delle disposizioni di cui agli articoli da 4 a 12, nonché 15, 19, 21, 24 e 25, che, nei limiti di rispettiva applicazione, continuano ad applicarsi al personale dirigenziale delle carriere previste dall'art. 15, comma 1, secondo periodo, dello stesso d.ls.29 ottobre 1998, n. 387 L'art. 40, d.ls. 19 maggio 2000, n. 139, ha disposto che, dalla data di entrata in vigore del medesimo provvedimento, non si applicano, al personale della carriera prefettizia, gli artt. dal 4 al 12, commi primo, secondo, terzo e quarto, e gli artt. 15, 19 e 25, primo comma, del presente decreto. Per la disapplicazione delle norme contenute nel presente articolo v. l'art. 16, Accordo 18 novembre 2004.*

11 Attribuzioni particolari dei dirigenti addetti a funzioni di studio e ricerca.

I dirigenti addetti a compiti di studio e ricerca studiano l'organizzazione dell'Amministrazione, le semplificazioni e la razionalizzazione delle procedure, le nuove tecniche di lavoro, nonché questioni di natura giuridica, economica, scientifica e tecnica attinenti ai settori di competenza dell'Amministrazione. I dirigenti predetti, inoltre, elaborano progetti per attuare le direttive del Ministro; esaminano documenti e studi ed elaborano relazioni e sintesi in preparazione o a conclusione di incontri di lavoro anche interministeriali o internazionali; attendono alle pubblicazioni edite dall'Amministrazione: coadiuvano le direzioni generali e gli altri uffici competenti nella formulazione delle proposte di programmazione; in collaborazione con i medesimi uffici, elaborano schemi di disegni di legge e di regolamenti d'iniziativa dell'Amministrazione e predispongono gli elementi per il parere della Amministrazione medesima sulle proposte di legge di altra iniziativa; attendono al contenzioso.

I consiglieri ministeriali aggiunti ed i vice consiglieri ministeriali applicati alle direzioni generali ed ai servizi centrali attendono ai loro compiti in conformità delle direttive del rispettivo direttore generale o capo del servizio (1).

(1) *L'art. 74, d.lgs. 3 febbraio 1993, n. 29, nel testo modificato dall'art. 43, d.ls. 31 marzo 1998, n. 80 e l'art. 72, d.ls. 30 marzo 2001, n. 165, hanno abrogato le disposizioni contenute nel presente Capo I del Titolo I ad eccezione, secondo quanto disposto dall'art. 21, d.ls. 29 ottobre 1998, n. 387, delle disposizioni di cui agli artt. da 4 a 12, nonché 15, 19, 21, 24 e 25, che, nei limiti di rispettiva applicazione, continuano ad applicarsi al personale dirigenziale delle carriere previste dall'art. 15, comma 1, secondo periodo, dello stesso d.ls. 29 ottobre 1998, n. 387. L'art. 40, d.ls. 19 maggio 2000, n. 139, ha disposto che, dalla data di entrata in vigore del medesimo provvedimento, non si applicano, al personale della carriera prefettizia, gli artt. dal 4 al 12, commi primo, secondo, terzo e quarto, e gli artt. 15, 19 e 25, primo comma, del presente decreto.*

12 Attribuzioni particolari dei dirigenti con funzioni ispettive.

I dirigenti con funzioni ispettive provvedono, secondo le direttive del Ministro, o del competente direttore generale, alla vigilanza sugli uffici dell'Amministrazione, al fine di accertarne la regolarità amministrativa e contabile ed il corretto svolgimento dell'azione amministrativa; verificano la razionale organizzazione dei servizi, l'adeguata utilizzazione del personale e l'andamento generale dell'ufficio, tenendo anche conto delle segnalazioni e dei suggerimenti eventualmente formulati dai cittadini o dalle organizzazioni di categoria; svolgono opera di consulenza e orientamento nei confronti del personale degli uffici sottoposti a visita ispettiva al fine di conseguire un migliore coordinamento ed il perfezionamento dell'azione amministrativa; riferiscono sull'esito delle ispezioni o inchieste loro affidate all'organo dal quale dipendono ed eventualmente a quello che le ha disposte, segnalando tutte le irregolarità accertate e formulando proposte sui provvedimenti da adottare; in caso di urgenza adottano i provvedimenti necessari, consentiti dalla legge, per eliminare gli inconvenienti rilevati.

Comunicano all'ufficio organizzazione e metodo, e, ove occorra, alla direzione generale competente per materia, copia della relazione ispettiva, per la parte relativa alle disfunzioni dovute a non razionale organizzazione dei servizi o a inadeguate procedure amministrative eventualmente riscontrate.

Riferiscono direttamente al capo del personale, per i provvedimenti di competenza, tutti i fatti che possono dar luogo a procedimento disciplinare.

Il disposto di cui all'art. 20, comma secondo, del testo unico approvato con decreto del Presidente della Repubblica 10 gennaio 1957, numero 3, si applica a tutti i dirigenti che svolgono funzioni ispettive.

I dirigenti con funzioni ispettive che nell'esercizio o a causa di tali loro funzioni accertano fatti che presentano caratteri di reato per la cui punibilità non sia prescritta querela dell'offeso, sono obbligati a farne rapporto direttamente alla competente autorità giudiziaria, ai sensi dell'art. 2 codice di procedura penale. Il rapporto stesso deve essere inviato per notizia all'organo dal quale gli ispettori dipendono ed a quello che eventualmente ha disposto l'ispezione o l'inchiesta.

Nel caso di ispezioni in cui siano accertati fatti che possano interessare altri Ministeri o dar luogo a responsabilità a carico di personale da questi dipendenti, la relazione ispettiva dev'essere comunicata anche al Ministro interessato.

Restano ferme le speciali disposizioni che concernono particolari controlli ispettivi da parte di organi dell'Amministrazione dello Stato nei confronti di enti e privati.

Gli ispettori sono solidalmente responsabili dei danni derivanti da eventuali irregolarità dagli stessi non rilevate in sede d'ispezione, salvo che tali irregolarità non siano state commesse anteriormente a precedente visita ispettiva effettuata da altri funzionari. In questi casi la responsabilità si estende solo se gli ispettori abbiano ricevuto specifico incarico scritto di indagare anche sui fatti anteriori o abbiano omesso di informare gli organi competenti delle irregolarità delle quali siano venuti comunque a conoscenza (1).

(1) *L'art. 74, d.lgs. 3 febbraio 1993, n. 29, nel testo modificato dall'art. 43, d.ls. 31 marzo 1998, n. 80 e l'art. 72, d.lgs. 30 marzo 2001, n. 165, hanno abrogato le disposizioni contenute nel presente Capo I del Titolo I ad eccezione, secondo quanto disposto dall'art. 21, d.ls. 29 ottobre 1998, n. 387, delle disposizioni di cui agli artt. da 4 a 12, nonché 15, 19, 21, 24 e 25, che, nei limiti di rispettiva applicazione, continuano ad applicarsi al personale dirigenziale delle carriere previste dall'art. 15, comma 1, secondo periodo, dello stesso d.ls. 29 ottobre 1998, n. 387. L'art. 40, d.ls. 19 maggio 2000, n. 139, ha disposto che, dalla data di entrata in vigore del medesimo provvedimento, non si applicano, al personale della carriera prefettizia, gli artt. dal 4 al 12, commi primo, secondo, terzo e quarto, e gli artt. 15, 19 e 25, primo comma, del presente decreto.*

13 Attribuzioni particolari dei dirigenti periferici.

[I dirigenti preposti agli uffici periferici o alle più ampie ripartizioni di questi, ai sensi degli articoli 4, 5 e 6, esercitano, nell'ambito della competenza dei rispettivi uffici e ripartizioni, le attribuzioni previste dal presente decreto per i dirigenti di pari qualifica preposti agli uffici centrali.

Ove particolari ordinamenti prevedano che alla direzione di uffici periferici aventi la stessa competenza per materia ed eguale circoscrizione territoriale possano essere preposti dirigenti con qualifica diversa, i capi degli uffici medesimi che rivestano qualifica inferiore esercitano, salvo contrarie disposizioni di legge o regolamenti, le attribuzioni del rispettivo ufficio nei limiti previsti dal presente decreto per il dirigente con qualifica superiore] (1).

(1) *L'art. 74, nel testo modificato d.ls. dall'art. 43, d.lgs. 31 marzo 1998, n. 80 e l'art. 72, d.lgs. 30 marzo 2001, n. 165, hanno abrogato le disposizioni contenute nel presente Capo I del Titolo I ad eccezione, secondo quanto disposto dall'art. 21, d.ls. 29 ottobre 1998, n. 387, delle disposizioni di cui agli artt. da 4 a 12, nonché 15, 19, 21, 24 e 25, che, nei limiti di rispettiva applicazione, continuano ad applicarsi al personale dirigenziale delle carriere previste dall'art. 15, comma 1, secondo periodo, dello stesso d.ls. 29 ottobre 1998, n. 387.*

14 Competenza propria e delegata.

[Restano salve le vigenti disposizioni che prevedono attribuzioni diverse e competenze maggiori per i dirigenti delle varie qualifiche.

Oltre alle attribuzioni istituzionalmente loro spettanti, i dirigenti esercitano le attribuzioni che ad essi vengono delegate dal Ministro o, con la sua approvazione, dal rispettivo superiore gerarchico.

È ammessa la delega di attribuzioni dagli organi centrali agli organi periferici, previo conforme parere del consiglio di amministrazione.

I provvedimenti di delega sono pubblicati nel Bollettino Ufficiale dell'Amministrazione] (1).

(1) *L'art. 74, nel testo modificato d.ls. dall'art. 43, d.lgs. 31 marzo 1998, n. 80 e l'art. 72, d.lgs. 30 marzo 2001, n. 165, hanno abrogato le disposizioni contenute nel presente Capo I del Titolo I ad eccezione, secondo quanto disposto dall'art. 21, d.lgs. 29 ottobre 1998, n. 387, delle disposizioni di cui agli artt. da 4 a 12, nonché 15, 19, 21, 24 e 25, che, nei limiti di rispettiva applicazione, continuano ad applicarsi al personale dirigenziale delle carriere previste dall'art. 15, comma 1, secondo periodo, dello stesso d.ls. 29 ottobre 1998, n. 387.*

15 Assegnazione dei dirigenti alle diverse funzioni.

La preposizione dei dirigenti agli uffici centrali e periferici e l'attribuzione delle altre funzioni dirigenziali previste dal presente decreto sono disposte, o revocate, ai dirigenti di corrispondente qualifica o livello della stessa Amministrazione, con decreti del Ministro competente, sentito il Presidente del Consiglio dei Ministri, se trattisi di dirigenti generali o superiori, e con decreto del Ministro, sentito il consiglio di amministrazione, negli altri casi.

Il passaggio da una funzione ad altra di corrispondente livello o dalla dirigenza di un ufficio a quella di altro analogo, è disposto con le stesse modalità.

Per i dirigenti di cui ai precedenti commi che prestino servizio presso un'Amministrazione diversa da quella di appartenenza, si provvede analogamente, sostituendosi al Ministro ed al consiglio di amministrazione indicati, i corrispondenti organi dell'Amministrazione presso cui i dirigenti medesimi sono comandati o collocati fuori ruolo (1).

(1) *L'art. 74, d.lgs. 3 febbraio 1993, n. 29, nel testo modificato dall'art. 43, d.ls. 31 marzo 1998, n. 80 e l'art. 72, d.lgs. 30 marzo 2001, n. 165, hanno abrogato le disposizioni contenute nel presente Capo I del Titolo I ad eccezione, secondo quanto disposto dall'art. 21, d.ls. 29 ottobre 1998, n. 387, delle disposizioni di cui agli artt. da 4 a 12, nonché 15, 19, 21, 24 e 25, che, nei limiti di rispettiva applicazione, continuano ad applicarsi al personale dirigenziale delle carriere previste dall'art. 15, comma 1, secondo periodo, dello stesso d.ls. 29 ottobre 1998, n. 387. L'art. 40, d.ls. 19 maggio 2000, n. 139, ha disposto che, dalla data di entrata in vigore del medesimo provvedimento, non si applicano, al personale della carriera prefettizia, gli artt. dal 4 al 12, commi primo, secondo, terzo e quarto, e gli artt. 15, 19 e 25, primo comma, del presente decreto.*

16 Incarichi di funzioni dirigenziali.

[La dirigenza di una direzione generale o di altro ufficio centrale o periferico equiparato o superiore, ove sussista la corrispondente vacanza nel ruolo organico, può essere conferita per incarico a tempo determinato, con decreto del Presidente della Repubblica su proposta del Ministro competente previa deliberazione del Consiglio dei Ministri, a dipendenti dello Stato non appartenenti all'Amministrazione interessata e aventi funzioni o qualifiche equipollenti, o superiori, nonché ad estranei all'Amministrazione dello Stato, qualora agli stessi sia notoriamente riconosciuta la specifica competenza richiesta.

L'incarico non può avere durata superiore al biennio, non è rinnovabile e può essere revocato con le stesse modalità del conferimento.

Fino a quando non sia stata disposta la revoca dell'incarico, il corrispondente posto vacante in ruolo organico è indisponibile.

All'estraneo all'Amministrazione dello Stato cui sia stato conferito l'incarico dirigenziale ai sensi del primo comma compete, quale retribuzione onnicomprensiva, in considerazione dell'orario complessivo di lavoro nonché delle responsabilità inerenti alla funzione esercitata, una indennità mensile pari al trattamento economico mensile spettante ai dirigenti generali, o superiori, di corrispondente funzione. Ai fini previdenziali ed assistenziali si applicano, in quanto possibile, le disposizioni concernenti gli impiegati civili non di ruolo dello Stato. Per i dipendenti dello Stato si osserva il disposto di cui all'art. 57 del testo unico approvato con decreto del Presidente della Repubblica 10 gennaio 1957, n. 3, nel testo modificato dall'art. 34 del decreto del Presidente della Repubblica 28 dicembre 1970, n. 1077. Analogamente si provvede per i dipendenti degli enti pubblici salvo che per l'onere della spesa che viene posto a carico dell'Amministrazione statale di servizio.

Durante l'incarico, sono estese all'incaricato di funzioni dirigenziali le disposizioni concernenti le incompatibilità e le responsabilità previste per i funzionari di ruolo di corrispondente funzione, nonché quelle relative all'orario di lavoro, al congedo ordinario e al divieto di percepire le indennità] (1).

(1) *L'art. 74, nel testo modificato d.ls. dall'art. 43, d.ls. 31 marzo 1998, n. 80 e l'art. 72, d.lgs. 30 marzo 2001, n. 165, hanno abrogato le disposizioni contenute nel presente Capo I del Titolo I ad eccezione, secondo quanto disposto dall'art. 21, d.ls. 29 ottobre 1998, n. 387, delle disposizioni di cui agli artt. da 4 a 12, nonché 15, 19, 21, 24 e 25, che, nei limiti di rispettiva applicazione, continuano ad applicarsi al personale dirigenziale delle carriere previste dall'art. 15, comma 1, secondo periodo, dello stesso d.ls. 29 ottobre 1998, n. 387.*

17 Relazione al consiglio di amministrazione.

[Ogni anno i dirigenti preposti alle direzioni generali, agli uffici centrali equiparati o superiori ed ai servizi centrali organicamente dipendenti dal Ministro riferiscono al consiglio di amministrazione sul modo con il quale si è svolta l'azione amministrativa in relazione alle direttive del Ministro, sui risultati concreti ottenuti, con particolare riguardo al buon andamento della Amministrazione, all'ordinamento dei servizi ed alla loro efficienza; formulano, altresì, le opportune proposte per la razionalizzazione dei servizi, lo snellimento delle procedure, la riduzione dei costi e, in genere, il miglioramento dell'azione amministrativa.

I dirigenti di cui al precedente comma riferiscono, inoltre, per quanto di competenza dei propri uffici sull'andamento generale e sulla gestione degli enti sottoposti a vigilanza] (1).

(1) *L'art. 74, nel testo modificato d.ls. dall'art. 43, d.lgs. 31 marzo 1998, n. 80 e l'art. 72, d.lgs. 30 marzo 2001, n. 165, hanno abrogato le disposizioni contenute nel presente Capo I del Titolo I ad eccezione, secondo quanto disposto dall'art. 21, d.lgs. 29 ottobre 1998, n. 387, delle disposizioni di cui agli artt. da 4 a 12, nonché 15, 19, 21, 24 e 25, che, nei limiti di rispettiva applicazione, continuano ad applicarsi al personale dirigenziale delle carriere previste dall'art. 15, comma 1, secondo periodo, dello stesso d.lgs. 29 ottobre 1998, n. 387.*

18 Relazione generale del consiglio di amministrazione.

[Il consiglio di amministrazione, vagliate e coordinate le proposte avanzate con le relazioni di cui all'articolo precedente redige la relazione generale sull'andamento dei servizi, sui risultati dell'azione amministrativa e, in particolare, dell'applicazione delle leggi e dei regolamenti, sulle principali osservazioni occorse e sui più rilevanti provvedimenti adottati dall'Amministrazione, avanzando adeguate proposte per il miglioramento dell'organizzazione dei servizi, ivi comprese, in quanto occorra, le modifiche di struttura degli uffici e quelle degli organici del personale. La relazione contiene, altresì, le osservazioni e le proposte del consiglio di amministrazione in merito all'andamento generale e alla gestione degli enti sottoposti a vigilanza.

La relazione è comunicata entro il mese di marzo alla Presidenza del Consiglio dei Ministri ai fini della predisposizione della relazione al Parlamento sullo stato della pubblica amministrazione, prevista dall'art. 30 della legge 28 ottobre 1970, n. 775] (1).

(1) *L'art. 74, nel testo modificato d.ls. dall'art. 43, d.ls. 31 marzo 1998, n. 80 e l'art. 72, d.lgs. 30 marzo 2001, n. 165, hanno abrogato le disposizioni contenute nel presente Capo I del Titolo I ad eccezione, secondo quanto disposto dall'art. 21, d.ls. 29 ottobre 1998, n. 387, delle disposizioni di cui agli artt. da 4 a 12, nonché 15, 19, 21, 24 e 25, che, nei limiti di rispettiva applicazione, continuano ad applicarsi al personale dirigenziale delle carriere previste dall'art. 15, comma 1, secondo periodo, dello stesso d.ls. 29 ottobre 1998, n. 387.*

19 Responsabilità per l'esercizio delle funzioni dirigenziali.

Ferma restando la responsabilità penale, civile, amministrativa contabile e disciplinare prevista per tutti gli impiegati civili dello Stato, i dirigenti delle diverse qualifiche sono responsabili, nell'esercizio delle rispettive funzioni, del buon andamento, dell'imparzialità e della legittimità dell'azione degli uffici cui sono preposti.

I dirigenti medesimi sono specialmente responsabili sia dell'osservanza degli indirizzi generali dell'azione amministrativa emanati dal Consiglio dei Ministri, e dal Ministro per il dicastero di competenza, sia della rigorosa osservanza dei termini e delle altre norme di procedimento previsti dalle disposizioni di legge o di regolamento, sia del conseguimento dei risultati dell'azione degli uffici cui sono preposti.

I risultati negativi, eventualmente rilevati, dell'organizzazione del lavoro e dell'attività dell'ufficio sono contestati ai dirigenti con atto del Ministro, sentito, per i dirigenti superiori e per i primi dirigenti, il competente dirigente generale.

Il Ministro, qualora non ritenga valide le giustificazioni addotte, riferisce al Consiglio dei Ministri, se trattasi di dirigenti generali e qualifiche superiori, e al consiglio di amministrazione negli altri casi.

In casi particolari, il Consiglio dei Ministri può deliberare il collocamento dei dirigenti generali a disposizione dell'Amministrazione di appartenenza.

Salvo quando siano investiti di incarichi speciali, nel qual caso la posizione di disposizione si protrae per tutta la durata dell'incarico stesso, i dirigenti generali possono rimanere in tale posizione per un periodo di tre anni, trascorso il quale sono collocati a riposo di diritto. I dirigenti generali e qualifiche superiori a disposizione non possono eccedere il dieci per cento dei corrispondenti posti di ruolo organico.

In caso di rilevante gravità o di reiterata responsabilità, il Consiglio dei Ministri può deliberare il collocamento a riposo, per ragioni di servizio, dei dirigenti generali o qualifiche superiori, anche se non siano mai stati collocati a disposizione.

Ai dirigenti generali, o qualifiche superiori, collocati a riposo ai sensi dei precedenti commi si applicano le disposizioni di cui agli articoli 6, comma secondo, e 52 del testo unico delle disposizioni approvate con regio decreto 21 febbraio 1895, n. 70, e successive modificazioni, nonché il disposto dell'art. 10 del regio decreto 5 aprile 1925, n. 441.

Il consiglio di amministrazione, nei confronti dei funzionari con qualifica di dirigente superiore o di primo dirigente, può deliberare il loro trasferimento ad altre funzioni di corrispondente livello (1).

(1) *L'art. 74, d.lgs. 3 febbraio 1993, n. 29, nel testo modificato dall'art. 43, d.ls. 31 marzo 1998, n. 80 e l'art. 72, d.lgs. 30 marzo 2001, n. 165, hanno abrogato le disposizioni contenute nel presente Capo I del Titolo I ad eccezione, secondo quanto disposto dall'art. 21, d.ls. 29 ottobre 1998, n. 387, delle disposizioni di cui agli artt. da 4 a 12, nonché 15, 19, 21, 24 e 25, che, nei limiti di rispettiva applicazione, continuano ad applicarsi al personale dirigenziale delle carriere previste dall'art. 15, comma 1, secondo periodo, dello stesso d.ls. 29 ottobre 1998, n. 387. L'art. 40, d.ls. 19 maggio 2000, n. 139, ha disposto che, dalla data di entrata in vigore del medesimo provvedimento, non si applicano, al personale della carriera prefettizia, gli artt. dal 4 al 12, commi primo, secondo, terzo e quarto, e gli artt. 15, 19 e 25, primo comma, del presente decreto.*

20 Orario di lavoro dei dirigenti.

[L'orario settimanale di lavoro previsto per la generalità degli impiegati civili dell'Amministrazione dello Stato è maggiorato, per i dirigenti, di dieci ore settimanali, da ripartire in relazione alle esigenze del servizio (1).

I dirigenti generali, e qualifiche superiori, ove particolari esigenze di servizio lo richiedano, sono tenuti a protrarre le prestazioni giornaliere di servizio anche oltre l'orario predetto, senza diritto al compenso per lavoro straordinario] (2) (3).

(1) *Comma abrogato dall'art. 5, d.l. 24 novembre 1990, n. 344.*

(2) *L'art. 74, nel testo modificato d.lgs. dall'art. 43, d.ls. 31 marzo 1998, n. 80 e l'art. 72, d.ls. 30 marzo 2001, n. 165, hanno abrogato le disposizioni contenute nel presente Capo I del Titolo I ad eccezione, secondo quanto disposto dall'art. 21, d.ls. 29 ottobre 1998, n. 387, delle disposizioni di cui agli artt. da 4 a 12, nonché 15, 19, 21, 24 e 25, che, nei limiti di rispettiva applicazione, continuano ad applicarsi al personale dirigenziale delle carriere previste dall'art. 15, comma 1, secondo periodo, dello stesso d.lgs. 29 ottobre 1998, n. 387.*

(3) *Per la disapplicazione delle norme contenute nel presente articolo, nei confronti del personale dirigenziale degli Enti pubblici non economici, del comparto Ministeri, delle Università, e delle aziende Autonome, v. l'allegati B al d.ls. 30 marzo 2001, n. 165.*

21 Rapporti informativi e giudizi complessivi.

In materia di rapporti informativi e giudizi complessivi relativi ai funzionari con qualifica di primo dirigente si osservano le disposizioni previste per gli impiegati della carriera direttiva con qualifica non inferiore a direttore di divisione.

In sede di formulazione del giudizio complessivo da parte del consiglio di amministrazione, il capo del personale, per i rapporti informativi da lui non redatti, e negli altri casi un altro dirigente generale, scelto dal consiglio di amministrazione tra i suoi componenti, deve fare adeguata relazione con proprie motivate proposte.

Non si fa luogo al rapporto informativo e al giudizio complessivo per i dirigenti superiori dei quali vanno, per altro, segnalati, dai competenti superiori gerarchici, i fatti meritevoli di particolare menzione sotto il profilo del merito o del demerito, verificatisi nell'anno (1) (2).

(1) *L'art. 74, nel testo modificato d.ls. dall'art. 43, d.lgs. 31 marzo 1998, n. 80 e l'art. 72, d.lgs. 30 marzo 2001, n. 165, hanno abrogato le disposizioni contenute nel presente Capo I del Titolo I ad eccezione, secondo quanto disposto dall'art. 21, d.ls. 29 ottobre 1998, n. 387, delle disposizioni di cui agli artt. da 4 a 12, nonché 15, 19, 21, 24 e 25, che, nei limiti di rispettiva applicazione, continuano ad applicarsi al personale dirigenziale delle carriere previste dall'art. 15, comma 1, secondo periodo, dello stesso d.ls. 29 ottobre 1998, n. 387.*

(2) *Sulla sostituzione del rapporto informativo di cui al presente articolo, v. il comma 5 dell'art. 11, d.lgs. 3 aprile 2001, n. 155. V., anche, quanto disposto dal comma 8 dell'art. 11 dello stesso decreto.*

22 Nomina a primo dirigente.

[La nomina a primo dirigente si consegue mediante corso di formazione dirigenziale con esami finali, al quale sono ammessi gli impiegati delle corrispondenti carriere direttive della stessa Amministrazione con qualifica non inferiore a direttore di sezione, o equiparata, che alla data di inizio del corso stesso abbiano compiuto cinque anni di effettivo complessivo servizio in qualifiche superiori a quella di consigliere, o equiparata.

L'ammissione al corso, nel limite dei posti che si prevede si renderanno disponibili alla data della sua conclusione nella qualifica di primo dirigente, aumentati del cinquanta per cento, con arrotondamento all'unità per eccesso, si consegue mediante concorso per titoli di servizio. Al concorso per titoli saranno ammessi, seguendo l'ordine di ruolo a cominciare dalla qualifica più elevata:

nel limite di quattro volte i posti da conferire, gli impiegati di cui al primo comma che, nell'ultimo quinquennio, abbiano riportato il giudizio complessivo di « ottimo » e per almeno due volte siano stati qualificati « eccezionale »;

nel limite di due volte i posti da conferire, gli impiegati di cui al primo comma che nell'ultimo quinquennio abbiano conseguito giudizi complessivi non inferiori a « distinto ».

Il concorso per titoli è indetto annualmente con decreto del Presidente del Consiglio dei Ministri, da pubblicare nella Gazzetta Ufficiale. Il bando indica il termine di presentazione della domanda di ammissione, il numero dei posti da conferire per ciascun ruolo e la data di inizio del corso di formazione dirigenziale.

Gli aspiranti indicano nella domanda i titoli di servizio di cui alla lettera *d*) del successivo comma sesto, allegando la documentazione di cui l'Amministrazione non sia in possesso.

I capi del personale inviano alla commissione esaminatrice del concorso, entro quindici giorni dalla scadenza del termine per la presentazione delle domande, l'elenco dei titoli posseduti da ciascun candidato, il relativo fascicolo personale, copia dello stato matricolare e le domande ed i titoli prodotti dagli interessati.

Le categorie dei titoli di servizio ammessi a valutazione ed il punteggio massimo attribuibile a ciascuna categoria sono stabiliti come segue:

a) rapporti informativi e giudizi complessivi del quinquennio anteriore: punti 60;

b) incarichi e servizi speciali: punti 18;

c) lavori originali concernenti i compiti di istituto: punti 12;

d) titoli attinenti alla formazione ed al perfezionamento professionale del candidato, con particolare riguardo al profitto tratto dai corsi professionali per gli impiegati delle carriere direttive previste dal testo unico approvato con decreto del Presidente della Repubblica 10 gennaio 1957, n. 3, e successive modificazioni: punti 5;

e) idoneità conseguita in precedenti corsi di formazione dirigenziale: punti 5.

Si applicano gli articoli 26, 27, 29 e 67 del decreto del Presidente della Repubblica 3 maggio 1957, n. 686.

La commissione esaminatrice del concorso è costituita presso la Presidenza del Consiglio dei Ministri con decreto del Presidente del Consiglio ed è composta da un magistrato amministrativo con qualifica di presidente di sezione del Consiglio di Stato o corrispondente, che la presiede, da tre dirigenti generali e da un membro aggiunto con qualifica non inferiore a dirigente superiore, designato dalle singole amministrazioni per l'esame dei titoli dei rispettivi dipendenti; funge da segretario un impiegato della carriera direttiva con qualifica non inferiore a direttore di sezione.

Le norme particolari eventualmente occorrenti sono stabilite con il bando di concorso.

Alla determinazione delle carriere direttive dalle quali si accede ai singoli ruoli dirigenziali si provvede, ove occorra, con decreto del Ministro, su conforme parere del consiglio di amministrazione, in relazione alla corrispondenza della funzione] (1).

(1) *L'art. 74, nel testo modificato d.lgs. dall'art. 43, d.ls. 31 marzo 1998, n. 80 e l'art. 72, d.ls. 30 marzo 2001, n. 165, hanno abrogato le disposizioni contenute nel presente Capo I del Titolo I ad eccezione, secondo quanto disposto dall'art. 21, d.ls. 29 ottobre 1998, n. 387, delle disposizioni di cui agli artt. da 4 a 12, nonché 15, 19, 21, 24 e 25, che, nei limiti di rispettiva applicazione, continuano ad applicarsi al personale dirigenziale delle carriere previste dall'art. 15, comma 1, secondo periodo, dello stesso d.ls. 29 ottobre 1998, n. 387.*

23 Corso di formazione dirigenziale.

[Il corso di formazione dirigenziale - cui attende la Scuola superiore della pubblica amministrazione - è ad indirizzo spiccatamente professionale e verte essenzialmente sulle tecniche dirette ad assicurare la più razionale organizzazione dell'Amministrazione e l'economicità, oltre che l'efficacia, della sua azione, senza peraltro, prescindere dall'approfondimento della cultura, giuridico amministrativa ed economica o tecnico-scientifica, indispensabile per l'esercizio delle funzioni dirigenziali. Salvo quanto previsto al successivo comma, il corso è tenuto in Roma.

Il corso ha la durata di quattordici mesi. Per non meno di sette mesi complessivi gli allievi sono applicati ai servizi di amministrazioni pubbliche, anche non statali, diverse da quella di appartenenza ed inviati presso grandi aziende, pubbliche o private, per compiervi studi sulla organizzazione aziendale; ove le amministrazioni pubbliche abbiano uffici periferici, gli allievi devono essere applicati ai servizi di questi, possibilmente in sedi diverse da Roma.

A conclusione di tali esperimenti, gli allievi redigono una relazione illustrativa avente per oggetto: l'analisi critica dei servizi e delle organizzazioni studiati, l'esame comparato dei diversi sistemi organizzativi e di conduzione della pubblica Amministrazione e delle aziende, nonché le proprie osservazioni e proposte per adattare all'Amministrazione di appartenenza razionali soluzioni riscontrate nell'organizzazione dei servizi e delle aziende cui sono stati applicati. Le singole relazioni formano oggetto di dibattito in seminari costituiti da gruppi di allievi, sotto la direzione di tre docenti i quali attribuiscono collegialmente un giudizio motivato sulle singole relazioni, accompagnato da un voto espresso in trentesimi.

Al termine del corso, gli allievi che abbiano conseguito nella relazione un punteggio non inferiore a ventiquattro trentesimi sostengono gli esami, costituiti da due prove scritte e da un colloquio, vertenti sulle materie che hanno formato oggetto di insegnamento.

La commissione esaminatrice è costituita dal collegio dei docenti ed è presieduta dal direttore della scuola superiore della pubblica Amministrazione.

Il punteggio, sia per le prove scritte che per il colloquio, è espresso in trentesimi e l'esito delle prove è considerato favorevole quando la votazione non sia per ciascuna di esse inferiore a ventiquattro.

La votazione complessiva è data dalla somma del voto riportato nella relazione, della media dei voti riportati nelle prove scritte e del voto ottenuto nel colloquio.

A parità di punteggio ha la preferenza il candidato con qualifica più elevata e, a parità di qualifica, il candidato collocato prima nel ruolo di anzianità.

Gli impiegati che, pur avendo superato il corso, non conseguono la promozione per insufficienza di posti potranno essere ammessi per non più di due volte a successivi corsi.

Gli impiegati che non hanno superato il corso, salvo che non si siano ritirati per comprovati motivi di salute, o per adempiere ad obblighi militari, possono essere ammessi a frequentarne solo un altro dopo che siano trascorsi almeno tre anni dalla data di approvazione della graduatoria.

Il corso di formazione per dirigenti amministrativi è tenuto congiuntamente per gli impiegati appartenenti a tutte le Amministrazioni; l'insegnamento e gli esami sulle discipline comuni sono integrati da quelli speciali, relativi alla legislazione ed ai servizi dell'Amministrazione di rispettiva appartenenza, con particolare riferimento alle attribuzioni dei dirigenti di ciascun ruolo; si procede alla formazione di distinte graduatorie di merito. Analogamente si procede per le carriere dei dirigenti tecnici con funzioni omogenee. Per la formazione dei dirigenti tecnici la scuola superiore della pubblica Amministrazione può avvalersi delle Università e degli Istituti superiori, nonché delle scuole di perfezionamento o specializzazione.

Il programma delle discipline di insegnamento o di esame è stabilito con regolamento da emanare con decreto del Presidente del Consiglio dei Ministri, sentiti il Comitato direttivo della Scuola superiore della pubblica amministrazione ed il Consiglio superiore della pubblica amministrazione. Con lo stesso regolamento sono determinati i ruoli organici dei dirigenti tecnici per l'accesso ai quali debba provvedersi con un corso comune di formazione dirigenziale ai sensi del comma precedente (1)] (2).

(1) *V. il d.P.C.M. 16 luglio 1977.*

(2) *L'art. 74, nel testo modificato d.ls. dall'art. 43, d.lgs. 31 marzo 1998, n. 80 e l'art. 72, d.lgs. 30 marzo 2001, n. 165, hanno abrogato le disposizioni contenute nel presente Capo I del Titolo I ad eccezione, secondo quanto disposto dall'art. 21, d.ls. 29 ottobre 1998, n. 387, delle disposizioni di cui agli artt. da 4 a 12, nonché 15, 19, 21, 24 e 25, che, nei limiti di rispettiva applicazione, continuano ad applicarsi al personale dirigenziale delle carriere previste dall'art. 15, comma 1, secondo periodo, dello stesso d.lgs. 29 ottobre 1998, n. 387.*

24 Attribuzione della qualifica di dirigente superiore.

La qualifica di dirigente superiore è conferita:

1) secondo il turno di anzianità, nel limite della metà dei posti disponibili, ai primi dirigenti dello stesso ruolo che, entro il 31 dicembre, compiano nella qualifica tre anni di effettivo servizio senza demerito a giudizio del consiglio di amministrazione;

2) mediante concorso per titoli di servizio, nel limite dei restanti posti disponibili, al quale sono ammessi i primi dirigenti che compiano, entro il 31 dicembre, tre anni di effettivo servizio nella qualifica.

La frazione di posto è arrotondata per eccesso alla unità in favore dell'aliquota di cui al precedente punto 1), salvo conguaglio da effettuarsi negli anni successivi; ove non sia possibile assegnare almeno un posto al concorso, tutti i posti disponibili sono conferiti secondo il turno di anzianità.

Le promozioni hanno effetto dal 1° gennaio dell'anno successivo a quello in cui si sono verificate le vacanze. I vincitori del concorso precedono nel ruolo i promossi secondo il turno di anzianità.

Il concorso per titoli di servizio è indetto entro il mese di settembre di ciascun anno; il bando deve contenere l'indicazione del numero dei posti, il termine di presentazione delle domande e le modalità di partecipazione.

La commissione esaminatrice è composta da un magistrato amministrativo, con qualifica di presidente di sezione del Consiglio di Stato o corrispondente, che la presiede, e da due funzionari dell'Amministrazione con qualifica non inferiore a dirigente superiore; funge da segretario un impiegato della carriera direttiva con qualifica non inferiore a direttore di sezione.

Si osservano, in quanto applicabili, le disposizioni di cui ai commi quarto, quinto, sesto, settimo e nono dell'art. 22 (1).

(1) *L'art. 74, nel testo modificato d.ls. dall'art. 43, d.lgs. 31 marzo 1998, n. 80 e l'art. 72, d.ls. 30 marzo 2001, n. 165, hanno abrogato le disposizioni contenute nel presente Capo I del Titolo I ad eccezione, secondo quanto disposto dall'art. 21, d.lgs. 29 ottobre 1998, n. 387, delle disposizioni di cui agli artt. da 4 a 12, nonché 15, 19, 21, 24 e 25, che, nei limiti di rispettiva applicazione, continuano ad applicarsi al personale dirigenziale delle carriere previste dall'art. 15, comma 1, secondo periodo, dello stesso d.lgs. 29 ottobre 1998, n. 387.*

25 Nomina a dirigente generale e qualifiche superiori.

La nomina a dirigente generale, o a qualifiche superiori, è conferita, nei limiti delle disponibilità di organico, con decreto del Presidente della Repubblica previa deliberazione del Consiglio dei Ministri, su proposta del Ministro competente (1).

La nomina può essere conferita anche ad impiegati di altri ruoli o di altre Amministrazioni, ovvero a persone estranee all'Amministrazione dello Stato, salvo le riserve di posti previste da speciali disposizioni in favore di funzionari delle Amministrazioni interessate (2).

(1) *L'art. 40, d.lgs. 19 maggio 2000, n. 139, ha disposto che, dalla data di entrata in vigore del medesimo provvedimento, non si applicano, al personale della carriera prefettizia, gli artt. dal 4 al 12, commi primo, secondo, terzo e quarto, e gli artt. 15, 19 e 25, primo comma, del presente decreto.*

(2) *L'art. 74, nel testo modificato d.ls. dall'art. 43, d.lgs. 31 marzo 1998, n. 80 e l'art. 72, d.lgs. 30 marzo 2001, n. 165, hanno abrogato le disposizioni contenute nel presente Capo I del Titolo I ad eccezione, secondo quanto disposto dall'art. 21, d.lgs. 29 ottobre 1998, n. 387, delle disposizioni di cui agli artt. da 4 a 12, nonché 15, 19, 21, 24 e 25, che, nei limiti di rispettiva applicazione, continuano ad applicarsi al personale dirigenziale delle carriere previste dall'art. 15, comma 1, secondo periodo, dello stesso d.lgs. 29 ottobre 1998, n. 387.*

26-76 (*Omissis*).

107. Decreto legislativo 18 agosto 2000, n. 267. — Testo unico delle leggi sull'ordinamento degli enti locali. (*estratto*).

Pubblicata nella Gazzetta Ufficiale n. 227 del 28 settembre 2000, S.O.

107 Funzioni e responsabilità della dirigenza.

1. Spetta ai dirigenti la direzione degli uffici e dei servizi secondo i criteri e le norme dettati dagli statuti e dai regolamenti. Questi si uniformano al principio per cui i poteri di indirizzo e di controllo politico-amministrativo spettano agli organi di governo, mentre la gestione amministrativa, finanziaria e tecnica è attribuita ai dirigenti mediante autonomi poteri di spesa, di organizzazione delle risorse umane, strumentali e di controllo.

2. Spettano ai dirigenti tutti i compiti, compresa l'adozione degli atti e provvedimenti amministrativi che impegnano l'amministrazione verso l'esterno, non ricompresi espressamente dalla legge o dallo statuto

tra le funzioni di indirizzo e controllo politico-amministrativo degli organi di governo dell'ente o non rientranti tra le funzioni del segretario o del direttore generale, di cui rispettivamente agli articoli 97 e 108.

3. Sono attribuiti ai dirigenti tutti i compiti di attuazione degli obiettivi e dei programmi definiti con gli atti di indirizzo adottati dai medesimi organi, tra i quali in particolare, secondo le modalità stabilite dallo statuto o dai regolamenti dell'ente:

a) la presidenza delle commissioni di gara e di concorso;

b) la responsabilità delle procedure d'appalto e di concorso;

c) la stipulazione dei contratti;

d) gli atti di gestione finanziaria, ivi compresa l'assunzione di impegni di spesa;

e) gli atti di amministrazione e gestione del personale;

f) i provvedimenti di autorizzazione, concessione o analoghi, il cui rilascio presupponga accertamenti e valutazioni, anche di natura discrezionale, nel rispetto di criteri predeterminati dalla legge, dai regolamenti, da atti generali di indirizzo, ivi comprese le autorizzazioni e le concessioni edilizie;

g) tutti i provvedimenti di sospensione dei lavori, abbattimento e riduzione in pristino di competenza comunale, nonché i poteri di vigilanza edilizia e di irrogazione delle sanzioni amministrative previsti dalla vigente legislazione statale e regionale in materia di prevenzione e repressione dell'abusivismo edilizio e paesaggistico-ambientale;

h) le attestazioni, certificazioni, comunicazioni, diffide, verbali, autenticazioni, legalizzazioni ed ogni altro atto costituente manifestazione di giudizio e di conoscenza;

i) gli atti ad essi attribuiti dallo statuto e dai regolamenti o, in base a questi, delegati dal sindaco.

4. Le attribuzioni dei dirigenti, in applicazione del principio di cui all'art. 1, comma 4, possono essere derogate soltanto espressamente e ad opera di specifiche disposizioni legislative.

5. A decorrere dalla data di entrata in vigore del presente testo unico, le disposizioni che conferiscono agli organi di cui al capo I titolo III l'adozione di atti di gestione e di atti o provvedimenti amministrativi, si intendono nel senso che la relativa competenza spetta ai dirigenti, salvo quanto previsto dall'art. 50, comma 3, e dall'art. 54.

6. I dirigenti sono direttamente responsabili, in via esclusiva, in relazione agli obiettivi dell'ente, della correttezza amministrativa, della efficienza e dei risultati della gestione.

7. Alla valutazione dei dirigenti degli enti locali si applicano i princìpi contenuti nell'art. 5, commi 1 e 2, del decreto legislativo 30 luglio 1999, n. 286, secondo le modalità previste dall'art. 147 del presente testo unico.

108. Decreto legislativo 30 marzo 2001, n. 165. — Norme generali sull'ordinamento del lavoro alle dipendenze delle amministrazioni pubbliche. (*rinvio*).

Pubblicato nella Gazzetta Ufficiale n. 106 del 9 maggio 2001, S.O.

19 Incarichi di funzioni dirigenziali

(Art. 19 del d.lgs n. 29 del 1993, come sostituito prima dall'art. 11 del d.lgs n. 546 del 1993 e poi dall'art. 13 del d.lgs n. 80 del 1998 e successivamente modificato dall'art. 5 del d.lgs n. 387 del 1998) (1)

(1) *V.* sub *II,95*.

109. Legge 15 luglio 2002, n. 145. — Disposizioni per il riordino della dirigenza statale e per favorire lo scambio di esperienze e l'interazione tra pubblico e privato. (*estratto*).

Pubblicata nella Gazzetta Ufficiale n. 172 del 24 luglio 2002.

1-2 (*Omissis*).

3 Norme in materia di incarichi dirigenziali e di ingresso dei funzionari internazionali nella pubblica amministrazione.

1- 6. (*Omissis*)

7. Fermo restando il numero complessivo degli incarichi attribuibili, le disposizioni di cui al presente articolo trovano immediata applicazione relativamente agli incarichi di funzione dirigenziale di livello generale e a quelli di direttore generale degli enti pubblici vigilati dallo Stato ove è prevista tale figura. I predetti incarichi cessano il sessantesimo giorno dalla data di entrata in vigore della presente legge, esercitando i titolari degli stessi in tale periodo esclusivamente le attività di ordinaria amministrazione. Fermo restando il numero complessivo degli incarichi attribuibili, per gli incarichi di funzione dirigenziale di livello non generale, può procedersi, entro novanta giorni dalla data di entrata in vigore della presente legge, all'attribuzione di incarichi ai sensi delle disposizioni di cui al presente articolo, secondo il criterio della rotazione degli stessi e le connesse procedure previste dagli articoli 13 e 35 del contratto collettivo nazionale di lavoro per il quadriennio 1998-2001 del personale dirigente dell'A-

rea 1. Decorso tale termine, gli incarichi si intendono confermati, ove nessun provvedimento sia stato adottato. In sede di prima applicazione dell'articolo 19 del decreto legislativo 30 marzo 2001, n. 165, come modificato dal comma 1 del presente articolo, ai dirigenti ai quali non sia riattribuito l'incarico in precedenza svolto è conferito un incarico di livello retributivo equivalente al precedente. Ove ciò non sia possibile, per carenza di disponibilità di idonei posti di funzione o per la mancanza di specifiche qualità professionali, al dirigente è attribuito un incarico di studio, con il mantenimento del precedente trattamento economico, di durata non superiore ad un anno. La relativa maggiore spesa è compensata rendendo indisponibile, ai fini del conferimento, un numero di incarichi di funzione dirigenziale equivalente sul piano finanziario, tenendo conto prioritariamente dei posti vacanti presso l'amministrazione che conferisce l'incarico (1).

8. (*Omissis*).

(1) *La Corte costituzionale, con sentenza 23 marzo 2007, n. 103, ha dichiarato, tra l'altro,* l'illegittimità costituzionale *del presente comma, nella parte in cui dispone che « i predetti incarichi cessano il sessantesimo giorno dalla data di entrata in vigore della presente legge, esercitando i titolari degli stessi in tale periodo esclusivamente le attività di ordinaria amministrazione ».*

4-5 (*Omissis*).

6 Norme in materia di incarichi presso enti, società e agenzie.

1. Le nomine degli organi di vertice e dei componenti dei consigli di amministrazione o degli organi equiparati degli enti pubblici, delle società controllate o partecipate dallo Stato, delle agenzie o di altri organismi comunque denominati, conferite dal Governo o dai Ministri nei sei mesi antecedenti la scadenza naturale della legislatura, computata con decorrenza dalla data della prima riunione delle Camere, o nel mese antecedente lo scioglimento anticipato di entrambe le Camere, possono essere confermate, revocate, modificate o rinnovate entro sei mesi dal voto sulla fiducia al Governo. Decorso tale termine gli incarichi per i quali non si sia provveduto si intendono confermati fino alla loro naturale scadenza. Le stesse disposizioni si applicano ai rappresentanti del Governo e dei Ministri in ogni organismo e a qualsiasi livello, nonché ai componenti di comitati, commissioni e organismi ministeriali e interministeriali, nominati dal Governo o dai Ministri (1).

2. Le nomine di cui al presente articolo conferite o comunque rese operative negli ultimi sei mesi antecedenti la fine naturale della tredicesima legislatura, nonché quelle conferite o comunque rese operative nel corso della quattordicesima legislatura fino alla data di insediamento del nuovo Governo, possono essere confermate, revocate, modificate o rinnovate entro sei mesi dalla data di entrata in vigore della presente legge.

(1) *Per la deroga al presente comma v. l'art. 1, comma 309, l. 23 dicembre 2005, n. 266.*

7-8 (*Omissis*).

9 Accesso di dipendenti privati allo svolgimento di incarichi e attività internazionali.

1. È istituito, presso il Ministero degli affari esteri, un elenco per l'iscrizione delle imprese private che siano disposte a fornire proprio personale di cittadinanza italiana, per ricoprire posti o incarichi nell'ambito delle organizzazioni internazionali.

2. Per l'iscrizione all'elenco di cui al comma 1, le imprese interessate inoltrano al Ministero degli affari esteri le richieste di iscrizione indicando espressamente:

a) l'area di attività in cui operano;

b) gli enti od organismi internazionali di interesse;

c) i settori professionali ed il numero massimo di candidati che intendono fornire;

d) l'impegno a mantenere il posto di lavoro senza diritto al trattamento economico al proprio personale chiamato a ricoprire posti o incarichi presso enti o organismi internazionali, con eventuale indicazione della durata massima dell'aspettativa.

3. La nomina del dipendente di imprese iscritte nell'elenco di cui al comma 1 avviene, nei limiti dei posti vacanti, sulla base di professionalità, esperienza e conoscenze tecnico-scientifiche possedute, e la relativa nomina deve essere motivata sulla base della carenza, alle dipendenze della pubblica amministrazione, di personale che disponga di analoghe caratteristiche e può essere disposta solo a tempo determinato, non superiore a tre anni, non rinnovabile.

4. Gli incarichi di cui al comma 3 non danno luogo all'attribuzione di alcuna indennità o emolumento, comunque denominato, da parte delle amministrazioni pubbliche italiane (1).

(1) *Per la disciplina relativa all'accesso di dipendenti privati allo svolgimento di incarichi ed attività internazionali, di cui al presente articolo, v. il d.m. 27 maggio 2004, n. 218.*

10 Disposizioni di attuazione.

1. Con uno o più regolamenti adottati con decreto del Ministro per la funzione pubblica, di concerto con il Ministro degli affari esteri e con il Ministro dell'economia e delle finanze, ai sensi dell'articolo 17, comma 3, della legge 23 agosto 1988, n. 400, entro sei mesi dalla data di entrata in vigore della presente legge, sono definite le modalità e le procedure attuative dell'articolo 28, comma 2, del decreto legislativo 30 marzo 2001, n. 165, come sostituito dall'articolo 3, comma 5, della presente legge, nonché degli articoli 8 e 9 della presente legge.

2. Con regolamento, da emanare ai sensi dell'articolo 17, comma 1, della legge 23 agosto 1988, n. 400, su proposta del Ministro per la funzione pubblica, di concerto con il Ministro dell'economia e delle finanze, entro tre mesi dalla data di entrata in vigore della presente legge, sono disciplinati: le modalità di istituzione, l'organizzazione e il funzionamento dei ruoli dei dirigenti delle amministrazioni dello Stato nonché le procedure e le modalità per l'inquadramento, nella fase di prima attuazione, dei dirigenti di prima e seconda fascia del ruolo unico nei ruoli delle singole amministrazioni, fatta salva la possibilità per il dirigente di optare

per il rientro nell'amministrazione che ne ha effettuato il reclutamento tramite procedura concorsuale; le modalità di utilizzazione dei dirigenti ai quali non sia affidata la titolarità di uffici dirigenziali; le modalità di elezione del componente del comitato dei garanti di cui all'articolo 22 del decreto legislativo 30 marzo 2001, n. 165, come modificato dall'articolo 3, comma 3, della presente legge. Alla data di entrata in vigore di tale regolamento è abrogato il regolamento di cui al decreto del Presidente della Repubblica 26 febbraio 1999, n. 150.

3. La disciplina relativa alle disposizioni di cui al comma 3 dell'articolo 7, che si applicano a decorrere dal periodo contrattuale successivo a quello in corso alla data di entrata in vigore della presente legge, resta affidata alla contrattazione collettiva, sulla base di atti di indirizzo del Ministro per la funzione pubblica all'Agenzia per la rappresentanza negoziale delle pubbliche amministrazioni (ARAN) anche per la parte relativa all'importo massimo delle risorse finanziarie da destinarvi.

11 Norma finale.

1. In tutte le disposizioni di legge, di regolamento e contrattuali nelle quali è espressamente o implicitamente richiamato il ruolo unico dei dirigenti, tale richiamo va inteso come effettuato ai ruoli dei dirigenti delle singole amministrazioni.

La presente legge, munita del sigillo dello Stato, sarà inserita nella Raccolta ufficiale degli atti normativi della Repubblica italiana. È fatto obbligo a chiunque spetti di osservarla e di farla osservare come legge dello Stato.

110. Decreto del Presidente della Repubblica 23 aprile 2004, n. 108. — Regolamento recante disciplina per l'istituzione, l'organizzazione ed il funzionamento del ruolo dei dirigenti presso le amministrazioni dello Stato, anche ad ordinamento autonomo.

Pubblicato nella Gazzetta Ufficiale n. 100 del 29 aprile 2004.

1 Ruolo dei dirigenti nelle amministrazioni dello Stato (1).

1. Alla data di entrata in vigore del presente regolamento in ciascuna delle amministrazioni dello Stato elencate nella allegata tabella A, di seguito denominata: « amministrazione », è istituito ai sensi dell'articolo 23 del decreto legislativo 30 marzo 2001, n. 165, il ruolo dei dirigenti; alla medesima data è soppresso il ruolo unico dei dirigenti dello Stato, ferme restando le disposizioni particolari riguardanti la Presidenza del Consiglio dei Ministri previste dal decreto legislativo 5 dicembre 2003, n. 343.

2. Il ruolo dei dirigenti si articola nella prima e nella seconda fascia dirigenziale, nel limite della dotazione organica di personale dirigenziale individuato negli atti di organizzazione dell'amministrazione.

3. Nell'ambito di ciascun ruolo dei dirigenti, ove sia necessario garantire le specificità dei dirigenti in relazione alle competenze istituzionali di ciascuna amministrazione, possono essere definite apposite sezioni. Alla istituzione, modifica e soppressione delle sezioni le amministrazioni provvedono di concerto con il Dipartimento della funzione pubblica.

4. Entro trenta giorni dalla data di entrata in vigore del presente regolamento, il Dipartimento della funzione pubblica comunica alle amministrazioni il contingente di personale dirigenziale iscritto, sulla base delle informazioni trasmesse dalle amministrazioni e salve eventuali verifiche congiunte, nel soppresso ruolo unico, con l'indicazione degli incarichi dirigenziali conferiti ai sensi dell'articolo 19, comma 4, del decreto legislativo 30 marzo 2001, n. 165, ai dirigenti di seconda fascia.

5. Le amministrazioni provvedono all'inquadramento dei dirigenti, secondo le modalità di cui all'articolo 4, entro trenta giorni dalla comunicazione.

6. Il ruolo dei dirigenti è adottato con decreto del Ministro competente, di concerto con il Ministro per la funzione pubblica ed il Ministro dell'economia e delle finanze. Per la Presidenza del Consiglio dei Ministri e per le amministrazioni di cui all'articolo 15 del decreto legislativo 30 marzo 2001, n. 165, il medesimo provvedimento è adottato dall'organo di vertice nel rispetto della specificità dei rispettivi ordinamenti.

7. Il ruolo è pubblicato sul sito Internet dell'amministrazione e di tale pubblicazione è dato avviso nella Gazzetta Ufficiale della Repubblica italiana.

(1) *A norma dell'art. 2 l. 3 agosto 2007 n. 120 i dirigenti del Ministero della salute sono inquadrati nel ruolo previsto dal presente articolo, in distinta sezione.*

2 Organizzazione e funzionamento del ruolo dei dirigenti.

1. Il ruolo dei dirigenti è tenuto a cura di ogni amministrazione secondo principi di trasparenza e completezza dei dati, nonché di pertinenza e non eccedenza dei medesimi, nel rispetto delle disposizioni contenute nel decreto legislativo 30 giugno 2003, n. 196.

2. Fermo restando quanto previsto dall'articolo 19 del decreto legislativo 30 marzo 2001, n. 165, ai soli fini della predisposizione e della tenuta dei ruoli i dirigenti sono inquadrati e ordinati secondo il criterio dell'anzianità maturata nella fascia di appartenenza, fatto salvo quanto previsto per la Presidenza del Consiglio dei Ministri dal decreto legislativo 5 dicembre 2003, n. 343. L'anzianità è determinata dalla decorrenza giuridica della nomina rispettivamente nella prima e nella

seconda fascia. In caso di pari anzianità nella prima fascia, la posizione è determinata in base all'anzianità maturata nella seconda fascia. In caso di parità, dalla data di accesso nella pubblica amministrazione ed in caso di ulteriore parità dalla maggiore età.

3. Per ogni dirigente inquadrato nel ruolo sono inseriti i seguenti dati:

a) cognome, nome, luogo e data di nascita;

b) data di inquadramento nella fascia di appartenenza o in quella inferiore, ove necessario;

c) data di primo inquadramento nell'amministrazione;

d) incarichi conferiti ai sensi dell'articolo 19, commi 3 e 4, del decreto legislativo 30 marzo 2001, n. 165; per ogni incarico devono essere indicati la decorrenza e il termine di scadenza.

4. I dati riguardanti i dirigenti inquadrati nei ruoli sono trasmessi dalle amministrazioni al Dipartimento della funzione pubblica, che provvede all'inserimento e all'aggiornamento della banca dati prevista dall'articolo 23 del decreto legislativo 30 marzo 2001, n. 165, e ne assicura la consultabilità via Internet, nel rispetto delle disposizioni di cui al decreto legislativo 30 giugno 2003, n. 196.

3 Modalità di inquadramento nel ruolo dei dirigenti.

1. I dirigenti reclutati attraverso le procedure di accesso previste dall'articolo 28, commi 2 e 3, del decreto legislativo 30 marzo 2001, n. 165, sono inquadrati nella seconda fascia del ruolo rispettivamente dell'amministrazione di reclutamento, nel caso di concorso pubblico per esami, e dell'amministrazione di assegnazione, nel caso di corso-concorso selettivo di formazione.

2. I dirigenti di seconda fascia incaricati di funzione dirigenziale di livello generale, o equivalenti in base ai particolari ordinamenti previsti dall'articolo 19, comma 11, del decreto legislativo 30 marzo 2001, n. 165, transitano nella prima fascia del ruolo dell'amministrazione nella quale svolgono l'incarico al raggiungimento di un periodo pari ad almeno cinque anni nella titolarità di uno o più dei predetti incarichi, anche per periodi non continuativi, presso le amministrazioni di cui alla allegatatabella A, senza che siano incorsi nelle misure previste dall'articolo 21 del decreto legislativo 30 marzo 2001, n. 165, per le ipotesi di responsabilità dirigenziale.

4 Inquadramento dei dirigenti del soppresso ruolo unico nella fase di prima attuazione.

1. Nella fase di prima attuazione del presente regolamento la data di inquadramento dei dirigenti delle amministrazioni dello Stato è quella di entrata in vigore del presente regolamento; l'inquadramento è disposto anche in soprannumero, con riassorbimento delle posizioni in relazione alle vacanze dei relativi posti; il collocamento in soprannumero non produce effetti sullo stato giuridico ed economico del dirigente.

2. I dirigenti di prima e seconda fascia sono inquadrati nelle rispettive fasce del ruolo dei dirigenti dell'amministrazione presso cui sono titolari di un inca rico dirigenziale alla data di entrata in vigore del presente regolamento, fatto salvo quanto previsto dall'articolo 5.

3. I dirigenti che alla data di entrata in vigore del presente regolamento risultano collocati a disposizione della Presidenza del Consiglio dei Ministri, anche se utilizzati con incarichi temporanei, sono inquadrati nella corrispondente fascia del ruolo dei dirigenti dell'amministrazione che ne ha disposto il collocamento a disposizione.

4. I dirigenti di seconda fascia che alla data di entrata in vigore del presente regolamento sono incaricati di funzione dirigenziale di livello generale sono inquadrati nella seconda fascia del ruolo dell'amministrazione che ha conferito loro l'incarico, con annotazione del relativo incarico, fatto salvo quanto previsto dall'articolo 3, comma 2, e dall'articolo 5.

5. I dirigenti in servizio alla data di entrata in vigore del presente regolamento incaricati di funzione dirigenziale negli uffici di diretta collaborazione degli organi di Governo sono inquadrati nel ruolo della amministrazione dello Stato presso la quale hanno conseguito l'accesso iniziale alla qualifica dirigenziale oppure, a scelta, nel ruolo dell'amministrazione di cui fa parte l'ufficio di diretta collaborazione ove prestano servizio.

6. I dirigenti che alla data di entrata in vigore del presente regolamento prestano servizio in amministrazioni non comprese nell'elenco di cui alla allegata tabella A, in quanto collocati in posizione di aspettativa, comando, distacco, fuori ruolo o altre analoghe posizioni, sono inquadrati nel ruolo dell'amministrazione presso la quale prestavano servizio anteriormente all'adozione del relativo provvedimento di mobilità.

7. I posti dirigenziali vacanti, fatte salve le disposizioni particolari riguardanti la Presidenza del Consiglio dei Ministri di cui al decreto legislativo 5 dicembre 2003, n. 343, sono coperti mediante procedure concorsuali solo successivamente al completo riassorbimento dei dirigenti collocati in soprannumero.

5 Esercizio del diritto di opzione.

1. Il dirigente può esercitare il diritto di opzione per l'inserimento nel ruolo dell'amministrazione, tra quelle comprese nella allegata tabella A, presso la quale, tramite procedura concorsuale, ha conseguito l'accesso iniziale alla qualifica dirigenziale.

2. I dirigenti reclutati attraverso le procedure concorsuali bandite, per conto delle amministrazioni dello Stato, anche ad ordinamento autonomo, dalla Presidenza del Consiglio dei Ministri ovvero dalla Scuola superiore della pubblica amministrazione possono esercitare il diritto di opzione esclusivamente per l'amministrazione di prima assegnazione.

3. L'esercizio del diritto di opzione ed il conseguente inserimento nel ruolo della relativa amministrazione non produce effetti sull'incarico in corso. Le amministrazioni, nel cui ruolo il dirigente è inquadrato a seguito dell'esercizio del diritto di opzione, adottano i

provvedimenti necessari per il proseguimento dell'incarico.

4. La domanda irrevocabile di opzione è presentata all'amministrazione di cui ai commi 1 e 2, a pena di decadenza, entro il termine di trenta giorni dalla data di pubblicazione, da parte dell'amministrazione destinataria della domanda, dell'avviso nella Gazzetta Ufficiale della Repubblica italiana, di cui all'articolo 1, comma 7 (1).

5. Decorso il termine di cui al comma 4, l'amministrazione destinataria della domanda provvede, entro trenta giorni e con le modalità di cui all'articolo 2, all'inquadramento in ruolo del dirigente che ha esercitato il diritto di opzione, anche in soprannumero, con riassorbimento della posizione in relazione alle vacanze dei relativi posti.

6. Restano ferme le disposizioni in materia di conferimento degli incarichi di funzione dirigenziale.

(1) *V., anche, l'articolo unico del Comunicato 24 ottobre 2005 e l'articolo unico del Comunicato 10 giugno 2006.*

6 Dirigenti non titolari di uffici dirigenziali.

1. I dirigenti ai quali non sia affidata la titolarità di uffici dirigenziali svolgono per l'amministrazione nella quale sono inquadrati in ruolo, ovvero, ove richiesti, presso altre amministrazioni, incarichi aventi ad oggetto l'esercizio di funzioni ispettive, di consulenza, studio e ricerca o altri incarichi specifici di livello dirigenziale previsti dall'ordinamento, compresi quelli da svolgere presso organi collegiali di enti pubblici in rappresentanza dell'amministrazione.

2. Gli incarichi possono riguardare la realizzazione di progetti, programmi ed obiettivi coerenti con gli atti di indirizzo dell'organo di vertice dell'amministrazione.

3. Gli incarichi di cui al comma 1 sono affidati secondo le modalità previste dall'articolo 19 del decreto legislativo 30 marzo 2001, n. 165, per il conferimento degli incarichi di funzione dirigenziale.

Il presente decreto, munito del sigillo dello Stato, sarà inserito nella Raccolta ufficiale degli atti normativi della Repubblica italiana. È fatto obbligo a chiunque spetti di osservarlo e di farlo osservare.

Allegato 1
Tabella A
(prevista dall'articolo 1, comma 1)

Presidenza del Consiglio dei Ministri.
Ministero degli affari esteri.
Ministero dell'interno.
Ministero della giustizia.
Ministero della difesa.
Ministero dell'economia e delle finanze.
Ministero delle attività produttive.
Ministero delle comunicazioni.
Ministero delle politiche agricole e forestali.
Ministero dell'ambiente e della tutela del territorio.
Ministero delle infrastrutture e dei trasporti.
Ministero del lavoro e delle politiche sociali.
Ministero della salute.
Ministero dell'istruzione, dell'università e della ricerca.
Ministero per i beni e le attività culturali.
Amministrazione autonoma dei monopoli di Stato.
Avvocatura generale dello Stato.
Consiglio di StatoCorte dei conti Regionale.

111. Decreto legge 3 ottobre 2006, n. 262, convertito, con modificazioni, in legge 24 novembre 2006, n. 286. — Disposizioni urgenti in materia tributaria e finanziaria. (*estratto*).

Pubblicato nella Gazzetta Ufficiale n. 230 del 3 ottobre 2006; la legge di conversione è stata pubblicata nella Gazzetta Ufficiale n. 277 del 28 novembre 2006.

2 Misure in materia di riscossione.

1-160. (*Omissis*).

161. In sede di prima applicazione dell'articolo 19, comma 8, del decreto legislativo 30 marzo 2001, n. 165, come modificato ed integrato dai commi 159 e 160 del presente articolo, gli incarichi ivi previsti, conferiti prima del 17 maggio 2006, cessano ove non confermati entro sessanta giorni dalla data di entrata in vigore del presente decreto, fatti salvi, per gli incarichi conferiti a soggetti non dipendenti da pubbliche amministrazioni, gli effetti economici dei contratti in essere. Le disposizioni contenute nel presente comma si applicano anche ai corrispondenti incarichi conferiti presso le Agenzie, incluse le Agenzie fiscali. L'eventuale maggiore spesa derivante dal presente comma è compensata riducendo automaticamente le disponibilità del fondo di cui all'articolo 24, comma 8, del decreto legislativo 30 marzo 2001, n. 165, e rendendo indisponibile, ove necessario, un numero di incarichi dirigenziali corrispondente sul piano finanziario. In ogni caso deve essere realizzata una riduzione dei nuovi incarichi attribuiti pari al 10 per cento per i dirigenti di prima fascia e pari al 5 per cento per i dirigenti di seconda fascia, rispetto al numero degli incarichi precedentemente in essere (1).

162-181. (*Omissis*)

(1) *La Corte costituzionale, con sentenza 20 maggio 2008, n. 161, ha dichiarato, tra l'altro,* l'illegittimità costituzionale *del presente comma, nella parte in cui dispone che gli incarichi conferiti al personale non appartenente ai ruoli di cui all'art. 23 d.lgs. 30 marzo 2001, n. 165, « conferiti prima del 17 maggio 2006, cessano ove non confermati entro sessanta giorni dalla data di entrata in vigore del presente decreto ». La stessa Corte, con sentenza 5 marzo 2010, n. 81, ha dichiarato* l'illegittimità costituzionale *del presente comma, nella parte in cui dispone che gli incarichi conferiti al personale di cui al comma 6, dell'art. 19, d.lgs. 30 marzo 2001, n. 165, conferiti prima del 17 maggio 2006, « cessano ove non confermati entro sessanta giorni dalla data di entrata in vigore del presente decreto ».*

112. Decreto legge 31 maggio 2010, n. 78, convertito, con modificazioni, in legge 30 luglio 2010, n. 122. — Misure urgenti in materia di stabilizzazione finanziaria e di competitività economica. (*estratto*).

Pubblicato nella Gazzetta Ufficiale n. 125 del 31 maggio 2010, S.O.; la legge di conversione è stata pubblicata nella Gazzetta Ufficiale n. 176 del 30 luglio 2010.

CAPO I
Contenimento delle spese in materia di impiego pubblico, invalidità e previdenza

9 Contenimento delle spese in materia di impiego pubblico

1-31. (*Omissis*)

32. A decorrere dalla data di entrata in vigore del presente provvedimento le pubbliche amministrazioni di cui all'art. 1, comma 2, del decreto legislativo n. 165 del 2001 che, alla scadenza di un incarico di livello dirigenziale, anche in dipendenza dei processi di riorganizzazione, non intendono, anche in assenza di una valutazione negativa, confermare l'incarico conferito al dirigente, conferiscono al medesimo dirigente un altro incarico, anche di valore economico inferiore. Non si applicano le eventuali disposizioni normative e contrattuali più favorevoli; a decorrere dalla medesima data è abrogato l'art. 19, comma 1-*ter*, secondo periodo, del decreto legislativo n. 165 del 2001. Resta fermo che, nelle ipotesi di cui al presente comma, al dirigente viene conferito un incarico di livello generale o di livello non generale, a seconda, rispettivamente, che il dirigente appartenga alla prima o alla seconda fascia.

33-37. (*Omissis*)

113. Decreto legge 2 marzo 2012, n. 16, convertito, con modificazioni, in legge 26 aprile 2012, n. 44. — Disposizioni urgenti in materia di semplificazioni tributarie, di efficientamento e potenziamento delle procedure di accertamento. (*estratto*).

Pubblicato nella Gazzetta Ufficiale n. 52 del 2 marzo 2012.

8 Misure di contrasto all'evasione.

1-23. (*Omissis*).

24. Fermi i limiti assunzionali a legislazione vigente, in relazione all'esigenza urgente e inderogabile di assicurare la funzionalità operativa delle proprie strutture, volta a garantire una efficace attuazione delle misure di contrasto all'evasione di cui alle disposizioni del presente articolo, l'Agenzia delle dogane, l'Agenzia delle entrate e l'Agenzia del territorio sono autorizzate ad espletare procedure concorsuali da completare entro il 31 dicembre 2013 per la copertura delle posizioni dirigenziali vacanti, secondo le modalità di cui all'articolo 1, comma 530, della legge 27 dicembre 2006, n. 296, e all'articolo 2, comma 2, secondo periodo, del decreto-legge 30 settembre 2005, n. 203, convertito, con modificazioni, dalla legge 2 dicembre 2005, n. 248. Nelle more dell'espletamento di dette procedure l'Agenzia delle dogane, l'Agenzia delle entrate e l'Agenzia del territorio, salvi gli incarichi già affidati, potranno attribuire incarichi dirigenziali a propri funzionari con la stipula di contratti di lavoro a tempo determinato, la cui durata è fissata in relazione al tempo necessario per la copertura del posto vacante tramite concorso. Gli incarichi sono attribuiti con apposita procedura selettiva applicando l'articolo 19, comma 1-*bis*, del decreto legislativo 30 marzo 2001, n. 165. Ai funzionari cui è conferito l'incarico compete lo stesso trattamento economico dei dirigenti. A seguito dell'assunzione dei vincitori delle procedure concorsuali di cui al presente comma, l'Agenzia delle dogane, l'Agenzia delle entrate e l'Agenzia del territorio non potranno attribuire nuovi incarichi dirigenziali a propri funzionari con la stipula di contratti di lavoro a tempo determinato, fatto salvo quanto previsto dall'articolo 19 comma 6 del decreto legislativo 30 marzo 2001, n. 165. Agli oneri derivanti dall'attuazione del presente comma si provvede con le risorse disponibili sul bilancio dell'Agenzia delle entrate, dell'Agenzia delle dogane e dell'Agenzia del territorio. Alla compensazione degli effetti in termini di fabbisogno e di indebitamento netto, pari a 10,3 milioni di euro a decorrere dall'anno 2013, per l'Agenzia delle dogane e per l'Agenzia del territorio si provvede mediante corrispondente utilizzo del Fondo di cui all'articolo 6, comma 2, del decreto-legge 7 ottobre 2008, n. 154, convertito, con modificazioni, dalla legge 4 dicembre 2008, n. 189. Il Ministro dell'economia e delle finanze è autorizzato ad apportare, con propri decreti, le occorrenti variazioni di bilancio (1) (2).

(1) *A norma dell'arti. 1, comma 14, d.l. 30 dicembre 2013, n. 150, il termine per il completamento delle procedure concorsuali di cui al presente comma, primo periodo, è prorogato al 31 dicembre 2014, purché le medesime procedure siano indette entro il 30 giugno 2014; v. inoltre quanto disposto dal medesimo comma. Successivamente, a norma dello stesso art. 1 d.l. n. 150/2013, come modificato dall'art. 1, comma 8, d.l. 31 dicembre 2014, n. 192, il predetto termine è stato prorogato al 31 dicembre 2015.*

(2) *La Corte Costituzionale, con sentenza 17 marzo 2015, n. 37 (Gazz. Uff., 25 marzo 2015, n. 12), ha dichiarato l'illegittimità costituzionale del presente comma.*

114. Decreto legge 31 agosto 2013, n. 101, convertito, con modificazioni, in legge 30 ottobre 2013, n. 125. — Disposizioni urgenti per il perseguimento di obiettivi di razionalizzazione nelle pubbliche amministrazioni. (*estratto*).

Pubblicato nella Gazzetta Ufficiale n. 204 del 31 agosto 2013; la legge di conversione è stata pubblicata nella Gazzetta Ufficiale n. 255 del 30 ottobre 2013.

4 Disposizioni urgenti in tema di immissione in servizio di idonei e vincitori di concorsi, nonché di limitazioni a proroghe di contratti e all'uso del lavoro flessibile nel pubblico impiego.

1-3. (*Omissis*).

3. Per le amministrazioni dello Stato, anche ad ordinamento autonomo, le agenzie, gli enti pubblici non economici e gli enti di ricerca, l'autorizzazione all'avvio di nuove procedure concorsuali, ai sensi dell'articolo 35, comma 4, del decreto legislativo 30 marzo 2001, n. 165, e successive modificazioni, è subordinata alla verifica:

a) dell'avvenuta immissione in servizio, nella stessa amministrazione, di tutti i vincitori collocati nelle proprie graduatorie vigenti di concorsi pubblici per assunzioni a tempo indeterminato per qualsiasi qualifica, salve comprovate non temporanee necessità organizzative adeguatamente motivate;

[*b*) dell'assenza, nella stessa amministrazione, di idonei collocati nelle proprie graduatorie vigenti e approvate a partire dal 1° gennaio 2007, relative alle professionalità necessarie anche secondo un criterio di equivalenza.] (1)

3-*bis*. Per la copertura dei posti in organico, è comunque necessaria la previa attivazione della procedura prevista dall'articolo 33 del decreto legislativo 30 marzo 2001, n. 165, e successive modificazioni, in materia di trasferimento unilaterale del personale eccedentario.

[3-*ter*. Resta ferma per i vincitori e gli idonei delle graduatorie di cui al comma 3 del presente articolo l'applicabilità dell'articolo 3, comma 61, terzo periodo, della legge 24 dicembre 2003, n. 350] (2).

[3-*quater*. L'assunzione dei vincitori e degli idonei, nelle procedure concorsuali già avviate dai soggetti di cui al comma 3 e non ancora concluse alla data di entrata in vigore della legge di conversione del presente decreto, è subordinata alla verifica del rispetto della condizione di cui alla lettera *a*) del medesimo comma].

3-*quinquies*. A decorrere dal 1° gennaio 2014, il reclutamento dei dirigenti e delle figure professionali comuni a tutte le amministrazioni pubbliche di cui all'articolo 35, comma 4, del decreto legislativo 30 marzo 2001, n. 165, e successive modificazioni, si svolge mediante concorsi pubblici unici, nel rispetto dei principi di imparzialità, trasparenza e buon andamento. I concorsi unici sono organizzati dal Dipartimento della funzione pubblica della Presidenza del Consiglio dei ministri, senza nuovi o maggiori oneri per la finanza pubblica, anche avvalendosi della Commissione per l'attuazione del progetto di riqualificazione delle pubbliche amministrazioni, di cui al decreto interministeriale 25 luglio 1994, previa ricognizione del fabbisogno presso le amministrazioni interessate, nel rispetto dei vincoli finanziari in materia di assunzioni a tempo indeterminato. Il Dipartimento della funzione pubblica, nella ricognizione del fabbisogno, verifica le vacanze riguardanti le sedi delle amministrazioni ricadenti nella medesima regione. Ove tali vacanze risultino riferite ad una singola regione, il concorso unico si svolge in ambito regionale, ferme restando le norme generali di partecipazione ai concorsi pubblici. Le amministrazioni pubbliche di cui all'articolo 35, comma 4, del citato decreto legislativo n. 165 del 2001, e successive modificazioni, nel rispetto del regime delle assunzioni a tempo indeterminato previsto dalla normativa vigente, possono assumere personale solo attingendo alle nuove graduatorie di concorso predisposte presso il Dipartimento della funzione pubblica, fino al loro esaurimento, provvedendo a programmare le quote annuali di assunzioni. Restano ferme le disposizioni di cui ai commi 3 e 6 del presente articolo e quelle in materia di corso-concorso bandito dalla Scuola nazionale dell'amministrazione ai sensi del regolamento di cui al decreto del Presidente della Repubblica 16 aprile 2013, n. 70 (3).

3-*sexies*. Con le modalità di cui all'articolo 35, comma 4, del decreto legislativo 30 marzo 2001, n. 165, e successive modificazioni, o previste dalla normativa vigente, le amministrazioni e gli enti ivi indicati possono essere autorizzati a svolgere direttamente i concorsi pubblici per specifiche professionalità. Le regioni e gli enti locali possono aderire alla ricognizione di cui al comma 3-*quinquies* e, in caso di adesione, si obbligano ad attingere alle relative graduatorie in caso di fabbisogno, nel rispetto dei vincoli finanziari in materia di assunzioni. Al fine di assicurare la massima trasparenza delle procedure, il Dipartimento della funzione pubblica della Presidenza del Consiglio dei ministri garantisce, mediante pubblicazione nel proprio sito internet istituzionale, la diffusione di ogni informazione utile sullo stato della procedura di reclutamento e selezione.

3-*septies*. Per lo svolgimento delle procedure di cui al comma 3-*quinquies*, il bando di concorso può fissare un contributo di ammissione ai concorsi per ciascun candidato in misura non superiore a 10 euro.

(1) *Lettera abrogata dall'art. 1, comma 363, l. 30 dicembre 2018, n. 145.*

(2) *Comma abrogato dall'art. 1, comma 363, l. 30 dicembre 2018, n. 145.*

(3) *Ai sensi dell'art. 1, comma 1004, l. 30 dicembre 2020, n. 178, « al fine di garantire il rispetto, da parte di tutti gli operatori del sistema dell'aviazione civile, degli standard di sicurezza stabiliti dalla normativa internazionale, nonché di rafforzare le attività ispettiva, di certificazione e di vigilanza e controllo, l'Ente nazionale per l'aviazione civile (ENAC) » è autorizzato, in aggiunta alle vigenti facoltà assunzionali e in deroga a quanto previsto dal presente comma, a bandire procedure concorsuali pubbliche e ad assumere con contratto di lavoro a tempo indeterminato, con conseguente incremento delle relative dotazioni or-*

ganiche vigenti, 10 unità di personale di livello dirigenziale non generale, 151 unità di personale appartenente alla prima qualifica professionale, 145 unità di personale appartenente al ruolo tecnico-ispettivo e 72 ispettori di volo.

Si veda anche:

*— l'art. 15-*ter*, comma 3, d.l. 16 ottobre 2017, n. 148, conv., con modif., in l. 4 dicembre 2017, n. 172 che così dispone: « Per le finalità di cui ai commi 1 e 2, a decorrere dal 2018 l'ANSF è autorizzata all'assunzione di 11 funzionari e 9 collaboratori, tenuto conto di quanto previsto all'articolo 4, comma 3, del decreto-legge 31 agosto 2013, n. 101, convertito, con modificazioni, dalla legge 30 ottobre 2013, n. 125, in deroga a quanto previsto dall'articolo 30 del decreto legislativo 30 marzo 2001, n. 165, e dall'articolo 4, comma 3-*quinquies*, del citato decreto-legge n. 101 del 2013, in relazione alle specifiche professionalità necessarie per garantire il presidio della sicurezza ferroviaria ».*

*— l'art. 1, comma 567, l. 27 dicembre 2017, n. 205 secondo cui: « In attuazione dei commi 565 e 566 il Ministero delle infrastrutture e dei trasporti è autorizzato ad avviare appositi concorsi pubblici, tenuto conto di quanto previsto all'articolo 4, comma 3, del decreto-legge 31 agosto 2013, n. 101, convertito, con modificazioni, dalla legge 30 ottobre 2013, n. 125, in deroga a quanto previsto all'articolo 30 del decreto legislativo 30 marzo 2001, n. 165, e all'articolo 4, comma 3-*quinquies*, del citato decreto-legge 31 agosto 2013, n. 101 ».*

*— l'art. 1, comma 572, l. 27 dicembre 2017, n. 205: « In attuazione dei commi 570 e 571, il Ministero delle infrastrutture e dei trasporti è autorizzato ad avviare appositi concorsi pubblici, tenuto conto di quanto previsto dall'articolo 4, comma 3, del decreto-legge 31 agosto 2013, n. 101, convertito, con modificazioni, dalla legge 30 ottobre 2013, n. 125, in deroga a quanto previsto dall'articolo 30 del decreto legislativo 30 marzo 2001, n. 165, e dall'articolo 4, comma 3-*quinquies*, del citato decreto-legge n. 101 del 2013 ».*

*— l'art. 1, comma 576, l. 27 dicembre 2017, n. 205: « Al fine di garantire il rispetto, da parte di tutti gli operatori del sistema dell'aviazione civile, degli standard di sicurezza stabiliti dalla normativa internazionale, l'ENAC, in aggiunta alle vigenti facoltà assunzionali, è autorizzato, nei limiti dell'attuale dotazione organica, in considerazione dei significativi incrementi degli investimenti in opere aeroportuali, del numero dei passeggeri e delle merci trasportate, a procedere, previo svolgimento di procedure selettive pubbliche, all'assunzione di 93 unità di personale appartenenti alle categorie professionali e operative, tenuto conto di quanto previsto dall'articolo 4, comma 3, del decreto-legge 31 agosto 2013, n. 101, convertito, con modificazioni, dalla legge 30 ottobre 2013, n. 125, in deroga a quanto previsto dall'articolo 30 del decreto legislativo 30 marzo 2001, n. 165, e dall'articolo 4, comma 3-*quinquies*, del citato decreto-legge n. 101 del 2013, in relazione alle specifiche professionalità necessarie per lo svolgimento, in particolare, di attività di certificazione, ispezione, vigilanza e controllo sugli operatori aerei e sulle organizzazioni aeronautiche ».*

*— l'art. 1, comma 610, l. 27 dicembre 2017, n. 205: « Le assunzioni dei vincitori delle procedure di cui al comma 608 possono essere effettuate in deroga alle ordinarie procedure autorizzatorie e alle disposizioni dell'articolo 4, commi 3, 3-*bis*, 3-*ter* e 3-*quinquies*, del decreto-legge 31 agosto 2013, n. 101, convertito, con modificazioni, dalla legge 30 ottobre 2013, n. 125, e in aggiunta alle facoltà assunzionali di cui all'articolo 3, del decreto-legge 24 giugno 2014, n. 90, convertito, con modificazioni, dalla legge 11 agosto 2014, n. 114 ».*

*Si veda l'art. 15, comma 3, d.l. 28 settembre 2018, n. 109, conv., con modif., in l. 16 novembre 2018, n. 130: « In attuazione dei commi 1 e 2, il Ministero delle infrastrutture e dei trasporti è autorizzato ad avviare appositi concorsi pubblici, tenuto conto di quanto previsto dall'articolo 4, comma 3, del decreto-legge 31 agosto 2013, n. 101, convertito, con modificazioni, dalla legge 30 ottobre 2013, n. 125, in deroga a quanto previsto dall'articolo 30 del decreto legislativo 30 marzo 2001, n. 165, e dall'articolo 4, comma 3-*quinquies*, del citato decreto-legge n. 101 del 2013. Resta ferma la facoltà di avvalersi della previsione di cui all'articolo 3, comma 61, terzo periodo, della legge 24 dicembre 2003, n. 350 ».*

Da ultimo, si vedano:

*— l'art. 16-*ter*, comma 3, d.l. 26 ottobre 2019, n. 124, conv., con modif., in l 19 dicembre 2019, n. 157: « Al fine di rafforzare le attività istituzionali e, in particolare, lo svolgimento dei nuovi compiti in materia di contrasto delle frodi in tema di accise e di diritti doganali, l'Agenzia delle dogane e dei monopoli è autorizzata, nel rispetto dei limiti delle dotazioni organiche, in deroga alle disposizioni in materia di concorso unico contenute nell'*articolo 4, comma 3-quinquies, del decreto-legge 31 agosto 2013, n. 101, *convertito, con modificazioni, dalla legge* 30 ottobre 2013, n. 125, *a bandire, nell'anno 2020, procedure concorsuali pubbliche per esami e ad assumere un contingente massimo di trecento unità di personale non dirigenziale, di cui duecento unità per profili professionali dell'area II, terza fascia retributiva, e cento unità per profili professionali dell'area III, prima fascia retributiva. A tale fine è autorizzata la spesa di 8.040.401 euro per l'anno 2020 e di 16.080.802 euro annui a decorrere dall'anno 2021. Agli oneri derivanti dal presente comma a decorrere dall'anno 2021, si provvede a valere sulle facoltà assunzionali dell'Agenzia delle dogane e dei monopoli disponibili a legislazione vigente »;*

*— l'art. 2, comma 3, d.l. 29 ottobre 2019, n. 126, conv., con modif., in l. 20 dicembre 2019, n. 159: « Il Ministero dell'istruzione, dell'università e della ricerca è autorizzato a bandire, nell'ambito della vigente dotazione organica, un concorso pubblico, per titoli ed esami, per il reclutamento, a decorrere da gennaio 2021, di cinquantanove dirigenti tecnici, nonché, a decorrere dal 2023, di ulteriori ottantasette dirigenti tecnici, con conseguenti maggiori oneri per spese di personale pari a euro 7,90 milioni per ciascuno degli anni 2021 e 2022 e a euro 19,55 milioni annui a decorrere dall'anno 2023, fermo restando il regime autorizzatorio di cui all'articolo 39, commi 3 e 3-*bis*, della legge 27 dicembre 1997, n. 449, in deroga alle disposizioni di cui all'articolo 4, commi 3, 3-*bis* e 3-*quinquies*, del decreto-legge 31 agosto 2013, n. 101, convertito, con modificazioni, dalla legge 30 ottobre 2013, n. 125, nonché in deroga alle disposizioni di cui all'articolo 1, commi 300, 302 e 344, della legge 30 dicembre 2018, n. 145. È altresì autorizzata la spesa di 170 mila euro nel 2019 e di 180 mila euro nel 2020 per lo svolgimento del concorso ».*

*— l'art. 1, comma 1004, l. 30 dicembre 2020, n. 178: « Al fine di garantire il rispetto, da parte di tutti gli operatori del sistema dell'aviazione civile, degli standard di sicurezza stabiliti dalla normativa internazionale, nonché di rafforzare le attività ispettiva, di certificazione e di vigilanza e controllo, l'Ente nazionale per l'aviazione civile (ENAC) è autorizzato, in aggiunta alle vigenti facoltà assunzionali e in deroga a quanto previsto [...] dall'articolo 4, comma 3-*quinquies*, del decreto-legge 31 agosto 2013, n. 101, convertito, con modificazioni, dalla legge 30 ottobre 2013, n. 125, per il biennio 2021-2022, a bandire procedure concorsuali pubbliche e ad assumere con contratto di lavoro a tempo indeterminato, con conseguente incremento delle relative dotazioni organiche vigenti, 10 unità di personale di livello dirigenziale non generale, 151 unità di personale appartenente alla prima qualifica professionale, 145 unità di personale appartenente al ruolo tecnico-ispettivo e 72 ispettori di volo ».*

115. Legge 7 agosto 2015, n. 124. — Deleghe al Governo in materia di riorganizzazione delle amministrazioni pubbliche. (*estratto*).

Pubblicata nella Gazzetta Ufficiale n. 187 del 13 agosto 2015.

11 Dirigenza pubblica.

1. Il Governo è delegato ad adottare, entro dodici mesi dalla data di entrata in vigore della presente legge, salvo quanto previsto dall'articolo 17, comma 2, uno o più decreti legislativi in materia di dirigenza pubblica e di valutazione dei rendimenti dei pubblici uffici. I decreti legislativi sono adottati nel rispetto dei seguenti principi e criteri direttivi:

a) istituzione del sistema della dirigenza pubblica, articolato in ruoli unificati e coordinati, accomunati da requisiti omogenei di accesso e da procedure analoghe di reclutamento, basati sul principio del merito, dell'aggiornamento e della formazione continua, e caratterizzato dalla piena mobilità tra i ruoli, secondo le previsioni di cui alle lettere da *b*) a *q*); istituzione di una banca dati nella quale inserire il curriculum vitae, un profilo professionale e gli esiti delle valutazioni per ciascun dirigente dei ruoli di cui alla lettera *b*) e affidamento al Dipartimento della funzione pubblica della

Presidenza del Consiglio dei ministri della tenuta della banca dati e della gestione tecnica dei ruoli, alimentati dai dati forniti dalle amministrazioni interessate;

b) con riferimento all'inquadramento:

1) dei dirigenti dello Stato: istituzione di un ruolo unico dei dirigenti statali presso la Presidenza del Consiglio dei ministri, in cui confluiscono i dirigenti di cui all'articolo 2, comma 2, del decreto legislativo 30 marzo 2001, n. 165, appartenenti ai ruoli delle amministrazioni statali, degli enti pubblici non economici nazionali, delle università statali, degli enti pubblici di ricerca e delle agenzie governative istituite ai sensi del decreto legislativo 30 luglio 1999, n. 300; esclusione dallo stesso ruolo del personale in regime di diritto pubblico di cui all'articolo 3 del decreto legislativo 30 marzo 2001, n. 165; eliminazione della distinzione in due fasce; previsione, nell'ambito del ruolo, di sezioni per le professionalità speciali; introduzione di ruoli unici anche per la dirigenza delle autorità indipendenti, nel rispetto della loro piena autonomia; in sede di prima applicazione, confluenza nei suddetti ruoli dei dirigenti di ruolo delle stesse amministrazioni; esclusione dai suddetti ruoli unici della dirigenza scolastica, con salvezza della disciplina speciale in materia di reclutamento e inquadramento della stessa; istituzione, presso il Dipartimento della funzione pubblica della Presidenza del Consiglio dei ministri, di una Commissione per la dirigenza statale, operante con piena autonomia di valutazione, i cui componenti sono selezionati con modalità tali da assicurarne l'indipendenza, la terzietà, l'onorabilità e l'assenza di conflitti di interessi, con procedure trasparenti e con scadenze differenziate, sulla base di requisiti di merito e incompatibilità con cariche politiche e sindacali; previsione delle funzioni della Commissione, ivi compresa la verifica del rispetto dei criteri di conferimento degli incarichi e del concreto utilizzo dei sistemi di valutazione al fine del conferimento e della revoca degli incarichi; attribuzione delle funzioni del Comitato dei garanti di cui all'articolo 22 del decreto legislativo 30 marzo 2001, n. 165, relative ai dirigenti statali, alla suddetta Commissione, senza nuovi o maggiori oneri per la finanza pubblica;

2) dei dirigenti delle regioni: istituzione, previa intesa in sede di Conferenza permanente per i rapporti tra lo Stato, le regioni e le province autonome di Trento e di Bolzano, di un ruolo unico dei dirigenti regionali; in sede di prima applicazione, confluenza nel suddetto ruolo dei dirigenti di ruolo nelle regioni, negli enti pubblici non economici regionali e nelle agenzie regionali; attribuzione della gestione del ruolo unico a una Commissione per la dirigenza regionale, sulla base dei medesimi criteri di cui al numero 1) della presente lettera; inclusione nel suddetto ruolo unico della dirigenza delle camere di commercio, industria, artigianato e agricoltura e della dirigenza amministrativa, professionale e tecnica del Servizio sanitario nazionale ed esclusione dallo stesso, ferma restando l'applicazione dell'articolo 15 del decreto legislativo 30 dicembre 1992, n. 502, e successive modificazioni, della dirigenza medica, veterinaria e sanitaria del Servizio sanitario nazionale;

3) dei dirigenti degli enti locali: istituzione, previa intesa in sede di Conferenza Stato-città ed autonomie locali, di un ruolo unico dei dirigenti degli enti locali; in sede di prima applicazione, confluenza nel suddetto ruolo dei dirigenti di ruolo negli enti locali; attribuzione della gestione del ruolo unico a una Commissione per la dirigenza locale, sulla base dei medesimi criteri di cui al numero 1) della presente lettera; mantenimento della figura del direttore generale di cui all'articolo 108 del testo unico di cui al decreto legislativo 18 agosto 2000, n. 267, nel rispetto di quanto previsto dall'articolo 2, comma 186, lettera *d*), della legge 23 dicembre 2009, n. 191, e definizione dei relativi requisiti, fermo restando quanto previsto dal numero 4) della presente lettera;

4) dei segretari comunali e provinciali: abolizione della figura; attribuzione alla dirigenza di cui al numero 3) dei compiti di attuazione dell'indirizzo politico, coordinamento dell'attività amministrativa e controllo della legalità dell'azione amministrativa; mantenimento della funzione rogante in capo ai dirigenti apicali aventi i prescritti requisiti; inserimento di coloro che, alla data di entrata in vigore del decreto legislativo adottato in attuazione della delega di cui al presente articolo, sono iscritti all'albo nazionale dei segretari comunali e provinciali di cui all'articolo 98 del testo unico di cui al decreto legislativo 18 agosto 2000, n. 267, nelle fasce professionali A e B, nel ruolo unico dei dirigenti degli enti locali di cui al numero 3) e soppressione del predetto albo; fermo restando il rispetto della normativa vigente in materia di contenimento della spesa di personale, specifica disciplina per coloro che sono iscritti nelle predette fasce professionali e sono privi di incarico alla data di entrata in vigore del decreto legislativo adottato in attuazione della delega di cui al presente articolo; specifica disciplina che contempli la confluenza nel suddetto ruolo unico dopo due anni di esercizio effettivo, anche come funzionario, di funzioni segretariali o equivalenti per coloro che sono iscritti al predetto albo, nella fascia professionale C, e per i vincitori di procedure concorsuali di ammissione al corso di accesso in carriera già avviate alla data di entrata in vigore della presente legge; fermo restando il rispetto della vigente normativa in materia di contenimento della spesa di personale, obbligo per gli enti locali di nominare comunque un dirigente apicale con compiti di attuazione dell'indirizzo politico, coordinamento dell'attività amministrativa e controllo della legalità dell'azione amministrativa, senza nuovi o maggiori oneri per la finanza pubblica; previsione che gli incarichi di funzione dirigenziale apicale cessano se non rinnovati entro novanta giorni dalla data di insediamento degli organi esecutivi; previsione della possibilità, per le città metropolitane e i comuni con popolazione superiore a 100.000 abitanti, di nominare, in alternativa al dirigente apicale, un direttore generale ai sensi dell'articolo 108 del citato testo unico di cui al decreto legislativo n. 267 del 2000 e previsione, in tale ipotesi, dell'affidamento della funzione di controllo della legalità dell'azione amministrativa e della funzione rogante a un dirigente di ruolo; previsione, per i comuni di minori dimensioni demografiche, dell'obbligo di gestire la funzione di direzione apicale in via

associata, coerentemente con le previsioni di cui all'articolo 14 del decreto-legge 31 maggio 2010, n. 78, convertito, con modificazioni, dalla legge 30 luglio 2010, n. 122, e successive modificazioni; in sede di prima applicazione e per un periodo non superiore a tre anni dalla data di entrata in vigore del decreto legislativo adottato in attuazione della delega di cui al presente articolo, obbligo per gli enti locali privi di un direttore generale nominato ai sensi del citato articolo 108 del testo unico di cui al decreto legislativo n. 267 del 2000 di conferire l'incarico di direzione apicale con compiti di attuazione dell'indirizzo politico, coordinamento dell'attività amministrativa, direzione degli uffici e controllo della legalità dell'azione amministrativa ai predetti soggetti, già iscritti nel predetto albo e confluiti nel ruolo di cui al numero 3), nonché ai soggetti già iscritti all'albo, nella fascia professionale C, e ai vincitori del corso di accesso in carriera, già bandito alla data di entrata in vigore della presente legge, senza nuovi o maggiori oneri per la finanza pubblica. Per la regione Trentino-Alto Adige resta ferma la particolare disciplina prevista per i segretari comunali dal titolo VI della legge 11 marzo 1972, n. 118, nonché dalle leggi regionali del Trentino-Alto Adige 26 aprile 2010, n. 1, e 9 dicembre 2014, n. 11, anche in conformità al titolo XI del testo unico delle leggi costituzionali concernenti lo statuto speciale per il Trentino-Alto Adige, di cui al decreto del Presidente della Repubblica 31 agosto 1972, n. 670, e successive modificazioni, e alle relative norme di attuazione di cui al decreto del Presidente della Repubblica 15 luglio 1988, n. 574, sull'uso della lingua tedesca nei rapporti con la pubblica amministrazione;

c) con riferimento all'accesso alla dirigenza:

1) per corso-concorso: definizione di requisiti e criteri di selezione dei partecipanti al corso-concorso ispirati alle migliori pratiche utilizzate in ambito internazionale, fermo restando il possesso di un titolo di studio non inferiore alla laurea magistrale; cadenza annuale del corso-concorso per ciascuno dei tre ruoli di cui alla lettera *b*), numeri 1), 2) e 3), per un numero fisso di posti, definito in relazione al fabbisogno minimo annuale del sistema amministrativo; esclusione di graduatorie di idonei nel concorso di accesso al corso-concorso; immissione in servizio dei vincitori del corso-concorso come funzionari, con obblighi di formazione, per i primi tre anni, con possibile riduzione del suddetto periodo in relazione all'esperienza lavorativa nel settore pubblico o a esperienze all'estero e successiva immissione nel ruolo unico della dirigenza da parte delle Commissioni di cui alla lettera *b*) sulla base della valutazione da parte dell'amministrazione presso la quale è stato attribuito l'incarico iniziale; possibilità di reclutare, con il suddetto corso-concorso, anche dirigenti di carriere speciali e delle autorità indipendenti; previsione di sezioni speciali del corso-concorso per dirigenti tecnici;

2) per concorso: definizione di requisiti e criteri di selezione ispirati alle migliori pratiche utilizzate in ambito internazionale, fermo restando il possesso di un titolo di studio non inferiore alla laurea magistrale; cadenza annuale del concorso unico per ciascuno dei tre ruoli di cui alla lettera *b*), per un numero di posti variabile, per i posti disponibili nella dotazione organica e non coperti dal corso-concorso di cui al numero 1) della presente lettera; esclusione di graduatorie di idonei; possibilità di reclutare, con il suddetto concorso, anche dirigenti di carriere speciali e delle autorità indipendenti; formazione della graduatoria finale alla fine del ciclo di formazione iniziale; assunzione a tempo determinato e successiva assunzione a tempo indeterminato previo esame di conferma, dopo il primo triennio di servizio, da parte di un organismo indipendente, con possibile riduzione della durata in relazione all'esperienza lavorativa nel settore pubblico o a esperienze all'estero; risoluzione del rapporto di lavoro, con eventuale inquadramento nella qualifica di funzionario, in caso di mancato superamento dell'esame di conferma;

d) con riferimento al sistema di formazione dei pubblici dipendenti: revisione dell'ordinamento, della missione e dell'assetto organizzativo della Scuola nazionale dell'amministrazione con eventuale trasformazione della natura giuridica, con il coinvolgimento di istituzioni nazionali ed internazionali di riconosciuto prestigio, in coerenza con la disciplina dell'inquadramento e del reclutamento di cui alle lettere *a*), *b*) e *c*), in modo da assicurare l'omogeneità della qualità e dei contenuti formativi dei dirigenti dei diversi ruoli di cui alla lettera *b*), senza nuovi o maggiori oneri per la finanza pubblica; possibilità di avvalersi, per le attività di reclutamento e di formazione, delle migliori istituzioni di formazione, selezionate con procedure trasparenti, nel rispetto di regole e di indirizzi generali e uniformi, senza nuovi o maggiori oneri per la finanza pubblica; ridefinizione del trattamento economico dei docenti della Scuola nazionale dell'amministrazione in coerenza con le previsioni di cui all'articolo 21, comma 4, del decreto-legge 24 giugno 2014, n. 90, convertito, con modificazioni, dalla legge 11 agosto 2014, n. 114, ferma restando l'abrogazione dell'articolo 10, comma 2, del decreto legislativo 1° dicembre 2009, n. 178, senza incremento dei trattamenti economici in godimento e comunque senza nuovi o maggiori oneri per la finanza pubblica; promozione, con il coinvolgimento dell'Associazione nazionale dei comuni italiani, di corsi di formazione concernenti l'esercizio associato delle funzioni fondamentali di cui all'articolo 14 del decreto-legge 31 maggio 2010, n. 78, convertito, con modificazioni, dalla legge 30 luglio 2010, n. 122, e successive modificazioni, per dipendenti e dirigenti dei comuni con popolazione pari o inferiore a 5.000 abitanti;

e) con riferimento alla formazione permanente dei dirigenti: definizione di obblighi formativi annuali e delle modalità del relativo adempimento; coinvolgimento dei dirigenti di ruolo nella formazione dei futuri dirigenti, loro obbligo di prestare gratuitamente la propria opera intellettuale per le suddette attività di formazione;

f) con riferimento alla mobilità della dirigenza: semplificazione e ampliamento delle ipotesi di mobilità tra le amministrazioni pubbliche e con il settore privato; previsione dei casi e delle condizioni nei quali non è richiesto il previo assenso delle amministrazioni di appartenenza per la mobilità della dirigenza medica e sanitaria;

g) con riferimento al conferimento degli incarichi dirigenziali: possibilità di conferire gli incarichi ai dirigenti appartenenti a ciascuno dei tre ruoli di cui alla lettera *b*; definizione, per ciascun incarico dirigenziale, dei requisiti necessari in termini di competenze ed esperienze professionali, tenendo conto della complessità, delle responsabilità organizzative e delle risorse umane e strumentali; conferimento degli incarichi a dirigenti di ruolo mediante procedura comparativa con avviso pubblico, sulla base di requisiti e criteri definiti dall'amministrazione in base ai criteri generali definiti dalle Commissioni di cui alla lettera *b*); rilevanza delle attitudini e delle competenze del singolo dirigente, dei precedenti incarichi e della relativa valutazione, delle specifiche competenze organizzative possedute, nonché delle esperienze di direzione eventualmente maturate all'estero, presso il settore privato o presso altre amministrazioni pubbliche, purché attinenti all'incarico da conferire; preselezione di un numero predeterminato di candidati in possesso dei requisiti richiesti, sulla base dei suddetti requisiti e criteri, per gli incarichi relativi ad uffici di vertice e per gli incarichi corrispondenti ad uffici di livello dirigenziale generale, da parte delle Commissioni di cui alla lettera *b*), e successiva scelta da parte del soggetto nominante; verifica successiva del rispetto dei suddetti requisiti e criteri, per gli altri incarichi dirigenziali, da parte della stessa Commissione; assegnazione degli incarichi con criteri che tengano conto della diversità delle esperienze maturate, anche in amministrazioni differenti; parere obbligatorio e non vincolante delle Commissioni di cui alla lettera *b*) sulla decadenza dagli incarichi in caso di riorganizzazione dell'amministrazione da rendere entro un termine certo, decorso il quale il parere si intende acquisito; per quanto riguarda gli incarichi dirigenziali non assegnati attraverso i concorsi e le procedure di cui alla lettera *c*) del presente comma, previsione di procedure selettive e comparative, fermi restando i limiti percentuali previsti dall'articolo 19, comma 6, del decreto legislativo 30 marzo 2001, n. 165, con conseguente eventuale revisione delle analoghe discipline e delle relative percentuali, definite in modo sostenibile per le amministrazioni non statali; previsione della pubblicizzazione dei posti dirigenziali che si rendono vacanti in ogni singola amministrazione, con congruo anticipo, attraverso la pubblicazione sulla banca dati di cui alla lettera *a*) del presente comma;

h) con riferimento alla durata degli incarichi dirigenziali: durata degli incarichi di quattro anni, rinnovabili previa partecipazione alla procedura di avviso pubblico; facoltà di rinnovo degli incarichi per ulteriori due anni senza procedura selettiva per una sola volta, purché motivato e nei soli casi nei quali il dirigente abbia ottenuto una valutazione positiva; definizione di presupposti oggettivi per la revoca, anche in relazione al mancato raggiungimento degli obiettivi, e della relativa procedura; equilibrio di genere nel conferimento degli incarichi; possibilità di proroga dell'incarico dirigenziale in essere, per il periodo strettamente necessario al completamento delle procedure per il conferimento del nuovo incarico;

i) con riferimento ai dirigenti privi di incarico: erogazione del trattamento economico fondamentale e della parte fissa della retribuzione, maturata prima della data di entrata in vigore dei decreti legislativi di cui al presente comma, ai dirigenti privi di incarico e loro collocamento in disponibilità; disciplina della decadenza dal ruolo unico a seguito di un determinato periodo di collocamento in disponibilità successivo a valutazione negativa; loro diritto all'aspettativa senza assegni per assumere incarichi in altre amministrazioni ovvero nelle società partecipate dalle amministrazioni pubbliche, o per svolgere attività lavorativa nel settore privato, con sospensione del periodo di disponibilità; possibile destinazione allo svolgimento di attività di supporto presso le suddette amministrazioni o presso enti senza scopo di lucro, con il consenso dell'interessato, senza conferimento di incarichi dirigenziali e senza retribuzioni aggiuntive; previsione della possibilità, per i dirigenti collocati in disponibilità, di formulare istanza di ricollocazione in qualità di funzionario, in deroga all'articolo 2103 del codice civile, nei ruoli delle pubbliche amministrazioni;

l) con riferimento alla valutazione dei risultati: rilievo dei suoi esiti per il conferimento dei successivi incarichi dirigenziali; costruzione del percorso di carriera in funzione degli esiti della valutazione;

m) con riferimento alla responsabilità dei dirigenti: riordino delle disposizioni legislative relative alle ipotesi di responsabilità dirigenziale, amministrativo-contabile e disciplinare dei dirigenti e ridefinizione del rapporto tra responsabilità dirigenziale e responsabilità amministrativo-contabile, con particolare riferimento alla esclusiva imputabilità ai dirigenti della responsabilità per l'attività gestionale, con limitazione della responsabilità dirigenziale alle ipotesi di cui all'articolo 21 del decreto legislativo 30 marzo 2001, n. 165; limitazione della responsabilità disciplinare ai comportamenti effettivamente imputabili ai dirigenti stessi;

n) con riferimento alla retribuzione: omogeneizzazione del trattamento economico fondamentale e accessorio nell'ambito di ciascun ruolo unico, e nei limiti delle risorse complessivamente destinate, ai sensi delle disposizioni legislative e contrattuali vigenti, al finanziamento del predetto trattamento economico fondamentale e accessorio; confluenza della retribuzione di posizione fissa nel trattamento economico fondamentale; definizione della retribuzione di posizione in relazione a criteri oggettivi in riferimento all'incarico; definizione dell'incidenza della retribuzione di risultato in relazione al tipo di incarico; suo collegamento, ove possibile, sia a obiettivi fissati per l'intera amministrazione, sia a obiettivi assegnati al singolo dirigente; definizione di limiti assoluti del trattamento economico complessivo stabiliti in base a criteri oggettivi correlati alla tipologia dell'incarico e di limiti percentuali relativi alle retribuzioni di posizione e di risultato rispetto al totale; possibilità di ciascun dirigente di attribuire un premio monetario annuale a non più di un decimo dei dirigenti suoi subordinati e a non più di un decimo dei suoi dipendenti, sulla base di criteri definiti nel rispetto della disciplina in materia di contrattazione collettiva e nei limiti delle disponibilità dei fondi a essa destinati; pubblicazione nel sito istituzionale dell'identità dei destinatari dei suddetti premi; definizione di criteri omogenei per la disciplina dei fondi destinati alla retribuzione accessoria delle diverse amministrazioni;

o) con riferimento alla disciplina transitoria: graduale riduzione del numero dei dirigenti ove necessario; confluenza dei dirigenti nel ruolo unico con proseguimento fino a scadenza degli incarichi conferiti e senza variazione in aumento del trattamento economico individuale; definizione dei requisiti e criteri per il conferimento degli incarichi entro sei mesi dalla data di entrata in vigore del relativo decreto legislativo; disciplina del conferimento degli incarichi prevedendo obbligatoriamente un numero minimo di anni di servizio, in modo da salvaguardare l'esperienza acquisita; riequilibrio dei fondi destinati alla retribuzione accessoria delle diverse amministrazioni sulla base degli effettivi fabbisogni delle amministrazioni nazionali;

p) con riferimento al conferimento degli incarichi di direttore generale, di direttore amministrativo e di direttore sanitario, nonché, ove previsto dalla legislazione regionale, di direttore dei servizi socio-sanitari, delle aziende e degli enti del Servizio sanitario nazionale, fermo restando quanto previsto dall'articolo 3-*bis* del decreto legislativo 30 dicembre 1992, n. 502, e successive modificazioni, per quanto attiene ai requisiti, alla trasparenza del procedimento e dei risultati, alla verifica e alla valutazione, definizione dei seguenti principi fondamentali, ai sensi dell'articolo 117 della Costituzione: selezione unica per titoli, previo avviso pubblico, dei direttori generali in possesso di specifici titoli formativi e professionali e di comprovata esperienza dirigenziale, effettuata da parte di una commissione nazionale composta pariteticamente da rappresentanti dello Stato e delle regioni, per l'inserimento in un elenco nazionale degli idonei istituito presso il Ministero della salute, aggiornato con cadenza biennale, da cui le regioni e le province autonome devono attingere per il conferimento dei relativi incarichi da effettuare nell'ambito di una rosa di candidati costituita da coloro che, iscritti nell'elenco nazionale, manifestano l'interesse all'incarico da ricoprire, previo avviso della singola regione o provincia autonoma che procede secondo le modalità del citato articolo 3-*bis* del decreto legislativo n. 502 del 1992, e successive modificazioni; sistema di verifica e di valutazione dell'attività dei direttori generali che tenga conto del raggiungimento degli obiettivi sanitari e dell'equilibrio economico dell'azienda, anche in relazione alla garanzia dei livelli essenziali di assistenza e dei risultati del programma nazionale valutazione esiti dell'Agenzia nazionale per i servizi sanitari regionali; decadenza dall'incarico e possibilità di reinserimento soltanto all'esito di una nuova selezione nel caso di mancato raggiungimento degli obiettivi, accertato decorsi ventiquattro mesi dalla nomina, o nel caso di gravi o comprovati motivi, o di grave disavanzo o di manifesta violazione di leggi o regolamenti o del principio di buon andamento e imparzialità; selezione per titoli e colloquio, previo avviso pubblico, dei direttori amministrativi e dei direttori sanitari, nonché, ove previsti dalla legislazione regionale, dei direttori dei servizi socio-sanitari, in possesso di specifici titoli professionali, scientifici e di carriera, effettuata da parte di commissioni regionali composte da esperti di qualificate istituzioni scientifiche, per l'inserimento in appositi elenchi regionali degli idonei, aggiornati con cadenza biennale, da cui i direttori generali devono obbligatoriamente attingere per le relative nomine; decadenza dall'incarico nel caso di manifesta violazione di leggi o regolamenti o del principio di buon andamento e imparzialità; definizione delle modalità per l'applicazione delle norme adottate in attuazione della presente lettera alle aziende ospedaliero-universitarie;

q) previsione di ipotesi di revoca dell'incarico e di divieto di rinnovo di conferimento di incarichi in settori sensibili ed esposti al rischio di corruzione, in presenza di condanna anche non definitiva, da parte della Corte dei conti, al risarcimento del danno erariale per condotte dolose.

2. I decreti legislativi di cui al comma 1 sono adottati su proposta del Ministro delegato per la semplificazione e la pubblica amministrazione, di concerto, per i profili di competenza relativi alla lettera *p*) del medesimo comma 1, con il Ministro della salute, previa acquisizione del parere della Conferenza unificata di cui all'articolo 8 del decreto legislativo 28 agosto 1997, n. 281, e del parere del Consiglio di Stato, che sono resi nel termine di quarantacinque giorni dalla data di trasmissione di ciascuno schema di decreto legislativo, decorso il quale il Governo può comunque procedere. Lo schema di ciascun decreto legislativo è successivamente trasmesso alle Camere per l'espressione dei pareri delle Commissioni parlamentari competenti per materia e per i profili finanziari, che si pronunciano nel termine di sessanta giorni dalla data di trasmissione, decorso il quale il decreto legislativo può essere comunque adottato. Se il termine previsto per il parere cade nei trenta giorni che precedono la scadenza del termine previsto al comma 1 o successivamente, la scadenza medesima è prorogata di novanta giorni. Il Governo, qualora non intenda conformarsi ai pareri parlamentari, trasmette nuovamente i testi alle Camere con le sue osservazioni e con eventuali modificazioni, corredate dei necessari elementi integrativi di informazione e motivazione. Le Commissioni competenti per materia possono esprimersi sulle osservazioni del Governo entro il termine di dieci giorni dalla data della nuova trasmissione. Decorso tale termine, i decreti possono comunque essere adottati.

3. Entro dodici mesi dalla data di entrata in vigore di ciascuno dei decreti legislativi di cui al comma 1, il Governo può adottare, nel rispetto dei principi e criteri direttivi e della procedura stabiliti dal presente articolo, uno o più decreti legislativi recanti disposizioni integrative e correttive (1) e (2).

(1) *La Corte costituzionale, con sentenza 9-25 novembre 2016, n. 251 (Gazz. Uff. 30 novembre 2016, n. 48), ha dichiarato, tra l'altro: a)* l'illegittimità costituzionale *dell'art. 11, comma 1, lettere* a), b), *n. 2),* c), *nn. 1) e 2),* e), f), g), h), i), l), m), n), o), p) e q), *e comma 2, l. 7 agosto 2015, n. 124, nella parte in cui prevede che i decreti legislativi attuativi siano adottati previa acquisizione del parere reso in sede di Conferenza unificata, anziché previa intesa in sede di Conferenza Stato-Regioni; b)* l'illegittimità costituzionale *dell'art. 17, comma 1, lettere* a), b), c), d), e), f), l), m), o), q), r), s) e t), *l. n. 124 del 2015, nella parte in cui, in combinato disposto con l'art. 16, commi 1 e 4, della medesima legge n. 124 del 2015, prevede che il Governo adotti i relativi decreti legislativi*

attuativi previo parere in sede di Conferenza unificata, anziché previa intesa in sede di Conferenza Stato-Regioni; c) l'illegittimità costituzionale *dell'art. 18, lettere* a), b), c), e), i), l) *e* m), *numeri da 1) a 7), della legge n. 124 del 2015, nella parte in cui, in combinato disposto con l'art. 16, commi 1 e 4, della medesima legge n. 124 del 2015, prevede che il Governo adotti i relativi decreti legislativi attuativi previo parere, anziché previa intesa, in sede di Conferenza unificata;* d) *l'illegittimità costituzionale dell'art. 19, lettere* b), c), d), g), h), l), m), n), o), p), s), t) *e* u), *l. n. 124 del 2015, nella parte in cui, in combinato disposto con l'art. 16, commi 1 e 4, della medesima legge n. 124 del 2015, prevede che il Governo adotti i relativi decreti legislativi attuativi previo parere, anziché previa intesa, in sede di Conferenza unificata.*

(2) *In attuazione della delega prevista dalla presente lettera vedi il D.Lgs. 4 agosto 2016, n. 171.*

12 Introduzione dell'art. 16-*bis* della legge 3 aprile 1979, n. 103, in materia di natura e durata degli incarichi direttivi dell'Avvocatura dello Stato.

1. Dopo l'articolo 16 della legge 3 aprile 1979, n. 103, è inserito il seguente:

« Art. 16-*bis*.

- 1. L'avvocato generale aggiunto, i vice avvocati generali e gli avvocati distrettuali collaborano direttamente con l'avvocato generale dello Stato, lo coadiuvano nell'esercizio delle sue funzioni e assicurano l'omogeneità delle difese e delle consultazioni. Gli incarichi direttivi non sono conferiti ad avvocati dello Stato che debbano essere collocati a riposo entro quattro anni dalla data di avvio della procedura selettiva.

2. L'incarico di vice avvocato generale e quello di avvocato distrettuale dello Stato hanno natura temporanea e sono conferiti per la durata di quattro anni, al termine dei quali l'incarico può essere rinnovato, per una sola volta e per uguale periodo o fino alla data del collocamento a riposo se anteriore, a seguito di valutazione da esprimere con lo stesso procedimento previsto per il conferimento.

3. Le disposizioni del comma 2 si applicano anche agli incarichi in corso alla data di entrata in vigore della presente disposizione. Gli incarichi conferiti da oltre quattro anni cessano decorsi sei mesi dalla data di entrata in vigore della presente disposizione, salvo rinnovo, con lo stesso procedimento previsto per il conferimento, per una sola volta e per la durata di ulteriori quattro anni o fino alla data del collocamento a riposo se anteriore.

4. Nell'esprimere il parere di cui all'articolo 23, primo comma, lettera *e*), e il parere sul conferimento dell'incarico di avvocato generale aggiunto, il consiglio degli avvocati e procuratori dello Stato applica il criterio della rotazione nell'attribuzione degli incarichi e tiene conto delle attitudini organizzative e relazionali del candidato, nonché della professionalità acquisita, desunta in particolare da indici di merito predeterminati dal medesimo consiglio e ricavabili dall'esame dell'attività svolta.

5. Alla scadenza del termine di cui al comma 2, l'avvocato dello Stato che ha esercitato funzioni direttive, in assenza di domanda formulata ai sensi dell'articolo 18, quarto comma, o di domanda per il conferimento di altra funzione direttiva, ovvero in ipotesi di reiezione delle stesse, è assegnato alle funzioni non direttive nel medesimo ufficio ».

CAPO III
PROROGA DEGLI ORGANI

116. Decreto legge 16 maggio 1994, n. 293, convertito, con modificazioni, in legge 15 luglio 1994, n. 444. — Disciplina della proroga degli organi amministrativi.

Pubblicato nella Gazzetta Ufficiale n. 114 del 18 maggio 1994; la legge di conversione è stata pubblicata nella Gazzetta Ufficiale n. 165 del 16 luglio 1994.

1 Ambito di applicazione.

1. Il presente decreto si applica agli organi di amministrazione attiva, consultiva e di controllo dello Stato e degli enti pubblici, nonché delle persone giuridiche a prevalente partecipazione pubblica, quando alla nomina dei componenti di tali organi concorrono lo Stato o gli enti pubblici (1).

2. Sono esclusi dall'applicazione del presente decreto gli organi rappresentativi delle regioni, delle province, dei comuni e delle comunità montane e gli organi che hanno comunque rilevanza costituzionale.

3. Sono altresì esclusi gli organi per i quali la nomina dei componenti è di competenza parlamentare.

(1) *Comma modificato in sede di conversione.*

2 Scadenza e ricostituzione degli organi.

1. Gli organi amministrativi svolgono le funzioni loro attribuite sino alla scadenza del termine di durata per ciascuno di essi previsto ed entro tale termine debbono essere ricostituiti.

3 Proroga degli organi - Regime degli atti.

1. Gli organi amministrativi non ricostituiti nel termine di cui all'articolo 2 sono prorogati per non più di quarantacinque giorni, decorrenti dal giorno della scadenza del termine medesimo (1).

2. Nel periodo in cui sono prorogati, gli organi scaduti possono adottare esclusivamente gli atti di ordinaria amministrazione, nonché gli atti urgenti e indifferibili con indicazione specifica dei motivi di urgenza e indifferibilità.

3. Gli atti non rientranti fra quelli indicati nel comma 2, adottati nel periodo di proroga, sono nulli.

(1) *Ai sensi dell'art. 33, comma 1, d.l. 8 aprile 2020, n. 23, conv., con modif., in l. 5 giugno 2020, n. 40, in considerazione dell'emergenza epidemiologica da Covid-19, i termini di cui al presente comma « sono prorogati fino al termine dello stato di emergenza e, comunque, fino alla loro ricomposizione. Fino al termine dello stato di emergenza, gli enti e organismi pubblici a base associativa che, in tale periodo, sono tenuti al rinnovo degli organi di amministrazione e controllo possono sospendere le procedure di rinnovo elettorali, anche in corso, con contestuale proroga degli organi ».*

4 Ricostituzione degli organi.

1. Entro il periodo di proroga gli organi amministrativi scaduti debbono essere ricostituiti.

2. Nei casi in cui i titolari della competenza alla ricostituzione siano organi collegiali e questi non procedano alle nomine o designazioni ad essi spettanti almeno tre giorni prima della scadenza del termine di proroga, la relativa competenza è trasferita ai rispettivi presidenti, i quali debbono comunque esercitarla entro la scadenza del termine medesimo.

5 Efficacia dell'atto di ricostituzione - Regime dei controlli.

1. I provvedimenti di nomina dei componenti di organi scaduti adottati nel periodo di proroga sono immediatamente esecutivi.

2. [I controlli sui provvedimenti di cui al comma 1 hanno effetto risolutivo.] Nella pendenza dei controlli sui provvedimenti di cui al comma 1 e fino alle comunicazioni della conformità a legge, agli organi ricostituiti si applicano le disposizioni di cui ai commi 2 e 3 dell'art. 3 (1).

3. Le dichiarazioni, in sede di controllo, di non conformità a legge dei provvedimenti di cui al comma 1 hanno effetto risolutivo e obbligano gli organi da cui tali atti sono emanati a provvedere entro quindici giorni dalla comunicazione delle dichiarazioni di non conformità, adeguandosi ad esse (1).

(1) *Comma modificato in sede di conversione.*

6 Decadenza degli organi non ricostituiti - Regime degli atti - Responsabilità.

1. Decorso il termine massimo di proroga senza che si sia provveduto alla loro ricostituzione, gli organi amministrativi decadono.

2. Tutti gli atti adottati dagli organi decaduti sono nulli.

3. I titolari della competenza alla ricostituzione e nei casi di cui all'articolo 4, comma 2, i presidenti degli organi collegiali sono responsabili dei danni conseguenti alla decadenza determinata dalla loro condotta, fatta in ogni caso salva la responsabilità penale individuale nella condotta omissiva.

7 Raccolta e tenuta dei dati sulla durata degli organi.

1. Gli uffici titolari del potere di nomina dei componenti degli organi di amministrazione attiva, consultiva e di controllo provvedono alla tenuta e all'aggiornamento di tutti i dati relativi ai termini di scadenza, proroga e decadenza degli organi amministrativi.

2. La Presidenza del Consiglio dei Ministri verifica l'adempimento dell'obbligo di cui al comma 1.

8 Norme finali e transitorie.

1. Le disposizioni degli articoli da 1 a 7 si applicano, dalla data di entrata in vigore del presente decreto, a tutti gli organi amministrativi che alla stessa data non siano ancora scaduti.

2. Gli organi amministrativi già scaduti alla data di entrata in vigore del presente decreto ed operanti pertanto in regime di proroga di fatto, debbono essere ricostituiti entro dieci giorni dalla data di entrata in vigore del presente decreto. Decorso il termine suddetto, gli organi stessi decadono con le conseguenze previste dalle disposizioni di cui ai commi 2 e 3 dell'articolo 6. Restano confermati gli atti di ricostituzione di organi scaduti anteriormente alla data di entrata in vigore del presente decreto che siano stati adottati, in sostituzione degli organi collegiali competenti, dai rispettivi presidenti, in conformità alle disposizioni vigenti alla data di compimento degli atti stessi.

3. Per la ricostituzione degli organi delle persone giuridiche di cui al comma 1 dell'articolo 1, nei casi di cui al comma 2, gli organi competenti promuovono l'instaurazione delle procedure stabilite dalla legge 24 gennaio 1978, n. 14, entro il termine di cui allo stesso comma 2.

9 Adeguamento della normativa regionale.

1. Le disposizioni di cui al presente decreto operano direttamente nei riguardi delle regioni a statuto ordinario fino a quando esse non avranno adeguato i rispettivi ordinamenti ai princìpi generali ivi contenuti.

2. Entro sei mesi dalla data di entrata in vigore della legge di conversione del presente decreto, le regioni a statuto speciale e le province autonome di Trento e di Bolzano provvedono ad adeguare i rispettivi ordinamenti ai princìpi fondamentali ivi stabiliti (1).

(1) *Comma modificato in sede di conversione.*

10 Entrata in vigore.

1. Il presente decreto entra in vigore il giorno stesso della sua pubblicazione nella Gazzetta Ufficiale della Repubblica italiana e sarà presentato alle Camere per la conversione in legge.

SEZIONE OTTAVA
BENI PUBBLICI

117. Regio decreto 18 novembre 1923, n. 2440. — Nuove disposizioni sull'amministrazione del patrimonio e sulla contabilità generale dello Stato. (*estratto*).

Pubblicato nella Gazzetta Ufficiale n. 275 del 23 novembre 1923.

(1) *Il decreto, emanato in virtù della legge di delegazione di poteri, L. 3 dicembre 1922, n. 1601, sostituisce il R.D. 17 febbraio 1884, n. 2016 (Gazz. Uff. 20 marzo 1884, n. 68).*
Le altre disposizioni rilevanti sono riportate sub III, 35.

TITOLO I
Del patrimonio dello stato. Dei contratti

1. I beni immobili dello Stato, tanto pubblici quanto posseduti a titolo di privata proprietà, sono amministrati a cura del Ministero delle finanze, salve le eccezioni stabilite da leggi speciali.

I beni immobili assegnati ad un servizio governativo s'intendono concessi in uso gratuito al ministero da cui il servizio dipende e sono da esso amministrati. Tosto che cessi tale uso passano all'amministrazione delle finanze.

Ciascun ministero provvede all'amministrazione dei beni mobili assegnati ad uso proprio o di servizi da esso dipendenti, salve le disposizioni speciali riguardanti i mobili di ufficio.

2. A cura del Ministro delle finanze deve formarsi l'inventario dei beni immobili di pertinenza dello Stato, distinguendo quelli destinati in servizio governativo dagli altri, e indicando gli elementi atti a farne conoscere la consistenza ed il valore.

Ciascun ministro deve far compilare l'inventario dei mobili e dei materiali di spettanza dello Stato.

Il regolamento determinerà le norme per la formazione e la conservazione dei detti inventari (1).

(1) *Vedi anche gli artt. 1-35 R.d. 23 maggio 1924, n. 827, sub III, 36.*

118. Legge 16 giugno 1927, n. 1766. — Conversione in legge del R. Decreto 22 maggio 1924, n. 751, riguardante il riordinamento degli usi civici nel Regno, del R. Decreto 28 agosto 1924, n. 1484, che modifica l'art. 26 del R. Decreto 22 maggio 1924, n. 751, e del R. Decreto 16 maggio 1926, n. 895, che proroga i termini assegnati dall'art. 2 del R. Decreto-Legge 22 maggio 1924, n. 751 (1) (2).

Pubblicata nella Gazzetta Ufficiale n. 228 del 3 ottobre 1927.

(1) *Il d.lgs. 19 febbraio 1998, n. 51, ha soppresso l'ufficio del pretore e, fuori dai casi espressamente previsti dal citato decreto, le relative competenze sono da intendersi trasferite al tribunale ordinario. Lo stesso decreto ha soppresso l'ufficio del pubblico ministero presso la pretura circondariale e ha provveduto a trasferirne le relative funzioni all'ufficio del pubblico ministero presso il tribunale ordinario. Inoltre, qualora il presente provvedimento attribuisca funzioni amministrative alternativamente al pretore e ad organi della P.A., le attribuzioni pretorili si intendono soppresse; sono altresì soppresse le funzioni amministrative di altre autorità giurisdizionali, eccezion fatta per il giudice di pace, se attribuite in via alternativa tanto al pretore che ad organi della P.A. Inoltre il potere del pretore di rendere esecutivi atti emanati da autorità amministrative è soppresso e gli atti sono esecutivi di diritto. Infine, qualora il presente provvedimento preveda l'obbligo di determinati soggetti di rendere giuramento innanzi al pretore per l'esercizio di attività, questo si intende reso innanzi al sindaco o ad un suo delegato.*

(2) *A decorrere dalla data di nomina del primo governo costituito a seguito delle prime elezioni politiche successive all'entrata in vigore del d.lgs. 30 luglio 1999, n. 300, le prefetture sono trasformate in uffici territoriali del governo; il prefetto preposto a tale ufficio nel capoluogo della regione assume anche le funzioni di commissario del governo a norma dell'articolo 11 del d.lgs. n. 300/1999.*

Vittorio Emanuele III
Per grazia di Dio e per volontà della Nazione
Re d'Italia
Il Senato e la Camera dei Deputati hanno approvato;

Noi abbiamo sanzionato e promulghiamo quanto segue:

Articolo unico Sono convertiti in legge colle modificazioni risultanti dal testo seguente:

1° il Regio Decreto 22 maggio 1924, n. 751, sul riordinamento degli usi civici nel regno;

2° il Regio Decreto 28 agosto 1924, n. 1484, concernente modificazioni all'art. 26 del Regio Decreto-legge 22 maggio 1924, n. 751;

3° il Regio Decreto 16 maggio 1926, n. 895, che proroga i termini assegnati all'art. 2 del Regio Decreto-legge 22 maggio 1924, n. 751 (1).

(1) *L'art. 1 del d.lgs. 1° dicembre 2009, n. 179, ha ritenuto indispensabile la permanenza in vigore delle norme del presente provvedimento, limitatamente agli artt. da 1 a 34 e da 36 a 43.*

CAPO I
Accertamento, valutazione ed affrancazione degli usi civici

1 Per l'accertamento e la liquidazione generale degli usi civici e di qualsiasi altro diritto di promiscuo godimento delle terre spettanti agli abitanti di un Comune, o di una frazione di Comune, e per la sistemazione delle terre provenienti dalla liquidazione suddetta e delle altre possedute da Comuni, università ed altre associazioni agrarie, comunque denominate, soggette all'esercizio di usi civici, si osserveranno le disposizioni della presente legge (1).

(1) *L'art. 1 del d.lgs. 1° dicembre 2009, n. 179, ha ritenuto indispensabile la permanenza in vigore delle norme del presente provvedimento, limitatamente agli artt. da 1 a 34 e da 36 a 43.*

2 Nel giudizio di accertamento circa la esistenza, natura ed estensione degli usi civici ove non esista la prova documentale, è ammesso qualunque altro mezzo legale di prova purché l'esercizio dell'uso civico non sia cessato anteriormente al 1800 (1).

(1) *L'art. 1 del d.lgs. 1° dicembre 2009, n. 179, ha ritenuto indispensabile la permanenza in vigore delle norme del presente provvedimento, limitatamente agli artt. da 1 a 34 e da 36 a 43.*

3 Chiunque eserciti o pretenda esercitare diritti della natura di cui all'articolo precedente, è tenuto, entro sei mesi dalla pubblicazione della presente legge, a farne dichiarazione al commissario istituito ai sensi dell'art. 27.

Trascorso detto termine senza che siasi fatta la dichiarazione, rimane estinta ogni azione diretta ad ottenere il riconoscimento dei diritti medesimi, che non trovinsi in esercizio, e la rivendicazione delle terre soggette agli usi civici.

Per la generalità degli abitanti le dichiarazioni e le istanze saranno fatte dal podestà o dalla associazione degli utenti, ove esista, salvo ai singoli di provvedervi direttamente; nel quale ultimo caso il commissario potrà chiamare in giudizio i legali rappresentanti del Comune, della frazione o dell'associazione.

Le dichiarazioni e le istanze potranno essere presentate anche al pretore, che ne curerà la trasmissione al commissario (1).

(1) *L'art. 1 del d.lgs. 1° dicembre 2009, n. 179, ha ritenuto indispensabile la permanenza in vigore delle norme del presente provvedimento, limitatamente agli artt. da 1 a 34 e da 36 a 43.*

4 Per gli effetti della presente legge i diritti di cui all'art. 1 sono distinti in due classi:

1) essenziali, se il personale esercizio si riconosca necessario per i bisogni della vita;

2) utili, se comprendano in modo prevalente carattere e scopo di industria.

Appartengono alla 1ª classe i diritti di pascere e abbeverare il proprio bestiame, raccogliere legna per uso domestico o di personale lavoro, seminare mediante corrisposta al proprietario.

Alla 2ª classe appartengono, congiunti con i precedenti o da soli, i diritti di raccogliere o trarre dal fondo altri prodotti da poterne fare commercio, i diritti di pascere in comunione del proprietario e per fine anche di speculazione; ed in generale i diritti di servirsi del fondo in modo da ricavarne vantaggi economici, che eccedano quelli che sono necessari al sostentamento personale e famigliare.

Per gli effetti della presente legge sono reputati usi civici i diritti di vendere erbe, stabilire i prezzi dei prodotti, far pagare tasse per il pascolo, ed altri simili, che appartengono ai Comuni sui beni dei privati. Non vi sono invece comprese le consuetudini di cacciare, spigolare, raccogliere erbe ed altre della stessa natura. Di queste gli utenti rimarranno nell'esercizio, finché non divengano incompatibili con la migliore destinazione data al fondo dal proprietario (1).

(1) *L'art. 1 del d.lgs. 1° dicembre 2009, n. 179, ha ritenuto indispensabile la permanenza in vigore delle norme del presente provvedimento, limitatamente agli artt. da 1 a 34 e da 36 a 43.*

5 Il compenso per la liquidazione dei diritti suddetti è stabilito in una porzione del fondo gravato o della parte del fondo gravata da assegnarsi al Comune, nel cui territorio il fondo stesso si trova, e che sarà determinata nel modo seguente.

Per i diritti della prima classe, comunque esercitati, l'anzidetta porzione di terreno corrisponderà al minimo di un ottavo del fondo, che potrà, secondo la varietà dei casi e le circostanze essere elevata ad un terzo ed anche sino alla metà.

Per i diritti della seconda classe il compenso, tenendo conto dei criteri suddetti, potrà da un minimo di un quarto elevarsi dal commissario fino al massimo di due terzi del fondo.

Questo compenso comprenderà anche quello che corrisponde ai diritti della prima classe, qualora anche questi siano in tutto od in parte esistenti sul medesimo fondo.

Allorché si tratti di un solo diritto, che a giudizio del commissario sia di tenue entità, il compenso potrà essere ridotto a misura inferiore di quella stabilita nel primo capoverso del presente articolo.

Sulle porzioni di terreno così assegnate graveranno le imposte dal giorno delle assegnazioni (1).

(1) *L'art. 1 del d.lgs. 1° dicembre 2009, n. 179, ha ritenuto indispensabile la permanenza in vigore delle norme del presente provvedimento, limitatamente agli artt. da 1 a 34 e da 36 a 43.*

6 La porzione di terreno da assegnarsi in compenso dei diritti civici da liquidare dovrà essere determinata non solo col criterio della sua estensione ma con quello anche del suo valore.

A tal fine il commissario potrà ordinare apposita perizia. E in tal caso sarà in facoltà delle parti di farsi assistere, ciascuna da un perito di propria fiducia, nelle operazioni che il perito ufficiale dovrà compiere entro il termine che avrà stabilito il commissario; dopo di che questi emanerà il suo finale provvedimento (1).

(1) *L'art. 1 del d.lgs. 1° dicembre 2009, n. 179, ha ritenuto indispensabile la permanenza in vigore delle norme del presente provvedimento, limitatamente agli artt. da 1 a 34 e da 36 a 43.*

7 Saranno esenti dalla divisione e gravati di un annuo canone di natura enfiteutica a favore del Comune, in misura corrispondente al valore dei diritti, da stabilirsi con perizia, i terreni che abbiano ricevuto dal proprietario sostanziali e permanenti migliorie, ed i piccoli appezzamenti non aggruppabili in unità agrarie.

Restano ferme nelle Province ex pontificie le disposizioni dell'art. 9 del R. decreto 3 agosto 1891, n. 510, per l'affrancazione, a favore della popolazione di un Comune, di una frazione, o di una associazione agraria, di tutto o di parte del fondo gravato da usi civici, ed il commissario vi provvederà con le norme stabilite dall'articolo stesso, salvi i temperamenti che egli ritenesse convenienti in corrispondenza con i dimostrati bisogni della popolazione (1).

(1) *L'art. 1 del d.lgs. 1° dicembre 2009, n. 179, ha ritenuto indispensabile la permanenza in vigore delle norme del presente provvedimento, limitatamente agli artt. da 1 a 34 e da 36 a 43.*

8 Le comunioni generali per servitù reciproche, qualora esistano, e tutte le comunioni particolari nelle quali non siano demani comunali, salvo il caso di cui all'ultimo comma del presente articolo, saranno sciolte senza compenso.

Le comunioni generali per condominio, e le particolari, sia per condominio sia per servitù, fra Comuni, fra Comuni e frazioni, o fra due frazioni anche dello stesso Comune, si scioglieranno con l'attribuzione a ciascun Comune o a ciascuna frazione di una parte delle terre in piena proprietà, corrispondente in valore all'entità ed estensione dei reciproci diritti sulle terre, tenuto conto della popolazione, del numero degli animali mandati a pascolare, e dei bisogni di ciascun Comune e di ciascuna frazione.

Si considerano comunioni generali quelle costituite sugli interi territori delle comunità partecipanti; si considerano particolari quelle che comprendono solo una parte di detti territori.

In considerazione dei bisogni dell'economia locale potranno essere conservate le promiscuità esistenti nel qual caso ne sarà fatto rapporto motivato al Ministero dell'economia nazionale, che provvederà (1).

(1) *L'art. 1 del d.lgs. 1° dicembre 2009, n. 179, ha ritenuto indispensabile la permanenza in vigore delle norme del presente provvedimento, limitatamente agli artt. da 1 a 34 e da 36 a 43.*

9 Qualora sulle terre di uso civico appartenenti ai Comuni, alle frazioni ed alle associazioni o ad esse pervenute per effetto della liquidazione dei diritti di cui all'art. 1, siano avvenute occupazioni, queste, su domanda degli occupatori, potranno essere legittimate, sempre che concorrano unitamente le seguenti condizioni:

a) che l'occupatore vi abbia apportato sostanziali e permanenti migliorie;

b) che la zona occupata non interrompa la continuità dei terreni;

c) che l'occupazione duri almeno da dieci anni.

Le stesse norme valgono per la legittimazione dell'acquisto delle quote dei demani comunali delle Province napoletane e siciliane, alienate durante il periodo di divieto.

Non avvenendo la legittimazione, le terre dovranno essere restituite al Comune, alla associazione o alla frazione del Comune, a qualunque epoca l'occupazione di esse rimonti (1).

(1) *L'art. 1 del d.lgs. 1° dicembre 2009, n. 179, ha ritenuto indispensabile la permanenza in vigore delle norme del presente provvedimento, limitatamente agli artt. da 1 a 34 e da 36 a 43.*

10 Nel concedere la legittimazione di cui all'articolo precedente, il commissario imporrà sul fondo occupato ed a favore del Comune o dell'associazione un canone di natura enfiteutica, il cui capitale corrisponda al valore del fondo stesso, diminuito di quello delle migliorie, aumentato di almeno 10 annualità di interessi: tale aumento non sarà imposto, se l'occupante abbia già corrisposta una prestazione sia in generi che in denaro.

Il detto canone potrà essere di misura inferiore quando l'occupatore avrebbe potuto beneficiarsi della quotazione.

Le legittimazioni dovranno in ogni caso essere sottoposte all'approvazione sovrana (1).

(1) *L'art. 1 del d.lgs. 1° dicembre 2009, n. 179, ha ritenuto indispensabile la permanenza in vigore delle norme del presente provvedimento, limitatamente agli artt. da 1 a 34 e da 36 a 43.*

CAPO II

Destinazione delle terre gravate di usi civici e di quelle provenienti dall'affrancazione

11 I terreni assegnati ai Comuni o alle frazioni in esecuzione di leggi precedenti relative alla liquidazione dei diritti di cui all'art. 1, e quelli che perverranno ad essi in applicazione della presente legge, nonché gli altri posseduti da Comuni o frazioni di Comuni, università, ed altre associazioni agrarie comunque denominate, sui quali si esercitano usi civici, saranno distinti in due categorie:

a) terreni convenientemente utilizzabili come bosco o come pascolo permanente;

b) terreni convenientemente utilizzabili per la coltura agraria (1).

(1) *L'art. 1 del d.lgs. 1° dicembre 2009, n. 179, ha ritenuto indispensabile la permanenza in vigore delle norme del presente provvedimento, limitatamente agli artt. da 1 a 34 e da 36 a 43.*

12 Per i terreni di cui alla lettera *a*) si osserveranno le norme stabilite nel capo 2° del titolo 4° del R.D. 30 dicembre 1923, n. 3267.

I Comuni e le associazioni non potranno, senza l'autorizzazione del Ministero dell'economia nazionale, alienarli o mutarne la destinazione.

I diritti delle popolazioni su detti terreni saranno conservati ed esercitati in conformità del piano economico e degli articoli 130 e 135 del citato decreto, e non potranno eccedere i limiti stabiliti dall'art. 521 del Codice civile (1).

(1) *L'art. 1 del d.lgs. 1° dicembre 2009, n. 179, ha ritenuto indispensabile la permanenza in vigore delle norme del presente provvedimento, limitatamente agli artt. da 1 a 34 e da 36 a 43.*

13 I terreni indicati alla lettera *b*) dell'articolo 10 sono destinati ad essere ripartiti, secondo un piano tecnico di sistemazione fondiaria e di avviamento colturale, fra le famiglie dei coltivatori diretti del Comune o della frazione, con preferenza per quelle meno abbienti, purché diano affidamento di trarne la maggiore utilità.

Gli atti della ripartizione affidati agli istruttori e periti saranno omologati dal commissario e sottoposti all'approvazione sovrana (1).

(1) *L'art. 1 del d.lgs. 1° dicembre 2009, n. 179, ha ritenuto indispensabile la permanenza in vigore delle norme del presente provvedimento, limitatamente agli artt. da 1 a 34 e da 36 a 43.*

14 L'assegnazione dei terreni alle due categorie di cui all'art. 11 sarà determinata dal commissario, contemperando i bisogni della popolazione con quelli della conservazione del patrimonio boschivo e pascolivo nazionale, in base ad un piano di massima compilato da un delegato tecnico designato dal Commissario, previa autorizzazione del Ministro per l'economia nazionale (1).

(1) *L'art. 1 del d.lgs. 1° dicembre 2009, n. 179, ha ritenuto indispensabile la permanenza in vigore delle norme del presente provvedimento, limitatamente agli artt. da 1 a 34 e da 36 a 43.*

15 Qualora l'estensione lo consenta, i terreni destinati a coltura agraria, salvo il disposto dell'art. 17, potranno essere affidati dal Ministero dell'economia nazionale al delegato tecnico di cui all'articolo precedente, o ad altro nominato dal Ministero stesso, affinché prima della ripartizione siano con gestione unica sottoposti alle opere di sistemazione e di trasformazione necessarie alla razionale costituzione di unità fondiarie.

Il delegato sarà assistito da quattro cittadini del Comune, scelti dal podestà (2) e dalla assemblea dell'associazione degli utenti tra agricoltori ed esperti in materia agraria.

Detto delegato ha il mandato:

a) di gestire i terreni della categoria b) ed eseguire le occorrenti opere di trasformazione;

b) di compilare ed attuare, ad opere compiute, il piano di ripartizione dei terreni in unità fondiarie, determinando le opere di miglioria da eseguirsi successivamente a cura degli assegnatari e gli altri obblighi di questi.

Per gli uffici di cui alla lettera *a*) del presente articolo il delegato risponderà direttamente al Ministero dell'economia nazionale, giusta gli obblighi da stabilirsi all'inizio della gestione, e per quelli di cui alla lettera *b*) dovrà attenersi alle disposizioni contenute nel secondo comma dell'art. 13 (1).

(1) *L'art. 1 del d.lgs. 1° dicembre 2009, n. 179, ha ritenuto indispensabile la permanenza in vigore delle norme del presente provvedimento, limitatamente agli artt. da 1 a 34 e da 36 a 43.*

16 Il delegato, per provvedersi dei mezzi necessari all'adempimento degli uffici, di cui all'articolo precedente, oltre a servirsi dei frutti e delle rendite dei terreni soggetti alla sua gestione, potrà valersi del credito agrario secondo le agevolazioni, in quanto vi siano applicabili, concesse dalle leggi raccolte nel testo unico 9 aprile 1922, n. 932, nonché delle altre previste dai Regi decreti 14 luglio 1918, n. 1142, 2 settembre 1919, n. 1633, 30 dicembre 1923, n. 3139, e dai successivi provvedimenti in materia di credito agrario (1).

(1) *L'art. 1 del d.lgs. 1° dicembre 2009, n. 179, ha ritenuto indispensabile la permanenza in vigore delle norme del presente provvedimento, limitatamente agli artt. da 1 a 34 e da 36 a 43.*

17 Qualora alla gestione dei terreni indicati alla lettera *a*) dell'art. 11 venga provveduto con la nomina di un direttore tecnico ai sensi del R. decreto 30 dicembre 1923, n. 3267, questi potrà essere incaricato anche delle funzioni di delegato tecnico di cui all'art. 15 (1).

(1) *L'art. 1 del d.lgs. 1° dicembre 2009, n. 179, ha ritenuto indispensabile la permanenza in vigore delle norme del presente provvedimento, limitatamente agli artt. da 1 a 34 e da 36 a 43.*

18 Il Ministro per l'economia nazionale, qualora lo ritenga opportuno, potrà affidare, in base ad apposita convenzione, in tutto o in parte la esecuzione delle occorrenti opere di trasformazione fondiaria e la gestione temporanea dei terreni, nel periodo precedente la ripartizione, all'Opera nazionale dei combattenti, od altri enti ed istituti legalmente riconosciuti, che diano affidamento di rapida e perfetta esecuzione.

Ad essi sarà fatto obbligo di preferire per l'esecuzione dei lavori la mano d'opera locale (1).

(1) *L'art. 1 del D.Lgs. 1° dicembre 2009, n. 179, ha ritenuto indispensabile la permanenza in vigore delle norme del presente provvedimento, limitatamente agli artt. da 1 a 34 e da 36 a 43.*

19 L'assegnazione delle unità fondiarie risultanti dalla ripartizione è fatta a titolo di enfiteusi, con l'obbligo delle migliorie e della osservanza delle altre condizioni determinate nel piano di ripartizione di cui agli articoli 13 e 15, sotto pena di devoluzione a favore del Comune, della frazione, o della associazione degli utenti (1).

(1) *L'art. 1 del d.lgs. 1° dicembre 2009, n. 179, ha ritenuto indispensabile la permanenza in vigore delle norme del presente provvedimento, limitatamente agli artt. da 1 a 34 e da 36 a 43.*

20 Il canone sarà fissato in base al prezzo dell'unità fondiaria, realizzabile in libera contrattazione, tenuto conto dei vincoli giuridici apposti all'assegnazione e del precedente diritto dell'assegnatario.

Nel caso di ipoteca inscritta per mutui contratti per opere preliminari di sistemazione e trasformazioni fondiarie, nel canone sarà distinta la parte da corrispondersi agli istituti mutuanti (1).

(1) *L'art. 1 del d.lgs. 1° dicembre 2009, n. 179, ha ritenuto indispensabile la permanenza in vigore delle norme del presente provvedimento, limitatamente agli artt. da 1 a 34 e da 36 a 43.*

21 Le unità fondiarie abbandonate o devolute saranno riassegnate con le norme di cui agli articoli 13 e 19.

Non sarà ammessa l'affrancazione se non quando le migliorie saranno state eseguite ed accertate: l'accertamento sarà fatto dalla locale Cattedra di agricoltura.

Prima dell'affrancazione le unità suddette non potranno essere divise, alienate o cedute per qualsiasi titolo (1).

(1) *L'art. 1 del d.lgs. 1° dicembre 2009, n. 179, ha ritenuto indispensabile la permanenza in vigore delle norme del presente provvedimento, limitatamente agli artt. da 1 a 34 e da 36 a 43.*

22 Qualora l'estensione delle terre da ripartire non sia sufficiente per soddisfare tutte le domande delle famiglie che vi hanno diritto, si potrà provvedere all'assegnazione mediante sorteggio fra le famiglie indicate nel primo comma dell'art. 13.

Allo scopo di aumentare la massa da dividere fra gli aventi diritto, è tuttavia consentito tanto ai Comuni quanto alle associazioni degli utenti di avvantaggiarsi delle disposizioni del decreto-legge Luogotenenziale 14 luglio 1918, n. 1142, diretto ad agevolare l'acquisto di nuovi terreni.

La stessa facoltà è data ai Comuni ed alle associazioni per affrancare i canoni enfiteutici che gravano le terre da ripartire.

Qualora occorra pagare quote di ammortamento per debiti incontrati dal Comune per l'acquisto delle terre, si applicherà la disposizione del capoverso dell'art. 20 limitatamente alla parte che viene ripartita (1).

(1) *L'art. 1 del d.lgs. 1° dicembre 2009, n. 179, ha ritenuto indispensabile la permanenza in vigore delle norme del presente provvedimento, limitatamente agli artt. da 1 a 34 e da 36 a 43.*

23 Gli assegnatari delle terre ripartite potranno riunirsi in consorzio per provvedersi più agevolmente dei mezzi necessari per utilizzarle e per godere dei vantaggi accordati dalle leggi.

La riunione in consorzio sarà obbligatoria qualora il Ministero dell'economia nazionale, su proposta del delegato tecnico, lo ritenga necessario per l'esecuzione di opere e servizi di interesse comune.

Le stesse norme valgono per la riunione di più consorzi (1).

(1) *L'art. 1 del d.lgs. 1° dicembre 2009, n. 179, ha ritenuto indispensabile la permanenza in vigore delle norme del presente provvedimento, limitatamente agli artt. da 1 a 34 e da 36 a 43.*

24 Il capitale di affrancazione dei canoni per effetto di liquidazione di diritti, per legittimazione di occupazioni, per quotizzazione, sarà investito in titoli del debito pubblico intestati al Comune, alla frazione od alla associazione, con vincolo a favore del Ministero dell'economia nazionale, per essere destinato in caso di bisogno, ad opere permanenti di interesse generale della popolazione.

Egualmente sarà investito in titoli del debito pubblico, intestati come sopra è detto e con identico vincolo, il prezzo di vendita dei terreni dichiarati alienabili ai termini dell'art. 12 (1).

(1) *L'art. 1 del d.lgs. 1° dicembre 2009, n. 179, ha ritenuto indispensabile la permanenza in vigore delle norme del presente provvedimento, limitatamente agli artt. da 1 a 34 e da 36 a 43.*

25 Il Ministero dell'economia nazionale, su proposta del commissario, o di sua iniziativa allorché questi abbia cessato dalle sue funzioni, od anche su richiesta della maggioranza degli utenti, potrà procedere allo scioglimento delle associazioni di cui all'art. 1, se il patrimonio sia insufficiente ai bisogni degli utenti, o vi siano motivi per ritenere inutile o dannosa la esistenza di esse.

In tal caso i terreni delle associazioni saranno trasferiti ai Comuni o alle frazioni nel cui territorio trovansi compresi, con la destinazione corrispondente alla categoria cui essi appartengono.

Quanto sopra si osserverà anche relativamente ai beni di altra natura posseduti dalle dette associazioni; però il Comune non potrà mutarne la destinazione senza l'autorizzazione del Ministero dell'economia nazionale. Non sarà permessa la costituzione di nuove associazioni per il godimento comune dei diritti di cui all'art. 1, ma potrà accordarsi il riconoscimento a quelle che siano già esistenti di fatto (1).

(1) *L'art. 1 del d.lgs. 1° dicembre 2009, n. 179, ha ritenuto indispensabile la permanenza in vigore delle norme del presente provvedimento, limitatamente agli artt. da 1 a 34 e da 36 a 43.*

26 I terreni di uso civico dei Comuni e delle frazioni e quelli delle associazioni, sia che passino ai Comuni od alle frazioni, sia che restino alle associazioni stesse, debbono essere aperti agli usi di tutti i cittadini del Comune o della frazione. Qualora per disposizioni speciali di leggi anteriori o per sentenze passate in giudicato fosse stato assicurato un diritto particolare ad alcune categorie di persone, il Ministero dell'economia nazionale, d'accordo col Ministero dell'interno, potrà stabilire i provvedimenti che secondo le circostanze si riterranno opportuni.

I terreni suddetti di originaria appartenenza delle frazioni e gli altri che ad esse passeranno in seguito ad affrancazione o per effetto dell'art. 25, saranno amministrati dalle medesime, separatamente da altri, a norma della legge comunale e provinciale, a profitto dei frazionisti, qualunque sia il numero di essi. Con le norme della stessa legge saranno amministrati i beni delle associazioni conservate (1).

(1) *L'art. 1 del d.lgs. 1° dicembre 2009, n. 179, ha ritenuto indispensabile la permanenza in vigore delle norme del presente provvedimento, limitatamente agli artt. da 1 a 34 e da 36 a 43.*

CAPO III

Giurisdizione e procedura (1)

(1) *V. anche la l. 10 luglio 1930, n. 1078.*

27 All'attuazione di quanto è disposto nella presente legge provvederanno con funzioni amministrative e giudiziarie i commissari regionali.

I commissari saranno nominati con decreto Reale su proposta del Ministro per l'economia nazionale, con consenso del Ministro per la giustizia e gli affari di culto e scelti fra magistrati di grado non inferiore a quello di consigliere di Corte di appello e prenderanno il nome di commissari per la liquidazione degli usi civici (1).

Il Ministro per l'economia nazionale determinerà la circoscrizione e la sede di ciascun commissariato (2).

(1) *La Corte costituzionale, con sentenza 13 luglio 1989, n. 398, ha dichiarato* l'illegittimità costituzionale *del presente comma, nella parte in cui, in luogo della disciplina ivi prevista, non rimette alla competenza del Consiglio superiore della magistratura, a norma dell'articolo 105 della Costituzione, le assegnazioni a magistrati ordinari dell'ufficio di Commissario agli usi civici.*

(2) *L'art. 1 del d.lgs. 1° dicembre 2009, n. 179, ha ritenuto indispensabile la permanenza in vigore delle norme del presente provvedimento, limitatamente agli artt. da 1 a 34 e da 36 a 43.*

28 I commissari avranno alla propria dipendenza uno o più assessori da scegliersi fra magistrati di grado non superiore a quello di consigliere di appello, ovvero tra funzionari dello Stato che occupano nel quadro di classificazione gradi corrispondenti. Essi sono nominati con decreto del Ministro per l'economia nazionale, previo il consenso del Ministro dal quale dipendono.

L'ufficio degli assessori sarà quello di coadiuvare il commissario in tutte le sue operazioni. Il commissario potrà affidare agli assessori tutti gli atti di istruzione e delegarli a trattare e ricevere le conciliazioni.

Gli atti d'istruzione dei procedimenti in contenzioso da eseguirsi fuori della sede del commissariato potranno essere delegati anche ai pretori.

I commissari potranno pure, per l'istruttoria e per la esecuzione delle operazioni di loro competenza, servirsi di speciali incaricati. Gli atti compiuti dagli assessori ed incaricati non saranno validi senza l'approvazione del commissario.

In tutti gli atti del procedimento contenzioso di cui al secondo comma dell'articolo seguente, i commissari saranno assistiti da un segretario con le funzioni di cancelliere.

I magistrati nominati ai sensi dell'art. 27 e del presente potranno essere posti fuori del ruolo organico della magistratura anche oltre al limite stabilito dall'art. 158 del regio decreto 30 dicembre 1923, n. 2784, in numero però non superiore a dieci, e ad essi si applicheranno le disposizioni dei commi secondo e quarto dell'articolo medesimo (1).

(1) *L'art. 1 del d.lgs. 1° dicembre 2009, n. 179, ha ritenuto indispensabile la permanenza in vigore delle norme del presente provvedimento, limitatamente agli artt. da 1 a 34 e da 36 a 43.*

29 (1) I commissari procederanno, su istanza degli interessati od anche di ufficio, all'accertamento, alla valutazione, ed alla liquidazione dei diritti di cui all'art. 1, allo scioglimento delle promiscuità ed alla rivendica e ripartizione delle terre.

I commissari decideranno tutte le controversie circa la esistenza, la natura e la estensione dei diritti suddetti, comprese quelle nelle quali sia contestata la qualità demaniale del suolo o l'appartenenza a titolo particolare dei beni delle associazioni, nonché tutte le questioni a cui dia luogo lo svolgimento delle operazioni loro affidate (2).

In ogni fase del procedimento potrà essere promosso un esperimento di conciliazione, sia per iniziativa del commissario, sia per richiesta delle parti, le quali, per questo oggetto, potranno farsi rappresentare da persona di loro fiducia munita di speciale mandato.

I commissari cureranno la completa esecuzione delle proprie decisioni e di quelle anteriori, ma non ancora eseguite.

Tutte le conciliazioni, relative alle materie contemplate nella presente legge, dovranno riportare l'approvazione del commissario e del Ministero dell'economia nazionale, la quale terrà luogo di quella della Giunta provinciale amministrativa (3).

(1) *L'art. 66, comma 5, d.P.R. n. 616/1977 ha previsto che « Sono trasferite alle regioni tutte le funzioni amministrative relative alla liquidazione degli usi civici, allo scioglimento delle promiscuità, alla verifica delle occupazioni e alla destinazione delle terre di uso civico e delle terre provenienti da affrancazioni, ivi comprese le nomine di periti ed istruttori per il compimento delle operazioni relative e la determinazione delle loro competenze ».*

(2) *La Corte costituzionale, con sentenza 20 febbraio 1995, n. 46, ha dichiarato* l'illegittimità costituzionale *del presente comma, nella parte in cui non consente la permanenza del potere del commissario agli usi civici di esercitare d'ufficio la propria giurisdizione pur dopo il trasferimento alle Regioni delle funzioni amministrative previste dal primo comma dell'articolo medesimo.*

(3) *L'art. 1 del d.lgs. 1° dicembre 2009, n. 179, ha ritenuto indispensabile la permanenza in vigore delle norme del presente provvedimento, limitatamente agli artt. da 1 a 34 e da 36 a 43.*

30 Fino a che non sia intervenuta una decisione irrevocabile o una conciliazione debitamente omologata sull'esistenza, la natura e la liquidazione dei diritti a cui si riferisce la presente legge, i reclami relativi al possesso sono deferiti ai commissari, che regoleranno provvisoriamente, secondo il loro prudente arbitrio, l'esercizio del medesimo, sempre che, assunte sommarie informazioni, abbiano riconosciuto l'esistenza di un possesso di fatto. Quando però siasi commesso attentato violento o clandestino, il detto provvedimento discrezionale non potrà essere dato se non sia stata prima eseguita la reintegrazione in possesso (1).

(1) *L'art. 1 del d.lgs. 1° dicembre 2009, n. 179, ha ritenuto indispensabile la permanenza in vigore delle norme del presente provvedimento, limitatamente agli artt. da 1 a 34 e da 36 a 43.*

31 I commissari nel loro procedimento sono dispensati dalla osservanza delle forme della procedura ordinaria; però, prima di provvedere, dovranno sentire gli interessati e raccogliere sommariamente le osservazioni e le istanze.

Quando la citazione nei modi ordinari sia sommamente difficile per il numero delle parti da citarsi, il commissario può autorizzare la citazione per pubblici proclami a norma dell'art. 146 del Codice di procedura civile.

Qualora abbiano da decidere in ordine a quanto è previsto nell'art. 29, i commissari si atterranno alle norme del processo avanti i pretori, ed in ogni caso preventivamente sentiti gli interessati e raccolte le loro istanze e ragioni.

Non sono ammesse altre eccezioni di nullità degli atti del procedimento fuori di quelle che lascino assoluta incertezza sulle persone, sull'oggetto dell'atto, sul luogo e tempo della comparizione o che concernono la essenza dell'atto.

Le decisioni dei commissari saranno eseguite nonostante reclamo, salvo il disposto dell'ultimo comma dell'articolo seguente (1).

(1) *L'art. 1 del d.lgs. 1° dicembre 2009, n. 179, ha ritenuto indispensabile la permanenza in vigore delle norme del presente provvedimento, limitatamente agli artt. da 1 a 34 e da 36 a 43.*

32 Contro le decisioni dei commissari delle questioni concernenti l'esistenza, la natura e la estensione dei diritti di cui all'art. 1° e la rivendicazione delle terre è ammesso reclamo dinanzi all'autorità giudiziaria ordinaria. Le controversie previste dal presente comma sono disciplinate dall'articolo 33 del decreto legislativo 1°settembre 2011, n. 150 (1).

[Il termine per proporre il reclamo è di giorni 30 dalla data di notificazione.] (2)

[Il reclamo contro decisioni preparatorie o interlocutorie potrà essere proposto solamente dopo la decisione definitiva ed unitamente al reclamo contro questa.] (3)

[Quando la corte di appello, riformando la sentenza del commissario, non decida definitivamente in merito, dovrà sempre rinviare la causa per il corso ulteriore al commissario.] (4)

[Le corti di appello potranno ordinare la sospensione delle decisioni impugnate quando ravvisino che possano derivarne gravi danni (5).] (6)

(1) *Comma modificato dall'art. 34, comma 41, lett. a), del d.lgs. 1° settembre 2011 n. 150.*
(2) *Comma abrogato dall'art. 34, comma 41, lett. b), del d.lgs. 1° settembre 2011 n. 150.*
(3) *Comma abrogato dall'art. 34, comma 41, lett. b), del d.lgs. 1° settembre 2011 n. 150.*
(4) *Comma abrogato dall'art. 34, comma 41, lett. b), del d.lgs. 1° settembre 2011 n. 150.*
(5) *L'art. 1 del d.lgs. 1° dicembre 2009, n. 179, ha ritenuto indispensabile la permanenza in vigore delle norme del presente provvedimento, limitatamente agli artt. da 1 a 34 e da 36 a 43.*
(6) *Comma abrogato dall'art. 34, comma 41, lett. b), del d.lgs. 1° settembre 2011 n. 150.*

33 Tutte le autorità, uffici ed archivi sono obbligati a compiere ed eseguire atti, a fornire notizie, a rilasciare copie di documenti, a prestare ogni assistenza allorché ne siano richiesti dal commissario.

Questi potrà altresì richiedere direttamente l'assistenza della forza pubblica (1).

(1) *L'art. 1 del d.lgs. 1° dicembre 2009, n. 179, ha ritenuto indispensabile la permanenza in vigore delle norme del presente provvedimento, limitatamente agli artt. da 1 a 34 e da 36 a 43.*

34 I commissari regionali assumono le funzioni attribuite ai prefetti ed ai commissari ripartitori nelle Province meridionali e siciliane, a norma dell'art. 16 della legge 20 marzo 1865, allegato E, e delle disposizioni successive. Nelle altre Province assumono quelle delle Giunte d'arbitri, istituite con le leggi 15 agosto 1867, n. 3910, 2 aprile 1882, n. 698, 7 maggio 1885, n. 3093, 28 febbraio 1892, n. 72 e con quelle raccolte nel testo unico approvato con regio decreto 3 agosto 1891, n. 510; nonché le funzioni delle Commissioni e dei commissari già istituiti nelle nuove Province per effetto della legge dell'ex Impero austro-ungarico del 7 giugno 1883 B. L. L. n. 94, e delle leggi ed ordinanze provinciali per le operazioni agrarie sulla divisione, sul regolamento e sull'affrancazione dei relativi diritti di godimento.

Essi però, nelle Province cui dette leggi si riferiscono, assumeranno ed eserciteranno tutte le attribuzioni loro affidate con la presente legge.

Le loro decisioni saranno impugnabili nei modi e nel termine stabiliti dall'art. 32 (1).

(1) *L'art. 1 del d.lgs. 1° dicembre 2009, n. 179, ha ritenuto indispensabile la permanenza in vigore delle norme del presente provvedimento, limitatamente agli artt. da 1 a 34 e da 36 a 43.*

35 [Le attribuzioni già conferite alle giunte di arbitri per la Sardegna passeranno al commissario, il quale le eserciterà in conformità del Regio Decreto 10 novembre 1907, n. 844, che approva il testo unico delle leggi contenenti provvedimenti per l'isola.] (1)

(1) *Articolo abrogato dall'art. 2 del D.Lgs.C.P.S. 22 agosto 1947, n. 1052.*

36 Il commissario competente provvederà con le norme della presente legge alla sistemazione dei demani silani attribuiti ai Comuni per effetto della legge 25 maggio 1876, n. 3124 (1).

(1) *L'art. 1 del d.lgs. 1° dicembre 2009, n. 179, ha ritenuto indispensabile la permanenza in vigore delle norme del presente provvedimento, limitatamente agli artt. da 1 a 34 e da 36 a 43.*

CAPO IV
Disposizioni generali e transitorie

37 La suprema direzione per l'esecuzione della presente legge rimane affidata al Ministero dell'economia nazionale.

Esso, nell'interesse delle popolazioni, potrà promuovere e sollecitare le azioni e le operazioni previste dagli articoli 1 e 29 (1).

(1) *L'art. 1 del d.lgs. 1° dicembre 2009, n. 179, ha ritenuto indispensabile la permanenza in vigore delle norme del presente provvedimento, limitatamente agli artt. da 1 a 34 e da 36 a 43.*

38 Le spese per l'indennità ai commissari, agli assessori e quelle per fitto di locali, per funzionamento degli uffici e per retribuzioni giornaliere al personale di segreteria e di servizio, nella misura di L. 800.000, saranno a carico dello Stato ed iscritte in apposito capitolo del bilancio del Ministero dell'economia nazionale (1).

(1) *L'art. 1 del d.lgs. 1° dicembre 2009, n. 179, ha ritenuto indispensabile la permanenza in vigore delle norme del presente provvedimento, limitatamente agli artt. da 1 a 34 e da 36 a 43.*

39 Le spese dei giudizi e delle operazioni nella misura stabilita dal commissario saranno anticipate dai Comuni o dalle associazioni, e depositate a disposizione del commissario presso la tesoreria provinciale o presso gli uffici postali, col sistema dei depositi giudiziari. In caso di negligenza o di rifiuto da parte dei Comuni, il commissario richiederà al prefetto ed alla Giunta provinciale amministrativa lo stanziamento d'ufficio della spesa nel bilancio comunale e l'emissione del mandato relativo.

I commissari per provvedere alle spese suddette avranno anche facoltà di ordinare il deposito di una quota parte dei redditi dei beni di uso civico ai tesorieri dei Comuni o delle associazioni, ed anche ai debitori di tali redditi (1).

(1) *L'art. 1 del d.lgs. 1° dicembre 2009, n. 179, ha ritenuto indispensabile la permanenza in vigore delle norme del presente provvedimento, limitatamente agli artt. da 1 a 34 e da 36 a 43.*

40 Tutti gli atti di procedura eseguiti d'ufficio saranno esenti dalle tasse di bollo e di registro.

Saranno invece redatti su carta da L. 20.000 (1), e soggetti alla tassa fissa minima di registro in vigore, i decreti, le sentenze e le ordinanze di divisione, legittimazione e assegnazioni di terre.

Sulla stessa carta da L. 20.000 (1) saranno scritti gli atti di parte (2).

(1) *Importo modificato dal d.m. 17 marzo 1997.*

(2) *L'art. 1 del d.lgs. 1° dicembre 2009, n. 179, ha ritenuto indispensabile la permanenza in vigore delle norme del presente provvedimento, limitatamente agli artt. da 1 a 34 e da 36 a 43.*

41 Tutti gli atti compiuti dai commissari sino alla data di pubblicazione della presente legge rimarranno fermi, in quanto non sieno appellabili e non sieno stati appellati nei termini legali.

Nei giudizi di appello dalle decisioni emesse dai commissari anteriormente alla legge presente, si dovranno applicare, per tutti gli effetti, le norme in questa contenute.

Alle controversie iniziate sotto l'impero di leggi anteriori nelle quali non sia intervenuta sentenza o decisione definitiva ed irrevocabile o transazione debitamente approvata si applicheranno le disposizioni della presente legge.

Le cause che all'entrata in vigore della presente legge si troveranno in corso avanti qualsiasi autorità di prima istanza, saranno riassunte davanti il commissario (1).

(1) *L'art. 1 del d.lgs. 1° dicembre 2009, n. 179, ha ritenuto indispensabile la permanenza in vigore delle norme del presente provvedimento, limitatamente agli artt. da 1 a 34 e da 36 a 43.*

42 Le disposizioni contenute nell'art. 156 del regio decreto 30 dicembre 1923. n. 3267, relative all'assegnazione di demani comunali a colonie agricole, nonché quelle contenute negli articoli 13 e 29 del regio decreto 31 dicembre 1923, n. 3558, per quanto riguarda i demani comunali del Mezzogiorno d'Italia sono abrogate.

Restano ferme tutte le disposizioni in materia di usi civici, demani comunali e diritti della natura di cui all'art. 1 che, attualmente vigenti, non siano contrarie a quelle contenute nella presente legge (1).

(1) *L'art. 1 del d.lgs. 1° dicembre 2009, n. 179, ha ritenuto indispensabile la permanenza in vigore delle norme del presente provvedimento, limitatamente agli artt. da 1 a 34 e da 36 a 43.*

43 Il Ministro per l'economia nazionale è autorizzato a stabilire con regolamento, da approvarsi con decreto Reale, le norme che potranno ritenersi necessarie per l'esecuzione delle presenti disposizioni (1).

(1) *L'art. 1 del d.lgs. 1° dicembre 2009, n. 179, ha ritenuto indispensabile la permanenza in vigore delle norme del presente provvedimento, limitatamente agli artt. da 1 a 34 e da 36 a 43.*

119. Regio decreto 16 marzo 1942, n. 262. — Approvazione del Codice civile. (*estratto*).

Pubblicato nella Gazzetta Ufficiale n. 79 del 4 aprile 1942.

822 Demanio pubblico.

[I] Appartengono allo Stato e fanno parte del demanio pubblico il lido del mare, la spiaggia, le rade e i porti; i fiumi, i torrenti, i laghi e le altre acque definite pubbliche dalle leggi in materia [28, 692 c. nav.]; le opere destinate alla difesa nazionale (1).

[II] Fanno parimenti parte del demanio pubblico, se appartengono allo Stato, le strade, le autostrade e le strade ferrate; gli aerodromi [28, 692 c. nav.]; gli acquedotti; gli immobili riconosciuti d'interesse storico, archeologico e artistico a norma delle leggi in materia; le raccolte dei musei, delle pinacoteche, degli archivi, delle biblioteche; e infine gli altri beni che sono dalla legge assoggettati al regime proprio del demanio pubblico [823].

(1) *Per le acque pubbliche v. r.d. 11 dicembre 1933, n. 1775; l. 27 dicembre 1953, n. 959; d.lg. 12 luglio 1993, n. 275; art. 144 d.lg. 3 aprile 2006, n. 152.*

823 Condizione giuridica del demanio pubblico.

[I] I beni che fanno parte del demanio pubblico sono inalienabili e non possono formare oggetto di diritti a favore di terzi, se non nei modi e nei limiti stabiliti dalle leggi che li riguardano [30 ss., 694 ss. c. nav.].

[II] Spetta all'autorità amministrativa la tutela dei beni che fanno parte del demanio pubblico. Essa ha facoltà sia di procedere in via amministrativa, sia di valersi dei mezzi ordinari a difesa della proprietà [948-951] e del possesso [1168-1170] regolati dal presente codice.

824 Beni delle province e dei comuni soggetti al regime dei beni demaniali.

[I] I beni della specie di quelli indicati dal secondo comma dell'articolo 822, se appartengono alle province o ai comuni, sono soggetti al regime del demanio pubblico [823].

[II] Allo stesso regime sono soggetti i cimiteri e i mercati comunali.

825 Diritti demaniali su beni altrui.

[I] Sono parimenti soggetti al regime del demanio pubblico i diritti reali che spettano allo Stato, alle province e ai comuni su beni appartenenti ad altri soggetti, quando i diritti stessi sono costituiti per l'utilità di alcuno dei beni indicati dagli articoli precedenti o per il conseguimento di fini di pubblico interesse corrispondenti a quelli a cui servono i beni medesimi.

826 Patrimonio dello Stato, delle province e dei comuni.

[I] I beni appartenenti allo Stato, alle province e ai comuni, i quali non siano della specie di quelli indicati dagli articoli precedenti, costituiscono il patrimonio dello Stato o, rispettivamente, delle province e dei comuni [828].

[II] Fanno parte del patrimonio indisponibile [828 2] dello Stato le foreste che a norma delle leggi in materia costituiscono il demanio forestale dello Stato, le miniere, le cave e torbiere quando la disponibilità ne è sottratta al proprietario del fondo, le cose d'interesse storico, archeologico, paletnologico, paleontologico e artistico, da chiunque e in qualunque modo ritrovate nel sottosuolo, i beni costituenti la dotazione della Presidenza della Repubblica [843 Cost.], le caserme, gli armamenti, gli aeromobili militari [745 c. nav.] e le navi da guerra.

[III] Fanno parte del patrimonio indisponibile dello Stato o, rispettivamente, delle province e dei comuni, secondo la loro appartenenza, gli edifici destinati a sede di uffici pubblici, con i loro arredi, e gli altri beni destinati a un pubblico servizio.

827 Beni immobili vacanti.

[I] I beni immobili che non sono in proprietà di alcuno spettano al patrimonio dello Stato.

828 Condizione giuridica dei beni patrimoniali.

[I] I beni che costituiscono il patrimonio dello Stato, delle province e dei comuni [826] sono soggetti alle regole particolari che li concernono e, in quanto non è diversamente disposto, alle regole del presente codice (1).

[II] I beni che fanno parte del patrimonio indisponibile [826] non possono essere sottratti alla loro destinazione, se non nei modi stabiliti dalle leggi che li riguardano.

(1) *V. r.d. 23 maggio 1924, n. 827.*

829 Passaggio di beni dal demanio al patrimonio.

[I] Il passaggio dei beni dal demanio pubblico al patrimonio dello Stato deve essere dichiarato dall'autorità amministrativa. Dell'atto deve essere dato annunzio nella Gazzetta Ufficiale della Repubblica.

[II] Per quanto riguarda i beni delle province e dei comuni, il provvedimento che dichiara il passaggio al patrimonio dev'essere pubblicato nei modi stabiliti per i regolamenti comunali e provinciali.

830 Beni degli enti pubblici non territoriali.

[I] I beni appartenenti agli enti pubblici non territoriali sono soggetti alle regole del presente codice, salve le disposizioni delle leggi speciali.

[II] Ai beni di tali enti che sono destinati a un pubblico servizio si applica la disposizione del secondo comma dell'articolo 828.

831 Beni degli enti ecclesiastici ed edifici di culto.

[I] I beni degli enti ecclesiastici sono soggetti alle norme del presente codice, in quanto non è diversamente disposto dalle leggi speciali che li riguardano (1).

[II] Gli edifici destinati all'esercizio pubblico del culto cattolico, anche se appartengono a privati, non possono essere sottratti alla loro destinazione neppure per effetto di alienazione, fino a che la destinazione stessa non sia cessata in conformità delle leggi che li riguardano.

(1) *V. artt. 9 ss. l. 27 maggio 1929, n. 848; l. 20 maggio 1985, n. 222.*

120. Regio decreto 30 marzo 1942, n. 327. — Codice della Navigazione. (*estratto*).

Pubblicato nella Gazzetta Ufficiale n. 93 del 18 aprile 1942.

28 Beni del demanio marittimo.

Fanno parte del demanio marittimo:

a) il lido, la spiaggia, i porti, le rade;

b) le lagune, le foci dei fiumi che sboccano in mare, i bacini di acqua salsa o salmastra che almeno durante una parte dell'anno comunicano liberamente col mare;

c) i canali utilizzabili ad uso pubblico marittimo.

29 Pertinenze del demanio marittimo.

Le costruzioni e le altre opere appartenenti allo Stato, che esistono entro i limiti del demanio marittimo e del mare territoriale, sono considerate come pertinenze del demanio stesso.

30 Uso del demanio marittimo.

L'amministrazione della marina mercantile regola l'uso del demanio marittimo e vi esercita la polizia.

31 Limiti del demanio marittimo.

Nei luoghi, nei quali il mare comunica con canali o fiumi o altri corsi di acqua, i limiti del demanio marittimo sono fissati dal ministro [per le comunicazioni] (1) di concerto con quelli per le finanze e per i lavori pubblici, nonché con gli altri ministri interessati.

(1) *Ora Ministro dei trasporti.*

32 Delimitazione di zone del demanio marittimo.

Il capo del compartimento, quando sia necessario o se comunque ritenga opportuno promuovere la delimitazione di determinate zone del demanio marittimo, invita, nei modi stabiliti dal regolamento, le pubbliche amministrazioni e i privati che possono avervi interesse a presentare le loro deduzioni e ad assistere alle relative operazioni.

Le contestazioni che sorgono nel corso della delimitazione sono risolte in via amministrativa dal direttore marittimo, di concerto con [l'intendente di finanza] (1), con provvedimento definitivo (2).

In caso di accordo di tutte le parti interessate il provvedimento del direttore marittimo dà atto nel relativo processo verbale dell'accordo intervenuto (2).

Negli altri casi il provvedimento deve essere comunicato, con i relativi documenti, al ministro per la marina mercantile, il quale entro sessanta giorni dalla ricezione può annullarlo con suo decreto, da notificarsi, entro i dieci giorni successivi, agli interessati per tramite del direttore marittimo (2).

In caso di annullamento, la risoluzione in via amministrativa della contestazione spetta al ministro per la marina mercantile, di concerto con quello per le finanze (2).

Nelle controversie innanzi alle autorità giurisdizionali, la tutela dei beni demaniali spetta esclusivamente al ministro per le finanze.

(1) *Ora direttore regionale delle entrate.*

(2) *Comma così sostituito dall'art. 1, d.P.R. 13 luglio 1954, n. 747.*

33 Ampliamento del demanio marittimo.

Quando per necessità dei pubblici usi del mare occorra comprendere nel demanio marittimo zone di proprietà privata di limitata estensione e di lieve valore ad esso adiacenti, ovvero i depositi e gli stabili menti menzionati nell'art. 52, la dichiarazione di pubblico interesse per l'espropriazione è fatta con decreto del ministro [per le comunicazioni] (1) di concerto con il ministro per le finanze.

Il decreto costituisce titolo per l'immediata occupazione del bene da espropriare (2).

(1) *Ora Ministro dei trasporti.*

(2) *Le norme del presente articolo si applicano anche alle zone portuali della navigazione interna.*

34 Destinazione di zone demaniali marittime ad altri usi pubblici.

Con provvedimento del ministro [per le comunicazioni] (1) su richiesta dell'amministrazione interessata, determinate parti del demanio marittimo possono essere destinate ad altri usi pubblici, cessati i quali riprendono la loro destinazione normale (2).

(1) *Ora Ministro dei trasporti.*

(2) *Le norme del presente articolo si applicano anche alle zone portuali della navigazione interna.*

35 Esclusione di zone dal demanio marittimo.

Le zone demaniali che dal capo del compartimento non siano ritenute utilizzabili per pubblici usi del mare sono escluse dal demanio marittimo con decreto del ministro [per le comunicazioni] (1) di concerto con quello per le finanze (2).

(1) *Ora Ministro dei trasporti.*

(2) *Le norme del presente articolo si applicano anche alle zone portuali della navigazione interna.*

36 (1) Concessione di beni demaniali.

L'amministrazione marittima, compatibilmente con le esigenze del pubblico uso, può concedere l'occupazione e l'uso, anche esclusivo, di beni demaniali e di zone di mare territoriale per un determinato periodo di tempo.

Le concessioni di durata superiore a quindici anni sono di competenza del ministro [per la marina mercantile] (2). Le concessioni di durata superiore a quattro, ma non a quindici anni, e quelle di durata non superiore al quadriennio che importino impianti di difficile sgombero sono di competenza del direttore marittimo. Le concessioni di durata non superiore al quadriennio, quando non importino impianti di difficile sgombero, sono di competenza del capo di compartimento marittimo (3) (4).

(1) *Per la durata delle concessioni rilasciate nei porti ai sensi del presente articolo, v. art. 199, comma 3, lett.* b) *d.l. 19 maggio 2020, n. 34, conv., con modif., in l. 17 luglio 2020, n. 77, come da ultimo modificato dall'art. 5, comma 3-*bis*, d.l. 21 ottobre 2021, n. 146, conv., con modif., in l. 17 dicembre 2021, n. 215.*

(2) *Ora Ministro dei trasporti.*

(3) *Comma così modificato dall'art. 3, comma primo, d.P.R. 13 luglio 1954, n. 747.*

(4) *L'art. 2, comma 2, del d.l. 25 marzo 2010, n. 40, conv. in l. 22 maggio 2010, n. 73, ha stabilito che « Per garantire il pieno rispetto dei principi comunitari sulla concorrenza in materia di concessioni pubbliche statali generatrici di entrate erariali, si considerano lesivi di tali principi, e conseguentemente vietati, ogni pratica ovvero rapporto negoziale di natura commerciale con soggetti terzi non precedentemente previsti in forma espressa e regolati negli atti di gara; ogni diverso provvedimento di assenso amministrativo di tali pratiche e rapporti, anche se già adottato, è nullo e le somme percepite dai concessionari sono versate all'amministrazione statale concedente. Le amministrazioni statali concedenti, attraverso adeguamenti convenzionali ovvero l'adozione di carte dei servizi, ivi incluse quelle relative alle reti fisiche di raccolta del gioco, assicurano l'effettività di clausole idonee a garantire l'introduzione di sanzioni patrimoniali, nel rispetto dei principi di ragionevolezza, proporzionalità e non automaticità, a fronte di casi di inadempimento delle clausole della convenzione imputabile al concessionario, anche a titolo di colpa, la graduazione di tali sanzioni in funzione della gravità dell'inadempimento, nonché riduzione di meccanismi tesi alla migliore realizzazione del principio di effettività della clausola di decadenza dalla concessione, oltre che di maggiore efficienza, efficacia ed economicità del relativo procedimento nel rispetto del principio di partecipazione e del contraddittorio ».*

37 Concorso di più domande di concessione.

Nel caso di più domande di concessione, è preferito il richiedente che offra maggiori garanzie di proficua utilizzazione della concessione e si proponga di avvalersi di questa per un uso che, a giudizio dell'amministrazione, risponda ad un più rilevante interesse pubblico.

Al fine della tutela dell'ambiente costiero, per il rilascio di nuove concessioni demaniali marittime per attività turistico-ricreative è data preferenza alle richieste che importino attrezzature non fisse e completamente amovibili (1).

Qualora non ricorrano le ragioni di preferenza di cui ai precedenti commi, si procede a licitazione privata (2) (3).

(1) *Comma prima sostituito dall'art. 02, comma 1, d.l. 5 ottobre 1993, n. 400, conv., con modif., in l. 4 dicembre 1993, n. 494, e poi così modificato dall'art. 1, comma 18, d.l. 30 dicembre 2009, n. 194, conv., con modif., in l. 26 febbraio 2010, n. 25. Il testo del comma, prima di quest'ultima modifica, era il seguente:* « Al fine della tutela dell'ambiente costiero, per il rilascio di nuove concessioni demaniali marittime per attività turistico-ricreative è data preferenza alle richieste che importino attrezzature non fisse e completamente amovibili. È altresì data preferenza alle precedenti concessioni, già rilasciate, in sede di rinnovo rispetto alle nuove istanze. ». *Il testo in vigore prima della sostituzione disposta dal citato d.l. n. 400 del 1993 così disponeva:* « Quando non ricorrano tali ragioni di preferenza, per le concessioni di durata superiore al quadriennio o che importino impianti di difficile sgombero, si procede a pubblica gara o a licitazione privata. ».

(2) *Comma così sostituito dall'art. 02, comma 1, d.l. 5 ottobre 1993, n. 400, conv., con modif., in l. 4 dicembre 1993, n. 494.*
Il testo del comma era il seguente: « Nello stesso caso, per le concessioni di durata non superiore al quadriennio e che non importino impianti di difficile sgombero, la preferenza è data al precedente concessionario e, in mancanza, si procede a licitazione privata ».

(3) *L'art. 18 del Regolamento Codice della Navigazione (d.P.R. 15 febbraio 1952, n. 328) disciplina la "Pubblicazione della domanda" e prevede:*

[I]*Quando si tratti di concessioni di particolare importanza per l'entità o per lo scopo, il capo del compartimento ordina la pubblica zione della domanda mediante affissione nell'albo del comune ove è situato il bene richiesto e la inserzione della domanda per estratto nel Foglio degli annunzi legali della provincia.*

[II]*Il provvedimento del capo del compartimento che ordina la pubblicazione della domanda deve contenere un sunto, indicare i giorni dell'inizio e della fine della pubblicazione ed invitare tutti coloro che possono avervi interesse a presentare entro il termine indicato nel provvedimento stesso le osservazioni che credano opportune e che l'autorità decidente ha l'obbligo di valutare, dandone conto nella motivazione del provvedimento finale.*

[III]*[In caso di opposizione o di presentazione di reclami la decisione spetta al ministro dei trasporti e della navigazione] (Comma abrogato dall'art. 7, comma 1-nonies d.l. 30 dicembre 1997, n. 457,* conv. in l. 27 febbraio 1998, n. 30).

[IV]*In ogni caso non si può procedere alla stipulazione dell'atto se non dopo la scadenza del termine indicato nel provvedimento per la presentazione delle osservazioni e se, comunque, non siano trascorsi almeno venti giorni dalla data dell'affissione e dell'inserzione della domanda.*

[V]*Nei casi in cui la domanda di concessione sia pubblicata, le domande concorrenti debbono essere presentate nel termine previsto per la proposizione delle opposizioni.*

[VI]*[Il ministro dei trasporti e della navigazione può autorizzare l'esame delle domande presentate anche oltre detto termine per imprescindibili esigenze di interesse pubblico].*

[VII]*Quando siano trascorsi sei mesi dalla scadenza del termine massimo per la presentazione delle domande concorrenti senza che sia stata rilasciata la concessione al richiedente preferito per fatto da addebitarsi allo stesso, possono essere prese in considerazione le domande presentate dopo detto termine.*

[VIII]*[Le disposizioni del presente articolo si applicano in ogni altro caso di presentazione di domande concorrenti] (Comma abrogato dall'art. 7, comma 1-nonies d.l. 30 dicembre 1997, n. 457,* conv. in l. 27 febbraio 1998, n. 30).

38 Anticipata occupazione di zone demaniali.

Qualora ne riconosca l'urgenza, l'autorità marittima può, su richiesta dell'interessato, consentire, previa cauzione, l'immediata occupazione e l'uso di beni del demanio marittimo, nonché l'esecuzione dei lavori all'uopo necessari, a rischio del richiedente, purché questo si obblighi ad osservare le condizioni che saranno stabilite nell'atto di concessione.

Se la concessione è negata, il richiedente deve demolire le opere eseguite e rimettere i beni nel pristino stato.

39 Misura del canone.

La misura del canone è determinata dall'atto di concessione.

Nelle concessioni a enti pubblici o privati, per fini di beneficenza o per altri fini di pubblico interesse, sono fissati canoni di mero riconoscimento del carattere demaniale dei beni.

40 Riduzione del canone.

Qualora l'utilizzazione di beni del demanio marittimo da parte del concessionario venga ad essere ristretta per effetto di preesistenti diritti di terzi, al concessionario non è dovuto alcun indennizzo, ma si fa luogo a un'adeguata riduzione del canone, salva la facoltà prevista nel primo comma dell'articolo 44.

41 Costituzione d'ipoteca.

Il concessionario può, previa autorizzazione dell'autorità concedente, costituire ipoteca sulle opere da lui costruite sui beni demaniali.

42 Revoca delle concessioni.

Le concessioni di durata non superiore al quadriennio e che non importino impianti di difficile sgombero sono revocabili in tutto o in parte a giudizio discrezionale dell'amministrazione marittima (1).

Le concessioni di durata superiore al quadriennio o che comunque importino impianti di difficile sgombero sono revocabili per specifici motivi inerenti al pubblico uso del mare o per altre ragioni di pubblico interesse, a giudizio discrezionale dell'amministrazione marittima (1).

La revoca non dà diritto a indennizzo. Nel caso di revoca parziale si fa luogo ad un'adeguata riduzione del canone, salva la facoltà prevista dal primo comma dell'articolo 44.

Nelle concessioni che hanno dato luogo a una costruzione di opere stabili l'amministrazione marittima, salvo che non sia diversamente stabilito, è tenuta a corrispondere un indennizzo pari al rimborso di tante quote parti del costo delle opere quanti sono gli anni mancanti al termine di scadenza fissato.

In ogni caso l'indennizzo non può essere superiore al valore delle opere al momento della revoca, detratto l'ammontare degli effettuati ammortamenti.

(1) *Comma così modificato dall'art. 3, comma 2, d.P.R. 13 luglio 1954, n. 747.*

43 Domande incompatibili.

Qualora una domanda di concessione di beni del demanio marittimo risulti incompatibile con una concessione precedentemente fatta per uso di meno rilevante interesse pubblico, la concessione precedente può essere revocata con decreto del presidente della Repubblica, previo parere del Consiglio di Stato, fermo il disposto degli ultimi due comma dell'articolo precedente.

44 Modifica o estinzione della concessione per fatto dell'amministrazione.

In caso di revoca parziale, il concessionario ha facoltà di rinunziare alla concessione dandone comunicazione all'autorità concedente nel termine di trenta giorni dalla notifica del provvedimento di revoca.

La stessa facoltà spetta al concessionario anche quando l'utilizzazione della concessione sia resa impossibile in parte, in conseguenza di opere costruite per fini di pubblico interesse dallo Stato o da altri enti pubblici.

Se l'utilizzazione è resa totalmente impossibile la concessione si estingue.

45 Modifica o estinzione della concessione per cause naturali.

Quando, per cause naturali, i beni del demanio marittimo concessi subiscono modificazioni tali da restringere l'utilizzazione della concessione, il concessionario ha diritto ad una adeguata riduzione del canone.

Qualora le cause predette cagionino modificazioni tali della consistenza dei beni da rendere impossibile l'ulteriore utilizzazione della concessione, questa si estingue.

45-*bis* Affidamento ad altri soggetti delle attività oggetto della concessione.

Il concessionario previa autorizzazione dell'autorità competente, può affidare ad altri soggetti la gestione delle attività oggetto della concessione. Previa autorizzazione dell'autorità competente, può essere altresì affidata ad altrisoggetti la gestione di attività secondarie nell'ambito della concessione (1).

(1) *Articolo aggiunto dall'art. 02, comma 2, d.l. 5 ottobre 1993, n. 400, conv. in l. 4 dicembre 1993, n. 494 e poi così modificato dall'art. 10, l. 16 marzo 2001, n. 88.*

46 Subingresso nella concessione.

Fermi i divieti ed i limiti di cui all'articolo 18, comma 7, della legge 28 gennaio 1994, n. 84, quando il concessionario intende sostituire altri nel godimento della concessione deve chiedere l'autorizzazione dell'autorità concedente (1).

In caso di vendita o di esecuzione forzata, l'acquirente o l'aggiudicatario di opere o impianti costruiti dal concessionario su beni demaniali non può subentrare nella concessione senza l'autorizzazione dell'autorità concedente.

In caso di morte del concessionario gli eredi subentrano nel godimento della concessione, ma devono chiederne la conferma entro sei mesi, sotto pena di decadenza. Se, per ragioni attinenti all'idoneità tecnica od economica degli eredi, l'amministrazione non ritiene opportuno confermare la concessione, si applicano le norme relative alla revoca.

(1) *Comma così sostituito dall'art. 93, comma 2, d.l. 14 agosto 2020, n. 104, conv., con modif., in l. 13 ottobre 2020, n. 126. Il testo del comma era il seguente:* « Quando il concessionario intende sostituire altri nel godimento della concessione deve chiedere l'autorizzazione dell'autorità concedente ».

47 Decadenza dalla concessione.

L'amministrazione può dichiarare la decadenza del concessionario:

a) per mancata esecuzione delle opere prescritte nell'atto di concessione, o per mancato inizio della gestione, nei termini assegnati;

b) per non uso continuato durante il periodo fissato a questo effetto nell'atto di concessione, o per cattivo uso;

c) per mutamento sostanziale non autorizzato dello scopo per il quale è stata fatta la concessione;

d) per omesso pagamento del canone per il numero di rate fissato a questo effetto dall'atto di concessione;

e) per abusiva sostituzione di altri nel godimento della concessione;

f) per inadempienza degli obblighi derivanti dalla concessione, o imposti da norme di legge o da regolamenti.

Nel caso di cui alle lettere *a*) e *b*) l'amministrazione può accordare una proroga al concessionario.

Prima di dichiarare la decadenza, l'amministrazione fissa un termine entro il quale l'interessato può presentare le sue deduzioni.

Al concessionario decaduto non spetta alcun rimborso per opere eseguite né per spese sostenute.

48 Autorità competente a dichiarare la revoca e la decadenza.

La revoca e la decadenza della concessione sono dichiarate, con le formalità stabilite dal regolamento, dall'autorità che ha fatto la concessione.

49 Devoluzione delle opere non amovibili.

Salvo che sia diversamente stabilito nell'atto di concessione, quando venga a cessare la concessione, le opere non amovibili, costruite sulla zona demaniale, restano acquisite allo Stato, senza alcun compenso o rimborso, salva la facoltà dell'autorità concedente di ordinarne la demolizione con la restituzione del bene demaniale nel pristino stato.

In quest'ultimo caso, l'amministrazione, ove il concessionario non esegua l'ordine di demolizione, può provvedervi d'ufficio a termini dell'articolo 54.

50 Disciplina dell'uso di beni demaniali.

Salve le disposizioni relative a speciali gestioni di apparecchi meccanici di carico e scarico e di magazzini di proprietà dello Stato, nelle località dove sia riconosciuto opportuno, il capo di compartimento regola la destinazione e l'uso di aree e di pertinenze demaniali per il carico, lo scarico e la temporanea sosta di merci o materiali per un periodo di tempo eccedente quello necessario alle ordinarie operazioni portuali, e ne determina i canoni relativi.

Le autorizzazioni sono rilasciate dal comandante del porto che ne fissa la durata (1).

(1) *Le norme del presente articolo si applicano anche alle zone portuali della navigazione interna.*

51 Estrazione e raccolta di arena o altri materiali.

Nell'ambito del demanio marittimo e del mare territoriale, l'estrazione e la raccolta di arena, alghe, ghiaia o altri materiali è sottoposta alla concessione del capo del compartimento (1).

(1) *Le norme del presente articolo si applicano anche alle zone portuali della navigazione interna.*

52 Impianto ed esercizio di depositi e stabilimenti.

Le concessioni per l'impianto e l'esercizio di depositi e stabilimenti, i quali siano situati anche soltanto in parte entro i confini del demanio marittimo o del mare territoriale, ovvero siano comunque collegati al mare, a corsi d'acqua o canali marittimi, sono fatte a norma delle disposizioni del presente titolo.

Per l'impianto e l'esercizio di stabilimenti o di depositi costieri di sostanze infiammabili o esplosive è richiesta inoltre l'autorizzazione del ministro [per le comunicazioni] (1).

L'impianto e l'esercizio dei depositi e stabilimenti predetti sono sottoposti alle disposizioni di polizia stabilite dall'autorità marittima. L'impianto e l'esercizio dei depositi e stabilimenti di cui al secondo comma sono sottoposti inoltre alle speciali disposizioni in materia.

(1) *Ora Ministro dei trasporti.*

53 Registro dei diritti gravanti sul demanio marittimo.

Presso ogni ufficio di compartimento è tenuto, nelle forme stabilite dal regolamento, un registro dei diritti sulle zone di demanio marittimo comprese nell'ambito della circoscrizione.

54 Occupazioni e innovazioni abusive.

Qualora siano abusivamente occupate zone del demanio marittimo o vi siano eseguite innovazioni non autorizzate, il capo del compartimento ingiunge al contravventore di rimettere le cose in pristino entro il termine a tal fine stabilito e, in caso di mancata esecuzione dell'ordine, provvede d'ufficio, a spese dell'interessato (1).

(1) *Le norme del presente articolo si applicano anche alle zone portuali della navigazione interna.*

55 Nuove opere in prossimità del demanio marittimo.

La esecuzione di nuove opere entro una zona di trenta metri dal demanio marittimo o dal ciglio dei terreni elevati sul mare è sottoposta all'autorizzazione del capo del compartimento.

Per ragioni speciali, in determinate località la estensione della zona entro la quale l'esecuzione di nuove opere è sottoposta alla predetta autorizzazione può essere determinata in misura superiore ai trenta metri, con decreto del presidente della Repubblica, previo parere del Consiglio di Stato.

L'autorizzazione si intende negata se entro novanta giorni l'amministrazione non ha accolta la domanda dell'interessato.

L'autorizzazione non è richiesta quando le costruzioni sui terreni prossimi al mare sono previste in piani regolatori o di ampliamento già approvati dall'autorità marittima.

Quando siano abusivamente eseguite nuove opere entro la zona indicata dai primi due comma del presente articolo, l'autorità marittima provvede ai sensi dell'articolo precedente.

121. Legge 17 maggio 1985, n. 210. — Istituzione dell'ente « Ferrovie dello Stato ». (*estratto*).

Pubblicata nella Gazzetta Ufficiale n. 126 del 30 maggio 1985.

1 Istituzione dell'ente.

È istituito l'ente "Ferrovie dello Stato".

L'ente ha personalità giuridica ed autonomia patrimoniale, contabile e finanziaria, ai sensi dell'articolo 2093, secondo comma, del codice civile, nei limiti stabiliti dalla presente legge ed è posto sotto la vigilanza del Ministro dei trasporti.

L'ente succede in tutti i rapporti attivi e passivi — beni, partecipazioni, gestioni speciali — già di pertinenza dell'Azienda autonoma delle ferrovie dello Stato.

2 Finalità.

L'ente "Ferrovie dello Stato" provvede con criteri di economicità e di efficienza e nel rispetto dei principi della normativa comunitaria:

a) all'esercizio delle linee della rete ferroviaria già gestite dall'Azienda autonoma delle ferrovie dello Stato nonché all'esercizio delle linee che saranno affidate alla gestione statale;

b) all'esercizio del servizio traghetto fra terminali ferroviari;

c) al potenziamento ed all'ammodernamento degli impianti, delle linee e dei mezzi ed alla costruzione di nuove linee ferroviarie di cui debba assumere l'esercizio;

d) alle attività di ricerca scientifica e tecnologica nelle materie di cui alle lettere precedenti, in coordinazione con gli enti ed i soggetti preposti alla ricerca statale;

e) alla promozione di attività strumentali all'acquisizione e all'incremento del traffico ferroviario;

f) all'integrazione del sistema ferroviario con gli altri sistemi di trasporto mediante l'adozione delle tecniche intermodali;

g) all'esercizio dei servizi sostitutivi o integrativi, sia ferroviari sia di traghetto, nonché degli altri servizi già svolti dall'Azienda autonoma delle ferrovie dello Stato in base a disposizioni di legge;

h) a partecipare, anche in posizione minoritaria, a società o enti operanti in Italia o all'estero, aventi per fini l'acquisizione e l'incremento dei trasporti per ferrovia, la ricerca applicata nel campo ferroviario, l'esercizio di attività complementari, accessorie o, comunque, connesse con quelle ferroviarie, lo svolgimento di attività coordinate in materia di trasporti, nonché la progettazione esecutiva e la costruzione delle linee e delle infrastrutture ferroviarie per il sistema alla velocità, per le quali il recupero e la remunerazione del capitale investito avviene attraverso lo sfruttamento economico effettuato da parte della società stessa. Ad essa in nessun caso possono partecipare fornitori e costruttori interessati alla realizzazione degli investimenti effettuati dalla società. L'esercizio delle infrastrutture così realizzate è riservato alla gestione unitaria dell'ente "Ferrovie dello Stato" (1);

i) ad affidare a società o enti, cui partecipi ai sensi della precedente lettera *h*), ovvero ad altre imprese, l'esercizio dei servizi sostitutivi o integrativi, di cui alla lettera *g*), nonché la gestione di particolari settori di attività che non ritenga conveniente, per ragioni organizzative, funzionali od economiche, gestire direttamente;

l) a partecipare, anche in posizione minoritaria, a società o enti con sede legale all'estero, operanti anche in altri Paesi, aventi per finalità la fornitura a terzi di materiale connesso all'attività di trasporto ferroviario, la consulenza e l'assistenza tecnica, lo studio, la progettazione, la costruzione e la gestione temporanea nella fase di avviamento delle linee o infrastrutture ferroviarie in territorio estero;

m) a reperire mezzi finanziari, per le necessità dell'impresa, mediante la contrazione di mutui o l'assunzione di obbligazioni sul mercato nazionale o estero, previa autorizzazione del Ministro dei trasporti, di concerto con quello del tesoro e con garanzia dello Stato secondo le disposizioni vigenti.

(1) *Lettera modificata dall'art. 1 d.l. 24 gennaio 1991, n. 25, conv., con modif., in l. 25 marzo 1991, n. 98.*

3-14 (*Omissis*).

15 Patrimonio dell'ente.

I beni mobili ed immobili, trasferiti all'ente o comunque acquisiti nell'esercizio di attività di cui all'articolo 2 della presente legge, costituiscono patrimonio giuridicamente ed amministrativamente distinto dai restanti beni delle amministrazioni pubbliche e di essi l'ente ha piena disponibilità secondo il regime civilistico della proprietà privata, salvi i limiti su di essi gravanti per le esigenze della difesa nazionale.

I beni destinati a pubblico servizio non possono essere sottratti alla loro destinazione senza il consenso dell'ente.

Gli utili netti della gestione sono destinati a costituire un fondo di riserva per ammortizzare eventuali perdite di esercizio e per fini di auto finanziamento.

16-27 (*Omissis*).

122. Legge 16 maggio 1970, n. 281. — Provvedimenti finanziari per l'attuazione delle Regioni a statuto ordinario. (*estratto*) (1) (2).

Pubblicato nella Gazzetta Ufficiale n. 127 del 22 maggio 1970.

(1) *In luogo di Ministro/Ministero del tesoro e di Ministro/Ministero del bilancio e della programmazione economica, leggasi Ministro/Ministero del tesoro, del bilancio e della programmazione economica, ex art. 7, l. 3 aprile 1997, n. 94 e art. 2, d.lg. 5 dicembre 1997, n. 430.*

(2) *V. anche art. 97 d.P.R. 24 luglio 1977, n. 616, il quale prevede che « Le funzioni amministrative relative alla materia "navigazione e porti lacuali" concernono la navigazione lacuale, fluviale, lagunare sui canali navigabili ed idrovie; i porti lacuali e di navigazione interna e ogni altra attività riferibile alla navigazione ed ai porti lacuali ed interni. — Le predette funzioni comprendono tra l'altro l'autorizzazione al pilotaggio, il demanio dei porti predetti e la potestà di rilasciare concessioni per l'occupazione e l'uso di aree ed altri beni nelle zone portuali, la rimozione di materiali sommersi ed il rilascio del certificato di navigabilità, nonché enti, istituti ed organismi operanti nel settore. Sono altresì comprese le funzioni amministrative relative al personale dipendente da imprese concessionarie operanti in questa materia ».*

11 Beni di demanio e patrimonio regionale.

I beni della specie di quelli indicati dal secondo comma dell'articolo 822 del codice civile, se appartengono alle Regioni per acquisizione a qualsiasi titolo, costituiscono il demanio regionale e sono soggetti al regime previsto dallo stesso codice per i beni del demanio pubblico.

Il medesimo regime si applica ai diritti reali che spettano alle Regioni su beni appartenenti ad altri soggetti, quando i diritti stessi sono costituiti per l'utilità di alcuno dei beni previsti dal comma precedente o per il conseguimento di fini di pubblico interesse corrispondenti a quello a cui servono i beni medesimi.

Sono trasferiti alle Regioni e fanno parte del demanio regionale i porti lacuali e, se appartenenti allo Stato, gli acquedotti di interesse regionale.

I beni appartenenti alle Regioni, che non siano della specie di quelli previsti dai commi precedenti, costituiscono il patrimonio delle Regioni.

Sono trasferite alle Regioni e fanno parte del patrimonio indisponibile regionale le foreste, che a norma delle leggi vigenti appartengono allo Stato, le cave e le torbiere, quando la disponibilità ne è sottratta al proprietario del fondo, le acque minerali e termali. Gli edifici con i loro arredi e gli altri beni destinati ad uffici e servizi pubblici di spettanza regionale saranno trasferiti ed entreranno a far parte del patrimonio indisponibile delle Regioni con i provvedimenti legislativi di cui al successivo articolo 17.

La individuazione dei singoli beni trasferiti sarà effettuata, entro due anni dalla data di entrata in vigore della presente legge, con decreto del Ministro per le finanze, di concerto col Ministro competente per la materia, sentita la Regione interessata.

(*Omissis*) (1).

(1) *Comma abrogato dall'art. 35, l. 19 maggio 1976, n. 335.*

123. Decreto legge 5 ottobre 1993, n. 400, convertito, con modificazioni in legge 4 dicembre 1993, n. 494. — Disposizioni per la determinazione dei canoni relativi a concessioni demaniali marittime. (*estratto*).

Pubblicato nella Gazzetta Ufficiale n. 234 del 5 ottobre 1993; la legge di conversione è stata pubblicata nella Gazzetta Ufficiale n. 285 del 4 dicembre 1993.

01 1. La concessione dei beni demaniali marittimi può essere rilasciata, oltre che per servizi pubblici e per servizi e attività portuali e produttive, per l'esercizio delle seguenti attività:

a) gestione di stabilimenti balneari;

b) esercizi di ristorazione e somministrazione di bevande, cibi precotti e generi di monopolio;

c) noleggio di imbarcazioni e natanti in genere;

d) gestione di strutture ricettive ed attività ricreative e sportive;

e) esercizi commerciali;

f) servizi di altra natura e conduzione di strutture ad uso abitativo, compatibilmente con le esigenze di utilizzazione di cui alle precedenti categorie di utilizzazione.

[2. Le concessioni di cui al comma 1, indipendentemente dalla natura o dal tipo degli impianti previsti per lo svolgimento delle attività, hanno durata di sei anni. Alla scadenza si rinnovano automaticamente per altri sei anni e così successivamente ad ogni scadenza, fatto salvo il secondo comma dell'articolo 42 del codice della navigazione. Le disposizioni del presente comma non si applicano alle concessioni rilasciate nell'ambito delle rispettive circoscrizioni territoriali dalle autorità portuali di cui alla legge 28 gennaio 1994, n. 84.] (1)

2-*bis*. Le concessioni di cui al comma 1 che siano di competenza statale sono rilasciate dal capo del compartimento marittimo con licenza (2).

2-*ter*. Le concessioni di cui al comma 1 sono revocate qualora il concessionario si renda, dalla data di entrata in vigore della presente disposizione, responsabile di gravi violazioni edilizie, che costituiscono inadempimento agli obblighi derivanti dalla concessione ai sensi dell'articolo 5 del regolamento di cui al decreto del Presidente della Repubblica 13 settembre 2005, n. 296 (3) (4).

(1) *Comma sostituito dall'art. 10, comma 1, l. 16 marzo 2001, n. 88, modificato dall'art. 13, comma 2, l. 8 luglio 2003, n. 172 e successivamente abrogato dall'art. 11, comma 1, lett.* a), *l. 15 dicembre 2011, n. 217.*

(2) *Comma aggiunto dall'art. 13, comma 3, l. 8 luglio 2003, n. 172 e successivamente modificato dall'art. 11, comma 1, lett.* b), *l. 15 dicembre 2011, n. 217.*

(3) *Comma aggiunto dall'art. 1, comma 250, l. 27 dicembre 2006, n. 296.*

(4) *Per l'interpretazione autentica delle disposizioni di cui al presente comma v. l'art. 13, comma 1, l. 8 luglio 2003, n. 172.*

02 1. Il secondo e il terzo comma dell'art. 37 del codice della navigazione sono sostituiti dai seguenti:

"Al fine della tutela dell'ambiente costiero, per il rilascio di nuove concessioni demaniali marittime per attività turistico-ricreative è data preferenza alle richieste che importino attrezzature non fisse e completamente amovibili. È altresì data preferenza alle precedenti concessioni, già rilasciate, in sede di rinnovo rispetto alle nuove istanze.

Qualora non ricorrano le ragioni di preferenza di cui ai precedenti commi, si procede a licitazione privata".

2. Dopo l'art. 45 del codice della navigazione è inserito il seguente:

"Art. 45-*bis* (Affidamento ad altri soggetti delle attività oggetto della concessione). — Il concessionario, in casi eccezionali e per periodi determinati, previa autorizzazione dell'autorità competente, può affidare ad altri soggetti la gestione delle attività oggetto della concessione. Previa autorizzazione dell'autorità competente, può essere altresì affidata ad altri soggetti la gestione di attività secondarie nell'ambito della concessione".

03 1. I canoni annui per concessioni rilasciate o rinnovate con finalità turistico-ricreative di aree, pertinenze demaniali marittime e specchi acquei per i quali si applicano le disposizioni relative alle utilizzazioni del demanio marittimo sono determinati nel rispetto dei seguenti criteri:

a) classificazione, a decorrere dal 1° gennaio 2007, delle aree, manufatti, pertinenze e specchi acquei nelle seguenti categorie:

1) categoria A: aree, manufatti, pertinenze e specchi acquei, o parti di essi, concessi per utilizzazioni ad uso pubblico ad alta valenza turistica;

2) categoria B: aree, manufatti, pertinenze e specchi acquei, o parti di essi, concessi per utilizzazione ad uso pubblico a normale valenza turistica. L'accertamento dei requisiti di alta e normale valenza turistica è riservato alle regioni competenti per territorio con proprio provvedimento. Nelle more dell'emanazione di detto provvedimento la categoria di riferimento è da intendersi la B. Una quota pari al 10 per cento delle maggiori entrate annue rispetto alle previsioni di bilancio derivanti dall'utilizzo delle aree, pertinenze e specchi ac-

quei inseriti nella categoria A è devoluta alle regioni competenti per territorio;

b) misura del canone annuo determinata come segue:

1) per le concessioni demaniali marittime aventi ad oggetto aree e specchi acquei, per gli anni 2004, 2005 e 2006 si applicano le misure unitarie vigenti alla data di entrata in vigore della presente legge e non operano le disposizioni maggiorative di cui ai commi 21, 22 e 23 dell'articolo 32 del decreto-legge 30 settembre 2003, n. 269, convertito, con modificazioni, dalla legge 24 novembre 2003, n. 326, e successive modificazioni; a decorrere dal 1° gennaio 2007, si applicano i seguenti importi aggiornati degli indici ISTAT maturati alla stessa data:

1.1) area scoperta: euro 1,86 al metro quadrato per la categoria A; euro 0,93 al metro quadrato per la categoria B;

1.2) area occupata con impianti di facile rimozione: euro 3,10 al metro quadrato per la categoria A; euro 1,55 al metro quadrato per la categoria B;

1.3) area occupata con impianti di difficile rimozione: euro 4,13 al metro quadrato per la categoria A; euro 2,65 al metro quadrato per la categoria B;

1.4) euro 0,72 per ogni metro quadrato di mare territoriale per specchi acquei o delimitati da opere che riguardano i porti così come definite dall'articolo 5 del testo unico di cui al regio decreto 2 aprile 1885, n. 3095, e comunque entro 100 metri dalla costa;

1.5) euro 0,52 per gli specchi acquei compresi tra 100 e 300 metri dalla costa;

1.6) euro 0,41 per gli specchi acquei oltre 300 metri dalla costa;

1.7) euro 0,21 per gli specchi acquei utilizzati per il posizionamento di campi boa per l'ancoraggio delle navi al di fuori degli specchi acquei di cui al numero 1.3);

2) per le concessioni comprensive di pertinenze demaniali marittime si applicano, a decorrere dal 1° gennaio 2007, i seguenti criteri:

2.1) per le pertinenze destinate ad attività commerciali, terziario-direzionali e di produzione di beni e servizi, il canone è determinato ai sensi del punto 1.3) (1);

2.2) per le aree ricomprese nella concessione, per gli anni 2004, 2005 e 2006 si applicano le misure vigenti alla data di entrata in vigore della presente legge e non operano le disposizioni maggiorative di cui ai commi 21, 22 e 23 dell'articolo 32 del decreto-legge 30 settembre 2003, n. 269, convertito, con modificazioni, dalla legge 24 novembre 2003, n. 326, e successive modificazioni; a decorrere dal 1° gennaio 2007, si applicano quelle di cui alla lettera *b*), numero 1);

c) riduzione dei canoni di cui alla lettera *b*) nella misura del 50 per cento:

1) in presenza di eventi dannosi di eccezionale gravità che comportino una minore utilizzazione dei beni oggetto della concessione, previo accertamento da parte delle competenti autorità marittime di zona;

2) nel caso di concessioni demaniali marittime assentite alle società sportive dilettantistiche senza scopo di lucro affiliate alle Federazioni sportive nazionali con l'esclusione dei manufatti pertinenziali adibiti ad attività commerciali;

d) riduzione dei canoni di cui alla lettera *b*) nella misura del 90 per cento per le concessioni indicate al secondo comma dell'articolo 39 del codice della navigazione e all'articolo 37 del regolamento per l'esecuzione del codice della navigazione, di cui al decreto del Presidente della Repubblica 15 febbraio 1952, n. 328;

e) obbligo per i titolari delle concessioni di consentire il libero e gratuito accesso e transito, per il raggiungimento della battigia antistante l'area ricompresa nella concessione, anche al fine di balneazione;

f) riduzione, per le imprese turistico-ricettive all'aria aperta, dei valori inerenti le superfici del 25 per cento (2).

2. Alla determinazione dei canoni annui delle concessioni di cui all'art. 48 del testo unico delle leggi sulla pesca, approvato con regio decreto 8 ottobre 1931, n. 1604 e successive modificazioni, nonché di quelli relativi ai cantieri navali di cui all'art. 2 del regio decreto-legge 25 febbraio 1924, n. 456, convertito dalla legge 22 dicembre 1927, n. 2535 e successive modificazioni, e di quelli comunque concernenti attività di costruzione, manutenzione, riparazione e demolizione di mezzi di trasporto aerei e navali, si provvede, a decorrere dal 1° gennaio 1994, con decreto del Ministro della marina mercantile, adottato di concerto con i Ministri del tesoro e delle finanze.

3. Le misure dei canoni di cui al comma 1, lettera *b*), si applicano, a decorrere dal 1° gennaio 2007, anche alle concessioni dei beni del demanio marittimo e di zone del mare territoriale aventi ad oggetto la realizzazione e la gestione di strutture dedicate alla nautica da diporto (3).

4. I canoni annui relativi alle concessioni demaniali marittime, anche pluriennali, devono essere rapportati alla effettiva utilizzazione del bene oggetto della concessione se l'utilizzazione è inferiore all'anno, purché non sussistano strutture che permangono oltre la durata della concessione stessa.

4-*bis*. Le concessioni di cui al presente articolo possono avere durata superiore a sei anni e comunque non superiore a venti anni in ragione dell'entità e della rilevanza economica delle opere da realizzare e sulla base dei piani di utilizzazione delle aree del demanio marittimo predisposti dalle regioni. Le disposizioni del presente comma non si applicano alle concessioni rilasciate nell'ambito delle rispettive circoscrizioni territoriali dalle autorità portuali di cui alla legge 28 gennaio 1994, n. 84 (4) (5).

(1) *Punto così sostituito dall'art. 100, comma 2, d.l. 14 agosto 2020, n. 104, conv., con modif., in l. 13 ottobre 2020, n. 126. Il testo del punto era il seguente:* « 2.1) per le pertinenze destinate ad attività commerciali, terziario-direzionali e di produzione di beni e servizi, il canone è determinato moltiplicando la superficie complessiva del manufatto per la media dei valori mensili unitari minimi e massimi indicati dall'Osservatorio del mercato immobiliare per la zona di riferimento. L'importo ottenuto è moltiplicato per un coefficiente pari a 6,5. Il canone annuo così determinato è ulteriormente ridotto delle seguenti percentuali, da applicare per scaglioni progressivi di superficie del manufatto: fino a 200 metri quadrati, 0 per cento; oltre 200 metri quadrati e fino a 500 metri quadrati, 20 per cento; oltre 500 metri quadrati e fino a 1.000 metri quadrati, 40 per cento; oltre 1.000 metri quadrati, 60 per cento. Qualora i valori dell'Osservatorio del mercato immobiliare non siano disponibili, si fa riferimento a quelli del più vicino comune costiero rispetto al manufatto nell'ambito territoriale della medesima regione ».

(2) *Comma sostituito dall'art. 1, comma 251, l. 27 dicembre 2006, n. 296.*

(3) *Comma sostituito dall'art. 1, comma 252, l. 27 dicembre 2006, n. 296.*

(4) *Comma aggiunto dall'art. 1, comma 253, l. 27 dicembre 2006, n. 296 e successivamente modificato dall'art. 11, comma 1, lett. c), l.e 15 dicembre 2011, n. 217.*

(5) *V. l'art. 34, comma 1, d.l. 30 dicembre 2019, n. 162, come modificato in sede di conversione in l. 28 febbraio 2020, n. 8, che così dispone: « Al fine di sostenere il settore turistico-balneare e quello della nautica da diporto, è sospeso dal 1° gennaio 2020 al 30 settembre 2020 il pagamento dei canoni dovuti riferiti alle concessioni relative a pertinenze demaniali marittime con finalità turistico-ricreative e alle concessioni demaniali marittime per la realizzazione e la gestione di strutture dedicate alla nautica da diporto, di cui all'articolo 03 del decreto-legge 5 ottobre 1993, n. 400, convertito, con modificazioni, dalla legge 4 dicembre 1993, n. 494 ».*

04 1. I canoni annui relativi alle concessioni demaniali marittime sono aggiornati annualmente, con decreto del Ministro della marina mercantile, sulla base della media degli indici determinati dall'ISTAT per i prezzi al consumo per le famiglie di operai ed impiegati e per i corrispondenti valori per il mercato all'ingrosso.

2. Qualora, entro il 1° marzo 1994, non sia stato emanato il decreto di cui al comma 1, si procede al rinnovo delle concessioni in atto con l'applicazione dei canoni precedenti, salvo conguaglio da effettuare a seguito dell'emanazione del suddetto decreto.

1 1. I canoni annui relativi alle concessioni di beni demaniali marittimi, specchi acquei e pertinenze demaniali marittime, regolarmente assentite ai sensi degli articoli 36 e 38 del codice della navigazione e degli articoli 8, 9 e 35 del citato regolamento di esecuzione del codice della navigazione, approvato con decreto del Presidente della Repubblica n. 328 del 1952, sono aggiornati, per le concessioni aventi decorrenza dagli anni 1990, 1991, 1992 e 1993, sulla base delle variazioni del potere d'acquisto della lira, accertate dall'ISTAT, con riferimento alle misure dei canoni normali dovuti nel 1989 ai sensi delle disposizioni attuative del decreto-legge 4 marzo 1989, n. 77, convertito, con modificazioni, dalla legge 5 maggio 1989, n. 160, purché il titolo concessorio non contenga la determinazione definitiva del canone (1).

(1) *V. l'art. 8, comma 1, d.ls. 6 maggio 2011, n. 68.*

2-11 (*Omissis*).

124. Legge 23 dicembre 1996, n. 662. — Misure di razionalizzazione della finanza pubblica. (*estratto*).

Pubblicata nella Gazzetta Ufficiale n. 303 del 28 dicembre 1996, S.O.

3 86. Il Ministro del tesoro, al fine di attivare il processo di dismissione del patrimonio immobiliare dello Stato, è autorizzato a sottoscrivere quote di fondi immobiliari istituiti ai sensi dell'articolo 14-*bis* della legge 25 gennaio 1994, n. 86, come sostituito dal comma 111, mediante apporto di beni immobili e di diritti reali su immobili appartenenti al patrimonio dello Stato nonché mediante apporti in denaro nella misura stabilita dalla citata legge n. 86 del 1994. Il Ministro del tesoro, del bilancio e della programmazione economica si avvale a tal fine di uno o più consulenti finanziari o immobiliari, incaricati anche della valutazione dei beni, scelti, anche in deroga alle norme di contabilità di Stato, con procedure competitive tra primarie società nazionali ed estere (1).

99. I beni immobili e i diritti immobiliari appartenenti al patrimonio dello Stato non conferiti nei fondi di cui al comma 86, individuati dal Ministro delle finanze, possono essere alienati secondo programmi, modalità e tempi definiti, di concerto con il Ministro delle finanze, dal Ministro del tesoro, del bilancio e della programmazione economica, che ne cura l'attuazione, fatto comunque salvo il diritto di prelazione attribuito, relativamente ai beni immobili non destinati ad uso abitativo, in favore dei concessionari e dei conduttori, nonché in favore di tutti i soggetti che, già concessionari, siano comunque ancora nel godimento dell'immobile oggetto di alienazione e che abbiano soddisfatto tutti i crediti richiesti dall'amministrazione competente, limitatamente alle nuove iniziative di vendita avviate a decorrere dal 1° gennaio 2001 che prevederanno la vendita frazionata. In detti programmi vengono altresì stabiliti le modalità di esercizio del diritto di prelazione previsto dal comma 113, i diritti attribuiti ai conduttori e gli obblighi a carico degli stessi secondo i medesimi criteri previsti dal secondo periodo della lettera *d*) del comma 1 dell'articolo 7 del decreto-legge 28 marzo 1997, n. 79, convertito, con modificazioni, dalla legge 28 maggio 1997, n. 140. Il Ministro del tesoro, del bilancio e della programmazione economica si avvale a tal fine di uno o più consulenti immobiliari, incaricati anche della valutazione dei beni, scelti, anche in deroga alle norme di contabilità di Stato, con procedure competitive tra primarie società nazionali ed estere. I consulenti eventualmente incaricati non possono esercitare alcuna attività professionale o di consulenza in conflitto di interessi con i compiti propri dell'incarico ricevuto. I beni e i diritti immobiliari dello Stato, anche non compresi nei programmi, sono alienati in deroga alle norme di contabilità di Stato. Lo Stato venditore è esonerato dalla consegna dei documenti relativi alla proprietà o al diritto sul bene nonché alla regolarità urbanistica e a quella fiscale producendo apposita dichiarazione di titolarità del diritto e di regolarità urbanistica e fiscale. Gli onorari notarili sono ridotti al 20 per cento. I beni e i diritti immobiliari compresi nei programmi possono essere alienati a uno o più intermediari scelti con procedure competitive e secondo i termini che seguono. Gli intermediari acquirenti corrispondono al Ministero del tesoro, del bilancio e della programmazione economica l'importo pattuito e si impegnano a rivendere gli immobili entro il termine concordato, corrispondendo al Ministero del tesoro, del bilancio e della programmazione economica la differenza tra il prezzo di rivendita

e il prezzo di acquisto, al netto di una commissione percentuale progressiva calcolata su tale differenza. Nel caso in cui l'intermediario non proceda alla rivendita degli immobili nel termine concordato, lo stesso corrisponde al Ministero del tesoro, del bilancio e della programmazione economica la differenza tra il valore di mercato degli immobili, indicato dal consulente di cui al comma 86, e il prezzo di acquisto, al netto della commissione percentuale di cui al periodo precedente calcolata su tale differenza. Tale previsione si applica solo nel caso in cui l'intermediario abbia esperito inutilmente tutte le procedure finalizzate alla rivendita, ivi inclusa anche un'asta pubblica. In caso contrario la differenza dovuta dall'intermediario è calcolata includendo la commissione. Con decreto del Presidente del Consiglio dei ministri, su proposta del Ministro del tesoro, del bilancio e della programmazione economica, può essere previsto che l'alienazione degli immobili ad intermediari avvenga senza obbligo di rivendita successiva. All'alienazione singola dei beni e diritti immobiliari, anche non compresi nei programmi, a soggetti diversi dagli intermediari, provvede il Ministero delle finanze (2).

(*Omissis*).

(1) *Comma così modificato dall'art. 4, comma 1, l. 23 dicembre 1999, n. 488. Sui limiti di applicabilità delle disposizioni di cui al presente comma vedi, anche, il comma 9 dello stesso art. 4.*

(2) *Comma così sostituito prima dall'art. 14, l. 27 dicembre 1997, n. 449, poi dall'art. 4, comma 3, l. 23 dicembre 1999, n. 488 e poi così modificato dall'art. 43, comma 15, l. 23 dicembre 2000, n. 388.*

125. Legge 15 maggio 1997, n. 127. — Misure urgenti per lo snellimento dell'attività amministrativa e dei procedimenti di decisione e di controllo. (*estratto*).

Pubblicato nella Gazzetta Ufficiale n. 113 del 17 maggio 1997, S.O.

12. Disposizioni in materia di alienazione degli immobili di proprietà pubblica.

1. (*Omissis*).

2. I comuni e le province possono procedere alle alienazioni del proprio patrimonio immobiliare anche in deroga alle norme di cui alla L. 24 dicembre 1908, n. 783, e successive modificazioni, ed al regolamento approvato con R.D. 17 giugno 1909, n. 454, e successive modificazioni, nonché alle norme sulla contabilità generale degli enti locali, fermi restando i princìpi generali dell'ordinamento giuridico-contabile. A tal fine sono assicurati criteri di trasparenza e adeguate forme di pubblicità per acquisire e valutare concorrenti proposte di acquisto, da definire con regolamento dell'ente interessato.

3-6. (*Omissis*).

126. Decreto legislativo 30 luglio 1999, n. 300. — Riforma dell'organizzazione del Governo, a norma dell'articolo 11 della legge 15 marzo 1997, n. 59. (*estratto*) (1).

Pubblicato nella Gazzetta Ufficiale n. 203 del 30 agosto 1999, S.O.

(1) *V. l'art. 18 della l. 30 dicembre 2004, n. 312 e l'art. 1, comma 377, della l. 24 dicembre 2007, n. 244.*

TITOLO V
Disposizioni finali e transitorie

CAPO II
Riforma del ministero delle finanze e dell'amministrazione fiscale

SEZIONE II
Le agenzie fiscali (1)

(1) *Vedi il d.m. 28 dicembre 2000.*

65 Agenzia del demanio.

1. All'agenzia del demanio è attribuita l'amministrazione dei beni immobili dello Stato, con il compito di razionalizzarne e valorizzarne l'impiego, di sviluppare il sistema informativo sui beni del demanio e del patrimonio, utilizzando in ogni caso, nella valutazione dei beni a fini conoscitivi ed operativi, criteri di mercato, di gestire con criteri imprenditoriali i programmi di vendita, di provvista, anche mediante l'acquisizione sul mercato, di utilizzo e di manutenzione ordinaria e straordinaria di tali immobili. All'agenzia è altresì attribuita la gestione dei beni confiscati (1).

2. L'agenzia può stipulare convenzioni per le gestioni dei beni immobiliari con le regioni gli enti locali ed altri enti pubblici. Può avvalersi, a supporto delle proprie attività estimative e sulla base di apposita convenzione, dei dati forniti dall'osservatorio del mercato immobiliare dell'agenzia del territorio.

2-*bis*. L'Agenzia del demanio è dotata di un proprio patrimonio, costituito da un fondo di dotazione e dai beni mobili ed immobili strumentali alla sua attività. Con decreto del Ministro dell'economia e delle finanze sono individuati i beni che costituiscono il patrimonio iniziale (2) (3) (4).

(1) *Comma modificato dall'art. 1 d.ls. 2 luglio 2003, n. 173. Per l'interpretazione delle disposizioni di cui all'ultimo periodo del presente comma v. l'art. 3, comma 18, del d.l. 6 luglio 2012, n. 95, conv., con modif., in l. 7 agosto 2012, n. 135.*

(2) *Comma aggiunto dall'art. 1 del d.ls. 3 luglio 2003, n. 173.*

(3) *V. l'art. 1, comma 479, della l. 23 dicembre 2005, n. 266.*

(4) *Per la riduzione dell'autorizzazione di spesa, per l'anno 2013, di cui al presente comma v. l'art. 15, comma 3, lett.* b), *del d.l. 31 agosto 2013, n. 102, conv., con modif., in l. 28 ottobre 2013, n. 124.*

127. Decreto legge 15 aprile 2002, n. 63, convertito, con modificazioni, in legge 15 giugno 2002, n. 112. — Disposizioni finanziarie e fiscali urgenti in materia di riscossione, razionalizzazione del sistema di formazione del costo dei prodotti farmaceutici, adempimenti ed adeguamenti comunitari, cartolarizzazioni, valorizzazione del patrimonio e finanziamento delle infrastrutture. (*estratto*).

Pubblicato nella Gazzetta Ufficiale n. 90 del 17 aprile 2002; la legge di conversione è stata pubblicata nella Gazzetta Ufficiale n. 139 del 15 giugno 2002.

7 Patrimonio dello Stato S.p.a.

1. Per la valorizzazione, gestione ed alienazione del patrimonio dello Stato e nel rispetto dei requisiti e delle finalità propri dei beni pubblici è istituita una società per azioni, che assume la denominazione di "Patrimonio dello Stato S.p.a.".

2. Il capitale sociale è stabilito in 1.000.000 di euro (1).

3. Le azioni sono attribuite al Ministero dell'economia e delle finanze. Il Ministero può trasferire a titolo gratuito la totalità delle azioni, o parte di esse, ad altre società di cui il Ministero detenga direttamente l'intero capitale sociale.

4. La società opera secondo gli indirizzi strategici stabiliti dal Ministero, previa definizione da parte del CIPE delle direttive di massima (1).

5. L'approvazione dello statuto e la nomina dei componenti degli organi sociali previsti dallo statuto stesso sono effettuati dalla prima assemblea, che il Ministro dell'economia e delle finanze convoca entro trenta giorni dalla data di entrata in vigore del presente provvedimento.

6. Il rapporto di lavoro del personale dipendente della società è disciplinato dalle norme di diritto privato e dalla contrattazione collettiva.

7. La pubblicazione del presente decreto tiene luogo degli adempimenti in materia di costituzione di società per azioni previsti dalle vigenti disposizioni.

8. Gli atti posti in essere in attuazione del presente articolo per la costituzione della società sono esclusi da ogni tributo o diritto.

9. All'onere derivante dal presente articolo, pari a 1.000.000 di euro, si provvede per l'anno 2002, mediante corrispondente riduzione dello stanziamento iscritto, ai fini del bilancio triennale 2002-2004, nell'ambito dell'unità previsionale di base di conto capitale "Fondo speciale" dello stato di previsione del Ministero dell'economia e delle finanze per l'anno 2002, utilizzando per 1.000.000 di euro l'accantonamento relativo al Ministero medesimo. Il Ministro dell'economia e delle finanze è autorizzato ad apportare, con propri decreti, le occorrenti variazioni di bilancio.

10. Alla Patrimonio dello Stato S.p.a. possono essere trasferiti diritti pieni o parziali sui beni immobili facenti parte del patrimonio disponibile e indisponibile dello Stato, sui beni immobili facenti parte del demanio dello Stato e comunque sugli altri beni compresi nel conto generale del patrimonio dello Stato di cui all'articolo 14 del decreto legislativo 7 agosto 1997, n. 279, ovvero ogni altro diritto costituito [per legge] a favore dello Stato. Modalità e valori di trasferimento e di iscrizione dei beni e degli altri diritti costituiti a favore dello Stato nel bilancio della società sono definiti con decreto del Ministro dell'economia e delle finanze, anche in deroga agli articoli 2254, 2342 e seguenti, del codice civile. La pubblicazione nella Gazzetta Ufficiale del decreto del Ministro dell'economia e delle finanze che dispone il trasferimento dei crediti dello Stato e le modalità di realizzo dei medesimi produce gli effetti indicati dal primo comma dell'articolo 1264 del codice civile. Il trasferimento può essere operato con le modalità e per gli effetti previsti dall'articolo 3, commi 1, 16, 17, 18 e 19, del decreto-legge 25 settembre 2001, n. 351, convertito, con modificazioni, dalla legge 23 novembre 2001, n. 410. Il trasferimento di beni di particolare valore artistico e storico è effettuato di intesa con il Ministro per i beni e le attività culturali. Il trasferimento non modifica il regime giuridico, previsto dagli articoli 823 e 829, primo comma, del codice civile, dei beni demaniali trasferiti. Restano comunque fermi i vincoli gravanti sui beni trasferiti e, sino al termine di scadenza prevista nel titolo, i diritti di godimento spettanti a terzi escluse le norme concernenti la garanzia per vizi e per evizione previste dal citato comma 19 (1).

10-*bis*. Il comma 4 dell'articolo 24 della legge 23 dicembre 1999, n. 488, e successive modificazioni, è sostituito dal seguente: "4. Con riferimento agli immobili utilizzati dalle Amministrazioni dello Stato, anche ad ordinamento autonomo, e dalle Agenzie di cui al decreto legislativo 30 luglio 1999, n. 300, appartenenti al demanio o comunque in uso gratuito, il Ministro dell'economia e delle finanze, con uno o più decreti aventi natura non regolamentare, individua singoli beni o categorie di beni per i quali, a decorrere dal 1 gennaio dell'anno successivo, è dovuto un canone d'uso determinato con i decreti stessi con riferimento ai fitti di mercato dei beni medesimi.

11. La società può effettuare operazioni di cartolarizzazione, alle quali si applicano le disposizioni contenute nel decreto-legge 25 settembre 2001, n. 351, convertito, con modificazioni, dalla legge 23 novembre 2001, n. 410.

12. I beni della Patrimonio dello Stato S.p.a possono essere trasferiti esclusivamente a titolo oneroso alla società di cui all'articolo 8 con le modalità previste al comma 10.

12-*bis*. Il conto consuntivo, economico e patrimoniale, della Patrimonio dello Stato S.p.a. è allegato, ogni anno, al rendiconto generale dello Stato. Un apposito allegato al rendiconto generale dello Stato contiene il conto consolidato della gestione di bilancio statale e della gestione della Patrimonio dello Stato S.p.a..

(1) *Comma modificato dall'art. 70, comma 1, lett.* a) *e* b), *della l. 18 giugno 2009, n. 69.*

128. Decreto legge 30 settembre 2003, n. 269, convertito, con modificazioni, in legge 24 novembre 2003, n. 326. — Disposizioni urgenti per favorire lo sviluppo e per la correzione dell'andamento dei conti pubblici (1). (*estratto*).

Pubblicato nella Gazzetta Ufficiale n. 229 del 2 ottobre 2003, S.O.; la legge di conversione è stata pubblicata nella Gazzetta Ufficiale n. 274 del 25 novembre 2003.

(1) *V., anche, l'art. 1, comma 1098, della l. 27 dicembre 2006, n. 296.*

TITOLO II
Correzione dell'andamento dei conti pubblici

CAPO I
Disposizioni in materia di cessione e regolarizzazione di immobili

30 Valorizzazione immobili dello Stato attraverso strumenti societari.

1. Ai fini della valorizzazione, trasformazione, commercializzazione e gestione del patrimonio immobiliare dello Stato e con le procedure di cui al primo periodo del comma 15 dell'articolo 3 del decreto-legge 25 settembre 2001, n. 351, convertito, con modificazioni, dalla legge 23 novembre 2001, n. 410, vengono promosse le società di trasformazione urbana secondo quanto disposto dall'articolo 120 del testo unico delle leggi sull'ordinamento degli enti locali, di cui al decreto legislativo 18 agosto 2000, n. 267, che includano nel proprio ambito di intervento immobili di proprietà dello Stato, anche con la partecipazione del Ministero dell'economia e delle finanze, attraverso l'Agenzia del demanio, delle regioni, delle province, e delle società interamente controllate dallo stesso Ministero. Nel caso in cui gli enti preposti non abbiano provveduto alla costituzione di tali società entro centottanta giorni dalla comunicazione da parte dell'Agenzia del demanio dell'individuazione dei beni oggetto dei fini sopra indicati, il Ministero dell'economia e delle finanze, mediante l'Agenzia del demanio, ne promuove la costituzione. L'Agenzia del demanio individua gli azionisti privati delle società di trasformazione tramite procedura di evidenza pubblica. Alle società di trasformazione urbana, costituite ai sensi del presente comma, possono essere conferiti o attribuiti, a titolo di concessione, singoli beni immobili o compendi immobiliari di proprietà dello Stato individuati dall'Agenzia del demanio d'intesa con i comuni, le province e le regioni territorialmente interessati, sentite inoltre le Amministrazioni statali preposte alla tutela nel caso di immobili gravati da vincoli. Il trasferimento non modifica il regime giuridico previsto dagli articoli 823 e 829, primo comma, del codice civile, dei beni demaniali trasferiti. I rapporti, anche di natura patrimoniale, intercorrenti tra l'Agenzia del demanio e la società di trasformazione urbana sono disciplinati da apposita convenzione contenente, a pena di nullità, gli obblighi e i diritti delle parti. Una quota dei proventi derivanti dalla valorizzazione degli immobili attraverso le procedure di cui al presente comma spettante agli azionisti pubblici delle società di trasformazione urbana, da stabilirsi con decreto del Ministro dell'economia e delle finanze, è destinata alla realizzazione di programmi di edilizia residenziale convenzionata, finalizzati a sopperire alle esigenze abitati ve dei comuni e delle aree metropolitane, elaborati di intesa con le regioni e gli enti locali interessati. I predetti programmi prevedono una quota, di norma pari al 25 per cento, di alloggi da destinare ai soggetti indicati nei primi due periodi del comma 4 dell'articolo 3 del decreto-legge 25 settembre 2001, n. 351, convertito, con modificazioni, dalla legge 23 novembre 2001, n. 410.

2. Il Ministero dell'economia e delle finanze, tramite l'Agenzia del demanio, può partecipare a società di trasformazione urbana, promosse dalle città metropolitane e dai comuni, ai sensi dell'art. 120 del testo unico delle leggi sull'ordinamento degli enti locali, approvato con decreto legislativo 18 agosto 2000, n. 267, e successive modificazioni e integrazioni, che includano nel proprio ambito di intervento immobili di proprietà dello Stato.

2-*bis*. Al fine di assicurare la continuità dell'azione svolta dall'Agenzia del demanio anche nella fase di trasformazione in ente pubblico economico e di garantire la massima efficienza nello svolgimento dei compiti assegnati ai sensi del presente articolo, nonché degli articoli 27 e 29 del presente decreto, il personale in servizio presso la predetta Agenzia può esercitare l'opzione irrevocabile per la permanenza nel comparto delle agenzie fiscali o per il passaggio ad altra pubblica amministrazione di cui all'articolo 1, comma 2, del decreto legislativo 30 marzo 2001, n. 165, e successive modificazioni, entro due mesi dalla data di approvazione del nuovo statuto e comunque non oltre il 31 gennaio 2004. L'eventuale opzione già esercitata ai sensi dell'articolo 3, comma 5, del decreto legislativo 3 luglio 2003, n. 173, si intende confermata ove, entro il predetto termine, non venga revocata. All'articolo 3

del decreto legislativo 3 luglio 2003, n. 173, dopo il comma 5 è inserito il seguente:
"5-*bis*. I dipendenti in servizio all'atto della trasformazione in ente pubblico economico mantengono il regime pensionistico e quello relativo alla indennità di buonuscita secondo le regole vigenti per il personale delle pubbliche amministrazioni. Entro sei mesi dalla data di entrata in vigore dello statuto, i predetti dipendenti possono esercitare opzione per il regime pensionistico cui è iscritto il personale assunto successivamente a detta data".

129. Decreto legge 25 giugno 2008, n. 112, convertito, con modificazioni, in legge 6 agosto 2008, n. 133. — Disposizioni urgenti per lo sviluppo economico, la semplificazione, la competitività, la stabilizzazione della finanza pubblica e la perequazione Tributaria (Finanziaria triennale). (*estratto*).

Pubblicato nella Gazzetta Ufficiale n. 147 del 25 giugno 2008, S.O. n. 152; la legge di conversione è stata pubblicata nella Gazzetta Ufficiale n. 195 del 21 agosto 2008.

58 Ricognizione e valorizzazione del patrimonio immobiliare di regioni, comuni ed altri enti locali.

1. Per procedere al riordino, gestione e valorizzazione del patrimonio immobiliare di Regioni, Province, Comuni e altri Enti locali, nonché di società o Enti a totale partecipazione dei predetti enti, ciascuno di essi, con delibera dell'organo di Governo individua, redigendo apposito elenco, sulla base e nei limiti della documentazione esistente presso i propri archivi e uffici, i singoli beni immobili ricadenti nel territorio di competenza, non strumentali all'esercizio delle proprie funzioni istituzionali, suscettibili di valorizzazione ovvero di dismissione. Viene così redatto il piano delle alienazioni e valorizzazioni immobiliari allegato al bilancio di previsione nel quale, previa intesa, sono inseriti immobili di proprietà dello Stato individuati dal Ministero dell'economia e delle finanze-Agenzia del demanio tra quelli che insistono nel relativo territorio (1).

2. L'inserimento degli immobili nel piano ne determina la conseguente classificazione come patrimonio disponibile, fatto salvo il rispetto delle tutele di natura storico-artistica, archeologica, architettonica e paesaggistico-ambientale. Il piano è trasmesso agli Enti competenti, i quali si esprimono entro trenta giorni, decorsi i quali, in caso di mancata espressione da parte dei medesimi Enti, la predetta classificazione è resa definitiva. La deliberazione del consiglio comunale di approvazione, ovvero di ratifica dell'atto di deliberazione se trattasi di società o Ente a totale partecipazione pubblica, del piano delle alienazioni e valorizzazioni determina le destinazioni d'uso urbanistiche degli immobili. Le Regioni, entro 60 giorni dalla data di entrata in vigore della presente disposizione, disciplinano l'eventuale equivalenza della deliberazione del consiglio comunale di approvazione quale variante allo strumento urbanistico generale, ai sensi dell'articolo 25 della legge 28 febbraio 1985, n. 47, anche disciplinando le procedure semplificate per la relativa approvazione. Le Regioni, nell'ambito della predetta normativa approvano procedure di copianificazione per l'eventuale verifica di conformità agli strumenti di pianificazione sovraordinata, al fine di concludere il procedimento entro il termine perentorio di 90 giorni dalla deliberazione comunale. Trascorsi i predetti 60 giorni, si applica il comma 2 dell'articolo 25 della legge 28 febbraio 1985, n. 47. Le varianti urbanistiche di cui al presente comma, qualora rientrino nelle previsioni di cui al paragrafo 3 dell'articolo 3 della direttiva 2001/42/CE e al comma 4 dell'articolo 7 del decreto legislativo 3 aprile 2006, n. 152 e s.m.i. non sono soggette a valutazione ambientale strategica (2) (3).

3. Gli elenchi di cui al comma 1, da pubblicare mediante le forme previste per ciascuno di tali enti, hanno effetto dichiarativo della proprietà, in assenza di precedenti trascrizioni, e producono gli effetti previsti dall'articolo 2644 del codice civile, nonché effetti sostitutivi dell'iscrizione del bene in catasto.

4. Gli uffici competenti provvedono, se necessario, alle conseguenti attività di trascrizione, intavolazione e voltura.

5. Contro l'iscrizione del bene negli elenchi di cui al comma 1, è ammesso ricorso amministrativo entro sessanta giorni dalla pubblicazione, fermi gli altri rimedi di legge.

6. La procedura prevista dall'articolo 3-*bis* del decreto-legge 25 settembre 2001 n. 351, convertito con modificazioni dalla legge 23 novembre 2001 n. 410, per la valorizzazione dei beni dello Stato si estende ai beni immobili inclusi negli elenchi di cui al comma 1. In tal caso, la procedura prevista al comma 2 dell'articolo 3-*bis* del citato decreto-legge n. 351 del 2001 si applica solo per i soggetti diversi dai Comuni e l'iniziativa è rimessa all'Ente proprietario dei beni da valorizzare. I bandi previsti dal comma 5 dell'articolo 3-*bis* del citato decreto-legge n. 351 del 2001 sono predisposti dall'Ente proprietario dei beni da valorizzare.

7. I soggetti di cui al comma 1 possono in ogni caso individuare forme di valorizzazione alternative, nel rispetto dei principi di salvaguardia dell'interesse pubblico e mediante l'utilizzo di strumenti competitivi, anche per quanto attiene alla alienazione degli immobili di cui alla legge 24 dicembre 1993, n. 560 (4).

8. Gli enti proprietari degli immobili inseriti negli elenchi di cui al comma 1 possono conferire i propri beni immobili anche residenziali a fondi comuni di investimento immobiliare ovvero promuoverne la costituzione secondo le disposizioni degli articoli 4 e seguenti del decreto-legge 25 settembre 2001 n. 351, con-

vertito con modificazioni dalla legge 23 novembre 2001, n. 410.

9. Ai conferimenti di cui al presente articolo, nonché alle dismissioni degli immobili inclusi negli elenchi di cui al comma 1, si applicano le disposizione dei commi 18 e 19 dell'articolo 3 del decreto-legge 25 settembre 2001, n. 351, convertito con modificazioni dalla legge 23 novembre 2001 n. 410.

9-*bis*. In caso di conferimento a fondi di investimento immobiliare dei beni inseriti negli elenchi di cui al comma 1, la destinazione funzionale prevista dal piano delle alienazioni e delle valorizzazioni, se in variante rispetto alle previsioni urbanistiche ed edilizie vigenti ed in itinere, può essere conseguita mediante il procedimento di cui all'articolo 34 del decreto legislativo 18 agosto 2000, n. 267, e delle corrispondenti disposizioni previste dalla legislazione regionale. Il procedimento si conclude entro il termine perentorio di 180 giorni dall'apporto o dalla cessione sotto pena di retrocessione del bene all'ente locale. Con la medesima procedura si procede alla regolarizzazione edilizia ed urbanistica degli immobili conferiti (5).

(1) *Comma sostituito dall'art. 33-*bis*, comma 7, del d.l. 6 luglio 2011, n. 98, conv., con modif., in l. 30 luglio 2010, n. 122, come modificato dall'art. 27, comma 1, del d.l. 6 dicembre 2011, n. 201, conv., con modif., in l. 22 dicembre 2011, n. 214.*

(2) *Comma sostituito dall'art. 33-*bis*, comma 7, del d.l. 6 luglio 2011, n. 98, conv., con modif., in l. 30 luglio 2010, n. 122, come modificato dall'art. 27, comma 1, del d.l. 6 dicembre 2011, n. 201, conv., con modif., in l. 22 dicembre 2011, n. 214.*

(3) *La Corte Costituzionale, con sentenza 16 dicembre 2009, n. 340 (in Gazz. Uff., 7 luglio 2009, n. 1), ha dichiarato l'*illegittimità costituzionale *del presente comma, esclusa la proposizione iniziale « L'inserimento degli immobili nel piano ne determina la conseguente classificazione come patrimonio disponibile e ne dispone espressamente la destinazione urbanistica ».*

(4) *Comma modificato dall'art. 19, comma 16-*bis*, del d.l. 31 maggio 2010, n. 78, conv., con modif., in l. 30 luglio 2010, n. 122.*

(5) *Comma aggiunto dall'art. 33, comma 6, del d.l. 6 luglio 2011, n. 98, conv., con modif., in l. 15 luglio 2011, n. 111.*

130. Decreto legge 30 dicembre 2008, n. 207, convertito, con modificazioni, in legge 27 febbraio 2009, n. 14. — Proroga di termini previsti da disposizioni legislative e disposizioni finanziarie urgenti. (*estratto*).

43-*bis* Interventi nelle operazioni di cartolarizzazione di immobili pubblici.

1. In considerazione dell'eccezionale crisi economica internazionale e delle condizioni del mercato immobiliare e dei mercati finanziari, il patrimonio separato relativo alla prima operazione di cartolarizzazione di cui al decreto del Ministro dell'economia e delle finanze 18 dicembre 2001, pubblicato nella Gazzetta Ufficiale n. 29 del 4 febbraio 2002, effettuata dalla Società Cartolarizzazione Immobili Pubblici S.r.l. (SCIP), ed il patrimonio separato relativo alla seconda operazione di cartolarizzazione di cui al decreto del Ministro dell'economia e delle finanze 21 novembre 2002, pubblicato nella Gazzetta Ufficiale n. 281 del 30 novembre 2002, effettuata dalla medesima SCIP sono posti in liquidazione.

2. I beni immobili che alla data di entrata in vigore della legge di conversione del presente decreto sono di proprietà della SCIP sono trasferiti in proprietà ai soggetti originariamente proprietari degli stessi, nello stato di fatto e di diritto in cui si trovano e senza garanzia per vizi ed evizione.

3. Il trasferimento degli immobili di cui al comma 2 ha effetto dalla data di entrata in vigore della legge di conversione del presente decreto, la cui pubblicazione nella Gazzetta Ufficiale produce gli effetti previsti dall'articolo 2644 del codice civile. Dalla medesima data i soggetti originariamente proprietari sono immessi nel possesso degli immobili ad essi trasferiti.

4. Il valore degli immobili di cui al comma 2 è determinato dall'Agenzia del territorio, secondo quanto previsto dal comma 7 dell'articolo 3 del decreto-legge 25 settembre 2001, n. 351, convertito, con modificazioni, dalla legge 23 novembre 2001, n. 410, entro e non oltre il 20 marzo 2009, sulla base delle liste contenenti gli elementi identificativi degli immobili in possesso della SCIP.

5. Il trasferimento degli immobili di cui al comma 2 appartenenti al patrimonio separato relativo alla prima operazione di cartolarizzazione è effettuato senza versamento di corrispettivo.

6. Il trasferimento degli immobili di cui al comma 2 appartenenti al patrimonio separato relativo alla seconda operazione di cartolarizzazione è effettuato per un corrispettivo pari al valore degli immobili stessi determinato ai sensi del comma 4. Tale corrispettivo è versato alla SCIP, al netto dell'eventuale maggiore valore individuato ai sensi del comma 4 rispetto alle passività della società stessa relative alla seconda operazione di cartolarizzazione, per i titoli emessi, i costi ed i finanziamenti assunti, al netto degli incassi disponibili.

7. Al fine del pagamento del corrispettivo da versare di cui al comma 6 la SCIP, in nome e per conto dei soggetti originariamente proprietari, versa tutte le somme presenti sul conto riscossione intestato alla stessa società presso la Tesoreria centrale dello Stato acceso ai sensi del decreto ministeriale del 30 novembre 2001 in apposito capitolo di entrata del bilancio dello Stato. Tali somme sono trasferite in apposito capitolo di spesa per essere versate, in nome e per conto degli enti previdenziali originariamente proprietari, alla SCIP entro il 15 aprile 2009 quale corrispettivo del trasferimento di cui al comma 6, al fine di essere destinate ad estinguere le passività di cui al comma 6. L'eventuale eccedenza tra le somme versate alla SCIP quale corrispettivo e la consistenza del capitolo di spesa è assegnata ai soggetti originariamente proprietari in proporzione alle quote di patrimonio trasferito per la prima operazione di cartolarizzazione. Il Ministero dell'economia e delle finanze, per rispettare il termine

previsto per il pagamento del corrispettivo a favore della SCIP per un importo pari alle somme da acquisire al bilancio dello Stato, è autorizzato a concedere un'anticipazione di tesoreria che è estinta entro l'anno a valere sul suddetto capitolo di spesa. L'acquisizione degli immobili da parte dei predetti enti previdenziali è operata anche in deroga al comma 488 dell'articolo 2 della legge 24 dicembre 2007, n. 244.

8. L'eventuale differenza tra il corrispettivo da versare di cui al comma 6 e le somme presenti sul conto riscossione di cui al comma 7 è interamente versata alla SCIP dagli enti previdenziali originariamente proprietari in proporzione al valore degli immobili ad essi trasferiti relativi alla seconda operazione di cartolarizzazione come determinato ai sensi del comma 4, anche per la residua quota di immobili conferiti dallo Stato. Qualora uno o più tra gli enti previdenziali non dispongano in misura sufficiente della cassa necessaria a corrispondere tale differenza, gli altri enti previdenziali aventi disponibilità di cassa provvedono ad anticipare la suddetta differenza. Gli enti previdenziali provvedono al versamento della differenza in deroga al comma 488 dell'articolo 2 della legge 24 dicembre 2007, n. 244, fermo restando il limite del 7 per cento ivi previsto. I soggetti originariamente proprietari regolano in via convenzionale tra di loro i rapporti di debito e credito derivanti dall'applicazione del presente comma.

9. Qualora le disponibilità degli enti non siano sufficienti a provvedere al versamento della differenza di cui al comma 8, il Ministero dell'economia e delle finanze corrisponde la differenza alla SCIP entro e non oltre il 15 aprile 2009 mediante una anticipazione di tesoreria, da estinguere con l'utilizzo dei primi proventi rivenienti dalla vendita degli immobili di cui al presente articolo e fino a concorrenza della differenza tra il valore accertato dall'Agenzia del territorio e quanto effettivamente versato dagli enti ai sensi dei commi 7 e 8. Per l'eventuale parte residua di anticipazione, si provvede mediante la vendita di ulteriori immobili dello Stato effettuata dall'Agenzia del demanio, tenendo conto della situazione del mercato immobiliare.

10. Qualora il valore degli immobili determinato ai sensi del comma 4 relativi alla seconda operazione di cartolarizzazione sia inferiore a quanto effettivamente versato dagli enti ai sensi dei commi 7 e 8, si provvede a restituire agli enti tale differenza mediante l'utilizzo delle maggiori entrate derivanti dalla vendita di ulteriori immobili dello Stato da parte dell'Agenzia del demanio.

11. La seconda operazione di cartolarizzazione è conclusa a seguito dell'avvenuto rimborso delle passività di cui al comma 6.

12. Per le finalità di cui al presente articolo gli enti possono procedere alla vendita diretta degli immobili di cui al comma 2, fatti salvi in ogni caso i diritti spettanti agli aventi diritto. Si applicano le disposizioni previste dai commi 3, 3-*bis*, 4, 5, 6, 7, 7-*bis*, 8, 9, 13, 14, 17, 17-*bis*, 19, eccetto i primi due periodi, e 20 dell'articolo 3 del decreto-legge 25 settembre 2001, n. 351, convertito, con modificazioni, dalla legge 23 novembre 2001, n. 410, e dal decreto-legge 23 febbraio 2004, n. 41, convertito, con modificazioni, dalla legge 23 aprile 2004, n. 104. I soggetti originariamente proprietari degli immobili assolvono la vendita di tutti i beni immobili ad essi trasferiti nel rispetto delle procedure regolanti l'alienazione degli stessi da parte della SCIP per la seconda operazione di cartolarizzazione, per quanto compatibili, in modo da massimizzare gli incassi in relazione alla situazione del mercato immobiliare. I soggetti originariamente proprietari possono modificare le suddette procedure al fine di rendere più efficiente il processo di vendita. Qualora gli immobili trasferiti ai sensi del comma 2 risultino non cedibili ai sensi del citato decreto-legge n. 351 del 2001, convertito, con modificazioni, dalla legge n. 410 del 2001, gli enti provvedono all'individuazione di unità immobiliari aventi le caratteristiche previste dal predetto decreto-legge ed analogo valore. Dalla data di entrata in vigore della legge di conversione del presente decreto, i soggetti originariamente proprietari degli immobili sono sostituiti alla SCIP, in tutti i rapporti, anche processuali ed attinenti alle procedure di vendita in corso, relativi agli immobili trasferiti, con liberazione della SCIP. Al fine di favorire la tutela del diritto all'abitazione e all'esercizio di attività di impresa nella attuale fase di eccezionale crisi economica, i soggetti originariamente proprietari promuovono la definizione del contenzioso in materia immobiliare privilegiando soluzioni transattive o di bonario componimento che comportino l'immediato conseguimento di un apprezzabile risultato economico in relazione al rischio implicito del giudizio, allo stato ed al presumibile costo di esso, nonché alla possibilità di effettiva riscossione del credito.

13. L'Agenzia del territorio, a seguito del trasferimento, individua gli immobili di pregio su richiesta degli enti proprietari. Restano salvi i criteri di individuazione dei suddetti immobili previsti dal comma 13 dell'articolo 3 del decreto-legge 25 settembre 2001, n. 351, convertito, con modificazioni, dalla legge 23 novembre 2001, n. 410, e disciplinati dal decreto del Ministro dell'economia e delle finanze 31 luglio 2002, pubblicato nella Gazzetta Ufficiale n. 190 del 14 agosto 2002.

14. Esperite le attività di cui al comma 8 ed estinti i costi e le passività relativi alle due operazioni di cartolarizzazione, la SCIP trasferisce tutti i dati e le informazioni in suo possesso relativi agli immobili ai soggetti originariamente proprietari ed è posta in liquidazione. L'Agenzia del territorio, nell'ambito delle proprie attività istituzionali, effettua entro dodici mesi una puntuale ricognizione e valutazione di tutti gli immobili di proprietà degli enti previdenziali pubblici.

131. Decreto legge 30 dicembre 2009, n. 194, convertito, con modificazioni, in legge 26 febbraio 2010, n. 25. — Proroga di termini previsti da disposizioni legislative. (*estratto*).

Pubblicato nella Gazzetta Ufficiale n. 302 del 30 dicembre 2009; la legge di conversione è stata pubblicata nella Gazzetta Ufficiale n. 48 del 27 febbraio 2010.

1 Proroga di termini tributari, nonché in materia economico-finanziaria (1).

1-17-*bis*. (*Omissis*).

18. Ferma restando la disciplina relativa all'attribuzione di beni a regioni ed enti locali in base alla legge 5 maggio 2009, n. 42, nonché alle rispettive norme di attuazione, nelle more del procedimento di revisione del quadro normativo in materia di rilascio delle concessioni di beni demaniali marittimi, lacuali e fluviali con finalità turistico-ricreative, ad uso pesca, acquacoltura ed attività produttive ad essa connesse, e sportive, nonché quelli destinati a porti turistici, approdi e punti di ormeggio dedicati alla nautica da diporto, da realizzarsi, quanto ai criteri e alle modalità di affidamento di tali concessioni, sulla base di intesa in sede di Conferenza Stato-regioni ai sensi dell'articolo 8, comma 6, della legge 5 giugno 2003, n. 131, che è conclusa nel rispetto dei principi di concorrenza, di libertà di stabilimento, di garanzia dell'esercizio, dello sviluppo, della valorizzazione delle attività imprenditoriali e di tutela degli investimenti, nonché in funzione del superamento del diritto di insistenza di cui all'articolo 37, secondo comma, secondo periodo, del codice della navigazione, [che è soppresso dalla data di entrata in vigore del presente decreto], il termine di durata delle concessioni in essere alla data di entrata in vigore del presente decreto, nonché esclusivamente di quelle ad uso pesca ed acquacoltura, rilasciate successivamente a tale data a seguito di una procedura amministrativa attivata prima del 31 dicembre 2009, (1) e in scadenza entro il 31 dicembre 2018 (1) è prorogato fino al 31 dicembre 2020, fatte salve le disposizioni di cui all'articolo 03, comma 4-*bis*, del decreto-legge 5 ottobre 1993, n. 400, convertito, con modificazioni, dalla legge 4 dicembre 1993, n. 494. All'articolo 37, secondo comma, del codice della navigazione, il secondo periodo è soppresso (2).

(1) *Le parole* «, nonché esclusivamente di quelle ad uso pesca ed acquacoltura, rilasciate successivamente a tale data a seguito di una procedura amministrativa attivata prima del 31 dicembre 2009, » *sono state aggiunte, e le parole* « 31 dicembre 2018 » *sono state sostituite alle parole* « 31 dicembre 2015 » *dall'art. 1, comma 670, l. 30 dicembre 2020, n. 178.*

(2) *Comma modificato in sede di conversione e, da ultimo, dall'art. 1, comma 291, l. 27 dicembre 2013, n. 147.*

Il testo originario del d.l. n. 194 del 2009, così come modificato dalla legge di conversione 26 febbraio 2010, n. 25, era il seguente: « 18. Ferma restando la disciplina relativa all'attribuzione di beni a regioni ed enti locali in base alla legge 5 maggio 2009, n. 42, nonché alle rispettive norme di attuazione, nelle more del procedimento di revisione del quadro normativo in materia di rilascio delle concessioni di beni demaniali marittimi con finalità turistico-ricreative, da realizzarsi, quanto ai criteri e alle modalità di affidamento di tali concessioni, sulla base di intesa in sede di Conferenza Stato-regioni ai sensi dell'articolo 8, comma 6, della legge 5 giugno 2003, n. 131, che è conclusa nel rispetto dei principi di concorrenza, di libertà di stabilimento, di garanzia dell'esercizio, dello sviluppo, della valorizzazione delle attività imprenditoriali e di tutela degli investimenti, nonché in funzione del superamento del diritto di insistenza di cui all'articolo 37, secondo comma, secondo periodo, del codice della navigazione, il termine di durata delle concessioni in essere alla data di entrata in vigore del presente decreto e in scadenza entro il 31 dicembre 2015 è prorogato fino a tale data, fatte salve le disposizioni di cui all'articolo 03, comma 4-*bis*, del decreto-legge 5 ottobre 1993, n. 400, convertito, con modificazioni, dalla legge 4 dicembre 1993, n. 494. All'articolo 37, secondo comma, del codice della navigazione, il secondo periodo è soppresso ». *Successivamente tale disposizione è stata modificata dall'art. 34-*duodecies *d.l. 18 ottobre 2012, n. 179, introdotto in sede di conversione in l. 17 dicembre 2012, n. 221, il quale così prevedeva:* « Ferma restando la disciplina relativa all'attribuzione di beni a regioni ed enti locali in base alla legge 5 maggio 2009, n. 42, nonché alle rispettive norme di attuazione, nelle more del procedimento di revisione del quadro normativo in materia di rilascio delle concessioni di beni demaniali marittimi lacuali e fluviali con finalità turistico-ricreative, ad uso pesca, acquacoltura ed attività produttive ad essa connesse, e sportive, nonché quelli destinati a porti turistici, approdi e punti di ormeggio dedicati alla nautica da diporto, da realizzarsi, quanto ai criteri e alle modalità di affidamento di tali concessioni, sulla base di intesa in sede di Conferenza Stato-regioni ai sensi dell'articolo 8, comma 6, della legge 5 giugno 2003, n. 131, che è conclusa nel rispetto dei principi di concorrenza, di libertà di stabilimento, di garanzia dell'esercizio, dello sviluppo, della valorizzazione delle attività imprenditoriali e di tutela degli investimenti, nonché in funzione del superamento del diritto di insistenza di cui all'articolo 37, secondo comma, secondo periodo, del codice della navigazione, iltermine di durata delle concessioni in essere alla data di entrata in vigore del presente decreto e in scadenza entro il 31 dicembre 2015 è prorogato fino al 31 dicembre 2020 (...) ».

132. Decreto legislativo 28 maggio 2010, n. 85. — Attribuzione a comuni, province, città metropolitane e regioni di un proprio patrimonio, in attuazione dell'articolo 19 della legge 5 maggio 2009, n. 42.

Pubblicato nella Gazzetta Ufficiale n. 134 dell'11 giugno 2009.

1 Oggetto.

1. Nel rispetto della Costituzione, con le disposizioni del presente decreto legislativo e con uno o più decreti attuativi del Presidente del Consiglio dei Ministri sono individuati i beni statali che possono essere attribuiti a titolo non oneroso a Comuni, Province, Città metropolitane e Regioni.

2. Gli enti territoriali cui sono attribuiti i beni sono tenuti a garantirne la massima valorizzazione funzionale.

2 Parametri per l'attibuzione del patrimonio.

1. Lo Stato, previa intesa conclusa in sede di Conferenza Unificata, individua i beni da attribuire a titolo non oneroso a: Comuni, Province, Città metropolitane e Regioni, secondo criteri di territorialità, sussidiarietà, adeguatezza, semplificazione, capacità finanziaria, correlazione con competenze e funzioni, nonché valorizzazione ambientale, in base a quanto previsto dall'articolo 3.

2. Gli enti locali in stato di dissesto finanziario ai sensi dell'articolo 244 del testo unico delle leggi sull'ordinamento degli enti locali, di cui al decreto legislativo 18 agosto 2000, n. 267, fino a quando perdura lo stato di dissesto, non possono alienare i beni ad essi attribuiti, che possono essere utilizzati solo per finalità di carattere istituzionale.

3. In applicazione del principio di sussidiarietà, nei casi previsti dall'articolo 3, qualora un bene non sia attribuito a un ente territoriale di un determinato livello di governo, lo Stato procede, sulla base delle domande avanzate, all'attribuzione del medesimo bene a un ente territoriale di un diverso livello di governo.

4. L'ente territoriale, a seguito del trasferimento, dispone del bene nell'interesse della collettività rappresentata ed è tenuto a favorire la massima valorizzazione funzionale del bene attribuito, a vantaggio diretto o indiretto della medesima collettività territoriale rappresentata. Ciascun ente assicura l'informazione della collettività circa il processo di valorizzazione, anche tramite divulgazione sul proprio sito internet istituzionale. Ciascun ente può indire forme di consultazione popolare, anche in forma telematica, in base alle norme dei rispettivi Statuti.

5. I beni statali sono attribuiti, a titolo non oneroso, a Comuni, Province, Città metropolitane e Regioni, anche in quote indivise, sulla base dei seguenti criteri:

a) sussidiarietà, adeguatezza e territorialità. In applicazione di tali criteri, i beni sono attribuiti, considerando il loro radicamento sul territorio, ai Comuni, salvo che per l'entità o tipologia del singolo bene o del gruppo di beni, esigenze di carattere unitario richiedano l'attribuzione a Province, Città metropolitane o Regioni quali livelli di governo maggiormente idonei a soddisfare le esigenze di tutela, gestione e valorizzazione tenendo conto del rapporto che deve esistere tra beni trasferiti e funzioni di ciascun livello istituzionale;

b) semplificazione. In applicazione di tale criterio, i beni possono essere inseriti dalle Regioni e dagli enti locali in processi di alienazione e dismissione secondo le procedure di cui all'articolo 58 del decreto-legge 25 giugno 2008, n. 112, convertito, con modificazioni, dalla legge 6 agosto 2008, n. 133. A tal fine, per assicurare la massima valorizzazione dei beni trasferiti, la deliberazione da parte dell'ente territoriale di approvazione del piano delle alienazioni e valorizzazioni è trasmessa ad un'apposita Conferenza di servizi, che opera ai sensi degli articoli 14, 14-*bis*, 14-*ter* e 14-*quater* della legge 7 agosto 1990, n. 241, e successive modificazioni, a cui partecipano il Comune, la Provincia, la Città metropolitana e la Regione interessati, volta ad acquisire le autorizzazioni, gli assensi e le approvazioni comunque denominati necessari alla variazione di destinazione urbanistica. Sono fatte salve le procedure e le determinazioni adottate da organismi istituiti da leggi regionali, con le modalità ivi stabilite. La determinazione finale della Conferenza di servizi costituisce provvedimento unico di autorizzazione delle varianti allo strumento urbanistico generale e ne fissa i limiti e i vincoli;

c) capacità finanziaria, intesa come idoneità finanziaria necessaria a soddisfare le esigenze di tutela, gestione e valorizzazione dei beni;

d) correlazione con competenze e funzioni, intesa come connessione tra le competenze e le funzioni effettivamente svolte o esercitate dall'ente cui è attribuito il bene e le esigenze di tutela, gestione e valorizzazione del bene stesso;

e) valorizzazione ambientale. In applicazione di tale criterio la valorizzazione del bene è realizzata avendo riguardo alle caratteristiche fisiche, morfologiche, ambientali, paesaggistiche, culturali e sociali dei beni trasferiti, al fine di assicurare lo sviluppo del territorio e la salvaguardia dei valori ambientali.

3 Attribuzione e trasferimento dei beni.

1. Ferme restando le funzioni amministrative già conferite agli enti territoriali in base alla normativa vigente, con uno o più decreti del Presidente del Consiglio dei Ministri, su proposta del Ministro dell'economia e delle finanze, di concerto con il Ministro per le riforme per il federalismo, con il Ministro per i rapporti con le Regioni e con gli altri Ministri competenti per materia, adottati entro centottanta giorni dalla data di entrata in vigore del presente decreto legislativo:

a) sono trasferiti alle Regioni, unitamente alle relative pertinenze, le miniere di cui all'articolo 5, comma 1, lettera *d*), che non comprendono i giacimenti petroliferi e di gas e le relative pertinenze nonché i siti di stoccaggio di gas naturale e le relative pertinenze, e i beni del demanio marittimo di cui all'articolo 5, comma 1, lettera *a*) ed i beni del demanio idrico di cui all'articolo 5, comma 1, lettera *b*), salvo quanto previsto dalla lettera *b*) del presente comma (1);

b) sono trasferiti alle Province, unitamente alle relative pertinenze, i beni del demanio idrico di cui all'articolo 5, comma 1, lettera *b*), limitatamente ai laghi chiusi privi di emissari di superficie che insistono sul territorio di una sola Provincia [, e le miniere di cui all'articolo 5, comma 1, lettera *d*), che non comprendono i giacimenti petroliferi e di gas e le relative pertinenze nonché i siti di stoccaggio di gas naturale e le relative pertinenze] (2) (3).

2. Una quota dei proventi dei canoni ricavati dalla utilizzazione del demanio idrico trasferito ai sensi della lettera *a*) del comma 1, tenendo conto dell'entità delle risorse idriche che insistono sul territorio della Provincia e delle funzioni amministrative esercitate dalla medesima, è destinata da ciascuna Regione alle Province, sulla base di una intesa conclusa fra la Regione e le singole Province sul cui territorio insistono i medesimi beni del demanio idrico. Decorso un anno dalla data di entrata in vigore del presente decreto senza che sia stata conclusa la predetta intesa, il Governo determina, tenendo conto dei medesimi criteri,

la quota da destinare alle singole Province, attraverso l'esercizio del potere sostitutivo di cui all'articolo 8 della legge 5 giugno 2003, n. 131.

3. Salvo quanto previsto dai commi 1 e 2, i beni sono individuati ai fini dell'attribuzione ad uno o più enti appartenenti ad uno o più livelli di governo territoriale mediante l'inserimento in appositi elenchi contenuti in uno o più decreti del Presidente del Consiglio dei Ministri adottati entro centottanta giorni dalla data di entrata in vigore del presente decreto legislativo, previa intesa sancita in sede di Conferenza Unificata ai sensi dell'articolo 3 del decreto legislativo 28 agosto 1997, n. 281, su proposta del Ministro dell'economia e delle finanze, di concerto con il Ministro per le riforme per il federalismo, con il Ministro per i rapporti con le Regioni e con gli altri Ministri competenti per materia, sulla base delle disposizioni di cui agli articoli 1 e 2 del presente decreto legislativo. I beni possono essere individuati singolarmente o per gruppi. Gli elenchi sono corredati da adeguati elementi informativi, anche relativi allo stato giuridico, alla consistenza, al valore del bene, alle entrate corrispondenti e ai relativi costi di gestione e acquistano efficacia dalla data della pubblicazione dei decreti del Presidente del Consiglio dei Ministri nella Gazzetta Ufficiale.

4. Sulla base dei decreti del Presidente del Consiglio dei Ministri di cui al comma 3, le Regioni e gli enti locali che intendono acquisire i beni contenuti negli elenchi di cui al comma 3 presentano, entro il termine perentorio di sessanta giorni dalla data di pubblicazione nella Gazzetta Ufficiale dei citati decreti, un'apposita domanda di attribuzione all'Agenzia del demanio. Le specifiche finalità e modalità di utilizzazione del bene, la relativa tempistica ed economicità nonché la destinazione del bene medesimo sono contenute in una relazione allegata alla domanda, sottoscritta dal rappresentante legale dell'ente. Per i beni che negli elenchi di cui al comma 3 sono individuati in gruppi, la domanda di attribuzione deve riferirsi a tutti i beni compresi in ciascun gruppo e la relazione deve indicare le finalità e le modalità prevalenti di utilizzazione. Sulla base delle richieste di assegnazione pervenute è adottato, entro i successivi sessanta giorni, su proposta del Ministro dell'economia e delle finanze, sentite le Regioni e gli enti locali interessati, un ulteriore decreto del Presidente del Consiglio dei Ministri, riguardante l'attribuzione dei beni, che produce effetti dalla data di pubblicazione nella Gazzetta Ufficiale e che costituisce titolo per la trascrizione e per la voltura catastale dei beni a favore di ciascuna Regione o ciascun ente locale.

5. Qualora l'ente territoriale non utilizzi il bene nel rispetto delle finalità e dei tempi indicati nella relazione di cui al comma 4, il Governo esercita il potere sostitutivo di cui all'articolo 8 della legge 5 giugno 2003, n. 131, ai fini di assicurare la migliore utilizzazione del bene, anche attraverso il conferimento al patrimonio vincolato di cui al comma 6.

[6. I beni per i quali non è stata presentata la domanda di cui al comma 4 del presente articolo ovvero al comma 3 dell'articolo 2, confluiscono, in base ad un decreto del Presidente del Consiglio dei Ministri adottato con la procedura di cui al comma 3, in un patrimonio vincolato affidato all'Agenzia del demanio o all'amministrazione che ne cura la gestione, che provvede alla valorizzazione e alienazione degli stessi beni, d'intesa con le Regioni e gli Enti locali interessati, sulla base di appositi accordi di programma o protocolli di intesa. Decorsi trentasei mesi dalla data di pubblicazione nella Gazzetta Ufficiale del decreto di inserimento nel patrimonio vincolato, i beni per i quali non si è proceduto alla stipula degli accordi di programma ovvero dei protocolli d'intesa rientrano nella piena disponibilità dello Stato e possono essere comunque attribuiti con i decreti di cui all'articolo 7.] (4)

(1) *Lettera modificata dall'art. 40, comma 1, d.l. 22 giugno 2012, n. 83.*

(2) *Vedi l'art. 2, comma 1-*ter, *d.l. 29 dicembre 2010, n. 225.*

(3) *Lettera modificata dall'art. 40, comma 2, d.l. 22 giugno 2012, n. 83.*

(4) *Comma abrogato dall'art. 23-*ter, *comma 2, lett.* a) *d.l. 6 luglio 2012, n. 95.*

4 *Status* dei beni.

1. I beni, trasferiti con tutte le pertinenze, accessori, oneri e pesi, salvo quanto previsto dall'articolo 111 del codice di procedura civile, entrano a far parte del patrimonio disponibile dei Comuni, delle Province, delle Città metropolitane e delle Regioni, ad eccezione delle miniere di cui all'articolo 5, comma 1, lettera *d*), che non comprendono i giacimenti petroliferi e di gas e le relative pertinenze nonché i siti di stoccaggio di gas naturale e le relative pertinenze e di quelli appartenenti al demanio marittimo, idrico e aeroportuale, che restano assoggettati al regime stabilito dal codice civile, nonché alla disciplina di tutela e salvaguardia dettata dal medesimo codice, dal codice della navigazione, dalle leggi regionali e statali e dalle norme comunitarie di settore, con particolare riguardo a quelle di tutela della concorrenza. Ove ne ricorrano i presupposti, il decreto del Presidente del Consiglio dei Ministri di attribuzione di beni demaniali diversi dalle miniere di cui all'articolo 5, comma 1, lettera *d*), che non comprendono i giacimenti petroliferi e di gas e le relative pertinenze nonché i siti di stoccaggio di gas naturale e le relative pertinenze, e da quelli appartenenti al demanio marittimo, idrico e aeroportuale, può disporre motivatamente il mantenimento dei beni stessi nel demanio o l'inclusione nel patrimonio indisponibile. Per i beni trasferiti che restano assoggettati al regime dei beni demaniali ai sensi del presente articolo, l'eventuale passaggio al patrimonio è dichiarato dall'amministrazione dello Stato ai sensi dell'articolo 829, primo comma, del codice civile. Sui predetti beni non possono essere costituiti diritti di superficie (1).

2. Il trasferimento dei beni ha effetto dalla data di pubblicazione nella Gazzetta Ufficiale dei decreti del Presidente del Consiglio dei Ministri di cui all'articolo 3, commi 1 e 4, quarto periodo. Il trasferimento ha luogo nello stato di fatto e di diritto in cui i beni si trovano, con contestuale immissione di ciascuna Regione ed ente locale nel possesso giuridico e subentro in tutti i rapporti attivi e passivi relativi ai beni trasferiti, fermi restando i limiti derivanti dai vincoli storici, artistici e ambientali.

3. I beni trasferiti in attuazione del presente decreto che entrano a far parte del patrimonio disponibile dei

Comuni, delle Province, delle Città metropolitane e delle Regioni possono essere alienati solo previa valorizzazione attraverso le procedure per l'adozione delle varianti allo strumento urbanistico, e a seguito di attestazione di congruità rilasciata, entro il termine di trenta giorni dalla relativa richiesta, da parte dell'Agenzia del demanio o dell'Agenzia del territorio, secondo le rispettive competenze.

(1) *Comma modificato dall'art. 40, commi 3 e 4, d.l. 22 giugno 2012, n. 83.*

5 Tipologie dei beni.

1. I beni immobili statali e i beni mobili statali in essi eventualmente presenti che ne costituiscono arredo o che sono posti al loro servizio che, a titolo non oneroso, sono trasferiti ai sensi dell'articolo 3 a Comuni, Province, Città metropolitane e Regioni sono i seguenti:

a) i beni appartenenti al demanio marittimo e relative pertinenze, come definiti dall'articolo 822 del codice civile e dall'articolo 28 del codice della navigazione, con esclusione di quelli direttamente utilizzati dalle amministrazioni statali;

b) i beni appartenenti al demanio idrico e relative pertinenze, nonché le opere idrauliche e di bonifica di competenza statale, come definiti dagli articoli 822, 942, 945, 946 e 947 del codice civile e dalle leggi speciali di settore, ad esclusione:

1) dei fiumi di ambito sovraregionale;

2) dei laghi di ambito sovraregionale per i quali non intervenga un'intesa tra le Regioni interessate, ferma restando comunque la eventuale disciplina di livello internazionale;

c) gli aeroporti di interesse regionale o locale appartenenti al demanio aeronautico civile statale e le relative pertinenze, diversi da quelli di interesse nazionale così come definiti dall'articolo 698 del codice della navigazione;

d) le miniere e le relative pertinenze ubicate su terraferma;

e) gli altri beni immobili dello Stato, ad eccezione di quelli esclusi dal trasferimento (1).

2. Fatto salvo quanto previsto al comma 4, sono in ogni caso esclusi dal trasferimento: gli immobili in uso per comprovate ed effettive finalità istituzionali alle amministrazioni dello Stato, anche a ordinamento autonomo, agli enti pubblici destinatari di beni immobili dello Stato in uso governativo e alle Agenzie di cui al decreto legislativo 30 luglio 1999, n. 300, e successive modificazioni; i porti e gli aeroporti di rilevanza economica nazionale e internazionale, secondo la normativa di settore; i beni appartenenti al patrimonio culturale, salvo quanto previsto dalla normativa vigente e dal comma 7 del presente articolo; [i beni oggetto di accordi o intese con gli enti territoriali per la razionalizzazione o la valorizzazione dei rispettivi patrimoni immobiliari sottoscritti alla data di entrata in vigore del presente decreto;] le reti di interesse statale, ivi comprese quelle stradali ed energetiche; le strade ferrate in uso di proprietà dello Stato; sono altresì esclusi dal trasferimento di cui al presente decreto i parchi nazionali e le riserve naturali statali. I beni immobili in uso per finalità istituzionali sono inseriti negli elenchi dei beni esclusi dal trasferimento in base a criteri di economicità e di concreta cura degli interessi pubblici perseguiti (2).

3. Le amministrazioni statali e gli altri enti di cui al comma 2 trasmettono, in modo adeguatamente motivato, ai sensi del medesimo comma 2, alla Agenzia del demanio entro novanta giorni dalla data di entrata in vigore del presente decreto legislativo gli elenchi dei beni immobili di cui richiedono l'esclusione. L'Agenzia del demanio può chiedere chiarimenti in ordine alle motivazioni trasmesse, anche nella prospettiva della riduzione degli oneri per locazioni passive a carico del bilancio dello Stato. Entro il predetto termine anche l'Agenzia del demanio compila l'elenco di cui al primo periodo. Entro i successivi quarantacinque giorni, previo parere della Conferenza Unificata, da esprimersi entro il termine di trenta giorni, con provvedimento del direttore dell'Agenzia l'elenco complessivo dei beni esclusi dal trasferimento è redatto ed è reso pubblico, a fini notiziali, con l'indicazione delle motivazioni pervenute, sul sito internet dell'Agenzia. Con il medesimo procedimento, il predetto elenco può essere integrato o modificato.

4. Entro un anno dalla data di entrata in vigore del presente decreto, con decreto del Presidente del Consiglio dei Ministri, su proposta del Ministro della difesa, di concerto con il Ministro dell'economia e delle finanze e del Ministro per le riforme per il federalismo, previa intesa sancita in sede di Conferenza Unificata ai sensi dell'articolo 3 del decreto legislativo 28 agosto 1997, n. 281, sono individuati e attribuiti i beni immobili comunque in uso al Ministero della difesa che possono essere trasferiti ai sensi del comma 1, in quanto non ricompresi tra quelli utilizzati per le funzioni di difesa e sicurezza nazionale, non oggetto delle procedure di cui all'articolo 14-*bis* del decreto-legge 25 giugno 2008, n. 112, convertito, con modificazioni, dalla legge 6 agosto 2008, n. 133, di cui all'articolo 2, comma 628, della legge 24 dicembre 2007, n. 244 e di cui alla legge 23 dicembre 2009, n. 191, nonché non funzionali alla realizzazione dei programmi di riorganizzazione dello strumento militare finalizzati all'efficace ed efficiente esercizio delle citate funzioni, attraverso gli specifici strumenti riconosciuti al Ministero della difesa dalla normativa vigente.

5. [In sede di prima applicazione del presente decreto] legislativo, nell'ambito di specifici accordi di valorizzazione e dei conseguenti programmi e piani strategici di sviluppo culturale, definiti ai sensi e con i contenuti di cui all'articolo 112, comma 4, del codice dei beni culturali e del paesaggio, di cui al decreto legislativo 22 gennaio 2004, n. 42, e successive modificazioni, lo Stato provvede, entro un anno dalla data di presentazione della domanda di trasferimento, al trasferimento alle Regioni e agli altri enti territoriali, ai sensi dell'articolo 54, comma 3, del citato codice, dei beni e delle cose indicati nei suddetti accordi di valorizzazione (3).

[5-*bis*. I beni oggetto di accordi o intese tra lo Stato e gli enti territoriali per la razionalizzazione o la valorizzazione dei rispettivi patrimoni immobiliari, già sottoscritti alla data di entrata in vigore del presente decreto legislativo, possono essere attribuiti, su richiesta, all'ente che ha sottoscritto l'accordo o l'intesa ovvero ad altri enti territoriali, qualora gli enti sottoscrittori dell'accordo o intesa non facciano richiesta di attribuzione a norma del presente decreto salvo che, ai sensi degli articoli 3 e 5, risultino esclusi dal trasferimento ovvero altrimenti disciplinati. Con decreto del Ministro dell'economia e delle finanze, previa ricognizione da parte dell'Agenzia del demanio, sentita la Conferenza unificata ai sensi dell'articolo 3 del decreto legislativo 28 agosto 1997, n. 281, sono stabiliti termini e modalità per la cessazione dell'efficacia dei predetti accordi o intese, senza effetti sulla finanza pubblica (4) (1).] (5)

[5-*ter*. Il decreto ministeriale di cui al comma 5-*bis* è adottato entro 60 giorni dalla data di entrata in vigore del presente decreto. La disposizione di cui al comma 5-*bis* non trova applicazione qualora gli accordi o le intese abbiano già avuto attuazione anche parziale alla data di entrata in vigore del presente decreto. Resta fermo quanto previsto dall'articolo 2, comma 196-*bis*, della legge 23 dicembre 2009, n. 191.] (6)

6. Nelle città sedi di porti di rilevanza nazionale possono essere trasferite dall'Agenzia del demanio al Comune aree già comprese nei porti e non più funzionali all'attività portuale e suscettibili di programmi pubblici di riqualificazione urbanistica, previa autorizzazione dell'Autorità portuale, se istituita, o della competente Autorità marittima.

7. Sono in ogni caso esclusi dai beni di cui al comma 1 i beni costituenti la dotazione della Presidenza della Repubblica, nonché i beni in uso a qualsiasi titolo al Senato della Repubblica, alla Camera dei Deputati, alla Corte Costituzionale, nonché agli organi di rilevanza costituzionale.

(1) *A norma dell'art. 4, comma 12-*quater, *d.l. 2 marzo 2012, n. 16, nelle more dell'attuazione delle disposizioni di cui alla presente lettera, le amministrazioni competenti proseguono nella piena gestione del patrimonio immobiliare statale, ivi comprese le attività di dismissione e valorizzazione.*

(2) *Comma modificato dall'art. 4, comma 17, lett.* a), *d.l. 13 maggio 2011, n. 70. Vedi anche il comma 18 del medesimo articolo 4 del d.l. n. 70 del 2011.*

(3) *Comma modificato dall'art. 27, comma 8, dd.l. 6 dicembre 2011, n. 201.*

(4) *Comma inserito dall'art. 4, comma 17, lett.* b), *d.l. 13 maggio 2011, n. 70. Vedi anche il comma 18 del medesimo articolo 4 del d.l. n. 70 del 2011.*

(5) *Comma abrogato dall'art. 23-*ter, *comma 2, lettera* a) *d.l. 6 luglio 2012, n. 95, convertito.*

(6) *Comma inserito dall'art. 4, comma 17, lett.* b), *d.l. 13 maggio 2011, n. 70. Vedi anche il comma 18 del medesimo articolo 4 del d.l. n. 70 del 2011. Comma, da ultimo, abrogato dall'art. 23-*ter, *comma 2, lett.* a) *d.l. 6 luglio 2012, n. 95, convertito.*

6 Valorizzazione dei beni attraverso fondi comuni di investimento immobiliare.

[1. Al fine di favorire la massima valorizzazione dei beni e promuovere la capacità finanziaria degli enti territoriali, anche in attuazione del criterio di cui all'articolo 2, comma 5, lettera *c*), i beni trasferiti agli enti territoriali possono, previa loro valorizzazione, attraverso le procedure per l'approvazione delle varianti allo strumento urbanistico di cui all'articolo 2, comma 5, lettera *b*), essere conferiti ad uno o più fondi comuni di investimento immobiliare istituiti ai sensi dell'articolo 37 del decreto legislativo 24 febbraio 1998, n. 58, e successive modificazioni, ovvero dell'articolo 14-*bis* della legge 25 gennaio 1994, n. 86. Ciascun bene è conferito, dopo la relativa valorizzazione attraverso le procedure per l'approvazione delle varianti allo strumento urbanistico, per un valore la cui congruità è attestata, entro il termine di trenta giorni dalla relativa richiesta, da parte dell'Agenzia del demanio o dell'Agenzia del territorio, secondo le rispettive competenze.

2. La Cassa depositi e prestiti, secondo le modalità di cui all'articolo 3, comma 4-*bis*, del decreto-legge 10 febbraio 2009, n. 5, convertito, con modificazioni, dalla legge 9 aprile 2009, n. 33, può partecipare ai fondi di cui al comma 1.

3. Agli apporti di beni immobili ai fondi effettuati ai sensi del presente decreto si applicano, in ogni caso, le agevolazioni di cui ai commi 10 e 11 dell'articolo 14-*bis* della legge 25 gennaio 1994, n. 86.] (1)

(1) *Articolo abrogato dall'art. 33, comma 2, lett.* a), *d.l. 6 luglio 2011, n. 98.*

7 [Decreti biennali di attribuzione.

1. A decorrere dal 1° gennaio del secondo anno successivo alla data di entrata in vigore del presente decreto legislativo, con uno o più decreti del Presidente del Consiglio dei Ministri, adottati ogni due anni su proposta del Ministro dell'economia e delle finanze, di concerto con il Ministro per le riforme per il federalismo, con il Ministro per i rapporti con le Regioni e con gli altri Ministri competenti per materia, su richiesta di Regioni ed enti locali sulla base delle disposizioni di cui agli articoli 1, 2, 4 e 5 del presente decreto legislativo, possono essere attribuiti ulteriori beni eventualmente resisi disponibili per ulteriori trasferimenti.

2. Gli enti territoriali interessati possono individuare e richiedere ulteriori beni non inseriti in precedenti decreti né in precedenti provvedimenti del direttore dell'Agenzia del demanio. Tali beni sono trasferiti con decreto del Presidente del Consiglio dei Ministri adottato ai sensi del comma 1. A tali richieste è allegata una relazione attestante i benefici derivanti alle pubbliche amministrazioni da una diversa utilizzazione funzionale dei beni o da una loro migliore valorizzazione in sede locale.] (1)

(1) *Articolo abrogato dall'art. 23-*ter, *comma 2, lett.* a) *d.l. 6 luglio 2012, n. 95.*

8 Utilizzo ottimale di beni pubblici da parte degli enti territoriali.

1. Gli enti territoriali, al fine di assicurare la migliore utilizzazione dei beni pubblici per lo svolgimento delle funzioni pubbliche primarie attribuite, possono procedere a consultazioni tra di loro e con le amministrazioni periferiche dello Stato, anche all'uopo convocando apposite Conferenze di servizi coordinate dal Presidente della Giunta regionale o da un suo delegato. Le risultanze delle consultazioni sono trasmesse al Ministero dell'economia e delle finanze ai fini della migliore elaborazione delle successive proposte di sua competenza e possono essere richiamate a sostegno delle richieste avanzate da ciascun ente.

9 Disposizioni finali.

1. Tutti gli atti, contratti, formalità e altri adempimenti necessari per l'attuazione del presente decreto sono esenti da ogni diritto e tributo.

2. Con uno o più decreti del Presidente del Consiglio dei Ministri, su proposta del Ministro dell'economia e delle finanze, sentiti il Ministro dell'interno, il Ministro per la semplificazione normativa, il Ministro per le riforme per il federalismo e il Ministro per i rapporti con le Regioni, previa intesa sancita in sede di Conferenza Unificata ai sensi dell'articolo 3 del decreto legislativo 28 agosto 1997, n. 281, sono determinate le modalità, per ridurre, a decorrere dal primo esercizio finanziario successivo alla data del trasferimento, le risorse a qualsiasi titolo spettanti alle Regioni e agli enti locali contestualmente e in misura pari alla riduzione delle entrate erariali conseguente alla adozione dei decreti del Presidente del Consiglio dei Ministri di cui agli articoli 3 e 7.

3. Alle procedure di spesa relative ai beni trasferiti ai sensi delle disposizioni del presente decreto non si applicano i vincoli relativi al rispetto del patto di stabilità interno, per un importo corrispondente alle spese già sostenute dallo Stato per la gestione e la manutenzione dei beni trasferiti. Tale importo è determinato secondo i criteri e con le modalità individuati con decreto del Presidente del Consiglio dei Ministri, su proposta del Ministro dell'economia e delle finanze, da adottarsi entro sessanta giorni dalla data di entrata in vigore del presente decreto. Il Ministro dell'economia e delle finanze è autorizzato ad apportare le occorrenti variazioni di bilancio per la riduzione degli stanziamenti dei capitoli di spesa interessati.

4. Con decreto del Presidente del Consiglio dei Ministri, adottato su proposta del Ministro dell'economia e delle finanze, in relazione ai trasferimenti dei beni immobili di cui al presente decreto legislativo, è assicurata la coerenza tra il riordino e la riallocazione delle funzioni e la dotazione delle risorse umane e finanziarie, con il vincolo che al trasferimento delle funzioni corrisponda un trasferimento del personale tale da evitare ogni duplicazione di funzioni.

5. Le risorse nette derivanti a ciascuna Regione ed ente locale dalla eventuale alienazione degli immobili del patrimonio disponibile loro attribuito ai sensi del presente decreto nonché quelle derivanti dalla eventuale cessione di quote di fondi immobiliari cui i medesimi beni siano stati conferiti sono acquisite dall'ente territoriale per un ammontare pari al settantacinque per cento delle stesse. Le predette risorse sono destinate alla riduzione del debito dell'ente e, solo in assenza del debito o comunque per la parte eventualmente eccedente, a spese di investimento. La residua quota del venticinque per cento è destinata al Fondo per l'ammortamento dei titoli di Stato. Con decreto del Presidente del Consiglio dei Ministri, adottato entro sessanta giorni dalla data di entrata in vigore del presente decreto legislativo, su proposta del Ministro dell'economia e delle finanze, di concerto con il Ministro dell'interno, il Ministro per i rapporti con le Regioni ed il Ministro per le riforme per il federalismo, sono definite le modalità di applicazione del presente comma. Ciascuna Regione o ente locale può procedere all'alienazione di immobili attribuiti ai sensi del presente decreto legislativo previa attestazione della congruità del valore del bene da parte dell'Agenzia del demanio o dell'Agenzia del territorio, secondo le rispettive competenze. L'attestazione è resa entro il termine di trenta giorni dalla relativa richiesta.

6. Nell'attuazione del presente decreto legislativo è comunque assicurato il rispetto di quanto previsto dall'articolo 28 della legge 5 maggio 2009, n. 42.

133. Decreto legge 6 luglio 2011, n. 98, convertito, con modificazioni, in legge 15 luglio 2011, n. 111. — Disposizioni urgenti per la stabilizzazione finanziaria. (*estratto*).

Pubblicato nella Gazzetta Ufficiale n. 155 del 6 luglio 2011; la legge di conversione è stata pubblicata nella Gazzetta Ufficiale n. 164 del 16 luglio 2011.

33 Disposizioni in materia di valorizzazione del patrimonio immobiliare.

1. Con decreto del Ministro dell'economia e delle finanze è costituita una società di gestione del risparmio avente capitale sociale pari a ad almeno un milione di euro per l'anno 2012, per l'istituzione di uno o più fondi d'investimento al fine di partecipare in fondi d'investimento immobiliari chiusi promossi o partecipati da regioni, provincie, comuni anche in forma consorziata o associata ai sensi [dell'articolo 31] del decreto legislativo 18 agosto 2000, n. 267, ed altri enti pubblici ovvero da società interamente partecipate dai predetti enti, al fine di valorizzare o dismettere il proprio patrimonio immobiliare disponibile. Per le stesse finalità di cui al primo periodo è autorizzata la spesa di 6 milioni di euro per l'anno 2013. La pubblicazione del suddetto decreto fa luogo ad ogni adempimento di legge. Il capitale della società di gestione del risparmio di cui al primo periodo del presente comma è detenuto interamente dal Ministero dell'economia e delle finanze, fatto salvo quanto previsto dal successivo comma 8-*bis*. I fondi istituiti dalla società di gestione del risparmio costituita dal Ministero dell'economia e delle finanze partecipano a quelli di cui al comma 2 mediante la sottoscrizione di quote da questi ultimi offerte su base competitiva a investitori qualificati al fine di conseguire la liquidità necessaria per la realizzazione degli interventi di valorizzazione. I fondi istituiti dalla società di gestione del risparmio costituita dal Ministro dell'economia e delle finanze ai sensi del presente comma investono anche direttamente al fine di acquisire immobili in locazione passiva alle pubbliche

amministrazioni. Con successivo decreto del Ministro dell'economia e delle finanze possono essere stabilite le modalità di partecipazione del suddetto fondo a fondi titolari di diritti di concessione o d'uso su beni indisponibili e demaniali, che prevedano la possibilità di locare in tutto o in parte il bene oggetto della concessione (1) (2).

2. Ai fondi comuni di investimento immobiliare promossi o partecipati da regioni, provincie, comuni anche in forma consorziata o associata ai sensi [dell'articolo 31] deldecreto legislativo 18 agosto 2000, n. 267, ed da altri enti pubblici ovvero da società interamente partecipate dai predetti enti, ai sensi del comma 1 possono essere apportati a fronte dell'emissione di quote del fondo medesimo ovvero trasferiti, beni immobili e diritti reali immobiliari, con le procedure dell'articolo 58 del decreto-legge 25 giugno 2008, n. 112, convertito, con modificazioni, dalla legge 6 agosto 2008, n. 133, nonché quelli trasferiti ai sensi del decreto legislativo 28 maggio 2010, n. 85. Tali apporti o trasferimenti devono avvenire sulla base di progetti di utilizzo o di valorizzazione approvati con delibera dell'organo di governo dell'ente, previo esperimento di procedure di selezione della Società di gestione del risparmio tramite procedure di evidenza pubblica. Possono presentare proposte di valorizzazione anche soggetti privati secondo le modalità di cui al decreto legislativo 12 aprile 2006, n. 163. Nel caso dei beni individuati sulla base di quanto previsto dall'articolo 3, comma 3, del decreto legislativo 28 maggio 2010, n. 85, la domanda prevista dal comma 4, dell'articolo 3 del citato decreto legislativo può essere motivata dal trasferimento dei predetti beni ai fondi di cui al presente comma. È abrogato l'articolo 6 del decreto legislativo 28 maggio 2010, n. 85. I soggetti indicati all'articolo 4, comma 1 del decreto-legge 25 settembre 2001, n. 351, convertito, con modificazioni, dalla legge 23 novembre 2001, n. 410, possono apportare beni ai suddetti fondi (3).

3. L'investimento nei fondi di cui ai commi 1, 8-*ter* e 8-*quater*, è compatibile con le vigenti disposizioni in materia di attività di copertura delle riserve tecniche delle compagnie di assicurazione di cui al decreto legislativo 7 settembre 2005, n. 209, e successive modificazioni, e ai provvedimenti ISVAP n. 147 e 148 del 1996 e n. 36 del 2011, e successive modificazioni, nei limiti ed alle condizioni ivi contenuti. Il venti per cento del piano di impiego dei fondi disponibili previsto dall'articolo 65 della legge 30 aprile 1969, n. 153, per gli enti pubblici, di natura assicurativa o previdenziale, per gli anni 2012, 2013 e 2014 è destinato alla sottoscrizione delle quote dei [suddetti] fondi di cui al comma 1. Il 20 per cento del piano di impiego di cui al precedente periodo è destinato, per gli anni 2012, 2013 e 2014, alla sottoscrizione delle quote dei fondi di cui ai successivi commi 8-*ter* e 8-*quater*. La Cassa depositi e prestiti, secondo le modalità di cui all'articolo 3, comma 4-*bis* del decreto legge 10 febbraio 2009, n. 5, convertito, con modificazioni, dalla legge 9 aprile 2009 n. 33, può partecipare ai fondi di cui ai commi 1, 8-*ter* e 8-*quater* (4).

4. La destinazione funzionale dei beni oggetto di conferimento o trasferimento ai fondi di cui di cui ai commi 2, 8-*ter* e 8-*quater* può essere conseguita mediante il procedimento di cui all'articolo 34 del decreto legislativo 18 agosto 2000, n. 267, e delle corrispondenti disposizioni previste dalla legislazione regionale. Il procedimento si conclude entro il termine perentorio di 180 giorni dalla data della delibera con cui viene promossa la costituzione dei fondi [di cui al comma 2]. Con la medesima procedura si procede alla regolarizzazione edilizia ed urbanistica degli immobili conferiti. L'apporto o il trasferimento ai fondi di cui ai commi 2, 8-*ter* e 8-*quater* è sospensivamente condizionato al completamento delle procedure di valorizzazione amministrative e di regolarizzazione. Fino a quando la valorizzazione dei beni trasferiti al fondo non sia completata, secondo le valutazioni effettuate dalla relativa società di gestione del risparmio, i soggetti apportanti [di cui al comma 1] non possono alienare la maggioranza delle quote del fondo. A seguito dell'apporto ai fondi di cui al comma 8-*ter* da parte di regioni, provincie, comuni anche in forma consorziata o associata ai sensi del decreto legislativo 18 agosto 2000, n. 267, e di altri enti pubblici ovvero di società e da altri enti pubblici ovvero da società interamente partecipate dai predetti enti (5), oggetto di preventiva comunicazione da parte di ciascuno di detti soggetti (6) alla società di gestione del risparmio di cui al comma 1 e al Ministero dell'economia e delle finanze, è riconosciuto in favore dell'ente conferente un ammontare pari almeno al 70 per cento del valore di apporto dei beni in quote del fondo; compatibilmente con la pianificazione economico-finanziaria dei fondi gestiti dalla società di gestione del risparmio di cui al comma 1, la restante parte del valore è corrisposta in denaro (7) (8).

5. Per gli immobili sottoposti alle norme di tutela di cui al decreto legislativo 22 gennaio 2004, n. 42, recante Codice dei beni culturali e del paesaggio, si applicano gli articoli 12 e 112 del citato decreto legislativo, nonché l'articolo 5, comma 5, del decreto legislativo 28 maggio 2010, n. 85.

6. All'articolo 58 del decreto-legge 25 giugno 2008, n. 112, convertito, con modificazioni, dalla legge 6 agosto 2008, n. 133, dopo il comma 9 è aggiunto il seguente: "9-*bis*. In caso di conferimento a fondi di investimento immobiliare dei beni inseriti negli elenchi di cui al comma 1, la destinazione funzionale prevista dal piano delle alienazioni e delle valorizzazioni, se in variante rispetto alle previsioni urbanistiche ed edilizie vigenti ed in itinere, può essere conseguita mediante il procedimento di cui all'articolo 34 del decreto legislativo 18 agosto 2000, n. 267, e delle corrispondenti disposizioni previste dalla legislazione regionale. Il procedimento si conclude entro il termine perentorio di 180 giorni dall'apporto o dalla cessione sotto pena di retrocessione del bene all'ente locale. Con la medesima procedura si procede alla regolarizzazione edilizia ed urbanistica degli immobili conferiti."

7. Agli apporti e ai trasferimenti ai fondi effettuati ai sensi del presente articolo si applicano le agevolazioni di cui ai commi 10 e 11 dell'articolo 14-*bis* della legge 25 gennaio 1994, n. 86, e gli articoli 1, 3 e 4 del decreto-legge 25 settembre 2001 n. 351, convertito, con modificazioni, dalla legge 23 novembre 2001, n. 410 (9).

8. Entro trenta giorni dalla data di entrata in vigore del presente decreto la società Patrimonio dello Stato

s.p.a. è sciolta ed è posta in liquidazione con le modalità previste dal codice civile.

8-*bis*. I fondi istituiti dalla società di gestione del risparmio costituita dal Ministero dell'economia e delle finanze possono acquistare immobili ad uso ufficio di proprietà degli enti territoriali e altri immobili appartenenti al demanio dello Stato (10), utilizzati dagli stessi o da altre pubbliche amministrazioni nonché altri immobili di proprietà dei medesimi enti di cui sia completato il processo di valorizzazione edilizio-urbanistico, qualora inseriti in programmi di valorizzazione, recupero e sviluppo del territorio. Gli immobili di tipo residenziale in uso al Ministero della difesa acquisiti dai citati fondi ai sensi del presente comma contribuiscono al raggiungimento della quota minima di alloggi da alienare fissata dal comma 3 dell'articolo 306 del codice dell'ordinamento militare, di cui al decreto legislativo 15 marzo 2010, n. 66, e i relativi introiti sono destinati alla realizzazione del programma pluriennale di cui all'articolo 297 dello stesso codice (11). Le azioni della [predetta] società di gestione del risparmio di cui al comma 1 possono essere trasferite, mediante decreto del Ministro dell'economia e delle finanze, a titolo gratuito all'Agenzia del demanio. Con apposita convenzione, a titolo oneroso, sono regolati i rapporti fra la società di gestione di cui al comma 1 e l'Agenzia del demanio. Per le attività svolte ai sensi del presente articolo dall'Agenzia del demanio, quest'ultima utilizza parte delle risorse appostate sul capitolo di spesa n. 7754 dello stato di previsione del Ministero dell'economia e delle finanze. Le risorse di cui all'ultimo periodo del comma 1 dell'articolo 6 della legge 12 novembre 2011, n. 183, sono utilizzate dall'Agenzia del demanio per l'individuazione o l'eventuale costituzione della società di gestione del risparmio o delle società, per il collocamento delle quote del fondo o delle azioni della società, nonché per tutte le attività, anche propedeutiche, connesse alle operazioni di cui al presente articolo (12).

8-*ter*. Allo scopo di conseguire la riduzione del debito pubblico il Ministro dell'economia e delle finanze, attraverso la società di gestione del risparmio di cui al comma 1, promuove, con le modalità di cui all'articolo 4 del decreto-legge 25 settembre 2001, n. 351, convertito, con modificazioni, dalla legge 23 novembre 2001, n. 410, la costituzione di uno o più fondi comuni d'investimento immobiliare, a cui trasferire o conferire immobili di proprietà dello Stato non utilizzati per finalità istituzionali, nonché diritti reali immobiliari. Le risorse derivanti dalla cessione delle quote del Ministero dell'economia e delle finanze sono versate all'entrata del bilancio dello Stato per essere riassegnate al Fondo per l'ammortamento dei titoli di Stato, e destinate al pagamento dei debiti dello Stato; a tale ultimo fine i corrispettivi possono essere riassegnati al Fondo speciale per reiscrizione dei residui perenti delle spese correnti e al Fondo speciale per la reiscrizione dei residui perenti in conto capitale, ovvero possono essere utilizzati per incrementare l'importo stabilito dall'articolo 35, comma 1, lettera *b*), del decreto-legge 24 gennaio 2012, n. 1, convertito, con modificazioni, dalla legge 24 marzo 2012, n. 27. Con decreto del Presidente del Consiglio dei Ministri, su proposta del Ministro dell'economia e delle finanze, si provvede alla determinazione delle percentuali di riparto tra le finalità indicate nel presente comma. Le società controllate direttamente o indirettamente dallo Stato possono deliberare il trasferimento o il conferimento a tali fondi di immobili di proprietà. [Possono altresì essere trasferiti o conferiti ai medesimi fondi i beni valorizzabili, suscettibili di trasferimento ai sensi dell'articolo 5, comma 1, lettera *e*), del decreto legislativo 28 maggio 2010, n. 85, individuati dall'Agenzia del demanio e a seguito di apposita manifestazione, da parte dei competenti organi degli Enti interessati, della volontà di valorizzazione secondo le procedure del presente comma.] I decreti del Ministro dell'economia e delle finanze di cui all'articolo 4 del citato decreto-legge 25 settembre 2001, n. 351, disciplinano, altresì, le modalità di concertazione con le competenti strutture tecniche dei diversi livelli di governo territoriale interessati[, nonché l'attribuzione agli Enti territoriali delle quote dei fondi, nel rispetto della ripartizione e per le finalità previste dall'articolo 9 del decreto legislativo 28 maggio 2010, n. 85, limitatamente ai beni di cui all'articolo 5, comma 1 lettera *e*), sopra richiamato, derivanti dal conferimento ai predetti fondi immobiliari]. Ai fondi di cui al presente comma possono conferire beni anche i soggetti di cui al comma 2 con le modalità ivi previste, ovvero con apposita deliberazione adottata secondo le procedure di cui all'articolo 58 del decreto-legge 25 giugno 2008, n. 112, convertito, con modificazioni, dalla legge 6 agosto 2008, n. 133, anche in deroga all'obbligo di allegare il piano delle alienazioni e valorizzazioni immobiliari al bilancio. Tale delibera deve indicare espressamente le destinazioni urbanistiche non compatibili con le strategie di trasformazione urbana. La totalità delle risorse rivenienti dalla valorizzazione e alienazione degli immobili di proprietà delle regioni, degli enti locali e degli enti pubblici, anche economici, strumentali di ciascuna regione, trasferiti ai fondi di cui al presente comma, è destinata alla riduzione del debito dell'ente e, solo in assenza del debito, o comunque per la parte eventualmente eccedente, a spese di investimento (13) (14).

8-*quater*. Per le medesime finalità di cui al comma 8-*ter*, il Ministro dell'economia e delle finanze, attraverso la società di gestione del risparmio di cui al comma 1, promuove, altresì, con le modalità di cui all'articolo 4 del decreto-legge 25 settembre 2001, n. 351, convertito, con modificazioni, dalla legge 23 novembre 2001, n. 410, uno o più fondi comuni di investimento immobiliare a cui sono trasferiti o conferiti, ai sensi del comma 4, gli immobili di proprietà dello Stato non più utilizzati dal Ministero della difesa per finalità istituzionali e suscettibili di valorizzazione, nonché diritti reali immobiliari. Con uno o più decreti del Ministero della difesa, sentita l'Agenzia del demanio, da emanarsi il primo entro sessanta giorni dall'entrata in vigore delle presenti disposizioni, sono individuati tutti i beni di proprietà statale assegnati al medesimo Dicastero e non utilizzati dallo stesso per finalità istituzionali. L'inserimento degli immobili nei predetti decreti ne determina la classificazione come patrimonio disponibile dello Stato. A decorrere dalla data di pubblicazione nella Gazzetta Ufficiale dei citati decreti, l'Agenzia del demanio avvia le procedure di regolarizzazione e valorizzazione previste dal presente articolo ovvero dall'articolo 33-*bis*, limitatamente ai beni suscettibili di valorizzazione. Al predetto Dicastero, a fronte del conferimento e su indicazione del conferente, è riconosciuto direttamente in quote del costituendo fondo il 30 (15) per cento del valore di apporto dei beni, da impiegare con prioritaria destinazione alla razionalizzazione e alla riorganizzazione del settore infrastrutturale, ad esclusione di spese di natura ricorrente. Le risorse monetarie derivanti dall'alienazione delle quote sono versate all'entrata del bilancio dello Stato per essere riassegnate alle spese di investimento dello stato di previsione della spesa del Ministero della difesa, in aggiunta rispetto alle dotazioni finanziarie iscritte nel medesimo stato di previsione (16). In ogni caso fino a quando la procedura di valorizzazione di cui al comma 4 non sia stata completata, secondo le valutazioni effettuate dalla relativa società di gestione del risparmio, il Ministero della difesa non può alienare la maggioranza delle predette quote (17). Con decreto del Ministero dell'economia e delle finanze, su indicazione dell'Agenzia del demanio, sono assegnate una parte delle restanti quote dello stesso Ministero, nella misura massima del 25 per cento e minima del 10 per cento delle stesse, agli Enti territoriali interessati dalle procedure di cui al presente comma; le risorse rivenienti dalla cessione delle stesse sono destinate alla riduzione del debito dell'Ente e, solo in assenza del debito, o comunque per la parte eventualmente eccedente, a spese di investimento. Le risorse derivanti dalla cessione delle quote del Ministero dell'economia e delle finanze sono versate all'entrata del bilancio dello Stato per essere riassegnate al Fondo per l'ammortamento dei titoli di Stato, e destinate al pagamento dei debiti dello Stato; a tale ultimo fine i corrispettivi possono essere riassegnati al Fondo speciale per reiscrizione dei residui perenti delle spese correnti e al Fondo speciale per la reiscrizione dei residui perenti in conto capitale, ovvero possono essere utilizzati per incrementare l'importo stabilito dall'articolo 35, comma 1, lettera *b*), del decreto-legge 24 gennaio 2012, n. 1, convertito, con modificazioni, dalla legge 24 marzo 2012, n. 27. Con decreto del Presidente del Consiglio dei Ministri, su proposta del Ministro dell'economia e delle finanze, si provvede alla determinazione delle percentuali di riparto tra le finalità indicate nel presente comma. Gli immobili, individuati con i decreti del Ministero della difesa di cui al secondo periodo del presente comma, non suscettibili di conferimento ai fondi di cui al presente comma o agli strumenti previsti dall'articolo 33-*bis*, rientrano nella disponibilità dell'Agenzia del demanio per le attività di alienazione, di gestione e amministrazione secondo le norme vigenti; l'Agenzia può avvalersi, a tali fini, del supporto tecnico specialistico della società Difesa Servizi Spa, sulla base di apposita convenzione a titolo gratuito sottoscritta con la citata società, alla quale si applicano comunque le disposizioni di cui all'articolo 4 del decreto-legge 6 luglio 2012, n. 95, convertito, con modificazioni, dalla legge 7 agosto 2012, n. 135, e successive modificazioni, limitatamente ai commi 4, 5, 9, 10, 11, 12 e 14. Spettano all'Amministrazione della difesa tutti gli obblighi di custodia degli immobili individuati con i predetti decreti, fino al conferimento o al trasferimento degli stessi ai fondi di cui al presente comma ovvero fino alla formale riconsegna dei medesimi all'Agenzia del demanio. La predetta riconsegna è da effettuarsi gradualmente e d'intesa con l'Agenzia del demanio, a far data dal centoventesimo giorno dalla pubblicazione in Gazzetta Ufficiale dei relativi decreti individuativi (18).

8-*quinquies*. In deroga alla normativa vigente, con provvedimenti dell'Agenzia del demanio è disposto d'ufficio, laddove necessario, sulla base di elaborati planimetrici in possesso, l'accatastamento o la regolarizzazione catastale degli immobili di proprietà dello Stato, ivi compresi quelli in uso all'Amministrazione della difesa. A seguito dell'emanazione dei predetti provvedimenti, la competente Agenzia fiscale procede alle conseguenti attività di iscrizione catastale. In caso di dismissione degli immobili di proprietà dello Stato, eventuali regolarizzazioni catastali possono essere eseguite, anche successivamente agli atti o ai provvedimenti di trasferimento, a cura degli acquirenti. Tutte le attività rese in favore delle Amministrazioni dall'Agenzia del demanio ai sensi del presente articolo e del successivo articolo 33-*bis*, sono svolte da quest'ultima a titolo oneroso sulla base di specifiche convenzioni con le parti interessate (19).

8-*sexies*. I decreti di cui al presente articolo sono soggetti al controllo preventivo della Corte dei conti (20).

(1) *Comma modificato dall'art. 23-*ter*, comma 1, lett.* a), *punti nn. 1), 2) e 3) d.l. 6 luglio 2012, n. 95, conv., con modif., in l. 7 agosto 2012, n. 135; dall'art. 1, comma 140, lett.* a), *nn. 1) e 2), l. 24 dicembre 2012, n. 228 e, successivamente, dall'art. 12, comma 1, d.l. 21 giugno 2013, n. 69, conv., con modif., in l. 9 agosto 2013, n. 98.*

(2) *Per la costituzione della Società « Investimenti Immobiliari Italiani Società di Gestione del Risparmio società per azioni » e, in forma abbreviata, « InvImIt SGR S.p.A. » di gestione del risparmio, di cui al presente comma, v. il Comunicato 30 maggio 2013.*

(3) *Comma modificato dall'art. 23-*ter*, comma 1, lett.* b), *punti nn. 1), 2) e 3) d.l. n. 95, cit..*

(4) *Comma modificato dall'art. 23-*ter*, comma 1, lett.* c), *punti nn. 1), 2) e 3) d.l. n. 95, cit.*

(5) *Le parole* « di regioni, provincie, comuni anche in forma consorziata o associata ai sensi del decreto legislativo 18 agosto 2000, n. 267, e da altri enti pubblici ovvero da società interamente partecipate dai predetti enti » *sono state sostituite alle parole* « degli enti territoriali nonché da parte degli enti pubblici, anche economici, strumentali delle regioni » *dall'art. 164, comma 1, lett.* a) *d.l. 19 maggio 2020, n. 34, conv., con modif., in l. 17 luglio 2020, n. 77.*

(6) *Le parole* « ciascuno di detti soggetti » *sono state sostituite alle parole* « ciascuna regione » *dall'art. 164, comma 1, lett.* b) *d.l. n. 34, cit.*

(7) *L'ultimo periodo è stato così sostituito dall'art. 30, comma 2-*bis*, d.l. 26 ottobre 2019, n. 124, conv., con modif., in l. 19 dicembre 2019, n. 157. Il testo del periodo era il seguente:* « A seguito dell'apporto ai fondi di cui al comma 8-*ter* da parte degli Enti territoriali è riconosciuto, in favore di questi ultimi, un ammontare pari almeno al 70 per cento del valore di apporto dei beni in quote del fondo; compatibilmente con la pianificazione economico-finanziaria dei fondi gestiti dalla società di gestione del risparmio di cui al comma 1, la restante parte del valore è corrisposta in denaro ».

(8) *Comma modificato dall'art. 23-*ter*, comma 1, lett.* d), *punti nn. 1), 2), 3), 4) e 5) d.l. n. 95, cit.*

(9) *Comma modificato dall'art. 1, comma 1, l. 15 luglio 2011, n. 111, in sede di conversione e, successivamente, dall'art. 23-*ter*, comma 1, lett.* e), *d.l. n. 95, cit.*

(10) *Le parole « e altri immobili appartenenti al demanio dello Stato » sono state aggiunte dall'art. 1, comma 1156, lett.* a), *nn. 1), l. 27 dicembre 2017, n. 205, a decorrere dal 1° gennaio 2018.*

(11) *Periodo inserito dall'art. 1, comma 1156, lett.* a), *nn. 2), l. 27 dicembre 2017, n. 205, a decorrere dal 1° gennaio 2018.*

(12) *Comma aggiunto dall'art. 6, comma 7, l. 12 novembre 2011, n. 183 e, successivamente, modificato dall'art. 23-*ter*, comma 1, lett.* f), *punti nn. 1), 2), 3) d.l. n. 95, cit.*

(13) *L'ultimo periodo è stato così sostituito dall'art. 30, comma 2-ter, d.l. 26 ottobre 2019, n. 124, conv., con modif., in l. 19 dicembre 2019, n. 157.*

(14) *Comma aggiunto dall'art. 23-*ter, *comma 1, lett.* g), *d.l. n. 95, cit. e, successivamente, modificato dall'art. 56-*bis, *comma 13, lett.* a) *e* b), *d.l. n. 69, cit.*

(15) *Le parole* « direttamente in quote del costituendo fondo il 30 » *sono state reinserite dall'art. 1, comma 621, lett.* a), *n. 1) l. 27 dicembre 2019, n. 160, in sostituzione delle parole* « un ammontare pari al 10 », *precedentemente inserite dall'art. 1 comma 429 lett a), l. 30 dicembre 2018, n. 145.*

(16) *Il sesto periodo è stato così sostituito dall'art. 1, comma 621, lett. a), n. 2), l. 27 dicembre 2019, n. 160. Il testo del periodo, come sostituito dall'art. 1, comma 429, lett. a), l. 30 dicembre 2018, n. 145, era il seguente:* « Il predetto ammontare è corrisposto a valere sulle risorse monetarie eventualmente pagate, al momento del conferimento, dalla società di gestione del risparmio di cui al comma 1, che sono versate all'entrata del bilancio dello Stato per la successiva riassegnazione allo stato di previsione della spesa del Ministero della difesa, nei limiti dell'importo da riconoscere a tale Dicastero, in aggiunta rispetto alle dotazioni finanziarie iscritte nel medesimo stato di previsione »..

(17) *Il quinto periodo è stato così sostituito ed arricchito dall'introduzione dei successivi periodi dall'art. 1, comma 1156, lett.* b), *l. 27 dicembre 2017, n. 205, a decorrere dal 1° gennaio 2018. Il testo del periodo era il seguente:* « Al predetto Dicastero sono attribuite le risorse rivenienti dalla cessione delle quote dei fondi a cura del Ministero dell'economia e delle finanze in misura del 30 per cento, con prioritaria destinazione »alla razionalizzazione del settore infrastrutturale, ad esclusione di spese di natura ricorrente ».

(18) *Comma aggiunto dall'art. 23-*ter, *comma 1, lett.* g), *del d.l. n. 95, cit., e successivamente modificato dall'art. 1, comma 747 l. 27 dicembre 2013, n. 147.*

(19) *Comma aggiunto dall'art. 23-*ter, *comma 1, lett.* g), *d.l. n. 95, cit.*

(20) *Comma aggiunto dall'art, 1, comma 140, lett.* b), *l. 24 dicembre 2012, n. 228.*

134. Decreto legge 25 settembre 2001, n. 351, convertito, con modificazioni, in legge 23 novembre 2001, n. 410. — Disposizioni urgenti in materia di privatizzazione e valorizzazione del patrimonio immobiliare pubblico e di sviluppo dei fondi comuni di investimento immobiliare. (*estratto*) (1) (2).

Pubblicato nella Gazzetta Ufficiale n. 224 del 26 settembre 2001; la legge di conversione è stata pubblicata nella Gazzetta Ufficiale n. 274 del 24 novembre 2001.

(1) *Per l'esclusione di alcuni immobili precedentemente inseriti nelle procedure di vendita di cui al presente decreto v. l'art. 11-*quinquies, *comma 7 del d.l. 30 settembre 2005, n. 203, conv., con modif., in l. 2 dicembre 2005, n. 248.*

(2) *A norma dell'art. 9, comma 1, del d.lgs. 4 marzo 2014, n. 44, le disposizioni fiscali applicabili ai fondi comuni di investimento immobiliare, contenute negli artt. 6 e seguenti del presente decreto, si intendono riferite anche alle società di investimento a capitale fisso (SICAF) che investono in beni immobili nelle misure indicate dalle disposizioni civilistiche.*

CAPO I

Disposizioni in materia di privatizzazione e valorizzazione del patrimonio immobiliare pubblico

1 Ricognizione del patrimonio immobiliare pubblico.

1. Per procedere al riordino, gestione e valorizzazione del patrimonio immobiliare dello Stato, anche in funzione della formulazione del conto generale del patrimonio, di cui agli articoli 5, comma 2, della legge 3 aprile 1997, n. 94, e 14, comma 2, del decreto legislativo 7 agosto 1997, n. 279, l'Agenzia del demanio, con propri decreti dirigenziali, individua, sulla base e nei limiti della documentazione esistente presso gli archivi e gli uffici pubblici, i singoli beni, distinguendo tra beni demaniali e beni facenti parte del patrimonio indisponibile e disponibile.

2. L'Agenzia del demanio, con propri decreti dirigenziali, individua i beni degli enti pubblici non territoriali, i beni non strumentali in precedenza attribuiti a società a totale partecipazione pubblica, diretta o indiretta, riconosciuti di proprietà dello Stato, nonché i beni ubicati all'estero. L'individuazione dei beni degli enti pubblici e di quelli già attribuiti alle società suddette è effettuata anche sulla base di elenchi predisposti dagli stessi (1).

3. I decreti di cui ai commi 1 e 2, da pubblicare nella Gazzetta Ufficiale, hanno effetto dichiarativo della proprietà, in assenza di precedenti trascrizioni, e producono gli effetti previsti dall'articolo 2644 del codice civile, nonché effetti sostitutivi dell'iscrizione del bene in catasto.

4. Gli uffici competenti provvedono, se necessario, alle conseguenti attività di trascrizione, intavolazione e voltura.

5. Contro l'iscrizione del bene negli elenchi di cui ai commi 1 e 2, è ammesso ricorso amministrativo all'Agenzia del demanio entro sessanta giorni dalla pubblicazione nella Gazzetta Ufficiale, fermi gli altri rimedi di legge.

6. Le disposizioni di cui al presente articolo si applicano ai beni di regioni, province, comuni ed altri enti locali che ne facciano richiesta nonché ai beni utilizzati per uso pubblico, ininterrottamente da oltre venti anni, con il consenso dei proprietari (1).

6-*bis*. I beni immobili non più strumentali alla gestione caratteristica dell'impresa ferroviaria, di proprietà di Ferrovie dello Stato spa, ai sensi dell'articolo 43 della legge 23 dicembre 1998, n. 448, e successive modificazioni, e dell'articolo 5 della legge 23 dicembre 1999, n. 488, nonché i beni acquisiti ad altro titolo, sono alienati e valorizzati da Ferrovie dello Stato spa o delle società dalla stessa direttamente o indirettamente controllate, o dalle società da essa controllate, direttamente o con le modalità di cui al presente decreto. Le alienazioni di cui al presente comma sono effettuate con esonero dalla consegna dei documenti relativi alla proprietà e di quelli attestanti la regolarità urbanistica, edilizia e fiscale degli stessi beni. [Le risorse economico-finanziarie derivanti dalle dismissioni effettuate direttamente ai sensi del presente comma sono impiegate da RFI spa in investimenti relativi allo sviluppo dell'infrastruttura ferroviaria e, in particolare, al miglioramento della sicurezza dell'esercizio.] Le previsioni di cui ai primi due periodi del presente comma, previa emanazione dei decreti previsti dal presente articolo, si applicano a tutte le società controllate direttamente o indirettamente dallo Stato al momento dell'alienazione e valorizzazione dei beni (2).

6-*ter*. I beni immobili appartenenti a Ferrovie dello Stato Spa ed alle società dalla stessa direttamente o indirettamente integralmente controllate si presumono costruiti in conformità alla legge vigente al momento della loro edificazione. Indipendentemente dalle alienazioni di tali beni, Ferrovie dello Stato Spa e le società dalla stessa direttamente o indirettamente integralmente controllate, entro tre anni dalla data di entrata in vigore della presente disposizione, possono procedere all'ottenimento di documentazione che tenga luogo di quella attestante la regolarità urbanistica ed edilizia mancante, in continuità d'uso, anche in deroga agli strumenti urbanistici vigenti. Allo scopo, dette società possono proporre al comune nel cui territorio si trova l'immobile una dichiarazione sostitutiva della concessione allegando:

a) dichiarazione resa ai sensi dell'articolo 47 del testo unico di cui al decreto del Presidente della Repubblica 28 dicembre 2000, n. 445, corredata dalla documentazione fotografica, nella quale risulti la descrizione delle opere per le quali si rende la dichiarazione;

b) quando l'opera supera i 450 metri cubi una perizia giurata sulle dimensioni e sullo stato delle opere e una certificazione redatta da un tecnico abilitato all'esercizio della professione attestante l'idoneità statica delle opere eseguite. Qualora l'opera sia stata in precedenza collaudata, tale certificazione non è necessaria se non è oggetto di richiesta motivata da parte del sindaco;

c) denuncia in catasto dell'immobile e documentazione relativa all'attribuzione della rendita catastale e del relativo frazionamento;

d) attestazione del versamento di una somma pari al 10 per cento di quella che sarebbe stata dovuta in base all'Allegato 1 del decreto-legge 30 settembre 2003, n. 269, convertito, con modificazioni, dalla legge 24 novembre 2003, n. 326, per le opere di cui all'articolo 3, comma 1, lettera *d*), del testo unico di cui al decreto del Presidente della Repubblica 6 giugno 2001, n. 380. La dichiarazione sostitutiva produce i medesimi effetti di una concessione in sanatoria, a meno che entro sessanta giorni dal suo deposito il comune non riscontri l'esistenza di un abuso non sanabile ai sensi delle norme in materia di controllo dell'attività urbanistico-edilizia e lo notifichi all'interessato. In nessun caso la dichiarazione sostitutiva potrà valere come una regolarizzazione degli abusi non sanabili ai sensi delle norme in materia di controllo dell'attività urbanistico-edilizia. Ai soggetti che acquistino detti immobili da Ferrovie dello Stato Spa e dalle società dalla stessa direttamente o indirettamente integralmente controllate è attribuita la stessa facoltà, ma la somma da corrispondere è pari al triplo di quella sopra indicata (3).

6-*quater*. Sui beni immobili non più strumentali alla gestione caratteristica dell'impresa ferroviaria, di proprietà di Ferrovie dello Stato spa o delle società dalla stessa direttamente o indirettamente controllate, che siano ubicati in aree naturali protette e in territori sottoposti a vincolo paesaggistico, in caso di alienazione degli stessi è riconosciuto il diritto di prelazione degli enti locali e degli altri soggetti pubblici gestori delle aree protette. I vincoli di destinazione urbanistica degli immobili e quelli peculiari relativi alla loro finalità di utilità pubblica sono parametri di valutazione per la stima del valore di vendita (4).

(1) *Comma modificato in sede di conversione.*

(1) *Comma inserito dall'art. 26, comma 10, del d.l. 30 settembre 2003, n. 269, conv., con modif. in l. 24 novembre 2003, n. 326; modificato dall'art. 1, comma 277, lett.* a) *e* b), *della l. 30 dicembre 2004, n. 311 e dall'art. 2, comma 81, lett.* a) *e* b), *del d.l. 3 ottobre 2006, n. 262, conv., con modif. in l. 24 novembre 2006, n. 286.*

(3) *Comma inserito dall'art. 1, comma 88, della l. 23 dicembre 2005, n. 266. Successivamente la Corte costituzionale 25 gennaio 2008, n. 9, ha dichiarato* l'illegittimità costituzionale *del comma 88 della citata l. n. 296/2005.*

(4) *Comma inserito dall'art. 1, comma 265, della l. 27 dicembre 2006, n. 296.*

2 Privatizzazione del patrimonio immobiliare pubblico.

1. Il Ministro dell'economia e delle finanze è autorizzato a costituire o a promuovere la costituzione, anche attraverso soggetti terzi, di più società a responsabilità limitata con capitale iniziale di 10.000 euro, aventi ad oggetto esclusivo la realizzazione di una o più operazioni di cartolarizzazione dei proventi derivanti dalla dismissione del patrimonio immobiliare dello Stato e degli altri enti pubblici di cui all'articolo 1. Le società possono essere costituite anche con atto unilaterale del Ministero dell'economia e delle finanze; non si applicano in tale caso le disposizioni previste dall'articolo 2497, secondo comma, del codice civile. Delle obbligazioni nei confronti dei portatori dei titoli e dei concedenti i finanziamenti di cui al comma 2, nonché di ogni altro creditore nell'ambito di ciascuna operazione di cartolarizzazione, risponde esclusivamente il patrimonio separato con i beni e diritti di cui al comma 2. Il Ministro dell'economia e delle finanze riferisce al Parlamento ogni sei mesi, a decorrere dalla data di costituzione delle società di cui al presente comma, sui risultati economico-finanziari conseguiti (1).

2. Le società costituite ai sensi del comma 1 effettuano le operazioni di cartolarizzazione, anche in più fasi, mediante l'emissione di titoli o l'assunzione di finanziamenti. Per ogni operazione sono individuati i beni immobili destinati al soddisfacimento dei diritti dei portatori dei titoli e dei concedenti i finanziamenti. I beni così individuati, nonché ogni altro diritto acquisito nell'ambito dell'operazione di cartolarizzazione, dalle società ivi indicate nei confronti dello Stato e degli altri enti pubblici o di terzi, costituiscono patrimonio separato a tutti gli effetti da quello delle società stesse e da quello relativo alle altre operazioni. Su ciascun patrimonio separato non sono ammesse azioni da parte di qualsiasi creditore diverso dai portatori dei titoli emessi dalle società ovvero dai concedenti i finanziamenti da esse reperiti.

3. Con i decreti di cui al comma 1 dell'articolo 3 sono disciplinati i casi in cui i titoli emessi e i finanziamenti reperiti dalle società di cui al comma 1 beneficiano in

tutto o in parte della garanzia dello Stato e sono specificati i termini e le condizioni della stessa.

4. Alle società di cui al comma 1 si applicano le disposizioni contenute nel titolo V del testo unico delle leggi in materia bancaria e creditizia, di cui al decreto legislativo 1 settembre 1993, n. 385, ad esclusione dell'articolo 106, commi 2, 3, lettere *b*) e *c*), e 4, e dell'articolo 107, nonché le corrispondenti norme sanzionatorie previste dal titolo VIII del medesimo testo unico.

5. I titoli emessi dalle società di cui al comma 1 sono assimilati ai fini fiscali ai titoli di cui all'articolo 31 del decreto del Presidente della Repubblica 29 settembre 1973, n. 601, e si considerano emessi all'estero qualora siano ammessi a quotazione in almeno un mercato regolamentato estero ovvero ne sia previsto il collocamento anche sui mercati esteri. Gli interessi e altri proventi corrisposti in relazione ai finanziamenti effettuati da soggetti residenti in Stati o territori individuati dal decreto del Ministro dell'economia e delle finanze previsto dall'articolo 168-*bis* del testo unico delle imposte sui redditi, di cui al decreto del Presidente della Repubblica 22 dicembre 1986, n. 917, e raccolti dalle società di cui al comma 1 ai fini delle operazioni di cartolarizzazione ivi indicate, non sono soggetti alle imposte sui redditi (1).

6. Ciascun patrimonio separato di cui al comma 2 non è soggetto alle imposte sui redditi né all'imposta regionale sulle attività produttive. Le operazioni di cartolarizzazione di cui al comma 1 e tutti gli atti, contratti, trasferimenti e prestazioni posti in essere per il perfezionamento delle stesse, nonché le formalità ad essi connesse, sono esenti dall'imposta di registro, dall'imposta di bollo, dalle imposte ipotecaria e catastale e da ogni altra imposta indiretta, nonché da ogni altro tributo o diritto. Ai fini dell'imposta comunale sull'incremento di valore degli immobili, i trasferimenti di beni immobili alle società costituite ai sensi del comma 1 non si considerano atti di alienazione. Soggetti passivi dell'imposta comunale sugli immobili sono i gestori individuati ai sensi del comma 1, lettera *d*), dell'articolo 3 per tutta la durata della gestione, nei limiti in cui l'imposta era dovuta prima del trasferimento di cui al comma 1 dell'articolo 3. Non si applica la ritenuta prevista dai commi 2 e 3 dell'articolo 26 del decreto del Presidente della Repubblica del 29 settembre 1973, n. 600, sugli interessi ed altri proventi dei conti correnti bancari delle società di cui al comma 1. Sono escluse dall'applicazione dell'imposta sul valore aggiunto le locazioni in favore di amministrazioni dello Stato, enti pubblici territoriali e altri soggetti pubblici (2).

7. Si applicano le disposizioni della legge 30 aprile 1999, n. 130, per quanto compatibili. In deroga al comma 6 dell'articolo 2 della medesima legge, la riscossione dei crediti ceduti e dei proventi derivanti dalla dismissione del patrimonio immobiliare può essere svolta, oltre che dalle banche e dagli intermediari finanziari indicati nel citato comma 6, anche dallo Stato, dagli enti pubblici e dagli altri soggetti il cui intervento è previsto dalle disposizioni del presente decreto e dei decreti di cui al comma 1 dell'articolo 3. In tale caso le operazioni di riscossione non sono oggetto dell'obbligo di verifica di cui al medesimo comma 6.

(1) *Comma modificato in sede di conversione.*

(2) *Comma modificato in sede di conversione, e successivamente dall'art. 1, comma 86, della l. 24 dicembre 2007, n. 244. A norma del comma 88 del medesimo art. 1 della l. n. 244/2007, le modifiche al presente articolo, si applicano a decorrere dal periodo di imposta che inizia successivamente alla data di pubblicazione nella Gazzetta Ufficiale del decreto del Ministro dell'economia e delle finanze emanato ai sensi dell'articolo 168-*bis *del testo unico di cui al decreto del Presidente della Repubblica 22 dicembre 1986, n. 917; fino al periodo d'imposta precedente continuano ad applicarsi le disposizioni vigenti al 31 dicembre 2007.*

3 Modalità per la cessione degli immobili.

1. I beni immobili individuati ai sensi dell'articolo 1 possono essere trasferiti a titolo oneroso alle società costituite ai sensi del comma 1 dell'articolo 2 con uno o più decreti di natura non regolamentare del Ministro dell'economia e delle finanze, da pubblicare nella Gazzetta Ufficiale. L'inclusione nei decreti produce il passaggio dei beni al patrimonio disponibile. Con gli stessi decreti sono determinati (1):

a) il prezzo iniziale che le società corrispondono a titolo definitivo a fronte del trasferimento dei beni immobili e le modalità di pagamento dell'eventuale residuo, che può anche essere rappresentato da titoli (2);

b) le caratteristiche dell'operazione di cartolarizzazione che le società realizzano per finanziare il pagamento del prezzo. All'atto di ogni operazione di cartolarizzazione è nominato un rappresentante comune dei portatori dei titoli, il quale, oltre ai poteri stabiliti in sede di nomina a tutela dell'interesse dei portatori dei titoli, approva le modificazioni delle condizioni dell'operazione (2);

c) l'immissione delle società nel possesso dei beni immobili trasferiti (2);

d) la gestione dei beni immobili trasferiti e dei contratti accessori, da regolarsi in via convenzionale con criteri di remuneratività;

e) le modalità per la valorizzazione e la rivendita dei beni immobili trasferiti.

1-*bis*. Per quanto concerne i beni immobili di enti pubblici soggetti a vigilanza di altro Ministero, i decreti del Ministro dell'economia e delle finanze sono adottati di concerto con il Ministro vigilante. Per i beni dello Stato di particolare valore artistico e storico i decreti del Ministro dell'economia e delle finanze sono adottati di concerto con il Ministro per i beni e le attività culturali (3).

2. Fino alla rivendita dei beni immobili trasferiti ai sensi del comma 1 i gestori degli stessi, individuati ai sensi del comma 1, lettera *d*), sono responsabili a tutti gli effetti ed a proprie spese per gli interventi necessari di manutenzione ordinaria e straordinaria, nonché per l'adeguamento dei beni alla normativa vigente.

3. È riconosciuto in favore dei conduttori delle unità immobiliari ad uso residenziale il diritto di opzione per l'acquisto, in forma individuale e a mezzo di mandato collettivo, al prezzo determinato secondo quanto disposto dai commi 7 e 8. Le modalità di esercizio dell'opzione sono determinate con i decreti di cui al comma 1. Sono confermate le agevolazioni di cui al comma 8 dell'articolo 6 del decreto legislativo 16 febbraio 1996, n. 104 Le medesime agevolazioni di cui al comma 8 dell'articolo 6 del decreto legislativo 16 febbraio 1996, n. 104, sono estese ai conduttori delle unità ad uso

residenziale trasferite alle società costituite ai sensi del comma 1 dell'articolo 2 (4).

3-*bis*. È riconosciuto in favore dei conduttori delle unità immobiliari ad uso diverso da quello residenziale il diritto di opzione per l'acquisto in forma individuale, al prezzo determinato secondo quanto disposto dal comma 7. Le modalità di esercizio del diritto di opzione sono determinate con i decreti di cui al comma 1 (5).

4. È riconosciuto il diritto dei conduttori delle unità immobiliari ad uso residenziale, con reddito familiare complessivo annuo lordo, determinato con le modalità previste dall'articolo 21 della legge 5 agosto 1978, n. 457, e successive modificazioni, inferiore a 19.000 euro, al rinnovo del contratto di locazione per un periodo di nove anni, a decorrere dalla prima scadenza del contratto successiva al trasferimento dell'unità immobiliare alle società di cui al comma 1 dell'articolo 2, con applicazione del medesimo canone di locazione in atto alla data di scadenza del contratto. Per le famiglie con componenti ultrasessantacinquenni o con componenti disabili il limite del reddito familiare complessivo lordo, determinato con le modalità indicate nel periodo precedente, è pari a 22.000 euro. Nei casi previsti dai primi due periodi del presente comma, qualora l'originario contratto di locazione non sia stato formalmente rinnovato ma ricorrano comunque le condizioni previste dal primo periodo del comma 6, il rinnovo del contratto di locazione per un periodo di nove anni decorre dalla data, successiva al trasferimento dell'unità immobiliare alle società di cui al comma 1 dell'articolo 2, in cui sarebbe scaduto il contratto di locazione se fosse stato rinnovato. Per le unità immobiliari occupate da conduttori ultrasessantacinquenni è consentita l'alienazione della sola nuda proprietà, quando essi abbiano esercitato il diritto di opzione e prelazione di cui al comma 5 con riferimento al solo diritto di usufrutto (6).

5. È riconosciuto il diritto di prelazione in favore dei conduttori delle unità immobiliari ad uso residenziale, delle unità immobiliari ad uso diverso da quello residenziale nonché in favore degli affittuari dei terreni, solo per il caso di vendita degli immobili ad un prezzo inferiore a quello di esercizio dell'opzione. La vendita si considera frazionata esclusivamente nel caso in cui ciascuna unità immobiliare sia offerta in vendita singolarmente a condizioni specificatamente riferite a tale unità. Il diritto di prelazione eventualmente spettante ai sensi di legge ai conduttori delle singole unità immobiliari ad uso diverso da quello residenziale può essere esercitato unicamente nel caso di vendita frazionata degli immobili. Il diritto di prelazione sussiste anche se la vendita frazionata è successiva ad un acquisto in blocco. I decreti di cui al comma 1 individuano, anche in deroga a quanto previsto dalla vigente normativa, gli adempimenti necessari al fine di consentire l'esercizio del diritto di prelazione da parte dei soggetti che ne sono titolar (7).

6. I diritti dei conduttori e degli affittuari dei terreni sono riconosciuti se essi sono in regola con il pagamento dei canoni e degli oneri accessori e sempre che non sia stata accertata l'irregolarità dell'affitto o della locazione. Sono inoltre riconosciuti i diritti dei conduttori delle unità immobiliari ad uso residenziale purché essi o gli altri membri conviventi del nucleo familiare non siano proprietari di altra abitazione adeguata alle esigenze del nucleo familiare nel comune di residenza. I diritti di opzione e di prelazione spettano anche ai familiari conviventi, nonché agli eredi del conduttore con lui conviventi ed ai portieri degli stabili oggetto della vendita, in caso di eliminazione del servizio di portineria (8).

7. Il prezzo di vendita degli immobili e delle unità immobiliari é determinato in ogni caso sulla base delle valutazioni correnti di mercato, prendendo a riferimento i prezzi effettivi di compravendite di immobili e unità immobiliari aventi caratteristiche analoghe. "I terreni e le unità immobiliari liberi ovvero i terreni e le unità immobiliari per i quali gli affittuari o i conduttori non hanno esercitato il diritto di opzione per l'acquisto, sono posti in vendita al miglior offerente individuato con procedura competitiva, le cui caratteristiche sono determinate dai decreti di cui al comma 1, fermo restando il diritto di prelazione di cui al comma 5 (8).

7-*bis*. Ai conduttori delle unità immobiliari ad uso diverso da quello residenziale, nell'ipotesi di vendita in blocco, spetta il diritto di opzione all'acquisto a mezzo di mandato collettivo, a condizione che questo sia conferito dai conduttori che rappresentino il 100 per cento delle unità facenti parte del blocco oggetto di vendita. Il prezzo di acquisto è quello risultante all'esito della procedura competitiva. Le modalità ed i termini di esercizio del diritto di opzione stabilito dal presente comma sono determinati con i decreti di cui al comma 1 (9).

8. Il prezzo di vendita delle unità immobiliari ad uso residenziale, escluse quelle di pregio ai sensi del comma 13, offerte in opzione ai conduttori che acquistano in forma individuale è pari al prezzo di mercato delle stesse unità immobiliari libere diminuito del 30 per cento. Per i medesimi immobili è altresì confermato l'ulteriore abbattimento di prezzo, secondo i coefficienti in vigore, in favore esclusivamente dei conduttori che acquistano a mezzo di mandato collettivo unità immobiliari ad uso residenziale che rappresentano almeno l'80 per cento delle unità residenziali complessive dell'immobile, al netto di quelle libere. Per i medesimi immobili è concesso, in favore dei conduttori che acquistano a mezzo di mandato collettivo e rappresentano almeno il 50 per cento, ma meno dell'80 per cento delle unità residenziali complessive dell'immobile al netto di quelle libere, un abbattimento del prezzo di cui al primo periodo fino a un massimo dell'8 per cento. Le modalità di applicazione degli abbattimenti di prezzo sono determinate con i decreti di cui al comma 1. Il prezzo di vendita dei terreni è pari al prezzo di mercato degli stessi immobili liberi, diminuito del 30 per cento. È riconosciuto agli affittuari il diritto di opzione per l'acquisto da esercitarsi con le modalità e nei termini di cui al comma 3 del presente articolo. Agli affittuari coltivatori diretti o imprenditori agricoli che esercitano il diritto di opzione per l'acquisto, è concesso l'ulteriore abbattimento di prezzo secondo percentuali analoghe a quelle previste dal presente comma e determinate con i decreti di cui al comma 1. Gli affittuari che esercitano il diritto di opzione possono procedere all'acquisto dei terreni attraverso il regime di aiuto di Stato n. 110/2001, approvato dalla Commissio-

ne europea con decisione comunitaria n. SG (2001) D/288933 del 5 giugno 2001. Non si applicano alle operazioni fondiarie attuate attraverso il regime di aiuto di Stato n. 110/2001 le disposizioni previste dall'articolo 8 della legge 26 maggio 1965, n. 590, e dall'articolo 7 della legge 14 agosto 1971, n. 817. Tali operazioni usufruiscono delle agevolazioni tributarie per la formazione e l'arrotondamento della proprietà contadina previste dalla legge 6 agosto 1954, n. 604 (10).

9. La determinazione esatta del prezzo di vendita di ciascun bene immobile e unità immobiliare, nonché l'espletamento, ove necessario, delle attività inerenti l'accatastamento dei beni immobili trasferiti e la ricostruzione della documentazione ad essi relativa, possono essere affidati all'Agenzia del territorio e a società aventi particolare esperienza nel settore immobiliare, individuate con procedura competitiva, le cui caratteristiche sono determinate dai decreti di cui al comma 1.

10. I beni immobili degli enti previdenziali pubblici ricompresi nei programmi straordinari di dismissione di cui all'articolo 7 del decreto-legge 28 marzo 1997, n. 79, convertito, con modificazioni, dalla legge 28 maggio 1997, n. 140, e successive modificazioni, che non sono stati aggiudicati alla data del 31 ottobre 2001, sono alienati con le modalità di cui al presente decreto (3).

11. I beni immobili degli enti previdenziali pubblici, diversi da quelli di cui al comma 10 e che non sono stati venduti alla data del 31 ottobre 2001, sono alienati con le modalità di cui al presente decreto. La disposizione non si applica ai beni immobili ad uso prevalentemente strumentale. Il Ministro del lavoro e delle politiche sociali emana direttive agli enti previdenziali pubblici per l'unificazione dei rispettivi uffici, sedi e sportelli.

12. Il prezzo per il trasferimento dei beni immobili è corrisposto agli enti previdenziali titolari dei beni medesimi. Le relative disponibilità sono acquisite al bilancio per essere accreditate su conti di tesoreria vincolati intestati all'ente venditore; sulle giacenze è riconosciuto un interesse annuo al tasso fissato con decreto del Ministro dell'economia e delle finanze. È abrogato il comma 3 dell'articolo 2 della legge 23 dicembre 1999, n. 488. La copertura delle riserve tecniche e delle riserve legali degli enti previdenziali pubblici vincolati a costituirle è realizzata anche utilizzando il corrispettivo di cui al comma 1, lettera *a*), e i proventi di cui all'articolo 4. Viene estesa all'INPDAI la facoltà di accesso alla Tesoreria centrale dello Stato per anticipazioni relative al fabbisogno finanziario delle gestioni previdenziali, ai sensi di quanto disposto dall'articolo 16 della legge 12 agosto 1974, n. 370, nonché dell'articolo 35 della legge 23 dicembre 1998, n. 448 (3).

13. Con i decreti di cui al comma 1, su proposta dell'[Osservatorio sul patrimonio immobiliare degli enti previdenziali, di concerto con l']Agenzia del territorio, sono individuati gli immobili di pregio. Si considerano comunque di pregio gli immobili situati nei centri storici urbani, ad eccezione di quelli individuati nei decreti di cui al comma 1, su proposta dell'[Osservatorio sul patrimonio immobiliare degli enti previdenziali, di concerto con l']Agenzia del territorio che si trovano in stato di degrado e per i quali sono necessari interventi di restauro e di risanamento conservativo, ovvero di ristrutturazione edilizia (11).

14. Sono nulli gli atti di disposizione degli immobili ad uso residenziale non di pregio ai sensi del comma 13 acquistati per effetto dell'esercizio del diritto di opzione e del diritto di prelazione prima che siano trascorsi cinque anni dalla data dell'acquisto [, salvo che si verifichino incrementi del nucleo familiare di almeno due unità, ovvero si verifichi il trasferimento dell'acquirente in un comune distante di più di 50 chilometri da quello di ubicazione dell'immobile] (12).

15. Ai fini della valorizzazione dei beni il Ministero dell'economia e delle finanze convoca una o più conferenze di servizi o promuove accordi di programma per sottoporre all'approvazione iniziative per la valorizzazione degli immobili individuati ai sensi dell'articolo 1. Con i decreti di cui al comma 1 sono stabiliti i criteri per l'assegnazione agli enti territoriali interessati dal procedimento di una quota, non inferiore al 5 per cento e non superiore al 15 per cento, del ricavato attribuibile alla rivendita degli immobili valorizzati (13).

15-*bis*. Per la valorizzazione di cui al comma 15, l'Agenzia del demanio può individuare, d'intesa con gli enti territoriali interessati, una pluralità di beni immobili pubblici per i quali è attivato un processo di valorizzazione unico, in coerenza con gli indirizzi di sviluppo territoriale, che possa costituire, nell'ambito del contesto economico e sociale di riferimento, elemento di stimolo ed attrazione di interventi di sviluppo locale. Per il finanziamento degli studi di fattibilità dei programmi facenti capo ai programmi unitari di valorizzazione dei beni demaniali per la promozione e lo sviluppo dei sistemi locali si provvede a valere sul capitolo relativo alle somme da attribuire all'Agenzia del demanio per l'acquisto dei beni immobili, per la manutenzione, la ristrutturazione, il risanamento e la valorizzazione dei beni del demanio e del patrimonio immobiliare statale, nonché per gli interventi sugli immobili confiscati alla criminalità organizzata. È elemento prioritario di individuazione, nell'ambito dei predetti programmi unitari, la suscettività di valorizzazione dei beni immobili pubblici mediante concessione d'uso o locazione, nonché l'allocazione di funzioni di interesse sociale, culturale, sportivo, ricreativo, per l'istruzione, la promozione delle attività di solidarietà e per il sostegno alle politiche per i giovani, nonché per le pari opportunità (14).

[15-*ter*. Nell'ambito dei processi di razionalizzazione dell'uso degli immobili pubblici ed al fine di adeguare l'assetto infrastrutturale delle Forze armate alle esigenze derivanti dall'adozione dello strumento professionale, il Ministero della difesa può individuare beni immobili di proprietà dello Stato mantenuti in uso al medesimo Dicastero per finalità istituzionali, suscettibili di permuta di beni e di servizi con gli enti territoriali, con le società a partecipazione pubblica e con i soggetti privati. Le procedure di permuta sono effettuate dal Ministero della difesa, d'intesa con l'Agenzia del demanio, nel rispetto dei principi generali dell'ordinamento giuridico-contabile (15).]

16. La pubblicazione dei decreti di cui al comma 1 produce gli effetti previsti dall'articolo 2644 del codice

civile in favore della società beneficiaria del trasferimento. Si applica la disposizione di cui al comma 4 dell'articolo 1.

17. Il diritto di prelazione, eventualmente spettante a terzi sui beni immobili trasferiti ai sensi del comma 1, non si applica al trasferimento ivi previsto e può essere esercitato all'atto della successiva rivendita dei beni da parte delle società. I trasferimenti di cui al comma 1 e le successive rivendite non sono soggetti alle autorizzazioni previste dal testo unico di cui al decreto legislativo 29 ottobre 1999, n. 490, né a quanto disposto dal comma 113 dell'articolo 3 della legge 23 dicembre 1996, n. 662, concernente il diritto di prelazione degli enti locali territoriali, e dall'articolo 19 della legge 23 dicembre 1998, n. 448, come modificato dall'articolo 1 della legge 2 aprile 2001, n. 136, concernente la proposizione di progetti di valorizzazione e gestione di beni immobili statali. Le amministrazioni dello Stato, gli enti pubblici territoriali e gli altri soggetti pubblici non possono in alcun caso rendersi acquirenti dei beni immobili di cui al presente decreto. Il divieto previsto nel terzo periodo del presente comma non si applica agli enti pubblici territoriali che intendono acquistare beni immobili ad uso non residenziale per destinarli a finalità istituzionali degli enti stessi (3).

17-*bis*. Il divieto di cui al terzo periodo del comma 17 non si applica agli enti pubblici territoriali che intendono acquistare, sulla base dei valori correnti di mercato, unità immobiliari residenziali, escluse quelle di pregio ai sensi del comma 13, poste in vendita ai sensi del presente articolo che risultano libere, ovvero che intendono acquistare, con le diminuzioni di prezzo previste dal primo e, in caso di acquisto di un intero immobile, dal secondo periodo del comma 8, unità immobiliari a uso residenziale poste in vendita ai sensi del presente articolo locate ai medesimi enti pubblici territoriali al fine di fronteggiare l'emergenza abitativa o per le quali non sia stato esercitato il diritto di opzione da parte dei conduttori che si trovano nelle condizioni di disagio economico di cui al comma 4, ai fini dell'assegnazione delle unità immobiliari ai predetti soggetti. Le regioni, i comuni e gli altri enti pubblici territoriali possono, per le finalità di cui al presente articolo, procedere all'acquisto diretto delle unità immobiliari dando notizia, nel sito istituzionale dell'ente, delle relative operazioni, con indicazione del soggetto pubblico alienante e del prezzo pattuito (16). La congruità del prezzo è attestata dall'Agenzia delle entrate (16) (17).

18. Lo Stato e gli altri enti pubblici sono esonerati dalla consegna dei documenti relativi alla proprietà dei beni e alla regolarità urbanistica-edilizia e fiscale. Restano fermi i vincoli gravanti sui beni trasferiti. Con i decreti di cui al comma 1 può essere disposta in favore delle società beneficiarie del trasferimento la garanzia di un valore minimo dei beni ad esse trasferiti dei canoni affitto o di locazione nonché dalle dichiarazioni di conformità catastale previste dall'articolo 19, commi 14 e 15, del decreto-legge 31 maggio 2010, n. 78, convertito, con modificazioni, dalla legge 30 luglio 2010, n. 122 (18) (19).

19. Per la rivendita dei beni immobili ad esse trasferiti, le società sono esonerate dalla garanzia per vizi e per evizione e dalla consegna dei documenti relativi alla proprietà dei beni e alla regolarità urbanistica-edilizia e fiscale nonché dalle dichiarazioni di conformità catastale previste dall'articolo 19, commi 14 e 15, del decreto-legge 31 maggio 2010, n. 78, convertito, con modificazioni, dalla legge 30 luglio 2010, n. 122. La garanzia per vizi e per evizione è a carico dello Stato ovvero dell'ente pubblico proprietario del bene prima del trasferimento a favore delle società. Le disposizioni di cui all'articolo 2, comma 59, della legge 23 dicembre 1996, n. 662, si applicano alle rivendite da parte delle società di tutti i beni immobili trasferiti ai sensi del comma 1. Gli onorari notarili relativi alla vendita dei beni immobiliari di cui al presente articolo sono ridotti alla metà. La stessa riduzione si applica agli onorari notarili per la stipulazione di mutui collegati agli atti di vendita medesimi, anche fuori dalle ipotesi disciplinate dal testo unico di cui al decreto legislativo 1 settembre 1993, n. 385. In caso di cessione agli affittuari o ai conduttori detti onorari sono ridotti al 25 per cento. I notai, in occasione degli atti di rivendita, provvederanno a curare le formalità di trascrizione, di intavolazione e di voltura catastale relative ai provvedimenti e agli atti previsti dai commi 1 e 2 dell'articolo 1 e dai commi 1 e 1-*bis* del presente articolo se le stesse non siano state già eseguite. L'ufficiale rogante è designato dal Ministro dell'economia e delle finanze. Se gli atti di rivendita sono rogati da notaio, gli onorari notarili sono ridotti al cinquanta per cento (20) (19).

19-*bis*. Nei casi delle operazioni immobiliari di cui al presente articolo, e di quelle di cui all'articolo 11-*quinquies* del decreto-legge 30 settembre 2005, n. 203, convertito, con modificazioni, dalla legge 2 dicembre 2005, n. 248, l'attestato di prestazione energetica di cui all'articolo 6 del decreto legislativo 19 agosto 2005, n. 192, può essere acquisito successivamente agli atti di trasferimento e non si applica la disposizione di cui al comma 3 del medesimo articolo 6 (21).

20. Le unità immobiliari definitivamente offerte in opzione entro il 26 settembre 2001 sono vendute, anche successivamente al 31 ottobre 2001, al prezzo e alle altre condizioni indicati nell'offerta. Le unità immobiliari, escluse quelle considerate di pregio ai sensi del comma 13, per le quali i conduttori, in assenza della citata offerta in opzione, abbiano manifestato volontà di acquisto entro il 31 ottobre 2001 a mezzo lettera raccomandata con avviso di ricevimento, sono vendute al prezzo e alle condizioni determinati in base alla normativa vigente alla data della predetta manifestazione di volontà di acquisto. [Le unità immobiliari, escluse quelle considerate di pregio ai sensi del comma 13, per le quali i conduttori, in assenza della citata offerta in opzione, abbiano manifestato volontà di acquisto entro il 31 ottobre 2001 a mezzo di lettera raccomandata con avviso di ricevimento, sono vendute al prezzo e alle condizioni determinati in base alla normativa vigente alla data della predetta manifestazione di volontà di acquisto.] Per gli acquisti in forma non individuale, l'ulteriore abbattimento di prezzo di cui al secondo periodo del comma 8 è confermato limitatamente ad acquisti di sole unità immobiliari optate e purché le stesse rappresentino almeno l'80 per cento delle unità

residenziali complessive dell'immobile, al netto di quelle libere (22).

20-*bis*. Agli immobili del patrimonio abitativo dell'Istituto nazionale della previdenza sociale oggetto di conferimenti o trasferimenti a uno o più fondi comuni di investimento immobiliare di cui al decreto del Ministro dell'economia e delle finanze 5 febbraio 2014, pubblicato nella Gazzetta Ufficiale n. 65 del 19 marzo 2014, continuano ad applicarsi le disposizioni dei commi da 3 a 20 del presente articolo. Al fine di accelerare il processo di dismissione del patrimonio suddetto ai conduttori, il termine previsto dal comma 1 dell'articolo 7-*bis* del decreto-legge 30 settembre 2005, n. 203, convertito, con modificazioni, dalla legge 2 dicembre 2005, n. 248, è prorogato al 31 dicembre 2013 (23).

(1) *Alinea modificato in sede di conversione.*

(2) *Lettera modificata in sede di conversione.*

(3) *Comma modificato in sede di conversione.*

(4) *Comma modificato dall'art. 26, comma 1, del d.l. 30 settembre 2003, n. 269, conv., con modif., in l. 24 novembre 2003, n. 326.*

(5) *Comma inserito dall'art. 26, comma 2, del d.l. 30 settembre 2003, n. 269, conv., con modif. in l. 24 novembre 2003, n. 326.*

(6) *Comma modificato in sede di conversione e, successivamente, dall'art. 26, comma 2-*bis*, del d.l. 30 settembre 2003, n. 269, conv., con modif. in l. 24 novembre 2003, n. 326.*

(7) *Comma modificato dall'art. 9, comma 4-*bis*, lett. a), del d.l. 15 aprile 2002, n. 63, conv., con modif., in l. 15 giugno 2002, n. 112 e, successivamente, dagli artt. 26, comma 3, e 28, comma 1, del d.l. 30 settembre 2003, n. 26, conv., con modif. in l. 24 novembre 2003, n. 326.*

(8) *Comma modificato dall'art. 28, comma 1-*bis*, lett. b), del d.l. 30 settembre 2003, n. 269, conv., con modif. in l. 24 novembre 2003, n. 326.*

(9) *Comma inserito dall'art. 9, comma 4-*bis*, lett. b), del d.l. 15 aprile 2002, n. 63, conv., con modif., in l. 15 giugno 2002, n. 112.*

(10) *Comma modificato dagli artt. 26, comma 4, e 28, comma 1-*bis*, lett. a), del d.l. 30 settembre 2003, n. 269, conv., con modif., in l. 24 novembre 2003, n. 326.*

(11) *Comma modificato sede di conversione e, successivamente, dall'art. 26, commi 5 e 6, del d.l. 30 settembre 2003, n. 269, conv., con modif., in l. 24 novembre 2003, n. 326.*

(12) *Comma modificato in sede di conversione e, successivamente, dall'art. 26, comma 7, del d.l. 30 settembre 2003, n. 269, conv., con modif., in l. 24 novembre 2003, n. 326.*

(13) *Si veda l'art. 1 comma 431, l, 30 dicembre 2018, n. 145:* « Al fine di favorire la valorizzazione degli immobili pubblici, nonché il rilancio degli investimenti nel settore, l'articolo 3, comma 15, del decreto-legge 25 settembre 2001, n. 351, convertito, con modificazioni, dalla legge 23 novembre 2001, n. 410, si interpreta nel senso che, oltre a quanto consentito dai provvedimenti adottati all'esito delle conferenze di servizi e dagli accordi di programma di cui al predetto comma 15, per gli immobili oggetto di tali provvedimenti sono ammissibili anche le destinazioni d'uso e gli interventi edilizi consentiti, per le zone territoriali omogenee all'interno delle quali ricadono tali immobili, dagli strumenti urbanistici generali e particolareggiati vigenti. Gli interventi edilizi di cui al predetto articolo 3 sono assentibili in via diretta. Sono fatte comunque salve le intese nel frattempo intervenute tra l'Amministrazione finanziaria e gli enti territoriali in ordine al riconoscimento, a fronte della valorizzazione conseguente al cambio di destinazione d'uso, di quote del ricavato attribuito alla rivendita degli immobili stessi, ai sensi dell'articolo 3, comma 15, del decreto-legge 25 settembre 2001, n. 351, convertito, con modificazioni, dalla legge 23 novembre 2001, n. 410 ».

(14) *Comma inserito dall'art. 1, comma 262, della l. 27 dicembre 2006, n. 296.*

(15) *Comma inserito dall'art. 1, comma 262, della l. 27 dicembre 2006, n. 296 e, successivamente, modificato dall'art. 14-*bis*, comma 2, lett. a) e b), del d.l. 25 giugno 2008, n. 112, conv., con modif., in l. 6 agosto 2008, n. 133 e, da ultimo, abrogato dall'art. 2268, comma 1, del d.lgs. 15 marzo 2010, n. 66.*

(16) *Periodo aggiunto dall'art. 1, comma 153, l. 30 dicembre 2020, n. 178 (legge di bilancio 2021).*

(17) *Comma così sostituito dall'art. 164, comma 2-*bis* d.l. 19 maggio 2020, n. 34, conv., con modif., in l. 17 luglio 2020, n. 77. Il testo del comma, come inserito dall'art. 26, comma 2, del d.l. 30 settembre 2003, n. 269, conv., con modif. in l. 24 novembre 2003, n. 326, era il seguente: « 17-*bis*. Il medesimo divieto di cui al terzo periodo del comma 17 non si applica agli enti pubblici territoriali che intendono acquistare unità immobiliari residenziali poste in vendita ai sensi dell'articolo 3 che risultano libere ovvero per le quali non sia stato esercitato il diritto di opzione da parte dei conduttori che si trovano nelle condizioni di disagio economico di cui al comma 4, ai fini dell'assegnazione delle unità immobiliari ai predetti soggetti. Ai fini dell'acquisto di immobili di cui al comma 1, le regioni, i comuni e gli altri enti pubblici territoriali possono costituire società per azioni, anche con la partecipazione di azionisti privati individuati tramite procedura di evidenza pubblica ».*

(18) *Comma modificato in sede di conversione; successivamente, dall'28, comma 1-*bis*, lett. d), del d.l. 30 settembre 2003, n. 269, conv., con modif., in l. 24 novembre 2003, n. 326 e, da ultimo, dall'art. 20, comma 4, lett. a), del d.l. 12 settembre 2014, n. 133, conv., con modif., in l. 11 novembre 2014, n. 164.*

(19) *A norma dell'art. 11-*quinquies*, comma 6, del d.l. 30 settembre 2005, n. 203, conv., con modif., in l. 2 dicembre 2005, n. 248, il disposto del presente comma e 19 deve interpretarsi nel senso che lo Stato, gli enti pubblici nonché le società di cui al comma 1 del presente articolo sono esonerati anche dall'obbligo di rendere le dichiarazioni urbanistiche richieste dalla legge per la validità degli atti nonché dall'obbligo di allegazione del certificato di destinazione urbanistica contenente le prescrizioni urbanistiche riguardanti le aree interessate dal trasferimento.*

(20) *Comma modificato in sede di conversione; dall'art. 28, comma 1-*bis*, lett. e), del d.l. 30 settembre 2003, n. 269, conv., con modif., in l. 24 novembre 2003, n. 326 e, da ultimo, dall'art. 20, comma 4, lett. b), del d.l. 12 settembre 2014, n. 133, conv., con modif.in l. 11 novembre 2014, n. 164.*

(21) *Comma aggiunto dall'art. 20, comma 4, lett. c), del d.l. 12 settembre 2014, n. 133, conv., con modif., in l. 11 novembre 2014, n. 164.*

(22) *Comma sostituito in sede di conversione; successivamente, dall'art. 26, comma 9, del d.l. 30 settembre 2003, n. 269, conv., con modif. in l. 24 novembre 2003, n. 326 e dall'art. 3, comma 134, della l. 24 dicembre 2003, n. 350.*

(23) *Comma aggiunto dall'art. 20, comma 4, lett. c-*bis*), del d.l. 12 settembre 2014, n. 133, conv., con modif., in l. 11 novembre 2014, n. 164.*

3-*bis* Valorizzazione e utilizzazione a fini economici dei beni immobili tramite concessione o locazione (1).

1. I beni immobili di proprietà dello Stato individuati ai sensi dell'articolo 1 possono essere concessi o locati a privati, a titolo oneroso, [per un periodo non superiore a cinquanta anni], ai fini della riqualificazione e riconversione dei medesimi beni tramite interventi di recupero, restauro, ristrutturazione anche con l'introduzione di nuove destinazioni d'uso finalizzate allo svolgimento di attività economiche o attività di servizio per i cittadini, ferme restando le disposizioni contenute nel codice dei beni culturali e del paesaggio, di cui al decreto legislativo 22 gennaio 2004, n. 42, e successive modificazioni (2).

2. Il Ministero dell'economia e delle finanze - Agenzia del demanio può convocare una o più conferenze di servizi o promuovere accordi di programma per sottoporre all'approvazione iniziative per la valorizzazione degli immobili di cui al presente articolo (3).

3. Ai Comuni interessati dal procedimento di cui al comma 2 è rimessa, per l'intera durata della concessione o della locazione, un'aliquota pari al 10 per cento del relativo canone. Qualora espressamente previsto dal bando di gara, ai Comuni è, altresì, riconosciuta una somma non inferiore al 50 per cento e non superiore al 100 per cento del contributo di costruzione dovuto ai sensi dell'articolo 16 del testo unico delle disposizioni legislative e regolamentari in materia edilizia, di cui al decreto del Presidente della Repubblica 6 giugno 2001, n. 380, e delle relative leggi regionali, per l'esecuzione delle opere necessarie alla riqualificazione e riconversione. Tale importo è corrisposto dal con-

cessionario o dal locatario all'atto del rilascio o dell'efficacia del titolo abilitativo edilizio (4).

4. Le concessioni e le locazioni di cui al presente articolo sono assegnate con procedure ad evidenza pubblica, per un periodo di tempo commisurato al raggiungimento dell'equilibrio economico-finanziario dell'iniziativa e comunque non eccedente i cinquanta anni.

4-*bis*. Al termine del periodo di tempo previsto dalle concessioni e locazioni di cui al presente articolo, il Ministero dell'economia e delle finanze - Agenzia del demanio, verificato il raggiungimento della finalità di riqualificazione e riconversione dei beni riconosce al locatario/concessionario, ove non sussistano esigenze di utilizzo per finalità istituzionali, il diritto di prelazione per l'acquisto del bene, al prezzo di mercato (5).

5. I criteri di assegnazione e le condizioni delle concessioni o delle locazioni di cui al presente articolo sono contenuti nei bandi predisposti dall'Agenzia del demanio, prevedendo espressamente:

a. il riconoscimento all'affidatario di un indennizzo valutato sulla base del piano economico-finanziario, nei casi di revoca della concessione per sopravvenute esigenze pubbliche o di recesso dal contratto di locazione nei casi previsti dal contratto;

b. la possibilità, ove richiesto dalla specifica iniziativa di valorizzazione, di subconcedere le attività economiche o di servizio di cui al precedente comma 1. Alle concessioni disciplinate dal presente articolo non si applica, pertanto, il divieto di cui all'articolo 5, comma 3, del decreto del Presidente della Repubblica n. 296 del 13 settembre 2005 (6).

6. Per il perseguimento delle finalità di valorizzazione e utilizzazione a fini economici dei beni di cui al presente articolo, i beni medesimi possono essere affidati a terzi ai sensi dell'articolo 143 del codice dei contratti pubblici relativi a lavori, servizi e forniture, di cui al decreto legislativo 12 aprile 2006, n. 163, in quanto compatibile (7).

(1) *Articolo inserito dall'art. 1, comma 259, della legge 27 dicembre 2006, n. 296.*

(2) *Comma modificato dall'art. 3, comma 14, lett.* a), *del d.l. 6 luglio 2012, n. 95, conv., con modif., in l. 7 agosto 2012, n. 135.*

(3) *Comma modificato dall'art. 3, comma 14, lett*b), *del d.l. 6 luglio 2012, n. 95, conv., con modif., in l. 7 agosto 2012, n. 135.*

(4) *Comma sostituito dall'art. 3, comma 14, lett.* c), *del d.l. 6 luglio 2012, n. 95, conv., con modif., in l. 7 agosto 2012, n. 135.*

(5) *Comma aggiunto dall'art. 1, comma 308, della l. 24 dicembre 2012, n. 228.*

(6) *Comma sostituito dall'art. 3, comma 14, lett.* d), *del d.l. 6 luglio 2012, n. 95, conv., con modif., in l. 7 agosto 2012, n. 135.*

(7) *V. l'art. 58, comma 6, del d.l. 25 giugno 2008, n. 112.*

3-*ter* Processo di valorizzazione degli immobili pubblici (1).

1. L'attività dei Comuni, Città metropolitane, Province, Regioni e dello Stato, anche ai fini dell'attuazione del presente articolo, si ispira ai principi di cooperazione istituzionale e di copianificazione, in base ai quali essi agiscono mediante intese e accordi procedimentali, prevedendo, tra l'altro, l'istituzione di sedi stabili di concertazione al fine di perseguire il coordinamento, l'armonizzazione, la coerenza e la riduzione dei tempi delle procedure di pianificazione del territorio.

2. Al fine di contribuire alla stabilizzazione finanziaria, nonché per promuovere iniziative volte allo sviluppo economico e alla coesione sociale e per garantire la stabilità del Paese, il Presidente della Giunta regionale, d'intesa con la Provincia e i comuni interessati, promuove, anche tramite la sottoscrizione di uno o più protocolli d'intesa ai sensi dell'articolo 15 della legge 7 agosto 1990, n. 241, la formazione di "programmi unitari di valorizzazione territoriale" per il riutilizzo funzionale e la rigenerazione degli immobili di proprietà della Regione stessa, della Provincia e dei comuni e di ogni soggetto pubblico, anche statale, proprietario, detentore o gestore di immobili pubblici, nonché degli immobili oggetto di procedure di valorizzazione di cui al decreto legislativo 28 maggio 2010, n. 85. Nel caso in cui tali programmi unitari di valorizzazione territoriale non coinvolgano più Enti territoriali, il potere d'impulso può essere assunto dall'Organo di governo di detti Enti. Qualora tali programmi unitari di valorizzazione siano riferiti ad immobili di proprietà dello Stato o in uso alle Amministrazioni centrali dello Stato, il potere d'impulso è assunto, ai sensi del comma 15 dell'articolo 3 del presente decreto, dal Ministero dell'economia e delle finanze - Agenzia del demanio, concordando le modalità di attuazione e i reciproci impegni con il Ministero utilizzatore.

3. Nel rispetto dei principi di sussidiarietà, differenziazione e adeguatezza di cui all'articolo 118 della Costituzione, nonché di leale collaborazione tra le istituzioni, lo Stato partecipa ai programmi di cui al comma 2 coinvolgendo, a tal fine, tutte le Amministrazioni statali competenti, con particolare riguardo alle tutele differenziate ove presenti negli immobili coinvolti nei predetti programmi, per consentire la conclusione dei processi di valorizzazione di cui al presente articolo.

4. Per l'attuazione delle norme contenute nel presente articolo il Ministero dell'economia e finanze - Agenzia del demanio e le strutture tecniche della Regione e degli enti locali interessati possono individuare, senza nuovi o maggiori oneri a carico della finanza pubblica, le azioni, gli strumenti, le risorse, con particolare riguardo a quelle potenzialmente derivanti dalla valorizzazione del patrimonio immobiliare pubblico, che saranno oggetto di sviluppo nell'ambito dei programmi unitari di valorizzazione territoriale, eventualmente costituendo una struttura unica di attuazione del programma, anche nelle forme di cui all'articolo 33-*bis* del decreto-legge 6 luglio 2011, n. 98 convertito, con modificazioni, dalla legge 15 luglio 2011, n. 111.

5. I programmi unitari di valorizzazione territoriale sono finalizzati ad avviare, attuare e concludere, in tempi certi, autodeterminati dalle Amministrazioni partecipanti, nel rispetto dei limiti e dei principi generali di cui al presente articolo, un processo di valorizzazione unico dei predetti immobili in coerenza con gli indirizzi di sviluppo territoriale e con la programmazione economica che possa costituire, nell'ambito del contesto economico e sociale di riferimento, elemento di stimolo ed attrazione di interventi di sviluppo sostenibile locale, nonché per incrementare le dotazioni di servizi pubblici locali e di quelle relative all'abitare.

Restano esclusi dai programmi unitari di valorizzazione territoriale disciplinati dal presente articolo, i beni già inseriti in programmi di valorizzazione di cui decreto ministeriale richiamato al comma 5-*bis* dell'articolo 5 del decreto legislativo 28 maggio 2010, n. 85, nonché di alienazione e permuta già avviati e quelli per i quali, alla data di entrata in vigore del presente articolo, risultano sottoscritti accordi tra Amministrazioni pubbliche, a meno che i soggetti sottoscrittori concordino congiuntamente per l'applicazione della presente disciplina.

6. Qualora sia necessario riconfigurare gli strumenti territoriali e urbanistici per dare attuazione ai programmi di valorizzazione di cui al comma 2, il Presidente della Giunta regionale, ovvero l'Organo di governo preposto, promuove la sottoscrizione di un accordo di programma ai sensi dell'articolo 34 del decreto legislativo 18 agosto 2000, n. 267, nonché in base alla relativa legge regionale di regolamentazione della volontà dei soggetti esponenziali del territorio di procedere alla variazione di detti strumenti di pianificazione, al quale partecipano tutti i soggetti, anche in qualità di mandatari da parte degli enti proprietari, che sono interessati all'attuazione del programma.

7. Nell'ambito dell'accordo di programma di cui al comma 6, può essere attribuita agli enti locali interessati dal procedimento una quota compresa tra il 5% e il 15% del ricavato della vendita degli immobili valorizzati se di proprietà dello Stato da corrispondersi a richiesta dell'ente locale interessato, in tutto o in parte, anche come quota parte dei beni oggetto del processo di valorizzazione. Qualora tali immobili, ai fini di una loro valorizzazione, siano oggetto di concessione o locazione onerosa, all'Amministrazione comunale è riconosciuta una somma non inferiore al 50% e non superiore al 100% del contributo di costruzione dovuto ai sensi dell'articolo 16 del D.P.R. 6 giugno 2001, n. 380 e delle relative leggi regionali per l'esecuzione delle opere necessarie alla riqualificazione e riconversione, che il concessionario o il locatario corrisponde all'atto del rilascio o dell'efficacia del titolo abilitativo edilizio. La regolamentazione per l'attribuzione di tali importi è definita nell'accordo stesso, in modo commisurato alla complessità dell'intervento e alla riduzione dei tempi del procedimento e tali importi sono finalizzati all'applicazione dei commi da 138 a 150 dell'articolo 1 della legge 13 dicembre 2010, n. 220. I suddetti importi sono versati all'Ente territoriale direttamente al momento dell'alienazione degli immobili valorizzati.

8. L'accordo deve essere concluso entro il termine perentorio di 120 giorni dalla data della sua promozione. Le Regioni possono disciplinare eventuali ulteriori modalità di conclusione del predetto accordo di programma, anche ai fini della celere approvazione della variante agli strumenti di pianificazione urbanistica e dei relativi effetti, della riduzione dei termini e delle semplificazioni procedurali che i soggetti partecipanti si impegnano ad attuare, al fine di accelerare le procedure, delle modalità di superamento delle criticità, anche tramite l'adozione di forme di esercizio dei poteri sostitutivi previste dal decreto legislativo 18 agosto 2000, n. 267, nonché ogni altra modalità di definizione del procedimento utile a garantire il rispetto del termine di 120 giorni anzidetto. Qualora l'accordo non sia concluso entro il termine di 120 giorni sono attivate dal Presidente della Giunta regionale le procedure di cui al comma 7 dell'articolo 34 del decreto legislativo 18 agosto 2000, n. 267, che si devono concludere entro i successivi 60 giorni, acquisendo motivate proposte di adeguamento o richieste di prescrizioni da parte delle Amministrazioni partecipanti al programma unitario di valorizzazione territoriale. Il programma unitario di valorizzazione territoriale, integrato dalle modifiche relative alle suddette proposte di adeguamento e prescrizioni viene ripresentato nell'ambito del procedimento di conclusione dell'accordo di programma. La ratifica dell'accordo di programma da parte dell'Amministrazione comunale, ove ne ricorrano le condizioni, può assumere l'efficacia di cui al comma 2 dell'articolo 22 del decreto del Presidente della Repubblica 6 giugno 2001, n. 380.

9. Il Presidente della Giunta Regionale, le Province e i comuni, ovvero l'Amministrazione promuovente per l'attuazione dei processi di valorizzazione di cui al comma 2, possono concludere uno o più accordi di cooperazione con il Ministero per i beni e le attività culturali, ai sensi dei commi 4 e 5 dell'articolo 5 del decreto legislativo 22 gennaio 2004, n. 42, anche per supportare la formazione del programma unitario di valorizzazione territoriale, identificando gli elementi vincolanti per la trasformazione dei beni immobili, in coerenza con la sostenibilità economica-finanziaria e attuativa del programma stesso.

10. Gli organi periferici dello Stato, preposti alla valutazione delle tutele di natura storico-artistica, archeologica, architettonica e paesaggistico-ambientale si esprimono nell'ambito dell'accordo di cui al comma 6, unificando tutti i procedimenti previsti dal decreto legislativo 22 gennaio 2004, n. 42. Qualora tale espressione non avvenga entro i termini stabiliti nell'accordo di programma, il Ministro per i beni e le attività culturali può avocare a sé la determinazione, assegnando alle proprie strutture centrali un termine non superiore a 30 giorni per l'emanazione dei pareri, resi ai sensi del decreto legislativo 22 gennaio 2004, n. 42, anche proponendo eventuali adeguamenti o prescrizioni per l'attuazione del programma unitario di valorizzazione territoriale. Analoga facoltà è riservata al Ministro per l'ambiente, per la tutela del territorio e del mare, per i profili di sua competenza.

11. Per le finalità di cui al presente articolo, è possibile avvalersi di quanto previsto negli articoli 33 e 33-*bis* del decreto-legge 6 luglio 2011, n. 98 convertito, con modificazioni, dalla legge 15 luglio 2011, n. 111 e delle procedure di cui all'articolo 58 del decreto-legge 25 giugno 2008, n. 112 convertito dalla legge 6 agosto 2008, n. 133, senza nuovi o maggiori oneri a carico della finanza pubblica. Per il finanziamento degli studi di fattibilità e delle azioni di supporto dei programmi unitari di valorizzazione territoriale, l'Agenzia del demanio, anche in cofinanziamento con la Regione, le Province e i comuni, può provvedere a valere sui propri utili di gestione ovvero sul capitolo relativo alle somme da attribuire all'Agenzia del demanio per l'acquisto dei beni immobili, per la manutenzione, la ristrutturazione, il risanamento e la valorizzazione dei beni del de-

manio e del patrimonio immobiliare statale, nonché per gli interventi sugli immobili confiscati alla criminalità organizzata.

[12. In deroga a quanto previsto all'ultimo periodo del comma 2, per la valorizzazione degli immobili in uso al Ministero della difesa, lo stesso Ministro, previa intesa con il Presidente della Giunta regionale o il Presidente della Provincia, nonché con gli Organi di governo dei comuni provvede alla individuazione delle ipotesi di destinazioni d'uso da attribuire agli immobili stessi, in coerenza con quanto previsto dagli strumenti territoriali e urbanistici. Qualora gli stessi strumenti debbano essere oggetto di riconformazione, il Presidente della Giunta regionale o il Presidente della Provincia promuove un accordo di programma ai sensi dell'articolo 34 del decreto legislativo 18 agosto 2000, n. 267, anche ai sensi della relativa legislazione regionale applicabile. A tale accordo di programma possono essere applicate le procedure di cui al presente articolo.] (2)

13. Per garantire la conservazione, il recupero e il riutilizzo degli immobili non necessari in via temporanea alle finalità di difesa dello Stato è consentito, previa intesa con il Comune e con l'Agenzia del demanio, per quanto di sua competenza, l'utilizzo dello strumento della concessione di valorizzazione di cui all'articolo 3-*bis*. In considerazione della specificità degli immobili militari, le concessioni e le locazioni di cui al presente comma sono assegnate dal Ministero della difesa con procedure ad evidenza pubblica, per un periodo di tempo commisurato al raggiungimento dell'equilibrio economico-finanziario dell'iniziativa e comunque non eccedente i cinquanta anni, e per le stesse può essere riconosciuta, nei suddetti limiti temporali, la costituzione di un diritto di superficie ai sensi degli articoli 952 e seguenti del codice civile (3). L'utilizzo deve avvenire nel rispetto delle volumetrie esistenti, anche attraverso interventi di cui alla lettera *c*) del comma 1 dell'articolo 3 del D.P.R. 6 giugno 2001, n. 380 e delle relative leggi regionali e possono, eventualmente, essere monetizzati gli oneri di urbanizzazione. Oltre alla corresponsione della somma prevista nel predetto articolo 3-*bis*, è rimessa al Comune, per la durata della concessione stessa, un'aliquota del 10 per cento del canone relativo. Il concessionario, ove richiesto, è obbligato al ripristino dello stato dei luoghi al termine del periodo di concessione o di locazione. Nell'ambito degli interventi previsti per la concessione dell'immobile possono essere concordati con l'Amministrazione comunale l'eventuale esecuzione di opere di riqualificazione degli immobili per consentire parziali usi pubblici dei beni stessi, nonché le modalità per il rilascio delle licenze di esercizio delle attività previste e delle eventuali ulteriori autorizzazioni amministrative ovvero alla scadenza del termine di durata del diritto di superficie (4).

(1) *Articolo aggiunto dall'art. 27, comma 2 d.l. 6 dicembre 2011, n. 201, conv., con modif., in l. 22 dicembre 2011, n. 214.*

(2) *Comma abrogato dall'art. 26, comma 8-*bis*, d.l. 12 settembre 2014, n. 133, conv., con modif., in l. 11 novembre 2014, n. 164.*

(3) *Periodo aggiunto dall'art. 164, comma 3 d.l. 19 maggio 2020, n. 34, conv., con modif., in l. 17 luglio 2020, n. 77.*

(4) *Le parole* « ovvero alla scadenza del termine di durata del diritto di superficie » *sono state aggiunte dall'art. 164, comma 3 d.l. n. 34, cit.*

4 Conferimento di beni immobili a fondi comuni di investimento immobiliare.

1. Il Ministro dell'economia e delle finanze è autorizzato a promuovere la costituzione di uno o più fondi comuni di investimento immobiliare, conferendo o trasferendo beni immobili a uso diverso da quello residenziale dello Stato, dell'Amministrazione autonoma dei Monopoli di Stato e degli enti pubblici non territoriali, individuati con uno o più decreti del Ministro dell'economia e delle finanze da pubblicare nella Gazzetta Ufficiale. I decreti disciplinano altresì le procedure per l'individuazione o l'eventuale costituzione della società di gestione, per il suo funzionamento e per il collocamento delle quote del fondo e i criteri di attribuzione dei proventi derivanti dalla vendita delle quote (1).

2. Le disposizioni di cui agli articoli da 1 a 3 si applicano, per quanto compatibili, ai trasferimenti dei beni immobili ai fondi comuni di investimento di cui al comma 1.

2-*bis*. I crediti per finanziamenti o rifinanziamenti concessi, dalle banche o dalla Cassa depositi e prestiti spa, ai fondi di cui al comma 1 godono di privilegio speciale sugli immobili conferiti o trasferiti al fondo e sono preferiti ad ogni altro credito anche ipotecario acceso successivamente. I decreti di cui al comma 1 possono prevedere la misura in cui i canoni delle locazioni e gli altri proventi derivanti dallo sfruttamento degli immobili conferiti o trasferiti al fondo siano destinati prioritariamente al rimborso dei finanziamenti e rifinanziamenti e siano indisponibili fino al completo soddisfacimento degli stessi (2).

2-*ter*. Gli immobili in uso governativo, conferiti o trasferiti ai sensi del comma 1, sono concessi in locazione all'Agenzia del demanio, che li assegna ai soggetti che li hanno in uso, per periodi di durata fino a nove anni rinnovabili, secondo i canoni e le altre condizioni fissate dal Ministero dell'economia e delle finanze sulla base di parametri di mercato. L'Agenzia del demanio può assegnare i predetti immobili, laddove non necessari per soddisfare le esigenze istituzionali di amministrazioni statali di cui all'articolo 2, comma 222, della legge 23 dicembre 2009, n. 191, agli enti pubblici anche territoriali, entro il 31 dicembre 2019 per il Fondo immobili pubblici e il 31 dicembre 2020 per il Fondo Patrimonio Uno (3). I contratti di locazione possono prevedere la rinuncia al diritto di cui all'ultimo comma dell'articolo 27 della legge 27 luglio 1978, n. 392. Il fondo previsto dal comma 1, quinto periodo, dell'articolo 29 del decreto-legge 30 settembre 2003, n. 269, convertito, con modificazioni, dalla legge 24 novembre 2003, n. 326, può essere incrementato anche con quota parte delle entrate derivanti dal presente articolo (4).

2-*quater*. Si applicano il comma 1, quinto e nono periodo, ed il comma 1-*bis* dell'articolo 29 del decreto-legge 30 settembre 2003, n. 269, convertito, con modificazioni, dalla legge 24 novembre 2003, n. 326 (2).

2-*quinquies*. Le operazioni di provvista e finanziamento connesse agli apporti e ai trasferimenti di cui al comma 1, nonché quelle relative a strumenti finanziari derivati, e tutti i provvedimenti, atti, contratti, trasferimenti, prestazioni e formalità inerenti ai predetti apporti, trasferimenti e finanziamenti, alla loro esecuzione, modificazione ed estinzione, alle garanzie di qualunque tipo da chiunque e in qualsiasi momento prestate e alle loro eventuali surroghe, sostituzioni, postergazioni, frazionamenti e cancellazioni anche parziali, ivi incluse le cessioni di credito stipulate in relazione a tali operazioni e le cessioni anche parziali dei crediti e dei contratti ad esse relativi, sono esenti dall'imposta di registro, dall'imposta di bollo, dalle imposte ipotecaria e catastale e da ogni altra imposta indiretta, nonché da ogni altro tributo o diritto (2).

2-*sexies*. Con riferimento ai contratti di locazione di cui al presente articolo, l'Agenzia del demanio ha facoltà di prorogare o rinnovare i contratti o stipularne di nuovi, sulla base di quanto previsto da uno o più decreti del Ministro dell'economia e delle finanze, da adottarsi entro il 31 marzo 2022 (5), che disciplinano:

a) la decorrenza e la durata dei nuovi contratti, ai sensi della legge 27 luglio 1978, n. 392;

b) i canoni di locazione, in ogni caso non superiori a quelli applicati alla data di entrata in vigore del presente comma, che dovranno essere definiti tenendo conto di quanto previsto dall'articolo 3, comma 8, del decreto- legge 6 luglio 2012, n. 95, convertito, con modificazioni, dalla legge 7 agosto 2012, n. 135, limitatamente alla durata residua del finanziamento originario non rilevando ai presenti fini eventuali proroghe dello stesso, nonché di quanto previsto dall'articolo 16-*sexies* del decreto-legge 21 ottobre 2021, n. 146, convertito, con modificazioni, dalla legge 17 novembre 2021, n. 215, oltre che degli importi determinabili a seguito di novazione oggettiva di obbligazioni, oneri, indennizzi, indennità o maggiorazioni gravanti sul conduttore o, comunque, sulle amministrazioni pubbliche di cui all'articolo 1, comma 2, del decreto legislativo 30 marzo 2001, n. 165, ai sensi dei contratti di locazione in corso nonché dei connessi accordi di manleva o di indennizzo (6);

c) gli eventuali oneri, penali e maggiorazioni da riconoscere al locatore in caso di ritardata restituzione degli immobili per scioglimento o cessazione del contratto di locazione;

d) le ulteriori condizioni contrattuali (7).

2-*septies*. Fermo restando che i canoni di locazione devono essere definiti tenendo conto di quanto previsto dall'articolo 3, comma 8, del decreto-legge 6 luglio 2012, n. 95, convertito, con modificazioni, dalla legge 7 agosto 2012, n. 135, limitatamente alla durata residua del finanziamento originario non rilevando ai presenti fini eventuali proroghe dello stesso, in caso di mancata sottoscrizione dei contratti di cui al comma 2-*sexies* e di permanenza delle amministrazioni utilizzatrici in mancanza di alternative negli immobili per i quali si verifichi ogni ipotesi di scioglimento o cessazione degli effetti dei contratti di locazione previsti dal comma 2-*ter*, è dovuta un'indennità di occupazione precaria pari al canone pro tempore vigente, senza applicazione di alcuna penale, onere o maggiorazione fatto salvo l'eventuale risarcimento del danno ulteriore provato dal locatore. Le disposizioni di cui al presente comma si inseriscono automaticamente nei predetti contratti di locazione in corso, ai sensi dell'articolo 1339 del codice civile, anche in deroga ad ogni eventuale diversa pattuizione esistente e hanno efficacia per un periodo massimo di quarantotto (8) mesi a decorrere dallo scioglimento o dalla cessazione predetti. Nelle more dell'adozione dei decreti del Ministro dell'economia e delle finanze di cui al comma 2-*sexies*, che disciplineranno, tra l'altro, metodologie e criteri relativi agli indennizzi collegati ai contratti di locazione in essere, sono sospese le relative procedure (7).

(1) *Comma così modificato dall'art. 4 del d.l. 12 luglio 2004, n. 168 conv., con modif., in l. 30 luglio 2004, n. 191*

(2) *Comma aggiunto dall'art. 4 del d.l. 12 luglio 2004, n. 168, conv., con modif., in l. 30 luglio 2004, n. 191*

(3) *Periodo inserito dall'art. 19-*sexies*, comma 1, d.l. 16 ottobre 2017, n. 148, conv., con modif., in L. 4 dicembre 2017, n. 172.*

(4) *Comma aggiunto dall'art. 4 del d.l. 12 luglio 2004, n. 168, conv., con modif., in l. 30 luglio 2004, n. 191. V. l'art. 1, comma 276, della l. 30 dicembre 2004, n. 311.*

(5) *Le parole* « 31 marzo 2022 » *sono state sostituite alle parole* « 31 dicembre 2020 » *dall'art. 10, comma 2-*bis*, lett. *a*), n. 1), d.l. 30 dicembre 2021, n. 228, conv., con modif., in l. 25 febbraio 2022, n. 15.*

(6) *Le parole da* « nonché » *alla fine della lettera sono state inserite dall'art. 10, comma 2-*bis*, lett. *a*), n. 2), d.l. n. 228, cit.*

(7) *Comma aggiunto dall'art. 69, comma 1, d.l. 14 agosto 2020, n. 104, conv., con modif., in l. 13 ottobre 2020, n. 126.*

(8) *La parola* « quarantotto » *è stata sostituita alla parola* « ventiquattro » *dall'art. 10, comma 2-*bis*, lett. *b*), d.l. n. 228, cit.*

CAPO II
Disciplina dei fondi comuni d'investimento immobiliare

5 Disposizioni in materia di fondi comuni d'investimento immobiliare.

1. All'articolo 1, comma 1, del testo unico di cui al decreto legislativo 24 febbraio 1998, n. 58, alla lettera *j*), dopo le parole: "in monte; sono aggiunte le seguenti: "il patrimonio del fondo, sia aperto che chiuso, può essere raccolto mediante una o più emissioni di quote;" (1).

1-*bis*. All'articolo 37, comma 1, del testo unico di cui al decreto legislativo 24 febbraio 1998, n. 58 dopo la lettera *d*), è aggiunta la seguente:

"*d-bis*) alle condizioni e alle modalità con le quali devono essere effettuati gli acquisti o i conferimenti dei beni, sia in fase costitutiva che in fase successiva alla costituzione del fondo, nel caso di fondi che investano esclusivamente o prevalentemente in beni immobili, diritti reali immobiliari e partecipazioni in società immobiliari;" (2).

1-*ter*. All'articolo 37, comma 2, del testo unico di cui al decreto legislativo 24 febbraio 1998, n. 58, la lettera *b*) è sostituita dalle seguenti:

"*b*) le cautele da osservare, con particolare riferimento all'intervento di esperti indipendenti nella valutazione dei beni, nel caso di cessioni o conferimenti di beni al fondo chiuso effettuati dai soci della società di gestione o dalle società facenti parte del gruppo cui essa appartiene, comunque prevedendo un limite percentuale rispetto all'ammontare del patrimonio del fondo, e nel caso di cessioni dei beni del fondo ai soggetti suddetti;

b-bis) i casi in cui è possibile derogare alle norme prudenziali di contenimento e di frazionamento del rischio stabilite dalla Banca d'Italia, avendo riguardo anche alla qualità e all'esperienza professionale degli investitori; nel caso dei fondi previsti alla lettera *d-bis*) del comma 1 dovrà comunque prevedersi che gli stessi possano assumere prestiti sino a un valore di almeno il 60 per cento del valore degli immobili, dei diritti reali immobiliari e delle partecipazioni in società immobiliari e del 20 per cento per gli altri beni nonché che possano svolgere operazioni di valorizzazione dei beni medesimi;" (2).

2. Entro due mesi dalla data di entrata in vigore della legge di conversione del presente decreto, il Ministro dell'economia e delle finanze, la Banca d'Italia e la CONSOB adottano, ciascuno per quanto di competenza, le modifiche ai regolamenti e ai provvedimenti necessari per dare attuazione a quanto disposto dai commi 1, 1-*bis* e 1-*ter* (1).

3. Fino all'emanazione dei regolamenti e provvedimenti previsti dal comma 2, alle società di gestione del risparmio continuano ad applicarsi le disposizioni vigenti in quanto compatibili con quanto disposto dai commi 1, 1-*bis* e 1-*ter* (3).

4. Le società di gestione del risparmio, relativamente ai fondi già istituiti alla data di entrata in vigore del presente decreto, possono optare per l'applicazione del regime, ivi incluso quello fiscale, previsto dal presente decreto, dandone comunicazione alle competenti autorità entro sessanta giorni dalla data di entrata in vigore dello stesso.

(1) *Comma sostituito in sede di conversione.*
(2) *Comma aggiunto in sede di conversione.*
(3) *Comma modificatoin sede di conversione.*

6-11 (*Omissis*).

135. Legge 12 novembre 2011, n. 183. — Disposizioni per la formazione del bilancio annuale e pluriennale dello Stato. (Legge di stabilità 2012). (*estratto*).

6 Disposizioni in materia di dismissioni dei beni immobili pubblici.

1. Il Ministro dell'economia e delle finanze è autorizzato a conferire o trasferire beni immobili dello Stato [, a uso diverso da quello residenziale, fatti salvi gli immobili inseriti negli elenchi predisposti o da predisporre ai sensi del decreto legislativo 28 maggio 2010, n. 85, e degli enti pubblici non territoriali ivi inclusi quelli di cui all'articolo 1, comma 3, della legge 31 dicembre 2009, n. 196], ad uno o più fondi comuni di investimento immobiliare, ovvero ad una o più società, anche di nuova costituzione. I predetti beni sono individuati con uno o più decreti del Presidente del Consiglio dei ministri, su proposta del Ministro dell'economia e delle finanze, da pubblicare nella Gazzetta Ufficiale. Il primo decreto di individuazione è emanato entro il 30 aprile 2012; sono conferiti o trasferiti beni immobili di proprietà dello Stato e una quota non inferiore al 20 per cento delle carceri inutilizzate e delle caserme assegnate in uso alle Forze armate dismissibili. Con uno o più decreti di natura non regolamentare del Ministro dell'economia e delle finanze sono conferiti o trasferiti i suddetti beni immobili e sono stabiliti i criteri e le procedure per l'individuazione o l'eventuale costituzione della società di gestione del risparmio o delle società, nonché per il collocamento delle quote del fondo o delle azioni delle società e i limiti per l'eventuale assunzione di finanziamenti da parte del predetto fondo e delle società. Ai fini dell'attuazione del presente comma è autorizzata la spesa di 1 milione di euro l'anno a decorrere dall'anno 2012 (1).

2. Alla cessione delle quote dei fondi o delle azioni delle società di cui al comma 1 si provvede mediante le modalità previste dai suddetti decreti di natura non regolamentare del Ministro dell'economia e delle finanze, che dovranno prioritariamente prevedere il collocamento mediante offerta pubblica di vendita, applicandosi, in quanto compatibili, le disposizioni di cui al decreto-legge 31 maggio 1994, n. 332, convertito, con modificazioni, dalla legge 30 luglio 1994, n. 474. Il Ministero dell'economia e delle finanze può accettare come corrispettivo delle predette cessioni anche titoli di Stato, secondo i criteri e le caratteristiche definite nei decreti ministeriali di cui al comma 1.

3. I proventi netti derivanti dalle cessioni di cui al comma 2 sono destinati alla riduzione del debito pubblico. Nel caso di operazioni che abbiano ad oggetto esclusivamente immobili liberi, i proventi della cessione, previo versamento all'entrata del bilancio dello Stato, sono destinati al Fondo per l'ammortamento dei titoli di Stato. Negli altri casi i decreti ministeriali di cui al comma 1 prevedono l'attribuzione di detti proventi all'Agenzia del demanio per l'acquisto sul mercato, secondo le indicazioni del Ministero dell'economia e delle finanze - Dipartimento del tesoro, di titoli di Stato da parte della medesima Agenzia, che li detiene fino alla scadenza. L'Agenzia destina gli interessi dei suddetti titoli di Stato al pagamento dei canoni di locazione e degli oneri di gestione connessi. Tali operazioni non sono soggette all'imposta di bollo e ad ogni altra imposta indiretta, né ad ogni altro tributo o diritto di terzi.

4. Alle società di cui al comma 1 si applica, in quanto compatibile, il trattamento fiscale disciplinato per le società di investimento immobiliare quotate di cui all'articolo 1, comma 134, della legge 27 dicembre 2006, n. 296. Ai conferimenti ed ai trasferimenti dei beni immobili ai fondi comuni di investimento ed alle società di cui al comma 1 si applicano, per quanto compatibili, le disposizioni di cui agli articoli da 1 a 3 del decreto-legge 25 settembre 2001, n. 351, convertito, con modificazioni, dalla legge 9 novembre 2001, n. 410. La valutazione dei beni conferiti o trasferiti è effettuata a titolo gratuito dall'Agenzia del territorio, d'intesa con l'Agenzia del demanio relativamente agli immobili di proprietà dello Stato dalla stessa gestiti.

5. I decreti ministeriali di cui al comma 1 prevedono la misura degli eventuali canoni di locazione delle pubbliche amministrazioni sulla base della valutazione tecnica effettuata dall'Agenzia del demanio. Indica-

no inoltre la misura del contributo a carico delle amministrazioni utilizzatrici in relazione alle maggiori superfici utilizzate rispetto ai piani di razionalizzazione di cui all'articolo 2, comma 222, della legge 23 dicembre 2009, n. 191.

6. Relativamente alle società partecipate dal Ministero dell'economia e delle finanze, le eventuali maggiori entrate rispetto alle previsioni, derivanti dalla distribuzione di utili d'esercizio o di riserve sotto forma di dividendi o la attribuzione di risorse per riduzioni di capitale, possono essere utilizzate, nel rispetto degli obiettivi di finanza pubblica e secondo criteri e limiti stabiliti con decreto del Ministro dell'economia e delle finanze, per aumenti di capitale di società partecipate, anche indirettamente, dal medesimo Ministero, ovvero per la sottoscrizione di capitale di società di nuova costituzioneovvero per l'aumento della quota di partecipazione al capitale delle predette società (2). Le somme introitate a tale titolo sono riassegnate, anche in deroga ai limiti previsti per le riassegnazioni, con decreto del Ministro dell'economia e delle finanze ad apposito capitolo dello stato di previsione della spesa del Ministero dell'economia e delle finanze per essere versate ad apposita contabilità speciale di tesoreria. Le disposizioni del presente comma si applicano a decorrere dalla data di pubblicazione della presente legge (3).

7. All'articolo 33 del decreto-legge 6 luglio 2011, n. 98, convertito, con modificazioni, dalla legge 15 luglio 2011, n. 111, dopo il comma 8, è aggiunto il seguente:

« 8-*bis*. I fondi istituiti dalla società di gestione del risparmio del Ministero dell'economia e delle finanze possono acquistare immobili ad uso ufficio di proprietà degli enti territoriali, utilizzati dagli stessi o da altre pubbliche amministrazioni nonché altri immobili di proprietà dei medesimi enti di cui sia completato il processo di valorizzazione edilizio-urbanistico, qualora inseriti in programmi di valorizzazione, recupero e sviluppo del territorio. Le azioni della predetta società di gestione del risparmio possono essere trasferite, mediante decreto del Ministro dell'economia e delle finanze, a titolo gratuito all'Agenzia del demanio. Con apposita convenzione la stessa società di gestione del risparmio può avvalersi in via transitoria del personale dell'Agenzia del demanio ».

8. Allo scopo di accelerare e semplificare le procedure di dismissione del patrimonio immobiliare dello Stato all'estero, la vendita dei cespiti individuati nel piano di razionalizzazione del patrimonio immobiliare dello Stato ubicato all'estero ai sensi dell'articolo 1, commi 1311 e 1312, della legge 27 dicembre 2006, n. 296, è effettuata mediante trattativa privata, salve comprovate esigenze, anche in deroga al parere della Commissione immobili del Ministero degli affari esteri di cui all'articolo 80 del decreto del Presidente della Repubblica 5 gennaio 1967, n. 18. La stima del valore di mercato dei beni di cui al presente comma può essere effettuata anche avvalendosi di soggetti competenti nel luogo dove è ubicato l'immobile oggetto della vendita. I relativi contratti di vendita sono assoggettati al controllo preventivo di legittimità della Corte dei conti.

9. Le risorse nette derivanti dalle operazioni di dismissione di cui al comma 8 sono destinate alla riduzione del debito pubblico.

(1) *Comma modificato dall'art. 23-*ter*, comma 2, lett.* b) *d.l. 6 luglio 2012, n. 95, conv., con modif., in l. 7 agosto 2012, n. 135.*

(2) *Le parole « ovvero per l'aumento della quota di partecipazione al capitale delle predette società » sono state aggiunte dall'art. 1, comma 434, l. 30 dicembre 2018, n. 145.*

(3) *Comma modificato dall'art. 45-*bis*, comma 2, d.l. 24 aprile 2014, n. 66, conv., con modif., in l. 23 giugno 2014, n. 89.*

136. Decreto legge 21 giugno 2013, n. 69, convertito, con modificazioni, in legge 9 agosto 2013, n. 98. — Disposizioni urgenti per il rilancio dell'economia. (*estratto*).

Pubblicato nella Gazzetta Ufficiale n. 144 del 21 giugno 2013, S.O. n. 50; la legge di conversione è stata pubblicata nella Gazzetta Ufficiale n. 194 del 20 agosto 2013.

56-*bis* Semplificazione delle procedure in materia di trasferimenti di immobili agli enti territoriali .

1. Il trasferimento in proprietà, a titolo non oneroso, a comuni, province, città metropolitane e regioni dei beni immobili di cui all'articolo 5, comma 1, lettera *e*), e comma 4, del decreto legislativo 28 maggio 2010, n. 85, siti nel rispettivo territorio, è disciplinato dal presente articolo. Sono esclusi dal trasferimento i beni in uso per finalità dello Stato o per quelle di cui all'articolo 2, comma 222, della legge 23 dicembre 2009, n. 191, e successive modificazioni, i beni per i quali siano in corso procedure volte a consentirne l'uso per le medesime finalità, nonché quelli per i quali siano in corso operazioni di valorizzazione o dismissione di beni immobili ai sensi dell'articolo 33 del decreto-legge 6 luglio 2011, n. 98, convertito, con modificazioni, dalla legge 15 luglio 2011, n. 111, e successive modificazioni.

2. A decorrere dal 1° settembre 2013, i comuni, le province, le città metropolitane e le regioni che intendono acquisire la proprietà dei beni di cui al comma 1 presentano all'Agenzia del demanio, entro il termine perentorio del 30 novembre 2013, con le modalità tecniche da definire a cura dell'Agenzia medesima, una richiesta di attribuzione sottoscritta dal rappresentante legale dell'ente, che identifica il bene, ne specifica le finalità di utilizzo e indica le eventuali risorse finanziarie preordinate a tale utilizzo. L'Agenzia del demanio, verificata la sussistenza dei presupposti per l'accoglimento della richiesta, ne comunica l'esito all'ente interessato entro sessanta giorni dalla ricezione della richiesta. In caso di esito positivo si procede al trasferimento con successivo provvedimento dell'Agenzia del demanio. In caso di esito negativo, l'Agenzia comu-

nica all'ente interessato i motivi ostativi all'accoglimento della richiesta. Entro trenta giorni dalla comunicazione del motivato provvedimento di rigetto, l'ente può presentare una richiesta di riesame del provvedimento, unitamente ad elementi e documenti idonei a superare i motivi ostativi rappresentati dall'Agenzia del demanio (1).

3. Laddove le richieste abbiano ad oggetto immobili assegnati alle amministrazioni pubbliche, l'Agenzia del demanio interpella le amministrazioni interessate, al fine di acquisire, entro il termine perentorio di trenta giorni, la conferma della permanenza o meno delle esigenze istituzionali e indicazioni in ordine alle modalità di futuro utilizzo dell'immobile. Qualora le amministrazioni non confermino, entro tale termine, la permanenza delle esigenze istituzionali, l'Agenzia, nei successivi trenta giorni, avvia con le altre amministrazioni la verifica in ordine alla possibilità di inserire il bene nei piani di razionalizzazione di cui all'articolo 2, commi 222, 222-*bis* e 222-*ter*, della legge 23 dicembre 2009, n. 191, e successive modificazioni. Qualora detta verifica dia esito negativo e sia accertato che l'immobile non assolve ad altre esigenze statali, la domanda è accolta e si procede al trasferimento del bene con successivo provvedimento del Direttore dell'Agenzia del demanio. In caso di conferma delle esigenze di cui al comma 2 da parte dell'amministrazione usuaria, l'Agenzia comunica all'ente richiedente i motivi ostativi all'accoglimento della richiesta.

4. Qualora per il medesimo immobile pervengano richieste di attribuzione da parte di più livelli di governo territoriale, il bene è attribuito, in forza dei principi di sussidiarietà e di radicamento sul territorio, in via prioritaria ai comuni e alle città metropolitane e subordinatamente alle province e alle regioni. In caso di beni già utilizzati, essi sono prioritariamente trasferiti agli enti utilizzatori.

5. Nei provvedimenti di cui ai commi 2 e 3 si prevede che, trascorsi tre anni dal trasferimento, qualora all'esito di apposito monitoraggio effettuato dall'Agenzia del demanio l'ente territoriale non risulti utilizzare i beni trasferiti, gli stessi rientrino nella proprietà dello Stato, che ne assicura la migliore utilizzazione.

6. I beni trasferiti, con tutte le pertinenze, accessori, oneri e pesi, entrano a far parte del patrimonio disponibile delle regioni e degli enti locali. Il trasferimento ha luogo nello stato di fatto e di diritto in cui i beni si trovano, con contestuale immissione di ciascun ente territoriale, a decorrere dalla data di sottoscrizione dell'atto formale di trasferimento del bene di cui ai commi 2 e 3, nel possesso giuridico e con subentro del medesimo in tutti i rapporti attivi e passivi relativi al bene trasferito.

7. Con decreto del Ministro dell'economia e delle finanze le risorse a qualsiasi titolo spettanti alle regioni e agli enti locali che acquisiscono in proprietà beni immobili utilizzati a titolo oneroso sono ridotte in misura pari alla riduzione delle entrate erariali conseguente al trasferimento di cui al comma 1. Qualora non sia possibile l'integrale recupero delle minori entrate per lo Stato in forza della riduzione delle risorse, si procede al recupero da parte dell'Agenzia delle entrate a valere sui tributi spettanti all'ente ovvero, se non sufficienti, mediante versamento all'entrata del bilancio dello Stato da parte dell'ente interessato.

8. Al fine di soddisfare le esigenze allocative delle amministrazioni statali, gli enti territoriali continuano ad assicurare allo Stato l'uso gratuito di immobili di loro proprietà fino al permanere delle esigenze medesime.

9. Le disposizioni del presente articolo non si applicano nelle regioni a statuto speciale e nelle province autonome di Trento e di Bolzano.

10. Alle risorse nette derivanti a ciascun ente territoriale dall'eventuale alienazione degli immobili trasferiti ai sensi del presente articolo ovvero dall'eventuale cessione di quote di fondi immobiliari cui i medesimi immobili siano conferiti si applicano le disposizioni dell'articolo 9, comma 5, del decreto legislativo 28 maggio 2010, n. 85.

11. In considerazione dell'eccezionalità della situazione economica e tenuto conto delle esigenze prioritarie di riduzione del debito pubblico, al fine di contribuire alla stabilizzazione finanziaria e promuovere iniziative volte allo sviluppo economico e alla coesione sociale, è altresì destinato al Fondo per l'ammortamento dei titoli di Stato, con le modalità di cui al comma 5 dell'articolo 9 del decreto legislativo 28 maggio 2010, n. 85, il 10 per cento delle risorse nette derivanti dall'alienazione dell'originario patrimonio immobiliare disponibile degli enti territoriali, salvo che una percentuale uguale o maggiore non sia destinata per legge alla riduzione del debito del medesimo ente. Per gli enti territoriali la predetta quota del 10% è destinata prioritariamente all'estinzione anticipata dei mutui e per la restante quota secondo quanto stabilito dal comma 443 dell'articolo 1 della legge 24 dicembre 2012, n. 228. Per la parte non destinata al Fondo per l'ammortamento dei titoli di Stato, resta fermo quanto disposto dal comma 443 dell'articolo 1 della legge 24 dicembre 2012, n. 228 (2) (3).

12. Le disposizioni di cui al decreto legislativo 28 maggio 2010, n. 85, si applicano solo in quanto compatibili con quanto previsto dal presente articolo.

13. All'articolo 33, comma 8-*ter*, del decreto-legge 6 luglio 2011, n. 98, convertito, con modificazioni, dalla legge 15 luglio 2011, n. 111, e successive modificazioni, sono apportate le seguenti modificazioni:

a) il quinto periodo è soppresso;

b) al sesto periodo, le parole: ", nonché l'attribuzione agli Enti territoriali delle quote dei fondi, nel rispetto della ripartizione e per le finalità previste dall'articolo 9 del decreto legislativo 28 maggio 2010, n. 85, limitatamente ai beni di cui all'articolo 5, comma 1, lettera *e*), sopra richiamato, derivanti dal conferimento ai predetti fondi immobiliari" sono soppresse.

(1) *A norma dell'articolo 10, comma 6-*bis*, del D.L. 30 dicembre 2015, n. 210, convertito, con modificazioni, dalla Legge 25 febbraio 2016, n. 21 le richieste di cui al presente comma possono essere effettuate, secondo le modalità ivi indicate, a decorrere dalla data di entrata in vigore della legge di conversione del presente decreto ed entro il termine perentorio del 31 dicembre 2016.*

(2) *Comma modificato dall'articolo 7, comma 5, del D.L. 19 giugno 2015, n. 78, come modificato dalla Legge 6 agosto 2015, n. 125, in sede di conversione.*

(3) *La Corte Costituzionale, con sentenza 24 luglio 2015, n. 189 (in*

Gazz. Uff., 29 luglio, n. 30), ha dichiarato **l'illegittimità costituzionale** *del presente comma, nella versione precedente alla modifica apportata dall'articolo 7, comma 5, del D.L. 19 giugno 2015, n. 78, come convertito dalla Legge 6 agosto 2015, n. 125.*

137. Legge 27 dicembre 2013, n. 147. — Disposizioni per la formazione del bilancio annuale e pluriennale dello Stato. (*estratto*).

Pubblicata nella Gazzetta Ufficiale n. 302 del 27 dicembre 2013, S.O.

1 1-390. (*Omissis*).

391. Entro sessanta giorni dalla data di entrata in vigore della presente legge, il Governo definisce, sentite la Conferenza unificata di cui all'articolo 8 del decreto legislativo 28 agosto 1997, n. 281, le competenti Commissioni parlamentari e la società di cui all'articolo 33 del decreto-legge 6 luglio 2011, n. 98, convertito, con modificazioni, dalla legge 15 luglio 2011, n. 111, un programma straordinario di cessioni di immobili pubblici, compresi quelli detenuti dal Ministero della difesa e non utilizzati per finalità istituzionali, tale da consentire introiti per il periodo 2014-2016 non inferiori a 500 milioni di euro annui.

138. Legge 23 dicembre 2014, n. 190. — Disposizioni per la formazione del bilancio annuale e pluriennale dello Stato. (*estratto*).

Pubblicata nella Gazzetta Ufficiale n. 300 del 29 dicembre 2013, S.O.

1 1-269. (*Omissis*).

270. Al fine di assicurare il conseguimento degli obiettivi di finanza pubblica connessi al programma di valorizzazione e cessione di immobili pubblici di cui all'articolo 1, comma 391, della legge 27 dicembre 2013, n. 147, anche sollecitando l'interesse di un'ampia platea di investitori, all'articolo 7, comma 1, secondo periodo, del decreto-legge 24 dicembre 2002, n. 282, convertito, con modificazioni, dalla legge 21 febbraio 2003, n. 27, dopo le parole: « trattativa privata » sono inserite le seguenti: « ovvero, per gli anni 2015, 2016 e 2017, mediante procedura ristretta alla quale investitori qualificati, in possesso di requisiti e caratteristiche fissati con decreto direttoriale del Ministero dell'economia e delle finanze in relazione alla singola procedura di dismissione, sono invitati a partecipare e, successivamente, a presentare offerte di acquisto nel rispetto delle modalità e dei termini indicati nella lettera di invito ».

139. Decreto legislativo 19 agosto 2016, n. 175. — Testo unico in materia di società a partecipazione pubblica (*estratto*) (1).

Pubblicato nella Gazzetta Ufficiale n. 210 dell'8 settembre 2016.
(1) *L'intero testo del provvedimento è riportato sub II, 29.*

4 Finalità perseguibili mediante l'acquisizione e la gestione di partecipazioni pubbliche.

1. Le amministrazioni pubbliche non possono, direttamente o indirettamente, costituire società aventi per oggetto attività di produzione di beni e servizi non strettamente necessarie per il perseguimento delle proprie finalità istituzionali, né acquisire o mantenere partecipazioni, anche di minoranza, in tali società.

2. Nei limiti di cui al comma 1, le amministrazioni pubbliche possono, direttamente o indirettamente, costituire società e acquisire o mantenere partecipazioni in società esclusivamente per lo svolgimento delle attività sotto indicate:

a) produzione di un servizio di interesse generale, ivi inclusa la realizzazione e la gestione delle reti e degli impianti funzionali ai servizi medesimi;

b) progettazione e realizzazione di un'opera pubblica sulla base di un accordo di programma fra amministrazioni pubbliche, ai sensi dell'articolo 193 del decreto legislativo n. 50 del 2016;

c) realizzazione e gestione di un'opera pubblica ovvero organizzazione e gestione di un servizio d'interesse generale attraverso un contratto di partenariato di cui all'articolo 180 del decreto legislativo n. 50 del 2016, con un imprenditore selezionato con le modalità di cui all'articolo 17, commi 1 e 2;

d) autoproduzione di beni o servizi strumentali all'ente o agli enti pubblici partecipantio allo svolgimento delle loro funzioni (1), nel rispetto delle condizioni stabilite dalle direttive europee in materia di contratti pubblici e della relativa disciplina nazionale di recepimento;

e) servizi di committenza, ivi incluse le attività di committenza ausiliarie, apprestati a supporto di enti senza scopo di lucro e di amministrazioni aggiudicatrici di cui all'articolo 3, comma 1, lettera *a*), del decreto legislativo n. 50 del 2016.

3. Al solo fine di ottimizzare e valorizzare l'utilizzo di beni immobili facenti parte del proprio patrimonio,

le amministrazioni pubbliche possono, altresì, anche in deroga al comma 1, acquisire partecipazioni in società aventi per oggetto sociale esclusivo la valorizzazione del patrimonio delle amministrazioni stesse, tramite il conferimento di beni immobili allo scopo di realizzare un investimento secondo criteri propri di un qualsiasi operatore di mercato.

4. Le società in house hanno come oggetto sociale esclusivo una o più delle attività di cui alle lettere *a*), *b*), *d*) ed *e*) del comma 2. Salvo quanto previsto dall'articolo 16, tali società operano in via prevalente con gli enti costituenti o partecipanti o affidanti.

5. Fatte salve le diverse previsioni di legge regionali adottate nell'esercizio della potestà legislativa in materia di organizzazione amministrativa, è fatto divieto alle società di cui al comma 2, lettera *d*), controllate da enti locali, di costituire nuove società e di acquisire nuove partecipazioni in società. Il divieto non si applica alle società che hanno come oggetto sociale esclusivo la gestione delle partecipazioni societarie di enti locali, salvo il rispetto degli obblighi previsti in materia di trasparenza dei dati finanziari e di consolidamento del bilancio degli enti partecipanti.

6. È fatta salva la possibilità di costituire società o enti in attuazione dell'articolo 34 del regolamento (CE) n. 1303/2013 del Parlamento europeo e del Consiglio del 17 dicembre 2013, dell'articolo 42 del regolamento (UE) n. 1305/2013 del Parlamento europeo e del Consiglio, del 17 dicembre 2013 (2), e dell'articolo 61 del regolamento (CE) n. 508 del 2014 del Parlamento europeo e del Consiglio 15 maggio 2014.

7. Sono altresì ammesse le partecipazioni nelle società aventi per oggetto sociale prevalente la gestione di spazi fieristici e l'organizzazione di eventi fieristici, [nonché] (3) la realizzazione e la gestione di impianti di trasporto a fune per la mobilità turistico-sportiva eserciti in aree montane, nonché la produzione di energia da fonti rinnovabili (4).

8. È fatta salva la possibilità di costituire, ai sensi degli articoli 2 e 3 del decreto legislativo 27 luglio 1999, n. 297, le società con caratteristiche di spin off o di start up universitari previste dall'articolo 6, comma 9, della legge 30 dicembre 2010, n. 240, nonché quelle con caratteristiche analoghe degli enti di ricerca. È inoltre fatta salva la possibilità, per le università, di costituire società per la gestione di aziende agricole con funzioni didattiche (5).

9. Con decreto del Presidente del Consiglio dei ministri, su proposta del Ministro dell'economia e delle finanze o dell'organo di vertice dell'amministrazione partecipante, motivato con riferimento alla misura e qualità della partecipazione pubblica, agli interessi pubblici a essa connessi e al tipo di attività svolta, riconducibile alle finalità di cui al comma 1, anche al fine di agevolarne la quotazione ai sensi dell'articolo 18, può essere deliberata l'esclusione totale o parziale dell'applicazione delle disposizioni del presente articolo a singole società a partecipazione pubblica. Il decreto è trasmesso alle Camere ai fini della comunicazione alle commissioni parlamentari competenti.I Presidenti di Regione e delle province autonome di Trento e Bolzano, con provvedimento adottato ai sensi della legislazione regionale e nel rispetto dei principi di trasparenza e pubblicità, possono, nell'ambito delle rispettive competenze, deliberare l'esclusione totale o parziale dell'applicazione delle disposizioni del presente articolo a singole società a partecipazione della Regione o delle province autonome di Trento e Bolzano, motivata con riferimento alla misura e qualità della partecipazione pubblica, agli interessi pubblici a essa connessi e al tipo di attività svolta, riconducibile alle finalità di cui al comma 1 (6). Il predetto provvedimento è trasmesso alla competente Sezione regionale di controllo della Corte dei conti, alla struttura di cui all'articolo 15, comma 1, nonché alle Camere ai fini della comunicazione alle commissioni parlamentari competenti (6).

9-*bis*. Nel rispetto della disciplina europea, è fatta salva la possibilità per le amministrazioni pubbliche di acquisire o mantenere partecipazioni in società che producono servizi economici di interesse generale a rete, di cui all'articolo 3-*bis* del decreto-legge 13 agosto 2011, n. 138, convertito, con modificazioni, dalla legge 14 settembre 2011, n. 148, anche fuori dall'ambito territoriale della collettività di riferimento, in deroga alle previsioni di cui al comma 2, lettera *a*), purché l'affidamento dei servizi, in corso e nuovi, sia avvenuto e avvenga tramite procedure ad evidenza pubblica. Per tali partecipazioni, trova piena applicazione l'articolo 20, comma 2, lettera *e*). Resta fermo quanto previsto dall'articolo 16 (7).

9-*ter*. È fatta salva la possibilità per le amministrazioni pubbliche di acquisire o mantenere partecipazioni, comunque non superiori all'1 per cento del capitale sociale, in società bancarie di finanza etica e sostenibile, come definite dall'articolo 111-*bis* del testo unico delle leggi in materia bancaria e creditizia, di cui al decreto legislativo 1° settembre 1993, n. 385, senza ulteriori oneri finanziari rispetto a quelli derivanti dalla partecipazione medesima (8).

9-*quater*. Le disposizioni del presente articolo non si applicano alla costituzione né all'acquisizione o al mantenimento di partecipazioni, da parte delle amministrazioni pubbliche, in società aventi per oggetto sociale prevalente la produzione, il trattamento, la lavorazione e l'immissione in commercio del latte, comunque trattato, e dei prodotti lattiero-caseari (9).

(1) *Le parole « o allo svolgimento delle loro funzioni » sono state inserite dall'art. 5 comma 1 lett.* a) *d.lgs.16 giugno 2017, n. 100.*

(2) *Inciso aggiunto dall'art. 1, comma 722, l. 30 dicembre 2018, n. 145.*

(3) *Parola soppressa dall'art. 5 comma 1 lett.* b) *del d.lgs. 16 giugno 2017, n. 100.*

(4) *Le parole « nonché la produzione di energia da fonti rinnovabili. » sono state inserite dall'art. 5 d.lgs.16 giugno 2017, n. 100.*

(5) *Periodo aggiunto dall'art. 5 comma 1 lett.* c) *d.lgs. 16 giugno 2017, n. 100.*

(6) *Periodo aggiunto dall'art. 5, comma 1, lett.* d), *del d.lgs. 16 giugno 2017, n. 100*

(7) *Comma aggiunto dall'art. 5, comma 1, lett.* e), *del d.lgs. 16 giugno 2017, n. 100.*

(8) *Comma aggiunto dall'art. 1, comma 891, l. 27 dicembre 2017, n. 205, a decorrere dal 1° gennaio 2018.*

(9) *Comma aggiunto dall'art. 1, comma 1, l. 1° ottobre 2019, n. 119.*

140. Legge 30 dicembre 2018, n. 145. — Bilancio di previsione dello Stato per l'anno finanziario 2019 e bilancio pluriennale per il triennio 2019-2021. (*estratto*).

Pubblicata nella Gazzetta Ufficiale n. 302 del 31 dicembre 2018 - S.O.

1 Finalità. Risultati differenziali. Norme in materia di entrata e di spesa e altre disposizioni. Fondi speciali.

1-674. (*Omissis*)

675. Al fine di tutelare, valorizzare e promuovere il bene demaniale delle coste italiane, che rappresenta un elemento strategico per il sistema economico, di attrazione turistica e di immagine del Paese, in un'ottica di armonizzazione delle normative europee, con decreto del Presidente del Consiglio dei ministri, da adottare entro centoventi giorni dalla data di entrata in vigore della presente legge, su proposta del Ministro delle infrastrutture e dei trasporti e del Ministro delle politiche agricole alimentari, forestali e del turismo, di concerto con il Ministro dell'economia e delle finanze, sentiti il Ministro dello sviluppo economico, il Ministro per gli affari europei, il Ministro dell'ambiente e della tutela del territorio e del mare, il Ministro per gli affari regionali e la Conferenza delle regioni e delle province autonome, sono fissati i termini e le modalità per la generale revisione del sistema delle concessioni demaniali marittime.

676. Il decreto di cui al comma 675, in particolare, stabilisce le condizioni e le modalità per procedere: *a*) alla ricognizione e mappatura del litorale e del demanio costiero-marittimo; *b*) all'individuazione della reale consistenza dello stato dei luoghi, della tipologia e del numero di concessioni attualmente vigenti nonché delle aree libere e concedibili; *c*) all'individuazione della tipologia e del numero di imprese concessionarie e sub-concessionarie; *d*) alla ricognizione degli investimenti effettuati nell'ambito delle concessioni stesse e delle tempistiche di ammortamento connesse, nonché dei canoni attualmente applicati in relazione alle diverse concessioni; *e*) all'approvazione dei metodi, degli indirizzi generali e dei criteri per la programmazione, pianificazione e gestione integrata degli interventi di difesa delle coste e degli abitati costieri di cui all'articolo 89, comma 1, lettera *h*), del decreto legislativo 31 marzo 1998, n. 112.

677. Il decreto di cui al comma 675 contiene, inoltre, i criteri per strutturare: *a*) un nuovo modello di gestione delle imprese turistico-ricreative e ricettive che operano sul demanio marittimo secondo schemi e forme di partenariato pubblico-privato, atto a valorizzare la tutela e la più proficua utilizzazione del demanio marittimo, tenendo conto delle singole specificità e caratteristiche territoriali secondo criteri di: sostenibilità ambientale; qualità e professionalizzazione dell'accoglienza e dei servizi; accessibilità; qualità e modernizzazione delle infrastrutture; tutela degli ecosistemi marittimi coinvolti; sicurezza e vigilanza delle spiagge; *b*) un sistema di rating delle imprese di cui alla lettera *a*) e della qualità balneare; *c*) la revisione organica delle norme connesse alle concessioni demaniali marittime, con particolare riferimento alle disposizioni in materia di demanio marittimo di cui al codice della navigazione o a leggi speciali in materia; *d*) il riordino delle concessioni ad uso residenziale e abitativo, tramite individuazione di criteri di gestione, modalità di rilascio e termini di durata della concessione nel rispetto di quanto previsto dall'articolo 37, primo comma, del codice della navigazione e dei principi di imparzialità, trasparenza, adeguata pubblicità e tenuto conto, in termini di premialità, dell'idonea conduzione del bene demaniale e della durata della concessione; *e*) la revisione e l'aggiornamento dei canoni demaniali posti a carico dei concessionari, che tenga conto delle peculiari attività svolte dalle imprese del settore, della tipologia dei beni oggetto di concessione anche con riguardo alle pertinenze, della valenza turistica.

678. Le amministrazioni competenti per materia, così come individuate nel decreto di cui al comma 675, provvedono, entro due anni dalla data di adozione del predetto decreto, all'esecuzione delle attività di cui ai commi 676 e 677, ciascuna per gli aspetti di rispettiva titolarità.

679. Sulla base delle risultanze dei lavori svolti ai sensi del comma 678, è avviata una procedura di consultazione pubblica, nel rispetto dei principi e delle previsioni di cui alla legge 7 agosto 1990, n. 241, in merito alle priorità e modalità di azione e intervento per la valorizzazione turistica delle aree insistenti sul demanio marittimo, che deve concludersi entro il termine massimo di centottanta giorni dalla data di conclusione dei lavori da parte delle amministrazioni di cui al comma 678.

680. I principi ed i criteri tecnici ai fini dell'assegnazione delle concessioni sulle aree demaniali marittime sono definiti con decreto del Presidente del Consiglio dei ministri, su proposta del Ministro dello sviluppo economico, di concerto con il Ministro delle politiche agricole alimentari, forestali e del turismo, il Ministro delle infrastrutture e dei trasporti, il Ministro dell'economia e delle finanze e il Ministro dell'ambiente e della tutela del territorio e del mare.

681. Al termine della consultazione di cui al comma 679, secondo i principi e i criteri tecnici stabiliti dal decreto del Presidente del Consiglio dei ministri previsto dal comma 680, sono assegnate le aree concedibili ma prive di concessioni in essere alla data di entrata in vigore della presente legge.

682. Le concessioni disciplinate dal comma 1 dell'articolo 01 del decreto-legge 5 ottobre 1993, n. 400, convertito, con modificazioni, dalla legge 4 dicembre 1993, n. 494, vigenti alla data di entrata in vigore della presente legge hanno una durata, con decorrenza dalla data di entrata in vigore della presente legge, di anni quindici. Al termine del predetto periodo, le disposi-

zioni adottate con il decreto di cui al comma 677, rappresentano lo strumento per individuare le migliori procedure da adottare per ogni singola gestione del bene demaniale.

683. Al fine di garantire la tutela e la custodia delle coste italiane affidate in concessione, quali risorse turistiche fondamentali del Paese, e tutelare l'occupazione e il reddito delle imprese in grave crisi per i danni subiti dai cambiamenti climatici e dai conseguenti eventi calamitosi straordinari, le concessioni di cui al comma 682, vigenti alla data di entrata in vigore del decreto-legge 31 dicembre 2009, n. 194, convertito, con modificazioni, dalla legge 26 febbraio 2010, n. 25, nonché quelle rilasciate successivamente a tale data a seguito di una procedura amministrativa attivata anteriormente al 31 dicembre 2009 e per le quali il rilascio è avvenuto nel rispetto dell'articolo 18 del decreto del Presidente della Repubblica 15 febbraio 1952, n. 328, o il rinnovo è avvenuto nel rispetto dell'articolo 02 del decreto-legge 5 ottobre 1993, n. 400, convertito, con modificazioni, dalla legge 4 dicembre 1993, n. 494, hanno una durata, con decorrenza dalla data di entrata in vigore della presente legge, di anni quindici. Al termine del predetto periodo, le disposizioni adottate con il decreto di cui al comma 677 rappresentano lo strumento per individuare le migliori procedure da adottare per ogni singola gestione del bene demaniale.

684. Le concessioni delle aree di demanio marittimo per finalità residenziali e abitative, già oggetto di proroga ai sensi del decreto-legge 19 giugno 2015, n. 78, convertito, con modificazioni, dalla legge 6 agosto 2015, n. 125, hanno durata di quindici anni a decorrere dalla data di entrata in vigore della presente legge.

685. Quale misura straordinaria di tutela delle attività turistiche che hanno subito danni conseguenti agli eventi atmosferici verificatisi nei mesi di ottobre e novembre 2018, ubicate nelle regioni per le quali è stato dichiarato lo stato di emergenza con deliberazione del Consiglio dei ministri 8 novembre 2018, pubblicata nella Gazzetta Ufficiale n. 266 del 15 novembre 2018, è sospeso, quale anticipazione risarcitoria in favore delle imprese balneari, il canone demaniale fino all'avvenuta erogazione del risarcimento o comunque nel limite massimo di cinque anni.

686-1143. (*Omissis*)

PARTE TERZA
L'ATTIVITÀ

SEZIONE PRIMA
PRINCIPI GENERALI DELL'ATTIVITÀ AMMINISTRATIVA

CAPO I
PROCEDIMENTO AMMINISTRATIVO

1. Legge 7 agosto 1990, n. 241. — Nuove norme in materia di procedimento amministrativo e di diritto di accesso ai documenti amministrativi (1) (2).

Pubblicata nella Gazzetta Ufficiale n. 192 del 18 agosto 1990.

(1) *Per le disposizioni speciali in tema di Conferenza di servizi e accordi di programma, v. l. 17 maggio 1985, n. 210, l. 15 dicembre 1990, n. 396, l. 24 dicembre 1993, n. 537, d.lgs. 18 agosto 2000, n. 267; per la Dichiarazione di inizio attività, silenzio e provvedimento amministrativo, v. l. 12 gennaio 1991, n. 13, d.P.R. 26 aprile 1992, n. 300, d.P.R. 9 maggio 1994, n. 411, d.P.R. 31 luglio 1996, n. 468, d.l. 30 novembre 2005, n. 245, conv., con modif., in l. 27 gennaio 2006, n. 21; per l'accesso ai documenti amministrativi e l'attività di informazione e comunicazione della p.a., v. l. 7 giugno 2000, n. 150, d.P.R. 12 aprile 2006, n. 184 e, da ultimo, l'art 13 del d.l. 16 luglio 2020, n. 76, conv., con modif., in l. 11 settembre 2020, n. 120, sub II, 11.*

(2) *In tema di semplificazione dei procedimenti amministrativi, in relazione all'emergenza epidemiologica da Covid-19, v. l'art. 264, comma 1 d.l. 19 maggio 2020, n. 34, conv., con modif., in l. 17 luglio 2020, n. 77, sub VII, 9.*

CAPO I
Princìpi

1 Principi generali dell'attività amministrativa (1).

1. L'attività amministrativa persegue i fini determinati dalla legge ed è retta da criteri di economicità, di efficacia, di imparzialità di pubblicità e di trasparenza secondo le modalità previste dalla presente legge e dalle altre disposizioni che disciplinano singoli procedimenti, nonché dai princìpi dell'ordinamento comunitario (2).

1-*bis*. La pubblica amministrazione, nell'adozione di atti di natura non autoritativa, agisce secondo le norme di diritto privato salvo che la legge disponga diversamente (3).

1-*ter*. I soggetti privati preposti all'esercizio di attività amministrative assicurano il rispetto dei criteri e dei principi di cui al comma 1, con un livello di garanzia non inferiore a quello cui sono tenute le pubbliche amministrazioni in forza delle disposizioni di cui alla presente legge (3).

2. La pubblica amministrazione non può aggravare il procedimento se non per straordinarie e motivate esigenze imposte dallo svolgimento dell'istruttoria.

2-*bis*. I rapporti tra il cittadino e la pubblica amministrazione sono improntati ai principi della collaborazione e della buona fede (4).

(1) *Rubrica apposta dall'art. 21 l. 11 febbraio 2005, n. 15.*

(2) *Comma così modificato dall'art. 1 l. 11 febbraio 2005, n. 15. In precedenza, la norma così disponeva:* « 1. L'attività amministrativa persegue i fini determinati dalla legge ed è retta da criteri di economicità, di efficacia e di pubblicità secondo le modalità previste dalla presente legge e dalle altre disposizioni che disciplinano singoli procedimenti ».

(3) *Comma aggiunto dall'art. 1 l. 11 febbraio 2005, n. 15 e poi modificato con l'aggiunta delle parole* « dei criteri e » *dalla lettera* a) *del comma 1 dell'art. 7 l. 18 giugno 2009, n. 69 e dal comma 37 dell'art. 1, l. 6 novembre 2012, n. 190.*

(4) *Comma aggiunto dall'art. 12, comma 1, lett.* oa) *d.l. 16 luglio 2020, n. 76, conv., con modif., in l. 11 settembre 2020, n. 120.*

2 Conclusione del procedimento (1) (2).

1. Ove il procedimento consegua obbligatoriamente ad un'istanza, ovvero debba essere iniziato d'ufficio, le pubbliche amministrazioni hanno il dovere di concluderlo mediante l'adozione di un provvedimento espresso. Se ravvisano la manifesta irricevibilità, inammissibilità, improcedibilità o infondatezza della domanda, le pubbliche amministrazioni concludono il procedimento con un provvedimento espresso redatto in forma semplificata, la cui motivazione può consistere in un sintetico riferimento al punto di fatto o di diritto ritenuto risolutivo (3).

2. Nei casi in cui disposizioni di legge ovvero i provvedimenti di cui ai commi 3, 4 e 5 non prevedono un termine diverso, i procedimenti amministrativi di competenza delle amministrazioni statali e degli enti pubblici nazionali devono concludersi entro il termine di trenta giorni (4).

3. Con uno o più decreti del Presidente del Consiglio dei ministri, adottati ai sensi dell'articolo 17, comma 3, della legge 23 agosto 1988, n. 400, su proposta dei Ministri competenti e di concerto con i Ministri per la pubblica amministrazione e l'innovazione e per la semplificazione normativa, sono individuati i termini non superiori a novanta giorni entro i quali devono concludersi i procedimenti di competenza delle amministrazioni statali. Gli enti pubblici nazionali stabiliscono, secondo i propri ordinamenti, i termini non superiori a novanta giorni entro i quali devono concludersi i procedimenti di propria competenza (4).

4. Nei casi in cui, tenendo conto della sostenibilità dei tempi sotto il profilo dell'organizzazione amministrativa, della natura degli interessi pubblici tutelati e della particolare complessità del procedimento, sono indispensabili termini superiori a novanta giorni per la conclusione dei procedimenti di competenza delle amministrazioni statali e degli enti pubblici nazionali, i decreti di cui al comma 3 sono adottati su proposta anche dei Ministri per la pubblica amministrazione e l'innovazione e per la semplificazione normativa e previa deliberazione del Consiglio dei ministri. I termini ivi previsti non possono comunque superare i centottanta giorni, con la sola esclusione dei procedimenti di acquisto della cittadinanza italiana e di quelli riguardanti l'immigrazione (4).

4-*bis*. Le pubbliche amministrazioni misurano e pubblicano nel proprio sito internet istituzionale, nella sezione "Amministrazione trasparente", i tempi effettivi di conclusione dei procedimenti amministrativi di maggiore impatto per i cittadini e per le imprese, comparandoli con i termini previsti dalla normativa vigente. Con decreto del Presidente del Consiglio dei ministri, su proposta del Ministro per la pubblica amministrazione, previa intesa in Conferenza unificata di cui all'articolo 8 del decreto legislativo 28 agosto 1997, n. 281, sono definiti modalità e criteri di misurazione dei tempi effettivi di conclusione dei procedimenti, nonché le ulteriori modalità di pubblicazione di cui al primo periodo (5).

5. Fatto salvo quanto previsto da specifiche disposizioni normative, le autorità di garanzia e di vigilanza disciplinano, in conformità ai propri ordinamenti, i termini di conclusione dei procedimenti di rispettiva competenza.

6. I termini per la conclusione del procedimento decorrono dall'inizio del procedimento d'ufficio o dal ricevimento della domanda, se il procedimento è ad iniziativa di parte.

7. Fatto salvo quanto previsto dall'articolo 17, i termini di cui ai commi 2, 3, 4 e 5 del presente articolo possono essere sospesi, per una sola volta e per un periodo non superiore a trenta giorni, per l'acquisizione di informazioni o di certificazioni relative a fatti, stati o qualità non attestati in documenti già in possesso dell'amministrazione stessa o non direttamente acquisibili presso altre pubbliche amministrazioni. Si applicano le disposizioni dell'articolo 14, comma 2.

8. La tutela in materia di silenzio dell'amministrazione è disciplinata dal codice del processo amministrativo, di cui al decreto legislativo 2 luglio 2010, n. 104. Le sentenze passate in giudicato che accolgono il ricorso proposto avverso il silenzio inadempimento dell'amministrazione sono trasmesse, in via telematica, alla Corte dei conti (6).

8-*bis*. Le determinazioni relative ai provvedimenti, alle autorizzazioni, ai pareri, ai nulla osta e agli atti di assenso comunque denominati, adottate dopo la scadenza dei termini di cui agli articoli 14-*bis*, comma 2, lettera *c*), 17-*bis*, commi 1 e 3, 20, comma 1, ovvero successivamente all'ultima riunione di cui all'articolo 14-*ter*, comma 7, nonché i provvedimenti di divieto di prosecuzione dell'attività e di rimozione degli eventuali effetti, di cui all'articolo 19, commi 3 e 6-*bis*, primo periodo, adottati dopo la scadenza dei termini ivi previsti, sono inefficaci, fermo restando quanto previsto dall'articolo 21-*nonies*, ove ne ricorrano i presupposti e le condizioni (7).

9. La mancata o tardiva emanazione del provvedimento [nei termini] costituisce elemento di valutazione della performance individuale, nonché di responsabilità disciplinare e amministrativo-contabile del dirigente e del funzionario inadempiente (6).

9-*bis*. L'organo di governo individua un soggetto nell'ambito delle figure apicali dell'amministrazione o una unità organizzativa cui attribuire il potere sostitutivo in caso di inerzia (8). Nell'ipotesi di omessa individuazione il potere sostitutivo si considera attribuito al dirigente generale o, in mancanza, al dirigente preposto all'ufficio o in mancanza al funzionario di più elevato livello presente nell'amministrazione. Per ciascun procedimento, sul sito internet istituzionale dell'amministrazione è pubblicata, in formato tabellare e con collegamento ben visibile nella homepage, l'indicazione del soggetto o dell'unità organizzativa (9) a cui è attribuito il potere sostitutivo e a cui l'interessato può rivolgersi ai sensi e per gli effetti del comma 9-*ter*. Tale soggetto, in caso di ritardo, comunica senza indugio il nominativo del responsabile, ai fini della valutazione dell'avvio del procedimento disciplinare, secondo le disposizioni del proprio ordinamento e dei contratti collettivi nazionali di lavoro, e, in caso di mancata ottemperanza alle disposizioni del presente comma, assume la sua medesima responsabilità oltre a quella propria (6).

9-*ter*. Decorso inutilmente il termine per la conclusione del procedimento o quello superiore di cui al comma 7, il responsabile o l'unità organizzativa di cui al comma 9-*bis*, d'ufficio o su richiesta dell'interessato, esercita il potere sostitutivo e, entro un termine pari alla metà di quello originariamente previsto, conclude il procedimento attraverso le strutture competenti o con la nomina di un commissario (10).

9-*quater*. Il responsabile individuato ai sensi del comma 9-*bis*, entro il 30 gennaio di ogni anno, comunica all'organo di governo, i procedimenti, suddivisi per tipologia e strutture amministrative competenti, nei quali non è stato rispettato il termine di conclusione previsti dalla legge o dai regolamenti. Le Amministrazioni provvedono all'attuazione del presente comma, con le risorse umane, strumentali e finanziarie disponibili a legislazione vigente, senza nuovi o maggiori oneri a carico della finanza pubblica (6).

9-*quinquies*. Nei provvedimenti rilasciati in ritardo su istanza di parte è espressamente indicato il termine previsto dalla legge o dai regolamenti di cui all'articolo 2 e quello effettivamente impiegato." (6).

(1) *Vedi anche l'art. 4 della legge 7 agosto 2015, n. 124, sub III, 10 e il d.P.R. 12 settembre 2016, n. 194, sub III, 12.*

*Il presente articolo, già modificato dagli artt. 2 e 21, l. 11 febbraio 2005, n. 15, è stato sostituito dapprima dall'art. 3, comma 6-*bis*, d.l. 14 marzo 2005, n. 35, nel testo integrato in sede di conversione in l. 14 maggio 2005, n. 80, e poi dall'art. 7, comma 1, lett.* b*), l. 18 giugno 2009, n. 69. L'originario testo era uguale nel comma 1 e così prevedeva negli altri commi:* « 2. Le pubbliche amministrazioni determinano per ciascun tipo di procedimento, in quanto non sia già direttamente disposto per legge o per regolamento, il termine entro cui esso deve concludersi. Tale termine decorre dall'inizio di ufficio del procedimento o dal ricevimento della domanda se il procedimento è ad iniziativa di parte. – 3. Qualora le pubbliche amministrazioni non provvedano ai sensi del comma 2, il termine è di trenta giorni. 4. Le determinazioni adottate ai sensi del comma 2 sono rese pubbliche secondo quanto previsto dai singoli ordinamenti ». *Il testo dell'articolo, come sostituito dall'art. 3 d.l. n. 35, cit., era il seguente:*

« 1. Ove il procedimento consegua obbligatoriamente ad una istanza, ovvero debba essere iniziato d'ufficio, la pubblica amministrazione ha il dovere di concluderlo mediante l'adozione di un provvedimento espresso. – 2. Con uno o più regolamenti adottati ai sensi dell'articolo 17, comma 1, della legge 23 agosto 1988, n. 400, su proposta del Ministro competente, di concerto con il Ministro per la funzione pubblica, sono stabiliti i termini entro i quali i procedimenti di competenza delle amministrazioni statali devono concludersi, ove non siano direttamente previsti per legge. Gli enti pubblici nazionali stabiliscono, secondo i propri ordinamenti, i termini entro i quali devono concludersi i procedimenti di propria competenza. I termini sono modulati tenendo conto della loro sostenibilità, sotto il profilo dell'organizzazione amministrativa, e della natura degli interessi pubblici tutelati e decorrono dall'inizio di ufficio del procedimento o dal ricevimento della domanda, se il procedimento è ad iniziativa di parte. – 3. Qualora non si provveda ai sensi del comma 2, il termine è di novanta giorni. – 4. Nei casi in cui leggi o regolamenti prevedono per l'adozione di un provvedimento l'acquisizione di valutazioni tecniche di organi o enti appositi, i termini di cui ai commi 2 e 3 sono sospesi fino all'acquisizione delle valutazioni tecniche per un periodo massimo comunque non superiore a novanta giorni. I termini di cui ai commi 2 e 3 possono essere altresì sospesi, per una sola volta, per l'acquisizione di informazioni o certificazioni relative a fatti, stati o qualità non attestati in documenti già in possesso dell'amministrazione stessa o non direttamente acquisibili presso altre pubbliche amministrazioni. Si applicano le disposizioni dell'articolo 14, comma 2. – 5. Salvi i casi di silenzio assenso, decorsi i termini di cui ai commi 2 o 3, il ricorso avverso il silenzio dell'amministrazione, ai sensi dell'articolo 21-*bis* della legge 6 dicembre 1971, n. 1034, può essere proposto anche senza necessità di diffida all'amministrazione inadempiente, fintanto che perdura l'inadempimento e comunque non oltre un anno dalla scadenza dei termini di cui ai predetti commi 2 o 3. Il giudice amministrativo può conoscere della fondatezza dell'istanza. È fatta salva la riproponibilità dell'istanza di avvio del procedimento ove ne ricorrano i presupposti ».

(2) *Sui termini per la conclusione dei procedimenti, v. l'art. 13 della direttiva 2006/123/CE del Parlamento europeo e del Consiglio, del 12 dicembre 2006, relativa ai servizi nel mercato interno.*

(3) *Comma modificato dall'art. 1, comma 38, della l. 6 novembre 2012, n. 190.*

(4) *Con i commi 2, 3 e 4 dell'art. 7 l. 18 giugno 2009, n. 69 è stato previsto che:* « 2. Il rispetto dei termini per la conclusione dei procedimenti rappresenta un elemento di valutazione dei dirigenti; di esso si tiene conto al fine della corresponsione della retribuzione di risultato. Il Ministro per la pubblica amministrazione e l'innovazione, di concerto con il Ministro per la semplificazione normativa, adotta le linee di indirizzo per l'attuazione del presente articolo e per i casi di grave e ripetuta inosservanza dell'obbligo di provvedere entro i termini fissati per ciascun procedimento. – 3. In sede di prima attuazione della presente legge, gli atti o i provvedimenti di cui ai commi 3, 4 e 5 dell'articolo 2 della legge 7 agosto 1990, n. 241, come da ultimo sostituito dal comma 1, lettera *b*), del presente articolo, sono adottati entro un anno dalla data di entrata in vigore della presente legge. Le disposizioni regolamentari vigenti alla data di entrata in vigore della presente legge, che prevedono termini superiori a novanta giorni per la conclusione dei procedimenti, cessano di avere effetto a decorrere dalla scadenza del termine indicato al primo periodo. Continuano ad applicarsi le disposizioni regolamentari, vigenti alla data di entrata in vigore della presente legge, che prevedono termini non superiori a novanta giorni per la conclusione dei procedimenti. La disposizione di cui al comma 2 del citato articolo 2 della legge n. 241 del 1990 si applica dallo scadere del termine di un anno dalla data di entrata in vigore della presente legge. Le regioni e gli enti locali si adeguano ai termini di cui ai commi 3 e 4 del citato articolo 2 della legge n. 241 del 1990 entro un anno dalla data di entrata in vigore della presente legge. – 4. Per tutti i procedimenti di verifica o autorizzativi concernenti i beni storici, architettonici, culturali, archeologici, artistici e paesaggistici restano fermi i termini stabiliti dal codice dei beni culturali e del paesaggio, di cui al decreto legislativo 22 gennaio 2004, n. 42. Restano ferme le disposizioni di legge e di regolamento vigenti in materia ambientale che prevedono termini diversi da quelli di cui agli articoli 2 e 2-*bis* della legge 7 agosto 1990, n. 241, come rispettivamente sostituito e introdotto dal presente articolo ».

(5) *Comma inserito dall'art. 12, comma 1, lett.* a), *n. 1) d.l. 16 luglio 2020, n. 76, conv., con modif., in l. 11 settembre 2020, n. 120.*

(6) *I commi da 8 a 9*-quinquies *così sostituiscono i precedenti commi 8 e 9 ai sensi di quanto disposto dall'art. 1, comma 1, d.l. 9 febbraio 2012, n. 5, conv., con modif., in l. 4 aprile 2012, n. 35. Ai sensi del successivo comma 2 dell'art. 1 d.l. n. 5, cit., le presenti disposizioni non si applicano nei procedimenti tributari e in materia di giochi pubblici, per i quali restano ferme le particolari norme che li disciplinano. Il testo del comma 8 – come sostituito dall'art. 3, comma 2, lett.* a), *dell'Allegato 4 d.lgs. 2 luglio 2010, n. 104, con effetto a decorrere dal 16 settembre 2010 – e del comma 9 era il seguente:* « 8. La tutela in materia di silenzio dell'amministrazione è disciplinata dal codice del processo amministrativo - 9. La mancata emanazione del provvedimento nei termini costituisce elemento di valutazione della responsabilità dirigenziale ». *Il testo del comma 8, introdotto dalla l. n. 69, cit., era il seguente:* « 8. Salvi i casi di silenzio assenso, decorsi i termini per la conclusione del procedimento, il ricorso avverso il silenzio dell'amministrazione, ai sensi dell'articolo 21-*bis* della legge 6 dicembre 1971, n. 1034, può essere proposto anche senza necessità di diffida all'amministrazione inadempiente, fintanto che perdura l'inadempimento e comunque non oltre un anno dalla scadenza dei termini di cui ai commi 2 o 3 del presente articolo. Il giudice amministrativo può conoscere della fondatezza dell'istanza. È fatta salva la riproponibilità dell'istanza di avvio del procedimento ove ne ricorrano i presupposti ».

(7) *Comma inserito dall'art. 12, comma 1, lett.* a), *n. 2) d.l. n. 76, cit.*

(8) *Primo periodo così sostituito dall'art. 61, comma 1, lett.* a), *n. 1) d.l. 31 maggio 2021, n. 77, conv., con modif., in l. 29 luglio 2021, n. 108. Il testo del periodo era il seguente:* « L'organo di governo individua, nell'ambito delle figure apicali dell'amministrazione, il soggetto cui attribuire il potere sostitutivo in caso di inerzia ».

(9) *Le parole* « o dell'unità organizzativa » *sono state inserite dall'art. 61, comma 1, lett.* a), *n. 2) d.l. n. 77, cit.*

(10) *Comma così sostituito dall'art. 61, comma 1, lett.* b), *d.l. n. 77, cit. Il testo del comma era il seguente:* « 9-*ter*. Decorso inutilmente il termine per la conclusione del procedimento o quello superiore di cui al comma 7, il privato può rivolgersi al responsabile di cui al comma 9-*bis* perché, entro un termine pari alla metà di quello originariamente previsto, concluda il procedimento attraverso le strutture competenti o con la nomina di un commissario ».

2-*bis* Conseguenze per il ritardo dell'amministrazione nella conclusione del procedimento (1).

1. Le pubbliche amministrazioni e i soggetti di cui all'articolo 1, comma 1-*ter*, sono tenuti al risarcimento del danno ingiusto cagionato in conseguenza dell'inosservanza dolosa o colposa del termine di conclusione del procedimento.

1-*bis*. Fatto salvo quanto previsto dal comma 1 e ad esclusione delle ipotesi di silenzio qualificato e dei concorsi pubblici, in caso di inosservanza del termine di conclusione del procedimento ad istanza di parte, per il quale sussiste l'obbligo di pronunziarsi, l'istante ha diritto di ottenere un indennizzo per il mero ritardo alle condizioni e con le modalità stabilite dalla legge o, sulla base della legge, da un regolamento emanato ai sensi dell'articolo 17, comma 2, della legge 23 agosto 1988, n. 400. In tal caso le somme corrisposte o da corrispondere a titolo di indennizzo sono detratte dal risarcimento (2).

[2. Le controversie relative all'applicazione del presente articolo sono attribuite alla giurisdizione esclusiva del giudice amministrativo. Il diritto al risarcimento del danno si prescrive in cinque anni] (3).

(1) *Articolo aggiunto dall'art. 7 comma 1 lett.* c) *l. 18 giugno 2009, n. 69.*

(2) *Comma inserito dall'art. 28, comma 9, d.l. 21 giugno 2013, n. 69, convertito, con modificazioni, dalla L. 9 agosto 2013, n. 98.*

*Il citato art. 28, al comma 10, ha previsto che: « 1. La pubblica amministrazione procedente o, in caso di procedimenti in cui intervengono più amministrazioni, quella responsabile del ritardo e i soggetti di cui all'art. 1, comma 1-*ter*, della legge 7 agosto 1990, n. 241, in caso di inosservanza del termine di conclusione del procedimento amministrativo iniziato ad istanza di parte, per il quale sussiste l'obbligo di pronunziarsi, con esclusione delle ipotesi di silenzio qualificato e dei concorsi pubblici, corrispondono all'interessato, a titolo di indennizzo per il mero ritardo, una somma pari a 30 euro per ogni giorno di ritardo con decorrenza dalla data di scadenza del termine del procedimento, comunque complessivamente non superiore a 2.000 euro. – 2. Al fine di ottenere l'indennizzo, l'istante è tenuto ad azionare il potere sostitutivo previsto dall'art. 2, comma 9-*bis*, della legge n. 241 del 1990 nel termine perentorio di venti giorni dalla scadenza del termine di conclusione del procedimento. Nel caso di procedimenti in cui intervengono più amministrazioni, l'interessato presenta istanza all'amministrazione procedente, che la trasmette tempestivamente al tito-*

*lare del potere sostitutivo dell'amministrazione responsabile del ritardo. I soggetti di cui all'articolo 1, comma 1-*ter*, della medesima legge individuano a tal fine il responsabile del potere sostitutivo. – 3. Nel caso in cui anche il titolare del potere sostitutivo non emani il provvedimento nel termine di cui all'articolo 2, comma 9-*ter*, della legge 7 agosto 1990, n. 241, o non liquidi l'indennizzo maturato fino alla data della medesima liquidazione, l'istante può proporre ricorso ai sensi dell'articolo 117 del codice del processo amministrativo di cui all'Allegato 1 al decreto legislativo 2 luglio 2010, n. 104, e successive modificazioni, oppure, ricorrendone i presupposti, dell'articolo 118 dello stesso codice. – 4. Nel giudizio di cui all'articolo 117 del codice di cui all'Allegato 1 al decreto legislativo 2 luglio 2010, n. 104, e successive modificazioni, può proporsi, congiuntamente al ricorso avverso il silenzio, domanda per ottenere l'indennizzo. In tal caso, anche tale domanda è trattata con rito camerale e decisa con sentenza in forma semplificata. – 5. Nei ricorsi di cui al comma 3, nonché nei giudizi di opposizione e in quelli di appello conseguenti, il contributo unificato è ridotto alla metà e confluisce nel capitolo di cui all'articolo 37, comma 10, secondo periodo, del decreto-legge 6 luglio 2011, n. 98, convertito, con modificazioni, dalla legge 15 luglio 2011, n. 111, e successive modificazioni. – 6. Se il ricorso è dichiarato inammissibile o è respinto in relazione all'inammissibilità o alla manifesta infondatezza dell'istanza che ha dato avvio al procedimento, il giudice, con pronuncia immediatamente esecutiva, condanna il ricorrente a pagare in favore del resistente una somma da due volte a quattro volte il contributo unificato. – 7. La pronuncia di condanna a carico dell'amministrazione è comunicata, a cura della Segreteria del giudice che l'ha pronunciata, alla Corte dei conti al fine del controllo di gestione sulla pubblica amministrazione, al Procuratore regionale della Corte dei Conti per le valutazioni di competenza, nonché al titolare dell'azione disciplinare verso i dipendenti pubblici interessati dal procedimento amministrativo. — 8. Nella comunicazione di avvio del procedimento e nelle informazioni sul procedimento pubblicate ai sensi dell'articolo 35 del decreto legislativo 14 marzo 2013, n. 33, è fatta menzione del diritto all'indennizzo, nonché delle modalità e dei termini per conseguirlo, e sono altresì indicati il soggetto cui è attribuito il potere sostitutivo e i termini a questo assegnati per la conclusione del procedimento. – 9. (omissis: inserisce all'articolo 2-*bis* il comma 1-*bis*). – 10. Le disposizioni del presente articolo si applicano, in via sperimentale e dalla data di entrata in vigore della legge di conversione del presente decreto, ai procedimenti amministrativi relativi all'avvio e all'esercizio dell'attività di impresa iniziati successivamente alla medesima data di entrata in vigore. — 11. Gli oneri derivanti dall'applicazione del presente articolo restano a carico degli stanziamenti ordinari di bilancio di ciascuna amministrazione interessata. – 12. Decorsi diciotto mesi dall'entrata in vigore della legge di conversione del presente decreto e sulla base del monitoraggio relativo alla sua applicazione, con regolamento emanato ai sensi dell'articolo 17, comma 2, della legge 23 agosto 1988, n. 400, su proposta del Ministro per la pubblica amministrazione e la semplificazione, di concerto con il Ministro dell'economia e delle finanze, sentita la Conferenza unificata, di cui all'articolo 8 del decreto legislativo 28 agosto 1997, n. 281, e successive modificazioni, sono stabiliti la conferma, la rimodulazione, anche con riguardo ai procedimenti amministrativi esclusi, o la cessazione delle disposizioni del presente articolo, nonché eventualmente il termine a decorrere dal quale le disposizioni ivi contenute sono applicate, anche gradualmente, ai procedimenti amministrativi diversi da quelli individuati al comma 10 del presente articolo. »*

(3) *Comma abrogato dall'art. 4 dell'Allegato 4 d.lgs. 2 luglio 2010, n. 104, con effetto a decorrere dal 16 settembre 2010.*

3 Motivazione del provvedimento (1).

1. Ogni provvedimento amministrativo, compresi quelli concernenti l'organizzazione amministrativa, lo svolgimento dei pubblici concorsi ed il personale, deve essere motivato, salvo che nelle ipotesi previste dal comma 2. La motivazione deve indicare i presupposti di fatto e le ragioni giuridiche che hanno determinato la decisione dell'amministrazione, in relazione alle risultanze dell'istruttoria.

2. La motivazione non è richiesta per gli atti normativi e per quelli a contenuto generale.

3. Se le ragioni della decisione risultano da altro atto dell'amministrazione richiamato dalla decisione stessa, insieme alla comunicazione di quest'ultima deve essere indicato e reso disponibile, a norma della presente legge, anche l'atto cui essa si richiama.

4. In ogni atto notificato al destinatario devono essere indicati il termine e l'autorità cui è possibile ricorrere.

(1) *Rubrica apposta dall'art. 21 l. 11 febbraio 2005, n. 15.*

3-*bis* Uso della telematica (1).

1. Per conseguire maggiore efficienza nella loro attività, le amministrazioni pubbliche agiscono mediante strumenti informatici e telematici (2), nei rapporti interni, tra le diverse amministrazioni e tra queste e i privati.

(1) *Articolo inserito dall'art. 3 l. 11 febbraio 2005, n. 15. V. le norme sull'utilizzo dell'informatica, v. d.ls. 7 marzo 2005, n. 82.*

(2) *Le parole* « agiscono mediante strumenti informatici e telematici » *sono state sostituite alle parole* « incentivano l'uso della telematica » *dall'art. 12, comma 1, lett.* b) *d.l. 16 luglio 2020, n. 76, conv., con modif., in l. 11 settembre 2020, n. 120.*

CAPO II

Responsabile del procedimento

4 Unità organizzativa responsabile del procedimento (1).

1. Ove non sia già direttamente stabilito per legge o per regolamento, le pubbliche amministrazioni sono tenute a determinare per ciascun tipo di procedimento relativo ad atti di loro competenza l'unità organizzativa responsabile della istruttoria e di ogni altro adempimento procedimentale, nonché dell'adozione del provvedimento finale.

2. Le disposizioni adottate ai sensi del comma 1 sono rese pubbliche secondo quanto previsto dai singoli ordinamenti.

(1) *Rubrica apposta dall'art. 21 l. 11 febbraio 2005, n. 15.*

5 Responsabile del procedimento (1).

1. Il dirigente di ciascuna unità organizzativa provvede ad assegnare a sé o ad altro dipendente addetto all'unità la responsabilità della istruttoria e di ogni altro adempimento inerente il singolo procedimento nonché, eventualmente, dell'adozione del provvedimento finale.

2. Fino a quando non sia effettuata l'assegnazione di cui al comma 1, è considerato responsabile del singolo procedimento il funzionario preposto alla unità organizzativa determinata a norma del comma 1 dell'articolo 4.

3. L'unità organizzativa competente, il domicilio digitale (2) e il nominativo del responsabile del procedimento sono comunicati ai soggetti di cui all'articolo 7 e, a richiesta, a chiunque vi abbia interesse.

(1) *Rubrica apposta dall'art. 21 l. 11 febbraio 2005, n. 15.*

(2) *Le parole* «, il domicilio digitale » *sono state inserite dall'art. 12, comma 1, lett.* c) *d.l. 16 luglio 2020, n. 76, conv., con modif., in l. 11 settembre 2020, n. 120.*

6 Compiti del responsabile del procedimento (1).

1. Il responsabile del procedimento:

a) valuta, ai fini istruttori, le condizioni di ammissibilità, i requisiti di legittimazione ed i presupposti che siano rilevanti per l'emanazione di provvedimento;

b) accerta di ufficio i fatti, disponendo il compimento degli atti all'uopo necessari, e adotta ogni misura per l'adeguato e sollecito svolgimento dell'istruttoria. In particolare, può chiedere il rilascio di dichiarazioni e la rettifica di dichiarazioni o istanze erronee o incomplete e può esperire accertamenti tecnici ed ispezioni ed ordinare esibizioni documentali;

c) propone l'indizione o, avendone la competenza, indìce le conferenze di servizi di cui all'articolo 14;

d) cura le comunicazioni, le pubblicazioni e le notificazioni previste dalle leggi e dai regolamenti;

e) adotta, ove ne abbia la competenza, il provvedimento finale, ovvero trasmette gli atti all'organo competente per l'adozione. L'organo competente per l'adozione del provvedimento finale, ove diverso dal responsabile del procedimento, non può discostarsi dalle risultanze dell'istruttoria condotta dal responsabile del procedimento se non indicandone la motivazione nel provvedimento finale (2).

(1) *Rubrica apposta dall'art. 21 l. 11 febbraio 2005, n. 15.*
(2) *Il secondo periodo della lett.* e) *è stato aggiunto dall'art. 4 l. 11 febbraio 2005, n. 15.*

6-*bis* Conflitto di interessi (1).

1. Il responsabile del procedimento e i titolari degli uffici competenti ad adottare i pareri, le valutazioni tecniche, gli atti endoprocedimentali e il provvedimento finale devono astenersi in caso di conflitto di interessi, segnalando ogni situazione di conflitto, anche potenziale.

(1) *Articolo inserito dall'art. 1, comma 41, della l. 6 novembre 2012, n. 190.*

CAPO III
Partecipazione al procedimento amministrativo

7 Comunicazione di avvio del procedimento (1).

1. Ove non sussistano ragioni di impedimento derivanti da particolari esigenze di celerità del procedimento, l'avvio del procedimento stesso è comunicato, con le modalità previste dall'articolo 8, ai soggetti nei confronti dei quali il provvedimento finale è destinato a produrre effetti diretti ed a quelli che per legge debbono intervenirvi. Ove parimenti non sussistano le ragioni di impedimento predette, qualora da un provvedimento possa derivare un pregiudizio a soggetti individuati o facilmente individuabili, diversi dai suoi diretti destinatari, l'amministrazione è tenuta a fornire loro, con le stesse modalità, notizia dell'inizio del procedimento.

2. Nelle ipotesi di cui al comma 1 resta salva la facoltà dell'amministrazione di adottare, anche prima della effettuazione delle comunicazioni di cui al medesimo comma 1, provvedimenti cautelari (2).

(1) *Rubrica apposta dall'art. 21 l. 11 febbraio 2005, n. 15.*
(2) *V. art. 15, comma 5 l. 1 agosto 2002, n. 166, che in relazione al Programma per il miglioramento della sicurezza stradale sulla rete nazionale, prevede che: « Per i lavori di manutenzione ordinaria e straordinaria sulla rete stradale di importo non superiore a 200.000 euro, il disposto dell'articolo 7 della legge 7 agosto 1990, n. 241, si intende adempiuto mediante pubblicazione per estratto dell'avvio del procedimento su un quotidiano a diffusione locale ».*

8 Modalità e contenuti della comunicazione di avvio del procedimento (1).

1. L'amministrazione provvede a dare notizia dell'avvio del procedimento mediante comunicazione personale.

2. Nella comunicazione debbono essere indicati:

a) l'amministrazione competente;

b) l'oggetto del procedimento promosso;

c) l'ufficio, il domicilio digitale dell'amministrazione (2) e la persona responsabile del procedimento;

c-bis) la data entro la quale, secondo i termini previsti dall'articolo 2, commi 2 o 3, deve concludersi il procedimento e i rimedi esperibili in caso di inerzia dell'amministrazione (3);

c-ter) nei procedimenti ad iniziativa di parte, la data di presentazione della relativa istanza (3);

d) le modalità con le quali, attraverso il punto di accesso telematico di cui all'articolo 64-*bis* del decreto legislativo 7 marzo 2005, n. 82 o con altre modalità telematiche, è possibile prendere visione degli atti, accedere al fascicolo informatico di cui all'articolo 41 dello stesso decreto legislativo n. 82 del 2005 ed esercitare in via telematica i diritti previsti dalla presente legge; (4)

d-bis) l'ufficio dove è possibile prendere visione degli atti che non sono disponibili o accessibili con le modalità di cui alla lettera *d*) (5).

3. Qualora per il numero dei destinatari la comunicazione personale non sia possibile o risulti particolarmente gravosa, l'amministrazione provvede a rendere noti gli elementi di cui al comma 2 mediante forme di pubblicità idonee di volta in volta stabilite dall'amministrazione medesima.

4. L'omissione di taluna delle comunicazioni prescritte può esser fatta valere solo dal soggetto nel cui interesse la comunicazione è prevista.

(1) *Rubrica apposta dall'art. 21 l. 11 febbraio 2005, n. 15.*
(2) *Le parole* «, il domicilio digitale dell'amministrazione » *sono state inserite dall'art. 12, comma 1, lett.* d), *n. 1) d.l. 16 luglio 2020, n. 76, conv., con modif., in l. 11 settembre 2020, n. 120.*
(3) *Lettera inserita dall'art. 5 l. n. 15, cit.*
(4) *Lettera così sostituita dall'art. 12, comma 1, lett.* d), *n. 2) d.l. n. 76, cit. Il testo della lettera era il seguente:* « d) l'ufficio in cui si può prendere visione degli atti. ».
(5) *Lettera inserita dall'art. 12, comma 1, lett.* d), *n. 3) d.l. n. 76, cit.*

9 Intervento nel procedimento (1).

1. Qualunque soggetto, portatore di interessi pubblici o privati, nonché i portatori di interessi diffusi costituiti in associazioni o comitati, cui possa derivare un pregiudizio dal provvedimento, hanno facoltà di intervenire nel procedimento.

(1) *Rubrica apposta dall'art. 21 l. 11 febbraio 2005, n. 15.*

10 Diritti dei partecipanti al procedimento (1).

1. I soggetti di cui all'articolo 7 e quelli intervenuti ai sensi dell'articolo 9 hanno diritto: *a*) di prendere visione degli atti del procedimento, salvo quanto previsto dall'articolo 24; *b*) di presentare memorie scritte e documenti, che l'amministrazione ha l'obbligo di valutare ove siano pertinenti all'oggetto del procedimento.

(1) *Rubrica apposta dall'art. 21 l. 11 febbraio 2005, n. 15.*

10-*bis* Comunicazione dei motivi ostativi all'accoglimento dell'istanza (1).

1. Nei procedimenti ad istanza di parte il responsabile del procedimento o l'autorità competente, prima della formale adozione di un provvedimento negativo, comunica tempestivamente agli istanti i motivi che ostano all'accoglimento della domanda. Entro il termine di dieci giorni dal ricevimento della comunicazione, gli istanti hanno il diritto di presentare per iscritto le loro osservazioni, eventualmente corredate da documenti. La comunicazione di cui al primo periodo sospende i termini di conclusione dei procedimenti, che ricominciano a decorrere dieci giorni dopo la presentazione delle osservazioni o, in mancanza delle stesse, dalla scadenza del termine di cui al secondo periodo (2). Qualora gli istanti abbiano presentato osservazioni, del loro eventuale mancato accoglimento il responsabile del procedimento o l'autorità competente sono tenuti a dare ragione nella motivazione del provvedimento finale di diniego indicando, se ve ne sono, i soli motivi ostativi ulteriori che sono conseguenza delle osservazioni. In caso di annullamento in giudizio del provvedimento così adottato, nell'esercitare nuovamente il suo potere l'amministrazione non può addurre per la prima volta motivi ostativi già emergenti dall'istruttoria del provvedimento annullato (2). Le disposizioni di cui al presente articolo non si applicano alle procedure concorsuali e ai procedimenti in materia previdenziale e assistenziale sorti a seguito di istanza di parte e gestiti dagli enti previdenziali. Non possono essere addotti tra i motivi che ostano all'accoglimento della domanda inadempienze o ritardi attribuibili all'amministrazione (3).

(1) *Articolo inserito dall'articolo 6 della legge 11 febbraio 2005, n. 15.*

(2) *Il terzo e il quarto periodo sono stati così sostituiti dall'art. 12, comma 1, lett.* e) *d.l. 16 luglio 2020, n. 76, conv., con modif., in l. 11 settembre 2020, n. 120. Il testo originario dei periodi era il seguente:* « La comunicazione di cui al primo periodo interrompe i termini per concludere il procedimento che iniziano nuovamente a decorrere dalla data di presentazione delle osservazioni o, in mancanza, dalla scadenza del termine di cui al secondo periodo. Dell'eventuale mancato accoglimento di tali osservazioni è data ragione nella motivazione del provvedimento finale. ».

(3) *L'ultimo periodo è stato aggiunto dall'articolo 9, comma 3, della l. 11 novembre 2011, n. 180.*

11 Accordi integrativi o sostitutivi del provvedimento (1).

1. In accoglimento di osservazioni e proposte presentate a norma dell'articolo 10, l'amministrazione procedente può concludere, senza pregiudizio dei diritti dei terzi, e in ogni caso nel perseguimento del pubblico interesse, accordi con gli interessati al fine di determinare il contenuto discrezionale del provvedimento finale ovvero in sostituzione di questo (2).

1-*bis*. Al fine di favorire la conclusione degli accordi di cui al comma 1, il responsabile del procedimento può predisporre un calendario di incontri cui invita, separatamente o contestualmente, il destinatario del provvedimento ed eventuali controinteressati (3).

2. Gli accordi di cui al presente articolo debbono essere stipulati, a pena di nullità, per atto scritto, salvo che la legge disponga altrimenti. Ad essi si applicano, ove non diversamente previsto, i princìpi del codice civile in materia di obbligazioni e contratti in quanto compatibili. Gli accordi di cui al presente articolo devono essere motivati ai sensi dell'articolo 3 (4).

3. Gli accordi sostitutivi di provvedimenti sono soggetti ai medesimi controlli previsti per questi ultimi.

4. Per sopravvenuti motivi di pubblico interesse l'amministrazione recede unilateralmente dall'accordo, salvo l'obbligo di provvedere alla liquidazione di un indennizzo in relazione agli eventuali pregiudizi verificatisi in danno del privato (5).

4-*bis*. A garanzia dell'imparzialità e del buon andamento dell'azione amministrativa, in tutti i casi in cui una pubblica amministrazione conclude accordi nelle ipotesi previste al comma l, la stipulazione dell'accordo è preceduta da una determinazione dell'organo che sarebbe competente per l'adozione del provvedimento (6).

[5. Le controversie in materia di formazione, conclusione ed esecuzione degli accordi di cui al presente articolo sono riservate alla giurisdizione esclusiva del giudice amministrativo] (7).

(1) *Rubrica apposta dall'art. 21 l. 11 febbraio 2005, n. 15.*

(2) *Comma così modificato dall'art. 7 l. n. 15, cit. Nella originaria versione del comma l'accordo sostitutivo era consentito solo nei casi previsti dalla legge (« ovvero, nei casi previsti dalla legge, in sostituzione di questo »).*

(3) *Comma aggiunto dall'art. 3-*quinquies *d.l. 12 maggio 1995, n. 163, conv., con modif., in l. 11 luglio 1995, n. 273.*

(4) *Ultimo periodo aggiunto dall'art. 1, comma 47, della l. 6 novembre 2012, n. 190.*

(5) *V. art. 21-*sexies *della presente legge.*

(6) *Comma inserito dall'art. 7 l. n. 15, cit.*

(7) *Comma abrogato dall'art. 4 dell'Allegato 4 d.ls. 2 luglio 2010, n. 104, con effetto a decorrere dal 16 settembre 2010.*

12 Provvedimenti attributivi di vantaggi economici (1).

1. La concessione di sovvenzioni, contributi, sussidi ed ausili finanziari e l'attribuzione di vantaggi economici di qualunque genere a persone ed enti pubblici e privati sono subordinate alla predeterminazione [ed alla pubblicazione] da parte delle amministrazioni procedenti, nelle forme previste dai rispettivi ordinamenti, dei criteri e delle modalità cui le amministrazioni stesse devono attenersi (2).

2. L'effettiva osservanza dei criteri e delle modalità di cui al comma 1 deve risultare dai singoli provvedimenti relativi agli interventi di cui al medesimo comma 1.

(1) *Rubrica apposta dall'art. 21 l. 11 febbraio 2005, n. 15.*

(2) *Comma modificato dall'art. 52, comma 2, d.ls. 14 marzo 2013, n. 33.*

13 Ambito di applicazione delle norme sulla partecipazione (1).

1. Le disposizioni contenute nel presente capo non si applicano nei confronti dell'attività della pubblica amministrazione diretta alla emanazione di atti normativi, amministrativi generali, di pianificazione e di programmazione, per i quali restano ferme le particolari norme che ne regolano la formazione.

2. Dette disposizioni non si applicano altresì ai procedimenti tributari per i quali restano parimenti ferme le particolari norme che li regolano, nonché ai procedimenti previsti dal decreto-legge 15 gennaio 1991, n. 8, convertito, con modificazioni, dalla legge 15 marzo 1991, n. 82 (2), e successive modificazioni, e dal decreto legislativo 29 marzo 1993, n. 119 (3), e successive modificazioni (4).

(1) *Rubrica apposta dall'art. 21 l. 11 febbraio 2005, n. 15.*

(2) *Nuove norme in materia di sequestri di persona a scopo di estorsione e per la protezione dei testimoni di giustizia, nonché per la protezione e il trattamento sanzionatorio di coloro che collaborano con la giustizia.*

(3) *Disciplina del cambiamento delle generalità per la protezione di coloro che collaborano con la giustizia.*

(4) *Comma così modificato dall'art. 22 l. 13 febbraio 2001, n. 45. Nella originaria versione della norma era previsto solamente che:* « Dette disposizioni non si applicano altresì ai procedimenti tributari per i quali restano parimenti ferme le particolari norme che li regolano ».

CAPO IV
Semplificazione dell'azione amministrativa

14 Conferenze di servizi (1) (2)

1. La conferenza di servizi istruttoria può essere indetta dall'amministrazione procedente, anche su richiesta di altra amministrazione coinvolta nel procedimento o del privato interessato, quando lo ritenga opportuno per effettuare un esame contestuale degli interessi pubblici coinvolti in un procedimento amministrativo, ovvero in più procedimenti amministrativi connessi, riguardanti medesime attività o risultati. Tale conferenza si svolge con le modalità previste dall'articolo 14-*bis* o con modalità diverse, definite dall'amministrazione procedente.

2. La conferenza di servizi decisoria è sempre indetta dall'amministrazione procedente quando la conclusione positiva del procedimento è subordinata all'acquisizione di più pareri, intese, concerti, nulla osta o altri atti di assenso, comunque denominati, resi da diverse amministrazioni, inclusi i gestori di beni o servizi pubblici. Quando l'attività del privato sia subordinata a più atti di assenso, comunque denominati, da adottare a conclusione di distinti procedimenti, di competenza di diverse amministrazioni pubbliche, la conferenza di servizi è convocata, anche su richiesta dell'interessato, da una delle amministrazioni procedenti.

3. Per progetti di particolare complessità e di insediamenti produttivi di beni e servizi l'amministrazione procedente, su motivata richiesta dell'interessato, corredata da uno studio di fattibilità, può indire una conferenza preliminare finalizzata a indicare al richiedente, prima della presentazione di una istanza o di un progetto definitivo, le condizioni per ottenere, alla loro presentazione, i necessari pareri, intese, concerti, nulla osta, autorizzazioni, concessioni o altri atti di assenso, comunque denominati. L'amministrazione procedente, se ritiene di accogliere la richiesta motivata di indizione della conferenza, la indice entro cinque giorni lavorativi dalla ricezione della richiesta stessa. La conferenza preliminare si svolge secondo le disposizioni dell'articolo 14-*bis*, con abbreviazione dei termini fino alla metà. Le amministrazioni coinvolte esprimono le proprie determinazioni sulla base della documentazione prodotta dall'interessato. Scaduto il termine entro il quale le amministrazioni devono rendere le proprie determinazioni, l'amministrazione procedente le trasmette, entro cinque giorni, al richiedente. Ove si sia svolta la conferenza preliminare, l'amministrazione procedente, ricevuta l'istanza o il progetto definitivo, indice la conferenza simultanea nei termini e con le modalità di cui agli articoli 14-*bis*, comma 7, e 14-*ter* e, in sede di conferenza simultanea, le determinazioni espresse in sede di conferenza preliminare possono essere motivatamente modificate o integrate solo in presenza di significativi elementi emersi nel successivo procedimento anche a seguito delle osservazioni degli interessati sul progetto definitivo. Nelle procedure di realizzazione di opere pubbliche o di interesse pubblico, la conferenza di servizi si esprime sul progetto di fattibilità tecnica ed economica, al fine di indicare le condizioni per ottenere, sul progetto definitivo, le intese, i pareri, le concessioni, le autorizzazioni, le licenze, i nullaosta e gli assensi, comunque denominati, richiesti dalla normativa vigente.

4. Qualora un progetto sia sottoposto a valutazione di impatto ambientale di competenza regionale, tutte le autorizzazioni, intese, concessioni, licenze, pareri, concerti, nulla osta e assensi comunque denominati, necessari alla realizzazione del medesimo progetto, vengono acquisiti nell'ambito di apposita conferenza di servizi, convocata in modalità sincrona ai sensi dell'articolo 14-*ter*, secondo quanto previsto dall'articolo 27-*bis* del decreto legislativo 3 aprile 2006, n. 152 (3).

5. L'indizione della conferenza è comunicata ai soggetti di cui all'articolo 7, i quali possono intervenire nel procedimento ai sensi dell'articolo 9.

(1) *Per la conferenza di servizi v. l'art. 4 (Procedura per il rilascio dell'autorizzazione unica ambientale) d.P.R. 13 marzo 2013 n. 59 sub V, 16; l'art. 38 d.l. 25 giugno 2008, n. 112, conv., con modif., in 6 agosto 2008, n. 133, sub III, 3; l'art. 7 d.P.R. 7 settembre 2010, n. 160, sub III, 5; gli artt. 5 e 20 d.P.R. 6 giugno 2001, n. 380, sub V, 46; l'art. 146 d. lgs. 22 gennaio 2004, n. 42, sub V, 26, e l'art 13 d.l. 16 luglio 2020, n. 76, conv., con modif., in l. 11 settembre 2020, n. 120, sub VIII, 1.*

(2) *Articolo così sostituito dall'art. 1, comma 1, d.ls. 30 giugno 2016, n. 127. Ai sensi dell'art. 7, comma 1, d.ls. n. 127, cit.,* « *Le disposizioni del [suddetto] decreto trovano applicazione ai procedimenti avviati successivamente alla data della sua entrata in vigore* ». *Ai sensi, inoltre, dell'art. 8, comma 1, d.ls. n. 127, cit., i rinvii operati dalle disposizioni vigenti agli articoli da 14 a 14-*quinquies *della presente legge si intendono riferiti alle corrispondenti disposizioni di cui agli articoli da 14 a 14-*quinquies *della legge medesima, come modificati dal suddetto decreto. Il testo dell'articolo, come da ultimo modificato dall'art. 9, comma 1, l. 24 novembre 2000, n. 340, era il seguente:* « 14. (*Conferenza di servizi*). 1. Qualora sia opportuno effettuare un esame contestuale di vari interessi pubblici coinvolti in un procedimento amministrativo, l'amministrazione procedente può indire una conferenza di servizi. — 2. La conferenza di servizi è sempre indetta quando l'amministrazione procedente deve acquisire intese, concerti, nulla osta o assensi comunque denominati di altre amministrazioni pubbliche e non li ottenga, entro trenta giorni dalla ricezione, da parte dell'amministrazione compe-

tente, della relativa richiesta. La conferenza può essere altresì indetta quando nello stesso termine è intervenuto il dissenso di una o più amministrazioni interpellate ovvero nei casi in cui è consentito all'amministrazione procedente di provvedere direttamente in assenza delle determinazioni delle amministrazioni competenti. — 3. La conferenza di servizi può essere convocata anche per l'esame contestuale di interessi coinvolti in più procedimenti amministrativi connessi, riguardanti medesimi attività o risultati. In tal caso, la conferenza è indetta dall'amministrazione o, previa informale intesa, da una delle amministrazioni che curano l'interesse pubblico prevalente. L'indizione della conferenza può essere richiesta da qualsiasi altra amministrazione coinvolta. —4. Quando l'attività del privato sia subordinata ad atti di consenso, comunque denominati, di competenza di più amministrazioni pubbliche, la conferenza di servizi è convocata, anche su richiesta dell'interessato, dall'amministrazione competente per l'adozione del provvedimento finale. — 5. In caso di affidamento di concessione di lavori pubblici la conferenza di servizi è convocata dal concedente ovvero, con il consenso di quest'ultimo, dal concessionario entro quindici giorni fatto salvo quanto previsto dalle leggi regionali in materia di valutazione di impatto ambientale (VIA). Quando la conferenza è convocata ad istanza del concessionario spetta in ogni caso al concedente il diritto di voto. — 5-*bis*. Previo accordo tra le amministrazioni coinvolte, la conferenza di servizi è convocata e svolta avvalendosi degli strumenti informatici disponibili, secondo i tempi e le modalità stabiliti dalle medesime amministrazioni ». *Precedentemente il presente articolo aveva subito diverse modifiche. Nell'originaria versione era previsto che:* « 1. Qualora sia opportuno effettuare un esame contestuale di vari interessi pubblici coinvolti in un procedimento amministrativo, l'amministrazione procedente indice di regola una conferenza di servizi. — 2. La conferenza stessa può essere indetta anche quando l'amministrazione procedente debba acquisire intese, concerti, nulla osta o assensi comunque denominati di altre amministrazioni pubbliche. In tal caso le determinazioni concordate nella conferenza tra tutte le amministrazioni intervenute tengono luogo degli atti predetti. — 3. Si considera acquisito l'assenso dell'amministrazione la quale, regolarmente convocata, non abbia partecipato alla conferenza o vi abbia partecipato tramite rappresentanti privi della competenza ad esprimerne definitivamente la volontà, salvo che essa non comunichi all'amministrazione procedente il proprio motivato dissenso entro venti giorni dalla conferenza stessa ovvero dalla data di ricevimento della comunicazione delle determinazioni adottate, qualora queste ultime abbiano contenuto sostanzialmente diverso da quelle originariamente previste. — 4. Le disposizioni di cui al comma 3 non si applicano alle amministrazioni preposte alla tutela ambientale, paesaggistico-territoriale e della salute dei cittadini ». *Con la prima modifica (art. 2, l. 24 dicembre 1993, n. 537) venne sostituito il comma 2:* « 2. La conferenza stessa può essere indetta anche quando l'amministrazione procedente debba acquisire intese, concerti, nulla-osta o assensi comunque denominati di altre amministrazioni pubbliche. In tal caso, le determinazioni concordate nella conferenza sostituiscono a tutti gli effetti i concerti, le intese, i nulla-osta e gli assensi richiesti », *e venne inserito il comma 2-*bis*:* « 2-*bis*. Qualora nella conferenza sia prevista l'unanimità per la decisione e questa non venga raggiunta, le relative determinazioni possono essere assunte dal Presidente del Consiglio dei Ministri, previa deliberazione del Consiglio dei Ministri. Tali determinazioni hanno il medesimo effetto giuridico dell'approvazione all'unanimità in sede di conferenza di servizi ». *Con l'art. 3-*bis*, d.l. 12 maggio 1995, n. 163, era stato aggiunto un comma 2-*ter*:* « 2-*ter*. Le disposizioni di cui ai commi 2 e 2-*bis* si applicano anche quando l'attività del privato sia subordinata ad atti di consenso, comunque denominati, di competenza di amministrazioni pubbliche diverse. In questo caso, la conferenza è convocata, anche su richiesta dell'interessato, dall'amministrazione preposta alla tutela dell'interesse pubblico prevalente ». *L'art. 17, l. 15 maggio 1997, n. 127, aveva sostituito il comma 2-*bis* (*« 2-*bis*. Nella prima riunione della conferenza di servizi le amministrazioni che vi partecipano stabiliscono il termine entro cui è possibile pervenire ad una decisione. In caso di inutile decorso del termine l'amministrazione indicente procede ai sensi dei commi 3-*bis* e 4 »*), introdotto il comma 3-*bis* (*« 3-*bis*. Nel caso in cui una amministrazione abbia espresso, anche nel corso della conferenza, il proprio motivato dissenso, l'amministrazione procedente può assumere la determinazione di conclusione positiva del procedimento dandone comunicazione al Presidente del Consiglio dei Ministri, ove l'amministrazione procedente o quella dissenziente sia una amministrazione statale; negli altri casi la comunicazione è data al presidente della regione ed ai sindaci. Il Presidente del Consiglio dei Ministri, previa delibera del Consiglio medesimo, o il presidente della regione o i sindaci, previa delibera del consiglio regionale o dei consigli comunali, entro trenta giorni dalla ricezione della comunicazione, possono disporre la sospensione della determinazione inviata; trascorso tale termine, in assenza di sospensione, la determinazione è esecutiva »*), sostituito il comma 4 (*« 4. Qualora il motivato dissenso alla conclusione del procedimento sia espresso da una amministrazione preposta alla tutela ambientale, paesaggistico-territoriale, del patrimonio storico-artistico o alla tutela della salute dei cittadini, l'amministrazione procedente può richiedere, purché non vi sia stata una precedente valutazione di impatto ambientale negativa in base alle norme tecniche di cui al decreto del Presidente del Consiglio dei Ministri 27 dicembre 1988, pubblicato nella Gazzetta Ufficiale n. 4 del 5 gennaio 1989, una determinazione di conclusione del procedimento al Presidente del Consiglio dei Ministri, previa deliberazione del Consiglio dei Ministri »*) e inserito il comma 4-*bis* (*« 4-*bis*. La conferenza di servizi può essere convocata anche per l'esame contestuale di interessi coinvolti in più procedimenti amministrativi reciprocamente connessi, riguardanti medesimi attività o risultato. In tal caso, la conferenza è indetta dalla amministrazione o, previa informale intesa, da una delle amministrazioni che curano l'interesse pubblico prevalente ovvero dall'amministrazione competente a concludere il procedimento che cronologicamente deve precedere gli altri connessi. L'indizione della conferenza può essere richiesta da qualsiasi altra amministrazione coinvolta »*). Lo stesso art. 17, comma 11, l. 15 maggio 1997, n. 127, aveva previsto che:* « Le disposizioni di cui ai commi 2-*bis*, 3-*bis* e 4 dell'art. 14 della legge 7 agosto 1990, n. 241, introdotte dal [suddetto] articolo, si applicano anche alle altre conferenze di servizi previste dalle vigenti disposizioni di legge ».

(3) *Comma così sostituito dall'art. 24 d.ls. 16 giugno 2017, n. 104, con le disposizioni di applicazione di cui sub art. 23 d.ls. n. 104, cit. Il testo del comma era il seguente:* « 4. Qualora un progetto sia sottoposto a valutazione di impatto ambientale, tutte le autorizzazioni, intese, concessioni, licenze, pareri, concerti, nulla osta e assensi comunque denominati, necessari alla realizzazione del medesimo progetto, vengono acquisiti nell'ambito della conferenza di servizi di cui all'articolo 25, comma 3, del decreto legislativo 3 aprile 2006, n. 152, convocata in modalità sincrona ai sensi dell'articolo 14-*ter*. La conferenza è indetta non oltre dieci giorni dall'esito della verifica documentale di cui all'articolo 23, comma 4, del decreto legislativo n. 152 del 2006 e si conclude entro il termine di conclusione del procedimento di cui all'articolo 26, comma 1, del medesimo decreto legislativo. Resta ferma la specifica disciplina per i procedimenti relativi a progetti sottoposti a valutazione di impatto ambientale di competenza statale ».

14-*bis* Conferenza semplificata (1) (2).

1. La conferenza decisoria di cui all'articolo 14, comma 2, si svolge in forma semplificata e in modalità asincrona, salvo i casi di cui ai commi 6 e 7. Le comunicazioni avvengono secondo le modalità previste dall'articolo 47 del decreto legislativo 7 marzo 2005, n. 82.

2. La conferenza è indetta dall'amministrazione procedente entro cinque giorni lavorativi dall'inizio del procedimento d'ufficio o dal ricevimento della domanda, se il procedimento è ad iniziativa di parte. A tal fine l'amministrazione procedente comunica alle altre amministrazioni interessate:

a) l'oggetto della determinazione da assumere, l'istanza e la relativa documentazione ovvero le credenziali per l'accesso telematico alle informazioni e ai documenti utili ai fini dello svolgimento dell'istruttoria;

b) il termine perentorio, non superiore a quindici giorni, entro il quale le amministrazioni coinvolte possono richiedere, ai sensi dell'articolo 2, comma 7, integrazioni documentali o chiarimenti relativi a fatti, stati o qualità non attestati in documenti già in possesso dell'amministrazione stessa o non direttamente acquisibili presso altre pubbliche amministrazioni;

c) il termine perentorio, comunque non superiore a quarantacinque giorni, entro il quale le amministrazioni coinvolte devono rendere le proprie determinazioni relative alla decisione oggetto della conferenza, fermo restando l'obbligo di rispettare il termine finale di conclusione del procedimento. Se tra le suddette amministrazioni vi sono amministrazioni preposte alla tutela ambientale, paesaggistico-territoriale, dei beni culturali, o alla tutela della salute dei cittadini, ove disposizioni di legge o i provvedimenti di cui all'articolo 2 non prevedano un termine diverso, il suddetto termine è fissato in novanta giorni;

d) la data della eventuale riunione in modalità sincrona di cui all'articolo 14-*ter*, da tenersi entro dieci giorni dalla scadenza del termine di cui alla lettera *c*), fermo restando l'obbligo di rispettare il termine finale di conclusione del procedimento.

3. Entro il termine di cui al comma 2, lettera *c*), le amministrazioni coinvolte rendono le proprie determinazioni, relative alla decisione oggetto della conferenza. Tali determinazioni, congruamente motivate, sono formulate in termini di assenso o dissenso e indicano, ove possibile, le modifiche eventualmente necessarie ai fini dell'assenso. Le prescrizioni o condizioni eventualmente indicate ai fini dell'assenso o del superamento del dissenso sono espresse in modo chiaro e analitico e specificano se sono relative a un vincolo derivante da una disposizione normativa o da un atto amministrativo generale ovvero discrezionalmente apposte per la migliore tutela dell'interesse pubblico.

4. Fatti salvi i casi in cui disposizioni del diritto dell'Unione europea richiedono l'adozione di provvedimenti espressi, la mancata comunicazione della determinazione entro il termine di cui al comma 2, lettera *c*), ovvero la comunicazione di una determinazione priva dei requisiti previsti dal comma 3, equivalgono ad assenso senza condizioni. Restano ferme le responsabilità dell'amministrazione, nonché quelle dei singoli dipendenti nei confronti dell'amministrazione, per l'assenso reso, ancorché implicito.

5. Scaduto il termine di cui al comma 2, lettera *c*), l'amministrazione procedente adotta, entro cinque giorni lavorativi, la determinazione motivata di conclusione positiva della conferenza, con gli effetti di cui all'articolo 14-*quater*, qualora abbia acquisito esclusivamente atti di assenso non condizionato, anche implicito, ovvero qualora ritenga, sentiti i privati e le altre amministrazioni interessate, che le condizioni e prescrizioni eventualmente indicate dalle amministrazioni ai fini dell'assenso o del superamento del dissenso possano essere accolte senza necessità di apportare modifiche sostanziali alla decisione oggetto della conferenza. Qualora abbia acquisito uno o più atti di dissenso che non ritenga superabili, l'amministrazione procedente adotta, entro il medesimo termine, la determinazione di conclusione negativa della conferenza che produce l'effetto del rigetto della domanda. Nei procedimenti a istanza di parte la suddetta determinazione produce gli effetti della comunicazione di cui all'articolo 10-*bis*. L'amministrazione procedente trasmette alle altre amministrazioni coinvolte le eventuali osservazioni presentate nel termine di cui al suddetto articolo e procede ai sensi del comma 2. Dell'eventuale mancato accoglimento di tali osservazioni è data ragione nell'ulteriore determinazione di conclusione della conferenza.

6. Fuori dei casi di cui al comma 5, l'amministrazione procedente, ai fini dell'esame contestuale degli interessi coinvolti, svolge, nella data fissata ai sensi del comma 2, lettera *d*), la riunione della conferenza in modalità sincrona, ai sensi dell'articolo 14-*ter*.

7. Ove necessario, in relazione alla particolare complessità della determinazione da assumere, l'amministrazione procedente può comunque procedere direttamente in forma simultanea e in modalità sincrona, ai sensi dell'articolo 14-*ter*. In tal caso indice la conferenza comunicando alle altre amministrazioni le informazioni di cui alle lettere *a*) e *b*) del comma 2 e convocando la riunione entro i successivi quarantacinque giorni. L'amministrazione procedente può altresì procedere in forma simultanea e in modalità sincrona su richiesta motivata delle altre amministrazioni o del privato interessato avanzata entro il termine perentorio di cui al comma 2, lettera *b*). In tal caso la riunione è convocata nei successivi quarantacinque giorni 2.

(1) *Articolo così sostituito dall'art. 1, comma 1, d.ls. 30 giugno 2016, n. 127. Ai sensi dell'art. 7, comma 1, d.ls. n. 127, cit., « Le disposizioni del [suddetto] decreto trovano applicazione ai procedimenti avviati successivamente alla data della sua entrata in vigore ». Ai sensi, inoltre, dell'art. 8, comma 1, d.ls. n. 127, cit., i rinvii operati dalle disposizioni vigenti agli articoli da 14 a 14-quinquies della presente legge si intendono riferiti alle corrispondenti disposizioni di cui agli articoli da 14 a* 14-quinquies *della legge medesima, come modificati dal suddetto decreto. Il testo dell'articolo, come sostituito dall'art. 10, l. 24 novembre 2000, n. 340 e, da ultimo, modificato dal d.l. 22 giugno 2012, n. 83, conv., con modif., in l. 7 agosto 2012, n. 134, era il seguente: « 14-*bis *(Conferenza di servizi preliminare). — 1. La conferenza di servizi può essere convocata per progetti di particolare complessità e di insediamenti produttivi di beni e servizi, su motivata richiesta dell'interessato, documentata, in assenza di un progetto preliminare, da uno studio di fattibilità, prima della presentazione di una istanza o di un progetto definitivi, al fine di verificare quali siano le condizioni per ottenere, alla loro presentazione, i necessari atti di consenso. In tale caso la conferenza si pronuncia entro trenta giorni dalla data della richiesta e i relativi costi sono a carico del richiedente. — 1-*bis*. In relazione alle procedure di cui all'articolo 153 del decreto legislativo 12 aprile 2006, n. 163, la conferenza dei servizi è sempre indetta. La conferenza si esprime sulla base dello studio di fattibilità per le procedure che prevedono che lo stesso sia posto a base di gara ovvero sulla base del progetto preliminare per le procedure che prevedono che lo stesso sia posto a base di gara. Le indicazioni fornite in sede di conferenza possono essere motivatamente modificate o integrate solo in presenza di significativi elementi emersi nelle fasi successive del procedimento. — 2. Nelle procedure di realizzazione di opere pubbliche e di interesse pubblico, la conferenza di servizi si esprime sul progetto preliminare al fine di indicare quali siano le condizioni per ottenere, sul progetto definitivo, le intese, i pareri, le concessioni, le autorizzazioni, le licenze, i nullaosta e gli assensi, comunque denominati, richiesti dalla normativa vigente. In tale sede, le amministrazioni preposte alla tutela ambientale, paesaggistico-territoriale, del patrimonio storico-artistico o alla tutela della salute e della pubblica incolumità, si pronunciano, per quanto riguarda l'interesse da ciascuna tutelato, sulle soluzioni progettuali prescelte. Qualora non emergano, sulla base della documentazione disponibile, elementi comunque preclusivi della realizzazione del progetto, le suddette amministrazioni indicano, entro quarantacinque giorni, le condizioni e gli elementi necessari per ottenere, in sede di presentazione del progetto definitivo, gli atti di consenso. — 3. Nel caso in cui sia richiesta VIA, la conferenza di servizi si esprime entro trenta giorni dalla conclusione della fase preliminare di definizione dei contenuti dello studio d'impatto ambientale, secondo quanto previsto in materia di VIA. Ove tale conclusione non intervenga entro novanta giorni dalla richiesta di cui al comma 1, la conferenza di servizi si esprime comunque entro i successivi trenta giorni. Nell'ambito di tale conferenza, l'autorità competente alla VIA si esprime sulle condizioni per la elaborazione del progetto e dello studio di impatto ambientale. In tale fase, che costituisce parte integrante della procedura di VIA, la suddetta autorità esamina le principali alternative, compresa l'alternativa zero, e, sulla base della documentazione disponibile, verifica l'esistenza di eventuali elementi di incompatibilità, anche con riferimento alla localizzazione prevista dal progetto e, qualora tali elementi non sussistano, indica nell'ambito della conferenza di servizi le condizioni per ottenere, in sede di presentazione del progetto definitivo, i necessari atti di consenso. — 3-*bis*. Il dissenso espresso in sede di conferenza preliminare da una amministrazione preposta alla tutela ambientale, paesaggistico-territoriale, del patrimonio storico-artistico, della salute o della pubblica incolumità, con riferimento alle opere interregionali, è sottoposto alla disciplina di cui all'arti-*

*colo 14-*quater*, comma 3. — 4. Nei casi di cui ai commi 1, 2 e 3, la conferenza di servizi si esprime allo stato degli atti a sua disposizione e le indicazioni fornite in tale sede possono essere motivatamente modificate o integrate solo in presenza di significativi elementi emersi nelle fasi successive del procedimento, anche a seguito delle osservazioni dei privati sul progetto definitivo. — 5. Nel caso di cui al comma 2, il responsabile unico del procedimento trasmette alle amministrazioni interessate il progetto definitivo, redatto sulla base delle condizioni indicate dalle stesse amministrazioni in sede di conferenza di servizi sul progetto preliminare, e convoca la conferenza tra il trentesimo e il sessantesimo giorno successivi alla trasmissione. In caso di affidamento mediante appalto concorso o concessione di lavori pubblici, l'amministrazione aggiudicatrice convoca la conferenza di servizi sulla base del solo progetto preliminare, secondo quanto previsto dalla legge 11 febbraio 1994, n. 109, e successive modificazioni ». Il testo originario era il seguente: « 1. Il ricorso alla conferenza di servizi è obbligatorio nei casi in cui l'attività di programmazione, progettazione, localizzazione, decisione o realizzazione di opere pubbliche o programmi operativi di importo iniziale complessivo superiore a lire 30 miliardi richieda l'intervento di più amministrazioni o enti, anche attraverso intese, concerti, nulla osta o assensi comunque denominati, ovvero qualora si tratti di opere di interesse statale o che interessino più regioni. La conferenza può essere indetta anche dalla amministrazione preposta al coordinamento in base alla disciplina vigente e può essere richiesta da qualsiasi altra amministrazione coinvolta in tale attività. — 2. Nelle conferenze di servizi di cui al comma 1, la decisione si considera adottata se, acquisita anche in sede diversa ed anteriore alla conferenza di servizi una intesa tra lo Stato e la regione o le regioni territorialmente interessate, si esprimano a favore della determinazione i rappresentanti di comuni o comunità montane i cui abitanti, secondo i dati dell'ultimo censimento ufficiale, costituiscono la maggioranza di quelli delle collettività locali complessivamente interessate dalla decisione stessa e comunque i rappresentanti della maggioranza dei comuni o delle comunità montane interessate. Analoga regola vale per i rappresentanti delle province ». Il testo dell'articolo, come sostituito dall'art. 10, l. n. 340, cit., differiva dal testo vigente nei primi due commi, che si riportano: « 1. La conferenza di servizi può essere convocata per progetti di particolare complessità, su motivata e documentata richiesta dell'interessato, prima della presentazione di una istanza o di un progetto definitivi, al fine di verificare quali siano le condizioni per ottenere, alla loro presentazione, i necessari atti di consenso. In tale caso la conferenza si pronuncia entro trenta giorni dalla data della richiesta e i relativi costi sono a carico del richiedente. — 2. Nelle procedure di realizzazione di opere pubbliche e di interesse pubblico, la conferenza di servizi si esprime sul progetto preliminare al fine di indicare quali siano le condizioni per ottenere, sul progetto definitivo, le intese, i pareri, le concessioni, le autorizzazioni, le licenze, i nullaosta e gli assensi, comunque denominati, richiesti dalla normativa vigente. In tale sede, le amministrazioni preposte alla tutela ambientale, paesaggistico-territoriale, del patrimonio storico-artistico o alla tutela della salute, si pronunciano, per quanto riguarda l'interesse da ciascuna tutelato, sulle soluzioni progettuali prescelte. Qualora non emergano, sulla base della documentazione disponibile, elementi comunque preclusivi della realizzazione del progetto, le suddette amministrazioni indicano, entro quarantacinque giorni, le condizioni e gli elementi necessari per ottenere, in sede di presentazione del progetto definitivo, gli atti di consenso ».*

(2) *V. l'art 13 del d.l. 16 luglio 2020, n. 76, conv., con modif., in l. 11 settembre 2020, n. 120, sub VIII, 1 per l'applicabilità ulteriore del presente articolo.*

14-*ter* Conferenza simultanea (1).

1. La prima riunione della conferenza di servizi in forma simultanea e in modalità sincrona si svolge nella data previamente comunicata ai sensi dell'articolo 14-*bis*, comma 2, lettera *d*), ovvero nella data fissata ai sensi dell'articolo 14-*bis*, comma 7, con la partecipazione contestuale, ove possibile anche in via telematica, dei rappresentanti delle amministrazioni competenti.

2. I lavori della conferenza si concludono non oltre quarantacinque giorni decorrenti dalla data della riunione di cui al comma 1. Nei casi di cui all'articolo 14-*bis*, comma 7, qualora siano coinvolte amministrazioni preposte alla tutela ambientale, paesaggistico-territoriale, dei beni culturali e della salute dei cittadini, il termine è fissato in novanta giorni. Resta fermo l'obbligo di rispettare il termine finale di conclusione del procedimento.

3. Ciascun ente o amministrazione convocato alla riunione è rappresentato da un unico soggetto abilitato ad esprimere definitivamente e in modo univoco e vincolante la posizione dell'amministrazione stessa su tutte le decisioni di competenza della conferenza, anche indicando le modifiche progettuali eventualmente necessarie ai fini dell'assenso.

4. Ove alla conferenza partecipino anche amministrazioni non statali, le amministrazioni statali sono rappresentate da un unico soggetto abilitato ad esprimere definitivamente in modo univoco e vincolante la posizione di tutte le predette amministrazioni, nominato, anche preventivamente per determinate materie o determinati periodi di tempo, dal Presidente del Consiglio dei ministri, ovvero, ove si tratti soltanto di amministrazioni periferiche, dal Prefetto. Ferma restando l'attribuzione del potere di rappresentanza al suddetto soggetto, le singole amministrazioni statali possono comunque intervenire ai lavori della conferenza in funzione di supporto. Le amministrazioni di cui all'articolo 14-*quinquies*, comma 1, prima della conclusione dei lavori della conferenza, possono esprimere al suddetto rappresentante il proprio dissenso ai fini di cui allo stesso comma.

5. Ciascuna regione e ciascun ente locale definisce autonomamente le modalità di designazione del rappresentante unico di tutte le amministrazioni riconducibili alla stessa regione o allo stesso ente locale nonché l'eventuale partecipazione delle suddette amministrazioni ai lavori della conferenza.

6. Alle riunioni della conferenza possono essere invitati gli interessati, inclusi i soggetti proponenti il progetto eventualmente dedotto in conferenza.

7. All'esito dell'ultima riunione, e comunque non oltre il termine di cui al comma 2, l'amministrazione procedente adotta la determinazione motivata di conclusione della conferenza, con gli effetti di cui all'articolo 14-*quater*, sulla base delle posizioni prevalenti espresse dalle amministrazioni partecipanti alla conferenza tramite i rispettivi rappresentanti. Si considera acquisito l'assenso senza condizioni delle amministrazioni il cui rappresentante non abbia partecipato alle riunioni ovvero, pur partecipandovi, non abbia espresso ai sensi del comma 3 la propria posizione, ovvero abbia espresso un dissenso non motivato o riferito a questioni che non costituiscono oggetto della conferenza.

(1) *Articolo così sostituito dall'art. 1, comma 1, d.ls. 30 giugno 2016, n. 127. Ai sensi dell'art. 7, comma 1, d.ls. n. 127, cit., « Le disposizioni del [suddetto] decreto trovano applicazione ai procedimenti avviati successivamente alla data della sua entrata in vigore ». Ai sensi, inoltre, dell'art. 8, comma 1, d.ls. n. 127, cit., i rinvii operati dalle disposizioni vigenti agli articoli da 14 a 14-*quinquies* della presente legge si intendono riferiti alle corrispondenti disposizioni di cui agli articoli da 14 a 14-*quinquies* della legge medesima, come modificati dal suddetto decreto. Il testo dell'articolo, come sostituito dall'art. 11, l. 24 novembre 2000, n. 340 e, da ultimo, modificato, dal d.l. 12 settembre 2014, n. 133, conv., con modif., in l. 11 novembre 2014, n. 164, era il seguente: « 14-ter (Lavori della conferenza di servizi).* — 01. La prima riunione della conferenza di servizi è convocata entro quindici giorni ovvero, in caso di particolare complessità dell'istruttoria, entro trenta giorni dalla data di indizione. — 1. La conferenza di servizi assume le determinazioni relative all'organizzazione dei propri lavori a maggioranza dei presenti e può svolgersi per via telematica. — 2. La convocazione della

prima riunione della conferenza di servizi deve pervenire alle amministrazioni interessate, anche per via telematica o informatica, almeno cinque giorni prima della relativa data. Entro i successivi cinque giorni, le amministrazioni convocate possono richiedere, qualora impossibilitate a partecipare, l'effettuazione della riunione in una diversa data; in tale caso, l'amministrazione procedente concorda una nuova data, comunque entro i dieci giorni successivi alla prima. La nuova data della riunione può essere fissata entro i quindici giorni successivi nel caso la richiesta provenga da un'autorità preposta alla tutela del patrimonio culturale. I responsabili degli sportelli unici per le attività produttive e per l'edilizia, ove costituiti, o i Comuni, o altre autorità competenti concordano con i Soprintendenti territorialmente competenti il calendario, almeno trimestrale, delle riunioni delle conferenze di servizi che coinvolgano atti di assenso o consultivi comunque denominati di competenza del Ministero per i beni e le attività culturali. — 2-*bis*. Alla conferenza di servizi di cui agli articoli 14 e 14-*bis* sono convocati i soggetti proponenti il progetto dedotto in conferenza, alla quale gli stessi partecipano senza diritto di voto. — 2-*ter*. Alla conferenza possono partecipare, senza diritto di voto, i concessionari e i gestori di pubblici servizi, nel caso in cui il procedimento amministrativo o il progetto dedotto in conferenza implichi loro adempimenti ovvero abbia effetto diretto o indiretto sulla loro attività. Agli stessi è inviata, anche per via telematica e con congruo anticipo, comunicazione della convocazione della conferenza di servizi. Alla conferenza possono partecipare inoltre, senza diritto di voto, le amministrazioni preposte alla gestione delle eventuali misure pubbliche di agevolazione. — 3. Nella prima riunione della conferenza di servizi, o comunque in quella immediatamente successiva alla trasmissione dell'istanza o del progetto definitivo ai sensi dell'articolo 14-*bis*, le amministrazioni che vi partecipano determinano il termine per l'adozione della decisione conclusiva. I lavori della conferenza non possono superare i novanta giorni, salvo quanto previsto dal comma 4. Decorsi inutilmente tali termini, l'amministrazione procedente provvede ai sensi dei commi 6-*bis* e 9 del presente articolo. — 3-*bis*. In caso di opera o attività sottoposta anche ad autorizzazione paesaggistica, il soprintendente si esprime, in via definitiva, in sede di conferenza di servizi, ove convocata, in ordine a tutti i provvedimenti di sua competenza ai sensi del decreto legislativo 22 gennaio 2004, n. 42. — 4. Fermo restando quanto disposto dal comma 4-*bis* nei casi in cui sia richiesta la VIA, la conferenza di servizi si esprime dopo aver acquisito la valutazione medesima ed il termine di cui al comma 3 resta sospeso, per un massimo di novanta giorni, fino all'acquisizione della pronuncia sulla compatibilità ambientale. Se la VIA non interviene nel termine previsto per l'adozione del relativo provvedimento, l'amministrazione competente si esprime in sede di conferenza di servizi, la quale si conclude nei trenta giorni successivi al termine predetto. Tuttavia, a richiesta della maggioranza dei soggetti partecipanti alla conferenza di servizi, il termine di trenta giorni di cui al precedente periodo è prorogato di altri trenta giorni nel caso che si appalesi la necessità di approfondimenti istruttori. Per assicurare il rispetto dei tempi, l'amministrazione competente al rilascio dei provvedimenti in materia ambientale può far eseguire anche da altri organi dell'amministrazione pubblica o enti pubblici dotati di qualificazione e capacità tecnica equipollenti, ovvero da istituti universitari tutte le attività tecnico-istruttorie non ancora eseguite. In tal caso gli oneri economici diretti o indiretti sono posti a esclusivo carico del soggetto committente il progetto, secondo le tabelle approvate con decreto del Ministro dell'ambiente e della tutela del territorio e del mare, di concerto con il Ministro dell'economia e delle finanze. — 4-*bis*. Nei casi in cui l'intervento oggetto della conferenza di servizi è stato sottoposto positivamente a valutazione ambientale strategica (VAS), i relativi risultati e prescrizioni, ivi compresi gli adempimenti di cui ai commi 4 e 5 dell'articolo 10 del decreto legislativo 3 aprile 2006, n. 152, devono essere utilizzati, senza modificazioni, ai fini della VIA, qualora effettuata nella medesima sede, statale o regionale, ai sensi dell'articolo 7 del decreto legislativo 3 aprile 2006, n. 152. — 5. Nei procedimenti relativamente ai quali sia già intervenuta la decisione concernente la VIA le disposizioni di cui al comma 3 dell'articolo 14-*quater*, nonché quelle di cui agli articoli 16, comma 3, e 17, comma 2, si applicano alle sole amministrazioni preposte alla tutela della salute, del patrimonio storico-artistico e della pubblica incolumità. — 6. Ogni amministrazione convocata partecipa alla conferenza di servizi attraverso un unico rappresentante legittimato, dall'organo competente, ad esprimere in modo vincolante la volontà dell'amministrazione su tutte le decisioni di competenza della stessa. — 6-*bis*. All'esito dei lavori della conferenza, e in ogni caso scaduto il termine di cui ai commi 3 e 4, l'amministrazione procedente, in caso di VIA statale, può adire direttamente il consiglio dei ministri ai sensi dell'articolo 26, comma 2, del decreto legislativo 30 aprile 2006, n. 152; in tutti gli altri casi, valutate le specifiche risultanze della conferenza e tenendo conto delle posizioni prevalenti espresse in quella sede, adotta la determinazione motivata di conclusione del procedimento che sostituisce a tutti gli effetti, ogni autorizzazione, concessione, nulla osta o atto di assenso comunque denominato di competenza delle amministrazioni partecipanti, o comunque invitate a partecipare ma risultate assenti, alla predetta conferenza. La mancata partecipazione alla conferenza di servizi ovvero la ritardata o mancata adozione della determinazione motivata di conclusione del procedimento sono valutate ai fini della responsabilità dirigenziale o disciplinare e amministrativa, nonché ai fini dell'attribuzione della retribuzione di risultato. Resta salvo il diritto del privato di dimostrare il danno derivante dalla mancata osservanza del termine di conclusione del procedimento ai sensi degli articoli 2 e 2-*bis*. — 7. Si considera acquisito l'assenso dell'amministrazione, ivi comprese quelle preposte alla tutela della salute e della pubblica incolumità, alla tutela paesaggistico-territoriale e alla tutela ambientale, esclusi i provvedimenti in materia di VIA, VAS e AIA, il cui rappresentante, all'esito dei lavori della conferenza, non abbia espresso definitivamente la volontà dell'amministrazione rappresentata. —8. In sede di conferenza di servizi possono essere richiesti, per una sola volta, ai proponenti dell'istanza o ai progettisti chiarimenti o ulteriore documentazione. Se questi ultimi non sono forniti in detta sede, entro i successivi trenta giorni, si procede all'esame del provvedimento. — 8-*bis*. I termini di validità di tutti i pareri, autorizzazioni, concessioni, nulla osta o atti di assenso comunque denominati acquisiti nell'ambito della Conferenza di Servizi, decorrono a far data dall'adozione del provvedimento finale. —9. [...]. — 10. Il provvedimento finale concernente opere sottoposte a VIA è pubblicato, a cura del proponente, unitamente all'estratto della predetta VIA, nella Gazzetta Ufficiale o nel Bollettino regionale in caso di VIA regionale e in un quotidiano a diffusione nazionale. Dalla data della pubblicazione nella Gazzetta Ufficiale decorrono i termini per eventuali impugnazioni in sede giurisdizionale da parte dei soggetti interessati ».

14-*quater* Decisione della conferenza di servizi (1).

1. La determinazione motivata di conclusione della conferenza, adottata dall'amministrazione procedente all'esito della stessa, sostituisce a ogni effetto tutti gli atti di assenso, comunque denominati, di competenza delle amministrazioni e dei gestori di beni o servizi pubblici interessati.

2. Le amministrazioni i cui atti sono sostituiti dalla determinazione motivata di conclusione della conferenza possono sollecitare con congrua motivazione l'amministrazione procedente ad assumere, previa indizione di una nuova conferenza, determinazioni in via di autotutela ai sensi dell'articolo 21-*nonies*. Possono altresì sollecitarla, purché abbiano partecipato, anche per il tramite del rappresentante di cui ai commi 4 e 5 dell'articolo 14-*ter*, alla conferenza di servizi o si siano espresse nei termini, ad assumere determinazioni in via di autotutela ai sensi dell'articolo 21-*quinquies*.

3. In caso di approvazione unanime, la determinazione di cui al comma 1 è immediatamente efficace. In caso di approvazione sulla base delle posizioni prevalenti, l'efficacia della determinazione è sospesa ove siano stati espressi dissensi qualificati ai sensi dell'articolo 14-*quinquies* e per il periodo utile all'esperimento dei rimedi ivi previsti (2).

4. I termini di efficacia di tutti i pareri, autorizzazioni, concessioni, nulla osta o atti di assenso comunque denominati acquisiti nell'ambito della conferenza di servizi decorrono dalla data della comunicazione della determinazione motivata di conclusione della conferenza.

(1) *Articolo così sostituito dall'art. 1, comma 1, d.ls. 30 giugno 2016, n. 127. Ai sensi dell'art. 7, comma 1, d.ls. n. 127, cit., « Le disposizioni del [suddetto] decreto trovano applicazione ai procedimenti avviati successivamente alla data della sua entrata in vigore ». Ai sensi, inoltre, del-*

*l'art. 8, comma 1, d.ls. n. 127, cit., i rinvii operati dalle disposizioni vigenti agli articoli da 14 a 14-*quinquies *della presente legge si intendono riferiti alle corrispondenti disposizioni di cui agli articoli da 14 a 14-*quinquies *della legge medesima, come modificati dal suddetto decreto. Il testo dell'articolo, come sostituito dall'art. 12, l. 24 novembre 2000, n. 340 e, da ultimo, modificato dal d.l. 12 settembre 2014, n. 133, conv., con modif., in l. 11 novembre 2014, n. 164, era il seguente: « 14-quater (Effetti del dissenso espresso nella conferenza di servizi) —* 1. Il dissenso di uno o più rappresentanti delle amministrazioni ivi comprese quelle preposte alla tutela ambientale, fermo restando quanto previsto dall'articolo 26 del decreto legislativo 3 aprile 2006, n. 152, paesaggistico-territoriale, del patrimonio storico-artistico o alla tutela della salute e della pubblica incolumità, regolarmente convocate alla conferenza di servizi, a pena di inammissibilità, deve essere manifestato nella conferenza di servizi, deve essere congruamente motivato, non può riferirsi a questioni connesse che non costituiscono oggetto della conferenza medesima e deve recare le specifiche indicazioni delle modifiche progettuali necessarie ai fini dell'assenso. — 2. [...]. — 3. Al di fuori dei casi di cui all'articolo 117, ottavo comma, della Costituzione, e delle infrastrutture ed insediamenti produttivi strategici e di preminente interesse nazionale, di cui alla parte seconda, titolo terzo, capo quarto del decreto legislativo 12 aprile 2006, n. 163, e successive modificazioni, nonché dei casi di localizzazione delle opere di interesse statale, ove venga espresso motivato dissenso da parte di un'amministrazione preposta alla tutela ambientale, paesaggistico-territoriale, del patrimonio storico-artistico o alla tutela della salute e della pubblica incolumità, la questione, in attuazione e nel rispetto del principio di leale collaborazione e dell'articolo 120 della Costituzione, è rimessa dall'amministrazione procedente alla deliberazione del Consiglio dei Ministri, che ha natura di atto di alta amministrazione. Il Consiglio dei Ministri si pronuncia entro sessanta giorni, previa intesa con la Regione o le Regioni e le Province autonome interessate, in caso di dissenso tra un'amministrazione statale e una regionale o tra più amministrazioni regionali, ovvero previa intesa con la Regione e gli enti locali interessati, in caso di dissenso tra un'amministrazione statale o regionale e un ente locale o tra più enti locali. Se l'intesa non è raggiunta entro trenta giorni, la deliberazione del Consiglio dei Ministri può essere comunque adottata, motivando un'eventuale decisione in contrasto con il motivato dissenso. Se il motivato dissenso è espresso da una regione o da una provincia autonoma in una delle materie di propria competenza, ai fini del raggiungimento dell'intesa, entro trenta giorni dalla data di rimessione della questione alla delibera del Consiglio dei Ministri, viene indetta una riunione dalla Presidenza del Consiglio dei Ministri con la partecipazione della regione o della provincia autonoma, degli enti locali e delle amministrazioni interessate, attraverso un unico rappresentante legittimato, dall'organo competente, ad esprimere in modo vincolante la volontà dell'amministrazione sulle decisioni di competenza. In tale riunione i partecipanti debbono formulare le specifiche indicazioni necessarie alla individuazione di una soluzione condivisa, anche volta a modificare il progetto originario. Se l'intesa non è raggiunta nel termine di ulteriori trenta giorni, è indetta una seconda riunione dalla Presidenza del Consiglio dei Ministri con le medesime modalità della prima, per concordare interventi di mediazione, valutando anche le soluzioni progettuali alternative a quella originaria. Ove non sia comunque raggiunta l'intesa, in un ulteriore termine di trenta giorni, le trattative, con le medesime modalità delle precedenti fasi, sono finalizzate a risolvere e comunque a individuare i punti di dissenso. Se all'esito delle predette trattative l'intesa non è raggiunta, la deliberazione del Consiglio dei Ministri può essere comunque adottata con la partecipazione dei Presidenti delle regioni o delle province autonome interessate. — 3-*bis*-3-*quater*. [...]. — 3-*quinquies*. Restano ferme le attribuzioni e le prerogative riconosciute alle regioni a statuto speciale e alle province autonome di Trento e di Bolzano dagli statuti speciali di autonomia e dalle relative norme di attuazione. — 4. [...]. — 5. Nell'ipotesi in cui l'opera sia sottoposta a VIA e in caso di provvedimento negativo trova applicazione l'articolo 5, comma 2, lettera *c-bis*), della legge 23 agosto 1988, n. 400, introdotta dall'articolo 12, comma 2, del decreto legislativo 30 luglio 1999, n. 303 ».

(2) *Per una deroga a tale comma v. l'art. 12, comma 1, d.l. 29 marzo 2019, n. 27, conv., con modif., in l. 21 maggio 2019, n. 44, che prevede che: « [...] Qualora alla conferenza di servizi il rappresentante di un'amministrazione invitata risulti assente o non dotato di idoneo potere di rappresentanza, la conferenza è comunque legittimata a deliberare. Il dissenso manifestato in sede di conferenza di servizi deve essere motivato e recare, a pena di inammissibilità, le specifiche indicazioni progettuali necessarie al fine dell'assenso. In caso di motivato dissenso espresso da un'amministrazione preposta alla tutela ambientale, paesaggistico-territoriale e del patrimonio storico-artistico o alla tutela della salute e della pubblica incolumità, la determinazione, in deroga all'articolo 14-*quater*, comma 3, della legge 7 agosto 1990, n. 241, è subordinata all'assenso, rispettivamente, del Ministero competente, ove l'amministrazione dissenziente sia statale, ovvero della giunta regionale, in caso di dissenso espresso da un'amministrazione regionale, che si pronunciano entro sette giorni dalla richiesta ».*

14-*quinquies* Rimedi per le amministrazioni dissenzienti (1).

1. Avverso la determinazione motivata di conclusione della conferenza, entro 10 giorni dalla sua comunicazione, le amministrazioni preposte alla tutela ambientale, paesaggistico-territoriale, dei beni culturali o alla tutela della salute e della pubblica incolumità dei cittadini possono proporre opposizione al Presidente del Consiglio dei ministri a condizione che abbiano espresso in modo inequivoco il proprio motivato dissenso prima della conclusione dei lavori della conferenza. Per le amministrazioni statali l'opposizione è proposta dal Ministro competente.

2. Possono altresì proporre opposizione le amministrazioni delle regioni o delle province autonome di Trento e di Bolzano, il cui rappresentante, intervenendo in una materia spettante alla rispettiva competenza, abbia manifestato un dissenso motivato in seno alla conferenza.

3. La proposizione dell'opposizione sospende l'efficacia della determinazione motivata di conclusione della conferenza.

4. La Presidenza del Consiglio dei ministri indice, per una data non posteriore al quindicesimo giorno successivo alla ricezione dell'opposizione, una riunione con la partecipazione delle amministrazioni che hanno espresso il dissenso e delle altre amministrazioni che hanno partecipato alla conferenza. In tale riunione i partecipanti formulano proposte, in attuazione del principio di leale collaborazione, per l'individuazione di una soluzione condivisa, che sostituisca la determinazione motivata di conclusione della conferenza con i medesimi effetti.

5. Qualora alla conferenza di servizi abbiano partecipato amministrazioni delle regioni o delle province autonome di Trento e di Bolzano, e l'intesa non venga raggiunta nella riunione di cui al comma 4, può essere indetta, entro i successivi quindici giorni, una seconda riunione, che si svolge con le medesime modalità e allo stesso fine.

6. Qualora all'esito delle riunioni di cui ai commi 4 e 5 sia raggiunta un'intesa tra le amministrazioni partecipanti, l'amministrazione procedente adotta una nuova determinazione motivata di conclusione della conferenza. Qualora all'esito delle suddette riunioni, e comunque non oltre quindici giorni dallo svolgimento della riunione, l'intesa non sia raggiunta, la questione è rimessa al Consiglio dei ministri. La questione è posta, di norma, all'ordine del giorno della prima riunione del Consiglio dei ministri successiva alla scadenza del termine per raggiungere l'intesa. Alla riunione del Consiglio dei ministri possono partecipare i Presidenti delle regioni o delle province autonome interessate. Qualora il Consiglio dei ministri non accolga l'opposizione, la determinazione motivata di conclusione della conferenza acquisisce definitivamente efficacia. Il Consiglio dei ministri può accogliere parzialmente l'opposizione, modificando di conseguenza il contenu-

to della determinazione di conclusione della conferenza, anche in considerazione degli esiti delle riunioni di cui ai commi 4 e 5.

7. Restano ferme le attribuzioni e le prerogative riconosciute alle regioni a statuto speciale e alle province autonome di Trento e Bolzano dagli statuti speciali di autonomia e dalle relative norme di attuazione

(1) *Articolo così sostituito dall'art. 1, comma 1, d.lgs. 30 giugno 2016, n. 127. Ai sensi dell'art. 7, comma 1, d.lgs. n. 127, cit., « Le disposizioni del [suddetto] decreto trovano applicazione ai procedimenti avviati successivamente alla data della sua entrata in vigore ». Ai sensi, inoltre, dell'art. 8, comma 1, d.lgs. n. 127, cit., i rinvii operati dalle disposizioni vigenti agli articoli da 14 a 14-*quinquies *della presente legge si intendono riferiti alle corrispondenti disposizioni di cui agli articoli da 14 a 14-*quinquies *della legge medesima, come modificati dal suddetto decreto. Il testo dell'articolo, come inserito dall'art. 12, l. 11 febbraio 2005, n. 15, era il seguente: « 14-quinquies. (Conferenza di servizi in materia di finanza di progetto). — *1. Nelle ipotesi di conferenza di servizi finalizzata all'approvazione del progetto definitivo in relazione alla quale trovino applicazione le procedure di cui agli articoli 37-*bis* e seguenti della legge 11 febbraio 1994, n. 109, sono convocati alla conferenza, senza diritto di voto, anche i soggetti aggiudicatari di concessione individuati all'esito della procedura di cui all'articolo 37-*quater* della legge n. 109 del 1994, ovvero le società di progetto di cui all'articolo 37-*quinquies* della medesima legge ».

15 Accordi fra pubbliche amministrazioni (1) (2).

1. Anche al di fuori delle ipotesi previste dall'articolo 14, le amministrazioni pubbliche possono sempre concludere tra loro accordi per disciplinare lo svolgimento in collaborazione di attività di interesse comune.

2. Per detti accordi si osservano, in quanto applicabili, le disposizioni previste dall'articolo 11, commi 2 e 3 (3).

2-*bis*. A fare data dal 30 giugno 2014 gli accordi di cui al comma 1 sono sottoscritti con firma digitale, ai sensi dell'articolo 24 del decreto legislativo 7 marzo 2005, n. 82, con firma elettronica avanzata, ai sensi dell'articolo 1, comma 1, lettera *q-bis*), del decreto legislativo 7 marzo 2005, n. 82, ovvero con altra firma elettronica qualificata, pena la nullità degli stessi ». Dall'attuazione della presente disposizione non devono derivare nuovi o maggiori oneri a carico del bilancio dello Stato. All'attuazione della medesima si provvede nell'ambito delle risorse umane, strumentali e finanziarie previste dalla legislazione vigente (4).

(1) *Per le disposizioni speciali in tema di accordi di programma, v. art. 34 d.lgs. 18 agosto 2000, n. 267, sub II, 12. V. anche l'art. 2, comma 203 della legge 23 dicembre 1996 n. 662, come modificato dall'art. 23, comma 7 d.l. 22 giugno 2012, n. 83, conv., con modif., in l. 7 agosto 2012, n. 134, il quale prevede che « Gli interventi che coinvolgono una molteplicità di soggetti pubblici e privati ed implicano decisioni istituzionali e risorse finanziarie a carico delle amministrazioni statali, regionali e delle province autonome nonché degli enti locali possono essere regolati sulla base di accordi così definiti:* a) *"Programmazione negoziata", come tale intendendosi la regolamentazione concordata tra soggetti pubblici o tra il soggetto pubblico competente e la parte o le parti pubbliche o private per l'attuazione di interventi diversi, riferiti ad un'unica finalità di sviluppo, che richiedono una valutazione complessiva delle attività di competenza;* b) *"Intesa istituzionale di programma", come tale intendendosi l'accordo tra amministrazione centrale, regionale o delle provincie autonome con cui tali soggetti si impegnano a collaborare sulla base di una ricognizione programmatica delle risorse finanziarie disponibili, dei soggetti interessati e delle procedure amministrative occorrenti, per la realizzazione di un piano pluriennale di interventi d'interesse comune o funzionalmente collegati. La gestione finanziaria degli interventi per i quali sia necessario il concorso di più amministrazioni dello Stato, nonché di queste ed altre amministrazioni, enti ed organismi pubblici, anche operanti in regime privatistico, può attuarsi secondo le procedure e le modalità previste dall'articolo 8 del decreto del Presidente della Repubblica 20 aprile 1994, n. 367;* c) *"Accordo di programma quadro", come tale intendendosi l'accordo con enti locali ed altri soggetti pubblici e privati promosso dagli organismi di cui alla lettera* b), *in attuazione di una intesa istituzionale di programma per la definizione di un programma esecutivo di interventi di interesse comune o funzionalmente collegati. L'accordo di programma quadro indica in particolare: 1) le attività e gli interventi da realizzare, con i relativi tempi e modalità di attuazione e con i termini ridotti per gli adempimenti procedimentali; 2) i soggetti responsabili dell'attuazione delle singole attività ed interventi; 3) gli eventuali accordi di programma ai sensi dell'art. 27 della legge 8 giugno 1990, n. 142; 4) le eventuali conferenze di servizi o convenzioni necessarie per l'attuazione dell'accordo; 5) gli impegni di ciascun soggetto, nonché del soggetto cui competono poteri sostitutivi in caso di inerzie, ritardi o inadempienze; 6) i procedimenti di conciliazione o definizione di conflitti tra i soggetti partecipanti all'accordo; 7) le risorse finanziarie occorrenti per le diverse tipologie di intervento, a valere sugli stanziamenti pubblici o anche reperite tramite finanziamenti privati; 8) le procedure ed i soggetti responsabili per il monitoraggio e la verifica dei risultati. L'accordo di programma quadro è vincolante per tutti i soggetti che vi partecipano. I controlli sugli atti e sulle attività posti in essere in attuazione dell'accordo di programma quadro sono in ogni caso successivi. Limitatamente alle aree di cui alla lettera* f), *gli atti di esecuzione dell'accordo di programma quadro possono derogare alle norme ordinarie di amministrazione e contabilità, salve restando le esigenze di concorrenzialità e trasparenza e nel rispetto della normativa comunitaria in materia di appalti, di ambiente e di valutazione di impatto ambientale. Limitatamente alle predette aree di cui alla lettera* f), *determinazioni congiunte adottate dai soggetti pubblici interessati territorialmente e per competenza istituzionale in materia urbanistica possono comportare gli effetti di variazione degli strumenti urbanistici già previsti dall'art. 27, commi 4 e 5, della legge 8 giugno 1990, n. 142;* d) *"Patto territoriale", come tale intendendosi l'accordo, promosso da enti locali, parti sociali, o da altri soggetti pubblici o privati con i contenuti di cui alla lettera* c), *relativo all'attuazione di un programma di interventi caratterizzato da specifici obiettivi di promozione dello sviluppo locale; [e) "Contratto di programma", come tale intendendosi il contratto stipulato tra l'amministrazione statale competente, grandi imprese, consorzi di medie e piccole imprese e rappresentanze di distretti industriali per la realizzazione di interventi oggetto di programmazione negoziata;] [*f*) "Contratto di area", come tale intendendosi lo strumento operativo, concordato tra amministrazioni, anche locali, rappresentanze dei lavoratori e dei datori di lavoro, nonché eventuali altri soggetti interessati, per la realizzazione delle azioni finalizzate ad accelerare lo sviluppo e la creazione di una nuova occupazione in territori circoscritti, nell'ambito delle aree di crisi indicate dal Presidente del Consiglio dei Ministri, su proposta del Ministro del bilancio e della programmazione economica e sentito il parere delle competenti Commissioni parlamentari, che si pronunciano entro quindici giorni dalla richiesta, e delle aree di sviluppo industriale e dei nuclei di industrializzazione situati nei territori di cui all'obiettivo 1 del Regolamento CEE n. 2052/88, nonché delle aree industrializzate realizzate a norma dell'art. 32 della legge 14 maggio 1981, n. 219, che presentino requisiti di più rapida attivazione di investimenti di disponibilità di aree attrezzate e di risorse private o derivanti da interventi normativi. Anche nell'ambito dei contratti d'area dovranno essere garantiti ai lavoratori i trattamenti retributivi previsti dall'art. 6, comma 9, lettera* c), *del decreto-legge 9 ottobre 1989, n. 338, convertito, con modificazioni, dalla legge 7 dicembre 1989, n. 389.] ».*

(2) *Rubrica apposta dall'art. 21 l. 11 febbraio 2005, n. 15.*

(3) *Le parole « commi 2 e 3 » sono state sostituite alle parole « commi 2, 3 e 5 » dall'art. 3, comma 2, lett.* b), *dell'Allegato 4 d.lgs. 2 luglio 2010, n. 104, con effetto a decorrere dal 16 settembre 2010.*

(4) *Comma inserito dall'art. 6, comma 2, d.l. 18 ottobre 2012, n. 179 convertito, con modificazioni, in legge 17 dicembre 2012, n. 221 e successivamente modificato dall'art. 6, comma 5, d.l. 23 dicembre 2013, n. 145.*

16 Attività consultiva (1).

1. Gli organi consultivi delle pubbliche amministrazioni di cui all'articolo 1, comma 2, del decreto legislativo 3 febbraio 1993, n. 29, sono tenuti a rendere i pareri ad essi obbligatoriamente richiesti entro venti giorni dal ricevimento della richiesta. Qualora siano richiesti di pareri facoltativi, sono tenuti a dare immediata comunicazione alle amministrazioni richiedenti del termine entro il quale il parere sarà reso, che co-

munque non può superare i venti giorni dal ricevimento della richiesta (2).

2. [In caso di decorrenza del termine senza che sia stato comunicato il parere obbligatorio o senza che l'organo adito abbia rappresentato esigenze istruttorie, è in facoltà dell'amministrazione richiedente di procedere indipendentemente dall'espressione del parere] (3). In caso di decorrenza del termine senza che sia stato comunicato il parere [facoltativo] (3) o senza che l'organo adito abbia rappresentato esigenze istruttorie, l'amministrazione richiedente procede indipendentemente dall'espressione del parere. Salvo il caso di omessa richiesta del parere, il responsabile del procedimento non può essere chiamato a rispondere degli eventuali danni derivanti dalla mancata espressione dei pareri di cui al presente comma (4).

3. Le disposizioni di cui ai commi 1 e 2 non si applicano in caso di pareri che debbano essere rilasciati da amministrazioni preposte alla tutela ambientale, paesaggistica, territoriale e della salute dei cittadini (5).

4. Nel caso in cui l'organo adito abbia rappresentato esigenze istruttorie il termine di cui al comma 1 può essere interrotto per una sola volta e il parere deve essere reso definitivamente entro quindici giorni dalla ricezione degli elementi istruttori da parte delle amministrazioni interessate (6).

5. I pareri di cui al comma 1 sono trasmessi con mezzi telematici (7).

6. Gli organi consultivi dello Stato predispongono procedure di particolare urgenza per l'adozione dei pareri loro richiesti.

6-*bis*. Resta fermo quanto previsto dall'articolo 127 del codice dei contratti pubblici relativi a lavori, servizi e forniture, di cui al decreto legislativo 12 aprile 2006, n. 163, e successive modificazioni (8).

(1) *Rubrica apposta dall'art. 21 l. 11 febbraio 2005, n. 15.*

(2) *Comma dapprima sostituito dall'art. 17, comma 24, l. 15 maggio 1997, n. 127 e poi così modificato dalla lettera* a) *del comma 1 dell'art. 8 l. 18 giugno 2009, n. 69. L'originario comma 1 così disponeva*: « 1. Ove debba essere obbligatoriamente sentito un organo consultivo, questo deve emettere il proprio parere entro il termine prefissato da disposizioni di legge o di regolamento o, in mancanza, non oltre novanta giorni dal ricevimento della richiesta »; *il testo del comma come sostituito dall'art. 17 l. n. 127, cit., era il seguente*: « Gli organi consultivi delle pubbliche amministrazioni di cui all'articolo 1, comma 2, del decreto legislativo 3 febbraio 1993, n. 29, sono tenuti a rendere i pareri a essi obbligatoriamente richiesti entro quarantacinque giorni dal ricevimento della richiesta. Qualora siano richiesti di pareri facoltativi, sono tenuti a dare immediata comunicazione alle amministrazioni richiedenti del termine entro il quale il parere sarà reso ».

(3) *Il primo periodo e la parola* « facoltativo » *sono stati soppressi dall'art. 12, comma 1, lett.* f), *nn.* 1) *e* 2) *d.l. 16 luglio 2020, n. 76, conv., con modif., in l. 11 settembre 2020, n. 120.*

(4) *Comma dapprima sostituito dall'art. 17, comma 24, l. n. 127, cit, e poi così modificato dall'art. 8, comma 1, lett.* a) *l. 18 giugno 2009, n. 69. Nel precedente testo si prevedeva*: « In caso di decorrenza del termine senza che sia stato comunicato il parere o senza che l'organo adito abbia rappresentato esigenze istruttorie, è in facoltà dell'amministrazione richiedente di procedere indipendentemente dall'acquisizione del parere ».

(5) *Comma così sostituito dall'art. 17 l. n. 127, cit. Il previgente comma 3 differiva solo per l'utilizzo* « paesaggistico-territoriale » *anziché* « paesaggistica, territoriale ».

(6) *Comma così sostituito dall'art. 17 l. n. 127, cit. Il testo del comma era il seguente*: « 4. Nel caso in cui l'organo adito abbia rappresentato esigenze istruttorie ovvero l'impossibilità, dovuta alla natura dell'affare, di rispettare il termine generale di cui al comma 1, quest'ultimo ricomincia a decorrere, per una sola volta, dal momento della ricezione, da parte dell'organo stesso, delle notizie o dei documenti richiesti, ovvero dalla sua prima scadenza ».

(7) *Comma così sostituito dall'art. 8 comma 1 lett.* a) *l. n. 69, cit.*

(8) *Comma aggiunto dall'art. 8 comma 1 lett.* a) *l. n. 69, cit. L'art. 127 del d.ls. n. 163/2006 riguarda il Consiglio superiore dei lavori pubblici e i pareri da questo espressi.*

17 Valutazioni tecniche (1).

1. Ove per disposizione espressa di legge o di regolamento sia previsto che per l'adozione di un provvedimento debbano essere preventivamente acquisite le valutazioni tecniche di organi od enti appositi e tali organi ed enti non provvedano o non rappresentino esigenze istruttorie di competenza dell'amministrazione procedente nei termini prefissati dalla disposizione stessa o, in mancanza, entro novanta giorni dal ricevimento della richiesta, il responsabile del procedimento deve chiedere le suddette valutazioni tecniche ad altri organi dell'amministrazione pubblica o ad enti pubblici che siano dotati di qualificazione e capacità tecnica equipollenti, ovvero ad istituti universitari.

2. La disposizione di cui al comma 1 non si applica in caso di valutazioni che debbano essere prodotte da amministrazioni preposte alla tutela ambientale, paesaggistico-territoriale e della salute dei cittadini.

3. Nel caso in cui l'ente od argano adito abbia rappresentato esigenze istruttorie all'amministrazione procedente, si applica quanto previsto dal comma 4 dell'articolo 16.

(1) *Rubrica apposta dall'art. 21 l. 11 febbraio 2005, n. 15.*

17-*bis* (1) Effetti del silenzio e dell'inerzia nei rapporti (2) tra amministrazioni pubbliche e tra amministrazioni pubbliche e gestori di beni o servizi pubblici.

1. Nei casi in cui è prevista l'acquisizione di assensi, concerti o nulla osta comunque denominati di amministrazioni pubbliche e di gestori di beni o servizi pubblici, per l'adozione di provvedimenti normativi e amministrativi di competenza di altre amministrazioni pubbliche, le amministrazioni o i gestori competenti comunicano il proprio assenso, concerto o nulla osta entro trenta giorni dal ricevimento dello schema di provvedimento, corredato della relativa documentazione, da parte dell'amministrazione procedente. Esclusi i casi di cui al comma 3, quando per l'adozione di provvedimenti normativi e amministrativi è prevista la proposta di una o più amministrazioni pubbliche diverse da quella competente ad adottare l'atto, la proposta stessa è trasmessa entro trenta giorni dal ricevimento della richiesta da parte di quest'ultima amministrazione (3). Il termine è interrotto qualora l'amministrazione o il gestore che deve rendere il proprio assenso, concerto o nulla osta rappresenti esigenze istruttorie o richieste di modifica, motivate e formulate in modo puntuale nel termine stesso. In tal caso, l'assenso, il concerto o il nulla osta è reso nei successivi trenta giorni dalla ricezione degli elementi istruttori o dello schema di provvedimento lo stesso termine si applica qualora dette esigenze istruttorie siano rappresentate dall'amministrazione proponente nei casi di cui al secondo periodo (4). Non sono ammesse ulteriori interruzioni di termini.

2. Decorsi i termini di cui al comma 1 senza che sia stato comunicato l'assenso, il concerto o il nulla osta, lo stesso si intende acquisito. Esclusi i casi di cui al comma 3, qualora la proposta non sia trasmessa nei termini di cui al comma 1, secondo periodo, l'amministrazione competente può comunque procedere. In tal caso, lo schema di provvedimento, corredato della relativa documentazione, è trasmesso all'amministrazione che avrebbe dovuto formulare la proposta per acquisirne l'assenso ai sensi del presente articolo. (5) In caso di mancato accordo tra le amministrazioni statali coinvolte nei procedimenti di cui al comma 1, il Presidente del Consiglio dei ministri, previa deliberazione del Consiglio dei ministri, decide sulle modifiche da apportare allo schema di provvedimento.

3. Le disposizioni dei commi 1 e 2 si applicano anche ai casi in cui è prevista l'acquisizione di assensi, concerti o nulla osta comunque denominati di amministrazioni preposte alla tutela ambientale, paesaggistico-territoriale, dei beni culturali e della salute dei cittadini, per l'adozione di provvedimenti normativi e amministrativi di competenza di amministrazioni pubbliche. In tali casi, ove disposizioni di legge o i provvedimenti di cui all'articolo 2 non prevedano un termine diverso, il termine entro il quale le amministrazioni competenti comunicano il proprio assenso, concerto o nulla osta è di novanta giorni dal ricevimento della richiesta da parte dell'amministrazione procedente. Decorsi i suddetti termini senza che sia stato comunicato l'assenso, il concerto o il nulla osta, lo stesso si intende acquisito.

4. Le disposizioni del presente articolo non si applicano nei casi in cui disposizioni del diritto dell'Unione europea richiedano l'adozione di provvedimenti espressi.

(1) *Articolo inserito dall'art. 3 l. 7 agosto 2015, n. 124.*

(2) *Le parole* « Effetti del silenzio e dell'inerzia nei rapporti » *sono state sostituite alle parole* « Silenzio assenso » *dall'art. 12, comma 1, lett. g), n. 1) d.l. 16 luglio 2020, n. 76, conv., con modif., in l. 11 settembre 2020, n. 120.*

(3) *Periodo inserito dall'art. 12, comma 1, lett. g), n. 2) d.l. n. 76, cit.*

(4) *Le parole* « lo stesso termine si applica qualora dette esigenze istruttorie siano rappresentate dall'amministrazione proponente nei casi di cui al secondo periodo. » *sono state inserite dall'art. 12, comma 1, lett. g), n. 3) d.l. n. 76, cit.*

(5) *Periodo inserito dall'art. 12, comma 1, lett. g), n. 4) d.l. n. 76, cit.*

18 Autocertificazione (1).

1. Le amministrazioni (2) adottano le misure organizzative idonee a garantire l'applicazione delle disposizioni in materia di autocertificazione e di presentazione di atti e documenti da parte di cittadini a pubbliche amministrazioni di cui al decreto del Presidente della Repubblica 28 dicembre 2000, n. 445 (3). Delle misure adottate le amministrazioni danno comunicazione alla Commissione di cui all'articolo 27.

2. I documenti attestanti atti, fatti, qualità e stati soggettivi, necessari per l'istruttoria del procedimento, sono acquisiti d'ufficio quando sono in possesso dell'amministrazione procedente, ovvero sono detenuti, istituzionalmente, da altre pubbliche amministrazioni. L'amministrazione procedente può richiedere agli interessati i soli elementi necessari per la ricerca dei documenti (4).

3. Parimenti sono accertati d'ufficio dal responsabile del procedimento i fatti, gli stati e le qualità che la stessa amministrazione procedente o altra pubblica amministrazione è tenuta a certificare.

3-*bis*. Nei procedimenti avviati su istanza di parte, che hanno ad oggetto l'erogazione di benefici economici comunque denominati, indennità, prestazioni previdenziali e assistenziali, erogazioni, contributi, sovvenzioni, finanziamenti, prestiti, agevolazioni, da parte di pubbliche amministrazioni ovvero il rilascio di autorizzazioni e nulla osta comunque denominati, le dichiarazioni di cui agli articoli 46 e 47 del decreto del Presidente della Repubblica 28 dicembre 2000, n. 445, ovvero l'acquisizione di dati e documenti di cui ai commi 2 e 3, sostituiscono ogni tipo di documentazione comprovante tutti i requisiti soggettivi ed oggettivi richiesti dalla normativa di riferimento, fatto comunque salvo il rispetto delle disposizioni del codice delle leggi antimafia e delle misure di prevenzione, di cui al decreto legislativo 6 settembre 2011, n. 159 (5).

(1) *Rubrica apposta dall'art. 21 l. 11 febbraio 2005, n. 15.*

(2) *Le parole* « Le amministrazioni » *sono state sostituite alle parole* « Entro sei mesi dalla data di entrata in vigore della presente legge le amministrazioni interessate » *dall'art. 12, comma 1, lett. h), n. 1) d.l. 16 luglio 2020, n. 76, conv., con modif., in l. 11 settembre 2020, n. 120.*

(3) *Le parole* « di cui al decreto del Presidente della Repubblica 28 dicembre 2000, n. 445 » *sono state sostituite alle parole* « di cui alla legge 4 gennaio 1968, n. 15, e successive modificazioni e integrazioni » *dall'art. 12, comma 1, lett. h), n. 1) d.l. n. 76, cit.*

(4) *Comma sostituito dall'art. 3 d.l. 14 marzo 2005, n. 35, conv., con modif., in l. 14 maggio 2005, n. 80. Il testo del comma era il seguente:* « 2. Qualora l'interessato dichiari che fatti, stati e qualità sono attestati in documenti già in possesso della stessa amministrazione procedente o di altra pubblica amministrazione, il responsabile del procedimento provvede d'ufficio all'acquisizione dei documenti stessi o di copia di essi ».

(5) *Comma inserito dall'art. 12, comma 1, lett. h), n. 2) d.l. n. 76, cit.*

18-*bis* Presentazione di istanze, segnalazioni o comunicazioni (1).

1. Dell'avvenuta presentazione di istanze, segnalazioni o comunicazioni è rilasciata immediatamente, anche in via telematica, una ricevuta, che attesta l'avvenuta presentazione dell'istanza, della segnalazione e della comunicazione e indica i termini entro i quali l'amministrazione è tenuta, ove previsto, a rispondere, ovvero entro i quali il silenzio dell'amministrazione equivale ad accoglimento dell'istanza. Se la ricevuta contiene le informazioni di cui all'articolo 8, essa costituisce comunicazione di avvio del procedimento ai sensi dell'articolo 7. La data di protocollazione dell'istanza, segnalazione o comunicazione non può comunque essere diversa da quella di effettiva presentazione. Le istanze, segnalazioni o comunicazioni producono effetti anche in caso di mancato rilascio della ricevuta, ferma restando la responsabilità del soggetto competente.

2. Nel caso di istanza, segnalazione o comunicazione presentate ad un ufficio diverso da quello competente, i termini di cui agli articoli 19, comma 3, e 20, comma 1, decorrono dal ricevimento dell'istanza, segnalazione o della comunicazione da parte dell'ufficio competente.

(1) *Articolo inserito dall'art. 3, comma 1, lett. a), d.lgs. 30 giugno 2016, n. 126. L'art. 4, comma 1 del d.lgs. n. 126, cit. prevede che: « Ai*

*sensi dell'articolo 29 della legge n. 241 del 1990, le regioni e gli enti locali si adeguano alle disposizioni di cui agli articoli 18-**bis**, 19 e 19-**bis** della stessa legge n. 241 del 1990, come introdotti o modificati dall'articolo 3, entro il 1° gennaio 2017 ».*

19 (1) (2) Segnalazione certificata di inizio attività - Scia (3).

1. Ogni atto di autorizzazione, licenza, concessione non costitutiva, permesso o nulla osta comunque denominato, comprese le domande per le iscrizioni in albi o ruoli richieste per l'esercizio di attività imprenditoriale, commerciale o artigianale il cui rilascio dipenda esclusivamente dall'accertamento di requisiti e presupposti richiesti dalla legge o da atti amministrativi a contenuto generale, e non sia previsto alcun limite o contingente complessivo o specifici strumenti di programmazione settoriale per il rilascio degli atti stessi, è sostituito da una segnalazione dell'interessato, con la sola esclusione dei casi in cui sussistano vincoli ambientali, paesaggistici o culturali e degli atti rilasciati dalle amministrazioni preposte alla difesa nazionale, alla pubblica sicurezza, all'immigrazione, all'asilo, alla cittadinanza, all'amministrazione della giustizia, all'amministrazione delle finanze, ivi compresi gli atti concernenti le reti di acquisizione del gettito, anche derivante dal gioco, nonché di quelli previsti dalla normativa per le costruzioni in zone sismiche e di quelli imposti dalla normativa comunitaria. La segnalazione è corredata dalle dichiarazioni sostitutive di certificazioni e dell'atto di notorietà per quanto riguarda tutti gli stati, le qualità personali e i fatti previsti negli articoli 46 e 47 del testo unico di cui al decreto del Presidente della Repubblica 28 dicembre 2000, n. 445, nonché, ove espressamente previsto dalla normativa vigente, dalle attestazioni e asseverazioni di tecnici abilitati, ovvero dalle dichiarazioni di conformità da parte dell'Agenzia delle imprese di cui all'articolo 38, comma 4, del decreto-legge 25 giugno 2008, n. 112, convertito, con modificazioni, dalla legge 6 agosto 2008, n. 133, relative alla sussistenza dei requisiti e dei presupposti di cui al primo periodo; tali attestazioni e asseverazioni sono corredate dagli elaborati tecnici necessari per consentire le verifiche di competenza dell'amministrazione. Nei casi in cui la normativa vigente prevede l'acquisizione di atti o pareri di organi o enti appositi, ovvero l'esecuzione di verifiche preventive, essi sono comunque sostituiti dalle autocertificazioni, attestazioni e asseverazioni o certificazioni di cui al presente comma, salve le verifiche successive degli organi e delle amministrazioni competenti. La segnalazione, corredata delle dichiarazioni, attestazioni e asseverazioni nonché dei relativi elaborati tecnici, può essere presentata mediante posta raccomandata con avviso di ricevimento, ad eccezione dei procedimenti per cui è previsto l'utilizzo esclusivo della modalità telematica; in tal caso la segnalazione si considera presentata al momento della ricezione da parte dell'amministrazione (4).

2. L'attività oggetto della segnalazione può essere iniziata, anche nei casi di cui all'articolo 19-*bis*, comma 2, dalla data della presentazione della segnalazione all'amministrazione competente (5).

3. L'amministrazione competente, in caso di accertata carenza dei requisiti e dei presupposti di cui al comma 1, nel termine di sessanta giorni dal ricevimento della segnalazione di cui al medesimo comma, adotta motivati provvedimenti di divieto di prosecuzione dell'attività e di rimozione degli eventuali effetti dannosi di essa. Qualora sia possibile conformare l'attività intrapresa e i suoi effetti alla normativa vigente, l'amministrazione competente, con atto motivato, invita il privato a provvedere, [disponendo la sospensione dell'attività intrapresa e] (6) prescrivendo le misure necessarie con la fissazione di un termine non inferiore a trenta giorni per l'adozione di queste ultime. In difetto di adozione delle misure da parte del privato (7), decorso il suddetto termine, l'attività si intende vietata. Con lo stesso atto motivato, in presenza di attestazioni non veritiere o di pericolo per la tutela dell'interesse pubblico in materia di ambiente, paesaggio, beni culturali, salute, sicurezza pubblica o difesa nazionale, l'amministrazione dispone la sospensione dell'attività intrapresa (8). L'atto motivato interrompe il termine di cui al primo periodo, che ricomincia a decorrere dalla data in cui il privato comunica l'adozione delle suddette misure (8). In assenza di ulteriori provvedimenti, decorso lo stesso termine, cessano gli effetti della sospensione eventualmente adottata (8) (9).

4. Decorso il termine per l'adozione dei provvedimenti di cui al comma 3, primo periodo, ovvero di cui al comma 6-*bis*, l'amministrazione competente adotta comunque i provvedimenti previsti dal medesimo comma 3 in presenza delle condizioni previste dall'articolo 21-*nonies* (10).

4-*bis*. Il presente articolo non si applica alle attività economiche a prevalente carattere finanziario, ivi comprese quelle regolate dal testo unico delle leggi in materia bancaria e creditizia di cui al decreto legislativo 1° settembre 1993, n. 385, e dal testo unico in materia di intermediazione finanziaria di cui al decreto legislativo 24 febbraio 1998, n. 58 (11).

[5. Il presente articolo non si applica alle attività economiche a prevalente carattere finanziario, ivi comprese quelle regolate dal testo unico delle leggi in materia bancaria e creditizia di cui al decreto legislativo 1° settembre 1993, n. 385, e dal testo unico in materia di intermediazione finanziaria di cui al decreto legislativo 24 febbraio 1998, n. 58. Ogni controversia relativa all'applicazione del presente articolo è devoluta alla giurisdizione esclusiva del giudice amministrativo. Il relativo ricorso giurisdizionale, esperibile da qualunque interessato nei termini di legge, può riguardare anche gli atti di assenso formati in virtù delle norme sul silenzio assenso previste dall'articolo 20] (12).

6. Ove il fatto non costituisca più grave reato, chiunque, nelle dichiarazioni o attestazioni o asseverazioni che corredano la segnalazione di inizio attività, dichiara o attesta falsamente l'esistenza dei requisiti o dei presupposti di cui al comma 1 è punito con la reclusione da uno a tre anni

6-*bis*. Nei casi di Scia in materia edilizia, il termine di sessanta giorni di cui al primo periodo del comma 3 è ridotto a trenta giorni. Fatta salva l'applicazione delle disposizioni di cui al comma 4 e al comma 6, restano altresì ferme le disposizioni relative alla vigilanza sull'attività urbanistico-edilizia, alle responsabilità e alle sanzioni previste dal decreto del Presidente della Repubblica 6 giugno 2001, n. 380, e dalle leggi regionali (13).

6-*ter*. La segnalazione certificata di inizio attività, la denuncia e la dichiarazione di inizio attività non costituiscono provvedimenti taciti direttamente impugnabili. Gli interessati possono sollecitare l'esercizio delle verifiche spettanti all'amministrazione e, in caso di inerzia, esperire esclusivamente l'azione di cui all'art. 31, commi 1, 2 e 3 del decreto legislativo 2 luglio 2010, n. 104 (14) (15).

(1) *Articolo da ultimo così sostituito dall'art. 49, comma 4-*bis*, d.l. 31 maggio 2010, n. 78, conv., con modif., in l. 30 luglio 2010, n. 122. Ai sensi del comma 4-*ter *del suddetto art. 49, il presente articolo « attiene alla tutela della concorrenza ai sensi dell'articolo 117, secondo comma, lettera* e)*, della Costituzione, e costituisce livello essenziale delle prestazioni concernenti i diritti civili e sociali ai sensi della lettera* m) *del medesimo comma »; inoltre le espressioni* « segnalazione certificata di inizio attività » *e* « Scia » *sostituiscono, rispettivamente, quelle di* « dichiarazione di inizio attività » *e* « Dia », *ovunque ricorrano, anche come parte di una espressione più ampia, e la disciplina di cui al presente articolo « sostituisce direttamente, dalla data di entrata in vigore della legge di conversione del [citato] decreto [31 luglio 2010], quella della dichiarazione di inizio attività recata da ogni normativa statale e regionale ». Si riporta il testo dell'articolo (già sostituito dall'art. 2, comma 10, l. 24 dicembre 1993, n. 537), come sostituito dall'art. 3, d.l. 14 marzo 2005, n. 35, conv., con modif., in l. 14 maggio 2005, n. 80, e successivamente modificato dall'art. 9, l. l. 18 giugno 2009, n. 69, dall'art. 85, comma 1, d.ls. 26 marzo 2010, n. 59 e dall'art. 4 dell'Allegato 4, d.ls. 2 luglio 2010, n. 104 (per cui* v. *infra):* « Art. 19. (*Dichiarazione di inizio attività*). — 1. Ogni atto di autorizzazione, licenza, concessione non costitutiva, permesso o nulla osta comunque denominato, comprese le domande per le iscrizioni in albi o ruoli richieste per l'esercizio di attività imprenditoriale, commerciale o artigianale il cui rilascio dipenda esclusivamente dall'accertamento dei requisiti e presupposti di legge o di atti amministrativi a contenuto generale e non sia previsto alcun limite o contingente complessivo o specifici strumenti di programmazione settoriale per il rilascio degli atti stessi, con la sola esclusione degli atti rilasciati dalle amministrazioni preposte alla difesa nazionale, alla pubblica sicurezza, all'immigrazione, all'asilo, alla cittadinanza, all'amministrazione della giustizia, alla amministrazione delle finanze, ivi compresi gli atti concernenti le reti di acquisizione del gettito, anche derivante dal gioco, alla tutela della salute e della pubblica incolumità, del patrimonio culturale e paesaggistico e dell'ambiente, nonché degli atti imposti dalla normativa comunitaria, è sostituito da una dichiarazione dell'interessato corredata, anche per mezzo di autocertificazioni, delle certificazioni e delle attestazioni normativamente richieste. L'amministrazione competente può richiedere informazioni o certificazioni relative a fatti, stati o qualità soltanto qualora non siano attestati in documenti già in possesso dell'amministrazione stessa o non siano direttamente acquisibili presso altre pubbliche amministrazioni. — 2. L'attività oggetto della dichiarazione può essere iniziata decorsi trenta giorni dalla data di presentazione della dichiarazione all'amministrazione competente; contestualmente all'inizio dell'attività, l'interessato ne dà comunicazione all'amministrazione competente. Nel caso in cui la dichiarazione di inizio attività abbia ad oggetto l'esercizio di attività di cui al decreto legislativo di attuazione della direttiva 2006/123/CE, l'attività, ove non diversamente previsto, può essere iniziata dalla data della presentazione della dichiarazione all'amministrazione competente. — 3. L'amministrazione competente, in caso di accertata carenza delle condizioni, modalità e fatti legittimanti, nel termine di trenta giorni dal ricevimento della comunicazione di cui al comma 2, o, nei casi di cui all'ultimo periodo del medesimo comma 2, nel termine di trenta giorni dalla data della presentazione della dichiarazione, adotta motivati provvedimenti di divieto di prosecuzione dell'attività e di rimozione dei suoi effetti, salvo che, ove ciò sia possibile, l'interessato provveda a conformare alla normativa vigente detta attività ed i suoi effetti entro un termine fissato dall'amministrazione, in ogni caso non inferiore a trenta giorni. È fatto comunque salvo il potere dell'amministrazione competente di assumere determinazioni in via di autotutela, ai sensi degli articoli 21-*quinquies* e 21-*nonies*. Nei casi in cui la legge prevede l'acquisizione di pareri di organi o enti appositi, il termine per l'adozione dei provvedimenti di divieto di prosecuzione dell'attività e di rimozione dei suoi effetti sono sospesi, fino all'acquisizione dei pareri, fino a un massimo di trenta giorni, scaduti i quali l'amministrazione può adottare i propri provvedimenti indipendentemente dall'acquisizione del parere. Della sospensione è data comunicazione all'interessato. — 4. Restano ferme le disposizioni di legge vigenti che prevedono termini diversi da quelli di cui ai commi 2 e 3 per l'inizio dell'attività e per l'adozione da parte dell'amministrazione competente di provvedimenti di divieto di prosecuzione dell'attività e di rimozione dei suoi effetti. — [5. Ogni controversia relativa all'applicazione dei commi 1, 2 e 3 è devoluta alla giurisdizione esclusiva del giudice amministrativo. Il relativo ricorso giurisdizionale, esperibile da qualunque interessato nei termini di legge, può riguardare anche gli atti di assenso formati in virtù delle norme sul silenzio assenso previste dall'articolo 20] ». *Con riferimento a tale previgente formulazione, si precisa quanto segue: nel comma 1, le parole* « all'asilo, alla cittadinanza, », *che figurano dopo le parole* « all'immigrazione, », *erano state inserite dall'art. 9, comma 3, l. n. 69, cit.; il comma 2 era stato così sostituito dall'art. 85, comma 1, d.ls. n. 59, cit. (il precedente testo del comma 2, di cui l'ultimo periodo aggiunto dall'art. 9, comma 4, l. n. 69, cit., era il seguente:* « 2. L'attività oggetto della dichiarazione può essere iniziata decorsi trenta giorni dalla data di presentazione della dichiarazione all'amministrazione competente. Contestualmente all'inizio dell'attività, l'interessato ne dà comunicazione all'amministrazione competente. Nel caso in cui la dichiarazione di inizio attività abbia ad oggetto l'esercizio di attività di impianti produttivi di beni e di servizi e di prestazione di servizi di cui alla direttiva 2006/123/CE del Parlamento europeo e del Consiglio, del 12 dicembre 2006, compresi gli atti che dispongono l'iscrizione in albi o ruoli o registri ad efficacia abilitante o comunque a tale fine eventualmente richiesta, l'attività può essere iniziata dalla data della presentazione della dichiarazione all'amministrazione competente »*); nel comma 3, le parole* « o, nei casi di cui all'ultimo periodo del medesimo comma 2, nel termine di trenta giorni dalla data della presentazione della dichiarazione, » *erano state inserite dall'art. 9, comma 5, l. n. 69, cit.; il comma 5, il cui ultimo periodo era stato aggiunto dall'art. 9, comma 6, l. n. 69, cit., era stato abrogato dall'art. 4 dell'Allegato 4, d.ls. 2 luglio 2010, n. 104, con effetto a decorrere dal 16 settembre 2010.*

(2) *Per l'interpretazione delle disposizioni del presente articolo v. l'art. 5, comma 2, lett.* c)*, del d.l. 13 maggio 2011, n. 70, conv., con modif., in l. 12 luglio 2011, n. 106 che stabilisce che « le disposizioni di cui all'articolo 19 della legge 7 agosto 1990, n. 241 si interpretano nel senso che le stesse si applicano alle denunce di inizio attività in materia edilizia disciplinate dal decreto del Presidente della Repubblica 6 giugno 2001, n. 380, con esclusione dei casi in cui le denunce stesse, in base alla normativa statale o regionale, siano alternative o sostitutive del permesso di costruire. Le disposizioni di cui all'articolo 19 della legge 7 agosto 1990, n. 241 si interpretano altresì nel senso che non sostituiscono la disciplina prevista dalle leggi regionali che, in attuazione dell'articolo 22, comma 4, del decreto del Presidente della Repubblica 6 giugno 2001, n. 380, abbiano ampliato l'ambito applicativo delle disposizioni di cui all'articolo 22, comma 3, del medesimo decreto e nel senso che, nei casi in cui sussistano vincoli ambientali, paesaggistici o culturali, la Scia non sostituisce gli atti di autorizzazione o nulla osta, comunque denominati, delle amministrazioni preposte alla tutela dell'ambiente e del patrimonio culturale ».*

(3) *Rubrica sostituita dall'articolo 49, comma 4-*bis*, del d.l. 31 maggio 2010, n. 78.*

(4) *Comma modificato dall'art. 5, comma 2, lett.* b)*, n. 2), del d.l. 13 maggio 2011, n. 70 conv., con modif., in l. 12 luglio 2011, n. 106 e dall'art. 2 del d.l. 9 febbraio 2012, n. 5, conv., con modif., in l.4 aprile 2012, n. 35 (che ha inserito le parole «, ove espressamente previsto dalla normativa vigente, ») e infine dall'articolo 13, comma 1, del d.l. 22 giugno 2012, n. 83, conv., con modif., in l. 7 agosto 2012, n. 134 (che ha aggiunto il terzo periodo).*

(5) *Comma modificato dall'art. 3, comma 2, lett.* b)*, n. 1), del d.lgs. 30 giugno 2016, n. 126, che dopo le parole* « può essere iniziata » *ha inserito le seguenti:* «, anche nei casi di cui all'articolo 19-bis, comma 2, ». *L'art. 4, comma 1 del d.lgs. n. 126, cit. prevede che: « Ai sensi dell'articolo 29 della legge n. 241 del 1990, le regioni e gli enti locali si adeguano alle disposizioni di cui agli articoli 18-*bis*, 19 e 19-*bis *della stessa legge n. 241 del 1990, come introdotti o modificati dall'articolo 3, entro il 1° gennaio 2017 ». Precedentemente l'art. 85, comma 1 d.lgs. 26 marzo 2010 n. 59, aveva così modificato il comma 2:* « L'attività oggetto della dichiarazione può essere iniziata decorsi trenta giorni dalla data di presentazione della dichiarazione all'amministrazione competente; contestualmente all'inizio dell'attività, l'interessato ne dà comunicazione all'amministrazione competente. Nel caso in cui la dichiarazione di inizio attività abbia ad oggetto l'esercizio di attività di cui al decreto legislativo di attuazione della direttiva 2006/123/CE, l'attività, ove non diversamente previsto, può essere iniziata dalla data della presentazione della dichiarazione all'amministrazione competente », *ma il comma 1 dell'art. 85, cit., è stato abrogato dall'art. 20, comma 1, lett.* a)*, d.lgs. 6 agosto 2012, n. 147*

(6) *Le parole tra parentesi quadre sono state soppresse dall'art. 3, comma 1, lett.* b)*, n. 2), lett.* a) *d.lgs. 30 giugno 2016, n. 126.*

(7) *Le parole* « da parte del privato » *sono state sostituite alla parola* « stesse » *dall'art. 3, comma 1, lett.* b), *n. 2), lett.* b) *d.lgs. n. 126, cit.*

(8) *Periodo aggiunto dall'art. 3, comma 1, lett.* b), *n. 2), lett.* c), *d.lgs. n. 126, cit.*

(9) *Comma così sostituito dall'art. 6, comma 1, lett.* a) *l. 7 agosto 2015, n. 124. Il testo del comma, come modificato dall'art. 25, comma 1, lett.* b-bis) *d.l. 12 settembre 2014, n. 133, conv., con modif., in l. 11 novembre 2014, n. 164, era il seguente:* « 3. L'amministrazione competente, in caso di accertata carenza dei requisiti e dei presupposti di cui al comma 1, nel termine di sessanta giorni dal ricevimento della segnalazione di cui al medesimo comma, adotta motivati provvedimenti di divieto di prosecuzione dell'attività e di rimozione degli eventuali effetti dannosi di essa, salvo che, ove ciò sia possibile, l'interessato provveda a conformare alla normativa vigente detta attività ed i suoi effetti entro un termine fissato dall'amministrazione, in ogni caso non inferiore a trenta giorni. È fatto comunque salvo il potere dell'amministrazione competente di assumere determinazioni in via di autotutela, ai sensi degli articoli 21-quinquies e 21-nonies, nei casi di cui al comma 4 del presente articolo. In caso di dichiarazioni sostitutive di certificazione e dell'atto di notorietà false o mendaci, l'amministrazione, ferma restando l'applicazione delle sanzioni penali di cui al comma 6, nonché di quelle di cui al capo VI del testo unico di cui al decreto del Presidente della Repubblica 28 dicembre 2000, n. 445, può sempre e in ogni tempo adottare i provvedimenti di cui al primo periodo ».

(10) *Comma così sostituito dall'art. 6, comma 1, lett.* a) *l. 7 agosto 2015, n. 124. Il testo del comma, come modificato dall'art. 19-*bis*, comma 3, d.l. 24 giugno 2014, n. 91, conv., con modif., in l. 11 agosto 2014, n. 116, era il seguente:* « 4. Decorso il termine per l'adozione dei provvedimenti di cui al primo periodo del comma 3 ovvero di cui al comma 6-*bis*, ovvero nel caso di segnalazione corredata della dichiarazione di conformità di cui all'articolo 2, comma 3, del regolamento di cui al decreto del Presidente della Repubblica 9 luglio 2010, n. 159, all'amministrazione è consentito intervenire solo in presenza del pericolo di un danno per il patrimonio artistico e culturale, per l'ambiente, per la salute, per la sicurezza pubblica o la difesa nazionale e previo motivato accertamento dell'impossibilità di tutelare comunque tali interessi mediante conformazione dell'attività dei privati alla normativa vigente ».

(11) *Comma inserito dall'articolo 2, comma 1-*quinquies, *del d.l. 5 agosto 2010, n. 125, conv., con modif., in l. 1° ottobre 2010, n. 163.*

(12) *Comma da ritenersi abrogato: le disposizioni di cui al primo periodo sono da considerarsi assorbite dal comma 4-*bis*; per le materie di giurisdizione esclusiva del giudice amministrativo di cui al secondo periodo, v. ora art. 133 c.p.a. (cfr. anche la nota 1 con riferimento all'abrogazione del presente comma disposta dall'art. 4 dell'Allegato 4 c.p.a.).*

(13) *Comma aggiunto dall'art. 5, comma 2, lett.* b), *n. 2), del d.l. 13 maggio 2011, n. 70 conv., con modif., in l. 12 luglio 2011, n. 106 e successivamente modificato dall'art. 6, comma 1, lett.* b), *del d.l. 13 agosto 2011, n. 138 conv., con modif., in l. 14 settembre 2011 n. 148, che ha inserito le parole* « al comma 4 ».

(14) *Comma aggiunto dall'art. 6, comma 1, lett.* c), *del d.l. 13 agosto 2011, n. 138 conv., con modif., in l. 14 settembre 2011 n. 148. Successivamente la Corte costituzionale, con sentenza 19 marzo 2019, n. 45 ha dichiarato non fondate, nei sensi di cui in motivazione, le questioni di legittimità relative al presente comma, sollevate per violazione degli artt. 3, 11, 97 e 117, comma 1 Cost. – quest'ultimo con riferimento all'art. 1 del Protocollo addizionale alla C.E.D.U. e all'art. 6, par. 3 T.U.E. — nella parte in cui non prevede un termine finale per la sollecitazione, da parte del terzo, dei poteri di verifica sulla segnalazione certificata d'inizio attività (SCIA) spettanti alla pubblica amministrazione.*

(15) *Con riferimento alle discipline regionali della Scia, Corte Cost. 9 marzo 2016 ha dichiarato l'*illegittimità costituzionale, *per violazione dell'art. 117, comma 3, Cost., dell'art. 84-*bis, *comma 2, lett.* b), *della legge della Regione Toscana 3 gennaio 2005, n. 1, che prevedeva che « Nei casi di SCIA relativa ad interventi di cui all'articolo 79, comma 1, lettere* b), d), e) *ed* f) *e di cui all'articolo 79, comma 2, lettere* a), b), c) *ed* e), *decorso il termine di trenta giorni di cui all'articolo 84, comma 6, possono essere adottati provvedimenti inibitori e sanzionatori qualora ricorra uno dei seguenti casi:* a) *in caso di falsità o mendacia delle asseverazioni, certificazioni, dichiarazioni sostitutive di certificazioni o degli atti di notorietà allegati alla SCIA medesima;* b) *in caso di difformità dell'intervento dalle norme urbanistiche o dalle prescrizioni degli strumenti urbanistici generali, degli atti di governo del territorio o dei regolamenti edilizi [172];* c) *qualora dall'esecuzione dell'intervento consegua pericolo di danno per il patrimonio storico-artistico, culturale e paesaggistico, per l'ambiente, per la salute, per la sicurezza pubblica o la difesa nazionale ».*

19-*bis* Concentrazione dei regimi amministrativi (1).

1. Sul sito istituzionale di ciascuna amministrazione è indicato lo sportello unico, di regola telematico, al quale presentare la SCIA, anche in caso di procedimenti connessi di competenza di altre amministrazioni ovvero di diverse articolazioni interne dell'amministrazione ricevente. Possono essere istituite più sedi di tale sportello, al solo scopo di garantire la pluralità dei punti di accesso sul territorio.

2. Se per lo svolgimento di un'attività soggetta a SCIA sono necessarie altre SCIA, comunicazioni, attestazioni, asseverazioni e notifiche, l'interessato presenta un'unica SCIA allo sportello di cui al comma 1. L'amministrazione che riceve la SCIA la trasmette immediatamente alle altre amministrazioni interessate al fine di consentire, per quanto di loro competenza, il controllo sulla sussistenza dei requisiti e dei presupposti per lo svolgimento dell'attività e la presentazione, almeno cinque giorni prima della scadenza dei termini di cui all'articolo 19, commi 3 e 6-*bis*, di eventuali proposte motivate per l'adozione dei provvedimenti ivi previsti.

3. Nel caso in cui l'attività oggetto di SCIA è condizionata all'acquisizione di atti di assenso comunque denominati o pareri di altri uffici e amministrazioni, ovvero all'esecuzione di verifiche preventive, l'interessato presenta allo sportello di cui al comma 1 la relativa istanza, a seguito della quale è rilasciata ricevuta ai sensi dell'articolo 18-*bis*. In tali casi, il termine per la convocazione della conferenza di cui all'articolo 14 decorre dalla data di presentazione dell'istanza e l'inizio dell'attività resta subordinato al rilascio degli atti medesimi, di cui lo sportello dà comunicazione all'interessato.

(1) *Articolo inserito dall'art. 3, comma 2, lett.* c) *del d.lgs. 30 giugno 2016, n. 126. L'art. 4, comma 1 del d.lgs. n. 126, cit. prevede che: « Ai sensi dell'articolo 29 della legge n. 241 del 1990, le regioni e gli enti locali si adeguano alle disposizioni di cui agli articoli 18-*bis, *19 e 19-*bis *della stessa legge n. 241 del 1990, come introdotti o modificati dall'articolo 3, entro il 1° gennaio 2017 ».*

20 Silenzio assenso (1) (2) (3) (4).

1. Fatta salva l'applicazione dell'articolo 19, nei procedimenti ad istanza di parte per il rilascio di provvedimenti amministrativi il silenzio dell'amministrazione competente equivale a provvedimento di accoglimento della domanda, senza necessità di ulteriori istanze o diffide, se la medesima amministrazione non comunica all'interessato, nel termine di cui all'articolo 2, commi 2 o 3, il provvedimento di diniego, ovvero non procede ai sensi del comma 2. Tali termini decorrono dalla data di ricevimento della domanda del privato (5).

2. L'amministrazione competente può indire, entro trenta giorni dalla presentazione dell'istanza di cui al comma 1, una conferenza di servizi ai sensi del capo IV, anche tenendo conto delle situazioni giuridiche soggettive dei controinteressati.

2-*bis*. Nei casi in cui il silenzio dell'amministrazione equivale a provvedimento di accoglimento ai sensi del comma 1, fermi restando gli effetti comunque intervenuti del silenzio assenso, l'amministrazione è tenuta, su richiesta del privato, a rilasciare, in via telematica, un'attestazione circa il decorso dei termini del procedimento e pertanto dell'intervenuto accoglimento della domanda ai sensi del presente articolo. Decorsi inutilmente dieci giorni dalla richiesta, l'attestazione è sostituita da una dichiarazione del privato ai sensi dell'articolo 47 del decreto del Presidente della Repubblica 28 dicembre 2000, n. 445 (6).

3. Nei casi in cui il silenzio dell'amministrazione equivale ad accoglimento della domanda, l'amministrazione competente può assumere determinazioni in via di autotutela, ai sensi degli articoli 21-*quinquies* e 21-*nonies*.

4. Le disposizioni del presente articolo non si applicano agli atti e procedimenti riguardanti il patrimonio culturale e paesaggistico, l'ambiente, la tutela dal rischio idrogeologico, la difesa nazionale, la pubblica sicurezza, l'immigrazione, l'asilo e la cittadinanza, la salute e la pubblica incolumità, ai casi in cui la normativa comunitaria impone l'adozione di provvedimenti amministrativi formali, ai casi in cui la legge qualifica il silenzio dell'amministrazione come rigetto dell'istanza, nonché agli atti e procedimenti individuati con uno o più decreti del Presidente del Consiglio dei ministri, su proposta del Ministro per la funzione pubblica, di concerto con i Ministri competenti (7).

5. Si applicano gli articoli 2, comma 7, e 10-*bis* (8).

[5-*bis*. Ogni controversia relativa all'applicazione del presente articolo è devoluta alla giurisdizione esclusiva del giudice amministrativo] (9) (10).

(1) *Articolo sostituito dall'art. 3 d.l. 14 marzo 2005, n. 35 conv., con modif., in l. 14 maggio 2005, n. 80. L'originario testo dell'art. 20 così disponeva*: « Art. 20. – 1. Con regolamento adottato ai sensi del comma 2 dell'art. 17 della legge 23 agosto 1988, n. 400, da emanarsi entro novanta giorni dalla data di entrata in vigore della presente legge e previo parere delle competenti Commissioni parlamentari, sono determinati i casi in cui la domanda di rilascio di una autorizzazione, licenza, abilitazione, nulla osta, permesso od altro atto di consenso comunque denominato, cui sia subordinato lo svolgimento di un'attività privata, si considera accolta qualora non venga comunicato all'interessato il provvedimento di diniego entro il termine fissato per categorie di atti, in relazione alla complessità del rispettivo procedimento, dal medesimo predetto regolamento. In tali casi, sussistendone le ragioni di pubblico interesse, l'amministrazione competente può annullare l'atto di assenso illegittimamente formato, salvo che, ove ciò sia possibile, l'interessato provveda a sanare i vizi entro il termine prefissatogli dall'amministrazione stessa. – 2. Ai fini dell'adozione del regolamento di cui al comma 1, il parere delle Commissioni parlamentari e del Consiglio di Stato deve essere reso entro sessanta giorni dalla richiesta. Decorso tale termine, il Governo procede comunque all'adozione dell'atto. – 3. Restano ferme le disposizioni attualmente vigenti che stabiliscono regole analoghe o equipollenti a quelle previste dal presente articolo ».

(2) *Per la disciplina dei procedimenti in corso alla data di entrata in vigore del d.l. n. 35, cit., v. art. 3, commi 6-*quater *ss. del medesimo decreto-legge, che prevede:* « 6-*quater*. I regolamenti e le determinazioni di cui al comma 2 dell'articolo 2 della legge 7 agosto 1990, n. 241, come sostituito dal comma 6-*bis* del presente articolo, sono adottati entro centottanta giorni dalla data di entrata in vigore della legge di conversione del presente decreto. – 6-*quinquies*. Continua no ad applicarsi le disposizioni vigenti alla data di entrata in vigore della legge di conversione del presente decreto, emanate ai sensi dell'articolo 2, comma 2, della legge 7 agosto 1990, n. 241, se non modificate o sostituite dalle disposizioni adottate dal Governo o dagli enti pubblici nazionali ai sensi dell'articolo 2, comma 2, della legge 7 agosto 1990, n. 241, come sostituito dal comma 6-*bis* del presente articolo. – 6-*sexies*. Le disposizioni di cui all'articolo 20 della legge 7 agosto 1990, n. 241, come sostituito dal comma 6-*ter* del presente articolo, non si applicano ai procedimenti in corso alla data di entrata in vigore della legge di conversione del presente decreto, ferma la facoltà degli interessati di presentare nuove istanze. – 6-*septies*. Le domande presentate entro centottanta giorni dalla data di entrata in vigore della legge di conversione del presente decreto si intendono accolte, senza necessità di ulteriori istanze o diffide, se l'amministrazione non comunica all'interessato il provvedimento di diniego nel termine di centottanta giorni, salvo che, ai sensi della normativa vigente, sia previsto un termine più lungo per la conclusione del procedimento. Si applica quanto previsto dai commi 2, 3, 4 e 5 dell'articolo 20 della legge 7 agosto 1990, n. 241, come sostituito dal comma 6-*ter* del presente articolo ».

(3) *Per altre norme in tema di dichiarazione di inizio attività, silenzio e provvedimento amministrativo, v. d.P.R. 12 aprile 2006, n. 184, sub III, 19; d.l. 16 maggio 1994, n. 293 conv., con modif., in l. 15 luglio 1994, n. 444, sub II, 116. V., anche, in materia edilizia, il d.P.R. 6 giugno 2001, n. 380 e, in particolare, gli artt. 20 e 21, sub V, 46.*

(4) *Per un caso di silenzio assenso nel diritto comunitario, v. l'art. 13 della direttiva 2006/123/CE del Parlamento europeo e del Consiglio, del 12 dicembre 2006, relativa ai servizi nel mercato interno, attuata con d.ls. 26 marzo 2010 n. 59 (sub III, 14).*

(5) *Comma modificato dall'art. 3, comma 2, lett.* d)*, del d.lgs. 30 giugno 2016, n. 126 con l'aggiunta dell'ultimo periodo.*

(6) *Comma inserito dall'art. 62 d.l. 31 maggio 2021, n. 77, conv., con modif., in l. 29 luglio 2021, n. 108.*

(7) *Comma così modificato dal comma 3 dell'art. 9, l. 18 giugno 2009, n. 69, che ha aggiunto dopo le parole*: « all'immigrazione, » *le parole* « l'asilo e la cittadinanza, » *e, successivamente, dall'art. 54, comma 2, l. 28 dicembre 2015, n. 221 che ha inserito le parole* « la tutela del rischio idrogeologico ».

(8) *Comma così sostituito dall'art. 7, comma 1, lett.* d) *l. 18 giugno 2009, n. 69.*

(9) *Comma dapprima aggiunto dall'art. 2, comma 1-*sexies*, d.l. 5 agosto 2010, n. 125, nel testo integrato dalla relativa legge di conversione 1° ottobre 2010, n. 163 e successivamente abrogato dal numero 14) del comma 1 dell'art. 4 dell'allegato 4 al d.lgs. 2 luglio 2010, n. 104, come modificato dall'art. 1, comma 3, lett.* b) *d.lgs. 15 novembre 2011, n. 195.*

(10) *V. l'art. 13 l. 6 dicembre 2011, n. 394, sub V, 25, che prevede che « 1. Il rilascio di concessioni o autorizzazioni relative ad interventi, impianti ed opere all'interno del parco è sottoposto al preventivo nulla osta dell'Ente parco. Il nulla osta verifica la conformità tra le disposizioni del piano e del regolamento e l'intervento ed è reso entro sessanta giorni dalla richiesta. Decorso inutilmente tale termine il nulla osta si intende rilasciato ».*

21 Disposizioni sanzionatorie (1).

1. Con la segnalazione o con la domanda di cui agli articoli 19 e 20 l'interessato deve dichiarare la sussistenza dei presupposti e dei requisiti di legge richiesti. In caso di dichiarazioni mendaci o di false attestazioni non è ammessa la conformazione dell'attività e dei suoi effetti a legge o la sanatoria prevista dagli articoli medesimi ed il dichiarante è punito con la sanzione prevista dall'articolo 483 del codice penale, salvo che il fatto costituisca più grave reato (2).

[2. Le sanzioni attualmente previste in caso di svolgimento dell'attività in carenza dell'atto di assenso dell'amministrazione o in difformità di esso si applicano anche nei riguardi di coloro i quali diano inizio all'attività ai sensi degli articoli 19 e 20 in mancanza dei requisiti richiesti o, comunque, in contrasto con la normativa vigente.] (3)

2-*bis*. Restano ferme le attribuzioni di vigilanza, prevenzione e controllo su attività soggette ad atti di assenso da parte di pubbliche amministrazioni previste da leggi vigenti, anche se è stato dato inizio all'attività ai sensi degli articoli 19 e 20 (4).

2-*ter*. La decorrenza del termine previsto dall'articolo 19, comma 3, e la formazione del silenzio assenso ai sensi dell'articolo 20 non escludono la responsabilità del dipendente che non abbia agito tempestivamente nel caso in cui la segnalazione certificata o l'istanza del privato non fosse conforme alle norme vigenti (5).

(1) *Rubrica apposta dall'art. 21 l. 11 febbraio 2005, n. 15.*

(2) *Comma modificato dall'art. 6, comma 1, lett.* b), *n. 1) l. 7 agosto 2015, n. 124, che ha sostituito la parola* « segnalazione » *alla parola* « denuncia ».

(3) *Comma abrogato dall'art. 6, comma 1, lett.* b), *n. 2) l. 7 agosto 2015, n. 124.*

(4) *Comma aggiunto dall'art. 3 d.l. 14 marzo 2005, n. 35, conv., con modif. in l. 14 maggio 2005, n. 80.*

(5) *Comma aggiunto dall'art. 3, comma 3, lett.e), d.lgs. 30 giugno 2016, n. 126.*

CAPO IV-*BIS*
Efficacia ed invalidità del provvedimento amministrativo. Revoca e recesso (1).

(1) *Il Capo IV-*bis*, comprendente gli artt. da 21-*bis *a 21-*nonies*, è stato aggiunto dall'art. 14 l. 11 febbraio 2005, n. 15.*

21-*bis* Efficacia del provvedimento limitativo della sfera giuridica dei privati (1).

1. Il provvedimento limitativo della sfera giuridica dei privati acquista efficacia nei confronti di ciascun destinatario con la comunicazione allo stesso effettuata anche nelle forme stabilite per la notifica agli irreperibili nei casi previsti dal codice di procedura civile. Qualora per il numero dei destinatari la comunicazione personale non sia possibile o risulti particolarmente gravosa, l'amministrazione provvede mediante forme di pubblicità idonee di volta in volta stabilite dall'amministrazione medesima. Il provvedimento limitativo della sfera giuridica dei privati non avente carattere sanzionatorio può contenere una motivata clausola di immediata efficacia. I provvedimenti limitativi della sfera giuridica dei privati aventi carattere cautelare ed urgente sono immediatamente efficaci.

(1) *Articolo inserito dall'art. 14 l. 11 febbraio 2005, n. 15.*

21-*ter* Esecutorietà (1).

1. Nei casi e con le modalità stabiliti dalla legge, le pubbliche amministrazioni possono imporre coattivamente l'adempimento degli obblighi nei loro confronti. Il provvedimento costitutivo di obblighi indica il termine e le modalità dell'esecuzione da parte del soggetto obbligato. Qualora l'interessato non ottemperi, le pubbliche amministrazioni, previa diffida, possono provvedere all'esecuzione coattiva nelle ipotesi e secondo le modalità previste dalla legge (2).

2. Ai fini dell'esecuzione delle obbligazioni aventi ad oggetto somme di denaro si applicano le disposizioni per l'esecuzione coattiva dei crediti dello Stato (3).

(1) *Articolo inserito dall'art. 14 l. 11 febbraio 2005, n. 15.*

(2) *V. l'art. 823, comma 2, c.c., che prevede che « Spetta all'autorità amministrativa la tutela dei beni che fanno parte del demanio pubblico. Essa ha facoltà sia di procedere in via amministrativa, sia di valersi dei mezzi ordinari a difesa della proprietà e del possesso regolati dal presente codice » e l'art. 54 cod. nav. che prevede che « Qualora siano abusivamente occupate zone del demanio marittimo o vi siano eseguite innovazioni non autorizzate il capo del compartimento ingiunge al contravventore di rimettere le cose in pristino entro il termine a tal fine stabilito e, in caso di mancata esecuzione dell'ordine, provvede d'ufficio, a spese dell'interessato ».*

V. anche l'art. 5 del r.d. 18 giugno 1931, n. 773, il quale prevede che « I provvedimenti della autorità di pubblica sicurezza sono eseguiti in via amministrativa indipendentemente dall'esercizio dell'azione penale. Qualora gli interessati non vi ottemperino, sono adottati, previa diffida di tre giorni, salvi i casi di urgenza, i provvedimenti necessari per l'esecuzione d'ufficio. È autorizzato l'impiego della forza pubblica. La nota delle spese relative è resa esecutiva dal prefetto ed è rimessa all'esattore, che ne fa la riscossione nelle forme e coi privilegi fiscali stabiliti dalla legge sulla riscossione delle imposte dirette ». e l'art. 54, commi 4 e 7, d.lgs. 18 agosto 2000, n. 267 che così dispone: « 4. Il sindaco, quale ufficiale del Governo, adotta con atto motivato provvedimenti, anche contingibili e urgenti nel rispetto dei princìpi generali dell'ordinamento, al fine di prevenire e di eliminare gravi pericoli che minacciano l'incolumità pubblica e la sicurezza urbana. I provvedimenti di cui al presente comma sono preventivamente comunicati al prefetto anche ai fini della predisposizione degli strumenti ritenuti necessari alla loro attuazione. [...] 7. Se l'ordinanza adottata ai sensi del comma 4 è rivolta a persone determinate e queste non ottemperano all'ordine impartito, il sindaco può provvedere d'ufficio a spese degli interessati, senza pregiudizio dell'azione penale per i reati in cui siano incorsi ».

V. infine l'art. 31, comma 5, del d.P.R. 6 giugno 2001, n. 380: « L'opera acquisita è demolita con ordinanza del dirigente o del responsabile del competente ufficio comunale a spese dei responsabili dell'abuso, salvo che con deliberazione consiliare non si dichiari l'esistenza di prevalenti interessi pubblici e sempre che l'opera non contrasti con rilevanti interessi urbanistici, ambientali o di rispetto dell'assetto idrogeologico ».

(3) *V. anche gli artt. 1, 4 e 5 r.d. 14 aprile 1910, n. 639 che così dispongono: « Art. 1. Il procedimento di coazione comincia con la ingiunzione, la quale consiste nell'ordine, emesso dal competente ufficio dell'ente creditore, di pagare entro trenta giorni, sotto pena degli atti esecutivi, la somma dovuta. Art. 4. Respinto, in tutto od in parte, il ricorso o l'opposizione dall'autorità adita e riattivato, qualora ne fosse stata disposta la sospensione, il procedimento coattivo, oppure proseguito, in mancanza del ricorso o dell'opposizione anzidetti o dell'inibitoria da parte dell'autorità suindicata, il procedimento medesimo, esso non potrà, per qualsiasi motivo, ed anche quando sia pendente giudizio di appello, essere sospeso se non in seguito a pagamento della somma dovuta, salvo il caso di provvedimento di sospensione che fosse dato dalla autorità adita per l'appello. Art. 5. Trascorso inutilmente il termine di giorni trenta, fissato dall'art. 2 per i debitori morosi, o respinto il ricorso o l'opposizione nei casi in cui fosse stata ordinata la sospensione del procedimento coattivo a tenore degli articoli 3 e 4, l'ente creditore procede, per mezzo di un ufficiale giudiziario addetto alla pretura o di un usciere dell'ufficio di conciliazione, al pignoramento dei beni mobili del debitore, eccettuati quei mobili che per legge non possono essere pignorati ».*

21-*quater* Efficacia ed esecutività del provvedimento (1).

1. I provvedimenti amministrativi efficaci sono eseguiti immediatamente, salvo che sia diversamente stabilito dalla legge o dal provvedimento medesimo.

2. L'efficacia ovvero l'esecuzione del provvedimento amministrativo può essere sospesa, per gravi ragioni e per il tempo strettamente necessario, dallo stesso organo che lo ha emanato ovvero da altro organo previsto dalla legge. Il termine della sospensione è esplicitamente indicato nell'atto che la dispone e può essere prorogato o differito per una sola volta, nonché ridotto per sopravvenute esigenze. La sospensione non può comunque essere disposta o perdurare oltre i termini per l'esercizio del potere di annullamento di cui all'articolo 21-*nonies* (2).

(1) *Articolo inserito dall'art. 14 l. 11 febbraio 2005, n. 15.*

(2) *Comma modificato dall'art. 6, comma 1, lett.* c) *l. 7 agosto 2015, n. 124 con l'aggiunta dell'ultimo periodo.*

21-*quinquies* Revoca del provvedimento (1).

1. Per sopravvenuti motivi di pubblico interesse ovvero nel caso di mutamento della situazione di fatto non prevedibile al momento dell'adozione del provvedimento o, salvo che per i provvedimenti di autorizzazione o di attribuzione di vantaggi economici, di nuova valutazione dell'interesse pubblico originario, il prov-

vedimento amministrativo ad efficacia durevole può essere revocato da parte dell'organo che lo ha emanato ovvero da altro organo previsto dalla legge. La revoca determina la inidoneità del provvedimento revocato a produrre ulteriori effetti. Se la revoca comporta pregiudizi in danno dei soggetti direttamente interessati, l'amministrazione ha l'obbligo di provvedere al loro indennizzo. [Le controversie in materia di determinazione e corresponsione dell'indennizzo sono attribuite alla giurisdizione esclusiva del giudice amministrativo.] (2) (3).

1-*bis*. Ove la revoca di un atto amministrativo ad efficacia durevole o istantanea incida su rapporti negoziali, l'indennizzo liquidato dall'amministrazione agli interessati è parametrato al solo danno emergente e tiene conto sia dell'eventuale conoscenza o conoscibilità da parte dei contraenti della contrarietà dell'atto amministrativo oggetto di revoca all'interesse pubblico, sia dell'eventuale concorso dei contraenti o di altri soggetti all'erronea valutazione della compatibilità di tale atto con l'interesse pubblico (3).

1-*ter*. [Ove la revoca di un atto amministrativo ad efficacia durevole o istantanea incida su rapporti negoziali, l'indennizzo liquidato dall'amministrazione agli interessati è parametrato al solo danno emergente e tiene conto sia dell'eventuale conoscenza o conoscibilità da parte dei contraenti della contrarietà dell'atto amministrativo oggetto di revoca all'interesse pubblico, sia dell'eventuale concorso dei contraenti o di altri soggetti all'erronea valutazione della compatibilità di tale atto con l'interesse pubblico] (4).

(1) *Articolo inserito dall'art. 14 l. 11 febbraio 2005, n. 15. V., per esempi di revoca nel diritto civile, gli artt. 1723 e 1738 c.c.; v., anche l'art. 19, comma 3, della presente legge in cui, con riferimento alla DIA, faceva « salvo il potere dell'amministrazione competente di assumere determinazioni in via di autotutela, ai sensi degli articoli 21-*quinquies *e 21-*nonies *». Il periodo è stato poi eliminato dall'art. 6 l. 7 agosto 2015, n. 124; v. ora l'art. 21-*nonies*, comma 1, della presente legge.*

(2) *Periodo abrogato dall'art. 4 dell'Allegato 4 d.ls. 2 luglio 2010, n. 104, con effetto a decorrere dal 16 settembre 2010.*

(3) *Comma modificato dall'art. 25, comma 1, lett. *b-ter*), d.l. 12 settembre 2014, n. 133, conv., con modif., in l. 11 novembre 2014, n. 164. Il testo del comma era il seguente: « Per sopravvenuti motivi di pubblico interesse ovvero nel caso di mutamento della situazione di fatto o di nuova valutazione dell'interesse pubblico originario, il provvedimento amministrativo ad efficacia durevole può essere revocato da parte dell'organo che lo ha emanato ovvero da altro organo previsto dalla legge. La revoca determina la inidoneità del provvedimento revocato a produrre ulteriori effetti. Se la revoca comporta pregiudizi in danno dei soggetti direttamente interessati, l'amministrazione ha l'obbligo di provvedere al loro indennizzo ».*

(3) *Il presente comma, che era stato aggiunto dal comma 4 dell'art. 12, d.l. 31 gennaio 2007, n. 7 poi soppresso dalla relativa legge di conversione, è stato così reintrodotto dal comma 8-*duodevicies *dell'art. 13 dello stesso decreto-legge, aggiunto dalla relativa legge di conversione.*

(4) *Comma aggiunto dall'art. 12 comma 1-*bis *d.l. 25 giugno 2008, n. 112, nel testo integrato in sede di conversione in l. 6 agosto 2008, n. 133 e poi abrogato dall'art. 62 d.l. 9 febbraio 2012, n. 5, a decorrere dal sessantesimo giorno seccessivo alla data di entrata in vigore della legge di conversione del suddetto d.l. n. 5, cit.*

21-*sexies* Recesso dai contratti (1).

1. Il recesso unilaterale dai contratti della pubblica amministrazione è ammesso nei casi previsti dalla legge o dal contratto.

(1) *Articolo inserito dall'art. 14 l. 11 febbraio 2005, n. 15.*

21-*septies* Nullità del provvedimento (1).

1. È nullo il provvedimento amministrativo che manca degli elementi essenziali (2), che è viziato da difetto assoluto di attribuzione, che è stato adottato in violazione o elusione del giudicato, nonché negli altri casi espressamente previsti dalla legge (3).

[2. Le questioni inerenti alla nullità dei provvedimenti amministrativi in violazione o elusione del giudicato sono attribuite alla giurisdizione esclusiva del giudice amministrativo] (4).

(1) *Articolo inserito dall'art. 14 l. 11 febbraio 2005, n. 15.*

(2) *V. gli artt. 1325 e 1418 c.c. V. anche l'art. 1423 c.c.*

(3) *Per le ipotesi di nullità testuale nel diritto amministrativo v. l'art. 3, comma 6, d.P.R. 10 gennaio 1957, n. 3 (« Salve le eccezioni previste dal presente decreto, l'assunzione agli impieghi senza il concorso prescritto per le singole carriere è nulla di diritto e non produce alcun effetto a carico dell'Amministrazione, ferma restando la responsabilità dell'impiegato che vi ha provveduto. »); l'art. 4 del d.P.R. 31 marzo 1971 n. 276, (« Le assunzioni temporanee effettuate in violazione delle norme di cui ai precedenti articoli sono nulle di diritto, ferma restando la responsabilità del funzionario che le ha disposte. »); l'art. 3, commi 2 e 3, d.l. 16 maggio 1994, n. 293, conv. con modif. in l. 15 luglio 1994, n. 444, (« 2. Nel periodo in cui sono prorogati, gli organi scaduti possono adottare esclusivamente gli atti di ordinaria amministrazione, nonché gli atti urgenti e indifferibili con indicazione specifica dei motivi di urgenza e indifferibilità. – 3. Gli atti non rientranti fra quelli indicati nel comma 2, adottati nel periodo di proroga, sono nulli. »); l'art. 52, comma 5, d.ls. 30 marzo 2001 n. 165 (« Al fuori delle ipotesi di cui al comma 2, è nulla l'assegnazione del lavoratore a mansioni proprie di una qualifica superiore, ma al lavoratore è corrisposta la differenza di trattamento economico con la qualifica superiore. Il dirigente che ha disposto l'assegnazione risponde personalmente del maggiore onere conseguente, se ha agito con dolo o colpa grave. »); l'art. 53, comma 8, del d.ls. n. 165, cit. (« Le pubbliche amministrazioni non possono conferire incarichi retribuiti a dipendenti di altre amministrazioni pubbliche senza la previa autorizzazione dell'amministrazione di appartenenza dei dipendenti stessi. Salve le più gravi sanzioni, il conferimento dei predetti incarichi, senza la previa autorizzazione, costituisce in ogni caso infrazione disciplinare per il funzionario responsabile del procedimento; il relativo provvedimento è nullo di diritto. In tal caso l'importo previsto come corrispettivo dell'incarico, ove gravi su fondi in disponibilità dell'amministrazione conferente, è trasferito all'amministrazione di appartenenza del dipendente ad incremento del fondo di produttività o di fondi equivalenti »); l'art. 11, commi 1 e 2 l. 27 luglio 2000, n. 212, (« 1. Ciascun contribuente può inoltrare per iscritto all'amministrazione finanziaria, che risponde entro centoventi giorni, circostanziate e specifiche istanze di interpello concernenti l'applicazione delle disposizioni tributarie a casi concreti e personali, qualora vi siano obiettive condizioni di incertezza sulla corretta interpretazione delle disposizioni stesse. La presentazione dell'istanza non ha effetto sulle scadenze previste dalla disciplina tributaria. – 2. La risposta dell'amministrazione finanziaria, scritta e motivata, vincola con esclusivo riferimento alla questione oggetto dell'istanza di interpello, e limitatamente al richiedente. Qualora essa non pervenga al contribuente entro il termine di cui al comma 1, si intende che l'amministrazione concordi con l'interpretazione o il comportamento prospettato dal richiedente. Qualsiasi atto, anche a contenuto impositivo o sanzionatorio, emanato in difformità dalla risposta, anche se desunta ai sensi del periodo precedente, è nullo »); l'art. 11, comma 2, della presente legge.*

(4) *Comma abrogato dall'art. 4 dell'Allegato 4 d.lgs. 2 luglio 2010, n. 104, con effetto a decorrere dal 16 settembre 2010.*

21-*octies* Annullabilità del provvedimento (1).

1. È annullabile il provvedimento amministrativo adottato in violazione di legge o viziato da eccesso di potere o da incompetenza (2).

2. Non è annullabile il provvedimento adottato in violazione di norme sul procedimento o sulla forma degli atti (3) qualora, per la natura vincolata del provvedimento, sia palese che il suo contenuto dispositivo non avrebbe potuto essere diverso da quello in concreto adottato. Il provvedimento amministrativo non è

comunque annullabile per mancata comunicazione dell'avvio del procedimento (4) qualora l'amministrazione dimostri in giudizio che il contenuto del provvedimento non avrebbe potuto essere diverso da quello in concreto adottato. La disposizione di cui al secondo periodo non si applica al provvedimento adottato in violazione dell'articolo 10-*bis*. (5)

(1) *Articolo inserito dall'art. 14 l. 11 febbraio 2005, n. 15.*

(2) *Nel diritto civile, per l'annullabilità delle deliberazioni societarie, v. l'art. 2377, commi 2 e 3 c.c., che così prevedono: « 2. Le deliberazioni che non sono prese in conformità della legge o dello statuto possono essere impugnate dai soci assenti, dissenzienti od astenuti, dagli amministratori, dal consiglio di sorveglianza e dal collegio sindacale. – 3. L'impugnazione o la domanda di risarcimento del danno sono proposte nel termine di novanta giorni dalla data della deliberazione, ovvero, se questa è soggetta ad iscrizione nel registro delle imprese, entro novanta giorni dall'iscrizione o, se è soggetta solo a deposito presso l'ufficio del registro delle imprese, entro novanta giorni dalla data di questo ».*

(3) *V., ad es., l'art. 2 e l'art.* 10-bis *della presente legge.*

(4) *V. il solo art. 7 della presente legge.*

(5) *Periodo inserito dall'art. 12, comma 1, lett.* i) *d.l. 16 luglio 2020, n. 76, conv., con modif., in l. 11 settembre 2020, n. 120.*

21-*nonies* Annullamento d'ufficio (1).

1. Il provvedimento amministrativo illegittimo ai sensi dell'articolo 21-*octies*, esclusi i casi di cui al medesimo articolo 21-*octies*, comma 2, può essere annullato d'ufficio, sussistendone le ragioni di interesse pubblico, entro un termine ragionevole comunque non superiore a dodici (2) mesi (3) dal momento dell'adozione dei provvedimenti di autorizzazione o di attribuzione di vantaggi economici, inclusi i casi in cui il provvedimento si sia formato ai sensi dell'articolo 20, e tenendo conto degli interessi dei destinatari e dei controinteressati, dall'organo che lo ha emanato, ovvero da altro organo previsto dalla legge. Rimangono ferme le responsabilità connesse all'adozione e al mancato annullamento del provvedimento illegittimo (4).

2. È fatta salva la possibilità di convalida del provvedimento annullabile, sussistendone le ragioni di interesse pubblico ed entro un termine ragionevole (5).

2-*bis*. I provvedimenti amministrativi conseguiti sulla base di false rappresentazioni dei fatti o di dichiarazioni sostitutive di certificazione e dell'atto di notorietà false o mendaci per effetto di condotte costituenti reato, accertate con sentenza passata in giudicato, possono essere annullati dall'amministrazione anche dopo la scadenza del termine di dodici (2) mesi di cui al comma 1, fatta salva l'applicazione delle sanzioni penali nonché delle sanzioni previste dal capo VI del testo unico di cui al decreto del Presidente della Repubblica 28 dicembre 2000, n. 445 (6).

(1) *Articolo inserito dall'art. 14 l. 11 febbraio 2005, n. 15.*

(2) *La parola* « dodici » *è stata sostituita alla parola* « diciotto » *dall'art. 63 d.l. 31 maggio 2021, n. 77, conv., con modif., in l. 29 luglio 2021, n. 108.*

(3) *Per la decorrenza del presente termine v. l'art. 2, comma 4, d.lgs. 25 novembre 2016, n. 222, il quale prevede che « Nei casi del regime amministrativo della Scia, il termine di diciotto mesi di cui all'articolo 21-nonies, comma 1, della legge n. 241 del 1990, decorre dalla data di scadenza del termine previsto dalla legge per l'esercizio del potere ordinario di verifica da parte dell'amministrazione competente. Resta fermo quanto stabilito dall'articolo 21, comma 1, della legge n. 241 del 1990 ».*

(4) *Comma modificato dall'art. 25, comma 1, lett.* b-quater), *n.* 1) *e* 2) *d.l. 12 settembre 2014, n. 133, conv., con modif., in l. 11 novembre 2014, n. 164, che ha inserito le parole* « esclusi i casi di cui al medesimo articolo 21-octies, comma 2 » *e aggiunto l'ultimo periodo nonché, successivamente, dall'art. 6, comma 1, lett.* d), *n.* 1) *l. 7 agosto 2015, n. 124 che ha inserito le parole da* «, comunque non superiore » *a* « ai sensi dell'articolo 20 ».

V. l'art. 19, comma 3, della presente legge che, con riferimento alla DIA, faceva « salvo il potere dell'amministrazione competente di assumere determinazioni in via di autotutela, ai sensi degli articoli 21-quinquies e 21-nonies », ma tale inciso è stato poi eliminato dall'art. 6 l. 7 agosto 2015, n. 124.

*V., anche l'art. 1, comma 136, della l. 30 dicembre 2004 n. 311 che, prima di essere abrogato dall'art. 6, comma 3 della legge 7 agosto 2015 n. 124, così disponeva: « Al fine di conseguire risparmi o minori oneri finanziari per le amministrazioni pubbliche, può sempre essere disposto l'annullamento di ufficio di provvedimenti amministrativi illegittimi, anche se l'esecuzione degli stessi sia ancora in corso. L'annullamento di cui al primo periodo di provvedimenti incidenti su rapporti contrattuali o convenzionali con privati deve tenere indenni i privati stessi dall'eventuale pregiudizio patrimoniale derivante, e comunque non può essere adottato oltre tre anni dall'acquisizione di efficacia del provvedimento, anche se la relativa esecuzione sia perdurante ». In materia tributaria, v. l'art. 2-quater d.l. 30 settembre 1994, n. 565, conv., con modif., in l. 30 novembre 1994 n. 656, come integrato dall'art. 27 della l. 18 febbraio 1998 n. 28: « 2-quater. (Autotutela). – 1. Con decreti del Ministro delle finanze sono indicati gli organi dell'Amministrazione finanziaria competenti per l'esercizio del potere di annullamento d'ufficio o di revoca, anche in pendenza di giudizio o in caso di non impugnabilità, degli atti illegittimi o infondati. Con gli stessi decreti sono definiti i criteri di economicità sulla base dei quali si inizia o si abbandona l'attività dell'amministrazione. – 1-*bis. *Nel potere di annullamento o di revoca di cui al comma 1 deve intendersi compreso anche il potere di disporre la sospensione degli effetti dell'atto che appaia illegittimo o infondato. – 1-ter. Le regioni, le province e i comuni indicano, secondo i rispettivi ordinamenti, gli organi competenti per l'esercizio dei poteri indicati dai commi 1 e 1-*bis *relativamente agli atti concernenti i tributi di loro competenza. – 1-quater. In caso di pendenza del giudizio, la sospensione degli effetti dell'atto cessa con la pubblicazione della sentenza. – 1-quinquies. La sospensione degli effetti dell'atto disposta anteriormente alla proposizione del ricorso giurisdizionale cessa con la notificazione, da parte dello stesso organo, di un nuovo atto, modificativo o confermativo di quello sospeso; il contribuente può impugnare, insieme a quest'ultimo, anche l'atto modificato o confermato »; il d.m. 11 febbraio 1997 n. 37 (Regolamento recante norme relative all'esercizio del potere di autotutela da parte degli organi dell'Amministrazione finanziaria): « Art. 1. (Organi competenti per l'esercizio del potere di annullamento e di revoca d'ufficio o di rinuncia all'imposizione in caso di autoaccertamento). – 1. Il potere di annullamento e di revoca o di rinuncia all'imposizione in caso di autoaccertamento spetta all'ufficio che ha emanato l'atto illegittimo o che è competente per gli accertamenti d'ufficio ovvero in via sostitutiva, in caso di grave inerzia, alla Direzione regionale o compartimentale dalla quale l'ufficio stesso dipende. – Art. 2. (Ipotesi di annullamento d'ufficio o di rinuncia all'imposizione in caso di autoaccertamento). – 1. L'Amministrazione finanziaria può procedere, in tutto o in parte, all'annullamento o alla rinuncia all'imposizione in caso di autoaccertamento, senza necessità di istanza di parte, anche in pendenza di giudizio o in caso di non impugnabilità, nei casi in cui sussista illegittimità dell'atto o dell'imposizione, quali tra l'altro: a) errore di persona; b) evidente errore logico o di calcolo; c) errore sul presupposto dell'imposta; d) doppia imposizione; e) mancata considerazione di pagamenti di imposta, regolarmente eseguiti; f) mancanza di documentazione successivamente sanata, non oltre i termini di decadenza; g) sussistenza dei requisiti per fruire di deduzioni, detrazioni o regimi agevolativi, precedentemente negati; h) errore materiale del contribuente, facilmente riconoscibile dall'Amministrazione. – 2. Non si procede all'annullamento d'ufficio, o alla rinuncia all'imposizione in caso di autoaccertamento, per motivi sui quali sia intervenuta sentenza passata in giudicato favorevole all'Amministrazione finanziaria. – Art. 3. (Criteri di priorità). – 1. Nell'attività di cui all'articolo 2 è data priorità alle fattispecie di rilevante interesse generale e, fra queste ultime, a quelle per le quali sia in atto o vi sia il rischio di un vasto contenzioso. ».*

V. anche l'art. 138 (annullamento straordinario) del d.lgs. 18 agosto 2000, n. 267(Testo unico delle leggi sull'ordinamento degli enti locali) che così dispone: « 1. In applicazione dell'articolo 2, comma 3, lettera p), *della legge 23 agosto 1988, n. 400, il Governo, a tutela dell'unità dell'ordinamento, con decreto del Presidente della Repubblica, previa deliberazione del Consiglio dei Ministri, su proposta del Ministro dell'interno, ha facoltà, in qualunque tempo, di annullare, d'ufficio o su denunzia, sentito il Consiglio di Stato, gli atti degli enti locali viziati da illegittimità ». A tale proposito l'art. 2, comma 3, lett.* p) *l. 12 settembre 1988, n. 400 recante « Disciplina dell'attività di Governo e ordinamento della Presidenza del Consiglio dei Ministri » prevede « 3. Sono sottoposti alla deliberazione del Consiglio dei ministri: [....] p) le determinazioni concernenti l'annullamento straordinario, a tutela dell'unità dell'ordinamento, degli atti amministrativi illegittimi, previo parere del Consiglio di Stato e, nei soli casi di annullamento di atti amministrativi delle regioni e delle province autonome, anche della Commissione parlamentare per le questioni regionali; »; Corte Cost. 21 aprile 1989 n. 229 ha dichiarato l'illegittimità* costituzionale *dell'art. 2, comma 3, lett.* p), *nella parte in cui prevede l'adozione da parte del Consiglio dei Ministri delle determinazioni concernenti l'annullamento straordinario degli atti amministrativi illegittimi delle Regioni e delle Province autonome.*

*V. anche l'art. 39 (Annullamento del permesso di costruire da parte della regione) del d.P.R. 6 giugno 2001, n. 380 (Testo unico delle disposizioni legislative e regolamentari in materia edilizia) che così prevede: « 1. Entro dieci anni dalla loro adozione le deliberazioni ed i provvedimenti comunali che autorizzano interventi non conformi a prescrizioni degli strumenti urbanistici o dei regolamenti edilizi o comunque in contrasto con la normativa urbanistico-edilizia vigente al momento della loro adozione, possono essere annullati dalla regione. 2. Il provvedimento di annullamento è emesso entro diciotto mesi dall'accertamento delle violazioni di cui al comma 1, ed è preceduto dalla contestazione delle violazioni stesse al titolare del permesso, al proprietario della costruzione, al progettista, e al comune, con l'invito a presentare controdeduzioni entro un termine all'uopo prefissato. 3. In pendenza delle procedure di annullamento la regione può ordinare la sospensione dei lavori, con provvedimento da notificare a mezzo di ufficiale giudiziario, nelle forme e con le modalità previste dal codice di procedura civile, ai soggetti di cui al comma 2 e da comunicare al comune. L'ordine di sospensione cessa di avere efficacia se, entro sei mesi dalla sua notificazione, non sia stato emesso il decreto di annullamento di cui al comma 1. 4. Entro sei mesi dalla data di adozione del provvedimento di annullamento, deve essere ordinata la demolizione delle opere eseguite in base al titolo annullato. 5. I provvedimenti di sospensione dei lavori e di annullamento vengono resi noti al pubblico mediante l'affissione nell'albo pretorio del comune dei dati relativi agli immobili e alle opere realizzate. 5-*bis. *Le disposizioni del presente articolo si applicano anche agli interventi edilizi di cui all'articolo 23, comma 01, non conformi a prescrizioni degli strumenti urbanistici o dei regolamenti edilizi o comunque in contrasto con la normativa urbanistico-edilizia vigente al momento della scadenza del termine di 30 giorni dalla presentazione della segnalazione certificata di inizio attività ».*

(5) *In precedenza, v. l'art. 6 della l. 18 marzo 1968, n. 249 il quale così dispone: « Alla convalida degli atti viziati di incompetenza può provvedersi anche in pendenza di gravame in sede amministrativa e giurisdizionale ».*

(6) *Comma aggiunto dall'art. 6, comma 1, lett.* d), *n. 2) l. 7 agosto 2015, n. 124.*

21-*decies* Riemissione di provvedimenti annullati dal giudice per vizi inerenti ad atti endoprocedimentali (1).

1. In caso di annullamento di un provvedimento finale in virtù di una sentenza passata in giudicato, derivante da vizi inerenti ad uno o più atti emessi nel corso del procedimento di autorizzazione o di valutazione di impatto ambientale, il proponente può richiedere all'amministrazione procedente e, in caso di progetto sottoposto a valutazione di impatto ambientale, all'autorità competente ai sensi del decreto legislativo 3 aprile 2006, n. 152, l'attivazione di un procedimento semplificato, ai fini della riadozione degli atti annullati. Qualora non si rendano necessarie modifiche al progetto e fermi restando tutti gli atti e i provvedimenti delle amministrazioni interessate resi nel suddetto procedimento, l'amministrazione o l'ente che abbia adottato l'atto ritenuto viziato si esprime provvedendo alle integrazioni necessarie per superare i rilievi indicati dalla sentenza. A tal fine, entro quindici giorni dalla ricezione dell'istanza del proponente, l'amministrazione procedente trasmette l'istanza all'amministrazione o all'ente che ha emanato l'atto da riemettere, che vi provvede entro trenta giorni. Ricevuto l'atto ai sensi del presente comma, o decorso il termine per l'adozione dell'atto stesso, l'amministrazione riemette, entro i successivi trenta giorni, il provvedimento di autorizzazione o di valutazione di impatto ambientale, in attuazione, ove necessario, degli articoli 14-*quater* e 14-*quinquies* della presente legge e dell'articolo 25, commi 2 e 2-*bis*, del decreto legislativo 3 aprile 2006, n. 152.

(1) *Articolo inserito dall'art. 12, comma 1, lett.* i-bis) *d.l. 16 luglio 2020, n. 76, conv., con modif., in l. 11 settembre 2020, n. 120.*

CAPO V
Accesso ai documenti amministrativi

22 Definizioni e principi in materia di accesso (1) (2) (3).

1. Ai fini del presente capo si intende:

a) per « diritto di accesso », il diritto degli interessati di prendere visione e di estrarre copia di documenti amministrativi;

b) per « interessati », tutti i soggetti privati, compresi quelli portatori di interessi pubblici o diffusi, che abbiano un interesse diretto, concreto e attuale, corrispondente ad una situazione giuridicamente tutelata e collegata al documento al quale è chiesto l'accesso;

c) per « controinteressati », tutti i soggetti, individuati o facilmente individuabili in base alla natura del documento richiesto, che dall'esercizio dell'accesso vedrebbero compromesso il loro diritto alla riservatezza;

d) per « documento amministrativo », ogni rappresentazione grafica, fotocinematografica, elettromagnetica o di qualunque altra specie del contenuto di atti, anche interni o non relativi ad uno specifico procedimento, detenuti da una pubblica amministrazione e concernenti attività di pubblico interesse, indipendentemente dalla natura pubblicistica o privatistica della loro disciplina sostanziale;

e) per "pubblica amministrazione", tutti i soggetti di diritto pubblico e i soggetti di diritto privato limitatamente alla loro attività di pubblico interesse disciplinata dal diritto nazionale o comunitario.

2. L'accesso ai documenti amministrativi, attese le sue rilevanti finalità di pubblico interesse, costituisce principio generale dell'attività amministrativa al fine di favorire la partecipazione e di assicurarne l'imparzialità e la trasparenza (4).

3. Tutti i documenti amministrativi sono accessibili, ad eccezione di quelli indicati all'articolo 24, commi 1, 2, 3, 5 e 6.

4. Non sono accessibili le informazioni in possesso di una pubblica amministrazione che non abbiano forma di documento amministrativo, salvo quanto previsto dal decreto legislativo 30 giugno 2003, n. 196, in materia di accesso a dati personali da parte della persona cui i dati si riferiscono.

5. L'acquisizione di documenti amministrativi da parte di soggetti pubblici, ove non rientrante nella previsione dell'articolo 43, comma 2, del testo unico delle disposizioni legislative e regolamentari in materia di documentazione amministrativa, di cui al decreto del Presidente della Repubblica 28 dicembre 2000, n. 445,

si informa al principio di leale cooperazione istituzionale.

6. Il diritto di accesso è esercitabile fino a quando la pubblica amministrazione ha l'obbligo di detenere i documenti amministrativi ai quali si chiede di accedere.

(1) *Articolo sostituito dall'art. 15 l. 11 febbraio 2005, n. 15, con decorrenza dalla data prevista dall'articolo 23 della medesima legge. L'originario testo prevedeva che:* « 1. Al fine di assicurare la trasparenza dell'attività amministrativa e di favorirne lo svolgimento imparziale è riconosciuto a chiunque vi abbia interesse per la tutela di situazioni giuridicamente rilevanti il diritto di accesso ai documenti amministrativi, secondo le modalità stabilite dalla presente legge. – 2. È considerato documento amministrativo ogni rappresentazione grafica, fotocinematografica, elettromagnetica o di qualunque altra specie del contenuto di atti, anche interni, formati dalle pubbliche amministrazioni o, comunque, utilizzati ai fini dell'attività amministrativa. 3. Entro sei mesi dalla data di entrata in vigore della presente legge le amministrazioni interessate adottano le misure organizzative idonee a garantire l'applicazione della disposizione di cui al comma 1, dandone comunicazione alla Commissione di cui all'art. 27 ».

(2) *V. l'art. 391-*quater *c.p.p. (Richiesta di documentazione alla pubblica amministrazione), che prevede che: « 1. Ai fini delle indagini difensive, il difensore può chiedere i documenti in possesso della pubblica amministrazione e di estrarne copia a sue spese. – 2. L'istanza deve essere rivolta all'amministrazione che ha formato il documento o lo detiene stabilmente. – 3. In caso di rifiuto da parte della pubblica amministrazione si applicano le disposizioni degli artt. 367 e 368 » (il titolo VI-*bis *del c.p.p., con gli articoli da 391-*bis *a 391-*decies*, è stato aggiunto dall'art. 11, l. 7 dicembre 2000, n. 397).*

(3) *V. l'art. 67, comma 3, d.l. 17 marzo 2020, n. 18, conv., con modif., in l. 24 aprile 2020, n. 27 che, a seguito dell'emergenza epidemiologica da Covid-19, ha disposto la sospensione delle risposte alle istanze formulate ai sensi del presente articolo dall'8 marzo al 31 maggio 2020.*

(4) *Comma così sostituito dall'art. 10 comma 1 lett.* a) *l. 18 giugno 2009, n. 69, che ha eliminato le parole* «, ed attiene ai livelli essenziali delle prestazioni concernenti i diritti civili e sociali che devono essere garantiti su tutto il territorio nazionale ai sensi dell'articolo 117, secondo comma, lettera *m*), della Costituzione. Resta ferma la potestà delle regioni e degli enti locali, nell'ambito delle rispettive competenze, di garantire livelli ulteriori di tutela ». *V. però ora l'attuale art. 29, comma 2-*bis *della presente legge.*

23 Ambito di applicazione del diritto di accesso (1) (2).

1. Il diritto di accesso di cui all'articolo 22 si esercita nei confronti delle pubbliche amministrazioni, delle aziende autonome e speciali, degli enti pubblici e dei gestori di pubblici servizi. Il diritto di accesso nei confronti delle Autorità di garanzia e di vigilanza si esercita nell'ambito dei rispettivi ordinamenti, secondo quanto previsto dall'articolo 24.

(1) *Articolo così sostituito dall'art. 4 l. 3 agosto 1999, n. 265. L'originario testo prevedeva che:* « 1. Il diritto di accesso di cui all'art. 22 si esercita nei confronti delle amministrazioni dello Stato, ivi compresi le aziende autonome, gli enti pubblici ed i concessionari di pubblici servizi ».

(2) *Rubrica apposta dall'art. 21 l. 11 febbraio 2005, n. 15.*

24 Esclusione dal diritto di accesso (1).

1. Il diritto di accesso è escluso:

a) per i documenti coperti da segreto di Stato ai sensi della legge 24 ottobre 1977, n. 801, e successive modificazioni, e nei casi di segreto o di divieto di divulgazione espressamente previsti dalla legge, dal regolamento governativo di cui al comma 6 e dalle pubbliche amministrazioni ai sensi del comma 2 del presente articolo (2);

b) nei procedimenti tributari, per i quali restano ferme le particolari norme che li regolano;

c) nei confronti dell'attività della pubblica amministrazione diretta all'emanazione di atti normativi, amministrativi generali, di pianificazione e di programmazione, per i quali restano ferme le particolari norme che ne regolano la formazione;

d) nei procedimenti selettivi, nei confronti dei documenti amministrativi contenenti informazioni di carattere psicoattitudinale relativi a terzi.

2. Le singole pubbliche amministrazioni individuano le categorie di documenti da esse formati o comunque rientranti nella loro disponibilità sottratti all'accesso ai sensi del comma 1.

3. Non sono ammissibili istanze di accesso preordinate ad un controllo generalizzato dell'operato delle pubbliche amministrazioni.

4. L'accesso ai documenti amministrativi non può essere negato ove sia sufficiente fare ricorso al potere di differimento.

5. I documenti contenenti informazioni connesse agli interessi di cui al comma 1 sono considerati segreti solo nell'ambito e nei limiti di tale connessione. A tale fine le pubbliche amministrazioni fissano, per ogni categoria di documenti, anche l'eventuale periodo di tempo per il quale essi sono sottratti all'accesso.

6. Con regolamento, adottato ai sensi dell'articolo 17, comma 2, della legge 23 agosto 1988, n. 400, il Governo può prevedere casi di sottrazione all'accesso di documenti amministrativi:

a) quando, al di fuori delle ipotesi disciplinate dall'articolo 12 della legge 24 ottobre 1977, n. 801, dalla loro divulgazione possa derivare una lesione, specifica e individuata, alla sicurezza e alla difesa nazionale, all'esercizio della sovranità nazionale e alla continuità e alla correttezza delle relazioni internazionali, con particolare riferimento alle ipotesi previste dai trattati e dalle relative leggi di attuazione;

b) quando l'accesso possa arrecare pregiudizio ai processi di formazione, di determinazione e di attuazione della politica monetaria e valutaria;

c) quando i documenti riguardino le strutture, i mezzi, le dotazioni, il personale e le azioni strettamente strumentali alla tutela dell'ordine pubblico, alla prevenzione e alla repressione della criminalità con particolare riferimento alle tecniche investigative, alla identità delle fonti di informazione e alla sicurezza dei beni e delle persone coinvolte, all'attività di polizia giudiziaria e di conduzione delle indagini;

d) quando i documenti riguardino la vita privata o la riservatezza di persone fisiche, persone giuridiche, gruppi, imprese e associazioni, con particolare riferimento agli interessi epistolare, sanitario, professionale, finanziario, industriale e commerciale di cui siano in concreto titolari, ancorché i relativi dati siano forniti all'amministrazione dagli stessi soggetti cui si riferiscono (3);

e) quando i documenti riguardino l'attività in corso di contrattazione collettiva nazionale di lavoro e gli atti interni connessi all'espletamento del relativo mandato.

7. Deve comunque essere garantito ai richiedenti l'accesso ai documenti amministrativi la cui conoscen-

za sia necessaria per curare o per difendere i propri interessi giuridici. Nel caso di documenti contenenti dati sensibili e giudiziari, l'accesso è consentito nei limiti in cui sia strettamente indispensabile e nei termini previsti dall'articolo 60 del decreto legislativo 30 giugno 2003, n. 196, in caso di dati idonei a rivelare lo stato di salute e la vita sessuale.

(1) *Articolo, da ultimo, così sostituito dall'art. 16 l. 11 febbraio 2005, n. 15 con la decorrenza indicata dall'art. 23 della medesima legge. L'originario testo prevedeva che*: « Art. 24. – 1. Il diritto di accesso è escluso per i documenti coperti da segreto di Stato ai sensi dell'art. 12 della legge 24 ottobre 1977, n. 801, nonché nei casi di segreto o di divieto di divulgazione altrimenti previsti dall'ordinamento. – 2. Il Governo è autorizzato ad emanare, ai sensi del comma 2 dell'art. 17 della legge 23 agosto 1988, n. 400, entro sei mesi dalla data di entrata in vigore della presente legge, uno o più decreti intesi a disciplinare le modalità di esercizio del diritto di accesso e gli altri casi di esclusione del diritto di accesso in relazione alla esigenza di salvaguardare: *a*) la sicurezza, la difesa nazionale e le relazioni internazionali; *b*) la politica monetaria e valutaria; *c*) l'ordine pubblico e la prevenzione e repressione della criminalità; *d*) la riservatezza di terzi, persone, gruppi ed imprese, garantendo peraltro agli interessati la visione degli atti relativi ai procedimenti amministrativi, la cui conoscenza sia necessaria per curare o per difendere i loro interessi giuridici. – 3. Con i decreti di cui al comma 2 sono altresì stabilite norme particolari per assicurare che l'accesso ai dati raccolti mediante strumenti informatici avvenga nel rispetto delle esigenze di cui al medesimo comma 2. – 4. Le singole amministrazioni hanno l'obbligo di individuare, con uno o più regolamenti da emanarsi entro i sei mesi successivi, le categorie di documenti da esse formati o comunque rientranti nella loro disponibilità sottratti all'accesso per le esigenze di cui al comma 2. – 5. Restano ferme le disposizioni previste dall'art. 9 della legge 1° aprile 1981, n. 121, come modificato dall'art. 26 della legge 10 ottobre 1986, n. 668, e dalle relative norme di attuazione, nonché ogni altra disposizione attualmente vigente che limiti l'accesso ai documenti amministra tivi. – 6. I soggetti indicati nell'art. 23 hanno facoltà di differire l'accesso ai documenti richiesti sino a quando la conoscenza di essi possa impedire o gravemente ostacolare lo svolgimento dell'azione amministrativa. Non è comunque ammesso l'accesso agli atti preparatori nel corso della formazione dei provvedimenti di cui all'art. 13, salvo diverse disposizioni di legge ». *L'art. 24 venne poi modificato dall'art. 22, l. 13 febbraio 2001, n. 45, che al comma 1 dopo le parole*: « n. 801, » *ha inserito le seguenti*: « per quelli relativi ai procedimenti previsti dal decreto-legge 15 gennaio 1991, n. 8, convertito, con modificazioni, dalla legge 15 marzo 1991, n. 82, e successive modificazioni, e dal decreto legislativo 29 marzo 1993, n. 119, e successive modificazioni ». *A decorrere dal 1° gennaio 2004, l'art. 176, comma 1, del d.ls. 30 giugno 2003, n. 196 ha aggiunto al comma 3, dopo le parole*: « mediante strumenti informatici » *le seguenti*: «, fuori dei casi di accesso a dati personali da parte della persona cui i dati si riferiscono ».

(2) *Per il segreto professionale v. l'art. 622 c.p. (Rivelazione di segreto professionale)*: « *Chiunque, avendo notizia, per ragione del proprio stato o ufficio, o della propria professione o arte, di un segreto, lo rivela, senza giusta causa, ovvero lo impiega a proprio o altrui profitto, è punito, se dal fatto può derivare nocumento, con la reclusione fino a un anno o con la multa da 30 euro a 516 euro. – La pena è aggravata se il fatto è commesso da amministratori, direttori generali, dirigenti preposti alla redazione dei documenti contabili societari, sindaci o liquidatori o se è commesso da chi svolge la revisione contabile della società. – Il delitto è punibile a querela della persona offesa* ». *V. l'art. 200 c.p.p. (Segreto professionale)*: « *1. Non possono essere obbligati a deporre su quanto hanno conosciuto per ragione del proprio ministero, ufficio o professione, salvi i casi in cui hano l'obbligo di riferirne all'autorità giudiziaria*: a) *i ministri di confessioni religiose, i cui statuti non contrastino con l'ordinamento giuridico italiano*; b) *gli avvocati, gli investigatori privati autorizzati, i consulenti tecnici e i notai*; c) *i medici e i chirurghi, i farmacisti, le ostetriche e ogni altro esercente una professione sanitaria*; d) *gli esercenti altri uffici o professioni ai quali la legge riconosce la facoltà di astenersi dal deporre determinata dal segreto professionale. – 2. Il giudice, se ha motivo di dubitare che la dichiarazione resa da tali persone per esimersi dal deporre sia infondata, provvede agli accertamenti necessari. Se risulta infondata, ordina che il testimone deponga. – 3. Le disposizioni previste dai commi 1 e 2 si applicano ai giornalisti professionisti iscritti nell'albo professionale, relativamente ai nomi delle persone dalle quali i medesimi hanno avuto notizie di carattere fiduciario nell'esercizio della loro professione. Tuttavia se le notizie sono indispensabili ai fini della prova del reato per cui procede e la loro veridicità può essere accettata solo attraverso l'identificazione della fonte della notizia, il giudice ordina al giornalista di indicare la fonte delle sue informazioni* ».

(3) *V. l'art. 60 del d.lgs. 30 giugno 2003, n. 196*, sub *II, 74*.

25 Modalità di esercizio del diritto di accesso e ricorsi (1).

1. Il diritto di accesso si esercita mediante esame ed estrazione di copia dei documenti amministrativi, nei modi e con i limiti indicati dalla presente legge. L'esame dei documenti è gratuito. Il rilascio di copia è subordinato soltanto al rimborso del costo di riproduzione, salve le disposizioni vigenti in materia di bollo, nonché i diritti di ricerca e di visura.

2. La richiesta di accesso ai documenti deve essere motivata. Essa deve essere rivolta all'amministrazione che ha formato il documento o che lo detiene stabilmente.

3. Il rifiuto, il differimento e la limitazione dell'accesso sono ammessi nei casi e nei limiti stabiliti dall'articolo 24 e debbono essere motivati.

4. Decorsi inutilmente trenta giorni dalla richiesta, questa si intende respinta. In caso di diniego dell'accesso, espresso o tacito, o di differimento dello stesso ai sensi dell'articolo 24, comma 4, il richiedente può presentare ricorso al tribunale amministrativo regionale ai sensi del comma 5, ovvero chiedere, nello stesso termine e nei confronti degli atti delle amministrazioni comunali, provinciali e regionali, al difensore civico competente per ambito territoriale, ove costituito, che sia riesaminata la suddetta determinazione. Qualora tale organo non sia stato istituito, la competenza è attribuita al difensore civico competente per l'ambito territoriale immediatamente superiore. Nei confronti degli atti delle amministrazioni centrali e periferiche dello Stato tale richiesta è inoltrata presso la Commissione per l'accesso di cui all'articolo 27. Il difensore civico o la Commissione per l'accesso si pronunciano entro trenta giorni dalla presentazione dell'istanza. Scaduto infruttuosamente tale termine, il ricorso si intende respinto. Se il difensore civico o la Commissione per l'accesso ritengono illegittimo il diniego o il differimento, ne informano il richiedente e lo comunicano all'autorità disponente. Se questa non emana il provvedimento confermativo motivato entro trenta giorni dal ricevimento della comunicazione del difensore civico o della Commissione, l'accesso è consentito. Qualora il richiedente l'accesso si sia rivolto al difensore civico o alla Commissione, il termine di cui al comma 5 decorre dalla data di ricevimento, da parte del richiedente, dell'esito della sua istanza al difensore civico o alla Commissione stessa. Se l'accesso è negato o differito per motivi inerenti ai dati personali che si riferiscono a soggetti terzi, la Commissione provvede, sentito il Garante per la protezione dei dati personali, il quale si pronuncia entro il termine di dieci giorni dalla richiesta, decorso inutilmente il quale il parere si intende reso. Qualora un procedimento di cui alla sezione III del capo I del titolo I della parte III del decreto legislativo 30 giugno 2003, n. 196, o di cui agli articoli 154, 157, 158, 159 e 160 del medesimo decreto legislativo n. 196 del 2003, relativo al trattamento pubblico di dati personali da parte di una pubblica amministrazio-

ne, interessi l'accesso ai documenti amministrativi, il Garante per la protezione dei dati personali chiede il parere, obbligatorio e non vincolante, della Commissione per l'accesso ai documenti amministrativi. La richiesta di parere sospende il termine per la pronuncia del Garante sino all'acquisizione del parere, e comunque per non oltre quindici giorni. Decorso inutilmente detto termine, il Garante adotta la propria decisione (2).

5. Le controversie relative all'accesso ai documenti amministrativi sono disciplinate dal codice del processo amministrativo (3).

[5-*bis*. Nei giudizi in materia di accesso, le parti possono stare in giudizio personalmente senza l'assistenza del difensore. L'amministrazione può essere rappresentata e difesa da un proprio dipendente, purché in possesso della qualifica di dirigente, autorizzato dal rappresentante legale dell'ente] (4).

[6. Il giudice amministrativo, sussistendone i presupposti, ordina l'esibizione dei documenti richiesti] (5).

(1) *Rubrica apposta dall'art. 21 l. 11 febbraio 2005, n. 15.*

(2) *Comma sostituito dall'art. 17 l. n. 15, cit., con decorrenza dalla data prevista dall'articolo 23 della medesima legge. L'originario comma 4 si limitava a prevedere che:* « 4. Trascorsi inutilmente trenta giorni dalla richiesta, questa si intende rifiutata ». *Successivamente, l'art. 15, l. 24 novembre 2000, n. 340 aveva così sostituito il comma 4*: « 4. Decorsi inutilmente trenta giorni dalla richiesta, questa si intende respinta. In caso di rifiuto, espresso o tacito, o di differimento ai sensi dell'art. 24, comma 6, dell'accesso, il richiedente può presentare ricorso al tribunale amministrativo regionale ai sensi del comma 5 del presente articolo, ovvero chiedere, nello stesso termine, al difensore civico competente che sia riesaminata la suddetta determinazione. Se il difensore civico ritiene illegittimo il diniego o il differimento, lo comunica a chi l'ha disposto. Se questi non emana il provvedimento confermativo motivato entro trenta giorni dal ricevimento della comunicazione del difensore civico, l'accesso è consentito. Qualora il richiedente l'accesso si sia rivolto al difensore civico, il termine di cui al comma 5 decorre dalla data del ricevimento, da parte del richiedente, dell'esito della sua istanza al difensore civico ».

(3) *Comma così sostituito dall'art. 3, comma 2, lett.* c), *dell'Allegato 4 d.ls. 2 luglio 2010, n. 104, con effetto a decorrere dal 16 settembre 2010. Il testo del comma, come da ultimo modificato dall'art. 3, comma 6*-decies, *d.l. 14 marzo 2005, n. 35, nel testo integrato in sede di conversione in l. 14 maggio 2005, n. 80, che aveva aggiunto l'ultimo periodo, era il seguente:* « 5. Contro le determinazioni amministrative concernenti il diritto di accesso e nei casi previsti dal comma 4 è dato ricorso, nel termine di trenta giorni, al tribunale amministrativo regionale, il quale decide in camera di consiglio entro trenta giorni dalla scadenza del termine per il deposito del ricorso, uditi i difensori delle parti che ne abbiano fatto richiesta. In pendenza di un ricorso presentato ai sensi della legge 6 dicembre 1971, n. 1034, e successive modificazioni, il ricorso può essere proposto con istanza presentata al presidente e depositata presso la segreteria della sezione cui è assegnato il ricorso, previa notifica all'amministrazione o ai controinteressati, e viene deciso con ordinanza istruttoria adottata in camera di consiglio. La decisione del tribunale è appellabile, entro trenta giorni dalla notifica della stessa, al Consiglio di Stato, il quale decide con le medesime modalità e negli stessi termini. Le controversie relative all'accesso ai documenti amministrativi sono attribuite alla giurisdizione esclusiva del giudice amministrativo ». *L'originaria versione del comma era la seguente*: « 5. Contro le determinazioni amministrative concernenti il diritto di accesso e nei casi previsti dal comma 4 è dato ricorso, nel termine di trenta giorni, al tribunale amministrativo regionale, il quale decide in camera di consiglio entro trenta giorni dalla scadenza del termine per il deposito del ricorso, uditi i difensori delle parti che ne abbiano fatto richiesta. La decisione del tribunale è appellabile, entro trenta giorni dalla notifica della stessa, al Consiglio di Stato, il quale decide con le medesime modalità e negli stessi termini. ». *Poi l'art. 17 l. n. 15, cit., aveva inserito dopo il primo periodo la seguente frase*: « In pendenza di un ricorso presentato ai sensi della legge 6 dicembre 1971, n. 1034, e successive modificazioni, il ricorso può essere proposto con istanza presentata al presidente e depositata presso la segreteria della sezione cui è assegnato il ricorso, previa notifica all'amministrazione o ai controinteressati, e viene deciso con ordinanza istruttoria adottata in camera di consiglio ».

(4) *Comma inserito dall'art. 17 l. n. 15, cit., e successivamente abrogato dall'art. 4 dell'Allegato 4 d.ls. n. 104, cit., con effetto a decorrere dal 16 settembre 2010.*

(5) *Comma, da ultimo, abrogato dall'art. 4 dell'Allegato 4 d.ls. n. 104, cit., con effetto a decorrere dal 16 settembre 2010. Il testo del comma, comeprecedentemente sostituito dall'art. 17 l. n. 15, cit., con decorrenza dalla data prevista dall'articolo 23 della medesima legge, era il seguente*: « 6. Il giudice amministrativo, sussistendone i presupposti, ordina l'esibizione dei documenti richiesti ». *L'originaria versione della norma era la seguente*: « 6. In caso di totale o parziale accoglimento del ricorso il giudice amministrativo, sussistendone i presupposti, ordina l'esibizione dei documenti richiesti ».

26 Obbligo di pubblicazione (1).

[1. Fermo restando quanto previsto per le pubblicazioni nella Gazzetta Ufficiale della Repubblica italiana dalla legge 11 dicembre 1984, n. 839, e dalle relative norme di attuazione, sono pubblicati, secondo le modalità previste dai singoli ordinamenti, le direttive, i programmi, le istruzioni, le circolari e ogni atto che dispone in generale sulla organizzazione, sulle funzioni, sugli obiettivi, sui procedimenti di una pubblica amministrazione ovvero nel quale si determina l'interpretazione di norme giuridiche o si dettano disposizioni per l'applicazione di esse.] (2)

2. Sono altresì pubblicate, nelle forme predette, le relazioni annuali della Commissione di cui all'articolo 27 e, in generale, è data la massima pubblicità a tutte le disposizioni attuative della presente legge e a tutte le iniziative dirette a precisare ed a rendere effettivo il diritto di accesso.

3. Con la pubblicazione di cui al comma 1, ove essa sia integrale, la libertà di accesso ai documenti indicati nel predetto comma 1 s'intende realizzata.

(1) *Rubrica apposta dall'art. 21 l. 11 febbraio 2005, n. 15.*

(2) *Comma abrogato dall'art. 53, comma 1, lett.* a) *d.ls. 14 marzo 2013, n. 33.*

27 Commissione per l'accesso ai documenti amministrativi (1).

1. È istituita presso la Presidenza del Consiglio dei Ministri la Commissione per l'accesso ai documenti amministrativi.

2. La Commissione è nominata con decreto del Presidente del Consiglio dei Ministri, sentito il Consiglio dei Ministri. Essa è presieduta dal sottosegretario di Stato alla Presidenza del Consiglio dei Ministri ed è composta da dieci membri, dei quali due senatori e due deputati, designati dai Presidenti delle rispettive Camere, quattro scelti fra il personale di cui alla legge 2 aprile 1979, n. 97, anche in quiescenza, su designazione dei rispettivi organi di autogoverno, e uno scelto fra i professori di ruolo in materie giuridiche [e uno fra i dirigenti dello Stato e degli altri enti pubblici]. È membro di diritto della Commissione il capo della struttura della Presidenza del Consiglio dei Ministri che costituisce il supporto organizzativo per il funzionamento della Commissione. La Commissione può avvalersi di un numero di esperti non superiore a cinque unità, nominati ai sensi dell'articolo 29 della legge 23 agosto 1988, n. 400 (2).

2-*bis*. La Commissione delibera a maggioranza dei presenti. L'assenza dei componenti per tre sedute consecutive ne determina la decadenza (3).

3. La Commissione è rinnovata ogni tre anni. Per i membri parlamentari si procede a nuova nomina in

caso di scadenza o scioglimento anticipato delle Camere nel corso del triennio.

[4. Con decreto del Presidente del Consiglio dei Ministri, di concerto con il Ministro dell'economia e delle finanze, a decorrere dall'anno 2004, sono determinati i compensi dei componenti e degli esperti di cui al comma 2, nei limiti degli ordinari stanziamenti di bilancio della Presidenza del Consiglio dei Ministri.] (4)

5. La Commissione adotta le determinazioni previste dall'articolo 25, comma 4; vigila affinché sia attuato il principio di piena conoscibilità dell'attività della pubblica amministrazione con il rispetto dei limiti fissati dalla presente legge; redige una relazione annuale sulla trasparenza dell'attività della pubblica amministrazione, che comunica alle Camere e al Presidente del Consiglio dei Ministri; propone al Governo modifiche dei testi legislativi e regolamentari che siano utili a realizzare la più ampia garanzia del diritto di accesso di cui all'articolo 22.

6. Tutte le amministrazioni sono tenute a comunicare alla Commissione, nel termine assegnato dalla medesima, le informazioni ed i documenti da essa richiesti, ad eccezione di quelli coperti da segreto di Stato.

[7. In caso di prolungato inadempimento all'obbligo di cui al comma 1 dell'articolo 18, le misure ivi previste sono adottate dalla Commissione di cui al presente articolo.] (5) (6).

(1) *Articolo sostituito dall'art. 18 l. 11 febbraio 2005, n. 15. L'originaria versione dell'art. 27 così disponeva*: « 1. È istituita presso la Presidenza del Consiglio dei Ministri la Commissione per l'accesso ai documenti amministrativi. - 2. La Commissione è nominata con decreto del Presidente della Repubblica, su proposta del Presidente del Consiglio dei Ministri, sentito il Consiglio dei Ministri. Essa è presieduta dal sottosegretario di Stato alla Presidenza del Consiglio dei Ministri ed è composta da sedici membri, dei quali due senatori e due deputati designati dai Presidenti delle rispettive Camere, quattro scelti fra il personale di cui alla legge 2 aprile 1979, n. 97, su designazione dei rispettivi organi di autogoverno, quattro fra i professori di ruolo in materie giuridico-amministrative e quattro fra i dirigenti dello Stato e degli altri enti pubblici. - 3. La Commissione è rinnovata ogni tre anni. Per i membri parlamentari si procede a nuova nomina in caso di scadenza o scioglimento anticipato delle Camere nel corso del triennio. - 4. Gli oneri per il funzionamento della Commissione sono a carico dello stato di previsione della Presidenza del Consiglio dei Ministri. 5. La Commissione vigila affinché venga attuato il principio di piena conoscibilità dell'attività della pubblica amministrazione con il rispetto dei limiti fissati dalla presente legge; redige una relazione annuale sulla trasparenza dell'attività della pubblica amministrazione, che comunica alle Camere e al Presidente del Consiglio dei Ministri; propone al Governo modifiche dei testi legislativi e regolamentari che siano utili a realizzare la più ampia garanzia del diritto di accesso di cui all'art. 22. - 6. Tutte le amministrazioni sono tenute a comunicare alla Commissione, nel termine assegnato dalla medesima, le infor-mazioni ed i documenti da essa richiesti, ad eccezione di quelli coperti da segreto di Stato. - 7. In caso di prolungato inadempimento all'obbligo di cui al comma 1 dell'art. 18, le misure ivi previste sono adottate dalla Commissione di cui al presente articolo ». *V., anche, l'art. 1, comma 1346, l. 27 dicembre 2006, n. 296: « 1346. Con decreto del Presidente della Repubblica di cui all'articolo 17, comma 2, della legge 23 agosto 1988, n. 400, da adottare entro sessanta giorni dalla data di entrata in vigore della presente legge, si provvede al riordino della Commissione per l'accesso ai documenti amministrativi prevista dall'articolo 27 della legge 7 agosto 1990, n. 241, in modo da assicurare un contenimento dei relativi costi non inferiore al 20 per cento delle spese sostenute nell'esercizio 2006, e prevedendo un riordino e una razionalizzazione delle relative funzioni, anche mediante soppressione di quelle che possono essere svolte da altri organi. ».*

(2) *Comma modificato dall'art. 47-*bis*, comma 1, lett.* a)*, nn. 1), 2) 3) e 4) d.l. 21 giugno 2013, n. 69 conv., con modif., in l. 9 agosto 2013, n. 98, che ha sostituito le parole.* « è composta da dieci membri » *alle parole* « è composta da dodici membri », *ha inserito le parole* « anche in quiescenza, », *ha sostituito le parole* « e uno scelto fra i professori di ruolo » *alle parole* « due fra i professori di ruolo » *nonché ha soppresso le parole tra parentesi quadre.*

(3) *Comma inserito dall'art. 47-*bis*, comma 1, lett.* b) *d.l. 21 giugno 2013, n. 69 conv., con modif., in l. 9 agosto 2013, n. 98.*

(4) *Comma abrogato dall'art. 2, comma 1, d.P.R. 2 agosto 2007, n. 157.*

(5) *Comma abrogato dall'art. 1, comma 2, d.P.R. 2 agosto 2007, n. 157.*

(6) *V. anche l'art. 47-*bis*, comma 2, d.l. n. 69 cit., il quale dispone che la Commissione di cui al presente articolo « è ricostituita entro sessanta giorni dalla data di entrata in vigore della legge di conversione del [suddetto] decreto. Fino alla data di nuova costituzione, la Commissione continua a operare nella precedente composizione ».*

28 Modifica dell'articolo 15 del testo unico di cui al decreto del Presidente della Repubblica 10 gennaio 1957, n. 3, in materia di segreto di ufficio (1).

1. L'articolo 15 del testo unico delle disposizioni concernenti lo statuto degli impiegati civili dello Stato, approvato con decreto del Presidente della Repubblica 10 gennaio 1957, n. 3, è sostituito dal seguente: « Art. 15 (*Segreto d'ufficio*). — 1. L'impiegato deve mantenere il segreto d'ufficio. Non può trasmettere a chi non ne abbia diritto informazioni riguardanti provvedimenti od operazioni amministrative, in corso o concluse, ovvero notizie di cui sia venuto a conoscenza a causa delle sue funzioni, al di fuori delle ipotesi e delle modalità previste dalle norme sul diritto di accesso. Nell'ambito delle proprie attribuzioni, l'impiegato preposto ad un ufficio rilascia copie ed estratti di atti e documenti di ufficio nei casi non vietati dall'ordinamento ».

(1) *Rubrica apposta dall'art. 21 l. 11 febbraio 2005, n. 15.*

CAPO VI
Disposizioni finali

29 Ambito di applicazione della legge (1).

1. Le disposizioni della presente legge si applicano alle amministrazioni statali e agli enti pubblici nazionali. Le disposizioni della presente legge si applicano, altresì, alle società con totale o prevalente capitale pubblico, limitatamente all'esercizio delle funzioni amministrative. Le disposizioni di cui agli articoli 2-*bis*, 11, 15 e 25, commi 5, 5-*bis* e 6, nonché quelle del capo IV-*bis* si applicano a tutte le amministrazioni pubbliche (2).

2. Le regioni e gli enti locali, nell'ambito delle rispettive competenze, regolano le materie disciplinate dalla presente legge nel rispetto del sistema costituzionale e delle garanzie del cittadino nei riguardi dell'azione amministrativa, così come definite dai principi stabiliti dalla presente legge.

2-*bis*. Attengono ai livelli essenziali delle prestazioni di cui all'articolo 117, secondo comma, lettera *m*), della Costituzione le disposizioni della presente legge concernenti gli obblighi per la pubblica amministrazione di garantire la partecipazione dell'interessato al procedimento, di individuarne un responsabile, di concluderlo entro il termine prefissato, di misurare i tempi effettivi di conclusione dei procedimenti (3) e di assicurare l'accesso alla documentazione amministrativa, nonché quelle relative alla durata massima dei procedimenti (4).

2-*ter*. Attengono altresì ai livelli essenziali delle prestazioni di cui all'articolo 117, secondo comma, lettera *m*), della Costituzione le disposizioni della presente legge concernenti la presentazione di istanze, segnalazioni e comunicazioni (5), la dichiarazione di inizio attività e il silenzio assenso e la conferenza di servizi (6), salva la possibilità di individuare, con intese in sede di Conferenza unificata di cui all'articolo 8 del decreto legislativo 28 agosto 1997, n. 281, e successive modificazioni, casi ulteriori in cui tali disposizioni non si applicano (4).

2-*quater*. Le regioni e gli enti locali, nel disciplinare i procedimenti amministrativi di loro competenza, non possono stabilire garanzie inferiori a quelle assicurate ai privati dalle disposizioni attinenti ai livelli essenziali delle prestazioni di cui ai commi 2-*bis* e 2-*ter*, ma possono prevedere livelli ulteriori di tutela (4).

2-*quinquies*. Le regioni a statuto speciale e le province autonome di Trento e di Bolzano adeguano la propria legislazione alle disposizioni del presente articolo, secondo i rispettivi statuti e le relative norme di attuazione (4).

(1) *Articolo sostituito dall'art. 19 l. 11 febbraio 2005, n. 15, con la decorrenza prevista dall'articolo 22 della medesima legge. Il testo dell'articolo era il seguente:* « 1. Le regioni a statuto ordinario regolano le materie disciplinate dalla presente legge nel rispetto dei princìpi desumibili dalle disposizioni in essa contenute, che costituiscono princìpi generali dell'ordinamento giuridico. Tali disposizioni operano direttamente nei riguardi delle regioni fino a quando esse non avranno legiferato in materia. – 2. Entro un anno dalla data di entrata in vigore della presente legge, le regioni a statuto speciale e le province autonome di Trento e di Bolzano provvedono ad adeguare i rispettivi ordinamenti alle norme fondamentali contenute nella legge medesima ».

(2) *Comma così sostituito dall'art. 10 comma 1 lett.* b) *l. 18 giugno 2009, n. 69. Il testo del comma 1 era il seguente:* « 1. Le disposizioni della presente legge si applicano ai procedimenti amministrativi che si svolgono nell'ambito delle amministrazioni statali e degli enti pubblici nazionali e, per quanto stabilito in tema di giustizia amministrativa, a tutte le amministrazioni pubbliche ».

(3) *Le parole* «, di misurare i tempi effettivi di conclusione dei procedimenti » *sono state inserite dall'art. 12, comma 1, lett.* l) *d.l. 16 luglio 2020, n. 76, conv., con modif., in l. 11 settembre 2020, n. 120.*

(4) *Comma aggiunto dall'art. 10 comma 1 lett.* b) *l. n. 69, cit.*

(5) *Le parole « la presentazione di istanze, segnalazioni e comunicazioni » sono state inserite dall'art. 3, comma 1, lett.* f), *d.lgs. 30 giugno 2016, n. 126.*

*L'art. 4, comma 1 del d.lgs. n. 126, cit. prevede che: « Ai sensi dell'articolo 29 della legge n. 241 del 1990, le regioni e gli enti locali si adeguano alle disposizioni di cui agli articoli 18-*bis*, 19 e 19-*bis *della stessa legge n. 241 del 1990, come introdotti o modificati dall'articolo 3, entro il 1° gennaio 2017 ».*

(6) *Le parole* « e la conferenza di servizi, » *sono state inserite dall'art. 49, comma 4, d.l. 31 maggio 2010, n. 78, conv., con modif., in l. 30 luglio 2010, n. 122.*

30 Atti di notorietà (1).

1. In tutti i casi in cui le leggi e i regolamenti prevedono atti di notorietà o attestazioni asseverate da testimoni altrimenti denominate, il numero dei testimoni è ridotto a due.

2. È fatto divieto alle pubbliche amministrazioni e alle imprese esercenti servizi di pubblica necessità e di pubblica utilità di esigere atti di notorietà in luogo della dichiarazione sostitutiva dell'atto di notorietà prevista dall'articolo 4 della legge 4 gennaio 1968, n. 15, quando si tratti di provare qualità personali, stati o fatti che siano a diretta conoscenza dell'interessato.

(1) *Rubrica apposta dall'art. 21 l. 11 febbraio 2005, n. 15.*

31 [1. Le norme sul diritto di accesso ai documenti amministrativi di cui al capo V hanno effetto dalla data di entrata in vigore dei decreti di cui all'articolo 24] (1).

(1) *Articolo abrogato dall'art. 20 l. 11 febbraio 2005, n. 15. Il testo dell'articolo era il seguente:* « 1. Le norme sul diritto di accesso ai documenti amministrativi di cui al capo V hanno effetto dalla data di entrata in vigore dei decreti di cui all'articolo 24 ».

2. Legge 11 febbraio 2005, n. 15. — Modifiche ed integrazioni alla legge 7 agosto 1990, n. 241, concernenti norme generali sull'azione amministrativa (1). (*estratto*).

Pubblicata nella Gazzetta Ufficiale n. 42 del 21 febbraio 2005.

(1) *Gli artt. da 1 a 21 apportano modifiche alla l. 7 agosto 1990, n. 241.*

22 1. Fino alla data di entrata in vigore della disciplina regionale di cui all'articolo 29, comma 2, della legge 7 agosto 1990, n. 241, come sostituito dall'articolo 19 della presente legge, i procedimenti amministrativi sono regolati dalle leggi regionali vigenti. In mancanza, si applicano le disposizioni della legge n. 241 del 1990 come modificata dalla presente legge.

23 1. Entro tre mesi dalla data di entrata in vigore della presente legge, la Presidenza del Consiglio dei Ministri adotta le misure necessarie alla ricostituzione della Commissione per l'accesso. Decorso tale termine, l'attuale Commissione decade.

2. Entro tre mesi dalla data di entrata in vigore della presente legge, il Governo è autorizzato ad adottare, ai sensi dell'articolo 17, comma 2, della legge 23 agosto 1988, n. 400, un regolamento inteso a integrare o modificare il regolamento di cui al decreto del Presidente della Repubblica 27 giugno 1992, n. 352, al fine di adeguarne le disposizioni alle modifiche introdotte dalla presente legge (1).

3. Le disposizioni di cui agli articoli 15, 16 e 17, comma 1, lettera *a*), della presente legge hanno effetto dalla data di entrata in vigore del regolamento di cui al comma 2 del presente articolo (1).

4. Ciascuna pubblica amministrazione, ove necessario, nel rispetto dell'autonomia ad essa riconosciuta, adegua i propri regolamenti alle modifiche apportate al capo V della legge 7 agosto 1990, n. 241, dalla presente legge nonché al regolamento di cui al comma 2 del presente articolo.

(1) *Il regolamento di cui al presente comma è stato adottato con d.P.R. 12 aprile 2006, n. 184 (G.U. 18 maggio 2006, n. 114).*

CAPO II
NORME IN MATERIA DI SEMPLIFICAZIONI (1)

(1) *Per ulteriori disposizioni in materia di semplificazioni v. il d.l. 16 luglio 2020, n. 76, conv., con modif., in l. 11 settembre 2020, n. 120, sub VIII, 1 e, in particolare, gli artt. 12-16 nonché il d.l. 31 maggio 2021 n. 77, conv., con modif., in l. 19 luglio 2021, n. 108 e, in particolare, gli artt. 10, 11, 12, 13, 29, 30, 44, 46, 48, 50.*

3. Decreto legge 25 giugno 2008, n. 112, convertito, con modificazioni, in legge 6 agosto 2008, n. 133. — Disposizioni urgenti per lo sviluppo economico, la semplificazione, la competitività, la stabilizzazione della finanza pubblica e la perequazione tributaria. (*estratto*).

Pubblicato nella Gazzetta Ufficiale n. 147 del 25 giugno 2008, S.O. n. 152; la legge di conversione è stata pubblicata nella Gazzetta Ufficiale del 21 agosto 2008, n. 195.

CAPO VII
Semplificazioni

24 Taglia-leggi.

1. A far data dal centottantesimo giorno successivo alla data di entrata in vigore del presente decreto sono o restano abrogate le disposizioni elencate nell'Allegato A e salva l'applicazione dei commi 14 e 15 dell'articolo 14 della legge 28 novembre 2005, n. 246.

1-*bis*. Il Governo individua, con atto ricognitivo, le disposizioni di rango regolamentare implicitamente abrogate in quanto connesse esclusivamente alla vigenza degli atti legislativi inseriti nell'Allegato A. L'atto ricognitivo di cui al presente comma, da adottare entro il 16 dicembre 2009, è trasmesso alle Camere corredato di una relazione volta ad illustrare i criteri adottati nella ricognizione e i risultati della medesima con riferimento ai diversi settori di competenza dei singoli Ministeri (1).

(1) *Comma modificato dall'articolo 2, comma 2-bis, del d.l. 22 dicembre 2008 n. 200, conv., con modif., in l. 18 febbraio 2009, n. 9.*

25 Taglia-oneri amministrativi.

1. Entro sessanta giorni dalla data di entrata in vigore del presente decreto, su proposta del Ministro per la pubblica amministrazione e l'innovazione e del Ministro per la semplificazione normativa, è approvato un programma per la misurazione degli oneri amministrativi derivanti da obblighi informativi nelle materie affidate alla competenza dello Stato, con l'obiettivo di giungere, entro il 31 dicembre 2012, alla riduzione di tali oneri per una quota complessiva del 25%, come stabilito in sede europea. Per la riduzione relativa alle materie di competenza regionale, si provvede ai sensi dell'articolo 20-*ter* della legge 15 marzo 1997, n. 59, e dei successivi accordi attuativi.

2. In attuazione del programma di cui al comma 1, il Dipartimento della funzione pubblica coordina le attività di misurazione in raccordo con l'Unità per la semplificazione e la qualità della regolazione e le amministrazioni interessate per materia.

3. Ciascun Ministro, di concerto con il Ministro per la pubblica amministrazione e l'innovazione e con il Ministro per la semplificazione normativa, adotta il piano di riduzione degli oneri amministrativi relativo alle materie affidate alla competenza di ciascun Ministro, che definisce le misure normative, organizzative e tecnologiche finalizzate al raggiungimento dell'obiettivo di cui al comma 1, assegnando i relativi programmi ed obiettivi ai dirigenti titolari dei centri di responsabilità amministrativa. I piani confluiscono nel piano d'azione per la semplificazione e la qualità della regolazione di cui al comma 2 dell'articolo 1 del decreto legge 10 gennaio 2006, n. 4, convertito, con modificazioni, dalla legge 9 marzo 2006, n. 80, che assicura la coerenza generale del processo nonché il raggiungimento dell'obiettivo finale di cui al comma 1. Le regioni, le province e i comuni adottano, nell'ambito della propria competenza, sulla base delle attività di misurazione, programmi di interventi a carattere normativo, amministrativo e organizzativo volti alla progressiva riduzione degli oneri amministrativi. Per il coordinamento delle metodo logie della misurazione e della riduzione degli oneri, è istituito presso la Conferenza unificata di cui all'articolo 8 del decreto legislativo 28 agosto 1997, n. 281, e successive modificazioni, senza nuovi o maggiori oneri a carico della finanza pubblica, un Comitato paritetico formato da sei membri designati, rispettivamente, due dal Ministro per la pubblica amministrazione e l'innovazione, due dal Ministro per la semplificazione normativa, due dal Ministro per i rapporti con le regioni e per la coesione territoriale, e da sei membri designati dalla citata Conferenza unificata, rispettivamente, tre tra i rappresentanti delle re-

gioni, uno tra i rappresentanti delle province e due tra quelli dei comuni. Per la partecipazione al Comitato paritetico non sono previsti compensi o rimborsi di spese. I risultati della misurazione di cui al comma 15 sono comunicati alle Camere e ai Ministri per la pubblica amministrazione e l'innovazione e per la semplificazione normativa (1).

4. Con decreto del Ministro per la pubblica amministrazione e l'innovazione e del Ministro per la semplificazione normativa, si provvede a definire le linee guida per la predisposizione dei piani di cui al comma 3 e delle forme di verifica dell'effettivo raggiungimento dei risultati, anche utilizzando strumenti di consultazione pubblica delle categorie e dei soggetti interessati.

5. Sulla base degli esiti della misurazione di ogni materia, congiuntamente ai piani di cui al comma 3, e comunque entro il 30 settembre 2012, il Governo è delegato ad adottare uno o più regolamenti ai sensi dell'articolo 17, comma 2, della legge 23 agosto 1988, n. 400, su proposta del Ministro per la pubblica amministrazione e l'innovazione e del Ministro per la semplificazione normativa, di concerto con il Ministro o i Ministri competenti, contenenti gli interventi normativi volti a ridurre gli oneri amministrativi gravanti sulle imprese e sui cittadini nei settori misurati e a semplificare e riordinare la relativa disciplina. Tali interventi confluiscono nel processo di riassetto di cui all'articolo 20 della legge 15 marzo 1997, n. 59 (2).

6. Degli stati di avanzamento e dei risultati raggiunti con le attività di misurazione e riduzione degli oneri amministrativi gravanti sulle imprese è data tempestiva notizia sul sito web del Ministro per la pubblica amministrazione e l'innovazione, del Ministro per la semplificazione normativa e dei Ministeri e degli enti pubblici statali interessati.

7. Del raggiungimento dei risultati indicati nei singoli piani ministeriali di semplificazione si tiene conto nella valutazione dei dirigenti responsabili.

(1) *Comma modificato dall'art. 6, comma 2, lett. f), n. 1), del d.l. 13 maggio 2011, n. 70 conv., con modif., in l. 12 luglio 2011, n. 106.*

(2) *Comma modificato dall'art. 6, comma 2, lett. f), n. 2), del d.l. 13 maggio 2011, n. 70 conv., con modif., in l. 12 luglio 2011, n. 106.*

26 Taglia-enti.

1. Gli enti pubblici non economici con una dotazione organica inferiore alle 50 unità, con esclusione degli ordini professionali e le loro federazioni, delle federazioni sportive e degli enti non inclusi nell'elenco ISTAT pubblicato in attuazione del comma 5 dell'articolo 1 della legge 30 dicembre 2004, n. 311, degli enti la cui funzione consiste nella conservazione e nella trasmissione della memoria della Resistenza e delle deportazioni, anche con riferimento alle leggi 20 luglio 2000, n. 211, istitutiva della Giornata della memoria e 30 marzo 2004, n. 92, istitutiva del Giorno del ricordo, nonché delle Autorità portuali, degli enti parco e degli enti di ricerca, sono soppressi al novantesimo giorno dalla data di entrata in vigore della legge di conversione del presente decreto, ad eccezione di quelli confermati con decreto dei Ministri per la pubblica amministrazione e l'innovazione e per la semplificazione normativa, da emanarsi entro il predetto termine. Sono, altresì, soppressi tutti gli enti pubblici non economici, per i quali, alla scadenza del 31 ottobre 2009, non siano stati emanati i regolamenti di riordino ai sensi del comma 634 dell'articolo 2 della legge 24 dicembre 2007, n. 244. Gli enti confermati ai sensi del primo periodo possono essere oggetto di regolamenti di riordino di enti ed organismi pubblici statali, di cui al comma 634 dell'articolo 2 della legge 24 dicembre 2007, n. 244 (1). Il termine di cui al secondo periodo si intende comunque rispettato con l'approvazione preliminare del Consiglio dei Ministri degli schemi dei regolamenti di riordino. Sono soppressi gli enti pubblici non economici di cui al secondo periodo i cui regolamenti di riordino, approvati in via preliminare entro il 31 ottobre 2009, non siano stati adottati in via definitiva entro il 31 ottobre 2010, con esclusione di quelli che formano oggetto di apposite previsioni legislative di riordino entrate in vigore nel corso della XVI legislatura (1). Nei successivi novanta giorni i Ministri vigilanti comunicano ai Ministri per la pubblica amministrazione e l'innovazione e per la semplificazione normativa gli enti che risultano soppressi ai sensi del presente comma (2) (3).

2. Le funzioni esercitate da ciascun ente soppresso sono attribuite all'amministrazione vigilante ovvero, nel caso di pluralità di amministrazioni vigilanti, a quella titolare delle maggiori competenze nella materia che ne è oggetto. L'amministrazione così individuata succede a titolo universale all'ente soppresso, in ogni rapporto, anche controverso, e ne acquisisce le risorse finanziarie, strumentali e di personale. I rapporti di lavoro a tempo determinato, alla prima scadenza successiva alla soppressione dell'ente, non possono essere rinnovati o prorogati.

3. Il comma 636 dell'articolo 2 e l'allegato A della legge 24 dicembre 2007, n. 244, nonché i commi da 580 a 585 dell'articolo 1 della legge 27 dicembre 2006, n. 296, sono abrogati.

4. All'alinea del comma 634 del medesimo articolo 2 della predetta legge n. 244 del 2007 sono apportate le seguenti modificazioni:

a) le parole « Ministro per le riforme e le innovazioni nella pubblica amministrazione » sono sostituite dalle seguenti: « Ministro per la pubblica amministrazione e l'innovazione, del Ministro per la semplificazione normativa »;

b) le parole « amministrative pubbliche statali » sono sostituite dalle seguenti: « pubbliche statali o partecipate dallo Stato, anche in forma associativa, »;

c) le parole « termine di centottanta giorni dalla data di entrata in vigore della presente legge » sono sostituite dalle seguenti: « 31 dicembre 2008 ».

5. All'articolo 1, comma 4, della legge 27 settembre 2007, n. 165, le parole « e con il Ministro dell'economia e delle finanze » sono sostituite dalle seguenti «, il Ministro dell'economia e delle finanze e il Ministro per la semplificazione normativa ».

6. L'Unità per il monitoraggio, istituita dall'articolo 1, comma 724, della legge 27 dicembre 2006, n. 296, è soppressa a decorrere dalla data di entrata in vigore della legge di conversione del presente decreto e la relativa dotazione finanziaria, pari a due milioni di euro annui, comprensiva delle risorse già stanziate,

confluisce in apposito fondo da istituire nel bilancio autonomo della Presidenza del Consiglio dei Ministri.

7. Con successivo decreto del Presidente del Consiglio dei Ministri, su proposta del Ministro per i rapporti con le Regioni, sono determinate le finalità e le modalità di utilizzazione delle risorse di cui al comma 6.

(1) *Periodo inserito dall'art. 10-*bis*, comma 2, d.l. 30 dicembre 2009, n. 194, conv., con modif., in l. 26 febbraio 2010, n. 25.*

(2) *A norma dell'art. 3, comma 3-*bis *del d.l. 3 novembre 2008, n. 171, conv., con modif., in l. 30 dicembre 2008, n. 205, come da ultimo modificato dall'art. 2, comma 2-*quinquiesdecies *d.l. 29 dicembre 2010, n. 225, conv., con modif., in l. 26 febbraio 2011, n. 10, il termine del 31 marzo 2009 per quel che riguarda l'EIPLI è prorogato al 31 dicembre 2011.*

(3) *Comma modificato dall'art. 17, comma 1, lett.* a) *e* b)*, del d.l. 1° luglio 2009, n. 78, conv., con modif., in l. 3 agosto 2009, n. 102.*

27 Taglia-carta.

1. Al fine di ridurre l'utilizzo della carta, dal 1° gennaio 2009, le amministrazioni pubbliche riducono del 50% rispetto a quella dell'anno 2007, la spesa per la stampa delle relazioni e di ogni altra pubblicazione prevista da leggi e regolamenti e distribuita gratuitamente od inviata ad altre amministrazioni (1).

2. Al fine di ridurre i costi di produzione e distribuzione, a decorrere dal 1° gennaio 2009, la diffusione della Gazzetta Ufficiale a tutti i soggetti in possesso di un abbonamento a carico di amministrazioni o enti pubblici o locali è sostituita dall'abbonamento telematico. Il costo degli abbonamenti è conseguentemente rideterminato entro 60 giorni dalla data di entrata in vigore della legge di conversione del presente decreto.

(1) *Ai sensi, da ultimo, dell'art. 57, comma 2, lett.* a) *d.l. 26 ottobre 2019, n. 124, conv., con modif., in l. 19 dicembre 2019, n. 157, a decorrere dall'anno 2020, alle regioni, alle Province autonome di Trento e di Bolzano, agli enti locali e ai loro organismi ed enti strumentali, come definiti dall'art. 1, comma 2, d.lgs. 23 giugno 2011, n. 118, nonché ai loro enti strumentali in forma societaria cessano di applicarsi le seguenti disposizioni di cui al presente comma.*

28 Misure per garantire la razionalizzazione di strutture tecniche statali.

1. È istituito, sotto la vigilanza del Ministro dell'ambiente e della tutela del territorio e del mare, l'Istituto Superiore per la protezione e la ricerca ambientale (ISPRA).

2. L'ISPRA svolge le funzioni, con le inerenti risorse finanziarie strumentali e di personale, dell'Agenzia per la protezione dell'Ambiente e per i servizi tecnici di cui all'articolo 38 del Decreto legislativo n. 300 del 30 luglio 1999 e successive modificazioni, dell'Istituto Nazionale per la fauna selvatica di cui alla legge 11 febbraio 1992, n. 157 e successive modificazioni, e dell'Istituto Centrale per la Ricerca scientifica e tecnologica applicata al mare di cui all'articolo 1-*bis* del decreto-legge 4 dicembre 1993, n. 496, convertito, con modificazioni, dalla legge 21 gennaio 1994, n. 61, i quali, a decorrere dalla data di insediamento dei commissari di cui al comma 5 del presente articolo, sono soppressi.

2-*bis*. Con decreto del Ministro dell'ambiente e della tutela del territorio e del mare sono individuate le funzioni degli organismi collegiali già operanti presso il Ministero dell'ambiente e della tutela del territorio e del mare, di cui all'articolo 12, comma 20, del decreto-legge 6 luglio 2012, n. 95, convertito, con modificazioni, dalla legge 7 agosto 2012, n. 135, e successive modificazioni, trasferite all'Istituto superiore per la protezione e la ricerca ambientale, che ne assicura l'adempimento nell'ambito dei compiti e delle attività di cui all'articolo 2, comma 6, del regolamento di cui al decreto del Presidente del Consiglio dei ministri 10 luglio 2014, n. 142. A tal fine, entro sessanta giorni dalla data di entrata in vigore del decreto di cui al periodo precedente, l'Istituto superiore per la protezione e la ricerca ambientale procede al conseguente adeguamento statutario della propria struttura organizzativa (1).

3. Con decreto del Ministro dell'ambiente e della tutela del territorio e del mare, da adottare di concerto con il Ministro dell'economia e delle finanze, sentite le Commissioni parlamentari competenti in materia di ambiente, che si esprimono entro venti giorni dalla data di assegnazione, sono determinati, in coerenza con obiettivi di funzionalità, efficienza ed economicità, gli organi di amministrazione e controllo, la sede, le modalità di costituzione e di funzionamento, le procedure per la definizione e l'attuazione dei programmi per l'assunzione e l'utilizzo del personale, nel rispetto del contratto collettivo nazionale di lavoro del comparto degli enti di ricerca e della normativa vigente, nonché per l'erogazione delle risorse dell'ISPRA. In sede di definizione di tale decreto si tiene conto dei risparmi da realizzare a regime per effetto della riduzione degli organi di amministrazione e controllo degli enti soppressi, nonché conseguenti alla razionalizzazione delle funzioni amministrative, anche attraverso l'eliminazione delle duplicazioni organizzative e funzionali, e al minor fabbisogno di risorse strumentali e logistiche.

4. La denominazione "Istituto superiore per la protezione e la ricerca ambientale (ISPRA)" sostituisce, ad ogni effetto e ovunque presente, le denominazioni: "Agenzia per la protezione dell'Ambiente e per i servizi tecnici (APAT)", "Istituto Nazionale per la fauna selvatica (INFS)" e "Istituto Centrale per la Ricerca scientifica e tecnologica applicata al mare (ICRAM)"

5. Per garantire l'ordinaria amministrazione e lo svolgimento delle attività istituzionali fino all'avvio dell'ISPRA, il Ministro dell'ambiente e della tutela del territorio e del mare, con proprio decreto, da emanarsi entro trenta giorni dalla data di entrata in vigore del presente decreto, nomina un commissario e due subcommissari.

6. Dall'attuazione dei commi da 1 a 5 del presente articolo, compresa l'attività dei commissari di cui al comma precedente, non devono derivare nuovi o maggiori oneri a carico della finanza pubblica.

6-*bis*. L'Avvocatura dello Stato continua ad assumere la rappresentanza e la difesa dell'ISPRA nei giudizi attivi e passivi avanti le Autorità giudiziarie, i collegi arbitrali, le giurisdizioni amministrative e speciali.

7. La Commissione istruttoria per l'IPPC, di cui all'articolo 10 del regolamento di cui al decreto del Presidente della Repubblica 14 maggio 2007, n. 90, è composta da ventitre esperti, provenienti dal settore pubblico e privato, con elevata qualificazione giuridico-amministrativa, di cui almeno tre scelti fra magistrati ordinari, amministrativi e contabili, oppure tecnico-scientifica.

8. Il presidente viene scelto nell'ambito degli esperti con elevata qualificazione tecnico-scientifica.

9. Il Ministro dell'ambiente e della tutela del territorio e del mare procede, con proprio decreto, alla nomina dei ventitre esperti, in modo da adeguare la composizione dell'organo alle prescrizioni di cui al comma 7. Sino all'adozione del decreto di nomina dei nuovi esperti, lo svolgimento delle attività istituzio nali è garantito dagli esperti in carica alla data di entrata in vigore del presente decreto.

10. La Commissione di valutazione degli investimenti e di supporto alla programmazione e gestione degli interventi ambientali di cui all'articolo 2 del regolamento di cui al decreto del Presidente della Repubblica 14 maggio 2007, n. 90, è composta da ventitre membri di cui dieci tecnici, scelti fra ingegneri, architetti, biologi, chimici e geologi, e tredici scelti fra giuristi ed economisti, tutti di comprovata esperienza, di cui almeno tre scelti fra magistrati ordinari, amministrativi e contabili.

11. I componenti sono nominati ai sensi dell'articolo 2, comma 3, del regolamento di cui al decreto del Presidente della Repubblica 14 maggio 2007, n. 90, entro quarantacinque giorni dalla data di entrata in vigore del presente decreto legge.

12. La Commissione continua ad esercitare tutte le funzioni di cui all'articolo 2, comma 2, del regolamento di cui al decreto del Presidente della Repubblica 14 maggio 2007, n. 90, provvedendovi, sino all'adozione del decreto di nomina dei nuovi componenti, con quelli in carica alla data di entrata in vigore del presente decreto.

13. Dall'attuazione dei commi da 7 a 12 del presente articolo non devono derivare nuovi o maggiori oneri a carico della finanza pubblica.

(1) *A norma dell'art. 5, comma 1, della l. 28 giugno 2016 n. 132, a decorrere dal 14 gennaio 2017, al presente articolo è stato inserito il comma 2-*bis.

30 Semplificazione dei controlli amministrativi a carico delle imprese soggette a certificazione.

1. Per le imprese soggette a certificazione ambientale o di qualità rilasciata da un soggetto certificatore accreditato in conformità a norme tecniche europee ed internazionali, i controlli periodici svolti dagli enti certificatori sostituiscono i controlli amministrativi o le ulteriori attività amministrative di verifica, anche ai fini dell'eventuale rinnovo o aggiornamento delle autorizzazioni per l'esercizio dell'attività. Le verifiche dei competenti organi amministrativi hanno ad oggetto, in questo caso, esclusivamente l'attualità e la completezza della certificazione. Resta salvo il rispetto della disciplina comunitaria.

2. La disposizione di cui al comma 1 è espressione di un principio generale di sussidiarietà orizzontale ed attiene ai livelli essenziali delle prestazioni concernenti i diritti civili e sociali che devono essere garantiti su tutto il territorio nazionale ai sensi dell'articolo 117, secondo comma, lettera *m*), della Costituzione. Resta ferma la potestà delle Regioni e degli Enti locali, nell'ambito delle rispettive competenze, di garantire livelli ulteriori di tutela.

3. Con regolamento, da emanarsi ai sensi dell'articolo 17, comma 2, della legge 23 agosto 1988, n. 400, entro sessanta giorni dalla data di entrata in vigore del presente decreto, previo parere della Conferenza permanente per i rapporti tra lo Stato, le regioni e le province autono me di Trento e di Bolzano, sono individuati le tipologie dei controlli e gli ambiti nei quali trova applicazione la disposizione di cui al comma 1, con l'obiettivo di evitare duplicazioni e sovrapposizioni di controlli, nonché le modalità necessarie per la compiuta attuazione della disposizione medesima.

4. Le prescrizioni di cui ai commi 1 e 2 entrano in vigore all'atto di emanazione del regolamento di cui al comma 3.

31 Durata e rinnovo della carta d'identità.

1. All'articolo 3, secondo comma, del testo unico delle leggi di pubblica sicurezza, di cui al regio decreto 18 giugno 1931, n. 773, e successive modificazioni, le parole: "cinque anni" sono sostituite dalle seguenti: "dieci anni" ed è aggiunto, in fine, il seguente periodo: "Le carte di identità rilasciate a partire dal 1° gennaio 2010 devono essere munite della fotografia e delle impronte digitali della persona a cui si riferiscono" (1).

2. La disposizione di cui all'articolo 3, secondo comma, del citato testo unico di cui al regio decreto 18 giugno 1931, n. 773, come modificato dal comma 1 del presente articolo, si applica anche alle carte d'identità in corso di validità alla data di entrata in vigore del presente decreto.

3. Ai fini del rinnovo, i Comuni informano i titolari della carta d'identità della data di scadenza del documento stesso tra il centoottantesimo e il novantesimo giorno antecedente la medesima data.

(1) *In riferimento al presente comma v. Circolare del Ministero dell'Interno 27 ottobre 2008, n. 12.*

38 Impresa in un giorno.

1. Al fine di garantire il diritto di iniziativa economica privata di cui all'articolo 41 della Costituzione, l'avvio di attività imprenditoriale, per il soggetto in possesso dei requisiti di legge, è tutelato sin dalla presentazione della dichiarazione di inizio attività o dalla richiesta del titolo autorizzatorio.

2. Ai sensi dell'articolo 117, secondo comma, lettere *e*), *m*), *p*) e *r*), della Costituzione, le disposizioni del presente articolo introducono, anche attraverso il coordinamento informativo statistico e informatico dei dati delle amministrazioni, misure per assicurare, nel rispetto delle libertà fondamentali, l'efficienza del mercato, la libera concorrenza e i livelli essenziali delle prestazioni concernenti i diritti civili e sociali che devono essere garantiti su tutto il territorio nazionale. Esse costituiscono adempimento della direttiva 2006/123/CE del Parlamento europeo e del Consiglio, del 12 dicembre 2006, ai sensi dell'articolo 117, primo comma, della Costituzione (1).

3. Con regolamento, adottato ai sensi dell'articolo 17, comma 2, della legge 23 agosto 1988, n. 400, su proposta del Ministro dello sviluppo economico e del Ministro per la semplificazione normativa, di concerto con il Ministro per la pubblica amministrazione e l'in-

novazione, sentita la Conferenza unificata di cui all'articolo 8 del decreto legislativo 28 agosto 1997, n. 281, e successive modificazioni, si procede alla semplificazione e al riordino della disciplina dello sportello unico per le attività produttive di cui al regolamento di cui al decreto del Presidente della Repubblica 20 ottobre 1998, n. 447, e successive modificazioni, in base ai seguenti principi e criteri, nel rispetto di quanto previsto dagli articoli 19, comma 1 e 20, comma 4, della legge 7 agosto 1990, n. 241 (2):

a) attuazione del principio secondo cui, salvo quanto previsto per i soggetti privati di cui alla lettera *c*), e dall'articolo 9 del decreto-legge 31 gennaio 2007 n. 7, convertito, con modificazioni, dalla legge 2 aprile 2007, n. 40, lo sportello unico costituisce l'unico punto di accesso per il richiedente in relazione a tutte le vicende amministrative riguardanti la sua attività produttiva e fornisce, altresì, una risposta unica e tempestiva in luogo di tutte le pubbliche amministrazioni comunque coinvolte nel procedimento, ivi comprese quelle di cui all'articolo 14-*quater*, comma 3, della legge 7 agosto 1990, n. 241;

a-bis) viene assicurato, anche attraverso apposite misure telematiche, il collegamento tra le attività relative alla costituzione dell'impresa di cui alla comunicazione unica disciplinata dall'articolo 9 del decreto-legge 31 gennaio 2007, n. 7, convertito, con modificazioni, dalla legge 2 aprile 2007, n. 40, e le attività relative alla attività produttiva di cui alla lettera *a*) del presente comma;

b) le disposizioni si applicano sia per l'espletamento delle procedure e delle formalità per i prestatori di servizi di cui alla direttiva 2006/123/CE del Parlamento europeo e del Consiglio, del 12 dicembre 2006, sia per la realizzazione e la modifica di impianti produttivi di beni e servizi (3);

c) l'attestazione della sussistenza dei requisiti previsti dalla normativa per la realizzazione, la trasformazione, il trasferimento e la cessazione dell'esercizio dell'attività di impresa può essere affidata a soggetti privati accreditati ("Agenzie per le imprese"). In caso di istruttoria con esito positivo, tali soggetti privati rilasciano una dichiarazione di conformità che costituisce titolo autorizzatorio per l'esercizio dell'attività. Qualora si tratti di procedimenti che comportino attività discrezionale da parte dell'Amministrazione, i soggetti privati accreditati svolgono unicamente attività istruttorie in luogo e a supporto dello sportello unico;

d) i comuni che non hanno istituito lo sportello unico, ovvero il cui sportello unico non risponde ai requisiti di cui alla lettera *a*) esercitano le funzioni relative allo sportello unico, delegandole alle camere di commercio, industria, artigianato e agricoltura le quali mettono a disposizione il portale « impresa.gov » che assume la denominazione di « impresainungiorno », prevedendo forme di gestione congiunta con l'ANCI;

e) l'attività di impresa può essere avviata immediatamente nei casi in cui sia sufficiente la presentazione della dichiarazione di inizio attività allo sportello unico;

f) lo sportello unico, al momento della presentazione della dichiarazione attestante la sussistenza dei requisiti previsti per la realizzazione dell'intervento, rilascia una ricevuta che, in caso di dichiarazione di inizio attività, costituisce titolo autorizzatorio (4);

g) per i progetti di impianto produttivo eventualmente contrastanti con le previsioni degli strumenti urbanistici, è previsto un termine di trenta giorni per il rigetto o la formulazione di osservazioni ostative, ovvero per l'attivazione della conferenza di servizi per la conclusione certa del procedimento;

h) in caso di mancato ricorso alla conferenza di servizi, scaduto il termine previsto per le altre amministrazioni per pronunciarsi sulle questioni di loro competenza, l'amministrazione procedente conclude in ogni caso il procedimento prescindendo dal loro avviso; in tal caso, salvo il caso di omessa richiesta dell'avviso, il responsabile del procedimento non può essere chiamato a rispondere degli eventuali danni derivanti dalla mancata emissione degli avvisi medesimi.

3-*bis*. Per i comuni che, entro la data del 30 settembre 2011 prevista dall'articolo 12, comma 7, del regolamento di cui al decreto del Presidente della Repubblica 7 settembre 2010, n. 160, non hanno provveduto ad accreditare lo sportello unico per le attività produttive ovvero a fornire alla camera di commercio, industria, artigianato e agricoltura competente per territorio gli elementi necessari ai fini dell'avvalimento della stessa, ai sensi dell'articolo 4, commi 11 e 12, del medesimo regolamento di cui al decreto del Presidente della Repubblica n. 160 del 2010, il prefetto invia entro trenta giorni una diffida e, sentita la regione competente, nomina un commissario ad acta, scelto in relazione alle specifiche situazioni, tra i funzionari dei comuni, delle regioni o delle camere di commercio, industria, artigianato e agricoltura competenti per territorio, al fine di adottare gli atti necessari ad assicurare la messa a regime del funzionamento degli sportelli unici. Con decreto del Ministro dello sviluppo economico e del Ministro per la semplificazione normativa, sentito il Ministro per la pubblica amministrazione e l'innovazione, sono individuate le eventuali misure che risultino indispensabili per attuare, sul territorio nazionale, lo sportello unico e per garantire, nelle more della sua attuazione, la continuità della funzione amministrativa, anche attraverso parziali e limitate deroghe alla relativa disciplina (5).

3-*ter*. In ogni caso, al fine di garantire lo svolgimento delle funzioni affidate agli sportelli unici per le attività produttive, i comuni adottano le misure organizzative e tecniche che risultino necessarie (5).

4. Con uno o più regolamenti, adottati ai sensi dell'articolo 17, comma 2, della legge 23 agosto 1988, n. 400, su proposta del Ministro dello sviluppo economico e del Ministro per la semplificazione normativa, di concerto con il Ministro per la pubblica amministrazione e l'innovazione, e previo parere della Conferenza unificata di cui all'articolo 8 del decreto legislativo 28 agosto 1997, n. 281, e successive modificazioni, sono stabiliti i requisiti e le modalità di accreditamento dei soggetti privati di cui al comma 3, lettera *c*), e le forme di vigilanza sui soggetti stessi, eventualmente anche demandando tali funzioni al sistema camerale, nonché le modalità per la divulgazione, anche informatica, delle tipologie di autorizzazione per le quali è sufficiente l'attestazione dei soggetti privati accreditati, secondo criteri omogenei sul territorio nazionale e tenendo conto delle diverse discipline regionali (6).

5. Il Comitato per la semplificazione di cui all'articolo 1 del decreto-legge 10 gennaio 2006, n. 4, convertito, con modificazioni, dalla legge 9 marzo 2006, n. 80 predispone un piano di formazione dei dipendenti pubblici, con la eventuale partecipazione anche di esponenti del sistema produttivo, che miri a diffondere sul territorio nazionale la capacità delle amministrazioni pubbliche di assicurare sempre e tempestivamente l'esercizio del diritto di cui al comma 1 attraverso gli strumenti di semplificazione di cui al presente articolo.

6. Dall'attuazione delle disposizioni del presente articolo non devono derivare nuovi o maggiori oneri a carico della finanza pubblica.

(1) *Comma sostituito dall'art. 40, comma 1, lett.* a) *della l. 18 giugno 2009, n. 69.*

(2) *Alinea modificato dall'art. 40, comma 1, lett.* b) *della l. 18 giugno 2009, n. 69.*

(3) *Lettera modificata dall'art. 40, comma 1, lett.* b) *della l. 18 giugno 2009, n. 69 e da ultimo modificata dall'art. 11-*ter, *comma 1 del d.l. 1° luglio 2009, n. 78.*

(4) *Lettera modificata dall'art. 3, comma 1, del d.lgs. 30 giugno 2016 n. 127. Per la disciplina di applicazione v. l'art. 7, comma 1 del medesimo decreto, che prevede che « Le disposizioni del presente decreto trovano applicazione ai procedimenti avviati successivamente alla data della sua entrata in vigore ».*

(5) *Comma inserito dall'art. 6, comma 2, lett.* f-bis) *del d.l. 13 maggio 2011, n. 70 conv., con modif., in l. 12 luglio 2011, n. 106.*

(6) *Comma modificato dall'art. 40, comma 1, lett.* c) *della l. 18 giugno 2009, n. 69.*

4. Legge 18 giugno 2009, n. 69. — Disposizioni per lo sviluppo economico, la semplificazione, la competitività nonché in materia di processo civile. (*estratto*).

Pubblicata nella Gazzetta Ufficiale n. 140 del 19 giugno 2009, S.O. n. 95.

CAPO II
Semplificazioni

3 Chiarezza dei testi normativi (1).

(1) *Inserisce l'art. 13-*bis *al capo III della l. 23 agosto 1988, n. 400.*

4 Semplificazione della legislazione (1).

(1) *Modifica l'art. 14 della l. 28 novembre 2005, n. 246.*

5 Modifiche alla disciplina dei regolamenti. Testi unici compilativi (1).

(1) *Modifica l'art. 17 della l. 23 agosto 1988, n. 400.*

23 Diffusione delle buone prassi nelle pubbliche amministrazioni e tempi per l'adozione dei provvedimenti o per l'erogazione dei servizi al pubblico.

[1. Le amministrazioni pubbliche statali, individuati nel proprio ambito gli uffici che provvedono con maggiore tempestività ed efficacia all'adozione di provvedimenti o all'erogazione di servizi, che assicurano il contenimento dei costi di erogazione delle prestazioni, che offrono i servizi di competenza con modalità tali da ridurre significativamente il contenzioso e che assicurano il più alto grado di soddisfazione degli utenti, adottano le opportune misure al fine di garantire la diffusione delle relative buone prassi tra gli altri uffici] (1).

[2. Le prassi individuate ai sensi del comma 1 sono pubblicate nei siti telematici istituzionali di ciascuna amministrazione e comunicate alla Presidenza del Consiglio dei ministri - Dipartimento della funzione pubblica.] (1)

3. L'elaborazione e la diffusione delle buone prassi sono considerate ai fini della valutazione dei dirigenti e del personale.

4. In sede di Conferenza unificata, di cui all'articolo 8 del decreto legislativo 28 agosto 1997, n. 281, e successive modificazioni, sono conclusi accordi tra lo Stato, le regioni e gli enti locali per l'individuazione e la diffusione di buone prassi per le funzioni e i servizi degli enti territoriali.

[5. Al fine di aumentare la trasparenza dei rapporti tra le amministrazioni pubbliche e gli utenti, a decorrere dal 1o gennaio 2009 ogni amministrazione pubblica determina e pubblica, con cadenza annuale, nel proprio sito internet o con altre forme idonee:

a) un indicatore dei propri tempi medi di pagamento relativi agli acquisti di beni, servizi e forniture, denominato « indicatore di tempestività dei pagamenti »;

b) i tempi medi di definizione dei procedimenti e di erogazione dei servizi con riferimento all'esercizio finanziario precedente] (1)

6. Con decreto del Ministro per la pubblica amministrazione e l'innovazione, di concerto con il Ministro dell'economia e delle finanze, sentita la Conferenza unificata, da adottare entro un mese dalla data di entrata in vigore della presente legge, sono definite le modalità di attuazione dell'obbligo informativo di cui al comma 5, lettera *a*), avuto riguardo all'individuazione dei tempi medi ponderati di pagamento con riferimento, in particolare, alle tipologie contrattuali, ai termini contrattualmente stabiliti e all'importo dei pagamenti.

(1) *Comma abrogato dall'art. 53, comma 1, lett.* h) *d.lgs. 14 marzo 2013, n. 33.*

30 Tutela non giurisdizionale dell'utente dei servizi pubblici.

1. Le carte dei servizi dei soggetti pubblici e privati che erogano servizi pubblici o di pubblica utilità contengono la previsione della possibilità, per l'utente o per la categoria di utenti che lamenti la violazione di un diritto o di un interesse giuridico rilevante, di promuovere la risoluzione non giurisdizionale della controversia, che avviene entro i trenta giorni successivi alla

richiesta; esse prevedono, altresì, l'eventuale ricorso a meccanismi di sostituzione dell'amministrazione o del soggetto inadempiente.

2. Entro sei mesi dalla data di entrata in vigore della presente legge, le autorità amministrative che svolgono la propria attività nelle materie contemplate dal codice dei contratti pubblici relativi a lavori, servizi e forniture, di cui al decreto legislativo 12 aprile 2006, n. 163, dalla legge 14 novembre 1995, n. 481, e dalla legge 31 luglio 1997, n. 249, nell'autonomia garantita dai rispettivi ordinamenti, nonché, per i servizi pubblici o di pubblica utilità non regolati dalle medesime autorità, esclusi i servizi pubblici locali, il Ministro dello sviluppo economico, di concerto con il Ministro per la pubblica amministrazione e l'innovazione, emanano un decreto che individua uno schema-tipo di procedura conciliativa ai sensi del comma 1, da recepire nelle singole carte dei servizi entro il termine di novanta giorni dalla data della sua adozione.

32 Eliminazione degli sprechi relativi al mantenimento di documenti in forma cartacea.

1. A far data dal 1° gennaio 2010, gli obblighi di pubblicazione di atti e provvedimenti amministrativi aventi effetto di pubblicità legale si intendono assolti con la pubblicazione nei propri siti informatici da parte delle amministrazioni e degli enti pubblici obbligati. La pubblicazione è effettuata nel rispetto dei princìpi di eguaglianza e di non discriminazione, applicando i requisiti tecnici di accessibilità di cui all'articolo 11 della legge 9 gennaio 2004, n. 4. La mancata pubblicazione nei termini di cui al periodo precedente è altresì rilevante ai fini della misurazione e della valutazione della performance individuale dei dirigenti responsabili (1).

1-*bis*. Per le finalità di cui al comma 1, gli elaborati tecnici allegati alle delibere di adozione o approvazione degli strumenti urbanistici, nonché delle loro varianti, sono pubblicati nei siti informatici delle amministrazioni comunali, senza nuovi o maggiori oneri per la finanza pubblica (2).

2. Dalla stessa data del 1° gennaio 2010, al fine di promuovere il progressivo superamento della pubblicazione in forma cartacea, le amministrazioni e gli enti pubblici tenuti a pubblicare sulla stampa quotidiana atti e provvedimenti concernenti procedure ad evidenza pubblica o i propri bilanci, oltre all'adempimento di tale obbligo con le stesse modalità previste dalla legislazione vigente alla data di entrata in vigore della presente legge, ivi compreso il richiamo all'indirizzo elettronico, provvedono altresì alla pubblicazione nei siti informatici, secondo modalità stabilite con decreto del Presidente del Consiglio dei ministri, su proposta del Ministro per la pubblica amministrazione e l'innovazione di concerto con il Ministro delle infrastrutture e dei trasporti per le materie di propria competenza.

3. Gli adempimenti di cui ai commi 1 e 2 possono essere attuati mediante utilizzo di siti informatici di altre amministrazioni ed enti pubblici obbligati, ovvero di loro associazioni.

4. Al fine di garantire e di facilitare l'accesso alle pubblicazioni di cui ai commi 1 e 2 il CNIPA realizza e gestisce un portale di accesso ai siti di cui al medesimo comma 1.

5. A decorrere dal 1° gennaio 2011 e, nei casi di cui al comma 2, dal 1° gennaio 2013, le pubblicazioni effettuate in forma cartacea non hanno effetto di pubblicità legale, ferma restando la possibilità per le amministrazioni e gli enti pubblici, in via integrativa, di effettuare la pubblicità sui quotidiani a scopo di maggiore diffusione, nei limiti degli ordinari stanziamenti di bilancio (3).

6. Agli oneri derivanti dalla realizzazione delle attività di cui al presente articolo si provvede a valere sulle risorse finanziarie assegnate ai sensi dell'articolo 27 della legge 1° gennaio 2003, n. 3, e successive modificazioni, con decreto del Ministro per l'innovazione e le tecnologie 22 luglio 2005, pubblicato nella Gazzetta Ufficiale n. 226 del 28 settembre 2005, al progetto « PC alle famiglie », non ancora impegnate alla data di entrata in vigore della presente legge.

7. È fatta salva la pubblicità nella Gazzetta Ufficiale dell'Unione europea, nella Gazzetta Ufficiale della Repubblica italiana e i relativi effetti giuridici, nonché nel sito informatico del Ministero delle infrastrutture e dei trasporti di cui al decreto del Ministro dei lavori pubblici 6 aprile 2001, pubblicato nella Gazzetta Ufficiale n. 100 del 2 maggio 2001, e nel sito informatico presso l'Osservatorio dei contratti pubblici relativi a lavori, servizi e forniture, prevista dal codice di cui al decreto legislativo 12 aprile 2006, n. 163.

(1) *Comma modificato dall'art. 9, comma 6-*bis*, del d.l. 18 ottobre 2012, n. 179 conv., con modif., in l. 17 dicembre 2012, n. 221.*

(2) *Comma aggiunto dall'art. 5, comma 6, del d.l. 13 maggio 2011, n. 70 conv., con modif., in l. 12 luglio 2011, n. 106. Per la decorrenza della presente disposizione v. il comma 7 del predetto art. 5 del d.l. n. 70, cit., ai sensi del quale la disposizione di cui al comma 6 si applica decorsi sessanta giorni dalla data di entrata in vigore della legge di conversione del presente decreto.*

(3) *Comma modificato dall'art. 2, comma 5, del d.l. 30 dicembre 2009, n. 194, conv., con modif., in l. 26 febbraio 2010, n. 25.*

5. Decreto del Presidente della Repubblica 7 settembre 2010, n. 160. — Regolamento per la semplificazione ed il riordino della disciplina sullo sportello unico per le attività produttive, ai sensi dell'articolo 38, comma 3, del decreto legge 25 giugno 2008, n. 112, convertito, con modificazioni, dalla legge 6 agosto 2008, n. 133 (1).

Pubblicato nella Gazzetta Ufficiale n. 229 del 30 settembre 2010, S.O. n. 227.

(1) *V. l'art. 5 del d.P.R. n. 380/2001, sub V, 46, che disciplina lo sportello unico per l'edilizia.*

CAPO I
Principi generali ed ambito applicativo

1 Definizioni.

1. Ai fini del presente regolamento si intende per:

a) « agenzia per le imprese » (di seguito denominata: « Agenzia »): il soggetto privato, accreditato ai sensi dell'articolo 38, comma 4, del decreto-legge 25 giugno 2008, n. 112, convertito, con modificazioni, dalla legge 6 agosto 2008, n. 133;

b) « amministrazioni »: le amministrazioni dello Stato, gli enti pubblici territoriali, gli altri enti pubblici non economici, gli organismi di diritto pubblico;

c) « camere di commercio »: le camere di commercio, industria, artigianato e agricoltura, di cui alla legge 29 dicembre 1993, n. 580;

d) « CAD »: il Codice dell'amministrazione digitale di cui al decreto legislativo 7 marzo 2005, n. 82;

e) « comunicazione unica »: l'istituto di cui all'articolo 9 del decreto-legge 31 gennaio 2007, n. 7, convertito, con modificazioni, dalla legge 2 aprile 2007, n. 40;

f) « decreto-legge »: il decreto-legge 25 giugno 2008, n. 112, convertito con modificazioni dalla legge 6 agosto 2008, n. 133;

g) « SCIA »: la segnalazione certificata di inizio attività ai sensi dell'articolo 19 della legge 7 agosto 1990, n. 241, come sostituito dall'articolo 49, comma 4-*bis*, del decreto-legge 31 maggio 2010, n. 78, convertito, con modificazioni, dalla legge 30 luglio 2010, n. 122, in cui la ricevuta della segnalazione costituisce titolo autorizzatorio ai sensi dell'articolo 38, comma 3, lettere *e*) ed *f*), del decreto-legge;

h) « dichiarazione di conformità »: l'attestazione della sussistenza dei requisiti previsti dalla normativa per la realizzazione, la trasformazione, il trasferimento e la cessazione dell'esercizio dell'attività di impresa;

i) « attività produttive »: le attività di produzione di beni e servizi, incluse le attività agricole, commerciali e artigianali, le attività turistiche e alberghiere, i servizi resi dalle banche e dagli intermediari finanziari e i servizi di telecomunicazioni, di cui alla lettera *b*), comma 3, dell'articolo 38 del decreto-legge;

j) « impianti produttivi »: i fabbricati, gli impianti e altri luoghi in cui si svolgono tutte o parte delle fasi di produzione di beni e servizi;

k) « portale »: il sito web impresainungiorno di riferimento per imprese e soggetti da esse delegati, che consente di ottenere informazioni e interoperare telematicamente con gli Enti coinvolti nelle diverse fasi relative ad attività produttive e di prestazione di servizi, anche attraverso le regole tecniche del Sistema pubblico di connettività;

l) « registro imprese »: il registro di cui all'articolo 8 della legge 29 dicembre 1993, n. 580, istituito presso la camera di commercio e tenuto dall'Ufficio competente in conformità agli articoli 2188 e seguen ti del Codice civile, sotto la vigilanza di un giudice delegato dal Presidente del Tribunale del capoluogo di provincia;

m) « sportello unico per le attività produttive » (di seguito denominato: « SUAP »): l'unico punto di accesso per il richiedente in relazione a tutte le vicende amministrative riguardanti la sua attività produttiva, che fornisce una risposta unica e tempestiva in luogo di tutte le pubbliche amministrazioni, comunque coinvolte nel procedimento;

n) « sistema INA-SAIA »: il sistema di servizi che consente l'interconnessione e lo scambio anagrafico fra i comuni e le pubbliche amministrazioni;

o) « sistema pubblico di connettività » (di seguito denominato: « SPC »): l'insieme di infrastrutture tecnologiche tecniche per lo sviluppo, la condivisione, l'integrazione e la diffusione del patrimonio informativo e dei dati della pubblica amministrazione, necessarie per assicurare l'interoperabilità di base ed evoluta e la cooperazione applicativa dei sistemi informatici e dei flussi informativi, garantendo la sicurezza, la riservatezza delle informazioni, nonché la salvaguardia e l'autonomia del patrimonio informativo di ciascuna pubblica amministrazione;

p) « interoperabilità »: la capacità di un sistema o di un prodotto informatico di cooperare con altri sistemi o prodotti, nel rispetto delle disposizioni del CAD e delle regole tecniche del SPC.

2 Finalità e ambito di applicazione.

1. Per le finalità di cui all'articolo 38, comma 3, del decreto-legge, è individuato il SUAP quale unico soggetto pubblico di riferimento territoriale per tutti i procedimenti che abbiano ad oggetto l'esercizio di attività produttive e di prestazione di servizi, e quelli relativi alle azioni di localizzazione, realizzazione, trasformazione, ristrutturazione o riconversione, ampliamento o trasferimento, nonché cessazione o riattivazione delle suddette attività, ivi compresi quelli di cui al decreto legislativo 26 marzo 2010, n. 59.

2. Le domande, le dichiarazioni, le segnalazioni e le comunicazioni concernenti le attività di cui al comma 1 ed i relativi elaborati tecnici e allegati sono presentati esclusivamente in modalità telematica, secondo quanto disciplinato nei successivi articoli e con le modalità di cui all'articolo 12, commi 5 e 6, al SUAP competente per il territorio in cui si svolge l'attività o è situato l'impianto.

3. In conformità alle modalità di cui all'articolo 12, commi 5 e 6, il SUAP provvede all'inoltro telematico della documentazione alle altre amministrazioni che intervengono nel procedimento, le quali adottano modalità telematiche di ricevimento e di trasmissione.

4. Sono esclusi dall'ambito di applicazione del presente regolamento gli impianti e le infrastrutture energetiche, le attività connesse all'impiego di sorgenti di radiazioni ionizzanti e di materie radioattive, gli impianti nucleari e di smaltimento di rifiuti radioattivi, le attività di prospezione, ricerca e coltivazione di idrocarburi, nonché le infrastrutture strategiche e gli insediamenti produttivi di cui agli articoli 161 e seguenti del decreto legislativo 12 aprile 2006, n. 163.

3 Il portale « impresainungiorno ».

1. Il portale:

a) fornisce servizi informativi e operativi ai SUAP per l'espletamento delle loro attività, anche ai fini di quanto previsto dall'articolo 4, comma 3;

b) assicura la divulgazione delle tipologie di autorizzazione per le quali è sufficiente l'attestazione dei soggetti privati accreditati, secondo criteri omogenei sul territorio nazionale e tenendo conto delle diverse discipline regionali;

c) prevede l'utilizzo della procura speciale con le stesse modalità previste per la comunicazione unica;

d) contiene un sistema di pagamento per i diritti, le imposte e gli oneri comunque denominati relativi ai procedimenti gestiti dai SUAP. L'interessato, anche mediante l'Agenzia per le Imprese di cui all'articolo 1 lettera *a*), versa gli importi previsti attraverso il sistema telematico messo a disposizione dal portale. Il sistema di pagamento si basa sulle regole tecniche approvate ai sensi dell'articolo 12, comma 5;

e) costituisce punto di contatto a livello nazionale per le attività di cui al decreto legislativo 26 marzo 2010, n. 59, e assicura il collegamento con le autorità competenti ai sensi dell'articolo 8, comma 1, lettera *i*), del medesimo decreto legislativo.

2. Il portale, nel rispetto della disciplina di cui al decreto legislativo 30 giugno 2003, n. 196, interopera con i sistemi informativi e i portali già realizzati da Regioni o enti locali e con quelli successivamente sviluppati a supporto degli sportelli unici.

3. Il portale costituisce uno dei punti di contatto infrastrutturale a livello nazionale di accesso con gli Uffici periferici dello Stato, secondo le regole di cui al decreto del Presidente del Consiglio dei Ministri in data 1° aprile 2008, pubblicato nella Gazzetta Ufficiale n. 144 del 21 giugno 2008, ed in coerenza con quanto previsto all'articolo 12, commi 1, 5 e 6.

CAPO II
Funzioni e organizzazione del SUAP

4 Funzioni e organizzazione del SUAP.

1. Il SUAP assicura al richiedente una risposta telematica unica e tempestiva in luogo degli altri uffici comunali e di tutte le amministrazioni pubbliche comunque coinvolte nel procedimento, ivi comprese quelle preposte alla tutela ambientale, paesaggistico-territoriale, del patrimonio storico-artistico o alla tutela della salute e della pubblica incolumità.

2. Le comunicazioni al richiedente sono trasmesse esclusivamente dal SUAP; gli altri uffici comunali e le amministrazioni pubbliche diverse dal comune, che sono interessati al procedimento, non possono trasmettere al richiedente atti autorizzatori, nulla osta, pareri o atti di consenso, anche a contenuto negativo, comunque denominati e sono tenute a trasmettere immediatamente al SUAP tutte le denunce, le domande, gli atti e la documentazione ad esse eventualmente presentati, dandone comunicazione al richiedente.

3. Il SUAP, nel rispetto dell'articolo 24 della legge 7 agosto 1990, n. 241, cura l'informazione attraverso il portale in relazione:

a) agli adempimenti necessari per lo svolgimento delle attività di cui all'articolo 2, comma 1, indicando altresì quelle per le quali è consentito l'immediato avvio dell'intervento;

b) alle dichiarazioni, alle segnalazioni e alle domande presentate, al loro iter procedimentale e agli atti adottati, anche in sede di controllo successivo, dallo stesso SUAP, dall'ufficio o da altre amministrazioni pubbliche competenti;

c) alle informazioni, che sono garantite dalle autorità competenti ai sensi dell'articolo 26 del decreto legislativo del 26 marzo 2010, n. 59.

4. L'ufficio competente per il SUAP ed il relativo responsabile sono individuati secondo le forme previste dagli ordinamenti interni dei singoli comuni o dagli accordi sottoscritti in caso di associazione, che dispongono anche in ordine alla relativa strutturazione; nelle more dell'individuazione del responsabile di cui al presente comma, il ruolo di responsabile del SUAP è ricoperto dal segretario comunale. Il responsabile del SUAP costituisce il referente per l'esercizio del diritto di accesso agli atti e documenti detenuti dal SUAP, anche se provenienti da altre amministrazioni o da altri uffici comunali. Rimane ferma la responsabilità delle amministrazioni o degli uffici comunali per altri atti, comunque connessi o presupposti, diversi da quelli detenuti dal SUAP.

5. I comuni possono esercitare le funzioni inerenti al SUAP in forma singola o associata tra loro, o in convenzione con le camere di commercio.

6. Salva diversa disposizione dei comuni interessati e ferma restando l'unicità del canale di comunicazione telematico con le imprese da parte del SUAP, sono attribuite al SUAP le competenze dello sportello unico per l'edilizia produttiva.

7. Le domande, le dichiarazioni, le segnalazioni, gli atti dell'amministrazione e i relativi allegati sono predisposti in formato elettronico e trasmessi in via telematica secondo quanto disposto dall'Allegato tecnico di cui all'articolo 12, comma 5. La conoscibilità in modalità telematica degli estremi degli atti, compresi quelli della ricevuta di cui all'articolo 5, comma 4, non costituisce conoscenza nei confronti dei terzi ai fini del decorso dei termini decadenziali di impugnazione.

8. Il collegamento tra il SUAP e il registro imprese avviene attraverso modalità di comunicazione telematica conformi ai requisiti previsti dall'Allegato tecnico di cui all'articolo 12, comma 5, ed agli standard pubblicati sul portale, nonché nel rispetto del decreto legislativo 30 giugno 2003, n. 196.

9. Il collegamento di cui al comma 8:

a) rende inammissibile ogni richiesta, da parte del responsabile del SUAP all'impresa interessata, di atti, documentazione o dati già acquisiti dal registro imprese;

b) garantisce, anche ai sensi dell'articolo 25, comma 7, del decreto legislativo del 26 marzo 2010, n. 59, che il registro imprese renda accessibile al SUAP competente, nel rispetto dei principi di cui all'articolo 11 del decreto legislativo 30 giugno 2003, n. 196, e delle misure minime di sicurezza di cui al relativo allegato B, l'avvenuta iscrizione e gli eventi modificativi delle imprese, nonché le informazioni relative alle segnalazioni certificate di inizio attività ed alle comunicazioni provenienti dagli altri SUAP, anche con riferimento alle attività non soggette a SCIA, funzionali al procedimento in corso;

c) assicura lo scambio di informazioni tra il registro imprese e l'anagrafe comunale mediante il sistema INA-SAIA;

d) garantisce l'aggiornamento del repertorio delle notizie economiche e amministrative di cui all'articolo 9 del decreto del Presidente della Repubblica del 7 dicembre 1995, n. 581, con gli estremi relativi al rilascio delle SCIA, delle comunicazioni o altri atti di assenso comunque denominati rilasciati dal SUAP.

10. Entro centoventi giorni dalla data di pubblicazione nella Gazzetta Ufficiale del presente regolamento, i Comuni attestano, secondo le modalità previste dall'articolo 4, comma 2, dell'Allegato tecnico, la sussistenza in capo ai SUAP del proprio territorio dei requisiti di cui all'articolo 38, comma 3, lettera *a*), e *a-bis*), del decreto-legge e all'articolo 2, comma 2, del presente regolamento, trasmettendola al Ministero per lo sviluppo economico che cura la pubblicazione dell'elenco dei SUAP sul portale. Tale elenco può essere successivamente integrato su richiesta dei Comuni i cui SUAP abbiano nelle more acquisito tali requisiti. Sono fatte salve le funzioni di verifica e di monitoraggio di cui all'articolo 11.

11. Nel caso in cui, al momento della scadenza del termine di cui all'articolo 12, comma 1, lettera *a*), il comune non abbia istituito il SUAP, o questo non abbia i requisiti di cui al comma 10, l'esercizio delle relative funzioni, decorso il termine di cui al medesimo articolo, è delegato, anche in assenza di provve dimenti espressi, alla camera di commercio territorialmente competente, con le modalità previste dall'Allegato tecnico di cui all'articolo 12, comma 5, che assicura la partecipazione dell'ANCI alla gestione del portale, sulla base della convenzione quadro tra Unioncamere e ANCI.

12. Nei casi di cui al comma 11, le camere di commercio, attraverso il portale, provvedono alla gestione telematica dei procedimenti, comprese le fasi di ricezione delle domande, la divulgazione delle informazioni, l'attivazione di adempimenti, il rilascio di ricevute all'interessato e il pagamento dei diritti e delle imposte.

13. In relazione ai procedimenti disciplinati nel presente regolamento, il responsabile del SUAP pone a carico dell'interessato il pagamento delle spese e dei diritti previsti da disposizioni di leggi statali e regionali vigenti, nelle misure ivi stabilite, compresi i diritti e le spese previsti a favore degli altri uffici comunali, secondo i regolamenti comunali, provvedendo alla loro riscossione e al loro trasferimento alle amministrazioni pubbliche coinvolte nel procedimento stesso.

14. Il SUAP, espletate le procedure necessarie, trasferisce immediatamente, in via telematica, e in assenza di collegamento telematico non oltre il mese successivo al versamento, gli importi dei diritti di cui al comma 13 alle amministrazioni pubbliche competenti.

CAPO III
Procedimento automatizzato

5 Presentazione ed effetti delle segnalazioni e delle istanze.

1. Nei casi in cui le attività di cui all'articolo 2, comma 1, sono soggette alla disciplina della SCIA di cui all'articolo 1, comma 1, lettera *g*), la segnalazione è presentata al SUAP.

2. La SCIA, nei casi in cui sia contestuale alla comunicazione unica, è presentata presso il registro imprese, che la trasmette immediatamente al SUAP, il quale rilascia la ricevuta con modalità ed effetti equivalenti a quelli previsti per la ricevuta di cui al comma 4.

3. La segnalazione è corredata da tutte le dichiarazioni, le attestazioni, le asseverazioni, nonché dagli elaborati tecnici di cui all'articolo 19, comma 1, della legge 7 agosto 1990, n. 241.

4. Il SUAP, al momento della presentazione della SCIA, verifica, con modalità informatica, la completezza formale della segnalazione e dei relativi allegati. In caso di verifica positiva, rilascia automaticamente la ricevuta e trasmette immediatamente in via telematica la segnalazione e i relativi allegati alle amministrazioni e agli uffici competenti, in conformità all'Allegato tecnico di cui all'articolo 12, commi 5 e 6.

5. A seguito di tale rilascio, il richiedente, ai sensi dell'articolo 19, comma 2, della legge 7 agosto 1990, n. 241, può avviare immediatamente l'intervento o l'attività.

6. Il SUAP, anche su richiesta delle amministrazioni e degli uffici comunali competenti, trasmette con modalità telematica al soggetto interessato le eventuali richieste istruttorie.

7. Ai sensi dell'articolo 38, comma 3, lettera *f*), del decreto-legge, la ricevuta di cui al comma 4, costituisce titolo autorizzatorio ai fini del ricorso agli ordinari rimedi di tutela dei terzi e di autotutela dell'amministrazione.

8. Conformemente a quanto previsto dall'articolo 20 della legge 7 agosto 1990, n. 241, in caso di silenzio assenso, decorsi i termini di cui all'articolo 2 della medesima legge dalla presentazione dell'istanza, ovvero i diversi termini previsti dalle specifiche discipline regionali o speciali, il silenzio maturato a seguito del rilascio della ricevuta, emessa automaticamente con le medesime modalità del comma 4, equivale a provvedimento di accoglimento della domanda senza necessità di ulteriori istanze o diffide.

6 Funzioni dell'agenzia e avvio immediato dell'attività d'impresa.

1. Nei casi di cui all'articolo 5, il soggetto interessato può avvalersi dell'Agenzia per le funzioni di cui all'articolo 38, comma 3, lettera *c*), del decreto-legge.

2. L'Agenzia, compiuta l'istruttoria, trasmette, in modalità telematica, al SUAP una dichiarazione di conformità, comprensiva della SCIA o della domanda presentata dal soggetto interessato corredata dalle certificazioni ed attestazioni richieste, che costituisce

titolo autorizzatorio per l'esercizio dell'attività e per l'avvio immediato dell'intervento dichiarato. Essa ha anche valore di titolo edilizio con effetti immediati. Il SUAP provvede ad inserire tali informazioni in una sezione del portale, accessibile da parte delle amministrazioni pubbliche ai fini dell'attività di monitoraggio di cui al comma 1 dell'articolo 11.

3. L'Agenzia, in modalità telematica, può presentare la SCIA presso l'Ufficio del registro delle imprese nei casi in cui essa sia presentata contestualmente alla comunicazione unica, secondo la disciplina di cui al comma 2 dell'articolo 5.

4. L'interessato utilizza gli strumenti informatici messi a disposizione dall'Agenzia e può, mediante apposita procura, incaricare la stessa Agenzia di accedere, per suo conto, a tutti gli atti e i documenti necessari che siano in possesso di un'amministrazione pubblica.

CAPO IV
Procedimento ordinario

7 Procedimento unico.

1. Fuori dei casi disciplinati dal Capo III, le istanze per l'esercizio delle attività di cui all'articolo 2, comma 1, sono presentate al SUAP che, entro trenta giorni dal ricevimento, salvi i termini più brevi previsti dalla disciplina regionale, può richiedere all'interessato la documentazione integrativa; decorso tale termine l'istanza si intende correttamente presentata.

2. Verificata la completezza della documentazione, il SUAP adotta il provvedimento conclusivo entro trenta giorni, decorso il termine di cui al comma 1, salvi i termini più brevi previsti dalla normativa regionale (1).

3. Quando è necessario acquisire intese, nulla osta, concerti o assensi di diverse amministrazioni pubbliche, il responsabile del SUAP indice una conferenza di servizi ai sensi e per gli effetti previsti dagli articoli da 14 a 14-*quinquies* della legge 7 agosto 1990, n. 241, ovvero dalle altre normative di settore. Scaduto il termine di cui al comma 2, ovvero in caso di mancato ricorso alla conferenza di servizi, si applica l'articolo 38, comma 3, lettera *h*), del decreto-legge (2).

4. (3)

5. Nei procedimenti di cui al comma 1, l'Agenzia, su richiesta del soggetto interessato, può svolgere attività istruttoria ai sensi dell'articolo 38 comma 3, lettera *c*), del decreto-legge, e trasmette la relativa documentazione, in via telematica, al responsabile del SUAP. L'Agenzia fornisce assistenza per l'individuazione dei procedimenti da attivare in relazione all'esercizio delle attività produttive o alla realizzazione degli impianti produttivi, nonché per la redazione in formato elettronico delle domande, dichiarazioni e comunicazioni ed i relativi elaborati tecnici. Se il comune lo consente, l'Agenzia può fornire supporto organizzativo e gestionale alla conferenza di servizi.

6. Il provvedimento conclusivo del procedimento, assunto nei termini di cui agli articoli da 14 a 14-*quinquies* della legge 7 agosto 1990, n. 241, è, ad ogni effetto, titolo unico per la realizzazione dell'intervento e per lo svolgimento delle attività richieste (4).

7. Il rispetto dei termini per la conclusione del procedimento costituisce elemento di valutazione del responsabile del SUAP e degli altri soggetti pubblici partecipanti alla conferenza di servizi.

(1) *Comma modificato dall'art. 3, comma 2, lett.* a) *del d.lgs. 30 giugno 2016, n. 127, il cui art. 7 prevede che « Le disposizioni del presente decreto trovano applicazione ai procedimenti avviati successivamente alla data della sua entrata in vigore ».*

(2) *Comma modificato dall'art. 3, comma 2, lett.* b) *del d.lgs. 30 giugno 2016, n. 127. Per l'applicazione del presente comma v. nota 1.*

(3) *Comma abrogato dall'art. 3, comma 2, lett.* c) *del d.lgs. 30 giugno 2016, n. 127.*

(4) *Comma modificato dall'art. 3, comma 2, lett.* d) *del d.lgs. 30 giugno 2016, n. 127. Per l'applicazione del presente comma v. nota 1.*

8 Raccordi procedimentali con strumenti urbanistici.

1. Nei comuni in cui lo strumento urbanistico non individua aree destinate all'insediamento di impianti produttivi o individua aree insufficienti, fatta salva l'applicazione della relativa disciplina regionale, l'interessato può richiedere al responsabile del SUAP la convocazione della conferenza di servizi di cui agli articoli da 14 a 14-*quinquies* della legge 7 agosto 1990, n. 241, e alle altre normative di settore, in seduta pubblica. Qualora l'esito della conferenza di servizi comporti la variazione dello strumento urbanistico, ove sussista l'assenso della Regione espresso in quella sede, il verbale è trasmesso al Sindaco ovvero al Presidente del Consiglio comunale, ove esistente, che lo sottopone alla votazione del Consiglio nella prima seduta utile. Gli interventi relativi al progetto, approvato secondo le modalità previste dal presente comma, sono avviati e conclusi dal richiedente secondo le modalità previste all'articolo 15 del testo unico delle disposizioni legislative e regolamentari in materia di edilizia, di cui al decreto del Presidente della Repubblica 6 giugno 2001, n. 380.

2. È facoltà degli interessati chiedere tramite il SUAP all'ufficio comunale competente per materia di pronunciarsi entro trenta giorni sulla conformità, allo stato degli atti, dei progetti preliminari dai medesimi sottoposti al suo parere con i vigenti strumenti di pianificazione paesaggistica, territoriale e urbanistica, senza che ciò pregiudichi la definizione dell'eventuale successivo procedimento; in caso di pronuncia favorevole il responsabile del SUAP dispone per il seguito immediato del procedimento con riduzione della metà dei termini previsti.

3. Sono escluse dall'applicazione del presente articolo le procedure afferenti alle strutture di vendita di cui agli articoli 8 e 9 del decreto legislativo 31 marzo 1998, n. 114, o alle relative norme regionali di settore.

CAPO V
Disposizioni comuni

9 Chiarimenti tecnici.

1. Qualora occorrano chiarimenti circa il rispetto delle normative tecniche e la localizzazione dell'im-

pianto, il responsabile del SUAP, anche su richiesta dell'interessato o delle amministrazioni coinvolte o dei soggetti portatori di interessi pubblici o privati, individuali o collettivi, o di soggetti portatori di interessi diffusi costituiti in associazioni o comitati che vi abbiano interesse, entro dieci giorni dalla richiesta di chiarimenti, convoca anche per via telematica, dandone pubblicità sul portale ai sensi dell'articolo 4, comma 3, una riunione, di cui è redatto apposito verbale, fra i soggetti interessati e le amministrazioni competenti, ai sensi dell'articolo 11 della legge 7 agosto 1990, n. 241. La convocazione della riunione non comporta l'interruzione dell'attività avviata ai sensi delle disposizioni del presente capo.

10 Chiusura dei lavori e collaudo.

1. Il soggetto interessato comunica al SUAP l'ultimazione dei lavori, trasmettendo:

a) la dichiarazione del direttore dei lavori con la quale si attesta la conformità dell'opera al progetto presentato e la sua agibilità, ove l'interessato non proponga domanda ai sensi dell'articolo 25 del testo unico delle disposizioni legislative e regolamentari in materia di edilizia, di cui al decreto del Presidente della Repubblica 6 giugno 2001, n. 380;

b) nei casi previsti dalla normativa vigente, il certificato di collaudo effettuato da un professionista abilitato;

2. La trasmissione al SUAP della documentazione di cui alle lettere *a*) e *b*) consente l'immediato esercizio dell'attività.

3. Il SUAP cura la trasmissione entro cinque giorni della documentazione di cui al comma 1 alle amministrazioni ed agli uffici comunali competenti che sono tenuti ad effettuare i controlli circa l'effettiva rispondenza dell'impianto alla normativa vigente entro i successivi novanta giorni, salvo il diverso termine previsto dalle specifiche discipline regionali. Nel caso in cui dalla certificazione non risulti la conformità dell'opera al progetto ovvero la sua rispondenza a quanto disposto dalle vigenti norme, fatti salvi i casi di mero errore materiale, il SUAP, anche su richiesta delle amministrazioni o degli uffici competenti, adotta i provvedimenti necessari assicurando l'irrogazione delle sanzioni previste dalla legge, ivi compresa la riduzione in pristino a spese dell'impresa, dandone contestualmente comunicazione all'interessato entro e non oltre quindici giorni dal ricevimento della comunicazione di cui al comma 1; l'intervento di riduzione in pristino può essere direttamente realizzato anche da parte dell'imprenditore stesso.

4. Fatti salvi i poteri di autotutela e di vigilanza, le Amministrazioni e le Autorità competenti non possono in questa fase adottare interventi difformi dagli adempimenti pubblicati sul portale, secondo quanto previsto all'articolo 4, comma 3, lettera *a*) del presente Regolamento.

5. In conformità al procedimento di cui all'articolo 7, l'imprenditore comunica al SUAP l'inizio dei lavori per la realizzazione o modificazione dell'impianto produttivo.

CAPO VI
Monitoraggio istituzionale

11 Raccordo tra Istituzioni e monitoraggio sistematico.

1. I Ministri dello sviluppo economico, per la semplificazione normativa e per la pubblica amministrazione e l'innovazione, in collaborazione con la Conferenza delle Regioni, l'ANCI e Unioncamere, assicurando il coinvolgimento delle organizzazioni di rappresentanza delle imprese, predispongono forme di monitoraggio sull'attività e sul funzionamento del SUAP, anche con riguardo all'articolazione sul territorio delle attività imprenditoriali e degli insediamenti produttivi, alle condizioni di efficienza del mercato e alla rispondenza dei servizi pubblici alle esigenze di cittadini ed imprese, prevedendo altresì la possibilità, per le imprese ed altri soggetti pubblici e privati, di effettuare segnalazioni e rilevare criticità. I monitoraggi che comportino il trattamento di dati personali sono realizzati nel rispetto del decreto legislativo 30 giugno 2003, n. 196, sentito il Garante per la protezione dei dati personali. I risultati del monitoraggio sono trasmessi, per i primi tre anni dalla data di entrata in vigore della presente disciplina, al Parlamento in una relazione annuale. Di essi sono informati, ove necessario, il responsabile del SUAP e le amministrazioni pubbliche interessate, anche ai fini dell'attivazione di controlli e verifiche di competenza.

2. Nelle more dell'attuazione di quanto previsto dall'articolo 38, comma 5, del decreto-legge, i Ministri di cui al comma 1 predispongono, nell'ambito degli stanziamenti di bilancio destinati allo scopo a carico della finanza pubblica, un piano di formazione dei dipendenti pubblici, in collaborazione con la Conferenza delle Regioni, dell'ANCI e di Unioncamere, con la eventuale partecipazione anche di esponenti del sistema produttivo, che miri a diffondere sul territorio nazionale la capacità delle amministrazioni pubbliche di assicurare sempre e tempestivamente l'esercizio del diritto di iniziativa economica di cui all'articolo 38 del decreto-legge.

CAPO VII
Disposizioni finali

12 Abrogazioni e disposizioni transitorie e di attuazione.

1. Il presente regolamento ha efficacia:

a) in relazione ai Capi I, II, III, V e VI, a decorrere dal centottantesimo giorno dalla data della sua pubblicazione nella Gazzetta ufficiale, salvo quanto disposto dall'articolo 4, comma 10;

b) in relazione al Capo IV, a decorrere da un anno dalla data della sua pubblicazione nella Gazzetta ufficiale.

2. Fino alla scadenza dei termini di cui alle lettere *a*) e *b*) del comma 1, ai rispettivi procedimenti continuano ad applicarsi, in via transitoria, le disposizioni del de-

creto del Presidente della Repubblica 20 ottobre 1998, n. 447, e successive modificazioni.

3. Il Governo, le Regioni e gli Enti locali, in attuazione del principio di leale collaborazione, promuovono intese o concludono accordi, ai sensi dell'articolo 8, comma 6, della legge 5 giugno 2003, n. 131, e dell'articolo 4, comma 1, del decreto legislativo 28 agosto 1997, n. 281, in sede di Conferenza unificata, al fine di definire modalità di cooperazione organizzativa e gestionale per la funzionalità e l'operatività del sistema di sportelli unici e per l'attivazione di strumenti di controllo. Le intese e gli accordi di cui al periodo precedente sono, altresì, finalizzati ad assicurare la standardizzazione dei procedimenti e l'uni ficazione, quantomeno in ambito regionale, della modulistica delle amministrazioni responsabili dei sub-procedimenti, nonché la definizione di criteri minimi di omogeneità della modulistica a livello nazionale.

4. Fino alla definizione dei criteri minimi di omogeneità della modulistica di cui al comma 3, il soggetto interessato utilizza gli strumenti messi a disposizione dal portale, che si potrà avvalere di quanto predisposto dai SUAP già operativi.

5. L'Allegato tecnico, che costituisce parte integrante del presente regolamento, individua le modalità telematiche per la comunicazione ed il trasferimento dei dati tra i SUAP e tutti i soggetti coinvolti nel procedimento, nel rispetto del decreto legislativo 30 giugno 2003, n. 196. Eventuali modifiche all'allegato tecnico sono adottate con decreto dei Ministri della pubblica amministrazione e l'innovazione, dello sviluppo economico e per la semplificazione normativa, sentito il Garante per la protezione dei dati personali (1).

6. Fermo restando l'esigenza di garantire le modalità telematiche di comunicazione e di trasferimento dei dati tra le pubbliche amministrazioni, le Regioni possono integrare, sentito il Garante per la protezione dei dati personali, in conformità alle regole tecniche del SPC, sentito il DigitPA e per quanto di loro competenza, l'allegato tecnico di cui al comma 5, senza oneri aggiuntivi a carico della finanza pubblica.

7. Il decreto del Presidente della Repubblica 20 ottobre 1998, n. 447, e successive modificazioni, è abrogato a decorrere dal termine di cui al comma 1, lettera *b*).

8. Le amministrazioni interessate provvedono all'adempimento dei compiti derivanti dal presente regolamento con le risorse umane, strumentali e finanziarie previste a legislazione vigente e, comunque, senza nuovi o maggiori oneri a carico della finanza pubblica.

Il presente decreto, munito del sigillo dello Stato, sarà inserito nella Raccolta ufficiale degli atti normativi della Repubblica italiana. È fatto obbligo a chiunque spetti di osservarlo e di farlo osservare.

(1) *Per la modifica dell'allegato tecnico di cui al presente comma, in materia di specifiche tecniche e di riordino della disciplina sullo sportello unico delle attività produttive (SUAP), v. d.m. 12 novembre 2021 (G.U. 3 dicembre 2021, n. 288).*

6. Legge 11 novembre 2011, n. 180. — Norme per la tutela della libertà d'impresa. Statuto delle imprese. (*estratto*).

Pubblicata nella Gazzetta Ufficiale n. 265 del 14 novembre 2011.

CAPO I
Rapporti con le istituzioni

6 Procedure di valutazione.

1. Lo Stato, le regioni, gli enti locali e gli enti pubblici sono tenuti a valutare l'impatto delle iniziative legislative e regolamentari, anche di natura fiscale, sulle imprese, prima della loro adozione, attraverso:

a) l'integrazione dei risultati delle valutazioni nella formulazione delle proposte;

b) l'effettiva applicazione della disciplina di cui all'articolo 14, commi 1 e 4, della legge 28 novembre 2005, n. 246, relativa all'analisi dell'impatto della re golamentazione (AIR) e alla verifica dell'impatto della regolamentazione (VIR);

c) l'applicazione dei criteri di proporzionalità e, qualora possa determinarsi un pregiudizio eccessivo per le imprese, di gradualità in occasione dell'introduzione di nuovi adempimenti e oneri a carico delle imprese, tenendo conto delle loro dimensioni, del numero di addetti e del settore merceologico di attività.

2. All'articolo 14 della legge 28 novembre 2005, n. 246, sono apportate le seguenti modificazioni:

a) al comma 1, è aggiunto, in fine, il seguente periodo: « Nella individuazione e comparazione delle opzioni le amministrazioni competenti tengono conto della necessità di assicurare il corretto funzionamento concorrenziale del mercato e la tutela delle libertà individuali. »;

b) al comma 5, la lettera *a*) è sostituita dalla seguente:

« *a*) i criteri generali e le procedure dell'AIR, da concludere con apposita relazione, nonché le relative fasi di consultazione »;

c) dopo il comma 5, è inserito il seguente:

« 5-*bis*. La relazione AIR di cui al comma 5, lettera *a*), dà conto, tra l'altro, in apposite sezioni, della valutazione dell'impatto sulle piccole e medie imprese e degli oneri informativi e dei relativi costi amministrativi, introdotti o eliminati a carico di cittadini e imprese. Per onere informativo si intende qualunque adempimento comportante raccolta, elaborazione, trasmissione, conservazione e produzione di informazioni e documenti alla pubblica amministrazione ».

3. I criteri per l'effettuazione della stima dei costi amministrativi di cui al comma 5-*bis* dell'articolo 14 della legge 28 novembre 2005, n. 246, introdotto dal comma 2 del presente articolo, sono stabiliti, entro centoventi giorni dalla data di entrata in vigore della presente legge, con decreto del Presidente del Consi-

glio dei ministri, su proposta del Ministro per la pubblica amministrazione e l'innovazione e del Ministro per la semplificazione normativa, tenuto conto delle attività svolte ai sensi dell'articolo 25 del decreto-legge 25 giugno 2008, n. 112, convertito, con modificazioni, dalla legge 6 agosto 2008, n. 133.

4. Le regioni e gli enti locali, nell'ambito della propria autonomia organizzativa e senza nuovi o maggiori oneri per la finanza pubblica, individuano l'ufficio responsabile del coordinamento delle attività di cui al comma 1. Nel caso non sia possibile impiegare risorse interne o di altri soggetti pubblici, le amministrazioni possono avvalersi del sistema delle camere di commercio, nel rispetto della normativa vigente e, comunque, senza nuovi o maggiori oneri per la finanza pubblica.

5. I soggetti di cui al comma 1 prevedono e regolamentano il ricorso alla consultazione delle organizzazioni maggiormente rappresentative delle imprese prima dell'approvazione di una proposta legislativa, regolamentare o amministrativa, anche di natura fiscale, destinata ad avere conseguenze sulle imprese, fatto salvo quanto disposto ai sensi dell'articolo 14, comma 5, lettera *a*), della legge 28 novembre 2005, n. 246, come sostituita dal comma 2 del presente articolo.

6. (1).

(1) *Comma abrogato dall'art. 53, comma 1, lett.* q), *del d.lgs. 14 marzo 2013, n. 33.*

7 Riduzione e trasparenza degli adempimenti amministrativi a carico di cittadini e imprese.

1. Allo scopo di ridurre gli oneri informativi gravanti su cittadini e imprese, i regolamenti ministeriali o interministeriali, nonché i provvedimenti amministrativi a carattere generale adottati dalle amministrazioni dello Stato al fine di regolare l'esercizio di poteri autorizzatori, concessori o certificatori, nonché l'accesso ai servizi pubblici ovvero la concessione di benefici devono recare in allegato l'elenco di tutti gli oneri informativi gravanti sui cittadini e sulle imprese introdotti o eliminati con gli atti medesimi. Per onere informativo si intende qualunque adempimento che comporti la raccolta, l'elaborazione, la trasmissione, la conservazione e la produzione di informazioni e documenti alla pubblica amministrazione.

2. Gli atti di cui al comma 1, anche se pubblicati nella Gazzetta Ufficiale, sono pubblicati nei siti istituzionali di ciascuna amministrazione secondo i criteri e le modalità definiti con apposito regolamento da emanare con decreto del Presidente del Consiglio dei ministri, su proposta del Ministro per la pubblica amministrazione e l'innovazione, entro novanta giorni dalla data di entrata in vigore della presente legge.

3. Il Dipartimento della funzione pubblica predispone, entro il 31 marzo di ciascun anno, una relazione annuale sullo stato di attuazione delle disposizioni di cui ai commi 1 e 2, valuta il loro impatto in termini di semplificazione e riduzione degli adempimenti amministrativi per i cittadini e le imprese, an che utilizzando strumenti di consultazione delle categorie e dei soggetti interessati, e la trasmette al Parlamento.

4. Con il regolamento di cui al comma 2, ai fini della valutazione degli eventuali profili di responsabilità dei dirigenti preposti agli uffici interessati, sono individuate le modalità di presentazione dei reclami da parte dei cittadini e delle imprese per la mancata applicazione delle disposizioni del presente articolo.

8 Compensazione degli oneri regolatori, informativi e amministrativi.

1. Negli atti normativi e nei provvedimenti amministrativi a carattere generale che regolano l'esercizio di poteri autorizzatori, concessori o certificatori, nonché l'accesso ai servizi pubblici o la concessione di benefici, non possono essere introdotti nuovi oneri regolatori, informativi o amministrativi a carico di cittadini, imprese e altri soggetti privati senza contestualmente ridurne o eliminarne altri, per un pari importo stimato, con riferimento al medesimo arco temporale.

1-*bis*. Per gli atti normativi di competenza statale, il costo derivante dall'introduzione degli oneri regolatori, compresi quelli informativi e amministrativi ed esclusi quelli che costituiscono livelli minimi per l'attuazione della regolazione europea nonché gli oneri volti a disincentivare attività inquinanti, qualora non contestualmente compensato con una riduzione stimata di oneri di pari valore, è qualificato, salva deroga espressa, come onere fiscalmente detraibile, ferma restando la necessità della previa quantificazione delle minori entrate e della individuazione di un'idonea copertura finanziaria con norma di rango primario. Per gli atti normativi di iniziativa governativa, la stima del predetto costo è inclusa nell'ambito dell'analisi di impatto della regolamentazione di cui all'articolo 14 della legge 14 novembre 2005, n. 246 (1).

2. Entro il 31 gennaio di ogni anno, le amministrazioni statali trasmettono alla Presidenza del Consiglio dei Ministri una relazione sul bilancio complessivo degli oneri amministrativi, a carico di cittadini e imprese, introdotti e eliminati con gli atti normativi approvati nel corso dell'anno precedente, come valutati nelle relative analisi di impatto della regolamentazione (AIR), in conformità ai criteri di cui all'articolo 6, comma 3. Per gli atti normativi non sottoposti ad AIR, le Amministrazioni utilizzano i medesimi criteri per la stima e la quantificazione degli oneri amministrativi introdotti o eliminati. Per oneri amministrativi si intendono i costi degli adempimenti cui cittadini ed imprese sono tenuti nei confronti delle pubbliche amministrazioni nell'ambito del procedimento amministrativo, compreso qualunque adempimento comportante raccolta, elaborazione, trasmissione, conservazione e produzione di informazioni e documenti alla pubblica amministrazione (2).

2-*bis*. Sulla base delle relazioni di cui al comma 2 verificate, per quanto di competenza, dal Dipartimento per gli affari giuridici e legislativi (DAGL) della Presidenza del Consiglio dei Ministri, il Dipartimento della funzione pubblica predispone, sentite le associazioni imprenditoriali e le associazioni dei consumatori rappresentative a livello nazionale ai sensi del decreto legislativo 6 settembre 2005, n. 206, recante Codice del consumo, una relazione complessiva, contenente il bilancio annuale degli oneri amministrativi introdotti e eliminati, che evidenzia il risultato con riferimento a ciascuna amministrazione. La relazione è comunicata al DAGL e pubblicata nel sito istituzionale del Governo entro il 31 marzo di ciascun anno (2).

2-*ter*. Per ciascuna Amministrazione, quando gli oneri introdotti sono superiori a quelli eliminati, il Governo, ai fini del relativo pareggio, adotta, senza nuovi o maggiori oneri per la finanza pubblica, entro novanta giorni dalla pubblicazione della relazione di cui al comma 2-*bis*, uno o più regolamenti ai sensi dell'articolo 17, comma 2, della legge 23 agosto 1988, n. 400, per la riduzione di oneri amministrativi di competenza statale previsti da leggi. I regolamenti sono adottati, su proposta dei Ministri per la pubblica amministrazione e la semplificazione e dello sviluppo economico, di concerto con i Ministri competenti e sentite le associazioni di cui al comma 2-*bis*, nel rispetto dei seguenti princìpi e criteri direttivi:

a) proporzionalità degli adempimenti amministrativi alle esigenze di tutela degli interessi pubblici coinvolti in relazione ai diversi soggetti destinatari, nonché alla dimensione dell'impresa e al settore di attività;

b) eliminazione di dichiarazioni, attestazioni, certificazioni, comunque denominati, nonché degli adempimenti amministrativi e delle procedure non necessari rispetto alla tutela degli interessi pubblici in relazione ai soggetti destinatari e alle attività esercitate;

c) utilizzo delle autocertificazioni e, ove necessario, delle attestazioni e delle asseverazioni dei tecnici abilitati nonché delle dichiarazioni di conformità da parte dell'Agenzia delle imprese;

d) informatizzazione degli adempimenti e delle procedure amministrative, secondo la disciplina del decreto legislativo 7 marzo 2005, n. 82;

e) coordinamento delle attività di controllo al fine di evitare duplicazioni e sovrapposizioni, assicurando la proporzionalità degli stessi in relazione alla tutela degli interessi pubblici coinvolti (2).

2-*quater*. Per la riduzione di oneri amministrativi previsti da regolamenti si procede, nel rispetto dei criteri di cui comma 2-*ter*, con regolamenti, adottati ai sensi dell'articolo 17, comma 1, della legge 23 agosto 1988, n. 400, su proposta del Ministro per la pubblica amministrazione e la semplificazione, del Ministro dello sviluppo economico e del Ministro delle infrastrutture e dei trasporti, di concerto con i Ministri competenti e sentite le associazioni di cui al comma 2-*bis* (2).

2-*quinquies*. Per la riduzione di oneri amministrativi previsti da regolamenti ministeriali, si procede, nel rispetto dei criteri di cui comma 2-*ter*, con decreti del Presidente del Consiglio dei ministri, adottati ai sensi dell'articolo 17, comma 3, della legge 23 agosto 1988, n. 400, sulla proposta del Ministro per la pubblica amministrazione e la semplificazione, del Ministro dello sviluppo economico e dei Ministri compe tenti per materia, sentite le associazioni di cui al comma 2-*bis* (2).

2-*sexies*. Alle attività di cui al presente articolo, le amministrazioni provvedono con le risorse umane, strumentali e finanziarie disponibili a legislazione vigente, senza nuovi o maggiori oneri a carico della finanza pubblica (2).

2-*septies*. Le disposizioni del presente articolo non si applicano con riferimento agli atti normativi in materia tributaria, creditizia e di giochi pubblici (2).

(1) *Comma inserito dall'art. 14, comma 1 d.l. 16 luglio 2020, n. 76, conv., con modif., in l. 11 settembre 2020, n. 120.*

(2) *I commi 2 ss. sono stati così sostituiti all'originario comma 2 dall'art. 3 del d.l. 9 febbraio 2012, n. 5, conv., con modif., in l. 4 aprile 2012, n. 35. Il testo del comma 2 era il seguente:* « 2. Per la finalità di cui al comma 1, fermo restando quanto previsto dall'articolo 14, commi da 1 a 11, della legge 28 novembre 2005, n. 246, è obbligatoria una specifica valutazione preventiva degli oneri previsti dagli schemi di provvedimenti normativi e amministrativi. La suddetta valutazione deve, altresì, individuare altri oneri regolatori, informativi o amministrativi previsti dalle norme già in vigore, da ridurre o eliminare allo scopo di garantire l'invarianza degli oneri sui privati connessi alle nuove norme o prescrizioni ».

9 Rapporti con la pubblica amministrazione e modifica dell'articolo 2630 del codice civile.

1. Le pubbliche amministrazioni di cui all'articolo 1, comma 2, del decreto legislativo 30 marzo 2001, n. 165, e successive modificazioni, informano i rapporti con le imprese ai principi di trasparenza, di buona fede e di effettività dell'accesso ai documenti amministrativi, alle informazioni e ai servizi svolgendo l'attività amministrativa secondo criteri di economicità, di efficacia, di efficienza, di tempestività, di imparzialità, di uniformità di trattamento, di proporzionalità e di pubblicità, riducendo o eliminando, ove possibile, gli oneri meramente formali e burocratici relativi all'avvio dell'attività imprenditoriale e all'instaurazione dei rapporti di lavoro nel settore privato, nonché gli obblighi e gli adempimenti non sostanziali a carico dei lavoratori e delle imprese.

2. Le pubbliche amministrazioni di cui al comma 1 garantiscono, attraverso le camere di commercio, la pubblicazione e l'aggiornamento delle norme e dei requisiti minimi per l'esercizio di ciascuna tipologia di attività d'impresa. A questo fine, le medesime amministrazioni comunicano alle camere di commercio, entro il 31 dicembre di ogni anno, l'elenco delle norme e dei requisiti minimi per l'esercizio di ciascuna tipologia di attività d'impresa.

3. All'articolo 10-*bis* della legge 7 agosto 1990, n. 241, è aggiunto, in fine, il seguente periodo: « Non possono essere addotti tra i motivi che ostano all'accoglimento della domanda inadempienze o ritardi attribuibili all'amministrazione ».

4. Fermo restando quanto previsto dal comma 1 dell'articolo 19 della legge 7 agosto 1990, n. 241, e successive modificazioni, le certificazioni relative all'impresa devono essere comunicate dalla stessa al registro delle imprese di cui all'articolo 8 della legge 29 dicembre 1993, n. 580, e successive modificazioni, anche per il tramite delle agenzie per le imprese di cui all'articolo 38, comma 3, lettera *c*), del decreto-legge 25 giugno 2008, n. 112, convertito, con modificazioni, dalla legge 6 agosto 2008, n. 133, e sono inserite dalle camere di commercio nel repertorio economico amministrativo (REA). Alle pubbliche amministrazioni di cui al comma 1 del presente articolo, alle quali le imprese comunicano il proprio codice di iscrizione nel registro delle imprese, è garantito l'accesso telematico gratuito al registro delle imprese. Le pubbliche amministrazioni di cui al comma 1 non possono richiedere alle imprese copie di documentazione già presente nello stesso registro.

5. Al fine di rendere più equo il sistema delle sanzioni cui sono sottoposte le imprese relativamente alle denunce, alle comunicazioni e ai depositi da effettuarsi

presso il registro delle imprese tenuto dalle camere di commercio, l'articolo 2630 del codice civile è sostituito dal seguente:

« Art. 2630. (*Omessa esecuzione di denunce, comunicazioni e depositi*). — Chiunque, essendovi tenuto per legge a causa delle funzioni rivestite in una società o in un consorzio, omette di eseguire, nei termini prescritti, denunce, comunicazioni o depositi presso il registro delle imprese, ovvero omette di fornire negli atti, nella corrispondenza e nella rete telematica le informazioni prescritte dall'articolo 2250, primo, secondo, terzo e quarto comma, è punito con la sanzione amministrativa pecuniaria da 103 euro a 1.032 euro. Se la denuncia, la comunicazione o il deposito avvengono nei trenta giorni successivi alla scadenza dei termini prescritti, la sanzione amministrativa pecuniaria è ridotta ad un terzo.

Se si tratta di omesso deposito dei bilanci, la sanzione amministrativa pecuniaria è aumentata di un terzo ».

10 Delega al Governo in materia di disposizioni integrative e correttive del decreto legislativo 9 ottobre 2002, n. 231, nonché differimento di termini per l'esercizio di deleghe legislative in materia di incentivi e di internazionalizzazione delle imprese.

1. Il Governo è delegato ad adottare, entro dodici mesi dalla data di entrata in vigore della presente legge, un decreto legislativo recante modifiche al decreto legislativo 9 ottobre 2002, n. 231, per l'integrale recepimento della direttiva 2011/7/UE del Parlamento europeo e del Consiglio, del 16 febbraio 2011, sulla base dei seguenti principi e criteri direttivi:

a) contrasto degli effetti negativi della posizione dominante di imprese sui propri fornitori o sulle imprese subcommittenti, in particolare nel caso in cui si tratti di micro, piccole e medie imprese;

b) fermo quanto previsto dall'articolo 12 della legge 10 ottobre 1990, n. 287, previsione che l'Autorità garante della concorrenza e del mercato possa procedere ad indagini e intervenire in prima istanza con diffide e irrogare sanzioni relativamente a comportamenti illeciti messi in atto da grandi imprese.

2. Al comma 3-*bis* dell'articolo 9 della legge 18 giugno 1998, n. 192, è aggiunto, in fine, il seguente periodo: « In caso di violazione diffusa e reiterata della disciplina di cui al decreto legislativo 9 ottobre 2002, n. 231, posta in essere ai danni delle imprese, con particolare riferimento a quelle piccole e medie, l'abuso si configura a prescindere dall'accertamento della dipendenza economica ».

3. La legittimazione a proporre azioni in giudizio, di cui all'articolo 4, comma 1, della presente legge, si applica anche ai casi di abuso di dipendenza economica di cui all'articolo 9 della legge 18 giugno 1998, n. 192, come modificato, da ultimo, dal comma 2 del presente articolo.

4. Alla legge 23 luglio 2009, n. 99, e successive modificazioni, sono apportate le seguenti modificazioni:

a) all'articolo 3, comma 2, alinea, le parole: « diciotto mesi » sono sostituite dalle seguenti: « trentaquattro mesi »;

b) all'articolo 12, comma 2, alinea, le parole: « diciotto mesi » sono sostituite dalle seguenti: « ventotto mesi ».

11 Certificazione sostitutiva e procedura di verifica.

1. Le certificazioni relative a prodotti, processi e impianti rilasciate alle imprese dagli enti di normalizzazione a ciò autorizzati e da società professionali o da professionisti abilitati sono sostitutive della verifica da parte della pubblica amministrazione e delle autorità competenti, fatti salvi i profili penali.

2. Le pubbliche amministrazioni non possono richiedere alle imprese, all'esito di procedimenti di verifica, adempimenti ulteriori rispetto ai requisiti minimi di cui all'articolo 9, comma 2, né irrogare sanzioni che non riguardino esclusivamente il rispetto dei requisiti medesimi.

3. Nelle more dei procedimenti di verifica di cui al comma 2 del presente articolo e degli eventuali termini concordati per l'adeguamento ai requisiti minimi di cui all'articolo 9, comma 2, della presente legge, il procedimento di cui all'articolo 2 della legge 7 agosto 1990, n. 241, e successive modificazioni, non può essere sospeso per più di una volta e, in ogni caso, per un periodo non superiore a trenta giorni e l'attività dell'impresa non può essere sospesa, fatti salvi i casi di gravi difformità o di mancato rispetto dei requisiti medesimi, né l'amministrazione pubblica competente può esercitare poteri sanzionatori.

7. Legge 12 novembre 2011, n. 183. — Disposizioni per la formazione del bilancio annuale e pluriennale dello Stato. (Legge di stabilità 2012). (*estratto*).

Pubblicata nella Gazzetta Ufficiale n. 265 del 14 novembre 2011, S.O.

14 Riduzione degli oneri amministrativi per imprese e cittadini.

1. In via sperimentale, fino al 31 dicembre 2013, sull'intero territorio nazionale si applica la disciplina delle zone a burocrazia zero prevista dall'articolo 43 del decreto-legge 31 maggio 2010, n. 78, convertito, con modificazioni, dalla legge 30 luglio 2010, n. 122 (1).

2. A tale scopo, fino al 31 dicembre 2013, i provvedimenti di cui al primo periodo della lettera *a*) del comma 2 dell'articolo 43 del citato decreto-legge n. 78 del 2010 sono adottati, ferme restando le altre previsioni ivi contenute, in via esclusiva e all'unanimità, dall'ufficio locale del Governo, istituito in ciascun capoluogo di provincia, su richiesta della regione, d'intesa con gli enti interessati e su proposta del Ministro

dell'interno, con decreto del Presidente del Consiglio dei Ministri. La trasmissione dei dati e dei documenti previsti dal secondo periodo della medesima lettera, avviene in favore del medesimo ufficio (1).

3. L'ufficio locale del Governo è presieduto dal prefetto e composto da un rappresentante della regione, da un rappresentante della provincia, da un rappresentante della città metropolitana ove esistente, e da un rappresentante del comune interessato. Il dissenso di uno o più dei componenti, a pena di inammissibilità, deve essere manifestato nella riunione convocata dal prefetto, deve essere congruamente motivato e deve recare le specifiche indicazioni delle modifiche e delle integrazioni eventualmente necessarie ai fini dell'assenso. Si considera acquisito l'assenso dell'amministrazione il cui rappresentante non partecipa alla riunione medesima, ovvero non esprime definitivamente la volontà dell'amministrazione rappresentata (1).

4. Resta esclusa l'applicazione dei commi 1, 2 e 3 ai soli procedimenti amministrativi di natura tributaria, a quelli concernenti la tutela statale dell'ambiente, quella della salute e della sicurezza pubblica, nonché alle nuove iniziative produttive avviate su aree soggette a vincolo (1).

5. Fatto salvo quanto previsto dal decreto del Presidente della Repubblica 7 settembre 2010, n. 160, nel caso di mancato rispetto dei termini dei procedimenti, di cui all'*articolo* 7 del medesimo decreto, da parte degli enti interessati, l'adozione del provvedimento conclusivo è rimessa all'ufficio locale del Governo (1).

6. Le previsioni dei commi da 1 a 5 non comportano nuovi o maggiori oneri a carico della finanza pubblica e la partecipazione all'ufficio locale del Governo è a titolo gratuito e non comporta rimborsi (1).

(*Omissis*).

(1) *La Corte costituzionale, con sentenza 28 maggio 2014, n. 144, ha dichiarato, tra l'altro,* l'illegittimità costituzionale *del presente articolo, commi da 1 a 6, nella parte in cui era destinato ad applicarsi anche ai procedimenti amministrativi che si svolgono entro l'àmbito delle materie di competenza primaria e integrativa/attuativa della Regione autonoma Valle d'Aosta.*

8. Decreto legge 9 febbraio 2012, n. 5, convertito, con modificazioni, in legge 4 aprile 2012, n. 35. — Disposizioni urgenti in materia di semplificazione e di sviluppo. (*estratto*).

Pubblicato nella Gazzetta Ufficiale n. 33 del 9 febbraio 2012, S.O. n. 26; la legge di conversione è stata pubblicata nella Gazzetta Ufficiale n. 82 del 6 aprile 2012.

6 Comunicazione di dati per via telematica tra amministrazioni.

1. Sono effettuate esclusivamente in modalità telematica in conformità alle disposizioni del codice di cui al decreto legislativo 7 marzo 2005, n. 82, e successive modificazioni:

a) le comunicazioni e le trasmissioni tra comuni di atti e di documenti previsti dai regolamenti di cui al decreto del Presidente della Repubblica 3 novembre 2000, n. 396 e al decreto del Presidente della Repubblica 30 maggio 1989, n. 223, nonché dal testo unico delle leggi per la disciplina dell'elettorato attivo e per la tenuta e la revisione delle liste elettorali, di cui al decreto del Presidente della Repubblica 20 marzo 1967, n. 223;

b) le comunicazioni tra comuni e questure previste dai regolamenti di cui al regio decreto 6 maggio 1940, n. 635; (1)

c) le comunicazioni inviate ai comuni dai notai ai fini delle annotazioni delle convenzioni matrimoniali a margine dell'atto di matrimonio ai sensi dell'articolo 162 del codice civile;

d) le trasmissioni e l'accesso alle liste di cui all'articolo 1937 del codice dell'ordinamento militare, di cui al decreto legislativo 15 marzo 2010, n. 66.

2. Con uno o più decreti del Ministro dell'interno, di concerto con il Ministro per la pubblica amministrazione e la semplificazione, sentita la Conferenza Stato-città ed autonomie locali, da emanare entro centottanta giorni dalla data di entrata in vigore del presente decreto, sono disciplinati le modalità e i termini per l'attuazione del comma 1, lettere *a*), *b*) e *c*).

(*omissis*)

(1) *Lettera modificata dall'art. 1, comma 3, lett,* a), *d.lgs. 22 gennaio 2016, n. 10.*

14 Semplificazione dei controlli sulle imprese.

1. La disciplina dei controlli sulle imprese, comprese le aziende agricole, è ispirata, fermo quanto previsto dalla normativa dell'Unione europea, ai principi della semplicità, della proporzionalità dei controlli stessi e dei relativi adempimenti burocratici alla effettiva tutela del rischio, nonché del coordinamento dell'azione svolta dalle amministrazioni statali, regionali e locali.

2. (1).

3. Al fine di promuovere lo sviluppo del sistema produttivo e la competitività delle imprese e di assicurare la migliore tutela degli interessi pubblici, il Governo è autorizzato ad adottare, anche sulla base delle attività di misurazione degli oneri di cui all'articolo 25, del decreto-legge 25 giugno 2008, n. 112, convertito, con modificazioni, dalla legge 6 agosto 2008, n. 133, uno o più regolamenti ai sensi dell'articolo 17, comma 2, della legge 23 agosto 1988, n. 400, volti a razionalizzare, semplificare e coordinare i controlli sulle imprese.

4. I regolamenti sono emanati su proposta del Ministro per la pubblica amministrazione e la semplificazione, del Ministro dello sviluppo economico e dei Ministri competenti per materia, sentite le associazioni imprenditoriali e le organizzazioni sindacali comparativamente più rappresentative su base nazionale, in base ai seguenti princìpi e criteri direttivi, nel rispetto di quanto previsto dagli articoli 20, 20-*bis* e 20-*ter*, della legge 15 marzo 1997, n. 59, e successive modificazioni:

a) proporzionalità dei controlli e dei connessi adempimenti amministrativi al rischio inerente all'attività controllata, nonché alle esigenze di tutela degli interessi pubblici;

b) eliminazione di attività di controllo non necessarie rispetto alla tutela degli interessi pubblici;

c) coordinamento e programmazione dei controlli da parte delle amministrazioni in modo da assicurare la tutela dell'interesse pubblico evitando duplicazioni e sovrapposizioni e da recare il minore intralcio al normale esercizio delle attività dell'impresa, definendo la frequenza e tenendo conto dell'esito delle verifiche e delle ispezioni già effettuate;

d) collaborazione [amichevole] con i soggetti controllati al fine di prevenire rischi e situazioni di irregolarità;

e) informatizzazione degli adempimenti e delle procedure amministrative, secondo la disciplina del decreto legislativo 7 marzo 2005, n. 82, recante codice dell'amministrazione digitale;

f) razionalizzazione, anche mediante riduzione o eliminazione di controlli sulle imprese, tenendo conto del possesso di certificazione del sistema di gestione per la qualità ISO o altra appropriata certificazione emessa, a fronte di norme armonizzate, da un organismo di certificazione accreditato da un ente di accreditamento designato da uno Stato membro dell'Unione europea ai sensi del Regolamento 2008/765/CE, o firmatario degli Accordi internazionali di mutuo riconoscimento (IAF MLA).

5. Le regioni, le province autonome di Trento e di Bolzano e gli enti locali, nell'ambito dei propri ordinamenti, conformano le attività di controllo di loro competenza ai principi di cui al comma 4. A tale fine, entro sei mesi dall'entrata in vigore della legge di conversione del presente decreto, sono adottate apposite Linee guida mediante intesa in sede di Conferenza unificata.

6. Le disposizioni del presente articolo non si applicano ai controlli in materia fiscale, finanziaria e di salute e sicurezza sui luoghi di lavoro, per i quali continuano a trovare applicazione le disposizioni previste dalle vigenti leggi in materia.

6-*bis*. Nell'ambito dei lavori pubblici e privati dell'edilizia, le amministrazioni pubbliche acquisiscono d'ufficio il documento unico di regolarità contributiva con le modalità di cui all'articolo 43 del testo unico delle disposizioni legislative e regolamentari in materia di documentazione amministrativa, di cui al decreto del Presidente della Repubblica 28 dicembre 2000, n. 445, e successive modificazioni.

(1) *Comma abrogato dall'art. 53, comma 1, lett.* s), *d.lgs. 14 marzo 2013, n. 33. Il testo del comma era il seguente: « Le amministrazioni pubbliche di cui all'*articolo 1, comma 2, del decreto legislativo 30 marzo 2001, n. 165, *sono tenute a pubblicare sul proprio sito istituzionale e sul sito www.impresainungiorno.gov.it la lista dei controlli a cui sono assoggettate le imprese in ragione della dimensione e del settore di attività, indicando per ciascuno di essi i criteri e le modalità di svolgimento delle relative attività ».*

SEZIONE IV
Semplificazioni in materia ambientale

23 (1) Autorizzazione unica in materia ambientale per le piccole e medie imprese.

1. Ferme restando le disposizioni in materia di autorizzazione integrata ambientale di cui al titolo 3-*bis* del decreto legislativo 3 aprile 2006, n. 152, al fine di semplificare le procedure e ridurre gli oneri per le PMI e per gli impianti non soggetti alle citate disposizioni in materia di autorizzazione integrata ambientale, anche sulla base dei risultati delle attività di misurazione degli oneri amministrativi di cui all'articolo 25 del decreto-legge 25 giugno 2008, n. 112, convertito, con modificazioni, dalla legge 6 agosto 2008, n. 133, il Governo è autorizzato ad emanare un regolamento ai sensi dell'articolo 17, comma 2, della legge 23 agosto 1988, n. 400, su proposta del Ministro dell'ambiente e della tutela del territorio e del mare, del Ministro per la pubblica amministrazione e la semplificazione e del Ministro dello sviluppo economico, sentita la Conferenza unificata di cui al decreto legislativo 28 agosto 1997, n. 281, volto a disciplinare l'autorizzazione unica ambientale e a semplificare gli adempimenti amministrativi delle piccole e medie imprese e degli impianti non soggetti alle disposizioni in materia di autorizzazione integrata ambientale, in base ai seguenti principi e criteri direttivi, nel rispetto di quanto previsto dagli articoli 20, 20-*bis* e 20-*ter*, della legge 15 marzo 1997, n. 59, e successive modificazioni:

a) l'autorizzazione sostituisce ogni atto di comunicazione, notifica ed autorizzazione previsto dalla legislazione vigente in materia ambientale;

b) l'autorizzazione unica ambientale è rilasciata da un unico ente;

c) il procedimento deve essere improntato al principio di proporzionalità degli adempimenti amministrativi in relazione alla dimensione dell'impresa e al settore di attività, nonché all'esigenza di tutela degli interessi pubblici e non dovrà comportare l'introduzione di maggiori oneri a carico delle imprese.

2. Il regolamento di cui al comma 1 è emanato entro sei mesi dalla data di entrata in vigore del presente decreto e dalla data di entrata in vigore del medesimo regolamento sono identificate le norme, anche di legge, regolatrici dei relativi procedimenti che sono abrogate dalla data di entrata in vigore del medesimo regolamento.

[2-*bis*. La realizzazione delle infrastrutture di ricarica dei veicoli elettrici è sottoposta alla disciplina della segnalazione certificata di inizio attività di cui all'articolo 19 della legge 7 agosto 1990, n.241, e successive modificazioni] (2).

[2-*ter*. Con decreto del Ministero delle infrastrutture e dei trasporti, di concerto con il Ministero dell'ambiente e della tutela del territorio e del mare, da emanarsi entro trenta giorni, sono individuate le dichiarazioni, attestazioni, asseverazioni, nonché gli elaborati tecnici da presentare a corredo della segnalazione certificata di inizio attività di cui al comma 2-*bis*] (2).

(1) *Per l'attuazione del presente articolo v. il D.P.R. 13 marzo 2013, n. 59,* sub *V, 16.*

(2) *Comma abrogato dall'art. 57, comma 14 d.l. 16 luglio 2020, n. 76, conv., con modif., in l. 11 settembre 2020, n. 120.*

9. Decreto legge 24 giugno 2014, n. 90, convertito, con modificazioni, in legge 11 agosto 2014, n. 114. — Misure urgenti per la semplificazione e la trasparenza amministrativa e per l'efficienza degli uffici giudiziari. (*estratto*).

Pubblicato nella Gazzetta Ufficiale n. 144 del 24 giugno 2014; la legge di conversione è stata pubblicata nella Gazzetta Ufficiale n. 190 del 18 agosto 2014.

24 Agenda della semplificazione amministrativa e moduli standard.

1. Entro il 30 ottobre 2020 (1), il Consiglio dei ministri, su proposta del Ministro per la semplificazione e la pubblica amministrazione, previa intesa con la Conferenza unificata di cui all'articolo 8 del decreto legislativo 28 agosto 1997, n. 281, approva l'Agenda per la semplificazione per il periodo 2020-2023 (1), concernente le linee di indirizzo e il programma di interventi di semplificazione per la ripresa a seguito dell'emergenza epidemiologica da COVID-19, condivisi (1) tra Stato, regioni, province autonome e autonomie locali e il cronoprogramma per la loro attuazione. L'Agenda per la semplificazione contempla, tra l'altro, la sottoscrizione di accordi e intese ai sensi dell'articolo 9 del decreto legislativo 28 agosto 1997, n. 281 e dell'articolo 8 della legge 5 giugno 2003, n. 131, al fine di coordinare le iniziative e le attività delle amministrazioni interessate e di proseguire l'attività per l'attuazione condivisa delle misure contenute nel decreto-legge 9 febbraio 2012, n. 5, convertito, con modificazioni, dalla legge 4 aprile 2012, n. 35. A tal fine, mediante gli accordi e le intese di cui al presente comma, è istituito, presso la Conferenza unificata di cui all'articolo 8 del decreto legislativo 28 agosto 1997, n. 281, un apposito comitato interistituzionale e sono individuate le forme di consultazione dei cittadini, delle imprese e delle loro associazioni. Il Ministro per la semplificazione e la pubblica amministrazione illustra alla Commissione parlamentare per la semplificazione i contenuti dell'Agenda per la semplificazione entro quarantacinque giorni dalla sua approvazione da parte del Consiglio dei ministri e riferisce sul relativo stato di attuazione entro il 30 aprile di ciascun anno.

1-*bis*. Entro centocinquanta giorni dalla data di entrata in vigore della presente disposizione, lo Stato, le Regioni e le autonomie locali, sentiti le associazioni imprenditoriali, gli ordini e le associazioni professionali, completano la ricognizione dei procedimenti amministrativi al fine di individuare:

a) le attività soggette ad autorizzazione, giustificate da motivi imperativi di interesse generale e le attività soggette ai regimi giuridici di cui agli articoli 19, 19-*bis* e 20 della legge 7 agosto 1990, n. 241, ovvero al mero obbligo di comunicazione;

b) i provvedimenti autorizzatori, gli adempimenti e le misure incidenti sulla libertà di iniziativa economica ritenuti non indispensabili, fatti salvi quelli imposti dalla normativa dell'Unione europea e quelli posti a tutela di principi e interessi costituzionalmente rilevanti;

c) i procedimenti da semplificare;

d) le discipline e i tempi uniformi per tipologie omogenee di procedimenti;

e) i procedimenti per i quali l'autorità competente può adottare un'autorizzazione generale;

f) i livelli di regolazione superiori a quelli minimi richiesti per l'adeguamento alla normativa dell'Unione europea (2).

1-*ter*. Gli esiti della ricognizione sono trasmessi al Presidente del Consiglio dei ministri e al Ministro per la pubblica amministrazione, alla Conferenza delle regioni e delle province autonome, all'Unione delle province d'Italia e all'Associazione nazionale dei comuni italiani (2).

2. [Entro centottanta giorni dall'entrata in vigore del presente decreto] (3) le amministrazioni statali, ove non abbiano già provveduto, adottano con decreto del Ministro competente, di concerto con il Ministro delegato per la semplificazione e la pubblica amministrazione, sentita la Conferenza unificata, moduli unificati e standardizzati su tutto il territorio nazionale per la presentazione di istanze, dichiarazioni e segnalazioni da parte dei cittadini e delle imprese, che possono essere utilizzati da cittadini e imprese decorsi trenta giorni dalla pubblicazione dei relativi decreti.

2-*bis*. Le disposizioni del presente articolo sono applicabili nelle regioni a statuto speciale e nelle province autonome di Trento e di Bolzano compatibilmente con le norme dei rispettivi statuti e delle relative norme di attuazione, con particolare riferimento a quanto previsto dal decreto del Presidente della Repubblica 15 luglio 1988, n. 574.

3. Il Governo, le regioni e gli enti locali, in attuazione del principio di leale collaborazione, concludono, in sede di Conferenza unificata, accordi ai sensi dell'articolo 9 del decreto legislativo 28 agosto 1997, n. 281 o intese ai sensi dell'articolo 8 della legge 5 giugno 2003, n. 131, per adottare, tenendo conto delle specifiche normative regionali, una modulistica unificata e standardizzata su tutto il territorio nazionale per la presentazione alle pubbliche amministrazioni regionali e agli enti locali di istanze, dichiarazioni e segnalazioni [con riferimento all'edilizia e all'avvio di attività produttive] (3). Le pubbliche amministrazioni regionali e locali utilizzano i moduli unificati e standardizzati nei termini fissati con i suddetti accordi o intese; i cittadini e le imprese li possono comunque utilizzare decorsi trenta giorni dai medesimi termini.

[3-*bis*. Entro centottanta giorni dalla data di entrata in vigore della legge di conversione del presente decreto, le amministrazioni di cui ai commi 2 e 3 approvano un piano di informatizzazione delle procedure per la presentazione di istanze, dichiarazioni e segnalazioni che permetta la compilazione on line con procedure guidate accessibili tramite autenticazione con il

Sistema pubblico per la gestione dell'identità digitale di cittadini e imprese. Le procedure devono permettere il completamento della procedura, il tracciamento dell'istanza con individuazione del responsabile del procedimento e, ove applicabile, l'indicazione dei termini entro i quali il richiedente ha diritto ad ottenere una risposta. Il piano deve prevedere una completa informatizzazione] (4).

4. Ai sensi dell'articolo 117, secondo comma, lettere *e*), *m*) e *r*), della Costituzione, gli accordi sulla modulistica [per l'edilizia e per l'avvio di attività produttive] (3) conclusi in sede di Conferenza unificata sono rivolti ad assicurare la libera concorrenza, costituiscono livelli essenziali delle prestazioni concernenti i diritti civili e sociali che devono essere garantiti su tutto il territorio nazionale, assicurano il coordinamento informativo statistico e informatico dei dati dell'amministrazione statale, regionale e locale al fine di agevolare l'attrazione di investimenti dall'estero.

4-*bis*. [La modulistica di cui ai commi 2 e 3 è pubblicata nel portale *www.impresainungiorno.gov.it* ed è resa disponibile per la compilazione delle pratiche telematiche da parte delle imprese entro sessanta giorni dalla sua approvazione] (4).

4-*ter*. [All'articolo 62, comma 3, del codice di cui al decreto legislativo 7 marzo 2005, n. 82, e successive modificazioni, dopo il primo periodo è inserito il seguente: "Tali funzioni, ad eccezione di quelle anagrafiche, possono altresì essere svolte utilizzando i dati anagrafici, costantemente allineati all'ANPR, eventualmente conservati dai comuni, nelle basi di dati locali"] (4).

(1) *Le parole* « Entro il 30 ottobre 2020 » *sono state sostituite alle parole* « Entro il 31 ottobre 2014 », *le parole* « periodo 2020-2023 » *sono state sostituite alle parole* « triennio 2015-2017 » *e le parole* « e il programma di interventi di semplificazione per la ripresa a seguito dell'emergenza epidemiologica da COVID-19, condivisi » *sono state sostituite alla parola* « condividise » *dall'art. 15, comma 1, lett.* a) *d.l. 16 luglio 2020, n. 76, conv., con modif., in l. 11 settembre 2020, n. 120.*

(2) *Comma inserito dall'art. 15, comma 1, lett.* b) *d.l. n. 76, cit.*

(3) *Le parole tra parentesi quadra sono state soppresse dall'art. 15, comma 1, lett.* c), d) *ed* e) *d.l. n. 76, cit.*

(4) *Comma abrogato dall'art. 64, comma 6, del d.lgs. 26 agosto 2016, n. 179.*

24-*ter* Regole tecniche per l'attuazione dell'Agenda digitale italiana.

1. Le regole tecniche previste per l'attuazione dell'Agenda digitale italiana, come definita dall'articolo 47 del decreto-legge 9 febbraio 2012, n. 5, convertito, con modificazioni, dalla legge 4 aprile 2012, n. 35, e successive modificazioni, sono adottate con le modalità previste dall'articolo 71 del codice di cui al decreto legislativo 7 marzo 2005, n. 82, come da ultimo modificato dal presente articolo. Qualora non ancora adottate e decorsi ulteriori novanta giorni dalla data di entrata in vigore della legge di conversione del presente decreto, le regole tecniche per l'attuazione del codice dell'amministrazione digitale possono essere dettate con decreto del Presidente del Consiglio dei ministri anche ove non sia pervenuto il concerto dei Ministri interessati.

2. Al comma 1 dell'articolo 71 del codice di cui al decreto legislativo 7 marzo 2005, n. 82, e successive modificazioni, sono aggiunti, in fine, i seguenti periodi: "Le amministrazioni competenti, la Conferenza unificata e il Garante per la protezione dei dati personali rispondono entro trenta giorni dalla richiesta di parere. In mancanza di risposta nel termine indicato nel periodo precedente, il parere si intende interamente favorevole".

24-*quater* Servizi in rete e basi di dati delle pubbliche amministrazioni.

1. A decorrere dal centottantesimo giorno successivo alla data di entrata in vigore della legge di conversione del presente decreto, le pubbliche amministrazioni che non rispettano quanto prescritto dall'articolo 63 e dall'articolo 52, comma 1, del codice di cui al decreto legislativo 7 marzo 2005, n. 82, e successive modificazioni, sono soggette alla sanzione prevista dall'articolo 19, comma 5, lettera *b*), del presente decreto.

2. Entro trenta giorni dalla data di entrata in vigore della legge di conversione del presente decreto, i soggetti di cui all'articolo 2, comma 2, del codice di cui al decreto legislativo 7 marzo 2005, n. 82, e successive modificazioni, comunicano all'Agenzia per l'Italia digitale, esclusivamente per via telematica, l'elenco delle basi di dati in loro gestione e degli applicativi che le utilizzano.

10. Legge 7 agosto 2015, n. 124. — Deleghe al Governo in materia di riorganizzazione delle amministrazioni pubbliche. (*estratto*).

Pubblicata nella Gazzetta Ufficiale n. 187 del 13 agosto 2015.

CAPO I
Semplificazioni amministrative

1 Carta della cittadinanza digitale.

1. Al fine di garantire ai cittadini e alle imprese, anche attraverso l'utilizzo delle tecnologie dell'informazione e della comunicazione, il diritto di accedere a tutti i dati, i documenti e i servizi di loro interesse in modalità digitale, nonché al fine di garantire la semplificazione nell'accesso ai servizi alla persona, riducendo la necessità dell'accesso fisico agli uffici pubblici, il Governo è delegato ad adottare, entro dodici mesi dalla data di entrata in vigore della presente legge, con invarianza delle risorse umane, finanziarie e strumentali disponibili a legislazione vigente, uno o più decreti legislativi volti a modificare e integrare, anche dispo-

nendone la delegificazione, il codice dell'amministrazione digitale, di cui al decreto legislativo 7 marzo 2005, n. 82, di seguito denominato « CAD », nel rispetto dei seguenti principi e criteri direttivi:

a) individuare strumenti per definire il livello minimo di sicurezza, qualità, fruibilità, accessibilità e tempestività dei servizi on line delle amministrazioni pubbliche; prevedere, a tal fine, speciali regimi sanzionatori e premiali per le amministrazioni stesse;

b) ridefinire e semplificare i procedimenti amministrativi, in relazione alle esigenze di celerità, certezza dei tempi e trasparenza nei confronti dei cittadini e delle imprese, mediante una disciplina basata sulla loro digitalizzazione e per la piena realizzazione del principio « innanzitutto digitale » (digital first), nonché l'organizzazione e le procedure interne a ciascuna amministrazione;

c) garantire, in linea con gli obiettivi dell'Agenda digitale europea, la disponibilità di connettività a banda larga e ultralarga e l'accesso alla rete internet presso gli uffici pubblici e altri luoghi che, per la loro funzione, richiedono le suddette dotazioni, anche attribuendo carattere prioritario, nei bandi per accedere ai finanziamenti pubblici per la realizzazione della strategia italiana per la banda ultralarga, all'infrastrutturazione con reti a banda ultralarga nei settori scolastico, sanitario e turistico, agevolando in quest'ultimo settore la realizzazione di un'unica rete wi-fi ad accesso libero, con autenticazione tramite Sistema pubblico per la gestione dell'identità digitale (SPID), presente in tutti i luoghi di particolare interesse turistico, e prevedendo la possibilità di estendere il servizio anche ai non residenti in Italia, nonché prevedendo che la porzione di banda non utilizzata dagli uffici pubblici sia messa a disposizione degli utenti, anche non residenti, attraverso un sistema di autenticazione tramite SPID; garantire l'accesso e il riuso gratuiti di tutte le informazioni prodotte e detenute dalle amministrazioni pubbliche in formato aperto, l'alfabetizzazione digitale, la partecipazione con modalità telematiche ai processi decisionali delle istituzioni pubbliche, la piena disponibilità dei sistemi di pagamento elettronico nonché la riduzione del divario digitale sviluppando le competenze digitali di base;

d) ridefinire il Sistema pubblico di connettività al fine di semplificare le regole di cooperazione applicativa tra amministrazioni pubbliche e di favorire l'adesione al Sistema da parte dei privati, garantendo la sicurezza e la resilienza dei sistemi;

e) definire i criteri di digitalizzazione del processo di misurazione e valutazione della performance per permettere un coordinamento a livello nazionale;

f) coordinare e razionalizzare le vigenti disposizioni di legge in materia di strumenti di identificazione, comunicazione e autenticazione in rete con la disciplina di cui all'articolo 64 del CAD e la relativa normativa di attuazione in materia di SPID, anche al fine di promuovere l'adesione da parte delle amministrazioni pubbliche e dei privati al predetto SPID;

g) favorire l'elezione di un domicilio digitale da parte di cittadini e imprese ai fini dell'interazione con le amministrazioni, anche mediante sistemi di comunicazione non ripudiabili, garantendo l'adozione di soluzioni idonee a consentirne l'uso anche in caso di indisponibilità di adeguate infrastrutture e dispositivi di comunicazione o di un inadeguato livello di alfabetizzazione informatica, in modo da assicurare, altresì, la piena accessibilità mediante l'introduzione, compatibilmente con i vincoli di bilancio, di modalità specifiche e peculiari, quali, tra le altre, quelle relative alla lingua italiana dei segni;

h) semplificare le condizioni di esercizio dei diritti e l'accesso ai servizi di interesse dei cittadini e assicurare la conoscibilità della normativa e degli strumenti di sostegno della maternità e della genitorialità corrispondenti al profilo dei richiedenti, attraverso l'utilizzo del sito internet dell'Istituto nazionale della previdenza sociale collegato con i siti delle amministrazioni regionali e locali, attivabile al momento dell'iscrizione anagrafica della figlia o del figlio nato o adottato, secondo modalità e procedure che garantiscano la certezza e la riservatezza dei dati;

i) razionalizzare gli strumenti di coordinamento e collaborazione delle amministrazioni pubbliche al fine di conseguire obiettivi di ottimizzazione della spesa nei processi di digitalizzazione favorendo l'uso di software open source, tenendo comunque conto di una valutazione tecnico-economica delle soluzioni disponibili, nonché obiettivi di risparmio energetico;

l) razionalizzare i meccanismi e le strutture deputati alla governance in materia di digitalizzazione, al fine di semplificare i processi decisionali;

m) semplificare le modalità di adozione delle regole tecniche e assicurare la neutralità tecnologica delle disposizioni del CAD, semplificando allo stesso tempo il CAD medesimo in modo che contenga esclusivamente principi di carattere generale;

n) ridefinire le competenze dell'ufficio dirigenziale di cui all'articolo 17, comma 1, del CAD, con la previsione della possibilità di collocazione alle dirette dipendenze dell'organo politico di vertice di un responsabile individuato nell'ambito dell'attuale dotazione organica di fatto del medesimo ufficio, dotato di adeguate competenze tecnologiche e manageriali, per la transizione alla modalità operativa digitale e dei conseguenti processi di riorganizzazione finalizzati alla realizzazione di un'amministrazione digitale e aperta, di servizi facilmente utilizzabili e di qualità, attraverso una maggiore efficienza ed economicità;

o) adeguare il testo delle disposizioni vigenti alle disposizioni adottate a livello europeo, al fine di garantirne la coerenza, e coordinare formalmente e sostanzialmente il testo delle disposizioni vigenti, anche contenute in provvedimenti diversi dal CAD, apportando le modifiche necessarie per garantire la coerenza giuridica, logica e sistematica della normativa e per adeguare, aggiornare e semplificare il linguaggio normativo e coordinare le discipline speciali con i principi del CAD al fine di garantirne la piena esplicazione;

p) adeguare l'ordinamento alla disciplina europea in materia di identificazione elettronica e servizi fiduciari per le transazioni elettroniche;

q) prevedere che i pagamenti digitali ed elettronici effettuati con qualsiasi modalità di pagamento, ivi incluso l'utilizzo per i micropagamenti del credito telefonico, costituiscano il mezzo principale per i pagamenti dovuti nei confronti della pubblica amministrazione e degli esercenti servizi di pubblica utilità;

r) indicare esplicitamente le norme abrogate, fatta salva l'applicazione dell'articolo 15 delle disposizioni sulla legge in generale premesse al codice civile.

2. I decreti legislativi di cui al comma 1 sono adottati su proposta del Ministro delegato per la semplificazione e la pubblica amministrazione, previa acquisizione del parere della Conferenza unificata di cui all'articolo 8 del decreto legislativo 28 agosto 1997, n. 281, e del parere del Consiglio di Stato, che sono resi nel termine di quarantacinque giorni dalla data di trasmissione di ciascuno schema di decreto legislativo, decorso il quale il Governo può comunque procedere. Lo schema di ciascun decreto legislativo è successivamente trasmesso alle Camere per l'espressione dei pareri della Commissione parlamentare per la semplificazione e delle Commissioni parlamentari competenti per materia e per i profili finanziari, che si pronunciano nel termine di sessanta giorni dalla data di trasmissione, decorso il quale il decreto legislativo può essere comunque adottato. Se il termine previsto per il parere cade nei trenta giorni che precedono la scadenza del termine previsto al comma 1 o successivamente, la scadenza medesima è prorogata di novanta giorni. Il Governo, qualora non intenda conformarsi ai pareri parlamentari, trasmette nuovamente i testi alle Camere con le sue osservazioni e con eventuali modificazioni, corredate dei necessari elementi integrativi di informazione e motivazione. Le Commissioni competenti per materia possono esprimersi sulle osservazioni del Governo entro il termine di dieci giorni dalla data della nuova trasmissione. Decorso tale termine, i decreti possono comunque essere adottati.

3. Entro dodici mesi dalla data di entrata in vigore di ciascuno dei decreti legislativi di cui al comma 1, il Governo può adottare, nel rispetto dei principi e criteri direttivi e della procedura di cui al presente articolo, uno o più decreti legislativi recanti disposizioni integrative e correttive. (1)

(1) *Per l'attuazione della delega prevista dal presente comma v. il d.lgs. 26 agosto 2016, n. 179 e il successivo d.lgs. 13 dicembre 2017 n. 217 contenenti modifiche al Codice dell'amministrazione digitale di cui al d.lgs. 7 marzo 2005, n. 82* (sub, *III, 30*)

2 Conferenza di servizi.

1. Il Governo è delegato ad adottare, entro dodici mesi dalla data di entrata in vigore della presente legge, un decreto legislativo per il riordino della disciplina in materia di conferenza di servizi, nel rispetto dei seguenti principi e criteri direttivi:

a) ridefinizione e riduzione dei casi in cui la convocazione della conferenza di servizi è obbligatoria, anche in base alla complessità del procedimento;

b) ridefinizione dei tipi di conferenza, anche al fine di introdurre modelli di istruttoria pubblica per garantire la partecipazione anche telematica degli interessati al procedimento, limitatamente alle ipotesi di adozione di provvedimenti di interesse generale, in alternativa a quanto previsto dall'articolo 10 della legge 7 agosto 1990, n. 241, e nel rispetto dei principi di economicità, proporzionalità e speditezza dell'azione amministrativa;

c) riduzione dei termini per la convocazione, per l'acquisizione degli atti di assenso previsti, per l'adozione della determinazione motivata di conclusione del procedimento;

d) certezza dei tempi della conferenza, ovvero necessità che qualsiasi tipo di conferenza di servizi abbia una durata certa, anche con l'imposizione a tutti i partecipanti di un onere di chiarezza e inequivocità delle conclusioni espresse;

e) disciplina della partecipazione alla conferenza di servizi finalizzata a:

1) garantire forme di coordinamento o di rappresentanza unitaria delle amministrazioni interessate;

2) prevedere la partecipazione alla conferenza di un unico rappresentante delle amministrazioni statali, designato, per gli uffici periferici, dal dirigente dell'Ufficio territoriale dello Stato di cui all'articolo 8, comma 1, lettera e);

f) disciplina del calcolo delle presenze e delle maggioranze volta ad assicurare la celerità dei lavori della conferenza;

g) previsione che si consideri comunque acquisito l'assenso delle amministrazioni, ivi comprese quelle preposte alla tutela della salute, del patrimonio storico-artistico e dell'ambiente che, entro il termine dei lavori della conferenza, non si siano espresse nelle forme di legge;

h) semplificazione dei lavori della conferenza di servizi, anche attraverso la previsione dell'obbligo di convocazione e di svolgimento della stessa con strumenti informatici e la possibilità, per l'amministrazione procedente, di acquisire ed esaminare gli interessi coinvolti in modalità telematica asincrona;

i) differenziazione delle modalità di svolgimento dei lavori della conferenza, secondo il principio di proporzionalità, prevedendo per i soli casi di procedimenti complessi la convocazione di riunioni in presenza;

l) revisione dei meccanismi decisionali, con la previsione del principio della prevalenza delle posizioni espresse in sede di conferenza per l'adozione della determinazione motivata di conclusione del procedimento nei casi di conferenze decisorie; precisazione dei poteri dell'amministrazione procedente, in particolare nei casi di mancata espressione degli atti di assenso ovvero di dissenso da parte delle amministrazioni competenti;

m) possibilità per le amministrazioni di chiedere all'amministrazione procedente di assumere determinazioni in via di autotutela ai sensi degli articoli 21-quinquies e 21-nonies della legge 7 agosto 1990, n. 241, e successive modificazioni, purché abbiano partecipato alla conferenza di servizi o si siano espresse nei termini;

n) definizione, nel rispetto dei principi di ragionevolezza, economicità e leale collaborazione, di meccanismi e termini per la valutazione tecnica e per la necessaria composizione degli interessi pubblici nei casi in cui la legge preveda la partecipazione al procedimento delle amministrazioni preposte alla tutela dell'ambiente, del paesaggio, del patrimonio storico-artistico, della salute o della pubblica incolumità, in modo da pervenire in ogni caso alla conclusione del procedimento entro i termini previsti; previsione per le amministrazioni citate della possibilità di attivare procedure di riesame;

o) coordinamento delle disposizioni di carattere generale di cui agli articoli 14, 14-*bis*, 14-*ter*, 14-*quater* e 14-*quinquies* della legge 7 agosto 1990, n. 241, con la normativa di settore che disciplina lo svolgimento della conferenza di servizi;

p) coordinamento delle disposizioni in materia di conferenza di servizi con quelle dell'articolo 17-*bis* della legge 7 agosto 1990, n. 241, introdotto dall'articolo 3 della presente legge;

q) definizione di limiti e termini tassativi per le richieste di integrazioni documentali o chiarimenti prevedendo che oltre il termine tali richieste non possano essere evase, né possano in alcun modo essere prese in considerazione al fine della definizione del provvedimento finale.

2. Il decreto legislativo di cui al comma 1 è adottato su proposta del Ministro delegato per la semplificazione e la pubblica amministrazione, previa acquisizione del parere della Conferenza unificata di cui all'articolo 8 del decreto legislativo 28 agosto 1997, n. 281, e del parere del Consiglio di Stato, che sono resi nel termine di quarantacinque giorni dalla data di trasmissione dello schema di decreto legislativo, decorso il quale il Governo può comunque procedere. Lo schema di decreto legislativo è successivamente trasmesso alle Camere per l'espressione dei pareri delle Commissioni parlamentari competenti per materia e per i profili finanziari e della Commissione parlamentare per la semplificazione, che si pronunciano nel termine di sessanta giorni dalla data di trasmissione, decorso il quale il decreto legislativo può essere comunque adottato. Se il termine previsto per il parere cade nei trenta giorni che precedono la scadenza del termine previsto al comma 1 o successivamente, la scadenza medesima è prorogata di novanta giorni. Il Governo, qualora non intenda conformarsi ai pareri parlamentari, trasmette nuovamente il testo alle Camere con le sue osservazioni e con eventuali modificazioni, corredate dei necessari elementi integrativi di informazione e motivazione. Le Commissioni competenti per materia possono esprimersi sulle osservazioni del Governo entro il termine di dieci giorni dalla data della nuova trasmissione. Decorso tale termine, il decreto può comunque essere adottato.

3. Entro dodici mesi dalla data di entrata in vigore del decreto legislativo di cui al comma 1, il Governo può adottare, nel rispetto dei principi e criteri direttivi e della procedura di cui al presente articolo, uno o più decreti legislativi recanti disposizioni integrative e correttive (1).

(1) *In attuazione della delega prevista dal presente comma v. il d.lgs. 30 giugno 2016, n. 127, contenente modifiche alla legge n. 241/1990 (sub, III, 1).*

3 Silenzio assenso tra amministrazioni pubbliche e tra amministrazioni pubbliche e gestori di beni o servizi pubblici.

(*Omissis*) (1).

(1) *Inserisce l'art.* 17-bis *alla l. 7 agosto 1990, n. 241.*

4 Norme per la semplificazione e l'accelerazione dei procedimenti amministrativi.

1. Con regolamento da emanare, ai sensi dell'articolo 17, comma 2, della legge 23 agosto 1988, n. 400, e successive modificazioni, previa intesa in sede di Conferenza unificata di cui all'articolo 8 del decreto legislativo 28 agosto 1997, n. 281, entro centottanta giorni dalla data di entrata in vigore della presente legge, sono dettate norme di semplificazione e accelerazione dei procedimenti amministrativi, sulla base delle seguenti norme generali regolatrici della materia:

a) individuazione dei tipi di procedimento amministrativo, relativi a rilevanti insediamenti produttivi, a opere di interesse generale o all'avvio di attività imprenditoriali, ai quali possono essere applicate le misure di cui alle lettere *c*) e seguenti;

b) individuazione in concreto da parte del Presidente del Consiglio dei ministri, previa deliberazione del Consiglio dei ministri, nell'ambito dei tipi di procedimento indicati alla lettera *a*), dei singoli interventi con positivi effetti sull'economia o sull'occupazione per i quali adottare le misure di cui alle lettere *c*) e seguenti;

c) previsione, per ciascun procedimento, dei relativi termini, ridotti in misura non superiore al 50 per cento rispetto a quelli applicabili ai sensi dell'articolo 2 della legge 7 agosto 1990, n. 241, e successive modificazioni;

d) per i procedimenti di cui alla lettera *b*), attribuzione, previa delibera del Consiglio dei ministri, di poteri sostitutivi al Presidente del Consiglio dei ministri o a un suo delegato;

e) previsione, per i procedimenti in cui siano coinvolte amministrazioni delle regioni e degli enti locali, di idonee forme di raccordo per la definizione dei poteri sostitutivi di cui alla lettera *d*);

f) definizione dei criteri di individuazione di personale in servizio presso le amministrazioni pubbliche, in possesso di specifiche competenze tecniche e amministrative, di cui possono avvalersi i titolari dei poteri sostitutivi di cui alla lettera *d*) senza riconoscimento di trattamenti retributivi ulteriori rispetto a quelli in godimento e senza nuovi o maggiori oneri per la finanza pubblica (1).

(1) *In attuazione di quanto disposto dal presente articolo v. il D.P.R. 12 settembre 2016, n. 194 (sub, III, 12).*

5 Segnalazione certificata di inizio attività, silenzio assenso, autorizzazione espressa e comunicazione preventiva.

1. Il Governo è delegato ad adottare, entro dodici mesi dalla data di entrata in vigore della presente legge, uno o più decreti legislativi per la precisa individuazione dei procedimenti oggetto di segnalazione certificata di inizio attività o di silenzio assenso, ai sensi degli articoli 19 e 20 della legge 7 agosto 1990, n. 241, nonché di quelli per i quali è necessaria l'autorizzazione espressa e di quelli per i quali è sufficiente una comunicazione preventiva, sulla base dei principi e criteri direttivi desumibili dagli stessi articoli, dei prin-

cipi del diritto dell'Unione europea relativi all'accesso alle attività di servizi e dei principi di ragionevolezza e proporzionalità, introducendo anche la disciplina generale delle attività non assoggettate ad autorizzazione preventiva espressa, compresa la definizione delle modalità di presentazione e dei contenuti standard degli atti degli interessati e di svolgimento della procedura, anche telematica, nonché degli strumenti per documentare o attestare gli effetti prodotti dai predetti atti, e prevedendo altresì l'obbligo di comunicare ai soggetti interessati, all'atto della presentazione di un'istanza, i termini entro i quali l'amministrazione è tenuta a rispondere ovvero entro i quali il silenzio dell'amministrazione equivale ad accoglimento della domanda.

2. I decreti legislativi di cui al comma 1 sono adottati su proposta del Ministro delegato per la semplificazione e la pubblica amministrazione, di concerto con il Ministro dell'interno in relazione alle autorizzazioni previste dal testo unico delle leggi di pubblica sicurezza, di cui al regio decreto 18 giugno 1931, n. 773, previa intesa, ai sensi dell'articolo 3 del decreto legislativo 28 agosto 1997, n. 281, in sede di Conferenza unificata di cui all'articolo 8 del medesimo decreto legislativo n. 281 del 1997 e previo parere del Consiglio di Stato, che è reso nel termine di trenta giorni dalla data di trasmissione di ciascuno schema di decreto legislativo, decorso il quale il Governo può comunque procedere. Lo schema di ciascun decreto legislativo è successivamente trasmesso alle Camere per l'espressione dei pareri delle Commissioni parlamentari competenti per materia e per i profili finanziari e della Commissione parlamentare per la semplificazione, che si pronunciano nel termine di sessanta giorni dalla data di trasmissione, decorso il quale il decreto legislativo può essere comunque adottato. Se il termine previsto per il parere cade nei trenta giorni che precedono la scadenza del termine previsto al comma 1 o successivamente, la scadenza medesima è prorogata di novanta giorni. Il Governo, qualora non intenda conformarsi ai pareri parlamentari, trasmette nuovamente i testi alle Camere con le sue osservazioni e con eventuali modificazioni, corredate dei necessari elementi integrativi di informazione e motivazione. Le Commissioni competenti per materia possono esprimersi sulle osservazioni del Governo entro il termine di dieci giorni dalla data della nuova trasmissione. Decorso tale termine, i decreti possono comunque essere adottati.

3. Entro dodici mesi dalla data di entrata in vigore di ciascuno dei decreti legislativi di cui al comma 1, il Governo può adottare, nel rispetto dei principi e criteri direttivi e della procedura di cui al presente articolo, uno o più decreti legislativi recanti disposizioni integrative e correttive (1).

(1) *In attuazione della delega prevista dal presente comma v. il d.lgs. 30 giugno 2016, n. 126 (sub, III, 11) e il d.lgs. 25 novembre 2016, n. 222 (sub, III, 13).*

6 Autotutela amministrativa.

(*Omissis*) (1).

(1) *Apporta modifiche agli artt. 19, 21, 21-*quater *e 21-*nonies *l. 7 agosto 1990, n. 241 e abroga l'art. 1, comma 136, l. 30 dicembre 2004, n. 311.*

7 Revisione e semplificazione delle disposizioni in materia di prevenzione della corruzione, pubblicità e trasparenza.

1. Il Governo è delegato ad adottare, entro sei mesi dalla data di entrata in vigore della presente legge, uno o più decreti legislativi recanti disposizioni integrative e correttive del decreto legislativo 14 marzo 2013, n. 33, in materia di pubblicità, trasparenza e diffusione di informazioni da parte delle pubbliche amministrazioni, nel rispetto dei principi e criteri direttivi stabiliti dall'articolo 1, comma 35, della legge 6 novembre 2012, n. 190, nonché dei seguenti principi e criteri direttivi:

a) ridefinizione e precisazione dell'ambito soggettivo di applicazione degli obblighi e delle misure in materia di trasparenza;

b) previsione di misure organizzative, senza nuovi o maggiori oneri per la finanza pubblica, anche ai fini della valutazione dei risultati, per la pubblicazione nel sito istituzionale dell'ente di appartenenza delle informazioni concernenti:

1) le fasi dei procedimenti di aggiudicazione ed esecuzione degli appalti pubblici;

2) il tempo medio di attesa per le prestazioni sanitarie di ciascuna struttura del Servizio sanitario nazionale;

3) il tempo medio dei pagamenti relativi agli acquisti di beni, servizi, prestazioni professionali e forniture, l'ammontare complessivo dei debiti e il numero delle imprese creditrici, aggiornati periodicamente;

4) le determinazioni dell'organismo di valutazione;

c) riduzione e concentrazione degli oneri gravanti in capo alle amministrazioni pubbliche, ferme restando le previsioni in materia di verifica, controllo e sanzioni;

d) precisazione dei contenuti e del procedimento di adozione del Piano nazionale anticorruzione, dei piani di prevenzione della corruzione e della relazione annuale del responsabile della prevenzione della corruzione, anche attraverso la modifica della relativa disciplina legislativa, anche ai fini della maggiore efficacia dei controlli in fase di attuazione, della differenziazione per settori e dimensioni, del coordinamento con gli strumenti di misurazione e valutazione delle performance nonché dell'individuazione dei principali rischi e dei relativi rimedi; conseguente ridefinizione dei ruoli, dei poteri e delle responsabilità dei soggetti interni che intervengono nei relativi processi;

e) razionalizzazione e precisazione degli obblighi di pubblicazione nel sito istituzionale, ai fini di eliminare le duplicazioni e di consentire che tali obblighi siano assolti attraverso la pubblicità totale o parziale di banche dati detenute da pubbliche amministrazioni;

f) definizione, in relazione alle esigenze connesse allo svolgimento dei compiti istituzionali e fatto salvo quanto previsto dall'articolo 31 della legge 3 agosto 2007, n. 124, e successive modificazioni, dei diritti dei membri del Parlamento inerenti all'accesso ai documenti amministrativi e alla verifica dell'applicazione delle norme sulla trasparenza amministrativa, nonché dei limiti derivanti dal segreto o dal divieto di divulgazione e dei casi di esclusione a tutela di interessi pubblici e privati;

g) individuazione dei soggetti competenti all'irrogazione delle sanzioni per la violazione degli obblighi di trasparenza;

h) fermi restando gli obblighi di pubblicazione, riconoscimento della libertà di informazione attraverso il diritto di accesso, anche per via telematica, di chiunque, indipendentemente dalla titolarità di situazioni giuridicamente rilevanti, ai dati e ai documenti detenuti dalle pubbliche amministrazioni, salvi i casi di segreto o di divieto di divulgazione previsti dall'ordinamento e nel rispetto dei limiti relativi alla tutela di interessi pubblici e privati, al fine di favorire forme diffuse di controllo sul perseguimento delle funzioni istituzionali e sull'utilizzo delle risorse pubbliche; semplificazione delle procedure di iscrizione negli elenchi dei fornitori, prestatori di servizi ed esecutori di lavori non soggetti a tentativi di infiltrazione mafiosa istituiti ai sensi dell'articolo 1, comma 52, della legge 6 novembre 2012, n. 190, e successive modificazioni, con modifiche della relativa disciplina, mediante l'unificazione o l'interconnessione delle banche dati delle amministrazioni centrali e periferiche competenti, e previsione di un sistema di monitoraggio semestrale, finalizzato all'aggiornamento degli elenchi costituiti presso le Prefetture - Uffici territoriali del Governo; previsione di sanzioni a carico delle amministrazioni che non ottemperano alle disposizioni normative in materia di accesso, di procedure di ricorso all'Autorità nazionale anticorruzione in materia di accesso civico e in materia di accesso ai sensi della presente lettera, nonché della tutela giurisdizionale ai sensi dell'articolo 116 del codice del processo amministrativo, di cui all'allegato 1 del decreto legislativo 2 luglio 2010, n. 104, e successive modificazioni.

2. I decreti legislativi di cui al comma 1 sono adottati su proposta del Ministro delegato per la semplificazione e la pubblica amministrazione, previa acquisizione del parere della Conferenza unificata di cui all'articolo 8 del decreto legislativo 28 agosto 1997, n. 281, e del parere del Consiglio di Stato, che sono resi nel termine di quarantacinque giorni dalla data di trasmissione di ciascuno schema di decreto legislativo, decorso il quale il Governo può comunque procedere. Lo schema di ciascun decreto legislativo è successivamente trasmesso alle Camere per l'espressione dei pareri della Commissione parlamentare per la semplificazione e delle Commissioni parlamentari competenti per materia e per i profili finanziari, che si pronunciano nel termine di sessanta giorni dalla data di trasmissione, decorso il quale il decreto legislativo può essere comunque adottato. Se il termine previsto per il parere cade nei trenta giorni che precedono la scadenza del termine previsto al comma 1 o successivamente, la scadenza medesima è prorogata di novanta giorni. Il Governo, qualora non intenda conformarsi ai pareri parlamentari, trasmette nuovamente i testi alle Camere con le sue osservazioni e con eventuali modificazioni, corredate dei necessari elementi integrativi di informazione e motivazione. Le Commissioni competenti per materia possono esprimersi sulle osservazioni del Governo entro il termine di dieci giorni dalla data della nuova trasmissione. Decorso tale termine, i decreti possono comunque essere adottati.

3. In attesa della realizzazione del sistema unico nazionale di cui all'articolo 2, comma 82, della legge 24 dicembre 2007, n. 244, il Governo è delegato ad adottare, entro otto mesi dalla data di entrata in vigore della presente legge, uno o più decreti legislativi per la ristrutturazione e la razionalizzazione delle spese relative alle prestazioni di cui all'articolo 5, comma 1, lettera i-*bis*), del testo unico di cui al decreto del Presidente della Repubblica 30 maggio 2002, n. 115, anche se rese anteriormente alla data di entrata in vigore della presente legge, secondo i seguenti principi e criteri direttivi:

a) revisione delle voci di listino per prestazioni obbligatorie, tenendo conto dell'evoluzione dei costi e dei servizi, in modo da conseguire un risparmio di spesa di almeno il 50 per cento rispetto alle tariffe stabilite con il decreto del Ministro delle comunicazioni 26 aprile 2001, pubblicato nella Gazzetta Ufficiale n. 104 del 7 maggio 2001;

b) adozione di un tariffario per le prestazioni funzionali alle operazioni di intercettazione sulla base del costo medio per tipologia di prestazione rilevato dall'amministrazione giudiziaria nel biennio precedente, al fine di conseguire un risparmio di spesa complessivo pari almeno al 50 per cento;

c) definizione dei criteri e delle modalità per l'adeguamento delle spettanze relative alle operazioni di intercettazione in conseguenza delle innovazioni scientifiche, tecnologiche e organizzative;

d) armonizzazione delle disposizioni previste dal testo unico di cui al decreto del Presidente della Repubblica 30 maggio 2002, n. 115, in materia di liquidazione delle spese di intercettazione, anche al fine di velocizzare le operazioni di pagamento;

e) abrogazione di ogni altra disposizione precedente incompatibile con i principi di cui al presente comma.

4. I decreti legislativi di cui al comma 3 sono adottati su proposta del Ministro della giustizia, previa acquisizione del parere del Consiglio di Stato, che è reso nel termine di quarantacinque giorni dalla data di trasmissione di ciascuno schema di decreto legislativo, decorso il quale il Governo può comunque procedere. Lo schema di ciascun decreto legislativo è successivamente trasmesso alle Camere per l'espressione dei pareri delle Commissioni parlamentari competenti per materia e per i profili finanziari, che si pronunciano nel termine di sessanta giorni dalla data di trasmissione, decorso il quale il decreto legislativo può essere comunque adottato. Se il termine previsto per il parere cade nei trenta giorni che precedono la scadenza del termine previsto al comma 3 o successivamente, la scadenza medesima è prorogata di novanta giorni. Il Governo, qualora non intenda conformarsi ai pareri parlamentari, trasmette nuovamente i testi alle Camere con le sue osservazioni e con eventuali modificazioni, corredate dei necessari elementi integrativi di informazione e motivazione. Le Commissioni competenti per materia possono esprimersi sulle osservazioni del Governo entro il termine di dieci giorni dalla data della nuova trasmissione. Decorso tale termine, i decreti possono comunque essere adottati.

5. Entro dodici mesi dalla data di entrata in vigore di ciascuno dei decreti legislativi di cui ai commi 1 e 3, il Governo può adottare, nel rispetto dei principi e criteri direttivi e della procedura di cui al presente articolo, uno o più decreti legislativi recanti disposizioni integrative e correttive (1).

(1) *In attuazione della delega prevista dal presente comma v. il d.lgs. 25 maggio 2016, n. 97, recante modifiche al d. lgs. n. 33/2013 (sub III, 21).*

CAPO II
Organizzazione

8 Riorganizzazione dell'amministrazione dello Stato.

1. Il Governo è delegato ad adottare, entro diciotto mesi dalla data di entrata in vigore della presente legge, uno o più decreti legislativi per modificare la disciplina della Presidenza del Consiglio dei ministri, dei Ministeri, delle agenzie governative nazionali e degli enti pubblici non economici nazionali. I decreti legislativi sono adottati nel rispetto dei seguenti principi e criteri direttivi (1):

1. Il Governo è delegato ad adottare, entro dodici mesi dalla data di entrata in vigore della presente legge, uno o più decreti legislativi per modificare la disciplina della Presidenza del Consiglio dei ministri, dei Ministeri, delle agenzie governative nazionali e degli enti pubblici non economici nazionali. I decreti legislativi sono adottati nel rispetto dei seguenti principi e criteri direttivi:

a) con riferimento all'amministrazione centrale e a quella periferica: riduzione degli uffici e del personale anche dirigenziale destinati ad attività strumentali, fatte salve le esigenze connesse ad eventuali processi di reinternalizzazione di servizi, e correlativo rafforzamento degli uffici che erogano prestazioni ai cittadini e alle imprese; preferenza in ogni caso, salva la dimostrata impossibilità, per la gestione unitaria dei servizi strumentali, attraverso la costituzione di uffici comuni e previa l'eventuale collocazione delle sedi in edifici comuni o contigui; riordino, accorpamento o soppressione degli uffici e organismi al fine di eliminare duplicazioni o sovrapposizioni di strutture o funzioni, adottare i provvedimenti conseguenti alla ricognizione di cui all'articolo 17, comma 1, del decreto-legge 24 giugno 2014, n. 90, convertito, con modificazioni, dalla legge 11 agosto 2014, n. 114, e completare l'attuazione dell'articolo 20 dello stesso decreto-legge n. 90 del 2014, secondo principi di semplificazione, efficienza, contenimento della spesa e riduzione degli organi; razionalizzazione e potenziamento dell'efficacia delle funzioni di polizia anche in funzione di una migliore cooperazione sul territorio al fine di evitare sovrapposizioni di competenze e di favorire la gestione associata dei servizi strumentali; istituzione del numero unico europeo 112 su tutto il territorio nazionale con centrali operative da realizzare in ambito regionale, secondo le modalità definite con i protocolli d'intesa adottati ai sensi dell'articolo 75-*bis*, comma 3, del codice di cui al decreto legislativo 1° agosto 2003, n. 259; riordino delle funzioni di polizia di tutela dell'ambiente, del territorio e del mare, nonché nel campo della sicurezza e dei controlli nel settore agroalimentare, conseguente alla riorganizzazione del Corpo forestale dello Stato ed eventuale assorbimento del medesimo in altra Forza di polizia, fatte salve le competenze del medesimo Corpo forestale in materia di lotta attiva contro gli incendi boschivi e di spegnimento con mezzi aerei degli stessi da attribuire al Corpo nazionale dei vigili del fuoco con le connesse risorse e ferme restando la garanzia degli attuali livelli di presidio dell'ambiente, del territorio e del mare e della sicurezza agroalimentare e la salvaguardia delle professionalità esistenti, delle specialità e dell'unitarietà delle funzioni da attribuire, assicurando la necessaria corrispondenza tra le funzioni trasferite e il transito del relativo personale; conseguenti modificazioni agli ordinamenti del personale delle Forze di polizia di cui all'articolo 16 della legge 1° aprile 1981, n. 121, in aderenza al nuovo assetto funzionale e organizzativo, anche attraverso:

1) la revisione della disciplina in materia di reclutamento, di stato giuridico e di progressione in carriera, tenendo conto del merito e delle professionalità, nell'ottica della semplificazione delle relative procedure, prevedendo l'eventuale unificazione, soppressione ovvero istituzione di ruoli, gradi e qualifiche e la rideterminazione delle relative dotazioni organiche, comprese quelle complessive di ciascuna Forza di polizia, in ragione delle esigenze di funzionalità e della consistenza effettiva alla data di entrata in vigore della presente legge, ferme restando le facoltà assunzionali previste alla medesima data, nonché assicurando il mantenimento della sostanziale equiordinazione del personale delle Forze di polizia e dei connessi trattamenti economici, anche in relazione alle occorrenti disposizioni transitorie, fermi restando le peculiarità ordinamentali e funzionali del personale di ciascuna Forza di polizia, nonché i contenuti e i principi di cui all'articolo 19 della legge 4 novembre 2010, n. 183, e tenuto conto dei criteri di delega della presente legge, in quanto compatibili;

2) in caso di assorbimento del Corpo forestale dello Stato, anche in un'ottica di razionalizzazione dei costi, il transito del personale nella relativa Forza di polizia, nonché la facoltà di transito, in un contingente limitato, previa determinazione delle relative modalità, nelle altre Forze di polizia, in conseguente corrispondenza delle funzioni alle stesse attribuite e già svolte dal medesimo personale, con l'assunzione della relativa condizione, ovvero in altre amministrazioni pubbliche, di cui all'articolo 1, comma 2, del decreto legislativo 30 marzo 2001, n. 165, e successive modificazioni, nell'ambito delle relative dotazioni organiche, con trasferimento delle corrispondenti risorse finanziarie. Resta ferma la corresponsione, sotto forma di assegno ad personam riassorbibile con i successivi miglioramenti economici, a qualsiasi titolo conseguiti, della differenza, limitatamente alle voci fisse e continuative, fra il trattamento economico percepito e quello corrisposto in relazione alla posizione giuridica ed economica di assegnazione;

3) l'utilizzo, previa verifica da parte del Dipartimento della Ragioneria generale dello Stato del Ministero

dell'economia e delle finanze, di una quota parte dei risparmi di spesa di natura permanente, non superiore al 50 per cento, derivanti alle Forze di polizia dall'attuazione della presente lettera, fermo restando quanto previsto dall'articolo 23 della presente legge, tenuto anche conto di quanto previsto dall'articolo 3, comma 155, secondo periodo, della legge 24 dicembre 2003, n. 350;

4) previsione che il personale tecnico del Corpo forestale dello Stato svolga altresì le funzioni di ispettore fitosanitario di cui all'articolo 34 del decreto legislativo 19 agosto 2005, n. 214, e successive modificazioni; riordino dei corpi di polizia provinciale, in linea con la definizione dell'assetto delle funzioni di cui alla legge 7 aprile 2014, n. 56, escludendo in ogni caso la confluenza nelle Forze di polizia; ottimizzazione dell'efficacia delle funzioni del Corpo nazionale dei vigili del fuoco, mediante modifiche al decreto legislativo 8 marzo 2006, n. 139, in relazione alle funzioni e ai compiti del personale permanente e volontario del medesimo Corpo e conseguente revisione del decreto legislativo 13 ottobre 2005, n. 217, anche con soppressione e modifica dei ruoli e delle qualifiche esistenti ed eventuale istituzione di nuovi appositi ruoli e qualifiche, con conseguente rideterminazione delle relative dotazioni organiche e utilizzo, previa verifica da parte del Dipartimento della Ragioneria generale dello Stato del Ministero dell'economia e delle finanze, di una quota parte dei risparmi di spesa di natura permanente, non superiore al 50 per cento, derivanti al Corpo nazionale dei vigili del fuoco dall'attuazione della presente delega, fermo restando quanto previsto dall'articolo 23 della presente legge;

b) con riferimento alle forze operanti in mare, fermi restando l'organizzazione, anche logistica, e lo svolgimento delle funzioni e dei compiti di polizia da parte delle Forze di polizia, eliminazione delle duplicazioni organizzative, logistiche e funzionali, nonché ottimizzazione di mezzi e infrastrutture, anche mediante forme obbligatorie di gestione associata, con rafforzamento del coordinamento tra Corpo delle capitanerie di porto e Marina militare, nella prospettiva di un'eventuale maggiore integrazione;

c) con riferimento alla sola amministrazione centrale, applicare i principi e criteri direttivi di cui agli articoli 11, 12 e 14 della legge 15 marzo 1997, n. 59, e successive modificazioni, nonché, all'esclusivo fine di attuare l'articolo 95 della Costituzione e di adeguare le statuizioni dell'articolo 5 della legge 23 agosto 1988, n. 400, definire:

1) le competenze regolamentari e quelle amministrative funzionali al mantenimento dell'unità dell'indirizzo e alla promozione dell'attività dei Ministri da parte del Presidente del Consiglio dei ministri;

2) le attribuzioni della Presidenza del Consiglio dei ministri in materia di analisi, definizione e valutazione delle politiche pubbliche;

3) i procedimenti di designazione o di nomina di competenza, diretta o indiretta, del Governo o di singoli Ministri, in modo da garantire che le scelte, quand'anche da formalizzarsi con provvedimenti di singoli Ministri, siano oggetto di esame in Consiglio dei ministri;

4) la disciplina degli uffici di diretta collaborazione dei Ministri, dei vice ministri e dei sottosegretari di Stato, con determinazione da parte del Presidente del Consiglio dei ministri delle risorse finanziarie destinate ai suddetti uffici, in relazione alle attribuzioni e alle dimensioni dei rispettivi Ministeri, anche al fine di garantire un'adeguata qualificazione professionale del relativo personale, con eventuale riduzione del numero e pubblicazione dei dati nei siti istituzionali delle relative amministrazioni;

5) le competenze in materia di vigilanza sulle agenzie governative nazionali, al fine di assicurare l'effettivo esercizio delle attribuzioni della Presidenza del Consiglio dei ministri, nel rispetto del principio di separazione tra indirizzo politico e gestione;

6) razionalizzazione con eventuale soppressione degli uffici ministeriali le cui funzioni si sovrappongono a quelle proprie delle autorità indipendenti e viceversa; individuazione di criteri omogenei per la determinazione del trattamento economico dei componenti e del personale delle autorità indipendenti, in modo da evitare maggiori oneri per la finanza pubblica, salvaguardandone la relativa professionalità; individuazione di criteri omogenei di finanziamento delle medesime autorità, tali da evitare maggiori oneri per la finanza pubblica, mediante la partecipazione, ove non attualmente prevista, delle imprese operanti nei settori e servizi di riferimento, o comunque regolate o vigilate;

7) introduzione di maggiore flessibilità nella disciplina relativa all'organizzazione dei Ministeri, da realizzare con la semplificazione dei procedimenti di adozione dei regolamenti di organizzazione, anche modificando la competenza ad adottarli; introduzione di modifiche al decreto legislativo 30 luglio 1999, n. 300, per consentire il passaggio dal modello dei dipartimenti a quello del segretario generale e viceversa in relazione alle esigenze di coordinamento; definizione dei predetti interventi assicurando comunque la compatibilità finanziaria degli stessi, anche attraverso l'espressa previsione della partecipazione ai relativi procedimenti dei soggetti istituzionalmente competenti a tal fine;

d) con riferimento alle amministrazioni competenti in materia di autoveicoli: riorganizzazione, ai fini della riduzione dei costi connessi alla gestione dei dati relativi alla proprietà e alla circolazione dei veicoli e della realizzazione di significativi risparmi per l'utenza, anche mediante trasferimento, previa valutazione della sostenibilità organizzativa ed economica, delle funzioni svolte dagli uffici del Pubblico registro automobilistico al Ministero delle infrastrutture e dei trasporti, con conseguente introduzione di un'unica modalità di archiviazione finalizzata al rilascio di un documento unico contenente i dati di proprietà e di circolazione di autoveicoli, motoveicoli e rimorchi, da perseguire anche attraverso l'eventuale istituzione di un'agenzia o altra struttura sottoposta alla vigilanza del Ministero delle infrastrutture e dei trasporti, senza nuovi o maggiori oneri per la finanza pubblica; svolgimento delle relative funzioni con le risorse umane, finanziarie e strumentali disponibili a legislazione vigente (2);

e) con riferimento alle Prefetture-Uffici territoriali del Governo: a completamento del processo di riorganizzazione, in combinato disposto con i criteri stabiliti dall'articolo 10 del decreto-legge 6 luglio 2012, n. 95, convertito, con modificazioni, dalla legge 7 agosto 2012, n. 135, ed in armonia con le previsioni contenute nella legge 7 aprile 2014, n. 56, razionalizzazione della rete organizzativa e revisione delle competenze e delle funzioni attraverso la riduzione del numero, tenendo conto delle esigenze connesse all'attuazione della legge 7 aprile 2014, n. 56, in base a criteri inerenti all'estensione territoriale, alla popolazione residente, all'eventuale presenza della città metropolitana, alle caratteristiche del territorio, alla criminalità, agli insediamenti produttivi, alle dinamiche socio-economiche, al fenomeno delle immigrazioni sui territori fronte rivieraschi e alle aree confinarie con flussi migratori; trasformazione della Prefettura-Ufficio territoriale del Governo in Ufficio territoriale dello Stato, quale punto di contatto unico tra amministrazione periferica dello Stato e cittadini; attribuzione al prefetto della responsabilità dell'erogazione dei servizi ai cittadini, nonché di funzioni di direzione e coordinamento dei dirigenti degli uffici facenti parte dell'Ufficio territoriale dello Stato, eventualmente prevedendo l'attribuzione allo stesso di poteri sostitutivi, ferma restando la separazione tra funzioni di amministrazione attiva e di controllo, e di rappresentanza dell'amministrazione statale, anche ai fini del riordino della disciplina in materia di conferenza di servizi di cui all'articolo 2; coordinamento e armonizzazione delle disposizioni riguardanti l'Ufficio territoriale dello Stato, con eliminazione delle sovrapposizioni e introduzione delle modifiche a tal fine necessarie; confluenza nell'Ufficio territoriale dello Stato di tutti gli uffici periferici delle amministrazioni civili dello Stato; definizione dei criteri per l'individuazione e l'organizzazione della sede unica dell'Ufficio territoriale dello Stato; individuazione delle competenze in materia di ordine e sicurezza pubblica nell'ambito dell'Ufficio territoriale dello Stato, fermo restando quanto previsto dalla legge 1° aprile 1981, n. 121; individuazione della dipendenza funzionale del prefetto in relazione alle competenze esercitate;

f) con riferimento a enti pubblici non economici nazionali e soggetti privati che svolgono attività omogenee: semplificazione e coordinamento delle norme riguardanti l'ordinamento sportivo, con il mantenimento della sua specificità; riconoscimento delle peculiarità dello sport per persone affette da disabilità e scorporo dal Comitato olimpico nazionale italiano (CONI) del Comitato italiano paralimpico con trasformazione del medesimo in ente autonomo di diritto pubblico senza oneri aggiuntivi per la finanza pubblica, nella previsione che esso utilizzi parte delle risorse finanziarie attualmente in disponibilità o attribuite al CONI e si avvalga per tutte le attività strumentali, ivi comprese le risorse umane, di Sport e salute Spa, attraverso un apposito contratto di servizio; previsione che il personale attualmente in servizio presso il Comitato italiano paralimpico transiti in Sport e salute Spa; riorganizzazione, razionalizzazione e semplificazione della disciplina concernente le autorità portuali di cui alla legge 28 gennaio 1994, n. 84, con particolare riferimento al numero, all'individuazione di autorità di sistema nonché alla governance tenendo conto del ruolo delle regioni e degli enti locali e alla semplificazione e unificazione delle procedure doganali e amministrative in materia di porti.

2. Con decreto del Presidente del Consiglio dei ministri, da adottare entro sei mesi dalla data di entrata in vigore del primo dei decreti legislativi di cui al comma 1, sono definiti i criteri per la ricognizione dettagliata ed esaustiva, da effettuare decorso un anno dall'adozione dei provvedimenti di riordino, accorpamento o soppressione di cui al comma 1, lettera *a*), di tutte le funzioni e le competenze attribuite alle amministrazioni pubbliche, statali e locali, inclusi gli uffici e gli organismi oggetto di riordino in conformità al predetto comma 1, al fine di semplificare l'esercizio delle funzioni pubbliche, secondo criteri di trasparenza, efficienza, non duplicazione ed economicità, e di coordinare e rendere efficiente il rapporto tra amministrazione dello Stato ed enti locali.

3. Per l'istituzione del numero unico europeo 112, di cui al comma 1, lettera *a*), è autorizzata la spesa di 10 milioni di euro per l'anno 2015, di 20 milioni di euro per l'anno 2016 e di 28 milioni di euro annui dal 2017 al 2024. Al relativo onere si provvede mediante corrispondente riduzione dello stanziamento del fondo speciale di conto capitale iscritto, ai fini del bilancio triennale 2015-2017, nell'ambito del programma « Fondi di riserva e speciali » della missione « Fondi da ripartire » dello stato di previsione del Ministero dell'economia e delle finanze per l'anno 2015, allo scopo parzialmente utilizzando l'accantonamento relativo al Ministero dell'interno.

(*omissis*)

7. Nei territori delle regioni a statuto speciale e delle province autonome di Trento e di Bolzano restano ferme tutte le attribuzioni spettanti ai rispettivi Corpi forestali regionali e provinciali, anche con riferimento alle funzioni di pubblica sicurezza e di polizia giudiziaria, secondo la disciplina vigente in materia e salve le diverse determinazioni organizzative, da assumere con norme di attuazione degli statuti speciali, che comunque garantiscano il coordinamento in sede nazionale delle funzioni di polizia di tutela dell'ambiente, del territorio e del mare, nonché la sicurezza e i controlli nel settore agroalimentare. Restano altresì ferme le funzioni attribuite ai presidenti delle suddette regioni e province autonome in materia di funzioni prefettizie, in conformità a quanto disposto dai rispettivi statuti speciali e dalle relative norme di attuazione.

(1) *Alinea modificato dall'articolo 1, comma 2 della Legge 14 luglio 2016 n. 131.*

(2) *Con d.lgs. 29 maggio 2017, n. 98, come da ultimo modificato dall'art. 1, comma 687 l. 27 dicembre 2019, n. 160, è stato previsto che « Art. 1 Documento unico di circolazione e di proprietà.*

1. A decorrere dal 1° gennaio 2020, la carta di circolazione, redatta secondo le disposizioni contenute nella direttiva 29 aprile 1999, n. 1999/37/CE del Consiglio, costituisce il documento unico contenente i dati di circolazione e di proprietà degli autoveicoli, dei motoveicoli e dei rimorchi ricadenti nel regime dei beni mobili registrati di cui al libro VI, titolo I, capo III, sezione I, del codice civile.

2. Nella carta di circolazione di cui al comma 1, di seguito denominata « documento unico », sono annotati:

a) *i dati tecnici del veicolo;*

b) *i dati di intestazione del veicolo, di cui agli articoli 91, 93 e 94 del decreto legislativo 30 aprile 1992, n. 285;*

c) *i dati validati dal Pubblico registro automobilistico, di seguito PRA, relativi alla situazione giuridico-patrimoniale del veicolo;*

d) *i dati relativi alla cessazione del veicolo dalla circolazione conseguente alla sua demolizione o alla sua definitiva esportazione all'estero.*

3. Nel documento unico sono, altresì, annotati i dati relativi alla sussistenza di privilegi e ipoteche, di provvedimenti amministrativi e giudiziari che incidono sulla proprietà e sulla disponibilità del veicolo, annotati presso il PRA, nonché di provvedimenti di fermo amministrativo, con le modalità, anche telematiche, previste con decreto del Ministero delle infrastrutture e dei trasporti, di concerto con il Ministero della giustizia, da adottarsi entro sessanta giorni dalla data di entrata in vigore del presente decreto.

4. Il Ministero delle infrastrutture e dei trasporti è competente al rilascio della carta di circolazione, che ha validità di certificazione dei dati in essa contenuti, ferma restando la responsabilità dell'Automobile club d'Italia, di seguito ACI, per i dati relativi alla proprietà e alla locazione finanziaria dei veicoli, e del Ministero delle infrastrutture e dei trasporti per i dati relativi ai veicoli di cui al presente articolo.

4-bis. Fermo quanto previsto dal comma 1, il Ministero delle infrastrutture e dei trasporti, sentiti l'ACI e le organizzazioni maggiormente rappresentative delle imprese esercenti l'attività di consulenza per la circolazione dei mezzi di trasporto, con uno o più decreti definisce le modalità e i termini per la graduale utilizzazione, da completare comunque entro il 31 ottobre 2020, delle procedure telematiche per il rilascio del documento unico, specificando anche le cadenze temporali delle fasi di verifica delle funzionalità da effettuare presso gli Sportelli telematici dell'automobilista (STA) appositamente individuati dal medesimo Ministero. L'inosservanza delle modalità e dei termini indicati nei decreti di cui al primo periodo determina l'irregolare rilascio del documento ai sensi dell'articolo 6 del regolamento di cui al decreto del Presidente della Repubblica 19 settembre 2000, n. 358.

Art. 2. Procedura di rilascio.

1. Il soggetto interessato presenta istanza di rilascio del documento unico di cui all'articolo 1 in sede di prima immatricolazione o di reimmatricolazione o del suo aggiornamento conseguente al trasferimento della proprietà del veicolo, corredata dalla relativa documentazione e avvalendosi di un modello unificato definito con decreto del Ministero delle infrastrutture e dei trasporti, sentito l'ACI, da adottare entro sessanta giorni dalla data di entrata in vigore del presente decreto:

a) *presso qualsiasi Sportello telematico dell'automobilista, di seguito STA, nelle ipotesi previste dal decreto del Presidente della Repubblica 19 settembre 2000, n. 358, ivi compresi gli Uffici dell'ACI in quanto STA;*

b) *presso il competente Ufficio motorizzazione civile, di seguito UMC, nelle ipotesi escluse dall'ambito di applicazione del decreto del Presidente della Repubblica 19 settembre 2000, n. 358.*

2. Per il rilascio e l'aggiornamento della carta di circolazione in sede di prima immatricolazione, di reimmatricolazione o di aggiornamento, è corrisposta una tariffa unica determinata con decreto del Ministro delle infrastrutture e dei trasporti, di concerto con i Ministri dell'economia e delle finanze e della giustizia, da adottare entro il termine perentorio del 30 aprile 2018, sentiti l'ACI e le organizzazioni maggiormente rappresentative delle imprese di consulenza automobilistica, previo parere delle competenti commissioni parlamentari che si esprimono entro il termine di quindici giorni decorrenti dalla data di ricezione della richiesta. (omissis)

Art. 4 Relazione al Parlamento.

1. Decorso un anno dalla data di introduzione del documento unico, il Ministero delle infrastrutture e dei trasporti trasmette al Parlamento una relazione sugli effetti e sui risultati conseguiti evidenziando, in particolare, i risparmi conseguiti per l'utenza e gli effetti sull'organizzazione di ACI, sentita l'ACI, anche ai fini della valutazione sull'eventuale istituzione di un archivio unico presso il Ministero delle infrastrutture e dei trasporti ».

(3) *Lettera modificata ai sensi dell'art. 1, comma 629, della l. 30 dicembre 2018, n. 145, ai sensi del quale « ogni richiamo alla CONI Servizi Spa contenuto in disposizioni normative vigenti deve intendersi riferito alla Sport e salute Spa ».*

CAPO IV
Deleghe per la semplificazione normativa

16 Procedure e criteri comuni per l'esercizio di deleghe legislative di semplificazione.

1. Il Governo è delegato ad adottare, entro dodici mesi dalla data di entrata in vigore della presente legge, ovvero entro il diverso termine previsto dall'articolo 17, decreti legislativi di semplificazione dei seguenti settori:

a) lavoro alle dipendenze delle amministrazioni pubbliche e connessi profili di organizzazione amministrativa;

b) partecipazioni societarie delle amministrazioni pubbliche;

c) servizi pubblici locali di interesse economico generale.

2. Nell'esercizio della delega di cui al comma 1, il Governo si attiene ai seguenti principi e criteri direttivi generali:

a) elaborazione di un testo unico delle disposizioni in ciascuna materia, con le modifiche strettamente necessarie per il coordinamento delle disposizioni stesse, salvo quanto previsto nelle lettere successive;

b) coordinamento formale e sostanziale del testo delle disposizioni legislative vigenti, apportando le modifiche strettamente necessarie per garantire la coerenza giuridica, logica e sistematica della normativa e per adeguare, aggiornare e semplificare il linguaggio normativo;

c) risoluzione delle antinomie in base ai principi dell'ordinamento e alle discipline generali regolatrici della materia;

d) indicazione esplicita delle norme abrogate, fatta salva l'applicazione dell'articolo 15 delle disposizioni sulla legge in generale premesse al codice civile;

e) aggiornamento delle procedure, prevedendo, in coerenza con quanto previsto dai decreti legislativi di cui all'articolo 1, la più estesa e ottimale utilizzazione delle tecnologie dell'informazione e della comunicazione, anche nei rapporti con i destinatari dell'azione amministrativa.

3. Il Governo si attiene altresì ai principi e criteri direttivi indicati negli articoli da 17 a 19.

4. I decreti legislativi di cui al comma 1 sono adottati su proposta del Ministro delegato per la semplificazione e la pubblica amministrazione, di concerto con il Ministro dell'economia e delle finanze e con i Ministri interessati, previa acquisizione del parere della Conferenza unificata di cui all'articolo 8 del decreto legislativo 28 agosto 1997, n. 281, e del parere del Consiglio di Stato, che sono resi nel termine di quarantacinque giorni dalla data di trasmissione di ciascuno schema di decreto legislativo, decorso il quale il Governo può comunque procedere. Lo schema di ciascun decreto legislativo è successivamente trasmesso alle Camere per l'espressione dei pareri delle Commissioni parlamentari competenti per materia e per i profili finanziari e della Commissione parlamentare per la semplificazione, che si pronunciano nel termine di sessanta giorni dalla data di trasmissione, decorso il quale il decreto legislativo può essere comunque adottato. Se il termine previsto per il parere cade nei trenta giorni che precedono la scadenza del termine previsto al comma 1 o successivamente, la scadenza medesima è prorogata di novanta giorni. Il Governo, qualora non intenda conformarsi ai pareri parlamentari, trasmette nuovamente i testi alle Camere con le sue osservazioni e con eventuali modificazioni, corredate dei necessari elementi integrativi di informazione e motivazione. Le Commissioni competenti per materia possono esprimersi sulle osservazioni del Governo entro il termine di dieci giorni dalla data della

nuova trasmissione. Decorso tale termine, i decreti possono comunque essere adottati. (1)

5. Il Governo adotta, su proposta del Ministro delegato per la semplificazione e la pubblica amministrazione, un regolamento ai sensi dell'articolo 17, comma 1, della legge 23 agosto 1988, n. 400, e successive modificazioni, per l'attuazione delle disposizioni del decreto legislativo di cui alla lettera *a*) del comma 1 del presente articolo.

6. Conseguentemente all'adozione dei decreti legislativi di cui al comma 1, fermo restando quanto disposto dal comma 5, il Governo adegua la disciplina statale di natura regolamentare, ai sensi dell'articolo 17 della legge 23 agosto 1988, n. 400.

7. Entro dodici mesi dalla data di entrata in vigore di ciascuno dei decreti legislativi di cui al comma 1, il Governo può adottare, nel rispetto dei principi e criteri direttivi e della procedura di cui ai commi 2, 3 e 4, uno o più decreti legislativi recanti disposizioni integrative e correttive.

(1) *La Corte costituzionale, con sentenza 25 novembre 2016, n. 251, ha dichiarato, tra l'altro:* a) l'illegittimità costituzionale *dell'art. 11, comma 1, lettere* a), b), *n. 2),* c), *nn. 1) e 2),* e), f), g), h), i), l), m), n), o), p) e q), *e comma 2, L. 7 agosto 2015, n. 124, nella parte in cui prevede che i decreti legislativi attuativi siano adottati previa acquisizione del parere reso in sede di Conferenza unificata, anziché previa intesa in sede di Conferenza Stato-Regioni;* b) l'illegittimità costituzionale *dell'art. 17, comma 1, lettere* a), b), c), d), e), f), l), m), o), q), r), s) e t), *della legge n. 124 del 2015, nella parte in cui, in combinato disposto con l'art. 16, commi 1 e 4, della medesima legge n. 124 del 2015, prevede che il Governo adotti i relativi decreti legislativi attuativi previo parere in sede di Conferenza unificata, anziché previa intesa in sede di Conferenza Stato-Regioni;* c) l'illegittimità costituzionale *dell'art. 18, lettere* a), b), c), e), i), l) e m), *numeri da 1) a 7), della legge n. 124 del 2015, nella parte in cui, in combinato disposto con l'art. 16, commi 1 e 4, della medesima legge n. 124 del 2015, prevede che il Governo adotti i relativi decreti legislativi attuativi previo parere, anziché previa intesa, in sede di Conferenza unificata;* d) l'illegittimità costituzionale *dell'art. 19, lettere* b), c), d), g), h), l), m), n), o), p), s), t) e u), *della legge n. 124 del 2015, nella parte in cui, in combinato disposto con l'art. 16, commi 1 e 4, della medesima legge n. 124 del 2015, prevede che il Governo adotti i relativi decreti legislativi attuativi previo parere, anziché previa intesa, in sede di Conferenza unificata.*

(*Omissis*).

11. Decreto legislativo 30 giugno 2016, n. 126. — Attuazione della delega in materia di segnalazione certificata di inizio attività (SCIA), a norma dell'articolo 5 della legge 7 agosto 2015, n. 124. (Decreto Scia 1).

Pubblicato nella Gazzetta Ufficiale n. 162 del 13 luglio 2016.

1 Libertà di iniziativa privata.

1. Il presente decreto, in attuazione dell'articolo 5 della legge 7 agosto 2015, n. 124, reca la disciplina generale applicabile ai procedimenti relativi alle attività private non soggette ad autorizzazione espressa e soggette a segnalazione certificata di inizio di attività, ivi incluse le modalità di presentazione delle segnalazioni o istanze alle pubbliche amministrazioni. Resta ferma la disciplina delle altre attività private non soggette ad autorizzazione espressa.

2. Con successivi decreti legislativi, ai sensi e in attuazione della delega di cui all'articolo 5 della legge n. 124 del 2015, sono individuate le attività oggetto di procedimento di mera comunicazione o segnalazione certificata di inizio di attività (di seguito « SCIA ») od oggetto di silenzio assenso, nonché quelle per le quali è necessario il titolo espresso. Allo scopo di garantire certezza sui regimi applicabili alle attività private e di salvaguardare la libertà di iniziativa economica, le attività private non espressamente individuate ai sensi dei medesimi decreti o specificamente oggetto di disciplina da parte della normativa europea, statale e regionale, sono libere.

2 Informazione di cittadini e imprese.

1. Le amministrazioni statali, con decreto del Ministro competente, di concerto con il Ministro delegato per la semplificazione e la pubblica amministrazione, sentita la Conferenza unificata di cui all'articolo 8 del decreto legislativo 28 agosto 1997, n. 281, adottano moduli unificati e standardizzati che definiscono esaustivamente, per tipologia di procedimento, i contenuti tipici e la relativa organizzazione dei dati delle istanze, delle segnalazioni e delle comunicazioni di cui ai decreti da adottare ai sensi dell'articolo 5 della legge n. 124 del 2015, nonché della documentazione da allegare. I suddetti moduli prevedono, tra l'altro, la possibilità del privato di indicare l'eventuale domicilio digitale per le comunicazioni con l'amministrazione. Per la presentazione di istanze, segnalazioni o comunicazioni alle amministrazioni regionali o locali, con riferimento all'edilizia e all'avvio di attività produttive, i suddetti moduli sono adottati, in attuazione del principio di leale collaborazione, in sede di Conferenza unificata di cui all'articolo 8 del decreto legislativo n. 281 del 1997, con accordi ai sensi dell'articolo 9 dello stesso decreto legislativo o con intese ai sensi della legge 5 giugno 2003, n. 131, tenendo conto delle specifiche normative regionali.

2. Fermi restando gli obblighi di cui al decreto legislativo 14 marzo 2013, n. 33, le pubbliche amministrazioni destinatarie delle istanze, segnalazioni e comunicazioni pubblicano sul proprio sito istituzionale i moduli di cui al comma 1. In relazione alla tipologia del procedimento, nei casi in cui la documentazione debba essere individuata dall'amministrazione procedente ovvero fino all'adozione dei moduli di cui al comma 1, le medesime pubbliche amministrazioni pubblicano sul proprio sito istituzionale l'elenco degli stati, qualità personali e fatti oggetto di dichiarazione sostitutiva, di certificazione o di atto di notorietà, nonché delle attestazioni e asseverazioni dei tecnici abilitati o delle dichiarazioni di conformità dell'agenzia delle imprese, necessari a corredo della segnalazione, indicando le norme che ne prevedono la produzione.

3. Fermi restando i rimedi previsti dal decreto legislativo n. 33 del 2013, qualora gli enti locali non provvedano

alla pubblicazione dei documenti di cui al presente articolo, le regioni, anche su segnalazione del cittadino, assegnano agli enti interessati un congruo termine per provvedere, decorso inutilmente il quale adottano le misure sostitutive, nel rispetto della disciplina statale e regionale applicabile nella relativa materia. In caso di inadempienza della regione si provvede in via sostitutiva ai sensi dell'articolo 8 della legge n. 131 del 2003.

4. L'amministrazione può chiedere all'interessato informazioni o documenti solo in caso di mancata corrispondenza del contenuto dell'istanza, segnalazione o comunicazione e dei relativi allegati a quanto indicato nel comma 2. È vietata ogni richiesta di informazioni o documenti ulteriori rispetto a quelli indicati ai sensi del comma 2, nonché di documenti in possesso di una pubblica amministrazione.

5. Ferme restando le sanzioni previste dal decreto legislativo n. 33 del 2013, la mancata pubblicazione delle informazioni e dei documenti di cui al presente articolo e la richiesta di integrazioni documentali non corrispondenti alle informazioni e ai documenti pubblicati costituiscono illecito disciplinare punibile con la sospensione dal servizio con privazione della retribuzione da tre giorni a sei mesi.

3 Modifiche alla legge 7 agosto 1990, n. 241.

(*Omissis*) (1)

(1) *Apporta modifiche alla legge n. 241/1990, sub III, 1.*

4 Disposizioni transitorie e di attuazione.

1. Ai sensi dell'articolo 29 della legge n. 241 del 1990, le regioni e gli enti locali si adeguano alle disposizioni di cui agli articoli 18-*bis*, 19 e 19-*bis* della stessa legge n. 241 del 1990, come introdotti o modificati dall'articolo 3, entro il 1° gennaio 2017.

12. Decreto del Presidente della Repubblica 12 settembre 2016, n. 194. — Regolamento recante norme per la semplificazione e l'accelerazione dei procedimenti amministrativi, a norma dell'articolo 4 della legge 7 agosto 2015, n. 124. (Sblocca-procedimenti).

Pubblicato nella Gazzetta Ufficiale, n. 252 del 27 ottobre 2016

1 Oggetto e ambito di applicazione.

1. Il presente regolamento, in applicazione dei principi e criteri direttivi contenuti nell'articolo 4 della legge 7 agosto 2015, n. 124, reca norme per la semplificazione e l'accelerazione di procedimenti amministrativi riguardanti rilevanti insediamenti produttivi, opere di rilevante impatto sul territorio o l'avvio di attività imprenditoriali suscettibili di avere positivi effetti sull'economia o sull'occupazione.

2. I procedimenti di cui al comma 1, inclusi quelli previsti dal decreto legislativo 18 aprile 2016, n. 50, hanno ad oggetto autorizzazioni, licenze, concessioni non costitutive, permessi o nulla osta comunque denominati, ivi compresi quelli di competenza delle amministrazioni preposte alla tutela ambientale, paesaggistico-territoriale, del patrimonio storico-artistico, alla tutela della salute e della pubblica incolumità, necessari per la localizzazione, la progettazione e la realizzazione delle opere, lo stabilimento degli impianti produttivi e l'avvio delle attività.

3. Le disposizioni del presente regolamento sono applicabili anche ai procedimenti amministrativi relativi a infrastrutture e insediamenti prioritari per lo sviluppo del Paese.

2 Individuazione degli interventi.

1. Entro il 31 gennaio di ogni anno ciascun ente territoriale può individuare un elenco di progetti, ciascuno dei quali è corredato da specifica analisi di valutazione dell'impatto economico e sociale redatta anche tenendo conto, ove applicabili, delle linee guida previste dal decreto del Presidente del Consiglio dei ministri adottato in attuazione dell'articolo 8, comma 3, del decreto legislativo 29 dicembre 2011, n. 228, riguardanti rilevanti insediamenti produttivi, opere di rilevante impatto per il territorio o l'avvio di attività imprenditoriali suscettibili di produrre positivi effetti sull'economia o sull'occupazione, già inseriti nel programma triennale di cui all'articolo 21 del decreto legislativo 18 aprile 2016, n. 50, o in altri atti di programmazione previsti dalla legge, e chiedere alla Presidenza del Consiglio dei ministri che al relativo procedimento siano applicate le disposizioni di cui agli articoli 3 e 4. I progetti sono corredati, ove disponibile, del Codice unico di progetto di cui all'articolo 11 della legge 16 gennaio 2003, n. 3.

2. Entro il successivo 28 febbraio possono essere individuati dalla Presidenza del Consiglio dei ministri, anche su segnalazione del soggetto proponente, progetti non inseriti nell'elenco di cui al comma 1 o in altro atto di programmazione, la cui realizzazione sia suscettibile di produrre positivi effetti sull'economia o sull'occupazione e tale capacità sia dimostrata dalla documentazione di cui al medesimo comma.

3. Entro sessanta giorni dalla pubblicazione del presente decreto, previa intesa in sede di Conferenza unificata di cui all'articolo 8 del decreto legislativo 28 agosto 1997, n. 281, sono stabiliti i criteri per la selezione dei progetti di cui ai commi 1 e 2 ai fini di quanto previsto dal comma 4, in relazione alla rilevanza strategica degli interventi pubblici e privati assoggettati alla procedura semplificata.

4. Entro il successivo 31 marzo, con decreto del Presidente del Consiglio dei ministri, previa deliberazione del Consiglio dei ministri, tra gli interventi segnalati ai

sensi dei commi 1 e 2, sono individuati in concreto, sentiti i Presidenti delle regioni interessate che partecipano, ciascuno per la rispettiva competenza, alla seduta del Consiglio dei ministri, i singoli progetti cui si applicano, anche in ragione della loro rilevanza economica o occupazionale rilevata anche tenendo conto dell'analisi di valutazione dell'impatto economico e sociale, le disposizioni di cui agli articoli 3 e 4. Il decreto è specificamente motivato con riferimento ai singoli progetti individuati.

5. I decreti di cui al comma 4 possono disporre l'applicazione degli articoli 3 e 4 del presente regolamento sia nei confronti di tutti i procedimenti e gli atti di cui all'articolo 1, comma 2, necessari per la localizzazione, la progettazione e la realizzazione dell'opera, lo stabilimento dell'impianto produttivo e l'avvio dell'attività, sia con riferimento a singoli procedimenti e atti a tali fini preordinati.

3 Riduzione dei termini dei procedimenti.

1. Con i decreti di cui all'articolo 2 possono essere ridotti i termini di conclusione dei procedimenti necessari per la localizzazione, la progettazione e la realizzazione delle opere o degli insediamenti produttivi e l'avvio dell'attività. Tale riduzione è consentita, tenendo conto della sostenibilità dei tempi sotto il profilo dell'organizzazione amministrativa, della natura degli interessi pubblici tutelati e della particolare complessità del procedimento, in misura non superiore al 50 per cento rispetto ai termini di cui all'articolo 2 della legge 7 agosto 1990, n. 241, e può essere prevista in riferimento ai singoli procedimenti, ovvero rispetto a tutti i procedimenti necessari per la realizzazione dell'intervento, anche successivi all'eventuale svolgimento della conferenza di servizi. Nel caso in cui il termine sia già parzialmente decorso, la riduzione opera con riferimento al periodo residuo.

4 Potere sostitutivo.

1. Per gli interventi e i procedimenti individuati con i decreti di cui all'articolo 2, in caso di inutile decorso del termine di cui all'articolo 2 della legge 7 agosto 1990, n. 241, o di quello eventualmente rideterminato ai sensi dell'articolo 3, il Presidente del Consiglio dei ministri, previa deliberazione del Consiglio dei ministri, può adottare i relativi atti.

2. Il Presidente del Consiglio dei ministri, con le modalità di cui al comma 1, può delegare il potere sostitutivo di cui al medesimo comma 1 a un soggetto dotato di comprovata competenza ed esperienza in relazione all'attività oggetto di sostituzione, fissando un nuovo termine per la conclusione del procedimento, comunque di durata non superiore a quello originariamente previsto.

3. I poteri sostitutivi di cui ai commi 1 e 2 sono esercitati previa diffida all'organo competente, al quale, in caso di inerzia, è comunicato l'avvenuto esercizio del potere sostitutivo.

4. Il Presidente del Consiglio dei ministri o il suo delegato si avvalgono, per l'esercizio del potere sostitutivo, di personale delle amministrazioni pubbliche individuato ai sensi dell'articolo 6, nell'ambito delle risorse disponibili a legislazione vigente.

5 Competenze delle Regioni e degli enti locali.

1. Nei casi in cui l'intervento coinvolga esclusivamente, o in misura prevalente, il territorio di una regione o di un comune o città metropolitana, e non sussista un preminente interesse nazionale alla realizzazione dell'opera, il Presidente del Consiglio delega di regola all'esercizio del potere sostitutivo il presidente della regione o il sindaco.

2. Fuori dei casi di cui al comma 1, quando l'intervento coinvolga le competenze delle regioni e degli enti locali, le modalità di esercizio del potere sostitutivo sono determinate previa intesa in Conferenza unificata ai sensi dell'articolo 9 del decreto legislativo 28 agosto 1997, n. 281.

3. Le regioni a statuto speciale e le province autonome di Trento e Bolzano adeguano i propri ordinamenti alle disposizioni di principio desumibili dal presente decreto, ferme restando le competenze previste dai rispettivi statuti speciali e relative norme di attuazione.

6 Supporto tecnico-amministrativo.

1. Con i decreti di cui all'articolo 2 è individuato, per ciascun intervento, il personale di cui può avvalersi il titolare del potere sostitutivo di cui all'articolo 4.

2. I soggetti di cui al comma 1 sono designati tra dipendenti pubblici in possesso di elevate competenze tecniche o amministrative, maturate presso uffici competenti per lo svolgimento di procedimenti analoghi, assicurando la presenza fra essi di personale posto in posizione di elevata responsabilità in strutture amministrative competenti per gli interventi e procedimenti oggetto del potere sostitutivo.

3. Il personale di cui al presente articolo continua a prestare servizio nella propria amministrazione e a esso non è riconosciuto alcun trattamento retributivo ulteriore rispetto a quello in godimento.

7 Clausola di invarianza finanziaria.

1. All'attuazione delle disposizioni di cui al presente regolamento si provvede nell'ambito delle risorse umane, strumentali e finanziarie disponibili a legislazione vigente e, comunque, senza nuovi o maggiori oneri per la finanza pubblica.

13. Decreto legislativo 25 novembre 2016, n. 222. — Individuazione di procedimenti oggetto di autorizzazione, segnalazione certificata di inizio di attività (SCIA), silenzio assenso e comunicazione e di definizione dei regimi amministrativi applicabili a determinate attività e procedimenti, ai sensi dell'articolo 5 della legge 7 agosto 2015, n. 124. (Decreto Scia 2).

Pubblicato nella Gazzetta Ufficiale n 277 del 26 novembre 2016 (Suppl. Ordinario 52)

1 Oggetto.

1. Il presente decreto, in attuazione della delega di cui all'articolo 5 della legge 7 agosto 2015, n. 124 e anche sulla base dei principi del diritto dell'Unione europea relativi all'accesso alle attività di servizi e dei principi di ragionevolezza e proporzionalità, provvede alla precisa individuazione delle attività oggetto di procedimento, anche telematico, di comunicazione o segnalazione certificata di inizio di attività (di seguito « Scia ») o di silenzio assenso, nonché quelle per le quali è necessario il titolo espresso e introduce le conseguenti disposizioni normative di coordinamento.

2. Con riferimento alla materia edilizia, al fine di garantire omogeneità di regime giuridico in tutto il territorio nazionale, con decreto del Ministro delle infrastrutture e dei trasporti di concerto con il Ministro delegato per la semplificazione e la pubblica amministrazione, da emanare entro sessanta giorni dalla data di entrata in vigore del presente decreto, previa intesa con la Conferenza unificata di cui all'articolo 8 del decreto legislativo 28 agosto 1997, n. 281, è adottato un glossario unico, che contiene l'elenco delle principali opere edilizie, con l'individuazione della categoria di intervento a cui le stesse appartengono e del conseguente regime giuridico a cui sono sottoposte, ai sensi della tabella A di cui all'articolo 2 del presente decreto.

3. Le amministrazioni procedenti forniscono gratuitamente la necessaria attività di consulenza funzionale all'istruttoria agli interessati in relazione alle attività elencate nella tabella A, fatto salvo il pagamento dei soli diritti di segreteria previsti dalla legge.

4. Per le finalità indicate dall'articolo 52 del Codice dei beni culturali e del paesaggio, di cui al decreto legislativo 22 gennaio 2004, n. 42, il comune, d'intesa con la regione, sentito il competente soprintendente del Ministero dei beni e delle attività culturali e del turismo, può adottare deliberazioni volte a delimitare, sentite le associazioni di categoria, zone o aree aventi particolare valore archeologico, storico, artistico e paesaggistico in cui è vietato o subordinato ad autorizzazione rilasciata ai sensi dell'articolo 15 del decreto legislativo 26 marzo 2010, n. 59, l'esercizio di una o più attività di cui al presente decreto, individuate con riferimento al tipo o alla categoria merceologica, in quanto non compatibile con le esigenze di tutela e valorizzazione del patrimonio culturale. I Comuni trasmettono copia delle deliberazioni di cui al periodo precedente alla competente soprintendenza del Ministero dei beni e delle attività culturali e del turismo e al Ministero dello sviluppo economico, per il tramite della Regione. Il Ministero dei beni e delle attività culturali e del turismo e il Ministero dello sviluppo economico assicurano congiuntamente il monitoraggio sugli effetti applicativi delle presenti disposizioni.

2 Regimi amministrativi delle attività private.

1. A ciascuna delle attività elencate nell'allegata tabella A, che forma parte integrante del presente decreto, si applica il regime amministrativo ivi indicato.

2. Per lo svolgimento delle attività per le quali la tabella A indica la comunicazione, quest'ultima produce effetto con la presentazione all'amministrazione competente o allo Sportello unico. Ove per l'avvio, lo svolgimento o la cessazione dell'attività siano richieste altre comunicazioni o attestazioni, l'interessato può presentare un'unica comunicazione allo Sportello di cui all'articolo 19-*bis* della legge n. 241 del 1990. Alla comunicazione sono allegate asseverazioni o certificazioni ove espressamente previste da disposizioni legislative o regolamentari.

3. Per lo svolgimento delle attività per le quali la tabella A indica la Scia, si applica il regime di cui all'articolo 19 della legge n. 241 del 1990. Nei casi in cui la tabella indica il regime amministrativo della Scia unica, si applica quanto previsto dall'articolo 19-*bis*, comma 2, della stessa legge n. 241 del 1990. Nei casi in cui la tabella indica il regime amministrativo della Scia condizionata ad atti di assenso comunque denominati, si applica quanto previsto dall'articolo 19-*bis*, comma 3, della stessa legge n. 241 del 1990.

4. Nei casi del regime amministrativo della Scia, il termine di diciotto mesi di cui all'articolo 21-nonies, comma 1, della legge n. 241 del 1990, decorre dalla data di scadenza del termine previsto dalla legge per l'esercizio del potere ordinario di verifica da parte dell'amministrazione competente. Resta fermo quanto stabilito dall'articolo 21, comma 1, della legge n. 241 del 1990.

5. Per lo svolgimento delle attività per le quali la tabella A indica l'autorizzazione, è necessario un provvedimento espresso, salva l'applicazione del silenzio-assenso, ai sensi dell'articolo 20 della legge n. 241 del 1990, ove indicato. Ove per lo svolgimento dell'attività sia necessaria l'acquisizione di ulteriori atti di assenso comunque denominati, si applicano le disposizioni di cui agli articoli 14 e seguenti della stessa legge n. 241 del 1990.

6. Le amministrazioni, nell'ambito delle rispettive competenze, possono ricondurre le attività non espressamente elencate nella tabella A, anche in ragione delle loro specificità territoriali, a quelle corrispondenti, pubblicandole sul proprio sito istituzionale.

7. Con i successivi decreti recanti disposizioni integrative e correttive, adottati ai sensi dell'articolo 5,

comma 3, della legge n. 124 del 2015, la tabella A può essere integrata e completata. Successivamente, con decreto del Ministro delegato per la semplificazione e la pubblica amministrazione, previa intesa con la Conferenza unificata di cui all'articolo 3 del decreto legislativo n. 281 del 1997, si procede periodicamente all'aggiornamento e alla pubblicazione della tabella A, con le modifiche strettamente conseguenti alle disposizioni legislative successivamente intervenute.

3 Semplificazione di regimi amministrativi in materia edilizia.

(*Omissis*) (1).

(1) *Apporta modifiche al d.P.R. 6 giugno 2001, n. 380, riportato sub V, 46.*

4 Semplificazione di regimi amministrativi in materia di pubblica sicurezza.

1. Al regio decreto 6 maggio 1940, n. 635, recante « Approvazione del regolamento per l'esecuzione del testo unico 18 giugno 1931, n. 773, delle leggi di pubblica sicurezza, sono apportate le seguenti modificazioni:

a) il primo comma dell'articolo 110 è sostituito dal seguente: « L'installazione di impianti provvisori elettrici per straordinarie illuminazioni pubbliche in occasione di festività civili o religiose o in qualsiasi altra contingenza è soggetta a comunicazione da trasmettere al Comune corredata dalla certificazione di conformità degli impianti di cui all'articolo 7 del decreto del Ministro dello sviluppo economico 22 gennaio 2008, n. 37. »;

b) il secondo comma dell'articolo 110 è abrogato;

c) al secondo comma dell'articolo 141, dopo le parole « inferiore a 200 persone », sono aggiunte le seguenti: « il parere, ».

2. Per le attività sottoposte ad autorizzazione di pubblica sicurezza ai sensi del regio decreto n. 773 del 1931, ove l'allegata tabella A preveda un regime di Scia, quest'ultima produce anche gli effetti dell'autorizzazione ai fini dello stesso regio decreto.

5 Livelli ulteriori di semplificazione.

1. Le regioni e gli enti locali, nel disciplinare i regimi amministrativi di loro competenza, fermi restando i livelli di semplificazione e le garanzie assicurate ai privati dal presente decreto, possono prevedere livelli ulteriori di semplificazione.

6 Disposizioni finali.

1. L'articolo 126 del regio decreto 18 giugno 1931, n. 773, è abrogato.

2. Le regioni e gli enti locali si adeguano alle disposizioni del presente decreto entro il 30 giugno 2017.

CAPO III
NORME IN MATERIA DI LIBERALIZZAZIONI (1)

(1) *Per ulteirori disposizioni in materia di liberalizzazioni v. il d.l. 16 luglio 2020, n. 76, conv., con modif., in l. 11 settembre 2020, n. 120, sub VIII, 1 e, in particolare, gli artt. 15 e 36.*

14. Decreto legislativo 26 marzo 2010, n. 59. — Attuazione della direttiva 2006/123/CE relativa ai servizi nel mercato interno. (*estratto*).

Pubblicato nella Gazzetta Ufficiale n. 94 del 21 aprile 2010, S.O. n. 75.

PARTE I

TITOLO I
Disposizioni generali

CAPO I
Ambito di applicazione

1 Oggetto e finalità.

1. Le disposizioni del presente decreto si applicano a qualunque attività economica, di carattere imprenditoriale o professionale, svolta senza vincolo di subordinazione, diretta allo scambio di beni o alla fornitura di altra prestazione anche a carattere intellettuale.

2. Le disposizioni della Parte prima del presente decreto sono adottate ai sensi dell'articolo 117, comma 2, lettere *e*) ed *m*), della Costituzione, al fine di garantire la libertà di concorrenza secondo condizioni di pari opportunità e il corretto ed uniforme funzionamento del mercato, nonché per assicurare ai consumatori finali un livello minimo e uniforme di condizioni di accessibilità ai servizi sul territorio nazionale.

3. Relativamente alle regioni a statuto speciale e alle province autonome di Trento e di Bolzano, i princìpi desumibili dalle disposizioni di cui alla Parte prima del presente decreto costituiscono norme fondamentali di riforma economico-sociale della Repubblica e princìpi dell'ordinamento giuridico dello Stato.

4. Relativamente alle materie oggetto di competenza concorrente, le regioni e le province autonome di Trento e di Bolzano esercitano la potestà normativa nel rispetto dei principi fondamentali contenuti nelle norme del presente decreto (1).

(1) *Per l'interpretazione autentica delle disposizioni del presente comma v. l'art. 1, comma 1094, l. 27 dicembre 2017, n. 205, che prevede che « Al fine di pervenire ad una piena e corretta attuazione della direttiva 2006/123/CE del Parlamento europeo e del Consiglio, del 12 dicembre 2006, relativa ai servizi nel mercato interno, e nel contempo consentire il raggiungimento degli specifici obiettivi connessi all'attività di assistenza e cura in ambito termale, favorendo la ripresa degli investimenti nel settore, l'articolo 1, comma 1, del decreto legislativo 26 marzo 2010, n. 59, recante attuazione della citata direttiva 2006/123/CE, si interpreta nel senso che le disposizioni del medesimo decreto legislativo n. 59 del 2010 non si applicano al rilascio e al rinnovo delle concessioni per l'utilizzazione delle acque minerali e termali destinate all'esercizio dell'azienda termale in possesso delle autorizzazioni sanitarie di cui all'articolo 3, comma 1, della legge 24 ottobre 2000, n. 323, qualora il fatturato della stessa azienda, riferibile alle prestazioni termali e alle piscine termali, ove esistenti e come individuate dalla disciplina interregionale in materia, sia stato prevalente, nei due anni precedenti l'istanza di rilascio o di rinnovo, rispetto a quello delle attività di cui all'articolo 3, comma 2, della medesima legge. La prevalenza deve risultare da una specifica certificazione rilasciata dai revisori dei conti e formulata sulla base della contabilità analitica aziendale ».*

2 Esclusioni.

1. Le disposizioni del presente decreto non si applicano:

a) alle attività connesse con l'esercizio di pubblici poteri, quando le stesse implichino una partecipazione diretta e specifica all'esercizio del potere pubblico e alle funzioni che hanno per oggetto la salvaguardia degli interessi generali dello Stato e delle altre collettività pubbliche;

b) alla disciplina fiscale delle attività di servizi;

c) ai servizi d'interesse economico generale assicurati alla collettività in regime di esclusiva da soggetti pubblici o da soggetti privati, ancorché scelti con procedura ad evidenza pubblica, che operino in luogo e sotto il controllo di un soggetto pubblico.

2. Le disposizioni del presente decreto non si applicano nei casi previsti negli articoli da 3 a 7 del presente capo.

3. Il Ministro per le politiche europee ed i Ministri interessati dalle disposizioni del presente decreto possono adottare uno o più decreti interministeriali ricognitivi delle attività di servizi che, in applicazione delle disposizioni del presente decreto, sono comunque escluse dall'ambito di applicazione dello stesso.

3 Servizi sociali.

1. Le disposizioni del presente decreto non si appli-

cano ai servizi sociali riguardanti gli alloggi popolari, l'assistenza all'infanzia e il sostegno alle famiglie e alle persone temporaneamente o permanentemente in stato di bisogno forniti da amministrazioni pubbliche, da prestatori da esse incaricati o da associazioni che perseguono scopi caritatevoli.

4 Servizi finanziari.

1. Sono esclusi dall'ambito di applicazione del presente decreto i servizi finanziari, ivi inclusi i servizi bancari e nel settore del credito, i servizi di agenzia in attività finanziaria e di mediazione creditizia i servizi assicurativi e di riassicurazione, il servizio pensionistico professionale o individuale, la negoziazione dei titoli, la gestione dei fondi, i servizi di pagamento e quelli di consulenza nel settore degli investimenti (1).

2. Le disposizioni del presente decreto non si applicano, in particolare:

a) alle attività ammesse al mutuo riconoscimento di cui all'articolo 1, comma 2, lettera *f*), del decreto legislativo 1° settembre 1993, n. 385;

b) quando hanno ad oggetto gli strumenti finanziari di cui alla sezione C dell'Allegato al decreto legislativo 24 febbraio 1998, n. 58, alle attività, ai servizi di investimento ed ai servizi accessori di cui alla sezione A ed alla sezione B del medesimo Allegato.

(1) *Comma così modificato dall'art. 26, comma 6-*bis, *d.lgs. 13 agosto 2010, n. 141, come modificato dall'art. 17, comma 1, lett. i), d.lgs. 19 settembre 2012, n. 169.*

5 Servizi di comunicazione.

1. Ai servizi ed alle reti di comunicazione di cui all'articolo 1 del decreto legislativo 1° agosto 2003, n. 259, si applicano esclusivamente le disposizioni di cui ai titoli IV e V della parte prima del presente decreto.

6 Servizi di trasporto.

1. Le disposizioni del presente decreto non si applicano ai servizi di trasporto aereo, marittimo, per le altre vie navigabili, ferroviario e su strada, ivi inclusi i servizi di trasporto urbani, di taxi, di ambulanza, nonché i servizi portuali e i servizi di noleggio auto con conducente.

2. Ai fini del presente decreto, non costituiscono servizi di trasporto quelli di:

a) scuola guida;

b) trasloco;

c) noleggio di veicoli e unità da diporto;

d) pompe funebri;

e) fotografia aerea.

7 Altri servizi esclusi.

1. Le disposizioni del presente decreto non si applicano:

a) ai servizi di somministrazione di lavoratori forniti dalle agenzie per il lavoro, autorizzate ai sensi del decreto legislativo 10 settembre 2003, n. 276;

b) ai servizi sanitari ed a quelli farmaceutici forniti direttamente a scopo terapeutico nell'esercizio delle professioni sanitarie, indipendentemente dal fatto che vengano prestati in una struttura sanitaria e a prescindere dalle loro modalità di organizzazione, di finanziamento e dalla loro natura pubblica o privata;

c) ai servizi audiovisivi, ivi compresi i servizi cinematografici, a prescindere dal modo di produzione, distribuzione e trasmissione, e i servizi radiofonici;

d) al gioco d'azzardo e di fortuna comprese le lotterie, le scommesse e le attività delle case da gioco, nonché alle reti di acquisizione del gettito;

e) ai servizi privati di sicurezza;

f) ai servizi forniti da notai;

f-bis) alle attività del commercio al dettaglio sulle aree pubbliche (1).

(1) *Lettera aggiunta dall'art. 1, comma 686, lett.* a), *l. 30 dicembre 2018, n. 145, a decorrere dal 1° gennaio 2019.*

CAPO II
Definizioni e principi generali

8 Definizioni.

1. Ai fini del presente decreto si intende per:

a) servizio: qualsiasi prestazione anche a carattere intellettuale svolta in forma imprenditoriale o professionale, fornita senza vincolo di subordinazione e normalmente fornita dietro retribuzione; i servizi non economici non costituiscono servizi ai sensi del presente decreto;

b) prestatore: qualsiasi persona fisica avente la cittadinanza di uno Stato membro o qualsiasi soggetto costituito conformemente al diritto di uno Stato membro o da esso disciplinato, a prescindere dalla sua forma giuridica, stabilito in uno Stato membro, che offre o fornisce un servizio;

c) destinatario: qualsiasi persona fisica che sia cittadino di uno Stato membro o che goda di diritti ad essa conferiti dall'ordinamento comunitario, o qualsiasi altro soggetto indicato alla lettera *b*), stabilito in uno Stato membro, che a scopo professionale o per altri scopi, fruisce o intende fruire di un servizio;

d) Stato membro di stabilimento: lo Stato membro nel cui territorio è stabilito il prestatore del servizio considerato;

e) stabilimento: l'esercizio effettivo a tempo indeterminato di un'attività economica non salariata da parte del prestatore, svolta con un'infrastruttura stabile;

f) regime di autorizzazione: qualsiasi procedura, non inerente alle misure applicabili a norma del decreto legislativo 9 novembre 2007, n. 206, che obbliga un prestatore o un destinatario a rivolgersi ad un'autorità competente allo scopo di ottenere un provvedimento formale o un provvedimento implicito relativo all'accesso ad un'attività di servizio o al suo esercizio; ai fini del presente decreto, non costituisce regime autorizzatorio la segnalazione certificata di inizio di attività (S.C.I.A.), di cui all'articolo 19 della legge 7 agosto 1990, n. 241 (1).

g) requisito: qualsiasi regola che imponga un obbligo, un divieto, una condizione o un limite al quale il prestatore o il destinatario debba conformarsi ai fini dell'accesso ed esercizio della specifica attività esercitata e che abbia fonte in leggi, regolamenti, provvedimenti amministrativi ovvero in disposizioni adottate da ordini, collegi e albi professionali; non costituiscono requisiti le disposizioni in materia ambientale, edilizia ed urbanistica, nonché quelle a tutela della sanità pubblica, della pubblica sicurezza, della sicurezza dei lavoratori e dell'incolumità delle persone e che si applicano indistintamente ai prestatori nello svolgimento della loro attività economica e ai singoli che agiscono a titolo privato;

h) motivi imperativi d'interesse generale: ragioni di pubblico interesse, tra i quali l'ordine pubblico, la sicurezza pubblica, l'incolumità pubblica, la sanità pubblica, la sicurezza stradale, la tutela dei lavoratori compresa la protezione sociale dei lavoratori, il mantenimento dell'equilibrio finanziario del sistema di sicurezza sociale, la tutela dei consumatori, dei destinatari di servizi e dei lavoratori, l'equità delle transazioni commerciali, la lotta alla frode, la tutela dell'ambiente, incluso l'ambiente urbano, la salute degli animali, la proprietà intellettuale, la conservazione del patrimonio nazionale storico e artistico, gli obiettivi di politica sociale e di politica culturale;

i) autorità competente: le amministrazioni statali, regionali o locali e gli altri soggetti responsabili del controllo o della disciplina delle attività di servizi, ivi inclusi gli ordini professionali, i collegi nazionali professionali e gli albi professionali;

l) Stato membro nel quale è prestato il servizio: lo Stato membro in cui il servizio è fornito da un prestatore stabilito in un altro Stato membro;

m) professione regolamentata: un'attività professionale o un insieme di attività professionali, riservate o non riservate, ai sensi dell'articolo 4, comma 1, lettera *a*), del decreto legislativo 9 novembre 2007, n. 206;

n) comunicazione commerciale: qualsiasi forma di comunicazione destinata a promuovere, direttamente o indirettamente, beni, servizi, o l'immagine di un'impresa, di un'organizzazione o di una persona che svolge un'attività commerciale, industriale o artigianale o che esercita una professione regolamentata. Non costituiscono, di per sé, comunicazioni commerciali le informazioni seguenti:

1) le informazioni che permettono l'accesso diretto all'attività dell'impresa, dell'organizzazione o della persona, in particolare un nome di dominio o un indirizzo di posta elettronica;

2) le comunicazioni relative ai beni, ai servizi o all'immagine dell'impresa, dell'organizzazione o della persona elaborate in modo indipendente, in particolare se fornite in assenza di un corrispettivo economico.

(1) *Comma modificato dall'art. 1, comma 1, d.lgs. 6 agosto 2012 n. 147.*

9 Clausola di specialità.

1. In caso di contrasto con le disposizioni del presente decreto, si applicano le disposizioni di attuazione di altre norme comunitarie che disciplinano aspetti specifici dell'accesso ad un'attività di servizi o del suo esercizio per professioni o in settori specifici, ivi incluse le disposizioni previste dalla legge 9 febbraio 1982, n. 31, di attuazione della direttiva 77/249/CEE, dal decreto legislativo 25 febbraio 2000, n. 72, di attuazione della direttiva 96/71/CE, dal decreto legislativo 2 febbraio 2001, n. 96, di attuazione della direttiva 98/5/CE, dal decreto legislativo 31 luglio 2005, n. 177, di attuazione della direttiva 89/552/CEE e dal decreto legislativo 9 novembre 2007 n. 206, di attuazione della direttiva 2005/36/CE.

TITOLO II
Disposizioni in materia di accesso ed esercizio delle attività di servizi

CAPO I
Disposizioni generali sull'accesso e l'esercizio delle attività di servizi

10 Libertà di accesso ed esercizio delle attività di servizi.

1. Nei limiti del presente decreto, l'accesso e l'esercizio delle attività di servizi costituiscono espressione della libertà di iniziativa economica e non possono essere sottoposti a limitazioni non giustificate o discriminatorie.

2. [Nei casi in cui l'accesso o l'esercizio di un'attività di servizi sono subordinati alla presentazione all'amministrazione competente di una dichiarazione di inizio attività, ove non diversamente previsto, si applica l'articolo 19, comma 2, secondo periodo, della legge 7 agosto 1990, n. 241.] (1).

(1) *Comma abrogato dall'art. 1, comma 2, del d.lgs. 6 agosto 2012 n. 147.*

11 Requisiti vietati.

1. L'accesso ad un'attività di servizi o il suo esercizio non possono essere subordinati al rispetto dei seguenti requisiti:

a) requisiti discriminatori fondati direttamente o indirettamente sulla cittadinanza o, per quanto riguarda le società, sull'ubicazione della sede legale, in particolare:

1) il requisito della cittadinanza italiana per il prestatore, il suo personale, i detentori di capitale sociale o i membri degli organi di direzione e vigilanza;

2) il requisito della residenza in Italia per il prestatore, il suo personale, i detentori di capitale sociale o i membri degli organi di direzione e vigilanza;

b) il divieto di avere stabilimenti in più di uno Stato membro o di essere iscritti nei registri o ruoli di organismi, ordini o associazioni professionali di altri Stati membri;

c) restrizioni della libertà, per il prestatore, di scegliere tra essere stabilito a titolo principale o secondario, in particolare l'obbligo per il prestatore, di avere lo stabilimento principale in Italia o restrizioni alla libertà di scegliere tra essere stabilito in forma di rappresentanza, succursale o filiale;

d) condizioni di reciprocità con lo Stato membro nel quale il prestatore ha già uno stabilimento, salvo quelle previste in atti comunitari riguardanti l'energia;

e) l'applicazione caso per caso di una verifica di natura economica che subordina il rilascio del titolo autorizzatorio alla prova dell'esistenza di un bisogno economico o di una domanda di mercato, o alla valutazione degli effetti economici potenziali o effettivi dell'attività o alla valutazione dell'adeguatezza dell'attività rispetto agli obiettivi di programmazione economica stabiliti; tale divieto non concerne i requisiti di programmazione che non perseguono obiettivi economici, ma che sono dettati da motivi imperativi d'interesse generale;

f) l'obbligo di presentare, individualmente o con altri, una garanzia finanziaria o di sottoscrivere un'assicurazione presso un prestatore o presso un organismo stabilito in Italia;

g) l'obbligo di essere già stato iscritto per un determinato periodo nei registri italiani o di avere in precedenza esercitato l'attività in Italia per un determinato periodo.

12 (1) Requisiti subordinati alla sussistenza di un motivo imperativo di interesse generale.

1. Nei casi in cui sussistono motivi imperativi di interesse generale, l'accesso e l'esercizio di una attività di servizio possono, nel rispetto dei principi di proporzionalità e non discriminazione, essere subordinati al rispetto dei seguenti requisiti:

a) restrizioni quantitative o territoriali sotto forma, in particolare, di restrizioni fissate in funzione della popolazione o di una distanza geografica minima tra prestatori;

b) requisiti che impongono al prestatore di avere un determinato statuto giuridico;

c) obblighi relativi alla detenzione del capitale di una società;

d) requisiti diversi da quelli relativi alle questioni disciplinate dal decreto legislativo 9 novembre 2007, n. 206, o da quelli previsti in altre norme attuative di disposizioni comunitarie, che riservano l'accesso alle attività di servizi in questione a prestatori particolari a motivo della natura specifica dell'attività esercitata;

e) il divieto di disporre di più stabilimenti sul territorio nazionale;

f) requisiti che stabiliscono un numero minimo di dipendenti;

g) tariffe obbligatorie minime o massime che il prestatore deve rispettare;

h) l'obbligo per il prestatore di fornire, insieme al suo servizio, altri servizi specifici.

2. Fermo restando quanto previsto dall'articolo 11, le disposizioni di cui al comma 1 si applicano alla legislazione riguardante i servizi di interesse economico generale per i quali non sono previsti regimi di esclusiva, nella misura in cui ciò non sia di ostacolo alla specifica missione di interesse pubblico.

3. Sono fatti salvi i requisiti relativi alle questioni disciplinate dal decreto legislativo 9 novembre 2007, n. 206, e quelli previsti in altre norme attuative di disposizioni comunitarie, che riservano l'accesso alle attività di servizi in questione a prestatori particolari a motivo della natura specifica dell'attività esercitata.

(1) *L'art. 9 della Direttiva del Parlamento europeo e del Consiglio 12 dicembre 2006, n. 2006/123/CE, relativa ai servizi nel mercato interno, ha previsto che: « 1. Gli Stati membri possono subordinare l'accesso ad un'attività di servizio e il suo esercizio ad un regime di autorizzazione soltanto se sono soddisfatte le condizioni seguenti:* a) *il regime di autorizzazione non è discriminatorio nei confronti del prestatore;* b) *la necessità di un regime di autorizzazione è giustificata da un motivo imperativo di interesse generale;* c) *l'obiettivo perseguito non può essere conseguito tramite una misura meno restrittiva, in particolare in quanto un controllo a posteriori interverrebbe troppo tardi per avere reale efficacia. — 2. Nella relazione prevista all'articolo 39, paragrafo 1, gli Stati membri indicano i propri regimi di autorizzazione e ne motivano la conformità al paragrafo 1 del presente articolo. — 3. Le disposizioni della presente sezione non si applicano agli aspetti dei regimi di autorizzazione che sono disciplinati direttamente o indirettamente da altri strumenti comunitari ».*

13 Notifiche.

1. L'efficacia di nuove disposizioni che prevedono i requisiti di cui all'articolo 12, comma 1, è subordinata alla previa notifica alla Commissione europea.

2. Le autorità competenti comunicano alla Presidenza del Consiglio dei Ministri - Dipartimento per le politiche europee — i progetti di disposizioni legislative, regolamentari e amministrative che prevedono i requisiti di cui al comma 1. La Presidenza del Consiglio dei Ministri - Dipartimento per il coordinamento delle politiche comunitarie - notifica alla Commissione europea detti requisiti e ne dà contestuale comunicazione all'autorità competente (1).

3. La Presidenza del Consiglio dei Ministri - Dipartimento per le politiche europee - trasmette, altresì, alle autorità competenti i requisiti elencati all'articolo 12 notificati alla Commissione dagli altri Stati membri e le eventuali decisioni assunte dalla Commissione nei confronti dell'Italia e degli Stati membri (1).

4. La notifica di un progetto di disposizione ai sensi del decreto legislativo 23 novembre 2000, n. 427, di recepimento della direttiva 98/34/CE, soddisfa l'obbligo di cui al comma 1.

(1) *Comma così modificato dall'art. 61, comma 2, l. 24 dicembre 2012, n. 234.*

CAPO II
Disposizioni generali in materia di regimi autorizzatori

14 Regimi autorizzatori.

1. Fatte salve le disposizioni istitutive e relative ad ordini, collegi e albi professionali, regimi autorizzatori possono essere istituiti o mantenuti solo se giustificati da motivi imperativi di interesse generale, nel rispetto dei principi di non discriminazione, di proporzionalità, nonché delle disposizioni di cui al presente titolo.

2. Nelle materie di legislazione concorrente, le Regioni possono istituire o mantenere albi, elenchi, sistemi di accreditamento e ruoli, solo nel caso in cui siano

previsti tra i principi generali determinati dalla legislazione dello Stato.

3. Il numero dei titoli autorizzatoli per l'accesso e l'esercizio di un'attività di servizi può essere limitato solo se sussiste un motivo imperativo di interesse generale o per ragioni correlate alla scarsità delle risorse naturali o delle capacità tecniche disponibili.

4. Le disposizioni del presente capo non si applicano agli aspetti dei regimi di autorizzazione che sono disciplinati direttamente o indirettamente da altri strumenti comunitari.

15 Condizioni per il rilascio dell'autorizzazione.

1. Ove sia previsto un regime autorizzatorio, le condizioni alle quali è subordinato l'accesso e l'esercizio alle attività di servizi sono:

a) non discriminatorie;

b) giustificate da un motivo imperativo di interesse generale;

c) commisurate all'obiettivo di interesse generale;

d) chiare ed inequivocabili;

e) oggettive;

f) rese pubbliche preventivamente;

g) trasparenti e accessibili.

2. I requisiti e i controlli equivalenti o sostanzialmente comparabili quanto a finalità, ai quali il prestatore sia già assoggettato in un altro Stato membro, sono da considerarsi idonei ai fini della verifica della sussistenza delle condizioni per il rilascio di un titolo autorizzatorio, sempre che il prestatore o le autorità competenti dell'altro Stato membro forniscano al riguardo le informazioni necessarie.

16 (1) Selezione tra diversi candidati.

1. Nelle ipotesi in cui il numero di titoli autorizzatoli disponibili per una determinata attività di servizi sia limitato per ragioni correlate alla scarsità delle risorse naturali o delle capacità tecniche disponibili, le autorità competenti applicano una procedura di selezione tra i candidati potenziali ed assicurano la predeterminazione e la pubblicazione, nelle forme previste dai propri ordinamenti, dei criteri e delle modalità atti ad assicurarne l'imparzialità, cui le stesse devono attenersi.

2. Nel fissare le regole della procedura di selezione le autorità competenti possono tenere conto di considerazioni di salute pubblica, di obiettivi di politica sociale, della salute e della sicurezza dei lavoratori dipendenti ed autonomi, della protezione dell'ambiente, della salvaguardia del patrimonio culturale e di altri motivi imperativi d'interesse generale conformi al diritto comunitario.

3. L'effettiva osservanza dei criteri e delle modalità di cui al comma 1 deve risultare dai singoli provvedimenti relativi al rilascio del titolo autorizzatorio.

4. Nei casi di cui al comma 1 il titolo è rilasciato per una durata limitata e non può essere rinnovato automaticamente, né possono essere accordati vantaggi al prestatore uscente o ad altre persone, ancorché giustificati da particolari legami con il primo.

4-*bis*. Le disposizioni di cui al presente articolo non si applicano al commercio su aree pubbliche di cui all'articolo 27 del decreto legislativo 31 marzo 1998, n. 114 (2).

(1) *L'art. 12 della Direttiva del Parlamento europeo e del Consiglio 12 dicembre 2006, n. 2006/123/CE, relativa ai servizi nel mercato interno, ha previsto che: « 1. Qualora il numero di autorizzazioni disponibili per una determinata attività sia limitato per via della scarsità delle risorse naturali o delle capacità tecniche utilizzabili, gli Stati membri applicano una procedura di selezione tra i candidati potenziali, che presenti garanzie di imparzialità e di trasparenza e preveda, in particolare, un'adeguata pubblicità dell'avvio della procedura e del suo svolgimento e completamento. — 2. Nei casi di cui al paragrafo 1 l'autorizzazione è rilasciata per una durata limitata adeguata e non può prevedere la procedura di rinnovo automatico né accordare altri vantaggi al prestatore uscente o a persone che con tale prestatore abbiano particolari legami. — 3. Fatti salvi il paragrafo 1 e gli articoli 9 e 10, gli Stati membri possono tener conto, nello stabilire le regole della procedura di selezione, di considerazioni di salute pubblica, di obiettivi di politica sociale, della salute e della sicurezza dei lavoratori dipendenti ed autonomi, della protezione dell'ambiente, della salvaguardia del patrimonio culturale e di altri motivi imperativi d'interesse generale conformi al diritto comunitario ».*

(2) *Comma aggiunto dall'art. 1, comma 686, lett.* b), *l. 30 dicembre 2018, n. 145, a decorrere dal 1° gennaio 2019.*

17 Procedimenti di rilascio delle autorizzazioni.

1. Ai fini del rilascio del titolo autorizzatorio riguardante l'accesso e l'esercizio delle attività di servizi di cui al presente decreto si segue, ove non diversamente previsto, il procedimento di cui all'articolo 20 della legge 7 agosto 1990, n. 241. In tutti i casi diversi da quelli di cui all'articolo 14 per i quali le norme vigenti, alla data di entrata in vigore del presente comma, prevedono regimi autorizzatori o di dichiarazione di inizio attività, si applica l'articolo 19 della legge 7 agosto 1990, n. 241, e successive modificazioni (1).

2. Qualora sussista un motivo imperativo di interesse generale, può essere imposto che il procedimento si concluda con l'adozione di un provvedimento espresso.

3. Il termine per la conclusione del procedimento decorre dal momento in cui il prestatore ha presentato tutta la documentazione necessaria ai fini dell'accesso all'attività e al suo esercizio.

4. Le autorità competenti assicurano che per ogni domanda di autorizzazione sia rilasciata una ricevuta. La ricevuta deve contenere le informazioni seguenti:

a) il termine previsto per la conclusione del procedimento e i casi in cui la sua decorrenza subisca un differimento o una sospensione;

b) i mezzi di ricorso previsti;

c) fatti salvi i casi in cui il procedimento si conclude con l'adozione di un provvedimento espresso, la menzione che, in mancanza di risposta entro il termine previsto, l'autorizzazione è considerata come rilasciata.

5. Quando la domanda è presentata per via telematica la ricevuta è inviata tramite posta elettronica.

(1) *Comma sostituito dall'art. 2, comma 1, d.lgs. 6 agosto 2012 n. 147.*

18 Autorità preposte al rilascio delle autorizzazioni.

1. Fatti salvi i poteri di ordini, collegi e organismi professionali e di organi collegiali che agiscono in qualità di autorità competente, ai fini del rilascio dei titoli autorizzatori o dell'adozione di altri provvedimenti rilevanti per l'esercizio dell'attività di servizi è vietata la partecipazione diretta o indiretta alla decisione, anche in seno a organi consultivi, di operatori concorrenti. Tale divieto non riguarda la consultazione di organismi quali le Camere di commercio o le parti sociali su questioni diverse dalle singole domande di autorizzazione né la consultazione del grande pubblico.

19 Efficacia delle autorizzazioni.

1. L'autorizzazione permette al prestatore di accedere all'attività di servizi e di esercitarla su tutto il territorio nazionale, anche mediante l'apertura di rappresentanze, succursali, filiali o uffici; sono fatte salve le ipotesi in cui la necessità di un'autorizzazione specifica o di una limitazione dell'autorizzazione ad una determinata parte del territorio per ogni stabilimento sia giustificata da un motivo imperativo di interesse generale.

2. L'autorizzazione ha durata illimitata, salvo che non ricorra uno dei seguenti casi:

a) previsione di un rinnovo automatico, purché compatibile con le disposizioni del presente decreto;

b) previsione di una limitazione numerica dei titoli che possono essere rilasciati;

c) limitazione della durata giustificata da un motivo imperativo di interesse generale.

3. Restano salvi i casi in cui la decadenza dall'autorizzazione, la sospensione o la revoca conseguono al venir meno delle condizioni cui è subordinato il suo ottenimento. Le autorità competenti possono periodicamente verificare la persistenza delle condizioni per il rilascio dell'autorizzazione, anche richiedendo al prestatore le informazioni e la documentazione necessarie.

4. È consentita la previsione di un termine, anche a pena di decadenza, entro il quale il prestatore deve iniziare l'attività per la quale ha conseguito il titolo, salvo che non vi siano giustificati motivi per il mancato avvio.

TITOLO III

Libera prestazione dei servizi

20 Esercizio di attività di servizi in regime di libera prestazione.

1. La prestazione temporanea e occasionale di servizi è consentita ai cittadini comunitari e agli altri prestatori aventi la sede sociale, l'amministrazione centrale o il centro di attività principale all'interno dell'Unione europea, quando sono stabiliti in uno Stato membro.

2. I requisiti applicabili ai prestatori di servizi stabiliti in Italia si applicano ai soggetti di cui al comma 1 in caso di prestazione temporanea e occasionale solo se sussistono ragioni di ordine pubblico, di pubblica sicurezza, di sanità pubblica o di tutela dell'ambiente, nel rispetto dei principi di non discriminazione e di proporzionalità.

3. Restano ferme le disposizioni di cui al titolo II del decreto legislativo 9 novembre 2007, n. 206, di recepimento della direttiva 2005/36/CE.

21 Requisiti da giustificare.

1. Fatto salvo quanto previsto dall'articolo 20, commi 2 e 3, il diritto alla libera prestazione di servizi di un prestatore stabilito in un altro Stato membro non può essere in particolare subordinato alla sussistenza dei seguenti requisiti:

a) l'obbligo per il prestatore di essere stabilito in Italia;

b) l'obbligo per il prestatore di ottenere un'autorizzazione dalle autorità competenti, compresa l'iscrizione in un registro o a un ordine professionale nazionale, salvo i casi previsti dal presente decreto o da altre disposizioni di recepimento di norme comunitarie;

c) il divieto imposto al prestatore di dotarsi in Italia di una determinata forma o tipo di infrastrut tura, inclusi uffici o uno studio, necessaria all'esecuzione delle prestazioni in questione;

d) l'applicazione di un regime contrattuale particolare tra il prestatore e il destinatario che impedisca o limiti la prestazione di servizi a titolo indipendente;

e) l'obbligo per il prestatore di essere in possesso di un documento di identità specifico per l'esercizio di un'attività di servizi rilasciato in Italia;

f) i requisiti, a eccezione di quelli in materia di salute e di sicurezza sul posto di lavoro, relativi all'uso di attrezzature e di materiali che costituiscono parte integrante della prestazione del servizio;

g) le restrizioni alla libera circolazione dei servizi riguardanti i destinatari ai sensi dell'articolo 28 del presente decreto.

2. Disposizioni in deroga a quanto previsto dal comma 1 possono essere previste solo se giustificate da motivi imperativi di ordine pubblico, di pubblica sicurezza, di sanità pubblica o di tutela dell'ambiente, in conformità con i principi di non discriminazione e proporzionalità.

22 Deroghe al regime della libera prestazione.

1. Gli articoli 20 e 21 del presente decreto non si applicano:

a) ai servizi di interesse economico generale ivi inclusi i seguenti:

1) nel settore postale, i servizi contemplati dal decreto legislativo 22 luglio 1999, n. 261;

2) servizi di generazione, trasmissione, distribuzione e fornitura dell'energia elettrica;

3) servizi di trasporto, distribuzione, fornitura e stoccaggio di gas naturale;

4) i servizi di distribuzione e fornitura idriche e i servizi di gestione delle acque reflue;

5) il trattamento dei rifiuti;

b) alle materie disciplinate dal decreto legislativo 25 febbraio 2000, n. 72;

c) alle materie disciplinate dal decreto legislativo 30 giugno 2003, n. 196;

d) alle materie disciplinate dalla legge 9 febbraio 1982, n. 31;

e) alle attività di recupero giudiziario dei crediti;

f) alle materie disciplinate dal titolo II del decreto legislativo 9 novembre 2007, n. 206, di recepimento della direttiva 2005/36/CE;

g) alle materie disciplinate dal regolamento (CEE) 1408/71;

h) per quanto riguarda le formalità amministrative relative alla libera circolazione delle persone ed alla loro residenza, alle questioni disciplinate dalle disposizioni del decreto legislativo 6 febbraio 2007, n. 30, e successive modificazioni;

i) per quanto riguarda i cittadini di Paesi terzi che si spostano in un altro Stato membro nell'ambito di una prestazione di servizi, agli obblighi riguardanti il visto di ingresso e il permesso di soggiorno di cui al decreto legislativo 25 luglio 1998, n. 286, e successive modificazioni;

l) per quanto riguarda le spedizioni di rifiuti, le materie disciplinate dal regolamento (CEE) n. 259/93, del Consiglio, del 1° febbraio 1993, relativo alla sorveglianza e al controllo delle spedizioni di rifiuti all'interno della Comunità europea, nonché in entrata e in uscita dal suo territorio;

m) ai diritti d'autore e diritti connessi, di cui alla sezione VI del Capo II del decreto legislativo 10 febbraio 2005, n. 30, e al decreto legislativo 6 maggio 1999, n. 169;

n) agli atti per i quali la legge richiede l'intervento di un notaio;

o) alle materie disciplinate dalla direttiva 2006/43/CE, del Parlamento europeo e del Consiglio, del 17 maggio 2006, sulla revisione legale dei conti annuali e dei conti consolidati;

p) all'immatricolazione dei veicoli presi in leasing in un altro Stato membro;

q) alle disposizioni riguardanti obblighi contrattuali e non contrattuali, compresa la forma dei contratti, determinate in virtù delle norme di diritto internazionale privato.

23 Condizioni di lavoro.

1. Ai dipendenti distaccati in occasione di una prestazione di servizi in territorio nazionale italiano da prestatori stabiliti in un altro Stato membro dell'Unione europea si applicano, durante il periodo del distacco, le medesime condizioni di lavoro previste da disposizioni legislative, regolamentari o amministrative, nonché dai contratti collettivi stipulati dalle organizzazioni sindacali dei datori di lavoro e dei lavoratori comparativamente più rappresentative a livello nazionale, applicabili ai lavoratori che effettuano prestazioni lavorative subordinate analoghe nel luogo in cui i lavoratori svolgono la propria attività in posizione di distacco, in conformità al decreto legi slativo 25 febbraio 2000, n. 72, di recepimento della direttiva 96/71/CE.

24 Parità di trattamento.

1. I cittadini italiani e i soggetti giuridici costituiti conformemente alla legislazione nazionale che sono stabiliti in Italia possono invocare l'applicazione delle disposizioni del presente titolo, nonché di quelle richiamate all'articolo 20, comma 3.

TITOLO IV
Semplificazione amministrativa

25 Sportello unico.

1. Il regolamento di cui all'articolo 38, comma 3, del decreto-legge 25 giugno 2008, n. 112, convertito, con modificazioni, dalla legge 6 agosto 2008, n. 133, assicura l'espletamento in via telematica di tutte le procedure necessarie per poter svolgere le attività di servizi attraverso lo sportello unico per le attività produttive.

2. I prestatori presentano le domande necessarie per l'accesso alle attività di servizi e per il loro esercizio presso lo sportello unico di cui al comma 1. Per le medesime finalità, i prestatori possono rivolgersi a soggetti privati accreditati ai sensi dell'articolo 38, comma 3, lettera *c*), e comma 4 del decreto-legge 25 giugno 2008, n. 112, convertito, con modificazioni, dalla legge 6 agosto 2008, n. 133.

3. Le domande, se contestuali alla comunicazione unica, disciplinata dall'articolo 9 del decreto-legge 31 gennaio 2007, n. 7, convertito, con modificazioni, dalla legge 2 aprile 2007, n. 40, sono presentate al registro delle imprese di cui all'articolo 8 della legge 29 dicembre 1993, n. 580, che le trasmette immediatamente allo sportello unico.

4. Per i comuni che non hanno istituito lo sportello unico, ovvero nei casi in cui esso non risponde ai requisiti di cui all'articolo 38, comma 3, lettere *a*) e *a-bis*), del decreto-legge 25 giugno 2008, n. 112, convertito, con modificazioni, dalla legge 6 agosto 2008, n. 133, l'esercizio delle relative funzioni è delegato, anche in assenza di provvedimenti espressi, alle Camere di commercio, industria, artigianato e agricoltura.

5. Per le attività che non richiedono iscrizione al registro delle imprese, il portale 'impresa in un giornò, di cui all'articolo 38, comma 3, lettera *d*), del decreto-legge 25 giugno 2008, n. 112, convertito, con modificazioni, dalla legge 6 agosto 2008, n. 133, che costituisce punto di contatto nazionale in materia, assicura il collegamento con le autorità competenti di cui all'articolo 8, lettera *i*), del presente decreto.

6. Le Autorità competenti sono tenute a garantire che presso lo sportello unico il prestatore possa espletare tutte le ulteriori formalità richieste, ivi incluse dichiarazioni, notifiche o istanze necessarie a ottenere il titolo per l'accesso o per l'esercizio dalle autorità competenti, nonché le domande di inserimento in registri, ruoli, banche dati, o di iscrizione a ordini, albi e collegi e a altri organismi.

7. Il prestatore informa lo sportello unico dei seguenti cambiamenti:

a) l'apertura di filiali le cui attività rientrano nel campo di applicazione del regime di autorizzazione;

b) i cambiamenti della sua situazione che comportino la modifica o il venir meno del rispetto delle condizioni di autorizzazione.

8. Nei casi in cui il titolo autorizzatorio è rilasciato in forma espressa, ferma restando la presentazione telematica dell'istanza e dei relativi documenti, l'Amministrazione può, per motivi imperativi di interesse generale, effettuare nel corso dell'istruttoria di sua competenza un colloquio con il richiedente, al fine di valutarne l'integrità personale e l'idoneità a svolgere la richiesta attività di servizi, ovvero verifiche ispettive o sopralluoghi. In tali casi, il procedimento può essere espletato in modalità non interamente telematica.

26 Diritto all'informazione.

1. Attraverso lo sportello unico di cui al presente decreto, i prestatori e i destinatari hanno accesso alle seguenti informazioni:

a) i requisiti imposti ai prestatori stabiliti in Italia, in particolare quelli relativi alle procedure e alle formalità da espletare per accedere alle attività di servizi ed esercitarle;

b) i dati necessari per entrare direttamente in contatto con le autorità competenti, comprese quelle competenti in materia di esercizio delle attività di servizi;

c) i mezzi e le condizioni di accesso alle banche dati e ai registri pubblici relativi ai prestatori ed ai servizi;

d) i mezzi di ricorso esistenti in genere in caso di controversie tra le autorità competenti ed il prestatore o il destinatario, o tra un prestatore e un destinatario, o tra prestatori;

e) i dati di associazioni o organizzazioni diverse dalle autorità competenti presso le quali i prestatori o i destinatari possono ottenere assistenza pratica.

2. Il regolamento di cui all'articolo 38, comma 3, del decreto-legge 25 giugno 2008, n. 112, convertito, con modificazioni, della legge 6 agosto 2008, n. 133, prevede misure idonee per assicurare che lo sportello unico, su richiesta, fornisca assistenza sul modo in cui i requisiti di cui al comma 1, lettera *a*), vengono interpretati ed applicati. L'informazione è fornita in un linguaggio semplice e comprensibile.

3. Lo sportello unico risponde con la massima sollecitudine alle domande di informazioni o alle richieste di assistenza di cui ai commi 1 e 2 e, in caso di richiesta irregolare o infondata, ne informa senza indugio il richiedente.

27 Certificazioni.

1. Nei casi in cui è prescritto a un prestatore o a un destinatario di fornire un certificato, un attestato o qualsiasi altro documento comprovante il rispetto di un requisito, costituisce documentazione idonea quella rilasciata da un altro Stato membro che abbia finalità equivalenti o dalla quale risulti che il requisito in questione è rispettato. Documenti rilasciati da un altro Stato membro sotto forma di originale, di copia conforme o di traduzione autenticata possono essere richiesti solo nei casi previsti da altre disposizioni di attuazione di norme comunitarie o per motivi imperativi d'interesse generale, tra i quali l'ordine pubblico e la sicurezza. Ove necessario, le autorità competenti possono richiedere traduzioni in italiano non autenticate.

2. Le disposizioni del comma 1 non si applicano ai documenti di cui agli articoli 10 e 17 del decreto legislativo 9 novembre 2007, n. 206, al decreto legislativo 12 aprile 2006, n. 163, all'articolo 6, comma 3, del decreto legislativo 2 febbraio 2001, n. 96, nonché agli atti relativi a società per azioni, società in accomandita per azioni, società a responsabilità limitata per i quali sia prescritta o consentita la pubblicità nel registro delle imprese.

TITOLO V
Disposizioni a tutela dei destinatari

28 Restrizioni vietate.

1. La fruizione di un servizio fornito da un prestatore stabilito in un altro Stato membro non può essere subordinata ai seguenti requisiti:

a) l'obbligo per il destinatario di ottenere un'autorizzazione dalle autorità competenti o quello di presentare una dichiarazione presso di esse;

b) limiti discriminatori alla concessione di aiuti finanziari al destinatario, in ragione del luogo in cui il prestatore è stabilito o di quello in cui il servizio è prestato.

29 Divieto di discriminazioni.

1. Al destinatario non possono essere imposti requisiti discriminatori fondati sulla sua nazionalità o sul suo luogo di residenza.

2. È fatto divieto ai prestatori di prevedere condizioni generali di accesso al servizio offerto che contengano condizioni discriminatorie basate sulla nazionalità o sul luogo di residenza del destinatario, ferma restando la possibilità di prevedere condizioni d'accesso differenti allorché queste sono direttamente giustificate da criteri oggettivi.

3. A decorrere dalla data di entrata in vigore del presente decreto sono abrogate le disposizioni legislative e regolamentari statali incompatibili con le disposizioni di cui al comma 1.

30 Assistenza ai destinatari.

1. Il Ministero dello sviluppo economico provvede affinché siano fornite le seguenti informazioni ai destinatari di attività di servizi che ne facciano richiesta:

a) informazioni generali sui requisiti applicati negli altri Stati membri in materia di accesso alle attività di servizi e al loro esercizio, in particolare quelli connessi con la tutela dei consumatori;

b) informazioni generali sui mezzi di ricorso esperibili in caso di controversia tra un prestatore e un destinatario;

c) i dati delle associazioni o organizzazioni, compresi gli sportelli della rete dei centri europei dei consumatori, presso le quali i prestatori o i destinatari possono ottenere assistenza pratica.

1-*bis*. Al fine di assicurare il rispetto del divieto di discriminazioni di cui all'articolo 29, il Centro europeo dei consumatori per l'Italia riceve le segnalazioni dei consumatori, delle micro-imprese di cui all'articolo 18, comma 1, lettera *d-bis)*, del codice di cui al decreto legislativo 6 settembre 2005, n. 206, e delle associazioni dei consumatori; fornisce loro assistenza anche per facilitarne la comunicazione con il prestatore del servizio; ove appropriato, d'ufficio o su segnalazione, contatta il prestatore del servizio al fine di ottenere il rispetto delle normative europee e nazionali relative al predetto divieto di discriminazioni, avvalendosi anche della rete dei centri europei dei consumatori (ECC-NET). Ove tali iniziative non consentano di ottenere il rispetto del divieto, il Centro europeo dei consumatori per l'Italia invia un documentato rapporto all'Autorità garante della concorrenza e del mercato, che può intervenire applicando i poteri di cui all'articolo 27 del citato codice di cui al decreto legislativo n. 206 del 2005, e successive modificazioni. Con proprio regolamento, da adottare entro centoventi giorni dalla data di entrata in vigore della presente disposizione, l'Autorità garante della concorrenza e del mercato disciplina la procedura istruttoria, in modo da garantire il contraddittorio e l'accesso agli atti. Con il medesimo regolamento l'Autorità garante della concorrenza e del mercato disciplina i propri rapporti con il Centro europeo dei consumatori per l'Italia (1).

2. Per le imprese destinatarie di attività di servizi, le informazioni di cui al comma 1 sono fornite dal sistema delle Camere di commercio, dell'industria, dell'artigianato e dell'agricoltura.

(1) *Comma aggiunto dall'art. 6, comma 1, lett.* a), *l. 30 ottobre 2014, n. 161.*

TITOLO VI
Qualità dei servizi

31 Informazioni sui prestatori e sui loro servizi.

1. I prestatori forniscono al destinatario in modo chiaro e senza ambiguità, in tempo utile prima della stipula del contratto o in ogni caso prima della prestazione del servizio, le informazioni seguenti:

a) nome, status e forma giuridica, indirizzo postale al quale sono stabiliti e tutti i dati necessari per entrare rapidamente in contatto e comunicare con i prestatori direttamente e, se del caso, per via elettronica;

b) ove siano iscritti in un registro commerciale o altro registro pubblico analogo, la denominazione di tale registro e il numero di immatricolazione o mezzi equivalenti atti ad identificarli in tale registro;

c) ove l'attività sia assoggettata ad un regime di autorizzazione, i dati dell'autorità competente o dello sportello unico;

d) ove esercitino un'attività soggetta all'IVA, il numero di partita IVA;

e) per quanto riguarda le professioni regolamentate, gli ordini professionali, albi o collegi presso i quali sono iscritti, la qualifica professionale e lo Stato membro nel quale è stata acquisita;

f) eventuali clausole e condizioni generali applicate dal prestatore;

g) esistenza di eventuali clausole contrattuali utilizzate dal prestatore relative alla legge applicabile al contratto o alla giurisdizione competente;

h) esistenza di un'eventuale garanzia post vendita, non imposta dalla legge;

i) prezzo del servizio, laddove esso è predefinito dal prestatore per un determinato tipo di servizio;

l) principali caratteristiche del servizio, se non già apparenti dal contesto;

m) eventuale assicurazione o le garanzie per responsabilità professionale, in particolare il nome e l'indirizzo dell'assicuratore o del garante e la copertura geografica.

2. I prestatori scelgono le modalità, attraverso le quali fornire al destinatario prima della stipula del contratto o, in assenza di contratto scritto, prima che il servizio sia prestato, le informazioni di cui al comma 1, tra le seguenti:

a) comunicandole di propria iniziativa;

b) rendendole facilmente accessibili sul luogo della prestazione del servizio o di stipula del contratto;

c) rendendole facilmente accessibili per via elettronica tramite un indirizzo comunicato dal prestatore;

d) indicandole in tutti i documenti informativi che fornisce al destinatario per presentare dettagliatamente il servizio offerto.

3. I prestatori, su richiesta del destinatario, comunicano le seguenti informazioni supplementari:

a) ove non vi sia un prezzo predefinito dal prestatore per un determinato tipo di servizio, il costo del servizio o, se non è possibile indicare un prezzo esatto, il metodo di calcolo del prezzo per permettere al destinatario di verificarlo, o un preventivo sufficientemente dettagliato;

b) per quanto riguarda le professioni regolamentate, un riferimento alle regole professionali in vigore nello Stato membro di stabilimento e ai mezzi per prenderne visione;

c) informazioni sulle loro attività multidisciplinari e sulle associazioni che sono direttamente collegate al servizio in questione, nonché sulle misure assunte per evitare conflitti di interesse.

Dette informazioni sono inserite in ogni documento informativo nel quale i prestatori danno una descrizione dettagliata dei loro servizi;

d) gli eventuali codici di condotta ai quali il prestatore è assoggettato, nonché l'indirizzo al quale tali codici possono essere consultati per via elettronica, con un'indicazione delle versioni linguistiche disponibili;

e) se un prestatore è assoggettato a un codice di condotta o è membro di un'associazione commerciale o di un ordine, collegio o albo professionale che prevede il ricorso ad un meccanismo extragiudiziale di risoluzione delle controversie, informazioni a questo riguardo. Il prestatore specifica in che modo è possibile reperire informazioni dettagliate sulle caratteristiche e le condizioni di ricorso a meccanismi extragiudiziali di risoluzione delle controversie.

32 Risoluzione delle controversie.

1. I prestatori devono fornire i propri dati, in particolare un indirizzo postale, un numero di fax o un indirizzo di posta elettronica e un numero telefonico ai quali tutti i destinatari, compresi quelli residenti in un altro Stato membro, possono presentare un reclamo o chiedere informazioni sul servizio fornito. I prestatori forniscono il loro domicilio legale se questo non coincide con il loro indirizzo abituale per la corrispondenza.

2. I prestatori rispondono ai reclami di cui al comma 1 con la massima sollecitudine al fine di trovare soluzioni adeguate.

3. I prestatori sono tenuti a provare il rispetto degli obblighi di informazione e l'esattezza delle informazioni fornite.

4. Qualora per ottemperare a una decisione giudiziaria sia necessaria una garanzia finanziaria, sono riconosciute le garanzie equivalenti costituite presso un istituto di credito o un assicuratore stabilito in un altro Stato membro e autorizzato ai sensi della normativa comunitaria in vigore. L'istituto di credito e l'assicuratore stabiliti sul territorio nazionale devono essere autorizzati ai sensi, rispettivamente, del decreto-legge 27 dicembre 2006, n. 297, convertito, con modificazioni, dalla legge 23 febbraio 2007, n. 15, di attuazione della direttiva 2006/48/CE e del decreto legislativo 7 settembre 2005, n. 209, di attuazione delle direttive 73/239/CEE e 2002/83/CE.

5. I prestatori, soggetti ad un codice di condotta o membri di un'associazione o di un organismo professionale che prevede il ricorso ad un meccanismo di regolamentazione extragiudiziario, ne informano il destinatario facendone menzione in tutti i documenti che presentano in modo dettagliato uno dei loro servizi e indicano in che modo è possibile reperire informazioni dettagliate sulle caratteristiche e le condizioni di ricorso a tale meccanismo.

33 Assicurazioni.

1. Ove previsto, l'obbligo di disporre di un'assicurazione di responsabilità professionale o altra garanzia non può essere imposto al prestatore che si stabilisce sul territorio se già coperto da una garanzia equivalente o essenzialmente comparabile, quanto a finalità e copertura fornita in termini di rischio o capitale assicurati o massimale della garanzia, nonché eventuali esclusioni dalla copertura, nello Stato membro in cui è già stabilito. Qualora l'equivalenza sia solo parziale, può essere richiesta una garanzia complementare per gli aspetti non inclusi.

2. Costituisce prova sufficiente dell'esistenza di tale assicurazione o garanzia un attestato rilasciato da istituti di credito e assicuratori stabiliti in un altro Stato membro.

34 Comunicazioni commerciali.

1. Fatto salvo quanto previsto dall'articolo 2 del decreto-legge 4 luglio 2006, n. 223, convertito, con modificazioni, dalla legge 4 agosto 2006, n. 248, limitazioni al libero impiego delle comunicazioni commerciali da parte dei prestatori di servizi che esercitano una professione regolamentata devono essere giustificate da motivi imperativi di interesse generale nel rispetto dei principi di non discriminazione e proporzionalità.

2. Alle comunicazioni di cui al comma 1 si applicano i principi di cui all'articolo 10 del decreto legislativo 9 aprile 2003, n. 70.

3. I codici deontologici assicurano che le comunicazioni commerciali relative ai servizi forniti dai prestatori che esercitano una professione regolamentata sono emanate nel rispetto delle regole professionali, in conformità del diritto comunitario, riguardanti, in particolare, l'indipendenza, la dignità e l'integrità della professione, nonché il segreto professionale, nel rispetto della specificità di ciascuna professione. Le regole professionali in materia di comunicazioni commerciali sono non discriminatorie, giustificate da motivi imperativi di interesse generale e proporzionate.

35 Attività multidisciplinari.

1. I prestatori possono essere assoggettati a requisiti che li obblighino ad esercitare esclusivamente una determinata attività specifica o che limitino l'esercizio, congiunto o in associazione, di attività diverse solo nei casi seguenti:

a) professioni regolamentate, nella misura in cui ciò sia giustificato per garantire il rispetto di norme di deontologia diverse in ragione della specificità di ciascuna professione, di cui è necessario garantire l'indipendenza e l'imparzialità;

b) prestatori che forniscono servizi di certificazione, di omologazione, di controllo, prova o collaudo tecnici, nella misura in cui ciò sia giustificato per assicurarne l'indipendenza e l'imparzialità.

2. Nei casi in cui è consentito lo svolgimento delle attività multidisciplinari di cui al comma 1:

a) sono evitati i conflitti di interesse e le incompatibilità tra determinate attività;

b) sono garantite l'indipendenza e l'imparzialità che talune attività richiedono;

c) è assicurata la compatibilità delle regole di deontologia professionale e di condotta relative alle diverse attività, soprattutto in materia di segreto professionale.

TITOLO VII
Collaborazione amministrativa

36 Cooperazione tra autorità nazionali competenti.

1. Al fine di garantire forme efficaci di cooperazione amministrativa tra le autorità competenti degli Stati membri, le autorità competenti di cui all'articolo 8, lettera *i*), del presente decreto utilizzano il sistema tele-

matico di assistenza reciproca con le autorità competenti degli Stati dell'Unione europea istituito dalla Commissione europea denominato IMI-Internal Market Information.

2. Le richieste di informazioni, le richieste di verifiche, ispezioni e indagini di cui agli articoli 37, 38, 39 e 40, le procedure di notifica di cui all'articolo 13, nonché il meccanismo di allerta di cui all'articolo 41 e lo scambio di informazioni su misure eccezionali relative alla sicurezza dei servizi di cui all'articolo 42 sono effettuate tramite il sistema MI di cui al comma 1. La Presidenza del Consiglio - Dipartimento per il coordinamento delle politiche comunitarie costituisce punto di contatto nazionale per la cooperazione amministrativa tra autorità competenti nazionali e comunitarie (1).

3. Ferme restando le competenze delle autorità di cui all'articolo 8, lettera *i*), il punto di contatto nazionale cura la gestione nazionale delle attività del sistema IMI, in particolare:

a) convalida la registrazione delle autorità competenti nazionali nel sistema;

b) supporta lo scambio di informazioni tra autorità competenti;

c) coordina le richieste informative fatte da altri Stati membri;

d) assiste le autorità competenti nell'individuazione delle amministrazioni competenti alle quali rivolgersi;

e) assiste le autorità competenti per garantire la mutua assistenza;

f) notifica alla Commissione le richieste connesse con il meccanismo di allerta di cui all'articolo 41;

4. Le modalità procedurali per l'utilizzo della rete IMI sono disciplinate con decreto del Ministro per le politiche europee, di concerto con i Ministri interessati.

5. Le informazioni di cui al comma 2 possono riguardare le azioni disciplinari o amministrative promosse, le sanzioni penali irrogate, le decisioni definitive relative all'insolvenza o alla bancarotta fraudolenta assunte dall'autorità competente nei con fronti di un prestatore e che siano direttamente pertinenti alla competenza del prestatore o alla sua affidabilità professionale.

6. Le autorità competenti di cui all'articolo 8, comma 1, lettera *i*), responsabili del controllo e della disciplina delle attività dei servizi, si registrano nel sistema di cui al comma 1.

7. La Presidenza del Consiglio dei Ministri - Dipartimento per le politiche europee (2) convalida la registrazione delle autorità competenti nel sistema, accreditando presso la Commissione europea i soggetti abilitati ad operare.

8. Restano ferme le iniziative nel settore della cooperazione giudiziaria e di polizia in materia penale, in particolare in materia di scambio di informazioni tra autorità degli Stati membri preposte all'applicazione della legge e di casellari giudiziari.

(1) *Comma modificato dall'art. 6, comma 1, lett.* b), *l. 30 ottobre 2014, n. 161.*

(2) *L'art. 61, comma 2, l. 24 dicembre 2012, n. 234 ha disposto che le parole « Dipartimento per il coordinamento delle politiche comunitarie » siano sostituite dalle parole « Dipartimento per le politiche europee ».*

37 Mutua assistenza.

1. Le autorità competenti di cui all'articolo 8, comma 1, lettera *i*), forniscono al più presto e per via elettronica, tramite il sistema IMI di cui all'articolo 36, comma 1, le informazioni richieste da altri Stati membri o dalla Commissione.

2. Qualora ricevano una richiesta di assistenza dalle autorità competenti di un altro Stato membro, le autorità competenti di cui all'articolo 8, comma 1, lettera *i*), provvedono affinché i prestatori stabiliti sul territorio nazionale comunichino loro tutte le informazioni necessarie al controllo delle attività di servizi.

3. Qualora insorgano difficoltà nel soddisfare una richiesta di informazioni o nell'effettuare verifiche, ispezioni o indagini, le autorità competenti in causa avvertono sollecitamente lo Stato membro richiedente al fine di trovare una soluzione.

4. Le autorità competenti provvedono affinché i registri nei quali i prestatori sono iscritti e che possono essere consultati dalle autorità competenti sul territorio nazionale siano altresì consultabili, alle stesse condizioni, dalle competenti autorità omologhe degli altri Stati membri.

5. Le autorità competenti, tramite la Presidenza del Consiglio dei Ministri - Dipartimento per le politiche europee, comunicano alla Commissione informazioni su casi in cui altri Stati membri non assolvono ai loro obblighi di mutua assistenza (1).

(1) *Comma così modificato dall'art. 61, comma 2, l. 24 dicembre 2012, n. 234.*

38 Obblighi generali per le autorità competenti.

1. Per quanto riguarda i prestatori stabiliti sul territorio nazionale che forniscono servizi in un altro Stato membro, le autorità competenti di cui all'articolo 8, comma 1, lettera *i*), forniscono le informazioni richieste da tale Stato, in particolare la conferma del loro stabilimento sul territorio nazionale e del fatto che, a quanto loro risulta, essi non vi esercitano attività in modo illegale.

2. Le autorità competenti di cui al comma 1 procedono alle, verifiche, ispezioni e indagini richieste da un altro Stato membro e informano quest'ultimo dei risultati e, se del caso, dei provvedimenti presi. Le autorità competenti possono decidere le misure più appropriate da assumere, caso per caso, per soddisfare la richiesta di un altro Stato membro.

3. Qualora vengano a conoscenza di comportamenti o atti precisi di un prestatore stabilito sul territorio che presta servizi in altri Stati membri che, a loro conoscenza, possano causare grave pregiudizio alla salute o alla sicurezza delle persone o all'ambiente, le autorità competenti di cui al comma 1, tramite la Presidenza del Consiglio dei Ministri - Dipartimento per le politiche europee, ne informano al più presto gli altri Stati membri e la Commissione (1).

(1) *Comma così modificato dall'art. 61, comma 2, l. 24 dicembre 2012, n. 234.*

39 Controllo da parte delle autorità competenti in caso di spostamento temporaneo del prestatore in un altro Stato membro.

1. In caso di spostamento temporaneo del prestatore stabilito sul territorio nazionale in un altro Stato membro, le autorità competenti di cui all'articolo 8, comma 1, lettera *i*), controllano il rispetto dei requisiti nazionali in conformità dei poteri di sorveglianza previsti dall'ordinamento nazionale, in particolare mediante misure di controllo sul luogo di stabilimento del prestatore.

2. Le autorità competenti di cui al comma 1 non possono omettere di adottare misure di controllo o di esecuzione sul territorio nazionale per il motivo che il servizio è stato prestato o ha causato danni in un altro Stato membro.

3. L'obbligo di cui al comma 1 non comporta il dovere per le autorità competenti di effettuare verifiche e controlli fattuali nel territorio dello Stato membro in cui è prestato il servizio. Tali verifiche e controlli sono effettuati dalle autorità dello Stato membro in cui il prestatore svolge temporaneamente la sua attività, su richiesta delle autorità competenti di cui all'articolo 8, comma 1, lettera *i*).

40 Controllo da parte delle autorità competenti in caso di spostamento temporaneo del prestatore sul territorio.

1. In caso di spostamento temporaneo del prestatore comunitario sul territorio nazionale, in relazione ai requisiti nazionali che possono essere imposti in base agli articoli 20, comma 2, 21, comma 2, e 22, le autorità competenti sono responsabili del controllo sull'attività del prestatore sul territorio. In conformità al diritto comunitario, le autorità competenti:

a) adottano tutte le misure necessarie al fine di garantire che il prestatore si conformi a tali requisiti per quanto riguarda l'accesso a un'attività di servizi sul territorio e il suo esercizio;

b) procedono alle verifiche, ispezioni e indagini necessarie per controllare il servizio prestato.

2. Nel caso in cui un prestatore di un altro Stato membro si sposti temporaneamente sul territorio nazionale in cui non è stabilito per prestarvi un servizio, le autorità competenti partecipano al controllo del prestatore conformemente ai commi 3 e 4.

3. Su richiesta dello Stato membro di stabilimento, le autorità competenti procedono alle verifiche, ispezioni e indagini necessarie per assicurare un efficace controllo da parte dello Stato membro di stabilimento, intervenendo nei limiti delle competenze loro attribuite. Le autorità competenti possono decidere le misure più appropriate da assumere, caso per caso, per soddisfare la richiesta dello Stato membro di stabilimento.

4. Di loro iniziativa, le autorità competenti possono procedere a verifiche, ispezioni e indagini sul posto, purché queste non siano discriminatorie, non siano motivate dal fatto che il prestatore è stabilito in un altro Stato membro e siano proporzionate.

41 Meccanismo d'allerta.

1. Qualora un'autorità competente di cui all'articolo 8, comma 1, lettera *i*), venga a conoscenza di circostanze o fatti precisi gravi riguardanti un'attività di servizi che potrebbero provocare un pregiudizio grave alla salute o alla sicurezza delle persone o all'ambiente sul territorio nazionale o sul territorio di altri Stati membri, ne informa al più presto, tramite la rete IMI, il punto nazionale di contatto di cui all'articolo 36, comma 2. Il punto nazionale di contatto informa lo Stato membro di stabilimento del prestatore, gli altri Stati membri interessati e la Commissione.

2. Con il decreto di cui all'articolo 36, comma 4, sono disciplinate le modalità operative e procedurali per l'inoltro dell'allerta agli altri Stati membri, per il ricevimento dell'allerta dagli altri Stati membri, nonché per la chiusura, la revoca e la correzione dell'allerta stessa.

42 Deroghe per casi individuali.

1. In deroga agli articoli 21 e 22 e a titolo eccezionale, le autorità competenti di cui all'articolo 8, comma 1, lettera *i*), possono prendere nei confronti di un prestatore stabilito in un altro Stato membro misure relative alla sicurezza dei servizi.

2. Le misure di cui al comma 1 possono essere assunte esclusivamente nel rispetto della procedura di mutua assistenza di cui all'articolo 43 e se sono soddisfatte le condizioni seguenti:

a) le disposizioni nazionali a norma delle quali sono assunte le misure non hanno fatto oggetto di un'armonizzazione comunitaria riguardante il settore della sicurezza dei servizi;

b) le misure proteggono maggiormente il destinatario rispetto a quelle che adotterebbe lo Stato membro di stabilimento del prestatore in conformità delle sue disposizioni nazionali;

c) lo Stato membro di stabilimento del prestatore non ha adottato alcuna misura o ha adottato misure insufficienti rispetto a quelle di cui all'articolo 43, comma 2;

d) le misure sono proporzionate.

3. I commi 1 e 2 lasciano impregiudicate le disposizioni che garantiscono la libertà di prestazione dei servizi o che permettono deroghe a detta libertà, previste in provvedimenti di recepimento di atti comunitari.

43 Mutua assistenza in caso di deroghe individuali.

1. Qualora un'autorità competente di cui all'articolo 8, comma 1, lettera *i*), intenda assumere le misure previste dall'articolo 42, si applica la procedura di cui ai commi da 2 a 6 del presente articolo, senza pregiudizio delle procedure giudiziarie, compresi i procedimenti e gli atti preliminari compiuti nel quadro di un'indagine penale.

2. L'autorità competente di cui al comma 1 chiede allo Stato membro di stabilimento di assumere misure nei confronti del prestatore la cui attività configura un pericolo per la sicurezza dei servizi, informando il punto nazionale di contatto di cui all'articolo 36, comma 2, e fornendo tutte le informazioni pertinenti sul servizio in causa e sulle circostanze della fattispecie.

3. Qualora l'autorità che ha presentato la richiesta non ritiene soddisfacente la risposta dello Stato membro interessato, l'autorità ne informa il punto nazionale di contatto, precisando le ragioni per le quali ritiene che:

a) le misure assunte o previste dallo Stato membro di stabilimento siano insufficienti;

b) le misure che prevede di assumere rispettino le condizioni di cui all'articolo 42.

4. La Presidenza del Consiglio dei Ministri - Dipartimento per il coordinamento delle politiche comunitarie provvede a notificare alla Commissione e allo Stato membro di stabilimento del prestatore l'in tenzione di prendere misure ai sensi del presente articolo.

5. Le misure possono essere assunte solo allo scadere dei quindici giorni lavorativi a decorrere dalla notifica di cui al comma 4.

6. In caso di urgenza, non si applicano le disposizioni di cui ai commi 2, 3, e 5 e le misure sono notificate con la massima sollecitudine, tramite la Presidenza del Consiglio - Dipartimento per le politiche europee alla Commissione e allo Stato membro di stabilimento del prestatore, specificando i motivi che giustificano l'urgenza (1).

(1) *Comma così modificato dall'art. 61, comma 2, l. 24 dicembre 2012, n. 234.*

44-86 (*Omissis*).

15. Decreto legge 6 dicembre 2011, n. 201, convertito, con modificazioni, in legge 22 dicembre 2011, n. 214. — Disposizioni urgenti per la crescita, l'equità e il consolidamento dei conti pubblici. (Salva-Italia). (*estratto*).

Pubblicato nella Gazzetta Ufficiale n. 284 del 6 dicembre 2011, S.O. n. 251; la legge di conversione è stata pubblicata nella Gazzetta Ufficiale n. 300 del 27 dicembre 2011.

34 Liberalizzazione delle attività economiche ed eliminazione dei controlli *ex ante*.

1. Le disposizioni previste dal presente articolo sono adottate ai sensi dell'articolo 117, comma 2, lettere e) ed m), della Costituzione, al fine di garantire la libertà di concorrenza secondo condizioni di pari opportunità e il corretto ed uniforme funzionamento del mercato, nonché per assicurare ai consumatori finali un livello minimo e uniforme di condizioni di accessibilità ai beni e servizi sul territorio nazionale.

2. La disciplina delle attività economiche è improntata al principio di libertà di accesso, di organizzazione e di svolgimento, fatte salve le esigenze imperative di interesse generale, costituzionalmente rilevanti e compatibili con l'ordinamento comunitario, che possono giustificare l'introduzione di previ atti amministrativi di assenso o autorizzazione o di controllo, nel rispetto del principio di proporzionalità.

3. Sono abrogate le seguenti restrizioni disposte dalle norme vigenti:

a) il divieto di esercizio di una attività economica al di fuori di una certa area geografica e l'abilitazione a esercitarla solo all'interno di una determinata area;

b) l'imposizione di distanze minime tra le localizzazioni delle sedi deputate all'esercizio di una attività economica;

c) il divieto di esercizio di una attività economica in più sedi oppure in una o più aree geografiche;

d) la limitazione dell'esercizio di una attività economica ad alcune categorie o divieto, nei confronti di alcune categorie, di commercializzazione di taluni prodotti;

e) la limitazione dell'esercizio di una attività economica attraverso l'indicazione tassativa della forma giuridica richiesta all'operatore;

f) l'imposizione di prezzi minimi o commissioni per la fornitura di beni o servizi;

g) l'obbligo di fornitura di specifici servizi complementari all'attività svolta.

4. L'introduzione di un regime amministrativo volto a sottoporre a previa autorizzazione l'esercizio di un'attività economica deve essere giustificato sulla base dell'esistenza di un interesse generale, costituzionalmente rilevante e compatibile con l'ordinamento comunitario, nel rispetto del principio di proporzionalità.

5. L'Autorità garante della concorrenza e del mercato è tenuta a rendere parere obbligatorio, da rendere nel termine di trenta giorni decorrenti dalla ricezione del provvedimento, in merito al rispetto del principio di proporzionalità sui disegni di legge governativi e i regolamenti che introducono restrizioni all'accesso e all'esercizio di attività economiche.

6. Quando è stabilita, ai sensi del comma 4, la necessità di alcuni requisiti per l'esercizio di attività economiche, la loro comunicazione all'amministrazione competente deve poter essere data sempre tramite autocertificazione e l'attività può subito iniziare, salvo il successivo controllo amministrativo, da svolgere in un termine definito; restano salve le responsabilità per i danni eventualmente arrecati a terzi nell'esercizio dell'attività stessa.

7. Le Regioni adeguano la legislazione di loro competenza ai principi e alle regole di cui ai commi 2, 4 e 6.

8. Sono escluse dall'ambito di applicazione del presente articolo le professioni, il trasporto di persone mediante autoservizi pubblici non di linea, i servizi finanziari come definiti dall'art. 4 del decreto legislativo 26 marzo 2010, n. 59 e i servizi di comunicazione come definiti dall'art. 5 del decreto legislativo 26 marzo 2010, n. 59 (Attuazione direttiva 2006/123/CE relativa ai servizi nel mercato interno) (1).

(1) *Per le professioni v. d.lgs. 16 ottobre 2020, n. 142, recante "Attuazione della direttiva (UE) 2018/958 del Parlamento europeo e del Consiglio, del 28 giugno 2018 relativa a un test della proporzionalità prima dell'adozione di una nuova regolamentazione delle professioni", di cui si riportano i seguenti articoli:*

« Articolo 1 (Oggetto e ambito di applicazione). *1. Il presente decreto detta disposizioni per lo svolgimento della valutazione di proporzionalità prima dell'introduzione di nuove disposizioni legislative o regolamentari o amministrative generali che limitano l'accesso alle professioni regolamentate o il loro esercizio, o a una delle loro modalità di esercizio, compreso l'uso di titoli professionali e incluse le attività professionali autorizzate in virtù di tale titolo, che rientrano nell'ambito di applicazio-*

ne del decreto legislativo 9 novembre 2007, n. 206, o prima della modifica di quelle esistenti. — 2. Le disposizioni del presente decreto non si applicano alle ipotesi in cui i requisiti specifici riguardanti la regolamentazione di una determinata professione siano stabiliti in uno o più atti normativi interni recanti attuazione di corrispondenti atti dell'Unione europea.

Articolo 3 (Valutazione ex ante di nuovi provvedimenti e monitoraggio). *1. I soggetti regolatori di cui all'articolo 2, comma 1, lettera* c), *nell'ambito dell'analisi dell'impatto della regolamentazione degli atti normativi o dell'istruttoria degli atti amministrativi con cui si introducono nuove disposizioni che limitano l'accesso alle professioni regolamentate o il loro esercizio ovvero modificano quelle esistenti, procedono alla valutazione di proporzionalità ai sensi del presente decreto, utilizzando il questionario riportato nella tabella di cui all'Allegato I. Nella tabella deve essere fornita, per ciascun quesito, una motivazione specifica e sufficientemente dettagliata per consentire di valutare il rispetto del principio di proporzionalità. La tabella, debitamente compilata, è parte integrante della documentazione che accompagna gli atti di cui al primo periodo. I motivi per considerare che una disposizione è giustificata e proporzionata sono suffragati da elementi qualitativi e, ove possibile e pertinente, quantitativi. — 2. La portata della valutazione è proporzionata alla natura, al contenuto e all'impatto della disposizione e deve essere condotta in modo obiettivo e indipendente. — 3. Ai fini dei commi 1 e 2, prima della definitiva adozione di una disposizione normativa o di un atto amministrativo generale che limita l'accesso ad una professione regolamentata o il suo esercizio, i soggetti regolatori trasmettono lo schema di provvedimento corredato della tabella di cui al comma 1 all'Autorità garante della concorrenza e del mercato, che esprime il relativo parere. — 4. Quando gli atti di cui al comma 1 sono adottati dagli ordini professionali, il parere di cui al comma 3 è espresso dalle amministrazioni vigilanti. — 5. I soggetti regolatori monitorano, dopo l'adozione, la conformità con il principio di proporzionalità delle disposizioni legislative o regolamentari, nuove o modificate, che limitano l'accesso alle professioni regolamentate o il loro esercizio, avendo riguardo agli eventuali sviluppi sopravvenuti successivamente all'adozione delle disposizioni medesime.*

Articolo 4 (Non discriminazione, giustificazione sulla base di motivi di interesse generale, proporzionalità). *1. Le nuove disposizioni legislative o regolamentari che limitano l'accesso alle professioni regolamentate o il loro esercizio o le disposizioni che modificano quelle esistenti non possono introdurre discriminazioni, né in via diretta, né in via indiretta, sulla base della nazionalità o della residenza. — 2. Le disposizioni di cui al comma 1 devono essere giustificate da motivi di interesse generale. Le disposizioni sono obiettivamente giustificate, tra gli altri, da motivi di ordine pubblico, di sicurezza pubblica o di sanità pubblica, o da motivi imperativi di interesse pubblico, come il mantenimento dell'equilibrio finanziario del sistema di sicurezza sociale; la tutela dei consumatori, dei destinatari di servizi e dei lavoratori; la salvaguardia della buona amministrazione della giustizia; la garanzia dell'equità delle transazioni commerciali; la lotta contro la frode e la prevenzione dell'evasione e dell'elusione fiscali, nonché la salvaguardia dell'efficacia dei controlli fiscali; la sicurezza dei trasporti; la tutela dell'ambiente, inclusi l'ambiente urbano e il paesaggio; la salute degli animali; la proprietà intellettuale; la salvaguardia e la conservazione del patrimonio storico e artistico nazionale; gli obiettivi di politica sociale e gli obiettivi di politica culturale. — 3. L'accesso alle professioni regolamentate o il loro esercizio non può essere limitato da motivi di natura esclusivamente economica o amministrativa. — 4. Le disposizioni di cui al comma 1 devono essere idonee a garantire il conseguimento dello scopo perseguito e non possono introdurre limitazioni ulteriori rispetto a quanto strettamente necessario per il raggiungimento di tale scopo. — 5. Ai fini di cui al comma 4, prima dell'adozione delle disposizioni di cui al comma 1, i soggetti regolatori valutano i seguenti elementi:* a) *la natura dei rischi connessi agli obiettivi di interesse pubblico perseguiti, in particolare i rischi per i destinatari di servizi, compresi i consumatori, i professionisti o terzi;* b) *se le vigenti norme di natura specifica o generale, quali quelle contenute nella normativa sulla sicurezza dei prodotti o nel diritto inteso alla protezione dei consumatori, siano insufficienti ai fini del conseguimento dello scopo perseguito;* c) *l'idoneità della disposizione per quanto attiene alla sua adeguatezza a conseguire lo scopo perseguito e se essa rispecchia realmente tale scopo in modo coerente e sistematico e affronta pertanto i rischi individuati in modo analogo a quanto avviene per attività comparabili;* d) *l'impatto sulla libera circolazione delle persone e dei servizi all'interno dell'Unione europea, sulle opportunità di scelta dei consumatori e sulla qualità del servizio prestato;* e) *la possibilità di ricorrere a mezzi meno restrittivi per conseguire l'obiettivo di interesse pubblico; ai fini della presente lettera, allorché le disposizioni sono giustificate soltanto dalla tutela dei consumatori e i rischi individuati sono limitati alla relazione tra il professionista e il consumatore senza incidere pertanto negativamente su terzi, i soggetti regolatori valutano in particolare se l'obiettivo possa essere conseguito mediante mezzi meno restrittivi rispetto all'opzione di riserva delle attività;* f) *l'effetto di disposizioni nuove o modificate quando sono combinate con altre disposizioni che limitano l'accesso alla professione o il suo esercizio e, in particolare, il modo in cui le disposizioni nuove o modificate, combinate con altri requisiti, contribuiscono al conseguimento, e se siano necessarie al conseguimento, dello stesso obiettivo di interesse pubblico. — 6. I soggetti regolatori considerano inoltre, ove pertinenti alla natura e al contenuto della nuova disposizione o della disposizione oggetto di modifica, i seguenti elementi:* a) *il collegamento tra l'ambito delle attività esercitate nell'ambito di una professione o a essa riservate e la qualifica professionale richiesta;* b) *il collegamento tra la complessità delle mansioni interessate e la necessità per coloro che le esercitano di possedere determinate qualifiche professionali, in particolare per quanto riguarda il livello, la natura e la durata della formazione o dell'esperienza richieste;* c) *la possibilità di ottenere la qualifica professionale attraverso percorsi alternativi;* d) *se le attività riservate a determinate professioni possono o meno essere condivise con altre professioni e le ragioni giustificative;* e) *il grado di autonomia nell'esercizio di una professione regolamentata e l'incidenza di disposizioni organizzative e di supervisione sul conseguimento dello scopo perseguito, in particolare nel caso in cui le attività relative a una professione regolamentata siano esercitate sotto il controllo e la responsabilità di un professionista debitamente qualificato;* f) *gli sviluppi scientifici e tecnologici che possono ridurre o aumentare l'asimmetria informativa tra i professionisti e i consumatori. — 7. Ai fini di cui al comma 5, lettera* f), *i soggetti regolatori valutano gli effetti, sia positivi che negativi, della nuova disposizione o della disposizione oggetto di modifica in combinazione con uno o più requisiti e, in particolare, i seguenti:* a) *attività riservate, titolo professionale protetto o qualsiasi altra forma di regolamentazione ai sensi dell'articolo 4, comma 1, lettera* a), *del decreto legislativo 9 novembre 2007, n. 206;* b) *obbligo di aggiornamento professionale continuo;* c) *norme relative all'organizzazione della professione, alla deontologia e alla supervisione;* d) *affiliazione obbligatoria a un'organizzazione o a un ordine professionale, regimi di registrazione o di autorizzazione, in particolare quando tali requisiti implicano il possesso di una qualifica professionale specifica;* e) *restrizioni quantitative, segnatamente i requisiti che limitano il numero di autorizzazioni all'esercizio di una professione o fissano un numero minimo o massimo di dipendenti, amministratori o rappresentanti in possesso di qualifiche professionali specifiche;* f) *requisiti circa una forma giuridica specifica o in materia di assetto proprietario o di gestione di una società, nella misura in cui tali requisiti sono direttamente connessi all'esercizio della professione regolamentata;* g) *restrizioni territoriali, anche quando la professione è regolamentata nelle varie parti del territorio nazionale in modo diverso rispetto al modo in cui è regolamentata in altre parti;* h) *requisiti che limitano l'esercizio di una professione regolamentata svolta congiuntamente o in associazione, nonché norme di incompatibilità;* i) *requisiti in materia di copertura assicurativa o altri mezzi di protezione personale o collettiva della responsabilità professionale;* l) *requisiti relativi alle conoscenze linguistiche, nella misura necessaria all'esercizio della professione;* m) *requisiti tariffari minimi o massimi prestabiliti;* n) *requisiti in materia di pubblicità. — 8. I soggetti regolatori valutano altresì, prima di introdurre nuove disposizioni o disposizioni che modificano quelle esistenti, il rispetto del principio di proporzionalità dei requisiti specifici relativi alla prestazione temporanea od occasionale di servizi prestati a norma del titolo II del decreto legislativo 9 novembre 2007, n. 206, compresi:* a) *la registrazione temporanea e automatica o un'affiliazione pro forma presso un'organizzazione o un ordine professionale di cui all'articolo 13, comma 1, del decreto legislativo 9 novembre 2007, n. 206;* b) *una dichiarazione preventiva in conformità dell'articolo 10, comma 1, del decreto legislativo 9 novembre 2007, n. 206, i documenti richiesti a norma del comma 2 del medesimo articolo o altro requisito equivalente;* c) *il pagamento di una tassa, o di altri costi necessari per le procedure amministrative concernenti l'accesso alle professioni regolamentate, o il loro esercizio, sostenuti dal prestatore del servizio. — 9. Il comma 8 non si applica alle misure intese a garantire il rispetto dei termini e delle condizioni di lavoro applicabili in conformità del diritto dell'Unione europea. — 10. Qualora le disposizioni di cui al presente articolo riguardino la regolamentazione delle professioni sanitarie e abbiano ripercussioni sulla sicurezza dei pazienti, le competenti autorità tengono conto dell'obiettivo di garantire un elevato livello di tutela della salute umana.*

Articolo 5 (Informazione e partecipazione dei portatori di interessi). *1. I soggetti regolatori assicurano l'informazione e la partecipazione dei cittadini, dei destinatari di servizi e degli altri portatori di interessi mediante le modalità e gli strumenti previsti nell'ambito del procedimento di adozione delle disposizioni di cui all'articolo 1 e, in ogni caso, in una fase diversa da quella in cui viene effettuata la valutazione di proporzionalità delle disposizioni medesime.*

Articolo 6 (Tutela giurisdizionale). *1. Avverso i provvedimenti amministrativi generali adottati ai sensi del presente decreto legislativo e avverso gli atti amministrativi che costituiscono attuazione concreta degli atti normativi, regolamentari e amministrativi generali adottati ai sensi del presente decreto è ammesso ricorso dinnanzi al giudice amministrativo ai sensi del decreto legislativo 2 luglio 2010, n. 104, salva la giurisdizione del giudice ordinario nelle controversie relative a diritti non devolute alla giurisdizione esclusiva del giudice amministrativo.*

Articolo 7 (Scambio di informazioni). *1. Ai fini dell'efficiente applicazione del presente decreto, la Presidenza del Consiglio dei ministri - Dipartimento per le politiche europee, quale Coordinatore nazionale ai sensi del decreto legislativo n. 206 del 2007, assicura, per il tramite delle autorità competenti e del Centro di assistenza per il riconoscimento delle qualifiche professionali di cui all'articolo 6 del medesimo decreto, lo scambio di informazioni con gli altri Stati membri sulle questioni oggetto del presente decreto e, in particolare, sul modo in cui una professione è regolamentata o sugli effetti della regolamentazione.*

Articolo 8 (Trasparenza). *1. I motivi in base ai quali le disposizioni, valutate conformemente al presente decreto, sono considerate giustificate e proporzionate, sono comunicati alla Commissione europea, unitamente alle relative disposizioni, ai sensi dell'articolo 59-*ter*, comma 3, del decreto legislativo n. 206 del 2007, mediante registrazione nella banca dati delle professioni regolamentate di cui al medesimo articolo 59-*ter*, comma 1. — 2. Sulle informazioni comunicate alla Commissione europea, anche da parte di altri Stati membri, e da questa rese disponibili al pubblico ai sensi dell'articolo 11, paragrafo 1, della direttiva (UE) 2018/958, le parti interessate possono presentare osservazioni alla Commissione europea o alla Presidenza del Consiglio dei ministri - Dipartimento per le politiche europee ».*

16. Decreto legge 24 gennaio 2012, n. 1, convertito, con modificazioni, in legge 24 marzo 2012, n. 27. — Disposizioni urgenti per la concorrenza, lo sviluppo delle infrastrutture e la competitività. (*estratto*).

Pubblicato nella Gazzetta Ufficiale n. 19 del 24 gennaio 2012, S.O. n. 18; la legge di conversione è stata pubblicata nella Gazzetta Ufficiale n. 71 del 24 marzo 2012.

TITOLO I
Concorrenza

CAPO I
Norme generali sulle liberalizzazioni

1 Liberalizzazione delle attività economiche e riduzione degli oneri amministrativi sulle imprese.

1. Fermo restando quanto previsto dall'articolo 3 del decreto-legge 13 agosto 2011, n. 138, convertito dalla legge 14 settembre 2011, n. 148, in attuazione del principio di libertà di iniziativa economica sancito dall'articolo 41 della Costituzione e del principio di concorrenza sancito dal Trattato dell'Unione europea, sono abrogate, dalla data di entrata in vigore dei decreti di cui al comma 3 del presente articolo e secondo le previsioni del presente articolo:

a) le norme che prevedono limiti numerici, autorizzazioni, licenze, nulla osta o preventivi atti di assenso dell'amministrazione comunque denominati per l'avvio di un'attività economica non giustificati da un interesse generale, costituzionalmente rilevante e compatibile con l'ordinamento comunitario nel rispetto del principio di proporzionalità;

b) le norme che pongono divieti e restrizioni alle attività economiche non adeguati o non proporzionati alle finalità pubbliche perseguite, nonché le disposizioni di pianificazione e programmazione territoriale o temporale autoritativa con prevalente finalità economica o prevalente contenuto economico, che pongono limiti, programmi e controlli non ragionevoli, ovvero non adeguati ovvero non proporzionati rispetto alle finalità pubbliche dichiarate e che in particolare impediscono, condizionano o ritardano l'avvio di nuove attività economiche o l'ingresso di nuovi operatori economici ponendo un trattamento differenziato rispetto agli operatori già presenti sul mercato, operanti in contesti e condizioni analoghi, ovvero impediscono, limitano o condizionano l'offerta di prodotti e servizi al consumatore, nel tempo nello spazio o nelle modalità, ovvero alterano le condizioni di piena concorrenza fra gli operatori economici oppure limitano o condizionano le tutele dei consumatori nei loro confronti.

2. Le disposizioni recanti divieti, restrizioni, oneri o condizioni all'accesso ed all'esercizio delle attività economiche sono in ogni caso interpretate ed applicate in senso tassativo, restrittivo e ragionevolmente proporzionato alle perseguite finalità di interesse pubblico generale, alla stregua dei principi costituzionali per i quali l'iniziativa economica privata è libera secondo condizioni di piena concorrenza e pari opportunità tra tutti i soggetti, presenti e futuri, ed ammette solo i limiti, i programmi e i controlli necessari ad evitare possibili danni alla salute, all'ambiente, al paesaggio, al patrimonio artistico e culturale, alla sicurezza, alla libertà, alla dignità umana e possibili contrasti con l'utilità sociale, con l'ordine pubblico, con il sistema tributario e con gli obblighi comunitari ed internazionali della Repubblica.

[3. Nel rispetto delle previsioni di cui ai commi 1 e 2 e secondo i criteri ed i principi direttivi di cui all'articolo 34 del decreto-legge 6 dicembre 2011, n. 201, convertito dalla legge 22 dicembre 2011, n. 214, il Governo, previa approvazione da parte delle Camere di una sua relazione che specifichi, periodi ed ambiti di intervento degli atti regolamentari, è autorizzato ad adottare entro il 31 dicembre 2012 uno o più regolamenti, ai sensi dell'articolo 17, comma 2, della legge 23 agosto 1988, n. 400, per individuare le attività per le quali permane l'atto preventivo di assenso dell'amministrazione, e disciplinare i requisiti per l'esercizio delle attività economiche, nonché i termini e le modalità per l'esercizio dei poteri di controllo dell'amministrazione, individuando le disposizioni di legge e regolamentari dello Stato che, ai sensi del comma 1, vengono abrogate a decorrere dalla data di entrata in vigore dei regolamenti stessi. L'Autorità garante della concorrenza e del mercato rende parere obbligatorio, nel termine di trenta giorni decorrenti dalla ricezione degli schemi di regolamento, anche in merito al rispetto del principio di proporzionalità. In mancanza del parere nel termine, lo stesso si intende rilasciato positivamente] (1).

4. Le Regioni, le Provincie ed i Comuni si adeguano ai principi e alle regole di cui ai commi 1, 2 e 3 entro il

31 dicembre 2012, fermi restando i poteri sostituitivi dello Stato ai sensi dell'articolo 120 della Costituzione. A decorrere dall'anno 2013, il predetto adeguamento costituisce elemento di valutazione della virtuosità degli stessi enti ai sensi dell'articolo 20, comma 3, del decreto-legge 6 luglio 2011, n. 98, convertito dalla legge 15 luglio 2011, n. 111. A tal fine la Presidenza del Consiglio dei Ministri, nell'ambito dei compiti di cui all'articolo 4, comunica, entro il termine perentorio del 31 gennaio di ciascun anno, al Ministero dell'economia e delle finanze gli enti che hanno provveduto all'applicazione delle procedure previste dal presente articolo. In caso di mancata comunicazione entro il termine di cui al periodo precedente, si prescinde dal predetto elemento di valutazione della virtuosità. Le Regioni a statuto speciale e le Provincie autonome di Trento e Bolzano procedono all'adeguamento secondo le previsioni dei rispettivi statuti.

5. Sono esclusi dall'ambito di applicazione del presente articolo i servizi di trasporto di persone e cose su autoveicoli non di linea, i servizi finanziari come definiti dall'articolo 4 del decreto legislativo 26 marzo 2010, n. 59 e i servizi di comunicazione come definiti dall'articolo 5 del decreto legislativo 26 marzo 2010, n. 59, di attuazione della direttiva 2006/ 123/CE relativa ai servizi nel mercato interno, e le attività specificamente sottoposte a regolazione e vigilanza di apposita autorità indipendente.

(*Omissis*).

(1) *Comma abrogato dall'art. 2, comma 1, del d.lgs. 22 gennaio 2016, n. 10.*

4 Norme a tutela e promozione della concorrenza nelle amministrazioni pubbliche.

1. La Presidenza del Consiglio dei ministri raccoglie le segnalazioni delle autorità indipendenti aventi ad oggetto restrizioni alla concorrenza e impedimenti al corretto funzionamento dei mercati al fine di predisporre le opportune iniziative di coordinamento amministrativo dell'azione dei Ministeri e normative in attuazione degli articoli 41, 117, 120 e 127 della Costituzione.

2. Le attività di cui al presente articolo sono svolte con le risorse umane, strumentali e finanziarie già disponibili a legislazione vigente.

CAPO III
Servizi professionali

9 Disposizioni sulle professioni regolamentate.

1. Sono abrogate le tariffe delle professioni regolamentate nel sistema ordinistico.

2. Ferma restando l'abrogazione di cui al comma 1, nel caso di liquidazione da parte di un organo giurisdizionale, il compenso del professionista è determinato con riferimento a parametri stabiliti con decreto del Ministro vigilante, da adottare nel termine di centoventi giorni successivi alla data di entrata in vigore della legge di conversione del presente decreto. Entro lo stesso termine, con decreto del Ministro della giustizia, di concerto con il Ministro dell'economia e delle finanze, sono anche stabiliti i parametri per oneri e contribuzioni alle casse professionali e agli archivi precedentemente basati sulle tariffe. Il decreto deve salvaguardare l'equilibrio finanziario, anche di lungo periodo, delle casse previdenziali professionali. Ai fini della determinazione dei corrispettivi da porre a base di gara nelle procedure di affidamento di contratti pubblici dei servizi relativi all'architettura e all'ingegneria di cui alla parte II, titolo I, capo IV del decreto legislativo 12 aprile 2006, n. 163, si applicano i parametri individuati con il decreto di cui al primo periodo, da emanarsi, per gli aspetti relativi alle disposizioni di cui al presente periodo, di concerto con il Ministro delle infrastrutture e dei trasporti; con il medesimo decreto sono altresì definite le classificazioni delle prestazioni professionali relative ai predetti servizi. I parametri individuati non possono condurre alla determinazione di un importo a base di gara superiore a quello derivante dall'applicazione delle tariffe professionali vigenti prima dell'entrata in vigore del presente decreto (1).

3. Le tariffe vigenti alla data di entrata in vigore del presente decreto continuano ad applicarsi, limitatamente alla liquidazione delle spese giudiziali, fino alla data di entrata in vigore dei decreti ministeriali di cui al comma 2 e, comunque, non oltre il centoventesimo giorno dalla data di entrata in vigore della legge di conversione del presente decreto (2).

4. Il compenso per le prestazioni professionali è pattuito, nelle forme previste dall'ordinamento, al momento del conferimento dell'incarico professionale. Il professionista deve rendere noto obbligatoriamente, in forma scritta o digitale, al cliente il grado di complessità dell'incarico, fornendo tutte le informazioni utili circa gli oneri ipotizzabili dal momento del conferimento fino alla conclusione dell'incarico e deve altresì indicare i dati della polizza assicurativa per i danni provocati nell'esercizio dell'attività professionale. In ogni caso la misura del compenso è previamente resa nota al cliente obbligatoriamente, in forma scritta o digitale, con un preventivo di massima, deve essere adeguata all'importanza dell'opera e va pattuita indicando per le singole prestazioni tutte le voci di costo, comprensive di spese, oneri e contributi. Al tirocinante è riconosciuto un rimborso spese forfettariamente concordato dopo i primi sei mesi di tirocinio.

5. Sono abrogate le disposizioni vigenti che, per la determinazione del compenso del professionista, rinviano alle tariffe di cui al comma 1.

6. La durata del tirocinio previsto per l'accesso alle professioni regolamentate non può essere superiore a diciotto mesi; per i primi sei mesi, il tirocinio può essere svolto, in presenza di un'apposita convenzione quadro stipulata tra i consigli nazionali degli ordini e il Ministro dell'istruzione, dell'università e della ricerca, in concomitanza con il corso di studio per il conseguimento della laurea di primo livello o della laurea magistrale o specialistica. Analoghe convenzioni possono essere stipulate tra i consigli nazionali degli ordini e il Ministro per la pubblica amministrazione e la semplificazione per lo svolgimento del tirocinio presso pubbliche amministrazioni, all'esito del corso di laurea. Le disposizioni del presente comma non si applicano alle professioni sanitarie, per le quali resta confermata la normativa vigente.

7. All'articolo 3, comma 5, del decreto-legge 13 agosto 2011, n. 138, convertito, con modificazioni, dalla

legge 14 settembre 2011, n. 148, sono apportate le seguenti modificazioni:

a) all'alinea, nel primo periodo, dopo la parola: "regolamentate" sono inserite le seguenti: "secondo i principi della riduzione e dell'accorpamento, su base volontaria, fra professioni che svolgono attività similari";

b) alla lettera *c*), il secondo, terzo e quarto periodo sono soppressi;

c) la lettera *d*) è abrogata.

8. Dall'attuazione del presente articolo non devono derivare nuovi o maggiori oneri per la finanza pubblica.

(1) *Comma così modificato dall'art. 5, comma 1, D.L. 22 giugno 2012, n. 83, conv., con modif., in L. 7 agosto 2012, n. 134. L'art. 5, D.L. n. 83, cit. è stato successivamente abrogato dall'art. 217, comma 1, lett.* dd), *d.lgs. 18 aprile 2016, n. 50, come modificato dall'art. 129, comma 1, lett.* f), *d.lgs. 19 aprile 2017, n. 56.*

(2) *Comma modificato dall'art. 1, comma 150, della l. 4 agosto 2017, n. 124.*

37 Misure per il trasporto ferroviario.

1. L'autorità di cui all'articolo 36 nel settore del trasporto ferroviario definisce, sentiti il Ministero delle infrastrutture e dei trasporti, le regioni e gli enti locali interessati, gli ambiti del servizio pubblico sulle tratte e le modalità di finanziamento. L'Autorità, dopo un congruo periodo di osservazione delle dinamiche dei processi di liberalizzazione, analizza l'efficienza dei diversi gradi di separazione tra l'impresa che gestisce l'infrastruttura e l'impresa ferroviaria, anche in relazione alle esperienze degli altri Stati membri dell'Unione europea e all'esigenza di tutelare l'utenza pendolare del servizio ferroviario regionale. In esito all'analisi, l'Autorità predispone, entro e non oltre il 30 giugno 2013, una relazione da trasmettere al Governo e al Parlamento.

2. All'articolo 36, comma 1, del decreto legislativo 8 luglio 2003, n. 188, come modificato dall'articolo 8 del decreto-legge 13 agosto 2011, n. 138, convertito, con modificazioni, dalla legge 14 settembre 2011, n. 148, sono apportate le seguenti modifiche:

a) le parole: "ed i contratti collettivi nazionali di settore" sono soppresse e la parola: "applicati" è sostituita dalla seguente: "applicate";

b) la lettera *b-bis*) è sostituita dalla seguente: "*b-bis*) regolazione dei trattamenti di lavoro del personale definiti dalla contrattazione collettiva svolta dalle organizzazioni più rappresentative a livello nazionale".

17. Decreto legge 22 giugno 2012, n. 83, convertito, con modificazioni, in legge 7 agosto 2012, n. 134. — Misure urgenti per la crescita del Paese. (Decreto Crescita). (*estratto*).

Pubblicato nella Gazzetta Ufficiale n. 147 del 26 giugno 2012, S.O. n. 129; la legge di conversione è stata pubblicata nella Gazzetta Ufficiale n. 187 dell'11 agosto 2012.

TITOLO II
Misure urgenti per l'agenda digitale e la trasparenza nella pubblica amministrazione

19 Istituzione dell'Agenzia per l'Italia digitale (1).

(1) *Articolo riportato* sub *III, 32.*

CAPO I
Misure per la crescita sostenibile

23 Fondo per la crescita sostenibile.

1. Le presenti disposizioni sono dirette a favorire la crescita sostenibile e la creazione di nuova occupazione nel rispetto delle contestuali esigenze di rigore nella finanza pubblica e di equità sociale, in un quadro di sviluppo di nuova imprenditorialità, con particolare riguardo al sostegno alla piccola e media impresa e di progressivo riequilibrio socio-economico, di genere e fra le diverse aree territoriali del Paese.

2. Il Fondo speciale rotativo di cui all'articolo 14 della legge 17 febbraio 1982, n. 46, istituito presso il Ministero dello sviluppo economico assume la denominazione di « Fondo per la crescita sostenibile » (di seguito Fondo).

Il Fondo è destinato, sulla base di obiettivi e priorità periodicamente stabiliti e nel rispetto dei vincoli derivanti dall'appartenenza all'ordinamento comunitario, al finanziamento di programmi e interventi con un impatto significativo in ambito nazionale sulla competitività dell'apparato produttivo, con particolare riguardo alle seguenti finalità:

a) la promozione di progetti di ricerca, sviluppo e innovazione di rilevanza strategica per il rilancio della competitività del sistema produttivo, anche tramite il consolidamento dei centri e delle strutture di ricerca e sviluppo delle imprese, ad eccezione dei progetti di ricerca, sviluppo e innovazione riguardanti i settori del petrolio, del carbone e del gas naturale (1) (2);

b) il rafforzamento della struttura produttiva, [in particolare del Mezzogiorno,] il riutilizzo di impianti produttivi e il rilancio di aree che versano in situazioni di crisi complessa di rilevanza nazionale tramite la sottoscrizione di accordi di programma;

c) la promozione della presenza internazionale delle imprese e l'attrazione di investimenti dall'estero, anche in raccordo con le azioni che saranno attivate dall'ICE - Agenzia per la promozione all'estero e l'internazionalizzazione delle imprese italiane (3).

c-bis) la definizione e l'attuazione dei piani di valorizzazione delle aziende sequestrate e confiscate alla criminalità organizzata (4).

c-ter) interventi diretti a salvaguardare l'occupazione e a dare continuità all'esercizio delle attività imprenditoriali (5).

3. Per il perseguimento delle finalità di cui al comma 2, con decreti di natura non regolamentare del Mini-

stro dello sviluppo economico, di concerto con il Ministro dell'economia e delle finanze, da emanare entro sessanta giorni dalla data di entrata in vigore della legge di conversione del presente decreto, nel rispetto degli equilibri di finanza pubblica, sono individuate le priorità, le forme e le intensità massime di aiuto concedibili nell'ambito del Fondo, avuto riguardo a quanto previsto dall'articolo 7 del decreto legislativo 31 marzo 1998, n. 123 ad eccezione del credito d'imposta. Le predette misure sono attivate con bandi ovvero direttive del Ministro dello sviluppo economico, che individuano i termini, le modalità e le procedure, anche in forma automatizzata, per la concessione ed erogazione delle agevolazioni. Per la gestione degli interventi il Ministero dello sviluppo economico può avvalersi, sulla base di apposita convenzione, di società in house ovvero di società o enti in possesso dei necessari requisiti tecnici, organizzativi e di terzietà scelti, sulla base di un'apposita gara, secondo le modalità e le procedure di cui al decreto legislativo 12 aprile 2006, n. 163. Agli oneri derivanti dalle convenzioni e contratti di cui al presente comma si applica quanto previsto dall'articolo 3, comma 2 del decreto legislativo 31 marzo 1998, n. 123 e dall'articolo 19, comma 5 del decreto-legge 1° luglio 2009, n. 78, convertito con modificazioni con legge 3 agosto 2009, n. 102 (6).

3-*bis*. Gli obiettivi e le priorità del Fondo possono essere periodicamente aggiornati con la medesima procedura di cui al comma 3 sulla base del monitoraggio dell'andamento degli incentivi relativi agli anni precedenti.

3-*ter*. Per le finalità di cui al comma 2, lettera *c-bis*), possono essere concessi finanziamenti in favore di imprese di cui all'articolo 1, lettera *a*) del decreto-legge 23 dicembre 2003, n. 347, convertito, con modificazioni, dalla legge 18 febbraio 2004, n. 39, che presentano rilevanti difficoltà finanziarie ai fini della continuazione delle attività produttive e del mantenimento dei livelli occupazionali. Con uno o più decreti del Ministro dello sviluppo economico, di concerto con il Ministro dell'economia e delle finanze, da adottare entro sessanta giorni dalla data di entrata in vigore della presente disposizione, sono stabiliti, nel rispetto della disciplina comunitaria sugli aiuti di Stato, modalità e criteri per la concessione, erogazione e rimborso dei predetti finanziamenti. L'erogazione può avvenire anche mediante anticipazioni di tesoreria da estinguere entro l'esercizio finanziario a valere sulla dotazione del Fondo (7).

3-*quater*. Per le finalità di cui al comma 2, lettera *c-ter*), possono essere concessi finanziamenti in favore di piccole imprese in forma di società cooperativa costituite da lavoratori provenienti da aziende i cui titolari intendano trasferire le stesse, in cessione o in affitto, ai lavoratori medesimi. Per la gestione degli interventi il Ministero dello sviluppo economico si avvale, senza nuovi o maggiori oneri per la finanza pubblica, sulla base di apposita convenzione, delle società finanziarie costituite ai sensi dell'articolo 17, comma 2, della legge 27 febbraio 1985, n. 49. Con decreto del Ministro dello sviluppo economico sono stabiliti, nel rispetto della disciplina dell'Unione europea in materia di aiuti di Stato, modalità e criteri per la concessione, l'erogazione e il rimborso dei predetti finanziamenti (8).

4. Il Fondo può operare anche attraverso le due distinte contabilità speciali già intestate al Fondo medesimo esclusivamente per l'erogazione di finanziamenti agevolati che prevedono rientri e per gli interventi, anche di natura non rotativa, cofinanziati dall'Unione Europea o dalle regioni, ferma restando la gestione ordinaria in bilancio per gli altri interventi. Per ciascuna delle finalità indicate al comma 2 è istituita un'apposita sezione nell'ambito del Fondo.

[5. Il comitato tecnico previsto dall'articolo 16, comma 2 della legge 17 febbraio 1982, n. 46 continua a svolgere le proprie funzioni, sino alla data del 31 dicembre 2015, per le attività e i procedimenti avviati alla data di entrata in vigore del presente decreto, che continuano ad essere disciplinati dalle pertinenti disposizioni attuative della medesima legge.] (9)

6. I finanziamenti agevolati concessi a valere sul Fondo possono essere assistiti da garanzie reali e personali. È fatta salva la prestazione di idonea garanzia per le anticipazioni dei contributi.

7. Dalla data di entrata in vigore del presente decreto-legge sono abrogate le disposizioni di legge indicate dall'allegato 1, fatto salvo quanto previsto dal comma 11 del presente articolo (10).

8. Gli stanziamenti iscritti in bilancio non utilizzati nonché le somme restituite o non erogate alle imprese, a seguito dei provvedimenti di revoca e di rideterminazione delle agevolazioni concesse ai sensi delle disposizioni abrogate ai sensi del precedente comma, così come accertate con decreto del Ministro dello sviluppo economico, affluiscono all'entrata del bilancio dello Stato per essere riassegnate nel medesimo importo alla contabilità speciale del Fondo, operativa per l'erogazione di finanziamenti agevolati. Le predette disponibilità sono accertate al netto delle risorse necessarie per far fronte agli impegni già assunti e per garantire la definizione dei procedimenti di cui al comma 11.

9. Limitatamente agli strumenti agevolativi abrogati ai sensi del comma 7, le disponibilità esistenti sulle contabilità speciali nella titolarità del Ministero dello sviluppo economico e presso l'apposita contabilità istituita presso Cassa Depositi e Prestiti per l'attuazione degli interventi di cui all'articolo 2, comma 203, lettera *f*) della legge 23 dicembre 1996, n. 662 sono versate all'entrata del bilancio dello Stato per essere riassegnate nel medesimo importo, con decreto del Ministero dell'economia e delle finanze, su richiesta del Ministero dello sviluppo economico, ad apposito capitolo dello stato di previsione dello stesso Ministero per la successiva assegnazione alla contabilità speciale del Fondo operativa per l'erogazione di finanziamenti agevolati. Le predette disponibilità sono accertate al netto delle risorse necessarie per far fronte agli impegni già assunti e per garantire la definizione dei procedimenti di cui al successivo comma 11. Le predette contabilità speciali continuano ad operare fino al completamento dei relativi interventi ovvero, ove sussistano, degli adempimenti derivanti dalle programmazioni comunitarie già approvate dalla UE alla data di entrata in vigore del presente decreto.

10. Al fine di garantire la prosecuzione delle azioni volte a promuovere la coesione e il riequilibrio economico e sociale tra le diverse aree del Paese, le disponi-

bilità accertate e versate al Fondo ai sensi dei commi 8 e 9 del presente articolo, rivenienti da contabilità speciali o capitoli di bilancio relativi a misure di aiuto destinate alle aree sottoutilizzate sono utilizzate secondo il vincolo di destinazione di cui all'articolo 18, comma 1 del decreto-legge 29 novembre 2008, n. 185, convertito con modificazioni dalla legge 28 gennaio 2009, n. 2 (11)

11. I procedimenti avviati in data anteriore a quella di entrata in vigore del presente decreto-legge sono disciplinati, ai fini della concessione e dell'erogazione delle agevolazioni e comunque fino alla loro definizione, dalle disposizioni delle leggi di cui all'Allegato 1 e dalle norme di semplificazione recate dal presente decreto-legge.

12. Il Ministro dell'economia e delle finanze è autorizzato ad apportare, con propri decreti, le occorrenti variazioni di bilancio.

(1) *Le parole* «, ad eccezione dei progetti di ricerca, sviluppo e innovazione riguardanti i settori del petrolio, del carbone e del gas naturale » *sono state inserite dall'art. 18, comma 3, d.l. 27 gennaio 2022, n. 4, conv., con modif., in l. 28 marzo 2022, n. 25.*

(2) *Per l'attribuzione di risorse alla sezione del Fondo per la crescita sostenibile relativa alla promozione di progetti di ricerca, sviluppo e innovazione di cui alla presente lettera v. il d.m. 18 novembre 2014.*

(3) *A norma dell'art. 1, comma 26, della l. 27 dicembre 2013, n. 147, la dotazione del Fondo di cui al presente comma è incrementata della somma di 100 milioni di euro per l'anno 2014 e di 50 milioni di euro per l'anno 2015, destinata all'erogazione dei finanziamenti agevolati.*

(4) *Lettera inserita dall'art. 11, comma 1, lett.* a)*, del d.l. 16 ottobre 2017, n. 148, conv., con modif., in l. 4 dicembre 2017, n. 172, e successivamente sostituita dall'art. 15, comma 2, della l. 17 ottobre 2017, n. 161.*

(5) *Lettera aggiunta dall'art. 1, comma 270, lett.* a)*, l. 30 dicembre 2020, n. 178 (legge di bilancio 2021).*

(6) *Per l'individuazione delle priorità, delle forme e delle intensità massime di aiuto concedibili nell'ambito del Fondo per la crescita sostenibile, di cui al presente comma, v. il d.m. 8 marzo 2013.*

(7) *Comma inserito dall'art. 11, comma 1, lett.* b)*, del d.l. 16 ottobre 2017, n. 148, conv., con modif., in l. 4 dicembre 2017, n. 172.*

(8) *Comma così sostituito dall'art. 1, comma 746, l. 30 dicembre 2021, n. 234. Il testo del comma, come inserito dall'art. 1, comma 270, lett.* b)*, l. n. 178, cit., era il seguente:* « 3-*quater*. Per le finalità di cui al comma 2, lettera *c-ter*), possono essere concessi finanziamenti in favore di piccole imprese in forma di società cooperativa costituite da lavoratori provenienti da aziende i cui titolari intendano trasferire le stesse, in cessione o in affitto, ai lavoratori medesimi. Per la gestione degli interventi il Ministero dello sviluppo economico si avvale, sulla base di apposita convenzione, degli investitori istituzionali destinati alle società cooperative di cui all'articolo 111-*octies* delle disposizioni per l'attuazione del codice civile e disposizioni transitorie. Con uno o più decreti del Ministro dello sviluppo economico, di concerto con il Ministro dell'economia e delle finanze, sono stabiliti, nel rispetto della disciplina dell'Unione europea in materia di aiuti di Stato, modalità e criteri per la concessione, erogazione e rimborso dei predetti finanziamenti ».

(9) *Comma abrogato dall'art. 36, comma 10, del d.l. 18 ottobre 2012, n. 179, conv., con modif. in l. 17 dicembre 2012, n. 221.*

(10) *Per l'interpretazione del presente comma, v. l'art. 1, comma 690, della l. 28 dicembre 2015, n. 208.*

(11) *Per la riduzione dell'autorizzazione di spesa di cui al presente comma v. l'art. 11, comma 2, della l. 6 giugno 2016 n. 106. Per il successivo incremento di 300 milioni di euro per l'esercizio 2018, v. l'art. 11, comma 2, del d.l. 16 ottobre 2017, n. 148, conv., con modif., in l. 4 dicembre 2017, n. 172. Da ultimo, a norma dell'art. 1, comma 230, della l. 27 dicembre 2019, n. 160, la dotazione del Fondo per la crescita sostenibile, di cui al presente articolo è incrementata di 50 milioni di euro per l'anno 2020 e 100 milioni di euro per l'anno 2021.*

CAPO IV
ACCESSO AI DOCUMENTI AMMINISTRATIVI, TRASPARENZA, PUBBLICITÀ E INFORMAZIONE (1)

(1) *Per le disposizioni di rango primario in materia di accesso, v. gli artt. da 22 a 28 della l. 7 agosto 1990, n. 241* (sub *III, 1*).

18. Legge 7 giugno 2000, n. 150. — Disciplina delle attività di informazione e di comunicazione delle pubbliche amministrazioni.

Pubblicata nella Gazzetta Ufficiale n. 136 del 13 giugno 2000.

CAPO I
Princìpi generali

1 Finalità ed ambito di applicazione.

1. Le disposizioni della presente legge, in attuazione dei princìpi che regolano la trasparenza e l'efficacia dell'azione amministrativa, disciplinano le attività di informazione e di comunicazione delle pubbliche amministrazioni.

2. Ai fini della presente legge sono pubbliche amministrazioni quelle indicate all'art. 1, comma 2, del decreto legislativo 3 febbraio 1993, n. 29.

3. È fatta salva la disciplina vigente relativa alla pubblicità legale od obbligatoria degli atti pubblici.

4. Nel rispetto delle norme vigenti in tema di segreto di Stato, di segreto d'ufficio, di tutela della riservatezza dei dati personali e in conformità ai comportamenti richiesti dalle carte deontologiche, sono considerate attività di informazione e di comunicazione istituzionale quelle poste in essere in Italia o all'estero dai soggetti di cui al comma 2 e volte a conseguire:

a) l'informazione ai mezzi di comunicazione di massa, attraverso stampa, audiovisivi e strumenti telematici;

b) la comunicazione esterna rivolta ai cittadini, alle collettività e ad altri enti attraverso ogni modalità tecnica ed organizzativa;

c) la comunicazione interna realizzata nell'ambito di ciascun ente.

5. Le attività di informazione e di comunicazione sono, in particolare, finalizzate a:

a) illustrare e favorire la conoscenza delle disposizioni normative, al fine di facilitarne l'applicazione;

b) illustrare le attività delle istituzioni e il loro funzionamento;

c) favorire l'accesso ai servizi pubblici, promuovendone la conoscenza;

d) promuovere conoscenze allargate e approfondite su temi di rilevante interesse pubblico e sociale;

e) favorire processi interni di semplificazione delle procedure e di modernizzazione degli apparati nonché la conoscenza dell'avvio e del percorso dei procedimenti amministrativi;

f) promuovere l'immagine delle amministrazioni, nonché quella dell'Italia, in Europa e nel mondo, conferendo conoscenza e visibilità ad eventi d'importanza locale, regionale, nazionale ed internazionale.

6. Le attività di informazione e di comunicazione istituzionale di cui alla presente legge non sono soggette ai limiti imposti in materia di pubblicità, sponsorizzazioni e offerte al pubblico.

2 Forme, strumenti e prodotti.

1. Le attività di informazione e di comunicazione delle pubbliche amministrazioni si esplicano, oltre che per mezzo di programmi previsti per la comunicazione istituzionale non pubblicitaria, anche attraverso la pubblicità, le distribuzioni o vendite promozionali, le affissioni, l'organizzazione di manifestazioni e la partecipazione a rassegne specialistiche, fiere e congressi.

2. Le attività di informazione e di comunicazione sono attuate con ogni mezzo di trasmissione idoneo ad assicurare la necessaria diffusione di messaggi, anche attraverso la strumentazione grafico-editoriale, le strutture informatiche, le funzioni di sportello, le reti civiche, le iniziative di comunicazione integrata e i sistemi telematici multimediali.

3. Con uno o più regolamenti, da comunicare alla Presidenza del Consiglio dei Ministri e alla Conferenza unificata di cui all'art. 8 del decreto legislativo 28 agosto 1997, n. 281, le pubbliche amministrazioni provvedono alla diffusione delle modalità e delle forme di comunicazione a carattere pubblicitario, in attuazione delle norme vigenti in materia.

3 Messaggi di utilità sociale e di pubblico interesse.

1. La Presidenza del Consiglio dei Ministri determi-

na i messaggi di utilità sociale ovvero di pubblico interesse, che la concessionaria del servizio pubblico radiotelevisivo può trasmettere a titolo gratuito. Alla trasmissione di messaggi di pubblico interesse previsti dal presente comma sono riservati tempi non eccedenti il due per cento di ogni ora di programmazione e l'uno per cento dell'orario settimanale di programmazione di ciascuna rete. Le emittenti private, radiofoniche e televisive, hanno facoltà, ove autorizzate, di utilizzare tali messaggi per passaggi gratuiti.

2. Nelle concessioni per la radiodiffusione sonora e televisiva è prevista la riserva di tempi non eccedenti l'uno per cento dell'orario settimanale di programmazione per le stesse finalità e con le modalità di cui al comma 1.

3. Fatto salvo quanto stabilito dalla presente legge e dalle disposizioni relative alla comunicazione istituzionale non pubblicitaria, le concessionarie radiotelevisive e le società autorizzate possono, per finalità di esclusivo interesse sociale, trasmettere messaggi di utilità sociale.

4. I messaggi di cui al comma 3 non rientrano nel computo degli indici di affollamento giornaliero né nel computo degli indici di affollamento orario stabiliti dal presente articolo. Il tempo di trasmissione dei messaggi non può, comunque, occupare più di quattro minuti per ogni giorno di trasmissione per singola concessionaria. Tali messaggi possono essere trasmessi gratuitamente; qualora non lo fossero, il prezzo degli spazi di comunicazione contenenti messaggi di utilità sociale non può essere superiore al cinquanta per cento del prezzo di listino ufficiale indicato dalla concessionaria.

4 Formazione professionale.

1. Le amministrazioni pubbliche individuano, nell'ambito delle proprie dotazioni organiche, il personale da adibire alle attività di informazione e di comunicazione e programmano la formazione, secondo modelli formativi individuati dal regolamento di cui all'art. 5.

2. Le attività di formazione sono svolte dalla Scuola superiore della pubblica amministrazione, secondo le disposizioni del decreto legislativo 30 luglio 1999, n. 287, dalle scuole specializzate di altre amministrazioni centrali, dalle università, con particolare riferimento ai corsi di laurea in scienze della comunicazione e materie assimilate, dal Centro di formazione e studi (FORMEZ), nonché da strutture pubbliche e private con finalità formative che adottano i modelli di cui al comma 1.

5 Regolamento.

1. Con regolamento da emanare, ai sensi dell'art. 17, comma 1, della legge 23 agosto 1988, n. 400 e successive modificazioni, previa intesa con la Conferenza unificata di cui all'art. 8 del decreto legislativo 28 agosto 1997, n. 281, entro sessanta giorni dalla data di entrata in vigore della presente legge, si provvede alla individuazione dei titoli per l'accesso del personale da utilizzare presso le pubbliche amministrazioni per le attività di informazione e di comunicazione. Il medesimo regolamento prevede e disciplina altresì gli interventi formativi e di aggiornamento per il personale che già svolge attività di informazione e di comunicazione.

6 Strutture.

1. In conformità alla disciplina dettata dal presente capo e, ove compatibili, in conformità alle norme degli articoli 11 e 12 del decreto legislativo 3 febbraio 1993, n. 29 e successive modificazioni, e relative disposizioni attuative, le attività di informazione si realizzano attraverso il portavoce e l'ufficio stampa e quelle di comunicazione attraverso l'ufficio per le relazioni con il pubblico, nonché attraverso analoghe strutture quali gli sportelli per il cittadino, gli sportelli unici della pubblica amministrazione, gli sportelli polifunzionali e gli sportelli per le imprese.

2. Ciascuna amministrazione definisce, nell'ambito del proprio ordinamento degli uffici e del personale e nei limiti delle risorse disponibili, le strutture e i servizi finalizzati alle attività di informazione e comunicazione e al loro coordinamento, confermando, in sede di prima applicazione della presente legge, le funzioni di comunicazione e di informazione al personale che già le svolge.

7 Portavoce.

1. L'organo di vertice dell'amministrazione pubblica può essere coadiuvato da un portavoce, anche esterno all'amministrazione, con compiti di diretta collaborazione ai fini dei rapporti di carattere politico-istituzionale con gli organi di informazione. Il portavoce, incaricato dal medesimo organo, non può, per tutta la durata del relativo incarico, esercitare attività nei settori radiotelevisivo, del giornalismo, della stampa e delle relazioni pubbliche.

2. Al portavoce è attribuita una indennità determinata dall'organo di vertice nei limiti delle risorse disponibili appositamente iscritte in bilancio da ciascuna amministrazione per le medesime finalità.

8 Ufficio per le relazioni con il pubblico.

1. L'attività dell'ufficio per le relazioni con il pubblico è indirizzata ai cittadini singoli e associati.

2. Le pubbliche amministrazioni, entro sei mesi dalla data di entrata in vigore della presente legge, provvedono, nell'esercizio della propria potestà regolamentare, alla ridefinizione dei compiti e alla riorganizzazione degli uffici per le relazioni con il pubblico secondo i seguenti criteri:

a) garantire l'esercizio dei diritti di informazione, di accesso e di partecipazione di cui alla legge 7 agosto 1990, n. 241 e successive modificazioni;

b) agevolare l'utilizzazione dei servizi offerti ai cittadini, anche attraverso l'illustrazione delle disposizioni normative e amministrative, e l'informazione sulle strutture e sui compiti delle amministrazioni medesime;

c) promuovere l'adozione di sistemi di interconnessione telematica e coordinare le reti civiche;

d) attuare, mediante l'ascolto dei cittadini e la comunicazione interna, i processi di verifica della qualità dei servizi e di gradimento degli stessi da parte degli utenti;

e) garantire la reciproca informazione fra l'ufficio per le relazioni con il pubblico e le altre strutture operanti nell'amministrazione, nonché fra gli uffici per le relazioni con il pubblico delle varie amministrazioni.

3. Negli uffici per le relazioni con il pubblico l'individuazione e la regolamentazione dei profili professionali sono affidate alla contrattazione collettiva.

9 Uffici stampa.

1. Le amministrazioni pubbliche di cui all'art. 1, comma 2, del decreto legislativo 3 febbraio 1993, n. 29, possono dotarsi, anche in forma associata, di un ufficio stampa, la cui attività è in via prioritaria indirizzata ai mezzi di informazione di massa.

2. Gli uffici stampa sono costituiti da personale iscritto all'albo nazionale dei giornalisti. Tale dotazione di personale è costituita da dipendenti delle amministrazioni pubbliche anche in posizione di comando o fuori ruolo, o da personale estraneo alla pubblica amministrazione in possesso dei titoli individuati dal regolamento di cui all'art. 5, utilizzato con le modalità di cui all'art. 7, comma 6, del decreto legislativo 3 febbraio 1993, n. 29 e successive modificazioni, nei limiti delle risorse disponibili nei bilanci di ciascuna amministrazione per le medesime finalità.

3. L'ufficio stampa è diretto da un coordinatore, che assume la qualifica di capo ufficio stampa, il quale, sulla base delle direttive impartite dall'organo di vertice dell'amministrazione, cura i collegamenti con gli organi di informazione, assicurando il massimo grado di trasparenza, chiarezza e tempestività delle comunicazioni da fornire nelle materie di interesse dell'amministrazione.

4. I coordinatori e i componenti dell'ufficio stampa non possono esercitare, per tutta la durata dei relativi incarichi, attività professionali nei settori radiotelevisivo, del giornalismo, della stampa e delle relazioni pubbliche. Eventuali deroghe possono essere previste dalla contrattazione collettiva di cui al comma 5.

5. Negli uffici stampa l'individuazione e la regolamentazione dei profili professionali sono affidate alla contrattazione collettiva nell'ambito di una speciale area di contrattazione, con l'intervento delle organizzazioni rappresentative della categoria dei giornalisti. Dall'attuazione del presente comma non devono derivare nuovi o maggiori oneri a carico della finanza pubblica. Ai giornalisti in servizio presso gli uffici stampa delle regioni a statuto speciale e delle province autonome di Trento e di Bolzano, in via transitoria, sino alla definizione di una specifica disciplina da parte di tali enti in sede di contrattazione collettiva e comunque non oltre il 31 ottobre 2019, continua ad applicarsi la disciplina riconosciuta dai singoli ordinamenti (1).

5-*bis*. Ai dipendenti di ruolo in servizio presso gli uffici stampa delle amministrazioni di cui al comma 1 ai quali, in data antecedente all'entrata in vigore dei contratti collettivi nazionali di lavoro relativi al triennio 2016-2018, risulti applicato il contratto collettivo nazionale di lavoro giornalistico per effetto di contratti individuali sottoscritti sulla base di quanto previsto dagli specifici ordinamenti dell'amministrazione di appartenenza, può essere riconosciuto il mantenimento del trattamento in godimento, se più favorevole, rispetto a quello previsto dai predetti contratti collettivi nazionali di lavoro, mediante riconoscimento, per la differenza, di un assegno ad personam riassorbibile, in attuazione di quanto previsto dall'articolo 2, comma 3, ultimo periodo, del decreto legislativo 30 marzo 2001, n. 165, con le modalità e nelle misure previste dai futuri contratti collettivi nazionali di lavoro (2).

(1) *L'ultimo periodo è stato aggiunto dall'art. 25-bis, comma 1, del d.l. 28 gennaio 2019, n. 4, conv., con modif., in l. 28 marzo 2019, n. 26.*

(2) *Comma aggiunto dall'art. 1, comma 160, della l. 27 dicembre 2019, n. 160.*

10 Disposizione finale.

1. Le disposizioni del presente capo costituiscono princìpi fondamentali ai sensi dell'art. 117 della Costituzione e si applicano, altresì, alle regioni a statuto speciale e alle province autonome di Trento e di Bolzano nei limiti e nel rispetto degli statuti e delle relative norme di attuazione.

CAPO II
Disposizioni particolari per le amministrazioni dello Stato

11 Programmi di comunicazione.

1. In conformità a quanto previsto dal capo I della presente legge e dall'art. 12 del decreto legislativo 3 febbraio 1993, n. 29 e successive modificazioni, nonché dalle direttive impartite dal Presidente del Consiglio dei Ministri, le amministrazioni statali elaborano annualmente il programma delle iniziative di comunicazione che intendono realizzare nell'anno successivo, comprensivo dei progetti di cui all'art. 13, sulla base delle indicazioni metodologiche del Dipar timento per l'informazione e l'editoria della Presidenza del Consiglio dei Ministri. Il programma è trasmesso entro il mese di novembre di ogni anno allo stesso Dipartimento. Iniziative di comunicazione non previste dal programma possono essere promosse e realizzate soltanto per particolari e contingenti esigenze sopravvenute nel corso dell'anno e sono tempestivamente comunicate al Dipartimento per l'informazione e l'editoria.

2. Per l'attuazione dei programmi di comunicazione il Dipartimento per l'informazione e l'editoria provvede in particolare a:

a) svolgere funzioni di centro di orientamento e consulenza per le amministrazioni statali ai fini della messa a punto dei programmi e delle procedure. Il Dipartimento può anche fornire i supporti organizzativi alle amministrazioni che ne facciano richiesta;

b) sviluppare adeguate attività di conoscenza dei problemi della comunicazione pubblica presso le amministrazioni;

c) stipulare, con i concessionari di spazi pubblicitari, accordi quadro nei quali sono definiti i criteri di massima delle inserzioni radiofoniche, televisive o sulla stampa, nonché le relative tariffe.

12 Piano di comunicazione.

1. Sulla base dei programmi presentati dalle amministrazioni statali, il Dipartimento per l'informazione e l'editoria predispone annualmente il piano di comunicazione, integrativo del piano di cui all'art. 12 del decreto legislativo 3 febbraio 1993, n. 29 e successive modificazioni, che è approvato dal Presidente del Consiglio dei Ministri.

2. Una copia del piano approvato è trasmessa alle amministrazioni. Ciascuna amministrazione realizza il piano per le parti di specifica competenza anche avvalendosi della collaborazione del Dipartimento per l'informazione e l'editoria. Entro il 31 gennaio dell'anno successivo a quello di riferimento, i Ministri trasmettono al Presidente del Consiglio dei Ministri una relazione su quanto previsto dal presente comma.

13 Progetti di comunicazione a carattere pubblicitario.

1. Le amministrazioni dello Stato sono tenute ad inviare al Dipartimento per l'informazione e l'editoria, ai fini della formulazione di un preventivo parere, i progetti di comunicazione a carattere pubblicitario che prevedono la diffusione dei messaggi sui mezzi di comunicazione di massa.

2. I progetti di cui al comma 1 devono, in particolare, contenere indicazioni circa l'obiettivo della comunicazione, la copertura finanziaria, il contenuto dei messaggi, i destinatari e i soggetti coinvolti nella realizzazione. Deve, inoltre, essere specificata la strategia di diffusione con previsione delle modalità e dei mezzi ritenuti più idonei al raggiungimento della massima efficacia della comunicazione.

3. Per le campagne di comunicazione a carattere pubblicitario, le amministrazioni dello Stato tengono conto, ove possibile, in relazione al tipo di messaggio e ai destinatari, anche delle testate italiane all'estero.

14 Finanziamento dei progetti.

1. La realizzazione dei progetti di comunicazione a carattere pubblicitario delle amministrazioni dello Stato, integrativi del piano di cui all'art. 12 del decreto legislativo 3 febbraio 1993, n. 29 e successive modificazioni, ritenuti di particolare utilità sociale o di interesse pubblico, è finanziata nei limiti delle risorse disponibili in bilancio per il centro di responsabilità n. 17 "Informazione ed editoria" dello stato di previsione della Presidenza del Consiglio dei Ministri, intendendosi ridotta in misura corrispondente l'autorizzazione di spesa di cui all'art. 5 della legge 25 febbraio 1987, n. 67.

15 Procedure di gara.

1. Per la realizzazione delle iniziative di comunicazione istituzionale a carattere pubblicitario la scelta dei soggetti professionali esterni è effettuata, anche in deroga ai limiti previsti dall'art. 6 del regio decreto 18 novembre 1923, n. 2440, nel rispetto delle disposizioni del decreto legislativo 17 marzo 1995, n. 157. A tali fini, con regolamento da emanare, su proposta del Presidente del Consiglio dei Ministri, ai sensi dell'art. 17, comma 1, della legge 23 agosto 1988, n. 400 e successive modificazioni, entro quarantacinque giorni dalla data di entrata in vigore della presente legge, sono stabiliti i criteri per la individuazione dei soggetti professionali da invitare alle procedure di selezione, nonché per la determinazione delle remunerazioni per i servizi prestati. A tali fini si tiene conto anche dei criteri stabiliti in materia dall'Autorità per le garanzie nelle comunicazioni (1).

(1) *V. il d.P.R. 21 settembre 2001, n. 403.*

16 Abrogazioni.

1. (*Omissis*) (1).

(1) *Abroga i commi 6, 7 e 8 dell'art. 5 l. 25 febbraio 1987, n. 67, e l'art. 9 l. 6 agosto 1990, n. 223, e successive modificazioni.*

19. Decreto del Presidente della Repubblica 12 aprile 2006, n. 184. — Regolamento recante disciplina in materia di accesso ai documenti amministrativi (1).

Pubblicato nella Gazzetta Ufficiale n. 114 del 18 maggio 2006.

(1) *Secondo quanto previsto dall'art. 15 il presente regolamento sostituisce il d.P.R. 27 giugno 1992, n. 352, il cui testo ormai abrogato è riportato in nota ai singoli articoli del vigente decreto. Per l'applicazione del principio di trasparenza in materia di contratti pubblici v. l'art. 29 del D. Lgs. 18 aprile 2016 n. 50, come da ultimo modificato dall'art. 1, comma 20, lett.* d) *d.l. 18 aprile 2019, n. 32, conv., con modif., in l. 14 giugno 2019, n. 55, che prevede che: « 1. Tutti gli atti delle amministrazioni aggiudicatrici e degli enti aggiudicatori relativi alla programmazione di lavori, opere, servizi e forniture, nonché alle procedure per l'affidamento di appalti pubblici di servizi, forniture, lavori e opere, di concorsi pubblici di progettazione, di concorsi di idee e di concessioni, compresi quelli tra enti nell'ambito del settore pubblico di cui all'articolo 5, alla composizione della commissione giudicatrice e ai curricula dei suoi componenti ove non considerati riservati ai sensi dell'articolo 53 ovvero secretati ai sensi dell'articolo 162, devono essere pubblicati e aggiornati sul profilo del committente, nella sezione "Amministrazione trasparente", con l'applicazione delle disposizioni di cui al decreto legislativo 14 marzo 2013, n. 33. [Al fine di consentire l'eventuale proposizione del ricorso ai sensi dell'articolo 120, comma 2-*bis*, del codice del processo amministrativo, sono altresì pubblicati, nei successivi due giorni dalla data di adozione dei relativi atti, il provvedimento che determina le esclusioni dalla procedura di affidamento e le ammissioni all'esito della verifica della documentazione attestante l'assenza dei motivi di esclusione di cui all'articolo 80, nonché la sussistenza dei requisiti economico-finanziari e tecnico-professionali. Entro il medesimo termine di due giorni è dato avviso ai candidati e ai concorrenti, con le modalità di cui all'articolo 5-*bis* del decreto legislativo 7 marzo 2005, n. 82, recante il Codice dell'amministrazione digitale o strumento analogo negli altri Stati membri, di detto provvedimento, indicando l'ufficio o il collegamento informatico ad accesso riservato dove sono disponibili i relativi atti. Il termine per l'impugnativa di cui al citato articolo 120, comma 2-*bis*, decorre dal momento in cui gli atti di cui al secondo periodo sono resi in concreto disponibili, corredati di motivazione.] [È inoltre pubblicata la composizione della commissione giudicatrice e i curricula dei suoi componenti.] Nella stessa sezione sono pubblicati anche i resoconti della gestione finanziaria dei contratti al termine della loro esecuzione con le modalità previste dal decreto legislativo 14 marzo 2013, n. 33. Gli atti di cui al presente comma recano, prima*

dell'intestazione o in calce, la data di pubblicazione sul profilo del committente. Fatti salvi gli atti a cui si applica l'articolo 73, comma 5, i termini cui sono collegati gli effetti giuridici della pubblicazione decorrono dalla data di pubblicazione sul profilo del committente. — 2. Gli atti di cui al comma 1, nel rispetto di quanto previsto dall'articolo 53,sono, altresì, pubblicati sul sito del Ministero delle infrastrutture e dei trasporti e sulla piattaforma digitale istituita presso l'ANAC, anche tramite i sistemi informatizzati regionali, di cui al comma 4, e le piattaforme regionali di e-procurement interconnesse tramite cooperazione applicativa. — 3. Le regioni e le province autonome di Trento e di Bolzano collaborano con gli organi dello Stato alla tutela della trasparenza e della legalità nel settore dei contratti pubblici. In particolare, operano in ambito territoriale a supporto delle stazioni appaltanti nell'attuazione del presente codice ed nel monitoraggio delle fasi di programmazione, affidamento ed esecuzione dei contratti. — 4. Per i contratti e gli investimenti pubblici di competenza regionale o di enti territoriali, le stazioni appaltanti provvedono all'assolvimento degli obblighi informativi e di pubblicità disposti dal presente codice, tramite i sistemi informatizzati regionali e le piattaforme telematiche di e-procurement ad essi interconnesse, garantendo l'interscambio delle informazioni e l'interoperabilità, con le banche dati dell'ANAC, del Ministero dell'economia e delle finanze e del Ministero delle infrastrutture e dei trasporti. - 4-bis. Il Ministero dell'economia e delle finanze, il Ministero delle infrastrutture e dei trasporti, l'ANAC e la Conferenza delle Regioni e delle Province autonome per i sistemi di cui ai commi 2 e 4 condividono un protocollo generale per definire le regole di interoperabilità e le modalità di interscambio dei dati e degli atti tra le rispettive banche dati, nel rispetto del principio di unicità del luogo di pubblicazione e di unicità dell'invio delle informazioni. Per le opere pubbliche il protocollo si basa su quanto previsto dal decreto legislativo 29 dicembre 2011, n. 229. L'insieme dei dati e degli atti condivisi nell'ambito del protocollo costituiscono fonte informativa prioritaria in materia di pianificazione e monitoraggio di contratti e investimenti pubblici ».

1 Oggetto.

1. Il presente regolamento disciplina le modalità di esercizio del diritto di accesso ai documenti amministrativi in conformità a quanto stabilito nel capo V della legge 7 agosto 1990, n. 241, e successive modificazioni di seguito denominata: « legge ».

2. I provvedimenti generali organizzatori occorrenti per l'esercizio del diritto di accesso sono adottati dalle amministrazioni interessate, entro il termine di cui all'articolo 14, comma 1, decorrente dalla data di entrata in vigore del presente regolamento, dandone comunicazione alla Commissione per l'accesso ai documenti amministrativi istituita ai sensi dell'articolo 27 della legge (1).

(1) *L'art. 1 d.P.R. 27 giugno 1992, n. 352, ora abrogato, così disponeva: « 1. (Oggetto).* — 1. Il presente regolamento disciplina le modalità di esercizio e dei casi di esclusione del diritto di accesso ai documenti amministrativi, in conformità all'art. 24, comma 2, della legge 7 agosto 1990, n. 241. 2. Le misure organizzative occorrenti per l'attuazione del diritto di accesso sono adottate dalle amministrazioni interessate, ai sensi dell'art. 22, comma 3, della legge 7 agosto 1990, n. 241 ».

2 Ambito di applicazione.

1. Il diritto di accesso ai documenti amministrativi è esercitabile nei confronti di tutti i soggetti di diritto pubblico e i soggetti di diritto privato limitatamente alla loro attività di pubblico interesse disciplinata dal diritto nazionale o comunitario, da chiunque abbia un interesse diretto, concreto e attuale, corrispondente a una situazione giuridicamente tutelata e collegata al documento al quale è richiesto l'accesso.

2. Il diritto di accesso si esercita con riferimento ai documenti amministrativi materialmente esistenti al momento della richiesta e detenuti alla stessa data da una pubblica amministrazione, di cui all'articolo 22, comma 1, lettera *e*), della legge, nei confronti dell'autorità competente a formare l'atto conclusivo o a detenerlo stabilmente. La pubblica amministrazione non è tenuta ad elaborare dati in suo possesso al fine di soddisfare le richieste di accesso (1).

(1) *L'art. 2 d.P.R. 27 giugno 1992, n. 352, ora abrogato, così disponeva: « 2. (Ambito di applicazione).* — 1. Il diritto di accesso ai documenti amministrativi è esercitato nei confronti di tutte le pubbliche amministrazioni e dei concessionari di pubblici servizi da chiunque vi abbia un interesse personale e concreto per la tutela di situazioni giuridicamente rilevanti. — 2. Il diritto di accesso si esercita, con riferimento agli atti del procedimento, e anche durante il corso dello stesso, nei confronti dell'autorità che è competente a formare l'atto conclusivo o a detenerlo stabilmente. — 3. Il diritto di accesso s'intende realizzato con la pubblicazione, il deposito o altra forma di pubblicità, comprese quelle attuabili mediante strumenti informatici, elettronici e telematici, dei documenti cui sia consentito l'accesso, secondo le modalità stabilite dalle singole amministrazioni ai sensi dell'art. 22, comma 3, della legge 7 agosto 1990, n. 241 ».

3 Notifica ai controinteressati.

1. Fermo quanto previsto dall'articolo 5, la pubblica amministrazione cui è indirizzata la richiesta di accesso, se individua soggetti controinteressati, di cui all'articolo 22, comma 1, lettera *c*), della legge, è tenuta a dare comunicazione agli stessi, mediante invio di copia con raccomandata con avviso di ricevimento, o per via telematica per coloro che abbiano consentito tale forma di comunicazione. I soggetti controinteressati sono individuati tenuto anche conto del contenuto degli atti connessi, di cui all'articolo 7, comma 2.

2. Entro dieci giorni dalla ricezione della comunicazione di cui al comma 1, i controinteressati possono presentare una motivata opposizione, anche per via telematica, alla richiesta di accesso. Decorso tale termine, la pubblica amministrazione provvede sulla richiesta, accertata la ricezione della comunicazione di cui al comma 1.

4 Richiesta di accesso di portatori di interessipubblici o diffusi.

1. Le disposizioni sulle modalità del diritto di accesso di cui al presente regolamento si applicano anche ai soggetti portatori di interessi diffusi o collettivi (1).

(1) *L'art. 9 d.P.R. 27 giugno 1992, n. 352, ora abrogato, così disponeva: « 9. (Richieste di accesso di portatori di interessi pubblici e diffusi).* — 1. Le disposizioni sulle modalità del diritto di accesso di cui al presente regolamento si applicano, in quanto compatibili, alle amministrazioni, associazioni e comitati portatori di interessi pubblici o diffusi ».

5 Accesso informale.

1. Qualora in base alla natura del documento richiesto non risulti l'esistenza di controinteressati il diritto di accesso può essere esercitato in via informale mediante richiesta, anche verbale, all'ufficio dell'amministrazione competente a formare l'atto conclusivo del procedimento o a detenerlo stabilmente.

2. Il richiedente deve indicare gli estremi del documento oggetto della richiesta ovvero gli elementi che ne consentano l'individuazione, specificare e, ove occorra, comprovare l'interesse connesso all'oggetto della richiesta, dimostrare la propria identità e, ove occor-

ra, i propri poteri di rappresentanza del soggetto interessato.

3. La richiesta, esaminata immediatamente e senza formalità, è accolta mediante indicazione della pubblicazione contenente le notizie, esibizione del documento, estrazione di copie, ovvero altra modalità idonea.

4. La richiesta, ove provenga da una pubblica amministrazione, è presentata dal titolare dell'ufficio interessato o dal responsabile del procedimento amministrativo ed è trattata ai sensi dell'articolo 22, comma 5, della legge.

5. La richiesta di accesso può essere presentata anche per il tramite degli Uffici relazioni con il pubblico.

6. La pubblica amministrazione, qualora in base al contenuto del documento richiesto riscontri l'esistenza di controinteressati, invita l'interessato a presentare richiesta formale di accesso (1).

(1) *L'art. 3 d.P.R. 27 giugno 1992, n. 352, ora abrogato, così disponeva: « 3. (Accesso informale).* — 1. Il diritto di accesso si esercita in via informale mediante richiesta, anche verbale, all'ufficio dell'amministrazione centrale o periferico, competente a formare l'atto conclusivo di procedimento o a detenerlo stabilmente. — 2. L'interessato deve indicare gli estremi del documento oggetto della richiesta, ovvero gli elementi che ne consentano l'individuazione, specificare e, ove occorra, comprovare l'interesse connesso all'oggetto della richiesta, far constare della propria identità e, ove occorra, dei propri poteri rappresentativi. — 3. La richiesta, esaminata immediatamente e senza formalità, è accolta mediante indicazione della pubblicazione contenente le notizie, esibizione del documento, estrazione di copie, ovvero altra modalità idonea. — 4. La richiesta, ove provenga da una pubblica amministrazione, è presentata dal titolare dell'ufficio interessato o dal responsabile del procedimento amministrativo ».

6 Procedimento di accesso formale.

1. Qualora non sia possibile l'accoglimento immediato della richiesta in via informale, ovvero sorgano dubbi sulla legittimazione del richiedente, sulla sua identità, sui suoi poteri rappresentativi, sulla sussistenza dell'interesse alla stregua delle informazioni e delle documentazioni fornite, sull'accessibilità del documento o sull'esistenza di controinteressati, l'amministrazione invita l'interessato a presentare richiesta d'accesso formale, di cui l'ufficio rilascia ricevuta.

2. La richiesta formale presentata ad amministrazione diversa da quella nei cui confronti va esercitato il diritto di accesso è dalla stessa immediatamente trasmessa a quella competente. Di tale trasmissione è data comunicazione all'interessato.

3. Al procedimento di accesso formale si applicano le disposizioni contenute nei commi 2, 4 e 5 dell'articolo 5.

4. Il procedimento di accesso deve concludersi nel termine di trenta giorni, ai sensi dell'articolo 25, comma 4, della legge, decorrenti dalla presentazione della richiesta all'ufficio competente o dalla ricezione della medesima nell'ipotesi disciplinata dal comma 2.

5. Ove la richiesta sia irregolare o incompleta, l'amministrazione, entro dieci giorni, ne dà comunicazione al richiedente con raccomandata con avviso di ricevimento ovvero con altro mezzo idoneo a comprovarne la ricezione. In tale caso, il termine del procedimento ricomincia a decorrere dalla presentazione della richiesta corretta.

6. Responsabile del procedimento di accesso è il dirigente, il funzionario preposto all'unità organizzativa o altro dipendente addetto all'unità competente a formare il documento o a detenerlo stabilmente (1).

(1) *L'art. 4 d.P.R. 27 giugno 1992, n. 352, ora abrogato, così disponeva: « 4. (Procedimento di accesso formale).* — 1. Qualora non sia possibile l'accoglimento immediato della richiesta in via informale, ovvero sorgano dubbi sulla legittimazione del richiedente, sulla sua identità, sui suoi poteri rappresentativi, sulla sussistenza dell'interesse alla stregua delle informazioni e delle documentazioni fornite o sull'accessibilità del documento, il richiedente è invitato contestualmente a presentare istanza formale. — 2. Al di fuori dei casi indicati al comma 1, il richiedente può sempre presentare richiesta formale, di cui l'ufficio è tenuto a rilasciare ricevuta. — 3. La richiesta formale presentata ad amministrazione diversa da quella nei cui confronti va esercitato il diritto di accesso è dalla stessa immediatamente trasmessa a quella competente. Di tale trasmissione è data comunicazione all'interessato. — 4. Al procedimento di accesso formale si applicano le disposizioni contenute nei commi 2 e 4 dell'art. 3. — 5. Il procedimento di accesso deve concludersi nel termine di trenta giorni a norma dell'art. 25, comma 4, della legge 7 agosto 1990, n. 241, decorrenti dalla presentazione della richiesta all'ufficio competente o dalla recezione della medesima nell'ipotesi disciplinata dal comma 3. — 6. Ove la richiesta sia irregolare o incompleta l'amministrazione, entro dieci giorni, è tenuta a darne tempestiva comunicazione al richiedente con raccomandata con avviso di ricevimento od altro mezzo idoneo ad accertare la recezione. Il termine del procedimento ricomincia a decorrere dalla presentazione della richiesta perfezionata. — 7. Responsabile del procedimento di accesso è il dirigente o, su designazione di questi, altro dipendente addetto all'unità organizzativa competente a formare l'atto od a detenerlo stabilmente. Nel caso di atti infraprocedimentali, responsabile del procedimento è, parimenti, il dirigente, o il dipendente da lui delegato, competente all'adozione dell'atto conclusivo, ovvero a detenerlo stabilmente ».

7 Accoglimento della richiesta e modalità di accesso.

1. L'atto di accoglimento della richiesta di accesso contiene l'indicazione dell'ufficio, completa della sede, presso cui rivolgersi, nonché di un congruo periodo di tempo, comunque non inferiore a quindici giorni, per prendere visione dei documenti o per ottenerne copia.

2. L'accoglimento della richiesta di accesso a un documento comporta anche la facoltà di accesso agli altri documenti nello stesso richiamati e appartenenti al medesimo procedimento, fatte salve le eccezioni di legge o di regolamento.

3. L'esame dei documenti avviene presso l'ufficio indicato nell'atto di accoglimento della richiesta, nelle ore di ufficio, alla presenza, ove necessaria, di personale addetto.

4. I documenti sui quali è consentito l'accesso non possono essere asportati dal luogo presso cui sono dati in visione, o comunque alterati in qualsiasi modo.

5. L'esame dei documenti è effettuato dal richiedente o da persona da lui incaricata, con l'eventuale accompagnamento di altra persona di cui vanno specificate le generalità, che devono essere poi registrate in calce alla richiesta. L'interessato può prendere appunti e trascrivere in tutto o in parte i documenti presi in visione.

6. In ogni caso, la copia dei documenti è rilasciata subordinatamente al pagamento degli importi dovuti ai sensi dell'articolo 25 della legge secondo le modalità determinate dalle singole amministrazioni. Su richiesta dell'interessato, le copie possono essere autenticate (1).

(1) *L'art. 5 d.P.R. 27 giugno 1992, n. 352, ora abrogato, così disponeva: « 5. (Accoglimento della richiesta e modalità di accesso).* — 1. Fatta salva la più specifica disciplina contenuta nelle misure organizzative di cui all'art. 22, comma 3, della legge 7 agosto 1990, n. 241, il diritto di accesso si esercita secondo le modalità che seguono. — 2. L'atto di acco-

glimento della richiesta di accesso contiene l'indicazione dell'ufficio, completa della sede, presso cui rivolgersi, nonché di un congruo periodo di tempo, comunque non inferiore a quindici giorni, per prendere visione dei documenti o per ottenerne copia. — 3. L'accoglimento della richiesta di accesso a un documento comporta anche la facoltà di accesso agli altri documenti nello stesso richiamati e appartenenti al medesimo procedimento, fatte salve le eccezioni di legge o regolamento. — 4. L'esame dei documenti avviene presso l'ufficio indicato nell'atto di accoglimento della richiesta, nelle ore di ufficio, alla presenza, ove necessaria, di personale addetto. — 5. Salva comunque l'applicazione delle norme penali, è vietato asportare i documenti dal luogo presso cui sono dati in visione, tracciare segni su di essi o comunque alterarli in qualsiasi modo. — 6. L'esame dei documenti è effettuato dal richiedente o da persona da lui incaricata, con l'eventuale accompagnamento di altra persona di cui vanno specificate le generalità, che devono essere poi registrate in calce alla richiesta. L'interessato può prendere appunti e trascrivere in tutto o in parte i documenti presi in visione. — 7. La copia dei documenti è rilasciata subordinatamente al pagamento degli importi dovuti ai sensi dell'art. 25 della legge 7 agosto 1990, n. 241, secondo le modalità determinate dalle singole amministrazioni. Su richiesta dell'interessato, le copie possono essere autenticate ».

8 Contenuto minimo degli atti delle singole amministrazioni.

1. I provvedimenti generali organizzatori di cui all'articolo 1, comma 2, riguardano in particolare:

a) le modalità di compilazione delle richieste di accesso, preferibilmente mediante la predisposizione di apposita modulistica;

b) le categorie di documenti di interesse generale da pubblicare in luoghi accessibili a tutti e i servizi volti ad assicurare adeguate e semplificate tecniche di ricerca dei documenti, anche con la predisposizione di indici e la indicazione dei luoghi di consultazione;

c) l'ammontare dei diritti e delle spese da corrispondere per il rilascio di copie dei documenti di cui sia stata fatta richiesta, fatte salve le competenze del Ministero dell'economia e delle finanze;

d) l'accesso alle informazioni contenute in strumenti informatici, adottando le misure atte a salvaguardare la distruzione, la perdita accidentale, nonché la divulgazione non autorizzata. In tali casi, le copie dei dati informatizzati possono essere rilascia te sugli appositi supporti, ove forniti dal richiedente, ovvero mediante collegamento in rete, ove esistente (1).

(1) *L'art. 6 d.P.R. 27 giugno 1992, n. 352, ora abrogato, così disponeva: « 6. (Contenuto minimo delle misure organizzative delle singole amministrazioni).* — 1. Le misure organizzative di cui all'art. 22, comma 3, della legge 7 agosto 1990, n. 241, riguardano in particolare: *a*) le modalità di compilazione delle richieste di accesso, preferibilmente mediante l'uso di prestampati; *b*) le categorie di documenti da pubblicare in luoghi accessibili a tutti e i servizi volti ad assicurare adeguate e semplificate tecniche di ricerca dei documenti, in particolare con la predisposizione di indici e la indicazione dei luoghi di consultazione; *c*) la tariffa da corrispondere per il rilascio di copie dei documenti di cui sia stata fatta richiesta; *d*) l'accesso alle informazioni contenute in strumenti informatici che vanno salvaguardate dalla distruzione o dalla perdita accidentale, nonché dalla divulgazione non autorizzata. In tali casi, le copie dei dati informatizzati possono essere rilasciate sugli appositi supporti, ove forniti dal richiedente, ovvero mediante collegamento in rete, ove esistente. — 2. Le singole amministrazioni valutano altresì l'opportunità di istituire un ufficio per le relazioni con il pubblico e comunque individuano un ufficio che fornisca tutte le informazioni sulle modalità di esercizio del diritto di accesso e sui relativi costi ».

9 Non accoglimento della richiesta.

1. Il rifiuto, la limitazione o il differimento dell'accesso richiesto in via formale sono motivati, a cura del responsabile del procedimento di accesso, con riferimento specifico alla normativa vigente, alla individuazione delle categorie di cui all'articolo 24 della legge, ed alle circostanze di fatto per cui la richiesta non può essere accolta così come proposta.

2. Il differimento dell'accesso è disposto ove sia sufficiente per assicurare una temporanea tutela agli interessi di cui all'articolo 24, comma 6, della legge, o per salvaguardare specifiche esigenze dell'amministrazione, specie nella fase preparatoria dei provvedimenti, in relazione a documenti la cui conoscenza possa compromettere il buon andamento dell'azione amministrativa.

3. L'atto che dispone il differimento dell'accesso ne indica la durata (1).

(1) *L'art. 7 d.P.R. 27 giugno 1992, n. 352, ora abrogato, così disponeva: « 7. (Non accoglimento della richiesta).* — 1. Il rifiuto, la limitazione o il differimento dell'accesso richiesto in via formale sono motivati, a cura del responsabile del procedimento di accesso, con riferimento specifico alla normativa vigente, alla individuazione delle categorie di cui all'art. 24, comma 4, della legge 7 agosto 1990, n. 241, alle circostanze di fatto per cui la richiesta non può essere accolta così come proposta. 2. Il differimento dell'accesso è disposto ove sia necessario assicurare una temporanea tutela agli interessi di cui all'art. 24, comma 2, della legge 7 agosto 1990, n. 241, o per salvaguardare esigenze di riservatezza dell'amministrazione, specie nella fase preparatoria dei provvedimenti, in relazione a documenti la cui conoscenza possa compromettere il buon andamento dell'azione amministrativa. 3. L'atto che dispone il differimento dell'accesso ne indica la durata ».

10 Disciplina dei casi di esclusione.

1. I casi di esclusione dell'accesso sono stabiliti con il regolamento di cui al comma 6 dell'articolo 24 della legge, nonché con gli atti adottati dalle singole amministrazioni ai sensi del comma 2 del medesimo articolo 24.

2. Il potere di differimento di cui all'articolo 24, comma 4, della legge è esercitato secondo le modalità di cui all'articolo 9, comma 2 (1).

(1) *Ai sensi dell'art. 15 del presente decreto, fino all'entrata in vigore del regolamento di cui all'art. 24, comma 6, l. 7 agosto 1990, n. 241, è vigente l'art. 8 d.P.R. 27 giugno 1992, n. 352. L'art. 8 d.P.R. n. 352, cit. così dispone:*

« 8. (Disciplina dei casi di esclusione). — 1. Le singole amministrazioni provvedono all'emanazione dei regolamenti di cui all'art. 24, comma 4, della legge 7 agosto 1990, n. 241, con l'osservanza dei criteri fissati nel presente articolo. — 2. I documenti non possono essere sottratti all'accesso se non quando essi siano suscettibili di recare un pregiudizio concreto agli interessi indicati nell'art. 24 della legge 7 agosto 1990, n. 241. I documenti contenenti informazioni connesse a tali interessi sono considerati segreti solo nell'ambito e nei limiti di tale connessione. A tale fine, le amministrazioni fissano, per ogni categoria di documenti, anche l'eventuale periodo di tempo per il quale essi sono sottratti all'accesso. — 3. In ogni caso i documenti non possono essere sottratti all'accesso ove sia sufficiente far ricorso al potere di differimento. — 4. Le categorie di cui all'art. 24, comma 4, della legge 7 agosto 1990, n. 241, riguardano tipologie di atti individuati con criteri di omogeneità indipendentemente dalla loro denominazione specifica. — 5. Nell'ambito dei criteri di cui ai commi 2, 3 e 4, i documenti amministrativi possono essere sottratti all'accesso: *a*) quando, al di fuori delle ipotesi disciplinate dall'art. 12 della legge 24 ottobre 1977, n. 801, dalla loro divulgazione possa derivare una lesione, specifica e individuata, alla sicurezza e alla difesa nazionale, nonché all'esercizio della sovranità nazionale e alla continuità e alla correttezza delle relazioni internazionali, con particolare riferimento alle ipotesi previste nei trattati e nelle relative leggi di attuazione; *b*) quando possa arrecarsi pregiudizio ai processi di formazione, di determinazione e di attuazione della politica monetaria e valutaria; *c*) quando i documenti riguardino le strutture, i mezzi, le dotazioni, il personale e le azioni strettamente strumentali alla tutela dell'ordine pubblico, alla prevenzione e alla repressione della criminalità con particolare riferimento alle tecniche investigative, alla identità delle fonti di informazione e alla sicurezza dei beni e delle persone coinvolte, nonché all'attività di polizia giudiziaria e di conduzione delle indagini; *d*) quando i documenti riguardino la vita privata o la riservatezza di persone fisiche, di persone giuridiche, gruppi, imprese e associazioni, con particolare riferimento agli interessi epistolare, sanitario,

professionale, finanziario, industriale e commerciale di cui siano in concreto titolari, ancorché i relativi dati siano forniti all'amministrazione dagli stessi soggetti cui si riferiscono. Deve comunque essere garantita ai richiedenti la visione degli atti dei procedimenti amministrativi la cui conoscenza sia necessaria per curare o per difendere i loro stessi interessi giuridici ».

11 Commissione per l'accesso.

1. Nell'esercizio della vigilanza sull'attuazione del principio di piena conoscibilità dell'azione amministrativa, la Commissione per l'accesso, di cui all'articolo 27 della legge:

a) esprime pareri per finalità di coordinamento dell'attività organizzativa delle amministrazioni in materia di accesso e per garantire l'uniforme applicazione dei principi, sugli atti che le singole amministrazioni adottano ai sensi dell'articolo 24, comma 2, della legge, nonché, ove ne sia richiesta, su quelli attinenti all'esercizio e all'organizzazione del diritto di accesso;

b) decide i ricorsi di cui all'articolo 12.

2. Il Governo può acquisire il parere della Commissione per l'accesso ai fini dell'emanazione del regolamento di cui all'articolo 24, comma 6, della legge, delle sue modificazioni e della predisposizione di normative comunque attinenti al diritto di accesso.

3. Presso la Commissione per l'accesso opera l'archivio degli atti concernenti la disciplina del diritto di accesso previsti dall'articolo 24, comma 2, della legge. A tale fine, i soggetti di cui all'articolo 23 della legge trasmettono per via telematica alla Commissione per l'accesso i suddetti atti e ogni loro successiva modificazione (1).

(1) *L'art. 10 d.P.R. 27 giugno 1992, n. 352, ora abrogato, così disponeva: « 10. (Commissione per l'accesso).* — 1. Nell'esercizio della vigilanza sull'attuazione del principio di piena conoscibilità dell'azione amministrativa, la commissione per l'accesso, al fine di coordinare l'attività organizzativa delle amministrazioni in materia di accesso e di garantire l'uniforme applicazione dei principi, esprime parere sui regolamenti che le singole amministrazioni adottano ai sensi dell'art. 24, comma 4, della legge 7 agosto 1990, n. 241, nonché, ove ne sia richiesta, sugli atti comunque attinenti all'esercizio e all'organizzazione del diritto di accesso. — 2. Il Governo può sentire il parere della commissione per l'accesso ai fini dell'emanazione dei regolamenti governativi di cui all'art. 24, comma 3, della legge 7 agosto 1990, n. 241, delle loro modificazioni e della introduzione di normative speciali comunque attinenti al diritto di accesso. — 3. È istituito presso la commissione per l'accesso l'archivio dei regolamenti concernenti la disciplina del diritto di accesso previsti dall'art. 24 della legge 7 agosto 1990, n. 241. A tal fine, i regolamenti adottati sono trasmessi alla commissione per l'accesso dai soggetti di cui all'art. 23 della citata legge n. 241 del 1990, nonché, per il tramite dei commissari di Governo e dei prefetti, dalle amministrazioni regionali e locali ».

12 Tutela amministrativa dinanzi la Commissione per l'accesso.

1. Il ricorso alla Commissione per l'accesso da parte dell'interessato avverso il diniego espresso o tacito dell'accesso ovvero avverso il provvedimento di differimento dell'accesso, ed il ricorso del controinteressato avverso le determinazioni che consentono l'accesso, sono trasmessi mediante raccomandata con avviso di ricevimento indirizzata alla Presidenza del Consiglio dei Ministri - Commissione per l'accesso ai documenti amministrativi. Il ricorso può essere trasmesso anche a mezzo fax o per via telematica, nel rispetto della normativa, anche regolamentare, vigente.

2. Il ricorso, notificato agli eventuali controinteressati con le modalità di cui all'articolo 3, è presentato nel termine di trenta giorni dalla piena conoscenza del provvedimento impugnato o dalla formazione del silenzio rigetto sulla richiesta d'accesso. Nel termine di quindici giorni dall'avvenuta comunicazione i controinteressati possono presentare alla Commissione le loro controdeduzioni.

3. Il ricorso contiene:

a) le generalità del ricorrente;

b) la sommaria esposizione dell'interesse al ricorso;

c) la sommaria esposizione dei fatti;

d) l'indicazione dell'indirizzo al quale dovranno pervenire, anche a mezzo fax o per via telematica, le decisioni della Commissione.

4. Al ricorso sono allegati:

a) il provvedimento impugnato, salvo il caso di impugnazione di silenzio rigetto;

b) le ricevute dell'avvenuta spedizione, con raccomandata con avviso di ricevimento, di copia del ricorso ai controinteressati, ove individuati già in sede di presentazione della richiesta di accesso.

5. Ove la Commissione ravvisi l'esistenza di controinteressati, non già individuati nel corso del procedimento, notifica ad essi il ricorso.

6. Le deliberazioni sono adottate a maggioranza dei presenti. La Commissione si pronuncia entro trenta giorni dalla presentazione del ricorso o dal decorso del termine di cui al comma 2. Scaduto tale termine, il ricorso si intende respinto. Nel caso in cui venga richiesto il parere del Garante per la protezione dei dati personali il termine è prorogato di venti giorni. Decorsi inutilmente tali termini, il ricorso si intende respinto (1).

7. Le sedute della Commissione non sono pubbliche. La Commissione:

a) dichiara irricevibile il ricorso proposto tardivamente;

b) dichiara inammissibile il ricorso proposto da soggetto non legittimato o comunque privo dell'interesse previsto dall'articolo 22, comma 1, lettera *b*), della legge;

c) dichiara inammissibile il ricorso privo dei requisiti di cui al comma 3 o degli eventuali allegati indicati al comma 4;

d) esamina e decide il ricorso in ogni altro caso.

8. La decisione di irricevibilità o di inammissibilità del ricorso non preclude la facoltà di riproporre la richiesta d'accesso e quella di proporre il ricorso alla Commissione avverso le nuove determinazioni o il nuovo comportamento del soggetto che detiene il documento.

9. La decisione della Commissione è comunicata alle parti e al soggetto che ha adottato il provvedimento impugnato entro lo stesso termine di cui al comma 6. Nel termine di trenta giorni, il soggetto che ha adottato il provvedimento impugnato può emanare l'eventuale provvedimento confermativo motivato previsto dall'articolo 25, comma 4, della legge.

10. La disciplina di cui al presente articolo si applica, in quanto compatibile, al ricorso al difensore civico previsto dall'articolo 25, comma 4, della legge.

(1) *Comma modificato dall'art. 47-*bis*, comma 3 d.l. 21 giugno 2013, n. 69 conv., con modif., in l. 9 agosto 2013, n. 98.*

13 Accesso per via telematica.

1. Le pubbliche amministrazioni di cui all'articolo 22, comma 1, lettera *e*), della legge, assicurano che il diritto d'accesso possa essere esercitato anche in via telematica. Le modalità di invio delle domande e le relative sottoscrizioni sono disciplinate dall'articolo 38 del decreto del Presidente della Repubblica 28 dicembre 2000, n. 445, e successive modificazioni, dagli articoli 4 e 5 del decreto del Presidente della Repubblica 11 febbraio 2005, n. 68, e dal decreto legislativo 7 marzo 2005, n. 82, e successive modificazioni (1).

(1) *Gli artt. 11 e 12 d.P.R. 27 giugno 1992, n. 352, ora abrogati, prevedevano un archivio delle istanze di accesso e così disponevano:* « *Art. 11. (Archivio delle istanze di accesso).* — 1. Al fine di consentire il più celere ed agevole esercizio del diritto di accesso, ciascuna amministrazione istituisce, presso i propri uffici, archivi automatizzati delle richieste di accesso. — 2. Gli archivi contengono i dati ricognitivi, soggettivi, oggettivi e cronologici della richiesta di accesso e sono costantemente aggiornati con le informazioni attinenti al relativo corso. — 3. I dati contenuti nei singoli archivi periferici confluiscono in un archivio centralizzato costituito presso ciascuna amministrazione, collegato telematicamente con i suoi uffici centrali e periferici per l'accesso diretto ai dati. — 4. A tal fine, le amministrazioni costituiscono uffici centrali e periferici contenenti le informazioni relative ai singoli procedimenti amministrativi, nonché un archivio centralizzato contenente i dati legislativi e normativi relativi ai procedimenti di competenza. — 5. Con appositi accordi le amministrazioni definiscono i termini e le modalità tecniche per lo scambio, con sistemi automatizzati, delle informazioni contenute nei rispettivi archivi. — 6. Gli archivi devono essere compatibili con quello generale costituito presso la Presidenza del Consiglio dei Ministri e, a questo fine, il Presidente del Consiglio dei Ministri adotta un apposito atto di indirizzo e coordinamento nei confronti delle regioni, su conforme parere della conferenza permanente per i rapporti tra Stato, le regioni e le province autonome. — 7. In attesa che le amministrazioni interessate provvedano a realizzare gli archivi automatizzati, sono costituiti appositi archivi cartacei contenenti le stesse informazioni. — *Art. 12. (Archivio centralizzato delle amministrazioni pubbliche).* 1. Ai fini dell'aggiornamento dell'archivio generale costituito presso la Presidenza del Consiglio dei Ministri, le amministrazioni forniscono alla Presidenza del Consiglio dei Ministri i dati e le notizie ritenuti necessari e individuati in appositi questionari dalla commissione per l'accesso, alla quale vengono periodicamente comunicate le risultanze delle elaborazioni effettuate dalla Presidenza del Consiglio dei Ministri. — 2. L'archivio viene organizzato e gestito sulla base di apposite direttive della commissione per l'accesso, che si avvale all'uopo del proprio ufficio di segreteria ».

14 Disposizioni transitorie e finali.

1. Salvo quanto disposto per le regioni e gli enti locali dal comma 2, le disposizioni del presente regolamento si applicano ai soggetti indicati nell'articolo 23 della legge. Gli atti adottati da tali soggetti vigenti alla data di entrata in vigore del presente regolamento sono adeguati alle relative disposizioni entro un anno da tale data. Il diritto di accesso non può essere negato o differito, se non nei casi previsti dalla legge, nonché in via transitoria in quelli di cui all'articolo 8 del decreto del Presidente della Repubblica 27 giugno 1992, n. 352, e agli altri atti emanati in base ad esso.

2. Alle regioni e agli enti locali non si applicano l'articolo 1, comma 2, l'articolo 7, commi 3, 4, 5 e 6, e l'articolo 8, in quanto non attinenti ai livelli essenziali delle prestazioni concernenti il diritto all'accesso che devono essere garantiti su tutto il territorio nazionale ai sensi dell'articolo 117, secondo comma, lettera *m*), della Costituzione e secondo quanto previsto dall'articolo 22, comma 2, della legge. Le regioni e gli enti locali adeguano alle restanti disposizioni del presente regolamento i rispettivi regolamenti in materia di accesso vigenti alla data della sua entrata in vigore, ferma restando la potestà di adottare, nell'ambito delle rispettive competenze, le specifiche disposizioni e misure organizzative necessarie per garantire nei rispettivi territori i livelli essenziali delle prestazioni e per assicurare ulteriori livelli di tutela.

3. I regolamenti che disciplinano l'esercizio del diritto d'accesso sono pubblicati su siti pubblici accessibili per via telematica (1).

(1) *L'art. 13 d.P.R. 27 giugno 1992, n. 352, ora abrogato, così disponeva:* « *13. (Disciplina transitoria).* — 1. Nelle more dell'adozione dei regolamenti ministeriali concernenti le categorie di documenti da sottrarre all'accesso, e in ogni caso non oltre un anno dalla data di entrata in vigore del presente regolamento, il diniego di accesso può essere opposto con provvedimento motivato dal Ministro, per le amministrazioni dello Stato, e dall'organo che ha la legale rappresentanza dell'ente, negli altri casi, in relazione alle esigenze di salvaguardia degli interessi di cui all'art. 24, comma 2, della legge 7 agosto 1990, n. 241, e con riferimento ai criteri delineati all'art. 8. — 2. Decorso il termine del 30 giugno 1994, l'accesso non può essere negato se non nei casi previsti dalla legge ».

15 Abrogazioni.

1. Dalla data di entrata in vigore del presente regolamento sono abrogati gli articoli da 1 a 7 e 9 e seguenti del decreto del Presidente della Repubblica 27 giugno 1992, n. 352. È altresì abrogato l'articolo 8 di detto decreto dalla data entrata in vigore del regolamento di cui all'articolo 24, comma 6, della legge (1).

2. Dall'attuazione del presente regolamento non derivano nuovi o maggiori oneri per il bilancio dello Stato.

(1) *V.* sub *art. 10.*

20. Legge 6 novembre 2012, n. 190. — Disposizioni per la prevenzione e la repressione della corruzione e dell'illegalità nella pubblica amministrazione. (Legge Anticorruzione) (*estratto*).

Pubblicata nella Gazzetta Ufficiale n. 265 del 13 novembre 2012.

1 Disposizioni per la prevenzione e la repressione della corruzione e dell'illegalità nella pubblica amministrazione.

1-4. (*Omissis*).

5. Le pubbliche amministrazioni centrali definiscono e trasmettono al Dipartimento della funzione pubblica:

a) un piano di prevenzione della corruzione che fornisce una valutazione del diverso livello di esposizione degli uffici al rischio di corruzione e indica gli interventi organizzativi volti a prevenire il medesimo rischio;

b) procedure appropriate per selezionare e formare, in collaborazione con la Scuola superiore della pubblica amministrazione, i dipendenti chiamati ad operare in settori particolarmente esposti alla corruzione, prevedendo, negli stessi settori, la rotazione di dirigenti e funzionari.

6. I comuni con popolazione inferiore a 15.000 abitanti possono aggregarsi per definire in comune, tramite accordi ai sensi dell'articolo 15 della legge 7 agosto 1990, n. 241, il piano triennale per la prevenzione della corruzione, secondo le indicazioni contenute nel Piano nazionale anticorruzione di cui al comma 2-*bis*. Ai fini della predisposizione del piano triennale per la prevenzione della corruzione, il prefetto, su richiesta, fornisce il necessario supporto tecnico e informativo agli enti locali, anche al fine di assicurare che i piani siano formulati e adottati nel rispetto delle linee guida contenute nel Piano nazionale approvato dalla Commissione (1).

7. L'organo di indirizzo individua, di norma tra i dirigenti di ruolo in servizio, il Responsabile della prevenzione della corruzione e della trasparenza, disponendo le eventuali modifiche organizzative necessarie per assicurare funzioni e poteri idonei per lo svolgimento dell'incarico con piena autonomia ed effettività. Negli enti locali, il Responsabile della prevenzione della corruzione e della trasparenza è individuato, di norma, nel segretario o nel dirigente apicale, salva diversa e motivata determinazione. Nelle unioni di comuni, può essere nominato un unico responsabile della prevenzione della corruzione e della trasparenza. Il Responsabile della prevenzione della corruzione e della trasparenza segnala all'organo di indirizzo e all'organismo indipendente di valutazione le disfunzioni inerenti all'attuazione delle misure in materia di prevenzione della corruzione e di trasparenza e indica agli uffici competenti all'esercizio dell'azione disciplinare i nominativi dei dipendenti che non hanno attuato correttamente le misure in materia di prevenzione della corruzione e di trasparenza. Eventuali misure discriminatorie, dirette o indirette, nei confronti del Responsabile della prevenzione della corruzione e della trasparenza per motivi collegati, direttamente o indirettamente, allo svolgimento delle sue funzioni devono essere segnalate all'Autorità nazionale anticorruzione, che può chiedere informazioni all'organo di indirizzo e intervenire nelle forme di cui al comma 3, articolo 15, decreto legislativo 8 aprile 2013, n. 39 (2).

8. L'organo di indirizzo definisce gli obiettivi strategici in materia di prevenzione della corruzione e trasparenza, che costituiscono contenuto necessario dei documenti di programmazione strategico-gestionale e del Piano triennale per la prevenzione della corruzione. L'organo di indirizzo adotta il Piano triennale per la prevenzione della corruzione su proposta del Responsabile della prevenzione della corruzione e della trasparenza entro il 31 gennaio di ogni anno e ne cura la trasmissione all'Autorità nazionale anticorruzione. Negli enti locali il piano è approvato dalla giunta. L'attività di elaborazione del piano non può essere affidata a soggetti estranei all'amministrazione. Il responsabile della prevenzione della corruzione e della trasparenza, entro lo stesso termine, definisce procedure appropriate per selezionare e formare, ai sensi del comma 10, i dipendenti destinati ad operare in settori particolarmente esposti alla corruzione. Le attività a rischio di corruzione devono essere svolte, ove possibile, dal personale di cui al comma 11 (3).

8-*bis*. L'Organismo indipendente di valutazione verifica, anche ai fini della validazione della Relazione sulla performance, che i piani triennali per la prevenzione della corruzione siano coerenti con gli obiettivi stabiliti nei documenti di programmazione strategico-gestionale e che nella misurazione e valutazione delle performance si tenga conto degli obiettivi connessi all'anticorruzione e alla trasparenza. Esso verifica i contenuti della Relazione di cui al comma 14 in rapporto agli obiettivi inerenti alla prevenzione della corruzione e alla trasparenza. A tal fine, l'Organismo medesimo può chiedere al Responsabile della prevenzione della corruzione e della trasparenza le informazioni e i documenti necessari per lo svolgimento del controllo e può effettuare audizioni di dipendenti. L'Organismo medesimo riferisce all'Autorità nazionale anticorruzione sullo stato di attuazione delle misure di prevenzione della corruzione e di trasparenza (4).

9. Il piano di cui al comma 5 risponde alle seguenti esigenze:

a) individuare le attività, tra le quali quelle di cui al comma 16, anche ulteriori rispetto a quelle indicate nel Piano Nazionale Anticorruzione, nell'ambito delle quali è più elevato il rischio di corruzione, e le relative misure di contrasto, anche raccogliendo le proposte dei dirigenti, elaborate nell'esercizio delle competenze previste dall'articolo 16, comma 1, lettera *a-bis*), del decreto legislativo 30 marzo 2001, n.165;

b) prevedere, per le attività individuate ai sensi della lettera *a*), meccanismi di formazione, attuazione e controllo delle decisioni idonei a prevenire il rischio di corruzione;

c) prevedere, con particolare riguardo alle attività individuate ai sensi della lettera *a*), obblighi di informazione nei confronti del responsabile, individuato ai sensi del comma 7, chiamato a vigilare sul funzionamento e sull'osservanza del piano;

d) definire le modalità di monitoraggio del rispetto dei termini, previsti dalla legge o dai regolamenti, per la conclusione dei procedimenti;

e) definire le modalità di monitoraggio dei rapporti tra l'amministrazione e i soggetti che con la stessa stipulano contratti o che sono interessati a procedimenti di autorizzazione, concessione o erogazione di vantaggi economici di qualunque genere, anche verificando eventuali relazioni di parentela o affinità sussistenti tra i titolari, gli amministratori, i soci e i dipendenti degli stessi soggetti e i dirigenti e i dipendenti dell'amministrazione;

f) individuare specifici obblighi di trasparenza ulteriori rispetto a quelli previsti da disposizioni di legge (5).

10. Il responsabile individuato ai sensi del comma 7 provvede anche:

a) alla verifica dell'efficace attuazione del piano e della sua idoneità, nonché a proporre la modifica dello stesso quando sono accertate significative violazioni delle prescrizioni ovvero quando intervengono mutamenti nell'organizzazione o nell'attività dell'amministrazione;

b) alla verifica, d'intesa con il dirigente competente, dell'effettiva rotazione degli incarichi negli uffici preposti allo svolgimento delle attività nel cui ambito è più elevato il rischio che siano commessi reati di corruzione;

c) ad individuare il personale da inserire nei programmi di formazione di cui al comma 11.

11-14. (*Omissis*).

15. Ai fini della presente legge, la trasparenza dell'attività amministrativa, che costituisce livello essenziale delle prestazioni concernenti i diritti sociali e civili ai sensi dell'articolo 117, secondo comma, lettera *m*), della Costituzione, secondo quanto previsto all'articolo 11 del decreto legislativo 27 ottobre 2009, n. 150, è assicurata mediante la pubblicazione, nei siti web istituzionali delle pubbliche amministrazioni, delle informazioni relative ai procedimenti amministrativi, secondo criteri di facile accessibilità, completezza e semplicità di consultazione, nel rispetto delle disposizioni in materia di segreto di Stato, di segreto d'ufficio e di protezione dei dati personali. Nei siti web istituzionali delle amministrazioni pubbliche sono pubblicati anche i relativi bilanci e conti consuntivi, nonché i costi unitari di realizzazione delle opere pubbliche e di produzione dei servizi erogati ai cittadini. Le informazioni sui costi sono pubblicate sulla base di uno schema tipo redatto dall'Autorità per la vigilanza sui contratti pubblici di lavori, servizi e forniture, che ne cura altresì la raccolta e la pubblicazione nel proprio sito web istituzionale al fine di consentirne una agevole comparazione.

16. Fermo restando quanto stabilito nell'articolo 53 del decreto legislativo 30 marzo 2001, n. 165, come da ultimo modificato dal comma 42 del presente articolo, nell'articolo 54 del codice dell'amministrazione digitale, di cui al decreto legislativo 7 marzo 2005, n. 82, e successive modificazioni, nell'articolo 21 della legge 18 giugno 2009, n. 69, e successive modificazioni, e nell'articolo 11 del decreto legislativo 27 ottobre 2009, n. 150, le pubbliche amministrazioni assicurano i livelli essenziali di cui al comma 15 del presente articolo con particolare riferimento ai procedimenti di:

a) autorizzazione o concessione;

b) scelta del contraente per l'affidamento di lavori, forniture e servizi, anche con riferimento alla modalità di selezione prescelta ai sensi del codice dei contratti pubblici relativi a lavori, servizi e forniture, di cui al decreto legislativo 12 aprile 2006, n. 163;

c) concessione ed erogazione di sovvenzioni, contributi, sussidi, ausili finanziari, nonché attribuzione di vantaggi economici di qualunque genere a persone ed enti pubblici e privati;

d) concorsi e prove selettive per l'assunzione del personale e progressioni di carriera di cui all'articolo 24 del citato decreto legislativo n.150 del 2009.

17-25. (*Omissis*).

26. Le disposizioni di cui ai commi 15 e 16 si applicano anche ai procedimenti posti in essere in deroga alle procedure ordinarie. I soggetti che operano in deroga e che non dispongono di propri siti web istituzionali pubblicano le informazioni di cui ai citati commi 15 e 16 nei siti web istituzionali delle amministrazioni dalle quali sono nominati.

27. Le informazioni pubblicate ai sensi dei commi 15 e 16 sono trasmesse in via telematica alla Commissione.

28. Le amministrazioni provvedono altresì al monitoraggio periodico del rispetto dei tempi procedimentali attraverso la tempestiva eliminazione delle anomalie. I risultati del monitoraggio sono consultabili nel sito web istituzionale di ciascuna amministrazione.

29. Ogni amministrazione pubblica rende noto, tramite il proprio sito web istituzionale, almeno un indirizzo di posta elettronica certificata cui il cittadino possa rivolgersi per trasmettere istanze ai sensi dell'articolo 38 del testo unico delle disposizioni legislative e regolamentari in materia di documentazione amministrativa, di cui al decreto del Presidente della Repubblica 28 dicembre 2000, n.445, e successive modificazioni, e ricevere informazioni circa i provvedimenti e i procedimenti amministrativi che lo riguardano.

30. Le amministrazioni, nel rispetto della disciplina del diritto di accesso ai documenti amministrativi di cui al capo V della legge 7 agosto 1990, n.241, e successive modificazioni, in materia di procedimento amministrativo, hanno l'obbligo di rendere accessibili in ogni momento agli interessati, tramite strumenti di identificazione informatica di cui all'articolo 65, comma 1, del codice di cui al decreto legislativo 7 marzo 2005, n.82, e successive modificazioni, le informazioni relative ai provvedimenti e ai procedimenti amministrativi che li riguardano, ivi comprese quelle relative allo stato della procedura, ai relativi tempi e allo specifico ufficio competente in ogni singola fase.

31-33. (*Omissis*).

34. Le disposizioni dei commi da 15 a 33 si applicano alle amministrazioni pubbliche di cui all'articolo 1, comma 2, del decreto legislativo 30 marzo 2001, n. 165, e successive modificazioni, agli enti pubblici nazionali, nonché alle società partecipate dalle amministrazioni pubbliche e dalle loro controllate, ai sensi dell'articolo 2359 del codice civile, limitatamente alla loro attività di pubblico interesse disciplinata dal diritto nazionale o dell'Unione europea.

35. Il Governo è delegato ad adottare, senza nuovi o maggiori oneri per la finanza pubblica, entro sei mesi dalla data di entrata in vigore della presente legge, un decreto legislativo per il riordino della disciplina riguardante gli obblighi di pubblicità, trasparenza e diffusione di informazioni da parte delle pubbliche amministrazioni, mediante la modifica o l'integrazione delle disposizioni vigenti, ovvero mediante la previsione di nuove forme di pubblicità, nel rispetto dei seguenti principi e criteri direttivi:

a) ricognizione e coordinamento delle disposizioni che prevedono obblighi di pubblicità a carico delle amministrazioni pubbliche;

b) previsione di forme di pubblicità sia in ordine all'uso delle risorse pubbliche sia in ordine allo svolgimento e ai risultati delle funzioni amministrative;

c) precisazione degli obblighi di pubblicità di dati relativi ai titolari di incarichi politici, di carattere elettivo o comunque di esercizio di poteri di indirizzo politico, di livello statale, regionale e locale. Le dichiarazioni oggetto di pubblicazione obbligatoria di cui alla lettera *a*) devono concernere almeno la situazione patrimoniale complessiva del titolare al momento dell'assunzione della carica, la titolarità di imprese, le partecipazioni azionarie proprie, del coniuge e dei parenti entro il secondo grado di parentela, nonché tutti i compensi cui dà diritto l'assunzione della carica;

d) ampliamento delle ipotesi di pubblicità, mediante pubblicazione nei siti web istituzionali, di informazioni relative ai titolari degli incarichi dirigenziali nelle pubbliche amministrazioni di cui all'articolo 1, comma 2, del decreto legislativo 30 marzo 2001, n. 165, e successive modificazioni, sia con riferimento a quelli che comportano funzioni di amministrazione e gestione, sia con riferimento agli incarichi di responsabilità degli uffici di diretta collaborazione;

e) definizione di categorie di informazioni che le amministrazioni devono pubblicare e delle modalità di elaborazione dei relativi formati;

f) obbligo di pubblicare tutti gli atti, i documenti e le informazioni di cui al presente comma anche in formato elettronico elaborabile e in formati di dati aperti. Per formati di dati aperti si devono intendere almeno i dati resi disponibili e fruibili on line in formati non proprietari, a condizioni tali da permetterne il più ampio riutilizzo anche a fini statistici e la ridistribuzione senza ulteriori restrizioni d'uso, di riuso o di diffusione diverse dall'obbligo di citare la fonte e di rispettarne l'integrità;

g) individuazione, anche mediante integrazione e coordinamento della disciplina vigente, della durata e dei termini di aggiornamento per ciascuna pubblicazione obbligatoria;

h) individuazione, anche mediante revisione e integrazione della disciplina vigente, delle responsabilità e delle sanzioni per il mancato, ritardato o inesatto adempimento degli obblighi di pubblicazione (6).

36. Le disposizioni di cui al decreto legislativo adottato ai sensi del comma 35 integrano l'individuazione del livello essenziale delle prestazioni erogate dalle amministrazioni pubbliche a fini di trasparenza, prevenzione, contrasto della corruzione e della cattiva amministrazione, a norma dell'articolo 117, secondo comma, lettera *m*), della Costituzione, e costituiscono altresì esercizio della funzione di coordinamento informativo statistico e informatico dei dati dell'amministrazione statale, regionale e locale, di cui all'articolo 117, secondo comma, lettera *r*), della Costituzione.

(*Omissis*).

(1) *Comma sostituito dall'art. 41, comma 1, d.lgs. 25 maggio 2016, n. 97. Il testo del comma era il seguente:* « 6. Ai fini della predisposizione del piano di prevenzione della corruzione, il prefetto, su richiesta, fornisce il necessario supporto tecnico e informativo agli enti locali, anche al fine di assicurare che i piani siano formulati e adottati nel rispetto delle linee guida contenute nel Piano nazionale approvato dalla Commissione ».

(2) *Comma sostituito dall'art. 41, comma 1, d.lgs. 25 maggio 2016, n. 97, di cui* sub *nota 1. Il testo del comma era il seguente*: « 7. A tal fine, l'organo di indirizzo politico individua, di norma tra i dirigenti amministrativi di ruolo di prima fascia in servizio, il responsabile della prevenzione della corruzione. Negli enti locali, il responsabile della prevenzione della corruzione è individuato, di norma, nel segretario, salva diversa e motivata determinazione ».

(3) *Comma sostituito dall'art. 41, comma 1, d.lgs. 25 maggio 2016, n. 97, di cui* sub *nota 1. Il testo del comma era il seguente:* « 8. L'organo di indirizzo politico, su proposta del responsabile individuato ai sensi del comma 7, entro il 31 gennaio di ogni anno, adotta il piano triennale di prevenzione della corruzione, curandone la trasmissione al Dipartimento della funzione pubblica. L'attività di elaborazione del piano non può essere affidata a soggetti estranei all'amministrazione. Il responsabile, entro lo stesso termine, definisce procedure appropriate per selezionare e formare, ai sensi del comma 10, i dipendenti destinati ad operare in settori particolarmente esposti alla corruzione. Le attività a rischio di corruzione devono essere svolte, ove possibile, dal personale di cui al comma 11. La mancata predisposizione del piano e la mancata adozione delle procedure per la selezione e la formazione dei dipendenti costituiscono elementi di valutazione della responsabilità dirigenziale ».

(4) *Comma aggiunto dall'art. 41, comma 1, d.lgs. 25 maggio 2016, n. 97, di cui* sub *nota 1.*

(5) *Comma modificato dall'art. 41, comma 1, d.lgs. 25 maggio 2016, n. 97, di cui* sub *nota 1.*

(6) *In attuazione della delega prevista dal presente comma v. il d.lgs. 14 marzo 2013, n. 33, riportato di seguito.*

21. Decreto legislativo 14 marzo 2013, n. 33. — Riordino della disciplina riguardante il diritto di accesso civico e gli obblighi di pubblicità, trasparenza e diffusione di informazioni da parte delle pubbliche amministrazioni (1) (2).

Pubblicato nella Gazzetta Ufficiale n. 80 del 5 aprile 2013.

(1) *Rubrica così modificata dall'art. 1, comma 1, del d.lgs. 25 maggio 2016, n. 97 (Gazz. Uff., 8 giugno 2016, n. 132) recante revisione e semplificazione delle disposizioni in materia di prevenzione della corruzione, pubblicità e trasparenza, correttivo della l. 6 novembre 2012, n. 190 e del d.lgs. 14 marzo 2013, n. 33, ai sensi dell'art. 7 l. 7 agosto 2015, n. 124, in materia di riorganizzazione delle amministrazioni pubbliche. La rubrica era la seguente:* « Riordino della disciplina riguardante gli obblighi di pubblicità, trasparenza e diffusione di informazioni da parte delle pubbliche amministrazioni ».

(2) *Ai sensi dell'art. 42 (« Disposizioni transitorie ») del d.lgs. n. 97, cit. « 1. I soggetti di cui all'articolo 2-*bis *del decreto legislativo n. 33 del 2013 si adeguano alle modifiche allo stesso decreto legislativo, introdotte dal presente decreto, e assicurano l'effettivo esercizio del diritto di cui all'articolo 5, comma 2, del decreto legislativo n. 33 del 2013, come modificato dall'articolo 6 del presente decreto, entro sei mesi dalla data di entrata in vigore del presente decreto. — 2. Gli obblighi di pubblicazione di cui all'articolo 9-*bis *del decreto legislativo n. 33 del 2013, introdotto dall'articolo 9, comma 2, del presente decreto, acquistano efficacia decorso un anno dalla data di entrata in vigore del presente decreto. Ai fini dell'applicazione del predetto articolo, le pubbliche amministrazioni e gli altri soggetti di cui all'articolo 2-*bis *del predetto decreto legislativo n. 33 del 2013, entro un anno dalla data di entrata in vigore del presente decreto, verificano la completezza e la correttezza dei dati già comunicati alle pubbliche amministrazioni titolari delle banche dati di cui all'Allegato B del decreto legislativo n. 33 del 2013, e, ove necessario, trasmettono alle predette amministrazioni i dati mancanti o aggiornati. A decorrere dalla medesima data, nelle more dell'adozione del decreto legislativo di attuazione dell'articolo 17, comma 1, lettera* u*), della legge 7 agosto 2015, n. 124, i soggetti di cui al citato articolo 9-*bis *possono adempiere in forma associata agli obblighi di comunicazione e di pubblicazione con le modalità di cui al medesimo articolo 9-*bis*, comma 2, del decreto legislativo n. 33 del 2013. — 3. Le forme di pubblicità di cui all'articolo 16, comma 3-*bis*, del decreto legislativo n. 33 del 2013, inserito dall'articolo 15 del presente decreto, sono dovute anche per i processi di mobilità di cui all'articolo 1, commi da 421 a 428 della legge 23 dicembre 2014, n. 190 ».*

CAPO I
Princìpi generali

1 Principio generale di trasparenza.

1. La trasparenza è intesa come accessibilità totale dei dati e documenti detenuti dalle pubbliche amministrazioni, allo scopo di tutelare i diritti dei cittadini, promuovere la partecipazione degli interessati all'attività amministrativa e favorire forme diffuse di controllo sul perseguimento delle funzioni istituzionali e sull'utilizzo delle risorse pubbliche (1).

2. La trasparenza, nel rispetto delle disposizioni in materia di segreto di Stato, di segreto d'ufficio, di segreto statistico e di protezione dei dati personali, concorre ad attuare il principio democratico e i principi costituzionali di eguaglianza, di imparzialità, buon andamento, responsabilità, efficacia ed efficienza nell'utilizzo di risorse pubbliche, integrità e lealtà nel servizio alla nazione. Essa è condizione di garanzia delle libertà individuali e collettive, nonché dei diritti civili, politici e sociali, integra il diritto ad una buona amministrazione e concorre alla realizzazione di una amministrazione aperta, al servizio del cittadino.

3. Le disposizioni del presente decreto, nonché le norme di attuazione adottate ai sensi dell'articolo 48, integrano l'individuazione del livello essenziale delle prestazioni erogate dalle amministrazioni pubbliche a fini di trasparenza, prevenzione, contrasto della corruzione e della cattiva amministrazione, a norma dell'articolo 117, secondo comma, lettera *m*), della Costituzione e costituiscono altresì esercizio della funzione di coordinamento informativo statistico e informatico dei dati dell'amministrazione statale, regionale e locale, di cui all'articolo 117, secondo comma, lettera *r*), della Costituzione.

(1) *Comma modificato dall'art. 2 del d.lgs. 25 maggio 2016, n. 97, di cui* sub *nota 1 in Epigrafe. Il testo prima della modifica era il seguente:* « La trasparenza è intesa come accessibilità totale delle informazioni concernenti l'organizzazione e l'attività delle pubbliche amministrazioni, allo scopo di favorire forme diffuse di controllo sul perseguimento delle funzioni istituzionali e sull'utilizzo delle risorse pubbliche ».

2 Oggetto.

1. Le disposizioni del presente decreto disciplinano la libertà di accesso di chiunque ai dati e ai documenti detenuti dalle pubbliche amministrazioni e dagli altri soggetti di cui all'articolo 2-*bis*, garantita, nel rispetto dei limiti relativi alla tutela di interessi pubblici e privati giuridicamente rilevanti, tramite l'accesso civico e tramite la pubblicazione di documenti, informazioni e dati concernenti l'organizzazione e l'attività delle pubbliche amministrazioni e le modalità per la loro realizzazione (1).

2. Ai fini del presente decreto, per pubblicazione si intende la pubblicazione, in conformità alle specifiche e alle regole tecniche di cui all'allegato A, nei siti istituzionali delle pubbliche amministrazioni dei documenti, delle informazioni e dei dati concernenti l'organizzazione e l'attività delle pubbliche amministrazioni, cui corrisponde il diritto di chiunque di accedere ai siti direttamente ed immediatamente, senza autenticazione ed identificazione.

(1) *Comma sostituito dall'art. 3, comma 1, del d.lgs. 25 maggio 2016, n. 97, di cui* sub *nota 1 in Epigrafe. Il testo del comma era il seguente:* « 1. Le disposizioni del presente decreto individuano gli obblighi di trasparenza concernenti l'organizzazione e l'attività delle pubbliche amministrazioni e le modalità per la sua realizzazione ».

2-*bis* Ambito soggettivo di applicazione (1).

1. Ai fini del presente decreto, per "pubbliche amministrazioni" si intendono tutte le amministrazioni di cui all'articolo 1, comma 2, del decreto legislativo 30 marzo 2001, n. 165, e successive modificazioni, ivi comprese le autorità portuali, nonché le autorità amministrative indipendenti di garanzia, vigilanza e regolazione.

2. La medesima disciplina prevista per le pubbliche amministrazioni di cui al comma 1 si applica anche, in quanto compatibile:

a) agli enti pubblici economici e agli ordini professionali;

b) alle società in controllo pubblico come definite dall'articolo 2, comma 1, lettera *m*), del decreto legislativo 19 agosto 2016, n. 175. Sono escluse le società quotate come definite dall'articolo 2, comma 1, lettera *p*), dello stesso decreto legislativo, nonché le società da esse partecipate, salvo che queste ultime siano, non per il tramite di società quotate, controllate o partecipate da amministrazioni pubbliche (2);

c) alle associazioni, alle fondazioni e agli enti di diritto privato comunque denominati, anche privi di personalità giuridica, con bilancio superiore a cinquecentomila euro, la cui attività sia finanziata in modo maggioritario per almeno due esercizi finanziari consecutivi nell'ultimo triennio da pubbliche amministrazioni e in cui la totalità dei titolari o dei componenti dell'organo d'amministrazione o di indirizzo sia designata da pubbliche amministrazioni.

3. La medesima disciplina prevista per le pubbliche amministrazioni di cui al comma 1 si applica, in quanto compatibile, limitatamente ai dati e ai documenti inerenti all'attività di pubblico interesse disciplinata dal diritto nazionale o dell'Unione europea, alle società in partecipazione pubblica come definite dal decreto legislativo emanato in attuazione dell'articolo 18 della legge 7 agosto 2015, n. 124, e alle associazioni, alle fondazioni e agli enti di diritto privato, anche privi di personalità giuridica, con bilancio superiore a cinquecentomila euro, che esercitano funzioni amministrative, attività di produzione di beni e servizi a favore delle amministrazioni pubbliche o di gestione di servizi pubblici.

(1) *Articolo aggiunto dall'art. 3, comma 2, del d.lgs. 25 maggio 2016, n. 97, di cui* sub *nota 1 in Epigrafe.*
V. inoltre l'art. 42 d.lgs. n. 97, cit. sub nota 2 in Epigrafe
(2) *Lettera così sostituita dall'art. 27, comma 2-*ter*, d.lgs. 19 agosto 2016, n. 175, come modificato dall'art. 18, comma 1, d.lgs. 16 giugno 2017, n. 100.*

3 Pubblicità e diritto alla conoscibilità.

1. Tutti i documenti, le informazioni e i dati oggetto di accesso civico, ivi compresi quelli oggetto di pubbli-

cazione obbligatoria ai sensi della normativa vigente sono pubblici e chiunque ha diritto di conoscerli, di fruirne gratuitamente, e di utilizzarli e riutilizzarli ai sensi dell'articolo 7 (1).

1-*bis*. L'Autorità nazionale anticorruzione, sentito il Garante per la protezione dei dati personali nel caso in cui siano coinvolti dati personali, con propria delibera adottata, previa consultazione pubblica, in conformità con i principi di proporzionalità e di semplificazione, e all'esclusivo fine di ridurre gli oneri gravanti sui soggetti di cui all'articolo 2-*bis*, può identificare i dati, le informazioni e i documenti oggetto di pubblicazione obbligatoria ai sensi della disciplina vigente per i quali la pubblicazione in forma integrale è sostituita con quella di informazioni riassuntive, elaborate per aggregazione. In questi casi, l'accesso ai dati e ai documenti nella loro integrità è disciplinato dall'articolo 5 (2).

1-*ter*. L'Autorità nazionale anticorruzione può, con il Piano nazionale anticorruzione, nel rispetto delle disposizioni del presente decreto, precisare gli obblighi di pubblicazione e le relative modalità di attuazione, in relazione alla natura dei soggetti, alla loro dimensione organizzativa e alle attività svolte, prevedendo in particolare modalità semplificate per i comuni con popolazione inferiore a 15.000 abitanti, per gli ordini e collegi professionali (2).

(1) *Comma modificato dall'art. 4, comma 1, lett.* a) *del d.lgs. 25 maggio 2016, n. 97, di cui* sub *nota 1 in Epigrafe. Il testo del comma era il seguente:* « 1. Tutti i documenti, le informazioni e i dati oggetto di pubblicazione obbligatoria ai sensi della normativa vigente sono pubblici e chiunque ha diritto di conoscerli, di fruirne gratuitamente, e di utilizzarli e riutilizzarli ai sensi dell'articolo 7 ».

(2) *Comma aggiunto dall'art. 4, comma 1, lett.* b) *d.lgs. n. 97, cit. di cui* sub *nota 1 in Epigrafe.*

4 Limiti alla trasparenza.

[1. Gli obblighi di pubblicazione dei dati personali diversi dai dati sensibili e dai dati giudiziari, di cui all'articolo 4, comma 1, lettera *d*) ed *e*), del decreto legislativo 30 giugno 2003, n. 196, comportano la possibilità di una diffusione dei dati medesimi attraverso siti istituzionali, nonché il loro trattamento secondo modalità che ne consentono la indicizzazione e la rintracciabilità tramite i motori di ricerca web ed il loro riutilizzo ai sensi dell'articolo 7 nel rispetto dei principi sul trattamento dei dati personali.

2. La pubblicazione nei siti istituzionali, in attuazione del presente decreto, di dati relativi a titolari di organi di indirizzo politico e di uffici o incarichi di diretta collaborazione, nonché a dirigenti titolari degli organi amministrativi è finalizzata alla realizzazione della trasparenza pubblica, che integra una finalità di rilevante interesse pubblico nel rispetto della disciplina in materia di protezione dei dati personali.

3. Le pubbliche amministrazioni possono disporre la pubblicazione nel proprio sito istituzionale di dati, informazioni e documenti che non hanno l'obbligo di pubblicare ai sensi del presente decreto o sulla base di specifica previsione di legge o regolamento, fermi restando i limiti e le condizioni espressamente previsti da disposizioni di legge, procedendo alla anonimizzazione dei dati personali eventualmente presenti.

4. Nei casi in cui norme di legge o di regolamento prevedano la pubblicazione di atti o documenti, le pubbliche amministrazioni provvedono a rendere non intelligibili i dati personali non pertinenti o, se sensibili o giudiziari, non indispensabili rispetto alle specifiche finalità di trasparenza della pubblicazione.

5. Le notizie concernenti lo svolgimento delle prestazioni di chiunque sia addetto a una funzione pubblica e la relativa valutazione sono rese accessibili dall'amministrazione di appartenenza. Non sono invece ostensibili, se non nei casi previsti dalla legge, le notizie concernenti la natura delle infermità e degli impedimenti personali o familiari che causino l'astensione dal lavoro, nonché le componenti della valutazione o le notizie concernenti il rapporto di lavoro tra il predetto dipendente e l'amministrazione, idonee a rivelare taluna delle informazioni di cui all'articolo 4, comma 1, lettera *d*) del decreto legislativo n. 196 del 2003.

6. Restano fermi i limiti alla diffusione e all'accesso delle informazioni di cui all'articolo 24, comma 1 e 6, della legge 7 agosto 1990, n. 241, e successive modifiche, di tutti i dati di cui all'articolo 9 del decreto legislativo 6 settembre 1989, n. 322, di quelli previsti dalla normativa europea in materia di tutela del segreto statistico e di quelli che siano espressamente qualificati come riservati dalla normativa nazionale ed europea in materia statistica, nonché quelli relativi alla diffusione dei dati idonei a rivelare lo stato di salute e la vita sessuale.

7. Al fine di assicurare la trasparenza degli atti amministrativi non soggetti agli obblighi di pubblicità previsti dal presente decreto, la Commissione di cui all'articolo 27 della legge 7 agosto 1990, n. 241, continua ad operare anche oltre la scadenza del mandato prevista dalla disciplina vigente, senza oneri a carico del bilancio dello Stato.

8. Sono esclusi dall'ambito di applicazione del presente decreto i servizi di aggregazione, estrazione e trasmissione massiva degli atti memorizzati in banche dati rese disponibili sul web.] (1)

(1) *Articolo abrogato dall'art. 43 del d.lgs. 25 maggio 2016, n. 97, di cui* sub *nota 1 in Epigrafe.*

4-*bis* Trasparenza nell'utilizzo delle risorse pubbliche (1)

1. L'Agenzia per l'Italia digitale, d'intesa con il Ministero dell'economia e delle finanze, al fine di promuovere l'accesso e migliorare la comprensione dei dati relativi all'utilizzo delle risorse pubbliche, gestisce il sito internet denominato "Soldi pubblici" che consente l'accesso ai dati dei pagamenti delle pubbliche amministrazioni e ne permette la consultazione in relazione alla tipologia di spesa sostenuta e alle amministrazioni che l'hanno effettuata, nonché all'ambito temporale di riferimento.

2. Ciascuna amministrazione pubblica sul proprio sito istituzionale, in una parte chiaramente identificabile della sezione "Amministrazione trasparente", i dati sui propri pagamenti e ne permette la consultazione in relazione alla tipologia di spesa sostenuta, all'ambito temporale di riferimento e ai beneficiari.

3. Per le spese in materia di personale si applica quanto previsto dagli articoli da 15 a 20.

4. Dalle disposizioni di cui ai commi 1 e 2 non devono derivare nuovi o maggiori oneri a carico della finanza pubblica. Le amministrazioni interessate provvedono ai relativi adempimenti nell'ambito delle risorse umane, strumentali e finanziarie disponibili a legislazione vigente.

(1) *Articolo inserito dall'art. 5, comma 1, del d.lgs. 25 maggio 2016, n. 97, di cui* sub *nota 1 in Epigrafe.*

CAPO I-*BIS*

Diritto di accesso a dati e documenti (1)

(1) *Capo introdotto dall'art. 5, comma 2, del d.lgs. 25 maggio 2016, n. 97, di cui* sub *nota 1 in Epigrafe.*

5 Accesso civico a dati e documenti (1) (2).

1. L'obbligo previsto dalla normativa vigente in capo alle pubbliche amministrazioni di pubblicare documenti, informazioni o dati comporta il diritto di chiunque di richiedere i medesimi, nei casi in cui sia stata omessa la loro pubblicazione.

2. Allo scopo di favorire forme diffuse di controllo sul perseguimento delle funzioni istituzionali e sull'utilizzo delle risorse pubbliche e di promuovere la partecipazione al dibattito pubblico, chiunque ha diritto di accedere ai dati e ai documenti detenuti dalle pubbliche amministrazioni, ulteriori rispetto a quelli oggetto di pubblicazione ai sensi del presente decreto, nel rispetto dei limiti relativi alla tutela di interessi giuridicamente rilevanti secondo quanto previsto dall'articolo 5-*bis*.

3. L'esercizio del diritto di cui ai commi 1 e 2 non è sottoposto ad alcuna limitazione quanto alla legittimazione soggettiva del richiedente. L'istanza di accesso civico identifica i dati, le informazioni o i documenti richiesti e non richiede motivazione. L'istanza può essere trasmessa per via telematica secondo le modalità previste dal decreto legislativo 7 marzo 2005, n. 82, e successive modificazioni, ed è presentata alternativamente ad uno dei seguenti uffici:

a) all'ufficio che detiene i dati, le informazioni o i documenti;

b) all'Ufficio relazioni con il pubblico;

c) ad altro ufficio indicato dall'amministrazione nella sezione "Amministrazione trasparente" del sito istituzionale;

d) al responsabile della prevenzione della corruzione e della trasparenza, ove l'istanza abbia a oggetto dati, informazioni o documenti oggetto di pubblicazione obbligatoria ai sensi del presente decreto.

4. Il rilascio di dati o documenti in formato elettronico o cartaceo è gratuito, salvo il rimborso del costo effettivamente sostenuto e documentato dall'amministrazione per la riproduzione su supporti materiali.

5. Fatti salvi i casi di pubblicazione obbligatoria, l'amministrazione cui è indirizzata la richiesta di accesso, se individua soggetti controinteressati, ai sensi dell'articolo 5-*bis*, comma 2, è tenuta a dare comunicazione agli stessi, mediante invio di copia con raccomandata con avviso di ricevimento, o per via telematica per coloro che abbiano consentito tale forma di comunicazione. Entro dieci giorni dalla ricezione della comunicazione, i controinteressati possono presentare una motivata opposizione, anche per via telematica, alla richiesta di accesso. A decorrere dalla comunicazione ai controinteressati, il termine di cui al comma 6 è sospeso fino all'eventuale opposizione dei controinteressati. Decorso tale termine, la pubblica amministrazione provvede sulla richiesta, accertata la ricezione della comunicazione.

6. Il procedimento di accesso civico deve concludersi con provvedimento espresso e motivato nel termine di trenta giorni dalla presentazione dell'istanza con la comunicazione al richiedente e agli eventuali controinteressati. In caso di accoglimento, l'amministrazione provvede a trasmettere tempestivamente al richiedente i dati o i documenti richiesti, ovvero, nel caso in cui l'istanza riguardi dati, informazioni o documenti oggetto di pubblicazione obbligatoria ai sensi del presente decreto, a pubblicare sul sito i dati, le informazioni o i documenti richiesti e a comunicare al richiedente l'avvenuta pubblicazione dello stesso, indicandogli il relativo collegamento ipertestuale. In caso di accoglimento della richiesta di accesso civico nonostante l'opposizione del controinteressato, salvi i casi di comprovata indifferibilità, l'amministrazione ne dà comunicazione al controinteressato e provvede a trasmettere al richiedente i dati o i documenti richiesti non prima di quindici giorni dalla ricezione della stessa comunicazione da parte del controinteressato. Il rifiuto, il differimento e la limitazione dell'accesso devono essere motivati con riferimento ai casi e ai limiti stabiliti dall'articolo 5-*bis*. Il responsabile della prevenzione della corruzione e della trasparenza può chiedere agli uffici della relativa amministrazione informazioni sull'esito delle istanze.

7. Nei casi di diniego totale o parziale dell'accesso o di mancata risposta entro il termine indicato al comma 6, il richiedente può presentare richiesta di riesame al responsabile della prevenzione della corruzione e della trasparenza, di cui all'articolo 43, che decide con provvedimento motivato, entro il termine di venti giorni. Se l'accesso è stato negato o differito a tutela degli interessi di cui all'articolo 5-*bis*, comma 2, lettera *a*), il suddetto responsabile provvede sentito il Garante per la protezione dei dati personali, il quale si pronuncia entro il termine di dieci giorni dalla richiesta. A decorrere dalla comunicazione al Garante, il termine per l'adozione del provvedimento da parte del responsabile è sospeso, fino alla ricezione del parere del Garante e comunque per un periodo non superiore ai predetti dieci giorni. Avverso la decisione dell'amministrazione competente o, in caso di richiesta di riesame, avverso quella del responsabile della prevenzione della corruzione e della trasparenza, il richiedente può proporre ricorso al tribunale amministrativo regionale ai sensi dell'articolo 116 del Codice del processo amministrativo di cui al decreto legislativo 2 luglio 2010, n. 104.

8. Qualora si tratti di atti delle amministrazioni delle regioni o degli enti locali, il richiedente può altresì presentare ricorso al difensore civico competente per ambito territoriale, ove costituito. Qualora tale organo non sia stato istituito, la competenza è attribuita al

difensore civico competente per l'ambito territoriale immediatamente superiore. Il ricorso va altresì notificato all'amministrazione interessata. Il difensore civico si pronuncia entro trenta giorni dalla presentazione del ricorso. Se il difensore civico ritiene illegittimo il diniego o il differimento, ne informa il richiedente e lo comunica all'amministrazione competente. Se questa non conferma il diniego o il differimento entro trenta giorni dal ricevimento della comunicazione del difensore civico, l'accesso è consentito. Qualora il richiedente l'accesso si sia rivolto al difensore civico, il termine di cui all'articolo 116, comma 1, del Codice del processo amministrativo decorre dalla data di ricevimento, da parte del richiedente, dell'esito della sua istanza al difensore civico. Se l'accesso è stato negato o differito a tutela degli interessi di cui all'articolo 5-*bis*, comma 2, lettera *a*), il difensore civico provvede sentito il Garante per la protezione dei dati personali, il quale si pronuncia entro il termine di dieci giorni dalla richiesta. A decorrere dalla comunicazione al Garante, il termine per la pronuncia del Difensore è sospeso, fino alla ricezione del parere del Garante e comunque per un periodo non superiore ai predetti dieci giorni.

9. Nei casi di accoglimento della richiesta di accesso, il controinteressato può presentare richiesta di riesame ai sensi del comma 7 e presentare ricorso al difensore civico ai sensi del comma 8.

10. Nel caso in cui la richiesta di accesso civico riguardi dati, informazioni o documenti oggetto di pubblicazione obbligatoria ai sensi del presente decreto, il responsabile della prevenzione della corruzione e della trasparenza ha l'obbligo di effettuare la segnalazione di cui all'articolo 43, comma 5.

11. Restano fermi gli obblighi di pubblicazione previsti dal Capo II, nonché le diverse forme di accesso degli interessati previste dal Capo V della legge 7 agosto 1990, n. 241.

(1) *Articolo sostituito dall'art. 6, comma 1, del d.lgs. 25 maggio 2016, n. 97, di cui* sub *nota 1 in Epigrafe.*

Il testo dell'articolo era il seguente: « 5 (Accesso civico). — 1. L'obbligo previsto dalla normativa vigente in capo alle pubbliche amministrazioni di pubblicare documenti, informazioni o dati comporta il diritto di chiunque di richiedere i medesimi, nei casi in cui sia stata omessa la loro pubblicazione. — 2. La richiesta di accesso civico non è sottoposta ad alcuna limitazione quanto alla legittimazione soggettiva del richiedente non deve essere motivata, è gratuita e va presentata al responsabile della trasparenza dell'amministrazione obbligata alla pubblicazione di cui al comma 1, che si pronuncia sulla stessa. — 3. L'amministrazione, entro trenta giorni, procede alla pubblicazione nel sito del documento, dell'informazione o del dato richiesto e lo trasmette contestualmente al richiedente, ovvero comunica al medesimo l'avvenuta pubblicazione, indicando il collegamento ipertestuale a quanto richiesto. Se il documento, l'informazione o il dato richiesti risultano già pubblicati nel rispetto della normativa vigente, l'amministrazione indica al richiedente il relativo collegamento ipertestuale. — 4. Nei casi di ritardo o mancata risposta il richiedente può ricorrere al titolare del potere sostitutivo di cui all'articolo 2, comma 9-*bis* della legge 7 agosto 1990, n. 241, e successive modificazioni, che, verificata la sussistenza dell'obbligo di pubblicazione, nei termini di cui al comma 9-ter del medesimo articolo, provvede ai sensi del comma 3. — 5. La tutela del diritto di accesso civico è disciplinata dalle disposizioni di cui al decreto legislativo 2 luglio 2010, n. 104, così come modificato dal presente decreto. — 6. La richiesta di accesso civico comporta, da parte del Responsabile della trasparenza, l'obbligo di segnalazione di cui all'articolo 43, comma 5 ». *V. l'art. 42 d.lgs. n. 97, cit., di cui* sub *nota 2 in Epigrafe.*

(2) *Ai sensi dell'art. 67, comma 3, d.l. 17 marzo 2020, n. 18, conv., con modif., in l. 24 aprile 2020, n. 27, con riferimento alle misure straordinarie ed urgenti per contrastare l'emergenza epidemiologica da COVID-19, sono sospese dall'8 marzo al 31 maggio 2020 le risposte alle istanze formulate ai sensi del presente articolo.*

5-*bis* Esclusioni e limiti all'accesso civico (1).

1. L'accesso civico di cui all'articolo 5, comma 2, è rifiutato se il diniego è necessario per evitare un pregiudizio concreto alla tutela di uno degli interessi pubblici inerenti a:

a) la sicurezza pubblica e l'ordine pubblico;

b) la sicurezza nazionale;

c) la difesa e le questioni militari;

d) le relazioni internazionali;

e) la politica e la stabilità finanziaria ed economica dello Stato;

f) la conduzione di indagini sui reati e il loro perseguimento;

g) il regolare svolgimento di attività ispettive.

2. L'accesso di cui all'articolo 5, comma 2, è altresì rifiutato se il diniego è necessario per evitare un pregiudizio concreto alla tutela di uno dei seguenti interessi privati:

a) la protezione dei dati personali, in conformità con la disciplina legislativa in materia;

b) la libertà e la segretezza della corrispondenza;

c) gli interessi economici e commerciali di una persona fisica o giuridica, ivi compresi la proprietà intellettuale, il diritto d'autore e i segreti commerciali.

2-*bis*. Al fine di semplificare le procedure in materia di accesso alle informazioni sugli alimenti, il Ministero della salute rende disponibili, ogni sei mesi, tramite pubblicazione nel proprio sito internet, in una distinta partizione della sezione 'Amministrazione trasparente', tutti i dati aggiornati raccolti e comunque detenuti relativi ad alimenti, mangimi e animali vivi destinati al consumo umano provenienti dai Paesi dell'Unione europea nonché da Paesi terzi, anche con riguardo ai dati identificativi degli operatori economici che abbiano effettuato le operazioni di entrata, uscita, transito e deposito dei suddetti prodotti. All'attuazione del presente articolo il Ministero della salute provvede con le risorse umane, strumentali e finanziarie disponibili a legislazione vigente e senza nuovi o maggiori oneri per la finanza pubblica (2).

3. Il diritto di cui all'articolo 5, comma 2, è escluso nei casi di segreto di Stato e negli altri casi di divieti di accesso o divulgazione previsti dalla legge, ivi compresi i casi in cui l'accesso è subordinato dalla disciplina vigente al rispetto di specifiche condizioni, modalità o limiti, inclusi quelli di cui all'articolo 24, comma 1, della legge n. 241 del 1990.

4. Restano fermi gli obblighi di pubblicazione previsti dalla normativa vigente. Se i limiti di cui ai commi 1 e 2 riguardano soltanto alcuni dati o alcune parti del documento richiesto, deve essere consentito l'accesso agli altri dati o alle altre parti.

5. I limiti di cui ai commi 1 e 2 si applicano unicamente per il periodo nel quale la protezione è giustificata in relazione alla natura del dato. L'accesso civico non può essere negato ove, per la tutela degli interessi di cui ai commi 1 e 2, sia sufficiente fare ricorso al potere di differimento.

6. Ai fini della definizione delle esclusioni e dei limiti all'accesso civico di cui al presente articolo, l'Autorità Nazionale anticorruzione, d'intesa con il Garante per la protezione dei dati personali e sentita la Conferenza Unificata di cui all'articolo 8 del decreto legislativo 28 agosto 1997, n. 281, adotta linee guida recanti indicazioni operative.

(1) *Articolo inserito dall'art. 6, comma 2, del d.lgs. 25 maggio 2016, n. 97, di cui* sub *nota 1 in Epigrafe.*

(2) *Comma inserito dall'art. 43-*bis*, d.l. 16 luglio 2020, n. 76, conv., con modif., in l. 11 settembre 2020, n. 120.*

5-*ter* Accesso per fini scientifici ai dati elementari raccolti per finalità statistiche (1).

1. Gli enti e uffici del Sistema statistico nazionale ai sensi del decreto legislativo 6 settembre 1989, n. 322, di seguito Sistan, possono consentire l'accesso per fini scientifici ai dati elementari, privi di ogni riferimento che permetta l'identificazione diretta delle unità statistiche, raccolti nell'ambito di trattamenti statistici di cui i medesimi soggetti siano titolari, a condizione che:

a) l'accesso sia richiesto da ricercatori appartenenti a università, enti di ricerca e istituzioni pubbliche o private o loro strutture di ricerca, inseriti nell'elenco redatto dall'autorità statistica dell'Unione europea (Eurostat) o che risultino in possesso dei requisiti stabiliti ai sensi del comma 3, lettera *a*), a seguito di valutazione effettuata dal medesimo soggetto del Sistan che concede l'accesso e approvata dal Comitato di cui al medesimo comma 3;

b) sia sottoscritto, da parte di un soggetto abilitato a rappresentare l'ente richiedente, un impegno di riservatezza specificante le condizioni di utilizzo dei dati, gli obblighi dei ricercatori, i provvedimenti previsti in caso di violazione degli impegni assunti, nonché le misure adottate per tutelare la riservatezza dei dati;

c) sia presentata una proposta di ricerca e la stessa sia ritenuta adeguata, sulla base dei criteri di cui al comma 3, lettera *b*), dal medesimo soggetto del Sistan che concede l'accesso. Il progetto deve specificare lo scopo della ricerca, il motivo per il quale tale scopo non può essere conseguito senza l'utilizzo di dati elementari, i ricercatori che hanno accesso ai dati, i dati richiesti, i metodi di ricerca e i risultati che si intendono diffondere. Alla proposta di ricerca sono allegate dichiarazioni di riservatezza sottoscritte singolarmente dai ricercatori che avranno accesso ai dati. È fatto divieto di effettuare trattamenti diversi da quelli previsti nel progetto di ricerca, conservare i dati elementari oltre i termini di durata del progetto, comunicare i dati a terzi e diffonderli, pena l'applicazione della sanzione di cui all'articolo 162, comma 2, del decreto legislativo 30 giugno 2003, n. 196 (2).

2. I dati elementari di cui al comma 1, tenuto conto dei tipi di dati nonché dei rischi e delle conseguenze di una loro illecita divulgazione, sono messi a disposizione dei ricercatori sotto forma di file a cui sono stati applicati metodi di controllo al fine di non permettere l'identificazione dell'unità statistica. In caso di motivata richiesta, da cui emerga la necessità ai fini della ricerca e l'impossibilità di soluzioni alternative, sono messi a disposizione file a cui non sono stati applicati tali metodi, purché l'utilizzo di questi ultimi avvenga all'interno di laboratori costituiti dal titolare dei trattamenti statistici cui afferiscono i dati, accessibili anche da remoto tramite laboratori organizzati e gestiti da soggetto ritenuto idoneo e a condizione che il rilascio dei risultati delle elaborazioni sia autorizzato dal responsabile del laboratorio stesso, che i risultati della ricerca non permettano il collegamento con le unità statistiche, nel rispetto delle norme in materia di segreto statistico e di protezione dei dati personali, o nell'ambito di progetti congiunti finalizzati anche al perseguimento di compiti istituzionali del titolare del trattamento statistico cui afferiscono i dati, sulla base di appositi protocolli di ricerca sottoscritti dai ricercatori che partecipano al progetto, nei quali siano richiamate le norme in materia di segreto statistico e di protezione dei dati personali.

3. Sentito il Garante per la protezione dei dati personali, il Comitato di indirizzo e coordinamento dell'informazione statistica (Comstat), con atto da emanarsi ai sensi dell'articolo 3, comma 6, del decreto del Presidente della Repubblica 7 settembre 2010, n. 166, avvalendosi del supporto dell'Istat, adotta le linee guida per l'attuazione della disciplina di cui al presente articolo. In particolare, il Comstat stabilisce:

a) i criteri per il riconoscimento degli enti di cui al comma 1, lettera *a*), avuto riguardo agli scopi istituzionali perseguiti, all'attività svolta e all'organizzazione interna in relazione all'attività di ricerca, nonché alle misure adottate per garantire la sicurezza dei dati;

b) i criteri di ammissibilità dei progetti di ricerca avuto riguardo allo scopo della ricerca, alla necessità di disporre dei dati richiesti, ai risultati e benefici attesie ai metodi impiegati per la loro analisi e diffusione;

c) le modalità di organizzazione e funzionamento dei laboratori fisici e virtuali di cui al comma 2;

d) i criteri per l'accreditamento dei gestori dei laboratori virtuali, avuto riguardo agli scopi istituzionali, all'adeguatezza della struttura organizzativa e alle misure adottate per la gestione e la sicurezza dei dati;

e) le conseguenze di eventuali violazioni degli impegni assunti dall'ente di ricerca e dai singoli ricercatori.

4. Nei siti istituzionali del Sistan e di ciascun soggetto del Sistan sono pubblicati gli elenchi degli enti di ricerca riconosciuti e dei file di dati elementari resi disponibili.

5. Il presente articolo si applica anche ai dati relativi a persone giuridiche, enti od associazioni.

(1) *Articolo inserito dall'art. 6, comma 2, del d.lgs. 25 maggio 2016, n. 97, di cui* sub *nota 1 in Epigrafe.*

(2) *Lettera così modificata dall'art. 22, comma 15, d.lgs. 10 agosto 2018, n. 101, che ha aggiunto le parole* « di cui all'articolo 162, comma 2, ».

CAPO I-*TER*
Pubblicazione dei dati, delle informazioni e dei documenti (1)

(1) *Capo introdotto dall'art. 6, comma 3, del d.lgs. 25 maggio 2016, n. 97, di cui* sub *nota 1 in Epigrafe.*

6 Qualità delle informazioni.

1. Le pubbliche amministrazioni garantiscono la

qualità delle informazioni riportate nei siti istituzionali nel rispetto degli obblighi di pubblicazione previsti dalla legge, assicurandone l'integrità, il costante aggiornamento, la completezza, la tempestività, la semplicità di consultazione, la comprensibilità, l'omogeneità, la facile accessibilità, nonché la conformità ai documenti originali in possesso dell'amministrazione, l'indicazione della loro provenienza e la riutilizzabilità secondo quanto previsto dall'articolo 7.

2. L'esigenza di assicurare adeguata qualità delle informazioni diffuse non può, in ogni caso, costituire motivo per l'omessa o ritardata pubblicazione dei dati, delle informazioni e dei documenti.

7 Dati aperti e riutilizzo.

1. I documenti, le informazioni e i dati oggetto di pubblicazione obbligatoria ai sensi della normativa vigente, resi disponibili anche a seguito dell'accesso civico di cui all'articolo 5, sono pubblicati in formato di tipo aperto ai sensi dell'articolo 68 del Codice dell'amministrazione digitale, di cui al decreto legislativo 7 marzo 2005, n. 82, e sono riutilizzabili ai sensi del decreto legislativo 24 gennaio 2006, n. 36, del decreto legislativo 7 marzo 2005, n. 82, e del decreto legislativo 30 giugno 2003, n. 196, senza ulteriori restrizioni diverse dall'obbligo di citare la fonte e di rispettarne l'integrità.

7-*bis* Riutilizzo dei dati pubblicati (1).

1. Gli obblighi di pubblicazione dei dati personali diversi dai dati sensibili e dai dati giudiziari, di cui all'articolo 4, comma 1, lettere *d*) ed *e*), del decreto legislativo 30 giugno 2003, n. 196, comportano la possibilità di una diffusione dei dati medesimi attraverso siti istituzionali, nonché il loro trattamento secondo modalità che ne consentono la indicizzazione e la rintracciabilità tramite i motori di ricerca web ed il loro riutilizzo ai sensi dell'articolo 7 nel rispetto dei principi sul trattamento dei dati personali.

2. La pubblicazione nei siti istituzionali, in attuazione del presente decreto, di dati relativi a titolari di organi di indirizzo politico e di uffici o incarichi di diretta collaborazione, nonché a dirigenti titolari degli organi amministrativi è finalizzata alla realizzazione della trasparenza pubblica, che integra una finalità di rilevante interesse pubblico nel rispetto della disciplina in materia di protezione dei dati personali.

3. Le pubbliche amministrazioni possono disporre la pubblicazione nel proprio sito istituzionale di dati, informazioni e documenti che non hanno l'obbligo di pubblicare ai sensi del presente decreto o sulla base di specifica previsione di legge o regolamento, nel rispetto dei limiti indicati dall'articolo 5-*bis*, procedendo alla indicazione in forma anonima dei dati personali eventualmente presenti.

4. Nei casi in cui norme di legge o di regolamento prevedano la pubblicazione di atti o documenti, le pubbliche amministrazioni provvedono a rendere non intelligibili i dati personali non pertinenti o, se sensibili o giudiziari, non indispensabili rispetto alle specifiche finalità di trasparenza della pubblicazione.

5. Le notizie concernenti lo svolgimento delle prestazioni di chiunque sia addetto a una funzione pubblica e la relativa valutazione sono rese accessibili dall'amministrazione di appartenenza. Non sono invece ostensibili, se non nei casi previsti dalla legge, le notizie concernenti la natura delle infermità e degli impedimenti personali o familiari che causino l'astensione dal lavoro, nonché le componenti della valutazione o le notizie concernenti il rapporto di lavoro tra il predetto dipendente e l'amministrazione, idonee a rivelare taluna delle informazioni di cui all'articolo 4, comma 1, lettera *d*) del decreto legislativo n. 196 del 2003.

6. Restano fermi i limiti all'accesso e alla diffusione delle informazioni di cui all'articolo 24, commi 1 e 6, della legge 7 agosto 1990, n. 241, e successive modifiche, di tutti i dati di cui all'articolo 9 del decreto legislativo 6 settembre 1989, n. 322, di quelli previsti dalla normativa europea in materia di tutela del segreto statistico e di quelli che siano espressamente qualificati come riservati dalla normativa nazionale ed europea in materia statistica, nonché quelli relativi alla diffusione dei dati idonei a rivelare lo stato di salute e la vita sessuale.

7. La Commissione di cui all'articolo 27 della legge 7 agosto 1990, n. 241, continua ad operare anche oltre la scadenza del mandato prevista dalla disciplina vigente, senza oneri a carico del bilancio dello Stato.

8. Sono esclusi dall'ambito di applicazione del presente decreto i servizi di aggregazione, estrazione e trasmissione massiva degli atti memorizzati in banche dati rese disponibili sul web.

(1) *Articolo inserito dall'art. 7, comma 1, del d.lgs. 25 maggio 2016, n. 97, di cui* sub *nota 1 in Epigrafe.*

8 Decorrenza e durata dell'obbligo di pubblicazione.

1. I documenti contenenti atti oggetto di pubblicazione obbligatoria ai sensi della normativa vigente sono pubblicati tempestivamente sul sito istituzionale dell'amministrazione.

2. I documenti contenenti altre informazioni e dati oggetto di pubblicazione obbligatoria ai sensi della normativa vigente sono pubblicati e mantenuti aggiornati ai sensi delle disposizioni del presente decreto.

3. I dati, le informazioni e i documenti oggetto di pubblicazione obbligatoria ai sensi della normativa vigente sono pubblicati per un periodo di 5 anni, decorrenti dal 1° gennaio dell'anno successivo a quello da cui decorre l'obbligo di pubblicazione, e comunque fino a che gli atti pubblicati producono i loro effetti, fatti salvi i diversi termini previsti dalla normativa in materia di trattamento dei dati personali e quanto previsto dagli articoli 14, comma 2, e 15, comma 4. Decorsi detti termini, i relativi dati e documenti sono accessibili ai sensi dell'articolo 5 (1).

3-*bis*. L'Autorità nazionale anticorruzione, sulla base di una valutazione del rischio corruttivo, delle esigenze di semplificazione e delle richieste di accesso, determina, anche su proposta del Garante per la protezione dei dati personali, i casi in cui la durata della pubblicazione del dato e del documento può essere inferiore a 5 anni (2).

(1) *Comma modificato dall'art.8, comma 1, lett.* a), *del d.lgs. 25 maggio 2016, n. 97, di cui* sub *nota 1 in Epigrafe. Il testo del comma era il seguente:* « 3. I dati, le informazioni e i documenti oggetto di pubblicazione obbligatoria ai sensi della normativa vigente sono pubblicati per un periodo di 5 anni, decorrenti dal 1° gennaio dell'anno successivo a quello da cui decorre l'obbligo di pubblicazione, e comunque fino a che gli atti pubblicati producono i loro effetti, fatti salvi i diversi termini previsti dalla normativa in materia di trattamento dei dati personali e quanto previsto dagli articoli 14, comma 2, e 15, comma 4 ».

(2) *Comma aggiunto dall'art. 8, comma 1, lett.* b), *d.lgs. n. 97, cit. di cui* sub *nota 1 in Epigrafe.*

9 Accesso alle informazioni pubblicate nei siti

1. Ai fini della piena accessibilità delle informazioni pubblicate, nella home page dei siti istituzionali è collocata un'apposita sezione denominata « Amministrazione trasparente », al cui interno sono contenuti i dati, le informazioni e i documenti pubblicati ai sensi della normativa vigente. Al fine di evitare eventuali duplicazioni, la suddetta pubblicazione può essere sostituita da un collegamento ipertestuale alla sezione del sito in cui sono presenti i relativi dati, informazioni o documenti, assicurando la qualità delle informazioni di cui all'articolo 6. Le amministrazioni non possono disporre filtri e altre soluzioni tecniche atte ad impedire ai motori di ricerca web di indicizzare ed effettuare ricerche all'interno della sezione « Amministrazione trasparente » (1).

[2. Alla scadenza del termine di durata dell'obbligo di pubblicazione di cui all'articolo 8, comma 3, i documenti, le informazioni e i dati sono comunque conservati e resi disponibili, con le modalità di cui all'articolo 6, all'interno di distinte sezioni del sito di archivio, collocate e debitamente segnalate nell'ambito della sezione « Amministrazione trasparente ». I documenti possono essere trasferiti all'interno delle sezioni di archivio anche prima della scadenza del termine di cui all'articolo 8, comma 3.] (2)

(1) *Comma modificato dall'art. 9, comma 1, lett.* a), *del d.lgs. 25 maggio 2016, n. 97, di cui* sub *nota 1 in Epigrafe. Il testo del comma era il seguente:* « 1. Ai fini della piena accessibilità delle informazioni pubblicate, nella home page dei siti istituzionali è collocata un'apposita sezione denominata "Amministrazione trasparente", al cui interno sono contenuti i dati, le informazioni e i documenti pubblicati ai sensi della normativa vigente. Le amministrazioni non possono disporre filtri e altre soluzioni tecniche atte ad impedire ai motori di ricerca web di indicizzare ed effettuare ricerche all'interno della sezione "Amministrazione trasparente" ».

(2) *Comma abrogato dall'art. 9, comma 1, lett.* b), *d.lgs. n. 97, cit. di cui* sub *nota 1 in Epigrafe.*

9-*bis* Pubblicazione delle banche dati (1).

1. Le pubbliche amministrazioni titolari delle banche dati di cui all'Allegato B pubblicano i dati, contenuti nelle medesime banche dati, corrispondenti agli obblighi di pubblicazione di cui al presente decreto, indicati nel medesimo, con i requisiti di cui all'articolo 6, ove compatibili con le modalità di raccolta ed elaborazione dei dati.

2. Nei casi di cui al comma 1, nei limiti dei dati effettivamente contenuti nelle banche dati di cui al medesimo comma, i soggetti di cui all'articolo 2-*bis* adempiono agli obblighi di pubblicazione previsti dal presente decreto, indicati nell'Allegato B, mediante la comunicazione dei dati, delle informazioni o dei documenti dagli stessi detenuti all'amministrazione titolare della corrispondente banca dati e con la pubblicazione sul proprio sito istituzionale, nella sezione "Amministrazione trasparente", del collegamento ipertestuale, rispettivamente, alla banca dati contenente i relativi dati, informazioni o documenti, ferma restando la possibilità per le amministrazioni di continuare a pubblicare sul proprio sito i predetti dati purché identici a quelli comunicati alla banca dati.

3. Nel caso in cui sia stata omessa la pubblicazione, nelle banche dati, dei dati oggetto di comunicazione ai sensi del comma 2 ed effettivamente comunicati, la richiesta di accesso civico di cui all'articolo 5 è presentata al responsabile della prevenzione della corruzione e della trasparenza dell'amministrazione titolare della banca dati.

4. Qualora l'omessa pubblicazione dei dati da parte delle pubbliche amministrazioni di cui al comma 1 sia imputabile ai soggetti di cui al comma 2, la richiesta di accesso civico di cui all'articolo 5 è presentata al responsabile della prevenzione della corruzione e della trasparenza dell'amministrazione tenuta alla comunicazione.

(1) *Articolo inserito dall'art. 9, comma, 2 del d.lgs. 25 maggio 2016, n. 97, di cui* sub *nota 1 in Epigrafe. V. l'art. 42 d.lgs. n. 97, cit. di cui* sub *nota 2 in Epigrafe.*

10 Coordinamento con il Piano triennale per la prevenzione della corruzione (1).

1. Ogni amministrazione indica, in un'apposita sezione del Piano triennale per la prevenzione della corruzione di cui all'articolo 1, comma 5 della legge n. 190 del 2012, i responsabili della trasmissione e della pubblicazione dei documenti, delle informazioni e dei dati ai sensi del presente decreto (2).

[2. Il Programma triennale per la trasparenza e l'integrità, di cui al comma 1, definisce le misure, i modi e le iniziative volti all'attuazione degli obblighi di pubblicazione previsti dalla normativa vigente, ivi comprese le misure organizzative volte ad assicurare la regolarità e la tempestività dei flussi informativi di cui all'articolo 43, comma 3. Le misure del Programma triennale sono collegate, sotto l'indirizzo del responsabile, con le misure e gli interventi previsti dal Piano di prevenzione della corruzione. A tal fine, il Programma costituisce di norma una sezione del Piano di prevenzione della corruzione.] (3)

3. La promozione di maggiori livelli di trasparenza costituisce un obiettivo strategico di ogni amministrazione, che deve tradursi nella definizione di obiettivi organizzativi e individuali (4).

4. Le amministrazioni pubbliche garantiscono la massima trasparenza in ogni fase del ciclo di gestione della performance.

5. Ai fini della riduzione del costo dei servizi, dell'utilizzo delle tecnologie dell'informazione e della comunicazione, nonché del conseguente risparmio sul costo del lavoro, le pubbliche amministrazioni provvedono annualmente ad individuare i servizi erogati, agli utenti sia finali che intermedi, ai sensi dell'articolo 10, comma 5, del decreto legislativo 7 agosto 1997, n. 279.

Le amministrazioni provvedono altresì alla contabilizzazione dei costi e all'evidenziazione dei costi effettivi e di quelli imputati al personale per ogni servizio erogato, nonché al monitoraggio del loro andamento nel tempo, pubblicando i relativi dati ai sensi dell'articolo 32.

6. Ogni amministrazione presenta il Piano e la Relazione sulla performance di cui all'articolo 10, comma 1, lettere *a*) e *b*), del decreto legislativo n. 150 del 2009 alle associazioni di consumatori o utenti, ai centri di ricerca e a ogni altro osservatore qualificato, nell'ambito di apposite giornate della trasparenza senza nuovi o maggiori oneri per la finanza pubblica.

[7. Nell'ambito del Programma triennale per la trasparenza e l'integrità sono specificate le modalità, i tempi di attuazione, le risorse dedicate e gli strumenti di verifica dell'efficacia delle iniziative di cui al comma 1.] (5)

8. Ogni amministrazione ha l'obbligo di pubblicare sul proprio sito istituzionale nella sezione: « Amministrazione trasparente » di cui all'articolo 9:

a) il Piano triennale per la prevenzione della corruzione (6);

b) il Piano e la Relazione di cui all'articolo 10 del decreto legislativo 27 ottobre 2009, n. 150;

c) i nominativi ed i curricula dei componenti degli organismi indipendenti di valutazione di cui all'articolo 14 del decreto legislativo n. 150 del 2009;

[*d*) i curricula e i compensi dei soggetti di cui all'articolo 15, comma 1, nonché i curricula dei titolari di posizioni organizzative, redatti in conformità al vigente modello europeo.] (7)

9. La trasparenza rileva, altresì, come dimensione principale ai fini della determinazione degli standard di qualità dei servizi pubblici da adottare con le carte dei servizi ai sensi dell'articolo 11 del decreto legislativo 30 luglio 1999, n. 286, così come modificato dall'articolo 28 del decreto legislativo 27 ottobre 2009, n. 150.

(1) *Rubrica modificata dall'art. 10, comma 1, lett.* a) *del d.lgs. 25 maggio 2016, n. 97, di cui* sub *nota 1 in Epigrafe. La rubrica era la seguente:* « Programma triennale per la trasparenza e l'integrità ».

(2) *Comma sostituito dall'art. 10, comma 1, lett.* b), *del d.lgs. 97, cit. di cui* sub *nota 1 in Epigrafe. Il testo del comma era il seguente:* « 1. Ogni amministrazione, sentite le associazioni rappresentate nel Consiglio nazionale dei consumatori e degli utenti, adotta un Programma triennale per la trasparenza e l'integrità, da aggiornare annualmente, che indica le iniziative previste per garantire: — *a*) un adeguato livello di trasparenza, anche sulla base delle linee guida elaborate dalla Commissione di cui all'articolo 13 del decreto legislativo 27 ottobre 2009, n. 150; — *b*) la legalità e lo sviluppo della cultura dell'integrità ».

(3) *Comma abrogato dall'art. 10, comma 1, lett.* c), *del d.lgs. n. 97, cit. di cui* sub *nota 1 in Epigrafe.*

(4) *Comma sostituito dall'art. 10, comma 1, lett.* d), *del d.lgs. n. 97, cit. di cui* sub *nota 1 in Epigrafe. Il testo del comma era il seguente:* « 3. Gli obiettivi indicati nel Programma triennale sono formulati in collegamento con la programmazione strategica e operativa dell'amministrazione, definita in via generale nel Piano della performance e negli analoghi strumenti di programmazione previsti negli enti locali. La promozione di maggiori livelli di trasparenza costituisce un'area strategica di ogni amministrazione, che deve tradursi nella definizione di obiettivi organizzativi e individuali ».

(5) *Comma abrogato dall'art. 10, comma 1, lett.* e), *del d.lgs. n. 97, cit. di cui* sub *nota 1 in Epigrafe.*

(6) *Lettera sostituita dall'art. 10, comma 1, lett.* f), *del d.lgs. n. 97, cit. di cui* sub *nota 1 in Epigrafe.*

(7) *Lettera soppressa dall'art. 10, comma 1, lett.* f), *del d.lgs. n. 97, cit. di cui* sub *nota 1 in Epigrafe.*

11 Ambito soggettivo di applicazione (1).

[1. Ai fini del presente decreto, per 'pubbliche amministrazionì si intendono tutte le amministrazioni di cui all'articolo 1, comma 2, del decreto legislativo 30 marzo 2001, n. 165, e successive modificazioni, ivi comprese le autorità amministrative indipendenti di garanzia, vigilanza e regolazione.

2. La medesima disciplina prevista per le pubbliche amministrazioni di cui al comma 1 si applica anche:

a) agli enti di diritto pubblico non territoriali nazionali, regionali o locali, comunque denominati, istituiti, vigilati, finanziati dalla pubblica amministrazione che conferisce l'incarico, ovvero i cui amministratori siano da questa *nominati;*

b) limitatamente all'attività di pubblico interesse disciplinata dal diritto nazionale o dell'Unione europea, agli enti di diritto privato in controllo pubblico, ossia alle società e agli altri enti di diritto privato che esercitano funzioni amministrative, attività di produzione di beni e servizi a favore delle amministrazioni pubbliche o di gestione di servizi pubblici, sottoposti a controllo ai sensi dell'articolo 2359 del codice civile da parte di pubbliche amministrazioni, oppure agli enti nei quali siano riconosciuti alle pubbliche amministrazioni, anche in assenza di una partecipazione azionaria, poteri di nomina dei vertici o dei componenti degli organi.

3. Alle società partecipate dalle pubbliche amministrazioni di cui al comma 1, in caso di partecipazione non maggioritaria, si applicano, limitatamente all'attività di pubblico interesse disciplinata dal diritto nazionale o dell'Unione europea, le disposizioni dell'articolo 1, commi da 15 a 33, della legge 6 novembre 2012, n. 190.] (1)

(1) *Articolo sostituito dall'art. 24-*bis, *comma 1, d.l. 24 giugno 2014, n. 90, e successivamente abrogato dall'art. 43 del d.lgs. 25 maggio 2016, n. 97, di cui* sub *nota 1 in Epigrafe. Ai sensi del medesimo articolo: « I richiami effettuati all'articolo 11 del decreto legislativo n. 33 del 2013, ovunque ricorrano, si intendono riferiti all'articolo 2-*bis *del medesimo decreto, introdotto dall'articolo 3 del presente decreto ».*

12 Obblighi di pubblicazione concernenti gli atti di carattere normativo e amministrativo generale.

1. Fermo restando quanto previsto per le pubblicazioni nella Gazzetta Ufficiale della Repubblica italiana dalla legge 11 dicembre 1984, n. 839, e dalle relative norme di attuazione, le pubbliche amministrazioni pubblicano sui propri siti istituzionali i riferimenti normativi con i relativi link alle norme di legge statale pubblicate nella banca dati « Normattiva » che ne regolano l'istituzione, l'organizzazione e l'attività. Sono altresì pubblicati le direttive, le circolari, i programmi e le istruzioni emanati dall'amministrazione e ogni atto, previsto dalla legge o comunque adottato, che dispone in generale sulla organizzazione, sulle funzioni, sugli obiettivi, sui procedimenti ovvero nei quali si determina l'interpretazione di norme giuridiche che le riguardano o si dettano disposizioni per l'applicazione di esse, ivi compresi i codici di condotta, le misure integrative di prevenzione della corruzione individuate ai sensi dell'articolo 1, comma 2-*bis*, della legge n. 190 del

2012, i documenti di programmazione strategico-gestionale e gli atti degli organismi indipendenti di valutazione (1).

1-*bis*. Il responsabile della trasparenza delle amministrazioni competenti pubblica sul sito istituzionale uno scadenzario con l'indicazione delle date di efficacia dei nuovi obblighi amministrativi introdotti e lo comunica tempestivamente al Dipartimento della funzione pubblica per la pubblicazione riepilogativa su base temporale in un'apposita sezione del sito istituzionale. L'inosservanza del presente comma comporta l'applicazione delle sanzioni di cui all'articolo 46 (2).

2. Con riferimento agli statuti e alle norme di legge regionali, che regolano le funzioni, l'organizzazione e lo svolgimento delle attività di competenza dell'amministrazione, sono pubblicati gli estremi degli atti e dei testi ufficiali aggiornati.

(1) *Comma modificato dall'art. 11, comma 1, lett.* a), *del d.lgs. 25 maggio 2016, n. 97, di cui* sub *nota 1 in Epigrafe. Il testo prima della modifica era il seguente: « 1. Fermo restando quanto previsto per le pubblicazioni nella Gazzetta Ufficiale della Repubblica italiana dalla legge 11 dicembre 1984, n. 839, e dalle relative norme di attuazione, le pubbliche amministrazioni pubblicano sui propri siti istituzionali i riferimenti normativi con i relativi link alle norme di legge statale pubblicate nella banca dati "Normattiva" che ne regolano l'istituzione, l'organizzazione e l'attività. Sono altresì pubblicati le direttive, le circolari, i programmi e le istruzioni emanati dall'amministrazione e ogni atto che dispone in generale sulla organizzazione, sulle funzioni, sugli obiettivi, sui procedimenti ovvero nei quali si determina l'interpretazione di norme giuridiche che le riguardano o si dettano disposizioni per l'applicazione di esse, ivi compresi i codici di condotta ».*

(2) *Comma inserito dall'art. 29, comma 3, d.l. 21 giugno 2013, n. 69 convertito, con modificazioni, in l. 9 agosto 2013, n. 98.*

CAPO II
Obblighi di pubblicazione concernenti l'organizzazione e l'attività delle pubbliche amministrazioni

13 Obblighi di pubblicazione concernenti l'organizzazione delle pubbliche amministrazioni.

1. Le pubbliche amministrazioni pubblicano e aggiornano le informazioni e i dati concernenti la propria organizzazione, corredati dai documenti anche normativi di riferimento. Sono pubblicati, tra gli altri, i dati relativi:

a) agli organi di indirizzo politico e di amministrazione e gestione, con l'indicazione delle rispettive competenze;

b) all'articolazione degli uffici, le competenze [e le risorse a disposizione] (1) di ciascun ufficio, anche di livello dirigenziale non generale, i nomi dei dirigenti responsabili dei singoli uffici;

c) all'illustrazione in forma semplificata, ai fini della piena accessibilità e comprensibilità dei dati, dell'organizzazione dell'amministrazione, mediante l'organigramma o analoghe rappresentazioni grafiche;

d) all'elenco dei numeri di telefono nonché delle caselle di posta elettronica istituzionali e delle caselle di posta elettronica certificata dedicate, cui il cittadino possa rivolgersi per qualsiasi richiesta inerente i compiti istituzionali.

(1) *Parole soppresse dall'art. 12 del d.lgs. 25 maggio 2016, n. 97, di cui* sub *nota 1 in Epigrafe.*

14 Obblighi di pubblicazione concernenti i titolari di incarichi politici, di amministrazione, di direzione o di governo e i titolari di incarichi dirigenziali (1).

1. Con riferimento ai titolari di incarichi politici, anche se non di carattere elettivo, di livello statale regionale e locale, lo Stato, le regioni e gli enti locali pubblicano i seguenti documenti ed informazioni:

a) l'atto di nomina o di proclamazione, con l'indicazione della durata dell'incarico o del mandato elettivo;

b) il *curriculum*;

c) i compensi di qualsiasi natura connessi all'assunzione della carica; gli importi di viaggi di servizio e missioni pagati con fondi pubblici;

d) i dati relativi all'assunzione di altre cariche, presso enti pubblici o privati, ed i relativi compensi a qualsiasi titolo corrisposti;

e) gli altri eventuali incarichi con oneri a carico della finanza pubblica e l'indicazione dei compensi spettanti;

f) le dichiarazioni di cui all'articolo 2, della legge 5 luglio 1982, n. 441, nonché le attestazioni e dichiarazioni di cui agli articoli 3 e 4 della medesima legge, come modificata dal presente decreto, limitatamente al soggetto, al coniuge non separato e ai parenti entro il secondo grado, ove gli stessi vi consentano. Viene in ogni caso data evidenza al mancato consenso. Alle informazioni di cui alla presente lettera concernenti soggetti diversi dal titolare dell'organo di indirizzo politico non si applicano le disposizioni di cui all'articolo 7 (2).

1-*bis*. Le pubbliche amministrazioni pubblicano i dati di cui al comma 1 per i titolari di incarichi o cariche di amministrazione, di direzione o di governo comunque denominati, salvo che siano attribuiti a titolo gratuito, e per i titolari di incarichi dirigenziali, a qualsiasi titolo conferiti, ivi inclusi quelli conferiti discrezionalmente dall'organo di indirizzo politico senza procedure pubbliche di selezione (3) (4).

1-*ter*. Ciascun dirigente comunica, all'amministrazione presso la quale presta servizio, gli emolumenti complessivi percepiti a carico della finanza pubblica, anche in relazione a quanto previsto dall'articolo 13, comma 1, del decreto-legge 24 aprile 2014, n. 66, convertito, con modificazione, dalla legge 23 giugno 2014, n. 89. L'amministrazione pubblica sul proprio sito istituzionale l'ammontare complessivo dei suddetti emolumenti per ciascun dirigente (3).

1-*quater*. Negli atti di conferimento di incarichi dirigenziali e nei relativi contratti sono riportati gli obiettivi di trasparenza, finalizzati a rendere i dati pubblicati di immediata comprensione e consultazione per il cittadino, con particolare riferimento ai dati di bilancio sulle spese e ai costi del personale, da indicare sia in modo aggregato che analitico. Il mancato raggiungimento dei suddetti obiettivi determina responsabilità dirigenziale ai sensi dell'articolo 21 del decreto legislativo 30 marzo 2001, n. 165. Del mancato raggiungimento dei suddetti obiettivi si tiene conto ai fini del conferimento di successivi incarichi (3).

1-*quinquies*. Gli obblighi di pubblicazione di cui al comma 1 si applicano anche ai titolari di posizioni organizzative a cui sono affidate deleghe ai sensi dell'articolo 17, comma 1-*bis*, del decreto legislativo n. 165 del 2001, nonché nei casi di cui all'articolo 4-*bis*, comma 2, del decreto-legge 19 giugno 2015, n. 78 e in ogni altro caso in cui sono svolte funzioni dirigenziali. Per gli altri titolari di posizioni organizzative è pubblicato il solo curriculum vitae. (3)

2. Le pubbliche amministrazioni pubblicano i dati cui ai commi 1 e 1-*bis* entro tre mesi dalla elezione, dalla nomina o dal conferimento dell'incarico e per i tre anni successivi dalla cessazione del mandato o dell'incarico dei soggetti, salve le informazioni concernenti la situazione patrimoniale e, ove consentita, la dichiarazione del coniuge non separato e dei parenti entro il secondo grado, che vengono pubblicate fino alla cessazione dell'incarico o del mandato. Decorsi detti termini, i relativi dati e documenti sono accessibili ai sensi dell'articolo 5 (5).

(1) *Rubrica modificata dall'art. 13, comma 1, lett.* a), *del d.lgs. 25 maggio 2016, n. 97, di cui sub nota 1 in Epigrafe. La rubrica era la seguente:* « Obblighi di pubblicazione concernenti i componenti degli organi di indirizzo politico ».

(2) *Comma modificato dall'art. 13, comma 1, lett.* b), *del d.lgs. n. 97, cit. di cui* sub *nota 1 in Epigrafe. Il testo del comma era il seguente:* « 1. Con riferimento ai titolari di incarichi politici, di carattere elettivo o comunque di esercizio di poteri di indirizzo politico, di livello statale regionale e locale, le pubbliche amministrazioni pubblicano con riferimento a tutti i propri componenti, i seguenti documenti ed informazioni:

a) l'atto di nomina o di proclamazione, con l'indicazione della durata dell'incarico o del mandato elettivo;

b) il curriculum;

c) i compensi di qualsiasi natura connessi all'assunzione della carica; gli importi di viaggi di servizio e missioni pagati con fondi pubblici;

d) i dati relativi all'assunzione di altre cariche, presso enti pubblici o privati, ed i relativi compensi a qualsiasi titolo corrisposti;

e) gli altri eventuali incarichi con oneri a carico della finanza pubblica e l'indicazione dei compensi spettanti;

f) le dichiarazioni di cui all'articolo 2, della legge 5 luglio 1982, n. 441, nonché le attestazioni e dichiarazioni di cui agli articoli 3 e 4 della medesima legge, come modificata dal presente decreto, limitatamente al soggetto, al coniuge non separato e ai parenti entro il secondo grado, ove gli stessi vi consentano. Viene in ogni caso data evidenza al mancato consenso. Alle informazioni di cui alla presente lettera concernenti soggetti diversi dal titolare dell'organo di indirizzo politico non si applicano le disposizioni di cui all'articolo 7 ».

(3) *Comma aggiunto dall'art. 13, comma 1, lett.* c), *del d.lgs. n. 97, cit. di cui* sub *nota 1 in Epigrafe.*

(4) *La Corte costituzionale, con sentenza 21 febbraio 2019, n. 20, ha dichiarato la* illegittimità costituzionale *del presente comma, nella parte in cui prevede che le pubbliche amministrazioni pubblicano i dati di cui all'art. 14, comma 1, lettera* f), *anche per tutti i titolari di incarichi dirigenziali, a qualsiasi titolo conferiti, ivi inclusi quelli conferiti discrezionalmente dall'organo di indirizzo politico senza procedure pubbliche di selezione, anziché solo per i titolari degli incarichi dirigenziali previsti dall'art. 19, commi 3 e 4, d.lgs. 30 marzo 2001, n. 165.*

Ai sensi dell'art. 1, commi 7 e ss., del d.l. 30 dicembre 2019 n. 162, conv., con modif., in l. 28 febbraio 2020, n. 8, « 7. Fino alla data di entrata in vigore del regolamento di cui al terzo periodo, nelle more dell'adozione dei provvedimenti di adeguamento alla sentenza della Corte costituzionale 23 gennaio 2019, n. 20, ai soggetti di cui all'articolo 14, comma 1-bis, del decreto legislativo 14 marzo 2013, n. 33, ad esclusione dei titolari degli incarichi dirigenziali previsti dall'articolo 19, commi 3 e 4, del decreto legislativo 30 marzo 2001, n. 165, non si applicano le misure di cui agli articoli 46 e 47 del medesimo decreto legislativo n. 33 del 2013. Fermo restando quanto previsto alla lettera c) *del presente comma, per i titolari degli incarichi dirigenziali previsti dal citato articolo 19, commi 3 e 4, del decreto legislativo n. 165 del 2001, continua a trovare piena applicazione la disciplina di cui all'articolo 14 del citato decreto legislativo n. 33 del 2013. Con regolamento da adottarsi entro il 30 aprile 2021, ai sensi dell'articolo 17, comma 2, della legge 23 agosto 1988, n. 400, su proposta del Ministro per la pubblica amministrazione, di concerto con il Ministro della giustizia, il Ministro dell'interno, il Ministro dell'economia e delle finanze, il Ministro degli affari esteri e della cooperazione internazionale e il Ministro della difesa, sentito il Garante per la protezione dei dati personali, sono individuati i dati di cui al comma 1 dell'articolo 14 del decreto legislativo 14 marzo 2013, n. 33, che le pubbliche amministrazioni e i soggetti di cui all'articolo 2-*bis*, comma 2, del medesimo decreto legislativo devono pubblicare con riferimento ai titolari amministrativi di vertice e di incarichi dirigenziali, comunque denominati, nonché ai dirigenti sanitari di cui all'articolo 41, comma 2, dello stesso decreto legislativo, ivi comprese le posizioni organizzative ad essi equiparate, nel rispetto dei seguenti criteri:*

a) graduazione degli obblighi di pubblicazione dei dati di cui al comma 1, lettere b) *ed* e)*, dell'articolo 14, comma 1, del decreto legislativo 14 marzo 2013, n. 33, in relazione al rilievo esterno dell'incarico svolto, al livello di potere gestionale e decisionale esercitato correlato all'esercizio della funzione dirigenziale, tenuto anche conto della complessità della struttura cui è preposto il titolare dell'incarico, fermo restando per tutti i titolari di incarichi dirigenziali l'obbligo di comunicazione dei dati patrimoniali e reddituali di cui all'articolo 13, comma 3, del regolamento di cui al decreto del Presidente della Repubblica 16 aprile 2013, n. 62;*

b) previsione che i dati di cui all'articolo 14, comma 1, lettera f), del decreto legislativo 14 marzo 2013, n. 33, possano essere oggetto anche di sola comunicazione all'amministrazione di appartenenza;

c) individuazione, anche in deroga all'obbligo di pubblicazione per i titolari di incarichi dirigenziali di cui all'articolo 19, commi 3 e 4, del decreto legislativo 30 marzo 2001, n. 165, dei dirigenti dell'amministrazione dell'interno, degli affari esteri e della cooperazione internazionale, delle forze di polizia, delle forze armate e dell'amministrazione penitenziaria per i quali non sono pubblicati i dati di cui all'articolo 14 del decreto legislativo 14 marzo 2013, n. 33, in ragione del pregiudizio alla sicurezza nazionale interna ed esterna e all'ordine e sicurezza pubblica, nonché in rapporto ai compiti svolti per la tutela delle istituzioni democratiche e di difesa dell'ordine e della sicurezza interna ed esterna.

7-bis. *Al fine di garantire l'immediata ed effettiva applicazione della misura di tutela di cui alla lettera c) del comma 7 del presente articolo, le amministrazioni ivi indicate possono individuare, con decreto del Ministro competente, da emanare entro trenta giorni dalla data di entrata in vigore della legge di conversione del presente decreto, i dirigenti per i quali non sono pubblicati i dati di cui all'articolo 14 del decreto legislativo 14 marzo 2013, n. 33, in ragione dei motivi indicati alla citata lettera c) del comma 7.*

7-ter. *Non è comunque consentita l'indicizzazione dei dati delle informazioni oggetto del regolamento di cui al comma 7.*

7-quater. *Gli obblighi di cui all'articolo 14 del decreto legislativo 14 marzo 2013, n. 33, si applicano anche ai titolari degli incarichi negli organismi previsti dall'articolo 144 del testo unico delle leggi sull'ordinamento degli enti locali, di cui al decreto legislativo 18 agosto 2000, n. 267. Le modalità di attuazione del presente comma sono definite dal regolamento di cui al comma 7 del presente articolo ».*

(5) *Comma sostituito dall'art. 13, comma 1, lett.* d), *del d.lgs. n. 97, cit. di cui* sub *nota 1 in Epigrafe. Il testo del comma era il seguente:* « 2. Le pubbliche amministrazioni pubblicano i dati cui al comma 1 entro tre mesi dalla elezione o dalla nomina e per i tre anni successivi dalla cessazione del mandato o dell'incarico dei soggetti, salve le informazioni concernenti la situazione patrimoniale e, ove consentita, la dichiarazione del coniuge non separato e dei parenti entro il secondo grado, che vengono pubblicate fino alla cessazione dell'incarico o del mandato. Decorso il termine di pubblicazione ai sensi del presente comma le informazioni e i dati concernenti la situazione patrimoniale non vengono trasferiti nelle sezioni di archivio ».

15 Obblighi di pubblicazione concernenti i titolari di incarichi di collaborazione o consulenza (1).

1. Fermo restando quanto previsto dall'articolo 9-*bis* e fermi restando gli obblighi di comunicazione di cui all'articolo 17, comma 22, della legge 15 maggio 1997, n. 127, le pubbliche amministrazioni pubblicano e aggiornano le seguenti informazioni relative ai titolari di incarichi di collaborazione o consulenza:

a) gli estremi dell'atto di conferimento dell'incarico;

b) il *curriculum vitae*;

c) i dati relativi allo svolgimento di incarichi o la titolarità di cariche in enti di diritto privato regolati o finanziati dalla pubblica amministrazione o lo svolgimento di attività professionali;

d) i compensi, comunque denominati, relativi al rapporto di consulenza o di collaborazione, con specifica evidenza delle eventuali componenti variabili o legate alla valutazione del risultato (2).

2. La pubblicazione degli estremi degli atti di conferimento di incarichi [dirigenziali a soggetti estranei alla pubblica amministrazione,] di collaborazione o di consulenza a soggetti esterni a qualsiasi titolo per i quali è previsto un compenso, completi di indicazione dei soggetti percettori, della ragione dell'incarico e dell'ammontare erogato, nonché la comunicazione alla Presidenza del Consiglio dei Ministri - Dipartimento della funzione pubblica dei relativi dati ai sensi dell'articolo 53, comma 14, secondo periodo, del decreto legislativo 30 marzo 2001, n. 165 e successive modificazioni, sono condizioni per l'acquisizione dell'efficacia dell'atto e per la liquidazione dei relativi compensi. Le amministrazioni pubblicano e mantengono aggiornati sui rispettivi siti istituzionali gli elenchi dei propri consulenti indicando l'oggetto, la durata e il compenso dell'incarico. Il Dipartimento della funzione pubblica consente la consultazione, anche per nominativo, dei dati di cui al presente comma (3).

3. In caso di omessa pubblicazione di quanto previsto al comma 2, il pagamento del corrispettivo determina la responsabilità del dirigente che l'ha disposto, accertata all'esito del procedimento disciplinare, e comporta il pagamento di una sanzione pari alla somma corrisposta, fatto salvo il risarcimento del danno del destinatario ove ricorrano le condizioni di cui all'articolo 30 del decreto legislativo 2 luglio 2010, n. 104.

4. Le pubbliche amministrazioni pubblicano i dati cui ai commi 1 e 2 entro tre mesi dal conferimento dell'incarico e per i tre anni successivi alla cessazione dell'incarico.

[5. Le pubbliche amministrazioni pubblicano e mantengono aggiornato l'elenco delle posizioni dirigenziali, integrato dai relativi titoli e curricula, attribuite a persone, anche esterne alle pubbliche amministrazioni, individuate discrezionalmente dall'organo di indirizzo politico senza procedure pubbliche di selezione, di cui all'articolo 1, commi 39 e 40, della legge 6 novembre 2012, n. 190.] (4)

(1) *Rubrica modificata dall'art. 14, comma 1, lett.* a), *del d.lgs. 25 maggio 2016, n. 97, di cui* sub *nota 1 in Epigrafe. La rubrica era la seguente:* « Obblighi di pubblicazione concernenti i titolari di incarichi dirigenziali e di collaborazione o consulenza ».

(2) *Comma modificato dall'art. 14, comma 1, lett.* b), *del d.lgs. n. 97, cit. di cui* sub *nota 1 in Epigrafe. Il testo del comma era il seguente:* « 1. Fermi restando gli obblighi di comunicazione di cui all'articolo 17, comma 22, della legge 15 maggio 1997, n. 127, le pubbliche amministrazioni pubblicano e aggiornano le seguenti informazioni relative ai titolari di incarichi amministrativi di vertice e di incarichi dirigenziali, a qualsiasi titolo conferiti, nonché di collaborazione o consulenza:

a) gli estremi dell'atto di conferimento dell'incarico;

b) il curriculum vitae;

c) i dati relativi allo svolgimento di incarichi o la titolarità di cariche in enti di diritto privato regolati o finanziati dalla pubblica amministrazione o lo svolgimento di attività professionali;

d) i compensi, comunque denominati, relativi al rapporto di lavoro, di consulenza o di collaborazione, con specifica evidenza delle eventuali componenti variabili o legate alla valutazione del risultato ».

(3) *Parole soppresse dall'art. 14, comma 1, lett.* c), *del d.lgs. n. 97, cit. di cui* sub *nota 1 in Epigrafe.*

(4) *Comma abrogato dall'art. 14, comma 1, lett.* d), *del d.lgs. n. 97, cit. di cui* sub *nota 1 in Epigrafe.*

15-*bis* Obblighi di pubblicazione concernenti incarichi conferiti nelle società controllate (1).

1. Fermo restando quanto previsto dall'articolo 9-*bis*, le società a controllo pubblico, nonché le società in regime di amministrazione straordinaria, ad esclusione delle società emittenti strumenti finanziari quotati nei mercati regolamentati e loro controllate, pubblicano, entro trenta giorni dal conferimento di incarichi di collaborazione, di consulenza o di incarichi professionali, inclusi quelli arbitrali, e per i due anni successivi alla loro cessazione, le seguenti informazioni:

a) gli estremi dell'atto di conferimento dell'incarico, l'oggetto della prestazione, la ragione dell'incarico e la durata;

b) il curriculum vitae;

c) i compensi, comunque denominati, relativi al rapporto di consulenza o di collaborazione, nonché agli incarichi professionali, inclusi quelli arbitrali;

d) il tipo di procedura seguita per la selezione del contraente e il numero di partecipanti alla procedura.

2. La pubblicazione delle informazioni di cui al comma 1, relativamente ad incarichi per i quali è previsto un compenso, è condizione di efficacia per il pagamento stesso. In caso di omessa o parziale pubblicazione, il soggetto responsabile della pubblicazione ed il soggetto che ha effettuato il pagamento sono soggetti ad una sanzione pari alla somma corrisposta.

(1) *Articolo inserito dall'art. 14, comma 2, del d.lgs. 25 maggio 2016, n. 97, di cui* sub *nota 1 in Epigrafe.*

15-*ter* Obblighi di pubblicazione concernenti gli amministratori e gli esperti nominati da organi giurisdizionali o amministrativi (1).

1. L'albo di cui all'articolo 1 del decreto legislativo 4 febbraio 2010, n. 14 è tenuto con modalità informatiche ed è inserito in un'area pubblica dedicata del sito istituzionale del Ministero della giustizia. Nell'albo sono indicati, per ciascun iscritto, gli incarichi ricevuti, con precisazione dell'autorità che lo ha conferito e della relativa data di attribuzione e di cessazione, nonché gli acconti e il compenso finale liquidati. I dati di cui al periodo precedente sono inseriti nell'albo, a cura della cancelleria, entro quindici giorni dalla pronuncia del provvedimento. Il regolamento di cui all'articolo 10 del suddetto decreto legislativo n. 14 del 2010 stabilisce gli ulteriori dati che devono essere contenuti nell'albo.

2. L'Agenzia nazionale per l'amministrazione e la destinazione dei beni sequestrati e confiscati alla criminalità organizzata, di cui all'articolo 110 del decreto legislativo 6 settembre 2011, n. 159, pubblica sul proprio sito istituzionale gli incarichi conferiti ai tecnici e agli altri soggetti qualificati di cui all'articolo 38, comma 3, dello stesso decreto legislativo n. 159 del 2011, nonché i compensi a ciascuno di essi liquidati.

3. Nel registro di cui all'articolo 28, quarto comma, del regio decreto 16 marzo 1942, n. 267, vengono altresì annotati i provvedimenti di liquidazione degli acconti e del compenso finale in favore di ciascuno dei soggetti di cui

al medesimo articolo 28, quelli di chiusura del fallimento e di omologazione del concordato e quelli che attestano l'esecuzione del concordato, nonché l'ammontare dell'attivo e del passivo delle procedure chiuse.

4. Le prefetture pubblicano i provvedimenti di nomina e di quantificazione dei compensi degli amministratori e degli esperti nominati ai sensi dell'articolo 32 del decreto-legge 24 giugno 2014, n. 90.

(1) *Articolo inserito dall'art. 14, comma 2, del d.lgs. 25 maggio 2016, n. 97, di cui* sub *nota 1 in Epigrafe.*

16 Obblighi di pubblicazione concernenti la dotazione organica e il costo del personale con rapporto di lavoro a tempo indeterminato.

1. Fermo restando quanto previsto dall'articolo 9-*bis,* le pubbliche amministrazioni pubblicano il conto annuale del personale e delle relative spese sostenute, di cui all'articolo 60, comma 2, del decreto legislativo 30 marzo 2001, n. 165, nell'ambito del quale sono rappresentati i dati relativi alla dotazione organica e al personale effettivamente in servizio e al relativo costo, con l'indicazione della sua distribuzione tra le diverse qualifiche e aree professionali, con particolare riguardo al personale assegnato agli uffici di diretta collaborazione con gli organi di indirizzo politico (1).

2. Fermo restando quanto previsto dall'articolo 9-*bis,* le pubbliche amministrazioni, nell'ambito delle pubblicazioni di cui al comma 1, evidenziano separatamente, i dati relativi al costo complessivo del personale a tempo indeterminato in servizio, articolato per aree professionali, con particolare riguardo al personale assegnato agli uffici di diretta collaborazione con gli organi di indirizzo politico (2).

3. Le pubbliche amministrazioni pubblicano trimestralmente i dati relativi ai tassi di assenza del personale distinti per uffici di livello dirigenziale.

3-*bis.* Il Dipartimento della funzione pubblica della Presidenza del Consiglio dei ministri assicura adeguate forme di pubblicità dei processi di mobilità dei dipendenti delle pubbliche amministrazioni, anche attraverso la pubblicazione di dati identificativi dei soggetti interessati (3).

(1) *Comma modificato dall'art. 15, comma 1, lett.* a), *del d.lgs. 25 maggio 2016, n. 97, di cui* sub *nota 1 in Epigrafe. Il testo del comma era il seguente:* « 1. Le pubbliche amministrazioni pubblicano il conto annuale del personale e delle relative spese sostenute, di cui all'articolo 60, comma 2, del decreto legislativo 30 marzo 2001, n. 165, nell'ambito del quale sono rappresentati i dati relativi alla dotazione organica e al personale effettivamente in servizio e al relativo costo, con l'indicazione della sua distribuzione tra le diverse qualifiche e aree professionali, con particolare riguardo al personale assegnato agli uffici di diretta collaborazione con gli organi di indirizzo politico ».

(2) *Comma modificato dall'art. 15, comma 1, lett.* b), *del d.lgs. n. 97, cit. di cui* sub *nota 1 in Epigrafe. Il testo del comma era il seguente:* « 2. Le pubbliche amministrazioni, nell'ambito delle pubblicazioni di cui al comma 1, evidenziano separatamente, i dati relativi al costo complessivo del personale a tempo indeterminato in servizio, articolato per aree professionali, con particolare riguardo al personale assegnato agli uffici di diretta collaborazione con gli organi di indirizzo politico ».

(3) *Comma aggiunto dall'art. 15, comma 1, lett.* c), *del d.lgs. n. 97, cit. di cui* sub *nota 1 in Epigrafe. Ai sensi dell'art. 42 del medesimo decreto « Le forme di pubblicità di cui all'articolo 16, comma 3-*bis, *del decreto legislativo n. 33 del 2013, inserito dall'articolo 15 del presente decreto, sono dovute anche per i processi di mobilità di cui all'articolo 1, commi da 421 a 428 della legge 23 dicembre 2014, n. 190 ».*

17 Obblighi di pubblicazione dei dati relativi al personale non a tempo indeterminato.

1. Fermo restando quanto previsto dall'articolo 9-*bis,* le pubbliche amministrazioni pubblicano annualmente, nell'ambito di quanto previsto dall'articolo 16, comma 1, i dati relativi al personale con rapporto di lavoro non a tempo indeterminato, ivi compreso il personale assegnato agli uffici di diretta collaborazione con gli organi di indirizzo politico. (1).

2. Fermo restando quanto previsto dall'articolo 9-*bis,* le pubbliche amministrazioni pubblicano trimestralmente i dati relativi al costo complessivo del personale di cui al comma 1, con particolare riguardo al personale assegnato agli uffici di diretta collaborazione con gli organi di indirizzo politico (2).

(1) *Comma modificato dall'art. 16, comma 1, lett.* a), *del d.lgs. 25 maggio 2016, n. 97, di cui* sub *nota 1 in Epigrafe. Il testo del comma era il seguente:* « 1. Le pubbliche amministrazioni pubblicano annualmente, nell'ambito di quanto previsto dall'articolo 16, comma 1, i dati relativi al personale con rapporto di lavoro non a tempo indeterminato, con la indicazione delle diverse tipologie di rapporto, della distribuzione di questo personale tra le diverse qualifiche e aree professionali, ivi compreso il personale assegnato agli uffici di diretta collaborazione con gli organi di indirizzo politico. La pubblicazione comprende l'elenco dei titolari dei contratti a tempo determinato ».

(2) *Comma modificato dall'art. 16, comma 1, lett.* b), *del d.lgs. n. 97, cit. di cui* sub *nota 1 in Epigrafe. Il testo del comma era il seguente:* « 2. Le pubbliche amministrazioni pubblicano trimestralmente i dati relativi al costo complessivo del personale di cui al comma 1, articolato per aree professionali, con particolare riguardo al personale assegnato agli uffici di diretta collaborazione con gli organi di indirizzo politico ».

18 Obblighi di pubblicazione dei dati relativi agli incarichi conferiti ai dipendenti pubblici.

1. Fermo restando quanto previsto dall'articolo 9-*bis,* le pubbliche amministrazioni pubblicano l'elenco degli incarichi conferiti o autorizzati a ciascuno dei propri dipendenti, con l'indicazione della durata e del compenso spettante per ogni incarico (1)

(1) *Comma modificato dall'art. 17, comma 1, del d.lgs. 25 maggio 2016, n. 97, di cui* sub *nota 1 in Epigrafe. Il testo del comma era il seguente:* « 1. Le pubbliche amministrazioni pubblicano annualmente, nell'ambito di quanto previsto dall'articolo 16, comma 1, i dati relativi al personale con rapporto di lavoro non a tempo indeterminato, con la indicazione delle diverse tipologie di rapporto, della distribuzione di questo personale tra le diverse qualifiche e aree professionali, ivi compreso il personale assegnato agli uffici di diretta collaborazione con gli organi di indirizzo politico. La pubblicazione comprende l'elenco dei titolari dei contratti a tempo determinato ».

19 Bandi di concorso.

1. Fermi restando gli altri obblighi di pubblicità legale, le pubbliche amministrazioni pubblicano i bandi di concorso per il reclutamento, a qualsiasi titolo, di personale presso l'amministrazione, nonché i criteri di valutazione della Commissione, le tracce delle prove e le graduatorie finali, aggiornate con l'eventuale scorrimento degli idonei non vincitori (1) (2).

2. Le pubbliche amministrazioni pubblicano e tengono costantemente aggiornati i dati di cui al comma 1 (3) [, nonché quello dei bandi espletati nel corso dell'ultimo triennio, accompagnato dall'indicazione, per

ciascuno di essi, del numero dei dipendenti assunti e delle spese effettuate] (4).

2-*bis*. I soggetti di cui all'articolo 2-*bis* assicurano, tramite il Dipartimento della funzione pubblica della Presidenza del Consiglio dei ministri, la pubblicazione del collegamento ipertestuale dei dati di cui al presente articolo, ai fini dell'accessibilità ai sensi dell'articolo 4, comma 5, del decretolegge 31 agosto 2013, n. 101, convertito, con modificazioni, dalla legge 30 ottobre 2013, n. 125 (5).

(1) *Le parole* «, le tracce delle prove e le graduatorie finali, aggiornate con l'eventuale scorrimento degli idonei non vincitori » *sono state sostituite alle parole* « e le tracce delle prove scritte » *dall'art. 1, comma 145, lett.* a), *della l. 27 dicembre 2019, n. 160.*

(2) *Comma modificato dall'art. 18, comma 1, lett.* a), *del d.lgs. 25 maggio 2016, n. 97. Il testo del comma era il seguente:* « 1. Fermi restando gli altri obblighi di pubblicità legale, le pubbliche amministrazioni pubblicano i bandi di concorso per il reclutamento, a qualsiasi titolo, di personale presso l'amministrazione ».

(3) *Le parole* « aggiornati i dati di cui al comma 1 » *sono state sostituite alle parole* « aggiornato l'elenco dei bandi in corso » *dall'art. 1, comma 145, lett.* b), *della l. 27 dicembre 2019, n. 160.*

(4) *Le parole tra parentesi quadre sono state soppresse dall'art. 18, comma 1, lett.* b), *del d.lgs. 25 maggio 2016, n. 97, di cui* sub *nota 1 in Epigrafe.*

(5) *Comma aggiunto dall'art. 1, comma 145, lett.* c), *della l. 27 dicembre 2019, n. 160.*

20 Obblighi di pubblicazione dei dati relativi alla valutazione della performance e alla distribuzione dei premi al personale.

1. Le pubbliche amministrazioni pubblicano i dati relativi all'ammontare complessivo dei premi collegati alla performance stanziati e l'ammontare dei premi effettivamente distribuiti.

2. Le pubbliche amministrazioni pubblicano i criteri definiti nei sistemi di misurazione e valutazione della performance per l'assegnazione del trattamento accessorio e i dati relativi alla sua distribuzione, in forma aggregata, al fine di dare conto del livello di selettività utilizzato nella distribuzione dei premi e degli incentivi, nonché i dati relativi al grado di differenziazione nell'utilizzo della premialità sia per i dirigenti sia per i dipendenti. (1).

[3. Le pubbliche amministrazioni pubblicano, altresì, i dati relativi ai livelli di benessere organizzativo.] (2)

(1) *Comma sostituito dall'art. 19, comma 1, lett.* a), *del d.lgs. 25 maggio 2016, n. 97, di cui* sub *nota 1 in Epigrafe. Il testo del comma era il seguente:* « 2. Le pubbliche amministrazioni pubblicano i dati relativi all'entità del premio mediamente conseguibile dal personale dirigenziale e non dirigenziale, i dati relativi alla distribuzione del trattamento accessorio, in forma aggregata, al fine di dare conto del livello di selettività utilizzato nella distribuzione dei premi e degli incentivi, nonché i dati relativi al grado di differenziazione nell'utilizzo della premialità sia per i dirigenti sia per i dipendenti ».

(2) *Comma abrogato dall'art. 19, comma 1, lett.* b), *del d.lgs. n. 97, cit. di cui* sub *nota 1 in Epigrafe.*

21 Obblighi di pubblicazione concernenti i dati sulla contrattazione collettiva.

1. Fermo restando quanto previsto dall'articolo 9-*bis* le pubbliche amministrazioni pubblicano i riferimenti necessari per la consultazione dei contratti e accordi collettivi nazionali, che si applicano loro, nonché le eventuali interpretazioni autentiche (1).

2. Fermo restando quanto previsto dall'articolo 9-*bis* e 47, comma 8, del decreto legislativo 30 marzo 2001, n. 165, le pubbliche amministrazioni pubblicano i contratti integrativi stipulati, con la relazione tecnico-finanziaria e quella illustrativa certificate dagli organi di controllo di cui all'articolo 40-*bis*, comma 1, del decreto legislativo n. 165 del 2001, nonché le informazioni trasmesse annualmente ai sensi del comma 3 dello stesso articolo. La relazione illustrativa, fra l'altro, evidenzia gli effetti attesi in esito alla sottoscrizione del contratto integrativo in materia di produttività ed efficienza dei servizi erogati, anche in relazione alle richieste dei cittadini (2).

(1) *Comma modificato dall'art. 20, comma 1, lett.* a), *del d.lgs. 25 maggio 2016, n. 97, di cui* sub *nota 1 in Epigrafe. Il testo del comma era il seguente:* « 1. Le pubbliche amministrazioni pubblicano i riferimenti necessari per la consultazione dei contratti e accordi collettivi nazionali, che si applicano loro, nonché le eventuali interpretazioni autentiche ».

(2) *Comma modificato dall'art. 20, comma 1, lett.* b), *del d.lgs. n. 97, cit. di cui* sub *nota 1 in Epigrafe. Il testo del comma era il seguente:* « 2. Fermo restando quanto previsto dall'articolo 47, comma 8, del decreto legislativo 30 marzo 2001, n. 165, le pubbliche amministrazioni pubblicano i contratti integrativi stipulati, con la relazione tecnico-finanziaria e quella illustrativa certificate dagli organi di controllo di cui all'articolo 40-*bis*, comma 1, del decreto legislativo n. 165 del 2001, nonché le informazioni trasmesse annualmente ai sensi del comma 3 dello stesso articolo. La relazione illustrativa, fra l'altro, evidenzia gli effetti attesi in esito alla sottoscrizione del contratto integrativo in materia di produttività ed efficienza dei servizi erogati, anche in relazione alle richieste dei cittadini ».

22 Obblighi di pubblicazione dei dati relativi agli enti pubblici vigilati, e agli enti di diritto privato in controllo pubblico, nonché alle partecipazioni in società di diritto privato.

1. Fermo restando quanto previsto dall'articolo 9-*bis*, ciascuna amministrazione pubblica e aggiorna annualmente (1):

a) l'elenco degli enti pubblici, comunque denominati, istituiti, vigilati o finanziati dalla amministrazione medesimanonché di quelli per i quali l'amministrazione abbia il potere di nomina degli amministratori dell'ente, con l'elencazione delle funzioni attribuite e delle attività svolte in favore dell'amministrazione o delle attività di servizio pubblico affidate (2);

b) l'elenco delle società di cui detiene direttamente quote di partecipazione anche minoritaria indicandone l'entità, con l'indicazione delle funzioni attribuite e delle attività svolte in favore dell'amministrazione o delle attività di servizio pubblico affidate;

c) l'elenco degli enti di diritto privato, comunque denominati, in controllo dell'amministrazione, con l'indicazione delle funzioni attribuite e delle attività svolte in favore dell'amministrazione o delle attività di servizio pubblico affidate. Ai fini delle presenti disposizioni sono enti di diritto privato in controllo pubblico gli enti di diritto privato sottoposti a controllo da parte di amministrazioni pubbliche, oppure gli enti costituiti o vigilati da pubbliche amministrazioni nei quali siano a queste riconosciuti, anche in assenza di una partecipazione azionaria, poteri di nomina dei vertici o dei componenti degli organi;

d) una o più rappresentazioni grafiche che evidenziano i rapporti tra l'amministrazione e gli enti di cui al precedente comma;

d-bis) i provvedimenti in materia di costituzione di società a partecipazione pubblica, acquisto di partecipazioni in società già costituite, gestione delle partecipazioni pubbliche, alienazione di partecipazioni sociali, quotazione di società a controllo pubblico in mercati regolamentati e razionalizzazione periodica delle partecipazioni pubbliche, previsti dal decreto legislativo adottato ai sensi dell'articolo 18 della legge 7 agosto 2015, n. 124 (3).

2. Fermo restando quanto previsto dall'articolo 9-*bis*, per ciascuno degli enti di cui alle lettere da *a*) a *c*) del comma 1 sono pubblicati i dati relativi alla ragione sociale, alla misura della eventuale partecipazione dell'amministrazione, alla durata dell'impegno, all'onere complessivo a qualsiasi titolo gravante per l'anno sul bilancio dell'amministrazione, al numero dei rappresentanti dell'amministrazione negli organi di governo, al trattamento economico complessivo a ciascuno di essi spettante, ai risultati di bilancio degli ultimi tre esercizi finanziari. Sono altresì pubblicati i dati relativi agli incarichi di amministratore dell'ente e il relativo trattamento economico complessivo (4).

3. Nel sito dell'amministrazione è inserito il collegamento con i siti istituzionali dei soggetti di cui al comma 1 [, nei quali sono pubblicati i dati relativi ai componenti degli organi di indirizzo e ai soggetti titolari di incarico, in applicazione degli articoli 14 e 15] (5).

4. Nel caso di mancata o incompleta pubblicazione dei dati relativi agli enti di cui al comma 1, è vietata l'erogazione in loro favore di somme a qualsivoglia titolo da parte dell'amministrazione interessata, ad esclusione dei pagamenti che le amministrazioni sono tenute ad erogare a fronte di obbligazioni contrattuali per prestazioni svolte in loro favore da parte di uno degli enti e società indicati nelle categorie di cui al comma 1, lettere da *a*) a *c*) (6).

5. Le amministrazioni titolari di partecipazioni di controllo promuovono l'applicazione dei principi di trasparenza di cui ai commi 1, lettera *b*), e 2, da parte delle società direttamente controllate nei confronti delle società indirettamente controllate dalle medesime amministrazioni.

6. Le disposizioni di cui al presente articolo non trovano applicazione nei confronti delle società, partecipate da amministrazioni pubbliche, con azioni quotate in mercati regolamentati italiani o di altri paesi dell'Unione europea, e loro controllate (7).

(1) *Alinea modificato dall'art. 21, comma 1, lett.* a), *n. 1), del d.lgs. 25 maggio 2016, n. 97, di cui* sub *nota 1 in Epigrafe. Il testo dell'alinea era il seguente:* « 1. Ciascuna amministrazione pubblica e aggiorna annualmente: ».

(2) *Lettera modificata dall'art. 21, comma 1, lett.* a), *n. 2), del d.lgs. n. 97, cit. di cui* sub *nota 1 in Epigrafe. Il testo della lettera era il seguente:* « *a)* l'elenco degli enti pubblici, comunque denominati, istituiti, vigilati e finanziati dalla amministrazione medesima ovvero per i quali l'amministrazione abbia il potere di nomina degli amministratori dell'ente, con l'elencazione delle funzioni attribuite e delle attività svolte in favore dell'amministrazione o delle attività di servizio pubblico affidate; ».

(3) *Lettera inserita dall'art. 21, comma 1, lett.* a), *n. 3), del d.lgs. n. 97, cit. di cui* sub *nota 1 in Epigrafe.*

(4) *Comma modificato dall'art. 21, comma 1, lett.* b), *del d.lgs. n. 97, cit. di cui* sub *nota 1 in Epigrafe. Il testo del comma era il seguente:* « 2. Per ciascuno degli enti di cui alle lettere da a) a c) del comma 1 sono pubblicati i dati relativi alla ragione sociale, alla misura della eventuale partecipazione dell'amministrazione, alla durata dell'impegno, all'onere complessivo a qualsiasi titolo gravante per l'anno sul bilancio dell'amministrazione, al numero dei rappresentanti dell'amministrazione negli organi di governo, al trattamento economico complessivo a ciascuno di essi spettante, ai risultati di bilancio degli ultimi tre esercizi finanziari. Sono altresì pubblicati i dati relativi agli incarichi di amministratore dell'ente e il relativo trattamento economico complessivo ».

(5) *Comma modificato dall'art. 21, comma 1, lett.* c), *del d.lgs. n. 97, cit. di cui* sub *nota 1 in Epigrafe. Il del comma era il seguente:* « 3. Nel sito dell'amministrazione è inserito il collegamento con i siti istituzionali degli enti di cui al comma 1, nei quali sono pubblicati i dati relativi ai componenti degli organi di indirizzo e ai soggetti titolari di incarico, in applicazione degli articoli 14 e 15 ».

(6) *Comma modificato dall'art. 21, comma 1, lett.* d), *del d.lgs. n. 97, cit. di cui* sub *nota 1 in Epigrafe. Il testo del comma era il seguente:* « 4. Nel caso di mancata o incompleta pubblicazione dei dati relativi agli enti di cui al comma 1, è vietata l'erogazione in loro favore di somme a qualsivoglia titolo da parte dell'amministrazione interessata ».

(7) *Comma sostituito dall'art. 21, comma 1, lett.* e), *del d.lgs. n. 97, cit. di cui* sub *nota 1 in Epigrafe. Il testo del comma era il seguente:* « 6. Le disposizioni di cui al presente articolo non trovano applicazione nei confronti delle società, partecipate da amministrazioni pubbliche, quotate in mercati regolamentati e loro controllate ».

23 Obblighi di pubblicazione concernenti i provvedimenti amministrativi.

1. Le pubbliche amministrazioni pubblicano e aggiornano ogni sei mesi, in distinte partizioni della sezione « Amministrazione trasparente », gli elenchi dei provvedimenti adottati dagli organi di indirizzo politico e dai dirigenti, con particolare riferimento ai provvedimenti finali dei procedimenti di:

[*a*) autorizzazione o concessione] (1);

b) scelta del contraente per l'affidamento di lavori, forniture e servizi, anche con riferimento alla modalità di selezione prescelta ai sensi del codice dei contratti pubblici, relativi a lavori, servizi e forniture, di cui al decreto legislativo 18 aprile 2016, n. 50, fermo restando quanto previsto dall'articolo 9-*bis* (2);

[*c*) concorsi e prove selettive per l'assunzione del personale e progressioni di carriera di cui all'articolo 24 del decreto legislativo n. 150 del 2009] (3);

d) accordi stipulati dall'amministrazione con soggetti privati o con altre amministrazioni pubbliche, ai sensi degli articoli 11 e 15 della legge 7 agosto 1990, n. 241 (4).

[2. Per ciascuno dei provvedimenti compresi negli elenchi di cui al comma 1 sono pubblicati il contenuto, l'oggetto, la eventuale spesa prevista e gli estremi relativi ai principali documenti contenuti nel fascicolo relativo al procedimento. La pubblicazione avviene nella forma di una scheda sintetica, prodotta automaticamente in sede di formazione del documento che contiene l'atto] (5).

(1) *Lettera soppressa dall'art. 22, comma 1, lett.* a), *n. 1), del d.lgs. 25 maggio 2016, n. 97, di cui* sub *nota 1 in Epigrafe.*

(2) *Lettera modificata dall'art. 22, comma 1, lett.* a), *n. 2), del d.lgs. n. 97, cit. di cui* sub *nota 1 in Epigrafe. Il testo della lettera era il seguente:* « *b)* scelta del contraente per l'affidamento di lavori, forniture e servizi, anche con riferimento alla modalità di selezione prescelta ai sensi del codice dei contratti pubblici, relativi a lavori, servizi e forniture, di cui al decreto legislativo 12 aprile 2006, n. 163; ».

(3) *Lettera soppressa dall'art. 22, comma 1, lett.* a), *n. 3), del d.lgs. n. 97, cit. di cui* sub *nota 1 in Epigrafe.*

(4) *Lettera modificata dall'art. 22, comma 1, lett.* a), *n. 4), del d.lgs. n. 97, cit. di cui* sub *nota 1 in Epigrafe. Il testo della lettera era il seguente:* « *d)* accordi stipulati dall'amministrazione con soggetti privati o con altre amministrazioni pubbliche ».

(5) *Comma abrogato dall'art. 22, comma 1, lett.* b), *del d.lgs. n. 97, cit. di cui* sub *nota 1 in Epigrafe.*

24 Obblighi di pubblicazione dei dati aggregati relativi all'attività amministrativa.

[1. Le pubbliche amministrazioni che organizzano, a fini conoscitivi e statistici, i dati relativi alla propria attività amministrativa, in forma aggregata, per settori di attività, per competenza degli organi e degli uffici, per tipologia di procedimenti, li pubblicano e li tengono costantemente aggiornati.

2. Le amministrazioni pubblicano e rendono consultabili i risultati del monitoraggio periodico concernente il rispetto dei tempi procedimentali effettuato ai sensi dell'articolo 1, comma 28, della legge 6 novembre 2012, n. 190.] (1)

(1) *Articolo abrogato dall'art. 43 del d.lgs. 25 maggio 2016, n. 97, di cui* sub *nota 1 in Epigrafe.*

25 Obblighi di pubblicazione concernenti i controlli sulle imprese.

[1. Le pubbliche amministrazioni, in modo dettagliato e facilmente comprensibile, pubblicano sul proprio sito istituzionale e sul sito: www.impresainungiorno.gov.it:

a) l'elenco delle tipologie di controllo a cui sono assoggettate le imprese in ragione della dimensione e del settore di attività, indicando per ciascuna di esse i criteri e le relative modalità di svolgimento;

b) l'elenco degli obblighi e degli adempimenti oggetto delle attività di controllo che le imprese sono tenute a rispettare per ottemperare alle disposizioni normative.] (1)

(1) *Articolo abrogato dall'art. 43 del d.lgs. 25 maggio 2016, n. 97, di cui* sub *nota 1 in Epigrafe.*

26 Obblighi di pubblicazione degli atti di concessione di sovvenzioni, contributi, sussidi e attribuzione di vantaggi economici a persone fisiche ed enti pubblici e privati (1).

1. Le pubbliche amministrazioni pubblicano gli atti con i quali sono determinati, ai sensi dell'articolo 12 della legge 7 agosto 1990, n. 241, i criteri e le modalità cui le amministrazioni stesse devono attenersi per la concessione di sovvenzioni, contributi, sussidi ed ausili finanziari e per l'attribuzione di vantaggi economici di qualunque genere a persone ed enti pubblici e privati.

2. Le pubbliche amministrazioni pubblicano gli atti di concessione delle sovvenzioni, contributi, sussidi ed ausili finanziari alle imprese, e comunque di vantaggi economici di qualunque genere a persone ed enti pubblici e privati ai sensi del citato articolo 12 della legge n. 241 del 1990, di importo superiore a mille euro. Ove i soggetti beneficiari siano controllati di diritto o di fatto dalla stessa persona fisica o giuridica ovvero dagli stessi gruppi di persone fisiche o giuridiche, vengono altresì pubblicati i dati consolidati di gruppo (2). Ove i soggetti beneficiari siano controllati di diritto o di fatto dalla stessa persona fisica o giuridica ovvero dagli stessi gruppi di persone fisiche o giuridiche, vengono altresì pubblicati i dati consolidati di gruppo (3).

3. La pubblicazione ai sensi del presente articolo costituisce condizione legale di efficacia dei provvedimenti che dispongano concessioni e attribuzioni di importo complessivo superiore a mille euro nel corso dell'anno solare al medesimo beneficiario [; la sua eventuale omissione o incompletezza è rilevata d'ufficio dagli organi dirigenziali, sotto la propria responsabilità amministrativa, patrimoniale e contabile per l'indebita concessione o attribuzione del beneficio economico] (4). La mancata, incompleta o ritardata pubblicazione rilevata d'ufficio dagli organi di controllo è altresì rilevabile dal destinatario della prevista concessione o attribuzione e da chiunque altro abbia interesse, anche ai fini del risarcimento del danno da ritardo da parte dell'amministrazione, ai sensi dell'articolo 30 del decreto legislativo 2 luglio 2010, n. 104.

4. È esclusa la pubblicazione dei dati identificativi delle persone fisiche destinatarie dei provvedimenti di cui al presente articolo, qualora da tali dati sia possibile ricavare informazioni relative allo stato di salute ovvero alla situazione di disagio economico-sociale degli interessati.

(1) *V. art. 1, commi 125-129 della l.4 agosto 2017, n. 124* (Sub V, 9), *come da ultimo sosituiti dall'art. 35, comma 1 del d.l. 30 aprile 2019, n. 34, conv., con modif., in l. 28 giugno 2019, n. 58:* « *125. A partire dall'esercizio finanziario 2018, i soggetti di cui al secondo periodo sono tenuti a pubblicare nei propri siti internet o analoghi portali digitali, entro il 30 giugno di ogni anno, le informazioni relative a sovvenzioni, sussidi, vantaggi, contributi o aiuti, in denaro o in natura, non aventi carattere generale e privi di natura corrispettiva, retributiva o risarcitoria, agli stessi effettivamente erogati nell'esercizio finanziario precedente dalle pubbliche amministrazioni di cui all'*articolo 1, comma 2, del decreto legislativo 30 marzo 2001, n. 165 *e dai soggetti di cui all'*articolo 2-*bis* del decreto legislativo 14 marzo 2013, n. 33. *Il presente comma si applica:*

*a) ai soggetti di cui all'*articolo 13 della legge 8 luglio 1986, n. 349;

*b) ai soggetti di cui all'*articolo 137 del decreto legislativo 6 settembre 2005, n. 206;

c) alle associazioni, Onlus e fondazioni;

d) alle cooperative sociali che svolgono attività a favore degli stranieri di cui al decreto legislativo 25 luglio 1998, n. 286.

125-bis. *I soggetti che esercitano le attività di cui all'*articolo 2195 del codice civile *pubblicano nelle note integrative del bilancio di esercizio e dell'eventuale bilancio consolidato gli importi e le informazioni relativi a sovvenzioni, sussidi, vantaggi, contributi o aiuti, in denaro o in natura, non aventi carattere generale e privi di natura corrispettiva, retributiva o risarcitoria, agli stessi effettivamente erogati dalle pubbliche amministrazioni di cui all'*articolo 1, comma 2, del decreto legislativo 30 marzo 2001, n. 165 *e dai soggetti di cui all'*articolo 2-*bis* del decreto legislativo 14 marzo 2013, n. 33. *I soggetti che redigono il bilancio ai sensi dell'*articolo 2435-*bis* del codice civile *e quelli comunque non tenuti alla redazione della nota integrativa assolvono all'obbligo di cui al primo periodo mediante pubblicazione delle medesime informazioni e importi, entro il 30 giugno di ogni anno, su propri siti internet, secondo modalità liberamente accessibili al pubblico o, in mancanza di questi ultimi, sui portali digitali delle associazioni di categoria di appartenenza.*

125-ter. *A partire dal 1° gennaio 2020, l'inosservanza degli obblighi di cui ai commi 125 e 125-*bis *comporta una sanzione pari all'1 per cento degli importi ricevuti con un importo minimo di 2.000 euro, nonché la sanzione accessoria dell'adempimento agli obblighi di pubblicazione. Decorsi 90 giorni dalla contestazione senza che il trasgressore abbia ottemperato agli obblighi di pubblicazione e al pagamento della sanzione amministrativa pecuniaria, si applica la sanzione della restituzione integrale del beneficio ai soggetti eroganti. Le sanzioni di cui al presente comma sono irrogate dalle pubbliche amministrazioni di cui all'*articolo

1, comma 2, del decreto legislativo 30 marzo 2001, n. 165, *che hanno erogato il beneficio oppure, negli altri casi, dall'amministrazione vigilante o competente per materia. Si applica la* legge 24 novembre 1981, n. 689, *in quanto compatibile.*

125-quater. *Qualora i soggetti eroganti sovvenzioni, sussidi, vantaggi, contributi o aiuti, in denaro o in natura, privi di natura corrispettiva, retributiva o risarcitoria di cui ai commi 125 e 125-*bis *siano amministrazioni centrali dello Stato ed abbiano adempiuto agli obblighi di pubblicazione previsti dall'*articolo 26 del decreto legislativo 14 marzo 2013, n. 33, *le somme di cui al comma 125-ter sono versate ad apposito capitolo dell'entrata del bilancio dello Stato per essere riassegnate ai pertinenti capitoli degli stati di previsione delle amministrazioni originariamente competenti per materia. Nel caso in cui i soggetti eroganti di cui al primo periodo non abbiano adempiuto agli obblighi di pubblicazione di cui all'*articolo 26 del decreto legislativo 14 marzo 2013, n. 33, *le somme di cui al comma 125-ter sono versate all'entrata del bilancio dello Stato per essere riassegnate al Fondo per la lotta alla povertà e all'esclusione sociale di cui all'*articolo 1, comma 386, della *legge 28 dicembre 2015, n. 208.*

125-quinquies. *Per gli aiuti di Stato e gli aiuti de minimis contenuti nel Registro nazionale degli aiuti di Stato di cui all'*articolo 52 della legge 24 dicembre 2012, n. 234, *la registrazione degli aiuti nel predetto sistema, con conseguente pubblicazione nella sezione trasparenza ivi prevista, operata dai soggetti che concedono o gestiscono gli aiuti medesimi ai sensi della relativa disciplina, tiene luogo degli obblighi di pubblicazione posti a carico dei soggetti di cui ai commi 125 e 125-*bis, *a condizione che venga dichiarata l'esistenza di aiuti oggetto di obbligo di pubblicazione nell'ambito del Registro nazionale degli aiuti di Stato nella nota integrativa del bilancio oppure, ove non tenute alla redazione della nota integrativa, sul proprio sito internet o, in mancanza, sul portale digitale delle associazioni di categoria di appartenenza.*

125-sexies. *Le cooperative sociali di cui al comma 125, lettera d), sono altresì tenute a pubblicare trimestralmente nei propri siti internet o portali digitali l'elenco dei soggetti a cui sono versate somme per lo svolgimento di servizi finalizzati ad attività di integrazione, assistenza e protezione sociale.*

*126. A decorrere dal 1° gennaio 2018, gli obblighi di pubblicazione di cui all'*articolo 26 del decreto legislativo 14 marzo 2013, n. 33, *si applicano anche agli enti e alle società controllati di diritto o di fatto, direttamente o indirettamente, dalle amministrazioni dello Stato, mediante pubblicazione nei propri documenti contabili annuali, nella nota integrativa del bilancio. In caso di inosservanza di tale obbligo si applica una sanzione amministrativa pari alle somme erogate.*

127. Al fine di evitare la pubblicazione di informazioni non rilevanti, l'obbligo di pubblicazione di cui ai commi 125, 125-bis e 126 non si applica ove l'importo monetario di sovvenzioni, sussidi, vantaggi, contributi o aiuti, in denaro o in natura, privi di natura corrispettiva, retributiva o risarcitoria effettivamente erogati al soggetto beneficiario sia inferiore a 10.000 euro nel periodo considerato.

*128. All'*articolo 26, comma 2, del decreto legislativo 14 marzo 2013, n. 33, *dopo il secondo periodo, è aggiunto il seguente: « Ove i soggetti beneficiari siano controllati di diritto o di fatto dalla stessa persona fisica o giuridica ovvero dagli stessi gruppi di persone fisiche o giuridiche, vengono altresì pubblicati i dati consolidati di gruppo. ».*

129. All'attuazione delle disposizioni previste dai commi da 125 a 128 le amministrazioni, gli enti e le società di cui ai predetti commi provvedono nell'ambito delle risorse umane, finanziarie e strumentali previste a legislazione vigente e, comunque, senza nuovi o maggiori oneri a carico della finanza pubblica ».

(2) *Il secondo periodo è stato aggiunto dall'art. 1, comma 128, della l. 4 agosto 2017, n. 124.*

(3) *L'ultimo periodo è stato aggiunto dall'art. 35, comma 1 del d.l. 30 aprile 2019, n. 34, conv., con modif., in l. 28 giugno 2019, n. 58.*

(4) *Parole soppresse dall'art. 23 del d.lgs. 25 maggio 2016, n. 97, di cui sub nota 1 in Epigrafe.*

27 Obblighi di pubblicazione dell'elenco dei soggetti beneficiari.

1. La pubblicazione di cui all'articolo 26, comma 2, comprende necessariamente, ai fini del comma 3 del medesimo articolo:

a) il nome dell'impresa o dell'ente e i rispettivi dati fiscali o il nome di altro soggetto beneficiario;

b) l'importo del vantaggio economico corrisposto;

c) la norma o il titolo a base dell'attribuzione;

d) l'ufficio e il funzionario o dirigente responsabile del relativo procedimento amministrativo;

e) la modalità seguita per l'individuazione del beneficiario;

f) il link al progetto selezionato e al curriculum del soggetto incaricato.

2. Le informazioni di cui al comma 1 sono riportate, nell'ambito della sezione « Amministrazione trasparente » e secondo modalità di facile consultazione, in formato tabellare aperto che ne consente l'esportazione, il trattamento e il riutilizzo ai sensi dell'articolo 7 e devono essere organizzate annualmente in unico elenco per singola amministrazione.

28 Pubblicità dei rendiconti dei gruppi consiliari regionali e provinciali.

1. Fermo restando quanto previsto dall'articolo 9-*bis*, le regioni, le province autonome di Trento e Bolzano e le province pubblicano i rendiconti di cui all'articolo 1, comma 10, del decreto-legge 10 ottobre 2012, n. 174, convertito, con modificazioni, dalla legge 7 dicembre 2012, n. 213, dei gruppi consiliari regionali e provinciali, con evidenza delle risorse trasferite o assegnate a ciascun gruppo, con indicazione del titolo di trasferimento e dell'impiego delle risorse utilizzate. Sono altresì pubblicati gli atti e le relazioni degli organi di controllo (1).

2. La mancata pubblicazione dei rendiconti comporta la riduzione del 50 per cento delle risorse da trasferire o da assegnare nel corso dell'anno.

(1) *Comma modificato dall'art. 24 del d.lgs. 25 maggio 2016, n. 97, di* cui sub *nota 1 in Epigrafe. Il testo prima della modifica era il seguente: « 1. Le regioni, le province autonome di Trento e Bolzano e le province pubblicano i rendiconti di cui all'articolo 1, comma 10, del decreto-legge 10 ottobre 2012, n. 174, convertito, con modificazioni, dalla legge 7 dicembre 2012, n. 213, dei gruppi consiliari regionali e provinciali, con evidenza delle risorse trasferite o assegnate a ciascun gruppo, con indicazione del titolo di trasferimento e dell'impiego delle risorse utilizzate. Sono altresì pubblicati gli atti e le relazioni degli organi di controllo ».*

CAPO III

Obblighi di pubblicazione concernenti l'uso delle risorse pubbliche

29 Obblighi di pubblicazione del bilancio, preventivo e consuntivo, e del Piano degli indicatori e risultati attesi di bilancio, nonché dei dati concernenti il monitoraggio degli obiettivi.

1. Fermo restando quanto previsto dall'articolo 9-*bis*, le pubbliche amministrazioni pubblicano i documenti e gli allegati del bilancio preventivo e del conto consuntivo entro trenta giorni dalla loro adozione, nonché i dati relativi al bilancio di previsione e a quello consuntivo in forma sintetica, aggregata e semplificata, anche con il ricorso a rappresentazioni grafiche, al fine di assicurare la piena accessibilità e comprensibilità (1).

1-*bis* Le pubbliche amministrazioni pubblicano e rendono accessibili, anche attraverso il ricorso ad un portale unico, i dati relativi alle entrate e alla spesa di cui ai propri bilanci preventivi e consuntivi in formato tabellare aperto che ne consenta l'esportazione, il trattamento e il riutilizzo, ai sensi dell'articolo 7, secondo uno schema tipo e modalità definiti con decreto del Presidente del Consiglio dei ministri da adottare sentita la Conferenza unificata (2).

2. Le pubbliche amministrazioni pubblicano il Piano di cui all'articolo 19 del decreto legislativo 31 maggio 2011, n. 91, con le integrazioni e gli aggiornamenti di cui all'articolo 22 del medesimo decreto legislativo n. 91 del 2011.

(1) *Comma sostituito dall'art. 8, comma 1, lett.* a) *d.l. 24 aprile 2014, n. 66, conv., con modif., in l. 23 giugno 2014, n. 89 e successivamente modificato dall'art. 25 del d.lgs. 25 maggio 2016, n. 97, di cui* sub *nota 1 in Epigrafe. Il testo del comma era il seguente:* « 1. Le pubbliche amministrazioni pubblicano i documenti e gli allegati del bilancio preventivo e del conto consuntivo entro trenta giorni dalla loro adozione, nonché i dati relativi al bilancio di previsione e a quello consuntivo in forma sintetica, aggregata e semplificata, anche con il ricorso a rappresentazioni grafiche, al fine di assicurare la piena accessibilità e comprensibilità ».

(2) *Comma inserito dall'art. 8, comma 1, lett.* b) *d.l. n. 66, cit.*

30 Obblighi di pubblicazione concernenti i beni immobili e la gestione del patrimonio.

1. Fermo restando quanto previsto dall'articolo 9-*bis*, le pubbliche amministrazioni pubblicano le informazioni identificative degli immobili posseduti e di quelli detenuti, nonché i canoni di locazione o di affitto versati o percepiti (1).

(1) *Comma modificato dall'art. 26 del d.lgs. 25 maggio 2016, n. 97, di cui* sub *nota 1 in Epigrafe. Il testo del comma era il seguente:* « 1. Le pubbliche amministrazioni pubblicano le informazioni identificative degli immobili posseduti, nonché i canoni di locazione o di affitto versati o percepiti ».

31 Obblighi di pubblicazione concernenti i dati relativi ai controlli sull'organizzazione e sull'attività dell'amministrazione.

1. Le pubbliche amministrazioni pubblicano gli atti degli organismi indipendenti di valutazione o nuclei di valutazione, procedendo all'indicazione in forma anonima dei dati personali eventualmente presenti. Pubblicano, inoltre, la relazione degli organi di revisione amministrativa e contabile al bilancio di previsione o budget, alle relative variazioni e al conto consuntivo o bilancio di esercizio nonché tutti i rilievi ancorché non recepiti della Corte dei conti riguardanti l'organizzazione e l'attività delle amministrazioni stesse e dei loro uffici (1).

(1) *Comma sostituito dall'art. 27 del d.lgs. 25 maggio 2016, n. 97, di cui* sub *nota 1 in Epigrafe. Il testo del comma era il seguente: « 1. Le pubbliche amministrazioni pubblicano, unitamente agli atti cui si riferiscono, i rilievi non recepiti degli organi di controllo interno, degli organi di revisione amministrativa e contabile e tutti i rilievi ancorché recepiti della Corte dei conti, riguardanti l'organizzazione e l'attività dell'amministrazione o di singoli uffici ».*

CAPO IV
Obblighi di pubblicazione concernenti le prestazioni offerte e i servizi erogati

32 Obblighi di pubblicazione concernenti i servizi erogati.

1. Le pubbliche amministrazioni e i gestori di pubblici servizi pubblicano la carta dei servizi o il documento contenente gli standard di qualità dei servizi pubblici (1).

2. Le pubbliche amministrazioni e i gestori di pubblici servizi, individuati i servizi erogati agli utenti, sia finali che intermedi, ai sensi dell'articolo 10, comma 5, pubblicano:

a) i costi contabilizzati [, evidenziando quelli effettivamente sostenuti e quelli imputati al personale per ogni servizio erogato] e il relativo andamento nel tempo (2);

[*b*) i tempi medi di erogazione dei servizi, con riferimento all'esercizio finanziario precedente] (3).

(1) *Comma modificato dall'art. 28, comma 1, lett.* a), *del d.lgs. 25 maggio 2016, n. 97, di cui* sub *nota 1 in Epigrafe. Il testo del comma era il seguente:* « 1. Le pubbliche amministrazioni pubblicano la carta dei servizi o il documento contenente gli standard di qualità dei servizi pubblici ».

(2) *Parole soppresse dall'art. 28, comma 1, lett.* b), *del d.lgs. n. 97, cit. di cui* sub *nota 1 in Epigrafe.*

(3) *Lettera abrogata dall'art. 28, comma 1, lett.* b), *del d.lgs. n. 97, cit. di cui* sub *nota 1 in Epigrafe.*

33 Obblighi di pubblicazione concernenti i tempi di pagamento dell'amministrazione.

1. Fermo restando quanto previsto dall'articolo 9-*bis*, le pubbliche amministrazioni pubblicano, con cadenza annuale, un indicatore dei propri tempi medi di pagamento relativi agli acquisti di beni, servizi, prestazioni professionali e forniture, denominato 'indicatore annuale di tempestività dei pagamenti", nonché l'ammontare complessivo dei debiti e il numero delle imprese creditrici. A decorrere dall'anno 2015, con cadenza trimestrale, le pubbliche amministrazioni pubblicano un indicatore, avente il medesimo oggetto, denominato "indicatore trimestrale di tempestività dei pagamenti". Gli indicatori di cui al presente comma sono elaborati e pubblicati, anche attraverso il ricorso a un portale unico, secondo uno schema tipo e modalità definiti con decreto del Presidente del Consiglio dei ministri da adottare sentita la Conferenza unificata (1).

(1) *Comma sostituito dall'art. 8, comma 1, lett.* c) *d.l. 24 aprile 2014, n. 66, conv., con modif., in l. 23 giugno 2014, n. 89 e successivamente modificato dall'art. 29 del d.lgs. 25 maggio 2016, n. 97, di cui* sub *nota 1 in Epigrafe. Il testo del comma era il seguente:* « 1. Le pubbliche amministrazioni pubblicano, con cadenza annuale, un indicatore dei propri tempi medi di pagamento relativi agli acquisti di beni, servizi e forniture, denominato "indicatore annuale di tempestività dei pagamenti". A decorrere dall'anno 2015, con cadenza trimestrale, le pubbliche amministrazioni pubblicano un indicatore, avente il medesimo oggetto, denominato 'indicatore trimestrale di tempestività dei pagamenti. Gli indicatori di cui al presente comma sono elaborati e pubblicati, anche attraverso il ricorso a un portale unico, secondo uno schema tipo e modalità definiti con decreto del Presidente del Consiglio dei ministri da adottare sentita la Conferenza unificata ».

34 Trasparenza degli oneri informativi.

1. I regolamenti ministeriali o interministeriali, nonché i provvedimenti amministrativi a carattere generale adottati dalle amministrazioni dello Stato per regolare l'esercizio di poteri autorizzatori, concessori o certificatori, nonché l'accesso ai servizi pubblici ovvero la concessione di benefici, recano in allegato l'elenco di tutti gli oneri informativi gravanti sui cittadini e sulle imprese introdotti o eliminati con gli atti medesimi. Per onere informativo si intende qualunque obbligo informativo o adempimento che comporti la raccolta, l'elaborazione, la trasmissione, la conservazione e la produzione di informazioni e documenti alla pubblica amministrazione.

2. Ferma restando, ove prevista, la pubblicazione nella Gazzetta Ufficiale, gli atti di cui al comma 1 sono pubblicati sui siti istituzionali delle amministrazioni, secondo i criteri e le modalità definite con il regolamento di cui all'articolo 7, commi 2 e 4, della legge 11 novembre 2011, n. 180.] (1)

(1) *Articolo abrogato dall'art. 43 del d.lgs. 25 maggio 2016, n. 97, di cui* sub *nota 1 in Epigrafe.*

35 Obblighi di pubblicazione relativi ai procedimenti amministrativi e ai controlli sulle dichiarazioni sostitutive e l'acquisizione d'ufficio dei dati.

1. Le pubbliche amministrazioni pubblicano i dati relativi alle tipologie di procedimento di propria competenza. Per ciascuna tipologia di procedimento sono pubblicate le seguenti informazioni:

a) una breve descrizione del procedimento con indicazione di tutti i riferimenti normativi utili;

b) l'unità organizzativa responsabile dell'istruttoria;

c) l'ufficio del procedimento, unitamente ai recapiti telefonici e alla casella di posta elettronica istituzionale, nonché, ove diverso, l'ufficio competente all'adozione del provvedimento finale, con l'indicazione del nome del responsabile dell'ufficio, unitamente ai rispettivi recapiti telefonici e alla casella di posta elettronica istituzionale (1);

d) per i procedimenti ad istanza di parte, gli atti e i documenti da allegare all'istanza e la modulistica necessaria, compresi i fac-simile per le autocertificazioni, anche se la produzione a corredo dell'istanza è prevista da norme di legge, regolamenti o atti pubblicati nella Gazzetta Ufficiale, nonché gli uffici ai quali rivolgersi per informazioni, gli orari e le modalità di accesso con indicazione degli indirizzi, dei recapiti telefonici e delle caselle di posta elettronica istituzionale, a cui presentare le istanze;

e) le modalità con le quali gli interessati possono ottenere le informazioni relative ai procedimenti in corso che li riguardino;

f) il termine fissato in sede di disciplina normativa del procedimento per la conclusione con l'adozione di un provvedimento espresso e ogni altro termine procedimentale rilevante;

g) i procedimenti per i quali il provvedimento dell'amministrazione può essere sostituito da una dichiarazione dell'interessato, ovvero il procedimento può concludersi con il silenzio assenso dell'amministrazione;

h) gli strumenti di tutela, amministrativa e giurisdizionale, riconosciuti dalla legge in favore dell'interessato, nel corso del procedimento e nei confronti del provvedimento finale ovvero nei casi di adozione del provvedimento oltre il termine predeterminato per la sua conclusione e i modi per attivarli;

i) il link di accesso al servizio on line, ove sia già disponibile in rete, o i tempi previsti per la sua attivazione;

l) le modalità per l'effettuazione dei pagamenti eventualmente necessari, con le informazioni di cui all'articolo 36;

m) il nome del soggetto a cui è attribuito, in caso di inerzia, il potere sostitutivo, nonché le modalità per attivare tale potere, con indicazione dei recapiti telefonici e delle caselle di posta elettronica istituzionale;

[*n*) i risultati delle indagini di customer satisfaction condotte sulla qualità dei servizi erogati attraverso diversi canali, facendone rilevare il relativo andamento] (2).

2. Le pubbliche amministrazioni non possono richiedere l'uso di moduli e formulari che non siano stati pubblicati; in caso di omessa pubblicazione, i relativi procedimenti possono essere avviati anche in assenza dei suddetti moduli o formulari. L'amministrazione non può respingere l'istanza adducendo il mancato utilizzo dei moduli o formulari o la mancata produzione di tali atti o documenti, e deve invitare l'istante a integrare la documentazione in un termine congruo.

3. Le pubbliche amministrazioni pubblicano nel sito istituzionale:

a) i recapiti telefonici e la casella di posta elettronica istituzionale dell'ufficio responsabile per le attività volte a gestire, garantire e verificare la trasmissione dei dati o l'accesso diretto agli stessi da parte delle amministrazioni procedenti ai sensi degli articoli 43, 71 e 72 del decreto del Presidente della Repubblica 28 dicembre 2000, n. 445;

[*b*) le convenzioni-quadro volte a disciplinare le modalità di accesso ai dati di cui all'articolo 58 del codice dell'amministrazione digitale, di cui al decreto legislativo 7 marzo 2005, n. 82] (3);

[*c*) le ulteriori modalità per la tempestiva acquisizione d'ufficio dei dati nonché per lo svolgimento dei controlli sulle dichiarazioni sostitutive da parte delle amministrazioni procedenti] (3).

(1) *Lettera modificata dall'art. 30, comma 1, lett.* a), *del d.lgs. 25 maggio 2016, n. 97, di cui* sub *nota 1 in Epigrafe. Il testo della lettera era il seguente:*

« *c*) il nome del responsabile del procedimento, unitamente ai recapiti telefonici e alla casella di posta elettronica istituzionale, nonché, ove diverso, l'ufficio competente all'adozione del provvedimento finale, con l'indicazione del nome del responsabile dell'ufficio, unitamente ai rispettivi recapiti telefonici e alla casella di posta elettronica istituzionale; ».

(2) *Lettera soppressa dall'art. 30, comma 1, lett.* b), *del d.lgs. n. 97, cit. di cui* sub *nota 1 in Epigrafe.*

(3) *Lettera soppressa dall'art. 30, comma 1, lett.* c), *del d.lgs. n. 97, cit. di cui* sub *nota 1 in Epigrafe.*

36 Pubblicazione delle informazioni necessarie per l'effettuazione di pagamenti informatici.

1. Le pubbliche amministrazioni pubblicano e specificano nelle richieste di pagamento i dati e le informazioni di cui all'articolo 5 del decreto legislativo 7 marzo 2005, n. 82.

CAPO V
Obblighi di pubblicazione in settori speciali

37 Obblighi di pubblicazione concernenti i contratti pubblici di lavori, servizi e forniture.

1. Fermo restando quanto previsto dall'articolo 9-*bis* e fermi restando gli obblighi di pubblicità legale, le pubbliche amministrazioni e le stazioni appaltanti pubblicano:

a) i dati previsti dall'articolo 1, comma 32, della legge 6 novembre 2012, n. 190;

b) gli atti e le informazioni oggetto di pubblicazione ai sensi del decreto legislativo 18 aprile 2016, n. 50.

2. Ai sensi dell'articolo 9-*bis*, gli obblighi di pubblicazione di cui alla lettera *a*) si intendono assolti, attraverso l'invio dei medesimi dati alla banca dati delle amministrazioni pubbliche ai sensi dell'articolo 2 del decreto legislativo 29 dicembre 2011, n. 229, limitatamente alla parte lavori (1).

(1) *Articolo sostituito dall'art. 31 del d.lgs. 25 maggio 2016, n. 97, di cui* sub *nota 1 in Epigrafe. Il testo dell'articolo era il seguente:* « 1. Fermi restando gli altri obblighi di pubblicità legale e, in particolare, quelli previsti dall'articolo 1, comma 32, della legge 6 novembre 2012, n. 190, ciascuna amministrazione pubblica, secondo quanto previsto dal decreto legislativo 12 aprile 2006, n. 163, e, in particolare, dagli articoli 63, 65, 66, 122, 124, 206 e 223, le informazioni relative alle procedure per l'affidamento e l'esecuzione di opere e lavori pubblici, servizi e forniture. — 2. Le pubbliche amministrazioni sono tenute altresì a pubblicare, nell'ipotesi di cui all'articolo 57, comma 6, del decreto legislativo 12 aprile 2006, n. 163, la delibera a contrarre ».

38 Pubblicità dei processi di pianificazione, realizzazione e valutazione delle opere pubbliche.

1. Fermo restando quanto previsto dall'articolo 9-*bis*, le pubbliche amministrazioni pubblicano le informazioni relative ai Nuclei di valutazione e verifica degli investimenti pubblici di cui all'articolo 1 della legge 17 maggio 1999, n. 144, incluse le funzioni e i compiti specifici ad essi attribuiti, le procedure e i criteri di individuazione dei componenti e i loro nominativi (1).

2. Fermi restando gli obblighi di pubblicazione di cui all'articolo 21 del decreto legislativo 18 aprile 2016, n. 50, le pubbliche amministrazioni pubblicano tempestivamente gli atti di programmazione delle opere pubbliche, nonché le informazioni relative ai tempi, ai costi unitari e agli indicatori di realizzazione delle opere pubbliche in corso o completate. Le informazioni sono pubblicate sulla base di uno schema tipo redatto dal Ministero dell'economia e delle finanze d'intesa con l'Autorità nazionale anticorruzione, che ne curano altresì la raccolta e la pubblicazione nei propri siti web istituzionali al fine di consentirne una agevole comparazione (2).

2-*bis*. Per i Ministeri, gli atti di programmazione di cui al comma 2 sono quelli indicati dall'articolo 2 del decreto legislativo 29 dicembre 2011, n. 228 (3).

(1) *Comma modificato dall'art. 32, comma 1, lett.* a), *del d.lgs. 25 maggio 2016, n. 97, di cui* sub *nota 1 in Epigrafe. Il testo del comma era il seguente:* « 1. Le pubbliche amministrazioni pubblicano tempestivamente sui propri siti istituzionali: i documenti di programmazione anche pluriennale delle opere pubbliche di competenza dell'amministrazione, le linee guida per la valutazione degli investimenti; le relazioni annuali; ogni altro documento predisposto nell'ambito della valutazione, ivi inclusi i pareri dei valutatori che si discostino dalle scelte delle amministrazioni e gli esiti delle valutazioni ex post che si discostino dalle valutazioni *ex ante*; le informazioni relative ai Nuclei di valutazione e verifica degli investimenti pubblici di cui all'articolo 1 della legge 17 maggio 1999, n. 144, incluse le funzioni e i compiti specifici ad essi attribuiti, le procedure e i criteri di individuazione dei componenti e i loro nominativi ».

(2) *Comma sostituito dall'art. 32, comma 1, lett.* b), *del d.lgs. n. 97, cit. di cui* sub *nota 1 in Epigrafe. Il testo del comma era il seguente:* « 2. Le pubbliche amministrazioni pubblicano, fermi restando gli obblighi di pubblicazione di cui all'articolo 128 del decreto legislativo 12 aprile 2006, n. 163, le informazioni relative ai tempi, ai costi unitari e agli indicatori di realizzazione delle opere pubbliche completate. Le informazioni sui costi sono pubblicate sulla base di uno schema tipo redatto dall'Autorità per la vigilanza sui contratti pubblici di lavori, servizi e forniture, che ne cura altresì la raccolta e la pubblicazione nel proprio sito web istituzionale al fine di consentirne una agevole comparazione ».

(3) *Comma inserito dall'art. 32, comma 1, lett.* c), *del d.lgs. n. 97, cit. di cui* sub *nota 1 in Epigrafe.*

39 Trasparenza dell'attività di pianificazione e governo del territorio.

1. Le pubbliche amministrazioni pubblicano:

a) gli atti di governo del territorio, quali, tra gli altri, piani territoriali, piani di coordinamento, piani paesistici, strumenti urbanistici, generali e di attuazione, nonché le loro varianti;

[*b*) per ciascuno degli atti di cui alla lettera *a*) sono pubblicati, tempestivamente, gli schemi di provvedimento prima che siano portati all'approvazione; le delibere di adozione o approvazione; i relativi allegati tecnici.] (1)

2. La documentazione relativa a ciascun procedimento di presentazione e approvazione delle proposte di trasformazione urbanistica d'iniziativa privata o pubblica in variante allo strumento urbanistico generale comunque denominato vigente nonché delle proposte di trasformazione urbanistica d'iniziativa privata o pubblica in attuazione dello strumento urbanistico generale vigente che comportino premialità edificatorie a fronte dell'impegno dei privati alla realizzazione di opere di urbanizzazione extra oneri o della cessione di aree o volumetrie per finalità di pubblico interesse è pubblicata in una sezione apposita nel sito del comune interessato, continuamente aggiornata.

3. La pubblicità degli atti di cui al comma 1, lettera *a*), è condizione per l'acquisizione dell'efficacia degli atti stessi.

4. Restano ferme le discipline di dettaglio previste dalla vigente legislazione statale e regionale.

(1) *Lettera abrogata dall'art. 43 del d.lgs. 25 maggio 2016, n. 97, di cui* sub *nota 1 in Epigrafe.*

40 Pubblicazione e accesso alle informazioni ambientali. (1)

1. In materia di informazioni ambientali restano ferme le disposizioni di maggior tutela già previste dall'articolo 3-*sexies* del decreto legislativo 3 aprile 2006 n. 152, dalla legge 16 marzo 2001, n. 108, nonché dal decreto legislativo 19 agosto 2005 n. 195.

2. Le amministrazioni di cui all'articolo 2, comma 1, lettera *b*), del decreto legislativo n. 195 del 2005, pubblicano, sui propri siti istituzionali e in conformità a quanto previsto dal presente decreto, le informazioni ambientali di cui all'articolo 2, comma 1, lettera *a*), del decreto legislativo 19 agosto 2005, n. 195, che detengono ai fini delle proprie attività istituzionali, nonché le relazioni di cui all'articolo 10 del medesimo decreto legislativo. Di tali informazioni deve essere dato specifico rilievo all'interno di un'apposita sezione detta « Informazioni ambientali ».

3. Sono fatti salvi i casi di esclusione del diritto di accesso alle informazioni ambientali di cui all'articolo 5 del decreto legislativo 19 agosto 2005, n. 195.

4. L'attuazione degli obblighi di cui al presente articolo non è in alcun caso subordinata alla stipulazione degli accordi di cui all'articolo 11 del decreto legislativo 19 agosto 2005, n. 195. Sono fatti salvi gli effetti degli accordi eventualmente già stipulati, qualora assicurino livelli di informazione ambientale superiori a quelli garantiti dalle disposizioni del presente decreto. Resta fermo il potere di stipulare ulteriori accordi ai sensi del medesimo articolo 11, nel rispetto dei livelli di informazione ambientale garantiti dalle disposizioni del presente decreto

(1) *Sulla pubblicità dei dati ambientali v. l'art. 6 del d.l. 14 ottobre 2019, n. 111, conv., con modif., in l. 12 dicembre 2019, n. 141 (sub V, 18).*

41 Trasparenza del servizio sanitario nazionale.

1. Le amministrazioni e gli enti del servizio sanitario nazionale, dei servizi sanitari regionali, ivi comprese le aziende sanitarie territoriali ed ospedaliere, le agenzie e gli altri enti ed organismi pubblici che svolgono attività di programmazione e fornitura dei servizi sanitari, sono tenute all'adempimento di tutti gli obblighi di pubblicazione previsti dalla normativa vigente.

1-*bis*. Le amministrazioni di cui al comma 1 pubblicano altresì, nei loro siti istituzionali, i dati relativi a tutte le spese e a tutti i pagamenti effettuati, distinti per tipologia di lavoro, bene o servizio, e ne permettono la consultazione, in forma sintetica e aggregata, in relazione alla tipologia di spesa sostenuta, all'ambito temporale di riferimento e ai beneficiari (1).

2. Le aziende sanitarie ed ospedaliere pubblicano tutte le informazioni e i dati concernenti le procedure di conferimento degli incarichi di direttore generale, direttore sanitario e direttore amministrativo, nonché degli incarichi di responsabile di dipartimento e di strutture semplici e complesse, ivi compresi i bandi e gli avvisi di selezione, lo svolgimento delle relative procedure, gli atti di conferimento.

3. Alla dirigenza sanitaria di cui al comma 2, fatta eccezione per i responsabili di strutture semplici, si applicano gli obblighi di pubblicazione di cui all'articolo 15. Per attività professionali, ai sensi del comma 1, lettera *c*) dell'articolo 15, si intendono anche le prestazioni professionali svolte in regime intramurario.

4. È pubblicato e annualmente aggiornato l'elenco delle strutture sanitarie private accreditate. Sono altresì pubblicati gli accordi con esse intercorsi.

5. Le regioni includono il rispetto di obblighi di pubblicità previsti dalla normativa vigente fra i requisiti necessari all'accreditamento delle strutture sanitarie.

6. Gli enti, le aziende e le strutture pubbliche e private che erogano prestazioni per conto del servizio sanitario sono tenuti ad indicare nel proprio sito, in una apposita sezione denominata « Liste di attesa », il tempi di attesa previsti e i tempi medi effettivi di attesa per ciascuna tipologia di prestazione erogata.

(1) *Comma inserito dall'art. 33, comma 1, lett.* a), *del d.lgs. 25 maggio 2016, n. 97, di cui* sub *nota 1 in Epigrafe.*

42 Obblighi di pubblicazione concernenti gli interventi straordinari e di emergenza che comportano deroghe alla legislazione vigente.

1. Le pubbliche amministrazioni che adottano provvedimenti contingibili e urgenti e in generale provvedimenti di carattere straordinario in caso di calamità naturali o di altre emergenze, ivi comprese le amministrazioni commissariali e straordinarie costituite in base alla legge 24 febbraio 1992, n. 225, o a provvedimenti legislativi di urgenza, pubblicano:

a) i provvedimenti adottati, con la indicazione espressa delle norme di legge eventualmente derogate e dei motivi della deroga, nonché l'indicazione di eventuali atti amministrativi o giurisdizionali intervenuti;

b) i termini temporali eventualmente fissati per l'esercizio dei poteri di adozione dei provvedimenti straordinari;

c) il costo previsto degli interventi e il costo effettivo sostenuto dall'amministrazione;

[*d*) le particolari forme di partecipazione degli interessati ai procedimenti di adozione dei provvedimenti straordinari] (1) (2).

1-*bis*. I Commissari delegati di cui all'articolo 5, della legge 24 febbraio 1992, n. 225, svolgono direttamente le funzioni di responsabili per la prevenzione della corruzione di cui all'articolo 1, comma 7, della legge 6 novembre 2012, n. 190 e di responsabili per la trasparenza di cui all'articolo 43 del presente decreto (1).

(1) *Comma aggiunto dall'art. 10, comma 3, d.l. 14 agosto 2013, n. 93, conv., con modif., in l. 15 ottobre 2013, n. 119.*

(2) *Lettera abrogata dall'art. 43 del d.lgs. 25 maggio 2016, n. 97, di cui* sub *nota 1 in Epigrafe.*

CAPO VI
Vigilanza sull'attuazione delle disposizioni e sanzioni

43 Responsabile per la trasparenza.

1. All'interno di ogni amministrazione il responsabile per la prevenzione della corruzione, di cui all'articolo 1, comma 7, della legge 6 novembre 2012, n. 190, svolge, di norma, le funzioni di Responsabile per la trasparenza, di seguito « Responsabile », e il suo nominativo è indicato nel Piano triennale per la prevenzione della corruzione. Il responsabile svolge stabilmente un'attività di controllo sull'adempimento da parte dell'amministrazione degli obblighi di pubblicazione previsti dalla normativa vigente, assicurando la completezza, la chiarezza e l'aggiornamento delle informazioni pubblicate, nonché segnalando all'organo di indirizzo politico, all'Organismo indipendente di valutazione (OIV), all'Autorità nazionale anticorruzione e, nei casi più gravi, all'ufficio di disciplina i casi di mancato o ritardato adempimento degli obblighi di pubblicazione (1).

[2. Il responsabile provvede all'aggiornamento del Programma triennale per la trasparenza e l'integrità, all'interno del quale sono previste specifiche misure di monitoraggio sull'attuazione degli obblighi di trasparenza e ulteriori misure e iniziative di promozione della trasparenza in rapporto con il Piano anticorruzione.] (2)

3. I dirigenti responsabili degli uffici dell'amministrazione garantiscono il tempestivo e regolare flusso delle informazioni da pubblicare ai fini del rispetto dei termini stabiliti dalla legge.

4. I dirigenti responsabili dell'amministrazione e il responsabile per la trasparenza controllano e assicurano la regolare attuazione dell'accesso civico sulla base di quanto stabilito dal presente decreto (3).

5. In relazione alla loro gravità, il responsabile segnala i casi di inadempimento o di adempimento parziale degli obblighi in materia di pubblicazione previsti dalla normativa vigente, all'ufficio di disciplina, ai fini dell'eventuale attivazione del procedimento disciplinare. Il responsabile segnala altresì gli inadempimenti al vertice politico dell'amministrazione, all'OIV ai fini dell'attivazione delle altre forme di responsabilità.

(1) *Comma modificato dall'art. 34, comma 1, lett.* a), *del d.lgs. 25 maggio 2016, n. 97, di cui* sub *nota 1 in Epigrafe. Il testo del comma era il seguente:* « 1. All'interno di ogni amministrazione il responsabile per la prevenzione della corruzione, di cui all'articolo 1, comma 7, della legge 6 novembre 2012, n. 190, svolge, di norma, le funzioni di Responsabile per la trasparenza, di seguito "Responsabile", e il suo nominativo è indicato nel Programma triennale per la trasparenza e l'integrità. Il responsabile svolge stabilmente un'attività di controllo sull'adempimento da parte dell'amministrazione degli obblighi di pubblicazione previsti dalla normativa vigente, assicurando la completezza, la chiarezza e l'aggiornamento delle informazioni pubblicate, nonché segnalando all'organo di indirizzo politico, all'Organismo indipendente di valutazione (OIV), all'Autorità nazionale anticorruzione e, nei casi più gravi, all'ufficio di disciplina i casi di mancato o ritardato adempimento degli obblighi di pubblicazione ».

(2) *Comma abrogato dall'art. 34, comma 1, lett.* b), *del d.lgs. n. 97, cit. di cui* sub *nota 1 in Epigrafe.*

(3) *Comma sostituito dall'art. 34, comma 1, lett.* c), *del D d.lgs. n. 97, cit. di cui* sub *nota 1 in Epigrafe. Il testo prima della modifica era il seguente:* « 4. Il responsabile controlla e assicura la regolare attuazione dell'accesso civico sulla base di quanto stabilito dal presente decreto ».

44 Compiti degli organismi indipendenti di valutazione.

1. L'organismo indipendente di valutazione verifica la coerenza tra gli obiettivi previsti nel Piano triennale per la prevenzione della corruzione e quelli indicati nel Piano della performance, valutando altresì l'adeguatezza dei relativi indicatori. I soggetti deputati alla misurazione e valutazione delle performance, nonché l'OIV, utilizzano le informazioni e i dati relativi all'attuazione degli obblighi di trasparenza ai fini della misurazione e valutazione delle performance sia organizzativa, sia individuale del responsabile e dei dirigenti dei singoli uffici responsabili della trasmissione dei dati (1).

(1) *Comma modificato dall'art. 35 del d.lgs. 25 maggio 2016, n. 97, di cui* sub *nota 1 in Epigrafe.*

45 Compiti della Commissione per la valutazione, l'integrità e la trasparenza delle pubbliche amministrazioni (Autorità nazionale anticorruzione) (1).

1. L'Autorità nazionale anticorruzione controlla l'esatto adempimento degli obblighi di pubblicazione previsti dalla normativa vigente, esercitando poteri ispettivi mediante richiesta di notizie, informazioni, atti e documenti alle amministrazioni pubbliche e ordinando l'adozione di atti o provvedimenti richiesti dalla normativa vigente, ovvero la rimozione di comportamenti o atti contrastanti con i piani e le regole sulla trasparenza.

2. L'Autorità nazionale anticorruzione, controlla l'operato dei responsabili per la trasparenza a cui può chiedere il rendiconto sui risultati del controllo svolto all'interno delle amministrazioni. L'Autorità nazionale anticorruzione può inoltre chiedere all'organismo indipendente di valutazione (OIV) ulteriori informazioni sul controllo dell'esatto adempimento degli obblighi di trasparenza previsti dalla normativa vigente.

3. L'Autorità nazionale anticorruzione può inoltre avvalersi delle banche dati istituite presso la Presidenza del Consiglio dei Ministri - Dipartimento della funzione pubblica per il monitoraggio degli adempimenti degli obblighi di pubblicazione previsti dalla normativa vigente.

4. In relazione alla loro gravità, l'Autorità nazionale anticorruzione segnala i casi di inadempimento o di adempimento parziale degli obblighi di pubblicazione previsti dalla normativa vigente all'ufficio di disciplina dell'amministrazione interessata ai fini dell'eventuale attivazione del procedimento disciplinare a carico del responsabile o del dirigente tenuto alla trasmissione delle informazioni. L'Autorità nazionale anticorruzione segnala altresì gli inadempimenti ai vertici politici delle amministrazioni, agli OIV e, se del caso, alla Corte dei conti, ai fini dell'attivazione delle altre forme di responsabilità. L'Autorità nazionale anticorruzione rende pubblici i relativi provvedimenti. L'Autorità nazionale anticorruzione, inoltre, controlla e rende noti i

casi di mancata attuazione degli obblighi di pubblicazione di cui all'articolo 14 del presente decreto, pubblicando i nominativi dei soggetti interessati per i quali non si è proceduto alla pubblicazione.

(1) *Articolo modificato dall'art. 36 del d.lgs. 25 maggio 2016, n. 97, di cui* sub *nota 1 in Epigrafe.*

46 Responsabilità derivante dalla violazione delle disposizioni in materia di obblighi di pubblicazione e di accesso civico (1).

1. L'inadempimento degli obblighi di pubblicazione previsti dalla normativa vigente e il rifiuto, il differimento e la limitazione dell'accesso civico, al di fuori delle ipotesi previste dall'articolo 5-*bis*, costituiscono elemento di valutazione negativa della responsabilità dirigenziale a cui applicare la sanzione di cui all'articolo 47, comma 1-*bis*, ed eventuale causa di responsabilità per danno all'immagine dell'amministrazione, valutata ai fini della corresponsione della retribuzione di risultato e del trattamento accessorio collegato alla performance individuale dei responsabili (2).

2. Il responsabile non risponde dell'inadempimento degli obblighi di cui al comma 1 se prova che tale inadempimento è dipeso da causa a lui non imputabile.

(1) *Rubrica modificata dall'art. 37, comma 1, lett.* a), *del d.lgs. 25 maggio 2016, n. 97, di cui* sub *nota 1 in Epigrafe. La rubrica era la seguente:* « Violazione degli obblighi di trasparenza – Sanzioni ».

(2) *Comma sostituito dall'art. 1, comma 163, lett.* a), *della l. 27 dicembre 2019, n. 160. Il testo del comma, come modificato dall'art. 37, comma 1, lett.* b) *del d.lgs. 25 maggio 2016, n. 97 di cui* sub *nota 1 in Epigrafe, era il seguente:* « 1. L'inadempimento degli obblighi di pubblicazione previsti dalla normativa vigente e il rifiuto, il differimento e la limitazione dell'accesso civico, al di fuori delle ipotesi previste dall'articolo 5-*bis*, costituiscono elemento di valutazione della responsabilità dirigenziale, eventuale causa di responsabilità per danno all'immagine dell'amministrazione e sono comunque valutati ai fini della corresponsione della retribuzione di risultato e del trattamento accessorio collegato alla performance individuale dei responsabili ».

*Ai sensi dell'art. 1, commi 7 e ss., del d.l. 30 dicembre 2019 n. 162, conv., con modif., in l. 28 febbraio 2020, n. 8: « 7. Fino al 31 dicembre 2020, nelle more dell'adozione dei provvedimenti di adeguamento alla sentenza della Corte costituzionale 23 gennaio 2019, n. 20, ai soggetti di cui all'articolo 14, comma 1-*bis, *del decreto legislativo 14 marzo 2013, n. 33, ad esclusione dei titolari degli incarichi dirigenziali previsti dall'articolo 19, commi 3 e 4, del decreto legislativo 30 marzo 2001, n. 165, non si applicano le misure di cui agli articoli 46 e 47 del medesimo decreto legislativo n. 33 del 2013. Fermo restando quanto previsto alla lettera c) del presente comma, per i titolari degli incarichi dirigenziali previsti dal citato articolo 19, commi 3 e 4, del decreto legislativo n. 165 del 2001, continua a trovare piena applicazione la disciplina di cui all'articolo 14 del citato decreto legislativo n. 33 del 2013. Con regolamento da adottarsi entro il 31 dicembre 2020, ai sensi dell'articolo 17, comma 2, della legge 23 agosto 1988, n. 400, su proposta del Ministro per la pubblica amministrazione, di concerto con il Ministro della giustizia, il Ministro dell'interno, il Ministro dell'economia e delle finanze, il Ministro degli affari esteri e della cooperazione internazionale e il Ministro della difesa, sentito il Garante per la protezione dei dati personali, sono individuati i dati di cui al comma 1 dell'articolo 14 del decreto legislativo 14 marzo 2013, n. 33, che le pubbliche amministrazioni e i soggetti di cui all'articolo 2-*bis, *comma 2, del medesimo decreto legislativo devono pubblicare con riferimento ai titolari amministrativi di vertice e di incarichi dirigenziali, comunque denominati, nonché ai dirigenti sanitari di cui all'articolo 41, comma 2, dello stesso decreto legislativo, ivi comprese le posizioni organizzative ad essi equiparate, nel rispetto dei seguenti criteri:*

a) graduazione degli obblighi di pubblicazione dei dati di cui al comma 1, lettere b) *ed* e), *dell'articolo 14, comma 1, del decreto legislativo 14 marzo 2013, n. 33, in relazione al rilievo esterno dell'incarico svolto, al livello di potere gestionale e decisionale esercitato correlato all'esercizio della funzione dirigenziale, tenuto anche conto della complessità della struttura cui è preposto il titolare dell'incarico, fermo restando per tutti i titolari di incarichi dirigenziali l'obbligo di comunicazione dei dati patrimoniali e reddituali di cui all'articolo 13, comma 3, del regolamento di cui al decreto del Presidente della Repubblica 16 aprile 2013, n. 62;*

b) previsione che i dati di cui all'articolo 14, comma 1, lettera f), del decreto legislativo 14 marzo 2013, n. 33, possano essere oggetto anche di sola comunicazione all'amministrazione di appartenenza;

c) individuazione, anche in deroga all'obbligo di pubblicazione per i titolari di incarichi dirigenziali di cui all'articolo 19, commi 3 e 4, del decreto legislativo 30 marzo 2001, n. 165, dei dirigenti dell'amministrazione dell'interno, degli affari esteri e della cooperazione internazionale, delle forze di polizia, delle forze armate e dell'amministrazione penitenziaria per i quali non sono pubblicati i dati di cui all'articolo 14 del decreto legislativo 14 marzo 2013, n. 33, in ragione del pregiudizio alla sicurezza nazionale interna ed esterna e all'ordine e sicurezza pubblica, nonché in rapporto ai compiti svolti per la tutela delle istituzioni democratiche e di difesa dell'ordine e della sicurezza interna ed esterna.

7-bis. *Al fine di garantire l'immediata ed effettiva applicazione della misura di tutela di cui alla lettera c) del comma 7 del presente articolo, le amministrazioni ivi indicate possono individuare, con decreto del Ministro competente, da emanare entro trenta giorni dalla data di entrata in vigore della legge di conversione del presente decreto, i dirigenti per i quali non sono pubblicati i dati di cui all'articolo 14 del decreto legislativo 14 marzo 2013, n. 33, in ragione dei motivi indicati alla citata lettera c) del comma 7.*

7-ter. *Non è comunque consentita l'indicizzazione dei dati delle informazioni oggetto del regolamento di cui al comma 7.*

7-quater. *Gli obblighi di cui all'articolo 14 del decreto legislativo 14 marzo 2013, n. 33, si applicano anche ai titolari degli incarichi negli organismi previsti dall'articolo 144 del testo unico delle leggi sull'ordinamento degli enti locali, di cui al decreto legislativo 18 agosto 2000, n. 267. Le modalità di attuazione del presente comma sono definite dal regolamento di cui al comma 7 del presente articolo ».*

47 Sanzioni per la violazione degli obblighi di trasparenza per casi specifici (1) (2).

1. La mancata o incompleta comunicazione delle informazioni e dei dati di cui all'articolo 14, concernenti la situazione patrimoniale complessiva del titolare dell'incarico al momento dell'assunzione in carica, la titolarità di imprese, le partecipazioni azionarie proprie, del coniuge e dei parenti entro il secondo grado, nonché tutti i compensi cui da diritto l'assunzione della carica, dà luogo a una sanzione amministrativa pecuniaria da 500 a 10.000 euro a carico del responsabile della mancata comunicazione e il relativo provvedimento è pubblicato sul sito internet dell'amministrazione o organismo interessato.

1-*bis*. La sanzione di cui al comma 1 si applica anche nei confronti del dirigente che non effettua la comunicazione ai sensi dell'articolo 14, comma 1-*ter*, relativa agli emolumenti complessivi percepiti a carico della finanza pubblica. Nei confronti del responsabile della mancata pubblicazione dei dati di cui al medesimo articolo si applica una sanzione amministrativa consistente nella decurtazione dal 30 al 60 per cento dell'indennità di risultato, ovvero nella decurtazione dal 30 al 60 per cento dell'indennità accessoria percepita dal responsabile della trasparenza, ed il relativo provvedimento è pubblicato nel sito internet dell'amministrazione o dell'organismo interessati. La stessa sanzione si applica nei confronti del responsabile della mancata pubblicazione dei dati di cui all'articolo 4-*bis*, comma 2 (3).

2. La violazione degli obblighi di pubblicazione di cui all'articolo 22, comma 2, dà luogo ad una sanzione amministrativa in carico al responsabile della pubblicazione consistente nella decurtazione dal 30 al 60 per cento dell'indennità di risultato ovvero nella decurtazione dal 30 al 60 per cento dell'indennità accessoria percepita dal responsabile della trasparenza. La stessa

sanzione si applica agli amministratori societari che non comunicano ai soci pubblici il proprio incarico ed il relativo compenso entro trenta giorni dal conferimento ovvero, per le indennità di risultato, entro trenta giorni dal percepimento (4).

3. Le sanzioni di cui al presente articolo (5) sono irrogate dall'Autorità nazionale anticorruzione. L'Autorità nazionale anticorruzione disciplina con proprio regolamento, nel rispetto delle norme previste dalla legge 24 novembre 1981, n. 689, il procedimento per l'irrogazione delle sanzioni (6).

(1) *V. la Delibera dell'Autorità Nazionale Anticorruzione 21 gennaio 2015, n. 10.*

(2) *Rubrica modificata dall'art. 38, comma 1, lett.* a), *del d.lgs. 25 maggio 2016, n. 97, di cui* sub *nota 1 in Epigrafe.*

(3) *Comma sostituito dall'art. 1, comma 163, lett.* b), *n. 1), della l. 27 dicembre 2019, n. 160. Il testo del comma, come inserito dall'art. 38, comma 1, lett.* b), *del d.lgs n. 97, cit., era il seguente:* « 1-*bis*. La sanzione di cui al comma 1 si applica anche nei confronti del dirigente che non effettua la comunicazione ai sensi dell'articolo 14, comma 1-*ter*, relativa agli emolumenti complessivi percepiti a carico della finanza pubblica, nonché nei confronti del responsabile della mancata pubblicazione dei dati di cui al medesimo articolo. La stessa sanzione si applica nei confronti del responsabile della mancata pubblicazione dei dati di cui all'articolo 4-*bis*, comma 2 ».

(4) *Comma sostituito dall'art. 1, comma 163, lett.* b), *n. 2), della l. 27 dicembre 2019, n. 160. Il testo del comma era il seguente:* « 2. La violazione degli obblighi di pubblicazione di cui all'articolo 22, comma 2, dà luogo ad una sanzione amministrativa pecuniaria da 500 a 10.000 euro a carico del responsabile della violazione. La stessa sanzione si applica agli amministratori societari che non comunicano ai soci pubblici il proprio incarico ed il relativo compenso entro trenta giorni dal conferimento ovvero, per le indennità di risultato, entro trenta giorni dal percepimento ».

(5) *Le parole* « di cui al presente articolo » *sono state sostituite alle parole* « di cui al comma 1 » *dall'art. 1, comma 163, lett.* b), *n. 3), della l. 27 dicembre 2019, n. 160.*

(6) *Comma sostituito dall'art. 38, comma 1, lett.* c), *del d.lgs. n. 97, cit. V. quanto disposto dall'art.. 1, comma 7, d.l. 30 dicembre 2019 n. 162, conv., con modif., in l. 28 febbraio 2020, n. 8,* sub *nota 2 all'art. precedente.*

CAPO VII
Disposizioni finali e transitorie

48 Norme sull'attuazione degli obblighi di pubblicità e trasparenza.

1. L'Autorità nazionale anticorruzione definisce criteri, modelli e schemi standard per l'organizzazione, la codificazione e la rappresentazione dei documenti, delle informazioni e dei dati oggetto di pubblicazione obbligatoria ai sensi della normativa vigente, nonché relativamente all'organizzazione della sezione « Amministrazione trasparente » (1).

2. L'allegato A, che costituisce parte integrante del presente decreto, individua modelli e schemi standard per l'organizzazione, la codificazione e la rappresentazione dei documenti, delle informazioni e dei dati oggetto di pubblicazione obbligatoria ai sensi della normativa vigente. Alla eventuale modifica dell'allegato A si provvede con i decreti di cui al comma 3.

3. Gli standard, i modelli e gli schemi di cui al comma 1 sono adottati dall'Autorità nazionale anticorruzione, sentiti il Garante per la protezione dei dati personali, la Conferenza unificata, l'Agenzia Italia Digitale, la CIVIT e l'ISTAT (2).

4. Gli standard, i modelli e gli schemi di cui al comma 3 recano disposizioni finalizzate:

a) ad assicurare il coordinamento informativo e informatico dei dati, per la soddisfazione delle esigenze di uniformità delle modalità di codifica e di rappresentazione delle informazioni e dei dati pubblici, della loro confrontabilità e della loro successiva rielaborazione;

b) a definire, anche per specifici settori e tipologie di dati, i requisiti di qualità delle informazioni diffuse, individuando, in particolare, i necessari adeguamenti da parte di singole amministrazioni con propri regolamenti, le procedure di validazione, i controlli anche sostitutivi, le competenze professionali richieste per la gestione delle informazioni diffuse attraverso i siti istituzionali, nonché i meccanismi di garanzia e correzione attivabili su richiesta di chiunque vi abbia interesse (3).

5. I soggetti di cui all'articolo 2-*bis*, nell'adempimento degli obblighi di pubblicazione previsti dalla normativa vigente, sono tenute a conformarsi agli standard, ai modelli ed agli schemi di cui al comma 1 (4).

(1) *Comma modificato dall'art. 39, comma 1, lett.* a), *del d.lgs. 25 maggio 2016, n. 97, di cui* sub *nota 1 in Epigrafe. Il testo del comma era il seguente:* « 1. Il Dipartimento della funzione pubblica definisce criteri, modelli e schemi standard per l'organizzazione, la codificazione e la rappresentazione dei documenti, delle informazioni e dei dati oggetto di pubblicazione obbligatoria ai sensi della normativa vigente, nonché relativamente all'organizzazione della sezione « Amministrazione trasparente ».

(2) *Comma modificato dall'art. 39, comma 1, lett.* b), *del d.lgs. n. 97, cit. di cui* sub *nota 1 in Epigrafe. Il testo del comma era il seguente:* « 3. Gli standard, i modelli e gli schemi di cui al comma 1 sono adottati con decreti del Presidente del Consiglio dei Ministri, sentiti il Garante per la protezione dei dati personali, la Conferenza unificata, l'Agenzia Italia Digitale, la CIVIT e l'ISTAT ».

(3) *Comma modificato dall'art. 39, comma 1, lett.* c), *del d.lgs. n. 97, cit. di cui* sub *nota 1 in Epigrafe. Il testo del comma era il seguente:* « 4. I decreti di cui al comma 3 recano disposizioni finalizzate: a) ad assicurare il coordinamento informativo e informatico dei dati, per la soddisfazione delle esigenze di uniformità delle modalità di codifica e di rappresentazione delle informazioni e dei dati pubblici, della loro confrontabilità e della loro successiva rielaborazione;

b) a definire, anche per specifici settori e tipologie di dati, i requisiti di qualità delle informazioni diffuse, individuando, in particolare, i necessari adeguamenti da parte di singole amministrazioni con propri regolamenti, le procedure di validazione, i controlli anche sostitutivi, le competenze professionali richieste per la gestione delle informazioni diffuse attraverso i siti istituzionali, nonché i meccanismi di garanzia e correzione attivabili su richiesta di chiunque vi abbia interesse ».

(4) *Comma modificato dall'art. 39, comma 1, lett.* d), *del d.lgs. n. 97, cit. di cui* sub *nota 1 in Epigrafe. Il testo del comma era il seguente:* « 5. Le amministrazioni di cui all'articolo 11, nell'adempimento degli obblighi di pubblicazione previsti dalla normativa vigente, sono tenute a conformarsi agli standard, ai modelli ed agli schemi di cui al comma 1 ».

49 Norme transitorie e finali.

1. L'obbligo di pubblicazione dei dati di cui all'articolo 24 decorre dal termine di sei mesi dalla data di entrata in vigore del presente decreto.

2. Con uno o più decreti del Presidente del Consiglio dei Ministri sono determinate le modalità di applicazione delle disposizioni del presente decreto alla Presidenza del Consiglio dei Ministri, in considerazio-

ne delle peculiarità del relativo ordinamento ai sensi degli articoli 92 e 95 della Costituzione.

3. Le sanzioni di cui all'articolo 47 si applicano, per ciascuna amministrazione, a partire dalla data di adozione del primo aggiornamento annuale del Piano triennale della trasparenza e comunque a partire dal centottantesimo giorno successivo alla data di entrata in vigore del presente decreto.

4. Le regioni a Statuto speciale e le province autonome di Trento e Bolzano possono individuare forme e modalità di applicazione del presente decreto in ragione della peculiarità dei propri ordinamenti.

50 Tutela giurisdizionale.

1. Le controversie relative agli obblighi di trasparenza previsti dalla normativa vigente sono disciplinate dal decreto legislativo 2 luglio 2010, n. 104.

(*Omissis*).

22. Decreto legislativo 30 giugno 2003, n. 196. — Codice in materia di protezione dei dati personali, recante disposizioni per l'adeguamento dell'ordinamento nazionale al regolamento (UE) n. 2016/679 del Parlamento europeo e del Consiglio, del 27 aprile 2016, relativo alla protezione delle persone fisiche con riguardo al trattamento dei dati personali, nonché alla libera circolazione di tali dati e che abroga la direttiva 95/46/CE (1). (*estratto*) (2).

Pubblicato in Suppl. ordinario n. 123 alla Gazz. Uff., 29 luglio, n. 174

(1) *Le parole da* «, recante disposizioni per l'adeguamento » *a* « che abroga la direttiva 95/46/CE » *sono state aggiunte dall'art. 1, comma 1, d.lgs. 10 agosto 2018, n. 101.*

(2) *L'intero testo del Codice è riportato* sub *II, 74.*

CAPO I
Accesso ai documenti amministrativi

59 Accesso a documenti amministrativi e accesso civico (1).

1. Fatto salvo quanto previsto dall'articolo 60, i presupposti, le modalità, i limiti per l'esercizio del diritto di accesso a documenti amministrativi contenenti dati personali, e la relativa tutela giurisdizionale, restano disciplinati dalla legge 7 agosto 1990, n. 241, e successive modificazioni e dalle altre disposizioni di legge in materia, nonché dai relativi regolamenti di attuazione, anche per ciò che concerne i tipi di dati di cui agli articoli 9 e 10 del regolamento (2) e le operazioni di trattamento eseguibili in esecuzione di una richiesta di accesso (2).

1-*bis*. I presupposti, le modalità e i limiti per l'esercizio del diritto di accesso civico restano disciplinati dal decreto legislativo 14 marzo 2013, n. 33 (3).

(1) *Le parole « e accesso civico » sono state aggiunte dall'art. 5, comma 1, lett.* a), *n. 1), d.lgs. 10 agosto 2018, n. 101.*

(2) *Le parole « di cui agli articoli 9 e 10 del regolamento » sono state sostituite alle parole « sensibili e giudiziari » e le parole « Le attività finalizzate all'applicazione di tale disciplina si considerano di rilevante interesse pubblico. » che figuravano alla fine del comma sono state soppresse dall'art. 5, comma 1, lett.* a), *n. 2), d.lgs. n. 101, cit.*

(3) *Comma aggiunto dall'art. 5, comma 1, lett.* a), *n. 3), d.lgs. n. 101, cit.*

60 Dati idonei a rivelare lo stato di salute e la vita sessuale.

1. Quando il trattamento concerne dati genetici, relativi alla salute, alla vita sessuale o all'orientamento sessuale della persona, il trattamento è consentito se la situazione giuridicamente rilevante che si intende tutelare con la richiesta di accesso ai documenti amministrativi, è di rango almeno pari ai diritti dell'interessato, ovvero consiste in un diritto della personalità o in un altro diritto o libertà fondamentale (1).

(1) *Articolo così sostituito dall'art. 5, comma 1, lett.* b), *d.lgs. 10 agosto 2018, n. 101. Il testo dell'articolo era il seguente:* « 1. Quando il trattamento concerne dati idonei a rivelare lo stato di salute o la vita sessuale, il trattamento è consentito se la situazione giuridicamente rilevante che si intende tutelare con la richiesta di accesso ai documenti amministrativi è di rango almeno pari ai diritti dell'interessato, ovvero consiste in un diritto della personalità o in un altro diritto o libertà fondamentale e inviolabile. ».

23. Decreto legislativo 1° settembre 1993, n. 385. — Testo unico delle leggi in materia bancaria e creditizia. (*estratto*).

Pubblicato nella Gazzetta Ufficiale del 30 settembre, n. 230, S.O. n. 93

7 Segreto d'ufficio e collaborazione tra autorità.

1. Tutte le notizie, le informazioni e i dati in possesso della Banca d'Italia in ragione della sua attività di vigilanza sono coperti da segreto d'ufficio anche nei confronti delle pubbliche amministrazioni, a eccezione del Ministro dell'economia e delle finanze (1), Presidente del CICR. Il segreto non può essere opposto all'autorità giudiziaria quando le informazioni richieste siano necessarie per le indagini, o i procedimenti relativi a violazioni sanzionate penalmente (2).

2. I dipendenti della Banca d'Italia, nell'esercizio delle funzioni di vigilanza, sono pubblici ufficiali e hanno l'obbligo di riferire esclusivamente al Direttorio (3) tutte le irregolarità constatate, anche quando assumano la veste di reati. Restano ferme le disposizioni del MVU in materia di comunicazione delle informazioni alla BCE (4).

3. I dipendenti e coloro che a qualunque titolo lavorano o hanno lavorato per la Banca d'Italia, nonché i consulenti e gli esperti dei quali la stessa si avvale o si è avvalsa, (5) sono vincolati dal segreto d'ufficio.

4. Le pubbliche amministrazioni e gli enti pubblici forniscono le informazioni e le altre forme di collaborazione richieste dalla Banca d'Italia, in conformità delle leggi disciplinanti i rispettivi ordinamenti.

5. La Banca d'Italia, la CONSOB, la COVIP e l'IVASS (6) collaborano tra loro, anche mediante scambio di informazioni, al fine di agevolare le rispettive funzioni. Per il medesimo fine, la Banca d'Italia e la UIF collaborano tra loro, anche mediante scambio di informazioni (7). Detti organi smi non possono reciprocamente opporsi il segreto d'ufficio (8).

6. Nel rispetto delle condizioni previste dalle disposizioni dell'Unione europea, la Banca d'Italia collabora, anche mediante scambio di informazioni, con le autorità e i comitati che compongono il SEVIF, il MVU e il MRU (9), nonché con le autorità di risoluzione e le autorità antiriciclaggio degli Stati dell'Unione europea, al fine di agevolare le rispettive funzioni (10).

Le informazioni ricevute dalla Banca d'Italia possono essere trasmesse alle autorità italiane competenti, salvo diniego dell'autorità dello Stato comunitario che ha fornito le informazioni (8).

7. Nell'ambito di accordi di cooperazione e di equivalenti obblighi di riservatezza, la Banca d'Italia può scambiare informazioni preordinate all'esercizio delle funzioni di vigilanza con le autorità competenti degli Stati terzi (11); le informazioni che la Banca d'Italia ha ricevuto da un altro Stato dell'Unione europea (12) possono essere comunicate soltanto con l'assenso esplicito delle autorità che le hanno fornite (8).

8. La Banca d'Italia può scambiare informazioni con autorità amministrative o giudiziarie nell'ambito di procedimenti di liquidazione o di fallimento, in Italia o all'estero, relativi a banche, succursali di banche italiane all'estero o di banche dell'Unione europea (13) o di Stato terzo (13) in Italia, nonché relativi a soggetti inclusi nell'ambito della vigilanza consolidata. Nei rapporti con le autorità di Stato terzo (13) lo scambio di informazioni avviene con le modalità di cui al comma 7 (8).

9. La Banca d'Italia può comunicare ai sistemi di garanzia italiani e, a condizione che sia assicurata la riservatezza, a quelli esteri informazioni e dati in suo possesso necessari al funzionamento dei sistemi stessi (8).

10. Nel rispetto delle condizioni previste dalle disposizioni dell'Unione europea, la Banca d'Italia scambia informazioni con tutte le altre autorità e soggetti esteri indicati dalle disposizioni medesime (14).

10-*bis*. La Banca d'Italia è il punto di contatto per la ricezione delle richieste di informazioni o di collaborazione provenienti dalle autorità di altri Stati membri dell'Unione europea in relazione ai contratti di credito disciplinati dal capo I-*bis* del titolo VI (15).

(1) *In origine* « Ministro del tesoro »*: v. art. 1, d.lgs. 6 febbraio 2004, n. 37.*

(2) *Comma così sostituito dall'art. 2, comma 1, d.lgs. 4 agosto 1999, n. 333.*

(3) *La parola* « Direttorio » *è stata sostituita alla parola* « Governatore » *dall'art. 1, comma 3, lett.* a), *d.lgs. 16 novembre 2015, n. 181. Per il regime transitorio v. art. 3, d.lgs. cit.*

(4) *Le parole da* « Restano » *fino a* « BCE » *sono state inserite dall'art. 1, comma 5, lett.* a), *d.lgs. 14 novembre 2016, n. 223.*

(5) *Le parole* « I dipendenti e coloro che a qualunque titolo lavorano o hanno lavorato per la Banca d'Italia, nonché i consulenti e gli esperti dei quali la stessa si avvale o si è avvalsa, » *sono state sostituite alle parole* « I dipendenti della Banca d'Italia » *dall'art. 2, d.lgs. 5 novembre 2021, n. 201. V. anche quanto disposto dall'art. 3 del citato decreto legislativo.*

(6) *La parola* « l'IVASS » *è stata sostituita alla parola* « l'ISVAP » *dall'art. 1, comma 4, d.lgs. 12 maggio 2015, n. 72.*

(7) *Periodo inserito dall'art. 1, comma 2, lett.* a), *d.lgs. 8 novembre 2021, n. 182.*

(8) *Commi da 5 a 9 così sostituiti agli originari commi da 5 a 10 dall'art. 2, comma 2, d.lgs. n. 333, cit.*

(9) *Le parole* «, il MVU e il MRU » *sono state sostituite alle parole* « e il MVU » *dall'art. 2, comma 1, lett.* c), *d.lgs. 8 novembre 2021, n. 193.*

(10) *Primo periodo così sostituito dall'art. 1, comma 2, lett.* b), *d.lgs. n. 182, cit. Il testo del periodo era il seguente:* « La Banca d'Italia collabora, anche mediante scambio di informazioni, con le autorità e i comitati che compongono il SEVIF e il MVU, nonché con le autorità di risoluzione degli Stati comunitari, al fine di agevolare le rispettive funzioni ».

(11) *La parola* « terzi » *è stata sostituita alla parola* « extracomunitari » *dall'art. 1, comma 3, lett.* c), *d.lgs. 16 novembre 2015, n. 181. Per il regime transitorio v. art. 3, d.lgs. cit.*

(12) *Le parole* « dell'Unione europea » *sono state sostituite alla parola* « comunitario » *dall'art. 1, comma 2, lett.* c), *d.lgs. n. 182, cit.*

(13) *Le parole* « dell'Unione europea » *sono state sostituite alla parola* « comunitarie » *e le parole* « di Stato terzo » *sono state sostituite alla parola* « extracomunitarie » *dall'art. 1, comma 2, lett.* d), *d.lgs. n. 182, cit.*

(14) *Comma così sostituito dall'art. 1, comma 4, lett.* c), *d.lgs. 30 luglio 2012, n. 130.*

(15) *Comma aggiunto dall'art. 23, comma 1, lett.* a), *l. 23 dicembre 2021, n. 238.*

24. Decreto legislativo 24 febbraio 1998, n. 58. — Testo unico delle disposizioni in materia di intermediazione finanziaria, ai sensi degli articoli 8 e 21 della legge 6 febbraio 1996, n. 52. (*estratto*).

Pubblicato nella Gazzetta Ufficiale 26 marzo, n. 71, S.O. n. 52

4 Collaborazione tra autorità e segreto d'ufficio.

1. La Banca d'Italia, la Consob, la COVIP (1) e l'IVASS (2) collaborano tra loro, anche mediante scambio di informazioni, al fine di agevolare le rispettive funzioni. Dette autorità non possono reciprocamente opporsi il segreto d'ufficio.

2. La Banca d'Italia e la Consob collaborano, anche mediante scambio di informazioni, con le autorità e i

comitati che compongono il SEVIF e con la Banca Centrale Europea (BCE) (3) al fine di agevolare le rispettive funzioni. Nei casi e nei modi stabiliti dalla normativa europea adempiono agli obblighi di comunicazione e di cooperazione nei (4) confronti di tali soggetti e delle altre autorità e istituzioni indicate dalle disposizioni dell'Unione europea (5).

2-*bis*. Ai fini indicati al comma 2, la Consob e la Banca d'Italia possono concludere con le autorità competenti degli Stati membri dell'Unione europea, con l'AESFEM e la BCE (6) accordi di collaborazione, che possono prevedere la delega reciproca di compiti di vigilanza. La Consob e la Banca d'Italia possono ricorrere all'AESFEM e all'ABE per (7) la risoluzione delle controversie con le autorità di vigilanza degli altri Stati membri in situazioni transfrontaliere (8).

2-*ter*. La Consob è il punto di contatto per la ricezione delle richieste di informazioni provenienti da autorità competenti di Stati membri dell'Unione europea in materia di servizi e attività di investimento svolti da soggetti abilitati, di sedi di negoziazione e di servizi di comunicazione dati (9). La Consob interessa la Banca d'Italia per gli aspetti di competenza di questa ultima. La Banca d'Italia trasmette le informazioni contestualmente all'autorità competente dello Stato membro dell'Unione europea che le ha richieste e alla Consob (10).

3. [...] (11) la Banca d'Italia e la Consob possono cooperare, anche mediante scambio di informazioni, con le autorità competenti degli Stati extracomunitari.

4. Le informazioni ricevute dalla Banca d'Italia e dalla Consob ai sensi dei commi 1, 2 e 3 non possono essere trasmesse a terzi né ad altre autorità italiane, ivi incluso il Ministro dell'economia e delle finanze, senza il consenso dell'autorità che le ha fornite (12).

5. La Banca d'Italia e la Consob possono scambiare informazioni:

a) con autorità amministrative e giudiziarie nell'ambito di procedimenti di liquidazione o di fallimento, in Italia o all'estero, relativi a soggetti abilitati;

b) con gli organismi preposti all'amministrazione dei sistemi di indennizzo;

c) con le controparti centrali e i depositari centrali (13).

d) con i gestori delle sedi di negoziazione, al fine di garantire il regolare funzionamento delle sedi da essi gestite (14).

5-*bis*. Lo scambio di informazioni con autorità di Paesi extracomunitari è subordinato all'esistenza di norme in materia di segreto di ufficio (15).

6. Le informazioni indicate nel comma 5, lett. *b*), *c*) e *d*), possono essere rivelate a terzi con il consenso del soggetto che le ha fornite. Si può prescindere dal consenso se le informazioni siano fornite in ottemperanza a obblighi di cooperazione e collaborazione internazionale.

7. La Banca d'Italia e la Consob possono esercitare i poteri a esse assegnati dall'ordinamento anche ai fini della cooperazione con altre autorità e su richiesta delle medesime. Le autorità competenti di Stati comunitari, o extracomunitari possono chiedere alla Banca d'Italia e alla Consob di effettuare per loro conto, secondo le norme previste nel presente decreto, un'indagine sul territorio dello Stato, nonché di eseguire, per loro conto, notifiche sul territorio dello Stato inerenti ai provvedimenti da esse adottati (16) (17). Le predette autorità possono chiedere che venga consentito ad alcuni membri del loro personale di accompagnare il personale della Banca d'Italia e della Consob durante l'espletamento dell'indagine (16).

8. Restano ferme le norme che disciplinano il segreto d'ufficio sulle notizie, i dati e le informazioni in possesso della Banca d'Italia.

9. Al fine di agevolare l'esercizio della vigilanza su base consolidata nei confronti di gruppi operanti in più Stati comunitari la Banca d'Italia, nel rispetto delle condizioni previste dalle disposizioni dell'Unione europea e sulla (18) base di accordi con le autorità competenti, definisce forme di collaborazione e coordinamento, istituisce collegi di supervisori e partecipa ai collegi istituiti da altre autorità. In tale ambito, la Banca d'Italia può concordare specifiche ripartizioni di compiti e deleghe di funzioni (19).

9-*bis*. La Banca d'Italia, se nell'esercizio della vigilanza consolidata verifica una situazione di emergenza, inclusa una situazione descritta all'articolo 18 del regolamento (UE) n. 1093/2010, o un'evoluzione negativa sui mercati, che possa compromettere la liquidità del mercato e la stabilità del sistema finanziario in uno Stato membro dell'Unione europea in cui opera il gruppo individuato ai sensi dell'articolo 11, informa tempestivamente l'ABE, il CERS e le pertinenti autorità competenti, tra cui la Consob, e comunica tutte le informazioni essenziali allo svolgimento dei loro compiti (20).

10. Tutte le notizie, le informazioni e i dati in possesso della Consob in ragione della sua attività di vigilanza sono coperti dal segreto d'ufficio anche nei confronti delle pubbliche amministrazioni, a eccezione del Ministro dell'economia e delle finanze. Sono fatti salvi i casi previsti dalla legge per le indagini relative a violazioni sanzionate penalmente.

11. I dipendenti della Consob, nell'esercizio delle funzioni di vigilanza, sono pubblici ufficiali e hanno l'obbligo di riferire esclusivamente alla Commissione tutte le irregolarità constatate, anche quando integrino ipotesi di reato.

12. I dipendenti e coloro che a qualunque titolo lavorano o hanno lavorato per la Consob, nonché i consulenti e gli esperti dei quali la stessa si avvale o si è avvalsa, (21) sono vincolati dal segreto d'ufficio.

13. Le pubbliche amministrazioni e gli enti pubblici forniscono dati, notizie e documenti e ogni ulteriore collaborazione richiesta dalla Consob, in conformità delle leggi disciplinanti i rispettivi ordinamenti.

13-*bis*. Ai fini della cooperazione, mediante scambio di informazioni, con le autorità competenti di Stati membri dell'Unione europea e con l'AESFEM, la Consob e la Banca d'Italia stabiliscono con il Ministero della giustizia, anche sulla base di un protocollo d'intesa, le modalità di acquisizione delle informazioni relative alle sanzioni penali applicate dall'Autorità giudiziaria, per i reati di cui all'art. 2638 del codice civile e agli artt. 166, 167, 168, 169, 170-*bis* e 173-*bis*, per la successiva comunicazione all'AESFEM, ai sensi dell'art. 195-*ter*, comma 1-*bis* (22).

13-*ter*. Per i medesimi fini di cui al comma 13-*bis* e fermo restando il divieto di cui all'art. 329 del c.p.p., la Consob e la Banca d'Italia possono richiedere informazioni all'autorità giudiziaria procedente in ordine alle indagini e (23) ai procedimenti penali per i reati previsti dal comma 13-*bis* (22).

(1) *La parola* « COVIP » *è stata sostituita alle parole* « Commissione di vigilanza sui fondi pensione » *dall'art. 1, comma 2, d.lgs. 13 febbraio 2019, n. 19.*

(2) *La parola* « IVASS » *è stata sostituita alla parola* « Isvap » *dall'art. 1, comma 2, d.lgs. 4 marzo 2014, n. 44.*

(3) *Le parole* « e con la Banca Centrale Europea (BCE) » *sono state inserite dall'art. 1, comma 3, lett.* a), *d.lgs. 3 agosto 2017, n. 129.*

(4) *Le parole* « comunicazione e di cooperazione nei » *sono state sostituite alle parole* « comunicazione nei » *dall'art. 1, comma 1, lett.* b), *n. 1 d.lgs. 5 novembre 2021, n. 201.*

(5) *Comma così sostituito dall'art. 2, comma 3, lett.* b), *d.lgs. 30 luglio 2012, n. 130.*

(6) *Le parole* «, con l'AESFEM e la BCE » *sono state inserite dall'art. 1, comma 3, lett.* b), *d.lgs. n. 129, cit.*

(7) *Le parole* « AESFEM e all'ABE per » *sono state sostituite alle parole* « AESFEM per » *dall'art. 1, comma 1, lett.* b), *n. 2 d.lgs. n. 201, cit.*

(8) *Comma dapprima inserito dall'art. 1, comma 2, lett.* a), *d.lgs. 17 settembre 2007, n. 164 e successivamente così sostituito dall'art. 2, comma 3, lett.* c), *d.lgs. n. 130, cit.*

(9) *Le parole* «, di sedi di negoziazione e di servizi di comunicazione dati » *sono state sostituite alle parole* « e di mercati regolamentati » *dall'art. 1, comma 3, lett.* c), *d.lgs. n. 129, cit.*

(10) *Comma inserito dall'art. 1, comma 2, lett.* a), *d.lgs. n. 164, cit.*

(11) *Le parole* « Al medesimo fine, » *sono state soppresse dall'art. 1, lett.* b), *d.lgs. n. 164, cit.*

(12) *Comma da ultimo così sostituito dall'art. 9, comma 1, lett.* a), *n. 1, l. 18 aprile 2005, n. 62.*

(13) *Lettera così sostituita dall'art. 1, comma 2, lett.* a), *d.lgs. 12 agosto 2016, n. 176.*

(14) *Lettera così sostituita dall'art. 1, comma 3, lett.* d), *d.lgs. n. 129, cit.*

(15) *Comma dapprima inserito dall'art. 3, comma 2, d.lgs. 1° agosto 2003, n. 274 e successivamente così modificato dall'art. 9, comma 1, lett.* a), *n. 2, l. n. 62, cit.*

(16) *Periodo aggiunto dall'art. 9, comma 1, lett.* a), *n. 3, l. n. 62, cit.*

(17) *La parole da* «, nonché » *a* « adottati » *sono state inserite dall'art. 1, comma 2, d.lgs. 19 novembre 2007, n. 229.*

(18) *Le parole* « la Banca d'Italia, nel rispetto delle condizioni previste dalle disposizioni dell'Unione europea e sulla » *sono state sostituite alle parole* « la Banca d'Italia, sulla » *dall'art. 1, comma 1, lett.* b), *n. 3 d.lgs. n. 201, cit.*

(19) *Comma così sostituito dall'art. 2, comma 1, lett.* a), *d.lgs. 30 dicembre 2010, n. 239.*

(20) *Comma introdotto dall'art. 1, comma 1, lett.* b), *n. 4 d.lgs. n. 201, cit.*

(21) *Le parole* « I dipendenti e coloro che a qualunque titolo lavorano o hanno lavorato per la Consob, nonché i consulenti e gli esperti dei quali la stessa si avvale o si è avvalsa, » *sono state sostituite alle parole* « I dipendenti della Consob, i consulenti e gli esperti dei quali la stessa si avvale » *dall'art. 1, comma 1, lett.* b), *n. 5 d.lgs. n. 201, cit.*

(22) *Comma aggiunto dall'art. 1, comma 1, lett.* a), *d.lgs. 18 aprile 2016, n. 71.*

(23) *Le parole* « alle indagini e » *sono state inserite dall'art. 1, comma 2, lett.* b), *d.lgs. 12 agosto 2016, n. 176.*

25. Direttiva UE del Parlamento europeo e del Consiglio del 26 giugno 2013, n. 36 sull'accesso all'attività degli enti creditizi e sulla vigilanza prudenziale sugli enti creditizi e sulle imprese di investimento, che modifica la direttiva 2002/87/CE e abroga le direttive 2006/48/CE e 2006/49/CE. (1) (*estratto*).

(1) *Titolo così sostituito dall'art. 62, n. 1) della Direttiva (UE) del Parlamento europeo e del Consiglio 27 novembre 2019, n. 2034. Il testo del titolo era il seguente:* « *Direttiva UE del Parlamento europeo e del Consiglio del 26 giugno 2013, n. 36 sull'accesso all'attività degli enti creditizi e sulla vigilanza prudenziale sugli enti creditizi e sulle imprese di investimento, che modifica la direttiva 2002/87/CE e abroga le direttive 2006/48/CE e 2006/49/CE* ».

53 Segreto professionale.

1. Gli Stati membri impongono a tutte le persone che esercitano o hanno esercitato un'attività per conto delle autorità competenti, nonché ai revisori o esperti incaricati dalle autorità competenti, l'obbligo di rispettare il segreto professionale.

Le informazioni riservate che tali persone, revisori o esperti ricevono nell'esercizio delle loro funzioni possono essere comunicate soltanto in forma sommaria o aggregata, cosicché non si possano individuare i singoli enti creditizi, salvo che nei casi contemplati dal diritto penale.

Tuttavia, nei casi concernenti un ente creditizio dichiarato fallito o soggetto a liquidazione coatta ordinata da un tribunale, le informazioni riservate che non riguardino i terzi coinvolti in tentativi di salvataggio possono essere comunicate nell'ambito di procedimenti civili o commerciali.

2. Il paragrafo 1 non osta a che le autorità competenti procedano a scambi di informazioni tra loro o a trasmettere le informazioni al CERS, all'ABE o all'Autorità europea di vigilanza (Autorità europea degli strumenti finanziari e dei mercati) (« AESFM ») istituita dal regolamento (UE) n. 1095/2010 del Parlamento europeo e del Consiglio conformemente alla presente direttiva, al regolamento (UE) n. 575/2013, al regolamento (UE) 2019/2033 del Parlamento europeo e del Consiglio, all'articolo 15 del regolamento (UE) n. 1092/2010, agli articoli 31, 35 e 36 del regolamento (UE) n. 1093/2010 e agli articoli 31 e 36 del regolamento (UE) n. 1095/2010, alla direttiva (UE) 2019/2034 del Parlamento europeo e del Consiglio e ad altre direttive applicabili agli enti creditizi. Tali informazioni sono soggette al paragrafo 1 (1).

3. Il paragrafo 1 non osta a che le autorità competenti pubblichino i risultati delle prove di stress realizzate conformemente all'articolo 100 della presente direttiva o all'articolo 32 del regolamento (UE) n. 1093/2010 o trasmettano i risultati delle prove di stress all'ABE a fini di pubblicazione da parte dell'ABE di prove di stress relative a tutta l'Unione.

(1) *Paragrafo sostituito dall'art. 62, n. 12) della Direttiva (UE) del Parlamento europeo e del Consiglio 27 novembre 2019, n. 2034.*

26. Regolamento (UE) del Consiglio del 15 ottobre 2013, n. 1024 che attribuisce alla Banca centrale europea compiti specifici in merito alle politiche in materia di vigilanza prudenziale degli enti creditizi. (*estratto*).

Pubblicato nella Gazzetta Ufficiale dell'Unione europea del 29 ottobre 2013, n. 287

27 Segreto professionale e scambio di informazioni.

1. I membri del consiglio di vigilanza, il personale della BCE e il personale distaccato dagli Stati membri partecipanti con incarichi di vigilanza sono vincolati, anche dopo la cessazione dalle funzioni, al segreto professionale previsto all'articolo 37 dello statuto del SEBC e della BCE e nei pertinenti atti del diritto dell'Unione.

La BCE garantisce che le persone che forniscono direttamente o indirettamente, su base permanente o occasionale, servizi relativi all'assolvimento di incarichi di vigilanza siano vincolati a obblighi equivalenti in materia di segreto professionale

2. Ai fini dell'assolvimento dei compiti attribuitile dal presente regolamento, la BCE è autorizzata, nei limiti e alle condizioni fissati dal pertinente diritto dell'Unione, a scambiare informazioni con le autorità e gli organi nazionali o dell'Unione nei casi in cui il pertinente diritto dell'Unione consente alle autorità nazionali competenti di divulgare informazioni a detti soggetti o nei casi in cui gli Stati membri possono prevedere la divulgazione ai sensi del pertinente diritto dell'Unione.

27. Regolamento (UE) del Parlamento europeo e del Consiglio del 27 aprile 2016, n. 679 relativo alla protezione delle persone fisiche con riguardo al trattamento dei dati personali, nonché alla libera circolazione di tali dati e che abroga la direttiva 95/46/CE (regolamento generale sulla protezione dei dati). (*rinvio*) (1).

Pubblicato nella G.U.U.E. 4 maggio 2016, n. L 119.

(1) *Per il testo del Regolamento* v. sub *II, 75.*

SEZIONE SECONDA
DOCUMENTAZIONE AMMINISTRATIVA, TRASFORMAZIONE DIGITALE E INNOVAZIONE TECNOLOGICA

CAPO I
NORME SULLA DOCUMENTAZIONE AMMINISTRATIVA

28. Decreto del Presidente della Repubblica 28 dicembre 2000, n. 445. — Testo unico delle disposizioni legislative e regolamentari in materia di documentazione amministrativa (Testo A). (*estratto*) (1) (2).

Pubblicato nella Gazzetta Ufficiale n. 42 del 20 febbraio 2000, S.O.

(1) *Il presente testo unico raccoglie le disposizioni legislative e regolamentari contenute nel d.lgs. 28 dicembre 2000, n. 443 e nel d.P.R. 28 dicembre 2000, n. 444, contrassegnate nel testo, rispettivamente, con le lettere "L" e "R".*

(2) *Si omettono i seguenti articoli abrogati, a decorrere del 1° gennaio 2006, dall'Art. 75 del d.ls. 7 marzo 2005, n. 82. V. ora le corrispondenti norme del d.lgs. 7 marzo 2005, n. 82 (*sub III, 30*): Art. 8 (R) Documento informatico; Art. 9 (R) Documenti informatici delle pubbliche amministrazioni; Art. 10 (L) Forma ed efficacia del documento informatico; Art. 11 (R) Contratti stipulati con strumenti informatici o per via telematica: Art. 12 (R) Pagamenti informatici; Art. 13 (R) Libri e scritture* (1); Art. 14 (R) Trasmissione del documento informatico; Art. 17 (R) Segretezza della corrispondenza trasmessa per via telematica; Art. 20 (R) Copie di atti e documenti informatici; Art. 22 (R) Definizioni; Art. 23 (R) Firma digitale; Art. 24 (R) Firma digitale autenticata; Art. 25 (R) Firma di documenti informatici delle pubbliche amministrazioni; Art. 26 (R) Certificatori; Art. 27 (R) Certificatori qualificati; Art. 27-*bis Certificati qualificati; Art. 28 (R) Accreditamento; Art. 28-*bis *(L) Responsabilità del certificatore; Art. 29 (R) Vigilanza sull'attività di certificazione; Art. 29-*bis *(R) Obblighi del titolare e del certificatore; Art. 29-*ter *(R) Uso di pseudonimi; Art. 29-*quater; *(R) Efficacia dei certificati qualificati; Art. 29-*quinquies. *Norme particolari per le pubbliche amministrazioni e per altri soggetti qualificati; Art. 29-*sexies; *(R) Dispositivi sicuri e procedure per la generazione della firma; Art. 29-*septies *(R) Revoca e sospensione dei certificati qualificati; Art. 51 (R) Sviluppo dei sistemi informativi delle pubbliche amministrazioni.*

CAPO I
Definizioni e àmbito di applicazione

1 (R) Definizioni (1).

1. Ai fini del presente testo unico si intende per:

a) DOCUMENTO AMMINISTRATIVO ogni rappresentazione, comunque formata, del contenuto di atti, anche interni, delle pubbliche amministrazioni o, comunque, utilizzati ai fini dell'attività amministrativa. Le relative modalità di trasmissione sono quelle indicate al capo II, sezione III, del presente testo unico;

b) DOCUMENTO INFORMATICO la rappresentazione informatica di atti, fatti o dati giuridicamente rilevanti;

c) DOCUMENTO DI RICONOSCIMENTO ogni documento munito di fotografia del titolare e rilasciato, su supporto cartaceo, magnetico o informatico, da una pubblica amministrazione italiana o di altri Stati, che consenta l'identificazione personale del titolare (2);

d) DOCUMENTO D'IDENTITÀ la carta d'identità ed ogni altro documento munito di fotografia del titolare e rilasciato, su supporto cartaceo, magnetico o informatico, da una pubblica amministrazione competente dello Stato italiano o di altri Stati, con la finalità prevalente di dimostrare l'identità personale del suo titolare (2);

e) DOCUMENTO D'IDENTITÀ ELETTRONICO il documento analogo alla carta d'identità elettronica rilasciato dal comune fino al compimento del quindicesimo anno di età (2);

f) CERTIFICATO il documento rilasciato da una amministrazione pubblica avente funzione di ricognizione, riproduzione o partecipazione a terzi di stati, qualità personali e fatti contenuti in albi, elenchi o registri pubblici o comunque accertati da soggetti titolari di funzioni pubbliche;

g) DICHIARAZIONE SOSTITUTIVA DI CERTIFICAZIONE il documento, sottoscritto dall'interessato, prodotto in sostituzione del certificato di cui alla lettera *f*);

h) DICHIARAZIONE SOSTITUTIVA DI ATTO DI NOTORIETÀ il documento sottoscritto dall'interessato, concernente stati, qualità personali e fatti, che siano a diretta conoscenza di questi, resa nelle forme previste dal presente testo unico;

i) AUTENTICAZIONE DI SOTTOSCRIZIONE, l'attestazione, da parte di un pubblico ufficiale, che la sottoscrizione è stata apposta in sua presenza, previo accertamento dell'identità della persona che sottoscrive;

l) LEGALIZZAZIONE DI FIRMA l'attestazione ufficiale della legale qualità di chi ha apposto la propria firma sopra atti, certificati, copie ed estratti, nonché dell'autenticità della firma stessa;

m) LEGALIZZAZIONE DI FOTOGRAFIA l'attestazione, da parte di una pubblica amministrazione competente, che un'immagine fotografica corrisponde alla persona dell'interessato;

n) FIRMA DIGITALE è un particolare tipo di firma elettronica qualificata basata su un sistema di chiavi asimmetriche a coppia, una pubblica e una privata, che consente al titolare tramite la chiave privata e al destinatario tramite la chiave pubblica, rispettivamente, di rendere manifesta e di verificare la provenienza e l'integrità di un documento informatico o di un insieme di documenti informatici;

o) AMMINISTRAZIONI PROCEDENTI le amministrazioni e, nei rapporti con l'utenza, i gestori di pubblici servizi che ricevono le dichiarazioni sostitutive di cui alle lettere *g*) e *h*) ovvero provvedono agli accertamenti d'ufficio ai sensi dell'articolo 43;

p) AMMINISTRAZIONI CERTIFICANTI le amministrazioni e i gestori di pubblici servizi che detengono nei propri archivi le informazioni e i dati contenuti nelle dichiarazioni sostitutive, o richiesti direttamente dalle amministrazioni procedenti ai sensi degli articoli 43 e 71;

q) GESTIONE DEI DOCUMENTI l'insieme delle attività finalizzate alla registrazione di protocollo e alla classificazione, organizzazione, assegnazione e reperimento dei documenti amministrativi formati o acquisiti dalle amministrazioni, nell'ambito del sistema di classificazione d'archivio adottato; essa è effettuata mediante sistemi informativi autorizzati;

r) SISTEMA DI GESTIONE INFORMATICA DEI DOCUMENTI l'insieme delle risorse di calcolo, degli apparati, delle reti di comunicazione e delle procedure informatiche utilizzati dalle amministrazioni per la gestione dei documenti;

s) SEGNATURA DI PROTOCOLLO l'apposizione o l'associazione, all'originale del documento, in forma permanente e non modificabile delle informazioni riguardanti il documento stesso;

t)-*oo*) (3).

(1) *Articolo sostituito dall'art. 1 del d.P.R. 7 aprile 2003, n. 137.*

(2) *Ai sensi dell'art. 104, comma 1, d.l. 17 marzo 2020, n. 18, conv., con modif., in l. 24 aprile 2020, n. 27, come da ultimo modificato dall'art. 11-ter, comma 1, d.l. 22 aprile 2021, n. 52, conv., con modif., in l. 17 giugno 2021, n. 87, con riferimento alle misure straordinarie ed urgenti per contrastare l'emergenza epidemiologica da COVID-19, la validità ad ogni effetto dei documenti di riconoscimento e di identità di cui al presente art. 1, comma 1, lett.* c), d) *ed* e), *rilasciati da amministrazioni pubbliche con scadenza dal 31 gennaio 2020, è prorogata al 30 settembre 2021. La validità ai fini dell'espatrio resta limitata alla data di scadenza indicata nel documento.*

(3) *Lettere abrogate dall'art. 75 d.ls. 7 marzo 2005, n. 82, con effetto a decorrere dal 1° gennaio 2006.*

2 (L) Oggetto.

1. Le norme del presente testo unico disciplinano la formazione, il rilascio, la tenuta e la conservazione, la gestione, la trasmissione di atti e documenti da parte di organi della pubblica amministrazione; disciplinano altresí la produzione di atti e documenti agli organi della pubblica amministrazione nonché ai gestori di pubblici servizi nei rapporti tra loro e in quelli con l'utenza, e ai privati [che vi consentono] (1) (2).

(1) *Le parole* « che vi consentono » *sono state soppresse dall'art. 30-*bis, *comma 1, lett.* a) *d.l. 16 luglio 2020, n. 76, conv., con modif., in l. 11 settembre 2020, n. 120.*

(2) *Comma modificato dall'art. 75 d.ls. 7 marzo 2005, n. 82, con effetto a decorrere dal 1° gennaio 2006.*

3 (R) Soggetti.

1. Le disposizioni del presente testo unico si applicano ai cittadini italiani e dell'Unione europea, alle persone giuridiche, alle società di persone, alle pubbliche amministrazioni e agli enti, alle associazioni e ai comitati aventi sede legale in Italia o in uno dei Paesi dell'Unione europea. (R)

2. I cittadini di Stati non appartenenti all'Unione regolarmente soggiornanti in Italia, possono utilizzare le dichiarazioni sostitutive di cui agli articoli 46 e 47 limitatamente agli stati, alle qualità personali e ai fatti certificabili o attestabili da parte di soggetti pubblici italiani, fatte salve le speciali disposizioni contenute nelle leggi e nei regolamenti concernenti la disciplina dell'immigrazione e la condizione dello straniero. (R) (1).

3. Al di fuori dei casi previsti al comma 2, i cittadini di Stati non appartenenti all'Unione autorizzati a soggiornare nel territorio dello Stato possono utilizzare le dichiarazioni sostitutive di cui agli articoli 46 e 47 nei casi in cui la produzione delle stesse avvenga in applicazione di convenzioni internazionali fra l'Italia ed il Paese di provenienza del dichiarante. (R)

4. Al di fuori dei casi di cui ai commi 2 e 3 gli stati, le qualità personali e i fatti, sono documentati mediante certificati o attestazioni rilasciati dalla competente autorità dello Stato estero, corredati di traduzione in lingua italiana autenticata dall'autorità consolare italiana che ne attesta la conformità all'originale, dopo aver ammonito l'interessato sulle conseguenze penali della produzione di atti o documenti non veritieri.

(1) *Per le modifiche al presente comma, v. l'art. 17, comma 4-*bis *d.l. 9 febbraio 2012, n. 5, convertito, con modificazioni, dalla L. 4 aprile 2012, n. 35, ai sensi del quale le parole* «, fatte salve le speciali disposizioni contenute nelle leggi e nei regolamenti concernenti la disciplina dell'immigrazione e la condizione dello straniero » *sono soppresse.*

*Ai sensi del comma 4-*quater *del predetto art. 17 d.l. n. 5, cit., come da ultimo modificato dall'art. 2, comma 2, d.l. 30 dicembre 2021, n. 228, conv., con modif., in l. 25 febbraio 2022, n. 15, le disposizioni di cui al citato comma 4-*bis *acquistano* ***efficacia dal 30 giugno 2022****.*

4 (R) Impedimento alla sottoscrizione e alla dichiarazione.

1. La dichiarazione di chi non sa o non può firmare è raccolta dal pubblico ufficiale previo accertamento dell'identità del dichiarante. Il pubblico ufficiale attesta che la dichiarazione è stata a lui resa dall'interessato in presenza di un impedimento a sottoscrivere. (R)

2. La dichiarazione nell'interesse di chi si trovi in una situazione di impedimento temporaneo, per ragioni connesse allo stato di salute, è sostituita dalla dichiarazione, contenente espressa indicazione dell'esistenza di un impedimento, resa dal coniuge o, in sua assenza, dai figli o, in mancanza di questi, da altro parente in linea retta o collaterale fino al terzo grado, al pubblico ufficiale, previo accertamento dell'identità del dichiarante. (R)

3. Le disposizioni del presente articolo non si applicano in materia di dichiarazioni fiscali. (R)

5 (L) Rappresentanza legale.

1. Se l'interessato è soggetto alla responsabilità genitoriale, a tutela, o a curatela, le dichiarazioni e i documenti previsti dal presente testo unico sono sottoscritti rispettivamente dal genitore esercente la potestà, dal tutore, o dall'interessato stesso con l'assistenza del curatore (1).

(1) *Le parole « potestà genitoriale » sono state sostituite dalle parole « responsabilità genitoriale » ai sensi di quanto disposto dall'art. 105, comma 1, d.lgs. 28 dicembre 2013, n. 154.*

CAPO II
Documentazione amministrativa

SEZIONE I
Documenti amministrativi e atti pubblici

6 (L-R) Riproduzione e conservazione di documenti (1).

1. Le pubbliche amministrazioni ed i privati hanno facoltà di sostituire, a tutti gli effetti, i documenti dei propri archivi, le scritture contabili, la corrispondenza e gli altri atti di cui per legge o regolamento è prescritta la conservazione, con la loro riproduzione su supporto fotografico, su supporto ottico o con altro mezzo idoneo a garantire la conformità dei documenti agli originali. (L) (2).

2. Gli obblighi di conservazione ed esibizione dei documenti di cui al comma 1 si intendono soddisfatti, sia ai fini amministrativi che probatori, anche se realizzati su supporto ottico quando le procedure utilizzate sono conformi alle regole tecniche dettate dall'Autorità per l'informatica nella pubblica amministrazione. (L) (2).

3. I limiti e le modalità tecniche della riproduzione e dell'autenticazione dei documenti di cui al comma 1, su supporto fotografico o con altro mezzo tecnico idoneo a garantire la conformità agli originali, sono stabiliti con decreto del Presidente del Consiglio dei Ministri.

4. Sono fatti salvi i poteri di controllo del Ministero per i beni e le attività culturali sugli archivi delle amministrazioni pubbliche e sugli archivi privati dichiarati di notevole interesse storico, ai sensi delle disposizioni del Capo II del decreto legislativo 29 ottobre 1999, n. 490.

(1) *Per l'abrogazione del presente articolo, a decorrere dal 1° gennaio 2006, v. l'art. 75 d.lgs. 7 marzo 2005, n. 82.*
(2) *V. deliberazione 13 dicembre 2001, n. 42.*

7 (L) Redazione e stesura di atti pubblici.

1. Le leggi, i decreti, gli atti ricevuti dai notai, tutti gli altri atti pubblici, e le certificazioni sono redatti, anche promiscuamente, con qualunque mezzo idoneo, atto a garantirne la conservazione nel tempo.

2. Il testo degli atti pubblici comunque redatti non deve contenere lacune, aggiunte, abbreviazioni, correzioni, alterazioni o abrasioni. Sono ammesse abbreviazioni, acronimi, ed espressioni in lingua straniera, di uso comune. Qualora risulti necessario apportare variazioni al testo, si provvede in modo che la precedente stesura resti leggibile.

8-14 (1).

(1) *V. nota 2 all'Epigrafe della presente legge.*

SEZIONE III
Trasmissione di documenti

15 (L) Trasmissione dall'estero di atti agli uffici di stato civile.

1. In materia di trasmissione di atti o copie di atti di stato civile o di dati concernenti la cittadinanza da parte delle rappresentanze diplomatiche e consolari italiane, si osservano le disposizioni speciali sulle funzioni e sui poteri consolari.

15-*bis* Notificazioni di atti e documenti, comunicazioni ed avvisi (1).

1. Alla notificazione di atti e di documenti da parte di organi delle pubbliche amministrazioni a soggetti diversi dagli interessati o da persone da essi delegate, nonché a comunicazioni ed avvisi circa il relativo contenuto, si applicano le disposizioni contenute nell'articolo 137, terzo comma, del codice di procedura civile. Nei biglietti e negli inviti di presentazione sono indicate le informazioni strettamente necessarie a tale fine.

(1) *Articolo inserito dall'art. 174 d.lgs. 30 giugno 2003, n. 196. L'intero art. 174 citato è stato poi abrogato dall'articolo 15, comma 1, lettera c), numero 3), del d.lgs. 10 agosto 2018, n. 101.*

16 (R) Riservatezza dei dati personali contenuti nei documenti trasmessi.

1. Al fine di tutelare la riservatezza dei dati personali di cui agli articoli 22 e 24 della legge 31 dicembre 1996, n. 675, i certificati ed i documenti trasmessi ad altre pubbliche amministrazioni possono contenere soltanto le informazioni relative a stati, fatti e qualità personali previste da legge o da regolamento e strettamente necessarie per il perseguimento delle finalità per le quali vengono acquisite.

2. (1).

3. (1).

(1) *Comma abrogato dall'art. 183 d.lgs. 30 giugno 2003, n. 196.*

17 (*Omissis*) (1).

(1) *V. nota 2 all'Epigrafe della presente legge.*

SEZIONE IV
Copie autentiche, autenticazione di sottoscrizioni

18 (L-R) Copie autentiche.

1. Le copie autentiche, totali o parziali, di atti e documenti possono essere ottenute con qualsiasi procedimento che dia garanzia della riproduzione fedele e

duratura dell'atto o documento. Esse possono essere validamente prodotte in luogo degli originali. (L)

2. L'autenticazione delle copie può essere fatta dal pubblico ufficiale dal quale è stato emesso o presso il quale è depositato l'originale, o al quale deve essere prodotto il documento, nonché da un notaio, cancelliere, segretario comunale, o altro funzionario incaricato dal sindaco. Essa consiste nell'attestazione di conformità con l'originale scritta alla fine della copia, a cura del pubblico ufficiale autorizzato, il quale deve altresí indicare la data e il luogo del rilascio, il numero dei fogli impiegati, il proprio nome e cognome, la qualifica rivestita nonché apporre la propria firma per esteso ed il timbro dell'ufficio. Se la copia dell'atto o documento consta di più fogli il pubblico ufficiale appone la propria firma a margine di ciascun foglio intermedio. Per le copie di atti e documenti informatici si applicano le disposizioni contenute nell'articolo 20. (L)

3. Nei casi in cui l'interessato debba presentare alle amministrazioni o ai gestori di pubblici servizi copia autentica di un documento, l'autenticazione della copia può essere fatta dal responsabile del procedimento o da qualsiasi altro dipendente competente a ricevere la documentazione, su esibizione dell'originale e senza obbligo di deposito dello stesso presso l'amministrazione procedente. In tal caso la copia autentica può essere utilizzata solo nel procedimento in corso. (R)

19 (R) Modalità alternative all'autenticazione di copie.

1. La dichiarazione sostitutiva dell'atto di notorietà di cui all'articolo 47 può riguardare anche il fatto che la copia di un atto o di un documento conservato o rilasciato da una pubblica amministrazione, la copia di una pubblicazione ovvero la copia di titoli di studio o di servizio sono conformi all'originale. Tale dichiarazione può altresí riguardare la conformità all'originale della copia dei documenti fiscali che devono essere obbligatoriamente conservati dai privati.

19-*bis* Disposizioni concernenti la dichiarazione sostitutiva (1).

1. La dichiarazione sostitutiva dell'atto di notorietà, di cui all'articolo 19, che attesta la conformità all'originale di una copia di un atto o di un documento rilasciato o conservato da una pubblica amministrazione, di un titolo di studio o di servizio e di un documento fiscale che deve obbligatoriamente essere conservato dai privati, può essere apposta in calce alla copia stessa.

(1) *Articolo inserito dall'art. 15 l. 16 gennaio 2003, n. 3.*

20 (1).

(1) *V. nota 2 all'Epigrafe della presente legge.*

21 (R) Autenticazione delle sottoscrizioni.

1. L'autenticità della sottoscrizione di qualsiasi istanza o dichiarazione sostitutiva di atto di notorietà da produrre agli organi della pubblica amministrazione, nonché ai gestori di servizi pubblici è garantita con le modalità di cui all'art. 38, comma 2 e comma 3. (R)

2. Se l'istanza o la dichiarazione sostitutiva di atto di notorietà è presentata a soggetti diversi da quelli indicati al comma 1 o a questi ultimi al fine della riscossione da parte di terzi di benefici economici, l'autenticazione è redatta da un notaio, cancelliere, segretario comunale, dal dipendente addetto a ricevere la documentazione o altro dipendente incaricato dal Sindaco; in tale ultimo caso, l'autenticazione è redatta di seguito alla sottoscrizione e il pubblico ufficiale, che autentica, attesta che la sottoscrizione è stata apposta in sua presenza, previo accertamento dell'identità del dichiarante, indicando le modalità di identificazione, la data ed il luogo di autenticazione, il proprio nome, cognome e la qualifica rivestita, nonché apponendo la propria firma e il timbro dell'ufficio. (R)

22-29-*septies* (1).

(1) *V. nota 2 all'Epigrafe della presente legge.*

(*Omissis*).

CAPO III
Semplificazione della documentazione amministrativa

SEZIONE I
Istanze e dichiarazioni da presentare alla pubblica amministrazione

38 (L-R) Modalità di invio e sottoscrizione delle istanze.

1. Tutte le istanze e le dichiarazioni da presentare alla pubblica amministrazione o ai gestori o esercenti di pubblici servizi possono essere inviate anche per fax e via telematica (1). (L)

2. Le istanze e le dichiarazioni inviate per via telematica, ivi comprese le domande per la partecipazione a selezioni e concorsi per l'assunzione, a qualsiasi titolo, in tutte le pubbliche amministrazioni, o per l'iscrizione in albi, registri o elenchi tenuti presso le pubbliche amministrazioni, sono valide (2):

a) se sottoscritte mediante la firma digitale, basata su di un certificato qualificato, rilasciato da un certificatore accreditato, e generata mediante un dispositivo per la creazione di una firma sicura;

b) ovvero quando l'autore è identificato dal sistema informatico con l'uso della carta d'identità elettronica o della carta nazionale dei servizi (3) (L).

3. Le istanze e le dichiarazioni sostitutive di atto di notorietà da produrre agli organi della amministrazione pubblica o ai gestori o esercenti di pubblici servizi sono sottoscritte dall'interessato in presenza del dipendente addetto ovvero sottoscritte e presentate unitamente a copia fotostatica non autenticata di un documento di identità del sottoscrittore. La copia fotostatica del documento è inserita nel fascicolo. La copia dell'istanza sottoscritta dall'interessato e la copia del documento di identità possono essere inviate per via telematica; nei procedimenti di aggiudicazione di con-

tratti pubblici, detta facoltà è consentita nei limiti stabiliti dal regolamento di cui all'articolo 15, comma 2 della legge 15 marzo 1997, n. 59 (4). (L)

3-*bis*. Il potere di rappresentanza per la formazione e la presentazione di istanze, progetti, dichiarazioni e altre attestazioni nonché per il ritiro di atti e documenti presso le pubbliche amministrazioni e i gestori o esercenti di pubblici servizi può essere validamente conferito ad altro soggetto con le modalità di cui al presente articolo (5).

(1) *V. l'art. 65, d.lgs. 7 marzo 2005, n. 82.*

(2) *Alinea così modificato dall'articolo 47 comma 2 lett.* a) *d.lgs. 30 dicembre 2010, n. 235.*

(3) *Comma così sostituito dall'art. 9 d.lgs. 23 gennaio 2002, n. 10.*

(4) *Comma così modificato dall'articolo 47 comma 2 lett.* b) *d.lgs. 30 dicembre 2010, n. 235.*

(5) *Comma inserito dall'articolo 47 comma 2 lett.* c) *d.lgs. 30 dicembre 2010, n. 235.*

39 (L) Domande per la partecipazione a concorsi pubblici.

1. La sottoscrizione delle domande per la partecipazione a selezioni per l'assunzione, a qualsiasi titolo, in tutte le pubbliche amministrazioni, nonché ad esami per il conseguimento di abilitazioni, diplomi o titoli culturali non è soggetta ad autenticazione.

SEZIONE II
Certificati

40 (L) Certificazioni contestuali (1).

1. Le certificazioni rilasciate dalla pubblica amministrazione in ordine a stati, qualità personali e fatti sono valide e utilizzabili solo nei rapporti tra privati. Nei rapporti con gli organi della pubblica amministrazione e i gestori di pubblici servizi i certificati e gli atti di notorietà sono sempre sostituiti dalle dichiarazioni di cui agli articoli 46 e 47 (2).

02. Sulle certificazioni da produrre ai soggetti privati è apposta, a pena di nullità, la dicitura: "Il presente certificato non può essere prodotto agli organi della pubblica amministrazione o ai privati gestori di pubblici servizi (3).

1. Le certificazioni da rilasciarsi da uno stesso ufficio in ordine a stati, qualità personali e fatti, concernenti la stessa persona, nell'ambito del medesimo procedimento, sono contenute in un unico documento (4).

(1) *Rubrica sostituita dall'articolo 15, comma 1, lett.* a), *della l. 12 novembre 2011, n. 183, a decorrere dal 1° gennaio 2012, ai sensi dell'articolo 36, comma 1, della medesima l. n. 183/2011.*

(2) *Comma anteposto dall'articolo 15, comma 1, lett.* a), *della l. 12 novembre 2011, n. 183, a decorrere dal 1° gennaio 2012, ai sensi dell'articolo 36, comma 1, della medesima l. n. 183, cit.. Per il differimento del predetto termine di decorrenza dell'applicazione delle disposizioni di cui al presente comma ed i relativi limiti, v. l'art. 29, comma 9, d.l. 29 dicembre 2011, n. 216, convertito, con modificazioni, dalla l. 24 febbraio 2012, n. 14, che ha prorogato il suddetto termine al 30 giugno 2012.*

(3) *Comma anteposto dall'articolo 15, comma 1, lett.* a), *della l. 12 novembre 2011, n. 183, a decorrere dal 1° gennaio 2012, ai sensi dell'articolo 36, comma 1, della medesima l. n. 183/2011.*

(4) *Per la proroga della decorrenza delle disposizioni di cui al presente articolo, v. l'articolo 29, comma 9, del d.l. n. 216, cit., indicato sub nota 2.*

41 (L) Validità dei certificati.

1. I certificati rilasciati dalle pubbliche amministrazioni attestanti stati, qualità personali e fatti non soggetti a modificazioni hanno validità illimitata. Le restanti certificazioni hanno validità di sei mesi dalla data di rilascio se disposizioni di legge o regolamentari non prevedono una validità superiore.

[2. I certificati anagrafici, le certificazioni dello stato civile, gli estratti e le copie integrali degli atti di stato civile sono ammessi dalle pubbliche amministrazioni nonché dai gestori o esercenti di pubblici servizi anche oltre i termini di validità nel caso in cui l'interessato dichiari, in fondo al documento, che le informazioni contenute nel certificato stesso non hanno subito variazioni dalla data di rilascio. Il procedimento per il quale gli atti certificativi sono richiesti deve avere comunque corso, una volta acquisita la dichiarazione dell'interessato. Resta ferma la facoltà di verificare la veridicità e la autenticità delle attestazioni prodotte. In caso di falsa dichiarazione si applicano le disposizioni di cui all'articolo 76.] (1)

(1) *Comma abrogato dall'articolo 15, comma 1, lett.* b), *della l. 12 novembre 2011, n. 183, a decorrere dal 1° gennaio 2012, ai sensi dell'articolo 36, comma 1, della medesima l. n. 183, cit.*

42 (R) Certificati di abilitazione.

1. Tutti i titoli di abilitazione rilasciati al termine di corsi di formazione o di procedimenti autorizzatori all'esercizio di determinate attività, ancorché definiti "certificato", sono denominati rispettivamente "diploma" o "patentino".

SEZIONE III
Acquisizione diretta di documenti

43 (L-R) Accertamenti d'ufficio.

1. Le amministrazioni pubbliche e i gestori di pubblici servizi sono tenuti ad acquisire d'ufficio le informazioni oggetto delle dichiarazioni sostitutive di cui agli articoli 46 e 47, nonché tutti i dati e i documenti che siano in possesso delle pubbliche amministrazioni, previa indicazione, da parte dell'interessato, degli elementi indispensabili per il reperimento delle informazioni o dei dati richiesti, ovvero ad accettare la dichiarazione sostitutiva prodotta dall'interessato (L) (1) (2).

2. Fermo restando il divieto di accesso a dati diversi da quelli di cui è necessario acquisire la certezza o verificare l'esattezza, si considera operata per finalità di rilevante interesse pubblico, ai fini di quanto previsto dal decreto legislativo 11 maggio 1999, n. 135, la consultazione diretta, da parte di una pubblica amministrazione o di un gestore di pubblico servizio, degli archivi dell'amministrazione certificante, finalizzata all'accertamento d'ufficio di stati, qualità e fatti ovvero al controllo sulle dichiarazioni sostitutive presentate dai cittadini. [Per l'accesso diretto ai propri archivi l'amministrazione certificante rilascia all'amministrazione procedente apposita autorizzazione in cui vengono indicati i limiti e le condizioni di accesso volti ad

assicurare la riservatezza dei dati personali ai sensi della normativa vigente] (3). (L)

3. L'amministrazione procedente opera l'acquisizione d'ufficio, ai sensi del precedente comma, esclusivamente per via telematica (L) (4).

4. Al fine di agevolare l'acquisizione d'ufficio di informazioni e dati relativi a stati, qualità personali e fatti, contenuti in albi, elenchi o pubblici registri, le amministrazioni certificanti sono tenute a consentire alle amministrazioni procedenti, senza oneri, la consultazione per via telematica dei loro archivi informatici, nel rispetto della riservatezza dei dati personali. (R)

5. In tutti i casi in cui l'amministrazione procedente acquisisce direttamente informazioni relative a stati, qualità personali e fatti presso l'amministrazione competente per la loro certificazione, il rilascio e l'acquisizione del certificato non sono necessari e le suddette informazioni sono acquisite, senza oneri, con qualunque mezzo idoneo ad assicurare la certezza della loro fonte di provenienza. (R)

6. I documenti trasmessi da chiunque ad una pubblica amministrazione tramite fax, o con altro mezzo telematico o informatico idoneo ad accertarne la fonte di provenienza, soddisfano il requisito della forma scritta e la loro trasmissione non deve essere seguita da quella del documento originale. (R)

(1) *Comma sostituito dall'articolo 15, comma 1, lett.* c), *della l. 12 novembre 2011, n. 183, a decorrere dal 1° gennaio 2012, ai sensi dell'articolo 36, comma 1, della medesima l. n. 183, cit.*

(2) *Per la proroga della decorrenza delle disposizioni di cui al presente comma, v. l'art. 29, comma 9, del d.l. 29 dicembre 2011, n. 216, convertito, con modificazioni, dalla l. 24 febbraio 2012, n. 14, che ha differito il termine del 1° gennaio 2012 al 30 giugno 2012.*

(3) *Periodo soppresso dall'art. 39, comma 5, lett.* a) *d.l. 31 maggio 2021, n. 77, conv., con modif., in l. 29 luglio 2021, n. 108. Ai sensi del successivo comma 6 dell'art. 39 d.l. n. 77, cit., tale disposizione ha efficacia dalla data fissata ai sensi dell'art. 50-*ter, *comma 2-*bis, *d.lgs. 7 marzo 2005, n. 82, inserito dal suddetto decreto. Fino alla predetta data, resta assicurata l'interoperabilità dei dati di cui all'art. 50 d.lgs. 7 marzo 2005, n. 82, tramite accordi quadro, accordi di fruizione o apposita autorizzazione.*

(4) *Comma sostituito dall'art. 14, comma 1-ter, d.l. 21 giugno 2013, n. 69 convertito, con modificazioni, in Legge 9 agosto 2013, n. 98.*

43-*bis* Certificazione e documentazione d'impresa (1).

1. Lo sportello unico per le attività produttive:

a) trasmette alle altre amministrazioni pubbliche coinvolte nel procedimento le comunicazioni e i documenti attestanti atti, fatti, qualità, stati soggettivi, nonché gli atti di autorizzazione, licenza, concessione, permesso o nulla osta comunque denominati rilasciati dallo stesso sportello unico per le attività produttive o acquisiti da altre amministrazioni ovvero comunicati dall'impresa o dalle agenzie per le imprese, ivi comprese le certificazioni di qualità o ambientali;

b) invia alla camera di commercio, industria, artigianato e agricoltura territorialmente competente, ai fini del loro inserimento nel Repertorio delle notizie economiche e amministrative (REA) e al fine della raccolta e conservazione in un fascicolo informatico per ciascuna impresa, il duplicato informatico dei documenti di cui alla lettera *a*).

2. Le comunicazioni tra lo sportello unico per le attività produttive, le amministrazioni pubbliche, le camere di commercio, industria, artigianato e agricoltura, le imprese e le agenzie per le imprese avvengono esclusivamente in modalità telematica secondo le disposizioni vigenti.

3. Le amministrazioni non possono richiedere ai soggetti interessati la produzione dei documenti da acquisire ai sensi del comma 1, lettera *a*).

4. All'attuazione del presente articolo le amministrazioni interessate provvedono nell'ambito delle risorse umane, strumentali e finanziarie di sponibili a legislazione vigente e, comunque, senza nuovi o maggiori oneri a carico della finanza pubblica.

(1) *Articolo inserito dall'articolo 6, comma 2, lett.* f-quinquies) *del d.l. 13 maggio 2011, n. 70, convertito, con modificazioni, in legge 12 luglio 2011, n. 106.*

44 (R) Acquisizione di estratti degli atti dello stato civile.

1. Gli estratti degli atti di stato civile sono richiesti esclusivamente per i procedimenti che riguardano il cambiamento di stato civile e, ove formati o tenuti dagli uffici dello stato civile in Italia o dalle autorità consolari italiane all'estero, vengono acquisiti d'ufficio.

2. Al di fuori delle ipotesi di cui al comma l le amministrazioni possono provvedere all'acquisizione d'ufficio degli estratti solo quando ciò sia indispensabile.

44-*bis* Acquisizione d'ufficio di informazioni (1).

1. Le informazioni relative alla regolarità contributiva sono acquisite d'ufficio, ovvero controllate ai sensi dell'articolo 71, dalle pubbliche amministrazioni procedenti, nel rispetto della specifica normativa di settore.

(1) *Articolo inserito dall'articolo 15, comma 1, lett.* d), *della l. 12 novembre 2011, n. 183, a decorrere dal 1° gennaio 2012, ai sensi dell'articolo 36, comma 1, della medesima l. n. 183/2011.*

SEZIONE IV
Esibizione di documento

45 (L-R) Documentazione mediante esibizione.

1. I dati relativi a cognome, nome, luogo e data di nascita, la cittadinanza, lo stato civile e la residenza attestati in documenti di identità o di riconoscimento in corso di validità, possono essere comprovati mediante esibizione dei documenti medesimi. È fatto divieto alle amministrazioni pubbliche ed ai gestori o esercenti di pubblici servizi, nel caso in cui all'atto della presentazione dell'istanza sia richiesta l'esibizione di un documento di identità o di riconoscimento, di richiedere certificati attestanti stati o fatti contenuti nel documento esibito. È, comunque, fatta salva per le amministrazioni pubbliche ed i gestori e gli esercenti di pubblici servizi la facoltà di verificare, nel corso del procedimento, la veridicità e l'autenticità dei dati contenuti nel documento di identità o di riconoscimento. (L)

2. Nei casi in cui l'amministrazione procedente acquisisce informazioni relative a stati, qualità perso-

nali e fatti attraverso l'esibizione da parte dell'interessato di un documento di identità o di riconoscimento in corso di validità, la registrazione dei dati avviene attraverso l'acquisizione della copia fotostatica non autenticata del documento stesso. (R)

3. Qualora l'interessato sia in possesso di un documento di identità o di riconoscimento non in corso di validità, gli stati, le qualità personali e i fatti in esso contenuti possono essere comprovati mediante esibizione dello stesso, purché l'interessato dichiari, in calce alla fotocopia del documento, che i dati contenuti nel documento non hanno subito variazioni dalla data del rilascio. (R)

SEZIONE V
Norme in materia di dichiarazioni sostitutive

46 (R) Dichiarazioni sostitutive di certificazioni (1).

1. Sono comprovati con dichiarazioni, anche contestuali all'istanza, sottoscritte dall'interessato e prodotte in sostituzione delle normali certificazioni i seguenti stati, qualità personali e fatti:

a) data e il luogo di nascita;

b) residenza;

c) cittadinanza;

d) godimento dei diritti civili e politici;

e) stato di celibe, coniugato, vedovo o stato libero;

f) stato di famiglia;

g) esistenza in vita;

h) nascita del figlio, decesso del coniuge, dell'ascendente o discendente;

i) iscrizione in albi, registri o elenchi tenuti da pubbliche amministrazioni;

l) appartenenza a ordini professionali;

m) titolo di studio, esami sostenuti;

n) qualifica professionale posseduta, titolo di specializzazione, di abilitazione, di formazione, di aggiornamento e di qualificazione tecnica;

o) situazione reddituale o economica anche ai fini della concessione dei benefici di qualsiasi tipo previsti da leggi speciali;

p) assolvimento di specifici obblighi contributivi con l'indicazione dell'ammontare corrisposto;

q) possesso e numero del codice fiscale, della partita IVA e di qualsiasi dato presente nell'archivio dell'anagrafe tributaria;

r) stato di disoccupazione;

s) qualità di pensionato e categoria di pensione;

t) qualità di studente;

u) qualità di legale rappresentante di persone fisiche o giuridiche, di tutore, di curatore e simili;

v) iscrizione presso associazioni o formazioni sociali di qualsiasi tipo;

z) tutte le situazioni relative all'adempimento de gli obblighi militari, ivi comprese quelle attestate nel foglio matricolare dello stato di servizio;

aa) di non aver riportato condanne penali e di non essere destinatario di provvedimenti che riguardano l'applicazione di misure di sicurezza e di misure di prevenzione, di decisioni civili e di provvedimenti amministrativi iscritti nel casellario giudiziale ai sensi della vigente normativa (2);

bb) di non essere a conoscenza di essere sottoposto a procedimenti penali;

bb-bis) di non essere l'ente destinatario di provvedimenti giudiziari che applicano le sanzioni amministrative di cui al decreto legislativo 8 giugno 2001, n. 231 (3);

cc) qualità di vivenza a carico;

dd) tutti i dati a diretta conoscenza dell'interessato contenuti nei registri dello stato civile;

ee) di non trovarsi in stato di liquidazione o di fallimento e di non aver presentato domanda di concordato. (R)

(1) *V. art. 1 d.m. 13 luglio 2004 (Modifica dei modelli di certificati tipo inerenti il Registro delle imprese approvati con d.m. 7 febbraio 1996, previsti dall'art. 24 del d.P.R. 7 dicembre 1995, n. 581), che così dispone: « 1. Sono approvati i modelli di cui all'allegato A al presente decreto, per il rilascio da parte degli uffici del registro delle imprese dei certificati previsti dall'art. 8, comma 8, lettera* b), *della legge 29 dicembre 1993, n. 580. 2. È approvato il modello di dichiarazione sostitutiva del certificato di iscrizione nel registro imprese, previsto dall'art. 46 del decreto del Presidente della Repubblica 28 dicembre 2000, n. 445, di cui all'allegato B al presente decreto. 3. È approvato l'adeguamento del dispositivo "cert.impresa", previsto dal decreto ministeriale 15 febbraio 2001, per l'attestazione di dati tratti dal registro delle imprese, di cui all'allegato C al presente decreto. 4. I modelli di cui ai commi 1 e 2 definiscono i dati e le notizie contenuti nei certificati, nonché i dati necessari per l'individuazione della loro fonte, nel caso di rilascio a distanza tramite il sistema informatico delle camere di commercio, industria, artigianato e agricoltura ».*

(2) *Lettera così modificata dall'art. 49 d.P.R. 14 novembre 2002, n. 313.*

(3) *Lettera aggiunta dall'art. 49 d.P.R., n. 313, cit.*

47 (R) Dichiarazioni sostitutive dell'atto di notorietà.

1. L'atto di notorietà concernente stati, qualità personali o fatti che siano a diretta conoscenza dell'interessato è sostituito da dichiarazione resa e sottoscritta dal medesimo con la osservanza delle modalità di cui all'articolo 38. (R)

2. La dichiarazione resa nell'interesse proprio del dichiarante può riguardare anche stati, qualità personali e fatti relativi ad altri soggetti di cui egli abbia diretta conoscenza. (R)

3. Fatte salve le eccezioni espressamente previste per legge, nei rapporti con la pubblica amministrazione e con i concessionari di pubblici servizi, tutti gli stati, le qualità personali e i fatti non espressamente indicati nell'articolo 46 sono comprovati dall'interessato mediante la dichiarazione sostitutiva di atto di notorietà. (R)

4. Salvo il caso in cui la legge preveda espressamente che la denuncia all'Autorità di Polizia Giudiziaria è presupposto necessario per attivare il procedimento amministrativo di rilascio del duplicato di documenti di riconoscimento o comunque attestanti stati e qualità personali dell'interessato, lo smarrimento dei documenti medesimi è comprovato da chi ne richiede il duplicato mediante dichiarazione sostitutiva. (R)

48 (R) Disposizioni generali in materia di dichiarazioni sostitutive.

1. Le dichiarazioni sostitutive hanno la stessa validità temporale degli atti che sostituiscono.

2. Le singole amministrazioni predispongono i moduli necessari per la redazione delle dichiarazioni sostitutive, che gli interessati hanno facoltà di utilizzare. Nei moduli per la presentazione delle dichiarazioni sostitutive le amministrazioni inseriscono il richiamo alle sanzioni penali previste dall'articolo 76, per le ipotesi di falsità in atti e dichiarazioni mendaci ivi indicate. Il modulo contiene anche l'informativa di cui all'articolo 10 della legge 31 dicembre 1996, n. 675.

3. In tutti i casi in cui sono ammesse le dichiarazioni sostitutive, le singole amministrazioni inseriscono la relativa formula nei moduli per le istanze.

49 (R) Limiti di utilizzo delle misure di semplificazione.

1. I certificati medici, sanitari, veterinari, di origine, di conformità CE, di marchi o brevetti non possono essere sostituiti da altro documento, salvo diverse disposizioni della normativa di settore.

2. Tutti i certificati medici e sanitari richiesti dalle istituzioni scolastiche ai fini della pratica non agonistica di attività sportive da parte dei propri alunni sono sostituiti con un unico certificato di idoneità alla pratica non agonistica di attività sportive rilasciato dal medico di base con validità per l'intero anno scolastico.

CAPO IV
Sistema di gestione informatica dei documenti

SEZIONE I
Disposizioni sulla gestione informatica dei documenti

50-70 (*Omissis*).

CAPO V
Controlli

71 (L-R) Modalità dei controlli.

1. Le amministrazioni procedenti sono tenute ad effettuare idonei controlli, anche a campione in misura proporzionale al rischio e all'entità del beneficio, e nei casi di ragionevole dubbio, sulla veridicità delle dichiarazioni di cui agli articoli 46 e 47, anche successivamente all'erogazione dei benefici, comunque denominati, per i quali sono rese le dichiarazioni. (L) (1).

2. I controlli riguardanti dichiarazioni sostitutive di certificazione sono effettuati dall'amministrazione procedente con le modalità di cui all'articolo 43 consultando direttamente gli archivi dell'amministrazione certificante ovvero richiedendo alla medesima, anche attraverso strumenti informatici o telematici, conferma scritta della corrispondenza di quanto dichiarato con le risultanze dei registri da questa custoditi. (R)

3. Qualora le dichiarazioni di cui agli articoli 46 e 47 presentino delle irregolarità o delle omissioni rilevabili d'ufficio, non costituenti falsità, il funzionario competente a ricevere la documentazione dà notizia all'interessato di tale irregolarità. Questi è tenuto alla regolarizzazione o al completamento della dichiarazione; in mancanza il procedimento non ha seguito. (R)

4. Qualora il controllo riguardi dichiarazioni sostitutive presentate ai privati [che vi consentono] (2) di cui all'articolo 2, l'amministrazione competente per il rilascio della relativa certificazione[, previa definizione di appositi accordi,] (2) è tenuta a fornire, su richiesta del soggetto privato corredata dal consenso del dichiarante, conferma scritta, anche attraverso l'uso di strumenti informatici o telematici, della corrispondenza di quanto dichiarato con le risultanze dei dati da essa custoditi. (L)

(1) *Comma così sostituito dall'art. 264, comma 2, lett.* a), *n. 1) d.l. 19 maggio 2020, n. 34, conv., con modif., in l. 17 luglio 2020, n. 77. Il testo del comma era il seguente:* « 1. Le amministrazioni procedenti sono tenute ad effettuare idonei controlli, anche a campione, e in tutti i casi in cui sorgono fondati dubbi, sulla veridicità delle dichiarazioni sostitutive di cui agliarticoli 46 e 47. (R) ». *Ai sensi del successivo comma 4, le disposizioni di cui al suddetto art. 264 attengono ai livelli essenziali delle prestazioni di cui all'art. 117, comma 2, lett.* m) *Cost. e prevalgono su ogni diversa disciplina regionale.*

(2) *Le parole* « che vi consentono » *e le parole* «, previa definizione di appositi accordi, » *sono state soppresse dall'art. 30-*bis*, comma 1, lett.* b) *d.l. 16 luglio 2020, n. 76, conv., con modif., in l. 11 settembre 2020, n. 120.*

72 (1) (R) Responsabilità dei controlli.

1. Ai fini dell'accertamento d'ufficio di cui all'articolo 43, dei controlli di cui all'articolo 71 [e della predisposizione delle convenzioni quadro di cui all'articolo 58 del codice dell'amministrazione digitale, di cui al decreto legislativo 7 marzo 2005, n. 82] (2), le amministrazioni certificanti individuano un ufficio responsabile per tutte le attività volte a gestire, garantire e verificare la trasmissione dei dati o l'accesso diretto agli stessi da parte delle amministrazioni procedenti.

2. Le amministrazioni certificanti, per il tramite dell'ufficio di cui al comma 1, individuano e rendono note, attraverso la pubblicazione sul sito istituzionale dell'amministrazione, le misure organizzative adottate per l'efficiente, efficace e tempestiva acquisizione d'ufficio dei dati e per l'effettuazione dei controlli medesimi, nonché le modalità per la loro esecuzione.

3. La mancata risposta alle richieste di controllo entro trenta giorni costituisce violazione dei doveri d'ufficio e viene in ogni caso presa in considerazione ai fini della misurazione e della valutazione della performance individuale dei responsabili dell'omissione.

(1) *Articolo sostituito dall'articolo 15, comma 1, lett.* e), *della l. 12 novembre 2011, n. 183, a decorrere dal 1° gennaio 2012, ai sensi dell'articolo 36, comma 1, della medesima l. n. 183, cit.*

(2) *Le parole* « e della predisposizione delle convenzioni quadro di cui all'articolo 58 del codice dell'amministrazione digitale, di cui al decreto legislativo 7 marzo 2005, n. 82 » *sono state soppresse dall'art. 39, comma 5, lett.* b) *d.l. 31 maggio 2021, n. 77, conv., con modif., in l. 29 luglio 2021, n. 108.*

CAPO VI
Sanzioni

73 (L) Assenza di responsabilità della pubblica amministrazione.

1. Le pubbliche amministrazioni e i loro dipendenti, salvi i casi di dolo o colpa grave, sono esenti da ogni

responsabilità per gli atti emanati, quando l'emanazione sia conseguenza di false dichiarazioni o di documenti falsi o contenenti dati non più rispondenti a verità, prodotti dall'interessato o da terzi.

74 (L-R) Violazione dei doveri d'ufficio.

1. Costituisce violazione dei doveri d'ufficio la mancata accettazione delle dichiarazioni sostitutive di certificazione o di atto di notorietà rese a norma delle disposizioni del presente testo unico. (L)

2. Costituiscono altresì violazioni dei doveri d'ufficio:

a) la richiesta e l'accettazione di certificati o di atti di notorietà (L) (1);

b) il rifiuto da parte del dipendente addetto di accettare l'attestazione di stati, qualità personali e fatti mediante l'esibizione di un documento di riconoscimento; (R)

c) la richiesta e la produzione, da parte rispettivamente degli ufficiali di stato civile e dei direttori sanitari, del certificato di assistenza al parto ai fini della formazione dell'atto di nascita. (R)

c-bis) il rilascio di certificati non conformi a quanto previsto all'articolo 40, comma 02 (L) (2).

(1) *Lettera sostituita dall'articolo 15, comma 1, lett.* f), *n. 1), della l. 12 novembre 2011, n. 183, a decorrere dal 1° gennaio 2012, ai sensi dell'articolo 36, comma 1, della medesima l. n. 183, cit.*

(2) *Lettera aggiunta dall'articolo 15, comma 1, lett.* f), *n. 2), della l. 12 novembre 2011, n. 183, a decorrere dal 1° gennaio 2012, ai sensi dell'articolo 36, comma 1, della medesima l. n. 183, cit.*

75 (R) Decadenza dai benefici.

1. Fermo restando quanto previsto dall'articolo 76, qualora dal controllo di cui all'articolo 71 emerga la non veridicità del contenuto della dichiarazione, il dichiarante decade dai benefici eventualmente conseguenti al provvedimento emanato sulla base della dichiarazione non veritiera.

1-*bis*. La dichiarazione mendace comporta, altresì, la revoca degli eventuali benefici già erogati nonché il divieto di accesso a contributi, finanziamenti e agevolazioni per un periodo di 2 anni decorrenti da quando l'amministrazione ha adottato l'atto di decadenza. Restano comunque fermi gli interventi, anche economici, in favore dei minori e per le situazioni familiari e sociali di particolare disagio. (L) (1).

(1) *Comma aggiunto dall'art. 264, comma 2, lett.* a), *n. 2) d.l. 19 maggio 2020, n. 34, conv., con modif., in l. 17 luglio 2020, n. 77. Ai sensi del successivo comma 4, le disposizioni di cui al suddetto art. 264 attengono ai livelli essenziali delle prestazioni di cui all'art. 117, comma 2, lett.* m) *Cost. e prevalgono su ogni diversa disciplina regionale.*

76 (L) Norme penali.

1. Chiunque rilascia dichiarazioni mendaci, forma atti falsi o ne fa uso nei casi previsti dal presente testo unico è punito ai sensi del codice penale e delle leggi speciali in materia. La sanzione ordinariamente prevista dal codice penale è aumentata da un terzo alla metà (1).

2. L'esibizione di un atto contenente dati non più rispondenti a verità equivale ad uso di atto falso.

3. Le dichiarazioni sostitutive rese ai sensi degli articoli 46 e 47 e le dichiarazioni rese per conto delle persone indicate nell'articolo 4, comma 2, sono considerate come fatte a pubblico ufficiale.

4. Se i reati indicati nei commi 1, 2 e 3 sono commessi per ottenere la nomina ad un pubblico ufficio o l'autorizzazione all'esercizio di una professione o arte, il giudice, nei casi più gravi, può applicare l'interdizione temporanea dai pubblici uffici o dalla professione e arte.

4-*bis*. Le disposizioni del presente articolo si applicano anche alle attestazioni previste dall'articolo 840-*septies*, secondo comma, lettera *g*), del codice di procedura civile (2).

(1) *Periodo aggiunto dall'art. 264, comma 2, lett.* a), *n. 3), d.l. 19 maggio 2020, n. 34, conv., con modif., in l. 17 luglio 2020, n. 77. Ai sensi del successivo comma 4, le disposizioni di cui al suddetto art. 264 attengono ai livelli essenziali delle prestazioni di cui all'art. 117, comma 2, lett.* m) *Cost. e prevalgono su ogni diversa disciplina regionale.*

(2) *Comma aggiunto dall'art. 3, comma 1, della l. 12 aprile 2019, n. 31. Ai sensi dell'art. 7, comma 1, l. n. 31, cit., come da ultimo modificato dall'art. 31-ter d.l. 28 ottobre 2020, n. 137, conv., con modif., in l. 18 dicembre 2020, n. 176, « le disposizioni di cui alla presente legge entrano in vigore decorsi venticinque mesi dalla pubblicazione della medesima legge nella Gazzetta Ufficiale ».*

29. Decreto legislativo 24 gennaio 2006, n. 36. — Attuazione della direttiva (UE) 2019/1024 relativa all'apertura dei dati e al riutilizzo dell'informazione del settore pubblico che ha abrogato la direttiva 2003/98/CE (1).

Pubblicato nella Gazzetta Ufficiale n. 37 del 14 febbraio 2006.

(1) *Titolo così sostituito dall'art. 1, comma 1, d.lgs. 8 novembre 2021, n. 200. Il testo del titolo era il seguente:* « Attuazione della direttiva 2003/98/CE relativa al riutilizzo di documenti nel settore pubblico ».

1 Oggetto ed ambito di applicazione.

1. Il presente decreto legislativo disciplina le modalità di riutilizzo dei documenti contenenti dati pubblici nella disponibilità delle pubbliche amministrazioni e degli organismi di diritto pubblico e delle imprese pubbliche e private, ai sensi di quanto previsto dai commi 2-*ter* e 2-*quater* (1).

2. Le pubbliche amministrazioni e gli organismi di diritto pubblico provvedono affinché i documenti cui si applica il presente decreto legislativo siano riutilizzabili a fini commerciali o non commerciali secondo le modalità previste dal medesimo decreto, inclusi i documenti i cui diritti di proprietà intellettuale sono detenuti da biblioteche, comprese le biblioteche universitarie, i musei e gli archivi, qualora il riutilizzo di questi ultimi documenti sia autorizzato in conformità alle disposizioni di cui alla Parte II, Titolo II, Capo I e (2) Capo III, del decreto legislativo 22 gennaio 2004, n. 42,

nonché a quelle di cui alla Parte II, Titolo VII, Capo II, del decreto legislativo 30 giugno 2003 n. 196 (3).

2-*bis*. Il presente decreto si applica ai dati della ricerca conformemente alle condizioni di cui all'articolo 9-*bis* (4).

2-*ter*. Fatto salvo quanto previsto all'articolo 3, comma 1, lettera *a-bis*), il presente decreto disciplina, altresì, il riutilizzo dei documenti nella disponibilità delle imprese pubbliche:

a) attive nei settori di cui agli articoli da 115 a 121 del decreto legislativo 18 aprile 2016, n. 50;

b) che agiscono in qualità di operatori di servizio pubblico ai sensi dell'articolo 2 del regolamento (CE) n. 1370/2007;

c) che agiscono in qualità di vettori aerei che assolvono oneri di servizio pubblico ai sensi dell'articolo 16 del regolamento (CE) n. 1008/2008;

d) che agiscono in qualità di armatori comunitari che assolvono obblighi di servizio pubblico ai sensi dell'articolo 4 del regolamento (CEE) n. 3577/1992 (4).

2-*quater*. La disciplina di cui al comma 2-*ter* si applica anche alle imprese private di trasporto che sono soggette ad obblighi di servizio pubblico ai sensi dell'articolo 16 del regolamento (CE) n. 1008/2008 e, in generale, ai gestori di servizi pubblici in relazione ai servizi di pubblico interesse (4).

2-*quinquies*. Il presente decreto disciplina altresì il riutilizzo dei documenti ai quali si applica il decreto legislativo 27 gennaio 2010, n. 32, di recepimento della direttiva 2007/2/CE (4).

3. Il presente decreto si applica altresì quando i documenti di cui al comma 1 sono già stati diffusi per il loro riutilizzo dai soggetti ivi indicati. È in ogni caso assicurata la parità di trattamento tra tutti i riutilizzatori, salvo quanto previsto dall'articolo 11.

[4. Nell'esercizio del potere di cui al comma 2 le pubbliche amministrazioni o gli organismi di diritto pubblico perseguono la finalità di rendere riutilizzabile il maggior numero di informazioni, in base a modalità che assicurino condizioni eque, adeguate e non discriminatorie.] (5)

(1) *Le parole* « e delle imprese pubbliche e private, ai sensi di quanto previsto dai commi 2-*ter* e 2-*quater* » *sono state inserite dall'art. 1, comma 2, lett.* a), *d.lgs. 8 novembre 2021, n. 200.*

(2) *Le parole* « Capo I e » *sono state aggiunte dall'art. 1, comma 2, lett.* b), *d.lgs. n. 200, cit.*

(3) *Comma modificato dall'art. 44 l. 4 giugno 2010, n. 96 e successivamente sostituito dall'art. 1, comma 1, lett.* a), *d.lgs. 18 maggio 2015, n. 102.*

(4) *Comma inserito dall'art. 1, comma 2, lett.* c), *d.lgs. n. 200, cit.*

(5) *Comma abrogato dall'art. 1, comma 1, lett.* b), *d.lgs. 18 maggio 2015, n. 102.*

2 Definizioni.

1. Ai fini del presente decreto si intende per:

a) pubbliche amministrazioni: le amministrazioni di cui all'articolo 1, comma 2, del decreto legislativo 30 marzo 2001, n. 165, ivi comprese le autorità di sistema portuale, le autorità amministrative indipendenti di garanzia, vigilanza e regolazione, nonché i loro consorzi o associazioni a qualsiasi fine istituiti; (1)

a-bis) imprese pubbliche: le imprese definite all'articolo 3, comma 1, lettera *t*), del decreto legislativo 18 aprile 2016, n. 50; (2)

b) organismi di diritto pubblico: gli organismi definiti all'articolo 3, comma 1, lettera *d*) del decreto legislativo 18 aprile 2016, n. 50; (3)

b-bis) università: qualsiasi organismo pubblico che fornisce istruzione post-secondaria superiore che conduce a titoli di studio accademici (4);

c) documento: la rappresentazione di atti, fatti e dati a prescindere dal supporto, cartaceo o elettronico, registrazione sonora, visiva o audiovisiva o qualsiasi parte di tale contenuto (5) nella disponibilità della pubblica amministrazione o dell'organismo di diritto pubblico. La definizione di documento non comprende i programmi informatici;

c-bis) formato leggibile meccanicamente: un formato di file strutturato in modo tale da consentire alle applicazioni software di individuare, riconoscere ed estrarre facilmente dati specifici, comprese dichiarazioni individuali di fatto e la loro struttura interna (4);

c-ter) formato aperto: il formato di cui all'articolo 1, comma 1, lettera l-*bis*, del decreto legislativo 7 marzo 2005, n. 82 (6), del decreto legislativo 7 marzo 2005, n. 82, e successive modificazioni (4);

c-quater) dati di tipo aperto: dati come definiti dall'articolo 1, comma 1, lettera *l-ter*), del decreto legislativo 7 marzo 2005, n. 82; (7)

c-quinquies) anonimizzazione: la procedura mirante a rendere anonimi documenti, rendendoli non riconducibili a una persona fisica identificata o identificabile, ovvero la procedura mirante a rendere anonimi dati personali in modo da impedire o da non consentire più l'identificazione dell'interessato; (8)

c-sexies) dati dinamici: documenti informatici, soggetti ad aggiornamenti frequenti o in tempo reale, in particolare a causa della loro volatilità o rapida obsolescenza; (8)

c-septies) dati della ricerca: documenti informatici, diversi dalle pubblicazioni scientifiche, raccolti o prodotti nel corso della ricerca scientifica e utilizzati come elementi di prova nel processo di ricerca, o comunemente accettati nella comunità di ricerca come necessari per convalidare le conclusioni e i risultati della ricerca; (8)

c-octies) serie di dati di elevato valore: documenti il cui riutilizzo è associato a importanti benefici per la società, l'ambiente e l'economia, in considerazione della loro idoneità per la creazione di servizi, applicazioni a valore aggiunto e nuovi posti di lavoro, nonché del numero dei potenziali beneficiari dei servizi e delle applicazioni a valore aggiunto basati su tali serie di dati; (8)

d) dato pubblico: il dato conoscibile da chiunque;

e) riutilizzo: l'uso da parte di persone fisiche o giuridiche di documenti detenuti da:

1) pubbliche amministrazioni o organismi di diritto pubblico, per fini commerciali o per fini non commerciali, diversi da quelli istituzionali per i quali i documenti sono stati prodotti, fatta eccezione per lo scambio di documenti tra pubbliche amministrazioni, o organismi di diritto pubblico, ovvero tra amministrazioni e organismi di diritto pubblico, posto in essere esclusivamente nell'ambito dell'espletamento dei compiti istituzionali di cui sono titolari;

2) imprese pubbliche e imprese private di cui all'articolo 1, comma 2-*quater*, per fini commerciali o per fini non commerciali, diversi da quelli relativi alla fornitura dei servizi di interesse generale per i quali i documenti sono stati prodotti, fatta eccezione per lo scambio di documenti tra imprese pubbliche e pubbliche amministrazioni o organismi di diritto pubblico posto in essere esclusivamente nell'ambito dell'espletamento dei compiti istituzionali delle pubbliche amministrazioni; (9)

f) scambio di documenti: la cessione di documenti finalizzata esclusivamente all'adempimento di compiti istituzionali fra i soggetti di cui alle lettere *a*) e *b*);

f-bis) interfaccia tra programmi applicativi (API): insieme di funzioni, procedure, operazioni disponibili al programmatore, di solito raggruppate a formare un insieme di strumenti specifici per l'espletamento di un determinato compito; (10)

g) dati personali: i dati definiti tali dall'articolo 4, numero 1, del regolamento UE 2016/679 (11);

h) licenza standard per il riutilizzo: il contratto, o altro strumento negoziale, ove possibile redatto in forma elettronica, compatibile con le licenze pubbliche standardizzate disponibili online, nel quale sono definite le modalità di riutilizzo in formato digitale dei documenti (12);

i) titolare del dato: la pubblica amministrazione o l'organismo di diritto pubblico che ha originariamente formato per uso proprio o commissionato ad altro soggetto pubblico o privato il documento che rappresenta il dato, o che ne ha la disponibilità (13).

i-bis) utile ragionevole sugli investimenti: una percentuale della tariffa complessiva, in aggiunta a quella necessaria per recuperare i costi ammissibili, non superiore a cinque punti percentuali oltre il tasso di interesse fisso della BCE; (14)

i-ter) terzo: qualsiasi persona fisica o giuridica diversa dalle pubbliche amministrazioni e dagli organismi di diritto pubblico o dalle imprese pubbliche che detengono i dati. (14)

(1) *Lettera così sostituita dall'art. 1, comma 3, lett.* a), *d.lgs. 8 novembre 2021, n. 200. Il testo della lettera era il seguente:* « *a*) pubbliche amministrazioni: le amministrazioni dello Stato, le regioni, le province autonome di Trento e di Bolzano, gli enti pubblici territoriali e le loro unioni, consorzi o associazioni e gli altri enti pubblici non economici; ».

(2) *Lettera inserita dall'art. 1, comma 3, lett.* b), *d.lgs. n. 200, cit.*

(3) *Lettera così sostituita dall'art. 1, comma 3, lett.* c), *d.lgs. n. 200, cit. Il testo della lettera era il seguente:* « *b*) organismi di diritto pubblico: gli organismi, dotati di personalità giuridica, istituiti per soddisfare specifiche finalità d'interesse generale non aventi carattere industriale o commerciale, la cui attività è finanziata in modo maggioritario dallo Stato, dalle regioni, dagli enti locali, da altri enti pubblici o organismi di diritto pubblico, o la cui gestione è sottoposta al loro controllo o i cui organi d'amministrazione, di direzione o di vigilanza sono costituiti, almeno per la metà, da componenti designati dai medesimi soggetti pubblici. Sono escluse le imprese pubbliche, come definite all'articolo 2, comma 1, lettera *b*), del decreto legislativo 11 novembre 2003, n. 333; ».

(4) *Lettera inserita dall'art. 1, comma 2, d.lgs. 18 maggio 2015, n. 102.*

(5) *Le parole* «, cartaceo o elettronico, registrazione sonora, visiva o audiovisiva o qualsiasi parte di tale contenuto » *sono state aggiunte dall'art. 1, comma 3, lett.* d), *d.lgs. n. 200, cit.*

(6) *Le parole* « 1, comma 1, lettera l-*bis*, del decreto legislativo 7 marzo 2005, n. 82 » *sono state sostituite alle parole* « 68, comma 3, lettera *a*) » *dall'art. 1, comma 3, lett.* e), *d.lgs. n. 200, cit.*

(7) *Lettera così sostituita dall'art. 1, comma 3, lett.* f), *d.lgs. n. 200, cit. Il testo della lettera, come inserita dall'art. 1, comma 2, d.lgs. n. 102, cit., era il seguente:* « *c-quater*) standard formale aperto: uno standard definito in forma scritta, precisando in dettaglio i requisiti per assicurare l'interoperabilità del software ».

(8) *Lettera inserita dall'art. 1, comma 3, lett.* g), *d.lgs. n. 200, cit.*

(9) *Lettera così sostituita dall'art. 1, comma 3, lett.* h), *d.lgs. n. 200, cit. Il testo della lettera era il seguente:* « *e*) riutilizzo: l'uso del dato di cui è titolare una pubblica amministrazione o un organismo di diritto pubblico, da parte di persone fisiche o giuridiche, a fini commerciali o non commerciali diversi dallo scopo iniziale per il quale il documento che lo rappresenta è stato prodotto nell'ambito dei fini istituzionali; ».

(10) *Lettera inserita dall'art. 1, comma 3, lett.* i), *d.lgs. n. 200, cit.*

(11) *Le parole* « dall'articolo 4, numero 1, del regolamento UE 2016/679 » *sono state sostituite alle parole* « dal decreto legislativo 30 giugno 2003, n. 196 » *dall'art. 1, comma 3, lett.* l), *d.lgs. n. 200, cit.*

(12) *Le parole da* « ove possibile redatto » *a* « formato digitale dei documenti » *sono state sostituite alle parole* « redatto ove possibile in forma elettronica, nel quale sono definite le modalità di riutilizzo dei documenti delle pubbliche amministrazioni o degli organismi di diritto pubblico » *dall'art. 1, comma 3, lett.* m), *d.lgs. n. 200, cit.*

(13) *Lettera modificata dall'art. 44 l. 4 giugno 2010, n. 96.*

(14) *Lettera aggiunta dall'art. 1, comma 3, lett.* n), *d.lgs. n. 200, cit.*

3 Documenti esclusi dall'applicazione del decreto.

1. Il presente decreto non si applica ai seguenti documenti: (1)

a) quelli detenuti per finalità che esulano dall'ambito dei compiti istituzionali della pubblica amministrazione o dell'organismo di diritto pubblico, a condizione che la portata di detti compiti sia trasparente e soggetta a revisione (2);

a-bis) quelli nella disponibilità di imprese pubbliche:

1) prodotti al di fuori dell'ambito della prestazione di servizi di interesse generale;

2) connessi ad attività direttamente esposte alla concorrenza e non soggette alle norme in materia di appalti; (3)

b) quelli nella disponibilità delle emittenti di servizio pubblico e delle società da esse controllate e da altri organismi o loro società controllate per l'adempimento di un compito di radiodiffusione di servizio pubblico;

c) quelli nella disponibilità di istituti di istruzione secondaria e inferiore e, nel caso di tutti gli altri istituti di istruzione, ai documenti diversi da quelli di cui all'articolo 1, comma 2-*bis*, del presente decreto (4) (5);

d) quelli nella disponibilità di enti culturali diversi dalle biblioteche, comprese quelle universitarie (6), dai musei e dagli archivi (7);

e) quelli comunque nella disponibilità degli organismi di cui alla legge 3 agosto 2007, n. 124 (8);

[*f*) quelli relativi ai dati di cui alla borsa continua nazionale del lavoro, all'anagrafe del lavoratore ed i dati assunti in materia di certificazione dei contratti di lavoro, disciplinati dal decreto legislativo 10 settembre 2003, n. 276, e dai rispettivi provvedimenti attuativi] (9);

g) quelli esclusi dall'accesso ai sensi dell'articolo 24 della legge 7 agosto 1990, n. 241, nonché ai sensi dell'articolo 5-*bis* del decreto legislativo 14 marzo 2013, n. 33, (10) o per motivi di tutela del segreto statistico, quali disciplinati dall'articolo 9 del decreto legislativo 6 settembre 1989. n. 322 (9);

h) quelli sui cui terzi detengono diritti di proprietà intellettuale ai sensi della legge 22 aprile 1941, n. 633, ovvero diritti di proprietà industriale ai sensi del decreto legislativo 10 febbraio 2005, n. 30.

h-bis) quelli, non contenenti dati pubblici, il cui accesso è disciplinato dal Capo V della legge 7 agosto 1990, n. 241 (11);

h-ter) parti di documenti contenenti solo logotipi, stemmi e distintivi (11);

h-quater) quelli il cui accesso, ai sensi delle previsioni del regolamento UE 2016/679 e del decreto legislativo 30 giugno 2003, n. 196 nonché del decreto legislativo 18 maggio 2018, n. 51, è escluso o limitato, ovvero risulti pregiudizievole per la tutela della vita privata e dell'integrità degli individui, nonché alle parti di documenti accessibili che contengono dati personali il cui riutilizzo è stato definito per legge incompatibile con le previsioni delle suddette disposizioni normative; (12)

h-quinquies) quelli il cui accesso è escluso o limitato per motivi di protezione delle informazioni sensibili relative alle infrastrutture critiche definite all'articolo 2 del decreto legislativo 11 aprile 2011, n. 61; (13)

h-sexies) documenti diversi da quelli di cui all'articolo 2, comma 1, lettera *c-septies*), nella disponibilità di organizzazioni che svolgono attività di ricerca e di organizzazioni che finanziano la ricerca, comprese le organizzazioni preposte al trasferimento dei risultati della ricerca; (13).

1-*bis*. Le pubbliche amministrazioni e gli organismi di diritto pubblico non possono esercitare il diritto di cui all'articolo 64-*quinquies* della legge 22 aprile 1941, n. 633 per impedire il riutilizzo di documenti o di limitare il riutilizzo, salvo i limiti stabiliti dal presente decreto (14).

(1) *Alinea così sostituito dall'art. 1, comma 4, lett.* a), *d.lgs. 8 novembre 2021, n. 200. Il testo dell'alinea era il seguente:* « Sono esclusi dall'applicazione del presente decreto i seguenti documenti: ».

(2) *Lettera modificata dall'art. 1, comma 3, lett.* a), *d.lgs. 18 maggio 2015, n. 102.*

(3) *Lettera inserita dall'art. 1, comma 4, lett.* b), *d.lgs. n. 200, cit.*

(4) *Le parole da* « secondaria e inferiore » *a* « del presente decreto » *sono state sostituite alle parole* « e di ricerca, comprese le organizzazioni preposte al trasferimento dei risultati della ricerca, scuole e università, escluse le biblioteche universitarie » *dall'art. 1, comma 4, lett.* c), *d.lgs. n. 200, cit.*

(5) *Lettera sostituita dall'art. 1, comma 3, lett.* b), *d.lgs. n. 102, cit.*

(6) *Le parole* «, comprese quelle universitarie » *sono state inserite dall'art. 1, comma 4, lett.* d), *d.lgs. n. 200, cit.*

(7) *Lettera sostituita dall'art. 1, comma 3, lett.* c), *d.lgs. n. 102, cit.*

(8) *Le parole* « alla legge 3 agosto 2007, n. 124 » *sono state sostituite alle parole* « agli articoli 3, 4, 5 e 6 della legge 24 ottobre 1977, n. 801 » *dall'art. 1, comma 4, lett.* e), *d.lgs. n. 200, cit.*

(9) *Lettera abrogata dall'art. 44 l. 4 giugno 2010, n. 96.*

(10) *Le parole* « nonché ai sensi dell'articolo 5-*bis* del decreto legislativo 14 marzo 2013, n. 33, » *sono state inserite dall'art. 1, comma 4, lett.* f), *d.lgs. n. 200, cit.*

(11) *Lettera sostituita dall'art. 1, comma 3, lett.* d), *d.lgs. n. 102, cit.*

(12) *Lettera così sostituita dall'art. 1, comma 4, lett.* g), *d.lgs. n. 200, cit. Il testo della lettera, come sostituita dall'art. 1, comma 3, lett.* d), *d.lgs. n. 102, cit., era il seguente:* « *h-quater*) documenti, o parti di documenti, che contengono dati personali che non sono conoscibili da chiunque o la cui conoscibilità è subordinata al rispetto di determinati limiti o modalità, in base alle leggi, ai regolamenti o alla normativa dell'Unione europea, nonché quelli che contengono dati personali il cui riuso è incompatibile con gli scopi originari del trattamento ai sensi dell'articolo 11, comma 1, lettera *b*), del decreto legislativo 30 giugno 2003, n. 196, e delle altre disposizioni rilevanti in materia ».

(13) *Lettera inserita dall'art. 1, comma 4, lett.* h), *d.lgs. n. 200, cit.*

(14) *Comma inserito dall'art. 1, comma 4, lett.* i), *d.lgs. n. 200, cit.*

4 Norma di salvaguardia.

1. Sono fatte salve:

a) la disciplina sulla protezione dei dati personali di cui al decreto legislativo 30 giugno 2003, n. 196;

b) la disciplina sulla protezione del diritto d'autore di cui alla legge 22 aprile 1941, n. 633. Gli obblighi previsti dal presente decreto legislativo si applicano compatibilmente con le disposizioni degli accordi internazionali sulla protezione dei diritti di proprietà intellettuale e, in particolare, della Convenzione di Berna per la protezione delle opere letterarie ed artistiche del 1886, ratificata ai sensi della legge 20 giugno 1978, n. 399, dell'Accordo TRIPS sugli aspetti dei diritti di proprietà intellettuale attinenti al commercio del 1994, ratificato e reso esecutivo ai sensi della legge 29 dicembre 1994, n. 747, e del Trattato sul diritto d'autore (WCT), adottato a Ginevra il 20 dicembre 1996 ed entrato in vigore per tutti gli Stati membri dell'Unione Europea il 14 marzo 2010; (1)

c) la disciplina in materia di accesso ai documenti amministrativi, di cui al Capo V della legge 7 agosto 1990, n. 241;

[*d*) le disposizioni in materia di riutilizzazione commerciale dei documenti, dei dati e delle informazioni catastali ed ipotecarie, anche con riferimento all'articolo 1, commi da 367 a 373, della legge 30 dicembre 2004, n. 311] (1);

e) le disposizioni in materia di proprietà industriale di cui al decreto legislativo 10 febbraio 2005, n. 30;

[*f*) la disciplina sul Sistema statistico nazionale di cui al decreto legislativo 6 settembre 1989, n. 322, nonché la disposizione sull'accesso ai dati individuali di cui all'articolo 8 della legge 31 dicembre 1996, n. 681] (2).

(1) *Lettera così sostituita dall'art. 1, comma 5, d.lgs. 8 novembre 2021, n. 200. Il testo della lettera era il seguente:* « *b*) la disciplina sulla protezione del diritto d'autore di cui alla legge 22 aprile 1941, n. 633. Gli obblighi previsti dal presente decreto legislativo si applicano compatibilmente con le disposizioni di accordi internazionali sulla protezione dei diritti di proprietà intellettuale, in particolare la Convenzione di Berna per la protezione delle opere letterarie ed artistiche, del 1886, ratificata con legge 20 giugno 1978, n. 399, e l'Accordo TRIPS sugli aspetti dei diritti di proprietà intellettuale attinenti al commercio, del 1994, ratificato con legge 29 dicembre 1994, n. 747; ».

(2) *Lettera abrogata dall'art. 44 l. 4 giugno 2010, n. 96.*

5 (1) Richiesta di riutilizzo di documenti.

1. Le pubbliche amministrazioni e gli organismi di diritto pubblico esaminano le richieste e rendono disponibili i documenti, con le modalità di cui al comma 2, entro il termine di trenta giorni dalla richiesta, prorogabile di ulteriori venti giorni nel caso in cui le richieste siano numerose o complesse. Di tale proroga è data comunicazione al richiedente entro ventuno giorni dalla richiesta.

2. In caso di decisione positiva, i documenti sono resi disponibili, ove possibile, in forma elettronica e, se necessario, attraverso una licenza.

3. I provvedimenti di diniego sono motivati sulla base delle disposizioni del presente decreto.

4. Nel caso in cui il riutilizzo è negato ai sensi dell'articolo 3, comma 1, lettera *h*), per la parte relativa ai

diritti di proprietà intellettuale, le pubbliche amministrazioni o gli organismi di diritto pubblico indicano la persona fisica o giuridica titolare del diritto, se è nota, oppure il licenziante dal quale il titolare del dato stesso ha ottenuto il materiale. Le biblioteche, comprese quelle universitarie, i musei e gli archivi non sono tenuti a fornire la suddetta indicazione.

5. In caso di diniego, il richiedente può esperire i mezzi di tutela previsti dall'articolo 25, commi 4 e 5, della legge 7 agosto 1990, n. 241. Degli stessi è data comunicazione al richiedente con il provvedimento di diniego.

6. Le imprese pubbliche, gli istituti di istruzione, le organizzazioni che svolgono attività di ricerca, le organizzazioni che finanziano la ricerca e gli organismi di cui agli articoli 4, 6 e 7 della legge 3 agosto 2007, n. 124, definiscono i termini e le modalità di riutilizzo dei dati secondo i rispettivi ordinamenti.

(1) *Articolo così sostituito dall'art. 1, comma 6, d.lgs. 8 novembre 2021, n. 200. Il testo dell'articolo, come da ultimo modificato dal d.lgs. 18 maggio 2015, n. 102, era il seguente:* « 1. Il titolare del dato adotta prioritariamente licenze aperte standard ovvero predispone licenze personalizzate standard e le rende disponibili sul proprio sito istituzionale. Nei casi di riutilizzo di documenti contenenti dati personali il titolare del dato adotta licenze personalizzate anche standard. — 2. Con riferimento a dati pubblici non ancora resi disponibili, i soggetti che intendono riutilizzare dati delle pubbliche amministrazioni o degli organismi di diritto pubblico presentano apposita richiesta secondo le modalità stabilite dal titolare del dato con proprio provvedimento, fermo restando quanto previsto dall'articolo 52, comma 1, del decreto legislativo 7 marzo 2005, n. 82, e successive modificazioni. — 3. Il titolare del dato esamina le richieste e rende disponibili i documenti al richiedente, ove possibile in forma elettronica, entro il termine di trenta giorni, prorogabile di ulteriori trenta giorni nel caso in cui le richieste siano numerose o complesse. In caso di decisione negativa, il titolare del dato comunica al richiedente i motivi del rifiuto sulla base delle disposizioni del presente decreto. Quando è adottata una decisione negativa ai sensi dell'articolo 3, comma 1, lettera *h*), per la parte relativa ai diritti di proprietà intellettuale, il titolare del dato indica, inoltre, la persona fisica o giuridica titolare del diritto, se è nota, oppure il licenziante dal quale il titolare del dato stesso ha ottenuto il materiale. Le biblioteche, comprese le biblioteche universitarie, i musei e gli archivi non sono tenuti a includere tale indicazione. Il titolare del dato comunica, altresì, al richiedente i mezzi di ricorso a sua disposizione per impugnare la decisione ai sensi del decreto legislativo 2 luglio 2010, n. 104. Il titolare del dato non ha l'obbligo di continuare a produrre e di conservare documenti al solo fine di permetterne il riutilizzo da parte di un soggetto privato o pubblico ».

6 (1) Formati disponibili.

1. Le pubbliche amministrazioni, gli organismi di diritto pubblico e le imprese pubbliche mettono a disposizione i propri documenti, ove possibile insieme ai rispettivi metadati, secondo le modalità e i formati previsti dall'articolo 2, lettere *c-bis*) e *c-ter*), nel rispetto delle regole tecniche di cui all'articolo 12.

2. Le pubbliche amministrazioni e gli organismi di diritto pubblico non hanno l'obbligo di adeguare i documenti o di crearne nuovi per soddisfare la richiesta, né l'obbligo di fornire estratti di documenti se ciò comporta difficoltà sproporzionate, che implicano attività eccedenti la semplice manipolazione. Le pubbliche amministrazioni e gli organismi di diritto pubblico provvedono ai sensi del periodo precedente con provvedimento motivato.

3. Le pubbliche amministrazioni e gli organismi di diritto pubblico non hanno l'obbligo di continuare a produrre e a conservare in uno specifico formato i documenti per permetterne il riutilizzo.

4. Le pubbliche amministrazioni, gli organismi di diritto pubblico e le imprese pubbliche producono e rendono disponibili i documenti che rientrano nell'ambito di applicazione del presente decreto legislativo secondo il principio dell'apertura fin dalla progettazione e per impostazione predefinita.

5. Fermo quanto previsto dal comma 2, le pubbliche amministrazioni e gli organismi di diritto pubblico rendono disponibili i dati dinamici per il riutilizzo immediatamente dopo la raccolta tramite API adeguate e, ove possibile, come download in blocco.

6. Nei casi in cui l'espletamento dell'attività di cui al comma precedente ecceda le capacità finanziarie e tecniche delle pubbliche amministrazioni e degli organismi di diritto pubblico, imponendo uno sforzo sproporzionato, i dati dinamici sono resi disponibili per il riutilizzo entro un termine e con temporanee restrizioni tecniche, da definirsi con apposito provvedimento dei titolari dei suddetti dati, tali da non pregiudicare indebitamente lo sfruttamento del loro potenziale economico e sociale.

7. I commi precedenti si applicano anche ai documenti delle imprese pubbliche e delle imprese private di cui all'articolo 1, comma 2-*quater*, resi disponibili per il riutilizzo.

8. Le serie di dati di elevato valore, di cui all'articolo 12-*bis* sono messe a disposizione per il riutilizzo in formato leggibile meccanicamente, tramite opportune API e, ove possibile, come download in blocco.

9. Nel caso in cui l'espletamento dell'attività del comma 8 coinvolga dati territoriali e del monitoraggio ambientale, necessari per gli scopi delle politiche ambientali e delle politiche o delle attività che possono avere ripercussioni sull'ambiente si applicano le regole tecniche definite dalla Direttiva 2007/2/CE del Parlamento Europeo e del Consiglio del 14 marzo 2007.

(1) *Articolo così sostituito dall'art. 1, comma 7, d.lgs. 8 novembre 2021, n. 200. Il testo dell'articolo, come da ultimo modificato dal d.lgs. 18 maggio 2015, n. 102, era il seguente:* « 1. Il titolare del dato mette a disposizione i documenti, ove possibile e opportuno insieme ai rispettivi metadati e secondo le modalità e i formati previsti dagli articoli 52 e 68 del decreto legislativo 7 marzo 2005, n. 82, e successive modificazioni, nel rispetto delle regole tecniche di cui all'articolo 12. Il titolare del dato non ha l'obbligo di adeguare i documenti o di crearne per soddisfare la richiesta, né l'obbligo di fornire estratti di documenti se ciò comporta difficoltà sproporzionate, che implicano attività eccedenti la semplice manipolazione ».

7 (1) Tariffazione.

1. I dati sono resi disponibili gratuitamente, fatta salva la possibilità di recuperare i costi marginali sostenuti per la riproduzione, messa a disposizione e divulgazione dei documenti, nonché per l'anonimizzazione di dati personali o per le misure adottate per proteggere le informazioni commerciali a carattere riservato (2).

[2. L'Agenzia per l'Italia digitale determina, su proposta motivata del titolare del dato, le tariffe standard corrispondenti ai costi effettivi previsti nel comma 1 e provvede alla pubblicazione delle stesse sul proprio sito istituzionale] (3).

3. Il comma 1 non trova applicazione per: (4)

a) le (5) biblioteche, comprese quelle universitarie, i musei e gli archivi;

b) le (5) pubbliche amministrazioni e gli (5) organismi di diritto pubblico che devono generare utili per coprire una parte sostanziale dei costi inerenti allo svolgimento dei propri compiti di servizio pubblico;

c) le imprese pubbliche. (6)

3-*bis*. Nelle ipotesi in cui i soggetti individuati nel precedente comma 3, lettera *a*), richiedano il pagamento di un corrispettivo, il totale delle entrate provenienti dalla fornitura e dall'autorizzazione al riutilizzo dei documenti in un esercizio contabile non può superare i costi marginali del servizio reso, comprendenti i costi di raccolta, produzione, riproduzione, diffusione, archiviazione dei dati, conservazione e gestione dei diritti e, ove applicabile, di anonimizzazione dei dati personali e delle misure adottate per proteggere le informazioni commerciali a carattere riservato, maggiorati di un utile ragionevole sugli investimenti (7).

3-*ter*. L'elenco delle pubbliche amministrazioni e degli organismi di diritto pubblico di cui al precedente comma 3, lettera *b*), è definito e aggiornato periodicamente, con decreto del Ministro dell'economia e delle finanze ed è pubblicato sui rispettivi siti istituzionali (7).

4. Per i casi di cui al comma 3, lettere *b*) e *c*), l'importo totale delle tariffe è calcolato in base a parametri oggettivi, trasparenti e verificabili ed è determinato secondo il criterio del costo marginale del servizio con decreti dei Ministri competenti, di concerto con il Ministro dell'economia e delle finanze sentita l'Agenzia per l'Italia digitale, sono fatte salve le disposizioni di cui agli articoli 1, commi 370, 371 e 372, della legge 30 dicembre 2004, n. 311 e 5, comma 4-*bis*, del decreto-legge 13 maggio 2011, n. 70, convertito, con modificazioni, dalla legge 12 luglio 2011, n. 106 (8).

4-*bis*. Nei casi di cui al comma 3, lettere *b*) e *c*), il totale delle entrate ricavate, per ciascuna amministrazione o organismo di diritto pubblico, dalla fornitura e dall'autorizzazione al riutilizzo dei documenti in un esercizio contabile non deve superare i costi, maggiorati di un utile ragionevole sugli investimenti, relativi alla raccolta, produzione, riproduzione, diffusione e archiviazione dei dati e, ove applicabile, di anonimizzazione dei dati personali e delle misure adottate per proteggere le informazioni commerciali a carattere riservato (9).

[5. Per i casi di cui al comma 3, lettere *b*) e *c*), con decreti dei Ministri competenti, di concerto con il Ministro dell'economia e delle finanze e sentita l'Agenzia per l'Italia digitale, da adottarsi entro il 15 settembre 2015, sono determinate le tariffe e le relative modalità di versamento da corrispondere a fronte delle attività di cui agli articoli 5, 6 e 9. Sono fatte salve le disposizioni di cui agli articoli 1, commi 370, 371 e 372, della legge 30 dicembre 2004, n. 311, e 5, comma 4-*bis*, del decreto-legge 13 maggio 2011, n. 70, convertito, con modificazioni, dalla legge 12 luglio 2011, n. 106. L'importo delle predette tariffe, individuato sulla base dei costi effettivi sostenuti dalle Amministrazioni e aggiornato ogni due anni, comprende i costi di raccolta, produzione, riproduzione e diffusione maggiorati, nel caso di riutilizzo per fini commerciali, di un congruo utile da determinare, con i decreti di cui al presente comma, in relazione alle spese per investimenti sostenute dalle Amministrazioni nel triennio precedente] (10).

[6. Nei casi di riutilizzo a fini non commerciali è prevista una tariffa differenziata da determinarsi, con le modalità di cui ai commi 4 e 5, secondo il criterio della copertura dei soli costi effettivi sostenuti dalle Amministrazioni interessate] (10).

[7. I decreti di cui ai commi 4 e 5 sono pubblicati nella Gazzetta Ufficiale della Repubblica italiana e sul sito istituzionale dell'Amministrazione competente] (10).

8. Gli introiti delle tariffe di cui ai commi precedenti (11) sono versati all'entrata del bilancio dello Stato, per essere riassegnati, ai sensi del decreto del Presidente della Repubblica 10 novembre 1999, n. 469, allo stato di previsione delle Amministrazioni interessate.

9. Gli enti territoriali e gli altri enti ed organismi pubblici, sentita l'Agenzia per l'Italia digitale, determinano, rispettivamente con proprie disposizioni o propri atti deliberativi, gli importi delle tariffe e le relative modalità di versamento, sulla base dei criteri indicati ai commi 4 e 4-*bis* (12).

9-*bis*. Il riutilizzo è comunque gratuito:

a) per le serie di dati di elevato valore secondo quanto previsto dall'articolo 12-*bis*, comma 1, lettera *a*);

b) per i dati della ricerca di cui all'articolo 9-*bis* (13).

9-*ter*. Qualora siano applicate tariffe per il riutilizzo di documenti, le pubbliche amministrazioni, gli organismi di diritto pubblico e le imprese pubbliche competenti definiscono in anticipo e rendono disponibili sui propri siti istituzionali, dandone comunicazione all'Agenzia per l'Italia Digitale, le condizioni applicabili e l'effettivo ammontare delle tariffe, compresa la base di calcolo utilizzata per tali tariffe e gli elementi presi in considerazione nel calcolo di tali tariffe (13).

(1) *Articolo modificato dapprima dall'art. 44 l. 4 giugno 2010, n. 96 e successivamente sostituito dall'art. 1, comma 6, d.lgs. 18 maggio 2015, n. 102.*

(2) *Le parole da* «, fatta salva la possibilità » *a* « a carattere riservato » *sono state sostituite alle parole* « oppure, qualora per il riutilizzo di documenti sia richiesto un corrispettivo, quest'ultimo è limitato ai costi effettivi sostenuti per la loro riproduzione, messa a disposizione e divulgazione » *dall'art. 1, comma 8, lett.* a), *d.lgs. 8 novembre 2021, n. 200.*

(3) *Comma abrogato dall'art. 1, comma 8, lett.* b), *d.lgs. n. 200, cit.*

(4) *Alinea così sostituito dall'art. 1, comma 8, lett.* c), *d.lgs. n. 200, cit. Il testo dell'alinea era il seguente:* « Il principio di cui al comma 1 non si applica nei seguenti casi: ».

(5) *La parola* « le » *è stata sostituita alla parola* « alle » *e la parola* « gli » *è stata sostituita alla parola* « agli » *dall'art. 1, comma 8, lett.* d), *d.lgs. n. 200, cit.*

(6) *Lettera così sostituita dall'art. 1, comma 8, lett.* e), *d.lgs. n. 200, cit. Il testo della lettera era il seguente:* « *c*) ai casi eccezionali relativi a documenti per i quali le pubbliche amministrazioni e gli organismi di diritto pubblico sono tenuti a generare utili sufficienti per coprire una parte sostanziale dei costi di raccolta, produzione, riproduzione e diffusione. ».

(7) *Comma inserito dall'art. 1, comma 8, lett.* f), *d.lgs. n. 200, cit.*

(8) *Comma così sostituito dall'art. 1, comma 8, lett.* g), *d.lgs. n. 200, cit. Il testo del comma era il seguente:* « 4. Per i casi di cui al comma 3, lettera *a*), con decreto del Ministro dei beni e delle attività culturali e del turismo, di concerto con il Ministro dell'economia e delle finanze e sentita l'Agenzia per l'Italia digitale, da adottarsi entro il 15 settembre 2015, sono determinati i criteri generali per la determinazione delle tariffe e delle relative modalità di versamento da corrispondere a fronte delle attività di cui agli articoli 5, 6 e 9. Nel rispetto dei suddetti criteri, i musei, gli archivi e le biblioteche, comprese quelle delle università, individuano, provvedendo ad aggiornarle ogni due anni, le

tariffe sulla base dei costi effettivi sostenuti dagli stessi enti, comprendenti i costi di raccolta, produzione, riproduzione, diffusione, conservazione e gestione dei diritti, maggiorati, nel caso di riutilizzo per fini commerciali, di un congruo utile da determinare in relazione alle spese per investimenti sostenute nel triennio precedente ».

(9) *Comma inserito dall'art. 1, comma 8, lett.* h), *d.lgs. n. 200, cit.*

(10) *Comma abrogato dall'art. 1, comma 8, lett.* i), *d.lgs. n. 200, cit.*

(11) *La parola* « precedenti » *è stata sostituita alle parole* « 4, 5 e 6 » *dall'art. 1, comma 8, lett.* l), *d.lgs. n. 200, cit.*

(12) *Le parole* « ai commi 4 e 4-*bis* » *sono state sostituite alle parole* « ai commi 4 e 5 » *dall'art. 1, comma 8, lett.* m), *d.lgs. n. 200, cit.*

(13) *Comma aggiunto dall'art. 1, comma 8, lett.* n), *d.lgs. n. 200, cit.*

8 (1) Contenuti delle licenze standard per il riutilizzo.

1. Le pubbliche amministrazioni, gli organismi di diritto pubblico e le imprese pubbliche nonché le imprese private di cui all'articolo 1, comma 2-*quater*, adottano licenze standard, disponibili in formato digitale, per il riutilizzo dei propri documenti.

2. Il riutilizzo di documenti non è soggetto a condizioni, salvo che tali condizioni non siano obiettive, proporzionate, non discriminatorie e siano giustificate da un pubblico interesse.

3. Se una pubblica amministrazione o un organismo di diritto pubblico riutilizza documenti per attività commerciali che esulano dall'ambito dei suoi compiti di servizio pubblico, la messa a disposizione dei documenti in questione per tali attività è soggetta alle stesse condizioni e alle medesime tariffe applicate agli altri riutilizzatori.

4. Le condizioni poste per il riutilizzo di documenti non comportano discriminazioni per categorie analoghe di riutilizzo, compreso il riutilizzo transfrontaliero, né possono costituire ostacolo alla concorrenza.

(1) *Articolo così sostituito dall'art. 1, comma 9, d.lgs. 8 novembre 2021, n. 200. Il testo dell'articolo era il seguente:* « 1. Gli schemi di licenze standard di cui all'articolo 5, comma 1, contengono eventuali limitazioni o condizioni all'utilizzo dei documenti, in considerazione delle loro peculiari caratteristiche, nonché l'indicazione dei mezzi di impugnazione, secondo criteri individuati dal titolare medesimo con proprio provvedimento. — 2. Le condizioni e le limitazioni poste dal titolare del dato negli schemi di licenze standard sono individuate per categorie di documenti secondo criteri di proporzionalità e nel rispetto della disciplina sulla protezione dei dati personali e non possono costituire ostacolo alla concorrenza ».

9 (1) Strumenti di ricerca di documenti disponibili.

1. Le pubbliche amministrazioni, gli organismi di diritto pubblico, le imprese pubbliche e le imprese private di cui all'articolo 1, comma 2-*quater*, cui si applica il presente decreto, anche alla luce della strategia nazionale in materia di dati, pubblicano e aggiornano annualmente sui propri siti istituzionali gli elenchi delle categorie di dati detenuti ai fini del riutilizzo. Individuano, inoltre, le modalità per facilitare la ricerca, anche interlinguistica, dei documenti disponibili per il riutilizzo, insieme ai rispettivi metadati, ove possibile accessibili on-line e in formati leggibili meccanicamente.

2. Per la ricerca di dati in formato aperto, le pubbliche amministrazioni, gli organismi di diritto pubblico, le imprese pubbliche e le imprese private di cui all'articolo 1, comma 2-*quater*, utilizzano il catalogo nazionale dei dati aperti gestito dall'Agenzia per l'Italia digitale, come punto di accesso unico alle serie di dati, ad eccezione dei set di dati territoriali che sono disponibili anche nel Repertorio Nazionale dei dati Territoriali.

3. Le pubbliche amministrazioni e gli organismi di diritto pubblico utilizzano le modalità per facilitare la conservazione dei documenti disponibili per il riutilizzo secondo quanto previsto dall'articolo 44 del decreto legislativo 7 marzo 2005, n. 82.

(1) *Articolo da ultimo così sostituito dall'art. 1, comma 10, d.lgs. 8 novembre 2021, n. 200. Il testo dell'articolo, come sostituito dall'art. 1, comma 8, d.lgs. 18 maggio 2015, n. 102, era il seguente:* « 1. Le pubbliche amministrazioni e gli organismi di diritto pubblico adottano modalità pratiche per facilitare la ricerca, anche interlinguistica, dei documenti disponibili per il riutilizzo, insieme ai rispettivi metadati, ove possibile e opportuno accessibili on-line e in formati leggibili meccanicamente. A tal fine, è utilizzato il portale gestito dall'Agenzia per l'Italia digitale per la ricerca dei dati in formato aperto rilasciati dalle pubbliche amministrazioni ».

9-*bis* (1) Dati della ricerca.

1. I dati della ricerca sono riutilizzabili a fini commerciali o non commerciali conformemente a quanto previsto dal presente decreto legislativo, nel rispetto della disciplina sulla protezione dei dati personali, ove applicabile, degli interessi commerciali, nonché della normativa in materia di diritti di proprietà intellettuale ai sensi della legge 22 aprile 1941, n. 633, e dei diritti di proprietà industriale ai sensi del decreto legislativo 10 febbraio 2005, n. 30.

2. La previsione del comma 1 si applica nelle ipotesi in cui i dati siano il risultato di attività di ricerca finanziata con fondi pubblici e quando gli stessi dati siano resi pubblici, anche attraverso l'archiviazione in una banca dati pubblica, da ricercatori, organizzazioni che svolgono attività di ricerca e organizzazioni che finanziano la ricerca, tramite una banca dati gestita a livello istituzionale o su base tematica.

3. I dati della ricerca di cui ai commi precedenti rispettano i requisiti di reperibilità, accessibilità, interoperabilità e riutilizzabilità.

(1) *Articolo inserito dall'art. 1, comma 11, d.lgs. 8 novembre 2021, n. 200.*

[10 (1) Riutilizzo di documenti a fini commerciali da parte di pubbliche amministrazioni.

1. Lo scambio di documenti, come definito dalla lettera *f*) del comma 1 dell'articolo 2, non costituisce riutilizzo.

2. Nel caso in cui una pubblica amministrazione riutilizza, per fini commerciali che esulano dall'ambito dei suoi compiti di servizio pubblico, documenti propri o di altra pubblica amministrazione, si applicano le modalità di riutilizzo anche economico stabilite nel presente decreto].

(1) *Articolo abrogato dall'art. 1, comma 12, d.lgs. 8 novembre 2021, n. 200.*

11 (1) Accordi di esclusiva.

1. I documenti delle pubbliche amministrazioni, degli organismi di diritto pubblico, delle imprese pubbliche e delle imprese private di cui all'articolo 1, comma 2-*quater*, possono essere riutilizzati da tutti gli operatori interessati alle condizioni previste dal presente decreto, anche qualora uno o più soggetti stiano già procedendo allo sfruttamento di prodotti a valore aggiunto basati su tali documenti. I contratti o gli altri accordi tra i terzi e le pubbliche amministrazioni, gli organismi di diritto pubblico e le imprese pubbliche in possesso dei documenti non stabiliscono diritti esclusivi.

2. Se per l'erogazione di un servizio d'interesse pubblico è necessario un diritto esclusivo, la fondatezza del motivo per l'attribuzione di tale diritto esclusivo è soggetta a valutazione periodica con cadenza almeno triennale. Gli accordi di esclusiva sono resi pubblici sul sito istituzionale almeno due mesi prima che abbiano effetto. I termini di tali accordi sono trasparenti e sono resi pubblici sul sito istituzionale. Il presente comma non si applica alla digitalizzazione di risorse culturali.

3. In deroga al comma 1, se il diritto esclusivo riguarda la digitalizzazione di risorse culturali, il periodo di esclusiva non eccede di norma i sette anni. Nel caso in cui tale periodo ecceda i sette anni, la sua durata è soggetta a riesame nel corso dell'ottavo anno e, se del caso, successivamente ogni cinque anni. Gli accordi che concedono diritti di esclusiva sono trasparenti e sono resi pubblici online, fatto salvo il diritto delle pubbliche amministrazioni e degli organismi di diritto pubblico interessati di ricevere, a titolo gratuito, una copia delle risorse culturali digitalizzate come parte di tale accordo. Tale copia è resa disponibile per il riutilizzo al termine del periodo di esclusiva.

4. Le disposizioni che, pur non concedendo espressamente un diritto esclusivo, limitano la disponibilità di riutilizzo di documenti da parte di soggetti diversi dal terzo che partecipa all'accordo, sono rese pubbliche on-line almeno due mesi prima che le stesse abbiano efficacia. L'effetto di tali disposizioni è soggetto a valutazione periodica con cadenza almeno triennale. I termini definitivi degli accordi sono trasparenti e resi pubblici on-line.

5. I diritti di esclusiva esistenti al 17 luglio 2013 non conformi alle condizioni previste per beneficiare delle deroghe di cui ai commi 2 e 3 e che sono stati conclusi da pubbliche amministrazioni o da organismi di diritto pubblico cessano alla scadenza del contratto e comunque il 18 luglio 2043, ove la scadenza del contratto sia successiva a tale data.

6. I diritti di esclusiva esistenti al 16 luglio 2019, non conformi alle condizioni previste per beneficiare delle deroghe di cui ai commi 2 e 3, conclusi da imprese pubbliche, cessano alla scadenza del contratto e comunque il 17 luglio 2049, ove la scadenza del contratto sia successiva a tale data.

(1) *Articolo così sostituito dall'art. 1, comma 13, d.lgs. 8 novembre 2021, n. 200. Il testo dell'articolo, come modificato dal d.lgs. 18 maggio 2015, n. 102, era il seguente:* « 11. (*Divieto di accordi di esclusiva*). — 1. I documenti delle pubbliche amministrazioni e degli organismi di diritto pubblico possono essere riutilizzati da tutti gli operatori potenziali sul mercato, anche qualora uno o più soggetti stiano già procedendo allo sfruttamento di prodotti a valore aggiunto basati su tali documenti. I contratti o gli altri accordi tra il titolare del dato in possesso dei documenti e terzi non stabiliscono diritti esclusivi, salvo che ciò non risulti necessario per l'erogazione di un servizio di interesse pubblico. — 1-*bis*. Il diritto di esclusiva per la digitalizzazione di risorse culturali è definito con decreto del Ministro dei beni e delle attività culturali e del turismo, sentita l'Agenzia per l'Italia digitale, e comunque ha durata non superiore a dieci anni, fatta salva la possibilità di prevedere una durata maggiore soggetta a riesame nel corso dell'undicesimo anno e successivamente ogni sette anni. Tali accordi di esclusiva sono trasparenti e resi pubblici sul sito istituzionale del titolare del dato. Nei predetti accordi è previsto che al titolare del dato deve essere fornita a titolo gratuito una copia delle risorse culturali digitalizzate. Tale copia è resa disponibile per il riutilizzo al termine del periodo di esclusiva. — 2. La fondatezza del motivo per l'attribuzione del diritto di esclusiva è soggetta a riesame periodico da parte dell'Amministrazione interessata, con cadenza almeno triennale. Gli accordi di esclusiva conclusi dopo la data di entrata in vigore del presente decreto, sono resi pubblici dal titolare del dato, ove possibile in forma elettronica, sui propri siti istituzionali. — 2-*bis*. Le disposizioni di cui al comma 2 non si applicano alla digitalizzazione di risorse culturali. — 3. Gli accordi di esclusiva esistenti al 1° luglio 2005, che non rientrano nell'eccezione di cui al comma 2, terminano alla scadenza negli stessi stabilita e comunque non oltre il 31 dicembre 2008. — 3-*bis*. Fermo restando quanto previsto dal comma 3, gli accordi di esclusiva esistenti al 17 luglio 2013 che non rispondono alle condizioni previste per beneficiare delle deroghe di cui ai commi 1-*bis* e 2 terminano alla scadenza del contratto o comunque non oltre il 18 luglio 2043 ».

12 (1) Regole tecniche.

1. L'Agenzia per l'Italia digitale adotta entro 180 giorni le Linee guida contenenti le regole tecniche per l'attuazione del presente decreto con le modalità previste dall'articolo 71, del decreto legislativo 7 marzo 2005, n. 82. In caso di violazione delle disposizioni introdotte dalle Linee guida, il soggetto interessato può rivolgersi al difensore civico per il digitale di cui all'articolo 17, comma 1-*quater*, del Codice dell'amministrazione digitale e si applicano le sanzioni previste dall'articolo 18-*bis*, comma 5, dello stesso Codice.

(1) *Articolo così sostituito dall'art. 1, comma 14, d.lgs. 8 novembre 2021, n. 200. Il testo dell'articolo era il seguente:* « 1. La fornitura di documenti ai sensi dell'articolo 5, comma 3, avviene nel rispetto delle regole tecniche sul sistema pubblico di connettività di cui all'articolo 16 del decreto legislativo 28 febbraio 2005, n. 42, delle regole di cui al disciplinare tecnico previsto dall'allegato B al decreto legislativo 30 giugno 2003, n. 196, e con quanto previsto dall'articolo 70 del decreto legislativo 7 marzo 2005, n. 82. — 2. Eventuali ulteriori regole tecniche sono adottate, previa notifica alla Commissione europea ai sensi del decreto legislativo 23 novembre 2000, n. 427, con decreto del Presidente del Consiglio dei Ministri o del Ministro delegato per l'innovazione e le tecnologie, di concerto con il Ministro per la funzione pubblica ».

12-*bis* (1) Serie specifiche di dati di elevato valore.

1. Alle specifiche serie di dati di elevato valore individuate dalla Commissione europea ai sensi dell'articolo 14, paragrafo 1, della direttiva UE n. 1024/2019 all'interno delle categorie previste dall'articolo 13 e dall'allegato I della medesima direttiva, si applicano le seguenti disposizioni:

a) sono rese disponibili gratuitamente, salvo che:

1) gli atti di esecuzione di cui all'articolo 14, paragrafo 1, della direttiva non prevedano per specifiche serie di dati in possesso delle imprese pubbliche l'esenzione dall'obbligo di messa a disposizione gratuita, secondo quanto previsto dall'articolo 14, paragrafo 3, della direttiva;

2) siano detenuti da biblioteche, comprese quelle universitarie, da musei o da archivi;

3) siano detenuti da amministrazioni pubbliche o organismi di diritto pubblico che devono generare utili per coprire una parte sostanziale dei costi inerenti allo svolgimento dei propri compiti istituzionali e la messa a disposizione gratuita di tali dati avrebbe un impatto sostanziale sul bilancio dei suddetti enti. In tal caso i suddetti enti possono applicare le tariffe previste dall'articolo 7 per un periodo di due anni dalla data di entrata in vigore dell'atto di esecuzione adottato dalla Commissione ai sensi dell'articolo 14, paragrafo 1, della direttiva;

b) sono rese leggibili meccanicamente;

c) sono fornite mediante API;

d) sono fornite come download in blocco, se del caso.

2. L'Istituto Geografico Militare, al fine di garantire la qualità dei dati di cui al precedente comma 1, lettera *a*), in ambito nazionale raccoglie, produce, aggiorna, riproduce e diffonde nel settore geografico i dati geospaziali. La cessione dei documenti di interesse nazionale all'Istituto da parte degli altri organismi di diritto pubblico è finalizzata all'adempimento dei compiti istituzionali e alla produzione dei documenti cartografici dello Stato dichiarati ufficiali dallo stesso Istituto. Le società private che riusano i dati geospaziali resi disponibili dall'Istituto devono fornire copia dei documenti derivati che su richiesta, previa verifica, possono essere dichiarati conformi ai requisiti tecnici di qualità o alle specifiche adottate dall'Istituto. I rilevamenti eseguiti, per qualsiasi scopo, sul territorio nazionale da organismi di diritto pubblico o privati, devono essere comunicati all'Istituto ai fini di un eventuale aggiornamento dei documenti cartografici dello Stato.

(1) *Articolo inserito dall'art. 1, comma 15, d.lgs. 8 novembre 2021, n. 200.*

13 (1) Clausola di invarianza finanziaria.

1. Dall'attuazione del presente decreto non devono derivare nuovi o maggiori oneri a carico della finanza pubblica. Le amministrazioni interessate provvedono alle attività previste dal medesimo decreto mediante l'utilizzo delle risorse umane, strumentali e finanziarie disponibili a legislazione vigente.

(1) *Articolo così sostituito dall'art. 3 d.lgs. 8 novembre 2021, n. 200. Il testo dell'articolo era il seguente:* « 13. (*Disposizione finanziaria*). — 1. Dall'attuazione del presente decreto non devono derivare nuovi o maggiori oneri, né minori entrate per la finanza pubblica ».

CAPO II
TRASFORMAZIONE DIGITALE E INNOVAZIONE TECNOLOGICA (1)

(1) *Per ulteriori disposizioni in materia di innovazione digitale, v. il d.l. 16 luglio 2020, n. 76, conv., con modif., in l. 11 settembre 2020, n. 120, sub VIII, 1 e, in particolare, gli artt. 24-37.*

30. Decreto legislativo 7 marzo 2005, n. 82. — Codice dell'amministrazione digitale (*estratto*) (1) (2) (3).

Pubblicato nella Gazzetta Ufficiale n. 112 del 16 maggio 2005, S.O.

(1) *A norma dell'articolo 57, comma 18, del d.lgs. 30 dicembre 2010, n. 235, nel presente decreto, ovunque ricorrano la parola: « CNIPA » ovvero le parole: « Centro nazionale per l'informatica nella pubblica amministrazione » devono essere sostituite dalla seguente: « DigitPA ». Successivamente, ai sensi dell'art. 61 del d.lgs. 26 agosto 2016, n. 179 la parola: « DigitPA », ovunque ricorra, è sostituita dalla seguente: « AgID ». Inoltre, le parole: « presente decreto », ovunque ricorrano, sono sostituite dalle seguenti: « presente Codice ».*

(2) *A norma dell'articolo 61, comma 2, lettera* d), *del d.lgs. 26 agosto 2016, n. 179 (in Gazz. Uff., 13 settembre 2016, n. 214) - Modifiche ed integrazioni al Codice dell'amministrazione digitale, di cui al decreto legislativo 7 marzo 2005, n. 82, ai sensi dell'articolo 1 della legge 7 agosto 2015, n. 124, in materia di riorganizzazione delle amministrazioni pubbliche - nel presente decreto la parola « cittadino », ovunque ricorra, si intende come « persona fisica » e le espressioni « chiunque » e « cittadini e imprese », ovunque ricorrano, si intendono come « soggetti giuridici ».*

L'art. 60 (Incentivi e sanzioni. Portale della performance) del d.lgs. 26 agosto 2016, n. 179 stabilisce che: "1. Con il decreto legislativo adottato ai sensi dell'articolo 17 della legge 7 agosto 2015, n. 124, sono disciplinati gli incentivi relativi all'attuazione delle disposizioni del decreto legislativo n. 82 del 2005, il suo rilievo ai fini della valutazione dei risultati, nonché la rilevanza, ai fini della responsabilità dirigenziale, della violazione delle medesime disposizioni e del mancato o inadeguato utilizzo delle tecnologie ivi disciplinate. 2. Entro 6 mesi dall'entrata in vigore del presente decreto l'Agid stabilisce le modalità per la realizzazione, nell'ambito delle risorse disponibili a legislazione vigente, di una banca dati degli obiettivi e degli indicatori delle performance di cui al decreto legislativo 27 ottobre 2009, n. 150, nell'ambito del Portale della performance, già Portale della trasparenza, di cui all'articolo 19, comma 9, del decreto-legge 24 giugno 2014, n. 90. A far data dall'effettiva costituzione della suddetta banca dati, gli obblighi di pubblicazione e comunicazione tra amministrazioni sono assolti con la trasmissione al Portale della performance, secondo le modalità stabilite dall'AgID. Il decreto legislativo da adottare ai sensi dell'articolo 17 della legge n. 124 del 2015 disciplina il rilievo della mancata trasmissione ai fini della responsabilità dirigenziale."

Il successivo art. 61 (Disposizioni di coordinamento), come da ultimo modificato dall'art. 64, comma 2 d.lgs. 13 dicembre 2017, n. 217 che ha soppresso il primo periodo del comma 1, prevede che "1. [Con decreto del Ministro delegato per la semplificazione e la pubblica amministrazione da adottare entro quattro mesi dalla data di entrata in vigore del presente decreto sono aggiornate e coordinate le regole tecniche previste dall'articolo 71 del decreto legislativo 7 marzo 2005, n. 82. Le regole tecniche vigenti nelle materie del Codice dell'amministrazione digitale restano efficaci fino all'adozione del decreto di cui al primo periodo.] Fino all'adozione del suddetto decreto ministeriale, l'obbligo per le amministrazioni pubbliche di adeguare i propri sistemi di gestione informatica dei documenti, di cui all'articolo 17 del decreto del Presidente del Consiglio dei ministri 13 novembre 2014, è sospeso, salva la facoltà per le amministrazioni medesime di adeguarsi anteriormente. Fino all'adozione del decreto del Presidente del Consiglio dei ministri di cui all'articolo 29, comma 3, del decreto legislativo n. 82 del 2005, come modificato dall'articolo 25 del presente decreto, restano efficaci le disposizioni dell'articolo 29, comma 3, dello stesso decreto nella formulazione previgente all'entrata in vigore del presente decreto."

L'art. 62 (Disposizioni transitorie) prevede che "1. Le disposizioni di cui ai commi 2 e 3-bis dell'articolo 3-bis del decreto legislativo n. 82 del 2005, come modificato dall'articolo 4 del presente decreto, producono effetti a partire dalla completa attuazione dell'ANPR e, comunque, non oltre il 31 dicembre 2017. Il decreto di cui all'articolo 4, comma 1, lettera e), *è adottato entro la stessa data. 2. Alla completa attuazione dell'ANPR, il Ministero dell'interno inserisce d'ufficio nell'ANPR i domicili digitali dei professionisti presenti nel Registro Ini-PEC che non abbiano ancora provveduto a indicarne uno nella predetta Anagrafe, fermo restando il diritto del professionista di modificare, in ogni momento, tale indicazione. 3. L'AgID definisce i limiti e le modalità di applicazione dell'articolo 8-bis, comma 2, del decreto legislativo n. 82 del 2005, introdotto dall'articolo 9 del presente decreto entro centottanta giorni dall'entrata in vigore del presente decreto."4. I certificati qualificati rilasciati prima dell'entrata in vigore del presente decreto a norma della direttiva 1999/93/CE, sono considerati certificati qualificati di firma elettronica a norma del regolamento eIDAS e dell'articolo 28 del decreto legislativo n. 82 del 2005, come modificato dall'articolo 24 del presente decreto, fino alla loro scadenza. 5. Il prestatore di servizi che ha presentato la relazione di conformità, ai sensi dell'articolo 51 del regolamento eIDAS, è considerato prestatore di servizi fiduciari qualificato a norma del predetto regolamento e dell'articolo 29 del decreto legislativo n. 82 del 2005, come modificato dall'articolo 25 del presente decreto, fino al completamento della valutazione della relazione da parte dell'AgID. 6. Le Regioni e le Province autonome di Trento e Bolzano, di cui sono fatte salve le rispettive competenze e nel rispetto degli Statuti e delle relative norme di attuazione, favoriscono il raccordo dell'azione di riordino istituzionale degli enti territoriali, di cui alla legge 7 aprile 2014, n. 56, con le politiche digitali. 7. Entro novanta giorni dalla data di entrata in vigore del presente decreto, si procede all'adeguamento dello statuto dell'AgID alle modifiche introdotte al decreto legislativo n. 82 del 2005, come modificato dal presente decreto. 8. Per il periodo di cui all'articolo 63, comma 1, le regole tecniche di cui all'articolo 71, nonché le regole tecniche e le linee guida dell'AgID sono adottate sentito il Commissario di cui allo stesso articolo 63, il quale può avvalersi dell'AgID per l'elaborazione delle regole tecniche dallo stesso adottate.*

L'art. 63 (Nomina commissariale), coma da ultimo modificato dall'art. 13-ter, comma 1 d.l. 25 luglio 2018, n. 91, conv., con modif., in l. 21 settembre 2018, n. 108, che ha abrogato il comma 9, stabilisce che "1. Il Presidente del Consiglio dei ministri, in sede di prima attuazione del presente decreto, può nominare, per un periodo non superiore a tre anni, con proprio decreto, un Commissario straordinario per l'attuazione dell'Agenda digitale. Il Commissario svolge funzioni di coordinamento operativo dei soggetti pubblici, anche in forma societaria operanti nel settore delle tecnologie dell'informatica e della comunicazione e rilevanti per l'attuazione degli obiettivi di cui all'Agenda digitale italiana, limitatamente all'attuazione degli obiettivi di cui alla predetta Agenda digitale ed anche in coerenza con gli obiettivi dell'Agenda digitale europea. 2. Il Presidente del Consiglio dei ministri, con proprio decreto, individua uno o più progetti di rilevanza strategica e di interesse nazionale, dei quali può affidare l'attuazione, ai sensi del comma 1, al Commissario eventualmente nominato ai sensi del comma 1, autorizzandolo ad avvalersi anche dei soggetti di cui al comma 1. 3. Per la realizzazione delle azioni, iniziative ed opere essenziali, connesse e strumentali all'attuazione dell'Agenda digitale italiana, anche in coerenza con gli obiettivi dell'Agenda digitale europea, il Commissario esercita poteri di impulso e di coordinamento nei confronti delle pubbliche amministrazioni cui competono tali adempimenti, ivi inclusa l'Agenzia per l'Italia digitale, nonché il potere sostitutivo secondo le modalità di cui al comma 4. 4. In caso di inadempienze gestionali o amministrative relative all'attuazione delle misure necessarie ai fini del comma 3, il Commissario invita l'amministrazione competente ad adottare, entro il termine di trenta giorni dalla data della diffida, i provvedimenti dovuti; decorso inutilmente tale termine, il Commissario, su autorizzazione resa con decreto del Presidente del Consiglio, previa comunicazione al Consiglio dei ministri, esercita il potere sostitutivo. 5. Il Commissario, nell'ambito delle proprie competenze e limitatamente all'attuazione dell'Agenda digitale italiana, può avvalersi della collaborazione di società a partecipazione pubblica operanti nel settore delle tecnologie dell'informatica e della comunicazione, anche in relazione all'utilizzo delle relative risorse finalizzate allo scopo, e può, inoltre, adottare nei confronti degli stessi soggetti e nei confronti delle pubbliche amministrazioni, regole tecniche e linee guida, nonché richiedere dati, documenti e informazioni strumentali all'esercizio della propria attività e dei propri poteri. 6. Il Commissario rappresenta il Presidente del Consiglio nelle sedi istituzionali internazionali nelle quali si discute di innovazione tecnologica, agenda digitale europea e governance di Internet e partecipa, in ambito internazionale, agli incontri preparatori dei vertici istituzionali al fine di supportare il Presidente del Consiglio dei ministri nelle azioni strategiche in materia di innovazione tecnologica. 7. Con il decreto di cui al comma 1, sono altresì definite la struttura di supporto e le modalità operative, anche sul piano contabile, per la gestione dei progetti. Il Commissario opererà quale funzionario delegato in regime di contabilità ordinaria, ai sensi del regio decreto 18 novembre 1923, n. 2440, e del decreto del Presidente della Repubblica 20 aprile 1994, n. 367, a valere per l'anno 2016 sulle risorse disponibili a legislazione vigente nel bilancio autonomo della Presidenza del Consiglio dei ministri. 8. Il Commissario straordinario riferisce al Presidente del Consiglio dei ministri sullo svolgimento della propria attività. [9. Per l'espletamento dell'incarico attribuito, al Commissario straordinario non è dovuto alcun compenso]."

(3) *Con il D. Lgs. 13 dicembre 2017 n. 217 sono state apportate ulteriori modifiche al Codice e l'art. 65 (Disposizioni transitorie) del citato d. lgs. n. 217/2017, come modificato dall'art. 8, commi 4 e 5, d.l. 14 dicembre 2018, n. 135, conv., con modif., in l. 11 febbraio 2019, n. 12, dall'art. 1, comma 8, d.l. 30 dicembre 2019, n. 162, conv., con modif., in l. 28 febbraio 2020, n. 8, e da ultimo dall'art. 24, comma 2, lett.* a), b) *e* c) *d.l. 16 luglio 2020, n. 76, conv., con modif., in l. 11 settembre 2020, n. 120, ha previsto che « 1. Il diritto di cui all'articolo 3-*bis*, comma 01, è riconosciuto a decorrere dal 1° gennaio 2018.*

2. L'obbligo per i prestatori di servizi di pagamento abilitati di utilizzare esclusivamente la piattaforma di cui all'articolo 5, comma 2, del decreto legislativo n. 82 del 2005 per i pagamenti verso le pubbliche amministrazioni decorre dal 28 febbraio 2021. Anche al fine di consentire i pagamenti digitali da parte dei cittadini, i soggetti di cui all'articolo 2, comma 2, del decreto legislativo 7 marzo 2005, n. 82, sono tenuti, entro il 28 febbraio 2021, a integrare i loro sistemi di incasso con la piattaforma di cui all'articolo 5, comma 2, del decreto legislativo 7 marzo 2005, n. 82, ovvero ad avvalersi, a tal fine, di servizi forniti da altri soggetti di cui allo stesso articolo 2, comma 2, o da fornitori di servizi di incasso già abilitati ad operare sulla piattaforma. Il mancato adempimento dell'obbligo di cui al precedente periodo rileva ai fini della misurazione e della valutazione della performance individuale dei dirigenti responsabili e comporta responsabilità dirigenziale e disciplinare ai sensi degli articoli 21 e 55 del decreto legislativo 30 marzo 2001, n. 165.

*3. Il decreto del Presidente del Consiglio dei ministri di cui all'articolo 5, comma 2-*quater*, del decreto legislativo n. 82 del 2005, come introdotto dal presente decreto, è adottato entro centottanta giorni dalla data di entrata in vigore del presente decreto.*

*4. La realizzazione dell'indice di cui all'articolo 6-*quater *del decreto legislativo n. 82 del 2005, introdotto dal presente decreto, è effettuata dall'AgID entro dodici mesi dall'entrata in vigore del presente decreto. [AgID cessa la gestione del predetto elenco al completamento dell'ANPR, ai sensi dell'articolo 6-*quater*, comma 3, del decreto legislativo n. 82 del 2005, come modificato dal presente decreto.]*

*[5. In sede di prima applicazione dell'articolo 6-*quater*, comma 2, del decreto legislativo n. 82 del 2005, AgID comunica alle imprese e ai professionisti che, alla data di entrata in vigore del presente decreto, risultano iscritti in albi ed elenchi, tramite l'indirizzo di cui all'articolo 6-*bis *del suddetto decreto, l'inserimento dello stesso indirizzo nell'elenco di cui all'articolo 6-*quater *del medesimo decreto. Entro trenta giorni l'interessato può comunicare il proprio dissenso ovvero indicare un indirizzo diverso.]*

*6. Il diritto di cui all'articolo 7, comma 01, è riconosciuto a decorrere dalla data di attivazione del punto di accesso di cui all'articolo 64-*bis*.*

7. Con decreto del Presidente del Consiglio dei ministri, sentiti l'Agenzia per l'Italia digitale e il Garante per la protezione dei dati personali, sono adottate le misure necessarie a garantire la conformità dei servizi di posta elettronica certificata di cui agli articoli 29 e 48 del decreto legislativo del 7 marzo 2005, n. 82, al regolamento (UE) n. 910/2014 del Parlamento europeo e del Consiglio, del 23 luglio 2014, in materia di identificazione elettronica e servizi fiduciari per le transazioni elettroniche nel mercato interno e che abroga la direttiva 1999/93/CE. A far data dall'entrata in vigore del decreto di cui al primo periodo, l'articolo 48 del decreto legislativo n. 82 del 2005 è abrogato.

*8. Il decreto del Presidente del Consiglio dei ministri di cui all'articolo 29, comma 2, del decreto legislativo n. 82 del 2005, come modificato dal presente decreto, è adottato entro centottanta giorni dalla data di entrata in vigore del presente decreto. Fino all'adozione del predetto decreto, restano efficaci le disposizioni dell'articolo 29, comma 3, dello stesso decreto nella formulazione previgente all'entrata in vigore del decreto legislativo 26 agosto 2016, n. 179 e dell'articolo 44-*bis*, commi 2 e 3, del decreto legislativo n. 82 del 2005 nella formulazione previgente all'entrata in vigore del presente decreto.*

*9. Il decreto del Presidente del Consiglio dei ministri di cui all'articolo 50-*ter*, comma 4, del decreto legislativo n. 82 del 2005, come introdotto dal presente decreto, è adottato entro sessanta giorni dalla data di entrata in vigore del presente decreto.*

10. Le regole tecniche emanate ai sensi dell'articolo 71 del decreto legislativo n. 82 del 2005, nel testo vigente prima dell'entrata in vigore del presente decreto, restano efficaci fino all'eventuale modifica o abrogazione da parte delle Linee guida di cui al predetto articolo 71, come modificato dal presente decreto ».

*Il successivo art. 66 (Disposizioni di coordinamento e finali) dello stesso D. Lgs. n. 217/2017 ha previsto che "1. Nel decreto legislativo n. 82 del 2005, ad eccezione degli articoli 14, comma 1, 20, comma 3, e 76 le parole « regole tecniche di cui all'articolo 71 », « regole tecniche adottate ai sensi dell'articolo 71 », « regole tecniche stabilite ai sensi dell'articolo 71 », « regole tecniche stabilite dall'articolo 71 » e « regole tecniche dettate ai sensi dell'articolo 71 » ovunque ricorrano, sono sostituite dalle seguenti: « Linee guida ». — 2. Al fine di garantire una tempestiva ed efficace attuazione del decreto legislativo n. 82 del 2005, e, in particolare, di svolgere le attività previste dall'articolo 17, comma 1-*quater *e dall'articolo 71 del predetto decreto legislativo e le altre misure aggiuntive disposte dal presente decreto, l'AgID può avvalersi, in aggiunta alla dotazione organica vigente, di un contingente di 40 unità di personale di altre amministrazioni statali, in posizione di comando o fuori ruolo, ai sensi dell'articolo 17, comma 14, della legge 15 maggio 1997, n. 127. Il suddetto personale conserva il trattamento economico in godimento, limitatamente alle voci fisse e continuative, con oneri a carico delle amministrazioni di provenienza sia in ragione degli emolumenti di carattere fondamentale che per gli emolumenti accessori di carattere fisso e continuativo. Gli altri oneri relativi al trattamento accessorio sono posti a carico dell'AgID. — 3. Il rinvio all'articolo 68 comma 3, lettere* a) *e* b), *del decreto legislativo n. 82 del 2005, si intende riferito all'articolo 1, comma 1, rispettivamente alle lettere* l-bis) *e* m-bis). *— 4. All'articolo 2, comma 3, primo periodo, del decreto-legge 18 ottobre 2012, n. 179, convertito, con modificazioni, dalla legge 17 dicembre 2012, n. 221, le parole « l'attestazione e la dichiarazione di nascita e il certificato di cui all'articolo 74 del decreto del Presidente della Repubblica 3 novembre 2000, n. 396 » sono sostituite dalle seguenti: « le attestazioni e le dichiarazioni di nascita ai sensi dell'articolo 30, comma 4, del decreto del Presidente della Repubblica 3 novembre 2000, n. 396, e la dichiarazione di morte ai sensi degli articoli 72 e 74 dello stesso decreto nonché la denuncia di morte prevista dall'articolo 1 del regolamento di polizia mortuaria di cui al decreto del Presidente della Repubblica 10 settembre 1990, n. 285 ». — 5. L'articolo 16-*ter*, comma 1, del decreto-legge 18 ottobre 2012, n. 179, convertito con modificazioni dalla legge 17 dicembre 2012, n. 221, è sostituito dal seguente: « 1. A decorrere dal 15 dicembre 2013, ai fini della notificazione e comunicazione degli atti in materia civile, penale, amministrativa, contabile e stragiudiziale si intendono per pubblici elenchi quelli previsti dagli articoli 6-*bis*, 6-*quater *e 62 del decreto legislativo 7 marzo 2005, n. 82, dall'articolo 16, comma 12, del presente decreto, dall'articolo 16, comma 6, del decreto-legge 29 novembre 2008, n. 185, convertito con modificazioni dalla legge 28 gennaio 2009, n. 2, nonché il registro generale degli indirizzi elettronici, gestito dal Ministero della giustizia. ». — 6. Con decreto del Presidente del Consiglio dei ministri o del Ministro delegato, di concerto con il Ministro della giustizia, sono stabiliti le modalità e i tempi per la confluenza dell'elenco di cui all'articolo 16, comma 12, del decreto-legge n. 179 del 2012 in una sezione speciale dell'elenco di cui all'articolo 6-*ter *del decreto legislativo n. 82 del 2005, consultabile esclusivamente dagli uffici giudiziari, dagli uffici notificazioni, esecuzioni e protesti e dagli avvocati. Con il medesimo decreto sono altresì stabilite le modalità con le quali le pubbliche amministrazioni che non risultino già iscritte nell'elenco di cui all'articolo 16, comma 12, del decreto-legge n. 179 del 2012, comunicano l'indirizzo di posta elettronica certificata da inserire nella sezione speciale di cui al presente comma. A decorrere dalla data fissata nel suddetto decreto, ai fini di cui all'articolo 16-*ter *del decreto-legge n. 179 del 2012, si intende per pubblico elenco anche la predetta sezione dell'elenco di cui all'articolo 6-*ter *del decreto legislativo n. 82 del 2005. — 7. All'articolo 1 della legge 11 dicembre 2016, n. 232, sono* *apportate le seguenti modificazioni: a) al comma 492, dopo la lettera a-bis), è inserita la seguente: « a-ter) spese per investimenti finalizzati all'attuazione del Piano triennale per l'informatica nella pubblica amministrazione, di cui all'articolo 1, comma 513, della legge 28 dicembre 2015, n. 208, relativi allo sviluppo software e alla manutenzione evolutiva, ivi compresi la progettazione, la realizzazione, il collaudo, l'installazione e l'avviamento presso l'ente locale di software sviluppato ad hoc o di software pre-esistente e reingegnerizzato, la personalizzazione di software applicativo già in dotazione dell'ente locale o sviluppato per conto di altra unità organizzativa e riutilizzato, tenendo conto del seguente ordine prioritario: 1. interventi finalizzati all'attuazione delle azioni relative alla razionalizzazione dei data center e all'adozione del cloud, nonché per la connettività; allo sviluppo di base dati di interesse nazionale e alla valorizzazione degli open data nonché all'adozione delle piattaforme abilitanti; all'adozione del nuovo modello di interoperabilità; all'implementazione delle misure di sicurezza all'interno delle proprie infrastrutture e all'adesione alla piattaforma digitale nazionale di raccolta dei dati; 2. interventi finalizzati all'attuazione delle restanti azioni contenute all'interno del Piano triennale per l'informatica nella pubblica amministrazione. »; b) al comma 493, dopo le parole « alle lettere oa), a-bis), » sono inserite le seguenti: « a-ter), »; c) il comma 585 è sostituito dal seguente: « 585. Per la realizzazione delle azioni e delle iniziative, nonché dei progetti connessi e strumentali all'attuazione del Codice dell'amministrazione digitale di cui al decreto legislativo 7 marzo 2005, n. 82, e dell'Agenda digitale italiana, anche in coerenza con gli obiettivi dell'Agenda digitale europea, è autorizzata la spesa di 11 milioni di euro per l'anno 2017 e di 20 milioni di euro per l'anno 2018. Le risorse di cui al primo periodo sono trasferite al bilancio autonomo della Presidenza del Consiglio dei ministri con autonoma evidenza contabile. Nell'ambito delle funzioni assegnate, il Commissario straordinario per l'attuazione dell'Agenda digitale di cui all'articolo 63 del decreto legislativo 26 agosto 2016, n. 179, provvede all'utilizzo delle risorse di cui al primo periodo del presente comma per il conseguimento degli obiettivi dell'Agenda digitale. ». — 8. Al fine di garantire l'interoperabilità e lo scambio di dati tra le amministrazioni, i moduli unificati e standardizzati, di cui all'articolo 2, comma 1, del decreto legislativo 30 giugno 2016, n. 126, e l'articolo 24, comma 3, del decreto-legge 24 giugno 2014, n. 90, convertito con modificazioni dalla legge 11 agosto 2014, n. 114, recano in allegato le specifiche tecniche per la gestione informatica delle informazioni in essi contenute."*

V. l'art. 1 della l. 7 agosto 2015 n. 124, contenente la delega per le modifiche al codice dell'amministrazione digitale, sub III, 10.

CAPO I
Principi generali

SEZIONE I
Definizioni, finalità e ambito di applicazione

1 Definizioni.

1. Ai fini del presente codice si intende per:

oa) AgID: l'Agenzia per l'Italia digitale di cui all'articolo 19 del decreto-legge 22 giugno 2012, n. 83, convertito, con modificazioni, dalla legge 7 agosto 2012, n. 134 (1);

[*a*) allineamento dei dati: il processo di coordinamento dei dati presenti in più archivi finalizzato alla verifica della corrispondenza delle informazioni in essi contenute;] (2)

[*b*) autenticazione del documento informatico: la validazione del documento informatico attraverso l'associazione di dati informatici relativi all'autore o alle circostanze, anche temporali, della redazione;] (3)

c) carta d'identità elettronica: il documento d'identità munito di elementi per l'identificazione fisica del titolare rilasciato su supporto informatico dalle amministrazioni comunali con la prevalente finalità di dimostrare l'identità anagrafica del suo titolare (4);

d) carta nazionale dei servizi: il documento rilasciato su supporto informatico per consentire l'accesso per via telematica ai servizi erogati dalle pubbliche amministrazioni;

[*e*) certificati elettronici: gli attestati elettronici che collegano all'identità del titolare i dati utilizzati per verificare le firme elettroniche;] (5)

[*f*) certificato qualificato: il certificato elettronico conforme ai requisiti di cui all'allegato I della direttiva 1999/93/CE, rilasciati da certificatori che rispondono ai requisiti di cui all'allegato II della medesima direttiva;] (2)

[*g*) certificatore: il soggetto che presta servizi di certificazione delle firme elettroniche o che fornisce altri servizi connessi con queste ultime;] (2)

[*h*) chiave privata: l'elemento della coppia di chiavi asimmetriche, utilizzato dal soggetto titolare, mediante il quale si appone la firma digitale sul documento informatico;] (2)

[*i*) chiave pubblica: l'elemento della coppia di chiavi asimmetriche destinato ad essere reso pubblico, con il quale si verifica la firma digitale apposta sul documento informatico dal titolare delle chiavi asimmetriche;] (2)

i-bis) copia informatica di documento analogico: il documento informatico avente contenuto identico a quello del documento analogico da cui è tratto (6);

i-ter) copia per immagine su supporto informatico di documento analogico: il documento informatico avente contenuto e forma identici a quelli del documento analogico da cui è tratto (6);

i-quater) copia informatica di documento informatico: il documento informatico avente contenuto identico a quello del documento da cui è tratto su supporto informatico con diversa sequenza di valori binari (6);

i-quinquies) duplicato informatico: il documento informatico ottenuto mediante la memorizzazione, sullo stesso dispositivo o su dispositivi diversi, della medesima sequenza di valori binari del documento originario (6);

i-sexies) dati territoriali: i dati che attengono, direttamente o indirettamente, a una località o a un'area geografica specifica (7);

[*l*) dato a conoscibilità limitata: il dato la cui conoscibilità è riservata per legge o regolamento a specifici soggetti o categorie di soggetti;] (2)

l-bis) formato aperto: un formato di dati reso pubblico, documentato esaustivamente e neutro rispetto agli strumenti tecnologici necessari per la fruizione dei dati stessi (8);

l-ter) dati di tipo aperto: i dati che presentano le seguenti caratteristiche:

1) sono disponibili secondo i termini di una licenza o di una previsione normativa che ne permetta l'utilizzo da parte di chiunque, anche per finalità commerciali, in formato disaggregato;

2) sono accessibili attraverso le tecnologie dell'informazione e della comunicazione, ivi comprese le reti telematiche pubbliche e private, in formati aperti ai sensi della lettera *l-bis*), sono adatti all'utilizzo automatico da parte di programmi per elaboratori e sono provvisti dei relativi metadati;

3) sono resi disponibili gratuitamente attraverso le tecnologie dell'informazione e della comunicazione, ivi comprese le reti telematiche pubbliche e private, oppure sono resi disponibili ai costi marginali sostenuti per la loro riproduzione e divulgazione salvo quanto previsto dall'articolo 7 del decreto legislativo 24 gennaio 2006, n. 36 (8);

[*m*) dato delle pubbliche amministrazioni: il dato formato, o comunque trattato da una pubblica amministrazione;] (2)

[*n*) dato pubblico: il dato conoscibile da chiunque;] (2)

n-bis) Riutilizzo: uso del dato di cui all'articolo 2, comma 1, lettera *e*), del decreto legislativo 24 gennaio 2006, n. 36 (9);

n-ter) domicilio digitale: un indirizzo elettronico eletto presso un servizio di posta elettronica certificata o un servizio elettronico di recapito certificato qualificato, come definito dal regolamento (UE) 23 luglio 2014 n. 910 del Parlamento europeo e del Consiglio in materia di identificazione elettronica e servizi fiduciari per le transazioni elettroniche nel mercato interno e che abroga la direttiva 1999/93/CE, di seguito "Regolamento eIDAS", valido ai fini delle comunicazioni elettroniche aventi valore legale (10);

n-quater) servizio in rete o on-line: qualsiasi servizio di una amministrazione pubblica fruibile a distanza per via elettronica (11);

[*o*) disponibilità: la possibilità di accedere ai dati senza restrizioni non riconducibili a esplicite norme di legge;] (2)

p) documento informatico: il documento elettronico che contiene la rappresentazione informatica di atti, fatti o dati giuridicamente rilevanti (12);

p-bis) documento analogico: la rappresentazione non informatica di atti, fatti o dati giuridicamente rilevanti (13);

[*q*) firma elettronica: l'insieme dei dati in forma elettronica, allegati oppure connessi tramite associazione logica ad altri dati elettronici, utilizzati come metodo di identificazione informatica;] (14)

[*q-bis*) firma elettronica avanzata: insieme di dati in forma elettronica allegati oppure connessi a un documento informatico che consentono l'identificazione del firmatario del documento e garantiscono la connessione univoca al firmatario, creati con mezzi sui quali il firmatario può conservare un controllo esclusivo, collegati ai dati ai quali detta firma si riferisce in modo da consentire di rilevare se i dati stessi siano stati successivamente modificati;] (15)

[*r*) firma elettronica qualificata: un particolare tipo di firma elettronica avanzata che sia basata su un certificato qualificato e realizzata mediante un dispositivo sicuro per la creazione della firma;] (16)

s) firma digitale: un particolare tipo di firma qualificata basata su un [certificato qualificato e] su un sistema di chiavi crittografiche, una pubblica e una privata, correlate tra loro, che consente al titolare di firma elettronica tramite la chiave privata e a un soggetto terzo tramite la chiave pubblica, rispettivamente, di rendere manifesta e di verificare la provenienza e l'integrità di un documento informatico o di un insieme di documenti informatici (17);

[*t*) fruibilità di un dato: la possibilità di utilizzare il dato anche trasferendolo nei sistemi informativi automatizzati di un'altra amministrazione;] (2)

[*u*) gestione informatica dei documenti: l'insieme delle attività finalizzate alla registrazione e segnatura di protocollo, nonché alla classificazione, organizzazione, assegnazione, reperimento e conservazione dei documenti amministrativi formati o acquisiti dalle amministrazioni, nell'ambito del sistema di classificazione d'archivio adottato, effettuate mediante sistemi informatici;] (2)

u-bis) gestore di posta elettronica certificata: il soggetto che presta servizi di trasmissione dei documenti informatici mediante la posta elettronica certificata (18);

[*u-ter*) identificazione informatica: la validazione dell'insieme di dati attribuiti in modo esclusivo ed univoco ad un soggetto, che ne consentono l'individuazione nei sistemi informativi, effettuata attraverso opportune tecnologie anche al fine di garantire la sicurezza dell'accesso;] (19)

u-quater) identità digitale: la rappresentazione informatica della corrispondenza tra un utente e i suoi attributi identificativi, verificata attraverso l'insieme dei dati raccolti e registrati in forma digitale secondo le modalità fissate nel decreto attuativo dell'articolo 64 (20);

v) originali non unici: i documenti per i quali sia possibile risalire al loro contenuto attraverso altre scritture o documenti di cui sia obbligatoria la conservazione, anche se in possesso di terzi;

v-bis) posta elettronica certificata: sistema di comunicazione in grado di attestare l'invio e l'avvenuta consegna di un messaggio di posta elettronica e di fornire ricevute opponibili ai terzi (21);

[*z*) pubbliche amministrazioni centrali: le amministrazioni dello Stato, ivi compresi gli istituti e scuole di ogni ordine e grado e le istituzioni educative, le aziende ed amministrazioni dello Stato ad ordinamento autonomo, le istituzioni universitarie, gli enti pubblici non economici nazionali, l'Agenzia per la rappresentanza negoziale delle pubbliche amministrazioni (ARAN), le agenzie di cui al decreto legislativo 30 luglio 1999, n. 300;] (2)

aa) titolare di firma elettronica: la persona fisica cui è attribuita la firma elettronica e che ha accesso ai dispositivi per la sua creazione nonché alle applicazioni per la sua apposizione della firma elettronica (22);

[*bb*) validazione temporale: il risultato della procedura informatica con cui si attribuiscono, ad uno o più documenti informatici, una data ed un orario opponibili ai terzi.] (2)

cc) titolare del dato: uno dei soggetti di cui all'articolo 2, comma 2, che ha originariamente formato per uso proprio o commissionato ad altro soggetto il documento che rappresenta il dato, o che ne ha la disponibilità (23);

dd) interoperabilità: caratteristica di un sistema informativo, le cui interfacce sono pubbliche e aperte, di interagire in maniera automatica con altri sistemi informativi per lo scambio di informazioni e l'erogazione di servizi (23);

ee) cooperazione applicativa: la parte del Sistema Pubblico di Connettività finalizzata all'interazione tra i sistemi informatici dei soggetti partecipanti, per garantire l'integrazione dei metadati, delle informazioni, dei processi e procedimenti amministrativi (23).

ff) Linee guida: le regole tecniche e di indirizzo adottate secondo il procedimento di cui all'articolo 71 (24).

1-*bis*. Ai fini del presente Codice, valgono le definizioni di cui all'articolo 3 del Regolamento eIDAS (25).

1-*ter*. Ove la legge consente l'utilizzo della posta elettronica certificata è ammesso anche l'utilizzo di altro servizio elettronico di recapito certificato qualificato ai sensi degli articoli 3, numero 37), e 44 del Regolamento eIDAS (26).

(1) *Lettera inserita dall'art. 1, comma 1, lett.* a), *del d.lgs. 26 agosto 2016, n. 179.*
(2) *Lettera abrogata dall'art. 1, comma 1, lett.* h), *del d.lgs. n. 179, cit.*
(3) *Lettera inizialmente modificata dall'art. 1 del d.lgs. 4 aprile 2006, n. 159, successivamente sostituita dall'art. 1, comma 1, lett.* a), *del d.lgs. 30 dicembre 2010, n. 235 e da ultimo abrogata dall'art. 1, comma 1, lett.* h), *del d.lgs. n. 179, cit.*
(4) *Lettera modificata dall'art. 1, comma 1, lett.* b), *del d.lgs. n. 235, cit.*
(5) *Lettera modificata dall'art. 1 del d.lgs. n. 159, cit. e successivamente abrogata dall'art. 1, comma 1, lett.* h), *del d.lgs. n. 179, cit.*
(6) *Lettera inserita dall'art. 1, comma 1, lett.* c), *del d.lgs. n. 235, cit.*
(7) *Lettera inserita dall'art. 1, comma 1, lett.* b), *del d.lgs. n. 179, cit.*
(8) *Lettera inserita dall'art. 1, comma 1, lett.* a), *n. 1), del d.lgs. 13 dicembre 2017, n. 217.*
(9) *Lettera inserita dall'art. 9, comma 2, del D.L. 18 ottobre 2012 n. 179.*
(10) *Lettera inserita dall'art. 1, comma 1, lett.* c), *del d.lgs. n. 179, cit. e successivamente sostituita dall'art. 1, comma 1, lett.* a), *n. 2), del d.lgs. n. 217, cit.*
(11) *Lettera inserita dall'art. 1, comma 1, lett.* a), *n. 3), del d.lgs. n. 217, cit.*
(12) *Lettera inserita dall'art. 1, comma 1, lett.* d), *del d.lgs. n. 179, cit.*
(13) *Lettera inserita dall'art. 1, comma 1, lett.* d), *del d.lgs. n. 235, cit.*
(14) *Lettera modificata dall'art. 1 del d.lgs. n. 159, cit. e successivamente abrogata dall'art. 1, comma 1, lett.* h), *del d.lgs. n. 179, cit.*
(15) *Lettera inserita dall'art. 1, comma 1, lett.* e), *del d.lgs. n. 235, cit. e successivamente abrogata dall'art. 1, comma 1, lett.* h), *del d.lgs. n. 179, cit.*
(16) *Lettera inizialmente modificata dall'art. 1 del d.lgs. n. 159, cit., successivamente sostituita dall'art. 1, comma 1, lett.* f), *del d.lgs. n. 235, cit. e da ultimo abrogata dall'art. 1, comma 1, lett.* h), *del d.lgs. n. 179, cit.*
(17) *Lettera sostituita dall'art. 1, comma 1, lett.* g), *del d.lgs. n. 235, cit. e successivamente modificata dall'art. 1, comma 1, lett.* e), *del d.lgs. n. 179, cit. e dall'art. 1, comma 1, lett.* a), *n. 4), del d.lgs. n. 217, cit.*
(18) *Lettera inserita dall'art. 1, comma 1, lett.* h), *del d.lgs. n. 235, cit.*
(19) *Lettera inserita dall'art. 1, comma 1, lett.* h), *del d.lgs. n. 235, cit e successivamente abrogata dall'art. 1, comma 1, lett.* h), *del d.lgs. n. 179, cit.*
(20) *Lettera inserita dall'art. 1, comma 1, lett.* f), *del d.lgs. n. 179, cit.*
(21) *Lettera inserita dall'art. 1, comma 1, lett.* i), *del d.lgs. n. 235, cit.*
(22) *Lettera modificata dall'art. 1, comma 1, lett.* a), *n. 5), del d.lgs. n. 217, cit.*
(23) *Lettera inserita dall'art. 1, comma 1, lett.* g), *del d.lgs. n. 179, cit.*
(24) *Lettera inserita dall'art. 1, comma 1, lett.* a), *n. 6), del d.lgs. n. 217, cit.*
(25) *Comma aggiunto dall'art. 1, comma 2, del d.lgs. n. 179, cit..*
(26) *Comma aggiunto dall'art. 1, comma 2, del d.lgs. n. 179, cit. e successivamente modificato dall'art. 1, comma 1, lett.* a), *n. 6), del d.lgs. n. 217, cit.*

2 Finalità e ambito di applicazione.

1. Lo Stato, le Regioni e le autonomie locali assicurano la disponibilità, la gestione, l'accesso, la trasmissione, la conservazione e la fruibilità dell'informazione in modalità digitale e si organizzano ed agiscono a tale fine utilizzando con le modalità più appropriate e nel modo più adeguato al soddisfacimento degli interessi degli utenti le tecnologie dell'informazione e della comunicazione (1).

2. Le disposizioni del presente Codice si applicano: *a*) alle pubbliche amministrazioni di cui all'articolo 1, comma 2, del decreto legislativo 30 marzo 2001, n. 165, nel rispetto del riparto di competenza di cui all'articolo 117 della Costituzione, ivi comprese le autorità di sistema portuale, nonché alle autorità amministrative indipendenti di garanzia, vigilanza e regolazione; *b*) ai gestori di servizi pubblici, ivi comprese le società quotate, in relazione ai servizi di pubblico interesse; *c*) alle società a controllo pubblico, come definite nel decreto legislativo 19 agosto 2016, n. 175, escluse le società quotate di cui all'articolo 2, comma 1, lettera *p*), del medesimo decreto che non rientrino nella categoria di cui alla lettera *b*) (2).

[2-*bis*. Tutte le disposizioni previste dal presente codice per le pubbliche amministrazioni si applicano, ove possibile tecnicamente e a condizione che non si producano nuovi o maggiori oneri per la finanza pubblica ovvero, direttamente o indirettamente, aumenti di costi a carico degli utenti, anche ai soggetti privati preposti all'esercizio di attività amministrative.] (3)

3. Le disposizioni del presente Codice e le relative Linee guida concernenti il documento informatico, le firme elettroniche e i servizi fiduciari di cui al Capo II, la riproduzione e conservazione dei documenti di cui agli articoli 43 e 44, il domicilio digitale e le comunicazioni elettroniche di cui all'articolo 3-*bis* e al Capo IV, l'identità digitale di cui agli articoli 3-*bis* e 64 si applicano anche ai privati, ove non diversamente previsto (4).

4. Le disposizioni di cui al capo V, concernenti l'accesso ai documenti informatici, e la fruibilità delle informazioni digitali, si applicano anche [ai gestori di servizi pubblici ed] agli organismi di diritto pubblico (5).

5. Le disposizioni del presente Codice si applicano nel rispetto della disciplina in materia di trattamento dei dati personali e, in particolare, delle disposizioni del Codice in materia di protezione dei dati personali approvato con decreto legislativo 30 giugno 2003, n. 196 (6).

6. Le disposizioni del presente Codice non si applicano limitatamente all'esercizio delle attività e funzioni [ispettive e di controllo fiscale,] di ordine e sicurezza pubblica, difesa e sicurezza nazionale, polizia giudiziaria e polizia economico-finanziaria e consultazioni elettorali, nonché alle comunicazioni di emergenza e di allerta in ambito di protezione civile. Le disposizioni del presente Codice si applicano [altresì] al processo civile, penale, amministrativo, contabile e tributario, in quanto compatibili e salvo che non sia diversamente disposto dalle disposizioni in materia di processo telematico (7) (8).

6-*bis*. Ferma restando l'applicabilità delle disposizioni del presente decreto agli atti di liquidazione, rettifica, accertamento e di irrogazione delle sanzioni di natura tributaria, con decreto del Presidente del Consiglio dei ministri o del Ministro delegato, adottato su proposta del Ministro dell'economia e delle finanze, sono stabiliti le modalità e i termini di applicazione delle disposizioni del presente Codice alle attività e funzioni ispettive e di controllo fiscale (9).

(1) *Comma modificato dall'articolo 2, comma 1, lettera* a), *del d.lgs. 26 agosto 2016, n. 179.*

(2) *Comma sostituito dall'articolo 2, comma 1, lettera* a), *del d.lgs. 30 dicembre 2010, n. 235, dall'articolo 2, comma 1, lettera* b), *del d.lgs. 26 agosto 2016, n. 179 e successivamente dall'articolo 2, comma 1, lettera* a), *del d.lgs. 13 dicembre 2017, n. 217.*

(3) *Comma inizialmente inserito dall'articolo 36, comma 5, della Legge 18 giugno 2009, n. 69 e successivamente abrogato dall'articolo 2, comma 1, lettera* b), *del d.lgs. 30 dicembre 2010, n. 235.*

(4) *Comma sostituito dall'articolo 2, comma 1, lettera* c), *del d.lgs. 30 dicembre 2010, n. 235 e successivamente dall'articolo 2, comma 1, lettera* b), *del d.lgs. 13 dicembre 2017, n. 217.*

(5) *Comma modificato dall'articolo 2, comma 1, lettera* c), *del d.lgs. 13 dicembre 2017, n. 217.*

(6) *Comma modificato dall'articolo 2 del d.lgs. 4 aprile 2006, n. 159 e successivamente sostituito dall'articolo 2, comma 1, lettera* c), *del d.lgs. 26 agosto 2016, n. 179.*

(7) *Comma modificato dall'articolo 2, comma 1, lettera* d), *del d.lgs. 30 dicembre 2010, n. 235, successivamente sostituito dall'articolo 2, comma 1, lettera* c), *del d.lgs. 26 agosto 2016, n. 179 e da ultimo modificato dall'articolo 2, comma 1, lettera* d), *del d.lgs. 13 dicembre 2017, n. 217.*

(8) *Per le modalità, i limiti ed i tempi di applicazione del Codice dell'amministrazione digitale alla Presidenza del Consiglio dei Ministri vedi l'articolo 1 del D.P.C.M. 9 febbraio 2011.*

(9) *Comma aggiunto dall'articolo 2, comma 1, lettera* e), *del d.lgs. 13 dicembre 2017, n. 217.*

SEZIONE II
Diritti dei cittadini e delle imprese

3 Diritto all'uso delle tecnologie.

1. Chiunque ha il diritto di usare, in modo accessibile ed efficace, le soluzioni e gli strumenti di cui al presente Codice nei rapporti con i soggetti di cui all'articolo 2, comma 2, anche ai fini dell'esercizio dei diritti di accesso e della partecipazione al procedimento amministrativo, fermi restando i diritti delle minoranze linguistiche riconosciute (1).

[1-*bis*. Il principio di cui al comma 1 si applica alle amministrazioni regionali e locali nei limiti delle risorse tecnologiche ed organizzative disponibili e nel rispetto della loro autonomia normativa.] (2)

1-*ter*. La tutela giurisdizionale davanti al giudice amministrativo è disciplinata dal codice del processo amministrativo (3).

[1-*quater*. La gestione dei procedimenti amministrativi è attuata dai soggetti di cui all'articolo 2, comma 2, in modo da consentire, mediante strumenti informatici, la possibilità per il cittadino di verificare anche con mezzi telematici i termini previsti ed effettivi per lo specifico procedimento e il relativo stato di avanzamento, nonché di individuare l'ufficio e il funzionario responsabile del procedimento;] (4)

[1-*quinquies*. Tutti i cittadini e le imprese hanno il diritto all'assegnazione di un'identità digitale attraverso la quale accedere e utilizzare i servizi erogati in rete dai soggetti di cui all'articolo 2, comma 2, alle condizioni di cui all'articolo 64;] (4)

[1-*sexies*. Tutti gli iscritti all'Anagrafe nazionale della popolazione residente (ANPR) hanno il diritto di essere identificati dalle pubbliche amministrazioni tramite l'identità digitale di cui al comma 1-*quinquies*, nonché di inviare comunicazioni e documenti alle pubbliche amministrazioni e di riceverne dalle stesse tramite un domicilio digitale, alle condizioni di cui all'articolo 3-*bis*] (4)

(1) *Comma modificato dall'articolo 3 del d.lgs. 4 aprile 2006, n. 159, dall'articolo 3, comma 1, lettera* a), *del d.lgs. 30 dicembre 2010, n. 235, successivamente sostituito dall'articolo 3, comma 1, lettera* a), *del d.lgs. 26 agosto 2016, n. 179 e da ultimo modificato dall'articolo 4, comma 1, lettera* a), *del d.lgs. 13 dicembre 2017, n. 217.*

(2) *Comma inizialmente inserito dall'articolo 3 del d.lgs. 4 aprile 2006, n. 159 e successivamente abrogato dall'articolo 3, comma 1, lettera* b), *del d.lgs. 30 dicembre 2010, n. 235.*

(3) *Comma inserito dall'articolo 3 del d.lgs. 4 aprile 2006, n. 159 e sostituito dall'articolo 3, comma 17, dell'Allegato 4 al d.lgs. 2 luglio 2010, n. 104.*

(4) *Comma aggiunto dall'articolo 3, comma 1, lettera* b), *del d.lgs. 26 agosto 2016, n. 179 e successivamente abrogato dall'articolo 4, comma 1, lettera* b), *del d.lgs. 13 dicembre 2017, n. 217.*

3-*bis* (1) Identità digitale e Domicilio digitale (2).

01. Chiunque ha il diritto di accedere ai servizi on-line offerti dai soggetti di cui all'art. 2, comma 2 [...] (3), tramite la propria identità digitale e anche attraverso il punto di accesso telematico di cui all'art. 64-*bis* (4) (5).

1. I soggetti di cui all'art. 2, comma 2, i professionisti tenuti all'iscrizione in albi ed elenchi e i soggetti tenuti all'iscrizione nel registro delle imprese hanno l'obbligo di dotarsi di un domicilio digitale iscritto nell'elenco di cui agli artt. 6-*bis* o 6-*ter* (6).

1-*bis*. Fermo restando quanto previsto al comma 1, chiunque ha facoltà di eleggere o modificare (7) il proprio domicilio digitale da iscrivere nell'elenco di cui all'art. 6-*quater*. Nel caso in cui il domicilio eletto risulti non più attivo si procede alla cancellazione d'ufficio dall'indice di cui all'art. 6-*quater* secondo le modalità fissate nelle Linee guida (8) (9).

1-*ter*. I domicili digitali di cui ai commi 1, 1-*bis* e 4-*quinquies* (10) sono eletti secondo le modalità stabilite con le Linee guida. Le persone fisiche possono altresì eleggere il domicilio digitale avvalendosi del servizio di cui all'art. 64-*bis*, di quello reso disponibile on-line dall'Anagrafe nazionale della popolazione residente (ANPR) di cui all'articolo 62, ovvero recandosi presso l'ufficio anagrafe del proprio comune di residenza (11) (9).

1-*quater*. I soggetti di cui ai commi 1 e 1-*bis* hanno l'obbligo di fare un uso diligente del proprio domicilio digitale e di comunicare ogni modifica o variazione del medesimo secondo le modalità fissate nelle Linee guida. Con le stesse Linee guida, fermo restando quanto previsto ai commi 3-*bis* e 4-*bis*, sono definite le modalità di gestione e di aggiornamento dell'elenco di cui all'art. 6-*quater* anche nei casi di decesso del titolare del domicilio digitale eletto o di impossibilità sopravvenuta di avvalersi del domicilio (12) (9).

2. (13).

3. (14).

3-*bis*. Con decreto del Presidente del Consiglio dei ministri o del Ministro delegato per la semplificazione e la pubblica amministrazione, sentiti l'AgID e il Garante per la protezione dei dati personali e acquisito il parere della Conferenza unificata, è stabilita la data a decorrere dalla quale le comunicazioni tra i soggetti di cui all'art. 2, comma 2, e coloro che non hanno provveduto a eleggere un domicilio digitale ai sensi del comma 1-*bis*, avvengono esclusivamente in forma elettronica. Con lo stesso decreto è attribuito (15) le modalità con le quali ai predetti soggetti può essere reso disponibile un domicilio digitale ovvero altre modalità con le quali, anche per superare il divario digitale, i documenti possono essere messi a disposizione e consegnati a coloro che non hanno accesso ad un domicilio digitale (16) (17).

4. A decorrere dal 1° gennaio 2013, salvo i casi in cui è prevista dalla normativa vigente una diversa modalità di comunicazione o di pubblicazione in via telematica, le amministrazioni pubbliche e i gestori o esercenti di pubblici servizi comunicano con il cittadino esclusivamente tramite il domicilio digitale dallo stesso dichiarato, anche ai sensi dell'art. 21-*bis* della l. 7 agosto 1990, n. 241, senza oneri di spedizione a suo carico. Ogni altra forma di comunicazione non può produrre effetti pregiudizievoli per il destinatario. L'utilizzo di differenti modalità di comunicazione rientra tra i parametri di valutazione della performance dirigenziale ai sensi dell'art. 11, comma 9, del d.lgs. 27 ottobre 2009, n. 150.

4-*bis*. Fino alla data fissata nel decreto di cui al comma 3-*bis*, i soggetti di cui all'art. 2, comma 2, possono predisporre le comunicazioni ai soggetti che non hanno un domicilio digitale ovvero nei casi di domicilio digitale non attivo, non funzionante o non raggiungibile, come documenti informatici sottoscritti con firma digitale o altra firma elettronica qualificata, da conservare nei propri archivi, ed inviare agli stessi, per posta ordinaria o raccomandata con avviso di ricevimento, copia analogica di tali documenti su cui è apposto a stampa il contrassegno di cui all'articolo 23, comma 2-*bis* o l'indicazione a mezzo stampa del responsabile pro tempore in sostituzione della firma autografa ai sensi dell'articolo 3 del decreto legislativo 12 febbraio 1993, n. 39 (18) ovvero un avviso con le indicazioni delle modalità con le quali i suddetti documenti sono messi a disposizione e consegnati al destinatario (19).

4-*ter*. Le disposizioni di cui al comma 4-*bis* soddisfano a tutti gli effetti di legge gli obblighi di conservazione e di esibizione dei documenti previsti dalla legislazione vigente laddove la copia analogica inviata al cittadino contenga una dicitura che specifichi che il documento informatico, da cui la copia è tratta, è stato predisposto come documento nativo digitale (20) ed è disponibile (21) presso l'amministrazione [in conformità alle Linee guida] (20).

4-*quater*. La copia analogica con l'indicazione a mezzo stampa del responsabile in sostituzione della firma autografa ai sensi dell'articolo 3 del decreto legislativo 12 febbraio 1993, n. 39, soddisfa (22) le condizioni di cui all'art. 23, comma 2-*bis*, (23) comma 5, salvo i casi in cui il documento rappresenti, per propria natura, una certificazione rilasciata dall'amministrazione da utilizzarsi nei rapporti tra privati.

4-*quinquies*. È possibile eleggere anche un domicilio digitale speciale per determinati atti, procedimenti o affari (24). In tal caso, ferma restando la validità ai fini delle comunicazioni elettroniche aventi valore legale, colui che lo ha eletto non può opporre eccezioni relative alla forma e alla data della spedizione e del ricevimento delle comunicazioni o notificazioni ivi indirizzate (25) (26).

5. Dall'attuazione delle disposizioni di cui al presente articolo non devono derivare nuovi o maggiori oneri a carico della finanza pubblica.

(1) *Articolo inserito dall'art. 4, comma 1, d.l. 18 ottobre 2012, n. 179, conv., con modif., in l. 17 dicembre 2012, n. 221.*

(2) *Rubrica così sostituita dall'art. 5, comma 1, lett.* a), *d.lgs. 13 dicembre 2017, n. 217.*

(3) *Le parole* «, lett. *a*) e *b*) » *sono state soppresse dall'art. 24, comma 1, lett.* a), *n. 1, d.l. 16 luglio 2020, n. 76, conv., con modif., in l. 11 settembre 2020, n. 120.*

(4) *Le parole* « e anche attraverso il punto di accesso telematico di cui all'art. 64-*bis* » *sono state aggiunte dall'art. 24, comma 1, lett.* a), *n. 1, d.l. n. 76, cit.*

(5) *Comma inserito dall'art. 5, comma 1, lett.* b), *d.lgs. n. 217, cit.*

(6) *Comma così sostituito dall'art. 5, comma 1, lett.* c), *d.lgs. n. 217, cit.*

(7) *Le parole* « o modificare » *sono state inserite dall'art. 38, comma 2, lett.* a), *n. 01) d.l. 31 maggio 2021, n. 77, conv., con modif., in l. 29 luglio 2021, n. 108.*

(8) *Periodo così sostituito dall'art. 24, comma 1, lett.* a), *n. 2, d.l. n. 76, cit.*

(9) *Comma inserito dall'art. 5, comma 1, lett.* d), *d.lgs. n. 217, cit.*

(10) *Le parole* « 1, 1-*bis* e 4-*quinquies* » *sono state sostituite alle parole* « 1 e 1-*bis* » *dall'art. 38, comma 2, lett.* a), *n. 1) d.l. n. 77, cit.*

(11) *Le parole* «, di quello reso disponibile on-line dall'Anagrafe nazionale della popolazione residente (ANPR) di cui all'articolo 62, ovvero recandosi presso l'ufficio anagrafe del proprio comune di residenza » *sono state aggiunte dall'art. 27, comma 1, lett.* a) *d.l. 6 novembre 2021, n. 152, conv., con modif., in l. 29 dicembre 2021, n. 233.*

(12) *Periodo aggiunto dall'art. 24, comma 1, lett.* a), *n. 3, d.l. n. 76, cit.*

(13) *Comma abrogato dall'art. 5, comma 1, lett.* e), *d.lgs. n. 217, cit.*

(14) *Comma abrogato dall'art. 4, comma 1, lett.* d), *d.lgs. 26 agosto 2016, n. 179.*

(15) *Le parole* « è attribuito » *sono state sostituite alle parole* « può essere reso disponibile » *dall'art. 38, comma 2, lett.* a), *n. 2) d.l. n. 77, cit.*

(16) *Periodo così sostituito dall'art. 24, comma 1, lett.* a), *n. 4, d.l. n. 76, cit.*

(17) *Comma così sostituito dall'art. 5, comma 1, lett.* f), *d.lgs. n. 217, cit.*

(18) *Le parole da* « su cui è apposto » *a* « del decreto legislativo 12 febbraio 1993, n. 39 » *sono state sostituite alle parole* « sottoscritti con firma autografa sostituita a mezzo stampa predisposta secondo le disposizioni di cui all'articolo 3 del decreto legislativo 12 febbraio 1993, n. 39 » *dall'art. 38, comma 2, lett.* a), *n. 3) d.l. n. 77, cit.*

(19) *Comma così sostituito dall'art. 24, comma 1, lett.* a), *n. 5, d.l. n. 76, cit.*

(20) *Le parole* « come documento nativo digitale » *sono state inserite e le parole tra parentesi quadre sono state soppresse dall'art. 38, comma 2, lett.* a), *n. 4) d.l. n. 77, cit.*

(21) *Le parole* « ed è disponibile » *sono state sostituite alle parole* « e conservato » *dall'art. 5, comma 1, lett.* h), *d.lgs. n. 217, cit.*

(22) *Le parole da* « La copia » *a* « soddisfa » *sono state sostituite alle parole* « Le modalità di predisposizione della copia analogica di cui ai commi 4-*bis* e 4-*ter* soddisfano » *dall'art. 38, comma 2, lett.* a), *n. 5) d.l. n. 77, cit.*

(23) *Le parole* « all'art. 23, comma 2-*bis*, » *sono state sostituite alle parole* « all'art. 23-*ter*, comma 5, » *dall'art. 4, comma 1, lett.* g), *d.lgs. n. 179, cit.*

(24) *Periodo così sostituito dall'art. 38, comma 2, lett.* a), *n. 6) d.l. n. 77, cit. Il testo del periodo, come da ultimo sostituito ad opera dell'art. 24, comma 1, lett.* a), *n. 6, d.l. n. 76, cit., era il seguente:* « Fino all'adozione delle Linee guida di cui al comma 1-*ter* del presente articolo, e alla realizzazione dell'indice di cui all'articolo 6-*quater*, è possibile eleggere il domicilio speciale di cui all'articolo 47 del Codice civile anche presso un domicilio digitale diverso da quello di cui al comma 1-*ter* ».

(25) *Periodo così sostituito dall'art. 5, comma 1, lett.* i), *n. 2, d.lgs. n. 217, cit.*

(26) *Comma inserito dall'art. 4, comma 1, lett.* h), *d.lgs. n. 179, cit.*

4 [Partecipazione al procedimento amministrativo informatico.] (1)

[1. La partecipazione al procedimento amministrativo e il diritto di accesso ai documenti amministrativi sono esercitabili mediante l'uso delle tecnologie dell'informazione e della comunicazione secondo quanto disposto dagli articoli 59 e 60 del decreto del Presidente della Repubblica 28 dicembre 2000, n. 445.

2. Ogni atto e documento può essere trasmesso alle pubbliche amministrazioni con l'uso delle tecnologie dell'informazione e della comunica zione se formato ed inviato nel rispetto della vigente normativa.]

(1) *Articolo abrogato dall'articolo 64, comma 1, lettera* a), *del d.lgs. 26 agosto 2016, n. 179.*

5 Effettuazione dei pagamenti con modalità informatiche (1).

1. I soggetti di cui all'articolo 2, comma 2, sono obbligati ad accettare, tramite la piattaforma di cui al comma 2, i pagamenti spettanti a qualsiasi titolo attraverso sistemi di pagamento elettronico, ivi inclusi, per i micro-pagamenti, quelli basati sull'uso del credito telefonico. Tramite la piattaforma elettronica di cui al comma 2, resta ferma la possibilità di accettare anche altre forme di pagamento elettronico, senza discriminazione in relazione allo schema di pagamento abilitato per ciascuna tipologia di strumento di pagamento elettronico come definita ai sensi dell'articolo 2, punti 33), 34) e 35) del regolamento UE 2015/751 del Parlamento europeo e del Consiglio del 29 aprile 2015 relativo alle commissioni interbancarie sulle operazioni di pagamento basate su carta (2).

2. Al fine di dare attuazione al comma 1, la Presidenza del Consiglio dei ministri (3) mette a disposizione, attraverso il Sistema pubblico di connettività, una piattaforma tecnologica per l'interconnessione e l'interoperabilità tra le pubbliche amministrazioni e i prestatori di servizi di pagamento abilitati, al fine di assicurare, attraverso gli strumenti di cui all'articolo 64, l'autenticazione dei soggetti interessati all'operazione in tutta la gestione del processo di pagamento. (4) (5).

[2 *bis*. Ai sensi dell'articolo 71, e sentita la Banca d'Italia, sono determinate le modalità di attuazione del comma 1, inclusi gli obblighi di pubblicazione di dati e le informazioni strumentali all'utilizzo degli strumenti di pagamento di cui al medesimo comma] (6).

2-*ter*. I soggetti di cui all'articolo 2, comma 2, consentono di effettuare pagamenti elettronici tramite la piattaforma di cui al comma 2 anche per il pagamento spontaneo di tributi di cui all'articolo 2-*bis* del decreto-legge 22 ottobre 2016, n. 193, convertito, con modificazioni dalla legge 1° dicembre 2016, n. 225 (7).

2-*quater*. I prestatori di servizi di pagamento abilitati eseguono pagamenti a favore delle pubbliche amministrazioni attraverso l'utilizzo della piattaforma di cui al comma 2. Resta fermo il sistema dei versamenti unitari di cui all'articolo 17 e seguenti del decreto legislativo 9 luglio 1997, n. 241, Capo III, fino all'adozione di un decreto del Presidente del Consiglio dei ministri o del Ministro delegato, su proposta del Ministro dell'economia e delle finanze, di concerto con il Ministro del lavoro e delle politiche sociali, sentite l'Agenzia delle entrate e l'AgID, che fissa, anche in maniera progressiva, le modalità tecniche per l'effettuazione dei pagamenti tributari e contributivi tramite la piattaforma di cui al comma 2 (7).

2-*quinquies*. Tramite la piattaforma di cui al comma 2, le informazioni sui pagamenti sono messe a disposizione anche del Ministero dell'economia e delle finanze - Dipartimento Ragioneria generale dello Stato (7).

2-*sexies*. La piattaforma tecnologica di cui al comma 2 può essere utilizzata anche per facilitare e automatizzare, attraverso i pagamenti elettronici, i processi di certificazione fiscale tra soggetti privati, tra cui la fatturazione elettronica e la memorizzazione e trasmissione dei dati dei corrispettivi giornalieri di cui agli articoli 1 e 2 del decreto legislativo 5 agosto 2015, n. 127 (8).

2-*septies*. Con decreto del Presidente del Consiglio dei Ministri o del Ministro delegato per l'innovazione tecnologica e la digitalizzazione, di concerto con il Ministro dell'economia e delle finanze, sono definite le regole tecniche di funzionamento della piattaforma tecnologica e dei processi di cui al comma 2-*sexies* (8).

[3. Dalle previsioni di cui alla lettera *a*) del comma 1 possono essere escluse le operazioni di pagamento per le quali la verifica del buon fine dello stesso debba essere contestuale all'erogazione del servizio; in questi casi devono comunque essere rese disponibili modalità di pagamento di cui alla lettera *b*) del medesimo comma 1.] (9)

[3-*bis*. I micro-pagamenti dovuti a titolo di corrispettivo dalle pubbliche amministrazioni di cui all'articolo 1, comma 450, della legge 27 dicembre 2006, n. 296, come modificato dall'articolo 7, comma 2, del decreto-legge 7 maggio 2012, n. 52, convertito, con modificazioni, dalla legge 6 luglio 2012, n. 94, per i contratti di acquisto di beni e servizi conclusi tramite gli strumenti elettronici di cui al medesimo articolo 1, comma 450, stipulati nelle forme di cui all'articolo 11, comma 13, del codice di cui al decreto legislativo 12 aprile 2006, n. 163, e successive modificazioni, sono effettuati mediante strumenti elettronici di pagamento se richiesto dalle imprese fornitrici.] (9)

[3-*ter*. Con decreto del Ministero dell'economia e delle finanze da pubblicare entro il 1° marzo 2013 sono definiti i micro-pagamenti in relazione al volume complessivo del contratto e sono adeguate alle finalità di cui al comma 3-*bis* le norme relative alle procedure di pagamento delle pubbliche amministrazioni di cui al citato articolo 1, comma 450, della legge n. 296 del 2006. Le medesime pubbliche amministrazioni provvedono ad adeguare le proprie norme al fine di consentire il pagamento elettronico per gli acquisti di cui al comma 3-*bis* entro il 1° gennaio 2013.] (9)

4. L'Agenzia per l'Italia digitale, sentita la Banca d'Italia, definisce linee guida per l'attuazione del presente articolo e per (10) la specifica dei codici identificativi del pagamento di cui al comma 1 [, lettere *a*) e *b*)] e le modalità attraverso le quali il prestatore dei servizi di pagamento mette a disposizione dell'ente le informazioni relative al pagamento medesimo (11).

5. Le attività previste dal presente articolo si svolgono con le risorse umane, finanziarie e strumentali disponibili a legislazione vigente.

(1) *Articolo dapprima sostituito dal comma 1 dell'art. 4, d.lgs. 30 dicembre 2010, n. 235, poi modificato dal comma 1 dell'art. 6-ter, d.l. 9 febbraio 2012, n. 5, conv., con modif., in l. 4 aprile 2012, n. 35 e, infine, così sostituito dall'art. 15, comma 1, d.l. 18 ottobre 2012, n. 179, come modificato dalla legge di conversione 17 dicembre 2012, n. 221.*

(2) *Comma sostituito dall'articolo 5, comma 1, lettera* a), *d.lgs. 26 agosto 2016, n. 179 e successivamente modificato dall'articolo 6, comma 1, lettera* a), *del d.lgs. 13 dicembre 2017, n. 217.*

(3) *Le parole* « la Presidenza del Consiglio dei ministri » *sono state sostituite alle parole* « l'AgID » *dall'art. 42, comma 3, d.l. 30 dicembre 2019, n. 162, conv., con modif., in l. 28 febbraio 2020, n. 8.*

(4) *Comma sostituito dall'articolo 5, comma 1, lettera* b), *d.lgs. 26 agosto 2016, n. 179.*

(5) *V.l'art. 8 (Piattaforme digitali) del d.l. 14 dicembre 2018 n. 135,conv., con modif., in l. 11 febbraio 2019, n. 12,* sub *III, 33.*

(6) *Comma abrogato dall'art. 27, comma 1, lett.* b), *n. 1 d.l. 6 novembre 2021, n. 152, conv. in l. 29 dicembre 2021, n. 233. Il comma era stato aggiunto dall'art. 5, comma 1, lett.* c), *d.lgs. 26 agosto 2016, n. 179.*

(7) *Comma inserito dall'art. 6, comma 1, lett.* b) *d.lgs. 13 dicembre 2017, n. 217.*

(8) *Comma aggiunto dall'art. 21, comma 1 d.l. 26 ottobre 2019, n. 124, conv., con modif., in l. 19 dicembre 2019, n. 157.*

(9) *Comma abrogato dall'articolo 5, comma 1, lettera* d), *d.lgs. 26 agosto 2016, n. 179.*

(10) *Le parole* « l'attuazione del presente articolo e per » *sono state inserite dall'art. 27, comma 1, lett.* b), *n. 2 d.l. n. 152, cit.*

(11) *Comma modificato dall'articolo 5, comma 1, lettera* e), *d.lgs. 26 agosto 2016, n. 179.*

5-*bis* Comunicazioni tra imprese e amministrazioni pubbliche (1).

1. La presentazione di istanze, dichiarazioni, dati e lo scambio di informazioni e docu menti, anche a fini statistici, tra le imprese e le amministrazioni pubbliche avviene esclusivamente utilizzando le tecnologie dell'informazione e della comunicazione. Con le medesime modalità le amministrazioni pubbliche adottano e comunicano atti e provvedimenti amministrativi nei confronti delle imprese.

2. Con decreto del Presidente del Consiglio dei Ministri, su proposta del Ministro per la pubblica amministrazione e l'innovazione, di concerto con il Ministro dello sviluppo economico e con il Ministro per la semplificazione normativa, sono adottate le modalità di attuazione del comma 1 da parte delle pubbliche amministrazioni centrali e fissati i relativi termini.

3. AgID, anche avvalendosi degli uffici di cui all'articolo 17, provvede alla verifica dell'attuazione del comma 1 secondo le modalità e i termini indicati nel decreto di cui al comma 2 (2).

4. Il Governo promuove l'intesa con regioni ed enti locali in sede di Conferenza unificata per l'adozione degli indirizzi utili alla realizzazione delle finalità di cui al comma 1 (1).

(1) *Articolo inserito dall'articolo 4 del d.lgs. 30 dicembre 2010, n. 235.*

(2) *Comma modificato dall'articolo 61, comma 2, lettera* b), *del d.lgs. 26 agosto 2016, n. 179.*

6 Utilizzo del domicilio digitale (1).

1. Le comunicazioni tramite i domicili digitali sono effettuate agli indirizzi inseriti negli elenchi di cui agli articoli 6-*bis*, 6-*ter* e 6-*quater*, o a quello eletto come domicilio speciale per determinati atti o affari ai sensi dell'articolo 3-*bis*, comma 4-*quinquies*. Le comunicazioni elettroniche trasmesse ad uno dei domicili digitali di cui all'articolo 3-*bis* producono, quanto al momento della spedizione e del ricevimento, gli stessi effetti giuridici delle comunicazioni a mezzo raccomandata con ricevuta di ritorno ed equivalgono alla notificazione per mezzo della posta salvo che la legge disponga diversamente. Le suddette comunicazioni si intendono spedite dal mittente se inviate al proprio gestore e si intendono consegnate se rese disponibili al domicilio digitale del destinatario, salva la prova che la mancata consegna sia dovuta a fatto non imputabile al destinatario medesimo. La data e l'ora di trasmissione e ricezione del documento informatico sono opponibili ai terzi se apposte in conformità alle Linee guida (2).

[1-*bis*. La consultazione degli indirizzi di posta elettronica certificata, di cui agli articoli 16, comma 10, e 16-*bis*, comma 5, del decreto-legge 29 novembre 2008, n. 185, convertito, con modificazioni, dalla legge 28 gennaio 2009, n. 2, e l'estrazione di elenchi dei suddetti indirizzi, da parte delle pubbliche amministrazioni è effettuata sulla base delle regole tecniche emanate da AgID, sentito il Garante per la protezione dei dati personali.] (3)

1-*ter*. L'elenco dei domicili digitali delle imprese e dei professionisti è l'Indice nazionale dei domicili digitali (INI-PEC) delle imprese e dei professionisti di cui all'articolo 6-*bis*. L'elenco dei domicili digitali dei soggetti di cui all'articolo 2, comma 2, lettere *a*) e *b*), è l'Indice degli indirizzi della pubblica amministrazione e dei gestori di pubblici servizi, di cui all'articolo 6-*ter*. L'elenco dei domicili digitali delle persone fisiche e degli altri enti di diritto privato diversi da quelli di cui al primo e al secondo periodo è l'Indice degli indirizzi delle persone fisiche e degli altri enti di diritto privato di cui all'articolo 6-*quater* (4).

1-*quater*. I soggetti di cui all'articolo 2, comma 2, notificano direttamente presso i domicili digitali di cui all'articolo 3-*bis* i propri atti, compresi i verbali relativi alle sanzioni amministrative, gli atti impositivi di accertamento e di riscossione e le ingiunzioni di cui all'articolo 2 del regio decreto 14 aprile 1910, n. 639, fatte salve le specifiche disposizioni in ambito tributario. La conformità della copia informatica del documento notificato all'originale è attestata dal responsabile del procedimento in conformità a quanto disposto agli articoli 22 e 23-*bis* (4).

[2. Le disposizioni di cui al comma 1 si applicano anche alle pubbliche amministrazioni regionali e locali salvo che non sia diversamente stabilito.] (5)

[2-*bis*. Le pubbliche amministrazioni regionali e locali hanno facoltà di assegnare ai cittadini residenti caselle di posta elettronica certificata atte alla trasmissione di documentazione ufficiale.] (6)

(1) *Rubrica sostituita dall'articolo 7, comma 1, lettera* a), *del d.lgs. 13 dicembre 2017, n. 217.*

(2) *Comma sostituito dall'articolo 5, comma 1, lettera* a), *del d.lgs. 30 dicembre 2010, n. 235, successivamente modificato dall'articolo 6, comma 1, del d.lgs. 26 agosto 2016, n. 179 e da ultimo sostituito dall'articolo 7, comma 1, lettera* b), *del d.lgs. 13 dicembre 2017, n. 217.*

(3) *Comma inserito dall'articolo 5, comma 1, lettera* b), *del d.lgs. 30 dicembre 2010, n. 235, successivamente modificato dall'articolo 61, comma 2, lettera* b), *del d.lgs. 26 agosto 2016, n. 179 e da ultimo abrogato dall'articolo 7, comma 1, lettera* c), *del d.lgs. 13 dicembre 2017, n. 217.*

(4) *Comma inserito dall'articolo 7, comma 1, lettera* d), *del d.lgs. 13 dicembre 2017, n. 217.*

(5) *Comma abrogato dall'articolo 5, comma 1, lettera* c), *del d.lgs. 30 dicembre 2010, n. 235.*

(6) *Comma inizialmente aggiunto dall'articolo 34, comma 1, lettera* a), *della Legge 18 giugno 2009, n. 69 e successivamente abrogato dall'articolo 5, comma 1, lettera* c), *del d.lgs. 30 dicembre 2010, n. 235.*

6-*bis* Indice nazionale dei domicili digitali delle imprese e dei professionisti (1) (2).

1. Al fine di favorire la presentazione di istanze, dichiarazioni e dati, nonché lo scambio di informazioni e documenti tra i soggetti di cui all'articolo 2, comma 2 e le imprese e i professionisti in modalità telematica, è istituito [, entro sei mesi dalla data di entrata in vigore della presente disposizione e con le risorse umane, strumentali e finanziarie disponibili a legislazione vigente,] il pubblico elenco denominato Indice nazionale dei domicili digitali (INI-PEC) delle imprese e dei professionisti, presso il Ministero per lo sviluppo economico (3).

2. L'Indice nazionale di cui al comma 1 è realizzato a partire dagli elenchi di indirizzi PEC costituiti presso il registro delle imprese e gli ordini o collegi professionali, in attuazione di quanto previsto dall'articolo 16 del decreto-legge 29 novembre 2008, n. 185, convertito, con modificazioni, dalla legge 28 gennaio 2009, n. 2. Nell'Indice nazionale sono inseriti anche i domicili digitali dei professionisti diversi da quelli di cui al primo periodo, iscritti in elenchi o registri detenuti dalle pubbliche amministrazioni e istituiti con legge dello Stato. (4) I domicili digitali inseriti in tale Indice costituiscono mezzo esclusivo di comunicazione e notifica con i soggetti di cui all'articolo 2, comma 2 (5).

2-*bis*. L'INI-PEC acquisisce dagli ordini e dai collegi professionali gli attributi qualificati dell'identità digitale ai fini di quanto previsto dal decreto di cui all'articolo 64, comma 2-*sexies* (6).

[3. L'accesso all'INI-PEC è consentito alle pubbliche amministrazioni, ai professionisti, alle imprese, ai gestori o esercenti di pubblici servizi ed a tutti i cittadini tramite sito web e senza necessità di autenticazione. L'indice è realizzato in formato aperto, secondo la definizione di cui all'articolo 68, comma 3.] (7)

4. Il Ministero per lo sviluppo economico, al fine del contenimento dei costi e dell'utilizzo razionale delle risorse, sentita l'Agenzia per l'Italia digitale, si avvale per la realizzazione e gestione operativa dell'Indice nazionale di cui al comma 1 delle strutture informatiche delle Camere di commercio deputate alla gestione del registro imprese e ne definisce con proprio decreto, da emanare entro 60 giorni dalla data di entrata in vigore della presente disposizione, le modalità di accesso e di aggiornamento.

5. Nel decreto di cui al comma 4 sono anche definite le modalità e le forme con cui gli ordini e i collegi professionali nonché le pubbliche amministrazioni (8) comunicano all'Indice nazionale di cui al comma 1 tutti gli indirizzi PEC relativi ai professionisti di propria competenza e sono previsti gli strumenti telematici resi disponibili dalle Camere di commercio per il tramite delle proprie strutture informatiche al fine di ottimizzare la raccolta e aggiornamento dei medesimi indirizzi.

6. Dall'attuazione delle disposizioni di cui al presente articolo non devono derivare nuovi o maggiori oneri a carico della finanza pubblica.

(1) *Articolo inserito dall'articolo 5, comma 3, del d.l. 18 ottobre 2012, n. 179, come modificato dalla Legge 17 dicembre 2012, n. 221.*
(2) *Rubrica modificata dall'articolo 8, comma 1, lettera* a), *del d.lgs. 13 dicembre 2017, n. 217.*
(3) *Comma modificato dall'articolo 8, comma 1, lettera* b), *del d.lgs. 13 dicembre 2017, n. 217.*
(4) *Periodo inserito dall'art. 24, comma 1, lett.* b), *n. 1) d.l. 16 luglio 2020, n. 76, conv., con modif., in l. 11 settembre 2020, n. 120.*
(5) *Comma modificato dall'articolo 7, comma 1, lettera* a), *del d.lgs. 26 agosto 2016, n. 179 e successivamente dall'articolo 8, comma 1, lettera* c), *del d.lgs. 13 dicembre 2017, n. 217.*
(6) *Comma aggiunto dall'articolo 7, comma 1, lettera* b), *del d.lgs. 26 agosto 2016, n. 179.*
(7) *Comma abrogato dall'articolo 8, comma 1, lettera* d), *del d.lgs. 13 dicembre 2017, n. 217.*
(8) *Le parole* « nonché le pubbliche amministrazioni » *sono state inserite dall'art. 24, comma 1, lett.* b), *n. 2) d.l. n. 76, cit.*

6-*ter* Indice dei domicili digitali delle pubbliche amministrazioni e dei gestori di pubblici servizi (1) (2).

1. Al fine di assicurare la pubblicità dei riferimenti telematici delle pubbliche amministrazioni e dei gestori dei pubblici servizi è istituito il pubblico elenco di fiducia denominato "Indice dei domicili digitali della pubblica amministrazione e dei gestori di pubblici servizi", nel quale sono indicati i domicili digitali da utilizzare per le comunicazioni e per lo scambio di informazioni e per l'invio di documenti a tutti gli effetti di legge tra le pubbliche amministrazioni, i gestori di pubblici servizi e i privati (3).

2. La realizzazione e la gestione dell'Indice sono affidate all'AgID, che può utilizzare a tal fine elenchi e repertori già formati dalle amministrazioni pubbliche.

3. Le amministrazioni di cui al comma 1 e i gestori di pubblici servizi aggiornano gli indirizzi e i contenuti dell'Indice tempestivamente e comunque con cadenza almeno semestrale, secondo le indicazioni dell'AgID. La mancata comunicazione degli elementi necessari al completamento dell'Indice e del loro aggiornamento è valutata ai fini della responsabilità dirigenziale e dell'attribuzione della retribuzione di risultato ai dirigenti responsabili (3).

(1) *Articolo aggiunto dall'articolo 7, comma 2, del d.lgs. 26 agosto 2016, n. 179.*
(2) *Rubrica modificata dall'articolo 9, comma 1, lettera* a), *del d.lgs. 13 dicembre 2017, n. 217.*
(3) *Comma modificato dall'articolo 9, comma 1, lettera* b), *del d.lgs. 13 dicembre 2017, n. 217.*

6-*quater* (1) Indice nazionale dei domicili digitali delle persone fisiche, dei professionisti (2) e degli altri enti di diritto privato, non tenuti all'iscrizione in albi, elenchi o registri (2) professionali o nel registro delle imprese.

1. È istituito il pubblico elenco dei domicili digitali delle persone fisiche, dei professionisti (3) e degli altri enti di diritto privato non tenuti all'iscrizione nell'indice di cui all'art. 6-*bis* (3), nel quale sono indicati i domicili eletti ai sensi dell'art. 3-*bis*, comma 1-*bis*. La realizzazione e la gestione del presente Indice (3) sono

affidate all'AgID, che vi provvede avvalendosi delle strutture informatiche delle Camere di commercio già deputate alla gestione dell'elenco di cui all'art. 6-*bis*. È fatta salva la facoltà del professionista, non iscritto in albi, registri o elenchi professionali di cui all'art. 6-*bis*, di eleggere presso il presente Indice un domicilio digitale professionale e un domicilio digitale personale diverso dal primo (4).

2. Per i professionisti iscritti in albi ed elenchi il domicilio digitale è l'indirizzo inserito nell'elenco di cui all'art. 6-*bis*, fermo restando il diritto di eleggerne uno diverso ai sensi dell'art. 3-*bis*, comma 1-*bis*. Ai fini dell'inserimento dei domicili dei professionisti nel predetto elenco il Ministero dello sviluppo economico rende disponibili all'AgID, tramite servizi informatici individuati nelle Linee guida, i relativi indirizzi già contenuti nell'elenco di cui all'art. 6-*bis*.

3. [Al completamento dell'ANPR di cui all'art. 62,] (5) AgID provvede costantemente all'aggiornamento e (6) al trasferimento dei domicili digitali delle persone fisiche (7) contenuti nell'elenco di cui al presente articolo nell'ANPR e il Ministero dell'interno provvede costantemente all'aggiornamento e al trasferimento dei domicili digitali delle persone fisiche contenuti nell'ANPR nell'elenco di cui al presente articolo. Le funzioni di aggiornamento e trasferimento dei dati sono svolte con le risorse disponibili a legislazione vigente, senza nuovi o maggiori oneri a carico della finanza pubblica (8).

(1) *Articolo inserito dall'art. 9, comma 2, d.lgs. 13 dicembre 2017, n. 217.*

(2) *Le parole* «, dei professionisti » *e* «, elenchi o registri » *sono state inserite dall'art. 24, comma 1, lett.* c), *n. 1, d.l. 16 luglio 2020, n. 76, conv., con modif., in l. 11 settembre 2020, n. 120.*

(3) *Le parole* «, dei professionisti » *sono state inserite, le parole* « nell'indice di cui all'articolo 6-*bis* » *sono state sostituite alle parole* « in albi professionali o nel registro delle imprese », *e le parole* « del presente Indice » *sono state sostituite alle parole* « dell'Indice » *dall'art. 24, comma 1, lett.* c), *n. 2 d.l. n. 76, cit.*

(4) *Periodo aggiunto dall'art. 24, comma 1, lett.* c), *n. 2 d.l. n. 76, cit.*

(5) *Le parole* « Al completamento dell'ANPR di cui all'art. 62, » *sono state soppresse dall'art. 27, comma 1, lett.* c) *d.l. 6 novembre 2021, n. 152, conv., con modif., in l. 29 dicembre 2021, n. 233.*

(6) *Le parole* « costantemente all'aggiornamento e » *sono state inserite dall'art. 38, comma 2, lett.* b) *d.l. 31 maggio 2021, n. 77, conv., con modif., in l. 29 luglio 2021, n. 108.*

(7) *Le parole* « delle persone fisiche » *sono state inserite dall'art. 24, comma 1, lett.* c), *n. 3 d.l. n. 76, cit.*

(8) *Le parole da* « e il Ministero dell'interno » *a* « a carico della finanza pubblica » *sono state aggiunte dall'art. 27, comma 1, lett.* c) *d.l. n. 152, cit.*

6-*quinquies* Consultazione e accesso (1).

1. La consultazione on-line degli elenchi di cui agli articoli 6-*bis*, 6-*ter* e 6-*quater* è consentita a chiunque senza necessità di autenticazione. Gli elenchi sono realizzati in formato aperto.

2. L'estrazione dei domicili digitali dagli elenchi, di cui agli articoli 6-*bis*, 6-*ter* e 6-*quater*, è effettuata secondo le modalità fissate da AgID nelle Linee guida.

3. In assenza di preventiva autorizzazione del titolare dell'indirizzo, è vietato l'utilizzo dei domicili digitali di cui al presente articolo per l'invio di comunicazioni commerciali, come definite dall'articolo 2, comma 1, lettera *f*), del decreto legislativo 9 aprile 2003, n. 70 (2).

4. Gli elenchi di cui agli articoli 6-*bis*, 6-*ter* e 6-*quater* contengono le informazioni relative alla elezione, modifica o cessazione del domicilio digitale.

(1) *Articolo inserito dall'articolo 9, comma 2, del d.lgs. 13 dicembre 2017, n. 217.*

(2) *Le parole* « per l'invio di comunicazioni commerciali, come definite dall'articolo 2, comma 1, lettera *f*), del decreto legislativo 9 aprile 2003, n. 70 » *sono state sostituite alle parole* « per finalità diverse dall'invio di comunicazioni aventi valore legale o comunque connesse al conseguimento di finalità istituzionali dei soggetti di cui all'articolo 2, comma 2 » *dall'art. 24, comma 1, lett.* d) *d.l. 16 luglio 2020, n. 76, conv., con modif., in l. 11 settembre 2020, n. 120.*

7 Diritto a servizi on-line semplici e integrati (1) (2).

01. Chiunque ha diritto di fruire dei servizi erogati dai soggetti di cui all'articolo 2, comma 2, in forma digitale e in modo integrato, tramite gli strumenti telematici messi a disposizione dalle pubbliche amministrazioni e il punto di accesso di cui all'articolo 64-*bis*, anche attraverso dispositivi mobili (3).

1. I soggetti di cui all'articolo 2, comma 2, provvedono alla riorganizzazione e all'aggiornamento dei servizi resi, sulla base di una preventiva analisi delle reali esigenze degli utenti e rendono disponibili on-line i propri servizi nel rispetto delle disposizioni del presente Codice e degli standard e dei livelli di qualità individuati e periodicamente aggiornati dall'AgID con proprie Linee guida tenuto anche conto dell'evoluzione tecnologica (4).

[2. Gli standard e i livelli di qualità sono periodicamente aggiornati dall'AgID tenuto conto dell'evoluzione tecnologica e degli standard di mercato e resi noti attraverso pubblicazione in un'apposita area del sito web istituzionale della medesima Agenzia.] (5)

3. Per i servizi in rete, i soggetti di cui all'articolo 2, comma 2, consentono agli utenti di esprimere la soddisfazione rispetto alla qualità, anche in termini di fruibilità, accessibilità e tempestività, del servizio reso all'utente stesso e pubblicano sui propri siti i dati risultanti, ivi incluse le statistiche di utilizzo.

4. In caso di violazione degli obblighi di cui al presente articolo, gli utenti, fermo restando il diritto di rivolgersi al difensore civico digitale di cui all'articolo 17, possono agire in giudizio, anche nei termini e con le modalità stabilite nel decreto legislativo 20 dicembre 2009, n. 198 (6).

(1) *Articolo modificato dall'articolo 6, comma 1, del d.lgs. 30 dicembre 2010, n. 235 e successivamente sostituito dall'articolo 8, comma 1, del d.lgs. 26 agosto 2016, n. 179.*

(2) *Rubrica sostituita dall'articolo 10, comma 1, lettera* a), *del d.lgs. 13 dicembre 2017, n. 217.*

(3) *Comma inserito dall'articolo 10, comma 1, lettera* b), *del d.lgs. 13 dicembre 2017, n. 217.*

(4) *Comma modificato dall'articolo 10, comma 1, lettera* c), *del d.lgs. 13 dicembre 2017, n. 217.*

(5) *Comma abrogato dall'articolo 10, comma 1, lettera* d), *del d.lgs. 13 dicembre 2017, n. 217.*

(6) *Comma modificato dall'articolo 10, comma 1, lettera* e), *del d.lgs. 13 dicembre 2017, n. 217.*

8 Alfabetizzazione informatica dei cittadini.

1. Lo Stato e i soggetti di cui all'articolo 2, comma 2, promuovono iniziative volte a favorire la diffusione

della cultura digitale tra i cittadini con particolare riguardo ai minori e alle categorie a rischio di esclusione, anche al fine di favorire lo sviluppo di competenze di informatica giuridica e l'utilizzo dei servizi digitali delle pubbliche amministrazioni con azioni specifiche e concrete, avvalendosi di un insieme di mezzi diversi fra i quali il servizio radiotelevisivo (1).

(1) *Comma sostituito dall'articolo 8, comma 1, del d.lgs. 26 agosto 2016, n. 179.*

8-*bis* Connettività alla rete Internet negli uffici e luoghi pubblici (1).

1. I soggetti di cui all'articolo 2, comma 2, favoriscono, in linea con gli obiettivi dell'Agenda digitale europea, la disponibilità di connettività alla rete Internet presso gli uffici pubblici e altri luoghi pubblici, in particolare nei settori scolastico, sanitario e di interesse turistico, anche prevedendo che la porzione di banda non utilizzata dagli stessi uffici sia messa a disposizione degli utenti nel rispetto degli standard di sicurezza fissati dall'Agid (2).

2. I soggetti di cui all'articolo 2, comma 2, mettono a disposizione degli utenti connettività a banda larga per l'accesso alla rete Internet nei limiti della banda disponibile e con le modalità determinate dall'AgID.

(1) *Articolo aggiunto dall'articolo 9, comma 2, del d.lgs. 26 agosto 2016, n. 179.*
(2) *Comma modificato dall'articolo 11, comma 1, del d.lgs. 13 dicembre 2017, n. 217.*

9 Partecipazione democratica elettronica.

1. I soggetti di cui all'articolo 2, comma 2, favoriscono ogni forma di uso delle nuove tecnologie per promuovere una maggiore partecipazione dei cittadini, anche residenti all'estero, al processo democratico e per facilitare l'esercizio dei diritti politici e civili e migliorare la qualità dei propri atti, anche attraverso l'utilizzo, ove previsto e nell'ambito delle risorse disponibili a legislazione vigente, di forme di consultazione preventiva per via telematica sugli schemi di atto da adottare (1).

(1) *Comma modificato dall'articolo 7, comma 1, del d.lgs. 30 dicembre 2010, n. 235 e successivamente dall'articolo 10, comma 1, lettera* a), *del d.lgs. 26 agosto 2016, n. 179.*

(*Omissis*)

SEZIONE III
Organizzazione delle pubbliche amministrazioni Rapporti fra Stato, Regioni e autonomie locali

12 Norme generali per l'uso delle tecnologie dell'informazione e delle comunicazioni nell'azione amministrativa.

1. Le pubbliche amministrazioni nell'organizzare autonomamente la propria attività utilizzano le tecnologie dell'informazione e della comunicazione per la realizzazione degli obiettivi di efficienza, efficacia, economicità, imparzialità, trasparenza, semplificazione e partecipazione nel rispetto dei principi di uguaglianza e di non discriminazione, nonché per l'effettivo riconoscimento dei diritti dei cittadini e delle imprese di cui al presente Codice in conformità agli obiettivi indicati nel Piano triennale per l'informatica nella pubblica amministrazione di cui all'articolo 14-*bis*, comma 2, lettera *b*) (1).

1-*bis*. Gli organi di Governo nell'esercizio delle funzioni di indirizzo politico ed in particolare nell'emanazione delle direttive generali per l'attività amministrativa e per la gestione ai sensi del comma 1 dell'articolo 14 del decreto legislativo 30 marzo 2001, n. 165, e le amministrazioni pubbliche nella redazione del piano di performance di cui all'articolo 10 del decreto legislativo 27 ottobre 2009, n. 150, dettano disposizioni per l'attuazione delle disposizioni del presente decreto (2).

1-*ter*. I dirigenti rispondono dell'osservanza ed attuazione delle disposizioni di cui al presente decreto ai sensi e nei limiti degli articoli 21 e 55 del decreto legislativo 30 marzo 2001, n. 165, ferme restando le eventuali responsabilità penali, civili e contabili previste dalle norme vigenti. L'attuazione delle disposizioni del presente Codice è comunque rilevante ai fini della misurazione e valutazione della performance organizzativa ed individuale dei dirigenti (3).

2. Le pubbliche amministrazioni utilizzano, nei rapporti interni, in quelli con altre amministrazioni e con i privati, le tecnologie dell'informazione e della comunicazione, garantendo l'interoperabilità dei sistemi e l'integrazione dei processi di servizio fra le diverse amministrazioni nel rispetto delle Linee guida (4).

3. Le pubbliche amministrazioni operano per assicurare l'uniformità e la graduale integrazione delle modalità di interazione degli utenti con i servizi informatici, ivi comprese le reti di telefonia fissa e mobile in tutte le loro articolazioni, da esse erogati, qualunque sia il canale di erogazione, nel rispetto della autonomia e della specificità di ciascun erogatore di servizi (5).

3-*bis*. I soggetti di cui all'articolo 2, comma 2, favoriscono l'uso da parte dei lavoratori di dispositivi elettronici personali o, se di proprietà dei predetti soggetti, personalizzabili, al fine di ottimizzare la prestazione lavorativa, nel rispetto delle condizioni di sicurezza nell'utilizzo. In caso di uso di dispositivi elettronici personali, i soggetti di cui all'articolo 2, comma 2, nel rispetto della disciplina in materia di trattamento dei dati personali, adottano ogni misura atta a garantire la sicurezza e la protezione delle informazioni e dei dati, tenendo conto delle migliori pratiche e degli standard nazionali, europei e internazionali per la protezione delle proprie reti, nonché a condizione che sia data al lavoratore adeguata informazione sull'uso sicuro dei dispositivi, anche attraverso la diffusione di apposite linee guida, e disciplinando, tra l'altro l'uso di webcam e microfoni, previa informazione alle organizzazioni sindacali (6) (7).

3-*ter*. Al fine di agevolare la diffusione del lavoro agile quale modalità di esecuzione del rapporto di lavoro subordinato, i soggetti di cui all'articolo 2, comma 2, lettera *a*), acquistano beni e progettano e sviluppano i sistemi informativi e i servizi informatici con modalità idonee a consentire ai lavoratori di accedere da remoto ad applicativi, dati e informazioni necessari allo svolgimento della prestazione lavorativa, nel rispetto della legge 20 maggio 1970, n. 300, del decreto legislativo 9 aprile 2008, n. 81 e della legge 22 maggio 2017, n. 81, assicurando un adeguato livello di sicurezza informatica, in linea con le migliori pratiche e gli standard nazionali ed internazionali per la protezione delle proprie reti, nonché a condizione che sia data al lavoratore adeguata informazione sull'uso sicuro degli strumenti impiegati, con particolare riguardo a quelli erogati tramite fornitori di servizi in cloud, anche attraverso la diffusione di apposite linee guida, e disciplinando anche la tipologia di attività che possono essere svolte, previa informazione alle organizzazioni sindacali (8).

[4. Lo Stato promuove la realizzazione e l'utilizzo di reti telematiche come strumento di interazione tra le pubbliche amministrazioni ed i privati.] (9)

[5. Le pubbliche amministrazioni utilizzano le tecnologie dell'informazione e della comunicazione, garantendo, nel rispetto delle vigenti normative, l'accesso alla consultazione, la circolazione e lo scambio di dati e informazioni, nonché l'interoperabilità dei sistemi e l'integrazione dei processi di servizio fra le diverse amministrazioni nel rispetto delle regole tecniche stabilite ai sensi dell'articolo 71.] (9)

[5-*bis*. Le pubbliche amministrazioni implementano e consolidano i processi di informatizzazione in atto, ivi compresi quelli riguardanti l'erogazione attraverso le tecnologie dell'informazione e della comunicazione in via telematica di servizi a cittadini ed imprese anche con l'intervento di privati (2).] (10)

(1) *Comma modificato dall'articolo 9, comma 1, lettera* a), *del d.lgs. 30 dicembre 2010, n. 235 e successivamente dall'articolo 9, comma 6, lettera* a) *del d.l. 18 ottobre 2012, n. 179 e dall'articolo 11, comma 1, lettera* a), *del d.lgs. 26 agosto 2016, n. 179.*

(2) *Comma aggiunto dall'art. 5 d.lgs. 4 aprile 2006, n. 159 e poi modificato dall'articolo 9 del d.lgs. 30 dicembre 2010, n. 235.*

(3) *Comma aggiunto dall'articolo 5 del d.lgs. 4 aprile 2006, n. 159 e successivamente modificato dall'articolo 9, comma 1, lettera* c), *del d.lgs. 30 dicembre 2010, n. 235 e dall'articolo 61, comma 2, lettera* a), *del d.lgs. 26 agosto 2016, n. 179.*

(4) *Comma sostituito dall'articolo 11, comma 1, lettera* b), *del d.lgs. 26 agosto 2016, n. 179, e successivamente dall'articolo 66, comma 1, del d.lgs. 13 dicembre 2017, n. 217.*

(5) *Comma modificato dall'articolo 9, comma 1, lettera* d), *del d.lgs. 30 dicembre 2010, n. 235.*

(6) *Periodo aggiunto dall'art. 31, comma 1, lett.* a), *n. 1) d.l. 16 luglio 2020, n. 76, conv., con modif., in l. 11 settembre 2020, n. 120.*

(7) *Comma aggiunto dall'articolo 11, comma 1, lettera* c), *del d.lgs. 26 agosto 2016, n. 179.*

(8) *Comma aggiunto dall'art. 31, comma 1, lett.* a), *n. 2) d.l. n. 76, cit.*

(9) *Comma abrogato dall'articolo 11, comma 1, lettera* d), *del d.lgs. 26 agosto 2016, n. 179.*

(10) *Comma inizialmente aggiunto dall'articolo 5 del d.lgs. 4 aprile 2006, n. 159, successivamente modificato dall'articolo 9, comma 1, lettera* e), *del d.lgs. 30 dicembre 2010, n. 235 e da ultimo abrogato dall'articolo 11, comma 1, lettera* d), *del d.lgs. 26 agosto 2016, n. 179.*

(Omissis)

13-*bis* (1) Codice di condotta tecnologica ed esperti.

1. Al fine di favorire la digitalizzazione della pubblica amministrazione e garantire il necessario coordinamento sul piano tecnico delle varie iniziative di innovazione tecnologica, i soggetti di cui all'articolo 2, comma 2, lettera *a*), nell'ambito delle risorse disponibili, progettano, realizzano e sviluppano i propri sistemi informatici e servizi digitali, in coerenza con gli obiettivi dell'agenda digitale italiana ed europea e nel rispetto del codice di condotta tecnologica adottato dal Capo dipartimento della struttura della Presidenza del Consiglio dei ministri competente per la trasformazione digitale, sentiti l'AgID e il nucleo per la sicurezza cibernetica di cui all'articolo 12, comma 6, del decreto legislativo 18 maggio 2018, n. 65 e acquisito il parere della Conferenza unificata di cui all'articolo 8 del decreto legislativo 28 agosto 1997, n. 281, entro sessanta giorni dall'entrata in vigore della presente disposizione.

2. Il codice di condotta tecnologica disciplina le modalità di progettazione, sviluppo e implementazione dei progetti, sistemi e servizi digitali delle amministrazioni pubbliche, nel rispetto del principio di non discriminazione, dei diritti e delle libertà fondamentali delle persone e della disciplina in materia di perimetro nazionale di sicurezza cibernetica.

3. I soggetti di cui all'articolo 2, comma 2, lettera *a*), che avviano progetti di sviluppo dei servizi digitali sono tenuti a rispettare il codice di condotta tecnologica e possono avvalersi, singolarmente o in forma associata, di uno o più esperti in possesso di comprovata esperienza e qualificazione professionale nello sviluppo e nella gestione di processi complessi di trasformazione tecnologica e progetti di trasformazione digitale, nel limite delle risorse progettuali disponibili a legislazione vigente per lo scopo. Il codice di condotta tecnologica indica anche le principali attività, ivi compresa la formazione del personale, che gli esperti svolgono in collaborazione con il responsabile per la transizione digitale dell'amministrazione pubblica interessata, nonché il limite massimo di durata dell'incarico, i requisiti di esperienza e qualificazione professionale e il trattamento economico massimo da riconoscere agli esperti.

4. Nella realizzazione e nello sviluppo dei sistemi informativi, è sempre assicurata l'integrazione con le piattaforme abilitanti previste dagli articoli 5, 62, 64 e 64-*bis*, nonché la possibilità di accedere da remoto ad applicativi, dati e informazioni necessari allo svolgimento della prestazione lavorativa in modalità agile, assicurando un adeguato livello di sicurezza informatica, in linea con le migliori pratiche e gli standard nazionali ed internazionali per la protezione delle proprie reti, nonché promuovendo la consapevolezza dei lavoratori sull'uso sicuro dei suddetti sistemi informativi, anche attraverso la diffusione di apposite linee guida, e disciplinando anche la tipologia di attività che possono essere svolte.

5. L'AgID verifica il rispetto del codice di condotta tecnologica da parte dei soggetti interessati e può diffidare i soggetti a conformare la propria condotta agli obblighi previsti dal codice. La progettazione, la realizzazione e lo sviluppo di servizi digitali e sistemi informatici in violazione del codice di condotta tecnologica costituiscono mancato raggiungimento di uno specifico risultato e di un rilevante obiettivo da parte dei dirigenti responsabili delle strutture competenti e comportano la riduzione, non inferiore al 30 per cento, della retribuzione di risultato e del trattamento accessorio collegato alla performance individuale dei dirigenti competenti, oltre al divieto di attribuire premi o incentivi nell'ambito delle medesime strutture.

(1) *Articolo inserito dall'art. 32, comma 1 d.l. 16 luglio 2020, n. 76, conv., con modif., in l. 11 settembre 2020, n. 120.*

14 Rapporti tra Stato, Regioni e autonomie locali.

1. In attuazione del disposto dell'articolo 117, secondo comma, lettera *r*), della Costituzione, lo Stato disciplina il coordinamento informatico dei dati dell'amministrazione statale, regionale e locale, dettando anche le regole tecniche necessarie per garantire la sicurezza e l'interoperabilità dei sistemi informatici e dei flussi informativi per la circolazione e lo scambio dei dati e per l'accesso ai servizi erogati in rete dalle amministrazioni medesime.

2. Lo Stato, le regioni e le autonomie locali promuovono le intese e gli accordi e adottano, attraverso la Conferenza unificata, gli indirizzi utili per realizzare gli obiettivi dell'Agenda digitale europea e nazionale e realizzare un processo di digitalizzazione dell'azione amministrativa coordinato e condiviso e per l'individuazione delle Linee guida. La Presidenza del Consiglio dei ministri, anche avvalendosi dell'AgID, (1) assicura il coordinamento informatico dell'amministrazione statale, regionale e locale, con la finalità di progettare e monitorare l'evoluzione strategica del sistema informativo della pubblica amministrazione, favorendo l'adozione di infrastrutture e standard che riducano i costi sostenuti dalle amministrazioni e migliorino i servizi erogati assicurando un adeguato livello di sicurezza informatica, in linea con le migliori pratiche e gli standard nazionali ed internazionali per la protezione delle proprie reti, nonché promuovendo la consapevolezza dei lavoratori sull'uso sicuro dei suddetti sistemi informativi, anche attraverso la diffusione di apposite linee guida che disciplinano anche la tipologia di attività che possono essere svolte. (1) (2).

2-*bis*. Le regioni promuovono sul territorio azioni tese a realizzare un processo di digitalizzazione dell'azione amministrativa coordinato e condiviso tra le autonomie locali (3).

2-*ter*. Le regioni e gli enti locali digitalizzano la loro azione amministrativa e implementano l'utilizzo delle tecnologie dell'informazione e della comunicazione per garantire servizi migliori ai cittadini e alle imprese (4).

[3. Lo Stato, ai fini di quanto previsto ai commi 1 e 2, istituisce organismi di cooperazione con le regioni e le autonomie locali, promuove intese ed accordi tematici e territoriali, favorisce la collaborazione interregionale, incentiva la realizzazione di progetti a livello locale, in particolare mediante il trasferimento delle soluzioni tecniche ed organizzative, previene il divario tecnologico tra amministrazioni di diversa dimensione e collocazione territoriale.] (5)

[3-*bis*. Ai fini di quanto previsto ai commi 1, 2 e 3, è istituita senza nuovi o maggiori oneri per la finanza pubblica, presso la Conferenza unificata, previa delibera della medesima che ne definisce la composizione e le specifiche competenze, una Commissione permanente per l'innovazione tecnologica nelle regioni e negli enti locali con funzioni istruttorie e consultive (6).

(1) *Le parole* « La Presidenza del Consiglio dei ministri, anche avvalendosi dell'AgID, » *sono state sostituite alle parole* « L'AgID » *e le parole* « assicurando un adeguato livello di sicurezza informatica, in linea con le migliori pratiche e gli standard nazionali ed internazionali per la protezione delle proprie reti, nonché promuovendo la consapevolezza dei lavoratori sull'uso sicuro dei suddetti sistemi informativi, anche attraverso la diffusione di apposite linee guida che disciplinano anche la tipologia di attività che possono essere svolte. » *sono state inserite dall'art. 31, comma 1, lett.* b) *d.l. 16 luglio 2020, n. 76, conv., con modif., in l. 11 settembre 2020, n. 120.*

(2) *Comma modificato dall'articolo 13, comma 1, lettera* a), *del d.lgs. 26 agosto 2016, n. 179 e successivamente dagli articoli 13, comma 1, e 66, comma 1, del d.lgs. 13 dicembre 2017, n. 217.*

(3) *Comma inserito dall'articolo 10 del d.lgs. 30 dicembre 2010, n. 235.*

(4) *Comma inserito dall'articolo 6 d.lgs. 4 aprile 2006, n. 159 e successivamente modificato dall'articolo 13, comma 1, lettera* b), *del d.lgs. 26 agosto 2016, n. 179.*

(5) *Comma abrogato dall'articolo 13, comma 1, lettera* b), *del d.lgs. 26 agosto 2016, n. 179.*

(6) *Comma inserito dall'articolo 6 del d.lgs. 4 aprile 2006, n. 159 e successivamente abrogato dall'articolo 13, comma 1, lettera* b), *del d.lgs. 26 agosto 2016, n. 179.*

14-*bis* Agenzia per l'Italia digitale (1).

1. L'Agenzia per l'Italia Digitale (AgID) è preposta alla realizzazione degli obiettivi dell'Agenda Digitale Italiana, in coerenza con gli indirizzi dettati dal Presidente del Consiglio dei ministri o dal Ministro delegato, e con l'Agenda digitale europea. AgID, in particolare, promuove l'innovazione digitale nel Paese e l'utilizzo delle tecnologie digitali nell'organizzazione della pubblica amministrazione e nel rapporto tra questa, i cittadini e le imprese, nel rispetto dei principi di legalità, imparzialità e trasparenza e secondo criteri di efficienza, economicità ed efficacia. Essa presta la propria collaborazione alle istituzioni dell'Unione europea e svolge i compiti necessari per l'adempimento degli obblighi internazionali assunti dallo Stato nelle materie di competenza.

2. AgID svolge le funzioni di:

a) emanazione di Linee guida contenenti regole, standard e guide tecniche, nonché di indirizzo, vigilanza e controllo sull'attuazione e sul rispetto delle norme di cui al presente Codice, anche attraverso l'adozione di atti amministrativi generali, in materia di agenda digitale, digitalizzazione della pubblica amministrazione, sicurezza informatica, interoperabilità e cooperazione applicativa tra sistemi informatici pubblici e quelli dell'Unione europea (2);

b) programmazione e coordinamento delle attività delle amministrazioni per l'uso delle tecnologie dell'informazione e della comunicazione, mediante la redazione e la successiva verifica dell'attuazione del Piano triennale per l'informatica nella pubblica amministrazione contenente la fissazione degli obiettivi e l'individuazione dei principali interventi di sviluppo e gestione dei sistemi informativi delle amministrazioni pubbliche. Il predetto Piano è elaborato dall'AgID, anche sulla base dei dati e delle informazioni acquisiti dai soggetti di cui all'articolo 2, comma 2, ed è approvato dal Presidente del Consiglio dei ministri o dal Ministro delegato entro il 30 settembre di ogni anno (3);

c) monitoraggio delle attività svolte dalle amministrazioni, ivi inclusi gli investimenti effettuati ai sensi dell'articolo 1, comma 492, lettera *a-bis*), della legge 11 dicembre 2016, n. 232, in relazione alla loro coerenza con il Piano triennale di cui alla lettera *b*) e verifica dei risultati conseguiti dalle singole amministrazioni con particolare riferimento ai costi e benefici dei sistemi informatici secondo le modalità fissate dalla stessa Agenzia (4);

d) predisposizione, realizzazione e gestione di interventi e progetti di innovazione, anche realizzando e gestendo direttamente o avvalendosi di soggetti terzi, specifici progetti in tema di innovazione ad essa assegnati nonché svolgendo attività di progettazione e coordinamento delle iniziative strategiche e di preminente interesse nazionale, anche a carattere intersettoriale;

e) promozione della cultura digitale e della ricerca anche tramite comunità digitali regionali;

f) rilascio di pareri tecnici, obbligatori e non vincolanti, sugli schemi di contratti e accordi quadro da parte delle pubbliche amministrazioni centrali concernenti l'acquisizione di beni e servizi relativi a sistemi informativi automatizzati per quanto riguarda la congruità tecnico-economica, qualora il valore lordo di detti contratti sia superiore a euro 1.000.000,00 nel caso di procedura negoziata e a euro 2.000.000,00 nel caso di procedura ristretta o di procedura aperta. Il parere è reso tenendo conto dei principi di efficacia, economicità, ottimizzazione della spesa delle pubbliche amministrazioni e favorendo l'adozione di infrastrutture condivise e standard che riducano i costi sostenuti dalle singole amministrazioni e il miglioramento dei servizi erogati, nonché in coerenza con i principi, i criteri e le indicazioni contenuti nei piani triennali approvati. Il parere è reso entro il termine di quarantacinque giorni dal ricevimento della relativa richiesta. Si applicano gli articoli 16 e 17-*bis* della legge 7 agosto 1990, n. 241, e successive modificazioni. Copia dei pareri tecnici attinenti a questioni di competenza dell'Autorità nazionale anticorruzione è trasmessa dall'AgID a detta Autorità;

g) rilascio di pareri tecnici, obbligatori e [non] vincolanti, sugli elementi essenziali delle procedure di gara bandite, ai sensi dell'articolo 1, comma 512 della legge 28 dicembre 2015, n. 208, da Consip e dai soggetti aggregatori di cui all'articolo 9 del decreto-legge 24 aprile 2014, n. 66, concernenti l'acquisizione di beni e servizi relativi a sistemi informativi automatizzati e definiti di carattere strategico nel piano triennale. Il parere è reso entro il termine di quarantacinque giorni dal ricevimento della relativa richiesta e si applica l'articolo 17-*bis* della legge 7 agosto 1990, n. 241, e successive modificazioni. Ai fini della presente lettera per elementi essenziali si intendono l'oggetto della fornitura o del servizio, il valore economico del contratto, la tipologia di procedura che si intende adottare, il criterio di aggiudicazione e relativa ponderazione, le principali clausole che caratterizzano le prestazioni contrattuali. Si applica quanto previsto nei periodi da 2 a 5 della lettera *f*) (5);

h) definizione di criteri e modalità per il monitoraggio sull'esecuzione dei contratti da parte dell'amministrazione interessata [ovvero, su sua richiesta, da parte della stessa AgID] (6);

i) vigilanza sui servizi fiduciari ai sensi dell'articolo 17 del regolamento UE 910/2014 in qualità di organismo a tal fine designato, sui gestori di posta elettronica certificata, sui soggetti di cui all'articolo 34, comma 1-*bis*, lettera *b*) (7), nonché sui soggetti, pubblici e privati, che partecipano a SPID di cui all'articolo 64; nell'esercizio di tale funzione l'Agenzia può irrogare per le violazioni accertate a carico dei soggetti vigilati le sanzioni amministrative di cui all'articolo 32-*bis* in relazione alla gravità della violazione accertata e all'entità del danno provocato all'utenza (5);

l) ogni altra funzione attribuitale da specifiche disposizioni di legge e dallo Statuto.

3. Fermo restando quanto previsto al comma 2, AgID svolge ogni altra funzione prevista da leggi e regolamenti già attribuita a DigitPA, all'Agenzia per la diffusione delle tecnologie per l'innovazione [nonché al Dipartimento per l'innovazione tecnologica della Presidenza del Consiglio dei ministri] (6).

(1) *Articolo aggiunto dall'articolo 14, comma 2, del d.lgs. 26 agosto 2016, n. 179.*

(2) *Lettera modificata dall'articolo 14, comma 1, lettera* a), *del d.lgs. 13 dicembre 2017, n. 217.*

(3) *Lettera modificata dall'articolo 14, comma 1, lettera* b), *del d.lgs. 13 dicembre 2017, n. 217.*

(4) *Lettera modificata dall'articolo 14, comma 1, lettera* c), *del d.lgs. 13 dicembre 2017, n. 217.*

(5) *Lettera modificata dall'articolo 14, comma 1, lettera* d), *del d.lgs. 13 dicembre 2017, n. 217.*

(6) *Le parole tra parentesi quadra sono state soppresse dall'art. 31, comma 1, lett.* c), *nn.* 1) *e* 2) *d.l. 16 luglio 2020, n. 76, conv., con modif., in l. 11 settembre 2020, n. 120.*

(7) *Le parole* « soggetti di cui all'articolo 34, comma 1-*bis*, lettera *b*) » *sono state sostituite alle parole* « conservatori di documenti informatici accreditati » *dall'art. 25, comma 1, lett.* a) *d.l. n. 76, cit.*

15 Digitalizzazione e riorganizzazione.

1. La riorganizzazione strutturale e gestionale delle pubbliche amministrazioni volta al perseguimento degli obiettivi di cui all'articolo 12, comma 1, avviene anche attraverso il migliore e più esteso utilizzo delle tecnologie dell'informazione e della comunicazione nell'ambito di una coordinata strategia che garantisca il coerente sviluppo del processo di digitalizzazione.

2. In attuazione del comma 1, le pubbliche amministrazioni provvedono in particolare a razionalizzare e semplificare i procedimenti amministrativi, le attività gestionali, i documenti, la modulistica, le modalità di accesso e di presentazione delle istanze da parte dei cittadini e delle imprese, assicurando che l'utilizzo delle tecnologie dell'informazione e della comunicazione avvenga in conformità alle prescrizioni tecnologiche definite nelle Linee guida (1).

2-*bis*. Le pubbliche amministrazioni nella valutazione dei progetti di investimento in materia di innovazione tecnologica tengono conto degli effettivi risparmi derivanti dalla razionalizzazione di cui al comma 2, nonché dei costi e delle economie che ne derivano (2).

2-*ter*. Le pubbliche amministrazioni, quantificano annualmente, ai sensi dell'articolo 27, del decreto legislativo 27 ottobre 2009, n.150, i risparmi effettivamente conseguiti in attuazione delle disposizioni di cui ai commi 1 e 2. Tali risparmi sono utilizzati, per due terzi secondo quanto previsto dall'articolo 27, comma 1, del citato decreto legislativo n. 150 del 2009 e in misura pari ad un terzo per il finanziamento di ulteriori progetti di innovazione (2).

2-*quater*. AgID individua, nell'ambito delle Linee guida, criteri e modalità di attuazione dei commi 2-*bis* e 2-*ter*, prevedendo che ogni pubblica amministrazione dia conto annualmente delle attività previste dai predetti commi nella relazione sulla gestione di cui all'articolo 11, comma 6, del decreto legislativo 23 giugno 2011, n. 118 (2).

3. La digitalizzazione dell'azione amministrativa è attuata dalle pubbliche amministrazioni con modalità idonee a garantire la partecipazione dell'Italia alla costruzione di reti transeuropee per lo scambio elettronico di dati e servizi fra le amministrazioni dei Paesi membri dell'Unione europea.

[3-*bis*. Le funzioni legate alle tecnologie dell'informazione e della comunicazione, di seguito denominate 'funzioni ICT', nei comuni sono obbligatoriamente ed esclusivamente esercitate in forma associata, secondo le forme previste dal testo unico di cui al decreto legislativo 18 agosto 2000, n.267, da parte dei comuni con popolazione fino a 5.000 abitanti, esclusi i comuni il cui territorio coincide integralmente con quello di una o più isole e il comune di Campione d'Italia.] (3)

[3-*ter*. Le funzioni ICT di cui al comma 3-*bis* comprendono la realizzazione e la gestione di infrastrutture tecnologiche, rete dati, fonia, apparati, di banche dati, di applicativi software, l'approvvigionamento di licenze per il software, la formazione informatica e la consulenza nel settore dell'informatica.] (3)

[3-*quater*. La medesima funzione ICT non può essere svolta da più di una forma associativa.] (3)

[3-*quinquies*. Il limite demografico minimo che l'insieme dei comuni, che sono tenuti ad esercitare le funzioni ICT in forma associata, deve raggiungere è fissato in 30.000 abitanti, salvo quanto disposto dal comma 3-*sexies*.] (3)

[3-*sexies*. Entro due mesi dalla data di entrata in vigore della presente disposizione, nelle materie di cui all'articolo 117, commi terzo e quarto, della Costituzione, la regione individua con propria legge, previa concertazione con i comuni interessati nell'ambito del Consiglio delle autonomie locali, la dimensione territoriale ottimale e omogenea per area geografica per lo svolgimento, in forma obbligatoriamente associata da parte dei comuni con dimensione territoriale inferiore ai 5.000 abitanti, delle funzioni di cui al comma 3-*ter*, secondo i princìpi di economicità, di efficienza e di riduzione delle spese, fermo restando quanto stabilito dal comma 3-*bis* del presente articolo.] (3)

[3-*septies*. A partire dalla data fissata dal decreto di cui al comma 3-*octies*, i comuni non possono singolarmente assumere obbligazioni inerenti alle funzioni e ai servizi di cui ai commi 3-*bis* e 3-*ter*. Per tale scopo, all'interno della gestione associata, i comuni individuano un'unica stazione appaltante.] (3)

[3-*octies*. Le funzioni di cui al comma 3-*bis* e i relativi tempi di attuazione sono definiti con decreto del Ministro per la pubblica amministrazione e la semplificazione, previa intesa in sede di Conferenza unificata di cui all'articolo 8 del decreto legislativo 28 agosto 1997, n.281, e successive modificazioni, da emanare entro sei mesi dalla data di entrata in vigore della presente disposizione.] (3)

(1) *Comma modificato dall'articolo 66, comma 1, del d.lgs. 13 dicembre 2017, n. 217.*

(2) *Comma inserito dall'articolo 11, comma 1, del d.lgs. 30 dicembre 2010, n. 235.*

(3) *Comma aggiunto dall'articolo 47 ter, comma 1, del d.l. 9 febbraio 2012, n. 5 e successivamente abrogato dall'articolo 19, comma 7, del d.l. 6 luglio 2012, n. 95.*

16 Competenze del Presidente del Consiglio dei Ministri in materia di innovazione e tecnologie.

1. Per il perseguimento dei fini di cui al presente codice, il Presidente del Consiglio dei Ministri o il Ministro delegato per l'innovazione e le tecnologie, nell'attività di coordinamento del processo di digitalizzazione e di coordinamento e di valutazione dei programmi, dei progetti e dei piani di azione formulati dalle pubbliche amministrazioni centrali per lo sviluppo dei sistemi informativi:

a) definisce con proprie direttive le linee strategiche, la pianificazione e le aree di intervento dell'innovazione tecnologica nelle pubbliche amministrazioni centrali, e ne verifica l'attuazione;

b) approva il piano triennale di cui all'articolo 14-*bis*, comma 2, lettera *b*), e valuta, sulla base di criteri e metodiche di ottimizzazione della spesa, il corretto utilizzo delle risorse finanziarie per l'informatica e la telematica da parte delle singole amministrazioni centrali (1);

c) promuove e sostiene progetti di grande contenuto innovativo, di rilevanza strategica, di preminente interesse nazionale, con particolare attenzione per i progetti di carattere intersettoriale (2);

d) promuove l'informazione circa le iniziative per la diffusione delle nuove tecnologie;

e) [detta norme tecniche ai sensi dell'articolo 71 e] stabilisce i criteri in tema di pianificazione, progettazione, realizzazione, gestione, mantenimento dei sistemi informativi automatizzati delle pubbliche amministrazioni centrali e delle loro interconnessioni, nonché della loro qualità e relativi aspetti organizzativi e della loro sicurezza (3).

2. Il Presidente del Consiglio dei Ministri o il Ministro delegato per l'innovazione e le tecnologie riferisce annualmente al Parlamento sullo stato di attuazione del presente codice.

(1) *Lettera modificata dall'articolo 16, comma 1, lettera* a), *del d.lgs. 13 dicembre 2017, n. 217.*

(2) *Lettera modificata dall'articolo 16, comma 1, lettera* b), *del d.lgs. 13 dicembre 2017, n. 217.*

(3) *Lettera modificata dall'articolo 14, comma 1, del d.lgs. 26 agosto 2016, n. 179 e successivamente dall'articolo 1, comma 1, lettera* c), *del d.lgs. 13 dicembre 2017, n. 217.*

17 Responsabile per la transizione digitale e difensore civico digitale (1).

1. Le pubbliche amministrazioni garantiscono l'attuazione delle linee strategiche per la riorganizzazione e la digitalizzazione dell'amministrazione definite dal Governo in coerenza con le Linee guida. A tal fine, ciascuna pubblica amministrazione affida a un unico ufficio dirigenziale generale, fermo restando il numero complessivo di tali uffici, la transizione alla modalità operativa digitale e i conseguenti processi di riorganizzazione finalizzati alla realizzazione di un'amministrazione digitale e aperta, di servizi facilmente utilizzabili e di qualità, attraverso una maggiore efficienza ed economicità. Al suddetto ufficio sono inoltre attribuiti i compiti relativi a (2):

a) coordinamento strategico dello sviluppo dei sistemi informativi, di telecomunicazione e fonia, in modo da assicurare anche la coerenza con gli standard tecnici e organizzativi comuni (3);

b) indirizzo e coordinamento dello sviluppo dei servizi, sia interni che esterni, forniti dai sistemi informativi di telecomunicazione e fonia dell'amministrazione (4);

c) indirizzo, pianificazione, coordinamento e monitoraggio della sicurezza informatica relativamente ai dati, ai sistemi e alle infrastrutture anche in relazione al sistema pubblico di connettività, nel rispetto delle regole tecniche di cui all'articolo 51, comma 1 (5);

d) accesso dei soggetti disabili agli strumenti informatici e promozione dell'accessibilità anche in attuazione di quanto previsto dalla legge 9 gennaio 2004, n. 4;

e) analisi periodica della coerenza tra l'organizzazione dell'amministrazione e l'utilizzo delle tecnologie dell'informazione e della comunicazione, al fine di migliorare la soddisfazione dell'utenza e la qualità dei servizi nonché di ridurre i tempi e i costi dell'azione amministrativa (6);

f) cooperazione alla revisione della riorganizzazione dell'amministrazione ai fini di cui alla lettera *e*);

g) indirizzo, coordinamento e monitoraggio della pianificazione prevista per lo sviluppo e la gestione dei sistemi informativi di telecomunicazione e fonia (7);

h) progettazione e coordinamento delle iniziative rilevanti ai fini di una più efficace erogazione di servizi in rete a cittadini e imprese mediante gli strumenti della cooperazione applicativa tra pubbliche amministrazioni, ivi inclusa la predisposizione e l'attuazione di accordi di servizio tra amministrazioni per la realizzazione e compartecipazione dei sistemi informativi cooperativi;

i) promozione delle iniziative attinenti l'attuazione delle direttive impartite dal Presidente del Consiglio dei Ministri o dal Ministro delegato per l'innovazione e le tecnologie;

j) pianificazione e coordinamento del processo di diffusione, all'interno dell'amministrazione, dei sistemi di identità e domicilio digitale, posta elettronica, protocollo informatico, firma digitale o firma elettronica qualificata e mandato informatico, e delle norme in materia di [sicurezza,] accessibilità e fruibilità nonché del processo di integrazione e interoperabilità tra i sistemi e servizi dell'amministrazione e quello di cui all'articolo 64-*bis* (8).

j-bis) pianificazione e coordinamento degli acquisti di soluzioni e sistemi informatici, telematici e di telecomunicazione al fine di garantirne la compatibilità con gli obiettivi di attuazione dell'agenda digitale e, in particolare, con quelli stabiliti nel piano triennale di cui all'articolo 16, comma 1, lettera *b*) (9).

1-*bis*. Per lo svolgimento dei compiti di cui al comma 1, le Agenzie, le Forze armate, compresa l'Arma dei carabinieri e il Corpo delle capitanerie di porto, nonché i Corpi di polizia hanno facoltà di individuare propri uffici senza incrementare il numero complessivo di quelli già previsti nei rispettivi assetti organizzativi (10).

1-*ter*. Il responsabile dell'ufficio di cui al comma 1 è dotato di adeguate competenze tecnologiche, di informatica giuridica e manageriali e risponde, con riferimento ai compiti relativi alla transizione, alla modalità digitale direttamente all'organo di vertice politico (11).

1-*quater*. È istituito presso l'AgID l'ufficio del difensore civico per il digitale, a cui è preposto un soggetto in possesso di adeguati requisiti di terzietà, autonomia e imparzialità. Chiunque può presentare al difensore civico per il digitale, attraverso apposita area presente sul sito istituzionale dell'AgID, segnalazioni relative a presunte violazioni del presente Codice e di ogni altra norma in materia di digitalizzazione ed innovazione della pubblica amministrazione da parte dei soggetti di cui all'articolo 2, comma 2. Il difensore civico, accertata la non manifesta infondatezza della segnalazione, la trasmette al Direttore generale dell'AgID per l'esercizio dei poteri di cui all'articolo 18-*bis* (12). [Le decisioni del difensore civico sono pubblicate in un'apposita area del sito Internet istituzionale. Il difensore segnala le inadempienze all'ufficio competente per i procedimenti disciplinari di ciascuna amministrazione. Il mancato avvio delle attività necessarie a porre rimedio e il mancato rispetto del termine perentorio per la loro conclusione rileva ai fini della misurazione e della valutazione della performance individuale dei dirigenti responsabili e comporta responsabilità dirigenziale e disciplinare ai sensi degli articoli 21 e 55 del decreto legislativo 30 marzo 2001, n. 165.] (13) (14).

1-*quinquies*. AgID pubblica sul proprio sito una guida di riepilogo dei diritti di cittadinanza digitali previsti dal presente Codice (15).

1-*sexies*. Nel rispetto della propria autonomia organizzativa, le pubbliche amministrazioni diverse dalle amministrazioni dello Stato individuano l'ufficio per il digitale di cui al comma 1 [e 1-*quater*] tra quelli di livello dirigenziale oppure, ove ne siano privi, individuano un responsabile per il digitale tra le proprie posizioni apicali. In assenza del vertice politico, il responsabile dell'ufficio per il digitale di cui al comma 1 risponde direttamente a quello amministrativo dell'ente (16).

1-*septies*. I soggetti di cui al comma 1-*sexies* possono esercitare le funzioni di cui al medesimo comma anche in forma associata (17).

(1) *Rubrica sostituita dall'articolo 17, comma 1, lettera* a), *del d.lgs. 13 dicembre 2017, n. 217.*

(2) *Alinea sostituito dall'articolo 12, comma 1, lettera* a), *del d.lgs. 30 dicembre 2010, n. 235, dall'articolo 17, comma 1, lettera* a), *del d.lgs. 26 agosto 2016, n. 179 e successivamente modificato dagli articoli 1, comma 1, lettera* b), *numero 1), e 66 del d.lgs. 13 dicembre 2017, n. 217.*

(3) *Lettera modificata dall'articolo 12, comma 1, lettera* b), *punto 1), del d.lgs. 30 dicembre 2010, n. 235.*

(4) *Lettera modificata dall'articolo 12, comma 1, lettera* b), *punto 2), del d.lgs. 30 dicembre 2010, n. 235.*

(5) *Lettera sostituita dall'articolo 12, comma 1, lettera* b), *punto 3), del d.lgs. 30 dicembre 2010, n. 235.*

(6) *Lettera modificata dall'articolo 17, comma 1, lettera* b), *del d.lgs. 26 agosto 2016, n. 179.*

(7) *Lettera modificata dall'articolo 12, comma 1, lettera* b), *punto 4), del d.lgs. 30 dicembre 2010, n. 235.*

(8) *Lettera modificata dall'articolo 12, comma 1, lettera* b), *punto 5), del d.lgs. 30 dicembre 2010, n. 235,dall'articolo 17, comma 1, lettera* c), *del d.lgs. 26 agosto 2016, n. 179 e successivamente dall'articolo 1, comma 1, lettera* b), *numero 2), del d.lgs. 13 dicembre 2017, n. 217.*

(9) *Lettera inserita dall'articolo 1, comma 1, lettera* b), *numero 3), del d.lgs. 13 dicembre 2017, n. 217.*

(10) *Comma inizialmente inserito dall'articolo 7 del d.lgs. 4 aprile 2006, n. 159 e successivamente sostituito dall'articolo 12, comma 1, lettera* c), *del d.lgs. 30 dicembre 2010, n. 235.*

(11) *Comma aggiunto dall'articolo 12, comma 1, lettera* d), *del d.lgs. 30 dicembre 2010, n. 235 e successivamente sostituito dall'articolo 17, comma 1, lettera* d), *del d.lgs. 26 agosto 2016, n. 179.*

(12) *Terzo periodo così sostituito dall'art. 41, comma 3, d.l. 31 maggio 2021, n. 77, conv., con modif., in l. 29 luglio 2021, n. 108. Il testo del periodo era il seguente:* « Ricevuta la segnalazione, il difensore civico, se la ritiene fondata, invita il soggetto responsabile della violazione ad avviare, tempestivamente e comunque non oltre trenta giorni, le attività necessarie a porvi rimedio e a concluderle entro un termine perentorio indicato tenendo conto della complessità tecnologica delle attività richieste ».

(13) *Quarto, quinto e sesto periodo soppressi dall'art. 41, comma 3, d.l. n. 77, cit.*

(14) *Comma aggiunto dall'articolo 17, comma 1, lettera* e), *del d.lgs. 26 agosto 2016, n. 179 e successivamente modificato dall'articolo 1, comma 1, lettera* c), *numero 1), del d.lgs. 13 dicembre 2017, n. 217.*

(15) *Comma aggiunto dall'articolo 17, comma 1, lettera* e), *del d.lgs. 26 agosto 2016, n. 179.*

(16) *Comma aggiunto dall'articolo 17, comma 1, lettera* e), *del d.lgs. 26 agosto 2016, n. 179 e successivamente modificato dall'articolo 1, comma 1, lettera* d), *del d.lgs. 13 dicembre 2017, n. 217.*

(17) *Comma aggiunto dall'articolo 1, comma 1, lettera* e), *del d.lgs. 13 dicembre 2017, n. 217.*

18 Piattaforma nazionale per la governance della trasformazione digitale (1).

1. È realizzata presso l'AgID una piattaforma per la consultazione pubblica e il confronto tra i portatori di interesse in relazione ai provvedimenti connessi all'attuazione dell'agenda digitale.

2. AgID identifica le caratteristiche tecnico-funzionali della piattaforma in maniera tale da garantire che la stessa sia accessibile ai portatori di interessi pubblici e privati e che sia idonea a raccogliere suggerimenti e proposte emendative in maniera trasparente, qualificata ed efficace.

3. Il Piano triennale per l'informatica nella pubblica amministrazione di cui all'articolo 14-*bis* è pubblicato sulla piattaforma e aggiornato di anno in anno.

4. Tutti i soggetti di cui all'articolo 2, comma 2, lettera *a*), possono pubblicare sulla piattaforma i provvedimenti che intendono adottare o, qualora si tratti di provvedimenti soggetti a modifiche e aggiornamenti periodici, già adottati, aventi ad oggetto l'attuazione dell'agenda digitale.

5. I soggetti di cui all'articolo 2, comma 2, lettera *a*), tengono conto di suggerimenti e proposte emendative raccolte attraverso la piattaforma.

(1) *Articolo modificato dall'articolo 16, comma 1, lettera* a), *del d.lgs. 26 agosto 2016, n. 179 e successivamente sostituito dall'articolo 18, comma 1, del d.lgs. 13 dicembre 2017, n. 217.*

18-*bis* (1) Violazione degli obblighi di transizione digitale.

1. L'AgID esercita poteri di vigilanza, verifica, controllo e monitoraggio sul rispetto delle disposizioni del presente Codice e di ogni altra norma in materia di innovazione tecnologica e digitalizzazione della pubblica amministrazione, ivi comprese quelle contenute nelle Linee guida e nel Piano triennale per l'informatica nella pubblica amministrazione, e procede, d'ufficio ovvero su segnalazione del difensore civico digitale, all'accertamento delle relative violazioni da parte dei soggetti di cui all'articolo 2, comma 2. Nell'esercizio dei poteri di vigilanza, verifica, controllo e monitoraggio, l'AgID richiede e acquisisce presso i soggetti di cui all'articolo 2, comma 2, dati, documenti e ogni altra informazione strumentale e necessaria. La mancata ottemperanza alla richiesta di dati, documenti o informazioni di cui al secondo periodo ovvero la trasmissione di informazioni o dati parziali o non veritieri è punita ai sensi del comma 5, con applicazione della sanzione ivi prevista ridotta della metà.

2. L'AgID, quando dagli elementi acquisiti risulta che sono state commesse una o più violazioni delle disposizioni di cui al comma 1, procede alla contestazione nei confronti del trasgressore, assegnandogli un termine perentorio per inviare scritti difensivi e documentazione e per chiedere di essere sentito.

3. L'AgID, ove accerti la sussistenza delle violazioni contestate, assegna al trasgressore un congruo termine perentorio, proporzionato rispetto al tipo e alla gravità della violazione, per conformare la condotta agli obblighi previsti dalla normativa vigente, segnalando le violazioni all'ufficio competente per i procedimenti disciplinari di ciascuna amministrazione, nonché ai competenti organismi indipendenti di valutazione. L'AgID pubblica le predette segnalazioni su apposita area del proprio sito internet istituzionale.

4. Le violazioni accertate dall'AgID rilevano ai fini della misurazione e della valutazione della performance individuale dei dirigenti responsabili e comportano responsabilità dirigenziale e disciplinare ai sensi degli articoli 21 e 55 del decreto legislativo 30 marzo 2001, n. 165. Resta fermo quanto previsto dagli articoli 13-*bis*, 50, 50-*ter*, 64-*bis*, comma 1-*quinquies*, del presente Codice e dall'articolo 33-*septies* del decreto-legge 18 ottobre 2012, n. 179, convertito, con modificazioni, dalla legge 17 dicembre 2012, n. 221.

5. In caso di mancata ottemperanza alla richiesta di dati, documenti o informazioni di cui al comma 1, ultimo periodo, ovvero di trasmissione di informazioni o dati parziali o non veritieri, nonché di violazione degli obblighi previsti dagli articoli 5, 7, comma 3, 41, commi 2 e 2-*bis*, 43, comma 1-*bis*, 50, comma 3-*ter*, 50-*ter*, comma 5, 64, comma 3-*bis*, 64-*bis* del presente Codice, dall'articolo 65, comma 1, del decreto legislativo 13 dicembre 2017, n. 217 e dall'articolo 33-*septies*, comma 4, del decreto-legge 18 ottobre 2012, n. 179, convertito, con modificazioni, dalla legge 17 dicembre 2012, n. 221, ove il soggetto di cui all'articolo 2, comma 2, non ottemperi all'obbligo di conformare la condotta nel termine di cui al comma 3, l'AgID irroga la sanzione amministrativa pecuniaria nel minimo di euro 10.000 e nel massimo di euro 100.000. Si applica, per quanto non espressamente previsto dal presente articolo, la disciplina della legge 24 novembre 1981, n. 689. I proventi delle sanzioni sono versati in apposito capitolo di entrata del bilancio dello Stato per essere riassegnati allo stato di previsione della spesa del Ministero dell'economia e delle finanze a favore per il 50 per cento dell'AgID e per la restante parte al Fondo di cui all'articolo 239 del decreto-legge 19 maggio 2020, n. 34, convertito, con modificazioni, dalla legge 17 luglio 2020, n. 77.

6. Contestualmente all'irrogazione della sanzione nei casi di violazione delle norme specificamente indicate al comma 5, nonché di violazione degli obblighi di cui all'articolo 13-*bis*, comma 4, l'AgID segnala la violazione alla struttura della Presidenza del Consiglio

dei ministri competente per l'innovazione tecnologica e la transizione digitale che, ricevuta la segnalazione, diffida ulteriormente il soggetto responsabile a conformare la propria condotta agli obblighi previsti dalla disciplina vigente entro un congruo termine perentorio, proporzionato al tipo e alla gravità della violazione, avvisandolo che, in caso di inottemperanza, potranno essere esercitati i poteri sostitutivi del Presidente del Consiglio dei ministri o del Ministro delegato. Decorso inutilmente il termine, il Presidente del Consiglio dei ministri o il Ministro delegato per l'innovazione tecnologica e la transizione digitale, valutata la gravità della violazione, può nominare un commissario ad acta incaricato di provvedere in sostituzione. Al commissario non spettano compensi, indennità o rimborsi. Nel caso di inerzia o ritardi riguardanti amministrazioni locali, si procede all'esercizio del potere sostitutivo di cui agli articoli 117, quinto comma, e 120, secondo comma, della Costituzione, ai sensi dell'articolo 8 della legge 5 giugno 2003, n. 131.

7. L'AgID, con proprio regolamento, disciplina le procedure di contestazione, accertamento, segnalazione e irrogazione delle sanzioni per le violazioni di cui alla presente disposizione.

8. All'attuazione della presente disposizione si provvede con le risorse umane, strumentali e finanziarie già previste a legislazione vigente.

(1) *Articolo aggiunto dall'art. 41, comma 1, d.l. 31 maggio 2021, n. 77, conv., con modif., in l. 29 luglio 2021, n. 108.*

CAPO II
Documento informatico e firme elettroniche; trasferimenti di fondi, libri e scritture (1)

(1) *Nella rubrica la parola "pagamenti" è stata sostituita da "trasferimenti" dal d.lgs. 30 dicembre 2010, n. 235.*

SEZIONE I
Documento informatico

20 Validità ed efficacia probatoria dei documenti informatici (1).

[1. Il documento informatico da chiunque formato, la memorizzazione su supporto informatico e la trasmissione con strumenti telematici conformi alle regole tecniche di cui all'articolo 71 sono validi e rilevanti agli effetti di legge, ai sensi delle disposizioni del presente codice] (2)

1-*bis*. Il documento informatico soddisfa il requisito della forma scritta e ha l'efficacia prevista dall'articolo 2702 del Codice civile quando vi è apposta una firma digitale, altro tipo di firma elettronica qualificata o una firma elettronica avanzata o, comunque, è formato, previa identificazione informatica del suo autore, attraverso un processo avente i requisiti fissati dall'AgID ai sensi dell'articolo 71 con modalità tali da garantire la sicurezza, integrità e immodificabilità del documento e, in maniera manifesta e inequivoca, la sua riconducibilità all'autore. In tutti gli altri casi, l'idoneità del documento informatico a soddisfare il requisito della forma scritta e il suo valore probatorio sono liberamente valutabili in giudizio, in relazione alle caratteristiche di sicurezza, integrità e immodificabilità. La data e l'ora di formazione del documento informatico sono opponibili ai terzi se apposte in conformità alle Linee guida (3).

1-*ter*. L'utilizzo del dispositivo di firma elettronica qualificata o digitale si presume riconducibile al titolare di firma elettronica, salvo che questi dia prova contraria (4).

1-*quater*. Restano ferme le disposizioni concernenti il deposito degli atti e dei documenti in via telematica secondo la normativa, anche regolamentare, in materia di processo telematico (4).

[2. Il documento informatico sottoscritto con firma elettronica qualificata o con firma digitale, formato nel rispetto delle regole tecniche stabilite ai sensi dell'articolo 71, che garantiscano l'identificabilità dell'autore, l'integrità e l'immodificabilità del documento, si presume riconducibile al titolare del dispositivo di firma ai sensi dell'articolo 21, comma 2, e soddisfa comunque il requisito della forma scritta, anche nei casi previsti, sotto pena di nullità, dall'articolo 1350, primo comma, numeri da 1 a 12 del codice civile.] (5)

3. Le regole tecniche per la formazione, per la trasmissione, la conservazione, la copia, la duplicazione, la riproduzione e la validazione [temporale] dei documenti informatici, nonché quelle in materia di generazione, apposizione e verifica di qualsiasi tipo di firma elettronica [avanzata], sono stabilite con le Linee guida. [La data e l'ora di formazione del documento informatico sono opponibili ai terzi se apposte in conformità alle regole tecniche sulla validazione temporale] (6).

4. Con le medesime regole tecniche sono definite le misure tecniche, organizzative e gestionali volte a garantire l'integrità, la disponibilità e la riservatezza delle informazioni contenute nel documento informatico.

5. Restano ferme le disposizioni di legge in materia di protezione dei dati personali.

5-*bis*. Gli obblighi di conservazione e di esibizione di documenti previsti dalla legislazione vigente si intendono soddisfatti a tutti gli effetti di legge a mezzo di documenti informatici, se le procedure utilizzate sono conformi alle Linee guida (7).

(1) *Rubrica sostituita dall'articolo 17, comma 1, lettera* a), *del d.lgs. 26 agosto 2016, n. 179.*

(2) *Comma modificato dall'articolo 8 del d.lgs. 4 aprile 2006, n. 159 e dall'articolo 13, comma 1, lettera* a), *del d.lgs. 30 dicembre 2010, n. 235 e successivamente abrogato dall'articolo 17, comma 1, lettera* a), *del d.lgs. 26 agosto 2016, n. 179.*

(3) *Comma inizialmente inserito dall'articolo 8 del d.lgs. 4 aprile 2006, n. 159, successivamente sostituito dall'articolo 13, comma 1, lettera* b), *del d.lgs. 30 dicembre 2010, n. 235, dall'articolo 17, comma 1, lettera* c), *del d.lgs. 26 agosto 2016, n. 179 e dall'articolo 20, comma 1, lettera* a), *del d.lgs. 13 dicembre 2017, n. 217.*

(4) *Comma inserito dall'articolo 17, comma 1, lettera* b), *del d.lgs. 26 agosto 2016, n. 179.*

(5) *Comma inizialmente sostituito dall'articolo 8 del d.lgs. 4 aprile 2006, n. 159 e successivamente abrogato dall'articolo 13, comma 1, lettera* c), *del d.lgs. 30 dicembre 2010, n. 235.*

(6) *Comma inizialmente modificato dall'articolo 8 del d.lgs. 4 aprile 2006, n. 159, sostituito dall'articolo 13, comma 1, lettera* d), *del d.lgs. 30 dicembre 2010, n. 235 e successivamente modificato dall'articolo 17, comma 1, lettera* d), *del d.lgs. 26 agosto 2016, n. 179 e dall'articolo 20, comma 1, lettera* c), *del d.lgs. 13 dicembre 2017, n. 217.*

(7) *Comma aggiunto dall'articolo 13, comma 1, lettera* e), *del d.lgs. 30 dicembre 2010, n. 235 e successivamente modificato dall'articolo 66, comma 1, del d.lgs. 13 dicembre 2017, n. 217.*

21 Ulteriori disposizioni relative ai documenti informatici, sottoscritti con firma elettronica avanzata, qualificata o digitale (1).

[1. Il documento informatico, cui è apposta una firma elettronica, soddisfa il requisito della forma scritta e sul piano probatorio è liberamente valutabile in giudizio, tenuto conto delle sue caratteristiche oggettive di qualità, sicurezza, integrità e immodificabilità.] (2)

[2. Il documento informatico sottoscritto con firma elettronica avanzata, qualificata o digitale, formato nel rispetto delle regole tecniche di cui all'articolo 20, comma 3, ha altresì l'efficacia prevista dall'articolo 2702 del codice civile. L'utilizzo del dispositivo di firma elettronica qualificata o digitale si presume riconducibile al titolare, salvo che questi dia prova contraria. Restano ferme le disposizioni concernenti il deposito degli atti e dei documenti in via telematica secondo la normativa anche regolamentare in materia di processo telematico.] (3)

2-*bis*). Salvo il caso di sottoscrizione autenticata, le scritture private di cui all'articolo 1350, primo comma, numeri da 1 a 12, del codice civile, se fatte con documento informatico, sono sottoscritte, a pena di nullità, con firma elettronica qualificata o con firma digitale. Gli atti di cui all'articolo 1350, numero 13) del codice civile redatti su documento informatico o formati attraverso procedimenti informatici sono sottoscritti, a pena di nullità, con firma elettronica avanzata, qualificata o digitale ovvero sono formati con le ulteriori modalità di cui all'articolo 20, comma 1-*bis*, primo periodo (4).

2-*ter*. Fatto salvo quanto previsto dal decreto legislativo 2 luglio 2010, n. 110, ogni altro atto pubblico redatto su documento informatico è sottoscritto dal pubblico ufficiale a pena di nullità con firma qualificata o digitale. Le parti, i fidefacenti, l'interprete e i testimoni sottoscrivono personalmente l'atto, in presenza del pubblico ufficiale, con firma avanzata, qualificata o digitale ovvero con firma autografa acquisita digitalmente e allegata agli atti (5).

[3. L'apposizione ad un documento informatico di una firma digitale o di un altro tipo di firma elettronica qualificata basata su un certificato elettronico revocato, scaduto o sospeso equivale a mancata sottoscrizione. La revoca o la sospensione, comunque motivate, hanno effetto dal momento della pubblicazione, salvo che il revocante, o chi richiede la sospensione, non dimostri che essa era già a conoscenza di tutte le parti interessate.] (6)

[4. Le disposizioni del presente articolo si applicano anche se la firma elettronica è basata su un certificato qualificato rilasciato da un certificatore stabilito in uno Stato non facente parte dell'Unione europea, quando ricorre una delle seguenti condizioni:

a) il certificatore possiede i requisiti di cui alla direttiva 1999/93/CE del Parlamento europeo e del Consiglio, del 13 dicembre 1999, ed è accreditato in uno Stato membro;

b) il certificato qualificato è garantito da un certificatore stabilito nella Unione europea, in possesso dei requisiti di cui alla medesima direttiva;

c) il certificato qualificato, o il certificatore, è riconosciuto in forza di un accordo bilaterale o multilaterale tra l'Unione europea e Paesi terzi o organizzazioni internazionali.] (6)

5. Gli obblighi fiscali relativi ai documenti informatici ed alla loro riproduzione su diversi tipi di supporto sono assolti secondo le modalità definite con uno o più decreti del Ministro dell'economia e delle finanze, sentito il Ministro delegato per l'innovazione e le tecnologie.

(1) *Rubrica sostituita dall'articolo 14, comma 1, lettera* a), *del d.lgs. 30 dicembre 2010, n. 235 e successivamente dall'articolo 21, comma 1, lettera* a), *del d.lgs. 13 dicembre 2017, n. 217.*

(2) *Comma modificato dall'articolo 9 del d.lgs. 4 aprile 2006, n. 159, dall'articolo 18, comma 1, lettera* a), *del d.lgs. 26 agosto 2016, n. 179 e successivamente abrogato dall'articolo 21, comma 1, lettera* b), *del d.lgs. 13 dicembre 2017, n. 217.*

(3) *Comma inizialmente modificato dall'articolo 9 del d.lgs. 4 aprile 2006, n. 159, sostituito dall'articolo 14, comma 1, lettera* b), *del d.lgs. 30 dicembre 2010, n. 235, successivamente modificato dall'articolo 9, comma 1, lettera* oa) *del d.l. 18 ottobre 2012 n. 179, sostituito dall'articolo 18, comma 1, lettera* b), *del d.lgs. 26 agosto 2016, n. 179 e da ultimo abrogato dall'articolo 21, comma 1, lettera* b), *del d.lgs. 13 dicembre 2017, n. 217.*

(4) *A norma dell'articolo 14, comma 1, lettera* b), *del d.lgs. 30 dicembre 2010, n. 235, l'originale comma 2 è stato sostituito dagli attuali commi 2 e 2-*bis. *Comma modificato dall'articolo 9, comma 1, lettera ob) del d.l. 18 ottobre 2012 n. 179, dall'articolo 18, comma 1, lettera* c), *del d.lgs. 26 agosto 2016, n. 179 e dall'articolo 21, comma 1, lettera* b), *del d.lgs. 13 dicembre 2017, n. 217.*

(5) *Comma aggiunto dall'articolo 18, comma 1, lettera* d), *del d.lgs. 26 agosto 2016, n. 179.*

(6) *Comma abrogato dall'articolo 18, comma 1, lettera* e), *del d.lgs. 26 agosto 2016, n. 179.*

22 Copie informatiche di documenti analogici (1).

1. I documenti informatici contenenti copia di atti pubblici, scritture private e documenti in genere, compresi gli atti e documenti amministrativi di ogni tipo formati in origine su supporto analogico, spediti o rilasciati dai depositari pubblici autorizzati e dai pubblici ufficiali, hanno piena efficacia, ai sensi degli articoli 2714 e 2715 del codice civile, se sono formati ai sensi dell'articolo 20, comma 1-*bis*, primo periodo. La loro esibizione e produzione sostituisce quella dell'originale (2).

1-*bis*. La copia per immagine su supporto informatico di un documento analogico è prodotta mediante processi e strumenti che assicurano che il documento informatico abbia contenuto e forma identici a quelli del documento analogico da cui è tratto, previo raffronto dei documenti o attraverso certificazione di processo nei casi in cui siano adottate tecniche in grado di garantire la corrispondenza della forma e del contenuto dell'originale e della copia (3).

2. Le copie per immagine su supporto informatico di documenti originali formati in origine su supporto analogico hanno la stessa efficacia probatoria degli originali da cui sono estratte, se la loro conformità è attestata da un notaio o da altro pubblico ufficiale a ciò autorizzato, [con dichiarazione allegata al documento informatico e asseverata] secondo le Linee guida (4).

3. Le copie per immagine su supporto informatico di documenti originali formati in origine su supporto analogico nel rispetto delle Linee guida hanno la stessa efficacia probatoria degli originali da cui sono tratte se la loro conformità all'originale non è espressamente disconosciuta (5).

4. Le copie formate ai sensi dei commi 1, 1-*bis*, 2 e 3 sostituiscono ad ogni effetto di legge gli originali formati in origine su supporto analogico, e sono idonee ad assolvere gli obblighi di conservazione previsti dalla legge, salvo quanto stabilito dal comma 5 (6).

5. Con decreto del Presidente del Consiglio dei Ministri possono essere individuate particolari tipologie di documenti analogici originali unici per le quali, in ragione di esigenze di natura pubblicistica, permane l'obbligo della conservazione dell'originale analogico oppure, in caso di conservazione sostitutiva, la loro conformità all'originale deve essere autenticata da un notaio o da altro pubblico ufficiale a ciò autorizzato con dichiarazione da questi firmata digitalmente ed allegata al documento informatico (7).

[6. Fino alla data di emanazione del decreto di cui al comma 5r per tutti i documenti analogici originali unici permane l'obbligo della conservazione dell'originale analogico oppure, in caso di conservazione sostitutiva, la loro conformità all'originale deve essere autenticata da un notaio o da altro pubblico ufficiale a ciò autorizzato con dichiarazione da questi firmata digitalmente ed allegata al documento informatico.] (8)

(1) *Articolo inizialmente modificato dall'articolo 10 del d.lgs. 4 aprile 2006, n. 159 e successivamente sostituito dall'articolo 15, comma 1, del d.lgs. 30 dicembre 2010, n. 235.*

(2) *Comma modificato dall'articolo 22, comma 1, lettera* a), *del d.lgs. 13 dicembre 2017, n. 217.*

(3) *Comma inserito dall'articolo 22, comma 1, lettera* b), *del d.lgs. 13 dicembre 2017, n. 217.*

(4) *Comma modificato dagli articoli 22, comma 1, lettera* c), *e 66, comma 1, del d.lgs. 13 dicembre 2017, n. 217.*

(5) *Comma modificato dall'articolo 66, comma 1, del d.lgs. 13 dicembre 2017, n. 217.*

(6) *Comma modificato dall'articolo 22, comma 1, lettera* c), *del d.lgs. 13 dicembre 2017, n. 217.*

(7) *Per il decreto di cui al presente comma vedi il D.P.C.M. 21 marzo 2013.*

(8) *Comma abrogato dall'articolo 19, comma 1, del d.lgs. 26 agosto 2016, n. 179.*

23 Copie analogiche di documenti informatici (1).

1. Le copie su supporto analogico di documento informatico, anche sottoscritto con firma elettronica avanzata, qualificata o digitale, hanno la stessa efficacia probatoria dell'originale da cui sono tratte se la loro conformità all'originale in tutte le sue componenti è attestata da un pubblico ufficiale a ciò autorizzato.

2. Le copie e gli estratti su supporto analogico del documento informatico, conformi alle vigenti regole tecniche, hanno la stessa efficacia probatoria dell'originale se la loto conformità non è espressamente disconosciuta. Resta fermo, ove previsto l'obbligo di conservazione dell'originale informatico.

2-*bis*. Sulle copie analogiche di documenti informatici può essere apposto a stampa un contrassegno, sulla base dei criteri definiti con le Linee guida, tramite il quale è possibile accedere al documento informatico, ovvero verificare la corrispondenza allo stesso della copia analogica. Il contrassegno apposto ai sensi del primo periodo sostituisce a tutti gli effetti di legge la sottoscrizione autografa del pubblico ufficiale e non può essere richiesta la produzione di altra copia analogica con sottoscrizione autografa del medesimo documento informatico. I soggetti che procedono all'apposizione del contrassegno rendono disponibili gratuitamente sul proprio sito Internet istituzionale idonee soluzioni per la verifica del contrassegno medesimo (2).

(1) *Articolo sostituito dall'articolo 16 comma 1 del d.lgs. 30 dicembre 2010, n. 235.*

(2) *Comma aggiunto dall'articolo 20, comma 1, del d.lgs. 26 agosto 2016, n. 179, e successivamente modificato dagli articoli 23, comma 1, e 66, comma 1, del d.lgs. 13 dicembre 2017, n. 217.*

23-*bis* Duplicati e copie informatiche di documenti informatici (1).

1. I duplicati informatici hanno il medesimo valore giuridico, ad ogni effetto di legge, del documento informatico da cui sono tratti, se prodotti in conformità alle Linee guida (2).

2. Le copie e gli estratti informatici del documento informatico, se prodotti in conformità alle vigenti Linee guida, hanno la stessa efficacia probatoria dell'originale da cui sono tratte se la loro conformità all'originale, in tutti le sue componenti, è attestata da un pubblico ufficiale a ciò autorizzato o se la conformità non è espressamente disconosciuta.

Resta fermo, ove previsto, l'obbligo di conservazione dell'originale informatico (3).

(1) *Articolo inserito dall'articolo 16, comma 2, lettera* a), *del d.lgs. 30 dicembre 2010, n. 235.*

(2) *Comma modificato dall'articolo 66, comma 1, del d.lgs. 13 dicembre 2017, n. 217.*

(3) *Comma modificato dall'articolo 66, comma 1, del d.lgs. 13 dicembre 2017, n. 217.*

23-*ter* Documenti amministrativi informatici (1).

1. Gli atti formati dalle pubbliche amministrazioni con strumenti informatici, nonché i dati e i documenti informatici detenuti dalle stesse, costituiscono informazione primaria ed originale da cui è possibile effettuare, su diversi o identici tipi di supporto, duplicazioni e copie per gli usi consentiti dalla legge.

1-*bis*. La copia su supporto informatico di documenti formati dalle pubbliche amministrazioni in origine su supporto analogico è prodotta mediante processi e strumenti che assicurano che il documento informatico abbia contenuto identico a quello del documento analogico da cui è tratto, previo raffronto dei documenti o attraverso certificazione di processo nei casi in cui siano adottate tecniche in grado di garantire la corrispondenza del contenuto dell'originale e della copia (2).

[2. I documenti costituenti atti amministrativi con rilevanza interna al procedimento amministrativo sottoscritti con firma elettronica avanzata hanno l'efficacia prevista dall'art. 2702 del codice civile.] (3)

3. Le copie su supporto informatico di documenti formati dalla pubblica amministrazione in origine su supporto analogico ovvero da essa detenuti, hanno il medesimo valore giuridico, ad ogni effetto di legge, degli originali da cui sono tratte, se la loro conformità all'originale è assicurata dal funzionario a ciò delegato nell'ambito dell'ordinamento proprio dell'amministrazione di appartenenza, mediante l'utilizzo della firma digitale o di altra firma elettronica qualificata e nel rispet-

to delle Linee guida; in tale caso l'obbligo di conservazione dell'originale del documento è soddisfatto con la conservazione della copia su supporto informatico (4).

4. In materia di formazione e conservazione di documenti informatici delle pubbliche amministrazioni, le Linee guida sono definite anche sentito il Ministero dei beni e delle attività culturali e del turismo (5) (7).

[5. Sulle copie analogiche di documenti amministrativi informatici può essere apposto a stampa un contrassegno, sulla base dei criteri definiti con linee guida dell'Agenzia per l'Italia digitale, tramite il quale è possibile ottenere il documento informatico, ovvero verificare la corrispondenza allo stesso della copia analogica. Il contrassegno apposto ai sensi del primo periodo sostituisce a tutti gli effetti di legge la sottoscrizione autografa e non può essere richiesta la produzione di altra copia analogica con sottoscrizione autografa del medesimo documento informatico. I programmi software eventualmente necessari alla verifica sono di libera e gratuita disponibilità.] (6)

5-*bis*. I documenti di cui al presente articolo devono essere fruibili indipendentemente dalla condizione di disabilità personale, applicando i criteri di accessibilità definiti dai requisiti tecnici di cui all'articolo 11 della legge 9 gennaio 2004, n. 4 (7).

6. Per quanto non previsto dal presente articolo si applicano gli articoli 21, 22, 23 e 23-*bis*.

(1) *Articolo inserito dall'articolo 16, comma 2, lettera* a), *del d.lgs. 30 dicembre 2010, n. 235.*
(2) *Comma inserito dall'articolo 24, comma 1, lettera* a), *del d.lgs. 13 dicembre 2017, n. 217.*
(3) *Comma abrogato dall'articolo 21, comma 1, lettera* b), *del d.lgs. 26 agosto 2016, n. 179*
(4) *Comma modificato dall'articolo 66, comma 1,del d.lgs. 13 dicembre 2017, n. 217.*
(5) *Comma dapprima sostituito dall'articolo 21, comma 1, lettera* a), *del d.lgs. 26 agosto 2016, n. 179 e successivamente modificato dall'articolo 24, comma 1, lettera* b), *del d.lgs. 13 dicembre 2017, n. 217.*
(6) *Comma sostituito dall'articolo 9, comma 1, lettera oc) del D.L. 18 ottobre 2012, n. 179 e successivamente abrogato dall'articolo 21, comma 1, lettera* b), *del d.lgs. 26 agosto 2016, n. 179.*
(7) *Comma inserito dall'articolo 9, comma 6, lettera* c), *del D.L. 18 ottobre 2012 n. 179.*

23-*quater* Riproduzioni informatiche.

1. All'articolo 2712 del codice civile dopo le parole: "riproduzioni fotografiche" è inserita la seguente:", informatiche" (1).

(1) *Articolo inserito dall'articolo 16 del d.lgs. 30 dicembre 2010, n. 235.*

SEZIONE II
Firme elettroniche e certificatori

24 Firma digitale.

1. La firma digitale deve riferirsi in maniera univoca ad un solo soggetto ed al documento o all'insieme di documenti cui è apposta o associata.

2. L'apposizione di firma digitale integra e sostituisce l'apposizione di sigilli, punzoni, timbri, contrassegni e marchi di qualsiasi genere ad ogni fine previsto dalla normativa vigente.

3. Per la generazione della firma digitale deve adoperarsi un certificato qualificato che, al momento della sottoscrizione, non risulti scaduto di validità ovvero non risulti revocato o sospeso.

4. Attraverso il certificato qualificato si devono rilevare, secondo le Linee guida, la validità del certificato stesso, nonché gli elementi identificativi del titolare di firma digitale e del certificatore e gli eventuali limiti d'uso. Le linee guida definiscono altresì le modalità, anche temporali, di apposizione della firma (1).

4-*bis*. L'apposizione a un documento informatico di una firma digitale o di un altro tipo di firma elettronica qualificata basata su un certificato elettronico revocato, scaduto o sospeso equivale a mancata sottoscrizione, salvo che lo stato di sospensione sia stato annullato. La revoca o la sospensione, comunque motivate, hanno effetto dal momento della pubblicazione, salvo che il revocante, o chi richiede la sospensione, non dimostri che essa era già a conoscenza di tutte le parti interessate (2).

4-*ter*. Le disposizioni del presente articolo si applicano anche se la firma elettronica è basata su un certificato qualificato rilasciato da un certificatore stabilito in uno Stato non facente parte dell'Unione europea, quando ricorre una delle seguenti condizioni:

a) il certificatore possiede i requisiti previsti dal regolamento eIDAS ed è qualificato in uno Stato membro;

b) il certificato qualificato è garantito da un certificatore stabilito nella Unione europea, in possesso dei requisiti di cui al medesimo regolamento;

c) il certificato qualificato, o il certificatore, è riconosciuto in forza di un accordo bilaterale o multilaterale tra l'Unione europea e Paesi terzi o organizzazioni internazionali (2).

(1) *Comma modificato dall'articolo 22, comma 1, lettera* a), *del d.lgs. 26 agosto 2016, n. 179 e successivamente dagli articoli 26, comma 1, e 66, comma 1, del d.lgs. 13 dicembre 2017, n. 217.*
(2) *Comma aggiunto dall'articolo 22, comma 1, lettera* a), *del d.lgs. 26 agosto 2016, n. 179.*

25 Firma autenticata (1).

1. Si ha per riconosciuta, ai sensi dell'articolo 2703 del codice civile, la firma elettronica o qualsiasi altro tipo di firma elettronica avanzata autenticata dal notaio o da altro pubblico ufficiale a ciò autorizzato (2).

2. L'autenticazione della firma elettronica, anche mediante l'acquisizione digitale della sottoscrizione autografa, o di qualsiasi altro tipo di firma elettronica avanzata consiste nell'attestazione, da parte del pubblico ufficiale, che la firma è stata apposta in sua presenza dal titolare, previo accertamento della sua identità personale, della validità dell'eventuale certificato elettronico utilizzato e del fatto che il documento sottoscritto non è in contrasto con l'ordinamento giuridico.

3. L'apposizione della firma digitale da parte del pubblico ufficiale ha l'efficacia di cui all'articolo 24, comma 2.

4. Se al documento informatico autenticato deve essere allegato altro documento formato in originale su altro tipo di supporto, il pubblico ufficiale può allegare copia informatica autenticata dell'originale, secondo le disposizioni dell'articolo 23[, comma 5] (3).

(1) *Articolo sostituito dall'articolo 17 del d.lgs. 30 dicembre 2010, n. 235.*

(2) *Comma modificato dall'articolo 23, comma 1, lettera* a), *del d.lgs. 26 agosto 2016, n. 179.*

(3) *Comma modificato dall'articolo 23, comma 1, lettera* b), *del d.lgs. 26 agosto 2016, n. 179.*

26 [Certificatori] (1).

[1. L'attività dei certificatori stabiliti in Italia o in un altro Stato membro dell'Unione europea è libera e non necessita di autorizzazione preventiva. Detti certificatori o, se persone giuridiche, i loro legali rappresentanti ed i soggetti preposti all'amministrazione qualora emettano certificati qualificati, devono possedere i requisiti di onorabilità richiesti ai soggetti che svolgono funzioni di amministrazione, direzione e controllo presso le banche di cui all'articolo 26 del testo unico delle leggi in materia bancaria e creditizia, di cui al decreto legislativo 1° settembre 1993, n. 385, e successive modificazioni (2).

2. L'accertamento successivo dell'assenza o del venir meno dei requisiti di cui al comma 1 comporta il divieto di prosecuzione dell'attività intrapresa.

3. Ai certificatori qualificati e ai certificatori accreditati che hanno sede stabile in altri Stati membri dell'Unione europea non si applicano le norme del presente codice e le relative norme tecniche di cui all'articolo 71 e si applicano le rispettive norme di recepimento delladirettiva 1999/93/CE.]

(1) *Articolo abrogato dall'articolo 64, comma 1, lettera* e), *del d.lgs. 26 agosto 2016, n. 179.*

(2) *Comma sostituito dall'articolo 18, comma 1, del d.lgs. 30 dicembre 2010, n. 235.*

27-39 (*Omissis*).

CAPO III
Formazione, gestione e conservazione dei documenti informatici

40 Formazione di documenti informatici.

1. Le pubbliche amministrazioni [che dispongono di idonee risorse tecnologiche] formano gli originali dei propri documenti, inclusi quelli inerenti ad albi, elenchi e pubblici registri, con mezzi informatici secondo le disposizioni di cui al presente codice e le Linee guida (1).

[2. Fermo restando quanto previsto dal comma 1, la redazione di documenti originali su supporto cartaceo, nonché la copia di documenti informatici sul medesimo supporto è consentita solo ove risulti necessaria e comunque nel rispetto del principio dell'economicità.] (2).

[3. Con apposito regolamento, da emanarsi entro 180 giorni dalla data di entrata in vigore del presente codice, ai sensi dell'articolo 17, comma 1, della legge 23 agosto 1988, n. 400, sulla proposta dei Ministri delegati per la funzione pubblica, per l'innovazione e le tecnologie e del Ministro per i beni e le attività culturali, sono individuate le categorie di documenti amministrativi che possono essere redatti in originale anche su supporto cartaceo in relazione al particolare valore di testimonianza storica ed archivistica che sono idonei ad assumere.] (3)]

[4. Il Presidente del Consiglio dei Ministri, con propri decreti, fissa la data dalla quale viene riconosciuto il valore legale degli albi, elenchi, pubblici registri ed ogni altra raccolta di dati concernenti stati, qualità personali e fatti già realizzati dalle amministrazioni, su supporto informatico, in luogo dei registri cartacei.] (3)

(1) *Comma modificato dall'articolo 27, comma 1, lettera* a), *del d.lgs. 30 dicembre 2010, n. 235 e successivamente dall'articolo 32, comma 1, lettera* a), *del d.lgs. 26 agosto 2016, n. 179 e dall'articolo 66, comma 1, del d.lgs. 13 dicembre 2017, n. 217. L'art. 27 del d.lgs. 30 dicembre 2010, n. 235 ha soppresso dopo "Le pubbliche amministrazioni" le parole "che dispongono di idonee risorse tecnologiche".*

(2) *Comma abrogato dall'articolo 27, comma 1, del d.lgs. 30 dicembre 2010, n. 235.*

(3) *Comma abrogato dall'articolo 32, comma 1, lettera* b), *del d.lgs. 26 agosto 2016, n. 179.*

40-*bis* Protocollo informatico (1).

1. Formano comunque oggetto di registrazione di protocollo ai sensi dell'articolo 53 del decreto del Presidente della Repubblica 28 dicembre 2000, n. 445, le comunicazioni che provengono da o sono inviate a domicili digitali eletti ai sensi di quanto previsto all'articolo 3-*bis*, nonché le istanze e le dichiarazioni di cui all'articolo 65 in conformità alle Linee guida (2).

(1) *Articolo inserito dall'articolo 27, comma 2, del d.lgs. 30 dicembre 2010, n. 235 e successivamente modificato dall'articolo 33, comma 1, del d.lgs. 26 agosto 2016, n. 179.*

(2) *Comma modificato dagli articoli 37, comma 1, e 66, comma 1, del d.lgs. 13 dicembre 2017, n. 217.*

40-*ter* Sistema pubblico di ricerca documentale (1).

1. La Presidenza del Consiglio dei ministri promuove lo sviluppo e la sperimentazione di un sistema volto a facilitare la ricerca dei documenti soggetti a obblighi di pubblicità legale, trasparenza o a registrazione di protocollo ai sensi dell'articolo 53 del decreto del Presidente della Repubblica 28 dicembre 2000, n. 445, e di cui all'articolo 40-*bis* e dei fascicoli dei procedimenti di cui all'articolo 41, nonché a consentirne l'accesso online ai soggetti che ne abbiano diritto ai sensi della disciplina vigente.

(1) *Articolo inserito dall'articolo 37, comma 2, del d.lgs. 13 dicembre 2017, n. 217.*

41 Procedimento e fascicolo informatico.

1. Le pubbliche amministrazioni gestiscono i procedimenti amministrativi utilizzando le tecnologie dell'informazione e della comunicazione. Per ciascun procedimento amministrativo di loro competenza, esse forniscono gli opportuni servizi di interoperabilità o integrazione, ai sensi di quanto previsto dagli articoli 12 e 64-*bis* (1).

[1-*bis*. La gestione dei procedimenti amministrativi è attuata in modo da consentire, mediante strumenti automatici, il rispetto di quanto previsto all'articolo 54, commi 2-*ter* e 2-*quater*.] (2)

2. La pubblica amministrazione titolare del procedimento raccoglie in un fascicolo informatico gli atti, i documenti e i dati del procedimento medesimo da chiunque formati; all'atto della comunicazione dell'av-

vio del procedimento ai sensi dell'articolo 8 della legge 7 agosto 1990, n. 241, comunica agli interessati le modalità per esercitare in via telematica i diritti di cui all'articolo 10 della citata legge 7 agosto 1990, n. 241 (3).

2-*bis*. Il fascicolo informatico è realizzato garantendo la possibilità di essere direttamente consultato ed alimentato da tutte le amministrazioni coinvolte nel procedimento e dagli interessati, nei limiti ed alle condizioni previste dalla disciplina vigente, attraverso i servizi di cui agli articoli 40-*ter* e 64-*bis*. Le Linee guida per la costituzione, l'identificazione, l'accessibilità attraverso i suddetti servizi e l'utilizzo del fascicolo sono dettate dall'AgID ai sensi dell'articolo 71 e sono conformi ai principi di una corretta gestione documentale ed alla disciplina della formazione, gestione, conservazione e trasmissione del documento informatico, ivi comprese le regole concernenti il protocollo informatico ed il sistema pubblico di connettività, e comunque rispettano i criteri dell'interoperabilità e dell'integrazione [, di concerto con il Ministro della funzione pubblica] (4).

2-*ter*. Il fascicolo informatico reca l'indicazione:

a) dell'amministrazione titolare del procedimento, che cura la costituzione e la gestione del fascicolo medesimo;

b) delle altre amministrazioni partecipanti;

c) del responsabile del procedimento;

d) dell'oggetto del procedimento;

e) dell'elenco dei documenti contenuti, salvo quanto disposto dal comma 2-*quater* (5).

e-bis) dell'identificativo del fascicolo medesimo apposto con modalità idonee a consentirne l'indicizzazione e la ricerca attraverso il sistema di cui all'articolo 40-*ter* nel rispetto delle Linee guida (6).

2-*quater*. Il fascicolo informatico può contenere aree a cui hanno accesso solo l'amministrazione titolare e gli altri soggetti da essa individuati; esso è formato in modo da garantire la corretta collocazione, la facile reperibilità e la collegabilità, in relazione al contenuto ed alle finalità, dei singoli documenti. Il fascicolo informatico è inoltre costituito in modo da garantire l'esercizio in via telematica dei diritti previsti dalla citata legge n. 241 del 1990 e dall'articolo 5, comma 2, del decreto legislativo 14 marzo 2013, n. 33, nonché l'immediata conoscibilità anche attraverso i servizi di cui agli articoli 40-*ter* e 64-*bis*, sempre per via telematica, dello stato di avanzamento del procedimento, del nominativo e del recapito elettronico del responsabile del procedimento. AgID detta, ai sensi dell'articolo 71, Linee guida idonee a garantire l'interoperabilità tra i sistemi di gestione dei fascicoli dei procedimenti e i servizi di cui agli articoli 40-*ter* e 64-*bis* (7).

[3. Ai sensi degli articoli da 14 a 14-*quinquies* della legge 7 agosto 1990, n. 241, previo accordo tra le amministrazioni coinvolte, la conferenza dei servizi è convocata e svolta avvalendosi degli strumenti informatici disponibili, secondo i tempi e le modalità stabiliti dalle amministrazioni medesime.] (8)

(1) *Comma sostituito dall'articolo 34, comma 1, lettera* a), *del d.lgs. 26 agosto 2016, n. 179 e successivamente modificato dall'articolo 38, comma 1, lettera* a), *del d.lgs. 13 dicembre 2017, n. 217.*

(2) *Comma inserito dall'articolo 28, comma 1, lettera* a), *del d.lgs. 30 dicembre 2010, n. 235 e successivamente abrogato dall'articolo 34, comma 1, lettera* c), *del d.lgs. 26 agosto 2016, n. 179.*

(3) *Comma modificato dall'articolo 28, comma 1, lettera* b), *del d.lgs. 30 dicembre 2010, n. 235.*

(4) *Comma inizialmente inserito dall'articolo 18 del d.lgs. 4 aprile 2006, n. 159 e successivamente modificato dall'articolo 28, comma 1, lettera* c), *del d.lgs. 30 dicembre 2010, n. 235, dall'articolo 34, comma 1, lettera* b), *del d.lgs. 26 agosto 2016, n. 179 e dall'articolo 38, comma 1, lettera* b), *del d.lgs. 13 dicembre 2017, n. 217.*

(5) *Comma inserito dall'articolo 18 del d.lgs. 4 aprile 2006, n. 159.*

(6) *Lettera aggiunta dall'articolo 28, comma 1, lettera* d), *del d.lgs. 30 dicembre 2010, n. 235 e successivamente modificata dall'articolo 38, comma 1, lettera* d), *del d.lgs. 13 dicembre 2017, n. 217.*

(7) *Comma inserito dall'articolo 18 del d.lgs. 4 aprile 2006, n. 159 e successivamente modificato dall'articolo 38, comma 1, lettera* e), *del d.lgs. 13 dicembre 2017, n. 217.*

(8) *Comma abrogato dall'articolo 34, comma 1, lettera* c), *del d.lgs. 26 agosto 2016, n. 179.*

42 Dematerializzazione dei documenti delle pubbliche amministrazioni.

1. Le pubbliche amministrazioni valutano in termini di rapporto tra costi e benefici il recupero su supporto informatico dei documenti e degli atti cartacei dei quali sia obbligatoria o opportuna la conservazione e provvedono alla predisposizione dei conseguenti piani di sostituzione degli archivi cartacei con archivi informatici, nel rispetto delle Linee guida (1).

(1) *Comma modificato dall'articolo 66, comma 1, del d.lgs. 13 dicembre 2017, n. 217.*

43 Conservazione ed esibizione dei documenti (1).

1. Gli obblighi di conservazione e di esibizione di documenti si intendono soddisfatti a tutti gli effetti di legge a mezzo di documenti informatici, se le relative procedure sono effettuate in modo tale da garantire la conformità ai documenti originali e sono conformi alle Linee guida (2) (3).

1-*bis*. Se il documento informatico è conservato per legge da uno dei soggetti di cui all'articolo 2, comma 2, cessa l'obbligo di conservazione a carico dei cittadini e delle imprese che possono in ogni momento richiedere accesso al documento stesso ai medesimi soggetti di cui all'articolo 2, comma 2. Le amministrazioni rendono disponibili a cittadini ed imprese i predetti documenti attraverso servizi on-line accessibili previa identificazione con l'identità digitale di cui all'articolo 64 ed integrati con i servizi di cui agli articoli 40-*ter* e 64-*bis* (4).

2. Restano validi i documenti degli archivi, le scritture contabili, la corrispondenza ed ogni atto, dato o documento già conservati mediante riproduzione su supporto fotografico, su supporto ottico o con altro processo idoneo a garantire la conformità dei documenti agli originali ai sensi della disciplina vigente al momento dell'invio dei singoli documenti nel sistema di conservazione (5).

3. I documenti informatici, di cui è prescritta la conservazione per legge o regolamento, possono essere archiviati per le esigenze correnti anche con modalità cartacee e sono conservati in modo permanente con modalità digitali, nel rispetto delle Linee guida (6).

4. Sono fatti salvi i poteri di controllo del Ministero per i beni e le attività culturali sugli archivi delle pubbliche amministrazioni e sugli archivi privati dichiarati

di notevole interesse storico ai sensi delle disposizioni del decreto legislativo 22 gennaio 2004, n. 42.

(1) *Rubrica sostituita dall'articolo 39, comma 1, lettera* a), *del d.lgs. 13 dicembre 2017, n. 217.*

(2) *Comma modificato dall'articolo 29, comma 1, lettera* a), *del d.lgs. 30 dicembre 2010, n. 235 e successivamente sostituito dall'articolo 39, comma 1, lettera* b), *del d.lgs. 13 dicembre 2017, n. 217.*

(3) *Per le regole tecniche in materia di sistema di conservazione ai sensi del presente comma vedi il D.P.C.M. 3 dicembre 2013.*

(4) *Comma aggiunto dall'articolo 35, comma 1, del d.lgs. 26 agosto 2016, n. 179 e successivamente modificato dall'articolo 39, comma 1, lettera* c), *del d.lgs. 13 dicembre 2017, n. 217.*

(5) *Comma modificato dall'articolo 39, comma 1, lettera* d), *del d.lgs. 13 dicembre 2017, n. 217.*

(6) *Comma modificato dall'articolo 29, comma 1, lettera* b), *del d.lgs. 30 dicembre 2010, n. 235 e successivamente dall'articolo 66, comma 1, del d.lgs. 13 dicembre 2017, n. 217.*

44 Requisiti per la gestione e conservazione dei documenti informatici (1).

1. Il sistema di gestione informatica dei documenti delle pubbliche amministrazioni, di cui all'articolo 52 del decreto del Presidente della Repubblica 28 dicembre 2000, n. 445, è organizzato e gestito, anche in modo da assicurare l'indicizzazione e la ricerca dei documenti e fascicoli informatici attraverso il sistema di cui all'articolo 40-*ter* nel rispetto delle Linee guida (2).

1-*bis*. Il sistema di gestione [e conservazione] dei documenti informatici delle pubbliche amministrazioni è gestito da un responsabile che opera d'intesa con il dirigente dell'ufficio di cui all'articolo 17 del presente Codice, il responsabile del trattamento dei dati personali di cui all'articolo 29 del decreto legislativo 30 giugno 2003, n. 196, ove nominato, e con il responsabile del sistema della conservazione dei documenti informatici, nella definizione e gestione delle attività di rispettiva competenza. Almeno una volta all'anno il responsabile della gestione dei documenti informatici provvede a trasmettere al sistema di conservazione i fascicoli e le serie documentarie anche relative a procedimenti non conclusi (3).

1-*ter*. In tutti i casi in cui la legge prescrive obblighi di conservazione, anche a carico di soggetti privati, il sistema (4) di conservazione dei documenti informatici assicura, per quanto in esso conservato, caratteristiche di autenticità, integrità, affidabilità, leggibilità, reperibilità, secondo le modalità indicate nelle Linee guida (5).

1-*quater*. Il responsabile della conservazione, che opera d'intesa con il responsabile del trattamento dei dati personali, con il responsabile della sicurezza e con il responsabile dei sistemi informativi, può affidare, ai sensi dell'articolo 34, comma 1-*bis*, lettera *b*), la conservazione dei documenti informatici ad altri soggetti, pubblici o privati, che offrono idonee garanzie organizzative, e tecnologiche e di protezione dei dati personali. Il responsabile della conservazione della pubblica amministrazione; che opera d'intesa, oltre che con i responsabili di cui al comma 1-*bis*, anche con il responsabile della gestione documentale, effettua la conservazione dei documenti informatici secondo quanto previsto all'articolo 34, comma 1-*bis* (6).

(1) *Rubrica sostituita dall'articolo 36, comma 1, lettera* a), *del d.lgs. 26 agosto 2016, n. 179.*

(2) *Comma sostituito dall'articolo 36, comma 1, lettera* b), *del d.lgs. 26 agosto 2016, n. 179 e successivamente dall'articolo 40, comma 1, lettera* a), *del d.lgs. 13 dicembre 2017, n. 217.*

(3) *Comma aggiunto dall'articolo 30, comma 1, lettera* b), *del d.lgs. 30 dicembre 2010, n. 235, successivamente sostituito dall'articolo 36, comma 1, lettera* c), *del d.lgs. 26 agosto 2016, n. 179 e da ultimo modificato dall'articolo 40, comma 1, lettera* b), *del d.lgs. 13 dicembre 2017, n. 217.*

(4) *Le parole* « In tutti i casi in cui la legge prescrive obblighi di conservazione, anche a carico di soggetti privati, il sistema » *sono state sostituite alle parole* « Il sistema » *dall'art. 25, comma 1, lett.* f) *d.l. 16 luglio 2020, n. 76, conv., con modif., in l. 11 settembre 2020, n. 120.*

(5) *Comma aggiunto dall'articolo 30, comma 1, lettera* b), *del d.lgs. 30 dicembre 2010, n. 235 e successivamente modificato dall'articolo 36, comma 1, lettera* c), *del d.lgs. 26 agosto 2016, n. 179.*

(6) *Comma aggiunto dall'articolo 40, comma 1, lettera* c), *del d.lgs. 13 dicembre 2017, n. 217.*

CAPO IV
Trasmissione informatica dei documenti

45 Valore giuridico della trasmissione.

1. I documenti trasmessi da chiunque ad una pubblica amministrazione con qualsiasi mezzo telematico o informatico, idoneo ad accertarne la provenienza, soddisfano il requisito della forma scritta e la loro trasmissione non deve essere seguita da quella del documento originale (1).

2. Il documento informatico trasmesso per via telematica si intende spedito dal mittente se inviato al proprio gestore, e si intende consegnato al destinatario se reso disponibile all'indirizzo elettronico da questi dichiarato, nella casella di posta elettronica del destinatario messa a disposizione dal gestore.

(1) *Le parole "ivi compreso il fax" dopo "mezzo telematico o informatico" sono state soppresse dal d.lgs. 30 dicembre 2010, n. 235, successivamente il comma è stato modificato dall'articolo 41, comma 1, del d.lgs. 13 dicembre 2017, n. 217.*

46 Dati particolari contenuti nei documenti trasmessi.

1. Al fine di garantire la riservatezza dei dati sensibili o giudiziari di cui all'articolo 4, comma 1, lettere *d*) ed *e*), del decreto legislativo 30 giugno 2003, n. 196, i documenti informatici trasmessi ad altre pubbliche amministrazioni per via digitale possono contenere soltanto i dati sensibili e giudiziari consentiti da legge o da regolamento e indispensabili per il perseguimento delle finalità per le quali sono acquisite (1).

(1) *Comma modificato dall'articolo 42, comma 1, del d.lgs. 13 dicembre 2017, n. 217.*

47 Trasmissione dei documenti tra le pubbliche amministrazioni (1).

1. Le comunicazioni di documenti tra le pubbliche amministrazioni avvengono [di norma] mediante l'utilizzo della posta elettronica o in cooperazione applicativa; esse sono valide ai fini del procedimento amministrativo una volta che ne sia verificata la provenienza. Il documento può essere, altresì, reso disponibile previa comunicazione delle modalità di accesso telematico allo stesso (2).

1-*bis*. L'inosservanza della disposizione di cui al comma 1, ferma restando l'eventuale responsabilità per danno erariale, comporta responsabilità dirigenziale e responsabilità disciplinare (2).

2. Ai fini della verifica della provenienza le comunicazioni sono valide se:

a) sono sottoscritte con firma digitale o altro tipo di firma elettronica qualificata;

b) ovvero sono dotate di segnatura di protocollo di cui all'articolo 55 del decreto del Presidente della Repubblica 28 dicembre 2000, n. 445 (3);

c) ovvero è comunque possibile accertarne altrimenti la provenienza, secondo quanto previsto dalla normativa vigente o dalle regole tecniche di cui all'articolo 71. È in ogni caso esclusa la trasmissione di documenti a mezzo fax (4);

d) ovvero trasmesse attraverso sistemi di posta elettronica certificata di cui al decreto del Presidente della Repubblica 11 febbraio 2005, n. 68.

3. I soggetti di cui all'articolo 2, comma 2, lettere a) e b), provvedono ad istituire e pubblicare nell'Indice dei domicili digitali delle pubbliche amministrazioni e dei gestori di pubblici servizi almeno una casella di posta elettronica certificata per ciascun registro di protocollo. Le pubbliche amministrazioni utilizzano per le comunicazioni tra l'amministrazione ed i propri dipendenti la posta elettronica o altri strumenti informatici di comunicazione nel rispetto delle norme in materia di protezione dei dati personali e previa informativa agli interessati in merito al grado di riservatezza degli strumenti utilizzati (5).

(1) *Rubrica sostituita dall'articolo 38, comma 1, lettera* a), *del d.lgs. 26 agosto 2016, n. 179 (la precedente era: "*Trasmissione dei documenti tra le pubbliche amministrazioni*").*

(2) *Comma modificato dall'art. 32, comma 1, lett.* a), *d.lgs. 30 dicembre 2010, n. 235 e dall'articolo 38, comma 1, lettera* b), *del d.lgs. 26 agosto 2016, n. 179.*

(2) *Comma inserito dall'art. 6, comma 1, lett.* a) *d.l. 18 ottobre 2012, n. 179, conv., con modif., in l. 17 dicembre 2012, n. 221.*

(3) *Lettera modificata dall'art. 32, comma 1, lett.* b), *d.lgs. 30 dicembre 2010, n. 235.*

(4) *Lettera modificata dall'art. 14, comma 1-*bis*, d.l. 21 giugno 2013, n. 69 convertito, con modificazioni, in Legge 9 agosto 2013, n. 98.*

(5) *Comma inizialmente modificato dall'art. 19 d.lgs. 4 aprile 2006, n. 159 e successivamente sostituito dall'art. 32, comma 1, lett.* c), *d.lgs. 30 dicembre 2010, n. 235 e da ultimo modificato dall'articolo 43, comma 1, del d.lgs. 13 dicembre 2017, n. 217.*

48 [Posta elettronica certificata (1).

1. La trasmissione telematica di comunicazioni che necessitano di una ricevuta di invio e di una ricevuta di consegna avviene mediante la posta elettronica certificata ai sensi del decreto del Presidente della Repubblica 11 febbraio 2005, n. 68, o mediante altre soluzioni tecnologiche individuate con le regole tecniche adottate ai sensi dell'articolo 71 (2).

2. La trasmissione del documento informatico per via telematica, effettuata ai sensi del comma 1, equivale, salvo che la legge disponga diversamente, alla notificazione per mezzo della posta.

3. La data e l'ora di trasmissione e di ricezione di un documento informatico trasmesso ai sensi del comma 1 sono opponibili ai terzi se conformi alle disposizioni di cui al decreto del Presidente della Repubblica 11 febbraio 2005, n. 68, ed alle relative regole tecniche, ovvero conformi alle regole tecniche adottate ai sensi dell'articolo 71 (3).]

(1) *Articolo abrogato dall'articolo 65, comma 7, del d.lgs. 13 dicembre 2017, n. 217, come modificato dall'articolo 8, comma 5, del D.L. 14 dicembre 2018, n. 135, convertito con modificazioni, dalla Legge 11 febbraio 2019, n. 12.*

(2) *Comma modificato dall'articolo 39, comma 1, lettera* a), *del d.lgs. 26 agosto 2016, n. 179.*

(3) *Comma modificato dall'articolo 39, comma 1, lettera* b), *del d.lgs. 26 agosto 2016, n. 179.*

49 Segretezza della corrispondenza trasmessa per via telematica.

1. Gli addetti alle operazioni di trasmissione per via telematica di atti, dati e documenti formati con strumenti informatici non possono prendere cognizione della corrispondenza telematica, duplicare con qualsiasi mezzo o cedere a terzi a qualsiasi titolo informazioni anche in forma sintetica o per estratto sull'esistenza o sul contenuto di corrispondenza, comunicazioni o messaggi trasmessi per via telematica, salvo che si tratti di informazioni per loro natura o per espressa indicazione del mittente destinate ad essere rese pubbliche.

2. Agli effetti del presente codice, gli atti, i dati e i documenti trasmessi per via telematica si considerano, nei confronti del gestore del sistema di trasporto delle informazioni, di proprietà del mittente sino a che non sia avvenuta la consegna al destinatario.

CAPO V

Dati delle pubbliche amministrazioni e servizi in rete

SEZIONE I

Dati delle pubbliche amministrazioni

50 Disponibilità dei dati delle pubbliche amministrazioni (1).

1. I dati delle pubbliche amministrazioni sono formati, raccolti, conservati, resi disponibili e accessibili con l'uso delle tecnologie dell'informazione e della comunicazione che ne consentano la fruizione e riutilizzazione, alle condizioni fissate dall'ordinamento, da parte delle altre pubbliche amministrazioni e dai privati; restano salvi i limiti alla conoscibilità dei dati previsti dalle leggi e dai regolamenti, le norme in materia di protezione dei dati personali ed il rispetto della normativa comunitaria in materia di riutilizzo delle informazioni del settore pubblico.

2. Qualunque dato trattato da una pubblica amministrazione, con le esclusioni di cui all'articolo 2, comma 6, salvi i casi previsti dall'articolo 24 della legge 7 agosto 1990, n. 241, e nel rispetto della normativa in materia di protezione dei dati personali, è reso accessibile e fruibile alle altre amministrazioni quando l'utilizzazione del dato sia necessaria per lo svolgimento dei compiti istituzionali dell'amministrazione richiedente, senza oneri a carico di quest'ultima, salvo per la prestazione di elaborazioni aggiuntive; è fatto comunque salvo il disposto degli articoli 43, commi 4 e 71, (2)

del decreto del Presidente della Repubblica 28 dicembre 2000, n. 445 (3).

2-*bis*. Le pubbliche amministrazioni, nell'ambito delle proprie funzioni istituzionali, procedono all'analisi dei propri dati anche in combinazione con quelli detenuti da altri soggetti di cui all'articolo 2, comma 2, fermi restando i limiti di cui al comma 1. La predetta attività si svolge secondo le modalità individuate dall'AgID con le Linee guida (4).

2-*ter*. Le pubbliche amministrazioni certificanti detentrici dei dati di cui al comma 1 ne assicurano la fruizione da parte dei soggetti che hanno diritto ad accedervi (5). Le (5) pubbliche amministrazioni detentrici dei dati assicurano, su richiesta dei soggetti privati di cui all'articolo 2 del decreto del Presidente della Repubblica 28 dicembre 2000, n. 445, conferma scritta della corrispondenza di quanto dichiarato con le risultanze dei dati da essa custoditi, con le modalità di cui all'articolo 71, comma 4 del medesimo decreto (6).

[3. Al fine di rendere possibile l'utilizzo in via telematica dei dati di una pubblica amministrazione da parte dei sistemi informatici di altre amministrazioni l'amministrazione titolare dei dati predispone, gestisce ed eroga i servizi informatici allo scopo necessari, secondo le regole tecniche del sistema pubblico di connettività di cui al presente decreto] (7).

3-*bis*. Il trasferimento di un dato da un sistema informativo a un altro non modifica la titolarità del dato e del trattamento, ferme restando le responsabilità delle amministrazioni che ricevono e trattano il dato in qualità di titolari autonomi del trattamento (8) (9).

3-*ter*. [In caso di mancanza di accordi quadro, il Presidente del Consiglio dei ministri o il Ministro delegato per l'innovazione tecnologica e la digitalizzazione stabilisce un termine entro il quale le pubbliche amministrazioni interessate provvedono a rendere disponibili, accessibili e fruibili i dati alle altre amministrazioni pubbliche ai sensi del comma 2.] (10) L'inadempimento dell'obbligo di rendere disponibili i dati ai sensi del presente articolo costituisce mancato raggiungimento di uno specifico risultato e di un rilevante obiettivo da parte dei dirigenti responsabili delle strutture competenti e comporta la riduzione, non inferiore al 30 per cento, della retribuzione di risultato e del trattamento accessorio collegato alla performance individuale dei dirigenti competenti, oltre al divieto di attribuire premi o incentivi nell'ambito delle medesime strutture (11).

(1) *Per l'attuazione delle disposizioni di cui al presente articolo, v. art. 37, comma 21, d.l. 4 luglio 2006, n. 223, conv., con modif., in l. 4 agosto 2006, n. 248.*

(2) *Le parole* « salvo il disposto degli articoli 43, commi 4 e 71, » *sono state sostituite alle parole* « salvo il disposto dell'articolo 43, comma 4 » *dall'art. 264, comma 2, lett.* b), *n. 1) d.l. 19 maggio 2020, n. 34, conv., con modif., in l. 17 luglio 2020, n. 77. Ai sensi del successivo comma 4, le disposizioni di cui al suddetto art. 264 attengono ai livelli essenziali delle prestazioni di cui all'art. 117, comma 2, lett.* m) *Cost. e prevalgono su ogni diversa disciplina regionale.*

(3) *Comma così modificato dall'articolo 34 del d.lgs. 30 dicembre 2010, n. 235.*

(4) *Comma inserito dall'articolo 45, comma 1, lettera* a), *del d.lgs. 13 dicembre 2017, n. 217.*

(5) *Le parole* « dei soggetti che hanno diritto ad accedervi » *sono state sostituite alle parole* « delle pubbliche amministrazioni e dei gestori di servizi pubblici, attraverso la predisposizione di accordi quadro » *e la parola* « Le » *è stata sostituita alle parole* « Con gli stessi accordi, le » *dall'art. 39, comma 2, lett.* a), *n. 1, d.l. 31 maggio 2021, n. 77, conv., con modif., in l. 29 luglio 2021, n. 108. Ai sensi del comma 3 dell'art. 39 d.l. n. 77, cit., l'efficacia di tale disposizione resta subordinata alla definitiva approvazione del PNRR da parte del Consiglio dell'Unione europea.*

(6) *Comma inserito dall'art. 264, comma 2, lett.* b), *n. 2) d.l. n. 34, cit. V. nota 2 per quanto disposto dal successivo comma 4 del medesimo art. 264.*

(7) *Comma modificato dall'art. 20 d.lgs. 4 aprile 2006, n. 159 e successivamente abrogato dall'articolo 45, comma 1, lettera* b), *del d.lgs. 13 dicembre 2017, n. 217.*

(8) *Le parole da* « e del trattamento, » *a* « del trattamento » *dall'art. 39, comma 2, lett.* a), *n. 2, d.l. n. 77, cit., con le disposizioni di efficacia di cui alla nota 5.*

(9) *Comma aggiunto dall'articolo 40, comma 1, del d.lgs. 26 agosto 2016, n. 179.*

(10) *Primo periodo soppresso dall'art. 39, comma 2, lett.* a), *n. 3, d.l. n. 77, cit., con le disposizioni di efficacia di cui alla nota 5.*

(11) *Comma aggiunto dall'art. 33, comma 1, lett.* a) *d.l. 16 luglio 2020, n. 76, conv., con modif., in l. 11 settembre 2020, n. 120.*

50-*ter* Piattaforma Digitale Nazionale Dati (1).

1. La Presidenza del Consiglio dei ministri promuove la progettazione, lo sviluppo e la realizzazione di una Piattaforma Digitale Nazionale Dati (PDND) finalizzata a favorire la conoscenza e l'utilizzo del patrimonio informativo detenuto, per finalità istituzionali, dai soggetti di cui all'articolo 2, comma 2, nonché la condivisione dei dati tra i soggetti che hanno diritto ad accedervi ai fini dell'attuazione dell'articolo 50 e (2) della semplificazione degli adempimenti amministrativi dei cittadini e delle imprese, in conformità alla disciplina vigente [e agli accordi quadro previsti dall'articolo 50] (3).

2. La Piattaforma Digitale Nazionale Dati è gestita dalla Presidenza del Consiglio dei ministri ed è costituita da un'infrastruttura tecnologica che rende possibile l'interoperabilità dei sistemi informativi e delle basi di dati delle pubbliche amministrazioni e dei gestori di servizi pubblici per le finalità di cui al comma 1, mediante l'accreditamento, l'identificazione e la gestione dei livelli di autorizzazione dei soggetti abilitati ad operare sulla stessa, nonché la raccolta e conservazione delle informazioni relative agli accessi e alle transazioni effettuate suo tramite. La condivisione di dati e informazioni avviene attraverso la messa a disposizione e l'utilizzo, da parte dei soggetti accreditati, di interfacce di programmazione delle applicazioni (API). Le interfacce, sviluppate dai soggetti abilitati con il supporto della Presidenza del Consiglio dei ministri e in conformità alle Linee guida AgID in materia interoperabilità, sono raccolte nel "catalogo API" reso disponibile dalla Piattaforma ai soggetti accreditati. I soggetti di cui all'articolo 2, comma 2, sono tenuti ad accreditarsi alla piattaforma, a sviluppare le interfacce e a rendere disponibili le proprie basi dati senza nuovi o maggiori oneri per la finanza pubblica. In fase di prima applicazione, la Piattaforma assicura prioritariamente l'interoperabilità con le basi di dati di interesse nazionale di cui all'articolo 60, comma 3-*bis* (4) e con le banche dati dell'Agenzie delle entrate individuate dal Direttore della stessa Agenzia. L'AgID, sentito il Garante per la protezione dei dati personali e acquisito il parere della Conferenza unificata, di cui all'articolo 8 del decreto legislativo 28 agosto 1997, n. 281, adotta linee guida con cui definisce gli standard tecnologici e criteri di sicurezza, di accessibilità, di disponibilità e di interoperabilità per la gestione della

piattaforma nonché il processo di accreditamento e di fruizione del catalogo API con i limiti e le condizioni di accesso volti ad assicurare il corretto trattamento dei dati personali ai sensi della normativa vigente (5).

2-*bis*. Il Presidente del Consiglio dei Ministri o il Ministro delegato per l'innovazione tecnologica e la transizione digitale, ultimati i test e le prove tecniche di corretto funzionamento della piattaforma, fissa il termine entro il quale i soggetti di cui all'articolo 2, comma 2, sono tenuti ad accreditarsi alla stessa, a sviluppare le interfacce di cui al comma 2 e a rendere disponibili le proprie basi dati (6).

3. Nella Piattaforma Nazionale Digitale Dati non confluiscono i dati attinenti a ordine e sicurezza pubblici, difesa e sicurezza nazionale, polizia giudiziaria e polizia economico-finanziaria.

4. Con decreto adottato dal Presidente del Consiglio dei ministri entro sessanta giorni dalla data di entrata in vigore della presente disposizione, di concerto con il Ministero dell'economia e delle finanze e il Ministero dell'interno, sentito il Garante per la protezione dei dati personali e acquisito il parere della Conferenza Unificata di cui all'articolo 8 del decreto legislativo 28 agosto 1997, n. 281, è stabilita la strategia nazionale dati. Con la strategia nazionale dati sono identificate le tipologie, i limiti, le finalità e le modalità di messa a disposizione, su richiesta della Presidenza del Consiglio dei ministri, dei dati aggregati e anonimizzati di cui sono titolari i soggetti di cui all'articolo 2, comma 2, dando priorità ai dati riguardanti gli studenti del sistema di istruzione e di istruzione e formazione professionale ai fini della realizzazione del diritto-dovere all'istruzione e alla formazione e del contrasto alla dispersione scolastica e formativa. Il decreto di cui al presente comma è comunicato alle Commissioni parlamentari competenti (7).

5. L'inadempimento dell'obbligo di rendere disponibili e accessibili le proprie basi dati ovvero i dati aggregati e anonimizzati costituisce mancato raggiungimento di uno specifico risultato e di un rilevante obiettivo da parte dei dirigenti responsabili delle strutture competenti e comporta la riduzione, non inferiore al 30 per cento, della retribuzione di risultato e del trattamento accessorio collegato alla performance individuale dei dirigenti competenti, oltre al divieto di attribuire premi o incentivi nell'ambito delle medesime strutture.

6. L'accesso ai dati attraverso la Piattaforma Digitale Nazionale Dati non modifica la disciplina relativa alla titolarità del trattamento, ferme restando le specifiche responsabilità ai sensi dell'articolo 28 del Regolamento (UE) 2016/679 del Parlamento Europeo e del Consiglio del 27 aprile 2016 in capo al soggetto gestore della Piattaforma nonché le responsabilità dei soggetti accreditati che trattano i dati in qualità di titolari autonomi del trattamento.

7. Resta fermo che i soggetti di cui all'articolo 2, comma 2, possono continuare a utilizzare anche i sistemi di interoperabilità già previsti dalla legislazione vigente.

8. Le attività previste dal presente articolo si svolgono con le risorse umane, finanziarie e strumentali disponibili a legislazione vigente.

(1) *Articolo così sostituito dall'art. 34, comma 1 d.l. 16 luglio 2020, n. 76, conv., con modif., in l. 11 settembre 2020, n. 120. Il testo dell'articolo, come da ultimo modificato dall'art. 264, comma 2, lett.* c) *d.l. 19 maggio 2020, n. 34 (lettera poi abrogata dall'art. 34, comma 3 d.l. n. 76, cit.), prima della conversione in l. 17 luglio 2020, n. 77, era il seguente:* « Art. 50-*ter*. *(Piattaforma Digitale Nazionale Dati)* – 1. La Presidenza del Consiglio dei ministri promuove la progettazione, lo sviluppo e la sperimentazione di una Piattaforma Digitale Nazionale Dati finalizzata a favorire la conoscenza e l'utilizzo del patrimonio informativo detenuto, per finalità istituzionali, dai soggetti di cui all'articolo 2, comma 2, [lettera *a*),] ad esclusione delle autorità amministrative indipendenti di garanzia, vigilanza e regolazione, nonché alla condivisione dei dati tra i soggetti che hanno diritto ad accedervi ai fini della semplificazione degli adempimenti amministrativi dei cittadini e delle imprese, in conformità alla disciplina vigente.

2. In sede di prima applicazione, la gestione della Piattaforma Digitale Nazionale Dati è affidata alla Presidenza del Consiglio dei ministri.

3. Ai fini dello svolgimento delle funzioni di cui al comma 2, la Presidenza del Consiglio dei ministri provvede, nel rispetto dei limiti, delle condizioni e delle modalità stabilite dal Garante per la protezione dei dati personali e dal decreto di cui al comma 4, ad acquisire i dati detenuti dai soggetti di cui all'articolo 2, comma 2, [lettera *a*),] ad esclusione delle autorità amministrative indipendenti di garanzia, vigilanza e regolazione, organizzarli e conservarli, nel rispetto delle norme tecniche e delle metodologie idonee a garantire la condivisione dei dati tra le pubbliche amministrazioni stabilite da AgID nelle Linee guida. I soggetti che detengono i dati identificati nel decreto di cui al comma 4, hanno l'obbligo di riscontrare la richiesta della Presidenza del Consiglio dei ministri, rendendo disponibili i dati richiesti senza nuovi o maggiori oneri per la finanza pubblica.

4. Con decreto del Presidente del Consiglio dei ministri, di concerto con il Ministro dell'economia e delle finanze, sentito il Garante per la protezione dei dati personali e le Amministrazioni titolari dei dati, sono stabilite le modalità di attuazione del presente articolo al fine di favorire la condivisione dei dati fra le pubbliche amministrazioni, di semplificare l'accesso ai dati stessi da parte dei soggetti che hanno diritto ad accedervi e di semplificare gli adempimenti e gli oneri amministrativi per i cittadini e le imprese, ed è identificato l'elenco dei dati che i soggetti di cui all'articolo 2, comma 2, [lettera *a*),] ad esclusione delle autorità amministrative indipendenti di garanzia, vigilanza e regolazione, sono tenuti a rendere disponibili per le finalità di cui al comma 3; l'elenco è aggiornato periodicamente con decreto del Presidente del Consiglio dei ministri, sentito il Garante per la protezione dei dati personali e le Amministrazioni titolari dei dati. Con il medesimo decreto sono stabiliti i limiti e le modalità di acquisizione, organizzazione e conservazione dei dati.

5. Il trasferimento dei dati nella Piattaforma Digitale Nazionale Dati non modifica la titolarità del dato ».

(2) *Le parole* « dell'attuazione dell'articolo 50 e » *sono state aggiunte dall'art. 39, comma 2, lett.* b), *n. 1, d.l. 31 maggio 2021, n. 77, conv., con modif., in l. 29 luglio 2021, n. 108. Ai sensi del comma 3 dell'art. 39 d.l. n. 77, cit., l'efficacia di tale disposizione resta subordinata alla definitiva approvazione del PNRR da parte del Consiglio dell'Unione europea.*

(3) *Parole soppresse dall'art. 39, comma 2, lett.* b), *n. 1, d.l. n. 77, cit., con le disposizioni di efficacia di cui alla nota 2.*

(4) *Le parole* « le basi di dati di interesse nazionale di cui all'articolo 60, comma 3-*bis* » *sono state sostituite alle parole* « il sistema informativo dell'indicatore della situazione economica equivalente (ISEE) di cui all'articolo 5 del decreto-legge 6 dicembre 2011, n. 201, convertito, con modificazioni, dalla legge 22 dicembre 2011, n. 214, con l'Anagrafe nazionale della popolazione residente di cui all'articolo 62 » *dall'art. 39, comma 2, lett.* b), *n. 2, d.l. n. 77, cit., con le disposizioni di efficacia di cui alla nota 2.*

(5) *Le parole* « con i limiti e le condizioni di accesso volti ad assicurare il corretto trattamento dei dati personali ai sensi della normativa vigente » *sono state aggiunte dall'art. 39, comma 2, lett.* b), *n. 3, d.l. n. 77, cit., con le disposizioni di efficacia di cui alla nota 2.*

(6) *Comma inserito dall'art. 39, comma 2, lett.* b), *n. 4, d.l. n. 77, cit., con le disposizioni di efficacia di cui alla nota 2.*

(7) *Periodo aggiunto dall'art. 39, comma 2, lett.* b), *n. 4-*bis, *d.l. n. 77, cit., con le disposizioni di efficacia di cui alla nota 2.*

50-*quater* (1) Disponibilità dei dati generati nella fornitura di servizi in concessione.

1. Al fine di promuovere la valorizzazione del patrimonio informativo pubblico, per fini statistici e di ri-

cerca e per lo svolgimento dei compiti istituzionali delle pubbliche amministrazioni, nei contratti e nei capitolati con i quali le pubbliche amministrazioni affidano lo svolgimento di servizi in concessione è previsto l'obbligo del concessionario di rendere disponibili all'amministrazione concedente, che a sua volta li rende dispinibili alle altre pubbliche amministrazioni per i medesimi fini e nel rispetto dell'articolo 50, tutti i dati acquisiti e generati nella fornitura del servizio agli utenti e relativi anche all'utilizzo del servizio medesimo da parte degli utenti, come dati di tipo aperto ai sensi dell'articolo 1, comma 1, lettera *l-ter*), nel rispetto delle linee guida adottate da AgID, sentito il Garante per la protezione dei dati personali.

(1) *Articolo inserito dall'art. 33, comma 1, lett.* b) *d.l. 16 luglio 2020, n. 76, conv., con modif., in l. 11 settembre 2020, n. 120.*

51 Sicurezza e disponibilità dei dati, dei sistemi e delle infrastrutture delle pubbliche amministrazioni (1).

1. Con le Linee guida sono individuate le soluzioni tecniche idonee a garantire la protezione, la disponibilità, l'accessibilità, l'integrità e la riservatezza dei dati e la continuità operativa dei sistemi e delle infrastrutture (2).

1-*bis*. AgID attua, per quanto di competenza e in raccordo con le altre autorità competenti in materia, il Quadro strategico nazionale per la sicurezza dello spazio cibernetico e il Piano nazionale per la sicurezza cibernetica e la sicurezza informatica. AgID, in tale ambito:

a) coordina, tramite il Computer Emergency Response Team Pubblica Amministrazione (CERT-PA) istituito nel suo ambito, le iniziative di prevenzione e gestione degli incidenti di sicurezza informatici;

b) promuove intese con le analoghe strutture internazionali;

c) segnala al Ministro per la semplificazione e la pubblica amministrazione il mancato rispetto delle regole tecniche di cui al comma 1 da parte delle pubbliche amministrazioni (3) (4).

2. I documenti informatici delle pubbliche amministrazioni devono essere custoditi e controllati con modalità tali da ridurre al minimo i rischi di distruzione, perdita, accesso non autorizzato o non consentito o non conforme alle finalità della raccolta.

[2-*bis*. Le amministrazioni hanno l'obbligo di aggiornare tempestivamente i dati nei propri archivi, non appena vengano a conoscenza dell'inesattezza degli stessi.] (5)

2-*ter*. I soggetti di cui all'articolo 2, comma 2, aderiscono ogni anno ai programmi di sicurezza preventiva coordinati e promossi da AgID secondo le procedure dettate dalla medesima AgID con le Linee guida (6).

2-*quater*. I soggetti di cui articolo 2, comma 2, predispongono, nel rispetto delle Linee guida adottate dall'AgID, piani di emergenza in grado di assicurare la continuità operativa delle operazioni indispensabili per i servizi erogati e il ritorno alla normale operatività. Onde garantire quanto previsto, è possibile il ricorso all'articolo 15 della legge 7 agosto 1990, n. 241, per l'erogazione di servizi applicativi, infrastrutturali e di dati, con ristoro dei soli costi di funzionamento. Per le Amministrazioni dello Stato coinvolte si provvede mediante rimodulazione degli stanziamenti dei pertinenti capitoli di spesa o mediante riassegnazione alla spesa degli importi versati a tale titolo ad apposito capitolo di entrata del bilancio statale (6).

(1) *Rubrica sostituita dall'articolo 35, comma 1, lettera* a), *del d.lgs. 30 dicembre 2010, n. 235 e successivamente modificata dall'articolo 46, comma 1, lettera* a), *del d.lgs. 13 dicembre 2017, n. 217.*

(2) *Comma sostituito dall'articolo 35, comma 1, lettera* b), *del d.lgs. 30 dicembre 2010, n. 235 e successivamente modificato dall'articolo 41, comma 1, lettera* a), *del d.lgs. 26 agosto 2016, n. 179 e dall'articolo 66, comma 1, del d.lgs. 13 dicembre 2017, n. 217.*

(3) *Comma inserito dall'articolo 35, comma 1, lettera* c), *del d.lgs. 30 dicembre 2010, n. 235 e successivamente modificato dall'articolo 41, comma 1, lettera* b), *del d.lgs. 26 agosto 2016, n. 179.*

(4) *Lettera modificata dall'articolo 46, comma 1, lettera* b), *del d.lgs. 13 dicembre 2017, n. 217.*

(5) *Comma inserito dall'articolo 35, comma 1, lettera* d), *del d.lgs. 30 dicembre 2010, n. 235 e successivamente abrogato dall'articolo 41, comma 1, lettera* c), *del d.lgs. 26 agosto 2016, n. 179.*

(6) *Comma inserito dall'articolo 46, comma 1, lettera* c), *del d.lgs. 13 dicembre 2017, n. 217.*

52 Accesso telematico e riutilizzo dei dati (1) (2).

[1. L'accesso telematico a dati, documenti e procedimenti e il riutilizzo dei dati e documenti è disciplinato dai soggetti di cui all'articolo 2, comma 2, secondo le disposizioni del presente codice e nel rispetto della normativa vigente. Le pubbliche amministrazioni pubblicano nel proprio sito web, all'interno della sezione "Trasparenza, valutazione e merito", il catalogo dei dati, dei metadati e delle relative banche dati in loro possesso ed i regolamenti che ne disciplinano l'esercizio della facoltà di accesso telematico e il riutilizzo, fatti salvi i dati presenti in Anagrafe tributaria.] (3)

2. I dati e i documenti che i soggetti di cui all'articolo 2, comma 2, pubblicano, con qualsiasi modalità, senza l'espressa adozione di una licenza di cui all'articolo 2, comma 1, lettera *h*), del decreto legislativo 24 gennaio 2006, n. 36, si intendono rilasciati come dati di tipo aperto ai sensi all'articolo 1, comma 1, lettere *l-bis*) e *l-ter*), del presente Codice, ad eccezione dei casi in cui la pubblicazione riguardi dati personali. [L'eventuale adozione di una licenza di cui al citato articolo 2, comma 1, lettera *h*), è motivata ai sensi delle linee guida nazionali di cui al comma 7] (4).

3. Nella definizione dei capitolati o degli schemi dei contratti di appalto relativi a prodotti e servizi che comportino la formazione, la raccolta e la gestione di dati, i soggetti di cui all'articolo 2, comma 2, prevedono clausole idonee a consentirne l'utilizzazione in conformità a quanto previsto dall'articolo 50 (5).

4. Le attività volte a garantire l'accesso telematico e il riutilizzo dei dati delle pubbliche amministrazioni rientrano tra i parametri di valutazione della performance dirigenziale [ai sensi dell'articolo 11, comma 9, del decreto legislativo 27 ottobre 2009, n. 150] (6).

[5. L'Agenzia per l'Italia digitale promuove le politiche di valorizzazione del patrimonio informativo pubblico nazionale e attua le disposizioni di cui al capo V del presente Codice.] (7)

[6. Entro il mese di febbraio di ogni anno l'Agenzia trasmette al Presidente del Consiglio dei Ministri o al

Ministro delegato per l'innovazione tecnologica, che li approva entro il mese successivo, un'Agenda nazionale in cui definisce contenuti e gli obiettivi delle politiche di valorizzazione del patrimonio informativo pubblico, nonché azioni finalizzate al riutilizzo dei dati pubblici e un rapporto annuale sullo stato del processo di valorizzazione in Italia; tale rapporto è pubblicato in formato aperto sul sito istituzionale della Presidenza del Consiglio dei Ministri.] (8)

[7. L'Agenzia definisce e aggiorna annualmente le linee guida nazionali che individuano gli standard tecnici, compresa la determinazione delle ontologie dei servizi e dei dati, le procedure e le modalità di attuazione delle disposizioni del Capo V del presente Codice con l'obiettivo di rendere il processo omogeneo a livello nazionale, efficiente ed efficace. Le pubbliche amministrazioni di cui all'articolo 2, comma 2, del presente Codice si uniformano alle suddette linee guida.] (7)

[8. Il Presidente del Consiglio o il Ministro delegato per l'innovazione tecnologica riferisce annualmente al Parlamento sullo stato di attuazione delle disposizioni del presente articolo.] (9)

9. L'Agenzia svolge le attività indicate dal presente articolo con le risorse umane, strumentali, e finanziarie previste a legislazione vigente.

(1) *Articolo modificato dall'articolo 36, comma 1, lettere* a) *e* b), *del d.lgs. 30 dicembre 2010, n. 235 e successivamente sostituito dall'articolo 9, comma 1, lettera* a), *del d.l. 18 ottobre 2012, n. 179, conv., con modif., in l. 17 dicembre 2012, n. 221.*

(2) *Rubrica modificata dall'articolo 47, comma 1, lettera* a), *del d.lgs. 13 dicembre 2017, n. 217.*

(3) *Comma abrogato dall'articolo 42, comma 1, del d.lgs. 26 agosto 2016, n. 179.*

(4) *Comma modificato dall'articolo 2, comma 1, del d.lgs. 18 maggio 2015, n. 102 e dall'articolo 47, comma 1, lettera* b), *del d.lgs. 13 dicembre 2017, n. 217.*

(5) *Comma modificato dall'articolo 47, comma 1, lettera* c), *del d.lgs. 13 dicembre 2017, n. 217.*

(6) *Comma modificato dall'articolo 47, comma 1, lettera* d), *del d.lgs. 13 dicembre 2017, n. 217.*

(7) *Comma abrogato dall'articolo 47, comma 1, lettera* e), *del d.lgs. 13 dicembre 2017, n. 217.*

(8) *Comma modificato dall'articolo 2, comma 2, del d.lgs. 18 maggio 2015, n. 102 e successivamente abrogato dall'articolo 47, comma 1, lettera* e), *del d.lgs. 13 dicembre 2017, n. 217.*

(9) *Comma abrogato dall'articolo 42, comma 1, del d.lgs. 26 agosto 2016, n. 179.*

53 Siti Internet delle pubbliche amministrazioni (1).

1. Le pubbliche amministrazioni [centrali] realizzano siti istituzionali su reti telematiche che rispettano i principi di accessibilità, nonché di elevata usabilità e reperibilità, anche da parte delle persone disabili, completezza di informazione, chiarezza di linguaggio, affidabilità, semplicità di consultazione, qualità, omogeneità ed interoperabilità. Sono in particolare resi facilmente reperibili e consultabili i dati di cui all'articolo 54 (2).

1-*bis*. Le pubbliche amministrazioni pubblicano, ai sensi dell'articolo 9 del decreto legislativo 14 marzo 2013, n. 33, anche il catalogo dei dati e dei metadati [definitivi], nonché delle relative banche dati in loro possesso e i regolamenti che disciplinano l'esercizio della facoltà di accesso telematico e il riutilizzo di tali dati e metadati, fatti salvi i dati presenti in Anagrafe tributaria (3).

1-*ter*. Con le Linee guida sono definite le modalità per la realizzazione e la modifica dei siti delle amministrazioni (4)

[2. Il CNIPA svolge funzioni consultive e di coordinamento sulla realizzazione e modificazione dei siti delle amministrazioni centrali.] (5)

[3. Lo Stato promuove intese ed azioni comuni con le regioni e le autonomie locali affinché realizzino siti istituzionali con le caratteristiche di cui al comma 1.] (5).

(1) *Rubrica sostituita dall'articolo 43, comma 1, lettera* a), *del d.lgs. 26 agosto 2016, n. 179.*

(2) *Comma modificato dall'articolo 21 del d.lgs. 4 aprile 2006, n. 159 e dall'articolo 43, comma 1, lettera* b), *del d.lgs. 26 agosto 2016, n. 179.*

(3) *Comma aggiunto dall'articolo 43, comma 1, lettera* c), *del d.lgs. 26 agosto 2016, n. 179 e successivamente modificato dall'articolo 48, comma 1, del d.lgs. 13 dicembre 2017, n. 217.*

(4) *Comma aggiunto dall'articolo 43, comma 1, lettera* c), *del d.lgs. 26 agosto 2016, n. 179 e successivamente modificato dall'articolo 66, comma 1, del d.lgs. 13 dicembre 2017, n. 217.*

(5) *Comma abrogato dall'articolo 43, comma 1, lettera* d), *del d.lgs. 26 agosto 2016, n. 179.*

54 Contenuto dei siti delle pubbliche amministrazioni (1).

1. I siti delle pubbliche amministrazioni contengono i dati di cui al decreto legislativo 14 marzo 2013, n. 33, e successive modificazioni, recante il riordino della disciplina riguardante gli obblighi di pubblicità, trasparenza e diffusione di informazioni da parte delle pubbliche amministrazioni, nonché quelli previsti dalla legislazione vigente (2).

(1) *Articolo modificato dall'art. 22 d.lgs. 4 aprile 2006, n. 159, dall'art. 34, comma 1, lett.* b), *l. 18 giugno 2009, n. 69, dall'art. 37, comma 1, d-ls. 30 dicembre 2010, n. 235, dagli artt. 6, comma 1, lett.* d) *e 9, comma 6, lett.* d) *d.l. 18 ottobre 2012, n. 179, conv., con modif., in l. 17 dicembre 2012, n. 221 e, da ultimo, sostituito dall'art. 52, comma 3, d.lgs. 14 marzo 2013, n. 33.*

(2) *Comma sostituito dall'articolo 44, comma 1, del d.lgs. 26 agosto 2016, n. 179 e successivamente modificato dall'articolo 49, comma 1, del d.lgs. 13 dicembre 2017, n. 217.*

56 Dati identificativi delle questioni pendenti dinanzi autorità giudiziaria di ogni ordine e grado (1).

1. I dati identificativi delle questioni pendenti dinanzi al giudice amministrativo e contabile sono resi accessibili a chi vi abbia interesse mediante pubblicazione sul sistema informativo interno e sul sito istituzionale delle autorità emananti (3).

2. Le sentenze e le altre decisioni del giudice amministrativo e contabile, rese pubbliche mediante deposito in segreteria, sono contestualmente inserite nel sistema informativo interno e sul sito istituzionale, osservando le cautele previste dalla normativa in materia di tutela dei dati personali (3).

2-*bis*. I dati identificativi delle questioni pendenti, le sentenze e le altre decisioni depositate in cancelleria o segreteria dell'autorità giudiziaria di ogni ordine e grado sono, comunque, rese accessibili ai sensi dell'articolo 51 del codice in materia di protezione dei dati personali approvato con decreto legislativo n. 196 del 2003 (2).

(1) *Rubrica modificata dall'art. 23 d.lgs. 4 aprile 2006, n. 159.*

(2) *Comma inserito dall'art. 23 d.lgs. n. 159, cit.*

(3) *Le parole "della rete internet" dopo "sito istituzionale" sono state soppresse dall'articolo 38 del d.lgs. 30 dicembre 2010, n. 235.*

57-62 (*Omissis*).

SEZIONE III
Identità digitali, istanze e servizi on-line (1)

(1) *Rubrica sostituita dall'art. 55, comma 1, d.lgs. 13 dicembre 2017, n. 217.*

63 [Organizzazione e finalità dei servizi in rete (1).

1. I soggetti di cui all'articolo 2, comma 2, individuano le modalità di erogazione dei servizi in rete in base a criteri di valutazione di efficacia, economicità ed utilità e nel rispetto dei principi di eguaglianza e non discriminazione, tenendo comunque presenti le dimensioni dell'utenza, la frequenza dell'uso e l'eventuale destinazione all'utilizzazione da parte di categorie in situazioni di disagio (2).

2. I soggetti di cui all'articolo 2, comma 2, progettano e realizzano i servizi in rete mirando alla migliore soddisfazione delle esigenze degli utenti, in particolare garantendo la completezza del procedimento, la certificazione dell'esito e l'accertamento del grado di soddisfazione dell'utente. A tal fine, sono tenuti ad adottare strumenti idonei alla rilevazione immediata, continua e sicura del giudizio degli utenti, in conformità alle regole tecniche di cui all'articolo 71 (3).

3. Le pubbliche amministrazioni collaborano per integrare i procedimenti di rispettiva competenza al fine di agevolare gli adempimenti di cittadini ed imprese e rendere più efficienti i procedimenti che interessano più amministrazioni, attraverso idonei sistemi di cooperazione.

[3-*bis*. A partire dal 1° gennaio 2014, allo scopo di incentivare e favorire il processo di informatizzazione e di potenziare ed estendere i servizi telematici, i soggetti di cui all'articolo 2, comma 2, utilizzano esclusivamente i canali e i servizi telematici, ivi inclusa la posta elettronica certificata, per l'utilizzo dei propri servizi, anche a mezzo di intermediari abilitati, per la presentazione da parte degli interessati di denunce, istanze e atti e garanzie fideiussorie, per l'esecuzione di versamenti fiscali, contributivi, previdenziali, assistenziali e assicurativi, nonché per la richiesta di attestazioni e certificazioni.] (4)

[3-*ter*. A partire dal 1° gennaio 2014 i soggetti indicati al comma 3-*bis* utilizzano esclusivamente servizi telematici o la posta elettronica certificata anche per gli atti, le comunicazioni o i servizi dagli stessi resi.] (4)

[3-*quater*. I soggetti indicati al comma 3-*bis*, almeno sessanta giorni prima della data della loro entrata in vigore, pubblicano nel sito web istituzionale l'elenco dei provvedimenti adottati ai sensi dei commi 3-*bis* e 3-*ter*, nonché termini e modalità di utilizzo dei servizi e dei canali telematici e della posta elettronica certificata.] (4)

[3-*quinquies*. Con decreto del Presidente del Consiglio dei Ministri, sentita la Conferenza unificata di cui all'articolo 8 del decreto legislativo 28 agosto 1997, n.281, e successive modificazioni, da emanare entro sei mesi dalla data di entrata in vigore della presente disposizione, sono stabilite le deroghe e le eventuali limitazioni al principio di esclusività indicato dal comma 3-*bis*, anche al fine di escludere l'insorgenza di nuovi o maggiori oneri per la finanza pubblica.] (4)

(1) *Articolo abrogato dall'articolo 64, comma 1, lettera* c), *del d.lgs. 13 dicembre 2017, n. 217.*

(2) *Comma modificato dall'articolo 49, comma 1, lettera* a), *del d.lgs. 26 agosto 2016, n. 179.*

(3) *Comma sostituito dall'articolo 45, comma 1, del d.lgs. 30 dicembre 2010, n. 235 e successivamente modificato dall'articolo 49, comma 1, lettera* b), *del d.lgs. 26 agosto 2016, n. 179.*

(4) *Comma aggiunto dall'articolo 47 quinquies, comma 1, del D.L. 9 febbraio 2012, n. 5 e successivamente abrogato dall'articolo 49, comma 1, lettera* c), *del d.lgs. 26 agosto 2016, n. 179.*

64 Sistema pubblico per la gestione delle identità digitali e modalità di accesso ai servizi erogati in rete dalle pubbliche amministrazioni (1).

[1. La carta d'identità elettronica e la carta nazionale dei servizi costituiscono strumenti per l'accesso ai servizi erogati in rete dalle pubbliche amministrazioni per i quali sia necessaria l'identificazione informatica.] (2)

[2. Le pubbliche amministrazioni possono consentire l'accesso ai servizi in rete da esse erogati che richiedono l'identificazione informatica anche con strumenti diversi dalla carta d'identità elettronica e dalla carta nazionale dei servizi, purché tali strumenti consentano l'individuazione del soggetto che richiede il servizio. Con l'istituzione del sistema SPID di cui al comma 2-*bis*, le pubbliche amministrazioni possono consentire l'accesso in rete ai propri servizi solo mediante gli strumenti di cui al comma 1, ovvero mediante servizi offerti dal medesimo sistema SPID. L'accesso con carta d'identità elettronica e carta nazionale dei servizi è comunque consentito indipendentemente dalle modalità di accesso predisposte dalle singole amministrazioni.] (3)

2-*bis*. Per favorire la diffusione di servizi in rete e agevolare l'accesso agli stessi da parte di cittadini e imprese, anche in mobilità, è istituito, a cura dell'Agenzia per l'Italia digitale, il sistema pubblico per la gestione dell'identità digitale di cittadini e imprese (SPID) (4).

2-*ter*. Il sistema SPID è costituito come insieme aperto di soggetti pubblici e privati che, previo accreditamento da parte dell'AgID, secondo modalità definite con il decreto di cui al comma 2-*sexies*, identificano gli utenti per consentire loro il compimento di attività e (5) l'accesso ai servizi in rete (6).

2-*quater*. L'accesso ai servizi in rete erogati dalle pubbliche amministrazioni che richiedono identificazione informatica avviene tramite SPID. Il sistema SPID, nonché tramite la carta di identità elettronica (7) è adottato dalle pubbliche amministrazioni nei tempi e secondo le modalità definiti con il decreto di cui al comma 2-*sexies*. Resta fermo quanto previsto dall'articolo 3-*bis*, comma 01 (8).

2-*quinquies*. Ai fini dell'erogazione dei propri servizi in rete, è altresì riconosciuta ai soggetti privati, secondo le modalità definite con il decreto di cui al comma 2-*sexies*, la facoltà di avvalersi del sistema SPID per la gestione dell'identità digitale dei propri utenti, nonché la facoltà di avvalersi della carta di identità elettronica (9). L'adesione al sistema SPID ovvero l'utilizzo della carta di identità elettronica (9) per la verifica dell'accesso ai propri servizi erogati in rete per i quali è richiesto il riconoscimento dell'utente esonera i predetti soggetti da un obbligo generale di sorveglianza delle attività sui propri siti, ai sensi dell'articolo 17 del decreto legislativo 9 aprile 2003, n. 70 (10).

2-*sexies*. Con decreto del Presidente del Consiglio dei ministri, su proposta del Ministro delegato per l'innovazione tecnologica e del Ministro per la pubblica amministrazione e la semplificazione, di concerto con il Ministro dell'economia e delle finanze, sentito il Garante per la protezione dei dati personali, sono definite le caratteristiche del sistema SPID, anche con riferimento:

a) al modello architetturale e organizzativo del sistema;

b) alle modalità e ai requisiti necessari per l'accreditamento dei gestori dell'identità digitale;

c) agli standard tecnologici e alle soluzioni tecniche e organizzative da adottare anche al fine di garantire l'interoperabilità delle credenziali e degli strumenti di accesso resi disponibili dai gestori dell'identità digitale nei riguardi di cittadini e imprese [, compresi gli strumenti di cui al comma 1];

d) alle modalità di adesione da parte di cittadini e imprese in qualità di utenti di servizi in rete;

e) ai tempi e alle modalità di adozione da parte delle pubbliche amministrazioni in qualità di erogatori di servizi in rete;

f) alle modalità di adesione da parte delle imprese interessate in qualità di erogatori di servizi in rete (11).

[2-*septies*. Un atto giuridico può essere posto in essere da un soggetto identificato mediante SPID, nell'ambito di un sistema informatico avente i requisiti fissati nelle regole tecniche adottate ai sensi dell'articolo 71, attraverso processi idonei a garantire, in maniera manifesta e inequivoca, l'acquisizione della sua volontà. Restano ferme le disposizioni concernenti il deposito degli atti e dei documenti in via telematica secondo la normativa anche regolamentare in materia di processo telematico.] (12)

[2-*octies*. Le pubbliche amministrazioni consentono mediante SPID l'accesso ai servizi in rete da esse erogati che richiedono identificazione informatica.] (12)

2-*nonies*. L'accesso di cui al comma 2-*quater* può avvenire anche con [la carta di identità elettronica e] (13) la carta nazionale dei servizi (14).

2-*decies*. Le pubbliche amministrazioni, in qualità di fornitori dei servizi, usufruiscono gratuitamente delle verifiche rese disponibili dai gestori di identità digitali e dai gestori di attributi qualificati (15).

2-*undecies*. I gestori dell'identità digitale accreditati sono iscritti in un apposito elenco pubblico, tenuto da AgID, consultabile anche in via telematica (16).

2-*duodecies*. La verifica dell'identità digitale con livello di garanzia almeno significativo, ai sensi dell'articolo 8, paragrafo 2, del Regolamento (UE) n. 910/2014 del Parlamento e del Consiglio europeo del 23 luglio 2014, produce, nelle transazioni elettroniche o per l'accesso ai servizi in rete, gli effetti del documento di riconoscimento equipollente, di cui all'articolo 35 del testo unico di cui al decreto del Presidente della Repubblica 28 dicembre 2000, n. 445. L'identità digitale, verificata ai sensi del presente articolo e con livello di sicurezza almeno significativo, attesta gli attributi qualificati dell'utente, ivi compresi i dati relativi al possesso di abilitazioni o autorizzazioni richieste dalla legge ovvero stati, qualità personali e fatti contenuti in albi, elenchi o registri pubblici o comunque accertati da soggetti titolari di funzioni pubbliche, secondo le modalità stabilite da AgID con Linee guida (16).

[3. Ferma restando la disciplina riguardante le trasmissioni telematiche gestite dal Ministero dell'economia e delle finanze e dalle agenzie fiscali, con decreto del Presidente del Consiglio dei Ministri o del Ministro delegato per l'innovazione e le tecnologie, di concerto con il Ministro per la funzione pubblica e d'intesa con la Conferenza unificata di cui all'articolo 8 del decreto legislativo 28 agosto 1997, n. 281, è fissata la data, comunque non successiva al 31 marzo 2011, a decorrere dalla quale non è più consentito l'accesso ai servizi erogati in rete dalle pubbliche amministrazioni, con strumenti diversi dalla carta d'identità elettronica e dalla carta nazionale dei servizi. [È prorogato alla medesima data il termine relativo alla procedura di accertamento preventivo del possesso della Carta di identità elettronica (CIE), di cui all'articolo 8, comma 5, del decreto del Presidente della Repubblica 2 marzo 2004, n. 117, limitatamente alle richieste di emissione di Carte nazionali dei servizi (CNS) da parte dei cittadini non residenti nei comuni in cui è diffusa la CIE] (17) (18) (19) (20)] (21).

[3-*bis*. Con decreto del Presidente del Consiglio dei ministri o del Ministro per la semplificazione e la pubblica amministrazione, è stabilita la data a decorrere dalla quale i soggetti di cui all'articolo 2, comma 2, lettere *b*) e *c*) (22) utilizzano esclusivamente le identità digitali ai fini dell'identificazione degli utenti dei propri servizi on-line. Fatto salvo quanto previsto dal comma 2-*nonies*, a decorrere dal 28 febbraio 2021, i soggetti di cui all'articolo 2, comma 2, lettera *a*), utilizzano esclusivamente le identità digitali e la carta di identità elettronica ai fini dell'identificazione dei cittadini che accedono ai propri servizi in rete (23). Con decreto del Presidente del Consiglio dei ministri o del Ministro delegato per l'innovazione tecnologica e la digitalizzazione è stabilita la data a decorrere dalla quale i soggetti di cui all'articolo 2, comma 2, lettera *a*), utilizzano esclusivamente le identità digitali per consentire l'accesso delle imprese e dei professionisti ai propri servizi in rete (23)] (24).

3-*bis*. Fatto salvo quanto previsto dal comma 2-*nonies*, i soggetti di cui all'articolo 2, comma 2, lettera *a*), utilizzano esclusivamente le identità digitali SPID e la carta di identità elettronica ai fini dell'identificazione dei cittadini che accedono ai propri servizi in rete. Con uno o più decreti del Presidente del Consiglio dei ministri o del Ministro delegato per l'innovazione tecnologica e la transizione digitale è stabilita la data a decorrere dalla quale i soggetti di cui all'articolo 2, comma 2, lettera *a*), utilizzano esclusivamente le identità digitali SPID, la carta di identità elettronica e la Carta Nazionale dei servizi per consentire l'accesso delle imprese e dei professionisti ai propri servizi in rete, nonché la data a decorrere dalla quale i soggetti di cui all'articolo 2, comma 2, lettere *b*) e *c*) utilizzano esclusivamente le identità digitali SPID, la carta di identità elettronica e la carta Nazionale dei servizi ai fini dell'identificazione degli utenti dei propri servizi on-line (25).

(1) *Rubrica sostituita dall'articolo 50, comma 1, lettera* a), *del d.lgs. 26 agosto 2016, n. 179.*
(2) *Comma modificato dall'articolo 46, comma 1, lettera* a), *del d.lgs. 30 dicembre 2010, n. 235 e successivamente abrogato dall'articolo 50, comma 1, lettera* b), *del d.lgs. 26 agosto 2016, n. 179.*
(3) *Comma modificato dall'articolo 46, comma 1, lettera* b), *del d.lgs. 30 dicembre 2010, n. 235, dall'articolo 17-*ter, *comma 1, del d.l. 21 giugno 2013, n. 69, convertito, con modificazioni, dalla Legge 9 agosto 2013 n. 98 e successivamente abrogato dall'articolo 50, comma 1, lettera* b), *del d.lgs. 26 agosto 2016, n. 179.*
(4) *Comma aggiunto dall'articolo 17-*ter, *comma 2, del d.l. 21 giugno 2013, n. 69, convertito, con modificazioni, dalla Legge 9 agosto 2013 n. 98.*
(5) *Le parole* « il compimento di attività e » *sono state inserite dall'art. 24, comma 1, lett.* e), *n. 1) d.l. 16 luglio 2020, n. 76, conv., con modif., in l. 11 settembre 2020, n. 120.*
(6) *Comma aggiunto dall'articolo* 17-ter, comma 2, del d.l. 21 giugno 2013, n. 69, convertito, con modificazioni, dalla Legge 9 agosto 2013 n. 98 e successivamente sostituito dall'articolo 50, comma 1, lettera c), *del d.lgs. 26 agosto 2016, n. 179.*
(7) *Le parole* «, nonché tramite la carta di identità elettronica » *sono state inserite dall'art. 24, comma 1, lett.* e), *n. 2) d.l. n. 76, cit.*
(8) *Comma aggiunto dall'articolo* 17-ter, comma 2, del d.l. 21 giugno 2013, n. 69, convertito, con modificazioni, dalla Legge 9 agosto 2013 n. 98 e successivamente modificato dall'articolo 56, comma 1, lettera a), *del d.lgs. 13 dicembre 2017, n. 217.*
(9) *Le parole* « nonché la facoltà di avvalersi della carta di identità elettronica » *e le parole* « ovvero l'utilizzo della carta di identità elettronica » *sono state aggiunte dall'art. 24, comma 1, lett.* e), *n. 3) d.l. n. 76, cit.*
(10) *Comma aggiunto dall'articolo* 17-ter, comma 2, del d.l. 21 giugno 2013, n. 69, convertito, con modificazioni, dalla Legge 9 agosto 2013 n. 98 e successivamente modificato dall'articolo 56, comma 1, lettera b), *del d.lgs. 13 dicembre 2017, n. 217.*
(11) *Comma aggiunto dall'articolo* 17-ter, comma 2, del d.l. 21 giugno 2013, n. 69, convertito, con modificazioni, dalla Legge 9 agosto 2013 n. 98 e successivamente modificato dall'articolo 50, comma 1, lettera d), *del d.lgs. 26 agosto 2016, n. 179.*
(12) *Comma aggiunto dall'articolo 50, comma 1, lettera* e), *del d.lgs. 26 agosto 2016, n. 179 e successivamente abrogato dall'articolo 56, comma 1, lettera* c), *del d.lgs. 13 dicembre 2017, n. 217.*
(13) *Le parole tra parentesi quadre sono state soppresse dall'art. 24, comma 1, lett.* e), *n. 4) d.l. n. 76, cit.*
(14) *Comma aggiunto dall'articolo 50, comma 1, lettera* e), *del d.lgs. 26 agosto 2016, n. 179 e successivamente modificato dall'articolo 56, comma 1, lettera* d), *del d.lgs. 13 dicembre 2017, n. 217.*
(15) *Comma aggiunto dall'articolo 56, comma 1, lettera* e), *del d.lgs. 13 dicembre 2017, n. 217.*
(16) *Comma inserito dall'art. 24, comma 1, lett.* e), *n. 5) d.l. n. 76, cit.*
(17) *Comma modificato dall'articolo 27 del d.lgs. 4 aprile 2006, n. 159.*
(18) *Termine prorogato dall'articolo 35, comma 1, del d.l. 31 dicembre 2007, n. 248, come modificato dall'articolo 3, comma 1, del d.l. 30 dicembre 2008, n. 207, dall'articolo 1, comma 120, della legge 24 dicembre 2007, n. 244, come modificato dall'articolo 42, comma 1 del d.l. 30 dicembre 2008, n. 207 e successivamente dall'articolo 1, comma 5, del d.l. 30 dicembre 2009, n. 194.*
(19) *Periodo soppresso dall'articolo 37, comma 3, della Legge 18 giugno 2009, n. 69.*
(20) *Comma modificato dall'articolo 1, comma 1, del d.l. 29 dicembre 2010, n. 225, che ha sostituito il termine di scadenza del 31 dicembre 2010, di cui al presente comma, al 31 marzo 2011.*
(21) *Comma abrogato dall'articolo 46, comma 1, lettera* c), *del d.lgs. 30 dicembre 2010, n. 235.*
(22) *Le parole* « lettere *b*) e *c*) » *sono state inserite dall'art. 24, comma 1, lett.* e), *n. 6) d.l. n. 76, cit.*
(23) *Periodo aggiunto dall'art. 24, comma 1, lett.* e), *n. 6) d.l. n. 76, cit.*
(24) *Comma abrogato dall'art. 66-*bis, *comma 3, d.l. 31 maggio 2021, n. 77, conv., con modif., in l. 29 luglio 2021, n. 108. Il comma era stato aggiunto dall'articolo 56, comma 1, lettera* f), *del d.lgs. 13 dicembre 2017, n. 217.*
(25) *Comma aggiunto dall'art. 10, comma 7, d.l. 10 settembre 2021, n. 121, conv., con modif., in l. 9 novembre 2021, n. 156.*

64-*bis* (1) Accesso telematico ai servizi della Pubblica Amministrazione.

1. I soggetti di cui all'articolo 2, comma 2, rendono fruibili i propri servizi in rete, in conformità alle Linee guida, tramite il punto [unico] di accesso telematico attivato presso la Presidenza del Consiglio dei ministri, senza nuovi o maggiori oneri per la finanza pubblica (2).

1-*bis*. Al fine di rendere effettivo il diritto di cui all'articolo 7, comma 01, i soggetti di cui all'articolo 2, comma 2, i fornitori di identità digitali e i prestatori dei servizi fiduciari qualificati, in sede di evoluzione, progettano e sviluppano i propri sistemi e servizi in modo da garantire l'integrazione e l'interoperabilità tra i diversi sistemi e servizi e con i servizi di cui ai commi 1 e 1-*ter* (3), espongono per ogni servizio le relative interfacce applicative e, al fine di consentire la verifica del rispetto degli standard e livelli di qualità di cui all'articolo 7, comma 1, adottano gli strumenti di analisi individuati dall'AgID con le Linee guida (4).

1-*ter*. I soggetti di cui all'articolo 2, comma 2, lettera *a*), rendono fruibili i propri servizi in rete, nel rispetto del principio di neutralità tecnologica, (5) tramite applicazione su dispositivi mobili anche attraverso il punto di accesso telematico di cui al presente articolo, salvo impedimenti di natura tecnologica attestati dalla società di cui all'articolo 8, comma 2 del decreto-legge 14 dicembre 2018, n. 135, convertito, con modificazioni, dalla legge 11 febbraio 2019, n. 12 (6).

1-*quater*. I soggetti di cui all'articolo 2, comma 2, lettera *a*), rendono fruibili tutti i loro servizi anche in modalità digitale e, al fine di attuare il presente articolo, avviano i relativi progetti di trasformazione digitale entro il 28 febbraio 2021 (6).

1-*quinquies*. La violazione dell'articolo 64, comma 3-*bis* e delle disposizioni di cui al presente articolo, costituisce mancato raggiungimento di uno specifico risultato e di un rilevante obiettivo da parte dei dirigenti responsabili delle strutture competenti e comporta la riduzione, non inferiore al 30 per cento della retribuzione di risultato e del trattamento accessorio collegato alla performance individuale dei dirigenti competenti, oltre al divieto di attribuire premi o incentivi nell'ambito delle medesime strutture (6).

(1) *Articolo aggiunto dall'articolo 50, comma 2, del d.lgs. 26 agosto 2016, n. 179.*
(2) *Comma modificato dagli articoli 57, comma 1, lettera* a), *e 66, comma 1, del d.lgs. 13 dicembre 2017, n. 217.*
(3) *Le parole* « con i servizi di cui ai commi 1 e 1-*ter* » *sono state sostituite alle parole* « con il servizio di cui al comma 1 » *dall'art. 24, comma 1, lett.* f), *n. 1) d.l. 16 luglio 2020, n. 76, conv., con modif., in l. 11 settembre 2020, n. 120.*
(4) *Comma aggiunto dall'articolo 57, comma 1, lettera* b), *del d.lgs. 13 dicembre 2017, n. 217.*
(5) *Le parole* «, nel rispetto del principio di neutralità tecnologica, » *sono state aggiunte dall'art. 38, comma 2, lett.* b-bis), *d.l. 31 maggio 2021, n. 77, conv., con modif., in l. 29 luglio 2021, n. 108.*
(6) *Comma aggiunto dall'art. 24, comma 1, lett.* f), *n. 2) d.l. n. 76, cit.*

64-*ter* (1) Sistema di gestione deleghe.

1. È istituito il Sistema di gestione deleghe (SGD), affidato alla responsabilità della struttura della Presidenza del Consiglio dei ministri competente per l'innovazione tecnologica e la transizione digitale.

2. Il SGD consente a chiunque di delegare l'accesso a uno o più servizi a un soggetto titolare dell'identità digitale di cui all'articolo 64, comma 2-*quater*, con livello di sicurezza almeno significativo. La presentazione della delega avviene mediante una delle modalità previste dall'articolo 65, comma 1, ovvero presso gli

sportelli di uno dei soggetti di cui all'articolo 2, comma 2, presenti sul territorio. Con il decreto di cui al comma 7 sono disciplinate le modalità di acquisizione della delega al SGD.

3. A seguito dell'acquisizione della delega al SGD, è generato un attributo qualificato associato all'identità digitale del delegato, secondo le modalità stabilite dall'AgID con Linee guida. Tale attributo può essere utilizzato anche per l'erogazione di servizi in modalità analogica.

4. I soggetti di cui all'articolo 2, comma 2, sono tenuti ad accreditarsi al SGD.

5. Per la realizzazione, gestione e manutenzione del SGD e per l'erogazione del servizio, la struttura della Presidenza del Consiglio dei ministri competente per l'innovazione tecnologica e la transizione digitale si avvale dell'Istituto Poligrafico e Zecca dello Stato S.p.A. I rapporti tra la struttura di cui al precedente periodo e l'Istituto Poligrafico e Zecca dello Stato S.p.A. sono regolati, anche ai sensi dell'articolo 28 del regolamento (UE) 2016/679 del Parlamento Europeo e del Consiglio del 27 aprile 2016, con apposita convenzione.

6. La struttura della Presidenza del Consiglio dei ministri competente per l'innovazione tecnologica e la transizione digitale è il titolare del trattamento dei dati personali, ferme restando, ai sensi dell'articolo 28 del regolamento (UE) 2016/679, le specifiche responsabilità spettanti all'Istituto Poligrafico e Zecca dello Stato S.p.A. e, nel caso previsto dal comma 2, ai soggetti di cui all'articolo 2, comma 2.

7. Fermo restando quanto previsto dal decreto di cui all'articolo 64, comma 2-*sexies*, relativamente alle modalità di accreditamento dei gestori di attributi qualificati, con decreto del Presidente del Consiglio dei ministri, adottato di concerto con il Ministro dell'interno, sentiti l'AgID, il Garante per la protezione dei dati personali e la Conferenza unificata di cui all'articolo 8 del decreto legislativo 28 agosto 1997, n. 281, sono definiti le caratteristiche tecniche, l'architettura generale, i requisiti di sicurezza, le modalità di acquisizione della delega e di funzionamento del SGD. Con il medesimo decreto, inoltre, sono individuate le modalità di adesione al sistema nonché le tipologie di dati oggetto di trattamento, le categorie di interessati e, in generale, le modalità e procedure per assicurare il rispetto dell'articolo 5 del regolamento (UE) 2016/679.

8. All'onere derivante dall'attuazione della presente disposizione si provvede con le risorse disponibili a legislazione vigente.

(1) *Articolo aggiunto dall'art. 38, comma 2, lett.* c), *d.l. 31 maggio 2021, n. 77, conv., con modif., in l. 29 luglio 2021, n. 108. Ai sensi del successivo comma 3 dell'art. 38 d.l. n. 77, cit., l'efficacia di tale disposizione, i cui oneri sono a carico delle risorse previste per l'attuazione di progetti compresi nel PNRR, resta subordinata alla definitiva approvazione del PNRR da parte del Consiglio dell'Unione europea.*

65 Istanze e dichiarazioni presentate alle pubbliche amministrazioni per via telematica.

1. Le istanze e le dichiarazioni presentate per via telematica alle pubbliche amministrazioni e ai gestori dei servizi pubblici ai sensi dell'articolo 38, commi 1 e 3, del decreto del Presidente della Repubblica 28 dicembre 2000, n. 445, sono valide (1):

a) se sottoscritte mediante la una delle forme di cui all'articolo 20 (2);

b) ovvero, quando l'istante o il dichiarante è identificato attraverso il sistema pubblico di identità digitale (SPID), la carta di identità elettronica o la carta nazionale dei servizi; (3) (4)

b-bis) ovvero formate tramite il punto di accesso telematico per i dispositivi mobili di cui all'articolo 64-*bis*; (5)

c) ovvero sono sottoscritte e presentate unitamente alla copia del documento d'identità (6).

c-bis) ovvero se trasmesse dall'istante o dal dichiarante dal proprio domicilio digitale iscritto in uno degli elenchi di cui all'articolo 6-*bis*, 6-*ter* o 6-*quater* ovvero, in assenza di un domicilio digitale iscritto, da un indirizzo elettronico eletto presso un servizio di posta elettronica certificata o un servizio elettronico di recapito certificato qualificato, come definito dal Regolamento eIDAS (7). In tale ultimo caso, in assenza (8) di un domicilio digitale iscritto, la trasmissione costituisce elezione di domicilio digitale speciale, ai sensi dell'articolo 3-*bis*, comma 4-*quinquies*, per gli atti e le comunicazioni a cui è riferita l'istanza o la dichiarazione (8) (9). Sono fatte salve le disposizioni normative che prevedono l'uso di specifici sistemi di trasmissione telematica nel settore tributario (10);

[1-*bis*. Con decreto del Ministro per la pubblica amministrazione e l'innovazione e del Ministro per la semplificazione normativa, su proposta dei Ministri competenti per materia, possono essere individuati i casi in cui è richiesta la sottoscrizione mediante firma digitale.] (11)

1-*ter*. Il mancato avvio del procedimento da parte del titolare dell'ufficio competente a seguito di istanza o dichiarazione inviate ai sensi e con le modalità di cui al comma 1 [, lettere *a*), *c*) e *c-bis*),] comporta responsabilità dirigenziale e responsabilità disciplinare dello stesso (12).

2. Le istanze e le dichiarazioni di cui al comma 1 sono equivalenti alle istanze e alle dichiarazioni sottoscritte con firma autografa apposta in presenza del dipendente addetto al procedimento; [resta salva la facoltà della pubblica amministrazione di stabilire i casi in cui è necessaria la sottoscrizione mediante la firma digitale] (13).

[3. Dalla data di cui all'articolo 64, comma 3, non è più consentito l'invio di istanze e dichiarazioni con le modalità di cui al comma 1, lettera *c*).] (14)

4. Il comma 2 dell'articolo 38 del decreto del Presidente della Repubblica 28 dicembre 2000, n. 445, è sostituito dal seguente:

« 2. Le istanze e le dichiarazioni inviate per via telematica sono valide se effettuate secondo quanto previsto dall'articolo 65 del decreto legislativo 7 marzo 2005, n. 82 ».

(1) *Alinea modificato dall'articolo 6, comma 1, lettera c) del d.l. 18 ottobre 2012, n. 179, conv., con modif., in l. 17 dicembre 2012, n. 221.*

(2) *Lettera sostituita dall'articolo 47 sexies, comma 1, del d.l. 9 febbraio 2012, n. 5, conv., con modif., in l. 4 aprile 2012, n. 35 e successivamente modificata dall'articolo 51, comma 1, lettera* a), *del d.lgs. 26 agosto 2016, n. 179 e dall'articolo 58, comma 1, lettera* a), *del d.lgs. 13 dicembre 2017, n. 217.*

(3) *Le parole* « la carta di identità elettronica o la carta nazionale dei servizi; » *sono state sostituite alle parole* « nonché attraverso uno degli altri strumenti di cui all'articolo 64, comma 2-*nonies*, nei limiti ivi previsti » *dall'art. 24, comma 1, lett.* g), *n. 1) d.l. 16 luglio 2020, n. 76, conv., con modif., in l. 11 settembre 2020, n. 120.*

(4) *Lettera modificata dall'articolo 51, comma 1, lettera* a), *del d.lgs. 26 agosto 2016, n. 179.*

(5) *Lettera aggiunta dall'art. 24, comma 1, lett.* g), *n. 2) d.l. n. 76, cit.*

(6) *Lettera modificata dall'articolo 47, comma 1, lettera* a), *del d.lgs. 30 dicembre 2010, n. 235 e successivamente sostituita dall'articolo 51, comma 1, lettera* b), *del d.lgs. 26 agosto 2016, n. 179.*

(7) *Periodo così sostituito dall'art. 24, comma 1, lett.* g), *n. 3) d.l. n. 76, cit. Il testo del periodo era il seguente:* « ovvero se trasmesse dall'istante o dal dichiarante dal proprio domicilio digitale purché le relative credenziali di accesso siano state rilasciate previa identificazione del titolare, anche per via telematica secondo modalità definite con Linee guida, e ciò sia attestato dal gestore del sistema nel messaggio o in un suo allegato. ».

(8) *Le parole* « in assenza » *sono state sostituite alle parole* « di assenza » *e le parole* « speciale, ai sensi dell'articolo 3-*bis*, comma 4-quinquies, per gli atti e le comunicazioni a cui è riferita l'istanza o la dichiarazione » *sono state sostituite alle parole* « ai sensi e per gli effetti dell'articolo 3-*bis*, comma 1-*ter* » *dall'art. 38, comma 2, lett.* d), *d.l. 31 maggio 2021, n. 77, conv., con modif., in l. 29 luglio 2021, n. 108.*

(9) *Periodo così sostituito dall'art. 24, comma 1, lett.* g), *n. 3) d.l. n. 76, cit. Il testo del periodo era il seguente:* « In tal caso, la trasmissione costituisce elezione di domicilio speciale ai sensi dell'articolo 47 del Codice civile. »

(10) *Lettera inizialmente inserita dall'articolo 17, comma 28, del d.l. 1° luglio 2009, n. 78, conv., con modif., in l. 3 agosto 2009, n. 102, successivamente sostituita dall'articolo 47, comma 1, lettera* b), *del d.lgs. 30 dicembre 2010, n. 235 e dall'articolo 51, comma 1, lettera* c), *del d.lgs. 26 agosto 2016, n. 179 e da ultimo modificata dagli articoli 58, comma 1, lettera* a), *e 66, comma 1, del d.lgs. 13 dicembre 2017, n. 217.*

(11) *Comma inserito dall'articolo 47, comma 1, lettera* c), *del d.lgs. 30 dicembre 2010, n. 235 e successivamente abrogato dall'articolo 51, comma 1, lettera* e), *del d.lgs. 26 agosto 2016, n. 179.*

(12) *Comma inserito dall'articolo 6, comma 1, lettera* b) *del d.l. 18 ottobre 2012, n. 179 convertito, con modificazioni, in legge 17 dicembre 2012, n. 221 e successivamente modificato dall'articolo 51, comma 1, lettera* f), *del d.lgs. 26 agosto 2016, n. 179.*

(13) *Comma modificato dall'articolo 28 del d.lgs. 4 aprile 2006, n. 159, dall'articolo 47, comma 1, lettera* d), *del d.lgs. 30 dicembre 2010, n. 235 e dall'articolo 51, comma 1, lettera* g), *del d.lgs. 26 agosto 2016, n. 179.*

(14) *Comma abrogato dall'articolo 47, comma 1, lettera* e), *del d.lgs. 30 dicembre 2010, n. 235.*

[SEZIONE IV]
[Carte elettroniche]

66 Carta d'identità elettronica e carta nazionale dei servizi.

1. Le caratteristiche e le modalità per il rilascio, della carta d'identità elettronica [, e dell'analogo documento, rilasciato a seguito della denuncia di nascita e prima del compimento dell'età prevista dalla legge per il rilascio della carta d'identità elettronica,] sono definite dal comma 2-*bis* dell'articolo 7-*vicies ter* del decreto-legge 31 gennaio 2005, n. 7, convertito, con modificazioni, dalla legge 31 marzo 2005, n. 43 (1).

2. Le caratteristiche e le modalità per il rilascio, per la diffusione e l'uso della carta nazionale dei servizi sono definite con uno o più regolamenti, ai sensi dell'articolo 17, comma 2, della legge 23 agosto 1988, n. 400, adottati su proposta congiunta dei Ministri per la funzione pubblica e per l'innovazione e le tecnologie, di concerto con il Ministro dell'economia e delle finanze, sentito il Garante per la protezione dei dati personali e d'intesa con la Conferenza unificata di cui all'articolo 8 del decreto legislativo 28 agosto 1997, n. 281, nel rispetto dei seguenti principi:

a) all'emissione della carta nazionale dei servizi provvedono, su richiesta del soggetto interessato, le pubbliche amministrazioni che intendono rilasciarla;

b) l'onere economico di produzione e rilascio delle carte nazionale dei servizi è a carico delle singole amministrazioni che le emettono;

c) eventuali indicazioni di carattere individuale connesse all'erogazione dei servizi al cittadino, sono possibili nei limiti di cui al decreto legislativo 30 giugno 2003, n. 196;

d) le pubbliche amministrazioni che erogano servizi in rete devono consentirne l'accesso ai titolari delle carta nazionale dei servizi indipendentemente dall'ente di emissione, che è responsabile del suo rilascio;

e) la carta nazionale dei servizi può essere utilizzata anche per i pagamenti informatici tra soggetti privati e pubbliche amministrazioni, secondo quanto previsto dalla normativa vigente.

3. La carta d'identità elettronica e l'analogo documento, rilasciato a seguito della denuncia di nascita e prima del compimento dell'età prevista dalla legge per il rilascio della carta d'identità elettronica, devono contenere:

a) i dati identificativi della persona;

b) il codice fiscale (2).

4. La carta d'identità elettronica e l'analogo documento, rilasciato a seguito della denuncia di nascita e prima del compimento dell'età prevista dalla legge per il rilascio della carta d'identità elettronica, possono contenere, a richiesta dell'interessato ove si tratti di dati sensibili:

a) l'indicazione del gruppo sanguigno;

b) le opzioni di carattere sanitario previste dalla legge;

c) i dati biometrici indicati col decreto di cui al comma 1, con esclusione, in ogni caso, del DNA;

d) tutti gli altri dati utili al fine di razionalizzare e semplificare l'azione amministrativa e i servizi resi al cittadino, anche per mezzo dei portali, nel rispetto della normativa in materia di riservatezza;

e) le procedure informatiche e le informazioni che possono o debbono essere conosciute dalla pubblica amministrazione e da altri soggetti, occorrenti per la firma elettronica (2).

5. La carta d'identità elettronica e la carta nazionale dei servizi possono essere utilizzate quali strumenti di autenticazione telematica per l'effettuazione di pagamenti tra soggetti privati e pubbliche amministrazioni, secondo le modalità stabilite con le Linee guida, sentiti il Ministro dell'economia e delle finanze e la Banca d'Italia (3).

6. Con decreto del Ministro dell'interno, del Ministro per l'innovazione e le tecnologie e del Ministro dell'economia e delle finanze, sentito il Garante per la protezione dei dati personali e d'intesa con la Conferenza unificata di cui all'articolo 8 del decreto legislativo 28 agosto 1997, n. 281, sono dettate le regole tecniche e di sicurezza relative alle tecnologie e ai materiali utilizzati per la produzione della carta di identità elettronica, del documento di identità elettronico e della carta nazionale dei servizi, nonché le modalità di impiego.

7. Nel rispetto della disciplina generale fissata dai decreti di cui al presente articolo e delle vigenti disposizioni in materia di protezione dei dati personali, le pubbliche amministrazioni, nell'ambito dei rispettivi ordinamenti, possono sperimentare modalità di utilizzazione dei documenti di cui al presente articolo per l'erogazione di ulteriori servizi o utilità.

8. Le tessere di riconoscimento rilasciate dalle amministrazioni dello Stato ai sensi del decreto del Presidente della Repubblica 28 luglio 1967, n. 851, pos-

sono essere realizzate anche con modalità elettroniche, nel rispetto delle Linee guida, e contenere le funzionalità della carta nazionale dei servizi per consentire l'accesso per via telematica ai servizi erogati in rete dalle pubbliche amministrazioni (4) (5).

[8-*bis*. Fino al 31 dicembre 2011, la carta nazionale dei servizi e le altre carte elettroniche ad essa conformi possono essere rilasciate anche ai titolari di carta di identità elettronica.] (6)

(1) *Comma modificato dall'articolo 48, comma 1, del d.lgs. 30 dicembre 2010, n. 235, successivamente dall'articolo 60, comma 1, lettera* a)*, del d.lgs. 13 dicembre 2017, n. 217 e, da ultimo, dall'articolo 1, comma 812, della Legge 30 dicembre 2018, n. 145.*

(2) *Comma modificato dall'articolo 48, comma 1, del d.lgs. 30 dicembre 2010, n. 235.*

(3) *Comma modificato dagli articoli 60, comma 1, lettera* b)*, e 66, comma 1, del d.lgs. 13 dicembre 2017, n. 217.*

(4) *Per le modalità di rilascio, d'uso e di rinnovo e caratteristiche tecniche della speciale tessera di riconoscimento per il personale del Corpo nazionale dei vigili del fuoco, v. il D.M. 3 maggio 2016.*

(5) *Comma modificato dall'articolo 52, comma 1, lettera* a)*, del d.lgs. 26 agosto 2016, n. 179 e successivamente dall'articolo 66, comma 1, del d.lgs. 13 dicembre 2017, n. 217.*

(6) *Comma aggiunto dall'articolo 37, comma 1, della Legge 18 giugno 2009, n. 69, modificato dall'articolo 2, comma 101, della legge 23 dicembre 2009, n. 191 e successivamente abrogato dall'articolo 52, comma 1, lettera* a)*, del d.lgs. 26 agosto 2016, n. 179.*

67-92 (*Omissis*).

31. Decreto legge 9 febbraio 2012, n. 5, convertito, con modificazioni, in legge 4 aprile 2012, n. 35. — Disposizioni urgenti in materia di semplificazione e di sviluppo. (*estratto*).

Pubblicato nella Gazzetta Ufficiale n. 33 del 9 febbraio 2012, S.O. n. 26; la legge di conversione è stata pubblicata nella Gazzetta Ufficiale n. 82 del 6 aprile 2012.

TITOLO II
Disposizioni in materia di sviluppo

CAPO I
Norme in materia di agenda digitale e sviluppo dei settori della innovazione, ricerca e istruzione, turismo e infrastrutture energetiche

SEZIONE I
Innovazione tecnologica

47 Agenda digitale italiana.

1. Nel quadro delle indicazioni dell'agenda digitale europea, di cui alla comunicazione della Commissione europea COM (2010) 245 definitivo/2 del 26 agosto 2010, il Governo persegue l'obiettivo prioritario della modernizzazione dei rapporti tra pubblica amministrazione, cittadini e imprese, attraverso azioni coordinate dirette a favorire lo sviluppo di domanda e offerta di servizi digitali innovativi, a potenziare l'offerta di connettività a larga banda, a incentivare cittadini e imprese all'utilizzo di servizi digitali e a promuovere la crescita di capacità industriali adeguate a sostenere lo sviluppo di prodotti e servizi innovativi.

1-*bis*. Per le finalità di cui al comma 1, l'Agenzia per l'Italia digitale e le amministrazioni interessate possono stipulare, nel rispetto della legislazione vigente in materia di contratti pubblici e mediante procedure di evidenza pubblica, convenzioni con società concessionarie di servizi pubblici essenziali su tutto il territorio nazionale dotate di piattaforme tecnologiche integrate erogatrici di servizi su scala nazionale e di computer emergency response team. Le amministrazioni interessate provvedono all'adempimento di quanto previsto dal presente comma con le risorse umane, strumentali e finanziarie disponibili a legislazione vigente (1).

[2. È istituita la cabina di regia per l'attuazione dell'agenda digitale italiana, presieduta dal Presidente del Consiglio dei Ministri o da un suo delegato e composta dal Ministro dello sviluppo economico, dal Ministro per la pubblica amministrazione e la semplificazione, dal Ministro per la coesione territoriale, dal Ministro dell'istruzione, dell'università e della ricerca, dal Ministro della salute, dal Ministro dell'economia e delle finanze, dal Ministro delle politiche agricole alimentari e forestali, da un Presidente di regione e da un Sindaco designati dalla Conferenza Unificata. La cabina di regia è integrata dai Ministri interessati alla trattazione di specifiche questioni. La cabina di regia presenta al Parlamento, entro novanta giorni dall'entrata in vigore del presente decreto, avvalendosi anche dell'Agenzia per l'Italia digitale e delle amministrazioni rappresentate nella cabina di regia, un quadro complessivo delle norme vigenti, dei programmi avviati e del loro stato di avanzamento e delle risorse disponibili che costituiscono nel loro insieme l'agenda digitale. Nell'ambito della cabina di regia è istituito con decreto del Presidente del Consiglio dei Ministri il Tavolo permanente per l'innovazione e l'agenda digitale italiana, organismo consultivo permanente composto da esperti in materia di innovazione tecnologica e da esponenti delle imprese private e delle università. Il Presidente del predetto Tavolo è individuato dal Ministro delegato per la semplificazione e la pubblica amministrazione. All'istituzione della cabina di regia di cui al presente comma si provvede con le risorse umane, strumentali e finanziarie disponibili a legislazione vigente e, comunque, senza nuovi o maggiori oneri per la finanza pubblica] (2).

[2-*bis*. La cabina di regia di cui al comma 2, nell'attuare l'agenda digitale italiana nel quadro delle indicazioni sancite dall'agenda digitale europea, persegue i seguenti obiettivi:

a) realizzazione delle infrastrutture tecnologiche e immateriali al servizio delle "comunità intelligenti" (smart communities), finalizzate a soddisfare la crescente domanda di servizi digitali in settori quali la mobilità, il risparmio energetico, il sistema educativo, la sicurezza, la sanità, i servizi sociali e la cultura;

b) promozione del paradigma dei dati aperti (open data) quale modello di valorizzazione del patrimonio informativo pubblico, al fine di creare strumenti e servizi innovativi;

c) potenziamento delle applicazioni di amministrazione digitale (e-government) per il miglioramento dei servizi ai cittadini e alle imprese, per favorire la partecipazione attiva degli stessi alla vita pubblica e per realizzare un'amministrazione aperta e trasparente;

d) promozione della diffusione e del controllo di architetture di cloud computing per le attività e i servizi delle pubbliche amministrazioni;

e) utilizzazione degli acquisti pubblici innovativi e degli appalti pre-commerciali al fine di stimolare la domanda di beni e servizi innovativi basati su tecnologie digitali;

f) infrastrutturazione per favorire l'accesso alla rete internet nelle zone rurali, nonché in grandi spazi pubblici collettivi quali scuole, università, spazi urbani e locali pubblici in genere (3);

g) investimento nelle tecnologie digitali per il sistema scolastico e universitario, al fine di rendere l'offerta educativa e formativa coerente con i cambiamenti in atto nella società;

h) consentire l'utilizzo dell'infrastruttura di cui all'articolo 81, comma 2-*bis*, del codice dell'amministrazione digitale, di cui al decreto legislativo 7 marzo 2005, n. 82, anche al fine di consentire la messa a disposizione dei cittadini delle proprie posizioni debitorie nei confronti dello Stato da parte delle banche dati delle pubbliche amministrazioni di cui all'articolo 2, comma 2, del citato codice di cui al decreto legislativo n.82 del 2005, e successive modificazioni;

i) individuare i criteri, i tempi e le relative modalità per effettuare i pagamenti con modalità informatiche nonché le modalità per il riversamento, la rendicontazione da parte del prestatore dei servizi di pagamento e l'interazione tra i sistemi e i soggetti coinvolti nel pagamento, anche individuando il modello di convenzione che il prestatore di servizi deve sottoscrivere per effettuare il pagamento] (4).

[2-*ter*. Le disposizioni di cui al comma 2-*bis* si applicano, ove possibile tecnicamente e senza nuovi o maggiori oneri per la finanza pubblica, ovvero direttamente o indirettamente aumenti di costi a carico degli utenti, anche ai soggetti privati preposti all'esercizio di attività amministrative] (4).

2-*quater*. Al fine di favorire le azioni di cui al comma 1, in accordo con i principi, gli obiettivi e le procedure definite dal quadro normativo europeo in materia di comunicazioni elettroniche, come recepito nell'ordinamento nazionale dal codice di cui al decreto legislativo 1° agosto 2003, n. 259, l'Autorità per le garanzie nelle comunicazioni può considerare di adottare le misure volte a (5):

a) assicurare l'offerta disaggregata dei prezzi relativi all'accesso all'ingrosso alla rete fissa e ai servizi accessori, in modo che il prezzo del servizio di accesso all'ingrosso alla rete fissa indichi separatamente il costo della prestazione dell'affitto della linea e il costo delle attività accessorie, quali il servizio di attivazione della linea stessa e il servizio di manutenzione correttiva;

b) rendere possibile, per gli operatori richiedenti, acquisire tali servizi anche da imprese terze operanti in regime di concorrenza sotto la vigilanza e secondo le modalità indicate dall'Autorità medesima, assicurando, comunque, il mantenimento della sicurezza della rete (4) (6).

(1) *Comma aggiunto dall'art. 6, comma 14-*bis*, d.l. 23 dicembre 2013, n. 145, conv., con modif., in l. 21 febbraio 2014, n. 9.*

(2) *Comma modificato in sede di conversione; successivamente è stato sostituito dall'art. 13, comma 1, d.l. 21 giugno 2013, n. 69, conv., con modif., in l. 9 agosto 2013, n. 98, modificato dall'art. 18, comma 4, d.l. 24 giugno 2014, n. 90, conv., con modif., in l. 11 agosto 2014, n. 114 e, da ultimo, abrogato dall'articolo 64, comma 3, del d.lgs. 26 agosto 2016, n. 179.*

(3) *Lettera modificata dall'art. 13, comma 1-*bis*, d.l. 21 giugno 2013, n. 69 convertito, con modificazioni, in l. 9 agosto 2013, n. 98.*

(4) *Comma aggiunto e da ultimo abrogato dall'articolo 64, comma 3, del d.lgs. 26 agosto 2016, n. 179.*

(5) *Alinea sostituito dall'art. 32, comma 1, l. 6 agosto 2013, n. 97.*

(6) *Per le regole tecniche per l'attuazione dell'Agenda digitale italiana, v. anche l'art. 24-*ter* del d.l. 24 giugno 2014, n. 90, conv., con modif., in l. 11 agosto 2014, n. 114, sub III, 9.*

32. Decreto legge 22 giugno 2012, n. 83, convertito, con modificazioni, in legge 7 agosto 2012, n. 134. — Misure urgenti per la crescita del Paese. (*estratto*).

Pubblicato nella Gazzetta Ufficiale n. 147 del 26 giugno 2012, S.O. n. 129; la legge di conversione è stata pubblicata nella Gazzetta Ufficiale n. 187 dell'11 agosto 2012.

TITOLO II
Misure urgenti per l'agenda digitale e la trasparenza nella pubblica amministrazione

19 Istituzione dell'Agenzia per l'Italia digitale.

1. È istituita l'Agenzia per l'Italia Digitale, sottoposta alla vigilanza del Presidente del Consiglio dei Ministri o del Ministro da lui delegato (1).

2. L'Agenzia opera sulla base di principi di autonomia organizzativa, tecnico-operativa, gestionale, di trasparenza e di economicità e persegue gli obiettivi di efficacia, efficienza, imparzialità, semplificazione e partecipazione dei cittadini e delle imprese. Per quanto non previsto dal presente decreto all'Agenzia si applicano gli articoli 8 e 9 del decreto legislativo 30 luglio 1999, n. 300 (2).

(1) *Comma modificato dall'art. 13, comma 2, lett.* a), *d.l. 21 giugno 2013, n. 69 convertito, con modificazioni, in l. 9 agosto 2013, n. 98.*

(2) *Comma così modificato in sede di conversione.*

22 (Soppressione di DigitPA e dell'Agenzia per la diffusione delle tecnologie per l'innovazione; successione dei rapporti e individuazione delle effettive risorse umane e strumentali).

1. Dalla data di entrata in vigore del presente decreto, DigitPA e l'Agenzia per la diffusione delle tecnologie per l'innovazione sono soppressi.

2. Al fine di garantire la continuità delle attività e dei rapporti facenti capo alle strutture soppresse, gli organi in carica alla data di entrata in vigore della legge di conversione del presente decreto continuano a svolgere le rispettive funzioni fino alla nomina del direttore generale e deliberano altresì i bilanci di chiusura degli enti soppressi alla data di cessazione degli enti stessi, che sono corredati della relazione redatta dall'organo interno di controllo in carica alla medesima data e trasmessi per l'approvazione alla Presidenza del Consiglio dei Ministri e al Ministero dell'economia e delle finanze. Il Direttore generale esercita in via transitoria le funzioni svolte dagli enti soppressi e dal Dipartimento di cui all'articolo 20, comma 2, in qualità di commissario straordinario, fino alla nomina degli altri organi dell'Agenzia per l'Italia Digitale.

(*Omissis*)

33. Decreto legge 14 dicembre 2018, n. 135, convertito, con modificazioni in legge 11 febbraio 2019, n. 12. — Disposizioni urgenti in materia di sostegno e semplificazione per le imprese e per la pubblica amministrazione. (*estratto*).

Pubblicato nella Gazzetta Ufficiale 14 dicembre 2018, n. 290; la legge di conversione è stata pubblicata nella Gazzetta Ufficiale n. 36 del 12 febbraio 2019.

8 Piattaforme digitali.

1. Ai fini dell'attuazione degli obiettivi di cui all'Agenda digitale italiana anche in coerenza con gli obiettivi dell'Agenda digitale europea, la gestione della piattaforma di cui all'articolo 5, comma 2, del decreto legislativo 7 marzo 2005, n. 82, nonché i compiti, relativi a tale piattaforma, svolti dall'Agenzia per l'Italia digitale, sono trasferiti alla Presidenza del Consiglio dei ministri che a tal fine si avvale, se nominato, del Commissario straordinario di cui all'articolo 63, comma 1, del decreto legislativo 26 agosto 2016, n. 179.

1-*bis*. Il mandato del Commissario straordinario per l'attuazione dell'Agenda digitale, nominato con decreto del Presidente del Consiglio dei ministri 25 ottobre 2018, ai sensi dell'articolo 63 del decreto legislativo 26 agosto 2016, n. 179, nonché l'operatività della relativa struttura di supporto, sono prorogati al 31 dicembre 2019.

1-*ter*. A decorrere dal 1° gennaio 2020, al fine di garantire l'attuazione degli obiettivi dell'Agenda digitale italiana, anche in coerenza con l'Agenda digitale europea, le funzioni, i compiti e i poteri conferiti al Commissario straordinario per l'attuazione dell'Agenda digitale dall'articolo 63 del decreto legislativo 26 agosto 2016, n. 179, sono attribuiti al Presidente del Consiglio dei ministri o al Ministro delegato che li esercita per il tramite delle strutture della Presidenza del Consiglio dei ministri dallo stesso individuate, di concerto con il Ministero dell'economia e delle finanze per le materie di sua competenza. Allo stesso fine e per lo sviluppo e la diffusione dell'uso delle tecnologie tra cittadini, imprese e pubblica amministrazione, il Presidente del Consiglio dei ministri, o il Ministro delegato, individua, promuove e gestisce mediante la competente struttura per l'innovazione della Presidenza del Consiglio dei ministri progetti di innovazione tecnologica e di trasformazione digitale di rilevanza strategica e di interesse nazionale (1).

1-*quater*. A supporto delle strutture della Presidenza del Consiglio dei ministri di cui al comma 1-*ter*, opera un contingente di personale formato da esperti in possesso di specifica ed elevata competenza nello sviluppo e gestione di processi complessi di trasformazione tecnologica e delle correlate iniziative di comunicazione e disseminazione, nonché di significativa esperienza in progetti di trasformazione digitale, ivi compreso lo sviluppo di programmi e piattaforme digitali con diffusione su larga scala. Il contingente opera alle dirette dipendenze delle strutture di cui al comma 1-*ter* ed è composto da personale in posizione di fuori ruolo, comando o altra analoga posizione, prevista dagli ordinamenti di appartenenza, proveniente da ministeri, ad esclusione dei ministeri dell'interno, della difesa, della giustizia, dell'economia e delle finanze e dell'istruzione, dell'università e della ricerca e del personale docente, educativo, amministrativo, tecnico ed ausiliario delle istituzioni scolastiche, ovvero da altre pubbliche amministrazioni, ai sensi dell'articolo 9, comma 2, del decreto legislativo 30 luglio 1999, n. 303, e dell'articolo 17, comma 14, della legge 15 maggio 1997, n. 127. All'atto del collocamento fuori ruolo, laddove disposto, è reso indisponibile un numero di posti equivalente dal punto di vista finanziario nelle amministrazioni di provenienza. Il trattamento economico è corrisposto secondo le modalità previste dall'articolo 9, comma 5-*ter*, del decreto legislativo 30 luglio 1999, n. 303. Il contingente di esperti è altresì composto da personale di società pubbliche partecipate dal Ministero dell'economia e delle finanze, in base a rapporto regolato su base convenzionale, su parere favorevole del Ministero dell'economia e delle finanze, ovvero da personale non appartenente alla pubblica amministrazione. Con decreto del Presidente del Consiglio dei ministri e nei limiti complessivi dello stanziamento di cui al comma 1-*quinquies*, sono definiti la consistenza numerica e le modalità di formazione del contingente, la tipologia del rapporto di lavoro e le modalità di chiamata, la durata e il regime giuridico del rapporto intercorrente con i componenti del contingente, le specifiche professionalità richieste e il compenso spettante per ciascuna professionalità. Gli incarichi conferiti ad esperti con provvedimento adottato anteriormente al 30 dicembre 2019 sono confermati sino alla scadenza prevista nell'atto di conferimento ovvero nell'eventuale atto di rinnovo (2) (3) (4).

1-*quinquies*. Agli oneri derivanti dall'attuazione dei commi 1-*ter* e 1-*quater*, anche per spese di missione e per l'acquisto di servizi immediatamente correlate ai progetti di cui al comma 1-*ter*, pari a 6 milioni di euro annui a decorrere dall'anno 2020, si provvede (5):

a) quanto a 4 milioni di euro per l'anno 2020, mediante corrispondente riduzione dello stanziamento del fondo speciale di parte corrente iscritto, ai fini del bilancio triennale 2019-2021, nell'ambito del programma "Fondi di riserva e speciali" della missione "Fondi da ripartire" dello stato di previsione del Ministero dell'economia e delle finanze per l'anno 2019, allo scopo parzialmente utilizzando l'accantonamento relativo al Ministero dell'economia e delle finanze;

b) quanto a 2 milioni di euro per l'anno 2020 e a 6 milioni di euro a decorrere dall'anno 2021, mediante riduzione dell'autorizzazione di spesa di cui all'articolo 1, comma 200, della legge 23 dicembre 2014, n. 190, relativa al Fondo per esigenze indifferibili.

2. Entro 120 giorni dalla data di entrata in vigore del presente decreto, per lo svolgimento delle attività di cui al comma 1, sulla base degli obiettivi indicati con direttiva adottata dal Presidente del Consiglio dei ministri, è costituita una società per azioni interamente partecipata dallo Stato, ai sensi dell'articolo 9 del decreto legislativo 19 agosto 2016, n. 175, secondo criteri e modalità individuati con decreto del Presidente del Consiglio dei ministri, utilizzando ai fini della sottoscrizione del capitale sociale iniziale quota parte delle risorse finanziarie già destinate dall'Agenzia per l'Italia digitale per le esigenze della piattaforma di cui al comma 1, secondo procedure definite con decreto del Presidente del Consiglio dei ministri. Le predette risorse finanziarie sono versate, nell'anno 2019, all'entrata del bilancio dello Stato per essere riassegnate allo stato di previsione del Ministero dell'economia e delle finanze e destinate al bilancio autonomo della Presidenza del Consiglio dei ministri. Nello statuto della società sono previste modalità di vigilanza, anche ai fini della verifica degli obiettivi di cui al comma 1, da parte del Presidente del Consiglio dei ministri o del Ministro delegato.

3. Al Presidente del Consiglio dei ministri sono attribuite le funzioni di indirizzo, coordinamento e supporto tecnico delle pubbliche amministrazioni, che le esercita avvalendosi della società di cui al comma 2, per assicurare la capillare diffusione del sistema di pagamento elettronico attraverso la piattaforma di cui all'articolo 5, comma 2, del decreto legislativo n. 82 del 2005. Per la progettazione, lo sviluppo, la gestione e l'implementazione del punto di accesso telematico di cui all'articolo 64-*bis* del decreto legislativo n. 82 del 2005 e della piattaforma di cui all'articolo 50-*ter* del medesimo decreto legislativo n. 82 del 2005, la Presidenza del Consiglio dei ministri si avvale della società di cui al comma 2. Le attività di sviluppo e implementazione sono realizzate nei limiti delle risorse iscritte nel bilancio autonomo della Presidenza del Consiglio dei ministri e destinate ai progetti e alle iniziative per l'attuazione dell'Agenda digitale. Alla compensazione degli effetti finanziari in termini di fabbisogno e di indebitamento netto derivanti dal primo periodo, pari a 5 milioni di euro per ciascuno degli anni 2019, 2020, 2021, si provvede mediante corrispondente riduzione del Fondo di cui all'articolo 6, comma 2, del decreto-legge 7 ottobre 2008, n. 154, convertito, con modificazioni, dalla legge 4 dicembre 2008, n. 189 (6).

4. All'articolo 65, comma 2, del decreto legislativo 13 dicembre 2017, n. 217, le parole « 1° gennaio 2019 » sono sostituite dalle seguenti: « 31 dicembre 2019 ».

5. All'articolo 65 del decreto legislativo 13 dicembre 2017, n. 217, il comma 7 è sostituito dal seguente: « 7. Con decreto del Presidente del Consiglio dei ministri, sentiti l'Agenzia per l'Italia digitale e il Garante per la protezione dei dati personali, sono adottate le misure necessarie a garantire la conformità dei servizi di posta elettronica certificata di cui agli articoli 29 e 48 del decreto legislativo del 7 marzo 2005, n. 82, al regolamento (UE) n. 910/2014 del Parlamento europeo e del Consiglio, del 23 luglio 2014, in materia di identificazione elettronica e servizi fiduciari per le transazioni elettroniche nel mercato interno e che abroga la direttiva 1999/93/CE. A far data dall'entrata in vigore del decreto di cui al primo periodo, l'articolo 48 del decreto legislativo n. 82 del 2005 è abrogato. ».

(1) *L'ultimo periodo è stato aggiunto dall'art. 1, comma 401 l. 27 dicembre 2019, n. 160.*

(2) *Le parole* « ovvero nell'eventuale atto di rinnovo » *sono state aggiunte dall'art. 1, comma 14, d.l. 31 dicembre 2020, n. 183, conv., con modif., in l. 26 febbraio 2021, n. 21.*

(3) *L'ultimo periodo è stato aggiunto dall'art. 76, comma 2, d.l. 17 marzo 2020, n. 18, conv., con modif., in l. 24 aprile 2020, n. 27.*

(4) *Comma sostituito dall'articolo 42, comma 2, lett.* a), *del d.l. 30 dicembre 2019, n. 162, conv., con modif., in l. 28 febbraio 2020 n. 8. Il testo del comma, come inserito in sede di conversione in l. 11 febbraio 2019, n. 12, era il seguente:* « 1-*quater*. Per l'esercizio delle funzioni di cui al comma 1-*ter*, il Presidente del Consiglio dei ministri, o il Ministro delegato, si avvale di un contingente di esperti messi a disposizione delle strutture di cui al medesimo comma 1-*ter*, in possesso di specifica ed elevata competenza tecnologica e di gestione di processi complessi, nonché di significativa esperienza in tali materie, ivi compreso lo sviluppo di programmi e piattaforme digitali con diffusione su larga scala, da nominare ai sensi dell'articolo 9 del decreto legislativo 30 luglio 1999, n. 303. Con apposito decreto del Presidente del Consiglio dei ministri, sono individuati il contingente di tali esperti e la relativa composizione, con le specifiche qualificazioni richieste ed i relativi compensi ».

(5) *Le parole* « da 1-ter a » *sono state sostituite alle parole* « da 1-bis a » *e le parole* « anche per spese di missione e per l'acquisto di servizi immediatamente correlate ai progetti di cui al comma 1-ter, » *sono state inserite dall'art. 42, comma 2, lett.* b), *d.l. n. 162, cit.*

(6) *Le parole* « che le esercita avvalendosi » *sono state sostituite alle parole* « anche utilizzando le competenze e le strutture » *e le parole da* « . Per la progettazione, lo sviluppo, » *a* « della società di cui al comma 2 » *sono state sostituite alle parole* «, nonché lo sviluppo e l'implementazione del punto di accesso telematico di cui all'articolo 64-*bis* del decreto legislativo n. 82 del 2005 e della piattaforma di cui all'articolo 50-*ter* del medesimo decreto legislativo n. 82 del 2005 » *dall'art. 42, comma 2, lett.* c), *d.l. n. 162, cit.*

8-*ter* Tecnologie basate su registri distribuiti e smart contract.

1. Si definiscono "tecnologie basate su registri distribuiti" le tecnologie e i protocolli informatici che usano un registro condiviso, distribuito, replicabile, accessibile simultaneamente, architetturalmente decentralizzato su basi crittografiche, tali da consentire la registrazione, la convalida, l'aggiornamento e l'archiviazione di dati sia in chiaro che ulteriormente protetti da crittografia verificabili da ciascun partecipante, non alterabili e non modificabili.

2. Si definisce "smart contract" un programma per elaboratore che opera su tecnologie basate su registri distribuiti e la cui esecuzione vincola automaticamente due o più parti sulla base di effetti predefiniti dalle stesse. Gli smart contract soddisfano il requisito della forma scritta previa identificazione informatica delle parti interessate, attraverso un processo avente i requisiti fissati dall'Agenzia per l'Italia digitale con linee guida da adottare entro novanta giorni dalla data di entrata in vigore della legge di conversione del presente decreto.

3. La memorizzazione di un documento informatico attraverso l'uso di tecnologie basate su registri distribuiti produce gli effetti giuridici della validazione temporale elettronica di cui all'articolo 41 del regolamento (UE) n. 910/2014 del Parlamento europeo e del Consiglio, del 23 luglio 2014.

4. Entro novanta giorni dalla data di entrata in vigore della legge di conversione del presente decreto, l'Agenzia per l'Italia digitale individua gli standard tecnici che le tecnologie basate su registri distribuiti debbono possedere ai fini della produzione degli effetti di cui al comma 3.

34. Decreto legge 30 dicembre 2019, n. 162, convertito, con modificazioni, in legge 28 febbraio 2020, n. 8. — Disposizioni urgenti in materia di proroga di termini legislativi, di organizzazione delle pubbliche amministrazioni, nonché di innovazione tecnologica. (*estratto*).

Pubblicato nella Gazzetta Ufficiale n. 305 del 31 dicembre 2019; la legge di conversione è stata pubblicata nella Gazzetta Ufficiale n. 51 del 29 febbraio 2020.

CAPO III
Misure in materia di innovazione tecnologica

42 Agenda digitale.

1. Per lo svolgimento delle funzioni nella materia dell'innovazione tecnologica, anche al fine di favorire la diffusione di processi di innovazione tecnologica delle imprese e start-up, nonché nelle materie dell'attuazione dell'agenda digitale e della trasformazione digitale del Paese con particolare riferimento alle infrastrutture digitali materiali e immateriali, alle tecnologie e servizi di rete, allo sviluppo ed alla diffusione dell'uso delle tecnologie tra cittadini, imprese e pubbliche amministrazioni, alla diffusione dell'educazione e della cultura digitale anche attraverso il necessario raccordo e coordinamento con le organizzazioni internazionali ed europee operanti nel settore, la Presidenza del Consiglio dei ministri può avvalersi, ai sensi dell'articolo 9, comma 2, del decreto legislativo 30 luglio 1999, n. 303, e dell'articolo 17, comma 14, della legge 15 maggio 1997, n. 127, in aggiunta al contingente di personale di cui alla tabella B allegata al decreto del Presidente del Consiglio dei ministri 17 febbraio 2010, di un contingente di personale in posizione di fuori ruolo, comando o altra analoga posizione, prevista dagli ordinamenti di provenienza, composto da sette unità con qualifica non dirigenziale, proveniente dai ministeri, ad esclusione dei Ministeri dell'interno, della difesa, della giustizia, dell'economia e delle finanze e dell'istruzione, dell'università e della ricerca, del personale docente educativo, amministrativo, tecnico ed ausiliario delle istituzioni scolastiche, ovvero da altre pubbliche amministrazioni. All'atto del collocamento fuori ruolo, laddove disposto, è reso indisponibile un numero di posti equivalente dal punto di vista finanziario nelle amministrazioni di provenienza. Il trattamento economico è corrisposto secondo le modalità previste dall'articolo 9, comma 5-*ter*, del decreto legislativo 30 luglio 1999, n. 303. Alla copertura dei relativi oneri si provvede attingendo agli stanziamenti ordinari di bilancio della Presidenza del Consiglio dei ministri. I posti del personale in comando non si considerano disponibili ai fini di nuove assunzioni presso la Presidenza del Consiglio dei ministri (1).

2. (*Omissis*) (2).

3. All'articolo 5, comma 2, del decreto legislativo 7 marzo 2005, n. 82, le parole « l'AgID » sono sostituite dalle seguenti: « la Presidenza del Consiglio dei ministri. ».

(1) *Ai sensi dell'art. 8, comma 11, d.l. 1° marzo 2021, n. 22, conv., con modif., in l. 22 aprile 2021, n. 55, il contingente di cui al presente comma è incrementato di 15 unità nel limite massimo di spesa di euro 600.000 annui a decorrere dal 2021.*

(2) *Modifica l'art. 8 del d.l. 14 dicembre 2018, n. 135, conv., con modif., in l. 11 febbraio 2019, n. 12, riportato sub* III, 33.

SEZIONE TERZA
CONTRATTI E OBBLIGAZIONI

CAPO I
CONTRATTI PUBBLICI (1)

(1) *Per ulteriori disposizioni in materia di contratti pubblici, v. il d.l. 16 luglio 2020, n. 76, conv., con modif., in l. 11 settembre 2020, n. 120, sub VIII, 1 e, in particolare, gli artt. 1-9.*

35. Regio decreto 18 novembre 1923, n. 2440. — Nuove disposizioni sull'amministrazione del patrimonio e sulla contabilità generale dello Stato. (*estratto*).

Pubblicato nella Gazzetta Ufficiale n. 275 del 23 novembre 1923.

TITOLO I
Del patrimonio dello Stato. Dei contratti

1 I beni immobili dello Stato, tanto pubblici quanto posseduti a titolo di privata proprietà, sono amministrati a cura del Ministero del tesoro, del bilancio e della programmazione economica, salve le eccezioni stabilite da leggi speciali.

I beni immobili assegnati ad un servizio governativo s'intendono concessi in uso gratuito al ministero da cui il servizio dipende e sono da esso amministrati. Tosto che cessi tale uso passano all'amministrazione delle finanze.

Ciascun ministero provvede all'amministrazione dei beni mobili assegnati ad uso proprio o di servizi da esso dipendenti, salve le disposizioni speciali riguardanti i mobili di ufficio.

2 A cura del Ministro del tesoro, del bilancio e della programmazione economica deve formarsi l'inventario dei beni immobili di pertinenza dello Stato, distinguendo quelli destinati in servizio governativo dagli altri, e indicando gli elementi atti a farne conoscere la consistenza ed il valore.

Ciascun ministro deve far compilare l'inventario dei mobili e dei materiali di spettanza dello Stato.

Il regolamento determinerà le norme per la formazione e la conservazione dei detti inventari (1).

(1) *V. gli artt. 2, 3, 4, 11, 12, 13, 14, 15, 17, 19, 22, 23, 24, 25, 27 e 28 r.d. 23 maggio 1924, n. 827.*

3 I contratti dai quali derivi un'entrata per lo Stato debbono essere preceduti da pubblici incanti, salvo che per particolari ragioni, delle quali dovrà farsi menzione nel decreto di approvazione del contratto, e limitatamente ai casi da determinare con il regolamento, l'amministrazione non intenda far ricorso alla licitazione ovvero nei casi di necessità alla trattativa privata (1).

I contratti dai quali derivi una spesa per lo Stato debbono essere preceduti da gare mediante pubblico incanto o licitazione privata, a giudizio discrezionale dell'amministrazione (2).

Sono escluse dal fare offerte per tutti i contratti le persone o ditte che nell'eseguire altra impresa si siano rese colpevoli di negligenza o malafede. L'esclusione è dichiarata con atto insindacabile della competente amministrazione centrale, la quale ne dà comunicazione alle altre amministrazioni (3).

(1) *Comma sostituito dall'art. 2 d.P.R. 30 giugno 1972, n. 627.*
(2) *Comma aggiunto dall'art. 2 d.P.R. n. 627, cit.*
(3) *Per i casi in cui è consentita la licitazione privata, nonché le norme per il relativo procedimento v. gli artt. 38, 39, 89 e 90 r.d. 23 maggio 1924, n. 827. Gli articoli da 63 a 88 dello stesso decreto dettano invece le norme per il procedimento da seguire per i pubblici incanti.*

4 Per speciali lavori o forniture possono invitarsi le persone o ditte ritenute idonee a presentare, in base a prestabilite norme di massima, i progetti tecnici e le condizioni alle quali siano disposte ad eseguirli.

Nei modi e nelle forme che saranno stabilite nell'invito, si procede, a giudizio insindacabile dell'amministrazione, alla scelta del progetto che risulti preferibile, tenuto conto degli elementi economici e tecnici delle singole offerte e delle garanzie di capacità e serietà che presentano gli offerenti, e si fa quindi luogo alla stipulazione del contratto.

Nessun compenso o rimborso spetta alle persone o ditte per la compilazione dei progetti presentati (1).

(1) *V. inoltre gli artt. 40 e 91 r.d. 23 maggio 1924, n. 827.*

5 I progetti di contratti devono essere comunicati al Consiglio di Stato, per averne il parere, quando l'importo previsto superi euro 309.874,13 se si tratta di contratti da stipularsi dopo pubblici incanti o euro 154.937,06 se da stipularsi dopo privata licitazione o nel modo di cui al precedente articolo 4 (1).

Il Consiglio di Stato darà il parere, tanto sulla regolarità del contratto, quanto sulla convenienza amministrativa, al quale uopo gli saranno forniti dai ministeri i documenti, le giustificazioni e le notizie che riterrà di chiedere.

Il parere del Consiglio di Stato sarà dal ministero comunicato alla Corte dei conti a corredo del decreto di approvazione del contratto, del quale viene chiesta la registrazione.

Per ragioni di evidente urgenza, prodotte da circostanze non prevedibili, da farsi risultare nel decreto di approvazione del contratto, potranno comunicarsi al Consiglio di Stato, prima dell'approvazione ministeriale, in luogo dei progetti di contratti, i verbali di aggiudicazione o gli schemi di contratto sottoscritti dalla parte (2).

(1) *Gli importi di cui al presente comma sono stati aumentati di 60 volte ai sensi della legge 10 dicembre 1953, n. 936, di 240 volte ai sensi del d.P.R. 30 giugno 1972, n. 422, e, da ultimo, di 2000 volte ai sensi dell'articolo 20 del d.P.R. 20 aprile 1994, n. 367, entrato in vigore il 1° novembre 1995 in base a quanto disposto dall'articolo 2 del d.l. 28 agosto 1995, n. 359.*

(2) *V., anche, l'art. 42 r.d. 23 maggio 1924, n. 827. Per quanto riguarda l'elencazione tassativa dei casi in cui deve essere reso il parere obbligatorio del Consiglio di Stato, v. l'art. 17 l. 15 maggio 1997, n. 127.*

5-*bis* (1) [1. Per l'acquisto di autoveicoli, motoveicoli, mezzi di trasporto in genere e loro parti di ricambio, prodotti dall'industria nazionale ovvero da un'industria di uno Stato membro della Comunità europea, nonché per l'acquisto di carburanti, lubrificanti e ossigeno liquido avio destinati alle Forze armate e forniti dall'industria nazionale ovvero da un'industria di uno Stato membro della Comunità europea, non si applica il disposto del precedente art. 5 e quello del successivo art. 6, secondo comma].

(1) *Articolo dapprima aggiunto dall'art. 3 d.P.R. 30 giugno 1972, n. 627, successivamente sostituito dall'art. 13 l. 22 febbraio 1994, n. 146 e, da ultimo, abrogato dall'art. 2268, comma 1, n. 22, d.lgs. 15 marzo 2010, n. 66 con effetto a decorrere dal 9 ottobre 2010.*

6 Qualora, per speciali ed eccezionali circostanze, che dovranno risultare nel decreto di approvazione del contratto, non possano essere utilmente seguite le forme indicate negli artt. 3 e 4, il contratto potrà essere concluso a trattativa privata.

Se l'importo previsto superi euro 77.468,53 il progetto di contratto o, nel caso di cui al precedente art. 5, comma ultimo, lo schema di contratto firmato dalla ditta contraente sarà, ai sensi dell'articolo medesimo, comunicato al Consiglio di Stato per il parere (1) (2).

(1) *Gli importi di cui al presente comma sono stati aumentati di 60 volte ai sensi della legge 10 dicembre 1953, n. 936, di 240 volte ai sensi del d.P.R. 30 giugno 1972, n. 422, e, da ultimo, di 2000 volte ai sensi dell'art. 20 d.P.R. 20 aprile 1994, n. 367, entrato in vigore il 1° novembre 1995 in virtù dell'art. 2 d.l. 28 agosto 1995, n. 359.*

(2) *V., anche, gli artt. 41, 42 e 101 r.d. 23 maggio 1924, n. 827. Per la deroga alle disposizioni di cui al presente articolo v. l'art. 15 l. 7 giugno 2000, n. 150. Per quanto riguarda l'elencazione tassativa dei casi in cui deve essere reso il parere obbligatorio del Consiglio di Stato, v. l'art. 17 l. 15 maggio 1997, n. 127.*

7 Ove il contratto riguardi materia per la quale esistono capitolati d'oneri approvati dopo sentito il Consiglio di Stato e le condizioni del contratto siano conformi a quelle dei detti capitolati, i limiti di somma stabiliti per il parere del Consiglio stesso dagli artt. 5 e 6 sono aumentati della metà (1).

(1) *V., anche, gli artt. 42, dal 45 al 62, 99, 107, 109 e 114 del r.d. 23 maggio 1924, n. 827. Per quanto riguarda l'elencazione tassativa dei casi in cui deve essere reso il parere obbligatorio del Consiglio di Stato, v. l'art. 17, commi 26 e 27, l. 15 maggio 1997, n. 127.*

8 [I servizi che per la loro natura debbono farsi in economia sono determinati e retti da speciali regolamenti approvati con decreto reale previo parere del Consiglio di Stato.

Quando ricorrano speciali circostanze potranno eseguirsi in economia, in base ad autorizzazione data con decreto motivato del ministro, servizi non preveduti dai regolamenti. Sarà in tal caso sentito il Consiglio di Stato, ove l'importo superi euro 30.987,41 (1) (2)].

(1) *Articolo abrogato dall'art. 14 d.P.R. 20 agosto 2001, n. 384.*

(2) *Importo aumentato dall'art. 7 l. 13 maggio 1961, n. 469, successivamente, dall'art. unico l. 30 giugno 1972, n. 422, e, da ultimo, dall'art. 20 d.P.R. 20 aprile 1994, n. 367.*

9 Qualora, nella esecuzione di un contratto, pel quale non sia intervenuto il parere del Consiglio di Stato, sorga la necessità di arrecarvi mutamenti che ne facciano crescere l'ammontare oltre i limiti indicati negli articoli 5, 6 e 7 prima che si provveda al pagamento finale, dovranno gli atti relativi comunicarsi al Consiglio di Stato per il parere (1).

Se trattasi di spese in economia gli atti dovranno comunicarsi al Consiglio di Stato, quando l'importo preveduto in cifra non eccedente euro 30.987,41, venga nel fatto a superare tale somma (2) (3).

(1) *Per l'elencazione tassativa dei casi in cui deve essere reso il parere obbligatorio del Consiglio di Stato, v. l'art. 17 l. 15 maggio 1997, n. 127.*

(2) *Gli importi di cui al presente comma sono stati aumentati di 60 volte ai sensi della legge 10 dicembre 1953, n. 936, di 240 volte ai sensi del d.P.R. 30 giugno 1972, n. 422, e, da ultimo, di 2000 volte ai sensi dell'art. 20 d.P.R. 20 aprile 1994, n. 367, entrato in vigore il 1° novembre 1995 in virtù dell'art. 2 del d.l. 28 agosto 1995, n. 359.*

(3) *V., inoltre, gli artt. 44 e 119 r.d. 23 maggio 1924, n. 827.*

10 Per l'acquisto all'estero di combustibili, di tabacchi, di beni la cui produzione è garantita da privativa industriale, di macchinari, di strumenti ed oggetti di precisione che solo ditte straniere possono fornire con i requisiti tecnici ed il grado di perfezione richiesti, nonché per l'esecuzione all'estero di lavori relativi ai beni predetti e per il noleggio delle navi destinate ai trasporti di combustibili, l'amministrazione può provvedere direttamente nei luoghi di produzione e nei principali mercati stranieri a trattativa privata (1).

Ai relativi contratti non sono applicabili le norme contenute negli articoli 5, 6, secondo comma, e 19 del presente decreto (2).

Per l'acquisto e la permuta all'estero di terreni edificatori ed edifici da destinarsi a sedi di rappresentanze diplomatiche e consolari non si applica il disposto degli articoli 5 e 6, secondo comma, del presente decreto (2).

Alle relative convenzioni non è applicabile il disposto degli articoli 5, 6, 2° comma, e 19 del presente decreto.

(1) *Comma sostituito dall'art. 1 d.P.R. 30 giugno 1972, n. 627.*

(2) *Comma aggiunto dall'art. 1 d.P.R. n. 627, cit.*

11 [Qualora, nel corso di esecuzione di un contratto, occorra un aumento od una diminuzione nelle opere, lavori o forniture, l'appaltatore è obbligato ad assoggettarvisi, alle stesse condizioni, fino a concorrenza del quinto del prezzo di appalto. Al di là di questo limite egli ha diritto alla risoluzione del contratto.

In questo caso sarà all'appaltatore pagato il prezzo delle opere, dei lavori o delle forniture eseguite, a termini di contratto.

L'aumento entro il limite del quinto della somma preventivata non rende, in verun caso, necessario il parere del Consiglio di Stato] (1) (2).

(1) *V., inoltre, gli artt. 111, 119 e 120 r.d. 23 maggio 1924, n. 827. Per l'elencazione tassativa dei casi in cui deve essere reso il parere obbligatorio del Consiglio di Stato, v. l'art. 17, commi 26 e 27, l. 15 maggio 1997, n. 127.*

(2) *Articolo abrogato dall'art. 217, comma 1, lettera* b), *d.lgs. 18 aprile 2016, n. 50, a decorrere dal 19 aprile 2016, ai sensi di quanto disposto dall'art. 220 del medesimo d.lgs. n. 50/2016.*

12 I contratti debbono avere termini e durata certa e non possono essere stipulati con onere continuativo per lo Stato, se non per ragioni di assoluta convenienza o necessità da indicarsi nel decreto di approvazione del contratto.

Per le spese ordinarie la durata non può oltrepassare i nove anni.

Non si possono stipulare interessi e provvigioni a favore di fornitori e intraprenditori sulle somme che fossero obbligati di anticipare per l'esecuzione dei contratti.

Nei contratti per forniture, trasporti e lavori non si può stipulare l'obbligo di far pagamenti in conto, se non in ragione dell'opera prestata o della materia fornita.

[Non sono compresi in questo divieto i contratti stipulati con stabilimenti di opere pie e con case e stabilimenti commerciali e industriali di notoria solidità, i quali non usino assumere incarico di lavori o di provviste senza anticipazione di parte del prezzo né i contratti per la costruzione di navi, di corazze o di artigliere] (1).

Con decreto del Ministero del Tesoro può consentirsi, per periodi di durata determinata, che, in deroga a quanto disposto dal precedente quarto comma, le amministrazioni dello Stato, comprese quelle autonome, anticipino fino al 10 per cento del prezzo, a fronte della prestazione di idonee garanzie bancarie o equivalenti da parte del contraente; l'erogazione dell'anticipazione è subordinata all'avvenuto inizio dei lavori, ovvero dell'esecuzione della fornitura. La misura dell'anticipazione, il graduale recupero della medesima e il grado delle garanzie, sono stabiliti con il suddetto decreto (2) (3).

Le anticipazioni sono revocate ove l'esecuzione del contratto non sia proseguita secondo gli obblighi contrattuali. In tal caso spettano all'Amministrazione anche gli interessi legali sulle somme anticipate (2).

Le disposizioni di cui ai precedenti commi sesto e settimo si applicano agli enti locali e agli altri enti pubblici nonché agli istituti ed aziende operanti comunque nell'ambito della pubblica amministrazione (2).

(1) *Comma abrogato dall'art. 2 d.l. 2 marzo 1989, n. 65.*

(2) *Comma aggiunto dall'art. 2 d.P.R. 30 giugno 1972, n. 627.*

(3) *Comma sostituito dall'art. 2 d.l. n. 65, cit.*

13 Deve essere nuovamente sentito il Consiglio di Stato, prima di rescindere o variare un contratto per causa in esso prevista, se il contratto stesso venne già sottoposto all'esame di detto Consiglio (1).

(1) *V., inoltre, gli artt. 44, 107 e 111 r.d. 23 maggio 1924, n. 827. Per l'elencazione tassativa dei casi in cui deve essere reso il parere obbligatorio del Consiglio di Stato, v. l'art. 17, commi 26 e 27, l. 15 maggio 1997, n. 127.*

14 Deve essere sentito il parere del Consiglio di Stato prima di approvare gli atti di transazione diretti a prevenire od a troncare contestazioni giudiziarie qualunque sia l'oggetto della controversia, quando ciò che l'amministrazione dà o abbandona sia determinato o determinabile in somma eccedente euro 10.329,13 (1).

A formare la somma anzidetta concorrono le transazioni che siano intervenute precedentemente per lo stesso oggetto o per l'esecuzione del medesimo contratto.

Deve essere sentito il Consiglio di Stato anche per le transazioni di minore importo, quando l'amministrazione non si uniformi per esse all'avviso espresso dall'avvocatura erariale (2).

(1) *Le somme di cui al presente comma sono state aumentate di 60 volte ai sensi della legge 10 dicembre 1953, n. 936, di 240 ai sensi del d.P.R. 30 giugno 1972, n. 422, e, da ultimo, di 1000 volte ai sensi dell'art. 20 d.P.R. 20 aprile 1994, n. 367.*

(2) *Per l'elencazione tassativa dei casi in cui deve essere reso il parere obbligatorio del Consiglio di Stato, v. l'art. 17, commi 26 e 27, l. 15 maggio 1997, n. 127.*

15 Deve essere sentito il Consiglio di Stato, qualunque sia l'oggetto ed il valore del contratto, nei casi nei quali si tratti di riconoscere se siano in tutto od in parte applicabili le clausole penali stipulate a carico dei fornitori o appaltatori, quando la somma in controversia o che l'amministrazione abbandoni superi euro 2582,28 (1).

La sospensione dei lavori o il prolungamento dei termini, per cause non previste dal contratto debbono risultare da atti addizionali al contratto stesso. Su tali atti deve essere sentito il Consiglio di Stato, se la durata della sospensione o il prolungamento dei termini siano indeterminati o tali che vi corrisponda, secondo il contratto originario, una penalità eccedente euro 2.582,28 (1) (2).

(1) *Le somme di cui al presente comma sono state aumentate di 60 volte ai sensi della legge 10 dicembre 1953, n. 936, di 240 volte ai sensi del d.P.R. 30 giugno 1972, n. 422, e, da ultimo, di 1000 volte ai sensi dell'art. 20 d.P.R. 20 aprile 1994, n. 367.*

(2) *V., inoltre, l'art. 50 r.d. 23 maggio 1924, n. 827. Per l'elencazione tassativa dei casi in cui deve essere reso il parere obbligatorio del Consiglio di Stato, v. l'art. 17, commi 26 e 27, l. 15 maggio 1997, n. 127.*

16 I contratti sono stipulati da un pubblico ufficiale delegato a rappresentare l'amministrazione e ricevuti da un funzionario designato quale ufficiale rogante, con le norme stabilite dal regolamento.

I processi verbali di aggiudicazione nelle aste e nelle licitazioni private sono parimenti formati da quest'ultimo funzionario.

I contratti ed i verbali anzidetti hanno forza di titolo autentico.

I processi verbali di aggiudicazione definitiva, in seguito ad incanti pubblici o a private licitazioni, equivalgono per ogni legale effetto al contratto.

Il deliberatario non può impugnare l'efficacia dell'atto o incanto pel motivo che non sia stato da lui firmato il relativo verbale d'asta o di licitazione privata (1).

(1) *V., inoltre, gli artt. 63, 88 e da 93 a 102 r.d. 23 maggio 1924, n. 827.*

16-*bis* Le spese di copia, stampa, carta bollata e tutte le altre inerenti ai contratti sono a carico dei contraenti con l'amministrazione dello Stato.

Sono altresì a carico di detti contraenti le spese di registrazione dei contratti, in conformità del disposto dell'articolo 55 del decreto del Presidente della Repubblica 26 ottobre 1972, n. 634, sull'imposta di registro.

Le spese di copia di cui al precedente primo comma sono determinate sulla base di apposite tariffe predisposte dal Provveditorato generale dello Stato e approvate con decreto del Ministro del tesoro, del bilancio e della programmazione economica. Dette tariffe si applicano anche nei confronti delle ditte cui siano affidati eccezionalmente lavori di copia.

Gli importi delle spese di cui al primo comma, nonché quelle di cui al secondo comma, sono versati dal contraente, entro cinque giorni dalla data di stipulazione del contratto, sul conto corrente postale intestato alla sezione di tesoreria provinciale dello Stato e con imputazione ad apposito capitolo dello stato di Previsione dell'entrata del bilancio dello Stato o del bilancio delle amministrazioni o aziende autonome. La causale del versamento dovrà indicare, oltre il capitolo di entrata sul quale affluisce l'importo, la specificazione analitica delle spese da comunicarsi dall'ufficiale rogante o, ove occorra, dal funzionario che stipula il contratto, all'atto della stipulazione del medesimo.

L'attestato del versamento di cui al comma precedente deve essere consegnato all'amministrazione per essere allegato al contratto.

In caso di ritardo nel versamento, l'importo delle spese di cui al primo comma è aumentato degli interessi legali decorrenti dalla scadenza del termine fissato dal precedente quarto comma fino alla data dell'effettivo versamento sul conto corrente postale.

In caso di mancato versamento ovvero di mancata consegna dell'attestato di versamento, l'amministrazione trattiene la somma dovuta dal contraente, aumentata degli interessi, sul primo pagamento relativo al contratto e la versa direttamente al capitolo di entrata di cui al precedente quarto comma (1).

(1) *Articolo aggiunto dall'art. 1 l. 27 dicembre 1975, n. 790.*

16-*ter* Il pagamento delle spese di cui al primo e secondo comma del precedente articolo è eseguito in contanti dal cassiere per i contratti stipulati dalle amministrazioni centrali, anche autonome, e dal funzionario delegato per quelli stipulati da uffici periferici, sulla base di ordini di accreditamento emessi a loro favore su apposito capitolo da istituire negli stati di previsione della spesa dei singoli Ministeri e nei bilanci delle amministrazioni ed aziende autonome.

Ai fini di cui al precedente comma, l'atto approvativo del contratto deve contenere l'attestazione circa la disponibilità della somma necessaria al pagamento delle spese di registrazione.

Restano comunque fermi gli obblighi e le responsabilità previsti dalle vigenti disposizioni sull'imposta di registro a carico del pubblico ufficiale che ha redatto l'atto.

I rendiconti delle spese di cui al precedente primo comma sono sottoposti al controllo delle ragionerie centrali e della Corte dei conti se si riferiscono a contratti stipulati dalle amministrazioni centrali ed al controllo delle ragionerie regionali dello Stato e delle delegazioni regionali della Corte dei conti competenti per territorio se si riferiscono a contratti stipulati dagli uffici periferici.

Per i contratti stipulati dagli uffici centrali e periferici delle amministrazioni ed aziende autonome il controllo di cui al comma precedente è eseguito dagli uffici o servizi centrali di ragioneria e dalla Corte dei conti. Per le amministrazioni ed aziende autonome che hanno uffici o servizi di ragioneria decentrati il controllo sui rendiconti delle spese relative a contratti stipulati dagli uffici periferici è esercitato dai citati uffici o servizi di ragioneria e dalle delegazioni regionali della Corte dei conti competenti per territorio (1).

(1) *Articolo aggiunto dall'art. 1 l. 27 dicembre 1975, n. 790.*

17 I contratti a trattativa privata, oltre che in forma pubblica amministrativa nel modo indicato al precedente art. 16, possono anche stipularsi:

per mezzo di scrittura privata firmata dall'offerente e dal funzionario rappresentante l'amministrazione;

per mezzo di obbligazione stessa appiedi del capitolato;

con atto separato di obbligazione sottoscritto da chi presenta l'offerta;

per mezzo di corrispondenza, secondo l'uso del commercio, quando sono conclusi con ditte commerciali (1).

(1) *V., inoltre, gli artt. 94 e 101 r.d. 23 maggio 1924, n. 827.*

18 I contratti stipulati con ditte o società commerciali devono contenere l'indicazione delle persone legalmente autorizzate a riscuotere e quietanzare.

L'accertamento della capacità dello stipulante ad impegnare legalmente la ditta o società, come pure il riconoscimento della facoltà delle persone che nei contratti vengono designate a riscuotere, incombe al funzionario rogante, nei contratti in forma pubblica amministrativa, ed al funzionario che stipula e riceve l'impegno contrattuale, nei contratti in forma privata.

I pagamenti fatti alle persone autorizzate dai creditori a riscuotere per loro conto ed a rilasciare quietanza si ritengono validamente, eseguiti, finché la revoca del mandato, conferito alle persone stesse, non sia notificata nelle forme di legge alle amministrazioni, agli uffici, agli enti o ai funzionari cui spetta ordinare il pagamento, salvo il disposto del secondo comma dell'art. 69 del presente decreto, riguardo agli ordini di pagamento che risultino già emessi (1).

(1) *V., inoltre, gli artt. 294, 295 e 296 r.d. 23 maggio 1924, n. 827.*

19 Gli atti di aggiudicazione definitiva ed i contratti, anche se stipulati per corrispondenza ai sensi del precedente art. 17, non sono obbligatori per l'amministrazione, finché non sono approvati dal ministro o dall'ufficiale all'uopo delegato e non sono eseguibili che dopo l'approvazione.

L'approvazione dei contratti pei quali sia richiesto il parere del Consiglio di Stato deve essere data con decreto ministeriale. Il decreto sarà motivato quando non sia seguito in tutto o in parte tale parere (1).

I decreti di approvazione dei contratti di importo eccedente euro 10.329,13 sono sottoposti alla registrazione preventiva della Corte dei conti (2).

Per il medesimo oggetto non possono essere formati più contratti, salve speciali necessità da farsi constare nel decreto di approvazione del contratto.

Quando si tratti di oggetti che, per la loro natura o per il luogo in cui si effettua la vendita, debbono essere immediatamente consegnati all'acquirente, il ministro può conferire all'autorità che presiede l'asta la facoltà di approvare e rendere eseguibile il contratto (3).

(1) *Per quanto riguarda l'elencazione tassativa dei casi in cui deve essere reso il parere obbligatorio del Consiglio di Stato, v. l'art. 17, commi 26 e 27, l. 15 maggio 1997, n. 127.*

(2) *Le somme di cui al presente comma sono state aumentate di 60 volte ai sensi della legge 10 dicembre 1953, n. 936, di 240 volte ai sensi del d.P.R. 30 giugno 1972, n. 422, e, da ultimo, di 1000 volte ai sensi dell'art. 20 d.P.R. 20 aprile 1994, n. 367.*

(3) *V., inoltre, gli artt. 4, 44, da 103 a 117 r.d. 23 maggio 1924, n. 827.*

20 Alla fine di ogni anno la Corte dei conti comunicherà al Parlamento l'elenco dei contratti da essa registrati e per i quali l'amministrazione non abbia seguito il parere del Consiglio di Stato, indicando le ragioni all'uopo addotte dall'amministrazione (1).

(1) *V., inoltre, gli artt. 115 e 116 r.d. 23 maggio 1924, n. 827 e l'art. 32 del r.d. 12 luglio 1934, n. 1214. Per l'elencazione tassativa dei casi in cui deve essere reso il parere obbligatorio del Consiglio di Stato, v. l'art. 17, commi 26 e 27, l. 15 maggio 1997, n. 127.*

21 L'alienazione degli immobili dello Stato, quando non sia regolata, per determinate categorie di beni, da leggi speciali, deve essere autorizzata, caso per caso, con particolari provvedimenti legislativi.

Restano ferme le disposizioni delle leggi vigenti per quanto concerne l'alienazione delle navi dello Stato.

22-90 (*Omissis*).

36. Regio decreto 23 maggio 1924, n. 827. — Regolamento per l'amministrazione del patrimonio e per la contabilità generale dello Stato. (*estratto*).

Pubblicato nella Gazzetta Ufficiale n. 130 del 23 maggio 1924.

1 È approvato l'unito regolamento sull'amministrazione del patrimonio e sulla contabilità generale dello Stato, visto, d'ordine nostro, dal ministro per le finanze.

Il regolamento stesso entra in vigore dal giorno della pubblicazione del presente decreto nella Gazzetta ufficiale del regno fatta eccezione per le disposizioni che riflettono l'esecuzione degli articoli 54 a 63 e 65 a 68 del r. decreto 18 novembre 1923, n. 2440, o che comunque ne dipendano, le quali sono applicabili a decorrere dal 1° luglio 1925, in quanto non sieno compatibili con le attuali forme dei titoli di spesa.

Con le stesse decorrenze restano abrogate le corrispondenti disposizioni del regolamento approvato con regio decreto 4 maggio 1885, n. 3074 e successive variazioni.

2 L'emissione di mandati aventi effetto definitivo sul bilancio, mediante semplici registrazioni nelle scritture, ai sensi del terzo comma dell'articolo 63 del regio decreto 18 novembre 1923, n. 2440, autorizzata con il regio decreto 22 maggio 1924, n. 786, a partire dal 1° luglio 1924, avrà luogo con le norme stabilite all'art. 411 dell'unito regolamento.

TITOLO I
Del patrimonio dello Stato

CAPO I
Norme generali

1 I beni dello Stato si distinguono in demanio pubblico e beni patrimoniali, secondo le norme del codice civile.

Per i beni immobili assegnati in servizio governativo a diverse amministrazioni, esclusi gli edifici adibiti ad usi militari, le spese di comune interesse inerenti alla manutenzione e all'uso dell'immobile sono tutte a carico del bilancio del ministero delle finanze.

2 I beni dello Stato sono descritti in appositi registri di consistenza od inventari secondo le norme contenute nei successivi articoli.

CAPO II
Del demanio pubblico

3 L'inventario dei beni di demanio pubblico consiste in uno stato descrittivo desunto dai rispettivi catasti, ovvero dai registri delle singole amministrazioni.

L'inventario di tali beni è fatto eseguire a cura del ministero delle finanze e delle altre amministrazioni centrali ai cui servizi i beni sono addetti.

4 L'originale dell'inventario si conserva dal ministero delle finanze: un estratto di esso, per la parte relativa a ciascuna provincia, è conservato dall'intendenza di finanza per la vigilanza che ad essa incombe.

Fanno eccezione i beni relativi alla difesa dello Stato, pei quali l'originale dell'inventario è conservato dalle amministrazioni centrali militari e gli estratti dalle rispettive direzioni territoriali od uffici dipendenti.

5 I beni del pubblico demanio che cessano dalla loro destinazione all'uso pubblico passano al patrimonio dello Stato.

CAPO III
Dei beni patrimoniali dello stato

SEZIONE I
Norme generali

6 I beni patrimoniali dello Stato si distinguono in immobili e mobili, ed in disponibili e non disponibili.

7 Sono beni immobili per natura, o per destinazione, o per l'oggetto a cui si riferiscono, quelli designati tali dal codice civile.

Sono considerati immobili, agli effetti della compilazione degli inventari, anche i musei, le pinacoteche, le biblioteche, gli osservatori ed altri istituti congeneri colle raccolte artistiche e scientifiche che vi si contengono.

Agli stessi effetti, le strade ferrate possedute dallo Stato sono considerate immobili, insieme col materiale mobile necessario al loro esercizio; salvo quanto, pei materiali fuori d'uso, è disposto dall'art. 35 del presente regolamento.

8 I beni mobili per loro natura, o per determinazione di legge, sono quelli enumerati dal codice civile. Fra essi vanno compresi i materiali per servizi pubblici non ritenuti immobili ai sensi dell'articolo precedente, il danaro, i valori, i titoli e gli effetti che esistono nelle casse e nel portafoglio dello Stato.

9 Si considerano non disponibili quei beni che per la loro destinazione ad un servizio pubblico o governativo ovvero per disposizioni di legge non possono essere alienati o comunque tolti dal patrimonio dello Stato.

Gli altri beni patrimoniali si classificano fra i disponibili.

10 Per l'amministrazione dei beni patrimoniali dello Stato, si osservano le prescrizioni dei successivi articoli 11 a 35 salvo quanto è disposto dal regio decreto 18 gennaio 1923, n. 94, che istituisce il provveditorato generale dello Stato, e dalle relative norme regolamentari.

SEZIONE II
Dei beni immobili patrimoniali

11 I beni immobili patrimoniali sono descritti a cura delle intendenze di finanza, in registri di consistenza in doppio originale colle seguenti indicazioni:

a) il luogo, la denominazione, la qualità;

b) i connotati catastali, l'estimo o la rendita imponibile;

c) i titoli di provenienza;

d) la estensione;

e) il reddito;

f) il valore fondiario approssimativo;

g) le servitù, i pesi e gli oneri di cui siano stati gravati;

h) l'uso o servizio speciale a cui sono destinati e il ministero alla cui amministrazione sono affidati;

i) la durata di tale destinazione.

I detti registri di consistenza devono pure indicare se i beni sono fruttiferi o infruttiferi.

12 I diritti, le servitù e le azioni, che, a norma del codice civile, sono considerati come beni immobili, sono annotati negli inventari e nei registri di consistenza insieme col relativo fondo, e sono descritti a parte, quando non riguardino immobili demaniali.

13 Un originale dei registri di consistenza è trasmesso dalle intendenze al ministero delle finanze. Il complesso di tali registri, unitamente agli inventari di cui all'art. 17 costituisce l'inventario generale dei beni immobili patrimoniali.

L'altro originale dei registri di ciascuna provincia si conserva dalle intendenze di finanza.

Un estratto della parte di tali registri, che comprende i beni immobili destinati in servizio governativo è comunicato dal ministero delle finanze alle amministrazioni da cui il servizio dipende.

Un riepilogo dell'inventario generale è trasmesso alla ragioneria generale dello Stato ed un altro alla corte dei conti.

14 Nei registri esistenti presso il ministero delle finanze, in quelli esistenti presso le intendenze di finanza non che nei riepiloghi si fa annotazione dei beni assegnati alla dotazione della corona e di quelli destinati in uso od in servizio delle diverse amministrazioni dello Stato.

Queste annotazioni esonerano tanto il ministero delle finanze quanto le intendenze di finanza da ogni ingerenza sino a che permane la destinazione suddetta, salvo per quanto riguarda i beni destinati a pubblici servizi il disposto del successivo art. 18.

15 Gli aumenti, le diminuzioni e trasformazioni nel valore e nella consistenza dei beni immobili patrimoniali, debbono essere registrati nell'inventario generale, nei registri di consistenza e nelle scritture contabili del ministero delle finanze e delle singole amministrazioni che hanno in uso i beni.

Le intendenze di finanza di volta in volta che avvengono tali variazioni, nei beni in servizio di altre amministrazioni, debbono darne notizia alla amministrazione consegnataria, la quale, dopo averne preso nota nei proprii registri, le comunica al ministero delle finanze.

Per i beni che non sono in consegna alle intendenze, le amministrazioni consegnatarie fanno tale comunicazione di propria iniziativa.

Un riepilogo di tali variazioni è comunicato alla ragioneria generale dello Stato e alla corte dei conti.

16 Le norme, per la custodia e la conservazione del materiale di cui al secondo comma dell'art. 7 del presente regolamento, sono stabilite con regolamenti speciali da emanarsi di concerto col ministro delle finanze, a cura delle amministrazioni dalle quali dipendono gli istituti che conservano il detto materiale.

Gli stessi regolamenti dettano altresì le norme per la tenuta dei cataloghi e delle altre scritture necessarie ai fini del controllo tecnico ed amministrativo della contabilità patrimoniale dello Stato.

17 Gli inventari dei beni immobili patrimoniali esistenti all'estero sono conservati presso il ministero delle finanze, e presso quello degli affari esteri, a cura del quale e di concerto col ministero delle finanze saranno tenute in evidenza le variazioni.

18 G1i intendenti di finanza vigilano sotto la loro responsabilità, perché non siano addetti ad uso pubblico o governativo, se non quei locali che strettamente occorrono al bisogno. All'uopo hanno facoltà di disporre tutti gli accertamenti che credano opportuni.

Quando scorgano eccesso od abuso in tali destinazioni ne riferiscono al ministero delle finanze, proponendo che si renda produttiva per lo Stato la parte dei locali riconosciuta esuberante, o non pertinente al bisogno dell'uso pubblico o del servizio governativo.

19 Gli inventari dei beni dell'asse ecclesiastico, devoluti al demanio dello Stato, sono formati e tenuti in corrente colle variazioni presso le intendenze di finanza e il ministero delle finanze, separatamente dagli inventari, dal registro di consistenza e dai riepiloghi degli altri beni immobili, in conformità alle disposizioni date colla legge 15 agosto 1867, n. 3848, e col successivo regolamento del 22 detto mese, n. 3852.

SEZIONE III
Dei beni mobili

20 I beni mobili dello Stato si distinguono come segue:

a) mobili destinati al servizio civile governativo, cioè arredi degli uffici, collezioni di leggi e decreti, utensili, macchine, attrezzi e simili;

b) oggetti mobili destinati alla difesa dello Stato, cioè il materiale da guerra per l'esercito, per l'armata e per l'aeronautica;

c) diritti ed azioni che a norma del codice civile sono considerati come beni mobili.

21 Ciascun ministero provvede all'amministrazione dei beni mobili assegnati ad uso proprio o dei servizi da esso dipendenti.

I titoli e valori facenti parte del patrimonio dello Stato sono amministrati dal ministero delle finanze anche quando il reddito relativo sia destinato a scopi che rientrino nella competenza di altri ministeri.

22 Tutti gli oggetti mobili, a qualunque categoria appartengano, debbono essere dati in consegna ad agenti responsabili.

La consegna si effettua per mezzo d'inventari.

23 Per quanto riguarda la formazione di nuovi inventari, lo stato degli esistenti, le modificazioni da recarvisi e la registrazione delle variazioni, tutte le amministrazioni governative sono sottoposte alla vigilanza del ministero delle finanze il quale può sempre accertare l'esistenza degli oggetti in conformità delle scritture.

Le norme da seguirsi in proposito formano oggetto di istruzioni speciali da emanarsi dal ministero delle finanze, ragioneria generale, di concerto colle amministrazioni interessate.

24 Ciascun inventario per i beni di cui alle lettere *a*) e *b*) dell'articolo 20 deve presentare:

a) la designazione degli stabilimenti e dei locali in cui trovansi gli oggetti;

b) la denominazione e descrizione di essi oggetti secondo la diversa loro natura e specie;

c) la quantità o numero degli oggetti secondo le varie specie;

d) la classificazione, ove sia possibile, in nuovi, usati e fuori d'uso;

e) il valore.

I diritti e le azioni di cui alla lettera *c*) del detto art. 20 vengono descritti in separati inventari.

25 I beni mobili si inscrivono negli inventari pel loro prezzo di acquisto, quando il valore pel quale essi debbono far carico ai consegnatari non sia stabilito da speciali tariffe.

I regolamenti speciali provvedono per le occorrenti variazioni del valore dei beni mobili già inscritti negli inventari, e stabiliscono altresì le modalità per tener conto nelle scritture amministrative di tali variazioni, non che delle differenze tra il prezzo di acquisto registrato in dette scritture e quello indicato nelle tariffe speciali, sulla base delle quali quei beni mobili sono inscritti negli inventari.

26 In ciascun ministero ed in ciascuno degli uffici dipendenti il consegnatario responsabile degli arredi, della mobilia, degli utensili ed altro deve essere un impiegato del ruolo organico della stessa amministrazione.

In casi eccezionali e col consenso del ministro delle finanze tale incarico presso i ministeri può essere affidato a un funzionario del ruolo delle ragionerie centrali.

27 Gli inventari devono essere fatti in tre esemplari, firmati dal consegnatario e dal funzionario dell'amministrazione locale che dà la consegna, ed autenticati dal capo ragioniere della competente amministrazione centrale.

L'amministrazione centrale, l'amministrazione locale ed il consegnatario conservano uno dei detti esemplari.

28 Ogni inventario dei beni mobili, indicati all'art. 20, deve avere una recapitolazione distinta per categorie e specie di materie.

Queste recapitolazioni costituiscono il conto del debito da tenersi in evidenza per ciascun consegnatario responsabile.

29 I consegnatari degli oggetti e delle materie di cui alle lettere *a*) e *b*) dell'art. 20 sono personalmente responsabili dei beni ricevuti in custodia, fino a che non ne abbiano ottenuto legale discarico.

Non possono introdurre nei magazzini o altri luoghi di custodia e di deposito, né estrarne cosa alcuna, senza un ordine scritto in conformità dei regolamenti speciali.

La trasformazione, la diminuzione o la perdita degli oggetti consegnati dev'essere giustificata nelle forme e nei modi stabiliti dai regolamenti dei diversi servizi.

I consegnatari non sono direttamente e personalmente responsabili dell'abusiva e colpevole deteriorazione degli oggetti regolarmente dati in uso ad impiegati od affidati ad uscieri per ragione di servizio, se non in quanto abbiano omesso di adoperare quella vigilanza che loro incombe nei limiti delle attribuzioni del loro ufficio, ed a norma delle speciali discipline d'ordine e servizio interno.

I consegnatari dei diritti ed azioni indicati alla lettera *c*) dell'art. 20 rispondono anche delle variazioni che subiscono i crediti loro affidati.

30 Ogni consegnatario di oggetti mobili tiene in evidenza la situazione della contabilità del materiale di cui risponde, secondo le quantità, le destinazioni e le classificazioni risultanti dal relativo inventario; nota a debito gli oggetti di nuova introduzione e a credito quelli estratti, e tutte le variazioni e le trasformazioni, così pel numero come per la qualità e specie, e pel valore.

A tale effetto, oltre all'inventario, egli deve tenere un registro di entrata e di uscita in corrispondenza coll'inventario medesimo. Devono inoltre essere tenuti dalle ragionerie degli uffici provinciali e compartimentali tutti quei libri e registri che occorrono, per avere sempre in evidenza la gestione di ciascun consegnatario secondo le specialità e l'importanza dei vari servizi.

31 Nei termini stabiliti dai regolamenti speciali di ciascun servizio, i consegnatari fanno pervenire agli uffici da cui immediatamente dipendono, e nelle cui scritture devono essere aperti i conti individuali dei consegnatari medesimi un prospetto indicante:

a) tutte le variazioni seguite negli inventari col corredo dei documenti giustificativi o di copie dei medesimi;

b) la situazione della contabilità del materiale mobile, risultante dalle introduzioni, distribuzioni o trasformazioni, e le rimanenze.

Gli uffici provinciali e compartimentali, nei termini stabiliti dai regolamenti speciali, compilano un prospetto riassuntivo per ciascuna specie dei dipendenti consegnatari, e lo trasmettono alle amministrazioni centrali nelle cui scritture devono essere aperti i conti collettivi per provincia o compartimento.

Le comunicazioni da farsi dalle amministrazioni centrali alla ragioneria generale formano oggetto delle istruzioni di cui all'art. 161 del presente regolamento.

32 I consegnatari dei beni mobili sono sottoposti alla giurisdizione della corte dei conti, alla quale debbono alla fine di ogni anno finanziario rendere il conto giudiziale della loro gestione, nei modi e nelle forme prescritte al titolo XIII del presente regolamento.

Non devono rendere conto giudiziale coloro che hanno in consegna mobilie di ufficio per solo debito di vigilanza, o presso i quali si trovino stampe, registri od altri oggetti di cui debba farsi uso per il servizio dell'ufficio cui il consegnatario è addetto.

33 Nel conto giudiziale di cui all'articolo precedente, il consegnatario si dà debito dei beni mobili avuti in consegna non solo secondo la specie, qualità e categoria di ciascuno, ma anche secondo il valore risultante dagli inventari. In caso di deficienza o di mancata giustificazione, il consegnatario è responsabile dell'oggetto in natura, o del prezzo corrente del medesimo.

34 Gli oggetti mobili non possono essere dati in pagamento ai creditori dello Stato.

Possono soltanto cedersi agli appaltatori di opere i materiali derivanti dalla demolizione, riparazione, trasformazione o sostituzione di fabbriche, di macchine e di altri oggetti mobili, giusta il disposto dell'art. 52.

35 Gli oggetti mobili divenuti inservibili e la mobilia degli uffici e degli alloggi governativi, che non occorra di ulteriormente conservare nei magazzini o negli stabilimenti dello Stato, sono alienati per cura del provveditorato generale dello Stato o delle amministrazioni militari, se trattisi di oggetti ad esse spettanti.

Di ogni vendita si fa constare mediante variazione nel relativo inventario.

TITOLO II
Dei contratti

CAPO I
Norme generali

36 Si provvede con contratti a tutte le forniture, trasporti, acquisti, alienazioni, affitti o lavori riguardanti le varie amministrazioni e i vari servizi dello Stato.

37 Tutti i contratti dai quali derivi entrata o spesa dello Stato debbono essere preceduti da pubblici incanti, eccetto i casi indicati da leggi speciali e quelli previsti nei successivi articoli.

Le forniture, i trasporti e i lavori sono dati in appalto separatamente secondo la natura del servizio e divisi possibilmente in lotti, quando ciò sia riconosciuto più vantaggioso per l'amministrazione.

38 I casi nei quali, a norma dell'art. 3 della legge, si può procedere a licitazione privata sono i seguenti:

1° per le forniture d'ogni genere, per i trasporti o per i lavori, quando un'evidente urgenza prodotta da circostanze imprevedute non permetta l'indugio degli incanti, e per le provviste occorrenti all'esercito, all'armata o all'aeronautica militare, quando siano urgentemente richieste dalla sicurezza dello Stato;

2° per le provviste di materie e derrate che per la loro natura, o per l'uso speciale a cui sono destinate, debbono essere acquistate nel luogo della produzione o fornite direttamente dai produttori;

3° per i prodotti d'arte, macchine, strumenti e lavori di precisione, l'esecuzione dei quali deve commettersi ad artefici o ditte specializzate;

4° per dare in affitto ad uso di abitazione locali e loro dipendenze, quando per ragioni speciali non sia conveniente sperimentare l'incanto;

5° quando sia andato deserto l'incanto o non siasi raggiunto dalle offerte il limite fissato, salvo che l'amministrazione non ritenga di dovere stipulare il contratto a trattativa privata;

6° quando trattisi di contratti che durano più anni e in virtù dei quali il fornitore debba sempre tenere a disposizione dell'amministrazione una determinata quantità della materia da somministrare, ovvero debba avere i mezzi necessari per una data fabbricazione.

La ragione che in ogni singolo caso giustifica il ricorso alla licitazione privata, deve essere esposta e dimostrata al consiglio di Stato nei casi in cui occorra il suo preventivo avviso e va indicata nel decreto di approvazione del contratto.

(1) *Quando nel presente regolamento si adopera la locuzione "legge" senz'altra specificazione, si intende richiamare il regio decreto 18 novembre 1923, n. 2440.*

39 Si può inoltre ricorrere alla licitazione privata, concorrendovi particolari ragioni, che devono sempre essere indicate nel decreto di approvazione del contratto e dimostrate al consiglio di Stato, nel caso che occorra il suo preventivo avviso:

1° quando si tratti di spesa che non superi le lire 75.000 ovvero di spesa che non superi annualmente lire 15.000 e lo Stato non resti obbligato oltre cinque anni, sempreché per lo stesso oggetto non vi sia altro contratto, computato il quale si oltrepassino tali limiti;

2° per la vendita di effetti mobili fuori d'uso e di derrate quando il valore di stima non superi le lire 60.000, fatta qui pure l'avvertenza contenuta nel n. 1°;

3° per l'affitto di fondi rustici, fabbricati, ponti ed altri beni immobili, quando la rendita annuale sia valutata in somma non maggiore di lire 5000 e la durata del contratto non ecceda i sei anni, e sempreché non ne sia stata data una parte a fitto con altro contratto per una somma e tempo che, uniti a quelli del nuovo contratto, eccedano i limiti qui determinati;

4° per l'acquisto e la macinazione dei cereali, per l'acquisto dei viveri, del foraggio, della paglia e del combustibile e per il trasporto dei generi suddetti occorrenti per l'esercito;

5° per l'acquisto di cavalli di rimonta;

6° per le confezioni e riparazioni di corredo militare;

7° per coltivazioni, o fabbricazioni, o forniture a titolo di sperimento;

8° per le forniture occorrenti al mantenimento dei detenuti, quando sieno commesse a stabilimenti di opere pie, o per lavori da darsi ai detti detenuti.

40 Agli appalti di opere pubbliche, o di lavori o forniture speciali, per la cui esecuzione l'amministrazione ritenga conveniente di giovarsi delle iniziative e dei progetti di provate competenze tecniche, artistiche o scientifiche, può procedersi mediante la forma dell'appalto-concorso di cui all'art. 4 della legge.

Le ragioni di convenienza di cui al precedente comma sono comunicate al consiglio di Stato, nei casi in cui il suo parere sia richiesto, ai termini di legge.

41 Si procede alla stipulazione dei contratti a trattativa privata:

1° quando gli incanti o le licitazioni siano andate deserte o si abbiano fondate prove per ritenere che ove si sperimentassero andrebbero deserte;

2° per l'acquisto di cose la cui produzione è garentita da privativa industriale, o per la cui natura non è possibile promuovere il concorso di pubbliche offerte;

3° quando trattasi di acquisto di macchine, strumenti o oggetti di precisione che una sola ditta può fornire con i requisiti tecnici e il grado di perfezione richiesti;

4° quando si debbano prendere in affitto locali destinati a servizi governativi;

5° quando l'urgenza dei lavori, acquisti, trasporti e forniture sia tale da non consentire l'indugio degli incanti o della licitazione;

6° ed in genere in ogni altro caso in cui ricorrono speciali ed eccezionali circostanze per le quali non possano essere utilmente seguite le forme degli articoli 37 a 40 del presente regolamento.

Nei casi previsti nel presente articolo la ragione per la quale si ricorre alla trattativa privata, deve essere indicata nel decreto di approvazione del contratto e dimostrata al consiglio di Stato, quando occorra il suo preventivo avviso.

42 Per determinare l'importo dei contratti continuativi, all'effetto di stabilire se sia necessario il preventivo avviso del consiglio di Stato e la registrazione preventiva della corte dei conti ai sensi degli articoli 5, 6, 7 e 19 della legge, si deve tenere per base la cifra complessiva che risulta da tutte le annualità alle quali si estende il contratto.

I progetti dei contratti che si comunicano al consiglio di Stato devono essere corredati dei capitoli d'oneri e contenere la precisa descrizione dei lavori, opere e forniture da eseguirsi.

43 Pel complesso di una sola opera o di un solo lavoro, in caso di speciali necessità da farsi constare nel decreto di approvazione del contratto, possono formarsi progetti e perizie parziali per procedere a distinti contratti con più persone.

Quando l'appaltatore o il fornitore sia la medesima persona, o le forniture e i lavori, comunque parzialmente descritti, formino sostanzialmente parte di una sola impresa, non si ammette alcuna divisione artificiosa in più e diversi contratti, ma si procede ad un solo contratto, con le norme stabilite nel capo I del presente titolo.

44 I contratti stipulati con precedente data si considerano parti integranti dei contratti successivi, per gli effetti delle disposizioni contenute negli articoli 9 e 13 della legge e 39 e 42 del presente regolamento.

CAPO II
Dei capitoli di oneri

45 I capitoli d'oneri per ogni genere di contratti possono dividersi, ove sia necessario, in generali e speciali e sono approvati da ciascun ministero.

I capitoli generali d'oneri contengono le condizioni che possono applicarsi indistintamente ad un determinato genere di lavoro, appalto o contratto, e le forme da seguirsi per le gare. Quelli speciali riguardano le condizioni che si riferiscono più particolarmente all'oggetto proprio del contratto.

Nei capitoli d'oneri sono determinate la natura e l'importanza delle garenzie che i concorrenti devono produrre per essere ammessi agli incanti, o per assicurare l'adempimento dei loro impegni; come pure le clausole penali e l'azione che l'amministrazione può esercitare sopra le cauzioni nel caso d'inadempimento ai detti impegni, nonché il luogo in cui l'aggiudicatario, il suo fideiussore o l'approbatore, garante del fideiussore, devono eleggere il domicilio legale.

46 Nei capitoli d'oneri relativi agli affitti, si stabiliscono tutte le condizioni dirette alla conservazione delle proprietà che si dànno in affitto, ed al loro miglioramento se trattasi di fondi rustici.

Si deve pure determinare la durata dell'affitto, e stabilire le condizioni e le garenzie necessarie per assicurare il pagamento dei fitti e l'adempimento delle imposte obbligazioni.

47 Nei capitoli d'oneri concernenti la vendita degli oggetti fuori d'uso, derrate, strumenti e simili, si stabilisce che a garenzia dell'esecuzione del contratto si debba fare un deposito in ragione del quinto dell'intero prezzo degli oggetti da vendersi; che nessuno di detti oggetti possa essere asportato senza il previo pagamento del relativo prezzo, e che ove gli oggetti venduti non sieno dall'acquirente ritirati nel termine fissato dai capitoli stessi, l'amministrazione possa procedere a nuova vendita di essi a spese e rischio del primitivo acquirente.

48 Nei contratti per forniture, trasporti e lavori, i pagamenti in conto, da disporsi per somme dovute e giustificate dai prescritti documenti, nei limiti in cui sono ammessi dalla legge, non possono eccedere i nove decimi sulle prime lire 300.000 dell'importo contrattuale ed i diciannove ventesimi sull'eccedenza.

È fatta eccezione per le provviste a scadenza rateale, per le quali può farsi il pagamento dell'intiero prezzo delle materie già accettate in rate complete.

Se i contratti per provviste o forniture hanno durata di più anni, la liquidazione può esser fatta a periodi trimestrali, semestrali o annuali, secondo l'oggetto dei contratti, e possono essere dati i saldi corrispondenti alle opere eseguite od alle materie consegnate.

49 Nei contratti non si può convenire esenzione da qualsiasi specie di imposte o tasse vigenti all'epoca della loro stipulazione.

50 Non si può variare la durata dei contratti già stipulati quando siano in corso di esecuzione.

51 I termini e le norme speciali da osservarsi nei contratti relativi agli affitti ed all'esecuzione di forniture, trasporti e lavori, sono regolati da particolari disposizioni delle singole amministrazioni, secondo la natura di ciascun ramo di servizio.

52 Nei contratti per l'esecuzione di opere, si può stipulare la cessione, agli appaltatori, dei materiali derivanti dalla demolizione, riparazione, trasformazione o sostituzione di fabbriche, di macchine o di altri oggetti mobili, quando non possa presumersi più vantaggiosa la vendita mediante incanto o licitazione.

Il prezzo dei materiali ceduti agli appaltatori viene computato nella preventiva estimazione delle opere, rimanendo perciò fissata in una somma proporzionalmente minore la spesa inscritta in bilancio.

In caso diverso, il prezzo dei detti materiali viene computato nel pagamento finale all'appaltatore, commutandosi il relativo titolo di spesa in quietanza di entrata a favore del tesoro.

Quando per l'importanza del contratto debba sentirsi il parere del consiglio di Stato, si espongono nella relazione i motivi che consigliarono la cessione dei materiali od altri oggetti mobili all'appaltatore.

53 Allorché nell'interesse dello Stato, per analogia degli oggetti da vendere con quelli che occorresse all'amministrazione di acquistare, si creda conveniente di facilitare agli appaltatori l'acquisto degli effetti fuori d'uso, si può, previi gli opportuni accordi col ministero delle finanze, provvedere nello stesso appalto per la vendita e per la fornitura, facendo, per mezzo di stima regolare, stabilire il prezzo corrente degli oggetti da vendere, il quale deve essere versato nelle casse dello Stato come entrata eventuale.

In tal caso le offerte devono soltanto riguardare le forniture da farsi essendo inalterabile il prezzo degli oggetti da vendersi.

54 Secondo la qualità e l'importanza dei contratti coloro che contraggono obbligazioni verso lo Stato debbono prestare reale e valida cauzione in numerario od in titoli di Stato o garentiti dallo Stato, al valore di borsa.

Può accettarsi una cauzione personale con approbatore:

1° dai contraenti ai quali non sieno fornite cose di appartenenza dello Stato;

2° per i contratti di affitto dei fondi rustici, quando il canone annuo non superi le lire 5000 e la durata non oltrepassi i sei anni o quando il conduttore anticipi un semestre di fitto;

3° per il taglio dei boschi cedui, quando venga pagato per intiero anticipatamente il prezzo pattuito;

4° per le forniture e i lavori da compiersi in meno di tre mesi e per somma non eccedente lire 30.000 con la condizione di fare, a garanzia della amministrazione, sui primi acconti dell'opera o fornitura eseguita, un rilascio fino alla concorrenza del sesto del prezzo totale.

Per l'accollo dei servizi di trasporti postali, eseguiti senza l'impiego di trazione animale o meccanica che importano una somma non superiore alle lire 400 annue, l'amministrazione può accettare la fideiussione di persona proba e solvente che firma in solido con l'accollatario.

In casi speciali e per contratti a lunga scadenza può essere accettata una cauzione in beni stabili di prima ipoteca, sentito in precedenza il parere del consiglio di Stato sulla convenienza in massima del provvedimento e quello dell'avvocatura erariale sulla proprietà e libertà dei beni da accettarsi in cauzione.

È pure fatta facoltà all'amministrazione di prescindere in casi speciali dal richiedere una cauzione per le forniture o lavori da eseguirsi da persone o ditte, sì nazionali che estere, di notoria solidità, e per le provviste di cui ai numeri 2 e 3 dell'art. 38.

Nei contratti che si rinnovano periodicamente per lavori o provviste riguardanti un medesimo servizio, quando lo stesso fornitore cessante assume il nuovo contratto, si può dichiarare e tenere per valida la stessa cauzione vincolata pel contratto precedente, salvo quelle speciali guarentigie che l'amministrazione contraente riconoscesse necessarie.

55 Qualora nei beni rurali vi sieno scorte vive o morte, deve esigersi dagli affittuari che le ricevono in consegna una speciale cauzione, da prestarsi a norma della prima parte dell'articolo precedente.

Quando il canone d'affitto non superi le lire 5000 e la durata del contratto non oltrepassi i sei anni, l'amministrazione può accettare una sicurtà personale con approbatore a guarentigia di tali scorte.

56 Le locazioni dei beni urbani debbono essere garantite nei modi stabiliti dalle consuetudini locali.

Ove queste manchino, si deve esigere una cauzione personale; e se si reputi insufficiente la garanzia consuetudinaria deve a, questa aggiungersi la cauzione personale.

57 La validità delle cauzioni personali deve essere riconosciuta e dichiarata dal pubblico ufficiale che l'accetta per conto dell'amministrazione.

58 Sono eccettuati dall'obbligo della cauzione i privati che cedono in locazione all'amministrazione le loro proprietà, sebbene i contratti relativi li assoggettino ad oneri, sempreché sia stabilito nei contratti che non venendo gli oneri adempiti nel tempo determinato, è riservato alla amministrazione il diritto di farli adempiere a loro rischio e pericolo, con l'obbligo inoltre del risarcimento dei danni derivanti dal ritardo.

59 Nei capitoli relativi ai contratti per l'esecuzione di lavori ed opere pubbliche, debbono essere richiamate le condizioni generali stabilite dalle disposizioni legislative e regolamentari in materia di opere pubbliche.

60 Per i progetti di contratti relativi all'esecuzione di opere pubbliche si osservano le disposizioni speciali vigenti in materia.

61 Ciascuna amministrazione centrale o provinciale tiene in evidenza, in apposito elenco, i prezzi unitari degli oggetti o delle materie che essa sia tenuta a procurarsi per i proprii servizi per mezzo di appalto o ad economia.

Quest'elenco è formato e tenuto al corrente su informazioni degli uffici tecnici e delle camere di commercio all'uopo richieste, e con la periodica consultazione delle mercuriali e dei bollettini.

L'elenco medesimo serve di norma nella formazione dei capitoli per i pubblici incanti o licitazioni e nelle trattative private o per l'esecuzione delle occorrenti forniture ad economia.

62 Le spese di copia, bollo e le altre inerenti ai contratti sono a carico dell'appaltatore o del contraente con l'amministrazione dello Stato, a meno che, per casi speciali d'interesse esclusivo dello Stato, e per esplicita convenzione, le spese predette siano da sostenersi dallo Stato medesimo e i relativi atti si debbano redigere e copiare in carta libera.

I contratti sono registrati a spese, in tutto o in parte, dei contraenti dalle amministrazioni dello Stato, od anche gratuitamente in relazione del particolare interesse dello Stato e degli oneri espressamente assunti dalla amministrazione, in conformità delle disposizioni contenute nella legge del registro.

63-650 (*Omissis*).

37. Decreto legislativo 12 aprile 2006, n. 163. — Codice dei contratti pubblici relativi a lavori, servizi e forniture in attuazione delle direttive 2004/17/CE e 2004/18/CE (1).

Pubblicato nella Gazzetta Ufficiale n. 100 del 2 maggio 2006, S.O. n. 107.

(1) *Il presente decreto è stato abrogato dall'art. 217 d.lgs. 18 aprile 2016, n. 50, Codice dei contratti pubblici, riportato* sub *III, 44. Il presente decreto n. 163 del 2006 continua ad applicarsi alle procedure in corso ai sensi e nei limiti prevesti dall'art. 216 del d.lgs. n. 50 del 2016.*

PARTE I

Principi e disposizioni comuni e contratti esclusi in tutto o in parte dall'ambito di applicazione del codice

TITOLO I

Principi e disposizioni comuni

1 [Oggetto.

1. Il presente codice disciplina i contratti delle stazioni appaltanti, degli enti aggiudicatori e dei soggetti aggiudicatori, aventi per oggetto l'acquisizione di servizi, prodotti, lavori e opere.

1-*bis*. Nel rispetto della disciplina comunitaria in materia di appalti pubblici, al fine di favorire l'accesso delle piccole e medie imprese, le stazioni appaltanti devono, ove possibile ed economicamente conveniente, suddividere gli appalti in lotti funzionali. I criteri di partecipazione alle gare devono essere tali da non escludere le piccole e medie imprese (1).

2. Nei casi in cui le norme vigenti consentono la costituzione di società miste per la realizzazione e/o gestione di un'opera pubblica o di un servizio, la scelta del socio privato avviene con procedure di evidenza pubblica] (2).

(1) *Comma inserito dall'articolo 33, comma 1, del d.lgs. 15 novembre 2011, n. 208 e poi così modificato dal comma 2 dell'art. 1, d.l. 6 luglio 2012, n. 95, come sostituito dalla legge di conversione 7 agosto 2012, n. 135.*

(2) *Ma v. nota 1* sub *Epigrafe.*

2 [Principi. (Art. 2, direttiva 2004/18; art. 10, direttiva 2004/17; art. 1, legge n. 241/1990; art. 1, co. 1, legge n. 109/1994; Corte di giustizia, 7 dicembre 2000, C - 324/1998; Corte di giustizia CE, 3 dicembre 2001, C - 59/2000).

1. L'affidamento e l'esecuzione di opere e lavori pubblici, servizi e forniture, ai sensi del presente codice, deve garantire la qualità delle prestazioni e svolgersi nel rispetto dei principi di economicità, efficacia, tempestività e correttezza; l'affidamento deve altresì rispettare i principi di libera concorrenza, parità di trattamento, non discriminazione, trasparenza, proporzionalità, nonché quello di pubblicità con le modalità indicate nel presente codice.

1-*bis*. el rispetto della disciplina comunitaria in materia di appalti pubblici, al fine di favorire l'accesso delle piccole e medie imprese, le stazioni appaltanti devono, ove possibile ed economicamente conveniente, suddividere gli appalti in lotti funzionali. Nella determina a contrarre le stazioni appaltanti indicano la motivazione circa la mancata suddivisione dell'appalto in lotti. I criteri di partecipazione alle gare devono essere tali da non escludere le piccole e medie imprese (1).

1-*ter*. La realizzazione delle grandi infrastrutture, ivi comprese quelle disciplinate dalla parte II, titolo III, capo IV, nonché delle connesse opere integrative o compensative, deve garantire modalità di coinvolgimento delle piccole e medie imprese (2).

2. Il principio di economicità può essere subordinato, entro i limiti in cui sia espressamente consentito dalle norme vigenti e dal presente codice, ai criteri, previsti dal bando, ispirati a esigenze sociali, nonché alla tutela della salute e dell'ambiente e alla promozione dello sviluppo sostenibile.

3. Per quanto non espressamente previsto nel presente codice, le procedure di affidamento e le altre attività amministrative in materia di contratti pubblici si espletano nel rispetto delle disposizioni sul procedimento amministrativo di cui alla legge 7 agosto 1990, n. 241, e successive modificazioni e integrazioni.

4. Per quanto non espressamente previsto nel presente codice, l'attività contrattuale dei soggetti di cui all'articolo 1 si svolge nel rispetto, altresì, delle disposizioni stabilite dal codice civile] (3).

(1) *Comma inserito dall'articolo 44, comma 7, del d.l. 6 dicembre 2011, n. 201 e successivamente modificato dall'articolo 1, comma 2, del d.l. 6 luglio 2012 n. 95 e dall'articolo 26-*bis*, comma 1, del d.l. 21 giugno 2013, n. 69, convertito, con modificazioni, dalla legge 9 agosto 2013, n. 98.*

(2) *Comma inserito dall'articolo 44, comma 7, del d.l. 6 dicembre 2011, n. 201.*

(3) *Ma v. nota 1* sub *Epigrafe.*

3-243 (*Omissis*).

243-*bis* Informativa in ordine all'intento di proporre ricorso giurisdizionale (1). (Art. 44, comma 3, lettere *b*) e *d*), legge n. 88/2009; articolo 1, paragrafo 4, direttiva 89/665/CEE e art. 1, paragrafo 4, direttiva 92/13/CEE come modificati dalla direttiva 2007/66/CE).

1. Nelle materie di cui all'articolo 244, comma 1, i soggetti che intendono proporre un ricorso giurisdizionale informano le stazioni appaltanti della presunta violazione e della intenzione di proporre un ricorso giurisdizionale.

2. L'informazione di cui al comma 1 è fatta mediante comunicazione scritta e sottoscritta dall'interessato, o da un suo rappresentante, che reca una sintetica e sommaria indicazione dei presunti vizi di illegittimità e dei motivi di ricorso che si intendono articolare in giudizio, salva in ogni caso la facoltà di proporre in giudizio motivi diversi o ulteriori. L'interessato può avvalersi dell'assistenza di un difensore. La comunicazione può essere presentata fino a quando l'interessato non

abbia notificato un ricorso giurisdizionale. L'informazione è diretta al responsabile del procedimento. La comunicazione prevista dal presente comma può essere effettuata anche oralmente nel corso di una seduta pubblica della commissione di gara ed è inserita nel verbale della seduta e comunicata immediatamente al responsabile del procedimento a cura della commissione di gara.

3. L'informativa di cui al presente articolo non impedisce l'ulteriore corso del procedimento di gara, né il decorso del termine dilatorio per la stipulazione del contratto, fissato dall'articolo 11, comma 10, né il decorso del termine per la proposizione del ricorso giurisdizionale.

4. La stazione appaltante, entro quindici giorni dalla comunicazione di cui al comma 1, comunica le proprie determinazioni in ordine ai motivi indicati dall'interessato, stabilendo se intervenire o meno in autotutela. L'inerzia equivale a diniego di autotutela.

5. L'omissione della comunicazione di cui al comma 1 e l'inerzia della stazione appaltante costituiscono comportamenti valutabili, ai fini della decisione sulle spese di giudizio, nonché ai sensi dell'articolo 1227 del codice civile.

6. Il diniego totale o parziale di autotutela, espresso o tacito, è impugnabile solo unitamente all'atto cui si riferisce, ovvero, se quest'ultimo è già stato impugnato, con motivi aggiunti (2)] (3).

(1) *Articolo inserito dall'articolo 6 del d.lgs. 20 marzo 2010, n. 53.*
(2) *Comma sostituito dall'articolo 3, comma 19, dell'Allegato 4 al d.lgs. 2 luglio 2010, n. 104.*
(3) *Ma v. nota 1 sub Epigrafe.*

244 [Giurisdizione (1).

1. Il codice del processo amministrativo individua le controversie devolute alla giurisdizione esclusiva del giudice amministrativo in materia di contratti pubblici] (2).

(1) *Articolo modificato dall'articolo 7 del d.lgs. 20 marzo 2010, n. 53 e sostituito dall'articolo 3, comma 19, dell'Allegato 4 al d.lgs. 2 luglio 2010, n. 104.*
(2) *Ma v. nota 1* sub *Epigrafe.*

245 [Strumenti di tutela (1).

1. La tutela giurisdizionale davanti al giudice amministrativo è disciplinata dal codice del processo amministrativo] (2).

(1) *Articolo modificato dall'articolo 8 del d.lgs. 20 marzo 2010, n. 53 e sostituito dall'articolo 3, comma 19, dell'Allegato 4 al d.lgs. 2 luglio 2010, n. 104.*
(2) *Ma v. nota 1* sub *Epigrafe.*

245-*bis*-257 (*Omissis*).

ALLEGATI
(*Omissis*)

38. Decreto del Presidente della Repubblica 5 ottobre 2010, n. 207. — Regolamento di esecuzione ed attuazione del decreto legislativo 12 aprile 2006, n. 163, recante « Codice dei contratti pubblici relativi a lavori, servizi e forniture in attuazione delle direttive 2004/17/CE e 2004/18/CE ». (*estratto*) (1).

Pubblicato nella Gazzetta Ufficiale n. 288 del 10 dicembre 2010, S.O. n. 270.

(1) *Il presente decreto è stato abrogato dall'art. 217 d.lgs. 18 aprile 2016, n. 50, Codice dei contratti pubblici, riportato* sub *III, 44. L'art. 216 del d.lgs. n. 50 del 2016 ha previsto che, fino all'adozione di taluni atti, ivi indicati, continuano ad applicarsi le disposizioni del d.p.r. n. 207 del 2010, richiamate ai commi 4, 5, 8, 14, 16, 17, 19 e 21 dello stesso art. 216.*

PARTE I
Disposizioni comuni

TITOLO I
Potestà regolamentare e definizioni

1 Ambito di applicazione del regolamento. (Art. 1, d.P.R. n. 554/1999).

1. Il presente regolamento detta la disciplina esecutiva ed attuativa relativa alla materia dei contratti pubblici di lavori, servizi e forniture di cui al decreto legislativo 12 aprile 2006, n. 163, e successive modificazioni, recante il « Codice dei contratti pubblici relativi a lavori, servizi e forniture in attuazione delle direttive 2004/17/CE e 2004/18/CE », che in prosieguo assume la denominazione di codice.

2. Ai sensi dell'articolo 5, comma 1, del codice, le amministrazioni e gli enti statali applicano le disposizioni del presente regolamento.

3. Ai sensi dell'articolo 5, commi 1 e 2, del codice, le regioni a statuto ordinario, e ogni altra amministrazione o soggetto equiparato, diversi dai soggetti di cui al comma 2, applicano, in quanto esecutive o attuative di disposizioni rientranti, ai sensi dell'articolo 4, comma 3, del codice, in ambiti di legislazione statale esclusiva, le disposizioni del presente regolamento:

a) della parte I (disposizioni comuni);

b) della parte II (contratti pubblici relativi a lavori nei settori ordinari) ad esclusione del titolo I (organi del procedimento e programmazione), dell'articolo 120, commi 3 e 4, dell'articolo 121, comma 6;

c) della parte III (contratti pubblici relativi ai servizi attinenti all'architettura e all'ingegneria nei settori ordinari), ad esclusione dell'articolo 252, comma 1;

d) della parte IV (contratti pubblici relativi a forniture e ad altri servizi nei settori ordinari), ad esclusione del titolo I (programmazione e organi del procedimento) e dell'articolo 282, commi 1 e 2;

e) della parte V (contratti pubblici relativi a lavori, servizi e forniture nei settori speciali) ad esclusione dell'articolo 342;

f) della parte VI (contratti eseguiti all'estero) ad esclusione dell'articolo 344;

g) della parte VII (disposizioni transitorie e abrogazioni).

4. Ai sensi dell'articolo 10 della legge 10 febbraio 1953, n. 62, i soggetti di cui al comma 3, applicano, in quanto esecutive o attuative di disposizioni rientranti, ai sensi dell'articolo 4, comma 2, del codice, in ambiti di legislazione regionale concorrente, fino a quando le regioni non avranno adeguato la propria legislazione ai principi desumibili dal codice, le disposizioni del presente regolamento:

a) della parte II, titolo I (organi del procedimento e programmazione);

b) dell'articolo 120, commi 3 e 4;

c) dell'articolo 121, comma 6;

d) dell'articolo 252, comma 1;

e) della parte IV, titolo I (programmazione e organi del procedimento);

f) dell'articolo 282, commi 1 e 2;

g) dell'articolo 342.

5. Le disposizioni di cui al presente regolamento si applicano alle regioni a statuto speciale e alle province autonome di Trento e Bolzano limitatamente alle disposizioni che attuano norme del codice che rientrano nella competenza legislativa statale esclusiva anche nei confronti di dette regioni e province autonome.

2 Disposizioni relative a infrastrutture strategiche e insediamenti produttivi.

1. Le disposizioni della parte II, titolo IV (modalità tecniche e procedurali per la qualificazione dei contraenti generali) del presente regolamento si applicano unicamente ai contratti disciplinati dalla parte II, titolo III, capo IV, del codice. Ai predetti contratti si applicano altresì, in quanto non derogate dalla disciplina dettata nella parte II, titolo III, capo IV, del codice, le disposizioni del presente regolamento:

a) della parte I, (disposizioni comuni);

b) della parte II, titolo I (organi del procedimento e programmazione);

b-bis) dell'articolo 14, intendendosi il richiamo ivi contenuto agli articoli 21 e 22, riferito rispettivamente agli articoli 5 e 6 dell'allegato XXI al codice (1);

c) dell'articolo 48, comma 3;

d) della parte II, titolo III (sistema di qualificazione e requisiti per gli esecutori di lavori);

e) della parte II, titolo V (sistemi di realizzazione e selezione delle offerte);

f) della parte II, titolo VI (garanzie e sistema di garanzia globale);

g) della parte II, titolo VII (il contratto);

h) della parte II, titolo XI (lavori riguardanti i beni del patrimonio culturale);

i) della parte III, (contratti pubblici relativi ai servizi attinenti all'architettura e all'ingegneria nei settori ordinari);

l) della parte VII (disposizioni transitorie e abrogazioni).

2. Ai sensi dell'articolo 180, comma 1, del codice, i soggetti aggiudicatori indicano negli atti di gara le disposizioni del presente regolamento che trovano applicazione con riguardo:

a) alla parte II, titolo VIII (esecuzione dei lavori);

b) alla parte II, titolo IX (contabilità dei lavori);

c) alla parte II, titolo X (collaudo dei lavori).

(1) *Lettera inserita dall'articolo 4, comma 15, lettera* a), *del d.l. 13 maggio 2011, n. 70, conv., con modif., in l. 12 luglio 2011, n. 106.*

3-8 (*Omisssi*).

PARTE II
CONTRATTI PUBBLICI RELATIVI A LAVORI NEI SETTORI ORDINARI

TITOLO I
Organi del procedimento e programmazione

CAPO I
Organi del procedimento

9 Responsabile del procedimento per la realizzazione di lavori pubblici (art. 7, d.P.R. n. 554/1999).

1. Le fasi di progettazione, affidamento ed esecuzione di ogni singolo intervento sono eseguite sotto la diretta responsabilità e vigilanza di un responsabile del procedimento, nominato dalle amministrazioni aggiudicatrici nell'ambito dei propri dipendenti di ruolo, fatto salvo quanto previsto dall'articolo 10, comma 5, del codice, prima della fase di predisposizione dello studio di fattibilità o del progetto preliminare da inserire nell'elenco annuale di cui all'articolo 128, comma 1, del codice; per lavori, non assoggettati a programmazione ai sensi dell'articolo 128 del codice, il responsabile del procedimento è nominato contestualmente alla decisione di realizzare i lavori.

2. Il responsabile del procedimento provvede a creare le condizioni affinchè il processo realizzativo dell'intervento risulti condotto in modo unitario in relazione ai tempi e ai costi preventivati, alla qualità richiesta, alla manutenzione programmata, alla sicurezza e alla salute dei lavoratori ed in conformità di qualsiasi altra disposizione di legge in materia.

3. Nello svolgimento delle attività di propria competenza il responsabile del procedimento formula proposte al dirigente cui è affidato il programma triennale e fornisce allo stesso dati e informazioni:

a) nelle fasi di aggiornamento annuale del programma triennale;

b) nelle fasi di affidamento, di elaborazione ed approvazione del progetto preliminare, definitivo ed esecutivo;

c) nelle procedure di scelta del contraente per l'affidamento di appalti e concessioni;

d) sul controllo periodico del rispetto dei tempi programmati e del livello di prestazione, qualità e prezzo;

e) nelle fasi di esecuzione e collaudo dei lavori.

4. Il responsabile del procedimento è un tecnico, abilitato all'esercizio della professione o, quando l'abi-

litazione non sia prevista dalle norme vigenti, è un funzionario tecnico, anche di qualifica non dirigenziale, con anzianità di servizio non inferiore a cinque anni. Il responsabile del procedimento può svolgere per uno o più interventi, nei limiti delle proprie competenze professionali, anche le funzioni di progettista o di direttore dei lavori. Tali funzioni non possono coincidere nel caso di interventi di cui all'articolo 3, comma 1, lettere *l*) e *m*), ovvero di interventi di importo superiore a 500.000 euro. Il responsabile del procedimento può altresì svolgere le funzioni di progettista per la predisposizione del progetto preliminare relativo a lavori di importo inferiore alla soglia di cui all'articolo 28, comma 1, lettera *c*), del codice.

5. In caso di particolare necessità per appalti di importo inferiore a 500.000 euro, diversi da quelli definiti ai sensi dell'articolo 3, comma 1, lettera *l*), le competenze del responsabile del procedimento sono attribuite al responsabile dell'ufficio tecnico o della struttura corrispondente. Ove non sia presente tale figura professionale, le competenze sono attribuite al responsabile del servizio al quale attiene il lavoro da realizzare (1).

(1) *A norma dell'art. 217, comma 1, lett.* u), *n.o 1), d.lgs. 18 aprile 2016, n. 50, il presente articolo è abrogato con effetto dalla data di entrata in vigore degli atti attuativi del D.Lgs. 50/2016 medesimo.*

10 Funzioni e compiti del responsabile del procedimento.

1. Il responsabile del procedimento fra l'altro:

a) promuove e sovrintende agli accertamenti ed alle indagini preliminari idonei a consentire la verifica della fattibilità tecnica, economica ed amministrativa degli interventi;

b) verifica in via generale la conformità ambientale, paesistica, territoriale ed urbanistica degli interventi e promuove l'avvio delle procedure di variante urbanistica;

c) redige, secondo quanto previsto dall'articolo 93, commi 1 e 2, del codice, il documento preliminare alla progettazione e cura che sia richiesto il codice unico di progetto (CUP) di cui all'articolo 11 della legge 16 gennaio 2003, n. 3, e che lo stesso sia riportato su tutti i documenti amministrativi e contabili concernenti il progetto;

d) accerta e certifica, sulla base degli atti forniti dal dirigente dell'amministrazione aggiudicatrice preposto alla struttura competente, la ricorrenza delle condizioni di cui all'articolo 90, comma 6, del codice, motiva la scelta del metodo di affidamento degli incarichi di natura tecnica, compresa la valutazione di cui all'articolo 91, comma 5, del codice, coordina e verifica la predisposizione dei bandi di gara, nonchè il successivo svolgimento delle relative procedure; verifica l'effettiva possibilità di svolgere all'interno dell'amministrazione le diverse fasi della progettazione senza l'ausilio di consulenze esterne; in relazione alle caratteristiche e alla dimensione dell'intervento, promuove e definisce, sulla base delle indicazioni del dirigente, le modalità di verifica dei vari livelli progettuali, le procedure di eventuale affidamento a soggetti esterni e la stima dei corrispettivi, da inserire nel quadro economico;

e) coordina le attività necessarie al fine della redazione del progetto preliminare, verificando che, nel rispetto del contenuto del documento preliminare alla progettazione, siano indicati gli indirizzi che devono essere seguiti nei successivi livelli di progettazione ed i diversi gradi di approfondimento delle verifiche, delle rilevazioni e degli elaborati richiesti;

f) coordina le attività necessarie alla redazione del progetto definitivo ed esecutivo, verificando che siano rispettate le indicazioni contenute nel documento preliminare alla progettazione e nel progetto preliminare;

g) convoca e presiede nelle procedure ristrette e di appalto di progettazione ed esecuzione sulla base del progetto preliminare, ove ne ravvisi la necessità, un incontro preliminare per l'illustrazione del progetto e per consentire osservazioni allo stesso;

h) propone alla amministrazione aggiudicatrice i sistemi di affidamento dei lavori; nel caso di procedura negoziata senza pubblicazione di bando promuove la gara informale e garantisce la pubblicità dei relativi atti;

i) richiede all'amministrazione aggiudicatrice la nomina della commissione giudicatrice nel caso di affidamento con il criterio dell'offerta economicamente più vantaggiosa;

l) promuove l'istituzione dell'ufficio di direzione dei lavori ed accerta sulla base degli atti forniti dal dirigente dell'amministrazione aggiudicatrice preposto alla struttura competente, la sussistenza delle condizioni che ai sensi dell'articolo 90, comma 6, del codice giustificano l'affidamento dell'incarico a soggetti esterni alla amministrazione aggiudicatrice;

m) accerta e certifica, sulla base degli atti forniti dal dirigente dell'amministrazione aggiudicatrice preposto alla struttura competente, le situazioni di carenza di organico in presenza delle quali le funzioni di collaudatore sono affidate ai sensi dell'articolo 141, comma 4, del codice ai soggetti esterni alla stazione appaltante;

n) adotta gli atti di competenza a seguito delle iniziative e delle segnalazioni del coordinatore per l'esecuzione dei lavori sentito il direttore dei lavori;

o) effettua, prima dell'approvazione del progetto in ciascuno dei suoi livelli, le necessarie verifiche circa la rispondenza dei contenuti del documento alla normativa vigente, alle indicazioni del documento preliminare e alle disponibilità finanziarie, nonchè all'esistenza dei presupposti di ordine tecnico ed amministrativo necessari per conseguire la piena disponibilità degli immobili;

p) nel caso di lavori eseguibili per lotti, accerta e attesta:

1) l'avvenuta redazione, ai fini dell'inserimento nell'elenco annuale, della progettazione preliminare dell'intero lavoro e la sua articolazione per lotti;

2) la quantificazione, nell'ambito del programma e dei relativi aggiornamenti, dei mezzi finanziari necessari per appaltare l'intero lavoro;

3) l'idoneità dei singoli lotti a costituire parte funzionale, fattibile e fruibile dell'intero intervento;

q) svolge le attività necessarie all'espletamento della conferenza dei servizi, curando gli adempimenti di pubblicità delle relative deliberazioni ed assicurando l'allegazione del verbale della conferenza tenutasi sul progetto preliminare posto a base delle procedure di appalto di progettazione ed esecuzione sulla base del progetto preliminare e di affidamento della concessione di lavori pubblici;

r) svolge la funzione di vigilanza sulla realizzazione dei lavori nella concessione di lavori pubblici, verificando il rispetto delle prescrizioni contrattuali;

s) raccoglie, verifica e trasmette all'Osservatorio gli elementi relativi agli interventi di sua competenza anche in relazione a quanto prescritto dall'articolo 7, comma 8, del codice;

t) accerta la data di effettivo inizio dei lavori e ogni altro termine di svolgimento dei lavori;

u) trasmette agli organi competenti della amministrazione aggiudicatrice sentito il direttore dei lavori, la proposta del coordinatore per l'esecuzione dei lavori di sospensione, allontanamento dell'esecutore o dei subappaltatori o dei lavoratori autonomi dal cantiere o di risoluzione del contratto;

v) assicura che ricorrano le condizioni di legge previste per le varianti in corso d'opera;

z) irroga le penali per il ritardato adempimento degli obblighi contrattuali, anche sulla base delle indicazioni fornite dal direttore dei lavori;

aa) accerta e certifica, sulla base degli atti forniti dal dirigente dell'amministrazione aggiudicatrice preposto alla struttura competente, negli interventi l'eventuale presenza delle caratteristiche di cui all'articolo 3, comma 1, lettere *l*) e *m*);

bb) propone la risoluzione del contratto ogni qual volta se ne realizzino i presupposti;

cc) propone la transazione e la definizione bonaria delle controversie che insorgono in ogni fase di realizzazione dei lavori;

dd) svolge, ai sensi dell'articolo 16 del decreto legislativo 9 aprile 2008, n. 81, su delega del soggetto di cui all'articolo 26, comma 3, del predetto decreto legislativo, i compiti previsti nel citato articolo 26, comma 3, qualora non sia prevista la predisposizione del piano di sicurezza e di coordinamento ai sensi del decreto legislativo 9 aprile 2008, n. 81.

2. Il responsabile del procedimento assume il ruolo di responsabile dei lavori, ai fini del rispetto delle norme sulla sicurezza e salute dei lavoratori sui luoghi di lavoro.

3. Il responsabile del procedimento, nello svolgimento dell'incarico di responsabile dei lavori, salvo diversa indicazione e fermi restando i compiti e le responsabilità di cui agli articoli 90, 93, comma 2, 99, comma 1, e 101, comma 1, del decreto legislativo 9 aprile 2008, n. 81:

a) richiede la nomina del coordinatore per la progettazione e del coordinatore per l'esecuzione dei lavori e vigila sulla loro attività;

b) provvede, sentito il direttore dei lavori e il coordinatore per l'esecuzione, a verificare che l'esecutore corrisponda gli oneri della sicurezza, relativi alle prestazioni affidate in subappalto, alle imprese subappaltatrici senza alcun ribasso.

4. Il responsabile del procedimento svolge i propri compiti con il supporto dei dipendenti dell'amministrazione aggiudicatrice.

5. Nel caso di inadeguatezza dell'organico, il responsabile del procedimento propone all'amministrazione aggiudicatrice l'affidamento delle attività di supporto secondo le procedure e con le modalità previste dall'articolo 261, commi 4 e 5. Gli affidatari devono essere muniti di assicurazione di responsabilità civile professionale per i rischi derivanti dallo svolgimento delle attività di propria competenza.

6. Gli affidatari dei servizi di supporto di cui al presente articolo non possono partecipare agli incarichi di progettazione ovvero ad appalti e concessioni di lavori pubblici nonchè a subappalti e cottimi dei lavori pubblici con riferimento ai quali abbiano espletato i propri compiti direttamente o per il tramite di altro soggetto che risulti controllato, controllante o collegato a questi ai sensi dell'articolo 90, comma 8, del codice.

7. Al responsabile del procedimento delle amministrazioni aggiudicatrici si applicano, relativamente ai contratti nei settori ordinari di cui alla parte II, titolo I, del codice ed ad ogni altro contratto di appalto o di concessione che alla normativa propria di tali contratti faccia riferimento, le disposizioni del titolo II, capo V, sezione I, del regio decreto 12 luglio 1934, n. 1214 e quelle di cui al titolo II, capo I e capo II del regio decreto 13 agosto 1933, n. 1038, nonchè l'articolo 2 della legge 14 gennaio 1994, n. 20, in quanto compatibili. Entro sessanta giorni dalla deliberazione di cui all'articolo 234, comma 2, da parte dell'amministrazione aggiudicatrice, in merito al certificato di collaudo il responsabile del procedimento trasmette all'amministrazione aggiudicatrice la documentazione relativa alle fasi della progettazione, dell'affidamento e dell'esecuzione del contratto ed in particolare:

a) il contratto, la relazione al conto finale, gli ordinativi di pagamento con gli allegati documenti di svolgimento della spesa a essi relativa;

b) la relazione dell'organo di collaudo ed il certificato di collaudo;

c) la documentazione relativa agli esiti stragiudiziali, arbitrali o giurisdizionali del contenzioso sulle controversie relative a diritti soggettivi derivanti dall'esecuzione del contratto di cui alla parte IV del codice (1).

(1) *A norma dell'art. 217, comma 1, lett.* u), *n. 1), d.lgs. 18 aprile 2016, n. 50, il presente articolo è abrogato con effetto dalla data di entrata in vigore degli atti attuativi del d.lgs. 50/2016 medesimo.*

11-59 (*Omissis*).

TITOLO III

Sistema di qualificazione e requisiti per gli esecutoridi lavori

CAPO I

Disposizioni generali

60 Ambito di applicazione delle disposizioni in materia di qualificazione degli esecutori di lavori. (Art. 1, d.P.R. n. 34/2000).

1. Il presente capo nonché il capo II e il capo III del presente titolo disciplinano il sistema unico di qualificazione di cui all'articolo 40 del codice.

2. La qualificazione è obbligatoria per chiunque esegua i lavori pubblici affidati dalle stazioni appaltanti, di importo superiore a 150.000 euro.

3. Fatto salvo quanto stabilito agli articoli 61, comma 6, e 62, l'attestazione di qualificazione rilasciata a norma del presente titolo costituisce condizione necessaria e sufficiente per la dimostrazione dell'esistenza dei requisiti di capacità tecnica e finanziaria ai fini dell'affidamento di lavori pubblici.

4. Le stazioni appaltanti non possono richiedere ai concorrenti la dimostrazione della qualificazione con modalità, procedure e contenuti diversi da quelli previsti dal presente capo, nonché dal capo III del presente titolo.

61 Categorie e classifiche. (Art. 3, d.P.R. n. 34/2000).

1. Le imprese sono qualificate per categorie di opere generali, per categorie di opere specializzate, nonché per prestazioni di sola costruzione, e per prestazioni di progettazione e costruzione, e classificate, nell'ambito delle categorie loro attribuite, secondo gli importi di cui al comma 4.

2. La qualificazione in una categoria abilita l'impresa a partecipare alle gare e ad eseguire i lavori nei limiti della propria classifica incrementata di un quinto; nel caso di imprese raggruppate o consorziate la medesima disposizione si applica con riferimento a ciascuna impresa raggruppata o consorziata, a condizione che essa sia qualificata per una classifica pari ad almeno un quinto dell'importo dei lavori a base di gara; nel caso di imprese raggruppate o consorziate la disposizione non si applica alla mandataria ai fini del conseguimento del requisito minimo di cui all'articolo 92, comma 2.

3. Le categorie sono specificate nell'allegato A.

4. Le classifiche sono stabilite secondo i seguenti livelli di importo:

I fino a euro 258.000
II fino a euro 516.000
III fino a euro 1.033.000
III-*bis* fino a euro 1.500.000
IV fino a euro 2.582.000
IV-*bis* fino a euro 3.500.000
V fino a euro 5.165.000
VI fino a euro 10.329.000
VII fino a euro 15.494.000
VIII oltre euro 15.494.000.

5. L'importo della classifica VIII (illimitato) ai fini del rispetto dei requisiti di qualificazione è convenzionalmente stabilito pari a euro 20.658.000.

6. Per gli appalti di importo a base di gara superiore a euro 20.658.000, l'impresa, oltre alla qualificazione conseguita nella classifica VIII, deve aver realizzato, nel quinquennio antecedente la data di pubblicazione del bando, una cifra di affari, ottenuta con lavori svolti mediante attività diretta ed indiretta, non inferiore a 2,5 volte l'importo a base di gara; il requisito è comprovato secondo quanto previsto all'articolo 79, commi 3 e 4, ed è soggetto a verifica da parte delle stazioni appaltanti.

62 Qualificazione di imprese stabilite in Stati diversi dall'Italia.

1. Le imprese stabilite negli altri Stati di cui all'articolo 47, comma 1, del codice, presentano la documentazione, richiesta per la qualificazione ai sensi del presente titolo, ovvero per la qualificazione alla singola gara ai sensi dell'articolo 47, comma 2, del codice, conforme alle normative vigenti nei rispettivi Paesi, unitamente ai documenti tradotti in lingua italiana da traduttore ufficiale, che ne attesta la conformità al testo originale in lingua madre.

63 Sistema di qualità aziendale. (Art. 4, d.P.R. n. 34/2000).

1. Ai fini della qualificazione, ai sensi dell'articolo 40, comma 3, lettera *a*), del codice, le imprese devono possedere il sistema di qualità aziendale conforme alle norme europee della serie UNI EN ISO 9000, ad esclusione delle classifiche I e II.

2. La certificazione del sistema di qualità aziendale è riferita agli aspetti gestionali dell'impresa nel suo complesso, con riferimento alla globalità delle categorie e classifiche.

3. Il possesso della certificazione di qualità aziendale, rilasciata da organismi di certificazione accreditati, ai sensi delle norme europee della serie UNI CEI EN ISO/IEC 17000, al rilascio della certificazione nel settore delle imprese di costruzione, è attestato dalle SOA.

4. Gli organismi di cui al comma 3 hanno l'obbligo di comunicare all'Autorità, entro cinque giorni, l'annullamento ovvero la decadenza della certificazione di qualità ai fini dell'inserimento nel casellario informatico di cui all'articolo 8. Nel medesimo termine, la stessa comunicazione è inviata alle SOA, che avvia il procedimento di cui all'articolo 70, comma 7.

5. La regolarità dei certificati di qualità deve essere riscontrata dalle SOA mediante il collegamento informatico con gli elenchi ufficiali tenuti dagli enti partecipanti all'*European cooperation for accreditation* (EA).

CAPO II
Autorizzazione degli organismi di attestazione

64 Requisiti generali e di indipendenza delle SOA. (Art. 7, commi 1, 2, 3, 4, 5, 7, d.P.R. n. 34/2000).

1. Le Società Organismi di Attestazione sono costituite nella forma delle società per azioni, la cui denominazione sociale deve espressamente comprendere la locuzione « organismi di attestazione »; la sede legale deve essere nel territorio della Repubblica.

2. Il capitale sociale deve essere almeno pari a 1.000.000 di euro interamente versato. Il patrimonio netto, costituito dal totale della lettera A del passivo dello stato patrimoniale di cui all'articolo 2424 del codice civile dell'ultimo bilancio depositato, deve essere

almeno pari al capitale sociale. Il bilancio delle SOA deve essere certificato dalle società di revisione, iscritte nell'apposito albo, secondo i criteri stabiliti dal decreto legislativo 24 febbraio 1998, n. 58, e successive modificazioni.

3. Lo statuto deve prevedere come oggetto esclusivo lo svolgimento dell'attività di attestazione secondo le norme del presente titolo e di effettuazione dei connessi controlli tecnici sull'organizzazione aziendale e sulla produzione delle imprese di costruzione, nonché sulla loro capacità operativa ed economico-finanziaria. È fatto divieto alle SOA, pena la decadenza dell'autorizzazione, di erogare servizi di qualsiasi natura ad operatori economici, direttamente ovvero a mezzo di società collegate o di società in virtù di rapporti contrattuali.

4. La composizione e la struttura organizzativa delle SOA deve assicurare, anche in presenza di eventuali situazioni di controllo o di collegamento, individuate secondo quanto previsto dall'articolo 2359 del codice civile, il rispetto del principio di indipendenza di giudizio e l'assenza di qualunque interesse commerciale, finanziario che possa determinare comportamenti non imparziali o discriminatori.

5. Le SOA devono dichiarare e adeguatamente documentare, entro quindici giorni dal loro verificarsi, le eventuali circostanze che possano implicare la presenza di interessi idonei ad influire sul requisito dell'indipendenza.

6. Non possono svolgere attività di attestazione le SOA:

a) che si trovano in stato di fallimento, liquidazione, concordato preventivo, o qualsiasi altra situazione equivalente secondo la legislazione vigente;

b) che sono soggette a procedimento per la dichiarazione di una di tali situazioni;

c) che non sono in regola con gli obblighi fiscali, contributivi ed assistenziali previsti dalla vigente legislazione o abbiano commesso gravi violazioni debitamente accertate delle norme in materia di sicurezza e degli obblighi derivanti dai rapporti di lavoro;

d) qualora nei confronti dei propri amministratori, legali rappresentanti, soci diretti o indiretti, direttori tecnici e del personale di cui all'articolo 67, comma 2, sia pendente un procedimento per l'applicazione di una delle misure di prevenzione prevista dall'articolo 3 della legge 27 dicembre 1956 n. 1423, o sussista una delle cause ostative previste dell'articolo 10 della legge 31 maggio 1965 n. 575, ovvero nei cui confronti sia stato emanato un provvedimento da cui derivi il divieto di contrarre con la pubblica amministrazione;

e) qualora nei confronti dei propri amministratori, legali rappresentanti, i soci diretti o indiretti, o i direttori tecnici e del personale di cui all'articolo 67, comma 2, sia stata pronunciata sentenza di condanna passata in giudicato, ovvero di applicazione della pena su richiesta ai sensi dell'articolo 444 del codice di procedura penale per qualsiasi reato che incida sulla affidabilità morale o professionale, o per delitti finanziari;

f) qualora gli amministratori, i legali rappresentanti, i soci diretti o indiretti, i direttori tecnici e il personale di cui all'articolo 67, comma 2, si siano resi responsabili di errore professionale grave formalmente accertato;

g) qualora gli amministratori, i legali rappresentanti, i soci diretti o indiretti, i direttori tecnici e il personale di cui all'articolo 67, comma 2, abbiano reso false dichiarazioni o fornito falsa documentazione in merito alle informazioni loro richieste o all'assenza di situazioni idonee a pregiudicare il requisito dell'indipendenza o abbiano utilizzato con dolo o colpa grave documentazione dell'impresa, di cui agli articoli 78 e 79, non veritiera.

65-359 (*Omissis*).

39. Decreto legge 24 giugno 2014, n. 90, convertito, con modificazioni, in legge 11 agosto 2014, n. 114. — Misure urgenti per la semplificazione e la trasparenza amministrativa e per l'efficienza degli uffici giudiziari. (*estratto*).

Pubblicato nella Gazzetta Ufficiale n. 144 del 24 giugno 2014; la legge di conversione è stata pubblicata nella Gazzetta Ufficiale n. 190 del 18 agosto 2014.

1-18 (*Omissis*).

19 Soppressione dell'Autorità per la vigilanza sui contratti pubblici di lavori, servizi e forniture e definizione delle funzioni dell'Autorità nazionale anticorruzione.

1. L'Autorità di vigilanza sui contratti pubblici di lavori, servizi e forniture, di cui all'articolo 6 del decreto legislativo 12 aprile 2006, n. 163 e successive modificazioni, è soppressa ed i relativi organi decadono a decorrere dalla data di entrata in vigore del presente decreto.

2. I compiti e le funzioni svolti dall'Autorità di vigilanza sui contratti pubblici di lavori, servizi e forniture sono trasferiti all'Autorità nazionale anticorruzione e per la valutazione e la trasparenza (ANAC), di cui all'articolo 13 del decreto legislativo 27 ottobre 2009, n. 150, che è ridenominata Autorità nazionale anticorruzione.

3. Il Presidente dell'Autorità nazionale anticorruzione, entro il 31 dicembre 2014, presenta al Presidente del Consiglio dei ministri un piano per il riordino dell'Autorità stessa, che contempla:

a) il trasferimento definitivo delle risorse umane, finanziarie e strumentali, necessarie per lo svolgimento delle funzioni di cui al comma 2, specificando che il personale attualmente in servizio presso l'ANAC, appartenente ai ruoli delle amministrazioni pubbliche di cui all'articolo 1, comma 2, del decreto legislativo 30 marzo 2001, n. 165, e successive modificazioni, confluisce in un unico ruolo insieme con il personale della soppressa Autorità per la vigilanza sui contratti pubblici di lavori, servizi e forniture individuato nel piano di riordino di cui all'alinea del presente comma ;

b) la riduzione non inferiore al venti per cento del trattamento economico accessorio del personale dipendente, inclusi i dirigenti;

c) la riduzione delle spese di funzionamento non inferiore al venti per cento.

4. Il piano di cui al comma 3 acquista efficacia a seguito dell'approvazione con decreto del Presidente del Consiglio dei ministri, da emanare, previo parere delle competenti Commissioni parlamentari, entro sessanta giorni dalla presentazione del medesimo piano al Presidente del Consiglio dei ministri.

5. In aggiunta ai compiti di cui al comma 2, l'Autorità nazionale anticorruzione:

a) riceve notizie e segnalazioni di illeciti, anche nelle forme di cui all'Art. 54-*bis* del decreto legislativo 30 marzo 2001, n. 165;

a-bis) riceve notizie e segnalazioni da ciascun avvocato dello Stato il quale, nell'esercizio delle funzioni di cui all'articolo 13 del testo unico di cui al regio decreto 30 ottobre 1933, n. 1611, venga a conoscenza di violazioni di disposizioni di legge o di regolamento o di altre anomalie o irregolarità relative ai contratti che rientrano nella disciplina del codice di cui al decreto legislativo 12 aprile 2006, n. 163. Per gli avvocati dello Stato segnalanti resta fermo l'obbligo di denuncia di cui all'articolo 331 del codice di procedura penale;

b) salvo che il fatto costituisca reato, applica, nel rispetto delle norme previste dalla legge 24 novembre 1981, n. 689, una sanzione amministrativa non inferiore nel minimo a euro 1.000 e non superiore nel massimo a euro 10.000, nel caso in cui il soggetto obbligato ometta l'adozione dei piani triennali di prevenzione della corruzione, dei programmi triennali di trasparenza o dei codici di comportamento.

5-*bis*. Per le controversie aventi ad oggetto le sanzioni di cui al comma 5, lettera *b*), è competente il tribunale in composizione monocratica.

5-*ter*. Nella relazione di cui all'articolo 1, comma 2, lettera *g*), della legge 6 novembre 2012, n. 190, l'Autorità nazionale anticorruzione dà altresì conto dell'attività svolta ai sensi dei commi 2, 3, 4 e 5 del presente articolo, indicando le possibili criticità del quadro amministrativo e normativo che rendono il sistema dell'affidamento dei lavori pubblici vulnerabile a fenomeni di corruzione.

6. Le somme versate a titolo di pagamento delle sanzioni amministrative di cui al comma 5 lett. *b*), restano nella disponibilità dell'Autorità nazionale anticorruzione e sono utilizzabili per le proprie attività istituzionali. Le stesse somme vengono rendicontate ogni sei mesi e pubblicate nel sito internet istituzionale dell'Autorità nazionale anticorruzione specificando la sanzione applicata e le modalità di impiego delle suddette somme, anche in caso di accantonamento o di mancata utilizzazione.

7. Il Presidente dell'Autorità nazionale anticorruzione formula proposte al Commissario unico delegato del Governo per l'Expo Milano 2015 ed alla Società Expo 2015 p.a. per la corretta gestione delle procedure d'appalto per la realizzazione dell'evento. Il presidente dell'Autorità nazionale anticorruzione segnala all'autorità amministrativa di cui all'articolo 47, comma 3, del decreto legislativo 14 marzo 2013, n. 33, le violazioni in materia di comunicazione delle informazioni e dei dati e di obblighi di pubblicazione previste nel citato articolo 47, ai fini dell'esercizio del potere sanzionatorio di cui al medesimo articolo.

8. Allo svolgimento dei compiti di cui ai commi 2 e 5, il Presidente dell'ANAC provvede con le risorse umane, strumentali e finanziarie della soppressa Autorità di vigilanza sui contratti pubblici di lavori, servizi e forniture, nelle more dell'approvazione del piano di cui al comma 4.

9. Al fine di concentrare l'attività dell'Autorità nazionale anticorruzione sui compiti di trasparenza e di prevenzione della corruzione nelle pubbliche amministrazioni, le funzioni della predetta Autorità in materia di misurazione e valutazione della performance, di cui agli articoli 7, 8, 9, 10, 12, 13 e 14 del decreto legislativo 27 ottobre 2009, n. 150, sono trasferite al Dipartimento della funzione pubblica della Presidenza del Consiglio dei ministri, a decorrere dalla data di entrata in vigore della legge di conversione del presente decreto. Con riguardo al solo trasferimento delle funzioni di cui all'articolo 13, comma 6, lettere *m*) e *p*), del decreto legislativo n. 150 del 2009, relativamente ai progetti sperimentali e al Portale della trasparenza, detto trasferimento di funzioni deve avvenire previo accordo tra il Dipartimento della funzione pubblica e l'Autorità nazionale anticorruzione, anche al fine di individuare i progetti che possono più opportunamente rimanere nell'ambito della medesima Autorità nazionale anticorruzione.

10. Con regolamento da emanare ai sensi dell'articolo 17, comma 2, della legge 23 agosto 1988, n. 400, entro 180 giorni dall'entrata in vigore del presente decreto, il Governo provvede a riordinare le funzioni di cui al comma 9 in materia di misurazione e valutazione della performance, sulla base delle seguenti norme generali regolatrici della materia :

a) revisione e semplificazione degli adempimenti a carico delle amministrazioni pubbliche, al fine di valorizzare le premialità nella valutazione della performance, organizzativa e individuale, anche utilizzando le risorse disponibili ai sensi dell'articolo 16, commi 4 e 5, del decreto-legge 6 luglio 2011, n. 98, convertito, con modificazioni, dalla legge 15 luglio 2011, n. 111 ;

b) progressiva integrazione del ciclo della performance con la programmazione finanziaria;

e) raccordo con il sistema dei controlli interni;

d) valutazione indipendente dei sistemi e risultati ;

e) conseguente revisione della disciplina degli organismi indipendenti di valutazione.

11. Il Dipartimento della funzione pubblica della Presidenza del Consiglio dei ministri può avvalersi ai sensi dell'articolo 17, comma 14, della legge 15 maggio 1997, n. 127, di personale in posizione di fuori ruolo o

di comando per lo svolgimento delle funzioni relative alla misurazione e valutazione della performance.

12. Il comma 7, dell'articolo 13, del decreto legislativo 27 ottobre 2009, n. 150 è abrogato.

13. All'articolo 11 del decreto legislativo 30 luglio 1999, n. 286, sono apportate le seguenti modificazioni:

a) il comma 2 è abrogato;

b) al comma 5, secondo periodo, le parole: "sino a diversa disposizione adottata ai sensi del comma 2," sono soppresse.

14. Il Comitato tecnico-scientifico di cui all'articolo 1 del decreto del Presidente della Repubblica 12 dicembre 2006, n. 315 è soppresso.

14-*bis*. Le funzioni di supporto dell'autorità politica delegata per il coordinamento in materia di controllo strategico nelle amministrazioni dello Stato sono attribuite all'Ufficio per il programma di Governo della Presidenza del Consiglio dei ministri. L'Ufficio provvede alle funzioni trasferite con le risorse umane, strumentali e finanziarie disponibili a legislazione vigente.

15. Le funzioni del Dipartimento della funzione pubblica della Presidenza del Consiglio dei Ministri in materia di trasparenza e prevenzione della corruzione di cui all'articolo 1, commi 4, 5 e 8, della legge 6 novembre 2012 n. 190, e le funzioni di cui all'articolo 48 del decreto legislativo 14 marzo 2013, n. 33, sono trasferite all'Autorità nazionale anticorruzione.

16. Dall'applicazione del presente articolo non devono derivare nuovi o maggiori oneri per la finanza pubblica.

20-28 (*Omissis*).

TITOLO III
Misure urgenti per l'incentivazione della trasparenza e correttezza delle procedure nei lavori pubblici

CAPO I
Misure di controllo preventivo

29 Nuove norme in materia di iscrizione nell'elenco dei fornitori, prestatori di servizi ed esecutori di lavori non soggetti a tentativo di infiltrazione mafiosa.

1. All'articolo 1 della legge 6 novembre 2012, n. 190, il comma 52 è sostituito dai seguenti:

"52. Per le attività imprenditoriali di cui al comma 53 la comunicazione e l'informazione antimafia liberatoria da acquisire indipendentemente dalle soglie stabilite dal codice di cui al decreto legislativo 6 settembre 2011, n. 159, è obbligatoriamente acquisita dai soggetti di cui all'articolo 83, commi 1 e 2, del decreto legislativo 6 settembre 2011, n. 159, attraverso la consultazione, anche in via telematica, di apposito elenco di fornitori, prestatori di servizi ed esecutori di lavori non soggetti a tentativi di infiltrazione mafiosa operanti nei medesimi settori. Il suddetto elenco è istituito presso ogni prefettura. L'iscrizione nell'elenco è disposta dalla prefettura della provincia in cui il soggetto richiedente ha la propria sede. Si applica l'articolo 92, commi 2 e 3, del citato decreto legislativo n. 159 del 2011. La prefettura effettua verifiche periodiche circa la perdurante insussistenza dei tentativi di infiltrazione mafiosa e, in caso di esito negativo, dispone la cancellazione dell'impresa dall'elenco.

52-*bis*. L'iscrizione nell'elenco di cui al comma 52 tiene luogo della comunicazione e dell'informazione antimafia liberatoria anche ai fini della stipula, approvazione o autorizzazione di contratti o subcontratti relativi ad attività diverse da quelle per le quali essa è stata disposta.".

2. In prima applicazione, e comunque per un periodo non superiore a dodici mesi dalla data di entrata in vigore del presente decreto, i soggetti di cui all'articolo 83, commi 1 e 2, del citato decreto legislativo n. 159 del 2011, per le attività indicate all'articolo 1, comma 53, della predetta legge n. 190 del 2012, procedono all'affidamento di contratti o all'autorizzazione di subcontratti previo accertamento della avvenuta presentazione della domanda di iscrizione nell'elenco di cui al comma 1. In caso di sopravvenuto diniego dell'iscrizione, si applicano ai contratti e subcontratti cui è stata data esecuzione le disposizioni di cui all'articolo 94, commi 2 e 3, del citato decreto legislativo n.159 del 2011. In prima applicazione, la stazione appaltante che abbia aggiudicato e stipulato il contratto o autorizzato il subappalto esclusivamente sulla base della domanda di iscrizione è obbligata a informare la competente prefettura-ufficio territoriale del Governo di essere in attesa del provvedimento definitivo (1).

(1) *A norma dell'articolo 11-*bis*, d.l. 19 giugno 2015, n. 78, convertito, con modificazioni, dalla Legge 6 agosto 2015, n. 125, le disposizioni di cui al presente comma, continuano ad applicarsi fino all'attivazione della Banca dati nazionale unica della documentazione antimafia, nel termine stabilito dall'articolo 99, comma 2-*bis*, del codice di cui al decreto legislativo 6 settembre 2011, n. 159, e successive modificazioni.*

CAPO II
Misure relative all'esecuzione di opere pubbliche, servizi e forniture

30 Unità operativa speciale per Expo 2015

1. Al Presidente dell'ANAC sono attribuiti compiti di alta sorveglianza e garanzia della correttezza e trasparenza delle procedure connesse alla realizzazione delle opere del grande evento EXPO Milano 2015. A tal fine si avvale di una apposita Unità operativa speciale composta da personale in posizione di comando, distacco o fuori molo anche proveniente dal corpo della Guardia di Finanza. Per le finalità di cui al presente comma l'Unità operativa speciale opera fino alla completa esecuzione dei contratti di appalto di lavori, servizi e forniture per la realizzazione delle opere e delle attività connesse allo svolgimento del grande evento Expo Milano 2015 e comunque non oltre il 31 dicembre 2017 (1).

2. Per le finalità di cui al comma 1, il Presidente dell'ANAC, avvalendosi della predetta Unità, in aggiunta ai compiti attribuiti all'ANAC in conseguenza

della soppressione dell'Autorità per la vigilanza sui contratti pubblici:

a) verifica, in via preventiva, la legittimità degli atti relativi all'affidamento ed all'esecuzione dei contratti di lavori, servizi e forniture per la realizzazione delle opere e delle attività connesse allo svolgimento del grande evento EXPO Milano 2015, con particolare riguardo al rispetto delle disposizioni in materia di trasparenza della legge 6 novembre 2012 n. 190, nonché, per la parte di competenza, il corretto adempimento, da parte della Società Expo 2015 p.a. e delle altre stazioni appaltanti, degli accordi in materia di legalità sottoscritti con la Prefettura di Milano;

b) dispone dei poteri ispettivi e di accesso alle banche dati già attribuiti alla soppressa Autorità di vigilanza sui contratti pubblici di lavori, servizi e forniture di cui al comma 9, dell'articolo 6 del decreto legislativo 12 aprile 2006, n. 163, ivi compresi poteri di accesso alla banca dati di cui all'articolo 97, comma 1, del decreto legislativo 6 settembre 2011, n. 159.

3. Il Presidente dell'ANAC può partecipare, altresì, alle riunioni della sezione specializzata del Comitato di, coordinamento per l'alta sorveglianza delle grandi opere presieduta dal Prefetto di Milano ai sensi dell'articolo 3-quinquies, comma 2, del decreto-legge 25 settembre 2009, n. 135, convertito, con modificazioni, dalla legge 20 novembre 2009, n. 166.

4. All'attuazione del presente articolo si provvede con le risorse finanziarie e strumentali disponibili nel bilancio dell'ANAC e, comunque, senza nuovi o maggiori oneri per la finanza pubblica.

(1) *Comma modificato dall'art. 1, comma 14, d.l. 30 dicembre 2016, n. 244, conv., con modif., in l. 27 febbraio 2017, n. 19. V. anche l'art. 1, comma 381, l. 27 dicembre 2017, n. 205 che così dispone: « Per le finalità dei commi da 375 a 388, l'Unità operativa speciale di cui all'articolo 30, comma 1, del citato decreto-legge 24 giugno 2014, n. 90, opera fino alla completa esecuzione dei contratti e comunque non oltre il termine del 31 dicembre 2019. Dall'attuazione del presente comma non devono derivare nuovi o maggiori oneri per la finanza pubblica »*

31-54 (*Omissis*).

40. Direttiva UE del Parlamento europeo e del Consiglio 26 febbraio 2014, n. 23. — Sull'aggiudicazione dei contratti di concessione (*estratto*) (1).

Pubblicata nella Gazzetta Ufficiale dell'Unione Europea n. L94 del 28 marzo 2014.

(1) *Alla presente direttiva è stata data attuazione con il decreto legislativo 18 aprile 2016, n. 50, Codice dei contratti pubblici, riportato sub. III, 44.*

IL PARLAMENTO EUROPEO E IL CONSIGLIO DELL'UNIONE EUROPEA,

visto il trattato sul funzionamento dell'Unione europea, in particolare l'articolo 53, paragrafo 1, l'articolo 62 e l'articolo 114,

vista la proposta della Commissione europea,

previa trasmissione del progetto di atto legislativo ai parlamenti nazionali,

visto il parere del Comitato economico e sociale europeo, visto il parere del Comitato delle regioni,

deliberando secondo la procedura legislativa ordinaria, considerando quanto segue:

(1) L'assenza di una chiara normativa che disciplini a livello dell'Unione l'aggiudicazione dei contratti di concessione dà luogo a incertezza giuridica, ostacola la libera fornitura di servizi e provoca distorsioni nel funzionamento del mercato interno. Di conseguenza, gli operatori economici, in particolare le piccole e medie imprese (PMI), vengono privati dei loro diritti nell'ambito del mercato interno e perdono importanti opportunità commerciali, mentre le autorità pubbliche talvolta non riescono a utilizzare il denaro pubblico nella maniera migliore, in modo da offrire ai cittadini dell'Unione servizi di qualità ai prezzi migliori. Un quadro giuridico idoneo, equilibrato e flessibile per l'aggiudicazione di concessioni garantirebbe un accesso effettivo e non discriminatorio al mercato a tutti gli operatori economici dell'Unione assicurando altresì la certezza giuridica e favorendo quindi gli investimenti pubblici in infrastrutture e servizi strategici per i cittadini. Tale quadro giuridico consentirebbe inoltre di fornire maggiore certezza giuridica agli operatori economici e potrebbe costituire una base e uno strumento per aprire maggiormente i mercati internazionali degli appalti pubblici e rafforzare gli scambi commerciali mondiali. Particolare importanza dovrebbe essere attribuita al miglioramento delle possibilità di accesso delle PMI a tutti i mercati delle concessioni dell'Unione.

(2) Le norme del quadro legislativo applicabile all'aggiudicazione di concessioni dovrebbero essere chiare e semplici. Esse dovrebbero tenere debito conto della specificità delle concessioni rispetto agli appalti pubblici e non dovrebbero comportare eccessivi oneri burocratici.

(3) Gli appalti pubblici hanno un ruolo fondamentale nella strategia Europa 2020, definita nella comunicazione della Commissione del 3 marzo 2010 intitolata « Europa 2020 — una strategia per una crescita intelligente, sostenibile e inclusiva » (« strategia Europa 2020 »), in quanto costituiscono uno degli strumenti basati sul mercato necessari per ottenere una crescita intelligente, sostenibile e inclusiva, garantendo contemporaneamente la massima efficienza nell'uso dei fondi pubblici. In tale contesto, i contratti di concessione rappresentano importanti strumenti nello sviluppo strutturale a lungo termine di infrastrutture e servizi strategici in quanto concorrono al miglioramento della concorrenza in seno al mercato interno, consentono di beneficiare delle competenze del settore privato e contribuiscono a conseguire efficienza e innovazione.

(4) Attualmente, l'aggiudicazione delle concessioni di lavori pubblici è soggetta alle norme di base della direttiva 2004/18/CE del Parlamento europeo e del Consiglio, mentre l'aggiudicazione delle concessioni di servizi con interesse transfrontaliero è soggetta ai principi del trattato sul funzionamento dell'Unione europea (TFUE), in particolare ai principi della libera circolazione delle merci, della libertà di stabilimento e

della libera prestazione di servizi, nonché ai principi che ne derivano, come la parità di trattamento, la non discriminazione, il mutuo riconoscimento, la proporzionalità e la trasparenza. Vi è il rischio di mancanza di certezza giuridica dovuto a interpretazioni divergenti dei principi del trattato da parte dei legislatori nazionali e a profonde disparità tra le legislazioni dei diversi Stati membri. Tale rischio è stato confermato dalla copiosa giurisprudenza della Corte di giustizia dell'Unione europea, che tuttavia ha affrontato solo parzialmente alcuni aspetti dell'aggiudicazione dei contratti di concessione.

È necessario, a livello di Unione, applicare in maniera uniforme i principi del TFUE in tutti gli Stati membri ed eliminare le discrepanze nell'interpretazione di tali principi al fine di eliminare le persistenti distorsioni del mercato interno. Ciò favorirebbe altresì l'efficienza della spesa pubblica, faciliterebbe la parità di accesso e l'equa partecipazione delle PMI all'aggiudicazione dei contratti di concessione, sia a livello locale che a livello dell'Unione, e promuoverebbe il conseguimento di obiettivi sostenibili delle politiche pubbliche.

(5) La presente direttiva riconosce e riafferma il diritto degli Stati membri e delle autorità pubbliche di decidere le modalità di gestione ritenute più appropriate per l'esecuzione di lavori e la fornitura di servizi. In particolare, la presente direttiva non dovrebbe in alcun modo incidere sulla libertà degli Stati membri e delle autorità pubbliche di eseguire lavori o fornire servizi direttamente al pubblico o di esternalizzare tale fornitura delegandola a terzi. Gli Stati membri o le autorità pubbliche dovrebbero rimanere liberi di definire e specificare le caratteristiche dei servizi da fornire, comprese le condizioni relative alla qualità o al prezzo dei servizi, conformemente al diritto dell'Unione, al fine di perseguire i loro obiettivi di interesse pubblico.

(6) È opportuno ricordare che gli Stati membri sono liberi di decidere, in conformità ai principi del TFUE in materia di parità di trattamento, non discriminazione, trasparenza e libera circolazione delle persone, di organizzare la prestazione di servizi come servizi di interesse economico generale o come servizi non economici di interesse generale ovvero come una combinazione di tali servizi. È altresì opportuno ricordare che la presente direttiva lascia impregiudicata la libertà delle autorità nazionali, regionali e locali di definire, in conformità del diritto dell'Unione, i servizi d'interesse economico generale, il relativo ambito e le caratteristiche del servizio da prestare, comprese le eventuali condizioni relative alla qualità del servizio, al fine di perseguire gli obiettivi delle politiche pubbliche. Anche la facoltà delle autorità nazionali, regionali e locali di fornire, affidare e finanziare i servizi di interesse economico generale, conformemente all'articolo 14 TFUE e al protocollo n. 26 allegato al TFUE e al trattato sull'Unione europea (TUE), dovrebbe restare impregiudicata. Inoltre, la presente direttiva non riguarda il finanziamento dei servizi di interesse economico generale o le sovvenzioni concesse dagli Stati membri, in particolare nel settore sociale, in conformità delle norme dell'Unione sulla concorrenza. È opportuno chiarire che i servizi non economici di interesse generale non dovrebbero rientrare nell'ambito di applicazione della presente direttiva.

(7) È altresì opportuno rammentare che la presente direttiva non dovrebbe incidere sulla normativa degli Stati membri in materia di previdenza sociale. Essa non dovrebbe nemmeno comportare la liberalizzazione di servizi di interesse economico generale, riservati a enti pubblici o privati, né la privatizzazione di enti pubblici che forniscono servizi.

(8) Nel caso di concessioni pari o superiori a un determinato valore, è opportuno procedere a un coordinamento minimo delle procedure nazionali per l'aggiudicazione di tali contratti sulla base dei principi del TFUE, nell'ottica di garantire l'apertura delle concessioni alla concorrenza e un adeguato livello di certezza giuridica. Tali norme di coordinamento dovrebbero limitarsi a quanto è necessario per realizzare gli obiettivi succitati e garantire un certo livello di flessibilità. Gli Stati membri dovrebbero avere la facoltà di completare e sviluppare ulteriormente tali norme qualora lo ritenessero opportuno, in particolare per meglio garantire la conformità ai summenzionati principi.

(9) È opportuno precisare che i raggruppamenti di operatori economici, inclusi quelli sotto forma di associazione temporanea, possono partecipare a procedure di aggiudicazione senza dover assumere una forma giuridica specifica. Nella misura in cui ciò sia necessario, ad esempio nei casi in cui sia prevista la responsabilità in solido, è possibile imporre una forma specifica quando la concessione venga aggiudicata a tali raggruppamenti. È inoltre opportuno precisare che le amministrazioni aggiudicatrici o gli enti aggiudicatori dovrebbero poter indicare esplicitamente in che modo i raggruppamenti di operatori economici siano tenuti a soddisfare i requisiti in materia di capacità economica e finanziaria o ai criteri relativi alle capacità tecniche e professionali imposti agli operatori economici che partecipano in proprio. L'esecuzione di contratti di concessione da parte di raggruppamenti di operatori economici può rendere necessario definire condizioni che non sono imposte a singoli partecipanti. Tali condizioni, che dovrebbero essere giustificate da ragioni oggettive e proporzionate, potrebbero comprendere, per esempio, l'obbligo di nominare una rappresentanza congiunta o un partner capofila ai fini della procedura di aggiudicazione della concessione o di fornire informazioni sulla costituzione di detti raggruppamenti.

(10) È opportuno adottare alcune norme di coordinamento anche per l'aggiudicazione di concessioni di lavori e servizi nei settori dell'energia e dei servizi di trasporto e postali, considerato che le autorità nazionali possono influenzare il comportamento dei soggetti che operano in tali settori e tenendo conto del fatto che i mercati in cui essi agiscono sono chiusi a causa di diritti esclusivi o speciali concessi dagli Stati membri per quanto riguarda la fornitura, la creazione o il funzionamento delle reti di erogazione dei servizi in questione.

(11) Le concessioni sono contratti a titolo oneroso mediante i quali una o più amministrazioni aggiudicatrici o uno o più enti aggiudicatori affidano l'esecuzione di lavori o la prestazione e gestione di servizi a uno o più operatori economici. Tali contratti hanno per

oggetto l'acquisizione di lavori o servizi attraverso una concessione il cui corrispettivo consiste nel diritto di gestire i lavori o i servizi o in tale diritto accompagnato da un prezzo. Essi possono, ma non devono necessariamente, implicare un trasferimento di proprietà alle amministrazioni aggiudicatrici o agli enti aggiudicatori, ma i vantaggi derivanti dai lavori o servizi in questione spettano sempre alle amministrazioni aggiudicatrici o agli enti aggiudicatori.

(12) Ai fini della presente direttiva è opportuno precisare che il mero finanziamento, in particolare tramite sovvenzioni, di un'attività, spesso legato all'obbligo di rimborsare gli importi ricevuti qualora non siano utilizzati per gli scopi previsti, non rientra nell'ambito di applicazione della presente direttiva.

(13) Inoltre, i regimi in cui tutti gli operatori che soddisfano determinate condizioni sono autorizzati a svolgere un determinato compito, senza selettività, come i sistemi basati sulla scelta del cliente e i sistemi di buoni servizio, non dovrebbero configurarsi come concessioni, compresi quelli fondati su accordi giuridici tra l'autorità pubblica e gli operatori economici. Tali sistemi si basano generalmente su una decisione dell'autorità pubblica che definisce le condizioni trasparenti e non discriminatorie applicabili all'accesso continuo da parte degli operatori economici alla fornitura di servizi specifici, quali i servizi sociali, consentendo ai clienti di scegliere tra tali operatori.

(14) Inoltre, non dovrebbero configurarsi come concessioni determinati atti dello Stato membro, quali autorizzazioni o licenze, con cui lo Stato membro o una sua autorità pubblica stabiliscono le condizioni per l'esercizio di un'attività economica, inclusa la condizione di eseguire una determinata operazione, concesse di norma su richiesta dell'operatore economico e non su iniziativa dell'amministrazione aggiudicatrice o dell'ente aggiudicatore e nel cui quadro l'operatore economico rimane libero di recedere dalla fornitura dei lavori o servizi. Nel caso di tali atti dello Stato membro, si applicano le disposizioni specifiche della direttiva 2006/123/CE del Parlamento europeo e del Consiglio. A differenza di detti atti dello Stato membro, i contratti di concessione stabiliscono obblighi reciprocamente vincolanti in virtù dei quali l'esecuzione di tali lavori o servizi è soggetta a specifici requisiti definiti dall'amministrazione aggiudicatrice o dall'ente aggiudicatore e aventi forza esecutiva.

(15) Inoltre, taluni accordi aventi per oggetto il diritto di un operatore economico di gestire determinati beni o risorse del demanio pubblico, in regime di diritto privato o pubblico, quali terreni o qualsiasi proprietà pubblica, in particolare nel settore dei porti marittimi o interni o degli aeroporti, mediante i quali lo Stato oppure l'amministrazione aggiudicatrice o l'ente aggiudicatore fissa unicamente le condizioni generali d'uso senza acquisire lavori o servizi specifici, non dovrebbero configurarsi come concessioni ai sensi della presente direttiva. Ciò vale di norma per i contratti di locazione di beni o terreni di natura pubblica che generalmente contengono i termini che regolano la presa di possesso da parte del conduttore, la destinazione d'uso del bene immobile, gli obblighi del locatore e del conduttore per quanto riguarda la manutenzione del bene immobile, la durata della locazione e la restituzione del possesso del bene immobile al locatore, il canone e le spese accessorie a carico del conduttore.

(16) Inoltre, non dovrebbero configurarsi come concessioni ai sensi della presente direttiva neppure gli accordi che attribuiscono diritti di passaggio relativi all'utilizzo di beni immobili pubblici per la fornitura o la gestione di linee o reti fisse destinate a fornire un servizio al pubblico, sempre che tali accordi non impongano un obbligo di fornitura né implichino l'acquisizione di servizi da parte di un'amministrazione aggiudicatrice o un ente aggiudicatore per sé o per gli utenti finali.

(17) I contratti che non implicano pagamenti al contraente e ai sensi dei quali il contraente è remunerato in base a tariffe regolamentate, calcolate in modo da coprire la totalità dei costi e degli investimenti sostenuti dal contraente per la fornitura del servizio, non dovrebbero rientrare nell'ambito di applicazione della presente direttiva.

(18) Le difficoltà legate all'interpretazione dei concetti di « contratto di concessione » e di « appalto pubblico » hanno generato una costante incertezza giuridica tra i soggetti interessati e sono state oggetto di numerose sentenze della Corte di giustizia dell'Unione europea. Ne consegue che è necessario precisare meglio la definizione di concessione, in particolare facendo riferimento al concetto di « rischio operativo ». La caratteristica principale di una concessione, ossia il diritto di gestire un lavoro o un servizio, implica sempre il trasferimento al concessionario di un rischio operativo di natura economica che comporta la possibilità di non riuscire a recuperare gli investimenti effettuati e i costi sostenuti per realizzare i lavori o i servizi aggiudicati in condizioni operative normali, anche se una parte del rischio resta a carico dell'amministrazione aggiudicatrice o dell'ente aggiudicatore. L'applicazione di norme specifiche per la disciplina dell'aggiudicazione di concessioni non sarebbe giustificata se l'amministrazione aggiudicatrice o l'ente aggiudicatore sollevasse l'operatore economico da qualsiasi perdita potenziale garantendogli un introito minimo pari o superiore agli investimenti effettuati e ai costi che l'operatore economico deve sostenere in relazione all'esecuzione del contratto. Allo stesso tempo, occorre precisare che alcuni accordi remunerati esclusivamente dall'amministrazione aggiudicatrice o dall'ente aggiudicatore dovrebbero configurarsi come concessioni qualora il recupero degli investimenti effettuati e dei costi sostenuti dall'operatore per eseguire il lavoro o fornire il servizio dipenda dall'effettiva domanda del servizio o del bene o dalla loro fornitura.

(19) Qualora la regolamentazione settoriale specifica elimini il rischio prevedendo una garanzia a favore del concessionario per il recupero degli investimenti e dei costi sostenuti per l'esecuzione del contratto, il contratto stesso non dovrebbe configurarsi come una concessione ai sensi della presente direttiva. Il fatto che il rischio sia limitato sin dall'inizio non dovrebbe escludere che il contratto si configuri come concessione. Può essere questo il caso, per esempio, di settori con tariffe regolamentate o dove il rischio operativo sia limitato mediante accordi di natura contrattuale che

prevedono una compensazione parziale, inclusa una compensazione in caso di cessazione anticipata della concessione per motivi imputabili all'amministrazione aggiudicatrice o all'ente aggiudicatore ovvero per cause di forza maggiore.

(20) Un rischio operativo dovrebbe derivare da fattori al di fuori del controllo delle parti. Rischi come quelli legati a una cattiva gestione, a inadempimenti contrattuali da parte dell'operatore economico o a cause di forza maggiore non sono determinanti ai fini della qualificazione come concessione, dal momento che rischi del genere sono insiti in ogni contratto, indipendentemente dal fatto che si tratti di un appalto pubblico o di una concessione. Il rischio operativo dovrebbe essere inteso come rischio di esposizione alle fluttuazioni del mercato, che possono derivare da un rischio sul lato della domanda o sul lato dell'offerta ovvero contestualmente da un rischio sul lato della domanda e sul lato dell'offerta. Per rischio sul lato della domanda si intende il rischio associato alla domanda effettiva di lavori o servizi che sono oggetto del contratto. Per rischio sul lato dell'offerta si intende il rischio associato all'offerta dei lavori o servizi che sono oggetto del contratto, in particolare il rischio che la fornitura di servizi non corrisponda alla domanda. Ai fini della valutazione del rischio operativo, dovrebbe essere preso in considerazione in maniera coerente ed uniforme il valore attuale netto dell'insieme degli investimenti, dei costi e dei ricavi del concessionario.

(21) La nozione di « organismi di diritto pubblico » è stata esaminata ripetutamente nella giurisprudenza della Corte di giustizia dell'Unione europea. Diverse precisazioni sono essenziali per la piena comprensione di tale concetto. È pertanto opportuno precisare che un organismo che opera in condizioni normali di mercato, mira a realizzare un profitto e sostiene le perdite che risultano dall'esercizio delle sue attività non dovrebbe essere considerato un « organismo di diritto pubblico », in quanto è lecito supporre che sia stato istituito allo scopo o con l'incarico di soddisfare esigenze di interesse generale che sono di natura industriale o commerciale. Analogamente, la Corte ha anche esaminato la condizione relativa all'origine del finanziamento dell'organismo in questione, precisando che per « finanziamento maggioritario » si intende per più della metà e che tale finanziamento può includere pagamenti da parte di utenti che sono imposti, calcolati e riscossi in conformità di norme di diritto pubblico.

(22) È opportuno definire i « diritti esclusivi » e i « diritti speciali » in quanto tali nozioni sono essenziali per l'ambito di applicazione della presente direttiva e la nozione di « enti aggiudicatori ». Si dovrebbe chiarire che gli enti che non sono né enti aggiudicatori ai sensi dell'articolo 7, paragrafo 1, lettera *a*), né imprese pubbliche sono soggetti alle disposizioni della presente direttiva solo nella misura in cui esercitano una delle attività interessate sulla base di detti diritti. Tuttavia, essi non saranno considerati enti aggiudicatori se tali diritti sono stati concessi per mezzo di una procedura basata su criteri oggettivi, in particolare ai sensi della legislazione dell'Unione, e alla quale sia stata assicurata un'adeguata pubblicità. Tale normativa dovrebbe comprendere la direttiva 2009/73/CE del Parlamento europeo e del Consiglio, la direttiva 2009/72/CE del Parlamento europeo e del Consiglio, la direttiva 97/67/CE del Parlamento europeo e del Consiglio, la direttiva 94/22/CE del Parlamento europeo e del Consiglio e il regolamento (CE) n. 1370/2007 del Parlamento europeo e del Consiglio. Occorre altresì chiarire che tale elenco di atti legislativi non è esaustivo e che i diritti concessi in qualsiasi forma mediante altre procedure fondate su criteri oggettivi e alle quali sia stata assicurata un'adeguata pubblicità non rilevano ai fini della determinazione degli enti aggiudicatori contemplati dalla presente direttiva.

(23) La presente direttiva dovrebbe applicarsi unicamente ai contratti di concessione il cui valore sia pari o superiore a una determinata soglia, che dovrebbe riflettere il chiaro interesse transfrontaliero delle concessioni per gli operatori economici con sede in Stati membri diversi da quello dell'amministrazione aggiudicatrice o dell'ente aggiudicatore. Di conseguenza, è necessario definire il metodo di calcolo del valore stimato di una concessione e tale metodo dovrebbe essere identico per le concessioni di lavori e di servizi, dato che entrambi i contratti hanno spesso ad oggetto elementi legati a lavori e a servizi. Il calcolo dovrebbe fare riferimento al fatturato totale del concessionario quale corrispettivo dei lavori e dei servizi oggetto della concessione, stimato dall'amministrazione aggiudicatrice o dall'ente aggiudicatore, IVA esclusa, per la durata del contratto.

(24) La necessità di garantire l'effettiva apertura del mercato e un giusto equilibrio nell'applicazione delle norme sull'aggiudicazione delle concessioni nei settori dell'energia, dei trasporti e dei servizi postali esige che gli enti interessati siano individuati prescindendo dalla loro qualificazione giuridica. Si dovrebbe pertanto provvedere affinché non sia messa in pericolo la parità di trattamento tra enti aggiudicatori del settore pubblico ed enti che operano nel settore privato. È inoltre necessario far sì che, conformemente all'articolo 345 TFUE, sia lasciato impregiudicato il regime di proprietà esistente negli Stati membri. Per tale motivo, alle concessioni aggiudicate da enti che esercitano una delle summenzionate attività allo scopo di svolgere tali attività dovrebbero applicarsi norme specifiche e uniformi, a prescindere dal fatto che si tratti di uno Stato, di autorità regionali o locali, di organismi di diritto pubblico, di imprese pubbliche o di altri enti che godono di diritti esclusivi o speciali. Si dovrebbe presumere che svolgano tali attività gli enti responsabili, a norma del diritto nazionale, della fornitura dei servizi correlati a una delle attività di cui all'allegato II.

(25) È opportuno chiarire che le attività pertinenti nel settore aeroportuale comprendono anche i servizi forniti ai passeggeri che contribuiscono al regolare funzionamento delle strutture aeroportuali e che è legittimo attendersi da un aeroporto moderno e ben funzionante, quali servizi di vendita al dettaglio, di ristorazione pubblica e di parcheggio auto.

(26) Taluni enti operano nei settori della produzione, trasmissione o distribuzione sia settori del riscaldamento che del raffreddamento. Può sussistere incertezza riguardo alle norme applicabili alle attività legate, rispettivamente, al riscaldamento e al raffred-

damento. È pertanto opportuno precisare che la trasmissione e/o distribuzione di energia termica è un'attività contemplata dall'allegato II e che dunque gli enti operanti nel settore del riscaldamento sono soggetti alle norme della presente direttiva applicabili agli enti aggiudicatori nella misura in cui possano essere considerati tali. D'altra parte, gli enti operanti nel settore del raffreddamento sono soggetti alle norme della presente direttiva applicabili alle amministrazioni aggiudicatrici nella misura in cui possano essere considerati tali. È infine opportuno precisare che le concessioni aggiudicate per l'esecuzione di contratti contestualmente nei settori del riscaldamento e del raffreddamento dovrebbero essere esaminate alla luce delle disposizioni sui contratti per lo svolgimento di più attività per determinare le eventuali norme in materia di appalti che ne disciplinano l'aggiudicazione.

(27) Prima di prendere in considerazione qualsiasi modifica dell'ambito di applicazione della presente direttiva per il settore del raffreddamento, si dovrebbe esaminare la situazione di tale settore al fine di ottenere informazioni sufficienti, in particolare, per quanto riguarda la situazione della concorrenza, il numero di appalti transfrontalieri e il punto di vista delle parti interessate. Dato che l'applicazione della presente direttiva al precitato settore potrebbe avere notevoli effetti in termini di apertura del mercato, tale esame dovrebbe essere effettuato all'atto della valutazione dell'impatto della presente direttiva.

(28) È opportuno precisare che ai fini dell'allegato II, paragrafi 1 e 2, l'« alimentazione » comprende la generazione/produzione, la vendita all'ingrosso e la vendita al dettaglio. Tuttavia, la produzione di gas sotto forma di estrazione rientra nel paragrafo 6 di tale allegato.

(29) Nel caso di contratti misti in cui le diverse parti costitutive del contratto sono oggettivamente non separabili, le norme applicabili dovrebbero essere determinate in base all'oggetto principale del contratto. È pertanto opportuno precisare in che modo le amministrazioni aggiudicatrici e gli enti aggiudicatori dovrebbero stabilire se le diverse parti siano separabili o meno. Tale precisazione dovrebbe basarsi sulla pertinente giurisprudenza della Corte di giustizia dell'Unione europea. La determinazione dovrebbe essere effettuata caso per caso e a tal fine le intenzioni manifestate o presunte dell'amministrazione aggiudicatrice o dell'ente aggiudicatore di considerare indivisibili i vari aspetti che costituiscono un contratto misto non dovrebbero essere sufficienti, ma dovrebbero essere confermate da prove oggettive atte a giustificarle e a motivare l'esigenza di concludere un contratto unico. Un'esigenza motivata di concludere un contratto unico potrebbe per esempio essere riscontrata nell'ipotesi di costruzione di un edificio unico, una parte del quale debba essere utilizzata direttamente dall'amministrazione aggiudicatrice interessata e un'altra parte debba essere gestita sulla base di una concessione, per esempio per parcheggi destinati al pubblico. Occorre precisare che l'esigenza di concludere un contratto unico può essere dovuta a motivi di carattere sia tecnico che economico.

(30) Nel caso di contratti misti che possono essere separati, le amministrazioni aggiudicatrici e gli enti aggiudicatori sono sempre liberi di aggiudicare contratti separati per le parti separate del contratto misto, nel qual caso le disposizioni applicabili a ciascuna parte separata dovrebbero essere determinate esclusivamente in funzione delle caratteristiche del contratto specifico. D'altra parte, ove le amministrazioni aggiudicatrici e gli enti aggiudicatori scelgano di aggiudicare un contratto comprendente sia elementi di una concessione che altri elementi, a prescindere dal valore di questi elementi e dal regime giuridico cui essi sarebbero stati altrimenti soggetti, dovrebbero essere indicate le norme applicabili a tali casi. È opportuno prevedere disposizioni particolari per i contratti misti concernenti aspetti di difesa o di sicurezza o parti che non rientrano nell'ambito di applicazione del TFUE.

(31) È possibile che gli enti aggiudicatori procedano all'aggiudicazione di concessioni per venir incontro a necessità inerenti a varie attività, eventualmente soggette a regimi giuridici diversi. È opportuno precisare che il regime giuridico applicabile a un'unica concessione destinata a regolare lo svolgimento di varie attività dovrebbe essere soggetto alle norme previste per l'attività cui la concessione è destinata in via principale. Per determinare l'attività cui la concessione è destinata in via principale, è possibile basarsi sull'analisi delle necessità cui la concessione specifica deve rispondere, effettuata dall'ente aggiudicatore ai fini della valutazione del valore della concessione e dell'elaborazione dei documenti di gara. In taluni casi, può essere oggettivamente impossibile determinare l'attività cui la concessione è destinata in via principale. Dovrebbero essere specificate le norme da applicare in tali casi.

(32) In taluni casi, una determinata amministrazione aggiudicatrice o un determinato ente aggiudicatore che sia lo Stato, un'autorità regionale o locale o un organismo di diritto pubblico o una determinata associazione dei medesimi potrebbe essere l'unico soggetto ad erogare un determinato servizio, per la cui fornitura gode di un diritto esclusivo a norma di disposizioni legislative o regolamentari nazionali o di disposizioni amministrative nazionali pubblicate compatibili con il TFUE. È opportuno precisare che in queste situazioni l'amministrazione aggiudicatrice o l'ente aggiudicatore di cui al presente considerando o una loro associazione può aggiudicare concessioni a tali organismi senza applicare la presente direttiva.

(33) È altresì opportuno escludere dall'ambito di applicazione della presente direttiva alcune concessioni di servizi aggiudicate a operatori economici, se aggiudicate sulla base di un diritto esclusivo di cui l'operatore gode ai sensi di disposizioni legislative o regolamentari nazionali o di disposizioni amministrative nazionali pubblicate e che è stato concesso ai sensi del TFUE e di atti dell'Unione recanti norme comuni in materia di accesso al mercato applicabili alle attività di cui all'allegato II, dal momento che tale diritto esclusivo rende impossibile seguire una procedura competitiva per l'aggiudicazione. A titolo derogatorio e salve le conseguenze giuridiche dell'esclusione generale dall'ambito di applicazione della presente direttiva, le concessioni di cui all'articolo 10, paragrafo 1, secondo

comma, dovrebbero essere soggette all'obbligo di pubblicazione dell'avviso di aggiudicazione della concessione in modo da garantire un minino grado di trasparenza a meno che le condizioni di tale trasparenza non siano già previste nella legislazione settoriale. Al fine di rafforzare la trasparenza, quando uno Stato membro concede un diritto esclusivo a un operatore economico per l'esercizio di una delle attività di cui all'allegato II ne dovrebbe informare la Commissione.

(34) Ai fini della presente direttiva i concetti di « interessi essenziali di sicurezza », « materiale militare », « materiale sensibile », « lavori sensibili » e « servizi sensibili » dovrebbero essere intesi ai sensi della direttiva 2009/81/CE del Parlamento europeo e del Consiglio.

(35) La presente direttiva non dovrebbe pregiudicare la libertà degli Stati membri di scegliere, conformemente al diritto dell'Unione, le modalità di organizzazione e di controllo dell'esercizio dell'attività dei giochi d'azzardo, anche mediante autorizzazioni. È opportuno escludere dall'ambito di applicazione della presente direttiva le concessioni relative alla gestione di lotterie aggiudicate da uno Stato membro ad un operatore economico sulla base di un diritto esclusivo concesso mediante una procedura non ad evidenza pubblica ai sensi delle applicabili disposizioni legislative, regolamentari nazionali o delle applicabile disposizioni amministrative nazionali pubblicate, conformemente al TFUE. Tale esclusione è giustificata dalla concessione di un diritto esclusivo ad un operatore economico che rende inapplicabile una procedura competitiva nonché dalla necessità di preservare la possibilità per gli Stati membri di regolare a livello nazionale il settore dei giochi d'azzardo in virtù dei loro obblighi di tutela dell'ordine pubblico e sociale.

(36) La presente direttiva non dovrebbe applicarsi a taluni servizi di emergenza se effettuati da organizzazioni e associazioni senza scopo di lucro, in quanto il carattere particolare di tali organizzazioni sarebbe difficile da preservare se i prestatori di servizi dovessero essere scelti secondo le procedure di cui alla presente direttiva. La loro esclusione, tuttavia, non dovrebbe essere estesa oltre lo stretto necessario. Si dovrebbe pertanto stabilire esplicitamente che i servizi di trasporto dei pazienti in ambulanza non dovrebbero essere esclusi. In tale contesto è inoltre necessario chiarire che nel gruppo 601 « Servizi di trasporto terrestre » del CPV non rientrano i servizi di ambulanza, reperibili nella classe 8514. È pertanto opportuno precisare che i servizi identificati con il codice CPV 85143000-3 consistenti esclusivamente in servizi di trasporto dei pazienti in ambulanza dovrebbero essere soggetti al regime speciale previsto per i servizi sociali e altri servizi specifici (« regime alleggerito »). Di conseguenza, anche i contratti di concessione per la prestazione di servizi di ambulanza in generale dovrebbero essere soggetti al regime alleggerito se il valore dei servizi di trasporto dei pazienti in ambulanza fosse superiore al valore di altri servizi di ambulanza.

(37) È opportuno ricordare che la presente direttiva si applica soltanto alle amministrazioni aggiudicatrici e agli enti aggiudicatori degli Stati membri. Di conseguenza, i partiti politici, non essendo amministrazioni aggiudicatrici né enti aggiudicatori, non sono soggetti alle sue disposizioni. È possibile tuttavia che in alcuni Stati membri esistano partiti politici rientranti nella nozione di organismi di diritto pubblico. Tuttavia, taluni servizi (quali la produzione di film per propaganda e la produzione di videocassette per propaganda) sono così inscindibilmente legati alle opinioni politiche del prestatore di servizi, se forniti nell'ambito di una campagna elettorale, che i prestatori di servizi sono normalmente selezionati secondo modalità che non possono essere disciplinate dalle norme in materia di concessioni. Infine è opportuno ricordare che gli statuti e il finanziamento dei partiti politici europei e delle fondazioni politiche europee sono soggetti a norme diverse da quelle stabilite dalla presente direttiva.

(38) Molti enti aggiudicatori sono organizzati come gruppi economici che possono comprendere una serie di imprese distinte; spesso ciascuna di tali imprese svolge un ruolo specializzato nel contesto generale del gruppo economico. È pertanto opportuno escludere talune concessioni di servizi e di lavori aggiudicate a un'impresa collegata la cui attività principale consista nel prestare tali servizi o lavori al gruppo cui appartiene, invece di offrirli sul mercato. È altresì opportuno escludere talune concessioni di servizi e di lavori aggiudicate da un ente aggiudicatore a una joint venture, costituita da più enti aggiudicatori per svolgere attività contemplate dalla presente direttiva e di cui l'ente faccia parte. Tuttavia, è opportuno anche evitare che tale esclusione provochi distorsioni della concorrenza a beneficio di imprese o joint venture collegate agli enti aggiudicatori; occorre prevedere un insieme appropriato di norme, segnatamente per quanto riguarda il limite massimo entro cui le imprese possono ricavare parte del loro fatturato dal mercato e oltre i quali perderebbero la possibilità di vedersi aggiudicare concessioni senza indizione di gara, la composizione di tali joint venture e la stabilità delle relazioni tra queste ultime e gli enti aggiudicatori di cui sono composte.

(39) Le imprese dovrebbero essere considerate collegate se esiste un'influenza dominante diretta o indiretta tra l'ente aggiudicatore e l'impresa interessata oppure se entrambi sono soggetti all'influenza dominante di un'altra impresa; in tale contesto, la partecipazione privata non dovrebbe avere rilevanza di per sé. Verificare se un'impresa sia collegata ad un determinato ente aggiudicatore dovrebbe essere il più facile possibile. Di conseguenza, e dato che l'eventuale esistenza di detta influenza dominante diretta o indiretta dovrebbe essere già stata verificata per decidere se i conti annuali delle imprese e degli enti interessati debbano essere consolidati, le imprese dovrebbero essere considerate collegate laddove i loro conti annuali siano consolidati. Tuttavia, le norme dell'Unione in materia di conti consolidati non si applicano in taluni di casi, ad esempio per via della dimensione delle imprese interessate o perché talune condizioni riguardanti la loro forma giuridica non sono soddisfatte. In questi casi, qualora non si applichi la direttiva 2013/34/UE del Parlamento europeo e del Consiglio, sarà necessario esaminare l'esistenza di un'influenza dominante diretta o indiretta tenendo conto della proprietà, della partecipazione finanziaria o delle norme che disciplinano tali imprese.

(40) Le concessioni nel settore idrico sono spesso soggette a regimi specifici e complessi che richiedono una particolare considerazione data l'importanza dell'acqua quale bene pubblico di valore fondamentale per tutti i cittadini dell'Unione. Le caratteristiche particolari di tali regimi giustificano le esclusioni nel settore idrico dall'ambito di applicazione della presente direttiva. L'esclusione riguarda le concessioni di lavori e di servizi per la messa a disposizione o la gestione di reti fisse destinate alla fornitura di un servizio al pubblico in connessione con la produzione, il trasporto o la distribuzione di acqua potabile o l'alimentazione di tali reti con acqua potabile. Anche le concessioni per lo smaltimento o il trattamento delle acque reflue e per progetti di ingegneria idraulica, irrigazione o drenaggio (in cui il volume d'acqua destinato all'approvvigionamento d'acqua potabile rappresenti più del 20% del volume totale d'acqua reso disponibile da tali progetti o impianti di irrigazione o drenaggio) dovrebbero essere escluse nella misura in cui siano collegate a una attività esclusa.

(41) La presente direttiva non dovrebbe applicarsi alle concessioni aggiudicate da enti aggiudicatori e finalizzate a consentire lo svolgimento di una delle attività di cui all'allegato II se, nello Stato membro in cui l'attività è esercitata, essa è direttamente esposta alla concorrenza su mercati l'accesso ai quali non è limitato, come stabilisce la procedura istituita a tale scopo nella direttiva 2014/25/UE del Parlamento europeo e del Consiglio. È dunque opportuno mantenere la procedura applicabile a tutti i settori contemplati dalla presente direttiva, o a parti di essi, che permetta di prendere in considerazione gli effetti di un'apertura attuale o futura alla concorrenza. Tale procedura dovrebbe offrire certezza giuridica agli enti interessati e un adeguato processo decisionale, assicurando in tempi brevi un'applicazione uniforme del diritto dell'Unione in materia. Nell'interesse della certezza giuridica è opportuno precisare che tutte le decisioni adottate prima dell'entrata in vigore della presente direttiva sulla base dell'articolo 30 della direttiva 2004/17/CE del Parlamento europeo e del Consiglio continueranno ad applicarsi.

(42) In quanto destinata agli Stati membri, la presente direttiva non si applica all'aggiudicazione di concessioni effettuata da organizzazioni internazionali a proprio nome e per proprio conto. È tuttavia opportuno precisare in che misura la presente direttiva debba applicarsi alle aggiudicazioni di concessioni disciplinate da specifiche norme internazionali.

(43) L'aggiudicazione di concessioni in relazione a taluni servizi di media audiovisivi e radiofonici da parte di fornitori di servizi di media dovrebbe consentire di tenere conto di aspetti di rilievo culturale o sociale, il che rende inappropriata l'applicazione delle norme sull'aggiudicazione delle concessioni. Per tali motivi si dovrebbe dunque prevedere un'eccezione per le concessioni di servizi, aggiudicate dagli stessi fornitori di servizi di media, aventi per oggetto l'acquisto, lo sviluppo, la produzione o la coproduzione di programmi pronti per essere diffusi e di altri servizi preparatori, quali quelli relativi alle sceneggiature o alle prestazioni artistiche necessarie alla realizzazione del programma. Si dovrebbe altresì precisare che tale esclusione dovrebbe applicarsi parimenti ai servizi televisivi e ai servizi a richiesta (servizi non lineari). Tuttavia tale esclusione non dovrebbe applicarsi alla fornitura del materiale tecnico necessario alla produzione, alla coproduzione e alla trasmissione di tali programmi.

(44) La presente direttiva non pregiudica la competenza degli Stati membri a provvedere al finanziamento del servizio pubblico di radiodiffusione, nella misura in cui tale finanziamento sia accordato agli organismi di radiodiffusione ai fini dell'adempimento della missione di servizio pubblico conferita, definita e organizzata da ciascuno Stato membro conformemente al protocollo n. 29 sul sistema di radiodiffusione pubblica negli Stati membri allegato al TFUE e al TUE.

(45) Vi è una notevole incertezza giuridica circa la misura in cui i contratti conclusi tra enti nell'ambito del settore pubblico debbano essere disciplinati dalle norme sulle concessioni. La pertinente giurisprudenza della Corte di giustizia dell'Unione europea viene interpretata in modo divergente dai diversi Stati membri e anche dalle diverse amministrazioni aggiudicatrici o dai diversi enti aggiudicatori. È pertanto necessario precisare in quali casi i contratti conclusi nell'ambito del settore pubblico non sono soggetti all'applicazione delle norme stabilite nella presente direttiva. Tale precisazione dovrebbe essere guidata dai principi fissati dalla pertinente giurisprudenza della Corte di giustizia dell'Unione europea. Il solo fatto che entrambe le parti di un accordo siano esse stesse autorità pubbliche non esclude di per sé l'applicazione delle norme stabilite nella presente direttiva. Tuttavia, l'applicazione delle norme stabilite nella presente direttiva non dovrebbe interferire con la libertà delle autorità pubbliche di svolgere i compiti di servizio pubblico affidati loro utilizzando le loro stesse risorse, compresa la possibilità di cooperare con altre autorità pubbliche. Si dovrebbe garantire che una qualsiasi cooperazione pubblico-pubblico esentata non dia luogo a una distorsione della concorrenza nei confronti di operatori economici privati nella misura in cui pone un fornitore privato di servizi in una situazione privilegiata rispetto ai suoi concorrenti.

(46) Le concessioni aggiudicate a persone giuridiche controllate non dovrebbero essere soggette all'applicazione delle procedure previste dalla presente direttiva qualora l'amministrazione aggiudicatrice o l'ente aggiudicatore di cui all'articolo 7, paragrafo 1, lettera *a*), eserciti sulla persona giuridica di cui trattasi un controllo analogo a quello esercitato sui propri servizi, a condizione che la persona giuridica controllata svolga più dell'80% delle proprie attività nell'esecuzione di compiti a essa affidati dall'amministrazione aggiudicatrice o dall'ente aggiudicatore che esercita il controllo o da altre persone giuridiche controllate da tale amministrazione aggiudicatrice o ente aggiudicatore, a prescindere dal beneficiario dell'esecuzione del contratto. L'esenzione non dovrebbe estendersi alle situazioni in cui vi sia partecipazione diretta di un operatore economico privato al capitale della persona giuridica controllata poiché, in tali circostanze, l'aggiudicazione di una concessione senza una procedura competitiva offrirebbe all'operatore economico privato con una partecipazione nel capitale della persona giuridica controllata un in-

debito vantaggio rispetto ai suoi concorrenti. Tuttavia, date le particolari caratteristiche degli organismi pubblici con un'adesione obbligatoria, quali le organizzazioni responsabili della gestione o dell'esercizio di taluni servizi pubblici, ciò non dovrebbe valere nei casi in cui la partecipazione di determinati operatori economici privati al capitale della persona giuridica controllata è resa obbligatoria da disposizioni legislative del diritto nazionale conformi ai trattati, a condizione che si tratti di una partecipazione che non implica controllo o potere di veto e che non conferisce un'influenza determinante sulle decisioni della persona giuridica controllata. Si dovrebbe inoltre chiarire che l'unico elemento determinante è la partecipazione privata diretta al capitale della persona giuridica controllata.

Pertanto, in caso di partecipazione di capitali privati nell'amministrazione aggiudicatrice o nell'ente aggiudicatore controllante o nelle amministrazioni aggiudicatrici o negli enti aggiudicatori controllanti, ciò non preclude l'aggiudicazione di contratti pubblici alla persona giuridica controllata, senza applicare le procedure previste dalla presente direttiva in quanto tali partecipazioni non incidono negativamente sulla concorrenza tra operatori economici privati. Si dovrebbe inoltre chiarire che le amministrazioni aggiudicatrici o gli enti aggiudicatori quali gli organismi di diritto pubblico, per i quali è possibile la partecipazione di capitali privati, dovrebbero essere in condizione di avvalersi dell'esenzione per la cooperazione orizzontale. Pertanto, se tutte le altre condizioni per la cooperazione orizzontale sono soddisfatte, l'esenzione a essa relativa dovrebbe estendersi a tali amministrazioni aggiudicatrici o enti aggiudicatori qualora il contratto sia concluso esclusivamente tra amministrazioni aggiudicatrici o enti aggiudicatori.

(47) Le amministrazioni aggiudicatrici o gli enti aggiudicatori di cui all'articolo 7, paragrafo 1, lettera *a*), dovrebbero poter decidere di fornire congiuntamente i rispettivi servizi pubblici mediante cooperazione senza essere obbligate ad avvalersi di una forma giuridica particolare. Tale cooperazione potrebbe riguardare tutti i tipi di attività connesse alla prestazione di servizi e le responsabilità affidati alle amministrazioni partecipanti o da esse assunti, quali i compiti obbligatori o volontari di autorità regionali o locali o i servizi affidati a organismi specifici da norme di diritto pubblico. I servizi prestati dalle diverse amministrazioni partecipanti o dai diversi enti partecipanti non devono necessariamente essere identici; potrebbero anche essere complementari. I contratti per la fornitura congiunta di servizi pubblici non dovrebbero essere soggetti alla presente direttiva, a condizione che siano conclusi esclusivamente tra amministrazioni aggiudicatrici o enti aggiudicatori, che l'attuazione di tale cooperazione sia dettata solo da considerazioni legate al pubblico interesse e che nessun fornitore privato di servizi goda di una posizione di vantaggio rispetto ai suoi concorrenti.

Al fine di rispettare tali condizioni, la cooperazione dovrebbe fondarsi su un concetto cooperativistico. Tale cooperazione non comporta che tutte le amministrazioni partecipanti si assumano la responsabilità di eseguire i principali obblighi contrattuali, fintantoché sussistono impegni a cooperare all'esecuzione del servizio pubblico in questione. Inoltre, l'attuazione della cooperazione, inclusi gli eventuali trasferimenti finanziari tra le amministrazioni aggiudicatrici partecipanti, dovrebbe essere retta solo da considerazioni legate al pubblico interesse.

(48) In taluni casi un soggetto giuridico agisce, a norma delle pertinenti disposizioni del diritto nazionale, quale strumento o servizio tecnico di amministrazioni aggiudicatrici o enti aggiudicatori determinati ed è obbligato a eseguire gli ordinativi ricevuti da tali amministrazioni aggiudicatrici o enti aggiudicatori e non ha alcuna influenza sulla remunerazione della sua prestazione. Tale rapporto puramente amministrativo, in considerazione della sua natura non contrattuale, non dovrebbe rientrare nell'ambito di applicazione delle procedure sull'aggiudicazione delle concessioni.

(49) È opportuno precisare che la nozione di « operatori economici » dovrebbe essere interpretata in senso ampio, in modo da comprendere qualunque persona e/o ente che offre sul mercato la realizzazione di lavori, la fornitura di prodotti o la prestazione di servizi, a prescindere dalla forma giuridica nel quadro della quale ha scelto di operare. Pertanto, imprese, succursali, filiali, partenariati, società cooperative, società a responsabilità limitata, università pubbliche o private e altre forme di enti dovrebbero tutti rientrare nella nozione di « operatore economico », indipendentemente dal fatto che siano « persone giuridiche » o meno in qualsiasi circostanza.

(50) Al fine di garantire una pubblicità adeguata delle concessioni di lavori e di servizi di valore pari o superiore a una determinata soglia e aggiudicate da enti aggiudicatori e amministrazioni aggiudicatrici, la loro aggiudicazione dovrebbe essere preceduta dalla pubblicazione obbligatoria del relativo bando nella Gazzetta ufficiale dell'Unione europea.

(51) In considerazione degli effetti negativi sulla concorrenza, l'aggiudicazione di concessioni senza previa pubblicazione dovrebbe essere permessa solo in circostanze del tutto eccezionali. L'eccezione dovrebbe limitarsi ai casi in cui risulta chiaro fin dall'inizio che la pubblicazione non intensificherebbe la concorrenza, in particolare allorché oggettivamente vi è un solo operatore economico in grado di eseguire la concessione. L'impossibilità di aggiudicare la concessione a qualsiasi altro operatore economico non dovrebbe essere stata determinata dall'amministrazione aggiudicatrice o dall'ente aggiudicatore stessi in vista della futura procedura di aggiudicazione. Inoltre, dovrebbe essere valutata attentamente la disponibilità di sostituti adeguati.

(52) La durata di una concessione dovrebbe essere limitata al fine di evitare la preclusione dell'accesso al mercato e restrizioni della concorrenza. Inoltre, le concessioni di durata molto lunga possono dar luogo alla preclusione dell'accesso al mercato, ostacolando così la libera circolazione dei servizi e la libertà di stabilimento. Tuttavia, tale durata può essere giustificata se è indispensabile per consentire al concessionario di recuperare gli investimenti previsti per eseguire la concessione, nonché di ottenere un ritorno sul capitale investito. Di conseguenza, per le concessioni di durata superiore a cinque anni la durata dovrebbe essere limitata al pe-

riodo in cui si può ragionevolmente prevedere che il concessionario recuperi gli investimenti effettuati per eseguire i lavori e i servizi e ottenga un ritorno sul capitale investito in condizioni operative normali, tenuto conto degli specifici obiettivi contrattuali assunti dal concessionario per rispondere alle esigenze riguardanti, ad esempio, la qualità o il prezzo per gli utenti. La stima dovrebbe essere valida al momento dell'aggiudicazione della concessione. Dovrebbe essere possibile includere gli investimenti iniziali e successivi ritenuti necessari per l'esecuzione della concessione, in particolare spese per infrastrutture, diritti d'autore, brevetti, materiale, logistica, affitto, formazione del personale e spese iniziali. La durata massima della concessione dovrebbe essere indicata nei documenti di gara, a meno che la durata sia utilizzata come criterio di aggiudicazione del contratto. Le amministrazioni aggiudicatrici e gli enti aggiudicatori dovrebbero sempre poter aggiudicare una concessione per un periodo più breve di quello necessario per recuperare gli investimenti, a condizione che la corrispondente compensazione non elimini il rischio operativo.

(53) È opportuno escludere dalla piena applicazione della presente direttiva soltanto quei servizi che abbiano una dimensione transfrontaliera limitata, come per esempio taluni servizi sociali, sanitari o educativi. Tali servizi sono forniti in un contesto particolare che varia sensibilmente da uno Stato membro all'altro a causa delle differenti tradizioni culturali. Per le concessioni relative a questi servizi si dovrebbe perciò istituire un regime specifico che tenga conto del fatto che sono di recente regolazione. L'obbligo di pubblicare un avviso di preinformazione e un avviso di aggiudicazione della concessione per le concessioni di valore pari o superiore alla soglia stabilita nella presente direttiva è un metodo adeguato per informare i potenziali offerenti in merito alle opportunità commerciali nonché informare tutte le parti interessate in merito al numero e al tipo di contratti aggiudicati. Inoltre, gli Stati membri dovrebbero varare le misure del caso per l'aggiudicazione dei contratti di concessione per tali servizi, così da garantire il rispetto dei principi di trasparenza e di parità di trattamento degli operatori economici, consentendo allo stesso tempo alle amministrazioni aggiudicatrici e agli enti aggiudicatori di tener conto delle specificità dei servizi in questione. Gli Stati membri dovrebbero far sì che alle amministrazioni aggiudicatrici e agli enti aggiudicatori sia consentito di tener conto della necessità di garantire innovazione e, in conformità dell'articolo 14 TFUE e del protocollo n. 26, un alto livello di qualità, sicurezza e accessibilità economica, parità di trattamento e promozione dell'accesso universale e dei diritti degli utenti.

(54) Considerata l'importanza del contesto culturale e la delicatezza di tali servizi, gli Stati membri dovrebbero godere di un ampio margine di discrezionalità così da organizzare la scelta dei prestatori dei servizi nel modo che ritengano più opportuno. La presente direttiva non vieta agli Stati membri di applicare, per la scelta dei prestatori dei servizi, criteri qualitativi specifici come quelli fissati nel quadro europeo volontario della qualità dei servizi sociali elaborato dal comitato per la protezione sociale dell'Unione europea. Gli Stati membri e/o le autorità pubbliche rimangono liberi di prestare essi stessi tali servizi, oppure di organizzare i servizi sociali secondo modalità che non comportino la conclusione di concessioni, per esempio tramite il semplice finanziamento di tali servizi oppure il rilascio di licenze o autorizzazioni a tutti gli operatori economici che soddisfino le condizioni preventivamente stabilite dall'amministrazione aggiudicatrice o dall'ente aggiudicatore, senza limiti o quote di sorta, purché tali sistemi garantiscano sufficiente pubblicità e rispettino i principi di trasparenza e di non discriminazione.

(55) In vista di un'adeguata integrazione dei requisiti in materia ambientale, sociale e di lavoro nelle procedure di aggiudicazione delle concessioni, è particolarmente importante che gli Stati membri e le amministrazioni aggiudicatrici o gli enti aggiudicatori adottino misure pertinenti per garantire il rispetto degli obblighi in materia di diritto ambientale, sociale e del lavoro vigenti nel luogo in cui i lavori sono eseguiti o i servizi forniti e derivanti da leggi, regolamentazioni o disposizioni amministrative, adottati a livello nazionale e di Unione, e da contratti collettivi purché tali norme, nonché la loro applicazione, siano conformi al diritto dell'Unione. Parimenti, durante l'esecuzione di una concessione dovrebbero essere applicati gli obblighi derivanti da accordi internazionali ratificati da tutti gli Stati membri ed elencati nella presente direttiva. Tuttavia, ciò non dovrebbe in alcun modo impedire l'applicazione di condizioni di lavoro più favorevoli per i lavoratori. Le misure pertinenti dovrebbero essere applicate in conformità dei principi fondamentali del diritto dell'Unione, in particolare per garantire parità di trattamento. Le suddette misure pertinenti si dovrebbero applicare conformemente alla direttiva 96/71/CE del Parlamento europeo e del Consiglio e in modo da garantire parità di trattamento e non discriminare direttamente o indirettamente gli operatori economici e i lavoratori di altri Stati membri.

(56) I servizi dovrebbero essere considerati come prestati nel luogo in cui sono eseguite le prestazioni che li caratterizzano. Se i servizi sono prestati a distanza, ad esempio quelli forniti dai call centre, dovrebbero essere considerati come prestati nel luogo in cui sono effettuati, a prescindere dai luoghi e dagli Stati membri a cui sono destinati.

(57) I relativi obblighi potrebbero trovare riscontro in clausole contrattuali della concessione. Dovrebbe anche essere possibile inserire nelle concessioni clausole che assicurino il rispetto dei contratti collettivi conformi al diritto dell'Unione. Il mancato rispetto di tali obblighi potrebbe essere considerato un grave illecito perpetrato dall'operatore economico interessato che può comportare l'esclusione di quest'ultimo dalla procedura di aggiudicazione di una concessione.

(58) La vigilanza sull'osservanza delle disposizioni in materia di diritto ambientale, sociale e del lavoro dovrebbe essere svolta nelle relative fasi della procedura di aggiudicazione di una concessione, quando si applicano i principi generali che disciplinano la selezione dei partecipanti e l'aggiudicazione dei contratti e quando si applicano i criteri di esclusione.

(59) Nessuna disposizione della presente direttiva dovrebbe vietare di imporre o di applicare misure ne-

cessarie alla tutela dell'ordine pubblico, della moralità pubblica e della sicurezza pubblica, della salute, della vita umana e animale o alla conservazione delle specie vegetali o altre misure ambientali, in particolare nell'ottica dello sviluppo sostenibile, a condizione che dette misure siano conformi al TFUE.

(60) Ai fini della riservatezza nel corso della procedura, le amministrazioni aggiudicatrici e gli enti aggiudicatori nonché gli operatori economici non dovrebbero rivelare informazioni considerate riservate. L'inosservanza di tale obbligo dovrebbe comportare l'applicazione di sanzioni adeguate, come e ove previsto dal diritto civile o amministrativo degli Stati membri.

(61) Al fine di combattere le frodi, i favoritismi e la corruzione e prevenire conflitti di interesse, gli Stati membri dovrebbero adottare misure adeguate per garantire la trasparenza della procedura di aggiudicazione e la parità di trattamento di tutti i candidati e gli offerenti. Tali misure dovrebbero mirare, in particolare, ad eliminare i conflitti di interesse e altre irregolarità gravi.

(62) Per consentire a tutti gli operatori interessati di presentare domanda di partecipazione e offerte, le amministrazioni aggiudicatrici e gli enti aggiudicatori dovrebbero essere tenuti a rispettare un termine minimo per la ricezione delle domande di partecipazione e delle offerte.

(63) La scelta di criteri di selezione proporzionati, non discriminatori ed equi e la loro applicazione agli operatori economici è essenziale per garantire a questi l'effettivo accesso alle opportunità economiche offerte dalle concessioni. In particolare, la possibilità concessa ai candidati di far ricorso alle capacità di altri soggetti può essere un fattore determinante per consentire la partecipazione delle PMI. È quindi opportuno stabilire che i criteri di selezione debbano riguardare soltanto la capacità tecnica, professionale, finanziaria ed economica degli operatori ed essere collegati all'oggetto del contratto, debbano essere indicati nel bando di concessione e non possano impedire a un operatore economico, salvo in circostanze eccezionali, di far ricorso alle capacità di altri soggetti, indipendentemente dalla natura giuridica dei suoi rapporti con essi, qualora l'operatore dimostri all'amministrazione aggiudicatrice o all'ente aggiudicatore che disporrà delle risorse necessarie.

(64) Inoltre, al fine di una migliore integrazione di considerazioni sociali ed ambientali nelle procedure di aggiudicazione delle concessioni, le amministrazioni aggiudicatrici o gli enti aggiudicatori dovrebbero avere la facoltà di applicare criteri di aggiudicazione o condizioni di esecuzione della concessione riguardanti lavori o servizi oggetto del contratto di concessione sotto ogni aspetto e in qualsiasi fase dei loro cicli di vita, dall'estrazione delle materie prime per il prodotto alla fase di smaltimento dello stesso, compresi fattori coinvolti nel processo specifico di produzione, prestazione o commercializzazione di questi lavori o servizi o in un processo specifico nel corso di una fase successiva del loro ciclo di vita, anche se questi fattori non sono parte del loro contenuto sostanziale. Criteri e condizioni riguardanti tale processo di produzione o prestazione possono ad esempio consistere nel fatto che i servizi oggetto della concessione siano prestati usando macchine efficienti dal punto di vista energetico. In base alla giurisprudenza della Corte di giustizia dell'Unione europea, vi rientrano anche criteri di aggiudicazione o condizioni di esecuzione della concessione riguardanti l'utilizzazione di prodotti del commercio equo e solidale nel corso dell'esecuzione della concessione da aggiudicare. I criteri e le condizioni riguardanti il commercio e le relative condizioni possono fare riferimento, per esempio, all'obbligo di pagare ai subappaltatori un prezzo minimo e un sovrapprezzo. Le condizioni di esecuzione della concessione basate su considerazioni ambientali potrebbero comprendere, ad esempio, la riduzione al minimo dei rifiuti o l'uso efficiente delle risorse.

(65) I criteri di aggiudicazione o le condizioni di esecuzione della concessione riguardanti aspetti sociali del processo di produzione dovrebbero essere applicati conformemente alla direttiva 96/71/CE, quale interpretata dalla Corte di giustizia dell'Unione europea, e non dovrebbero essere scelti o applicati in modo da discriminare direttamente o indirettamente gli operatori economici di altri Stati membri o di paesi terzi che sono parti dell'accordo dell'Organizzazione mondiale del commercio sugli appalti pubblici (« AAP ») o degli accordi sul libero scambio ai quali l'Unione aderisce. I requisiti riguardanti le condizioni di lavoro fondamentali disciplinate dalla direttiva 96/71/CE, quali le tariffe minime salariali, dovrebbero pertanto rimanere al livello stabilito dalla legislazione nazionale o da contratti collettivi applicati in conformità del diritto dell'Unione nel contesto di tale direttiva. Le condizioni di esecuzione della concessione potrebbero anche essere intese a favorire l'attuazione di misure volte a promuovere l'uguaglianza tra uomini e donne sul lavoro, una maggiore partecipazione delle donne al mercato del lavoro e la conciliazione tra lavoro e vita privata, la protezione dell'ambiente o il benessere degli animali e, per rispettare nella sostanza le disposizioni delle convenzioni fondamentali dell'Organizzazione internazionale del lavoro (OIL), ad assumere un numero di persone svantaggiate superiore a quello stabilito dalla legislazione nazionale.

(66) Possono essere oggetto dei criteri di aggiudicazione o delle condizioni di esecuzione della concessione anche misure intese alla tutela della salute del personale coinvolto nel processo di esecuzione della concessione, alla promozione dell'integrazione sociale di persone svantaggiate o di membri di gruppi vulnerabili nel personale incaricato dell'esecuzione della concessione o della formazione nelle competenze richieste per la concessione in questione, purché riguardino i lavori o i servizi oggetto della concessione. Per esempio, tali criteri o condizioni potrebbero riferirsi, tra l'altro, all'assunzione di disoccupati di lunga durata, ad azioni di formazione per disoccupati o giovani da effettuarsi nel corso dell'esecuzione della concessione da aggiudicare. Nelle specifiche tecniche le amministrazioni aggiudicatrici possono prevedere requisiti di natura sociale che caratterizzano direttamente il prodotto o servizio in questione, quali l'accessibilità per persone con disabilità o la progettazione adeguata per tutti gli utenti.

(67) È necessario che i requisiti tecnici e funzionali definiti dalle amministrazioni aggiudicatrici e dagli enti aggiudicatori permettano l'apertura delle concessioni alla concorrenza. Tali requisiti dovrebbero definire le caratteristiche cui devono rispondere i lavori e/o i servizi oggetto della concessione e potrebbero fare riferimento allo specifico processo di produzione o di esecuzione dei lavori o servizi richiesti, purché siano collegati all'oggetto della concessione e commisurati al valore e agli obiettivi dello stesso. Lo specifico processo di produzione potrebbe comprendere requisiti relativi all'accessibilità per le persone con disabilità o ai livelli di prestazione ambientale. Detti requisiti tecnici e funzionali dovrebbero figurare nei documenti di gara e rispettare i principi di parità di trattamento e di trasparenza. Dovrebbero essere redatti in modo da evitare di restringere artificiosamente la concorrenza, in particolare mediante requisiti che favoriscano uno specifico operatore economico rispecchiando le principali caratteristiche delle forniture, dei servizi o dei lavori da esso abitualmente offerti. In ogni caso, le amministrazioni aggiudicatrici o gli enti aggiudicatori dovrebbero prendere in esame le offerte comprendenti lavori e/o servizi, incluse le forniture accessorie a tali lavori e servizi, che siano conformi in modo equivalente alle caratteristiche richieste.

(68) Di norma le concessioni sono accordi complessi di lunga durata con i quali il concessionario assume responsabilità e rischi tradizionalmente assunti dalle amministrazioni aggiudicatrici e dagli enti aggiudicatori e rientranti di norma nell'ambito di competenza di queste ultime. Per tale ragione, fatta salva l'osservanza della presente direttiva e dei principi di trasparenza e di parità di trattamento, dovrebbe essere lasciata alle amministrazioni aggiudicatrici e agli enti aggiudicatori un'ampia flessibilità nel definire e organizzare la procedura di selezione del concessionario. Tuttavia, al fine di garantire parità di trattamento e trasparenza durante l'intera procedura di aggiudicazione, è opportuno prevedere garanzie minime per quanto riguarda la procedura di aggiudicazione, ivi comprese informazioni sulla natura e l'ambito di applicazione della concessione, la limitazione del numero di candidati, la diffusione delle informazioni ai candidati e agli offerenti e la disponibilità di registrazioni appropriate. È altresì necessario disporre che vengano rispettate le condizioni iniziali previste dal bando di concessione, per evitare disparità di trattamento tra i potenziali candidati.

(69) È opportuno evitare l'aggiudicazione di concessioni a operatori economici che hanno partecipato a un'organizzazione criminale o che si sono resi colpevoli di corruzione, di frode a danno degli interessi finanziari dell'Unione, di reati di terrorismo, di riciclaggio dei proventi di attività illecite, di finanziamento del terrorismo o di tratta di esseri umani. Gli Stati membri dovrebbero, tuttavia, avere la facoltà di prevedere una deroga a queste esclusioni obbligatorie in situazioni eccezionali in cui esigenze imperative di interesse generale rendano indispensabile l'aggiudicazione di un contratto. Anche il mancato pagamento di imposte o contributi previdenziali dovrebbe essere sanzionato con l'esclusione obbligatoria a livello di Unione.

(70) Inoltre, le amministrazioni aggiudicatrici e gli enti aggiudicatori dovrebbero avere la possibilità di escludere operatori economici che si sono dimostrati inaffidabili, per esempio a causa di gravi o reiterate violazioni di obblighi ambientali o sociali, comprese le norme in materia di accessibilità per le persone con disabilità, o di altre forme di grave violazione dei doveri professionali, come le violazioni di norme in materia di concorrenza o di diritti di proprietà intellettuale. È opportuno chiarire che una grave violazione dei doveri professionali può mettere in discussione l'integrità di un operatore economico e dunque rendere quest'ultimo inidoneo ad ottenere l'aggiudicazione di un contratto di concessione indipendentemente dal fatto che possegga per il resto la capacità tecnica ed economica per l'esecuzione del contratto. Tenendo presente che l'amministrazione aggiudicatrice o l'ente aggiudicatore sarà responsabile per le conseguenze di eventuali decisioni erronee, le amministrazioni aggiudicatrici e gli enti aggiudicatori dovrebbero anche mantenere la facoltà di ritenere che vi sia stata grave violazione dei doveri professionali qualora, prima che sia stata presa una decisione definitiva e vincolante sulla presenza di motivi di esclusione obbligatori, possano dimostrare con qualsiasi mezzo idoneo che un operatore economico ha violato i suoi obblighi, inclusi quelli relativi al pagamento di imposte o contributi previdenziali, salvo diverse disposizioni del diritto nazionale. Le amministrazioni aggiudicatrici e gli enti aggiudicatori dovrebbero anche poter escludere candidati o offerenti che, in occasione dell'esecuzione di precedenti concessioni o altri contratti con le amministrazioni aggiudicatrici e gli enti aggiudicatori, hanno messo in evidenza notevoli mancanze per quanto riguarda obblighi sostanziali, per esempio mancata fornitura o esecuzione, carenze significative del prodotto o servizio fornito che lo rendono inutilizzabile per lo scopo previsto o un comportamento scorretto che dà adito a seri dubbi sull'affidabilità dell'operatore economico. Il diritto nazionale dovrebbe prevedere una durata massima per tali esclusioni.

(71) Tuttavia, è opportuno consentire che gli operatori economici possano adottare misure per conformarsi agli obblighi, volte a porre rimedio alle conseguenze di reati o condotte illecite e a impedire efficacemente l'ulteriore verificarsi di tali comportamenti scorretti. Tali misure potrebbero consistere, in particolare, in misure riguardanti il personale e l'organizzazione quali la rottura di tutti i rapporti con le persone o con le organizzazioni coinvolte nel comportamento scorretto, in misure adeguate per la riorganizzazione del personale, nell'attuazione di sistemi di notifica e controllo, nella creazione di una struttura di audit interno per verificare la conformità e nell'adozione di norme interne di responsabilità e di risarcimento. Qualora tali misure offrano garanzie sufficienti, l'operatore economico interessato non dovrebbe più essere escluso solo sulla base di tali motivi. Gli operatori economici dovrebbero avere la possibilità di chiedere che siano esaminate le misure adottate per garantire l'osservanza degli obblighi ai fini di una possibile ammissione alla procedura di aggiudicazione della concessione. Occorre tuttavia lasciare agli Stati membri la

facoltà di determinare le esatte condizioni procedurali e sostanziali applicabili in tali casi. Essi dovrebbero essere liberi, in particolare, di decidere se lasciare alle singole amministrazioni aggiudicatrici o ai singoli enti aggiudicatori il compito di effettuare le pertinenti valutazioni o affidarlo ad altre autorità a livello centrale o decentrato.

(72) È importante che l'osservanza, da parte dei subappaltatori, degli obblighi vigenti in materia di diritto ambientale, sociale e del lavoro stabiliti dal diritto dell'Unione, dal diritto nazionale, dai contratti collettivi o dalle disposizioni internazionali in materia di diritto ambientale, sociale e del lavoro di cui alla presente direttiva, sempre che tali norme e la loro applicazione siano conformi al diritto dell'Unione, sia garantita dalle autorità nazionali competenti, ad esempio gli ispettorati del lavoro o le agenzie per la protezione dell'ambiente, mediante azioni adeguate entro i limiti delle loro responsabilità e del loro mandato. È inoltre necessario garantire una certa trasparenza nella catena dei subappalti, in quanto ciò fornisce alle amministrazioni aggiudicatrici e agli enti aggiudicatori informazioni su chi è presente nei cantieri edili nei quali si sta lavorando per loro conto o su quali imprese forniscono servizi all'interno e presso edifici, infrastrutture o aree, come ad esempio municipi, scuole comunali, infrastrutture sportive, porti o autostrade, dei quali le amministrazioni aggiudicatrici sono responsabili o su cui hanno un controllo. È opportuno chiarire che l'obbligo di fornire le necessarie informazioni incombe in ogni caso al concessionario, o in virtù di clausole specifiche che l'amministrazione aggiudicatrice o l'ente aggiudicatore dovrà inserire in tutte le procedure di aggiudicazione, o in virtù di obblighi che gli Stati membri imporranno al concessionario mediante disposizioni di carattere generale.

È altresì opportuno chiarire che le condizioni relative al controllo del rispetto degli obblighi in materia di diritto ambientale, sociale e del lavoro stabiliti dal diritto dell'Unione, dal diritto nazionale, dai contratti collettivi o dalle disposizioni internazionali in materia di diritto ambientale, sociale e del lavoro di cui alla presente direttiva, sempre che tali norme e la loro applicazione siano conformi al diritto dell'Unione, dovrebbero essere applicate ogniqualvolta il diritto nazionale di uno Stato membro preveda un meccanismo di responsabilità solidale tra subappaltatori e concessionario. Inoltre, dovrebbe essere indicato esplicitamente che gli Stati membri dovrebbero poter imporre condizioni più rigorose, ad esempio estendendo gli obblighi in materia di trasparenza oppure permettendo o imponendo alle amministrazioni aggiudicatrici o agli enti aggiudicatori di verificare che i subappaltatori non si trovino in nessuna delle situazioni che giustificano l'esclusione dell'operatore economico. Nell'applicare tali misure ai subappaltatori, occorre garantire coerenza con le disposizioni applicabili al concessionario, facendo in modo che l'esistenza di motivi obbligatori di esclusione comporti l'obbligo per il concessionario di sostituire il subappaltatore interessato. Qualora dalle verifiche risulti la presenza di cause facoltative di esclusione, andrebbe precisato che le amministrazioni aggiudicatrici o gli enti aggiudicatori possono esigere la sostituzione; si dovrebbe tuttavia indicare esplicitamente anche che le amministrazioni aggiudicatrici o gli enti aggiudicatori possono essere tenuti a chiedere la sostituzione del subappaltatore in questione quando in tali casi l'esclusione del concessionario sarebbe obbligatoria. Andrebbe poi indicato espressamente che gli Stati membri restano liberi di prevedere disposizioni di diritto interno più rigorose.

(73) Le amministrazioni aggiudicatrici o gli enti aggiudicatori dovrebbero valutare le offerte sulla base di uno o più criteri di aggiudicazione. Per garantire trasparenza e parità di trattamento, i criteri per l'aggiudicazione delle concessioni dovrebbero sempre rispettare alcune norme di carattere generale. Tali norme possono fare riferimento a fattori di carattere non puramente economico ma tali da influenzare il valore di un'offerta dal punto di vista dell'amministrazione aggiudicatrice o dell'ente aggiudicatore e da permettere di individuare un vantaggio economico globale per l'amministrazione aggiudicatrice o l'ente aggiudicatore. I criteri dovrebbero essere comunicati in anticipo a tutti i potenziali candidati od offerenti, dovrebbero riguardare l'oggetto del contratto e non dovrebbero lasciare all'amministrazione aggiudicatrice o all'ente aggiudicatore una libertà di scelta incondizionata. Essi dovrebbero inoltre permettere una concorrenza effettiva e andrebbero accompagnati da requisiti che consentano di verificare efficacemente le informazioni fornite dagli offerenti. Dovrebbe essere possibile includere nei criteri di aggiudicazione, tra l'altro, criteri ambientali, sociali o relativi all'innovazione. Le amministrazioni aggiudicatrici o gli enti aggiudicatori dovrebbero inoltre indicare i criteri di aggiudicazione in ordine decrescente di importanza in modo da garantire la parità di trattamento dei potenziali offerenti consentendo loro di conoscere tutti gli elementi di cui tener conto al momento della preparazione delle loro offerte.

In casi eccezionali in cui l'amministrazione aggiudicatrice o l'ente aggiudicatore riceve un'offerta che propone una soluzione innovativa con un livello straordinario di prestazioni funzionali che non avrebbe potuto essere prevista da un'amministrazione aggiudicatrice o un ente aggiudicatore diligente, l'amministrazione aggiudicatrice o l'ente aggiudicatore dovrebbe poter modificare, in via eccezionale, l'ordine dei criteri di aggiudicazione per tener conto delle nuove possibilità offerte da detta soluzione innovativa, purché tale modifica garantisca la parità di trattamento di tutti gli offerenti attuali o potenziali emettendo un nuovo invito a presentare offerte o, se opportuno, pubblicando un nuovo bando di concessione.

(74) I mezzi elettronici di informazione e comunicazione possono semplificare notevolmente la pubblicazione delle concessioni e accrescere l'efficienza, la rapidità e la trasparenza delle procedure di aggiudicazione di concessioni. Potrebbero diventare la regola per la comunicazione e lo scambio di informazioni nel corso delle procedure di aggiudicazione di concessioni in quanto aumentano considerevolmente le possibilità degli operatori economici di partecipare a procedure di aggiudicazione di concessioni nell'ambito del mercato interno.

(75) I contratti di concessione generalmente comportano disposizioni tecniche e finanziarie complesse e di lunga durata, soggette ai mutamenti delle circostanze. È pertanto necessario precisare, tenendo conto della giurisprudenza della Corte di giustizia dell'Unione europea in materia, le condizioni alle quali le modifiche di una concessione durante la sua esecuzione richiedono una nuova procedura di aggiudicazione della concessione. Una nuova procedura di concessione è necessaria quando vengono apportate modifiche sostanziali alla concessione iniziale, in particolare al campo di applicazione e al contenuto dei diritti e degli obblighi reciproci delle parti, inclusa la ripartizione dei diritti di proprietà intellettuale. Tali modifiche dimostrano l'intenzione delle parti di rinegoziare termini o condizioni essenziali della concessione in questione. Ciò si verifica, in particolare, quando le condizioni modificate avrebbero inciso sull'esito della procedura nel caso in cui fossero state parte della procedura sin dall'inizio. Le modifiche della concessione comportanti una modifica minore del valore del contratto sino a un determinato livello dovrebbero essere sempre possibili senza richiedere una nuova procedura di concessione. A tal fine e allo scopo di garantire la certezza giuridica, la presente direttiva dovrebbe prevedere soglie minime, al di sotto delle quali non è richiesta una nuova procedura di aggiudicazione. Le modifiche della concessione al di sopra di tali soglie dovrebbero essere possibili senza necessità di una nuova procedura di aggiudicazione nella misura in cui tali modifiche soddisfino talune condizioni. Potrebbe essere il caso, per esempio, di modifiche dettate dalla necessità di accogliere richieste delle amministrazioni aggiudicatrici o degli enti aggiudicatori riguardanti la sicurezza, tenuto conto delle specificità di attività come, ad esempio, la gestione di impianti sportivi o turistici in montagna, qualora la legislazione sia suscettibile di evolversi per affrontare i rischi correlati, nella misura in cui tali modifiche soddisfino le pertinenti condizioni stabilite dalla presente direttiva.

(76) Le amministrazioni aggiudicatrici e gli enti aggiudicatori possono trovarsi ad affrontare circostanze esterne che non era possibile prevedere quando hanno aggiudicato la concessione, in particolare quando l'esecuzione della concessione copre un periodo lungo. In questi casi è necessaria una certa flessibilità per adattare la concessione alle circostanze senza ricorrere a una nuova procedura di aggiudicazione. Il concetto di circostanze imprevedibili si riferisce a circostanze che non si potevano prevedere nonostante una ragionevole e diligente preparazione dell'aggiudicazione iniziale da parte dell'amministrazione aggiudicatrice o dell'ente aggiudicatore, tenendo conto dei mezzi a sua disposizione, della natura e delle caratteristiche del progetto specifico, delle buone prassi nel settore in questione e della necessità di garantire un rapporto adeguato tra le risorse investite nel preparare l'aggiudicazione e il suo valore prevedibile. Tale principio non può tuttavia applicarsi qualora una modifica comporti una variazione della natura complessiva della concessione, ad esempio con la sostituzione dei lavori da eseguire o dei servizi da prestare con qualcosa di diverso, oppure attraverso un cambiamento sostanziale del tipo di concessione poiché, in una situazione di questo genere, è possibile presumere un'influenza ipotetica sul risultato. Per le concessioni aggiudicate allo scopo di svolgere un'attività diversa da quelle di cui all'allegato II, qualsiasi aumento di valore che non richieda una nuova procedura di aggiudicazione non dovrebbe essere superiore al 50% del valore della concessione iniziale. In caso di più modifiche successive, tale limitazione dovrebbe applicarsi al valore di ciascuna modifica. Tali modifiche successive non dovrebbero essere finalizzate a eludere la presente direttiva.

(77) In linea con i principi di parità di trattamento e di trasparenza, l'aggiudicatario non dovrebbe essere sostituito da un altro operatore economico, ad esempio in caso di cessazione della concessione a motivo di carenze nell'esecuzione, senza riaprire la concessione alla concorrenza. Tuttavia, in corso d'esecuzione della concessione, in particolare qualora sia stata aggiudicata ad un raggruppamento di operatori economici, l'aggiudicatario dovrebbe poter subire talune modifiche strutturali dovute, ad esempio, a riorganizzazioni puramente interne, incorporazioni, fusioni e acquisizioni oppure insolvenza. Tali modifiche strutturali non dovrebbero automaticamente richiedere nuove procedure di aggiudicazione per la concessione eseguita da tale aggiudicatario.

(78) Le amministrazioni aggiudicatrici e gli enti aggiudicatori dovrebbero avere la possibilità di prevedere modifiche alla concessione per mezzo di clausole di revisione o di opzione, ma senza che tali clausole conferiscano loro una discrezionalità illimitata. La presente direttiva dovrebbe pertanto stabilire in quale misura possano essere previste modifiche della concessione iniziale. Si dovrebbe pertanto precisare che clausole di revisione o di opzione formulate con sufficiente chiarezza possono ad esempio prevedere indicizzazioni dei prezzi o garantire, per esempio, che le apparecchiature di comunicazione da fornire per un determinato periodo di tempo restino adeguate anche in caso di modifica dei protocolli di comunicazione o di altre modifiche tecnologiche. Dovrebbe inoltre essere possibile, mediante clausole sufficientemente chiare, prevedere adattamenti della concessione che si rendano necessari a seguito di difficoltà tecniche apparse durante l'esecuzione o la manutenzione. Si dovrebbe inoltre ricordare che le concessioni potrebbero, ad esempio, comprendere la manutenzione ordinaria e prevedere interventi di manutenzione straordinaria che possono risultare necessari per garantire continuità nell'erogazione di un servizio pubblico.

(79) Le amministrazioni aggiudicatrici e gli enti aggiudicatori potrebbero dover fronteggiare situazioni in cui si rendano necessari lavori o servizi supplementari. In tal caso, e purché siano soddisfatte le condizioni previste dalla presente direttiva dovrebbe considerarsi giustificata una modifica della concessione iniziale senza una nuova procedura di aggiudicazione della concessione.

(80) Le amministrazioni aggiudicatrici e gli enti aggiudicatori si trovano a volte ad affrontare circostanze che impongono la risoluzione anticipata della concessione al fine di rispettare gli obblighi derivanti dal diritto dell'Unione nel settore delle concessioni. Gli Stati membri dovrebbero pertanto assicurare che le amministrazioni

aggiudicatrici e gli enti aggiudicatori abbiano la possibilità, alle condizioni stabilite dal diritto nazionale, di risolvere una concessione durante il periodo di validità della stessa, se così richiesto dal diritto dell'Unione.

(81) Allo scopo di garantire un'idonea tutela giurisdizionale dei candidati e degli offerenti durante le procedure di aggiudicazione di concessioni, nonché al fine di rendere effettivo il rispetto delle disposizioni della presente direttiva e dei principi del TFUE, la direttiva 89/665/CEE del Consiglio e la direttiva 92/13/CEE del Consiglio dovrebbero applicarsi anche alle concessione di servizi e alle concessioni di lavori aggiudicate sia da amministrazioni aggiudicatrici che da enti aggiudicatori. È opportuno pertanto modificare di conseguenza le direttive 89/665/CEE e 92/13/CEE.

(82) È opportuno che il trattamento dei dati personali ai sensi della presente direttiva sia disciplinato dalla direttiva 95/46/CE del Parlamento europeo e del Consiglio.

(83) Gli Stati membri sono tenuti a controllare in maniera costante e sistematica l'attuazione e il funzionamento delle norme sull'aggiudicazione di contratti di concessione, così da garantire l'applicazione efficiente e uniforme del diritto dell'Unione.

(84) La Commissione dovrebbe valutare gli effetti economici sul mercato interno, in particolare in termini di fattori quali l'aggiudicazione transfrontaliera di contratti, la partecipazione delle PMI e i costi di transazione, derivanti dall'applicazione delle soglie stabilite dalla presente direttiva e dall'esclusione di cui all'articolo 12, tenendo in considerazione le strutture specifiche del settore idrico. La Commissione dovrebbe trasmettere una relazione in proposito al Parlamento europeo e al Consiglio entro il 18 aprile 2019. A norma dell'articolo XXIV, paragrafo 7, dell'AAP, detto accordo sarà oggetto di ulteriori negoziati tre anni dopo la sua entrata in vigore e successivamente a intervalli periodici. In tale contesto dovrebbe essere esaminata l'adeguatezza del livello delle soglie nell'ambito dei negoziati condotti in virtù dell'AAP, tenendo presente l'impatto dell'inflazione e i costi di transazione. La Commissione dovrebbe valutare, ove possibile e opportuno, se proporre un aumento delle soglie applicabili in virtù dell'AAP durante il prossimo ciclo di negoziati. In caso di modifica di tali soglie, alla relazione elaborata dalla Commissione dovrebbe far seguito, se del caso, una proposta legislativa volta a modificare la soglia stabilita dalla presente direttiva.

(85) Al fine di adeguarsi ai rapidi progressi tecnici, economici e normativi, dovrebbe essere delegato alla Commissione il potere di adottare atti conformemente all'articolo 290 TFUE al fine di rivedere l'elenco degli atti di cui all'allegato III, le modalità tecniche dei metodi di calcolo concernenti le soglie e al fine di rivedere periodicamente la soglia stessa e adeguarla, di modificare i riferimenti alla nomenclatura CPV e adattare l'elenco degli atti di cui all'allegato X. È di particolare importanza che durante i lavori preparatori la Commissione svolga adeguate consultazioni, anche a livello di esperti. Nella preparazione e nell'elaborazione degli atti delegati la Commissione dovrebbe provvedere alla contestuale, tempestiva e appropriata trasmissione dei documenti pertinenti al Parlamento europeo e al Consiglio.

(86) Al fine di garantire condizioni uniformi in relazione alla procedura per la redazione e la trasmissione dei bandi e degli avvisi e per la comunicazione e la pubblicazione dei dati di cui agli allegati V, VII e VIII, dovrebbero essere attribuite alla Commissione competenze di esecuzione. Tali competenze dovrebbero essere esercitate conformemente al regolamento (UE) n. 182/2011 del Parlamento europeo e del Consiglio. La procedura consultiva dovrebbe essere utilizzata per l'adozione degli atti di esecuzione che non incidono né sulla situazione finanziaria né sulla natura e la portata degli obblighi derivanti dalla presente direttiva. Al contrario, tali obblighi sono caratterizzati da fini puramente amministrativi e servono ad agevolare l'applicazione della presente direttiva.

(87) Poiché l'obiettivo della presente direttiva, vale a dire il coordinamento di disposizioni legislative, regolamentari e amministrative degli Stati membri che si applicano a determinate procedure di concessione, non può essere conseguito in misura sufficiente dagli Stati membri, ma, a motivo della portata e degli effetti dell'azione, può essere conseguito meglio a livello dell'Unione, quest'ultima può intervenire in base al principio di sussidiarietà sancito dall'articolo 5 TUE. La presente direttiva si limita a quanto è necessario per conseguire tale obiettivo in ottemperanza al principio di proporzionalità enunciato nello stesso articolo.

(88) Conformemente alla dichiarazione politica comune del 28 settembre 2011 degli Stati membri e della Commissione sui documenti esplicativi, gli Stati membri si sono impegnati ad accompagnare, in casi giustificati, la notifica delle loro misure di recepimento con uno o più documenti che chiariscano il rapporto tra gli elementi costitutivi di una direttiva e le parti corrispondenti degli strumenti nazionali di recepimento. Per quanto riguarda la presente direttiva, il legislatore ritiene che la trasmissione di tali documenti sia giustificata,

HANNO ADOTTATO LA PRESENTE DIRETTIVA:

TITOLO I
Oggetto, ambito di applicazione, principi e definizioni

CAPO I
Ambito di applicazione, principi generali e definizioni

SEZIONE I
Oggetto, ambito di applicazione, principi generali, definizioni e soglia

1 Oggetto e ambito di applicazione.

1. La presente direttiva stabilisce le norme applicabili alle procedure di aggiudicazione di contratti di concessione indette da amministrazioni aggiudicatrici ed enti aggiudicatori il cui valore stimato non è inferiore alla soglia indicata all'articolo 8.

2. La presente direttiva si applica all'aggiudicazione di concessioni di lavori o di servizi a operatori economici da:

a) amministrazioni aggiudicatrici; o

b) enti aggiudicatori, purché i lavori o i servizi siano destinati allo svolgimento di una delle attività di cui all'allegato II.

3. L'applicazione della presente direttiva è soggetta all'articolo 346 TFUE.

4. Gli accordi, le decisioni o altri strumenti giuridici che disciplinano i trasferimenti di competenze e responsabilità per l'esecuzione di compiti pubblici tra amministrazioni aggiudicatrici o enti aggiudicatori o associazioni di amministrazioni aggiudicatrici o enti aggiudicatori e che non prevedono una remunerazione a fronte di una prestazione contrattuale sono considerati questioni di organizzazione interna dello Stato membro interessato e, in quanto tali, esulano dall'ambito di applicazione della presente direttiva.

2 Principio di libera amministrazione delle autorità pubbliche.

1. La presente direttiva riconosce il principio per cui le autorità nazionali, regionali e locali possono liberamente organizzare l'esecuzione dei propri lavori o la prestazione dei propri servizi in conformità del diritto nazionale e dell'Unione. Tali autorità sono libere di decidere il modo migliore per gestire l'esecuzione dei lavori e la prestazione dei servizi per garantire in particolare un elevato livello di qualità, sicurezza e accessibilità, la parità di trattamento e la promozione dell'accesso universale e dei diritti dell'utenza nei servizi pubblici.

Dette autorità possono decidere di espletare i loro compiti d'interesse pubblico avvalendosi delle proprie risorse o in cooperazione con altre amministrazioni aggiudicatrici o di conferirli a operatori economici esterni.

2. La presente direttiva fa salvi i regimi di proprietà degli Stati membri. In particolare non richiede la privatizzazione di imprese pubbliche che forniscono servizi al pubblico.

3 Principio della parità di trattamento, non discriminazione e trasparenza.

1. Le amministrazioni aggiudicatrici e gli enti aggiudicatori trattano gli operatori economici su un piano di parità e in modo non discriminatorio e agiscono con trasparenza e proporzionalità.

La concezione della procedura di aggiudicazione della concessione, compresa la stima del valore, non è diretta a escludere quest'ultima dall'ambito di applicazione della presente direttiva né a favorire o svantaggiare indebitamente taluni operatori economici o taluni lavori, forniture o servizi.

2. Le amministrazioni aggiudicatrici e gli enti aggiudicatori mirano a garantire la trasparenza della procedura di aggiudicazione e dell'esecuzione del contratto, nel rispetto dell'articolo 28.

4 Libertà di definire servizi di interesse economico generale.

1. La presente direttiva fa salva la libertà, per gli Stati membri, di definire, in conformità del diritto dell'Unione, quali essi ritengano essere servizi d'interesse economico generale, in che modo tali servizi debbano essere organizzati e finanziati, in conformità delle regole sugli aiuti di Stato, e a quali obblighi specifici essi debbano essere soggetti. Parimenti, la presente direttiva non incide sulle modalità di organizzazione dei sistemi di sicurezza sociale da parte degli Stati membri.

2. I servizi non economici d'interesse generale non rientrano nell'ambito di applicazione della presente direttiva.

5 (*Omissis*).

6 Amministrazioni aggiudicatrici.

1. Ai fini della presente direttiva per « amministrazioni aggiudicatrici » si intendono lo Stato, le autorità regionali o locali, gli organismi di diritto pubblico o le associazioni costituite da uno o più di tali enti o da uno o più di tali organismi di diritto pubblico diversi da enti, organismi o associazioni che svolgono una delle attività di cui all'allegato II e aggiudicano una concessione per lo svolgimento di una di tali attività.

2. Per « autorità regionali » si intendono tutte le autorità delle unità amministrative elencate in modo non tassativo nelle NUTS 1 e 2, di cui al regolamento (CE) n. 1059/2003 del Parlamento europeo e del Consiglio.

3. Per « autorità locali » si intendono tutte le autorità delle unità amministrative che rientrano nei livelli NUTS 3 e delle unità amministrative inferiori, secondo il regolamento (CE) n. 1059/2003.

4. Per « organismi di diritto pubblico » si intendono gli organismi che presentano tutte le seguenti caratteristiche:

a) sono istituiti per lo specifico scopo di soddisfare esigenze di interesse generale, aventi carattere non industriale o commerciale;

b) sono dotati di personalità giuridica; e

c) sono finanziati in modo maggioritario dallo Stato, dalle autorità regionali o locali o da altri organismi di diritto pubblico; o la cui gestione è posta sotto la vigilanza di tali autorità o organismi; o il cui organo di amministrazione, di direzione o di vigilanza è costituito da membri più della metà dei quali è designata dallo Stato, dalle autorità regionali o locali o da altri organismi di diritto pubblico.

7 Enti aggiudicatori.

1. Ai sensi della presente direttiva per « enti aggiudicatori » si intendono gli enti che svolgono una delle attività di cui all'allegato II e aggiudicano una concessione per lo svolgimento di una di tali attività e sono:

a) lo Stato, le autorità regionali o locali, gli organismi di diritto pubblico o le associazioni costituite da uno o più di tali autorità o da uno o più di tali organismi di diritto pubblico;

b) le imprese pubbliche ai sensi del paragrafo 4 del presente articolo;

c) gli enti diversi da quelli di cui al presente paragrafo, lettere *a*) e *b*), ma operanti sulla base di diritti speciali o esclusivi ai fini dell'esercizio di una delle attività di cui all'allegato II.

2. Gli enti cui sono stati conferiti diritti speciali o esclusivi mediante una procedura in cui sia stata assicurata adeguata pubblicità e in cui il conferimento di tali diritti si basi su criteri obiettivi non costituiscono « enti aggiudicatori » ai sensi del paragrafo 1, lettera *c*). Tali procedure comprendono:

a) le procedure d'appalto con previa indizione di gara, conformemente alla direttiva 2014/24/UE del Parlamento europeo e del Consiglio e alla direttiva 2014/25/UE, alla direttiva 2009/81/CE o alla presente direttiva;

b) le procedure ai sensi di altri atti giuridici dell'Unione, elencati nell'allegato III, che garantiscono adeguata previa trasparenza per la concessione di autorizzazioni sulla base di criteri obiettivi.

3. Alla Commissione è conferito il potere di adottare atti delegati conformemente all'articolo 48 riguardo alla modifica dell'elenco degli atti giuridici dell'Unione di cui all'allegato III, quando le modifiche si dimostrano necessarie a causa dell'abrogazione o della modifica di tali atti o dell'adozione di nuova legislazione.

4. Per « impresa pubblica » si intende qualsiasi impresa su cui le amministrazioni aggiudicatrici possono esercitare, direttamente o indirettamente, un'influenza dominante perché ne sono proprietarie, vi hanno una partecipazione finanziaria, o in virtù di norme che disciplinano le imprese in questione.

Un'influenza dominante da parte delle amministrazioni aggiudicatrici si presume in tutti i casi seguenti in cui tali amministrazioni, direttamente o indirettamente:

a) detengono la maggioranza del capitale sottoscritto dell'impresa;

b) controllano la maggioranza dei voti cui danno diritto le azioni emesse dall'impresa, oppure

c) possono designare più della metà dei membri dell'organo di amministrazione, di direzione o di vigilanza dell'impresa.

8 Soglia e metodi di calcolo del valore stimato delle concessioni.

1. La presente direttiva si applica alle concessioni il cui valore sia pari o superiore a 5 382 000 EUR (1).

2. Il valore di una concessione è costituito dal fatturato totale del concessionario generato per tutta la durata del contratto, al netto dell'IVA, stimato dall'amministrazione aggiudicatrice o dall'ente aggiudicatore, quale corrispettivo dei lavori e dei servizi oggetto della concessione, nonché per le forniture accessorie a tali lavori e servizi.

Tale valore stimato è valido al momento dell'invio del bando di concessione o, nei casi in cui non sia previsto detto bando, al momento in cui l'amministrazione aggiudicatrice o l'ente aggiudicatore avvia la procedura di aggiudicazione della concessione, per esempio, contattando gli operatori economici in relazione alle concessioni.

Ai fini del paragrafo 1, se il valore della concessione al momento dell'aggiudicazione è superiore di più del 20% rispetto al valore stimato, la stima valida è il valore della concessione al momento dell'aggiudicazione.

3. Il valore stimato della concessione è calcolato secondo un metodo oggettivo specificato nei documenti della concessione. Nel calcolo del valore stimato della concessione, le amministrazioni aggiudicatrici e gli enti aggiudicatori tengono conto, se del caso, in particolare dei seguenti elementi:

a) il valore di eventuali forme di opzione e di eventuali proroghe della durata della concessione;

b) gli introiti derivanti dal pagamento, da parte degli utenti dei lavori e dei servizi, di tariffe e multe diverse da quelle riscosse per conto dell'amministrazione aggiudicatrice o dell'ente aggiudicatore;

c) i pagamenti o qualsiasi vantaggio finanziario conferito al concessionario in qualsivoglia forma dall'amministrazione aggiudicatrice o dall'ente aggiudicatore o da altre amministrazioni pubbliche, incluse le compensazioni per l'assolvimento di un obbligo di servizio pubblico e le sovvenzioni pubbliche di investimento;

d) il valore delle sovvenzioni o di qualsiasi altro vantaggio finanziario in qualsivoglia forma conferiti da terzi per l'esecuzione della concessione;

e) le entrate derivanti dalla vendita di elementi dell'attivo facenti parte della concessione;

f) il valore dell'insieme delle forniture e dei servizi messi a disposizione del concessionario dalle amministrazioni aggiudicatrici o dagli enti aggiudicatori, purché siano necessari per l'esecuzione dei lavori o la prestazione dei servizi;

g) ogni premio o pagamento ai candidati o agli offerenti.

4. La scelta del metodo per il calcolo del valore stimato della concessione non può essere fatta con l'intenzione di escludere tale concessione dall'ambito di applicazione della presente direttiva. Una concessione non può essere frazionata allo scopo di evitare che rientri nell'ambito di applicazione della presente direttiva, a meno che ragioni oggettive lo giustifichino.

5. Quando un'opera o un servizio proposti possono dar luogo all'aggiudicazione di una concessione per lotti distinti, è computato il valore complessivo stimato della totalità di tali lotti.

6. Quando il valore aggregato dei lotti è pari o superiore alla soglia di cui al presente articolo, la presente direttiva si applica all'aggiudicazione di ciascun lotto.

(1) *Paragrafo, da ultimo, così modificato dall'art. 1 del Regolamento delegato (UE) 2021/1951 della Commissione del 10novembre 2021 che ha sostituito le parole « 5 382 000 EUR » alle parole « 5 350 000 EUR », con effetto a decorrere dal 1° gennaio 2022 ai sensi dell'art. 2 del medesimo Regolamento.*

9 Revisione della soglia.

1. Dal 30 giugno 2013 la Commissione verifica ogni due anni che la soglia di cui all'articolo 8, paragrafo 1, corrisponda alla soglia stabilita nell'accordo sugli appalti pubblici dell'Organizzazione mondiale del

commercio (« AAP ») per le concessioni di lavori e procede, se necessario, alla revisione di tale soglia in conformità del presente articolo.

In conformità con il metodo di calcolo di cui all'AAP sugli appalti pubblici, la Commissione calcola il valore di tale soglia sulla base del valore giornaliero medio dell'euro rispetto ai diritti speciali di prelievo durante i ventiquattro mesi che terminano il 31 agosto precedente la revisione che entra in vigore il 1° gennaio. Il valore della soglia in tal modo riveduta è arrotondato, se necessario, al migliaio di euro inferiore al dato risultante da tale calcolo, per assicurare il rispetto della soglia in vigore prevista dall'AAP che è espressa in diritti speciali di prelievo.

2. Dal 1° gennaio 2014 ogni due anni la Commissione determina, nelle valute nazionali degli Stati membri la cui moneta non è l'euro, i valori delle soglie di cui all'articolo 8, paragrafo 1, rivedute a norma del presente articolo, paragrafo 1.

In conformità con il metodo di calcolo di cui all'AAP, la determinazione di tali valori è basata sulla media del valore giornaliero di tali valute corrispondente alla soglia applicabile espressa in euro durante i ventiquattro mesi che terminano il 31 agosto precedente la revisione che entra in vigore il 1° gennaio.

3. La Commissione pubblica nella Gazzetta ufficiale dell'Unione europea la soglia riveduta di cui al paragrafo 1, il suo controvalore nelle valute nazionali di cui al paragrafo 2, primo comma, e il valore determinato conformemente al paragrafo 2, secondo comma, all'inizio del mese di novembre successivo alla loro revisione.

4. Alla Commissione è conferito il potere di adottare atti delegati conformemente all'articolo 48 per adattare la metodologia di cui al paragrafo 1, secondo comma, del presente articolo alle modifiche della metodologia di cui all'AAP sugli appalti pubblici per la revisione delle soglie di cui all'articolo 8, paragrafo 1, e per la determinazione dei valori corrispondenti nelle valute nazionali degli Stati membri la cui moneta non è l'euro, come menzionato al paragrafo 2 del presente articolo.

Alla Commissione è inoltre conferito il potere di adottare atti delegati conformemente all'articolo 48 per la revisione delle soglie di cui all'articolo 8, paragrafo 1, ai sensi del paragrafo 1 del presente articolo.

5. Qualora si renda necessaria la revisione di tale soglia e i limiti di tempo non consentano l'uso della procedura di cui all'articolo 48, e quindi motivi imperativi d'urgenza lo richiedano, la procedura di cui all'articolo 49 si applica agli atti delegati adottati ai sensi del paragrafo 4, secondo comma, del presente articolo.

10-17 (*Omissis*).

SEZIONE III
Disposizioni generali

18 Durata della concessione.

1. La durata delle concessioni è limitata. Essa è stimata dall'amministrazione aggiudicatrice o dall'ente aggiudicatore in funzione dei lavori o servizi richiesti al concessionario.

2. Per le concessioni ultraquinquennali, la durata massima della concessione non supera il periodo di tempo in cui si può ragionevolmente prevedere che il concessionario recuperi gli investimenti effettuati nell'esecuzione dei lavori o dei servizi, insieme con un ritorno sul capitale investito tenuto conto degli investimenti necessari per conseguire gli obiettivi contrattuali specifici.

Gli investimenti presi in considerazione ai fini del calcolo comprendono sia quelli iniziali sia quelli in corso di concessione.

19 Servizi sociali e altri servizi specifici.

Le concessioni per i servizi sociali e altri servizi specifici elencati nell'allegato IV che rientrano nell'ambito di applicazione della presente direttiva sono soggette esclusivamente agli obblighi previsti dall'articolo 31, paragrafo 3, e dagli articoli 32, 46 e 47.

20-23 (*Omissis*).

SEZIONE IV
Situazioni specifiche

24 Concessioni riservate.

Gli Stati membri possono riservare il diritto di partecipare alle procedure di aggiudicazione delle concessioni a laboratori protetti e operatori economici il cui obiettivo principale sia l'integrazione sociale e professionale delle persone disabili o svantaggiate, oppure possono disporre che tali concessioni si svolgano nell'ambito di programmi di lavoro protetti, a condizione che almeno il 30% dei dipendenti di tali laboratori, operatori economici o programmi sia composto da lavoratori disabili o svantaggiati. Il bando di concessione o, nel caso delle concessioni di servizi di cui all'articolo 19, l'avviso di preinformazione menzionano il presente articolo.

25 Servizi di ricerca e sviluppo.

La presente direttiva si applica solo alle concessioni di servizi di ricerca e sviluppo identificati con i codici CPV da 73000000-2 a 73120000-9, 73300000-5, 73420000-2 o 73430000-5, purché siano soddisfatte entrambe le seguenti condizioni:

a) i risultati appartengono esclusivamente all'amministrazione aggiudicatrice o all'ente aggiudicatore perché li usino nell'esercizio della propria attività; e

b) la prestazione dei servizi è interamente retribuita dall'amministrazione aggiudicatrice o dall'ente aggiudicatore.

CAPO II
Principi

26 Operatori economici.

1. Gli operatori economici che, in base alla normativa dello Stato membro nel quale sono stabiliti, sono autorizzati a prestare il servizio di cui trattasi non possono essere respinti soltanto per il fatto che, secondo la normativa dello Stato membro nel quale è aggiudicato il contratto, essi dovrebbero essere persone fisiche o persone giuridiche.

Alle persone giuridiche può essere imposto di indicare nell'offerta o nella domanda di partecipazione il nome e le qualifiche professionali appropriate delle persone incaricate di eseguire il contratto di cui trattasi.

2. I raggruppamenti di operatori economici, comprese le associazioni temporanee, sono autorizzati a partecipare alle procedure di aggiudicazione delle concessioni. Essi non possono essere obbligati dalle amministrazioni aggiudicatrici o dagli enti aggiudicatori ad avere una forma giuridica specifica ai fini della presentazione di un'offerta o di una domanda di partecipazione.

Ove necessario, le amministrazioni aggiudicatrici o gli enti aggiudicatori possono precisare nei documenti di gara le modalità con cui gli operatori economici ottemperano ai requisiti in materia di capacità economica e finanziaria o di capacità tecniche e professionali di cui all'articolo 38, purché ciò sia giustificato da motivazioni obiettive e proporzionate. Gli Stati membri possono stabilire le condizioni generali relative all'ottemperanza a tali modalità da parte degli operatori economici. Eventuali condizioni per l'esecuzione di una concessione da parte di tali gruppi di operatori economici diverse da quelle imposte a singoli partecipanti sono giustificate da motivazioni obiettive e proporzionate.

3. In deroga ai paragrafi 1 e 2, le amministrazioni aggiudicatrici o gli enti aggiudicatori possono imporre ai gruppi di operatori economici di assumere una forma giuridica specifica una volta che sia stato loro aggiudicato il contratto, nella misura in cui tale trasformazione sia necessaria per la buona esecuzione del contratto.

27-29 (*Omissis*).

TITOLO II
Norme sull'aggiudicazione di concessioni: principi generali e garanzie procedurali

CAPO I
Principi generali

30 Principi generali.

1. L'amministrazione aggiudicatrice o l'ente aggiudicatore sono liberi di organizzare la procedura per la scelta del concessionario fatto salvo il rispetto della presente direttiva.

2. La concezione della procedura di aggiudicazione della concessione deve rispettare i principi enunciati nell'articolo 3. In particolare, nel corso della procedura di aggiudicazione della concessione, l'amministrazione aggiudicatrice o l'ente aggiudicatore non fornisce in maniera discriminatoria informazioni che possano avvantaggiare determinati candidati o offerenti rispetto ad altri.

3. Gli Stati membri adottano misure adeguate per garantire che gli operatori economici, nell'esecuzione di contratti di concessione, rispettino gli obblighi applicabili in materia di diritto ambientale, sociale e del lavoro stabiliti dal diritto dell'Unione, dal diritto nazionale, da contratti collettivi o dalle disposizioni internazionali in materia di diritto ambientale, sociale e del lavoro elencate nell'allegato X.

4. Alla Commissione è conferito il potere di adottare atti delegati conformemente all'articolo 48 per modificare l'elenco di cui all'allegato X, quando ciò si dimostra necessario per aggiungere nuovi accordi internazionali ratificati da tutti gli Stati membri o quando gli accordi internazionali vigenti cui si fa riferimento non sono più ratificati da tutti gli Stati membri o sono altrimenti modificati, ad esempio a livello di ambito di applicazione, contenuto o denominazione.

31 Bandi di concessione.

1. Le amministrazioni aggiudicatrici e gli enti aggiudicatori che intendono aggiudicare una concessione rendono nota tale intenzione per mezzo di un bando di concessione.

2. Il bando di concessione contiene le informazioni indicate nell'allegato V e, ove opportuno, ogni altra informazione ritenuta utile dall'amministrazione aggiudicatrice o dall'ente aggiudicatore, secondo il formato dei modelli uniformi.

3. Le amministrazioni aggiudicatrici e gli enti aggiudicatori che intendono aggiudicare una concessione per servizi sociali e altri servizi specifici elencati nell'allegato IV rendono nota l'intenzione di aggiudicare la prevista concessione mediante la pubblicazione di un avviso di preinformazione. Tali avvisi contengono le informazioni di cui all'allegato VI.

4. In deroga al paragrafo 1, alle amministrazioni aggiudicatrici o agli enti aggiudicatori non è richiesto di pubblicare un bando di concessione quando i lavori o i servizi possono essere forniti soltanto da un determinato operatore economico per una delle seguenti ragioni:

a) l'oggetto della concessione è la creazione o l'acquisizione di un'opera d'arte o di una rappresentazione artistica unica;

b) assenza di concorrenza per motivi tecnici;

c) esistenza di un diritto esclusivo;

d) tutela dei diritti di proprietà intellettuale e di diritti esclusivi diversi da quelli definiti all'articolo 5, punto 10.

Le eccezioni di cui al primo comma, lettere *b*), *c*) e *d*), si applicano unicamente qualora non esistano alternative o sostituti ragionevoli e l'assenza di concorrenza non sia il risultato di una limitazione artificiosa dei parametri per l'aggiudicazione della concessione.

5. In deroga al paragrafo 1, all'amministrazione aggiudicatrice o all'ente aggiudicatore non è richiesto di pubblicare un nuovo bando di concessione qualora non sia stata presentata alcuna offerta o alcuna offerta appropriata o non sia stata depositata alcuna candidatura o alcuna candidatura appropriata in risposta a una precedente procedura di concessione, purché le condizioni iniziali del contratto di concessione non siano sostanzialmente modificate e purché una relazione sia trasmessa alla Commissione, su richiesta di quest'ultima.

Ai fini del primo comma, un'offerta non è ritenuta appropriata se non presenta alcuna pertinenza con la concessione ed è quindi manifestamente inadeguata, a meno di modifiche sostanziali, a rispondere alle esigenze e ai requisiti dell'amministrazione aggiudicatrice o dell'ente aggiudicatore specificati nei documenti di gara.

Ai fini del primo comma, una candidatura non è ritenuta appropriata:

a) se il candidato interessato deve o può essere escluso a norma dell'articolo 38, paragrafi da 5 a 9, o non soddisfa i criteri di selezione stabiliti dall'amministrazione aggiudicatrice o dall'ente aggiudicatore ai sensi dell'articolo 38, paragrafo 1;

b) se le domande di partecipazione includono offerte non appropriate ai sensi del secondo comma.

32 Avvisi di aggiudicazione delle concessioni.

1. Entro quarantotto giorni dall'aggiudicazione di una concessione, le amministrazioni aggiudicatrici e gli enti aggiudicatori inviano, conformemente alle procedure previste all'articolo 33, un avviso di aggiudicazione della concessione contenente i risultati della procedura di aggiudicazione. Per i servizi sociali e altri servizi specifici elencati all'allegato IV, tali avvisi possono tuttavia essere raggruppati su base trimestrale. In tal caso, essi inviano gli avvisi raggruppati al più tardi quarantotto giorni dopo la fine di ogni trimestre.

2. Gli avvisi di aggiudicazione delle concessioni contengono le informazioni di cui all'allegato VII o, in relazione alle concessioni concernenti servizi sociali e altri servizi specifici elencati nell'allegato IV, le informazioni di cui all'allegato VIII, e sono pubblicati ai sensi dell'articolo 33.

33 Modelli e modalità di pubblicazione dei bandi e degli avvisi.

1. I bandi di concessione, gli avvisi di aggiudicazione delle concessioni e l'avviso di cui all'articolo 43, paragrafo 1, secondo comma, contengono le informazioni indicate negli allegati V, VII e VIII e nel formato dei modelli uniformi, compresi i modelli uniformi per le rettifiche.

Tali modelli uniformi sono stabiliti dalla Commissione mediante atti di esecuzione. Tali atti di esecuzione sono adottati in conformità della procedura consultiva di cui all'articolo 50.

2. I bandi e gli avvisi di cui al paragrafo 1 sono redatti, trasmessi per via elettronica all'Ufficio delle pubblicazioni dell'Unione europea e pubblicati in conformità dell'allegato IX. L'Ufficio delle pubblicazioni dell'Unione europea rilascia all'amministrazione aggiudicatrice o all'ente aggiudicatore una conferma della ricezione dell'avviso o del bando e della pubblicazione delle informazioni trasmesse, con menzione della data della pubblicazione, che vale come prova della pubblicazione. I bandi e gli avvisi sono pubblicati entro cinque giorni dalla loro trasmissione. Le spese per la pubblicazione dei bandi e degli avvisi da parte dell'Ufficio delle pubblicazioni dell'Unione europea sono a carico dell'Unione.

3. I bandi di concessione sono pubblicati per esteso in una o più lingue ufficiali delle istituzioni dell'Unione a scelta dall'amministrazione aggiudicatrice o dall'ente aggiudicatore. Il testo o i testi pubblicati in tali lingue sono gli unici facenti fede. Una sintesi degli elementi importanti di ciascun bando è pubblicata nelle altre lingue ufficiali delle istituzioni dell'Unione.

4. I bandi di concessione e gli avvisi di aggiudicazione delle concessioni non sono pubblicati a livello nazionale prima della pubblicazione da parte dell'Ufficio delle pubblicazioni dell'Unione europea a meno che, quarantotto ore dopo che l'Ufficio delle pubblicazioni dell'Unione europea conferma che l'amministrazione aggiudicatrice o l'ente aggiudicatore ha ricevuto l'avviso di cui al paragrafo 2, la pubblicazione a livello di Unione non abbia avuto luogo. I bandi di concessione e gli avvisi di aggiudicazione pubblicati a livello nazionale non contengono informazioni diverse da quelle contenute nei bandi e negli avvisi trasmessi all'Ufficio delle pubblicazioni dell'Unione europea ma menzionano la data della trasmissione del bando o dell'avviso all'Ufficio delle pubblicazioni dell'Unione europea.

34 Disponibilità elettronica dei documenti di gara.

1. Le amministrazioni aggiudicatrici e gli enti aggiudicatori offrono un accesso gratuito, illimitato e diretto, per via elettronica, ai documenti di gara a decorrere dalla data di pubblicazione di un bando di concessione o, se quest'ultimo non include un invito a presentare offerte, dalla data di invio di un invito a presentare offerte. Il testo del bando di concessione o dell'invito indica l'indirizzo Internet presso il quale i documenti relativi alla concessione sono accessibili.

2. Qualora, in circostanze debitamente motivate, per eccezionali motivi di sicurezza o tecnici, ovvero a causa della natura particolarmente sensibile delle informazioni commerciali che richiedono un livello estremamente elevato di protezione, non possa essere offerto accesso gratuito, illimitato e diretto per via elettronica a determinati documenti di gara, le amministrazioni aggiudicatrici o gli enti aggiudicatori indicano nel bando o nell'invito a presentare offerte che i documenti di gara in questione saranno trasmessi per vie diverse da quella elettronica e che il termine per la presentazione delle offerte è prorogato.

3. Sempre che siano state richieste in tempo utile, le amministrazioni aggiudicatrici e gli enti aggiudicatori o i servizi competenti comunicano a tutti i candidati o agli offerenti che partecipano alla procedura di aggiudicazione della concessione le informazioni aggiuntive sui documenti di gara almeno sei giorni prima della scadenza del termine stabilito per la ricezione delle offerte.

35 Lotta alla corruzione e prevenzione dei conflitti di interesse.

Gli Stati membri dispongono che le amministrazioni aggiudicatrici e gli enti aggiudicatori adottino misure adeguate per combattere le frodi, il clientelismo e la corruzione e per prevenire, individuare e risolvere in modo efficace i conflitti di interesse insorti nello svolgimento delle procedure di aggiudicazione della concessione, in modo da evitare qualsiasi distorsione della concorrenza e garantire la trasparenza della procedura di aggiudicazione e la parità di trattamento di tutti i candidati e gli offerenti.

Il concetto di conflitti di interesse copre almeno i casi in cui il personale di un'amministrazione aggiudicatrice o di un ente aggiudicatore che interviene nello svolgimento della procedura di aggiudicazione della concessione o può influenzare il risultato di tale procedura ha, direttamente o indirettamente, un interesse finanziario, economico o altro interesse personale che può essere percepito come una minaccia alla sua imparzialità e indipendenza nel contesto della procedura di aggiudicazione della concessione.

Per quanto riguarda i conflitti di interesse, le misure adottate non vanno al di là di quanto sia strettamente necessario per prevenire un conflitto di interessi potenziale o eliminare il conflitto di interessi identificato.

CAPO II
Garanzie procedurali

36 Requisiti tecnici e funzionali.

1. I requisiti tecnici e funzionali definiscono le caratteristiche richieste per i lavori o i servizi oggetto della concessione. Essi figurano nei documenti di gara.

Tali caratteristiche possono anche fare riferimento allo specifico processo di produzione o fornitura dei lavori o dei servizi richiesti a condizione che siano collegati all'oggetto del contratto e commisurati al valore e agli obiettivi dello stesso. Tali caratteristiche possono includere, ad esempio, i livelli di qualità, i livelli di prestazione ambientale e degli effetti sul clima, la progettazione per tutti i requisiti (compresa l'accessibilità per i disabili)e la valutazione di conformità, l'esecuzione, la sicurezza o le dimensioni, la terminologia, i simboli, il collaudo e i metodi di prova, la marcatura e l'etichettatura o le istruzioni per l'uso.

2. A meno che non siano giustificati dall'oggetto del contratto, i requisiti tecnici e funzionali non fanno riferimento a una fabbricazione o provenienza determinata o a un procedimento particolare caratteristico dei prodotti o dei servizi forniti da un determinato operatore economico, né a marchi, brevetti, tipi o a una produzione specifica che avrebbero come effetto di favorire o eliminare talune imprese o taluni prodotti. Tale riferimento è autorizzato, in via eccezionale, nel caso in cui una descrizione sufficientemente precisa e intelligibile dell'oggetto del contratto non sia possibile; un siffatto riferimento è accompagnato dall'espressione « o equivalente ».

3. Le amministrazioni aggiudicatrici o gli enti aggiudicatori non possono respingere un'offerta per il motivo che i lavori e i servizi offerti non sono conformi ai requisiti tecnici e funzionali a cui hanno fatto riferimento, se nella propria offerta l'offerente prova, con qualsiasi mezzo appropriato, che le soluzioni da lui proposte soddisfavano in maniera equivalente i requisiti tecnici e funzionali.

37 Garanzie procedurali.

1. Le concessioni sono aggiudicate sulla base dei criteri di aggiudicazione stabiliti dall'amministrazione aggiudicatrice o dall'ente aggiudicatore ai sensi dell'articolo 41, purché siano soddisfatte tutte le seguenti condizioni:

a) l'offerta risponde ai requisiti minimi eventualmente prescritti dall'amministrazione aggiudicatrice o dall'ente aggiudicatore;

b) l'offerente ottempera alle condizioni di partecipazione di cui all'articolo 38, paragrafo 1; e

c) l'offerente non è escluso dalla partecipazione alla procedura di aggiudicazione ai sensi dell'articolo 38, paragrafi da 4 a 7, e fatto salvo l'articolo 38, paragrafo 9.

I requisiti minimi di cui alla lettera *a*) contengono le condizioni e le caratteristiche (in particolare tecniche, fisiche, funzionali e giuridiche) che ogni offerta deve soddisfare o possedere.

2. L'amministrazione aggiudicatrice o l'ente aggiudicatore forniscono:

a) nel bando di concessione, una descrizione della concessione e delle condizioni di partecipazione;

b) nel bando di concessione, nell'invito a presentare offerte o negli altri documenti di gara, una descrizione dei criteri di aggiudicazione e, se del caso, i requisiti minimi da soddisfare.

3. L'amministrazione aggiudicatrice o l'ente aggiudicatore può limitare il numero di candidati o di offerenti a un livello adeguato, purché ciò avvenga in modo trasparente e sulla base di criteri oggettivi. Il numero di candidati o di offerenti invitati a partecipare deve essere sufficiente a garantire un'effettiva concorrenza.

4. L'amministrazione aggiudicatrice o l'ente aggiudicatore comunica a tutti i partecipanti la descrizione della prevista organizzazione della procedura e un termine indicativo per il suo completamento. Le eventuali modifiche sono comunicate a tutti i partecipanti e, nella misura in cui riguardino elementi indicati nel bando di concessione, rese pubbliche per tutti gli operatori economici.

5. L'amministrazione aggiudicatrice o l'ente aggiudicatore garantisce un'idonea registrazione delle fasi della procedura con i mezzi che ritiene opportuni, fatto

salvo il rispetto delle disposizioni dell'articolo 28, paragrafo 1.

6. L'amministrazione aggiudicatrice o l'ente aggiudicatore può condurre liberamente negoziazioni con i candidati e gli offerenti. L'oggetto della concessione, i criteri di aggiudicazione e i requisiti minimi non sono modificati nel corso delle negoziazioni.

38-41 (*Omissis*).

TITOLO III

Norme sull'esecuzione delle concessioni

42 Subappalto.

1. L'osservanza degli obblighi di cui all'articolo 30, paragrafo 3, da parte dei subappaltatori è garantita mediante azioni adeguate delle autorità nazionali competenti che agiscono nell'ambito delle rispettive responsabilità e competenze.

2. Nei documenti di gara, l'amministrazione aggiudicatrice o l'ente aggiudicatore possono chiedere o possono essere obbligati da uno Stato membro a chiedere all'offerente o al candidato di indicare, nella sua offerta, le eventuali parti della concessione che intende subappaltare a terzi, nonché i subappaltatori proposti. Il presente paragrafo lascia impregiudicata la questione della responsabilità del concessionario principale.

3. Nel caso di concessioni di lavori e per servizi da fornire presso l'impianto sotto la supervisione dell'amministrazione aggiudicatrice o dell'ente aggiudicatore, dopo l'aggiudicazione della concessione e al più tardi all'inizio dell'esecuzione della concessione, l'amministrazione aggiudicatrice o l'ente aggiudicatore impongono al concessionario di indicare all'amministrazione aggiudicatrice o all'ente aggiudicatore nome, recapito e rappresentanti legali dei suoi subappaltatori coinvolti in tali lavori o servizi, nella misura in cui questi sono noti al momento della richiesta. L'amministrazione aggiudicatrice o l'ente aggiudicatore impongono al concessionario di comunicare eventuali modifiche a tali informazioni avvenute nel corso della concessione nonché le informazioni richieste per eventuali nuovi subappaltatori coinvolti successivamente in tali lavori o servizi.

Fermo restando il primo comma, gli Stati membri possono imporre direttamente al concessionario l'obbligo di trasmettere le informazioni richieste.

Il primo e il secondo comma non si applicano ai fornitori.

Le amministrazioni aggiudicatrici e gli enti aggiudicatori possono estendere o possono essere obbligati dagli Stati membri a estendere gli obblighi previsti al primo comma, ad esempio:

a) alle concessioni di servizi diverse da quelle riguardanti servizi da fornire presso gli impianti sotto la supervisione dell'amministrazione aggiudicatrice o dell'ente aggiudicatore, ovvero ai fornitori coinvolti in concessioni di lavori o di servizi;

b) ai subappaltatori dei subappaltatori del concessionario o ai subappaltatori successivi nella catena dei subappalti.

4. Al fine di evitare violazioni degli obblighi di cui all'articolo 30, paragrafo 3, possono essere adottate misure adeguate quali le seguenti:

a) se la legislazione nazionale di uno Stato membro prevede un meccanismo di responsabilità solidale tra subappaltatori e concessionario, lo Stato membro interessato provvede a che le norme pertinenti siano applicate in conformità delle condizioni stabilite all'articolo 30, paragrafo 3.

b) le amministrazioni aggiudicatrici e gli enti aggiudicatori possono verificare o essere obbligati dagli Stati membri a verificare se sussistono motivi di esclusione dei subappaltatori a norma dell'articolo 38, paragrafi da 4 a 10. In tali casi l'amministrazione aggiudicatrice o l'ente aggiudicatore impongono all'operatore economico di sostituire i subappaltatori in merito ai quali la verifica ha dimostrato che sussistono motivi obbligatori di esclusione. L'amministrazione aggiudicatrice o l'ente aggiudicatore possono imporre o essere obbligati da uno Stato membro a imporre che l'operatore economico sostituisca i subappaltatori in relazione ai quali la verifica ha dimostrato che sussistono motivi non obbligatori di esclusione.

5. Gli Stati membri possono prevedere disposizioni di diritto interno più rigorose in materia di responsabilità.

6. Gli Stati membri che hanno scelto di prevedere misure a norma dei paragrafi 1 e 3 specificano, in forza di disposizioni legislative, regolamentari o amministrative e nel rispetto del diritto dell'Unione, le condizioni di attuazione di tali misure. In tale contesto gli Stati membri possono limitarne l'applicabilità, ad esempio in relazione a determinati tipi di contratti, a determinate categorie di amministrazioni aggiudicatrici, enti aggiudicatori o operatori economici ovvero a determinati importi.

43 Modifica di contratti durante il periodo di validità.

1. Le concessioni possono essere modificate senza una nuova procedura di aggiudicazione della concessione a norma della presente direttiva nei casi seguenti:

a) se le modifiche, a prescindere dal loro valore monetario, sono state previste nei documenti di gara iniziali in clausole chiare, precise e inequivocabili, che possono comprendere clausole di revisione dei prezzi, o opzioni. Tali clausole fissano la portata e la natura di eventuali modifiche o opzioni, nonché le condizioni alle quali possono essere impiegate. Esse non apportano modifiche o opzioni che altererebbero la natura generale della concessione;

b) per lavori o servizi supplementari da parte del concessionario originario che si sono resi necessari e non erano inclusi nella concessione iniziale, ove un cambiamento di concessionario:

i) risulti impraticabile per motivi economici o tecnici quali il rispetto dei requisiti di intercambiabilità o interoperatività tra apparecchiature, servizi o impianti esistenti forniti nell'ambito della concessione iniziale; e

ii) comporti per l'amministrazione aggiudicatrice o all'ente aggiudicatore notevoli disguidi o una consistente duplicazione dei costi.

Tuttavia, nel caso di concessioni aggiudicate dall'amministrazione aggiudicatrice allo scopo di svolgere un'attività diversa da quelle di cui all'allegato II, l'eventuale aumento di valore non deve eccedere il 50% del valore della concessione iniziale. In caso di più modifiche successive, tale limitazione si applica al valore di ciascuna modifica. Tali modifiche successive non sono intese ad aggirare la presente direttiva;

c) ove siano soddisfatte tutte le seguenti condizioni:

i) la necessità di modifica è determinata da circostanze che un'amministrazione aggiudicatrice o un ente aggiudicatore diligente non ha potuto prevedere;

ii) la modifica non altera la natura generale della concessione;

iii) nel caso di concessioni aggiudicate dall'amministrazione aggiudicatrice allo scopo di svolgere un'attività diversa da quelle di cui all'allegato II, l'eventuale aumento di valore non è superiore al 50% del valore della concessione iniziale. In caso di più modifiche successive, tale limitazione si applica al valore di ciascuna modifica. Tali modifiche successive non sono intese ad aggirare la presente direttiva;

d) se un nuovo concessionario sostituisce quello a cui l'amministrazione aggiudicatrice o l'ente aggiudicatore avevano inizialmente aggiudicato la concessione a causa di una delle seguenti circostanze:

i) una clausola o opzione di revisione inequivocabile in conformità della lettera *a*);

ii) al concessionario iniziale succede, in via universale o parziale, a seguito di ristrutturazioni societarie, comprese rilevazioni, fusioni, acquisizione o insolvenza, un altro operatore economico che soddisfi i criteri di selezione qualitativa stabiliti inizialmente, purché ciò non implichi altre modifiche sostanziali al contratto e non sia finalizzato ad eludere l'applicazione della presente direttiva; oppure

iii) nel caso in cui l'amministrazione aggiudicatrice stessa o l'ente aggiudicatore stesso si assumano gli obblighi del concessionario principale nei confronti dei suoi subappaltatori, ove tale possibilità sia prevista dalla legislazione nazionale;

e) se le modifiche, a prescindere dal loro valore, non sono sostanziali ai sensi del paragrafo 4.

Le amministrazioni aggiudicatrici o gli enti aggiudicatori che hanno modificato una concessione nelle situazioni di cui al presente paragrafo, lettere *b*) e *c*), pubblicano un avviso al riguardo nella Gazzetta ufficiale dell'Unione europea. Tale avviso contiene le informazioni di cui all'allegato XI ed è pubblicato conformemente all'articolo 33.

2. Inoltre, e senza ulteriore bisogno di verificare se le condizioni di cui al paragrafo 4, lettere da *a*) a *d*), sono rispettate, le concessioni possono parimenti essere modificate senza necessità di una nuova procedura di aggiudicazione di una concessione a norma della presente direttiva se il valore della modifica è al di sotto di entrambi i valori seguenti:

i) la soglia fissata all'articolo 8; e

ii) il 10% del valore della concessione iniziale.

Tuttavia, la modifica non può alterare la natura generale della concessione. In caso di più modifiche successive, il valore è accertato sulla base del valore complessivo netto delle successive modifiche.

3. Ai fini del calcolo del valore di cui al paragrafo 2 e al paragrafo 1, lettere *b*) e *c*), il valore aggiornato è il valore di riferimento quando la concessione prevede una clausola di indicizzazione. Se la concessione non prevede una clausola di indicizzazione, il valore aggiornato è calcolato tenendo conto dell'inflazione media nello Stato membro dell'amministrazione aggiudicatrice o dell'ente aggiudicatore.

4. La modifica di una concessione durante il periodo della sua validità è considerata sostanziale ai sensi del paragrafo 1, lettera *e*), muta sostanzialmente la natura della concessione rispetto a quella inizialmente conclusa. In ogni caso, fatti salvi i paragrafi 1 e 2, una modifica è considerata sostanziale se una o più delle seguenti condizioni sono soddisfatte:

a) la modifica introduce condizioni che, se fossero state contenute nella procedura iniziale di aggiudicazione della concessione, avrebbero consentito l'ammissione di candidati diversi da quelli inizialmente selezionati o l'accettazione di un'offerta diversa da quella inizialmente accettata, oppure avrebbero attirato ulteriori partecipanti alla procedura di aggiudicazione della concessione;

b) la modifica cambia l'equilibrio economico della concessione a favore del concessionario in modo non previsto dalla concessione iniziale;

c) la modifica estende notevolmente l'ambito di applicazione della concessione;

d) se un nuovo concessionario sostituisce quello cui l'amministrazione aggiudicatrice o l'ente aggiudicatore avevano inizialmente aggiudicato la concessione in casi diversi da quelli previsti al paragrafo 1, lettera *d*).

5. Una nuova procedura di aggiudicazione di una concessione in conformità della presente direttiva è richiesta per modifiche delle disposizioni di una concessione durante il periodo della sua validità diverse da quelle previste ai paragrafi 1 e 2.

44 Risoluzione delle concessioni.

Gli Stati membri assicurano che le amministrazioni aggiudicatrici e gli enti aggiudicatori abbiano la possibilità, alle condizioni fissate dal diritto nazionale applicabile, di porre termine alla concessione in vigenza della stessa, se una o più delle seguenti condizioni sono soddisfatte:

a) la concessione ha subito una modifica che avrebbe richiesto una nuova procedura di aggiudicazione della concessione ai sensi dell'articolo 43;

b) il concessionario si è trovato, al momento dell'aggiudicazione della concessione, in una delle situazioni di cui all'articolo 38, paragrafo 4, e avrebbe dovuto pertanto essere escluso dalla procedura di aggiudicazione della concessione;

c) la Corte di giustizia dell'Unione europea constata, in un procedimento ai sensi dell'articolo 258

TFUE, che uno Stato membro ha mancato a uno degli obblighi a lui incombenti in virtù dei trattati per il fatto che un'amministrazione aggiudicatrice o un ente aggiudicatore appartenente allo Stato membro in questione ha aggiudicato la concessione in oggetto senza adempiere gli obblighi previsti dai trattati e dalla presente direttiva.

45-53 (*Omissis*).

54 Entrata in vigore.

La presente direttiva entra in vigore il ventesimo giorno successivo alla pubblicazione nella Gazzetta ufficiale dell'Unione europea.

La presente direttiva non si applica all'aggiudicazione di concessioni per le quali è stata presentata un'offerta o che sono state aggiudicate prima del 17 aprile 2014.

55 Destinatari.

Gli Stati membri sono destinatari della presente direttiva.

41. Direttiva UE del Parlamento europeo e del Consiglio 26 febbraio 2014, n. 24. — Sugli appalti pubblici (1). (*estratto*).

Pubblicata nella Gazzetta Ufficiale dell'Unione Europea n. L94 del 28 marzo 2014.

(1) *Alla presente direttiva è stata data attuazione con il d.lgs. 18 aprile 2016, n. 50 - Codice dei contratti pubblici, riportato sub III, 44.*

IL PARLAMENTO EUROPEO E IL CONSIGLIO DELL'UNIONE EUROPEA,

visto il trattato sul funzionamento dell'Unione europea, in particolare l'articolo 53, paragrafo 1, l'articolo 62 e l'articolo 114,

vista la proposta della Commissione europea,

previa trasmissione del progetto di atto legislativo ai parlamenti nazionali,

visto il parere del Comitato economico e sociale europeo, visto il parere del Comitato delle regioni,

deliberando secondo la procedura legislativa ordinaria, considerando quanto segue:

(1) L'aggiudicazione degli appalti pubblici da o per conto di autorità degli Stati membri deve rispettare i principi del trattato sul funzionamento dell'Unione europea (TFUE) e in particolare la libera circolazione delle merci, la libertà di stabilimento e la libera prestazione di servizi, nonché i principi che ne derivano, come la parità di trattamento, la non discriminazione, il mutuo riconoscimento, la proporzionalità e la trasparenza. Tuttavia, per gli appalti pubblici con valore superiore a una certa soglia è opportuno elaborare disposizioni per coordinare le procedure nazionali di aggiudicazione degli appalti in modo da garantire che a tali principi sia dato effetto pratico e che gli appalti pubblici siano aperti alla concorrenza.

(2) Gli appalti pubblici svolgono un ruolo fondamentale nella strategia Europa 2020, illustrata nella comunicazione della Commissione del 3 marzo 2010 dal titolo « Europa 2020 — Una strategia per una crescita intelligente, sostenibile e inclusiva » (« strategia Europa 2020 per una crescita intelligente, sostenibile e inclusiva »), in quanto costituiscono uno degli strumenti basati sul mercato necessari alla realizzazione di una crescita intelligente, sostenibile e inclusiva garantendo contemporaneamente l'uso più efficiente possibile dei finanziamenti pubblici. A tal fine, la normativa sugli appalti adottata ai sensi della direttiva 2004/17/CE del Parlamento europeo e del Consiglio e della direttiva 2004/18/CE del Parlamento europeo e del Consiglio dovrebbe essere rivista e aggiornata in modo da accrescere l'efficienza della spesa pubblica, facilitando in particolare la partecipazione delle piccole e medie imprese (PMI) agli appalti pubblici e permettendo ai committenti di farne un miglior uso per sostenere il conseguimento di obiettivi condivisi a valenza sociale. È inoltre necessario chiarire alcuni concetti e nozioni di base onde assicurare la certezza del diritto e incorporare alcuni aspetti della giurisprudenza consolidata della Corte di giustizia dell'Unione europea in materia.

(3) Nell'applicare la presente direttiva si dovrebbe tener conto della convenzione delle Nazioni Unite sui diritti delle persone con disabilità, soprattutto per quanto riguarda la scelta dei mezzi di comunicazione, le specifiche tecniche, i criteri di aggiudicazione e le condizioni di esecuzione di un appalto.

(4) La crescente diversità delle forme di intervento pubblico ha reso necessario definire più chiaramente il concetto stesso di appalto. Questo chiarimento in quanto tale non dovrebbe tuttavia ampliare l'ambito di applicazione della presente direttiva rispetto a quello della direttiva 2004/18/CE. La normativa dell'Unione in materia di appalti pubblici non intende coprire tutte le forme di esborsi di fondi pubblici, ma solo quelle rivolte all'acquisizione di lavori, forniture o prestazioni di servizi a titolo oneroso per mezzo di un appalto pubblico. È opportuno precisare che a tali acquisizioni di lavori, forniture o prestazioni di servizi dovrebbe essere applicata la presente direttiva se effettuate tramite acquisto, locazione finanziaria o altre forme contrattuali.

La nozione di acquisizione dovrebbe essere intesa in senso ampio, ossia nel senso che le amministrazioni aggiudicatrici ottengono i vantaggi dei lavori, delle forniture o dei servizi in questione senza che sia necessariamente richiesto un trasferimento di proprietà. Inoltre, il semplice finanziamento, in particolare tramite sovvenzioni, di un'attività che è spesso legata all'obbligo di rimborsare gli importi percepiti qualora essi non siano utilizzati per gli scopi previsti, generalmente non rientra nell'ambito di applicazione delle norme che disciplinano gli appalti pubblici. Analogamente, situazioni in cui tutti gli operatori che soddisfano determinate condizioni sono autorizzati a svolgere un determinato compito senza selettività, come i sistemi basati sulla scelta del cliente e i sistemi di buoni servizio, non dovrebbero essere considerate sistemi di appalto bensì semplici sistemi di autorizzazione (per esempio licenze per medicine o servizi medici).

(5) È opportuno rammentare che nessuna disposizione della presente direttiva obbliga gli Stati membri ad affidare a terzi o a esternalizzare la prestazione di servizi che desiderano prestare essi stessi o organizzare con strumenti diversi dagli appalti pubblici ai sensi della presente direttiva. La prestazione di servizi sulla base di disposizioni legislative, regolamentari o contratti di lavoro dovrebbe esulare dall'ambito di applicazione della presente direttiva. In alcuni Stati membri ciò potrebbe verificarsi, ad esempio, per taluni servizi amministrativi pubblici quali i servizi esecutivi e legislativi o la fornitura di determinati servizi alla comunità, come i servizi connessi agli affari esteri o alla giustizia o i servizi di sicurezza sociale obbligatoria.

(6) È altresì opportuno ricordare che la presente direttiva non dovrebbe incidere sulla normativa degli Stati membri in materia di sicurezza sociale. Essa non dovrebbe neppure trattare la liberalizzazione di servizi di interesse economico generale, riservati a enti pubblici o privati, o la privatizzazione di enti pubblici che forniscono servizi.

Occorre parimenti ricordare che gli Stati membri sono liberi di organizzare la prestazione di servizi sociali obbligatori o di altri servizi, quali i servizi postali, in quanto servizi di interesse economico generale o in quanto servizi non economici di interesse generale ovvero in quanto combinazione di tali servizi. È opportuno chiarire che i servizi non economici di interesse generale non dovrebbero rientrare nell'ambito di applicazione della presente direttiva.

(7) Occorre infine ricordare che la presente direttiva lascia impregiudicata la libertà delle autorità nazionali, regionali e locali di definire, in conformità del diritto dell'Unione, i servizi d'interesse economico generale, il relativo ambito operativo e le caratteristiche del servizio da prestare, comprese le eventuali condizioni relative alla qualità del servizio, al fine di perseguire i loro obiettivi di interesse pubblico. Parimenti, la presente direttiva non dovrebbe pregiudicare la facoltà delle autorità nazionali, regionali e locali di fornire, fare eseguire e finanziare i servizi di interesse economico generale, conformemente all'articolo 14 TFUE e al protocollo n. 26 sui servizi di interesse generale allegato al TFUE e al trattato sull'Unione europea (TUE). Inoltre, la presente direttiva non riguarda il finanziamento dei servizi di interesse economico generale o le sovvenzioni concesse dagli Stati membri, in particolare nel settore sociale, in conformità delle norme dell'Unione sulla concorrenza.

(8) Un appalto dovrebbe essere considerato appalto pubblico di lavori solo se il suo oggetto riguarda specificamente l'esecuzione delle attività di cui all'allegato II, anche se l'appalto può riguardare la fornitura di altri servizi necessari per l'esecuzione delle suddette attività. Gli appalti pubblici di servizi, in particolare nel settore dei servizi di gestione immobiliare, possono in talune circostanze comprendere dei lavori. Tuttavia, se tali lavori sono accessori rispetto all'oggetto principale dell'appalto e costituiscono quindi solo una conseguenza eventuale o un complemento del medesimo, il fatto che detti lavori facciano parte dell'appalto non può giustificare la qualifica di appalto pubblico di lavori per l'appalto pubblico di servizi.

Tuttavia, vista la diversità degli appalti pubblici di lavori, è opportuno che le amministrazioni aggiudicatrici possano prevedere sia l'aggiudicazione separata che l'aggiudicazione congiunta di appalti per la progettazione e l'esecuzione di lavori. La presente direttiva non è intesa a prescrivere un'aggiudicazione separata o congiunta degli appalti.

(9) Per la realizzazione di un'opera rispondente ai requisiti specificati da un'amministrazione aggiudicatrice è necessario che l'amministrazione in questione abbia adottato misure volte a definire il tipo di opera o quantomeno che abbia esercitato un'influenza determinante sulla sua progettazione. L'eventualità che l'aggiudicatario realizzi l'opera totalmente o parzialmente con mezzi propri o ne assicuri la realizzazione con altri mezzi non dovrebbe modificare la classificazione dell'appalto come appalto di lavori, a condizione che si assuma l'obbligo, diretto o indiretto ma giuridicamente vincolante, di garantire la realizzazione dei lavori.

(10) La nozione di « amministrazioni aggiudicatrici » e, in particolare, quella di « organismi di diritto pubblico » sono state esaminate ripetutamente nella giurisprudenza della Corte di giustizia dell'Unione europea. Per precisare che l'ambito di applicazione della presente direttiva « ratione personae » dovrebbe rimanere invariato è appropriato mantenere le definizioni su cui si è basata la Corte e inserire alcune precisazioni fornite da detta giurisprudenza quale chiave di lettura delle definizioni stesse, senza l'intenzione di alterare la comprensione di tale concetto quale elaborato dalla giurisprudenza. A tal fine, è opportuno precisare che un organismo che opera in condizioni normali di mercato, mira a realizzare un profitto e sostiene le perdite che risultano dall'esercizio delle sue attività non dovrebbe essere considerato un « organismo di diritto pubblico », in quanto è lecito supporre che sia stato istituito allo scopo o con l'incarico di soddisfare esigenze di interesse generale che sono di natura industriale o commerciale.

Analogamente, la giurisprudenza ha anche esaminato la condizione relativa all'origine del finanziamento dell'organismo in questione, precisando, tra l'altro, che per « finanziati in modo maggioritario » si intende per più della metà e che tale finanziamento può includere pagamenti da parte di utenti che sono imposti, calcolati e riscossi conformemente a norme di diritto pubblico.

(11) Nel caso di appalti misti in cui le diverse parti costitutive dell'appalto sono oggettivamente non separabili, le norme applicabili dovrebbero essere determinate in funzione dell'oggetto principale dell'appalto. È pertanto opportuno precisare in che modo le amministrazioni aggiudicatrici dovrebbero stabilire se le diverse parti siano separabili o meno. Tale precisazione

dovrebbe basarsi sulla pertinente giurisprudenza della Corte di giustizia dell'Unione europea.

La determinazione dovrebbe essere effettuata caso per caso e a tal fine le intenzioni manifestate o presunte dell'amministrazione aggiudicatrice di considerare indivisibili i vari aspetti che costituiscono un appalto misto non dovrebbero essere sufficienti, ma dovrebbero essere confermate da prove oggettive atte a giustificarle e a motivare l'esigenza di concludere un appalto unico. Un'esigenza motivata di concludere un appalto unico potrebbe per esempio essere riscontrata nell'ipotesi della costruzione di un edificio unico di cui una parte debba essere utilizzata direttamente dall'amministrazione aggiudicatrice interessata e un'altra parte debba essere gestita sulla base di una concessione, per esempio per parcheggi destinati al pubblico. Occorre precisare che l'esigenza di concludere un appalto unico può essere dovuta a motivi di carattere sia tecnico che economico.

(12) Nel caso di appalti misti che possono essere separati, le amministrazioni aggiudicatrici sono sempre libere di aggiudicare appalti separati per le parti separate dell'appalto misto, nel qual caso le disposizioni applicabili a ciascuna parte separata dovrebbero essere determinate esclusivamente in funzione delle caratteristiche dell'appalto specifico. D'altra parte, ove le amministrazioni aggiudicatrici scelgano di includere altri elementi nell'appalto, a prescindere dal valore degli elementi aggiuntivi e dal regime giuridico cui tali elementi aggiuntivi sarebbero stati altrimenti soggetti, il principio fondamentale dovrebbe essere quello per cui, qualora un appalto debba essere aggiudicato in forza delle disposizioni della presente direttiva se aggiudicato per proprio conto, la presente direttiva continua ad applicarsi all'intero appalto misto.

(13) È tuttavia opportuno prevedere disposizioni particolari per gli appalti misti concernenti aspetti di difesa o di sicurezza o parti che non rientrano nell'ambito di applicazione del TFUE. In questi casi, dovrebbe essere possibile non applicare la presente direttiva, a condizione che l'aggiudicazione di un appalto unico sia giustificata da ragioni obiettive e che la decisione di aggiudicare un appalto unico non sia adottata allo scopo di escludere l'appalto dall'applicazione della presente direttiva o della direttiva 2009/81/CE del Parlamento europeo e del Consiglio. Occorre precisare che non si dovrebbe impedire alle amministrazioni aggiudicatrici di scegliere se applicare la presente direttiva a taluni appalti misti invece della direttiva 2009/81/CE.

(14) È opportuno precisare che la nozione di « operatori economici » dovrebbe essere interpretata in senso ampio, in modo da comprendere qualunque persona e/o ente che offre sul mercato la realizzazione di lavori, la fornitura di prodotti o la prestazione di servizi, a prescindere dalla forma giuridica nel quadro della quale ha scelto di operare. Pertanto imprese, succursali, filiali, partenariati, società cooperative, società a responsabilità limitata, università pubbliche o private e altre forme di enti diverse dalle persone fisiche dovrebbero rientrare nella nozione di operatore economico, indipendentemente dal fatto che siano « persone giuridiche » o meno in ogni circostanza.

(15) È opportuno precisare che i raggruppamenti di operatori economici, inclusi quelli sotto forma di associazione temporanea, possono partecipare a procedure di aggiudicazione senza dover assumere una forma giuridica specifica. Nella misura in cui ciò sia necessario, ad esempio nei casi in cui sia prevista la responsabilità in solido, detti raggruppamenti possono essere obbligati ad assumere una forma specifica qualora l'appalto sia stato aggiudicato a tali raggruppamenti.

È inoltre opportuno precisare che le amministrazioni aggiudicatrici dovrebbero poter stabilire esplicitamente come i raggruppamenti di operatori economici siano tenuti a soddisfare i requisiti relativi alla capacità economica e finanziaria, come indicato nella presente direttiva, o i criteri relativi alle capacità tecniche e professionali richiesti agli operatori economici che partecipano in proprio.

L'esecuzione di appalti da parte di raggruppamenti di operatori economici può rendere necessario definire condizioni che non sono imposte a singoli partecipanti. Tali condizioni, che dovrebbero essere giustificate da ragioni obiettive e dovrebbero essere proporzionate, potrebbero ad esempio comprendere la richiesta a tali raggruppamenti di nominare una rappresentanza congiunta o un partner capofila ai fini della procedura di appalto o la richiesta di informazioni sulla loro costituzione.

(16) Le amministrazioni aggiudicatrici dovrebbero avvalersi di tutti i possibili mezzi a loro disposizione ai sensi del diritto nazionale per prevenire le distorsioni derivanti da conflitti di interesse nelle procedure di aggiudicazione degli appalti pubblici. Tra questi potrebbero rientrare le procedure per individuare, prevenire e porre rimedio a conflitti di interesse.

(17) La decisione 94/800/CE del Consiglio ha approvato in particolare l'accordo sugli appalti pubblici concluso nell'ambito dell'Organizzazione mondiale del commercio (« AAP »). Scopo dell'AAP è stabilire un quadro multilaterale equilibrato di diritti e doveri in materia di appalti pubblici per liberalizzare ed espandere il commercio mondiale. Per gli appalti contemplati dagli allegati 1, 2, 4 e 5 e dalle note generali relative all'Unione europea dell'appendice I dell'AAP, nonché da altri pertinenti accordi internazionali che l'Unione è tenuta a rispettare, le amministrazioni aggiudicatrici dovrebbero soddisfare gli obblighi previsti da questi accordi attraverso l'applicazione della presente direttiva agli operatori economici dei paesi terzi firmatari degli stessi.

(18) L'AAP si applica agli appalti che superano determinate soglie, stabilite nell'AAP stesso ed espresse in diritti speciali di prelievo. Le soglie stabilite nella presente direttiva dovrebbero essere allineate in modo da garantire che corrispondano al controvalore in euro delle soglie indicate nell'AAP. È altresì opportuno prevedere una revisione periodica delle soglie espresse in euro al fine di adeguarle, attraverso un'operazione meramente matematica, alle eventuali variazioni del valore dell'euro rispetto a tali diritti speciali di prelievo. Oltre ai suddetti adeguamenti matematici periodici, durante il prossimo ciclo di negoziati si dovrebbe valutare se aumentare le soglie stabilite nell'AAP.

(19) Occorre chiarire che per la stima del valore di un appalto è necessario tenere conto di tutti i ricavi, a prescindere dal fatto che siano stati ottenuti dall'amministrazione aggiudicatrice o da terzi. È opportuno inoltre precisare che, ai fini della valutazione delle soglie, per forniture analoghe dovrebbero intendersi le forniture di prodotti destinati a usi identici o analoghi, quali una gamma di alimenti o di diversi mobili per ufficio. Generalmente è probabile che queste forniture siano parte della normale gamma di prodotti di un operatore economico che esercita la sua attività nel settore in questione.

(20) Al fine di stimare il valore di un determinato appalto, è opportuno precisare che basare la stima del valore su un frazionamento dell'appalto dovrebbe essere consentito solo se giustificato da ragioni oggettive. Potrebbe ad esempio essere giustificato stimare il valore degli appalti al livello di un'unità operativa distinta dell'amministrazione aggiudicatrice, quali ad esempio scuole o asili, purché l'unità in questione sia responsabile in modo indipendente per il proprio appalto. È possibile ipotizzarlo nei casi in cui l'unità operativa distinta attua in modo indipendente le procedure d'appalto e decide in merito all'acquisto, dispone di una linea di bilancio distinta per gli appalti interessati, conclude il contratto in modo indipendente e lo finanzia con una dotazione finanziaria di cui dispone. Un frazionamento non è giustificato nei casi in cui l'amministrazione aggiudicatrice organizza semplicemente un appalto in modo decentrato.

(21) Gli appalti pubblici aggiudicati dalle amministrazioni aggiudicatrici operanti nei settori dell'acqua, dell'energia, dei trasporti e dei servizi postali e che rientrano nell'ambito di tali attività sono disciplinati dalla direttiva 2014/25/UE del Parlamento europeo e del Consiglio. Tuttavia, gli appalti aggiudicati dalle amministrazioni aggiudicatrici nel quadro delle loro attività di prestazione dei servizi di trasporto marittimi, costieri o fluviali rientrano nell'ambito di applicazione della presente direttiva.

(22) In quanto destinata agli Stati membri, la presente direttiva non si applica ad appalti gestiti da organizzazioni internazionali, a nome proprio e per proprio conto. È tuttavia opportuno precisare in che misura la presente direttiva debba applicarsi agli appalti disciplinati da specifiche norme internazionali.

(23) L'aggiudicazione di appalti pubblici in relazione a taluni servizi media audiovisivi o radiofonici da parte di fornitori di servizi di media dovrebbe consentire di tenere conto di considerazioni di rilievo culturale e sociale che rendono inappropriata l'applicazione delle norme di aggiudicazione degli appalti. Per tali motivi si dovrebbe dunque prevedere un'eccezione per gli appalti pubblici di servizi, aggiudicati dagli stessi fornitori di servizi di media, aventi per oggetto l'acquisto, lo sviluppo, la produzione o la coproduzione di programmi pronti per essere diffusi e di altri servizi preparatori, quali quelli relativi alle sceneggiature o alle prestazioni artistiche necessarie alla realizzazione del programma. Si dovrebbe altresì precisare che tale esclusione dovrebbe applicarsi parimenti ai servizi radiotelevisivi e ai servizi a richiesta (servizi non lineari). Tuttavia tale esclusione non dovrebbe applicarsi alla fornitura del materiale tecnico necessario alla produzione, alla coproduzione e alla trasmissione di tali programmi.

(24) È opportuno ricordare che i servizi d'arbitrato e di conciliazione e altre forme analoghe di risoluzione alternativa delle controversie sono di norma prestati da organismi o persone approvati, o selezionati, secondo modalità che non possono essere disciplinate da norme di aggiudicazione degli appalti. Occorre precisare che la presente direttiva non si applica agli appalti di servizi per la fornitura di tali servizi indipendentemente dalla loro denominazione nel diritto interno.

(25) Taluni servizi legali sono forniti da prestatori di servizi designati da un organo giurisdizionale di uno Stato membro, comportano la rappresentanza dei clienti in procedimenti giudiziari da parte di avvocati, devono essere prestati da notai o sono connessi all'esercizio di pubblici poteri. Tali servizi legali sono di solito prestati da organismi o persone selezionate o designate secondo modalità che non possono essere disciplinate da norme di aggiudicazione degli appalti, come può succedere ad esempio per la designazione dei pubblici ministeri in taluni Stati membri. Tali servizi legali dovrebbero pertanto essere esclusi dall'ambito di applicazione della presente direttiva.

(26) È opportuno specificare che la nozione di strumenti finanziari di cui alla presente direttiva è da intendersi con lo stesso significato di cui ad altri atti legislativi relativi al mercato interno e, in considerazione della recente creazione del Fondo europeo di stabilità finanziaria e del meccanismo europeo di stabilità, si dovrebbe disporre che le operazioni condotte con tale fondo e tale meccanismo siano escluse dall'ambito di applicazione della presente direttiva. Occorre infine chiarire che i prestiti, a prescindere dal fatto che siano legati all'emissione di titoli o altri strumenti finanziari o ad altre operazioni a essi relative, dovrebbero essere esclusi dall'ambito di applicazione della presente direttiva.

(27) È opportuno ricordare che l'articolo 5, paragrafo 1, del regolamento (CE) n. 1370/2007 del Parlamento europeo e del Consiglio prevede esplicitamente che le direttive 2004/17 CE e 2004/18/CE si applichino, rispettivamente, ai contratti di servizio pubblico per servizi pubblici di trasporto di passeggeri con autobus o tram e che il regolamento (CE) n. 1370/2007 si applichi alle concessioni di servizi per il trasporto pubblico di passeggeri con autobus e tram. È inoltre opportuno ricordare che tale regolamento continua ad applicarsi ai contratti di servizio pubblico nonché alle concessioni di servizi per il trasporto pubblico di passeggeri per ferrovia o metropolitana. Al fine di chiarire le relazioni tra la presente direttiva e il regolamento (CE) n. 1370/2007, è opportuno prevedere esplicitamente che la presente direttiva non sia applicabile ai contratti di servizio pubblico per la fornitura di servizi pubblici di trasporto di passeggeri per ferrovia o metropolitana, la cui aggiudicazione dovrebbe rimanere soggetta a tale regolamento. Nella misura in cui il regolamento (CE) n. 1370/2007 lascia al diritto nazionale la facoltà di distaccarsi dalle norme in esso fissate, gli Stati membri dovrebbero poter continuare a prevedere, nei rispettivi diritti nazionali, che gli appalti pubblici di servizi per

i servizi pubblici di trasporto di passeggeri per ferrovia o metropolitana debbano essere aggiudicati mediante una procedura di aggiudicazione secondo le rispettive regole generali in materia di appalti pubblici.

(28) La presente direttiva non dovrebbe applicarsi a taluni servizi di emergenza se effettuati da organizzazioni e associazioni senza scopo di lucro, in quanto il carattere particolare di tali organizzazioni sarebbe difficile da preservare qualora i prestatori di servizi dovessero essere scelti secondo le procedure di cui alla presente direttiva. La loro esclusione, tuttavia, non dovrebbe essere estesa oltre lo stretto necessario. Si dovrebbe pertanto stabilire esplicitamente che i servizi di trasporto dei pazienti in ambulanza non dovrebbero essere esclusi. In tale contesto è inoltre necessario chiarire che nel gruppo 601 « Servizi di trasporto terrestre » del CPV non rientrano i servizi di ambulanza, reperibili nella classe 8514. Occorre pertanto precisare che i servizi identificati con il codice CPV 85143000-3, consistenti esclusivamente in servizi di trasporto dei pazienti in ambulanza, dovrebbero essere soggetti al regime speciale previsto per i servizi sociali e altri servizi specifici (« regime alleggerito »). Di conseguenza, anche gli appalti misti per la prestazione di servizi di ambulanza in generale dovrebbero essere soggetti al regime alleggerito se il valore dei servizi di trasporto dei pazienti in ambulanza fosse superiore al valore di altri servizi di ambulanza.

(29) È opportuno ricordare che la presente direttiva si applica soltanto alle amministrazioni aggiudicatrici degli Stati membri. Di conseguenza, i partiti politici in generale, non essendo amministrazioni aggiudicatrici, non sono soggetti alle sue disposizioni. È possibile tuttavia che in alcuni Stati membri esistano partiti politici rientranti nel concetto di organismi di diritto pubblico.

Tuttavia, taluni servizi (quali la produzione di film per propaganda e la produzione di videocassette per propaganda) sono così inscindibilmente legati alle opinioni politiche del prestatore di servizi, se forniti nell'ambito di una campagna elettorale, che i prestatori di servizi sono normalmente selezionati secondo modalità che non possono essere disciplinate dalle norme di aggiudicazione degli appalti.

Infine, è opportuno ricordare che gli statuti e il finanziamento dei partiti politici europei e delle fondazioni politiche europee sono soggetti a norme diverse da quelle stabilite dalla presente direttiva.

(30) In taluni casi, un'amministrazione aggiudicatrice o associazione di amministrazioni aggiudicatrici può essere l'unica fonte di un dato servizio, per la cui fornitura gode di un diritto esclusivo a norma di disposizioni legislative o regolamentari o a disposizioni amministrative pubblicate compatibili con il TFUE. È opportuno precisare che la presente direttiva può non applicarsi all'aggiudicazione di appalti pubblici di servizi a tale amministrazione aggiudicatrice o associazione di amministrazioni aggiudicatrici.

(31) Vi è una notevole incertezza giuridica circa la misura in cui i contratti conclusi tra enti nel settore pubblico debbano essere disciplinati dalle norme relative agli appalti pubblici. La giurisprudenza della Corte di giustizia dell'Unione europea a tale riguardo viene interpretata in modo divergente dai diversi Stati membri e anche dalle diverse amministrazioni aggiudicatrici. È pertanto necessario precisare in quali casi i contratti conclusi nell'ambito del settore pubblico non sono soggetti all'applicazione delle norme in materia di appalti pubblici.

Tale chiarimento dovrebbe essere guidato dai principi di cui alla pertinente giurisprudenza della Corte di giustizia dell'Unione europea. Il solo fatto che entrambe le parti di un accordo siano esse stesse autorità pubbliche non esclude di per sé l'applicazione delle norme sugli appalti. Tuttavia, l'applicazione delle norme in materia di appalti pubblici non dovrebbe interferire con la libertà delle autorità pubbliche di svolgere i compiti di servizio pubblico affidati loro utilizzando le loro stesse risorse, compresa la possibilità di cooperare con altre autorità pubbliche.

Si dovrebbe garantire che una qualsiasi cooperazione pubblico-pubblico esentata non dia luogo a una distorsione della concorrenza nei confronti di operatori economici privati nella misura in cui pone un fornitore privato di servizi in una situazione privilegiata rispetto ai suoi concorrenti.

(32) Gli appalti pubblici aggiudicati a persone giuridiche controllate non dovrebbero essere soggetti all'applicazione delle procedure previste dalla presente direttiva qualora l'amministrazione aggiudicatrice eserciti sulla persona giuridica di cui trattasi un controllo analogo a quello esercitato sui propri servizi, a condizione che la persona giuridica controllata svolga più dell'80% delle proprie attività nell'esecuzione di compiti a essa affidati dall'amministrazione aggiudicatrice che esercita il controllo o da altre persone giuridiche controllate da tale amministrazione aggiudicatrice, a prescindere dal beneficiario dell'esecuzione dell'appalto.

L'esenzione non dovrebbe estendersi alle situazioni in cui vi sia partecipazione diretta di un operatore economico privato al capitale della persona giuridica controllata poiché, in tali circostanze, l'aggiudicazione di un appalto pubblico senza una procedura competitiva offrirebbe all'operatore economico privato che detiene una partecipazione nel capitale della persona giuridica controllata un indebito vantaggio rispetto ai suoi concorrenti. Tuttavia, date le particolari caratteristiche degli organismi pubblici con partecipazione obbligatoria, quali le organizzazioni responsabili della gestione o dell'esercizio di taluni servizi pubblici, ciò non dovrebbe valere nei casi in cui la partecipazione di determinati operatori economici privati al capitale della persona giuridica controllata è resa obbligatoria da una disposizione legislativa nazionale in conformità dei trattati, a condizione che si tratti di una partecipazione che non comporta controllo o potere di veto e che non conferisca un'influenza determinante sulle decisioni della persona giuridica controllata. Si dovrebbe inoltre chiarire che l'unico elemento determinante è la partecipazione privata diretta al capitale della persona giuridica controllata. Perciò, in caso di partecipazione di capitali privati nell'amministrazione aggiudicatrice controllante o nelle amministrazioni aggiudicatrici controllanti, ciò non preclude l'aggiudicazione di appalti pubblici alla persona giuridica controllata, senza applicare le procedure previste dalla presente direttiva in quanto tali partecipazioni non incidono negativamente sulla concorrenza tra operatori economici privati.

Occorre altresì chiarire che le amministrazioni aggiudicatrici quali gli organismi di diritto pubblico, per i quali è possibile la partecipazione di capitali privati, dovrebbero essere in condizione di avvalersi dell'esenzione per la cooperazione orizzontale. Pertanto, se tutte le altre condizioni per la cooperazione orizzontale sono soddisfatte, l'esenzione ad essa relativa dovrebbe estendersi a tali amministrazioni aggiudicatrici qualora il contratto sia concluso esclusivamente tra amministrazioni aggiudicatrici.

(33) Le amministrazioni aggiudicatrici dovrebbero poter decidere di fornire congiuntamente i rispettivi servizi pubblici mediante cooperazione senza essere obbligate ad avvalersi di alcuna forma giuridica in particolare. Tale cooperazione potrebbe riguardare tutti i tipi di attività connesse alla prestazione di servizi e alle responsabilità affidati alle amministrazioni partecipanti o da esse assunti, quali i compiti obbligatori o facoltativi di enti pubblici territoriali o i servizi affidati a organismi specifici dal diritto pubblico. I servizi forniti dalle diverse amministrazioni partecipanti non devono necessariamente essere identici; potrebbero anche essere complementari.

I contratti per la fornitura congiunta di servizi pubblici non dovrebbero essere soggetti all'applicazione delle norme stabilite nella presente direttiva, a condizione che siano conclusi esclusivamente tra amministrazioni aggiudicatrici, che l'attuazione di tale cooperazione sia dettata solo da considerazioni legate al pubblico interesse e che nessun fornitore privato di servizi goda di una posizione di vantaggio rispetto ai suoi concorrenti.

Al fine di rispettare tali condizioni, la cooperazione dovrebbe fondarsi su un concetto cooperativistico. Tale cooperazione non comporta che tutte le amministrazioni partecipanti si assumano la responsabilità di eseguire i principali obblighi contrattuali, fintantoché sussistono impegni a cooperare all'esecuzione del servizio pubblico in questione. Inoltre, l'attuazione della cooperazione, inclusi gli eventuali trasferimenti finanziari tra le amministrazioni aggiudicatrici partecipanti, dovrebbe essere retta solo da considerazioni legate al pubblico interesse.

(34) In taluni casi un soggetto giuridico agisce, a norma delle pertinenti disposizioni del diritto nazionale, quale strumento o servizio tecnico di determinate amministrazioni aggiudicatrici, è obbligato a eseguire le istruzioni ricevute da tali amministrazioni aggiudicatrici e non ha alcuna influenza sulla remunerazione della sua prestazione. Tale rapporto puramente amministrativo, in considerazione della sua natura extracontrattuale, non dovrebbe rientrare nell'ambito di applicazione delle procedure di aggiudicazione degli appalti pubblici.

(35) È opportuno incoraggiare il cofinanziamento di programmi di ricerca e sviluppo (R&S) da parte di fonti del settore industriale. È pertanto opportuno precisare che la presente direttiva si applica solo in assenza di tale cofinanziamento e qualora i risultati delle attività di R&S siano destinati all'amministrazione aggiudicatrice interessata. Ciò non dovrebbe escludere la possibilità che il prestatore di servizi che ha svolto tali attività possa pubblicare una relazione al riguardo, a condizione che l'amministrazione aggiudicatrice mantenga il diritto esclusivo di usare i risultati dell'R&S nell'esercizio delle sue attività. Tuttavia, condivisioni fittizie dei risultati dell'R&S o partecipazioni puramente simboliche alla remunerazione del prestatore di servizi non dovrebbero impedire l'applicazione della presente direttiva.

(36) Lavoro e occupazione contribuiscono all'integrazione nella società e sono elementi chiave per garantire pari opportunità a tutti. In questo contesto, i laboratori protetti possono svolgere un ruolo significativo. Lo stesso vale per altre imprese sociali il cui scopo principale è l'integrazione o reintegrazione sociale e professionale delle persone con disabilità e delle persone svantaggiate, quali i disoccupati, le persone appartenenti a minoranze svantaggiate o comunque a categorie socialmente emarginate. Tuttavia, detti laboratori o imprese potrebbero non essere in grado di ottenere degli appalti in condizioni di concorrenza normali. Appare pertanto opportuno prevedere che gli Stati membri possano avere la facoltà di riservare la partecipazione alle procedure di aggiudicazione di appalti pubblici o di determinati lotti di appalti a tali laboratori o imprese o riservarne l'esecuzione nel contesto di programmi di lavoro protetti.

(37) In vista di un'adeguata integrazione dei requisiti in materia ambientale, sociale e di lavoro nelle procedure di appalto pubblico, è particolarmente importante che gli Stati membri e le amministrazioni aggiudicatrici adottino misure pertinenti per garantire il rispetto degli obblighi in materia di diritto ambientale, sociale e del lavoro che si applicano nel luogo in cui i lavori sono eseguiti o i servizi forniti e derivanti da leggi, regolamenti, decreti e decisioni, adottati sia a livello nazionale che dell'Unione, e da contratti collettivi purché tali norme, nonché la loro applicazione, siano conformi al diritto dell'Unione. Parimenti, durante l'esecuzione di un appalto dovrebbero essere applicati gli obblighi derivanti da accordi internazionali ratificati da tutti gli Stati membri ed elencati nell'allegato X. Tuttavia, ciò non dovrebbe in alcun modo impedire l'applicazione di condizioni di lavoro e di occupazione che siano più favorevoli ai lavoratori.

Le misure pertinenti dovrebbero essere applicate in conformità dei principi fondamentali del diritto dell'Unione, in particolare per garantire parità di trattamento. Le suddette misure pertinenti si dovrebbero applicare conformemente alla direttiva 96/71/CE del Parlamento europeo e del Consiglio e in modo da garantire parità di trattamento e non discriminare direttamente o indirettamente gli operatori economici e i lavoratori di altri Stati membri.

(38) I servizi dovrebbero essere considerati come prestati nel luogo in cui sono eseguite le prestazioni caratteristiche. Se prestati a distanza, ad esempio quelli forniti dai call centre, i servizi dovrebbero essere considerati come prestati nel luogo in cui sono effettuati, a prescindere dai luoghi e dagli Stati membri a cui sono destinati.

(39) I relativi obblighi potrebbero trovare riscontro in clausole contrattuali. Dovrebbe anche essere possibile inserire negli appalti pubblici clausole che assicurino il rispetto dei contratti collettivi in conformità del diritto dell'Unione. Il mancato rispetto dei relativi obblighi potrebbe essere considerato un grave illecito perpetrato dall'operatore economico in questione che può comportare l'esclusione di quest'ultimo dalla procedura di aggiudicazione di un appalto pubblico.

(40) La vigilanza sull'osservanza delle disposizioni in materia di diritto ambientale, sociale e del lavoro dovrebbe essere svolta nelle fasi pertinenti della procedura di appalto, nell'applicare i principi generali che disciplinano la selezione dei partecipanti e l'aggiudicazione dei contratti, nell'applicare i criteri di esclusione e nell'applicare le disposizioni riguardanti le offerte anormalmente basse. La necessaria verifica a tal fine dovrebbe essere effettuata conformemente alle pertinenti disposizioni della presente direttiva, in particolare quelle relative ai mezzi di prova e alle autodichiarazioni.

(41) Nessuna disposizione della presente direttiva dovrebbe vietare di imporre o di applicare misure necessarie alla tutela dell'ordine, della moralità e della sicurezza pubblici, della salute, della vita umana e animale o alla preservazione dei vegetali o altre misure ambientali in particolare nell'ottica dello sviluppo sostenibile, a condizione che dette misure siano conformi al TFUE.

(42) È indispensabile che le amministrazioni aggiudicatrici dispongano di maggiore flessibilità nella scelta di una procedura d'appalto che prevede la negoziazione. È probabile che un più ampio ricorso a tali procedure incrementi anche gli scambi transfrontalieri, in quanto la valutazione ha dimostrato che gli appalti aggiudicati con procedura negoziata con previa pubblicazione hanno una percentuale di successo particolarmente elevata di offerte transfrontaliere. È opportuno che gli Stati membri abbiano la facoltà di ricorrere ad una procedura competitiva con negoziazione o al dialogo competitivo in varie situazioni qualora non risulti che procedure aperte o ristrette senza negoziazione possano portare a risultati di aggiudicazioni di appalti soddisfacenti. È opportuno ricordare che il ricorso al dialogo competitivo ha registrato un incremento significativo in termini di valore contrattuale negli anni passati. Si è rivelato utile nei casi in cui le amministrazioni aggiudicatrici non sono in grado di definire i mezzi atti a soddisfare le loro esigenze o di valutare ciò che il mercato può offrire in termini di soluzioni tecniche, finanziarie o giuridiche. Tale situazione può presentarsi in particolare per i progetti innovativi, per l'esecuzione di importanti progetti di infrastruttura di trasporti integrati, di grandi reti informatiche o di progetti che comportano un finanziamento complesso e strutturato. Se del caso, le amministrazioni aggiudicatrici dovrebbero essere incoraggiate a nominare un responsabile di progetto per assicurare una buona cooperazione tra gli operatori economici e l'amministrazione aggiudicatrice durante la procedura di aggiudicazione.

(43) Per gli appalti di lavori, tali situazioni comprendono opere non consistenti in normali fabbricati o che implicano la progettazione o soluzioni innovative. Per i servizi o le forniture che richiedono attività di adattamento o progettazione, è probabilmente conveniente il ricorso a una procedura competitiva con negoziazione o al dialogo competitivo. Tali attività di adattamento o progettazione sono particolarmente necessarie nel caso di appalti di una certa complessità riguardanti acquisti quali prodotti sofisticati, servizi intellettuali, ad esempio alcuni servizi di consulenza, di architettura o d'ingegneria, o grandi progetti nell'ambito delle tecnologie dell'informazione e della comunicazione (TIC). In tali casi la negoziazione può risultare necessaria per assicurare che le forniture o i servizi in questione soddisfino le esigenze dell'amministrazione aggiudicatrice. Non è opportuno ricorrere alla procedura competitiva con negoziazione e al dialogo competitivo nel caso di servizi o prodotti pronti per l'uso che possono essere forniti da molti operatori economici.

(44) È opportuno che si possa ricorrere alla procedura competitiva con negoziazione anche nei casi in cui una procedura aperta o ristretta ha comportato solo offerte irregolari o inaccettabili. In tali casi si dovrebbe consentire alle amministrazioni aggiudicatrici di condurre negoziazioni al fine di ottenere offerte regolari e accettabili.

(45) La procedura competitiva con negoziazione dovrebbe essere accompagnata da adeguate misure di salvaguardia garantendo l'osservanza dei principi di parità di trattamento e di trasparenza. È in particolare opportuno che le amministrazioni aggiudicatrici indichino preventivamente i requisiti minimi che caratterizzano la natura dell'appalto e che non dovrebbero essere modificati nel corso delle negoziazioni. Per garantire parità di trattamento a tutti gli operatori economici, i criteri di aggiudicazione e la loro ponderazione devono mantenersi stabili lungo l'intera procedura e non essere oggetto di negoziazione. Le negoziazioni dovrebbero mirare a migliorare le offerte in modo da permettere alle amministrazioni aggiudicatrici di acquistare lavori, forniture e servizi perfettamente adeguati alle loro esigenze specifiche. Le negoziazioni possono riguardare tutte le caratteristiche dei lavori, delle forniture e dei servizi commissionati, fra cui ad esempio qualità, quantità, clausole commerciali e aspetti sociali, ambientali e innovativi, se e in quanto non costituiscano requisiti minimi.

È opportuno precisare che i requisiti minimi che l'amministrazione aggiudicatrice deve stabilire sono le condizioni e le caratteristiche (soprattutto fisiche, funzionali e giuridiche) che ogni offerta deve soddisfare o possedere per permettere all'amministrazione aggiudicatrice di aggiudicare l'appalto in base ai criteri prescelti. Al fine di garantire la trasparenza e la tracciabilità del processo, tutte le fasi dovrebbero essere debitamente documentate. Inoltre, tutte le offerte presentate nel corso della procedura dovrebbero essere presentate per iscritto.

(46) Alle amministrazioni aggiudicatrici dovrebbe essere consentito di ridurre i termini di scadenza applicabili alle procedure aperte e ristrette e alle procedure competitive con negoziazione in cui i termini in questione sarebbero impraticabili a causa di una situa-

zione di urgenza che dovrebbe essere debitamente motivata dalle amministrazioni aggiudicatrici. Occorre precisare che non deve trattarsi necessariamente di situazioni di estrema urgenza risultante da eventi imprevedibili per l'amministrazione aggiudicatrice e ad essa non imputabili.

(47) La ricerca e l'innovazione, comprese l'ecoinnovazione e l'innovazione sociale, sono uno dei principali motori della crescita futura e sono state poste al centro della strategia Europa 2020 per una crescita intelligente, sostenibile e inclusiva. Le autorità pubbliche dovrebbero utilizzare gli appalti pubblici strategicamente nel miglior modo possibile per stimolare l'innovazione. L'acquisto di prodotti, lavori e servizi innovativi svolge un ruolo fondamentale per migliorare l'efficienza e la qualità dei servizi pubblici e nello stesso tempo affrontare le principali sfide a valenza sociale. Ciò contribuisce a ottenere un rapporto più vantaggioso qualità/prezzo nonché maggiori benefici economici, ambientali e per la società attraverso la generazione di nuove idee e la loro traduzione in prodotti e servizi innovativi, promuovendo in tal modo una crescita economica sostenibile.

È opportuno ricordare che la comunicazione della Commissione del 14 dicembre 2007 intitolata « Appalti pre- commerciali: promuovere l'innovazione per garantire servizi pubblici sostenibili e di elevata qualità in Europa », riguardante gli appalti dei servizi di R&S che non rientrano nell'ambito di applicazione della presente direttiva, riporta una serie modelli di aggiudicazione di appalti. Questi modelli continuerebbero ad essere disponibili, ma la presente direttiva dovrebbe anche contribuire ad agevolare gli appalti pubblici nel settore dell'innovazione e aiutare gli Stati membri nel raggiungimento degli obiettivi dell'Unione in questo ambito.

(48) In considerazione dell'importanza dell'innovazione, occorre incoraggiare le amministrazioni aggiudicatrici a consentire varianti quanto più spesso possibile. Occorre pertanto attirare l'attenzione di tali autorità sulla necessità di definire i requisiti minimi che le varianti devono soddisfare prima di indicare che possono essere presentate varianti.

(49) Se l'esigenza di sviluppare prodotti, servizi o lavori innovativi e di acquistare successivamente le forniture, i servizi o i lavori che ne risultano non può essere soddisfatta ricorrendo a soluzioni già disponibili sul mercato, le amministrazioni aggiudicatrici dovrebbero avere accesso a una procedura di appalto specifica per quanto riguarda gli appalti che rientrano nell'ambito di applicazione della presente direttiva. Questa procedura specifica dovrebbe consentire alle amministrazioni aggiudicatrici di istituire un partenariato per l'innovazione a lungo termine per lo sviluppo e il successivo acquisto di prodotti, servizi o lavori caratterizzati da novità e innovazione, a condizione che tale prodotto o servizio possa essere fornito o tali lavori possano essere effettuati nel rispetto dei livelli di prestazione e dei costi concordati, senza bisogno di una procedura d'appalto distinta per l'acquisto. Il partenariato per l'innovazione dovrebbe basarsi sulle norme procedurali applicabili alla procedura competitiva con negoziazione e l'unico criterio di aggiudicazione degli appalti dovrebbe essere quello del miglior rapporto qualità/prezzo, che è il più adatto per comparare le offerte concernenti soluzioni innovative. Riguardo a progetti innovativi di grandi dimensioni o a progetti di entità minore, il partenariato per l'innovazione dovrebbe essere strutturato in modo da poter creare la necessaria domanda di mercato che sia in grado di incentivare lo sviluppo di una soluzione innovativa senza precludere l'accesso al mercato stesso.

Le amministrazioni aggiudicatrici non dovrebbero pertanto ricorrere ai partenariati per l'innovazione in modo da ostacolare, limitare o distorcere la concorrenza. In determinati casi la creazione di partenariati per l'innovazione con diversi partner potrebbe contribuire ad evitare tali effetti.

(50) Tenuto conto degli effetti pregiudizievoli sulla concorrenza, le procedure negoziate senza previa pubblicazione di un bando di gara dovrebbero essere utilizzate soltanto in circostanze del tutto eccezionali. L'eccezionalità dovrebbe essere circoscritta ai casi nei quali la pubblicazione non sia possibile per cause di estrema urgenza dovute a eventi imprevedibili e non imputabili all'amministrazione aggiudicatrice, o se è chiaro fin dall'inizio che la pubblicazione non genererebbe maggiore competitività ovvero migliori risultati dell'appalto, non da ultimo perché un solo operatore economico è oggettivamente in grado di eseguire l'appalto. Ciò vale per le opere d'arte, in quanto l'identità dell'artista determina intrinsecamente il carattere e valore unico dell'opera d'arte stessa. L'esclusività può anche trarre origine da altri motivi, ma solo situazioni di reale esclusività possono giustificare il ricorso alla procedura negoziata senza previa pubblicazione, se la situazione di esclusività non è stata creata dalla stessa amministrazione aggiudicatrice in vista della futura gara di appalto.

Le amministrazioni aggiudicatrici che si avvalgono di questa eccezione dovrebbero indicare i motivi per cui non esistono soluzioni alternative o sostituibili praticabili quali il ricorso a canali di distribuzione alternativi anche al di fuori dello Stato membro dell'amministrazione aggiudicatrice o la possibilità di prendere in considerazione lavori, forniture e servizi comparabili dal punto di vista funzionale.

Se la situazione di esclusività è dovuta a ragioni tecniche, queste dovrebbero essere rigorosamente definite e giustificate caso per caso. Potrebbe rientrarvi, ad esempio, il caso in cui sia tecnicamente quasi impossibile che un altro operatore economico consegua i risultati richiesti o la necessità di utilizzare conoscenze, strumenti o mezzi specifici di cui solo un unico operatore economico dispone. Le ragioni tecniche possono anche derivare da requisiti specifici di interoperabilità che devono essere soddisfatti per garantire il funzionamento dei lavori, delle forniture o dei servizi da appaltare.

Infine, una procedura di appalto non è utile se le forniture sono acquistate direttamente sul mercato delle materie prime, comprese le piattaforme di scambio per prodotti di base quali prodotti agricoli, materie prime ed energia, nel cui ambito la struttura di negoziazione multilaterale regolamentata e soggetta a vigilanza garantisce per sua natura prezzi di mercato.

(51) Occorre precisare che le disposizioni riguardanti la protezione delle informazioni riservate non ostano in alcun modo alla diffusione pubblica di parti non riservate dei contratti conclusi, comprese le successive modifiche.

(52) I mezzi elettronici di informazione e comunicazione possono semplificare notevolmente la pubblicazione degli appalti e accrescere l'efficacia e la trasparenza delle procedure di appalto. Dovrebbero diventare la norma per la comunicazione e lo scambio di informazioni nel corso delle procedure di appalto in quanto aumentano enormemente le possibilità degli operatori economici di partecipare a procedure d'appalto nell'ambito del mercato interno. A tal fine, è opportuno introdurre l'obbligo di trasmissione di bandi e avvisi per via elettronica e l'obbligo di rendere disponibili in forma elettronica i documenti di gara nonché, trascorso un periodo di transizione di trenta mesi, l'obbligo della comunicazione integralmente elettronica, ossia la comunicazione tramite strumenti elettronici, in tutte le fasi della procedura, compresa la trasmissione di richieste di partecipazione e, in particolare, la presentazione (trasmissione per via elettronica) delle offerte. Gli Stati membri e le amministrazioni aggiudicatrici che lo desiderino dovrebbero mantenere la facoltà di introdurre misure più avanzate. Occorre altresì precisare che il ricorso obbligatorio a mezzi di comunicazione elettronici ai sensi della presente direttiva non dovrebbe tuttavia obbligare le amministrazioni aggiudicatrici a effettuare il trattamento elettronico delle offerte, né a procedere alla valutazione elettronica o al trattamento automatizzato. Inoltre, ai sensi della presente direttiva, l'obbligo di ricorrere a mezzi di comunicazione elettronici non dovrebbe riguardare alcun elemento della procedura di appalto pubblico dopo l'aggiudicazione dell'appalto né la comunicazione interna nell'ambito dell'amministrazione aggiudicatrice.

(53) Le amministrazioni aggiudicatrici dovrebbero, fatta eccezione per talune situazioni particolari, usare mezzi di comunicazione elettronici che hanno carattere non discriminatorio, sono comunemente disponibili e compatibili con i prodotti TIC generalmente in uso e non limitano l'accesso degli operatori economici alla procedura di aggiudicazione. L'uso di tali mezzi di comunicazione dovrebbe inoltre tener debitamente conto dell'accessibilità per le persone con disabilità.Occorre precisare che non è opportuno prevedere l'obbligo di ricorrere a strumenti elettronici in tutte le fasi della procedura d'appalto pubblico se esso richiede strumenti specializzati o formati di file non comunemente disponibili e se le comunicazioni in questione possono essere trattate solo ricorrendo ad attrezzature specializzate per ufficio. In determinati casi, che dovrebbero essere elencati in modo esaustivo, non è pertanto opportuno obbligare le amministrazioni aggiudicatrici a richiedere l'uso di mezzi di comunicazione elettronici nella procedura di presentazione. La presente direttiva prevede che in questi casi rientrino situazioni in cui è richiesto l'uso di attrezzature specializzate per ufficio non generalmente disponibili per le amministrazioni aggiudicatrici quali stampanti di grande formato. In determinate procedure d'appalto i documenti di gara potrebbero richiedere la presentazione di un modello fisico o in scala ridotta che non può essere presentato alle amministrazioni aggiudicatrici per mezzo di strumenti elettronici. In situazioni di questo tipo il modello dovrebbe essere trasmesso alle amministrazioni aggiudicatrici per posta o altro idoneo supporto.

È tuttavia opportuno precisare che il ricorso ad altri mezzi di comunicazione dovrebbe essere limitato agli elementi dell'offerta per i quali non sono richiesti mezzi di comunicazione elettronici.

È opportuno chiarire che, ove necessario per motivi tecnici, le amministrazioni aggiudicatrici dovrebbero essere in grado di stabilire un limite massimo per le dimensioni dei file presentabili.

(54) Si possono presentare casi eccezionali in cui le amministrazioni aggiudicatrici dovrebbero essere autorizzate a non usare mezzi di comunicazione elettronici qualora non usare mezzi di comunicazione elettronici sia necessario per tutelare la natura particolarmente sensibile delle informazioni. Occorre precisare che qualora l'uso di strumenti elettronici non comunemente disponibili potesse offrire il necessario livello di protezione, tali strumenti dovrebbero essere utilizzati. Tale caso potrebbe ad esempio verificarsi quando le amministrazioni aggiudicatrici richiedono l'uso di appositi mezzi di comunicazione sicuri ai quali esse offrono accesso.

(55) Formati tecnici o processi e standard di messaggistica diversi tra loro potrebbero ostacolare l'interoperabilità non solo all'interno degli Stati membri, ma soprattutto anche tra gli Stati membri. Per esempio, per partecipare a una procedura d'appalto in cui è permesso o richiesto l'uso di cataloghi elettronici, ossia un formato per la presentazione e organizzazione delle informazioni comune a tutti gli offerenti che si presta al trattamento elettronico, gli operatori economici sarebbero obbligati, in mancanza di standardizzazione, ad adattare i propri cataloghi a ciascuna procedura d'appalto, con la conseguenza di fornire informazioni molto simili tra loro in diversi formati a seconda delle specifiche dell'amministrazione aggiudicatrice interessata. La standardizzazione dei formati del catalogo aumenterebbe pertanto il livello di interoperabilità e l'efficienza e ridurrebbe anche lo sforzo richiesto agli operatori economici.

(56) È opportuno che, all'atto di esaminare se sia necessario assicurare o aumentare l'interoperabilità tra diversi formati tecnici o standard di elaborazione dei dati e di messaggistica rendendo obbligatorio l'uso di standard specifici e, in caso di risposta positiva, all'atto di decidere quali standard imporre, la Commissione tenga nel massimo conto i pareri dei soggetti interessati. Dovrebbe anche esaminare in quale misura un determinato standard è già stato usato nella pratica dagli operatori economici e dalle amministrazioni aggiudicatrici e come ha funzionato. Prima di rendere obbligatorio l'uso di eventuali particolari standard tecnici, la Commissione dovrebbe anche esaminare accuratamente i costi che ciò potrebbe comportare, in particolare in termini di adeguamento a soluzioni esistenti in materia di appalti elettronici, comprese le infrastrutture, l'elaborazione o il software. Se gli standard

interessati non sono elaborati da un organismo di normalizzazione internazionale, europeo o nazionale, essi dovrebbero soddisfare i requisiti applicabili agli standard TIC di cui al regolamento (UE) n. 1025/2012 del Parlamento europeo e del Consiglio.

(57) Prima di specificare il livello di sicurezza richiesto per i mezzi di comunicazione elettronici da usare nelle diverse fasi della procedura di aggiudicazione, gli Stati membri e le amministrazioni aggiudicatrici dovrebbero valutare, da un lato, la proporzionalità tra i requisiti intesi ad assicurare un'identificazione corretta e affidabile dei mittenti della comunicazione in questione e l'integrità del contenuto di quest'ultima e, dall'altro, il rischio di problemi, come in situazioni in cui i messaggi sono inviati da un mittente diverso da quello indicato. Ceteris paribus, ciò significherebbe che il livello di sicurezza richiesto, per esempio, per un'email inviata per chiedere la conferma dell'indirizzo esatto al quale sarà tenuta una riunione di informazione non dovrebbe essere lo stesso livello di sicurezza richiesto per l'offerta stessa che è vincolante per l'operatore economico. Analogamente, grazie alla valutazione della proporzionalità potrebbero essere abbassati i livelli di sicurezza richiesti in caso di ripresentazione di cataloghi elettronici o di presentazione di offerte nel contesto di mini-gare nell'ambito di un accordo quadro, oppure di accesso ai documenti di gara.

(58) Elementi essenziali di una procedura di appalto quali i documenti di gara, le richieste di partecipazione, le conferme di interesse e le offerte dovrebbero sempre essere in forma scritta, tuttavia la comunicazione orale con operatori economici dovrebbe d'altro canto rimanere possibile purché il suo contenuto sia sufficientemente documentato. Ciò è necessario per assicurare un adeguato livello di trasparenza che consenta di verificare se sia stato rispettato il principio della parità di trattamento. In particolare, è essenziale che le comunicazioni orali con offerenti, che potrebbero incidere sul contenuto e la valutazione delle offerte, siano documentate in misura sufficiente e con mezzi appropriati, quali registrazioni scritte o audiovisive o sunti dei principali elementi della comunicazione.

(59) Nei mercati degli appalti pubblici dell'Unione si registra una forte tendenza all'aggregazione della domanda da parte dei committenti pubblici, al fine di ottenere economie di scala, ad esempio prezzi e costi delle transazioni più bassi nonché un miglioramento e una maggior professionalità nella gestione degli appalti. Questo obiettivo può essere raggiunto concentrando gli acquisti in termini di numero di amministrazioni aggiudicatrici coinvolte, oppure in termini di fatturato e di valore nel tempo. Tuttavia, l'aggregazione e la centralizzazione delle committenze dovrebbero essere attentamente monitorate al fine di evitare un'eccessiva concentrazione del potere d'acquisto e collusioni, nonché di preservare la trasparenza e la concorrenza e la possibilità di accesso al mercato per le PMI.

(60) Lo strumento degli accordi quadro è stato ampiamente utilizzato ed è considerato una tecnica di aggiudicazione efficiente in tutta Europa. Pertanto, esso dovrebbe essere mantenuto sostanzialmente inalterato. Tuttavia, alcuni aspetti dovrebbero essere chiariti, in particolare il fatto che gli accordi quadro non dovrebbero essere utilizzati dalle amministrazioni aggiudicatrici che non vi sono identificate. A tal fine, è opportuno che le amministrazioni aggiudicatrici che sono parti di un accordo quadro specifico fin dall'inizio siano chiaramente indicate attraverso la denominazione o con altri mezzi, ad esempio un riferimento a una determinata categoria di amministrazioni aggiudicatrici nell'ambito di un'area geografica chiaramente delimitata, in modo che le amministrazioni aggiudicatrici interessate possano essere facilmente e chiaramente individuate. Analogamente, un accordo quadro non dovrebbe essere aperto all'adesione di nuovi operatori economici dopo essere stato concluso. Ne consegue per esempio che se una centrale di committenza usa un registro generale delle amministrazioni aggiudicatrici o relative categorie, ad esempio le amministrazioni locali in una determinata area geografica, che sono autorizzate a ricorrere ad accordi quadro che essa conclude, tale centrale di committenza dovrebbe farlo in modo che si possa verificare non solo l'identità dell'amministrazione aggiudicatrice interessata, ma anche la data dalla quale acquisisce il diritto di ricorrere all'accordo quadro concluso dalla centrale di committenza, in quanto tale data determina gli accordi quadro specifici ai quali l'amministrazione aggiudicatrice è autorizzata a ricorrere.

(61) Le condizioni oggettive per stabilire quale tra gli operatori economici parte dell'accordo quadro debba svolgere un determinato compito, per esempio forniture o servizi destinati a essere usati da persone fisiche, possono includere, nel contesto di accordi quadro che stabiliscano tutti i termini, le esigenze o la scelta delle persone fisiche interessate.

Le amministrazioni aggiudicatrici dovrebbero beneficiare di una maggiore flessibilità quando aggiudicano appalti nell'ambito di accordi quadro conclusi con più di un operatore economico e in cui sono riportati tutti i termini.

In questi casi, le amministrazioni aggiudicatrici dovrebbero avere la facoltà di ottenere lavori, servizi o forniture specifici contemplati dall'accordo quadro, o richiedendoli da uno degli operatori economici determinato in base a criteri oggettivi e secondo i termini già stabiliti, o aggiudicando un appalto specifico per i lavori, i servizi e le forniture in questione in base a una mini-gara tra gli operatori economici parti dell'accordo quadro. Onde assicurare la trasparenza e la parità di trattamento, le amministrazioni aggiudicatrici dovrebbero indicare nei documenti di gara per l'accordo quadro i criteri oggettivi su cui si baserà la scelta tra quei due metodi di esecuzione dell'accordo quadro. Tali criteri potrebbero per esempio riguardare la quantità, il valore o le caratteristiche dei lavori, delle forniture o dei servizi in questione, compresa l'esigenza di un grado di servizio più elevato o di un livello di sicurezza rafforzato, o l'evoluzione del livello dei prezzi rispetto a un indice dei prezzi prestabilito. Non si dovrebbe ricorrere ad accordi quadro in modo improprio o in modo da ostacolare, limitare o distorcere la concorrenza. Le amministrazioni aggiudicatrici non dovrebbero essere obbligate, ai sensi della presente direttiva, ad appaltare lavori, forniture e servizi contemplati in un accordo quadro a norma di detto accordo quadro.

(62) È anche opportuno precisare che, mentre gli appalti basati su un accordo quadro devono essere aggiudicati prima della scadenza dell'accordo quadro stesso, la durata dei singoli appalti basati su un accordo quadro non deve necessariamente coincidere con la durata di tale accordo quadro ma potrebbe eventualmente essere inferiore o superiore. Dovrebbe in particolare essere possibile stabilire la durata dei singoli appalti basati su un accordo quadro tenendo conto di fattori quali il tempo necessario per la loro esecuzione, l'eventuale inclusione della manutenzione del materiale la cui vita utile prevista è superiore a quattro anni o l'eventuale necessità di una formazione approfondita del personale esistente ai fini dell'esecuzione dell'appalto.

È altresì opportuno precisare che si potrebbero verificare casi eccezionali in cui si dovrebbe consentire che la durata degli accordi quadro sia superiore a quattro anni. Tali casi, che dovrebbero essere debitamente motivati, in particolare dall'oggetto dell'accordo quadro, potrebbero ad esempio presentarsi quando gli operatori economici hanno bisogno di disporre di materiale con un periodo di ammortamento superiore a quattro anni che deve essere disponibile in qualsiasi momento per tutta la durata dell'accordo quadro.

(63) Alla luce dell'esperienza acquisita, è altresì necessario adattare le norme che disciplinano i sistemi dinamici di acquisizione per consentire alle amministrazioni aggiudicatrici di trarre pienamente profitto dalle possibilità offerte da tale strumento. I sistemi devono essere semplificati, in particolare dovrebbero essere gestiti in forma di procedura ristretta e che elimini, di conseguenza, la necessità di presentare offerte indicative, individuate come uno degli oneri più gravosi associati ai sistemi dinamici di acquisizione. Ne consegue che la partecipazione a procedure di appalto gestite tramite il sistema dinamico di acquisizione dovrebbe essere consentita a un operatore economico che presenti una domanda di partecipazione e che soddisfi i criteri di selezione durante il suo periodo di validità. Questa tecnica di acquisizione consente alle amministrazioni aggiudicatrici di disporre di un ventaglio particolarmente ampio di offerte e, quindi, di assicurare un'utilizzazione ottimale dei mezzi finanziari pubblici mediante un'ampia concorrenza per quanto riguarda prodotti, lavori o servizi di uso comune o pronti per l'uso che sono generalmente disponibili sul mercato.

(64) L'esame di queste richieste di partecipazione dovrebbe di norma essere effettuato entro un periodo massimo di dieci giorni lavorativi, in quanto la valutazione dei criteri di selezione si svolgerà in base ai requisiti semplificati per la documentazione di cui alla presente direttiva. Tuttavia, quando viene istituito per la prima volta un sistema dinamico di acquisizione, le amministrazioni aggiudicatrici potrebbero, in risposta alla prima pubblicazione del bando di gara o dell'invito a manifestare interesse, trovarsi di fronte a un numero di domande di partecipazione così elevato da rendere necessario un lasso di tempo più lungo per esaminarle. È opportuno ammettere questa possibilità, purché non sia indetto nessun appalto specifico prima che siano state esaminate tutte le domande. Le amministrazioni aggiudicatrici dovrebbero avere la facoltà di organizzare il modo in cui intendono esaminare le domande di partecipazione, per esempio decidendo di effettuare tale esame solo una volta alla settimana, purché siano osservati i termini per l'esame di ciascuna domanda.

(65) In qualsiasi momento nel corso del periodo di validità del sistema dinamico di acquisizione le amministrazioni aggiudicatrici dovrebbero avere la facoltà di esigere che gli operatori economici presentino un'autocertificazione rinnovata e aggiornata riguardante il soddisfacimento dei criteri per la selezione qualitativa, entro un adeguato limite di tempo. È opportuno ricordare che la possibilità, prevista nelle disposizioni generali della presente direttiva riguardanti i mezzi di prova, di chiedere agli operatori economici di presentare documenti complementari e l'obbligo di procedere in tal senso imposto all'offerente al quale è stato deciso di aggiudicare l'appalto esistono anche nel contesto particolare dei sistemi dinamici di acquisizione.

(66) Per offrire alle PMI ulteriori possibilità di partecipare a un sistema dinamico di acquisizione su larga scala, gestito per esempio da una centrale di committenza, l'amministrazione aggiudicatrice interessata dovrebbe avere la facoltà di articolare il sistema in categorie oggettivamente definite di prodotti, lavori o servizi. Tali categorie dovrebbero essere definite in riferimento a fattori oggettivi che potrebbero includere, per esempio, l'importo o quantitativo massimo degli appalti specifici da aggiudicare nell'ambito della categoria in questione o un'area geografica specifica in cui gli appalti specifici devono essere eseguiti. Se un sistema dinamico di acquisizione è diviso in categorie, l'amministrazione aggiudicatrice dovrebbe applicare criteri di selezione appropriati alle caratteristiche della categoria in questione.

(67) È opportuno precisare che le aste elettroniche non sono normalmente adatte per determinati appalti pubblici di lavori e determinati appalti pubblici di servizi che hanno per oggetto prestazioni intellettuali come la progettazione di lavori, in quanto possono essere oggetto di aste elettroniche solo gli elementi adatti alla valutazione automatizzata con strumenti elettronici, senza intervento o valutazione da parte dell'amministrazione aggiudicatrice, in particolare gli elementi quantificabili che possono essere espressi in cifre o percentuali.

È tuttavia opportuno precisare altresì che le aste elettroniche possono essere usate in una procedura d'appalto per l'acquisizione di uno specifico diritto di proprietà intellettuale. È altresì opportuno ricordare che, salva la facoltà delle amministrazioni aggiudicatrici di ridurre il numero di candidati o offerenti prima che l'asta sia avviata, non dovrebbe essere permessa alcuna ulteriore riduzione del numero di offerenti partecipanti all'asta elettronica dopo l'inizio della stessa.

(68) Si assiste al costante sviluppo di nuove tecniche di acquisto elettronico, ad esempio attraverso cataloghi elettronici. I cataloghi elettronici sono un formato per la presentazione e organizzazione delle informazioni in un modo comune per tutti gli offerenti e che si

presta al trattamento elettronico. Le offerte presentate in forma di foglio elettronico potrebbero essere un esempio. Le amministrazioni aggiudicatrici dovrebbero poter esigere cataloghi elettronici in tutte le procedure disponibili ove sia richiesto l'uso di mezzi di comunicazione elettronici. I cataloghi elettronici consentono un aumento della concorrenza e dell'efficacia della commessa pubblica, in particolare in termini di risparmi di tempo e denaro. Occorre tuttavia stabilire alcune norme in modo che il loro utilizzo avvenga nel rispetto della presente direttiva e dei principi di parità di trattamento, di non discriminazione e di trasparenza. Di conseguenza, l'uso dei cataloghi elettronici per la presentazione di offerte non dovrebbe comportare la possibilità che gli operatori economici si limitino alla trasmissione del loro catalogo generale. Gli operatori economici dovrebbero continuare a dover adattare i loro cataloghi generali per la procedura d'appalto specifica. Tale adattamento fa sì che il catalogo trasmesso in risposta a una determinata procedura d'appalto contenga solo prodotti, lavori o servizi che secondo gli operatori economici, previo esame attivo, corrispondono a quanto richiesto dall'amministrazione aggiudicatrice. In tal modo dovrebbe essere consentito agli operatori economici di copiare informazioni contenute nel loro catalogo generale, ma non dovrebbe essere permesso loro di presentare il catalogo generale in quanto tale.

Inoltre, se vengono offerte garanzie sufficienti per assicurare la tracciabilità, la parità di trattamento e la prevedibilità, le amministrazioni aggiudicatrici dovrebbero avere la facoltà di elaborare offerte per acquisti specifici sulla base di cataloghi elettronici precedentemente trasmessi, in particolare se la concorrenza è stata riaperta nell'ambito di un accordo quadro o se viene utilizzato un sistema dinamico di acquisizione.

Laddove l'amministrazione aggiudicatrice abbia elaborato un'offerta, l'operatore economico interessato dovrebbe avere la facoltà di verificare che l'offerta così costituita dall'amministrazione aggiudicatrice non contenga errori materiali. Se esistono errori materiali, l'operatore economico interessato non dovrebbe essere vincolato dall'offerta elaborata dall'amministrazione aggiudicatrice a meno che l'errore venga corretto.

In linea con i requisiti delle norme in materia di mezzi di comunicazione elettronici, le amministrazioni aggiudicatrici dovrebbero evitare ostacoli ingiustificati all'accesso degli operatori economici alle procedure di appalto in cui le offerte devono essere presentate in forma di cataloghi elettronici e che assicurano il rispetto dei principi generali di non discriminazione e di parità di trattamento.

(69) Nella maggior parte degli Stati membri è sempre più diffuso l'uso delle tecniche di centralizzazione delle committenze. Le centrali di committenza sono incaricate di procedere ad acquisti, gestire i sistemi dinamici di acquisizione o aggiudicare appalti pubblici/concludere accordi quadro destinati ad altre amministrazioni aggiudicatrici, con o senza remunerazione. Le amministrazioni aggiudicatrici per le quali è concluso un accordo quadro dovrebbero avere la facoltà di usarlo per acquisti singoli o ripetuti. Tali tecniche possono contribuire, dato l'ampio volume degli acquisti, a un aumento della concorrenza e dovrebbero aiutare a professionalizzare la commessa pubblica. Occorre pertanto prevedere una definizione a livello di Unione delle centrali di committenza destinata alle amministrazioni aggiudicatrici e precisare che le centrali di committenza operano in due modi diversi.

Dovrebbero, in primo luogo, essere in grado di agire come grossisti comprando, immagazzinando e rivendendo o, in secondo luogo, dovrebbero poter agire come intermediari, aggiudicando appalti, gestendo sistemi dinamici di acquisizione o concludendo accordi quadro ad uso delle amministrazioni aggiudicatrici. Tale ruolo di intermediari potrebbe, in alcuni casi, essere svolto espletando autonomamente le pertinenti procedure di aggiudicazione, senza istruzioni particolareggiate delle amministrazioni aggiudicatrici interessate o, in altri casi, attuando le pertinenti procedure di aggiudicazione secondo le istruzioni delle amministrazioni aggiudicatrici interessate, a loro nome e per loro conto.

Occorre inoltre stabilire regole per ripartire tra la centrale di committenza e le amministrazioni aggiudicatrici che ad essa fanno direttamente o indirettamente ricorso la responsabilità di vigilare sull'osservanza degli obblighi derivanti dalla presente direttiva. Nel caso in cui la responsabilità esclusiva per lo svolgimento delle procedure di appalto competa alla centrale di committenza, la stessa è anche esclusivamente e direttamente responsabile della legittimità delle procedure. Se un'amministrazione aggiudicatrice gestisce alcune parti della procedura, ad esempio la riapertura della gara nell'ambito di un accordo quadro o l'aggiudicazione dei singoli appalti basata su un sistema dinamico di acquisizione, la stessa amministrazione dovrebbe continuare ad essere responsabile per le fasi che gestisce.

(70) Le amministrazioni aggiudicatrici dovrebbero avere la facoltà di aggiudicare a una centrale di committenza un appalto pubblico di servizi per la fornitura di attività di centralizzazione delle committenze senza applicare le procedure di cui alla presente direttiva. Dovrebbe anche essere ammesso che tali appalti pubblici di servizi includano la fornitura di attività di committenza ausiliarie. Gli appalti pubblici di servizi per la fornitura di attività di committenza ausiliarie dovrebbero, qualora non siano eseguiti da una centrale di committenza in collegamento con la fornitura di attività di centralizzazione delle committenze all'amministrazione aggiudicatrice interessata, essere aggiudicati conformemente alla presente direttiva. È anche opportuno ricordare che la presente direttiva non dovrebbe applicarsi nei casi in cui le attività di centralizzazione delle committenze o le attività di committenza ausiliarie non sono effettuate attraverso un contratto a titolo oneroso che costituisce appalto ai sensi della presente direttiva.

(71) Il rafforzamento delle disposizioni riguardanti le centrali di committenza non dovrebbe in alcun modo escludere le prassi attuali riguardanti gli appalti congiunti occasionali, ossia sistemi di acquisizione meno sistematici e istituzionalizzati o la prassi consolidata di ricorrere a prestatori di servizi che preparano

e gestiscono le procedure di appalto a nome e per conto di un'amministrazione aggiudicatrice e seguendo le sue istruzioni. Alcuni elementi dell'appalto congiunto dovrebbero, al contrario, essere precisati, dato il ruolo importante che esso può svolgere, non da ultimo in collegamento con progetti innovativi.

L'appalto congiunto può assumere numerose forme diverse, che spaziano dall'appalto coordinato, passando per l'elaborazione di specifiche tecniche comuni per lavori, forniture o servizi che saranno appaltati da varie amministrazioni aggiudicatrici, ciascuna delle quali attua una procedura d'appalto distinta, a situazioni in cui le amministrazioni aggiudicatrici interessate attuano congiuntamente un'unica procedura d'appalto, o agendo in comune o affidando a un'amministrazione aggiudicatrice la gestione della procedura d'appalto a nome di tutte le amministrazioni aggiudicatrici.

Se più amministrazioni aggiudicatrici attuano congiuntamente una procedura d'appalto, esse dovrebbero essere congiuntamente responsabili per il rispetto degli obblighi imposti dalla presente direttiva. Tuttavia, qualora solo parti della procedura d'appalto siano attuate congiuntamente dalle amministrazioni aggiudicatrici, la responsabilità congiunta si dovrebbe applicare solo alle parti della procedura che sono state attuate congiuntamente. Ciascuna amministrazione aggiudicatrice dovrebbe avere la responsabilità esclusiva per quanto riguarda le procedure o parti di procedure che attua per proprio conto, quali l'aggiudicazione di un appalto, la conclusione di un accordo quadro, la gestione di un sistema dinamico di acquisizione, la riapertura di una gara nell'ambito di un accordo quadro o la scelta dell'operatore economico parte di un accordo quadro che sarà chiamato a svolgere un determinato compito.

(72) I mezzi di comunicazione elettronici sono particolarmente idonei a sostenere pratiche e strumenti di centralizzazione delle committenze grazie alle possibilità da essi offerte per il riutilizzo e il trattamento automatico dei dati e per la riduzione dei costi legati all'informazione e alle transazioni. L'uso dei mezzi di comunicazione elettronici deve pertanto, come prima fase, essere reso obbligatorio per le centrali di committenza e, al tempo stesso, favorire la convergenza delle pratiche in tutta l'Unione. A ciò dovrebbe seguire l'obbligo generale di utilizzare mezzi di comunicazione elettronici in tutte le procedure di appalto, dopo un periodo di transizione di trenta mesi.

(73) L'aggiudicazione congiunta degli appalti pubblici da parte di amministrazioni aggiudicatrici appartenenti a diversi Stati membri si scontra attualmente con difficoltà specifiche di ordine giuridico riguardanti conflitti tra le diverse disposizioni legislative nazionali. Nonostante il fatto che la direttiva 2004/18/CE consenta implicitamente appalti pubblici congiunti transfrontalieri, le amministrazioni aggiudicatrici si trovano tuttora di fronte a considerevoli difficoltà di ordine giuridico e pratico negli acquisti presso le centrali di committenza in altri Stati membri o nell'aggiudicazione congiunta di appalti pubblici. Al fine di permettere alle amministrazioni aggiudicatrici di sfruttare al massimo il potenziale del mercato interno in termini di economie di scala e di condivisione dei rischi e dei benefici, non da ultimo quando si tratta di progetti innovativi che comportano rischi di entità tale da non poter essere ragionevolmente sostenuti da un'unica amministrazione aggiudicatrice, è opportuno porre rimedio a dette difficoltà. Occorre pertanto stabilire nuove norme in materia di appalti congiunti transfrontalieri al fine di facilitare la cooperazione tra amministrazioni aggiudicatrici e accrescere i vantaggi del mercato interno creando opportunità commerciali transfrontaliere per i fornitori e i prestatori di servizi. Tali norme dovrebbero stabilire le condizioni per l'utilizzazione transfrontaliera delle centrali di committenza e determinare la legislazione applicabile in materia di appalti pubblici, compresa quella applicabile in materia di ricorsi, nei casi di procedure congiunte transfrontaliere, integrando le norme in materia di conflitto di leggi del regolamento (CE) n. 593/2008 del Parlamento europeo e del Consiglio. Inoltre, amministrazioni aggiudicatrici appartenenti a Stati membri diversi dovrebbero poter istituire soggetti giuridici congiunti ai sensi del diritto nazionale o dell'Unione. Occorre stabilire norme specifiche per questa forma di appalti congiunti.

Tuttavia, le amministrazioni aggiudicatrici non dovrebbero avvalersi della possibilità di appalti congiunti transfrontalieri al fine di aggirare le norme obbligatorie di diritto pubblico ad esse applicabili, in conformità del diritto dell'Unione, nello Stato membro in cui sono ubicate. Tali norme potrebbero includere, ad esempio, disposizioni in materia di trasparenza e accesso ai documenti o requisiti specifici per la tracciabilità delle forniture sensibili.

(74) Le specifiche tecniche fissate dai committenti pubblici devono permettere l'apertura degli appalti pubblici alla concorrenza nonché il conseguimento degli obiettivi di sostenibilità. A tal fine dovrebbe essere possibile presentare offerte che riflettono la varietà delle soluzioni tecniche, delle norme e delle specifiche tecniche prevalenti sul mercato, tra cui quelle definite sulla base dei criteri in materia di prestazione legati al ciclo di vita e alla sostenibilità del processo di produzione di lavori, forniture e servizi.

Di conseguenza, le specifiche tecniche dovrebbero essere redatte in modo da evitare di restringere artificialmente la concorrenza mediante requisiti che favoriscono uno specifico operatore economico in quanto rispecchiano le principali caratteristiche delle forniture, dei servizi o dei lavori da esso abitualmente offerti. Se le specifiche tecniche vengono fissate in termini di requisiti funzionali e in materia di prestazioni, dovrebbe essere possibile, in genere, raggiungere tale obiettivo nel miglior modo possibile. I requisiti funzionali e in materia di prestazioni sono inoltre strumenti appropriati per stimolare l'innovazione nell'ambito degli appalti pubblici e dovrebbero essere applicati il più ampiamente possibile. Quando si fa riferimento a una norma europea o, in mancanza di quest'ultima, alla norma nazionale, dovrebbero essere prese in considerazione dalle amministrazioni aggiudicatrici le offerte basate su altre soluzioni equivalenti. Dovrebbe spettare all'operatore economico il compito di dimostrare l'equivalenza con l'etichettatura richiesta.

Per dimostrare l'equivalenza, dovrebbe essere possibile richiedere agli offerenti di fornire elementi di prova verificati da terzi. Tuttavia, dovrebbe essere accettato qualsiasi altro mezzo di prova appropriato, quale una documentazione tecnica del fabbricante, se l'operatore economico interessato non ha accesso a simili certificati o relazioni sulle prove eseguite, o non ha la possibilità di ottenerli entro i termini richiesti, purché dimostri che i lavori, le forniture o i servizi prestati soddisfano i requisiti o i criteri stabiliti nelle specifiche tecniche, i criteri di aggiudicazione o le condizioni relative all'esecuzione dell'appalto.

(75) Le amministrazioni aggiudicatrici che desiderano acquistare lavori, forniture o servizi con specifiche caratteristiche ambientali, sociali o di altro tipo, dovrebbero poter far riferimento a particolari etichettatura, quali l'ecoetichettatura europea Ecolabel, ecoetichetatture (multi)nazionali o eventuali altre etichettature, a condizione che i requisiti per l'etichettatura, quali la descrizione del prodotto e la sua presentazione, compresi gli obblighi relativi all'imballaggio, siano collegati con l'oggetto del contratto. È inoltre essenziale che questi requisiti siano elaborati e adottati sulla base di criteri oggettivamente verificabili, utilizzando una procedura alla quale possono partecipare le parti interessate, ad esempio gli organismi governativi, i consumatori, i produttori, i distributori e le organizzazioni ambientali, e che l'etichettatura sia accessibile e disponibile a tutte le parti interessate. Occorre precisare che i soggetti interessati potrebbero essere organismi pubblici o privati, imprese o qualsiasi tipo di organizzazioni non governative (un'organizzazione che non fa parte di un governo e non è un'impresa tradizionale).

Occorre parimenti precisare che organismi od organizzazioni nazionali o governativi specifici possono essere coinvolti nella definizione dei requisiti delle etichettature utilizzabili in materia di appalti da parte delle autorità pubbliche senza che detti organismi o organizzazioni perdano il proprio status di parte terza.

I riferimenti alle etichettature non dovrebbero avere l'effetto di limitare l'innovazione.

(76) Per tutti gli appalti destinati all'uso da parte di persone fisiche, sia che si tratti del pubblico che del personale di un'amministrazione aggiudicatrice, è necessario che le amministrazioni aggiudicatrici definiscano specifiche tecniche che tengano conto dei criteri di accessibilità per le persone con disabilità o di una progettazione adeguata per tutti gli utenti, salvo in casi debitamente giustificati.

(77) Nel redigere le specifiche tecniche, le amministrazioni aggiudicatrici dovrebbero tener conto dei requisiti derivanti dal diritto dell'Unione in materia di protezione dei dati, in particolare per quanto riguarda la progettazione del trattamento dei dati personali (protezione dei dati fin dalla progettazione).

(78) È opportuno che gli appalti pubblici siano adeguati alle necessità delle PMI. Le amministrazioni aggiudicatrici dovrebbero essere incoraggiate ad avvalersi del Codice europeo di buone pratiche, di cui al documento di lavoro dei servizi della Commissione del 25 giugno 2008, dal titolo « Codice europeo di buone pratiche per facilitare l'accesso delle PMI agli appalti pubblici », che fornisce orientamenti sul modo in cui dette amministrazioni possono applicare la normativa sugli appalti pubblici in modo tale da agevolare la partecipazione delle PMI. A tal fine e per rafforzare la concorrenza, le amministrazioni aggiudicatrici dovrebbero in particolare essere incoraggiate a suddividere in lotti i grandi appalti. Tale suddivisione potrebbe essere effettuata su base quantitativa, facendo in modo che l'entità dei singoli appalti corrisponda meglio alla capacità delle PMI, o su base qualitativa, in conformità alle varie categorie e specializzazioni presenti, per adattare meglio il contenuto dei singoli appalti ai settori specializzati delle PMI o in conformità alle diverse fasi successive del progetto.

L'entità e l'oggetto dei lotti dovrebbero essere determinati liberamente dall'amministrazione aggiudicatrice che, in conformità delle pertinenti norme sul calcolo del valore stimato dell'appalto, dovrebbe anche avere la facoltà di aggiudicare alcuni dei lotti senza applicare le procedure previste dalla presente direttiva. L'amministrazione aggiudicatrice dovrebbe avere il dovere di esaminare se sia appropriato suddividere gli appalti in lotti mantenendo la facoltà di decidere autonomamente sulla base di qualsiasi motivo ritenga rilevante, senza essere soggetta a supervisione amministrativa o giudiziaria. Se l'amministrazione aggiudicatrice decide che non è appropriato suddividere l'appalto in lotti, la relazione individuale o i documenti di gara dovrebbero contenere un'indicazione dei principali motivi della scelta dell'amministrazione aggiudicatrice. Tali motivi potrebbero, per esempio, consistere nel fatto che l'amministrazione aggiudicatrice ritiene che tale suddivisione possa rischiare di limitare la concorrenza o di rendere l'esecuzione dell'appalto eccessivamente difficile dal punto di vista tecnico o troppo costosa, ovvero che l'esigenza di coordinare i diversi operatori economici per i lotti possa rischiare seriamente di pregiudicare la corretta esecuzione dell'appalto.

Gli Stati membri dovrebbero mantenere la facoltà di andare oltre nei loro sforzi intesi a facilitare la partecipazione delle PMI al mercato degli appalti pubblici estendendo agli appalti di entità minore la portata dell'obbligo di esaminare se sia appropriato suddividere gli appalti in lotti per appalti di entità minore, obbligando le amministrazioni aggiudicatrici a fornire una motivazione della decisione di non suddividere in lotti o rendendo la suddivisione in lotti obbligatoria in determinate condizioni. Allo stesso fine, gli Stati membri dovrebbero anche avere la facoltà di creare meccanismi per il pagamento diretto ai subappaltatori.

(79) Se l'appalto è suddiviso in lotti, le amministrazioni aggiudicatrici dovrebbero avere la facoltà di limitare il numero dei lotti per i quali un operatore economico può presentare un'offerta, ad esempio allo scopo di salvaguardare la concorrenza o per garantire l'affidabilità dell'approvvigionamento; dovrebbero altresì avere la facoltà di limitare il numero di lotti che possono essere aggiudicati a uno stesso offerente.

Tuttavia, l'obiettivo di facilitare un maggiore accesso agli appalti pubblici da parte delle PMI potrebbe essere ostacolato se le amministrazioni aggiudicatrici fossero obbligate ad aggiudicare un appalto lotto per lotto anche se ciò implicasse dover accettare soluzioni sostanzialmente meno vantaggiose rispetto a quella di un'aggiudicazione che raggruppi più lotti o tutti i lotti. Pertanto, qualora la possibilità di applicare tale metodo sia stata chiaramente indicata in precedenza, dovrebbe essere possibile per le amministrazioni aggiudicatrici effettuare una valutazione comparativa delle offerte per stabilire se quelle presentate da un particolare offerente per una specifica associazione di lotti rispondano meglio, nel loro complesso, ai criteri di aggiudicazione stabiliti in conformità della presente direttiva in relazione a tali lotti rispetto alle offerte per i singoli lotti in questione, prese isolatamente. In tal caso, all'amministrazione aggiudicatrice dovrebbe essere consentito aggiudicare un appalto che associ i lotti in questione all'offerente interessato. Occorre chiarire che le amministrazioni aggiudicatrici dovrebbero effettuare tale valutazione comparativa determinando prima quali offerte rispondano meglio ai criteri di aggiudicazione stabiliti per ogni singolo lotto per poi compararle, nel loro complesso, a quelle presentate da un particolare offerente per una specifica associazione di lotti.

(80) Al fine di rendere le procedure più veloci e più efficaci, i termini per la partecipazione alle procedure d'appalto dovrebbero essere quanto più brevi possibile, senza creare indebiti ostacoli all'accesso di operatori economici di tutto il mercato interno, in particolare delle PMI. È pertanto opportuno tenere presente che, nel fissare i termini per la ricezione delle offerte e delle domande di partecipazione, le amministrazioni aggiudicatrici dovrebbero tener conto, in particolare, della complessità dell'appalto e del tempo necessario per preparare le offerte, anche se ciò comporta la fissazione di termini più lunghi rispetto a quelli minimi previsti dalla presente direttiva. Il ricorso a mezzi elettronici di informazione e comunicazione, in particolare la piena disponibilità elettronica per operatori economici, offerenti e candidati dei documenti relativi all'appalto e la trasmissione elettronica delle comunicazioni, comporta d'altro canto maggiore trasparenza e risparmi di tempo. È pertanto opportuno prevedere una riduzione dei termini minimi in conformità con le disposizioni dell'AAP e a condizione che essi siano compatibili con le modalità di trasmissione specifiche previste a livello di Unione. Inoltre, le amministrazioni aggiudicatrici dovrebbero avere la possibilità di ridurre ulteriormente i termini per la ricezione delle domande di partecipazione e delle offerte nei casi in cui uno stato di emergenza renda impraticabili i termini regolari, ma non renda impossibile una procedura regolare con pubblicazione. Solo in situazioni eccezionali in cui l'estrema urgenza risultante da eventi imprevedibili dall'amministrazione aggiudicatrice in questione che non sono ad essa imputabili rende impossibile il ricorso a una procedura regolare anche entro termini ridotti, le amministrazioni aggiudicatrici dovrebbero, entro i limiti di quanto strettamente necessario, avere la possibilità di aggiudicare appalti con procedura negoziata senza previa pubblicazione. Ciò potrebbe verificarsi quando calamità naturali richiedono interventi immediati.

(81) Si dovrebbe precisare che la necessità di assicurare che gli operatori economici abbiano tempo sufficiente per elaborare offerte adeguate può comportare l'eventuale proroga dei termini stabiliti inizialmente. Ciò avverrebbe ad esempio, in particolare, qualora siano apportate modifiche significative ai documenti di gara. Si dovrebbe inoltre specificare che, in tale caso, per modifiche significative si dovrebbero intendere in particolare quelle apportate alle specifiche tecniche per cui gli operatori economici avrebbero bisogno di un periodo di tempo supplementare per capire e adeguarsi in modo opportuno. Si dovrebbe tuttavia precisare che tali modifiche non dovrebbero essere così sostanziali da consentire l'ammissione di candidati diversi da quelli inizialmente selezionati o da attirare ulteriori partecipanti alla procedura di aggiudicazione. Ciò potrebbe avvenire, in particolare, nel caso in cui le modifiche rendono sostanzialmente diversa la natura dell'appalto o dell'accordo quadro rispetto a quella inizialmente figurante nei documenti di gara.

(82) È opportuno precisare che le informazioni riguardanti determinate decisioni prese nell'ambito di una procedura d'appalto, compresa la decisione di non aggiudicare un appalto o di non concludere un accordo quadro, dovrebbero essere inviate dalle amministrazioni aggiudicatrici senza che i candidati o gli offerenti debbano farne richiesta. È altresì opportuno ricordare che la direttiva 89/665/CEE del Consiglio impone alle amministrazioni aggiudicatrici, anche in questo caso senza che i candidati o gli offerenti debbano farne richiesta, di fornire agli offerenti e ai candidati interessati una relazione sintetica dei motivi di alcune delle decisioni centrali prese nel corso di una procedura d'appalto. È infine opportuno precisare che i candidati e gli offerenti dovrebbero essere autorizzati a richiedere informazioni più particolareggiate riguardo a tali motivi, che le amministrazioni aggiudicatrici dovrebbero essere obbligate a fornire tranne quando vi ostano gravi motivi. Tali motivi dovrebbero essere precisati nella presente direttiva. Per assicurare la necessaria trasparenza nel contesto delle procedure d'appalto che comportano negoziazioni e dialoghi con gli offerenti, anche gli offerenti che hanno presentato un'offerta ammissibile dovrebbero, salvo ove vi siano gravi motivi per non procedere in tal senso, essere autorizzati a richiedere informazioni sullo svolgimento e l'avanzamento della procedura.

(83) Requisiti eccessivamente severi relativi alla capacità economica e finanziaria spesso costituiscono un ostacolo ingiustificato alla partecipazione delle PMI agli appalti pubblici. Eventuali requisiti dovrebbero essere attinenti e proporzionati all'oggetto dell'appalto. In particolare, le amministrazioni aggiudicatrici non dovrebbero essere autorizzate a esigere che gli operatori economici abbiano un fatturato minimo che sia sproporzionato rispetto all'oggetto dell'appalto; il requisito non dovrebbe di norma superare, al massimo, il doppio del valore stimato dell'appalto. Tuttavia, in circostanze debitamente giustificate, dovrebbe essere possibile applicare requisiti più rigorosi. Tali circostanze potrebbero riguardare gli alti rischi connessi alla esecuzione dell'appalto o il fatto che la sua tempestiva e corretta realizzazione è di fondamentale impor-

tanza, ad esempio in quanto costituisce un presupposto necessario per l'esecuzione di altri appalti.

Nei suddetti casi debitamente giustificati le amministrazioni aggiudicatrici dovrebbero mantenere la facoltà di decidere autonomamente se sia opportuno e pertinente stabilire requisiti di fatturato minimo più elevati senza essere soggette a supervisione amministrativa o giudiziaria. Qualora si dovessero applicare requisiti di fatturato minimo più elevati, le amministrazioni aggiudicatrici dovrebbero mantenere la facoltà di stabilirne il livello a condizione che sia collegato e proporzionato all'oggetto dell'appalto. Se l'amministrazione aggiudicatrice decide che il requisito del fatturato minimo debba essere fissato a un livello superiore al doppio del valore stimato dell'appalto, la relazione unica o i documenti di gara dovrebbero contenere un'indicazione relativa ai principali motivi della scelta dell'amministrazione aggiudicatrice.

Le amministrazioni aggiudicatrici dovrebbero poter inoltre richiedere informazioni sui rapporti, ad esempio, tra attività e passività nei conti annuali. Un rapporto positivo che mostri livelli di attività più elevati rispetto a quelli delle passività potrebbe fornire ulteriori prove del fatto che la capacità finanziaria degli operatori economici è sufficiente.

(84) Molti operatori economici, non da ultimo le PMI, ritengono che un ostacolo principale alla loro partecipazione agli appalti pubblici consista negli oneri amministrativi derivanti dalla necessità di produrre un considerevole numero di certificati o altri documenti relativi ai criteri di esclusione e di selezione. Limitare tali requisiti, ad esempio mediante l'uso di un documento di gara unico europeo (DGUE) consistente in un'autodichiarazione aggiornata, potrebbe comportare una notevole semplificazione a vantaggio sia delle amministrazioni aggiudicatrici che degli operatori economici.

L'offerente al quale è stato deciso di aggiudicare l'appalto dovrebbe tuttavia essere tenuto a fornire le prove pertinenti e le amministrazioni aggiudicatrici non dovrebbero concludere appalti con offerenti che non sono in grado di produrre le suddette prove. Le amministrazioni aggiudicatrici dovrebbero anche avere la facoltà di richiedere in qualsiasi momento tutti i documenti complementari o parte di essi se ritengono che ciò sia necessario per il buon andamento della procedura. Ciò potrebbe in particolare valere per le procedure in due fasi — procedure ristrette, procedure competitive con negoziazione, dialoghi competitivi e partenariati per l'innovazione — in cui le amministrazioni aggiudicatrici si avvalgono della possibilità di limitare il numero di candidati invitati a presentare un'offerta. L'obbligo di presentare i documenti complementari al momento della selezione dei candidati da invitare potrebbe essere giustificato per evitare che le amministrazioni aggiudicatrici invitino candidati che poi non risultino in grado di presentare i documenti complementari nella fase di aggiudicazione, impedendo la partecipazione di candidati altrimenti qualificati.

Occorre stabilire esplicitamente che il DGUE dovrebbe fornire altresì le pertinenti informazioni sui soggetti alle cui capacità si affida un operatore economico, in modo che la verifica delle informazioni relative a tali soggetti possa essere effettuata contestualmente alla verifica relativa all'operatore economico principale e alle medesime condizioni.

(85) È importante che le decisioni delle amministrazioni aggiudicatrici siano basate su informazioni recenti, in particolare per quanto attiene ai motivi di esclusione, dal momento che importanti cambiamenti possono avvenire molto rapidamente, ad esempio in casi di difficoltà finanziarie che renderebbero l'operatore economico inidoneo o, al contrario, perché un debito in essere relativo ai contributi previdenziali potrebbe essere stato saldato nel frattempo. Pertanto è preferibile che le amministrazioni aggiudicatrici verifichino tali informazioni, ove possibile, mediante l'accesso alle banche dati pertinenti, che dovrebbero essere nazionali in quanto gestite da autorità pubbliche. Nella fase attuale di sviluppo, potrebbero registrarsi ancora casi in cui ciò non sia possibile per motivi tecnici. La Commissione dovrebbe pertanto prevedere la promozione di misure che possano agevolare il ricorso a informazioni aggiornate per via elettronica, come il rafforzamento di strumenti che offrono accesso ai fascicoli d'impresa virtuali, o mezzi per facilitare l'interoperabilità tra banche dati ovvero altre misure di accompagnamento analoghe.

Occorre inoltre prevedere che le amministrazioni aggiudicatrici non debbano richiedere documentazioni ancora aggiornate di cui già dispongono da precedenti procedure d'appalto. Tuttavia occorre altresì provvedere affinché le amministrazioni aggiudicatrici non debbano affrontare, in tale contesto, oneri sproporzionati in materia di archiviazione e fascicolazione. Di conseguenza, l'attuazione di tale obbligo dovrebbe essere applicabile unicamente quando sarà obbligatorio il ricorso a mezzi di comunicazioni elettronici, dal momento che la gestione elettronica dei documenti faciliterà notevolmente tale compito per le amministrazioni aggiudicatrici.

(86) Un'ulteriore semplificazione per gli operatori economici e le amministrazioni aggiudicatrici potrebbe essere ottenuta mediante modelli di formulari per le autodichiarazioni, che potrebbero ridurre i problemi connessi alla formulazione precisa delle dichiarazioni formali e delle dichiarazioni di consenso nonché le problematiche legate alla lingua.

(87) La Commissione mette a disposizione e gestisce un sistema elettronico — e-Certis, che è attualmente aggiornato e verificato su base volontaria dalle autorità nazionali. L'obiettivo di e-Certis è agevolare lo scambio di certificati e altri documenti probatori, spesso richiesti dalle amministrazioni aggiudicatrici. L'esperienza acquisita finora indica che l'aggiornamento e la verifica su base volontaria sono insufficienti a garantire che e-Certis possa esprimere il suo pieno potenziale per semplificare e agevolare gli scambi di documentazione a favore delle PMI. La manutenzione dovrebbe pertanto essere resa obbligatoria in una prima fase. Il ricorso ad e-Certis sarà reso obbligatorio in una fase successiva.

(88) Le amministrazioni aggiudicatrici dovrebbero poter esigere che siano applicati misure o sistemi di gestione ambientale durante l'esecuzione di un appal-

to pubblico. I sistemi di gestione ambientale, indipendentemente dalla loro registrazione conformemente agli strumenti dell'Unione europea, quali il regolamento (CE) n. 1221/2009 del Parlamento europeo e del Consiglio, possono dimostrare che l'operatore economico possiede la capacità tecnica di realizzare l'appalto. Ciò comprende i certificati Ecolabel che includono criteri di gestione ambientale. Se un operatore economico non ha accesso a detti sistemi di registrazione per la gestione ambientale o non ha la possibilità di ottenerli entro i termini richiesti, dovrebbe essere consentito presentare una descrizione delle misure di gestione ambientale attuate, a condizione che l'operatore economico in questione dimostri che tali misure assicurano lo stesso livello di protezione ambientale delle misure richieste nel quadro della gestione ambientale.

(89) La nozione di criteri di aggiudicazione è fondamentale per la presente direttiva. È pertanto importante che le disposizioni pertinenti siano presentate nel modo più semplice ed efficace possibile. Ciò può essere ottenuto mediante il ricorso al termine « offerta economicamente più vantaggiosa » in quanto concetto prioritario, dal momento che tutte le offerte vincenti dovrebbero essere infine scelte in base a quella che la singola amministrazione aggiudicatrice ritiene essere la migliore soluzione dal punto di vista economico tra quelle offerte. Per evitare confusione con il criterio di aggiudicazione attualmente noto come « offerta economicamente più vantaggiosa » nelle direttive 2004/17/CE e 2004/18/CE, occorre utilizzare un termine diverso per tradurre tale concetto, il « miglior rapporto qualità/prezzo ». Di conseguenza, dovrebbe essere interpretato conformemente alla giurisprudenza relativa a tali direttive, salvo in presenza di soluzioni chiaramente diverse nella sostanza nella presente direttiva.

(90) L'aggiudicazione dell'appalto dovrebbe essere effettuata applicando criteri obiettivi che garantiscano il rispetto dei principi di trasparenza, di non discriminazione e di parità di trattamento per garantire un raffronto oggettivo del valore relativo delle offerte al fine di determinare, in condizioni di effettiva concorrenza, quale sia l'offerta economicamente più vantaggiosa. Occorre stabilire esplicitamente che l'offerta economicamente più vantaggiose dovrebbe essere valutata sulla base del miglior rapporto qualità/prezzo, che dovrebbe sempre includere un elemento relativo al prezzo o al costo. Analogamente occorre precisare che tale valutazione dell'offerta economicamente più vantaggiosa potrebbe essere effettuata anche soltanto sulla base del prezzo o di un approccio costo/ efficacia. È inoltre opportuno ricordare che le amministrazioni aggiudicatrici sono libere di fissare norme di qualità adeguate utilizzando le specifiche tecniche o le condizioni di esecuzione di un appalto.

Al fine di incoraggiare maggiormente l'orientamento alla qualità degli appalti pubblici, dovrebbe essere consentito agli Stati membri di proibire o limitare il ricorso al solo criterio del prezzo o del costo per valutare l'offerta economicamente più vantaggiosa qualora lo ritengano appropriato.

Al fine di garantire il rispetto del principio della parità di trattamento in sede di aggiudicazione degli appalti, le amministrazioni aggiudicatrici dovrebbero essere obbligate ad assicurare la trasparenza necessaria per consentire a qualsiasi offerente di essere ragionevolmente informato dei criteri e delle modalità che saranno applicati nella decisione di aggiudicazione dell'appalto. Le amministrazioni aggiudicatrici dovrebbero pertanto essere obbligate a indicare i criteri di aggiudicazione dell'appalto nonché la ponderazione relativa attribuita a ciascuno di tali criteri Le amministrazioni aggiudicatrici dovrebbero, tuttavia, avere la facoltà di derogare all'obbligo di indicare la ponderazione dei criteri di aggiudicazione in casi debitamente giustificati, che devono essere in grado di motivare, quando detta ponderazione non può essere stabilita preliminarmente, in particolare a causa della complessità dell'appalto. In questi casi esse dovrebbero indicare i criteri in ordine decrescente d'importanza.

(91) L'articolo 11 TFUE impone che le esigenze connesse con la tutela dell'ambiente siano integrate nella definizione e nell'attuazione delle politiche e azioni dell'Unione, in particolare nella prospettiva di promuovere lo sviluppo sostenibile. La presente direttiva chiarisce in che modo le amministrazioni aggiudicatrici possono contribuire alla tutela dell'ambiente e alla promozione dello sviluppo sostenibile, garantendo loro la possibilità di ottenere per i loro appalti il migliore rapporto qualità/prezzo.

(92) Nel valutare il miglior rapporto qualità/prezzo, le amministrazioni aggiudicatrici dovrebbero determinare i criteri economici e qualitativi connessi all'oggetto dell'appalto che applicheranno a tal fine. Tali criteri dovrebbero pertanto permettere una valutazione comparativa del livello di prestazione che ciascuna offerta presenta rispetto all'oggetto dell'appalto quale definito nelle specifiche tecniche. Nel contesto del miglior rapporto qualità/prezzo, è riportato nella presente direttiva un elenco non esaustivo di possibili criteri di aggiudicazione comprendenti aspetti ambientali e sociali. Le amministrazioni aggiudicatrici dovrebbero essere incoraggiate a scegliere criteri di aggiudicazione che consentano loro di ottenere lavori, forniture e servizi di alta qualità che rispondano al meglio alle loro necessità.

I criteri di aggiudicazione prescelti non dovrebbero conferire alle amministrazioni aggiudicatrici una libertà incondizionata di scelta e dovrebbero garantire la possibilità di una concorrenza effettiva e leale ed essere accompagnati da disposizioni che consentano l'efficace verifica delle informazioni fornite dagli offerenti.

Al fine di determinare l'offerta economicamente più vantaggiosa, la decisione di aggiudicazione dell'appalto non dovrebbe basarsi solo su criteri che prescindono dai costi. I criteri qualitativi dovrebbero pertanto essere accompagnati da un criterio basato sui costi che potrebbe, a scelta dell'amministrazione aggiudicatrice, basarsi sul prezzo o su un approccio costo/efficacia, come ad esempio la determinazione dei costi del ciclo di vita. Tuttavia, i criteri di aggiudicazione non dovrebbero influire sull'applicazione delle disposizioni nazionali che determinano la remunerazione di taluni servizi o che impongono un prezzo fisso per determinate forniture.

(93) Qualora disposizioni nazionali determinino la remunerazione di taluni servizi o impongano un prezzo fisso per determinate forniture, si dovrebbe precisare che resta possibile valutare il rapporto qualità/prezzo sulla base di fattori diversi dal solo prezzo o dalla sola remunerazione. A seconda del servizio o del prodotto interessato, tali fattori potrebbero comprendere, per esempio, le condizioni di consegna e di pagamento, aspetti legati al servizio post-vendita (per esempio portata dei servizi di consulenza e di sostituzione) o aspetti ambientali o sociali (per esempio la stampa o meno di libri su carta riciclata o su carta prodotta utilizzando legname sostenibile, i costi imputati alle esternalità ambientali o l'agevolazione o meno dell'integrazione sociale di persone svantaggiate o di membri di gruppi vulnerabili tra le persone incaricate dell'esecuzione dell'appalto). Viste le numerose possibilità di valutare il rapporto qualità/prezzo sulla base di criteri sostanziali, si dovrebbe evitare il ricorso al sorteggio quale unico mezzo di aggiudicazione dell'appalto.

(94) Qualora la qualità del personale addetto influisca sul livello dell'esecuzione dell'appalto, le amministrazioni aggiudicatrici dovrebbero anche avere la facoltà di usare come criterio di aggiudicazione l'organizzazione, la qualifica e l'esperienza del personale incaricato di eseguire l'appalto in questione, in quanto ciò può incidere sulla qualità dell'esecuzione dell'appalto e, di conseguenza, sul valore economico dell'offerta. Tale ipotesi potrebbe ricorrere, ad esempio, negli appalti per servizi intellettuali quali i servizi di consulenza o architettura. Le amministrazioni aggiudicatrici che si avvalgono di questa possibilità dovrebbero garantire, con idonei strumenti contrattuali, che il personale addetto all'esecuzione dell'appalto soddisfi effettivamente le norme specifiche di qualità e che tale personale possa essere sostituito solo con il consenso dell'amministrazione aggiudicatrice che si accerta che il personale sostitutivo sia di livello qualitativo equivalente.

(95) È d'importanza fondamentale sfruttare pienamente il potenziale degli appalti pubblici al fine di realizzare gli obiettivi della strategia Europa 2020 per una crescita intelligente, sostenibile e inclusiva. In tale contesto, è opportuno ricordare che gli appalti pubblici sono essenziali per promuovere l'innovazione, che è di primaria importanza per la futura crescita in Europa. Tenuto conto delle sensibili differenze tra i singoli settori e mercati, non sarebbe tuttavia opportuno fissare requisiti obbligatori generali per gli appalti in materia ambientale, sociale e di innovazione.

Il legislatore dell'Unione ha già fissato requisiti obbligatori in materia di appalti volti ad ottenere obiettivi specifici nei settori dei veicoli per il trasporto su strada (direttiva 2009/33/CE del Parlamento europeo e del Consiglio e delle apparecchiature da ufficio (regolamento (CE) n. 106/2008 del Parlamento europeo e del Consiglio. Inoltre, la definizione di metodologie comuni per il calcolo dei costi del ciclo di vita ha fatto grandi progressi.

Pertanto, appare opportuno proseguire su questa strada, lasciando che sia la normativa settoriale specifica a fissare obiettivi e prospettive vincolanti in funzione delle particolari politiche e condizioni vigenti nel settore pertinente, e promuovere lo sviluppo e l'utilizzazione di un approccio a livello europeo per il calcolo dei costi del ciclo di vita in modo da favorire ulteriormente il ricorso agli appalti pubblici a sostegno di una crescita sostenibile.

(96) Tali misure settoriali dovrebbero essere integrate da un adeguamento delle direttive 2004/17/CE e 2004/18/CE che che consenta ale amministrazioni aggiudicatrici di perseguire gli obiettivi della strategia Europa 2020 per una crescita intelligente, sostenibile e inclusiva nelle loro strategie di acquisto. Occorre pertanto chiarire che, tranne se la valutazione è basata esclusivamente sul prezzo, le amministrazioni aggiudicatrici possono determinare l'offerta economicamente più vantaggiosa e il costo più basso ricorrendo a un approccio basato sui costi del ciclo di vita. Il concetto di costo del ciclo di vita comprende tutti i costi che emergono durante il ciclo di vita dei lavori, delle forniture o dei servizi.

Il concetto abbraccia i costi interni, come le ricerche da realizzare, lo sviluppo, la produzione, il trasporto, l'uso e la manutenzione e i costi di smaltimento finale ma può anche abbracciare costi imputabili a esternalità ambientali quali l'inquinamento causato dall'estrazione delle materie prime utilizzate nel prodotto ovvero causato dal prodotto stesso o dalla sua fabbricazione, a condizione che possano essere monetizzati e controllati. I metodi impiegati dalle amministrazioni aggiudicatrici per valutare i costi imputati alle esternalità ambientali dovrebbero essere stabiliti anticipatamente in modo oggettivo e non discriminatorio ed essere accessibili a tutte le parti interessate. Siffatti metodi possono essere stabiliti a livello nazionale, regionale o locale ma, al fine di evitare distorsioni della concorrenza attraverso metodologie ad hoc, dovrebbero rimanere generali nel senso che non dovrebbero essere definiti in modo specifico per una particolare procedura d'appalto.

È necessario elaborare metodologie comuni a livello di Unione per il calcolo dei costi del ciclo di vita per specifiche categorie di forniture o servizi. In caso di elaborazione di siffatte metodologie comuni, è opportuno renderne obbligatorio l'uso.

Si dovrebbe inoltre esaminare la possibilità di definire una metodologia comune per la determinazione dei costi sociali del ciclo di vita, tenendo conto delle metodologie esistenti come gli orientamenti per l'analisi sociale del ciclo di vita dei prodotti adottati nel quadro del programma delle Nazioni Unite per l'ambiente.

(97) Inoltre, al fine di una migliore integrazione di considerazioni sociali ed ambientali nelle procedure di appalto, le amministrazioni aggiudicatrici dovrebbero avere la facoltà di ricorrere a criteri di aggiudicazione o condizioni di esecuzione dell'appalto riguardanti lavori, forniture o servizi oggetto dell'appalto pubblico sotto ogni aspetto e in qualsiasi fase dei loro cicli di vita, dall'estrazione delle materie prime per il prodotto alla fase di smaltimento dello stesso, compresi fattori coinvolti nel processo specifico di produzione, prestazione o commercio » e relative condizioni, di questi lavori, forniture o servizi o in un processo specifico nel corso

di una fase successiva del loro ciclo di vita, anche se questi fattori non sono parte del loro contenuto sostanziale. Criteri e condizioni riguardanti tale processo di produzione o fornitura possono ad esempio consistere nel fatto che la fabbricazione dei prodotti acquistati non comporti l'uso di sostanze chimiche tossiche o che i servizi acquistati siano forniti usando macchine efficienti dal punto di vista energetico. In base alla giurisprudenza della Corte di giustizia dell'Unione europea, vi rientrano anche criteri di aggiudicazione o condizioni di esecuzione dell'appalto riguardanti la fornitura o l'utilizzazione di prodotti del commercio equo nel corso dell'esecuzione dell'appalto da aggiudicare. I criteri e le condizioni riguardanti il commercio e le relative condizioni possono, per esempio, fare riferimento alla provenienza del prodotto dal commercio equo, che include l'obbligo di pagare ai produttori un prezzo minimo e una maggiorazione di prezzo. Condizioni di esecuzione dell'appalto basate su considerazioni ambientali potrebbero riguardare, ad esempio, l'imballaggio, la fornitura e lo smaltimento di prodotti e, per quanto riguarda gli appalti di lavori e servizi, la riduzione al minimo dei rifiuti o l'uso efficiente delle risorse.

Tuttavia, la condizione di un collegamento con l'oggetto dell'appalto esclude criteri e condizioni riguardanti la politica aziendale generale, che non può essere considerata un fattore che caratterizza il processo specifico di produzione o fornitura dei lavori, delle forniture o dei servizi oggetto dell'acquisto. Le amministrazioni aggiudicatrici non dovrebbero pertanto avere la facoltà di imporre agli offerenti di attuare una determinata politica aziendale di responsabilità sociale o ambientale.

(98) È essenziale che i criteri di aggiudicazione o le condizioni di esecuzione dell'appalto riguardanti gli aspetti sociali del processo di produzione si colleghino ai lavori, alle forniture o ai servizi oggetto dell'appalto. I criteri dovrebbero inoltre essere applicati conformemente alla direttiva 96/71/CE, quale interpretata dalla Corte di giustizia dell'Unione europea, e non dovrebbero essere scelti o applicati in modo da discriminare direttamente o indirettamente gli operatori economici di altri Stati membri o di paesi terzi che sono parti dell'AAP o degli accordi sul libero scambio ai quali l'Unione aderisce. I requisiti riguardanti le condizioni di lavoro fondamentali disciplinate dalla direttiva 96/71/CE, quali le tariffe minime salariali, dovrebbero pertanto rimanere al livello stabilito dalla legislazione nazionale o da contratti collettivi applicati in conformità del diritto dell'Unione nel contesto di tale direttiva.

Le condizioni di esecuzione dell'appalto potrebbero anche essere intese a favorire l'attuazione di misure volte a promuovere l'uguaglianza tra uomini e donne nel lavoro, una maggiore partecipazione delle donne al mercato del lavoro e la conciliazione tra lavoro e vita privata, la protezione dell'ambiente o il benessere degli animali, a rispettare in sostanza le disposizioni delle convenzioni fondamentali dell'Organizzazione internazionale del lavoro (OIL) e ad assumere un numero di persone svantaggiate superiore a quello stabilito dalla legislazione nazionale.

(99) Possono essere oggetto dei criteri di aggiudicazione o delle condizioni di esecuzione dell'appalto anche misure intese alla tutela della salute del personale coinvolto nei processi produttivi, alla promozione dell'integrazione sociale di persone svantaggiate o di membri di gruppi vulnerabili nel personale incaricato dell'esecuzione dell'appalto o alla formazione riguardante le competenze richieste per l'appalto, purché riguardino i lavori, le forniture o i servizi oggetto dell'appalto. Per esempio, tali criteri o condizioni potrebbero riferirsi, tra l'altro, all'assunzione di disoccupati di lunga durata, all'attuazione di azioni di formazione per disoccupati o giovani nel corso dell'esecuzione dell'appalto da aggiudicare. Nelle specifiche tecniche le amministrazioni aggiudicatrici possono prevedere requisiti di natura sociale che caratterizzano direttamente il prodotto o servizio in questione, quali l'accessibilità per persone con disabilità o la progettazione adeguata per tutti gli utenti.

(100) È opportuno evitare l'aggiudicazione di appalti pubblici ad operatori economici che hanno partecipato a un'organizzazione criminale o che si sono resi colpevoli di corruzione, di frode a danno degli interessi finanziari dell'Unione, di reati di terrorismo, di riciclaggio dei proventi di attività illecite o di finanziamento del terrorismo. Il mancato pagamento di imposte o contributi previdenziali dovrebbe altresì condurre all'esclusione obbligatoria a livello di Unione. Gli Stati membri dovrebbero, tuttavia, avere la facoltà di prevedere una deroga a queste esclusioni obbligatorie in situazioni eccezionali in cui esigenze imperative di interesse generale rendano indispensabile l'aggiudicazione di un appalto. Tale situazione potrebbe verificarsi, per esempio, se è possibile procurarsi vaccini o attrezzature di emergenza urgentemente necessari solo attraverso un operatore economico al quale altrimenti si applicano i motivi di esclusione obbligatori.

(101) Le amministrazioni aggiudicatrici dovrebbero continuare ad avere la possibilità di escludere operatori economici che si sono dimostrati inaffidabili, per esempio a causa di violazioni di obblighi ambientali o sociali, comprese le norme in materia di accessibilità per le persone con disabilità, o di altre forme di grave violazione dei doveri professionali, come le violazioni di norme in materia di concorrenza o di diritti di proprietà intellettuale. È opportuno chiarire che una grave violazione dei doveri professionali può mettere in discussione l'integrità di un operatore economico e dunque rendere quest'ultimo inidoneo ad ottenere l'aggiudicazione di un appalto pubblico indipendentemente dal fatto che abbia per il resto la capacità tecnica ed economica per l'esecuzione dell'appalto.

Tenendo presente che l'amministrazione aggiudicatrice sarà responsabile per le conseguenze di una sua eventuale decisione erronea, le amministrazioni aggiudicatrici dovrebbero anche mantenere la facoltà di ritenere che vi sia stata grave violazione dei doveri professionali qualora, prima che sia stata presa una decisione definitiva e vincolante sulla presenza di motivi di esclusione obbligatori, possano dimostrare con qualsiasi mezzo idoneo che l'operatore economico ha violato i suoi obblighi, inclusi quelli relativi al pagamento di imposte o contributi previdenziali, salvo disposizioni contrarie del diritto nazionale. Dovrebbero anche poter escludere candidati o offerenti che in occasione dell'esecuzione di precedenti appalti pubblici hanno messo in evidenza notevoli mancanze per quanto riguarda obblighi sostanziali, per esempio mancata fornitura o esecuzione, carenze significative del prodotto o servizio fornito che lo rendono inutilizzabile per lo scopo previsto o comportamenti scorretti che danno adito a seri dubbi sull'affidabilità dell'operatore economico. Il diritto nazionale dovrebbe prevedere una durata massima per tali esclusioni.

Nell'applicare motivi di esclusione facoltativi, le amministrazioni aggiudicatrici dovrebbero prestare particolare attenzione al principio di proporzionalità. Lievi irregolarità dovrebbero comportare l'esclusione di un operatore economico solo in circostanze eccezionali. Tuttavia, casi ripetuti di lievi irregolarità possono far nascere dubbi sull'affidabilità di un operatore economico che potrebbero giustificarne l'esclusione.

(102) Tuttavia, è opportuno consentire che gli operatori economici possano adottare misure per garantire l'osservanza degli obblighi volte a porre rimedio alle conseguenze di reati o violazioni e a impedire efficacemente che tali comportamenti scorretti si verifichino di nuovo. Tali misure potrebbero consistere, in particolare, in misure riguardanti il personale e l'organizzazione quali la rottura di tutti i rapporti con le persone o con le organizzazioni coinvolte nel comportamento scorretto, in misure adeguate per la riorganizzazione del personale, nell'attuazione di sistemi di rendicontazione e controllo, nella creazione di una struttura di audit interno per verificare la conformità e nell'adozione di norme interne di responsabilità e di risarcimento. Qualora tali misure offrano garanzie sufficienti, l'operatore economico interessato non dovrebbe più essere escluso solo sulla base di tali motivi. Gli operatori economici dovrebbero avere la possibilità di chiedere che siano esaminate le misure adottate per garantire l'osservanza degli obblighi ai fini di una possibile ammissione alla procedura di aggiudicazione. Occorre tuttavia lasciare agli Stati membri la facoltà di determinare le esatte condizioni sostanziali e procedurali applicabili in tali casi. Essi dovrebbero essere liberi, in particolare, di decidere se consentire alle singole amministrazioni aggiudicatrici di effettuare le pertinenti valutazioni o affidare tale compito ad altre autorità a livello centrale o decentrato.

(103) Le offerte che appaiono anormalmente basse rispetto ai lavori, alle forniture o ai servizi potrebbero basarsi su valutazioni o prassi errate dal punto di vista tecnico, economico o giuridico. Se l'offerente non è in grado di fornire una spiegazione sufficiente, l'amministrazione aggiudicatrice dovrebbe avere il diritto di respingere l'offerta. Il rifiuto dovrebbe essere obbligatorio nei casi in cui l'amministrazione aggiudicatrice abbia stabilito che il prezzo o i costi anormalmente bassi proposti risultano da una non conformità con il diritto vincolante dell'Unione o con il diritto nazionale con esso compatibile nei settori della previdenza sociale, del diritto del lavoro, del diritto ambientale o nelle disposizioni internazionali di diritto del lavoro.

(104) Le condizioni di esecuzione di un appalto hanno il fine di stabilire requisiti specifici per quanto riguarda l'esecuzione dell'appalto. A differenza dei criteri di aggiudicazione dell'appalto che costituiscono la base di una valutazione comparativa della qualità delle offerte, le condizioni di esecuzione dell'appalto sono requisiti oggettivi prestabiliti che non incidono sulla valutazione delle offerte. Le condizioni di esecuzione di un appalto dovrebbero essere compatibili con la presente direttiva a condizione che non siano, direttamente o indirettamente, discriminatorie e siano collegate all'oggetto dell'appalto, che comprende tutti i fattori coinvolti nel processo specifico di produzione, fornitura o commercializzazione. Ciò include le condizioni concernenti il processo di esecuzione dell'appalto, ma esclude i requisiti riguardanti la politica aziendale generale.

Le condizioni di esecuzione di un appalto dovrebbero essere indicate nel bando di gara, nell'avviso di preinformazione utilizzato come mezzo per indire la gara o nei documenti di gara.

(105) È importante che l'osservanza, da parte dei subappaltatori, degli obblighi applicabili in materia di diritto ambientale, sociale e del lavoro stabiliti dal diritto dell'Unione, dal diritto nazionale, dai contratti collettivi o dalle disposizioni internazionali in materia di diritto ambientale, sociale e del lavoro di cui alla presente direttiva, sempre che tali norme, e la loro applicazione, siano conformi al diritto dell'Unione, sia garantita dalle autorità nazionali competenti, ad esempio gli ispettorati del lavoro o le agenzie per la protezione dell'ambiente, mediante azioni adeguate entro i limiti delle loro responsabilità e del loro mandato.

È inoltre necessario garantire una certa trasparenza nella catena dei subappalti, in quanto ciò fornisce alle amministrazioni aggiudicatrici informazioni su chi è presente nei cantieri edili nei quali si stanno eseguendo i lavori per loro conto o su quali imprese forniscono servizi negli edifici, infrastrutture o aree, ad esempio municipi, scuole comunali, infrastrutture sportive, porti o autostrade, dei quali le amministrazioni aggiudicatrici sono responsabili o su cui hanno un controllo diretto. Dovrebbe essere chiarito che l'obbligo di fornire le necessarie informazioni grava in ogni caso sul contraente principale, in virtù di clausole specifiche che l'amministrazione aggiudicatrice dovrà inserire in tutte le procedure di appalto, o in virtù di obblighi che gli Stati membri imporranno al contraente principale mediante disposizioni di applicazione generale.

Dovrebbe essere altresì chiarito che le condizioni relative al controllo del rispetto degli obblighi in materia di diritto ambientale, sociale e del lavoro stabiliti dal diritto dell'Unione, dal diritto nazionale, dai contratti collettivi o dalle disposizioni internazionali in materia di diritto ambientale, sociale e del lavoro di cui alla presente direttiva, sempre che tali norme, e la loro applicazione, siano conformi al diritto dell'Unione, dovrebbero essere applicate ogniqualvolta il diritto nazionale di uno Stato membro preveda un meccanismo di responsabilità solidale tra subappaltatori e contraente principale. Inoltre, dovrebbe essere indicato esplicitamente che gli Stati membri dovrebbero poter imporre condizioni più rigorose, ad esempio estendendo gli obblighi in materia di trasparenza, consentendo il pagamento diretto ai subappaltatori, oppure permettendo o imponendo alle amministrazioni aggiudicatrici di verificare che i subappaltatori non si trovino in una delle situazioni che giustificano l'esclusione dell'operatore economico. Nell'applicare tali misure ai subappaltatori, occorre garantire la coerenza con le disposizioni applicabili ai contraenti principali, facendo in modo che l'esistenza di motivi obbligatori di esclusione comporti l'obbligo per il contraente principale di sostituire il subappaltatore. Qualora dalle verifiche risulti la presenza di motivi non obbligatori di esclusione, andrebbe precisato che le amministrazioni aggiudicatrici possono esigere la sostituzione. Si dovrebbe tuttavia indicare esplicitamente anche che le amministrazioni aggiudicatrici possono essere tenute a chiedere la sostituzione del subappaltatore in questione quando in tali casi l'esclusione del contraente principale sarebbe obbligatoria.

Si dovrebbe inoltre stabilire espressamente che gli Stati membri restano liberi di prevedere disposizioni di diritto interno più rigorose in materia di responsabilità o norme più avanzate in materia di pagamenti diretti ai subappaltatori.

(106) È opportuno ricordare che al computo dei termini di cui alla presente direttiva si applica il regolamento (CEE, Euratom) n. 1182/71 del Consiglio.

(107) È necessario precisare, tenendo conto della pertinente giurisprudenza della Corte di giustizia dell'Unione europea, le condizioni alle quali le modifiche di un contratto durante la sua esecuzione richiedono una nuova procedura di appalto. La nuova procedura d'appalto è necessaria quando sono apportate modifiche sostanziali al contratto iniziale, in particolare all'ambito di applicazione e al contenuto dei diritti e degli obblighi reciproci delle parti, inclusa la distribuzione dei diritti di proprietà intellettuale. Tali modifiche dimostrano l'intenzione delle parti di rinegoziare elementi essenziali o condizioni del contratto in questione. Ciò si verifica in particolare quando le condizioni modificate avrebbero inciso sul risultato della procedura di base nel caso in cui fossero già state parte della procedura iniziale.

Le modifiche del contratto comportanti una modifica minore del valore del contratto sino a un determinato valore dovrebbero essere sempre possibili senza richiedere una nuova procedura d'appalto. A tal fine e allo scopo di garantire la certezza giuridica, la presente direttiva dovrebbe prevedere soglie « de minimis », al di sotto delle quali non è necessaria una nuova procedura di appalto. Le modifiche contrattuali al di sopra di tali soglie dovrebbero essere possibili senza necessità di una nuova procedura di appalto nella misura in cui soddisfino le pertinenti condizioni previste dalla presente direttiva.

(108) Le amministrazioni aggiudicatrici possono trovarsi di fronte a situazioni in cui si rendono necessari lavori, forniture o servizi supplementari; in tali casi può essere giustificata una modifica del contratto iniziale senza una nuova procedura di appalto, in particolare quando le consegne complementari siano destinate o al rinnovo parziale oppure all'ampliamento di servizi, forniture o impianti esistenti, qualora il cambiamento di fornitore obblighi l'amministrazione aggiudicatrice ad acquistare materiali, lavori o servizi con caratteristiche tecniche differenti il cui impiego o la cui manutenzione comporterebbero incompatibilità o difficoltà tecniche sproporzionate.

(109) Le amministrazioni aggiudicatrici si trovano a volte ad affrontare circostanze esterne che non era possibile prevedere quando hanno aggiudicato l'appalto, in particolare quando l'esecuzione dell'appalto copre un periodo lungo. In questo caso è necessaria una certa flessibilità per adattare il contratto a tali circostanze, senza ricorrere a una nuova procedura di appalto. Il concetto di circostanze imprevedibili si riferisce a circostanze che non si potevano prevedere nonostante una ragionevole e diligente preparazione dell'aggiudicazione iniziale da parte dell'amministrazione aggiudicatrice, tenendo conto dei mezzi a sua disposizione, della natura e delle caratteristiche del progetto specifico, delle buone prassi nel settore in questione e della necessità di garantire un rapporto adeguato tra le risorse investite nel preparare l'aggiudicazione e il suo valore prevedibile. Tuttavia, ciò non si applica qualora una modifica comporti una variazione della natura generale dell'appalto, ad esempio sostituendo i lavori, le forniture o i servizi oggetto dell'appalto con qualcosa di diverso, oppure comporti un cambiamento sostanziale del tipo di appalto poiché, in una situazione di questo genere, è possibile presumere un'influenza ipotetica sul risultato.

(110) In linea con i principi di parità di trattamento e di trasparenza, l'aggiudicatario non dovrebbe essere sostituito da un altro operatore economico, ad esempio in caso di cessazione dell'appalto a motivo di carenze nell'esecuzione, senza riaprire l'appalto alla concorrenza. Tuttavia, in corso d'esecuzione del contratto, in particolare qualora sia stato aggiudicato a più di un'impresa, l'aggiudicatario dell'appalto dovrebbe poter subire talune modifiche strutturali dovute, ad esempio, a riorganizzazioni puramente interne, incorporazioni, fusioni e acquisizioni oppure insolvenza. Tali modifiche strutturali non dovrebbero automaticamente richiedere nuove procedure di appalto per tutti gli appalti pubblici eseguiti da tale offerente.

(111) Rispetto ai singoli contratti, le amministrazioni aggiudicatrici dovrebbero avere la possibilità di prevedere modifiche mediante clausole di revisione o di opzione, senza che tali clausole conferiscano loro discrezionalità illimitata. La presente direttiva dovrebbe pertanto stabilire in che misura le modifiche possano essere previste nel contratto iniziale. Si dovrebbe pertanto precisare che clausole di revisione o di opzione formulate con sufficiente chiarezza potrebbero ad esempio prevedere indicizzazioni dei prezzi o garantire, per esempio, che le apparecchiature di comunicazione da fornire per un determinato periodo di tempo restino adeguate anche in caso di modifica dei protocolli di comunicazione o di altre modifiche tecnologiche. Dovrebbe inoltre essere possibile, mediante l'inserimento di clausole sufficientemente chiare, prevedere adattamenti del contratto che si rendano necessari a seguito di difficoltà tecniche apparse durante il funzionamento o la manutenzione. È inoltre opportuno ricordare che gli appalti potrebbero, ad esempio, comprendere la manutenzione ordinaria e prevedere gli interventi di manutenzione straordinaria che risul-

tino necessari per garantire continuità nell'erogazione di un servizio pubblico.

(112) Le amministrazioni aggiudicatrici si trovano a volte ad affrontare circostanze che impongono la risoluzione anticipata di contratti pubblici al fine di rispettare gli obblighi derivanti dal diritto dell'Unione nel settore degli appalti pubblici. Gli Stati membri dovrebbero pertanto assicurare che le amministrazioni aggiudicatrici abbiano la possibilità, alle condizioni stabilite dal diritto nazionale, di risolvere un contratto pubblico durante il periodo di validità dello stesso, se così richiesto dal diritto dell'Unione.

(113) I risultati del documento di lavoro dei servizi della Commissione del 27 giugno 2011, dal titolo « Relazione di valutazione: l'impatto e l'efficacia della normativa dell'UE in materia di appalti pubblici », indicavano l'opportunità di rivedere la decisione di escludere taluni servizi dalla piena applicazione della direttiva 2004/18/CE. Di conseguenza, la piena applicazione della presente direttiva dovrebbe essere estesa a una serie di servizi.

(114) Certe categorie di servizi, per la loro stessa natura, continuano ad avere una dimensione limitatamente transfrontaliera, segnatamente i cosiddetti servizi alla persona quali taluni servizi sociali, sanitari e scolastici. I servizi di questo tipo sono prestati all'interno di un particolare contesto che varia notevolmente da uno Stato membro all'altro a causa delle diverse tradizioni culturali. Occorre quindi stabilire un regime specifico per gli appalti pubblici aventi per oggetto tali servizi, con una soglia più elevata di quella che si applica ad altri servizi.

Servizi alla persona con valori al di sotto di tale soglia non saranno, in genere, di alcun interesse per i prestatori di altri Stati membri, a meno che non vi siano indicazioni concrete in senso contrario, come ad esempio il finanziamento dell'Unione per i progetti transfrontalieri.

I contratti per servizi alla persona al di sopra di tale soglia dovrebbero essere improntati alla trasparenza, a livello di Unione. In ragione dell'importanza del contesto culturale e della sensibilità di tali servizi, gli Stati membri dovrebbero godere di un'ampia discrezionalità così da organizzare la scelta dei fornitori di servizi nel modo che considerano più adeguato. Le norme della presente direttiva tengono conto di tale imperativo, imponendo solo il rispetto dei principi fondamentali di trasparenza e di parità di trattamento e assicurando che le amministrazioni aggiudicatrici abbiano la facoltà di applicare criteri di qualità specifici per la scelta dei fornitori di servizi, come i criteri stabiliti dal quadro europeo volontario della qualità per i servizi sociali, pubblicato dal comitato per la protezione sociale. Nel definire le procedure da utilizzare per l'aggiudicazione degli appalti di servizi alla persona, gli Stati membri dovrebbero tener conto dell'articolo 14 TFUE e del protocollo n. 26. In tale contesto, gli Stati membri dovrebbero inoltre perseguire gli obiettivi della semplificazione e riduzione dell'onere amministrativo per le amministrazioni aggiudicatrici e gli operatori economici; è opportuno chiarire che ciò potrebbe anche comportare il ricorso a norme applicabili agli appalti di servizi non assoggettati al regime specifico.

Gli Stati membri e le autorità pubbliche sono liberi di fornire tali servizi direttamente o di organizzare servizi sociali attraverso modalità che non comportino la conclusione di contratti pubblici, ad esempio tramite il semplice finanziamento di tali servizi o la concessione di licenze o autorizzazioni a tutti gli operatori economici che soddisfano le condizioni definite in precedenza dall'amministrazione aggiudicatrice, senza che vengano previsti limiti o quote, a condizione che tale sistema assicuri una pubblicità sufficiente e rispetti i principi di trasparenza e di non discriminazione.

(115) Analogamente, i servizi alberghieri e di ristorazione sono offerti generalmente solo da operatori ubicati nel luogo specifico di prestazione di tali servizi e hanno pertanto anche una dimensione limitatamente transfrontaliera. Dovrebbero pertanto rientrare solo nel regime alleggerito, con una soglia di 750 000 EUR. I servizi alberghieri e di ristorazione che superano tale soglia possono rivestire un interesse per diversi operatori economici, quali agenzie di viaggio e altri intermediari, anche su base transfrontaliera.

(116) Analogamente, taluni servizi legali riguardano esclusivamente questioni di puro diritto nazionale e sono pertanto offerti generalmente solo da operatori ubicati nello Stato membro interessato e hanno di conseguenza anche una dimensione limitatamente transfrontaliera. Dovrebbero pertanto rientrare solo nel regime alleggerito, con una soglia di 750 000 EUR. Gli appalti di servizi legali al di sopra di tale soglia possono rivestire interesse per vari operatori economici, quali gli studi legali internazionali, anche su base transfrontaliera, in particolare ove riguardino questioni giuridiche aventi come fonte o contesto il diritto dell'Unione o il diritto internazionale oppure questioni giuridiche che interessano più di un paese.

(117) Dall'esperienza si evince che una serie di altri servizi, quali i servizi di soccorso, i servizi antincendio e i servizi penitenziari, generalmente presentano un certo interesse a livello transfrontaliero solo dal momento in cui acquisiscono una massa critica sufficiente attraverso il loro valore relativamente elevato. In quanto non esclusi dall'ambito di applicazione della presente direttiva, dovrebbero essere inclusi nel regime alleggerito. Nella misura in cui la loro prestazione è effettivamente fondata su appalti, altre categorie di servizi, quali i servizi amministrativi o la prestazione di servizi alla collettività, presenterebbero generalmente un interesse a livello transfrontaliero solo a partire dalla soglia di 750 000 EUR e solo allora dovrebbero pertanto essere soggetti al regime alleggerito.

(118) Al fine di garantire la continuità dei servizi pubblici la presente direttiva dovrebbe prevedere che la partecipazione alle procedure di appalto per taluni servizi nei settori dei servizi sanitari, sociali e culturali possa essere riservata alle organizzazioni basate sull'azionariato dei dipendenti o sulla loro partecipazione attiva al governo societario e per le organizzazioni esistenti quali le cooperative a partecipare alla prestazione di tali servizi agli utenti finali. L'applicazione della presente disposizione si limita esclusivamente a taluni servizi sanitari, servizi sociali e servizi connessi, a taluni servizi di istruzione e formazione, a biblioteche, archivi, musei e altri servizi culturali, a servizi sportivi

e servizi domestici, e non riguarda nessuna delle esclusioni altrimenti previste dalla presente direttiva. Tali servizi dovrebbe essere disciplinati dal regime alleggerito.

(119) È opportuno individuare tali servizi mediante riferimento alle posizioni specifiche del Vocabolario comune per gli appalti pubblici (CPV) adottato dal regolamento (CE) n. 2195/2002 del Parlamento europeo e del Consiglio, una nomenclatura strutturata gerarchicamente e articolata in divisioni, gruppi, classi, categorie e sottocategorie. Al fine di evitare l'incertezza giuridica, è opportuno precisare che il riferimento a una divisione non comporta implicitamente un riferimento alle sottodivisioni subordinate. Tale copertura globale dovrebbe invece essere esplicitamente indicata mediante riferimento a tutte le posizioni pertinenti, se del caso in forma di serie di codici.

(120) Tradizionalmente si è fatto ricorso ai concorsi di progettazione soprattutto nel settore della pianificazione territoriale, dell'urbanistica, dell'architettura, dell'ingegneria o dell'elaborazione di dati. Occorre tuttavia rammentare che tali strumenti flessibili potrebbero essere utilizzati anche per altri scopi, ad esempio per ottenere programmi di ingegneria finanziaria atti a ottimizzare il sostegno alle PMI nel contesto dell'iniziativa Risorse europee congiunte per le micro, le piccole e le medie imprese (JEREMIE) o di altri programmi dell'Unione a sostegno delle PMI in un determinato Stato membro. Il concorso di progettazione utilizzato per ottenere siffatti programmi di ingegneria finanziaria potrebbe altresì stabilire che i successivi contratti di servizio per la realizzazione di tale ingegneria finanziaria siano aggiudicati al vincitore o a uno dei vincitori del concorso di progettazione mediante una procedura negoziata senza pubblicazione.

(121) La valutazione ha messo in evidenza che è ancora possibile migliorare considerevolmente l'applicazione della normativa dell'Unione in materia di appalti pubblici. Ai fini di un'applicazione delle norme più efficiente e coerente è essenziale avere un quadro chiaro dei possibili problemi strutturali e delle tendenze generali delle politiche nazionali in materia di appalti, onde far fronte agli eventuali problemi in modo più mirato. Tale quadro dovrebbe essere acquisito mediante un adeguato monitoraggio, i cui risultati dovrebbero essere pubblicati periodicamente, al fine di consentire un dibattito informato sui possibili miglioramenti delle norme e delle prassi in materia di appalti. Acquisire un quadro chiaro potrebbe fornire informazioni circa l'applicazione delle norme sugli appalti pubblici nel contesto dell'attuazione di progetti cofinanziati dall'Unione. Gli Stati membri dovrebbero mantenere la facoltà di definire le modalità di tale monitoraggio e di decidere chi dovrà effettuarlo in pratica; in questo contesto dovrebbero anche mantenere la facoltà di decidere se il monitoraggio debba basarsi su un controllo a posteriori estrapolato da campioni o su un controllo sistematico ex ante delle procedure di appalto pubblico contemplate dalla presente direttiva. Dovrebbe essere possibile sottoporre eventuali problemi all'attenzione degli organismi competenti; a tal fine non dovrebbe essere necessario che coloro che hanno effettuato il monitoraggio siano legittimati a stare in giudizio in modo indipendente dinanzi a corti e tribunali.

Anche migliori orientamenti e informazioni e un migliore sostegno alle amministrazioni aggiudicatrici e agli operatori economici potrebbero contribuire ampiamente ad accrescere l'efficienza degli appalti pubblici, migliorando le conoscenze, la certezza del diritto e la professionalizzazione delle prassi sugli appalti pubblici. Tali orientamenti dovrebbero essere messi a disposizione delle amministrazioni aggiudicatrici e degli operatori economici qualora risultino necessari al fine di migliorare la corretta applicazione delle norme. Gli orientamenti da fornire potrebbero abbracciare tutti gli aspetti pertinenti degli appalti pubblici, quali la pianificazione degli acquisti, le procedure, la scelte delle tecniche e degli strumenti nonché le buone prassi nello svolgimento delle procedure. Per quanto riguarda le questioni giuridiche, gli orientamenti non dovrebbero necessariamente consistere in un'analisi giuridica completa di tali questioni; potrebbero limitarsi a un'indicazione generale degli elementi da prendere in considerazione per la successiva analisi dettagliata delle questioni, per esempio facendo riferimento alla giurisprudenza che potrebbe essere pertinente o a note orientative o ad altre fonti che hanno esaminato la questione specifica.

(122) La direttiva 89/665/CEE prevede che determinate procedure di ricorso siano accessibili per lo meno a chiunque abbia o abbia avuto interesse a ottenere l'aggiudicazione di un determinato appalto e che sia stato o rischi di essere leso a causa di una violazione del diritto dell'Unione in materia di appalti pubblici o delle norme nazionali che recepiscono tale diritto. La presente direttiva non dovrebbe pregiudicare tali procedure di ricorso. Tuttavia, i cittadini, i soggetti interessati, organizzati o meno, e altre persone o organismi che non hanno accesso alle procedure di ricorso di cui alla direttiva 89/665/CEE hanno comunque un interesse legittimo in qualità di contribuenti a un corretto svolgimento delle procedure di appalto. Dovrebbero pertanto avere la possibilità, con modalità diverse dal sistema di ricorso di cui alla direttiva 89/665/CEE e senza che ciò comporti necessariamente una loro azione dinanzi a corti e tribunali, di segnalare le eventuali violazioni della presente direttiva all'autorità o alla struttura competente. Al fine di non creare duplicazioni di autorità o strutture esistenti, gli Stati membri dovrebbero essere in grado di prevedere il ricorso ad autorità o strutture di controllo generali, organi di vigilanza settoriali, autorità di vigilanza comunali, autorità competenti in materia di concorrenza, al Mediatore o ad autorità nazionali competenti in materia di audit.

(123) Al fine di sfruttare appieno il potenziale degli appalti pubblici nel conseguimento degli obiettivi della strategia Europa 2020 per una crescita intelligente, sostenibile e inclusiva, anche gli appalti in materia ambientale, sociale e di innovazione dovranno fare la loro parte. È pertanto importante ottenere una panoramica degli sviluppi nel campo degli appalti strategici che consenta di formarsi un parere con cognizione di causa sulle tendenze generali a livello globale in tale settore. In questo contesto possono, evidentemente,

essere usate anche eventuali relazioni appropriate già elaborate.

(124) Dato il potenziale delle PMI per la creazione di posti di lavoro, la crescita e l'innovazione, è importante incoraggiare la loro partecipazione agli appalti pubblici, sia tramite disposizioni appropriate nella presente direttiva che tramite iniziative a livello nazionale. Le nuove disposizioni della presente direttiva dovrebbero contribuire al miglioramento del livello di successo, ossia la percentuale delle PMI rispetto al valore complessivo degli appalti aggiudicati. Non è appropriato imporre percentuali obbligatorie di successo, ma occorre tenere sotto stretto controllo le iniziative nazionali volte a rafforzare la partecipazione delle PMI, data la sua importanza.

(125) È già stata posta in essere una serie di procedure e metodi di lavoro per quanto riguarda le comunicazioni della Commissione e i contatti con gli Stati membri, quali le comunicazioni e i contatti riguardanti le procedure di cui agli articoli 258 e 260 TFUE, la rete per la soluzione dei problemi nel mercato interno (SOLVIT) ed EU Pilot, procedure che non sono modificate dalla presente direttiva.

Dovrebbero, tuttavia, essere integrate dalla designazione di un unico punto di riferimento in ciascuno Stato membro per la cooperazione con la Commissione, che fungerebbe da punto di entrata unico per materie riguardanti gli appalti pubblici nello Stato membro in questione. Questa funzione può essere esercitata da persone o strutture che sono già regolarmente in contatto con la Commissione per quanto riguarda materie attinenti agli appalti pubblici, quali punti di contatto nazionali, membri del comitato consultivo per gli appalti pubblici, membri della rete per gli appalti pubblici o organismi di coordinamento nazionali.

(126) La tracciabilità e la trasparenza del processo decisionale nelle procedure di appalto è essenziale per garantire procedure leali nonché combattere efficacemente la corruzione e le frodi. Le amministrazioni aggiudicatrici dovrebbero quindi conservare le copie dei contratti conclusi di valore elevato onde garantire alle parti interessate l'accesso a tali documenti, conformemente alle norme applicabili in materia di accesso alla documentazione. È altresì necessario che gli elementi essenziali e le decisioni delle singole procedure di aggiudicazione degli appalti siano documentati in una relazione sull'appalto. Onde evitare, per quanto possibile, oneri amministrativi dovrebbe essere permesso che la relazione sull'appalto rimandi a informazioni già riportate nel pertinente avviso di aggiudicazione. Occorre inoltre migliorare i sistemi elettronici per la pubblicazione di tali avvisi, gestiti dalla Commissione, al fine di facilitare l'inserimento dei dati e, nel contempo, l'estrazione delle relazioni globali e lo scambio di dati tra i sistemi.

(127) Per favorire la semplificazione amministrativa e diminuire l'onere imposto agli Stati membri, la Commissione dovrebbe esaminare periodicamente se la qualità e completezza delle informazioni contenute negli avvisi che sono pubblicati in occasione di procedure di appalto siano sufficienti per permettere alla Commissione di estrarre le informazioni statistiche che diversamente dovrebbero essere trasmesse dagli Stati membri.

(128) È necessaria un'efficace cooperazione amministrativa per lo scambio delle informazioni richieste per lo svolgimento delle procedure di aggiudicazione in situazioni transfrontaliere, in particolare per quanto riguarda la verifica dei motivi di esclusione e dei criteri di selezione, l'applicazione degli standard di qualità ed ambientali e gli elenchi di operatori economici approvati. Lo scambio di informazioni è soggetto alla legislazione nazionale in materia di riservatezza. La presente direttiva non comporta pertanto l'obbligo per gli Stati membri di scambiare informazioni che vanno al di là di quelle a cui le amministrazioni aggiudicatrici nazionali possono accedere. Il sistema di informazione del mercato interno (IMI) istituito dal regolamento (UE) n. 1024/2012 del Parlamento europeo e del Consiglio potrebbe fornire un utile strumento elettronico per facilitare e rafforzare la cooperazione amministrativa gestendo lo scambio di informazioni sulla base di procedure semplici ed unificate che superino le barriere linguistiche. Il più rapidamente possibile dovrebbe pertanto essere avviato un progetto pilota per valutare l'opportunità di estendere l'IMI allo scambio di informazioni a norma della presente direttiva.

(129) Al fine di potersi adattare ai rapidi progressi tecnici, economici e normativi, dovrebbe essere delegato alla Commissione il potere di adottare atti conformemente all'articolo 290 TFUE riguardo alla modifica di un certo numero di elementi non essenziali della presente direttiva. Data la necessità di rispettare gli accordi internazionali, dovrebbe essere delegato alla Commissione il potere di modificare le modalità tecniche dei metodi di calcolo delle soglie e periodicamente rivedere le soglie stesse ed adeguarle agli allegati V e XI; gli elenchi delle autorità governative centrali sono soggetti a variazioni dovute alle modifiche di carattere amministrativo a livello nazionale. Tali misure sono notificate alla Commissione, la quale dovrebbe avere il potere di adeguare l'allegato I; i riferimenti alla nomenclatura CPV possono subire modifiche normative a livello dell'Unione ed è necessario riflettere tali cambiamenti nel testo della presente direttiva; i dettagli e le caratteristiche tecniche dei dispositivi di ricezione elettronici dovrebbero essere mantenuti aggiornati rispetto agli sviluppi tecnologici; è inoltre necessario conferire alla Commissione il potere di rendere obbligatorie le norme tecniche per le comunicazioni elettroniche così da garantire l'interoperabilità di formati tecnici, processi e messaggistica delle procedure di appalto condotte utilizzando mezzi di comunicazione elettronici, tenendo conto degli sviluppi tecnologici; l'elenco degli atti legislativi dell'Unione europea che istituisce metodi comuni per il calcolo dei costi del ciclo di vita dovrebbe essere tempestivamente adeguato per tener conto delle misure adottate su una base settoriale. Al fine di soddisfare tali esigenze, la Commissione dovrebbe avere il potere di mantenere aggiornato l'elenco degli atti legislativi compresi i metodi relativi al costo del ciclo di vita. È di particolare importanza che durante i lavori preparatori la Commissione svolga adeguate consultazioni, anche a livello di esperti. Nella preparazione e nell'elaborazione degli atti delegati la

Commissione dovrebbe provvedere alla contestuale, tempestiva e appropriata trasmissione dei documenti pertinenti al Parlamento europeo e al Consiglio.

(130) Nell'applicazione della presente direttiva, la Commissione dovrebbe consultare gli appropriati gruppi di esperti nel settore degli appalti elettronici, garantendo una composizione equilibrata tra i principali gruppi di parti interessate.

(131) Al fine di garantire condizioni uniformi di esecuzione della presente direttiva, dovrebbero essere attribuite alla Commissione competenze di esecuzione riguardo alla stesura dei modelli di formulari per la pubblicazione degli avvisi e di un modello di formulario per le autodichiarazioni. Tali competenze dovrebbero essere esercitate conformemente al regolamento (UE) n. 182/2011 del Parlamento europeo e del Consiglio.

(132) Per l'adozione degli atti di esecuzione relativi ai modelli di formulari per la pubblicazione degli avvisi, che non hanno ripercussioni né da un punto di vista finanziario né su natura e ambito degli obblighi derivanti dalla presente direttiva si dovrebbe far ricorso alla procedura consultiva. Al contrario, tali atti sono caratterizzati da una finalità puramente amministrativa e sono intesi ad agevolare l'applicazione delle norme stabilite dalla presente direttiva.

(133) Per l'adozione del modello di formulario per le autodichiarazioni si dovrebbe far ricorso alla procedura d'esame, tenuto conto dell'impatto di tali autodichiarazioni sull'appalto e per il fatto che esse svolgono un ruolo centrale nella semplificazione dei requisiti documentali nelle procedure d'appalto.

(134) La Commissione dovrebbe riesaminare gli effetti sul mercato interno derivanti dall'applicazione delle soglie e trasmettere una relazione in proposito al Parlamento europeo e al Consiglio. In tale contesto dovrebbe tener conto di fattori quali il livello degli appalti transfrontalieri, la partecipazione delle PMI, i costi di transazione e l'equilibrio tra costi e benefici.

Conformemente all'articolo XXII, paragrafo 7, l'AAP sarà oggetto di ulteriori negoziati tre anni dopo la sua entrata in vigore e successivamente a intervalli periodici. In tale contesto potrebbe anche essere esaminata l'appropriatezza del livello delle soglie, tenendo conto dell'impatto dell'inflazione nel lungo periodo in cui le soglie previste dall'AAP non sono state modificate; qualora il livello delle soglie dovesse cambiare di conseguenza, la Commissione dovrebbe, se del caso, adottare una proposta di atto giuridico che modifichi le soglie previste dalla presente direttiva.

(135) Tenuto conto delle discussioni in corso sulle disposizioni orizzontali che disciplinano le relazioni con i paesi terzi nel contesto degli appalti pubblici, è opportuno che la Commissione segua con attenzione l'andamento del commercio mondiale e valuti la posizione concorrenziale dell'Unione.

(136) Poiché l'obiettivo della presente direttiva, vale a dire il coordinamento di disposizioni legislative, regolamentari e amministrative degli Stati membri in materia di appalti pubblici, non può essere conseguito in misura sufficiente dagli Stati membri ma, a motivo della sua portata e dei suoi effetti, può essere conseguito meglio a livello di Unione, quest'ultima può intervenire in base al principio di sussidiarietà sancito dall'articolo 5 del trattato sull'Unione europea. La presente direttiva si limita a quanto è necessario per conseguire tale obiettivo in ottemperanza al principio di proporzionalità enunciato nello stesso articolo.

(137) La direttiva 2004/18/CE dovrebbe essere abrogata.

(138) Conformemente alla dichiarazione politica comune del 28 settembre 2011 degli Stati membri e della Commissione sui documenti esplicativi, gli Stati membri si sono impegnati ad accompagnare, in casi giustificati, la notifica delle loro misure di recepimento con uno o più documenti che chiariscano il rapporto tra gli elementi costitutivi della direttiva e le parti corrispondenti degli strumenti nazionali di recepimento. Per quanto riguarda la presente direttiva, il legislatore ritiene che la trasmissione di tali documenti sia giustificata,

HANNO ADOTTATO LA PRESENTE DIRETTIVA:

TITOLO I
Ambito di applicazione, definizioni e principi generali

CAPO I
Ambito di applicazione e definizioni

SEZIONE 1
Oggetto e definizioni

1 Oggetto e ambito di applicazione.

1. La presente direttiva stabilisce norme sulle procedure per gli appalti indetti da amministrazioni aggiudicatrici, per quanto riguarda appalti pubblici e concorsi pubblici di progettazione il cui valore è stimato come non inferiore alle soglie stabilite all'articolo 4.

2. Ai sensi della presente direttiva si parla di appalto quando una o più amministrazioni aggiudicatrici acquisiscono, mediante appalto pubblico, lavori, forniture o servizi da operatori economici scelti dalle amministrazioni aggiudicatrici stesse, indipendentemente dal fatto che i lavori, le forniture o i servizi siano considerati per una finalità pubblica o meno.

3. L'applicazione della presente direttiva è soggetta all'articolo 346 TFUE.

4. La presente direttiva fa salva la libertà, per gli Stati membri, di definire, in conformità del diritto dell'Unione, quali essi ritengano essere servizi d'interesse economico generale, in che modo tali servizi debbano essere organizzati e finanziati, in conformità delle regole sugli aiuti di Stato, e a quali obblighi specifici debbano essere soggetti. Analogamente, la presente direttiva fa salva la possibilità per le autorità pubbliche di decidere se, come e in che misura desiderano espletare funzioni pubbliche autonomamente in conformità dell'articolo 14 TFUE e del protocollo n. 26.

5. La presente direttiva fa salve le modalità con cui gli Stati membri organizzano i propri sistemi in materia di previdenza sociale.

6. Gli accordi, le decisioni o altri strumenti giuridici che disciplinano i trasferimenti di competenze e responsabilità per la realizzazione di compiti pubblici tra amministrazioni aggiudicatrici o associazioni di amministrazioni aggiudicatrici e non prevedono una remunerazione in cambio di una prestazione contrattuale sono considerati questioni di organizzazione interna dello Stato membro interessato e, in quanto tali, esulano del tutto dalla presente direttiva.

2-3 (*Omissis*).

SEZIONE 2
Soglie

4 Importi delle soglie.

La presente direttiva si applica agli appalti con un importo, al netto dell'imposta sul valore aggiunto (IVA), pari o superiore alle soglie seguenti:

a) 5 383 000 EUR per gli appalti pubblici di lavori (1);

b) 140 000 EUR per gli appalti pubblici di forniture e di servizi aggiudicati dalle autorità governative centrali e per i concorsi di progettazione organizzati da tali autorità; se gli appalti pubblici di forniture sono aggiudicati da amministrazioni aggiudicatrici operanti nel settore della difesa, questa soglia si applica solo agli appalti concernenti i prodotti menzionati nell'allegato III (1);

c) 215 000 EUR per gli appalti pubblici di forniture e di servizi aggiudicati da amministrazioni aggiudicatrici sub-centrali e concorsi di progettazione organizzati da tali amministrazioni; tale soglia si applica anche agli appalti pubblici di forniture aggiudicati dalle autorità governative centrali che operano nel settore della difesa, allorché tali appalti concernono prodotti non menzionati nell'allegato III (1);

d) 750 000 EUR per gli appalti di servizi sociali e di altri servizi specifici elencati all'allegato XIV.

(1) *L'art. 1 del Regolamento delegato (UE) 2021/1952 della Commissione, del 10 novembre 2021, ha sostituito, alla lett.* a), « 5 383 000 EUR » *a* « 5 350 000 EUR »; *alla lett.* b), « 149 000 EUR » *a* « 139 000 EUR »; *alla lett.* c), « 215 000 EUR » *a* « 214 000 EUR ». *Ai sensi dell'art. 2 del medesimo Regolamento, tale modifica si applica a decorrere dal 1° gennaio 2022.*

5-24 (*Omissis*).

TITOLO II
Disposizioni applicabili agli appalti pubblici

CAPO I
Procedure

25 Condizioni relative all'AAP e ad altri accordi internazionali.

1. Nella misura in cui sono contemplati dagli allegati 1, 2, 4 e 5 e dalle note generali dell'appendice 1 dell'Unione europea dell'AAPe dagli altri accordi internazionali a cui l'Unione è vincolata, le amministrazioni aggiudicatrici accordano ai lavori, alle forniture, ai servizi e agli operatori economici dei firmatari di tali accordi un trattamento non meno favorevole di quello concesso ai lavori, alle forniture, ai servizi e agli operatori economici dell'Unione.

26 Scelta delle procedure.

1. Nell'aggiudicazione di appalti pubblici, le amministrazioni aggiudicatrici applicano le procedure nazionali adattate in modo da essere conformi alla presente direttiva, a condizione che, fatto salvo il disposto dell'articolo 32, sia stato pubblicato un avviso di indizione di gara conformemente alla presente direttiva.

2. Gli Stati membri prevedono la possibilità per le amministrazioni aggiudicatrici di applicare procedure aperte o ristrette come disposto dalla presente direttiva.

3. Gli Stati membri prevedono la possibilità per le amministrazioni aggiudicatrici di ricorrere a partenariati per l'innovazione come disposto dalla presente direttiva.

4. Gli Stati membri prevedono la possibilità per le amministrazioni aggiudicatrici di applicare una procedura competitiva con negoziazione o un dialogo competitivo nelle seguenti situazioni:

a) per quanto riguarda lavori, forniture o servizi che soddisfano uno o più dei seguenti criteri:

i) le esigenze dell'amministrazione aggiudicatrice non possono essere soddisfatte senza l'adozione di soluzioni immediatamente disponibili;

ii) implicano progettazione o soluzioni innovative;

iii) l'appalto non può essere aggiudicato senza preventive negoziazioni a causa di circostanze particolari in relazione alla loro natura, complessità o impostazione finanziaria e giuridica o a causa dei rischi ad essi connessi;

iv) le specifiche tecniche non possono essere stabilite con sufficiente precisione dall'amministrazione aggiudicatrice con riferimento a una norma, una valutazione tecnica europea, una specifica tecnica comune o un riferimento tecnico ai sensi dei punti da 2 a 5 dell'allegato VII;

b) per quanto riguarda lavori, forniture o servizi per i quali, in risposta a una procedura aperta o ristretta, sono presentate soltanto offerte irregolari o inaccettabili. In tali situazioni, le amministrazioni aggiudicatrici non sono tenute a pubblicare un bando di gara se includono nella procedura tutti, e soltanto, gli offerenti in possesso dei requisiti di cui agli articoli da 57 a 64 che, nella procedura aperta o ristretta precedente, hanno presentato offerte conformi ai requisiti formali della procedura di appalto.

In particolare sono considerate irregolari le offerte che non rispettano i documenti di gara, che sono state ricevute in ritardo, in relazione alle quali vi sono prove di corruzione o collusione, o che l'amministrazione aggiudicatrice ha giudicato anormalmente basse. In particolare sono considerate inaccettabili le offerte presentate da offerenti che non possiedono la qualificazione necessaria e le offerte il cui prezzo supera l'importo posto dall'amministrazione aggiudicatrice a base di gara dell'amministrazione aggiudicatrice stabilito e documentato prima dell'avvio della procedura di appalto.

5. La gara è indetta mediante un bando di gara a norma dell'articolo 49.

Nel caso in cui l'appalto sia aggiudicato mediante procedura ristretta o procedura competitiva con negoziazione, gli Stati membri possono, in deroga al primo comma del presente paragrafo, disporre che le amministrazioni aggiudicatrici sub-centrali o specifiche categorie delle stesse possano indire la gara mediante un avviso di preinformazione conformemente all'articolo 48, paragrafo 2.

Se la gara è indetta mediante un avviso di preinformazione di cui all'articolo 48, paragrafo 2, gli operatori economici che hanno manifestato interesse in seguito alla pubblicazione dell'avviso di preinformazione sono successivamente invitati a confermare il proprio interesse per iscritto mediante un « invito a confermare interesse », conformemente all'articolo 54.

6. Nei casi e nelle circostanze specifici espressamente previsti all'articolo 32, gli Stati membri possono prevedere che le amministrazioni aggiudicatrici ricorrano a una procedura negoziata senza previa pubblicazione di un bando di gara. Gli Stati membri non consentono l'applicazione di tale procedura in casi diversi da quelli di cui all'articolo 32.

27 Procedura aperta.

1. Nelle procedure aperte, qualsiasi operatore economico interessato può presentare un'offerta in risposta a un avviso di indizione di gara.

Il termine minimo per la ricezione delle offerte è di trentacinque giorni dalla data di trasmissione del bando di gara.

Le offerte sono accompagnate dalle informazioni richieste dall'amministrazione aggiudicatrice per la selezione qualitativa.

2. Nel caso in cui le amministrazioni aggiudicatrici abbiano pubblicato un avviso di preinformazione che non è stato esso stesso usato come mezzo di indizione di una gara, il termine minimo per la ricezione delle offerte come stabilito al presente articolo, paragrafo 1, secondo comma, può essere ridotto a quindici giorni purché siano rispettate tutte le seguenti condizioni:

a) l'avviso di preinformazione contiene tutte le informazioni richieste per il bando di gara di cui all'allegato V, parte B, sezione I, sempreché queste siano disponibili al momento della pubblicazione dell'avviso di preinformazione;

b) l'avviso di preinformazione è stato inviato alla pubblicazione non meno di trentacinque giorni e non oltre dodici mesi prima della data di trasmissione del bando di gara.

3. Se, per motivi di urgenza debitamente dimostrati dall'amministrazione aggiudicatrice, i termini minimi stabiliti al secondo comma del paragrafo 1 non possono essere rispettati, le amministrazioni aggiudicatrici possono fissare un termine non inferiore a quindici giorni a decorrere dalla data di invio del bando di gara.

4. L'amministrazione aggiudicatrice può ridurre di cinque giorni il termine per la ricezione delle offerte di cui al presente articolo, paragrafo 1, secondo comma, se accetta che le offerte possano essere presentate per via elettronica conformemente all'articolo 22, paragrafo 1, primo comma, e all'articolo 22, paragrafi 5 e 6.

28 Procedura ristretta.

1. Nelle procedure ristrette qualsiasi operatore economico può presentare una domanda di partecipazione in risposta a un avviso di indizione di gara contenente le informazioni di cui all'allegato V, parte B o C a seconda dei casi, fornendo le informazioni richieste dall'amministrazione aggiudicatrice per la selezione qualitativa.

Il termine minimo per la ricezione delle domande di partecipazione è di trenta giorni dalla data di trasmissione del bando di gara o, se un avviso di preinformazione è utilizzato come mezzo di indizione di una gara, dalla data d'invio dell'invito a confermare interesse.

2. Soltanto gli operatori economici invitati in tal senso dalle amministrazioni aggiudicatrici in seguito alla valutazione delle informazioni fornite potranno presentare un'offerta. Le amministrazioni aggiudicatrici possono limitare il numero di candidati idonei da invitare a partecipare alla procedura in conformità dell'articolo 65.

Il termine minimo per la ricezione delle offerte è di trenta giorni dalla data di trasmissione dell'invito a presentare offerte.

3. Nel caso in cui le amministrazioni aggiudicatrici abbiano pubblicato un avviso di preinformazione che non è usato come mezzo di indizione di una gara, il termine minimo per la ricezione delle offerte come stabilito al presente articolo, paragrafo 2, secondo comma, può essere ridotto a dieci giorni purché siano rispettate tutte le seguenti condizioni:

a) l'avviso di preinformazione contiene tutte le informazioni richieste nell'allegato V, parte B, sezione I, sempreché dette informazioni siano disponibili al momento della pubblicazione dell'avviso di preinformazione;

b) l'avviso di preinformazione è stato inviato alla pubblicazione non meno di trentacinque giorni e non oltre dodici mesi prima della data di trasmissione del bando di gara.

4. Gli Stati membri possono prevedere che tutte le amministrazioni aggiudicatrici sub-centrali o specifiche categorie delle stesse possano fissare il termine per la ricezione delle offerte di concerto con l'amministrazione aggiudicatrice e i candidati selezionati, purché tutti i candidati selezionati dispongano di un termine identico per redigere e presentare le loro offerte. In assenza di un accordo sul termine per la ricezione delle offerte, il termine non può essere inferiore a dieci giorni dalla data di invio dell'invito a presentare offerte.

5. Il termine per la ricezione delle offerte di cui al paragrafo 2 del presente articolo può essere ridotto di cinque giorni quando l'amministrazione aggiudicatrice accetta che le offerte possano essere presentate per via elettronica conformemente all'articolo 22, paragrafi 1, 5 e 6.

6. Quando, per motivi di urgenza debitamente dimostrati dall'amministrazione aggiudicatrice, sia impossibile rispettare i termini minimi previsti al presente articolo, essa può fissare:

a) per la ricezione delle domande di partecipazione, un termine non inferiore a quindici giorni dalla data di trasmissione del bando di gara;

b) un termine di ricezione delle offerte non inferiore a dieci giorni a decorrere dalla data di invio dell'invito a presentare offerte.

29 Procedura competitiva con negoziazione.

1. Nelle procedure competitive con negoziazione qualsiasi operatore economico può presentare una domanda di partecipazione in risposta a un avviso di indizione di gara contenente le informazioni di cui all'allegato V, parti B e C, fornendo le informazioni richieste dall'amministrazione aggiudicatrice per la selezione qualitativa.

Nei documenti di gara le amministrazioni aggiudicatrici individuano l'oggetto dell'appalto fornendo una descrizione delle loro esigenze e illustrando le caratteristiche richieste delle forniture, dei lavori o dei servizi da appaltare e specificano i criteri per l'aggiudicazione dell'appalto. Indicano altresì quali elementi della descrizione definiscono i requisiti minimi che tutti gli offerenti devono soddisfare.

Le informazioni fornite sono sufficientemente precise per permettere agli operatori economici di individuare la natura e l'ambito dell'appalto e decidere se chiedere di partecipare alla procedura.

Il termine minimo per la ricezione delle domande di partecipazione è di trenta giorni dalla data di trasmissione del bando di gara o, se un avviso di preinformazione è utilizzato come mezzo di indizione di una gara, dalla data d'invio dell'invito a confermare interesse. Il termine minimo per la ricezione delle offerte iniziali è di trenta giorni dalla data di trasmissione dell'invito. Si applica l'articolo 28, paragrafi da 3 a 6.

2. Soltanto gli operatori economici invitati dall'amministrazione aggiudicatrice in seguito alla sua valutazione delle informazioni fornite possono presentare un'offerta iniziale che costituisce la base per le successive negoziazioni. Le amministrazioni aggiudicatrici possono limitare il numero di candidati idonei da invitare a partecipare alla procedura in conformità dell'articolo 65.

3. Salvo quanto previsto al paragrafo 4, le amministrazioni aggiudicatrici negoziano con gli offerenti le offerte iniziali e tutte le offerte successive da essi presentate, tranne le offerte finali ai sensi del paragrafo 7, per migliorarne il contenuto.

I requisiti minimi e i criteri di aggiudicazione non sono soggetti a negoziazioni.

4. Le amministrazioni aggiudicatrici possono aggiudicare appalti sulla base delle offerte iniziali senza negoziazione qualora abbiano indicato nel bando di gara o nell'invito a confermare interesse che si riservano tale possibilità.

5. Nel corso delle negoziazioni le amministrazioni aggiudicatrici garantiscono la parità di trattamento fra tutti gli offerenti. A tal fine, esse non forniscono in maniera discriminatoria informazioni che possano avvantaggiare determinati offerenti rispetto ad altri. Esse informano per iscritto tutti gli offerenti le cui offerte non sono state escluse ai sensi del paragrafo 6 delle modifiche alle specifiche tecniche o ad altri documenti di gara diversi da quelli che stabiliscono i requisiti minimi. A seguito di tali modifiche le amministrazioni aggiudicatrici concedono agli offerenti un tempo sufficiente per modificare e ripresentare, ove opportuno, le offerte modificate.

Conformemente all'articolo 21, le amministrazioni aggiudicatrici non possono rivelare agli altri partecipanti informazioni riservate comunicate dal candidato o da un offerente che partecipa alle negoziazioni senza l'accordo di quest'ultimo. Tale accordo non assume la forma di una deroga generale ma si considera riferito alla comunicazione di informazioni specifiche espressamente indicate.

6. Le procedure competitive con negoziazione possono svolgersi in fasi successive per ridurre il numero di offerte da negoziare applicando i criteri di aggiudicazione specificati nel bando di gara, nell'invito a confermare interesse o in altro documento di gara. Nel bando di gara, nell'invito a confermare interesse o in altro documento di gara, l'amministrazione aggiudicatrice indica se si avvale di tale facoltà.

7. Quando le amministrazioni aggiudicatrici intendono concludere le negoziazioni, esse informano gli altri offerenti e stabiliscono un termine comune entro il quale possono essere presentate offerte nuove o modificate. Verificano che le offerte finali siano conformi ai requisiti minimi e all'articolo 56, paragrafo 1, valutano le offerte finali in base ai criteri di aggiudicazione e aggiudicano l'appalto conformemente agli articoli da 66 a 69.

30 Dialogo competitivo.

1. Nei dialoghi competitivi qualsiasi operatore economico può chiedere di partecipare in risposta a un bando di gara, fornendo le informazioni richieste dall'amministrazione aggiudicatrice per la selezione qualitativa.

Il termine minimo per la ricezione delle domande di partecipazione è di trenta giorni dalla data di trasmissione del bando di gara.

Soltanto gli operatori economici invitati dalle amministrazioni aggiudicatrici in seguito alla valutazione delle informazioni fornite possono partecipare al dialogo. Le amministrazioni aggiudicatrici possono limitare il numero di candidati idonei da invitare a partecipare alla procedura in conformità dell'articolo 65. L'appalto è aggiudicato unicamente sulla base del criterio di aggiudicazione dell'offerta con il miglior rapporto qualità/prezzo conformemente all'articolo 67, paragrafo 2.

2. Le amministrazioni aggiudicatrici indicano nel bando di gara le loro esigenze e i requisiti, e li definiscono nel bando stesso e/o in un documento descrittivo. Al tempo stesso e negli stessi documenti indicano e definiscono i criteri di aggiudicazione scelti e stabiliscono un termine indicativo.

3. Le amministrazioni aggiudicatrici avviano con i partecipanti selezionati conformemente alle disposizioni pertinenti degli articoli da 56 a 66 un dialogo finalizzato all'individuazione e alla definizione dei mezzi più idonei a soddisfare le proprie necessità. Nella fase del dialogo possono discutere con i partecipanti selezionati tutti gli aspetti dell'appalto.

Durante il dialogo le amministrazioni aggiudicatrici garantiscono la parità di trattamento di tutti i partecipanti. A tal fine, non forniscono in maniera discriminatoria informazioni che possano avvantaggiare determinati partecipanti rispetto ad altri.

Conformemente all'articolo 21, le amministrazioni aggiudicatrici non possono rivelare agli altri partecipanti le soluzioni proposte o altre informazioni riservate comunicate da un candidato o un offerente partecipante al dialogo senza l'accordo di quest'ultimo. Tale accordo non assume la forma di una deroga generale ma si considera riferito alla comunicazione di informazioni specifiche espressamente indicate.

4. I dialoghi competitivi possono svolgersi in fasi successive in modo da ridurre il numero di soluzioni da discutere durante la fase del dialogo applicando i criteri di aggiudicazione stabiliti nel bando di gara o nel documento descrittivo. Nel bando di gara o nel documento descrittivo le amministrazioni aggiudicatrici indicano se sceglieranno tale opzione.

5. L'amministrazione aggiudicatrice prosegue il dialogo finché non è in grado di individuare la soluzione o le soluzioni che possano soddisfare le sue necessità.

6. Dopo aver dichiarato concluso il dialogo e averne informato i partecipanti rimanenti, le amministrazioni aggiudicatrici invitano ciascuno di loro a presentare le loro offerte finali in base alla soluzione o alle soluzioni presentate e specificate nella fase del dialogo. Tali offerte contengono tutti gli elementi richiesti e necessari per l'esecuzione del progetto.

Su richiesta dell'amministrazione aggiudicatrice tali offerte possono essere chiarite, precisate e perfezionate. Tuttavia tali precisazioni, chiarimenti, perfezionamenti o complementi delle informazioni non possono avere l'effetto di modificare gli aspetti essenziali dell'offerta o dell'appalto pubblico, compresi i requisiti e le esigenze indicati nel bando di gara o nel documento descrittivo, qualora le variazioni di tali aspetti, requisiti ed esigenze rischino di falsare la concorrenza o di avere un effetto discriminatorio.

7. Le amministrazioni aggiudicatrici valutano le offerte ricevute sulla base dei criteri di aggiudicazione fissati nel bando di gara o nel documento descrittivo.

Su richiesta dell'amministrazione aggiudicatrice possono essere condotte negoziazioni con l'offerente che risulta aver presentato l'offerta con il miglior rapporto qualità/prezzo conformemente all'articolo 67, al fine di confermare gli impegni finanziari o altri termini contenuti nell'offerta attraverso il completamento dei termini del contratto, a condizione che da ciò non consegua la modifica sostanziale di elementi fondamentali dell'offerta o dell'appalto pubblico, comprese le esigenze e i requisiti definiti nel bando di gara o nel documento descrittivo, e che non si rischi di falsare la concorrenza o creare discriminazioni.

8. Le amministrazioni aggiudicatrici possono prevedere premi o pagamenti per i partecipanti al dialogo.

31 Partenariati per l'innovazione.

1. Nei partenariati per l'innovazione qualsiasi operatore economico può presentare una domanda di partecipazione in risposta a un bando di gara, presentando le informazioni richieste dall'amministrazione aggiudicatrice per la selezione qualitativa.

Nei documenti di gara l'amministrazione aggiudicatrice identifica l'esigenza di prodotti, servizi o lavori innovativi che non può essere soddisfatta acquistando prodotti, servizi o lavori disponibili sul mercato. Indica altresì quali elementi della descrizione definiscono i requisiti minimi che tutti gli offerenti devono soddisfare. Le informazioni fornite sono sufficientemente precise per permettere agli operatori economici di individuare la natura e l'ambito della soluzione richiesta e decidere se chiedere di partecipare alla procedura.

L'amministrazione aggiudicatrice può decidere di instaurare il partenariato per l'innovazione con un solo partner o con più partner che conducono attività di ricerca e sviluppo separate.

Il termine minimo per la ricezione delle domande di partecipazione è di trenta giorni dalla data di trasmissione del bando di gara. Soltanto gli operatori economici invitati dalle amministrazioni aggiudicatrici in seguito alla valutazione delle informazioni fornite possono partecipare alla procedura. Le amministrazioni aggiudicatrici possono limitare il numero di candidati idonei da invitare a partecipare alla procedura in conformità dell'articolo 65. Gli appalti sono aggiudicati unicamente sulla base del miglior rapporto qualità/prezzo criterio di aggiudicazione del miglior rapporto qualità/prezzo conformemente all'articolo 67.

2. Il partenariato per l'innovazione punta a sviluppare prodotti, servizi o lavori innovativi e al successivo acquisto delle forniture, servizi o lavori che ne risultano, a condizione che essi corrispondano ai livelli di prestazioni e ai costi massimi concordati tra le amministrazioni aggiudicatrici e i partecipanti.

Il partenariato per l'innovazione è strutturato in fasi successive secondo la sequenza delle fasi del processo di ricerca e di innovazione, che può comprendere la fabbricazione dei prodotti o la prestazione dei servizi o la realizzazione dei lavori. Il partenariato per l'innovazione fissa obiettivi intermedi che le parti devono raggiungere e prevede il pagamento della remunerazione mediante congrue rate.

In base a questi obiettivi, l'amministrazione aggiudicatrice può decidere, dopo ogni fase, di risolvere il partenariato per l'innovazione o, nel caso di un partenariato con più partner, di ridurre il numero dei partner risolvendo singoli contratti, a condizione che essa abbia indicato nei documenti di gara tali possibilità e le condizioni per avvalersene.

3. Salvo disposizione contraria del presente articolo, le amministrazioni aggiudicatrici negoziano con gli offerenti le offerte iniziali e tutte le offerte successive da essi presentate, tranne le offerte finali, per migliorarne il contenuto.

I requisiti minimi e i criteri di aggiudicazione non sono soggetti a negoziazioni.

4. Nel corso delle negoziazioni le amministrazioni aggiudicatrici garantiscono la parità di trattamento fra tutti gli offerenti. A tal fine, esse non forniscono in maniera discriminatoria informazioni che possano avvantaggiare determinati offerenti rispetto ad altri. Esse informano per iscritto tutti gli offerenti le cui offerte non sono state escluse ai sensi del paragrafo 5 delle modifiche alle specifiche tecniche o ad altri documenti di gara diversi da quelli che stabiliscono i requisiti minimi. A seguito di tali modifiche, le amministrazioni aggiudicatrici concedono agli offerenti un tempo sufficiente per modificare e ripresentare, ove opportuno, le offerte modificate.

Conformemente all'articolo 21, le amministrazioni aggiudicatrici non rivelano agli altri partecipanti informazioni riservate comunicate da un candidato o da un offerente che partecipa alle negoziazioni senza l'accordo di quest'ultimo. Tale accordo non assume la forma di una deroga generale ma si considera riferito alla comunicazione di informazioni specifiche espressamente indicate.

5. Le negoziazioni nel corso delle procedure di partenariato per l'innovazione possono svolgersi in fasi successive per ridurre il numero di offerte da negoziare applicando i criteri di aggiudicazione specificati nel bando di gara, nell'invito a confermare interesse o nei documenti di gara. Nel bando di gara, nell'invito a confermare interesse o nei documenti di gara, l'amministrazione aggiudicatrice indica se si avvarrà di tale opzione.

6. Nel selezionare i candidati, le amministrazioni aggiudicatrici applicano in particolare i criteri relativi alle capacità dei candidati nel settore della ricerca e dello sviluppo e nella messa a punto e attuazione di soluzioni innovative.

Soltanto gli operatori economici invitati dalle amministrazioni aggiudicatrici in seguito alla valutazione delle informazioni richieste potranno presentare progetti di ricerca e di innovazione al fine di soddisfare le esigenze individuate dall'amministrazione aggiudicatrice, che non possono essere soddisfatte con soluzioni esistenti.

Nei documenti di gara l'amministrazione aggiudicatrice definisce il regime applicabile ai diritti di proprietà intellettuale. Nel caso di un partenariato per l'innovazione con più partner, l'amministrazione aggiudicatrice non rivela agli altri partner, conformemente all'articolo 21, le soluzioni proposte o altre informazioni riservate comunicate da un partner nel quadro del partenariato, senza l'accordo dello stesso. Tale accordo non assume la forma di una deroga generale ma si considera riferito alla prevista comunicazione di informazioni specifiche.

7. L'amministrazione aggiudicatrice assicura che la struttura del partenariato e, in particolare, la durata e il valore delle varie fasi riflettano il grado di innovazione della soluzione proposta e la sequenza di attività di ricerca e di innovazione necessarie per lo sviluppo di una soluzione innovativa non ancora disponibile sul mercato. Il valore stimato delle forniture, dei servizi o dei lavori non è sproporzionato rispetto all'investimento richiesto per il loro sviluppo.

32 Uso della procedura negoziata senza previa pubblicazione.

1. Nei casi e nelle circostanze specifici di cui ai paragrafi da 2 a 5, gli Stati membri possono prevedere che le amministrazioni aggiudicatrici aggiudichino appalti pubblici mediante una procedura negoziata senza previa pubblicazione.

2. Nel caso degli appalti pubblici di lavori, forniture e servizi, la procedura negoziata senza previa pubblicazione può essere utilizzata nei casi seguenti:

a) qualora non sia stata presentata alcuna offerta o alcuna offerta appropriata, né alcuna domanda di partecipazione o alcuna domanda di partecipazione appropriata, in esito all'esperimento di una procedura aperta o ristretta, purché le condizioni iniziali dell'appalto non siano sostanzialmente modificate e purché una relazione sia trasmessa alla Commissione a richiesta di quest'ultima.

Un'offerta non è ritenuta appropriata se non presenta alcuna pertinenza con l'appalto ed è quindi manifestamente inadeguata, salvo modifiche sostanziali, a rispondere alle esigenze dell'amministrazione aggiudicatrice e ai requisiti specificati nei documenti di gara. Una domanda di partecipazione non è ritenuta appropriata se l'operatore economico interessato deve o può essere escluso a norma dell'articolo 57 o non soddisfa i criteri di selezione stabiliti dall'amministrazione aggiudicatrice ai sensi dell'articolo 58;

b) quando i lavori, le forniture o i servizi possono essere forniti unicamente da un determinato operatore economico per una delle seguenti ragioni:

i) lo scopo dell'appalto consiste nella creazione o nell'acquisizione di un'opera d'arte o rappresentazione artistica unica;

ii) la concorrenza è assente per motivi tecnici;

iii) tutela di diritti esclusivi, inclusi i diritti di proprietà intellettuale.

Le eccezioni di cui ai punti *ii*) e *iii*) si applicano solo quando non esistono sostituti o alternative ragionevoli e l'assenza di concorrenza non è il risultato di una limitazione artificiale dei parametri dell'appalto;

c) nella misura strettamente necessaria quando, per ragioni di estrema urgenza derivanti da eventi imprevedibili dall'amministrazione aggiudicatrice, i termini per le procedure aperte o per le procedure ristrette o per le procedure competitive con negoziazione non possono essere rispettati. Le circostanze invocate per giustificare l'estrema urgenza non sono in alcun caso imputabili alle amministrazioni aggiudicatrici.

3. Nel caso degli appalti pubblici di forniture, la procedura negoziata senza previa pubblicazione può essere utilizzata nei casi seguenti:

a) qualora i prodotti in questione siano fabbricati esclusivamente a scopo di ricerca, di sperimentazione, di studio o di sviluppo; tuttavia, gli appalti aggiudicati in forza della presente lettera non comprendono la produzione in quantità volta ad accertare la redditività commerciale del prodotto o ad ammortizzare i costi di ricerca e di sviluppo;

b) nel caso di consegne complementari effettuate dal fornitore originario e destinate o al rinnovo parziale di forniture o di impianti o all'ampliamento di forniture o impianti esistenti, qualora il cambiamento di fornitore obbligasse l'amministrazione aggiudicatrice ad acquistare forniture con caratteristiche tecniche differenti il cui impiego o la cui manutenzione comporterebbero incompatibilità o difficoltà tecniche sproporzionate; la durata di tali contratti e dei contratti rinnovabili non può, come regola generale, superare i tre anni;

c) per forniture quotate e acquistate sul mercato delle materie prime;

d) per l'acquisto di forniture o servizi a condizioni particolarmente vantaggiose, da un fornitore che cessa definitivamente l'attività commerciale oppure dal curatore o liquidatore di un fallimento, di un concordato giudiziario o di una procedura analoga prevista nelle legislazioni o regolamentazioni nazionali.

4. La procedura negoziata senza previa pubblicazione può essere utilizzata per i servizi quando l'appalto in questione consegue a un concorso di progettazione organizzato secondo la presente direttiva e debba, in base alle norme previste nel concorso di progettazione, essere aggiudicato al vincitore o ad uno dei vincitori di tale concorso; in quest'ultimo caso tutti i vincitori devono essere invitati a partecipare ai negoziati.

5. La procedura negoziata senza previa pubblicazione può essere utilizzata per nuovi lavori o servizi consistenti nella ripetizione di lavori o servizi analoghi già affidati all'operatore economico aggiudicatario dell'appalto iniziale dalle medesime amministrazioni aggiudicatrici, a condizione che tali lavori o servizi siano conformi a un progetto di base e che tale progetto sia stato oggetto di un primo appalto aggiudicato secondo una procedura in conformità dell'articolo 26, paragrafo 1. Il progetto di base indica l'entità di eventuali lavori o servizi complementari e le condizioni alle quali essi verranno aggiudicati.

La possibilità di avvalersi di questa procedura è indicata sin dall'avvio del confronto competitivo nella prima operazione e l'importo totale previsto per la prosecuzione dei lavori o della prestazione dei servizi è preso in considerazione dalle amministrazioni aggiudicatrici per l'applicazione dell'articolo 4.

Il ricorso a questa procedura è limitato al triennio successivo alla conclusione dell'appalto iniziale.

33-69 (*Omissis*).

CAPO IV
Esecuzione dell'appalto

70 Condizioni di esecuzione dell'appalto.

Le amministrazioni aggiudicatrici possono esigere condizioni particolari in merito all'esecuzione dell'appalto, purché collegate all'oggetto dell'appalto ai sensi dell'articolo 67, paragrafo 3, e indicate nell'avviso di indizione di una gara o nei documenti di gara. Dette condizioni possono comprendere considerazioni economiche, legate all'innovazione, di ordine ambientale, sociale o relative all'occupazione.

71 Subappalto.

1. L'osservanza degli obblighi di cui all'articolo 18, paragrafo 2, da parte dei subappaltatori è garantita mediante azioni adeguate delle autorità nazionali competenti che agiscono nell'ambito delle rispettive responsabilità e competenze.

2. Nei documenti di gara l'amministrazione aggiudicatrice può chiedere o può essere obbligata da uno Stato membro a chiedere all'offerente di indicare, nella sua offerta, le eventuali parti dell'appalto che intende subappaltare a terzi, nonché i subappaltatori proposti.

3. Gli Stati membri possono prevedere che, su richiesta del subappaltatore e se la natura del contratto lo consente, l'amministrazione aggiudicatrice trasferisca i pagamenti dovuti direttamente al subappaltatore per i servizi, le forniture o i lavori forniti all'operatore economico cui è stato aggiudicato l'appalto pubblico (il contraente principale). Tra tali misure possono rientrare idonei meccanismi che consentano al contraente principale di opporsi a pagamenti indebiti. Gli accordi concernenti tale modalità di pagamento sono indicati nei documenti di gara.

4. I paragrafi da 1 a 3 lasciano impregiudicata la questione della responsabilità del contraente principale.

5. Nel caso di appalti di lavori e per servizi da fornire presso l'impianto sotto la diretta supervisione dell'amministrazione aggiudicatrice, dopo l'aggiudicazione dell'appalto e al più tardi all'inizio dell'esecuzione del contratto l'amministrazione aggiudicatrice impone al contraente principale di indicarle nome, recapito e rappresentanti legali dei suoi subappaltatori coinvolti in tali lavori o servizi, nella misura in cui questi sono noti al momento della richiesta. L'amministrazione aggiudicatrice impone al contraente principale di comunicare all'amministrazione aggiudicatrice eventuali modifiche a tali informazioni avvenute nel corso del contratto nonché le informazioni richieste per eventuali nuovi subappaltatori coinvolti successivamente in tali lavori o servizi.

Fermo restando il primo comma, gli Stati membri possono imporre direttamente al contraente principale l'obbligo di trasmettere le informazioni richieste.

Ove necessario ai fini del paragrafo 6, lettera *b*), del presente articolo, le informazioni richieste sono accompagnate dalle autodichiarazioni dei subappaltatori come previsto all'articolo 59. Le misure di esecuzione di cui al paragrafo 8 del presente articolo possono prevedere che i subappaltatori presentati a seguito dell'aggiudicazione dell'appalto forniscano i certificati e gli altri documenti complementari invece dell'autodichiarazione.

Il primo comma non si applica ai fornitori.

Le amministrazioni aggiudicatrici possono estendere o possono essere obbligate dagli Stati membri a estendere gli obblighi previsti al primo comma, ad esempio:

a) ai contratti di fornitura, ai contratti di servizi diversi da quelli riguardanti servizi da fornire presso gli impianti sotto la diretta supervisione dell'amministrazione aggiudicatrice, ovvero ai fornitori coinvolti in contratti di lavori o di servizi;

b) ai subappaltatori dei subappaltatori del contraente principale o ai subappaltatori successivi nella catena dei subappalti.

6. Al fine di evitare violazioni degli obblighi di cui all'articolo 18, paragrafo 2, possono essere adottate misure adeguate quali le seguenti:

a) se la legislazione nazionale di uno Stato membro prevede un meccanismo di responsabilità solidale tra subappaltatori e contraente principale, lo Stato membro interessato provvede a che le norme pertinenti siano applicate in conformità delle condizioni stabilite all'articolo 18, paragrafo 2;

b) le amministrazioni aggiudicatrici possono, conformemente agli articoli 59, 60 e 61, verificare o essere obbligate dagli Stati membri a verificare se sussistono motivi di esclusione dei subappaltatori a norma dell'articolo 57. In tali casi le amministrazioni aggiudicatrici impongono all'operatore economico di sostituire i subappaltatori in merito ai quali la verifica ha dimostrato che sussistono motivi obbligatori di esclusione. Le amministrazioni aggiudicatrici possono imporre o essere obbligate da uno Stato membro a imporre che l'operatore economico sostituisca i subappaltatori in relazione ai quali la verifica ha dimostrato che sussistono motivi non obbligatori di esclusione.

7. Gli Stati membri possono prevedere disposizioni di diritto interno più rigorose in materia di responsabilità, anche nel quadro del diritto interno in materia di pagamenti diretti ai subappaltatori, ad esempio prevedendo pagamenti diretti ai subappaltatori senza la necessità che questi ultimi facciano richiesta di pagamento diretto.

8. Gli Stati membri che hanno scelto di prevedere misure a norma del paragrafo 3, 5 o 6 specificano, in forza di disposizioni legislative, regolamentari o amministrative e nel rispetto del diritto dell'Unione, le condizioni di attuazione di tali misure. In tale contesto gli Stati membri possono limitarne l'applicabilità, ad esempio in relazione a determinati tipi di appalti, a determinate categorie di amministrazioni aggiudicatrici o operatori economici ovvero a determinati importi.

72 Modifica di contratti durante il periodo di validità.

1. I contratti e gli accordi quadro possono essere modificati senza una nuova procedura d'appalto a norma della presente direttiva nei casi seguenti:

a) se le modifiche, a prescindere dal loro valore monetario, sono state previste nei documenti di gara iniziali in clausole chiare, precise e inequivocabili, che possono comprendere clausole di revisione dei prezzi, o opzioni. Tali clausole fissano la portata e la natura di eventuali modifiche od opzioni, nonché le condizioni alle quali esse possono essere impiegate. Esse non apportano modifiche o opzioni che avrebbero l'effetto di alterare la natura generale del contratto o dell'accordo quadro;

b) per lavori, servizi o forniture supplementari da parte del contraente originale che si sono resi necessari e non erano inclusi nell'appalto iniziale, ove un cambiamento del contraente:

i) risulti impraticabile per motivi economici o tecnici quali il rispetto dei requisiti di intercambiabilità o interoperatività tra apparecchiature, servizi o impianti esistenti forniti nell'ambito dell'appalto iniziale; e

ii) comporti per l'amministrazione aggiudicatrice notevoli disguidi o una consistente duplicazione dei costi;

Tuttavia, l'eventuale aumento di prezzo non deve eccedere il 50% del valore del contratto iniziale. In caso di più modifiche successive, tale limitazione si applica al valore di ciascuna modifica. Tali modifiche successive non sono intese ad aggirare la presente direttiva;

c) ove siano soddisfatte tutte le seguenti condizioni:

i) la necessità di modifica è determinata da circostanze che un'amministrazione aggiudicatrice diligente non ha potuto prevedere;

ii) la modifica non altera la natura generale del contratto;

iii) l'eventuale aumento di prezzo non è superiore al 50% del valore del contratto iniziale o dell'accordo quadro. In caso di più modifiche successive, tale limitazione si applica al valore di ciascuna modifica. Tali modifiche successive non sono intese ad aggirare la presente direttiva;

d) se un nuovo contraente sostituisce quello a cui l'amministrazione aggiudicatrice aveva inizialmente aggiudicato l'appalto a causa di una delle seguenti circostanze:

i) una clausola o opzione di revisione inequivocabile in conformità della lettera *a*);

ii) all'aggiudicatario iniziale succede, in via universale o parziale, a seguito di ristrutturazioni societarie, comprese rilevazioni, fusioni, acquisizione o insolvenza, un altro operatore economico che soddisfi i criteri di selezione qualitativa stabiliti inizialmente, purché ciò non implichi altre modifiche sostanziali al contratto e non sia finalizzato ad eludere l'applicazione della presente direttiva; o

iii) nel caso in cui l'amministrazione aggiudicatrice stessa si assuma gli obblighi del contraente principale nei confronti dei suoi subappaltatori, ove tale possibilità sia prevista dalla legislazione nazionale a norma dell'articolo 71;

e) se le modifiche, a prescindere dal loro valore, non sono sostanziali ai sensi del paragrafo 4.

Le amministrazioni aggiudicatrici che hanno modificato un contratto nelle situazioni di cui al presente paragrafo, lettere *b*) e *c*), pubblicano un avviso al riguardo nella Gazzetta ufficiale dell'Unione europea. Tale avviso contiene le informazioni di cui all'allegato V, parte G, ed è pubblicato conformemente all'articolo 51.

2. Inoltre, e senza ulteriore bisogno di verificare se le condizioni di cui al paragrafo 4, lettere da *a*) a *d*), sono rispettate, i contratti possono parimenti essere modificati senza necessità di una nuova procedura d'appalto a norma della presente direttiva se il valore della modifica è al di sotto di entrambi i valori seguenti:

i) le soglie fissate all'articolo 4; e

ii) il 10% del valore iniziale del contratto per i contratti di servizio e fornitura e il 15% del valore iniziale del contratto per i contratti di lavori.

Tuttavia la modifica non può alterare la natura complessiva del contratto o accordo quadro. In caso di più modifiche successive, il valore è accertato sulla base del valore complessivo netto delle successive modifiche.

3. Ai fini del calcolo del prezzo di cui al paragrafo 2 e al paragrafo 1, lettere *b*) e *c*), il prezzo aggiornato è il valore di riferimento quando il contratto prevede una clausola di indicizzazione.

4. Una modifica di un contratto o di un accordo quadro durante il periodo della sua validità è considerata sostanziale ai sensi del paragrafo 1, lettera *e*), quando muta sostanzialmente la natura del contratto o dell'accordo quadro rispetto a quello inizialmente concluso. In ogni caso, fatti salvi i paragrafi 1 e 2, una modifica è considerata sostanziale se una o più delle seguenti condizioni sono soddisfatte:

a) la modifica introduce condizioni che, se fossero state contenute nella procedura d'appalto iniziale, avrebbero consentito l'ammissione di candidati diversi da quelli inizialmente selezionati o l'accettazione di un'offerta diversa da quella inizialmente accettata, oppure avrebbero attirato ulteriori partecipanti alla procedura di aggiudicazione;

b) la modifica cambia l'equilibrio economico del contratto o dell'accordo quadro a favore dell'aggiudicatario in modo non previsto nel contratto iniziale o nell'accordo quadro;

c) la modifica estende notevolmente l'ambito di applicazione del contratto o dell'accordo quadro;

d) se un nuovo contraente sostituisce quello cui l'amministrazione aggiudicatrice aveva inizialmente aggiudicato l'appalto in casi diversi da quelli previsti al paragrafo 1, lettera *d*).

5. Una nuova procedura d'appalto in conformità della presente direttiva è richiesta per modifiche delle disposizioni di un contratto pubblico e di un accordo quadro durante il periodo della sua validità diverse da quelle previste ai paragrafi 1 e 2.

73 Risoluzione dei contratti.

Gli Stati membri assicurano che le amministrazioni aggiudicatrici abbiano la possibilità,almeno nelle seguenti circostanze e alle condizioni stabilite dal diritto nazionale applicabile, di risolvere un contratto pubblico durante il periodo di validità dello stesso, qualora:

a) il contratto ha subito una modifica sostanziale che avrebbe richiesto una nuova procedura di appalto ai sensi dell'articolo 72;

b) l'aggiudicatario si è trovato, al momento dell'aggiudicazione dell'appalto, in una delle situazioni di cui all'articolo 57, paragrafo 1, e avrebbe dovuto pertanto essere escluso dalla procedura d'appalto;

c) l'appalto non avrebbe dovuto essere aggiudicato all'aggiudicatario in considerazione di una grave violazione degli obblighi derivanti dai trattati e dalla presente direttiva come riconosciuto dalla Corte di giustizia dell'Unione europea in un procedimento ai sensi dell'articolo 258 TFUE.

TITOLO III
Particolari regimi di appalto

74-82 (*Omissis*).

TITOLO IV
Governance

83-86 (*Omissis*).

TITOLO V
Poteri delegati, competenze di esecuzione e disposizioni finali

87-94 (*Omissis*).

42. Direttiva UE del Parlamento europeo e del Consiglio 26 febbraio 2014, n. 25. — Sulle procedure d'appalto degli enti nei settori dell'acqua, dell'energia, dei trasporti e dei servizi postali (1). (*estratto*).

Pubblicata nella Gazzetta Ufficiale dell'Unione Europea n. L94 del 28 marzo 2014.

(1) *Alla presente direttiva è stata data attuazione con il d.lgs. 18 aprile 2016, n. 50 - Codice dei contratti pubblici, riportato sub III, 44.*

IL PARLAMENTO EUROPEO E IL CONSIGLIO DELL'UNIONE EUROPEA,

visto il trattato sul funzionamento dell'Unione europea, in particolare l'articolo 53, paragrafo 1, l'articolo 62 e l'articolo 114,

vista la proposta della Commissione europea,

previa trasmissione del progetto di atto legislativo ai parlamenti nazionali,

visto il parere del Comitato economico e sociale europeo, visto il parere del Comitato delle regioni,

deliberando secondo la procedura legislativa ordinaria, considerando quanto segue:

(1) Alla luce dei risultati del documento di lavoro della Commissione del 27 giugno 2011, intitolato « Relazione sulla valutazione dell'impatto e dell'efficacia della normativa dell'Unione europea in materia di appalti pubblici », risulta opportuno mantenere norme riguardanti gli appalti degli enti erogatori di acqua e di energia e degli enti che forniscono servizi di trasporto e servizi postali, in quanto le autorità nazionali continuano a essere in grado di influenzare il comporta-

mento di questi enti, anche attraverso la partecipazione al loro capitale sociale o l'inserimento di propri rappresentanti nei loro organi amministrativi, direttivi o di vigilanza. Un ulteriore motivo che spinge a continuare a regolare normativamente gli appalti pubblici in questi settori è costituito dalla natura chiusa dei mercati in cui agiscono gli enti in tali settori, data l'esistenza di diritti speciali o esclusivi concessi dagli Stati membri in materia di alimentazione, fornitura o gestione delle reti per erogare il servizio pertinente.

(2) Al fine di assicurare l'apertura alla concorrenza degli appalti pubblici di enti che operano nei settori dell'acqua, dell'energia, dei trasporti e dei servizi postali è opportuno stabilire disposizioni di coordinamento per i contratti con valore superiore a una certa soglia. Tale coordinamento è necessario per assicurare l'effetto dei principi del trattato sul funzionamento dell'Unione europea (TFUE), in particolare la libera circolazione delle merci, la libertà di stabilimento e la libera prestazione dei servizi, nonché i principi che ne derivano, come la parità di trattamento, la non discriminazione, il mutuo riconoscimento, la proporzionalità e la trasparenza. In considerazione della natura dei settori interessati, il coordinamento delle procedure d'appalto a livello di Unione, pur continuando a salvaguardare l'applicazione di detti principi, dovrebbe istituire un quadro per pratiche commerciali leali e permettere la massima flessibilità.

(3) Per gli appalti il cui valore è inferiore alla soglia che fa scattare l'applicazione di disposizioni di coordinamento a livello di Unione, è opportuno fare riferimento alla giurisprudenza della Corte di giustizia dell'Unione europea relativa alla corretta applicazione delle norme e dei principi del TFUE.

(4) Gli appalti pubblici svolgono un ruolo fondamentale nella strategia Europa 2020, illustrata nella comunicazione della Commissione del 3 marzo 2010 dal titolo « Europa 2020 - Una strategia per una crescita intelligente, sostenibile e inclusiva » (« strategia Europa 2020 per una crescita intelligente, sostenibile e inclusiva »), in quanto costituiscono uno degli strumenti basati sul mercato necessari alla realizzazione di una crescita intelligente, sostenibile e inclusiva garantendo contemporaneamente l'uso più efficiente dei finanziamenti pubblici. A tal fine, la normativa sugli appalti adottata ai sensi della direttiva 2004/17/CE del Parlamento europeo e del Consiglio e della direttiva 2004/18/CE del Parlamento europeo e del Consiglio dovrebbe essere rivista e aggiornata in modo da accrescere l'efficienza della spesa pubblica, facilitando in particolare la partecipazione delle piccole e medie imprese (PMI) agli appalti pubblici e permettendo ai committenti di farne un miglior uso per sostenere il conseguimento di obiettivi condivisi a valenza sociale. È inoltre necessario chiarire alcuni concetti e nozioni di base onde assicurare una migliore certezza del diritto e incorporare alcuni aspetti della giurisprudenza consolidata della Corte di giustizia dell'Unione europea in materia.

(5) Nell'applicare la presente direttiva si dovrebbe tener conto della convenzione delle Nazioni Unite sui diritti delle persone con disabilità, soprattutto per quanto riguarda la scelta dei mezzi di comunicazione, le specifiche tecniche, i criteri di aggiudicazione e le condizioni di esecuzione di un appalto.

(6) È opportuno che la nozione di appalto sia il più possibile simile a quella applicata in conformità della direttiva 2014/24/UE del Parlamento europeo e del Consiglio, tenendo debitamente conto delle specificità dei settori contemplati dalla presente direttiva.

(7) È opportuno rammentare che nessuna disposizione della presente direttiva obbliga gli Stati membri ad affidare a terzi o a esternalizzare la prestazione di servizi che desiderano prestare essi stessi o organizzare con strumenti diversi dagli appalti pubblici ai sensi della presente direttiva. La prestazione di servizi sulla base di disposizioni legislative, regolamentari o contratti di lavoro dovrebbe esulare dall'ambito di applicazione della presente direttiva. In alcuni Stati membri ciò potrebbe verificarsi, ad esempio, per la fornitura di certi servizi alla collettività, come l'alimentazione con acqua potabile.

(8) È altresì opportuno ricordare che la presente direttiva non dovrebbe incidere sulla normativa degli Stati membri in materia di sicurezza sociale. Essa nondovrebbe neppure trattare la liberalizzazione di servizi di interesse economico generale, riservati a enti pubblici o privati, né la privatizzazione di enti pubblici che forniscono servizi.

Occorre parimenti ricordare che gli Stati membri sono liberi di organizzare la prestazione di servizi sociali obbligatori o di altri servizi, quali i servizi postali, in quanto servizi di interesse economico generale o in quanto servizi non economici di interesse generale ovvero in quanto combinazione di tali servizi. È opportuno chiarire che i servizi non economici di interesse generale non dovrebbero rientrare nell'ambito di applicazione della presente direttiva.

(9) Occorre infine ricordare che la presente direttiva lascia impregiudicata la libertà delle autorità nazionali, regionali e locali di definire, in conformità del diritto dell'Unione, i servizi d'interesse economico generale, il relativo ambito operativo e le caratteristiche del servizio da prestare, comprese le eventuali condizioni relative alla qualità del servizio, al fine di perseguire i loro obiettivi di interesse pubblico. Parimenti, la presente direttiva non dovrebbe pregiudicare la facoltà delle autorità nazionali, regionali e locali di fornire, fare eseguire e finanziare i servizi di interesse economico generale, conformemente all'articolo 14 TFUE e al protocollo n. 26 sui servizi di interesse generale allegato al TFUE e al trattato sull'Unione europea (TUE). Inoltre, la presente direttiva non riguarda il finanziamento dei servizi di interesse economico generale o le sovvenzioni concesse dagli Stati membri, in particolare nel settore sociale, in conformità delle norme dell'Unione sulla concorrenza.

(10) Un appalto dovrebbe essere considerato appalto di lavori solo se il suo oggetto riguarda specificamente l'esecuzione delle attività di cui all'allegato I, anche se l'appalto può riguardare la fornitura di altri servizi necessari per l'esecuzione delle suddette attività. Gli appalti di servizi, anche nel settore dei servizi di gestione immobiliare, possono in talune circostanze comprendere dei lavori. Tuttavia, se tali lavori sono accessori rispetto all'oggetto principale dell'appalto e

costituiscono quindi solo una conseguenza eventuale o un complemento del medesimo, il fatto che detti lavori facciano parte dell'appalto non può giustificare la qualifica di appalto di lavori per l'appalto di servizi.

Tuttavia, vista la diversità degli appalti di lavori, è opportuno che gli enti aggiudicatori possano prevedere sia l'aggiudicazione separata che l'aggiudicazione congiunta di appalti per la progettazione e l'esecuzione di lavori. La presente direttiva non è intesa a prescrivere un'aggiudicazione separata o congiunta degli appalti.

(11) Per la realizzazione di un'opera rispondente ai requisiti specificati da un ente aggiudicatore è necessario che l'ente in questione abbia adottato misure volte a definire il tipo di opera o quantomeno che abbia esercitato un'influenza determinante sulla sua progettazione. L'eventualità che l'aggiudicatario realizzi l'opera totalmente o parzialmente con mezzi propri o ne assicuri la realizzazione con altri mezzi non dovrebbe modificare la classificazione dell'appalto come appalto di lavori, a condizione che si assuma l'obbligo, diretto o indiretto ma giuridicamente vincolante, di garantire la realizzazione dei lavori.

(12) La nozione di « amministrazioni aggiudicatrici » e, in particolare, quella di « organismi di diritto pubblico » sono state esaminate ripetutamente nella giurisprudenza della Corte di giustizia dell'Unione europea. Per precisare che l'ambito di applicazione della presente direttiva ratione personae dovrebbe rimanere invariato è appropriato mantenere le definizionu su cui si è basata la Corte e inserire alcune precisazioni fornite da detta giurisprudenza quale chiave di lettura delle definizioni stesse, senza l'intenzione di alterare la comprensione di tale concetto quale elaborato dalla giurisprudenza.

A tal fine, è opportuno precisare che un organismo che opera in condizioni normali di mercato, mira a realizzare un profitto e sostiene le perdite che risultano dall'esercizio delle sue attività non dovrebbe essere considerato un « organismo di diritto pubblico » in quanto è lecito supporre che sia stato istituito allo scopo o con l'incarico di soddisfare esigenze di interesse generale che sono di natura industriale o commerciale. Analogamente, la giurisprudenza ha anche esaminato la condizione relativa all'origine del finanziamento dell'organismo in questione, precisando, tra l'altro, che per « finanziati in modo maggioritario » si intende per più della metà e che tale finanziamento può includere pagamenti da parte di utenti che sono imposti, calcolati e riscossi conformemente a norme di diritto pubblico.

(13) Nel caso di appalti misti in cui le diverse parti costitutive dell'appalto sono oggettivamente non separabili, le norme applicabili dovrebbero essere determinate in funzione dell'oggetto principale dell'appalto. È pertanto opportuno precisare in che modo gli enti aggiudicatori dovrebbero stabilire se le diverse parti siano separabili o meno. Tale precisazione dovrebbe basarsi sulla pertinente giurisprudenza della Corte di giustizia dell'Unione europea. La determinazione dovrebbe essere effettuata caso per caso e a tal fine le intenzioni manifestate o presunte dell'ente aggiudicatore di considerare indivisibili i vari aspetti che costituiscono un appalto misto non dovrebbero essere sufficienti, ma dovrebbero essere confermate da prove oggettive atte a giustificarle e a motivare l'esigenza di concludere un appalto unico. Un'esigenza motivata di concludere un appalto unico potrebbe per esempio essere riscontrata nell'ipotesi della costruzione di un edificio unico di cui una parte debba essere utilizzata direttamente dall'ente aggiudicatore interessato e un'altra parte debba essere gestita sulla base di una concessione, per esempio per parcheggi destinati al pubblico. Occorre precisare che l'esigenza di concludere un appalto unico può essere dovuta a motivi di carattere sia tecnico che economico.

(14) Nel caso di appalti misti che possono essere separati, gli enti aggiudicatori sono sempre liberi di aggiudicare appalti separati per le parti separate dell'appalto misto, nel qual caso le disposizioni applicabili a ciascuna parte separata dovrebbero essere determinate esclusivamente in funzione delle caratteristiche dell'appalto specifico. D'altra parte, ove gli enti aggiudicatori scelgano di includere altri elementi nell'appalto, a prescindere dal valore degli elementi aggiuntivi e dal regime giuridico cui tali elementi aggiuntivi sarebbero stati altrimenti soggetti, il principio fondamentale dovrebbe essere quello per cui, qualora un appalto debba essere aggiudicato in forza delle disposizioni della presente direttiva se aggiudicato per proprio conto, la presente direttiva continua ad applicarsi all'intero appalto misto.

(15) È tuttavia opportuno prevedere disposizioni particolari per gli appalti misti concernenti aspetti di difesa o di sicurezza o parti che non rientrano nell'ambito di applicazione del TFUE. In questi casi, dovrebbe essere possibile non applicare la presente direttiva, a condizione che l'aggiudicazione di un appalto unico sia giustificata da ragioni obiettive e che la decisione di aggiudicare un appalto unico non sia adottata allo scopo di escludere l'appalto dall'applicazione della presente direttiva o della direttiva 2009/81/CE del Parlamento europeo e del Consiglio. Occorre precisare che non si dovrebbe impedire agli enti aggiudicatori di scegliere se applicare la presente direttiva a taluni appalti misti invece della direttiva 2009/81/CE.

(16) È inoltre possibile procedere all'aggiudicazione di appalti che rispondano a requisiti pertinenti a varie attività, che possono essere eventualmente soggetti a regimi giuridici diversi. È opportuno precisare che il regime giuridico applicabile a un singolo appalto destinato a regolare lo svolgimento di varie attività dovrebbe essere soggetto alle norme applicabili all'attività cui è principalmente destinato. Per determinare l'attività cui l'appalto è destinato in via prioritaria, è possibile basarsi sull'analisi dei requisiti ai quali l'appalto specifico deve rispondere, effettuata dall'ente aggiudicatore ai fini della valutazione dell'importo dell'appalto e della redazione dei documenti di gara. In taluni casi, come ad esempio per l'acquisto di un impianto unitario destinato alla prosecuzione delle attività per le quali non si dispone di informazioni che consentano di valutare i rispettivi tassi di utilizzazione, potrebbe rivelarsi oggettivamente impossibile determinare l'attività cui l'appalto è destinato in via prioritaria. Dovrebbero essere specificate le norme da applicare in tali casi.

(17) È opportuno precisare che la nozione di « operatori economici » dovrebbe essere interpretata in

senso ampio, in modo da comprendere qualunque persona e/o ente che offre sul mercato la realizzazione di lavori, la fornitura di prodotti o la prestazione di servizi, a prescindere dalla forma giuridica nel quadro della quale ha scelto di operare. Pertanto imprese, succursali, filiali, partenariati, società cooperative, società a responsabilità limitata, università pubbliche o private e altre forme di enti diverse dalle persone fisiche dovrebbero rientrare nella nozione di operatore economico, indipendentemente dal fatto che siano « persone giuridiche » o meno in ogni circostanza.

(18) È opportuno precisare che i raggruppamenti di operatori economici, v sotto forma di associazione temporanea, possono partecipare a procedure di aggiudicazione senza dover assumere una forma giuridica specifica. Nella misura in cui ciò sia necessario, ad esempio nei casi in cui sia prevista la responsabilità in solido, detti raggruppamenti possono essere obbligati ad assumere una forma specifica qualora l'appalto sia stato aggiudicato a tali raggruppamenti.

È inoltre opportuno precisare che gli enti aggiudicatori dovrebbero poter stabilire esplicitamente come i raggruppamenti di operatori economici siano tenuti a soddisfare i criteri e i requisiti per la qualificazione e la selezione qualitativa di cui alla presente direttiva richiesti agli operatori economici che partecipano in proprio.

L'esecuzione di appalti da parte di raggruppamenti di operatori economici può rendere necessario definire condizioni che non sono imposte a singoli partecipanti. Tali condizioni, che dovrebbero essere giustificate da ragioni obiettive e dovrebbero essere proporzionate, potrebbero ad esempio comprendere la richiesta a tali raggruppamenti di nominare una rappresentanza congiunta o un partner capofila ai fini della procedura di appalto o la richiesta di informazioni sulla loro costituzione.

(19) La necessità di garantire l'effettiva liberalizzazione del mercato e un giusto equilibrio nell'applicazione delle norme sull'aggiudicazione degli appalti nei settori dell'acqua, dell'energia, dei trasporti e dei servizi postali esige che gli enti interessati vengano identificati prescindendo dal loro statuto giuridico. Non dovrebbe dunque essere violata la parità di trattamento tra enti aggiudicatori del settore pubblico ed enti che operano nel settore privato. Occorre inoltre far sì che, a norma dell'articolo 345 TFUE, sia lasciato impregiudicato il regime di proprietà esistente negli Stati membri.

(20) La nozione di diritti speciali o esclusivi è essenziale per la definizione dell'ambito di applicazione della presente direttiva, dal momento che gli enti che non sono né amministrazioni aggiudicatrici né imprese pubbliche ai sensi della presente direttiva sono soggetti alla sua applicazione solo nella misura in cui esercitano una delle attività contemplate sulla base di tali diritti. È pertanto opportuno chiarire che i diritti concessi mediante una procedura fondata su criteri obiettivi, in particolare in conformità alla legislazione dell'Unione, e in base alla quale è stata assicurata un'adeguata pubblicità, non costituiscono dei diritti speciali o esclusivi ai fini della presente direttiva.

Tale normativa dovrebbe comprendere la direttiva 2009/73/CE del Parlamento europeo e del Consiglio, la direttiva 2009/72/CE del Parlamento europeo e del Consiglio, la direttiva 97/67/CE del Parlamento europeo e del Consiglio, la direttiva 94/22/CE del Parlamento europeo e del Consiglio e il regolamento (CE) n. 1370/2007 del Parlamento europeo e del Consiglio. Occorre altresì chiarire che tale elenco di atti legislativi non è esaustivo e che i diritti concessi in qualsiasi forma, anche per mezzo di atti di concessione, mediante altre procedure fondate su criteri oggettivi e in base alle quali è stata assicurata un'adeguata pubblicità, non costituiscono diritti speciali o esclusivi ai fini della definizione dell'ambito di applicazione della presente direttiva ratione personae. La nozione di diritti esclusivi dovrebbe essere utilizzata anche al fine di stabilire se il ricorso alla procedura negoziata senza previa indizione di gara sia giustificato dal fatto che i lavori, le forniture o i servizi possono essere forniti solo da un operatore economico determinato in ragione della tutela di diritti esclusivi.

Tuttavia, tenendo presente la diversa ratio legis alla base di queste disposizioni, si dovrebbe precisare che la nozione di diritti esclusivi non deve avere necessariamente lo stesso significato nei due contesti. Si dovrebbe quindi precisare che un ente che si è assicurato il diritto esclusivo di fornire un determinato servizio in una certa area geografica a seguito di una procedura basata su criteri oggettivi, in base alla quale sia stata garantita adeguata trasparenza, non sarebbe, se è un organismo privato, un ente aggiudicatore di per sé, ma sarebbe nondimeno il solo ente che può fornire il servizio in questione in tale area.

(21-142) (*Omissis*).

TITOLO I
Ambito di applicazione, definizioni e principi generali

CAPO I
Oggetto e definizioni

1 Oggetto e ambito di applicazione.

1. La presente direttiva stabilisce norme sulle procedure per gli appalti indetti da enti aggiudicatori per quanto riguarda appalti e concorsi di progettazione il cui valore è stimato come non inferiore alle soglie di cui all'articolo 15.

2. Ai sensi della presente direttiva si parla di appalto quando uno o più enti aggiudicatori acquisiscono, mediante un appalto di lavori, forniture e servizi, lavori, forniture o servizi da operatori economici scelti dagli enti aggiudicatori stessi, a condizione che i lavori, le forniture o i servizi siano destinati all'esercizio di una delle attività di cui agli articoli da 8 a 14.

3. L'applicazione della presente direttiva è soggetta all'articolo 346 TFUE.

4. La presente direttiva fa salva la libertà, per gli Stati membri, di definire, in conformità del diritto dell'Unione, quali essi ritengano essere servizi d'interesse economico generale, in che modo tali servizi debbano essere organizzati e finanziati, in conformità delle regole sugli aiuti di Stato, e a quali obblighi specifici debbano essere soggetti. Analogamente, la presente direttiva fa salva la possibilità per le autorità pubbliche

di decidere se, come e in che misura desiderano espletare funzioni pubbliche autonomamente in conformità dell'articolo 14 TFUE e del protocollo n. 26.

5. La presente direttiva fa salve le modalità con cui gli Stati membri organizzano i propri sistemi in materia di previdenza sociale.

6. I servizi non economici d'interesse generale non rientrano nell'ambito di applicazione della presente direttiva.

2-107 (*Omissis*).

43. Legge 28 gennaio 2016, n. 11. — Deleghe al Governo per l'attuazione delle direttive 2014/23/UE, 2014/24/UE e 2014/25/UE del Parlamento europeo e del Consiglio, del 26 febbraio 2014, sull'aggiudicazione dei contratti di concessione, sugli appalti pubblici e sulle procedure d'appalto degli enti erogatori nei settori dell'acqua, dell'energia, dei trasporti e dei servizi postali, nonché per il riordino della disciplina vigente in materia di contratti pubblici relativi a lavori, servizi e forniture.

Pubblicata nella Gazzetta Ufficiale n. 23 del 29 gennaio 2016.

1 1. Il Governo è delegato ad adottare, entro il 18 aprile 2016, un decreto legislativo per l'attuazione delle direttive 2014/23/UE, 2014/24/UE e 2014/25/UE del Parlamento europeo e del Consiglio, del 26 febbraio 2014, rispettivamente sull'aggiudicazione dei contratti di concessione, sugli appalti pubblici e sulle procedure d'appalto degli enti erogatori nei settori dell'acqua, dell'energia, dei trasporti e dei servizi postali, di seguito denominato « decreto di recepimento delle direttive », nonché, entro il 31 luglio 2016, un decreto legislativo per il riordino complessivo della disciplina vigente in materia di contratti pubblici relativi a lavori, servizi e forniture, di seguito denominato « decreto di riordino », ferma restando la facoltà per il Governo di adottare entro il 18 aprile 2016 un unico decreto legislativo per le materie di cui al presente alinea, nel rispetto dei principi e criteri direttivi generali di cui all'articolo 32 della legge 24 dicembre 2012, n. 234, e dei seguenti principi e criteri direttivi specifici, tenendo conto delle migliori pratiche adottate in altri Paesi dell'Unione europea:

a) divieto di introduzione o di mantenimento di livelli di regolazione superiori a quelli minimi richiesti dalle direttive, come definiti dall'articolo 14, commi 24-*ter* e 24-*quater*, della legge 28 novembre 2005, n. 246;

b) con il decreto di riordino, adozione di un unico testo normativo con contenuti di disciplina adeguata anche per gli appalti di lavori, servizi e forniture denominato « codice degli appalti pubblici e dei contratti di concessione », recante le disposizioni legislative in materia di procedure di affidamento di gestione e di esecuzione degli appalti pubblici e dei contratti di concessione disciplinate dalle tre direttive, che sostituisce il codice dei contratti pubblici relativi a lavori, servizi e forniture, di cui al decreto legislativo 12 aprile 2006, n. 163, garantendo in ogni caso l'effettivo coordinamento e l'ordinata transizione tra la previgente e la nuova disciplina, anche in riferimento, tra l'altro, al coordinamento con le disposizioni in materia di protezione e tutela ambientale e paesaggistica, di valutazione degli impatti ambientali, di tutela e valorizzazione dei beni culturali e di trasparenza e anticorruzione, al fine di evitare incertezze interpretative ed applicative, nel rispetto dei principi del Trattato sul funzionamento dell'Unione europea;

c) previsione di specifiche tecniche nei criteri di aggiudicazione di un appalto, nelle condizioni di esecuzione del medesimo nonché nei criteri per la scelta delle tecnologie dell'informazione e della comunicazione tali da assicurare l'accessibilità delle persone con disabilità, conformemente agli standard europei;

d) ricognizione e riordino del quadro normativo vigente nelle materie degli appalti pubblici e dei contratti di concessione, al fine di conseguire una drastica riduzione e razionalizzazione del complesso delle disposizioni legislative, regolamentari e amministrative vigenti e un più elevato livello di certezza del diritto e di semplificazione dei procedimenti, tenendo in debita considerazione gli aspetti peculiari dei contratti pubblici relativi a lavori, servizi e forniture e dei diversi settori merceologici e di attività e salvaguardando una specifica normativa per il settore dei servizi sostitutivi di mensa, nel rispetto di quanto disposto dalla lettera *r*);

e) semplificazione e riordino del quadro normativo vigente allo scopo di predisporre procedure non derogabili riguardanti gli appalti pubblici e i contratti di concessione e di conseguire una significativa riduzione e certezza dei tempi relativi alle procedure di gara e alla realizzazione delle opere pubbliche;

f) recepimento degli strumenti di flessibilità previsti dalle tre direttive;

g) previsione di una disciplina applicabile ai contratti pubblici di lavori, servizi e forniture di importo inferiore alle soglie di rilevanza comunitaria e di una disciplina per l'esecuzione di lavori, servizi e forniture in economia ispirate a criteri di massima semplificazione e rapidità dei procedimenti, salvaguardando i principi di trasparenza e imparzialità della gara;

h) puntuale indicazione, in materia di affidamento dei contratti nei settori speciali, delle disposizioni ad essi applicabili, anche al fine di favorire la trasparenza nel settore e la piena apertura e contendibilità dei relativi mercati;

i) semplificazione, armonizzazione e progressiva digitalizzazione delle procedure in materia di affidamento degli appalti pubblici e dei contratti di concessione, attraverso la promozione di reti e sistemi informatici, anche al fine di facilitare l'accesso delle micro, piccole e medie imprese mediante una maggiore diffusione di informazioni e un'adeguata tempistica, e di soluzioni innovative nelle materie disciplinate, con particolare riguardo allo sviluppo delle infrastrutture e degli insediamenti produttivi strategici di preminente interesse nazionale, nonché all'innovazione tecnologica e digitale e all'interconnessione della pubblica amministrazione;

l) previsione di disposizioni concernenti le procedure di acquisizione di servizi, forniture e lavori da applicare in occasione di emergenze di protezione civile, che coniughino la necessaria tempestività d'azione con adeguati meccanismi di controllo e pubblicità successiva, con conseguente espresso divieto di affidamento di contratti attraverso procedure derogatorie rispetto a quelle ordinarie, ad eccezione di singole fattispecie connesse a particolari esigenze collegate alle situazioni emergenziali;

m) previsione di una specifica disciplina per i contratti segretati o che esigono particolari misure di sicurezza, sottoponendo tali affidamenti al controllo della Corte dei conti, con la previsione dell'affidamento del controllo preventivo a un ufficio della Corte organizzato in modo da assicurare la tutela delle esigenze di riservatezza, prevedendo che essa si pronunci sulla legittimità e sulla regolarità dei medesimi, nonché sulla regolarità, sulla correttezza e sull'efficacia della gestione, individuando le circostanze che giustificano il ricorso a tali contratti e, ove possibile, le relative modalità di realizzazione, assicurando nelle procedure di affidamento la partecipazione di un numero minimo di operatori economici, nonché prevedendo l'adeguata motivazione nel caso in cui non sia possibile esperire la procedura con un numero minimo di partecipanti ovvero i casi in cui la negoziazione con più di un operatore economico sia incompatibile con le esigenze di segretezza e sicurezza;

n) individuazione dei contratti esclusi dall'ambito di applicazione del decreto di recepimento delle direttive e del decreto di riordino in coerenza con quanto previsto dalle direttive 2014/23/UE, 2014/24/UE e 2014/25/UE;

o) riordino e semplificazione della normativa specifica in materia di contratti relativi a beni culturali, ivi inclusi quelli di sponsorizzazione, anche tenendo conto della particolare natura di quei beni e delle peculiarità delle tipologie degli interventi, prevedendo altresì modalità innovative per le procedure di appalto relative a lavori, servizi e forniture e di concessione di servizi, comunque nel rispetto delle disposizioni di tutela previste dal codice dei beni culturali e del paesaggio, di cui al decreto legislativo 22 gennaio 2004, n. 42, e garantendo la trasparenza e la pubblicità degli atti;

p) previsione di misure volte a garantire il rispetto dei criteri di sostenibilità energetica e ambientale nell'affidamento degli appalti pubblici e dei contratti di concessione, facendo ricorso anche al criterio di aggiudicazione basato sui costi del ciclo di vita e stabilendo un maggiore punteggio per i beni, i lavori e i servizi che presentano un minore impatto sulla salute e sull'ambiente;

q) armonizzazione delle norme in materia di trasparenza, pubblicità, durata e tracciabilità delle procedure di gara e delle fasi ad essa prodromiche e successive, anche al fine di concorrere alla lotta alla corruzione, di evitare i conflitti d'interesse e di favorire la trasparenza nel settore degli appalti pubblici e dei contratti di concessione:

1) individuando espressamente i casi nei quali, in via eccezionale, è possibile ricorrere alla procedura negoziata senza precedente pubblicazione di un bando di gara;

2) disciplinando le suddette procedure di gara e le relative fasi e durata, sia mediante l'unificazione delle banche dati esistenti nel settore presso l'Autorità nazionale anticorruzione (ANAC), con esclusione della banca dati centralizzata di cui alla lettera *z*), sia con la definizione di idonee misure quali la previsione di poteri di vigilanza e controllo sull'applicazione delle norme in materia di appalti pubblici e di contratti di concessione, con particolare riguardo alla fase di esecuzione della prestazione, finalizzati ad evitare la corruzione e i conflitti d'interesse ed a favorire la trasparenza, e la promozione della digitalizzazione delle procedure stesse, in funzione della loro tracciabilità;

3) assicurando comunque la trasparenza degli atti ed il rispetto della regolarità contributiva, fiscale e patrimoniale dell'impresa appaltatrice;

4) imponendo il ricorso a conti dedicati per le imprese aggiudicatarie di appalti pubblici attraverso i quali regolare tutti i flussi finanziari dei pagamenti verso tutti i prestatori d'opera e di lavoro e verso tutte le imprese che entrano a vario titolo in rapporto con l'impresa aggiudicataria in relazione agli appalti assegnati;

5) prevedendo un sistema amministrativo, regolato sotto la direzione dell'ANAC, di penalità e premialità per la denuncia obbligatoria delle richieste estorsive e corruttive da parte delle imprese titolari di appalti pubblici, comprese le imprese subappaltatrici e le imprese fornitrici di materiali, opere e servizi, prevedendo altresì uno specifico regime sanzionatorio nei casi di omessa o tardiva denuncia e individuando le norme del codice la cui violazione determina la comminazione di sanzioni amministrative da parte dell'ANAC;

6) attribuendo piena accessibilità, visibilità e trasparenza, anche in via telematica, in relazione agli atti progettuali, al fine di consentire un'adeguata ponderazione dell'offerta da parte dei concorrenti;

r) definizione dei requisiti di capacità economico-finanziaria, tecnica, ivi compresa quella organizzativa, e professionale, attinenti e proporzionati all'oggetto dell'appalto, che gli operatori economici devono possedere per partecipare alle procedure di gara, tenendo presente l'interesse pubblico ad avere il più ampio numero di potenziali partecipanti, nel rispetto dei principi di trasparenza e rotazione, nonché a favorire l'accesso da parte delle micro, piccole e medie imprese;

s) revisione della disciplina in materia di pubblicità degli avvisi e dei bandi di gara, in modo da fare ricorso a strumenti di pubblicità di tipo informatico; definizione di indirizzi generali da parte del Ministero delle infrastrutture e dei trasporti, d'intesa con l'ANAC, al fine di garantire adeguati livelli di trasparenza e di conoscibilità prevedendo, in ogni caso, la pubblicazione su un'unica piattaforma digitale presso l'ANAC di tutti i bandi di gara;

t) attribuzione all'ANAC di più ampie funzioni di promozione dell'efficienza, di sostegno allo sviluppo delle migliori pratiche, di facilitazione allo scambio di informazioni tra stazioni appaltanti e di vigilanza nel settore degli appalti pubblici e dei contratti di concessione, comprendenti anche poteri di controllo, raccomandazione, intervento cautelare, di deterrenza e sanzionatorio, nonché di adozione di atti di indirizzo quali linee guida, bandi-tipo, contratti-tipo ed altri strumenti di regolamentazione flessibile, anche dotati di efficacia vincolante e fatta salva l'impugnabilità di tutte le decisioni e gli atti assunti dall'ANAC innanzi ai competenti organi di giustizia amministrativa;

u) individuazione dei casi in cui, con riferimento agli atti di indirizzo di cui alla lettera *t*), l'ANAC, immediatamente dopo la loro adozione, trasmette alle Camere apposite relazioni;

v) previsione delle modalità e dei soggetti preposti alla rilevazione e alla determinazione annuale dei costi standardizzati per tipo di lavoro, di servizio e di fornitura;

z) riduzione degli oneri documentali ed economici a carico dei soggetti partecipanti, con attribuzione a questi ultimi della piena possibilità di integrazione documentale non onerosa di qualsiasi elemento di natura formale della domanda, purché non attenga agli elementi oggetto di valutazioni sul merito dell'offerta, e semplificazione delle procedure di verifica da parte delle stazioni appaltanti, con particolare riguardo all'accertamento dei requisiti generali di qualificazione, costantemente aggiornati, attraverso l'accesso a un'unica banca dati centralizzata gestita dal Ministero delle infrastrutture e dei trasporti e la revisione e semplificazione dell'attuale sistema AVCpass, garantendo a tal fine l'interoperabilità tra i Ministeri e gli organismi pubblici coinvolti e prevedendo l'applicazione di specifiche sanzioni in caso di rifiuto all'interoperabilità;

aa) previsione che, al fine di ridurre gli oneri documentali, i partecipanti alle gare possano utilizzare il documento di gara unico europeo (DGUE) o analogo documento predisposto dal Ministero delle infrastrutture e dei trasporti per autocertificare il possesso dei requisiti;

bb) razionalizzazione delle procedure di spesa attraverso l'applicazione di criteri di qualità, efficienza, professionalizzazione delle stazioni appaltanti, prevedendo la riorganizzazione delle funzioni delle stazioni appaltanti, con particolare riferimento alle fasi di programmazione e controllo, nonché prevedendo l'introduzione di un apposito sistema, gestito dall'ANAC, di qualificazione delle medesime stazioni appaltanti, teso a valutarne l'effettiva capacità tecnica e organizzativa, sulla base di parametri obiettivi;

cc) revisione ed efficientamento delle procedure di appalto degli accordi quadro, delle convenzioni e in genere delle procedure utilizzabili dalla società CONSIP Spa, dai soggetti aggregatori e dalle centrali di committenza, finalizzati a migliorare la qualità degli approvvigionamenti e a ridurre i costi e i tempi di espletamento delle gare promuovendo anche un sistema di reti di committenza volto a determinare un più ampio ricorso alle gare e agli affidamenti di tipo telematico, al fine di garantire l'effettiva partecipazione delle micro, piccole e medie imprese;

dd) contenimento dei tempi e piena verificabilità dei flussi finanziari anche attraverso la previsione dell'obbligo per le stazioni appaltanti di pubblicare nel proprio sito internet il resoconto finanziario al termine dell'esecuzione del contratto, nonché attraverso adeguate forme di centralizzazione delle committenze e di riduzione del numero delle stazioni appaltanti, effettuate sulla base del sistema di qualificazione di cui alla lettera *bb*), con possibilità, a seconda del grado di qualificazione conseguito, di gestire contratti di maggiore complessità, salvaguardando l'esigenza di garantire la suddivisione in lotti nel rispetto della normativa dell'Unione europea, e fatto salvo l'obbligo, per i comuni non capoluogo di provincia, di ricorrere a forme di aggregazione o centralizzazione delle committenze, a livello di unione dei comuni, ove esistenti, o ricorrendo ad altro soggetto aggregatore secondo la normativa vigente, garantendo la tutela dei diritti delle minoranze linguistiche come prevista dalla Costituzione e dalle disposizioni vigenti;

ee) introduzione di misure volte a contenere il ricorso a variazioni progettuali in corso d'opera, distinguendo in modo dettagliato tra variazioni sostanziali e non sostanziali, in particolare nella fase esecutiva e con specifico riferimento agli insediamenti produttivi strategici e alle infrastrutture strategiche private di preminente interesse nazionale di cui al comma 1 dell'articolo 1 della legge 21 dicembre 2001, n. 443, e successive modificazioni; previsione che ogni variazione in corso d'opera debba essere adeguatamente motivata e giustificata unicamente da condizioni impreviste e imprevedibili e, comunque, sia debitamente autorizzata dal responsabile unico del procedimento, con particolare riguardo all'effetto sostitutivo dell'approvazione della variazione rispetto a tutte le autorizzazioni e gli atti di assenso comunque denominati e assicurando sempre la possibilità, per l'amministrazione committente, di procedere alla risoluzione del contratto quando le variazioni superino determinate soglie rispetto all'importo originario, garantendo al contempo la qualità progettuale e la responsabilità del progettista in caso di errori di progettazione e prevedendo, altresì, l'applicazione di uno specifico regime sanzionatorio in capo alle stazioni appaltanti per la mancata o tardiva comunicazione all'ANAC delle variazioni in corso d'opera per gli appalti di importo pari o superiore alla soglia comunitaria;

ff) utilizzo, nel rispetto dei principi di trasparenza, di non discriminazione e di parità di trattamento, per l'aggiudicazione degli appalti pubblici e dei contratti di concessione, del criterio dell'offerta economicamente più vantaggiosa, seguendo un approccio costo/

efficacia, quale il costo del ciclo di vita e includendo il « miglior rapporto qualità/prezzo » valutato con criteri oggettivi sulla base degli aspetti qualitativi, ambientali o sociali connessi all'oggetto dell'appalto pubblico o del contratto di concessione; regolazione espressa dei criteri, delle caratteristiche tecniche e prestazionali e delle soglie di importo entro le quali le stazioni appaltanti ricorrono al solo criterio di aggiudicazione del prezzo o del costo, inteso come criterio del prezzo più basso o del massimo ribasso d'asta, nonché indicazione delle modalità di individuazione e valutazione delle offerte anomale, che rendano non predeterminabili i parametri di riferimento per il calcolo dell'offerta anomala, con particolare riguardo ad appalti di valore inferiore alle soglie di rilevanza comunitaria;

gg) aggiudicazione dei contratti pubblici relativi ai servizi sociali e di ristorazione ospedaliera, assistenziale e scolastica, nonché a quelli di servizi ad alta intensità di manodopera, definiti come quelli nei quali il costo della manodopera è pari almeno al 50 per cento dell'importo totale del contratto, esclusivamente sulla base del criterio dell'offerta economicamente più vantaggiosa, come definita dalla lettera *ff*), escludendo in ogni caso l'applicazione del solo criterio di aggiudicazione del prezzo o del costo, inteso come criterio del prezzo più basso o del massimo ribasso d'asta;

hh) creazione, presso l'ANAC, di un albo nazionale obbligatorio dei componenti delle commissioni giudicatrici di appalti pubblici e contratti di concessione, prevedendo, tenuto conto, a seguito di apposite verifiche, delle precedenti attività professionali dei componenti e dell'eventuale sussistenza di ipotesi di conflitti d'interesse:

1) ai fini dell'iscrizione all'albo specifici requisiti di moralità, di competenza e di professionalità nello specifico settore cui si riferisce il contratto, nonché le cause di incompatibilità e di cancellazione dal medesimo albo;

2) l'assegnazione dei componenti alle commissioni giudicatrici mediante pubblico sorteggio da una lista di candidati indicati alle stazioni appaltanti in numero almeno doppio rispetto ai componenti da nominare e comunque nel rispetto del principio di rotazione;

3) che l'ANAC adotti con propria determinazione la disciplina generale per la tenuta dell'albo, comprensiva dei criteri per il suo aggiornamento;

ii) garanzia di adeguati livelli di pubblicità e trasparenza delle procedure anche per gli appalti pubblici e i contratti di concessione sotto la soglia di rilevanza comunitaria, assicurando, anche nelle forme semplificate di aggiudicazione, la valutazione comparativa tra più offerte, prevedendo che debbano essere invitati a presentare offerta almeno cinque operatori economici, ove esistenti, nonché un'adeguata rotazione, ferma restando la facoltà per le imprese pubbliche dei settori speciali di cui alla direttiva 2014/25/UE di applicare la disciplina stabilita nei rispettivi regolamenti, adottati in conformità ai principi dettati dal Trattato sul funzionamento dell'Unione europea a tutela della concorrenza;

ll) rafforzamento delle funzioni di organizzazione, di gestione e di controllo della stazione appaltante sull'esecuzione delle prestazioni, attraverso verifiche effettive e non meramente documentali, con particolare riguardo ai poteri di verifica e intervento del responsabile del procedimento, del direttore dei lavori nei contratti di lavori e del direttore dell'esecuzione del contratto nei contratti di servizi e forniture, nonché per le verifiche e i controlli relativi all'effettiva ottemperanza a tutte le misure mitigative e compensative e alle prescrizioni in materia ambientale, paesaggistica, storico-architettonica, archeologica e di tutela della salute umana, impartite dagli enti e dagli organismi competenti, prevedendo un adeguato sistema sanzionatorio nei casi di controlli lacunosi ovvero di omessa vigilanza. È vietata, negli appalti pubblici di lavori aggiudicati con la formula del contraente generale, l'attribuzione dei compiti di responsabile o direttore dei lavori allo stesso contraente generale o soggetto collegato, ed è previsto che i soggetti che realizzano insediamenti produttivi strategici privati o infrastrutture strategiche private di preminente interesse nazionale, fermo restando quanto previsto dalla lettera sss), debbano adottare forme di contabilità esecutiva e di collaudo analoghe a quelle previste per gli appalti pubblici di lavori;

mm) creazione, presso il Ministero delle infrastrutture e dei trasporti, di un albo nazionale obbligatorio dei soggetti che possono ricoprire rispettivamente i ruoli di responsabile dei lavori, di direttore dei lavori e di collaudatore negli appalti pubblici di lavori aggiudicati con la formula del contraente generale, prevedendo specifici requisiti di moralità, di competenza e di professionalità e la loro nomina nelle procedure di appalto mediante pubblico sorteggio da una lista di candidati indicati alle stazioni appaltanti in numero almeno triplo per ciascun ruolo da ricoprire e prevedendo altresì che le spese di tenuta dell'albo siano poste a carico dei soggetti interessati;

nn) revisione della disciplina di affidamento degli incarichi di collaudo a dipendenti appartenenti ai ruoli della pubblica amministrazione e in trattamento di quiescenza, prevedendo il divieto di affidamento dell'incarico di collaudo per appalti di lavori pubblici di importo superiore alle soglie di rilevanza comunitaria, ubicati nella regione sede dell'amministrazione di appartenenza, e disponendo un limite all'importo dei corrispettivi;

oo) valorizzazione della fase progettuale negli appalti pubblici e nei contratti di concessione di lavori, promuovendo la qualità architettonica e tecnico-funzionale, anche attraverso lo strumento dei concorsi di progettazione e il progressivo uso di metodi e strumenti elettronici specifici, quali quelli di modellazione elettronica e informativa per l'edilizia e le infrastrutture, limitando radicalmente il ricorso all'appalto integrato, tenendo conto in particolare del contenuto innovativo o tecnologico delle opere oggetto dell'appalto o della concessione in rapporto al valore complessivo dei lavori e prevedendo di norma la messa a gara del progetto esecutivo; esclusione dell'affidamento dei lavori sulla base della sola progettazione di livello preliminare, nonché, con riferimento all'affidamento dei servizi di ingegneria e architettura e di tutti i servizi di natura tecnica, del ricorso al solo criterio di aggiudicazione del prezzo o del costo, inteso come criterio del prezzo più basso o del massimo ribasso d'asta;

pp) con riferimento alle gare pubbliche per l'acquisto di beni, in linea con quanto sancito dall'articolo 42, paragrafo 2, della direttiva 2014/24/UE, previsione di specifiche tecniche relative alle gare da espletare, soprattutto in relazione a beni e strumenti informatici e componenti tecnologici, che garantiscano parità di accesso agli operatori e non costituiscano ostacolo alla piena attuazione del principio di concorrenza;

qq) riassetto, revisione e semplificazione dei sistemi di garanzia per l'aggiudicazione e l'esecuzione degli appalti pubblici di lavori, servizi e forniture, al fine di renderli proporzionati e adeguati alla natura delle prestazioni oggetto del contratto e al grado di rischio ad esso connesso, nonché al fine di salvaguardare l'interesse pubblico alla conclusione dei lavori nei costi, nei tempi e nei modi programmati anche in caso di fatti imprevisti ed imprevedibili e non imputabili alla stazione appaltante, e assicurando comunque l'entrata in vigore della nuova disciplina contestualmente a strumenti attuativi preventivamente concordati con gli istituti bancari e assicurativi che devono assumersi i rischi d'impresa;

rr) revisione e semplificazione della disciplina vigente per il sistema della validazione dei progetti, stabilendo la soglia di importo al di sotto della quale la validazione è competenza del responsabile unico del procedimento nonché il divieto, al fine di evitare conflitti di interesse, dello svolgimento contemporaneo dell'attività di validazione con quella di progettazione; al fine di incentivare l'efficienza e l'efficacia nel perseguimento della realizzazione e dell'esecuzione a regola d'arte, nei tempi previsti dal progetto e senza alcun ricorso a varianti in corso d'opera, è destinata una somma non superiore al 2 per cento dell'importo posto a base di gara per le attività tecniche svolte dai dipendenti pubblici relativamente alla programmazione della spesa per investimenti, alla predisposizione e controllo delle procedure di bando e di esecuzione dei contratti pubblici, di direzione dei lavori e ai collaudi, con particolare riferimento al profilo dei tempi e dei costi, escludendo l'applicazione degli incentivi alla progettazione;

ss) razionalizzazione ed estensione delle forme di partenariato pubblico privato, con particolare riguardo alla finanza di progetto e alla locazione finanziaria di opere pubbliche o di pubblica utilità, incentivandone l'utilizzo anche attraverso il ricorso a strumenti di carattere finanziario innovativi e specifici ed il supporto tecnico alle stazioni appaltanti, garantendo la trasparenza e la pubblicità degli atti;

tt) al fine di agevolare e ridurre i tempi delle procedure di partenariato pubblico privato, previsione espressa, previa indicazione dell'amministrazione competente, delle modalità e delle tempistiche per addivenire alla predisposizione di specifici studi di fattibilità che consentano di porre a gara progetti con accertata copertura finanziaria derivante dalla verifica dei livelli di bancabilità, garantendo altresì l'acquisizione di tutte le necessarie autorizzazioni, pareri e atti di assenso comunque denominati entro la fase di aggiudicazione;

uu) revisione del vigente sistema di qualificazione degli operatori economici in base a criteri di omogeneità, trasparenza e verifica formale e sostanziale delle capacità realizzative, delle competenze tecniche e professionali, ivi comprese le risorse umane, organiche all'impresa, nonché delle attività effettivamente eseguite, introducendo, inoltre, misure di premialità, regolate da un'apposita disciplina generale fissata dall'ANAC con propria determinazione e connesse a criteri reputazionali basati su parametri oggettivi e misurabili e su accertamenti definitivi concernenti il rispetto dei tempi e dei costi nell'esecuzione dei contratti e la gestione dei contenziosi, nonché assicurando gli opportuni raccordi con la normativa vigente in materia di rating di legalità;

vv) disciplina del procedimento per la decadenza e la sospensione delle attestazioni secondo i seguenti principi e criteri direttivi:

1) attribuzione della relativa competenza all'ANAC;

2) previsione che il curatore del fallimento possa partecipare alle procedure di affidamento delle concessioni e degli appalti di lavori, forniture e servizi, che possa essere affidatario di subappalti e che possa stipulare i relativi contratti quando l'impresa fallita è in possesso delle necessarie attestazioni ed è stato autorizzato l'esercizio provvisorio;

3) previsione che il curatore del fallimento, quando è stato autorizzato l'esercizio provvisorio, possa eseguire i contratti già stipulati dall'impresa fallita;

4) previsione che l'impresa ammessa al concordato con continuità aziendale possa partecipare alle procedure di affidamento delle concessioni e degli appalti di lavori, forniture e servizi, o essere affidataria di subappalti e stipulare i relativi contratti, senza necessità di avvalersi dei requisiti di altro soggetto o dell'attestazione SOA di altro soggetto;

5) previsione che l'impresa ammessa al concordato con continuità aziendale o con cessione di beni o che ha presentato domanda di concordato a norma dell'articolo 161, sesto comma, del regio decreto 16 marzo 1942, n. 267, possa eseguire i contratti già stipulati dall'impresa stessa;

6) disciplina dei casi in cui l'ANAC può, nelle fattispecie di cui ai numeri 2), 3), 4) e 5), sentito il giudice delegato alla procedura di fallimento o concordato preventivo e acquisito il parere del curatore o del commissario giudiziale, subordinare la partecipazione, l'affidamento di subappalti e la stipulazione dei relativi contratti alla necessità che il curatore o l'impresa in concordato si avvalgano di un altro operatore in possesso dei requisiti di carattere generale, di capacità finanziaria, tecnica, economica, nonché di certificazione, richiesti per l'affidamento dell'appalto, che si impegni nei confronti dell'impresa concorrente e della stazione appaltante a mettere a disposizione, per la durata del contratto, le risorse necessarie all'esecuzione dell'appalto e a subentrare all'impresa ausiliata nel caso in cui questa nel corso della gara, ovvero dopo la stipulazione del contratto, non sia per qualsiasi ragione più in grado di dare regolare esecuzione all'appalto o alla concessione;

zz) revisione della disciplina vigente in materia di avvalimento, nel rispetto dei principi dell'Unione europea e di quelli desumibili dalla giurisprudenza amministrativa in materia, imponendo che il contratto di avvalimento indichi nel dettaglio le risorse e i mezzi prestati, con particolare riguardo ai casi in cui l'oggetto di avvalimento sia costituito da certificazioni di qualità o certificati attestanti il possesso di adeguata organizzazione imprenditoriale ai fini della partecipazione alla gara, e rafforzando gli strumenti di verifica circa l'effettivo possesso dei requisiti e delle risorse oggetto di avvalimento da parte dell'impresa ausiliaria nonché circa l'effettivo impiego delle risorse medesime nell'esecuzione dell'appalto, al fine di escludere la possibilità di ricorso all'avvalimento a cascata e prevedendo che non possa essere oggetto di avvalimento il possesso della qualificazione e dell'esperienza tecnica e professionale necessarie per eseguire le prestazioni da affidare;

aaa) razionalizzazione dei metodi di risoluzione delle controversie alternativi al rimedio giurisdizionale, anche in materia di esecuzione del contratto, disciplinando il ricorso alle procedure arbitrali al fine di escludere il ricorso a procedure diverse da quelle amministrate, garantire la trasparenza, la celerità e l'economicità e assicurare il possesso dei requisiti di integrità, imparzialità e responsabilità degli arbitri e degli eventuali ausiliari; al fine di garantire l'efficacia e la speditezza delle procedure di aggiudicazione ed esecuzione dei contratti relativi ad appalti pubblici di lavori, previsione, nel rispetto della pienezza della tutela giurisdizionale, che, già nella fase cautelare, il giudice debba tener conto del disposto dell'articolo 121, comma 1, del codice del processo amministrativo, di cui all'allegato 1 annesso al decreto legislativo 2 luglio 2010, n. 104, e, anche nelle ipotesi di cui all'articolo 122 e nell'applicazione dei criteri ivi previsti, debba valutare se il rispetto di esigenze imperative connesse a un interesse generale possa influire sulla misura cautelare richiesta;

bbb) revisione e razionalizzazione del rito abbreviato per i giudizi di cui alla lettera *a*) del comma 1 dell'articolo 119 del codice del processo amministrativo, di cui all'allegato 1 annesso al decreto legislativo 2 luglio 2010, n. 104, anche mediante l'introduzione di un rito speciale in camera di consiglio che consente l'immediata risoluzione del contenzioso relativo all'impugnazione dei provvedimenti di esclusione dalla gara o di ammissione alla gara per carenza dei requisiti di partecipazione; previsione della preclusione della contestazione di vizi attinenti alla fase di esclusione dalla gara o ammissione alla gara nel successivo svolgimento della procedura di gara e in sede di impugnazione dei successivi provvedimenti di valutazione delle offerte e di aggiudicazione, provvisoria e definitiva;

ccc) miglioramento delle condizioni di accesso al mercato degli appalti pubblici e dei contratti di concessione, anche con riferimento ai servizi di architettura e ingegneria e agli altri servizi professionali dell'area tecnica, per i piccoli e medi operatori economici, per i giovani professionisti, per le micro, piccole e medie imprese e per le imprese di nuova costituzione, anche attraverso il divieto di aggregazione artificiosa degli appalti e l'obbligo di motivazione della mancata suddivisione in lotti, prevedendo in particolare che la dimensione degli appalti ed il conseguente valore delle gare e dei lotti in cui queste risultino eventualmente suddivise siano adeguati al fine di garantire l'effettiva possibilità di partecipazione da parte delle micro, piccole e medie imprese nonché introducendo misure premiali per gli appaltatori e i concessionari che coinvolgano i predetti soggetti nelle procedure di gara e nell'esecuzione dei contratti;

ddd) valorizzazione delle esigenze sociali e di sostenibilità ambientale, mediante introduzione di criteri e modalità premiali di valutazione delle offerte nei confronti delle imprese che, in caso di aggiudicazione, si impegnino, per l'esecuzione dell'appalto, a utilizzare anche in parte manodopera o personale a livello locale ovvero in via prioritaria gli addetti già impiegati nel medesimo appalto, in ottemperanza ai principi di economicità dell'appalto, promozione della continuità dei livelli occupazionali, semplificazione ed implementazione dell'accesso delle micro, piccole e medie imprese, tenendo anche in considerazione gli aspetti della territorialità e della filiera corta e attribuendo un peso specifico anche alle ricadute occupazionali sottese alle procedure di accesso al mercato degli appalti pubblici, comunque nel rispetto del diritto dell'Unione europea;

eee) garanzia di adeguati livelli di pubblicità e trasparenza delle procedure anche per gli appalti pubblici e i contratti di concessione tra enti nell'ambito del settore pubblico, cosiddetti affidamenti in house, prevedendo, anche per questi enti, l'obbligo di pubblicazione di tutti gli atti connessi all'affidamento, assicurando, anche nelle forme di aggiudicazione diretta, la valutazione sulla congruità economica delle offerte, avuto riguardo all'oggetto e al valore della prestazione, e prevedendo l'istituzione, a cura dell'ANAC, di un elenco di enti aggiudicatori di affidamenti in house ovvero che esercitano funzioni di controllo o di collegamento rispetto ad altri enti, tali da consentire gli affidamenti diretti. L'iscrizione nell'elenco avviene a domanda, dopo che sia stata riscontrata l'esistenza dei requisiti. La domanda di iscrizione consente all'ente aggiudicatore, sotto la propria responsabilità, di conferire all'ente con affidamento in house, o soggetto al controllo singolo o congiunto o al collegamento, appalti o concessioni mediante affidamento diretto;

fff) previsione di una disciplina specifica per gli appalti pubblici di servizi, diversi da quelli aventi natura intellettuale, con particolare riguardo a quelli ad alta intensità di manodopera, definiti come quelli nei quali il costo della manodopera è pari almeno al 50 per cento dell'importo totale del contratto, prevedendo l'introduzione di « clausole sociali » volte a promuovere la stabilità occupazionale del personale impiegato, prendendo a riferimento, per ciascun comparto merceologico o di attività, il contratto collettivo nazionale di lavoro che presenta le migliori condizioni per i lavoratori ed escludendo espressamente il ricorso al solo criterio di aggiudicazione del prezzo o del costo, inteso come criterio del prezzo più basso o del massimo ribasso d'asta, comunque nel rispetto del diritto dell'Unione europea;

ggg) previsione di una disciplina specifica per gli appalti pubblici di lavori e servizi che introduca clausole sociali volte a promuovere la stabilità occupazionale del personale impiegato e stabilisca che i contratti collettivi nazionale e territoriale in vigore per il settore e per la zona nella quale si eseguono le prestazioni devono intendersi quelli stipulati dalle associazioni dei datori e dei prestatori di lavoro comparativamente più rappresentative sul piano nazionale e quelli il cui ambito di applicazione sia strettamente connesso con l'attività oggetto dell'appalto e svolta dall'impresa, anche in maniera prevalente;

hhh) disciplina organica della materia dei contratti di concessione mediante l'armonizzazione e la semplificazione delle disposizioni vigenti, nonché la previsione di criteri per le concessioni indicate nella sezione II del capo I del titolo I della direttiva 2014/23/UE, nel rispetto dell'esito del referendum abrogativo del 12-13 giugno 2011 per le concessioni nel settore idrico, introducendo altresì criteri volti a vincolare la concessione alla piena attuazione del piano finanziario e al rispetto dei tempi previsti dallo stesso per la realizzazione degli investimenti in opere pubbliche, nonché al rischio operativo ai sensi della predetta direttiva 2014/23/UE, e a disciplinare le procedure di fine concessione e le modalità di indennizzo in caso di subentro; previsione di criteri volti a promuovere le concessioni relative agli approvvigionamenti industriali in autoconsumo elettrico da fonti rinnovabili nel rispetto del diritto dell'Unione europea;

iii) obbligo per i soggetti pubblici e privati, titolari di concessioni di lavori o di servizi pubblici già esistenti o di nuova aggiudicazione, di affidare una quota pari all'80 per cento dei contratti di lavori, servizi e forniture relativi alle concessioni di importo superiore a 150.000 euro mediante procedura ad evidenza pubblica, stabilendo che la restante parte possa essere realizzata da società in house per i soggetti pubblici ovvero da società direttamente o indirettamente controllate o collegate per i soggetti privati, ovvero tramite operatori individuati mediante procedure ad evidenza pubblica, anche di tipo semplificato, nonché modalità di verifica del rispetto di tali previsioni affidate anche all'ANAC, introducendo clausole sociali per la stabilità del personale impiegato e per la salvaguardia delle professionalità e prevedendo, per le concessioni già in essere, un periodo transitorio di adeguamento non superiore a ventiquattro mesi ed escludendo dal predetto obbligo unicamente le concessioni in essere o di nuova aggiudicazione affidate con la formula della finanza di progetto e le concessioni in essere o di nuova aggiudicazione affidate con procedure di gara ad evidenza pubblica secondo il diritto dell'Unione europea per le quali continuano comunque ad applicarsi le disposizioni in materia di affidamento di contratti di appalto vigenti alla data di entrata in vigore della presente legge (1);

lll) avvio delle procedure ad evidenza pubblica per l'affidamento delle nuove concessioni autostradali non meno di ventiquattro mesi prima della scadenza di quelle in essere, con revisione del sistema delle concessioni autostradali, con particolare riferimento all'introduzione di un divieto di clausole e disposizioni di proroga, in conformità alla nuova disciplina generale dei contratti di concessione;

mmm) previsione di una particolare disciplina transitoria per l'affidamento delle concessioni autostradali che, alla data di entrata in vigore del decreto di recepimento delle direttive, siano scadute o prossime alla scadenza, onde assicurare il massimo rispetto del principio dell'evidenza pubblica, nonché, per le concessioni per le quali l'amministrazione aggiudicatrice o l'ente aggiudicatore esercita sul concessionario un controllo analogo a quello da esso esercitato sui propri servizi, dei principi desumibili dall'articolo 17 della direttiva 2014/23/UE;

nnn) individuazione, in tema di procedure di affidamento, di modalità volte a garantire i livelli minimi di concorrenzialità, trasparenza, rotazione e parità di trattamento richiesti dalla normativa europea anche attraverso la sperimentazione di procedure e sistemi informatici già adoperati per aste telematiche;

ooo) promozione di modalità e strumenti telematici e di procedure interamente telematiche d'acquisto, garantendo il soddisfacimento dell'obiettivo del miglior rapporto qualità/prezzo piuttosto che l'indicazione di uno specifico prodotto;

ppp) trasparenza nella partecipazione dei portatori qualificati di interessi nell'ambito dei processi decisionali finalizzati alla programmazione e all'aggiudicazione di appalti pubblici e contratti di concessione nonché nella fase di esecuzione del contratto;

qqq) introduzione di forme di dibattito pubblico delle comunità locali dei territori interessati dalla realizzazione di grandi progetti infrastrutturali e di architettura di rilevanza sociale aventi impatto sull'ambiente, la città o sull'assetto del territorio, prevedendo la pubblicazione on line dei progetti e degli esiti della consultazione pubblica; le osservazioni elaborate in sede di consultazione pubblica entrano nella valutazione in sede di predisposizione del progetto definitivo;

rrr) introduzione nei contratti di lavori, servizi e forniture di una disciplina specifica per il subappalto, prevedendo in particolare: l'obbligo per il concorrente di indicare in sede di offerta le parti del contratto che intende subappaltare; l'espressa individuazione dei casi specifici in cui vige l'obbligo di indicare, in sede di offerta, una terna di nominativi di subappaltatori per ogni tipologia di attività prevista in progetto; l'obbligo di dimostrare l'assenza in capo ai subappaltatori indicati di motivi di esclusione e di sostituire i subappaltatori relativamente ai quali apposita verifica abbia dimostrato la sussistenza di motivi di esclusione; l'obbligo per la stazione appaltante di procedere al pagamento diretto dei subappaltatori in caso di inadempimento da parte dell'appaltatore o anche su richiesta del subappaltatore e se la natura del contratto lo consente, per i servizi, le forniture o i lavori forniti; ove il subappaltatore sia una microimpresa o una piccola impresa, l'espressa individuazione delle fattispecie in cui la stazione appaltante procede al pagamento diretto, fatta salva la facoltà per le regioni a statuto speciale e le province autonome di Trento e di Bolzano, sulla base dei rispettivi statuti e delle relative norme di attuazione e nel rispetto dei vincoli derivanti dall'ordinamento dell'Unione europea, di disciplinare ulteriori casi di pagamento diretto dei subappaltatori;

sss) espresso superamento delle disposizioni di cui alla legge 21 dicembre 2001, n. 443, con effetto dalla data di entrata in vigore del decreto di riordino, prevedendo l'aggiornamento e la revisione del piano generale dei trasporti e della logistica, di cui al decreto del Presidente della Repubblica 14 marzo 2001, pubblicato nel supplemento straordinario alla Gazzetta Ufficiale n. 163 del 16 luglio 2001, la riprogrammazione dell'allocazione delle risorse alle opere in base ai criteri individuati nel Documento pluriennale di pianificazione, previsto dall'articolo 2 del decreto legislativo 29 dicembre 2011, n. 228, e successive modificazioni, nonché l'applicazione delle procedure di valutazione ambientale strategica e di valutazione di impatto ambientale di cui alla parte seconda del decreto legislativo 3 aprile 2006, n. 152, e successive modificazioni; previsione che nel Documento di economia e finanza sia contenuta una dettagliata relazione sullo stato di avanzamento delle opere programmate; previsione di norme di coordinamento e transitorie per gli interventi per i quali vi siano obbligazioni giuridiche vincolanti e definizione delle funzioni e dell'organizzazione del Ministero delle infrastrutture e dei trasporti, anche con riferimento alle disposizioni del capo IV del titolo III della parte II del codice di cui al decreto legislativo 12 aprile 2006, n. 163, e successive modificazioni.

2. Nell'esercizio delle deleghe di cui al comma 1, la Presidenza del Consiglio dei ministri coordina, di concerto con il Ministero delle infrastrutture e dei trasporti e sentita l'ANAC, lo svolgimento delle consultazioni delle principali categorie di soggetti pubblici e privati destinatari della nuova normativa.

3. I decreti legislativi di cui al comma 1, corredati della relazione tecnica di cui all'articolo 17, comma 3, della legge 31 dicembre 2009, n. 196, e successive modificazioni, che dia conto della neutralità finanziaria dei medesimi ovvero dei nuovi o maggiori oneri da essi derivanti, sono adottati, su proposta del Presidente del Consiglio dei ministri e del Ministro delle infrastrutture e dei trasporti, di concerto con il Ministro dello sviluppo economico, sentiti i Ministri degli affari esteri e della cooperazione internazionale, della giustizia, dell'economia e delle finanze e della difesa, previa acquisizione del parere del Consiglio di Stato e della Conferenza unificata di cui all'articolo 8 del decreto legislativo 28 agosto 1997, n. 281, e successive modificazioni, che si pronunciano entro venti giorni dalla trasmissione. Gli schemi dei decreti legislativi sono contestualmente trasmessi alle Commissioni parlamentari competenti per materia e per i profili finanziari, che si pronunciano entro trenta giorni dalla trasmissione. Decorsi inutilmente i termini di cui al primo e al secondo periodo, i decreti legislativi possono essere adottati anche in mancanza dei pareri. Ove il parere delle Commissioni parlamentari indichi specificamente talune disposizioni come non conformi ai principi e criteri direttivi di cui alla presente legge, il Governo, con le proprie osservazioni e con eventuali modificazioni, ritrasmette il testo alle Camere per il parere definitivo delle Commissioni parlamentari competenti, da esprimere entro quindici giorni dall'assegnazione; decorso inutilmente tale termine il decreto legislativo può essere comunque emanato.

4. Il decreto di recepimento delle direttive dispone l'abrogazione delle parti incompatibili del codice di cui al decreto legislativo 12 aprile 2006, n. 163, e di altre disposizioni, espressamente indicate, anche prevedendo opportune disposizioni di coordinamento, transitorie e finali. Il decreto di riordino dispone, altresì, l'abrogazione delle ulteriori disposizioni del medesimo codice di cui al decreto legislativo n. 163 del 2006, del regolamento di cui al decreto del Presidente della Repubblica 5 ottobre 2010, n. 207, e di altre disposizioni, espressamente indicate, nonché prevede opportune disposizioni di coordinamento, transitorie e finali. Tale decreto legislativo comprende al suo interno il contenuto del decreto di recepimento delle direttive con le eventuali e opportune disposizioni correttive e integrative.

5. Sulla base del decreto di riordino sono, altresì, emanate linee guida di carattere generale proposte dall'ANAC e approvate con decreto del Ministro delle infrastrutture e dei trasporti, che sono trasmesse prima dell'adozione alle competenti Commissioni parlamentari per il parere.

6. L'attuazione delle direttive 2014/23/UE, 2014/24/UE e 2014/25/UE è disciplinata dalle regioni a statuto speciale e dalle province autonome di Trento e di Bolzano nel rispetto dei principi e criteri direttivi desumibili dalle disposizioni della presente legge che costituiscono norme fondamentali di riforma economico-sociale.

7. Gli organi costituzionali stabiliscono nei propri ordinamenti modalità attuative dei principi e criteri direttivi previsti dalla presente legge nell'ambito delle prerogative costituzionalmente riconosciute.

8. Entro un anno dalla data di entrata in vigore di ciascuno dei decreti legislativi di cui al comma 1 il Governo può adottare disposizioni integrative e correttive nel rispetto dei principi e criteri direttivi e della procedura di cui al presente articolo.

9. A decorrere dalla data di entrata in vigore della presente legge, è comunque vietata negli appalti pubblici di lavori, affidati a contraente generale ai sensi dell'articolo 176 del codice di cui al decreto legislativo 12 aprile 2006, n. 163, e successive modificazioni, l'attribuzione di compiti di responsabile o di direttore dei lavori allo stesso contraente generale. Il suddetto divieto si applica anche alle procedure di appalto già bandite alla data di entrata in vigore della presente legge, incluse quelle già espletate per le quali la stazione appaltante non abbia ancora proceduto alla stipulazione del contratto con il soggetto aggiudicatario.

10. In caso di successione di imprese nel contratto di appalto con il medesimo committente e per la medesima attività di call center, il rapporto di lavoro continua con l'appaltatore subentrante, secondo le modalità e le condizioni previste dai contratti collettivi nazionali di lavoro applicati e vigenti alla data del trasferimento, stipulati dalle organizzazioni sindacali e datoriali maggiormente rappresentative sul piano nazionale. In assenza di specifica disciplina nazionale collettiva, il Ministero del lavoro e delle politiche sociali, con proprio decreto adottato sentite le organizzazioni datoriali e sindacali maggiormente rappresentative sul piano nazionale, definisce i criteri generali per l'attuazione del presente comma. Le amministrazioni pubbliche e le imprese pubbliche o private che intendono stipulare un contratto di appalto per servizi di call center devono darne comunicazione preventiva alle rappresentanze sindacali aziendali e alle strutture territoriali delle organizzazioni sindacali maggiormente rappresentative sul piano nazionale.

11. A decorrere dalla data di entrata in vigore del decreto di riordino sono abrogate le disposizioni in

materia di garanzia globale di cui agli articoli 129, comma 3, e 176, comma 18, del codice di cui al decreto legislativo 12 aprile 2006, n. 163, e successive modificazioni. Dalla data di entrata in vigore della presente legge e fino alla data di entrata in vigore del decreto di riordino, è sospesa l'applicazione delle disposizioni di cui ai predetti articoli 129, comma 3, e 176, comma 18; agli affidamenti ai quali sarebbero stati applicabili, nel periodo considerato, i citati articoli 129, comma 3, e 176, comma 18, non si applicano le disposizioni di cui all'articolo 113, comma 3, del predetto codice di cui al decreto legislativo n. 163 del 2006, e successive modificazioni. Quanto previsto dal presente comma si applica anche alle procedure i cui bandi sono stati pubblicati anteriormente alla data di entrata in vigore della presente legge, prevedendo comunque la riapertura dei termini per la presentazione delle offerte e purché non sia già intervenuta l'aggiudicazione provvisoria.

12. Nel caso in cui il Governo adotti un unico decreto legislativo per le materie di cui all'alinea del comma 1:

a) il termine di cui al comma 1, lettera sss), è fissato al 18 aprile 2016;

b) si applica all'unico decreto legislativo la procedura di cui al comma 3;

c) l'unico decreto legislativo determina l'abrogazione del codice di cui al decreto legislativo 12 aprile 2006, n. 163, anche prevedendo opportune disposizioni di coordinamento, transitorie e finali;

d) le linee guida di cui al comma 5 sono adottate sulla base dell'unico decreto legislativo;

e) le disposizioni integrative e correttive di cui al comma 8 sono adottate entro un anno dalla data di entrata in vigore dell'unico decreto legislativo;

f) le disposizioni in materia di sistema di garanzia globale richiamate al comma 11 sono abrogate dalla data di entrata in vigore dell'unico decreto legislativo. La sospensione dell'applicazione della garanzia globale prevista dal medesimo comma 11 è disposta dalla data di entrata in vigore della presente legge e fino alla data di entrata in vigore dell'unico decreto legislativo.

13. Dall'attuazione della presente legge non devono derivare nuovi o maggiori oneri a carico della finanza pubblica. Le amministrazioni interessate provvedono agli adempimenti di rispettiva competenza con le risorse umane, strumentali e finanziarie disponibili a legislazione vigente. In conformità all'articolo 17, comma 2, della legge 31 dicembre 2009, n. 196, qualora i decreti legislativi di cui al comma 1 del presente articolo determinino nuovi o maggiori oneri che non trovino compensazione al proprio interno, i decreti stessi sono emanati solo successivamente o contestualmente alla data di entrata in vigore dei provvedimenti legislativi che stanzino le occorrenti risorse finanziarie.

La presente legge, munita del sigillo dello Stato, sarà inserita nella Raccolta ufficiale degli atti normativi della Repubblica italiana. È fatto obbligo a chiunque spetti di osservarla e di farla osservare come legge dello Stato.

(1) *La Corte costituzionale, con sentenza 23 novembre 2021, n. 218, ha dichiarato* l'illegittimità costituzionale *della presente lettera.*

44. Decreto legislativo 18 aprile 2016, n. 50. — Codice dei contratti pubblici (*estratto*) (1) (2) (3) (4) (5) (6).

Pubblicato nella Gazzetta Ufficiale n. 91 del 19 aprile 2016, S.O. n. 10.

(1) *Rubrica così modificata dall'art. 1 del d.lgs. 19 aprile 2017, n. 56. Il testo della rubrica era il seguente: « Attuazione delle direttive 2014/23/UE, 2014/24/UE e 2014/25/UE sull'aggiudicazione dei contratti di concessione, sugli appalti pubblici e sulle procedure d'appalto degli enti erogatori nei settori dell'acqua, dell'energia, dei trasporti e dei servizi postali, nonché per il riordino della disciplina vigente in materia di contratti pubblici relativi a lavori, servizi e forniture ».*

(2) *Si riporta il testo rettificato con Comunicato 15 luglio 2016 (G.U. 15 luglio 2016, n. 164).*

(3) *In attuazione del presente decreto v. Delibera 21 settembre 2016, n. 1005. V. anche Circolare del Ministero delle infrastrutture e dei trasporti 18 luglio 2016, n. 3.*

(4) *A norma dell'articolo 1, comma 78 della l. 27 dicembre 2019, n. 160, le disposizioni di cui al presente decreto non si applicano agli appalti e alle concessioni di servizi concernenti lavori, servizi e forniture affidati dai Corpi dei vigili del fuoco volontari e loro Unioni delle province autonome di Trento e di Bolzano e dalla componente volontaria del Corpo valdostano dei vigili del fuoco, nell'ambito delle proprie attività istituzionali, fermo restando l'obbligo del rispetto dei princìpi di economicità, efficacia, imparzialità, parità di trattamento, trasparenza, proporzionalità, pubblicità, tutela dell'ambiente ed efficienza energetica.*

(5) *Per la disciplina transitoria delle modifiche apportate agli articoli del presente decreto dall'art. 1, comma 20, d.l. 18 aprile 2019, n. 32, convertito, con modificazioni, in l. 14 giugno 2019, n. 55, v. l'art. 1, comma 21, del d.l. n. 32, cit., ai sensi del quale: « Le disposizioni di cui al comma 20 si applicano alle procedure i cui bandi o avvisi, con i quali si indice una gara, sono pubblicati successivamente alla data di entrata in vigore della legge di conversione del presente decreto, nonché, in caso di contratti senza pubblicazione di bandi o avvisi, alle procedure in cui, alla medesima data, non sono ancora stati inviati gli inviti a presentare le offerte o i preventivi ».*

(6) *Per ulteriori disposizioni in materia di semplificazioni nei contratti pubblici, v. il d.l. 16 luglio 2020, n. 76, conv., con modif., in l. 11 settembre 2020, n. 120,* sub *VIII, 1 e, in particolare, gli artt. 1-9 nonché il d.l. 31 maggio 2021 n. 77, conv., con modif., in l. 19 luglio 2021, n. 108,* sub *VIII, 4 e, in particolare, gli artt. 11, 44-50.*

PARTE I
Ambito di applicazione, principi, disposizioni comuni ed esclusioni

TITOLO I
Principi generali e disposizioni comuni

1 Oggetto e ambito di applicazione (1).

1. Il presente codice disciplina i contratti di appalto e di concessione delle amministrazioni aggiudicatrici e degli enti aggiudicatori aventi ad oggetto l'acquisizione di servizi, forniture, lavori e opere, nonché i concorsi pubblici di progettazione.

2. Le disposizioni del presente codice si applicano, altresì, all'aggiudicazione dei seguenti contratti:

a) appalti di lavori, di importo superiore ad 1 milione di euro, sovvenzionati direttamente in misura superiore al 50 per cento da amministrazioni aggiudicatrici, nel caso in cui tali appalti comportino una delle seguenti attività:

1) lavori di genio civile di cui all'allegato I;

2) lavori di edilizia relativi a ospedali, impianti sportivi, ricreativi e per il tempo libero, edifici scolastici e universitari e edifici destinati a funzioni pubbliche;

b) appalti di servizi di importo superiore alle soglie di cui all'articolo 35 sovvenzionati direttamente in misura superiore al 50 per cento da amministrazioni aggiudicatrici, allorché tali appalti siano connessi a un appalto di lavori di cui alla lettera *a*).

c) lavori pubblici affidati dai concessionari di lavori pubblici che non sono amministrazioni aggiudicatrici;

d) lavori pubblici affidati dai concessionari di servizi, quando essi sono strettamente strumentali alla gestione del servizio e le opere pubbliche diventano di proprietà dell'amministrazione aggiudicatrice;

e) lavori pubblici da realizzarsi da parte di soggetti privati, titolari di permesso di costruire o di un altro titolo abilitativo, che assumono in via diretta l'esecuzione delle opere di urbanizzazione a scomputo totale o parziale del contributo previsto per il rilascio del permesso, ai sensi dell'articolo 16, comma 2, del decreto del Presidente della Repubblica 6 giugno 2001, n. 380, e dell'articolo 28, comma 5, della legge 17 agosto 1942, n. 1150, ovvero eseguono le relative opere in regime di convenzione.

L'amministrazione che rilascia il permesso di costruire o altro titolo abilitativo, può prevedere che, in relazione alla realizzazione delle opere di urbanizzazione, l'avente diritto a richiedere il titolo presenti all'amministrazione stessa, in sede di richiesta del suddetto titolo, un progetto di fattibilità tecnica ed economica delle opere da eseguire, con l'indicazione del tempo massimo in cui devono essere completate, allegando lo schema del relativo contratto di appalto. L'amministrazione, sulla base del progetto di fattibilità tecnica ed economica, indice una gara con le modalità previste dall'articolo 60 o 61. Oggetto del contratto, previa acquisizione del progetto definitivo in sede di offerta, sono la progettazione esecutiva e l'esecuzione di lavori. L'offerta relativa al prezzo indica distintamente il corrispettivo richiesto per la progettazione esecutiva, per l'esecuzione dei lavori e per i costi della sicurezza.

3. Ai soggetti di cui al comma 2, lettere *a*), *b*), *d*) ed *e*), non si applicano gli articoli 21 relativamente alla programmazione dei lavori pubblici, 70 e 113. In relazione alla fase di esecuzione del contratto si applicano esclusivamente le norme che disciplinano il collaudo. Alle società con capitale pubblico anche non maggioritario, che non sono organismi di diritto pubblico, che hanno ad oggetto della loro attività la realizzazione di lavori o opere, ovvero la produzione di beni o servizi non destinati ad essere collocati sul mercato in regime di libera concorrenza, si applica la disciplina prevista dai Testi unici sui servizi pubblici locali di interesse economico generale e in materia di società a partecipazione pubblica. Alle medesime società e agli enti aggiudicatori che affidino lavori, servizi, forniture, di cui all'articolo 3, comma 1, lettera *e*), numero 1), qualora ai sensi dell'articolo 28 debbano trovare applicazione le disposizioni della parte II ad eccezione di quelle relative al titolo VI, capo I, non si applicano gli articoli 21 relativamente alla programmazione dei lavori pubblici, 70 e 113; in relazione alla fase di esecuzione del contratto si applicano solo le norme che disciplinano il collaudo.

4. Le amministrazioni aggiudicatrici che concedono le sovvenzioni di cui al comma 2, lettere *a*) e *b*), assicurano il rispetto delle disposizioni del presente codice qualora non aggiudichino esse stesse gli appalti sovvenzionati o quando esse aggiudichino tali appalti in nome e per conto di altri enti.

5. Il provvedimento che concede il contributo di cui al comma 2, lettere *a*) e *b*), deve porre come condizione il rispetto, da parte del soggetto beneficiario, delle disposizioni del presente codice. Fatto salvo quanto previsto dalle eventuali leggi che prevedono le sovvenzioni, il 50 per cento delle stesse può essere erogato solo dopo l'avvenuto affidamento dell'appalto, previa verifica, da parte del sovvenzionatore, che la procedura di affidamento si è svolta nel rispetto del presente codice. Il mancato rispetto del presente codice costituisce causa di decadenza dal contributo.

6. Il presente codice si applica ai contratti pubblici aggiudicati nei settori della difesa e della sicurezza, ad eccezione dei contratti:

a) che rientrano nell'ambito di applicazione del decreto legislativo 15 novembre 2011, n. 208;

b) ai quali il decreto legislativo 15 novembre 2011, n. 208, non si applica in virtù dell'articolo 6 del medesimo decreto.

7. Il Ministro degli affari esteri e della cooperazione internazionale adotta, previo accordo con l'ANAC, direttive generali per disciplinare le procedure di scelta del contraente e l'esecuzione del contratto da svolgersi all'estero, tenuto conto dei principi fondamentali del presente codice e delle procedure applicate dall'Unione europea e dalle organizzazioni internazionali di cui l'Italia è parte. Resta ferma l'applicazione del presente codice alle procedure di affidamento svolte in Italia. Fino all'adozione delle direttive generali di cui al presente comma, si applica l'articolo 216, comma 26 (2).

8. I riferimenti a nomenclature nel contesto degli appalti pubblici e nel contesto dell'aggiudicazione di concessioni sono effettuati utilizzando il « Vocabolario comune per gli appalti pubblici » (CPV) di cui all'articolo 3, comma 1, lettera *tttt*) (3).

(1) *A norma dell'articolo 1, comma 78 della l. 27 dicembre 2019, n. 160, le disposizioni di cui al presente decreto non si applicano agli appalti e alle concessioni di servizi concernenti lavori, servizi e forniture affidati dai Corpi dei vigili del fuoco volontari e loro Unioni delle province autonome di Trento e di Bolzano e dalla componente volontaria del Corpo valdostano dei vigili del fuoco, nell'ambito delle proprie attività istituzionali, fermo restando l'obbligo del rispetto dei princìpi di economicità, efficacia, imparzialità, parità di trattamento, trasparenza, proporzionalità, pubblicità, tutela dell'ambiente ed efficienza energetica.*

(2) *Le direttive generali di cui al presente comma sono state adottate con D.M. 2 novembre 2017, n. 192.*

(3) *Le parole* « di cui all'articolo 3, comma 1, lettera *tttt*) » *sono state sostituite alle parole* « adottato dal regolamento (CE) n. 2195/2002 del Parlamento europeo e del Consiglio » *dall'art. 2 del d.lgs. 19 aprile 2017, n. 56.*

2 Competenze legislative di Stato, regioni e province autonome.

1. Le disposizioni contenute nel presente codice sono adottate nell'esercizio della competenza legislativa esclusiva statale in materia di tutela della concorrenza, ordinamento civile, nonché nelle altre materie cui è riconducibile lo specifico contratto.

2. Le Regioni a statuto ordinario esercitano le proprie funzioni nelle materie di competenza regionale (1) ai sensi dell'articolo 117 della Costituzione.

3. Le Regioni a statuto speciale e le Province autonome di Trento e di Bolzano adeguano la propria legislazione secondo le disposizioni contenute negli statuti e nelle relative norme di attuazione.

(1) *La parola « regionale » è stata sostituita alla parola « ragionale » dall'art. 3 d.lgs. 19 aprile 2017, n. 56.*

3 Definizioni.

1. Ai fini del presente codice si intende per:

a) « amministrazioni aggiudicatrici », le amministrazioni dello Stato; gli enti pubblici territoriali; gli altri enti pubblici non economici; gli organismi di diritto pubblico; le associazioni, unioni, consorzi, comunque denominati, costituiti da detti soggetti;

b) « autorità governative centrali », le amministrazioni aggiudicatrici che figurano nell'allegato III e i soggetti giuridici loro succeduti;

c) « amministrazioni aggiudicatrici sub-centrali », tutte le amministrazioni aggiudicatrici che non sono autorità governative centrali;

d) « organismi di diritto pubblico », qualsiasi organismo, anche in forma societaria, il cui elenco non tassativo è contenuto nell'allegato IV:

1) istituito per soddisfare specificatamente esigenze di interesse generale, aventi carattere non industriale o commerciale;

2) dotato di personalità giuridica;

3) la cui attività sia finanziata in modo maggioritario dallo Stato, dagli enti pubblici territoriali o da altri organismi di diritto pubblico oppure la cui gestione sia soggetta al controllo di questi ultimi oppure il cui organo d'amministrazione, di direzione o di vigilanza sia costituito da membri dei quali più della metà è designata dallo Stato, dagli enti pubblici territoriali o da altri organismi di diritto pubblico.

e) « enti aggiudicatori », ai fini della disciplina di cui alla:

1) parte II del presente codice, gli enti che:

1.1. sono amministrazioni aggiudicatrici o imprese pubbliche che svolgono una delle attività di cui agli articoli da 115 a 121;

1.2. pur non essendo amministrazioni aggiudicatrici né imprese pubbliche, esercitano una o più attività tra quelle di cui agli articoli da 115 a 121 e operano in virtù di diritti speciali o esclusivi concessi loro dall'autorità competente;

2) parte III del presente codice, gli enti che svolgono una delle attività di cui all'allegato IIed aggiudicano una concessione per lo svolgimento di una ditali attività, quali:

2.1. le amministrazioni dello Stato, gli enti pubblici territoriali, gli organismi di diritto pubblico o le associazioni, unioni, consorzi, comunque denominati, costituiti da uno o più di tali soggetti;

2.2. le imprese pubbliche di cui alla lettera *t*) del presente comma;

2.3. gli enti diversi da quelli indicati nei punti 2.1 e 2.2, ma operanti sulla base di diritti speciali o esclusivi ai fini dell'esercizio di una o più delle attività di cui all'allegato II. Gli enti cui sono stati conferiti diritti speciali o esclusivi mediante una procedura in cui sia stata assicurata adeguata pubblicità e in cui il conferimento di tali diritti si basi su criteri obiettivi non costituiscono « enti aggiudicatori » ai sensi del presente punto 2.3;

f) « soggetti aggiudicatori », ai solo fini delle parti IV e V, le amministrazioni aggiudicatrici di cui alla lettera *a*), gli enti aggiudicatori di cui alla lettera *e*) nonché i diversi soggetti pubblici o privati assegnatari dei fondi, di cui alle citate parti IV e V;

g) « altri soggetti aggiudicatori », i soggetti privati tenuti all'osservanza delle disposizioni del presente codice;

h) « joint venture », l'associazione tra due o più enti, finalizzata all'attuazione di un progetto o di una serie di progetti o di determinate intese di natura commerciale o finanziaria;

i) « centrale di committenza », un'amministrazione aggiudicatrice o un ente aggiudicatore che forniscono attività di centralizzazione delle committenze e, se del caso, attività di committenza ausiliarie;

l) « attività di centralizzazione delle committenze », le attività svolte su base permanente riguardanti:

1) l'acquisizione di forniture o servizi destinati a stazioni appaltanti;

2) l'aggiudicazione di appalti o la conclusione di accordi quadro per lavori, forniture o servizi destinati a stazioni appaltanti;

m) « attività di committenza ausiliarie », le attività che consistono nella prestazione di supporto alle attività di committenza, in particolare nelle forme seguenti:

1) infrastrutture tecniche che consentano alle stazioni appaltanti di aggiudicare appalti pubblici o di concludere accordi quadro per lavori, forniture o servizi;

2) consulenza sullo svolgimento o sulla progettazione delle procedure di appalto;

3) preparazione delle procedure di appalto in nome e per conto della stazione appaltante interessata;

4) gestione delle procedure di appalto in nome e per conto della stazione appaltante interessata;

n) « soggetto aggregatore », le centrali di committenza iscritte nell'elenco istituito ai sensi dell'articolo 9, comma 1, del decreto-legge 24 aprile 2014, n. 66, convertito, con modificazioni, dalla legge 23 giugno 2014, n. 89;

o) « stazione appaltante », le amministrazioni aggiudicatrici di cui alla lettera *a)* gli enti aggiudicatori di cui alla lettera *e)*, i soggetti aggiudicatori di cui alla lettera *f)* e gli altri soggetti aggiudicatori di cui alla lettera *g)*;

p) « operatore economico », una persona fisica o giuridica, un ente pubblico, un raggruppamento di tali persone o enti, compresa qualsiasi associazione temporanea di imprese, un ente senza personalità giuridica, ivi compreso il gruppo europeo di interesse economico (GEIE) costituito ai sensi del decreto legislativo 23 luglio 1991, n. 240, che offre sul mercato la realizzazione di lavori o opere, la fornitura di prodotti o la prestazione di servizi;

q) « concessionario », un operatore economico cui è stata affidata o aggiudicata una concessione;

r) « promotore », un operatore economico che partecipa ad un partenariato pubblico privato;

s) « prestatore di servizi in materia di appalti », un organismo pubblico o privato che offre servizi di supporto sul mercato finalizzati a garantire lo svolgimento delle attività di committenza da parte dei soggetti di cui alle lettere *a)*, *b)*, *c)*, *d)* ed *e)*;

t) « imprese pubbliche », le imprese sulle quali le amministrazioni aggiudicatrici possono esercitare, direttamente o indirettamente, un'influenza dominante o perché ne sono proprietarie, o perché vi hanno una partecipazione finanziaria, o in virtù delle norme che disciplinano dette imprese. L'influenza dominante è presunta quando le amministrazioni aggiudicatrici, direttamente o indirettamente, riguardo all'impresa, alternativamente o cumulativamente:

1) detengono la maggioranza del capitale sottoscritto;

2) controllano la maggioranza dei voti cui danno diritto le azioni emesse dall'impresa;

3) possono designare più della metà dei membri del consiglio di amministrazione, di direzione o di vigilanza dell'impresa;

u) « raggruppamento temporaneo », un insieme di imprenditori, o fornitori, o prestatori di servizi, costituito, anche mediante scrittura privata, allo scopo di partecipare alla procedura di affidamento di uno specifico contratto pubblico, mediante presentazione di una unica offerta;

v) « consorzio », i consorzi previsti dall'ordinamento, con o senza personalità giuridica;

z) « impresa collegata », qualsiasi impresa i cui conti annuali siano consolidati con quelli dell'ente aggiudicatore a norma degli articoli 25 e seguenti del decreto legislativo 9 aprile 1991, n. 127, e successive modificazioni. Nel caso di enti cui non si applica il predetto decreto legislativo, per « impresa collegata » si intende, anche alternativamente, qualsiasi impresa:

1) su cui l'ente aggiudicatore possa esercitare, direttamente o indirettamente, un'influenza dominante; oppure che possa esercitare un'influenza dominante sull'ente aggiudicatore;

2) che, come l'ente aggiudicatore, sia soggetta all'influenza dominante di un'altra impresa in virtù di rapporti di proprietà, di partecipazione finanziaria ovvero di norme interne;

aa) « microimprese, piccole e medie imprese », le imprese come definite nella Raccomandazione n. 2003/361/CE della Commissione del 6 maggio 2003. In particolare, sono medie imprese le imprese che hanno meno di 250 occupati e un fatturato annuo non superiore a 50 milioni di euro, oppure un totale di bilancio annuo non superiore a 43 milioni di euro; sono piccole imprese le imprese che hanno meno di 50 occupati e un fatturato annuo oppure un totale di bilancio annuo non superiore a 10 milioni di euro; sono micro imprese le imprese che hanno meno di 10 occupati e un fatturato annuo oppure un totale di bilancio annuo non superiore a 2 milioni di euro;

bb) « candidato », un operatore economico che ha sollecitato un invito o è stato invitato a partecipare a una procedura ristretta, a una procedura competitiva con negoziazione, a una procedura negoziata senza previa pubblicazione di un bando di gara, a un dialogo competitivo o a un partenariato per l'innovazione o ad una procedura per l'aggiudicazione di una concessione;

cc) « offerente », l'operatore economico che ha presentato un'offerta;

dd) « contratti » o « contratti pubblici », i contratti di appalto o di concessione aventi per oggetto l'acquisizione di servizi o di forniture, ovvero l'esecuzione di opere o lavori, posti in essere dalle stazioni appaltanti;

ee) « contratti di rilevanza europea », i contratti pubblici il cui valore stimato al netto dell'imposta sul valore aggiunto è pari o superiore alle soglie di cui all'articolo 35 e che non rientrino tra i contratti esclusi;

ff) « contratti sotto soglia », i contratti pubblici il cui valore stimato al netto dell'imposta sul valore aggiunto è inferiore alle soglie di cui all'articolo 35;

gg) « settori ordinari », i settori dei contratti pubblici, diversi da quelli relativi a gas, energia termica, elettricità, acqua, trasporti, servizi postali, sfruttamento di area geografica, come disciplinati dalla parte II del presente codice, in cui operano le amministrazioni aggiudicatrici;

hh) « settori speciali » i settori dei contratti pubblici relativi a gas, energia termica, elettricità, acqua, trasporti, servizi postali, sfruttamento di area geografica, come disciplinati dalla parte II del presente codice;

ii) « appalti pubblici », i contratti a titolo oneroso, stipulati per iscritto tra una o più stazioni appaltanti e uno o più operatori economici, aventi per oggetto l'esecuzione di lavori, la fornitura di prodotti e la prestazione di servizi;

ll) « appalti pubblici di lavori », i contratti stipulati per iscritto tra una o più stazioni appaltanti e uno o più operatori economici aventi per oggetto:

1) l'esecuzione di lavori relativi a una delle attività di cui all'allegato I;

2) l'esecuzione, oppure la progettazione esecutiva e l'esecuzione di un'opera;

3) la realizzazione, con qualsiasi mezzo, di un'opera corrispondente alle esigenze specificate dall'amministrazione aggiudicatrice o dall'ente aggiudicatore che esercita un'influenza determinante sul tipo o sulla progettazione dell'opera;

mm) « scritto o per iscritto », un insieme di parole o cifre che può essere letto, riprodotto e poi comunicato, comprese le informazioni trasmesse e archiviate con mezzi elettronici;

nn) « lavori » di cui all'allegato I, le attività di costruzione, demolizione, recupero, ristrutturazione urbanistica ed edilizia, sostituzione, restauro, manutenzione di opere;

oo) « lavori complessi », i lavori che superano la soglia di 15 milioni di euro e sono caratterizzati da particolare complessità in relazione alla tipologia delle opere, all'utilizzo di materiali e componenti innovativi, alla esecuzione in luoghi che presentano difficoltà logistiche o particolari problematiche geotecniche, idrauliche, geologiche e ambientali;

oo-bis) « lavori di categoria prevalente », la categoria di lavori, generale o specializzata, di importo più elevato fra le categorie costituenti l'intervento e indicate nei documenti di gara; (1)

oo-ter) « lavori di categoria scorporabile », la categoria di lavori, individuata dalla stazione appaltante nei documenti di gara, tra quelli non appartenenti alla categoria prevalente e comunque di importo superiore al 10 per cento dell'importo complessivo dell'opera o lavoro, ovvero di importo superiore a 150.000 euro ovvero appartenenti alle categorie di cui all'articolo 89, comma 11; (1)

oo-quater) « manutenzione ordinaria », fermo restando quanto previsto dal decreto del Presidente della Repubblica 6 giugno 2001, n. 380, e dal decreto legislativo 22 gennaio 2004, n. 42, le opere di riparazione, rinnovamento e sostituzione necessarie per eliminare il degrado dei manufatti e delle relative pertinenze, al fine di conservarne lo stato e la fruibilità di tutte le componenti, degli impianti e delle opere connesse, mantenendole in condizioni di valido funzionamento e di sicurezza, senza che da ciò derivi una modificazione della consistenza, salvaguardando il valore del bene e la sua funzionalità; (1)

oo-quinquies) « manutenzione straordinaria », fermo restando quanto previsto dal decreto del Presidente della Repubblica 6 giugno 2001, n. 380, e dal decreto legislativo 22 gennaio 2004, n. 42, le opere e le modifiche necessarie per rinnovare e sostituire parti anche strutturali dei manufatti e delle relative pertinenze, per adeguarne le componenti, gli impianti e le opere connesse all'uso e alle prescrizioni vigenti e con la finalità di rimediare al rilevante degrado dovuto alla perdita di caratteristiche strutturali, tecnologiche e impiantistiche, anche al fine di migliorare le prestazioni, le caratteristiche strutturali, energetiche e di efficienza tipologica, nonché per incrementare il valore del bene e la sua funzionalità; (1)

pp) « opera », il risultato di un insieme di lavori, che di per sé esplichi una funzione economica o tecnica. Le opere comprendono sia quelle che sono il risultato di un insieme di lavori edilizi o di genio civile, sia quelle di difesa e di presidio ambientale, di presidio agronomico e forestale, paesaggistica e di ingegneria naturalistica;

qq) « lotto funzionale », uno specifico oggetto di appalto da aggiudicare anche con separata ed autonoma procedura, ovvero parti di un lavoro o servizio generale la cui progettazione e realizzazione sia tale da assicurarne funzionalità, fruibilità e fattibilità indipendentemente dalla realizzazione delle altre parti;

rr) « opere pubbliche incompiute », opere pubbliche incompiute di cui all'articolo 44-*bis* del decreto legge 6 dicembre 2011, n. 201, convertito, con modificazioni, dalla legge 22 dicembre 2011, n. 214, nonché di cui al decreto del Ministero delle infrastrutture e dei trasporti 13 marzo 2013, n. 42, pubblicato nella Gazzetta Ufficiale 24 aprile 2013, n. 96;

ss) « appalti pubblici di servizi », i contratti tra una o più stazioni appaltanti e uno o più soggetti economici, aventi per oggetto la prestazione di servizi diversi da quelli di cui alla lettera *ll*);

tt) « appalti pubblici di forniture », i contratti tra una o più stazioni appaltanti e uno o più soggetti economici aventi per oggetto l'acquisto, la locazione finanziaria, la locazione o l'acquisto a riscatto, con o senza opzione per l'acquisto, di prodotti. Un appalto di forniture può includere, a titolo accessorio, lavori di posa in opera e di installazione;

uu) « concessione di lavori », un contratto a titolo oneroso stipulato per iscritto in virtù del quale una o più stazioni appaltanti affidano l'esecuzione di lavori ovvero la progettazione esecutiva e l'esecuzione, ovvero la progettazione definitiva, la progettazione esecutiva e l'esecuzione di lavori (2) ad uno o più operatori economici riconoscendo a titolo di corrispettivo unicamente il diritto di gestire le opere oggetto del contratto o tale diritto accompagnato da un prezzo, con assunzione in capo al concessionario del rischio operativo legato alla gestione delle opere;

vv) « concessione di servizi », un contratto a titolo oneroso stipulato per iscritto in virtù del quale una o più stazioni appaltanti affidano a uno o più operatori economici la fornitura e la gestione di servizi diversi dall'esecuzione di lavori di cui alla lettera *ll*) riconoscendo a titolo di corrispettivo unicamente il diritto di gestire i servizi oggetto del contratto o tale diritto accompagnato da un prezzo, con assunzione in capo al concessionario del rischio operativo legato alla gestione dei servizi;

zz) « rischio operativo », il rischio legato alla gestione dei lavori o dei servizi sul lato della domanda o sul lato dell'offerta o di entrambi, trasferito all'operatore economico (3). Si considera che l'operatore economico (3) assuma il rischio operativo nel caso in cui, in condizioni operative normali, per tali intendendosi l'insussistenza di eventi non prevedibili (4) non sia garantito il recupero degli investimenti effettuati o dei costi sostenuti per la gestione dei lavori o dei servizi oggetto della concessione. La parte del rischio trasferita all'operatore economico (3) deve comportare una reale esposizione alle fluttuazioni del mercato tale per cui ogni potenziale perdita stimata subita dall'operatore economico (3) non sia puramente nominale o trascurabile;

aaa) « rischio di costruzione », il rischio legato al ritardo nei tempi di consegna, al non rispetto degli standard di progetto, all'aumento dei costi, a inconvenienti di tipo tecnico nell'opera e al mancato completamento dell'opera;

bbb) « rischio di disponibilità », il rischio legato alla capacità, da parte del concessionario, di erogare le prestazioni contrattuali pattuite, sia per volume che per standard di qualità previsti;

ccc) « rischio di domanda », il rischio legato ai diversi volumi di domanda del servizio che il concessionario deve soddisfare, ovvero il rischio legato alla mancanza di utenza e quindi di flussi di cassa;

ddd) « concorsi di progettazione », le procedure intese a fornire alle stazioni appaltanti, nel settore dell'architettura, dell'ingegneria, del restauro e della tutela dei beni culturali e archeologici, della pianificazione urbanistica e territoriale, paesaggistica, naturalistica, geologica, del verde urbano e del paesaggio forestale agronomico, nonché nel settore della messa in sicurezza e della mitigazione degli impatti idrogeologici ed idraulici e dell'elaborazione di dati, un piano o un progetto, selezionato da una commissione giudicatrice in base a una gara, con o senza assegnazione di premi;

eee) « contratto di partenariato pubblico privato », il contratto a titolo oneroso stipulato per iscritto con il quale una o più stazioni appaltanti conferiscono a uno o più operatori economici per un periodo determinato in funzione della durata dell'ammortamento dell'investimento o delle modalità di finanziamento fissate, un complesso di attività consistenti nella realizzazione, trasformazione, manutenzione e gestione operativa di un'opera in cambio della sua disponibilità, o del suo sfruttamento economico, o della fornitura di un servizio connesso all'utilizzo dell'opera stessa, con assunzione di rischio secondo modalità individuate nel contratto, da parte dell'operatore. Fatti salvi gli obblighi di comunicazione previsti dall'articolo 44, comma 1-*bis*, del decreto-legge 31 dicembre 2007, n. 248, convertito, con modificazioni, dalla legge 28 febbraio 2008, n. 31, si applicano, per i soli profili di tutela della finanza pubblica, (5) i contenuti delle decisioni Eurostat;

fff) « equilibrio economico e finanziario », la contemporanea presenza delle condizioni di convenienza economica e sostenibilità finanziaria. Per convenienza economica si intende la capacità del progetto di creare valore nell'arco dell'efficacia del contratto e di generare un livello di redditività adeguato per il capitale investito; per sostenibilità finanziaria si intende la capacità del progetto di generare flussi di cassa sufficienti a garantire il rimborso del finanziamento;

ggg) « locazione finanziaria di opere pubbliche o di pubblica utilità », il contratto avente ad oggetto la prestazione di servizi finanziari e l'esecuzione di lavori;

hhh) « contratto di disponibilità », il contratto mediante il quale sono affidate, a rischio e a spese dell'affidatario, la costruzione e la messa a disposizione a favore dell'amministrazione aggiudicatrice di un'opera di proprietà privata destinata all'esercizio di un pubblico servizio, a fronte di un corrispettivo. Si intende per messa a disposizione l'onere assunto a proprio rischio dall'affidatario di assicurare all'amministrazione aggiudicatrice la costante fruibilità dell'opera, nel rispetto dei parametri di funzionalità previsti dal contratto, garantendo allo scopo la perfetta manutenzione e la risoluzione di tutti gli eventuali vizi, anche sopravvenuti;

iii) « accordo quadro », l'accordo concluso tra una o più stazioni appaltanti e uno o più operatori economici, il cui scopo è quello di stabilire le clausole relative agli appalti da aggiudicare durante un dato periodo, in particolare per quanto riguarda i prezzi e, se del caso, le quantità previste;

lll) « diritto esclusivo », il diritto concesso da un'autorità competente mediante una disposizione legislativa o regolamentare o disposizione amministrativa pubblicata compatibile con i Trattati, avente l'effetto di riservare a un unico operatore economico l'esercizio di un'attività e di incidere sostanzialmente sulla capacità di altri operatori economici di esercitare tale attività;

mmm) « diritto speciale », il diritto concesso da un'autorità competente mediante una disposizione legislativa o regolamentare o disposizione amministrativa pubblicata compatibile con i trattati avente l'effetto di riservare a due o più operatori economici l'esercizio di un'attività e di incidere sostanzialmente sulla capacità di altri operatori economici di esercitare tale attività;

nnn) « profilo di committente », il sito informatico di una stazione appaltante, su cui sono pubblicati gli atti e le informazioni previsti dal presente codice, nonché dall'allegato V;

ooo) « documento di gara », qualsiasi documento prodotto dalle stazioni appaltanti o al quale le stazioni appaltanti fanno riferimento per descrivere o determinare elementi dell'appalto o della procedura, compresi il bando di gara, l'avviso di preinformazione, nel caso in cui sia utilizzato come mezzo di indizione di gara, l'avviso periodico indicativo o gli avvisi sull'esistenza di un sistema di qualificazione, le specifiche tecniche, il documento descrittivo, le condizioni contrattuali proposte, i modelli per la presentazione di documenti da parte di candidati e offerenti, le informazioni sugli obblighi generalmente applicabili e gli eventuali documenti complementari;

ppp) « documento di concessione », qualsiasi documento prodotto dalle stazioni appaltanti o al quale la stazione appaltante fa riferimento per descrivere o determinare gli elementi della concessione o della procedura, compresi il bando di concessione, i requisiti tecnici e funzionali, le condizioni proposte per la concessione, i formati per la presentazione di documenti da parte di candidati e offerenti, le informazioni sugli obblighi generalmente applicabili e gli eventuali documenti complementari;

qqq) « clausole sociali », disposizioni che impongono a un datore di lavoro il rispetto di determinati standard di protezione sociale e del lavoro come condizione per svolgere attività economiche in appalto o in concessione o per accedere a benefici di legge e agevolazioni finanziarie;

rrr) « procedure di affidamento » e « affidamento », l'affidamento di lavori, servizi o forniture o incarichi di progettazione mediante appalto; l'affidamento di lavori o servizi mediante concessione; l'affidamento di concorsi di progettazione e di concorsi di idee;

sss) « procedure aperte », le procedure di affidamento in cui ogni operatore economico interessato può presentare un'offerta;

ttt) « procedure ristrette », le procedure di affidamento alle quali ogni operatore economico può chiedere di partecipare e in cui possono presentare un'offerta soltanto gli operatori economici invitati dalle stazioni appaltanti, con le modalità stabilite dal presente codice;

uuu) « procedure negoziate », le procedure di affidamento in cui le stazioni appaltanti consultano gli operatori economici da loro scelti e negoziano con uno o più di essi le condizioni dell'appalto;

vvv) « dialogo competitivo », una procedura di affidamento nella quale la stazione appaltante avvia un dialogo con i candidati ammessi a tale procedura, al fine di elaborare una o più soluzioni atte a soddisfare le sue necessità e sulla base della quale o delle quali i candidati selezionati sono invitati a presentare le offerte; qualsiasi operatore economico può chiedere di partecipare a tale procedura;

zzz) « sistema telematico », un sistema costituito da soluzioni informatiche e di telecomunicazione che consentono lo svolgimento delle procedure di cui al presente codice;

aaaa) « sistema dinamico di acquisizione », un processo di acquisizione interamente elettronico, per acquisti di uso corrente, le cui caratteristiche generalmente disponibili sul mercato soddisfano le esigenze di una stazione appaltante, aperto per tutta la sua durata a qualsivoglia operatore economico che soddisfi i criteri di selezione;

bbbb) « mercato elettronico », uno strumento di acquisto e di negoziazione che consente acquisti telematici per importi inferiori alla soglia di rilievo europeo basati su un sistema che attua procedure di scelta del contraente interamente gestite per via telematica;

cccc) « strumenti di acquisto », strumenti di acquisizione che non richiedono apertura del confronto competitivo. Rientrano tra gli strumenti di acquisto:

1) le convenzioni quadro di cui all'articolo 26 della legge 23 dicembre 1999, n. 488, stipulate, ai sensi della normativa vigente, da CONSIP S.p.A. e dai soggetti aggregatori;

2) gli accordi quadro stipulati da centrali di committenza quando gli appalti specifici vengono aggiudicati senza riapertura del confronto competitivo;

3) il mercato elettronico realizzato da centrale di committenza nel caso di acquisti effettuati a catalogo;

dddd) « strumenti di negoziazione », strumenti di acquisizione che richiedono apertura del confronto competitivo. Rientrano tra gli strumenti di negoziazione:

1) gli accordi quadro stipulati da centrali di committenza nel caso in cui gli appalti specifici vengono aggiudicati con riapertura del confronto competitivo;

2) il sistema dinamico di acquisizione realizzato da centrali di committenza;

3) il mercato elettronico realizzato da centrali di committenza nel caso di acquisti effettuati attraverso confronto concorrenziale;

4) i sistemi realizzati da centrali di committenza che comunque consentono lo svolgimento delle procedure ai sensi del presente codice;

eeee) « strumenti telematici di acquisto » e « strumenti telematici di negoziazione », strumenti di acquisto e di negoziazione gestiti mediante un sistema telematico;

ffff) « asta elettronica », un processo per fasi successive basato su un dispositivo elettronico di presentazione di nuovi prezzi modificati al ribasso o di nuovi valori riguardanti taluni elementi delle offerte, che interviene dopo una prima valutazione completa delle offerte permettendo che la loro classificazione possa essere effettuata sulla base di un trattamento automatico;

gggg) « amministrazione diretta », le acquisizioni effettuate dalle stazioni appaltanti con materiali e mezzi propri o appositamente acquistati o noleggiati e con personale proprio o eventualmente assunto per l'occasione, sotto la direzione del responsabile del procedimento;

hhhh) « ciclo di vita », tutte le fasi consecutive o interconnesse, compresi la ricerca e lo sviluppo da realizzare, la produzione, gli scambi e le relative condizioni, il trasporto, l'utilizzazione e la manutenzione,della vita del prodotto o del lavoro o della prestazione del servizio, dall'acquisizione della materia prima o dalla generazione delle risorse fino allo smaltimento, allo smantellamento e alla fine del servizio o all'utilizzazione;

iiii) « etichettatura », qualsiasi documento, certificato o attestato con cui si conferma che i lavori, i prodotti, i servizi, i processi o le procedure in questione soddisfano determinati requisiti;

llll) « requisiti per l'etichettatura », i requisiti che devono essere soddisfatti dai lavori, prodotti, servizi, processi o procedure allo scopo di ottenere la pertinente etichettatura;

mmmm) « fornitore di servizi di media », la persona fisica o giuridica che assume la responsabilità editoriale della scelta del contenuto audiovisivo del servizio di media audiovisivo e ne determina le modalità di organizzazione;

nnnn) « innovazione », l'attuazione di un prodotto, servizio o processo nuovo o che ha subito significativi miglioramenti tra cui quelli relativi ai processi di produzione, di edificazione o di costruzione o quelli che riguardano un nuovo metodo di commercializzazione o organizzativo nelle prassi commerciali, nell'organizzazione del posto di lavoro o nelle relazioni esterne;

oooo) « programma », una serie di immagini animate, sonore o non, che costituiscono un singolo elemento nell'ambito di un palinsesto o di un catalogo stabilito da un fornitore di servizi di media la cui forma e il cui contenuto sono comparabili alla forma e al contenuto della radiodiffusione televisiva. Sono compresi i programmi radiofonici e i materiali ad essi associati. Non si considerano programmi le trasmissioni meramente ripetitive o consistenti in immagini fisse;

pppp) « mezzo elettronico », un mezzo che utilizza apparecchiature elettroniche di elaborazione, compresa la compressione numerica, e di archiviazione dei dati e che utilizza la diffusione, la trasmissione e la ricezione via filo, via radio, attraverso mezzi ottici o altri mezzi elettromagnetici;

qqqq) « rete pubblica di comunicazioni », una rete di comunicazione elettronica utilizzata interamente o prevalentemente per fornire servizi di comunicazione elettronica accessibili al pubblico che supporta il trasferimento di informazioni tra i punti terminali di reti;

rrrr) « servizio di comunicazione elettronica », i servizi forniti, di norma a pagamento, consistenti esclusivamente o prevalentemente nella trasmissione di segnali su reti di comunicazioni elettroniche, compresi i servizi di telecomunicazioni e i servizi di trasmissione nelle reti utilizzate per la diffusione circolare radiotelevisiva, ad esclusione dei servizi che forniscono contenuti trasmessi utilizzando reti e servizi di comunicazione elettronica o che esercitano un controllo editoriale su tali contenuti; sono inoltre esclusi i servizi della società dell'informazione di cui all'articolo 2, comma 1, lettera *a*) del decreto legislativo 9 aprile 2003, n. 70, non consistenti interamente o prevalentemente nella trasmissione di segnali su reti di comunicazione elettronica;

ssss) « AAP », l'accordo sugli appalti pubblici stipulato nel quadro dei negoziati multilaterali dell'Uruguay Round;

tttt) « Vocabolario comune per gli appalti pubblici », CPV (Common Procurement Vocabulary), la nomenclatura di riferimento per gli appalti pubblici adottata dalregolamento (CE) n. 2195/2002, assicurando nel contempo la corrispondenza con le altre nomenclature esistenti;

uuuu) « codice », il presente decreto che disciplina i contratti pubblici di lavori, servizi, forniture;

vvvv) « servizi di architettura e ingegneria e altri servizi tecnici », i servizi riservati ad operatori economici esercenti una professione regolamentata ai sensi dell'articolo 3 della direttiva 2005/36/CE (6);

zzzz) « categorie di opere generali » le opere e i lavori caratterizzati da una pluralità di lavorazioni indispensabili per consegnare l'opera o il lavoro finito in ogni sua parte;

aaaaa) « categorie di opere specializzate », le opere e i lavori che, nell'ambito del processo realizzativo, necessitano di lavorazioni caratterizzate da una particolare specializzazione e professionalità (7);

bbbbb) « opere e lavori puntuali » quelli che interessano una limitata area di territorio;

ccccc) « opere e lavori a rete » quelli che, destinati al movimento di persone e beni materiali e immateriali, presentano prevalente sviluppo unidimensionale e interessano vaste estensioni di territorio;

ddddd) « appalto a corpo » qualora il corrispettivo contrattuale si riferisce alla prestazione complessiva come eseguita e come dedotta dal contratto;

eeeee) « appalto a misura » qualora il corrispettivo contrattuale viene determinato applicando alle unità di misura delle singole parti del lavoro eseguito i prezzi unitari dedotti in contratto;

fffff) « aggregazione », accordo fra due o più amministrazioni aggiudicatrici o enti aggiudicatori per la gestione comune di alcune o di tutte le attività di programmazione, di progettazione, di affidamento, di esecuzione e di controllo per l'acquisizione di beni, servizi o lavori;

ggggg) « lotto prestazionale », uno specifico oggetto di appalto da aggiudicare anche con separata ed autonoma procedura, definito su base qualitativa, in conformità alle varie categorie e specializzazioni presenti o in conformità alle diverse fasi successive del progetto (8);

ggggg-bis) « principio di unicità dell'invio », il principio secondo il quale ciascun dato è fornito una sola volta a un solo sistema informativo, non può essere richiesto da altri sistemi o banche dati, ma è reso disponibile dal sistema informativo ricevente. Tale principio si applica ai dati relativi a programmazione di lavori, opere, servizi e forniture, nonché a tutte le procedure di affidamento e di realizzazione di contratti pubblici soggette al presente codice, e a quelle da esso escluse, in tutto o in parte, ogni qualvolta siano imposti dal presente codice obblighi di comunicazione a una banca dati (9);

ggggg-ter) « unità progettuale », il mantenimento, nei tre livelli di sviluppo della progettazione, delle originarie caratteristiche spaziali, estetiche, funzionali e tecnologiche del progetto (9);

ggggg-quater) « documento di fattibilità delle alternative progettuali », il documento in cui sono individuate ed analizzate le possibili soluzioni progettuali alternative ed in cui si dà conto della valutazione di ciascuna alternativa, sotto il profilo qualitativo, anche in termini ambientali, nonché sotto il profilo tecnico ed economico (9);

ggggg-quinquies) « programma biennale degli acquisti di beni e servizi », il documento che le amministrazioni adottano al fine di individuare gli acquisti di forniture e servizi da disporre nel biennio, necessari al soddisfacimento dei fabbisogni rilevati e valutati dall'amministrazione preposta (9);

ggggg-sexies) « programma triennale dei lavori pubblici », il documento che le amministrazioni adottano al fine di individuare i lavori da avviare nel triennio, necessari al soddisfacimento dei fabbisogni rilevati e valutati dall'amministrazione preposta (9);

ggggg-septies) « elenco annuale dei lavori », l'elenco degli interventi ricompresi nel programma triennale dei lavori pubblici di riferimento, da avviare nel corso della prima annualità del programma stesso (9);

ggggg-octies) « elenco annuale delle acquisizioni di forniture e servizi », l'elenco delle acquisizioni di forniture e dei servizi ricompresi nel programma biennale di riferimento, da avviare nel corso della prima annualità del programma stesso (9);

ggggg-nonies) « quadro esigenziale », il documento che viene redatto ed approvato dall'amministrazione in fase antecedente alla programmazione dell'intervento e che individua, sulla base dei dati disponibili, in relazione alla tipologia dell'opera o dell'intervento da realizzare gli obiettivi generali da perseguire attraverso la realizzazione dell'intervento, i fabbisogni della collettività posti a base dell'intervento, le specifiche esigenze qualitative e quantitative che devono essere soddisfatte attraverso la realizzazione dell'intervento, anche in relazione alla specifica tipologia di utenza alla quale gli interventi stessi sono destinati (9);

ggggg-decies) « capitolato prestazionale », il documento che indica, in dettaglio, le caratteristiche tecniche e funzionali, anche per gli aspetti edilizi, infrastrutturali e ambientali, che deve assicurare l'opera costruita e che traduce il quadro esigenziale in termini di requisiti e prestazioni che l'opera deve soddisfare, stabilendone la soglia minima di qualità da assicuare nella progettazione e realizzazione (9);

ggggg-undecies) « cottimo », l'affidamento della sola lavorazione relativa alla categoria subappaltabile ad impresa subappaltatrice in possesso dell'attestazione dei requisiti di qualificazione necessari in relazione all'importo totale dei lavori affidati al cottimista e non all'importo del contratto, che può risultare inferiore per effetto dell'eventuale fornitura diretta, in tutto o in parte, di materiali, di apparecchiature e mezzi d'opera da parte dell'appaltatore (9).

(1) *Lettera inserita dall'art. 4 d.lgs. 19 aprile 2017, n. 56.*

(2) *Le parole da « ovvero la progettazione » a « l'esecuzione di lavori » sono state inserite dall'art. 4 del d.lgs. 19 aprile 2017, n. 56.*

(3) *Le parole « operatore economico » sono state sostituite alla parola « concessionario » dall'art. 4 del d.lgs. 19 aprile 2017, n. 56.*

(4) *Le parole « per tali intendendosi l'insussistenza di eventi non prevedibili » sono state aggiunte dall'art. 4 d.lgs. 19 aprile 2017, n. 56.*

(5) *Le parole «, per i soli profili di tutela della finanza pubblica, » sono state aggiunte dall'art. 4 d.lgs. 19 aprile 2017, n. 56.*

(6) *Il segno «; » è stato sostituito al segno « . » dall'art. 4 del d.lgs. 19 aprile 2017, n. 56*

(7) *Lettera così sostituita dall'art. 4 del d.lgs. 19 aprile 2017, n. 56. Il testo della lettera era il seguente: « "categorie di opere specializzate" le lavorazioni che, nell'ambito del processo realizzativo dell'opera o lavoro necessitano di una particolare specializzazione e professionalità; ».*

(8) *Il segno «; » è stato sostituito al segno « . » dall'art. 4 d.lgs. 19 aprile 2017, n. 56.*

(9) *Lettera aggiunta dall'art. 4 del d.lgs. 19 aprile 2017, n. 56.*

TITOLO II

Contratti esclusi in tutto o in parte dall'ambito di applicazione

4 Principi relativi all'affidamento di contratti pubblici esclusi.

1. L'affidamento dei contratti pubblici aventi ad oggetto lavori, servizi e forniture, dei contratti attivi, (1) esclusi, in tutto o in parte, dall'ambito di applicazione oggettiva del presente codice, avviene nel rispetto dei principi di economicità, efficacia, imparzialità, parità di trattamento, trasparenza, proporzionalità, pubblicità, tutela dell'ambiente ed efficienza energetica.

(1) *Le parole « dei contratti attivi, » sono state inserite dall'art. 5 d.lgs. 19 aprile 2017, n. 56.*

5 Principi comuni in materia di esclusione per concessioni, appalti pubblici e accordi tra enti e amministrazioni aggiudicatrici nell'ambito del settore pubblico.

1. Una concessione o un appalto pubblico, nei settori ordinari o speciali, aggiudicati da un'amministrazione aggiudicatrice o da un ente aggiudicatore a una persona giuridica di diritto pubblico o di diritto privato, non rientra nell'ambito di applicazione del presente codice quando sono soddisfatte tutte le seguenti condizioni:

a) l'amministrazione aggiudicatrice o l'ente aggiudicatore esercita sulla persona giuridica di cui trattasi un controllo analogo a quello esercitato sui propri servizi;

b) oltre l'80 per cento delle attività della persona giuridica controllata è effettuata nello svolgimento dei compiti ad essa affidati dall'amministrazione aggiudicatrice controllante o da altre persone giuridiche controllate dall'amministrazione aggiudicatrice o da un ente aggiudicatore di cui trattasi;

c) nella persona giuridica controllata non vi è alcuna partecipazione diretta di capitali privati, ad eccezione di forme di partecipazione di capitali privati le quali non comportano controllo o potere di veto (1) previste dalla legislazione nazionale, in conformità dei trattati, che non esercitano un'influenza determinante sulla persona giuridica controllata.

2. Un'amministrazione aggiudicatrice o un ente aggiudicatore esercita su una persona giuridica un controllo analogo a quello esercitato sui propri servizi ai sensi del comma 1, lettera *a*), qualora essa eserciti un'influenza determinante sia sugli obiettivi strategici che sulle decisioni significative della persona giuridica controllata. Tale controllo può anche essere esercitato da una persona giuridica diversa, a sua volta controllata allo stesso modo dall'amministrazione aggiudicatrice o dall'ente aggiudicatore.

3. Il presente codice non si applica anche quando una persona giuridica controllata che è un'amministrazione aggiudicatrice o un ente aggiudicatore, aggiudica un appalto o una concessione alla propria amministrazione aggiudicatrice o all'ente aggiudicatore controllante o ad un altro soggetto giuridico controllato dalla stessa amministrazione aggiudicatrice o ente aggiudicatore, a condizione che nella persona giuridica alla quale viene aggiudicato l'appalto pubblico non vi sia alcuna partecipazione diretta di capitali privati, ad eccezione di forme di partecipazione di capitali privati che non comportano controllo o potere di veto prescritte dalla legislazione nazionale, in conformità dei trattati, che non esercitano un'influenza determinante sulla persona giuridica controllata.

4. Un'amministrazione aggiudicatrice o un ente aggiudicatore può aggiudicare un appalto pubblico o una concessione senza applicare il presente codice qualora ricorrano le condizioni di cui al comma 1, anche in caso di controllo congiunto.

5. Le amministrazioni aggiudicatrici o gli enti aggiudicatori esercitano su una persona giuridica un controllo congiunto quando sono soddisfatte tutte le seguenti condizioni:

a) gli organi decisionali della persona giuridica controllata sono composti da rappresentanti di tutte le amministrazioni aggiudicatrici o enti aggiudicatori partecipanti. Singoli rappresentanti possono rappresentare varie o tutte le amministrazioni aggiudicatrici o enti aggiudicatori partecipanti;

b) tali amministrazioni aggiudicatrici o enti aggiudicatori sono in grado di esercitare congiuntamente un'influenza determinante sugli obiettivi strategici e sulle decisioni significative di detta persona giuridica;

c) la persona giuridica controllata non persegue interessi contrari a quelli delle amministrazioni aggiudicatrici o degli enti aggiudicatori controllanti.

6. Un accordo concluso esclusivamente tra due o più amministrazioni aggiudicatrici non rientra nell'ambito di applicazione del presente codice, quando sono soddisfatte tutte le seguenti condizioni:

a) l'accordo stabilisce o realizza una cooperazione tra le amministrazioni aggiudicatrici o gli enti aggiudicatori partecipanti, finalizzata a garantire che i servizi pubblici che essi sono tenuti a svolgere siano prestati nell'ottica di conseguire gli obiettivi che essi hanno in comune;

b) l'attuazione di tale cooperazione è retta esclusivamente da considerazioni inerenti all'interesse pubblico;

c) le amministrazioni aggiudicatrici o gli enti aggiudicatori partecipanti svolgono sul mercato aperto meno del 20 per cento delle attività interessate dalla cooperazione.

7. Per determinare la percentuale delle attività di cui al comma 1, lettera *b*), e al comma 6, lettera *c*), si prende in considerazione il fatturato totale medio, o una idonea misura alternativa basata sull'attività, quale i costi sostenuti dalla persona giuridica o amministrazione aggiudicatrice o l'ente aggiudicatore nei settori dei servizi, delle forniture e dei lavori per i tre anni precedenti l'aggiudicazione dell'appalto o della concessione.

8. Se, a causa della data di costituzione o di inizio dell'attività della persona giuridica o amministrazione aggiudicatrice o ente aggiudicatore, ovvero a causa della riorganizzazione delle sue attività, il fatturato o la misura alternativa basata sull'attività, quali i costi, non è disponibile per i tre anni precedenti o non è più pertinente, è sufficiente dimostrare, segnatamente in base a proiezioni dell'attività, che la misura dell'attività è credibile.

9. Nei casi in cui le norme vigenti consentono la costituzione di società miste per la realizzazione e gestione di un'opera pubblica o per l'organizzazione e la gestione di un servizio di interesse generale, la scelta del socio privato avviene con procedure di evidenza pubblica.

(1) *Le parole « le quali non comportano controllo o potere di veto » sono state inserite dall'art. 6 del d.lgs. 19 aprile 2017, n. 56.*

6 Appalti nei settori speciali e concessioni aggiudicati ad una joint-venture o ad un ente aggiudicatore facente parte di una joint venture.

1. In deroga all'articolo 5, a condizione che la joint venture sia stata costituita per le attività oggetto dell'appalto o della concessione per un periodo di almeno tre anni e che l'atto costitutivo preveda che gli enti aggiudicatori che la compongono ne faranno parte almeno per un periodo di pari durata, il codice non si applica agli appalti nei settori speciali e alle concessioni aggiudicate da:

a) una joint venture, ovvero una associazione o consorzio o una impresa comune aventi personalità giuridica composti esclusivamente da più enti aggiudicatori, per svolgere un'attività ai sensi degli articoli da 115 a 121 e di cui all'allegato II con un'impresa collegata a uno di tali enti aggiudicatori

b) un ente aggiudicatore alla joint venture di cui fa parte.

2. Gli enti aggiudicatori notificano alla Commissione europea, su richiesta, le seguenti informazioni relative alle imprese di cui all'articolo 3 comma 1, lettera *z*), secondo periodo, e alle joint venture di cui al comma 1:

a) i nomi delle imprese o delle joint venture interessate;

b) la natura e il valore degli appalti e delle concessioni considerati;

c) gli elementi che la Commissione europea richiede per provare che le relazioni tra l'ente aggiudicatore e l'impresa o la joint venture cui gli appalti o le concessioni sono aggiudicati, soddisfano i requisiti di cui al presente articolo e all'articolo 7.

7 Appalti e concessioni aggiudicati ad un'impresa collegata.

1. In deroga all'articolo 5 e ove siano rispettate le condizioni di cui al comma 2, il presente codice non si applica alle concessioni e agli appalti nei settori speciali aggiudicati da un ente aggiudicatore a un'impresa collegata o da una joint venture, composta esclusivamente da più enti aggiudicatori per svolgere attività descritte agli articoli da 115 a 121 e di cui all'allegato II a un'impresa collegata a uno di tali enti aggiudicatori.

2. Il comma 1 si applica agli appalti e alle concessioni di servizi e di lavori nonché agli appalti di forniture, purché almeno l'80 per cento del fatturato totale realizzato in media dall'impresa collegata negli ultimi tre anni, tenendo conto di tutti i servizi, lavori e forniture prestati da tale impresa, provenga dalle prestazioni rese all'ente aggiudicatore o alle altre imprese cui è collegata.

3. Se, a causa della data della costituzione o di inizio dell'attività dell'impresa collegata, il fatturato degli ultimi tre anni non è disponibile, l'impresa ha l'onere di dimostrare, in base a proiezioni dell'attività, che probabilmente realizzerà il fatturato di cui al comma 2.

4. Se più imprese collegate all'ente aggiudicatore con il quale formano un gruppo economico forniscono gli stessi o simili servizi, forniture o lavori, le percentuali sono calcolate tenendo conto del fatturato totale derivante dalla prestazione dei servizi o l'esecuzione dei lavori, per ciascuna di tali imprese collegate.

8 Esclusione di attività direttamente esposte alla concorrenza.

1. Gli appalti destinati a permettere lo svolgimento di un'attività di cui agli articoli da 115 a 121, i concorsi di progettazione organizzati per il perseguimento di tale attività, nonché le concessioni aggiudicate da enti aggiudicatori, non sono soggetti al presente codice se l'attività è direttamente esposta alla concorrenza su mercati liberamente accessibili. L'attività può costituire parte di un settore più ampio o essere esercitata unicamente in determinate parti del territorio nazionale. La valutazione dell'esposizione alla concorrenza ai fini del presente codice viene effettuata dalla Com-

missione europea, tenendo conto del mercato delle attività in questione e del mercato geografico di riferimento, ai sensi dei commi 2 e 3. Essa lascia impregiudicata l'applicazione della normativa in materia di concorrenza.

2. Ai fini del comma 1, per determinare se un'attività è direttamente esposta alla concorrenza, si tiene conto di criteri conformi alle disposizioni del trattato sul funzionamento dell'Unione europea in materia di concorrenza, tra i quali possono figurare le caratteristiche dei prodotti o servizi interessati, l'esistenza di prodotti o servizi alternativi considerati sostituibili sul versante della domanda o dell'offerta, i prezzi e la presenza, effettiva o potenziale, di più fornitori dei prodotti o servizi in questione.

3. Il mercato geografico di riferimento, sulla cui base viene valutata l'esposizione alla concorrenza, è costituito dal territorio dove le imprese interessate intervengono nell'offerta e nella domanda di prodotti e di servizi, nel quale le condizioni di concorrenza sono sufficientemente omogenee e che può essere distinto dai territori vicini, in particolare per condizioni di concorrenza sensibilmente diverse da quelle che prevalgono in quei territori. Questa valutazione tiene conto in particolare della natura e delle caratteristiche dei prodotti o servizi in questione, dell'esistenza di ostacoli all'entrata o di preferenze dei consumatori, nonché dell'esistenza, tra il territorio in oggetto e quelli vicini, di differenze notevoli sotto il profilo delle quote di mercato delle imprese o di differenze sostanziali a livello di prezzi.

4. Ai fini del comma 1, sono mercati liberamente accessibili quelli indicati nell'allegato VI per i quali sono stati adottati i provvedimenti attuativi. Se non è possibile presumere il libero accesso a un mercato in base al precedente periodo, si deve dimostrare che l'accesso al mercato in questione è libero di fatto e di diritto.

5. Quando sulla base delle condizioni di cui ai commi 2, 3 e 4 si ritiene che una determinata attività sia direttamente esposta alla concorrenza su mercati liberamente accessibili, il Presidente del Consiglio dei ministri, di concerto con il Ministro competente per settore, può richiedere alla Commissione europea di stabilire che le disposizioni del presente codice non si applichino all'aggiudicazione di appalti o all'organizzazione di concorsi di progettazione per il perseguimento dell'attività in questione, nonché alle concessioni aggiudicate da enti aggiudicatori, informando la Commissione di tutte le circostanze pertinenti, in particolare delle disposizioni legislative, regolamentari o amministrative o degli accordi in relazione al rispetto delle condizioni di cui al comma 1, nonché delle eventuali determinazioni assunte al riguardo dalle Autorità indipendenti competenti. La richiesta può riguardare attività che fanno parte di un settore più ampio o che sono esercitate unicamente in determinate parti del territorio nazionale, se del caso allegando la posizione adottata dalla competente Autorità indipendente.

6. Gli enti aggiudicatori possono chiedere alla Commissione europea di stabilire l'applicabilità del comma 1 ad una determinata attività. Salvo che la richiesta sia corredata da una posizione motivata e giustificata, adottata dalla Autorità indipendente competente, che illustri in modo approfondito le condizioni per l'eventuale applicabilità del citato comma 1, a seguito dell'informazione data dalla Commissione in ordine alla richiesta, l'Autorità di cui al comma 5 comunica alla Commissione le circostanze indicate nel predetto comma.

7. Gli appalti destinati a permettere lo svolgimento dell'attività di cui al comma 1 e i concorsi di progettazione organizzati per il perseguimento di tale attività e le concessioni aggiudicate da enti aggiudicatori non sono più soggetti al presente codice se la Commissione europea:

a) ha adottato un atto di esecuzione che stabilisce l'applicabilità del comma 1, in conformità al comma medesimo entro il termine previsto dall'allegato VII;

b) non ha adottato l'atto di esecuzione entro il termine previsto dall'allegato di cui alla lettera *a*) del presente comma.

8. La richiesta presentata a norma dei commi 5 e 6 può essere modificata, con il consenso della Commissione europea, in particolare per quanto riguarda le attività o l'area geografica interessate. In tal caso, per l'adozione dell'atto di esecuzione di cui al comma 7, si applica un nuovo termine, calcolato ai sensi del paragrafo 1 dell'allegato VII, salvo che la Commissione europea concordi un termine più breve con l'Autorità o l'ente aggiudicatore che ha presentato la richiesta.

9. Se un'attività è già oggetto di una procedura ai sensi dei commi 5, 6 e 8, le ulteriori richieste riguardanti la stessa attività, pervenute alla Commissione europea prima della scadenza del termine previsto per la prima domanda, non sono considerate come nuove procedure e sono esaminate nel quadro della prima richiesta.

9 Contratti di servizi aggiudicati in base ad un diritto esclusivo.

1. Le disposizioni del presente codice relative ai settori ordinari e ai settori speciali non si applicano agli appalti pubblici di servizi aggiudicati da un'amministrazione aggiudicatrice, a un'altra amministrazione aggiudicatrice, a un ente che sia amministrazione aggiudicatrice o a un'associazione di amministrazioni aggiudicatrici in base a un diritto esclusivo di cui esse beneficiano in virtù di disposizioni legislative o regolamentari o di disposizioni amministrative pubblicate che siano compatibili con il Trattato sul funzionamento dell'Unione europea.

2. Il presente codice non si applica alle concessioni di servizi aggiudicate a un'amministrazione aggiudicatrice o a un ente aggiudicatore di cui all'articolo 3, comma 1, lettera *e*), numero 1), punto 1.1 o a un'associazione dei medesimi in base a un diritto esclusivo. Il presente codice non si applica alle concessioni di servizi aggiudicate a un operatore economico sulla base di un diritto esclusivo che è stato concesso ai sensi del TFUE, di atti giuridici dell'Unione europea e della normativa nazionale recanti norme comuni in materia di accesso al mercato applicabili alle attività di cui all'allegato II.

3. In deroga al comma 2, secondo periodo, qualora la legislazione settoriale ivi richiamata non preveda specifici obblighi di trasparenza, si applicano le disposizioni dell'articolo 29. Qualora, ai sensi del comma 2, sia concesso un diritto esclusivo a un operatore economico per l'esercizio di una delle attività di cui all'allegato II, la cabina di regia di cui all'articolo 212 informa in merito la Commissione europea entro il mese successivo alla concessione di detto diritto esclusivo.

10 Contratti nel settore dell'acqua, dell'energia, dei trasporti e dei servizi postali.

1. Le disposizioni del presente codice relative ai settori ordinari non si applicano agli appalti pubblici e ai concorsi di progettazione nei settori speciali che sono aggiudicati o organizzati dalle amministrazioni aggiudicatrici che esercitano una o più delle attività di cui agli articoli da 115 a 121 e sono aggiudicati per l'esercizio di tali attività, né agli appalti pubblici esclusi dall'ambito di applicazione delle disposizioni relative ai settori speciali, in forza degli articoli 8, 13 e 15, né agli appalti aggiudicati da un'amministrazione aggiudicatrice che fornisce servizi postali, ai sensi dell'articolo 120, comma 2, lettera *b*), per il perseguimento delle seguenti attività:

a) servizi speciali connessi a strumenti elettronici ed effettuati interamente per via elettronica, compresa la trasmissione sicura per via elettronica di documenti codificati, servizi di gestione degli indirizzi e la trasmissione della posta elettronica registrata;

b) servizi finanziari identificati con i codici del CPV da 66100000-1 a 66720000-3 e rientranti nell'ambito di applicazione dell'articolo 17,comma 1, lettera *e*), compresi in particolare i vaglia postali e i trasferimenti da conti correnti postali;

c) servizi di filatelia;

d) servizi logistici, ossia i servizi che associano la consegna fisica o il deposito di merci ad altre funzioni non connesse ai servizi postali.

11 Appalti aggiudicati da particolari enti aggiudicatori per l'acquisto di acqua e per la fornitura di energia o di combustibili destinati alla produzione di energia.

1. Le disposizioni del presente codice non si applicano:

a) agli appalti per l'acquisto di acqua, se aggiudicati da enti aggiudicatori che esercitano una o entrambe le attività relative all'acqua potabile di cui all'articolo 117, comma 1;

b) agli appalti aggiudicati da enti aggiudicatori che sono essi stessi attivi nel settore dell'energia in quanto esercitano un'attività di cui agli articoli 115, comma 1, 116 e 121 per la fornitura di:

1) energia;

2) combustibili destinati alla produzione di energia.

12 Esclusioni specifiche per le concessioni nel settore idrico.

1. Le disposizioni del presente codice non si applicano alle concessioni aggiudicate per:

a) fornire o gestire reti fisse destinate alla fornitura di un servizio al pubblico in connessione con la produzione, il trasporto o la distribuzione di acqua potabile;

b) alimentare tali reti con acqua potabile.

2. Le disposizioni del presente codice non si applicano alle concessioni riguardanti uno o entrambi dei seguenti aspetti quando sono collegate a un'attività di cui al comma 1:

a) progetti di ingegneria idraulica, irrigazione, drenaggio, in cui il volume d'acqua destinato all'approvvigionamento d'acqua potabile rappresenti più del 20 per cento del volume totale d'acqua reso disponibile da tali progetti o impianti di irrigazione o drenaggio;

b) smaltimento o trattamento delle acque reflue.

13 Appalti nei settori speciali aggiudicati a scopo di rivendita o di locazione a terzi.

Le disposizioni del presente codice non si applicano agli appalti aggiudicati nei settori speciali a scopo di rivendita o di locazione a terzi, quando l'ente aggiudicatore non gode di alcun diritto speciale o esclusivo per la vendita o la locazione dell'oggetto di tali appalti e quando altri enti possono liberamente venderlo o darlo in locazione alle stesse condizioni dell'ente aggiudicatore.

Gli enti aggiudicatori comunicano alla Commissione europea, su richiesta, tutte le categorie di prodotti o di attività che considerano escluse in virtù del comma 1, nei termini da essa indicati, evidenziando nella comunicazione quali informazioni hanno carattere commerciale sensibile.

Le disposizioni del presente codice relative ai settori speciali non si applicano comunque alle categorie di prodotti o attività oggetto degli appalti di cui al comma 1 considerati esclusi dalla Commissione europea con atto pubblicato nella Gazzetta Ufficiale dell'Unione europea.

14 Appalti e concorsi di progettazione aggiudicati o organizzati per fini diversi dal perseguimento di un'attività interessata o per l'esercizio di un'attività in un Paese terzo.

1. Le disposizioni del presente codice non si applicano agli appalti e concessioni aggiudicati (1) dagli enti aggiudicatori per scopi diversi dal perseguimento delle attività di cui agli articoli da 115 a 121, o per l'esercizio di tali attività in un Paese terzo, in circostanze che non comportino lo sfruttamento materiale di una rete o di un'area geografica all'interno dell'Unione europea, e ai concorsi di progettazione organizzati a tali fini.

2. Gli enti aggiudicatori comunicano alla Commissione europea, su richiesta, tutte le categorie di attività che considerano escluse in virtù del comma 1, nei termini da essa indicati, evidenziando nella comunicazio-

ne quali informazioni hanno carattere commerciale sensibile.

3. Le disposizioni del presente codice non si applicano comunque alle categorie di attività oggetto degli appalti di cui al comma 1.

(1) *Le parole « agli appalti e concessioni aggiudicati » sono state sostituite alle parole « agli appalti aggiudicati » dall'art. 7 del d.lgs. 19 aprile 2017, n. 56.*

15 Esclusioni nel settore delle comunicazioni elettroniche.

1. Le disposizioni del presente codice non si applicano agli appalti pubblici e ai concorsi di progettazione nei settori ordinari e alle concessioni principalmente finalizzati a permettere alle amministrazioni aggiudicatrici la messa a disposizione o la gestione di reti pubbliche di telecomunicazioni o la prestazione al pubblico di uno o più servizi di comunicazioni elettroniche. Ai fini del presente articolo, si applicano le definizioni di « rete pubblica di comunicazioni » e « servizio di comunicazione elettronica » contenute nell'articolo 1 del decreto legislativo 1° agosto 2003, n. 259, e successive modificazioni.

16 Contratti e concorsi di progettazione aggiudicati o organizzati in base a norme internazionali.

1. Le disposizioni del presente codice non si applicano agli appalti pubblici, ai concorsi di progettazione e alle concessioni che le stazioni appaltanti sono tenute ad aggiudicare o ad organizzare nel rispetto di procedure diverse da quelle previste dal presente codice e stabilite da:

a) uno strumento giuridico che crea obblighi internazionali, quali un accordo internazionale, concluso in conformità dei trattati dell'Unione europea, tra lo Stato e uno o più Paesi terzi o relative articolazioni e riguardanti lavori, forniture o servizi destinati alla realizzazione congiunta o alla gestione congiunta di un progetto da parte dei soggetti firmatari;

b) un'organizzazione internazionale.

2. Il presente codice non si applica agli appalti pubblici, ai concorsi di progettazione e alle concessioni che le stazioni appaltanti aggiudicano in base a norme previste da un'organizzazione internazionale o da un'istituzione finanziaria internazionale, quando gli appalti, i concorsi di progettazione o le concessioni sono interamente finanziati dalla stessa organizzazione o istituzione; nel caso di appalti pubblici, concorsi di progettazione o concessioni cofinanziati prevalentemente da un'organizzazione internazionale o da un'istituzione finanziaria internazionale, le parti si accordano sulle procedure di aggiudicazione applicabili.

3. Fermo restando quanto previsto all'articolo 161, i commi 1 e 2 non si applicano agli appalti, ai concorsi di progettazione e alle concessioni in materia di difesa e di sicurezza di cui al decreto legislativo 15 novembre 2011, n. 208.

4. La Cabina di regia di cui all'articolo 212, comunica alla Commissione europea gli strumenti giuridici indicati al comma 1, lettera *a*).

17 Esclusioni specifiche per contratti di appalto e concessione di servizi.

1. Le disposizioni del presente codice non si applicano agli appalti e alle concessioni di servizi:

a) aventi ad oggetto l'acquisto o la locazione, quali che siano le relative modalità finanziarie, di terreni, fabbricati esistenti o altri beni immobili o riguardanti diritti su tali beni;

b) aventi ad oggetto l'acquisto, lo sviluppo, la produzione o coproduzione di programmi destinati ai servizi di media audiovisivi o radiofonici che sono aggiudicati da fornitori di servizi di media audiovisivi o radiofonici, ovvero gli appalti, anche nei settori speciali, e le concessioni concernenti il tempo di trasmissione o la fornitura di programmi aggiudicati ai fornitori di servizi di media audiovisivi o radiofonici. Ai fini della presente disposizione il termine « materiale associato ai programmi » ha lo stesso significato di « programma »;

c) concernenti i servizi d'arbitrato e di conciliazione;

d) concernenti uno qualsiasi dei seguenti servizi legali:

1) rappresentanza legale di un cliente da parte di un avvocato ai sensi dell'articolo 1 della legge 9 febbraio 1982, n. 31, e successive modificazioni:

1.1) in un arbitrato o in una conciliazione tenuti in uno Stato membro dell'Unione europea, un Paese terzo o dinanzi a un'istanza arbitrale o conciliativa internazionale;

1.2) in procedimenti giudiziari dinanzi a organi giurisdizionali o autorità pubbliche di uno Stato membro dell'Unione europea o un Paese terzo o dinanzi a organi giurisdizionali o istituzioni internazionali;

2) consulenza legale fornita in preparazione di uno dei procedimenti di cui al punto 1) (1), o qualora vi sia un indizio concreto e una probabilità elevata che la questione su cui verte la consulenza divenga oggetto del procedimento, sempre che la consulenza sia fornita da un avvocato ai sensi dell'articolo 1 della legge 9 febbraio 1982, n. 31, e successive modificazioni;

3) servizi di certificazione e autenticazione di documenti che devono essere prestati da notai;

4) servizi legali prestati da fiduciari o tutori designati o altri servizi legali i cui fornitori sono designati da un organo giurisdizionale dello Stato o sono designati per legge per svolgere specifici compiti sotto la vigilanza di detti organi giurisdizionali;

5) altri servizi legali che sono connessi, anche occasionalmente, all'esercizio dei pubblici poteri;

e) concernenti servizi finanziari relativi all'emissione, all'acquisto, alla vendita e al trasferimento di titoli o di altri strumenti finanziari ai sensi del decreto legislativo 24 febbraio 1998, n. 58, e successive modificazioni, servizi forniti da banche centrali e operazioni concluse con il Fondo europeo di stabilità finanziaria e il meccanismo europeo di stabilità;

f) concernenti i prestiti, a prescindere dal fatto che siano correlati all'emissione, alla vendita, all'acquisto o al trasferimento di titoli o di altri strumenti finanziari;

g) concernenti i contratti di lavoro;

h) concernenti servizi di difesa civile, di protezione civile e di prevenzione contro i pericoli forniti da organizzazioni e associazioni senza scopo di lucro identificati con i codici CPV 75250000-3, 75251000-0, 75251100-1, 75251110- 4, 75251120-7, 75252000-7, 75222000-8; 98113100-9 e 85143000-3 ad eccezione dei servizi di trasporto dei pazienti in ambulanza;

i) concernenti i servizi di trasporto pubblico di passeggeri per ferrovia o metropolitana;

l) concernenti servizi connessi a campagne politiche, identificati con i codici CPV 79341400-0, 92111230-3 e 92111240-6, se aggiudicati da un partito politico nel contesto di una campagna elettorale per gli appalti relativi ai settori ordinari e alle concessioni.

(1) *Le parole « di cui al punto 1) » sono state sostituite alle parole « di cui al punto 1.1) » dall'art. 8 del d.lgs. 19 aprile 2017, n. 56.*

17-*bis* (1) Altri appalti esclusi.

1. Le disposizioni del presente codice non si applicano agli appalti aventi ad oggetto l'acquisto di prodotti agricoli e alimentari per un valore non superiore a 10.000 euro annui per ciascuna impresa, da imprese agricole singole o associate situati in comuni classificati totalmente montani di cui all'elenco dei comuni italiani predisposto dall'Istituto nazionale di statistica (ISTAT), ovvero ricompresi nella circolare del Ministero delle finanze n. 9 del 14 giugno 1993, pubblicata nel supplemento ordinario n. 53 alla Gazzetta ufficiale della Repubblica italiana n. 141 del 18 giugno 1993, nonché nei comuni delle isole minori di cui all'allegato A annesso alla legge 28 dicembre 2001, n. 448.

(1) *Articolo inserito dall'art. 9 del d.lgs. 19 aprile 2017, n. 56.*

18 Esclusioni specifiche per contratti di concessioni.

1. Le disposizioni del presente codice non si applicano:

a) alle concessioni di servizi di trasporto aereo sulla base di una licenza di gestione a norma del regolamento (CE) n. 1008/2008 del Parlamento europeo e del Consiglio o alle concessioni di servizi di trasporto pubblico di passeggeri ai sensi del regolamento (CE) n. 1370/2007;

b) alle concessioni di servizi di lotterie identificati con il codice CPV 92351100-7 aggiudicate a un operatore economico sulla base di un diritto esclusivo. Ai fini della presente lettera il concetto di diritto esclusivo non include i diritti esclusivi di cui all'articolo 3, comma 1, lettera *e*), n. 2.3 (1). La concessione di tale diritto esclusivo è soggetta alla pubblicazione nella Gazzetta Ufficiale dell'Unione europea;

c) alle concessioni aggiudicate dagli enti aggiudicatori per l'esercizio delle loro attività in un Paese terzo, in circostanze che non comportino lo sfruttamento materiale di una rete o di un'area geografica all'interno dell'Unione europea.

(1) *Le parole « di cui all'articolo 3, comma 1, lettera* e), *n. 2.3 » sono state aggiunte dall'art. 10 del d.lgs. 19 aprile 2017, n. 56.*

19 Contratti di sponsorizzazione.

1. L'affidamento di contratti di sponsorizzazione di lavori, servizi o forniture per importi superiori a quarantamila euro, mediante dazione di danaro o accollo del debito, o altre modalità di assunzione del pagamento dei corrispettivi dovuti, è soggetto esclusivamente alla previa pubblicazione sul sito internet della stazione appaltante, per almeno trenta giorni, di apposito avviso, con il quale si rende nota la ricerca di sponsor per specifici interventi, ovvero si comunica l'avvenuto ricevimento di una proposta di sponsorizzazione, indicando sinteticamente il contenuto del contratto proposto. Trascorso il periodo di pubblicazione dell'avviso, il contratto può essere liberamente negoziato, purché nel rispetto dei principi di imparzialità e di parità di trattamento fra gli operatori che abbiano manifestato interesse, fermo restando il rispetto dell'articolo 80.

2. Nel caso in cui lo sponsor intenda realizzare i lavori, prestare i servizi ole forniture direttamente a sua cura e spese, resta ferma la necessità di verificare il possesso dei requisiti degli esecutori, nel rispetto dei principi e dei limiti europei in materia e non trovano applicazione le disposizioni nazionali e regionali in materia di contratti pubblici di lavori, servizi e forniture, ad eccezione di quelle sulla qualificazione dei progettisti e degli esecutori. La stazione appaltante impartisce opportune prescrizioni in ordine alla progettazione, all'esecuzione delle opere o forniture e alla direzione dei lavori e collaudo degli stessi.

20 Opera pubblica realizzata a spese del privato.

1. Il presente codice non si applica al caso in cui un'amministrazione pubblica stipuli una convenzione con la quale un soggetto pubblico o privato si impegni alla realizzazione, a sua totale cura e spesa e previo ottenimento di tutte le necessarie autorizzazioni, di un'opera pubblica o di un suo lotto funzionale o di parte dell'opera prevista nell'ambito di strumenti o programmi urbanistici, fermo restando il rispetto dell'articolo 80.

2. L'amministrazione, prima della stipula della convenzione, valuta che il progetto di fattibilità delle opere da eseguire con l'indicazione del tempo massimo in cui devono essere completate e lo schema dei relativi contratti di appalto presentati dalla controparte siano rispondenti alla realizzazione delle opere pubbliche di cui al comma 1.

3. La convenzione disciplina anche le conseguenze in caso di inadempimento comprese anche eventuali penali e poteri sostitutivi.

TITOLO III
Pianificazione, programmazione e progettazione

21 Programma degli acquisti e programmazione dei lavori pubblici (1).

1. Le amministrazioni aggiudicatrici adottano il programma biennale degli acquisti di beni e servizi e il programma triennale dei lavori pubblici, nonché i re-

lativi aggiornamenti annuali. I programmi sono approvati nel rispetto dei documenti programmatori e in coerenza con il bilancio e, per gli enti locali, secondo le norme che disciplinano la programmazione economico-finanziaria degli enti (2).

2. Le opere pubbliche incompiute sono inserite nella programmazione triennale di cui al comma 1, ai fini del loro completamento ovvero per l'individuazione di soluzioni alternative quali il riutilizzo, anche ridimensionato, la cessione a titolo di corrispettivo per la realizzazione di altra opera pubblica, la vendita o la demolizione.

3. Il programma triennale dei lavori pubblici e i relativi aggiornamenti annuali contengono i lavori il cui valore stimato sia pari o superiore a 100.000 euro e indicano, previa attribuzione del codice unico di progetto di cui all'articolo 11, della legge 16 gennaio 2003, n. 3, i lavori da avviare nella prima annualità, per i quali deve essere riportata l'indicazione dei mezzi finanziari stanziati sullo stato di previsione o sul proprio bilancio, ovvero disponibili in base a contributi o risorse dello Stato, delle regioni a statuto ordinario o di altri enti pubblici. Per i lavori di importo pari o superiore a 1.000.000 euro, ai fini dell'inserimento nell'elenco annuale, le amministrazioni aggiudicatrici approvano preventivamente il progetto di fattibilità tecnica ed economica. Ai fini dell'inserimento nel programma triennale, le amministrazioni aggiudicatrici approvano preventivamente, ove previsto, il documento di fattibilità delle alternative progettuali, di cui all'articolo 23, comma 5 (3).

4. Nell'ambito del programma di cui al comma 3, le amministrazioni aggiudicatrici individuano anche i lavori complessi e gli interventi suscettibili di essere realizzati attraverso contratti di concessione o di partenariato pubblico privato.

5. Nell'elencazione delle fonti di finanziamento sono indicati anche i beni immobili disponibili che possono essere oggetto di cessione. Sono, altresì, indicati i beni immobili nella propria disponibilità concessi in diritto di godimento, a titolo di contributo, la cui utilizzazione sia strumentale e tecnicamente connessa all'opera da affidare in concessione.

6. Il programma biennale di forniture e servizi e i relativi aggiornamenti annuali contengono gli acquisti di beni e di servizi di importo unitario stimato pari o superiore a 40.000 euro. Nell'ambito del programma, le amministrazioni aggiudicatrici individuano i bisogni che possono essere soddisfatti con capitali privati. Le amministrazioni pubbliche comunicano, entro il mese di ottobre, l'elenco delle acquisizioni di forniture e servizi d'importo superiore a 1 milione di euro che prevedono di inserire nella programmazione biennale al Tavolo tecnico dei soggetti di cui all'articolo 9, comma 2, del decreto-legge 24 aprile 2014, n. 66, convertito, con modificazioni, dalla legge 23 giugno 2014, n. 89, che li utilizza ai fini dello svolgimento dei compiti e delle attività ad esso attribuiti. Per le acquisizioni di beni e servizi informatici e di connettività le amministrazioni aggiudicatrici tengono conto di quanto previsto dall'articolo 1, comma 513, della legge 28 dicembre 2015, n. 208.

7. Il programma biennale degli acquisti di beni e servizi e il programma triennale dei lavori pubblici, nonché i relativi aggiornamenti annuali sono pubblicati sul profilo del committente, sul sito informatico del Ministero delle infrastrutture e dei trasporti e dell'Osservatorio di cui all'articolo 213, anche tramite i sistemi informatizzati delle regioni e delle provincie autonome di cui all'articolo 29,comma 4.

8. Con decreto del Ministro delle infrastrutture e dei trasporti, di concerto con il Ministro dell'economia e delle finanze, da adottare entro novanta giorni dalla data di entrata in vigore del presente decreto, previo parere del CIPE, d'intesa con la Conferenza (4) unificata sono definiti:

a) le modalità di aggiornamento dei programmi e dei relativi elenchi annuali;

b) i criteri per la definizione degli ordini di priorità, per l'eventuale suddivisione in lotti funzionali, nonché per il riconoscimento delle condizioni che consentano di modificare la programmazione e di realizzare un intervento o procedere a un acquisto non previsto nell'elenco annuale;

c) i criteri e le modalità per favorire il completamento delle opere incompiute;

d) i criteri per l'inclusione dei lavori nel programma e il livello di progettazione minimo richiesto per tipologia e classe di importo;

e) gli schemi tipo e le informazioni minime che essi devono contenere, individuate (5) anche in coerenza con gli standard degli obblighi informativi e di pubblicità relativi ai contratti;

f) le modalità di raccordo con la pianificazione dell'attività dei soggetti aggregatori e delle centrali di committenza ai quali le stazioni appaltanti delegano la procedura di affidamento.

8-*bis*. La disciplina del presente articolo non si applica alla pianificazione delle attività dei soggetti aggregatori e delle centrali di committenza (6).

9. Fino alla data di entrata in vigore del decreto di cui al comma 8, si applica l'articolo 216, comma 3.

(1) *Rubrica così sostituita dall'art. 11 del d.lgs. 19 aprile 2017, n. 56. Il testo della rubrica era la seguente: « Programma delle acquisizioni delle stazioni appaltanti ».*

(2) *Le parole « e, per gli enti locali, secondo le norme che disciplinano la programmazione economico-finanziaria degli enti » sono state aggiunte dall'art. 11 del d.lgs. 19 aprile 2017, n. 56.*

(3) *Periodo inserito dall'art. 11 del d.lgs. 19 aprile 2017, n. 56.*

(4) *Le parole « d'intesa con la Conferenza » sono state sostituite alle parole « sentita la Conferenza » dall'art. 11 del d.lgs. 19 aprile 2017, n. 56.*

(5) *La parola « individuate » è stata sostituita alla parola « individuandole » dall'art. 11 del d.lgs. 19 aprile 2017, n. 56.*

(6) *Comma inserito dall'art. 11 del d.lgs. 19 aprile 2017, n. 56.*

22 Trasparenza nella partecipazione di portatori di interessi e dibattito pubblico.

1. Le amministrazioni aggiudicatrici e gli enti aggiudicatori pubblicano, nel proprio profilo del committente, i progetti di fattibilità relativi alle grandi opere infrastrutturali e di architettura di rilevanza sociale, aventi impatto sull'ambiente, sulle città e sull'assetto del territorio, nonché gli esiti della consultazione pubblica, comprensivi dei resoconti degli incontri e dei dibattiti con i portatori di interesse. I contributi e i

resoconti sono pubblicati, con pari evidenza, unitamente ai documenti predisposti dall'amministrazione e relativi agli stessi lavori.

2. Con decreto del Presidente del Consiglio dei ministri, adottato entro un anno dalla data di entrata in vigore del presente codice, su proposta del Ministro delle infrastrutture e dei trasporti, sentito il Ministro dell'ambiente e della tutela del territorio e del mare e il Ministro per i beni e le attività culturali, previo parere delle Commissioni parlamentari competenti, in relazione ai nuovi interventi avviati dopo la data di entrata in vigore del medesimo decreto (1), sono fissati i criteri per l'individuazione delle opere di cui al comma 1, distinte per tipologia e soglie dimensionali, per le quali è obbligatorio il ricorso alla procedura di dibattito pubblico, e sono altresì definiti le modalità di svolgimento e il termine di conclusione della medesima procedura. Con il medesimo decreto sono altresì stabilite le modalità di monitoraggio sull'applicazione dell'istituto del dibattito pubblico (2). A tal fine è istituita [, senza oneri a carico della finanza pubblica,] (3) una commissione presso il Ministero delle infrastrutture e dei trasporti, con il compito di raccogliere e pubblicare informazioni sui dibattiti pubblici in corso di svolgimento o conclusi e di proporre raccomandazioni per lo svolgimento del dibattito pubblico sulla base dell'esperienza maturata (2). Ai componenti della commissione è riconosciuto un rimborso delle spese effettivamente sostenute e documentate per le missioni effettuate nei limiti previsti per il personale del Ministero delle infrastrutture e della mobilità sostenibili, con oneri complessivi non superiori a 18.000 euro per l'anno 2021 ed a 36.000 euro a decorrere dall'anno 2022 (4).

3. L'amministrazione aggiudicatrice o l'ente aggiudicatore proponente l'opera soggetta a dibattito pubblico indice e cura lo svolgimento della procedura esclusivamente sulla base delle modalità individuate dal decreto di cui al comma 2.

4. Gli esiti del dibattito pubblico e le osservazioni raccolte sono valutate in sede di predisposizione del progetto definitivo e sono discusse in sede di conferenza di servizi relativa all'opera sottoposta al dibattito pubblico.

(1) *Le parole « avviati dopo la data di entrata in vigore del medesimo decreto » sono state sostituite alle parole « avviati dopo la data di entrata in vigore del presente codice » dall'art. 12 del d.lgs. 19 aprile 2017, n. 56.*

(2) *Periodo aggiunto dall'art. 12 del d.lgs. 19 aprile 2017, n. 56.*

(3) *Parole soppresse dall'art. 5, comma 6, d.l. 10 settembre 2021, n. 121, conv., con modif., in l. 9 novembre 2021, n. 156.*

(4) *Periodo così sostituito dall'art. 5, comma 6, d.l. n. 121, cit. Il testo del periodo, come aggiunto dall'art. 12 d.lgs. n. 56, cit., era il seguente:* « Per la partecipazione alle attività della commissione non sono dovuti compensi, gettoni, emolumenti, indennità o rimborsi di spese comunque denominati ».

23 Livelli della progettazione per gli appalti, per le concessioni di lavori nonché per i servizi.

1. La progettazione in materia di lavori pubblici si articola, secondo tre livelli di successivi approfondimenti tecnici, in progetto di fattibilità tecnica ed economica, progetto definitivo e progetto esecutivo ed è intesa ad assicurare:

a) il soddisfacimento dei fabbisogni della collettività;

b) la qualità architettonica e tecnico funzionale e di relazione nel contesto dell'opera;

c) la conformità alle norme ambientali, urbanistiche e di tutela dei beni culturali e paesaggistici, nonché il rispetto di quanto previsto dalla normativa in materia di tutela della salute e della sicurezza;

d) un limitato consumo del suolo;

e) il rispetto dei vincoli idrogeologici, sismici e forestali nonché degli altri vincoli esistenti;

f) il risparmio e l'efficientamento ed il recupero energetico nella realizzazione e nella successiva vita dell'opera (1), nonché la valutazione del ciclo di vita e della manutenibilità delle opere.

g) la compatibilità con le preesistenze archeologiche;

h) la razionalizzazione delle attività di progettazione e delle connesse verifiche attraverso il progressivo uso di metodi e strumenti elettronici specifici quali quelli di modellazione per l'edilizia e le infrastrutture;

i) la compatibilità geologica, geomorfologica, idrogeologica dell'opera;

l) accessibilità e adattabilità secondo quanto previsto dalle disposizioni vigenti in materia di barriere architettoniche;

2. Per la progettazione di lavori di particolare rilevanza sotto il profilo architettonico, ambientale, paesaggistico, agronomico e forestale, storico-artistico, conservativo, nonché tecnologico, le stazioni appaltanti ricorrono alle professionalità interne, purché in possesso di idonea competenza nelle materie oggetto del progetto o utilizzano la procedura del concorso di progettazione o del concorso di idee di cui agli articoli 152, 153, 154, 155 e 156. Per le altre tipologie di lavori, si applica quanto previsto dall'articolo 24.

3. Con il regolamento di cui all'articolo 216, comma 27-*octies*, (2) sono definiti i contenuti della progettazione nei tre livelli progettuali. Con il regolamento (3) di cui al primo periodo è, altresì, determinato il contenuto minimo del quadro esigenziale che devono predisporre le stazioni appaltanti (4). Fino alla data di entrata in vigore di detto regolamento (3), si applica l'articolo 216, comma 4.

3-*bis*. Con ulteriore decreto del Ministro delle infrastrutture e dei trasporti, su proposta del Consiglio superiore dei lavori pubblici, sentita la Conferenza Unificata, è disciplinata una progettazione semplificata degli interventi di manutenzione ordinaria fino a un importo di 2.500.000 euro. Tale decreto individua le modalità e i criteri di semplificazione in relazione agli interventi previsti (5).

4. La stazione appaltante, in rapporto alla specifica tipologia e alla dimensione dell'intervento, indica le caratteristiche, i requisiti e gli elaborati progettuali necessari per la definizione di ogni fase della progettazione. È consentita, altresì, l'omissione di uno o di entrambi i primi due livelli di progettazione, purché il livello successivo contenga tutti gli elementi previsti per il livello omesso, salvaguardando la qualità della progettazione.

5. Il progetto di fattibilità tecnica ed economica individua, tra più soluzioni, quella che presenta il miglior rapporto tra costi e benefici per la collettività, in rela-

zione alle specifiche esigenze da soddisfare e prestazioni da fornire. Per i lavori pubblici di importo pari o superiore alla soglia di cui all'articolo 35 anche ai fini della programmazione di cui all'articolo 21, comma 3, nonché per l'espletamento delle procedure di dibattito pubblico di cui all'articolo 22 e per i concorsi di progettazione e di idee di cui all'articolo 152, il progetto di fattibilità è preceduto dal documento di fattibilità delle alternative progettuali di cui all'articolo 3, comma 1, lettera *ggggg-quater*), nel rispetto dei contenuti di cui al regolamento previsto dal comma 3 del presente articolo. Resta ferma la facoltà della stazione appaltante di richiedere la redazione del documento di fattibilità delle alternative progettuali anche per lavori pubblici di importo inferiore alla soglia di cui all'articolo 35. Nel progetto di fattibilità tecnica ed economica, il progettista sviluppa, nel rispetto del quadro esigenziale, tutte le indagini e gli studi necessari per la definizione degli aspetti di cui al comma 1, nonché gli elaborati grafici per l'individuazione delle caratteristiche dimensionali, volumetriche, tipologiche, funzionali e tecnologiche dei lavori da realizzare e le relative stime economiche, secondo le modalità previste nel regolamento di cui al comma 3, ivi compresa la scelta in merito alla possibile suddivisione in lotti funzionali. Il progetto di fattibilità tecnica ed economica deve consentire, ove necessario, l'avvio della procedura espropriativa (6).

5-*bis*. Per le opere proposte in variante urbanistica ai sensi dell'articolo 19 del decreto del Presidente della Repubblica 8 giugno 2001, n. 327, il progetto di fattibilità tecnica ed economica sostituisce il progetto preliminare di cui al comma 2 del citato articolo 19 ed è redatto ai sensi del comma 5 (7).

6. Il progetto di fattibilità è redatto sulla base dell'avvenuto svolgimento di indagini geologiche, idrogeologiche, idrologiche, idrauliche, geotecniche, sismiche, storiche, paesaggistiche ed urbanistiche, (8) di verifiche relative alla possibilità del riuso del patrimonio immobiliare esistente e della rigenerazione delle aree dismesse, (9) di verifiche preventive dell'interesse archeologico, di studi di fattibilità ambientale e paesaggistica (10) e evidenzia, con apposito adeguato elaborato cartografico, le aree impegnate, le relative eventuali fasce di rispetto e le occorrenti misure di salvaguardia; deve, altresì, ricomprendere le valutazioni ovvero le eventuali diagnosi energetiche dell'opera in progetto, con riferimento al contenimento dei consumi energetici e alle eventuali misure per la produzione e il recupero di energia anche con riferimento all'impatto sul piano economico-finanziario dell'opera; (11) indica, inoltre, le caratteristiche prestazionali, le specifiche funzionali, la descrizione delle misure di compensazioni e di mitigazione dell'impatto ambientale (12), nonché i limiti di spesa, calcolati secondo le modalità indicate dal decreto di cui al comma 3, (13) dell'infrastruttura da realizzare ad un livello tale da consentire, già in sede di approvazione del progetto medesimo, salvo circostanze imprevedibili, l'individuazione della localizzazione o del tracciato dell'infrastruttura nonché delle opere compensative o di mitigazione dell'impatto ambientale e sociale necessarie.

7. Il progetto definitivo individua compiutamente i lavori da realizzare, nel rispetto delle esigenze, dei criteri, dei vincoli, degli indirizzi e delle indicazioni stabiliti dalla stazione appaltante e, ove presente, dal progetto di fattibilità; il progetto definitivo contiene, altresì, tutti gli elementi necessari ai fini del rilascio delle prescritte autorizzazioni e approvazioni, nonché la quantificazione definitiva del limite di spesa per la realizzazione e del relativo cronoprogramma, attraverso l'utilizzo, ove esistenti, dei prezzari predisposti dalle regioni e dalle province autonome territorialmente competenti, di concerto con le articolazioni territoriali del Ministero delle infrastrutture e dei trasporti, secondo quanto previsto al comma 16 (14).

8. Il progetto esecutivo, redatto in conformità al progetto definitivo, determina in ogni dettaglio i lavori da realizzare, il relativo costo previsto, il cronoprogramma coerente con quello del progetto definitivo, e deve essere sviluppato ad un livello di definizione tale che ogni elemento sia identificato in forma, tipologia, qualità, dimensione e prezzo. Il progetto esecutivo deve essere, altresì, corredato da apposito piano di manutenzione dell'opera e delle sue parti in relazione al ciclo di vita.

9. In relazione alle caratteristiche e all'importanza dell'opera, il responsabile unico del procedimento, secondo quanto previsto dall'articolo 26, stabilisce criteri, contenuti e momenti di verifica tecnica dei vari livelli di progettazione.

10. L'accesso ad aree interessate ad indagini e ricerche necessarie all'attività di progettazione è soggetto all'autorizzazione di cui all'articolo 15 del decreto del Presidente della Repubblica 8 giugno 2001, n. 327. La medesima autorizzazione si estende alle ricerche archeologiche, alla bonifica di ordigni bellici e alla bonifica dei siti inquinati. Le ricerche archeologiche sono compiute sotto la vigilanza delle competenti soprintendenze.

11. Gli oneri inerenti alla progettazione, ivi compresi quelli relativi al dibattito pubblico (15), alla direzione dei lavori, alla vigilanza, ai collaudi, agli studi e alle ricerche connessi, alla redazione dei piani di sicurezza e di coordinamento, quando previsti ai sensi del decreto legislativo 9 aprile 2008, n. 81, alle prestazioni professionali e specialistiche, necessari per la redazione di un progetto esecutivo completo in ogni dettaglio, possono essere fatti gravare sulle disponibilità finanziarie della stazione appaltante cui accede la progettazione medesima. Ai fini dell'individuazione dell'importo stimato, il conteggio deve ricomprendere tutti i servizi, ivi compresa la direzione dei lavori, in caso di affidamento allo stesso progettista esterno (16).

11-*bis*. Tra le spese tecniche da prevedere nel quadro economico di ciascun intervento sono comprese le spese di carattere strumentale sostenute dalle amministrazioni aggiudicatrici in relazione all'intervento (17).

11-*ter*. Le spese strumentali, incluse quelle per sopralluoghi, riguardanti le attività finalizzate alla stesura del piano generale degli interventi del sistema accentrato delle manutenzioni, di cui all'articolo 12 del decreto-legge 6 luglio 2011, n. 98, convertito, con modificazioni, dalla legge 15 luglio 2011, n. 111, sono a carico delle risorse iscritte sui pertinenti capitoli dello stato di previsione del Ministero dell'economia e delle finanze trasferite all'Agenzia del demanio (17).

12. Le progettazioni definitiva ed esecutiva sono, preferibilmente, svolte dal medesimo soggetto, onde garantire omogeneità e coerenza al procedimento. In caso di motivate ragioni di affidamento disgiunto, il nuovo progettista deve accettare l'attività progettuale svolta in precedenza. In caso di affidamento esterno della progettazione, che ricomprenda, entrambi i livelli di progettazione, l'avvio della progettazione esecutiva è condizionato alla determinazione delle stazioni appaltanti sulla progettazione definitiva. In sede di verifica della coerenza tra le varie fasi della progettazione, si applica quanto previsto dall'articolo 26, comma 3.

13. Le stazioni appaltanti possono richiedere per le nuove opere nonché per interventi di recupero, riqualificazione o varianti, prioritariamente per i lavori complessi, l'uso dei metodi e strumenti elettronici specifici di cui al comma 1, lettera *h*). Tali strumenti utilizzano piattaforme interoperabili a mezzo di formati aperti non proprietari, al fine di non limitare la concorrenza tra i fornitori di tecnologie e il coinvolgimento di specifiche progettualità tra i progettisti. L'uso dei metodi e strumenti elettronici può essere richiesto soltanto dalle stazioni appaltanti dotate di personale adeguatamente formato. Con decreto del Ministero delle infrastrutture e dei trasporti, da adottare entro il 31 luglio 2016, anche avvalendosi di una Commissione appositamente istituita presso il medesimo Ministero, senza oneri aggiuntivi a carico della finanza pubblica sono definiti le modalità e i tempi di progressiva introduzione dell'obbligatorietà dei suddetti metodi presso le stazioni appaltanti, le amministrazioni concedenti e gli operatori economici, valutata in relazione alla tipologia delle opere da affidare e della strategia di digitalizzazione delle amministrazioni pubbliche e del settore delle costruzioni. L'utilizzo di tali metodologie costituisce parametro di valutazione dei requisiti premianti di cui all'articolo 38.

14. La progettazione di servizi e forniture è articolata, di regola, in un unico livello ed è predisposta dalle stazioni appaltanti, di regola, mediante propri dipendenti in servizio. In caso di concorso di progettazione relativa agli appalti, la stazione appaltante può prevedere che la progettazione sia suddivisa in uno o più livelli di approfondimento di cui la stessa stazione appaltante individua requisiti e caratteristiche.

15. Per quanto attiene agli appalti di servizi, il progetto deve contenere: la relazione tecnico-illustrativa del contesto in cui è inserito il servizio; le indicazioni e disposizioni per la stesura dei documenti inerenti alla sicurezza di cui all'articolo 26, comma 3, del decreto legislativo n. 81 del 2008; il calcolo degli importi per l'acquisizione dei servizi, con indicazione degli oneri della sicurezza non soggetti a ribasso; il prospetto economico degli oneri complessivi necessari per l'acquisizione dei servizi; il capitolato speciale descrittivo e prestazionale, comprendente le specifiche tecniche, l'indicazione dei requisiti minimi che le offerte devono comunque garantire e degli aspetti che possono essere oggetto di variante migliorativa e conseguentemente, i criteri premiali da applicare alla valutazione delle offerte in sede di gara, l'indicazione di altre circostanze che potrebbero determinare la modifica delle condizioni negoziali durante il periodo di validità, fermo restando il divieto di modifica sostanziale. Per i servizi di gestione dei patrimoni immobiliari, ivi inclusi quelli di gestione della manutenzione e della sostenibilità energetica, i progetti devono riferirsi anche a quanto previsto dalle pertinenti norme tecniche.

16. Per i contratti relativi a lavori, servizi e forniture, il costo del lavoro è determinato annualmente, in apposite tabelle, dal Ministero del lavoro e delle politiche sociali sulla base dei valori economici definiti dalla contrattazione collettiva nazionale tra le organizzazioni sindacali e le organizzazioni dei datori di lavoro comparativamente più rappresentativi, delle norme in materia previdenziale ed assistenziale, dei diversi settori merceologici e delle differenti aree territoriali. In mancanza di contratto collettivo applicabile, il costo del lavoro è determinato in relazione al contratto collettivo del settore merceologico più vicino a quello preso in considerazione. Per i contratti relativi a lavori il costo dei prodotti, delle attrezzature e delle lavorazioni è determinato sulla base dei prezzari regionali aggiornati annualmente (18). Tali prezzari cessano di avere validità il 31 dicembre di ogni anno e possono essere transitoriamente utilizzati fino al 30 giugno dell'anno successivo, per i progetti a base di gara la cui approvazione sia intervenuta entro tale data (18). In caso di inadempienza da parte delle Regioni, i prezzari sono aggiornati, entro i successivi trenta giorni, dalle competenti articolazioni territoriali del Ministero delle infrastrutture e dei trasporti sentite le Regioni interessate (18). Fino all'adozione delle tabelle di cui al presente comma, si applica l'articolo 216, comma 4. Nei contratti di lavori e servizi la stazione appaltante, al fine di determinare l'importo posto a base di gara, individua nei documenti posti a base di gara i costi della manodopera sulla base di quanto previsto nel presente comma (19). I costi della sicurezza sono scorporati dal costo dell'importo assoggettato al ribasso (19).

(1) *Le parole* « l'efficientamento ed il recupero energetico nella realizzazione e nella successiva vita dell'opera » *sono state sostituite alle parole* « l'efficientamento energetico » *dall'art. 13 d.lgs. 19 aprile 2017, n. 56.*

(2) *Le parole* « Con il regolamento di cui all'articolo 216, comma 27-*octies*, » *sono state sostituite alle parole* « Con decreto del Ministro delle infrastrutture e trasporti, su proposta del Consiglio superiore dei lavori pubblici, di concerto con il Ministro dell'ambiente e della tutela del territorio e del mare e del Ministro dei beni e delle attività culturali e del turismo » *dall'art. 1, comma 20, lett.* a), *n. 1), n. 1.1) d.l. 18 aprile 2019, n. 32, come modificato in sede di conversione in l. 14 giugno 2019, n. 55,. Ai sensi del comma 21 del predetto art. 1, le disposizioni di cui all'art. 1, comma 20 del suddetto d.l. n. 32 cit. si applicano alle procedure i cui bandi o avvisi, con i quali si indice una gara, sono pubblicati successivamente alla data di entrata in vigore della legge di conversione del presente decreto, nonché, in caso di contratti senza pubblicazione di bandi o avvisi, alle procedure in cui, alla medesima data, non sono ancora stati inviati gli inviti a presentare le offerte o i preventivi.*

(3) *La parola* « regolamento » *è stata sostituita alla parola* « decreto » *dall'art. 1, comma 20, lett.* a), *n. 1), n. 1.2) d.l. n. 32, cit, in sede di conversione. V. nota 2 per la disciplina transitoria di cui al comma 21 del predetto art. 1 d.l. n. 32, cit.*

(4) *Periodo inserito dall'art. 13 d.lgs. n. 56, cit.*

(5) *Comma inserito dall'art. 13 d.lgs. n. 56, cit. Successivamente il comma era stato sostituito dall'art. 1, comma 1, lett. a), n. 2), d.l.. 32, cit. con il seguente: « I contratti di lavori di manutenzione ordinaria e straordinaria, ad esclusione degli interventi di manutenzione straordinaria che prevedono il rinnovo o la sostituzione di parti strutturali delle opere o di impianti, possono essere affidati, nel rispetto delle procedure di*

scelta del contraente previste dal presente codice, sulla base del progetto definitivo costituito almeno da una relazione generale, dall'elenco dei prezzi unitari delle lavorazioni previste, dal computo metrico-estimativo, dal piano di sicurezza e di coordinamento con l'individuazione analitica dei costi della sicurezza da non assoggettare a ribasso. L'esecuzione dei predetti lavori può prescindere dall'avvenuta redazione e approvazione del progetto esecutivo », ma tale modifica è decaduta in sede di conversione in legge. Ai sensi dell'art. 1, comma 2, d.l. n. 32, cit.: « Restano validi gli atti e i provvedimenti adottati e sono fatti salvi gli effetti prodottisi e i rapporti giuridici sorti sulla base dell'articolo 1 del medesimo decreto-legge 18 aprile 2019, n. 32 ».

(6) *Comma così sostituito dall'art. 1, comma 20, lett. a), n. 2) d.l. n. 32 cit, come modificato in sede di conversione. V. nota 2 per la disciplina transitoria di cui al comma 21 del predetto art. 1 d.l. n. 32, cit. Il testo del comma era il seguente:* « 5. Il progetto di fattibilità tecnica ed economica individua, tra più soluzioni, quella che presenta il miglior rapporto tra costi e benefici per la collettività, in relazione alle specifiche esigenze da soddisfare e prestazioni da fornire. Ai soli fini delle attività di programmazione triennale dei lavori pubblici e dell'espletamento delle procedure di dibattito pubblico di cui all'articolo 22 nonché dei concorsi di progettazione e di idee di cui all'articolo 152, il progetto di fattibilità può essere articolato in due fasi successive di elaborazione. In tutti gli altri casi, il progetto di fattibilità è sempre redatto in un'unica fase di elaborazione. Nel caso di elaborazione in due fasi, nella prima fase il progettista, individua ed analizza le possibili soluzioni progettuali alternative, ove esistenti, sulla base dei principi di cui al comma 1, e redige il documento di fattibilità delle alternative progettuali secondo le modalità indicate dal decreto di cui al comma 3. Nella seconda fase di elaborazione, ovvero nell'unica fase, qualora non sia redatto in due fasi, il progettista incaricato sviluppa, nel rispetto dei contenuti del documento di indirizzo alla progettazione e secondo le modalità indicate dal decreto di cui al comma 3, tutte le indagini e gli studi necessari per la definizione degli aspetti di cui al comma 1, nonché elaborati grafici per l'individuazione delle caratteristiche dimensionali, volumetriche, tipologiche, funzionali e tecnologiche dei lavori da realizzare e le relative stime economiche, ivi compresa la scelta in merito alla possibile suddivisione in lotti funzionali. Il progetto di fattibilità deve consentire, ove necessario, l'avvio della procedura espropriativa ».

(7) *Comma inserito dall'art. 13 d.lgs. n. 56, cit.*

(8) *Le parole* « idrogeologiche, idrologiche, idrauliche, geotecniche, sismiche, storiche, paesaggistiche ed urbanistiche, » *sono state sostituite alle parole* « e geognostiche, » *dall'art. 13 d.lgs. n. 56, cit.*

(9) *Le parole* « di verifiche relative alla possibilità del riuso del patrimonio immobiliare esistente e della rigenerazione delle aree dismesse, » *sono state inserite dall'art. 1, comma 20, lett.* a), *n. 3), n. 3.1) d.l. n. 32, cit. come modificato in sede di conversione. V. nota 2 per la disciplina transitoria di cui al comma 21 del predetto art. 1 d.l. n. 32, cit.*

(10) *Le parole* « di studi di fattibilità ambientale e paesaggistica » *sono state sostituite alle parole* « di studi preliminari sull'impatto ambientale » *dall'art. 1, comma 20, lett.* a), *n. 3), n. 3.2) d.l. n. 32, cit. come modificato in sede di conversione. V. nota 2 per la disciplina transitoria di cui al comma 21 del predetto art. 1 d.l. n. 32, cit.*

(11) *Le parole da* « deve, altresì, ricomprendere » *a* « piano economico-finanziario dell'opera; » *sono state inserite dall'art. 13 d.lgs. n. 56, cit.*

(12) *Le parole* « la descrizione delle misure di compensazioni e di mitigazione dell'impatto ambientale » *sono state sostituite alle precedenti* « le esigenze di compensazioni e di mitigazione dell'impatto ambientale » *dall'art. 1, comma 20, lett.* a), *n. 3), n. 3.3.) d.l. n. 32, cit. come modificato in sede di conversione. V. nota 2 per la disciplina transitoria di cui al comma 21 del predetto art. 1 d.l. n. 32, cit.*

(13) *Le parole* « calcolati secondo le modalità indicate dal decreto di cui al comma 3, » *sono state inserite dall'art. 13 d.lgs. n. 56, cit.*

(14) *Le parole* «, secondo quanto previsto al comma 16 » *sono state aggiunte dall'art. 13 d.lgs. n. 56, cit.*

(15) *Le parole* «,ivi compresi quelli relativi al dibattito pubblico » *sono state inserite dall'art. 13 d.lgs. n. 56, cit.*

(16) *Periodo aggiunto dall'art. 13 d.lgs. n. 56, cit.*

(17) *Comma inserito dall'art. 1, comma 20, lett.* a), *n. 4) d.l. n. 32, cit. come modificato in sede di conversione. V. nota 2 per la disciplina transitoria di cui al comma 21 del predetto art. 1 d.l. n. 32, cit.*

(18) *Periodo inserito dall'art. 13 d.lgs. n. 56, cit.*

(19) *Periodo aggiunto dall'art. 13 d.lgs. n. 56, cit.*

24 Progettazione interna e esterna alle amministrazioni aggiudicatrici in materia di lavori pubblici.

1. Le prestazioni relative alla progettazione di fattibilità tecnica ed economica, definitiva ed esecutiva di lavori, al collaudo, al coordinamento della sicurezza della progettazione (1) nonché alla direzione dei lavori e agli incarichi di supporto tecnico-amministrativo alle attività del responsabile del procedimento e del dirigente competente alla programmazione dei lavori pubblici sono espletate:

a) dagli uffici tecnici delle stazioni appaltanti;

b) dagli uffici consortili di progettazione e di direzione dei lavori che i comuni, i rispettivi consorzi e unioni, le comunità montane, le aziende sanitarie locali, i consorzi, gli enti di industrializzazione e gli enti di bonifica possono costituire;

c) dagli organismi di altre pubbliche amministrazioni di cui le singole stazioni appaltanti possono avvalersi per legge;

d) dai soggetti di cui all'articolo 46.

2. Con il regolamento di cui all'articolo 216, comma 27-*octies*, (2) sono definiti i requisiti che devono possedere i soggetti di cui all'articolo 46, comma 1. Fino alla data di entrata in vigore del regolamento di cui all'articolo 216, comma 27-octies, si applica la disposizione transitoria ivi prevista (3).

3. I progetti redatti dai soggetti di cui al comma 1, lettere *a*), *b*) e *c*), sono firmati da dipendenti delle amministrazioni abilitati all'esercizio della professione. I pubblici dipendenti che abbiano un rapporto di lavoro a tempo parziale non possono espletare, nell'ambito territoriale dell'ufficio di appartenenza, incarichi professionali per conto di pubbliche amministrazioni di cui all'articolo 1, comma 2, del decreto legislativo 30 marzo 2001, n. 165, e successive modificazioni, se non conseguenti ai rapporti d'impiego.

4. Sono a carico delle stazioni appaltanti le polizze assicurative per la copertura dei rischi di natura professionale a favore dei dipendenti incaricati della progettazione. Nel caso di affidamento della progettazione a soggetti esterni, le polizze sono a carico dei soggetti stessi.

5. Indipendentemente dalla natura giuridica del soggetto affidatario l'incarico è espletato da professionisti iscritti negli appositi albi previsti dai vigenti ordinamenti professionali, personalmente responsabili e nominativamente indicati già in sede di presentazione dell'offerta, con la specificazione delle rispettive qualificazioni professionali. È, inoltre, indicata, sempre nell'offerta, la persona fisica incaricata dell'integrazione tra le varie prestazioni specialistiche. Il regolamento (4) di cui al comma 2 individua anche i criteri per garantire la presenza di giovani professionisti, in forma singola o associata, nei gruppi concorrenti ai bandi relativi a incarichi di progettazione, concorsi di progettazione e di idee, di cui le stazioni appaltanti tengono conto ai fini dell'aggiudicazione. All'atto dell'affidamento dell'incarico, i soggetti incaricati devono dimostrare di non trovarsi nelle condizioni di cui all'articolo 80 nonché il possesso dei requisiti e delle capacità di cui all'articolo 83, comma 1.

6. Ove un servizio complesso sia costituito dalla somma di diversi servizi, di cui alcuni riservati ad iscritti ad albi di ordini e collegi, il bando di gara o l'invito richiede esplicitamente che sia indicato il responsabile di quella parte del servizio. Tale soggetto deve possedere i requisiti previsti nel caso in cui il servizio sia messo in gara separatamente.

7. Fermo restando quanto previsto dall'articolo 59, comma 1, quarto periodo, gli affidatari di incarichi di progettazione per progetti posti a base di gara (5) non possono essere affidatari degli appalti [o delle concessioni di lavori pubblici] (6), nonché degli eventuali subappalti o cottimi, per i quali abbiano svolto la suddetta attività di progettazione. Ai medesimi appalti, [concessioni di lavori pubblici] (7), subappalti e cottimi non può partecipare un soggetto controllato, controllante o collegato all'affidatario di incarichi di progettazione. Le situazioni di controllo e di collegamento si determinano con riferimento a quanto previsto dall'articolo 2359 del codice civile. I divieti di cui al presente comma sono estesi ai dipendenti dell'affidatario dell'incarico di progettazione, ai suoi collaboratori nello svolgimento dell'incarico e ai loro dipendenti, nonché agli affidatari di attività di supporto alla progettazione e ai loro dipendenti. Tali divieti non si applicano laddove i soggetti ivi indicati dimostrino che l'esperienza acquisita nell'espletamento degli incarichi di progettazione non è tale da determinare un vantaggio che possa falsare la concorrenza con gli altri operatori.

8. Il Ministro della giustizia, di concerto con il Ministro delle infrastrutture e dei trasporti, approva, con proprio decreto, da emanare entro e non oltre sessanta giorni dalla data di entrata in vigore del presente codice, le tabelle dei corrispettivi commisurati al livello qualitativo delle prestazioni e delle attività di cui al presente articolo e all'articolo 31, comma 8. I predetti corrispettivi sono utilizzati (8) dalle stazioni appaltanti (9) quale criterio o base di riferimento ai fini dell'individuazione dell'importo da porre a base di gara dell'affidamento (10). Fino alla data di entrata in vigore del decreto di cui al presente comma, si applica l'articolo 216, comma 6.

8-*bis*. Le stazioni appaltanti non possono subordinare la corresponsione dei compensi relativi allo svolgimento della progettazione e delle attività tecnico-amministrative ad essa connesse all'ottenimento del finanziamento dell'opera progettata. Nella convenzione stipulata con il soggetto affidatario sono previste le condizioni e le modalità per il pagamento dei corrispettivi con riferimento a quanto previsto dagli articoli 9 e 10 della legge 2 marzo 1949, n. 143, e successive modificazioni (11).

8-*ter*. Nei contratti aventi ad oggetto servizi di ingegneria e architettura la stazione appaltante non può prevedere quale corrispettivo forme di sponsorizzazione o di rimborso, ad eccezione dei contratti relativi ai beni culturali, secondo quanto previsto dall'articolo 151 (11).

(1) *Le parole* « al collaudo, al coordinamento della sicurezza della progettazione » *sono state inserite dall'art. 14 d.lgs. 19 aprile 2017, n. 56.*

(2) *Le parole* « Con il regolamento di cui all'articolo 216, comma 27-*octies*, » *sono state sostiuite alle parole* « Con decreto del Ministro delle infrastrutture e dei trasporti, da adottare entro novanta giorni dalla data di entrata in vigore del presente codice, sentita l'ANAC, » *dall'art. 1, comma 20, lett.* b), *n. 1) d.l. 18 aprile 2019, n. 32, come modificato in sede di conversione in l. 14 giugno 2019, n. 55. Ai sensi del comma 21 del predetto art. 1, le disposizioni di cui all'art. 1, comma 20 del suddetto d.l. n. 32 cit. si applicano alle procedure i cui bandi o avvisi, con i quali si indice una gara, sono pubblicati successivamente alla data di entrata in vigore della legge di conversione del presente decreto, nonché, in caso di contratti senza pubblicazione di bandi o avvisi, alle procedure in cui, alla medesima data, non sono ancora stati inviati gli inviti a presentare le offerte o i preventivi.*

(3) *Periodo così sostituito dall'art. 1, comma 20, lett.* b), *n. 1) d.l. n. 32, cit. come modificato in sede di conversione. V. nota 2 per la disciplina transitoria di cui al comma 21 del predetto art. 1 d.l. n. 32, cit. Il testo del periodo era il seguente:* « Fino alla data di entrata in vigore di detto decreto, si applica l'articolo 216, comma 5. ».

(4) *Le parole* « il regolamento » *sono state sostituite alle parole* « il decreto » *dall'art. 1, comma 20, lett.* b), *n. 2) d.l. n. 32, cit. in sede di conversione. V. nota 2 per la disciplina transitoria di cui al comma 21 del predetto art. 1 d.l. n. 32, cit.*

(5) *Le parole da* « Fermo restando » *a* « posti a base di gara » *sono state sostituite alle parole* « Gli affidatari di incarichi di progettazione » *dall'art. 14 d.lgs. n. 56, cit.*

(6) *Parole soppresse dall'art. 1, comma 20, lett.* b), *n. 3.1) d.l. n. 32, cit. come modificato in sede di conversione. V. nota 2 per la disciplina transitoria di cui al comma 21 del predetto art. 1 d.l. n. 32, cit.*

(7) *Parole soppresse dall'art. 1, comma 20, lett.* b), *n. 3.2) d.l. n. 32, cit., in sede di conversione. V. nota 2 per la disciplina transitoria di cui al comma 21 del predetto art. 1 d.l. n. 32, cit.*

(8) *Le parole* « sono utilizzati » *sono state sostituite alle parole* « possono essere utilizzati » *dall'art. 14 d.lgs. n. 56, cit.*

(9) *Le parole* «, ove motivatamente ritenuti adeguati » *sono state soppresse dall'art. 14 d.lgs. n. 56, cit.*

(10) *Le parole* « importo da porre a base di gara dell'affidamento » *sono state sostituite alle parole* « importo dell'affidamento » *dall'art. 14 d.lgs. n. 56, cit.*

(11) *Comma aggiunto dall'art. 14 d.lgs. n. 56, cit.*

25 Verifica preventiva dell'interesse archeologico.

1. Ai fini dell'applicazione dell'articolo 28, comma 4, del codice dei beni culturali e del paesaggio di cui al decreto legislativo 22 gennaio 2004, n. 42, per le opere sottoposte all'applicazione delle disposizioni del presente codice, le stazioni appaltanti trasmettono al soprintendente territorialmente competente, prima dell'approvazione, copia del progetto di fattibilità dell'intervento o di uno stralcio di esso sufficiente ai fini archeologici, ivi compresi gli esiti delle indagini geologiche e archeologiche preliminari, con particolare attenzione ai dati di archivio e bibliografici reperibili, all'esito delle ricognizioni volte all'osservazione dei terreni, alla lettura della geomorfologia del territorio, nonché, per le opere a rete, alle fotointerpretazioni. Le stazioni appaltanti raccolgono ed elaborano tale documentazione mediante i dipartimenti archeologici delle università, ovvero mediante i soggetti in possesso di diploma di laurea e specializzazione in archeologia o di dottorato di ricerca in archeologia. La trasmissione della documentazione suindicata non è richiesta per gli interventi che non comportino nuova edificazione o scavi a quote diverse da quelle già impegnate dai manufatti esistenti.

2. Presso il Ministero dei beni e delle attività culturali e del turismo è istituito un apposito elenco, reso accessibile a tutti gli interessati, degli istituti archeologici universitari e dei soggetti in possesso della necessaria qualificazione. Con decreto del Ministro dei beni e delle attività culturali e del turismo, sentita una rappresentanza dei dipartimenti archeologici universitari, si provvede a disciplinare i criteri per la tenuta di detto elenco, comunque prevedendo modalità di par-

tecipazione di tutti i soggetti interessati. Fino alla data di entrata in vigore di detto decreto, si applica l'articolo 216, comma 7.

3. Il soprintendente, qualora sulla base degli elementi trasmessi e delle ulteriori informazioni disponibili, ravvisi l'esistenza di un interesse archeologico nelle aree oggetto di progettazione, può richiedere motivatamente, entro il termine di trenta giorni dal ricevimento del progetto di fattibilità ovvero dello stralcio di cui al comma 1, la sottoposizione dell'intervento alla procedura prevista dai commi 8 e seguenti. Per i progetti di grandi opere infrastrutturali o a rete il termine della richiesta per la procedura di verifica preventiva dell'interesse archeologico è stabilito in sessanta giorni (1).

4. In caso di incompletezza della documentazione trasmessa o di esigenza di approfondimenti istruttori, il soprintendente, con modalità anche informatiche, richiede integrazioni documentali o convoca il responsabile unico del procedimento per acquisire le necessarie informazioni integrative. La richiesta di integrazioni e informazioni sospende il termine di cui al comma 3, fino alla presentazione delle stesse.

5. Avverso la richiesta di cui al comma 3 è esperibile il ricorso amministrativo di cui all'articolo 16 del codice dei beni culturali e del paesaggio.

6. Ove il soprintendente non richieda l'attivazione della procedura di cui ai commi 8 e seguenti nel termine di cui al comma 3,ovverotale procedura si concluda con esito negativo, l'esecuzione di saggi archeologici è possibile solo in caso di successiva acquisizione di nuove informazioni o di emersione, nel corso dei lavori, di nuovi elementi archeologicamente rilevanti, che inducano a ritenere probabile la sussistenza in sito di reperti archeologici. In tale evenienza il Ministero dei beni e delle attività culturali e del turismo procede, contestualmente, alla richiesta di saggi preventivi, alla comunicazione di avvio del procedimento di verifica o di dichiarazione dell'interesse culturale ai sensi degli articoli12e13 del codice dei beni culturali e del paesaggio.

7. I commi da 1 a 6 non si applicano alle aree archeologiche e ai parchi archeologici di cui all'articolo 101 del codice dei beni culturali e del paesaggio, per i quali restano fermi i poteri autorizzatori e cautelari ivi previsti, compresa la facoltà di prescrivere l'esecuzione, a spese del committente dell'opera pubblica, di saggi archeologici. Restano altresì fermi i poteri previsti dall'articolo 28, comma 2, del codice dei beni culturali e del paesaggio, nonché i poteri autorizzatori e cautelari previsti per le zone di interesse archeologico, di cui all'articolo 142, comma 1, lettera *m*), del medesimo codice.

8. La procedura di verifica preventiva dell'interesse archeologico si articola in (2) fasi costituenti livelli progressivi di approfondimento dell'indagine archeologica. L'esecuzione della fase successiva dell'indagine è subordinata all'emersione di elementi archeologicamente significativi all'esito della fase precedente. La procedura di verifica preventiva dell'interesse archeologico consiste nel compimento delle seguenti indagini e nella redazione dei documenti integrativi del progetto di fattibilità:

a) esecuzione di carotaggi;

b) prospezioni geofisiche e geochimiche;

c) saggi archeologici e, ove necessario, esecuzione di sondaggi e di scavi, anche in estensione tali da assicurare una sufficiente campionatura dell'area interessata dai lavori.

9. La procedura si conclude in un termine predeterminato dal soprintendente in relazione all'estensione dell'area interessata, con la redazione della relazione archeologica definitiva, approvata dal soprintendente di settore territorialmente competente. La relazione contiene una descrizione analitica delle indagini eseguite, con i relativi esiti di seguito elencati, e detta le conseguenti prescrizioni:

a) contesti in cui lo scavo stratigrafico esaurisce direttamente l'esigenza di tutela;

b) contesti che non evidenziano reperti leggibili come complesso strutturale unitario, con scarso livello di conservazione per i quali sono possibili interventi di reinterro, smontaggio, rimontaggio e musealizzazione, in altra sede rispetto a quella di rinvenimento;

c) complessi la cui conservazione non può essere altrimenti assicurata che in forma contestualizzata mediante l'integrale mantenimento in sito.

10. Per l'esecuzione dei saggi e degli scavi archeologici nell'ambito della procedura di cui al presente articolo, il responsabile unico del procedimento può motivatamente ridurre, previo accordo con la soprintendenza archeologica territorialmente competente, i livelli di progettazione, nonché i contenuti della progettazione, in particolare in relazione ai dati, agli elaborati e ai documenti progettuali già comunque acquisiti agli atti del procedimento.

11. Nelle ipotesi di cui al comma 9, lettera *a*), la procedura di verifica preventiva dell'interesse archeologico si considera chiusa con esito negativo e accertata l'insussistenza dell'interesse archeologico nell'area interessata dai lavori. Nelle ipotesi di cui al comma 9, lettera *b*), la soprintendenza determina le misure necessarie ad assicurare la conoscenza, la conservazione e la protezione dei rinvenimenti archeologicamente rilevanti, salve le misure di tutela eventualmente da adottare ai sensi del codice dei beni culturali e del paesaggio, relativamente a singoli rinvenimenti o al loro contesto. Nel caso di cui al comma 9, lettera *c*), le prescrizioni sono incluse nei provvedimenti di assoggettamento a tutela dell'area interessata dai rinvenimenti e il Ministero dei beni e delle attività culturali e del turismo avvia il procedimento di dichiarazione di cui agli articoli 12 e 13 del predetto codice dei beni culturali e del paesaggio.

12. La procedura di verifica preventiva dell'interesse archeologico è condotta sotto la direzione della soprintendenza archeologica territorialmente competente. Gli oneri sono a carico della stazione appaltante.

13. Con decreto del Presidente del Consiglio dei Ministri, su proposta del Ministro dei beni e delle attività culturali e del turismo, di concerto con il Ministro delle infrastrutture e dei trasporti, entro il 31 dicembre 2017, sono adottate linee guida finalizzate ad assicurare speditezza, efficienza ed efficacia alla procedura di cui al presente articolo. Con il medesimo decreto sono individuati procedimenti semplificati, con termini certi,

che garantiscano la tutela del patrimonio archeologico tenendo conto dell'interesse pubblico sotteso alla realizzazione dell'opera (3).

14. Per gli interventi soggetti alla procedura di cui al presente articolo, il soprintendente, entro trenta giorni dalla richiesta di cui al comma 3, stipula un apposito accordo con la stazione appaltante per disciplinare le forme di coordinamento e di collaborazione con il responsabile del procedimento e con gli uffici della stazione appaltante. Nell'accordo le amministrazioni possono graduare la complessità della procedura di cui al presente articolo, in ragione della tipologia e dell'entità dei lavori da eseguire, anche riducendole fasi e i contenuti del procedimento. L'accordo disciplina, altresì, le forme di documentazione e di divulgazione dei risultati dell'indagine, mediante l'informatizzazione dei dati raccolti, la produzione di edizioni scientifiche e didattiche, eventuali ricostruzioni virtuali volte alla comprensione funzionale dei complessi antichi, eventuali mostre ed esposizioni finalizzate alla diffusione e alla pubblicizzazione delle indagini svolte.

15. Le stazioni appaltanti, in caso di rilevanti insediamenti produttivi, opere di rilevante impatto per il territorio o di avvio di attività imprenditoriali suscettibili di produrre positivi effetti sull'economia o sull'occupazione, già inseriti nel programma triennale di cui all'articolo 21, possono ricorrere alla procedura di cui al regolamento adottato in attuazione dell'articolo 4 della legge 7 agosto 2015, n. 124, in caso di ritenuta eccessiva durata del procedimento di cui ai commi 8 e seguenti o quando non siano rispettati i termini fissati nell'accordo di cui al comma 14 (4).

16. Le Regioni e le Province autonome di Trento e Bolzano disciplinano la procedura di verifica preventiva dell'interesse archeologico per le opere di loro competenza sulla base di quanto disposto dal presente articolo.

(1) *Ai sensi dell'art. 44, comma 2, d.l. 31 maggio 2021, n. 77, conv., con modif., in l. 29 luglio 2021, n. 108, il presente termine è ridotto a quarantacinque giorni.*

(2) *La parola « due » è stata soppressa dall'art. 15 del d.lgs. 19 aprile 2017, n. 56.*

(3) *Comma così sostituito dall'art. 15 del d.lgs. 19 aprile 2017, n. 56. Il testo del comma era il seguente: « 13. Con decreto del Presidente del Consiglio dei ministri, su proposta del Ministro dei beni e delle attività culturali e del turismo, di concerto con il Ministro per la semplificazione e la pubblica amministrazione e il Ministro delle infrastrutture e dei trasporti, da emanare entro novanta giorni dalla data di entrata in vigore del presente codice, sono individuati procedimenti semplificati, con termini certi che garantiscano la tutela del patrimonio archeologico tenendo conto dell'interesse pubblico sotteso alla realizzazione dell'opera ».*

(4) *Comma così sostituito dall'art. 15 del d.lgs. 19 aprile 2017, n. 56. Il testo del comma era il seguente: « 15. Le stazioni appaltanti possono ricorrere alla procedura di cui al regolamento di attuazione dell'articolo 4 della legge 7 agosto 2015, n. 124, in caso di ritenuta eccessiva durata del procedimento di cui ai commi 8 e seguenti ».*

26 Verifica preventiva della progettazione.

1. La stazione appaltante, nei contratti relativi ai lavori, verifica la rispondenza degli elaborati progettuali ai documenti di cui all'articolo 23, nonché la loro conformità alla normativa vigente (1).

2. La verifica di cui al comma 1 ha luogo prima dell'inizio delle procedure di affidamento; nei casi in cui è consentito l'affidamento congiunto di progettazione ed esecuzione, la verifica della progettazione redatta dall'aggiudicatario ha luogo prima dell'inizio dei lavori (2).

3. Al fine di accertare l'unità progettuale, i soggetti di cui al comma 6, prima dell'approvazione e in contraddittorio con il progettista, verificano la conformità del progetto esecutivo o definitivo rispettivamente, al progetto definitivo o al progetto di fattibilità. Al contraddittorio partecipa anche il progettista autore del progetto posto a base della gara, che si esprime in ordine a tale conformità.

4. La verifica accerta in particolare:

a) la completezza della progettazione;

b) la coerenza e completezza del quadro economico in tutti i suoi aspetti ovvero dalla stazione appaltante nel caso in cui disponga di un sistema interno di controllo di qualità (3);

c) l'appaltabilità della soluzione progettuale prescelta;

d) presupposti per la durabilità dell'opera nel tempo;

e) la minimizzazione dei rischi di introduzione di varianti e di contenzioso;

f) la possibilità di ultimazione dell'opera entro i termini previsti;

g) la sicurezza delle maestranze e degli utilizzatori;

h) l'adeguatezza dei prezzi unitari utilizzati;

i) la manutenibilità delle opere, ove richiesta.

5. Gli oneri derivanti dall'accertamento della rispondenza agli elaborati progettuali sono ricompresi nelle risorse stanziate per la realizzazione delle opere.

6. L'attività di verifica è effettuata dai seguenti soggetti:

a) per i lavori di importo pari o superiore a venti milioni di euro, da organismi di controllo accreditati ai sensi della norma europea UNI CEI EN ISO/IEC 17020;

b) per i lavori di importo inferiore a venti milioni di euro e fino alla soglia di cui all'articolo 35, dai soggetti di cui alla lettera *a*) e di cui all'articolo 46, comma 1, che dispongano di un sistema interno di controllo di qualità;

c) per i lavori di importo inferiore alla soglia di cui all'articolo 35 e fino a un milione di euro, la verifica può essere effettuata dagli uffici tecnici delle stazioni appaltanti ove il progetto sia stato redatto da progettisti esterni o le stesse stazioni appaltanti dispongano di un sistema interno di controllo di qualità ove il progetto sia stato redatto da progettisti interni;

d) per i lavori di importo inferiore a un milione di euro, la verifica è effettuata dal responsabile unico del procedimento, anche avvalendosi della struttura di cui all'articolo 31, comma 9.

7. Lo svolgimento dell'attività di verifica è incompatibile con lo svolgimento, per il medesimo progetto, dell'attività di progettazione, del coordinamento della sicurezza della stessa, della direzione lavori e del collaudo.

8. La validazione del progetto posto a base di gara è l'atto formale che riporta gli esiti della verifica. La validazione è sottoscritta dal responsabile del procedimento e fa preciso riferimento al rapporto conclusivo del soggetto preposto alla verifica ed alle eventuali controdeduzioni del progettista. Il bando e la lettera di

invito per l'affidamento dei lavori devono contenere gli estremi dell'avvenuta validazione del progetto posto a base di gara (4).

8-*bis*. Nei casi di contratti aventi ad oggetto la progettazione e l'esecuzione dei lavori, il progetto esecutivo ed eventualmente il progetto definitivo presentati dall'affidatario sono soggetti, prima dell'approvazione di ciascun livello di progettazione, all'attività di verifica (5).

(1) *Comma così sostituito dall'art. 16 d.lgs. 19 aprile 2017, n. 56. Il testo del comma era il seguente:* « 1. La stazione appaltante, nei contratti relativi a lavori, verifica la conformità degli elaborati e la loro conformità alla normativa vigente ».

(2) *Le parole da* «; nei casi in cui » *a* « prima dell'inizio dei lavori » *sono state aggiunte dall'art. 16 d.lgs. n. 56, cit.*

(3) *Le parole* « ovvero dalla stazione appaltante nel caso in cui disponga di un sistema interno di controllo di qualità » *sono state aggiunte dall'art. 1, comma 20, lett.* c) *d.l. 18 aprile 2019, n. 32, conv., con modif., in l. 14 giugno 2019, n. 55. Ai sensi del comma 21 del predetto art. 1, le disposizioni di cui all'art. 1, comma 20 del suddetto d.l. n. 32 cit. si applicano alle procedure i cui bandi o avvisi, con i quali si indice una gara, sono pubblicati successivamente alla data di entrata in vigore della legge di conversione del presente decreto, nonché, in caso di contratti senza pubblicazione di bandi o avvisi, alle procedure in cui, alla medesima data, non sono ancora stati inviati gli inviti a presentare le offerte o i preventivi.*

(4) *Periodo aggiunto dall'art. 16 d.lgs. n. 56, cit.*

(5) *Comma aggiunto dall'art. 16 d.lgs. n. 56, cit.*

27 Procedure di approvazione dei progetti relativi ai lavori.

1. L'approvazione dei progetti da parte delle amministrazioni viene effettuata in conformità alla (1) legge 7 agosto 1990, n. 241, e successive modificazioni, e alle disposizioni statali e regionali che regolano la materia. Si applicano le disposizioni in materia di conferenza di servizi dettate dagli articoli 14-*bis* e seguenti della citata legge n. 241 del 1990.

1-*bis*. Nei casi di appalti conseguenti al ritiro, alla revoca o all'annullamento di un precedente appalto, basati su progetti per i quali risultino scaduti i pareri, le autorizzazioni e le intese acquisiti, ma non siano intervenute variazioni nel progetto e in materia di regolamentazione ambientale, paesaggistica e antisismica né in materia di disciplina urbanistica, restano confermati, per un periodo comunque non superiore a cinque anni, i citati predetti pareri, le autorizzazioni e le intese già resi dalle diverse amministrazioni. L'assenza delle variazioni di cui al primo periodo deve essere oggetto di specifica valutazione e attestazione da parte del RUP. Restano escluse le ipotesi in cui il ritiro, la revoca o l'annullamento del precedente appalto siano dipesi da vizi o circostanze comunque inerenti i pareri, le autorizzazioni o le intese di cui al primo periodo (2).

2. Le amministrazioni aggiudicatrici e gli enti aggiudicatori possono sottoporre al procedimento di approvazione dei progetti un livello progettuale di maggior dettaglio, al fine di ottenere anche le approvazioni proprie delle precedenti fasi progettuali eventualmente non effettuate. La dichiarazione di pubblica utilità di cui agli articoli 12 e seguenti del decreto del Presidente della Repubblica 8 giugno 2001 n. 327, e successive modificazioni, può essere disposta anche quando l'autorità espropriante approva a tal fine il progetto esecutivo dell'opera pubblica o di pubblica utilità.

3. In sede di conferenza dei servizi di cui all'articolo 14-*bis* della legge n. 241 del 1990 sul progetto di fattibilità, con esclusione dei lavori di manutenzione ordinaria, tutte le amministrazioni e i soggetti invitati, ivi compresi gli enti gestori di servizi pubblici a rete per i quali possono riscontrarsi interferenze con il progetto, sono obbligati a pronunciarsi sulla localizzazione e sul tracciato dell'opera, anche presentando proposte modificative, nonché a comunicare l'eventuale necessità di opere mitigatrici e compensative dell'impatto. In tale fase, gli enti gestori di servizi pubblici a rete forniscono, contestualmente al proprio parere, il cronoprogramma di risoluzione delle interferenze (3). Salvo circostanze imprevedibili, le conclusioni adottate dalla conferenza in merito alla localizzazione o al tracciato, nonché al progetto di risoluzione delle interferenze (4) e alle opere mitigatrici e compensative, ferma restando la procedura per il dissenso di cui all'articolo 14-*bis*, comma 3-*bis* e all'articolo 14-*quater*, comma 3 della predetta legge n. 241 del 1990, non possono essere modificate in sede di approvazione dei successivi livelli progettuali, a meno del ritiro e della ripresentazione di un nuovo progetto di fattibilità.

4. In relazione al procedimento di approvazione del progetto di fattibilità di cui al comma 3, gli enti gestori delle interferenze già note o prevedibili hanno l'obbligo di verificare e segnalare al soggetto aggiudicatore la sussistenza di interferenze non rilevate con il sedime della infrastruttura o dell'insediamento produttivo e di elaborare, a spese del soggetto aggiudicatore, il progetto di risoluzione delle interferenze di propria competenza. Il soggetto aggiudicatore sottopone a verifica preventiva di congruità i costi di progettazione per la risoluzione delle interferenze indicate dall'ente gestore. La violazione di tali obblighi (5) che sia stata causa di ritardato avvio o anomalo andamento dei lavori comporta per l'ente gestore responsabilità patrimoniale per i danni subiti dal soggetto aggiudicatore.

5. Il progetto definitivo è corredato dalla indicazione delle interferenze, anche non rilevate ai sensi del comma 4, individuate (6) dal soggetto aggiudicatore e, in mancanza, indicate dagli enti gestori nel termine di sessanta giorni dal ricevimento del progetto, nonché dal programma degli spostamenti e attraversamenti e di quant'altro necessario alla risoluzione delle interferenze.

6. Gli enti gestori di reti o opere destinate al pubblico servizio devono rispettare il programma di risoluzione delle interferenze di cui al comma 5 approvato unitamente al progetto definitivo, anche indipendentemente dalla stipula di eventuali convenzioni regolanti la risoluzione delle interferenze, sempre che il soggetto aggiudicatore si impegni a mettere a disposizione in via anticipata le risorse occorrenti. Il mancato rispetto del suddetto programma di risoluzione delle interferenze, che sia stato causa di ritardato avvio o anomalo andamento dei lavori, comporta per l'ente gestore responsabilità patrimoniale per i danni subiti dal soggetto aggiudicatore (7).

7. Restano ferme le disposizioni vigenti che stabiliscono gli effetti dell'approvazione dei progetti ai fini urbanistici ed espropriativi, nonché l'applicazione

della vigente disciplina in materia di valutazione di impatto ambientale.

(1) *La parola « alla » è stata sostituita alle parole « alle norme dettate dalla » dall'art. 17 del d.lgs. 19 aprile 2017, n. 56.*

(2) *Comma inserito dall'art. 17 del d.lgs. 19 aprile 2017, n. 56.*

(3) *Periodo inserito dall'art. 17 del d.lgs. 19 aprile 2017, n. 56.*

(4) *Le parole «, nonché al progetto di risoluzione delle interferenze » sono state inserite dall'art. 17 del d.lgs. 19 aprile 2017, n. 56.*

(5) *Le parole da « e di elaborare, a spese del soggetto aggiudicatore » a « La violazione di tali obblighi » sono state sostituite alle parole «, di collaborare con il soggetto aggiudicatore per lo sviluppo del progetto delle opere pertinenti le interferenze rilevate e di dare corso, a spese del soggetto aggiudicatore, alle attività progettuali di propria competenza. La violazione dell'obbligo di collaborazione » dall'art. 17 del d.lgs. 19 aprile 2017, n. 56.*

(6) *Le parole « anche non rilevate ai sensi del comma 4, individuate » sono state sostituite alla parola « rilevate » dall'art. 17 del d.lgs. 19 aprile 2017, n. 56.*

(7) *Periodo aggiunto dall'art. 17 del d.lgs. 19 aprile 2017, n. 56.*

TITOLO IV

Modalità di affidamento - principi comuni

28 Contratti misti di appalto.

1. I contratti, nei settori ordinari o nei settori speciali, o le concessioni, che hanno in ciascun rispettivo ambito, ad oggetto due o più tipi di prestazioni, sono aggiudicati secondo le disposizioni applicabili al tipo di appalto che caratterizza l'oggetto principale del contratto in questione. Nel caso di contratti misti. che consistono in parte in servizi ai sensi della parte II, titolo VI, capo II, e in parte in altri servizi. oppure in contratti misti comprendenti in parte servizi e in parte forniture, l'oggetto principale è determinato in base al valore stimato più elevato tra quelli dei rispettivi servizi o forniture. L'operatore economico che concorre alla procedura di affidamento di un contratto misto deve possedere i requisiti di qualificazione e capacità prescritti dal presente codice per ciascuna prestazione di lavori, servizi, forniture prevista dal contratto.

2. Ai contratti misti, nei settori ordinari e nei settori speciali, aventi per oggetto gli appalti contemplati nel presente codice e in altri regimi giuridici, si applicano i commi da 3 a 8.

3. Se le diverse parti di un determinato contratto sono oggettivamente separabili, si applicano i commi 5, 6 e 7. Se le diverse parti di un determinato contratto sono oggettivamente non separabili, si applica il comma 9.

4. Se una parte di un determinato contratto è disciplinata dall'articolo 346 del Trattato sul funzionamento dell'Unione europea o dal decreto legislativo 15 novembre 2011, n. 208, si applica l'articolo 160.

5. Nel caso di contratti aventi ad oggetto appalti disciplinati dal presente codice nonché appalti che non rientrano nell'ambito di applicazione del medesimo codice (1), le amministrazioni aggiudicatrici o gli enti aggiudicatori possono scegliere di aggiudicare appalti distinti per le parti distinte o di aggiudicare un appalto unico. Se le amministrazioni aggiudicatrici o gli enti aggiudicatori scelgono di aggiudicare appalti distinti per le parti distinte, la decisione che determina quale regime giuridico si applica a ciascuno di tali appalti distinti è adottata in base alle caratteristiche della parte distinta di cui trattasi.

6. Se le amministrazioni aggiudicatrici o gli enti aggiudicatori scelgono di aggiudicare un appalto unico, il presente decreto si applica, salvo quanto previsto all'articolo 160, all'appalto misto che ne deriva, a prescindere dal valore delle parti cui si applicherebbe un diverso regime giuridico e dal regime giuridico cui tali parti sarebbero state altrimenti soggette.

7. Nel caso di contratti misti che contengono elementi di appalti di forniture, lavori e servizi nei settori ordinari e di concessioni (2), il contratto misto è aggiudicato in conformità con le disposizioni del presente codice che disciplinano gli appalti nei settori ordinari, purché il valore stimato della parte del contratto che costituisce un appalto disciplinato da tali disposizioni, calcolato secondo l'articolo 35 (3), sia pari o superiore alla soglia pertinente di cui al medesimo articolo 35 (4).

8. Nel caso di contratti aventi per oggetto sia appalti nei settori ordinari, sia appalti nei settori speciali, le norme applicabili sono determinate, fatti salvo i commi 5, 6 e 7, a norma dei commi da 1 a 12.

9. Se le diverse parti di un determinato contratto sono oggettivamente non separabili, il regime giuridico applicabile è determinato in base all'oggetto principale del contratto in questione.

10. Nei settori speciali, nel caso di contratti destinati a contemplare più attività, gli enti aggiudicatori possono scegliere di aggiudicare appalti distinti per ogni attività distinta o di aggiudicare un appalto unico. Se gli enti aggiudicatori scelgono di aggiudicare appalti distinti, la decisione che determina il regime giuridico applicabile a ciascuno di tali appalti distinti è adottata in base alle caratteristiche dell'attività distinta di cui trattasi. In deroga ai commi da 1 a 9, per gli appalti nei settori speciali, se gli enti aggiudicatori decidono di aggiudicare un appalto unico, si applicano i commi 11 e 12. Tuttavia, quando una delle attività interessate è disciplinata dall'articolo 346 del Trattato sul funzionamento dell'Unione europea o dal decreto legislativo 15 novembre 2011, n. 208, si applica l'articolo 160. La decisione di aggiudicare un unico appalto e di aggiudicare più appalti distinti non può essere adottata, tuttavia, allo scopo di escludere l'appalto o gli appalti dall'ambito di applicazione del presente codice.

11. A un appalto destinato all'esercizio di più attività (5) si applicano le disposizioni relative alla principale attività cui è destinato.

12. Nel caso degli appalti (5) per cui è oggettivamente impossibile stabilire a quale attività siano principalmente destinati, le disposizioni applicabili sono determinate come segue:

a) l'appalto è aggiudicato secondo le disposizioni del presente codice che disciplinano gli appalti nei settori ordinari se una delle attività cui è destinato l'appalto è disciplinata dalle disposizioni relative all'aggiudicazione degli appalti nei settori ordinari e l'altra dalle disposizioni relative all'aggiudicazione degli appalti nei settori speciali;

b) l'appalto è aggiudicato secondo le disposizioni del presente codice che disciplinano gli appalti nei settori speciali se una delle attività cui è destinato l'appalto è disciplinata dalle disposizioni relative all'aggiudicazione degli appalti nei settori speciali e l'altra dalle disposizioni relative all'aggiudicazione delle concessioni;

c) l'appalto è aggiudicato secondo le disposizioni del presente codice che disciplinano gli appalti nei settori speciali (6) se una delle attività cui è destinato l'appalto è disciplinata dalle disposizioni relative all'aggiudicazione degli appalti nei settori speciali e l'altra non è soggetta né a tali disposizioni, né a quelle relative all'aggiudicazione degli appalti nei settori ordinari o alle disposizioni relative all'aggiudicazione delle concessioni.

12-*bis*. Nel caso di contratti misti che contengono elementi di appalti di forniture, lavori e servizi nei settori speciali e di concessioni, il contratto misto è aggiudicato in conformità con le disposizioni del presente codice che disciplinano gli appalti nei settori speciali, purché il valore stimato della parte del contratto che costituisce un appalto disciplinato da tali disposizioni, calcolato secondo l'articolo 35, sia pari o superiore alla soglia pertinente di cui all'articolo 35 (7).

[13. Le stazioni appaltanti ricorrono alle procedure di cui al presente articolo solo nei casi in cui l'elemento tecnologico ed innovativo delle opere oggetto dell'appalto sia nettamente prevalente rispetto all'importo complessivo dei lavori, prevedendo la messa a gara del progetto esecutivo.] (8)

(1) *Le parole « del medesimo codice » sono state sostituite alle parole « del presente decreto » dall'art. 18 del d.lgs. 19 aprile 2017, n. 56.*

(2) *Le parole « forniture, lavori e servizi nei settori ordinari e di concessioni » sono state sostituite alle parole « forniture, lavori e servizi e di concessioni » dall'art. 18 del d.lgs. 19 aprile 2017, n. 56.*

(3) *Le parole « articolo 35 » sono state sostituite alle parole « articolo 167 » dall'art. 18 del d.lgs. 19 aprile 2017, n. 56.*

(4) *Le parole « al medesimo articolo 35 » sono state sostituite alle parole « all'articolo 35 » dall'art. 18 del d.lgs. 19 aprile 2017, n. 56.*

(5) *Le parole « nei settori speciali » sono state soppresse dall'art. 18 del d.lgs. 19 aprile 2017, n. 56.*

(6) *Le parole « le disposizioni del presente codice che disciplinano gli appalti nei settori speciali » sono state sostituite alle parole « il presente codice » dall'art. 18 del d.lgs. 19 aprile 2017, n. 56.*

(7) *Comma inserito dall'art. 18 del d.lgs. 19 aprile 2017, n. 56.*

(8) *Comma abrogato dall'art. 18 del d.lgs. 19 aprile 2017, n. 56.*

29 Principi in materia di trasparenza.

1. Tutti gli atti delle amministrazioni aggiudicatrici e degli enti aggiudicatori relativi alla programmazione di lavori, opere, servizi e forniture, nonché alle procedure per l'affidamento e l'esecuzione (1) di appalti pubblici di servizi, forniture, lavori e opere, di concorsi pubblici di progettazione, di concorsi di idee e di concessioni, compresi quelli tra enti nell'ambito del settore pubblico di cui all'articolo 5, alla composizione della commissione giudicatrice e ai curricula dei suoi componenti (2) ove non considerati riservati ai sensi dell'articolo 53 ovvero secretati ai sensi dell'articolo 162, devono essere pubblicati e aggiornati sul profilo del committente, nella sezione "Amministrazione trasparente", con l'applicazione delle disposizioni di cui al decreto legislativo 14 marzo 2013, n. 33. [Al fine di consentire l'eventuale proposizione del ricorso ai sensi dell'articolo 120, comma 2-*bis*, (3) del codice del processo amministrativo, sono altresì pubblicati, nei successivi due giorni dalla data di adozione dei relativi atti, il provvedimento che determina le esclusioni dalla procedura di affidamento e le ammissioni all'esito della verifica della documentazione attestante l'assenza dei motivi di esclusione di cui all'articolo 80, nonché la sussistenza dei requisiti (4) economico-finanziari e tecnico-professionali.] (5) [Entro il medesimo termine di due giorni è dato avviso ai candidati e ai concorrenti, con le modalità di cui all'articolo 5-*bis* del decreto legislativo 7 marzo 2005, n. 82, recante il Codice dell'amministrazione digitale o strumento analogo negli altri Stati membri, di detto provvedimento, indicando l'ufficio o il collegamento informatico ad accesso riservato dove sono disponibili i relativi atti.] (5) [Il termine per l'impugnativa di cui al citato articolo 120, comma 2-*bis*, decorre dal momento in cui gli atti di cui al secondo periodo sono resi in concreto disponibili, corredati di motivazione] (6)(7). Nella stessa sezione sono pubblicati anche i resoconti della gestione finanziaria dei contratti al termine della loro esecuzione con le modalità previste dal decreto legislativo 14 marzo 2013, n. 33 (8). Gli atti di cui al presente comma recano, prima dell'intestazione o in calce, la data di pubblicazione sul profilo del committente (9). Fatti salvi gli atti a cui si applica l'articolo 73, comma 5, i termini cui sono collegati gli effetti giuridici della pubblicazione decorrono dalla data di pubblicazione sul profilo del committente (9).

2. Tutte le informazioni inerenti agli atti delle amministrazioni aggiudicatrici e degli enti aggiudicatori relativi alla programmazione, alla scelta del contraente, all'aggiudicazione e all'esecuzione di lavori, servizi e forniture relativi all'affidamento, inclusi i concorsi di progettazione e i concorsi di idee e di concessioni, compresi quelli di cui all'articolo 5, sono gestite e trasmesse tempestivamente alla Banca Dati Nazionale dei Contratti pubblici dell'ANAC attraverso le piattaforme telematiche ad essa interconnesse secondo le modalità indicate all'articolo 213, comma 9. L'ANAC garantisce, attraverso la Banca Dati Nazionale dei Contratti pubblici, la pubblicazione dei dati ricevuti, nel rispetto di quanto previsto dall'articolo 53 e ad eccezione di quelli che riguardano contratti secretati ai sensi dell'articolo 162, la trasmissione dei dati all'Ufficio delle pubblicazioni dell'Unione europea e la pubblicazione ai sensi dell'articolo 73. Gli effetti degli atti oggetto di pubblicazione ai sensi del presente comma decorrono dalla data di pubblicazione dei relativi dati nella Banca dati nazionale dei contratti pubblici (10).

3. Le regioni e le province autonome di Trento e di Bolzano collaborano con gli organi dello Stato alla tutela della trasparenza e della legalità nel settore dei contratti pubblici. In particolare, operano in ambito territoriale a supporto delle stazioni appaltanti nell'attuazione del presente codice ed nel monitoraggio delle fasi di programmazione, affidamento ed esecuzione dei contratti anche attraverso la messa a disposizione di piattaforme telematiche interoperabili con la Banca dati nazionale dei contratti pubblici per la gestione di tutte le fasi della vita dei contratti pubblici secondo le modalità indicate all'articolo 213, comma 9 (11).

4. Le stazioni appaltanti sono tenute ad utilizzare le piattaforme telematiche di cui al comma 2, aderenti alle regole di cui all'articolo 44 (12).

4-*bis*. Il Ministero dell'economia e delle finanze, il Ministero delle infrastrutture e dei trasporti, l'ANAC e la Conferenza delle Regioni e delle Province autonome per i sistemi di cui ai commi 2 e 4 condividono un protocollo generale per definire le regole di interoperabilità e le modalità di interscambio dei dati e degli atti tra le rispettive banche dati, nel rispetto del principio di unicità del luogo di pubblicazione e di unicità dell'invio delle informazioni. Per le opere pubbliche il protocollo si basa su quanto previsto dal decreto legislativo 29 dicembre 2011, n.229. L'insieme dei dati e degli atti condivisi nell'ambito del protocollo costituiscono fonte informativa prioritaria in materia di pianificazione e monitoraggio di contratti e investimenti pubblici (13).

(1) *Le parole* « e l'esecuzione » *sono state inserite dall'art. 53, comma 5, lett.* a), *n. 1, d.l. 31 maggio 2021, n. 77, conv., con modif., in l. 29 luglio 2021, n. 108.*

(2) *Le parole* « alla composizione della commissione giudicatrice e ai curricula dei suoi componenti » *sono state inserite dall'art. 19 d.lgs. 19 aprile 2017, n. 56.*

(3) *Le parole* «, comma 2-*bis*, » *sono state inserite dall'art. 19 d.lgs. n. 56, cit.*

(4) *Le parole da* « della verifica della documentazione » *a* « la sussistenza dei requisiti » *sono state sostituite alle parole* « delle valutazioni dei requisiti soggettivi, » *dall'art. 19 d.lgs. n. 56, cit.*

(5) *Periodo soppresso dall'art. 1, comma 20, lett.* d) *d.l. 18 aprile 2019, n. 32, conv., con modif., in l. 14 giugno 2019, n. 55. Ai sensi del comma 21 del predetto art. 1, le disposizioni di cui all'art. 1, comma 20 del suddetto d.l. n. 32 cit. si applicano alle procedure i cui bandi o avvisi, con i quali si indice una gara, sono pubblicati successivamente alla data di entrata in vigore della legge di conversione del presente decreto, nonché, in caso di contratti senza pubblicazione di bandi o avvisi, alle procedure in cui, alla medesima data, non sono ancora stati inviati gli inviti a presentare le offerte o i preventivi.*

(6) *Periodo aggiunto dall'art. 19 d.lgs. n. 56, cit. e successivamente soppresso dall'art. 1, comma 20, lett.* d) *d.l. n. 32, cit. V. nota 5 per la disciplina transitoria di cui al comma 21 del predetto art. 1 d.l. n. 32, cit.*

(7) *L'originario terzo periodo è stato soppresso dall'art. 19 d.lgs. n. 56, cit. Il testo del periodo era il seguente:* « È inoltre pubblicata la composizione della commissione giudicatrice e i curricula dei suoi componenti ».

(8) *Le parole* « con le modalità previste dal decreto legislativo 14 marzo 2013, n. 33 » *sono state aggiunte dall'art. 19 d.lgs. n. 56, cit.*

(9) *Periodo aggiunto dall'art. 19 d.lgs. n. 56, cit.*

(10) *Comma così sostituito dall'art. 53, comma 5, lett.* a), *n. 2, d.l. n. 77, cit. Il testo del comma era il seguente:* « 2. Gli atti di cui al comma 1, nel rispetto di quanto previsto dall'articolo 53, sono, altresì, pubblicati sul sito del Ministero delle infrastrutture e dei trasporti e sulla piattaforma digitale istituita presso l'ANAC, anche tramite i sistemi informatizzati regionali, di cui al comma 4, e le piattaforme regionali di e-procurement interconnesse tramite cooperazione applicativa ».

(11) *Le parole da* « anche attraverso la messa a disposizione » *a* « all'articolo 213, comma 9 » *sono state inserite dall'art. 53, comma 5, lett.* a), *n. 3, d.l. n. 77, cit.*

(12) *Comma così sostituito dall'art. 53, comma 5, lett.* a), *n. 4, d.l. n. 77, cit. Il testo del comma, come da ultimo sostituito dall'art. 19 d.lgs. n. 56, cit., era il seguente:* « 4. Per i contratti e gli investimenti pubblici di competenza regionale o di enti territoriali, le stazioni appaltanti provvedono all'assolvimento degli obblighi informativi e di pubblicità disposti dal presente codice, tramite i sistemi informatizzati regionali e le piattaforme telematiche di e-procurement ad essi interconnesse, garantendo l'interscambio delle informazioni e l'interoperabilità, con le banche dati dell'ANAC, del Ministero dell'economia e delle finanze e del Ministero delle infrastrutture e dei trasporti ».

(13) *Comma così sostituito dall'art. 53, comma 5, lett.* a), *n. 5, d.l. n. 77, cit. Il testo del comma, come aggiunto dall'art. 19 d.lgs. n. 56, cit., era il seguente:* « 4-*bis*. Il Ministero dell'economia e delle finanze, il Ministero delle infrastrutture e dei trasporti, l'ANAC e la Conferenza delle Regioni e delle Province autonome per i sistemi di cui ai commi 2 e 4 condividono un protocollo generale per definire le regole di interoperabilità e le modalità di interscambio dei dati e degli atti tra le rispettive banche dati, nel rispetto del principio di unicità del luogo di pubblicazione e di unicità dell'invio delle informazioni. Per le opere pubbliche il protocollo si basa su quanto previsto dal decreto legislativo 29 dicembre 2011, n.229. L'insieme dei dati e degli atti condivisi nell'ambito del protocollo costituiscono fonte informativa prioritaria in materia di pianificazione e monitoraggio di contratti e investimenti pubblici ».

30 Principi per l'aggiudicazione e l'esecuzione di appalti e concessioni.

1. L'affidamento e l'esecuzione di appalti di opere, lavori, servizi, forniture e concessioni, ai sensi del presente codice garantisce la qualità delle prestazioni e si svolge nel rispetto dei principi di economicità, efficacia, tempestività e correttezza. Nell'affidamento degli appalti e delle concessioni, le stazioni appaltanti rispettano, altresì, i principi di libera concorrenza, non discriminazione, trasparenza, proporzionalità, nonché di pubblicità con le modalità indicate nel presente codice. Il principio di economicità può essere subordinato, nei limiti in cui è espressamente consentito dalle norme vigenti e dal presente codice, ai criteri, previsti nel bando, ispirati a esigenze sociali, nonché alla tutela della salute, dell'ambiente, del patrimonio culturale e alla promozione dello sviluppo sostenibile, anche dal punto di vista energetico.

2. Le stazioni appaltanti non possono limitare in alcun modo artificiosamente la concorrenza allo scopo di favorire o svantaggiare indebitamente taluni operatori economici o, nelle procedure di aggiudicazione delle concessioni, compresa la stima del valore, taluni lavori, forniture o servizi.

3. Nell'esecuzione di appalti pubblici e di concessioni, gli operatori economici rispettano gli obblighi in materia ambientale, sociale e del lavoro stabiliti dalla normativa europea e nazionale, dai contratti collettivi o dalle disposizioni internazionali elencate nell'allegato X.

4. Al personale impiegato nei lavori, servizi e forniture (1) oggetto di appalti pubblici e concessioni è applicato il contratto collettivo nazionale e territoriale in vigore per il settore e per la zona nella quale si eseguono le prestazioni di lavoro stipulato dalle associazioni dei datori e dei prestatori di lavoro comparativamente più rappresentative sul piano nazionale e quelli il cui ambito di applicazione sia strettamente connesso con l'attività oggetto dell'appalto o della concessione svolta dall'impresa anche in maniera prevalente.

5. In caso di inadempienza contributiva risultante dal documento unico di regolarità contributiva relativo a personale dipendente dell'affidatario o del subappaltatore o dei soggetti titolari di subappalti e cottimi di cui all'articolo 105, impiegato nell'esecuzione del contratto, la stazione appaltante trattiene dal certificato di pagamento l'importo corrispondente all'inadempienza per il successivo versamento diretto agli enti previdenziali e assicurativi, compresa, nei lavori, la cassa edile (2).

5-*bis*. In ogni caso sull'importo netto progressivo delle prestazioni è operata una ritenuta dello 0,50 per cento; le ritenute possono essere svincolate soltanto in sede di liquidazione finale, dopo l'approvazione da parte della stazione appaltante del certificato di collaudo o di verifica di conformità, previo rilascio del documento unico di regolarità contributiva (3).

6. In caso di ritardo nel pagamento delle retribuzioni dovute al personale di cui al comma 5, il responsabile unico del procedimento invita per iscritto il soggetto inadempiente, ed in ogni caso l'affidatario, a provvedervi entro i successivi quindici giorni. Ove non sia stata contestata formalmente e motivatamente la fondatezza della richiesta entro il termine sopra assegnato, la stazione appaltante paga anche in corso d'opera direttamente ai lavoratori le retribuzioni arretrate, detraendo il relativo importo dalle somme dovute all'affidatario del contratto ovvero dalle somme dovute al subappaltatore inadempiente nel caso in cui sia previsto il pagamento diretto ai sensi dell'articolo 105.

7. I criteri di partecipazione alle gare devono essere tali da non escludere le microimprese, le piccole e le medie imprese.

8. Per quanto non espressamente previsto nel presente codice e negli atti attuativi, alle procedure di affidamento e alle altre attività amministrative in materia di contratti pubblici nonché di forme di coinvolgimento degli enti del Terzo settore previste dal titolo VII del decreto legislativo 3 luglio 2017, n. 117 (4) si applicano le disposizioni di cui alla legge 7 agosto 1990, n. 241, alla stipula del contratto e alla fase di esecuzione si applicano le disposizioni del codice civile.

(1) *Le parole «, servizi e forniture » sono state inserite dall'art. 20 del d.lgs. 19 aprile 2017, n. 56.*

(2) *Seguiva un secondo periodo soppresso dall'art. 20 del d.lgs. 19 aprile 2017, n. 56. Il testo del periodo era il seguente: « Sull'importo netto progressivo delle prestazioni è operata una ritenuta dello 0,50 per cento; le ritenute possono essere svincolate soltanto in sede di liquidazione finale, dopo l'approvazione da parte della stazione appaltante del certificato di collaudo o di verifica di conformità, previo rilascio del documento unico di regolarità contributiva ».*

(3) *Comma inserito dall'art. 20 del d.lgs. 19 aprile 2017, n. 56.*

(4) *Le parole* « nonché di forme di coinvolgimento degli enti del Terzo settore previste dal titolo VII del decreto legislativo 3 luglio 2017, n. 117 » *sono state inserite dall'art. 8, comma 5, lett. oa), d.l. 16 luglio 2020, n. 76, conv., con modif., in l. 11 settembre 2020, n. 120.*

31 Ruolo e funzioni del responsabile del procedimento negli appalti e nelle concessioni.

1. Per ogni singola procedura per l'affidamento di un appalto o di una concessione le stazioni appaltanti individuano, nell'atto di adozione o di aggiornamento dei programmi di cui all'articolo 21, comma 1, ovvero nell'atto di avvio relativo ad ogni singolo intervento per le esigenze non incluse in programmazione (1), un responsabile unico del procedimento (RUP) per le fasi della programmazione, della progettazione, dell'affidamento, dell'esecuzione. Le stazioni appaltanti che ricorrono ai sistemi di acquisto e di negoziazione delle centrali di committenza nominano, per ciascuno dei detti acquisti, un responsabile del procedimento che assume specificamente, in ordine al singolo acquisto, il ruolo e le funzioni di cui al presente articolo. Fatto salvo quanto previsto al comma 10, il RUP è nominato con atto formale del soggetto responsabile dell'unità organizzativa, che deve essere di livello apicale, tra i dipendenti di ruolo addetti all'unità medesima, dotati del necessario livello di inquadramento giuridico in relazione alla struttura della pubblica amministrazione e di competenze professionali adeguate in relazione ai compiti per cui è nominato; la sostituzione del RUP individuato nella programmazione di cui all'articolo 21, comma 1, non comporta modifiche alla stessa (2). Laddove sia accertata la carenza nell'organico della suddetta unità organizzativa, il RUP è nominato tra gli altri dipendenti in servizio. L'ufficio di responsabile unico del procedimento è obbligatorio e non può essere rifiutato.

2. Il nominativo del RUP è indicato nel bando o avviso con cui si indice la gara per l'affidamento del contratto di lavori, servizi, forniture, ovvero, nelle procedure in cui non vi sia bando o avviso con cui si indice la gara, nell'invito a presentare un'offerta.

3. Il RUP, ai sensi della legge 7 agosto 1990, n. 241, svolge tutti i compiti relativi alle procedure di programmazione, progettazione, affidamento ed esecuzione previste dal presente codice, che non siano specificatamente attribuiti ad altri organi o soggetti.

4. Oltre ai compiti specificatamente previsti da altre disposizioni del codice, in particolare, il RUP:

a) formula proposte e fornisce dati e informazioni al fine della predisposizione del programma triennale dei lavori pubblici e dei relativi aggiornamenti annuali, nonché al fine della predisposizione di ogni altro atto di programmazione di contratti pubblici di servizi e di forniture e della predisposizione dell'avviso di preinformazione;

b) cura, in ciascuna fase di attuazione degli interventi, il controllo sui livelli di prestazione, di qualità e di prezzo determinati in coerenza alla copertura finanziaria e ai tempi di realizzazione dei programmi;

c) cura il corretto e razionale svolgimento delle procedure;

d) segnala eventuali disfunzioni, impedimenti, ritardi nell'attuazione degli interventi;

e) accerta la libera disponibilità di aree e immobili necessari;

f) fornisce all'amministrazione aggiudicatrice i dati e le informazioni relativi alle principali fasi di svolgimento dell'attuazione dell'intervento, necessari per l'attività di coordinamento, indirizzo e controllo di sua competenza e sorveglia la efficiente gestione economica dell'intervento;

g) propone all'amministrazione aggiudicatrice la conclusione di un accordo di programma, ai sensi delle norme vigenti, quando si rende necessaria l'azione integrata e coordinata di diverse amministrazioni;

h) propone l'indizione o, ove competente, indice la conferenza di servizi ai sensi della legge 7 agosto 1990, n. 241, quando sia necessario o utile per l'acquisizione di intese, pareri, concessioni, autorizzazioni, permessi, licenze, nulla osta, assensi, comunque denominati;

i) verifica e vigila sul rispetto delle prescrizioni contrattuali nelle concessioni.

5. Con il regolamento di cui all'articolo 216, comma 27-*octies*, è definita (3) una disciplina di maggiore dettaglio sui compiti specifici del RUP, sui presupposti e sulle modalità di nomina, (4) nonché sugli ulteriori requisiti di professionalità rispetto a quanto disposto dal presente codice, in relazione alla complessità dei lavori. Con il medesimo regolamento di cui all'articolo 216, comma 27-*octies*, (5) sono determinati, altresì, l'importo massimo e la tipologia dei lavori, servizi e forniture

per i quali il RUP può coincidere con il progettista, con il direttore dei lavori o con il direttore dell'esecuzione (6). Fino alla data di entrata in vigore del regolamento di cui all'articolo 216, comma 27-*octies*, si applica la disposizione transitoria ivi prevista (7).

6. Per i lavori e i servizi attinenti all'ingegneria e all'architettura il RUP deve essere un tecnico; ove non sia presente tale figura professionale, le competenze sono attribuite al responsabile del servizio al quale attiene il lavoro da realizzare.

7. Nel caso di appalti di particolare complessità in relazione all'opera da realizzare ovvero alla specificità della fornitura o del servizio, che richiedano necessariamente valutazioni e competenze altamente specialistiche, il responsabile unico del procedimento propone alla stazione appaltante di conferire appositi incarichi a supporto dell'intera procedura o di parte di essa, da individuare sin dai primi atti di gara.

8. Gli incarichi di progettazione, coordinamento della sicurezza in fase di progettazione, direzione dei lavori, direzione dell'esecuzione (8) coordinamento della sicurezza in fase di esecuzione, di collaudo, nonché gli incarichi che la stazione appaltante ritenga indispensabili a supporto dell'attività del responsabile unico del procedimento, vengono conferiti secondo le procedure di cui al presente codice e, in caso di importo inferiore alla soglia di 40.000 euro, possono essere affidati in via diretta, ai sensi dell'articolo 36, comma 2, lettera *a*) (9). L'affidatario non può avvalersi del subappalto, fatta eccezione per indagini geologiche, geotecniche e sismiche, sondaggi, rilievi, misurazioni e picchettazioni, predisposizione di elaborati specialistici e di dettaglio, con esclusione delle relazioni geologiche, nonché per la sola redazione grafica degli elaborati progettuali. Il progettista può affidare a terzi attività di consulenza specialistica inerenti ai settori energetico, ambientale, acustico e ad altri settori non attinenti alle discipline dell'ingegneria e dell'architettura per i quali siano richieste apposite certificazioni o competenze, rimanendo ferma la responsabilità del progettista anche ai fini di tali attività (10). Resta, comunque, ferma la responsabilità esclusiva del progettista.

9. La stazione appaltante, allo scopo di migliorare la qualità della progettazione e della programmazione complessiva, può, nell'ambito della propria autonomia organizzativa e nel rispetto dei limiti previsti dalla vigente normativa, istituire una struttura stabile a supporto dei RUP, anche alle dirette dipendenze del vertice della pubblica amministrazione di riferimento. Con la medesima finalità, nell'ambito della formazione obbligatoria, organizza attività formativa specifica per tutti i dipendenti che hanno i requisiti di inquadramento idonei al conferimento dell'incarico di RUP, anche in materia di metodi e strumenti elettronici specifici quali quelli di modellazione per l'edilizia e le infrastrutture.

10. Le stazioni appaltanti che non sono pubbliche amministrazioni o enti pubblici individuano, secondo i propri ordinamenti, uno o più soggetti cui affidare i compiti propri del responsabile del procedimento, limitatamente al rispetto delle norme del presente decreto alla cui osservanza sono tenute.

11. Nel caso in cui l'organico della stazione appaltante presenti carenze accertate o in esso non sia compreso nessun soggetto in possesso della specifica professionalità necessaria per lo svolgimento dei compiti propri del RUP, secondo quanto attestato dal dirigente competente, i compiti di supporto all'attività del RUP possono essere affidati, con le procedure previste dal presente codice, ai soggetti aventi le specifiche competenze di carattere tecnico, economico-finanziario, amministrativo, organizzativo e legale, dotati di adeguata polizza assicurativa a copertura dei rischi professionali come previsto dall'articolo 24, comma 4, assicurando comunque il rispetto dei principi di pubblicità e di trasparenza. Resta fermo il divieto di frazionamento artificioso delle prestazioni allo scopo di sottrarle alle disposizioni del presente codice. Agli affidatari dei servizi di supporto di cui al presente comma si applicano le disposizioni di incompatibilità di cui all'articolo 24, comma 7, comprensive di eventuali incarichi di progettazione.

12. Il soggetto responsabile dell'unità organizzativa competente in relazione all'intervento, individua preventivamente le modalità organizzative e gestionali attraverso le quali garantire il controllo effettivo da parte della stazione appaltante sull'esecuzione delle prestazioni, programmando accessi diretti del RUP o del direttore dei lavori o del direttore dell'esecuzione (11) sul luogo dell'esecuzione stessa, nonché verifiche, anche a sorpresa, sull'effettiva ottemperanza a tutte le misure mitigative e compensative, alle prescrizioni in materia ambientale, paesaggistica, storico-architettonica, archeologica e di tutela della salute umana impartite dagli enti e dagli organismi competenti. Il documento di programmazione, corredato dalla successiva relazione su quanto effettivamente effettuato, costituisce obiettivo strategico nell'ambito del piano della performance organizzativa dei soggetti interessati e conseguentemente se ne tiene conto in sede di valutazione dell'indennità di risultato. La valutazione di suddetta attività di controllo da parte dei competenti organismi di valutazione incide anche sulla corresponsione degli incentivi di cui all'articolo 113.

13. È vietata, negli appalti pubblici di lavori aggiudicati con la formula del contraente generale e nelle altre formule di partenariato pubblico-privato, l'attribuzione dei compiti di responsabile unico del procedimento, responsabile dei lavori, direttore dei lavori, di collaudatore allo stesso contraente generale o soggetto aggiudicatario dei contratti di partenariato pubblico-privato o soggetti ad essi collegati.

14. Le centrali di committenza e le aggregazioni di stazioni appaltanti designano un RUP per le attività di propria competenza con i compiti e le funzioni determinate dalla specificità e complessità dei processi di acquisizione gestiti direttamente.

(1) *Le parole da* « individuano, nell'atto di adozione » *a* « non incluse in programmazione » *sono state sostituite alle parole* « nominano, nel primo atto relativo ad ogni singolo intervento » *dall'art. 21 d.lgs. 19 aprile 2017, n. 56.*

(2) *Le parole da* « è nominato; » *a* « non comporta modifiche alla stessa » *sono state sostituite alle parole* « è nominato. » *dall'art. 21 d.lgs. n. 56, cit.*

(3) *Le parole* « Con il regolamento di cui all'articolo 216, comma 27-*octies*, è definita » *sono state sostituite alle parole* « L'ANAC con proprie linee guida, da adottare entro novanta giorni dall'entrata in

vigore del presente codice, definisce » *dall'art. 1, comma 20, lett.* e), *n. 1) d.l. 18 aprile 2019, n. 32, conv., con modif., in l. 14 giugno 2019, n. 55. Ai sensi del comma 21 del predetto art. 1, le disposizioni di cui all'art. 1, comma 20 del suddetto d.l. n. 32 cit. si applicano alle procedure i cui bandi o avvisi, con i quali si indice una gara, sono pubblicati successivamente alla data di entrata in vigore della legge di conversione del presente decreto, nonché, in caso di contratti senza pubblicazione di bandi o avvisi, alle procedure in cui, alla medesima data, non sono ancora stati inviati gli inviti a presentare le offerte o i preventivi.*

(4) *Le parole* « sui presupposti e sulle modalità di nomina, » *sono state inserite dall'art. 21 d.lgs. n. 56, cit.*

(5) *Le parole* « Con il medesimo regolamento di cui all'articolo 216, comma 27-*octies*, » *sono state sostituite alle parole* « Con le medesime linee guida » *dall'art. 1, comma 20, lett.* e), *n. 2) d.l. n. 32 cit. V. nota 3 per la disciplina transitoria di cui al comma 21 del predetto art. 1 d.l. n. 32, cit.*

(6) *Periodo così sostituito dall'art. 21 d.lgs. n. 56, cit. Il testo del periodo era il seguente:* « Determina, altresì, l'importo massimo e la tipologia dei lavori, servizi e forniture per i quali il RUP può coincidere con il progettista o con il direttore dell'esecuzione del contratto ».

(7) *Periodo così sostitutito dall'art. 1, comma 20, lett.* e), *n. 3), d.l. n. 32, cit. V. nota 3 per la disciplina transitoria di cui al comma 21 del predetto art. 1 d.l. n. 32, cit. Il testo del periodo era il seguente* « Fino all'adozione di detto atto si applica l'articolo 216, comma 8 ».

(8) *Le parole* « direzione dell'esecuzione » *sono state inserite dall'art. 21 d.lgs. n. 56, cit.*

(9) *Le parole* «, ai sensi dell'articolo 36, comma 2, lettera *a*) » *sono state aggiunte dall'art. 21 d.lgs. n. 56, cit.*

(10) *Periodo inserito dall'art. 10, comma 1, lett.* a) *l. 23 dicembre 2021, n. 238. Ai sensi del comma 5 del citato art. 10, tale disposizione si applica alle procedure i cui bandi o avvisi con i quali si indice una gara sono pubblicati successivamente alla data di entrata in vigore della suddetta legge nonché, in caso di contratti senza pubblicazione di bandi o avvisi, alle procedure in cui, alla medesima data, non sono ancora stati inviati gli inviti a presentare le offerte o i preventivi.*

(11) *Le parole* « o del direttore dell'esecuzione » *sono state inserite dall'art. 21 d.lgs. n. 56, cit.*

32 Fasi delle procedure di affidamento.

1. Le procedure di affidamento dei contratti pubblici hanno luogo nel rispetto degli atti di programmazione delle stazioni appaltanti previsti dal presente codice o dalle norme vigenti.

2. Prima dell'avvio delle procedure di affidamento dei contratti pubblici, le stazioni appaltanti, in conformità ai propri ordinamenti, decretano o determinano di contrarre, individuando gli elementi essenziali del contratto e i criteri di selezione degli operatori economici e delle offerte. Nella procedura di cui all'articolo 36, comma 2, lettere *a*) e *b*) (1), la stazione appaltante può procedere ad affidamento diretto tramite determina a contrarre, o atto equivalente, che contenga, in modo semplificato, l'oggetto dell'affidamento, l'importo, il fornitore, le ragioni della scelta del fornitore, il possesso da parte sua dei requisiti di carattere generale, nonché il possesso dei requisiti tecnico-professionali, ove richiesti (2).

3. La selezione dei partecipanti e delle offerte avviene mediante uno dei sistemi e secondo i criteri previsti dal presente codice.

4. Ciascun concorrente non può presentare più di un'offerta. L'offerta è vincolante per il periodo indicato nel bando o nell'invito e, in caso di mancata indicazione, per centottanta giorni dalla scadenza del termine per la sua presentazione. La stazione appaltante può chiedere agli offerenti il differimento di detto termine.

5. La stazione appaltante, previa verifica della proposta di aggiudicazione ai sensi dell'articolo 33, comma 1, provvede all'aggiudicazione.

6. L'aggiudicazione non equivale ad accettazione dell'offerta. L'offerta dell'aggiudicatario è irrevocabile fino al termine stabilito nel comma 8.

7. L'aggiudicazione diventa efficace dopo la verifica del possesso dei prescritti requisiti.

8. Divenuta efficace l'aggiudicazione, e fatto salvo l'esercizio dei poteri di autotutela nei casi consentiti dalle norme vigenti, la stipulazione del contratto di appalto o di concessione deve avere luogo (3) entro i successivi sessanta giorni, salvo diverso termine previsto nel bando o nell'invito ad offrire, ovvero l'ipotesi di differimento espressamente concordata con l'aggiudicatario, purché comunque giustificata dall'interesse alla sollecita esecuzione del contratto (3). La mancata stipulazione del contratto nel termine previsto deve essere motivata con specifico riferimento all'interesse della stazione appaltante e a quello nazionale alla sollecita esecuzione del contratto e viene valutata ai fini della responsabilità erariale e disciplinare del dirigente preposto (4). Non costituisce giustificazione adeguata per la mancata stipulazione del contratto nel termine previsto, salvo quanto previsto dai commi 9 e 11, la pendenza di un ricorso giurisdizionale, nel cui ambito non sia stata disposta o inibita la stipulazione del contratto (4). Le stazioni appaltanti hanno facoltà di stipulare contratti di assicurazione della propria responsabilità civile derivante dalla conclusione del contratto e dalla prosecuzione o sospensione della sua esecuzione (4). Se la stipulazione del contratto non avviene nel termine fissato, l'aggiudicatario può, mediante atto notificato alla stazione appaltante, sciogliersi da ogni vincolo o recedere dal contratto. All'aggiudicatario non spetta alcun indennizzo, salvo il rimborso delle spese contrattuali documentate. Nel caso di lavori, se è intervenuta la consegna dei lavori in via di urgenza e nel caso di servizi e forniture, se si è dato avvio all'esecuzione del contratto in via d'urgenza, l'aggiudicatario ha diritto al rimborso delle spese sostenute per l'esecuzione dei lavori ordinati dal direttore dei lavori, ivi comprese quelle per opere provvisionali. Nel caso di servizi e forniture, se si è dato avvio all'esecuzione del contratto in via d'urgenza, l'aggiudicatario ha diritto al rimborso delle spese sostenute per le prestazioni espletate su ordine del direttore dell'esecuzione. L'esecuzione d'urgenza di cui al presente comma è ammessa esclusivamente nelle ipotesi di eventi oggettivamente imprevedibili, per ovviare a situazioni di pericolo per persone, animali o cose, ovvero per l'igiene e la salute pubblica, ovvero per il patrimonio storico, artistico, culturale ovvero nei casi in cui la mancata esecuzione immediata della prestazione dedotta nella gara determinerebbe un grave danno all'interesse pubblico che è destinata a soddisfare, ivi compresa la perdita di finanziamenti comunitari.

9. Il contratto non può comunque essere stipulato prima di trentacinque giorni dall'invio dell'ultima delle comunicazioni del provvedimento di aggiudicazione.

10. Il termine dilatorio di cui al comma 9 non si applica nei seguenti casi:

a) se, a seguito di pubblicazione di bando o avviso con cui si indice una gara o dell'inoltro degli inviti nel rispetto del presente codice, è stata presentata o è stata ammessa una sola offerta e non sono state tempestivamente proposte impugnazioni del bando o della lettera di invito o queste impugnazioni risultano già respinte con decisione definitiva;

b) nel caso di un appalto basato su un accordo quadro di cui all'articolo 54, nel caso di appalti specifici basati su un sistema dinamico di acquisizione di cui all'articolo 55, nel caso di acquisto effettuato attraverso il mercato elettronico nei limiti di cui all'articolo 3, lettera *bbbb*) (5) e nel caso di affidamenti effettuati ai sensi dell'articolo 36, comma 2, lettere *a*) e *b*).

11. Se è proposto ricorso avverso l'aggiudicazione con contestuale domanda cautelare, il contratto non può essere stipulato, dal momento della notificazione dell'istanza cautelare alla stazione appaltante e per i successivi venti giorni, a condizione che entro tale termine intervenga almeno il provvedimento cautelare di primo grado o la pubblicazione del dispositivo della sentenza di primo grado in caso di decisione del merito all'udienza cautelare ovvero fino alla pronuncia di detti provvedimenti se successiva. L'effetto sospensivo sulla stipula del contratto cessa quando, in sede di esame della domanda cautelare, il giudice si dichiara incompetente ai sensi dell'articolo 15, comma 4, del codice del processo amministrativo di cui all'Allegato 1 al decreto legislativo 2 luglio 2010, n. 104, o fissa con ordinanza la data di discussione del merito senza concedere misure cautelari o rinvia al giudizio di merito l'esame della domanda cautelare, con il consenso delle parti, da intendersi quale implicita rinuncia all'immediato esame della domanda cautelare.

12. Il contratto è sottoposto alla condizione sospensiva dell'esito positivo dell'eventuale approvazione e degli altri controlli previsti dalle norme proprie delle stazioni appaltanti.

13. L'esecuzione del contratto può avere inizio solo dopo che lo stesso è divenuto efficace, salvo che, in casi di urgenza, la stazione appaltante ne chieda l'esecuzione anticipata, nei modi e alle condizioni previste al comma 8.

14. Il contratto è stipulato, a pena di nullità, con atto pubblico notarile informatico, ovvero, in modalità elettronica secondo le norme vigenti per ciascuna stazione appaltante, in forma pubblica amministrativa a cura dell'Ufficiale rogante della stazione appaltante o mediante scrittura privata; in caso di procedura negoziata ovvero per gli affidamenti di importo non superiore a 40.000 euro mediante corrispondenza secondo l'uso del commercio consistente in un apposito scambio di lettere, anche tramite posta elettronica certificata o strumenti analoghi negli altri Stati membri.

14-*bis*. I capitolati e il computo estimativo metrico, richiamati nel bando o nell'invito, fanno parte integrante del contratto (6).

(1) *Le parole* « all'articolo 36, comma 2, lettera *a*) e *b*) » *sono state sostituite alle parole* « all'articolo 36, comma 2, lettera *a*) » *dall'art. 1, comma 20, lett.* f) *d.l. 18 aprile 2019, n. 32, conv., con modif., in l. 14 giugno 2019, n. 55. Ai sensi del comma 21 del predetto art. 1, le disposizioni di cui all'art. 1, comma 20 del suddetto d.l. n. 32 cit. si applicano alle procedure i cui bandi o avvisi, con i quali si indice una gara, sono pubblicati successivamente alla data di entrata in vigore della legge di conversione del presente decreto, nonché, in caso di contratti senza pubblicazione di bandi o avvisi, alle procedure in cui, alla medesima data, non sono ancora stati inviati gli inviti a presentare le offerte o i preventivi.*

(2) *Periodo aggiunto dall'art. 22 d.lgs. 19 aprile 2017, n. 56.*

(3) *Le parole* « deve avere luogo » *sono state sostituite alle parole* « ha luogo » *e le parole* «, purché comunque giustificata dall'interesse alla sollecita esecuzione del contratto » *sono state inserite dall'art. 4, comma 1, lett.* a) *d.l. 16 luglio 2020, n. 76, conv., con modif., in l. 11 settembre 2020, n. 120.*

(4) *Periodo aggiunto dall'art. 4, comma 1, lett.* b) *d.l. n. 76, cit.*

(5) *Le parole* « nei limiti di cui all'articolo 3, lettera *bbbb*) » *sono state inserite dall'art. 22 d.lgs. n. 56, cit.*

(6) *Comma aggiunto dall'art. 22 d.lgs. n. 56, cit.*

33 Controlli sugli atti delle procedure di affidamento.

1. La proposta di aggiudicazione è soggetta ad approvazione dell'organo competente secondo l'ordinamento della stazione appaltante e nel rispetto dei termini dallo stesso previsti, decorrenti dal ricevimento della proposta di aggiudicazione da parte dell'organo competente. In mancanza, il termine è pari a trenta giorni. Il termine è interrotto dalla richiesta di chiarimenti o documenti e inizia nuovamente a decorrere da quando i chiarimenti o documenti pervengono all'organo richiedente. Decorsi tali termini, la proposta di aggiudicazione si intende approvata.

2. L'eventuale approvazione del contratto stipulato avviene nel rispetto dei termini e secondo procedure analoghe a quelle di cui al comma 1. L'approvazione del contratto è sottoposta ai controlli previsti dai rispettivi ordinamenti delle stazioni appaltanti.

34 Criteri di sostenibilità energetica e ambientale (1).

1. Le stazioni appaltanti contribuiscono al conseguimento degli obiettivi ambientali previsti dal Piano d'azione per la sostenibilità ambientale dei consumi nel settore della pubblica amministrazione attraverso l'inserimento, nella documentazione progettuale e di gara, almeno delle specifiche tecniche e delle clausole contrattuali contenute nei criteri ambientali minimi adottati con decreto del Ministro dell'ambiente e della tutela del territorio e del mare e conformemente, in riferimento all'acquisto di prodotti e servizi nei settori della ristorazione collettiva e fornitura di derrate alimentari, anche (2) a quanto specificamente previsto all'articolo 144.

2. I criteri ambientali minimi definiti dal decreto di cui al comma 1, in particolare i criteri premianti, sono tenuti in considerazione anche ai fini della stesura dei documenti di gara per l'applicazione del criterio dell'offerta economicamente più vantaggiosa, ai sensi dell'articolo 95, comma 6. Nel caso di contratti relativi alle categorie di appalto riferite agli interventi di ristrutturazione, inclusi quelli comportanti demolizione e ricostruzione, i criteri ambientali minimi di cui al comma 1, sono tenuti in considerazione, per quanto possibile, in funzione della tipologia di intervento e della localizzazione delle opere da realizzare, sulla base di adeguati criteri definiti dal Ministero dell'ambiente e della tutela del territorio e del mare (3).

3. L'obbligo di cui ai commi 1 e 2 si applica per gli affidamenti di qualunque importo, relativamente alle categorie di forniture e di affidamenti di servizi e lavori

oggetto dei criteri ambientali minimi adottati nell'ambito del citato Piano d'azione (4).

(1) *V. il d.m. 9 dicembre 2020 recante « Criteri ambientali minimi per l'affidamento del servizio di lavaggio industriale e noleggio di tessili e materasseria ».*

(2) *La parola « anche » è stata inserita dall'art. 23 del d.lgs. 19 aprile 2017, n. 56.*

(3) *Comma così sostituito dall'art. 23 del d.lgs. 19 aprile 2017, n. 56. Il testo del comma era il seguente: « 2. I criteri ambientali minimi definiti dal decreto di cui al comma 1 sono tenuti in considerazione anche ai fini della stesura dei documenti di gara per l'applicazione del criterio dell'offerta economicamente più vantaggiosa, ai sensi dell'articolo 95, comma 6. Nel caso dei contratti relativi ai servizi di ristorazione ospedaliera, assistenziale, scolastica e sociale di cui all'articolo 95, comma 3, lettera* a), *e dei contratti relativi ai servizi di ristorazione di cui all'articolo 144, il suddetto decreto può stabilire che l'obbligo di cui al comma 1 si applichi anche per una quota inferiore al 50 per cento del valore a base d'asta. Negli altri casi il medesimo obbligo si applica per gli affidamenti di qualunque importo, per almeno il 50 per cento del valore a base d'asta, relativamente alle categorie di forniture e affidamenti non connesse agli usi finali di energia e oggetto dei criteri ambientali minimi, mentre si applica per l'intero valore delle gare, relativamente alle categorie di appalto con le quali si può conseguire l'efficienza energetica negli usi finali quali:* a) *acquisto di lampade a scarica ad alta intensità, di alimentatori elettronici e di moduli a LED per illuminazione pubblica, acquisto di apparecchi di illuminazione per illuminazione pubblica e affidamento del servizio di progettazione di impianti di illuminazione pubblica;* b) *attrezzature elettriche ed elettroniche d'ufficio, quali personal computer, stampanti, apparecchi multifunzione e fotocopiatrici;* c) *servizi energetici per gli edifici, servizio di illuminazione e forza motrice, servizio di riscaldamento/raffrescamento di edifici;* d) *affidamento di servizi di progettazione e lavori per la nuova costruzione, ristrutturazione e manutenzione di edifici e per la gestione dei cantieri della pubblica amministrazione ».*

(4) *Comma così sostituito dall'art. 23 del d.lgs. 19 aprile 2017, n. 56. Il testo del comma era il seguente: « 3. Con decreto del Ministro dell'ambiente e della tutela del territorio e del mare può essere previsto, altresì, l'aumento progressivo della percentuale del 50 per cento del valore a base d'asta indicato al comma 2 ».*

PARTE II

Contratti di appalto per lavori servizi e forniture

TITOLO I

Rilevanza comunitaria e contratti sotto soglia

35 Soglie di rilevanza comunitaria e metodi di calcolo del valore stimato degli appalti.

1. Ai fini dell'applicazione del presente codice, le soglie di rilevanza comunitaria sono: (1)

a) euro 5.225.000 per gli appalti pubblici di lavori e per le concessioni;

b) euro 135.000 per gli appalti pubblici di forniture, di servizi e per i concorsi pubblici di progettazione aggiudicati dalle amministrazioni aggiudicatrici che sono autorità governative centrali indicate nell'allegato III; se gli appalti pubblici di forniture sono aggiudicati da amministrazioni aggiudicatrici operanti nel settore della difesa, questa soglia si applica solo agli appalti concernenti i prodotti menzionati nell'allegato VIII;

c) euro 209.000 per gli appalti pubblici di forniture, di servizi e per i concorsi pubblici di progettazione aggiudicati da amministrazioni aggiudicatrici sub-centrali; tale soglia si applica anche agli appalti pubblici di forniture aggiudicati dalle autorità governative centrali che operano nel settore della difesa, allorché tali appalti concernono prodotti non menzionati nell'allegato VIII;

d) euro 750.000 per gli appalti di servizi sociali e di altri servizi specifici elencati all'allegato IX.

2. Nei settori speciali, le soglie di rilevanza comunitaria sono: (2)

a) euro 5.225.000 per gli appalti di lavori;

b) euro 418. 000 per gli appalti di forniture, di servizi e per i concorsi pubblici di progettazione;

c) euro 1.000.000 per i contratti di servizi, per i servizi sociali e altri servizi specifici elencati all'allegato IX.

3. Le soglie di cui al presente articolo sono periodicamente rideterminate con provvedimento della Commissione europea, che trova diretta applicazione alla data di entrata in vigore a seguito della pubblicazione nella Gazzetta ufficiale dell'Unione europea.

4. Il calcolo del valore stimato di un appalto pubblico di lavori, servizi e forniture è basato sull'importo totale pagabile, al netto dell'IVA, valutato dall'amministrazione aggiudicatrice o dall'ente aggiudicatore. Il calcolo tiene conto dell'importo massimo stimato, ivi compresa qualsiasi forma di eventuali opzioni o rinnovi del contratto esplicitamente stabiliti nei documenti di gara. Quando l'amministrazione aggiudicatrice o l'ente aggiudicatore prevedono premi o pagamenti per i candidati o gli offerenti, ne tengono conto nel calcolo del valore stimato dell'appalto.

5. Se un'amministrazione aggiudicatrice o un ente aggiudicatore sono composti da unità operative distinte, il calcolo del valore stimato di un appalto tiene conto del valore totale stimato per tutte le singole unità operative. Se un'unità operativa distinta è responsabile in modo indipendente del proprio appalto o di determinate categorie di esso, il valore dell'appalto può essere stimato con riferimento al valore attribuito dall'unità operativa distinta.

6. La scelta del metodo per il calcolo del valore stimato di un appalto o concessione non può essere fatta con l'intenzione di escluderlo dall'ambito di applicazione delle disposizioni del presente codice relative alle soglie europee. Un appalto non può essere frazionato allo scopo di evitare l'applicazione delle norme del presente codice tranne nel caso in cui ragioni oggettive lo giustifichino.

7. Il valore stimato dell'appalto è quantificato al momento dell'invio dell'avviso di indizione di gara o del bando di gara o, nei casi in cui non sia prevista un'indizione di gara, al momento in cui l'amministrazione aggiudicatrice o l'ente aggiudicatore avvia la procedura di affidamento del contratto.

8. Per gli appalti pubblici di lavori il calcolo del valore stimato tiene conto dell'importo dei lavori stessi nonché del valore complessivo stimato di tutte le forniture e servizi messi a disposizione dell'aggiudicatario dall'amministrazione aggiudicatrice o dall'ente aggiudicatore, a condizione che siano necessari all'esecuzione dei lavori. Il valore delle forniture o dei servizi non necessari all'esecuzione di uno specifico appalto di lavori non può essere aggiunto al valore dell'appalto di lavori in modo da sottrarre l'acquisto di tali forniture o servizi dall'applicazione delle disposizioni del presente codice.

9. Per i contratti relativi a lavori e servizi:

a) quando un'opera prevista o una prestazione di servizi può dare luogo ad appalti aggiudicati [contemporaneamente] (3) per lotti distinti, è computato il valore complessivo stimato della totalità di tali lotti;

b) quando il valore cumulato dei lotti è pari o superiore alle soglie di cui ai commi 1 e 2, le disposizioni del presente codice si applicano all'aggiudicazione di ciascun lotto.

10. Per gli appalti di forniture:

a) quando un progetto volto ad ottenere forniture omogenee può dare luogo ad appalti aggiudicati [contemporaneamente] (4) per lotti distinti, nell'applicazione delle soglie di cui ai commi 1 e 2 è computato il valore complessivo stimato della totalità di tali lotti;

b) quando il valore cumulato dei lotti è pari o superiore alle soglie di cui ai commi 1 e 2, le disposizioni del presente codice si applicano all'aggiudicazione di ciascun lotto.

11. In deroga a quanto previsto dai commi 9 e 10, le amministrazioni aggiudicatrici o gli enti aggiudicatori possono aggiudicare l'appalto per singoli lotti senza applicare le disposizioni del presente codice, quando il valore stimato al netto dell'IVA del lotto sia inferiore a euro 80.000 per le forniture o i servizi oppure a euro 1.000.000 per i lavori, purché il valore cumulato dei lotti aggiudicati non superi il 20 per cento del valore complessivo di tutti i lotti in cui sono stati frazionati l'opera prevista, il progetto di acquisizione delle forniture omogenee, o il progetto di prestazione servizi.

12. Se gli appalti pubblici di forniture o di servizi presentano caratteri di regolarità o sono destinati ad essere rinnovati entro un determinato periodo, è posto come base per il calcolo del valore stimato dell'appalto:

a) il valore reale complessivo dei contratti analoghi successivi conclusi nel corso dei dodici mesi precedenti o dell'esercizio precedente, rettificato, ove possibile, al fine di tenere conto dei cambiamenti in termini di quantità o di valore che potrebbero sopravvenire nei dodici mesi successivi al contratto iniziale;

b) il valore stimato complessivo dei contratti successivi aggiudicati nel corso dei dodici mesi successivi alla prima consegna o nel corso dell'esercizio, se questo è superiore ai dodici mesi.

13. Per gli appalti pubblici di forniture aventi per oggetto la locazione finanziaria, la locazione o l'acquisto a riscatto di prodotti, il valore da assumere come base per il calcolo del valore stimato dell'appalto è il seguente:

a) per gli appalti pubblici di durata determinata pari o inferiore a dodici mesi, il valore stimato complessivo per la durata dell'appalto o, se la durata supera i dodici mesi, il valore complessivo, ivi compreso il valore stimato dell'importo residuo;

b) per gli appalti pubblici di durata indeterminata o che non può essere definita, il valore mensile moltiplicato per quarantotto.

14. Per gli appalti pubblici di servizi, il valore da porre come base per il calcolo del valore stimato dell'appalto, a seconda del tipo di servizio, è il seguente:

a) per i servizi assicurativi: il premio da pagare e altre forme di remunerazione;

b) per i servizi bancari e altri servizi finanziari: gli onorari, le commissioni da pagare, gli interessi e altre forme di remunerazione;

c) per gli appalti riguardanti la progettazione: gli onorari, le commissioni da pagare e altre forme di remunerazione;

d) per gli appalti pubblici di servizi che non fissano un prezzo complessivo:

1) in caso di appalti di durata determinata pari o inferiore a quarantotto mesi, il valore complessivo stimato per l'intera loro durata;

2) in caso di appalti di durata indeterminata o superiore a quarantotto mesi, il valore mensile moltiplicato per quarantotto.

15. Il calcolo del valore stimato di un appalto misto di servizi e forniture si fonda sul valore totale dei servizi e delle forniture, prescindendo dalle rispettive quote. Tale calcolo comprende il valore delle operazioni di posa e di installazione.

16. Per gli accordi quadro e per i sistemi dinamici di acquisizione, il valore da prendere in considerazione è il valore massimo stimato al netto dell'IVA del complesso dei contratti previsti durante l'intera durata degli accordi quadro o del sistema dinamico di acquisizione.

17. Nel caso di partenariati per l'innovazione, il valore da prendere in considerazione è il valore massimo stimato, al netto dell'IVA, delle attività di ricerca e sviluppo che si svolgeranno per tutte le fasi del previsto partenariato, nonché delle forniture, dei servizi o dei lavori da mettere a punto e fornire alla fine del partenariato.

18. Sul valore del contratto di appalto (5) viene calcolato l'importo dell'anticipazione del prezzo pari al 20 per cento da corrispondere all'appaltatore entro quindici giorni dall'effettivo inizio della prestazione (6). L'erogazione dell'anticipazione, consentita anche nel caso di consegna in via d'urgenza, ai sensi dell'articolo 32, comma 8, del presente codice, (7) è subordinata alla costituzione di garanzia fideiussoria bancaria o assicurativa di importo pari all'anticipazione maggiorato del tasso di interesse legale applicato al periodo necessario al recupero dell'anticipazione stessa secondo il cronoprogramma della prestazione (6). La predetta garanzia è rilasciata da imprese bancarie autorizzate ai sensi del decreto legislativo 1° settembre 1993, n. 385, o assicurative autorizzate alla copertura dei rischi ai quali si riferisce l'assicurazione e che rispondano ai requisiti di solvibilità previsti dalle leggi che ne disciplinano la rispettiva attività. La garanzia può essere, altresì, rilasciata dagli intermediari finanziari iscritti nell'albo degli intermediari finanziari di cui all'articolo 106 del decreto legislativo 1° settembre 1993, n. 385. L'importo della garanzia viene gradualmente ed automaticamente ridotto nel corso della prestazione (6), in rapporto al progressivo recupero dell'anticipazione da parte delle stazioni appaltanti. Il beneficiario decade dall'anticipazione, con obbligo di restituzione, se l'esecuzione della prestazione (6) non procede, per ritardi a lui imputabili, secondo i tempi contrattuali. Sulle somme restituite sono dovuti gli interessi legali con decorrenza dalla data di erogazione della anticipazione.

(1) *Alinea così sostituito dall'art. 24 d.lgs. 19 aprile 2017, n. 56. Il testo dell'alinea era il seguente:* « Le disposizioni del presente codice si

applicano ai contratti pubblici il cui importo, al netto dell'imposta sul valore aggiunto, è pari o superiore alle soglie seguenti: ».

(2) *Alinea così sostituito dall'art. 24 d.lgs. n. 56, cit. Il testo dell'alinea era il seguente:* « Il presente codice si applica anche ai contratti pubblici nei settori speciali il cui valore, al netto dell'imposta sul valore aggiunto, è pari o superiore alle soglie seguenti: ».

(3) *Parola soppressa dall'art. 1, comma 20, lett. g), n. 1) d.l. 18 aprile 2019, n. 32, conv., con modif., in l. 14 giugno 2019, n. 55. Ai sensi del comma 21 del predetto art. 1, le disposizioni di cui all'art. 1, comma 20 del suddetto d.l. n. 32 cit. si applicano alle procedure i cui bandi o avvisi, con i quali si indice una gara, sono pubblicati successivamente alla data di entrata in vigore della legge di conversione del presente decreto, nonché, in caso di contratti senza pubblicazione di bandi o avvisi, alle procedure in cui, alla medesima data, non sono ancora stati inviati gli inviti a presentare le offerte o i preventivi.*

(4) *Parola soppressa dall'art. 1, comma 20, lett. g), n. 2) d.l. n. 32, cit. V. nota 3 per la disciplina transitoria di cui al comma 21 del predetto art. 1 d.l. n. 32, cit.*

(5) *Le parole* « Sul valore del contratto di appalto » *sono state sostituite alle parole* « Sul valore stimato dell'appalto » *dall'art. 24 d.lgs. n. 56, cit.*

(6) *Le parole* « della prestazione » *sono state sostituite alle parole* « dei lavori » *dall'art. 1, comma 20, lett. g), n. 3) d.l. n. 32, cit. V. nota 3 per la disciplina transitoria di cui al comma 21 del predetto art. 1 d.l. n. 32, cit.*

(7) *Le parole* «, consentita anche nel caso di consegna in via d'urgenza, ai sensi dell'articolo 32, comma 8, del presente codice, » *dopo le parole* « L'erogazione dell'anticipazione » *sono state inserite dall'art. 91, comma 2, d.l. 17 marzo 2020, n. 18, conv., con modif., in l. 24 aprile 2020, n. 27.*

36 Contratti sotto soglia.

1. L'affidamento e l'esecuzione di lavori, servizi e forniture di importo inferiore alle soglie di cui all'articolo 35 avvengono nel rispetto dei principi di cui agli articoli 30, comma 1, 34 e 42, nonché del rispetto del principio di rotazione degli inviti e degli affidamenti (1) e in modo da assicurare l'effettiva possibilità di partecipazione delle microimprese, piccole e medie imprese. Le stazioni appaltanti applicano le disposizioni di cui all'articolo 50 (2).

2. Fermo restando quanto previsto dagli articoli 37 e 38 e salva la possibilità di ricorrere alle procedure ordinarie, le stazioni appaltanti procedono all'affidamento di lavori, servizi e forniture di importo inferiore alle soglie di cui all'articolo 35, secondo le seguenti modalità:

a) per affidamenti di importo inferiore a 40.000 euro, mediante affidamento diretto anche senza previa consultazione di due o più operatori economici (3) o per i lavori in amministrazione diretta. La pubblicazione dell'avviso sui risultati della procedura di affidamento non è obbligatoria (4);

b) per affidamenti di importo pari o superiore a 40.000 euro e inferiore a 150.000 euro per i lavori, o alle soglie di cui all'articolo 35 per le forniture e i servizi, mediante affidamento diretto previa valutazione di tre preventivi, ove esistenti, per i lavori, e, per i servizi e le forniture, di almeno cinque operatori economici individuati sulla base di indagini di mercato o tramite elenchi di operatori economici, nel rispetto di un criterio di rotazione degli inviti. I lavori possono essere eseguiti anche in amministrazione diretta, fatto salvo l'acquisto e il noleggio di mezzi, per i quali si applica comunque la procedura di cui al periodo precedente. L'avviso sui risultati della procedura di affidamento contiene l'indicazione anche dei soggetti invitati (5);

c) per affidamenti di lavori di importo pari o superiore a 150.000 euro e inferiore a 350.000 euro, mediante la procedura negoziata di cui all'articolo 63 previa consultazione, ove esistenti, di almeno dieci operatori economici, nel rispetto di un criterio di rotazione degli inviti, individuati sulla base di indagini di mercato o tramite elenchi di operatori economici. L'avviso sui risultati della procedura di affidamento contiene l'indicazione anche dei soggetti invitati (6);

c-bis) per affidamenti di lavori di importo pari o superiore a 350.000 euro e inferiore a 1.000.000 di euro, mediante la procedura negoziata di cui all'articolo 63 previa consultazione, ove esistenti, di almeno quindici operatori economici, nel rispetto di un criterio di rotazione degli inviti, individuati sulla base di indagini di mercato o tramite elenchi di operatori economici. L'avviso sui risultati della procedura di affidamento contiene l'indicazione anche dei soggetti invitati (6);

d) per affidamenti di lavori di importo pari o superiore a 1.000.000 di euro e fino alle soglie di cui all'articolo 35, mediante ricorso alle procedure di cui all'articolo 60, fatto salvo quanto previsto dall'articolo 97, comma 8 (7).

3. Per l'affidamento dei lavori pubblici di cui all'articolo 1, comma 2, lettera *e*), del presente codice, relativi alle opere di urbanizzazione a scomputo per gli importi inferiori a quelli di cui all'articolo 35, si applicano le previsioni di cui al comma 2 (8).

4. Nel caso di opere di urbanizzazione primaria di importo inferiore alla soglia di cui all'articolo 35, comma 1, lettera *a*), calcolato secondo le disposizioni di cui all'articolo 35, comma 9, (9) funzionali all'intervento di trasformazione urbanistica del territorio, si applica l'articolo 16, comma 2-*bis*, del decreto del Presidente della Repubblica 6 giugno 2001, n. 380.

5. (10).

6. (11) Per lo svolgimento delle procedure di cui al presente articolo le stazioni appaltanti possono procedere attraverso un mercato elettronico che consenta acquisti telematici basati su un sistema che attua procedure di scelta del contraente interamente gestite per via elettronica. Il Ministero dell'economia e delle finanze, avvalendosi di CONSIP S.p.A., mette a disposizione delle stazioni appaltanti il mercato elettronico delle pubbliche amministrazioni.

6-*bis*. Ai fini dell'ammissione e della permanenza degli operatori economici nei mercati elettronici di cui al comma 6, il soggetto responsabile dell'ammissione verifica l'assenza dei motivi di esclusione di cui all'articolo 80 su un campione significativo di operatori economici. Dalla data di entrata in vigore del provvedimento (12) di cui all'articolo 81, comma 2, tale verifica è effettuata attraverso la Banca dati nazionale dei contratti pubblici (12) di cui all'articolo 81, anche mediante interoperabilità fra sistemi. I soggetti responsabili dell'ammissione possono consentire l'accesso ai propri sistemi agli operatori economici per la consultazione dei dati, certificati e informazioni disponibili mediante la Banca dati di cui all'articolo 81 per la predisposizione della domanda di ammissione e di permanenza nei mercati elettronici (13).

6-*ter*. Nelle procedure di affidamento effettuate nell'ambito dei mercati elettronici di cui al comma 6, la stazione appaltante verifica esclusivamente il possesso da parte dell'aggiudicatario dei requisiti economici e finanziari e tecnico-professionali, ferma restando la verifica del possesso dei requisiti generali effettuata dalla stazione appaltante qualora il soggetto aggiudicatario non rientri tra gli operatori economici verificati a campione ai sensi del comma 6-*bis* (13).

7. Con il regolamento di cui all'articolo 216, comma 27-*octies*, sono stabilite le modalità relative alle procedure di cui al presente articolo, alle (14) indagini di mercato, nonché per la formazione e gestione degli elenchi degli operatori economici. Nel predetto regolamento (15) sono anche indicate specifiche modalità di rotazione degli inviti e degli affidamenti e di attuazione delle verifiche sull'affidatario scelto senza svolgimento di procedura negoziata, [nonché di effettuazione degli inviti quando la stazione appaltante intenda avvalersi della facoltà di esclusione delle offerte anomale] (15) (16). Fino alla data di entrata in vigore del regolamento di cui all'articolo 216, comma 27-*octies*, si applica la disposizione transitoria ivi prevista (17).

8. Le imprese pubbliche e i soggetti titolari di diritti speciali ed esclusivi per gli appalti di lavori, forniture e servizi di importo inferiore alla soglia comunitaria, rientranti nell'ambito definito dagli articoli da 115 a 121, applicano la disciplina stabilita nei rispettivi regolamenti, la quale, comunque, deve essere conforme ai principi dettati dal trattato UE a tutela della concorrenza.

9. In caso di ricorso alle procedure ordinarie, nel rispetto dei principi previsti dall'articolo 79, i termini minimi stabiliti negli articoli 60 e 61 possono essere ridotti fino alla metà. I bandi e gli avvisi sono pubblicati sul profilo del committente della stazione appaltante e sulla piattaforma digitale dei bandi di gara presso l'ANAC di cui all'articolo 73, comma 4, con gli effetti previsti dal comma 5 del citato articolo. Fino alla data di cui all'articolo 73, comma 4, per gli effetti giuridici connessi alla pubblicazione, gli avvisi e i bandi peri contratti relativi a lavori di importo pari o superiore a cinquecentomila euro e per i contratti relativi a forniture e servizi sono pubblicati anche sulla Gazzetta ufficiale della Repubblica italiana, serie speciale relativa ai contratti pubblici; per i medesimi effetti, gli avvisi e i bandi peri contratti relativi a lavori di importo inferiore a cinquecentomila euro sono pubblicati nell'albo pretorio del Comune ove si eseguono i lavori.

9-*bis*. Fatto salvo quanto previsto all'articolo 95, comma 3, le stazioni appaltanti procedono all'aggiudicazione dei contratti di cui al presente articolo sulla base del criterio del minor prezzo ovvero sulla base del criterio dell'offerta economicamente più vantaggiosa (18).

(1) *Le parole da* « di cui agli articoli 30 » *a* « degli inviti e degli affidamenti » *sono state sostituite alle parole* « di cui all'articolo 30, comma 1, nonché nel rispetto del principio di rotazione » *dall'art. 25 d.lgs. 19 aprile 2017, n. 56.*

(2) *Le parole* « Le stazioni appaltanti applicano le disposizioni di cui all'articolo 50 » *sono state sostituite alle parole* « Le stazioni appaltanti possono, altresì, applicare le disposizioni di cui all'articolo 50 » *dall'art. 8, comma 5, lett.* oa-bis) *d.l. 16 luglio 2020, n. 76, conv., con modif., in l. 11 settembre 2020, n. 120. Ai sensi del successivo comma 6 dell'art. 8 d.l. n. 76, cit., tale disposizione si applica alle procedure i cui bandi o avvisi, con i quali si indice una gara, sono pubblicati successivamente alla data di entrata in vigore del suddetto decreto, nonché, in caso di contratti senza pubblicazione di bandi o avvisi, alle procedure in cui, alla medesima data, non sono ancora stati inviati gli inviti a presentare le offerte o i preventivi.*

(3) *Le parole* « anche senza previa consultazione di due o più operatori economici » *sono state sostituite alle parole* «, adeguatamente motivato » *dall'art. 25 d.lgs. n. 56, cit.*

(4) *Le parole* « La pubblicazione dell'avviso sui risultati della procedura di affidamento non è obbligatoria » *sono state aggiunte dall'art. 1, comma 5-*bis*, d.l. n. 76, cit.*

(5) *Lettera così sostituita dall'art. 1, comma 20, lett.* h), *n. 1) d.l. 18 aprile 2019, n. 32, conv., con modif., in l. 14 giugno 2019, n. 55. Ai sensi del comma 21 del predetto art. 1, le disposizioni di cui all'art. 1, comma 20 del suddetto d.l. n. 32 cit. si applicano alle procedure i cui bandi o avvisi, con i quali si indice una gara, sono pubblicati successivamente alla data di entrata in vigore della legge di conversione del presente decreto, nonché, in caso di contratti senza pubblicazione di bandi o avvisi, alle procedure in cui, alla medesima data, non sono ancora stati inviati gli inviti a presentare le offerte o i preventivi. Il testo della lettera era il seguente:* « per affidamenti di importo pari o superiore a 40.000 euro e inferiore a 150.000 euro per i lavori, o alle soglie di cui all'articolo 35 per le forniture e i servizi, mediante procedura negoziata previa consultazione, ove esistenti, di almeno dieci operatori economici per i lavori, e, per i servizi e le forniture di almeno cinque operatori economici individuati sulla base di indagini di mercato o tramite elenchi di operatori economici, nel rispetto di un criterio di rotazione degli inviti. I lavori possono essere eseguiti anche in amministrazione diretta, fatto salvo l'acquisto e il noleggio di mezzi, per i quali si applica comunque la procedura negoziata previa consultazione di cui al periodo precedente. L'avviso sui risultati della procedura di affidamento, contiene l'indicazione anche dei soggetti invitati ». *L'art. 1, comma 24 d.l. n. 32, cit. ha abrogato l'art. 1, comma 912, l. 30 dicembre 2018, n.145, che aveva così disposto: « Nelle more di una complessiva revisione del codice dei contratti pubblici, di cui al decreto legislativo 18 aprile 2016, n. 50, fino al 31 dicembre 2019, le stazioni appaltanti, in deroga all'articolo 36, comma 2, del medesimo codice, possono procedere all'affidamento di lavori di importo pari o superiore a 40.000 euro e inferiore a 150.000 euro mediante affidamento diretto previa consultazione, ove esistenti, di tre operatori economici e mediante le procedure di cui al comma 2, lettera* b)*, del medesimo articolo 36 per i lavori di importo pari o superiore a 150.000 euro e inferiore a 350.000 euro ».*

(6) *Le lettere* c) *e* c-bis) *sono state sostituite alla lettera* c) *dall'art. 1, comma 20, lett.* h), *n. 2) d.l. n. 32, cit. V. nota 5 per la disciplina transitoria di cui al comma 21 del predetto art. 1 d.l. n. 32, cit. Il testo della lettera era il seguente:* « c) per i lavori di importo pari o superiore a 150.000 euro e inferiore a 1.000.000 di euro, mediante procedura negoziata con consultazione di almeno quindici operatori economici, ove esistenti, nel rispetto di un criterio di rotazione degli inviti, individuati sulla base di indagini di mercato o tramite elenchi di operatori economici. L'avviso sui risultati della procedura di affidamento, contiene l'indicazione anche dei soggetti invitati ».

(7) *Lettera così sostituita dall'art. 1, comma 20, lett. h), n. 3) d.l. n. 32, cit. V. nota 5 per la disciplina transitoria di cui al comma 21 del predetto art. 1 d.l. n. 32, cit. Il testo della lettera era il seguente:* « per i lavori di importo pari o superiore a 1.000.000 di euro mediante ricorso alle procedure ordinarie fermo restando quanto previsto dall'articolo 95, comma 4, lettera *a*) »

(8) *Le parole* « per gli importi inferiori a quelli di cui all'articolo 35, si applicano le previsioni di cui al comma 2 » *sono state sostituite alle parole* « di importo inferiore alla soglia comunitaria, si fa ricorso alla procedura ordinaria con pubblicazione di avviso o bando di gara » *dall'art. 25 d.lgs. n. 56, cit.*

(9) *Le parole* « comma 1, lettera *a*), calcolato secondo le disposizioni di cui all'articolo 35, comma 9, » *sono state inserite dall'art. 25 d.lgs. n. 56, cit.*

(10) *Comma abrogato dall'art. 1, comma 20, lett.* h), *n. 4) d.l. n. 32, cit. V. nota 5 per la disciplina transitoria di cui al comma 21 del predetto art. 1 d.l. n. 32, cit. Il testo del comma, come sostituito dall'art. 25 d.lgs. n. 56, cit. era il seguente:* « 5. Nel caso in cui la stazione appaltante abbia fatto ricorso alle procedure negoziate di cui al comma 2, la verifica dei requisiti avviene sull'aggiudicatario. La stazione appaltante può, comunque, estendere le verifiche agli altri partecipanti. Le stazioni appaltanti devono verificare il possesso dei requisiti economici e finanziari e tecnico professionali, se richiesti nella lettera di invito ».

(11) *Gli originari primo e secondo periodo del presente comma sono stati soppressi dall'art. 25 d.lgs. n. 56, cit. Il testo dei periodi era il seguente:* « Nel caso in cui la stazione appaltante abbia fatto ricorso alle procedure negoziate, la verifica dei requisiti ai fini della stipula del contratto avviene esclusivamente sull'aggiudicatario. La stazione appaltante può comunque estendere le verifiche agli altri partecipanti ».

(12) *La parola* « provvedimento » *è stata sostituita alla parola* « decreto » *e le parole* « Banca dati nazionale dei contratti pubblici » *sono state sostituite alle parole* « Banca dati nazionale degli operatori

economici » *dall'art. 53, comma 5, lett.* b), *d.l. 31 maggio 2021, n. 77, conv., con modif., in l. 29 luglio 2021, n. 108.*

(13) *I commi 6-*bis *e 6-*ter *sono stati sostituiti al comma 6-*bis *dall'art. 1, comma 17, d.l. n. 32, cit. Il testo del comma, aggiunto dall'art. 25 d.lgs. n. 56, cit., era il seguente:* « 6-*bis*. Nei mercati elettronici di cui al comma 6, per gli affidamenti di importo inferiore a 40.000 euro, la verifica sull'assenza dei motivi di esclusione di cui all'articolo 80 è effettuata su un campione significativo in fase di ammissione e di permanenza, dal soggetto responsabile dell'ammissione al mercato elettronico. Resta ferma la verifica sull'aggiudicatario ai sensi del comma 5 ». *Precedentemente alla conversione in legge, l'art. 1, comma 1, lett. f), n. 5) d.l. n. 32, cit. aveva disposto l'inserimento del seguente comma 6-*quater: « 6-*quater*. In luogo del DGUE, i soggetti che gestiscono mercati elettronici ovvero che istituiscono o gestiscono un sistema dinamico di acquisizione per lavori, servizi e forniture possono predisporre formulari standard mediante i quali richiedere e verificare il possesso dei requisiti di cui all'articolo 80 ed ogni eventuale ulteriore informazione necessaria all'abilitazione o all'am-missione. Nell'ambito della fase del confronto competitivo la stazione appaltante utilizza il DGUE per richiedere eventuali informazioni, afferenti la specifica procedura, ulteriori a quelle già acquisite in fase di abilitazione o ammissione », *ma tale modifica è decaduta in sede di conversione. Ai sensi dell'art. 1, comma 2, d.l. n. 32, cit., « Restano validi gli atti e i provvedimenti adottati e sono fatti salvi gli effetti prodottisi e i rapporti giuridici sorti sulla base dell'articolo 1 del medesimo decreto-legge 18 aprile 2019, n. 32 ».*

(14) *Le parole* « Con il regolamento di cui all'articolo 216, comma 27-*octies*, sono stabilite le modalità relative alle procedure di cui al presente articolo, alle » *sono state sostituite alle parole* « L'ANAC con proprie linee guida, da adottare entro novanta giorni dalla data di entrata in vigore del presente codice, stabilisce le modalità di dettaglio per supportare le stazioni appaltanti e migliorare la qualità delle procedure di cui al presente articolo, delle » *dall'art. 1, comma 20, lett.* h), *n. 5), n. 5.1) d.l. n. 32, cit. V. nota 5 per la disciplina transitoria di cui al comma 21 del predetto art. 1 d.l. n. 32, cit.*

(15) *Le parole* « Nel predetto regolamento » *sono state sostituite alle parole* « Nelle predette linee guida » *e le parole da* « nonché » *a* « offerte anomale » *sono state soppresse dall'art. 1, comma 20, lett.* h), *n. 5), n. 5.2) d.l. n. 32, cit. V. nota 5 per la disciplina transitoria di cui al comma 21 del predetto art. 1 d.l. n. 32, cit.*

(16) *Periodo aggiunto dall'art. 25 d.lgs. n. 56, cit.*

(17) *Periodo così sostituito dall'art. 1, comma 20, lett.* h), *n. 5), n. 5.3) d.l. n. 32, cit. V. nota 5 per la disciplina transitoria di cui al comma 21 del predetto art. 1 d.l. n. 32, cit. Il testo del periodo era il seguente:* « Fino all'adozione di dette linee guida, si applica l'articolo 216, comma 9 ».

(18) *Comma aggiunto dall'art. 1, comma 20, lett.* h), *n. 6) d.l. n. 32, cit. V. nota 5 per la disciplina transitoria di cui al comma 21 del predetto art. 1 d.l. n. 32, cit.*

TITOLO II

Qualificazione delle stazioni appaltanti

37 Aggregazioni e centralizzazione delle committenze.

1. Le stazioni appaltanti, fermi restando gli obblighi di utilizzo di strumenti di acquisto e di negoziazione, anche telematici, previsti dalle vigenti disposizioni in materia di contenimento della spesa, possono procedere direttamente e autonomamente all'acquisizione di forniture e servizi di importo inferiore a 40.000 euro e di lavori di importo inferiore a 150.000 euro, nonché attraverso l'effettuazione di ordini a valere su strumenti di acquisto messi a disposizione dalle centrali di committenza e dai soggetti aggregatori (1). Per effettuare procedure di importo superiore alle soglie indicate al periodo precedente, le stazioni appaltanti devono essere in possesso della necessaria qualificazione ai sensi dell'articolo 38.

2. Salvo quanto previsto al comma 1, per gli acquisti di forniture e servizi di importo superiore a 40.000 euro e inferiore alla soglia di cui all'articolo 35, nonché per gli acquisti di lavori di manutenzione ordinaria d'importo superiore a 150.000 euro e inferiore a 1 milione di euro, le stazioni appaltanti in possesso della necessaria qualificazione di cui all'articolo 38 nonché gli altri soggetti e organismi di cui all'articolo 38, comma 1 (2) procedono mediante utilizzo autonomo degli strumenti telematici di negoziazione messi a disposizione dalle centrali di committenza qualificate secondo la normativa vigente. In caso di indisponibilità di tali strumenti anche in relazione alle singole categorie merceologiche, le stazioni appaltanti operano ai sensi del comma 3 o procedono mediante lo svolgimento di procedure di cui al (3) presente codice.

3. Le stazioni appaltanti non in possesso della necessaria qualificazione di cui all'articolo 38 procedono all'acquisizione di forniture, servizi e lavori ricorrendo a una centrale di committenza ovvero mediante aggregazione con una o più stazioni appaltanti aventi la necessaria qualifica.

4. Se la stazione appaltante è un comune non capoluogo di provincia, fermo restando quanto previsto al comma 1 e al primo periodo del comma 2, procede secondo una delle seguenti modalità:

a) ricorrendo a una centrale di committenza o a soggetti aggregatori qualificati;

b) mediante unioni di comuni costituite e qualificate come centrali di committenza, ovvero associandosi o consorziandosi in centrali di committenza nelle forme previste dall'ordinamento.

c) ricorrendo alla stazione unica appaltante costituita presso le province, le città metropolitane ovvero (4) gli enti di area vasta ai sensi della legge 7 aprile 2014, n. 56 (5).

5. Con decreto del Presidente del Consiglio dei ministri, su proposta del Ministro dell'economia e delle finanze, previa intesa in sede di Conferenza unificata, entro sei mesi dalla data di entrata in vigore del presente codice, garantendo la tutela dei diritti delle minoranze linguistiche, sono individuati gli ambiti territoriali di riferimento in applicazione dei principi di sussidiarietà, differenziazione e adeguatezza, e stabiliti i criteri e le modalità per la costituzione delle centrali di committenza in forma di aggregazione di comuni non capoluogo di provincia. In caso di concessione di servizi pubblici locali di interesse economico generale di rete, l'ambito di competenza della centrale di committenza coincide con l'ambito territoriale di riferimento (ATO), individuato ai sensi della normativa di settore. Sono fatte salve in ogni caso le attribuzioni delle province, delle città metropolitane e (6) degli enti di area vasta di cui alla legge 7 aprile 2014, n. 56. Fino alla data di entrata in vigore del decreto di cui al primo periodo si applica l'articolo 216, comma 10.

6. Fermo restando quanto previsto dai commi da 1 a 5, le stazioni appaltanti possono acquisire lavori, forniture o servizi mediante impiego di una centrale di committenza qualificata ai sensi dell'articolo 38.

7. Le centrali di committenza possono:

a) aggiudicare appalti, stipulare ed eseguire i contratti per conto delle amministrazioni aggiudicatrici e degli enti aggiudicatori;

b) stipulare accordi quadro ai quali le stazioni appaltanti qualificate possono ricorrere per l'aggiudicazione dei propri appalti;

c) gestire sistemi dinamici di acquisizione e mercati elettronici.

8. Le centrali di committenza qualificate possono svolgere attività di committenza ausiliarie in favore di altre centrali di committenza o per una o più stazioni appaltanti in relazione ai requisiti di qualificazione posseduti e agli ambiti territoriali di riferimento individuati dal decreto di cui al comma 5.

9. La stazione appaltante, nell'ambito delle procedure gestite dalla centrale di committenza di cui fa parte, è responsabile del rispetto del presente codice per le attività ad essa direttamente imputabili. La centrale di committenza che svolge esclusivamente attività di centralizzazione delle procedure di affidamento per conto di altre amministrazioni aggiudicatrici o enti aggiudicatori è tenuta al rispetto delle disposizioni di cui al presente codice e ne è direttamente responsabile.

10. Due o più stazioni appaltanti che decidono di eseguire congiuntamente appalti e concessioni specifici e che sono in possesso, anche cumulativamente, delle necessarie qualificazioni in rapporto al valore dell'appalto o della concessione, sono responsabili in solido dell'adempimento degli obblighi derivanti dal presente codice. Le stazioni appaltanti provvedono altresì ad individuare un unico responsabile del procedimento in comune tra le stesse, per ciascuna procedura, nell'atto con il quale hanno convenuto la forma di aggregazione in centrale di committenza di cui al comma 4 o il ricorso alla centrale di committenza. Si applicano le disposizioni di cui all'articolo 31.

11. Se la procedura di aggiudicazione non è effettuata congiuntamente in tutti i suoi elementi a nome e per conto delle stazioni appaltanti interessate, esse sono congiuntamente responsabili solo per le parti effettuate congiuntamente. Ciascuna stazione appaltante è responsabile dell'adempimento degli obblighi derivanti dal presente codice unicamente per quanto riguarda le parti da essa svolte a proprio nome e per proprio conto.

12. Fermi restando gli obblighi di utilizzo degli strumenti di acquisto e di negoziazione previsti dalle vigenti disposizioni in materia di contenimento della spesa, nell'individuazione della centrale di committenza, anche ubicata in altro Stato membro dell'Unione europea, le stazioni appaltanti procedono sulla base del principio di buon andamento dell'azione amministrativa, dandone adeguata motivazione.

13. Le stazioni appaltanti possono ricorrere ad una centrale di committenza ubicata in altro Stato membro dell'Unione europea solo per le attività di centralizzazione delle committenze svolte nella forma di acquisizione centralizzata di forniture e/o servizi a stazioni appaltanti; la fornitura di attività di centralizzazione delle committenze da parte di una centrale di committenza ubicata in altro Stato membro è effettuata conformemente alle disposizioni nazionali dello Stato membro in cui è ubicata la centrale di committenza.

14. Dall'applicazione del presente articolo sono esclusi gli enti aggiudicatori che non sono amministrazioni aggiudicatrici quando svolgono una delle attività previste dagli articoli da 115 a 121 e gli altri soggetti aggiudicatori di cui all'articolo 3, comma 1, lettera *g*) (7).

(1) *Le parole* « e dai soggetti aggregatori » *sono state aggiunte dall'art. 26 d.lgs. 19 aprile 2017, n. 56.*

(2) *Le parole* « nonché gli altri soggetti e organismi di cui all'articolo 38, comma 1 » *sono state aggiunte dall'art. 26 d.lgs. n. 56, cit.*

(3) *Le parole* « procedure di cui al » *sono state sostituite alle parole* « procedura ordinaria ai sensi del » *dall'art. 26 d.lgs. n. 56, cit.*

(4) *Le parole* « le province, le città metropolitane ovvero » *sono state inserite dall'art. 26 d.lgs. n. 56, cit.*

(5) *Ai sensi dell'art. 1, comma 1, lett.* a) *d.l. 18 aprile 2019, n. 32 conv., con modif., in l. 14 giugno 2019, n. 55, come da ultimo modificato dall'art. 52, comma 1, lett. a), n. 1.1 e 1.2) d.l. 31 maggio 2021, n. 77, conv., con modif., in l. 29 luglio 2021, n. 108, la disposizione di cui al presente comma 4 non si applica* ***fino al 30 giugno 2023*** *« per le procedure per le quali i bandi o gli avvisi con cui si indice la procedura di scelta del contraente siano pubblicati successivamente alla data di entrata in vigore del presente decreto, nonché, in caso di contratti senza pubblicazione di bandi o di avvisi, per le procedure in relazione alle quali, alla data di entrata in vigore del presente decreto, non siano ancora stati inviati gli inviti a presentare le offerte, nelle more della riforma complessiva del settore e comunque nel rispetto dei principi e delle norme sancite dall'Unione europea, in particolare delle direttive 2014/23/UE, 2014/24/UE e 2014/25/UE del Parlamento europeo e del Consiglio, del 26 febbraio 2014 ». In particolare, il presente comma 4 non trova applicazione « per i comuni non capoluogo di provincia, quanto all'obbligo di avvalersi delle modalita' ivi indicate, limitatamente alle procedure non afferenti agli investimenti pubblici finanziati, in tutto o in parte, con le risorse previste dal Regolamento (UE) 2021/240 del Parlamento europeo e del Consiglio del 10 febbraio 2021 e dal Regolamento (UE) 2021/241 del Parlamento europeo e del Consiglio del 12 febbraio 2021, nonché dalle risorse del Piano nazionale per gli investimenti complementari di cui all'articolo 1 del decreto - legge 6 maggio 2021, n. 59. Nelle more di una disciplina diretta ad assicurare la riduzione, il rafforzamento e la qualificazione delle stazioni appaltanti, per le procedure afferenti alle opere PNRR e PNC, i comuni non capoluogo di provincia procedono all'acquisizione di forniture, servizi e lavori, oltre che secondo le modalità indicate dal citato articolo 37, comma 4, attraverso le unioni di comuni, le province, le città metropolitane e i comuni capoluogo di provincia ». Precedentemente alla conversione in legge, l'art. 1, comma 1, lett. g) d.l. n. 32, cit. aveva disposto la sostituzione della parola* « procede » *con le parole* « può procedere direttamente e autonomamente oppure »*, ma tale modifica è decaduta in sede di conversione. Ai sensi dell'art. 1, comma 2, d.l. n. 32, cit. « Restano validi gli atti e i provvedimenti adottati e sono fatti salvi gli effetti prodottisi e i rapporti giuridici sorti sulla base dell'*articolo 1 del medesimo decreto-legge 18 aprile 2019, n. 32 ».

(6) *Le parole* « delle province, delle città metropolitane e » *sono state inserite dall'art. 26 d.lgs. n. 56, cit.*

(7) *Le parole* « e gli altri soggetti aggiudicatori di cui all'articolo 3, comma 1, lettera g) » *sono state aggiunte dall'art. 26 d.lgs. n. 56, cit.*

38 Qualificazione delle stazioni appaltanti e centrali di committenza.

1. Fermo restando quanto stabilito dall'articolo 37 in materia di aggregazione e centralizzazione degli appalti, è istituito presso l'ANAC, che ne assicura la pubblicità, un apposito elenco delle stazioni appaltanti qualificate di cui fanno parte anche le centrali di committenza. La qualificazione è conseguita in rapporto [agli ambiti di attività,] (1) ai bacini territoriali, alla tipologia e complessità del contratto e per fasce d'importo. Sono iscritti di diritto nell'elenco di cui al primo periodo, il Ministero delle infrastrutture e dei trasporti, ivi compresi i Provveditorati interregionali per le opere pubbliche, CONSIP S.p.a., INVITALIA - Agenzia nazionale per l'attrazione degli investimenti e lo sviluppo d'impresa S.p.a., Difesa servizi S.p.A., (2) l'Agenzia del demanio, (3) nonché i soggetti aggregatori regionali di cui all'articolo 9 del decreto-legge 24 aprile 2014, n. 66, convertito, con modificazioni, dalla legge 23 giugno 2014, n. 89, e le città metropolitane.

1-*bis*. Al fine di ottimizzare le procedure di affidamento degli appalti pubblici per la realizzazione delle scelte di politica pubblica sportiva e della relativa spesa pubblica, a decorrere dal 1° gennaio 2020 la società Sport e salute Spa è qualificata di diritto centrale di committenza e può svolgere attività di centralizzazione delle committenze per conto delle amministrazioni aggiudicatrici o degli enti aggiudicatari operanti nel settore dello sport e tenuti al rispetto delle disposizioni di cui al presente codice (4).

2. Con decreto del Presidente del Consiglio dei ministri, da adottarsi, su proposta del Ministro delle infrastrutture e dei trasporti e del Ministro dell'economia e delle finanze, di concerto con il Ministro per la semplificazione della pubblica amministrazione, entro novanta giorni dalla data di entrata in vigore del presente codice, di intesa con la Conferenza unificata e sentita l'ANAC, (5) sono definiti i requisiti tecnico organizzativi per l'iscrizione all'elenco di cui al comma 1, in applicazione dei criteri di qualità, efficienza e professionalizzazione, tra cui, per le centrali di committenza, il carattere di stabilità delle attività e il relativo ambito territoriale. Il decreto definisce, inoltre, le modalità attuative del sistema delle attestazioni di qualificazione e di eventuale aggiornamento e revoca, nonché la data a decorrere dalla quale entra in vigore il nuovo sistema di qualificazione.

3. Fatto salvo quanto previsto dal comma 3-*bis* (6). La qualificazione ha ad oggetto il complesso delle attività che caratterizzano il processo di acquisizione di un bene, servizio o lavoro in relazione ai seguenti ambiti:

a) capacità di [programmazione e] (7) progettazione;

b) capacità di affidamento;

c) capacità di verifica sull'esecuzione e controllo dell'intera procedura, ivi incluso il collaudo e la messa in opera.

3-*bis*. Le centrali di committenza e i soggetti aggregatori sono qualificati almeno negli ambiti di cui al comma 3, lettere *a*) e *b*). Nelle aggiudicazioni relative all'acquisizione di beni, servizi o lavori effettuati dalle centrali di committenza, ovvero dai soggetti aggregatori, le attività correlate all'ambito di cui al comma 3, lettera *c*) possono essere effettuate direttamente dai soggetti per i quali sono svolte le suddette aggiudicazioni purché qualificati almeno in detto ambito secondo i criteri individuati dal decreto del Presidente del Consiglio dei ministri di cui al comma 2 (8).

4. I requisiti di cui al comma 3 sono individuati sulla base dei seguenti parametri:

a) requisiti di base, quali:

1) strutture organizzative stabili deputate agli ambiti di cui al comma 3;

2) presenza nella struttura organizzativa di dipendenti aventi specifiche competenze in rapporto alle attività di cui al comma 3;

3) sistema di formazione ed aggiornamento del personale;

4) numero di gare svolte nel quinquennio (9) con indicazione di tipologia, importo e complessità, numero di varianti approvate, verifica sullo scostamento tra gli importi posti a base di gara e consuntivo delle spese sostenute, rispetto dei tempi di esecuzione delle procedure di affidamento, di aggiudicazione e di collaudo;

5) rispetto dei tempi previsti per i pagamenti di imprese e fornitori come stabilito dalla vigente normativa ovvero rispetto dei tempi previsti per i pagamenti di imprese e fornitori, secondo gli indici di tempestività indicati dal decreto adottato in attuazione dell'articolo 33 del decreto legislativo14 marzo 2013, n. 33;

5-*bis*) assolvimento degli obblighi di comunicazione dei dati sui contratti pubblici di lavori, servizi e forniture che alimentano gli archivi detenuti o gestiti dall'Autorità, come individuati dalla stessa Autorità ai sensi dell'articolo 213, comma 9; (10)

5-*ter*) per i lavori, adempimento a quanto previsto dagli articoli 1 e 2 del decreto legislativo 29 dicembre 2011, n. 229, in materia di procedure di monitoraggio sullo stato di attuazione delle opere pubbliche, di verifica dell'utilizzo dei finanziamenti nei tempi previsti e costituzione del Fondo opere e del Fondo progetti, e dall'articolo 29, comma 3; (10)

5-*quater*) disponibilità di piattaforme telematiche nella gestione di procedure di gara; (11)

b) requisiti premianti, quali:

1) valutazione positiva dell'ANAC in ordine all'attuazione di misure di prevenzione dei rischi di corruzione e promozione della legalità;

2) presenza di sistemi di gestione della qualità conformi alla norma UNI EN ISO 9001 degli uffici e dei procedimenti di gara, certificati da organismi accreditati per lo specifico scopo ai sensi del regolamento CE 765/2008 del Parlamento Europeo e del Consiglio;

3) [disponibilità di tecnologie telematiche nella gestione di procedure di gara] (12);

4) livello di soccombenza nel contenzioso;

5) applicazione di criteri di sostenibilità ambientale e sociale nell'attività di progettazione e affidamento.

4-*bis*. Le amministrazioni la cui organizzazione prevede articolazioni, anche territoriali, verificano la sussistenza dei requisiti di cui al comma 4 in capo alle medesime strutture e ne danno comunicazione all'ANAC per la qualificazione (13).

5. La qualificazione conseguita opera per la durata di cinque anni e può essere rivista a seguito di verifica, anche a campione, da parte di ANAC o su richiesta della stazione appaltante.

6. L'ANAC stabilisce le modalità attuative del sistema di qualificazione, sulla base di quanto previsto dai commi da 1 a 5, ed assegna alle stazioni appaltanti e alle centrali di committenza, anche per le attività ausiliarie, un termine congruo al fine di dotarsi dei requisiti necessari alla qualificazione. Stabilisce, altresì, modalità diversificate che tengano conto delle peculiarità dei soggetti privati che richiedono la qualificazione.

7. Con il provvedimento di cui al comma 6, l'ANAC stabilisce altresì i casi in cui può essere disposta la qualificazione con riserva, finalizzata a consentire alla stazione appaltante e alla centrale di committenza, anche per le attività ausiliarie, di acquisire la capacità tecnica ed organizzativa richiesta. La qualificazione con riserva ha una durata massima non superiore al termine stabilito per dotarsi dei requisiti necessari alla qualificazione.

8. A decorrere dalla data di entrata in vigore del nuovo sistema di qualificazione delle stazioni appal-

tanti, l'ANAC non rilascia il codice identificativo gara (CIG) alle stazioni appaltanti che procedono all'acquisizione di beni, servizi o lavori non rientranti nella qualificazione conseguita. Fino alla predetta data, si applica l'articolo 216, comma 10.

9. Una quota parte delle risorse del fondo di cui all'articolo 213, comma 14, attribuite alla stazione appaltante con il decreto di cui al citato comma è destinata dall'amministrazione di appartenenza della stazione appaltante premiata al fondo per la remunerazione del risultato dei dirigenti e dei dipendenti appartenenti alle unità organizzative competenti per i procedimenti di cui al presente codice. La valutazione positiva della stazione appaltante viene comunicata dall'ANAC all'amministrazione di appartenenza della stazione appaltante perché ne tenga comunque conto ai fini della valutazione della performance organizzativa e gestionale dei dipendenti interessati.

10. Dall'applicazione del presente articolo sono esclusi gli enti aggiudicatori che non sono amministrazioni aggiudicatrici e gli altri soggetti aggiudicatori di cui all'articolo 3, comma 1, lettera *g*) (14).

(1) *Le parole tra parentesi quadre sono state soppresse dall'art. 8, comma 5, lett.* a), *n. 1) d.l. 16 luglio 2020, n. 76, conv., con modif., in l. 11 settembre 2020, n. 120, in vigore dal 17 luglio 2020. Ai sensi del successivo comma 6, « Le disposizioni di cui al comma 5 si applicano alle procedure i cui bandi o avvisi, con i quali si indice una gara, sono pubblicati successivamente alla data di entrata in vigore del presente decreto, nonché, in caso di contratti senza pubblicazione di bandi o avvisi, alle procedure in cui, alla medesima data, non sono ancora stati inviati gli inviti a presentare le offerte o i preventivi ».*

(2) *Le parole* « Difesa servizi S.p.A., » *sono state aggiunte dall'art. 7, comma 1, d.l. 6 novembre 2021, n. 152, conv., con modif., in l. 29 dicembre 2021, n. 233.*

(3) *Le parole* « l'Agenzia del demanio, » *sono state aggiunte dall'art. 16-*bis, *comma 8, d.l. 21 ottobre 2021, n. 146, conv., con modif., in l. 17 dicembre 2021, n. 215.*

(4) *Comma aggiunto dall'art. 1, comma 27 d.l. 18 aprile 2019, n. 32, conv., con modif., in l. 14 giugno 2019, n. 55.*

(5) *Le parole* « di intesa con la Conferenza unificata e sentita l'ANAC, » *sono state sostituite alle parole* « sentite l'ANAC e la Conferenza Unificata, » *dall'art. 8, comma 5, lett.* a), *n. 2) d.l. n. 76, cit. V. nota 1 per la disciplina transitoria di cui al successivo comma 6.*

(6) *Le parole* « Fatto salvo quanto previsto dal comma 3-*bis* » *sono state premesse dall'art. 8, comma 5, lett.* a), *n. 3), n. 3.1) d.l. n. 76, cit. V. nota 1 per la disciplina transitoria di cui al successivo comma 6.*

(7) *Le parole tra parentesi quadre sono state soppresse dall'art. 8, comma 5, lett.* a), *n. 3), n. 3.2) d.l. n. 76, cit. V. nota 1 per la disciplina transitoria di cui al successivo comma 6.*

(8) *Comma inserito dall'art. 8, comma 5, lett.* a), *n. 3), n. 3.3) d.l. n. 76, cit. V. nota 1 per la disciplina transitoria di cui al successivo comma 6.*

(9) *La parola* « quinquennio » *è stata sostituita alla parola* « triennio » *dall'art. 27 d.lgs. 19 aprile 2017, n. 56.*

(10) *Numero aggiunto dall'art. 27 d.lgs. n. 56, cit.*

(11) *Numero aggiunto dall'art. 8, comma 5, lett.* a), *n. 4) d.l. n. 76, cit. V. nota 1 per la disciplina transitoria di cui al successivo comma 6.*

(12) *Numero soppresso dall'art. 8, comma 5, lett.* a), *n. 5) d.l. n. 76, cit. V. nota 1 per la disciplina transitoria di cui al successivo comma 6.*

(13) *Comma aggiunto dall'art. 27 d.lgs. n. 56, cit.*

(14) *Le parole* « e gli altri soggetti aggiudicatori di cui all'articolo 3, comma 1, lettera *g*) » *sono state aggiunte dall'art. 27 d.lgs. n. 56, cit.*

39 Attività di committenza ausiliarie.

1. Le attività di committenza ausiliarie di cui all'articolo 3, comma 1, lettera *m*), possono essere affidate a centrali di committenza di cui all'articolo 38.

2. Al di fuori dei casi di cui al comma 1, le stazioni appaltanti possono ricorrere, per lo svolgimento di attività delle committenza ausiliarie, ad esclusione delle attività di cui all'articolo 3, comma 1, lettera *m*), punto 4, a prestatori di servizi individuati mediante svolgimento delle procedure di cui al presente codice.

40 Obbligo di uso dei mezzi di comunicazione elettronici nello svolgimento di procedure di aggiudicazione.

1. Le comunicazioni e gli scambi di informazioni nell'ambito delle procedure di cui al presente codice svolte da centrali di committenza sono eseguiti utilizzando mezzi di comunicazione elettronici ai sensi dell'articolo 5-*bis* del decreto legislativo 7 marzo 2005, n. 82, Codice dell'amministrazione digitale.

2. A decorrere dal 18 ottobre 2018, le comunicazioni e gli scambi di informazioni nell'ambito delle procedure di cui al presente codice svolte dalle stazioni appaltanti sono eseguiti utilizzando mezzi di comunicazione elettronici.

41 Misure di semplificazione delle procedure di gara svolte da centrali di committenza.

[1. Entro un anno dalla data di entrata in vigore del presente codice, con decreto del Presidente del Consiglio dei Ministri, su proposta del Ministro dell'economia e delle finanze, sentita la Conferenza unificata, previa consultazione di CONSIP S.p.A. e dei soggetti aggregatori, sono individuate le misure di revisione ed efficientamento delle procedure di appalto, degli accordi quadro, delle convenzioni e in genere delle procedure utilizzabili da CONSIP, dai soggetti aggregatori e dalle centrali di committenza, finalizzate a migliorare la qualità degli approvvigionamenti e ridurre i costi e i tempi di espletamento delle gare, promuovendo anche un sistema di reti di committenza volto a determinare un più ampio ricorso alle gare e agli affidamenti di tipo telematico e l'effettiva partecipazione delle microimprese, piccole e medie imprese, nel rispetto delle disposizioni stabilite dal presente codice e dalla normativa dell'Unione europea.] (1)

2. L'individuazione delle misure di cui al comma 1 è effettuata, tenendo conto delle finalità di razionalizzazione della spesa pubblica perseguite attraverso l'attività di CONSIP e dei soggetti aggregatori, sulla base dei seguenti criteri: standardizzazione di soluzioni di acquisto in forma aggregata in grado di rispondere all'esigenza pubblica nella misura più ampia possibile, lasciando a soluzioni specifiche il soddisfacimento di esigenze peculiari non standardizzabili; aumento progressivo del ricorso agli strumenti telematici, anche attraverso forme di collaborazione tra soggetti aggregatori; monitoraggio dell'effettivo avanzamento delle fasi delle procedure, anche in relazione a forme di coordinamento della programmazione tra soggetti aggregatori; riduzione dei costi di partecipazione degli operatori economici alle procedure.

2-*bis*. È fatto divieto di porre a carico dei concorrenti, nonché dell'aggiudicatario, eventuali costi connessi alla gestione delle piattaforme di cui all'articolo 58 (2).

3. Entro 30 giorni dall'adozione dei provvedimenti di revisione, i soggetti di cui al comma 1 trasmettono alla Cabina di regia di cui all'articolo 212 e all'ANAC una relazione sull'attività di revisione svolta evidenziando, anche in termini percentuali, l'incremento del ricorso alle gare e agli affidamenti di tipo telematico, nonché gli accorgimenti adottati per garantire l'effettiva partecipazione delle micro imprese, piccole e medie imprese.

(1) *Comma abrogato dall'art. 27, comma 2-*sexies*, d.l. 6 novembre 2021, n. 152, conv., con modif., in l. 29 dicembre 2021, n. 233.*
(2) *Comma inserito dall'art. 28 del d.lgs. 19 aprile 2017, n. 56.*

42 Conflitto di interesse.

1. Le stazioni appaltanti prevedono misure adeguate per contrastare le frodi e la corruzione nonché per individuare, prevenire e risolvere in modo efficace ogni ipotesi di conflitto di interesse nello svolgimento delle procedure di aggiudicazione degli appalti e delle concessioni, in modo da evitare qualsiasi distorsione della concorrenza e garantire la parità di trattamento di tutti gli operatori economici.

2. Si ha conflitto d'interesse quando il personale di una stazione appaltante o di un prestatore di servizi che, anche per conto della stazione appaltante, interviene nello svolgimento della procedura di aggiudicazione degli appalti e delle concessioni o può influenzarne, in qualsiasi modo, il risultato, ha, direttamente o indirettamente, un interesse finanziario, economico o altro interesse personale che può essere percepito come una minaccia alla sua imparzialità e indipendenza nel contesto della procedura di appalto o di concessione. In particolare, costituiscono situazione di conflitto di interesse quelle che determinano l'obbligo di astensione previste dall'articolo 7 del decreto del Presidente della Repubblica 16 aprile 2013, 62.

3. Il personale che versa nelle ipotesi di cui al comma 2 è tenuto a darne comunicazione alla stazione appaltante, ad astenersi dal partecipare alla procedura di aggiudicazione degli appalti e delle concessioni. Fatte salve le ipotesi di responsabilità amministrativa e penale, la mancata astensione nei casi di cui al primo periodo costituisce comunque fonte di responsabilità disciplinare a carico del dipendente pubblico.

4. Le disposizioni dei commi 1, 2 e 3 valgono anche per la fase di esecuzione dei contratti pubblici.

5. La stazione appaltante vigila affinché gli adempimenti di cui ai commi 3 e 4 siano rispettati.

43 Appalti che coinvolgono amministrazioni aggiudicatrici e enti aggiudicatori di Stati membri diversi.

1. Le amministrazioni aggiudicatrici o gli enti aggiudicatori possono ricorrere a centrali di committenza ubicate in un altro Stato membro dell'Unione europea che svolgono la propria attività in conformità alle disposizioni nazionali dello Stato membro in cui è ubicata, nei limiti previsti dall'articolo 37, comma 13.

2. Le amministrazioni aggiudicatrici o gli enti aggiudicatori possono aggiudicare un appalto pubblico, concludere un accordo quadro o gestire un sistema dinamico di acquisizione congiuntamente con le amministrazioni aggiudicatrici o gli enti aggiudicatori di diversi Stati membri concludendo un accordo che determina:

a) le responsabilità delle parti e le disposizioni nazionali applicabili;

b) la gestione della procedura di aggiudicazione, la distribuzione dei lavori, delle forniture e dei servizi oggetto dell'appalto e i termini di conclusione dei contratti. L'assegnazione delle responsabilità e il diritto nazionale applicabile sono indicati nei documenti di gara degli appalti pubblici aggiudicati congiuntamente.

3. Se una o più amministrazioni aggiudicatrici o uno o più enti aggiudicatori nazionali hanno costituito con amministrazioni aggiudicatrici o enti aggiudicatori di diversi Stati membri un soggetto congiunto con i gruppi europei di cooperazione territoriale di cui al regolamento (CE) n. 1082/2006 del Parlamento europeo e del Consiglio, o con altri soggetti istituiti in base al diritto dell'Unione europea, con apposito accordo stabiliscono le norme nazionali applicabili alle procedure d'appalto di uno dei seguenti Stati membri:

a) Stato membro nel quale il soggetto congiunto ha la sua sede sociale;

b) Stato membro in cui il soggetto congiunto esercita le sue attività.

4. L'accordo ai sensi del presente articolo è applicabile per un periodo indeterminato, quando è fissato nell'atto costitutivo del soggetto congiunto ovvero può essere limitato a un periodo determinato, ad alcuni tipi di appalti o a singoli appalti.

TITOLO III
Procedura di affidamento

CAPO I
Modalità comuni alle procedure di affidamento

SEZIONE I
Disposizioni comuni

44 Digitalizzazione delle procedure.

1. Entro un anno dalla data di entrata in vigore del presente codice, con decreto del Ministro per la semplificazione e la pubblica amministrazione, di concerto con il Ministro delle infrastrutture e dei trasporti e il Ministro dell'economia e delle finanze (1), sentita l'Agenzia per l'Italia Digitale (AGID) nonché dell'Autorità garante della privacy per i profili di competenza, sono definite le modalità di digitalizzazione delle procedure di tutti i contratti pubblici, anche attraverso l'interconnessione per interoperabilità dei dati delle pubbliche amministrazioni. Sono, altresì, definite le migliori pratiche riguardanti metodologic organizzati ve e di lavoro, metodologie di programmazione e pianificazione, riferite anche all'individuazione dei dati rilevanti, alla loro raccolta, gestione ed elaborazione, soluzioni informatiche, telematiche e tecnologiche di supporto.

(1) *Le parole « e il Ministro dell'economia e delle finanze » sono state inserite dall'art. 29 del d.lgs. 19 aprile 2017, n. 56.*

45 Operatori economici.

1. Sono ammessi a partecipare alle procedure di affidamento dei contratti pubblici gli operatori economici di cui all'articolo 3, comma 1, lettera *p*) nonché gli operatori economici stabiliti in altri Stati membri, costituiti conformemente alla legislazione vigente nei rispettivi Paesi. Gli operatori economici, i raggruppamenti di operatori economici, comprese le associazioni temporanee, che in base alla normativa dello Stato membro nel quale sono stabiliti, sono autorizzati a fornire la prestazione oggetto della procedura di affidamento, possono partecipare alle procedure di affidamento dei contratti pubblici anche nel caso in cui essi avrebbero dovuto configurarsi come persone fisiche o persone giuridiche, ai sensi del presente codice.

2. Rientrano nella definizione di operatori economici i seguenti soggetti:

a) gli imprenditori individuali, anche artigiani, e le società, anche cooperative;

b) i consorzi fra società cooperative di produzione e lavoro costituiti a norma della legge 25 giugno 1909, n. 422, e del decreto legislativo del Capo provvisorio dello Stato 14 dicembre 1947, n. 1577, e successive modificazioni, e i consorzi tra imprese artigiane di cui alla legge 8 agosto 1985, n. 443;

c) i consorzi stabili, costituiti anche in forma di società consortili ai sensi dell'articolo 2615-*ter* del codice civile, tra imprenditori individuali, anche artigiani, società commerciali, società cooperative di produzione e lavoro. I consorzi stabili sono formati da non meno di tre consorziati che, con decisione assunta dai rispettivi organi deliberativi, abbiano stabilito di operare in modo congiunto nel settore dei contratti pubblici di lavori, servizi e forniture per un periodo di tempo non inferiore a cinque anni, istituendo a tal fine una comune struttura di impresa.

d) i raggruppamenti temporanei di concorrenti, costituiti dai soggetti di cui alle lettere *a*), *b*) e *c*), i quali, prima della presentazione dell'offerta, abbiano conferito mandato collettivo speciale con rappresentanza ad uno di essi, qualificato mandatario, il quale esprime l'offerta in nome e per conto proprio e dei mandanti;

e) i consorzi ordinari di concorrenti di cui all'articolo 2602 del codice civile, costituiti tra i soggetti di cui alle lettere *a*), *b*) e *c*) del presente comma, anche in forma di società ai sensi dell'articolo 2615-*ter* del codice civile;

f) le aggregazioni tra le imprese aderenti al contratto di rete ai sensi dell'articolo 3, comma 4-*ter*, del decreto legge 10 febbraio 2009, n. 5, convertito, con modificazioni, dalla legge 9 aprile 2009, n. 33;

g) i soggetti che abbiano stipulato il contratto di gruppo europeo di interesse economico (GEIE) ai sensi del decreto legislativo 23 luglio 1991, n. 240;

3. Le stazioni appaltanti possono imporre ai raggruppamenti di operatori economici di assumere una forma giuridica specifica dopo l'aggiudicazione del contratto, nel caso in cui tale trasformazione sia necessaria per la buona esecuzione del contratto.

4. Le stazioni appaltanti possono imporre alle persone giuridiche di indicare, nell'offerta o nella domanda di partecipazione a procedure di aggiudicazione di appalti di servizi e di lavori, nonché di forniture che comportano anche servizi o lavori di posa in opera e di installazione e di concessioni, il nome e le qualifiche professionali delle persone fisiche incaricate di fornire la prestazione relativa allo specifico contratto.

5. Le stazioni appaltanti possono richiedere ai raggruppamenti di operatori economici condizioni per l'esecuzione di un appalto o di una concessione diverse da quelle imposte ai singoli partecipanti, purché siano proporzionate e giustificate da ragioni oggettive.

46 Operatori economici per l'affidamento dei servizi di architettura e ingegneria.

1. Sono ammessi a partecipare alle procedure di affidamento dei servizi attinenti all'architettura e all'ingegneria nel rispetto del principio di non discriminazione fra i diversi soggetti sulla base della forma giuridica assunta (1):

a) i prestatori di servizi di ingegneria e architettura: i professionisti singoli, associati, le società tra professionisti di cui alla lettera *b*), le società di ingegneria di cui alla lettera *c*), i consorzi, i GEIE, i raggruppamenti (2) temporanei fra i predetti soggetti che rendono a committenti pubblici e privati, operando sul mercato, servizi di ingegneria e di architettura, nonché attività tecnico-amministrative e studi di fattibilità economico-finanziaria ad esse connesse, ivi compresi, con riferimento agli interventi inerenti al restauro e alla manutenzione di beni mobili e delle superfici decorate di beni architettonici, i soggetti con qualifica di restauratore di beni culturali ai sensi della vigente normativa, gli archeologi professionisti, singoli e associati, e le società da essi costituite (3) (4);

b) le società di professionisti: le società costituite esclusivamente tra professionisti iscritti negli appositi albi previsti dai vigenti ordinamenti professionali, nelle forme delle società di persone di cui ai capi II, III e IV del titolo V del libro quinto del codice civile ovvero nella forma di società cooperativa di cui al capo I del titolo VI del libro quinto del codice civile, che svolgono per committenti privati e pubblici servizi di ingegneria e architettura quali studi di fattibilità, ricerche, consulenze, progettazioni o direzioni dei lavori, valutazioni di congruità tecnico economica o studi di impatto ambientale;

c) società di ingegneria: le società di capitali di cui ai capi V, VI e VII del titolo V del libro quinto del codice civile, ovvero nella forma di società cooperative di cui al capo I del titolo VI del libro quinto del codice civile che non abbiano i requisiti delle società tra professionisti, che eseguono studi di fattibilità, ricerche, consulenze, progettazioni o direzioni dei lavori, valutazioni di congruità tecnico-economica o studi di impatto, nonché eventuali attività di produzione di beni connesse allo svolgimento di detti servizi;

d) i prestatori di servizi di ingegneria e architettura identificati con i codici CPV da 74200000-1 a 74276400-8 e da 74310000-5 a 74323100-0 e 74874000-6 stabiliti in altri Stati membri, costituiti conformemente alla legislazione vigente nei rispettivi Paesi;

d-bis) altri soggetti abilitati in forza del diritto nazionale a offrire sul mercato servizi di ingegneria e di architettura, nel rispetto dei principi di non discriminazione e par condicio fra i diversi soggetti abilitati (5).

e) i raggruppamenti temporanei costituiti dai soggetti di cui alle lettere da *a*) a *d-bis*) (6);

f) i consorzi stabili di società di professionisti e di società di ingegneria, anche in forma mista, formati da non meno di tre consorziati che abbiano operato nei settori dei servizi di ingegneria ed architettura.

2. Ai fini della partecipazione alle procedure di affidamento di cui al comma 1, le società, per un periodo di cinque anni dalla loro costituzione, possono documentare il possesso dei requisiti economico-finanziari e tecnico-organizzativi richiesti dal bando di gara anche con riferimento ai requisiti dei soci delle società, qualora costituite nella forma di società di persone o di società cooperativa e dei direttori tecnici o dei professionisti dipendenti della società con rapporto a tempo indeterminato, qualora costituite nella forma di società di capitali, nonché dei soggetti di cui alla lettera *d-bis*) del comma 1 i cui requisiti minimi sono stabiliti, nelle more dell'adozione del decreto di cui all'articolo 216, comma 27-*octies*, con decreto del Ministero delle infrastrutture e della mobilità sostenibili (7).

(1) *Le parole da* « nel rispetto del principio » *a* « forma giuridica assunta » *sono state aggiunte dall'art. 10, comma 1, lett.* b), *n. 1.1 l. 23 dicembre 2021, n. 238. Ai sensi del comma 5 del citato art. 10, tale disposizione si applica alle procedure i cui bandi o avvisi con i quali si indice una gara sono pubblicati successivamente alla data di entrata in vigore della suddetta legge nonché, in caso di contratti senza pubblicazione di bandi o avvisi, alle procedure in cui, alla medesima data, non sono ancora stati inviati gli inviti a presentare le offerte o i preventivi.*

(2) *Le parole* « i raggruppamenti » *sono state sostituite alla parola* « raggruppamenti » *dall'art. 30 d.lgs. 19 aprile 2017, n. 56.*

(3) *Le parole* « professionisti, singoli e associati, e le società da essi costituite » *sono state aggiunte dall'art. 8, comma 5, lett.* a-bis) *d.l. 16 luglio 2020, n. 76, conv., con modif., in l. 11 settembre 2020, n. 120. Ai sensi del successivo comma 6 dell'art. 8 d.l. n. 76, cit., tale disposizione si applica alle procedure i cui bandi o avvisi, con i quali si indice una gara, sono pubblicati successivamente alla data di entrata in vigore del suddetto decreto, nonché, in caso di contratti senza pubblicazione di bandi o avvisi, alle procedure in cui, alla medesima data, non sono ancora stati inviati gli inviti a presentare le offerte o i preventivi.*

(4) *Lettera modificata dall'art. 1, comma 20, lett. i), d.l. 18 aprile 2019, n. 32, conv., con modif., in l. 14 giugno 2019, n. 55, che ha aggiunto infine le parole* «, gli archeologi ». *Ai sensi del comma 21 del predetto art. 1, le disposizioni di cui all'art. 1, comma 20 del suddetto d.l. n. 32 cit. si applicano alle procedure i cui bandi o avvisi, con i quali si indice una gara, sono pubblicati successivamente alla data di entrata in vigore della legge di conversione del presente decreto, nonché, in caso di contratti senza pubblicazione di bandi o avvisi, alle procedure in cui, alla medesima data, non sono ancora stati inviati gli inviti a presentare le offerte o i preventivi.*

(5) *Lettera inserita dall'art. 10, comma 1, lett.* b), *n. 1.2 l. n. 238, cit., con le disposizioni di applicazione di cui* sub *nota 1.*

Ai sensi, inoltre, dell'art. 10, comma 2, l. n. 238, cit., ai fini della partecipazione dei soggetti di cui alla presente lettera, alle procedure di affidamento dei servizi di ingegneria e architettura, entro sessanta giorni dalla data di entrata in vigore della suddetta legge il Ministero delle infrastrutture e della mobilità sostenibili individua, con apposito decreto, i requisiti minimi che tali soggetti sono tenuti a dimostrare, in particolare con riferimento all'obbligo di nomina di un direttore tecnico, alla verifica del contenuto dell'oggetto sociale, agli obblighi di regolarità contributiva, di comunicazione e di iscrizione al casellario dell'Autorità nazionale anticorruzione (ANAC), nonché all'obbligo di assicurazione per lo svolgimento delle prestazioni professionali.

(6) *Le parole* « di cui alle lettere da *a*) a *d-bis*) » *sono state sostituite alle parole* « di cui alle lettere da *a*) a *d*) » *dall'art. 10, comma 1, lett.* b), *n. 1.3 l. n. 238, cit., con le disposizioni di applicazione di cui* sub *nota 1.*

(7) *Le parole da* «, nonché dei soggetti » *a* « e della mobilità sostenibili » *sono state aggiunte dall'art. 10, comma 1, lett.* b), *n. 2 l. n. 238, cit., con le disposizioni di applicazione di cui* sub *nota 1.*

47 Requisiti per la partecipazione dei consorzi alle gare.

1. I requisiti di idoneità tecnica e finanziaria per l'ammissione alle procedure di affidamento dei soggetti di cui all'articolo 45, comma 2, lettere *b*) e *c*),devono essere posseduti e comprovati dagli stessi con le modalità previste dal presente codice, salvo che per quelli relativi alla disponibilità delle attrezzature e dei mezzi d'opera, nonché all'organico medio annuo, che sono computati cumulativamente in capo al consorzio ancorché posseduti dalle singole imprese consorziate.

2. I consorzi stabili di cui agli articoli 45, comma 2, lettera *c*), e 46, comma 1, lettera *f*), eseguono le prestazioni o con la propria struttura o tramite i consorziati indicati in sede di gara senza che ciò costituisca subappalto, ferma la responsabilità solidale degli stessi nei confronti della stazione appaltante. Per i lavori, ai fini della qualificazione di cui all'articolo 84, con il regolamento di cui all'articolo 216, comma 27-*octies*, sono stabiliti i criteri per l'imputazione delle prestazioni eseguite al consorzio o ai singoli consorziati che eseguono le prestazioni. L'affidamento delle prestazioni da parte dei soggetti di cui all'articolo 45, comma 2, lettera *b*), ai propri consorziati non costituisce subappalto (1).

2-*bis*. La sussistenza in capo ai consorzi stabili dei requisiti richiesti nel bando di gara per l'affidamento di servizi e forniture è valutata, a seguito della verifica della effettiva esistenza dei predetti requisiti in capo ai singoli consorziati. In caso di scioglimento del consorzio stabile per servizi e forniture, ai consorziati sono attribuiti *pro quota* i requisiti economico-finanziari e tecnico-organizzativi maturati a favore del consorzio e non assegnati in esecuzione ai consorziati. Le quote di assegnazione sono proporzionali all'apporto reso dai singoli consorziati nell'esecuzione delle prestazioni nel quinquennio antecedente (2).

(1) *Comma così sostituito dall'art. 1, comma 20, lett.* l), *n. 1) d.l. 18 aprile 2019, n. 32, conv., con modif., in l. 14 giugno 2019, n. 55. Ai sensi del comma 21 del predetto art. 1, le disposizioni di cui all'art. 1, comma 20 del suddetto d.l. n. 32 cit. si applicano alle procedure i cui bandi o avvisi, con i quali si indice una gara, sono pubblicati successivamente alla data di entrata in vigore della legge di conversione del presente decreto, nonché, in caso di contratti senza pubblicazione di bandi o avvisi, alle procedure in cui, alla medesima data, non sono ancora stati inviati gli inviti a presentare le offerte o i preventivi. Il testo del comma, come sostituito dall'art. 31 d.lgs. 19 aprile 2017, n. 56, era il seguente:* « 2. I consorzi di cui agli articoli 45, comma 2, lettera *c*), e 46, comma 1, lettera *f*), al fine della qualificazione, possono utilizzare sia i requisiti di qualificazione maturati in proprio, sia quelli posseduti dalle singole imprese consorziate designate per l'esecuzione delle prestazioni, sia, mediante avvalimento, quelli delle singole imprese consorziate non designate per l'esecuzione del contratto. Con le linee guida dell'ANAC di cui all'articolo 84, comma 2, sono stabiliti, ai fini della qualificazione, i criteri per l'imputazione delle prestazioni eseguite al consorzio o ai singoli consorziati che eseguono le prestazioni ».

(2) *Comma aggiunto dall'art. 1, comma 20, lett.* l), *n. 2) d.l. n. 32, cit. V. nota 1 per la disciplina transitoria di cui al comma 21 del predetto art. 1 d.l. n. 32, cit.*

48 Raggruppamenti temporanei e consorzi ordinari di operatori economici.

1. Nel caso di lavori, per raggruppamento temporaneo di tipo verticale si intende una riunione di operatori economici nell'ambito della quale uno di essi realizza i lavori della categoria prevalente; per lavori scorporabili si intendono i lavori come definiti all'articolo 3, comma 1, lettera *oo-ter* (1), assumibili da uno dei mandanti; per raggruppamento di tipo orizzontale si intende una riunione di operatori economici finalizzata a realizzare i lavori della stessa categoria.

2. Nel caso di forniture o servizi, per raggruppamento di tipo verticale si intende un raggruppamento di operatori economici in cui il mandatario esegue le prestazioni di servizi o di forniture indicati come principali anche in termini economici, i mandanti quelle indicate come secondarie; per raggruppamento orizzontale quello in cui gli operatori economici eseguono il medesimo tipo di prestazione; le stazioni appaltanti indicano nel bando di gara la prestazione principale e quelle secondarie.

3. Nel caso di lavori, i raggruppamenti temporanei e i consorzi ordinari di operatori economici sono ammessi se gli imprenditori partecipanti al raggruppamento, ovvero gli imprenditori consorziati, abbiano i requisiti di cui all'articolo 84.

4. Nel caso di lavori, (2) forniture o servizi nell'offerta devono essere specificate le categorie di lavori o (3) le parti del servizio o della fornitura che saranno eseguite dai singoli operatori economici riuniti o consorziati.

5. L'offerta degli operatori economici raggruppati o dei consorziati determina la loro responsabilità solidale nei confronti della stazione appaltante, nonché nei confronti del subappaltatore e dei fornitori. Per gli assuntori di lavori scorporabili e, nel caso di servizi e forniture, per gli assuntori di prestazioni secondarie, la responsabilità è limitata all'esecuzione delle prestazioni di rispettiva competenza, ferma restando la responsabilità solidale del mandatario.

6. Nel caso di lavori, per i raggruppamenti temporanei di tipo verticale, i requisiti di cui all'articolo 84, sempre che siano frazionabili, devono essere posseduti dal mandatario per i lavori della categoria prevalente e per il relativo importo; per i lavori scorporati ciascun mandante deve possedere i requisiti previsti per l'importo della categoria dei lavori che intende assumere e nella misura indicata per il concorrente singolo. I lavori riconducibili alla categoria prevalente ovvero alle categorie scorporate possono essere assunti anche da imprenditori riuniti in raggruppamento temporaneo di tipo orizzontale.

7. È fatto divieto ai concorrenti di partecipare alla gara in più di un raggruppamento temporaneo o consorzio ordinario di concorrenti, ovvero di partecipare alla gara anche in forma individuale qualora abbia partecipato alla gara medesima in raggruppamento o consorzio ordinario di concorrenti. I consorzi di cui all'articolo 45, comma 2, lettere *b*) e *c*), sono tenuti ad indicare, in sede di offerta, per quali consorziati il consorzio concorre; qualora il consorziato designato sia, a sua volta, un consorzio di cui all'articolo 45, comma 2, lettera *b*), è tenuto anch'esso a indicare, in sede di offerta, i consorziati per i quali concorre (4); a questi ultimi è fatto divieto di partecipare, in qualsiasi altra forma, alla medesima gara; in caso di violazione sono esclusi dalla gara sia il consorzio sia il consorziato; in caso di inosservanza di tale divieto si applica l'articolo 353 del codice penale.

7-*bis*. È consentito, per le ragioni indicate ai successivi commi 17, 18 e 19 o per fatti o atti sopravvenuti, ai soggetti di cui all'articolo 45, comma 2, lettere *b*) e *c*), designare ai fini dell'esecuzione dei lavori o dei servizi, un'impresa consorziata diversa da quella indicata in sede di gara, a condizione che la modifica soggettiva non sia finalizzata ad eludere in tale sede la mancanza di un requisito di partecipazione in capo all'impresa consorziata (5).

8. È consentita la presentazione di offerte da parte dei soggetti di cui all'articolo 45, comma 2, lettere *d*) ed *e*), anche se non ancora costituiti. In tal caso l'offerta deve essere sottoscritta da tutti gli operatori economici che costituiranno i raggruppamenti temporanei o i consorzi ordinari di concorrenti e contenere l'impegno che, in caso di aggiudicazione della gara, gli stessi operatori conferiranno mandato collettivo speciale con rappresentanza ad uno di essi, da indicare in sede di offerta e qualificata come mandatario, il quale stipulerà il contratto in nome e per conto proprio e dei mandanti.

9. È vietata l'associazione in partecipazione sia durante la procedura di gara sia successivamente all'aggiudicazione (6). Salvo quanto disposto ai commi 17 e 18, è vietata qualsiasi modificazione alla composizione dei raggruppamenti temporanei e dei consorzi ordinari di concorrenti rispetto a quella risultante dall'impegno presentato in sede di offerta.

10. L'inosservanza dei divieti di cui al comma 9 comporta l'annullamento dell'aggiudicazione o la nullità del contratto, nonché l'esclusione dei concorrenti riuniti in raggruppamento o consorzio ordinario di concorrenti, concomitanti o successivi alle procedure di affidamento relative al medesimo appalto.

11. In caso di procedure ristrette o negoziate, ovvero di dialogo competitivo, l'operatore economico invitato individualmente, o il candidato ammesso individualmente nella procedura di dialogo competitivo, ha la facoltà di presentare offerta o di trattare per sé o quale mandatario di operatori riuniti.

12. Ai fini della costituzione del raggruppamento temporaneo, gli operatori economici devono conferire, con un unico atto, mandato collettivo speciale con rappresentanza ad uno di essi, detto mandatario.

13. Il mandato deve risultare da scrittura privata autenticata. La relativa procura è conferita al legale rappresentante dell'operatore economico mandatario. Il mandato è gratuito e irrevocabile e la sua revoca per giusta causa non ha effetto nei confronti della stazione appaltante. In caso di inadempimento dell'impresa mandataria, è ammessa, con il consenso delle parti, la revoca del mandato collettivo speciale di cui al comma 12 al fine di consentire alla stazione appaltante il pagamento diretto nei confronti delle altre imprese del raggruppamento.

14. Le disposizioni di cui al presente articolo trovano applicazione, in quanto compatibili, alla partecipazione alle procedure di affidamento delle aggregazioni tra le imprese aderenti al contratto di rete, di cui all'articolo 45, comma 2, lettera *f*); queste ultime, nel caso in cui abbiano tutti i requisiti del consorzio stabile di cui all'articolo 45, comma 2, lettera *c*), sono ad esso equiparate ai fini della qualificazione SOA.

15. Al mandatario spetta la rappresentanza esclusiva, anche processuale, dei mandanti nei confronti della stazione appaltante per tutte le operazioni e gli atti di qualsiasi natura dipendenti dall'appalto, anche dopo il collaudo, o atto equivalente, fino alla estinzione di ogni rapporto. La stazione appaltante, tuttavia, può far valere direttamente le responsabilità facenti capo ai mandanti.

16. Il rapporto di mandato non determina di per sé organizzazione o associazione degli operatori economici riuniti, ognuno dei quali conserva la propria autonomia ai fini della gestione, degli adempimenti fiscali e degli oneri sociali.

17. Salvo quanto previsto dall'articolo 110, comma 5, in caso di fallimento, liquidazione coatta amministrativa, amministrazione controllata, amministrazione straordinaria, concordato preventivo ovvero procedura di insolvenza concorsuale o di liquidazione del mandatario ovvero, qualora si tratti di imprenditore individuale, in caso di morte, interdizione, inabilitazione o fallimento (7) del medesimo ovvero in caso di perdita, in corso di esecuzione, dei requisiti di cui all'articolo 80, ovvero (8) nei casi previsti dalla normativa antimafia, la stazione appaltante può proseguire il rapporto di appalto con altro operatore economico che sia costituito mandatario nei modi previsti dal presente codice purché abbia i requisiti di qualificazione adeguati ai lavori o servizi o forniture ancora da eseguire; non sussistendo tali condizioni la stazione appaltante deve recedere dal contratto (9).

18. Salvo quanto previsto dall'articolo 110, comma 5, in caso di fallimento, liquidazione coatta amministrativa, amministrazione controllata, amministrazione straordinaria, concordato preventivo ovvero procedura di insolvenza concorsuale o di liquidazione di uno dei mandanti ovvero, qualora si tratti di imprenditore individuale, in caso di morte, interdizione, inabilitazione o fallimento (10) del medesimo ovvero in caso di perdita, in corso di esecuzione, dei requisiti di cui all'articolo 80, ovvero (11) nei casi previsti dalla normativa antimafia, il mandatario, ove non indichi altro operatore economico subentrante che sia in possesso dei prescritti requisiti di idoneità, è tenuto alla esecuzione, direttamente o a mezzo degli altri mandanti, purché questi abbiano i requisiti di qualificazione adeguati ai lavori o servizi o forniture ancora da eseguire (12).

19. È ammesso il recesso di una o più imprese raggruppate, anche qualora il raggruppamento si riduca ad un unico soggetto, (13) esclusivamente per esigenze organizzative del raggruppamento e sempre che le imprese rimanenti abbiano i requisiti di qualificazione adeguati ai lavori o servizi o forniture ancora da eseguire. In ogni caso la modifica soggettiva di cui al primo periodo non è ammessa se finalizzata ad eludere la mancanza di un requisito di partecipazione alla gara.

19-*bis*. Le previsioni di cui ai commi 17, 18 e 19 trovano applicazione anche con riferimento ai soggetti di cui all'articolo 45, comma 2, lettere *b*), *c*) ed *e*) (14).

19-*ter*. Le previsioni di cui ai commi 17, 18 e 19 trovano applicazione anche laddove le modifiche soggettive ivi contemplate si verifichino in fase di gara (14).

(1) *Le parole « i lavori come definiti all'articolo 3, comma 1, lettera oo-ter » sono state sostituite alle parole « lavori non appartenenti alla categoria prevalente e così definiti nel bando di gara » dall'art. 32 del d.lgs. 19 aprile 2017, n. 56.*

(2) *La parola « lavori, » è stata inserita dall'art. 32 del d.lgs. 19 aprile 2017, n. 56.*

(3) *Le parole « le categorie di lavori o » sono state inserite dall'art. 32 del d.lgs. 19 aprile 2017, n. 56.*

(4) *Le parole* « qualora il consorziato designato sia, a sua volta, un consorzio di cui all'articolo 45, comma 2, lettera *b*), è tenuto anch'esso a indicare, in sede di offerta, i consorziati per i quali concorre; » *sono state inserite dall'art. 8, comma 5, lett.* a-ter) *d.l. 16 luglio 2020, n. 76, conv., con modif., in l. 11 settembre 2020, n. 120. Ai sensi del successivo comma 6 dell'art. 8 d.l. n. 76, cit., tale disposizione si applica alle procedure i cui bandi o avvisi, con i quali si indice una gara, sono pubblicati successivamente alla data di entrata in vigore del suddetto decreto, nonché, in caso di contratti senza pubblicazione di bandi o avvisi, alle procedure in cui, alla medesima data, non sono ancora stati inviati gli inviti a presentare le offerte o i preventivi.*

(5) *Comma inserito dall'art. 32 del d.lgs. 19 aprile 2017, n. 56.*

(6) *Le parole « sia durante la procedura di gara sia successivamente all'aggiudicazione » sono state aggiunte dall'art. 32 del d.lgs. 19 aprile 2017, n. 56.*

(7) *Ai sensi dell'art. 372, comma 1, lettera* a) *del d.lgs. 12 gennaio 2019, n. 14, la cui entrata in vigore è rinviata al **16 maggio 2022**, ai sensi dell'art. 389, comma 1 del medesimo decreto, come da ultimo modificato dall'art. dall'art. 1, comma 1, d.l. 24 agosto 2021, n. 118, conv., con modif., in l. 21 ottobre 2021, n. 147, le parole da « articolo 110, comma 5, in caso di fallimento » a « interdizione, inabilitazione o fallimento » sono sostituite dalle parole « articolo 110, comma 6, in caso di liquidazione giudiziale, liquidazione coatta amministrativa, amministrazione straordinaria, concordato preventivo o di liquidazione del mandatario ovvero, qualora si tratti di imprenditore individuale, in caso di morte, interdizione, inabilitazione o liquidazione giudiziale ». Ai sensi del comma 2 dell'art. 372 cit., « Le disposizioni di cui al comma 1 si applicano alle procedure in cui il bando o l'avviso con cui si indice la gara è pubblicato successivamente alla data di entrata in vigore del presente codice, nonché, per i contratti non preceduti dalla pubblicazione di bandi o avvisi, alle procedure in cui, alla medesima data, non sono ancora stati inviati gli inviti a presentare le offerte ».*

(8) *Le parole « in caso di perdita, in corso di esecuzione, dei requisiti di cui all'articolo 80, ovvero » sono state inserite dall'art. 32 del d.lgs. 19 aprile 2017, n. 56.*

(9) *Le parole « deve recedere dal contratto » sono state sostituite alle parole « può recedere dal contratto » dall'art. 32 del d.lgs. 19 aprile 2017, n. 56.*

(10) *Ai sensi dell'art. 372, comma 1, lettera* a) *del d.lgs. 12 gennaio 2019, n. 14, la cui entrata in vigore è rinviata al **16 maggio 2022**, ai sensi dell'art. 389, comma 1 del medesimo decreto, come da ultimo sostituito dall'art. 1, comma 1, d.l. 24 agosto 2021, n. 118, conv., con modif., in l. 21 ottobre 2021, n. 147, le parole da « articolo 110, comma 5, in caso di fallimento » a « interdizione, inabilitazione o fallimento » sono sostituite dalle parole « articolo 110, comma 6, in caso di liquidazione giudiziale, liquidazione coatta amministrativa, amministrazione straordinaria, concordato preventivo o di liquidazione di uno dei mandanti ovvero, qualora si tratti di imprenditore individuale, in caso di morte, interdizione, inabilitazione o liquidazione giudiziale ». Per l'applicazione della disposizione v. sub nota 6.*

(11) *Le parole « in caso di perdita, in corso di esecuzione, dei requisiti di cui all'articolo 80, ovvero » sono state inserite dall'art. 32 del d.lgs. 19 aprile 2017, n. 56.*

(12) *Ai sensi dell'art. 2, comma 3, d.l. 18 aprile 2019, n. 32, conv., con modif., in l. 14 giugno 2019, n. 55, a decorrere dall'entrata in vigore del d.lgs. 12 gennaio 2019, n. 14 (**16 maggio 2022**), si applicano le disposizioni di cui all'art. 372 del predetto d.lgs. n. 14, cit.*

(13) *Le parole «, anche qualora il raggruppamento si riduca ad un unico soggetto, » sono state inserite dall'art. 32 del d.lgs. 19 aprile 2017, n. 56.*

(14) *Comma aggiunto dall'art. 32 del d.lgs. 19 aprile 2017, n. 56.*

49 Condizioni relative all'AAP e ad altri accordi internazionali.

1. Nella misura in cui sono contemplati dagli allegati 1, 2, 4 e 5 e dalle note generali dell'appendice 1 dell'Unione europea dell'AAP e dagli altri accordi internazionali a cui l'Unione è vincolata, le amministrazioni aggiudicatrici applicano ai lavori, alle forniture, ai servizi e agli operatori economici dei Paesi terzi, firmatari di tali accordi, un trattamento non meno favorevole di quello concesso ai sensi del presente codice.

50 Clausole sociali del bando di gara e degli avvisi.

1. Per gli affidamenti dei contratti di concessione e di appalto di lavori e servizi diversi da quelli aventi natura intellettuale, con particolare riguardo a quelli relativi a contratti ad alta intensità di manodopera, i bandi di gara, gli avvisi e gli inviti inseriscono (1), nel rispetto dei principi dell'Unione europea, specifiche clausole sociali volte a promuovere la stabilità occupazionale del personale impiegato, prevedendo l'applicazione da parte dell'aggiudicatario, dei contratti collettivi di settore di cui all'articolo 51 del decreto legislativo 15 giugno 2015, n. 81. I servizi ad alta intensità di manodopera sono quelli nei quali il costo della manodopera è pari almeno al 50 per cento dell'importo totale del contratto.

(1) *La parola « inseriscono » è stata sostituita alle parole « possono inserire » dall'art. 33 del d.lgs. 19 aprile 2017, n. 56.*

51 Suddivisione in lotti.

1. Nel rispetto della disciplina comunitaria in materia di appalti pubblici, sia nei settori ordinari che nei settori speciali, al fine di favorire l'accesso delle microimprese, piccole e medie imprese, le stazioni appaltanti suddividono gli appalti in lotti funzionali di cui all'articolo 3, comma 1, lettera *qq*), ovvero in lotti prestazionali di cui all'articolo 3, comma 1, lettera *ggggg*), in conformità alle categorie o specializzazioni nel settore dei lavori, servizi e forniture. Le stazioni appaltanti motivano la mancata suddivisione dell'appalto in lotti nel bando di gara o nella lettera di invito e nella relazione unica di cui agli articoli 99 e 139. Nel caso di suddivisione in lotti, il relativo valore deve essere adeguato in modo da garantire l'effettiva possibilità di partecipazione da parte delle microimprese, piccole e medie imprese. È fatto divieto alle stazioni appaltanti di suddividere in lotti al solo fine di eludere l'applicazione delle disposizioni del presente codice, nonché di aggiudicare tramite l'aggregazione artificiosa degli appalti.

2. Le stazioni appaltanti indicano, altresì, nel bando di gara o nella lettera di invito, se le offerte possono essere presentate per un solo lotto, per alcuni lotti o per tutti.

3. Le stazioni appaltanti possono, anche ove esista la facoltà di presentare offerte per alcuni o per tutti i lotti, limitare il numero di lotti che possono essere aggiudicati a un solo offerente, a condizione che il numero massimo di lotti per offerente sia indicato nel bando di gara o nell'invito a confermare interesse, a presentare offerte o a negoziare. Nei medesimi documenti di gara indicano, altresì, le regole o i criteri oggettivi e non discriminatori che intendono applicare per determinare quali lotti saranno aggiudicati, qualora l'applicazione dei criteri di aggiudicazione comporti l'aggiudicazione ad un solo offerente di un numero di lotti superiore al numero massimo.

4. Le stazioni appaltanti possono aggiudicare appalti che associano alcuni o tutti i lotti al medesimo offerente, qualora abbiano specificato, nel bando di gara o nell'invito a confermare interesse, che si riservano tale possibilità e indichino i lotti o gruppi di lotti che possono essere associati, nonché le modalità mediante cui effettuare la valutazione comparativa tra le offerte sui singoli lotti e le offerte sulle associazioni di lotti.

52 Regole applicabili alle comunicazioni.

1. Nei settori ordinari e nei settori speciali, tutte le comunicazioni e gli scambi di informazioni di cui al presente codice sono eseguiti utilizzando mezzi di comunicazione elettronici in conformità con quanto disposto dal presente comma e dai commi da 2 a 9, nonché dal Codice dell'amministrazione digitale di cui al decreto legislativo 7 marzo 2005, n. 82. Gli strumenti e i dispositivi da utilizzare per comunicare per via elettronica, nonché le relative caratteristiche tecniche, hanno carattere non discriminatorio, sono comunemente disponibili e compatibili con i prodotti TIC generalmente in uso e non limitano l'accesso degli operatori economici alla procedura di aggiudicazione. In deroga al primo e secondo periodo, le stazioni appaltanti non sono obbligate a richiedere mezzi di comunicazione elettronici nella procedura di presentazione dell'offerta esclusivamente nelle seguenti ipotesi:

a) a causa della natura specialistica dell'appalto, l'uso di mezzi di comunicazione elettronici richiederebbe specifici strumenti, dispositivi o formati di file che non sono in genere disponibili o non sono gestiti dai programmi comunemente disponibili;

b) i programmi in grado di gestire i formati di file, adatti a descrivere l'offerta, utilizzano formati che non possono essere gestiti mediante altri programmi aperti o generalmente disponibili ovvero sono protetti da licenza di proprietà esclusiva e non possono essere messi a disposizione per essere scaricati o per farne un uso remoto da parte della stazione appaltante;

c) l'utilizzo di mezzi di comunicazione elettronici richiede attrezzature specializzate per ufficio non comunemente disponibili alle stazioni appaltanti;

d) i documenti di gara richiedono la presentazione di un modello fisico o in scala ridotta che non può essere trasmesso per mezzo di strumenti elettronici;

e) l'uso di mezzi di comunicazione diversi dai mezzi elettronici è necessario a causa di una violazione della sicurezza dei mezzi di comunicazione elettronici ovvero per la protezione di informazioni di natura particolarmente sensibile che richiedono un livello talmente elevato di protezione da non poter essere adeguatamente garantito mediante l'uso degli strumenti e dispositivi elettronici che sono generalmente a disposizione degli operatori economici o che possono essere messi loro a disposizione mediante modalità alternative di accesso ai sensi del comma 6.

2. Nei casi in cui non sono utilizzati mezzi di comunicazione elettronici ai sensi del terzo periodo del comma 1, la comunicazione avviene per posta o altro idoneo supporto ovvero mediante una loro combinazione.

3. Le stazioni appaltanti indicano nella relazione unica i motivi per cui l'uso di mezzi di comunicazione diversi dai mezzi elettronici è stato ritenuto necessario in applicazione del comma 1, terzo periodo.

4. In deroga ai commi da 1 a 3, la comunicazione orale può essere utilizzata in relazione a comunicazioni diverse da quelle relative agli elementi essenziali della procedura di appalto, purché il contenuto della comunicazione orale sia sufficientemente documentato. A tal fine, gli elementi essenziali della procedura di appalto includono i documenti di gara, le richieste di partecipazione, le conferme di interesse e le offerte. In particolare, le comunicazioni orali con offerenti che potrebbero incidere significativamente sul contenuto e la valutazione delle offerte sono documentate in misura sufficiente e con mezzi adeguati.

5. In tutte le comunicazioni, gli scambi e l'archiviazione di informazioni, le stazioni appaltanti garantiscono che l'integrità dei dati e la riservatezza delle offerte e delle domande di partecipazione siano mantenute. Esse esaminano (1) il contenuto delle offerte e delle domande di partecipazione soltanto dopo la scadenza del termine stabilito per la loro presentazione.

6. Le stazioni appaltanti possono, se necessario, richiedere l'uso di strumenti e dispositivi che in genere non sono disponibili, ma, in tale caso, offrono modalità alternative di accesso. Sono adeguate modalità alternative di accesso quelle che:

a) offrono gratuitamente un accesso completo, illimitato e diretto per via elettronica a tali strumenti e dispositivi a decorrere dalla data di pubblicazione dell'avviso, conformemente all'allegato V o dalla data di invio dell'invito a confermare interesse. Il testo dell'avviso o dell'invito a confermare interesse indica l'indirizzo Internet presso il quale tali strumenti e dispositivi sono accessibili;

b) assicurano che gli offerenti, che non hanno accesso agli strumenti e ai dispositivi in questione o non hanno la possibilità di ottenerli entro i termini pertinenti, a condizione che la responsabilità del mancato accesso non sia attribuibile all'offerente interessato, possano accedere alla procedura di appalto utilizzando credenziali temporanee elettroniche per un'autenticazione provvisoria fornite gratuitamente online;

c) offrono un canale alternativo per la presentazione elettronica delle offerte.

7. Le amministrazioni aggiudicatrici e gli enti aggiudicatori possono imporre agli operatori economici condizioni intese a proteggere il carattere di riservatezza delle informazioni che i predetti soggetti rendono disponibili durante tutta la procedura di appalto.

8. Oltre ai requisiti di cui all'allegato XI, agli strumenti e ai dispositivi di trasmissione e di ricezione elettronica delle offerte e di ricezione elettronica delle domande di partecipazione si applicano le seguenti regole:

a) le stazioni appaltanti mettono a disposizione dei soggetti interessati le informazioni sulle specifiche per la presentazione di offerte e domande di partecipazione per via elettronica, compresa la cifratura e la datazione;

b) le stazioni appaltanti specificano il livello di sicurezza richiesto per i mezzi di comunicazione elettronici da utilizzare per le varie fasi della procedura d'aggiudicazione degli appalti. Il livello è proporzionato ai rischi connessi;

c) qualora ritengano che il livello dei rischi, valutato ai sensi della lettera *b*), sia tale che sono necessarie firme elettroniche avanzate, come definite nel Codice dell'amministrazione digitale di cui al decreto legislativo 7 marzo 2005, n. 82, le stazioni appaltanti accettano le firme elettroniche avanzate basate su un certificato qualificato, considerando se tali certificati siano forniti da un prestatore di servizi di certificazione presente in un elenco di fiducia di cui alla decisione della Commissione 2009/767/CE, create con o senza dispositivo per la creazione di una firma sicura alle seguenti condizioni:

1) le stazioni appaltanti stabiliscono il formato della firma elettronica avanzata sulla base dei formati stabiliti nelle regole tecniche adottate in attuazione del Codice dell'amministrazione digitale di cui al decreto legislativo 7 marzo 2005, n. 82, e attuano le misure necessarie per poterli elaborare; qualora sia utilizzato un diverso formato di firma elettronica, la firma elettronica o il supporto del documento elettronico contiene informazioni sulle possibilità di convalida esistenti. Le possibilità di convalida consentono alla stazione appaltante di convalidare on line, gratuitamente e in modo comprensibile per i non madrelingua, le firme elettroniche ricevute come firme elettroniche avanzate basate su un certificato qualificato. Le stazioni appaltanti, tramite il coordinamento della Cabina di regia, comunicano le informazioni relative al fornitore di servizi di convalida alla Commissione europea che le pubblica su internet;

2) in caso di offerte firmate con il sostegno di un certificato qualificato in un elenco di fiducia, le stazioni appaltanti non applicano ulteriori requisiti che potrebbero ostacolare l'uso di tali firme da parte degli offerenti.

9. Riguardo ai documenti utilizzati nel contesto di una procedura di appalto che sono firmati dall'autorità competente o da un altro ente responsabile del rilascio, l'autorità o l'ente competente di rilascio può stabilire il formato della firma elettronica avanzata in conformità ai requisiti previsti dalle regole tecniche adottate in attuazione del Codice dell'amministrazione digitale di cui al decreto legislativo 7 marzo 2005, n. 82. Essi si dotano delle misure necessarie per trattare tecnicamente tale formato includendo le informazioni necessarie ai fini del trattamento della firma nei documenti in questione. Tali documenti contengono nella firma elettronica o nel supporto del documento elettronico possibilità di convalida esistenti che consentono di convalidare le firme elettroniche ricevute on line,

gratuitamente e in modo comprensibile per i non madre lingua.

10. Per le concessioni, fatti salvi i casi in cui l'uso dei mezzi elettronici è obbligatorio ai sensi del presente codice, le stazioni appaltanti possono scegliere uno o più dei seguenti mezzi di comunicazione per tutte le comunicazioni e gli scambi di informazioni:

a) mezzi elettronici;

b) posta;

c) comunicazione orale, anche telefonica, per comunicazioni diverse da quelle aventi ad oggetto gli elementi essenziali di una procedura di aggiudicazione di una concessione e purché il contenuto della comunicazione orale sia sufficientemente documentato su un supporto durevole;

d) la consegna a mano comprovata da un avviso di ricevimento.

11. Nei casi di cui al comma 10, il mezzo di comunicazione scelto deve essere comunemente disponibile e non discriminatorio e non deve limitare l'accesso degli operatori economici alla procedura di aggiudicazione della concessione. Gli strumenti e i dispositivi da utilizzare per comunicare per via elettronica, nonché le relative caratteristiche tecniche, devono essere interoperabili con i prodotti della tecnologia dell'informazione e della comunicazione comunemente in uso.

12. Alle concessioni si applicano i commi 5 e 7 (2).

(1) *Le parole « Esse esaminano » sono state sostituite alle parole « Essi esaminano » dall'art. 34 del d.lgs. 19 aprile 2017, n. 56.*

(2) *Le parole « si applicano i commi 5 e 7 » sono state sostituite alle parole « si applica il comma 5 » dall'art. 34 del d.lgs. 19 aprile 2017, n. 56.*

53 Accesso agli atti e riservatezza.

1. Salvo quanto espressamente previsto nel presente codice, il diritto di accesso agli atti delle procedure di affidamento e di esecuzione dei contratti pubblici, ivi comprese le candidature e le offerte, è disciplinato dagli articoli 22 e seguenti della legge 7 agosto 1990, n. 241. Il diritto di accesso agli atti del processo di asta elettronica può essere esercitato mediante l'interrogazione delle registrazioni di sistema informatico che contengono la documentazione in formato elettronico dei detti atti ovvero tramite l'invio ovvero la messa a disposizione di copia autentica degli atti.

2. Fatta salva la disciplina prevista dal presente codice per gli appalti secretati o la cui esecuzione richiede speciali misure di sicurezza, il diritto di accesso è differito:

a) nelle procedure aperte, in relazione all'elenco dei soggetti che hanno presentato offerte, fino alla scadenza del termine per la presentazione delle medesime;

b) nelle procedure ristrette e negoziate e nelle gare informali, in relazione all'elenco dei soggetti che hanno fatto richiesta di invito o che hanno manifestato il loro interesse, e in relazione all'elenco dei soggetti che sono stati invitati a presentare offerte e all'elenco dei soggetti che hanno presentato offerte, fino alla scadenza del termine per la presentazione delle offerte medesime; ai soggetti la cui richiesta di invito sia stata respinta, è consentito l'accesso all'elenco dei soggetti che hanno fatto richiesta di invito o che hanno manifestato il loro interesse, dopo la comunicazione ufficiale, da parte delle stazioni appaltanti, dei nominativi dei candidati da invitare;

c) in relazione alle offerte, fino all'aggiudicazione;

d) in relazione al procedimento di verifica della anomalia dell'offerta, fino all'aggiudicazione.

3. Gli atti di cui al comma 2, fino alla scadenza dei termini ivi previsti, non possono essere comunicati a terzi o resi in qualsiasi altro modo noti.

4. L'inosservanza dei commi 2 e 3 per i pubblici ufficiali o per gli incaricati di pubblici servizi rileva ai fini dell'articolo 326 del codice penale.

5. Fatta salva la disciplina prevista dal presente codice per gli appalti secretati o la cui esecuzione richiede speciali misure di sicurezza, sono esclusi il diritto di accesso e ogni forma di divulgazione in relazione:

a) alle informazioni fornite nell'ambito dell'offerta o a giustificazione della medesima che costituiscano, secondo motivata e comprovata dichiarazione dell'offerente, segreti tecnici o commerciali;

b) ai pareri legali acquisiti dai soggetti tenuti all'applicazione del presente codice, per la soluzione di liti, potenziali o in atto, relative ai contratti pubblici;

c) alle relazioni riservate del direttore dei lavori, del direttore dell'esecuzione (1) e dell'organo di collaudo sulle domande e sulle riserve del soggetto esecutore del contratto;

d) alle soluzioni tecniche e ai programmi per elaboratore utilizzati dalla stazione appaltante o dal gestore del sistema informatico per le aste elettroniche, ove coperti da diritti di privativa intellettuale.

6. In relazione all'ipotesi di cui al comma 5, lettera *a*), è consentito l'accesso al concorrente ai fini della difesa in giudizio dei propri interessi in relazione alla procedura di affidamento del contratto.

(1) *Le parole «, del direttore dell'esecuzione » sono state inserite dall'art. 35 del d.lgs. 19 aprile 2017, n. 56.*

SEZIONE II
Tecniche e strumenti per gli appalti elettronici e aggregati

54 Accordi quadro.

1. Le stazioni appaltanti possono concludere accordi quadro nel rispetto delle procedure di cui al presente codice. La durata di un accordo quadro non supera i quattro anni per gli appalti nei settori ordinari e gli otto anni per gli appalti nei settori speciali, salvo in casi eccezionali, debitamente motivati in relazione, in particolare, all'oggetto dell'accordo quadro.

2. Nei settori ordinari, gli appalti basati su un accordo quadro sono aggiudicati secondo le procedure previste dal presente comma e dai commi 3 e 4. Tali procedure sono applicabili solo tra le amministrazioni aggiudicatrici, individuate nell'avviso di indizione di gara o nell'invito a confermare interesse, e gli operatori economici parti dell'accordo quadro concluso. Gli appalti basati su un accordo quadro non comportano in nessun caso modifiche sostanziali alle condizioni fissate nell'accordo quadro in particolare nel caso di cui al comma 3.

3. Nell'ambito di un accordo quadro concluso con un solo operatore economico, gli appalti sono aggiudicati entro i limiti delle condizioni fissate nell'accordo quadro stesso. L'amministrazione aggiudicatrice può consultare per iscritto l'operatore economico parte dell'accordo quadro, chiedendogli di completare, se necessario, la sua offerta.

4. L'accordo quadro concluso con più operatori economici è eseguito secondo una delle seguenti modalità:

a) secondo i termini e le condizioni dell'accordo quadro, senza riaprire il confronto competitivo, se l'accordo quadro contiene tutti i termini che disciplinano la prestazione dei lavori, dei servizi e delle forniture, nonché le condizioni oggettive per determinare quale degli operatori economici parti dell'accordo quadro effettuerà la prestazione. Tali condizioni sono indicate nei documenti di gara per l'accordo quadro. L'individuazione dell'operatore economico parte dell'accordo quadro che effettuerà la prestazione avviene sulla base di decisione motivata in relazione alle specifiche esigenze dell'amministrazione;

b) se l'accordo quadro contiene tutti i termini che disciplinano la prestazione dei lavori, dei servizi e delle forniture, in parte senza la riapertura del confronto competitivo conformemente alla lettera *a*) e, in parte, con la riapertura del confronto competitivo tra gli operatori economici parti dell'accordo quadro conformemente alla lettera *c*), qualora tale possibilità sia stata stabilita dall'amministrazione aggiudicatrice nei documenti di gara per l'accordo quadro. La scelta se alcuni specifici lavori, forniture o servizi debbano essere acquisiti a seguito della riapertura del confronto competitivo o direttamente alle condizioni di cui all'accordo quadro avviene in base a criteri oggettivi, che sono indicati nei documenti di gara per l'accordo quadro. Tali documenti di gara precisano anche quali condizioni possono essere soggette alla riapertura del confronto competitivo. Le disposizioni previste dalla presente lettera, primo periodo, si applicano anche a ogni lotto di un accordo quadro per il quale tutti i termini che disciplinano la prestazione dei lavori, dei servizi e delle forniture in questione, sono definiti nell'accordo quadro, anche se sono stati stabiliti tutti i termini che disciplinano la prestazione dei lavori, dei servizi e delle forniture per altri lotti;

c) riaprendo il confronto competitivo tra gli operatori economici parti dell'accordo quadro, se l'accordo quadro non contiene tutti i termini che disciplinano la prestazione dei lavori, dei servizi e delle forniture.

5. I confronti competitivi di cui al comma 4, lettere *b*) e *c*), si basano sulle stesse condizioni applicate all'aggiudicazione dell'accordo quadro, se necessario precisandole, e su altre condizioni indicate nei documenti di gara per l'accordo quadro, secondo la seguente procedura:

a) per ogni appalto da aggiudicare l'amministrazione aggiudicatrice consulta per iscritto gli operatori economici che sono in grado di eseguire l'oggetto dell'appalto;

b) l'amministrazione aggiudicatrice fissa un termine sufficiente per presentare le offerte relative a ciascun appalto specifico, tenendo conto di elementi quali la complessità dell'oggetto dell'appalto e il tempo necessario per la trasmissione delle offerte;

c) le offerte sono presentate per iscritto e il loro contenuto non viene reso pubblico fino alla scadenza del termine previsto per la loro presentazione;

d) l'amministrazione aggiudicatrice aggiudica l'appalto all'offerente che ha presentato l'offerta migliore sulla base dei criteri di aggiudicazione fissati nei documenti di gara per l'accordo quadro.

6. Nei settori speciali, gli appalti basati su un accordo quadro sono aggiudicati in base a regole e criteri oggettivi che possono prevedere la riapertura del confronto competitivo tra gli operatori economici parti dell'accordo quadro concluso. Tali regole e criteri sono indicati nei documenti di gara per l'accordo quadro e garantiscono parità di trattamento tra gli operatori economici parti dell'accordo. Ove sia prevista la riapertura del confronto competitivo, l'ente aggiudicatore fissa un termine sufficiente per consentire di presentare offerte relative a ciascun appalto specifico e aggiudicano ciascun appalto all'offerente che ha presentato la migliore offerta in base ai criteri di aggiudicazione stabiliti nel capitolato d'oneri dell'accordo quadro. L'ente aggiudicatore non può ricorrere agli accordi quadro in modo da eludere l'applicazione del presente decreto o in modo da ostacolare, limitare o distorcere la concorrenza.

55 Sistemi dinamici di acquisizione.

1. Per acquisti di uso corrente, le cui caratteristiche, così come generalmente disponibili sul mercato, soddisfano le esigenze delle stazioni appaltanti, è possibile avvalersi di un sistema dinamico di acquisizione. Il sistema dinamico di acquisizione è un procedimento interamente elettronico ed è aperto per tutto il periodo di efficacia a qualsiasi operatore economico che soddisfi i criteri di selezione. Può essere diviso in categorie definite di prodotti, lavori o servizi sulla base delle caratteristiche dell'appalto da eseguire. Tali caratteristiche possono comprendere un riferimento al quantitativo massimo ammissibile degli appalti specifici successivi o a un'area geografica specifica in cui gli appalti saranno eseguiti.

2. Per l'aggiudicazione nell'ambito di un sistema dinamico di acquisizione, le stazioni appaltanti seguono le norme previste per la procedura ristretta di cui all'articolo 61. Tutti i candidati che soddisfano i criteri di selezione sono ammessi al sistema; il numero dei candidati ammessi non deve essere limitato ai sensi degli articoli 91 e 135, comma 2. Le stazioni appaltanti che hanno diviso il sistema in categorie di prodotti, lavori o servizi conformemente al comma 1, precisano i criteri di selezioni applicabili per ciascuna categoria.

3. Nei settori ordinari, fermo restando quanto previsto dall'articolo 61, si applicano i seguenti termini:

a) il termine minimo per la ricezione delle domande di partecipazione è di trenta giorni dalla data di trasmissione del bando di gara o, se un avviso di preinformazione è utilizzato come mezzo di indizione di una gara, dalla data d'invio dell'invito a confermare interesse. Non sono applicabili ulteriori termini per la ricezione delle domande di partecipazione una volta che l'invito a presentare offerte per il primo appalto specifico nel sistema dinamico di acquisizione è stato inviato;

b) il termine minimo per la ricezione delle offerte è di almeno dieci giorni dalla data di trasmissione dell'invito a presentare offerte. Se del caso si applica l'articolo 61, comma 5.

4. Nei settori speciali, si applicano i seguenti termini:

a) il termine minimo per la ricezione delle domande di partecipazione è fissato in non meno di trenta giorni dalla data di trasmissione del bando di gara o, se come mezzo di indizione di gara è usato un avviso periodico indicativo, dell'invito a confermare interesse. Non sono applicabili ulteriori termini per la ricezione delle domande di partecipazione dopo l'invio dell''invito a presentare offerte per il primo appalto specifico;

b) il termine minimo per la ricezione delle offerte è di almeno dieci giorni dalla data di trasmissione dell'invito a presentare offerte. Si applica l'articolo 61, comma 5.

5. Tutte le comunicazioni nel quadro di un sistema dinamico di acquisizione sono effettuate esclusivamente con mezzi elettronici conformemente all'articolo 52, commi 1, 2, 3, 5, 6, 8 e 9.

6. Per aggiudicare appalti nel quadro di un sistema dinamico di acquisizione, le stazioni appaltanti:

a) pubblicano un avviso di indizione di gara precisando che si tratta di un sistema dinamico di acquisizione;

b) nei documenti di gara precisano almeno la natura e la quantità stimata degli acquisti previsti, nonché tutte le informazioni necessarie riguardanti il sistema dinamico d'acquisizione, comprese le modalità di funzionamento del sistema, il dispositivo elettronico utilizzato nonché le modalità e le specifiche tecniche di collegamento;

c) indicano un'eventuale divisione in categorie di prodotti, lavori o servizi e le caratteristiche che definiscono le categorie;

d) offrono accesso libero, diretto e completo, ai documenti di gara a norma dell'articolo 74.

7. Le stazioni appaltanti concedono a tutti gli operatori economici, per il periodo di validità del sistema dinamico di acquisizione, la possibilità di chiedere di essere ammessi al sistema alle condizioni di cui ai commi da 2 a 4. Le stazioni appaltanti valutano tali domande in base ai criteri di selezione entro dieci giorni lavorativi dal loro ricevimento. Il termine può essere prorogato fino a quindici giorni lavorativi in singoli casi motivati, in particolare per la necessità di esaminare documentazione aggiuntiva o di verificare in altro modo se i criteri di selezione siano stati soddisfatti. In deroga al primo, secondo e terzo periodo, a condizione che l'invito a presentare offerte per il primo appalto specifico nel sistema dinamico di acquisizione non sia stato inviato, le stazioni appaltanti possono prorogare il periodo di valutazione, purché durante il periodo di valutazione prorogato non sia emesso alcun invito a presentare offerte. Le stazioni appaltanti indicano nei documenti di gara la durata massima del periodo prorogato che intendono applicare. Le stazioni appaltanti comunicano al più presto all'operatore economico interessato se è stato ammesso o meno al sistema dinamico di acquisizione.

8. Le stazioni appaltanti invitano tutti i partecipanti ammessi a presentare un'offerta per ogni specifico appalto nell'ambito del sistema dinamico di acquisizione, conformemente all'articolo 75 e all'articolo 131. Se il sistema dinamico di acquisizione è stato suddiviso in categorie di prodotti, lavori o servizi, le stazioni appaltanti invitano tutti i partecipanti ammessi alla categoria che corrisponde allo specifico appalto a presentare un'offerta. Esse aggiudicano l'appalto:

a) nei settori ordinari, all'offerente che ha presentato la migliore offerta sulla base dei criteri di aggiudicazione enunciati nel bando di gara per l'istituzione del sistema dinamico di acquisizione o, se un avviso di preinformazione è utilizzato come mezzo di indizione di una gara, nell'invito a confermare interesse;

b) nei settori speciali, all'offerente che ha presentato la migliore offerta sulla base dei criteri di aggiudicazione enunciati nel bando di gara per l'istituzione del sistema dinamico di acquisizione, nell'invito a confermare interesse, o, quando come mezzo di indizione di gara si usa un avviso sull'esistenza di un sistema di qualificazione, nell'invito a presentare un'offerta.

9. I criteri di cui al comma 8, lettere *a*) e *b*), possono, all'occorrenza, essere precisati nell'invito a presentare offerte.

10. Nei settori ordinari, le amministrazioni aggiudicatrici possono esigere, in qualsiasi momento nel periodo di validità del sistema dinamico di acquisizione, che i partecipanti ammessi innovino o aggiornino il documento di gara unico europeo di cui all'articolo 85,entro cinque giorni lavorativi dalla data in cui è trasmessa tale richiesta. L'articolo 85, commi da 5 a 7, si applica per tutto il periodo di validità del sistema dinamico di acquisizione.

11. Nei settori speciali, gli enti aggiudicatori che, ai sensi dell'articolo 136, applicano motivi di esclusione e criteri di selezione previsti dagli articoli 80 e 83, possono esigere, in qualsiasi momento nel periodo di validità del sistema dinamico di acquisizione, che i partecipanti ammessi innovino o aggiornino il documento di gara unico europeo di cui all'articolo 85, entro cinque giorni lavorativi dalla data in cui è trasmessa tale richiesta. L'articolo 85, commi da 5 a 7, si applica per tutto il periodo di validità del sistema dinamico di acquisizione.

12. Le stazioni appaltanti indicano nell'avviso di indizione di gara il periodo di validità del sistema dinamico di acquisizione. Esse informano la Commissione di qualsiasi variazione di tale periodo di validità utilizzando i seguenti modelli di formulari:

a) se il periodo di validità è modificato senza porre fine al sistema, il modello utilizzato inizialmente per l'avviso di indizione di gara per il sistema dinamico di acquisizione;

b) se è posto termine al sistema, un avviso di aggiudicazione di cui agli articoli 98 e 129, comma 2.

13. Non possono essere posti a carico degli operatori economici interessati o partecipanti al sistema dinamico di acquisizione i contributi di carattere amministrativo prima o nel corso del periodo di validità del sistema dinamico di acquisizione.

14. Il Ministero dell'economia e delle finanze, anche avvalendosi di CONSIP S.p.A., può provvedere alla realizzazione e gestione di un sistema dinamico di acquisizione per conto delle stazioni appaltanti, predisponendo gli strumenti organizzativi ed amministrativi, elettronici e telematici e curando l'esecuzione di tutti i servizi informatici, telematici e di consulenza necessari.

56 Aste elettroniche.

1. Le stazioni appaltanti possono ricorrere ad aste elettroniche nelle quali vengono presentati nuovi prezzi, modificati al ribasso o nuovi valori riguardanti taluni elementi delle offerte. A tal fine, le stazioni appaltanti strutturano l'asta come un processo elettronico per fasi successive, che interviene dopo una prima valutazione completa delle offerte e consente di classificarle sulla base di un trattamento automatico. Gli appalti di servizi e di lavori che hanno per oggetto prestazioni intellettuali, come la progettazione di lavori, che non possono essere classificati in base ad un trattamento automatico, non sono oggetto di aste elettroniche.

2. Nelle procedure aperte, ristrette o competitive con negoziazione o nelle procedure negoziate precedute da un'indizione di gara, le stazioni appaltanti possono stabilire che l'aggiudicazione di un appalto sia preceduta da un'asta elettronica quando il contenuto dei documenti di gara, in particolare le specifiche tecniche, può essere fissato in maniera precisa. Alle stesse condizioni, esse possono ricorrere all'asta elettronica in occasione della riapertura del confronto competitivo fra le parti di un accordo quadro di cui all'articolo 54, comma 4, lettere *b*) e *c*),e comma 6, e dell'indizione di gare per appalti da aggiudicare nell'ambito del sistema dinamico di acquisizione di cui all'articolo 55.

3. L'asta elettronica è aggiudicata sulla base di uno dei seguenti elementi contenuti nell'offerta:

a) esclusivamente i prezzi, quando l'appalto viene aggiudicato sulla sola base del prezzo;

b) il prezzo o i nuovi valori degli elementi dell'offerta indicati nei documenti di gara, quando l'appalto è aggiudicato sulla base del miglior rapporto qualità/prezzo o costo/efficacia.

4. Le stazioni appaltanti indicano il ricorso ad un'asta elettronica nel bando di gara o nell'invito a confermare l'interesse, nonché, per i settori speciali, nell'invito a presentare offerte quando per l'indizione di gara si usa un avviso sull'esistenza di un sistema di qualificazione. I documenti di gara comprendono almeno le informazioni di cui all'allegato XII.

5. Prima di procedere all'asta elettronica, le stazioni appaltanti effettuano una valutazione completa (1) delle offerte conformemente al criterio o ai criteri di aggiudicazione stabiliti e alla relativa ponderazione.

6. Nei settori ordinari, un'offerta è considerata ammissibile se è stata presentata da un offerente che non è stato escluso ai sensi dell'articolo 80, che soddisfa i criteri di selezione di cui all'articolo 83 e la cui offerta è conforme alle specifiche tecniche senza essere irregolare o inaccettabile ovvero inadeguata, ai sensi dei commi 8, 9 e 10.

7. Nei settori speciali, un'offerta è considerata ammissibile se è stata presentata da un offerente che non è stato escluso ai sensi dell'articolo 135 o dell'articolo 136, che soddisfa i criteri di selezione di cui ai medesimi articoli 135 e 136 e la cui offerta è conforme alle specifiche tecniche senza essere irregolare o inaccettabile ovvero inadeguata, ai sensi dei commi 8, 9 e 10.

8. Sono considerate irregolari le offerte che non rispettano i documenti di gara, che sono state ricevute in ritardo, in relazione alle quali vi sono prove di corruzione, concussione o abuso di ufficio o accordo tra operatori economici finalizzato a turbare l'asta, o che la stazione appaltante ha giudicato anormalmente basse.

9. Sono considerate inaccettabili le offerte presentate da offerenti che non possiedono la qualificazione necessaria e le offerte il cui prezzo supera l'importo posto dalle stazioni appaltanti a base di gara stabilito e documentato prima dell'avvio della procedura di appalto.

10. Un'offerta è ritenuta inadeguata se non presenta alcuna pertinenza con l'appalto ed è quindi manifestamente incongruente, fatte salve le modifiche sostanziali idonee a rispondere alle esigenze della stazione appaltante e ai requisiti specificati nei documenti di gara. Una domanda di partecipazione non è ritenuta adeguata se l'operatore economico interessato deve o può essere escluso ai sensi dell'articolo 80, o dell'articolo 135, o dell'articolo 136, o non soddisfa i criteri di selezione stabiliti dall'amministrazione aggiudicatrice ai sensi dell'articolo 83 o dall'ente aggiudicatore ai sensi degli articoli 135 o 136.

11. Tutti gli offerenti che hanno presentato offerte ammissibili sono invitati simultaneamente, per via elettronica, a partecipare all'asta elettronica utilizzando, a decorrere dalla data e dall'ora previste, le modalità di connessione conformi alle istruzioni contenute nell'invito. L'asta elettronica può svolgersi in più fasi successive e non ha inizio prima di due giorni lavorativi successivi alla data di invio degli inviti.

12. L'invito è corredato del risultato della valutazione completa dell'offerta, effettuata conformemente alla ponderazione di cui all'articolo 95, commi 8 e 9. L'invito precisa, altresì, la formula matematica che determina, durante l'asta elettronica, le riclassificazioni automatiche in funzione dei nuovi prezzi e/o dei nuovi valori presentati. Salvo il caso in cui l'offerta economicamente più vantaggiosa sia individuata sulla base del solo prezzo, tale formula integra la ponderazione di tutti i criteri stabiliti per determinare l'offerta economicamente più vantaggiosa, quale indicata nel bando di gara o in altri documenti di gara. A tal fine, le eventuali forcelle devono essere precedentemente espresse con un valore determinato. Qualora siano autorizzate varianti, per ciascuna variante deve essere fornita una formula separata.

13. Nel corso di ogni fase dell'asta elettronica, le stazioni appaltanti comunicano in tempo reale a tutti gli offerenti almeno le informazioni che consentono loro di conoscere in ogni momento la rispettiva classificazione. Le stazioni appaltanti possono, purché previsto nei documenti di gara, comunicare altre informa-

zioni riguardanti altri prezzi o valori presentati. Possono, inoltre, rendere noto in qualsiasi momento il numero di partecipanti alla fase specifica dell'asta. In nessun caso, possono rendere nota l'identità degli offerenti durante lo svolgimento delle fasi dell'asta elettronica.

14. Le stazioni appaltanti dichiarano conclusa l'asta elettronica secondo una o più delle seguenti modalità:

a) alla data e all'ora preventivamente indicate;

b) quando non ricevono più nuovi prezzi o nuovi valori che rispondono alle esigenze degli scarti minimi, a condizione che abbiano preventivamente indicato il termine che rispetteranno a partire dalla ricezione dell'ultima presentazione prima di dichiarare conclusa l'asta elettronica;

c) quando il numero di fasi dell'asta preventivamente indicato è stato raggiunto.

15. Se le stazioni appaltanti intendono dichiarare conclusa l'asta elettronica ai sensi del comma 14, lettera *c*), eventualmente in combinazione con le modalità di cui alla lettera *b*) del medesimo comma, l'invito a partecipare all'asta indica il calendario di ogni fase dell'asta.

16. Dopo aver dichiarata conclusa l'asta elettronica, le stazioni appaltanti aggiudicano l'appalto in funzione dei risultati dell'asta elettronica.

(1) *Le parole « effettuano una valutazione completa » sono state sostituite alle parole « effettuano valutazione completa » dall'art. 36 del d.lgs. 19 aprile 2017, n. 56.*

57 Cataloghi elettronici.

1. Nel caso in cui sia richiesto l'uso di mezzi di comunicazione elettronici, le stazioni appaltanti possono chiedere che le offerte siano presentate sotto forma di catalogo elettronico o che includano un catalogo elettronico. Le offerte presentate sotto forma di catalogo elettronico possono essere corredate di altri documenti, a completamento dell'offerta.

2. I cataloghi elettronici sono predisposti dai candidati o dagli offerenti per la partecipazione a una determinata procedura di appalto in conformità alle specifiche tecniche e al formato stabiliti dalle stazioni appaltanti. I cataloghi elettronici, inoltre, soddisfano i requisiti previsti per gli strumenti di comunicazione elettronica nonché gli eventuali requisiti supplementari stabiliti dalle stazioni appaltanti conformemente all'articolo 52.

3. Quando la presentazione delle offerte sotto forma di cataloghi elettronici è accettata o richiesta, le stazioni appaltanti:

a) nei settori ordinari, lo indicano nel bando di gara o nell'invito a confermare interesse, quando il mezzo di indizione di gara è un avviso di preinformazione; nei settori speciali, lo indicano nel bando di gara, nell'invito a confermare interesse, o, quando il mezzo di indizione di gara è un avviso sull'esistenza di un sistema di qualificazione, nell'invito a presentare offerte o a negoziare;

b) indicano nei documenti di gara tutte le informazioni necessarie ai sensi dell'articolo 52,commi 8 e 9, relative al formato, al dispositivo elettronico utilizzato nonché alle modalità e alle specifiche tecniche per il catalogo.

4. Quando un accordo quadro è concluso con più operatori economici dopo la presentazione delle offerte sotto forma di cataloghi elettronici, le stazioni appaltanti possono prevedere che la riapertura del confronto competitivo per i contratti specifici avvenga sulla base di cataloghi aggiornati. In tal caso, le amministrazioni aggiudicatrici e gli enti aggiudicatori utilizzano, alternativamente, uno dei seguenti metodi:

a) invitano gli offerenti a ripresentare i loro cataloghi elettronici, adattati alle esigenze del contratto in questione;

b) comunicano agli offerenti che intendono avvalersi delle informazioni raccolte dai cataloghi elettronici già presentati per costituire offerte adeguate ai requisiti del contratto in questione, a condizione che il ricorso a questa possibilità sia stato previsto nei documenti di gara relativi all'accordo quadro.

5. Le stazioni appaltanti, in caso di riapertura del confronto competitivo per i contratti specifici in conformità al comma 4, lettera *b*), indicano agli offerenti la data e l'ora in cui intendono procedere alla raccolta delle informazioni necessarie per costituire offerte adattate ai requisiti del contratto specifico e danno agli offerenti la possibilità di rifiutare tale raccolta di informazioni.

Le stazioni appaltanti prevedono un adeguato periodo di tempo tra la notifica e l'effettiva raccolta di informazioni. Prima dell'aggiudicazione dell'appalto, le stazioni appaltanti presentano le informazioni raccolte all'offerente interessato, in modo da offrire la possibilità di contestare o confermare che l'offerta così costituita non contiene errori materiali.

6. Le stazioni appaltanti possono aggiudicare appalti basati su un sistema dinamico di acquisizione richiedendo che le offerte per un appalto specifico siano presentate sotto forma di catalogo elettronico. Le stazioni appaltanti possono, inoltre, aggiudicare appalti basati su un sistema dinamico di acquisizione conformemente al comma 4, lettera *b*), e al comma 5, a condizione che la domanda di partecipazione al sistema dinamico di acquisizione sia accompagnata da un catalogo elettronico in conformità con le specifiche tecniche e il formato stabilito dalla stazione appaltante. Tale catalogo è completato dai candidati, qualora sia stata comunicata l'intenzione della stazione appaltante di costituire offerte attraverso la procedura di cui al comma 4, lettera *b*).

58 Procedure svolte attraverso piattaforme telematiche di negoziazione.

1. Ai sensi della normativa vigente in materia di documento informatico e di firma digitale, nel rispetto dell'articolo 52 e dei principi di trasparenza, semplificazione ed efficacia delle procedure, le stazioni appaltanti ricorrono a procedure di gara interamente gestite con sistemi telematici nel rispetto delle disposizioni di cui al presente codice. L'utilizzo dei sistemi telematici non deve alterare la parità di accesso agli operatori o impedire, limitare o distorcere la concorrenza o modi-

ficare l'oggetto dell'appalto, come definito dai documenti di gara.

2. Le stazioni appaltanti possono stabilire che l'aggiudicazione di una procedura interamente gestita con sistemi telematici avvenga con la presentazione di un'unica offerta ovvero attraverso un'asta elettronica alle condizioni e secondo le modalità di cui all'articolo 56.

[3.] (1)

4. Il sistema telematico crea ed attribuisce in via automatica a ciascun operatore economico che partecipa alla procedura un codice identificativo personale attraverso l'attribuzione di userID e password e di eventuali altri codici individuali necessari per operare all'interno del sistema.

5. Al momento della ricezione delle offerte, la stazione appaltante trasmette in via elettronica a ciascun concorrente la notifica del corretto recepimento dell'offerta stessa.

[6.] (2)

7. Conclusa la procedura di cui al comma 6, il sistema telematico produce in automatico la graduatoria.

8. Le procedure di gara interamente gestite con sistemi telematici possono essere adottate anche ai fini della stipula delle convenzioni di cui all'articolo 26 della legge 23 dicembre 1999, n. 488.

9. Le tecnologie sono scelte in modo tale da assicurare l'accessibilità delle persone con disabilità, conformemente agli standard europei.

10. L'Agenzia per l'Italia Digitale (AGID) emana, entro il 31 luglio 2016, regole tecniche aggiuntive per garantire il colloquio e la condivisione dei dati tra i sistemi telematici di acquisto e di negoziazione.

(1) *Comma abrogato dall'art. 37 del d.lgs. 19 aprile 2017, n. 56. Il testo previgente era:* « Ai fini del controllo sul possesso dei requisiti di capacità economico-finanziaria e tecnico-professionale, il dispositivo elettronico delle stazioni appaltanti provvede, mediante un meccanismo casuale automatico, ad effettuare un sorteggio di cui viene data immediata evidenza per via telematica a tutti gli offerenti, nel rispetto del principio di riservatezza dell'elenco dei soggetti che partecipano alla procedura di gara. »

(2) *Comma abrogato dall'art. 37 del d.lgs. 19 aprile 2017, n. 56. Il testo previgente era:* « La stazione appaltante, scaduto il termine di ricezione delle offerte, esamina dapprima le dichiarazioni e la documentazione attestante il possesso dei requisiti di partecipazione alla procedura e, all'esito di detta attività, l'eventuale offerta tecnica e successivamente quella economica. »

CAPO II
Procedure di scelta del contraente per i settori ordinari

59 Scelta delle procedure e oggetto del contratto (1).

1. Fermo restando quanto previsto dal titolo VII del decreto legislativo 3 luglio 2017, n. 117 (2), nell'aggiudicazione di appalti pubblici, le stazioni appaltanti utilizzano le procedure aperte o ristrette, previa pubblicazione di un bando o avviso di indizione di gara. Esse possono altresì utilizzare il partenariato per l'innovazione quando sussistono i presupposti previsti dall'articolo 65, la procedura competitiva con negoziazione e il dialogo competitivo quando sussistono i presupposti previsti dal comma 2 e la procedura negoziata senza previa pubblicazione di un bando di gara quando sussistono i presupposti previsti dall'articolo 63. Fatto salvo quanto previsto al comma 1-*bis*, gli appalti relativi ai lavori (3) sono affidati, ponendo a base di gara il progetto esecutivo, il cui contenuto, come definito dall'articolo 23, comma 8, garantisce la rispondenza dell'opera ai requisiti di qualità predeterminati e il rispetto dei tempi e dei costi previsti. È vietato il ricorso all'affidamento congiunto della progettazione e dell'esecuzione di lavori ad esclusione dei casi di affidamento a contraente generale, finanza di progetto, affidamento in concessione, partenariato pubblico privato, contratto di disponibilità, locazione finanziaria, nonché delle opere di urbanizzazione a scomputo di cui all'articolo 1, comma 2, lettera *e*) (4). Si applica l'articolo 216, comma 4-*bis* (5).

1-*bis*. Le stazioni appaltanti possono ricorrere all'affidamento della progettazione esecutiva e dell'esecuzione di lavori sulla base del progetto definitivo dell'amministrazione aggiudicatrice nei casi in cui l'elemento tecnologico o innovativo delle opere oggetto dell'appalto sia nettamente prevalente rispetto all'importo complessivo dei lavori (6). I requisiti minimi per lo svolgimento della progettazione oggetto del contratto sono previsti nei documenti di gara nel rispetto del presente codice e del regolamento di cui all'articolo 216, comma 27-*octies*; detti requisiti sono posseduti dalle imprese attestate per prestazioni di sola costruzione attraverso un progettista raggruppato o indicato in sede di offerta, in grado di dimostrarli, scelto tra i soggetti di cui all'articolo 46, comma 1; le imprese attestate per prestazioni di progettazione e costruzione documentano i requisiti per lo svolgimento della progettazione esecutiva laddove i predetti requisiti non siano dimostrati dal proprio staff di progettazione (7).

1-*ter*. Il ricorso agli affidamenti di cui al comma 1-*bis* deve essere motivato nella determina a contrarre. Tale determina chiarisce, altresì, in modo puntuale la rilevanza dei presupposti tecnici ed oggettivi che consentono il ricorso all'affidamento congiunto e l'effettiva incidenza sui tempi della realizzazione delle opere in caso di affidamento separato di lavori e progettazione (6).

1-*quater*. Nei casi in cui l'operatore economico si avvalga di uno o più soggetti qualificati alla realizzazione del progetto, la stazione appaltante indica nei documenti di gara le modalità per la corresponsione diretta al progettista della quota del compenso corrispondente agli oneri di progettazione indicati espressamente in sede di offerta, al netto del ribasso d'asta, previa approvazione del progetto e previa presentazione dei relativi documenti fiscali del progettista indicato o raggruppato (8).

2. Le amministrazioni aggiudicatrici utilizzano la procedura competitiva con negoziazione o il dialogo competitivo nelle seguenti ipotesi, e con esclusione dei soggetti di cui al comma 4, lettere *b*) e *d*) (9):

a) per l'aggiudicazione di contratti di lavori, forniture o servizi in presenza di una o più delle seguenti condizioni:

1) le esigenze dell'amministrazione aggiudicatrice perseguite con l'appalto non possono essere soddisfat-

te senza adottare soluzioni immediatamente disponibili;

2) implicano progettazione o soluzioni innovative;

3) l'appalto non può essere aggiudicato senza preventive negoziazioni a causa di circostanze particolari in relazione alla natura, complessità o impostazione finanziaria e giuridica dell'oggetto dell'appalto o a causa dei rischi a esso connessi;

4) le specifiche tecniche non possono essere stabilite con sufficiente precisione dall'amministrazione aggiudicatrice con riferimento a una norma, una valutazione tecnica europea, una specifica tecnica comune o un riferimento tecnico ai sensi dei punti da 2 a 5 dell'allegato XIII;

b) per l'aggiudicazione di contratti di lavori, forniture o servizi per i quali, in esito a una procedura aperta o ristretta, sono state presentate soltanto offerte irregolari o inammissibili ai sensi rispettivamente dei commi 3 e 4. In tali situazioni, le amministrazioni aggiudicatrici non sono tenute a pubblicare un bando di gara se includono nella ulteriore procedura tutti, e soltanto, gli offerenti in possesso dei requisiti di cui agli articoli dal 80 al 90 che, nella procedura aperta o ristretta precedente, hanno presentato offerte conformi ai requisiti formali della procedura di appalto.

2-*bis*. Al fine di evitare pratiche elusive, nei casi di cui al comma 2, lettera *b*), la procedura competitiva con negoziazione o il dialogo competitivo devono riprodurre nella sostanza le condizioni contrattuali originarie (6).

3. Fermo restando quanto previsto all'articolo 83, comma 9, sono considerate irregolari le offerte:

a) che non rispettano i documenti di gara;

b) che sono state ricevute in ritardo rispetto ai termini indicati nel bando o nell'invito con cui si indice la gara;

c) che l'amministrazione aggiudicatrice ha giudicato anormalmente basse; (10).

4. Sono considerate inammissibili le offerte:

a) che sono state presentate in ritardo rispetto ai termini indicati nel bando o nell'avviso con cui si indice la gara;

b) in relazione alle quali la commissione giudicatrice ritenga sussistenti gli estremi per informativa alla Procura della Repubblica per reati di corruzione o fenomeni collusivi;

c) che l'amministrazione aggiudicatrice ha giudicato anormalmente basse;

d) che non hanno la qualificazione necessaria;

e) il cui prezzo supera l'importo posto dall'amministrazione aggiudicatrice a base di gara, stabilito e documentato prima dell'avvio della procedura di appalto (11).

5. La gara è indetta mediante un bando di gara redatto a norma dell'articolo 71. Nel caso in cui l'appalto sia aggiudicato mediante procedura ristretta o procedura competitiva con negoziazione, le amministrazioni aggiudicatrici di cui all'articolo 3, comma 1, lettera *c*), possono, in deroga al primo periodo del presente comma, utilizzare un avviso di preinformazione secondo quanto previsto dai commi 2 e 3 dell'articolo 70. Se la gara è indetta mediante un avviso di preinformazione, gli operatori economici che hanno manifestato interesse in seguito alla pubblicazione dell'avviso stesso, sono successivamente invitati a confermarlo per iscritto, mediante un invito a confermare interesse, secondo quanto previsto dall'articolo 75.

5-*bis*. In relazione alla natura dell'opera, i contratti per l'esecuzione dei lavori pubblici sono stipulati a corpo o a misura, o in parte a corpo e in parte a misura. Per le prestazioni a corpo il prezzo offerto rimane fisso e non può variare in aumento o in diminuzione, secondo la qualità e la quantità effettiva dei lavori eseguiti. Per le prestazioni a misura il prezzo convenuto può variare, in aumento o in diminuzione, secondo la quantità effettiva dei lavori eseguiti. Per le prestazioni a misura il contratto fissa i prezzi invariabili per l'unità di misura (12).

(1) *Le parole* « e oggetto del contratto » *sono state inserite dall'art. 38 d.lgs. 19 aprile 2017, n. 56.*

(2) *Le parole* « Fermo restando quanto previsto dal titolo VII del decreto legislativo 3 luglio 2017, n. 117, » *sono state premesse dall'art. 8, comma 5, lett.* a-quater) *d.l. 16 luglio 2020, n. 76, conv., con modif., in l. 11 settembre 2020, n. 120. Ai sensi del successivo comma 6 dell'art. 8 d.l. n. 76, cit., tale disposizione si applica alle procedure i cui bandi o avvisi, con i quali si indice una gara, sono pubblicati successivamente alla data di entrata in vigore del suddetto decreto, nonché, in caso di contratti senza pubblicazione di bandi o avvisi, alle procedure in cui, alla medesima data, non sono ancora stati inviati gli inviti a presentare le offerte o i preventivi.*

(3) *Le parole* « Fatto salvo quanto previsto al comma 1-*bis*, gli appalti relativi ai lavori » *sono state sostituite alle parole* « Gli appalti relativi ai lavori » *dall'art. 38 d.lgs. n. 56, cit.*

(4) *Ai sensi dell'art. 1, comma 1, lett.* b) *d.l. 18 aprile 2019, n. 32, conv., con modif., in l. 14 giugno 2019, come da ultimo modificato dall'art. 52, comma 1, lett. a), n. 1.1) d.l. 31 maggio 2021, n. 77, conv., con modif., in l. 29 luglio 2021, n. 108, la disposizione di cui al presente quarto periodo non si applica, nella parte in cui resta vietato il ricorso all'affidamento congiunto della progettazione e dell'esecuzione di lavori, fino al* ***30 giugno 2023*** *« per le procedure per le quali i bandi o gli avvisi con cui si indice la procedura di scelta del contraente siano pubblicati successivamente alla data di entrata in vigore del presente decreto, nonché, in caso di contratti senza pubblicazione di bandi o di avvisi, per le procedure in relazione alle quali, alla data di entrata in vigore del presente decreto, non siano ancora stati inviati gli inviti a presentare le offerte, nelle more della riforma complessiva del settore e comunque nel rispetto dei principi e delle norme sancite dall'Unione europea, in particolare delle direttive 2014/23/UE, 2014/24/UE e 2014/25/UE del Parlamento europeo e del Consiglio, del 26 febbraio 2014 ».*

(5) *Le parole da* « locazione finanziaria, » *a* « Si applica l'articolo 216, comma 4-*bis* » *sono state inserite dall'art. 38 d.lgs. n. 56, cit.*

(6) *Comma inserito dall'art. 38 d.lgs. n. 56, cit.*

(7) *Periodo aggiunto dall'art. 1, comma 20, lett.* m), *n. 1) d.l. n. 32, cit. Ai sensi del comma 21 del predetto art. 1, le disposizioni di cui all'art. 1, comma 20 del suddetto d.l. n. 32 cit. si applicano alle procedure i cui bandi o avvisi, con i quali si indice una gara, sono pubblicati successivamente alla data di entrata in vigore della legge di conversione del presente decreto, nonché, in caso di contratti senza pubblicazione di bandi o avvisi, alle procedure in cui, alla medesima data, non sono ancora stati inviati gli inviti a presentare le offerte o i preventivi.*

(8) *Comma inserito dall'art. 1, comma 20, lett.* m), *n. 2) d.l. n. 32, cit. V. nota 7 per la disciplina transitoria di cui al comma 21 del predetto art. 1 d.l. n. 32, cit.*

(9) *Le parole* «, e con esclusione dei soggetti di cui al comma 4, lettere *b*) e *d*) » *sono state aggiunte dall'art. 38 d.lgs. n. 56, cit.*

(10) *Comma così sostituito dall'art. 38 d.lgs. n. 56, cit. Il testo del comma era il seguente:* « 3. Sono considerate irregolari le offerte non conformi a quanto prescritto nei documenti di gara ».

(11) *Le originarie lett.* a) *e* c) *sono state espunte dall'art. 38 d.lgs. n. 56, cit. Conseguentemente, le lett.* b), d) *ed* e) *sono state rinominate dal medesimo articolo. Il testo delle lettere era il seguente:* « *a*) che sono state presentate in ritardo rispetto ai termini indicati nel bando o nell'avviso con cui si indice la gara; *c*) che l'amministrazione aggiudicatrice ha giudicato anormalmente basse; ».

(12) *Comma aggiunto dall'art. 38 d.lgs. n. 56, cit.*

60 Procedura aperta.

1. Nelle procedure aperte, qualsiasi operatore economico interessato può presentare un'offerta in risposta a un avviso di indizione di gara. Il termine minimo per la ricezione delle offerte è di trentacinque giorni dalla data di trasmissione del bando di gara. Le offerte sono accompagnate dalle informazioni richieste dall'amministrazione aggiudicatrice per la selezione qualitativa.

2. Nel caso in cui le amministrazioni aggiudicatrici abbiano pubblicato un avviso di preinformazione che non sia stato usato come mezzo di indizione di una gara, il termine minimo per la ricezione delle offerte, come stabilito al comma 1, può essere ridotto a quindici giorni purché siano rispettate tutte le seguenti condizioni:

a) l'avviso di preinformazione contiene tutte le informazioni richieste per il bando di gara di cui all'allegato XIV, parte I, lettera B, sezione B1, sempreché queste siano disponibili al momento della pubblicazione dell'avviso di preinformazione;

b) l'avviso di preinformazione è stato inviato alla pubblicazione da non meno di trentacinque giorni e non oltre dodici mesi prima della data di trasmissione del bando di gara.

2-*bis*. Le amministrazioni aggiudicatrici possono ulteriormente ridurre di cinque giorni il termine di cui al comma 1 nel caso di presentazione di offerte per via elettronica (1).

3. Le amministrazioni aggiudicatrici possono fissare un termine non inferiore a quindici giorni a decorrere dalla data di invio del bando di gara se, per ragioni di urgenza debitamente motivate dall'amministrazione aggiudicatrice, i termini minimi stabiliti al comma 1 non possono essere rispettati.

(1) *Comma inserito dall'art. 39 del d.lgs. 19 aprile 2017, n. 56.*

61 Procedura ristretta.

1. Nelle procedure ristrette qualsiasi operatore economico può presentare una domanda di partecipazione in risposta a un avviso di indizione di gara contenente i dati di cui all'allegato XIV, parte I, lettera B o C a seconda del caso, fornendo le informazioni richieste dall'amministrazione aggiudicatrice ai fini della selezione qualitativa.

2. Il termine minimo per la ricezione delle domande di partecipazione è di trenta giorni dalla data di trasmissione del bando di gara o, se è utilizzato un avviso di preinformazione come mezzo di indizione di una gara, dalla data d'invio dell'invito a confermare interesse.

3. A seguito della valutazione da parte delle amministrazioni aggiudicatrici delle informazioni fornite, soltanto gli operatori economici invitati possono presentare un'offerta. Le amministrazioni aggiudicatrici possono limitare il numero di candidati idonei da invitare a partecipare alla procedura in conformità all'articolo 91. Il termine minimo per la ricezione delle offerte è di trenta giorni dalla data di trasmissione dell'invito a presentare offerte.

4. Nel caso in cui le amministrazioni aggiudicatrici hanno pubblicato un avviso di preinformazione non utilizzato per l'indizione di una gara, il termine minimo per la presentazione delle offerte può essere ridotto a dieci giorni purché siano rispettate tutte le seguenti condizioni:

a) l'avviso di preinformazione contiene tutte le informazioni richieste nel citato allegato XIV, parte I, lettera B sezione B1, purché dette informazioni siano disponibili al momento della pubblicazione dell'avviso di preinformazione;

b) l'avviso di preinformazione è stato inviato alla pubblicazione da non meno di trentacinque giorni e non oltre dodici mesi prima della data di trasmissione del bando di gara.

5. Le amministrazioni aggiudicatrici di cui all'articolo 3, comma 1, lettera *c*), possono fissare il termine per la ricezione delle offerte di concerto con i candidati selezionati, purché questi ultimi dispongano di un termine identico per redigere e presentare le loro offerte. In assenza di un accordo sul termine per la presentazione delle offerte, il termine non può essere inferiore a dieci giorni dalla data di invio dell'invito a presentare offerte.

6. Quando, per motivi di urgenza debitamente motivati è impossibile rispettare i termini minimi previsti al presente articolo, l'amministrazione aggiudicatrice può fissare:

a) per la ricezione delle domande di partecipazione, un termine non inferiore a quindici giorni dalla data di trasmissione del bando di gara;

b) un termine di ricezione delle offerte non inferiore a dieci giorni a decorrere dalla data di invio dell'invito a presentare offerte.

62 Procedura competitiva con negoziazione.

1. Nelle procedure competitive con negoziazione qualsiasi operatore economico può presentare una domanda di partecipazione in risposta a un avviso di indizione di gara contenente le informazioni di cui all'allegato XIV, parte I, lettere B o C (1), fornendo le informazioni richieste dall'amministrazione aggiudicatrice per la selezione qualitativa.

2. Nei documenti di gara le amministrazioni aggiudicatrici individuano l'oggetto dell'appalto fornendo una descrizione delle loro esigenze, illustrando le caratteristiche richieste per le forniture, i lavori o i servizi da appaltare, specificando i criteri per l'aggiudicazione dell'appalto e indicano altresì quali elementi della descrizione definiscono i requisiti minimi che tutti gli offerenti devono soddisfare.

3. Le informazioni fornite devono essere sufficientemente precise per permettere agli operatori economici di individuare la natura e l'ambito dell'appalto e decidere se partecipare alla procedura.

4. Il termine minimo per la ricezione delle domande di partecipazione è di trenta giorni dalla data di trasmissione del bando di gara o, se è utilizzato come mezzo di indizione di una gara un avviso di preinformazione, dalla data d'invio dell'invito a confermare

interesse. I termini di cui al presente comma sono ridotti nei casi previsti dall'articolo 61, commi 4, 5 e 6 (2).

5. Il termine minimo per la ricezione delle offerte iniziali è di trenta giorni dalla data di trasmissione dell'invito. I termini di cui al presente comma (3) sono ridotti nei casi previsti dall'articolo 61, commi 4, 5 e 6.

6. Solo gli operatori economici invitati dall'amministrazione aggiudicatrice, in seguito alla valutazione delle informazioni fornite, possono presentare un'offerta iniziale che costituisce la base per la successiva negoziazione. Le amministrazioni aggiudicatrici possono limitare il numero di candidati idonei da invitare a partecipare alla procedura, ai sensi dell'articolo 91.

7. Salvo quanto previsto dal comma 8, le amministrazioni aggiudicatrici negoziano con gli operatori economici le loro offerte iniziali e tutte le successive da essi presentate, tranne le offerte finali di cui al comma 12, per migliorarne il contenuto. I requisiti minimi e i criteri di aggiudicazione non sono soggetti a negoziazione.

8. Le amministrazioni aggiudicatrici possono aggiudicare appalti sulla base delle offerte iniziali senza negoziazione se previsto nel bando di gara o nell'invito a confermare interesse.

9. Nel corso delle negoziazioni le amministrazioni aggiudicatrici garantiscono la parità di trattamento fra tutti gli offerenti. A tal fine, non forniscono informazioni che possano avvantaggiare determinati offerenti rispetto ad altri. Esse informano per iscritto tutti gli offerenti le cui offerte non sono state escluse ai sensi del comma 11, delle modifiche alle specifiche tecniche o ad altri documenti di gara diversi da quelli che stabiliscono i requisiti minimi. A seguito di tali modifiche le amministrazioni aggiudicatrici concedono agli offerenti un tempo sufficiente per modificare e ripresentare, ove opportuno, le offerte modificate.

10. Le amministrazioni aggiudicatrici, nei limiti di quanto disposto dall'articolo 53, non possono rivelare agli altri partecipanti informazioni riservate comunicate dal candidato o da un offerente che partecipa alle negoziazioni senza l'accordo di questi ultimi. Tale accordo non assume la forma di una deroga generale, ma si considera riferito alla comunicazione di informazioni specifiche espressamente indicate.

11. Le procedure competitive con negoziazione possono svolgersi in fasi successive per ridurre il numero di offerte da negoziare applicando i criteri di aggiudicazione specificati nel bando di gara, nell'invito a confermare interesse o in altro documento di gara. Nel bando di gara, nell'invito a confermare interesse o in altro documento di gara, l'amministrazione aggiudicatrice indica se si avvale di tale facoltà.

12. Quando le amministrazioni aggiudicatrici intendono concludere le negoziazioni, esse informano gli altri offerenti e stabiliscono un termine entro il quale possono essere presentate offerte nuove o modificate. Esse verificano che le offerte finali siano conformi ai requisiti minimi prescritti e all'articolo 94, valutano le offerte finali in base ai criteri di aggiudicazione e aggiudicano l'appalto ai sensi degli articoli 95, 96 e 97.

(1) *Le parole « B o C » sono state sostituite alle parole « B e C » dall'art. 40 del d.lgs. 19 aprile 2017, n. 56.*

(2) *Periodo inserito dall'art. 40 del d.lgs. 19 aprile 2017, n. 56.*

(3) *Le parole « di cui al presente comma » sono state inserite dall'art. 40 del d.lgs. 19 aprile 2017, n. 56.*

63 Uso della procedura negoziata senza previa pubblicazione di un bando di gara.

1. Nei casi e nelle circostanze indicati nei seguenti commi, le amministrazioni aggiudicatrici possono aggiudicare appalti pubblici mediante una procedura negoziata senza previa pubblicazione di un bando di gara, dando conto con adeguata motivazione, nel primo atto della procedura, della sussistenza dei relativi presupposti.

2. Nel caso di appalti pubblici di lavori, forniture e servizi, la procedura negoziata senza previa pubblicazione può essere utilizzata:

a) qualora non sia stata presentata alcuna offerta o alcuna offerta appropriata, né alcuna domanda di partecipazione o alcuna domanda di partecipazione appropriata, in esito all'esperimento di una procedura aperta o ristretta, purché le condizioni iniziali dell'appalto non siano sostanzialmente modificate e purché sia trasmessa una relazione alla Commissione europea, su sua richiesta. Un'offerta non è ritenuta appropriata se non presenta alcuna pertinenza con l'appalto ed è, quindi, manifestamente inadeguata, salvo modifiche sostanziali, a rispondere alle esigenze dell'amministrazione aggiudicatrice e ai requisiti specificati nei documenti di gara. Una domanda di partecipazione non è ritenuta appropriata se l'operatore economico interessato deve o può essere escluso ai sensi dell'articolo 80 o non soddisfa i criteri di selezione stabiliti dall'amministrazione aggiudicatrice ai sensi dell'articolo 83;

b) quando i lavori, le forniture o i servizi possono essere forniti unicamente da un determinato operatore economico per una delle seguenti ragioni:

1) lo scopo dell'appalto consiste nella creazione o nell'acquisizione di un'opera d'arte o rappresentazione artistica unica;

2) la concorrenza è assente per motivi tecnici;

3) la tutela di diritti esclusivi, inclusi i diritti di proprietà intellettuale.

Le eccezioni di cui ai punti 2) e 3) si applicano solo quando non esistono altri operatori economici o soluzioni alternative ragionevoli e l'assenza di concorrenza non è il risultato di una limitazione artificiale dei parametri dell'appalto;

c) nella misura strettamente necessaria quando, per ragioni di estrema urgenza derivante da eventi imprevedibili dall'amministrazione aggiudicatrice, i termini per le procedure aperte o per le procedure ristrette o per le procedure competitive con negoziazione non possono essere rispettati. Le circostanze invocate a giustificazione del ricorso alla procedura di cui al presente articolo non devono essere in alcun caso imputabili alle amministrazioni aggiudicatrici.

3. Nel caso di appalti pubblici di forniture, la procedura di cui al presente articolo è, inoltre, consentita nei casi seguenti:

a) qualora i prodotti oggetto dell'appalto siano fabbricati esclusivamente a scopo di ricerca, di sperimentazione, di studio o di sviluppo, salvo che si tratti di produzione in quantità volta ad accertare la redditività commerciale del prodotto o ad ammortizzare i costi di ricerca e di sviluppo;

b) nel caso di consegne complementari effettuate dal fornitore originario e destinate al rinnovo parziale di forniture o di impianti o all'ampliamento di forniture o impianti esistenti, qualora il cambiamento di fornitore obblighi l'amministrazione aggiudicatrice ad acquistare forniture con caratteristiche tecniche differenti, il cui impiego o la cui manutenzione comporterebbero incompatibilità o difficoltà tecniche sproporzionate; la durata di tali contratti e dei contratti rinnovabili non può comunque di regola superare i tre anni;

c) per forniture quotate e acquistate sul mercato delle materie prime;

d) per l'acquisto di forniture o servizi a condizioni particolarmente vantaggiose, da un fornitore che cessa definitivamente l'attività commerciale oppure dagli organi delle procedure concorsuali.

4. La procedura prevista dal presente articolo è, altresì, consentita negli appalti pubblici relativi ai servizi qualora l'appalto faccia seguito ad un concorso di progettazione e debba, in base alle norme applicabili, essere aggiudicato al vincitore o ad uno dei vincitori del concorso. In quest'ultimo caso, tutti i vincitori devono essere invitati a partecipare ai negoziati.

5. La presente procedura può essere utilizzata per nuovi lavori o servizi consistenti nella ripetizione di lavori o servizi analoghi, già affidati all'operatore economico aggiudicatario dell'appalto iniziale dalle medesime amministrazioni aggiudicatrici, a condizione che tali lavori o servizi siano conformi al progetto a base di gara e che tale progetto sia stato oggetto di un primo appalto aggiudicato secondo una procedura di cui all'articolo 59, comma 1. Il progetto a base di gara indica l'entità di eventuali lavori o servizi complementari e le condizioni alle quali essi verranno aggiudicati. La possibilità di avvalersi della procedura prevista dal presente articolo è indicata sin dall'avvio del confronto competitivo nella prima operazione e l'importo totale previsto per la prosecuzione dei lavori o della prestazione dei servizi è computato per la determinazione del valore globale dell'appalto, ai fini dell'applicazione delle soglie di cui all'articolo 35, comma 1. Il ricorso a questa procedura è limitato al triennio successivo alla stipulazione del contratto dell'appalto iniziale.

6. Le amministrazioni aggiudicatrici individuano gli operatori economici da consultare sulla base di informazioni riguardanti le caratteristiche di qualificazione economica e finanziaria e tecniche e professionali desunte dal mercato, nel rispetto dei principi di trasparenza, concorrenza, rotazione, e selezionano almeno cinque operatori economici, se sussistono in tale numero soggetti idonei. L'amministrazione aggiudicatrice sceglie l'operatore economico che ha offerto le condizioni più vantaggiose, ai sensi dell'articolo 95, previa verifica del possesso dei requisiti di partecipazione previsti per l'affidamento di contratti di uguale importo mediante procedura aperta, ristretta o mediante procedura competitiva con negoziazione.

64 Dialogo competitivo.

1. Il provvedimento con cui le stazioni appaltanti di cui all'articolo 3, comma 1, lettera *a*), decidono di ricorrere al dialogo competitivo deve contenere specifica motivazione, i cui contenuti sono richiamati nella relazione unica di cui agli articoli 99 e 139 sulla sussistenza dei presupposti previsti per il ricorso allo stesso. L'appalto è aggiudicato unicamente sulla base del criterio dell'offerta con il miglior rapporto qualità/prezzo conformemente all'articolo 95, comma 6.

2. Nel dialogo competitivo qualsiasi operatore economico può chiedere di partecipare in risposta a un bando di gara, o ad un avviso di indizione di gara, fornendo le informazioni richieste dalla stazione appaltante, per la selezione qualitativa.

3. Il termine minimo per la ricezione delle domande di partecipazione è di trenta giorni dalla data di trasmissione del bando di gara o, nei settori speciali, se come mezzo di indizione di gara è usato un avviso sull'esistenza di un sistema di qualificazione, dell'invito a confermare interesse (1). Soltanto gli operatori economici invitati dalle stazioni appaltanti in seguito alla valutazione delle informazioni fornite possono partecipare al dialogo. Le stazioni appaltanti possono limitare il numero di candidati idonei da invitare a partecipare alla procedura in conformità all'articolo 91.

4. Le stazioni appaltanti indicano nel bando di gara o nell'avviso di indizione di gara le loro esigenze e i requisiti richiesti e li definiscono nel bando stesso, nell'avviso di indizione o in un documento descrittivo.

5. Le stazioni appaltanti avviano con i partecipanti selezionati un dialogo finalizzato all'individuazione e alla definizione dei mezzi più idonei a soddisfare le proprie necessità. Nella fase del dialogo possono discutere con i partecipanti selezionati tutti gli aspetti dell'appalto.

6. Durante il dialogo le stazioni appaltanti garantiscono la parità di trattamento di tutti i partecipanti. A tal fine, non forniscono informazioni che possano avvantaggiare determinati partecipanti rispetto ad altri.

7. Conformemente all'articolo 53 le stazioni appaltanti non possono rivelare agli altri partecipanti le soluzioni proposte o altre informazioni riservate comunicate da un candidato o da un offerente partecipante al dialogo, senza l'accordo di quest'ultimo. Tale accordo non assume la forma di una deroga generale ma si considera riferito alla comunicazione di informazioni specifiche espressamente indicate.

8. I dialoghi competitivi possono svolgersi in fasi successive in modo da ridurre il numero di soluzioni da discutere durante la fase del dialogo applicando i criteri di aggiudicazione stabiliti nel bando di gara, nell'avviso di indizione di gara o nel documento descrittivo. Nel bando di gara o nell'avviso di indizione di gara o nel documento descrittivo le stazioni appaltanti indicano se sceglieranno tale opzione.

9. La stazione appaltante prosegue il dialogo finché non è in grado di individuare la soluzione o le soluzioni che possano soddisfare le sue necessitaà.

10. Dopo aver dichiarato concluso il dialogo e averne informato i partecipanti rimanenti, le stazioni

appaltanti invitano ciascuno a presentare le loro offerte finali in base alla soluzione o alle soluzioni presentate e specificate nella fase del dialogo. Tali offerte contengono tutti gli elementi richiesti e necessari per l'esecuzione del progetto. Su richiesta della stazione appaltante le offerte possono essere chiarite, precisate e perfezionate. Tuttavia le precisazioni, i chiarimenti, i perfezionamenti o i complementi delle informazioni non possono avere l'effetto di modificare gli aspetti essenziali dell'offerta o dell'appalto, compresi i requisiti e le esigenze indicati nel bando di gara, nell'avviso di indizione di gara o nel documento descrittivo, qualora le variazioni rischino di falsare la concorrenza o di avere un effetto discriminatorio.

11. Le stazioni appaltanti valutano le offerte ricevute sulla base dei criteri di aggiudicazione fissati nel bando di gara, nell'avviso di indizione di gara o nel documento descrittivo e applicano, altresì, le seguenti disposizioni:

a) i documenti alla base delle offerte ricevute possono essere integrati da quanto emerso nel dialogo competitivo;

b) su richiesta della stazione appaltante possono essere condotte negoziazioni con l'offerente che risulta aver presentato l'offerta con il miglior rapporto qualità/prezzo al fine di confermare gli impegni finanziari o altri termini contenuti nell'offerta attraverso il completamento dei termini del contratto.

12. Le disposizioni di cui alle lettere *a*) e *b*) del comma 11 si applicano qualora da ciò non consegua la modifica sostanziale di elementi fondamentali dell'offerta o dell'appalto, comprese le esigenze e i requisiti definiti nel bando di gara, nell'avviso di indizione di gara o nel documento descrittivo, ovvero che non si rischi di falsare la concorrenza o creare discriminazioni.

13. Le stazioni appaltanti possono prevedere premi o pagamenti per i partecipanti al dialogo.

(1) *Le parole da « o, nei settori speciali, » a « dell'invito a confermare interesse » sono state sostituite alle parole « o, se come mezzo di indizione di gara è usato un avviso di preinformazione o periodico indicativo, dell'invito a confermare interesse » dall'art. 41 del d.lgs. 19 aprile 2017, n. 56.*

65 Partenariato per l'innovazione.

1. Le amministrazioni aggiudicatrici e gli enti aggiudicatori possono ricorrere ai partenariati per l'innovazione nelle ipotesi in cui l'esigenza di sviluppare prodotti, servizi o lavori innovativi e di acquistare successivamente le forniture, i servizi o i lavori che ne risultano non può, in base a una motivata determinazione, essere soddisfatta ricorrendo a soluzioni già disponibili sul mercato, a condizione che le forniture, servizi o lavori che ne risultano, corrispondano ai livelli di prestazioni e ai costi massimi concordati tra le stazioni appaltanti e i partecipanti.

2. Nei documenti di gara le amministrazioni aggiudicatrici e gli enti aggiudicatori fissano i requisiti minimi che tutti gli offerenti devono soddisfare, in modo sufficientemente preciso da permettere agli operatori economici di individuare la natura e l'ambito della soluzione richiesta e decidere se partecipare alla procedura.

3. Nel partenariato per l'innovazione qualsiasi operatore economico può formulare una domanda di partecipazione in risposta a un bando di gara o ad un avviso di indizione di gara, presentando le informazioni richieste dalla stazione appaltante per la selezione qualitativa.

4. L'amministrazione aggiudicatrice e l'ente aggiudicatore possono decidere di instaurare il partenariato per l'innovazione con uno o più operatori economici che conducono attività di ricerca e sviluppo separate. Il termine minimo per la ricezione delle domande di partecipazione è di trenta giorni dalla data di trasmissione del bando di gara. Soltanto gli operatori economici invitati dalle amministrazioni aggiudicatrici o dagli enti aggiudicatori in seguito alla valutazione delle informazioni fornite possono partecipare alla procedura. Le amministrazioni aggiudicatrici o gli enti aggiudicatori possono limitare il numero di candidati idonei da invitare alla procedura in conformità all'articolo 91. Gli appalti sono aggiudicati unicamente sulla base del miglior rapporto qualità/prezzo conformemente all'articolo 95.

5. Il partenariato per l'innovazione è strutturato in fasi successive secondo la sequenza delle fasi del processo di ricerca e di innovazione, che può comprendere la fabbricazione dei prodotti o la prestazione dei servizi o la realizzazione dei lavori. Il partenariato per l'innovazione fissa obiettivi intermedi che le parti devono raggiungere e prevede il pagamento della remunerazione mediante congrue rate. In base a questi obiettivi, l'amministrazione aggiudicatrice o l'ente aggiudicatore può decidere, dopo ogni fase, di risolvere il partenariato per l'innovazione o, nel caso di un partenariato con più operatori, di ridurre il numero degli operatori risolvendo singoli contratti, a condizione che essa abbia indicato nei documenti di gara tali possibilità e le condizioni per avvalersene.

6. Salvo che non sia diversamente disposto dal presente articolo, le amministrazioni aggiudicatrici o gli enti aggiudicatori negoziano le offerte iniziali e tutte le offerte successive presentate dagli operatori interessati, tranne le offerte finali, per migliorarne il contenuto. I requisiti minimi e i criteri di aggiudicazione non sono soggetti a negoziazioni.

7. Nel corso delle negoziazioni le amministrazioni aggiudicatrici o gli enti aggiudicatori garantiscono la parità di trattamento fra tutti gli offerenti. A tal fine, non forniscono in maniera discriminatoria informazioni che possano avvantaggiare determinati offerenti rispetto ad altri. Essi informano per iscritto tutti gli offerenti le cui offerte non sono state escluse ai sensi del comma 8, delle modifiche alle specifiche tecniche o ad altri documenti di gara diversi da quelli che stabiliscono i requisiti minimi. A seguito di tali modifiche, le amministrazioni aggiudicatrici o gli enti aggiudicatori concedono agli offerenti un tempo sufficiente per modificare e ripresentare, ove opportuno, le offerte modificate. Nel rispetto dell'articolo 53, le amministrazioni aggiudicatrici o gli enti aggiudicatori non rivelano agli altri partecipanti informazioni riservate comunicate da un candidato o da un offerente che partecipa alle negoziazioni senza l'accordo di quest'ultimo. Tale accordo non assume la forma di una deroga generale

ma si considera riferito alla comunicazione di informazioni specifiche espressamente indicate.

8. Le negoziazioni nel corso delle procedure di partenariato per l'innovazione possono svolgersi in fasi successive per ridurre il numero di offerte da negoziare applicando i criteri di aggiudicazione specificati nel bando di gara, nell'invito a confermare interesse o nei documenti di gara. Nel bando di gara, nell'invito a confermare interesse o nei documenti di gara, l'amministrazione aggiudicatrice o l'ente aggiudicatore indica se si avvarrà di tale opzione.

9. Nel selezionare i candidati, le amministrazioni aggiudicatrici o gli enti aggiudicatori applicano in particolare i criteri relativi alle capacità dei candidati nel settore della ricerca e dello sviluppo e nella messa a punto e attuazione di soluzioni innovative. Soltanto gli operatori economici invitati dalle amministrazioni aggiudicatrici o dagli enti aggiudicatori in seguito alla valutazione delle informazioni richieste potranno presentare progetti di ricerca e di innovazione. Nei documenti di gara l'amministrazione aggiudicatrice o l'ente aggiudicatore definisce il regime applicabile ai diritti di proprietà intellettuale. Nel caso di un partenariato per l'innovazione con più operatori, l'amministrazione aggiudicatrice o l'ente aggiudicatore non rivela agli altri operatori, nel rispetto dell'articolo 53, le soluzioni proposte o altre informazioni riservate comunicate da un operatore nel quadro del partenariato, senza l'accordo dello stesso. Tale accordo non assume la forma di una deroga generale ma si considera riferito alla prevista comunicazione di informazioni specifiche.

10. L'amministrazione aggiudicatrice o l'ente aggiudicatore assicura che la struttura del partenariato e, in particolare, la durata e il valore delle varie fasi, riflettano il grado di innovazione della soluzione proposta e la sequenza di attività di ricerca e di innovazione necessarie per lo sviluppo di una soluzione innovativa non ancora disponibile sul mercato. Il valore stimato delle forniture, dei servizi o dei lavori non deve essere sproporzionato rispetto all'investimento richiesto per il loro sviluppo.

CAPO III
Svolgimento delle procedure per i settori ordinari

SEZIONE I
Bandi e avvisi

66 Consultazioni preliminari di mercato.

1. Prima dell'avvio di una procedura di appalto, le amministrazioni aggiudicatrici possono svolgere consultazioni di mercato per la preparazione dell'appalto e per lo svolgimento della relativa procedura e per informare gli operatori economici degli appalti da esse programmati (1) e dei requisiti relativi a questi ultimi.

2. Per le finalità di cui al comma 1, le amministrazioni aggiudicatrici possono acquisire consulenze, relazioni o altra documentazione tecnica da parte di esperti, di partecipanti al mercato nel rispetto delle disposizioni stabilite nel presente codice, o da parte di autorità indipendenti. Tale documentazione può essere utilizzata nella pianificazione e nello svolgimento della procedura di appalto, a condizione che non abbia l'effetto di falsare la concorrenza e non comporti una violazione dei principi di non discriminazione e di trasparenza.

(1) *Le parole « da esse programmati » sono state sostituite alle parole « da essi programmati » dall'art. 42 del d.lgs. 19 aprile 2017, n. 56.*

67 Partecipazione precedente di candidati o offerenti.

1. Qualora un candidato o un offerente o un'impresa collegata a un candidato o a un offerente abbia fornito la documentazione di cui all'articolo 66, comma 2, o abbia altrimenti partecipato alla preparazione della procedura di aggiudicazione dell'appalto, l'amministrazione aggiudicatrice adotta misure adeguate per garantire che la concorrenza non sia falsata dalla partecipazione del candidato o dell'offerente stesso. La comunicazione agli altri candidati e offerenti di informazioni pertinenti scambiate nel quadro della partecipazione del candidato o dell'offerente alla preparazione della procedura o ottenute a seguito di tale partecipazione, nonché la fissazione di termini adeguati per la ricezione delle offerte costituisce minima misura adeguata.

2. Qualora non sia in alcun modo possibile garantire il rispetto del principio della parità di trattamento, il candidato o l'offerente interessato è escluso dalla procedura. In ogni caso, prima di provvedere allaloro esclusione, la amministrazione aggiudicatrice invita i candidati e gli offerenti, entro un termine comunque non superiore a dieci giorni, a provare che la loro partecipazione alla preparazione della procedura di aggiudicazione dell'appalto non costituisce causa di alterazione della concorrenza.

3. Le misure adottate dall'amministrazione aggiudicatrice sono indicate nella relazione unica prevista dall'articolo 99 del presente codice.

68 Specifiche tecniche.

1. Le specifiche tecniche indicate al punto 1 dell'allegato XIII sono inserite nei documenti di gara e definiscono le caratteristiche previste per lavori, servizi o forniture. Tali caratteristiche possono inoltre riferirsi allo specifico processo o metodo di produzione o prestazione dei lavori, delle forniture o dei servizi richiesti, o a uno specifico processo per un'altra fase del loro ciclo di vita anche se questi fattori non sono parte del loro contenuto sostanziale, purché siano collegati all'oggetto dell'appalto e proporzionati al suo valore e ai suoi obiettivi.

2. Le specifiche tecniche possono, altresì, indicare se è richiesto il trasferimento dei diritti di proprietà intellettuale.

3. Per tutti gli appalti destinati all'uso da parte di persone fisiche, sia che si tratti del pubblico che del personale di un'amministrazione aggiudicatrice, è necessario che le specifiche tecniche, salvo in casi debitamente giustificati, siano elaborate in modo da tenere conto dei criteri di accessibilità per le persone con di-

sabilità o di progettazione adeguata per tutti gli utenti. Qualora i requisiti di accessibilità obbligatori siano adottati con un atto giuridico dell'Unione europea, le specifiche tecniche devono essere definite mediante riferimento a esse per quanto riguarda i criteri di accessibilità per le persone con disabilità o di progettazione adeguata per tutti gli utenti.

4. Le specifiche tecniche consentono pari accesso degli operatori economici alla procedura di aggiudicazione e non devono comportare direttamente o indirettamente ostacoli ingiustificati all'apertura degli appalti pubblici alla concorrenza.

5. Fatte salve le regole tecniche nazionali obbligatorie, le specifiche tecniche sono formulate secondo una delle modalità seguenti:

a) in termini di prestazioni o di requisiti funzionali, comprese le caratteristiche ambientali, a condizione che i parametri siano sufficientemente precisi da consentire agli offerenti di determinare l'oggetto dell'appalto e alle amministrazioni aggiudicatrici di aggiudicare l'appalto;

b) mediante riferimento a specifiche tecniche e, in ordine di preferenza, alle norme che recepiscono norme europee, alle valutazioni tecniche europee, alle specifiche tecniche comuni, alle norme internazionali, ad altri sistemi tecnici di riferimento adottati dagli organismi europei di normalizzazione o in mancanza, alle norme, omologazioni tecniche o specifiche tecniche, nazionali, in materia di progettazione, calcolo e realizzazione delle opere e uso delle forniture. Ciascun riferimento contiene l'espressione « o equivalente »;

c) in termini di prestazioni o di requisiti funzionali di cui alla lettera *a*), con riferimento alle specifiche citate nella lettera *b*) quale mezzo per presumere la conformità con tali prestazioni o requisiti funzionali;

d) mediante riferimento alle specifiche tecniche di cui alla lettera *b*) per talune caratteristiche e alle prestazioni o ai requisiti funzionali di cui alla lettera *a*) per le altre caratteristiche.

6. Salvo che siano giustificate dall'oggetto dell'appalto, le specifiche tecniche non possono menzionare una fabbricazione o provenienza determinata o un procedimento particolare caratteristico dei prodotti o dei servizi forniti da un operatore economico specifico, né far riferimento a un marchio, a un brevetto o a un tipo, a un'origine o a una produzione specifica che avrebbero come effetto di favorire o eliminare talune imprese o taluni prodotti. Tale menzione o riferimento sono tuttavia consentiti, in via eccezionale, nel caso in cui una descrizione sufficientemente precisa e intelligibile dell'oggetto dell'appalto non sia possibile applicando il comma 5. In tal caso la menzione o il riferimento sono accompagnati dall'espressione « o equivalente ».

7. Quando si avvalgono della possibilità di fare riferimento alle specifiche tecniche di cui al comma 5, lettera *b*), le amministrazioni aggiudicatrici non possono dichiarare inammissibile o escludere un'offerta per il motivo che i lavori, le forniture o i servizi offerti non sono conformi alle specifiche tecniche alle quali hanno fatto riferimento, se nella propria offerta l'offerente dimostra, con qualsiasi mezzo appropriato, compresi i mezzi di prova di cui all'articolo 86, che le soluzioni proposte ottemperano in maniera equivalente ai requisiti definiti dalle specifiche tecniche.

8. Quando si avvalgono della facoltà, prevista al comma 5, lettera *a*), di definire le specifiche tecniche in termini di prestazioni o di requisiti funzionali, le amministrazioni aggiudicatrici non possono dichiarare inammissibile o escludere un'offerta di lavori, di forniture o di servizi conformi a una norma che recepisce una norma europea, a una omologazione tecnica europea, a una specifica tecnica comune, a una norma internazionale o a un sistema tecnico di riferimento adottato da un organismo europeo di normalizzazione se tali specifiche contemplano le prestazioni o i requisiti funzionali da esse prescritti. Nella propria offerta, l'offerente è tenuto a dimostrare con qualunque mezzo appropriato, compresi i mezzi di prova di cui all'articolo 86, che i lavori, le forniture o i servizi conformi alla norma ottemperino alle prestazioni e ai requisiti funzionali dell'amministrazione aggiudicatrice.

69 Etichettature.

1. Le amministrazioni aggiudicatrici che intendono acquistare lavori, forniture o servizi con specifiche caratteristiche ambientali, sociali o di altro tipo, possono imporre nelle specifiche tecniche, nei criteri di aggiudicazione o nelle condizioni relative all'esecuzione dell'appalto, un'etichettatura specifica come mezzo di prova che i lavori, le forniture o i servizi corrispondono alle caratteristiche richieste, quando sono soddisfatte tutte le seguenti condizioni:

a) i requisiti per l'etichettatura sono idonei a definire le caratteristiche dei lavori, delle forniture e dei servizi oggetto dell'appalto e riguardano soltanto i criteri ad esso connessi;

b) i requisiti per l'etichettatura sono basati su criteri oggettivi, verificabili e non discriminatori;

c) le etichettature sono stabilite nell'ambito di un apposito procedimento aperto e trasparente al quale possano partecipare tutte le parti interessate, compresi gli enti pubblici, i consumatori, le parti sociali, i produttori, i distributori e le organizzazioni non governative;

d) le etichettature sono accessibili a tutte le parti interessate;

e) i requisiti per l'etichettatura sono stabiliti da terzi sui quali l'operatore economico che richiede l'etichettatura non può esercitare un'influenza determinante.

2. Se le amministrazioni aggiudicatrici non richiedono che i lavori, le forniture o i servizi soddisfino tutti i requisiti per l'etichettatura, indicano a quali requisiti per l'etichettatura fanno riferimento. Le amministrazioni aggiudicatrici che esigono un'etichettatura specifica accettano tutte le etichettature che confermano che i lavori, le forniture o i servizi soddisfano i requisiti equivalenti.

3. Se un operatore economico dimostra di non avere la possibilità di ottenere l'etichettatura specifica indicata dall'amministrazione aggiudicatrice o un'etichettatura equivalente entro i termini richiesti, per motivi ad esso non imputabili, l'amministrazione aggiudicatrice accetta altri mezzi di prova, ivi compresa una documentazione tecnica del fabbricante, idonei a dimostrare che i lavori, le forniture o i servizi che l'ope-

ratore economico interessato deve prestare soddisfano i requisiti dell'etichettatura specifica o i requisiti specifici indicati dall'amministrazione aggiudicatrice.

4. Quando un'etichettatura soddisfa le condizioni indicate nel comma 1, lettere *b*), *c*), *d*) ed *e*), ma stabilisce requisiti non collegati all'oggetto dell'appalto, le amministrazioni aggiudicatrici non possono esigere l'etichettatura in quanto tale, ma possono definire le specifiche tecniche con riferimento alle specifiche dettagliate di tale etichettatura, o, all'occorrenza, a parti di queste, connesse all'oggetto dell'appalto e idonee a definirne le caratteristiche.

70 Avvisi di preinformazione.

1. Le stazioni appaltanti rendono nota entro il 31 dicembre di ogni anno, l'intenzione di bandire per l'anno successivo appalti, pubblicando un avviso di preinformazione. L'avviso, recante le informazioni di cui all'allegato XIV, parte I, lettera B, sezione B.1, è pubblicato dalla stazione appaltante sul proprio profilo di committente. Per gli appalti di importo pari o superiore alla soglia di cui all'articolo 35, l'avviso di preinformazione è pubblicato dall'Ufficio delle pubblicazioni dell'Unione europea o dalla stazione appaltante sul proprio profilo di committente. In quest'ultimo caso le stazioni appaltanti inviano al suddetto Ufficio un avviso della pubblicazione sul proprio profilo di committente, come indicato nel citato allegato. L'avviso contiene le informazioni di cui all'allegato XIV, parte I, lettera A.

2. Per le procedure ristrette e le procedure competitive con negoziazione, le amministrazioni aggiudicatrici sub-centrali di cui all'articolo 3, comma 1, lettera *c*), possono utilizzare un avviso di preinformazione come indizione di gara a norma dell'articolo 59, comma 5, purché l'avviso soddisfi tutte le seguenti condizioni:

a) si riferisce specificatamente alle forniture, ai lavori o ai servizi che saranno oggetto dell'appalto da aggiudicare;

b) indica che l'appalto sarà aggiudicato mediante una procedura ristretta o una procedura competitiva con negoziazione senza ulteriore pubblicazione di un avviso di indizione di gara e invita gli operatori economici interessati a manifestare il proprio interesse;

c) contiene, oltre alle informazioni di cui all'allegato XIV, parte I, lettera B, sezione B.1, le informazioni di cui al medesimo allegato, sezione B.2;

d) è stato inviato alla pubblicazione non meno di trentacinque giorni e non oltre dodici mesi prima della data di invio dell'invito a confermare interesse di cui all'articolo 75, comma 1.

3. L'avviso di cui al comma 2 può essere pubblicato sul profilo di committente quale pubblicazione supplementare a livello nazionale a norma dell'articolo 73. Il periodo coperto dall'avviso di preinformazione può durare al massimo dodici mesi dalla data di trasmissione dell'avviso per la pubblicazione. Tuttavia, nel caso di appalti pubblici per servizi sociali e altri servizi specifici, l'avviso di preinformazione di cui all'articolo 142, comma 1, lettera *b*); può coprire un periodo più lungo di dodici mesi e non superiore a ventiquattro mesi (1).

(1) *Le parole « e non superiore a ventiquattro mesi » sono state aggiunte dall'art. 43 del d.lgs. 19 aprile 2017, n. 56.*

71 Bandi di gara.

Fatto salvo quanto previsto dagli articoli 59, comma 5, secondo periodo, e 63, tutte le procedure di scelta del contraente sono indette mediante bandi di gara. Al fine di agevolare l'attività delle stazioni appaltanti omogeneizzandone le condotte, successivamente alla adozione da parte dell'ANAC di bandi tipo, i bandi di gara sono redatti in conformità agli stessi. Essi contengono le informazioni di cui all'allegato XIV, Parte I, lettera C, e sono pubblicati conformemente all'articolo 72. Contengono altresì i criteri ambientali minimi di cui all'articolo 34. Le stazioni appaltanti nella delibera a contrarre motivano espressamente in ordine alle deroghe al bando-tipo.

72 Redazione e modalità di pubblicazione dei bandi e degli avvisi.

1. Gli avvisi e i bandi di cui agli articoli 70, 71 e 98, contenenti le informazioni indicate nell'allegato XIV (1), nel formato di modelli di formulari, compresi i modelli di formulari per le rettifiche, sono redatti e trasmessi all'Ufficio delle pubblicazioni dell'Unione europea per via elettronica e pubblicati conformemente all'allegato V.

2. Gli avvisi e i bandi di cui al comma 1 sono pubblicati entro cinque giorni dalla loro trasmissione, salve le disposizioni sulla loro pubblicazione da parte dell'Ufficio delle pubblicazioni dell'Unione europea.

3. Gli avvisi e i bandi sono pubblicati per esteso in una o più delle lingue ufficiali delle istituzioni dell'Unione scelte dalle stazioni appaltanti; il testo pubblicato in tali lingue è l'unico facente fede. Le stazioni appaltanti italiane scelgono la lingua italiana, fatte salve le norme vigenti nella Provincia autonoma di Bolzano in materia di bilinguismo. Una sintesi degli elementi importanti di ciascun avviso o bando, indicati dalle stazioni appaltanti nel rispetto dei principi di trasparenza e non discriminazione, è pubblicata nelle altre lingue ufficiali.

4. L'Ufficio delle pubblicazioni dell'Unione europea garantisce che il testo integrale e la sintesi degli avvisi di preinformazione di cui all'articolo 70, commi 2 e 3, e degli avvisi di indizione di gara che istituiscono un sistema dinamico di acquisizione, di cui all'articolo 55, comma 6, lettera *a*) continuino ad essere pubblicati:

a) nel caso di avvisi di preinformazione, per dodici mesi o fino al ricevimento di un avviso di aggiudicazione di cui all'articolo 98 che indichi che nei dodici mesi coperti dall'avviso di indizione di gara non sarà aggiudicato nessun altro appalto. Tuttavia, nel caso di appalti pubblici per servizi sociali e altri servizi specifici, l'avviso di preinformazione di cui all'articolo 142, comma 1, lettera *b*), continua a essere pubblicato fino alla scadenza del periodo di validità indicato inizialmente o fino alla ricezione di un avviso di aggiudicazione come previsto dall'articolo 98, indicante che non saranno aggiudicati ulteriori appalti nel periodo coperto dall'indizione di gara;

b) nel caso di avvisi di indizione di gara che istituiscono un sistema dinamico di acquisizione, per il periodo di validità del sistema dinamico di acquisizione.

5. La conferma della ricezione dell'avviso e della pubblicazione dell'informazione trasmessa, con menzione della data della pubblicazione rilasciata alla stazione appaltante dall'Ufficio delle pubblicazioni dell'Unione europea vale come prova della pubblicazione.

6. Le amministrazioni aggiudicatrici possono pubblicare avvisi relativi ad appalti pubblici che non sono soggetti all'obbligo di pubblicazione previsto dal presente codice, a condizione che essi siano trasmessi all'Ufficio delle pubblicazioni dell'Unione europea per via elettronica secondo il modello e le modalità di trasmissione precisate al comma 1.

(1) *Le parole « allegato XIV » sono state sostituite alle parole « allegato XII » dall'art. 44 del d.lgs. 19 aprile 2017, n. 56.*

73 Pubblicazione a livello nazionale.

1. Gli avvisi e i bandi di cui agli articoli 70, 71 e 98 non sono pubblicati in ambito nazionale prima della pubblicazione a norma dell'articolo 72. Tuttavia la pubblicazione può comunque avere luogo a livello nazionale qualora la stessa non sia stata notificata alle amministrazioni aggiudicatrici entro quarantotto ore dalla conferma della ricezione dell'avviso conformemente all'articolo 72.

2. Gli avvisi e i bandi pubblicati a livello nazionale non contengono informazioni diverse da quelle contenute negli avvisi o bandi trasmessi all'Ufficio delle pubblicazioni dell'Unione europea o pubblicate sul profilo di committente, ma menzionano la data della trasmissione dell'avviso o bando all'Ufficio delle pubblicazioni dell'Unione europea o della pubblicazione sul profilo di committente.

3. Gli avvisi di preinformazione non sono pubblicati sul profilo di committente prima della trasmissione all'Ufficio delle pubblicazioni dell'Unione europea dell'avviso che ne annuncia la pubblicazione sotto tale forma. Gli avvisi indicano la data di tale trasmissione.

4. Fermo restando quanto previsto all'articolo 72, gli avvisi e i bandi sono, altresì, pubblicati senza oneri sul profilo del committente della stazione appaltante e sulla piattaforma digitale dei bandi di gara presso l'ANAC, in cooperazione applicativa con i sistemi informatizzati delle regioni e le piattaforme regionali di e-procurement. Con decreto del Ministro delle infrastrutture e dei trasporti, d'intesa con l'ANAC, da adottarsi entro sei mesi dalla data di entrata in vigore del presente codice, sono definiti gli indirizzi generali di pubblicazione al fine di garantire la certezza della data di pubblicazione e adeguati livelli di trasparenza e di conoscibilità, anche con l'utilizzo della stampa quotidiana maggiormente diffusa nell'area interessata. Il predetto decreto individua la data fino alla quale gli avvisi e i bandi devono anche essere pubblicati nella Gazzetta ufficiale della Repubblica italiana, serie speciale relativa ai contratti pubblici, entro il sesto giorno feriale successivo a quello del ricevimento della documentazione da parte dell'Ufficio inserzioni dell'Istituto poligrafico e zecca dello Stato. La pubblicazione di informazioni ulteriori, complementari o aggiuntive rispetto a quelle indicate nel presente codice, avviene esclusivamente in via telematica e non comporta oneri finanziari a carico delle stazioni appaltanti. Fino alla data indicata nel decreto di cui al presente comma, si applica l'articolo 216, comma 11.

5. Gli effetti giuridici che l'ordinamento connette alla pubblicità in ambito nazionale decorrono dalla data di pubblicazione sulla piattaforma digitale dei bandi di gara presso l'ANAC.

74 Disponibilità elettronica dei documenti di gara.

1. Le stazioni appaltanti offrono un accesso gratuito, illimitato e diretto, per via elettronica, ai documenti di gara a decorrere dalla data di pubblicazione di un avviso conformemente agli articoli 70 e 72 o dalla data di invio di un invito a confermare interesse. Il testo dell'avviso o dell'invito a confermare interesse indica l'indirizzo Internet presso il quale i documenti di gara sono accessibili.

2. Se non è possibile offrire accesso gratuito, illimitato e diretto per via elettronica a determinati documenti di gara per uno dei motivi di cui all'articolo 52, comma 1, terzo periodo, le amministrazioni aggiudicatrici possono indicare nell'avviso o nell'invito a confermare interesse che i medesimi documenti saranno trasmessi per posta elettronica certificata o strumenti analoghi negli altri Stati membri ovvero, in caso di impossibilità, per vie diverse da quella elettronica secondo quanto previsto al comma 4. In tal caso, il termine per la presentazione delle offerte è prorogato di cinque giorni, tranne nei casi di urgenza debitamente dimostrati di cui agli articoli 60, comma 3, 61 comma 6 e 62, comma 5.

3. Qualora non sia possibile offrire accesso gratuito, illimitato e diretto per via elettronica a determinati documenti di gara perché le amministrazioni aggiudicatrici intendono applicare l'articolo 52, comma 2, del presente codice, esse indicano nell'avviso o nell'invito a confermare interesse quali misure richiedono al fine di proteggere la natura riservata delle informazioni e in che modo è possibile ottenere accesso ai documenti in questione. In tal caso, il termine per la presentazione delle offerte è prorogato di cinque giorni, tranne nei casi di urgenza debitamente dimostrati di cui agli articoli 60, comma 3, 61, comma 6 e 62, comma 5.

4. Sempre che siano state richieste in tempo utile, le ulteriori informazioni sul capitolato d'oneri e sui documenti complementari sono comunicate dalle stazioni appaltanti a tutti gli offerenti che partecipano alla procedura d'appalto almeno sei giorni prima della scadenza del termine stabilito per la ricezione delle offerte. In caso di procedura accelerata, ai sensi degli articoli 60, comma 3 e 61, comma 6, il termine è di quattro giorni.

75 Inviti ai candidati.

1. Nelle procedure ristrette, nel dialogo competitivo, nei partenariati per l'innovazione, nelle procedure competitive con negoziazione, le stazioni appaltanti

invitano simultaneamente e per iscritto, di norma con procedure telematiche, i candidati selezionati a presentare le rispettive offerte o a negoziare o, nel caso di dialogo competitivo, a partecipare al dialogo. Con le stesse modalità le stazioni appaltanti invitano, nel caso di indizione di gara tramite un avviso di preinformazione, gli operatori economici che già hanno espresso interesse, a confermare nuovamente interesse.

2. Gli inviti di cui al comma 1 menzionano l'indirizzo elettronico al quale sono stati resi direttamente disponibili per via elettronica i documenti di gara e comprendono le informazioni indicate nell'allegato XV. Se tali documenti non sono stati oggetto di accesso gratuito, illimitato e diretto ai sensi dell'articolo 74 e non sono stati resi disponibili con altri mezzi, gli inviti sono corredati dei documenti di gara, in formato digitale ovvero, quando ciò non è possibile, in formato cartaceo.

3. Nelle procedure negoziate senza previa pubblicazione di un bando di gara, gli operatori economici selezionati vengono invitati di norma a mezzo di posta elettronica certificata o strumento analogo negli altri Stati membri ovvero, quando ciò non è possibile, con lettera. Gli inviti contengono gli elementi della prestazione richiesta.

76 Informazione dei candidati e degli offerenti.

1. Le stazioni appaltanti, nel rispetto delle specifiche modalità di pubblicazione stabilite dal presente codice, informano tempestivamente ciascun candidato e ciascun offerente delle decisioni adottate riguardo alla conclusione di un accordo quadro, all'aggiudicazione di un appalto o all'ammissione ad un sistema dinamico di acquisizione, ivi compresi i motivi dell'eventuale decisione di non concludere un accordo quadro o di non aggiudicare un appalto per il quale è stata indetta una gara o di riavviare la procedura o di non attuare un sistema dinamico di acquisizione.

2. Su richiesta scritta dell'offerente e del candidato (1) interessato, l'amministrazione aggiudicatrice comunica immediatamente e comunque entro quindici giorni dalla ricezione della richiesta:

a) ad ogni offerente escluso, i motivi del rigetto della sua offerta, inclusi, per i casi di cui all'articolo 68, commi 7 e 8, i motivi della decisione di non equivalenza o della decisione secondo cui i lavori, le forniture o i servizi non sono conformi alle prestazioni o ai requisiti funzionali;

a-bis) ad ogni candidato escluso, i motivi del rigetto della sua domanda di partecipazione; (2)

b) ad ogni offerente che abbia presentato un'offerta ammessa in gara e valutata, le caratteristiche e i vantaggi dell'offerta selezionata e il nome dell'offerente cui è stato aggiudicato l'appalto o delle parti dell'accordo quadro;

c) ad ogni offerente che abbia presentato un'offerta ammessa in gara e valutata, lo svolgimento e l'andamento delle negoziazioni e del dialogo con gli offerenti.

2-*bis*. Nei termini stabiliti al comma 5 è dato avviso ai candidati e ai concorrenti, con le modalità di cui all'articolo 5-*bis* del codice dell'amministrazione digitale, di cui al decreto legislativo 7 marzo 2005, n. 82, o strumento analogo negli altri Stati membri, del provvedimento che determina le esclusioni dalla procedura di affidamento e le ammissioni ad essa all'esito della verifica della documentazione attestante l'assenza dei motivi di esclusione di cui all'articolo 80, nonché la sussistenza dei requisiti economico-finanziari e tecnico-professionali, indicando l'ufficio o il collegamento informatico ad accesso riservato dove sono disponibili i relativi atti (3).

3. (4)

4. Le amministrazioni aggiudicatrici non divulgano le informazioni relative all'aggiudicazione degli appalti, alla conclusione di accordi quadro o all'ammissione ad un sistema dinamico di acquisizione, di cui ai commi 1 e 2, se la loro diffusione ostacola l'applicazione della legge o è contraria all'interesse pubblico, o pregiudica i legittimi interessi commerciali di operatori economici pubblici o privati o dell'operatore economico selezionato, oppure possa recare pregiudizio alla leale concorrenza tra questi.

5. Le stazioni appaltanti comunicano d'ufficio immediatamente e comunque entro un termine non superiore a cinque giorni:

a) l'aggiudicazione, all'aggiudicatario, al concorrente che segue nella graduatoria, a tutti i candidati che hanno presentato un'offerta ammessa in gara, a coloro la cui candidatura o offerta siano state escluse se hanno proposto impugnazione avverso l'esclusione o sono in termini per presentare impugnazione, nonché a coloro che hanno impugnato il bando o la lettera di invito, se tali impugnazioni non siano state respinte con pronuncia giurisdizionale definitiva;

b) l'esclusione ai candidati e (5) agli offerenti esclusi;

c) la decisione di non aggiudicare un appalto ovvero di non concludere un accordo quadro,a tutti i candidati;

d) la data di avvenuta stipulazione del contratto con l'aggiudicatario, ai soggetti di cui alla lettera *a*) del presente comma.

6. Le comunicazioni di cui al comma 5 (6) sono fatte mediante posta elettronica certificata o strumento analogo negli altri Stati membri. Le comunicazioni di cui al comma 5, lettere *a*) e *b*), indicano la data di scadenza del termine dilatorio per la stipulazione del contratto.

(1) *Le parole « e del candidato » sono state aggiunte dall'art. 45 del d.lgs. 19 aprile 2017, n. 56.*

(2) *Lettera aggiunta dall'art. 45 del d.lgs. 19 aprile 2017, n. 56.*

(3) *Comma inserito dall'art. 1, comma 20, lett.* n), *d.l. 18 aprile 2019, n. 32, convertito, con modificazioni, dalla L. 14 giugno 2019, n. 55. Ai sensi del comma 21 del predetto art. 1, le disposizioni di cui all'art. 1, comma 20 del suddetto d.l. n. 32 cit. si applicano alle procedure i cui bandi o avvisi, con i quali si indice una gara, sono pubblicati successivamente alla data di entrata in vigore della legge di conversione del presente decreto, nonché, in caso di contratti senza pubblicazione di bandi o avvisi, alle procedure in cui, alla medesima data, non sono ancora stati inviati gli inviti a presentare le offerte o i preventivi.*

(4) *Comma abrogato dall'art. 45 del d.lgs. 19 aprile 2017, n. 56. Il testo previgente era: « Fermo quanto previsto nell'articolo 29, comma 1, secondo e terzo periodo, contestualmente alla pubblicazione ivi prevista è dato avviso ai concorrenti, mediante PEC o strumento analogo negli altri Stati membri, del provvedimento che determina le esclusioni dalla procedura di affidamento e le ammissioni ad essa all'esito della valutazione dei requisiti soggettivi, economico-finanziari e tecnico-professionali, indicando l'ufficio o il collegamento informatico ad accesso riservato dove sono disponibili i relativi atti. »*

(5) *Le parole « ai candidati e » sono state inserite dall'art. 45 del d.lgs. 19 aprile 2017, n. 56.*

(6) *Le parole « comma 5 » sono state sostituite alle parole « comma 4 » dall'art. 45 del d.lgs. 19 aprile 2017, n. 56.*

SEZIONE II
Selezione delle offerte

77 Commissione giudicatrice (1).

1. Nelle procedure di aggiudicazione di contratti di appalti o di concessioni, limitatamente ai casi di aggiudicazione con il criterio dell'offerta economicamente più vantaggiosa (2) la valutazione delle offerte dal punto di vista tecnico ed economico è affidata ad una commissione giudicatrice, composta da esperti nello specifico settore cui afferisce l'oggetto del contratto.

2. La commissione è costituta da un numero dispari di commissari, non superiore a cinque, individuato dalla stazione appaltante e di regola, lavora (3) a distanza con procedure telematiche che salvaguardino la riservatezza delle comunicazioni.

3. I commissari sono scelti fra gli esperti iscritti all'Albo istituito presso l'ANAC di cui all'articolo 78 e, nel caso di procedure di aggiudicazione svolte da CONSIP S.p.a, INVITALIA - Agenzia nazionale per l'attrazione degli investimenti e lo sviluppo d'impresa S.p.a. e dai soggetti aggregatori regionali di cui all'articolo 9 del decreto legge 24 aprile 2014, n. 66, convertito, con modificazioni, dalla legge 23 giugno 2014, n. 89, tra gli esperti iscritti nell'apposita sezione speciale dell'Albo, non appartenenti alla stessa stazione appaltante e, solo se non disponibili in numero sufficiente, anche tra gli esperti della sezione speciale che prestano servizio presso la stessa stazione appaltante ovvero, se il numero risulti ancora insufficiente, ricorrendo anche agli altri esperti iscritti all'Albo al di fuori della sezione speciale. Essi sono individuati dalle stazioni appaltanti mediante pubblico sorteggio da una lista di candidati costituita da un numero di nominativi almeno doppio rispetto a quello dei componenti da nominare e comunque nel rispetto del principio di rotazione. Tale lista è comunicata dall'ANAC alla stazione appaltante, entro cinque giorni dalla richiesta della stazione appaltante. La stazione appaltante può, in caso di affidamento di contratti per i servizi e le forniture (4) di importo inferiore alle soglie di cui all'articolo 35, per i lavori di importo inferiore a un milione di euro (5) o per quelli che non presentano particolare complessità, nominare alcuni (6) componenti interni alla stazione appaltante, nel rispetto del principio di rotazione, escluso il Presidente (7). Sono considerate di non particolare complessità le procedure svolte attraverso piattaforme telematiche di negoziazione ai sensi dell'articolo 58. In caso di affidamento di contratti per i servizi e le forniture di elevato contenuto scientifico tecnologico o innovativo, effettuati nell'ambito di attività di ricerca e sviluppo, l'ANAC, previa richiesta e confronto con la stazione appaltante sulla specificità dei profili, può selezionare i componenti delle commissioni giudicatrici anche tra gli esperti interni alla medesima stazione appaltante (8) (9).

4. I commissari non devono aver svolto né possono svolgere alcun'altra funzione o incarico tecnico o amministrativo relativamente al contratto del cui affidamento si tratta. La nomina del RUP a membro delle commissioni di gara è valutata con riferimento alla singola procedura (8).

5. Coloro che, nel biennio antecedente all'indizione della procedura di aggiudicazione, hanno ricoperto cariche di pubblico amministratore, non possono essere nominati commissari giudicatori relativamente ai contratti affidati dalle Amministrazioni presso le quali hanno esercitato le proprie funzioni d'istituto.

6. Si applicano ai commissari e ai segretari delle commissioni l'articolo 35-*bis* del decreto legislativo 30 marzo 2001, n. 165, l'articolo 51 del codice di procedura civile, nonché l'articolo 42 del presente codice. Sono altresì esclusi da successivi incarichi di commissario coloro che, in qualità di membri delle commissioni giudicatrici, abbiano concorso, con dolo o colpa grave accertati in sede giurisdizionale con sentenza non sospesa, all'approvazione di atti dichiarati illegittimi.

7. La nomina dei commissari e la costituzione della commissione devono avvenire dopo la scadenza del termine fissato per la presentazione delle offerte.

8. Il Presidente della commissione giudicatrice è individuato dalla stazione appaltante tra i commissari sorteggiati.

9. Al momento dell'accettazione dell'incarico, i commissari dichiarano ai sensi dell'articolo 47 del decreto del Presidente della Repubblica 28 dicembre 2000, n. 445, l'inesistenza delle cause di incompatibilità e di astensione di cui ai commi 4, 5 e 6. Le stazioni appaltanti, prima del conferimento dell'incarico, accertano l'insussistenza delle cause ostative alla nomina a componente della commissione giudicatrice di cui ai commi 4, 5 e 6 del presente articolo, all'articolo 35-*bis* del decreto legislativo n. 165 del 2001 e all'articolo 42 del presente codice (8). La sussistenza di cause ostative o la dichiarazione di incompatibilità dei candidati devono essere tempestivamente comunicate dalla stazione appaltante all'ANAC ai fini dell'eventuale cancellazione dell'esperto dall'albo e della comunicazione di un nuovo esperto (8).

10. Le spese relative alla commissione sono inserite nel quadro economico dell'intervento tra le somme a disposizione della stazione appaltante. Con decreto del Ministro delle infrastrutture e dei trasporti, di concerto con il Ministro dell'economia e delle finanze, sentita l'ANAC, è stabilita la tariffa di iscrizione all'albo e il compenso massimo per i commissari. I dipendenti pubblici sono gratuitamente iscritti all'Albo e ad essi non spetta alcun compenso, se appartenenti alla stazione appaltante.

11. In caso di rinnovo del procedimento di gara, a seguito di annullamento dell'aggiudicazione o di annullamento dell'esclusione di taluno dei concorrenti, è riconvocata la medesima commissione, fatto salvo il caso in cui l'annullamento sia derivato da un vizio nella composizione della commissione.

[12. Fino alla adozione della disciplina in materia di iscrizione all'Albo di cui all'articolo 78, la commissione continua ad essere nominata dall'organo della stazione appaltante competente ad effettuare la scelta del soggetto affidatario del contratto, secondo regole di competenza e trasparenza preventivamente individuate da ciascuna stazione appaltante.] (10)

13. Il presente articolo non si applica alle procedure di aggiudicazione di contratti di appalto o concessioni effettuate dagli enti aggiudicatori che non siano amministrazioni aggiudicatrici quando svolgono una delle attività previste dagli articoli da 115 a 121.

(1) *Rubrica così sostituita dall'art. 46 del d.lgs. 19 aprile 2017, n. 56. Il testo della rubrica era il seguente: « Commissione di aggiudicazione ».*

(2) *Le parole « individuata sulla base del miglior rapporto qualità/prezzo » sono state soppresse dall'art. 46 del d.lgs. 19 aprile 2017, n. 56.*

(3) *Le parole* « di regola, lavora » *sono state sostituite alle parole* « può lavorare » *dall'art. 53, comma 5, lett.* c), *d.l. 31 maggio 2021, n. 77, conv., con modif., in l. 29 luglio 2021, n. 108.*

(4) *Le parole « per i servizi e le forniture » sono state inserite dall'art. 46 del d.lgs. 19 aprile 2017, n. 56.*

(5) *Le parole «, per i lavori di importo inferiore a un milione di euro » sono state inserite dall'art. 46 del d.lgs. 19 aprile 2017, n. 56.*

(6) *La parola « alcuni » è stata inserita dall'art. 46 del d.lgs. 19 aprile 2017, n. 56.*

(7) *Le parole «, escluso il Presidente » sono state inserite dall'art. 46 del d.lgs. 19 aprile 2017, n. 56.*

(8) *Periodo aggiunto dall'art. 46 del d.lgs. 19 aprile 2017, n. 56. Sull'applicazione di tale comma, ai sensi dell'*art. 1, *comma*. 1, lett. c), d.l. 18 aprile 2019, n. 32, *convertito, con modificazioni, in* l. 14 giugno 2019, n. 55 *come da ultimo modificato dall'art. 52, comma 1, lett.* a), *n. 1.1) d.l. 31 maggio 2021, n. 77, conv., con modif., in l. 29 luglio 2021, n. 108: « Al fine di rilanciare gli investimenti pubblici e di facilitare l'apertura dei cantieri per la realizzazione delle opere pubbliche, per le procedure per le quali i bandi o gli avvisi con cui si indice la procedura di scelta del contraente siano pubblicati successivamente alla data di entrata in vigore del presente decreto, nonché, in caso di contratti senza pubblicazione di bandi o di avvisi, per le procedure in relazione alle quali, alla data di entrata in vigore del presente decreto, non siano ancora stati inviati gli inviti a presentare le offerte, nelle more della riforma complessiva del settore e comunque nel rispetto dei principi e delle norme sancite dall'Unione europea, in particolare delle direttive 2014/23/UE, 2014/24/UE e 2014/25/UE del Parlamento europeo e del Consiglio, del 26 febbraio 2014,* ***fino al 30 giugno 2023****, non trovano applicazione, a titolo sperimentale, le seguenti norme del codice dei contratti pubblici, di cui al decreto legislativo 18 aprile 2016, n. 50: [...] c) articolo 77, comma 3, quanto all'obbligo di scegliere i commissari tra gli esperti iscritti all'Albo istituito presso l'Autorità nazionale anticorruzione (ANAC) di cui all'articolo 78, fermo restando l'obbligo di individuare i commissari secondo regole di competenza e trasparenza, preventivamente individuate da ciascuna stazione appaltante ».*

(9) *L'art. 1, comma 1, lett. m), d.l. n. 32, cit. aveva disposto l'inserimento del comma 3-*bis*, ai sensi del quale: « In caso di indisponibilità o di disponibilità insufficiente di esperti iscritti nella sezione ordinaria dell'Albo ai fini della compilazione della lista di cui al comma 3, la commissione è nominata, anche solo parzialmente, dalla stazione appaltante competente ad effettuare la scelta del soggetto affidatario del contratto tenuto conto delle specifiche caratteristiche del contratto da affidare e delle connesse competenze », ma la modifica è decaduta in sede di conversione. Ai sensi dell'art. 1, comma 2, d.l. n. 32, cit. « Restano validi gli atti e i provvedimenti adottati e sono fatti salvi gli effetti prodottisi e i rapporti giuridici sorti sulla base dell'articolo 1 del medesimo decreto-legge 18 aprile 2019, n. 32 ».*

(10) *Comma abrogato dall'art. 46 del d.lgs. 19 aprile 2017, n. 56.*

78 Albo dei componenti delle commissioni giudicatrici.

1. È istituito presso l'ANAC, che lo gestisce e lo aggiorna secondo criteri individuati con apposite determinazioni, l'Albo nazionale obbligatorio dei componenti delle commissioni giudicatrici nelle procedure di affidamento dei contratti pubblici. Ai fini dell'iscrizione nel suddetto albo, i soggetti interessati devono essere in possesso di requisiti di compatibilità e moralità, nonché di comprovata competenza e professionalità nello specifico settore a cui si riferisce il contratto, secondo i criteri e le modalità che l'Autorità definisce con apposite linee guida (1), valutando la possibilità di articolare l'Albo per aree tematiche omogenee, da adottare entro centoventi giorni dalla data di entrata in vigore del presente codice. Fino all'adozione della disciplina in materia di iscrizione all'Albo, si applica l'articolo 216, comma 12.

1-*bis*. Con le linee guida di cui al comma 1 sono, altresì, disciplinate le modalità di funzionamento delle commissioni giudicatrici, prevedendo, di norma, sedute pubbliche, nonché sedute riservate per la valutazione delle offerte tecniche e per altri eventuali adempimenti specifici (2).

(1) *Le parole « con apposite linee guida » sono state sostituite alle parole « in un apposito atto » dall'art. 47 del d.lgs. 19 aprile 2017, n. 56.*

(2) *Comma aggiunto dall'art. 47 del d.lgs. 19 aprile 2017, n. 56.*

79 Fissazione di termini.

1. Nel fissare i termini per la ricezione delle domande di partecipazione e delle offerte, le amministrazioni aggiudicatrici tengono conto in particolare della complessità dell'appalto e del tempo necessario per preparare le offerte, fatti salvi i termini minimi stabiliti negli articoli 60, 61, 62, 64 e 65.

2. Quando le offerte possono essere formulate soltanto a seguito di una visita dei luoghi o dopo consultazione sul posto dei documenti di gara e relativi allegati, i termini per la ricezione delle offerte, comunque superiori ai termini minimi stabiliti negli articoli 60, 61, 62, 64 e 65, sono stabiliti in modo che gli operatori economici interessati possano prendere conoscenza di tutte le informazioni necessarie per presentare le offerte.

3. Le stazioni appaltanti prorogano i termini per la ricezione delle offerte in modo che gli operatori economici interessati possano prendere conoscenza di tutte le informazioni necessarie alla preparazione delle offerte nei casi seguenti:

a) se, per qualunque motivo, le informazioni supplementari significative ai fini della preparazione di offerte adeguate, seppur richieste in tempo utile dall'operatore economico, non sono fornite al più tardi sei giorni prima del termine stabilito per la ricezione delle offerte. In caso di procedura accelerata ai sensi degli articoli 60, comma 3, e 61, comma 6, il termine è di quattro giorni;

b) se sono effettuate modifiche significative ai documenti di gara.

4. La durata della proroga di cui al comma 3 è proporzionale all'importanza delle informazioni o delle modifiche.

5. Se le informazioni supplementari non sono state richieste in tempo utile o la loro importanza ai fini della preparazione di offerte adeguate è insignificante, le amministrazioni aggiudicatrici non sono tenute a prorogare le scadenze.

5-*bis*. Nel caso di presentazione delle offerte attraverso mezzi di comunicazione elettronici messi a disposizione dalla stazione appaltante ai sensi dell'articolo 52, ivi incluse le piattaforme telematiche di negoziazione, qualora si verifichi un mancato funzionamento o un malfunzionamento di tali mezzi tale da impedire la corretta presentazione delle offerte, la stazione appaltante adotta i necessari provvedimenti al fine di assicurare la regolarità della procedura nel rispetto dei principi di cui all'articolo 30, anche disponendo la sospensione del termine per la ricezione delle offerte per il periodo di tempo necessario a ripristinare il normale funzionamento dei mezzi e la proroga dello stesso per una durata proporzionale alla gravità del mancato funzionamento. Nei casi di sospensione e proroga di cui al primo periodo, la stazione appaltante assicura che, fino alla scadenza del termine prorogato, venga mantenuta la segretezza delle offerte inviate e sia consentito agli operatori economici che hanno già inviato l'offerta di ritirarla ed eventualmente sostituirla. La pubblicità di tale proroga avviene attraverso la tempestiva pubblicazione di apposito avviso presso l'indirizzo Internet dove sono accessibili i documenti di gara, ai sensi dell'articolo 74, comma 1, nonché attraverso ogni altro strumento che la stazione appaltante ritenga opportuno. In ogni caso, la stazione appaltante, qualora si verificano malfunzionamenti, ne dà comunicazione all'AGID ai fini dell'applicazione dell'articolo 32-*bis* del decreto legislativo 7 marzo 2005, n.82, recante codice dell'amministrazione digitale (1).

(1) *Comma aggiunto dall'art. 48 del d.lgs. 19 aprile 2017, n. 56.*

80 Motivi di esclusione (1).

1. Costituisce motivo di esclusione di un operatore economico dalla partecipazione a una procedura d'appalto o concessione, la condanna con sentenza definitiva o decreto penale di condanna divenuto irrevocabile o sentenza di applicazione della pena su richiesta ai sensi dell'articolo 444 del codice di procedura penale [, anche riferita a un suo subappaltatore nei casi di cui all'articolo 105, comma 6,] (2) per uno dei seguenti reati:

a) delitti, consumati o tentati, di cui agli articoli 416, 416-*bis* del codice penale ovvero delitti commessi avvalendosi delle condizioni previste dal predetto articolo 416-*bis* ovvero al fine di agevolare l'attività delle associazioni previste dallo stesso articolo, nonché per i delitti, consumati o tentati, previsti dall'articolo 74 del decreto del Presidente della Repubblica 9 ottobre 1990, n. 309, dall'articolo 291-*quater* del decreto del Presidente della Repubblica 23 gennaio 1973, n. 43 e dall'articolo 260 del decreto legislativo 3 aprile 2006, n. 152, in quanto riconducibili alla partecipazione a un'organizzazione criminale, quale definita all'articolo 2 della decisione quadro 2008/841/GAI del Consiglio;

b) delitti, consumati o tentati, di cui agli articoli 317, 318, 319, 319-*ter*, 319-*quater*, 320, 321, 322, 322-*bis*, 346-*bis*, 353, 353-*bis*, 354, 355 e 356 del codice penale nonché all'articolo 2635 del codice civile;

b-bis) false comunicazioni sociali di cui agli articoli 2621 e 2622 del codice civile (3);

c) frode ai sensi dell'articolo 1 della convenzione relativa alla tutela degli interessi finanziari delle Comunità europee;

d) delitti, consumati o tentati, commessi con finalità di terrorismo, anche internazionale, e di eversione dell'ordine costituzionale reati terroristici o reati connessi alle attività terroristiche;

e) delitti di cui agli articoli 648-*bis*, 648-*ter* e 648-*ter*.1 del codice penale, riciclaggio di proventi di attività criminose o finanziamento del terrorismo, quali definiti all'articolo 1 del decreto legislativo 22 giugno 2007, n. 109 e successive modificazioni;

f) sfruttamento del lavoro minorile e altre forme di tratta di esseri umani definite con il decreto legislativo 4 marzo 2014, n. 24;

g) ogni altro delitto da cui derivi, quale pena accessoria, l'incapacità di contrattare con la pubblica amministrazione.

2. Costituisce altresì motivo di esclusione la sussistenza, con riferimento ai soggetti indicati al comma 3, (4) di cause di decadenza, di sospensione o di divieto previste dall'articolo 67 del decreto legislativo 6 settembre 2011, n. 159 o di un tentativo di infiltrazione mafiosa di cui all'articolo 84, comma 4, del medesimo decreto. Resta fermo quanto previsto dagli articoli 88, comma 4-*bis*, e 92, commi 2 e 3, del decreto legislativo 6 settembre 2011, n. 159, con riferimento rispettivamente alle comunicazioni antimafia e alle informazioni antimafia. Resta fermo altresì quanto previsto dall'articolo 34-*bis*, commi 6 e 7, del decreto legislativo 6 settembre 2011, n. 159 (5).

3. L'esclusione di cui ai commi 1 e 2 (6) va disposta se la sentenza o il decreto ovvero la misura interdittiva (7) sono stati emessi nei confronti: del titolare o del direttore tecnico, se si tratta di impresa individuale; di un socio o del direttore tecnico, se si tratta di società in nome collettivo; dei soci accomandatari o del direttore tecnico, se si tratta di società in accomandita semplice; dei membri del consiglio di amministrazione cui sia stata conferita la legale rappresentanza, ivi compresi institori e procuratori generali, dei membri degli organi con poteri (8) di direzione o di vigilanza o dei soggetti muniti di poteri di rappresentanza, di direzione o di controllo, del direttore tecnico o del socio unico persona fisica, ovvero del socio di maggioranza in caso di società con un numero di soci pari o inferiore a quattro (9), se si tratta di altro tipo di società o consorzio. In ogni caso l'esclusione e il divieto operano anche nei confronti dei soggetti cessati dalla carica nell'anno antecedente la data di pubblicazione del bando di gara, qualora l'impresa non dimostri che vi sia stata completa ed effettiva dissociazione della condotta penalmente sanzionata; l'esclusione non va disposta e il divieto non si applica quando il reato è stato depenalizzato ovvero quando è intervenuta la riabilitazione ovvero, nei casi di condanna ad una pena accessoria perpetua, quando questa è stata dichiarata estinta ai sensi dell'articolo 179, settimo comma, del codice penale (10) ovvero quando il reato è stato dichiarato estinto dopo la condanna ovvero in caso di revoca della condanna medesima.

4. Un operatore economico è escluso dalla partecipazione a una procedura d'appalto se ha commesso violazioni gravi, definitivamente accertate, rispetto agli obblighi relativi al pagamento delle imposte e tasse o dei contributi previdenziali, secondo la legislazione italiana o quella dello Stato in cui sono stabiliti. Costituiscono gravi violazioni quelle che comportano un omesso pagamento di imposte e tasse superiore all'importo di cui all'articolo 48-*bis*, commi 1 e 2-*bis* del decreto del Presidente della Repubblica 29 settembre 1973, n. 602. Costituiscono violazioni definitivamente accertate quelle contenute in sentenze o atti ammini-

strativi non più soggetti ad impugnazione. Costituiscono gravi violazioni in materia contributiva e previdenziale quelle ostative al rilascio del documento unico di regolarità contributiva (DURC), di cui al (11) decreto del Ministero del lavoro e delle politiche sociali 30 gennaio 2015, pubblicato sulla Gazzetta Ufficiale n. 125 del 1° giugno 2015, ovvero delle certificazioni rilasciate dagli enti previdenziali di riferimento non aderenti al sistema dello sportello unico previdenziale (12). Un operatore economico può essere escluso dalla partecipazione a una procedura d'appalto se la stazione appaltante è a conoscenza e può adeguatamente dimostrare che lo stesso ha commesso gravi violazioni non definitivamente accertate agli obblighi relativi al pagamento di imposte e tasse o contributi previdenziali (13). Per gravi violazioni non definitivamente accertate in materia contributiva e previdenziale s'intendono quelle di cui al quarto periodo (13). Costituiscono gravi violazioni non definitivamente accertate in materia fiscale quelle stabilite da un apposito decreto del Ministro dell'economia e delle finanze, di concerto con il Ministro delle infrastrutture e della mobilità sostenibili e previo parere del Dipartimento per le politiche europee della Presidenza del Consiglio dei ministri, da emanare entro sessanta giorni dalla data di entrata in vigore delle disposizioni di cui al presente periodo, recante limiti e condizioni per l'operatività della causa di esclusione relativa a violazioni non definitivamente accertate che, in ogni caso, devono essere correlate al valore dell'appalto e comunque di importo non inferiore a 35.000 euro (13). Il presente comma non si applica quando l'operatore economico ha ottemperato ai suoi obblighi pagando o impegnandosi in modo vincolante a pagare le imposte o i contributi previdenziali dovuti, compresi eventuali interessi o multe, ovvero quando il debito tributario o previdenziale sia comunque integralmente estinto, purché l'estinzione, il pagamento o l'impegno si siano perfezionati anteriormente alla scadenza del termine per la presentazione delle domande (14).

5. Le stazioni appaltanti escludono dalla partecipazione alla procedura d'appalto un operatore economico in una delle seguenti situazioni [, anche riferita a un suo subappaltatore nei casi di cui all'articolo 105, comma 6,] (15) qualora:

a) la stazione appaltante possa dimostrare con qualunque mezzo adeguato la presenza di gravi infrazioni debitamente accertate alle norme in materia di salute e sicurezza sul lavoro nonché agli obblighi di cui all'articolo 30, comma 3 del presente codice;

b) l'operatore economico sia stato sottoposto a fallimento o si trovi in stato di liquidazione coatta o di concordato preventivo o sia in corso nei suoi confronti un procedimento per la dichiarazione di una di tali situazioni, fermo restando quanto previsto dall'articolo 110 del presente codice e dall'articolo 186-*bis* del regio decreto 16 marzo 1942, n. 267 (16);

c) la stazione appaltante dimostri con mezzi adeguati che l'operatore economico si è reso colpevole di gravi illeciti professionali, tali da rendere dubbia la sua integrità o affidabilità; (17)

c-bis) l'operatore economico abbia tentato di influenzare indebitamente il processo decisionale della stazione appaltante o di ottenere informazioni riservate a fini di proprio vantaggio oppure abbia fornito, anche per negligenza, informazioni false o fuorvianti suscettibili di influenzare le decisioni sull'esclusione, la selezione o l'aggiudicazione, ovvero abbia omesso le informazioni dovute ai fini del corretto svolgimento della procedura di selezione; (17)

c-ter) l'operatore economico abbia dimostrato significative o persistenti carenze nell'esecuzione di un precedente contratto di appalto o di concessione che ne hanno causato la risoluzione per inadempimento ovvero la condanna al risarcimento del danno o altre sanzioni comparabili; su tali circostanze la stazione appaltante motiva anche con riferimento al tempo trascorso dalla violazione e alla gravità della stessa (17);

c-quater) l'operatore economico abbia commesso grave inadempimento nei confronti di uno o più subappaltatori, riconosciuto o accertato con sentenza passata in giudicato (18);

d) la partecipazione dell'operatore economico determini una situazione di conflitto di interesse ai sensi dell'articolo 42, comma 2, non diversamente risolvibile;

e) una distorsione della concorrenza derivante dal precedente coinvolgimento degli operatori economici nella preparazione della procedura d'appalto di cui all'articolo 67 non possa essere risolta con misure meno intrusive;

f) l'operatore economico sia stato soggetto alla sanzione interdittiva di cui all'articolo 9, comma 2, lettera *c*) del decreto legislativo 8 giugno 2001, n. 231 o ad altra sanzione che comporta il divieto di contrarre con la pubblica amministrazione, compresi i provvedimenti interdittivi di cui all'articolo14 del decreto legislativo 9 aprile 2008, n. 81;

f-bis) l'operatore economico che presenti nella procedura di gara in corso e negli affidamenti di subappalti documentazione o dichiarazioni non veritiere; (3)

f-ter) l'operatore economico iscritto nel casellario informatico tenuto dall'Osservatorio dell'ANAC per aver presentato false dichiarazioni o falsa documentazione nelle procedure di gara e negli affidamenti di subappalti. Il motivo di esclusione perdura fino a quando opera l'iscrizione nel casellario informatico; (3)

g) l'operatore economico iscritto nel casellario informatico tenuto dall'Osservatorio dell'ANAC per aver presentato false dichiarazioni o falsa documentazione ai fini del rilascio dell'attestazione di qualificazione, per il periodo durante il quale perdura l'iscrizione;

h) l'operatore economico abbia violato il divieto di intestazione fiduciaria di cui all'articolo 17 della legge 19 marzo 1990, n. 55. L'esclusione ha durata di un anno decorrente dall'accertamento definitivo della violazione e va comunque disposta se la violazione non è stata rimossa;

i) l'operatore economico non presenti la certificazione di cui all'articolo 17 della legge 12 marzo 1999, n. 68, ovvero non (19) autocertifichi la sussistenza del medesimo requisito;

l) l'operatore economico che, pur essendo stato vittima dei reati previsti e puniti dagli articoli 317 e 629 del codice penale aggravati ai sensi dell'articolo 7 del decreto-legge 13 maggio 1991, n. 152, convertito, con modificazioni, dalla legge 12 luglio 1991, n. 203, non risulti aver denunciato i fatti all'autorità giudiziaria, salvo che ricorrano i casi previsti dall'articolo 4, primo comma, della legge 24 novembre 1981, n. 689. La circostanza di cui al primo periodo deve emergere dagli indizi a base della richiesta di rinvio a giudizio formulata nei confronti dell'imputato nell'anno antecedente alla pubblicazione del bando e deve essere comunicata, unitamente alle generalità del soggetto che ha omesso la predetta denuncia, dal procuratore della Repubblica procedente all'ANAC, la quale cura la pubblicazione della comunicazione sul sito dell'Osservatorio;

m) l'operatore economico si trovi rispetto ad un altro partecipante alla medesima procedura di affidamento, in una situazione di controllo di cui all'articolo 2359 del codice civile o in una qualsiasi relazione, anche di fatto, se la situazione di controllo o la relazione comporti che le offerte sono imputabili ad un unico centro decisionale.

6. Le stazioni appaltanti escludono un operatore economico in qualunque momento della procedura, qualora risulti che l'operatore economico si trova, a causa di atti compiuti o omessi prima o nel corso della procedura, in una delle situazioni di cui ai commi 1, 2, 4 e 5.

7. Un operatore economico [, o un subappaltatore,] (20) che si trovi in una delle situazioni di cui al comma 1, limitatamente alle ipotesi in cui la sentenza definitiva abbia imposto una pena detentiva non superiore a 18 mesi ovvero abbia riconosciuto l'attenuante della collaborazione come definita per le singole fattispecie di reato, o al comma 5, è ammesso a provare di aver risarcito o di essersi impegnato a risarcire qualunque danno causato dal reato o dall'illecito e di aver adottato provvedimenti concreti di carattere tecnico, organizzativo e relativi al personale idonei a prevenire ulteriori reati o illeciti.

8. Se la stazione appaltante ritiene che le misure di cui al comma 7 sono sufficienti, l'operatore economico non è escluso della procedura d'appalto; viceversa dell'esclusione viene data motivata comunicazione all'operatore economico.

9. Un operatore economico escluso con sentenza definitiva dalla partecipazione alle procedure di appalto non può avvalersi della possibilità prevista dai commi 7 e 8 nel corso del periodo di esclusione derivante da tale sentenza.

10. Se la sentenza penale di condanna definitiva non fissa la durata della pena accessoria della incapacità di contrattare con la pubblica amministrazione, la durata della esclusione dalla procedura d'appalto o concessione è:

a) perpetua, nei casi in cui alla condanna consegue di diritto la pena accessoria perpetua, ai sensi dell'articolo 317-*bis*, primo periodo, del codice penale, salvo che la pena sia dichiarata estinta ai sensi dell'articolo 179, settimo comma, del codice penale;

b) pari a sette anni nei casi previsti dall'articolo 317-*bis*, secondo periodo, del codice penale, salvo che sia intervenuta riabilitazione;

c) pari a cinque anni nei casi diversi da quelli di cui alle lettere *a*) e *b*), salvo che sia intervenuta riabilitazione.

10-*bis*. Nei casi di cui alle lettere *b*) e *c*) del comma 10, se la pena principale ha una durata inferiore, rispettivamente, a sette e cinque anni di reclusione, la durata della esclusione è pari alla durata della pena principale. Nei casi di cui al comma 5, la durata della esclusione è pari a tre anni, decorrenti dalla data di adozione del provvedimento amministrativo di esclusione ovvero, in caso di contestazione in giudizio, dalla data di passaggio in giudicato della sentenza. Nel tempo occorrente alla definizione del giudizio, la stazione appaltante deve tenere conto di tale fatto ai fini della propria valutazione circa la sussistenza del presupposto per escludere dalla partecipazione alla procedura l'operatore economico che l'abbia commesso (21).

11. Le cause di esclusione previste dal presente articolo non si applicano alle aziende o società sottoposte a sequestro o confisca ai sensi dell'articolo 12-*sexies* del decreto-legge 8 giugno 1992, n. 306, convertito, con modificazioni, dalla legge 7 agosto 1992, n. 356 o degli articoli 20 e 24 del decreto legislativo 6 settembre 2011 n. 159, ed affidate ad un custode o amministratore giudiziario o finanziario, limitatamente a quelle riferite al periodo precedente al predetto affidamento.

12. In caso di presentazione di falsa dichiarazione o falsa documentazione, nelle procedure di gara e negli affidamenti di subappalto, la stazione appaltante ne dà segnalazione all'Autorità che, se ritiene che siano state rese con dolo o colpa grave in considerazione della rilevanza o della gravità dei fatti oggetto della falsa dichiarazione o della presentazione di falsa documentazione, dispone l'iscrizione nel casellario informatico ai fini dell'esclusione dalle procedure di gara e dagli affidamenti di subappalto ai sensi del comma 1 fino a due anni, decorso il quale l'iscrizione è cancellata e perde comunque efficacia.

13. Con linee guida l'ANAC, da adottarsi entro novanta giorni dalla data di entrata in vigore del presente codice, può precisare, al fine di garantire omogeneità di prassi da parte delle stazioni appaltanti, quali mezzi di prova considerare adeguati per la dimostrazione delle circostanze di esclusione di cui al comma 5, lettera *c*), ovvero quali carenze nell'esecuzione di un procedente contratto di appalto siano significative ai fini del medesimo comma 5, lettera *c*).

14. Non possono essere affidatari di subappalti e non possono stipulare i relativi contratti i soggetti per i quali ricorrano i motivi di esclusione previsti dal presente articolo.

(1) *L'art. 1, comma 18, d.l. 18 aprile 2019, n. 32, convertito, con modificazioni, dalla l. 14 giugno 2019, n. 55, come da ultimo modificato dall'art. 52, comma 1, lett. a) punto 9) d.l. 31 maggio 2021, n. 77, conv., con modif., in l. 29 luglio 2021, n. 108, stabiliva che « Nelle more di una complessiva revisione del codice dei contratti pubblici, di cui al decreto legislativo 18 aprile 2016, n. 50, fino al 30 giugno 2021, in deroga all'articolo 105, comma 2, del medesimo codice, fatto salvo quanto previsto dal comma 5 del medesimo articolo 105, il subappalto è indicato dalle stazioni appaltanti nel bando di gara e non può superare la quota del 40 per cento dell'importo complessivo del contratto di lavori, servizi o forniture. Fino al 31 dicembre 2023, sono altresì sospese l'applicazione del comma 6 dell'articolo 105 e del terzo periodo del comma 2 dell'articolo 174, nonché le verifiche in sede di gara, di cui all'*articolo 80 del medesimo codice, *riferite al subappaltatore ».*

Ma successivamente il citato comma 18 dell'art. 1 d.l. n. 32, cit., è stato abrogato dall'art. 10, comma 3 l. 23 dicembre 2021, n. 238, con le disposizioni di applicazione di cui sub *nota 2.*

(2) *Parole soppresse dall'art. 10, comma 1, lett.* c)*, n. 1 l. n. 238, cit. Ai sensi del comma 5 del citato art. 10, tale disposizione si applica alle procedure i cui bandi o avvisi con i quali si indice una gara sono pubblicati successivamente alla data di entrata in vigore della suddetta legge nonché, in caso di contratti senza pubblicazione di bandi o avvisi, alle procedure in cui, alla medesima data, non sono ancora stati inviati gli inviti a presentare le offerte o i preventivi.*

(3) *Lettera inserita dall'art. 49 d.lgs. 19 aprile 2017, n. 56.*

(4) *Le parole* «, con riferimento ai soggetti indicati al comma 3, » *sono state aggiunte dall'art. 49 d.lgs. n. 56, cit.*

(5) *Quarto periodo aggiunto dall'art. 1, comma 20, lett.* o)*, n. 1) n. 32, cit. Ai sensi del comma 21 del predetto art. 1, le disposizioni di cui all'art. 1, comma 20 del suddetto d.l. n. 32 cit. si applicano alle procedure i cui bandi o avvisi, con i quali si indice una gara, sono pubblicati successivamente alla data di entrata in vigore della legge di conversione del presente decreto, nonché, in caso di contratti senza pubblicazione di bandi o avvisi, alle procedure in cui, alla medesima data, non sono ancora stati inviati gli inviti a presentare le offerte o i preventivi.*

(6) *Le parole* « L'esclusione di cui ai commi 1 e 2 » *sono state sostituite alle parole* « L'esclusione di cui al comma 1 » *dall'art. 49 d.lgs. n. 56, cit.*

(7) *Le parole* « ovvero la misura interdittiva » *sono state inserite dall'art. 49 d.lgs. n. 56, cit.*

(8) *Le parole* « ivi compresi institori e procuratori generali, dei membri degli organi con poteri » *sono state inserite dall'art. 49 d.lgs. n. 56, cit.*

(9) *Le parole* « in caso di società con un numero di soci pari o inferiore a quattro » *sono state sostituite alle parole* « in caso di società con meno di quattro soci » *dall'art. 1, comma 20, lett.* o)*, n. 2) d.l. n. 32, cit. V. nota 5 per la disciplina transitoria di cui al comma 21 del predetto art. 1 d.l. n. 32, cit.*

(10) *Le parole da* « ovvero, nei casi di condanna » *a* « del codice penale » *sono state inserite dall'art. 1, comma 20, lett.* o)*, n. 2) d.l. n. 32, cit. V. nota 5 per la disciplina transitoria di cui al comma 21 del predetto art. 1 d.l. n. 32, cit.*

(11) *Le parole* « di cui al » *sono state sostituite alle parole* « di cui all'articolo 8 del » *dall'art. 49 d.lgs. n. 56, cit.*

(12) *Le parole da* «, ovvero dalle certificazioni » *a* « sportello unico previdenziale » *sono state inserite dall'art. 49 d.lgs. n. 56, cit. Inoltre, precedentemente alla conversione in legge, l'art. 1, comma 1, lett. n), n. 4), d.l. n. 32, cit. aveva disposto la sostituzione del quinto periodo del presente comma con il seguente: « Un operatore economico può essere escluso dalla partecipazione a una procedura d'appalto se la stazione appaltante è a conoscenza e può adeguatamente dimostrare che lo stesso non ha ottemperato agli obblighi relativi al pagamento delle imposte e tasse o dei contributi previdenziali non definitivamente accertati. Il presente comma non si applica quando l'operatore economico ha ottemperato ai suoi obblighi pagando o impegnandosi in modo vincolante a pagare le imposte o i contributi previdenziali dovuti, compresi eventuali interessi o multe, ovvero quando il debito tributario o previdenziale sia comunque integralmente estinto, purché l'estinzione, il pagamento o l'impegno si siano perfezionati anteriormente alla scadenza del termine per la presentazione delle domande », ma tale modifica è decaduta in sede di conversione. Ai sensi dell'art. 1, comma 2, d.l. n. 32, cit.:* « *Restano validi gli atti e i provvedimenti adottati e sono fatti salvi gli effetti prodottisi e i rapporti giuridici sorti sulla base dell'*articolo 1 del medesimo decreto-legge 18 aprile 2019, n. 32 ».

(13) *I periodi quinto, sesto e settimo sono stati sostituiti al quinto periodo dall'art. 10, comma 1, lett.* c)*, n. 2 l. n. 238 del 2021, con le disposizioni di applicazione di cui* sub *nota 2. Il testo del quinto periodo era il seguente:* « Un operatore economico può essere escluso dalla partecipazione a una procedura d'appalto se la stazione appaltante è a conoscenza e può adeguatamente dimostrare che lo stesso non ha ottemperato agli obblighi relativi al pagamento delle imposte e tasse o dei contributi previdenziali non definitivamente accertati qualora tale mancato pagamento costituisca una grave violazione ai sensi rispettivamente del secondo o del quarto periodo ».

(14) *Periodo inserito dall'art. 8, comma 5, lett.* b) *d.l. 16 luglio 2020, n. 76, conv., con modif., in l. 11 settembre 2020, n. 120, in vigore dal 17 luglio 2020. Ai sensi del successivo comma 6 « Le disposizioni di cui al comma 5 si applicano alle procedure i cui bandi o avvisi, con i quali si indice una gara, sono pubblicati successivamente alla data di entrata in vigore del presente decreto, nonché, in caso di contratti senza pubblicazione di bandi o avvisi, alle procedure in cui, alla medesima data, non sono ancora stati inviati gli inviti a presentare le offerte o i preventivi ».*

(15) *Parole soppresse dall'art. 10, comma 1, lett.* c)*, n. 3 l. n. 238 del 2021, con le disposizioni di applicazione di cui* sub *nota 2.*

(16) *Lettera così sostituita dall'art. 1, comma 20, lett.* o)*, n. 3) d.l. n. 32, cit. V. nota 5 per la disciplina transitoria di cui al comma 21 del predetto art. 1 d.l. n. 32, cit. Il testo della lettera era il seguente:* « b) l'operatore economico si trovi in stato di fallimento, di liquidazione coatta, di concordato preventivo, salvo il caso di concordato con continuità aziendale, o nei cui riguardi sia in corso un procedimento per la dichiarazione di una di tali situazioni, fermo restando quanto previsto dall'articolo 110 ». *Inoltre, ai sensi dell'art. 1, comma 1,* lett. b) *d.l. n. 32, cit., come da ultimo modificato dall'art. 52, comma 1, lett.* a)*, n. 1.1) d.l. 31 maggio 2021, n. 77, conv., con modif., in l. 29 luglio 2021, n. 108, la disposizione di cui al presente quarto periodo non si applica* ***fino al 30 giugno 2023*** *« per le procedure per le quali i bandi o gli avvisi con cui si indice la procedura di scelta del contraente siano pubblicati successivamente alla data di entrata in vigore del presente decreto, nonché, in caso di contratti senza pubblicazione di bandi o di avvisi, per le procedure in relazione alle quali, alla data di entrata in vigore del presente decreto, non siano ancora stati inviati gli inviti a presentare le offerte, nelle more della riforma complessiva del settore e comunque nel rispetto dei principi e delle norme sancite dall'Unione europea, in particolare delle direttive 2014/23/UE, 2014/24/UE e 2014/25/UE del Parlamento europeo e del Consiglio, del 26 febbraio 2014 ».*

Ai sensi dell'art. 372, comma 1, lett. b) del d.lgs. 12 gennaio 2019, n. 14, la cui entrata in vigore è rinviata al ***16 maggio 2022****, ai sensi dell'art. 389, comma 1 del medesimo decreto, come da ultimo sostituito dall'art. 1, comma 1, d.l. 24 agosto 2021, n. 118, conv., con modif., in l. 21 ottobre 2021, n. 147, la lett. b) è sostituita dalla seguente:* « b) l'operatore economico sia stato sottoposto a liquidazione giudiziale o si trovi in stato di liquidazione coatta o di concordato preventivo o sia in corso nei suoi confronti un procedimento per la dichiarazione di una di tali situazioni, fermo restando quanto previsto dall'articolo 95 del codice della crisi di impresa e dell'insolvenza adottato in attuazione della delega di cui all'articolo 1 della legge 19 ottobre 2017, n. 155 e dall'articolo 110; ». Ai sensi del comma 2 dell'art. 372 cit., « Le disposizioni di cui al comma 1 si applicano alle procedure in cui il bando o l'avviso con cui si indice la gara è pubblicato successivamente alla data di entrata in vigore del presente codice, nonché, per i contratti non preceduti dalla pubblicazione di bandi o avvisi, alle procedure in cui, alla medesima data, non sono ancora stati inviati gli inviti a presentare le offerte ».

(17) *Le lettere* c), c-bis) e c-ter) *sono state sostituite all'originaria lett.* c) *dall'art. 5, comma 1, d.l. 14 dicembre 2018, n. 135, conv., con modif., in l. 11 febbraio 2019, n. 12. Ai sensi del comma 2 dell'art. 5 d.l. n. 135, cit., tali disposizioni si applicano alle procedure i cui bandi o avvisi, con i quali si indicono le gare, sono pubblicati successivamente alla data di entrata in vigore del suddetto decreto, nonché, in caso di contratti senza pubblicazione di bandi o avvisi, alle procedure in cui, alla medesima data, non sono ancora stati inviati gli inviti a presentare le offerte. Il testo della lett.* c) *era il seguente:* « c) la stazione appaltante dimostri con mezzi adeguati che l'operatore economico si è reso colpevole di gravi illeciti professionali, tali da rendere dubbia la sua integrità o affidabilità. Tra questi rientrano: le significative carenze nell'esecuzione di un precedente contratto di appalto o di concessione che ne hanno causato la risoluzione anticipata, non contestata in giudizio, ovvero confermata all'esito di un giudizio, ovvero hanno dato luogo ad una condanna al risarcimento del danno o ad altre sanzioni; il tentativo di influenzare indebitamente il processo decisionale della stazione appaltante o di ottenere informazioni riservate ai fini di proprio vantaggio; il fornire, anche per negligenza, informazioni false o fuorvianti suscettibili di influenzare le decisioni sull'esclusione, la selezione o l'aggiudicazione ovvero l'omettere le informazioni dovute ai fini del corretto svolgimento della procedura di selezione; ».

(18) *Lettera inserita dall'art. 1, comma 20, lett.* o)*, n. 4) d.l. n. 32, cit. V. nota 5 per la disciplina transitoria di cui al comma 21 del predetto art. 1 d.l. n. 32, cit.*

(19) *La parola* « non » *è stata inserita dall'art. 49 d.lgs. n. 56, cit.*

(20) *Parole soppresse dall'art. 10, comma 1, lett.* c)*, n. 4 l. n. 238 del 2021, con le disposizioni di applicazione di cui* sub *nota 2.*

(21) *I commi* 10 *e* 10-bis *sono stati sostituiti al precedente comma 10 dall'art. 1, comma 20, lett. o), n. 5) d.l. n. 32, cit. V. nota 5 per la disciplina transitoria di cui al comma 21 del predetto art. 1 d.l. n. 32, cit. Il testo del comma era il seguente:* « 10. la sentenza di condanna definitiva non fissa la durata della pena accessoria della incapacità di contrattare con la pubblica amministrazione, ovvero non sia intervenuta riabilitazione, tale durata è pari a cinque anni, salvo che la pena principale sia di durata inferiore, e in tale caso è pari alla durata della pena principale e a tre anni, decorrenti dalla data del suo accertamento definitivo, nei casi di cui ai commi 4 e 5 ove non sia intervenuta sentenza di condanna ».

81 Documentazione di gara.

1. Fermo restando quanto previsto dagli articoli 85 e 88, la documentazione comprovante il possesso dei requisiti di carattere generale, tecnico-professionale ed economico e finanziario, per la partecipazione alle procedure disciplinate dal presente codice e per il controllo in fase di esecuzione del contratto della permanenza dei suddetti requisiti, (1) è acquisita esclusivamente attraverso la Banca dati nazionale dei contratti pubblici, di cui all'articolo 213, comma 8 (2).

2. Per le finalità di cui al comma 1, l'ANAC individua, con proprio provvedimento, adottato d'intesa con il Ministero delle infrastrutture e della mobilità sostenibili e con l'AgID, i dati concernenti la partecipazione alle gare e il loro esito, in relazione ai quali è obbligatoria la verifica attraverso la Banca dati nazionale dei contratti pubblici, i termini e le regole tecniche per l'acquisizione, l'aggiornamento e la consultazione dei predetti dati, anche mediante la piattaforma di cui all'articolo 50-*ter* del decreto legislativo 7 marzo 2005, n. 82, nonché i criteri e le modalità relative all'accesso e al funzionamento della Banca dati. L'interoperabilità tra le diverse banche dati gestite dagli enti certificanti coinvolte nel procedimento, nonché tra queste e le banche dati gestite dall'ANAC, è assicurata secondo le modalità individuate dall'AgID con le Linee guida in materia (3).

3. Costituisce oggetto di valutazione della performance il rifiuto, ovvero l'omessa effettuazione di quanto necessario a garantire l'interoperabilità delle banche dati, secondo le modalità individuate con il provvedimento (4) di cui al comma 2, da parte del soggetto responsabile delle stesse all'interno dell'amministrazione o organismo pubblico coinvolti nel procedimento. A tal fine, l'ANAC [, debitamente informata dal Ministero delle infrastrutture e dei trasporti,] (5) effettua le dovute segnalazioni all'organo di vertice dell'amministrazione o organismo pubblico.

4. Presso la Banca dati nazionale dei contratti pubblici è istituito il fascicolo virtuale dell'operatore economico nel quale sono presenti i dati di cui al comma 2 per la verifica dell'assenza di motivi di esclusione di cui all'articolo 80, l'attestazione di cui all'articolo 84, comma 1, per i soggetti esecutori di lavori pubblici, nonché i dati e documenti relativi ai criteri di selezione di cui all'articolo 83 che l'operatore economico carica. Il fascicolo virtuale dell'operatore economico è utilizzato per la partecipazione alle singole gare. I dati e documenti contenuti nel fascicolo virtuale, nei termini di efficacia di ciascuno di essi, possono essere utilizzati anche per gare diverse. In sede di partecipazione alle gare l'operatore economico indica i dati e i documenti relativi ai requisiti generali e speciali di cui agli articoli 80, 83 e 84, contenuti nel fascicolo virtuale per consentire la valutazione degli stessi alla stazione appaltante (6).

4-*bis*. Le amministrazioni competenti al rilascio delle certificazioni di cui all'articolo 80 realizzano, mediante adozione delle necessarie misure organizzative, sistemi informatici atti a garantire alla Banca Dati Nazionale dei Contratti Pubblici la disponibilità in tempo reale delle dette certificazioni in formato digitale, mediante accesso alle proprie banche dati, con modalità automatizzate mediante interoperabilità secondo le modalità individuate dall'AgID con le linee guida in materia. L'ANAC garantisce l'accessibilità alla propria banca dati alle stazioni appaltanti, agli operatori economici e agli organismi di attestazione di cui all'articolo 84, commi 1 e seguenti, limitatamente ai loro dati. Fino alla data di entrata in vigore del provvedimento di cui al comma 2, l'ANAC può predisporre elenchi di operatori economici già accertati e le modalità per l'utilizzo degli accertamenti per gare diverse (7).

(1) *Le parole* « e per il controllo in fase di esecuzione del contratto della permanenza dei suddetti requisiti, » *sono state inserite dall'art. 50 del d.lgs. 19 aprile 2017, n. 56.*

(2) *Le parole* « Banca dati nazionale dei contratti pubblici, di cui all'articolo 213, comma 8 » *sono state sostituite alle parole* « Banca dati centralizzata gestita dal Ministero delle infrastrutture e dei trasporti, denominata Banca dati nazionale degli operatori economici » *dall'art. 53, comma 5, lett.* d), *n. 1 d.l. 31 maggio 2021, n. 77, conv., con modif., in l. 29 luglio 2021, n. 108.*

(3) *Comma così sostituito dall'art. 53, comma 5, lett.* d), *n. 2 d.l. n. 77, cit. Il testo del comma era il seguente:* « 2. Per le finalità di cui al comma 1, con decreto del Ministro delle infrastrutture e dei trasporti, sentita l'ANAC e l'AGID, sono indicati i dati concernenti la partecipazione alle gare e il loro esito, in relazione ai quali è obbligatoria l'inclusione della documentazione nella Banca dati, i documenti diversi da quelli per i quali è prevista l'inclusione e le modalità di presentazione, i termini e le regole tecniche per l'acquisizione, l'aggiornamento e la consultazione dei predetti dati. Con il medesimo decreto si provvede alla definizione delle modalità relative alla progressiva informatizzazione dei documenti necessari a comprovare i requisiti di partecipazione e l'assenza di cause di esclusione, nonché alla definizione dei criteri e delle modalità relative all'accesso e al funzionamento nonché all'interoperabilità tra le diverse banche dati coinvolte nel procedimento. A tal fine entro il 31 dicembre 2016, il Ministero delle infrastrutture e dei trasporti, in accordo con ANAC, definisce le modalità di subentro nelle convenzioni stipulate dall'ANAC, tali da non rendere pregiudizio all'attività di gestione dati attribuite all'ANAC dal presente codice. Fino alla data di entrata in vigore del decreto di cui al presente comma, si applica l'articolo 216, comma 13 ».

(4) *La parola* « provvedimento » *è stata sostituita alla parola* « decreto » *dall'art. 53, comma 5, lett.* d), *n. 3 d.l. n. 77, cit.*

(5) *Parole soppresse dall'art. 53, comma 5, lett.* d), *n. 3 d.l. n. 77, cit.*

(6) *Comma così sostituito dall'art. 53, comma 5, lett.* d), *n. 4 d.l. n. 77, cit. Il testo del comma era il seguente:* « 4. Gli esiti dell'accertamento dei requisiti generali di qualificazione, costantemente aggiornati, con riferimento al medesimo partecipante nei termini di efficacia di ciascun documento, possono essere utilizzati anche per gare diverse ».

(7) *Comma aggiunto dall'art. 53, comma 5, lett.* d), *n. 5 d.l. n. 77, cit.*

82 Rapporti di prova, certificazione e altri mezzi di prova.

1. Le amministrazioni aggiudicatrici possono esigere che gli operatori economici presentino, come mezzi di prova di conformità ai requisiti o ai criteri stabiliti nelle specifiche tecniche, ai criteri di aggiudicazione o alle condizioni relative all'esecuzione dell'appalto, una relazione di prova o un certificato rilasciati da un organismo di valutazione della conformità. Le amministrazioni aggiudicatrici che richiedono la presentazione di certificati rilasciati da uno specifico organismo di valutazione della conformità accettano anche i certificati rilasciati da organismi di valutazione della conformità equivalenti. Ai fini del presente comma, per « organismo di valutazione della conformità » si intende un organismo che effettua attività di valutazione della conformità, comprese taratura, prove, ispezione e certificazione, accreditato a norma del Regolamento (CE) n. 765/2008 del Parlamento europeo e del Consiglio oppure autorizzato, per l'applicazione della normativa comunitaria di armonizzazione, dagli Stati membri

non basandosi sull'accreditamento, a norma dell'articolo 5, paragrafo 2, dello stesso Regolamento (CE) n. 765/2008 del Parlamento europeo e del Consiglio. Nei casi non coperti da normativa comunitaria di armonizzazione, si impiegano i rapporti e certificati rilasciati dagli organismi eventualmente indicati nelle disposizioni nazionali di settore (1).

2. Le amministrazioni aggiudicatrici accettano altri mezzi di prova appropriati, diversi da quelli di cui al comma 1, ivi compresa una documentazione tecnica del fabbricante, se l'operatore economico interessato non aveva accesso ai certificati o alle relazioni di prova di cui al comma 1, o non poteva ottenerli entro i termini richiesti, purché il mancato accesso non sia imputabile all'operatore economico interessato e purché questi dimostri che i lavori, le forniture o i servizi prestati soddisfano i requisiti o i criteri stabiliti nelle specifiche tecniche, i criteri di aggiudicazione o le condizioni relative all'esecuzione dell'appalto.

3. Le informazioni relative alle prove e ai documenti presentati a norma del presente articolo e degli articoli 68, comma 8, e 69 sono messe a disposizione degli altri Stati membri, su richiesta, dalla Cabina di regia. Lo scambio delle informazioni è finalizzato a un'efficace cooperazione reciproca, ed avviene nel rispetto delle regole europee e nazionali in materia di protezione dei dati personali.

(1) *Le parole da « Regolamento (CE) n. 765/2008 » a « disposizioni nazionali di settore » sono state sostituite alle parole « regolamento (UE) n. 765/2008 del Parlamento europeo e del Consiglio » dall'art. 51 del d.lgs. 19 aprile 2017, n. 56.*

83 Criteri di selezione e soccorso istruttorio.

1. I criteri di selezione riguardano esclusivamente:

a) i requisiti di idoneità professionale;

b) la capacità economica e finanziaria;

c) le capacità tecniche e professionali.

2. I requisiti e le capacità di cui al comma 1 sono attinenti e proporzionati all'oggetto dell'appalto, tenendo presente l'interesse pubblico ad avere il più ampio numero di potenziali partecipanti, nel rispetto dei principi di trasparenza e rotazione. Per i lavori, con il regolamento di cui all'articolo 216, comma 27-*octies* (1), sono disciplinati, nel rispetto dei principi di cui al presente articolo e anche al fine di favorire l'accesso da parte delle microimprese e delle piccole e medie imprese, il sistema di qualificazione, i casi e le modalità di avvalimento, i requisiti e le capacità che devono essere posseduti dal concorrente, anche in riferimento ai consorzi di cui all'articolo 45, lettere *b*) e *c*) e la documentazione richiesta ai fini della dimostrazione del loro possesso di cui all'allegato XVII. Fino all'adozione di detto regolamento (2), si applica l'articolo 216, comma 14.

3. Ai fini della sussistenza dei requisiti di cui al comma 1, lettera *a*), i concorrenti alle gare, se cittadini italiani o di altro Stato membro residenti in Italia, devono essere iscritti nel registro della camera di commercio, industria, artigianato e agricoltura o nel registro delle commissioni provinciali per l'artigianato, o presso i competenti ordini professionali. Al cittadino di altro Stato membro non residente in Italia, è richiesta la prova dell'iscrizione, secondo le modalità vigenti nello Stato di residenza, in uno dei registri professionali o commerciali di cui all'allegato XVI, mediante dichiarazione giurata o secondo le modalità vigenti nello Stato membro nel quale è stabilito ovvero mediante attestazione, sotto la propria responsabilità, che il certificato prodotto è stato rilasciato da uno dei registri professionali o commerciali istituiti nel Paese in cui è residente. Nelle procedure di aggiudicazione degli appalti pubblici di servizi, se i candidati o gli offerenti devono essere in possesso di una particolare autorizzazione ovvero appartenere a una particolare organizzazione per poter prestare nel proprio Paese d'origine i servizi in questione, la stazione appaltante può chiedere loro di provare il possesso di tale autorizzazione ovvero l'appartenenza all'organizzazione.

4. Per gli appalti di servizi e forniture, ai fini della verifica del possesso dei requisiti di cui al comma 1, lettera *b*), le stazioni appaltanti, nel bando di gara, possono richiedere:

a) che gli operatori economici abbiano un fatturato minimo annuo, compreso un determinato fatturato minimo nel settore di attività oggetto dell'appalto;

b) che gli operatori economici forniscano informazioni riguardo ai loro conti annuali che evidenzino in particolare i rapporti tra attività e passività;

c) un livello adeguato di copertura assicurativa contro i rischi professionali.

5. Il fatturato minimo annuo richiesto ai sensi del comma 4, lettera *a*) non può comunque superare il doppio del valore stimato dell'appalto, calcolato in relazione al periodo di riferimento dello stesso, (3) salvo in circostanze adeguatamente motivate relative ai rischi specifici connessi alla natura dei servizi e forniture, oggetto di affidamento. La stazione appaltante, ove richieda un fatturato minimo annuo, ne indica le ragioni nei documenti di gara. Per gli appalti divisi in lotti, il presente comma si applica per ogni singolo lotto. Tuttavia, le stazioni appaltanti possono fissare il fatturato minimo annuo che gli operatori economici devono avere con riferimento a gruppi di lotti nel caso in cui all'aggiudicatario siano aggiudicati più lotti da eseguirsi contemporaneamente. Se gli appalti basati su un accordo quadro devono essere aggiudicati in seguito alla riapertura della gara, il requisito del fatturato annuo massimo di cui al primo periodo del presente comma è calcolato sulla base del valore massimo atteso dei contratti specifici che saranno eseguiti contemporaneamente, se conosciuto, altrimenti sulla base del valore stimato dell'accordo quadro. Nel caso di sistemi dinamici di acquisizione, il requisito del fatturato annuo massimo è calcolato sulla base del valore massimo atteso degli appalti specifici da aggiudicare nell'ambito di tale sistema.

5-*bis*. In relazione al requisito di cui al comma 4, lettera *c*), l'adeguatezza della copertura assicurativa offerta viene valutata sulla base della polizza assicurativa contro i rischi professionali posseduta dall'operatore economico e in corso di validità. In relazione alle polizze assicurative di importo inferiore al valore dell'appalto, le stazioni appaltanti possono richiedere che l'offerta sia corredata, a pena di esclusione, dall'impegno da parte dell'impresa assicuratrice ad adeguare il valore della polizza assicurativa a quello dell'appalto, in caso di aggiudicazione (4).

6. Per gli appalti di servizi e forniture, per i criteri di selezione di cui al comma 1, lettera *c*), le stazioni appaltanti possono richiedere requisiti per garantire che gli operatori economici possiedano le risorse umane e tecniche e l'esperienza necessarie per eseguire l'appalto con un adeguato standard di qualità. Nelle procedure d'appalto per forniture che necessitano di lavori di posa in opera o di installazione, servizi o lavori, la capacità professionale degli operatori economici di fornire tali servizi o di eseguire l'installazione o i lavori è valutata con riferimento alla loro competenza, efficienza, esperienza e affidabilità. Le informazioni richieste non possono eccedere l'oggetto dell'appalto; l'amministrazione deve, comunque, tener conto dell'esigenza di protezione dei segreti tecnici e commerciali.

7. Fermo restando il sistema di qualificazione di cui all'articolo 84 nonché quanto previsto in materia di prova documentale preliminare dall'articolo 85, la dimostrazione dei requisiti di cui al comma 1, lettere *b*) e *c*) è fornita, a seconda della natura, della quantità o dell'importanza e dell'uso delle forniture o dei servizi, utilizzando i mezzi di prova di cui all'articolo 86, commi 4 e 5.

8. Le stazioni appaltanti indicano le condizioni di partecipazione richieste, che possono essere espresse come livelli minimi di capacità, congiuntamente agli idonei mezzi di prova, nel bando di gara o nell'invito a confermare interesse ed effettuano la verifica formale e sostanziale delle capacità realizzative, delle competenze tecniche e professionali, ivi comprese le risorse umane, organiche all'impresa, nonché delle attività effettivamente eseguite. Per i soggetti di cui all'articolo 45, comma 2, lettere *d*), *e*), *f*) e *g*), nel bando sono indicate le eventuali misure in cui gli stessi requisiti devono essere posseduti dai singoli concorrenti partecipanti (4). La mandataria in ogni caso deve possedere i requisiti ed eseguire le prestazioni in misura maggioritaria (5). I bandi e le lettere di invito non possono contenere ulteriori prescrizioni a pena di esclusione rispetto a quelle previste dal presente codice e da altre disposizioni di legge vigenti. Dette prescrizioni sono comunque nulle.

9. Le carenze di qualsiasi elemento formale della domanda possono essere sanate attraverso la procedura di soccorso istruttorio di cui al presente comma. In particolare, in caso di mancanza, incompletezza e di ogni altra irregolarità essenziale degli elementi e del documento di gara unico europeo di cui all'articolo 85, con esclusione di quelle afferenti all'offerta economica e all'offerta tecnica, la stazione appaltante assegna al concorrente un termine, non superiore a dieci giorni, perché siano rese, integrate o regolarizzate le dichiarazioni necessarie, indicandone il contenuto e i soggetti che le devono rendere. In caso di inutile decorso del termine di regolarizzazione, il concorrente è escluso dalla gara. Costituiscono irregolarità essenziali non sanabili le carenze della documentazione che non consentono l'individuazione del contenuto o del soggetto responsabile della stessa (6).

10. È istituito presso l'ANAC, che ne cura la gestione, il sistema del rating di impresa e delle relative premialità, per il quale l'Autorità rilascia apposita certificazione agli operatori economici, su richiesta (7). Il suddetto sistema è connesso a requisiti reputazionali valutati sulla base di indici qualitativi e quantitativi, oggettivi e misurabili, nonché sulla base di accertamenti definitivi che esprimono l'affidabilità (8) dell'impresa. L'ANAC definisce i requisiti reputazionali e i criteri di valutazione degli stessi e i criteri relativi alla valutazione dell'impatto generato di cui all'articolo 1, comma 382, lettera *b*), della legge 28 dicembre 2015, n. 208, anche qualora l'offerente sia un soggetto diverso dalle società benefit (9), nonché le modalità di rilascio della relativa certificazione, mediante linee guida adottate entro tre mesi dalla data di entrata in vigore della presente disposizione (10). Le linee guida di cui al precedente periodo istituiscono altresì un sistema amministrativo, regolato sotto la direzione dell'ANAC, di penalità e premialità per la denuncia obbligatoria delle richieste estorsive e corruttive da parte delle imprese titolari di appalti pubblici, comprese le imprese subappaltatrici e le imprese fornitrici di materiali, opere e servizi, prevedendo altresì uno specifico regime sanzionatorio nei casi di omessa o tardiva denuncia (11). I requisiti reputazionali alla base del rating di impresa di cui al presente comma tengono conto, in particolare, dei precedenti comportamenti dell'impresa, con riferimento al mancato utilizzo del soccorso istruttorio, all'applicazione delle disposizioni sulla denuncia obbligatoria di richieste estorsive e corruttive, nonché al rispetto dei tempi e dei costi nell'esecuzione dei contratti e dell'incidenza e degli esiti del contenzioso sia in sede di partecipazione alle procedure di gara sia in fase di esecuzione del contratto (12). Per il calcolo del rating di impresa si tiene conto del comportamento degli operatori economici tenuto nelle procedure di affidamento avviate dopo l'entrata in vigore della presente disposizione (13). L'ANAC attribuisce elementi premiali agli operatori economici per comportamenti anteriori all'entrata in vigore della presente disposizione conformi a quanto previsto per il rilascio del rating di impresa (13).

(1) *Le parole* « con il regolamento di cui all'articolo 216, comma 27-*octies* » *sono state sostituite alle precedenti* « con decreto del Ministro delle infrastrutture e dei trasporti da adottare, su proposta dell'ANAC entro un anno dalla data di entrata in vigore del presente codice, previo parere delle competenti Commissioni parlamentari » *dall'art. 1, comma 20, lett.* p) *d.l. 18 aprile 2019, n. 32, conv., con modif., in l. 14 giugno 2019, n. 55. Ai sensi del comma 21 del predetto art. 1, le disposizioni di cui all'art. 1, comma 20 del suddetto d.l. n. 32 cit. si applicano alle procedure i cui bandi o avvisi, con i quali si indice una gara, sono pubblicati successivamente alla data di entrata in vigore della legge di conversione del presente decreto, nonché, in caso di contratti senza pubblicazione di bandi o avvisi, alle procedure in cui, alla medesima data, non sono ancora stati inviati gli inviti a presentare le offerte o i preventivi.*

(2) *Le parole* « di detto regolamento » *sono state sostituite alle parole* « di dette linee guida » *dall'art. 1, comma 20, lett.* p) *d.l. n. 32, cit. V. nota 1 per la disciplina transitoria di cui al comma 21 del predetto art. 1 d.l. n. 32, cit.*

(3) *Le parole* « calcolato in relazione al periodo di riferimento dello stesso, » *sono state inserite dall'art. 52 d.lgs. n. 56, cit.*

(4) *Comma inserito dall'art. 8, comma 5, lett.* c) *d.l. 16 luglio 2020, n. 76, conv., con modif., in l. 11 settembre 2020, n. 120, in vigore dal 17 luglio 2020. Ai sensi del successivo comma 6 « Le disposizioni di cui al comma 5 si applicano alle procedure i cui bandi o avvisi, con i quali si indice una gara, sono pubblicati successivamente alla data di entrata in vigore del presente decreto, nonché, in caso di contratti senza pubblica-*

zione di bandi o avvisi, alle procedure in cui, alla medesima data, non sono ancora stati inviati gli inviti a presentare le offerte o i preventivi ».

(5) *Periodo inserito dall'art. 52 d.lgs. n. 56, cit.*

(6) *Comma così sostituito dall'art. 52 d.lgs. n. 56, cit. Il testo del comma era il seguente:* « 9. Le carenze di qualsiasi elemento formale della domanda possono essere sanate attraverso la procedura di soccorso istruttorio di cui al presente comma. In particolare, la mancanza, l'incompletezza e ogni altra irregolarità essenziale degli elementi e del documento di gara unico europeo di cui all'articolo 85, con esclusione di quelle afferenti all'offerta tecnica ed economica, obbliga il concorrente che vi ha dato causa al pagamento, in favore della stazione appaltante, della sanzione pecuniaria stabilita dal bando di gara, in misura non inferiore all'uno per mille e non superiore all'uno per cento del valore della gara e comunque non superiore a 5.000 euro. In tal caso, la stazione appaltante assegna al concorrente un termine, non superiore a dieci giorni, perché siano rese, integrate o regolarizzate le dichiarazioni necessarie, indicandone il contenuto e i soggetti che le devono rendere, da presentare contestualmente al documento comprovante l'avvenuto pagamento della sanzione, a pena di esclusione. La sanzione è dovuta esclusivamente in caso di regolarizzazione. Nei casi di irregolarità formali, ovvero di mancanza o incompletezza di dichiarazioni non essenziali, la stazione appaltante ne richiede comunque la regolarizzazione con la procedura di cui al periodo precedente, ma non applica alcuna sanzione. In caso di inutile decorso del termine di regolarizzazione, il concorrente è escluso dalla gara. Costituiscono irregolarità essenziali non sanabili le carenze della documentazione che non consentono l'individuazione del contenuto o del soggetto responsabile della stessa ».

(7) *Periodo così sostituito dall'art. 52 d.lgs. n. 56, cit. Il testo del periodo era il seguente:* « È istituito presso l'ANAC, che ne cura la gestione, il sistema del rating di impresa e delle relative penalità e premialità, da applicarsi ai soli fini della qualificazione delle imprese, per il quale l'Autorità rilascia apposita certificazione ».

(8) *Le parole* « l'affidabilità » *sono state sostituite alle parole* « la capacità strutturale e di affidabilità » *dall'art. 52 d.lgs. n. 56, cit.*

(9) *Le parole da* « e i criteri relativi alla valutazione » *a* « un soggetto diverso dalle società benefit » *sono state inserite dall'art. 49, comma 1-*bis, *lett.* a) *d.l. 26 ottobre 2019, n. 124, conv., con modif., in l. 19 dicembre 2019, n. 157.*

(10) *Le parole* « tre mesi dalla data di entrata in vigore della presente disposizione » *sono state sostituite alle parole* « tre mesi dalla data di entrata in vigore del presente codice » *dall'art. 52 d.lgs. n. 56, cit.*

(11) *Periodo così sostituito dall'art. 52 d.lgs. n. 56, cit. Il testo del periodo era il seguente:* « Rientra nell'ambito dell'attività di gestione del suddetto sistema la determinazione da parte di ANAC di misure sanzionatorie amministrative nei casi di omessa o tardiva denuncia obbligatoria delle richieste estorsive e corruttive da parte delle imprese titolari di contratti pubblici, comprese le imprese subappaltatrici e le imprese fornitrici di materiali, opere e servizi ».

(12) *Periodo così sostituito dall'art. 52 d.lgs. n. 56, cit. Il testo del periodo era il seguente:* « I requisiti reputazionali alla base del rating di impresa di cui al presente comma tengono conto, in particolare, del rating di legalità rilevato dall'ANAC in collaborazione con l'Autorità Garante della Concorrenza e del Mercato, ai sensi dell'articolo 213, comma 7, nonché dei precedenti comportamentali dell'impresa, con riferimento al rispetto dei tempi e dei costi nell'esecuzione dei contratti, all'incidenza del contenzioso sia in sede di partecipazione alle procedure di gara che in fase di esecuzione del contratto ».

(13) *Il sesto e settimo periodo sono stati così sostituiti all'originario sesto periodo dall'art. 52 d.lgs. n. 56, cit. Il testo del sesto periodo era il seguente:* « Tengono conto altresì della regolarità contributiva, ivi compresi i versamenti alle Casse edili, valutata con riferimento ai tre anni precedenti ».

84 Sistema unico di qualificazione degli esecutori di lavori pubblici (1).

1. Fermo restando quanto previsto dal comma 12 e dall'articolo 90, comma 8, i soggetti esecutori a qualsiasi titolo di lavori pubblici di importo pari o superiore a 150.000 euro, provano il possesso dei requisiti di qualificazione di cui all'articolo 83, mediante attestazione da parte degli appositi organismi di diritto privato autorizzati dall'ANAC. L'attività di attestazione è esercitata nel rispetto del principio di indipendenza di giudizio, garantendo l'assenza di qualunque interesse commerciale o finanziario che possa determinare comportamenti non imparziali o discriminatori (2). Gli organismi di diritto privato di cui al primo periodo, nell'esercizio dell'attività di attestazione per gli esecutori di lavori pubblici, svolgono funzioni di natura pubblicistica, anche agli effetti dell'articolo 1 della legge 14 gennaio 1994, n. 20 (2).

2. Con il regolamento di cui all'articolo 216, comma 27-*octies*, sono altresì individuati (3) livelli standard di qualità dei controlli che le società organismi di attestazione (SOA) devono effettuare, con particolare riferimento a quelli di natura non meramente documentale. L'attività di monitoraggio e controllo di rispondenza ai suddetti livelli standard di qualità comporta l'esercizio di poteri di diffida, ovvero, nei casi più gravi, la sospensione o la decadenza dall'autorizzazione all'esercizio dell'attività da parte dell'ANAC.

3. Entro tre mesi dalla data di entrata in vigore del presente codice, l'ANAC effettua una ricognizione straordinaria circa il possesso dei requisiti di esercizio dell'attività da parte dei soggetti attualmente operanti in materia di attestazione, e le modalità di svolgimento della stessa, provvedendo all'esito mediante diffida, sospensione, ovvero decadenza dall'autorizzazione nei casi di mancanza del possesso dei requisito o di esercizio ritenuto non virtuoso. L'ANAC relaziona sugli esiti di detta ricognizione straordinaria al Governo e alle Camere, allo scopo di fornire elementi di valutazione circa la rispondenza del sistema attuale di qualificazione unica a requisiti di concorrenza e trasparenza, anche in termini di quantità degli organismi esistenti ovvero di necessità di individuazione di forme di partecipazione pubblica agli stessi e alla relativa attività di attestazione.

4. Gli organismi di cui al comma 1 attestano:

a) l'assenza dei motivi di esclusione di cui all'articolo 80 che costituisce presupposto ai fini della qualificazione (4);

b) il possesso dei requisiti di capacità economica e finanziaria e tecniche e professionali indicati all'articolo 83; il periodo di attività documentabile è quello relativo ai quindici anni antecedenti (5) la data di sottoscrizione del contratto con la SOA per il conseguimento della qualificazione; (6) tra i requisiti tecnico-organizzativi rientrano i certificati rilasciati alle imprese esecutrici da parte delle stazioni appaltanti. Gli organismi di attestazione acquisiscono detti certificati unicamente dall'Osservatorio, cui sono trasmessi in copia, dalle stazioni appaltanti;

c) il possesso di certificazioni di sistemi di qualità conformi alle norme europee della serie UNI EN ISO 9000 e alla vigente normativa nazionale, rilasciate da soggetti accreditati ai sensi delle norme europee della serie UNI CEI EN 45000 e della serie UNI CEI EN ISO/IEC 17000;

d) il possesso di certificazione del rating di impresa, rilasciata dall'ANAC ai sensi dell'articolo 83, comma 10.

4-*bis*. Gli organismi di cui al comma 1 segnalano immediatamente all'ANAC i casi in cui gli operatori economici, ai fini della qualificazione, rendono dichiarazioni false o producono documenti non veritieri. L'ANAC, se accerta la colpa grave o il dolo dell'operatore economico, tenendo conto della gravità del fatto e della sua rilevanza nel procedimento di qualificazione, ne dispone l'iscrizione nel casellario informatico ai fini dell'esclusione dalle procedure di gara e dagli affidamenti di subappalto, ai sensi dell'articolo 80, comma 5, lettera *g*), per un periodo massimo di due anni. Alla scadenza stabilita dall'ANAC, l'iscrizione perde efficacia ed è immediatamente cancellata (7).

5. Il sistema unico di qualificazione degli esecutori di contratti pubblici è articolato in rapporto alle tipologie e all'importo dei lavori.

6. L'ANAC vigila sul sistema di qualificazione e, a tal fine, effettua ispezioni, anche senza preavviso, o richiede qualsiasi documento ritenuto necessario. I poteri di vigilanza e di controllo sono esercitati anche su motivata e documentata istanza di una impresa ovvero di una SOA o di una stazione appaltante. Le stazioni appaltanti hanno l'obbligo di effettuare controlli, almeno a campione, secondo modalità predeterminate, sulla sussistenza dei requisiti oggetto dell'attestazione, segnalando immediatamente le eventuali irregolarità riscontrate all'ANAC, che dispone la sospensione cautelare dell'efficacia dell'attestazione dei requisiti entro dieci giorni dalla ricezione dell'istanza medesima. Sull'istanza di verifica l'ANAC provvede entro sessanta giorni, secondo modalità stabilite nel regolamento di cui all'articolo 216, comma 27-*octies* (8). I controlli effettuati dalle stazioni appaltanti costituiscono elemento positivo di valutazione ai fini dell'attribuzione della premialità di cui all'articolo 38.

7. Per gli appalti di lavori di importo pari o superiore ai 20 milioni di euro, oltre alla presentazione dell'attestazione dei requisiti di qualificazione di cui all'articolo 83, la stazione appaltante può richiedere requisiti aggiuntivi finalizzati:

a) alla verifica della capacità economico-finanziaria. In tal caso il concorrente fornisce i parametri economico-finanziari significativi richiesti, certificati da società di revisione ovvero altri soggetti preposti che si affianchino alle valutazioni tecniche proprie dell'organismo di certificazione, da cui emerga in modo inequivoco la esposizione finanziaria dell'impresa concorrente all'epoca in cui partecipa ad una gara di appalto; in alternativa a tale requisito, la stazione appaltante può richiedere una cifra d'affari in lavori pari a due volte l'importo a base di gara, che l'impresa deve aver realizzato nei migliori cinque dei dieci anni antecedenti (9) nel triennio antecedente la data di pubblicazione del bando;

b) alla verifica della capacità professionale per gli appalti per i quali viene richiesta la classifica illimitata. In tal caso il concorrente fornisce evidenza di aver eseguito lavori per entità e tipologia compresi nella categoria individuata come prevalente a quelli posti in appalto opportunamente certificati dalle rispettive stazioni appaltanti, tramite presentazione del certificato di esecuzione lavori; tale requisito si applica solo agli appalti di lavori di importo superiore a 100 milioni di euro.

8. Il regolamento di cui all'articolo 216, comma 27-*octies*, disciplina (10) i casi e le modalità di sospensione o di annullamento delle attestazioni, nonché di decadenza delle autorizzazioni degli organismi di attestazione (11). Sono disciplinati (10), altresì, i criteri per la determinazione dei corrispettivi dell'attività di qualificazione, in rapporto all'importo complessivo ed al numero delle categorie generali o specializzate cui si richiede di essere qualificati, avendo riguardo anche alla necessaria riduzione degli stessi in caso di consorzi stabili nonché per le microimprese e le piccole e medie imprese.

9. Al fine di garantire l'effettività e la trasparenza dei controlli sull'attività di attestazione posta in essere dalle SOA, l'ANAC predetermina e rende pubblico sul proprio sito il criterio e il numero di controlli a campione da effettuare annualmente sulle attestazioni rilasciate dalle SOA.

10. La violazione delle disposizioni del regolamento di cui all'articolo 216, comma 27-*octies*, (12) è punita con le sanzione previste dall'articolo 213, comma 13. Per le violazioni di cui al periodo precedente, non è ammesso il pagamento in misura ridotta. L'importo della sanzione è determinato dall'ANAC con ordinanza-ingiunzione sulla base dei criteri generali di cui alla legge 24 novembre 1981, n. 689, con particolare riferimento ai criteri di proporzionalità e adeguatezza alla gravità della fattispecie. Nei casi più gravi, in aggiunta alla sanzione amministrativa pecuniaria, si applica la sanzione accessoria della sospensione dell'attività di impresa per un periodo da un mese a due anni, ovvero della decadenza dell'autorizzazione. La decadenza dell'autorizzazione si applica sempre in caso di reiterazione della violazione che abbia comportato la sanzione accessoria della sospensione dell'attività, ai sensi della legge 24 novembre 1981, n. 689.

11. La qualificazione della SOA ha durata di cinque anni, con verifica entro il terzo anno del mantenimento dei requisiti di ordine generale nonché dei requisiti di capacità strutturale indicati nel regolamento di cui all'articolo 216, comma 27-*octies* (13)

12. Entro un anno dalla data di entrata in vigore del presente codice, con decreto del Ministro delle infrastrutture e dei trasporti, su proposta dell'ANAC, sentite le competenti Commissioni parlamentari, vengono individuate modalità di qualificazione, anche alternative o sperimentali da parte di stazioni appaltanti ritenute particolarmente qualificate ai sensi dell'articolo 38, per migliorare l'effettività delle verifiche e conseguentemente la qualità e la moralità delle prestazioni degli operatori economici, se del caso attraverso un graduale superamento del sistema unico di qualificazione degli esecutori di lavori pubblici.

12-*bis*. I soggetti che alla data di entrata in vigore del presente codice svolgevano la funzione di direttore tecnico presso un esecutore di contratti pubblici e in possesso alla medesima data di una esperienza almeno quinquennale, fatto salvo quanto disposto all'articolo 146, comma 4, del presente codice, possono continuare a svolgere tali funzioni (7).

(1) *A norma dell'art. 5, comma 1, l. 7 luglio 2016, n. 122, le Società Organismi di Attestazione, disciplinate dal presente articolo, devono avere una sede nel territorio della Repubblica.*

(2) *Periodo aggiunto dall'art. 1, comma 20, lett.* q), *n. 1) d.l. 18 aprile 2019, n. 32, conv., con modif., in l. 14 giugno 2019, n. 55. Ai sensi del comma 21 del predetto art. 1, le disposizioni di cui all'art. 1, comma 20 del suddetto d.l. n. 32 cit. si applicano alle procedure i cui bandi o avvisi, con i quali si indice una gara, sono pubblicati successivamente alla data di entrata in vigore della legge di conversione del presente decreto,*

nonché, in caso di contratti senza pubblicazione di bandi o avvisi, alle procedure in cui, alla medesima data, non sono ancora stati inviati gli inviti a presentare le offerte o i preventivi.

(3) *Le parole* « Con il regolamento di cui all'articolo 216, comma 27-*octies*, sono altresì individuati » *sono state sostituite alle parole* « L'ANAC, con il decreto di cui all'articolo 83, comma 2, individua, altresì, » *dall'art. 1, comma 20, lett.* q), *n. 2), d.l. n. 32, cit. V. nota 2 per la disciplina transitoria di cui al comma 21 del predetto art. 1 d.l. n. 32, cit.*

(4) *Le parole* « che costituisce presupposto ai fini della qualificazione » *sono state aggiunte dall'art. 53 d.lgs. n. 56, cit.*

(5) *Le parole* « ai quindici anni antecedenti » *sono state sostituite alle parole* « al decennio antecedente » *dall'art. 1, comma 20, lett.* q), *n. 3) d.l. n. 32, cit. V. nota 2 per la disciplina transitoria di cui al comma 21 del predetto art. 1 d.l. n. 32, cit.*

(6) *Le parole da* « il periodo di attività » *a* « della qualificazione » *sono state inserite dall'art. 53 d.lgs. n. 56, cit.*

(7) *Comma inserito dall'art. 53 d.lgs. n. 56, cit.*

(8) *Le parole* « nel regolamento di cui all'articolo 216, comma 27-*octies* » *sono state sostituite alle parole* « nelle linee guida » *e le parole* « *dall'art. 1, comma 20, lett.* q), *n. 4), d.l. n. 32, cit. V. nota 2 per la disciplina transitoria di cui al comma 21 del predetto art. 1 d.l. n. 32, cit.*

(9) *Le parole* « nei migliori cinque dei dieci anni antecedenti » *sono state sostituite alle parole* « nel triennio antecedente » *dall'art. 53 d.lgs. n. 56, cit.*

(10) *Le parole* « Il regolamento di cui all'articolo 216, comma 27-*octies*, disciplina » *sono state sostituite alle parole* « Le linee guida di cui al presente articolo disciplinano » *e le parole* « Sono disciplinati » *sono state sostituite alle parole* « Le linee guida disciplinano » *dall'art. 1, comma 20, lett.* q), *n. 5) d.l. n. 32, cit. V. nota 2 per la disciplina transitoria di cui al comma 21 del predetto art. 1 d.l. n. 32, cit.*

(11) *Le parole* « organismi di attestazione » *sono state sostituite alle parole* « organismi di certificazione » *dall'art. 53 d.lgs. n. 56, cit.*

(12) *Le parole* « del regolamento di cui all'articolo 216, comma 27-*octies*, » *sono state sostituite alle parole* « delle linee guida » *dall'art. 1, comma 20, lett.* q), *n. 6) d.l. n. 32, cit. V. nota 2 per la disciplina transitoria di cui al comma 21 del predetto art. 1 d.l. n. 32, cit.*

(13) *Le parole* « nel regolamento di cui all'articolo 216, comma 27-*octies*, » *sono state sostituite alle parole* « nelle linee guida » *dall'art. 1, comma 20, lett.* q), *n. 7) d.l. n. 32, cit. V. nota 2 per la disciplina transitoria di cui al comma 21 del predetto art. 1 d.l. n. 32, cit.*

85 Documento di gara unico europeo.

1. Al momento della presentazione delle domande di partecipazione o delle offerte, le stazioni appaltanti accettano il documento di gara unico europeo (DGUE), redatto in conformità al modello di formulario approvato con regolamento dalla Commissione europea Il DGUE è fornito esclusivamente in forma elettronica a partire dal18 aprile 2018, e consiste in un'autodichiarazione aggiornata come prova documentale preliminare in sostituzione dei certificati rilasciati da autorità pubbliche o terzi in cui si conferma che l'operatore economico soddisfa le seguenti condizioni:

a) non si trova in una delle situazioni di cui all'articolo 80;

b) soddisfa i criteri di selezione definiti a norma dell'articolo 83;

c) soddisfa gli eventuali criteri oggettivi fissati a norma dell'articolo 91.

2. Il DGUE fornisce, inoltre, le informazioni rilevanti richieste dalla stazione appaltante e le informazioni di cui al comma 1 relative agli eventuali soggetti di cui l'operatore economico si avvale ai sensi dell'articolo 89, indica l'autorità pubblica o il terzo responsabile del rilascio dei documenti complementari e include una dichiarazione formale secondo cui l'operatore economico è in grado, su richiesta e senza indugio, di fornire tali documenti.

3. Se la stazione appaltante può ottenere i documenti complementari direttamente accedendo alla banca dati di cui all'articolo 81, il DGUE riporta altresì le informazioni richieste a tale scopo, i dati di individuazione e, se del caso, la necessaria dichiarazione di consenso.

4. Gli operatori economici possono riutilizzare il DGUE utilizzato in una procedura d'appalto precedente purché confermino che le informazioni (1) ivi contenute sono ancore valide.

5. La stazione appaltante può, altresì, chiedere agli offerenti e ai candidati, in qualsiasi momento nel corso della procedura, di presentare tutti i documenti complementari o parte di essi, qualora questo sia necessario per assicurare il corretto svolgimento della procedura. Prima dell'aggiudicazione dell'appalto, la stazione appaltante richiede all'offerente cui ha deciso di aggiudicare l'appalto, [nonché all'impresa che la segue in graduatoria,] (2) tranne nel caso di appalti basati su accordi quadro se conclusi ai sensi dell'articolo 54, comma 3 o comma 4, lettera *a*), di presentare documenti complementari aggiornati conformemente all'articolo 86 e, se del caso, all'articolo 87. La stazione appaltante può invitare gli operatori economici a integrare i certificati richiesti ai sensi degli articoli 86 e 87.

6. In deroga al comma 5, agli operatori economici non è richiesto di presentare documenti complementari o altre prove documentali qualora questi siano presenti nella banca dati di cui all'articolo 81 o qualora la stazione appaltante, avendo aggiudicato l'appalto o concluso l'accordo quadro, possieda già tali documenti.

7. Ai fini del comma 5, le banche dati contenente informazioni pertinenti sugli operatori economici, possono essere consultate, alle medesime condizioni, dalle amministrazioni aggiudicatrici di altri Stati membri, con le modalità individuate con il provvedimento (3) di cui all'articolo 81, comma 2.

8. Per il tramite della cabina di regia è messo a disposizione e aggiornato su e-Certis un elenco completo di banche dati contenenti informazioni pertinenti sugli operatori economici che possono essere consultate dalle stazioni appaltanti di altri Stati membri e sono comunicate, su richiesta, agli altri Stati membri le informazioni relative alle banche dati di cui al presente articolo.

(1) *L'art. 54 del d.lgs. 19 aprile 2017, n. 56 ha sostituito le parole* « *le informazione* » *con le parole* « *le informazioni* ».

(2) *Parole soppresse dall'art. 54 del d.lgs. 19 aprile 2017, n. 56.*

(3) *La parola* « provvedimento » *è stata sostituita alla parola* « decreto » *dall'art. 53, comma 5, lett.* e), *d.l. 31 maggio 2021, n. 77, conv., con modif., in l. 29 luglio 2021, n. 108.*

86 Mezzi di prova.

1. Le stazioni appaltanti possono chiedere i certificati, le dichiarazioni e gli altri mezzi di prova di cui al presente articolo e all'allegato XVII, come prova dell'assenza di motivi di esclusione di cui all'articolo 80 e del rispetto dei criteri di selezione di cui all'articolo 83. Le stazioni appaltanti non esigono mezzi di prova diversi da quelli di cui al presente articolo, all'allegato XVII e all'articolo 87. Gli operatori economici possono avvalersi di qualsiasi mezzo idoneo documentale per provare che essi disporranno delle risorse necessarie.

2. Le stazioni appaltanti accettano i seguenti documenti come prova sufficiente della non applicabilità all'operatore economico dei motivi di esclusione di cui all'articolo 80:

a) per quanto riguarda i commi 1, 2 e 3 di detto articolo, il certificato del casellario giudiziario o in sua mancanza, un documento equivalente rilasciato dalla competente autorità giudiziaria o amministrativa dello Stato membro o del Paese d'origine o di provenienza da cui risulta il soddisfacimento dei requisiti previsti;

b) per quanto riguarda il comma 4 di detto articolo, tramite apposita certificazione rilasciata dalla amministrazione fiscale competente e, con riferimento ai contributi previdenziali e assistenziali, tramite il Documento Unico della Regolarità Contributiva acquisito d'ufficio dalle stazioni appaltanti presso gli (1) Istituti previdenziali ai sensi della normativa vigente ovvero tramite analoga certificazione rilasciata dalle autorità competenti di altri Stati.

2-*bis*. Ai soli fini della prova dell'assenza dei motivi di esclusione di cui all'articolo 80 in capo all'operatore economico che partecipa alla procedura, ai soggetti di cui l'operatore economico si avvale ai sensi dell'articolo 89 nonché ai subappaltatori, i certificati e gli altri documenti hanno una durata pari a sei mesi dalla data del rilascio. Fatta eccezione per il DURC, la stazione appaltante, per i certificati e documenti già acquisiti e scaduti da non oltre sessanta giorni e qualora sia pendente il procedimento di acquisto, può procedere alla verifica dell'assenza dei motivi di esclusione con richiesta diretta agli enti certificatori di eventuale conferma del contenuto dell'attestazione già rilasciata. Gli enti certificatori provvedono a fornire riscontro entro trenta giorni dalla richiesta. Decorso tale termine il contenuto dei certificati e degli altri documenti si intende confermato. I certificati e gli altri documenti in corso di validità possono essere utilizzati nell'ambito di diversi procedimenti di acquisto (2).

3. Se del caso, uno Stato membro fornisce una dichiarazione ufficiale in cui si attesta che i documenti o i certificati di cui al comma 2 non sono rilasciati o che questi non menzionano tutti i casi previsti, tali dichiarazioni ufficiali sono messe a disposizione mediante il registro online dei certificati (e-Certis).

4. Di norma, la prova della capacità economica e finanziaria dell'operatore economico può essere fornita mediante uno o più mezzi di prova indicati nell'allegato XVII, parte I. L'operatore economico, che per fondati motivi non è in grado di presentare le referenze chieste dall'amministrazione aggiudicatrice, può provare la propria capacità economica e finanziaria mediante un qualsiasi altro documento considerato idoneo dalla stazione appaltante.

5. Le capacità tecniche degli operatori economici possono essere dimostrate con uno o più mezzi di prova di cui all'allegato XVII, parte II, in funzione della natura, della quantità o dell'importanza e dell'uso dei lavori, delle forniture o dei servizi.

5-*bis*. L'esecuzione dei lavori è documentata dal certificato di esecuzione dei lavori redatto secondo lo schema predisposto con il regolamento di cui all'articolo 216, comma 27-*octies*. (3)L'attribuzione, nel certificato di esecuzione dei lavori, delle categorie di qualificazione, relative ai lavori eseguiti, viene effettuata con riferimento alle categorie richieste nel bando di gara o nell'avviso o nella lettera di invito. Qualora il responsabile unico del procedimento riporti nel certificato di esecuzione dei lavori categorie di qualificazione diverse da quelle previste nel bando di gara o nell'avviso o nella lettera di invito, si applicano le sanzioni previste dall'articolo 213, comma 13, nel caso di comunicazioni non veritiere (4).

6. Per il tramite della cabina di regia sono messe a disposizione degli altri Stati membri, su richiesta, le informazioni riguardanti i motivi di esclusione elencati all'articolo 80, l'idoneità all'esercizio dell'attività professionale, la capacità finanziaria e tecnica degli offerenti di cui all'articolo 83, nonché eventuali informazioni relative ai mezzi di prova di cui al presente articolo.

(1) *L'art. 55 d.lgs. 19 aprile 2017, n. 56 ha sostituito le parole* « rilasciato dagli » *con le parole* « acquisito d'ufficio dalle stazioni appaltanti presso gli ».

(2) *Comma inserito dall'art. 1, comma 16, d.l. 18 aprile 2019, n. 32, conv., con modif., in l. 14 giugno 2019, n. 55.*

(3) *Le parole* « con il regolamento di cui all'articolo 216, comma 27-*octies*. » *sono state sostituite alle parole* « dall'ANAC con le linee guida di cui all'articolo 83, comma 2. » *dall'art. 1, comma 20, lett.* r) *d.l. n. 32, cit. Ai sensi del comma 21 del predetto art. 1, le disposizioni di cui all'art. 1, comma 20 del suddetto d.l. n. 32 cit. si applicano alle procedure i cui bandi o avvisi, con i quali si indice una gara, sono pubblicati successivamente alla data di entrata in vigore della legge di conversione del presente decreto, nonché, in caso di contratti senza pubblicazione di bandi o avvisi, alle procedure in cui, alla medesima data, non sono ancora stati inviati gli inviti a presentare le offerte o i preventivi.*

(4) *Comma inserito dall'art. 55 d.lgs. n. 56, cit.*

87 Certificazione delle qualità.

1. Qualora richiedano la presentazione di certificati rilasciati da organismi indipendenti per attestare che l'operatore economico soddisfa determinate norme di garanzia della qualità, compresa l'accessibilità per le persone con disabilità, le stazioni appaltantisi riferiscono ai sistemi di garanzia della qualità basati sulle serie di norme europee in materia, certificati da organismi accreditati. Le stazioni appaltanti riconoscono i certificati equivalenti rilasciati da organismi stabiliti in altri Stati membri. Esse ammettono parimenti altre prove relative all'impiego di misure equivalenti di garanzia della qualità, qualora gli operatori economici interessati non avessero la possibilità di ottenere tali certificati entro i termini richiesti per motivi non imputabili agli stessi operatori economici, a condizione che gli operatori economici dimostrino che le misure di garanzia della qualità proposte soddisfano le norme di garanzia della qualità richieste.

2. Le stazioni appaltanti, quando richiedono la presentazione di certificati rilasciati da organismi indipendenti per attestare il rispetto da parte dell'operatore economico di determinati sistemi o di norme di gestione ambientale, fanno riferimento al sistema dell'Unione di ecogestione e audit (EMAS) o a altri sistemi di gestione ambientale nella misura in cui sono conformi all'articolo 45 del regolamento (CE) n. 1221/2009 o ancora ad altre norme di gestione ambientale fondate su norme europee o internazionali in materia, certificate da organismi accreditati per lo specifico scopo, ai sensi del regolamento (CE) n. 765/2008 del Parla-

mento europeo e del Consiglio. Le stazioni appaltanti riconoscono i certificati equivalenti rilasciati da organismi stabiliti in altri Stati membri. Qualora gli operatori economici abbiano dimostrato di non avere accesso a tali certificati o di non avere la possibilità di ottenerli entro i termini richiesti per motivi loro non imputabili, la stazione appaltante accetta anche altre prove documentali delle misure di gestione ambientale, purché gli operatori economici dimostrino che tali misure sono equivalenti a quelle richieste nel quadro del sistema o della norma di gestione ambientale applicabile.

3. Le stazioni appaltanti, qualora richiedano agli operatori economici la presentazione di certificati rilasciati da organismi indipendenti per attestare la conformità ai criteri di cui al comma 2 dell'articolo 34, fanno riferimento a organismi di valutazione della conformità accreditati ai sensi del regolamento (CE) n. 765/2008 del Parlamento europeo e del Consiglio, in conformità alle norme UNI CEI EN ISO/IEC della serie 17000.

4. Le informazioni relative ai documenti presentati come prova del rispetto delle norme ambientali e di qualità sono messe a disposizione degli altri Stati membri, su richiesta dalla Cabina di regia.

88 Registro on line dei certificati (e-Certis).

1. Al fine di facilitare la presentazione di offerte transfrontaliere, le informazioni concernenti i certificati e altre forme di prove documentali introdotte in e-Certis e stabilite dalla Commissione europea sono costantemente aggiornate per il tramite della cabina di regia di cui all'articolo 212.

2. Le stazioni appaltanti utilizzano e-Certis e richiedono in primo luogo i tipi di certificati o le forme di prove documentali che sono contemplati da e-Certis.

89 Avvalimento.

1. L'operatore economico, singolo o in raggruppamento di cui all'articolo 45, per un determinato appalto, può soddisfare la richiesta relativa al possesso dei requisiti di carattere economico, finanziario, tecnico e professionale di cui all'articolo 83, comma 1, lettere *b*) e *c*), necessari per partecipare ad una procedura di gara, e, in ogni caso, con esclusione dei requisiti di cui all'articolo 80, [nonché il possesso dei requisiti di qualificazione di cui all'articolo 84,] (1) avvalendosi delle capacità di altri soggetti, anche partecipanti (2) al raggruppamento, a prescindere dalla natura giuridica dei suoi legami con questi ultimi. Per quanto riguarda i criteri relativi all'indicazione dei titoli di studio e professionali di cui all'allegato XVII, parte II, lettera *f*), o alle esperienze professionali pertinenti, gli operatori economici possono tuttavia avvalersi delle capacità di altri soggetti solo se questi ultimi eseguono direttamente i lavori o i servizi per cui tali capacità sono richieste. L'operatore economico che vuole avvalersi delle capacità di altri soggetti allega, oltre all'eventuale attestazione SOA dell'impresa ausiliaria, una dichiarazione sottoscritta dalla stessa attestante il possesso da parte di quest'ultima dei requisiti generali di cui all'articolo 80, nonché il possesso dei requisiti tecnici e delle risorse oggetto di avvalimento. L'operatore economico dimostra alla stazione appaltante che disporrà dei mezzi necessari mediante presentazione di una dichiarazione sottoscritta dall'impresa ausiliaria con cui quest'ultima si obbliga verso il concorrente e verso la stazione appaltante a mettere a disposizione per tutta la durata dell'appalto le risorse necessarie di cui è carente il concorrente. Nel caso di dichiarazioni mendaci, ferma restando l'applicazione dell'articolo 80, comma 12, nei confronti dei sottoscrittori, la stazione appaltante esclude il concorrente e escute la garanzia. Il concorrente allega, altresì, alla domanda di partecipazione in originale o copia autentica il contratto in virtù del quale l'impresa ausiliaria si obbliga nei confronti del concorrente a fornire i requisiti e a mettere a disposizione le risorse necessarie per tutta la durata dell'appalto. A tal fine, il contratto di avvalimento contiene, a pena di nullità, la specificazione dei requisiti forniti e delle risorse messe a disposizione dall'impresa ausiliaria (3).

2. Nei settori speciali, se le norme e i criteri oggettivi per l'esclusione e la selezione degli operatori economici che richiedono di essere qualificati in un sistema di qualificazione comportano requisiti relativi alle capacità economiche e finanziarie dell'operatore economico o alle sue capacità tecniche e professionali, questi può avvalersi, se necessario, della capacità di altri soggetti, indipendentemente dalla natura giuridica dei legami con essi. Resta fermo quanto previsto dal comma 1, periodi secondo e terzo, da intendersi quest'ultimo riferito all'ambito temporale di validità del sistema di qualificazione.

3. La stazione appaltante verifica, conformemente agli articoli 85, 86 e 88, se i soggetti della cui capacità l'operatore economico intende avvalersi, soddisfano i pertinenti criteri di selezione o se sussistono motivi di esclusione ai sensi dell'articolo 80. Essa impone all'operatore economico di sostituire i soggetti che non soddisfano un pertinente criterio di selezione o per i quali sussistono motivi obbligatori di esclusione. Nel bando di gara possono essere altresì indicati i casi in cui l'operatore economico deve sostituire un soggetto per il quale sussistono motivi non obbligatori di esclusione, purché si tratti di requisiti tecnici.

4. Nel caso di appalti di lavori, di appalti di servizi e operazioni di posa in opera o installazione nel quadro di un appalto di fornitura, le stazioni appaltanti possono prevedere nei documenti di gara che taluni compiti essenziali siano direttamente svolti dall'offerente o, nel caso di un'offerta presentata da un raggruppamento di operatori economici, da un partecipante al raggruppamento.

5. Il concorrente e l'impresa ausiliaria sono responsabili in solido nei confronti della stazione appaltante in relazione alle prestazioni oggetto del contratto. Gli obblighi previsti dalla normativa antimafia a carico del concorrente si applicano anche nei confronti del soggetto ausiliario, in ragione dell'importo dell'appalto posto a base di gara.

6. È ammesso l'avvalimento di più imprese ausiliarie. L'ausiliario non può avvalersi a sua volta di altro soggetto.

7. In relazione a ciascuna gara non è consentito, a pena di esclusione, che della stessa impresa ausiliaria si avvalga più di un concorrente, ovvero che partecipino sia l'impresa ausiliaria che quella che si avvale dei requisiti.

8. Il contratto è in ogni caso eseguito dall'impresa che partecipa alla gara, alla quale è rilasciato il certificato di esecuzione, e l'impresa ausiliaria può assumere il ruolo di subappaltatore nei limiti dei requisiti prestati.

9. In relazione a ciascun affidamento la stazione appaltante esegue in corso d'esecuzione le verifiche sostanziali circa l'effettivo possesso dei requisiti e delle risorse oggetto dell'avvalimento da parte dell'impresa ausiliaria, nonché l'effettivo impiego delle risorse medesime nell'esecuzione dell'appalto. A tal fine il responsabile unico del procedimento accerta in corso d'opera che le prestazioni oggetto di contratto sono svolte direttamente dalle risorse umane e strumentali dell'impresa ausiliaria che il titolare del contratto utilizza in adempimento degli obblighi derivanti dal contratto di avvalimento, pena la risoluzione del contratto di appalto (4). Ha inoltre l'obbligo di inviare ad entrambe le parti del contratto di avvalimento le comunicazioni di cui all'articolo 52 e quelle inerenti all'esecuzione dei lavori. La stazione appaltante trasmette all'Autorità tutte le dichiarazioni di avvalimento, indicando altresì l'aggiudicatario, per l'esercizio della vigilanza, e per la prescritta pubblicità.

10. L'avvalimento non è ammesso per soddisfare il requisito dell'iscrizione all'Albo nazionale dei gestori ambientali di cui all'articolo 212 del decreto legislativo 3 aprile 2006, n. 152.

11. Non è ammesso l'avvalimento qualora nell'oggetto dell'appalto o della concessione di lavori rientrino[, oltre ai lavori prevalenti,] (1) opere per le quali sono necessari lavori o componenti di notevole contenuto tecnologico o di rilevante complessità tecnica, quali strutture, impianti e opere speciali. È considerato rilevante, ai fini della sussistenza dei presupposti di cui al primo periodo, che il valore dell'opera superi il dieci per cento dell'importo totale dei lavori. Con il regolamento di cui all'articolo 216, comma 27-*octies*, (5) è definito l'elenco delle opere di cui al presente comma, nonché i requisiti di specializzazione richiesti per la qualificazione ai fini dell'ottenimento dell'attestazione di qualificazione degli esecutori di cui all'articolo 84 (6), che possono essere periodicamente revisionati. Fino alla data di entrata in vigore del regolamento di cui all'articolo 216, comma 27-*octies*, si applica la disposizione transitoria ivi prevista (7)..

(1) *Parole soppresse dall'art. 56 d.lgs. 19 aprile 2017, n. 56.*

(2) *L'art. 56 d.lgs. n. 56, cit. ha sostituito le parole* « anche di partecipanti » *con le parole* « anche partecipanti ».

(3) *Periodo aggiunto dall'art. 56 d.lgs. n. 56, cit.*

(4) *Le parole* «, pena la risoluzione del contratto di appalto » *sono state inserite dall'art. 56 d.lgs. n. 56, cit.*

(5) *Le parole* « Con il regolamento di cui all'articolo 216, comma 27-*octies*, » *sono state sostituite alle parole* « Con decreto del Ministro delle infrastrutture e trasporti, da adottare entro novanta giorni dalla data di entrata in vigore del presente codice, sentito il Consiglio superiore dei lavori pubblici, » *dall'art. 1, comma 20, lett.* s), *n. 1) d.l. 18 aprile 2019, n. 32, conv., con modif., in l. 14 giugno 2019, n. 55. Ai sensi del comma 21 del predetto art. 1, le disposizioni di cui all'art. 1, comma 20 del suddetto d.l. n. 32 cit. si applicano alle procedure i cui bandi o avvisi, con i quali si indice una gara, sono pubblicati successivamente alla data di entrata in vigore della legge di conversione del presente decreto, nonché, in caso di contratti senza pubblicazione di bandi o avvisi, alle procedure in cui, alla medesima data, non sono ancora stati inviati gli inviti a presentare le offerte o i preventivi.*

(6) *L'art. 56 d.lgs. n. 56, cit. ha sostituito le parole* « loro esecuzione » *con le parole* « qualificazione ai fini dell'ottenimento dell'attestazione di qualificazione degli esecutori di cui all'articolo 84 ».

(7) *Periodo così sostituito dall'art. 1, comma 20, lett.* s), *n. 2) d.l. n. 32, cit. V. nota 5 per la disciplina transitoria di cui al comma 21 del predetto art. 1 d.l. n. 32, cit. Il testo del periodo era il seguente:* « Fino alla data di entrata in vigore di detto decreto, si applica l'articolo 216, comma 15 ».

90 Elenchi ufficiali di operatori economici riconosciuti e certificazioni.

1. Gli operatori economici iscritti in elenchi ufficiali di imprenditori, fornitori o prestatori di servizi o che siano in possesso di una certificazione rilasciata da organismi accreditati per tali certificazioni ai sensi del regolamento (CE) n. 765/2008 del Parlamento europeo e del Consiglio di cui all'allegato XIII possono presentare alla stazione appaltante, per ogni appalto, un certificato d'iscrizione o il certificato rilasciato dall'organismo di certificazione competente. Tali certificati indicano le referenze che consentono l'iscrizione negli elenchi o di ottenere il rilascio della certificazione nonché la relativa classificazione.

2. Le amministrazioni o gli enti che gestiscono gli elenchi e gli organismi di certificazione di cui al comma 1, presso cui le domande vanno presentate, comunicano alla Cabina di regia di cui all'articolo 212 i propri dati entro tre mesi dall'entrata in vigore del presente codice ovvero dall'istituzione di nuovi elenchi o albi o di nuovi organismi di certificazione e provvedono altresì all'aggiornamento dei dati comunicati. Nei trenta giorni successivi al loro ricevimento la Cabina di regia cura la trasmissione di tali dati alla Commissione europea e agli altri Stati membri.

3. Per gli operatori economici facenti parte di un raggruppamento che dispongono di mezzi forniti da altre società del raggruppamento, l'iscrizione negli elenchi o il certificato indicano specificamente i mezzi di cui si avvalgono, chi ne sia proprietario e le relative condizioni contrattuali.

4. L'iscrizione di un operatore economico in un elenco ufficiale o il possesso del certificato rilasciato dal competente organismo di certificazione costituisce presunzione d'idoneità ai fini dei requisiti di selezione qualitativa previsti dall'elenco o dal certificato.

5. I dati risultanti dall'iscrizione negli elenchi ufficiali o dalla certificazione, per i quali opera la presunzione di idoneità di cui al comma 4, possono essere contestati con qualsiasi mezzo di prova in sede di verifica dei requisiti degli operatori economici da parte di chi vi abbia interesse. Per quanto riguarda il pagamento dei contributi assistenziali e previdenziali e il pagamento delle imposte e tasse, per ogni appalto, può essere richiesta un'attestazione supplementare ad ogni operatore economico.

6. Le stazioni appaltanti applicano i commi 1 e 5 del presente articolo solo agli operatori economici stabiliti sul territorio nazionale.

7. I requisiti della prova per i criteri di selezione qualitativa previsti dall'elenco ufficiale o dalla certificazione devono risultare conformi (1) all'articolo 86 e, ove applicabile, all'articolo 87. Gli operatori economici possono chiedere in qualsiasi momento l'iscrizione in un elenco ufficiale o il rilascio del certificato. Essi sono informati entro un termine ragionevole, fissato ai sensi dell'articolo 2 della legge 7 agosto 1990, n. 241 e successive modificazioni, della decisione dell'amministrazione o ente che redige l'elenco o dell'organismo di certificazione competente.

8. L'iscrizione in elenchi ufficiali o la certificazione non possono essere imposte agli operatori economici degli altri Stati membri in vista della partecipazione ad un pubblico appalto. Le stazioni appaltanti riconoscono i certificati equivalenti di organismi stabiliti in altri Stati membri. Esse accettano altresì altri mezzi di prova equivalenti.

9. Sono messe a disposizione degli altri Stati membri che ne facciano richiesta le informazioni relative ai documenti presentati dagli operatori economici per provare il possesso dei requisiti necessari per l'iscrizione negli elenchi ufficiali di cui al comma 1 ovvero, per gli operatori di altri Stati membri, il possesso di una certificazione equivalente.

10. Gli elenchi sono soggetti a pubblicazione sul profilo di committente e sul casellario informatico dell'ANAC.

(1) *La parola « conformi » è stata inserita dall'art. 57 del d.lgs. 19 aprile 2017, n. 56.*

91 Riduzione del numero di candidati altrimenti qualificati da invitare a partecipare.

1. Nelle procedure ristrette, nelle procedure competitive con negoziazione, nelle procedure di dialogo competitivo e di partenariato per l'innovazione, le stazioni appaltanti, quando lo richieda la difficoltà o la complessità dell'opera, della fornitura o del servizio, possono limitare il numero di candidati che soddisfano i criteri di selezione e che possono essere invitati a presentare un'offerta, a negoziare o a partecipare al dialogo, purché sia assicurato il numero minimo, di cui al comma 2, di candidati qualificati.

2. Quando si avvalgono di tale facoltà, le stazioni appaltanti indicano nel bando di gara o nell'invito a confermare interesse i criteri oggettivi e non discriminatori, secondo il principio di proporzionalità, che intendono applicare, il numero minimo dei candidati che intendono invitare, e, ove lo ritengano opportuno per motivate esigenze di buon andamento, il numero massimo. Nelle procedure ristrette il numero minimo di candidati non può essere inferiore a cinque. Nella procedura competitiva con negoziazione, nella procedura di dialogo competitivo e nel partenariato per l'innovazione il numero minimo di candidati non può essere inferiore a tre. In ogni caso il numero di candidati invitati deve essere sufficiente ad assicurare un'effettiva concorrenza. Le stazioni appaltanti invitano un numero di candidati pari almeno al numero minimo. Tuttavia, se il numero di candidati che soddisfano i criteri di selezione e i livelli minimi di capacità di cui all'articolo 83 è inferiore al numero minimo, la stazione appaltante può proseguire la procedura invitando i candidati in possesso delle capacità richieste. La stazione appaltante non può includere nella stessa procedura altri operatori economici che non abbiano chiesto di partecipare o candidati che non abbiano le capacità richieste.

92 Riduzione del numero di offerte e soluzioni.

1. Le stazioni appaltanti, quando ricorrono alla facoltà di ridurre il numero di offerte da negoziare di cui all'articolo 62, comma 11, o di soluzioni da discutere di cui all'articolo 64, comma 8, effettuano tale riduzione applicando i criteri di aggiudicazione indicati nei documenti di gara. Nella fase finale tale numero deve consentire di garantire una concorrenza effettiva, purché vi sia un numero sufficiente di offerte, soluzioni o candidati qualificati.

93 Garanzie per la partecipazione alla procedura.

1. L'offerta è corredata da una garanzia fideiussoria, denominata "garanzia provvisoria" pari al 2 percento del prezzo base indicato nel bando o nell'invito, sotto forma di cauzione o di fideiussione, a scelta dell'offerente. Al fine di rendere l'importo della garanzia proporzionato e adeguato alla natura delle prestazioni oggetto del contratto e al grado di rischio ad esso connesso, la stazione appaltante può motivatamente ridurre l'importo della cauzione sino all'1 per cento ovvero incrementarlo sino al 4 per cento. Nel caso di procedure di gara realizzate in forma aggregata da centrali di committenza, l'importo della garanzia è fissato nel bando o nell'invito nella misura massima del 2 per cento del prezzo base. In caso di partecipazione alla gara di un raggruppamento temporaneo di imprese, la garanzia fideiussoria deve riguardare tutte le imprese del raggruppamento medesimo. Nei casi di cui all'articolo 36, comma 2, lettera *a*), è facoltà della stazione appaltante non richiedere le garanzie di cui al presente articolo (1).

2. Fermo restando il limite all'utilizzo del contante di cui all'articolo 49, comma 1, del decreto legislativo 21 novembre 2007, n. 231, la cauzione può essere costituita, a scelta dell'offerente, in contanti, con bonifico, in assegni circolari (2) o in titoli del debito pubblico garantiti dallo Stato al corso del giorno del deposito, presso una sezione di tesoreria provinciale o presso le aziende autorizzate, a titolo di pegno a favore dell'amministrazione aggiudicatrice. Si applica il comma 8 e, quanto allo svincolo, il comma 9 (1).

3. La garanzia fideiussoria di cui al comma 1 a scelta dell'appaltatore può essere rilasciata da imprese bancarie o assicurative che rispondano ai requisiti di solvibilità previsti dalle leggi che ne disciplinano le rispettive attività o rilasciata dagli intermediari finan-

ziari iscritti nell'albo di cui all'articolo 106 del decreto legislativo 1 settembre 1993, n. 385, che svolgono in via esclusiva o prevalente attività di rilascio di garanzie e che sono sottoposti a revisione contabile da parte di una società di revisione iscritta nell'albo previsto dall'articolo 161 del decreto legislativo 24 febbraio 1998, n. 58 e che abbiano i requisiti minimi di solvibilità richiesti dalla vigente normativa bancaria assicurativa.

4. La garanzia deve prevedere espressamente la rinuncia al beneficio della preventiva escussione del debitore principale, la rinuncia all'eccezione di cui all'articolo 1957, secondo comma, del codice civile, nonché l'operatività della garanzia medesima entro quindici giorni, a semplice richiesta scritta della stazione appaltante.

5. La garanzia deve avere efficacia per almeno centottanta giorni dalla data di presentazione dell'offerta. Il bando o l'invito possono richiedere una garanzia con termine di validità maggiore o minore, in relazione alla durata presumibile del procedimento, e possono altresì prescrivere che l'offerta sia corredata dall'impegno del garante a rinnovare la garanzia, su richiesta della stazione appaltante nel corso della procedura, per la durata indicata nel bando, nel caso in cui al momento della sua scadenza non sia ancora intervenuta l'aggiudicazione.

6. La garanzia copre la mancata sottoscrizione del contratto dopo l'aggiudicazione dovuta ad ogni fatto riconducibile all'affidatario o all'adozione di informazione antimafia interdittiva emessa ai sensi degli articoli 84 e 91 del decreto legislativo 6 settembre 2011, n.159; la garanzia è svincolata automaticamente al momento della sottoscrizione del contratto (3).

7. L'importo della garanzia, e del suo eventuale rinnovo, è ridotto del 50 per cento per gli operatori economici ai quali venga rilasciata, da organismi accreditati, ai sensi delle norme europee della serie UNI CEI EN 45000 e della serie UNI CEI EN ISO/IEC 17000, la certificazione del sistema di qualità conforme alle norme europee della serie UNI CEI ISO9000. Si applica la riduzione del 50 per cento, non cumulabile con quella di cui al primo periodo, anche nei confronti delle microimprese, piccole e medie imprese e dei raggruppamenti di operatori economici o consorzi ordinari costituiti esclusivamente da microimprese, piccole e medie imprese (1). Nei contratti relativi a lavori, servizi o forniture, l'importo della garanzia e del suo eventuale rinnovo è ridotto del 30 per cento, anche cumulabile con la riduzione di cui al primo periodo, per gli operatori economici in possesso di registrazione al sistema comunitario di ecogestione e audit (EMAS), ai sensi del regolamento (CE) n. 1221/2009 del Parlamento europeo e del Consiglio, del 25 novembre 2009, o del 20 per cento per gli operatori in possesso di certificazione ambientale ai sensi della norma UNI ENISO14001. Nei contratti relativi a servizi o forniture, l'importo della garanzia e del suo eventuale rinnovo è ridotto del 20 percento, anche cumulabile con la riduzione di cui ai periodi primo e secondo, per gli operatori economici in possesso, in relazione ai beni o servizi che costituiscano almeno il 50 per cento del valore dei beni e servizi oggetto del contratto stesso, del marchio di qualità ecologica dell'Unione europea (Ecolabel UE) ai sensi del regolamento (CE) n. 66/2010 del Parlamento europeo e del Consiglio, del 25 novembre 2009. Nei contratti relativi a lavori, servizi o forniture, l'importo della garanzia e del suo eventuale rinnovo è ridotto del 15 per cento, anche cumulabile con la riduzione di cui ai periodi primo, secondo, terzo e quarto (4) per gli operatori economici che sviluppano un inventario di gas ad effetto serra ai sensi della norma UNI EN ISO 14064-1 o un'impronta climatica (carbon footprint) di prodotto ai sensi della norma UNI ISO/TS 14067. Per fruire delle riduzioni di cui al presente comma, l'operatore economico segnala, in sede di offerta, il possesso dei relativi requisiti e lo documenta nei modi prescritti dalle norme vigenti. Nei contratti di servizi e forniture, l'importo della garanzia e del suo eventuale rinnovo è ridotto del 30 per cento, non cumulabile con le riduzioni di cui ai periodi precedenti, per gli operatori economici in possesso del *rating* di legalità e *rating* di impresa (5) o della attestazione del modello organizzativo, ai sensi del decreto legislativo n. 231/2001 o di certificazione social accountability 8000, o di certificazione del sistema di gestione a tutela della sicurezza e della salute dei lavoratori, o di certificazione OHSAS 18001, o di certificazione UNI CEI EN ISO 50001 riguardante il sistema di gestione dell'energia o UNI CEI 11352 riguardante la certificazione di operatività in qualità di ESC (Energy Service Company) per l'offerta qualitativa dei servizi energetici e per gli operatori economici in possesso della certificazione ISO 27001 riguardante il sistema di gestione della sicurezza delle informazioni. In caso di cumulo delle riduzioni, la riduzione successiva deve essere calcolata sull'importo che risulta dalla riduzione precedente (1).

8. L'offerta è altresì corredata, a pena di esclusione, dall'impegno di un fideiussore, anche diverso da quello che ha rilasciato la garanzia provvisoria, a rilasciare la garanzia fideiussoria per l'esecuzione del contratto, di cui agli articoli 103 e 104, qualora l'offerente risultasse affidatario. Il presente comma non si applica alle microimprese, piccole e medie imprese e ai raggruppamenti temporanei o consorzi ordinari costituiti esclusivamente da microimprese, piccole e medie imprese (1).

8-*bis*. Le garanzie fideiussorie devono essere conformi allo schema tipo di cui all'articolo 103, comma 9 (6).

9. La stazione appaltante, nell'atto con cui comunica l'aggiudicazione ai non aggiudicatari, provvede contestualmente, nei loro confronti, allo svincolo della garanzia di cui al comma 1, tempestivamente e comunque entro un termine non superiore a trenta giorni dall'aggiudicazione, anche quando non sia ancora scaduto il termine di efficacia della garanzia.

10. Il presente articolo non si applica agli appalti di servizi aventi a oggetto la redazione della progettazione e del piano di sicurezza e coordinamento e ai compiti di supporto alle attività del responsabile unico del procedimento.

(1) *Periodo aggiunto dall'art. 59 del d.lgs. 19 aprile 2017, n. 56.*

(2) *L'art. 59 del d.lgs. 19 aprile 2017, n. 56 ha sostituito le parole « La cauzione può essere costituita, a scelta dell'offerente, in contanti » con le parole da « Fermo restando » a « assegni circolari ».*

(3) *Comma sostituito dall'art. 59 del d.lgs. 19 aprile 2017, n. 56. Il testo del comma era il seguente: « 6. La garanzia copre la mancata*

sottoscrizione del contratto dopo l'aggiudicazione, per fatto dell'affidatario riconducibile ad una condotta connotata da dolo o colpa grave, ed è svincolata automaticamente al momento della sottoscrizione del contratto medesimo ».

(4) *Le parole «, anche cumulabile con la riduzione di cui ai periodi primo, secondo, terzo e quarto » sono state inserite dall'art. 59 del d.lgs. 19 aprile 2017, n. 56.*

(5) *L'art. 59 del d.lgs. 19 aprile 2017, n. 56 ha sostituito le parole « rating di legalità » con le parole «* rating *di legalità e* rating *di impresa ».*

(6) *Comma inserito dall'art. 59 del d.lgs. 19 aprile 2017, n. 56.*

TITOLO IV
Aggiudicazione per i settori ordinari

94 Principi generali in materia di selezione.

1. Gli appalti sono aggiudicati sulla base di criteri stabiliti conformemente agli articoli da 95 a 97, previa verifica, in applicazione degli articoli 85, 86 e 88, della sussistenza dei seguenti presupposti:

a) l'offerta è conforme ai requisiti, alle condizioni e ai criteri indicati nel bando di gara o nell'invito a confermare interesse nonché nei documenti di gara, tenuto conto, se del caso, dell'articolo 95, comma 14;

b) l'offerta proviene da un offerente che non è escluso ai sensi dell'articolo 80 e che soddisfa i criteri di selezione fissati dall'amministrazione aggiudicatrice ai sensi dell'articolo 83 e, se del caso, le norme e i criteri non discriminatori di cui all'articolo 91.

2. La stazione appaltante può decidere di non aggiudicare l'appalto all'offerente che ha presentato l'offerta economicamente più vantaggiosa, se ha accertato che l'offerta non soddisfa gli obblighi di cui all'articolo 30, comma 3.

95 Criteri di aggiudicazione dell'appalto.

1. I criteri di aggiudicazione non conferiscono alla stazione appaltante un potere di scelta illimitata dell'offerta. Essi garantiscono la possibilità di una concorrenza effettiva e sono accompagnati da specifiche che consentono l'efficace verifica delle informazioni fornite dagli offerenti al fine di valutare il grado di soddisfacimento dei criteri di aggiudicazione delle offerte. Le stazioni appaltanti verificano l'accuratezza delle informazioni e delle prove fornite dagli offerenti.

2. Fatte salve le disposizioni legislative, regolamentari o amministrative relative al prezzo di determinate forniture o alla remunerazione di servizi specifici, le stazioni appaltanti, nel rispetto dei principi di trasparenza, di non discriminazione e di parità di trattamento, procedono all'aggiudicazione degli appalti e all'affidamento dei concorsi di progettazione e dei concorsi di idee, sulla base del criterio dell'offerta economicamente più vantaggiosa individuata sulla base del miglior rapporto qualità/prezzo o sulla base dell'elemento prezzo o del costo, seguendo un criterio di comparazione costo/efficacia quale il costo del ciclo di vita, conformemente all'articolo 96.

3. Sono aggiudicati esclusivamente sulla base del criterio dell'offerta economicamente più vantaggiosa individuata sulla base del miglior rapporto qualità/prezzo:

a) i contratti relativi ai servizi sociali e di ristorazione ospedaliera, assistenziale e scolastica, nonché ai servizi ad alta intensità di manodopera, come definiti all'articolo 50, comma 1, fatti salvi gli affidamenti ai sensi dell'articolo 36, comma 2, lettera *a*) (1);

b) i contratti relativi all'affidamento dei servizi di ingegneria e architettura e degli altri servizi di natura tecnica e intellettuale di importo pari o superiore a 40.000 euro (2);

b-bis) i contratti di servizi e le forniture di importo pari o superiore a 40.000 euro caratterizzati da notevole contenuto tecnologico o che hanno un carattere innovativo (3);

4. Può essere utilizzato il criterio del minor prezzo:

a) (4);

b) per i servizi e le forniture con caratteristiche standardizzate o le cui condizioni sono definite dal mercato, fatta eccezione per i servizi ad alta intensità di manodopera di cui al comma 3, lettera *a*) (5);

c) (4).

5. Le stazioni appaltanti che dispongono l'aggiudicazione ai sensi del comma 4 ne danno adeguata motivazione e indicano nel bando di gara il criterio applicato per selezionare la migliore offerta.

6. I documenti di gara stabiliscono i criteri di aggiudicazione dell'offerta, pertinenti alla natura, all'oggetto e alle caratteristiche del contratto. In particolare, l'offerta economicamente più vantaggiosa individuata sulla base del miglior rapporto qualità/prezzo, è valutata sulla base di criteri oggettivi, quali gli aspetti qualitativi, ambientali o sociali, connessi all'oggetto dell'appalto. Nell'ambito di tali criteri possono rientrare:

a) la qualità, che comprende pregio tecnico, caratteristiche estetiche e funzionali, accessibilità per le persone con disabilità, progettazione adeguata per tutti gli utenti, certificazioni e attestazioni in materia di sicurezza e salute dei lavoratori, quali OSHAS 18001, caratteristiche sociali, ambientali, contenimento dei consumi energetici e delle risorse ambientali dell'opera o del prodotto, caratteristiche innovative, commercializzazione e relative condizioni;

b) il possesso di un marchio di qualità ecologica dell'Unione europea (Ecolabel UE) in relazione ai beni o servizi oggetto del contratto, in misura pari o superiore al 30 per cento del valore delle forniture o prestazioni oggetto del contratto stesso;

c) il costo di utilizzazione e manutenzione avuto anche riguardo ai consumi di energia e delle risorse naturali, alle emissioni inquinanti e ai costi complessivi, inclusi quelli esterni e di mitigazione degli impatti dei cambiamenti climatici, riferiti all'intero ciclo di vita dell'opera, bene o servizio, con l'obiettivo strategico di un uso più efficiente delle risorse e di un'economia circolare che promuova ambiente e occupazione;

d) la compensazione delle emissioni di gas ad effetto serra associate alle attività dell'azienda calcolate secondo i metodi stabiliti in base alla raccomandazione n. 2013/179/UE della Commissione del 9 aprile 2013, relativa all'uso di metodologie comuni per misurare e comunicare le prestazioni ambientali nel corso del ciclo di vita dei prodotti e delle organizzazioni;

e) l'organizzazione, le qualifiche e l'esperienza del personale effettivamente utilizzato nell'appalto, qualora la qualità del personale incaricato possa avere un'influenza significativa sul livello dell'esecuzione dell'appalto;

f) il servizio successivo alla vendita e assistenza tecnica;

g) le condizioni di consegna quali la data di consegna, il processo di consegna e il termine di consegna o di esecuzione.

7. L'elemento relativo al costo, anche nei casi di cui alle disposizioni richiamate al comma 2, può assumere la forma di un prezzo o costo fisso sulla base del quale gli operatori economici competeranno solo in base a criteri qualitativi.

8. I documenti di gara ovvero, in caso di dialogo competitivo, il bando o il documento descrittivo elencano i criteri di valutazione e la ponderazione relativa attribuita a ciascuno di essi, anche prevedendo (6) una forcella in cui lo scarto tra il minimo e il massimo deve essere adeguato. Per ciascun criterio di valutazione prescelto possono essere previsti, ove necessario, sub-criteri e sub-pesi o sub-punteggi.

9. Le stazioni appaltanti, quando ritengono la ponderazione di cui al comma 8 non possibile per ragioni oggettive, indicano nel bando di gara e nel capitolato d'oneri o, in caso di dialogo competitivo, nel bando o nel documento descrittivo, l'ordine decrescente di importanza dei criteri. Per attuare la ponderazione o comunque attribuire il punteggio a ciascun elemento dell'offerta, le amministrazioni aggiudicatrici utilizzano metodologie tali da consentire di individuare con un unico parametro numerico finale l'offerta più vantaggiosa.

10. Nell'offerta economica l'operatore deve indicare i propri costi della manodopera e gli oneri aziendali concernenti l'adempimento delle disposizioni in materia di salute e sicurezza sui luoghi di lavoro ad esclusione delle forniture senza posa in opera, dei servizi di natura intellettuale e degli affidamenti ai sensi dell'articolo 36, comma 2, lettera *a*). Le stazioni appaltanti, relativamente ai costi della manodopera, prima dell'aggiudicazione procedono a verificare il rispetto di quanto previsto all'articolo 97, comma 5, lettera *d*) (7).

10-*bis*. La stazione appaltante, al fine di assicurare l'effettiva individuazione del miglior rapporto qualità/prezzo, valorizza gli elementi qualitativi dell'offerta e individua criteri tali da garantire un confronto concorrenziale effettivo sui profili tecnici. A tal fine la stazione appaltante stabilisce un tetto massimo per il punteggio economico entro il limite del 30 per cento (8).

11. I criteri di aggiudicazione sono considerati connessi all'oggetto dell'appalto ove riguardino lavori, forniture o servizi da fornire nell'ambito di tale appalto sotto qualsiasi aspetto e in qualsiasi fase del loro ciclo di vita, compresi fattori coinvolti nel processo specifico di produzione, fornitura o scambio di questi lavori, forniture o servizi o in un processo specifico per una fase successiva del loro ciclo di vita, anche se questi fattori non sono parte del loro contenuto sostanziale.

12. Le stazioni appaltanti possono decidere di non procedere all'aggiudicazione se nessuna offerta risulti conveniente o idonea in relazione all'oggetto del contratto. Tale facoltà è indicata espressamente nel bando di gara o nella lettera di invito.

13. Compatibilmente con il diritto dell'Unione europea e con i principi di parità di trattamento, non discriminazione, trasparenza e proporzionalità, le amministrazioni aggiudicatrici indicano nel bando di gara, nell'avviso o nell'invito i criteri premiali che intendono applicare alla valutazione dell'offerta in relazione al maggiore rating di legalità e di impresa, alla valutazione dell'impatto generato di cui all'articolo 1, comma 382, lettera *b*), della legge 28 dicembre 2015, n. 208, anche qualora l'offerente sia un soggetto diverso dalle società benefit, nonché per agevolare la partecipazione delle micro, piccole e medie imprese, dei giovani professionisti e delle imprese di nuova costituzione alle procedure di affidamento. Indicano altresì il maggiore punteggio relativo all'offerta concernente beni, lavori o servizi che presentano un minore impatto sulla salute e sull'ambiente, ivi compresi i beni o i prodotti da filiera corta o a chilometro zero (9).

14. Per quanto concerne i criteri di aggiudicazione, nei casi di adozione del miglior rapporto qualità prezzo, si applicano altresì le seguenti disposizioni:

a) le stazioni appaltanti possono autorizzare o esigere la presentazione di varianti da parte degli offerenti. Esse indicano nel bando di gara ovvero, se un avviso di preinformazione è utilizzato come mezzo di indizione di una gara, nell'invito a confermare interesse se autorizzano o richiedono le varianti; in mancanza di questa indicazione, le varianti non sono autorizzate. Le varianti sono comunque collegate (10) all'oggetto dell'appalto;

b) le stazioni appaltanti che autorizzano o richiedono le varianti menzionano nei documenti di gara i requisiti minimi che le varianti devono rispettare, nonché le modalità specifiche per la loro presentazione, in particolare se le varianti possono essere presentate solo ove sia stata presentata anche un'offerta, che è diversa da una variante. Esse garantiscono anche che i criteri di aggiudicazione scelti possano essere applicati alle varianti che rispettano tali requisiti minimi e alle offerte conformi che non sono varianti;

c) solo le varianti che rispondono ai requisiti minimi prescritti dalle amministrazioni aggiudicatrici sono prese in considerazione;

d) nelle procedure di aggiudicazione degli appalti pubblici di forniture o di servizi, le amministrazioni aggiudicatrici che abbiano autorizzato o richiesto varianti non possono escludere una variante per il solo fatto che, se accolta, configurerebbe, rispettivamente, o un appalto di servizi anziché un appalto pubblico di forniture o un appalto di forniture anziché un appalto pubblico di servizi.

14-*bis*. In caso di appalti aggiudicati con il criterio di cui al comma 3, le stazioni appaltanti non possono attribuire alcun punteggio per l'offerta di opere aggiuntive rispetto a quanto previsto nel progetto esecutivo a base d'asta (11).

15. Ogni variazione che intervenga, anche in conseguenza di una pronuncia giurisdizionale, successivamente alla fase di ammissione, regolarizzazione o esclusione delle offerte non rileva ai fini del calcolo di

medie nella procedura, né per l'individuazione della soglia di anomalia delle offerte (12).

(1) *Parole da* «, fatti salvi » *a* « lettera *a*) » *inserite dall'art. 60 d.lgs. 19 aprile 2017, n. 56.*

(2) *L'art. 60 d.lgs. n. 56, cit. ha sostituito le parole* « superiore a 40.000 euro » *con le parole* « pari o superiore a 40.000 euro ».

(3) *Lettera aggiunta dall'art. 1, comma 20, lett.* t), *n. 1) d.l. 18 aprile 2019, n. 32, conv., con modif., in l. 14 giugno 2019, n. 55. Ai sensi del comma 21 del predetto art. 1, le disposizioni di cui all'art. 1, comma 20 del suddetto d.l. n. 32 cit. si applicano alle procedure i cui bandi o avvisi, con i quali si indice una gara, sono pubblicati successivamente alla data di entrata in vigore della legge di conversione del presente decreto, nonché, in caso di contratti senza pubblicazione di bandi o avvisi, alle procedure in cui, alla medesima data, non sono ancora stati inviati gli inviti a presentare le offerte o i preventivi.*

(4) *Le lettere* a) *e* c) *sono state abrogate dall'art. 1, comma 20, lett.* t), *n. 2) d.l. n. 32, cit. V. nota 3 per la disciplina transitoria di cui al comma 21 del predetto art. 1 d.l. n. 32, cit. Il testo delle lettera* a), *come sostituito dall'art. 60 d.lgs. n. 56, cit., era il seguente:* « *a*) fermo restando quanto previsto dall'articolo 36, comma 2, lettera *d*), per i lavori di importo pari o inferiore a 2.000.000 di euro, quando l'affidamento dei lavori avviene con procedure ordinarie, sulla base del progetto esecutivo; in tali ipotesi, qualora la stazione appaltante applichi l'esclusione automatica, la stessa ha l'obbligo di ricorrere alle procedure di cui all'articolo 97, commi 2 e 8 ». *Il testo delle lettera* c), *come modificato dall'art. 60 d.lgs. n. 56, cit., era il seguente:* « *c*) per i servizi e le forniture di importo fino a 40.000 euro, nonché per i servizi e le forniture di importo pari o superiore a 40.000 euro e sino alla soglia di cui all'articolo 35 solo se caratterizzati da elevata ripetitività, fatta eccezione per quelli di notevole contenuto tecnologico o che hanno un carattere innovativo ».

(5) *Le parole* « fatta eccezione per i servizi ad alta intensità di manodopera di cui al comma 3, lettera *a*) » *sono state aggiunte dall'art. 1, comma 20, lett.* t), *n. 3) d.l. n. 32, cit. V. nota 3 per la disciplina transitoria di cui al comma 21 del predetto art. 1 d.l. n. 32, cit.*

(6) *L'art. 60 d.lgs. n. 56, cit. ha sostituito la parola* « prevedendo » *con le parole* « anche prevedendo ».

(7) *Comma sostituito dall'art. 60 d.lgs. n. 56, cit. Il testo del comma era il seguente:* « 10. Nell'offerta economica l'operatore deve indicare i propri costi aziendali concernenti l'adempimento delle disposizioni in materia di salute e sicurezza sui luoghi di lavoro ».

(8) *Comma inserito dall'art. 60 d.lgs. n. 56, cit. Il secondo periodo del comma era stato soppresso, precedentemente alla conversione in legge, dall'art. 1, comma 1 d.l. n. 32, cit., ma tale modifica è decaduta in sede di conversione. Ai sensi dell'art. 1, comma 2, d.l. n. 32, cit.:* « *Restano validi gli atti e i provvedimenti adottati e sono fatti salvi gli effetti prodottisi e i rapporti giuridici sorti sulla base dell'*articolo 1 del medesimo decreto-legge 18 aprile 2019, n. 32 ».

(9) *Comma così sostituito dall'art. 49, comma 1-*bis, *lett.* b) *d.l. 26 ottobre 2019, n. 124, conv., con modif., in l. 19 dicembre 2019, n. 157. Il testo del comma, come modificato dall'art. 60 d.lgs. n. 56, cit., era il seguente:* « 13. Compatibilmente con il diritto dell'Unione europea e con i principi di parità di trattamento, non discriminazione, trasparenza, proporzionalità, le amministrazioni aggiudicatrici indicano nel bando di gara, nell'avviso o nell'invito, i criteri premiali che intendono applicare alla valutazione dell'offerta in relazione al maggior rating di legalità e di impresa dell'offerente, nonché per agevolare la partecipazione alle procedure di affidamento per le microimprese, piccole e medie imprese, per i giovani professionisti e per le imprese di nuova costituzione. Indicano altresì il maggior punteggio relativo all'offerta concernente beni, lavori o servizi che presentano un minore impatto sulla salute e sull'ambiente ivi inclusi i beni o prodotti da filiera corta o a chilometro zero ».

(10) *L'art. 60 d.lgs. n. 56, cit. ha sostituito le parole* « e sono collegate » *con le parole* « . Le varianti sono comunque collegate ».

(11) *Comma inserito dall'art. 60 d.lgs. n. 56, cit.*

(12) *Precedentemente alla conversione in legge, l'art. 1, comma 1, lett. s), n. 3) d.l. n. 32, cit. aveva disposto la sostituzione del presente dcomma con il seguente: « 15. Ogni variazione che intervenga, anche in conseguenza di una pronuncia giurisdizionale, successivamente alla fase amministrativa di prima ammissione, regolarizzazione o esclusione delle offerte non rileva ai fini del calcolo di medie nella procedura, né per l'individuazione della soglia di anomalia delle offerte », ma tale modifica è decaduta in sede di conversione. Ai sensi dell'art. 1, comma 2, d.l. n. 32, cit. « Restano validi gli atti e i provvedimenti adottati e sono fatti salvi gli effetti prodottisi e i rapporti giuridici sorti sulla base dell'articolo 1 del medesimo decreto-legge 18 aprile 2019, n. 32 ».*

96 Costi del ciclo di vita.

1. I costi del ciclo di vita comprendono, in quanto pertinenti, tutti i seguenti costi, o parti di essi, legati al ciclo di vita di un prodotto, di un servizio o di un lavoro:

a) costi sostenuti dall'amministrazione aggiudicatrice o da altri utenti, quali:

1) costi relativi all'acquisizione;

2) costi connessi all'utilizzo, quali consumo di energia e altre risorse;

3) costi di manutenzione;

4) costi relativi al fine vita, come i costi di raccolta, di smaltimento e di riciclaggio;

b) costi imputati a esternalità ambientali legate ai prodotti, servizi o lavori nel corso del ciclo di vita, purché il loro valore monetario possa essere determinato e verificato. Tali costi possono includere i costi delle emissioni di gas a effetto serra e di altre sostanze inquinanti, nonché altri costi legati all'attenuazione dei cambiamenti climatici.

2. Quando valutano i costi utilizzando un sistema di costi del ciclo di vita, le stazioni appaltanti indicano nei documenti di gara i dati che gli offerenti devono fornire e il metodo che la stazione appaltante impiegherà al fine di determinare i costi del ciclo di vita sulla base di tali dati. Per la valutazione dei costi imputati alle esternalità ambientali, il metodo deve soddisfare tutte le seguenti condizioni:

a) essere basato su criteri oggettivi, verificabili e non discriminatori. Se il metodo non è stato previsto per un'applicazione ripetuta o continua, lo stesso non deve favorire né svantaggiare indebitamente taluni operatori economici;

b) essere accessibile a tutte le parti interessate;

c) i dati richiesti devono poter essere forniti con ragionevole sforzo da operatori economici normalmente diligenti, compresi gli operatori economici di altri Stati membri, di paesi terzi parti dell'AAP o di altri accordi internazionali che l'Unione è tenuta a rispettare o ratificati dall'Italia.

3. L'allegato XVIII al presente codice (1) contiene l'elenco degli atti legislativi dell'Unione e, ove necessario, degli atti delegati attuativi che approvano metodi comuni per la valutazione del costo del ciclo di vita.

(1) *L'art. 61 del d.lgs. 19 aprile 2017, n. 56 ha sostituito le parole « presente decreto » con le parole « presente codice ».*

97 Offerte anormalmente basse.

1. Gli operatori economici forniscono, su richiesta della stazione appaltante, spiegazioni sul prezzo o sui costi proposti nelle offerte se queste appaiono anormalmente basse, sulla base di un giudizio tecnico sulla congruità, serietà, sostenibilità e realizzabilità dell'offerta.

2. Quando il criterio di aggiudicazione è quello del prezzo più basso e il numero delle offerte ammesse è pari o superiore a quindici, la congruità delle offerte è valutata sulle offerte che presentano un ribasso pari o superiore ad una soglia di anomalia determinata; al fine di non rendere predeterminabili dagli offerenti i parametri di riferimento per il calcolo della soglia di

anomalia, il RUP o la commissione giudicatrice procedono come segue:

a) calcolo della somma e della media aritmetica dei ribassi percentuali di tutte le offerte ammesse, con esclusione del 10 per cento, arrotondato all'unità superiore, rispettivamente delle offerte di maggior ribasso e di quelle di minor ribasso; le offerte aventi un uguale valore di ribasso sono prese in considerazione distintamente nei loro singoli valori; qualora, nell'effettuare il calcolo del 10 per cento, siano presenti una o più offerte di eguale valore rispetto alle offerte da accantonare, dette offerte sono altresì da accantonare;

b) calcolo dello scarto medio aritmetico dei ribassi percentuali che superano la media calcolata ai sensi della lettera *a*);

c) calcolo della soglia come somma della media aritmetica e dello scarto medio aritmetico dei ribassi di cui alla lettera *b*);

d) la soglia calcolata alla lettera *c*) è decrementata di un valore percentuale pari al prodotto delle prime due cifre dopo la virgola della somma dei ribassi di cui alla lettera *a*) applicato allo scarto medio aritmetico di cui alla lettera *b*) (1).

2-*bis*. Quando il criterio di aggiudicazione è quello del prezzo più basso e il numero delle offerte ammesse è inferiore a quindici, la congruità delle offerte è valutata sulle offerte che presentano un ribasso pari o superiore ad una soglia di anomalia determinata; ai fini della determinazione della congruità delle offerte, al fine di non rendere predeterminabili dagli offerenti i parametri di riferimento per il calcolo della soglia di anomalia, il RUP o la commissione giudicatrice procedono come segue:

a) calcolo della media aritmetica dei ribassi percentuali di tutte le offerte ammesse, con esclusione del 10 per cento, arrotondato all'unità superiore, rispettivamente delle offerte di maggior ribasso e di quelle di minor ribasso; le offerte aventi un uguale valore di ribasso sono prese in considerazione distintamente nei loro singoli valori; qualora, nell'effettuare il calcolo del 10 per cento, siano presenti una o più offerte di eguale valore rispetto alle offerte da accantonare, dette offerte sono altresì da accantonare;

b) calcolo dello scarto medio aritmetico dei ribassi percentuali che superano la media calcolata ai sensi della lettera *a*);

c) calcolo del rapporto tra lo scarto medio aritmetico di cui alla lettera *b*) e la media aritmetica di cui alla lettera *a*);

d) se il rapporto di cui alla lettera *c*) è pari o inferiore a 0,15, la soglia di anomalia è pari al valore della media aritmetica di cui alla lettera *a*) incrementata del 20 per cento della medesima media aritmetica;

e) se il rapporto di cui alla lettera *c*) è superiore a 0,15 la soglia di anomalia è calcolata come somma della media aritmetica di cui alla lettera *a*) e dello scarto medio aritmetico di cui alla lettera *b*) (1).

2-*ter*. Al fine di non rendere nel tempo predeterminabili dagli offerenti i parametri di riferimento per il calcolo della soglia di anomalia, il Ministero delle infrastrutture e dei trasporti può procedere con decreto alla rideterminazione delle modalità di calcolo per l'individuazione della soglia di anomalia (1).

3. Quando il criterio di aggiudicazione è quello dell'offerta economicamente più vantaggiosa la congruità delle offerte è valutata sulle offerte che presentano sia i punti relativi al prezzo, sia la somma dei punti relativi agli altri elementi di valutazione, entrambi pari o superiori ai quattro quinti dei corrispondenti punti massimi previsti dal bando di gara. Il calcolo di cui al primo periodo è effettuato ove il numero delle offerte ammesse sia pari o superiore a tre (2). Si applica l'ultimo periodo del comma 6 (2).

3-*bis*. Il calcolo di cui ai commi 2, 2-*bis* e 2-*ter* (3) è effettuato ove il numero delle offerte ammesse sia pari o superiore a cinque (4).

4. Le spiegazioni di cui al comma 1 possono, in particolare, riferirsi a:

a) l'economia del processo di fabbricazione dei prodotti, dei servizi prestati o del metodo di costruzione;

b) le soluzioni tecniche prescelte o le condizioni eccezionalmente favorevoli di cui dispone l'offerente per fornire i prodotti, per prestare i servizi o per eseguire i lavori;

c) l'originalità dei lavori, delle forniture o dei servizi proposti dall'offerente.

5. La stazione appaltante richiede per iscritto, assegnando al concorrente un termine non inferiore a quindici giorni, la presentazione, per iscritto, delle spiegazioni. Essa esclude l'offerta solo se la prova fornita non giustifica sufficientemente il basso livello di prezzi o di costi proposti, tenendo conto degli elementi di cui al comma 4 o se ha accertato, con le modalità di cui al primo periodo, che l'offerta è anormalmente bassa in quanto:

a) non rispetta gli obblighi di cui all'articolo 30, comma 3.

b) non rispetta gli obblighi di cui all'articolo 105;

c) sono incongrui gli oneri aziendali della sicurezza di cui all'articolo 95, comma 10 (5) rispetto all'entità e alle caratteristiche dei lavori, dei servizi e delle forniture;

d) il costo del personale è inferiore ai minimi salariali retributivi indicati nelle apposite tabelle di cui all'articolo 23, comma 16.

6. Non sono ammesse giustificazioni in relazione a trattamenti salariali minimi inderogabili stabiliti dalla legge o da fonti autorizzate dalla legge. Non sono, altresì, ammesse giustificazioni in relazione agli oneri di sicurezza di cui al piano di sicurezza e coordinamento previsto dall'articolo 100 del decreto legislativo 9 aprile 2008, n. 81. La stazione appaltante in ogni caso può valutare la congruità di ogni offerta che, in base ad elementi specifici, appaia anormalmente bassa.

7. La stazione appaltante qualora accerti che un'offerta è anormalmente bassa in quanto l'offerente ha ottenuto un aiuto di Stato può escludere tale offerta unicamente per questo motivo, soltanto dopo aver consultato l'offerente e se quest'ultimo non è in grado di dimostrare, entro un termine sufficiente stabilito dalla stazione appaltante, che l'aiuto era compatibile con il mercato interno ai sensi dell'articolo 107 TFUE. La stazione appaltante esclude un'offerta in tali circostanze e informa la Commissione europea.

8. Per lavori, servizi e forniture, quando il criterio di aggiudicazione è quello del prezzo più basso e comun-

que per importi inferiori alle soglie di cui all'articolo 35, la stazione appaltante, e che non presentano carattere transfrontaliero, prevede (6) nel bando l'esclusione automatica dalla gara delle offerte che presentano una percentuale di ribasso pari o superiore alla soglia di anomalia individuata ai sensi del comma 2 e dei commi 2-*bis* e 2-*ter* (6). In tal caso non si applicano i commi 4, 5 e 6. Comunque l'esclusione automatica non opera quando il numero delle offerte ammesse è inferiore a dieci (7).

9. La Cabina di regia di cui all'articolo 212, su richiesta, mette a disposizione degli altri Stati membri, a titolo di collaborazione amministrativa, tutte le informazioni a disposizione, quali leggi, regolamenti, contratti collettivi applicabili o norme tecniche nazionali, relative alle prove e ai documenti prodotti in relazione ai dettagli di cui ai commi 4 e 5.

(1) *I commi 2,* 2-bis *e* 2-ter *sono stati sostituiti al comma 2 dall'art. 1, comma 20, lett.* u), *n. 1) d.l. 18 aprile 2019, n. 32, conv., con modif., in l. 14 giugno 2019, n. 55. Ai sensi del comma 21 del predetto art. 1, le disposizioni di cui all'art. 1, comma 20 del suddetto d.l. n. 32 cit. si applicano alle procedure i cui bandi o avvisi, con i quali si indice una gara, sono pubblicati successivamente alla data di entrata in vigore della legge di conversione del presente decreto, nonché, in caso di contratti senza pubblicazione di bandi o avvisi, alle procedure in cui, alla medesima data, non sono ancora stati inviati gli inviti a presentare le offerte o i preventivi. Il testo del comma, come modificato dall'art. 62 d.lgs. 19 aprile 2017, n. 56, era il seguente:* « 2. Quando il criterio di aggiudicazione è quello del prezzo più basso la congruità delle offerte è valutata sulle offerte che presentano un ribasso pari o superiore ad una soglia di anomalia determinata; al fine di non rendere predeterminabili dai candidati i parametri di riferimento per il calcolo della soglia, il RUP o la commissione giudicatrice procedono al sorteggio, in sede di gara, di uno dei seguenti metodi:

a) media aritmetica dei ribassi percentuali di tutte le offerte ammesse, con esclusione del venti per cento, arrotondato all'unità superiore, rispettivamente delle offerte di maggior ribasso e di quelle di minor ribasso, incrementata dello scarto medio aritmetico dei ribassi percentuali che superano la predetta media;

b) media aritmetica dei ribassi percentuali di tutte le offerte ammesse, con esclusione del venti per cento rispettivamente delle offerte di maggior ribasso e di quelle di minor ribasso arrotondato all'unità superiore, tenuto conto che se la prima cifra dopo la virgola, della somma dei ribassi offerti dai concorrenti ammessi è pari ovvero uguale a zero la media resta invariata; qualora invece la prima cifra dopo la virgola, della somma dei ribassi offerti dai concorrenti ammessi è dispari, la media viene decrementata percentualmente di un valore pari a tale cifra;

c) media aritmetica dei ribassi percentuali di tutte le offerte ammesse, incrementata del quindici per cento;

d) media aritmetica dei ribassi percentuali di tutte le offerte ammesse incrementata del dieci per cento;

e) media aritmetica dei ribassi percentuali di tutte le offerte ammesse, con esclusione del dieci per cento, arrotondato all'unità superiore, rispettivamente delle offerte di maggior ribasso e di quelle di minor ribasso, incrementata dello scarto medio aritmetico dei ribassi percentuali che superano la predetta media, moltiplicato per un coefficiente sorteggiato dalla commissione giudicatrice o, in mancanza della commissione, dal RUP, all'atto del suo insediamento tra i seguenti valori: 0,6; 0,7; 0,8; 0,9. »

(2) *Periodi aggiunti dall'art. 1, comma 20, lett.* u), *n. 2) d.l. n. 32, cit. V. nota 1 per la disciplina transitoria di cui al comma 21 del predetto art. 1 d.l. n. 32, cit.*

(3) *Le parole* « di cui ai commi 2, 2-*bis* e 2-*ter* » *sono state sostituite alle parole* « di cui al comma 2 » *dall'art. 1, comma 20, lett.* u), *n. 3) d.l. n. 32, cit. V. nota 1 per la disciplina transitoria di cui al comma 21 del predetto art. 1 d.l. n. 32, cit.*

(4) *Comma inserito dall'art. 62 d.lgs. n. 56, cit.*

(5) *L'art. 62 d.lgs. n. 56, cit. ha sostituito le parole* « comma 9 » *con le parole* « comma 10 ».

(6) *Le parole* « di cui all'articolo 35, la stazione appaltante, e che non presentano carattere transfrontaliero, prevede » *sono state sostituite alle parole* « di cui all'articolo 35, la stazione appaltante, può prevedere » *e le parole* « e dei commi 2-bis e 2-ter » *sono state inserite dall'art. 1, comma 20, lett. u), n. 4) d.l. n. 32, cit. V. nota 1 per la disciplina transitoria di cui al comma 21 del predetto art. 1 d.l. n. 32, cit.*

(7) *Terzo periodo così sostituito dall'art. 1, comma 20, lett.* u), *n. 4) d.l. n. 32, cit. V. nota 1 per la disciplina transitoria di cui al comma 21 del predetto art. 1 d.l. n. 32, cit. Il testo del periodo era il seguente:* « Comunque la facoltà di esclusione automatica non è esercitabile quando il numero delle offerte ammesse è inferiore a dieci ».

98 Avvisi relativi agli appalti aggiudicati.

1. Le stazioni appaltanti che hanno aggiudicato un contratto pubblico o concluso un accordo quadro inviano un avviso secondo le modalità di pubblicazione di cui all'articolo 72, conforme all'allegato XIV, Parte I, lettera D, relativo ai risultati della procedura di aggiudicazione, entro trenta giorni dalla conclusione del contratto (1) o dalla conclusione dell'accordo quadro.

2. Se la gara è stata indetta mediante un avviso di preinformazione e se l'amministrazione aggiudicatrice ha deciso che non aggiudicherà ulteriori appalti nel periodo coperto dall'avviso di preinformazione, l'avviso di aggiudicazione contiene un'indicazione specifica al riguardo.

3. Nel caso di accordi quadro conclusi ai sensi dell'articolo 54, le stazioni appaltanti sono esentate dall'obbligo di inviare un avviso sui risultati della procedura di aggiudicazione di ciascun appalto basato su tale accordo e raggruppano gli avvisi sui risultati della procedura d'appalto per gli appalti fondati sull'accordo quadro su base trimestrale. In tal caso, esse inviano gli avvisi raggruppati entro trenta giorni dalla fine di ogni trimestre.

4. Le stazioni appaltanti inviano all'Ufficio delle pubblicazioni dell'Unione europea, conformemente a quanto previsto dall'articolo 72, un avviso di aggiudicazione di appalto entro trenta giorni dall'aggiudicazione di ogni appalto basata su un sistema dinamico di acquisizione. Esse possono tuttavia raggruppare gli avvisi su base trimestrale. In tal caso, inviano gli avvisi raggruppati al più tardi trenta giorni dopo la fine di ogni trimestre.

5. Fermo restando quanto disposto dall'articolo 53, talune informazioni relative all'aggiudicazione dell'appalto o alla conclusione dell'accordo quadro possono non essere pubblicate qualora la loro divulgazione ostacoli l'applicazione della legge, sia contraria all'interesse pubblico, pregiudichi i legittimi interessi commerciali di un particolare operatore economico, pubblico o privato, oppure possa arrecare pregiudizio alla concorrenza leale tra operatori economici.

(1) *L'art. 63 del d.lgs. 19 aprile 2017, n. 56 ha sostituito le parole « dall'aggiudicazione dell'appalto » con le parole « dalla conclusione del contratto ».*

99 Relazioni uniche sulle procedure di aggiudicazione degli appalti.

1. Per ogni appalto od ogni accordo quadro di importo pari o superiore alle soglie di cui all'articolo 35 e ogniqualvolta sia istituito un sistema dinamico di acquisizione, la stazione appaltante redige una relazione contenente almeno le seguenti informazioni:

a) il nome e l'indirizzo della stazione appaltante, l'oggetto e il valore dell'appalto, dell'accordo quadro o del sistema dinamico di acquisizione;

b) se del caso, i risultati della selezione qualitativa e/o della riduzione dei numeri a norma degli articoli 91 e 92, ossia:

1) i nomi dei candidati o degli offerenti selezionati e i motivi della selezione;

2) i nomi dei candidati o degli offerenti esclusi e i motivi dell'esclusione;

c) i motivi del rigetto delle offerte giudicate anormalmente basse;

d) il nome dell'aggiudicatario e le ragioni della scelta della sua offerta, nonché, se è nota, la parte dell'appalto o dell'accordo quadro che l'aggiudicatario intende subappaltare a terzi; e, se noti al momento della redazione, i nomi degli eventuali subappaltatori del contraente principale;

e) per le procedure competitive con negoziazione e i dialoghi competitivi, le circostanze di cui all'articolo 59 che giustificano l'utilizzazione di tali procedure;

f) per quanto riguarda le procedure negoziate senza previa pubblicazione di un bando di gara, le circostanze di cui all'articolo 63 che giustificano l'utilizzazione di tali procedure;

g) eventualmente, le ragioni per le quali l'amministrazione aggiudicatrice ha deciso di non aggiudicare un appalto, concludere un accordo quadro o istituire un sistema dinamico di acquisizione;

h) eventualmente, le ragioni per le quali per la presentazione delle offerte sono stati usati mezzi di comunicazione diversi dai mezzi elettronici;

i) eventualmente, i conflitti di interesse individuati e le misure successivamente adottate.

2. La relazione di cui al comma 1 non è richiesta per gli appalti basati su accordi quadro conclusi con un solo operatore economico e aggiudicati entro i limiti delle condizioni fissate nell'accordo quadro, o se l'accordo quadro contiene tutti i termini che disciplinano la prestazione dei lavori, dei servizi e delle forniture in questione nonché le condizioni oggettive per determinare quale degli operatori economici parti dell'accordo quadro effettuerà tale prestazione.

3. Qualora l'avviso di aggiudicazione dell'appalto stilato a norma dell'articolo 98 o dell'articolo 142, comma 3, contiene le informazioni richieste al comma 1, le stazioni appaltanti possono fare riferimento a tale avviso.

4. Le stazioni appaltanti documentano lo svolgimento di tutte le procedure di aggiudicazione, indipendentemente dal fatto che esse siano condotte con mezzi elettronici o meno. Garantiscono la conservazione di una documentazione sufficiente a giustificare decisioni adottate in tutte le fasi della procedura di appalto, quali la documentazione relativa alle comunicazioni con gli operatori economici e le deliberazioni interne, la preparazione dei documenti di gara, il dialogo o la negoziazione se previsti, la selezione e l'aggiudicazione dell'appalto. La documentazione è conservata per almeno cinque anni a partire dalla data di aggiudicazione dell'appalto, ovvero, in caso di pendenza di una controversia, fino al passaggio in giudicato della relativa sentenza.

5. La relazione o i suoi principali elementi sono comunicati alla Cabina di regia di cui all'articolo 212 per la successiva comunicazione alla Commissione europea, alle autorità, agli organismi o alle strutture competenti, quando tale relazione è richiesta (1).

(1) *L'art. 64 del d.lgs. 19 aprile 2017, n. 56 ha sostituito le parole « alla Commissione europea o, quando ne facciano richiesta, alle autorità, agli organismi o alle strutture competenti » con le parole « alla Commissione europea, alle autorità, agli organismi o alle strutture competenti, quando tale relazione è richiesta ».*

TITOLO V
Esecuzione

100 Requisiti per l'esecuzione dell'appalto.

1. Le stazioni appaltanti possono richiedere requisiti particolari per l'esecuzione del contratto, purché siano compatibili con il diritto europeo e con i principi di parità di trattamento, non discriminazione, trasparenza, proporzionalità, innovazione e siano precisate nel bando di gara, o nell'invito in caso di procedure senza bando o nel capitolato d'oneri. Dette condizioni possono attenere, in particolare, a esigenze sociali e ambientali.

2. In sede di offerta gli operatori economici dichiarano di accettare i requisiti particolari nell'ipotesi in cui risulteranno aggiudicatari.

101 Soggetti delle stazioni appaltanti.

1. La esecuzione dei contratti aventi ad oggetto lavori, servizi, forniture, è diretta dal responsabile unico del procedimento, che controllai livelli di qualità delle prestazioni. Il responsabile unico del procedimento, nella fase dell'esecuzione, si avvale del direttore dell'esecuzione del contratto o del direttore dei lavori, del coordinatore in materia di salute e di sicurezza durante l'esecuzione previsto dal decreto legislativo 9 aprile 2008, n. 81, nonché del collaudatore ovvero della commissione di collaudo, del verificatore della conformità e accerta il corretto ed effettivo svolgimento delle funzioni ad ognuno affidate.

2. Per il coordinamento, la direzione ed il controllo tecnico-contabile dell'esecuzione dei contratti pubblici relativi a lavori, le stazioni appaltanti individuano, prima dell'avvio delle procedure per l'affidamento, su proposta del responsabile unico del procedimento, un direttore dei lavori che può essere coadiuvato, in relazione alla complessità dell'intervento, da uno o più direttori operativi e da ispettori di cantiere.

3. Il direttore dei lavori, con l'ufficio di direzione lavori, ove costituito, è preposto al controllo tecnico, contabile e amministrativo dell'esecuzione dell'intervento affinché i lavori siano eseguiti a regola d'arte ed in conformità al progetto e al contratto. Il direttore dei lavori ha la responsabilità del coordinamento e della supervisione dell'attività di tutto l'ufficio di direzione dei lavori, ed interloquisce in via esclusiva con l'esecutore in merito agli aspetti tecnici ed economici del contratto. Il direttore dei lavori ha la specifica responsabilità dell'accettazione dei materiali, sulla base anche del controllo quantitativo e qualitativo degli accertamenti ufficiali delle caratteristiche meccaniche e in aderenza alle disposizioni delle norme tecniche per le costruzio-

ni vigenti. Al direttore dei lavori fanno carico tutte le attività ed i compiti allo stesso espressamente demandati dal codice nonché:

a) verificare periodicamente il possesso e la regolarità da parte dell'esecutore e del subappaltatore della documentazione prevista dalle leggi vigenti in materia di obblighi nei confronti dei dipendenti;

b) curare la costante verifica di validità del programma di manutenzione, dei manuali d'uso e dei manuali di manutenzione, modificandone e aggiornandone i contenuti a lavori ultimati;

c) provvedere alla segnalazione al responsabile del procedimento, dell'inosservanza, da parte dell'esecutore, dell'articolo 105;

d) svolgere, qualora sia in possesso dei requisiti richiesti dalla normativa vigente sulla sicurezza, le funzioni di coordinatore per l'esecuzione dei lavori (1). Nel caso in cui il direttore dei lavori non svolga tali funzioni le stazioni appaltanti prevedono la presenza di almeno un direttore operativo, in possesso dei requisiti previsti dalla normativa, a cui affidarle.

4. Gli assistenti con funzioni di direttori operativi collaborano con il direttore dei lavori nel verificare chele lavorazioni di singole parti dei lavori da realizzare siano eseguite regolarmente e nell'osservanza delle clausole contrattuali. Essi rispondono della loro attività direttamente al direttore dei lavori. Ai direttori operativi possono essere affidati dal direttore dei lavori, fra gli altri, i seguenti compiti:

a) verificare che l'esecutore svolga tutte le pratiche di legge relative alla denuncia dei calcoli delle strutture;

b) programmare e coordinare le attività dell'ispettore dei lavori;

c) curare l'aggiornamento del cronoprogramma generale e particolareggiato dei lavori e segnalare tempestivamente al direttore dei lavori le eventuali difformità rispetto alle previsioni contrattuali proponendo i necessari interventi correttivi;

d) assistere il direttore dei lavori nell'identificare gli interventi necessari ad eliminare difetti progettuali o esecutivi;

e) individuare ed analizzare le cause che influiscono negativamente sulla qualità dei lavori e proponendo al direttore dei lavori le adeguate azioni correttive;

f) assistere i collaudatori nell'espletamento delle operazioni di collaudo;

g) esaminare e approvare il programma delle prove di collaudo e messa in servizio degli impianti;

h) direzione di lavorazioni specialistiche.

5. Gli assistenti con funzioni di ispettori di cantiere collaborano con il direttore dei lavori nella sorveglianza dei lavori in conformità delle prescrizioni stabilite nel capitolato speciale di appalto. La posizione di ispettore è ricoperta da una sola persona che esercita la sua attività in un turno di lavoro. Essi sono presenti a tempo pieno durante il periodo di svolgimento di lavori che richiedono controllo quotidiano, nonché durante le fasi di collaudo e delle eventuali manutenzioni. Essi rispondono della loro attività direttamente al direttore dei lavori. Agli ispettori possono essere affidati fra gli altri i seguenti compiti:

a) la verifica dei documenti di accompagnamento delle forniture di materiali per assicurare che siano conformi alle prescrizioni ed approvati dalle strutture di controllo di qualità del fornitore;

b) la verifica, prima della messa in opera, che i materiali, le apparecchiature e gli impianti abbiano superato le fasi di collaudo prescritte dal controllo di qualità o dalle normative vigenti o dalle prescrizioni contrattuali in base alle quali sono stati costruiti;

c) il controllo sulla attività dei subappaltatori;

d) il controllo sulla regolare esecuzione dei lavori con riguardo ai disegni ed alle specifiche tecniche contrattuali;

e) l'assistenza alle prove di laboratorio;

f) l'assistenza ai collaudi dei lavori ed alle prove di messa in esercizio ed accettazione degli impianti;

g) la predisposizione degli atti contabili e l'esecuzione delle misurazioni quando siano stati incaricati dal direttore dei lavori;

h) l'assistenza al coordinatore per l'esecuzione.

6. Per le funzioni del coordinatore per l'esecuzione dei lavori si applica l'articolo 92 comma 1 del decreto legislativo n. 81 del 2008.

6-*bis*. Per i servizi e le forniture di particolare importanza, da individuarsi con il decreto di cui all'articolo 111, comma 1, primo periodo, la stazione appaltante, su indicazione del direttore dell'esecuzione, può nominare un assistente del direttore dell'esecuzione, con le funzioni indicate dal medesimo decreto (2).

(1) *Le parole « svolgere, qualora sia in possesso dei requisiti richiesti dalla normativa vigente sulla sicurezza, le funzioni di coordinatore per l'esecuzione dei lavori » sono state sostituite alle parole « svolge, qualora sia in possesso dei requisiti previsti, le funzioni di coordinatore per l'esecuzione dei lavori previsti dalla vigente normativa sulla sicurezza » dall'art. 65 del d.lgs. 19 aprile 2017, n. 56.*

(2) *Comma inserito dall'art. 65 del d.lgs. 19 aprile 2017, n. 56.*

102 Collaudo e verifica di conformità (1).

1. Il responsabile unico del procedimento controlla l'esecuzione del contratto congiuntamente al direttore dei lavori per i lavori e al direttore dell'esecuzione del contratto per i servizi e forniture (2).

2. I contratti pubblici sono soggetti a collaudo per i lavori e a verifica di conformità per i servizi e per le forniture, per certificare che l'oggetto del contratto in termini di prestazioni, obiettivi e caratteristiche tecniche, economiche e qualitative sia stato realizzato ed eseguito nel rispetto delle previsioni e delle pattuizioni contrattuali (3). Per i contratti pubblici di lavori di importo superiore a 1 milione di euro e inferiore alla soglia di cui all'articolo 35 il certificato di collaudo, nei casi espressamente individuati dal decreto di cui al comma 8, può essere sostituito dal certificato di regolare esecuzione rilasciato per i lavori dal direttore dei lavori. Per i lavori di importo pari o inferiore a 1 milione di euro e per forniture e servizi di importo inferiore alla soglia di cui all'articolo 35, è sempre facoltà della stazione appaltante sostituire il certificato di collaudo o il certificato di verifica di conformità con il certificato di regolare esecuzione rilasciato per i lavori dal direttore dei lavori e per forniture e servizi dal responsabile unico del procedimento. Nei casi di cui al presente comma il certificato di regolare esecuzione è emesso

non oltre tre mesi dalla data di ultimazione delle prestazioni oggetto del contratto (4).

3. Il collaudo finale o la verifica di conformità (5) deve avere luogo non oltre sei mesi dall'ultimazione dei lavori o delle prestazioni (6), salvi i casi, individuati dal decreto del Ministro delle infrastrutture e dei trasporti di cui al comma 8, di particolare complessità dell'opera o delle prestazioni (6) da collaudare, per i quali il termine può essere elevato sino ad un anno. Il certificato di collaudo o il certificato di verifica di conformità (7) ha carattere provvisorio e assume carattere definitivo decorsi due anni dalla sua emissione. Decorso tale termine, il collaudo si intende tacitamente approvato ancorché l'atto formale di approvazione non sia stato emesso entro due mesi dalla scadenza del medesimo termine.

4. (8).

5. Salvo quanto disposto dall'articolo 1669 del codice civile, l'appaltatore risponde per la difformità e i vizi dell'opera o delle prestazioni (6), ancorché riconoscibili, purché denunciati dalla stazione appaltante prima che il certificato di collaudo assuma carattere definitivo.

6. Per effettuare le attività di collaudo sull'esecuzione dei contratti pubblici di cui al comma 2, le stazioni appaltanti nominano tra i propri dipendenti o dipendenti di altre amministrazioni pubbliche da uno a tre componenti con qualificazione rapportata alla tipologia e caratteristica del contratto, in possesso dei requisiti di moralità, competenza e professionalità, iscritti all'albo dei collaudatori nazionale o regionale di pertinenza come previsto al comma 8 del presente articolo. Il compenso spettante per l'attività di collaudo è contenuto, per i dipendenti della stazione appaltante, nell'ambito dell'incentivo di cui all'articolo 113, mentre per i dipendenti di altre amministrazioni pubbliche è determinato ai sensi della normativa applicabile alle stazioni appaltanti e nel rispetto delle disposizioni di cui all'articolo 61, comma 9, del decreto-legge 25 giugno 2008, n. 112, convertito, con modificazioni, dalla legge 6 agosto 2008, n. 133. Per i lavori, tra i dipendenti della stazione appaltante ovvero tra i dipendenti delle altre amministrazioni, è individuato il collaudatore delle strutture per la redazione del collaudo statico. Per accertata carenza nell'organico della stazione appaltante, ovvero di altre amministrazioni pubbliche, le stazioni appaltanti individuano i componenti con le procedure di cui all'articolo 31, comma 8 (9).

7. Non possono essere affidati incarichi di collaudo e di verifica di conformità:

a) ai magistrati ordinari, amministrativi e contabili, e agli avvocati e procuratori dello Stato, in attività di servizio e, per appalti di lavori pubblici di importo pari o superiore alle soglie di rilevanza comunitaria di cui all'articolo 35 a quelli in quiescenza nella regione/regioni ove è stata svolta l'attività di servizio;

b) ai dipendenti appartenenti ai ruoli della pubblica amministrazione in servizio, ovvero (10) in trattamento di quiescenza per appalti di lavori pubblici di importo pari o superiore alle soglie di rilevanza comunitaria di cui all'articolo 35 ubicati nella regione/regioni ove è svolta per i dipendenti in servizio, ovvero è stata svolta per quelli in quiescenza, (11) l'attività di servizio;

c) a coloro che nel triennio antecedente hanno avuto rapporti di lavoro autonomo o subordinato con gli operatori economici a qualsiasi titolo coinvolti nell'esecuzione del contratto;

d) a coloro che hanno, comunque, svolto o svolgono attività di controllo, verifica, progettazione, approvazione, autorizzazione, vigilanza o direzione sul contratto da collaudare.

d-bis) a coloro che hanno partecipato alla procedura di gara (12).

8. Con il regolamento di cui all'articolo 216, comma 27-*octies*, (13) sono disciplinate e definite le modalità tecniche di svolgimento del collaudo, nonché i casi in cui il certificato di collaudo dei lavori e il certificato di verifica di conformità possono essere sostituiti dal certificato di regolare esecuzione rilasciato ai sensi del comma 2. Fino alla data di entrata in vigore di detto decreto, si applica l'articolo 216, comma 16, anche con riferimento al certificato di regolare esecuzione, rilasciato ai sensi del comma 2. [Nel medesimo decreto sono altresì disciplinate le modalità e le procedure di predisposizione degli albi dei collaudatori, di livello nazionale e regionale, nonché i criteri di iscrizione secondo requisiti di moralità, competenza e professionalità] (14) (15).

9. Al termine del lavoro sono redatti:

a) per i beni del patrimonio culturale un consuntivo scientifico predisposto dal direttore dei lavori o, nel caso di interventi su beni culturali mobili, superfici decorate di beni architettonici e a materiali storicizzati di beni immobili di interesse storico artistico o archeologico, da restauratori di beni culturali, ai sensi dalla normativa vigente, quale ultima fase del processo della conoscenza e del restauro e quale premessa per il futuro programma di intervento sul bene; i costi per la elaborazione del consuntivo scientifico sono previsti nel quadro economico dell'intervento;

b) l'aggiornamento del piano di manutenzione;

c) una relazione tecnico-scientifica redatta dai professionisti afferenti alle rispettive competenze, con l'esplicitazione dei risultati culturali e scientifici raggiunti.

(1) *Le parole* « e verifica di conformità » *sono state inserite dall'art. 66 d.lgs. 19 aprile 2017, n. 56.*

(2) *Le parole* « direttore dei lavori per i lavori e al direttore dell'esecuzione del contratto per i servizi e forniture » *sono state sostituite alle parole* « direttore dell'esecuzione del contratto » *dall'art. 66 d.lgs. n. 56, cit.*

(3) *Le parole* « delle previsioni e delle pattuizioni contrattuali » *sono state sostituite alle parole* « delle previsioni contrattuali e delle pattuizioni concordate in sede di aggiudicazione o affidamento » *dall'art. 66 d.lgs. n. 56, cit.*

(4) *Le parole da* « Per i contratti pubblici » *a* « oggetto del contratto » *sono state così sostituite dall'art. 66 d.lgs. n. 56, cit. Il testo previgente era:* « Per i contratti pubblici di importo inferiore alla soglia europea di cui all'articolo 35 il certificato di collaudo dei lavori e il certificato di verifica di conformità, nei casi espressamente individuati dal decreto di cui al comma 8, possono essere sostituiti dal certificato di regolare esecuzione rilasciato per i lavori dal direttore dei lavori e dal responsabile unico del procedimento per i servizi e le forniture su richiesta del direttore dell'esecuzione, se nominato ».

(5) *Le parole* « o la verifica di conformità » *sono state inserite dall'art. 66 d.lgs. n. 56, cit.*

(6) *Le parole* « o delle prestazioni » *sono state inserite dall'art. 66 d.lgs. n. 56, cit.*

(7) *Le parole* « o il certificato di verifica di conformità » *sono state inserite dall'art. 66 d.lgs. n. 56, cit.*

(8) *Comma abrogato dall'art. 66 d.lgs. n. 56, cit. Il testo previgente era:* « 4. All'esito positivo del collaudo o della verifica di conformità il

responsabile unico del procedimento rilascia il certificato di pagamento ai fini dell'emissione della fattura da parte dell'appaltatore. Il certificato di pagamento è rilasciato non oltre il novantesimo giorno dall'emissione del certificato di collaudo provvisorio ovvero del certificato di regolare esecuzione e non costituisce presunzione di accettazione dell'opera, ai sensi dell'articolo 1666, secondo comma, del codice civile »

(9) *Comma sostituito dall'art. 66 d.lgs. n. 56, cit. Il testo del comma era il seguente:* « 6. Per effettuare le attività di controllo sull'esecuzione dei contratti pubblici di cui al comma 1, le stazioni appaltanti nominano tra i propri dipendenti o dipendenti di altre amministrazioni pubbliche da uno a tre componenti con qualificazione rapportata alla tipologia e caratteristica del contratto, il cui compenso è contenuto nell'ambito dell'incentivo di cui all'articolo 113. Per i lavori, il dipendente nominato collaudatore ovvero tra i dipendenti nominati collaudatori, è individuato il collaudatore delle strutture per la redazione del collaudo statico. Per accertata carenza nell'organico della stazione appaltante ovvero di altre amministrazioni pubbliche, le stazioni appaltanti individuano i componenti con le procedure di cui all'articolo 31, comma 8 ».

(10) *Le parole* « in servizio, ovvero » *sono state inserite dall'art. 66 d.lgs. n. 56, cit.*

(11) *Le parole* « è svolta per i dipendenti in servizio, ovvero è stata svolta per quelli in quiescenza, » *sono state sostituite alle parole* « è stata svolta » *dall'art. 66 d.lgs. n. 56, cit.*

(12) *Lettera inserita dall'art. 66 d.lgs. n. 56, cit.*

(13) *Le parole* « Con il regolamento di cui all'articolo 216, comma 27-*octies*, » *sono state sostituite alle parole* « Con decreto del Ministro delle infrastrutture e dei trasporti, su proposta del Consiglio superiore dei lavori pubblici, sentita l'ANAC, » *dall'art. 1, comma 20, lett.* v), *n. 1) d.l. 18 aprile 2019, n. 32, conv., con modif., in l. 14 giugno 2019, n. 55. Ai sensi del comma 21 del predetto art. 1, le disposizioni di cui all'art. 1, comma 20 del suddetto d.l. n. 32 cit. si applicano alle procedure i cui bandi o avvisi, con i quali si indice una gara, sono pubblicati successivamente alla data di entrata in vigore della legge di conversione del presente decreto, nonché, in caso di contratti senza pubblicazione di bandi o avvisi, alle procedure in cui, alla medesima data, non sono ancora stati inviati gli inviti a presentare le offerte o i preventivi.*

(14) *Le parole da* «, anche con riferimento » *a* « competenza e professionalità » *sono state inserite dall'art. 66 d.lgs. n. 56, cit.*

(15) *Periodo soppresso dall'art. 1, comma 20, lett.* v), *n. 2) d.l. n. 32, cit., V. nota 13 per la disciplina transitoria di cui al comma 21 del predetto art. 1 d.l. n. 32, cit.*

103 Garanzie definitive.

1. L'appaltatore per la sottoscrizione del contratto deve costituire una garanzia, denominata "garanzia definitiva" a sua scelta sotto forma di cauzione o fideiussione con le modalità di cui all'articolo 93, commi 2 e 3, pari al 10 per cento dell'importo contrattuale e tale obbligazione è indicata negli atti e documenti a base di affidamento di lavori, di servizi e di forniture. Nel caso di procedure di gara realizzate in forma aggregata da centrali di committenza, l'importo della garanzia è indicato nella misura massima del 10 per cento dell'importo contrattuale. Al fine di salvaguardare l'interesse pubblico alla conclusione del contratto nei termini e nei modi programmati in caso di aggiudicazione con ribassi superiori al dieci per cento la garanzia da costituire è aumentata di tanti punti percentuali quanti sono quelli eccedenti il 10 per cento. Ove il ribasso sia superiore al venti per cento, l'aumento è di due punti percentuali per ogni punto di ribasso superiore al venti per cento. La cauzione è prestata a garanzia dell'adempimento di tutte le obbligazioni del contratto e del risarcimento dei danni derivanti dall'eventuale inadempimento delle obbligazioni stesse, nonché a garanzia del rimborso delle somme pagate in più all'esecutore rispetto alle risultanze della liquidazione finale, salva comunque la risarcibilità del maggior danno verso l'appaltatore. La garanzia cessa di avere effetto solo alla data di emissione del certificato di collaudo provvisorio o del certificato di regolare esecuzione. La stazione appaltante può richiedere al soggetto aggiudicatario la reintegrazione della garanzia ove questa sia venuta meno in tutto o in parte; in caso di inottemperanza, la reintegrazione si effettua a valere sui ratei di prezzo da corrispondere all'esecutore. Alla garanzia di cui al presente articolo si applicano le riduzioni previste dall'articolo 93, comma 7, per la garanzia provvisoria.

2. Le stazioni appaltanti hanno il diritto di valersi della cauzione, nei limiti dell'importo massimo garantito, per l'eventuale maggiore spesa sostenuta per il completamento dei lavori, servizi o forniture (1) nel caso di risoluzione del contratto disposta in danno dell'esecutore e hanno il diritto di valersi della cauzione per provvedere al pagamento di quanto dovuto dall'esecutore per le inadempienze derivanti dalla inosservanza di norme e prescrizioni dei contratti collettivi, delle leggi e dei regolamenti sulla tutela, protezione, assicurazione, assistenza e sicurezza fisica dei lavoratori comunque presenti in cantiere o nei luoghi dove viene prestato il servizio nei casi di appalti di servizi. Le stazioni appaltanti possono incamerare la garanzia per provvedere al pagamento di quanto dovuto dal soggetto aggiudicatario per le inadempienze derivanti dalla inosservanza di norme e prescrizioni dei contratti collettivi, delle leggi e dei regolamenti sulla tutela, protezione, assicurazione, assistenza e sicurezza fisica dei lavoratori addetti all'esecuzione dell'appalto.

3. La mancata costituzione della garanzia di cui al comma 1 determina la decadenza dell'affidamento e l'acquisizione della cauzione provvisoria presentata in sede di offerta da parte della stazione appaltante, che aggiudica l'appalto o la concessione al concorrente che segue nella graduatoria.

4. La garanzia fideiussoria di cui al comma 1 a scelta dell'appaltatore può essere rilasciata dai soggetti di cui all'articolo 93, comma 3. La garanzia deve prevedere espressamente la rinuncia al beneficio della preventiva escussione del debitore principale, la rinuncia all'eccezione di cui all'articolo 1957, secondo comma, del codice civile, nonché l'operatività della garanzia medesima entro quindici giorni, a semplice richiesta scritta della stazione appaltante.

5. La garanzia di cui al comma 1 è progressivamente svincolata a misura dell'avanzamento dell'esecuzione, nel limite massimo dell'80 per cento dell'iniziale importo garantito. L'ammontare residuo della cauzione definitiva deve permanere fino alla data di emissione del certificato di collaudo provvisorio o del certificato di regolare esecuzione, o comunque fino a dodici mesi dalla data di ultimazione dei lavori risultante dal relativo certificato. Lo svincolo è automatico, senza necessità di nulla osta del committente, con la sola condizione della preventiva consegna all'istituto garante, da parte dell'appaltatore o del concessionario, degli stati di avanzamento dei lavori o di analogo documento, in originale o in copia autentica, attestanti l'avvenuta esecuzione. Tale automatismo si applica anche agli appalti di forniture e servizi. Sono nulle le pattuizioni contrarie o in deroga. Il mancato svincolo nei quindici giorni dalla consegna degli stati di avanzamento o del-

la documentazione analoga costituisce inadempimento del garante nei confronti dell'impresa per la quale la garanzia è prestata.

6. Il pagamento della rata di saldo è subordinato alla costituzione di una cauzione o di una garanzia fideiussoria bancaria o assicurativa pari all'importo della medesima rata di saldo maggiorato del tasso di interesse legale applicato per il periodo intercorrente tra la data di emissione del certificato di collaudo o della verifica di conformità nel caso di appalti di servizi o forniture e l'assunzione del carattere di definitività dei medesimi.

7. L'esecutore dei lavori è obbligato a costituire e consegnare alla stazione appaltante almeno dieci giorni prima della consegna dei lavori anche una polizza di assicurazione che copra i danni subiti dalle stazioni appaltanti a causa del danneggiamento o della distruzione totale o parziale di impianti ed opere, anche preesistenti, verificatisi nel corso dell'esecuzione dei lavori. Nei documenti e negli atti a base di gara o di affidamento è stabilito l'importo della somma da assicurare che, di norma, corrisponde all'importo del contratto stesso qualora non sussistano motivate particolari circostanze che impongano un importo da assicurare superiore. La polizza del presente comma deve assicurare la stazione appaltante contro la responsabilità civile per danni causati a terzi nel corso dell'esecuzione dei lavori il cui massimale è pari al cinque per cento della somma assicurata per le opere con un minimo di 500.000 euro ed un massimo di 5.000.000 di euro. La copertura assicurativa decorre dalla data di consegna dei lavori e cessa alla data di emissione del certificato di collaudo provvisorio o del certificato di regolare esecuzione o comunque decorsi dodici mesi dalla data di ultimazione dei lavori risultante dal relativo certificato. Qualora sia previsto un periodo di garanzia, la polizza assicurativa è sostituita da una polizza che tenga indenni le stazioni appaltanti da tutti i rischi connessi all'utilizzo delle lavorazioni in garanzia o agli interventi per la loro eventuale sostituzione o rifacimento. L'omesso o il ritardato pagamento delle somme dovute a titolo di premio o di commissione da parte dell'esecutore non comporta l'inefficacia della garanzia nei confronti della stazione appaltante.

8. Per i lavori di importo superiore al doppio della soglia di cui all'articolo 35, il titolare del contratto per la liquidazione della rata di saldo è obbligato a stipulare, con decorrenza dalla data di emissione del certificato di collaudo provvisorio o del certificato di regolare esecuzione o comunque decorsi dodici mesi dalla data di ultimazione dei lavori risultante dal relativo certificato, una polizza indennitaria decennale a copertura dei rischi di rovina totale o parziale dell'opera, ovvero dei rischi derivanti da gravi difetti costruttivi. La polizza deve contenere la previsione del pagamento dell'indennizzo contrattualmente dovuto (2) in favore del committente non appena questi lo richieda, anche in pendenza dell'accertamento della responsabilità e senza che occorrano consensi ed autorizzazioni di qualunque specie. Il limite di indennizzo della polizza decennale non deve essere inferiore al venti per cento del valore dell'opera realizzata e non superiore al 40 per cento, nel rispetto del principio di proporzionalità avuto riguardo alla natura dell'opera. L'esecutore dei lavori è altresì obbligato a stipulare, per i lavori di cui al presente comma una polizza di assicurazione della responsabilità civile per danni cagionati a terzi, con decorrenza dalla data di emissione del certificato di collaudo provvisorio o del certificato di regolare esecuzione e per la durata di dieci anni e con un indennizzo pari al 5 per cento del valore dell'opera realizzata con un minimo di 500.000 euro ed un massimo di 5.000.000 di euro.

9. Le garanzie fideiussorie e le polizze assicurative previste dal presente codice sono conformi agli schemi tipo approvati (3) con decreto del Ministro dello sviluppo economico di concerto con il Ministro delle infrastrutture e dei trasporti e previamente concordato con le banche e le assicurazioni o loro rappresentanze.

10. In caso di raggruppamenti temporanei le garanzie fideiussorie e le garanzie assicurative sono presentate, su mandato irrevocabile, dalla mandataria in nome e per conto di tutti i concorrenti ferma restando la responsabilità solidale tra le imprese.

11. È facoltà dell'amministrazione in casi specifici non richiedere una garanzia per gli appalti di cui all'articolo 36, comma 2, lettera *a*), nonché per gli appalti (4) da eseguirsi da operatori economici di comprovata solidità nonché per le forniture di beni che per la loro natura, o per l'uso speciale cui sono destinati, debbano essere acquistati nel luogo di produzione o forniti direttamente dai produttori o di prodotti d'arte, macchinari, strumenti e lavori di precisione l'esecuzione dei quali deve essere affidata a operatori specializzati. L'esonero dalla prestazione della garanzia deve essere adeguatamente motivato ed è subordinato ad un miglioramento del prezzo di aggiudicazione.

(1) *Le parole «, servizi o forniture » sono state inserite dall'art. 67 del d.lgs. 19 aprile 2017, n. 56.*

(2) *Le parole « dell'indennizzo contrattualmente dovuto » sono state inserite dall'art. 67 del d.lgs. 19 aprile 2017, n. 56.*

(3) *Le parole da « Le garanzie fideiussorie » a « schemi tipo approvati » sono state sostituite dall'art. 67 de d.lgs. 19 aprile 2017, n. 56. Il testo previgente era: « Le fideiussioni devono essere conformi allo schema tipo approvato ».*

(4) *Le parole da « di cui » a « nonché per gli appalti » sono state inserite dall'art. 67 del d.lgs. 19 aprile 2017, n. 56.*

104 Garanzie per l'esecuzione di lavori di particolare valore.

1. Per gli affidamenti a contraente generale di qualunque ammontare, e, ove prevista dal bando o dall'avviso di gara, per gli appalti [di sola esecuzione] (1) di ammontare a base d'asta superiore a 100 milioni di euro, il soggetto aggiudicatario presenta sotto forma di cauzione o di fideiussione rilasciata dai soggetti di cui all'articolo 93 comma 3, in luogo della garanzia definitiva di cui all'articolo 103, una garanzia dell'adempimento di tutte le obbligazioni del contratto e del risarcimento dei danni derivanti dall'eventuale inadempimento delle obbligazioni stesse, denominata "garanzia di buon adempimento" e una garanzia di conclusione dell'opera nei casi di risoluzione del contratto previsti dal codice civile e dal presente codice, denominata "garanzia per la risoluzione".

2. Nel caso di affidamento dei lavori ad un nuovo soggetto, anche quest'ultimo presenta le garanzie previste al comma 1.

3. La garanzia di buon adempimento è costituita con le modalità di cui all'articolo 103 commi 1 e 2, ed è pari al cinque per cento fisso dell'importo contrattuale come risultante dall'aggiudicazione senza applicazione degli incrementi per ribassi di cui all'articolo 103 comma 1 e permane fino alla data di emissione del certificato di collaudo provvisorio o del certificato di regolare esecuzione, o comunque fino a dodici mesi dalla data di ultimazione dei lavori risultante dal relativo certificato.

4. La garanzia fideiussoria "per la risoluzione" di natura accessoria, opera nei casi di risoluzione del contratto previsti dal codice civile e dal presente codice ed è di importo pari al 10 per cento dell'importo contrattuale, fermo restando che, qualora l'importo in valore assoluto fosse superiore a 100 milioni di euro, la garanzia si intende comunque limitata a 100 milioni di euro.

5. La garanzia "per la risoluzione" copre, nei limiti dei danni effettivamente subiti, i costi per le procedure di riaffidamento da parte della stazione appaltante o del soggetto aggiudicatore e l'eventuale maggior costo tra l'importo contrattuale risultante dall'aggiudicazione originaria dei lavori e l'importo contrattuale del riaffidamento dei lavori stessi, a cui sono sommati gli importi dei pagamenti già effettuati o da effettuare in base agli stati d'avanzamento dei lavori.

6. La garanzia "per la risoluzione" è efficace a partire dal perfezionamento del contratto e fino alla data di emissione del certificato di ultimazione dei lavori, allorché cessa automaticamente. La garanzia "per la risoluzione" cessa automaticamente oltre che per la sua escussione ai sensi del comma 1, anche decorsi tre mesi dalla data del riaffidamento dei lavori.

7. Le garanzie di cui al presente articolo prevedono (2) espressamente la rinuncia al beneficio della preventiva escussione del debitore principale e la rinuncia all'eccezione di cui all'articolo 1957, secondo comma del codice civile.

8. Nel caso di escussione il pagamento è effettuato entro trenta giorni, a semplice richiesta scritta della stazione appaltante o del soggetto aggiudicatore recante l'indicazione del titolo per cui la stazione appaltante o il soggetto aggiudicatore richiede l'escussione.

9. Gli schemi di polizza-tipo concernenti le garanzie fideiussorie di cui al comma 1, sono adottati con le modalità di cui all'articolo 103, comma 9.

10. Le garanzie di cui al presente articolo e agli articoli 93 e 103 prevedono la rivalsa verso il contraente e il diritto di regresso verso la stazione appaltante o il soggetto aggiudicatore per l'eventuale indebito arricchimento e possono essere rilasciate congiuntamente da più garanti [senza determinare tra essi vincoli di solidarietà nei confronti della stazione appaltante o del soggetto aggiudicatore, i quali in caso di escussione dovranno procedere pro-quota nei confronti dei singoli garanti] (1). I garanti designano un mandatario o un delegatario per i rapporti con la stazione appaltante o il soggetto aggiudicatore.

(1) *Parole soppresse dall'art. 68 del d.lgs. 19 aprile 2017, n. 56.*

(2) *Le parole « Le garanzie di cui al presente articolo prevedono » sono state sostituite alle parole « La garanzia per la risoluzione preve-de » dall'art. 68 del d.lgs. 19 aprile 2017, n. 56.*

105 Subappalto (1).

1. I soggetti affidatari dei contratti di cui al presente codice [di norma] (2) eseguono in proprio le opere o i lavori, i servizi, le forniture compresi nel contratto. A pena di nullità, fatto salvo quanto previsto dall'articolo 106, comma 1, lettera *d*), il contratto non può essere ceduto, non può essere affidata a terzi l'integrale esecuzione delle prestazioni o lavorazioni oggetto del contratto di appalto, nonché la prevalente esecuzione delle lavorazioni relative al complesso delle categorie prevalenti e dei contratti ad alta intensità di manodopera (3). È ammesso il subappalto secondo le disposizioni del presente articolo (3).

2. Il subappalto è il contratto con il quale l'appaltatore affida a terzi l'esecuzione di parte delle prestazioni o lavorazioni oggetto del contratto di appalto. Costituisce, comunque, subappalto qualsiasi contratto avente ad oggetto attività ovunque espletate che richiedono l'impiego di manodopera, quali le forniture con posa in opera e i noli a caldo, se singolarmente di importo superiore al 2 per cento dell'importo delle prestazioni affidate o di importo superiore a 100.000 euro e qualora l'incidenza del costo della manodopera e del personale sia superiore al 50 per cento dell'importo del contratto da affidare (4). Le stazioni appaltanti, nel rispetto dei principi di cui all'articolo 30, previa adeguata motivazione nella determina a contrarre, eventualmente avvalendosi del parere delle Prefetture competenti, indicano nei documenti di gara le prestazioni o le lavorazioni oggetto del contratto di appalto da eseguire a cura dell'aggiudicatario in ragione delle specifiche caratteristiche dell'appalto, ivi comprese quelle di cui all'articolo 89, comma 11, dell'esigenza, tenuto conto della natura o della complessità delle prestazioni o delle lavorazioni da effettuare, di rafforzare il controllo delle attività di cantiere e più in generale dei luoghi di lavoro e di garantire una più intensa tutela delle condizioni di lavoro e della salute e sicurezza dei lavoratori ovvero di prevenire il rischio di infiltrazioni criminali, a meno che i subappaltatori siano iscritti nell'elenco dei fornitori, prestatori di servizi ed esecutori di lavori di cui al comma 52 dell'articolo 1 della legge 6 novembre 2012, n. 190, ovvero nell'anagrafe antimafia degli esecutori istituita dall'articolo 30 del decreto-legge 17 ottobre 2016, n. 189, convertito, con modificazioni, dalla legge 15 dicembre 2016, n. 229 (5). [Per gli appalti di lavori non costituiscono comunque subappalto le forniture senza prestazione di manodopera, le forniture con posa in opera e i noli a caldo, se singolarmente di importo inferiore al 2 per cento dell'importo delle prestazioni affidate o di importo inferiore a 100.000 euro e qualora l'incidenza del costo della manodopera e del personale non sia superiore al 50 per cento dell'importo del contratto da affidare] (6). L'affidatario comunica alla stazione appaltante, prima dell'inizio della prestazione, per tutti i sub-contratti che non sono subappalti, stipulati per l'esecuzione dell'appalto, il nome del sub-contraente, l'importo del sub-contratto, l'oggetto del lavoro, servizio o fornitura affidati. Sono, altresì, comunicate alla stazione appaltante eventuali modifiche a tali informazioni avvenute nel corso del sub-contratto. È altresì

fatto obbligo di acquisire nuova autorizzazione integrativa qualora l'oggetto del subappalto subisca variazioni e l'importo dello stesso sia incrementato nonché siano variati i requisiti di cui al comma 7 (7).

3. Le seguenti categorie di forniture o servizi, per le loro specificità, non si configurano come attività affidate in subappalto:

a) l'affidamento di attività specifiche a lavoratori autonomi, per le quali occorre effettuare comunicazione alla stazione appaltante;

b) la subfornitura a catalogo di prodotti informatici;

c) l'affidamento di servizi di importo inferiore a 20.000,00 euro annui a imprenditori agricoli nei comuni classificati totalmente montani di cui all'elenco dei comuni italiani predisposto dall'Istituto nazionale di statistica (ISTAT), ovvero ricompresi nella circolare del Ministero delle finanze n. 9 del 14 giugno 1993, pubblicata nel supplemento ordinario n. 53 alla Gazzetta ufficiale della Repubblica italiana n. 141 del 18 giugno 1993, nonché nei comuni delle isole minori di cui all'allegato A annesso alla legge 28 dicembre 2001, n. 448.

c-bis) le prestazioni rese in favore dei soggetti affidatari in forza di contratti continuativi di cooperazione, servizio e/o fornitura sottoscritti in epoca anteriore alla indizione della procedura finalizzata alla aggiudicazione dell'appalto. I relativi contratti sono depositati alla stazione appaltante prima o contestualmente alla sottoscrizione del contratto di appalto (7).

4. I soggetti affidatari dei contratti di cui al presente codice possono affidare in subappalto le opere o i lavori, i servizi o le forniture compresi nel contratto, previa autorizzazione della stazione appaltante purché:

[*a*) l'affidatario del subappalto non abbia partecipato alla procedura per l'affidamento dell'appalto;] (8)

b) il subappaltatore sia qualificato nella relativa categoria e non sussistano a suo carico i motivi di esclusione di cui all'articolo 80 (9);

c) all'atto dell'offerta siano stati indicati i lavori o le parti di opere ovvero i servizi e le forniture o parti di servizi e forniture che si intende subappaltare;

[*d*) il concorrente dimostri l'assenza in capo ai subappaltatori dei motivi di esclusione di cui all'articolo 80] (10).

[5. Per le opere di cui all'articolo 89, comma 11, e fermi restando i limiti previsti dal medesimo comma, l'eventuale subappalto non può superare il trenta per cento dell'importo delle opere e non può essere, senza ragioni obiettive, suddiviso] (11).

[6. È obbligatoria l'indicazione della terna di subappaltatori in sede di offerta, qualora gli appalti di lavori, servizi e forniture siano di importo pari o superiore alle soglie di cui all'articolo 35 o, indipendentemente dall'importo a base di gara, riguardino le attività maggiormente esposte a rischio di infiltrazione mafiosa, come individuate al comma 53 dell'articolo 1 della legge 6 novembre 2012, n. 190. Nel caso di appalti aventi ad oggetto più tipologie di prestazioni, la terna di subappaltatori va indicata con riferimento a ciascuna tipologia di prestazione omogenea prevista nel bando di gara. Nel bando o nell'avviso di gara la stazione appaltante prevede, per gli appalti sotto le soglie di cui all'articolo 35: le modalità e le tempistiche per la verifica delle condizioni di esclusione di cui all'articolo 80 prima della stipula del contratto stesso, per l'appaltatore e i subappaltatori; l'indicazione dei mezzi di prova richiesti, per la dimostrazione delle circostanze di esclusione per gravi illeciti professionali come previsti dal comma 13 dell'articolo 80] (12) (13).

7. L'affidatario deposita il contratto di subappalto presso la stazione appaltante almeno venti giorni prima della data di effettivo inizio dell'esecuzione delle relative prestazioni. Al momento del deposito del contratto di subappalto presso la stazione appaltante l'affidatario trasmette altresì la dichiarazione del subappaltatore attestante l'assenza dei motivi di esclusione di cui all'articolo 80 e il possesso dei requisiti speciali di cui agli articoli 83 e 84. La stazione appaltante verifica la dichiarazione di cui al secondo periodo del presente comma tramite la Banca dati nazionale di cui all'articolo 81 (14). Il contratto di subappalto, corredato della documentazione tecnica, amministrativa e grafica direttamente derivata dagli atti del contratto affidato, indica puntualmente l'ambito operativo del subappalto sia in termini prestazionali che economici.

8. Il contraente principale e il subappaltatore sono responsabili in solido nei confronti della stazione appaltante in relazione alle prestazioni oggetto del contratto di subappalto (15). L'aggiudicatario è responsabile in solido con il subappaltatore in relazione agli obblighi retributivi e contributivi, ai sensi dell'articolo 29 del decreto legislativo 10 settembre 2003, n. 276. Nelle ipotesi di cui al comma 13, lettere *a*) e *c*), l'appaltatore è liberato dalla responsabilità solidale di cui al primo periodo.

9. L'affidatario è tenuto ad osservare integralmente il trattamento economico e normativo stabilito dai contratti collettivi nazionale e territoriale in vigore per il settore e per la zona nella quale si eseguono le prestazioni. È, altresì, responsabile in solido dell'osservanza delle norme anzidette da parte dei subappaltatori nei confronti dei loro dipendenti per le prestazioni rese nell'ambito del subappalto. L'affidatario e, per suo tramite, i subappaltatori, trasmettono alla stazione appaltante prima dell'inizio dei lavori la documentazione di avvenuta denunzia agli enti previdenziali, inclusa la Cassa edile, ove presente, assicurativi e antinfortunistici, nonché copia del piano di cui al comma 16 17. Ai fini del pagamento delle prestazioni rese nell'ambito dell'appalto o del subappalto, la stazione appaltante acquisisce d'ufficio il documento unico di regolarità contributiva in corso di validità relativo all'affidatario e a tutti i subappaltatori.

10. Per i contratti relativi a lavori, servizi e forniture, in caso di ritardo nel pagamento delle retribuzioni dovute al personale dipendente dell'esecutore o del subappaltatore o dei soggetti titolari di subappalti e cottimi, nonché in caso di inadempienza contributiva risultante dal documento unico di regolarità contributiva, si applicano le disposizioni di cui all'articolo 30, commi 5 e 6.

11. Nel caso di formale contestazione delle richieste di cui al comma precedente, il responsabile del procedimento inoltra le richieste e le contestazioni (16) alla

direzione provinciale del lavoro per i necessari accertamenti.

12. L'affidatario deve provvedere a sostituire i subappaltatori relativamente ai quali apposita verifica abbia dimostrato la sussistenza dei motivi di esclusione di cui all'articolo 80.

13. La stazione appaltante corrisponde direttamente al subappaltatore, al cottimista, al prestatore di servizi ed al fornitore di beni o lavori, l'importo dovuto per le prestazioni dagli stessi eseguite nei seguenti casi:

a) quando il subappaltatore o il cottimista è una microimpresa o piccola impresa;

b) in caso di inadempimento da parte dell'appaltatore;

c) su richiesta del subappaltatore e se la natura del contratto lo consente.

14. Il subappaltatore, per le prestazioni affidate in subappalto, deve garantire gli stessi standard qualitativi e prestazionali previsti nel contratto di appalto e riconoscere ai lavoratori un trattamento economico e normativo non inferiore a quello che avrebbe garantito il contraente principale, inclusa l'applicazione dei medesimi contratti collettivi nazionali di lavoro, qualora le attività oggetto di subappalto coincidano con quelle caratterizzanti l'oggetto dell'appalto ovvero riguardino le lavorazioni relative alle categorie prevalenti e siano incluse nell'oggetto sociale del contraente principale (17). L'affidatario corrisponde i costi della sicurezza e della manodopera, relativi alle prestazioni affidate in subappalto, alle imprese subappaltatrici senza alcun ribasso; la stazione appaltante, sentito il direttore dei lavori, il coordinatore della sicurezza in fase di esecuzione, ovvero il direttore dell'esecuzione, provvede alla verifica dell'effettiva applicazione della presente disposizione. L'affidatario è solidalmente responsabile con il subappaltatore degli adempimenti, da parte di questo ultimo, degli obblighi di sicurezza previsti dalla normativa vigente.

15. Per i lavori, nei cartelli esposti all'esterno del cantiere devono essere indicati anche i nominativi di tutte le imprese subappaltatrici.

16. Al fine di contrastare il fenomeno del lavoro sommerso ed irregolare, il documento unico di regolarità contributiva è comprensivo della verifica della congruità della incidenza della mano d'opera relativa allo specifico contratto affidato. Tale congruità, per i lavori edili è verificata dalla Cassa edile in base all'accordo assunto a livello nazionale tra le parti sociali firmatarie del contratto collettivo nazionale comparativamente più rappresentative per l'ambito del settore edile ed il Ministero del lavoro e delle politiche sociali; per i lavori non edili è verificata in comparazione con lo specifico contratto collettivo applicato.

17. I piani di sicurezza di cui al decreto legislativo del 9 aprile 2008, n. 81 sono messi a disposizione delle autorità competenti preposte alle verifiche ispettive di controllo dei cantieri. L'affidatario è tenuto a curare il coordinamento di tutti i subappaltatori operanti nel cantiere, al fine di rendere gli specifici piani redatti dai singoli subappaltatori compatibili tra loro e coerenti con il piano presentato dall'affidatario. Nell'ipotesi di raggruppamento temporaneo o di consorzio, detto obbligo incombe al mandatario. Il direttore tecnico di cantiere è responsabile del rispetto del piano da parte di tutte le imprese impegnate nell'esecuzione dei lavori.

18. L'affidatario che si avvale del subappalto o del cottimo deve allegare alla copia autentica del contratto la dichiarazione circa la sussistenza o meno di eventuali forme di controllo o di collegamento a norma dell'articolo 2359 del codice civile con il titolare del subappalto o del cottimo. Analoga dichiarazione deve essere effettuata da ciascuno dei soggetti partecipanti nel caso di raggruppamento temporaneo, società o consorzio. La stazione appaltante provvede al rilascio dell'autorizzazione di cui al comma 4 entro trenta giorni dalla relativa richiesta; tale termine può essere prorogato una sola volta, ove ricorrano giustificati motivi. Trascorso tale termine senza che si sia provveduto, l'autorizzazione si intende concessa. Per i subappalti o cottimi di importo inferiore al 2 per cento dell'importo delle prestazioni affidate o di importo inferiore a 100.000 euro, i termini per il rilascio dell'autorizzazione da parte della stazione appaltante sono ridotti della metà.

19. L'esecuzione delle prestazioni affidate in subappalto non può formare oggetto di ulteriore subappalto.

20. Le disposizioni di cui al presente articolo si applicano anche ai raggruppamenti temporanei e alle società anche consortili, quando le imprese riunite o consorziate non intendono eseguire direttamente le prestazioni scorporabili, [nonché alle associazioni in partecipazione quando l'associante non intende eseguire direttamente le prestazioni assunte in appalto] (18); si applicano altresì agli affidamenti con procedura negoziata. Ai fini dell'applicazione delle disposizioni del presente articolo è consentita, in deroga all'articolo 48, comma 9, primo periodo, la costituzione dell'associazione in partecipazione quando l'associante non intende eseguire direttamente le prestazioni assunte in appalto (19).

21. È fatta salva la facoltà per le regioni a statuto speciale e per le province autonome di Trento e Bolzano, sulla base dei rispettivi statuti e delle relative norme di attuazione e nel rispetto della normativa comunitaria vigente e dei principi dell'ordinamento comunitario, di disciplinare ulteriori casi di pagamento diretto dei subappaltatori.

22. Le stazioni appaltanti rilasciano i certificati necessari per la partecipazione e la qualificazione di cui all'articolo 83, comma 1, e all'articolo 84, comma 4, lettera *b*), all'appaltatore, scomputando dall'intero valore dell'appalto il valore e la categoria di quanto eseguito attraverso il subappalto. I subappaltatori possono richiedere alle stazioni appaltanti i certificati relativi alle prestazioni oggetto di appalto realmente eseguite.

(1) *Precedentemente alla conversione in legge, l'art. 1, comma 1, lett.* v) *d.l. 18 aprile 2019, n. 32 aveva disposto le seguenti modifiche del presente articolo: « 1) al comma 2, il terzo periodo è sostituito dal seguente: "Fatto salvo quanto previsto dal comma 5, il subappalto è indicato dalle stazioni appaltanti nel bando di gara e non può superare la quota del cinquanta per cento dell'importo complessivo del contratto di lavori, servizi o forniture."; 2) al comma 4, la lettera* a) *è abrogata; 3) al comma 4, lettera* b)*, sono aggiunte, in fine, le seguenti parole: "e sia in possesso dei requisiti di cui all'articolo 80"; 4) al comma 4, la lettera* d) *è abrogata; 5) il comma 6 è abrogato; 6) al comma 13, la lettera* a)*, è abrogata e alla lettera* c) *le parole "e se la natura del contratto lo con-*

sente" sono soppresse », ma tali modifiche sono decadute in sede di conversione. Ai sensi dell'art. 1, comma 2, d.l. n. 32, cit. « Restano validi gli atti e i provvedimenti adottati e sono fatti salvi gli effetti prodottisi e i rapporti giuridici sorti sulla base dell'articolo 1 del medesimo decreto-legge 18 aprile 2019, n. 32 ».

(2) *Parole soppresse dall'art. 69 del d.lgs. 19 aprile 2017, n. 56.*

(3) *Il secondo e il terzo periodo sono stati così sostituiti dell'art. 49, comma 1, lett.* b), *n. 1 d.l. 31 maggio 2021, n. 77, conv., con modif., in l. 29 luglio 2021, n. 108. Il testo dei periodi secondo e terzo, come modificati dal d.lgs. 19 aprile 2017, n. 56, era il seguente:* « Il contratto non può essere ceduto a pena di nullità, fatto salvo quanto previsto dall'articolo 106, comma 1, lettera *d*). È ammesso il subappalto secondo le disposizioni del presente articolo ».

(4) *Periodo sostituito dall'art. 69 del d.lgs. 19 aprile 2017, n. 56. Il testo del periodo era il seguente « Costituisce comunque subappalto qualsiasi contratto avente ad oggetto attività del contratto di appalto ovunque espletate che richiedono l'impiego di manodopera ».*

(5) *Terzo periodo così sostituito, dal 1° novembre 2021, dell'art. 49, comma 2, lett.* a), *d.l. n. 77, cit. Il testo del periodo era il seguente:* « Fatto salvo quanto previsto dal comma 5, l'eventuale subappalto non può superare la quota del 30 per cento dell'importo complessivo del contratto di lavori, servizi o forniture ».

(6) *Periodo soppresso dall'art. 69 del d.lgs. 19 aprile 2017, n. 56.*

(7) *Ai sensi dell'art. 49, comma 1, lett.* a), *d.l. n. 77, cit., fino al 31 ottobre 2021, in deroga ai commi 2 e 5 del presente articolo, il subappalto non può superare la quota del 50 per cento dell'importo complessivo del contratto di lavori, servizi o forniture.*

(8) *Lettera abrogata dall'art. 10, comma 1, lett.* d), *n. 1.1 l. 23 dicembre 2021, n. 238. Ai sensi del comma 5 del citato art. 10, tale disposizione si applica alle procedure i cui bandi o avvisi con i quali si indice una gara sono pubblicati successivamente alla data di entrata in vigore della suddetta legge nonché, in caso di contratti senza pubblicazione di bandi o avvisi, alle procedure in cui, alla medesima data, non sono ancora stati inviati gli inviti a presentare le offerte o i preventivi.*

(9) *Le parole* « e non sussistano a suo carico i motivi di esclusione di cui all'articolo 80 » *sono state aggiunte dall'art. 10, comma 1, lett.* d), *n. 1.2 l. n. 238, cit., con le disposizioni di applicazione di cui* sub *nota 8.*

(10) *Lettera abrogata dall'art. 10, comma 1, lett.* d), *n. 1.3 l. n. 238, cit., con le disposizioni di applicazione di cui* sub *nota 8.*

(11) *Comma abrogato, dal 1° novembre 2021, dall'art. 49, comma 2, lett.* b), *d.l. n. 77, cit.*

(12) *Comma abrogato dall'art. 10, comma 1, lett.* d), *n. 2 l. n. 238, cit., con le disposizioni di applicazione di cui* sub *nota 8. Il comma era stato sostituito dall'art. 69 del d.lgs. 19 aprile 2017, n. 56.*

(13) *L'art. 1, comma 18, d.l. n. 32, cit., come da ultimo modificato dall'art. 52, comma 1, lett.* a), *n. 9 d.l. n. 77, cit., disponeva che « Nelle more di una complessiva revisione del codice dei contratti pubblici, di cui al decreto legislativo 18 aprile 2016, n. 50, fino al 30 giugno 2021, in deroga all'articolo 105, comma 2, del medesimo codice, fatto salvo quanto previsto dal comma 5 del medesimo articolo 105, il subappalto è indicato dalle stazioni appaltanti nel bando di gara e non può superare la quota del 40 per cento dell'importo complessivo del contratto di lavori, servizi o forniture. Fino al 31 dicembre 2023, sono altresì sospese l'applicazione del comma 6 dell'articolo 105 e del terzo periodo del comma 2 dell'articolo 174, nonché le verifiche in sede di gara, di cui all'articolo* 80 del medesimo codice, *riferite al subappaltatore ».*

Ma successivamente il citato comma 18 dell'art. 1 d.l. n. 32, cit., è stato abrogato dall'art. 10, comma 3 l. n. 238, cit., con le disposizioni di applicazione di cui sub *nota 8.*

(14) *Le parole da* « la dichiarazione del subappaltatore » *a* « di cui all'articolo 81 » *sono state sostituite, dal 1° novembre 2021, alle parole* « la certificazione attestante il possesso da parte del subappaltatore dei requisiti di qualificazione prescritti dal presente codice in relazione alla prestazione subappaltata e la dichiarazione del subappaltatore attestante l'assenza in capo ai subappaltatori dei motivi di esclusione di cui all'articolo 80 » *dall'art. 49, comma 2, lett.* b-bis), *d.l. n. 77, cit.*

(15) *Primo periodo così sostituito, dal 1° novembre 2021, dall'art. 49, comma 2, lett.* c), *d.l. n. 77, cit. Il testo del periodo era il seguente:* « Il contraente principale è responsabile in via esclusiva nei confronti della stazione appaltante ».

(16) *Le parole da « inoltra » a « contestazioni » sono state così sostituite dall'art. 69 del d.lgs. 19 aprile 2017, n. 56. Il testo previgente era: « inoltra le richieste e delle contestazioni ».*

(17) *Primo periodo così sostituito dall'art. 49, comma 1, lett.* b), *n. 2 d.l. n. 77, cit. Il testo del periodo era il seguente:* « L'affidatario deve praticare, per le prestazioni affidate in subappalto, gli stessi prezzi unitari risultanti dall'aggiudicazione, con ribasso non superiore al venti per cento, nel rispetto degli standard qualitativi e prestazionali previsti nel contratto di appalto ».

(18) *Parole soppresse dall'art. 69 del d.lgs. 19 aprile 2017, n. 56.*

(19) *Periodo aggiunto dal d.lgs. 19 aprile 2017, n. 56.*

106 Modifica di contratti durante il periodo di efficacia.

1. Le modifiche, nonché le varianti, dei contratti di appalto in corso di validità devono essere autorizzate dal RUP con le modalità previste dall'ordinamento della stazione appaltante cui il RUP dipende. I contratti di appalto nei settori ordinari e nei settori speciali possono essere modificati senza una nuova procedura di affidamento nei casi seguenti:

a) se le modifiche, a prescindere dal loro valore monetario, sono state previste nei documenti di gara iniziali in clausole chiare, precise e inequivocabili, che possono comprendere clausole di revisione dei prezzi. Tali clausole fissano la portata e la natura di eventuali modifiche nonché le condizioni alle quali esse possono essere impiegate, facendo riferimento alle variazioni dei prezzi e dei costi standard, ove definiti. Esse non apportano modifiche che avrebbero l'effetto di alterare la natura generale del contratto o dell'accordo quadro. Per i contratti relativi ai lavori, le variazioni di prezzo in aumento o in diminuzione possono essere valutate, sulla base dei prezzari di cui all'articolo 23, comma 7, solo per l'eccedenza rispetto al dieci per cento rispetto al prezzo originario e comunque in misura pari alla metà. Per i contratti relativi a servizi o forniture stipulati dai soggetti aggregatori restano ferme le disposizioni di cui all'articolo 1, comma 511, della legge 28 dicembre 2015, n. 208;

b) per lavori, servizi o forniture, supplementari da parte del contraente originale che si sono resi necessari e non erano inclusi nell'appalto iniziale, ove un cambiamento del contraente produca entrambi i seguenti effetti, fatto salvo quanto previsto dal comma 7 per gli appalti nei settori ordinari:

1) risulti impraticabile per motivi economici o tecnici quali il rispetto dei requisiti di intercambiabilità o interoperabilità tra apparecchiature, servizi o impianti esistenti forniti nell'ambito dell'appalto iniziale;

2) comporti per l'amministrazione aggiudicatrice o l'ente aggiudicatore notevoli disguidi o una consistente duplicazione dei costi;

c) ove siano soddisfatte tutte le seguenti condizioni, fatto salvo quanto previsto per gli appalti nei settori ordinari dal comma 7:

1) la necessità di modifica è determinata da circostanze impreviste e imprevedibili per l'amministrazione aggiudicatrice o per l'ente aggiudicatore. In tali casi le modifiche all'oggetto del contratto assumono la denominazione di varianti in corso d'opera. Tra le predette circostanze può rientrare anche la sopravvenienza di nuove disposizioni legislative o regolamentari o provvedimenti di autorità od enti preposti alla tutela di interessi rilevanti;

2) la modifica non altera la natura generale del contratto;

d) se un nuovo contraente sostituisce quello a cui la stazione appaltante aveva inizialmente aggiudicato l'appalto a causa di una delle seguenti circostanze:

1) una clausola di revisione inequivocabile in conformità alle disposizioni di cui alla lettera *a*);

2) all'aggiudicatario iniziale succede, per causa di morte o [per contratto, anche] (1) a seguito di ristrutturu-

razioni societarie, comprese rilevazioni, fusioni, scissioni, acquisizione o insolvenza, un altro operatore economico che soddisfi i criteri di selezione qualitativa stabiliti inizialmente, purché ciò non implichi altre modifiche sostanziali al contratto e non sia finalizzato ad eludere l'applicazione del presente codice;

3) nel caso in cui l'amministrazione aggiudicatrice o l'ente aggiudicatore si assuma gli obblighi del contraente principale nei confronti dei suoi subappaltatori;

e) se le modifiche non sono sostanziali ai sensi del comma 4. Le stazioni appaltanti possono stabilire nei documenti di gara soglie di importi per consentire le modifiche.

2. I contratti possono parimenti essere modificati, oltre a quanto previsto al comma 1, senza necessità di una nuova procedura a norma del presente codice, se il valore della modifica è al di sotto di entrambi i seguenti valori:

a) le soglie fissate all'articolo 35;

b) il 10 per cento del valore iniziale del contratto per i contratti di servizi e forniture sia nei settori ordinari che speciali ovvero il 15 per cento del valore iniziale del contratto per i contratti di lavori sia nei settori ordinari che speciali. Tuttavia la modifica non può alterare la natura complessiva del contratto o dell'accordo quadro. In caso di più modifiche successive, il valore è accertato sulla base del valore complessivo netto delle successive modifiche. Qualora la necessità di modificare il contratto derivi da errori o da omissioni nel progetto esecutivo, che pregiudicano in tutto o in parte la realizzazione dell'opera o la sua utilizzazione, essa è consentita solo nei limiti quantitativi di cui al presente comma, ferma restando la responsabilità dei progettisti esterni (2).

3. Ai fini del calcolo del prezzo di cui ai commi 1, lettere *b*) e *c*), 2 e 7, il prezzo aggiornato è il valore di riferimento quando il contratto prevede una clausola di indicizzazione.

4. Una modifica di un contratto o di un accordo quadro durante il periodo della sua efficacia è considerata sostanziale ai sensi del comma 1, lettera *e*), quando altera considerevolmente gli elementi essenziali del contratto originariamente pattuiti. In ogni caso, fatti salvi i commi 1 e 2, una modifica è considerata sostanziale se una o più delle seguenti condizioni sono soddisfatte:

a) la modifica introduce condizioni che, se fossero state contenute nella procedura d'appalto iniziale, avrebbero consentito l'ammissione di candidati diversi da quelli inizialmente selezionati o l'accettazione di un'offerta diversa da quella inizialmente accettata, oppure avrebbero attirato ulteriori partecipanti alla procedura di aggiudicazione;

b) la modifica cambia l'equilibrio economico del contratto o dell'accordo quadro a favore dell'aggiudicatario in modo non previsto nel contratto iniziale;

c) la modifica estende notevolmente l'ambito di applicazione del contratto;

d) se un nuovo contraente sostituisce quello cui l'amministrazione aggiudicatrice o l'ente aggiudicatore aveva inizialmente aggiudicato l'appalto in casi diversi da quelli previsti al comma 1, lettera *d*).

5. Le amministrazioni aggiudicatrici o gli enti aggiudicatori che hanno modificato un contratto nelle situazioni di cui al comma 1, lettere *b*) e *c*), pubblicano un avviso al riguardo nella Gazzetta ufficiale dell'Unione europea. Tale avviso contiene le informazioni di cui all'allegato XIV, parte I, lettera E, ed è pubblicato conformemente all'articolo 72 per i settori ordinari e all'articolo 130 per i settori speciali. Per i contratti di importo inferiore alla soglia di cui all'articolo 35, la pubblicità avviene in ambito nazionale (3).

6. Una nuova procedura d'appalto in conformità al presente codice è richiesta per modifiche delle disposizioni di un contratto pubblico di un accordo quadro durante il periodo della sua efficacia diverse da quelle previste ai commi 1 e 2.

7. Nei casi di cui al comma 1, lettere *b*) e *c*), per i settori ordinari il contratto può essere modificato se l'eventuale aumento di prezzo non eccede il 50 per cento del valore del contratto iniziale. In caso di più modifiche successive, tale limitazione si applica al valore di ciascuna modifica. Tali modifiche successive non sono intese ad aggirare il presente codice.

8. La stazione appaltante comunica all'ANAC le modificazioni al contratto di cui al comma 1, lettera *b*) e al comma 2, entro trenta giorni dal loro perfezionamento. In caso di mancata o tardiva comunicazione l'Autorità irroga una sanzione amministrativa alla stazione appaltante di importo compreso tra 50 e 200 euro per giorno di ritardo. L'Autorità pubblica sulla sezione del sito Amministrazione trasparente l'elenco delle modificazioni contrattuali comunicate, indicando l'opera, l'amministrazione o l'ente aggiudicatore, l'aggiudicatario, il progettista, il valore della modifica.

9. I titolari di incarichi di progettazione sono responsabili per i danni subiti dalle stazioni appaltanti in conseguenza di errori o di omissioni della progettazione di cui al comma 2. Nel caso di appalti aventi ad oggetto la progettazione esecutiva e l'esecuzione di lavori, l'appaltatore risponde dei ritardi e degli oneri conseguenti alla necessità di introdurre varianti in corso d'opera a causa di carenze del progetto esecutivo.

10. Ai fini del presente articolo si considerano errore o omissione di progettazione l'inadeguata valutazione dello stato di fatto, la mancata od erronea identificazione della normativa tecnica vincolante per la progettazione, il mancato rispetto dei requisiti funzionali ed economici prestabiliti e risultanti da prova scritta, la violazione delle regole di diligenza nella predisposizione degli elaborati progettuali.

11. La durata del contratto può essere modificata esclusivamente per i contratti in corso di esecuzione se è prevista nel bando e nei documenti di gara una opzione di proroga. La proroga è limitata al tempo strettamente necessario alla conclusione delle procedure necessarie per l'individuazione di un nuovo contraente. In tal caso il contraente è tenuto all'esecuzione delle prestazioni previste nel contratto agli stessi prezzi, patti e condizioni o più favorevoli per la stazione appaltante.

12. La stazione appaltante, qualora in corso di esecuzione si renda necessario una aumento o una diminuzione delle prestazioni fino a concorrenza del quin-

to dell'importo del contratto, può imporre all'appaltatore l'esecuzione alle stesse condizioni previste nel contratto originario. In tal caso l'appaltatore non può far valere il diritto alla risoluzione del contratto.

13. Si applicano le disposizioni di cui alla legge 21 febbraio 1991, n. 52. Ai fini dell'opponibilità alle stazioni appaltanti, le cessioni di crediti devono essere stipulate mediante atto pubblico o scrittura privata autenticata e devono essere notificate alle amministrazioni debitrici. Fatto salvo il rispetto degli obblighi di tracciabilità, le cessioni di crediti da corrispettivo di appalto, concessione, concorso di progettazione, sono efficaci e opponibili alle stazioni appaltanti che sono amministrazioni pubbliche qualora queste non le rifiutino con comunicazione da notificarsi al cedente e al cessionario entro quarantacinque giorni dalla notifica della cessione. Le amministrazioni pubbliche, nel contratto stipulato o in atto separato contestuale, possono preventivamente accettare la cessione da parte dell'esecutore di tutti o di parte dei crediti che devono venire a maturazione. In ogni caso l'amministrazione cui è stata notificata la cessione può opporre al cessionario tutte le eccezioni opponibili al cedente in base al contratto relativo a lavori, servizi, forniture, progettazione, con questo stipulato.

14. Per gli appalti e le concessioni di importo inferiore alla soglia comunitaria, le varianti in corso d'opera dei contratti pubblici relativi a lavori, servizi e forniture, se di importo inferiore o pari al 10 per cento dell'importo originario del contratto, (4) sono comunicate dal RUP all'Osservatorio di cui all'articolo 213, tramite le sezioni regionali, entro trenta giorni dall'approvazione da parte della stazione appaltante per le valutazioni e gli eventuali provvedimenti di competenza. Per i contratti pubblici di importo pari o superiore alla soglia comunitaria, le varianti in corso d'opera di importo eccedente il dieci per cento dell'importo originario del contratto, incluse le varianti in corso d'opera riferite alle infrastrutture prioritarie, sono trasmesse dal RUP all'ANAC, unitamente al progetto esecutivo, all'atto di validazione e ad una apposita relazione del responsabile unico del procedimento, entro trenta giorni dall'approvazione da parte della stazione appaltante. Nel caso in cui l'ANAC accerti l'illegittimità della variante in corso d'opera approvata, essa esercita i poteri di cui all'articolo 213. In caso di inadempimento agli obblighi di comunicazione e trasmissione delle varianti in corso d'opera previsti, si applicano le sanzioni amministrative pecuniarie di cui all'articolo 213, comma 13.

(1) *Parole soppresse dall'art. 70 del d.lgs. 19 aprile 2017, n. 56.*

(2) *Comma sostituito dall'art. 70 del d.lgs. 19 aprile 2017, n. 56. Il testo del comma era i seguente: « Ferma restando la responsabilità dei progettisti esterni, i contratti possono parimenti essere modificati, oltre a quanto previsto al comma 1, anche a causa di errori o di omissioni del progetto esecutivo che pregiudicano, in tutto o in parte, la realizzazione dell'opera o la sua utilizzazione, senza necessità di una nuova procedura a norma del presente codice, se il valore della modifica è al di sotto di entrambi i seguenti valori:* a) *le soglie fissate all'articolo 35;* b) *il 10 per cento del valore iniziale del contratto per i contratti di servizio e fornitura sia nei settori ordinari che speciali ovvero il 15 per cento del valore iniziale del contratto per i contratti di lavori sia nei settori ordinari che speciali. Tuttavia la modifica non può alterare la natura complessiva del contratto o dell'accordo quadro. In caso di più modifiche successive, il valore è accertato sulla base del valore complessivo netto delle successive modifiche. ».*

(3) *Periodo aggiunto dall'art. 70 del d.lgs. 19 aprile 2017, n. 56.*

(4) *Le parole da «, se di importo » a « originario del contratto » sono state inserite dall'art. 70 del d.lgs. 19 aprile 2017, n. 56.*

107 Sospensione (1).

1. In tutti i casi in cui ricorrano circostanze speciali che impediscono in via temporanea che i lavori procedano utilmente a regola d'arte, e che non siano prevedibili al momento della stipulazione del contratto, il direttore dei lavori può disporre la sospensione dell'esecuzione del contratto, compilando, se possibile con l'intervento dell'esecutore o di un suo legale rappresentante, il verbale di sospensione, con l'indicazione delle ragioni che hanno determinato l'interruzione dei lavori, nonché dello stato di avanzamento dei lavori, delle opere la cui esecuzione rimane interrotta e delle cautele adottate affinché alla ripresa le stesse possano essere continuate ed ultimate senza eccessivi oneri, della consistenza della forza lavoro e dei mezzi d'opera esistenti in cantiere al momento della sospensione. Il verbale è inoltrato al responsabile del procedimento entro cinque giorni dalla data della sua redazione.

2. La sospensione può, altresì, essere disposta dal RUP per ragioni di necessità o di pubblico interesse, tra cui l'interruzione di finanziamenti per esigenze sopravvenute di finanza pubblica, disposta con atto motivato delle amministrazioni competenti (2). Qualora la sospensione, o le sospensioni, durino per un periodo di tempo superiore ad un quarto della durata complessiva prevista per l'esecuzione dei lavori stessi, o comunque quando superino sei mesi complessivi, l'esecutore può chiedere la risoluzione del contratto senza indennità; se la stazione appaltante si oppone, l'esecutore ha diritto alla rifusione dei maggiori oneri derivanti dal prolungamento della sospensione oltre i termini suddetti. Nessun indennizzo è dovuto all'esecutore negli altri casi.

3. La sospensione è disposta per il tempo strettamente necessario. Cessate le cause della sospensione, il RUP dispone la ripresa dell'esecuzione e indica il nuovo termine contrattuale.

4. Ove successivamente alla consegna dei lavori insorgano, per cause imprevedibili o di forza maggiore, circostanze che impediscano parzialmente il regolare svolgimento dei lavori, l'esecutore è tenuto a proseguire le parti di lavoro eseguibili, mentre si provvede alla sospensione parziale dei lavori non eseguibili, dandone atto in apposito verbale. Le contestazioni dell'esecutore in merito alle sospensioni dei lavori sono iscritte a pena di decadenza nei verbali di sospensione e di ripresa dei lavori, salvo che per le sospensioni inizialmente legittime, per le quali è sufficiente l'iscrizione nel verbale di ripresa dei lavori; qualora l'esecutore non intervenga alla firma dei verbali o si rifiuti di sottoscriverli, deve farne espressa riserva sul registro di contabilità. Quando la sospensione supera il quarto del tempo contrattuale complessivo il responsabile del procedimento dà avviso all'ANAC. In caso di mancata o tardiva comunicazione l'ANAC irroga una sanzione amministrativa alla stazione appaltante di importo compreso tra 50 e 200 euro per giorno di ritardo.

5. L'esecutore che per cause a lui non imputabili non sia in grado di ultimare i lavori nel termine fissato

può richiederne la proroga, con congruo anticipo rispetto alla scadenza del termine contrattuale. In ogni caso la sua concessione non pregiudica i diritti spettanti all'esecutore per l'eventuale imputabilità della maggiore durata a fatto della stazione appaltante. Sull'istanza di proroga decide il responsabile del procedimento, sentito il direttore dei lavori, entro trenta giorni dal suo ricevimento. L'esecutore deve ultimare i lavori nel termine stabilito dagli atti contrattuali, decorrente dalla data del verbale di consegna ovvero, in caso di consegna parziale dall'ultimo dei verbali di consegna. L'ultimazione dei lavori, appena avvenuta, è comunicata dall'esecutore per iscritto al direttore dei lavori, il quale procede subito alle necessarie constatazioni in contraddittorio. L'esecutore non ha diritto allo scioglimento del contratto né ad alcuna indennità qualora i lavori, per qualsiasi causa non imputabile alla stazione appaltante, non siano ultimati nel termine contrattuale e qualunque sia il maggior tempo impiegato.

6. Nel caso di sospensioni totali o parziali dei lavori disposte dalla stazione appaltante per cause diverse da quelle di cui ai commi 1, 2 e 4, l'esecutore può chiedere il risarcimento dei danni subiti, quantificato sulla base di quanto previsto dall'articolo 1382 del codice civile e secondo criteri individuati nel decreto di cui all'articolo 111, comma 1 (3).

7. Le disposizioni del presente articolo si applicano, in quanto compatibili, ai contratti relativi a servizi e forniture.

(1) *Per una deroga al presente articolo, v. l'art. 5 d.l. 16 luglio 2020, n. 76, conv., con modif., in l. 11 settembre 2020, n. 120,* sub *VIII, 1.*

(2) *Le parole da « per esigenze » a « amministrazioni competenti » sono state sostituite dall'art. 71 del d.lgs. 19 aprile 2017, n. 56. Il testo previgente era: « per esigenze di finanza pubblica ».*

(3) *Le parole da e secondo criteri a comma 1 sono state sostituite dall'art. 71 del d.lgs. 19 aprile 2017, n. 56.*

108 Risoluzione.

1. Fatto salvo quanto previsto ai commi 1, 2 e 4, dell'articolo 107, le stazioni appaltanti possono risolvere un contratto pubblico durante il periodo di sua efficacia, se una o più delle seguenti condizioni sono soddisfatte:

a) il contratto ha subito una modifica sostanziale che avrebbe richiesto una nuova procedura di appalto ai sensi dell'articolo 106;

b) con riferimento alle modificazioni di cui all'articolo 106, comma 1, lettere *b*) e *c*) sono state superate le soglie di cui al comma 7 del predetto articolo; con riferimento alle modificazioni di cui all'articolo 106, comma 1, lettera *e*) del predetto articolo, sono state superate eventuali soglie stabilite dalle amministrazioni aggiudicatrici o dagli enti aggiudicatori; con riferimento alle modificazioni di cui all'articolo 106, comma 2, sono state superate le soglie di cui al medesimo comma 2, lettere *a*) e *b*);

c) l'aggiudicatario si è trovato, al momento dell'aggiudicazione dell'appalto in una delle situazioni di cui all'articolo 80, comma 1, sia per quanto riguarda i settori ordinari sia per quanto riguarda le concessioni e avrebbe dovuto pertanto essere escluso dalla procedura di appalto o di aggiudicazione della concessione, ovvero ancora per quanto riguarda i settori speciali avrebbe dovuto essere escluso a norma dell'articolo 136, comma 1;

d) l'appalto non avrebbe dovuto essere aggiudicato in considerazione di una grave violazione degli obblighi derivanti dai trattati, come riconosciuto dalla Corte di giustizia dell'Unione europea in un procedimento ai sensi dell'articolo 258 TFUE [, o di una sentenza passata in giudicato per violazione del presente codice] (1).

1-*bis*. Nelle ipotesi di cui al comma 1 non si applicano i termini previsti dall'articolo 21-*nonies* della legge 7 agosto 1990, n. 241 (2).

2. Le stazioni appaltanti devono risolvere un contratto pubblico durante il periodo di efficacia dello stesso qualora:

a) nei confronti dell'appaltatore sia intervenuta la decadenza dell'attestazione di qualificazione per aver prodotto falsa documentazione o dichiarazioni mendaci;

b) nei confronti dell'appaltatore sia intervenuto un provvedimento definitivo che dispone l'applicazione di una o più misure di prevenzione di cui al codice delle leggi antimafia e delle relative misure di prevenzione, ovvero sia intervenuta sentenza di condanna passata in giudicato per i reati di cui all'articolo 80.

3. Il (3) direttore dei lavori o il responsabile dell'esecuzione del contratto, se nominato, quando (4) accerta un grave inadempimento alle obbligazioni contrattuali da parte dell'appaltatore, tale da comprometterne la buona riuscita delle prestazioni, invia al responsabile del procedimento una relazione particolareggiata, corredata dei documenti necessari, indicando la stima dei lavori eseguiti regolarmente, il cui importo può essere riconosciuto all'appaltatore. Egli formula, altresì, la contestazione degli addebiti all'appaltatore, assegnando un termine non inferiore a quindici giorni per la presentazione delle proprie controdeduzioni al responsabile del procedimento. Acquisite e valutate negativamente le predette controdeduzioni, ovvero scaduto il termine senza che l'appaltatore abbia risposto, la stazione appaltante su proposta del responsabile del procedimento dichiara risolto il contratto.

4. Qualora, al di fuori di quanto previsto al comma 3, l'esecuzione delle prestazioni ritardi per negligenza dell'appaltatore rispetto alle previsioni del contratto, il direttore dei lavori o il responsabile unico dell'esecuzione del contratto, se nominato gli assegna un termine, che, salvo i casi d'urgenza, non può essere inferiore a dieci giorni, entro i quali l'appaltatore deve eseguire le prestazioni. Scaduto il termine assegnato, e redatto processo verbale in contraddittorio con l'appaltatore, qualora l'inadempimento permanga, la stazione appaltante risolve il contratto, fermo restando il pagamento delle penali.

5. Nel caso di risoluzione del contratto l'appaltatore ha diritto soltanto al pagamento delle prestazioni relative ai lavori, servizi o forniture regolarmente eseguiti, decurtato degli oneri aggiuntivi derivanti dallo scioglimento del contratto.

6. Il responsabile unico del procedimento nel comunicare all'appaltatore la determinazione di risoluzione del contratto, dispone, con preavviso di venti giorni, che il direttore dei lavori curi la redazione dello stato di consistenza dei lavori già eseguiti, l'inventario

di materiali, macchine e mezzi d'opera e la relativa presa in consegna.

7. Qualora sia stato nominato, l'organo di collaudo procede a redigere, acquisito lo stato di consistenza, un verbale di accertamento tecnico e contabile con le modalità di cui al presente codice. Con il verbale è accertata la corrispondenza tra quanto eseguito fino alla risoluzione del contratto e ammesso in contabilità e quanto previsto nel progetto approvato nonché nelle eventuali perizie di variante; è altresì accertata la presenza di eventuali opere, riportate nello stato di consistenza, ma non previste nel progetto approvato nonché nelle eventuali perizie di variante.

8. Nei casi di cui ai commi 2 e 3, in sede di liquidazione finale dei lavori, servizi o forniture riferita all'appalto risolto, l'onere da porre a carico dell'appaltatore è determinato anche in relazione alla maggiore spesa sostenuta per affidare ad altra impresa i lavori ove la stazione appaltante non si sia avvalsa della facoltà prevista dall'articolo 110, comma 1.

9. Nei casi di risoluzione del contratto di appalto dichiarata dalla stazione appaltante l'appaltatore deve provvedere al ripiegamento dei cantieri già allestiti e allo sgombero delle aree di lavoro e relative pertinenze nel termine a tale fine assegnato dalla stessa stazione appaltante; in caso di mancato rispetto del termine assegnato, la stazione appaltante provvede d'ufficio addebitando all'appaltatore i relativi oneri e spese. La stazione appaltante, in alternativa all'esecuzione di eventuali provvedimenti giurisdizionali cautelari, possessori o d'urgenza comunque denominati che inibiscano o ritardino il ripiegamento dei cantieri o lo sgombero delle aree di lavoro e relative pertinenze, può depositare cauzione in conto vincolato a favore dell'appaltatore o prestare fideiussione bancaria o polizza assicurativa con le modalità di cui all'articolo 93, pari all'uno per cento del valore del contratto. Resta fermo il diritto dell'appaltatore di agire per il risarcimento dei danni.

(1) *Parole soppresse dall'art. 72 del d.lgs. 19 aprile 2017, n. 56.*

(2) *Comma inserito dall'art. 72 del d.lgs. 19 aprile 2017, n. 56.*

(3) *La parola « Il » è stata sostituita alle parole « Quando il » il dall'art. 72 del d.lgs. 19 aprile 2017, n. 56.*

(4) *Le parole quando accerta sono state sostituite alla parola accerta dall'art. 72 del d.lgs. 19 aprile 2017, n. 56.*

109 Recesso.

1. Fermo restando quanto previsto dagli articoli 88, comma 4-*ter* e 92, comma 4, del decreto legislativo 6 settembre 2011, n. 159, la stazione appaltante può recedere dal contratto in qualunque momento (1) previo il pagamento dei lavori eseguiti o delle prestazioni relative ai servizi e alle forniture eseguiti nonché del valore dei materiali utili esistenti in cantiere nel caso di lavoro o in magazzino nel caso di servizi o forniture, oltre al decimo dell'importo delle opere, dei servizi o delle forniture non eseguite.

2. Il decimo dell'importo delle opere non eseguite è calcolato sulla differenza tra l'importo dei quattro quinti del prezzo posto a base di gara, depurato del ribasso d'asta e l'ammontare netto dei lavori, servizi o forniture eseguiti.

3. L'esercizio del diritto di recesso è preceduto da una formale comunicazione all'appaltatore da darsi con un preavviso non inferiore a venti giorni, decorsi i quali la stazione appaltante prende in consegna i lavori, servizi o forniture ed effettua il collaudo definitivo e verifica la regolarità dei servizi e delle forniture.

4. I materiali, il cui valore è riconosciuto dalla stazione appaltante a norma del comma 1, sono soltanto quelli già accettati dal direttore dei lavori o dal direttore dell'esecuzione (2) del contratto, se nominato, o dal RUP (3) in sua assenza, prima della comunicazione del preavviso di cui al comma 3.

5. La stazione appaltante può trattenere le opere provvisionali e gli impianti che non siano in tutto o in parte asportabili ove li ritenga ancora utilizzabili. In tal caso essa corrisponde all'appaltatore, per il valore delle opere e degli impianti non ammortizzato nel corso dei lavori eseguiti, un compenso da determinare nella minor somma fra il costo di costruzione e il valore delle opere e degli impianti al momento dello scioglimento del contratto.

6. L'appaltatore deve rimuovere dai magazzini e dai cantieri i materiali non accettati dal direttore dei lavori e deve mettere i magazzini e i cantieri a disposizione della stazione appaltante nel termine stabilito; in caso contrario lo sgombero è effettuato d'ufficio e a sue spese.

(1) *Le parole « in qualunque momento » sono state sostituite alle parole « in qualunque tempo » dall'art. 73 del decreto correttivo del 19 aprile 2017.*

(2) *Le parole « dal direttore dell'esecuzione » sono state sostituite alle parole « del direttore dell'esecuzione » dall'art. 73 del d.lgs. 19 aprile 2017, n. 56.*

(3) *Le parole « o dal RUP »sono state sostituite alle parole « o del RUP » dall'art. 73 del d.lgs. 19 aprile 2017, n. 56.*

110 (1) Procedure di affidamento in caso di fallimento dell'esecutore o di risoluzione del contratto e misure straordinarie di gestione.

Fatto salvo quanto previsto ai commi 3 e seguenti, le stazioni appaltanti, in caso di fallimento, di liquidazione coatta e concordato preventivo, ovvero di risoluzione del contratto ai sensi dell'articolo 108 del presente codice ovvero di recesso dal contratto ai sensi dell'articolo 88, comma 4-*ter*, del decreto legislativo 6 settembre 2011, n. 159, ovvero in caso di dichiarazione giudiziale di inefficacia del contratto, interpellano progressivamente i soggetti che hanno partecipato all'originaria procedura di gara, risultanti dalla relativa graduatoria, al fine di stipulare un nuovo contratto per l'affidamento dell'esecuzione o del completamento dei lavori, servizi o forniture.

2. L'affidamento avviene alle medesime condizioni già proposte dall'originario aggiudicatario in sede in offerta.

3. Il curatore della procedura di fallimento, autorizzato all'esercizio provvisorio dell'impresa, può eseguire i contratti già stipulati dall'impresa fallita con l'autorizzazione del giudice delegato.

4. Alle imprese che hanno depositato la domanda di cui all'articolo 161, anche ai sensi del sesto comma, del regio decreto 16 marzo 1942, n. 267, si applica l'articolo 186-*bis* del predetto regio decreto. Per la partecipazio-

ne alle procedure di affidamento di contratti pubblici tra il momento del deposito della domanda di cui al primo periodo ed il momento del deposito del decreto previsto dall'articolo 163 del regio decreto 16 marzo 1942, n. 267 è sempre necessario l'avvalimento dei requisiti di un altro soggetto.

5. L'impresa ammessa al concordato preventivo non necessita di avvalimento di requisiti di altro soggetto.

6. L'ANAC può subordinare la partecipazione, l'affidamento di subappalti e la stipulazione dei relativi contratti alla necessità che l'impresa in concordato si avvalga di un altro operatore in possesso dei requisiti di carattere generale, di capacità finanziaria, tecnica, economica, nonché di certificazione, richiesti per l'affidamento dell'appalto, che si impegni nei confronti dell'impresa concorrente e della stazione appaltante a mettere a disposizione, per la durata del contratto, le risorse necessarie all'esecuzione dell'appalto e a subentrare all'impresa ausiliata nel caso in cui questa nel corso della gara, ovvero dopo la stipulazione del contratto, non sia per qualsiasi ragione più in grado di dare regolare esecuzione all'appalto o alla concessione quando l'impresa non è in possesso dei requisiti aggiuntivi che l'ANAC individua con apposite linee guida.

7. Restano ferme le disposizioni previste dall'articolo 32 del decreto-legge 24 giugno 2014, n. 90, convertito, con modificazioni, dalla legge 11 agosto 2014, n. 114, in materia di misure straordinarie di gestione di imprese nell'ambito della prevenzione della corruzione.

(1) *Articolo così sostituito dall'art. 2, comma 1 d.l. 18 aprile 2019, n. 32, conv., con modif., in l. 14 giugno 2019, n. 55. Il testo dell'articolo, come modificato dall'art. 56 d.lgs. 19 aprile 2017, n. 56, era il seguente:* « 1. Le stazioni appaltanti, in caso di fallimento, di liquidazione coatta e concordato preventivo, ovvero procedura di insolvenza concorsuale o di liquidazione dell'appaltatore, o di risoluzione del contratto ai sensi dell'articolo 108 ovvero di recesso dal contratto ai sensi dell'articolo 88, comma 4-*ter*, del decreto legislativo 6 settembre 2011, n. 159, ovvero in caso di dichiarazione giudiziale di inefficacia del contratto, interpellano progressivamente i soggetti che hanno partecipato all'originaria procedura di gara, risultanti dalla relativa graduatoria, al fine di stipulare un nuovo contratto per l'affidamento dell'esecuzione o del completamento dei lavori, servizi o forniture. 2. L'affidamento avviene alle medesime condizioni già proposte dall'originario aggiudicatario in sede in offerta. — 3. Il curatore del fallimento, autorizzato all'esercizio provvisorio, ovvero l'impresa ammessa al concordato con continuità aziendale, su autorizzazione del giudice delegato, sentita l'ANAC, possono: *a*) partecipare a procedure di affidamento di concessioni e appalti di lavori, forniture e servizi ovvero essere affidatario di subappalto; *b*) eseguire i contratti già stipulati dall'impresa fallita o ammessa al concordato con continuità aziendale. — 4. L'impresa ammessa al concordato con continuità aziendale non necessita di avvalimento di requisiti di altro soggetto. L'impresa ammessa al concordato con cessione di beni o che ha presentato domanda di concordato a norma dell'articolo 161, sesto comma, del regio decreto 16 marzo 1942, n. 267, può eseguire i contratti già stipulati, su autorizzazione del giudice delegato. - 5. L'ANAC, sentito il giudice delegato, può subordinare la partecipazione, l'affidamento di subappalti e la stipulazione dei relativi contratti alla necessità che il curatore o l'impresa in concordato si avvalgano di un altro operatore in possesso dei requisiti di carattere generale, di capacità finanziaria, tecnica, economica, nonché di certificazione, richiesti per l'affidamento dell'appalto, che si impegni nei confronti dell'impresa concorrente e della stazione appaltante a mettere a disposizione, per la durata del contratto, le risorse necessarie all'esecuzione dell'appalto e a subentrare all'impresa ausiliata nel caso in cui questa nel corso della gara, ovvero dopo la stipulazione del contratto, non sia per qualsiasi ragione più in grado di dare regolare esecuzione all'appalto o alla concessione, nei seguenti casi: *a*) se l'impresa non è in regola con i pagamenti delle retribuzioni dei dipendenti e dei versamenti dei contributi previdenziali e assistenziali; *b*) se l'impresa non è in possesso dei requisiti aggiuntivi che l'ANAC individua con apposite linee guida. — 6. Restano ferme le disposizioni previste dall'articolo 32 del decreto legge 24 giugno 2014, n. 90, convertito, con modificazioni, dalla legge 11 agosto 2014, n. 114, in materia di misure straordinarie di gestione di imprese nell'ambito della prevenzione della corruzione ».

Ai sensi del comma 2 del medesimo art. 2 d.l. n. 32, cit.: « *Le disposizioni di cui all'*articolo 110 del decreto legislativo n. 50 del 2016, *come sostituito dal comma 1 del presente articolo, si applicano alle procedure in cui il bando o l'avviso con cui si indice la gara è pubblicato nel periodo temporale compreso tra la data di entrata in vigore del presente decreto e la data di entrata in vigore del* decreto legislativo 12 gennaio 2019, n. 14, *nonché, per i contratti non preceduti dalla pubblicazione di bandi o avvisi, alle procedure in cui gli inviti a presentare le offerte sono stati inviati nel corso del medesimo periodo temporale* ».

Ai sensi del comma 3 dell'art. 2 cit., « *A decorrere dalla data di entrata in vigore del decreto legislativo 12 gennaio 2019, n. 14, si applicano le disposizioni dell'articolo 372 del predetto decreto* ».

Ai sensi dell'art. 372, comma 1, lettera c) del d.lgs. 12 gennaio 2019, n. 14, la cui entrata in vigore è rinviata al ***16 maggio 2022****, ai sensi dell'art. 389, comma 1 del medesimo decreto, come da ultimo sostituito dall'art. 1, comma 1, d.l. 24 agosto 2021, n. 118, conv., con modif., in l. 21 ottobre 2021, n. 147, il presente articolo è sostituito dal seguente: « Procedure di affidamento in caso di liquidazione giudiziale dell'esecutore o di risoluzione del contratto e misure straordinarie di gestione. - 1. Fatto salvo quanto previsto ai commi 3 e seguenti, le stazioni appaltanti, in caso di liquidazione giudiziale, di liquidazione coatta e concordato preventivo, ovvero di risoluzione del contratto ai sensi dell'articolo 108 ovvero di recesso dal contratto ai sensi dell'articolo 88, comma 4-*ter*, del decreto legislativo 6 settembre 2011, n. 159, ovvero in caso di dichiarazione giudiziale di inefficacia del contratto, interpellano progressivamente i soggetti che hanno partecipato all'originaria procedura di gara, risultanti dalla relativa graduatoria, al fine di stipulare un nuovo contratto per l'affidamento dell'esecuzione o del completamento dei lavori, servizi o forniture. — 2. L'affidamento avviene alle medesime condizioni già proposte dall'originario aggiudicatario in sede in offerta. — 3. Il curatore della procedura di liquidazione giudiziale, autorizzato all'esercizio dell'impresa, può eseguire i contratti già stipulati dall'impresa assoggettata alla liquidazione giudiziale su autorizzazione del giudice delegato. — 4. Alle imprese che hanno depositato la domanda di cui all'articolo 40 del codice della crisi di impresa e dell'insolvenza adottato in attuazione della delega di cui all'articolo 1 della legge 19 ottobre 2017, n.155, si applica l'articolo 95 del medesimo codice. Per la partecipazione alle procedure di affidamento di contratti pubblici tra il momento del deposito della domanda di cui al primo periodo ed il momento del deposito del decreto previsto dall'articolo 47 del codice della crisi di impresa e dell'insolvenza è sempre necessario l'avvalimento dei requisiti di un altro soggetto. — 5. L'impresa ammessa al concordato preventivo non necessita di avvalimento di requisiti di altro soggetto. — 6. L'ANAC può subordinare la partecipazione, l'affidamento di subappalti e la stipulazione dei relativi contratti alla necessità che l'impresa in concordato si avvalga di un altro operatore in possesso dei requisiti di carattere generale, di capacità finanziaria, tecnica, economica, nonché di certificazione, richiesti per l'affidamento dell'appalto, che si impegni nei confronti dell'impresa concorrente e della stazione appaltante a mettere a disposizione, per la durata del contratto, le risorse necessarie all'esecuzione dell'appalto e a subentrare all'impresa ausiliata nel caso in cui questa nel corso della gara, ovvero dopo la stipulazione del contratto, non sia per qualsiasi ragione più in grado di dare regolare esecuzione all'appalto o alla concessione quando l'impresa non è in possesso dei requisiti aggiuntivi che l'ANAC individua con apposite linee guida. — 7. Restano ferme le disposizioni previste dall'articolo 32 del decreto-legge 24 giugno 2014, n. 90, convertito, con modificazioni, dalla legge 11 agosto 2014, n. 114, in materia di misure straordinarie di gestione di imprese nell'ambito della prevenzione della corruzione. ». Ai sensi del comma 2, dell'art. 5 del medesimo d.l., tale disposizione si applica « alle procedure i cui bandi o avvisi, con i quali si indicono le gare, sono pubblicati successivamente alla data di entrata in vigore del presente decreto, nonché, in caso di contratti senza pubblicazione di bandi o avvisi, alle procedure in cui, alla medesima data, non sono ancora stati inviati gli inviti a presentare le offerte ».*

111 Controllo tecnico, contabile e amministrativo.

1. Con il regolamento di cui all'articolo 216, comma 27-*octies*, sono individuate (1) le modalità e, se del caso, la tipologia di atti, attraverso i quali il direttore dei lavori effettua l'attività di cui all'articolo 101, comma 3, in maniera da garantirne trasparenza, semplificazio-

ne, efficientamento informatico, mediante (2) metodologie e strumentazioni elettroniche anche per i controlli di contabilità. Con il regolamento (3) di cui al primo periodo, sono disciplinate, altresì, le modalità di svolgimento della verifica di conformità in corso di esecuzione e finale, la relativa tempistica, nonché i casi in cui il direttore dell'esecuzione può essere incaricato della verifica di conformità. Qualora le amministrazioni aggiudicatrici non possano espletare l'attività di direzione dei lavori, essa è affidata, nell'ordine, ad altre amministrazioni pubbliche, previo apposito accordo ai sensi dell'articolo 15 della legge 7 agosto 1990, n. 241, o intesa o convenzione di cui all'articolo 30 del decreto legislativo 18 agosto 2000, n. 267; al progettista incaricato; ad altri soggetti scelti con le procedure previste dal presente codice per l'affidamento degli incarichi di progettazione (4).

1-*bis*. Gli accertamenti di laboratorio e le verifiche tecniche obbligatorie inerenti alle attività di cui al comma 1, ovvero specificamente previsti dal capitolato speciale d'appalto di lavori, sono disposti dalla direzione dei lavori o dall'organo di collaudo, imputando la spesa a carico delle somme a disposizione accantonate a tale titolo nel quadro economico. Tali spese non sono soggette a ribasso. Con decreto del Ministero delle infrastrutture e dei trasporti, adottato su proposta del Consiglio superiore dei lavori pubblici, sono individuati i criteri per la determinazione di tali costi (5).

2. Il direttore dell'esecuzione del contratto di servizi o di forniture è, di norma, il responsabile unico del procedimento e provvede, anche con l'ausilio di uno o più direttori operativi individuati dalla stazione appaltante in relazione alla complessità dell'appalto, (6) al coordinamento, alla direzione e al controllo tecnico-contabile dell'esecuzione del contratto stipulato dalla stazione appaltante assicurando la regolare esecuzione da parte dell'esecutore, in conformità ai documenti contrattuali. Con il medesimo regolamento di cui al comma 1 sono altresì individuate (7) compiutamente le modalità di effettuazione dell'attività di controllo di cui al periodo precedente, secondo criteri di trasparenza e semplificazione, mediante metodologie e strumentazioni elettroniche (8). Fino alla data di entrata in vigore del regolamento di cui all'articolo 216, comma 27-*octies*, si applica la disposizione transitoria ivi prevista. (9).

2-*bis*. Le metodologie e strumentazioni elettroniche di cui ai commi 1 e 2 del presente articolo garantiscono il collegamento con la Banca dati nazionale dei contratti pubblici di cui all'articolo 213, comma 8, per l'invio delle informazioni richieste dall'ANAC ai sensi del citato articolo 213, comma 9 (10).

(1) *Le parole* « Con il regolamento di cui all'articolo 216, comma 27-*octies*, sono individuate » *sono state sostituite alle parole* « Con decreto del Ministro delle infrastrutture e trasporti, da adottare entro 90 giorni dalla data di entrata in vigore del presente codice, su proposta dell'ANAC, previo parere delle competenti commissioni parlamentari, sentito il Consiglio Superiore dei Lavori Pubblici e la Conferenza Unificata di cui all'articolo 8 del decreto legislativo 28 agosto 1997, n. 281, sono approvate le linee guida che individuano » *dall'art. 1, comma 20, lett.* z), *n. 1) d.l. 18 aprile 2019, n. 32, conv., con modif., in l. 14 giugno 2019, n. 55. Ai sensi del comma 21 del predetto art. 1, le disposizioni di cui all'art. 1, comma 20 del suddetto d.l. n. 32 cit. si applicano alle procedure i cui bandi o avvisi, con i quali si indice una gara, sono pubblicati successivamente alla data di entrata in vigore della legge di conversione del presente decreto, nonché, in caso di contratti senza pubblicazione di bandi o avvisi, alle procedure in cui, alla medesima data, non sono ancora stati inviati gli inviti a presentare le offerte o i preventivi.*

(2) *La parola* « mediante » *è stata sostituita alle parole* « con particolare riferimento alle » *dell'art. 53, comma 5, lett.* e-bis), *n. 1.1 d.l. 31 maggio 2021, n. 77, conv., con modif., in l. 29 luglio 2021, n. 108.*

(3) *La parola* « regolamento » *è stata sostituita alla parola* « decreto » *dell'art. 53, comma 5, lett.* e-bis), *n. 1.2 d.l. n. 77, cit.*

(4) *I periodi da* « Con il decreto » *alla fine del comma sono stati inseriti dall'art. 75 d.lgs. n. 56, cit.*

(5) *Comma inserito dall'art. 75 d.lgs. n. 56, cit.*

(6) *Le parole da* «, anche con l'ausilio » *a* « complessità dell'appalto » *sono state inserite dall'art. 75 d.lgs. n. 56, cit.*

(7) *Le parole* « Con il medesimo regolamento di cui al comma 1 sono altresì individuate » *sono state sostituite alle parole* « Con il medesimo decreto, di cui al comma 1, sono altresì approvate linee guida che individuano » *dall'art. 1, comma 20, lett.* z), *n. 2) d.l. n. 32, cit. V. nota 1 per la disciplina transitoria di cui al comma 21 del predetto art. 1 d.l. n. 32, cit.*

(8) *Le parole* «, mediante metodologie e strumentazioni elettroniche » *sono state aggiunte dell'art. 53, comma 5, lett.* e-bis), *n. 2 d.l. n. 77, cit.*

(9) *Periodo così sostituito dall'art. 1, comma 20, lett.* z), *n. 2) d.l. n. 32, cit. V. nota 1 per la disciplina transitoria di cui al comma 21 del predetto art. 1 d.l. n. 32, cit. Il testo del periodo era il seguente:* « Fino alla data di entrata in vigore del decreto di cui al comma 1, si applica l'articolo 216, comma 17 ».

Si veda, alla nota 1 dell'articolo precedente, quanto disposto dall'art. 372 del d.lgs. 12 gennaio 2019, n. 14 la cui entrata in vigore è rinviata al ***16 maggio 2022****.*

(10) *Comma aggiunto dell'art. 53, comma 5, lett.* e-bis), *n. 3 d.l. n. 77, cit.*

112 Appalti e concessioni riservati.

1. Fatte salve le disposizioni vigenti in materia di cooperative sociali e di imprese sociali, le stazioni appaltanti possono riservare il diritto di partecipazione alle procedure di appalto e a quelle di concessione o possono riservarne l'esecuzione adoperatori economici e a cooperative sociali e loro consorzi il cui scopo principale sia l'integrazione sociale e professionale delle persone con disabilità o svantaggiate o possono riservarne l'esecuzione nel contesto di programmi di lavoro protetti quando almeno il 30 per cento dei lavoratori dei suddetti operatori economici sia composto da lavoratori con disabilità o da lavoratori svantaggiati.

2. Ai sensi del presente articolo si considerano soggetti con disabilità quelli di cui all'articolo 1 della legge 12 marzo 1999, n. 68, le persone svantaggiate, quelle previste dall'articolo 4 della legge 8 novembre 1991, n. 381, gli ex degenti di ospedali psichiatrici, anche giudiziari, i soggetti in trattamento psichiatrico, i tossicodipendenti, gli alcolisti, i minori in età lavorativa in situazioni di difficoltà familiare, le persone detenute o internate negli istituti penitenziari, i condannati e gli internati ammessi alle misure alternative alla detenzione e al lavoro all'esterno ai sensi dell'articolo 21 della legge 26 luglio 1975, n. 354 e successive modificazioni.

3. Il bando di gara o l'avviso di preinformazione danno espressamente atto che si tratta di appalto o concessione riservata.

113 (1) Incentivi per funzioni tecniche.

1. Gli oneri inerenti alla progettazione, alla direzione dei lavori ovvero al direttore dell'esecuzione, alla vigilanza, ai collaudi tecnici e amministrativi ovvero

alle verifiche di conformità, al collaudo statico, agli studi e alle ricerche connessi, alla progettazione dei piani di sicurezza e di coordinamento e al coordinamento della sicurezza in fase di esecuzione quando previsti ai sensi del decreto legislativo 9 aprile 2008 n. 81, alle prestazioni professionali e specialistiche necessari per la redazione di un progetto esecutivo completo in ogni dettaglio fanno carico agli stanziamenti previsti per i singoli appalti di lavori, servizi e forniture (2) negli stati di previsione della spesa o nei bilanci delle stazioni appaltanti.

2. A valere sugli stanziamenti di cui al comma 1, le amministrazioni aggiudicatrici destinano ad un apposito fondo risorse finanziarie in misura non superiore al 2 per cento modulate sull'importo dei lavori, servizi e forniture, posti a base di gara per le funzioni tecniche svolte dai dipendenti delle stesse esclusivamente per le attività di programmazione della spesa per investimenti, di valutazione preventiva dei progetti, di predisposizione e di controllo delle procedure di gara e di esecuzione dei contratti pubblici, di RUP, di direzione dei lavori ovvero direzione dell'esecuzione e di collaudo tecnico amministrativo ovvero di verifica di conformità, di collaudatore statico ove necessario per consentire l'esecuzione del contratto nel rispetto dei documenti a base di gara, del progetto, dei tempi e costi prestabiliti. Tale fondo non è previsto da parte di quelle amministrazioni aggiudicatrici per le quali sono in essere contratti o convenzioni che prevedono modalità diverse per la retribuzione delle funzioni tecniche svolte dai propri dipendenti. Gli enti che costituiscono o si avvalgono di una centrale di committenza possono destinare il fondo o parte di esso ai dipendenti di tale centrale. La disposizione di cui al presente comma si applica agli appalti relativi a servizi o forniture nel caso in cui è nominato il direttore dell'esecuzione (3).

3. L'ottanta per cento delle risorse finanziarie del fondo costituito ai sensi del comma 2 è ripartito, per ciascuna opera o lavoro, servizio, fornitura con le modalità e i criteri previsti in sede di contrattazione decentrata integrativa del personale, sulla base di apposito regolamento adottato dalle amministrazioni secondo i rispettivi ordinamenti, tra il responsabile unico del procedimento e i soggetti che svolgono le funzioni tecniche indicate al comma 2 nonché tra i loro collaboratori. Gli importi sono comprensivi anche degli oneri previdenziali e assistenziali a carico dell'amministrazione. L'amministrazione aggiudicatrice o l'ente aggiudicatore stabilisce i criteri e le modalità per la riduzione delle risorse finanziarie connesse alla singola opera o lavoro a fronte di eventuali incrementi dei tempi o dei costi non conformi alle norme del presente decreto. La corresponsione dell'incentivo è disposta dal dirigente o dal responsabile di servizio preposto alla struttura competente, previo accertamento delle specifiche attività svolte dai predetti dipendenti. Gli incentivi complessivamente corrisposti nel corso dell'anno al singolo dipendente, anche da diverse amministrazioni, non possono superare l'importo del 50 per cento del trattamento economico complessivo annuo lordo. Le quote parti dell'incentivo corrispondenti a prestazioni non svolte dai medesimi dipendenti, in quanto affidate a personale esterno all'organico dell'amministrazione medesima, ovvero prive del predetto accertamento, incrementano la quota del fondo di cui al comma 2. Il presente comma non si applica al personale con qualifica dirigenziale (4).

4. Il restante 20 per cento delle risorse finanziarie del fondo di cui al comma 2 ad esclusione di risorse derivanti da finanziamenti europei o da altri finanziamenti a destinazione vincolata è destinato all'acquisto da parte dell'ente di beni, strumentazioni e tecnologie funzionali a progetti di innovazione anche per il progressivo uso di metodi e strumenti elettronici specifici di modellazione elettronica informativa per l'edilizia e le infrastrutture, di implementazione delle banche dati per il controllo e il miglioramento della capacità di spesa e di efficientamento informatico, con particolare riferimento alle metodologie e strumentazioni elettroniche per i controlli. Una parte delle risorse può essere utilizzato per l'attivazione presso le amministrazioni aggiudicatrici di tirocini formativi e di orientamento di cui all'articolo 18 della legge 24 giugno 1997, n. 196 o per lo svolgimento di dottorati di ricerca di alta qualificazione nel settore dei contratti pubblici previa sottoscrizione di apposite convenzioni con le Università e gli istituti scolastici superiori.

5. Per i compiti svolti dal personale di una centrale unica di committenza nell'espletamento di procedure di acquisizione di lavori, servizi e forniture per conto di altri enti, può essere riconosciuta, su richiesta della centrale unica di committenza, una quota parte, non superiore ad un quarto, dell'incentivo previsto dal comma 2.

5-*bis*. Gli incentivi di cui al presente articolo fanno capo al medesimo capitolo di spesa previsto per i singoli lavori, servizi e forniture (5).

(1) *Per il regolamento concernente norme per la ripartizione degli incentivi per funzioni tecniche ai sensi, v. d.m. 4 agosto 2021, n. 124.*

(2) *Le parole « per i singoli appalti di lavori, servizi e forniture » sono state sostituite alle parole « per la realizzazione dei singoli lavori » dall'art. 76 del d.lgs. 19 aprile 2017, n. 56.*

(3) *Comma sostituito dall'art. 76 del d.lgs. 19 aprile 2017, n. 56. Il testo del comma era il seguente:* « 2. A valere sugli stanziamenti di cui al comma 1 le amministrazioni pubbliche destinano a un apposito fondo risorse finanziarie in misura non superiore al 2 per cento modulate sull'importo dei lavori posti a base di gara per le funzioni tecniche svolte dai dipendenti pubblici esclusivamente per le attività di programmazione della spesa per investimenti, per la verifica preventiva dei progetti di predisposizione e di controllo delle procedure di bando e di esecuzione dei contratti pubblici, di responsabile unico del procedimento, di direzione dei lavori ovvero direzione dell'esecuzione e di collaudo tecnico amministrativo ovvero di verifica di conformità, di collaudatore statico ove necessario per consentire l'esecuzione del contratto nel rispetto dei documenti a base di gara, del progetto, dei tempi e costi prestabiliti ».

(4) *Ai sensi dell'art. 5, comma 10, d.l. 10 settembre 2021, n. 121, conv., con modif., in l. 9 novembre 2021, n. 156, il regolamento di cui al presente comma si applica agli appalti di lavori, servizi e forniture le cui procedure di gara sono state avviate successivamente alla data di entrata in vigore del presente decreto legislativo, anche se eseguiti prima dell'entrata in vigore del predetto regolamento.*

(5) *Comma aggiunto dall'art. 1, comma 526, L. 27 dicembre 2017, n. 205, a decorrere dal 1° gennaio 2018.*

113-*bis* (1) Termini di pagamento. Clausole penali.

1. I pagamenti relativi agli acconti del corrispettivo di appalto sono effettuati nel termine di trenta giorni decorrenti dall'adozione di ogni stato di avanzamento

dei lavori, salvo che sia espressamente concordato nel contratto un diverso termine, comunque non superiore a sessanta giorni e purché ciò sia oggettivamente giustificato dalla natura particolare del contratto o da talune sue caratteristiche. I certificati di pagamento relativi agli acconti del corrispettivo di appalto sono emessi contestualmente all'adozione di ogni stato di avanzamento dei lavori e comunque entro un termine non superiore a sette giorni dall'adozione degli stessi.

1-*bis*. Fermi restando i compiti del direttore dei lavori, l'esecutore può comunicare alla stazione appaltante il raggiungimento delle condizioni contrattuali per l'adozione dello stato di avanzamento dei lavori (2).

1-*ter*. Ai sensi del comma 3 il direttore dei lavori accerta senza indugio il raggiungimento delle condizioni contrattuali e adotta lo stato di avanzamento dei lavori contestualmente all'esito positivo del suddetto accertamento ovvero contestualmente al ricevimento della comunicazione di cui al comma 1-*bis*, salvo quanto previsto dal comma 1-*quater* (2).

1-*quater*. In caso di difformità tra le valutazioni del direttore dei lavori e quelle dell'esecutore in merito al raggiungimento delle condizioni contrattuali, il direttore dei lavori, a seguito di tempestivo accertamento in contraddittorio con l'esecutore, procede all'archiviazione della comunicazione di cui al comma 1-*bis* ovvero all'adozione dello stato di avanzamento dei lavori (2).

1-*quinquies*. Il direttore dei lavori trasmette immediatamente lo stato di avanzamento dei lavori al RUP, il quale, ai sensi del comma 1, secondo periodo, emette il certificato di pagamento contestualmente all'adozione dello stato di avanzamento dei lavori e, comunque, non oltre sette giorni dalla data della sua adozione, previa verifica della regolarità contributiva dell'esecutore e dei subappaltatori. Il RUP invia il certificato di pagamento alla stazione appaltante, la quale procede al pagamento ai sensi del comma 1, primo periodo (2).

1-*sexies*. L'esecutore può emettere fattura al momento dell'adozione dello stato di avanzamento dei lavori. L'emissione della fattura da parte dell'esecutore non è subordinata al rilascio del certificato di pagamento da parte del RUP (2).

1-*septies*. Ogni certificato di pagamento emesso dal RUP è annotato nel registro di contabilità (2).

2. All'esito positivo del collaudo o della verifica di conformità, e comunque entro un termine non superiore a sette giorni dagli stessi, il responsabile unico del procedimento rilascia il certificato di pagamento ai fini dell'emissione della fattura da parte dell'appaltatore; il relativo pagamento è effettuato nel termine di trenta giorni decorrenti dal suddetto esito positivo del collaudo o della verifica di conformità, salvo che sia espressamente concordato nel contratto un diverso termine, comunque non superiore a sessanta giorni e purché ciò sia oggettivamente giustificato dalla natura particolare del contratto o da talune sue caratteristiche. Il certificato di pagamento non costituisce presunzione di accettazione dell'opera, ai sensi dell'articolo 1666, secondo comma, del codice civile.

3. Resta fermo quanto previsto all'articolo 4, comma 6, del decreto legislativo 9 ottobre 2002, n. 231.

4. I contratti di appalto prevedono penali per il ritardo nell'esecuzione delle prestazioni contrattuali da parte dell'appaltatore commisurate ai giorni di ritardo e proporzionali rispetto all'importo del contratto o alle prestazioni del contratto. Le penali dovute per il ritardato adempimento sono calcolate in misura giornaliera compresa tra lo 0,3 per mille e l'1 per mille dell'ammontare netto contrattuale, da determinare in relazione all'entità delle conseguenze legate al ritardo, e non possono comunque superare, complessivamente, il 10 per cento di detto ammontare netto contrattuale.

(1) *Articolo così sostituito dall'art. 5, comma 1 l. 3 maggio 2019, n. 37. Il testo dell'articolo, come inserito dall'art. 77 d.lgs. 19 aprile 2017, n. 56 e modificato dall'art. 1, comma 586 l. 27 dicembre 2017, n. 205, era il seguente:* « 113-*bis – Termini per l'emissione dei certificati di pagamento relativi agli acconti*. - 1. I certificati di pagamento relativi agli acconti del corrispettivo di appalto sono emessi nel termine di trenta giorni decorrenti dall'adozione di ogni stato di avanzamento dei lavori, salvo che sia diversamente ed espressamente concordato dalle parti e previsto nella documentazione di gara e purché ciò non sia gravemente iniquo per il creditore. - 2. I contratti di appalto prevedono penali per il ritardo nell'esecuzione delle prestazioni contrattuali da parte dell'appaltatore commisurate ai giorni di ritardo e proporzionali rispetto all'importo del contratto o alle prestazioni del contratto. Le penali dovute per il ritardato adempimento sono calcolate in misura giornaliera compresa tra lo 0,3 per mille e l'1 per mille dell'ammontare netto contrattuale da determinare in relazione all'entità delle conseguenze legate al ritardo e non possono comunque superare, complessivamente, il 10 per cento di detto ammontare netto contrattuale. - 3. All'esito positivo del collaudo o della verifica di conformità il responsabile unico del procedimento rilascia il certificato di pagamento ai fini dell'emissione della fattura da parte dell'appaltatore. Il certificato di pagamento è rilasciato nei termini di cui all'articolo 4, commi 2, 3, 4 e 5 del decreto legislativo 9 ottobre 2002, n. 231, e non costituisce presunzione di accettazione dell'opera, ai sensi dell'articolo 1666, secondo comma, del codice civile. ».

(2) *Comma inserito dall'art. 10, comma 1, lett. e), l. 23 dicembre 2021, n. 238. Ai sensi del comma 5 del citato art. 10, tale disposizione si applica alle procedure i cui bandi o avvisi con i quali si indice una gara sono pubblicati successivamente alla data di entrata in vigore della suddetta legge nonché, in caso di contratti senza pubblicazione di bandi o avvisi, alle procedure in cui, alla medesima data, non sono ancora stati inviati gli inviti a presentare le offerte o i preventivi.*

TITOLO VI
Regimi particolari di appalto

CAPO I
Appalti nei settori speciali

SEZIONE I
Disposizioni applicabili e ambito

114 Norme applicabili e ambito soggettivo.

1. Ai contratti pubblici di cui al presente Capo si applicano le norme che seguono e, in quanto compatibili, le disposizioni di cui agli articoli da 1 a 58, ad esclusione delle disposizioni relative alle concessioni. L'articolo 49 si applica con riferimento agli allegati 3, 4 e 5 e alle note generali dell'Appendice 1 dell'Unione europea della AAP e agli altri accordi internazionali a cui l'Unione europea è vincolata.

2. Le disposizioni di cui al presente Capo si applicano agli enti aggiudicatori che sono amministrazioni aggiudicatrici o imprese pubbliche che svolgono una delle attività previste dagli articoli da 115 a 121; si

applicano altresì ai tutti i soggetti che pur non essendo amministrazioni aggiudicatrici o imprese pubbliche, annoverano tra le loro attività una o più attività tra quelle previste dagli articoli da 115 a 121 ed operano in virtù di diritti speciali o esclusivi.

3. Ai fini del presente articolo, per diritti speciali o esclusivi si intendono i diritti concessi dallo Stato o dagli enti locali mediante disposizione legislativa, regolamentare o amministrativa pubblicata compatibile con i Trattati (1) avente l'effetto di riservare a uno o più enti l'esercizio delle attività previste dagli articoli da 115 a 121 e di incidere sostanzialmente sulla capacità di altri enti di esercitare tale attività.

4. Non costituiscono diritti speciali o esclusivi, ai sensi del comma 3, i diritti concessi in virtù di una procedura ad evidenza pubblica basata su criteri oggettivi. A tali fini, oltre alle procedure di cui al presente codice, costituiscono procedure idonee ad escludere la sussistenza di diritti speciali o esclusivi tutte le procedure di cui all'allegato II della direttiva 2014/25/UE del Parlamento e del Consiglio in grado di garantire un'adeguata trasparenza.

[5. Qualora la Commissione europea ne faccia richiesta, gli enti aggiudicatori notificano le seguenti informazioni relative alle deroghe di cui all'articolo 6 in materia di joint venture:

a) i nomi delle imprese o delle joint venture interessate;

b) la natura e il valore degli appalti considerati;

c) gli ulteriori elementi che la Commissione europea ritenga necessari per provare che le relazioni tra l'ente aggiudicatore e l'impresa o la joint venture, cui gli appalti sono aggiudicati, rispondono alle condizioni previste dal regime di deroga.] (2)

6. Per i servizi di ricerca e sviluppo trova applicazione quanto previsto dall'articolo 158.

7. Ai fini degli articoli 115, 116 e 117 il termine « alimentazione » comprende la generazione, produzione nonché la vendita all'ingrosso e al dettaglio. Tuttavia, la produzione di gas sotto forma di estrazione rientra nell'ambito di applicazione dell'articolo 121.

8. All'esecuzione dei contratti di appalto nei settori speciali si applicano le norme di cui agli articoli 100, 105, 106, 108 e 112.

(1) *Le parole « pubblicata compatibile con i Trattati » sono state inserite dall'art. 78 del d.lgs. 19 aprile 2017, n. 56.*

(2) *Comma abrogato dall'art. 78 del d.lgs. 19 aprile 2017, n. 56.*

115 Gas ed energia termica.

1. Per quanto riguarda il gas e l'energia termica, il presente capo si applica alle seguenti attività:

a) la messa a disposizione o la gestione di reti fisse destinate alla fornitura di un servizio al pubblico in connessione con la produzione, il trasporto o la distribuzione di gas o di energia termica;

b) l'alimentazione di tali reti con gas o energia termica.

2. L'alimentazione con gas o energia termica di reti fisse che forniscono un servizio al pubblico da parte di un ente aggiudicatore che non è un'amministrazione aggiudicatrice non è considerata un'attività di cui al comma 1, se ricorrono tutte le seguenti condizioni:

a) la produzione di gas o di energia termica da parte di tale ente aggiudicatore è l'inevitabile risultato dell'esercizio di un'attività non prevista dal comma 1 del presente articolo o dagli articoli da 116 a 118;

b) l'alimentazione della rete pubblica mira solo a sfruttare economicamente tale produzione e corrisponde al massimo al 20 per cento del fatturato dell'ente aggiudicatore, considerando la media dell'ultimo triennio, compreso l'anno in corso.

116 Elettricità.

1. Per quanto riguarda l'elettricità, il presente capo si applica alle seguenti attività:

a) la messa a disposizione o la gestione di reti fisse destinate alla fornitura di un servizio al pubblico in connessione con la produzione, il trasporto o la distribuzione di elettricità;

b) l'alimentazione di tali reti con l'elettricità.

2. L'alimentazione con elettricità di reti fisse che forniscono un servizio al pubblico da parte di un ente aggiudicatore che non è un'amministrazione aggiudicatrice non è considerata un'attività di cui al comma 1, se ricorrono le seguenti condizioni:

a) la produzione di elettricità da parte di tale ente aggiudicatore avviene perché il suo consumo è necessario all'esercizio di un'attività non prevista dal comma 1 del presente articolo o dagli articoli 115, 117 e 118;

b) l'alimentazione della rete pubblica dipende solo dal consumo proprio di tale ente aggiudicatore e non supera il 30 per cento della produzione totale di energia di tale ente, considerando la media dell'ultimo triennio, compreso l'anno in corso.

117 Acqua.

1. Ferme restando le esclusioni specifiche relative alle concessioni previste all'articolo 12, per quanto riguarda l'acqua, il presente capo si applica alle seguenti attività:

a) la messa a disposizione o la gestione di reti fisse destinate alla fornitura di un servizio al pubblico in connessione con la produzione, il trasporto o la distribuzione di acqua potabile;

b) l'alimentazione di tali reti con acqua potabile.

2. Il presente capo si applica anche agli appalti o ai concorsi di progettazione attribuiti od organizzati dagli enti aggiudicatori che esercitano un'attività di cui al comma 1 e che riguardino una delle seguenti attività:

a) progetti di ingegneria idraulica, irrigazione o drenaggio, in cui il volume d'acqua destinato all'alimentazione con acqua potabile rappresenti più del 20 per cento del volume totale d'acqua reso disponibile da tali progetti o impianti di irrigazione o di drenaggio;

b) smaltimento o trattamento delle acque reflue.

3. L'alimentazione con acqua potabile di reti fisse che forniscono un servizio al pubblico da parte di un ente aggiudicatore che non è un'amministrazione aggiudicatrice non è considerata un'attività di cui al comma 1 se ricorrono tutte le seguenti condizioni:

a) la produzione di acqua potabile da parte di tale ente aggiudicatore avviene perché il suo consumo è necessario all'esercizio di un'attività non prevista dagli articoli da 115 a 118;

b) l'alimentazione della rete pubblica dipende solo dal consumo proprio di tale ente aggiudicatore e non supera il 30 per cento della produzione totale di acqua potabile di tale ente, considerando la media dell'ultimo triennio, compreso l'anno in corso.

118 Servizi di trasporto.

1. Ferme restando le esclusioni di cui all'articolo 17, comma 1, lettera *i*), le disposizioni del presente capo si applicano alle attività relative alla messa a disposizione o alla gestione di reti destinate a fornire un servizio al pubblico nel campo del trasporto ferroviario, tranviario, filoviario, ovvero mediante autobus, sistemi automatici o cavo.

2. Nei servizi di trasporto, si considera che una rete esiste se il servizio viene fornito secondo le prescrizioni operative stabilite dalle competenti autorità pubbliche, quali quelle relative alle tratte da servire, alla capacità di trasporto disponibile o alla frequenza del servizio.

119 Porti e aeroporti.

1. Le norme del presente capo si applicano alle attività relative allo sfruttamento di un'area geografica per la messa a disposizione di aeroporti, porti marittimi o interni e di altri terminali di trasporto ai vettori aerei, marittimi e fluviali.

120 Servizi postali.

1. Le disposizioni del presente capo si applicano alle attività relative alla prestazione di:

a) servizi postali;

b) altri servizi diversi da quelli postali, a condizione che tali servizi siano prestati da un ente che fornisce anche servizi postali ai sensi del comma 2, lettera *b*), del presente articolo e che le condizioni di cui all'articolo 8 non siano soddisfatte per quanto riguarda i servizi previsti dal comma 2, lettera *b*), del presente articolo.

2. Ai fini del presente codice e fatto salvo quanto previsto dal decreto legislativo 22 luglio 1999, n. 261, si intende per:

a) « invio postale »: un invio indirizzato nella forma definitiva al momento in cui viene preso in consegna, indipendentemente dal suo peso. Oltre agli invii di corrispondenza, si tratta di libri, cataloghi, giornali, periodici e pacchi postali contenenti merci con o senza valore commerciale, indipendentemente dal loro peso;

b) « servizi postali »: servizi consistenti in raccolta, smistamento, trasporto e distribuzione di invii postali. Includono sia i servizi che rientrano nell'ambito di applicazione del servizio universale istituito ai sensi della direttiva 97/67/CE del Parlamento europeo e del Consiglio, sia quelli che ne sono esclusi;

c) « altri servizi diversi dai servizi postali »: servizi forniti nei seguenti ambiti:

1) servizi di gestione di servizi postali, ossia servizi precedenti l'invio e servizi successivi all'invio, compresi i servizi di smistamento della posta;

2) servizi di spedizione diversi da quelli di cui alla lettera *a*) quali la spedizione di invii pubblicitari, privi di indirizzo.

121 Estrazione di gas e prospezione o estrazione di carbone o di altri combustibili solidi.

1. Le disposizioni del presente capo si applicano alle attività relative allo sfruttamento di un'area geografica, ai seguenti fini:

a) estrazione di gas o di petrolio;

b) prospezione o estrazione di carbone o di altri combustibili solidi.

2. Rimangono escluse le attività relative allo sfruttamento di un'area geografica, ai fini di prospezione di petrolio e gas naturale, nonché di produzione di petrolio, in quanto attività direttamente esposte alla concorrenza su mercati liberamente accessibili.

SEZIONE II
Procedure di scelta del contraente

122 Norme applicabili.

1. Con riferimento alle procedure di scelta del contraente, gli enti aggiudicatori nei settori speciali applicano, per quanto compatibili con le norme di cui alla presente Sezione, i seguenti articoli della Parte II, Titolo III, Capi II e III: 60, salvo che la disposizione sull'avviso di preinformazione si intende riferita all'avviso periodico indicativo; 61, commi 1 e 2, con la precisazione che il termine di 30 giorni ivi previsto può essere ridotto fino a quindici giorni, nonché commi 3 e 5; 64 con la precisazione che il termine di trenta giorni per la ricezione delle domande di partecipazione di cui al comma 3, può essere ridotto fino a quindici giorni, qualora sia stato pubblicato un avviso periodico indicativo e sia stato trasmesso un invito a confermare interesse; 65; 66; 67; 68; 69; 73 e 74. Si applicano altresì le disposizioni di cui agli articoli da 123 a 132.

123 Scelta delle procedure.

1. Nell'aggiudicazione di appalti di forniture, di lavori o di servizi, gli enti aggiudicatori utilizzano procedure di affidamento aperte, ristrette o negoziate precedute da indizione di gara in conformità alle disposizioni di cui alla presente sezione. Gli enti aggiudicatori possono altresì ricorrere a dialoghi competitivi e partenariati per l'innovazione in conformità alle disposizioni di cui alla presente sezione.

2. Fatto salvo quanto disposto dall'articolo 122, le procedure di affidamento di cui al presente capo, sono precedute dalla pubblicazione di un avviso di indizione di gara con le modalità e nel rispetto dei termini stabiliti dal presente codice.

3. La gara può essere indetta con una delle seguenti modalità:

a) un avviso periodico indicativo a norma dell'articolo 127 se il contratto è aggiudicato mediante procedura ristretta o negoziata;

b) un avviso sull'esistenza di un sistema di qualificazione a norma dell'articolo 128 se il contratto è aggiudicato mediante procedura ristretta o negoziata o tramite un dialogo competitivo o un partenariato per l'innovazione;

c) mediante un bando di gara a norma dell'articolo 129.

4. Nel caso di cui al comma 3, lettera *a*), gli operatori economici che hanno manifestato interesse in seguito alla pubblicazione dell'avviso periodico indicativo sono successivamente invitati a confermare il proprio interesse per iscritto, conformemente all'articolo 131.

5. Gli enti aggiudicatori possono ricorrere a una procedura negoziata senza previa indizione di gara, di cui all'articolo 63, esclusivamente nei casi e nelle circostanze espressamente previsti all'articolo 125.

124 Procedura negoziata con previa indizione di gara.

1. Nelle procedure negoziate con previa indizione di gara, qualsiasi operatore economico può presentare una domanda di partecipazione in risposta a un avviso di indizione di gara, fornendo le informazioni richieste dall'ente aggiudicatore per la selezione qualitativa.

2. Il termine minimo per la ricezione delle domande di partecipazione è fissato, in linea di massima, in non meno di trenta giorni dalla data di trasmissione del bando di gara o, se come mezzo di indizione di gara è usato un avviso periodico indicativo, dalla data dell'invito a confermare interesse e non è in alcun caso inferiore a quindici giorni.

3. Soltanto gli operatori economici invitati dall'ente aggiudicatore in seguito alla valutazione delle informazioni fornite possono partecipare alle negoziazioni. Gli enti aggiudicatori possono limitare il numero di candidati idonei da invitare a partecipare alla procedura secondo quanto previsto dall'articolo 135.

4. Il termine per la ricezione delle offerte può essere fissato d'accordo tra l'ente aggiudicatore e i candidati selezionati, purché questi ultimi dispongano di un termine identico per redigere e presentare le loro offerte. In assenza di un accordo sul termine per la ricezione delle offerte, il termine non può essere inferiore a dieci giorni dalla data di invio dell'invito a presentare offerte.

125 Uso della procedura negoziata senza previa indizione di gara.

1. Gli enti aggiudicatori possono ricorrere a una procedura negoziata senza previa indizione di gara nei seguenti casi:

a) quando, in risposta a una procedura con previa indizione di gara, non sia pervenuta alcuna offerta o alcuna offerta appropriata, né alcuna domanda di partecipazione o alcuna domanda di partecipazione appropriata, purché le condizioni iniziali dell'appalto non siano sostanzialmente modificate. Un'offerta non è ritenuta appropriata se non presenta alcuna pertinenza con l'appalto ed è quindi manifestamente inadeguata, salvo modifiche sostanziali, a rispondere alle esigenze dell'ente aggiudicatore e ai requisiti specificati nei documenti di gara. Una domanda di partecipazione non è ritenuta appropriata se l'operatore economico interessato deve o può essere escluso o non soddisfa i criteri di selezione stabiliti dall'ente aggiudicatore a norma degli articoli 80, 135, 136;

b) quando un appalto è destinato solo a scopi di ricerca, di sperimentazione, di studio o di sviluppo e non per rendere redditizie o recuperare spese di ricerca e di sviluppo, purché l'aggiudicazione dell'appalto non pregiudichi l'indizione di gare per appalti successivi che perseguano, segnatamente, questi scopi;

c) quando i lavori, servizi e forniture possono essere forniti unicamente da un determinato operatore economico per una delle seguenti ragioni:

1) lo scopo dell'appalto consiste nella creazione o nell'acquisizione di un'opera d'arte odi una rappresentazione artistica unica;

2) la concorrenza è assente per motivi tecnici. L'eccezione di cui al presente punto si applica solo quando non esistono sostituti o alternative ragionevoli e l'assenza di concorrenza non è il risultato di una limitazione artificiale dei parametri dell'appalto;

3) tutela di diritti esclusivi, inclusi i diritti di proprietà intellettuale. L'eccezione di cui al presente punto si applica solo quando non esistono sostituti o alternative ragionevoli e l'assenza di concorrenza non è il risultato di una limitazione artificiale dei parametri dell'appalto.

d) nella misura strettamente necessaria quando, per ragioni di estrema urgenza derivanti da eventi imprevedibili (1) dall'ente aggiudicatore, [ivi compresi comunque i casi di bonifica e messa in sicurezza di siti contaminati ai sensi della Parte quarta, Titolo V, del decreto legislativo 3 aprile 2006, n. 152 e di pericolo concreto e attuale di danni irreparabili a beni culturali,] (2) i termini stabiliti per le procedure aperte, per le procedure ristrette o per le procedure negoziate precedute da indizione di gara non possono essere rispettati. Le circostanze invocate per giustificare l'estrema urgenza non devono essere in alcun caso imputabili all'ente aggiudicatore;

e) nel caso di appalti di forniture per consegne complementari effettuate dal fornitore originario e destinate al rinnovo parziale di forniture o di impianti o all'ampliamento di forniture o impianti esistenti, qualora il cambiamento di fornitore obbligasse l'ente aggiudicatore ad acquistare forniture con caratteristiche tecniche differenti, il cui impiego o la cui manutenzione comporterebbero incompatibilità o difficoltà tecniche sproporzionate;

f) per nuovi lavori o servizi consistenti nella ripetizione di lavori o servizi analoghi assegnati all'operatore (3) al quale gli stessi enti aggiudicatori hanno assegnato un appalto precedente, a condizione che tali lavori o servizi siano conformi a un progetto a base di gara e che tale progetto sia stato oggetto di un primo appalto aggiudicato secondo una procedura di cui all'articolo 123. Il progetto a base di gara indica l'entità di eventuali lavori o servizi complementari e le condizioni alle quali essi verranno aggiudicati. La possibilità di ricorrere a tale procedura è indicata già al momento dell'indizione della gara per il primo progetto e gli enti aggiudicatori, quando applicano l'articolo 35 tengono conto del costo complessivo stimato per i lavori o i servizi successivi;

g) per forniture quotate e acquistate sul mercato delle materie prime;

h) per gli acquisti d'opportunità, quando è possibile, in presenza di un'occasione particolarmente vantaggiosa ma di breve durata, acquistare forniture il cui prezzo è sensibilmente inferiore ai prezzi normalmente praticati sul mercato;

i) (4) per l'acquisto di forniture o servizi a condizioni particolarmente vantaggiose presso un fornitore che cessi definitivamente l'attività commerciale o presso il liquidatore in caso di procedura di insolvenza, di un accordo con i creditori o di procedure analoghe;

l) (4) quando l'appalto di servizi consegue a un concorso di progettazione organizzato secondo le disposizioni del presente codice ed è destinato, in base alle norme previste nel concorso di progettazione, a essere aggiudicato al vincitore o a uno dei vincitori di tale concorso; in tal caso, tutti i vincitori del concorso di progettazione sono invitati a partecipare alle negoziazioni.

(1) *La parola « imprevedibili » è stata sostituita alle parole « imprevisti e imprevedibili » dall'art. 79 del d.lgs. 19 aprile 2017, n. 56.*

(2) *Parole soppresse dall'art. 79 del d.lgs. 19 aprile 2017, n. 56.*

(3) *La parola « operatore » è stata sostituita alla parola « imprenditore » dall'art. 79 del d.lgs. 19 aprile 2017, n. 56.*

(4) *L'art. 79 del d.lgs. 19 aprile 2017, n. 56 ha sostituito con le lettere « i) l) » i numeri « 1) 2) ».*

126 Comunicazione delle specifiche tecniche.

1. Su richiesta degli operatori economici interessati alla concessione di un appalto, gli enti aggiudicatori mettono a disposizione le specifiche tecniche [regolarmente] (1) previste nei loro appalti di forniture, di lavori o di servizi, o le specifiche tecniche alle quali intendono riferirsi per gli appalti oggetto di avvisi periodici indicativi. Tali specifiche sono rese disponibili per via elettronica in maniera gratuita, illimitata e diretta.

2. Le specifiche tecniche sono trasmesse per via diversa da quella elettronica qualora non sia possibile offrire accesso gratuito, illimitato e diretto per via elettronica a determinati documenti di gara per uno dei motivi di cui all'articolo 52, commi 1, 2 e 3, o qualora gli enti aggiudicatori abbiano imposto requisiti per tutelare la riservatezza delle informazioni che trasmettono ai sensi dell'articolo 52, comma 7.

3. Quando le specifiche tecniche sono basate su documenti ai quali gli operatori economici interessati hanno accesso gratuito, illimitato e diretto, per via elettronica, si considera sufficiente l'indicazione del riferimento a tali documenti.

4. Per il tramite della Cabina di regia sono messe a disposizione degli altri Stati membri, su richiesta, le informazioni relative alle prove e ai documenti presentati conformemente agli articoli 68, comma 8, 69 e 82, commi 1 e 2.

(1) *Parola soppressa dall'art. 80 del d.lgs. 19 aprile 2017, n. 56.*

127 Pubblicità e avviso periodico indicativo.

1. Alla pubblicità degli atti delle procedure di scelta del contraente dei settori speciali si applicano le disposizioni di cui agli articoli 73 e 74 e quelle degli articoli di cui alla presente sezione.

2. Gli enti aggiudicatori possono rendere nota l'intenzione di programmare appalti pubblicando un avviso periodico indicativo possibilmente entro il 31 dicembre di ogni anno. Tali avvisi, che contengono le informazioni di cui all'allegato XIV, parte II, sezione A sono pubblicati dall'ente aggiudicatore sul proprio profilo di committente. Per gli appalti di importo pari o superiore alla soglia di cui all'articolo 35, gli avvisi sono pubblicati anche dall'Ufficio delle pubblicazioni dell'Unione europea. A tal fine gli enti aggiudicatori inviano all'Ufficio delle pubblicazioni dell'Unione europea una comunicazione che annuncia la pubblicazione dell'avviso periodico indicativo sul loro profilo di committente, come indicato nell'allegato V, punto 2, lettere *b*), e punto 3. Tali avvisi contengono le informazioni di cui all'allegato XIV, parte II, sezione C.

3. Quando una gara è indetta per mezzo di un avviso periodico indicativo per procedure ristrette e procedure negoziate precedute da indizione di gara, l'avviso soddisfa tutte le seguenti condizioni:

a) si riferisce specificatamente alle forniture, ai lavori o ai servizi che saranno oggetto dell'appalto da aggiudicare;

b) indica che l'appalto sarà aggiudicato mediante una procedura ristretta o negoziata senza ulteriore pubblicazione di un avviso di indizione di gara e invita gli operatori economici interessati a manifestare il proprio interesse;

c) contiene, oltre alle informazioni di cui all'allegato XIV, parte II, sezione A, le informazioni di cui all'allegato XIV, parte II, sezione B;

d) è stato inviato alla pubblicazione tra trentacinque giorni e dodici mesi prima della data di invio dell'invito a confermare interesse.

4. Gli avvisi di cui al comma 2 possono essere pubblicati sul profilo di committente quale pubblicazione supplementare a livello nazionale. Il periodo coperto dall'avviso può durare al massimo dodici mesi dalla data di trasmissione dell'avviso per la pubblicazione. Tuttavia, nel caso di appalti pubblici per servizi sociali e altri servizi specifici di cui all'allegato IX, l'avviso di cui all'articolo 142, comma 1, lettera *b*) può coprire un periodo di due anni.

128 Avvisi sull'esistenza di un sistema di qualificazione.

1. Gli enti aggiudicatori possono istituire e gestire un proprio sistema di qualificazione degli operatori economici. Tale sistema va reso pubblico con un avviso di cui all'allegato XIV, parte II, lettera H, indicando le finalità del sistema di qualificazione e le modalità per conoscere le norme relative al suo funzionamento.

2. Se viene indetta una gara con un avviso sull'esistenza di un sistema di qualificazione, gli offerenti, in

una procedura ristretta, o i partecipanti, in una procedura negoziata, sono selezionati tra i candidati qualificati con tale sistema.

3. Gli enti aggiudicatori indicano nell'avviso sull'esistenza del sistema il periodo di efficacia (1) del sistema di qualificazione. Per gli appalti di importo pari o superiore alle soglie di cui all'articolo 35, essi informano l'Ufficio delle pubblicazioni dell'Unione europea di qualsiasi cambiamento di tale periodo di efficacia utilizzando i seguenti modelli di formulari:

a) se il periodo di efficacia viene modificato senza porre fine al sistema, il modello utilizzato inizialmente per gli avvisi sull'esistenza dei sistemi di qualificazione;

b) se viene posto termine al sistema, un avviso di aggiudicazione di cui all'articolo 129.

(1) *L'art. 81 del d.lgs. 19 aprile 2017, n. 56 ha sostituito la parola « validità » con la parola « efficacia ».*

129 Bandi di gara e avvisi relativi agli appalti aggiudicati.

1. I bandi di gara possono essere utilizzati come mezzo di indizione di gara per tutte le procedure. Essi contengono le informazioni di cui alla parte pertinente dell'allegato XIV, parte II e sono pubblicati conformemente all'articolo 130.

2. Entro trenta giorni dalla conclusione di un contratto o di un accordo quadro che faccia seguito alla relativa decisione di aggiudicazione o di conclusione, gli enti aggiudicatori inviano un avviso di aggiudicazione che riporta i risultati della procedura di appalto. Tale avviso contiene le informazioni di cui all'allegato XIV, parte II, lettera G ed è pubblicato conformemente all'articolo 130. Si applicano altresì le disposizioni di cui all'articolo 98, commi 2, 3, 4 e 5.

3. Nel caso di contratti per servizi di ricerca e sviluppo (« servizi R&S »), le informazioni riguardanti la natura e la quantità dei servizi possono limitarsi:

a) all'indicazione « servizi R&S » se il contratto è stato aggiudicato mediante procedura negoziata senza indizione di gara conformemente all'articolo 125;

b) a informazioni che siano almeno tanto dettagliate quanto specificato nell'avviso utilizzato come mezzo di indizione della gara.

4. Le informazioni fornite ai sensi dell'allegato XIV, parte II, lettera G e non destinate alla pubblicazione sono pubblicate solo in forma semplificata e per motivi statistici.

130 Redazione e modalità di pubblicazione dei bandi e degli avvisi.

1. I bandi e gli avvisi di cui agli articoli da 127 a 129 contenenti le informazioni indicate nell'allegato XIV, parte II, lettere A, B, D, G e H e nel formato di modelli di formulari, compresi modelli di formulari per le rettifiche sono redatti conformemente a quelli redatti dalla Commissione e trasmessi all'Ufficio delle pubblicazioni dell'Unione europea per via elettronica e pubblicati conformemente all'allegato V.

2. Gli avvisi e i bandi redatti e trasmessi con le modalità di cui al comma 1 sono pubblicati entro cinque giorni dalla loro trasmissione, salve le disposizioni sulla loro pubblicazione da parte dell'Ufficio delle pubblicazioni dell'Unione europea.

3. I bandi e gli avvisi sono pubblicati per esteso in una delle lingue ufficiali della Comunità scelta dalle stazioni appaltanti; il testo pubblicato in tale lingua originale è l'unico facente fede. Le stazioni appaltanti italiane scelgono la lingua italiana, fatte salve le norme vigenti nella Provincia autonoma di Bolzano in materia di bilinguismo. Una sintesi degli elementi importanti di ciascun bando, indicati dalle stazioni appaltanti nel rispetto dei principi di trasparenza e non discriminazione, è pubblicata nelle altre lingue ufficiali.

4. L'Ufficio delle pubblicazioni dell'Unione europea garantisce che il testo integrale e la sintesi degli avvisi periodici indicativi di cui all'articolo 127, degli avvisi di indizione di gara che istituiscono un sistema dinamico di acquisizione di cui all'articolo 55, nonché degli avvisi sull'esistenza di un sistema di qualificazione usati come mezzo di indizione di gara di cui all'articolo 123, comma 3, lettera *b*), continuino a essere pubblicati:

a) nel caso di avvisi periodici indicativi: per dodici mesi o fino al ricevimento di un avviso di aggiudicazione di cui all'articolo 129, che indichi che nei dodici mesi coperti dall'avviso di indizione di gara non sarà aggiudicato nessun altro appalto. Tuttavia, nel caso di appalti per servizi sociali e altri servizi specifici di cui all'allegato IX, l'avviso periodico indicativo di cui all'articolo 142, comma 1, lettera *b*), continua a essere pubblicato fino alla scadenza del periodo di validità indicato inizialmente o fino alla ricezione di un avviso di aggiudicazione come previsto all'articolo 129, indicante che non saranno aggiudicati ulteriori appalti nel periodo coperto dall'indizione di gara;

b) nel caso di avvisi di indizione di gara che istituiscono un sistema dinamico di acquisizione: per il periodo di validità del sistema dinamico di acquisizione;

c) nel caso di avvisi sull'esistenza di un sistema di qualificazione: per il periodo di validità.

5. La conferma della ricezione dell'avviso e della pubblicazione dell'informazione trasmessa, con menzione della data della pubblicazione rilasciata agli enti aggiudicatori dall'Ufficio delle pubblicazioni dell'Unione europea vale come prova della pubblicazione.

6. Gli enti aggiudicatori possono pubblicare avvisi relativi ad appalti pubblici che non sono soggetti all'obbligo di pubblicazione previsto dal presente decreto, a condizione che essi siano trasmessi all'Ufficio delle pubblicazioni dell'Unione europea per via elettronica secondo il formato e le modalità di trasmissione precisate nell'allegato V.

7. Per la pubblicazione a livello nazionale si applica l'articolo 73.

131 Inviti ai candidati.

1. Nelle procedure ristrette, nei dialoghi competitivi, nei partenariati per l'innovazione, nelle procedure negoziate con previa indizione di gara, e nella procedura negoziata senza previa indizione di gara gli enti

aggiudicatori invitano simultaneamente e per iscritto i candidati selezionati a presentare le rispettive offerte, a partecipare al dialogo o a negoziare. Con le stesse modalità gli enti aggiudicatori invitano, nel caso di indizione di gara tramite un avviso periodico indicativo, gli operatori economici che già hanno espresso interesse a confermare nuovamente interesse.

2. Nelle procedure ristrette, nel dialogo competitivo, nei partenariati per l'innovazione e nelle procedure competitive con negoziazione, gli inviti menzionano l'indirizzo elettronico al quale sono stati resi direttamente disponibili per via elettronica i documenti di gara e comprendono le informazioni indicate nell'allegato XV, parte II. Se tali documenti non sono stati oggetto di accesso gratuito, illimitato e diretto, di cui all'articolo 74 e non sono stati resi disponibili con altri mezzi, gli inviti sono corredati dei documenti di gara, in formato digitale ovvero, quando ciò non sia possibile, in formato cartaceo.

3. Nelle procedure negoziate senza previa pubblicazione di un bando di gara, gli operatori economici selezionati vengono invitati a mezzo di posta elettronica certificata o strumento analogo negli altri Stati membri ovvero, quando ciò non sia possibile, con lettera. Gli inviti contengono gli elementi essenziali della prestazione richiesta.

132 Informazioni a coloro che hanno chiesto una qualificazione, ai candidati e agli offerenti.

1. Per quanto riguarda le informazioni a coloro che hanno chiesto una qualificazione, ai candidati e agli offerenti, si applicano le disposizioni di cui all'articolo 76 e ai seguenti commi 2. Gli enti aggiudicatori che istituiscono o gestiscono un sistema di qualificazione informano i richiedenti della loro decisione sulla qualificazione entro sei mesi dalla presentazione della domanda. Se la decisione sulla qualificazione richiede più di quattro mesi, entro due mesi dalla presentazione della domanda, l'ente aggiudicatore comunica al richiedente le ragioni della proroga del termine e indica la data entro cui interverrà la decisione.

3. I richiedenti la cui qualificazione è respinta sono informati della decisione e delle relative motivazioni entro quindici giorni dalla data della decisione di diniego. Le motivazioni si fondano sui criteri di qualificazione di cui agli articoli 134 e 136.

4. Gli enti aggiudicatori che istituiscono e gestiscono un sistema di qualificazione possono porre fine alla qualificazione di un operatore economico solo per ragioni fondate sui criteri di qualificazione di cui agli articoli 134 e 136. L'intenzione di porre fine alla qualificazione è preventivamente notificata per iscritto all'operatore economico, almeno quindici giorni prima della data prevista per porre fine alla qualificazione, con indicazione della ragione o delle ragioni che giustificano l'azione proposta.

SEZIONE III
Selezione dei partecipanti e delle offerte e relazioni uniche

133 Principi generali per la selezione dei partecipanti.

1. Per la selezione dei partecipanti e delle offerte nelle procedure di scelta del contraente nei settori speciali si applicano, per quanto compatibili con le norme di cui alla presente sezione, le disposizioni di cui ai seguenti articoli: 77, 78, 79, 80, 81, 82, 83, 84, 85, 86, 87, 88, 89, 90, 91, 92, 95, 96 e 97.

2. Ai fini della selezione dei partecipanti alle procedure di aggiudicazione, si applicano tutte le seguenti regole:

a) gli enti aggiudicatori che hanno stabilito norme e criteri di esclusione degli offerenti o dei candidati ai sensi dell'articolo 135 o dell'articolo 136, escludono gli operatori economici individuati in base a dette norme e che soddisfano tali criteri;

b) essi selezionano gli offerenti e i candidati secondo le norme e i criteri oggettivi stabiliti in base agli articoli 135 e 136;

c) nelle procedure ristrette, nelle procedure negoziate con indizione di gara, nei dialoghi competitivi e nei partenariati per l'innovazione, essi riducono, se del caso e applicando le disposizioni dell'articolo 135 il numero dei candidati selezionati in conformità delle lettere *a*) e *b*).

3. Quando viene indetta una gara con un avviso sull'esistenza di un sistema di qualificazione e al fine di selezionare i partecipanti alle procedure di aggiudicazione degli appalti specifici oggetto della gara, gli enti aggiudicatori:

a) qualificano gli operatori economici conformemente all'articolo 134;

b) applicano a tali operatori economici qualificati le disposizioni del comma 1 che sono pertinenti in caso di procedure ristrette o negoziate, di dialoghi competitivi oppure di partenariati per l'innovazione.

4. Quando selezionano i partecipanti a una procedura ristretta o negoziata, a un dialogo competitivo o per un partenariato per l'innovazione, quando decidono sulla qualificazione o quando aggiornano i criteri e le norme, gli enti aggiudicatori:

a) non impongono condizioni amministrative, tecniche o finanziarie a taluni operatori economici senza imporle ad altri;

b) non esigono prove o giustificativi già presenti nella documentazione valida già disponibile.

5. Al fine di acquisire informazioni e documentazioni dagli operatori economici candidati, gli enti aggiudicatori utilizzano la banca dati di cui all'articolo 81, ovvero accettano autocertificazioni e richiedono le integrazioni con le modalità di cui all'articolo 85, comma 5.

6. Gli enti aggiudicatori verificano la conformità delle offerte presentate dagli offerenti così selezionati alle norme e ai requisiti applicabili alle stesse e aggiudicano l'appalto secondo i criteri di cui agli articoli 95 e 97.

7. Gli enti aggiudicatori possono decidere di non aggiudicare un appalto all'offerente che presenta l'offerta migliore, se hanno accertato che l'offerta non soddisfa gli obblighi applicabili di cui all'articolo 30.

8. Nelle procedure aperte, gli enti aggiudicatori possono decidere che le offerte saranno esaminate prima della verifica dell'idoneità degli offerenti. Tale facoltà può essere esercitata se specificamente prevista nel bando di gara o nell'avviso con cui si indice la gara (1). Se si avvalgono di tale possibilità, le amministrazioni aggiudicatrici garantiscono che la verifica dell'assenza di motivi di esclusione e del rispetto dei criteri di selezione sia effettuata in maniera imparziale e trasparente, in modo che nessun appalto sia aggiudicato a un offerente che avrebbe dovuto essere escluso a norma dell'articolo 136 o che non soddisfa i criteri di selezione stabiliti dall'amministrazione aggiudicatrice (2).

(1) *Periodo inserito dall'art. 83 del d.lgs. 19 aprile 2017, n. 56.*

(2) *Precedentemente alla conversione in legge, l'art. 1, comma 1, lett. b) d.l. 18 aprile 2019, n. 32, aveva aggiunt, in fine, le seguenti parole «, indicando nei documenti di gara le modalità della verifica, anche a campione, della documentazione relativa dell'assenza dei motivi di esclusione e del rispetto dei criteri di selezione. Sulla base dell'esito di detta verifica, si procede eventualmente a ricalcolare la soglia di anomalia di cui all'articolo 97. Resta salva, dopo l'aggiudicazione, la verifica sul possesso dei requisiti richiesti ai fini della stipula del contratto », ma tale modifica è decaduta in sede di conversione in l. 14 giugno 2019, n. 55. Ai sensi del comma 2 del medesimo art. 1, « Restano validi gli atti e i provvedimenti adottati e sono fatti salvi gli effetti prodottisi e i rapporti giuridici sorti sulla base dell'articolo 1 del medesimo decreto-legge 18 aprile 2019, n. 32 ».*

Inoltre ai sensi del comma 3 dello stesso art. 1, come da ultimo modificato dell'art. 52, comma 1, lett. a), n. 3 d.l. 31 maggio 2021, n. 77, conv., con modif., in l. 29 luglio 2021, n. 108, le disposizioni di cui al presente comma 8 si applicano anche ai settori ordinari fino al ***30 giugno 2023****.*

134 Sistemi di qualificazione.

1. Gli enti aggiudicatori possono istituire e gestire un sistema di qualificazione degli operatori economici. In tal caso gli enti provvedono affinché gli operatori economici possano chiedere in qualsiasi momento di essere qualificati.

2. Il sistema di cui al comma 1 può comprendere vari stadi di qualificazione. Gli enti aggiudicatori stabiliscono norme e criteri oggettivi per l'esclusione e la selezione degli operatori economici che richiedono di essere qualificati, nonché norme e criteri oggettivi per il funzionamento del sistema di qualificazione, disciplinando le modalità di iscrizione al sistema, l'eventuale aggiornamento periodico delle qualifiche e la durata del sistema. Quando tali criteri e norme comportano specifiche tecniche, si applicano gli articoli 68, 69 e 82. Tali criteri e norme possono all'occorrenza essere aggiornati.

3. I criteri e le norme di cui al comma 2 sono resi disponibili, a richiesta, e comunicati agli operatori economici interessati. Un ente aggiudicatore può utilizzare il sistema di qualificazione istituito da un altro ente aggiudicatore o di altro organismo terzo, dandone idonea comunicazione agli operatori economici interessati.

4. Gli enti aggiudicatori istituiscono e aggiornano un elenco degli operatori economici, che può essere diviso in categorie in base al tipo di appalti per i quali la qualificazione è valida.

5. I criteri e le norme di cui al comma 3 includono i criteri di esclusione di cui all'articolo 136.

6. In caso di istituzione e gestione di un sistema di qualificazione di cui al comma 1, gli enti aggiudicatori osservano:

a) l'articolo 128, quanto all'avviso sull'esistenza di un sistema di qualificazione;

b) l'articolo 132, quanto alle informazioni a coloro che hanno chiesto una qualificazione.

7. L'ente aggiudicatore che istituisce e gestisce il sistema di qualificazione stabilisce i documenti, i certificati e le dichiarazioni sostitutive che devono corredare la domanda di iscrizione, e non può chiedere certificati o documenti che riproducono documenti validi già nella disponibilità dell'ente aggiudicatore. I documenti, i certificati e le dichiarazioni sostitutive, se redatti in una lingua diversa dall'italiano, sono accompagnati da una traduzione in lingua italiana certificata conforme al testo originale dalle autorità diplomatiche o consolari italiane del Paese in cui sono stati redatti, oppure da un traduttore ufficiale.

8. Quando viene indetta una gara con un avviso sull'esistenza di un sistema di qualificazione, i contratti specifici per i lavori, le forniture o i servizi contemplati dal sistema di qualificazione sono aggiudicati con procedure ristrette o procedure negoziate, nelle quali tutti gli offerenti ed i partecipanti sono scelti tra i candidati già qualificati con tale sistema.

9. Tutte le spese fatturate in relazione alle domande di qualificazione o all'aggiornamento o alla conservazione di una qualificazione già ottenuta in base al sistema sono proporzionali ai costi generati.

135 Criteri di selezione qualitativa e avvalimento.

1. Gli enti aggiudicatori possono stabilire norme e criteri oggettivi per l'esclusione e la selezione degli offerenti o dei candidati. Tali norme e criteri sono accessibili agli operatori economici interessati.

2. Qualora gli enti aggiudicatori si trovino nella necessità di garantire un equilibrio adeguato tra le caratteristiche specifiche della procedura di appalto e i mezzi necessari alla sua realizzazione, possono, nelle procedure ristrette o negoziate, nei dialoghi competitivi oppure nei partenariati per l'innovazione, definire norme e criteri oggettivi che rispecchino tale necessità e consentano all'ente aggiudicatore di ridurre il numero di candidati che saranno invitati a presentare un'offerta. Il numero dei candidati prescelti tiene conto tuttavia dell'esigenza di garantire un'adeguata concorrenza.

3. Quando il concorrente intende avvalersi dei requisiti di capacità economico finanziaria o tecnico professionale di altri soggetti, si applica l'articolo 89.

136 Applicabilità dei motivi di esclusione e dei criteri di selezione dei settori ordinari ai sistemi di qualificazione.

1. Le norme e i criteri oggettivi per l'esclusione e la selezione degli operatori economici che richiedono di

essere qualificati in un sistema di qualificazione e le norme e i criteri oggettivi per l'esclusione e la selezione dei candidati e degli offerenti nelle procedure aperte, ristrette o negoziate, nei dialoghi competitivi oppure nei partenariati per l'innovazione includono (1) i motivi di esclusione di cui all'articolo 80 alle condizioni stabilite in detto articolo. Se l'ente aggiudicatore è un'amministrazione aggiudicatrice, tali criteri e norme comprendono i criteri di esclusione di cui all'articolo 80 alle condizioni stabilite in detto articolo.

2. I criteri e le norme di cui al comma 1 possono comprendere i criteri di selezione di cui all'articolo 83 alle condizioni stabilite in detto articolo, in particolare per quanto riguarda il massimale relativo ai requisiti sul fatturato annuale, come previsto dal comma 5 di detto articolo.

3. Per le finalità dei commi 1 e 2, si applicano gli articoli 85, 86, 87 e 88 (2).

(1) *La parola « includono » è stata sostituita alle parole « possono includere » dall'art. 84 del d.lgs. 19 aprile 2017, n. 56.*

(2) *Le parole « 85, 86, 87 e 88 » sono state sostituite alle parole « 85, 86 e 88 » dall'art. 84 del d.lgs. 19 aprile 2017, n. 56.*

137 Offerte contenenti prodotti originari di Paesi terzi.

1. Fatti salvi gli obblighi assunti nei confronti dei Paesi terzi, il presente articolo si applica a offerte contenenti prodotti originari di Paesi terzi con l'Unione europea non ha concluso, in un contesto multilaterale o bilaterale, un accordo che garantisca un accesso comparabile ed effettivo delle imprese dell'Unione ai mercati di tali paesi terzi.

2. Qualsiasi offerta presentata per l'aggiudicazione di un appalto di forniture può essere respinta se la parte dei prodotti originari di Paesi terzi, ai sensi del regolamento (UE) n. 952/2013 del Parlamento europeo e del Consiglio, supera il 50 per cento del valore totale dei prodotti che compongono l'offerta. In caso di mancato respingimento dell'offerta a norma del presente comma, la stazione appaltante motiva debitamente le ragioni della scelta e trasmette all'Autorità la relativa documentazione (1). Ai fini del presente articolo, i software impiegati negli impianti delle reti di telecomunicazione sono considerati prodotti.

3. Salvo il disposto del presente comma, terzo periodo, se due o più offerte si equivalgono in base ai criteri di aggiudicazione di cui all'articolo 95, viene preferita l'offerta che non può essere respinta a norma del comma 2 del presente articolo. Il valore delle offerte è considerato equivalente, ai fini del presente articolo, se la differenza di prezzo non supera il 3 per cento. Tuttavia, un'offerta non è preferita ad un'altra in virtù del presente comma, se l'ente aggiudicatore, accettandola, è tenuto ad acquistare materiale con caratteristiche tecniche diverse da quelle del materiale già esistente, con conseguente incompatibilità o difficoltà tecniche di uso o di manutenzione o costi sproporzionati.

4. Ai fini del presente articolo, per determinare la parte dei prodotti originari dei Paesi terzi di cui al comma 2, sono esclusi i Paesi terzi ai quali, con decisione del Consiglio dell'Unione europea ai sensi del comma 1, è stato esteso il beneficio del presente codice.

(1) *Periodo inserito dall'art. 85 del d.lgs. 19 aprile 2017, n. 56.*

138 Relazioni con Paesi terzi in materia di lavori, servizi e forniture.

1. La Cabina di regia di cui all'articolo 212 informa, su segnalazione da parte del Ministero dello sviluppo economico o del Ministero degli affari esteri e della cooperazione internazionale, la Commissione europea di ogni difficoltà d'ordine generale, di fatto o di diritto, incontrata dalle imprese italiane nell'ottenere l'aggiudicazione di appalti di servizi in Paesi terzi e da esse riferita con particolare riferimento all'inosservanza delle disposizioni internazionali di diritto del lavoro elencate nell'allegato X.

2. Sono fatti salvi gli impegni assunti nei confronti dei Paesi terzi derivanti da accordi internazionali in materia di appalti pubblici, in particolare nel quadro dell'OMC.

139 Relazioni uniche sulle procedure di aggiudicazione degli appalti.

1. Gli enti aggiudicatori conservano le informazioni appropriate relative a ogni appalto o accordo quadro disciplinato dal presente codice e ogniqualvolta sia istituito un sistema dinamico di acquisizione. Tali informazioni sono sufficienti a consentire loro, in una fase successiva, di giustificare le decisioni riguardanti:

a) la qualificazione e la selezione degli operatori economici e l'aggiudicazione degli appalti;

b) l'utilizzazione di procedure negoziate non precedute da una gara a norma dell'articolo 125;

c) la mancata applicazione delle disposizioni sulle tecniche e strumenti per gli appalti e strumenti elettronici e aggregati e delle disposizioni sullo svolgimento delle procedure di scelta del contraente del presente codice in virtù delle deroghe ivi previste;

d) se del caso, le ragioni per le quali per la trasmissione in via elettronica sono stati usati mezzi di comunicazione diversi dai mezzi elettronici.

2. Nella misura in cui l'avviso di aggiudicazione dell'appalto stilato a norma dell'articolo 129 o dell'articolo 140, comma 3, contiene le informazioni richieste al presente comma, gli enti aggiudicatori possono fare riferimento a tale avviso.

3. Gli enti aggiudicatori documentano lo svolgimento di tutte le procedure di aggiudicazione, indipendentemente dal fatto che esse siano condotte con mezzi elettronici o meno. A tale scopo, garantiscono la conservazione di una documentazione sufficiente a giustificare decisioni adottate in tutte le fasi della procedura di appalto, quali la documentazione relativa alle comunicazioni con gli operatori economici e le deliberazioni interne, la preparazione dei documenti di gara, il dialogo o la negoziazione se previsti, la selezione e l'aggiudicazione dell'appalto. La documentazione è conservata per almeno cinque anni a partire dalla data di aggiudicazione dell'appalto, ovvero, in caso di pen-

denza di una controversia, fino al passaggio in giudicato della relativa sentenza.

4. Le informazioni o la documentazione o i principali elementi sono comunicati alla Cabina di regia di cui all'articolo 212, per l'eventuale successiva comunicazione alla Commissione o alle autorità, agli organismi o alle strutture competenti.

SEZIONE IV
Servizi sociali, concorsi di progettazione e norme su esecuzione

140 Norme applicabili ai servizi sociali e ad altri servizi specifici dei settori speciali (1).

1. Gli appalti di servizi sociali e di altri servizi specifici di cui all'allegato IX sono aggiudicati in applicazione degli articoli 142, 143, 144, salvo quanto disposto nel presente articolo e fermo restando quanto previsto dal titolo VII del decreto legislativo 3 luglio 2017, n. 117 (2). Le disposizioni di cui all'articolo 142, comma 5-*octies*, si applicano ai servizi di cui all'articolo 142, comma 5-*bis*, nei settori speciali di importo inferiore alla soglia di cui all'articolo 35, comma 2, lettera *c*) (3). Per quanto riguarda la disciplina della pubblicazione degli avvisi e dei bandi, gli enti aggiudicatori che intendono procedere all'aggiudicazione di un appalto per i servizi di cui al presente comma rendono nota tale intenzione con una delle seguenti modalità:

a) mediante un avviso di gara;

b) mediante un avviso periodico indicativo, che viene pubblicato in maniera continuativa. L'avviso periodico indicativo si riferisce specificamente ai tipi di servizi che saranno oggetto degli appalti da aggiudicare. Esso indica che gli appalti saranno aggiudicati senza successiva pubblicazione e invita gli operatori economici interessati a manifestare il proprio interesse per iscritto;

c) mediante un avviso sull'esistenza di un sistema di qualificazione che viene pubblicato in maniera continuativa.

2. Il comma 1 non si applica allorché una procedura negoziata senza previo avviso di gara sia stata utilizzata, conformemente all'articolo 63, per l'aggiudicazione di appalti pubblici di servizi.

3. Gli enti aggiudicatori che hanno aggiudicato un appalto per i servizi di cui al presente articolo ne rendono noto il risultato mediante un avviso di aggiudicazione. Essi possono tuttavia raggruppare detti avvisi su base trimestrale. In tal caso essi inviano gli avvisi raggruppati al più tardi trenta giorni dopo la fine di ogni trimestre.

4. I bandi e gli avvisi di gara di cui al presente articolo contengono le informazioni di cui all'allegato XIV, parte III, conformemente ai modelli di formulari stabiliti dalla Commissione europea (4) mediante atti di esecuzione. Gli avvisi di cui al presente articolo sono pubblicati conformemente all'articolo 130.

(1) *Rubrica così sostituita dall'art. 86 del d.lgs. 19 aprile 2017, n. 56. Il testo della rubrica era il seguente: « Norme applicabili ai servizi sociali dei settori speciali ».*

(2) *Le parole* « e fermo restando quanto previsto dal titolo VII del decreto legislativo 3 luglio 2017, n. 117 » *sono state aggiunte dall'art. 8, comma 5, lett.* c-bis) *d.l. 16 luglio 2020, n. 76, conv., con modif., in l. 11 settembre 2020, n. 120. Ai sensi del successivo comma 6 dell'art. 8 d.l. n. 76, cit., tale disposizione si applica alle procedure i cui bandi o avvisi, con i quali si indice una gara, sono pubblicati successivamente alla data di entrata in vigore del suddetto decreto, nonché, in caso di contratti senza pubblicazione di bandi o avvisi, alle procedure in cui, alla medesima data, non sono ancora stati inviati gli inviti a presentare le offerte o i preventivi.*

(3) *Periodo inserito dall'art. 86 del d.lgs. 19 aprile 2017, n. 56.*

(4) *La parole « europea » è stata inserita dall'art. 86 del d.lgs. 19 aprile 2017, n. 56.*

141 Norme applicabili ai concorsi di progettazione e di idee (1) nei settori speciali.

1. Ai concorsi di progettazione nei settori speciali si applicano le disposizioni di cui agli articoli 152, commi 1, 2, 5, secondo, terzo e quarto periodo, 153, comma 1, 154, commi 1, e 2, 155 e 156.

2. Gli enti aggiudicatori che hanno indetto un concorso di progettazione inviano un avviso sui risultati del concorso.

3. Il bando di concorso contiene le informazioni indicate nell'allegato XIX e l'avviso sui risultati di un concorso contiene le informazioni indicate nell'allegato XX nel formato stabilito per i modelli di formulari. Tali modelli di formulari sono stabiliti dalla Commissione europea (2) mediante atti di esecuzione.

4. L'avviso sui risultati di un concorso di progettazione è trasmesso all'Ufficio delle pubblicazioni dell'Unione europea entro trenta giorni dalla chiusura del medesimo. Si applica l'articolo 153, comma 2, secondo periodo.

5. L'articolo 130, commi da 2 a 6 si applica anche agli avvisi relativi ai concorsi di progettazione.

(1) *Le parole « e di idee » sono state inserite dall'art. 87 del d.lgs. 19 aprile 2017, n. 56.*

(2) *La parola « europea » è stata inserita dall'art. 87 del d.lgs. 19 aprile 2017, n. 56.*

CAPO II
Appalti di servizi sociali e di altri servizi nei settori ordinari (1)

(1) *Rubrica sostituita dall'art. 88 del d.lgs. 19 aprile 2017, n. 56. Il testo della rubrica era il seguente: « Appalti nei servizi sociali ».*

142 Pubblicazione degli avvisi e dei bandi.

1. Le stazioni appaltanti che intendono procedere all'aggiudicazione di un appalto pubblico per i servizi di cui all'allegato IX (1) rendono nota tale intenzione con una delle seguenti modalità:

a) mediante un bando di gara, che comprende le informazioni di cui all'allegato XIV, parte I, lettera F, conformemente ai modelli di formulari di cui all'articolo 72;

b) mediante un avviso di preinformazione, che viene pubblicato in maniera continua e contiene le informazioni di cui all'allegato XIV, parte I. L'avviso di preinformazione si riferisce specificamente ai tipi di servizi che saranno oggetto degli appalti da aggiudicare. Esso indica che gli appalti saranno aggiudicati senza successiva pubblicazione e invita gli operatori economici interessati a manifestare il proprio interesse per iscritto.

2. Il comma 1 non si applica, allorché sia utilizzata per l'aggiudicazione di appalti pubblici di servizi una procedura negoziata senza previa pubblicazione in presenza dei presupposti previsti dall'articolo 63.

3. Le stazioni appaltanti che hanno aggiudicato un appalto pubblico per i servizi di cui all'allegato IX (2) rendono noto il risultato della procedura d'appalto mediante un avviso di aggiudicazione, che contiene le informazioni di cui all'allegato XIV, parte I, lettera H, conformemente ai modelli di formulari di cui all'articolo 72. Esse possono tuttavia raggruppare detti avvisi su base trimestrale. In tal caso, esse inviano gli avvisi raggruppati al più tardi trenta giorni dopo la fine di ogni trimestre.

4. Per gli appalti di importo pari o superiore (3) alle soglie di cui all'articolo 35, i modelli di formulari di cui ai commi 1 e 3 del presente articolo sono stabiliti dalla Commissione europea mediante atti di esecuzione.

5. Gli avvisi di cui al presente articolo sono pubblicati conformemente all'articolo 72.

5-*bis*. "Le disposizioni di cui ai commi da 5-*ter* a 5-octies, si applicano ai seguenti servizi, come individuati dall'allegato IX, nei settori ordinari: servizi sanitari, servizi sociali e servizi connessi; servizi di prestazioni sociali; altri servizi pubblici, sociali e personali, inclusi servizi forniti da associazioni sindacali, da organizzazioni politiche, da associazioni giovanili e altri servizi di organizzazioni associative (4).

5-*ter*. L'affidamento dei servizi di cui al comma 5-*bis* deve garantire la qualità, la continuità, l'accessibilità, la disponibilità e la completezza dei servizi, tenendo conto delle esigenze specifiche delle diverse categorie di utenti, compresi i gruppi svantaggiati e promuovendo il coinvolgimento e la responsabilizzazione degli utenti (4).

5-*quater*. Ai fini dell'applicazione dell'articolo 21, le amministrazioni aggiudicatrici approvano gli strumenti di programmazione nel rispetto di quanto previsto dalla legislazione statale e regionale di settore (4).

5-*quinquies*. Le finalità di cui agli articoli 37 e 38 sono perseguite anche tramite le forme di aggregazione previste dalla normativa di settore con particolare riguardo ai distretti sociosanitari e a istituzioni analoghe (4).

5-*sexies*. Si applicano le procedure di aggiudicazione di cui agli articoli da 54 a 58 e da 60 a 65 (4).

5-*septies*. Oltre a quanto previsto dai commi da 1 a 5-*sexies*, devono essere, altresì, applicate per l'aggiudicazione le disposizioni di cui agli articoli 68, 69, 75, 79, 80, 83 e 95, adottando il criterio di aggiudicazione dell'offerta economicamente più vantaggiosa individuata sulla base del miglior rapporto qualità/prezzo (4).

5-*octies*. Gli appalti di servizi di cui al comma 5-*bis*, di importo inferiore alla soglia di cui all'articolo 35, comma 1, lettera *d*), sono affidati nel rispetto di quanto previsto all'articolo 36 (4).

5-*nonies*. Le disposizioni di cui ai commi dal 5-*ter* al 5-*octies* si applicano ai servizi di cui all'articolo 144, compatibilmente con quanto previsto nel medesimo articolo (4).

(1) *Le parole « servizi di cui all'allegato IX »sono state sostituite alle parole « servizi di cui al presente Capo » dall'art. 88 del d.lgs. 19 aprile 2017, n. 56.*

(2) *Le parole « di cui all'allegato IX » sono state sostituite alle parole « di cui all'articolo 140 » dall'art. 88 del d.lgs. 19 aprile 2017, n. 56.*

(3) *Le parole « Per gli appalti di importo pari o superiore » sono state sostituite alle parole « Per gli appalti pari o superiori » dall'art. 88 del d.lgs. 19 aprile 2017, n. 56.*

(4) *Comma inserito dall'art. 88 del d.lgs. 19 aprile 2017, n. 56.*

143 Appalti riservati per determinati servizi.

1. Le stazioni appaltanti possono riservare alle organizzazioni di cui al comma 2 il diritto di partecipare alle procedure per l'aggiudicazione di appalti pubblici esclusivamente per i servizi sanitari, sociali e culturali di cui all'allegato IX (1), identificati con i codici CPV 75121000-0, 75122000-7, 75123000-4, 79622000-0, 79624000-4, 79625000-1, 80110000-8, 80300000-7, 80420000-4, 80430000-7, 80511000-9, 80520000-5, 80590000-6, da 85000000-9 a 85323000-9, 92500000-6, 92600000-7, 98133000-4, 98133110-8.

2. Gli affidamenti di cui al comma 1 devono soddisfare tutte le seguenti condizioni:

a) l'organizzazione ha come obiettivo statutario il perseguimento di una missione di servizio pubblico legata alla prestazione dei servizi di cui al comma 1;

b) i profitti dell'organizzazione sono reinvestiti al fine di conseguire l'obiettivo dell'organizzazione. Se i profitti sono distribuiti o redistribuiti, ciò dovrebbe basarsi su considerazioni partecipative;

c) le strutture di gestione o proprietà dell'organizzazione che esegue l'appalto sono basate su principi di azionariato dei dipendenti o partecipativi, ovvero richiedono la partecipazione attiva di dipendenti, utenti o soggetti interessati;

d) l'amministrazione aggiudicatrice interessata non ha aggiudicato all'organizzazione un appalto per i servizi in questione a norma del presente articolo negli ultimi tre anni.

3. La durata massima del contratto non supera i tre anni.

4. Il bando è predisposto nel rispetto di quanto previsto dal presente articolo.

(1) *Le parole « allegato IX » sono state sostituite alle parole « allegato XIV » dall'art. 89 del d.lgs. 19 aprile 2017, n. 56.*

144 Servizi di ristorazione.

1. I servizi di ristorazione indicati nell'allegato IX sono aggiudicati secondo quanto disposto dall'articolo 95, comma 3. La valutazione dell'offerta tecnica tiene conto, in particolare, degli aspetti relativi a fattori quali la qualità dei generi alimentari con particolare riferimento a quella di prodotti biologici, tipici e tradizionali, di quelli a denominazione protetta, nonché di quelli provenienti da sistemi di filiera corta e da operatori dell'agricoltura sociale, il rispetto delle diposizioni ambientali in materia di green economy, dei criteri ambientali minimi pertinenti di cui all'articolo 34 del presente codice e della qualità della formazione degli operatori. Sono fatte salve le disposizioni di cui all'articolo 4, comma 5-*quater* del decreto legge 12 settembre 2013, n. 104, convertito, con modificazioni, dalla legge

8 novembre 2013, n. 128 nonché di cui all'articolo 6, comma 1, della legge 18 agosto 2015, n. 141.

2. Con decreti del Ministro della salute, di concerto con il Ministro dell'ambiente e della tutela del territorio e del mare e con il Ministro delle politiche agricole, alimentari e forestali, sono definite e aggiornate le linee di indirizzo nazionale per la ristorazione ospedaliera, assistenziale e scolastica. Fino all'adozione di dette linee di indirizzo, si applica l'articolo 216, comma 18.

3. L'attività di emissione di buoni pasto, consistente nell'attività finalizzata a rendere per il tramite di esercizi convenzionati il servizio sostitutivo di mensa aziendale, è svolta esclusivamente da società di capitali con capitale sociale versato non inferiore a settecentocinquantamila euro che hanno come oggetto sociale l'esercizio dell'attività finalizzata a rendere il servizio sostitutivo di mensa, a mezzo di buoni pasto e di altri titoli di legittimazione rappresentativi di servizi. Il bilancio delle società di cui al presente comma deve essere corredato dalla relazione redatta da una società di revisione iscritta nel registro istituito presso il Ministero della giustizia ai sensi dell'articolo 2409-*bis* del codice civile.

4. Gli operatori economici attivi nel settore dell'emissione di buoni pasto aventi sede in altri Paesi dell'Unione europea possono esercitare l'attività di cui al comma 3 se a ciò autorizzati in base alle norme del Paese di appartenenza. Le società di cui al comma 3 possono svolgere l'attività di emissione dei buoni pasto previa segnalazione certificata di inizio attività dei rappresentanti legali comprovante il possesso dei requisiti richiesti di cui al comma 3 e trasmessa ai sensi dell'articolo 19 della legge 7 agosto 1990, n. 241, e successive modificazioni, al Ministero dello sviluppo economico.

5. Con decreto del Ministro dello sviluppo economico, di concerto con il Ministro delle infrastrutture e dei trasporti, sentita l'ANAC, sono individuati le modalità attuative della disposizione di cui al comma 6-*bis*, nonché (1) gli esercizi presso i quali può essere erogato il servizio sostitutivo di mensa reso a mezzo dei buoni pasto, le caratteristiche dei buoni pasto e il contenuto degli accordi stipulati tra le società di emissione di buoni pasto e i titolari degli esercizi convenzionabili. I predetti accordi devono comunque prevedere una garanzia fideiussoria rilasciata da imprese bancarie o assicurative che rispondano ai requisiti di solvibilità previsti dalla legislazione vigente, che le società emittenti sono tenute a consegnare agli esercizi convenzionati (2) (3).

6. L'affidamento dei servizi sostitutivi di mensa avviene esclusivamente con il criterio dell'offerta economicamente più vantaggiosa individuata sulla base del miglior rapporto qualità/prezzo. Il bando di gara stabilisce i criteri di valutazione dell'offerta pertinenti, tra i quali:

a) il ribasso sul valore nominale del buono pasto in misura comunque non superiore allo sconto incondizionato verso gli esercenti (4);

b) la rete degli esercizi da convenzionare;

c) lo sconto incondizionato verso gli esercenti;

d) i termini di pagamento agli esercizi convenzionati;

e) il progetto tecnico.

6-*bis*. In caso di buoni pasto in forma elettronica previsti dall'articolo 4, comma 3, del regolamento di cui al decreto del Ministro dello sviluppo economico 7 giugno 2017, n. 122, è garantito agli esercizi convenzionati un unico terminale di pagamento (5).

7. Ai fini del possesso della rete di esercizi attraverso cui si espleta il servizio sostitutivo di mensa eventualmente richiesto come criterio di partecipazione o di aggiudicazione è sufficiente l'assunzione, da parte del concorrente, dell'impegno all'attivazione della rete stessa entro un congruo termine dal momento dell'aggiudicazione fissato in sede di bando. La mancata attivazione della rete richiesta entro il termine indicato comporta la decadenza dell'aggiudicazione.

8. Le stazioni appaltanti che acquistano i buoni pasto, le società di emissione e gli esercizi convenzionati consentono, ciascuno nell'esercizio della rispettiva attività contrattuale e delle obbligazioni di propria pertinenza, la utilizzabilità del buono pasto per l'intero valore facciale.

(1) *Le parole* « individuati le modalità attuative della disposizione di cui al comma 6-*bis*, nonché » *sono state sostituite alla parola* « individuati » *dall'art. 40-*bis*, comma 1, lett.* a) *d.l. 16 luglio 2020, n. 76, conv., con modif., in l. 11 settembre 2020, n. 120.*

(2) *Ultimo periodo aggiunto dall'art. 5, comma 5 l. 19 giugno 2019, n. 56. Ai sensi dell'art. 6, comma 3 l. n. 56, cit., le disposizioni di cui al presente articolo costituiscono principi fondamentali in materia di coordinamento della finanza pubblica ai sensi dell'art. 117, comma 3 Cost.*

(3) *In attuazione del presente comma, v. d.m. 7 giugno 2017, n. 122.*

(4) *Lettera sostituita dall'art. 90 d.lgs. 19 aprile 2017, n. 56. Il testo della lettera era il seguente:* « *a*) il ribasso sul valore nominale del buono pasto; ».

(5) *Comma inserito dall'art. 40-*bis*, comma 1, lett.* b) *d.l. n. 76, cit.*

CAPO III

Appalti nel settore dei beni culturali

145 Disciplina comune applicabile ai contratti nel settore dei beni culturali.

1. Le disposizioni del presente capo dettano la disciplina relativa a contratti pubblici concernenti i beni culturali tutelati ai sensi del decreto legislativo 22 gennaio 2004, n. 42, recante Codice dei beni culturali e del paesaggio.

2. Le disposizioni del presente capo si applicano, altresì, all'esecuzione di scavi archeologici, anche subacquei.

3. Per quanto non diversamente disposto nel presente capo, trovano applicazione le pertinenti disposizioni del presente codice.

146 Qualificazione.

1. In conformità a quanto disposto dagli articoli 9-*bis* e 29 del decreto legislativo 22 gennaio 2004, n. 42, per i lavori di cui al presente capo è richiesto il possesso di requisiti di qualificazione specifici e adeguati ad assicurare la tutela del bene oggetto di intervento.

2. I lavori di cui al presente capo sono utilizzati, per la qualificazione, unicamente dall'operatore che li ha effettivamente eseguiti. Il loro utilizzo, quale requisito

tecnico, non è condizionato da criteri di validità temporale.

3. Per i contratti di cui al presente capo, considerata la specificità del settore ai sensi dell'articolo 36 del trattato sul funzionamento dell'Unione europea, non trova applicazione l'istituto dell'avvalimento, di cui all'articolo 89 del presente codice.

4. Con il regolamento di cui all'articolo 216, comma 27-*octies*, (1) sono stabiliti i requisiti di qualificazione dei direttori tecnici e degli esecutori dei lavori e le modalità di verifica ai fini dell'attestazione. Il direttore tecnico dell'operatore economico incaricato degli interventi di cui all'articolo 147, comma 2, secondo periodo, deve comunque possedere la qualifica di restauratore di beni culturali ai sensi della normativa vigente. Fino alla data di entrata in vigore del regolamento di cui all'articolo 216, comma 27-*octies*, si applica la disposizione transitoria ivi prevista (2).

(1) *Le parole* « Con il regolamento di cui all'articolo 216, comma 27-octies, » *sono state sostituite alle parole* « Con decreto del Ministro dei beni e delle attività culturali e del turismo, di concerto con il Ministro delle infrastrutture e dei trasporti, da emanarsi entro sei mesi dalla data di entrata in vigore del presente codice, » *dall'art. 1, comma 20, lett.* aa), *n. 1) d.l. 18 aprile 2019, n. 32, conv., con modif., in l. 14 giugno 2019, n. 55. Ai sensi del comma 21 del predetto art. 1, le disposizioni di cui all'art. 1, comma 20 del suddetto d.l. n. 32 cit. si applicano alle procedure i cui bandi o avvisi, con i quali si indice una gara, sono pubblicati successivamente alla data di entrata in vigore della legge di conversione del presente decreto, nonché, in caso di contratti senza pubblicazione di bandi o avvisi, alle procedure in cui, alla medesima data, non sono ancora stati inviati gli inviti a presentare le offerte o i preventivi.*

(2) *Periodo così sostituito dall'art. 1, comma 20, lett.* aa), *n. 2) d.l. n. 32, cit. V. nota 1 per la disciplina transitoria di cui al comma 21 del predetto art. 1 d.l. n. 32, cit. Il testo del periodo era il seguente:* « Fino alla data di entrata in vigore del decreto di cui al presente comma, si applica l'articolo 216, comma 19 ».

147 Livelli e contenuti della progettazione.

1. Con il decreto di cui all'articolo 146, comma 4, sono altresì stabiliti i livelli e i contenuti della progettazione di lavori concernenti i beni culturali di cui al presente capo, ivi inclusi gli scavi archeologici, nonché i ruoli e le competenze dei soggetti incaricati delle attività di progettazione, direzione dei lavori e collaudo in relazione alle specifiche caratteristiche del bene su cui si interviene, nonché i principi di organizzazione degli uffici di direzione lavori.

2. Per i lavori aventi ad oggetto beni culturali è richiesta, in sede di progetto di fattibilità, la redazione di una scheda tecnica finalizzata all'individuazione delle caratteristiche del bene oggetto di intervento, redatta da professionisti in possesso di specifica competenza tecnica in relazione all'oggetto dell'intervento. Con il decreto di cui all'articolo 146, comma 4, sono definiti gli interventi relativi a beni culturali mobili, superfici decorate di beni architettonici e materiali storicizzati di beni immobili di interesse storico artistico o archeologico, per i quali la scheda deve essere redatta da restauratori di beni culturali, qualificati ai sensi dalla normativa vigente.

3. Per i lavori di monitoraggio, manutenzione o restauro di beni culturali mobili, superfici decorate di beni architettonici e materiali storicizzati di beni immobili di interesse storico artistico o archeologico, il progetto di fattibilità comprende oltre alla scheda tecnica di cui al comma 2, le ricerche preliminari, le relazioni illustrative e il calcolo sommario di spesa. Il progetto definitivo approfondisce gli studi condotti con il progetto di fattibilità, individuando, anche attraverso indagini diagnostiche e conoscitive multidisciplinari, i fattori di degrado e i metodi di intervento. Il progetto esecutivo indica, nel dettaglio, le esatte metodologie operative, i materiali da utilizzare e le modalità tecnico-esecutive degli interventi ed è elaborato sulla base di indagini dirette ed adeguate campionature di intervento, giustificate dall'unicità dell'intervento conservativo. Il progetto esecutivo contiene anche un Piano di monitoraggio e manutenzione.

4. I lavori di cui al comma 3 e quelli di scavo archeologico, anche subacqueo, nonché quelli relativi al verde storico di cui all'articolo 10, comma 4, lettera *f*) del codice dei beni culturali e del paesaggio sono appaltati, di regola, (1) sulla base di un progetto esecutivo.

5. Qualora il responsabile unico del procedimento accerti che la natura e le caratteristiche del bene, ovvero il suo stato di conservazione, sono tali da non consentire l'esecuzione di analisi e rilievi esaustivi o comunque presentino soluzioni determinabili solo in corso d'opera, può prevedere l'integrazione della progettazione in corso d'opera, il cui eventuale costo deve trovare corrispondente copertura nel quadro economico.

6. La direzione dei lavori, il supporto tecnico alle attività del responsabile unico del procedimento e del dirigente competente alla formazione del programma triennale, nonché l'organo di collaudo, comprendono un restauratore di beni culturali qualificato ai sensi della normativa vigente, ovvero, secondo la tipologia dei lavori, altri professionisti di cui all'articolo 9-*bis* del codice dei beni culturali e del paesaggio con esperienza almeno quinquennale e in possesso di specifiche competenze coerenti con l'intervento.

(1) *Le parole* «, *di regola*, » *sono state inserite dall'art. 91 del d.lgs. 19 aprile 2017, n. 56.*

148 Affidamento dei contratti.

1. I lavori concernenti beni mobili, superfici decorate di beni architettonici e materiali storicizzati di beni immobili di interesse storico artistico o archeologico, gli scavi archeologici, anche subacquei, nonché quelli relativi a ville, parchi e giardini di cui all'articolo 10, comma 4, lettera *f*) del codice dei beni culturali e del paesaggio, non sono affidati congiuntamente a lavori afferenti ad altre categorie di opere generali e speciali, salvo che motivate ed eccezionali esigenze di coordinamento dei lavori, accertate dal responsabile del procedimento e comunque non attinenti la sicurezza dei luoghi di lavoro di cui al decreto legislativo 9 aprile 2008, n. 81, non rendano necessario l'affidamento congiunto. È fatto salvo quanto previsto all'articolo 146 sul possesso dei requisiti di qualificazione stabiliti nel presente capo.

2. In nessun caso le lavorazioni specialistiche di cui al comma 1 possono essere assorbite in altra categoria o essere omesse nell'indicazione delle lavorazioni di cui si compone l'intervento, indipendentemente dal-

l'incidenza percentuale che il valore degli interventi di tipo specialistico assume rispetto all'importo complessivo. A tal fine la stazione appaltante indica separatamente, nei documenti di gara, le attività riguardanti il monitoraggio, la manutenzione, il restauro dei beni di cui al comma 1, rispetto a quelle di carattere strutturale, impiantistico, nonché di adeguamento funzionale inerenti i beni immobili tutelati ai sensi del codice dei beni culturali e del paesaggio.

3. Per gli appalti aventi ad oggetto gli allestimenti di istituti e luoghi della cultura di cui all'articolo 101 del codice dei beni culturali e del paesaggio, e per la manutenzione e il restauro di ville, parchi e giardini di cui all'articolo 10, comma 4, lettera *f)* del codice dei beni culturali e del paesaggio la stazione appaltante, previo provvedimento motivato del responsabile del procedimento, può applicare la disciplina relativa ai servizi o alle forniture, laddove i servizi o le forniture assumano rilevanza qualitativamente preponderante ai fini dell'oggetto del contratto, indipendentemente dall'importo dei lavori.

4. I soggetti esecutori dei lavori di cui al comma 1 devono in ogni caso essere in possesso dei requisiti di qualificazione stabiliti dal presente capo.

5. Per quanto non diversamente disciplinato dai commi 1, 2 e 3, si applica l'articolo 28.

6. I lavori di cui al comma 1 sono appaltati di norma a misura, indipendentemente dal relativo importo. Per i lavori di cui al presente Capo, in deroga al disposto dell'articolo 95, comma 4, può essere utilizzato il criterio del minor prezzo per i lavori di importo pari o inferiore a 500.000 euro (1).

7. L'esecuzione dei lavori di cui al presente capo è consentita nei casi di somma urgenza, nei quali ogni ritardo sia pregiudizievole alla pubblica incolumità o alla tutela del bene, fino all'importo di trecentomila euro, secondo le modalità di cui all'articolo 163 del presente codice. Entro i medesimi limiti di importo, l'esecuzione dei lavori di somma urgenza è altresì consentita in relazione a particolari tipi di intervento individuati con il decreto di cui all'articolo 146, comma 4.

(1) *Periodo aggiunto dall'art. 92 del d.lgs. 19 aprile 2017, n. 56.*

149 Varianti.

1. Non sono considerati varianti in corso d'opera gli interventi disposti dal direttore dei lavori per risolvere aspetti di dettaglio, finalizzati a prevenire e ridurre i pericoli di danneggiamento o deterioramento dei beni tutelati, che non modificano qualitativamente l'opera e che non comportino una variazione in aumento o in diminuzione superiore al venti per cento del valore di ogni singola categoria di lavorazione, nel limite del dieci per cento dell'importo complessivo contrattuale, qualora vi sia disponibilità finanziaria nel quadro economico tra le somme a disposizione della stazione appaltante.

2. Sono ammesse, nel limite del venti per cento in più dell'importo contrattuale, le varianti in corso d'opera rese necessarie, posta la natura e la specificità dei beni sui quali si interviene, per fatti verificatisi in corso d'opera, per rinvenimenti imprevisti o imprevedibili nella fase progettuale, per adeguare l'impostazione progettuale qualora ciò sia reso necessario per la salvaguardia del bene e per il perseguimento degli obiettivi dell'intervento, nonché le varianti giustificate dalla evoluzione dei criteri della disciplina del restauro.

150 Collaudo.

1. Per i lavori relativi ai beni di cui al presente capo è obbligatorio il collaudo in corso d'opera, sempre che non sussistano le condizioni per il rilascio del certificato di regolare esecuzione.

2. Con il decreto di cui all'articolo 146, comma 4, sono stabilite specifiche disposizioni concernenti il collaudo di interventi sui beni culturali in relazione alle loro caratteristiche.

151 Sponsorizzazioni e forme speciali di partenariato.

1. La disciplina di cui all'articolo 19 del presente codice si applica ai contratti di sponsorizzazione di lavori, servizi o forniture relativi a beni culturali di cui al presente capo, nonché ai contratti di sponsorizzazione finalizzati al sostegno degli istituti e dei luoghi della cultura, di cui all'articolo 101 del decreto legislativo 22 gennaio 2004, n. 42, e successive modificazioni, recante Codice dei beni culturali e del paesaggio, delle fondazioni lirico-sinfoniche e dei teatri di tradizione.

2. L'amministrazione preposta alla tutela dei beni culturali impartisce opportune prescrizioni in ordine alla progettazione, all'esecuzione delle opere e/o forniture e alla direzione dei lavori e collaudo degli stessi.

3. Per assicurare la fruizione del patrimonio culturale della Nazione e favorire altresì la ricerca scientifica applicata alla tutela, lo Stato, le regioni e gli enti territoriali possono, con le risorse umane, finanziarie e strumentali disponibili a legislazione vigente, (1) attivare forme speciali di partenariato con enti e organismi pubblici e con soggetti privati, dirette a consentire il recupero, il restauro, la manutenzione programmata, la gestione, l'apertura alla pubblica fruizione e la valorizzazione di beni culturali immobili, attraverso procedure semplificate di individuazione del partner privato analoghe o ulteriori rispetto a quelle previste dal comma 1. Resta fermo quanto previsto ai sensi dell'articolo 106, comma 2-*bis*, del codice dei beni culturali e del paesaggio, di cui al decreto legislativo 22 gennaio 2004, n. 42 (2).

(1) *Le parole* « lo Stato, le regioni e gli enti territoriali possono, con le risorse umane, finanziarie e strumentali disponibili a legislazione vigente, » *sono state sostituite alle parole* « il Ministero dei beni e delle attività culturali e del turismo può » *dall'art. 8, comma 5, lett.* c-ter), *n. 1 d.l. 16 luglio 2020, n. 76, conv., con modif., in l. 11 settembre 2020, n. 120. Ai sensi del successivo comma 6 dell'art. 8 d.l. n. 76, cit., tale disposizione si applica alle procedure i cui bandi o avvisi, con i quali si indice una gara, sono pubblicati successivamente alla data di entrata in vigore del suddetto decreto, nonché, in caso di contratti senza pubblicazione di bandi o avvisi, alle procedure in cui, alla medesima data, non sono ancora stati inviati gli inviti a presentare le offerte o i preventivi.*

(2) *Periodo aggiunto dall'art. 8, comma 5, lett.* c-ter), *n. 2 d.l. n. 76, cit., con le disposizioni di applicazione di cui* sub *nota 1.*

CAPO IV
Concorsi di progettazione e di idee

152 Ambito di applicazione.

1. Il presente capo si applica:

a) ai concorsi di progettazione organizzati nel contesto di una procedura di aggiudicazione di appalti pubblici di servizi;

b) ai concorsi di progettazione che prevedono premi di partecipazione o versamenti a favore dei partecipanti.

2. Nel caso di cui al comma 1, lettera *a*), la soglia di cui all'articolo 35 è pari al valore stimato al netto dell'IVA dell'appalto pubblico di servizi, compresi gli eventuali premi di partecipazione o versamenti ai partecipanti. Nel caso di cui alla lettera *b*), la soglia di cui all'articolo 35 è pari al valore complessivo dei premi e pagamenti, compreso il valore stimato al netto dell'IVA dell'appalto pubblico di servizi che potrebbe essere successivamente aggiudicato ai sensi dell'articolo 63, comma 4, qualora la stazione appaltante non escluda tale aggiudicazione nel bando di concorso.

3. Il presente capo non si applica:

a) ai concorsi di progettazione affidati ai sensi degli articoli 14, 15, 16 e 161;

b) ai concorsi indetti per esercitare un'attività in merito alla quale l'applicabilità dell'articolo 8 sia stata stabilita da una decisione della Commissione, o il suddetto articolo sia considerato applicabile conformemente alle disposizioni di cui al comma 7, lettera *b*), del medesimo articolo.

4. Nel concorso di progettazione relativo al settore dei lavori pubblici sono richiesti esclusivamente progetti o piani con livello di approfondimento pari a quello di un progetto di fattibilità tecnica ed economica, salvo nei casi di concorsi in due fasi di cui agli articoli 154, comma 5, e 156, comma 7. Nei casi in cui viene previsto il raggiungimento del livello del progetto di fattibilità tecnica ed economica in fasi successive, il concorrente sviluppa il documento di fattibilità delle alternative progettuali, di cui all'articolo 23, comma 5; l'amministrazione sceglie la proposta migliore, previo giudizio della commissione di cui all'articolo 155; il vincitore del concorso, entro i successivi sessanta giorni dalla data di approvazione della graduatoria, perfeziona la proposta presentata, dotandola di tutti gli elaborati previsti per la seconda fase del progetto di fattibilità tecnica ed economica (1). Qualora il concorso di progettazione riguardi un intervento da affidare in concessione, la proposta ideativa contiene anche la redazione di uno studio economico finanziario per la sua costruzione e gestione.

5. Con il pagamento del premio le stazioni appaltanti acquistano la proprietà del progetto vincitore. Ove l'amministrazione aggiudicatrice non affidi al proprio interno i successivi livelli di progettazione, questi sono affidati con la procedura negoziata di cui all'articolo 63, comma 4, o, per i settori speciali, all'articolo 125, comma 1, lettera *l*), al vincitore o ai vincitori del concorso di progettazione, se in possesso dei requisiti previsti dal bando e qualora l'amministrazione aggiudicatrice abbia previsto tale possibilità nel bando stesso. In tali casi, ai fini del computo della soglia di cui all'articolo 35, è calcolato il valore complessivo dei premi e pagamenti, compreso il valore stimato al netto dell'IVA dell'appalto pubblico di servizi che potrebbe essere successivamente aggiudicato ai sensi dell'articolo 63, comma 4, o, per i settori speciali, ai sensi dell'articolo 125, comma 1, lettera *h*), numero 2) (2). [Tale possibilità e il relativo corrispettivo devono essere stabiliti nel bando.] (3) Al fine di dimostrare i requisiti previsti per l'affidamento della progettazione esecutiva, il vincitore del concorso può costituire un raggruppamento temporaneo tra i soggetti di cui al comma 1 dell'articolo 46 (4), indicando le parti del servizio che saranno eseguite dai singoli soggetti riuniti.

(1) *Periodo inserito dall'art. 93 del d.lgs. 19 aprile 2017, n. 56.*

(2) *L'art. 93 del d.lgs. 19 aprile 2017, n. 56 ha sostituito con i periodi da « Ove l'amministrazione » a « lettera* h), *numero 2) » al periodo « Al vincitore del concorso, se in possesso dei requisiti previsti dal bando, possono essere comunque affidati con procedura negoziata senza bando i successivi livelli di progettazione ».*

(3) *Periodo soppresso dall'art. 93 del d.lgs. 19 aprile 2017, n. 56.*

(4) *Le parole « dell'articolo 46 » sono state sostituite alle parole « dell'articolo 24 » dall'art. 93 del d.lgs. 19 aprile 2017, n. 56.*

153 Bandi e avvisi.

1. Le amministrazioni aggiudicatrici che intendono indire un concorso di progettazione rendono nota tale intenzione mediante un bando di concorso. Se intendono aggiudicare un appalto relativo a servizi successivi ai sensi dell'articolo 63, comma 4, lo indicano nell'avviso o nel bando di concorso.

2. Le amministrazioni aggiudicatrici che hanno indetto un concorso di progettazione inviano un avviso sui risultati del concorso conformemente alle disposizioni di cui all'articolo 72 e devono essere in grado di comprovare la data di invio. Le informazioni relative all'aggiudicazione di concorsi di progettazione possono non essere pubblicate qualora la loro divulgazione ostacoli l'applicazione della legge, sia contraria all'interesse pubblico, pregiudichi i legittimi interessi commerciali di una particolare impresa, pubblica o privata, oppure possa recare pregiudizio alla concorrenza leale tra i prestatori di servizi.

3. I bandi e gli avvisi di cui al presente articolo contengono le informazioni indicate negli allegati XIX e XX, conformemente ai modelli di formulari stabiliti dalla Commissione europea in atti di esecuzione, e sono pubblicati secondo quanto previsto dagli articoli 71, 72 e 73 (1).

(1) *Le parole « 71, 72 e 73 » sono state sostituite alle parole « 71 e 72 » dal d.lgs. 19 aprile 2017, n. 56.*

154 Organizzazione dei concorsi di progettazione e selezione dei partecipanti.

1. Per organizzare i concorsi di progettazione, le stazioni appaltanti applicano procedure conformi alle disposizioni dei titoli I, II, III e IV della Parte II e del presente capo.

2. L'ammissione alla partecipazione ai concorsi di progettazione non può essere limitata:

a) al territorio della Repubblica o a una parte di esso;

b) dal fatto che i partecipanti debbono essere persone fisiche o persone giuridiche.

3. Sono ammessi a partecipare ai concorsi di progettazione, per i lavori, i soggetti in possesso dei requisiti stabiliti con il decreto di cui all'articolo 24, comma 2 (1). I requisiti di qualificazione devono comunque consentire condizioni di accesso e partecipazione per i piccoli e medi operatori economici dell'area tecnica e per i giovani professionisti.

4. In caso di intervento di particolare rilevanza e complessità, la stazione appaltante può procedere all'esperimento di un concorso di progettazione articolato in due gradi. Il secondo grado, avente ad oggetto l'acquisizione del (2) progetto di fattibilità, si svolge tra i soggetti individuati attraverso la valutazione di proposte di idee presentate nel primo grado e selezionate senza formazione di graduatorie di merito e assegnazione di premi. Al vincitore del concorso, se in possesso dei requisiti previsti, può essere affidato l'incarico della progettazione definitiva ed esecutiva a condizione che detta possibilità e il relativo corrispettivo siano previsti nel bando.

5. Le stazioni appaltanti, previa adeguata motivazione, possono procedere all'esperimento di un concorso in due fasi, la prima avente ad oggetto la presentazione di un progetto di fattibilità e la seconda avente ad oggetto la presentazione di un progetto definitivo a livello architettonico e a livello di progetto di fattibilità per la parte strutturale ed impiantistica.

Il bando può altresì prevedere l'affidamento diretto dell'incarico relativo alla progettazione esecutiva al soggetto che abbia presentato il migliore progetto definitivo.

(1) *Le parole « 24, comma 2 » sono state sostituite alle parole « 24, comma 5 » dall'art. 95 del d.lgs. 19 aprile 2017, n. 56.*

(2) *Le parole « Il secondo grado, avente ad oggetto l'acquisizione del » sono state sostituite alle parole « Il secondo grado, avente ad oggetto la presentazione del » dall'art. 95 del d.lgs. 19 aprile 2017, n. 56.*

155 Commissione giudicatrice per i concorsi di progettazione.

1. La commissione giudicatrice è composta unicamente di persone fisiche, alle quali si applicano le disposizioni in materia di incompatibilità e astensione di cui all'articolo 77, comma 6, nonché l'articolo 78.

2. Qualora ai partecipanti a un concorso di progettazione è richiesta una particolare qualifica professionale, almeno un terzo dei membri della commissione giudicatrice possiede tale qualifica o una qualifica equivalente.

3. La commissione giudicatrice è autonoma nelle sue decisioni e nei suoi pareri.

4. I membri della commissione giudicatrice esaminano i piani e i progetti presentati dai candidati in forma anonima e unicamente sulla base dei criteri specificati nel bando di concorso. L'anonimato deve essere rispettato sino al parere o alla decisione della commissione giudicatrice. In particolare, la commissione:

a) verifica la conformità dei progetti alle prescrizioni del bando;

b) esamina i progetti e valuta, collegialmente ciascuno di essi;

c) esprime i giudizi su ciascun progetto sulla base dei criteri indicati nel bando, con specifica motivazione;

d) assume le decisioni anche a maggioranza;

e) redige i verbali delle singole riunioni;

f) redige il verbale finale contenente la graduatoria, con motivazione per tutti i concorrenti;

g) consegna gli atti dei propri lavori alla stazione appaltante.

5. I candidati possono essere invitati, se necessario, a rispondere a quesiti che la commissione giudicatrice ha iscritto nel processo verbale allo scopo di chiarire qualsivoglia aspetto dei progetti. È redatto un processo verbale completo del dialogo tra i membri della commissione giudicatrice e i candidati.

156 Concorso di idee.

1. Le disposizioni del presente capo si applicano anche ai concorsi di idee finalizzati all'acquisizione di una proposta ideativa da remunerare con il riconoscimento di un congruo premio.

2. Sono ammessi al concorso di idee, oltre che i soggetti ammessi ai concorsi di progettazione, anche i lavoratori subordinati abilitati all'esercizio della professione e iscritti al relativo ordine professionale secondo l'ordinamento nazionale di appartenenza, nel rispetto delle norme che regolano il rapporto di impiego, con esclusione dei dipendenti della stazione appaltante che bandisce il concorso.

3. Il concorrente predispone la proposta ideativa nella forma più idonea alla sua corretta rappresentazione. Per i lavori, nel bando non possono essere richiesti elaborati di livello pari o superiore a quelli richiesti per il progetto di fattibilità tecnica ed economica. Il termine di presentazione della proposta deve essere stabilito in relazione all'importanza e complessità del tema e non può essere inferiore a sessanta giorni dalla pubblicazione del bando. La partecipazione deve avvenire in forma anonima.

4. Il bando prevede un congruo premio al soggetto o ai soggetti che hanno elaborato le idee ritenute migliori.

5. L'idea o le idee premiate sono acquisite in proprietà dalla stazione appaltante, previa eventuale definizione degli assetti tecnici, le quali possono essere poste a base di un concorso di progettazione o di un appalto di servizi di progettazione. Alla procedura sono ammessi a partecipare i premiati qualora in possesso dei relativi requisiti soggettivi.

6. La stazione appaltante può affidare al vincitore del concorso di idee la realizzazione dei successivi livelli di progettazione, con procedura negoziata senza bando, a condizione che detta facoltà sia stata esplicitata nel bando, e che il soggetto sia in possesso dei requisiti di capacità tecnico professionale ed economica previsti nel bando in rapporto ai livelli progettuali da sviluppare.

7. In caso di intervento di particolare rilevanza e complessità, la stazione appaltante può procedere all'esperimento di un concorso di progettazione articolato in due fasi. La seconda fase, avente ad oggetto la presentazione [del progetto definitivo] (1) del progetto di fattibilità, ovvero di un progetto definitivo a livello

architettonico e a livello di progetto di fattibilità per la parte strutturale ed impiantistica, si svolge tra i soggetti individuati sino ad un massimo di dieci, attraverso la valutazione di proposte di idee presentate nella prima fase e selezionate senza formazione di graduatorie di merito e assegnazione di premi. Tra i soggetti selezionati a partecipare alla seconda fase devono essere presenti almeno il 30 per cento di soggetti incaricati, singoli o in forma associata, con meno di cinque anni di iscrizione ai relativi albi professionali. Nel caso di raggruppamento, il suddetto requisito deve essere posseduto dal capogruppo. Ai soggetti selezionati aventi meno di cinque anni di iscrizione è corrisposto un rimborso spese pari al 50 per cento degli importi previsti per le spese come determinati dal decreto per i corrispettivi professionali di cui al comma 8 dell'articolo 24. Per gli altri soggetti selezionati, in forma singola o associata, il predetto rimborso è pari al 25 per cento. Al vincitore del concorso, se in possesso dei requisiti previsti, può essere affidato l'incarico della progettazione esecutiva a condizione che detta possibilità e il relativo corrispettivo siano previsti nel bando.

(1) *Parole soppresse dall'art. 96 del d.lgs. 19 aprile 2017, n. 56.*

157 Altri incarichi di progettazione e connessi.

1. Gli incarichi di progettazione relativi ai lavori che non rientrano tra quelli di cui al comma 2, primo periodo, dell'articolo 23 nonché di coordinamento della sicurezza in fase di progettazione, di direzione dei lavori, di direzione dell'esecuzione, (1) di coordinamento della sicurezza in fase di esecuzione e di collaudo di importo pari o superiore alle soglie di cui all'articolo 35, sono affidati secondo le modalità di cui alla Parte II, Titolo I, II, III e IV del presente codice. Nel caso in cui il valore delle attività di progettazione, coordinamento della sicurezza in fase di progettazione, direzione dei lavori di direzione dell'esecuzione, (1) e coordinamento della sicurezza in fase di esecuzione sia pari o superiore complessivamente la soglia di cui all'articolo 35, l'affidamento diretto della direzione dei lavori e coordinamento della sicurezza in fase di esecuzione al progettista è consentito soltanto per particolari e motivate ragioni e ove espressamente previsto dal bando di gara della progettazione.

2. Gli incarichi di progettazione, di coordinamento della sicurezza in fase di progettazione, di direzione dei lavori, di direzione dell'esecuzione, (1) di coordinamento della sicurezza in fase di esecuzione e di collaudo di importo pari o superiore a 40.000 e inferiore a 100.000 euro possono essere affidati dalle stazioni appaltanti a cura del responsabile del procedimento, nel rispetto dei principi di non discriminazione, parità di trattamento, proporzionalità e trasparenza, e secondo la procedura prevista dall'articolo 36, comma 2, lettera *b*); l'invito è rivolto ad almeno cinque soggetti, se sussistono in tale numero aspiranti idonei nel rispetto del criterio di rotazione degli inviti. Gli incarichi di importo pari o superiore a 100.000 euro sono affidati secondo le modalità di cui alla Parte II, Titoli III e IV del presente codice (2).

3. È vietato l'affidamento di attività di progettazione, direzione lavori, di direzione dell'esecuzione, (1) coordinamento della sicurezza in fase di progettazione, coordinamento della sicurezza in fase di esecuzione, collaudo, indagine e attività di supporto per mezzo di contratti a tempo determinato o altre procedure diverse da quelle previste dal presente codice (3) (4).

(1) *Le parole « di direzione dell'esecuzione, » sono state inserite dall'art. 97 del d.lgs. 19 aprile 2017, n. 56.*

(2) *L'art. 97 del d.lgs. 19 aprile 2017, n. 56 ha sostituito il periodo « Gli incarichi di importo pari o superiore a 100.000 euro, sono affidati con procedura aperta o ristretta ai sensi degli articolo 60 e 61. » con il periodo « Gli incarichi di importo pari o superiore a 100.000 euro sono affidati secondo le modalità di cui alla Parte II, Titoli III e IV del presente codice. ».*

(3) *In deroga alle previsioni del presente comma vedi l'art. 2-bis, comma 19, d.l. 16 ottobre 2017, n. 148, convertito, con modificazioni, dalla L. 4 dicembre 2017, n. 172: « (19) In deroga alla previsioni dell'articolo 157, comma 3, del codice di cui al decreto legislativo 18 aprile 2016, n. 50, relativamente agli interventi di cui all'articolo 14 del decreto-legge 17 ottobre 2016, n. 189, convertito, con modificazioni, dalla legge 15 dicembre 2016, n. 229, le attività di progettazione, direzione lavori, direzione dell'esecuzione, coordinamento della sicurezza in fase di progettazione, coordinamento della sicurezza in fase di esecuzione, collaudo, indagine e attività di supporto possono essere affidate anche al personale assunto secondo le modalità previste dagli articoli 3 e 50-bis del decreto-legge 17 ottobre 2016, n. 189, convertito, con modificazioni, dalla legge 15 dicembre 2016, n. 229. Fermi restando le incompatibilità e i divieti previsti dalla legislazione vigente, il personale di cui al precedente periodo può svolgere anche le funzioni di responsabile unico del procedimento ai sensi del codice di cui al decreto legislativo 18 aprile 2016, n. 50 »*

(4) *V. l'art. 1, commi 258 e 259, l. 27 dicembre 2019, n. 160 che così dispongono: « 258. Al fine di assicurare l'esecuzione degli interventi di edilizia scolastica, è destinata quota parte, pari a 10 milioni di euro, delle risorse non impegnate di cui all'articolo 1, comma 1072, della legge 27 dicembre 2017, n. 205, già assegnate con decreto del Presidente del Consiglio dei ministri 28 novembre 2018, pubblicato nella Gazzetta Ufficiale n. 28 del 2 febbraio 2019, in favore del Ministero dell'istruzione, dell'università e della ricerca per la messa in sicurezza degli edifici scolastici per l'annualità 2023. - 259. Al fine di cui al comma 258, per accelerare gli interventi di progettazione,* ***per il periodo 2020-2023****, i relativi incarichi di progettazione e connessi previsti dall'articolo 157 del codice di cui al decreto legislativo 18 aprile 2016, n. 50, sono affidati secondo le procedure di cui all'articolo 36, comma 2, lettera* b)*, fino alle soglie previste dall'articolo 35 del medesimo codice per le forniture e i servizi ».*

CAPO V
Servizi ricerca e sviluppo

158 Servizi di ricerca e sviluppo.

1. Relativamente ai servizi di ricerca e sviluppo le disposizioni di cui al presente codice si applicano esclusivamente ai contratti per servizi di ricerca e sviluppo identificati con i codici CPV da 73000000-2 a 73120000-9, 73300000-5, 73420000-2 o 73430000-5, purché siano soddisfatte entrambe le seguenti condizioni:

a) i risultati appartengono esclusivamente all'amministrazione aggiudicatrice e all'ente aggiudicatore, affinché li usi nell'esercizio della sua attività;

b) la prestazione del servizio è interamente retribuita dall'amministrazione aggiudicatrice e dall'ente aggiudicatore.

2. Le stazioni appaltanti possono ricorrere, nel rispetto dei principi di cui all'articolo 4 del presente codice, agli appalti pubblici pre-commerciali, destinati al conseguimento di risultati non appartenenti in via esclusiva all'amministrazione aggiudicatrice e all'ente

aggiudicatore perché li usi nell'esercizio della sua attività e per i quali la prestazione del servizio non è interamente retribuita dall'amministrazione aggiudicatrice e dall'ente aggiudicatore, così come definiti nella comunicazione della Commissione europea COM 799 (2007) del 14 dicembre 2007, nelle ipotesi in cui l'esigenza non possa essere soddisfatta ricorrendo a soluzioni già disponibili sul mercato.

CAPO VI
Appalti e procedure in specifici settori

SEZIONE I
Difesa e sicurezza

159 Difesa e sicurezza.

1. Le disposizioni del presente codice non si applicano agli appalti pubblici e ai concorsi di progettazione non altrimenti esclusi dal suo ambito di applicazione ai sensi dell'articolo 1, comma 6 (1), nella misura in cui la tutela degli interessi essenziali di sicurezza dello Stato non possa essere garantita mediante misure meno invasive, volte anche a proteggere la riservatezza delle informazioni che le amministrazioni aggiudicatrici rendono disponibili in una procedura di aggiudicazione dell'appalto.

2. All'aggiudicazione di concessioni nei settori della difesa e della sicurezza di cui al decreto legislativo 15 novembre 2011, n. 208, si applica la parte III del presente codice fatta eccezione per le concessioni relative alle ipotesi alle quali il decreto legislativo 15 novembre 2011, n. 208, non si applica in virtù dell'articolo 6 del citato decreto legislativo.

3. In deroga all'articolo 31[, limitatamente agli appalti pubblici di lavori,] (2) l'amministrazione della difesa, in considerazione della struttura gerarchica dei propri organi tecnici, in luogo di un unico responsabile del procedimento, può nominare un responsabile del procedimento per ogni singola fase di svolgimento del processo attuativo: programmazione, progettazione, affidamento ed esecuzione. Il responsabile unico del procedimento, ovvero i responsabili di ogni singola fase, sono tecnici individuati nell'ambito del Ministero della difesa. Il responsabile del procedimento per la fase di affidamento può essere un dipendente specializzato in materie giuridico amministrative.

4. Con decreto del Ministro della difesa, di concerto con il Ministro delle infrastrutture e dei trasporti, sentita l'ANAC, da adottare entro novanta giorni dalla data di entrata in vigore del presente codice, sono definite le direttive generali per la disciplina delle attività del Ministero della difesa, in relazione agli appalti e alle concessioni diversi da quelli che rientrano nel campo di applicazione del decreto legislativo 15 novembre 2011, n. 208. Le direttive generali disciplinano, altresì, gli interventi da eseguire in Italia e all'Estero per effetto di accordi internazionali, multilaterali o bilaterali, nonché i lavori in economia che vengono eseguiti a mezzo delle truppe e dei reparti del Genio militare per i quali non si applicano i limiti di importo di cui all'articolo 36. Fino alla data di entrata in vigore del decreto di cui al presente comma, si applica l'articolo 216, comma 20.

4-*bis*. In caso di contratti ad impegno pluriennale superiore a tre anni, l'importo dell'anticipazione di cui all'articolo 35, comma 18, del presente codice è calcolato sul valore delle prestazioni di ciascuna annualità contabile del contratto di appalto, stabilita nel cronoprogramma dei pagamenti, ed è corrisposto entro quindici giorni dall'effettivo inizio della prima prestazione utile relativa a ciascuna annualità, secondo il cronoprogramma delle prestazioni (3).

5. Per gli acquisti eseguiti all'estero dall'amministrazione della difesa, relativi a macchinari, strumenti e oggetti di precisione, che possono essere forniti, con i requisiti tecnici e il grado di perfezione richiesti, soltanto da operatori economici stranieri, possono essere concesse anticipazioni di importo non superiore ad un terzo dell'importo complessivo del prezzo contrattuale, previa costituzione di idonea garanzia.

(1) *L'art. 98 d.lgs. 19 aprile 2017, n. 56 ha sostituito le parole* « comma 4 » *con le parole* « comma 6 ».
(2) *Parole soppresse dall'art. 98 d.lgs. n. 56, cit.*
(3) *Comma inserito, in sede di conversione, dall'art. 47-*bis*, comma 1 d.l. 30 aprile 2019, n. 34, conv., con modif., in l. 28 giugno 2019, n. 58.*

160 Contratti misti concernenti aspetti di difesa e sicurezza.

1. Ai contratti misti aventi per oggetto appalti o concessioni rientranti nell'ambito di applicazione del presente codice nonché appalti disciplinati dall'articolo 346 TFUE o daldecreto legislativo 15 novembre 2011, n. 208, si applicano le seguenti disposizioni.

2. Se le diverse parti di un determinato appalto o di una concessione sono oggettivamente separabili, si applicano i commi da 3 a 5. Se non sono separabili, si applica il comma 6.

3. Se le amministrazioni aggiudicatrici scelgono di aggiudicare un appalto o una concessione distinti per le parti separate, il regime giuridico applicabile a ciascuno di tali contratti distinti è determinato in base alle caratteristiche della parte separata.

4. Se le amministrazioni aggiudicatrici scelgono di aggiudicare un appalto unico o una concessione unica, il relativo regime giuridico si determina sulla base dei seguenti criteri:

a) se una parte dell'appalto o della concessione è disciplinata dall'articolo 346 TFUE, l'appalto unico o la concessione unica possono essere aggiudicati senza applicare il presente decreto né il decreto legislativo 15 novembre 2011, n.208, purché le rispettive aggiudicazioni siano giustificate da ragioni oggettive;

b) se una parte di un appalto o una concessione è disciplinata dal decreto legislativo 15 novembre 2011, n. 208, l'appalto unico o la concessione unica possono essere aggiudicati conformemente a tale decreto, purché le rispettive aggiudicazioni siano giustificate da ragioni oggettive. Sono fatte salve le soglie e le esclusioni previste dallo stesso decreto legislativo.

5. La decisione di aggiudicare un appalto unico o una concessione unica non può essere adottata allo scopo di escludere l'applicazione del presente codice o del decreto legislativo 15 novembre 2011, n. 208.

6. Se le diverse parti di un appalto o di una concessione sono oggettivamente non separabili, l'appalto o la concessione possono essere aggiudicati senza applicare il presente decreto ove includa elementi cui si applica l'articolo 346 TFUE; altrimenti può essere aggiudicato conformemente al decreto legislativo 15 novembre 2011, n. 208.

161 Contratti e concorsi di progettazione aggiudicati o organizzati in base a norme internazionali.

1. Il presente codice non si applica agli appalti pubblici e ai concorsi di progettazione e alle concessioni in materia di difesa o di sicurezza di cui al decreto legislativo 15 novembre 2011, n. 208, qualora essi siano disciplinati da:

a) norme procedurali specifiche in base a un accordo o un'intesa internazionale conclusi in conformità dei trattati dell'Unione europea, tra lo Stato e uno o più Paesi terzi o relative articolazioni e riguardante lavori, forniture o servizi destinati alla realizzazione comune o alla gestione comune di un progetto;

b) norme procedurali specifiche in base a un accordo o un'intesa internazionale in relazione alla presenza di truppe di stanza e concernente imprese di uno Stato membro o di un Paese terzo;

c) norme procedurali specifiche di un'organizzazione internazionale nel caso di appalti;

d) norme procedurali specifiche di un'organizzazione internazionale che si approvvigiona per le proprie finalità o a concessioni che devono essere aggiudicate da uno Stato membro in conformità di tali norme.

Gli accordi o le intese di cui alla lettera *a*) relativi ad appalti, sono comunicati alla Commissione.

2. Il presente codice non si applica agli appalti pubblici e ai concorsi di progettazione concernenti aspetti di difesa o di sicurezza che l'amministrazione aggiudicatrice aggiudica in base a norme sugli appalti previste da un'organizzazione internazionale o da un'istituzione internazionale di finanziamento, quando gli appalti pubblici e i concorsi di progettazione in questione sono interamente finanziati da tale organizzazione o istituzione. Nel caso di appalti pubblici e concorsi di progettazione cofinanziati prevalentemente da un'organizzazione internazionale o da un'istituzione internazionale di finanziamento, le parti si accordano sulle procedure d'appalto applicabili.

162 Contratti secretati.

1. Le disposizioni del presente codice relative alle procedure di affidamento possono essere derogate:

a) per i contratti al cui oggetto, atti o modalità di esecuzione è attribuita una classifica di segretezza;

b) per i contratti la cui esecuzione deve essere accompagnata da speciali misure di sicurezza, in conformità a disposizioni legislative, regolamentari o amministrative.

2. Ai fini della deroga di cui al comma 1, lettera *a*), le amministrazioni e gli enti usuari attribuiscono, con provvedimento motivato, le classifiche di segretezza ai sensi dell'articolo 42 della legge 3 agosto 2007, n. 124, ovvero di altre norme vigenti. Ai fini della deroga di cui al comma 1, lettera *b*), le amministrazioni e gli enti usuari dichiarano, con provvedimento motivato, i lavori, i servizi e le forniture eseguibili con speciali misure di sicurezza individuate nel predetto provvedimento.

3. I contratti di cui al comma 1 sono eseguiti da operatori economici in possesso dei requisiti previsti dal presente decreto e del nulla osta di sicurezza, ai sensi e nei limiti di cui all'articolo 42, comma 1-*bis*, della legge n. 124 del 2007.

4. L'affidamento dei contratti di cui al presente articolo avviene previo esperimento di gara informale a cui sono invitati almeno cinque operatori economici, se sussistono in tale numero soggetti qualificati in relazione all'oggetto del contratto e sempre che la negoziazione con più di un operatore economico sia compatibile con le esigenze di segretezza e sicurezza.

5. La Corte dei conti, tramite un proprio ufficio organizzato in modo da salvaguardare le esigenze di riservatezza, esercita il controllo preventivo sulla legittimità e sulla regolarità dei contratti di cui al presente articolo, nonché sulla regolarità, correttezza ed efficacia della gestione. Dell'attività di cui al presente comma è dato conto entro il 30 giugno di ciascun anno in una relazione al Parlamento (1).

(1) *In tema di misure urgenti connesse all'emergenza epidemiologica da Covid-19, v. l'art. 5, comma 1-*bis *d.l. 30 aprile 2020, n. 28, conv., con modif., in l. 25 luglio 2020, n. 70, sub VII, 7.*

163 Procedure in caso di somma urgenza e di protezione civile.

1. In circostanze di somma urgenza che non consentono alcun indugio, il soggetto fra il responsabile del procedimento e il tecnico dell'amministrazione competente che si reca prima sul luogo, può disporre, contemporaneamente alla redazione del verbale, in cui sono indicati i motivi dello stato di urgenza, le cause che lo hanno provocato e i lavori necessari per rimuoverlo, la immediata esecuzione dei lavori entro il limite di 200.000 euro o di quanto indispensabile per rimuovere lo stato di pregiudizio alla pubblica e privata (1) incolumità.

2. L'esecuzione dei lavori di somma urgenza può essere affidata in forma diretta ad uno o più operatori economici individuati dal responsabile del procedimento o dal tecnico dell'amministrazione competente.

3. Il corrispettivo delle prestazioni ordinate è definito consensualmente con l'affidatario; in difetto di preventivo accordo la stazione appaltante può ingiungere all'affidatario l'esecuzione delle lavorazioni o la somministrazione dei materiali sulla base di prezzi definiti mediante l'utilizzo di prezzari ufficiali di riferimento, ridotti del 20 per cento, comunque ammessi nella contabilità; ove l'esecutore non iscriva riserva negli atti contabili, i prezzi si intendono definitivamente accettati.

4. Il responsabile del procedimento o il tecnico dell'amministrazione competente compila entro dieci giorni dall'ordine di esecuzione dei lavori una perizia giustificativa degli stessi e la trasmette, unitamente al

verbale di somma urgenza, alla stazione appaltante che provvede alla copertura della spesa e alla approvazione dei lavori. Qualora l'amministrazione competente sia un ente locale, la copertura della spesa viene assicurata con le modalità previste dall'articolo 191, comma 3, e 194 comma 1, lettera *e*), del decreto legislativo 18 agosto 2000 n. 267 e successive modificazioni e integrazioni.

5. Qualora un'opera o un lavoro, ordinato per motivi di somma urgenza, non riporti l'approvazione del competente organo dell'amministrazione, la relativa realizzazione è sospesa immediatamente e si procede, previa messa in sicurezza del cantiere, alla sospensione dei lavori e alla liquidazione dei corrispettivi dovuti per la parte realizzata.

6. Costituisce circostanza di somma urgenza, ai fini del presente articolo, anche il verificarsi degli eventi di cui all'articolo 2, comma 1, [lettera *c*),] (2) della legge 24 febbraio 1992, n. 225, ovvero la ragionevole previsione, ai sensi dell'articolo 3 della medesima legge, dell'imminente verificarsi di detti eventi, che richiede l'adozione di misure indilazionabili, e nei limiti dello stretto necessario imposto da tali misure. La circostanza di somma urgenza, in tali casi, è ritenuta persistente finché non risultino eliminate le situazioni dannose o pericolose per la pubblica o privata incolumità derivanti dall'evento, e comunque per un termine non superiore a quindici giorni dall'insorgere dell'evento, ovvero entro il termine stabilito dalla eventuale (3) declaratoria dello stato di emergenza di cui all'articolo 5 della medesima legge n. 225 del 1992; in tali circostanze ed entro i medesimi limiti temporali (4) le amministrazioni aggiudicatrici possono procedere all'affidamento di appalti pubblici di lavori, servizi e forniture con le procedure previste nel presente articolo (5).

7. Qualora si adottino le procedure di affidamento in condizioni di somma urgenza previste dal presente articolo, nonché, limitatamente ad emergenze di protezione civile, le procedure di cui all'articolo 63, comma 2, lettera *c*), e vi sia l'esigenza impellente di assicurare la tempestiva esecuzione del contratto, gli affidatari dichiarano, mediante autocertificazione, resa ai sensi del decreto del Presidente della Repubblica 28 dicembre 2000, n. 445, il possesso dei requisiti di partecipazione previsti per l'affidamento di contratti di uguale importo mediante procedura ordinaria, che l'amministrazione aggiudicatrice controlla in termine congruo, compatibile con la gestione della situazione di emergenza in atto, comunque non superiore a sessanta giorni dall'affidamento. L'amministrazione aggiudicatrice dà conto, con adeguata motivazione, nel primo atto successivo alle verifiche effettuate, della sussistenza dei relativi presupposti; in ogni caso non è possibile procedere al pagamento, anche parziale, in assenza delle relative verifiche positive. Qualora, a seguito del controllo, venga accertato l'affidamento ad un operatore privo dei predetti requisiti, le amministrazioni aggiudicatrici recedono dal contratto, fatto salvo il pagamento del valore delle opere già eseguite e il rimborso delle spese eventualmente già sostenute per l'esecuzione della parte rimanente, nei limiti delle utilità conseguite, e procedono alle segnalazioni alle competenti autorità (6).

8. In via eccezionale, nella misura strettamente necessaria, l'affidamento diretto può essere autorizzato anche al di sopra dei limiti di cui al comma 1, per un arco temporale limitato, comunque non superiore a trenta giorni e solo per singole specifiche fattispecie indilazionabili e nei limiti massimi di importo stabiliti nei provvedimenti di cui al comma 2, dell'articolo 5, della legge n. 225 del 1992. L'affidamento diretto per i motivi di cui al presente articolo non è comunque ammesso per appalti di valore pari o superiore alla soglia europea (5).

9. Limitatamente agli appalti pubblici di forniture e servizi di cui al comma 6, di importo pari o superiore a 40.000 euro, (7) per i quali non siano disponibili elenchi di prezzi definiti mediante l'utilizzo di prezzari ufficiali di riferimento, laddove i tempi resi necessari dalla circostanza di somma urgenza non consentano il ricorso alle procedure ordinarie, (8) gli affidatari si impegnano a fornire i servizi e le forniture richiesti ad un prezzo provvisorio stabilito consensualmente tra le parti e ad accettare la determinazione definitiva del prezzo a seguito di apposita valutazione di congruità. A tal fine il responsabile del procedimento comunica il prezzo provvisorio, unitamente ai documenti esplicativi dell'affidamento, all'ANAC che, entro sessanta giorni rende il proprio parere sulla congruità del prezzo. Avverso la decisione dell'ANAC sono esperibili i normali rimedi di legge mediante ricorso ai competenti organi di giustizia amministrativa. Nelle more dell'acquisizione del parere di congruità si procede al pagamento del 50% del prezzo provvisorio.

10. Sul profilo del committente sono pubblicati gli atti relativi agli affidamenti di cui al presente articolo, con specifica dell'affidatario, delle modalità della scelta e delle motivazioni che non hanno consentito il ricorso alle procedure ordinarie. Contestualmente, e comunque in un termine congruo compatibile con la gestione della situazione di emergenza, vengono trasmessi all'ANAC per i controlli di competenza, fermi restando i controlli di legittimità sugli atti previsti dalle vigenti normative.

(1) *Le parole « e privata » sono state inserite dall'art. 99 del d.lgs. 19 aprile 2017, n. 56.*

(2) *Parole soppresse dall'art. 99 del d.lgs. 19 aprile 2017, n. 56.*

(3) *L'art. 99 del d.lgs. 19 aprile 2017, n. 56 ha sostituito con le parole da «, e comunque per un termine » a « dalla eventuale » alle parole « calamitoso che ha comportato la ».*

(4) *L'art. 99 del d.lgs. 19 aprile 2017, n. 56 ha sostituito con le parole da « legge n. 225 » a « limiti temporali » alle parole « legge n. 225 del 1992 e in tali circostanze ».*

(5) *Ai sensi dell'art.47, comma 1, lettera* b), *d.lgs. 2 gennaio 2018: "Tutti i riferimenti alla legge 24 febbraio 1992, n. 225 e ai relativi articoli, contenuti in altre disposizioni, si intendono riferiti al presente decreto e ai corrispondenti articoli. In particolare: [...]* b) *gli articoli 2 e 5 della legge n. 225 del 1992, citati nei commi 6 e 8 dell'articolo 163 del decreto legislativo 18 aprile 2016, n. 50, devono intendersi rispettivamente riferiti agli articoli 7 e 24 del presente decreto"*

(6) *Comma sostituito dall'art. 99 del d.lgs. 19 aprile 2017, n. 56. Il testo del comma era il seguente: « 7. Gli affidatari dichiarano, mediante autocertificazione, resa ai sensi del decreto del Presidente della Repubblica 28 dicembre 2000 n. 445, il possesso dei requisiti per la partecipazione a procedure di evidenza pubblica, che l'amministrazione aggiudicatrice controlla in termine congruo, compatibile con la gestione della situazione di emergenza in atto, comunque non superiore a sessanta giorni dall'affidamento. Qualora, a seguito del controllo, venga accertato l'affidamento ad un operatore privo dei predetti requisiti, le amministrazioni aggiudicatrici recedono dal contratto, fatto salvo il pagamento del valore delle opere già eseguite e il rimborso delle spese eventualmente*

già sostenute per l'esecuzione del rimanente, nei limiti delle utilità conseguite, e procedono alle segnalazioni alle competenti autorità. ».

(7) *Le parole «, di importo pari o superiore a 40.000 euro, » sono state inserite dall'art. 99 del d.lgs. 19 aprile 2017, n. 56.*

(8) *Le parole da « laddove » a « procedure ordinarie, » sono state inserite dall'art. 99 del d.lgs. 19 aprile 2017, n. 56.*

PARTE III
Contratti di concessione

TITOLO I
Principi generali e situazioni specifiche

CAPO I
Principi generali

164 Oggetto e ambito di applicazione.

1. Ferme restando le disposizioni di cui all'articolo 346 del TFUE, le disposizioni di cui alla presente Parte definiscono le norme applicabili alle procedure di aggiudicazione dei contratti di concessione di lavori pubblici o di servizi indette dalle amministrazioni aggiudicatrici, nonché dagli enti aggiudicatori qualora i lavorio i servizi siano destinati ad una delle attività di cui all'allegato II. In ogni caso, le disposizioni della presente Parte non si applicano ai provvedimenti, comunque denominati, con cui le amministrazioni aggiudicatrici, a richiesta di un operatore economico, autorizzano, stabilendone le modalità e le condizioni, l'esercizio di un'attività economica che può svolgersi anche mediante l'utilizzo di impianti o altri beni immobili pubblici.

2. Alle procedure di aggiudicazione di contratti di concessione di lavori pubblici o di servizi si applicano, per quanto compatibili, le disposizioni contenute nella parte I e nella parte II, del presente codice, relativamente ai principi generali, alle esclusioni, alle modalità e alle procedure di affidamento, alle modalità di pubblicazione e redazione dei bandi e degli avvisi, ai requisiti generali e speciali e ai motivi di esclusione, ai criteri di aggiudicazione, alle modalità di comunicazione ai candidati e agli offerenti, ai requisiti di qualificazione degli operatori economici, ai termini di ricezione delle domande di partecipazione alla concessione e delle offerte, alle modalità di esecuzione.

3. I servizi non economici di interesse generale non rientrano nell'ambito di applicazione della presente Parte.

4. Agli appalti di lavori pubblici affidati dai concessionari che sono amministrazioni aggiudicatrici, si applicano, salvo che non siano derogate nella presente parte, le disposizioni del presente codice.

5. I concessionari di lavori pubblici che non sono amministrazioni aggiudicatrici, per gli appalti di lavori affidati a terzi sono tenuti all'osservanza della presente Parte nonché le disposizioni di cui alle parti I e II in materia di subappalto, progettazione, collaudo e piani di sicurezza, non derogate espressamente dalla presente parte (1).

(1) *Le parole da « nonché » a « presente parte » sono state inserite dall'art. 99 del d.lgs. 19 aprile 2017, n. 56.*

165 Rischio ed equilibrio economico-finanziario nelle concessioni.

1. Nei contratti di concessione come definiti all'articolo 3, comma 1, lettere *uu*) e *vv*), la maggior parte dei ricavi di gestione del concessionario proviene dalla vendita dei servizi resi al mercato. Tali contratti comportano il trasferimento al concessionario del rischio operativo definito dall'articolo 3, comma 1, lettera *zz*) riferito alla possibilità che, in condizioni operative normali, le variazioni relative ai costi e ai ricavi oggetto della concessione incidano sull'equilibrio del piano economico finanziario. Le variazioni devono essere, in ogni caso, in grado di incidere significativamente sul valore attuale netto dell'insieme degli investimenti, dei costi e dei ricavi del concessionario.

2. L'equilibrio economico finanziario definito all'articolo 3, comma 1, lettera *fff*), rappresenta il presupposto per la corretta allocazione dei rischi di cui al precedente comma 1. Ai soli fini del raggiungimento del predetto equilibrio, in sede di gara l'amministrazione aggiudicatrice può stabilire anche un prezzo consistente in un contributo pubblico ovvero nella cessione di beni immobili. Il contributo, se funzionale al mantenimento dell'equilibrio economico-finanziario, può essere riconosciuto mediante diritti di godimento su beni immobili nella disponibilità dell'amministrazione aggiudicatrice la cui utilizzazione sia strumentale e tecnicamente connessa all'opera affidata in concessione. In ogni caso, l'eventuale riconoscimento del prezzo, sommato al valore di eventuali garanzie pubbliche o di ulteriori meccanismi di finanziamento a carico della pubblica amministrazione, non può essere superiore al quarantanove (1) per cento del costo dell'investimento complessivo, comprensivo di eventuali oneri finanziari.

3. La sottoscrizione del contratto di concessione può avvenire solamente a seguito della approvazione del progetto definitivo e della (2) presentazione di idonea documentazione inerente il finanziamento dell'opera. [Il contratto di concessione è risolto di diritto ove il contratto di finanziamento non sia perfezionato entro dodici mesi dalla sottoscrizione del contratto di concessione.] (3) Al fine di agevolare l'ottenimento del finanziamento dell'opera, i bandi e i relativi allegati, ivi compresi, a seconda dei casi, lo schema di contratto e il piano economico finanziario sono definiti in modo da assicurare adeguati livelli di bancabilità, intendendosi per tali la reperibilità sul mercato finanziario di risorse proporzionate ai fabbisogni, la sostenibilità di tali fonti e la congrua redditività del capitale investito. Per le concessioni (4) da affidarsi con la procedura ristretta, nel bando può essere previsto che l'amministrazione aggiudicatrice possa indire, prima della scadenza del termine di presentazione delle offerte, una consultazione preliminare con gli operatori economici invitati a presentare le offerte, al fine di verificare l'insussistenza di criticità del progetto posto a base di gara sotto il profilo della finanziabilità, e possa provvedere, a seguito della consultazione, ad adeguare gli atti di gara aggiornando il termine di presentazione delle offerte, che non può essere inferiore a trenta giorni decorrenti dalla relativa comunicazione agli interessati. Non può

essere oggetto di consultazione l'importo delle misure di defiscalizzazione di cui all'articolo 18 della legge 12 novembre 2011, n. 183, e all'articolo 33 del decreto-legge 18 ottobre 2012, n. 179, convertito, con modificazioni, dalla legge 17 dicembre 2012, n. 221, nonché l'importo dei contributi pubblici, ove previsti.

4. Il bando può prevedere che l'offerta sia corredata dalla dichiarazione sottoscritta da uno o più istituti finanziatori di manifestazione di interesse a finanziare l'operazione, anche in considerazione dei contenuti dello schema di contratto e del piano economico-finanziario.

5. L'amministrazione aggiudicatrice prevede nel bando di gara che il contratto di concessione stabilisca la risoluzione del rapporto in caso di mancata sottoscrizione del contratto di finanziamento, nonché di (5) mancato collocamento delle obbligazioni emesse dalle società di progetto (6) di cui all'articolo 185, entro un congruo termine fissato dal bando medesimo, comunque non superiore a diciotto mesi, decorrente dalla data di sottoscrizione del contratto di concessione (7). Resta salva la facoltà del concessionario di reperire la liquidità necessaria alla realizzazione dell'investimento attraverso altre forme di finanziamento previste dalla normativa vigente, purché sottoscritte entro lo stesso termine rilasciate da operatori di cui all'articolo 106 del decreto legislativo 1° settembre 1993, n.385 (8). Nel caso di risoluzione del rapporto ai sensi del primo periodo e del comma 3 (9), il concessionario non avrà diritto ad alcun rimborso delle spese sostenute, ivi incluse quelle relative alla progettazione definitiva. Il bando di gara può altresì prevedere che in caso di parziale finanziamento del progetto e comunque per uno stralcio tecnicamente ed economicamente funzionale, il contratto di concessione rimanga efficace limitatamente alla parte che regola la realizzazione e la gestione del medesimo stralcio funzionale.

6. Il verificarsi di fatti non riconducibili al concessionario che incidono sull'equilibrio del piano economico finanziario può comportare la sua revisione da attuare mediante la rideterminazione delle condizioni di equilibrio. La revisione deve consentire la permanenza dei rischi trasferiti in capo all'operatore economico e delle condizioni di equilibrio economico finanziario relative al contratto. Ai fini della tutela della finanza pubblica strettamente connessa al mantenimento della predetta allocazione dei rischi, nei casi di opere di interesse statale ovvero finanziate con contributo a carico dello Stato, la revisione è subordinata alla previa valutazione da parte del Nucleo di consulenza per l'attuazione delle linee guida per la regolazione dei servizi di pubblica utilità (NARS). Negli altri casi, è facoltà dell'amministrazione aggiudicatrice sottoporre la revisione alla previa valutazione del NARS. In caso di mancato accordo sul riequilibrio del piano economico finanziario, le parti possono recedere dal contratto. Al concessionario sono rimborsati gli importi di cui all'articolo 176, comma 4, lettere *a*) e *b*), ad esclusione degli oneri derivanti dallo scioglimento anticipato dei contratti di copertura del rischio di fluttuazione del tasso di interesse (10).

(1) *L'art. 101 del d.lgs. 19 aprile 2017, n. 56 ha sostituito la parola « trenta » con la parola « quarantanove ».*

(2) *L'art. 101 del d.lgs. 19 aprile 2017, n. 56 ha sostituito le parole « ha luogo dopo la » con le parole « può avvenire solamente a seguito della approvazione del progetto definitivo e della ».*

(3) *Periodo soppresso dall'art. 101 del d.lgs. 19 aprile 2017, n. 56.*

(4) *L'art. 101 del d.lgs. 19 aprile 2017, n. 56 ha sostituito le parole « capitale investito per le concessioni » con le parole « capitale investito. Per le concessioni ».*

(5) *Le parole da « mancata sottoscrizione » a « nonché di » sono state inserite dall'art. 101 del d.lgs. 19 aprile 2017, n. 56.*

(6) *L'art. 101 del d.lgs. 19 aprile 2017, n. 56 ha sostituito le parole « obbligazioni di progetto » con le parole « obbligazioni emesse dalle società di progetto ».*

(7) *L'art. 101 del d.lgs. 19 aprile 2017, n. 56 ha sostituito le parole « comunque non superiore a ventiquattro mesi, decorrente dalla data di approvazione del progetto definitivo » con le parole « comunque non superiore a diciotto mesi, decorrente dalla data di sottoscrizione del contratto di concessione ».*

(8) *Le parole da « rilasciate da » a « n. 385 » sono state inserite dall'art. 101 del d.lgs. 19 aprile 2017, n. 56.*

(9) *Le parole « e del comma 3 » sono state inserite dall'art. 101 del d.lgs. 19 aprile 2017, n. 56.*

(10) *Periodo sostituito dall'art. 101 del d.lgs. 19 aprile 2017, n. 56. Il testo del periodo era il seguente: « Al concessionario spetta il valore delle opere realizzate e degli oneri accessori, al netto degli ammortamenti e dei contributi pubblici. ».*

166 Principio di libera amministrazione delle autorità pubbliche.

1. Le amministrazioni aggiudicatrici e gli enti aggiudicatori sono liberi di organizzare la procedura per la scelta del concessionario, fatto salvo il rispetto delle norme di cui alla presente Parte. Essi sono liberi di decidere il modo migliore per gestire l'esecuzione dei lavori e la prestazione dei servizi per garantire in particolare un elevato livello di qualità, sicurezza ed accessibilità, la parità di trattamento e la promozione dell'accesso universale e dei diritti dell'utenza nei servizi pubblici.

167 Metodi di calcolo del valore stimato delle concessioni.

1. Il valore di una concessione, ai fini di cui all'articolo 35, è costituito dal fatturato totale del concessionario generato per tutta la durata del contratto, al netto dell'IVA, stimato dall'amministrazione aggiudicatrice o dall'ente aggiudicatore, quale corrispettivo dei lavori e dei servizi oggetto della concessione, nonché per le forniture accessorie a tali lavori e servizi.

2. Il valore stimato è calcolato al momento dell'invio del bando di concessione o, nei casi in cui non sia previsto un bando, al momento in cui l'amministrazione aggiudicatrice o l'ente aggiudicatore avvia la procedura di aggiudicazione della concessione.

3. Se il valore della concessione al momento dell'aggiudicazione è superiore di più del 20 per cento rispetto al valore stimato, la stima rilevante è costituita dal valore della concessione al momento dell'aggiudicazione.

4. Il valore stimato della concessione è calcolato secondo un metodo oggettivo specificato nei documenti della concessione. Nel calcolo del valore stimato della concessione, le amministrazioni aggiudicatrici e gli enti aggiudicatori tengono conto, se del caso, in particolare dei seguenti elementi:

a) il valore di eventuali forme di opzione ovvero di altre forme comunque denominate di protrazione nel tempo dei relativi effetti;

b) gli introiti derivanti dal pagamento, da parte degli utenti dei lavori e dei servizi, di tariffe e multe diverse da quelle riscosse per conto dell'amministrazione aggiudicatrice o dell'ente aggiudicatore;

c) i pagamenti o qualsiasi vantaggio finanziario conferito al concessionario, in qualsivoglia forma, dall'amministrazione aggiudicatrice o dall'ente aggiudicatore o da altre amministrazioni pubbliche, incluse le compensazioni per l'assolvimento di un obbligo di servizio pubblico e le sovvenzioni pubbliche di investimento;

d) il valore delle sovvenzioni o di qualsiasi altro vantaggio finanziario in qualsivoglia forma conferiti da terzi per l'esecuzione della concessione;

e) le entrate derivanti dalla vendita di elementi dell'attivo facenti parte della concessione;

f) il valore dell'insieme delle forniture e dei servizi messi a disposizione del concessionario dalle amministrazioni aggiudicatrici o dagli enti aggiudicatori, purché siano necessari per l'esecuzione dei lavori o la prestazione dei servizi;

g) ogni premio o pagamento o diverso vantaggio economico comunque denominato ai candidati o agli offerenti.

5. Nel calcolo del valore stimato della concessione le amministrazioni aggiudicatrici o gli enti aggiudicatori tengono conto degli atti di regolazione delle Autorità indipendenti.

6. La scelta del metodo per il calcolo del valore stimato della concessione non può essere fatta con l'intenzione di escludere tale concessione dall'ambito di applicazione del presente codice. Una concessione non può essere frazionata al fine di escluderla dall'osservanza delle norme del presente codice, tranne nel caso in cui ragioni oggettive lo giustifichino, valutate al momento della predisposizione del bando dalla amministrazione aggiudicatrice o dall'ente aggiudicatore.

7. Quando un'opera o un servizio proposti possono dar luogo all'aggiudicazione di una concessione per lotti distinti, è computato il valore complessivo stimato della totalità di tali lotti.

8. Quando il valore complessivo dei lotti è pari o superiore alla soglia di cui all'articolo 35 il presente codice si applica all'aggiudicazione di ciascun lotto.

168 Durata delle concessioni.

1. La durata delle concessioni è limitata ed è determinata nel bando di gara dall'amministrazione aggiudicatrice o dall'ente aggiudicatore in funzione dei lavori o servizi richiesti al concessionario. La stessa è commisurata al valore della concessione, nonché alla complessità organizzativa dell'oggetto della stessa.

2. Per le concessioni ultraquinquennali, la durata massima della concessione (1) non può essere superiore al periodo di tempo necessario al recupero degli investimenti da parte del concessionario individuato sulla base di criteri di ragionevolezza, insieme ad una remunerazione del capitale investito, tenuto conto degli investimenti necessari per conseguire gli obiettivi contrattuali specifici come risultante dal piano economico-finanziario. Gli investimenti presi in considerazione ai fini del calcolo comprendono quelli effettivamente sostenuti dal concessionario, sia quelli iniziali sia quelli in corso di concessione.

(1) *L'art. 102 del d.lgs. 19 aprile 2017, n. 56 ha sostituito le parole « La durata massima della concessione » con le parole « Per le concessioni ultraquinquennali, la durata massima della concessione ».*

169 Contratti misti di concessioni.

1. Le concessioni aventi per oggetto sia lavori che servizi sono aggiudicate secondo le disposizioni applicabili al tipo di concessione che caratterizza l'oggetto principale del contratto. Nel caso di concessioni miste che consistono in parte in servizi sociali e altri servizi specifici elencati nell'allegato IX l'oggetto principale è determinato in base al valore stimato più elevato tra quelli dei rispettivi servizi.

2. Se le diverse parti di un determinato contratto sono oggettivamente separabili, si applicano i commi 5, 6 e 9. Se le diverse parti di un determinato contratto sono oggettivamente non separabili, si applicano i commi 8 e 10.

3. Se parte di un determinato contratto, ovvero una delle attività interessate, sono disciplinate dall'articolo 346 TFUE o dal decreto legislativo 15 novembre 2011, n. 208, si applica l'articolo 160.

4. Nel caso di contratti aventi ad oggetto diverse attività, una delle quali è disciplinata dall'allegato II (1), gli enti aggiudicatori possono scegliere di aggiudicare concessioni distinte per le parti distinte o di aggiudicare un'unica concessione. Se gli enti aggiudicatori scelgono di aggiudicare concessioni separate, la decisione che determina quale regime giuridico si applica a ciascuna di tali concessioni è adottata in base alle caratteristiche della attività distinta. [Qualora oggetto del contratto sia anche un'attività disciplinata dalle disposizioni sui settori speciali si applica l'articolo 28.] (2).

5. Nel caso di contratti aventi ad oggetto sia elementi disciplinati dal presente codice che altri elementi, le amministrazioni aggiudicatrici o gli enti aggiudicatori possono scegliere di aggiudicare concessioni distinte per le parti distinte o di aggiudicare una concessione unica. Se le amministrazioni aggiudicatrici o gli enti aggiudicatori scelgono di aggiudicare concessioni separate, la decisione che determina quale regime giuridico si applica a ciascuno di tali concessioni distinti è adottata in base alle caratteristiche della parte distinta.

6. Se le amministrazioni aggiudicatrici o gli enti aggiudicatori scelgono di aggiudicare una concessione unica, il presente codice si applica, salvo se altrimenti previsto all'articolo 160 o dal comma 9, alla concessione mista che ne deriva, a prescindere dal valore delle parti cui si applicherebbe un diverso regime giuridico e dal regime giuridico cui tali parti sarebbero state altrimenti soggette.

7. La scelta tra l'aggiudicazione di un'unica concessione o di più concessioni distinte non può essere effettuata al fine di eludere l'applicazione del presente codice.

8. Se le diverse parti di un determinato contratto sono oggettivamente non separabili, il regime giuridico applicabile è determinato in base all'oggetto principale del contratto in questione.

9. Nel caso di contratti misti che contengono elementi di concessioni nonché appalti nei settori ordinari o speciali il contratto misto è aggiudicato in conformità con le disposizioni che disciplinano gli appalti nei settori ordinari o nei settori speciali.

10. Nel caso in cui il contratto misto concerna elementi sia di una concessione di servizi che di un contratto di forniture, l'oggetto principale è determinato in base al valore stimato più elevato tra quelli dei rispettivi servizi o forniture.

11. Ad una concessione destinata all'esercizio di più attività si applicano le norme relative alla principale attività cui è destinata.

12. Nel caso di concessioni per cui è oggettivamente impossibile stabilire a quale attività siano principalmente destinate, le norme applicabili sono determinate conformemente alle lettere *a*), *b*) e *c*):

a) la concessione è aggiudicata secondo le disposizioni che disciplinano le concessioni aggiudicate dalle amministrazioni aggiudicatrici se una delle attività cui è destinata la concessione è soggetta alle disposizioni applicabili alle concessioni aggiudicate dalle amministrazioni aggiudicatrici e l'altra attività è soggetta alle disposizioni relative alle concessioni aggiudicate dagli enti aggiudicatori;

b) la concessione è aggiudicata secondo le disposizioni che disciplinano gli appalti nei settori ordinari se una delle attività è disciplinata dalle disposizioni relative all'aggiudicazione delle concessioni e l'altra dalle disposizioni relative all'aggiudicazione degli appalti nei settori ordinari;

c) la concessione è aggiudicata secondo le disposizioni che disciplinano le concessioni se una delle attività cui è destinata la concessione è disciplinata dalle disposizioni relative all'aggiudicazione delle concessioni e l'altra non è soggetta né alla disciplina delle concessioni né a quella relativa all'aggiudicazione degli appalti nei settori ordinari o speciali.

(1) *L'art. 103 del d.lgs. 19 aprile 2017, n. 56 ha sostituito le parole « allegato XVIII »con le parole « allegato II ».*

(2) *Periodo soppresso dall'art. 103 del d.lgs. 19 aprile 2017, n. 56.*

CAPO II
Garanzie procedurali

170 Requisiti tecnici e funzionali.

1. I requisiti tecnici e funzionali dei lavori da eseguire o dei servizi da fornire oggetto della concessione sono definiti nei documenti di gara. Tali requisiti possono riferirsi anche allo specifico processo di produzione o di esecuzione dei lavori o di fornitura dei servizi richiesti, a condizione che siano collegati all'oggetto del contratto e commisurati al valore e agli obiettivi dello stesso. I requisiti tecnici e funzionali possono includere, sulla base delle richieste formulate dalle stazioni appaltanti, livelli di qualità, livelli di prestazione ambientale ed effetti sul clima, progettazione per tutti i requisiti (compresa l'accessibilità per le persone con disabilità) e la valutazione di conformità, l'esecuzione, la sicurezza o le dimensioni, la terminologia, i simboli, il collaudo e i metodi di prova, la marcatura e l'etichettatura o le istruzioni per l'uso.

2. A meno che non siano giustificati dall'oggetto del contratto, i requisiti tecnici e funzionali non fanno riferimento a una fabbricazione o provenienza determinata o a un procedimento particolare caratteristico dei prodotti o dei servizi forniti da un determinato operatore economico, né a marchi, brevetti, tipi o a una produzione specifica che avrebbero come effetto di favorire o eliminare talune imprese o taluni prodotti. Tale riferimento è autorizzato, in via eccezionale, nel caso in cui una descrizione sufficientemente precisa e intelligibile dell'oggetto del contratto non sia possibile; un siffatto riferimento è accompagnato dall'espressione « o equivalente ».

3. Le amministrazioni aggiudicatrici o gli enti aggiudicatori non possono escludere un'offerta sulla base della giustificazione secondo cui i lavori e i servizi offerti non sono conformi ai requisiti tecnici e funzionali richiesti nei documenti di gara, se l'offerente prova, con qualsiasi mezzo idoneo, che le soluzioni da lui proposte con la propria offerta soddisfano in maniera equivalente i requisiti tecnici e funzionali.

171 Garanzie procedurali nei criteri di aggiudicazione.

1. Le concessioni sono aggiudicate sulla base dei criteri di aggiudicazione stabiliti dalla stazione appaltante ai sensi dell'articolo 173, purché siano soddisfatte tutte le seguenti condizioni:

a) l'offerta risponde ai requisiti minimi prescritti dalla stazione appaltante;

b) l'offerente ottempera alle condizioni di partecipazione di cui all'articolo 172;

c) l'offerente non è escluso dalla partecipazione alla procedura di aggiudicazione ai sensi dell'articolo 172.

2. I requisiti minimi di cui al comma 1, lettera *a*) prevedono le condizioni e le caratteristiche tecniche, fisiche, funzionali e giuridiche che ogni offerta deve soddisfare o possedere.

3. Le stazioni appaltanti forniscono, inoltre:

a) nel bando di concessione, una descrizione della concessione e delle condizioni di partecipazione;

b) nel bando di concessione o nell'invito a presentare offerte, l'espressa indicazione che la concessione è vincolata alla piena attuazione del piano finanziario e al rispetto dei tempi previsti dallo stesso per la realizzazione degli investimenti in opere pubbliche e che l'offerta deve espressamente contenere, a pena di esclusione, l'impegno espresso da parte del concessionario al rispetto di tali condizioni;

c) nel bando di concessione, nell'invito a presentare offerte o negli altri documenti di gara, una descrizione dei criteri di aggiudicazione e, se del caso, i requisiti minimi da soddisfare.

4. La stazione appaltante può limitare il numero di candidati o di offerenti a un livello adeguato, purché ciò avvenga in modo trasparente e sulla base di criteri oggettivi. Il numero di candidati o di offerenti invitati a

partecipare deve essere sufficiente a garantire un'effettiva concorrenza.

5. La stazione appaltante rende noti a tutti i partecipanti le modalità della procedura e un termine indicativo per il suo completamento. Le eventuali modifiche sono comunicate a tutti i partecipanti e, nella misura in cui riguardino elementi indicati nel bando di concessione, rese pubbliche per tutti gli operatori economici.

6. La stazione appaltante assicura la tracciabilità degli atti inerenti alle singole fasi del procedimento, con idonee modalità, fatto salvo il rispetto delle disposizioni dell'articolo 53.

7. La stazione appaltante può condurre liberamente negoziazioni con i candidati e gli offerenti. L'oggetto della concessione, i criteri di aggiudicazione e i requisiti minimi non possono essere modificati nel corso delle negoziazioni.

172 Selezione e valutazione qualitativa dei candidati.

1. Le stazioni appaltanti verificano le condizioni di partecipazione relative alle capacità tecniche e professionali e alla capacità finanziaria ed economica dei candidati o degli offerenti, sulla base di certificazioni, autocertificazioni o attestati che devono essere presentati come prova. Le condizioni di partecipazione sono correlate e proporzionali alla necessità di garantire la capacità del concessionario di eseguire la concessione, tenendo conto dell'oggetto della concessione e dell'obiettivo di assicurare la concorrenza effettiva.

2. Per soddisfare le condizioni di partecipazione di cui al comma 1, ove opportuno e nel caso di una particolare concessione, l'operatore economico può affidarsi alle capacità di altri soggetti, indipendentemente dalla natura giuridica dei suoi rapporti con loro. Se un operatore economico intende fare affidamento sulle capacità di altri soggetti, deve dimostrare all'amministrazione aggiudicatrice o all'ente aggiudicatore che disporrà delle risorse necessarie per l'intera durata della concessione. Per quanto riguarda la capacità finanziaria, la stazione appaltante può richiedere che l'operatore economico e i soggetti in questione siano responsabili in solido dell'esecuzione del contratto. Alle stesse condizioni, un raggruppamento di operatori economici di cui all'articolo 45 può fare valere le capacità dei partecipanti al raggruppamento o di altri soggetti. In entrambi i casi si applica l'articolo 89.

173 Termini, principi e criteri di aggiudicazione.

1. Le concessioni sono aggiudicate sulla base dei principi di cui all'articolo 30.

2. Fermo restando quanto previsto dal comma 1, e comunque in deroga all'articolo 95, la stazione appaltante elenca i criteri di aggiudicazione in ordine decrescente di importanza. Il termine minimo per la ricezione delle domande di partecipazione, comprese eventualmente le offerte, è di trenta giorni dalla data di pubblicazione del bando. Se la procedura si svolge in fasi successive, il termine minimo per la ricezione delle offerte iniziali è di ventidue giorni. Si applica l'articolo 79, commi 1 e 2.

3. Se la stazione appaltante riceve un'offerta che propone una soluzione innovativa con un livello straordinario di prestazioni funzionali che non avrebbe potuto essere prevista utilizzando l'ordinaria diligenza, può, in via eccezionale, modificare l'ordine dei criteri di aggiudicazione di cui al comma 2, per tenere conto di tale soluzione innovativa. In tal caso, la stazione appaltante informa tutti gli offerenti in merito alla modifica dell'ordine di importanza dei criteri ed emette un nuovo invito a presentare offerte nel termine minimo di ventidue giorni di cui al suddetto comma 2, terzo periodo. Se i criteri di aggiudicazione sono stati pubblicati al momento della pubblicazione del bando di concessione, la stazione appaltante pubblica un nuovo bando di concessione, nel rispetto del termine minimo di trenta giorni di cui al comma 2, secondo periodo. La modifica dell'ordine non deve dar luogo a discriminazioni.

CAPO III
Esecuzione delle concessioni

174 Subappalto.

1. Ferma restando la disciplina di cui all'articolo 30, alle concessioni in materia di subappalto si applica il presente articolo.

2. Gli operatori economici indicano in sede di offerta le parti del contratto di concessione che intendono subappaltare a terzi. Non si considerano come terzi le imprese che si sono raggruppate o consorziate per ottenere la concessione, né le imprese ad esse collegate; se il concessionario ha costituito una società di progetto, in conformità all'articolo 184, non si considerano terzi i soci, alle condizioni di cui al comma 2 del citato articolo 184. [In sede di offerta gli operatori economici, che non siano microimprese, piccole e medie imprese, per le concessioni di lavori, servizi e forniture di importo pari o superiore alla soglia di cui all'articolo 35, comma 1, lettera *a*), indicano una terna di nominativi di sub-appaltatori nei seguenti casi:

a) concessione di lavori, servizi e forniture per i quali non sia necessaria una particolare specializzazione;

b) concessione di lavori, servizi e forniture per i quali risulti possibile reperire sul mercato una terna di nominativi di subappaltatori da indicare, atteso l'elevato numero di operatori che svolgono dette prestazioni] (1).

3. L'affidatario provvede a sostituire i subappaltatori relativamente ai quali un'apposita verifica, svolta dalla stazione appaltante, abbia dimostrato la sussistenza dei motivi di esclusione di cui all'articolo 80 (2).

4. Nel caso di concessioni di lavori e di servizi da fornire presso l'impianto sotto la supervisione della stazione appaltante successivamente all'aggiudicazione della concessione e al più tardi all'inizio dell'esecuzione della stessa, il concessionario indica alla stazione appaltante dati anagrafici, recapiti e rappresentanti

legali dei subappaltatori coinvolti nei lavori o nei servizi in quanto noti al momento della richiesta. Il concessionario in ogni caso comunica alla stazione appaltante ogni modifica di tali informazioni intercorsa durante la concessione, nonché le informazioni richieste per eventuali nuovi subappaltatori successivamente coinvolti nei lavori o servizi. Tale disposizione non si applica ai fornitori.

5. Il concessionario resta responsabile in via esclusiva nei confronti della stazione appaltante. Il concessionario è obbligato solidalmente con il subappaltatore nei confronti dei dipendenti dell'impresa subappaltatrice, in relazione agli obblighi retributivi e contributivi previsti dalla legislazione vigente.

6. L'esecuzione delle prestazioni affidate in subappalto non può formare oggetto di ulteriore subappalto.

7. Qualora la natura del contratto lo consenta, è fatto obbligo per la stazione appaltante di procedere al pagamento diretto dei subappaltatori, sempre, in caso di microimprese e piccole imprese, e, per le altre, in caso di inadempimento da parte dell'appaltatore o in caso di richiesta del subappaltatore. Il pagamento diretto è comunque subordinato alla verifica della regolarità contributiva e retributiva dei dipendenti del subappaltatore. In caso di pagamento diretto il concessionario è liberato dall'obbligazione solidale di cui al comma 5.

8. Si applicano, altresì, le disposizioni previste dai commi, 10, 11e 17 dell'articolo 105.

(1) *Periodo soppresso dall'art. 10, comma 1, lett. f), n. 1 l. 23 dicembre 2021, n. 238. Ai sensi del comma 5 del citato art. 10, tale disposizione si applica alle procedure i cui bandi o avvisi con i quali si indice una gara sono pubblicati successivamente alla data di entrata in vigore della suddetta legge nonché, in caso di contratti senza pubblicazione di bandi o avvisi, alle procedure in cui, alla medesima data, non sono ancora stati inviati gli inviti a presentare le offerte o i preventivi.*

(2) *Comma così sostituito dall'art. 10, comma 1, lett. f), n. 2 l. n. 238, cit., con le disposizioni di applicazione di cui* sub *nota 1. Il testo del comma era il seguente:* « 3. L'offerente ha l'obbligo di dimostrare, nei casi di cui al comma 2, l'assenza, in capo ai subappaltatori indicati, di motivi di esclusione e provvede a sostituire i subappaltatori relativamente ai quali apposita verifica abbia dimostrato l'esistenza di motivi di esclusione di cui all'articolo 80 ».

Precedentemente alla conversione in legge, l'art. 1, comma 1, lett. dd) *d.l. 18 aprile 2019, n. 32, conv., con modif., in l. 14 giugno 2019, n. 55, aveva disposto la sostituzione del presente comma con il seguente: « L'affidatario provvede a sostituire i subappaltatori relativamente ai quali apposita verifica abbia dimostrato la sussistenza dei motivi di esclusione di cui all'articolo 80 », ma tale modifica è decaduta in sede di conversione in l. 14 giugno 2019, n. 55. V. nota 1 per quanto previsto dall'art. 1, comma 2 d.l. n. 32, cit.*

Ai sensi dell'art. 1, comma 18, d.l. n. 32, cit., come da ultimo modificato dell'art. 52, comma 1, lett. a)*, n. 9 d.l. 31 maggio 2021, n. 77, conv., con modif., in l. 29 luglio 2021, n. 108, « Nelle more di una complessiva revisione del codice dei contratti pubblici, di cui al decreto legislativo 18 aprile 2016, n. 50, fino al 30 giugno 2021, in deroga all'articolo 105, comma 2, del medesimo codice, fatto salvo quanto previsto dal comma 5 del medesimo articolo 105, il subappalto è indicato dalle stazioni appaltanti nel bando di gara e non può superare la quota del 40 per cento dell'importo complessivo del contratto di lavori, servizi o forniture.* ***Fino al 31 dicembre 2023****, sono altresì sospese l'applicazione del comma 6 dell'articolo 105 e del terzo periodo del comma 2 dell'articolo 174, nonché le verifiche in sede di gara, di cui all'*articolo 80 del medesimo codice, *riferite al subappaltatore ».*

Ma successivamente il citato comma 18 dell'art. 1 d.l. n. 32, cit., è stato abrogato dall'art. 10, comma 3 l. n. 238, cit., con le disposizioni di applicazione di cui sub *nota 1.*

175 Modifica dei contratti durante il periodo di efficacia.

1. Le concessioni possono essere modificate senza una nuova procedura di aggiudicazione nei seguenti casi:

a) se le modifiche, a prescindere dal loro valore monetario, sono state espressamente previste nei documenti di gara iniziali in clausole chiare, precise e inequivocabili che fissino la portata, la natura delle eventuali modifiche, nonché le condizioni alle quali possono essere impiegate. Tali clausole non possono apportare modifiche che alterino la natura generale della concessione. In ogni caso le medesime clausole non possono prevedere la proroga della durata della concessione;

b) per lavori o servizi supplementari da parte del concessionario originario che si sono resi necessari e non erano inclusi nella concessione iniziale, ove un cambiamento di concessionario risulti impraticabile per motivi economici o tecnici quali il rispetto dei requisiti di intercambiabilità o interoperatività tra apparecchiature, servizi o impianti esistenti forniti nell'ambito della concessione iniziale e comporti per la stazione appaltante un notevole ritardo o un significativo aggravi o dei costi;

c) ove ricorrano, contestualmente, le seguenti condizioni:

1) la necessità di modifica derivi da circostanze che una stazione appaltante non ha potuto prevedere utilizzando l'ordinaria diligenza;

2) la modifica non alteri la natura generale della concessione;

d) se un nuovo concessionario sostituisce quello a cui la stazione appaltante aveva inizialmente aggiudicato la concessione a causa di una delle seguenti circostanze:

1) una clausola di revisione in conformità della lettera *a*);

2) al concessionario iniziale succeda, in via universale o particolare, a seguito di ristrutturazioni societarie, comprese rilevazioni, fusioni, acquisizione o insolvenza, un altro operatore economico che soddisfi i criteri di selezione qualitativa stabiliti inizialmente, purché ciò non implichi altre modifiche sostanziali al contratto e non sia finalizzato ad eludere l'applicazione del presente codice, fatta salva l'autorizzazione del concedente, ove richiesta sulla base della regolamentazione di settore;

3) nel caso in cui la stazione appaltante si assuma gli obblighi del concessionario principale nei confronti dei suoi subappaltatori;

e) se le modifiche, a prescindere dal loro valore, non sono sostanziali ai sensi del comma 7.

2. Nelle ipotesi di cui al comma 1, lettere *a*), *b*) e *c*), perle concessioni aggiudicate dalle amministrazioni aggiudicatrici allo scopo di svolgere un'attività diversa da quelle di cui all'allegato II, l'eventuale aumento di valore, anche in presenza di modifiche successive, non può eccedere complessivamente il 50 per cento del valore della concessione iniziale, inteso come valore quale risultante a seguito dell'aggiudicazione delle opere o dei servizi o delle forniture oggetto di conces-

sione. Le modifiche successive non sono intese ad aggirare il presente codice.

3. Le stazioni appaltanti che hanno modificato una concessione nelle situazioni di cui al comma 1, lettere *b*) e *c*), pubblicano, conformemente a quanto disposto dall'articolo 72, un avviso nella Gazzetta Ufficiale dell'Unione europea, contenente le informazioni di cui all'allegato XXV.

4. Le concessioni possono essere modificate senza necessità di una nuova procedura di aggiudicazione, né di verificare se le condizioni di cui al comma 7, lettere da *a*) a *d*), sono rispettate se la modifica è al di sotto di entrambi i valori seguenti:

a) la soglia fissata all'articolo 35, comma 1, lettera *a*);

b) il 10 per cento del valore della concessione iniziale.

5. La modifica di cui al comma 4 non può alterare la natura generale della concessione. In caso di più modifiche successive, il valore è accertato sulla base del valore complessivo netto delle successive modifiche.

6. Ai fini del calcolo del valore di cui ai commi 1, lettere *a*), *b*) e *c*), 2 e 4 il valore aggiornato è il valore di riferimento quando la concessione prevede una clausola di indicizzazione. Se la concessione non prevede una clausola di indicizzazione, il valore aggiornato è calcolato tenendo conto dell'inflazione calcolata dall'ISTAT.

7. La modifica di una concessione durante il periodo della sua efficacia è considerata sostanziale, quando altera considerevolmente gli elementi essenziali del contratto originariamente pattuito. In ogni caso, fatti salvi i commi 1 e 4, una modifica è considerata sostanziale se almeno una delle seguenti condizioni è soddisfatta:

a) la modifica introduce condizioni che, ove originariamente previste, avrebbero consentito l'ammissione di candidati diversi da quelli inizialmente selezionati o l'accettazione di un'offerta diversa da quella accettata, oppure avrebbero consentito una maggiore partecipazione alla procedura di aggiudicazione;

b) la modifica altera l'equilibrio economico della concessione a favore del concessionario in modo non previsto dalla concessione iniziale;

c) la modifica estende notevolmente l'ambito di applicazione della concessione;

d) se un nuovo concessionario sostituisce quello cui la stazione appaltante aveva inizialmente aggiudicato la concessione in casi diversi da quelli previsti al comma 1, lettera *d*).

8. Una nuova procedura di aggiudicazione di una concessione è richiesta per modifiche delle condizioni di una concessione durante il periodo della sua efficacia diverse da quelle previste ai commi 1 e 4.

176 Cessazione, revoca d'ufficio, risoluzione per inadempimento e subentro.

1. Fermo restando l'esercizio dei poteri di autotutela, la concessione può cessare, in particolare, (1) quando:

a) il concessionario avrebbe dovuto essere escluso ai sensi dell'articolo 80;

b) la stazione appaltante ha violato con riferimento al procedimento di aggiudicazione, il diritto dell'Unione europea come accertato dalla Corte di Giustizia dell'Unione europea ai sensi dell'articolo 258 del Trattato sul funzionamento dell'Unione europea;

c) la concessione ha subito una modifica che avrebbe richiesto una nuova procedura di aggiudicazione ai sensi dell'articolo 175, comma 8.

2. Nelle ipotesi di cui al comma 1, non si applicano i termini previsti dall'articolo 21-*nonies* della legge 7 agosto 1990, n. 241.

3. Nel caso in cui l'annullamento d'ufficio dipenda da vizio non imputabile al concessionario si applica il comma 4.

4. Qualora la concessione sia risolta per inadempimento della amministrazione aggiudicatrice ovvero quest'ultima revochi la concessione per motivi di pubblico interesse spettano al concessionario:

a) il valore delle opere realizzate più gli oneri accessori, al netto degli ammortamenti, ovvero, nel caso in cui l'opera non abbia ancora superato la fase di collaudo, i costi effettivamente sostenuti dal concessionario (2);

b) le penali e gli altri costi sostenuti o da sostenere in conseguenza della risoluzione, ivi inclusi gli oneri derivanti dallo scioglimento anticipato dei contratti di copertura del rischio di fluttuazione del tasso di interesse (3);

c) un indennizzo a titolo di risarcimento del mancato guadagno pari al 10 per cento del valore delle opere ancora da eseguire ovvero, nel caso in cui l'opera abbia superato la fase di collaudo, del valore attuale dei ricavi risultanti dal piano economico finanziario allegato alla concessione per gli anni residui di gestione (4).

5. Le somme di cui al comma 4 e al comma 7 (5) sono destinate prioritariamente al soddisfacimento dei crediti dei finanziatori del concessionario e dei titolari di titoli emessi ai sensi dell'articolo185, limitatamente alle obbligazioni emesse successivamente alla data di entrata in vigore della presente disposizione e sono indisponibili da parte di quest'ultimo fino al completo soddisfacimento di detti crediti.

5-*bis*. Senza pregiudizio per il pagamento delle somme di cui al comma 4, in tutti i casi di cessazione del rapporto concessorio diversi dalla risoluzione per inadempimento del concessionario, il concessionario ha il diritto di proseguire nella gestione ordinaria dell'opera, incassandone i ricavi da essa derivanti, sino all'effettivo pagamento delle suddette somme per il tramite del nuovo soggetto subentrante, fatti salvi gli eventuali investimenti improcrastinabili individuati dal concedente unitamente alle modalità di finanziamento dei correlati costi (6).

6. L'efficacia della revoca della concessione è sottoposta alla condizione del pagamento da parte dell'amministrazione aggiudicatrice o dell'ente aggiudicatore delle somme previste al comma 4.

7. Qualora la concessione sia risolta per inadempimento del concessionario trova applicazione l'articolo 1453 del codice civile.

8. Nei casi che comporterebbero la risoluzione di una concessione per cause imputabili al concessionario, la stazione appaltante comunica per iscritto al concessionario e agli enti finanziatori l'intenzione di risol-

vere il rapporto. Gli enti finanziatori, ivi inclusi i titolari di obbligazioni e titoli analoghi emessi dal concessionario, entro novanta giorni dal ricevimento della comunicazione, possono indicare (7) un operatore economico, che subentri nella concessione, avente caratteristiche tecniche e finanziarie corrispondenti o analoghe a quelle previste nel bando di gara o negli atti in forza dei quali la concessione è stata affidata, con riguardo allo stato di avanzamento dell'oggetto della concessione alla data del subentro.

9. L'operatore economico subentrante deve assicurare la ripresa dell'esecuzione della concessione e l'esatto adempimento originariamente richiesto al concessionario sostituito entro il termine indicato dalla stazione appaltante. Il subentro dell'operatore economico ha effetto dal momento in cui la stazione appaltante vi presta il consenso.

10. La stazione appaltante prevede nella documentazione di gara il diritto di subentro degli enti finanziatori di cui al comma 8 (8).

10-*bis*. Il presente articolo si applica ai contratti di concessione e di partenariato pubblico privato e agli operatori economici titolari di tali contratti (6).

(1) *L'art. 104 del d.lgs. 19 aprile 2017, n. 56 ha sostituito le parole « La concessione cessa » con le parole da « Fermo restando » a « in particolare ».*

(2) *V. l'art. 35, comma 1 d.l. 30 dicemre 2019, n. 162, conv., con modif., in l. 28 febbraio 2020, n. 8 che così dispone: « 1. In caso di revoca, di decadenza o di risoluzione di concessioni di strade o di autostrade, ivi incluse quelle sottoposte a pedaggio, nelle more dello svolgimento delle procedure di gara per l'affidamento a nuovo concessionario, per il tempo strettamente necessario alla sua individuazione, ANAS S.p.a., in attuazione dell'articolo 36, comma 3, del decreto-legge 6 luglio 2011, n. 98, convertito, con modificazioni, dalla legge 15 luglio 2011, n. 111, può assumere la gestione delle medesime, nonché svolgere le attività di manutenzione ordinaria e straordinaria e quelle di investimento finalizzate alla loro riqualificazione o adeguamento. Sono fatte salve le eventuali disposizioni convenzionali che escludano il riconoscimento di indennizzi in caso di estinzione anticipata del rapporto concessorio, ed è fatta salva la possibilità per ANAS S.p.a., ai fini dello svolgimento delle attività di cui al primo periodo, di acquistare gli eventuali progetti elaborati dal concessionario previo pagamento di un corrispettivo determinato avendo riguardo ai soli costi di progettazione e ai diritti sulle opere dell'ingegno di cui all'articolo 2578 del codice civile. Con decreto adottato dal Ministro delle infrastrutture e dei trasporti, di concerto con il Ministro dell'economia e delle finanze, sono disciplinati l'oggetto e le modalità di svolgimento della gestione provvisoria assegnata ad ANAS S.p.a. Qualora l'estinzione della concessione derivi da inadempimento del concessionario si applica l'articolo 176, comma 4, lettera* a) *del decreto legislativo 18 aprile 2016, n. 50, anche in sostituzione delle eventuali clausole convenzionali, sostanziali e procedurali, difformi, anche se approvate per legge, da intendersi come nulle ai sensi dell'articolo 1419, secondo comma, del codice civile, senza che possa operare, per effetto della presente disposizione, alcuna risoluzione di diritto. L'efficacia del provvedimento di revoca, decadenza o risoluzione della concessione non è sottoposta alla condizione del pagamento da parte dell'amministrazione concedente delle somme previste dal citato articolo 176, comma 4, lettera* a) *».*

(3) *Le parole da «, ivi incluse » a « del tasso di interesse » sono state inserite dall'art. 104 del d.lgs. 19 aprile 2017, n. 56.*

(4) *L'art. 104 del d.lgs. 19 aprile 2017, n. 56 ha sostituito le parole « del valore attuale della parte del servizio pari ai costi monetari della gestione operativa previsti nel piano economico finanziario allegato alla concessione, » con le parole da «, nel caso in cui » a « residui di gestione ».*

(5) *Le parole « e al comma 7 » sono state inserite dall'art. 104 del d.lgs. 19 aprile 2017, n. 56.*

(6) *Comma inserito dall'art. 104 del d.lgs. 19 aprile 2017, n. 56.*

(7) *L'art. 104 del d.lgs. 19 aprile 2017, n. 56 ha sostituito la parola « indicano » con le parole « possono indicare ».*

(8) *Comma sostituito dall'art. 104 del d.lgs. 19 aprile 2017, n. 56. Il testo del comma era il seguente: « 10. Fuori dalle ipotesi di cui all'articolo 175, comma 1, lettera* d)*, la sostituzione del concessionario è limitata al tempo necessario per l'espletamento di una nuova procedura di gara ».*

177 Affidamenti dei concessionari.

1. Fatto salvo quanto previsto dall'articolo 7, i soggetti pubblici o privati, titolari di concessioni di lavori, di servizi pubblici o di forniture già in essere alla data di entrata in vigore del presente codice, non affidate con la formula della finanza di progetto, ovvero con procedure di gara ad evidenza pubblica secondo il diritto dell'Unione europea, sono obbligati ad affidare, una quota pari all'ottanta per cento dei contratti di lavori, servizi e forniture relativi alle concessioni di importo di importo pari o superiore a 150.000 euro e relativi alle concessioni mediante procedura ad evidenza pubblica, introducendo clausole sociali e per la stabilità del personale impiegato e per la salvaguardia delle professionalità. La restante parte può essere realizzata da società in house di cui all'articolo 5 per i soggetti pubblici, ovvero da società direttamente o indirettamente controllate o collegate per i soggetti privati, ovvero tramite operatori individuati mediante procedura ad evidenza pubblica, anche di tipo semplificato. Per i titolari di concessioni autostradali, ferme restando le altre disposizioni del presente comma, la quota di cui al primo periodo è pari al sessanta per cento (1) (2).

2. Le concessioni di cui al comma 1 già in essere si adeguano alle predette disposizioni entro il 31 dicembre 2022 (3). Le concessioni di cui al comma 1, terzo periodo, già in essere si adeguano alle predette disposizioni entro il 31 dicembre 2020 (4).

3. La verifica del rispetto dei limiti di cui al comma 1 da parte dei soggetti preposti e dell'ANAC viene effettuata annualmente, secondo le modalità indicate dall'ANAC stessa in apposite linee guida, da adottare entro novanta giorni dalla data di entrata in vigore della presente disposizione. Eventuali situazioni di squilibrio rispetto ai limiti indicati devono essere riequilibrate entro l'anno successivo. Nel caso di situazioni di squilibrio reiterate per due anni consecutivi, il concedente applica una penale in misura pari al 10 per cento dell'importo complessivo dei lavori, servizi o forniture che avrebbero dovuto essere affidati con procedura ad evidenza pubblica (5).

(1) *Periodo aggiunto dall'art. 1, comma 568, lett. a), l. 27 dicembre 2017, n. 205.*

(2) *La Corte costituzionale, con sentenza 23 novembre 2021, n. 218, ha dichiarato l'*illegittimità costituzionale *del presente comma.*

(3) *Le parole « il 31 dicembre 2022 » sono state sostituite alle parole « il 31 dicembre 2021 » dall'art. 47-*ter *d.l. 31 maggio 2021, n. 77, conv., con modif., in l. 29 luglio 2021, n. 108.*

(4) *Periodo aggiunto dall'art. 1, comma 9-*bis*, lett. b) d.l. n. 162, cit.*

(5) *Comma così sostituito dall'art. 1, comma 568, lett. b), L. 27 dicembre 2017, n. 205. Il testo del comma era: « La verifica del rispetto del limite di cui al comma 1, pari all'ottanta per cento, da parte dei soggetti preposti e dell'ANAC, viene effettuata, annualmente, secondo le modalità indicate dall'ANAC stessa in apposite linee guida, da adottare entro novanta giorni dalla data di entrata in vigore del presente codice. Eventuali situazioni di squilibrio rispetto al limite indicato devono essere riequilibrate entro l'anno successivo. Nel caso di reiterate situazioni di squilibrio per due anni consecutivi il concedente applica una penale in misura pari al 10 per cento dell'importo complessivo dei lavori, servizi o forniture che avrebbero dovuto essere affidati con procedura ad evidenza pubblica ».*

178 Norme in materia di concessioni autostradali e particolare regime transitorio.

1. Per le concessioni autostradali che, alla data di entrata in vigore dalla Parte III del presente codice (1), siano scadute, il concedente, che non abbia ancora provveduto, procede alla predisposizione del bando di gara per l'affidamento della concessione, secondo le regole di evidenza pubblica previste dal presente codice, nel termine perentorio di sei mesi dalla predetta data, ferma restando la possibilità di affidamento in house ai sensi dell'articolo 5. Qualora si proceda all'affidamento in house ai sensi dell'articolo 5, le procedure di affidamento devono concludersi entro trentasei mesi dall'entrata in vigore del presente codice (2). Fatto salvo quanto previsto per l'affidamento delle concessioni di cui all'articolo 5 del presente codice, è vietata la proroga delle concessioni autostradali.

2. I reciproci obblighi, per il periodo necessario al perfezionamento della procedura di cui al comma 1, sono regolati, sulla base delle condizioni contrattuali vigenti.

3. Per le concessioni autostradali per le quali la scadenza avviene nei ventiquattro mesi successivi alla data di entrata in vigore dalla Parte III del presente codice (1), il concedente avvia la procedura per l'individuazione del concessionario subentrante, mediante gara ad evidenza pubblica, in conformità alle disposizioni del presente codice, ferma restando la possibilità di affidamento in house ai sensi dell'articolo 5. Ove il suddetto termine sia inferiore a ventiquattro mesi alla data di entrata in vigore del presente codice, la procedura di gara viene indetta nel più breve tempo possibile, in modo da evitare soluzioni di continuità tra i due regimi concessori.

4. Il concedente avvia le procedure ad evidenza pubblica per l'affidamento della nuova concessione autostradale, in conformità alle disposizioni della Parte III del presente codice (3) entro il termine di ventiquattro mesi antecedente alla scadenza della concessione in essere, ferma restando la possibilità di affidamento in house ai sensi dell'articolo 5.

5. Qualora la procedura di gara non si concluda entro il termine di scadenza della concessione, il concessionario uscente resta obbligato a proseguire nell'ordinaria amministrazione fino al trasferimento della gestione. Per detto periodo si applica quanto previsto al comma 2.

6. Il concedente, almeno due anni (4) prima della data di scadenza della concessione, effettua, in contraddittorio con il concessionario, tutte le verifiche necessarie a valutare lo stato tecnico complessivo dell'infrastruttura ed ordina, se del caso, i necessari ripristini e le occorrenti modificazioni dello stato dei luoghi in conformità degli impegni assunti convenzionalmente.

7. Per le opere assentite che il concessionario ha già eseguito e non ancora ammortizzate alla scadenza della concessione, il concessionario uscente ha diritto ad un indennizzo di tali poste dell'investimento, da parte del subentrante, pari al costo effettivamente sostenuto, al netto degli ammortamenti, dei beni reversibili non ancora ammortizzati come risultante dal bilancio di esercizio alla data dell'anno in cui termina la concessione, e delle variazioni eseguite ai fini regolatori. L'importo del valore di subentro è a carico del concessionario subentrante.

8. Fatti salvi i contratti di partenariato pubblico privato con canone di disponibilità, per le concessioni autostradali (5) il rischio di cui all'articolo 3, comma 1, lettera zz), si intende comprensivo del rischio traffico. L'amministrazione può richiedere sullo schema delle convenzioni da sottoscrivere un parere preventivo all'Autorità di regolazione dei trasporti.

8-*bis*. Le amministrazioni non possono procedere agli affidamenti delle concessioni autostradali scadute o in scadenza facendo ricorso alle procedure di cui all'articolo 183 (6).

8-*bis*. Le concessioni autostradali relative ad autostrade che interessano una o più regioni possono essere affidate dal Ministero delle infrastrutture e dei trasporti a società in house di altre amministrazioni pubbliche anche appositamente costituite. A tal fine il controllo analogo di cui all'articolo 5 sulla predetta società in house può essere esercitato dal Ministero delle infrastrutture e dei trasporti attraverso un comitato disciplinato da apposito accordo ai sensi dell'articolo 15 della legge 7 agosto 1990, n. 241, che eserciti sulla società in house i poteri di cui al citato articolo 5 (6).

(1) *L'art. 105 del d.lgs. 19 aprile 2017, n. 56 ha sostituito le parole « del presente codice » con le parole « dalla Parte III del presente codice ».*

(2) *Periodo inserito dall'art. 105 del d.lgs. 19 aprile 2017, n. 56.*

(3) *Le parole da «, in conformità » a « presente codice » sono state inserite dall'art. 105 del d.lgs. 19 aprile 2017, n. 56.*

(4) *L'art. 107 del d.lgs. 19 aprile 2017, n. 56 ha sostituito le parole « un anno » con le parole « due anni ».*

(5) *L'art. 107 del d.lgs. 19 aprile 2017, n. 56 ha sostituito le parole « Per le concessioni autostradali » con le aprole da « Fatti salvi » a « concessioni autostradali ».*

(6) *Comma inserito dall'art. 107 del d.lgs. 19 aprile 2017, n. 56.*

PARTE IV

Partenariato pubblico privato e contraente generale ed altre modalità di affidamento (1)

(1) *Le parole « ed altre modalità di affidamento » sono state inserite dall'art. 106 del d.lgs. 19 aprile 2017, n. 56.*

179 Disciplina comune applicabile.

1. Alle procedure di affidamento di cui alla presente parte si applicano le disposizioni di cui alla parte I, III, V e VI, in quanto compatibili.

2. Si applicano inoltre, in quanto compatibili con le previsioni della presente parte, le disposizioni della parte II, titolo I a seconda che l'importo dei lavori sia pari o superiore alla soglia di cui all'articolo 35, ovvero inferiore, nonché le ulteriori disposizioni della parte II indicate all'articolo 164, comma 2.

3. Le disposizioni della presente parte si applicano, in quanto compatibili, anche ai servizi.

TITOLO I

Partenariato pubblico privato

180 Partenariato pubblico privato.

1. Il contratto di partenariato è il contratto a titolo

oneroso di cui all'articolo 3, comma 1, lettera *eee*). [Il contratto può avere ad oggetto anche la progettazione di fattibilità tecnico ed economica e la progettazione definitiva delle opere o dei servizi connessi.] (1).

2. Nei contratti di partenariato pubblico privato, i ricavi di gestione dell'operatore economico provengono dal canone riconosciuto dall'ente concedente e/o da qualsiasi altra forma di contropartita economica ricevuta dal medesimo operatore economico, anche sotto forma di introito diretto della gestione del servizio ad utenza esterna. Nel caso di contratti di rendimento energetico o di prestazione energetica (EPC), i ricavi di gestione dell'operatore economico possono essere determinati e pagati in funzione del livello di miglioramento dell'efficienza energetica o di altri criteri di prestazione energetica stabiliti contrattualmente, purché quantificabili in relazione ai consumi; la misura di miglioramento dell'efficienza energetica, calcolata conformemente alle norme in materia di attestazione della prestazione energetica degli immobili e delle altre infrastrutture energivore, deve essere resa disponibile all'amministrazione concedente a cura dell'operatore economico e deve essere verificata e monitorata durante l'intera durata del contratto, anche avvalendosi di apposite piattaforme informatiche adibite per la raccolta, l'organizzazione, la gestione, l'elaborazione, la valutazione e il monitoraggio dei consumi energetici (2). Il contratto di partenariato può essere utilizzato dalle amministrazioni concedenti per qualsiasi tipologia di opera pubblica (3).

3. Nel contratto di partenariato pubblico privato il trasferimento del rischio in capo all'operatore economico comporta l'allocazione a quest'ultimo, oltre che del rischio di costruzione, anche del rischio di disponibilità o, nei casi di attività redditizia verso l'esterno, del rischio di domanda dei servizi resi, per il periodo di gestione dell'opera come definiti, rispettivamente, dall'articolo 3, comma 1, lettere *aaa*), *bbb*) e *ccc*). Il contenuto del contratto è definito tra le parti in modo che il recupero degli investimenti effettuati e dei costi sostenuti dall'operatore economico, per eseguire il lavoro o fornire il servizio, dipenda dall'effettiva fornitura del servizio o utilizzabilità dell'opera o dal volume dei servizi erogati in corrispondenza della domanda e, in ogni caso, dal rispetto dei livelli di qualità contrattualizzati, purché la valutazione avvenga ex ante. Con il contratto di partenariato pubblico privato sono altresì disciplinati anche i rischi, incidenti sui corrispettivi, derivanti da fatti non imputabili all'operatore economico.

4. A fronte della disponibilità dell'opera o della domanda di servizi, l'amministrazione aggiudicatrice può scegliere di versare un canone all'operatore economico che è proporzionalmente ridotto o annullato nei periodi di ridotta o mancata disponibilità dell'opera, nonché ridotta o mancata prestazione dei servizi. Se la ridotta o mancata disponibilità dell'opera o prestazione del servizio è imputabile all'operatore, tali variazioni (4) del canone devono, in ogni caso, essere in grado di incidere significativamente sul valore attuale netto dell'insieme degli investimenti, dei costi e dei ricavi dell'operatore economico.

5. L'amministrazione aggiudicatrice sceglie altresì che a fronte della disponibilità dell'opera o della domanda di servizi, venga corrisposta una diversa utilità economica comunque pattuita ex ante, ovvero rimette la remunerazione del servizio allo sfruttamento diretto della stessa da parte dell'operatore economico, che pertanto si assume il rischio delle fluttuazioni negative di mercato della domanda del servizio medesimo.

6. L'equilibrio economico finanziario, come definito all'articolo 3, comma 1, lettera *fff*), rappresenta il presupposto per la corretta allocazione dei rischi di cui al comma 3. Ai soli fini del raggiungimento del predetto equilibrio, in sede di gara l'amministrazione aggiudicatrice può stabilire anche un prezzo consistente in un contributo pubblico ovvero nella cessione di beni immobili che non assolvono più a funzioni di interesse pubblico. A titolo di contributo può essere riconosciuto un diritto di godimento, la cui utilizzazione sia strumentale e tecnicamente connessa all'opera da affidare in concessione. Le modalità di utilizzazione dei beni immobili sono definite dall'amministrazione aggiudicatrice e costituiscono uno dei presupposti che determinano l'equilibrio economico-finanziario della concessione. In ogni caso, l'eventuale riconoscimento del prezzo, sommato al valore di eventuali garanzie pubbliche o di ulteriori meccanismi di finanziamento a carico della pubblica amministrazione, non può essere superiore al quarantanove (5) per cento del costo dell'investimento complessivo, comprensivo di eventuali oneri finanziari.

7. Si applica quanto previsto all'articolo 165, commi 3, 4 e 5, del presente codice (6).

8. Nella tipologia dei contratti di cui al comma 1 rientrano la finanza di progetto, la concessione di costruzione e gestione, la concessione di servizi, la locazione finanziaria di opere pubbliche, il contratto di disponibilità e qualunque altra procedura di realizzazione in partenariato di opere o servizi che presentino le caratteristiche di cui ai commi precedenti.

(1) *Periodo soppresso dall'art. 107 del d.lgs. 19 aprile 2017, n. 56.*

(2) *Periodo aggiunto dall'art. 8, comma 5, lett.* c-quater), *n. 1 d.l. 16 luglio 2020, n. 76, conv., con modif., in l. 11 settembre 2020, n. 120. Ai sensi del successivo comma 6 dell'art. 8 d.l. n. 76, cit., tale disposizione si applica alle procedure i cui bandi o avvisi, con i quali si indice una gara, sono pubblicati successivamente alla data di entrata in vigore del suddetto decreto, nonché, in caso di contratti senza pubblicazione di bandi o avvisi, alle procedure in cui, alla medesima data, non sono ancora stati inviati gli inviti a presentare le offerte o i preventivi.*

(3) *Periodo aggiunto dall'art. 107 del d.lgs. 19 aprile 2017, n. 56.*

(4) *L'art. 107 del d.lgs. 19 aprile 2017, n. 56 ha sostituito alle parole « Tali variazioni » le parole « Se la ridotta o mancata disponibilità dell'opera o prestazione del servizio è imputabile all'operatore, tali variazioni ».*

(5) *L'art. 107 del d.lgs. 19 aprile 2017, n. 56 ha sostituito le parole « trenta » con le parole « quarantanove ».*

(6) *Comma sostituito dall'art. 107 del d.lgs. 19 aprile 2017, n. 56. Il testo del comma era il seguente:* « 7. La documentata disponibilità di un finanziamento è condizione di valutazione di ammissione ad un contratto di partenariato pubblico privato. La sottoscrizione del contratto ha luogo previa la presentazione di idonea documentazione inerente il finanziamento dell'opera. Il contratto è risolto di diritto ove il contratto di finanziamento non sia perfezionato entro dodici mesi dalla sottoscrizione del contratto. ».

181 Procedure di affidamento.

1. La scelta dell'operatore economico avviene con

procedure ad evidenza pubblica anche mediante dialogo competitivo.

2. Salva l'ipotesi in cui l'affidamento abbia ad oggetto anche l'attività di progettazione come prevista dall'articolo 180, comma 1,] (1) le amministrazioni aggiudicatrici provvedono all'affidamento dei contratti ponendo a base di gara il progetto definitivo e uno schema di contratto e di piano economico finanziario, che disciplinino l'allocazione dei rischi tra amministrazione aggiudicatrice e operator.

3. La scelta è preceduta da adeguata istruttoria con riferimento all'analisi della domanda e dell'offerta, della sostenibilità economico-finanziaria e economico-sociale dell'operazione, alla natura e alla intensità dei diversi rischi presenti nell'operazione di partenariato, anche utilizzando tecniche di valutazione mediante strumenti di comparazione per verificare la convenienza del ricorso a forme di partenariato pubblico privato in alternativa alla realizzazione diretta tramite normali procedure di appalto.

4. L'amministrazione aggiudicatrice esercita il controllo sull'attività dell'operatore economico attraverso la predisposizione ed applicazione di sistemi di monitoraggio, secondo modalità definite da linee guida adottate dall'ANAC, sentito il Ministero (2) dell'economia e delle finanze, entro novanta giorni dall'entrata in vigore del presente codice, verificando in particolare la permanenza in capo all'operatore economico dei rischi trasferiti. L'operatore economico è tenuto a collaborare ed alimentare attivamente tali sistemi.

(1) *Parole soppresse dall'art. 108 del d.lgs. 19 aprile 2017, n. 56.*

(2) *L'art. 108 del d.lgs. 19 aprile 2017, n. 56 ha sostituito le parole « sentito il Ministro » con le parole « sentito il Ministero ».*

182 Finanziamento del progetto.

1. Il finanziamento dei contratti può avvenire utilizzando idonei strumenti quali, tra gli altri, la finanza di progetto. Il finanziamento può anche riguardare il conferimento di asset patrimoniali pubblici e privati. La remunerazione del capitale investito è definita nel contratto.

2. Il contratto definisce i rischi trasferiti, le modalità di monitoraggio della loro permanenza entro il ciclo di vita del rapporto contrattuale e le conseguenze derivanti dalla anticipata estinzione del contratto, tali da comportare la permanenza dei rischi trasferiti in capo all'operatore economico.

3. Il verificarsi di fatti non riconducibili all'operatore economico che incidono sull'equilibrio del piano economico finanziario può comportare la sua revisione da attuare mediante la rideterminazione delle condizioni di equilibrio. La revisione deve consentire la permanenza dei rischi trasferiti in capo all'operatore economico e delle condizioni di equilibrio economico finanziario relative al contratto. Ai fini della tutela della finanza pubblica strettamente connessa al mantenimento della predetta allocazione dei rischi, nei casi di opere di interesse statale ovvero finanziate con contributo a carico dello Stato, la revisione è subordinata alla previa valutazione da parte del Nucleo di consulenza per l'attuazione delle linee guida per la regolazione dei servizi di pubblica utilità (NARS). Negli altri casi, è facoltà dell'amministrazione aggiudicatrice sottoporre la revisione alla previa valutazione del NARS. In caso di mancato accordo sul riequilibrio del piano economico finanziario, le parti possono recedere dal contratto. All'operatore economico sono rimborsati gli importi di cui all'articolo 176, comma 4, lettere *a*) e *b*), ad esclusione degli oneri derivanti dallo scioglimento anticipato dei contratti di copertura del rischio di fluttuazione del tasso di interesse (1).

(1) *L'art. 109 del d.lgs. 19 aprile 2017, n. 56 ha sostituito le parole « spetta il valore delle opere realizzate e degli oneri accessori, al netto degli ammortamenti e dei contributi pubblici. » con le parole « sono rimborsati gli importi di cui all'articolo 176, comma 4, lettere* a) *e* b)*, ad esclusione degli oneri derivanti dallo scioglimento anticipato dei contratti di copertura del rischio di fluttuazione del tasso di interesse ».*

183 Finanza di progetto.

1. Per la realizzazione di lavori pubblici o di lavori di pubblica utilità, ivi inclusi quelli relativi alle strutture dedicate alla nautica da diporto, inseriti negli strumenti di programmazione formalmente approvati dall'amministrazione aggiudicatrice sulla base della normativa vigente, ivi inclusi i Piani dei porti, finanziabili in tutto o in parte con capitali privati, le amministrazioni aggiudicatrici possono, in alternativa all'affidamento mediante concessione ai sensi della parte III, affidare una concessione ponendo a base di gara il progetto di fattibilità, mediante pubblicazione di un bando finalizzato alla presentazione di offerte che contemplino l'utilizzo di risorse totalmente o parzialmente a carico dei soggetti proponenti. In ogni caso per le infrastrutture afferenti le opere in linea, è necessario che le relative proposte siano ricomprese negli strumenti di programmazione approvati dal Ministero delle infrastrutture e dei trasporti.

2. Il bando di gara è pubblicato con le modalità di cui all'articolo 72 ovvero di cui all'articolo 36, comma 9, secondo l'importo dei lavori, ponendo a base di gara il progetto di fattibilità predisposto dall'amministrazione aggiudicatrice. Il progetto di fattibilità da porre a base di gara è redatto dal personale delle amministrazioni aggiudicatrici in possesso dei requisiti soggettivi necessari per la sua predisposizione in funzione delle diverse professionalità coinvolte nell'approccio multidisciplinare proprio del progetto di fattibilità. In caso di carenza in organico di personale idoneamente qualificato, le amministrazioni aggiudicatrici possono affidare la redazione del progetto di fattibilità a soggetti esterni, individuati con le procedure previste dal presente codice. Gli oneri connessi all'affidamento di attività a soggetti esterni possono essere ricompresi nel quadro economico dell'opera.

3. Il bando, oltre al contenuto previsto dall'allegato XXI specifica:

a) che l'amministrazione aggiudicatrice ha la possibilità di richiedere al promotore prescelto, di cui al comma 10, lettera *b*), di apportare al progetto definitivo, da questi presentato, le modifiche eventualmente intervenute in fase di approvazione del progetto, anche al fine del rilascio delle concessioni demaniali marittime, ove necessarie, e che, in tal caso, la concessione è aggiudicata al promotore solo successivamente all'accettazione, da parte di quest'ultimo, delle modifiche progettuali nonché del conseguente eventuale adeguamento del piano economico-finanziario;

b) che, in caso di mancata accettazione da parte del promotore di apportare modifiche al progetto definitivo, l'amministrazione ha facoltà di chiedere progressivamente ai concorrenti successivi in graduatoria l'accettazione delle modifiche da apportare al progetto definitivo presentato dal promotore alle stesse condizioni proposte al promotore e non accettate dallo stesso.

4. Le amministrazioni aggiudicatrici valutano le offerte presentate con il criterio dell'offerta economicamente più vantaggiosa individuata sulla base del miglior rapporto qualità/prezzo (1).

5. Oltre a quanto previsto dall'articolo 95, l'esame delle proposte è esteso agli aspetti relativi alla qualità del progetto definitivo presentato, al valore economico e finanziario del piano e al contenuto della bozza di convenzione. Per quanto concerne le strutture dedicate alla nautica da diporto, l'esame e la valutazione delle proposte sono svolti anche con riferimento alla maggiore idoneità dell'iniziativa prescelta a soddisfare in via combinata gli interessi pubblici alla valorizzazione turistica ed economica dell'area interessata, alla tutela del paesaggio e dell'ambiente e alla sicurezza della navigazione.

6. Il bando indica i criteri, secondo l'ordine di importanza loro attribuita, in base ai quali si procede alla valutazione comparativa tra le diverse proposte. La pubblicazione del bando, nel caso di strutture destinate alla nautica da diporto, esaurisce gli oneri di pubblicità previsti per il rilascio della concessione demaniale marittima.

7. Il disciplinare di gara, richiamato espressamente nel bando, indica, in particolare, l'ubicazione e la descrizione dell'intervento da realizzare, la destinazione urbanistica, la consistenza, le tipologie del servizio da gestire, in modo da consentire che le proposte siano presentate secondo presupposti omogenei.

8. Alla procedura sono ammessi solo i soggetti in possesso dei requisiti per i concessionari, anche associando o consorziando altri soggetti, ferma restando l'assenza dei motivi di esclusione di cui all'articolo 80.

9. Le offerte devono contenere un progetto definitivo, una bozza di convenzione, un piano economico-finanziario asseverato da un istituto di credito o da società di servizi costituite dall'istituto di credito stesso ed iscritte nell'elenco generale degli intermediari finanziari, ai sensi dell'articolo 106 del decreto legislativo 1° settembre 1993, n. 385, o da una società di revisione ai sensi dell'articolo 1 della legge 23 novembre 1939, n. 1966, nonché la specificazione delle caratteristiche del servizio e della gestione, e dare conto del preliminare coinvolgimento di uno o più istituti finanziatori nel progetto. Il piano economico-finanziario, oltre a prevedere il rimborso delle spese sostenute per la predisposizione del progetto di fattibilità posto a base di gara, comprende l'importo delle spese sostenute per la predisposizione delle offerte, comprensivo anche dei diritti sulle opere dell'ingegno di cui all'articolo 2578 del codice civile. L'importo complessivo delle spese di cui al periodo precedente non può superare il 2,5 per cento del valore dell'investimento, come desumibile dal progetto di fattibilità posto a base di gara. Nel caso di strutture destinate alla nautica da diporto, il progetto definitivo deve definire le caratteristiche qualitative e funzionali dei lavori ed il quadro delle esigenze da soddisfare e delle specifiche prestazioni da fornire, deve contenere uno studio con la descrizione del progetto ed i dati necessari per individuare e valutare i principali effetti che il progetto può avere sull'ambiente e deve essere integrato con le specifiche richieste dal Ministero delle infrastrutture e dei trasporti con propri decreti.

10. L'amministrazione aggiudicatrice:

a) prende in esame le offerte che sono pervenute nei termini indicati nel bando;

b) redige una graduatoria e nomina promotore il soggetto che ha presentato la migliore offerta; la nomina del promotore può aver luogo anche in presenza di una sola offerta;

c) pone in approvazione il progetto definitivo presentato dal promotore, con le modalità indicate all'articolo 27, anche al fine del successivo rilascio della concessione demaniale marittima, ove necessaria. In tale fase è onere del promotore procedere alle modifiche progettuali necessarie ai fini dell'approvazione del progetto, nonché a tutti gli adempimenti di legge anche ai fini della valutazione di impatto ambientale, senza che ciò comporti alcun compenso aggiuntivo, né incremento delle spese sostenute per la predisposizione delle offerte indicate nel piano finanziario;

d) quando il progetto non necessita di modifiche progettuali, procede direttamente alla stipula della concessione;

e) qualora il promotore non accetti di modificare il progetto, ha facoltà di richiedere progressivamente ai concorrenti successivi in graduatoria l'accettazione delle modifiche al progetto presentato dal promotore alle stesse condizioni proposte al promotore e non accettate dallo stesso.

11. La stipulazione del contratto di concessione può avvenire solamente a seguito della conclusione, con esito positivo, della procedura di approvazione del progetto definitivo e della accettazione delle modifiche progettuali da parte del promotore, ovvero del diverso concorrente aggiudicatario. Il rilascio della concessione demaniale marittima, ove necessaria, avviene sulla base del progetto definitivo, redatto in conformità al progetto di fattibilità approvato.

12. Nel caso in cui risulti aggiudicatario della concessione un soggetto diverso dal promotore, quest'ultimo ha diritto al pagamento, a carico dell'aggiudicatario, dell'importo delle spese di cui al comma 9, terzo periodo.

13. Le offerte sono corredate dalla garanzia di cui all'articolo 93 e da un'ulteriore cauzione fissata dal bando in misura pari al 2,5 per cento del valore dell'investimento, come desumibile dal progetto di fattibilità posto a base di gara. Il soggetto aggiudicatario è tenuto a prestare la cauzione definitiva di cui all'articolo 103. Dalla data di inizio dell'esercizio del servizio, da parte del concessionario è dovuta una cauzione a garanzia delle penali relative al mancato o inesatto adempimento di tutti gli obblighi contrattuali relativi alla gestione dell'opera, da prestarsi nella misura del 10 per

cento del costo annuo operativo di esercizio e con le modalità di cui all'articolo 103; la mancata presentazione di tale cauzione costituisce grave inadempimento contrattuale.

14. Si applicano, ove necessario, le disposizioni di cui al decreto del Presidente della Repubblica 8 giugno 2001, n. 327, e successive modificazioni.

15. Gli operatori economici possono presentare alle amministrazioni aggiudicatrici proposte relative alla realizzazione in concessione di lavori pubblici o di lavori di pubblica utilità, incluse le strutture dedicate alla nautica da diporto, anche se presenti (2) negli strumenti di programmazione approvati dall'amministrazione aggiudicatrice sulla base della normativa vigente. La proposta contiene un progetto di fattibilità, una bozza di convenzione, il piano economico-finanziario asseverato da uno dei soggetti di cui al comma 9, primo periodo, e la specificazione delle caratteristiche del servizio e della gestione. Nel caso di strutture destinate alla nautica da diporto, il progetto di fattibilità deve definire le caratteristiche qualitative e funzionali dei lavori e del quadro delle esigenze da soddisfare e delle specifiche prestazioni da fornire, deve contenere uno studio con la descrizione del progetto e i dati necessari per individuare e valutare i principali effetti che il progetto può avere sull'ambiente e deve essere integrato con le specifiche richieste dal Ministero delle infrastrutture e dei trasporti con propri decreti. Il piano economico-finanziario comprende l'importo delle spese sostenute per la predisposizione della proposta, comprensivo anche dei diritti sulle opere dell'ingegno di cui all'articolo 2578 del codice civile. La proposta è corredata dalle autodichiarazioni relative al possesso dei requisiti di cui al comma 17, dalla cauzione di cui all'articolo 93 (3), e dall'impegno a prestare una cauzione nella misura dell'importo di cui al comma 9,terzo periodo, nel caso di indizione di gara. L'amministrazione aggiudicatrice valuta, entro il termine perentorio di tre mesi, la fattibilità della proposta. A tal fine l'amministrazione aggiudicatrice può invitare il proponente ad apportare al progetto di fattibilità le modifiche necessarie per la sua approvazione. Se il proponente non apporta le modifiche richieste, la proposta non può essere valutata positivamente. Il progetto di fattibilità eventualmente modificato, qualora non sia già presente (4) negli strumenti di programmazione approvati dall'amministrazione aggiudicatrice sulla base della normativa vigente, è inserito in tali strumenti di programmazione (4) ed è posto in approvazione con le modalità previste per l'approvazione di progetti; il proponente è tenuto ad apportare le eventuali ulteriori modifiche chieste in sede di approvazione del progetto; in difetto, il progetto si intende non approvato. Il progetto di fattibilità approvato è posto a base di gara, alla quale è invitato il proponente. Nel bando l'amministrazione aggiudicatrice può chiedere ai concorrenti, compreso il proponente, la presentazione di eventuali varianti al progetto. Nel bando è specificato che il promotore può esercitare il diritto di prelazione. I concorrenti, compreso il promotore, devono essere in possesso dei requisiti di cui al comma 8, e presentare un'offerta contenente una bozza di convenzione, il piano economico-finanziario asseverato da uno dei soggetti di cui al comma 9, primo periodo, la specificazione delle caratteristiche del servizio e della gestione, nonché le eventuali varianti al progetto di fattibilità; si applicano i commi 4, 5, 6, 7 e 13. Se il promotore non risulta aggiudicatario, può esercitare, entro quindici giorni dalla comunicazione dell'aggiudicazione, il diritto di prelazione e divenire aggiudicatario se dichiara di impegnarsi ad adempiere alle obbligazioni contrattuali alle medesime condizioni offerte dall'aggiudicatario. Se il promotore non risulta aggiudicatario e non esercita la prelazione ha diritto al pagamento, a carico dell'aggiudicatario, dell'importo delle spese per la predisposizione della proposta nei limiti indicati nel comma 9. Se il promotore esercita la prelazione, l'originario aggiudicatario ha diritto al pagamento, a carico del promotore, dell'importo delle spese per la predisposizione dell'offerta nei limiti di cui al comma 9.

16. La proposta di cui al comma 15, primo periodo, può riguardare, in alternativa alla concessione, tutti i contratti di partenariato pubblico privato (5).

17. Possono presentare le proposte di cui al comma 15, primo periodo, i soggetti in possesso dei requisiti di cui al comma 8, nonché i soggetti con i requisiti per partecipare a procedure di affidamento di contratti pubblici anche per servizi di progettazione eventualmente associati o consorziati con enti finanziatori e con gestori di servizi. La realizzazione di lavori pubblici o di pubblica utilità rientra tra i settori ammessi di cui all'articolo 1, comma 1, lettera *c-bis*), del decreto legislativo 17 maggio 1999, n. 153. Le camere di commercio, industria, artigianato e agricoltura, nell'ambito degli scopi di utilità sociale e di promozione dello sviluppo economico dalle stesse perseguiti, possono aggregarsi alla presentazione di proposte di realizzazione di lavori pubblici di cui al comma 1, ferma restando la loro autonomia decisionale.

17-*bis*. Gli investitori istituzionali indicati nell'elenco riportato all'articolo 32, comma 3, del decreto-legge 31 maggio 2010, n. 78, convertito, con modificazioni, dalla legge 30 luglio 2010, n. 122, nonché i soggetti di cui all'articolo 2, numero 3), del regolamento (UE) 2015/1017 del Parlamento europeo e del Consiglio, del 25 giugno 2015, secondo quanto previsto nella comunicazione (COM(2015) 361 final) della Commissione del 22 luglio 2015, possono presentare le proposte di cui al comma 15, primo periodo, associati o consorziati, qualora privi dei requisiti tecnici, con soggetti in possesso dei requisiti per partecipare a procedure di affidamento di contratti pubblici per servizi di progettazione (6).

18. Al fine di assicurare adeguati livelli di bancabilità e il coinvolgimento del sistema bancario nell'operazione, si applicano in quanto compatibili le disposizioni contenute all'articolo 185.

19. Limitatamente alle ipotesi di cui i commi 15 e 17, i soggetti che hanno presentato le proposte possono recedere dalla composizione dei proponenti in ogni fase della procedura fino alla pubblicazione del bando di gara purché tale recesso non faccia venir meno la presenza dei requisiti per la qualificazione. In ogni caso, la mancanza dei requisiti in capo a singoli soggetti comporta l'esclusione dei soggetti medesimi senza inficiare la validità della proposta, a condizione che

i restanti componenti posseggano i requisiti necessari per la qualificazione.

20. Ai sensi dell'articolo 2 del presente codice, per quanto attiene alle strutture dedicate alla nautica da diporto, le regioni e le province autonome di Trento e di Bolzano adeguano la propria normativa ai principi previsti dal presente articolo.

(1) *L'art. 110 del d.lgs. 19 aprile 2017, n. 56 ha sostituito le parole « di cui all'articolo 95 » con le parole « individuata sulla base del miglior rapporto qualità/prezzo ».*

(2) *Le parole* « anche se presenti » *sono state sostituite alle parole* « non presenti » *dall'art. 8, comma 5, lett.* d), *n. 1) d.l. 16 luglio 2020, n. 76, conv., con modif., in l. 11 settembre 2020, n. 120, in vigore dal 17 luglio 2020. Ai sensi del successivo comma 6, « Le disposizioni di cui al comma 5 si applicano alle procedure i cui bandi o avvisi, con i quali si indice una gara, sono pubblicati successivamente alla data di entrata in vigore del presente decreto, nonché, in caso di contratti senza pubblicazione di bandi o avvisi, alle procedure in cui, alla medesima data, non sono ancora stati inviati gli inviti a presentare le offerte o i preventivi ».*

(3) *L'art. 110 del d.lgs. 19 aprile 2017, n. 56 ha sostituito le parole « articolo 103 » con le parole « articolo 93 ».*

(4) *Le parole « qualora non sia già presente » sono state sostituite alle parole « è inserito » e le parole «, è inserito in tali strumenti di programmazione » sono state aggiunte dall'art. 8, comma 5, lett. d), nn. 1) e 2) d.l. n. 76, cit. V. nota 2 per la disciplina transitoria di cui al successivo comma 6.*

(5) *L'art. 110 del d.lgs. 19 aprile 2017, n. 56 ha sostituito le parole « la locazione finanziaria di cui all'articolo 187 » con le parole da « tutti » a « privato ».*

(6) *Comma inserito dall'art. 1, comma 20, lett. cc) d.l. 18 aprile 2019, n. 32, conv., con modif., in l. 14 giugno 2019, n. 55. Ai sensi del comma 21 del predetto art. 1, le disposizioni di cui all'art. 1, comma 20 del suddetto d.l. n. 32 cit. si applicano alle procedure i cui bandi o avvisi, con i quali si indice una gara, sono pubblicati successivamente alla data di entrata in vigore della legge di conversione del presente decreto, nonché, in caso di contratti senza pubblicazione di bandi o avvisi, alle procedure in cui, alla medesima data, non sono ancora stati inviati gli inviti a presentare le offerte o i preventivi.*

184 Società di progetto.

1. Il bando di gara per l'affidamento di una concessione per la realizzazione e/o gestione di una infrastruttura o di un nuovo servizio di pubblica utilità deve prevedere che l'aggiudicatario ha la facoltà, dopo l'aggiudicazione, di costituire una società di progetto informa di società per azioni o a responsabilità limitata, anche consortile. Il bando di gara indica l'ammontare minimo del capitale sociale della società. In caso di concorrente costituito da più soggetti, nell'offerta è indicatala quota di partecipazione al capitale sociale di ciascun soggetto. Le predette disposizioni si applicano anche alla gara di cui all'articolo 183. La società così costituita diventa la concessionaria subentrando nel rapporto di concessione all'aggiudicatario senza necessità di approvazione o autorizzazione. Tale subentro non costituisce cessione di contratto. Il bando di gara può, altresì, prevedere che la costituzione della società sia un obbligo dell'aggiudicatario.

2. I lavori da eseguire e i servizi da prestare da parte delle società disciplinate dal comma 1 si intendono realizzati e prestati in proprio anche nel caso siano affidati direttamente dalle suddette società ai propri soci, sempre che essi siano in possesso dei requisiti stabiliti dalle vigenti norme legislative e regolamentari. Restano ferme le disposizioni legislative, regolamentarie contrattuali che prevedano obblighi di affidamento dei lavorio dei servizi a soggetti terzi.

3. Per effetto del subentro di cui al comma 1, che non costituisce cessione del contratto, la società di progetto diventa la concessionaria a titolo originario e sostituisce l'aggiudicatario in tutti i rapporti con l'amministrazione concedente. Nel caso di versamento di un prezzo in corso d'opera da parte della pubblica amministrazione, i soci della società restano solidalmente responsabili con la società di progetto nei confronti dell'amministrazione per l'eventuale rimborso del contributo percepito. In alternativa, la società di progetto può fornire alla pubblica amministrazione garanzie bancarie e assicurative per la restituzione delle somme versate a titolo di prezzo in corso d'opera, liberando in tal modo i soci. Le suddette garanzie cessano alla data di emissione del certificato di collaudo dell'opera. Il contratto di concessione stabilisce le modalità per l'eventuale cessione delle quote della società di progetto, fermo restando che i soci che hanno concorso a formare i requisiti per la qualificazione sono tenuti a partecipare alla società e a garantire, nei limiti di cui sopra, il buon adempimento degli obblighi del concessionario sino alla data di emissione del certificato di collaudo dell'opera. L'ingresso nel capitale sociale della società di progetto e lo smobilizzo delle partecipazioni da parte di banche e altri investitori istituzionali che non abbiano concorso a formare i requisiti per la qualificazione possono tuttavia avvenire in qualsiasi momento.

185 Emissione di obbligazioni e di titoli di debito da parte delle società di progetto.

1. Al fine di realizzare una singola infrastruttura o un nuovo servizio di pubblica utilità, le società di progetto di cui all'articolo 184 nonché le società titolari di un contratto di partenariato pubblico privato ai sensi dell'articolo 3, comma 1, lettere *eee*), possono emettere obbligazioni e titoli di debito, anche in deroga ai limiti di cui agli articoli 2412 e 2483 del codice civile, purché destinati alla sottoscrizione da parte degli investitori qualificati come definiti ai sensi dell'articolo 100 del decreto legislativo 24 febbraio 1998, n. 58, fermo restando che sono da intendersi inclusi in ogni caso tra i suddetti investitori qualificati altresì le società ed altri soggetti giuridici controllati da investitori qualificati ai sensi dell'articolo 2359 del codice civile; detti obbligazioni e titoli di debito possono essere dematerializzati e non possono essere trasferiti a soggetti che non siano investitori qualificati come sopra definiti. In relazione ai titoli emessi ai sensi del presente articolo non si applicano gli articoli 2413, 2414-*bis*, commi primo e secondo, e da 2415 a 2420 del codice civile.

2. La documentazione di offerta deve riportare chiaramente ed evidenziare distintamente un avvertimento circa l'elevato profilo di rischio associato all'operazione.

3. Le obbligazioni e i titoli di debito, sino all'avvio della gestione dell'infrastruttura da parte del concessionario ovvero fino alla scadenza delle obbligazioni e dei titoli medesimi, possono essere garantiti dal sistema finanziario, da fondazioni e da fondi privati, secondo le modalità definite con decreto del Ministro dell'e-

conomia e delle finanze, di concerto con il Ministro delle infrastrutture e dei trasporti.

4. Le disposizioni di cui ai commi 1, 2 e 3 si applicano anche alle società operanti nella gestione dei servizi di cui all'articolo 3-*bis* del decreto-legge 13 agosto 2011, n. 138, convertito, con modificazioni, dalla legge 14 settembre 2011, n. 148, alle società titolari delle autorizzazioni alla costruzione di infrastrutture di trasporto di gas e delle concessioni di stoccaggio di cui agli articoli 9 e 11 del decreto legislativo 23 maggio 2000, n. 164, alle società titolari delle autorizzazioni alla costruzione di infrastrutture facenti parte del Piano di sviluppo della rete di trasmissione nazionale dell'energia elettrica, alle società titolari delle autorizzazioni per la realizzazione di reti di comunicazione elettronica di cui al decreto legislativo 1° agosto 2003, n. 259, e alle società titolari delle licenze individuali per l'installazione e la fornitura di reti di telecomunicazioni pubbliche di cui al predetto decreto n. 259 del 2003, nonché a quelle titolari delle autorizzazioni di cui all'articolo 46 de1 decreto-legge 1° ottobre 2007, n. 159, convertito, con modificazioni, dalla legge 29 novembre 2007, n. 222. Per le finalità relative al presente comma, il decreto di cui al comma 3 è adottato di concerto con il Ministro dello sviluppo economico.

5. Le garanzie, reali e personali e di qualunque altra natura incluse le cessioni di credito a scopo di garanzia che assistono le obbligazioni e i titoli di debito possono essere costituite in favore dei sottoscrittori o anche di un loro rappresentante che sarà legittimato a esercitare in nome e per conto dei sottoscrittori tutti i diritti, sostanziali e processuali, relativi alle garanzie medesime.

6. Le disposizioni di cui al presente articolo non pregiudicano quanto previsto all'articolo 194, comma 12, del presente codice, in relazione alla facoltà del contraente generale di emettere obbligazioni secondo quanto ivi stabilito.

186 Privilegio sui crediti.

1. I crediti dei soggetti che finanziano o rifinanziano, a qualsiasi titolo, anche tramite la sottoscrizione di obbligazioni e titoli similari, la realizzazione di lavori pubblici, di opere di interesse pubblico o la gestione di pubblici servizi hanno privilegio generale, ai sensi degli articoli 2745 e seguenti del codice civile, sui beni mobili, ivi inclusi i crediti, del concessionario e delle società di progetto che siano concessionarie o affidatarie di contratto di partenariato pubblico privato o contraenti generali, ai sensi dell'articolo 194.

2. Il privilegio, a pena di nullità, deve risultare da atto scritto. Nell'atto devono essere esattamente descritti i finanziatori originari dei crediti, il debitore, l'ammontare in linea capitale del finanziamento o della linea di credito, nonché gli elementi che costituiscono il finanziamento.

3. L'opponibilità ai terzi del privilegio sui beni è subordinata alla trascrizione, nel registro indicato dall'articolo 1524, comma 2, del codice civile, dell'atto dal quale il privilegio risulta. Della costituzione del privilegio è dato avviso mediante pubblicazione nella Gazzetta ufficiale della Repubblica italiana; dall'avviso devono risultare gli estremi della avvenuta trascrizione. La trascrizione e la pubblicazione devono essere effettuate presso i competenti uffici del luogo ove ha sede l'impresa finanziata.

187 Locazione finanziaria di opere pubbliche o di pubblica utilità.

1. Per la realizzazione, l'acquisizione ed il completamento di opere pubbliche o di pubblica utilità i committenti tenuti all'applicazione del presente codice possono avvalersi anche del contratto di locazione finanziaria, che costituisce appalto pubblico di lavori, salvo che questi ultimi abbiano un carattere meramente accessorio rispetto all'oggetto principale del contratto medesimo.

2. Nei casi di cui al comma 1, il bando, ferme le altre indicazioni previste dal presente codice, determina i requisiti soggettivi, funzionali, economici, tecnico-realizzativi ed organizzativi di partecipazione, le caratteristiche tecniche ed estetiche dell'opera, i costi, i tempi e le garanzie dell'operazione, nonché i parametri di valutazione tecnica ed economico-finanziaria dell'offerta economicamente più vantaggiosa.

3. L'offerente di cui al comma 2 può essere anche una associazione temporanea costituita dal soggetto finanziatore e dal soggetto realizzatore, responsabili, ciascuno, in relazione alla specifica obbligazione assunta, ovvero un contraente generale. In caso di fallimento (1), inadempimento o sopravvenienza di qualsiasi causa impeditiva all'adempimento dell'obbligazione da parte di uno dei due soggetti costituenti l'associazione temporanea di imprese, l'altro può sostituirlo, con l'assenso del committente, con altro soggetto avente medesimi requisiti e caratteristiche.

4. L'adempimento degli impegni della stazione appaltante resta in ogni caso condizionato al positivo controllo della realizzazione e dalla eventuale gestione funzionale dell'opera secondo le modalità previste.

5. Il soggetto finanziatore, autorizzato ai sensi del decreto legislativo 1° settembre 1993, n. 385, e successive modificazioni, deve dimostrare alla stazione appaltante che dispone, se del caso avvalendosi delle capacità di altri soggetti, anche in associazione temporanea con un soggetto realizzatore, dei mezzi necessari ad eseguire l'appalto. L'offerente può anche essere un contraente generale.

6. La stazione appaltante pone a base di gara almeno un progetto di fattibilità. L'aggiudicatario provvede alla predisposizione dei successivi livelli progettuali e all'esecuzione dell'opera.

7. L'opera oggetto del contratto di locazione finanziaria può seguire il regime di opera pubblica ai fini urbanistici, edilizi ed espropriativi; l'opera può essere realizzata su area nella disponibilità dell'aggiudicatario.

(1) *Ai sensi dell'art. 349, comma 1, d.lgs. 12 gennaio 2019, n. 14, in vigore a decorrere* **dal 16 maggio 2022** *ai sensi dell'art. 389, comma 1 del medesimo decreto, come da ultimo sostituito dall'art. 1, comma 1, d.l. 24 agosto 2021, n. 118, conv., con modif., in l. 21 ottobre 2021, n. 147, « Nelle disposizioni normative vigenti i termini « fallimento », « procedura fallimentare », « fallito » nonché le espressioni dagli stessi termini derivate devono intendersi sostituite, rispettivamente, con le espressioni « liquidazione giudiziale », « procedura di liquidazione giudiziale » e*

« debitore assoggettato a liquidazione giudiziale » e loro derivati, con salvezza della continuità delle fattispecie »

188 Contratto di disponibilità.

1. L'affidatario del contratto di disponibilità è retribuito con i seguenti corrispettivi, soggetti ad adeguamento monetario secondo le previsioni del contratto:

a) un canone di disponibilità, da versare soltanto in corrispondenza alla effettiva disponibilità dell'opera; il canone è proporzionalmente ridotto o annullato nei periodi di ridotta o nulla disponibilità della stessa per manutenzione, vizi o qualsiasi motivo non rientrante tra i rischi a carico dell'amministrazione aggiudicatrice ai sensi del comma 3;

b) l'eventuale riconoscimento di un contributo in corso d'opera, comunque non superiore al cinquanta per cento del costo di costruzione dell'opera, in caso di trasferimento della proprietà dell'opera all'amministrazione aggiudicatrice;

c) un eventuale prezzo di trasferimento, parametrato, in relazione ai canoni già versati e all'eventuale contributo incorso d'opera di cui alla precedente lettera *b*), al valore di mercato residuo dell'opera, da corrispondere, al termine del contratto, in caso di trasferimento della proprietà dell'opera all'amministrazione aggiudicatrice.

2. L'affidatario assume il rischio della costruzione e della gestione tecnica dell'opera per il periodo di messa a disposizione dell'amministrazione aggiudicatrice. Il contratto determina le modalità di ripartizione dei rischi tra le parti, che possono comportare variazioni dei corrispettivi dovuti per gli eventi incidenti sul progetto, sulla realizzazione o sulla gestione tecnica dell'opera, derivanti dal sopravvenire di norme o provvedimenti cogenti di pubbliche autorità. Salvo diversa determinazione contrattuale e fermo restando quanto previsto dal comma 5, i rischi sulla costruzione e gestione tecnica dell'opera derivanti da mancato o ritardato rilascio di autorizzazioni, pareri, nulla osta e ogni altro atto di natura amministrativa sono a carico del soggetto aggiudicatore.

3. Il bando di gara è pubblicato con le modalità di cui all'articolo 72 ovvero di cui all'articolo 36, comma 9, secondo l'importo del contratto, ponendo a base di gara un capitolato prestazionale (1) predisposto dall'amministrazione aggiudicatrice, che indica, in dettaglio, le caratteristiche tecniche e funzionali che deve assicurare l'opera costruita e le modalità per determinare la riduzione del canone di disponibilità, nei limiti di cui al comma 6. Le offerte devono contenere un progetto di fattibilità rispondente alle caratteristiche indicate in sede di gara e sono corredate dalla garanzia di cui all'articolo 93; il soggetto aggiudicatario è tenuto a prestare la cauzione definitiva di cui all'articolo 103. Dalla data di inizio della messa a disposizione da parte dell'affidatario è dovuta una cauzione a garanzia delle penali relative al mancato o inesatto adempimento di tutti gli obblighi contrattuali relativi alla messa a disposizione dell'opera, da prestarsi nella misura del dieci per cento del costo annuo operativo di esercizio e con le modalità di cui all'articolo 103; la mancata presentazione di tale cauzione costituisce grave inadempimento contrattuale. L'amministrazione aggiudicatrice valuta le offerte presentate con il criterio dell'offerta economicamente più vantaggiosa, individuata sulla base del miglior rapporto qualità/prezzo (2). Il bando indica i criteri, secondo l'ordine di importanza loro attribuita, in base ai quali si procede alla valutazione comparativa tra le diverse offerte. Gli oneri connessi agli eventuali espropri sono considerati nel quadro economico degli investimenti e finanziati nell'ambito del contratto di disponibilità.

4. Al contratto di disponibilità si applicano le disposizioni previste dal presente codice in materia di requisiti generali di partecipazione alle procedure di affidamento e di qualificazione degli operatori economici.

5. Il progetto definitivo, il progetto esecutivo e le eventuali varianti in corso d'opera sono redatti a cura dell'affidatario; l'affidatario ha la facoltà di introdurre le eventuali varianti finalizzate ad una maggiore economicità di costruzione o gestione, nel rispetto del progetto di fattibilità tecnica-economica approvato dall'amministrazione aggiudicatrice (3) e delle norme e provvedimenti di pubbliche autorità vigenti e sopravvenuti; il progetto definitivo, il progetto esecutivo e le varianti in corso d'opera sono ad ogni effetto approvati dall'affidatario, previa comunicazione all'amministrazione aggiudicatrice la quale può, entro trenta giorni, motivatamente opporsi ove non rispettino il capitolato prestazionale e, ove prescritto, alle terze autorità competenti. Il rischio della mancata o ritardata approvazione da parte di terze autorità competenti della progettazione e delle eventuali varianti è a carico dell'affidatario. L'amministrazione aggiudicatrice può attribuire all'affidatario il ruolo di autorità espropriante ai sensi del testo unico di cui al decreto del Presidente della Repubblica 8 giugno 2001, n. 327.

6. L'attività di collaudo, posta in capo alla stazione appaltante, verifica la realizzazione dell'opera al fine di accertare il puntuale rispetto del capitolato prestazionale e delle norme e disposizioni cogenti e può proporre all'amministrazione aggiudicatrice, a questi soli fini, modificazioni, varianti e rifacimento di lavori eseguiti ovvero, sempre che siano assicurate le caratteristiche funzionali essenziali, la riduzione del canone di disponibilità. Il contratto individua, anche a salvaguardia degli enti finanziatori e dei titolari di titoli emessi ai sensi dell'articolo 186 del presente codice, il limite di riduzione del canone di disponibilità superato il quale il contratto è risolto. L'adempimento degli impegni dell'amministrazione aggiudicatrice resta in ogni caso condizionato al positivo controllo della realizzazione dell'opera e dalla messa a disposizione della stessa secondo le modalità previste dal contratto di disponibilità.

(1) *L'art. 111 del d.lgs. 19 aprile 2017, n. 56 ha sostituito le parole « ponendo a base di gara il progetto di fattibilità tecnico ed economica » con le parole « ponendo a base di gara un capitolato prestazionale ».*

(2) *L'art. 111 del d.lgs. 19 aprile 2017, n. 56 ha sostituito le parole « di cui all'articolo 95 » con le parole «, individuata sulla base del miglior rapporto qualità/prezzo ».*

(3) *Le parole approvato dall'amministrazione aggiudicatrice sono state inserite dall'art. 111 del d.lgs. 19 aprile 2017, n. 56.*

189 Interventi di sussidiarietà orizzontale.

1. Le aree riservate al verde pubblico urbano e gli immobili di origine rurale, riservati alle attività collettive sociali e culturali di quartiere, con esclusione degli immobili ad uso scolastico e sportivo, ceduti al comune nell'ambito delle convenzioni e delle norme previste negli strumenti urbanistici attuativi, comunque denominati, possono essere affidati in gestione, per quanto concerne la manutenzione, con diritto di prelazione ai cittadini residenti nei comprensori oggetto delle suddette convenzioni e su cui insistono i suddetti beni o aree, nel rispetto dei principi di non discriminazione, trasparenza e parità di trattamento. A tal fine i cittadini residenti costituiscono un consorzio del comprensorio che raggiunga almeno il 66 per cento della proprietà della lottizzazione. Le regioni e i comuni possono prevedere incentivi alla gestione diretta delle aree e degli immobili di cui al presente comma da parte dei cittadini costituiti in consorzi anche mediante riduzione dei tributi propri.

2. Per la realizzazione di opere di interesse locale, gruppi di cittadini organizzati possono formulare all'ente locale territoriale competente proposte operative di pronta realizzabilità, nel rispetto degli strumenti urbanistici vigenti o delle clausole di salvaguardia degli strumenti urbanistici adottati, indicandone i costi ed i mezzi di finanziamento, senza oneri per l'ente medesimo. L'ente locale provvede sulla proposta, con il coinvolgimento, se necessario, di eventuali soggetti, enti ed uffici interessati fornendo prescrizioni ed assistenza. Gli enti locali possono predisporre apposito regolamento per disciplinare le attività ed i processi di cui al presente comma.

3. Decorsi due mesi dalla presentazione della proposta, la proposta stessa si intende respinta. Entro il medesimo termine l'ente locale può, con motivata delibera, disporre l'approvazione delle proposte formulate ai sensi del comma 2, regolando altresì le fasi essenziali del procedimento di realizzazione e i tempi di esecuzione. La realizzazione degli interventi di cui ai commi da 2 a 5 che riguardino immobili sottoposti a tutela storico-artistica o paesaggistico-ambientale è subordinata al preventivo rilascio del parere o dell'autorizzazione richiesti dalle disposizioni di legge vigenti. Si applicano in particolare le disposizioni del codice dei beni culturali e del paesaggio, di cui al decreto legislativo 22 gennaio 2004, n. 42.

4. Le opere realizzate sono acquisite a titolo originario al patrimonio indisponibile dell'ente competente.

5. La realizzazione delle opere di cui al comma 2 non può in ogni caso dare luogo ad oneri fiscali ed amministrativi a carico del gruppo attuatore, fatta eccezione per l'imposta sul valore aggiunto. Le spese per la formulazione delle proposte e la realizzazione delle opere sono, fino alla attuazione del federalismo fiscale, ammesse in detrazione dall'imposta sul reddito dei soggetti che le hanno sostenute, nella misura del 36 per cento, nel rispetto dei limiti di ammontare e delle modalità di cui all'articolo 1 della legge 27 dicembre 1997, n. 449 e relativi provvedimenti di attuazione, e per il periodo di applicazione delle agevolazioni previste dal medesimo articolo 1. Successivamente, ne sarà prevista la detrazione dai tributi propri dell'ente competente.

6. Restano ferme le disposizioni recate dall'articolo 43, commi 1, 2, e 3 della legge 27 dicembre 1997, n. 449, in materia di valorizzazione e incremento del patrimonio delle aree verdi urbane.

190 Baratto amministrativo.

1. Gli enti territoriali definiscono con apposita delibera i criteri e le condizioni per la realizzazione di contratti di partenariato sociale, sulla base di progetti presentati da cittadini singoli o associati, purché individuati in relazione ad un preciso ambito territoriale. I contratti possono riguardare la pulizia, la manutenzione, l'abbellimento di aree verdi, piazze o strade, ovvero la loro valorizzazione mediante iniziative culturali di vario genere, interventi di decoro urbano, di recupero e riuso con finalità di interesse generale, di aree e beni immobili inutilizzati. In relazione alla tipologia degli interventi, gli enti territoriali individuano riduzioni o esenzioni di tributi corrispondenti al tipo di attività svolta dal privato o dalla associazione ovvero comunque utili alla comunità di riferimento in un'ottica di recupero del valore sociale della partecipazione dei cittadini alla stessa.

191 Cessione di immobili in cambio di opere.

1. Il bando di gara può prevedere a titolo di corrispettivo, totale o parziale, il trasferimento all'affidatario o, qualora l'affidatario vi abbia interesse, a soggetto terzo da questo indicato, purché in possesso dei prescritti requisiti di cui all'articolo 80, (1) della proprietà di beni immobili appartenenti all'amministrazione aggiudicatrice, già indicati nel programma triennale per i lavori o nell'avviso di preinformazione per i servizi e le forniture e che non assolvono più, secondo motivata valutazione della amministrazione aggiudicatrice o dell'ente aggiudicatore, funzioni di pubblico interesse.

2. Possono formare oggetto di trasferimento anche i beni immobili già inclusi in programmi di dismissione, purché prima della pubblicazione del bando o avviso per l'alienazione, ovvero se la procedura di dismissione ha avuto esito negativo.

2-*bis*. Il valore dei beni immobili da trasferire a seguito della procedura di gara è stabilito dal RUP sulla base del valore di mercato determinato tramite i competenti uffici titolari dei beni immobili oggetto di trasferimento (2).

3. Il bando di gara può prevedere che il trasferimento della proprietà dell'immobile e la conseguente immissione in possesso dello stesso avvengano in un momento anteriore a quello dell'ultimazione dei lavori, previa presentazione di idonea garanzia fideiussoria (3) per un valore pari al valore dell'immobile medesimo. La garanzia fideiussoria, rilasciata dai soggetti di cui all'articolo 93, comma 3 (4), prevede espressamente la rinuncia al beneficio della preventiva escussione del debitore principale, la rinuncia all'eccezione di cui al-

l'articolo 1957, comma 2 del codice civile, nonché l'operatività della garanzia medesima entro 15 giorni a semplice richiesta scritta della stazione appaltante. La fideiussione è progressivamente svincolata con le modalità previste con riferimento alla cauzione definitiva.

(1) *Le parole da « o, qualora » a « all'articolo 80, » sono state inserite dall'art. 112 del d.lgs. 19 aprile 2017, n. 56.*

(2) *Comma inserito dall'art. 112 del d.lgs. 19 aprile 2017, n. 56.*

(3) *L'art. 112 del d.lgs. 19 aprile 2017, n. 56 ha sostituito le parole « previa presentazione di idonea polizza fideiussoria » con le parole « previa presentazione di idonea garanzia fideiussoria ».*

(4) *L'art. 112 del d.lgs. 19 aprile 2017, n. 56 ha sostituito le parole « rilasciata con le modalità previste per il rilascio della cauzione provvisoria » con le parole « rilasciata dai soggetti di cui all'articolo 93, comma 3 ».*

TITOLO II
In house

192 Regime speciale degli affidamenti in house.

1. È istituito presso l'ANAC, anche al fine di garantire adeguati livelli di pubblicità e trasparenza nei contratti pubblici, l'elenco delle amministrazioni aggiudicatrici e degli enti aggiudicatori che operano mediante affidamenti diretti nei confronti di proprie società in house di cui all'articolo 5. L'iscrizione nell'elenco avviene a domanda, dopo che sia stata riscontrata l'esistenza dei requisiti, secondo le modalità e i criteri che l'Autorità definisce con proprio atto. L'Autorità per la raccolta delle informazioni e la verifica dei predetti requisiti opera mediante procedure informatiche, anche attraverso il collegamento, sulla base di apposite convenzioni, con i relativi sistemi in uso presso altre Amministrazioni pubbliche ed altri soggetti operanti nel settore dei contratti pubblici (1). La domanda di iscrizione consente alle amministrazioni aggiudicatrici e agli enti aggiudicatori sotto la propria responsabilità, di effettuare affidamenti diretti dei contratti all'ente strumentale. Resta fermo l'obbligo di pubblicazione degli atti connessi all'affidamento diretto medesimo secondo quanto previsto al comma 3.

2. Ai fini dell'affidamento in house di un contratto avente ad oggetto servizi disponibili sul mercato in regime di concorrenza, le stazioni appaltanti effettuano preventivamente la valutazione sulla congruità economica dell'offerta dei soggetti in house, avuto riguardo all'oggetto e al valore della prestazione, dando conto nella motivazione del provvedimento di affidamento delle ragioni del mancato ricorso al mercato, nonché dei benefici per la collettività della forma di gestione prescelta, anche con riferimento agli obiettivi di universalità e socialità, di efficienza, di economicità e di qualità del servizio, nonché di ottimale impiego delle risorse pubbliche.

3. Sul profilo del committente nella sezione Amministrazione trasparente sono pubblicati e aggiornati, in conformità alle disposizioni di cui al decreto legislativo 14 marzo 2013, n. 33, in formato open-data, tutti gli atti connessi all'affidamento degli appalti pubblici e dei contratti di concessione tra enti nell'ambito del settore pubblico, ove non secretati ai sensi dell'articolo 162.

(1) *Periodo inserito dall'art. 113 del d.lgs. 19 aprile 2017, n. 56.*

193 Società pubblica di progetto.

1. Ove il progetto di fattibilità dell'amministrazione aggiudicatrice o dell'ente aggiudicatore, preveda, ai fini della migliore utilizzazione dell'infrastruttura e dei beni connessi, l'attività coordinata di più soggetti pubblici, si procede attraverso la stipula di un accordo di programma tra i soggetti pubblici stessi e, ove opportuno attraverso la costituzione di una società pubblica di progetto, senza scopo di lucro, anche consortile, partecipata dai soggetti aggiudicatori e dagli altri soggetti pubblici interessati. Alla società pubblica di progetto sono attribuite le competenze necessarie alla realizzazione dell'opera e delle opere strumentali o connesse, nonché alla espropriazione delle aree interessate, e all'utilizzazione delle stesse e delle altre fonti di autofinanziamento indotte dall'infrastruttura. La società pubblica di progetto è autorità espropriante ai sensi del testo unico delle disposizioni legislative e regolamentari in materia di espropriazione per pubblica utilità di cui al decreto del Presidente della Repubblica 8 giugno 2001, n. 327. La società pubblica di progetto realizza l'intervento in nome proprio e per conto dei propri soci emandanti, avvalendosi dei finanziamenti per esso deliberati, operando anche al fine di ridurre il costo per la pubblica finanza.

2. Per lo svolgimento delle competenze di cui al secondo periodo del comma 1, le società pubbliche di progetto applicano le disposizioni del presente codice.

3. Alla società pubblica di progetto possono partecipare le camere di commercio, industria e artigianato e le fondazioni bancarie.

4. La società pubblica di progetto è istituita allo scopo di garantire il coordinamento tra i soggetti pubblici volto a promuovere la realizzazione ed eventualmente la gestione dell'infrastruttura, e a promuovere altresì la partecipazione al finanziamento; la società è organismo di diritto pubblico e soggetto aggiudicatore ai sensi del presente codice.

5. Gli enti pubblici interessati alla realizzazione di un'infrastruttura possono partecipare, tramite accordo di programma, al finanziamento della stessa, anche attraverso la cessione al soggetto aggiudicatore ovvero alla società pubblica di progetto di beni immobili di proprietà o allo scopo espropriati con risorse finanziarie proprie.

6. Ai fini del finanziamento di cui al comma 5, gli enti pubblici possono contribuire per l'intera durata del piano economico-finanziario al soggetto aggiudicatore o alla società pubblica di progetto, devolvendo alla stessa i proventi di propri tributi o diverse fonti di reddito, fra cui:

a) da parte dei comuni, i ricavi derivanti dai flussi aggiuntivi di oneri di urbanizzazione o infrastrutturazione e IMU, indotti dalla infrastruttura;

b) da parte della camera di commercio, industria e artigianato, una quota della tassa di iscrizione, allo scopo aumentata, ai sensi della legge 29 dicembre 1993, n. 580.

7. La realizzazione di infrastrutture costituisce settore ammesso, verso il quale le fondazioni bancarie possono destinare il reddito, nei modi e nelle forme previste dalle norme in vigore.

8. I soggetti privati interessati alla realizzazione di un'infrastruttura possono contribuire alla stessa attraverso la cessione di immobili di loro proprietà o impegnandosi a contribuire alla spesa, a mezzo di apposito accordo procedimentale.

TITOLO III
Contraente generale

194 Affidamento a contraente generale.

1. Con il contratto di affidamento unitario a contraente generale, il soggetto aggiudicatore affida ad un soggetto dotato di adeguata capacità organizzativa, tecnico-realizzativa e finanziaria la realizzazione con qualsiasi mezzo dell'opera, nel rispetto delle esigenze specificate nel progetto definitivo redatto dal soggetto aggiudicatore e posto a base di gara, ai sensi dell'articolo 195, comma 2, a fronte di un corrispettivo pagato in tutto o in parte dopo l'ultimazione dei lavori.

2. Il contraente generale provvede:

a) alla predisposizione del progetto esecutivo e alle attività tecnico amministrative occorrenti al soggetto aggiudicatore per pervenire all'approvazione dello stesso;

b) all'acquisizione delle aree di sedime; la delega di cui all'articolo 6, comma 8, del decreto del Presidente della Repubblica 8 giugno 2001, n. 327, in assenza di un concessionario, può essere accordata al contraente generale;

c) all'esecuzione con qualsiasi mezzo dei lavori;

d) al prefinanziamento, in tutto o in parte, dell'opera da realizzare;

e) ove richiesto, all'individuazione delle modalità gestionali dell'opera e di selezione dei soggetti gestori;

f) all'indicazione, al soggetto aggiudicatore, del piano degli affidamenti, delle espropriazioni, delle forniture di materiale e di tutti gli altri elementi utili a prevenire le infiltrazioni della criminalità, secondo le forme stabilite tra quest'ultimo egli organi competenti in materia.

3. Il soggetto aggiudicatore provvede:

a) all'approvazione del progetto esecutivo e delle varianti;

b) alla nomina [, con le procedure di cui all'articolo 31, comma 1,] (1) del direttore dei lavori e dei collaudatori, nonché provvede all'alta sorveglianza sulla realizzazione delle opere, assicurando un costante monitoraggio dei lavori anche tramite un comitato permanente costituito da suoi rappresentanti e rappresentanti del contraente;

c) al collaudo delle stesse;

d) alla stipulazione di appositi accordi con gli organi competenti in materia di sicurezza nonché di prevenzione e repressione della criminalità, finalizzati alla verifica preventiva del programma di esecuzione dei lavori in vista del successivo monitoraggio di tutte le fasi di esecuzione delle opere e dei soggetti che le realizzano, in ogni caso prevedendo l'adozione di protocolli di legalità che comportino clausole specifiche di impegno, da parte dell'impresa aggiudicataria, a denunciare eventuali tentativi di estorsione, con la possibilità di valutare il comportamento dell'aggiudicatario ai fini della successiva ammissione a procedure ristrette della medesima stazione appaltante in caso di mancata osservanza di tali prescrizioni. Le prescrizioni a cui si uniformano gli accordi di sicurezza sono vincolanti per i soggetti aggiudicatori e per l'impresa aggiudicataria, che è tenuta a trasferire i relativi obblighi a carico delle imprese interessate a qualunque titolo alla realizzazione dei lavori. Le misure di monitoraggio per la prevenzione e repressione di tentativi di infiltrazione mafiosa comprendono il controllo dei flussi finanziari connessi alla realizzazione dell'opera, inclusi quelli concernenti risorse totalmente o parzialmente a carico dei promotori ai sensi dell'articolo 183 e quelli derivanti dalla attuazione di ogni altra modalità di finanza di progetto. Gli oneri connessi al monitoraggio finanziario sono ricompresi nell'aliquota forfettaria di cui al comma 20.

4. Il contraente generale risponde nei confronti del soggetto aggiudicatore della corretta e tempestiva esecuzione dell'opera, secondo le successive previsioni del presente capo. I rapporti tra soggetto aggiudicatore e contraente generale sono regolati dalle norme della parte I e della parte II che costituiscono attuazione della direttiva 2014/24/UE o dalle norme della parte III, dagli atti di gara e dalle norme del codice civile regolanti l'appalto.

5. Alle varianti del progetto affidato al contraente generale non si applica l'articolo 63; esse sono regolate dalle norme della parte II, che costituiscono attuazione della direttiva 2014/24/UE o dalle norme della parte III e dalle disposizioni seguenti:

a) restano a carico del contraente generale le eventuali varianti necessarie ad emendare i vizi o integrare le omissioni del progetto esecutivo redatto dallo stesso e approvato dal soggetto aggiudicatore, mentre restano a carico del soggetto aggiudicatore le eventuali varianti indotte da forza maggiore o sopravvenute prescrizioni di legge o di enti terzi o comunque richieste dal soggetto aggiudicatore;

b) al di fuori dei casi di cui alla lettera *a*), il contraente generale può proporre al soggetto aggiudicatore le varianti progettuali o le modifiche tecniche ritenute dallo stesso utili a ridurre il tempo o il costo di realizzazione delle opere; il soggetto aggiudicatore può rifiutare la approvazione delle varianti o modifiche tecniche ove queste non rispettino le specifiche tecniche e le esigenze del soggetto aggiudicatore, specificate nel progetto posto a base di gara, o comunque determinino peggioramento della funzionalità, durabilità, manutenibilità e sicurezza delle opere, ovvero comportino maggiore spesa a carico del soggetto aggiudicatore o ritardo del termine di ultimazione.

6. Il contraente generale provvede alla esecuzione unitaria delle attività di cui al comma 2 direttamente ovvero, se costituito da più soggetti, a mezzo della società di progetto di cui al comma 10; i rapporti del contraente generale con i terzi sono rapporti di diritto privato, a cui non si applica il presente codice, salvo quanto previsto nel presente capo. Al contraente generale che sia esso stesso amministrazione aggiudicatrice o ente aggiudicatore si applicano le sole disposizioni di cui alla parte I e alla parte II, titolo I che costi-

tuiscono attuazione della direttiva 2014/24, ovvero di cui alla parte III.

7. Il contraente generale può eseguire i lavori affidati direttamente, nei limiti della qualificazione posseduta, ovvero mediante affidamento a soggetti terzi. I terzi affidatari di lavori del contraente generale devono a loro volta possedere i requisiti di qualificazione previsti dall'articolo 84, e possono sub affidare i lavori nei limiti e alle condizioni previste per gli appaltatori di lavori pubblici; ai predetti sub-affidamenti si applica l'articolo 105.

8. L'affidamento al contraente generale, nonché gli affidamenti e sub affidamenti di lavori del contraente generale, sono soggetti alle verifiche antimafia, con le modalità previste per i lavori pubblici.

9. Il soggetto aggiudicatore verifica, prima di effettuare qualsiasi pagamento a favore del contraente generale, compresa l'emissione di eventuali stati di avanzamento lavori, il regolare adempimento degli obblighi contrattuali del contraente generale verso i propri affidatari: ove risulti l'inadempienza del contraente generale, il soggetto aggiudicatore applica una detrazione sui successivi pagamenti e procede al pagamento diretto all'affidatario, nonché applica le eventuali diverse sanzioni previste nel contratto.

10. Per il compimento delle proprie prestazioni il contraente generale, ove composto da più soggetti, costituisce una società di progetto in forma di società, anche consortile, per azioni o a responsabilità limitata. La società è regolata dall'articolo 184 e dalle successive disposizioni del presente articolo. Alla società possono partecipare, oltre ai soggetti componenti il contraente generale, istituzioni finanziarie, assicurative e tecnico operative preventivamente indicate in sede di gara. La società così costituita subentra nel rapporto al contraente generale senza alcuna autorizzazione, salvo le verifiche antimafia e senza che il subentro costituisca cessione di contratto; salvo diversa previsione del contratto, i soggetti componenti il contraente generale restano solidalmente responsabili con la società di progetto nei confronti del soggetto aggiudicatore per la buona esecuzione del contratto. In alternativa, la società di progetto può fornire al soggetto aggiudicatore garanzie bancarie e assicurative per la restituzione delle somme percepite in corso d'opera, liberando in tal modo i soci. Tali garanzie cessano alla data di emissione del certificato di collaudo dell'opera. Il capitale minimo della società di progetto è indicato nel bando di gara.

11. Il contratto stabilisce le modalità per la eventuale cessione delle quote della società di progetto, fermo restando che i soci che hanno concorso a formare i requisiti per la qualificazione sono tenuti a partecipare alla società e a garantire, nei limiti del contratto, il buon adempimento degli obblighi del contraente generale, sino a che l'opera sia realizzata e collaudata. L'ingresso nella società di progetto e lo smobilizzo di partecipazioni da parte di istituti bancari e altri investitori istituzionali che non abbiano concorso a formare i requisiti per la qualificazione può tuttavia avvenire in qualsiasi momento. Il soggetto aggiudicatore non può opporsi alla cessione di crediti effettuata dal contraente generale nell'ipotesi di cui all'articolo 106, comma 13.

12. Il bando determina la quota di valore dell'opera che deve essere realizzata dal contraente generale con anticipazione di risorse proprie e i tempi e i modi di pagamento del prezzo. Il saldo della quota di corrispettivo ritenuta a tal fine deve essere pagato alla ultimazione dei lavori. Per il finanziamento della predetta quota, il contraente generale o la società di progetto possono emettere obbligazioni, previa autorizzazione degli organi di vigilanza, anche in deroga ai limiti dell'articolo 2412 del codice civile. Il soggetto aggiudicatore garantisce il pagamento delle obbligazioni emesse, nei limiti del proprio debito verso il contraente generale quale risultante da stati di avanzamento emessi ovvero dal conto finale o dal certificato di collaudo dell'opera; le obbligazioni garantite dal soggetto aggiudicatore possono essere utilizzate per la costituzione delle riserve bancarie o assicurative previste dalla legislazione vigente. Le modalità di operatività della garanzia di cui al terzo periodo del presente comma sono stabilite con decreto del Ministro dell'economia e delle finanze, di concerto con il Ministro delle infrastrutture e dei trasporti. Le garanzie prestate dallo Stato ai sensi del presente comma sono inserite nell'elenco allegato allo stato di previsione del Ministero dell'economia e delle finanze.

13. I crediti delle società di progetto, ivi incluse quelle costituite dai concessionari a norma dell'articolo 184 nei confronti del soggetto aggiudicatore, sono cedibili ai sensi dell'articolo 106, comma 13; la cessione può avere ad oggetto crediti non ancora liquidi ed esigibili.

14. La cessione deve essere stipulata mediante atto pubblico o scrittura privata autenticata e deve essere notificata al debitore ceduto. L'atto notificato deve espressamente indicare se la cessione è effettuata a fronte di un finanziamento senza rivalsa o con rivalsa limitata.

15. Il soggetto aggiudicatore liquida l'importo delle prestazioni rese e prefinanziate dal contraente generale con la emissione di un certificato di pagamento esigibile alla scadenza del prefinanziamento secondo le previsioni contrattuali. Per i soli crediti di cui al presente comma ceduti a fronte di finanziamenti senza rivalsa o con rivalsa limitata, la emissione del certificato di pagamento costituisce definitivo riconoscimento del credito del finanziatore cessionario; al cessionario non è applicabile nessuna eccezione di pagamento delle quote di prefinanziamento riconosciute, derivante dai rapporti tra debitore e creditore cedente, ivi inclusa la compensazione con crediti derivanti dall'adempimento dello stesso contratto o con qualsiasi diverso credito nei confronti del contraente generale cedente.

16. Il bando di gara indica la data ultima di pagamento dei crediti riconosciuti definitivi ai sensi del comma 15, in tutti i casi di mancato o ritardato completamento dell'opera.

17. Per gli affidamenti per i quali vi siano crediti riconosciuti definitivi ai sensi del comma 15:

a) ove le garanzie di cui all'articolo 104 si siano già ridotte ovvero la riduzione sia espressamente prevista nella garanzia prestata, il riconoscimento definitivo del credito non opera se la garanzia non è ripristinata e la previsione di riduzione espunta dalla garanzia;

[*b*) in tutti i casi di risoluzione del rapporto per motivi attribuibili al contraente generale si applicano le disposizioni previste dall'articolo 176, commi 8 e 9;] (2)

18. Il contraente generale presta la garanzia di cui all'articolo 104 (3).

19. I capitolati prevedono, tra l'altro:

a) le modalità e i tempi, nella fase di sviluppo e approvazione del progetto esecutivo, delle prestazioni propedeutiche ai lavori e i lavori di cantierizzazione, ove autorizzati;

b) le modalità e i tempi per il pagamento dei ratei di corrispettivo dovuti al contraente generale per le prestazioni compiute prima dell'inizio dei lavori, pertinenti in particolare le attività progettuali e le prestazioni di cui alla lettera *a*).

20. Il soggetto aggiudicatore indica nel bando di gara un'aliquota forfettaria, non sottoposta al ribasso d'asta, ragguagliata all'importo complessivo dell'intervento, secondo valutazioni preliminari che il contraente generale è tenuto a recepire nell'offerta formulata in sede di gara, da destinare all'attuazione di misure idonee volte al perseguimento delle finalità di prevenzione e repressione della criminalità e dei tentativi di infiltrazione mafiosa, ai sensi del comma 3, lettera *d*) e dell'articolo 203, comma 1. Nel progetto che si pone a base di gara, ai sensi dell'articolo 195, comma 2, elaborato dal soggetto aggiudicatore, la somma corrispondente a detta aliquota è inclusa nelle somme a disposizione del quadro economico, ed è unita una relazione di massima che correda il progetto, indicante l'articolazione delle suddette misure, nonché la stima dei costi. Tale stima è riportata nelle successive fasi della progettazione. Le variazioni tecniche per l'attuazione delle misure in questione, eventualmente proposte dal contraente generale, in qualunque fase dell'opera, non possono essere motivo di maggiori oneri a carico del soggetto aggiudicatore. Ove il progetto definitivo sia prodotto per iniziativa del promotore, quest'ultimo predispone analoga articolazione delle misure in questione, con relativa indicazione dei costi, non sottoposti a ribasso d'asta e inseriti nelle somme a disposizione dell'amministrazione. Le disposizioni del presente comma si applicano, in quanto compatibili, anche nei casi di affidamento mediante concessione.

(1) *Periodo soppresso dall'art. 114 del d.lgs. 19 aprile 2017, n. 56.*

(2) *Lettera abrogata dall'art. 114 del d.lgs. 19 aprile 2017, n. 56.*

(3) *Comma sostituito dall'art. 114 del d.lgs. 19 aprile 2017, n. 56. Il testo del comma era il seguente: « 18. Il contraente generale presta, una volta istituita, la garanzia per la risoluzione di cui all'articolo 104, che deve comprendere la possibilità per il garante, in caso di fallimento o inadempienza del contraente generale, di far subentrare nel rapporto altro soggetto idoneo in possesso dei requisiti di contraente generale, scelto direttamente dal garante stesso. ».*

195 Procedure di aggiudicazione del contraente generale.

1. La scelta di aggiudicare (1) mediante affidamento al contraente generale deve essere motivata dalla stazione appaltante in ragione della complessità e di altre esigenze al fine di garantire un elevato livello di qualità, sicurezza ed economicità. Le stazioni appaltanti non possono, comunque, procedere ad affidamenti a contraente generale, qualora l'importo dell'affidamento sia pari o inferiore a 100 milioni di euro (2).

2. Per l'affidamento a contraente generale si pone a base di gara il progetto definitivo.

3. I soggetti aggiudicatori possono stabilire e indicare nel bando di gara, in relazione all'importanza e alla complessità delle opere da realizzare, il numero minimo e massimo di concorrenti che verranno invitati a presentare offerta. Nel caso in cui le domande di partecipazione superino il predetto numero massimo, i soggetti aggiudicatori individuano i soggetti da invitare redigendo una graduatoria di merito sulla base di criteri oggettivi, non discriminatori e pertinenti all'oggetto del contratto, predefiniti nel bando di gara. In ogni caso, il numero minimo di concorrenti da invitare non può essere inferiore a cinque, se esistono in tale numero soggetti qualificati. In ogni caso il numero di candidati invitati deve essere sufficiente ad assicurare una effettiva concorrenza.

4. L'aggiudicazione dei contratti di cui al comma 1 avviene secondo il criterio dell'offerta economicamente più vantaggiosa, individuata, oltre che sulla base dei criteri di cui all'articolo 95, tenendo conto altresì:

a) del valore tecnico ed estetico delle varianti;

[*a*) del tempo di esecuzione;] (3)

[*b*) del costo di utilizzazione e di manutenzione;] (3)

b) della maggiore entità, rispetto a quella prevista dal bando, del prefinanziamento che il candidato è in grado di offrire; (3)

c) di ogni ulteriore elemento individuato in relazione al carattere specifico delle opere da realizzare (3).

5. Per i soggetti aggiudicatori operanti nei settori di cui articoli da 115 a 121, si applicano, per quanto non previsto nel presente articolo, le norme della parte II, titolo VI.

6. Per tutti gli altri soggetti aggiudicatori si applicano, per quanto non previsto nel presente articolo, le norme della parte II, titoli I, II, III e IV (4).

(1) *L'art. 115 del d.lgs. 19 aprile 2017, n. 56 ha sostituito le parole « Il ricorso alla scelta di aggiudicare » con le parole « La scelta di aggiudicare ».*

(2) *Periodo inserito dall'art. 115 del d.lgs. 19 aprile 2017, n. 56.*

(3) *Lettere soppresse dall'art. 115 del d.lgs. 19 aprile 2017, n. 56. In seguito alla soppressione, le successive lettere* c) *e* d) *sono state sostituite dalle lettere* b) *e* c).

(4) *L'art. 115 del d.lgs. 19 aprile 2017, n. 56 ha sostituito le parole « e III » con le parole «, III e IV ».*

196 Controlli sull'esecuzione e collaudo.

1. Al collaudo delle infrastrutture si provvede con le modalità e nei termini previsti dall'articolo 102.

2. Per le infrastrutture di grande rilevanza o complessità, il soggetto aggiudicatore può autorizzare le commissioni di collaudo ad avvalersi dei servizi di supporto e di indagine di soggetti specializzati nel settore. Gli oneri relativi sono a carico dei fondi a disposizione del soggetto aggiudicatore per la realizzazione delle predette infrastrutture con le modalità e i limiti stabiliti con decreto del Ministro delle infrastrutture e dei trasporti, di concerto con il Ministro dell'economia e delle finanze. L'affidatario del supporto al collaudo non può avere rapporti di collegamento con chi ha progettato,

diretto, sorvegliato o eseguito in tutto o in parte l'infrastruttura (1).

3. [Per gli appalti pubblici di lavori, aggiudicati con la formula del contraente generale, è istituito presso il Ministero delle infrastrutture e dei trasporti, un albo nazionale obbligatorio dei soggetti che possono ricoprire rispettivamente i ruoli di direttore dei lavori e di collaudatore. La loro nomina nelle procedure di appalto avviene mediante pubblico sorteggio da una lista di candidati indicati alle stazioni appaltanti in numero almeno triplo per ciascun ruolo da ricoprire e prevedendo altresì che le spese di tenuta dell'albo siano poste a carico dei soggetti interessati.] (2)

4. [Con decreto del Ministro (3) delle infrastrutture e dei trasporti, da adottare entro sei mesi dalla data di entrata in vigore del presente codice, sono disciplinati i criteri, specifici requisiti di moralità, di competenza e di professionalità, le modalità (4) di iscrizione all'albo e di nomina, nonché i compensi da corrispondere che non devono superare i limiti di cui agli articoli 23-*bis* e 23-*ter* del decreto-legge 6 dicembre 2011, n. 201, convertito, con modificazioni, dalla legge 22 dicembre 2011, n. 214, e successive modificazioni, e all'articolo 13 del decreto-legge 24 aprile 2014, n. 66, convertito, con modificazioni, dalla legge 23 giugno 2014, n. 89. Fino alla data di entrata in vigore del decreto di cui al comma 4, si applica l'articolo 216, comma 21.] (2)

(1) *V. d.m. 7 dicembre 2017, n. 151655.*

(2) *Comma abrogato dall'art. 1, comma 20, lett.* dd), *d.l. 18 aprile 2019, n. 32, convertito, con modificazioni, dalla l. 14 giugno 2019, n. 55*

(3) *L'art. 116 del d.lgs. 19 aprile 2017, n. 56 ha sostituito la parola « Ministero » con la parola « Ministro ».*

(4) *L'art. 116 del d.lgs. 19 aprile 2017, n. 56 ha sostituito le parole « sono disciplinate le modalità » con le parole « sono disciplinati i criteri, specifici requisiti di moralità, di competenza e di professionalità, le modalità ».*

197 Sistema di qualificazione del contraente generale.

1. La qualificazione del contraente generale è disciplinata con il regolamento di cui all'articolo 216, comma 27-*octies* (1). La qualificazione può essere richiesta da imprese singole in forma di società commerciali o cooperative, da consorzi di cooperative di produzione e lavoro previsti dalla legge 25 giugno 1909, n. 422 e dal decreto legislativo del Capo provvisorio dello Stato 14 dicembre 1947, n. 1577, e successive modificazioni, ovvero da consorzi stabili di cui all'articolo 45, comma 2, lettera *c*).

2. I contraenti generali sono qualificati per classifiche, riferite all'importo lordo degli affidamenti per i quali possono concorrere. I contraenti generali non possono concorrere ad affidamenti di importo lordo superiore a quello della classifica di iscrizione, attestata con il sistema di cui al presente articolo ovvero documentata ai sensi dell'articolo 45, salva la facoltà di associarsi ad altro contraente generale.

3. [Le classifiche di qualificazione sono determinate dall'ANAC] (2).

4. Per la partecipazione alle procedure di aggiudicazione da parte dei contraenti generali, per gli affidamenti di cui all'articolo 194, oltre all'assenza dei motivi di esclusione di cui all'articolo 80, è istituito il sistema di qualificazione del contraente generale, disciplinato con il regolamento di cui all'articolo 216, comma 27-octies, gestito dal Ministero delle infrastrutture e dei trasporti, che prevede specifici requisiti in ordine all'adeguata capacità economica e finanziaria, all'adeguata idoneità tecnica e organizzativa, nonché all'adeguato organico tecnico e dirigenziale (3).

(1) *Comma così modificato dall'art. 1, comma 20, lett.* ee), *n. 1), d.l. 18 aprile 2019, n. 32, convertito, con modificazioni, dalla l. 14 giugno 2019, n. 55, che ha sostituito il primo periodo. Il testo del periodo era il seguente:* « L'attestazione del possesso dei requisiti del contraente generale avviene con le modalità di cui all'articolo 84 ».

(2) *Comma abrogato dall'*art. 1, comma 20, lett. ee), n. 2), d.l. n. 32, *cit.*

(3) *Comma così sostituito dall'art. 1, co. 20, lett.* ee), *n. 3), d.l. n. 32, cit. Il testo del comma era il seguente:* « Costituiscono requisiti per la partecipazione alle procedure di aggiudicazione da parte dei contraenti generali oltre l'assenza dei motivi di esclusione di cui all'articolo 80, ulteriori requisiti di un'adeguata capacità economica e finanziaria, di un'adeguata idoneità tecnica e organizzativa, nonché di un adeguato organico tecnico e dirigenziale. Tali ulteriori requisiti sono determinati con linee guida adottate dall'ANAC ».

198 Norme di partecipazione alla gara del contraente generale.

1. I soggetti aggiudicatori hanno facoltà di richiedere, per le singole gare:

a) che l'offerente dimostri l'assenza dei motivi di esclusione di cui all'articolo 80; nei confronti dell'aggiudicatario la verifica di sussistenza dei requisiti generali è sempre espletata;

b) che l'offerente dimostri, tramite i bilanci consolidati e idonee dichiarazioni bancarie, la disponibilità di risorse finanziarie, rivolte al prefinanziamento, proporzionate all'opera da realizzare;

c) che sia dimostrato il possesso, da parte delle imprese affidatarie designate in sede di gara o dallo stesso offerente, della capacità tecnica specifica per l'opera da realizzare e dei requisiti economico finanziari e tecnico organizzativi adeguati al progetto da redigere.

2. Non possono concorrere alla medesima gara imprese collegate ai sensi dell'articolo 7. È fatto divieto ai partecipanti di concorrere alla gara in più di un raggruppamento temporaneo o consorzio, ovvero di concorrere alla gara anche in forma individuale, qualora abbiano partecipato alla gara medesima in associazione o consorzio, anche stabile.

3. I contraenti generali dotati della adeguata e competente classifica di qualificazione per la partecipazione allegare, possono partecipare alla gara in associazione o consorzio con altre imprese purché queste ultime siano ammesse, per qualunque classifica, al sistema di qualificazione ovvero siano qualificabili, per qualunque classifica. Le imprese associate o consorziate concorrono alla dimostrazione dei requisiti di cui al comma 1.

199 Gestione del sistema di qualificazione del contraente generale.

1. La attestazione del possesso dei requisiti dei contraenti generali è rilasciata secondo quanto previsto dall'articolo 197 ed è definita nell'ambito del sistema di qualificazione previsto dal medesimo articolo.

2. In caso di ritardo nel rilascio, imputabile all'amministrazione (1), l'attestazione scaduta resta valida, ai fini della partecipazione alle gare e perla sottoscrizione dei contratti, fino al momento del rilascio di quella rinnovata.

3. Le attestazioni del possesso dei requisiti rilasciate dal Ministero delle infrastrutture e dei trasporti hanno validità triennale (2).

4. Il Ministero delle infrastrutture e dei trasporti provvede, altresì, a rilasciare l'attestazione di cui al comma 1, sulle richieste pervenute alla data di entrata in vigore del presente codice, nonché quelle che perverranno fino all'entrata in vigore del regolamento di cui all'articolo 216, comma 27-*octies* (3). [Tale decreto stabilisce, altresì, i criteri di valutazione da parte delle stazioni appaltanti degli attestati presentati in sede di gare per affidamento unitario a contraente generale, durante il periodo di coesistenza delle attestazioni di qualificazione rilasciate dal Ministero delle infrastrutture e dei trasporti e quelle rilasciate secondo le modalità di cui all'articolo 84] (4).

(1) *Le parole* « all'amministrazione » *sono state sostituite alle parole* « alla SOA » *dall'art. 1, comma 20, lett. ff), n. 1) d.l. 18 aprile 2019, n. 32, conv., con modif., in l. 14 giugno 2019, n. 55. Ai sensi del comma 21 del predetto art. 1, le disposizioni di cui all'art. 1, comma 20 del suddetto d.l. n. 32 cit. si applicano alle procedure i cui bandi o avvisi, con i quali si indice una gara, sono pubblicati successivamente alla data di entrata in vigore della legge di conversione del presente decreto, nonché, in caso di contratti senza pubblicazione di bandi o avvisi, alle procedure in cui, alla medesima data, non sono ancora stati inviati gli inviti a presentare le offerte o i preventivi.*

(2) *L'art. 117 d.lgs. 19 aprile 2017, n. 56 ha sostituito le parole* « hanno validità triennale » *alle parole* « sono valide sino alla scadenza naturale ».

(3) *Le parole* « del regolamento di cui all'articolo 216, comma 27-*octies* » *sono state sostituite alle parole* « del decreto di cui all'articolo 83, comma 2 » *dall'art. 1, comma 20, lett. ff), n. 2) d.l. n. 32, cit. V. nota 1 per la disciplina transitoria di cui al comma 21 del predetto art. 1 d.l. n. 32, cit.*

(4) *Secondo periodo dapprima inserito dall'art. 56 d.lgs. n. 56, cit. e da ultimo soppresso dall'art. 1, comma 20, lett. ff), n. 3) d.l. n. 32, cit. V. nota 1 per la disciplina transitoria di cui al comma 21 del predetto art. 1 d.l. n. 32, cit.*

PARTE V

Infrastrutture e insediamenti prioritari

200 Disposizioni generali.

1. Le infrastrutture e gli insediamenti prioritari per lo sviluppo del Paese, sono valutati e conseguentemente inseriti negli appositi strumenti di pianificazione e programmazione di cui agli articoli successivi, dal Ministero delle infrastrutture e dei trasporti.

2. La realizzazione delle opere e delle infrastrutture di cui alla presente parte è oggetto di:

a) concessione di costruzione e gestione;

b) affidamento unitario a contraente generale;

c) finanza di progetto;

d) qualunque altra forma di affidamento prevista dal presente codice compatibile con la tipologia dell'opera da realizzare.

3. In sede di prima individuazione delle infrastrutture e degli insediamenti di cui al comma 1, il Ministro delle infrastrutture e dei trasporti effettua una ricognizione di tutti gli interventi già compresi negli strumenti di pianificazione e programmazione, comunque denominati, vigenti alla data di entrata in vigore del presente codice. All'esito di tale ricognizione, il Ministro propone l'elenco degli interventi da inserire nel primo Documento Pluriennale di Pianificazione, il cui contenuto tiene conto di quanto indicato all'articolo 201, comma 3, che sostituisce tutti i predetti strumenti. La ricognizione deve, in ogni caso, comprendere gli interventi per i quali vi sono obbligazioni giuridiche vincolanti. Si considerano obbligazioni giuridiche vincolanti quelle relative agli interventi (1) in relazione ai quali sia già intervenuta l'approvazione del contratto all'esito della procedura di affidamento della realizzazione dell'opera, nonché quelli che costituiscono oggetto di accordi internazionali sottoscritti dall'Italia.

(1) *L'art. 118 del d.lgs. 19 aprile 2017, n. 56 ha sostituito le parole « vincolanti, ovvero gli interventi » con le parole « vincolanti. Si considerano obbligazioni giuridiche vincolanti quelle relative agli interventi ».*

201 Strumenti di pianificazione e programmazione.

1. Al fine della individuazione delle infrastrutture e degli insediamenti prioritari per lo sviluppo del Paese, si utilizzano i seguenti strumenti di pianificazione e programmazione generale:

a) piano generale dei trasporti e della logistica;

b) documenti pluriennali di pianificazione, di cui all'articolo 2, comma 1, del decreto legislativo 29 dicembre 2011, n. 228.

2. Il piano generale dei trasporti e della logistica (PGTL) contiene le linee strategiche delle politiche della mobilità delle persone e delle merci nonché dello sviluppo infrastrutturale del Paese. Il Piano è adottato ogni tre anni, su proposta del Ministro delle infrastrutture e dei trasporti, con decreto del Presidente della Repubblica, previa deliberazione del CIPE, acquisito il parere della Conferenza unificata e sentite le Commissioni parlamentari competenti.

3. Il Documento Pluriennale di Pianificazione (DPP) di cui al decreto legislativo 29 dicembre 2011 n. 228, di competenza del Ministero delle infrastrutture e dei trasporti, oltre a quanto stabilito dal comma 2 dell'articolo 2 del decreto legislativo n. 228 del 2011, contiene l'elenco delle infrastrutture e degli insediamenti prioritari per lo sviluppo del Paese, ivi compresi gli interventi (1) relativi al settore dei trasporti e della logistica la cui progettazione di fattibilità è valutata meritevole di finanziamento, da realizzarsi in coerenza con il PGTL. Il DPP tiene conto dei piani operativi per ciascuna area tematica nazionale definiti dalla Cabina di regia di cui all'articolo 1, comma 703, lettera *c*), della legge 23 dicembre 2014, n. 190.

4. Il DPP è redatto ai sensi dell'articolo 10, comma 8, della legge 31 dicembre 2009, n. 196, ed è approvato secondo le procedure e nel rispetto della tempistica di cui all'articolo 2, commi 5 e 6, del decreto legislativo n. 228 del 2011, sentita la Conferenza unificata di cui all'articolo 8 del decreto legislativo 28 agosto 1997, n. 281 e le Commissioni parlamentari competenti (2).

5. Le Regioni, le Province autonome, le Città Metropolitane e gli altri enti competenti trasmettono al Ministero delle infrastrutture e dei trasporti proposte di infrastrutture e insediamenti (3) prioritari per lo svi-

luppo del Paese ai fini dell'inserimento nel DPP, dando priorità al completamento delle opere incompiute, comprendenti il progetto di fattibilità, redatto secondo quanto previsto dal decreto di cui all'articolo 23, comma 3, e corredate dalla documentazione indicata dalle linee guida di cui all'articolo 8 del decreto legislativo n. 228 del 2011. Il Ministero, verificala fondatezza della valutazione ex ante dell'intervento effettuata dal soggetto proponente, la coerenza complessiva dell'intervento proposto nonché la sua funzionalità anche rispetto (4) al raggiungimento degli obiettivi indicati nel PGTL e, qualora lo ritenga prioritario, può procedere al suo inserimento nel DPP.

6. Annualmente, il Ministero delle infrastrutture e dei trasporti predispone una dettagliata relazione sullo stato di avanzamento degli interventi inclusi nel DPP; la relazione è allegata al Documento di economia e finanza. A tal fine, l'ente aggiudicatore, nei trenta giorni successivi all'approvazione del progetto definitivo, trasmette al Ministero delle infrastrutture e dei trasporti una scheda di sintesi conforme al modello approvato dallo stesso Ministero con apposito decreto contenente i dati salienti del progetto e, in particolare, costi, tempi, caratteristiche tecnico-prestazionali dell'opera, nonché tutte le eventuali variazioni intervenute rispetto al progetto di fattibilità.

7. Il primo DPP da approvarsi, entro un anno dall'entrata in vigore del presente codice, contiene l'elenco delle infrastrutture e degli insediamenti prioritari di cui al comma 3 e viene elaborato in deroga alle modalità di cui al comma 5. Fermo restando quanto previsto dall'articolo 200, comma 3, nelle more dell'approvazione del PGTL ai sensi del comma 1, il primo DPP contiene le linee strategiche e gli indirizzi per il settore dei trasporti e delle infrastrutture nonché un elenco degli interventi del primo DPP ad essi coerente (5).

[8. Resta ferma la possibilità di inserire nuove opere anche nel primo DPP, ove sia già stato approvato anche il PGTL.] (6).

9. Fino all'approvazione del primo DPP, valgono come programmazione degli investimenti in materia di infrastrutture e trasporti gli strumenti di pianificazione e programmazione e i piani, comunque denominati, già approvati secondo le procedure vigenti alla data di entrata in vigore del presente codice o in relazione ai quali sussiste un impegno assunto coni competenti organi dell'Unione europea.

10. In sede di redazione dei DPP successivi al primo (7), si procede anche alla revisione degli interventi inseriti nel DPP precedente, in modo da evitare qualunque sovrapposizione tra gli strumenti di programmazione. Il Ministro delle infrastrutture e dei trasporti valuta il reinserimento di ogni singolo intervento in ciascun DPP, anche in relazione alla permanenza dell'interesse pubblico alla sua realizzazione, nonché attraverso una valutazione di fattibilità economico finanziaria e tenendo conto delle obbligazioni giuridicamente vincolanti (8). In particolare, tiene conto, allo scopo, delle opere per le quali non sia stata avviata la realizzazione, con riferimento ad una parte significativa, ovvero per le quali il costo dell'intervento indicato (9) dal progetto esecutivo risulti superiore di oltre il venti per cento al costo dello stesso evidenziato in sede di progetto di fattibilità. Anche al di fuori della tempistica di approvazione periodica del DPP di cui al comma 2 dell'articolo 2 del decreto legislativo n. 228 del 2011 (10), con la procedura prevista per ogni approvazione, il Ministro delle infrastrutture e dei trasporti può proporre inserimenti ovvero espunzioni di opere dal medesimo Documento di programmazione, ove fattori eccezionali o comunque imprevedibili o non preventivati al momento della redazione del DPP lo rendano necessario.

(1) *L'art. 119 del d.lgs. 19 aprile 2017, n. 56 ha sostituito le parole « l'elenco degli interventi » con le parole da « l'elenco » a « interventi ».*

(2) *Le parole « e le Commissioni parlamentari competenti » sono state aggiunte dall'art. 119 del d.lgs. 19 aprile 2017, n. 56.*

(3) *L'art. 119 del d.lgs. 19 aprile 2017, n. 56 ha sostituito le parole « interventi relativi al settore dei trasporti e della logistica » con le parole « infrastrutture e insediamenti ».*

(4) *L'art. 119 del d.lgs. 19 aprile 2017, n. 56 ha sostituito le parole « e la sua funzionalità rispetto » con le parole « nonché la sua funzionalità anche rispetto ».*

(5) *L'art. 119 del d.lgs. 19 aprile 2017, n. 56 ha sostituito le parole « anche le indicazioni circa lo stato procedurale, fisico e finanziario di ciascuna opera inserita con conseguente salvaguardia dei termini, e degli adempimenti già effettuati. Si applica il comma 10 » con le parole da « l'elenco » a « ad essi coerente ».*

(6) *Comma abrogato dall'art. 119 del d.lgs. 19 aprile 2017, n. 56.*

(7) *L'art. 119 del d.lgs. 19 aprile 2017, n. 56 ha sostituito le parole « di ogni nuovo DPP » con le parole « dei DPP successivi al primo ».*

(8) *Le parole « e tenendo conto delle obbligazioni giuridicamente vincolanti » sono state inserite dall'art. 119 del d.lgs. 19 aprile 2017, n. 56.*

(9) *L'art. 119 del d.lgs. 19 aprile 2017, n. 56 ha sostituito la parola « evidenziato » con la parola « indicato ».*

(10) *L'art. 119 del d.lgs. 19 aprile 2017, n. 56 ha sostituito le parole « al comma 3 » con le parole « al comma 2 dell'articolo 2 del decreto legislativo n. 228 del 2011 ».*

202 Finanziamento e riprogrammazione delle risorse per le infrastrutture prioritarie.

1. Al fine di migliorare la capacità di programmazione e riprogrammazione della spesa per la realizzazione delle infrastrutture di preminente interesse nazionale e in coerenza con l'articolo 10, commi 2 e 4, del decreto legislativo 29 dicembre 2011, n. 229, sono istituiti, nello stato di previsione del Ministero delle infrastrutture e dei trasporti:

a) il Fondo per la progettazione di fattibilità delle infrastrutture e degli insediamenti prioritari per lo sviluppo del Paese, nonché per la project review delle infrastrutture già finanziate;

b) il Fondo da ripartire per la realizzazione delle infrastrutture e degli insediamenti prioritari per lo sviluppo del Paese.

2. Tra i fondi di cui al comma 1 possono essere disposte variazioni compensative con decreti del Ministro dell'economia e delle finanze, su proposta del Ministro delle infrastrutture e dei trasporti.

3. In sede di prima applicazione, ai Fondi di cui al comma 1, lettere *a*) e *b*), confluiscono le risorse disponibili di cui all'articolo 32, commi 1 e 6, del decreto legge 6 luglio 2011, n. 98, convertito con modificazioni nella legge 15 luglio 2011, n. 111, di cui all'articolo 18, comma 1, del decreto legge 21 giugno 2013 n. 69, convertito con modificazioni nella legge 9 agosto 2013, n. 98, nonché le risorse disponibili iscritte nel capitolo dello stato di previsione del Ministero delle infrastrut-

ture e dei trasporti denominato "Fondo da ripartire per la progettazione e la realizzazione delle opere strategiche di preminente interesse nazionale nonché per opere di captazione ed adduzione di risorse idriche". L'individuazione delle risorse assegnate ai fondi di cui al comma 1 è definita con uno o più decreti del Ministro delle infrastrutture e dei trasporti di concerto con il Ministro dell'economia e delle finanze, previo parere del CIPE.

4. Con uno o più decreti del Ministro delle infrastrutture e dei trasporti, sono definite:

a) le modalità di ammissione al finanziamento della progettazione di fattibilità;

b) l'assegnazione delle risorse del Fondo per la progettazione di cui al comma 1, lettera *a*) ai diversi progetti, nonché le modalità di revoca.

5. Con uno o più decreti del Ministro delle infrastrutture e dei trasporti, di concerto con il Ministro dell'economia e delle finanze, si provvede al trasferimento delle risorse del Fondo per la realizzazione delle infrastrutture di cui al comma 1, lettera *b*), assegnate dal CIPE ai diversi interventi su proposta del Ministro delle infrastrutture e dei trasporti d'intesa con il Ministro dell'economia e delle finanze.

6. Al fine della riprogrammazione della allocazione delle risorse, con una o più delibere del CIPE, su proposta del Ministro delle infrastrutture e dei trasporti, di concerto con il Ministro dell'economia e delle finanze, sulla base dei criteri individuati nel Documento pluriennale di pianificazione, previsto dall'articolo 2 del decreto legislativo 29 dicembre 2011, n. 228 e successive modificazioni, nonché per effetto delle attività di projectreview, sono individuati i finanziamenti da revocare i cui stanziamenti sono iscritti nello stato di previsione del Ministero delle infrastrutture e dei trasporti destinati alle opere di preminente interesse nazionaledi cui alla legge 21 dicembre 2001, n. 443, ivi incluso il "Fondo da ripartire per la progettazione e la realizzazione delle opere strategiche di preminente interesse nazionale nonché per opere di captazione ed adduzione di risorse idriche". Le quote annuali dei limiti di impegno e dei contributi revocati affluiscono al Fondo di cui al comma 1, lettera *b*) per la successiva riallocazione da parte del CIPE, su proposta del Ministro delle infrastrutture e dei trasporti.

7. Le somme relative ai finanziamenti revocati ai sensi del presente articolo iscritte in conto residui sono versate all'entrata del bilancio dello Stato per essere riassegnate, compatibilmente con gli equilibri di finanza pubblica, sul Fondo di cui al comma 1, lettera *b*).

8. Le disposizioni di cui al presente articolo non si applicano ai residui perenti.

8-*bis*. Per i finanziamenti approvati dal Comitato interministeriale per la programmazione economica senza contestuale approvazione dei progetti, con particolare riferimento a quelli approvati ai sensi dell'articolo 5 della legge 26 febbraio 1992, n. 211, l'utilizzo di eventuali ribassi di gara o risorse liberatesi in corso d'opera è autorizzato dal Ministero delle infrastrutture e dei trasporti previa richiesta e istruttoria presentate dal soggetto attuatore, e contestuale individuazione degli interventi da finanziare nell'ambito della medesima opera in cui i ribassi e le risorse si sono determinate. Il Ministero delle infrastrutture e dei trasporti rende informativa al CIPE in merito a tali autorizzazioni (1).

9. Il Ministro dell'economia e delle finanze è autorizzato ad apportare, con propri decreti, le occorrenti variazioni di bilancio in termini di residui, competenza e cassa per l'attuazione del presente articolo.

(1) *Comma inserito dall'art. 42, comma 2 d.l. 16 luglio 2020, n. 76, conv., con modif., in l. 11 settembre 2020, n. 120.*

203 Monitoraggio delle infrastrutture e degli insediamenti prioritari.

1. Con decreto del Ministro dell'interno, di concerto con il Ministro della giustizia e con il Ministro delle infrastrutture e dei trasporti, sono individuate le procedure per il monitoraggio delle infrastrutture ed insediamenti prioritari per la prevenzione e repressione di tentativi di infiltrazione mafiosa per le quali è istituito presso il Ministero dell'interno un apposito Comitato di coordinamento. Nelle more dell'adozione del decreto di cui al primo periodo continuano ad applicarsi le disposizioni del decreto del Ministero dell'interno 14 marzo 2003, pubblicato nella Gazzetta Ufficiale 5 marzo 2004, n. 54 e successive modifiche, anche alle opere soggette a tale monitoraggio alla data di entrata in vigore del presente codice.

2. Si applicano, altresì, le modalità e le procedure di monitoraggio finanziario di cui all'articolo36 del decreto-legge 24 giugno 2014, n. 90, convertito, con modificazioni, dalla legge 11 agosto 2014, n. 114.

PARTE VI
Disposizioni finali e transitorie

TITOLO I
Contenzioso

CAPO I
Ricorsi giurisdizionali

204 Ricorsi giurisdizionali.

1. All'articolo 120 del codice del processo amministrativo, di cui all'Allegato 1 al decreto legislativo 2 luglio 2010, n. 104, sono apportate le seguenti modificazioni:

a) al comma 1 le parole « nonché i connessi provvedimenti dell'Autorità per la vigilanza sui contratti pubblici di lavori, servizi e forniture » sono sostituite dalle parole « nonché i provvedimenti dell'Autorità nazionale anticorruzione ad essi riferiti »;

b) dopo il comma 2 è aggiunto il seguente:

« 2-*bis*. Il provvedimento che determina le esclusioni dalla procedura di affidamento e le ammissioni ad essa all'esito della valutazione dei requisiti soggettivi, economico-finanziari e tecnico-professionali va impugnato nel termine di trenta giorni, decorrente dalla sua pubblicazione sul profilo del committente della stazione appaltante, ai sensi dell'articolo 29, comma 1, del codice dei contratti pubblici adottato in attuazione della legge 28 gennaio 2016, n. 11. L'omessa impugnazione preclude la facoltà di far valere l'illegittimità derivata dei successivi atti delle procedure di affidamento, anche con ricorso incidentale. È altresì inammissibile l'impugnazione della proposta di aggiudicazione, ove disposta, e degli altri atti endoprocedimentali privi di immediata lesività. »;

c) al comma 5, le parole: « Per l'impugnazione » sono sostituite dalle seguenti: « Salvo quanto previsto al comma 6-*bis*, per l'impugnazione »;

d) dopo il comma 6 è inserito il seguente:

« 6-*bis*. Nei casi previsti al comma 2-*bis*, il giudizio è definito in una camera di consiglio da tenersi entro trenta giorni dalla scadenza del termine per la costituzione delle parti diverse dal ricorrente. Su richiesta delle parti il ricorso è definito, negli stessi termini, in udienza pubblica. Il decreto di fissazione dell'udienza è comunicato alle parti quindici giorni prima dell'udienza. Le parti possono produrre documenti fino a dieci giorni liberi prima dell'udienza, memorie fino a sei giorni liberi prima e presentare repliche ai nuovi documenti e alle nuove memorie depositate in vista della camera di consiglio, fino a tre giorni liberi prima. La camera di consiglio o l'udienza possono essere rinviate solo in caso di esigenze istruttorie, per integrare il contraddittorio, per proporre motivi aggiunti o ricorso incidentale. L'ordinanza istruttoria fissa per il deposito di documenti un termine non superiore atre giorni decorrenti dalla comunicazione o, se anteriore, notificazione della stessa. La nuova camera di consiglio deve essere fissata non oltre quindici giorni. Non può essere disposta la cancellazione della causa dal ruolo. L'appello deve essere proposto entro trenta giorni dalla comunicazione o, se anteriore, notificazione della sentenza e non trova applicazione il termine lungo decorrente dalla sua pubblicazione »;

e) al comma 7, le parole: « I nuovi » sono sostituite dalle seguenti: « Ad eccezione dei casi previsti al comma 2-*bis*, i nuovi »;

f) dopo il comma 8-*bis*, è inserito il seguente:

« 8-*ter*. Nella decisione cautelare, il giudice tiene conto di quanto previsto dagli articoli 121, comma 1, e 122, e delle esigenze imperative connesse a un interesse generale all'esecuzione del contratto, dandone conto nella motivazione. »;

g) al comma 9 le parole «, ferma restando la possibilità di chiedere l'immediata pubblicazione del dispositivo entro due giorni. » sono sostituite dalle parole «; le parti possono chiedere l'anticipata pubblicazione del dispositivo, che avviene entro due giorni dall'udienza. »; è inserito, dopo il primo periodo del comma 9, il seguente: « Nei casi previsti al comma 6-*bis*, il tribunale amministrativo regionale deposita la sentenza entro sette giorni dall'udienza, pubblica o in camera di consiglio, di discussione; le parti possono chiedere l'anticipata pubblicazione del dispositivo, che avviene entro due giorni dall'udienza. »;

h) al comma 11, le parole: « Le disposizioni dei commi 3, 6, 8 e 10 » sono sostituite dalle seguenti: « Le disposizioni dei commi 2-*bis*, 3, 6, 6-*bis*, 8, 8-*bis*, 8-*ter*, 9, secondo periodo e 10 »;

i) dopo il comma 11 è inserito il seguente:

« 11-*bis*. Nel caso di presentazione di offerte per più lotti l'impugnazione si propone con ricorso cumulativo solo se vengono dedotti identici motivi di ricorso avverso lo stesso atto. ».

CAPO II
Rimedi alternativi alla tutela giurisdizionale

205 Accordo bonario per i lavori.

1. Per i lavori pubblici di cui alla parte II, e con esclusione dei contratti di cui alla parte IV, titolo III, affidati da amministrazioni aggiudicatrici ed enti aggiudicatori, ovvero dai concessionari, qualora in seguito all'iscrizione di riserve sui documenti contabili, l'importo economico dell'opera possa variare tra il 5 ed il 15 per cento dell'importo contrattuale, al fine del raggiungimento di un accordo bonario si applicano le disposizioni di cui ai commi da 2 a 6 (1).

2. Il procedimento dell'accordo bonario riguarda tutte le riserve iscritte fino al momento dell'avvio del procedimento stesso e può essere reiterato quando le riserve iscritte, ulteriori e diverse rispetto a quelle già esaminate, raggiungano nuovamente l'importo di cui al comma 1, nell'ambito comunque di un limite massimo complessivo del 15 per cento dell'importo del contratto. Le domande che fanno valere pretese già oggetto di riserva, non possono essere proposte per importi maggiori rispetto a quelli quantificati nelle riserve stesse. Non possono essere oggetto di riservagli aspetti progettuali che sono stati oggetto di verifica ai sensi dell'articolo 26. Prima dell'approvazione del certificato di collaudo ovvero di verifica di conformità o del certificato di regolare esecuzione, qualunque sia l'importo delle riserve, il responsabile unico del procedimento attiva l'accordo bonario per la risoluzione delle riserve iscritte.

3. Il direttore dei lavori dà immediata comunicazione al responsabile unico del procedimento delle riserve di cui al comma 1, trasmettendo nel più breve tempo possibile una propria relazione riservata.

4. Il responsabile unico del procedimento valuta l'ammissibilità e la non manifesta infondatezza delle riserve ai fini dell'effettivo raggiungimento del limite di valore di cui al comma 1.

5. Il responsabile unico del procedimento, entro 15 giorni dalla comunicazione di cui al comma 3, acquisita la relazione riservata del direttore dei lavori e, ove costituito, dell'organo di collaudo, può richiedere alla Camera arbitrale l'indicazione di una lista di cinque esperti aventi competenza specifica in relazione all'oggetto del contratto. Il responsabile unico del procedimento e il soggetto che ha formulato le riserve scelgono d'intesa, nell'ambito della lista, l'esperto incaricato della formulazione della proposta motivata di accordo bonario. In caso di mancata intesa tra il responsabile unico del procedimento e il soggetto che ha formulato le riserve, entro quindici giorni dalla trasmissione della lista l'esperto è nominato dalla Camera arbitrale che ne fissa anche il compenso, prendendo come riferimento i limiti stabiliti con il decreto di cui

all'articolo 209, comma 16. La proposta è formulata dall'esperto entro novanta giorni dalla nomina. Qualora il RUP non richieda la nomina dell'esperto, la proposta è formulata dal RUP entro novanta giorni dalla comunicazione di cui al comma 3.

6. L'esperto, qualora nominato, ovvero il RUP, verificano le riserve in contraddittorio con il soggetto che le ha formulate, effettuano eventuali ulteriori audizioni, istruiscono la questione anche con la raccolta di dati e informazioni e con l'acquisizione di eventuali altri pareri, e formulano, accertata e verificata la disponibilità di idonee risorse economiche, una proposta di accordo bonario, che viene trasmessa al dirigente competente della stazione appaltante e al soggetto che ha formulato le riserve. Se la proposta è accettata dalle parti, entro quarantacinque giorni dal suo ricevimento, l'accordo bonario è concluso e viene redatto verbale sottoscritto dalle parti. L'accordo ha natura di transazione. Sulla somma riconosciuta in sede di accordo bonario sono dovuti gli interessi al tasso legale a decorrere dal sessantesimo giorno successivo alla accettazione dell'accordo bonario da parte della stazione appaltante. In caso di reiezione della proposta da parte del soggetto che ha formulato le riserve ovvero di inutile decorso del termine di cui al secondo periodo possono essere aditi gli arbitri o il giudice ordinario.

6-*bis*. L'impresa, in caso di rifiuto della proposta di accordo bonario ovvero di inutile decorso del termine per l'accettazione, può instaurare un contenzioso giudiziario entro i successivi sessanta giorni, a pena di decadenza (2) (3).

(1) *L'art. 120 del d.lgs. 19 aprile 2017, n. 56 ha sostituito le parole « ai commi da 2 a 7 » con le parole « ai commi da 2 a 6 ».*

(2) *Comma inserito dall'art. 120 del d.lgs. 19 aprile 2017, n. 56.*

(3) *V. l'art. 1, comma 10, d.l. 18 aprile 2019, n. 32, conv., con modif., in l. 14 giugno 2019, n. 55, come da ultimo modificato dall'art. 52, comma 1, lett. a), n. 7) d.l. 31 maggio 2021, n. 77, conv., con modif., in l. 29 luglio 2021, n. 108, che così dispone: « **Fino al 30 giugno 2023**, possono essere oggetto di riserva anche gli aspetti progettuali che sono stati oggetto di verifica ai sensi dell'articolo 25 del decreto legislativo 18 aprile 2016, n. 50, con conseguente estensione dell'ambito di applicazione dell'accordo bonario di cui all'articolo 205 del medesimo decreto legislativo ».*

206 Accordo bonario per i servizi e le forniture.

1. Le disposizioni di cui all'articolo 205 si applicano, in quanto compatibili, anche ai contratti di fornitura di beni di natura continuativa o periodica, e di servizi, quando insorgano controversie in fase esecutiva degli stessi, circa l'esatta esecuzione delle prestazioni dovute.

[207 Collegio consultivo tecnico.] (1).

(1) *Articolo abrogato dall'art. 121 del d.lgs. 19 aprile 2017, n. 56. Il testo era:* « 1. Al fine di prevenire controversie relative all'esecuzione del contratto le parti possono convenire che prima dell'avvio dell'esecuzione, o comunque non oltre novanta giorni da tale data, sia costituito un collegio consultivo tecnico con funzioni di assistenza per la rapida risoluzione delle dispute di ogni natura suscettibili di insorgere nel corso dell'esecuzione del contratto stesso.

2. Il collegio consultivo tecnico è formato da tre membri dotati di esperienza e qualificazione professionale adeguata alla tipologia dell'opera. I componenti del collegio possono essere scelti dalle parti di comune accordo, ovvero le parti possono concordare che ciascuna di esse nomini un componente e che il terzo componente sia scelto dai due componenti di nomina di parte; in ogni caso, tutti i componenti devono essere approvati dalle parti. Il componente nominato dalla stazione appaltante è preferibilmente scelto all'interno della struttura di cui all'articolo 31, comma 9, ove istituita. La parti concordano il compenso del terzo componente nei limiti stabiliti con il decreto di cui all'articolo 209, comma 16.

3. Il collegio consultivo tecnico si intende costituito al momento di sottoscrizione dell'accordo da parte dei componenti designati e delle parti contrattuali. All'atto della costituzione è fornita al collegio consultivo copia dell'intera documentazione inerente al contratto.

4. Nel caso in cui insorgano controversie, il collegio consultivo può procedere all'ascolto informale delle parti per favorire la rapida risoluzione delle controversie eventualmente insorte. Può altresì convocare le parti per consentire l'esposizione in contraddittorio delle rispettive ragioni.

5. Ad esito della propria attività il collegio consultivo formula in forma scritta una proposta di soluzione della controversia dando sintetico atto della motivazione. La proposta del collegio non vincolale parti.

6. Se le parti accettano la soluzione offerta dal collegio consultivo, l'atto contenente la proposta viene sottoscritto dai contraenti alla presenza di almeno due componenti del Collegio e costituisce prova dell'accordo sul suo contenuto. L'accordo sottoscritto vale come transazione.

7. Nel caso in cui la controversia non sia composta mediante la procedura di cui ai commi precedenti, i componenti del collegio consultivo non possono essere chiamati quali testimoni nell'eventuale giudizio civile che abbia ad oggetto la controversia medesima.

8. Il collegio consultivo tecnico è sciolto al termine dell'esecuzione del contratto o in data anteriore su accordo delle parti. »

208 Transazione.

1. Le controversie relative a diritti soggettivi derivanti dall'esecuzione dei contratti pubblici di lavori, servizi, forniture, possono essere risolte mediante transazione nel rispetto del codice civile, solo ed esclusivamente nell'ipotesi in cui non risulti possibile esperire altri rimedi alternativi all'azione giurisdizionale (1).

2. Ove il valore dell'importo oggetto di concessione o rinuncia sia superiore a 100.000 euro, ovvero 200.000 euro in caso di lavori pubblici, è acquisito il parere dell'Avvocatura dello Stato, qualora si tratti di amministrazioni centrali, ovvero di un legale interno alla struttura, o del funzionario più elevato in grado competente per il contenzioso, ove non esistente il legale interno, qualora si tratti di amministrazioni sub centrali.

3. La proposta di transazione può essere formulata sia dal soggetto aggiudicatario che dal dirigente competente, sentito il responsabile unico del procedimento.

4. La transazione ha forma scritta a pena di nullità.

(1) *Le parole « all'azione giurisdizionale » sono state inserite dall'art. 122 del d.lgs. 19 aprile 2017, n. 56.*

209 Arbitrato.

1. Le controversie su diritti soggettivi, derivanti dall'esecuzione dei contratti pubblici relativi a lavori, servizi, forniture, concorsi di progettazione e di idee, comprese quelle conseguenti al mancato raggiungimento dell'accordo bonario di cui agli articoli 205 e 206 possono essere deferite ad arbitri. L'arbitrato, ai sensi dell'articolo 1, comma 20, della legge 6 novembre 2012, n. 190, si applica anche alle controversie relative a concessioni e appalti pubblici di opere, servizi e forniture in cui sia parte una società a partecipazione pubblica ovvero una società controllata o collegata a una società

a partecipazione pubblica, ai sensi dell'articolo 2359 del codice civile, o che comunque abbiano ad oggetto opere o forniture finanziate con risorse a carico dei bilanci pubblici.

2. La stazione appaltante indica nel bando o nell'avviso con cui indice la gara ovvero, per le procedure senza bando, nell'invito, se il contratto conterrà o meno la clausola compromissoria. L'aggiudicatario può ricusare la clausola compromissoria, che in tale caso non è inserita nel contratto, comunicandolo alla stazione appaltante entro venti giorni dalla conoscenza dell'aggiudicazione. È vietato in ogni caso il compromesso.

3. È nulla la clausola compromissoria inserita senza autorizzazione nel bando o nell'avviso con cui è indetta la gara ovvero, per le procedure senza bando, nell'invito. La clausola è inserita previa autorizzazione motivata dell'organo di governo della amministrazione aggiudicatrice.

4. Il collegio arbitrale è composto da tre membri ed è nominato dalla Camera arbitrale di cui all'articolo 210. Ciascuna delle parti, nella domanda di arbitrato o nell'atto di resistenza alla domanda, designa l'arbitro di propria competenza scelto tra soggetti di provata esperienza e indipendenza nella materia oggetto del contratto cui l'arbitrato si riferisce. Il Presidente del collegio arbitrale è designato dalla Camera arbitrale tra i soggetti iscritti all'albo di cui al comma 2 dell'articolo 210, in possesso di particolare esperienza nella materia oggetto del contratto cui l'arbitrato si riferisce.

5. La nomina degli arbitri per la risoluzione delle controversie nelle quali è parte una pubblica amministrazione avviene nel rispetto dei principi di pubblicità e di rotazione oltre che nel rispetto delle disposizioni del presente codice. Qualora la controversia si svolga tra due pubbliche amministrazioni, gli arbitri di parte sono individuati tra i dirigenti pubblici. Qualora la controversia abbia luogo tra una pubblica amministrazione e un privato, l'arbitro individuato dalla pubblica amministrazione è scelto, preferibilmente, tra i dirigenti pubblici. In entrambe le ipotesi, qualora l'Amministrazione con atto motivato ritenga di non procedere alla designazione dell'arbitro nell'ambito dei dirigenti pubblici, la designazione avviene nell'ambito degli iscritti all'albo.

6. Fermo restando quanto previsto dall'articolo 815 del codice di procedura civile, non possono essere nominati:

a) i magistrati ordinari, amministrativi contabili e militari in servizio o a riposo nonché gli avvocati e procuratori dello Stato, in servizio o a riposo, e i componenti delle commissioni tributarie;

b) coloro che nell'ultimo triennio hanno esercitato le funzioni di arbitro di parte o di difensore in giudizi arbitrali disciplinati dal presente articolo, ad eccezione delle ipotesi in cui l'esercizio della difesa costituisca adempimento di dovere d'ufficio del difensore dipendente pubblico;

c) coloro che, prima del collocamento a riposo, hanno trattato ricorsi in sede civile, penale, amministrativa o contabile presentati dal soggetto che ha richiesto l'arbitrato;

d) coloro che hanno espresso parere, a qualunque titolo, nelle materie oggetto dell'arbitrato;

e) coloro che hanno predisposto il progetto o il capitolato di gara o dato parere su esso;

f) coloro che hanno diretto, sorvegliato o collaudato i lavori, i servizi, o le forniture a cui si riferiscono le controversie;

g) coloro che hanno partecipato a qualunque titolo alla procedura per la quale è in corso l'arbitrato.

7. La nomina del collegio arbitrale effettuata in violazione delle disposizioni di cui ai commi 4, 5 e 6 determina la nullità del lodo.

8. Al fine della nomina del collegio, la domanda di arbitrato, l'atto di resistenza ed eventuali controdeduzioni sono trasmessi alla Camera arbitrale. Sono altresì trasmesse le designazioni di parte. Contestualmente alla nomina del Presidente, la Camera arbitrale comunica alle parti la misura e le modalità del deposito da effettuarsi in acconto del corrispettivo arbitrale. Il Presidente del collegio arbitrale nomina, se necessario, il segretario, anche scegliendolo tra il personale interno all'ANAC.

9. Le parti determinano la sede del collegio arbitrale, anche presso uno dei luoghi in cui sono situate le sezioni regionali dell'Osservatorio di cui all'articolo 213, comma 9; se non vi è alcuna indicazione della sede del collegio arbitrale, ovvero se non vi è accordo fra le parti, questa deve intendersi stabilita presso la sede della Camera arbitrale.

10. Ai giudizi arbitrali si applicano le disposizioni del codice di procedura civile, salvo quanto disposto dal presente codice. In particolare, sono ammissibili tutti i mezzi di prova previsti dal codice di procedura civile, con esclusione del giuramento in tutte le sue forme.

11. I termini che gli arbitri hanno fissato alle parti per le loro allegazioni e istanze istruttorie possono essere considerati perentori solo se vi sia una previsione in tal senso o nella convenzione di arbitrato o in un atto scritto separato o nel regolamento processuale che gli arbitri stessi si sono dati.

12. Il lodo si ha per pronunciato con la sua ultima sottoscrizione e diviene efficace con il suo deposito presso la Camera arbitrale per i contratti pubblici. Entro quindici giorni dalla pronuncia del lodo, va corrisposta, a cura degli arbitri e a carico delle parti, una somma pari all'uno per mille del valore della relativa controversia. Detto importo è direttamente versato all'ANAC.

13. Il deposito del lodo presso la Camera arbitrale per i contratti pubblici precede quello da effettuarsi presso la cancelleria del tribunale ai sensi e per gli effetti di cui all'articolo 825 del codice di procedura civile. Il deposito del lodo presso la camera arbitrale è effettuato, a cura del collegio arbitrale, in tanti originali quante sono le parti, oltre a uno per il fascicolo d'ufficio ovvero con modalità informatiche e telematiche determinate dall'ANAC. Su richiesta di parte il rispettivo originale è restituito, con attestazione dell'avvenuto deposito, ai fini degli adempimenti di cui all'articolo 825 del codice di procedura civile.

14. Il lodo è impugnabile, oltre che per motivi di nullità, anche per violazione delle regole di diritto re-

lative al merito della controversia. L'impugnazione è proposta nel termine di novanta giorni dalla notificazione del lodo e non è più proponibile dopo il decorso di centoottanta giorni dalla data del deposito del lodo presso la Camera arbitrale.

15. Su istanza di parte la Corte d'appello può sospendere, con ordinanza, l'efficacia del lodo, se ricorrono gravi e fondati motivi. Si applica l'articolo 351 del codice di procedura civile. Quando sospende l'efficacia del lodo, o ne conferma la sospensione disposta dal presidente, il collegio verifica se il giudizio è in condizione di essere definito. In tal caso, fatte precisare le conclusioni, ordina la discussione orale nella stessa udienza o camera di consiglio, ovvero in una udienza da tenersi entro novanta giorni dall'ordinanza di sospensione; all'udienza pronunzia sentenza a norma dell'articolo 281-*sexies* del codice di procedura civile. Se ritiene indispensabili incombenti istruttori, il collegio provvede su di essi con la stessa ordinanza di sospensione e ne ordina l'assunzione in una udienza successiva di non oltre novanta giorni; quindi provvede ai sensi dei periodi precedenti.

16. La Camera arbitrale, su proposta del collegio arbitrale, determina con apposita delibera il compenso degli arbitri nei limiti stabiliti con decreto del Ministero delle infrastrutture e dei trasporti. Sono comunque vietati incrementi dei compensi massimi legati alla particolare complessità delle questioni trattate, alle specifiche competenze utilizzate e all'effettivo lavoro svolto. Il compenso per il collegio arbitrale, comprensivo dell'eventuale compenso per il segretario, non può comunque superare l'importo di 100.000 euro, da rivalutarsi ogni tre anni con i decreti e le delibere di cui al primo periodo. Per i dirigenti pubblici resta ferma l'applicazione dei limiti di cui all'articolo 23-*ter* del decreto legge 6 dicembre 2011, n. 201, convertito dalla legge 22 dicembre 2011, n. 214, nonché all'articolo 1, comma 24 della legge 6 novembre 2012, n. 190. L'atto di liquidazione del compenso e delle spese arbitrali, nonché del compenso e delle spese per la consulenza tecnica, costituisce titolo per l'ingiunzione di cui all'articolo 633 del codice di procedura civile. Fino alla data di entrata in vigore del decreto di cui al primo periodo, si applica l'articolo 216, comma 22.

17. Il corrispettivo a saldo per la decisione della controversia è versato dalle parti, nella misura liquidata dalla Camera arbitrale, nel termine di trenta giorni dalla comunicazione del lodo.

18. La Camera arbitrale provvede alla liquidazione degli onorarie delle spese di consulenza tecnica, ove disposta, ai sensi degli articoli da 49 a 58 del Testo unico delle disposizioni legislative e regolamentari in materia di spese di giustizia, di cui al decreto del Presidente della Repubblica 30 maggio 2002, n. 115, nella misura derivante dall'applicazione delle tabelle ivi previste.

19. Gli importi dei corrispettivi dovuti per la decisione delle controversie sono direttamente versati all'ANAC.

20. Salvo quanto previsto dall'articolo 92, secondo comma, del codice di procedura civile, il collegio arbitrale, se accoglie parzialmente la domanda, compensa le spese del giudizio in proporzione al rapporto tra il valore della domanda e quello dell'accoglimento.

21. Le parti sono tenute solidalmente al pagamento del compenso dovuto agli arbitri e delle spese relative al collegio e al giudizio arbitrale, salvo rivalsa fra loro.

210 Camera arbitrale, albo degli arbitri ed elenco dei segretari.

1. Presso l'ANAC è istituita la Camera arbitrale per i contratti pubblici relativi a lavori, servizi, forniture, di seguito camera arbitrale.

2. La Camera arbitrale cura la formazione e la tenuta dell'Albo degli arbitri per i contratti pubblici, redige il codice deontologico degli arbitri camerali e provvede agli adempimenti necessari alla costituzione e al funzionamento del collegio arbitrale.

3. Sono organi della Camera arbitrale il Presidente e il consiglio arbitrale.

4. Il consiglio arbitrale, composto da cinque membri, è nominato dall'ANAC fra soggetti dotati di particolare competenza nella materia dei contratti pubblici di lavori, servizi e forniture, al fine di garantire l'indipendenza e l'autonomia dell'istituto, nonché dotati dei requisiti di onorabilità stabiliti dalla medesima Autorità. Al suo interno, l'ANAC sceglie il Presidente. L'incarico ha durata quinquennale ed è retribuito nella misura determinata dal provvedimento di nomina nei limiti delle risorse attribuite all'Autorità stessa. Il Presidente e i consiglieri sono soggetti alle incompatibilità e ai divieti previsti dal comma 10.

5. Per l'espletamento delle sue funzioni la Camera arbitrale si avvale di una struttura di segreteria con personale fornito dall'ANAC.

6. La Camera arbitrale cura annualmente la rilevazione dei dati emergenti dal contenzioso in materia di contratti pubblici e li trasmette all'Autorità e alla cabina di regia di cui all'articolo 212.

7. Fermo restando quanto previsto dall'articolo 1, comma 18, della legge 6 novembre 2012, n. 190, possono essere iscritti all'albo degli arbitri della Camera arbitrale i soggetti appartenenti alle seguenti categorie:

a) avvocati iscritti agli albi ordinari e speciali abilitati al patrocinio davanti alle magistrature superiori e in possesso dei requisiti per la nomina a consigliere di cassazione;

b) tecnici in possesso del diploma di laurea in ingegneria e architettura abilitati all'esercizio della professione da almeno 10 anni e iscritti ai relativi albi;

c) professori universitari di ruolo nelle materie giuridiche e tecniche e dirigenti delle pubbliche amministrazioni, con provata esperienza nella materia dei contratti pubblici di lavori, servizi e forniture.

8. La Camera arbitrale cura, altresì, in sezione separata, la tenuta dell'elenco dei periti per la nomina dei consulenti tecnici nei giudizi arbitrali. Sono iscritti all'elenco i soggetti in possesso del diploma di laurea e comprovata esperienza professionale di almeno 5 anni, con relativa iscrizione all'albo professionale, se richiesta.

9. I soggetti di cui al comma 7, lettere *a*), *b*) e *c*), nonché al comma 8 del presente articolo, sono rispet-

tivamente inseriti nell'albo degli arbitri e nell'elenco dei periti, su domanda corredata da curriculum e da adeguata documentazione comprovante i requisiti.

10. L'iscrizione all'albo degli arbitri e all'elenco dei periti ha validità triennale e può essere nuovamente conseguita decorsi due anni dalla scadenza del triennio. Fermo restando quanto previsto dall'articolo 53 del decreto legislativo 30 marzo 2001, n. 165, come modificato dall'articolo 1, comma 42, lettera l, della legge 6 novembre 2012, n. 190, durante il periodo di appartenenza, e nei successivi tre anni, i soggetti iscritti all'albo non possono espletare incarichi professionali in favore delle parti dei giudizi arbitrali da essi decisi, ivi compreso l'incarico di arbitro di parte.

11. Sono fatti salvi i casi di ricusazione di cui all'articolo 815 del codice di procedura civile.

12. Per le ipotesi di cui all'articolo 209, comma 8, la Camera arbitrale cura anche la tenuta dell'elenco dei segretari dei collegi arbitrali. Possono essere iscritti all'elenco i funzionari in possesso di diploma di laurea in materia giuridica o economica o equipollenti e, ove necessario, in materie tecniche, inseriti nei ruoli delle pubbliche amministrazioni di cui aldecreto legislativo 30 marzo 2001, n. 165, aventi un'anzianità di servizio in ruolo non inferiore a cinque anni. Gli eventuali oneri relativi alla tenuta dell'elenco sono posti a carico dei soggetti interessati all'iscrizione, prevedendo a tal fine tariffe idonee ad assicurare l'integrale copertura dei suddetti costi.

13. Sul sito dell'ANAC sono pubblicati l'elenco degli arbitrati in corso e definiti, i dati relativi alle vicende dei medesimi, i nominativi e i compensi degli arbitri e dei periti.

211 Pareri di precontenzioso dell'ANAC.

1. Su iniziativa della stazione appaltante o di una o più delle altre parti, l'ANAC esprime parere, previo contraddittorio, (1) relativamente a questioni insorte durante lo svolgimento delle procedure di gara, entro trenta giorni dalla ricezione della richiesta. Il parere obbliga le parti che vi abbiano preventivamente acconsentito ad attenersi a quanto in esso stabilito. Il parere vincolante è impugnabile innanzi ai competenti organi della giustizia amministrativa ai sensi dell'articolo 120 del codice del processo amministrativo. In caso di rigetto del ricorso contro il parere vincolante, il giudice valuta il comportamento della parte ricorrente ai sensi e per gli effetti dell'articolo 26 del codice del processo amministrativo.

1-*bis*. L'ANAC è legittimata ad agire in giudizio per l'impugnazione dei bandi, degli altri atti generali e dei provvedimenti relativi a contratti di rilevante impatto, emessi da qualsiasi stazione appaltante, qualora ritenga che essi violino le norme in materia di contratti pubblici relativi a lavori, servizi e forniture (2).

1-*ter*. L'ANAC, se ritiene che una stazione appaltante abbia adottato un provvedimento viziato da gravi violazioni del presente codice, emette, entro sessanta giorni dalla notizia della violazione, un parere motivato nel quale indica specificamente i vizi di legittimità riscontrati. Il parere è trasmesso alla stazione appaltante; se la stazione appaltante non vi si conforma entro il termine assegnato dall'ANAC, comunque non superiore a sessanta giorni dalla trasmissione, l'ANAC può presentare ricorso, entro i successivi trenta giorni, innanzi al giudice amministrativo. Si applica l'articolo 120 del codice del processo amministrativo di cui all'allegato 1 annesso al decreto legislativo 2 luglio 2010, n. 104 (2).

1-*quater*. L'ANAC, con proprio regolamento, può individuare i casi o le tipologie di provvedimenti in relazione ai quali esercita i poteri di cui ai commi 1-*bis* e 1-*ter* (2).

[2.] (3).

(1) *Le parole «, previo contraddittorio, » sono state inserite dall'art. 123 del d.lgs. 19 aprile 2017, n. 56.*

(2) *Comma introdotto dall'art. 52-*ter *del d.l. del 24 aprile 2017, n. 50 convertito in l. del 21 giugno 2017, n. 96.*

(3) *Comma abrogato dall'art. 123 del d.lgs. 19 aprile 2017, n. 56. Il testo previgente era:* « Qualora l'ANAC, nell'esercizio delle proprie funzioni, ritenga sussistente un vizio di legittimità in uno degli atti della procedura di gara invita mediante atto di raccomandazione la stazione appaltante ad agire in autotutela e a rimuovere altresì gli eventuali effetti degli atti illegittimi, entro un termine non superiore a sessanta giorni. Il mancato adeguamento della stazione appaltante alla raccomandazione vincolante dell'Autorità entro il termine fissato è punito con la sanzione amministrativa pecuniaria entro il limite minimo di euro 250 e il limite massimo di euro 25.000, posta a carico del dirigente responsabile. La sanzione incide altresì sul sistema reputazionale delle stazioni appaltanti, di cui all'articolo 36 del presente codice. La raccomandazione è impugnabile innanzi ai competenti organi della giustizia amministrativa ai sensi dell'articolo 120 del codice del processo amministrativo. »

TITOLO II
Governance

212 Indirizzo e coordinamento.

1. È istituita presso la Presidenza del Consiglio dei ministri una Cabina di regia con il compito di:

a) effettuare una ricognizione sullo stato di attuazione del presente codice e sulle difficoltà riscontrate dalle stazioni appaltanti nella fase di applicazione anche al fine di proporre eventuali soluzioni correttive e di miglioramento;

b) curare, se del caso con apposito piano di azione, la fase di attuazione del presente codice coordinando l'adozione, da parte dei soggetti competenti, di decreti e linee guida, nonché della loro raccolta in testi unici integrati, organici e omogenei, al fine di assicurarne la tempestività e la coerenza reciproca;

c) esaminare le proposte di modifiche normative nella materia disciplinata dal presente codice al fine di valutarne l'impatto sulla legislazione vigente, garantire omogeneità e certezza giuridica, supportando la competente struttura della Presidenza del Consiglio dei ministri nel coordinamento dei vari interventi regolatori nel settore;

d) promuovere la realizzazione, in collaborazione con i soggetti competenti, di un piano nazionale in tema di procedure telematiche di acquisto, al fine della diffusione dell'utilizzo degli strumenti informatici e della digitalizzazione delle fasi del processo di acquisto;

e) promuovere accordi, protocolli di intesa, convenzioni, anche con associazioni private per agevolare la bancabilità delle opere pubbliche.

2. La Cabina di regia segnala, sulla base delle informazioni ricevute, eventuali specifiche violazioni o problemi sistemici all'ANAC per gli interventi di competenza.

3. Entro il 18 aprile 2017 e successivamente ogni tre anni, la Cabina di regia, anche avvalendosi di ANAC, presenta alla Commissione una relazione di controllo contenente, se del caso, informazioni sulle cause più frequenti di non corretta applicazione o di incertezza giuridica, compresi possibili problemi strutturali o ricorrenti nell'applicazione delle norme, sul livello di partecipazione delle microimprese e delle piccole e medie imprese agli appalti pubblici e sulla prevenzione, l'accertamento e l'adeguata segnalazione di casi di frode, corruzione, conflitto di interessi e altre irregolarità gravi in materia di appalti e di concessioni.

4. La Cabina di regia è la struttura nazionale di riferimento per la cooperazione con la Commissione europea per quanto riguarda l'applicazione della normativa in materia di appalti pubblici e di concessioni, e per l'adempimento degli obblighi di assistenza e cooperazione reciproca tra gli Stati membri, onde assicurare lo scambio di informazioni sull'applicazione delle norme contenute nel presente codice e sulla gestione delle relative procedure.

5. La composizione e le modalità di funzionamento della Cabina di regia sono stabiliti con decreto del Presidente del Consiglio dei ministri, da adottare, di concerto con il Ministro delle infrastrutture e trasporti, sentita l'ANAC e la Conferenza unificata, entro tre mesi dall'entrata in vigore del presente codice.

213 Autorità Nazionale Anticorruzione.

1. La vigilanza e il controllo sui contratti pubblici e l'attività di regolazione degli stessi, sono attribuiti, nei limiti di quanto stabilito dal presente codice, all'Autorità nazionale anticorruzione (ANAC) di cui all'articolo 19 del decreto legge 24 giugno 2014, n. 90, convertito, con modificazioni, dalla legge 11 agosto 2014, n. 114, che agisce anche al fine di prevenire e contrastare illegalità e corruzione.

2. L'ANAC, attraverso linee guida, bandi-tipo, capitolati-tipo, contratti-tipo ed altri strumenti di regolazione flessibile, comunque denominati, garantisce la promozione dell'efficienza, della qualità dell'attività delle stazioni appaltanti, cui fornisce supporto anche facilitando lo scambio di informazioni e la omogeneità dei procedimenti amministrativi e favorisce lo sviluppo delle migliori pratiche. Trasmette alle Camere, immediatamente dopo la loro adozione, gli atti di regolazione e gli altri atti di cui al precedente periodo ritenuti maggiormente rilevanti in termini di impatto, per numero di operatori potenzialmente coinvolti, riconducibilità a fattispecie criminose, situazioni anomale o comunque sintomatiche di condotte illecite da parte delle stazioni appaltanti. Resta ferma l'impugnabilità delle decisioni e degli atti assunti dall'ANAC innanzi ai competenti organi di giustizia amministrativa. L'ANAC, per l'emanazione delle linee guida, si dota, nei modi previsti dal proprio ordinamento, di forme e metodi di consultazione, di analisi e di verifica dell'impatto della regolazione, di consolidamento delle linee guida in testi unici integrati, organici e omogenei per materia, di adeguata pubblicità, anche sulla Gazzetta Ufficiale, in modo che siano rispettati la qualità della regolazione e il divieto di introduzione o di mantenimento di livelli di regolazione superiori a quelli minimi richiesti dalla legge n. 11 del 2016 e dal presente codice.

3. Nell'ambito dei poteri ad essa attribuiti, l'Autorità:

a) vigila sui contratti pubblici, anche di interesse regionale, di lavori, servizi e forniture nei settori ordinari e nei settori speciali e sui contratti secretati o che esigono particolari misure di sicurezza ai sensi dell'articolo 1, comma 2, lettera *f-bis*), della legge 6 novembre 2012, n. 190, nonché sui contratti esclusi dall'ambito di applicazione del codice;

b) vigila affinché sia garantita l'economicità dell'esecuzione dei contratti pubblici e accerta che dalla stessa non derivi pregiudizio per il pubblico erario;

c) segnala al Governo e al Parlamento, con apposito atto, fenomeni particolarmente gravi di inosservanza o di applicazione distorta della normativa di settore;

d) formula al Governo proposte in ordine a modifiche occorrenti in relazione alla normativa vigente di settore;

e) predispone e invia al Governo e al Parlamento la relazione prevista dall'articolo 1, comma 2, della legge 6 novembre 2012, n.190, come modificato dall'articolo 19, comma 5-*ter*, del decreto-legge 24 giugno 2014, n.90, convertito, con modificazioni, dalla legge 11 agosto 2014, n. 114, (1) annuale sull'attività svolta evidenziando le disfunzioni riscontrate nell'esercizio delle proprie funzioni;

f) vigila sul sistema di qualificazione degli esecutori dei contratti pubblici di lavori ed esercita i correlati poteri sanzionatori;

g) vigila sul divieto di affidamento dei contratti attraverso procedure diverse rispetto a quelle ordinarie ed opera un controllo sulla corretta applicazione della specifica disciplina derogatoria prevista per i casi di somma urgenza e di protezione civile di cui all'articolo 163 del presente codice;

h) per affidamenti di particolare interesse, svolge attività di vigilanza collaborativa attuata previa stipula di protocolli di intesa con le stazioni appaltanti richiedenti, finalizzata a supportare le medesime nella predisposizione degli atti e nell'attività di gestione dell'intera procedura di gara.

h-bis) al fine di favorire l'economicità dei contratti pubblici e la trasparenza delle condizioni di acquisto, provvede con apposite linee guida, fatte salve le normative di settore, all'elaborazione dei costi standard dei lavori e dei prezzi di riferimento di beni e servizi, avvalendosi a tal fine, sulla base di apposite convenzioni, del supporto dell'ISTAT e degli altri enti del Sistema statistico nazionale, alle condizioni di maggiore efficienza, tra quelli di maggiore impatto in termini di costo a carico della pubblica amministrazione, avvalendosi eventualmente anche delle informazioni contenute nelle banche dati esistenti presso altre Amministrazioni pubbliche e altri soggetti operanti nel settore dei contratti pubblici (2).

4. L'Autorità gestisce il sistema di qualificazione delle stazioni appaltanti e delle centrali di committenza.

5. Nell'ambito dello svolgimento della propria attività, l'Autorità può disporre ispezioni, anche su richiesta motivata di chiunque ne abbia interesse, avvalendosi eventualmente della collaborazione di altri organi dello Stato nonché dell'ausilio del Corpo della Guardia di Finanza, che esegue le verifiche e gli accertamenti richiesti agendo con i poteri di indagine ad esso attribuiti ai fini degli accertamenti relativi all'imposta sul valore aggiunto e alle imposte sui redditi.

6. Qualora accerti l'esistenza di irregolarità, l'Autorità trasmette gli atti e i propri rilievi agli organi di controllo e, se le irregolarità hanno rilevanza penale, alle competenti Procure della Repubblica. Qualora accerti che dalla esecuzione dei contratti pubblici derivi pregiudizio per il pubblico erario, gli atti e i rilievi sono trasmessi anche ai soggetti interessati e alla Procura generale della Corte dei conti.

7. L'Autorità collabora con l'Autorità Garante della Concorrenza e del Mercato per la rilevazione di comportamenti aziendali meritevoli di valutazione al fine dell'attribuzione del "Rating di legalità" delle imprese di cui all'articolo 5-*ter* del decreto-legge 24 gennaio 2012, n. 1, convertito, con modificazioni, dalla legge 24 marzo 2012, n. 27. Il rating di legalità concorre anche alla determinazione del rating di impresa di cui all'articolo 83, comma 10.

8. Per le finalità di cui al comma 2, l'Autorità gestisce la Banca Dati Nazionale dei Contratti Pubblici, nella quale confluiscono, oltre alle informazioni acquisite per competenza tramite i propri sistemi informatizzati, tutte le informazioni contenute nelle banche dati esistenti, anche a livello territoriale, onde garantire accessibilità unificata, trasparenza, pubblicità e tracciabilità delle procedure di gara e delle fasi a essa prodromiche e successive (3). Con proprio provvedimento, l'Autorità individua le modalità e i tempi entro i quali i titolari di suddette banche dati, previa stipula di protocolli di interoperabilità, garantiscono la confluenza dei dati medesimi nell'unica Banca dati accreditata, di cui la medesima autorità è titolare in via esclusiva. Per le opere pubbliche, l'Autorità, il Ministero dell'economia e delle finanze, il Ministero delle infrastrutture e dei trasporti, la Presidenza del Consiglio dei Ministri e le Regioni e le Province autonome quali gestori dei sistemi informatizzati di cui al comma 4 dell'articolo 29 concordano le modalità di rilevazione e interscambio delle informazioni nell'ambito della banca dati nazionale dei contratti pubblici, della banca dati di cui all'articolo 13 della legge 31 dicembre 2009, n. 196, della banca dati di cui all'articolo 1, comma 5, della legge 17 maggio 1999, n. 144 e della banca dati di cui all'articolo 36 del decreto legge 24 giugno 2014, n. 90, convertito, con modificazioni, dalla legge 11 agosto 2014, n. 114, al fine di assicurare, ai sensi del decreto legislativo 29 dicembre 2011, n. 229, del decreto legislativo 14 marzo 2013, n. 33 e del presente codice, il rispetto del principio di unicità dell'invio delle informazioni e la riduzione degli oneri amministrativi per i soggetti di cui all'articolo 1, comma 1, l'efficace monitoraggio dalla programmazione alla realizzazione delle opere e la tracciabilità dei relativi flussi finanziari o il raccordo degli adempimenti in termini di trasparenza preventiva (4). [Ferma restando l'autonomia della banca dati nazionale degli operatori economici di cui all'articolo 81, l'Autorità e il Ministero delle infrastrutture e dei trasporti concordano le modalità di interscambio delle informazioni per garantire la funzione di prevenzione dalla corruzione e di tutela della legalità dell'Autorità e nel contempo evitare sovrapposizione di competenze e ottimizzare l'utilizzo dei dati nell'interesse della fruizione degli stessi da parte degli operatori economici e delle stazioni appaltanti.] (5)

9. Per la gestione della Banca dati di cui al comma 8, l'Autorità si avvale dell'Osservatorio dei contratti pubblici relativi a lavori, servizi e forniture, composto da una sezione centrale e da sezioni regionali aventi sede presso le regioni e le province autonome. L'Osservatorio opera mediante procedure informatiche, sulla base di apposite convenzioni, anche attraverso collegamento con i relativi sistemi in uso presso le sezioni regionali e (6) presso altre Amministrazioni pubbliche e altri soggetti operanti nei settore dei contratti pubblici. L'Autorità stabilisce le modalità di funzionamento dell'Osservatorio nonché le informazioni obbligatorie, i termini e le forme di comunicazione che le stazioni appaltanti e gli enti aggiudicatori sono tenuti a trasmettere all'Osservatorio. Nei confronti del soggetto che ometta, senza giustificato motivo, di fornire informazioni richieste ovvero fornisce informazioni non veritiere, l'Autorità può irrogare la sanzione amministrativa pecuniaria di cui al comma 13. La sezione centrale dell'Osservatorio si avvale delle sezioni regionali competenti per territorio per l'acquisizione delle informazioni necessarie allo svolgimento dei compiti istituzionali, [ovvero di analoghe strutture delle regioni] (7) sulla base di appositi accordi con le regioni [stesse] (7). La sezione centrale dell'Osservatorio provvede a monitorare l'applicazione dei criteri ambientali minimi di cui al decreto di cui all'articolo 34 comma 1 e il raggiungimento degli obiettivi prefissati dal Piano d'azione per la sostenibilità dei consumi nel settore della pubblica amministrazione (4).

10. L'Autorità gestisce il Casellario Informatico dei contratti pubblici di lavori, servizi e forniture, istituito presso l'Osservatorio, contenente tutte le notizie, le informazioni e i dati relativi agli operatori economici con riferimento alle iscrizioni previste dall'articolo 80. L'Autorità stabilisce le ulteriori informazioni che devono essere presenti nel casellario ritenute utili ai fini della tenuta dello stesso, della verifica dei gravi illeciti professionali di cui all'articolo 80, comma 5, lettera *c*), dell'attribuzione del rating di impresa di cui all'articolo 83, comma 10, o del conseguimento dell'attestazione di qualificazione di cui all'articolo 84. L'Autorità assicura, altresì, il collegamento del casellario con la banca dati di cui all'articolo 81 (8).

11. Presso l'Autorità opera la Camera arbitrale per i contratti pubblici relativi a lavori, servizi, forniture di cui all'articolo 210.

12. Resta fermo quanto previsto dall'articolo 1, comma 67, legge 23 dicembre 2005, n. 266.

13. Nel rispetto dei principi di cui alla legge 24 novembre 1981, n.689, l'Autorità (9) ha il potere di irrogare

sanzioni amministrative pecuniarie nei confronti dei soggetti che rifiutano od omettono, senza giustificato motivo, di fornire le informazioni o di esibire i documenti richiesti dalla stessa e nei confronti degli operatori economici che non ottemperano alla richiesta della stazione appaltante o dell'ente aggiudicatore di comprovare il possesso dei requisiti di partecipazione alla procedura di affidamento, entro il limite minimo di euro 250 e il limite massimo di euro 25.000. Nei confronti dei soggetti che a fronte della richiesta di informazioni o di esibizione di documenti da parte dell'Autorità forniscono informazioni o esibiscono documenti non veritieri e nei confronti degli operatori economici che forniscono alle stazioni appaltanti o agli enti aggiudicatori o agli organismi di attestazione, dati o documenti non veritieri circa il possesso dei requisiti di qualificazione, fatta salva l'eventuale sanzione penale, l'Autorità ha il potere di irrogare sanzioni amministrative pecuniarie entro il limite minimo di euro 500 e il limite massimo di euro 50.000. Con propri atti l'Autorità disciplina i procedimenti sanzionatori di sua competenza.

14. Le somme derivanti dal pagamento delle sanzioni di cui all'articolo 211 sono versate all'entrata del bilancio dello Stato per la successiva riassegnazione in un apposito fondo da istituire nello stato di previsione del Ministero delle infrastrutture e dei trasporti, per essere destinate, con decreto dello stesso Ministro, alla premialità delle stazioni appaltanti, secondo i criteri individuati dall'ANAC ai sensi dell'articolo 38. Il Ministro dell'economia e delle finanze è autorizzato ad apportare con propri decreti le occorrenti variazioni di bilancio.

15. L'Autorità gestisce e aggiorna l'Albo Nazionale obbligatorio dei componenti delle commissioni giudicatrici di cui all'articolo 78 nonché l'elenco delle stazioni appaltanti che operano mediante affidamenti diretti nei confronti di proprie società in house ai sensi dell'articolo 192.

16. È istituito, presso l'Autorità, nell'ambito dell'Anagrafe unica delle stazioni appaltanti l'elenco dei soggetti aggregatori.

17. Al fine di garantire la consultazione immediata e suddivisa per materia degli strumenti di regolazione flessibile adottati dall'ANAC comunque denominati, l'ANAC pubblica i suddetti provvedimenti con modalità tali da rendere immediatamente accessibile alle stazioni appaltanti e agli operatori economici la disciplina applicabile a ciascun procedimento.

17-*bis*. L'ANAC indica negli strumenti di regolazione flessibile, di cui al comma 2, e negli ulteriori atti previsti dal presente codice, la data in cui gli stessi acquistano efficacia, che di regola coincide con il quindicesimo giorno successivo alla loro pubblicazione nella Gazzetta Ufficiale della Repubblica italiana e che, in casi di particolare urgenza, non può comunque essere anteriore al giorno successivo alla loro pubblicazione nella Gazzetta Ufficiale della Repubblica italiana. Gli atti stessi si applicano alle procedure e ai contratti per i quali i bandi o gli avvisi, con cui si indice la procedura di scelta del contraente, siano pubblicati successivamente alla data di decorrenza di efficacia indicata dall'ANAC ai sensi del primo periodo; in caso di contratti senza pubblicazione di bandi o di avvisi si applicano alle procedure e ai contratti in relazione ai quali, alla data di decorrenza di efficacia, non siano ancora stati inviati gli inviti a presentare le offerte (10).

(1) *L'art. 125 del d.lgs. 19 aprile 2017, n. 56 ha sostituito le parole « una relazione » con le parole da « la relazione » a « n. 114, ».*

(2) *Lettera inserita dall'art. 125 del d.lgs. 19 aprile 2017, n. 56.*

(3) *Periodo sostituito dall'art. 125 del d.lgs. 19 aprile 2017, n. 56. Il testo del periodo era il seguente: « Per le finalità di cui al comma 2, l'Autorità gestisce la Banca Dati Nazionale dei Contratti Pubblici nella quale confluiscono tutte le informazioni contenute nelle banche dati esistenti, anche a livello territoriale, onde garantire accessibilità unificata, trasparenza, pubblicità e tracciabilità delle procedure di gara e delle fasi a essa prodromiche e successive. ».*

(4) *Periodo inserito dall'art. 125 del d.lgs. 19 aprile 2017, n. 56.*

(5) *Quarto periodo soppresso dall'art. 53, comma 5, lett.* f) *d.l. 31 maggio 2021, n. 77, conv., con modif., in l. 29 luglio 2021, n. 108.*

(6) *Le parole « presso le sezioni regionali e » sono state inserite dall'art. 125 del d.lgs. 19 aprile 2017, n. 56.*

(7) *Parole soppresse dall'art. 125 del d.lgs. 19 aprile 2017, n. 56.*

(8) *L'art. 125 del d.lgs. 19 aprile 2017, n. 56 ha sostituito il periodo « Garantisce altresì, il collegamento con la banca dati di cui all'articolo 81. » Con i periodi da « L'Autorità » a « articolo 81 ».*

(9) *L'art. 125 del d.lgs. 19 aprile 2017, n. 56 ha sostituito le parole « L'Autorità » con le parole da « Nel rispetto » a « l'Autorità ».*

(10) *Comma inserito dall'art. 125 del d.lgs. 19 aprile 2017, n. 56.*

214 Ministero delle infrastrutture e dei trasporti e struttura tecnica di missione.

1. Nell'ambito delle funzioni di cui al decreto legislativo 30 luglio 1999 n. 300, il Ministero delle infrastrutture e dei trasporti promuove le attività tecniche e amministrative occorrenti ai fini della adeguata e sollecita progettazione e approvazione delle infrastrutture ed effettua, con la collaborazione delle regioni o province autonome interessate, le attività di supporto necessarie per la vigilanza, da parte dell'autorità competente, sulla realizzazione delle infrastrutture.

2. Nello svolgimento delle funzioni di cui al comma 1, il Ministero impronta la propria attività al principio di leale collaborazione con le regioni e le province autonome e con gli enti locali interessati e acquisisce, nei casi indicati dalla legge, la previa intesa delle regioni o province autonome interessate. Ai fini di cui al comma 1, il Ministero, in particolare:

a) promuove e riceve le proposte delle regioni o province autonome e degli altri enti aggiudicatori;

b) promuove e propone intese quadro tra Governo e singole regioni o province autonome, al fine del congiunto coordinamento e realizzazione delle infrastrutture;

c) promuove la redazione dei progetti di fattibilità delle infrastrutture da parte dei soggetti aggiudicatori, anche attraverso eventuali intese o accordi procedimentali tra i soggetti comunque interessati;

d) provvede, eventualmente in collaborazione con le regioni, le province autonome e gli altri enti interessati con oneri a proprio carico, alle attività di supporto al CIPE per la vigilanza sulle attività di affidamento da parte dei soggetti aggiudicatori e della successiva realizzazione delle infrastrutture e degli insediamenti prioritari per lo sviluppo del Paese di cui alla parte V;

e) ove necessario, collabora alle attività dei soggetti aggiudicatori o degli enti interessati alle attività istruttorie con azioni di indirizzo e supporto;

f) cura l'istruttoria sui progetti di fattibilità e definitivi, anche ai fini della loro sottoposizione alle deliberazioni del CIPE in caso di infrastrutture e di insediamenti prioritari per lo sviluppo del Paese di cui alla parte V, proponendo allo stesso le eventuali prescrizioni per l'approvazione del progetto. Per le opere di competenza dello Stato, il parere del Consiglio superiore dei lavori pubblici, o di altri organi o commissioni consultive, ove richiesto dalle norme vigenti, è acquisito sul progetto definitivo;

g) assegna ai soggetti aggiudicatori, a carico dei fondi di cui all'articolo 202, comma 1, lettera *a*), le risorse finanziarie integrative necessarie alle attività progettuali; in caso di infrastrutture e di insediamenti prioritari per lo sviluppo del Paese di cui alla parte V, propone, d'intesa con il Ministero dell'economia e delle finanze, al CIPE l'assegnazione ai soggetti aggiudicatori, a carico dei fondi, delle risorse finanziarie integrative necessarie alla realizzazione delle infrastrutture, contestualmente all'approvazione del progetto definitivo e nei limiti delle risorse disponibili, dando priorità al completamento delle opere incompiute;

h) verifica l'avanzamento dei lavori anche attraverso sopralluoghi tecnico-amministrativi presso i cantieri interessati, previo accesso agli stessi; a tal fine può avvalersi, ove necessario, del Corpo della Guardia di finanza, mediante la sottoscrizione di appositi protocolli di intesa.

3. Per le attività di indirizzo e pianificazione strategica, ricerca, supporto e alta consulenza, valutazione, revisione della progettazione, monitoraggio e alta sorveglianza delle infrastrutture, il Ministero può avvalersi di una struttura tecnica di missione composta da dipendenti nei limiti dell'organico approvato e dirigenti delle pubbliche amministrazioni, da tecnici individuati dalle regioni o province autonome territorialmente coinvolte, nonché, sulla base di specifici incarichi professionali o rapporti di collaborazione coordinata e continuativa, da progettisti ed esperti nella gestione di lavori pubblici e privati e di procedure amministrative. La struttura tecnica di missione è istituita con decreto del Ministro delle infrastrutture. La struttura può, altresì, avvalersi di personale di alta specializzazione e professionalità, previa selezione, con contratti a tempo determinato di durata non superiore al quinquennio rinnovabile per una sola volta nonché quali advisor, di Università statali e non statali legalmente riconosciute, di Enti di ricerca e di società specializzate nella progettazione e gestione di lavori pubblici e privati. La struttura svolge, altresì, le funzioni del Nucleo di valutazione e verifica degli investimenti pubblici, previste dall'articolo 1 della legge 17 maggio 1999, n. 144 e dall'articolo 7 del decreto legislativo 29 dicembre 2011, n. 228.

4. Al fine di agevolare, sin dall'inizio della fase istruttoria, la realizzazione di infrastrutture e insediamenti prioritari, il Ministro delle infrastrutture e dei trasporti, sentiti i Ministri competenti, nonché i Presidenti delle regioni o province autonome interessate, propone al Presidente del Consiglio dei ministri la nomina di commissari straordinari, i quali seguono l'andamento delle opere e provvedono alle opportune azioni di indirizzo e supporto promuovendo anche attività di prevenzione dell'insorgenza dei conflitti e dei contenziosi anche con riferimento alle esigenze delle comunità locali, nonché (1) le occorrenti intese tra i soggetti pubblici e privati interessati. Nell'espletamento delle suddette attività, e nel caso di particolare complessità delle stesse, il commissario straordinario può essere affiancato da un sub-commissario, nominato dal Presidente del Consiglio dei ministri, su proposta dei Presidenti delle regioni o province autonome territorialmente coinvolte, con oneri a carico delle regioni o province autonome proponenti. Per le opere non aventi carattere interregionale o internazionale, la proposta di nomina del commissario straordinario è formulata d'intesa con la regione o la provincia autonoma, o l'ente territoriale interessati ovvero a valere sulle risorse di cui al comma 8 (2).

5. Gli oneri derivanti dall'applicazione del comma 4 sono posti a carico dei fondi di cui all'articolo 202 e sono contenuti nell'ambito della quota delle risorse che annualmente sono destinate allo scopo con decreto del Ministro delle infrastrutture e dei trasporti, di concerto con il Ministro dell'economia e delle finanze. Gli oneri per il funzionamento della struttura tecnica di missione di cui al comma 3 trovano copertura sui fondi di cui all'articolo 1, comma 238, della legge 30 dicembre 2004, n. 311, nonché sulle risorse assegnate annualmente al Ministero delle Infrastrutture e dei Trasporti ai sensi della legge n. 144 del 1999.

6. Il Presidente del Consiglio dei ministri, su proposta del Ministro delle infrastrutture, sentiti i Ministri competenti nonché, per le infrastrutture di competenza dei soggetti aggiudicatori regionali, i presidenti delle regioni o province autonome interessate, abilita eventualmente i commissari straordinari ad adottare, con le modalità e i poteri di cui all'articolo 13 del decreto-legge 25 marzo 1997, n. 67, convertito, con modificazioni, dalla legge 23 maggio 1997, n. 135, in sostituzione dei soggetti competenti, i provvedimenti e gli atti di qualsiasi natura necessari alla sollecita progettazione, istruttoria, affidamento e realizzazione delle infrastrutture e degli insediamenti produttivi.

7. I commissari straordinari agiscono in autonomia e con l'obiettivo di garantire l'interesse pubblico e (3) riferiscono al Presidente del Consiglio, al Ministro delle infrastrutture e al CIPE in ordine alle problematiche riscontrate e alle iniziative assunte e operano secondo le direttive dai medesimi impartite e con il supporto del Ministero, e, ove esistenti, della struttura tecnica di missione e degli advisor, acquisendo, per il tramite degli stessi, ogni occorrente studio e parere. Nei limiti dei costi autorizzati a norma del comma 8, i commissari straordinari e i sub-commissari si avvalgono della struttura di cui al comma 3, nonché delle competenti strutture regionali e possono avvalersi del supporto e della collaborazione dei soggetti terzi.

8. Il decreto del Presidente del Consiglio dei ministri di nomina del commissario straordinario individua il compenso e i costi pertinenti alle attività da svolgere dallo stesso, nonché le modalità di corresponsione degli stessi a valere sulle risorse del quadro economico di ciascun intervento, nei limiti delle somme stanziate per tale finalità (4).

8-*bis*. Ai commissari nominati ai sensi dell'articolo 20 del decreto-legge 29 novembre 2008, n. 185, convertito, con modificazioni, dalla legge 28 gennaio 2009, n.

2, per le opere di cui al presente articolo si applicano le disposizioni di cui ai commi da 4 a 8 (5).

[9. Il Ministero, anche per le esigenze della struttura tecnica di missione, può, altresì, avvalersi, quali advisor, di Università statali e non statali legalmente riconosciute, di Enti di ricerca e società specializzate nella progettazione e gestione di lavori pubblici e privati.] (6).

10. Il Ministero delle infrastrutture e dei trasporti assicura il supporto e l'assistenza necessari alle stazioni appaltanti per l'applicazione della disciplina di settore, in collaborazione con le Regioni e le Province autonome di Trento e di Bolzano nell'ambito delle attività che queste esercitano ai sensi degli articoli 30, comma 3 e 201, comma 5.

11. In sede di prima applicazione restano, comunque, validi gli atti ed i provvedimenti adottati e sono fatti salvi gli effetti prodotti ed i rapporti giuridici sorti sulla base dell'articolo 163 del decreto legislativo decreto legislativo 12 aprile 2006, n. 163.

[12. Ai sensi dell'articolo 1, comma 5 della legge 28 gennaio 2016, n. 11, il Ministro delle infrastrutture e dei trasporti può adottare linee guida interpretative e di indirizzo, su proposta dell'ANAC, sentite le Commissioni parlamentari, per assicurare l'uniforme applicazione e interpretazione delle norme di cui al presente codice.] (6).

(1) *Le parole da « anche attività » a « nonché » sono state inserite dall'art. 126 del d.lgs. 19 aprile 2017, n. 56.*

(2) *Le parole da « ovvero » a « comma 8 » sono state inserite dall'art. 126 del d.lgs. 19 aprile 2017, n. 56.*

(3) *Le parole da « agiscono » a « pubblico e » sono state inserite dall'art. 126 del d.lgs. 19 aprile 2017, n. 56.*

(4) *L'art. 126 del d.lgs. 19 aprile 2017, n. 56 ha sostituito le parole «, a carico dei fondi, nell'ambito delle risorse di cui al comma 5 » con le parole da « a valere » a « finalità ».*

(5) *Comma inserito dall'art. 126 del d.lgs. 19 aprile 2017, n. 56.*

(6) *Comma abrogato dall'art. 126 del d.lgs. 19 aprile 2017, n. 56.*

215 (1) Consiglio superiore dei lavori pubblici.

1. È garantita la piena autonomia funzionale e organizzativa, nonché l'indipendenza di giudizio e di valutazione del Consiglio superiore dei lavori pubblici quale massimo organo tecnico consultivo dello Stato.

2. Con decreto del Presidente della Repubblica, su proposta del Ministro delle infrastrutture e dei trasporti, previa deliberazione del Consiglio dei ministri, possono essere attribuiti nuovi poteri consultivi su materie identiche o affini a quelle già di competenza del Consiglio medesimo. Con il medesimo decreto si provvede a disciplinare la rappresentanza delle diverse amministrazioni dello Stato e delle Regioni nell'ambito del Consiglio superiore dei lavori pubblici, nonché a disciplinare la composizione dei comitati tecnici amministrativi, senza nuovi o maggiori oneri a carico della finanza pubblica. Sono fatte salve le competenze del Consiglio nazionale per i beni culturali e ambientali.

3. Il Consiglio superiore dei lavori pubblici esprime parere obbligatorio sui progetti definitivi di lavori pubblici di competenza statale, o comunque finanziati per almeno il 50 per cento dallo Stato, di importo superiore ai 50 milioni di euro, prima dell'avvio delle procedure di cui alla parte seconda, Titolo III, del decreto legislativo 3 aprile 2006, n.152, delle procedure di cui agli articoli 14, 14-*bis* e 14-*ter* della legge 7 agosto 1990, n. 241, delle procedure di cui all'articolo 3 del decreto del Presidente della Repubblica 18 aprile 1994, n. 383, e, laddove prevista, prima della comunicazione dell'avvio del procedimento di cui all'articolo 11 del decreto del Presidente della Repubblica 8 giugno 2001, n. 327, (2) nonché parere sui progetti delle altre stazioni appaltanti che siano pubbliche amministrazioni, sempre superiori a tale importo, ove esse ne facciano richiesta. Per i lavori pubblici di importo inferiore a 50 milioni di euro, le competenze del Consiglio superiore sono esercitate dai comitati tecnici amministrativi presso i Provveditorati interregionali per le opere pubbliche. Qualora il lavoro pubblico di importo inferiore a 50 milioni di euro, presenti elementi di particolare rilevanza e complessità il provveditore sottopone il progetto, con motivata relazione illustrativa, al parere del Consiglio superiore.

4. Le adunanze delle sezioni e dell'assemblea generale del Consiglio superiore dei lavori pubblici sono valide con la presenza di un terzo dei componenti e i pareri sono validi quando siano deliberati con il voto favorevole della maggioranza assoluta dei presenti all'adunanza.

5. Il Consiglio superiore dei lavori pubblici esprime il parere entro novanta giorni (3) dalla trasmissione del progetto. Decorso tale termine, il parere si intende reso in senso favorevole (4).

(1) *Per una deroga al presente articolo, v. art. 48, comma 7, d.l. 31 maggio 2021, n. 77, conv., con modif., in l. 29 luglio 2021, n. 108.*

(2) *Le parole da « prima dell'avvio » a « n. 327 » sono state inserite dall'art. 127 del d.lgs. 19 aprile 2017, n. 56.*

(3) *L'art. 127 del d.lgs. 19 aprile 2017, n. 56 ha sostituito le parole « quarantacinque giorni » con le parole « novanta giorni. ». Successivamente, il presente comma era stato modificato dall'art. 1, comma 1, lett. ll), d.l. 18 aprile 2019, n. 32, che aveva sostituito le parole « novanta giorni » alle parole « sessanta giorni », ma tale modifica è decaduta in sede di conversione in l. 14 giugno 2019, n. 55. Ai sensi dell'art. 1, comma 2, della predetta legge « Restano validi gli atti e i provvedimenti adottati e sono fatti salvi gli effetti prodottisi e i rapporti giuridici sorti sulla base dell'articolo 1 del medesimo decreto-legge 18 aprile 2019, n. 32 ». Ai sensi del comma 7 del medesimo art. 1 d.l. n. 32, cit., come da ultimo modificato dall'art. 52, comma 1, lett.* a), *n. 6, d.l. n. 77, cit., « **Fino al 30 giugno 2023**, i limiti di importo di cui all'articolo 215, comma 3, del decreto legislativo 18 aprile 2016, n. 50, per l'espressione del parere obbligatorio del Consiglio superiore dei lavori pubblici, anche ai fini dell'eventuale esercizio delle competenze alternative e dei casi di particolare rilevanza e complessità, sono elevati da 50 a 75 milioni di euro. Per importi inferiori a 75 milioni di euro il parere è espresso dai comitati tecnici amministrativi presso i provveditorati interregionali per le opere pubbliche. Restano ferme le disposizioni relative all'acquisizione del parere del Consiglio superiore dei lavori pubblici relativamente alla costruzione e all'esercizio delle dighe di ritenuta ».*

(4) *L'art. 127 del d.lgs. 19 aprile 2017, n. 56 ha sostituito le parole « il progetto si intende assentito » con le parole « il parere si intende reso in senso favorevole ». Ai sensi dell'art. 1, comma 8 d.l. n. 32, cit., il termine di cui al presente comma 5, per l'espressione del parere del Consiglio superiore dei lavori pubblici, è ridotto a quarantacinque giorni dalla trasmissione del progetto **fino al 30 giugno 2023**.*

216-220 (*Omissis*).

45. Decreto legge 18 aprile 2019, n. 32, convertito, con modificazioni in legge 14 giugno 2019, n. 55. — Disposizioni urgenti per il rilancio del settore dei contratti pubblici, per l'accelerazione degli interventi infrastrutturali, di rigenerazione urbana e di ricostruzione a seguito di eventi sismici. (*estratto*).

Pubblicato nella Gazzetta Ufficiale del 18 aprile 2019, n. 92; la legge di conversione è stata pubblicata nella Gazzetta Ufficiale del 17 giugno 2019, n. 140.

CAPO I
Norme in materia di contratti pubblici, di accelerazione degli interventi infrastrutturali, e di rigenerazione urbana

1 Modifiche al codice dei contratti pubblici e sospensione sperimentale dell'efficacia di disposizioni in materia di appalti pubblici e in materia di economia circolare .

1. Al fine di rilanciare gli investimenti pubblici e di facilitare l'apertura dei cantieri per la realizzazione delle opere pubbliche, per le procedure per le quali i bandi o gli avvisi con cui si indice la procedura di scelta del contraente siano pubblicati successivamente alla data di entrata in vigore del presente decreto, nonché, in caso di contratti senza pubblicazione di bandi o di avvisi, per le procedure in relazione alle quali, alla data di entrata in vigore del presente decreto, non siano ancora stati inviati gli inviti a presentare le offerte, nelle more della riforma complessiva del settore e comunque nel rispetto dei principi e delle norme sancite dall'Unione europea, in particolare delle direttive 2014/23/UE, 2014/24/UE e 2014/25/UE del Parlamento europeo e del Consiglio, del 26 febbraio 2014, fino al 30 giugno 2023 (1), non trovano applicazione, a titolo sperimentale, le seguenti norme del codice dei contratti pubblici, di cui al decreto legislativo 18 aprile 2016, n. 50:

a) articolo 37, comma 4, per i comuni non capoluogo di provincia, quanto all'obbligo di avvalersi delle modalità ivi indicate, limitatamente alle procedure non afferenti agli investimenti pubblici finanziati, in tutto o in parte, con le risorse previste dal Regolamento (UE) 2021/240 del Parlamento europeo e del Consiglio del 10 febbraio 2021 e dal Regolamento (UE) 2021/241 del Parlamento europeo e del Consiglio del 12 febbraio 2021, nonché dalle risorse del Piano nazionale per gli investimenti complementari di cui all'articolo 1 del decreto - legge 6 maggio 2021, n. 59. Nelle more di una disciplina diretta ad assicurare la riduzione, il rafforzamento e la qualificazione delle stazioni appaltanti, per le procedure afferenti alle opere PNRR e PNC, i comuni non capoluogo di provincia procedono all'acquisizione di forniture, servizi e lavori, oltre che secondo le modalità indicate dal citato articolo 37, comma 4, attraverso le unioni di comuni, le province, le città metropolitane e i comuni capoluogo di provincia (2);

b) articolo 59, comma 1, quarto periodo, nella parte in cui resta vietato il ricorso all'affidamento congiunto della progettazione e dell'esecuzione di lavori;

c) articolo 77, comma 3, quanto all'obbligo di scegliere i commissari tra gli esperti iscritti all'Albo istituito presso l'Autorità nazionale anticorruzione (ANAC) di cui all'articolo 78, fermo restando l'obbligo di individuare i commissari secondo regole di competenza e trasparenza, preventivamente individuate da ciascuna stazione appaltante.[

2. Entro il 30 novembre 2021 (3) il Governo presenta alle Camere una relazione sugli effetti della sospensione per gli anni 2019 e 2020, al fine di consentire al Parlamento di valutare l'opportunità del mantenimento o meno della sospensione stessa.] (4)

3. Fino al 30 giugno 2023 (1) si applica anche ai settori ordinari la norma prevista dall'articolo 133, comma 8, del decreto legislativo 18 aprile 2016, n. 50, per i settori speciali.

4. Per gli anni dal 2019 al 2023 (5) i soggetti attuatori di opere per le quali deve essere realizzata la progettazione possono avviare le relative procedure di affidamento anche in caso di disponibilità di finanziamenti limitati alle sole attività di progettazione. Le opere la cui progettazione è stata realizzata ai sensi del periodo precedente sono considerate prioritariamente ai fini dell'assegnazione dei finanziamenti per la loro realizzazione.

5. I soggetti attuatori di opere sono autorizzati ad avviare le procedure di affidamento della progettazione o dell'esecuzione dei lavori nelle more dell'erogazione delle risorse assegnate agli stessi e finalizzate all'opera con provvedimento legislativo o amministrativo.

6. Per gli anni dal 2019 al 2023 (5), i contratti di lavori di manutenzione ordinaria e straordinaria, ad esclusione degli interventi di manutenzione straordinaria che prevedono il rinnovo o la sostituzione di parti strutturali delle opere o di impianti, possono essere affidati, nel rispetto delle procedure di scelta del contraente previste dal decreto legislativo 18 aprile 2016, n. 50, sulla base del progetto definitivo costituito almeno da una relazione generale, dall'elenco dei prezzi unitari delle lavorazioni previste, dal computo metrico-estimativo, dal piano di sicurezza e di coordinamento con l'individuazione analitica dei costi della sicurezza da non assoggettare a ribasso. L'esecuzione dei predetti lavori può prescindere dall'avvenuta redazione e approvazione del progetto esecutivo.

7. In deroga all'articolo 215, comma 3, del decreto legislativo 18 aprile 2016, n. 50, fino al 30 giugno 2023 (1), il Consiglio superiore dei lavori pubblici esprime il parere obbligatorio di cui al comma 3 del medesimo articolo 215 esclusivamente sui progetti di fattibilità tecnica ed economica di lavori pubblici di competenza statale, o comunque finanziati per almeno il 50 per cento dallo Stato, di importo pari o superiore ai

100 milioni di euro. Per i lavori pubblici di importo inferiore a 100 milioni di euro e fino a 50 milioni di euro, le competenze del Consiglio superiore sono esercitate dai comitati tecnici amministrativi presso i Provveditorati interregionali per le opere pubbliche. Per i lavori pubblici di importo inferiore a 50 milioni di euro si prescinde dall'acquisizione del parere di cui all'articolo 215, comma 3, del citato decreto legislativo n. 50 del 2016. Restano ferme le disposizioni relative all'acquisizione del parere del Consiglio superiore dei lavori pubblici relativamente alla costruzione e all'esercizio delle dighe di ritenuta (6) (7).

8. Fino alla data di cui al comma 7 il termine di cui all'articolo 215, comma 5, del decreto legislativo 18 aprile 2016, n. 50, per l'espressione del parere del Consiglio superiore dei lavori pubblici, è ridotto a quarantacinque giorni dalla trasmissione del progetto.

9. Il Consiglio superiore dei lavori pubblici, in sede di espressione di parere, fornisce anche la valutazione di congruità del costo. Le amministrazioni, in sede di approvazione dei progetti definitivi o di assegnazione delle risorse, indipendentemente dal valore del progetto, possono richiedere al Consiglio la valutazione di congruità del costo, che è resa entro trenta giorni. Decorso il detto termine, le amministrazioni richiedenti possono comunque procedere.

10. Fino al 30 giugno 2023 (8), possono essere oggetto di riserva anche gli aspetti progettuali che sono stati oggetto di verifica ai sensi dell'articolo 25 del decreto legislativo 18 aprile 2016, n. 50, con conseguente estensione dell'ambito di applicazione dell'accordo bonario di cui all'articolo 205 del medesimo decreto legislativo.

[11. Fino alla data di entrata in vigore del regolamento di cui all'articolo 216, comma 27-*octies*, del decreto legislativo 18 aprile 2016, n. 50, al fine di prevenire controversie relative all'esecuzione del contratto le parti possono convenire che prima dell'avvio dell'esecuzione, o comunque non oltre novanta giorni da tale data, sia costituito un collegio consultivo tecnico con funzioni di assistenza per la rapida risoluzione delle controversie di ogni natura suscettibili di insorgere nel corso dell'esecuzione del contratto stesso] (9).

[12. Il collegio consultivo tecnico è formato da tre membri dotati di esperienza e qualificazione professionale adeguata alla tipologia dell'opera. I componenti del collegio possono essere scelti dalle parti di comune accordo, ovvero le parti possono concordare che ciascuna di esse nomini un componente e che il terzo componente sia scelto dai due componenti di nomina di parte; in ogni caso, tutti i componenti devono essere approvati dalle parti. Il collegio consultivo tecnico si intende costituito al momento della sottoscrizione dell'accordo da parte dei componenti designati e delle parti contrattuali. All'atto della costituzione è fornita al collegio consultivo copia dell'intera documentazione inerente al contratto] (9).

[13. Nel caso in cui insorgano controversie, il collegio consultivo può procedere all'ascolto informale delle parti per favorire la rapida risoluzione delle controversie eventualmente insorte. Può altresì convocare le parti per consentire l'esposizione in contraddittorio delle rispettive ragioni. L'eventuale accordo delle parti che accolga la proposta di soluzione indicata dal collegio consultivo non ha natura transattiva, salva diversa volontà delle parti stesse] (9).

[14. Il collegio consultivo tecnico è sciolto al termine dell'esecuzione del contratto o in data anteriore su accordo delle parti] (9).

15. Per gli anni dal 2019 al 2023 (10), per gli interventi di cui all'articolo 216, comma 1-*bis*, del decreto legislativo 18 aprile 2016, n. 50, le varianti da apportare al progetto definitivo approvato dal Comitato interministeriale per la programmazione economica (CIPE), sia in sede di redazione del progetto esecutivo sia in fase di realizzazione delle opere, sono approvate esclusivamente dal soggetto aggiudicatore, anche ai fini della localizzazione e, ove occorrente, previa convocazione da parte di quest'ultimo della Conferenza di servizi, (11) qualora non superino del 50 per cento il valore del progetto approvato; in caso contrario sono approvate dal CIPE. In caso di approvazione da parte del soggetto aggiudicatore, il Ministero delle infrastrutture e dei trasporti rende una informativa al CIPE (12).

16-17. (*Omissis*).

[18. Nelle more di una complessiva revisione del codice dei contratti pubblici, di cui al decreto legislativo 18 aprile 2016, n. 50, fino al 30 giugno 2021 (13), in deroga all'articolo 105, comma 2, del medesimo codice, fatto salvo quanto previsto dal comma 5 del medesimo articolo 105, il subappalto è indicato dalle stazioni appaltanti nel bando di gara e non può superare la quota del 40 per cento dell'importo complessivo del contratto di lavori, servizi o forniture.] (14) Fino al 30 giugno 2023 (8), sono altresì sospese l'applicazione del comma 6 dell'articolo 105 e del terzo periodo del comma 2 dell'articolo 174, nonché le verifiche in sede di gara, di cui all'articolo 80 del medesimo codice, riferite al subappaltatore.] (15).

(*Omissis*).

(1) *Le parole* « 30 giugno 2023 » *sono state sostituite alle parole* « 31 dicembre 2021 » *dall'art. 52, comma 1, lett.* a), *d.l. 31 maggio 2021, n. 77, conv., con modif., in l. 29 luglio 2021, n. 108.*

(2) *Le parole da* «, limitatamente alle procedure » *a* « i comuni capoluogo di provincia » *sono state aggiunte dall'art. 52, comma 1, lett.* a), *n. 1.2 d.l. n. 77, cit.*

(3) *Le parole* « 30 novembre 2021 » *sono state sostituite alle parole* « 30 novembre 2020 » *dall'art. 8, comma 7, lett.* b) *d.l. n. 76, cit.*

(4) *Comma abrogato dall'art. 52, comma 1, lett.* a), *n. 2 d.l. n. 77, cit.*

(5) *Le parole* « Per gli anni dal 2019 al 2023 » *sono state sostituite alle parole* « Per gli anni 2019, 2020 e 2021 » *dall'art. 52, comma 1, lett.* a), *n. 4 e 5 d.l. n. 77, cit.*

(6) *Periodo aggiunto dall'art. 52, comma 1, lett.* a), *n. 6 d.l. n. 77, cit.*

(7) *Comma così sostituito dall'art. 8, comma 7, lett.* d) *d.l. n. 76, cit.*

(8) *Le parole* « Fino al 30 giugno 2023 » *sono state sostituite alle parole* « Fino al 31 dicembre 2020 » *dall'art. 52, comma 1, lett.* a), *n. 7 e 9 d.l. n. 77, cit.*

(9) *Comma abrogato dall'art. 6, comma 9 d.l. n. 76, cit.*

(10) *Le parole* « Per gli anni dal 2019 al 2023 » *sono state sostituite alle parole* « Per gli anni dal 2019 al 2022 » *dall'art. 52, comma 1, lett.* a), *n. 8 d.l. n. 77, cit.*

(11) *Le parole* «, anche ai fini della localizzazione e, ove occorrente, previa convocazione da parte di quest'ultimo della Conferenza di servizi, » *sono state aggiunte dall'art. 42, comma 1, lett.* b) *d.l. n. 76, cit.*

(12) *Periodo aggiunto dall'art. 42, comma 1, lett.* c) *d.l. n. 76, cit.*

(13) *Le parole* « fino al 30 giugno 2021 » *sono state sostituite alle parole* « fino al 31 dicembre 2020 » *e le parole* « Fino al 31 dicembre 2021 » *sono state sostituite alle parole* « Fino alla medesima data di cui al periodo precedente » *dall'art. 13, comma 2, lett.* c) *d.l. n. 183, cit.*

(14) *Primo periodo soppresso dall'art. 49, comma 1, lett.* a) *d.l. n. 77, cit.*

(15) *Comma abrogato dall'art. 10, comma 3, l. 23 dicembre 2021, n. 238. Ai sensi del comma 5 del citato art. 10, tale disposizione si applica*

alle procedure i cui bandi o avvisi con i quali si indice una gara sono pubblicati successivamente alla data di entrata in vigore della suddetta legge nonché, in caso di contratti senza pubblicazione di bandi o avvisi, alle procedure in cui, alla medesima data, non sono ancora stati inviati gli inviti a presentare le offerte o i preventivi.

4 Commissari straordinari, interventi sostitutivi e responsabilità erariali.

1. Con uno o più decreti del Presidente del Consiglio dei ministri, da adottare entro il 31 dicembre 2020, su proposta del Ministro delle infrastrutture e dei trasporti, sentito il Ministro dell'economia e delle finanze, previo parere delle competenti Commissioni parlamentari, sono individuati gli interventi infrastrutturali caratterizzati da un elevato grado di complessità progettuale, da una particolare difficoltà esecutiva o attuativa, da complessità delle procedure tecnico-amministrative ovvero che comportano un rilevante impatto sul tessuto socio-economico a livello nazionale, regionale o locale, per la cui realizzazione o il cui completamento si rende necessaria la nomina di uno o più Commissari straordinari che è disposta con i medesimi decreti. Il parere delle Commissioni parlamentari viene reso entro venti giorni dalla richiesta; decorso inutilmente tale termine si prescinde dall'acquisizione del parere. Con uno o più decreti successivi, da adottare con le modalità di cui al primo periodo entro il 31 dicembre 2021 (1), il Presidente del Consiglio dei ministri può individuare, sulla base dei medesimi criteri di cui al primo periodo, ulteriori interventi per i quali disporre la nomina di Commissari straordinari. In relazione agli interventi infrastrutturali di rilevanza esclusivamente regionale o locale, i decreti di cui al presente comma sono adottati, ai soli fini dell'individuazione di tali interventi, previa intesa con il Presidente della Regione interessata. Gli interventi di cui al presente articolo sono identificati con i corrispondenti codici unici di progetto (CUP) relativi all'opera principale e agli interventi ad essa collegati. Il Commissario straordinario nominato, prima dell'avvio degli interventi, convoca le organizzazioni sindacali maggiormente rappresentative a livello nazionale (2).

2. Per le finalità di cui al comma 1, ed allo scopo di poter celermente stabilire le condizioni per l'effettiva realizzazione dei lavori, i Commissari straordinari, individuabili anche nell'ambito delle società a controllo pubblico, cui spetta l'assunzione di ogni determinazione ritenuta necessaria per l'avvio ovvero la prosecuzione dei lavori, anche sospesi, provvedono all'eventuale rielaborazione e approvazione dei progetti non ancora appaltati, operando in raccordo con i Provveditorati interregionali alle opere pubbliche, anche mediante specifici protocolli operativi per l'applicazione delle migliori pratiche. L'approvazione dei progetti da parte dei Commissari straordinari, d'intesa con i Presidenti delle regioni territorialmente competenti, sostituisce, ad ogni effetto di legge, ogni autorizzazione, parere, visto e nulla osta occorrenti per l'avvio o la prosecuzione dei lavori, fatta eccezione per quelli relativi alla tutela ambientale, per i quali i termini dei relativi procedimenti sono dimezzati, e per quelli relativi alla tutela di beni culturali e paesaggistici, per i quali il termine di adozione dell'autorizzazione, parere, visto e nulla osta è fissato nella misura massima di sessanta giorni dalla data di ricezione della richiesta, decorso il quale, ove l'autorità competente non si sia pronunciata, detti atti si intendono rilasciati. L'autorità competente può altresì chiedere chiarimenti o elementi integrativi di giudizio; in tal caso il termine di cui al precedente periodo è sospeso fino al ricevimento della documentazione richiesta e, a partire dall'acquisizione della medesima documentazione, per un periodo massimo di trenta giorni, decorso il quale i chiarimenti o gli elementi integrativi si intendono comunque acquisiti con esito positivo. Ove sorga l'esigenza di procedere ad accertamenti di natura tecnica, l'autorità competente ne dà preventiva comunicazione al Commissario straordinario e il termine di sessanta giorni di cui al presente comma è sospeso, fino all'acquisizione delle risultanze degli accertamenti e, comunque, per un periodo massimo di trenta giorni, decorsi i quali si procede comunque all'iter autorizzativo. I termini di cui ai periodi precedenti si applicano altresì per le procedure autorizzative per l'impiantistica connessa alla gestione aerobica della frazione organica dei rifiuti solidi urbani (FORSU) e dei rifiuti organici in generale della regione Lazio e di Roma Capitale, fermi restando i principi di cui alla parte prima del decreto legislativo 3 aprile 2006, n. 152, e nel rispetto delle disposizioni contenute nella parte seconda del medesimo decreto legislativo n. 152 del 2006.

3. Per l'esecuzione degli interventi, i Commissari straordinari possono essere abilitati ad assumere direttamente le funzioni di stazione appaltante e operano in deroga alle disposizioni di legge in materia di contratti pubblici, fatto salvo il rispetto dei principi di cui agli articoli 30,34 e 42 del decreto legislativo 18 aprile 2016, n. 50, nonché delle disposizioni del codice delle leggi antimafia e delle misure di prevenzione, di cui al decreto legislativo 6 settembre 2011, n. 159, e dei vincoli inderogabili derivanti dall'appartenenza all'Unione europea, ivi inclusi quelli derivanti dalle direttive 2014/24/UE e 2014/25/UE, e delle disposizioni in materia di subappalto (3). Per l'esercizio delle funzioni di cui al primo periodo, il Commissario straordinario provvede anche a mezzo di ordinanze (3). Per le occupazioni di urgenza e per le espropriazioni delle aree occorrenti per l'esecuzione degli interventi, i Commissari straordinari, con proprio decreto, provvedono alla redazione dello stato di consistenza e del verbale di immissione in possesso dei suoli anche con la sola presenza di due rappresentanti della regione o degli enti territoriali interessati, prescindendo da ogni altro adempimento.

3-*bis*. È autorizzata l'apertura di apposite contabilità speciali intestate ai Commissari straordinari, nominati ai sensi del presente articolo, per le spese di funzionamento e di realizzazione degli interventi nel caso svolgano le funzioni di stazione appaltante. Il Commissario predispone e aggiorna, mediante apposito sistema reso disponibile dal Dipartimento della Ragioneria Generale dello Stato, il cronoprogramma dei pagamenti degli interventi in base al quale le amministrazioni competenti, ciascuna per la parte di propria competenza, assumono gli impegni pluriennali di spesa a valere sugli stanziamenti iscritti in bilancio riguardanti il trasferimento di risorse alle contabilità speciali. Conseguentemente, il Commissario, nei limiti delle risorse impegnate in bilancio, può avviare le procedure di affidamento dei contratti anche nelle more del trasferimento delle risorse sulla contabilità speciale. Gli impegni pluriennali possono essere annualmente rimodulati con la legge di bilancio in relazione agli aggiornamenti del cronoprogramma dei pagamenti nel rispetto dei saldi di finanza pubblica. Le risorse destinate alla realizzazione degli interventi sono trasferite, previa tempestiva richiesta del Commissario, alle amministrazioni competenti, sulla contabilità speciale sulla base degli stati di avanzamento dell'intervento comunicati al Commissario. I provvedimenti di natura regolatoria, ad esclusione di quelli di natura gestionale, adottati dai Commissari straordinari sono sottoposti al controllo preventivo della Corte dei conti e pubblicati nella Gazzetta ufficiale della Repubblica italiana. Si applica l'articolo 3, comma 1-*bis*, della legge 14 gennaio 1994, n. 20. I termini di cui all'articolo 27, comma 1, della legge 24 novembre 2000, n. 340, sono dimezzati. In ogni caso, durante lo svolgimento della fase del controllo, l'organo emanante può, con motivazione espressa, dichiarare i predetti provvedimenti provvisoriamente efficaci, esecutori ed esecutivi, a norma degli articoli 21-*bis*, 21-*ter* e 21-*quater*, della legge 7 agosto 1990, n. 241. Il monitoraggio degli interventi effettuati dai Commissari straordinari avviene sulla base di quanto disposto dal decreto legislativo 29 dicembre 2011, n. 229 (4).

4. I Commissari straordinari trasmettono al Comitato interministeriale per la programmazione economica, per il tramite del Ministero competente, i progetti approvati, il relativo quadro economico, il cronoprogramma dei lavori e il relativo stato di avanzamento, rilevati attraverso il sistema di cui al decreto legislativo n. 229 del 2011, segnalando altresì semestralmente eventuali anomalie e significativi scostamenti rispetto ai termini fissati nel cronoprogramma di realizzazione delle opere, anche ai fini della valutazione di definanziamento degli interventi. Le modalità e le deroghe di cui al comma 2, ad eccezione di quanto ivi previsto per i procedimenti relativi alla tutela di beni culturali e paesaggistici, e di cui ai commi 3 e 3-*bis*, nonché la possibilità di avvalersi di assistenza tecnica nell'ambito del quadro economico dell'opera, si applicano anche agli interventi dei commissari di Governo per il contrasto del dissesto idrogeologico (5) in attuazione del Piano nazionale per la mitigazione del rischio idrogeologico, il ripristino e la tutela della risorsa ambientale, di cui al decreto del Presidente del Consiglio dei ministri 20 febbraio 2019, pubblicato nella Gazzetta Ufficiale n. 88 del 13 aprile 2019, e dei Commissari per l'attuazione degli interventi idrici di cui all'articolo 1, comma 153, della legge 30 dicembre 2018, n. 145 e del Commissario unico nazionale per la depurazione di cui all'articolo 2, comma 1, del decreto-legge 29 dicembre 2016 n.243 convertito, con modificazioni, dalla legge 27 febbraio 2017, n. 18 e all'articolo 5, comma 6, del decreto-legge 14 ottobre 2019 n. 111, convertito, con modificazioni, dalla legge 12 dicembre 2019 n. 141 e dei Commissari per la bonifica dei siti di interesse nazionale di cui all'articolo 252, del decreto legislativo 3 aprile 2006, n. 152 (6).

5. Con i medesimi decreti di cui al comma 1 sono, altresì, stabiliti i termini e le attività connesse alla realizzazione dell'opera nonché una quota percentuale del quadro economico degli interventi da realizzare eventualmente da destinare alle spese di supporto tecnico e al compenso per i Commissari straordinari. I compensi dei Commissari, ove previsti, sono stabiliti in misura non superiore a quella indicata all'articolo 15, comma 3, del decreto-legge 6 luglio 2011, n. 98, convertito, con modificazioni, dalla legge 15 luglio 2011, n. 111. Per il supporto tecnico e le attività connesse alla realizzazione dell'opera, i Commissari possono avvalersi, senza nuovi o maggiori oneri per la finanza pubblica, di strutture dell'amministrazione centrale o territoriale interessata, dell'Unità Tecnica-Amministrativa di cui all'articolo 5, comma 1, del decreto-legge 10 dicembre 2013, n. 136, convertito, con modificazioni, dalla legge 6 febbraio 2014, n. 6, nonché di società controllate direttamente o indirettamente dallo Stato, dalle Regioni o da altri soggetti di cui all'articolo 1, comma 2, della legge 31 dicembre 2009, n. 196, i cui oneri sono posti a carico dei quadri economici degli interventi da realizzare o completare nell'ambito della percentuale di cui al primo periodo. I Commissari straordinari possono nominare un sub-commissario. L'eventuale compenso del sub commissario da determinarsi in misura non superiore a quella indicata all'articolo 15, comma 3, del decreto-legge 6 luglio 2011, n. 98, convertito, con modificazioni, dalla legge 15 luglio 2011, n. 111, è posto a carico del quadro economico dell'intervento da realizzare, nell'ambito della quota percentuale di cui al primo periodo (7).

6. Al fine di fronteggiare la situazione di grave degrado in cui versa la rete viaria provinciale (6) della Regione Siciliana, ancor più acuitasi in conseguenza dei recenti eventi meteorologici che hanno interessato vaste aree del territorio, ed allo scopo di programmare immediati interventi di riqualificazione, miglioramento e rifunzionalizzazione della stessa rete viaria provinciale (8) al fine di conseguire idonei standard di sicurezza stradale e adeguata mobilità, con decreto del Presidente del Consiglio dei ministri, su proposta del Ministro delle infrastrutture e dei trasporti sentito il Ministro dell'economia e delle finanze, d'intesa con il Presidente della Giunta regionale Siciliana, da adottarsi entro il 28 febbraio 2020, è nominato apposito Commissario straordinario, il quale, con i medesimi poteri di cui ai commi 2 e 3, è incaricato di realizzare la progettazione, l'affidamento e l'esecuzione di interventi sulla rete viaria provinciale della Regione Siciliana, anche mediante apposite convenzioni da stipulare con le amministrazioni competenti (9). Con il medesimo decreto di cui al primo periodo, sono stabiliti i termini, le modalità, le tempistiche, il supporto tecnico, le attività connesse alla realizzazione dell'opera, il compenso del Commissario (10), i cui oneri sono posti a carico del quadro economico degli interventi da realizzare o completare. Il Commissario straordinario per la realizzazione degli interventi può avvalersi, sulla base di apposite convenzioni, di ANAS S.p.a., delle amministrazioni centrali e periferiche dello Stato e degli enti

pubblici dotati di specifica competenza tecnica nell'ambito delle aree di intervento, senza nuovi o maggiori oneri a carico della finanza pubblica (11). Gli oneri di cui alle predette convenzioni sono posti a carico dei quadri economici degli interventi da realizzare (11). Il compenso del Commissario è stabilito in misura non superiore a quella indicata all'articolo 15, comma 3, del decreto-legge 6 luglio 2011, n. 98, convertito con modificazioni dalla legge 15 luglio 2011, n. 111. Il commissario può avvalersi, senza nuovi o maggiori oneri per la finanza pubblica, di strutture dell'amministrazione interessata nonché di società controllate dalla medesima.

6-*bis*. Per la prosecuzione dei lavori di realizzazione del modulo sperimentale elettromeccanico per la tutela e la salvaguardia della Laguna di Venezia, noto come sistema MOSE, con decreto del Presidente del Consiglio dei ministri, su proposta del Ministro delle infrastrutture e dei trasporti, d'intesa con la regione Veneto, sentiti i Ministri dell'economia e delle finanze, dell'ambiente e della tutela del territorio e del mare, per i beni e le attività culturali e delle politiche agricole alimentari, forestali e del turismo, la città metropolitana di Venezia e il comune di Venezia, da adottare entro trenta giorni dalla data di entrata in vigore della legge di conversione del presente decreto, è nominato un Commissario straordinario incaricato di sovraintendere alle fasi di prosecuzione dei lavori volti al completamento dell'opera. A tal fine il Commissario può assumere le funzioni di stazione appaltante e opera in raccordo con la struttura del Provveditorato interregionale alle opere pubbliche per il Veneto, il Trentino-Alto Adige e il Friuli Venezia Giulia. Per la celere esecuzione delle attività assegnate al Commissario straordinario, con il medesimo decreto sono altresì stabiliti i termini, le modalità, le tempistiche, l'eventuale supporto tecnico, il compenso del Commissario, il cui onere è posto a carico del quadro economico dell'opera. Il compenso del Commissario è fissato in misura non superiore a quella indicata all'articolo 15, comma 3, del decreto-legge 6 luglio 2011, n. 98, convertito, con modificazioni, dalla legge 15 luglio 2011, n. 111. Il Commissario straordinario opera in deroga alle disposizioni di legge in materia di contratti pubblici, fatto salvo il rispetto dei principi generali posti dai Trattati dell'Unione europea e dalle disposizioni delle direttive di settore, anche come recepiti dall'ordinamento interno. Il Commissario può avvalersi di strutture delle amministrazioni centrali o territoriali interessate nonché di società controllate dallo Stato o dalle regioni, nel limite delle risorse disponibili e senza nuovi o maggiori oneri per la finanza pubblica.

6-*ter*. Al fine della più celere realizzazione degli interventi per la salvaguardia della Laguna di Venezia, le risorse assegnate dall'articolo 1, comma 852, della legge 27 dicembre 2017, n. 205, pari a 25 milioni di euro per l'anno 2018 e a 40 milioni di euro per ciascuno degli anni dal 2019 al 2024, e destinate ai comuni della Laguna di Venezia, ripartite dal Comitato di cui all'articolo 4 della legge 29 novembre 1984, n. 798, sono ripartite, per le annualità 2018 e 2019, con decreto del Presidente del Consiglio dei ministri su proposta del Ministro delle infrastrutture e dei trasporti, sentiti gli enti attuatori. Al fine della più celere realizzazione degli interventi per la salvaguardia della Laguna di Venezia nell'intero territorio comunale, per gli anni dal 2020 al 2024, le risorse di cui al primo periodo sono ripartite, per ciascun anno, nel modo seguente: euro 28.225.000 al comune di Venezia, euro 5.666.666,66 al comune di Chioggia, euro 1.775.000 al comune di Cavallino-Treporti, euro 1.166.666,67 a ciascuno dei comuni di Mira e Jesolo, nonché euro 500.000 a ciascuno dei comuni di Musile di Piave, Campagna Lupia, Codevigo e Quarto d'Altino (12).

6-*quater*. Al fine di assicurare la piena fruibilità degli spazi costruiti sull'infrastruttura del Ponte di Parma denominato "Nuovo Ponte Nord", la regione Emilia-Romagna, la provincia di Parma e il comune di Parma, verificata la presenza sul corso d'acqua principale su cui insiste la medesima infrastruttura di casse di espansione o di altre opere idrauliche a monte del manufatto idonee a garantire un franco di sicurezza adeguato rispetto al livello delle piene, possono adottare i necessari provvedimenti finalizzati a consentirne l'utilizzo permanente attraverso l'insediamento di attività di interesse collettivo sia a scala urbana che extraurbana, anche in deroga alla pianificazione vigente, nel rispetto della pianificazione di bacino e delle relative norme di attuazione. Tale utilizzo costituisce fattispecie unica e straordinaria. I costi per l'utilizzo di cui al presente comma gravano sull'ente incaricato della gestione e non comportano nuovi o maggiori oneri a carico della finanza pubblica.

6-*quinquies*. Al fine di procedere celermente alla realizzazione delle opere di infrastrutturazione viaria nella regione Sardegna, con decreto del Presidente del Consiglio dei ministri, su proposta del Ministro delle infrastrutture e dei trasporti, sentito il Ministro dell'economia e delle finanze, d'intesa con il Presidente della Giunta regionale della regione Sardegna, da adottare entro il 30 giugno 2020, è nominato apposito Commissario straordinario, il quale, con i medesimi poteri di cui ai commi 2 e 3, è incaricato di sovraintendere alla programmazione, alla progettazione, all'affidamento e all'esecuzione degli interventi sulla rete viaria della regione Sardegna. Con il medesimo decreto di cui al primo periodo sono stabiliti i termini, le modalità, i tempi, il supporto tecnico, le attività connesse alla realizzazione dell'opera e il compenso del Commissario, i cui oneri sono posti a carico del quadro economico degli interventi da realizzare o da completare. Il compenso del Commissario è stabilito in misura non superiore a quella indicata all'articolo 15, comma 3, del decreto-legge 6 luglio 2011, n. 98, convertito, con modificazioni, dalla legge 15 luglio 2011, n. 111. Il Commissario può avvalersi, senza nuovi o maggiori oneri per la finanza pubblica, di strutture dell'amministrazione interessata nonché di società controllate dalla medesima (13).

6-*sexies*. Anche per le finalità di cui al comma 6-*quinquies* del presente articolo, il comma 4-*novies* dell'articolo 4 del decreto-legge 14 ottobre 2019, n. 111, convertito, con modificazioni, dalla legge 12 dicembre 2019, n. 141, è sostituito dal seguente:

'4-*novies*. A decorrere dal 1° gennaio 2020, nelle aree interessate da pericolosità o da rischio idraulico di grado elevato o molto elevato, come definite dalle norme tecniche di attuazione dei relativi Piani di bacino, non sono consentiti incrementi delle attuali quote di impermeabilizzazione del suolo. Sono comunque fatte salve le previsioni delle norme tecniche di attuazione dei piani di bacino relative agli interventi consentiti nelle aree di cui al periodo precedente' (13).

7. Alla data di entrata in vigore della legge di conversione del presente decreto sono da intendersi conclusi i programmi infrastrutturali "6000 Campanili" e "Nuovi Progetti di Intervento", di cui al decreto-legge 21 giugno 2013 n.69 convertito con modificazioni dalla legge 9 agosto 2013, n. 98, alla legge 27 dicembre 2013, n. 147, e al decreto-legge 12 settembre 2014 n.133 convertito con modificazioni in legge 11 novembre 2014, n. 164. Con decreto del Ministro delle infrastrutture e dei trasporti, di concerto con il Ministro dell'economia e delle finanze, da adottarsi entro 30 giorni dalla data di entrata in vigore del presente provvedimento, si provvede alla ricognizione delle somme iscritte nel bilancio dello Stato, anche in conto residui, e non più dovute relative ai predetti programmi, con esclusione delle somme perenti. Le somme accertate a seguito della predetta ricognizione sono mantenute nel conto del bilancio per essere versate all'entrata del bilancio dello Stato nell'anno 2019, qualora iscritte in bilancio nel conto dei residui passivi, e riassegnate ad apposito capitolo di spesa da istituire nello stato di previsione del Ministero delle infrastrutture e dei trasporti per il finanziamento di un nuovo Programma di Interventi infrastrutturali per Piccoli Comuni fino a 3.500 abitanti. Con il decreto di cui al precedente periodo sono individuate le modalità e i termini di accesso al finanziamento del programma di interventi infrastrutturali per Piccoli Comuni fino a 3.500 abitanti per lavori di immediata cantierabilità per la manutenzione di strade, illuminazione pubblica, strutture pubbliche comunali e per l'abbattimento delle barriere architettoniche.

7-*bis*. Con decreto del Ministro delle infrastrutture e dei trasporti, di concerto con il Ministro dell'economia e delle finanze e con il Ministro dello sviluppo economico, da emanare entro trenta giorni dalla data di entrata in vigore della legge di conversione del presente decreto, sono individuati gli interventi per realizzare la Piattaforma unica nazionale (PUN) di cui all'articolo 8, comma 5, del decreto legislativo 16 dicembre 2016, n. 257, e per gli investimenti del Piano nazionale infrastrutturale per la ricarica dei veicoli alimentati ad energia elettrica, di cui all'articolo 17-septies del decreto-legge 22 giugno 2012, n. 83, convertito, con modificazioni, dalla legge 7 agosto 2012, n. 134, cosiddetto "PNire 3", a favore di progetti di realizzazione di reti di infrastrutture di ricarica dedicate ai veicoli alimentati ad energia elettrica, immediatamente realizzabili, valutati e selezionati dal Ministero delle infrastrutture e dei trasporti.

7-*ter*. All'onere derivante dal comma 7-*bis*, nel limite complessivo di euro 10 milioni per l'anno 2019, si provvede mediante corrispondente riduzione del Fondo di cui all'articolo 1, comma 1091, della legge 27 dicembre 2017, n. 205.

8. Al fine di garantire la realizzazione e il completamento delle opere di cui all'articolo 86 della legge 27 dicembre 2002, n. 289, il Ministro delle infrastrutture e dei trasporti, di concerto con il Ministro dello sviluppo economico e con il Ministro dell'economia e delle finanze, provvede, con apposito decreto, anche sulla base della ricognizione delle pendenze di cui all'articolo 49, comma 2, del decreto-legge 22 giugno 2012, n. 83, convertito, con modificazioni, dalla legge 7 agosto 2012, n. 134, a individuare:

a) le amministrazioni competenti che subentrano nei rapporti attivi e passivi della cessata gestione commissariale, rispetto all'avvio ovvero al completamento degli interventi di cui all'articolo 86 della legge 27 dicembre 2002, n. 289, con relativa indicazione delle modalità e delle tempistiche occorrenti per l'avvio o il completamento degli interventi stessi;

b) le amministrazioni competenti cui trasferire gli interventi completati da parte della gestione commissariale;

c) i centri di costo delle amministrazioni competenti cui trasferire le risorse presenti sulla contabilità speciale n. 3250, intestata al Commissario ad acta, provenienti dalla contabilità speciale n. 1728, di cui all'articolo 86, comma 3, della legge 27 dicembre 2002, n. 289.

9. Nell'ambito degli interventi di cui al comma 8, la Regione Campania provvede al completamento delle attività relative al "Collegamento A3 (Contursi) - SS 7var (Lioni) - A16 (Grottaminarda) - A14 (Termoli). Tratta campana Strada a scorrimento veloce Lioni-Grottaminarda" subentrando nei rapporti attivi e passivi in essere. La Regione Campania è autorizzata alla liquidazione delle somme spettanti alle imprese esecutrici utilizzando risorse finanziarie nella propria disponibilità, comunque destinate al completamento del citato collegamento e provvede alle occorrenti attività di esproprio funzionali alla realizzazione dell'intervento. La Regione Campania può affidare eventuali contenziosi all'Avvocatura dello Stato, previa stipula di apposita convenzione, ai sensi dell'articolo 107, terzo comma, del decreto del Presidente della Repubblica 24 luglio 1977, n. 616.

10. Con decreto del Ministro delle infrastrutture e dei trasporti, di concerto con il Ministro dello sviluppo economico, da emanarsi entro trenta giorni dalla data di entrata in vigore della legge di conversione del presente decreto, si provvede alla costituzione di apposito Comitato di vigilanza per l'attuazione degli interventi di completamento della strada a scorrimento veloce "Lioni-Grottaminarda", anche ai fini dell'individuazione dei lotti funzionali alla realizzazione dell'opera. La costituzione e il funzionamento del Comitato, composto da cinque componenti di qualificata professionalità ed esperienza cui non spettano compensi, gettoni di presenza, rimborsi spesa o altri emolumenti comunque denominati, non comporta nuovi o maggiori oneri a carico della finanza pubblica.

11. Ai fini degli effetti finanziari delle disposizioni di cui ai commi 8 e 9, le risorse esistenti sulla contabilità speciale 3250, intestata al commissario ad acta, provenienti dalla contabilità speciale n.1728, di cui all'articolo 86, comma 3 della legge 27 dicembre 2002, n. 289, sono riassegnate, ove necessario, mediante versamen-

to all'entrata del bilancio dello Stato, alle Amministrazioni titolari degli interventi.

12. Per l'esecuzione degli interventi di cui ai commi 8 e 9, si applicano le disposizioni di cui all'articolo 74, comma 2, del testo unico delle leggi per gli interventi nei territori della Campania, Basilicata, Puglia e Calabria colpiti dagli eventi sismici del novembre 1980, del febbraio 1981 e del marzo 1982, di cui al decreto legislativo 30 marzo 1990, n. 76.

12-*bis*. All'articolo 1 della legge 30 dicembre 2018, n. 145, dopo il comma 148 è inserito il seguente:

"148-*bis*. Le disposizioni dei commi da 140 a 148 si applicano anche ai contributi da attribuire per l'anno 2020 ai sensi dell'articolo 1, comma 853, della legge 27 dicembre 2017, n. 205. Per tali contributi sono conseguentemente disapplicate le disposizioni di cui ai commi da 854 a 861 dell'articolo 1 della citata legge n. 205 del 2017".

12-*ter*. All'articolo 1, comma 1, della legge 14 gennaio 1994, n. 20, dopo il secondo periodo è inserito il seguente: "La gravità della colpa e ogni conseguente responsabilità sono in ogni caso escluse per ogni profilo se il fatto dannoso trae origine da decreti che determinano la cessazione anticipata, per qualsiasi ragione, di rapporti di concessione autostradale, allorché detti decreti siano stati vistati e registrati dalla Corte dei conti in sede di controllo preventivo di legittimità svolto su richiesta dell'amministrazione procedente".

12-*quater*. All'articolo 16 della legge 27 febbraio 1967, n. 48, dopo il secondo comma è inserito il seguente:

"In caso di assenza o impedimento temporaneo del Presidente del Consiglio dei ministri, il Comitato è presieduto dal Ministro dell'economia e delle finanze in qualità di vice presidente del Comitato stesso. In caso di assenza o di impedimento temporaneo anche di quest'ultimo, le relative funzioni sono svolte dal Ministro presente più anziano per età".

12-*quinquies*. All'articolo 61 del decreto-legge 24 aprile 2017, n. 50, convertito, con modificazioni, dalla legge 21 giugno 2017, n. 96, sono apportate le seguenti modificazioni:

a) al comma 6, le parole: "31 dicembre 2019" sono sostituire dalle seguenti: "31 gennaio 2021";

b) al comma 9, le parole: "con la consegna delle opere previste nel piano di cui al comma 4" sono sostituite dalle seguenti: "il 31 dicembre 2021".

12-*sexies*. Al primo periodo del comma 13 dell'articolo 55 della legge 27 dicembre 1997, n. 449, dopo le parole: "Nodo stazione di Verona" sono aggiunte, in fine, le seguenti: "nonché delle iniziative relative all'interporto di Trento, all'interporto ferroviario di Isola della Scala (Verona) ed al porto fluviale di Valdaro (Mantova)".

12-*septies*. Al fine di consentire il celere riavvio dei lavori del Nodo ferroviario di Genova e assicurare il collegamento dell'ultimo miglio tra il Terzo Valico dei Giovi e il Porto storico di Genova, i progetti "Potenziamento infrastrutturale Voltri-Brignole", "Linea AV/AC Milano-Genova: Terzo Valico dei Giovi" e "Potenziamento Genova-Campasso" sono unificati in un Progetto unico, il cui limite di spesa è definito in 6.853,23 milioni di euro ed è interamente finanziato nell'ambito delle risorse del contratto di programma RFI. Tale finalizzazione è recepita nell'aggiornamento del contratto di programma - parte investimenti tra il Ministero delle infrastrutture e dei trasporti e la RFI Spa per gli anni 2018-2019, che deve recare il quadro economico unitario del Progetto unico e il cronoprogramma degli interventi. Le risorse che si rendono disponibili sui singoli interventi del Progetto unico possono essere destinate agli altri interventi nell'ambito dello stesso Progetto unico. Le opere civili degli interventi "Potenziamento infrastrutturale Voltri-Brignole" e "Potenziamento Genova-Campasso" e la relativa impiantistica costituiscono lavori supplementari all'intervento "Linea AV/AC Milano-Genova: Terzo Valico dei Giovi" ai sensi dell'articolo 89 della direttiva 2014/25/UE del Parlamento europeo e del Consiglio, del 26 febbraio 2014. È autorizzato l'avvio della realizzazione del sesto lotto costruttivo della "Linea AV/AC Milano-Genova: Terzo Valico dei Giovi", mediante utilizzo delle risorse già assegnate alla RFI per il finanziamento del contratto di programma - parte investimenti RFI, nel limite di 833 milioni di euro anche nell'ambito del riparto del Fondo per gli investimenti e lo sviluppo infrastrutturale del Paese, di cui all'articolo 1, comma 1072, della legge 27 dicembre 2017, n. 205.

12-*octies*. Entro trenta giorni dalla data di entrata in vigore della legge di conversione del presente decreto, il Presidente del Consiglio dei ministri, su proposta del Ministro delle infrastrutture e dei trasporti sentito il Ministro dell'economia e delle finanze, d'intesa con il Presidente della Giunta regionale della Liguria, nomina, con proprio decreto e senza oneri per la finanza pubblica, il Commissario straordinario per il completamento dei lavori del Nodo ferroviario di Genova e del collegamento dell'ultimo miglio tra il Terzo Valico dei Giovi e il Porto storico di Genova, in deroga alla procedura vigente.

(1) *Le parole* « 31 dicembre 2021 » *sono state sostituite alle parole* « 30 giugno 2021 » *dall'art. 52, comma 1, lett.* a-bis), *d.l. 31 maggio 2021, n. 77, conv., con modif., in l. 29 luglio 2021, n. 108.*

(2) *Comma così sostituito dall'art. 9, comma 1, lett.* a) *d.l. 16 luglio 2020, n. 76, conv., con modif., in l. 11 settembre 2020, n. 120. Il testo del comma era il seguente:* « Per gli interventi infrastrutturali ritenuti prioritari, individuati con uno o più decreti del Presidente del Consiglio dei ministri, da adottare entro centottanta giorni dalla data di entrata in vigore della legge di conversione del presente decreto, su proposta del Ministro delle infrastrutture e dei trasporti, sentito il Ministro dell'economia e delle finanze, previo parere delle competenti Commissioni parlamentari, il Presidente del Consiglio dei ministri, su proposta del Ministro delle infrastrutture e dei trasporti sentito il Ministro dell'economia e delle finanze, dispone la nomina di uno o più Commissari straordinari. Con uno o più decreti successivi, da adottare con le modalità di cui al primo periodo entro il 31 dicembre 2020, il Presidente del Consiglio dei ministri può individuare ulteriori interventi prioritari per i quali disporre la nomina di Commissari straordinari ».

(3) *Periodi così sostituiti all'originario primo periodo dall'art. 9, comma 1, lett.* b) *d.l. n. 76, cit. Il testo originario del primo periodo era il seguente:* « Per l'esecuzione degli interventi, i Commissari straordinari possono essere abilitati ad assumere direttamente le funzioni di stazione appaltante e operano in deroga alle disposizioni di legge in materia di contratti pubblici, fatto salvo il rispetto delle disposizioni del codice delle leggi antimafia e delle misure di prevenzione, di cui al decreto legislativo 6 settembre 2011, n. 159, nonché dei vincoli inderogabili derivanti dall'appartenenza all'Unione europea. ».

(4) *Comma inserito dall'art. 9, comma 1, lett.* c) *d.l. n. 76, cit.*

(5) *Le parole* « commissari di Governo per il contrasto del dissesto idrogeologico » *sono state sostituite alle parole* « Commissari straordinari per il dissesto idrogeologico » *dall'art. 36-*ter*, comma 6, d.l. n. 77, cit.*

(6) *Comma così sostituito dall'art. 9, comma 1, lett.* d) *d.l. n. 76, cit. Il testo del comma era il seguente:* « 4. I Commissari straordinari operano in raccordo con la Struttura di cui all'articolo 1, comma 179, della legge 30 dicembre 2018, n. 145, anche con riferimento alla sicurezza delle dighe e delle infrastrutture idriche, e trasmettono al Comitato interministeriale per la programmazione economica i progetti approvati, il cronoprogramma dei lavori e il relativo stato di avanzamento, segnalando semestralmente eventuali anomalie e significativi scostamenti rispetto ai termini fissati nel cronoprogramma di realizzazione delle opere, anche ai fini della valutazione di definanziamento degli interventi. Le modalità e le deroghe di cui al presente comma, nonché quelle di cui al comma 2, ad eccezione di quanto ivi previsto per i procedimenti relativi alla tutela di beni culturali e paesaggistici, e di cui al comma 3, si applicano anche agli interventi dei Commissari straordinari per il dissesto idrogeologico in attuazione del Piano nazionale per la mitigazione del rischio idrogeologico, il ripristino e la tutela della risorsa ambientale, di cui al decreto del Presidente del Consiglio dei ministri 20 febbraio 2019, pubblicato nella Gazzetta Ufficiale n. 88 del 13 aprile 2019, e ai Commissari per l'attuazione degli interventi idrici di cui all'articolo 1, comma 153, della legge 30 dicembre 2018, n. 145 ».

(7) *Comma così sostituito dall'art. 9, comma 1, lett.* e) *d.l. n. 76, cit. Il testo del comma era il seguente:* « 5. Con uno o più decreti del Presidente del Consiglio dei ministri, su proposta del Ministro delle infrastrutture e dei trasporti di concerto con il Ministro dell'economia e delle finanze, sono stabiliti i termini, le modalità, le tempistiche, l'eventuale supporto tecnico, le attività connesse alla realizzazione dell'opera, il compenso per i Commissari straordinari, i cui oneri sono posti a carico dei quadri economici degli interventi da realizzare o completare. I compensi dei Commissari sono stabiliti in misura non superiore a quella indicata all'articolo 15, comma 3, del decreto-legge 6 luglio 2011, n. 98, convertito con modificazioni dalla legge 15 luglio 2011, n. 111. I commissari possono avvalersi, senza nuovi o maggiori oneri per la finanza pubblica, di strutture dell'amministrazione centrale o territoriale interessata nonché di società controllate dallo Stato o dalle Regioni ».

(8) *La parola* « provinciale » *è stata inserita dall'art. 16, comma 1, lett.* d) *d.l. 30 dicembre 2019, n. 162, conv., con modif., in l. 28 febbraio 2020, n. 8.*

(9) *Le parole da* « con decreto del Presidente del Consiglio dei ministri, » *a* « da stipulare con le amministrazioni competenti » *sono state sostituite alle parole* « con decreto del Presidente del Consiglio dei ministri, su proposta del Ministro delle infrastrutture e dei trasporti sentito il Ministro dell'economia e delle finanze, d'intesa con il Presidente della Giunta regionale Siciliana, da adottarsi entro trenta giorni dalla data di entrata in vigore della legge di conversione del presente decreto, è nominato apposito Commissario straordinario incaricato di sovraintendere alla programmazione, progettazione, affidamento ed esecuzione degli interventi sulla rete viaria della Regione Siciliana » *dall'art. 16, comma 1, lett.* a) *d.l. n. 162, cit., come modificato in sede di conversione in legge.*

(10) *Le parole da* « Con il medesimo decreto di cui al primo periodo, » *a* « il compenso del Commissario » *sono state sostituite alle parole* « Con decreto del Presidente del Consiglio dei ministri, su proposta del Ministro delle infrastrutture e dei trasporti di concerto con il Ministro dell'economia e delle finanze sono stabiliti i termini, le modalità, le tempistiche, l'eventuale supporto tecnico, le attività connesse alla realizzazione dell'opera, il compenso del Commissario » *dall'art. 16, comma 1, lett.* b) *d.l. n. 162, cit.*

(11) *Periodo inserito dall'art. 16, comma 1, lett.* c) *d.l. n. 162, cit.*

(12) *Periodo aggiunto dall'art. 2, comma 4-*quater, *d.l. 20 luglio 2021, n. 103, conv., con modif., in l. 16 settembre 2021, n. 125.*

(13) *Comma aggiunto, in sede di conversione, dall'art. 16, comma 1-*ter, *d.l. n. 162, cit.*

5-*quinquies* Disposizioni urgenti in materia di infrastrutture (1)

1. In considerazione della straordinaria necessità ed urgenza di assicurare la celere cantierizzazione delle opere pubbliche, è istituita, a decorrere dal 1° settembre 2019, la società per azioni denominata "Italia Infrastrutture Spa", con capitale sociale pari a 10 milioni di euro interamente detenuto dal Ministero dell'economia e delle finanze, su cui il Ministero delle infrastrutture e dei trasporti esercita il controllo di cui all'articolo 16 del testo unico di cui al decreto legislativo 19 agosto 2016, n. 175. La società, previa stipula di una o più convenzioni con le strutture interessate del Ministero delle infrastrutture e dei trasporti, ha per oggetto il supporto tecnico-amministrativo alle direzioni generali in materia di programmi di spesa che prevedano il trasferimento di fondi a regioni ed enti locali e che siano sottoposti alle Conferenze di cui al decreto legislativo 28 agosto 1997, n. 281. Le risorse destinate alle convenzioni di cui al presente comma sono erogate alla società su un conto di tesoreria intestato alla medesima società, appositamente istituito, con le modalità previste dalle medesime convenzioni. Con decreto del Presidente del Consiglio dei ministri, su proposta del Ministro delle infrastrutture e dei trasporti, di concerto con il Ministro dell'economia e delle finanze, è adottato lo statuto della società. Il Ministro delle infrastrutture e dei trasporti, di concerto con il Ministro dell'economia e delle finanze, designa il consiglio di amministrazione.

2. La società può avvalersi, sulla base di apposite convenzioni e con oneri a carico della società stessa nell'ambito delle risorse disponibili a legislazione vigente, di personale proveniente dalle pubbliche amministrazioni, anche ad ordinamento autonomo, e può stipulare contratti di lavoro a tempo determinato, nel rispetto della disciplina applicabile, con esperti di elevata professionalità nelle materie oggetto d'intervento della società medesima.

(1) *Articolo inserito in sede di conversione.*

46. Decreto legge 30 dicembre 2019, n. 162, convertito, con modificazioni, in legge 28 febbraio 2020, n. 8. — Disposizioni urgenti in materia di proroga di termini legislativi, di organizzazione delle pubbliche amministrazioni, nonché di innovazione tecnologica. (*estratto*).

Pubblicato nella Gazzetta Ufficiale n. 305 del 31 dicembre 2019; la legge di conversione è stata pubblicata nella Gazzetta Ufficiale n. 51 del 29 febbraio 2020.

13 Proroga di termini in materia di infrastrutture e trasporti.

1-2. (*Omissis*).

3. Per i concessionari il cui periodo regolatorio quinquennale è pervenuto a scadenza, il termine per l'adeguamento delle tariffe autostradali relative agli anni 2020 e 2021 e di quelle relative a tutte le annualità comprese nel nuovo periodo regolatorio (1) è differito sino alla definizione del procedimento di aggiornamento dei piani economici finanziari predisposti in

conformità alle delibere adottate ai sensi dell'articolo 16, comma 1, del decreto-legge n. 109 del 2018, dall'Autorità di regolazione dei trasporti di cui all'articolo articolo 37 del decreto-legge 6 dicembre 2011, n. 201, convertito, con modificazioni, dalla legge 22 dicembre 2011, n. 214. Entro il 30 marzo 2020 i concessionari presentano al Concedente le proposte di aggiornamento dei piani economico finanziari, riformulate ai sensi della predetta normativa, che annullano e sostituiscono ogni precedente proposta di aggiornamento. L'aggiornamento dei piani economici finanziari presentati nel termine del 30 marzo 2020 è perfezionato entro e non oltre il 31 ottobre 2022 (2).

(*Omissis*).

(1) *Le parole* « relative agli anni 2020 e 2021 e di quelle relative a tutte le annualità comprese nel nuovo periodo regolatorio » *sono state sostituite alle parole* « relative all'anno 2020 e all'anno 2021 » *dall'art. 2, comma 1, d.l. 10 settembre 2021, n. 121, conv., con modif., in l. 9 novembre 2021, n. 156.*

(2) *Le parole* « 31 ottobre 2022 » *sono state sostituite alle parole* « 31 dicembre 2021 »*dall'art. 24, comma 10-*bis *d.l. 27 gennaio 2022, n. 4, conv., con modif., in l. 28 marzo 2022, n. 25. Precedentemente, le parole* « non oltre il 31 dicembre 2021 » *erano state sostituite alle parole* « non oltre il 31 luglio 2021 » *dall'art. 2, comma 1, d.l. n. 121, cit.*

35 Disposizioni in materia di concessioni autostradali.

1. In caso di revoca, di decadenza o di risoluzione di concessioni di strade o di autostrade, ivi incluse quelle sottoposte a pedaggio, nelle more dello svolgimento delle procedure di gara per l'affidamento a nuovo concessionario, per il tempo strettamente necessario alla sua individuazione, ANAS S.p.a., in attuazione dell'articolo 36, comma 3, del decreto-legge 6 luglio 2011, n. 98, convertito, con modificazioni, dalla legge 15 luglio 2011, n. 111, può assumere la gestione delle medesime, nonché svolgere le attività di manutenzione ordinaria e straordinaria e quelle di investimento finalizzate alla loro riqualificazione o adeguamento.

Sono fatte salve le eventuali disposizioni convenzionali che escludano il riconoscimento di indennizzi in caso di estinzione anticipata del rapporto concessorio, ed è fatta salva la possibilità per ANAS S.p.a., ai fini dello svolgimento delle attività di cui al primo periodo, di acquistare gli eventuali progetti elaborati dal concessionario previo pagamento di un corrispettivo determinato avendo riguardo ai soli costi di progettazione e ai diritti sulle opere dell'ingegno di cui all'articolo 2578 del codice civile. Con decreto adottato dal Ministro delle infrastrutture e dei trasporti, di concerto con il Ministro dell'economia e delle finanze, sono disciplinati l'oggetto e le modalità di svolgimento della gestione provvisoria assegnata ad ANAS S.p.a. Qualora l'estinzione della concessione derivi da inadempimento del concessionario si applica l'articolo 176, comma 4, lettera *a*) del decreto legislativo 18 aprile 2016, n. 50, anche in sostituzione delle eventuali clausole convenzionali, sostanziali e procedurali, difformi, anche se approvate per legge, da intendersi come nulle ai sensi dell'articolo 1419, secondo comma, del codice civile, senza che possa operare, per effetto della presente disposizione, alcuna risoluzione di diritto. L'efficacia del provvedimento di revoca, decadenza o risoluzione della concessione non è sottoposto alla condizione del pagamento da parte dell'amministrazione concedente delle somme previste dal citato articolo 176, comma 4, lettera *a*).

(*Omissis*).

CAPO II
OBBLIGAZIONI

47. Regio decreto 16 marzo 1942, n. 262. — Approvazione del Codice civile. (*estratto*).

Pubblicato nella Gazzetta Ufficiale n. 79 del 4 aprile 1942.

TITOLO VIII
Dell'arricchimento senza causa

2041 Azione generale di arricchimento.

Chi, senza una giusta causa, si è arricchito a danno di un'altra persona [c.c. 1769] è tenuto, nei limiti dell'arricchimento, a indennizzare quest'ultima della correlativa diminuzione patrimoniale (1).

Qualora l'arricchimento abbia per oggetto una cosa determinata, colui che l'ha ricevuta è tenuto a restituirla in natura, se sussiste al tempo della domanda [c.c. 2037, 2038].

(1) *V. L. 20 marzo 1865, n. 2248, Legge sul contenzioso amministrativo (All. E), riportata* sub *VI, 9.*

2042 Carattere sussidiario dell'azione.

L'azione di arricchimento non è proponibile quando il danneggiato può esercitare un'altra azione per farsi indennizzare del pregiudizio subìto [c.c. 1185, 1190, 1443, 1769, 2037, 2038].

48. Decreto legislativo 18 agosto 2000, n. 267. — Testo unico delle leggi sull'ordinamento degli enti locali. (*estratto*).

Pubblicato nella Gazzetta Ufficiale 28 settembre 2000, n. 227, S.O. n. 162.

CAPO II
Spese

182 Fasi della spesa.

1. Le fasi di gestione della spesa sono l'impegno, la liquidazione, l'ordinazione ed il pagamento.

183 Impegno di spesa.

1. L'impegno costituisce la prima fase del procedimento di spesa con la quale, a seguito di obbligazione giuridicamente perfezionata è determinata la somma da pagare, determinato il soggetto creditore, indicata la ragione e la relativa scadenza (1) e viene costituito il vincolo sulle previsioni di bilancio, nell'ambito della disponibilità finanziaria accertata ai sensi dell'art. 151.

2. Con l'approvazione del bilancio e successive variazioni, e senza la necessità di ulteriori atti, è costituito impegno sui relativi stanziamenti per le spese dovute:

a) per il trattamento economico tabellare già attribuito a, personale dipendente e per i relativi oneri riflessi;

b) per le rate di ammortamento dei mutui e dei prestiti, interessi di preammortamento ed ulteriori oneri accessori nei casi in cui non si sia provveduto all'impegno nell'esercizio in cui il contratto di finanziamento è stato perfezionato (2);

c) per contratti di somministrazione riguardanti prestazioni continuative, nei casi in cui l'importo dell'obbligazione sia definita contrattualmente. Se l'importo dell'obbligazione non è predefinito nel contratto, con l'approvazione del bilancio si provvede alla prenotazione della spesa, per un importo pari al consumo dell'ultimo esercizio per il quale l'informazione è disponibile (3).

3. Durante la gestione possono anche essere prenotati impegni relativi a procedure in via di espletamento. I provvedimenti relativi per i quali entro il termine dell'esercizio non è stata assunta dall'ente l'obbligazione di spesa verso i terzi decadono e costituiscono

economia della previsione di bilancio alla quale erano riferiti, concorrendo alla determinazione del risultato contabile di amministrazione di cui all'art. 186. Le economie riguardanti le spese di investimento per lavori pubblici concorrono alla determinazione del fondo pluriennale secondo le modalità definite, entro il 30 aprile 2019, con decreto del Ministero dell'economia e delle finanze – Dipartimento della Ragioneria generale dello Stato, di concerto con il Ministero dell'interno – Dipartimento per gli affari interni e territoriali e con la Presidenza del Consiglio dei ministri – Dipartimento per gli affari regionali e le autonomie, su proposta della Commissione per l'armonizzazione degli enti territoriali di cui all'articolo 3-*bis* del decreto legislativo 23 giugno 2011, n. 118, al fine di adeguare il principio contabile applicato concernente la contabilità finanziaria previsto dall'allegato n. 4/2 del medesimo decreto legislativo (4).

4. Costituiscono inoltre economia le minori spese sostenute rispetto all'impegno assunto, verificate con la conclusione della fase della liquidazione.

5. Tutte le obbligazioni passive giuridicamente perfezionate, devono essere registrate nelle scritture contabili quando l'obbligazione è perfezionata, con imputazione all'esercizio in cui l'obbligazione viene a scadenza, secondo le modalità previste dal principio applicato della contabilità finanziaria di cui all'allegato n. 4/2 del decreto legislativo 23 giugno 2011, n. 118. Non possono essere riferite ad un determinato esercizio finanziario le spese per le quali non sia venuta a scadere nello stesso esercizio finanziario la relativa obbligazione giuridica. Le spese sono registrate anche se non determinano movimenti di cassa effettivi (5).

6. Gli impegni di spesa sono assunti nei limiti dei rispettivi stanziamenti di competenza del bilancio di previsione, con imputazione agli esercizi in cui le obbligazioni passive sono esigibili. Non possono essere assunte obbligazioni che danno luogo ad impegni di spesa corrente:

a) sugli esercizi successivi a quello in corso, a meno che non siano connesse a contratti o convenzioni pluriennali o siano necessarie per garantire la continuità dei servizi connessi con le funzioni fondamentali, fatta salva la costante verifica del mantenimento degli equilibri di bilancio, anche con riferimento agli esercizi successivi al primo;

b) sugli esercizi non considerati nel bilancio, a meno delle spese derivanti da contratti di somministrazione, di locazione, relative a prestazioni periodiche o continuative di servizi di cui all'art. 1677 del codice civile, delle spese correnti correlate a finanziamenti comunitari e delle rate di ammortamento dei prestiti, inclusa la quota capitale. Le obbligazioni che comportano impegni riguardanti le partite di giro e i rimborsi delle anticipazioni di tesoreria sono assunte esclusivamente in relazione alle esigenze della gestione (5).

7. I provvedimenti dei responsabili dei servizi che comportano impegni di spesa sono trasmessi al responsabile del servizio finanziario e sono esecutivi con l'apposizione del visto di regolarità contabile attestante la copertura finanziaria (5).

8. Al fine di evitare ritardi nei pagamenti e la formazione di debiti pregressi, il responsabile della spesa che adotta provvedimenti che comportano impegni di spesa ha l'obbligo di accertare preventivamente che il programma dei conseguenti pagamenti sia compatibile con i relativi stanziamenti di cassa e con le regole del patto di stabilità interno; la violazione dell'obbligo di accertamento di cui al presente comma comporta responsabilità disciplinare ed amministrativa. Qualora lo stanziamento di cassa, per ragioni sopravvenute, non consenta di far fronte all'obbligo contrattuale, l'amministrazione adotta le opportune iniziative, anche di tipo contabile, amministrativo o contrattuale, per evitare la formazione di debiti pregressi (5).

9. Il regolamento di contabilità disciplina le modalità con le quali i responsabili dei servizi assumono atti di impegno nel rispetto dei principi contabili generali e del principio applicato della contabilità finanziaria di cui agli allegati n. 1 e n. 4/2del decreto legislativo 23 giugno 2011, n. 118, e successive modificazioni (6). A tali atti, da definire "determinazioni" e da classificarsi con sistemi di raccolta che individuano la cronologia degli atti e l'ufficio di provenienza, si applicano, in via preventiva, le procedure di cui ai commi 7 e 8 (6).

9-*bis*. Gli impegni sono registrati distinguendo le spese ricorrenti da quelle non ricorrenti attraverso la codifica della transazione elementare di cui agli articoli 5 e 6 del decreto legislativo 23 giugno 2011, n. 118, e successive modificazioni (7).

(1) *Le parole* « e la relativa scadenza » *sono state inserite dall'art. 74, n. 28), lett.* a) *d.lgs. 23 giugno 2011, n. 118, come da ultimo modificato dall'art. 1, comma 1, lett.* aa) *d.lgs. 10 agosto 2014, n. 126, a decorrere dall'esercizio finanziario 2015 come disposto dall'art. 80 d.lgs. n. 126, cit.*

(2) *Le parole da* « nei casi » *a* « è stato perfezionato » *sono state inserite dall'art. 74, n. 28), lett.* b) *d.lgs. n. 118, cit., come da ultimo modificato dall'art. 1, comma 1, lett.* aa) *d.lgs. n. 126, cit. V. nota 1 per la decorrenza disposta dall'art. 80 d.lgs. n. 126, cit.*

(3) *Lettera così sostituita dall'art. 74, n. 28), lett.* c) *d.lgs. n. 118, cit., come da ultimo modificato dall'art. 1, comma 1, lett.* aa) *d.lgs. n. 126, cit. V. nota 1 per la decorrenza disposta dall'art. 80 d.lgs. n. 126, cit. Il testo della lettera era il seguente:* « c) per contratti di somministrazione riguardanti prestazioni continuative, nei casi in cui l'importo dell'obbligazione sia definita contrattualmente. Se l'importo dell'obbligazione non è predefinito nel contratto, con l'approvazione del bilancio si provvede alla prenotazione della spesa, per un importo pari al consumo dell'ultimo esercizio per il quale l'informazione è disponibile ».

(4) *Le parole da* « le economie » *a* « decreto legislativo » *sono state sostituite alle parole* « Le spese di investimento per lavori pubblici prenotate negli esercizi successivi, la cui gara è stata formalmente indetta, concorrono alla determinazione del fondo pluriennale vincolato e non del risultato di amministrazione. In assenza di aggiudicazione definitiva della gara entro l'anno successivo le economie di bilancio confluiscono nell'avanzo di amministrazione vincolato per la riprogrammazione dell'intervento in c/capitale e il fondo pluriennale è ridotto di pari importo » *dall'art. 1, comma 910 l. 30 dicembre 2018, n. 145.*

(5) *I commi 5, 6, 7 e 8 sono stati così sostituiti dall'art. 74, n. 28), lett.* e) *d.lgs. n. 126, cit. come da ultimo modificato dall'art. 1, comma 1, lett.* aa) *d.lgs. n. 126, cit. V. nota 1 per la decorrenza disposta dall'art. 80 d.lgs. n. 126, cit. Il testo dei commi era il seguente:* « 5. Tutte le obbligazioni passive giuridicamente perfezionate, devono essere registrate nelle scritture contabili quando l'obbligazione è perfezionata, con imputazione all'esercizio in cui l'obbligazione viene a scadenza, secondo le modalità previste dal principio applicato della contabilità finanziaria di cui all'allegato n. 4/2 del decreto legislativo 23 giugno 2011, n. 118. Non possono essere riferite ad un determinato esercizio finanziario le spese per le quali non sia venuta a scadere nello stesso esercizio finanziario la relativa obbligazione giuridica. Le spese sono registrate anche se non determinano movimenti di cassa effettivi.

6. Gli impegni di spesa sono assunti nei limiti dei rispettivi stanziamenti di competenza del bilancio di previsione, con imputazione agli esercizi in cui le obbligazioni passive sono esigibili. Non possono essere assunte obbligazioni che danno luogo ad impegni di spesa corrente:

a) sugli esercizi successivi a quello in corso, a meno che non siano connesse a contratti o convenzioni pluriennali o siano necessarie per garantire la continuità dei servizi connessi con le funzioni fondamentali, fatta salva la costante verifica del mantenimento degli equilibri di bilancio, anche con riferimento agli esercizi successivi al primo;

b) sugli esercizi non considerati nel bilancio, a meno delle spese derivanti da contratti di somministrazione, di locazione, relative a prestazioni periodiche o continuative di servizi di cui all'art. 1677 del codice civile, delle spese correnti correlate a finanziamenti comunitari e delle rate di ammortamento dei prestiti, inclusa la quota capitale. Le obbligazioni che comportano impegni riguardanti le partite di giro e i rimborsi delle anticipazioni di tesoreria sono assunte esclusivamente in relazione alle esigenze della gestione.

7. I provvedimenti dei responsabili dei servizi che comportano impegni di spesa sono trasmessi al responsabile del servizio finanziario e sono esecutivi con l'apposizione del visto di regolarità contabile attestante la copertura finanziaria.

8. Al fine di evitare ritardi nei pagamenti e la formazione di debiti pregressi, il responsabile della spesa che adotta provvedimenti che comportano impegni di spesa ha l'obbligo di accertare preventivamente che il programma dei conseguenti pagamenti sia compatibile con i relativi stanziamenti di cassa e con le regole del patto di stabilità interno; la violazione dell'obbligo di accertamento di cui al presente comma comporta responsabilità disciplinare ed amministrativa. Qualora lo stanziamento di cassa, per ragioni sopravvenute, non consenta di far fronte all'obbligo contrattuale, l'amministrazione adotta le opportune iniziative, anche di tipo contabile, amministrativo o contrattuale, per evitare la formazione di debiti pregressi ».

(6) *Le parole da* « nel rispetto » *a* « successive modificazioni » *sono state inserite e le parole* « ai commi 7 e 8 » *sono state sostituite alle parole* « all'art. 151, comma 4 » *dall'art. 74, n. 28), lett.* f) *d.lgs. n. 126, cit. come da ultimo modificato dall'art. 1, comma 1, lett.* aa) *d.lgs. n. 126, cit. V. nota 1 per la decorrenza disposta dall'art. 80 d.lgs. n. 126, cit.*

(7) *Comma inserito dall'art. 74, n. 28), lett.* g) *d.lgs. n. 126, cit. come da ultimo modificato dall'art. 1, comma 1, lett.* aa) *d.lgs. n. 126, cit. V. nota 1 per la decorrenza disposta dall'art. 80 d.lgs. n. 126, cit.*

184 Liquidazione della spesa.

1. La liquidazione costituisce la successiva fase, del procedimento di spesa attraverso la quale, in base ai documenti ed ai titoli atti a comprovare il diritto acquisito del creditore, si determina la somma certa e liquida da pagare nei limiti dell'ammontare dell'impegno definitivo assunto.

2. La liquidazione compete all'ufficio che ha dato esecuzione al provvedimento di spesa ed è disposta sulla base della documentazione necessaria a comprovare il diritto del creditore, a seguito del riscontro operato sulla regolarità della fornitura o della prestazione e sulla rispondenza della stessa ai requisiti quantitativi e qualitativi, ai termini ed alle condizioni pattuite.

3. L'atto di liquidazione, sottoscritto dal responsabile del servizio proponente, con tutti i relativi documenti giustificativi ed i riferimenti contabili è trasmesso al servizio finanziario per i conseguenti adempimenti.

4. Il servizio finanziario effettua, secondo i princìpi e le procedure della contabilità pubblica, i controlli e riscontri amministrativi, contabili e fiscali sugli atti di liquidazione.

185 Ordinazione e pagamento.

1. Gli ordinativi di pagamento sono disposti nei limiti dei rispettivi stanziamenti di cassa, salvo i pagamenti riguardanti il rimborso delle anticipazioni di tesoreria, i servizi per conto terzi e le partite di giro (1).

2. Il mandato di pagamento è sottoscritto dal dipendente dell'ente individuato dal regolamento di contabilità nel rispetto delle leggi vigenti e contiene almeno i seguenti elementi:

a) il numero progressivo del mandato per esercizio finanziario;

b) la data di emissione;

c) l'indicazione della missione, del programma e del titolo di bilancio cui è riferita la spesa e la relativa disponibilità, distintamente per residui o competenza e cassa (2);

d) la codifica di bilancio (3);

e) l'indicazione del creditore e, se si tratta di persona diversa del soggetto tenuto a rilasciare quietanza, nonché [, ove richiesto,] il relativo codice fiscale o la partita IVA (4);

f) l'ammontare della somma dovuta e la scadenza, qualora sia prevista dalla legge o sia stata concordata con il creditore;

g) la causale e gli estremi dell'atto esecutivo che legittima l'erogazione della spesa;

h) le eventuali modalità agevolative di pagamento se richieste dal creditore;

i) il rispetto degli eventuali vincoli di destinazione stabiliti per legge o relativi a trasferimenti o ai prestiti (5);

i-*bis*) la codifica SIOPE di cui all'art. 14 della legge 31 dicembre 2009, n. 196 (6);

i-*ter*) i codici della transazione elementare di cui agli articoli da 5 a 7, del decreto legislativo 23 giugno 2011, n. 118 (6);

i-*quater*) l'identificazione delle spese non soggette al controllo dei dodicesimi di cui all'art. 163, comma 5, in caso di esercizio provvisorio (6).

3. Il mandato di pagamento è controllato, per quanto attiene alla sussistenza dell'impegno e della liquidazione e al rispetto dell'autorizzazione di cassa (7), dal servizio finanziario, che provvede altresì alle operazioni di contabilizzazione e di trasmissione al tesoriere.

4. Il tesoriere effettua i pagamenti derivanti da obblighi tributari, da somme iscritte a ruolo, da delegazioni di pagamento, e da altri obblighi di legge, anche in assenza della preventiva emissione del relativo mandato di pagamento. Entro trenta giorni (8) l'ente locale emette il relativo mandato ai fini della regolarizzazione, imputandolo contabilmente all'esercizio in cui il tesoriere ha effettuato il pagamento, anche se la relativa comunicazione è pervenuta all'ente nell'esercizio successivo (8).

4-*bis*. I codici di cui al comma 2, lettera i-*bis*), possono essere applicati al mandato a decorrere dal 1° gennaio 2016 (9).

(1) *Comma così sostituito dall'art. 74, n. 29), lett.* a) *d.lgs. 23 giugno 2011, n. 118, come modificato dall'art. 1, comma 1, lett.* aa) *d.lgs. 10 agosto 2014, n. 126, a decorrere dall'esercizio finanziario 2015, come disposto dall'art. 80 d.lgs. n. 126, cit. Il testo del comma era il seguente:* « 1. L'ordinazione consiste nella disposizione impartita, mediante il mandato di pagamento, al tesoriere dell'ente locale di provvedere al pagamento delle spese ».

(2) *Lettera così sostituita dall'art. 74, n. 29), lett.* b) *d.lgs. n. 118, cit. come modificato dall'art. 1, comma 1, lett.* aa) *d.lgs. n. 126, cit. V. nota 1 per la decorrenza disposta dall'art. 80 d.lgs. n. 126, cit. Il testo della lettera era il seguente:* « c) l'intervento o il capitolo per i servizi per conto di terzi sul quale la spesa è allocata e la relativa disponibilità distintamente per competenza o residui ».

(3) *Le parole* « di bilancio » *sono state aggiunte dall'art. 74, n. 29), lett.* c) *d.lgs. n. 118, cit. come modificato dall'art. 1, comma 1, lett.* aa) *d.lgs. n. 126, cit. V. nota 1 per la decorrenza disposta dall'art. 80 d.lgs. n. 126, cit.*

(4) *Le parole tra parentesi quadre sono state soppresse dall'art. 74, n. 29), lett.* d) *d.lgs. n. 118, cit. come modificato dall'art. 1, comma 1, lett.* aa) *d.lgs. n. 126, cit. V. nota 1 per la decorrenza disposta dall'art. 80 d.lgs. n. 126, cit.*

(5) *Le parole* « stabiliti per legge o relativi a trasferimenti o ai prestiti; » *sono state aggiunte dall'art. 74, n. 29), lett.* e) *d.lgs. n. 118, cit. come modificato dall'art. 1, comma 1, lett.* aa) *d.lgs. n. 126, cit. V. nota 1 per la decorrenza disposta dall'art. 80 d.lgs. n. 126, cit.*

(6) *Lettera inserita dall'art. 74, n. 29), lett.* f) *d.lgs. n. 118, cit. come modificato dall'art. 1, comma 1, lett.* aa) *d.lgs. n. 126, cit. V. nota 1 per la decorrenza disposta dall'art. 80 d.lgs. n. 126, cit.*

(7) *Le parole* « e al rispetto dell'autorizzazione di cassa, » *sono state inserite dall'art. 74, n. 29), lett.* g) *d.lgs. n. 118, cit. come modificato dall'art. 1, comma 1, lett.* aa) *d.lgs. n. 126, cit. V. nota 1 per la decorrenza disposta dall'art. 80 d.lgs. n. 126, cit.*

(8) *Le parole* « Entro trenta giorni » *sono state sostituite alle parole* « Entro quindici giorni e comunque entro il termine del mese in corso » *e le parole da* «, imputandolo » *a* « esercizio successivo » *sono state inserite dall'art. 74, n. 29), lett.* h) *d.lgs. n. 118, cit. come modificato dall'art. 1, comma 1, lett.* aa) *d.lgs. n. 126, cit. V. nota 1 per la decorrenza disposta dall'art. 80 d.lgs. n. 126, cit.*

(9) *Comma aggiunto dall'art. 74, n. 29), lett.* i) *d.lgs. n. 118, cit. come modificato dall'art. 1, comma 1, lett.* aa) *d.lgs. n. 126, cit. V. nota 1 per la decorrenza disposta dall'art. 80 d.lgs. n. 126, cit.*

49. Decreto legislativo 9 ottobre 2002, n. 231. — Attuazione della direttiva 2000/35/CE relativa alla lotta contro i ritardi di pagamento nelle transazioni commerciali.

Pubblicata nella Gazzetta Ufficiale n. 249 del 23 ottobre 2002.

1 Ambito di applicazione (1).

1. Le disposizioni contenute nel presente decreto si applicano ad ogni pagamento effettuato a titolo di corrispettivo in una transazione commerciale.

2. Le disposizioni del presente decreto non trovano applicazione per:

a) debiti oggetto di procedure concorsuali aperte a carico del debitore, comprese le procedure finalizzate alla ristrutturazione del debito;

b) pagamenti effettuati a titolo di risarcimento del danno, compresi i pagamenti effettuati a tale titolo da un assicuratore.

(1) *Articolo sostituito dall'art. 1, comma 1, lett.* a), *d.lgs. 9 novembre 2012, n. 192. A norma dell'art. 3, comma 1, del medesimo decreto legislativo, le presenti disposizioni si applicano alle transazioni commerciali concluse a decorrere dal 1° gennaio 2013.*

2 Definizioni (1).

1. Ai fini del presente decreto si intende per:

a) "transazioni commerciali": i contratti, comunque denominati, tra imprese ovvero tra imprese e pubbliche amministrazioni, che comportano, in via esclusiva o prevalente, la consegna di merci o la prestazione di servizi contro il pagamento di un prezzo (2);

b) "pubblica amministrazione": le amministrazioni di cui all'articolo 3, comma 25, del decreto legislativo 12 aprile 2006, n. 163, e ogni altro soggetto, allorquando svolga attività per la quale è tenuto al rispetto della disciplina di cui al decreto legislativo 12 aprile 2006, n. 163;

c) "imprenditore": ogni soggetto esercente un'attività economica organizzata o una libera professione;

d) "interessi moratori": interessi legali di mora ovvero interessi ad un tasso concordato tra imprese;

e) "interessi legali di mora": interessi semplici di mora su base giornaliera ad un tasso che è pari al tasso di riferimento maggiorato di otto punti percentuali;

f) "tasso di riferimento": il tasso di interesse applicato dalla Banca centrale europea alle sue più recenti operazioni di rifinanziamento principali;

g) "importo dovuto": la somma che avrebbe dovuto essere pagata entro il termine contrattuale o legale di pagamento, comprese le imposte, i dazi, le tasse o gli oneri applicabili indicati nella fattura o nella richiesta equivalente di pagamento.

(1) *Articolo sostituito dall'art. 1, comma 1, lett.* b), *d.lgs. 9 novembre 2012, n. 192. A norma dell'art. 3, comma 1, del medesimo decreto legislativo, le presenti disposizioni si applicano alle transazioni commerciali concluse a decorrere dal 1° gennaio 2013.*

(2) *A norma dell'art. 24, comma 1, l. 30 ottobre 2014, n. 161, la presente lettera si interpreta nel senso che le transazioni commerciali ivi considerate comprendono anche i contratti previsti dall'articolo 3, comma 3, del codice di cui al decreto legislativo 12 aprile 2006, n. 163; vedi anche quanto disposto dal comma 2 del medesimo articolo 24.*

3 Responsabilità del debitore.

1. Il creditore ha diritto alla corresponsione degli interessi moratori sull'importo dovuto, ai sensi degli articoli 4 e 5, salvo che il debitore dimostri che il ritardo nel pagamento del prezzo è stato determinato dall'impossibilità della prestazione derivante da causa a lui non imputabile (1).

(1) *Comma modificato dall'art. 1, comma 1, lett.* c), *d.lgs. 9 novembre 2012, n. 192. A norma dell'art. 3, comma 1, del medesimo decreto legislativo, le presenti disposizioni si applicano alle transazioni commerciali concluse a decorrere dal 1° gennaio 2013.*

4 Termini di pagamento (1) (2).

1. Gli interessi moratori decorrono, senza che sia necessaria la costituzione in mora, dal giorno successivo alla scadenza del termine per il pagamento.

2. Salvo quanto previsto dai commi 3, 4 e 5, il periodo di pagamento non può superare i seguenti termini (3):

a) trenta giorni dalla data di ricevimento da parte del debitore della fattura o di una richiesta di pagamento di contenuto equivalente. Non hanno effetto sulla decorrenza del termine le richieste di integrazione o modifica formali della fattura o di altra richiesta equivalente di pagamento;

b) trenta giorni dalla data di ricevimento delle merci o dalla data di prestazione dei servizi, quando non è certa la data di ricevimento della fattura o della richiesta equivalente di pagamento;

c) trenta giorni dalla data di ricevimento delle merci o dalla prestazione dei servizi, quando la data in cui il debitore riceve la fattura o la richiesta equivalente di pagamento è anteriore a quella del ricevimento delle merci o della prestazione dei servizi;

d) trenta giorni dalla data dell'accettazione o della verifica eventualmente previste dalla legge o dal contratto ai fini dell'accertamento della conformità della merce o dei servizi alle previsioni contrattuali, qualora il debitore riceva la fattura o la richiesta equivalente di pagamento in epoca non successiva a tale data.

3. Nelle transazioni commerciali tra imprese le parti possono pattuire un termine per il pagamento superiore rispetto a quello previsto dal comma 2. Termini superiori a sessanta giorni, purché non siano gravemente iniqui per il creditore ai sensi dell'articolo 7, devono essere pattuiti espressamente. La clausola relativa al termine deve essere provata per iscritto.

4. Nelle transazioni commerciali in cui il debitore è una pubblica amministrazione le parti possono pattuire, purché in modo espresso, un termine per il pagamento superiore a quello previsto dal comma 2, quando ciò sia oggettivamente giustificato dalla natura particolare del contratto o da talune sue caratteristiche. In ogni caso i termini di cui al comma 2 non possono essere superiori a sessanta giorni. La clausola relativa al termine deve essere provata per iscritto (4).

5. I termini di cui al comma 2 sono raddoppiati:

a) per le imprese pubbliche che sono tenute al rispetto dei requisiti di trasparenza di cui al decreto legislativo 11 novembre 2003, n. 333;

b) per gli enti pubblici che forniscono assistenza sanitaria e che siano stati debitamente riconosciuti a tale fine.

6. Quando è prevista una procedura diretta ad accertare la conformità della merce o dei servizi al contratto essa non può avere una durata superiore a trenta giorni dalla data della consegna della merce o della prestazione del servizio, salvo che sia diversamente ed espressamente concordato dalle parti e previsto nella documentazione di gara e purché ciò non sia gravemente iniquo per il creditore ai sensi dell'articolo 7. L'accordo deve essere provato per iscritto.

7. Resta ferma la facoltà delle parti di concordare termini di pagamento a rate. In tali casi, qualora una delle rate non sia pagata alla data concordata, gli interessi e il risarcimento previsti dal presente decreto sono calcolati esclusivamente sulla base degli importi scaduti (5).

7-*bis*. Le banche, gli intermediari finanziari, la Cassa depositi e prestiti S.p.A. e le istituzioni finanziarie dell'Unione europea possono concedere ai comuni, alle province, alle città metropolitane, alle regioni e alle province autonome, anche per conto dei rispettivi enti del Servizio sanitario nazionale, anticipazioni di liquidità da destinare al pagamento di debiti certi, liquidi ed esigibili, maturati alla data del 31 dicembre 2019, relativi a somministrazioni, forniture, appalti e a obbligazioni per prestazioni professionali. L'anticipazione di liquidità per il pagamento di debiti fuori bilancio è subordinata al relativo riconoscimento (6).

7-*ter*. Le anticipazioni di cui al comma 7-*bis* sono concesse, per gli enti locali, entro il limite massimo di tre dodicesimi delle entrate accertate nell'anno 2018 afferenti ai primi tre titoli di entrata del bilancio e, per le regioni e le province autonome, entro il limite massimo del 5 per cento delle entrate accertate nell'anno 2018 afferenti al primo titolo di entrata del bilancio (6).

7-*quater*. Con riferimento alle anticipazioni non costituenti indebitamento ai sensi dell'articolo 3, comma 17, della legge 24 dicembre 2003, n. 350, fatto salvo l'obbligo per gli enti richiedenti di adeguare le relative iscrizioni nel bilancio di previsione successivamente al perfezionamento delle anticipazioni, non trovano applicazione le disposizioni di cui all'articolo 203, comma 1, lettera *b*), e all'articolo 204 del testo unico di cui al decreto legislativo 18 agosto 2000, n. 267, nonché di cui all'articolo 62 del decreto legislativo 23 giugno 2011, n. 118 (6).

7-*quinquies*. Le anticipazioni agli enti locali sono assistite dalla delegazione di pagamento di cui all'articolo 206 del citato decreto legislativo 18 agosto 2000, n. 267. Ad esse si applicano le disposizioni di cui all'articolo 159, comma 2, e all'articolo 255, comma 10, del predetto decreto legislativo 18 agosto 2000, n. 267. Le anticipazioni alle regioni e alle province autonome sono assistite da garanzia sulle relative entrate di bilancio a norma della specifica disciplina applicabile a ciascuna regione e provincia autonoma (6).

7-*sexies*. La richiesta di anticipazione di liquidità è presentata agli istituti finanziari di cui al comma 7-*bis* entro il termine del 30 aprile 2020 ed è corredata di un'apposita dichiarazione sottoscritta dal rappresentante legale dell'ente richiedente, contenente l'elenco dei debiti da pagare con l'anticipazione, come qualificati al medesimo comma 7-*bis*, redatta utilizzando il modello generato dalla piattaforma elettronica per la gestione telematica del rilascio delle certificazioni di cui all'articolo 7, comma 1, del decreto-legge 8 aprile 2013, n. 35, convertito, con modificazioni, dalla legge 6 giugno 2013, n. 64 (6).

7-*septies*. Gli enti debitori effettuano il pagamento dei debiti per i quali hanno ottenuto l'anticipazione di liquidità entro quindici giorni dalla data di effettiva erogazione da parte dell'istituto finanziatore. Per il pagamento dei debiti degli enti del Servizio sanitario nazionale e degli enti locali, da effettuare a valere sui trasferimenti da parte di regioni e province autonome di cui al comma 7-*bis*, il termine è di trenta giorni dalla data di effettiva erogazione da parte dell'istituto finanziatore (6).

7-*octies*. Le anticipazioni di liquidità sono rimborsate entro il termine del 30 dicembre 2020, o anticipatamente in conseguenza del ripristino della normale gestione della liquidità, alle condizioni pattuite contrattualmente con gli istituti finanziatori (6).

7-*novies*. Gli istituti finanziatori verificano, attraverso la piattaforma elettronica di cui al comma 7-*sexies*, l'avvenuto pagamento dei debiti di cui al medesimo comma. In caso di mancato pagamento, gli istituti finanziatori possono chiedere, per il corrispondente importo, la restituzione dell'anticipazione, anche attivando le garanzie di cui al comma 7-*quinquies* (6).

(1) *Articolo da ultimo così sostituito dall'art. 1, comma 1, lett.* d), *d.lgs. 9 novembre 2012, n. 192. A norma dell'articolo 3, comma 1, del medesimo decreto legislativo, le presenti disposizioni si applicano alle transazioni commerciali concluse a decorrere dal 1° gennaio 2013.*

Il testo originario era il seguente: « (*Decorrenza degli interessi moratori*). — 1. Gli interessi decorrono, automaticamente, dal giorno successivo alla scadenza del termine per il pagamento. — 2. Salvo il disposto dei commi 3 e 4, se il termine per il pagamento non è stabilito nel contratto, gli interessi decorrono, automaticamente, senza che sia necessaria la costituzione in mora, alla scadenza del seguente termine legale: *a*) trenta giorni dalla data di ricevimento della fattura da parte del debitore o di una richiesta di pagamento di contenuto equivalente; *b*) trenta giorni dalla data di ricevimento delle merci o dalla data di prestazione dei servizi, quando non è certa la data di ricevimento della fattura o della richiesta equivalente di pagamento; *c*) trenta giorni dalla data di ricevimento delle merci o dalla prestazione dei servizi, quando la data in cui il debitore riceve la fattura o la richiesta equivalente di pagamento è anteriore a quella del ricevimento delle merci o della prestazione dei servizi; *d*) trenta giorni dalla data dell'accettazione o della verifica eventualmente previste dalla legge o dal contratto ai fini dell'accertamento della conformità della merce o dei servizi alle previsioni contrattuali, qualora il debitore riceva la fattura o la richiesta equivalente di pagamento in epoca non successiva a tale data. — 3. Per i contratti aventi ad oggetto la cessione di prodotti alimentari deteriorabili, il pagamento del corrispettivo deve essere effettuato entro il termine legale di sessanta giorni dalla consegna o dal ritiro dei prodotti medesimi e gli interessi decorrono automaticamente dal giorno successivo alla scadenza del termine. In questi casi il saggio degli interessi di cui all'articolo 5, comma 1, è maggiorato di ulteriori due punti percentuali ed è inderogabile. — 4. Le parti, nella propria libertà contrattuale, possono stabilire un termine superiore rispetto a quello legale di cui al comma 3 a condizione che le diverse pattuizioni siano stabilite per iscritto e rispettino i limiti concordati nell'ambito di accordi sottoscritti, presso il Ministero delle attività produttive, dalle organizzazioni maggiormente rappresentative a livello nazionale della produzione, della trasformazione e della distribuzione per categorie di prodotti deteriorabili specifici ».

(2) *Rubrica sostituita dall'art. 24, comma 3, lett.* a), *n. 3) l. 30 ottobre 2014, n. 161.*

(3) *Alinea sostituito dall'art. 24, comma 3, lett.* a), *n. 1) l. 30 ottobre 2014, n. 161.*

(4) *Comma modificato dall'art. 24, comma 3, lett.* a), *n. 2) l. 30 ottobre 2014, n. 161.*

(5) *L'art. 37 (Differimento dei termini di pagamento in situazioni di emergenza) del d.l. 17 ottobre 2016, n. 189 (Interventi urgenti in favore delle popolazioni colpite dagli eventi sismici del 2016), ha previsto che « In considerazione dell'impegno straordinario connesso con la gestione dell'emergenza, le amministrazioni pubbliche direttamente coinvolte nella gestione degli interventi volti a fronteggiare gli eventi calamitosi per i quali è stato dichiarato lo stato di emergenza ai sensi dei commi 1 e 1-bis, dell'articolo 5, della legge 24 febbraio 1992, n. 225, sono autorizzate a differire, con provvedimento motivato, i termini dei periodi di pagamento di cui all'articolo 4, comma 2, del decreto legislativo 9 ottobre 2002, n. 231, per il tempo strettamente necessario e, comunque, entro il limite massimo di centoventi giorni ».*

(6) *Comma aggiunto dall'art. 1, comma 556, l. 27 dicembre 2019, n. 160, in vigore dal 1° gennaio 2020.*

5 Saggio degli interessi (1).

1. Gli interessi moratori sono determinati nella misura degli interessi legali di mora. Nelle transazioni commerciali tra imprese è consentito alle parti di concordare un tasso di interesse diverso, nei limiti previsti dall'articolo 7.

2. Il tasso di riferimento è così determinato:

a) per il primo semestre dell'anno cui si riferisce il ritardo, è quello in vigore il 1° gennaio di quell'anno;

b) per il secondo semestre dell'anno cui si riferisce il ritardo, è quello in vigore il 1° luglio di quell'anno.

3. Il Ministero dell'economia e delle finanze dà notizia del tasso di riferimento, curandone la pubblicazione nella Gazzetta Ufficiale della Repubblica italiana nel quinto giorno lavorativo di ciascun semestre solare (2).

(1) *Articolo sostituito dall'art. 1, comma 1, lett.* e), *d.lgs. 9 novembre 2012, n. 192. A norma dell'articolo 3, comma 1, del medesimo decreto legislativo, le presenti disposizioni si applicano alle transazioni commerciali concluse a decorrere dal 1° gennaio 2013. Il testo originario era il seguente:*

« 1. Salvo diverso accordo tra le parti, il saggio degli interessi, ai fini del presente decreto, è determinato in misura pari al saggio d'interesse del principale strumento di rifinanziamento della Banca centrale europea applicato alla sua più recente operazione di rifinanziamento principale effettuata il primo giorno di calendario del semestre in questione, maggiorato di sette punti percentuali. Il saggio di riferimento in vigore il primo giorno lavorativo della Banca centrale europea del semestre in questione si applica per i successivi sei mesi. — 2. Il Ministero dell'economia e delle finanze dà notizia del saggio di cui al comma 1, al netto della maggiorazione ivi prevista, curandone la pubblicazione nella Gazzetta Ufficiale della Repubblica italiana nel quinto giorno lavorativo di ciascun semestre solare ».

(2) *Per il periodo 1° gennaio – 30 giugno 2022 il tasso di riferimento di cui al presente articolo, è pari allo o per cento, ai sensi di quanto disposto dal Comunicato del Ministero dell'Economia e delle Finanze del 26 gennaio 2022.*

6 Risarcimento delle spese di recupero (1).

1. Nei casi previsti dall'articolo 3, il creditore ha diritto anche al rimborso dei costi sostenuti per il recupero delle somme non tempestivamente corrisposte.

2. Al creditore spetta, senza che sia necessaria la costituzione in mora, un importo forfettario di 40 euro a titolo di risarcimento del danno. È fatta salva la prova del maggior danno, che può comprendere i costi di assistenza per il recupero del credito.

(1) *Articolo sostituito dall'art. 1, comma 1, lett.* f), *d.lgs. 9 novembre 2012, n. 19. A norma dell'articolo 3, comma 1, del medesimo decreto legislativo, le presenti disposizioni si applicano alle transazioni commerciali concluse a decorrere dal 1° gennaio 2013.*

Il testo originario era il seguente: « 1. Il creditore ha diritto al risarcimento dei costi sostenuti per il recupero delle somme non tempestivamente corrispostegli, salva la prova del maggior danno, ove il debitore non dimostri che il ritardo non sia a lui imputabile. — 2. I costi, comunque rispondenti a principi di trasparenza e di proporzionalità, possono essere determinati anche in base ad elementi presuntivi e tenuto conto delle tariffe forensi in materia stragiudiziale ».

7 Nullità (1).

1. Le clausole relative al termine di pagamento, al saggio degli interessi moratori o al risarcimento per i costi di recupero, a qualunque titolo previste o introdotte nel contratto, sono nulle quando risultano gravemente inique in danno del creditore. Si applicano gli articoli 1339 e 1419, secondo comma, del codice civile.

2. Il giudice dichiara, anche d'ufficio, la nullità della clausola avuto riguardo a tutte le circostanze del caso, tra cui il grave scostamento dalla prassi commerciale in contrasto con il principio di buona fede e correttezza, la natura della merce o del servizio oggetto del contratto, l'esistenza di motivi oggettivi per derogare al saggio degli interessi legali di mora, ai termini di pagamento o all'importo forfettario dovuto a titolo di risarcimento per i costi di recupero.

3. Si considera gravemente iniqua la clausola che esclude l'applicazione di interessi di mora. Non è ammessa prova contraria.

4. Si presume che sia gravemente iniqua la clausola che esclude il risarcimento per i costi di recupero di cui all'articolo 6.

4-*bis*. Nelle transazioni commerciali in cui il creditore sia una PMI, come definita ai sensi del decreto del

Ministro delle attività produttive 18 aprile 2005, pubblicato nella Gazzetta Ufficiale n. 238 del 12 ottobre 2005, si presume che sia gravemente iniqua la clausola che prevede termini di pagamento superiori a sessanta giorni. Il presente comma non si applica quando tutte le parti del contratto sono PMI (2).

5. Nelle transazioni commerciali in cui il debitore è una pubblica amministrazione è nulla la clausola avente ad oggetto la predeterminazione o la modifica della data di ricevimento della fattura. La nullità è dichiarata d'ufficio dal giudice.

(1) *Articolo sostituito dall'art. 1, comma 1, lett.* g), *d.lgs. 9 novembre 2012, n. 19. A norma dell'articolo 3, comma 1, del medesimo decreto legislativo, le presenti disposizioni si applicano alle transazioni commerciali concluse a decorrere dal 1° gennaio 2013.*

Il testo dell'articolo era il seguente: « 1. L'accordo sulla data del pagamento, o sulle conseguenze del ritardato pagamento, è nullo se, avuto riguardo alla corretta prassi commerciale, alla natura della merce o dei servizi oggetto del contratto, alla condizione dei contraenti ed ai rapporti commerciali tra i medesimi, nonché ad ogni altra circostanza, risulti gravemente iniquo in danno del creditore. — 2. Si considera, in particolare, gravemente iniquo l'accordo che, senza essere giustificato da ragioni oggettive, abbia come obiettivo principale quello di procurare al debitore liquidità aggiuntiva a spese del creditore, ovvero l'accordo con il quale l'appaltatore o il subfornitore principale imponga ai propri fornitori o subfornitori termini di pagamento ingiustificatamente più lunghi rispetto ai termini di pagamento ad esso concessi. — 3. Il giudice, anche d'ufficio, dichiara la nullità dell'accordo e, avuto riguardo all'interesse del creditore, alla corretta prassi commerciale ed alle altre circostanze di cui al comma 1, applica i termini legali ovvero riconduce ad equità il contenuto dell'accordo medesimo ».

(2) *Comma inserito dall'art. 3, comma 1-terdecies, d.l. 14 dicembre 2018, n. 135, conv., con modif., in l. 11 febbraio 2019, n. 12.*

7-*bis* Prassi inique (1).

1. Le prassi relative al termine di pagamento, al saggio degli interessi moratori o al risarcimento per i costi di recupero, quando risultano gravemente inique per il creditore, danno diritto al risarcimento del danno.

2. Il giudice accerta che una prassi è gravemente iniqua tenuto conto di quanto previsto dall'articolo 7, comma 2.

3. Si considera gravemente iniqua la prassi che esclude l'applicazione di interessi di mora. Non è ammessa prova contraria.

4. Si presume che sia gravemente iniqua la prassi che esclude il risarcimento per i costi di recupero di cui all'articolo 6.

(1) *Articolo inserito dall'art. 24, comma 3, lett.* b), *l. 30 ottobre 2014, n. 161.*

7-*ter* Evidenza nel bilancio sociale (1).

1. A decorrere dall'esercizio 2019, nel bilancio sociale le società danno evidenza dei tempi medi di pagamento delle transazioni effettuate nell'anno, individuando altresì gli eventuali ritardi medi tra i termini pattuiti e quelli effettivamente praticati. I medesimi soggetti danno conto nel bilancio sociale anche delle politiche commerciali adottate con riferimento alle suddette transazioni, nonché delle eventuali azioni poste in essere in relazione ai termini di pagamento.

(1) *Articolo inserito dall'art. 22, comma 1, d.l. 30 aprile 2019, n. 34, conv., con modif., in l. 28 giugno 2019, n. 58.*

8 Tutela degli interessi collettivi.

1. Le associazioni di categoria degli imprenditori presenti nel Consiglio nazionale dell'economia e del lavoro (CNEL), prevalentemente in rappresentanza delle piccole e medie imprese di tutti i settori produttivi e degli artigiani, sono legittimate ad agire, a tutela degli interessi collettivi, richiedendo al giudice competente:

a) di accertare la grave iniquità, ai sensi dell'articolo 7, delle condizioni generali concernenti il termine di pagamento, il saggio degli interessi moratori o il risarcimento per i costi di recupero e di inibirne l'uso (1).

b) di adottare le misure idonee a correggere o eliminare gli effetti dannosi delle violazioni accertate;

c) di ordinare la pubblicazione del provvedimento su uno o più quotidiani a diffusione nazionale oppure locale nei casi in cui la pubblicità del provvedimento possa contribuire a correggere o eliminare gli effetti delle violazioni accertate.

2. L'inibitoria è concessa, quando ricorrono giusti motivi di urgenza, ai sensi degli articoli 669-*bis* e seguenti del codice di procedura civile.

3. In caso di inadempimento degli obblighi stabiliti dal provvedimento reso nel giudizio di cui ai commi 1 e 2, il giudice, anche su domanda dell'associazione che ha agito, dispone il pagamento di una somma di denaro, da Euro 500 a Euro 1.100, per ogni giorno di ritardo, tenuto conto della gravità del fatto.

(1) *Lettera sostituita dall'art. 1, comma 1, lett.* h), *d.lgs. 9 novembre 2012, n. 192. A norma dell'articolo 3, comma 1, del medesimo decreto legislativo, le presenti disposizioni si applicano alle transazioni commerciali concluse a decorrere dal 1° gennaio 2013.*

9 Modifiche al codice di procedura civile.

1. L'ultimo comma dell'articolo 633 del codice di procedura civile è abrogato.

2. All'articolo 641 del codice di procedura civile sono apportate le seguenti modifiche:

a) nel primo periodo, dopo le parole "decreto motivato", sono aggiunte le seguenti: "da emettere entro trenta giorni dal deposito del ricorso";

b) il secondo periodo del secondo comma è così sostituito: "Se l'intimato risiede in uno degli altri Stati dell'Unione europea, il termine è di cinquanta giorni e può essere ridotto fino a venti giorni. Se l'intimato risiede in altri Stati, il termine è di sessanta giorni e, comunque, non può essere inferiore a trenta né superiore a centoventi".

3. All'articolo 648, primo comma, del codice di procedura civile, è aggiunto, in fine, il seguente periodo: "Il giudice concede l'esecuzione provvisoria parziale del decreto ingiuntivo opposto limitatamente alle somme non contestate, salvo che l'opposizione sia proposta per vizi procedurali".

10 Modifiche alla legge 18 giugno 1998, n. 192.

1. All'articolo 3, della legge 18 giugno 1998, n. 192, il comma 3 è così sostituito: "In caso di mancato rispetto del termine di pagamento il committente deve al subfornitore, senza bisogno di costituzione in mora, un

interesse determinato in misura pari al saggio d'interesse del principale strumento di rifinanziamento della Banca centrale europea applicato alla sua più recente operazione di rifinanziamento principale effettuata il primo giorno di calendario del semestre in questione, maggiorato di sette punti percentuali, salva la pattuizione tra le parti di interessi moratori in misura superiore e salva la prova del danno ulteriore. Il saggio di riferimento in vigore il primo giorno lavorativo della Banca centrale europea del semestre in questione si applica per i successivi sei mesi. Ove il ritardo nel pagamento ecceda di trenta giorni il termine convenuto, il committente incorre, inoltre, in una penale pari al 5 per cento dell'importo in relazione al quale non ha rispettato i termini.".

11 Norme transitorie finali.

1. Le disposizioni del presente decreto non si applicano ai contratti conclusi prima dell'8 agosto 2002.

2. Sono fatte salve le vigenti disposizioni del codice civile e delle leggi speciali che contengono una disciplina più favorevole per il creditore.

3. La riserva della proprietà di cui all'articolo 1523 del codice civile, preventivamente concordata per iscritto tra l'acquirente ed il venditore, è opponibile ai creditori del compratore se è confermata nelle singole fatture delle successive forniture aventi data certa anteriore al pignoramento e regolarmente registrate nelle scritture contabili.

50. Decreto legge 8 aprile 2013, n. 35, convertito, con modificazioni, in legge 6 giugno 2013, n. 64. — Disposizioni urgenti per il pagamento dei debiti scaduti della pubblica amministrazione, per il riequilibrio finanziario degli enti territoriali, nonché in materia di versamento di tributi degli enti locali. (*estratto*).

Pubblicata nella Gazzetta Ufficiale n. 82 del 8 aprile 2013; la legge di conversione è stata pubblicata nella Gazzetta Ufficiale n. 132 del 7 giugno 2013.

CAPO I
Misure in materia di pagamenti dei debiti della pubblica amministrazione maturati al 31 dicembre 2012

1 Pagamenti dei debiti degli enti locali.

1. Sono esclusi dai vincoli del patto di stabilità interno per un importo complessivo di 5.000 milioni di euro i pagamenti sostenuti nel corso del 2013 dagli enti locali:

a) dei debiti in conto capitale certi, liquidi ed esigibili alla data del 31 dicembre 2012;

b) dei debiti in conto capitale per i quali sia stata emessa fattura o richiesta equivalente di pagamento entro il 31 dicembre 2012, ivi inclusi i pagamenti delle province in favore dei comuni;

c) dei debiti in conto capitale riconosciuti alla data del 31 dicembre 2012 ovvero che presentavano i requisiti per il riconoscimento entro la medesima data, ai sensi dell'articolo 194 del testo unico di cui al decreto legislativo 18 agosto 2000, n. 267 (1).

1-*bis*. Sono altresì esclusi dai vincoli del patto di stabilità interno i pagamenti di obbligazioni giuridiche di parte capitale verso terzi assunte alla data del 31 dicembre 2012, sostenuti nel corso del 2013 dagli enti locali e finanziati con i contributi straordinari in conto capitale di cui all'articolo 1, commi 704 e 707, della legge 27 dicembre 2006, n. 296.

1-*ter*. Alla compensazione degli effetti finanziari in termini di fabbisogno e di indebitamento netto derivanti dal comma 1-*bis*, pari a 2,5 milioni di euro per l'anno 2013, si provvede mediante corrispondente utilizzo del Fondo per la compensazione degli effetti finanziari non previsti a legislazione vigente conseguenti all'attualizzazione di contributi pluriennali, di cui all'articolo 6, comma 2, del decreto-legge 7 ottobre 2008, n. 154, convertito, con modificazioni, dalla legge 4 dicembre 2008, n. 189, e successive modificazioni. Il Ministro dell'economia e delle finanze è autorizzato ad apportare, con propri decreti, le occorrenti variazioni di bilancio.

2. Ai fini della distribuzione della predetta esclusione tra i singoli enti locali, i comuni e le province comunicano mediante il sistema web della Ragioneria generale dello Stato, entro il termine del 30 aprile 2013, gli spazi finanziari di cui necessitano per sostenere i pagamenti di cui al comma 1. Ai fini del riparto, si considerano solo le comunicazioni pervenute entro il predetto termine.

3. Con decreto del Ministero dell'economia e delle finanze, sulla base delle comunicazioni di cui al comma 2, entro il 15 maggio 2013 sono individuati, per ciascun ente locale, sulla base delle modalità di riparto individuate dalla Conferenza Stato-città ed autonomie locali [che potrà fornire] entro il 10 maggio 2013, ovvero, in mancanza, su base proporzionale, gli importi dei pagamenti da escludere dal patto di stabilità interno per il 90 per cento dell'importo di cui al comma 1. Con successivo decreto da emanarsi entro il 15 luglio 2013 in relazione alle richieste pervenute, sino a dieci giorni prima rispetto a tale data, secondo quanto previsto al periodo precedente, si procede al riparto della quota residua del 10 per cento unitamente alle disponibilità non assegnate con il primo decreto. Gli eventuali spazi finanziari non distribuiti per l'esclusione dei pagamenti dei debiti di cui al comma 1 dai vincoli del patto di stabilità interno sono attribuiti proporzionalmente agli enti locali per escludere dai vincoli del medesimo patto i pagamenti effettuati prima del 9

aprile 2013 in relazione alla medesima tipologia di debiti. Gli spazi finanziari che si liberano a valere sul patto di stabilità interno per effetto del periodo precedente sono utilizzati, nel corso del 2013, esclusivamente per sostenere pagamenti in conto capitale. Nella liquidazione dei pagamenti si osserva il criterio cronologico per singolo comune (2).

4. Su segnalazione del collegio dei revisori dei singoli enti locali, la procura regionale competente della Corte dei conti esercita l'azione nei confronti dei responsabili dei servizi interessati che, senza giustificato motivo, non hanno richiesto gli spazi finanziari nei termini e secondo le modalità di cui al comma 2, ovvero non hanno effettuato, entro l'esercizio finanziario 2013, pagamenti per almeno il 90 per cento degli spazi concessi. Nei confronti dei soggetti di cui al periodo precedente e degli eventuali corresponsabili, per i quali risulti accertata la responsabilità ai sensi delle vigenti disposizioni di legge, le sezioni giurisdizionali regionali della Corte dei conti irrogano una sanzione pecuniaria pari a due mensilità del trattamento retributivo, al netto degli oneri fiscali e previdenziali. Gli importi di cui al periodo precedente sono acquisiti al bilancio dell'ente. Sino a quando le sentenze di condanna emesse ai sensi della presente disposizione non siano state eseguite per l'intero importo, esse restano pubblicate, osservando le cautele previste dalla normativa in materia di tutela dei dati personali, sul sito istituzionale dell'ente, con l'indicazione degli estremi della decisione e della somma a credito.

5. Nelle more dell'emanazione del decreto del Ministero dell'economia e delle finanze di cui al comma 3, ciascun ente locale può effettuare i pagamenti di cui al comma 1 nel limite massimo del 13 per cento delle disponibilità liquide detenute presso la tesoreria [statale] al 31 marzo 2013 e, comunque, entro il 50 per cento degli spazi finanziari che intendono comunicare entro il 30 aprile 2013 ai sensi del comma 2.

6. Per l'anno 2013 non si applicano le disposizioni di cui ai commi da 1 a 9 dell'articolo 4-*ter* del decreto legge 2 marzo 2012, n.16, come convertito, con modificazioni, dalla legge 26 aprile 2012, n. 44.

7. Al fine di fornire liquidità agli enti locali, per l'anno 2013, non rilevano ai fini della verifica del rispetto degli obiettivi del patto di stabilità interno delle regioni e delle province autonome i trasferimenti effettuati in favore degli enti locali soggetti al patto di stabilità interno a valere sui residui passivi di parte corrente, purché a fronte di corrispondenti residui attivi degli enti locali.

8. I maggiori spazi finanziari nell'ambito del patto di stabilità interno delle regioni e province autonome derivanti dalla disposizione di cui al comma 7 sono utilizzati esclusivamente per il pagamento dei debiti di parte capitale certi, liquidi ed esigibili al 31 dicembre 2012, ovvero dei debiti di parte capitale per i quali sia stata emessa fattura o richiesta equivalente di pagamento entro il predetto termine. Tali spazi finanziari sono destinati prioritariamente per il pagamento di residui di parte capitale in favore degli enti locali.

9. Per l'anno 2013, il limite massimo di ricorso da parte degli enti locali ad anticipazioni di tesoreria di cui all'articolo 222 del decreto legislativo 18 agosto 2000, n. 267, è incrementato, sino alla data del 30 settembre 2013, da tre a cinque dodicesimi. [L'utilizzo della maggiore anticipazione di cui al primo periodo vincola per i comuni una quota corrispondente delle entrate dell'imposta municipale propria per l'anno 2013 e per le province una quota dell'imposta sulle assicurazioni contro la responsabilità civile derivante dalla circolazione dei veicoli a motore, esclusi i ciclomotori, per l'anno 2013.] (3).

10. È istituito nello stato di previsione del Ministero dell'economia e delle finanze un fondo, denominato "Fondo per assicurare la liquidità per pagamenti dei debiti certi, liquidi ed esigibili", con una dotazione di 16.546.595.894,20 euro per il 2013 e di 7.309.391.543,80 euro per il 2014. Il Fondo di cui al periodo precedente è distinto in tre sezioni a cui corrispondono tre articoli del relativo capitolo di bilancio, denominati rispettivamente "Sezione per assicurare la liquidità per pagamenti dei debiti certi, liquidi ed esigibili degli enti locali" con una dotazione di 3.411.000.000,00 euro per l'anno 2013 e di 189.000.000,00 euro per l'anno 2014, "Sezione per assicurare la liquidità alle regioni e alle province autonome per pagamenti dei debiti certi, liquidi ed esigibili diversi da quelli finanziari e sanitari" con una dotazione di 5.630.388.694,20 euro per l'anno 2013 e di 625.598.743,80 euro per l'anno 2014 e "Sezione per assicurare la liquidità per pagamenti dei debiti certi, liquidi ed esigibili degli enti del Servizio Sanitario Nazionale", con una dotazione di 7.505.207.200,00 euro per l'anno 2013 e di 6.494.792.800,00 euro per l'anno 2014. Con decreto del Ministro dell'economia e delle finanze da comunicare al Parlamento, possono essere disposte variazioni compensative, in termini di competenza e di cassa, tra i predetti articoli in relazione alle richieste di utilizzo delle risorse. A tal fine, le somme affluite sul conto corrente di tesoreria di cui al successivo comma 11 sono versate all'entrata del bilancio dello Stato per la riassegnazione ai pertinenti articoli del Fondo. La dotazione per il 2014 della Sezione di cui all'articolo 2, unitamente alle disponibilità non erogate in prima istanza alla data del 31 dicembre 2013, è destinata, entro il 31 marzo 2014, con le medesime procedure ivi previste, ad anticipazioni di liquidità per il pagamento dei debiti di cui all'articolo 2 richieste in data successiva a quella prevista dal predetto articolo 2, comma 1, e, comunque, non oltre il 28 febbraio 2014 (4) (5).

10-*bis*. Ai fini dell'assegnazione delle anticipazioni di liquidità a valere sulle risorse di cui all'articolo 13, commi 8 e 9, del decreto-legge 31 agosto 2013, n. 102, convertito, con modificazioni, dalla legge 28 ottobre 2013, n. 124, e sulla dotazione per il 2014 della Sezione di cui all'articolo 2, nonché ai fini dell'erogazione delle risorse già assegnate con decreto del Ministero dell'economia e delle finanze del 14 maggio 2013 ma non ancora erogate, sono considerati anche i pagamenti dei debiti fuori bilancio che presentavano i requisiti per il riconoscimento alla data del 31 dicembre 2012, anche se riconosciuti in bilancio in data successiva, ove necessario, previo contestuale incremento fino a pari importo degli stanziamenti iscritti in bilancio, in conformità alla legislazione vigente, per il pagamento dei debiti pregressi, comunque denominati, ivi inclusi quelli contenuti nel piano di riequilibrio finanziario pluriennale di cui all'articolo 243-*bis* del testo unico di cui al decreto legislativo 18 agosto 2000, n. 267, e successive modificazioni, approvato con delibera della sezione regionale di controllo della Corte dei conti, ivi inclusi quelli contenuti nel piano di cui al comma 2 dell'articolo 16 del decreto-legge 6 marzo 2014, n. 16. Le disposizioni di cui al primo periodo si applicano altresì, per le regioni, ai debiti di cui al comma 11-quinquies dell'articolo 25 del decreto-legge 21 giugno 2013, n. 69, convertito, con modificazioni, dalla legge 9 agosto 2013, n. 98, e successive modificazioni, sempre che i predetti debiti siano stati riconosciuti in bilancio alla data di entrata in vigore del presente periodo (6).

11. Ai fini dell'immediata operatività della "Sezione per assicurare la liquidità per pagamenti dei debiti certi, liquidi ed esigibili degli enti locali", di cui al comma 10, il Ministero dell'economia e delle finanze stipula con la Cassa depositi e prestiti S.p.A., entro 5 giorni dall'entrata in vigore del presente decreto, un apposito addendum alla Convenzione del 23 dicembre 2009 e trasferisce le disponibilità della predetta sezione su apposito conto corrente acceso presso la Tesoreria centrale dello Stato, intestato al Ministero dell'economia e delle finanze, su cui la Cassa depositi e prestiti S.p.A. è autorizzata ad effettuare operazioni di prelevamento e versamento per le finalità di cui alla predetta Sezione. Il suddetto addendum definisce, tra l'altro, criteri e modalità per l'accesso da parte degli enti locali alle risorse della Sezione, secondo un contratto tipo approvato con decreto del direttore generale del Tesoro e pubblicato sui siti internet del Ministero dell'economia e delle finanze e della Cassa depositi e prestiti S.p.A., nonché i criteri e le modalità per lo svolgimento da parte di Cassa depositi e prestiti S.p.A. della gestione della Sezione. L'addendum è pubblicato sui siti internet del Ministero dell'economia e delle finanze e della Cassa depositi e prestiti S.p.A..

12. Per le attività oggetto dell'addendum alla convenzione di cui al comma precedente è autorizzata la spesa complessiva di 500.000 euro per ciascuno degli anni 2013 e 2014.

13. Gli enti locali che non possono far fronte ai pagamenti dei debiti certi liquidi ed esigibili maturati alla data del 31 dicembre 2012, ovvero dei debiti per i quali sia stata emessa fattura o richiesta equivalente di pagamento entro il predetto termine a causa di carenza di liquidità, in deroga agli articoli 42, 203 e 204 del decreto legislativo 18 agosto 2000, n. 267, chiedono alla Cassa depositi e prestiti S.p.A., secondo le modalità stabilite nell'addendum di cui al comma 11, entro il 30 aprile 2013 l'anticipazione di liquidità da destinare ai predetti pagamenti.

L'anticipazione è concessa, entro il 15 maggio 2013 a valere sulla Sezione di cui al comma 11 proporzionalmente e nei limiti delle somme nella stessa annualmente disponibili ed è restituita, con piano di ammortamento a rate costanti, comprensive di quota capitale e quota interessi, con durata fino a un massimo di 30 anni. Le restituzioni sono versate annualmente dalla Cassa depositi e prestiti S.p.A. all'entrata del bilancio dello Stato ai sensi e con le modalità dell'articolo 12, comma 6. Entro il 10 maggio 2013, la Conferenza Stato-città ed autonomie locali può individuare modalità di riparto, diverse dal criterio proporzionale di cui al secondo periodo. La rata annuale sarà corrisposta a partire dalla scadenza annuale successiva alla data di erogazione dell'anticipazione e non potrà cadere oltre il 30 settembre di ciascun anno. Il tasso di interesse da applicare alle suddette anticipazioni è pari, per le erogazioni dell'anno 2013, al rendimento di mercato dei Buoni Poliennali del Tesoro a 5 anni in corso di emissione rilevato dal Ministero dell'economia e delle finanze - Dipartimento del tesoro alla data della pubblicazione del presente decreto e pubblicato sul sito internet del medesimo Ministero. Per l'erogazione dell'anno 2014, il tasso di interesse da applicare alle suddette anticipazioni sarà determinato sulla base del rendimento di mercato dei Buoni Poliennali del Tesoro a 5 anni in corso di emissione con comunicato del Direttore generale del tesoro da emanare e pubblicare sul sito internet del Ministero dell'economia e delle finanze entro il 15 gennaio 2014. In caso di mancata corresponsione della rata di ammortamento entro il 30 settembre di ciascun anno, sulla base dei dati comunicati dalla Cassa depositi e prestiti S.p.A., l'Agenzia delle Entrate provvede a trattenere le relative somme, per i comuni interessati, all'atto del pagamento agli stessi dell'imposta municipale propria di cui all'articolo 13, del decreto-legge 6 dicembre 2011, n. 201, convertito, con modificazioni, dalla legge 22 dicembre 2011, n. 214, riscossa tramite modello F24 o bollettino di conto corrente postale e, per le province, all'atto del riversamento alle medesime dell'imposta sulle assicurazioni contro la responsabilità civile derivante dalla circolazione dei veicoli a motore, esclusi i ciclomotori di cui all'articolo 60, del decreto legislativo 15 dicembre 1997, n. 446, riscossa tramite modello F24.

13-*bis*. Gli enti locali ai quali viene concessa l'anticipazione di liquidità ai sensi del comma 13, e che ricevono risorse dalla regione o dalla provincia autonoma ai sensi dell'articolo 2, all'esito del pagamento di tutti i debiti di cui al medesimo comma 13 e di cui all'articolo 2, comma 6, devono utilizzare le somme residue per l'estinzione dell'anticipazione di liquidità concessa alla prima scadenza di pagamento della rata prevista dal relativo contratto. La mancata estinzione dell'anticipazione entro il termine di cui al precedente periodo è rilevante ai fini della misurazione e della valutazione della performance individuale dei dirigenti responsabili e comporta responsabilità dirigenziale e disciplinare ai sensi degli articoli 21 e 55 del decreto legislativo 30 marzo 2001, n. 165, e successive modificazioni.

14. All'atto di ciascuna erogazione, e in ogni caso entro i successivi trenta giorni, gli enti locali interessati provvedono all'immediata estinzione dei debiti di cui al comma 13. Il responsabile finanziario dell'ente locale, ovvero altra persona formalmente indicata dall'ente medesimo, fornisce alla Cassa depositi e prestiti S.p.A. formale certificazione dell'avvenuto pagamento e dell'effettuazione delle relative registrazioni contabili.

15. Gli enti locali che abbiano deliberato il ricorso alla procedura di riequilibrio finanziario pluriennale di cui all'articolo 243-*bis* del decreto legislativo 18 ago-

sto 2000, n. 267, che richiedono l'anticipazione di liquidità di cui al comma 13, sono tenuti alla corrispondente modifica del piano di riequilibrio, da adottarsi entro il termine del 31 dicembre 2014 (7).

16. Nell'ipotesi di cui al comma 15, le anticipazioni di cassa eventualmente concesse in applicazione dell'articolo 5, del decreto legge 10 ottobre 2012, n. 174, convertito, con modificazioni, dalla legge 7 dicembre 2012, n. 213, che risultassero non dovute, sono recuperate da parte del Ministero dell'interno.

17. Per gli enti locali beneficiari dell'anticipazione di cui al comma 13, il fondo di svalutazione crediti di cui al comma 17, dell'articolo 6, del decreto legge 6 luglio 2012, n. 95, convertito con modificazioni dalla legge 7 agosto 2012, n. 135, relativo ai cinque esercizi finanziari successivi a quello in cui è stata concessa l'anticipazione stessa, e comunque nelle more dell'entrata in vigore dell'armonizzazione dei sistemi contabili e degli schemi di bilancio di cui al decreto legislativo 23 giugno 2011, n. 118, è pari almeno al 30 per cento dei residui attivi, di cui ai titoli primo e terzo dell'entrata, aventi anzianità superiore a 5 anni. Previo parere motivato dell'organo di revisione, possono essere esclusi dalla base di calcolo i residui attivi per i quali i responsabili dei servizi competenti abbiano analiticamente certificato la perdurante sussistenza delle ragioni del credito e l'elevato tasso di riscuotibilità (8).

17-*bis*. Nelle regioni a statuto speciale e nelle province autonome che esercitano le funzioni in materia di finanza locale, gli enti locali effettuano la comunicazione di cui al comma 2 alle regioni e alle province autonome, che ne curano la trasmissione alla Ragioneria generale dello Stato.

17-*ter*. All'articolo 5, comma 1-*ter*, del decreto-legge 13 agosto 2011, n. 138, convertito, con modificazioni, dalla legge 14 settembre 2011, n. 148, le parole: « sono versate » sono sostituite dalle seguenti: « sono comunque ed inderogabilmente versate ».

17-*quater*. All'articolo 6, comma 15-*bis*, del decreto-legge 6 luglio 2012, n. 95, convertito, con modificazioni, dalla legge 7 agosto 2012, n. 135, è aggiunto il seguente periodo: « I contributi di cui al presente comma sono altresì esclusi dalle riduzioni a compensazione disposte in applicazione del comma 14 del presente articolo ».

17-*quinquies*. Agli enti locali che non hanno rispettato nell'anno 2012 i vincoli del patto di stabilità in conseguenza del pagamento dei debiti di cui al comma 1, la sanzione prevista dall'articolo 31, comma 26, lettera *a*), della legge 12 novembre 2011, n. 183, ferme restando le rimanenti sanzioni, si applica limitatamente all'importo non imputabile ai predetti pagamenti.

[17-*sexies*. Al fine di sostenere la grave situazione delle imprese creditrici dei comuni dissestati e di ridare impulso ai relativi sistemi produttivi locali, una quota annua fino all'importo massimo di 100 milioni di euro dell'autorizzazione di spesa di cui al comma 10 della 'Sezione per assicurare la liquidità per pagamenti dei debiti certi, liquidi ed esigibili degli enti locali; non erogata dalla Cassa depositi e prestiti negli anni 2013 e 2014, è destinata a favore dei comuni che hanno deliberato il dissesto finanziario nei ventiquattro mesi precedenti alla data di entrata in vigore del presente decreto e che hanno aderito alla procedura semplificata prevista dall'articolo 258 del testo unico di cui al decreto legislativo 18 agosto 2000, n. 267, previa apposita istanza dell'ente interessato. Tali somme sono messe a disposizione dell'organo straordinario di liquidazione, che provvede al pagamento dei debiti commerciali al 31 dicembre 2012, ad eccezione dei debiti fuori bilancio non riconosciuti ai sensi dell'articolo 194 del testo unico di cui al decreto legislativo 18 agosto 2000, n. 267, entro la medesima data, con le modalità di cui al citato articolo 258, nei limiti dell'anticipazione erogata, entro centoventi giorni dalla disponibilità delle risorse. Con decreto del Ministro dell'interno, di concerto con il Ministro dell'economia e delle finanze, sono stabiliti i criteri e le modalità per il riparto e l'attribuzione della somma stanziata tra gli enti beneficiari e la relativa restituzione, ai sensi del comma 13. Dall'attuazione del presente comma non devono derivare nuovi o maggiori oneri per la finanza pubblica] (9).

(1) *Per il riparto degli spazi finanziari di cui al presente comma v. il d.m. 14 maggio 2013.*

(2) *Per il decreto di cui al presente comma v. il d.m. 14 maggio 2013. Per l'attuazione del presente comma v. il d.m. 12 luglio 2013.*

(3) *A norma dell'art. 12-*bis*, comma 2, d.l. 14 agosto 2013, n. 93, conv., con modif., in l. 15 ottobre 2013, n. 119, il termine del 30 settembre 2013 di cui al presente comma, è differito al 31 dicembre 2013.*

(4) *Comma sostituito dall'art. 13, comma 1, d.l. 31 agosto 2013, n. 102, conv., con modif., in l. 28 ottobre 2013, n. 124, e, da ultimo, modificato dall'art. 2, comma 7, lett.* a), *d.l. 15 ottobre 2013 n. 120, conv., con modif., in l. 13 dicembre 2013, n. 137.*

(5) *Per la riduzione di spesa di cui al presente comma vedi l'art. 11, comma 8, d.l. 8 agosto 2013, n. 91, conv., con modif., in l. 7 ottobre 2013, n. 112. Da ultimo, per l'incremento delle risorse di cui al presente comma v. l'art. 8, comma 1, d.l. 19 giugno 2015, n. 78, conv., con modif., in l. 6 agosto 2015, n. 125.*

(6) *Comma inserito dall'art. 2, comma 7, lett.* b), *d.l. 15 ottobre 2013 n. 120, conv., con modif., in l. 13 dicembre 2013, n. 137, e successivamente modificato dall'art. 16, comma 4-*quater*, d.l. 6 marzo 2014, n. 16, conv., con modif., in l. 2 maggio 2014, n. 68, e dall'art. 4, comma 9-*ter*, d.l. 12 settembre 2014, n. 133, conv., con modif., in l. 11 novembre 2014, n. 164.*

(7) *Comma modificato in sede di conversione e successivamente dall'art. 7, comma 6, d.l. 19 giugno 2015, n. 78, conv., con modif., in l. 6 agosto 2015, n. 125.*

(8) *Comma modificato dall'art. 11-*bis*, comma 2, d.l. 28 giugno 2013, n. 76, conv., con modif., in l. 9 agosto 2013, n. 99.*

(9) *Comma aggiunto dall'art. 12-*bis*, comma 1, d.l. 21 giugno 2013, n. 69, conv., con modif., in l. 9 agosto 2013, n. 98, e successivamente abrogato dall'art. 33, comma 7, d.l. 24 aprile 2014, n. 66, conv., con modif., in l. 23 giugno 2014, n. 89.*

1-*bis* (*Omissis*).

2 Pagamenti dei debiti delle regioni e delle province autonome.

1. Le regioni e le province autonome che non possono far fronte ai pagamenti dei debiti certi liquidi ed esigibili alla data del 31 dicembre 2012, ovvero dei debiti per i quali sia stata emessa fattura o richiesta equivalente di pagamento entro il predetto termine, diversi da quelli finanziari e sanitari di cui all'articolo 3, ivi inclusi i pagamenti in favore degli enti locali, maturati alla data del 31 dicembre 2012, a causa di carenza di liquidità, in deroga all'articolo 10, secondo comma, della legge 16 maggio 1970, n. 281, e all'articolo 32, comma 24, lettera *b*), della legge 12 novembre 2011, n. 183, con certificazione congiunta del Presidente e del responsabile finanziario, chiedono al Ministero dell'e-

conomia e delle finanze, entro il 30 aprile 2013 l'anticipazione di somme da destinare ai predetti pagamenti, a valere sulle risorse della "Sezione per assicurare la liquidità alle regioni e alle province autonome per pagamenti dei debiti certi, liquidi ed esigibili diversi da quelli finanziari e sanitari" di cui all'articolo 1, comma 10 (1).

2. Le somme di cui al comma 1 da concedere, proporzionalmente, a ciascuna regione sono stabilite con decreto del Ministero dell'economia e delle finanze, da emanare entro il 15 maggio 2013 [e il 15 febbraio 2014]. Entro il 10 maggio 2013, la Conferenza permanente per i rapporti tra lo Stato, le Regioni e le Province autonome di Trento e Bolzano può individuare modalità di riparto, diverse dal criterio proporzionale di cui al periodo precedente (2).

3. All'erogazione delle somme, nei limiti delle assegnazioni di cui al presente articolo, si provvede, a seguito:

a) della predisposizione, da parte regionale, di misure, anche legislative, idonee e congrue di copertura annuale del rimborso dell'anticipazione di liquidità, maggiorata degli interessi;

b) della presentazione di un piano di pagamento dei debiti certi, liquidi ed esigibili, alla data del 31 dicembre 2012, ovvero dei debiti per i quali sia stata emessa fattura o richiesta equivalente di pagamento entro il predetto termine, ivi inclusi i pagamenti in favore degli enti locali, comprensivi di interessi nella misura prevista dai contratti, dagli accordi di fornitura, ovvero dagli accordi transattivi, intervenuti fra le parti, ovvero, in mancanza dei predetti accordi, dalla legislazione vigente;

c) della sottoscrizione di apposito contratto tra il Ministero dell'economia e delle finanze - Dipartimento del Tesoro e la regione interessata, nel quale sono definite le modalità di erogazione e di restituzione delle somme, comprensive di interessi e in un periodo non superiore a 30 anni, prevedendo altresì, qualora la regione non adempia nei termini ivi stabiliti al versamento delle rate di ammortamento dovute, sia le modalità di recupero delle medesime somme da parte del Ministero dell'economia e delle finanze, sia l'applicazione di interessi moratori. Il tasso di interesse a carico della Regione è pari al rendimento di mercato del Buoni Poliennali del Tesoro a 5 anni in corso di emissione.

4. Alla verifica degli adempimenti di cui alle lettere *a*), *b*) e *c*) del comma 3, provvede un apposito tavolo istituito presso il Ministero dell'economia e delle finanze - Dipartimento della Ragioneria generale dello Stato, coordinato dal Ragioniere generale dello Stato o da un suo delegato, e composto :

a) dal Capo Dipartimento degli affari regionali della Presidenza del Consiglio dei Ministri o suo delegato;

b) dal Direttore generale del Tesoro del Ministero dell'economia e delle finanze o suo delegato;

c) dal Segretario della Conferenza permanente per i rapporti tra lo Stato, le Regioni e le Province Autonome di Trento e Bolzano o suo delegato;

d) dal Segretario della Conferenza dei Presidenti delle Regioni e delle Province autonome o suo delegato.

5. All'atto dell'erogazione, le regioni interessate provvedono all'immediata estinzione dei debiti elencati nel piano di pagamento; dell'avvenuto pagamento e dell'effettuazione delle relative registrazioni contabili la regione fornisce formale certificazione al Tavolo di cui al comma precedente, rilasciata dal responsabile finanziario della Regione ovvero da altra persona formalmente indicata dalla Regione ai sensi dell'articolo 3, comma 6.

6. Il pagamento dei debiti oggetto del presente articolo deve riguardare, per almeno due terzi, residui passivi in via prioritaria di parte capitale, anche perenti, nei confronti degli enti locali, purché nel limite di corrispondenti residui attivi degli enti locali stessi ovvero, ove inferiori, nella loro totalità. Tali risorse devono, ove nulla osti, essere utilizzate dagli enti locali prioritariamente per il pagamento di debiti certi, liquidi ed esigibili maturati al 31 dicembre 2012 ovvero dei debiti per i quali sia stata emessa fattura o richiesta equivalente di pagamento entro il predetto termine. All'atto dell'estinzione da parte della Regione dei debiti elencati nel piano di pagamento nei confronti degli enti locali o di altre pubbliche amministrazioni, ciascun ente locale o amministrazione pubblica interessata provvede all'immediata estinzione dei propri debiti. Il responsabile finanziario dell'ente locale o della pubblica amministrazione interessata fornisce formale certificazione alla Ragioneria generale dello Stato dell'avvenuto pagamento dei rispettivi debiti e dell'effettuazione delle relative registrazioni contabili, entro il 30 novembre 2013, in relazione ai debiti già estinti dalla Regione alla data del 30 settembre 2013, ovvero entro trenta giorni dall'estinzione dei debiti da parte della Regione nei restanti casi. La Ragioneria generale dello Stato comunica tempestivamente alle singole Regioni i dati ricevuti e rende noti i risultati delle certificazioni di cui al periodo precedente al tavolo di cui al comma 4, al quale prendono parte, per le finalità di cui al presente comma, anche i rappresentanti dell'Associazione nazionale dei comuni italiani e dell'Unione delle province d'Italia. Ogni Regione provvede a concertare con le ANCI e le UPI regionali il riparto di tali pagamenti. Limitatamente alla Regione siciliana, il principio di cui al presente comma si estende anche alle somme assegnate agli enti locali dalla regione e accreditate sui conti correnti di tesoreria regionale (3).

6-*bis*. Con decreto del Ministero dell'economia e delle finanze, da emanarsi, sentita la Conferenza unificata, di cui all'articolo 8 del decreto legislativo 28 agosto 1997, n. 281, sono stabilite le modalità e la tempistica di certificazione e di raccolta, per il tramite delle Regioni, dei dati relativi ai pagamenti effettuati dalle pubbliche amministrazioni con le risorse trasferite dalle Regioni a seguito dell'estinzione dei debiti elencati nel piano di pagamento nei confronti delle stesse pubbliche amministrazioni (4).

7. L'ultimo periodo della lettera *n-bis*), del comma 4, dell'articolo 32, della legge 12 novembre 2011, n. 183 è sostituito dal seguente: "L'esclusione opera nei limiti complessivi di 1.000 milioni di euro per l'anno 2012, di 1.800 milioni di euro per l'anno 2013 e di 1.000 milioni di euro per l'anno 2014.".

8. Al riparto delle risorse di cui al comma precedente si provvede con gli stessi criteri e modalità dettati dall'articolo 3, comma 2, del decreto-legge 6 dicembre 2011, n. 201, convertito, con modificazioni, dalla legge 22 dicembre 2011, n. 214.

9. Per gli anni 2013 e 2014 il Ministero dello sviluppo economico - Dipartimento per lo sviluppo e la coesione economica - sulla base dei dati acquisiti dal Ministero dell'economia e delle finanze - Dipartimento della Ragioneria generale dello Stato - ai sensi del comma 460, dell'articolo 1, della legge 24 dicembre 2012, n. 228, effettua entro il 15 settembre il monitoraggio sull'utilizzo, alla data del 31 luglio, del plafond di spesa assegnato a ciascuna regione e provincia autonoma, rispettivamente, in base al decreto ministeriale del 15 marzo 2012 ed in base alle disposizioni di cui al comma 8 del presente articolo. All'esito del predetto monitoraggio, il Dipartimento per lo sviluppo e la coesione economica, qualora sulla base delle effettive esigenze di cassa delle regioni e province autonome riferite al primo semestre, riscontri per alcune di esse un'insufficienza e per altre un'eccedenza del plafond di spesa assegnato, dispone con decreto direttoriale, per l'anno di riferimento, la rimodulazione del quadro di riparto del limite complessivo al fine di assegnare un maggiore o minore spazio finanziario alle regioni e province autonome commisurato alla effettiva capacità di spesa registrata nel semestre di riferimento. Il decreto direttoriale di cui al periodo precedente è tempestivamente comunicato al Ministero dell'economia e delle finanze - Dipartimento della Ragioneria generale dello Stato (5).

(1) *Per il riparto delle somme di cui al presente comma v. il d.m. 14 maggio 2013.*

(2) *Per il decreto per il riparto delle somme di cui al comma 1, v. il d.m. 14 maggio 2013.*

(3) *Comma modificato dall'art. 2, comma 7, lett.* c), *d.l. 15 ottobre 2013 n. 120, conv., con modif., in l. 13 dicembre 2013, n. 137. A norma dell'art. 28, comma 1, lett.* a), *d.l. 24 aprile 2014, n. 66, conv., con modif., in l. 23 giugno 2014, n. 89, a decorrere dalla data di entrata in vigore del decreto di cui al comma 6-*bis *del presente articolo, il quarto e il quinto periodo del presente comma sono soppressi. A norma del comma 2 del medesimo articolo 28, il citato decreto è adottato entro 60 giorni dalla data di entrata in vigore del d.l. n. 66/2014.*

(4) *Comma inserito dall'arti.28, comma 1, lett.* b), *d.l. n. 66, cit.*

(5) *V. il d.m. 15 luglio 2014. Per il riparto dell'incremento delle risorse della « Sezione per assicurare la liquidità alle regioni e alle province autonome per pagamenti dei debiti certi, liquidi ed esigibili diversi da quelli finanziari e sanitari » di cui al presente articolo v. il d.m. 7 agosto 2014.*

3 Pagamenti dei debiti degli enti del servizio sanitario nazionale-SSN.

1. Lo Stato è autorizzato ad effettuare anticipazioni di liquidità alle Regioni ed alle Province autonome di Trento e di Bolzano a valere sulle risorse della "Sezione per assicurare la liquidità per pagamenti dei debiti certi, liquidi ed esigibili degli enti del Servizio Sanitario Nazionale" di cui all'articolo 1, comma 10, al fine di favorire l'accelerazione dei pagamenti dei debiti degli enti del Servizio sanitario nazionale ed in relazione:

a) agli ammortamenti non sterilizzati antecedenti all'applicazione del decreto legislativo 23 giugno 2011, n. 118;

b) alle mancate erogazioni per competenza e/o per cassa delle somme dovute dalle regioni ai rispettivi servizi sanitari regionali a titolo di finanziamento del Servizio sanitario nazionale, ivi compresi i trasferimenti di somme dai conti di tesoreria e dal bilancio statale e le coperture regionali dei disavanzi sanitari, come risultanti nelle voci "crediti verso regione per spesa corrente" e "crediti verso regione per ripiano perdite" nelle voci di credito degli enti del SSN verso le rispettive regioni dei modelli SP.

2. In via d'urgenza, per l'anno 2013, il Ministero dell'economia e delle finanze provvede con decreto direttoriale, entro il 15 maggio 2013, al riparto fra le regioni dell'anticipazione di liquidità fino a concorrenza massima dell'importo di 5.000 milioni di euro, in proporzione ai valori di cui al comma 1, lettera *a*), come risultanti dai modelli CE per il periodo dal 2001 al 2011, ponderati al 50%, e ai valori di cui al comma 1, lettera *b*) iscritti nei modelli SP del 2011, ponderati al 50%, come presenti nell'NSIS alla data di entrata in vigore del presente decreto. Ai fini dell'erogazione delle risorse di cui al presente comma si applicano le disposizioni di cui al comma 5. Il decreto di cui al presente comma è trasmesso alle Regioni e alle Province autonome di Trento e di Bolzano per il tramite della Conferenza dei Presidenti delle Regioni e delle Province autonome ed è pubblicato sul sito del Ministero dell'economia e delle finanze.

3. Con decreto direttoriale del Ministero dell'economia e delle finanze da emanarsi entro il 30 novembre 2013, è stabilito il riparto definitivo, comprensivo anche degli importi previsti per l'anno 2014, fra le regioni dell'anticipazione di liquidità fino a concorrenza massima dell'importo di 14.000 milioni di euro, in proporzione ai valori derivanti dalle ricognizioni delle somme di cui al comma 1, lettere *a*) e *b*). Il riparto di cui al presente comma è effettuato sulla base della verifica compiuta dal Tavolo di verifica degli adempimenti di cui all'articolo 12 dell'Intesa fra lo Stato, le Regioni e le Province autonome di Trento e di Bolzano del 23 marzo 2005 con riferimento alle ricognizioni delle somme di cui al comma 1, lettera *a*), per il periodo 2001-2011 e con riferimento alle ricognizioni delle somme di cui al comma 1, lettera *b*), come risultanti nei modelli SP relativi al consuntivo 2011. Ai fini dell'erogazione per l'anno 2014 delle risorse di cui al presente comma, al netto di quelle già erogate per l'anno 2013 ai sensi del comma 2, si applicano le disposizioni di cui al comma 5. Il decreto di cui al presente comma è trasmesso alle Regioni e alle Province autonome di Trento e di Bolzano per il tramite della Conferenza dei Presidenti delle Regioni e delle Province autonome ed è pubblicato sul sito del Ministero dell'economia e delle finanze.

4. Le regioni e le province autonome che, a causa di carenza di liquidità, non possono far fronte ai pagamenti di cui al comma 1 del presente articolo, in deroga all'articolo 10, secondo comma, della legge 16 maggio 1970, n. 281, e all'articolo 32, comma 24, lettera *b*), della legge 12 novembre 2011, n. 183, trasmettono, con certificazione congiunta del Presidente e del responsabile finanziario, al Ministero dell'economia e delle finanze - Dipartimenti del Tesoro e della Ragioneria Generale

dello Stato, entro il 31 maggio 2013 l'istanza di accesso all'anticipazione di liquidità di cui al comma 2, ed entro il 15 dicembre 2013 l'istanza di accesso all'anticipazione di liquidità di cui al comma 3, per l'avvio delle necessarie procedure amministrative ai fini di cui al comma 5. Il Ministero dell'economia e delle finanze, con decreto direttoriale, può attribuire alle regioni che ne abbiano fatto richiesta, con l'istanza di cui al primo periodo, entro il 15 dicembre 2013, importi superiori a quelli di cui al comma 3, nei limiti delle somme già attribuite ad altre regioni ai sensi del medesimo comma 3, ma non richieste.

5. All'erogazione delle somme, nei limiti delle assegnazioni di cui al presente articolo, da accreditare sui conti intestati alla sanità di cui all'articolo 21 del decreto legislativo 23 giugno 2011, n. 118, si provvede, anche in tranche successive, a seguito:

a) della predisposizione, da parte regionale, di misure, anche legislative, idonee e congrue di copertura annuale del rimborso dell'anticipazione di liquidità prioritariamente volte alla riduzione della spesa corrente, verificate dal Tavolo di verifica degli adempimenti di cui all'articolo 12 della citata Intesa ;

b) della presentazione di un piano di pagamento dei debiti certi, liquidi ed esigibili, cumulati alla data del 31 dicembre 2012 e comprensivi di interessi nella misura prevista dai contratti, dagli accordi di fornitura, ovvero dagli accordi transattivi, intervenuti fra le parti, ovvero, in mancanza dei predetti accordi, dalla legislazione vigente, e dettagliatamente elencati, rispetto ai quali il Tavolo di verifica degli adempimenti regionali di cui all'articolo 12 della citata Intesa verifica la coerenza con le somme assegnate alla singola regione in sede di riparto delle risorse di cui rispettivamente ai commi 2 e 3. Nei limiti delle risorse assegnate ai sensi dei commi 2 e 3 e in via residuale rispetto ai debiti di cui al primo periodo della presente lettera, il piano dei pagamenti può comprendere debiti certi, sorti entro il 31 dicembre 2012, intendendosi sorti i debiti per i quali sia stata emessa fattura o richiesta equivalente di pagamento entro il predetto termine ;

c) della sottoscrizione di apposito contratto tra il Ministero dell'economia e delle finanze-Dipartimento del Tesoro e la regione interessata, nel quale sono definite le modalità di erogazione e di restituzione delle somme, comprensive di interessi e in un periodo non superiore a 30 anni, prevedendo altresì, qualora la regione non adempia nei termini ivi stabiliti al versamento delle rate di ammortamento dovute, sia le modalità di recupero delle medesime somme da parte del Ministero dell'economia e delle finanze, sia l'applicazione di interessi moratori. Il tasso di interesse a carico della Regione è pari al rendimento di mercato del Buoni Poliennali del Tesoro a 5 anni in corso di emissione.

6. All'atto dell'erogazione le regioni interessate provvedono all'immediata estinzione dei debiti elencati nel piano di pagamento: dell'avvenuto pagamento e dell'effettuazione delle relative registrazioni contabili la regione fornisce formale certificazione al Tavolo di verifica degli adempimenti di cui all'articolo 12 della citata Intesa, rilasciata dal responsabile della gestione sanitaria accentrata, ovvero da altra persona formalmente indicata dalla Regione all'atto della presentazione dell'istanza di cui al comma 4.

Quanto previsto dal presente comma costituisce adempimento regionale ai fini e per gli effetti dell'articolo 2, comma 68, lettera *c*), della legge 23 dicembre 2009, n. 191, prorogato a decorrere dal 2013 dall'articolo 15, comma 24, del decreto-legge 6 luglio 2012, n. 95, convertito, con modificazioni, dalla legge 7 agosto 2012, n. 135.

7. A decorrere dall'anno 2013 costituisce adempimento regionale — ai fini e per gli effetti dell'articolo 2, comma 68, lettera *c*), della legge 23 dicembre 2009, n. 191, prorogato a decorrere dal 2013 dall'articolo 15, comma 24, del decreto-legge 6 luglio 2012, n. 95, convertito, con modificazioni, dalla legge 7 agosto 2012, n. 135 – verificato dal Tavolo di verifica degli adempimenti di cui all'articolo 12 dell'Intesa fra lo Stato, le Regioni e le Province autonome di Trento e di Bolzano del 23 marzo 2005, l'erogazione, da parte della regione al proprio Servizio sanitario regionale, entro la fine dell'anno, di almeno il 90% delle somme che la regione incassa nel medesimo anno dallo Stato a titolo di finanziamento del Servizio sanitario nazionale, e delle somme che la stessa regione, a valere su risorse proprie dell'anno, destina al finanziamento del proprio servizio sanitario regionale. A decorrere dall'anno 2015 la predetta percentuale è rideterminata al valore del 95 per cento e la restante quota deve essere erogata al servizio sanitario regionale entro il 31 marzo dell'anno successivo (1).

8. Le disposizioni di cui al presente articolo si applicano anche alle Regioni a statuto speciale e alle Province autonome di Trento e di Bolzano che non partecipano al finanziamento del Servizio sanitario nazionale con oneri a carico del bilancio statale. Dette regioni e province autonome, per le finalità di cui al comma 3, e comunque in caso di avvenuto accesso alle anticipazioni di cui al comma 2, trasmettono al Tavolo di verifica degli adempimenti di cui all'articolo 12 dell'Intesa fra lo Stato, le Regioni e le Province autonome di Trento e di Bolzano del 23 marzo 2005, entro il termine del 30 giugno 2013, la documentazione necessaria per la verifica dei dati contenuti nei conti economici e negli stati patrimoniali.

Qualora dette regioni e province autonome non provvedano alla trasmissione della certificazione di cui al comma 6, o vi provvedano in modo incompleto, il Ministero dell'economia e delle finanze, previa deliberazione del Consiglio dei Ministri, è autorizzato a recuperare le somme erogate a titolo di anticipazione di liquidità ai sensi del presente articolo, fino a concorrenza degli importi non certificati, a valere sulle somme alle medesime spettanti a qualsiasi titolo.

9. Nell'ambito del procedimento di cui all'articolo 1, comma 174, della legge 30 dicembre 2004, n. 311, le regioni possono far valere le somme attinte sull'anticipazione di liquidità di cui al presente articolo, con riferimento alle risorse in termini di competenza di cui al comma 1, lettera *b*), come valutate dal citato Tavolo di verifica degli adempimenti. A tal fine, per l'anno 2013, il termine del 31 maggio di cui al citato articolo 1, comma 174, della legge 30 dicembre 2004, n. 311 è

differito al 15 luglio e conseguentemente il termine del 30 aprile è differito al 15 maggio (2).

(1) *Per una deroga al presente comma, in tema di disposizioni in materia di anticipo del finanziamento sanitario corrente e di pagamento dei debiti degli enti sanitari, v. art. 117, comma 3, d.l. 19 maggio 2020, n. 34, conv., con modif., in l. 17 luglio 2020, n. 77.*

(2) *Comma modificato dall'art. 1, comma 2, d.l. 24 giugno 2013, n. 72, non convertito in legge nel termine di 60 giorni, e dall'art. 3-*bis*, comma 2, d.l. 21 giugno 2013, n. 69, conv., con modif., in l. 9 agosto 2013, n. 98.*

3-*bis*-3-*ter* (*Omissis*).

4 (1).

(1) *Articolo abrogato dall'art. 1, comma 606, l. 23 dicembre 2014, n. 190, a decorrere dal 1° gennaio 2015).*

5 Pagamento dei debiti delle Amministrazioni dello Stato.

1. Ai fini dell'estinzione dei debiti dei Ministeri per obbligazioni giuridicamente perfezionate relative a somministrazioni, forniture, appalti e prestazioni professionali, maturati alla data del 31 dicembre 2012, a fronte dei quali non sussistono residui passivi anche perenti, ciascun Ministero predispone un apposito elenco dei debiti scaduti in ordine cronologico con l'indicazione dei relativi importi. Gli elenchi sono trasmessi entro il 30 aprile 2013 al Ministero dell'economia e delle finanze - Dipartimento Ragioneria generale dello Stato per il tramite del competente Ufficio Centrale di Bilancio. In apposito allegato, anche da pubblicare sul sito internet istituzionale di ciascun Ministero, i predetti debiti sono aggregati per il pertinente capitolo/articolo di spesa con separata evidenza di quelli relativi a fitti passivi.

2. Per garantire il concorso al pagamento dei debiti di cui al comma 1, con priorità per il pagamento delle spese diverse dai fitti passivi, il fondo di cui all'articolo 1, comma 50, della legge 23 dicembre 2005, n. 266, è incrementato di 500 milioni di euro per l'anno 2013. In caso di insufficienza delle risorse stanziate rispetto ai debiti accertati dai Ministeri interessati, il predetto fondo è ripartito entro il 15 maggio 2013 con decreto del Ministero dell'economia e delle finanze proporzionalmente sulla base delle richieste pervenute entro il termine perentorio previsto al comma 1, complete degli elenchi di cui al medesimo comma. Le predette somme sono destinate esclusivamente al pagamento dei debiti inclusi nei suddetti elenchi.

3. Ai fini del monitoraggio, le Amministrazioni trasmettono ai competenti Uffici Centrali di Bilancio, con cadenza trimestrale, un prospetto dei pagamenti dei debiti di cui al comma 1, evidenziando altresì quelli che non hanno potuto essere estinti. L'Ufficio centrale di bilancio trasmette alla Corte dei Conti, per gli effetti di cui all'articolo 23, comma 5, della legge 27 dicembre 2002, n. 289, una relazione finale relativamente alle somme effettivamente impegnate e pagate con riferimento agli importi indicati negli elenchi di cui al comma 1.

4. Per la eventuale quota dei debiti non soddisfatta con il Fondo di cui al comma 2 e al fine di prevenire il formarsi di nuove situazioni debitorie, i Ministeri interessati, entro il 15 giugno 2013, definiscono con apposito decreto del Ministro competente di concerto con il Ministro dell'economia e delle finanze, da comunicare alle competenti Commissioni Parlamentari e alla Corte dei conti, un piano di rientro volto al conseguimento di risparmi attraverso misure di razionalizzazione e riorganizzazione della spesa. Ai fini del suddetto piano di rientro possono essere utilizzate le dotazioni finanziarie delle spese rimodulabili di cui all'articolo 21, comma 5, lettera *b*), della legge 31 dicembre 2009, n. 196.

5. I Nuclei di analisi e valutazione della spesa di cui all'articolo 39 della legge 31 dicembre 2009, n. 196 e successive modificazioni, monitorano l'attuazione dei piani di rientro di cui al comma 4.

6. In caso di mancata adozione del piano di rientro entro i termini previsti, il Ministro competente entro il 15 luglio 2013 invia apposita relazione sulle cause dell'inadempienza alle competenti Commissioni Parlamentari e alla Corte dei conti.

7. Con provvedimento del Direttore dell'Agenzia delle entrate e del territorio sono stabiliti i termini e le modalità attuative per la riprogrammazione delle restituzioni e dei rimborsi delle imposte al fine di determinare un incremento delle corrispondenti erogazioni per un importo complessivo non superiore a 2.500 milioni di euro per l'anno 2013 e 4.000 milioni per l'anno 2014.

5-*bis* Cessione della garanzia dello Stato a favore di istituzioni finanziarie.

1. Senza aggravio dei potenziali oneri per l'erario, per consentire l'integrale pagamento dei debiti della pubblica amministrazione maturati alla data del 31 dicembre 2012, nonché per motivate esigenze economico-finanziarie, il Ministero dell'economia e delle finanze può autorizzare la cessione di garanzia dello Stato a favore di istituzioni finanziarie nazionali, dell'Unione europea e internazionali.

6-13 (*Omissis*).

CAPO III
INVESTIMENTI PUBBLICI

51. Decreto legge 24 gennaio 2012, n. 1, convertito, con modificazioni, in legge 24 marzo 2012, n. 27. — Disposizioni urgenti per la concorrenza, lo sviluppo delle infrastrutture e la competitività. (*estratto*).

Pubblicato nella Gazzetta Uffiale n. 19 del 24 gennaio 2012, S.O. n. 19; la legge di conversione è stata pubblicata nella Gazzetta Ufficiale n. 71 del 24 marzo 2012.

55-*bis* Accelerazione degli interventi strategici per il riequilibrio economico e sociale (1).

1. Ai fini della realizzazione di interventi riguardanti le aree sottoutilizzate del Paese, con particolare riferimento a quelli di rilevanza strategica per la coesione territoriale finanziati con risorse nazionali, dell'Unione europea e dal Fondo per lo sviluppo e la coesione di cui all'articolo 4 del decreto legislativo 31 maggio 2011, n. 88, anche mediante finanza di progetto, le amministrazioni centrali competenti possono avvalersi per le occorrenti attività economiche, finanziarie e tecniche, comprese quelle di cui all'articolo 90 del codice di cui al decreto legislativo 12 aprile 2006, n. 163, delle convenzioni con l'Agenzia nazionale per l'attrazione degli investimenti e lo sviluppo d'impresa Spa di cui al decreto legislativo 9 gennaio 1999, n. 1, e successive modificazioni. (2)

2. (*omissis*)

2-*bis*. Al fine di accelerare l'attuazione degli interventi di rilevanza strategica per la coesione territoriale e la crescita economica, con particolare riferimento a quelli riguardanti le aree sottoutilizzate del Paese finanziati con risorse nazionali, dell'Unione europea e del Fondo per lo sviluppo e la coesione di cui all'articolo 4 del decreto legislativo 31 maggio 2011, n. 88, nonché per razionalizzare e rendere più efficienti le relative procedure di spesa, per i progetti finanziati con fondi europei le amministrazioni interessate possono avvalersi, sulla base di apposite convenzioni per la disciplina dei relativi rapporti, dell'Agenzia nazionale per l'attrazione degli investimenti e lo sviluppo d'impresa Spa, in qualità di centrale di committenza ai sensi degli articoli 3, comma 34, 19, comma 2, e 33, comma 3, del codice di cui al decreto legislativo 12 aprile 2006, n. 163, nell'ambito delle sue competenze istituzionali e ferme restando le disposizioni vigenti in materia di procedure di acquisto di beni e servizi (3).

(1) *Articolo inserito in sede di conversione.*

(2) *L'art. 1 d.lgs. 9 gennaio 1999, n. 1 così dispone: « 1. Per lo svolgimento delle attività considerate nel presente decreto, entro il 31 gennaio 1999 è istituita una società per azioni con sede in Roma, denominata Sviluppo Italia. 2. La società di cui al comma 1 ha per scopo, attraverso l'erogazione di servizi e l'acquisizione di partecipazioni, di promuovere attività produttive, attrarre investimenti, promuovere iniziative occupazionali e nuova imprenditorialità, sviluppare la domanda di innovazione, sviluppare sistemi locali d'impresa, anche nei settori agricolo, turistico e del commercio, purché le predette attività siano sempre correlate a iniziative d'impresa concorrenziali; dare supporto alle amministrazioni pubbliche centrali e locali per la programmazione finanziaria, la progettualità dello sviluppo, la consulenza in materia di gestione degli incentivi nazionali e comunitari, in base alle disposizioni del presente decreto e con particolare riferimento per il Mezzogiorno e le altre aree depresse, come definite ai sensi della normativa comunitaria. La società di cui al comma 1 può avvalersi delle società operative eventualmente costituite ai sensi del comma 4. L'attuale denominazione della società è INVITALIA - Agenzia nazionale per l'attrazione degli investimenti e lo sviluppo d'impresa Spa ».*

V. art. 38, comma 1, d.lgs. 18 aprile 2016, n. 50, sub III, 44.

(3) *Comma aggiunto dall'art. 29-*bis*, comma 1, d.l. 22 giugno 2012, n. 83, conv., con modif., in l. 7 agosto 2012, n. 134.*

52. Decreto legge 31 agosto 2013, n. 101, convertito, con modificazioni, in legge 30 ottobre 2013, n. 125. — Disposizioni urgenti per il perseguimento di obiettivi di razionalizzazione nelle pubbliche amministrazioni. (*estratto*).

Pubblicato nella Gazzetta Uffiale del 31 agosto 2013, n. 204; la legge di conversione è stata pubblicata nella Gazzetta Ufficiale n. 255 del 30 ottobre 2013.

10 Misure urgenti per il potenziamento delle politiche di coesione.

1. Nel quadro delle attribuzioni del Presidente del Consiglio dei ministri o del Ministro delegato per la politica di coesione di cui all'articolo 7, comma 26, del decreto-legge 31 maggio 2010, n. 78, convertito, con modificazioni, dalla legge 30 luglio 2010, n. 122, e al decreto legislativo 31 maggio 2011, n. 88, al fine di assicurare il perseguimento delle finalità di cui all'119, quinto comma, della Costituzione e rafforzare l'azione di programmazione, coordinamento, sorveglianza e sostegno della politica di coesione, è istituita l'Agenzia per la coesione territoriale, di seguito denominata "Agenzia", sottoposta alla vigilanza del Presidente del Consiglio dei ministri o del Ministro delegato. Le funzioni relative alla politica di coesione sono ripartite tra la Presidenza del Consiglio dei ministri e l'Agenzia secondo le disposizioni di cui ai seguenti commi.

2. Ferme restando le competenze delle amministrazioni titolari di programmi, la Presidenza del Consiglio dei ministri, anche avvalendosi dell'Agenzia:

a) adotta gli atti di indirizzo e di programmazione relativi all'impiego dei fondi a finalità strutturale dell'Unione europea, nonché all'impiego del Fondo per lo sviluppo e la coesione, in modo da garantire complementarietà con le risorse europee per lo sviluppo regionale;

b) promuove e coordina i programmi e gli interventi finanziati dai fondi strutturali, i programmi finanziati dal Fondo per lo sviluppo e la coesione, nonché le attività di valutazione delle politiche di coesione;

c) promuove le politiche e gli interventi per assicurare l'addizionalità, rispetto agli stanziamenti ordinari del bilancio dello Stato, delle risorse provenienti dai fondi a finalità strutturale dell'Unione europea e dal Fondo per lo sviluppo e la coesione, nonché dei relativi programmi di investimento;

d) promuove l'attuazione e il monitoraggio dell'articolo 7-*bis* del decreto-legge 29 dicembre 2016, n. 243, convertito, con modificazioni, dalla legge 27 febbraio 2017, n. 18;

e) cura la valutazione dei risultati delle politiche di coesione a fini di correzione e riorientamento delle politiche, raccogliendo ed elaborando, in collaborazione con le amministrazioni statali e regionali competenti, informazioni e dati sull'attuazione dei programmi operativi dei fondi a finalità strutturale dell'Unione europea, nonché sull'attuazione del Fondo per lo sviluppo e la coesione;

f) promuove il ricorso alle modalità di attuazione di cui all'articolo 6 del decreto legislativo 31 maggio 2011, n. 88, e alle misure previste dagli articoli 9 e 9-*bis* del decreto-legge 21 giugno 2013, n. 69, convertito, con modificazioni, dalla legge 9 agosto 2013, n. 98, e adotta, anche in base alle proposte dell'Agenzia, le misure di accelerazione degli interventi necessarie ai sensi dell'articolo 3, comma 3, del decreto legislativo n. 88 del 2011;

g) supporta il Presidente o il Ministro delegato nei rapporti con le istituzioni dell'Unione europea relativi alla fase di definizione delle politiche di sviluppo regionale e di verifica della loro realizzazione;

h) raccoglie ed elabora informazioni, dati e analisi in materia di sviluppo regionale;

i) cura l'istruttoria relativa all'esercizio dei poteri di cui all'articolo 6, comma 6, del decreto legislativo n. 88 del 2011, al fine di assicurare l'efficace utilizzo delle risorse per la politica di coesione, e si avvale dell'Agenzia nazionale per l'attrazione degli investimenti e lo sviluppo d'impresa - Invitalia Spa per dare esecuzione alle determinazioni assunte ai sensi del medesimo articolo 6 e per l'attuazione della politica di coesione anche attraverso il ricorso alle misure di accelerazione degli interventi strategici di cui all'articolo 55-*bis* del decreto-legge 24 gennaio 2012, n. 1, convertito, con modificazioni, dalla legge 24 marzo 2012, n. 27 (1).

3. L'Agenzia, tenuto conto delle direttive, delle priorità e degli obiettivi, anche in tema di organizzazione interna e gestionale, così come definiti dalla autorità politica delegata per le politiche di coesione (2) e ferme restando le competenze della Presidenza del Consiglio dei ministri di cui al comma 2:

a) assicura la sorveglianza, il monitoraggio e il controllo di tutti i programmi operativi e di tutti gli interventi della politica di coesione, anche attraverso specifiche attività di valutazione e verifica, in raccordo con le amministrazioni competenti, ferme restando le funzioni attribuite alla Ragioneria generale dello Stato;

b) assicura il supporto alle attività della Presidenza del Consiglio dei ministri di cui al comma 2;

c) vigila, nel rispetto delle competenze delle singole amministrazioni pubbliche, sulla attuazione dei programmi europei o nazionali e sulla realizzazione dei progetti che utilizzino risorse della politica di coesione;

d) fornisce assistenza tecnica alle amministrazioni, centrali e territoriali, definisce gli standard e le istruzioni operative e svolge attività di formazione del personale delle amministrazioni che gestiscono programmi europei o nazionali;

e) sostiene la realizzazione dei programmi con azioni di accompagnamento alle amministrazioni titolari, promuovendo il ricorso ai contratti istituzionali di sviluppo e l'attivazione dell'Agenzia nazionale per l'attrazione degli investimenti e lo sviluppo d'impresa - Invitalia Spa in qualità di centrale di committenza;

f) propone le necessarie misure di accelerazione degli interventi ai sensi dell'articolo 3, comma 3, del decreto legislativo 31 maggio 2011, n. 88, e dà esecuzione alle determinazioni adottate in base agli articoli 3 e 6, comma 6, del medesimo decreto;

g) promuove, nel rispetto delle competenze delle singole amministrazioni pubbliche, il miglioramento della qualità, della tempestività, dell'efficacia e della trasparenza delle attività di programmazione e attuazione degli interventi;

h) può assumere le funzioni dirette di autorità di gestione di programmi finanziati con le risorse della politica di coesione e per la conduzione di specifici progetti, nonché avvalendosi a tal fine, nelle ipotesi previste dalla lettera *e*), dell'Agenzia nazionale per l'attrazione degli investimenti e lo sviluppo d'impresa - Invitalia Spa (3).

4. Con decreto del Presidente del Consiglio dei ministri, su proposta del Ministro delegato, di concerto con il Ministro dell'economia e delle finanze e del Mi-

nistro per la pubblica amministrazione, sentita la Conferenza permanente per i rapporti tra lo Stato, le regioni e le province autonome di Trento e di Bolzano, da adottare entro il 1° marzo 2014, è approvato lo statuto dell'Agenzia. Lo statuto disciplina l'articolazione dell'Agenzia, la composizione, le competenze e le modalità di nomina degli organi di direzione e del collegio dei revisori, stabilisce i principi e le modalità di adozione dei regolamenti e degli altri atti generali che disciplinano l'organizzazione e il funzionamento dell'Agenzia, [prevedendo altresì forme di rappresentanza delle amministrazioni, anche territoriali, coinvolte nei programmi]. L'Agenzia dispone di una dotazione organica di 200 unità di personale e gode di autonomia organizzativa, contabile e di bilancio. Sono organi dell'Agenzia: il direttore generale; il comitato direttivo; il collegio dei revisori dei conti. La partecipazione al Comitato direttivo dell'Agenzia non comporta alcuna forma di compenso. All'interno del Comitato direttivo dell'Agenzia è assicurata una adeguata rappresentanza delle amministrazioni territoriali. L'Agenzia assicura lo svolgimento delle attività strumentali e di controllo interno nell'ambito delle risorse disponibili o per il tramite della struttura della Presidenza del Consiglio dei ministri senza oneri aggiuntivi. Il rapporto di lavoro presso l'Agenzia è regolato dal contratto collettivo nazionale di lavoro per il comparto Ministeri. Con contestuale decreto del Presidente del Consiglio dei ministri, su proposta del Ministro delegato, è nominato il direttore generale scelto tra personalità di comprovata esperienza nella materia delle politiche di coesione, con trattamento economico non superiore a quello massimo previsto per i Capi dipartimento del segretariato generale della Presidenza del Consiglio dei ministri. Per quanto non previsto dallo statuto e dalle disposizioni del presente articolo, si applicano le previsioni di cui all'articolo 8 del decreto legislativo 30 luglio 1999, n. 300 attraverso la designazione di quattro componenti da parte della Conferenza unificata di cui all'articolo 8 del decreto legislativo 28 agosto 1997, n. 281, di cui due in rappresentanza delle regioni e due in rappresentanza delle autonomie locali (4).

5. Con decreto del Presidente del Consiglio dei ministri, su proposta del Ministro delegato, di concerto con i Ministri dell'economia e delle finanze, dello sviluppo economico, per la pubblica amministrazione, sono trasferite alla Presidenza del Consiglio dei ministri e all'Agenzia, sulla base delle funzioni rispettivamente attribuite, le unità di personale di ruolo e i rapporti di lavoro a tempo determinato per la loro residua durata, nonché le risorse finanziarie e strumentali del Dipartimento per lo sviluppo e la coesione economica del Ministero dello sviluppo economico (di seguito Dipartimento), ad eccezione di quelle afferenti alla Direzione generale per l'incentivazione delle attività imprenditoriali. È fatto salvo il diritto di opzione, da esercitare entro 30 giorni dalla data di entrata in vigore della legge di conversione del presente decreto. Con decreto del Ministro dello sviluppo economico sono conseguentemente ridotte le dotazioni organiche, le relative strutture e le risorse finanziarie e strumentali del medesimo ministero. I dipendenti trasferiti mantengono l'inquadramento previdenziale di provenienza. Al personale dell'Agenzia è riconosciuto il trattamento economico complessivo già in godimento alla data di entrata in vigore del presente decreto, senza che da ciò derivino, sotto qualsiasi forma, ulteriori oneri per il bilancio dello Stato. Il personale trasferito eccedente il contingente di cui al comma 4 è inquadrato in sovrannumero nei ruoli dell'Agenzia e gradualmente riassorbito in relazione alle cessazioni dal servizio a qualunque titolo. Al fine di consentire il più efficace svolgimento dei compiti di cui al comma 2, anche in relazione ai rapporti con le istituzioni nazionali ed europee, con il medesimo decreto sono stabilite le procedure selettive per l'assegnazione alla Presidenza del Consiglio dei ministri di un numero massimo di 50 unità nell'ambito del personale oggetto di trasferimento ai sensi del presente comma, e, comunque, per un onere non superiore ad euro 1.100.000 annuo, con conseguente aumento della relativa dotazione organica della Presidenza. Le 50 unità di personale assegnate alla Presidenza del Consiglio dei ministri sono organizzate in una struttura dedicata disciplinata ai sensi dell'articolo 7, comma 3, del decreto legislativo 30 luglio 1999, n. 303. Nelle more della definizione dell'assetto organizzativo dell'Agenzia e delle strutture del Ministero dello sviluppo economico, gli incarichi di livello dirigenziale conferiti ai sensi dell'articolo 19 del decreto legislativo 30 marzo 2001, n. 165, nell'ambito del Dipartimento sono mantenuti fino alla naturale scadenza e comunque fino all'effettiva operatività dell'Agenzia e, relativamente ai contratti di cui ai commi 5-*bis* e 6 dell'articolo 19 del decreto legislativo 30 marzo 2001 n. 165, anche in deroga ai contingenti indicati dalla normativa vigente, previa indisponibilità della medesima quota utilizzabile a valere sulla dotazione organica dei dirigenti del Ministero dello sviluppo economico.

6. Agli oneri derivanti dai commi 4 e 5 pari ad euro 1.450.000 annui a decorrere dall'anno 2014 si provvede mediante corrispondente riduzione delle proiezioni, per gli anni 2014 e 2015, dello stanziamento del fondo speciale di parte corrente iscritto, ai fini del bilancio triennale 2013-2015, nell'ambito del programma "Fondi di riserva e speciali" della missione "Fondi da ripartire" dello stato di previsione del Ministero dell'economia e delle finanze per l'anno 2013, allo scopo parzialmente utilizzando, quanto a 1.450.000 euro per l'anno 2014 l'accantonamento relativo al Ministero degli affari esteri e quanto a 950.000 euro annui a decorrere dall'anno 2015, l'accantonamento relativo al Ministero dell'istruzione, dell'università e della ricerca e a 500.000 euro annui a decorrere dall'anno 2015, l'accantonamento relativo al Ministero degli affari esteri.

7. Il Ministro dell'economia e delle finanze è autorizzato ad apportare con propri decreti le occorrenti variazioni di bilancio.

8. Il Fondo per lo sviluppo e la coesione di cui all'articolo 61, comma 1, della legge 27 dicembre 2002, n. 289 e le relative risorse finanziarie sono trasferite allo stato di previsione del Ministero dell'economia e delle finanze. [Con decreto del Presidente del Consiglio dei ministri su proposta del Ministro dell'economia e delle finanze, di concerto con il Ministro delegato per la politica di coesione territoriale, sono definite le proce-

dure di spesa, le modalità di gestione delle risorse e la rendicontazione dell'utilizzo delle risorse in attuazione dei programmi delle delibere CIPE.] (5)

9. Con decreto del Presidente del Consiglio dei ministri, su proposta del Ministro delegato, si provvede alla riorganizzazione del Nucleo tecnico di valutazione e verifica degli investimenti pubblici, di cui all'articolo 3, comma 5, del decreto legislativo 5 dicembre 1997, n. 430, anche ai fini di individuare le funzioni da trasferire alla Presidenza del Consiglio dei ministri e all'Agenzia senza nuovi o maggiori oneri a carico della finanza pubblica. I componenti del Nucleo tecnico di valutazione e verifica degli investimenti pubblici restano in carica sino alla naturale scadenza degli stessi incarichi.

10. Fino alla effettiva operatività dell'Agenzia, come definita dal decreto del Presidente del Consiglio dei ministri di cui al comma 4, il Capo del Dipartimento per lo sviluppo e la coesione economica assicura la continuità della gestione amministrativa, nonché la tempestiva ed efficace attuazione degli adempimenti connessi alla fine del ciclo di programmazione 2007-2013 e all'avvio della programmazione 2014-2020.

10-*bis*. Le assunzioni a tempo determinato effettuate dalle regioni sono escluse dall'applicazione dell'articolo 9, comma 28, del decreto-legge 31 maggio 2010, n. 78, convertito, con modificazioni, dalla legge 30 luglio 2010, n. 122, e successive modificazioni, ove siano finanziate con fondi strutturali europei e siano volte all'attuazione di interventi cofinanziati con i fondi medesimi.

[11. Ai fini del rafforzamento delle strutture della Presidenza del Consiglio dei ministri, dei Ministeri e dell'Agenzia preposte, per quanto di competenza, a funzioni di coordinamento, gestione, monitoraggio e controllo degli interventi cofinanziati dai Fondi strutturali europei anche per il periodo 2014-2020, è autorizzata l'assunzione a tempo indeterminato di un contingente di personale nel numero massimo di 120 unità altamente qualificate, eventualmente anche oltre i contingenti organici previsti dalla normativa vigente, per l'esercizio di funzioni di carattere specialistico, appartenente all'Area terza. Con decreto del Presidente del Consiglio dei ministri, su proposta del Ministro per la coesione territoriale di concerto con il Ministro dell'economia e delle finanze e del Ministro per la pubblica amministrazione, sono definiti criteri e modalità di attuazione della presente disposizione, ivi compresa la selezione del personale mediante la Scuola nazionale dell'Amministrazione e la ripartizione del personale tra le amministrazioni interessate. Il personale di cui al presente comma svolge esclusivamente le funzioni per le quali è stato assunto e non può essere destinato ad attività diverse da quelle direttamente riferibili all'impiego dei Fondi strutturali europei e al monitoraggio degli interventi cofinanziati dai Fondi europei.]

[12. Agli oneri derivanti dal comma 11, pari ad euro 5.520.000 annui, si provvede, per il periodo di validità dei programmi 2014-2020, per euro 4.195.680 annui a carico delle risorse finanziarie dell'asse di assistenza tecnica previsto nell'ambito dei programmi operativi cofinanziati dai Fondi strutturali europei 2014-2020 a titolarità delle Amministrazioni presso cui il predetto personale viene assegnato, nonché a carico delle risorse finanziarie del Programma operativo Governance ed assistenza tecnica 2014-2020, per euro 1.324.320 annui, mediante le disponibilità del Fondo di rotazione per l'attuazione delle politiche comunitarie di cui all'articolo 5 della legge 16 aprile 1987, n. 183.]

[13. Sulla base di specifica comunicazione del Dipartimento della funzione pubblica sull'assegnazione dei funzionari alle Amministrazioni di cui al comma 11, il Ministero dell'economia e delle finanze provvede a versare, annualmente, all'entrata del bilancio dello Stato le risorse di cui al comma 12 del presente articolo, imputandole, per la parte di pertinenza dei singoli programmi operativi, nelle more della rendicontazione comunitaria, alle disponibilità di tesoreria del Fondo di rotazione di cui alla legge 16 aprile 1987, n. 183. Per le finalità di cui al comma 11 sono iscritte corrispondenti risorse sui pertinenti capitoli degli stati di previsione della spesa delle Amministrazioni interessate. Il Fondo di rotazione si rivale delle risorse anticipate ai sensi del presente comma sui corrispondenti rimborsi disposti dall'Unione europea a fronte delle spese rendicontate.]

[14. A decorrere dall'esercizio 2021, al relativo onere si provvede mediante la programmazione di indisponibilità di posti a valere sulle facoltà assunzionali delle Amministrazioni di cui al comma 11, previa autorizzazione e verifica della Presidenza del Consiglio dei ministri Dipartimento della funzione pubblica e del Ministero dell'economia e delle finanze - Dipartimento della Ragioneria generale dello Stato.]

14-*bis*. In casi eccezionali, l'Agenzia nazionale per l'attrazione degli investimenti e lo sviluppo d'impresa Spa, di cui al decreto legislativo 9 gennaio 1999, n. 1, può assumere le funzioni dirette di autorità di gestione e di soggetto responsabile per l'attuazione di programmi ed interventi speciali, a carattere sperimentale, nonché nelle ipotesi previste dalla lettera *d*) del comma 3.

14-*ter*. Con decreto del Presidente del Consiglio dei ministri, di concerto con il Ministro delegato per la politica di coesione territoriale ed il Ministro dello sviluppo economico, sono definiti i rapporti tra l'Agenzia per la coesione territoriale e l'Agenzia nazionale per l'attrazione degli investimenti e lo sviluppo d'impresa Spa, anche al fine di individuare le più idonee forme di collaborazione per l'esercizio delle rispettive competenze e prerogative di legge.

(1) *Comma sostituito dall'articolo 4-ter, comma 1, lett. a), del d.l. 12 luglio 2018, n. 86, conv., con modif., in l. 9 agosto 2018, n. 97.*

(2) *Le parole* « tenuto conto delle direttive, delle priorità e degli obiettivi, anche in tema di organizzazione interna e gestionale, così come definiti dalla autorità politica delegata per le politiche di coesione » *sono state sostituite alle parole* « tenuto conto degli obiettivi definiti dagli atti di indirizzo e programmazione della Presidenza del Consiglio dei ministri relativamente ai fondi strutturali europei e al Fondo per lo sviluppo e la coesione » *dall'art. 1, comma 178, lett. f) l. 30 dicembre 2020, n. 178.*

(3) *Comma successivamente sostituito dall'art. 4-*ter*, comma 1, lettera* b)*, del d.l. n. 86, cit.*

(4) *Le parole da* « attraverso la designazione » *a* « delle autonomie locali » *sono state aggiunte dall'art. 6-*quater*, comma 12-*bis*, d.l. 20 giugno 2017, n. 91, conv., con modif., in l. 3 agosto 2017, n. 123, come da ultimo modificato dall'art. 12, comma 1, lett.* a) *d.l. 10 settembre 2021, n. 121, conv., con modif., in l. 9 novembre 2021, n. 156.*

(5) *Comma modificato dall'art. 1, comma 705, l. 23 dicembre 2014, n. 190.*

53. Decreto legge 28 settembre 2018, n. 109, convertito, con modificazioni, in legge 16 novembre 2018, n. 130. — Disposizioni urgenti per la città di Genova, la sicurezza della rete nazionale delle infrastrutture e dei trasporti, gli eventi sismici del 2016 e 2017, il lavoro e le altre emergenze. (*estratto*).

Pubblicato nella Gazzetta Ufficiale del 28 Settembre 2018, n. 226; la legge di conversione è stata pubblicata nella Gazzetta Ufficiale del 19 novembre 2018, n. 269.

40 Cabina di regia Strategia Italia.

1. Entro dieci giorni dalla data di entrata in vigore del presente decreto, con decreto del Presidente del Consiglio dei ministri, è istituita, su proposta del Segretario del CIPE, una Cabina di regia, presieduta dal Presidente del Consiglio dei ministri o dal Sottosegretario di Stato delegato, senza nuovi o maggiori oneri per la finanza pubblica, composta dal Ministro dell'economia e delle finanze, dal Ministro delle infrastrutture e dei trasporti, dal Ministro dell'ambiente e della tutela del territorio e del mare, dal Ministro per il Sud e dal Ministro per gli affari regionali e le autonomie e integrata dai Ministri interessati alle materie trattate nonché dal Presidente della Conferenza delle regioni e delle province autonome, dal Presidente dell'Unione delle province d'Italia e dal Presidente dell'Associazione nazionale dei comuni italiani, con i seguenti compiti :

a) verificare lo stato di attuazione, anche per il tramite delle risultanze del monitoraggio delle opere pubbliche, ivi comprese le risultanze del monitoraggio dinamico di cui all'articolo 14, commi 1, 2 e 3, di piani e programmi di investimento infrastrutturale e adottare le iniziative idonee a superare eventuali ostacoli e ritardi ;

b) verificare lo stato di attuazione degli interventi connessi a fattori di rischio per il territorio, quali dissesto idrogeologico, vulnerabilità sismica degli edifici pubblici, situazioni di particolare degrado ambientale necessitanti attività di bonifica e prospettare possibili rimedi.

2. La Presidenza del Consiglio dei ministri, per il tramite del Dipartimento per la programmazione e il coordinamento della politica economica, assicura l'attività di supporto tecnico, istruttorio e organizzativo alla Cabina di regia di cui al comma 1.

54. Legge 30 dicembre 2018, n. 145. — Bilancio di previsione dello Stato per l'anno finanziario 2019 e bilancio pluriennale per il triennio 2019-2021. (*estratto*).

Pubblicato nella Gazzetta Ufficiale del 31 dicembre 2018, n. 302, S.O. n. 62.

1 Risultati differenziali. Norme in materia di entrata e di spesa e altre disposizioni. Fondi speciali.

1-161. (*omissis*)

162. Al fine di favorire gli investimenti pubblici, con decreto del Presidente del Consiglio dei ministri, da adottare entro trenta giorni dalla data di entrata in vigore della presente legge, è individuata un'apposita Struttura per la progettazione di beni ed edifici pubblici, di seguito denominata Struttura. Il decreto del Presidente del Consiglio dei ministri provvede, altresì, a indicarne la denominazione, l'allocazione, le modalità di organizzazione e le funzioni.

163. Ferme restando le competenze delle altre amministrazioni, la Struttura, su richiesta delle amministrazioni centrali e degli enti territoriali interessati, che ad essa possono rivolgersi ai sensi dell'articolo 24, comma 1, lettera *c*), del codice di cui al decreto legislativo 18 aprile 2016, n. 50, previa convenzione e senza oneri diretti di prestazioni professionali rese per gli enti territoriali richiedenti, svolge le proprie funzioni, nei termini indicati dal decreto del Presidente del Consiglio dei ministri di cui al comma 162, al fine di favorire lo sviluppo e l'efficienza della progettazione e degli investimenti pubblici, di contribuire alla valorizzazione, all'innovazione tecnologica, all'efficientamento energetico e ambientale nella progettazione e nella realizzazione di edifici e beni pubblici, alla progettazione degli interventi di realizzazione e manutenzione, ordinaria e straordinaria, di edifici e beni pubblici, anche in relazione all'edilizia statale, scolastica, universitaria, sanitaria e carceraria, nonché alla predisposizione di modelli innovativi progettuali ed esecutivi per edifici pubblici e opere similari e connesse o con elevato grado di uniformità e ripetitività.

164. Il personale tecnico della Struttura svolge le attività di propria competenza in piena autonomia e con indipendenza di giudizio nelle valutazioni tecniche, anche attivando opportune collaborazioni con gli altri organi dello Stato aventi competenze per le attività di cui trattasi. La Struttura può operare in supporto e in raccordo con altre amministrazioni, nelle materie di propria competenza.

165-178. (*omissis*)

179. Con decreto del Presidente del Consiglio dei ministri è istituita e disciplinata, ai sensi dell'articolo 7, comma 4, del decreto legislativo 30 luglio 1999, n. 303, una struttura di missione per il supporto alle attività del Presidente del Consiglio dei ministri relative al coordinamento delle politiche del Governo e dell'indi-

rizzo politico e amministrativo dei Ministri in materia di investimenti pubblici e privati e nelle altre materie di cui al comma 180, denominata « InvestItalia », che opera alle dirette dipendenze del Presidente del Consiglio dei ministri, anche in raccordo con la Cabina di regia Strategia Italia, di cui all'articolo 40 del decreto-legge 28 settembre 2018, n. 109, convertito, con modificazioni, dalla legge 16 novembre 2018, n. 130.

180. A InvestItalia sono attribuiti i seguenti compiti:

a) analisi e valutazione di programmi di investimento riguardanti le infrastrutture materiali e immateriali;

b) valutazione delle esigenze di ammodernamento delle infrastrutture delle pubbliche amministrazioni;

c) verifica degli stati di avanzamento dei progetti infrastrutturali;

d) elaborazione di studi di fattibilità economico-giuridica di progetti di investimento in collaborazione con i competenti uffici del Ministero dell'economia e delle finanze;

e) individuazione di soluzioni operative in materia di investimento, in collaborazione con i competenti uffici dei Ministeri;

f) affiancamento delle pubbliche amministrazioni nella realizzazione dei piani e programmi di investimento;

g) individuazione degli ostacoli e delle criticità nella realizzazione degli investimenti ed elaborazione di soluzioni utili al loro superamento;

h) elaborazione di soluzioni, anche normative, per tutte le aree di intervento di cui al presente comma;

i) ogni altra attività o funzione che, in ambiti economici o giuridici, le sia demandata dal Presidente del Consiglio dei ministri.

181. A InvestItalia può essere assegnato un contingente di personale, anche estraneo alla pubblica amministrazione, dotato di elevata qualificazione scientifica e professionale, individuato tramite procedure che assicurino adeguata pubblicità delle selezioni e modalità di svolgimento che garantiscano l'imparzialità e la trasparenza.

182. Con decreto del Presidente del Consiglio dei ministri, sentita la Conferenza unificata di cui all'articolo 8 del decreto legislativo 28 agosto 1997, n. 281, sono stabilite le misure occorrenti per realizzare un efficace coordinamento delle attività di InvestItalia con quelle della Struttura di cui al comma 162, nonché con quelle delle altre strutture competenti in materia di investimenti e di sviluppo infrastrutturale.

SEZIONE QUARTA
SERVIZI PUBBLICI

CAPO I
NORME GENERALI

55. Trattato sul funzionamento dell'Unione europea. (*estratto*).

(1) *Il presente Trattato è pubblicato nella versione consolidata a fronte dell'entrata in vigore il 1° dicembre 2009 del Trattato di Lisbona (firmato a Lisbona il 13 dicembre 2007 dai Rappresentanti dei 27 Stati membri e ratificato dall'Italia con l. 2 agosto 2008 n. 130). L'attuale testo sostituisce il Trattato che istituisce la Comunità Europea, firmato a Roma il 25 marzo 1957, reso esecutivo con legge n. 1203 del 14 ottobre 1957 (G.U. n. 317 del 23 dicembre 1957, s.o.) ed entrato in vigore il 1° gennaio 1958, in vigore fino al 1 dicembre 2009 nella versione consolidata pubblicata nella G.U.C.E. n. C 325 del 24 dicembre 2002 risultante dalle modifiche operate: a) dal Trattato firmato ad Amsterdam il 2 ottobre 1997, reso esecutivo con legge n. 209 del 16 giugno 1998 (G.U. n. 155 del 06 luglio 1998, s.o.) ed entrato in vigore il 1° maggio 1999;* b) *dal Trattato firmato a Nizza il 26 febbraio 2001, reso esecutivo con legge n. 102 del 11 maggio 2002 (G.U. n. 126 del 31 maggio 2002, s.o.) ed entrato in vigore il 1° febbraio 2003. Nel presente Trattato, l'espressione "Comunità economica europea", già sostituita dall'espressione "Comunità europea" dall'art. G del Trattato sull'Unione europea, ratificato con l. 3 novembre 1992, n. 454, è sostituita con l'espressione "Unione europea".*

Il testo per intero è riportato *sub*, I, 12.

14 [*ex* articolo 16 del TCE] Fatti salvi l'articolo 4 del trattato sull'Unione europea e gli articoli 93, 106 e 107 del presente trattato, in considerazione dell'importanza dei servizi di interesse economico generale nell'ambito dei valori comuni dell'Unione, nonché del loro ruolo nella promozione della coesione sociale e territoriale, l'Unione e gli Stati membri, secondo le rispettive competenze e nell'ambito del campo di applicazione dei trattati, provvedono affinché tali servizi funzionino in base a principi e condizioni, in particolare economiche e finanziarie, che consentano loro di assolvere i propri compiti. Il Parlamento europeo e il Consiglio, deliberando mediante regolamenti secondo la procedura legislativa ordinaria, stabiliscono tali principi e fissano tali condizioni, fatta salva la competenza degli Stati membri, nel rispetto dei trattati, di fornire, fare eseguire e finanziare tali servizi.

(*Omissis*)

PARTE III
Politiche dell'Unione e azioni interne

TITOLO I
Mercato interno

26 [*ex* articolo 14 del TCE] 1. L'Unione adotta le misure destinate all'instaurazione o al funzionamento del mercato interno, conformemente alle disposizioni pertinenti dei trattati.

2. Il mercato interno comporta uno spazio senza frontiere interne, nel quale è assicurata la libera circolazione delle merci, delle persone, dei servizi e dei capitali secondo le disposizioni dei trattati.

3. Il Consiglio, su proposta della Commissione, definisce gli orientamenti e le condizioni necessari per garantire un progresso equilibrato nell'insieme dei settori considerati.

(*Omissis*).

57 [*ex* articolo 50 del TCE] Ai sensi dei trattati, sono considerate come servizi le prestazioni fornite normalmente dietro retribuzione, in quanto non siano regolate dalle disposizioni relative alla libera circolazione delle merci, dei capitali e delle persone.

I servizi comprendono in particolare:

a) attività di carattere industriale;
b) attività di carattere commerciale;
c) attività artigiane;
d) attività delle libere professioni.

Senza pregiudizio delle disposizioni del capo relativo al diritto di stabilimento, il prestatore può, per l'esecuzione della sua prestazione, esercitare, a titolo temporaneo, la sua attività nello Stato membro ove la prestazione è fornita, alle stesse condizioni imposte da tale Stato ai propri cittadini.

(*Omissis*).

101 [*ex* articolo 81 del TCE] 1. Sono incompatibili con il mercato interno e vietati tutti gli accordi tra imprese, tutte le decisioni di associazioni di imprese e tutte le pratiche concordate che possano pregiudicare il commercio tra Stati membri e che abbiano per oggetto o per effetto di impedire, restringere o falsare il gioco della concorrenza all'interno del mercato interno ed in particolare quelli consistenti nel:

a) fissare direttamente o indirettamente i prezzi d'acquisto o di vendita ovvero altre condizioni di transazione;

b) limitare o controllare la produzione, gli sbocchi, lo sviluppo tecnico o gli investimenti;

c) ripartire i mercati o le fonti di approvvigionamento;

d) applicare, nei rapporti commerciali con gli altri contraenti, condizioni dissimili per prestazioni equivalenti, così da determinare per questi ultimi uno svantaggio nella concorrenza;

e) subordinare la conclusione di contratti all'accettazione da parte degli altri contraenti di prestazioni supplementari, che, per loro natura o secondo gli usi commerciali, non abbiano alcun nesso con l'oggetto dei contratti stessi.

2. Gli accordi o decisioni, vietati in virtù del presente articolo, sono nulli di pieno diritto.

3. Tuttavia, le disposizioni del paragrafo 1 possono essere dichiarate inapplicabili:

— a qualsiasi accordo o categoria di accordi fra imprese,

— a qualsiasi decisione o categoria di decisioni di associazioni di imprese, e

— a qualsiasi pratica concordata o categoria di pratiche concordate,

che contribuiscano a migliorare la produzione o la distribuzione dei prodotti o a promuovere il progresso tecnico o economico, pur riservando agli utilizzatori una congrua parte dell'utile che ne deriva, ed evitando di

a) imporre alle imprese interessate restrizioni che non siano indispensabili per raggiungere tali obiettivi;

b) dare a tali imprese la possibilità di eliminare la concorrenza per una parte sostanziale dei prodotti di cui trattasi.

102 [*ex* articolo 82 del TCE] È incompatibile con il mercato interno e vietato, nella misura in cui possa essere pregiudizievole al commercio tra Stati membri, lo sfruttamento abusivo da parte di una o più imprese di una posizione dominante sul mercato interno o su una parte sostanziale di questo.

Tali pratiche abusive possono consistere in particolare:

a) nell'imporre direttamente od indirettamente prezzi d'acquisto, di vendita od altre condizioni di transazione non eque;

b) nel limitare la produzione, gli sbocchi o lo sviluppo tecnico, a danno dei consumatori;

c) nell'applicare nei rapporti commerciali con gli altri contraenti condizioni dissimili per prestazioni equivalenti, determinando così per questi ultimi uno svantaggio per la concorrenza;

d) nel subordinare la conclusione di contratti all'accettazione da parte degli altri contraenti di prestazioni supplementari, che, per loro natura o secondo gli usi commerciali, non abbiano alcun nesso con l'oggetto dei contratti stessi.

(*Omissis*).

106 [*ex* articolo 86 del TCE] 1. Gli Stati membri non emanano né mantengono, nei confronti delle imprese pubbliche e delle imprese cui riconoscono diritti speciali o esclusivi, alcuna misura contraria alle norme dei trattati, specialmente a quelle contemplate dagli articoli 18 e da 101 a 109 inclusi.

2. Le imprese incaricate della gestione di servizi di interesse economico generale o aventi carattere di monopolio fiscale sono sottoposte alle norme dei trattati, e in particolare alle regole di concorrenza, nei limiti in cui l'applicazione di tali norme non osti all'adempimento, in linea di diritto e di fatto, della specifica missione loro affidata. Lo sviluppo degli scambi non deve essere compromesso in misura contraria agli interessi dell'Unione.

3. La Commissione vigila sull'applicazione delle disposizioni del presente articolo rivolgendo, ove occorra, agli Stati membri, opportune direttive o decisioni.

SEZIONE 2
Aiuti concessi dagli Stati

107 [*ex* articolo 87 del TCE] 1. Salvo deroghe contemplate dai trattati, sono incompatibili con il mercato interno, nella misura in cui incidano sugli scambi tra Stati membri, gli aiuti concessi dagli Stati, ovvero mediante risorse statali, sotto qualsiasi forma che, favorendo talune imprese o talune produzioni, falsino o minaccino di falsare la concorrenza.

2. Sono compatibili con il mercato interno:

a) gli aiuti a carattere sociale concessi ai singoli consumatori, a condizione che siano accordati senza discriminazioni determinate dall'origine dei prodotti;

b) gli aiuti destinati a ovviare ai danni arrecati dalle calamità naturali oppure da altri eventi eccezionali;

c) gli aiuti concessi all'economia di determinate regioni della Repubblica federale di Germania che risentono della divisione della Germania, nella misura in cui sono necessari a compensare gli svantaggi economici provocati da tale divisione. Cinque anni dopo l'entrata in vigore del trattato di Lisbona, il Consiglio, su proposta della Commissione, può adottare una decisione che abroga la presente lettera.

3. Possono considerarsi compatibili con il mercato interno:

a) gli aiuti destinati a favorire lo sviluppo economico delle regioni ove il tenore di vita sia anormalmente basso, oppure si abbia una grave forma di sottoccupazione, nonché quello delle regioni di cui all'articolo 349, tenuto conto della loro situazione strutturale, economica e sociale;

b) gli aiuti destinati a promuovere la realizzazione di un importante progetto di comune interesse europeo oppure a porre rimedio a un grave turbamento dell'economia di uno Stato membro;

c) gli aiuti destinati ad agevolare lo sviluppo di talune attività o di talune regioni economiche, sempre che non alterino le condizioni degli scambi in misura contraria al comune interesse;

d) gli aiuti destinati a promuovere la cultura e la conservazione del patrimonio, quando non alterino le condizioni degli scambi e della concorrenza nell'Unione in misura contraria all'interesse comune;

e) le altre categorie di aiuti, determinate con decisione del Consiglio, su proposta della Commissione.

(*Omissis*).

345 [*ex* articolo 295 del TCE] I trattati lasciano del tutto impregiudicato il regime di proprietà esistente negli Stati membri.

56. Legge 12 giugno 1990, n. 146. — Norme sull'esercizio del diritto di sciopero nei servizi pubblici essenziali e sulla salvaguardia dei diritti della persona costituzionalmente tutelati. Istituzione della Commissione di garanzia dell'attuazione della legge. (*estratto*) (1) (2).

Pubblicata nella Gazzetta Ufficiale n. 137 del 14 giugno 1990.

(1) *Vedi articolo 36 della legge 27 dicembre 2002, n. 289.*

(2) *Per la commissione di garanzia vedi d.P.R. 15 febbraio 2006.*

1 1. Ai fini della presente legge sono considerati servizi pubblici essenziali, indipendentemente dalla natura giuridica del rapporto di lavoro, anche se svolti in regime di concessione o mediante convenzione, quelli volti a garantire il godimento dei diritti della persona, costituzionalmente tutelati, alla vita, alla salute, alla libertà ed alla sicurezza, alla libertà di circolazione, all'assistenza e previdenza sociale, all'istruzione ed alla libertà di comunicazione.

2. Allo scopo di contemperare l'esercizio del diritto di sciopero con il godimento dei diritti della persona, costituzionalmente tutelati, di cui al comma 1, la presente legge dispone le regole da rispettare e le procedure da seguire in caso di conflitto collettivo, per assicurare l'effettività, nel loro contenuto essenziale, dei diritti medesimi, in particolare nei seguenti servizi e limitatamente all'insieme delle prestazioni individuate come indispensabili ai sensi dell'articolo 2:

a) per quanto concerne la tutela della vita, della salute, della libertà e della sicurezza della persona, dell'ambiente e del patrimonio storico-artistico: la sanità; l'igiene pubblica; la protezione civile; la raccolta e lo smaltimento dei rifiuti urbani e di quelli speciali, tossici e nocivi; le dogane, limitatamente al controllo su animali e su merci deperibili; l'approvvigionamento di energie, prodotti energetici, risorse naturali e beni di prima necessità, nonché la gestione e la manutenzione dei relativi impianti, limitatamente a quanto attiene alla sicurezza degli stessi; l'amministrazione della giustizia, con particolare riferimento a provvedimenti restrittivi della libertà personale ed a quelli cautelari ed urgenti, nonché ai processi penali con imputati in stato di detenzione; i servizi di protezione ambientale e di vigilanza sui beni culturali; l'apertura al pubblico regolamentata di musei e altri istituti e luoghi della cultura, di cui all'articolo 101, comma 3, del codice dei beni culturali e del paesaggio, di cui al decreto legislativo 22 gennaio 2004, n. 42, e successive modificazioni (1);

b) per quanto concerne la tutela della libertà di circolazione: i trasporti pubblici urbani ed extraurbani autoferrotranviari, ferroviari, aerei, aeroportuali e quelli marittimi limitatamente al collegamento con le isole;

c) per quanto concerne l'assistenza e la previdenza sociale, nonché gli emolumenti retributivi o comunque quanto economicamente necessario al soddisfacimento delle necessità della vita attinenti a diritti della persona costituzionalmente garantiti: i servizi di erogazione dei relativi importi anche effettuati a mezzo del servizio bancario;

d) per quanto riguarda l'istruzione: l'istruzione pubblica, con particolare riferimento all'esigenza di assicurare la continuità dei servizi degli asili nido, delle scuole materne e delle scuole elementari, nonché lo svolgimento degli scrutini finali e degli esami, e l'istruzione universitaria, con particolare riferimento agli esami conclusivi dei cicli di istruzione;

e) per quanto riguarda la libertà di comunicazione: le poste, le telecomunicazioni e l'informazione radiotelevisiva pubblica (A).

(1) *Lettera modificata dall'articolo 1, comma 1, del d.l. 20 settembre 2015, n. 146, convertito, con modificazioni, dalla legge 12 novembre 2015, n. 182.*

(A) *In riferimento al presente articolo vedi: Nota del Ministero dell'Istruzione, dell'Università e della Ricerca 28 gennaio 2009, n. 769; Nota del Ministero dell'Istruzione, dell'Università e della Ricerca 2 febbraio 2009, n. 941.*

2-7 (*Omissis*).

8 1. Quando sussista il fondato pericolo di un pregiudizio grave e imminente ai diritti della persona costituzionalmente tutelati di cui all'articolo 1, comma 1, che potrebbe essere cagionato dall'interruzione o dalla alterazione del funzionamento dei servizi pubblici di cui all'articolo 1, conseguente all'esercizio dello sciopero o a forme di astensione collettiva di lavoratori autonomi, professionisti o piccoli imprenditori, su segnalazione della Commissione di garanzia ovvero, nei casi di necessità e urgenza, di propria iniziativa, informando previamente la Commissione di garanzia, il Presidente del Consiglio dei ministri o un Ministro da lui delegato, se il conflitto ha rilevanza nazionale o interregionale, ovvero, negli altri casi, il prefetto o il corrispondente organo nelle regioni a statuto speciale, informati i presidenti delle regioni e delle province autonome di Trento e di Bolzano, invitano le parti a desistere dai comportamenti che determinano la situazione di pericolo, esperiscono un tentativo di conciliazione, da esaurire nel più breve tempo possibile, e se il tentativo non riesce, adottano con ordinanza le misure necessarie a prevenire il pregiudizio ai diritti della persona costituzionalmente tutelati di cui all'articolo 1, comma 1.

2. L'ordinanza può disporre il differimento dell'astensione collettiva ad altra data, anche unificando astensioni collettive già proclamate, la riduzione della sua durata ovvero prescrivere l'osservanza da parte dei soggetti che la proclamano, dei singoli che vi aderiscono e delle amministrazioni o imprese che erogano il servizio, di misure idonee ad assicurare livelli di funzionamento del servizio pubblico compatibili con la salvaguardia dei diritti della persona costituzionalmente tutelati di cui all'articolo 1, comma 1. Qualora la Commissione di garanzia, nella sua segnalazione o successivamente, abbia formulato una proposta in ordine alle misure da adottare con l'ordinanza al fine di evitare il pregiudizio ai predetti diritti, l'autorità competente ne tiene conto. L'ordinanza è adottata non meno di quarantotto ore prima dell'inizio dell'astensione collettiva, salvo che sia ancora in corso il tentativo di conciliazione o vi siano ragioni di urgenza, e deve specificare il periodo di tempo durante il quale i provvedimenti dovranno essere osservati dalle parti.

3. L'ordinanza viene portata a conoscenza dei destinatari mediante comunicazione da effettuare, a cura dell'autorità che l'ha emanata, ai soggetti che promuovono l'azione, alle amministrazioni o alle imprese erogatrici del servizio ed alle persone fisiche i cui nominativi siano eventualmente indicati nella stessa, nonché mediante affissione nei luoghi di lavoro, da compiere a cura dell'amministrazione o dell'impresa erogatrice. Dell'ordinanza viene altresì data notizia mediante adeguate forme di pubblicazione sugli organi di stampa, nazionali o locali, o mediante diffusione attraverso la radio e la televisione.

4. Dei provvedimenti adottati ai sensi del presente articolo, il Presidente del Consiglio dei ministri dà comunicazione alle Camere (1) (2).

(1) *Articolo sostituito dall'art. 7, comma 1, l. 11 aprile 2000, n. 83.*

(2) *Per la delega di funzioni e dei poteri attribuiti al Presidente del Consiglio dei ministri, relativi all'attuazione del diritto di sciopero nei servizi pubblici essenziali ai Ministri competenti per materia, v., da ultimo, il d.P.C.M. 30 ottobre 2019.*

9-11 (*Omissis*).

12 1. È istituita una Commissione di garanzia dell'attuazione della legge, al fine di valutare l'idoneità delle misure volte ad assicurare il contemperamento dell'esercizio del diritto di sciopero con il godimento dei diritti della persona, costituzionalmente tutelati, di cui al comma 1 dell'art. 1.

2. La Commissione è composta da nove membri, scelti, su designazione dei Presidenti della Camera dei deputati e del Senato della Repubblica, tra esperti in materia di diritto costituzionale, di diritto del lavoro e di relazioni industriali, e nominati con decreto del Presidente della Repubblica; essa può avvalersi della consulenza di esperti di organizzazione dei servizi pubblici essenziali interessati dal conflitto, nonché di esperti che si siano particolarmente distinti nella tutela degli utenti. La Commissione si avvale di personale, anche con qualifica dirigenziale, delle amministrazioni pubbliche o di altri organismi di diritto pubblico in posizione di comando o fuori ruolo, adottando a tale fine i relativi provvedimenti. Per i dipendenti pubblici si applica la disposizione di cui all'articolo 17, comma 14, della legge 15 maggio 1997, n. 127. La Commissione individua, con propria deliberazione, i contingenti di personale di cui avvalersi nel limite massimo di trenta unità. Il personale in servizio presso la Commissione in posizione di comando o fuori ruolo conserva lo stato giuridico e il trattamento economico fondamentale delle amministrazioni di provenienza, a carico di queste ultime. Allo stesso personale spettano un'indennità nella misura prevista per il personale dei ruoli della Presidenza del Consiglio dei ministri, nonché gli altri trattamenti economici accessori previsti dai contratti collettivi nazionali di lavoro. I trattamenti accessori gravano sul fondo di cui al comma 5 (1).

3. La Commissione elegge nel suo seno il presidente; è nominata per sei anni e i suoi membri possono essere confermati una sola volta (2).

4. La Commissione stabilisce le modalità del proprio funzionamento. Acquisisce, anche mediante audizioni, dati e informazioni dalle pubbliche amministrazioni, dalle organizzazioni sindacali e dalle imprese, nonché dalle associazioni degli utenti dei servizi pubblici essenziali. Può avvalersi, altresì, delle attività del Consiglio nazionale dell'economia e del lavoro (CNEL), nonché di quelle degli Osservatori del mercato del lavoro e dell'Osservatorio del pubblico impiego.

5. La Commissione provvede all'autonoma gestione delle spese relative al proprio funzionamento, nei limiti degli stanziamenti previsti da un apposito fondo istituito a tale scopo nel bilancio dello Stato. Il rendiconto della gestione finanziaria è soggetto al controllo della Corte dei conti. Le norme dirette a disciplinare la gestione delle spese, anche in deroga alle disposizioni sulla contabilità generale dello Stato, sono approvate con decreto del Presidente della Repubblica da emanarsi ai sensi dell'art. 17, comma 2, della legge 23 agosto 1988, n. 400, su proposta del Presidente del Consiglio dei Ministri di concerto con il Ministro del tesoro, sentita la predetta Commissione (3).

6. All'onere derivante dall'attuazione del presente articolo, pari a lire 2.300 milioni per ciascuno degli anni 1990, 1991 e 1992, si provvede mediante corrispondente riduzione dello stanziamento iscritto, ai fini del bilancio triennale 1990-1992, al capitolo 6856 dello stato di previsione del Ministero del tesoro per l'anno 1990 all'uopo utilizzando l'accantonamento "Norme dirette a garantire il funzionamento dei servizi pubblici essenziali nell'ambito della tutela del diritto di sciopero e istituzione della Commissione per le relazioni sindacali nei servizi pubblici". Il Ministro del tesoro è autorizzato ad apportare, con propri decreti, le occorrenti variazioni di bilancio.

6-*bis* Al fine di garantire la continuità dell'attività della Commissione, nei limiti dei contingenti di cui al comma 2, il personale di ruolo della pubblica amministrazione, in servizio in posizione di comando alla data del 30 giugno 2013, che ne fa richiesta, è trasferito alla Commissione e inquadrato nel ruolo organico del personale della Commissione, appositamente istituito senza nuovi o maggiori oneri a carico della finanza pubblica, con corrispondente riduzione delle dotazioni organiche delle amministrazioni di appartenenza e trasferimento delle relative risorse finanziarie. Il numero delle unità di personale in posizione di comando di cui l'amministrazione può avvalersi ai sensi del comma 2 è ridotto di un numero pari alle unità immesse in ruolo (4).

(1) *Comma modificato dall'art. 17, comma 13, l. 15 maggio 1997, n. 127; dall'art. 9, comma 1, l. 11 aprile 2000, n. 83 e, da ultimo, dall'art. 2, comma 8-*decies, *d.l. 30 dicembre 2009, n. 194, conv., con modif., in l. 26 febbraio 2010, n. 25. A norma dell'art. 23, comma 1, lettera i), d.l. 6 dicembre 2011, n. 201, conv., con modif., in l. 22 dicembre 2011, n. 214, il numero dei componenti della Commissione di garanzia dell'attuazione della legge sullo sciopero nei servizi pubblici essenziali è ridotto da nove a cinque, compreso il Presidente. Vedi anche quanto disposto dal comma 2 del medesimo articolo.*

(2) *Comma modificato dall'articolo 1, comma 23-*duodecies, *d.l. n. 194, cit. V. inoltre il comma 23-*terdecies, *del medesimo articolo 1.*

(3) *Comma sostituito dall'art. 17, comma 12, l. 15 maggio 1997, n. 127.*

(4) *Comma aggiunto dall'art. 1, comma 323, l. 27 dicembre 2013, n. 147. Vedi anche la Delibera 17 febbraio 2014, n. 65.*

13 1. La Commissione:

a) valuta, anche di propria iniziativa, sentite le organizzazioni dei consumatori e degli utenti riconosciute ai fini dell'elenco di cui alla legge 30 luglio 1998, n. 281, che siano interessate ed operanti nel territorio di cui trattasi, le quali possono esprimere il loro parere entro il termine stabilito dalla Commissione medesima, l'idoneità delle prestazioni indispensabili, delle procedure di raffreddamento e conciliazione e delle altre misure individuate ai sensi del comma 2 dell'articolo 2 a garantire il contemperamento dell'esercizio dei diritto di sciopero con il godimento dei diritti della persona, costituzionalmente tutelati, di cui al comma 1 dell'articolo 1, e qualora non le giudichi idonee sulla base di specifica motivazione, sottopone alle parti una proposta sull'insieme delle prestazioni, procedure e misure da considerarsi indispensabili. Le parti devono pronunciarsi sulla proposta della Commissione entro quindici giorni dalla notifica. Se non si pronunciano, la Commissione, dopo avere verificato, in seguito ad apposite audizioni da svolgere entro il termine di venti giorni, l'indisponibilità delle parti a raggiungere un accordo, adotta con propria delibera la provvisoria regolamentazione delle prestazioni indispensabili, delle procedure di raffreddamento e di conciliazione e delle altre misure di contemperamento, comunicandola alle parti interessate, che sono tenute ad osservarla agli effetti dell'articolo 2, comma 3, fino al raggiungimento di un accordo valutato idoneo. Nello stesso modo la Commissione valuta i codici di autoregolamentazione di cui all'articolo 2-*bis*, e provvede nel caso in cui manchino o non siano idonei ai sensi della presente lettera. La Commissione, al fine della provvisoria regolamentazione di cui alla presente lettera, deve tenere conto delle previsioni degli atti di autoregolamentazione vigenti in settori analoghi o similari nonché degli accordi sottoscritti nello stesso settore dalle organizzazioni sindacali comparativamente più rappresentative sul piano nazionale. Nella provvisoria regolamentazione, le prestazioni indispensabili devono essere individuate in modo da non compromettere, per la durata della regolamentazione stessa, le esigenze fondamentali di cui all'articolo 1; salvo casi particolari, devono essere contenute in misura non eccedente mediamente il 50 per cento delle prestazioni normalmente erogate e riguardare quote strettamente necessarie di personale non superiori mediamente ad un terzo del personale normalmente utilizzato per la piena erogazione del servizio nel tempo interessato dallo sciopero, tenuto conto delle condizioni tecniche e della sicurezza. Si deve comunque tenere conto dell'utilizzabilità dei servizi alternativi o forniti da imprese concorrenti. Quando, per le finalità di cui all'articolo 1, è necessario assicurare fasce orarie di erogazione dei servizi, questi ultimi devono essere garantiti nella misura di quelli normalmente offerti e pertanto non rientrano nella predetta percentuale del 50 per cento. Eventuali deroghe da parte della Commissione, per casi particolari, devono essere adeguatamente motivate con specifico riguardo alla necessità di garantire livelli di funzionamento e di sicurezza strettamente occorrenti all'erogazione dei servizi, in modo da non compromettere le esigenze fondamentali di cui all'articolo1. I medesimi criteri previsti per la individuazione delle prestazioni indispensabili ai fini della provvisoria regolamentazione costituiscono parametri di riferimento per la valutazione, da parte della Commissione, dell'idoneità degli atti negoziali e di autoregolamentazione. Le delibere adottate dalla Commissione ai sensi della presente lettera sono immediatamente trasmesse ai Presidenti delle Camere;

b) esprime il proprio giudizio sulle questioni interpretative o applicative dei contenuti degli accordi o codici di autoregolamentazione di cui al comma 2 dell'articolo 2 e all'articolo 2- bis per la parte di propria competenza su richiesta congiunta delle parti o di propria iniziativa. Su richiesta congiunta delle parti interessate, la Commissione può inoltre emanare un lodo sul merito della controversia. Nel caso in cui il servizio sia svolto con il concorso di una pluralità di amministrazioni ed imprese la Commissione può convocare le amministrazioni e le imprese interessate, incluse quelle che erogano servizi strumentali, accessori o collaterali, e le rispettive organizzazioni sindacali, e formulare alle parti interessate una proposta intesa a rendere omogenei i regolamenti di cui al comma 2 dell'articolo 2, tenuto conto delle esigenze del servizio nella sua globalità;

c) ricevuta la comunicazione di cui all'articolo 2, comma 1, può assumere informazioni o convocare le parti in apposite audizioni, per verificare se sono stati esperiti i tentativi di conciliazione e se vi sono le condizioni per una composizione della controversia, e nel caso di conflitti di particolare rilievo nazionale può invitare, con apposita delibera, i soggetti che hanno proclamato lo sciopero a differire la data dell'astensione dal lavoro per il tempo necessario a consentire l'ulteriore tentativo di mediazione (2);

d) indica immediatamente ai soggetti interessati eventuali violazioni delle disposizioni relative al preavviso, alla durata massima, all'esperimento delle procedure preventive di raffreddamento e di conciliazione, ai periodi di franchigia, agli intervalli minimi tra successive proclamazioni, e ad ogni altra prescrizione riguardante la fase precedente all'astensione collettiva, e può invitare, con apposita delibera, i soggetti interessati a riformulare la proclamazione in conformità alla legge e agli accordi o codici di autoregolamentazione differendo l'astensione dal lavoro ad altra data;

e) rileva l'eventuale concomitanza tra interruzioni o riduzioni di servizi pubblici alternativi, che interessano il medesimo bacino di utenza, per effetto di astensioni collettive proclamate da soggetti sindacali diversi e può invitare i soggetti la cui proclamazione sia stata comunicata successivamente in ordine di tempo a differire l'astensione collettiva ad altra data;

f) segnala all'autorità competente le situazioni nelle quali dallo sciopero o astensione collettiva può derivare un imminente e fondato pericolo di pregiudizio ai diritti della persona costituzionalmente tutelati di cui all'articolo 1, comma 1, e formula proposte in ordine alla misure da adottare con l'ordinanza di cui all'articolo 8 per prevenire il predetto pregiudizio;

g) assume informazioni dalle amministrazioni e dalle imprese erogatrici di servizi di cui all'articolo 1, che sono tenute a fornirle nel termine loro indicato, circa l'applicazione delle delibere sulle sanzioni ai sensi dell'articolo 4, circa gli scioperi proclamati; nei casi di conflitto di particolare rilievo nazionale, può acquisire dalle medesime amministrazioni e imprese, e dalle altre parti interessate, i termini economici e normativi della controversia e sentire le parti interessate, per accertare le cause di insorgenza dei conflitti, ai sensi dell'articolo 2, comma 6, e gli aspetti che riguardano l'interesse degli utenti; può acquisire dall'INPS, che deve fornirli entro trenta giorni dalla richiesta, dati analitici relativamente alla devoluzione dei contributi sindacali per effetto dell'applicazione delle sanzioni previste dall'articolo 4;

h) se rileva comportamenti della amministrazioni o imprese che erogano i servizi di cui all'articolo 1 in evidente violazione della presente legge o delle procedure previste da accordi o contratti collettivi o comportamenti illegittimi che comunque possano determinare l'insorgenza o l'aggravamento di conflitti in corso, invita, con apposita delibera, le amministrazioni o le imprese predette a desistere dal comportamento e ad osservare gli obblighi derivanti dalla legge o da accordi o contratti collettivi (3);

i) valuta, con la procedura prevista dall'articolo 4, comma 4-*quater*, il comportamento delle parti e se rileva eventuali inadempienze o violazioni degli obblighi che derivano dalla presente legge, degli accordi o contratti collettivi sulle prestazioni indispensabili, delle procedure di raffreddamento e conciliazione e delle altre misure di contemperamento, o dei codici di autoregolamentazione, di cui agli articoli 2, commi 1 e 2, e 2-*bis*, considerate anche le cause di insorgenza del conflitto, delibera le sanzioni previste dall'articolo 4 e, per quanto disposto dal comma 1 dell'articolo 4, prescrive al datore di lavoro di applicare le sanzioni disciplinari;

l) assicura forme adeguate e tempestive di pubblicità delle proprie delibere, con particolare riguardo alle delibere di invito di cui alle lettere *c*), *d*), *e*) ed *h*), e può richiedere la pubblicazione nella Gazzetta Ufficiale di comunicati contenenti gli accordi o i codici di autoregolamentazione di ambito nazionale valutati idonei o le eventuali provvisorie regolamentazioni da essa deliberate in mancanza di accordi o codici idonei. Le amministrazioni e le imprese erogatrici di servizi hanno l'obbligo di rendere note le delibere della Commissione, nonché gli accordi o contratti collettivi di cui all'articolo 2, comma 2, mediante affissione in luogo accessibile a tutti;

m) riferisce ai Presidenti delle Camere, su richiesta dei medesimi o di propria iniziativa, sugli aspetti di propria competenza dei conflitti nazionali e locali relativi a servizi pubblici essenziali, valutando la conformità della condotta tenuta dai soggetti collettivi ed individuali, dalle amministrazioni e dalle imprese, alle norme di autoregolamentazione o alle clausole sulle prestazioni indispensabili;

n) trasmette gli atti e le pronunce di propria competenza ai Presidenti delle Camere e al Governo, che ne assicura la divulgazione tramite i mezzi di informazione.

(1) *Articolo così sostituito dall'art. 10, comma 1, l. 11 aprile 2000, n. 83.*

(2) *Per la Delibera interpretativa della presente lettera vedi la Deliberazione 15 dicembre 2014, n. 14/496.*

(3) *Per la Delibera interpretativa della presente lettera vedi la Deliberazione 19 gennaio 2015, n. 15.*

14-20-*bis* (*Omissis*).

57. Legge 14 novembre 1995, n. 481. — Norme per la concorrenza e la regolazione dei servizi di pubblica utilità. Istituzione delle Autorità di regolazione dei servizi di pubblica utilità (1).

Pubblicata nella Gazzetta Ufficiale n. 270 del 18 novembre 1995, S.O. n. 136.

(1) *La legge è riportata* sub *II, 69.*

1 Finalità.

1. Le disposizioni della presente legge hanno la finalità di garantire la promozione della concorrenza e dell'efficienza nel settore dei servizi di pubblica utilità, di seguito denominati "servizi" nonché adeguati livelli di qualità nei servizi medesimi in condizioni di economicità e di redditività, assicurandone la fruibilità e la diffusione in modo omogeneo sull'intero territorio nazionale, definendo un sistema tariffario certo, trasparente e basato su criteri predefiniti, promuovendo la tutela degli interessi di utenti e consumatori, tenuto conto della normativa comunitaria in materia e degli indirizzi di politica generale formulati dal Governo. Il sistema tariffario deve altresì armonizzare gli obiettivi economico-finanziari dei soggetti esercenti il servizio con gli obiettivi generali di carattere sociale, di tutela ambientale e di uso efficiente delle risorse.

2. Per la privatizzazione dei servizi di pubblica utilità, il Governo definisce i criteri per la privatizzazione di ciascuna impresa e le relative modalità di dismissione e li trasmette al Parlamento ai fini dell'espressione

del parere da parte delle competenti Commissioni parlamentari (1) (2).

(1) *Comma così modificato dall'art. 3 l. 31 luglio 1997, n. 249.*
(2) *In attuazione del presente comma, v. l'art. 1, comma 905, l. 27 dicembre 2006, n. 296.*

2 Istituzione delle Autorità per i servizi di pubblica utilità.

1. Sono istituite le Autorità di regolazione di servizi di pubblica utilità, competenti, rispettivamente, per l'energia elettrica, il gas ed il sistema idrico [e il gas] e per le telecomunicazioni. Tenuto conto del quadro complessivo del sistema delle comunicazioni, all'Autorità per le telecomunicazioni potranno essere attribuite competenze su altri aspetti di tale sistema (1).

2. Le disposizioni del presente articolo costituiscono princìpi generali cui si ispira la normativa relativa alle Autorità.

[3. Al fine di consentire una equilibrata distribuzione sul territorio italiano degli organismi pubblici che svolgono funzioni di carattere nazionale, più Autorità per i servizi pubblici non possono avere sede nella medesima città.] (2)

4. La disciplina e la composizione di ciascuna Autorità sono definite da normative particolari che tengono conto delle specificità di ciascun settore sulla base dei princìpi generali del presente articolo. La presente legge disciplina nell'articolo 3 il settore dell'energia elettrica e del gas. Gli altri settori saranno disciplinati con appositi provvedimenti legislativi.

5. Le Autorità operano in piena autonomia e con indipendenza di giudizio e di valutazione; esse sono preposte alla regolazione e al controllo del settore di propria competenza. Per i settori dell'energia elettrica e del gas, al fine di tutelare i clienti finali e di garantire mercati effettivamente concorrenziali, le competenze ricomprendono tutte le attività della relativa filiera (3).

6. Le Autorità, in quanto autorità nazionali competenti per la regolazione e il controllo, svolgono attività consultiva e di segnalazione al Governo nelle materie di propria competenza anche ai fini della definizione, del recepimento e della attuazione della normativa comunitaria.

7. Ciascuna Autorità è organo collegiale costituito dal presidente e da due membri, nominati con decreto del Presidente della Repubblica, previa deliberazione del Consiglio dei Ministri su proposta del Ministro competente. Le designazioni effettuate dal Governo sono previamente sottoposte al parere delle competenti Commissioni parlamentari. In nessun caso le nomine possono essere effettuate in mancanza del parere favorevole espresso dalle predette Commissioni a maggioranza dei due terzi dei componenti. Le medesime Commissioni possono procedere all'audizione delle persone designate. In sede di prima attuazione della presente legge le Commissioni parlamentari si pronunciano entro trenta giorni dalla richiesta del parere; decorso tale termine il parere viene espresso a maggioranza assoluta (4).

8. I componenti di ciascuna Autorità sono scelti fra persone dotate di alta e riconosciuta professionalità e competenza nel settore; durano in carica sette anni e non possono essere confermati. A pena di decadenza essi non possono esercitare, direttamente o indirettamente, alcuna attività professionale o di consulenza, essere amministratori o dipendenti di soggetti pubblici o privati né ricoprire altri uffici pubblici di qualsiasi natura, ivi compresi gli incarichi elettivi o di rappresentanza nei partiti politici né avere interessi diretti o indiretti nelle imprese operanti nel settore di competenza della medesima Autorità. I dipendenti delle amministrazioni pubbliche sono collocati fuori ruolo per l'intera durata dell'incarico (5).

9. Per almeno due anni dalla cessazione dell'incarico i componenti e i dirigenti delle Autorità non possono intrattenere, direttamente o indirettamente, rapporti di collaborazione, di consulenza o di impiego con le imprese operanti nel settore di competenza; la violazione di tale divieto è punita, salvo che il fatto costituisca reato, con una sanzione pecuniaria pari, nel minimo, alla maggiore somma tra 50 milioni di lire e l'importo del corrispettivo percepito e, nel massimo alla maggiore somma tra 500 milioni di lire e l'importo del corrispettivo percepito. All'imprenditore che abbia violato tale divieto si applica la sanzione amministrativa pecuniaria pari allo 0,5 per cento del fatturato e, comunque, non inferiore a 300 milioni di lire e non superiore a 200 miliardi di lire, e, nei casi più gravi o quando il comportamento illecito sia stato reiterato, la revoca dell'atto concessivo o autorizzativo. I valori di tali sanzione sono rivalutati secondo il tasso di variazione annuo dei prezzi al consumo per le famiglie di operai e impiegati rilevato dall'ISTAT. Le disposizioni del presente comma non si applicano ai dirigenti che negli ultimi quattro anni di servizio sono stati responsabili esclusivamente di uffici di supporto (6).

10. I componenti e i funzionari delle Autorità, nell'esercizio delle funzioni, sono pubblici ufficiali e sono tenuti al segreto d'ufficio. Fatta salva la riserva all'organo collegiale di adottare i provvedimenti nelle materie di cui al comma 12, per garantire la responsabilità e l'autonomia nello svolgimento delle procedure istruttorie, ai sensi della legge 7 agosto 1990, n. 241, e successive modificazioni, e del decreto legislativo 3 febbraio 1993, n. 29, e successive modificazioni, si applicano i princìpi riguardanti l'individuazione e le funzioni del responsabile del procedimento, nonché quelli relativi alla distinzione tra funzioni di indirizzo e controllo, attribuite agli organi di vertice, e quelli concernenti le funzioni di gestione attribuite ai dirigenti.

11. Le indennità spettanti ai componenti le Autorità sono determinate con decreto del Presidente del Consiglio dei ministri, su proposta del Ministro del tesoro.

12. Ciascuna Autorità nel perseguire le finalità di cui all'articolo 1 svolge le seguenti funzioni:

a) formula osservazioni e proposte da trasmettere al Governo e al Parlamento sui servizi da assoggettare a regime di concessione o di autorizzazione e sulle relative forme di mercato, nei limiti delle leggi esistenti, proponendo al Governo le modifiche normative e regolamentari necessarie in relazione alle dinamiche tecnologiche, alle condizioni di mercato ed all'evoluzione delle normative comunitarie;

b) propone ai Ministri competenti gli schemi per il rinnovo nonché per eventuali variazioni dei singoli atti di concessione o di autorizzazione, delle convenzioni e dei contratti di programma;

c) controlla che le condizioni e le modalità di accesso per i soggetti esercenti i servizi, comunque stabilite, siano attuate nel rispetto dei princìpi della concorrenza e della trasparenza, anche in riferimento alle singole voci di costo, anche al fine di prevedere l'obbligo di prestare il servizio in condizioni di eguaglianza in modo che tutte le ragionevoli esigenze degli utenti siano soddisfatte, ivi comprese quelle degli anziani e dei disabili, garantendo altresì il rispetto: dell'ambiente, la sicurezza degli impianti e la salute degli addetti;

d) propone la modifica delle clausole delle concessioni e delle convenzioni, ivi comprese quelle relative all'esercizio in esclusiva, delle autorizzazioni, dei contratti di programma in essere e delle condizioni di svolgimento dei servizi, ove ciò sia richiesto dall'andamento del mercato o dalle ragionevoli esigenze degli utenti, definendo altresì le condizioni tecnico-economiche di accesso e di interconnessione alle reti, ove previsti dalla normativa vigente;

e) stabilisce e aggiorna, in relazione all'andamento del mercato, la tariffa base, i parametri e gli altri elementi di riferimento per determinare le tariffe di cui ai commi 17, 18 e 19, nonché le modalità per il recupero dei costi eventualmente sostenuti nell'interesse generale in modo da assicurare la qualità, l'efficienza del servizio e l'adeguata diffusione del medesimo sul territorio nazionale, nonché la realizzazione degli obiettivi generali di carattere sociale, di tutela ambientale e di uso efficiente delle risorse di cui al comma 1 dell'articolo 1, tenendo separato dalla tariffa qualsiasi tributo od onere improprio; verifica la conformità ai criteri di cui alla presente lettera delle proposte di aggiornamento delle tariffe annualmente presentate e si pronuncia, sentiti eventualmente i soggetti esercenti il servizio, entro novanta giorni dal ricevimento della proposta; qualora la pronuncia non intervenga entro tale termine, le tariffe si intendono verificate positivamente;

f) emana le direttive per la separazione contabile e amministrativa e verifica i costi delle singole prestazioni per assicurare, tra l'altro, la loro corretta disaggregazione e imputazione per funzione svolta, per area geografica e per categoria di utenza evidenziando separatamente gli oneri conseguenti alla fornitura del servizio universale definito dalla convenzione, provvedendo quindi al confronto tra essi e i costi analoghi in altri Paesi, assicurando la pubblicizzazione dei dati;

g) controlla lo svolgimento dei servizi con poteri di ispezione, di accesso, di acquisizione della documentazione e delle notizie utili, determinando altresì i casi di indennizzo automatico da parte del soggetto esercente il servizio nei confronti dell'utente ove il medesimo soggetto non rispetti le clausole contrattuali o eroghi il servizio con livelli qualitativi inferiori a quelli stabiliti nel regolamento di servizio di cui al comma 37, nel contratto di programma ovvero ai sensi della lettera h);

h) emana le direttive concernenti la produzione e l'erogazione dei servizi da parte dei soggetti esercenti i servizi medesimi, definendo in particolare i livelli generali di qualità riferiti al complesso delle prestazioni e i livelli specifici di qualità riferiti alla singola prestazione da garantire all'utente, sentiti i soggetti esercenti il servizio e i rappresentanti degli utenti e dei consumatori, eventualmente differenziandoli per settore e tipo di prestazione; tali determinazioni producono gli effetti di cui al comma 37;

i) assicura la più ampia pubblicità delle condizioni dei servizi; studia l'evoluzione del settore e dei singoli servizi, anche per modificare condizioni tecniche, giuridiche ed economiche relative allo svolgimento o all'erogazione dei medesimi; promuove iniziative volte a migliorare le modalità di erogazione dei servizi; presenta annualmente al Parlamento e al Presidente del Consiglio dei ministri una relazione sullo stato dei servizi e sull'attività svolta;

l) pubblicizza e diffonde la conoscenza delle condizioni di svolgimento dei servizi al fine di garantire la massima trasparenza, la concorrenzialità dell'offerta e la possibilità di migliori scelte da parte degli utenti intermedi o finali;

m) valuta reclami, istanze e segnalazioni presentate dagli utenti o dai consumatori, singoli o associati, in ordine al rispetto dei livelli qualitativi e tariffari da parte dei soggetti esercenti il servizio nei confronti dei quali interviene imponendo, ove opportuno, modifiche alle modalità di esercizio degli stessi ovvero procedendo alla revisione del regolamento di servizio di cui al comma 37;

n) verifica la congruità delle misure adottate dai soggetti esercenti il servizio al fine di assicurare la parità di trattamento tra gli utenti, garantire la continuità della prestazione dei servizi, verificare periodicamente la qualità e l'efficacia delle prestazioni all'uopo acquisendo anche la valutazione degli utenti, garantire ogni informazione circa le modalità di prestazione dei servizi e i relativi livelli qualitativi, consentire a utenti e consumatori il più agevole accesso agli uffici aperti al pubblico, ridurre il numero degli adempimenti richiesti agli utenti semplificando le procedure per l'erogazione del servizio, assicurare la sollecita risposta a reclami, istanze e segnalazioni nel rispetto dei livelli qualitativi e tariffari;

o) propone al Ministro competente la sospensione o la decadenza della concessione per i casi in cui tali provvedimenti siano consentiti dall'ordinamento;

p) controlla che ciascun soggetto esercente il servizio adotti, in base alla direttiva sui princìpi dell'erogazione dei servizi pubblici del Presidente del Consiglio dei ministri del 27 gennaio 1994, pubblicata nella Gazzetta Ufficiale n. 43 del 22 febbraio 1994, una carta di servizio pubblico con indicazione di standards dei singoli servizi e ne verifica il rispetto (7).

13. Il Ministro competente, se respinge le proposte di cui alle lettere b) d) e o) del comma 12, chiede all'Autorità una nuova proposta e indica esplicitamente i princìpi e i criteri previsti dalla presente legge ai quali attenersi. Il Ministro competente, qualora non intenda accogliere la seconda proposta dell'Autorità, propone al Presidente del Consiglio dei ministri di decidere, previa deliberazione del Consiglio dei ministri, in difformità esclusivamente per gravi e rilevanti motivi di utilità generale.

14. A ciascuna Autorità sono trasferite tutte le funzioni amministrative esercitate da organi statali e da

altri enti e amministrazioni pubblici, anche a ordinamento autonomo, relative alle sue attribuzioni. Fino alla data di entrata in vigore dei regolamenti di cui al comma 28, il Ministro competente continua comunque ad esercitare le funzioni in precedenza ad esso attribuite dalla normativa vigente. Sono fatte salve le funzioni di indirizzo nel settore spettanti al Governo e le attribuzioni riservate alle autonomie locali.

15. Nelle province autonome di Trento e di Bolzano si applicano gli articoli 12 e 13 del testo unico approvato con decreto del Presidente della Repubblica 31 agosto 1972, n. 670, e le relative norme di attuazione contenute nel decreto del Presidente della Repubblica 22 marzo 1974, n. 381, e nel decreto del Presidente della Repubblica 26 marzo 1977, n. 235.

16. Nella regione Valle d'Aosta si applicano le norme contenute negli articoli 7, 8, 9 e 10 dello statuto speciale, approvato con legge costituzionale 26 febbraio 1948, n. 4.

17. Ai fini della presente legge si intendono per tariffe i prezzi massimi unitari dei servizi al netto delle imposte.

18. Salvo quanto previsto dall'articolo 3 e unitamente ad altri criteri di analisi e valutazioni, i parametri di cui al comma 12, lettera *e*), che l'Autorità fissa per la determinazione della tariffa con il metodo del price-cap, inteso come limite massimo della variazione di prezzo vincolata per un periodo pluriennale, sono i seguenti:

a) tasso di variazione medio annuo riferito ai dodici mesi precedenti dei prezzi al consumo per le famiglie di operai e impiegati rilevato dall'ISTAT;

b) obiettivo di variazione del tasso annuale di produttività, prefissato per un periodo almeno triennale.

19. Ai fini di cui al comma 18 si fa altresì riferimento ai seguenti elementi:

a) recupero di qualità del servizio rispetto a standards prefissati per un periodo almeno triennale;

b) costi derivanti da eventi imprevedibili ed eccezionali, da mutamenti del quadro normativo o dalla variazione degli obblighi relativi al servizio universale;

c) costi derivanti dall'adozione di interventi volti al controllo e alla gestione della domanda attraverso l'uso efficiente delle risorse.

20. Per lo svolgimento delle proprie funzioni, ciascuna Autorità:

a) richiede, ai soggetti esercenti il servizio, informazioni e documenti sulle loro attività;

b) effettua controlli in ordine al rispetto degli atti di cui ai commi 36 e 37;

c) irroga, salvo che il fatto costituisca reato, in caso di inosservanza dei propri provvedimenti o in caso di mancata ottemperanza da parte dei soggetti esercenti il servizio, alle richieste di informazioni o a quelle connesse all'effettuazione dei controlli, ovvero nel caso in cui le informazioni e i documenti acquisiti non siano veritieri, sanzioni amministrative pecuniarie non inferiori nel minimo a euro 2.500 e non superiori nel massimo a lire 300 miliardi; in caso di reiterazione delle violazioni ha la facoltà, qualora ciò non comprometta la fruibilità del servizio da parte degli utenti, di sospendere l'attività di impresa fino a 6 mesi ovvero proporre al Ministro competente la sospensione o la decadenza della concessione (8);

d) ordina al soggetto esercente il servizio la cessazione di comportamenti lesivi dei diritti degli utenti, imponendo, ai sensi del comma 12, lettera *g*), l'obbligo di corrispondere un indennizzo;

e) può adottare, nell'ambito della procedura di conciliazione o di arbitrato, provvedimenti temporanei diretti a garantire la continuità dell'erogazione del servizio ovvero a far cessare forme di abuso o di scorretto funzionamento da parte del soggetto esercente il servizio.

21. Il Governo, nell'ambito del documento di programmazione economico-finanziaria, indica alle Autorità il quadro di esigenze di sviluppo dei servizi di pubblica utilità che corrispondono agli interessi generali del Paese.

22. Le pubbliche amministrazioni e le imprese sono tenute a fornire alle Autorità, oltre a notizie e informazioni, la collaborazione per l'adempimento delle loro funzioni.

23. Le Autorità disciplinano, ai sensi del capo III della legge 7 agosto 1990, n. 241, con proprio regolamento, da adottare entro novanta giorni dall'avvenuta nomina, audizioni periodiche delle formazioni associative nelle quali i consumatori e gli utenti siano organizzati. Nel medesimo regolamento sono altresì disciplinati audizioni periodiche delle associazioni ambientaliste, delle associazioni sindacali delle imprese e dei lavoratori e lo svolgimento di rilevazioni sulla soddisfazione degli utenti e sull'efficacia dei servizi.

24. Entro sessanta giorni dalla data di entrata in vigore della presente legge, con uno o più regolamenti emanati ai sensi dell'articolo 17, comma 1, della legge 23 agosto 1988, n.400, sono definiti:

a) le procedure relative alle attività svolte dalle Autorità idonee a garantire agli interessati la piena conoscenza degli atti istruttori, il contraddittorio, in forma scritta e orale, e la verbalizzazione; (9)

b) i criteri, le condizioni, i termini e le modalità per l'esperimento di procedure di conciliazione o di arbitrato in contraddittorio presso le Autorità nei casi di controversie insorte tra utenti e soggetti esercenti il servizio, prevedendo altresì i casi in cui tali procedure di conciliazione o di arbitrato possano essere rimesse in prima istanza alle commissioni arbitrali e conciliative istituite presso le camere di commercio, industria, artigianato e agricoltura. Fino alla scadenza del termine fissato per la presentazione delle istanze di conciliazione o di deferimento agli arbitri, sono sospesi i termini per il ricorso in sede giurisdizionale che, se proposto, è improcedibile. Il verbale di conciliazione o la decisione arbitrale costituiscono titolo esecutivo (10).

b) i criteri, le condizioni, i termini e le modalità per l'esperimento di procedure di conciliazione o di arbitrato in contraddittorio presso le Autorità nei casi di controversie insorte tra utenti e soggetti esercenti il Servizio, prevedendo altresì i casi in cui tali procedure di conciliazione o di arbitrato possano essere rimesse in prima istanza alle commissioni arbitrali e conciliative istituite presso le camere di commercio, industria, artigianato e agricoltura, ai sensi dell'articolo 2, comma 4, lettera *a*), della legge 29 dicembre 1993, n. 580. Fino alla scadenza del termine fissato per la presentazione delle istanze di conciliazione o di deferimento agli arbitri, sono sospesi i termini per il ricorso in sede giurisdizionale che, se proposto, è improcedibile. Il verbale di conciliazione o la decisione arbitrale costituiscono titolo esecutivo.

25. La tutela giurisdizionale davanti al giudice amministrativo è disciplinata dal codice del processo amministrativo (11).

26. La pubblicità di atti e procedimenti delle Autorità è assicurata anche attraverso un apposito bollettino pubblicato dalla Presidenza del Consiglio dei ministri (12).

27. Ciascuna Autorità ha autonomia organizzativa, contabile e amministrativa. Il bilancio preventivo e il rendiconto della gestione, soggetto al controllo della Corte dei conti, sono pubblicati nella Gazzetta Ufficiale.

28. Ciascuna Autorità, con propri regolamenti, definisce, entro trenta giorni dalla sua costituzione, le norme concernenti l'organizzazione interna e il funzionamento, la pianta organica del personale di ruolo, che non può eccedere le centoventi unità, l'ordinamento delle carriere, nonché, in base ai criteri fissati dal contratto collettivo di lavoro in vigore per l'Autorità garante della concorrenza e del mercato e tenuto conto delle specifiche esigenze funzionali e organizzative, il trattamento giuridico ed economico del personale. Alle Autorità non si applicano le disposizioni di cui al d.lgs. 3 febbraio 1993, n. 29, e successive modificazioni, fatto salvo quanto previsto dal comma 10 del presente articolo (13).

29. Il regolamento del personale di ruolo previsto nella pianta organica di ciascuna Autorità avviene mediante pubblico concorso, ad eccezione delle categorie per le quali sono previste assunzioni in base all'articolo 16 della legge 28 febbraio 1987, n. 56, e successive modificazioni. In sede di prima attuazione della presente legge ciascuna Autorità provvede mediante apposita selezione anche nell'ambito del personale dipendente da pubbliche amministrazioni in possesso delle competenze e dei requisiti di professionalità ed esperienza richiesti per l'espletamento delle singole funzioni e tale da garantire la massima neutralità e imparzialità comunque nella misura massima del 50 per cento dei posti previsti nella pianta organica.

30. Ciascuna autorità può assumere, in numero non superiore a sessanta unità, dipendenti con contratto a tempo determinato di durata non superiore a due anni nonché esperti e collaboratori esterni, in numero non superiore a dieci, per specifici obiettivi e contenuti professionali, con contratti a tempo determinato di durata non superiore a due anni che possono essere rinnovati per non più di due volte (13) (14).

31. Il personale dipendente in servizio anche in forza di contratto a tempo determinato presso le Autorità non può assumere altro impiego o incarico né esercitare altra attività professionale, anche se a carattere occasionale. Esso, inoltre, non può avere interessi diretti o indiretti nelle imprese del settore. La violazione di tali divieti costituisce causa di decadenza dall'impiego ed è punita, ove il fatto non costituisca reato, con una sanzione amministrativa pecuniaria pari, nel minimo, a 5 milioni di lire, e, nel massimo, alla maggior somma tra 50 milioni di lire e l'importo del corrispettivo percepito.

32. Entro novanta giorni dalla data di entrata in vigore della presente legge, sono emanati, ai sensi dell'articolo 17, comma 2, della legge 23 agosto 1988, n. 400, uno o più regolamenti volti a trasferire le ulteriori competenze connesse a quelle attribuite alle Autorità dalla presente legge nonché a riorganizzare o a sopprimere gli uffici e a rivedere le piante organiche delle amministrazioni pubbliche interessate dalla applicazione della presente legge e cessano le competenze esercitate in materia dal Comitato interministeriale per la programmazione economica. A decorrere dalla data di entrata in vigore dei regolamenti di cui al presente comma sono abrogate le disposizioni legislative e regolamentari che disciplinano gli uffici soppressi riorganizzati. I regolamenti indicano le disposizioni abrogate ai sensi del precedente periodo.

33. Le Autorità, con riferimento agli atti e ai comportamenti delle imprese operanti nei settori sottoposti al loro controllo, segnalano all'Autorità garante della concorrenza e del mercato la sussistenza di ipotesi di violazione delle disposizioni della legge 10 ottobre 1990, n. 287.

34. Per le materie attinenti alla tutela della concorrenza, l'Autorità garante della concorrenza e del mercato esprime parere obbligatorio entro il termine di 30 giorni alle amministrazioni pubbliche competenti in ordine alla definizione delle concessioni, dei contratti di servizio e degli altri strumenti di regolazione dell'esercizio dei servizi nazionali.

35. Le concessioni rilasciate nei settori di cui al comma 1, la cui durata non può essere superiore ad anni quaranta, possono essere onerose, con le eccezioni previste dalla normativa vigente.

36. L'esercizio del servizio in concessione è disciplinato da convenzioni ed eventuali contratti di programma stipulati tra l'amministrazione concedente e il soggetto esercente il servizio, nei quali sono definiti, in particolare, l'indicazione degli obiettivi generali, degli scopi specifici e degli obblighi reciproci da perseguire nello svolgimento del servizio; le procedure di controllo e le sanzioni in caso di inadempimento; le modalità e le procedure di indennizzo automatico nonché le modalità di aggiornamento, revisione e rinnovo del contratto di programma o della convenzione.

37. Il soggetto esercente il servizio predispone un regolamento di servizio nel rispetto dei princìpi di cui alla presente legge e di quanto stabilito negli atti di cui al comma 36. Le determinazioni delle Autorità di cui al comma 12, lettera *h*), costituiscono modifica o integrazione del regolamento di servizio.

38. All'onere derivante dall'istituzione e dal funzionamento delle Autorità, determinato in lire 3 miliardi per il 1995 e in lire 20 miliardi, per ciascuna Autorità, a decorrere dal 1996, si provvede:

a) per il 1995, mediante corrispondente riduzione dello stanziamento iscritto, ai fini del bilancio triennale 1995-1997, al capitolo 6856 dello stato di previsione del Ministero del tesoro per l'anno 1995 all'uopo parzialmente utilizzando l'accantonamento relativo al Ministero dell'industria, del commercio e dell'artigianato;

[*b*) a decorrere dal 1996, mediante contributo di importo non superiore all'uno per mille dei ricavi dell'ultimo esercizio, versato dai soggetti esercenti il servizio stesso; il contributo è versato entro il 31 luglio di ogni anno nella misura e secondo le modalità stabilite con decreto del Ministro delle finanze emanato, di concerto con il Ministro del tesoro, entro trenta giorni dalla data di entrata in vigore della presente legge (15) (16)] (17).

[39. Il Ministro delle finanze è autorizzato ad adeguare il contributo a carico dei soggetti esercenti il servizio in relazione agli oneri atti a coprire le effettive spese di funzionamento di ciascuna Autorità.] (18)

40. Le somme di cui al comma 38, lettera *b*), afferenti all'Autorità per le garanzie nelle comunicazioni e all'Autorità per l'energia elettrica e il gas sono versate direttamente ai bilanci dei predetti enti (19).

41. Il Ministro del tesoro è autorizzato ad apportare, con propri decreti, le occorrenti variazioni di bilancio.

(1) *Comma modificato dall'art. 13, comma 13, d.l. 23 dicembre 2013 n. 145, conv., con modif., in l. 21 febbraio 2014, n. 9.*

(2) *Comma abrogato dall'art. 22, comma 10, d.l. 24 giugno 2014, n. 90, conv., con modif., in l. 11 agosto 2014, n. 114.*

(3) *Comma modificato dall'art. 28, comma 1, l. 23 luglio 2009, n. 99.*

(4) *Vedi il d.P.R. 9 maggio 2001, n. 244, l'articolo unico l. 23 agosto 2004, n. 239 e l'articolo unico della Deliberazione dell'Autorità per l'energia elettrica e il gas 18 dicembre 2006. A norma dell'art. 23, comma 1, lett.* c) *d.l. 6 dicembre 2011, n. 201, conv., con modif., in l. 22 dicembre 2011, n. 214, il numero dei componenti dell'Autorità per l'energia elettrica e il gas è ridotto da cinque a tre, compreso il Presidente. Vedi anche quanto disposto dal comma 2 del medesimo articolo.*

(5) *Vedi il d.P.R. 9 maggio 2001, n. 244, l'articolo unico l. 23 agosto 2004, n. 239 e l'articolo unico della Deliberazione dell'Autorità per l'energia elettrica e il gas 18 dicembre 2006.*

(6) *Comma modificato dall'art. 22, comma 3, lett.* oa) a) e b), *d.l. 24 giugno 2014, n. 90, conv., con modif., in l.11 agosto 2014, n. 114.*

(7) *Vedi il d.P.R. 9 maggio 2001, n. 244, l'articolo unico l. 23 agosto 2004, n. 239 e l'articolo unico della Deliberazione dell'Autorità per l'energia elettrica e il gas 18 dicembre 2006.*

(8) *Lettera modificata dall'art. 28, comma 4, l. 23 luglio 2009, n. 99.*

(9) *Vedi il d.P.R. 9 maggio 2001, n. 244, l'articolo unico l. 23 agosto 2004, n. 239 e l'articolo unico della Deliberazione dell'Autorità per l'energia elettrica e il gas 18 dicembre 2006.*

(10) *Lettera così modificata dall'art. 5, comma 1, lett.* a), *d.lgs. 25 novembre 2016, n. 219.*

(11) *Comma sostituito dall'art. 3, comma 6, dell'Allegato 4 d.lgs. 2 luglio 2010, n. 104.*

(12) *Vedi, anche, l'art. 1, comma 1249, l. 27 dicembre 2006, n. 296.*

(13) *Comma così sostituito dall'articolo unico l. 23 agosto 2004, n. 239. Si veda anche l'art.1, comma 347, l. 30 dicembre 2018, n. 145: « La pianta organica del personale di ruolo dell'ARERA è rideterminata numericamente a seguito delle assunzioni di cui al comma 346 del presente articolo e il numero dei dipendenti a tempo determinato di cui all'articolo 2, comma 30, della legge 14 novembre 1995, n. 481, come modificato dall'articolo 1, comma 118, della legge 23 agosto 2004, n. 239, è ridotto da sessanta a venti unità ».*

(14) *Vedi l'art. 25 l. 29 dicembre 2000, n. 422.*

(15) *Per la misure e le modalità di versamento del contributo dovuto all'Autorità per le garanzie nelle comunicazioni per gli anni gli anni precedenti vedi d.m. 16 luglio 1999, d.m. 12 luglio 2000 e d.m. 4 luglio 2001, d.m. 17 maggio 2002, d.m. 26 giugno 2003 d.m. 25 luglio 2003 ed in ultimo art. 1 d.m. 21 luglio 2004, per l'anno 2005 vedi Deliberazione 25 luglio 2005, n. 154.*

(16) *Per la misura e le modalità di versamento del contributo dovuto dalle imprese del settore dell'energia elettrica e del gas, vedi d.m. 30 luglio 1996, d.m. 29 luglio 1997, d.m. 12 luglio 2001, d.m. 9 luglio 2002.*

(17) *Lettera abrogata dall'art. 1, comma 68, l. 23 dicembre 2005, n. 266. A norma del medesimo art. 1, comma 66, l'entità della contribuzione a carico dei soggetti operanti nel settore delle comunicazioni è fissata in misura pari all'1,5 per mille.*

(18) *Comma abrogato dall'art. 1, comma 68* bis, *l. 23 dicembre 2005, n. 266, come inserito dall'art. 39-*quinquies *d.l. 30 dicembre 2005, n. 273.*

(19) *Comma sostituito dall'art.18, comma 24, l. 30 dicembre 2004, n. 312.*

3 Disposizioni relative all'Autorità per l'energia elettrica e il gas e altre disposizioni concernenti il settore elettrico (1).

1. In relazione a quanto previsto dall'articolo 2, comma 14, della presente legge, sono trasferite all'Autorità per l'energia elettrica e il gas le funzioni in materia di energia elettrica e gas attribuite dall'articolo 5, comma 2, lettera *b*), del decreto del Presidente della Repubblica 20 aprile 1994, n. 373, al Ministro dell'industria, del commercio e dell'artigianato, che le esercita, a norma del predetto articolo 5, sino alla emanazione del regolamento di organizzazione e funzionamento dell'Autorità di cui all'articolo 2, comma 28, della presente legge.

2. Per le tariffe relative ai servizi di fornitura dell'energia elettrica i prezzi unitari da applicare per tipologia di utenza sono identici sull'intero territorio nazionale. Tali tariffe comprendono anche le voci derivanti dai costi connessi all'utilizzazione dei combustibili fossili e agli acquisti di energia da produttori nazionali e agli acquisti di energia importata nonché le voci derivanti dagli oneri connessi all'incentivazione della nuova energia elettrica prodotta con fonti rinnovabili ed assimilate. L'Autorità accerta, inoltre, la sussistenza di presupposti delle voci derivanti dalla reintegrazione degli oneri connessi alla sospensione e alla interruzione dei lavori per la realizzazione di centrali nucleari ed alla chiusura definitiva delle centrali nucleari, nonché dalla copertura finanziaria delle minori entrate connesse alle disposizioni fiscali introdotte in attuazione del piano energetico nazionale, secondo quanto previsto dall'articolo 33 della legge 9 gennaio 1991, n. 9. Tali voci vengono specificate nella tariffa. L'Autorità verifica la congruità dei criteri adottati per determinare i rimborsi degli oneri connessi alla sospensione e alla interruzione dei lavori per la realizzazione di centrali nucleari nonché alla loro chiusura, anche per l'esercizio delle competenze di cui al comma 7 del presente articolo (2).

3. L'Autorità, nell'esercizio delle funzioni e dei poteri di cui all'articolo 2, comma 12, lettera *c*), e commi 20 e 22, emana direttive per assicurare l'individuazione delle diverse componenti le tariffe di cui al comma 2, nonché dei tributi (3).

4. Per l'aggiornamento delle tariffe per la parte al netto delle voci di costo di cui al comma 2, i soggetti esercenti il servizio, sulla base delle variazioni dei parametri di cui all'articolo 2, comma 18, stabiliti dall'Autorità ai sensi dell'articolo 2, comma 12, lettera *e*), nonché degli eventuali elementi di cui all'articolo 2, comma 19, predispongono la proposta di aggiornamento delle tariffe da sottoporre entro il 30 settembre di ogni anno alla verifica da parte dell'Autorità nell'esercizio delle funzioni di cui all'articolo 2, comma 12. Trascorsi quarantacinque giorni dalla comunicazione della proposta di aggiornamento senza che l'Autorità abbia verificato la proposta la stessa si intende positivamente verificata. Ove l'Autorità ritenga necessario richiedere notizie o effettuare approfondimenti, il suddetto termine è prorogato di 15 giorni. Le tariffe relative ai servizi di fornitura dell'energia elettrica, aggiornate entro il 31 dicembre di ogni anno, entrano in vigore dal 1° gennaio dell'anno successivo. Consensualmente

l'Autorità provvede a definire eventuali aggiornamenti delle perequazioni.

5. L'aggiornamento delle tariffe in relazione ai costi relativi ai combustibili fossili, all'energia elettrica acquistata da produttori nazionali e importata avviene per effetto di meccanismi di calcolo automatici sulla base di criteri predefiniti dall'Autorità e correlati all'andamento del mercato. L'aggiornamento delle tariffe viene effettuato a cura dei soggetti esercenti il servizio ed è sottoposto a successiva verifica da parte dell'Autorità (2).

6. I sistemi di perequazione tra i diversi soggetti esercenti il servizio sono disciplinati sulla base dei provvedimenti generali emanati in materia dal Ministro competente o, dopo l'entrata in vigore dei regolamenti di cui all'articolo 2, comma 28, dall'Autorità.

7. I provvedimenti già adottati dal Comitato interministeriale prezzi e dal Ministero dell'industria, del commercio e dell'artigianato in materia di energia elettrica e di gas conservano piena validità ed efficacia, salvo modifica o abrogazione disposta dal Ministro, anche nell'atto di concessione, o dalla Autorità competente. Il provvedimento CIP n. 6 del 29 aprile 1992, pubblicato nella Gazzetta Ufficiale n. 109 del 12 maggio 1992, come integrato e modificato dal decreto del Ministro dell'industria, del commercio e dell'artigianato del 4 agosto 1994, pubblicato nella Gazzetta Ufficiale n. 186 del 10 agosto 1994, si applica, per tutta la durata del contratto, alle iniziative prescelte, alla data di entrata in vigore della presente legge, ai fini della stipula delle convenzioni, anche preliminari, previste dal decreto del Ministro dell'industria, del commercio e dell'artigianato del 25 settembre 1992, pubblicato nella Gazzetta Ufficiale n. 235 del 6 ottobre 1992, nonché alle proposte di cessione dell'energia elettrica prodotta da fonti rinnovabili propriamente dette, presentate all'ENEL S.p.A. entro il 31 dicembre 1994 ed alle proposte di cessione di energia elettrica che utilizzano gas d'altoforno o di cokeria presentate alla medesima data, a condizione che in tali ultimi casi permanga la necessaria attività primaria dell'azienda. Conservano altresì efficacia le disposizioni di cui al decreto del Presidente della Repubblica del 28 gennaio 1994, pubblicato nella Gazzetta Ufficiale n. 56 del 9 marzo 1994. Per le altre iniziative continua ad applicarsi la normativa vigente, ivi compreso il citato provvedimento CIP n. 6 del 1992 ed i relativi aggiornamenti previsti dall'articolo 22, comma 5, della legge 9 gennaio 1991, n. 9, che terranno conto dei princìpi di cui all'articolo 1 della presente legge (4).

8. Per i soggetti esercenti il servizio nel settore elettrico la separazione contabile di cui all'articolo 2, comma 12, lettera *f*), deve essere attuata nel termine di due anni dalla data di entrata in vigore della presente legge, e concerne, in particolare, le diverse fasi di generazione, di trasmissione e di distribuzione come se le stesse fossero gestite da imprese separate. Tali soggetti pubblicano nella relazione annuale sulla gestione uno stato patrimoniale e un conto profitti e perdite distinti per ogni fase. Fermo restando quanto previsto dall'articolo 20, primo comma, della legge 29 maggio 1982, n. 308, le attività elettriche già esercitate dalle imprese elettriche degli enti locali restano affidate in concessione da parte del Ministro dell'industria, del commercio e dell'artigianato. I rapporti tra le imprese elettriche degli enti locali e l'ENEL S.p.A. restano regolati da convenzioni stipulate ai sensi dell'articolo 21 della legge 9 gennaio 1991, n. 9.

9. La presente legge entra in vigore il giorno successivo a quello della sua pubblicazione nella Gazzetta Ufficiale.

(1) *V. d.l. 13 settembre 1996, n. 473, conv., con modif., in l. 14 novembre 1996, n. 577.*

(2) *V. integrazione al presente comma disposta dall'art. 1 del d.P.C.M. 31 ottobre 2002.*

(3) *Comma sostituito dall'art. 1 d.l. n. 473, cit., conv., con modif., in l. 14 novembre 1996, n. 577.*

(4) *V. articolo 1 d.m. 24 gennaio 1997 (G.U. 22 febbraio 1997, n. 44).*

58. Decreto legislativo 22 luglio 1999, n. 261. — Attuazione della direttiva 97/67/CE concernente regole comuni per lo sviluppo del mercato interno dei servizi postali comunitari e per il miglioramento della qualità del servizio. (*estratto*) (1).

Pubblicato nella Gazzetta Ufficiale n. 182 del 5 agosto 1999.

(1) *Il decreto è riportato sub V, 117.*

3 Servizio universale (1).

1. È assicurata la fornitura del servizio universale e delle prestazioni in esso ricomprese, di qualità determinata, da fornire permanentemente in tutti i punti del territorio nazionale, incluse le situazioni particolari delle isole minori e delle zone rurali e montane, a prezzi accessibili all'utenza.

2. Il servizio universale, incluso quello transfrontaliero, comprende:

a) la raccolta, il trasporto, lo smistamento e la distribuzione degli invii postali fino a 2 kg;

b) la raccolta, il trasporto, lo smistamento e la distribuzione dei pacchi postali fino a 20 kg;

c) i servizi relativi agli invii raccomandati ed agli invii assicurati.

3. Le dimensioni minime e massime degli invii postali considerati sono quelle fissate nelle disposizioni pertinenti adottate dall'Unione postale universale.

4. A decorrere dal 1° giugno 2012, la pubblicità diretta per corrispondenza è esclusa dall'ambito del servizio universale.

5. Il servizio universale è caratterizzato come segue:

a) la qualità è definita nell'ambito di ciascun servizio e trova riferimento nella normativa europea;

b) il servizio è prestato in via continuativa per tutta la durata dell'anno;

c) la dizione "tutti i punti del territorio nazionale" trova specificazione, secondo criteri di ragionevolezza, attraverso l'attivazione di un congruo numero di punti di accesso, al fine di tenere conto delle esigenze dell'utenza. Detti criteri sono individuati con provvedimento dell'autorità di regolamentazione;

d) la determinazione del "prezzo accessibile" deve prevedere l'orientamento ai costi in riferimento ad un'efficiente gestione aziendale.

6. Il fornitore del servizio universale garantisce per almeno 5 giorni a settimana:

a) una raccolta;

b) una distribuzione al domicilio di ogni persona fisica o giuridica o, in via di deroga, alle condizioni stabilite dall'autorità di regolamentazione in installazioni appropriate.

7. È fatta salva la fornitura a giorni alterni, che è autorizzata dall'autorità di regolamentazione, in presenza di particolari situazioni di natura infrastrutturale o geografica in ambiti territoriali con una densità inferiore a 200 abitanti/kmq e comunque fino ad un massimo di un quarto della popolazione nazionale. Ogni circostanza eccezionale ovvero ogni deroga concessa dall'autorità di regolamentazione ai sensi del presente comma è comunicata alla Commissione europea (2).

8. Il servizio universale risponde alle seguenti necessità:

a) offrire un servizio tale da garantire il rispetto delle esigenze essenziali;

b) offrire agli utenti, in condizioni analoghe, un trattamento identico;

c) fornire un servizio senza discriminazioni, soprattutto di ordine politico, religioso o ideologico;

d) fornire un servizio ininterrotto, salvo casi di forza maggiore;

e) evolvere in funzione del contesto tecnico, economico e sociale, nonché delle esigenze dell'utenza.

9. Restano impregiudicate le misure che le competenti autorità adottano per motivi di interesse pubblico riconosciuti nel Trattato sul funzionamento dell'Unione europea, segnatamente agli articoli 36 e 52, e che riguardano in particolare la moralità pubblica, la pubblica sicurezza, comprese le indagini criminali, e l'ordine pubblico.

10. Il fornitore del servizio universale è tenuto a informare gli utenti nonché i fornitori di servizi postali circa le caratteristiche del servizio universale offerto, in particolare per quanto riguarda le condizioni generali di accesso ai servizi, i prezzi e il livello di qualità. L'informativa, avente ad oggetto notizie precise ed aggiornate, ha cadenza regolare e, comunque, almeno annuale. L'informativa avviene a mezzo di adeguata pubblicazione. L'autorità di regolamentazione comunica alla Commissione europea le modalità con cui sono rese disponibili le informazioni di cui al presente comma.

11. Il fornitore del servizio universale è designato nel rispetto del principio di trasparenza, non discriminazione e proporzionalità.

La designazione è effettuata sulla base dell'analisi dei costi del servizio universale nonché dei seguenti criteri:

a) garanzia della continuità della fornitura del servizio universale in considerazione del ruolo da questo svolto nella coesione economica e sociale;

b) redditività degli investimenti;

c) struttura organizzativa dell'impresa;

d) stato economico dell'impresa nell'ultimo triennio;

e) esperienza di settore;

f) eventuali pregressi rapporti con la pubblica amministrazione nel settore specifico, con esito positivo.

12. L'onere per la fornitura del servizio universale è finanziato:

a) attraverso trasferimenti posti a carico del bilancio dello Stato. Gli importi dei trasferimenti sono quantificati nel contratto di programma fra il Ministero dello sviluppo economico e il fornitore del servizio universale, secondo le modalità previste dalla normativa vigente;

b) attraverso il fondo di compensazione di cui all'articolo 10 del presente decreto.

13. Il calcolo del costo netto del servizio universale è effettuato nel rispetto degli orientamenti di cui all'allegato I della direttiva 97/67/CE del Parlamento europeo e del Consiglio, del 15 dicembre 1997, inserito dalla direttiva 2008/6/CE del Parlamento europeo e del Consiglio, del 20 febbraio 2008.

14. L'autorità di regolamentazione rende pubblica annualmente la quantificazione dell'onere del servizio universale e le modalità di finanziamento dello stesso.

(1) *Articolo inizialmente modificato dall'art. 2 d.lgs. 23 dicembre 2003, n. 384 e dall'art. 16, comma 4, l. 18 giugno 2009, n. 69 e successivamente sostituito dall'art. 1, comma 3, d.lgs. 31 marzo 2011, n. 58.*

(2) *Comma modificato dall'art. 1, comma 276, l. 23 dicembre 2014, n. 190.*

4 [Servizi affidati in esclusiva] (1).

(1) *Articolo abrogato dall'art. 1, comma 57, lettera* b) *della l. 4 agosto 2017, n. 124. Il testo previgente era:* « 1. Per esigenze di ordine pubblico, sono affidati in via esclusiva al fornitore del servizio universale:

a) i servizi inerenti le notificazioni di atti a mezzo posta e di comunicazioni a mezzo posta connesse con la notificazione di atti giudiziari di cui alla legge 20 novembre 1982, n. 890, e successive modificazioni;

b) i servizi inerenti le notificazioni a mezzo posta di cui all'articolo 201 del decreto legislativo 30 aprile 1992, n. 285 ».

5 Licenza individuale.

1. L'offerta al pubblico di singoli servizi non riservati, che rientrano nel campo di applicazione del servizio universale, è soggetta al rilascio di licenza individuale da parte del Ministero dello sviluppo economico (1).

2. Il rilascio della licenza individuale, tenuto conto della situazione del mercato e dell'organizzazione dei servizi postali, può essere subordinato a specifici obblighi del servizio universale con riguardo anche alla qualità, alla disponibilità ed all'esecuzione dei servizi in questione ovvero a obblighi di contribuzione finanziaria ai meccanismi di condivisione dei costi di cui all'articolo 10 del presente decreto. Il rilascio della licenza individuale per i servizi riguardanti le notificazioni di atti a mezzo della posta e di comunicazioni a mezzo della posta connesse con la notificazione di atti giudiziari di cui alla legge 20 novembre 1982, n. 890, nonché per i

servizi riguardanti le notificazioni a mezzo della posta previste dall'articolo 201 del codice della strada, di cui al decreto legislativo 30 aprile 1992, n. 285, e successive modificazioni, deve essere subordinato a specifici obblighi del servizio universale con riguardo alla sicurezza, alla qualità, alla continuità, alla disponibilità e all'esecuzione dei servizi medesimi (2) (3).

3. Il termine per il rilascio della licenza individuale o per il rifiuto è di 90 giorni; in caso di richiesta di chiarimenti o di documenti, il termine è sospeso fino al ricevimento di questi ultimi.

4. Con provvedimento dell'autorità di regolamentazione da emanarsi entro centottanta giorni dalla data di entrata in vigore del presente decreto, sono determinati i requisiti per il rilascio delle licenze individuali, gli obblighi a carico dei titolari delle licenze stesse, compresi gli obblighi in materia di condizioni di lavoro di cui all'articolo 18-*bis*, le modalità dei controlli presso le sedi di attività ed, in caso di violazione degli obblighi, le procedure di diffida, nonché di sospensione e di revoca della licenza individuale. Le disposizioni di cui al predetto regolamento garantiscono il rispetto dei princìpi di obiettività, non discriminazione, proporzionalità e trasparenza (4) (5).

(1) *Comma modificato dall'art. 1, comma 5, lett.* a*), d.lgs. 31 marzo 2011, n. 58.*
(2) *L'ultimo periodo è stato inserito dall'art. 1, comma 57, lettera* c*)) della l. 4 agosto 2017, n. 124.*
(3) *Comma modificato dall'art. 1, comma 5, lett.* b*), d.lgs. n. 58, cit.*
(4) *Comma modificato dall'art. 1, comma 5, lett.* c*), nn. 1) e 2), d.lgs. n. 58, cit.*
(5) *Per l'attuazione del presente comma vedi d.m. 4 febbraio 2000, n. 73.*

6 Autorizzazione generale.

1. L'offerta al pubblico di servizi non rientranti nel servizio universale, compreso l'esercizio di casellari privati per la distribuzione di invii di corrispondenza, è soggetta ad autorizzazione generale del Ministero dello sviluppo economico (1).

1-*bis*. Il rilascio dell'autorizzazione generale, anche per il fornitore del servizio universale, tenuto conto della situazione del mercato e dell'organizzazione dei servizi postali, può essere subordinato a specifici obblighi del servizio universale con riguardo anche alla qualità, alla disponibilità e all'esecuzione dei servizi in questione, ovvero a obblighi di contribuzione finanziaria ai meccanismi di condivisione dei costi di cui all'articolo 10 del presente decreto. Detti obblighi sono determinati con provvedimento dell'autorità di regolamentazione (2).

2. Con provvedimento dell'autorità di regolamentazione, da emanarsi entro centottanta giorni dalla data di entrata in vigore del decreto legislativo di attuazione della direttiva 2008/6/CE, sono individuati i casi in cui l'attività può essere avviata contestualmente all'invio al Ministero dello sviluppo economico, mediante posta elettronica certificata o raccomandata con avviso di ricevimento, della segnalazione certificata di inizio attività e i casi nei quali l'attività può avere inizio dopo quarantacinque giorni dal ricevimento della relativa comunicazione, salvo che sia comunicato il diniego da parte del Ministero; in caso di richiesta di chiarimenti o di documenti, il predetto termine è sospeso fino alla ricezione di questi ultimi. L'atto di assenso, se illegittimamente formato, è annullato, salvo che l'interessato provveda, ove possibile, a sanare il vizio entro il termine assegnatogli (3) (4).

3. Con il provvedimento di cui al comma 2 sono determinati i requisiti e gli obblighi dei soggetti che svolgono attività sottoposte ad autorizzazione generale, compresi gli obblighi in materia di condizioni di lavoro di cui all'articolo 18-*bis*, le modalità dei controlli presso le sedi di attività nonché le procedure di diffida, di sospensione e di interdizione dell'attività in caso di violazione degli obblighi (5).

(1) *Comma modificato dall'art. 1, comma 6, lett.* a*), d.lgs. 31 marzo 2011, n. 58..*
(2) *Comma inserito dall'art. 1, comma 6, lett.* b*), d.lgs. n. 58, cit.*
(3) *Per l'attuazione del presente comma vedi d.m. 4 febbraio 2000, n. 75.*
(4) *Comma sostituito dall'art. 1, comma 6, lett.* c*), d.lgs. n. 58, cit.*
(5) *Comma modificato dall'art. 1, comma 6, lett.* d*), n. 1) e 2), d.lgs. n. 58, cit.*

59. Legge 8 novembre 2000, n. 328. – Legge quadro per la realizzazione del sistema integrato di interventi e servizi sociali. (*estratto*).

CAPO I
Principi generali del sistemaintegrato di interventi e servizi sociali

1 Principi generali e finalità

1. La Repubblica assicura alle persone e alle famiglie un sistema integrato di interventi e servizi sociali, promuove interventi per garantire la qualità della vita, pari opportunità, non discriminazione e diritti di cittadinanza, previene, elimina o riduce le condizioni di disabilità, di bisogno e di disagio individuale e familiare, derivanti da inadeguatezza di reddito, difficoltà sociali e condizioni di non autonomia, in coerenza con gli articoli 2, 3 e 38 della Costituzione.

2. Ai sensi della presente legge, per "interventi e servizi sociali" si intendono tutte le attività previste dall'articolo 128 del decreto legislativo 31 marzo 1998, n. 112.

3. La programmazione e l'organizzazione del sistema integrato di interventi e servizi sociali compete agli enti locali, alle regioni ed allo Stato ai sensi del decreto legislativo 31 marzo 1998, n. 112, e della presente legge, secondo i principi di sussidiarietà, cooperazione, efficacia, efficienza ed economicità, omogeneità, copertura finanziaria e patrimoniale, responsabilità ed unicità dell'amministrazione, autonomia organizzativa e regolamentare degli enti locali.

4. Gli enti locali, le regioni e lo Stato, nell'ambito delle rispettive competenze, riconoscono e agevolano il ruolo degli organismi non lucrativi di utilità sociale, degli organismi della cooperazione, delle associazioni e degli enti di promozione sociale, delle fondazioni e degli enti di patronato, delle organizzazioni di volontariato, degli enti riconosciuti delle confessioni religiose con le quali lo Stato ha stipulato patti, accordi o intese operanti nel settore nella programmazione, nella organizzazione e nella gestione del sistema integrato di interventi e servizi sociali.

5. Alla gestione ed all'offerta dei servizi provvedono soggetti pubblici nonché, in qualità di soggetti attivi nella progettazione e nella realizzazione concertata degli interventi, organismi non lucrativi di utilità sociale, organismi della cooperazione, organizzazioni di volontariato, associazioni ed enti di promozione sociale, fondazioni, enti di patronato e altri soggetti privati. Il sistema integrato di interventi e servizi sociali ha tra gli scopi anche la promozione della solidarietà sociale, con la valorizzazione delle iniziative delle persone, dei nuclei familiari, delle forme di auto-aiuto e di reciprocità e della solidarietà organizzata.

6. La presente legge promuove la partecipazione attiva dei cittadini, il contributo delle organizzazioni sindacali, delle associazioni sociali e di tutela degli utenti per il raggiungimento dei fini istituzionali di cui al comma 1.

7. Le disposizioni della presente legge costituiscono principi fondamentali ai sensi dell'articolo 117 della Costituzione. Le regioni a statuto speciale e le province autonome di Trento e di Bolzano provvedono, nell'ambito delle competenze loro attribuite, ad adeguare i propri ordinamenti alle disposizioni contenute nella presente legge, secondo quanto previsto dai rispettivi statuti.

2 Diritto alle prestazioni.

1. Hanno diritto di usufruire delle prestazioni e dei servizi del sistema integrato di interventi e servizi sociali i cittadini italiani e, nel rispetto degli accordi internazionali, con le modalità e nei limiti definiti dalle leggi regionali, anche i cittadini di Stati appartenenti all'Unione europea ed i loro familiari, nonché gli stranieri, individuati ai sensi dell'articolo 41 del testo unico di cui al decreto legislativo 25 luglio 1998, n. 286. Ai profughi, agli stranieri ed agli apolidi sono garantite le misure di prima assistenza, di cui all'articolo 129, comma 1, lettera *h*), del decreto legislativo 31 marzo 1998, n. 112.

2. Il sistema integrato di interventi e servizi sociali ha carattere di universalità. I soggetti di cui all'articolo 1, comma 3, sono tenuti a realizzare il sistema di cui alla presente legge che garantisce i livelli essenziali di prestazioni, ai sensi dell'articolo 22, e a consentire l'esercizio del diritto soggettivo a beneficiare delle prestazioni economiche di cui all'articolo 24 della presente legge, nonché delle pensioni sociali di cui all'articolo 26 della legge 30 aprile 1969, n. 153, e successive modificazioni, e degli assegni erogati ai sensi dell'articolo 3, comma 6, della legge 8 agosto 1995, n. 335.

3. I soggetti in condizioni di povertà o con limitato reddito o con incapacità totale o parziale di provvedere alle proprie esigenze per inabilità di ordine fisico e psichico, con difficoltà di inserimento nella vita sociale attiva e nel mercato del lavoro, nonché i soggetti sottoposti a provvedimenti dell'autorità giudiziaria che rendono necessari interventi assistenziali, accedono prioritariamente ai servizi e alle prestazioni erogati dal sistema integrato di interventi e servizi sociali.

4. I parametri per la valutazione delle condizioni di cui al comma 3 sono definiti dai comuni, sulla base dei criteri generali stabiliti dal Piano nazionale di cui all'articolo 18.

5. Gli erogatori dei servizi e delle prestazioni sono tenuti, ai sensi dell'articolo 8, comma 3, della legge 7 agosto 1990, n. 241, ad informare i destinatari degli stessi sulle diverse prestazioni di cui possono usufruire, sui requisiti per l'accesso e sulle modalità di erogazione per effettuare le scelte più appropriate.

3 Principi per la programmazione degli interventi e delle risorse del sistema integrato di interventi e servizi sociali.

1. Per la realizzazione degli interventi e dei servizi sociali, in forma unitaria ed integrata, è adottato il metodo della programmazione degli interventi e delle risorse, dell'operatività per progetti, della verifica sistematica dei risultati in termini di qualità e di efficacia delle prestazioni, nonché della valutazione di impatto di genere.

2. I soggetti di cui all'articolo 1, comma 3, provvedono, nell'ambito delle rispettive competenze, alla programmazione degli interventi e delle risorse del sistema integrato di interventi e servizi sociali secondo i seguenti principi:

a) coordinamento ed integrazione con gli interventi sanitari e dell'istruzione nonché con le politiche attive di formazione, di avviamento e di reinserimento al lavoro;

b) concertazione e cooperazione tra i diversi livelli istituzionali, tra questi ed i soggetti di cui all'articolo 1, comma 4, che partecipano con proprie risorse alla realizzazione della rete, le organizzazioni sindacali maggiormente rappresentative a livello nazionale nonché le aziende unità sanitarie locali per le prestazioni socio- sanitarie ad elevata integrazione sanitaria comprese nei livelli essenziali del Servizio sanitario nazionale.

3. I soggetti di cui all'articolo 1, comma 3, per le finalità della presente legge, possono avvalersi degli accordi previsti dall'articolo 2, comma 203, della legge 23 dicembre 1996, n. 662, anche al fine di garantire un'adeguata partecipazione alle iniziative ed ai finanziamenti dell'Unione europea.

4. I comuni, le regioni e lo Stato promuovono azioni per favorire la pluralità di offerta dei servizi garantendo il diritto di scelta fra gli stessi servizi e per consentire, in via sperimentale, su richiesta degli interessati, l'eventuale scelta di servizi sociali in alternativa alle prestazioni economiche, ad esclusione di quelle di cui all'articolo 24, comma 1, lettera *a*), numeri 1) e 2), della presente legge, nonché delle pensioni sociali di cui

all'articolo 26 della legge 30 aprile 1969, n. 153, e successive modificazioni, e degli assegni erogati ai sensi dell'articolo 3, comma 6, della legge 8 agosto 1995, n. 335.

4 Sistema di finanziamento delle politiche sociali.

1. La realizzazione del sistema integrato di interventi e servizi sociali si avvale di un finanziamento plurimo a cui concorrono, secondo competenze differenziate e con dotazioni finanziarie afferenti ai rispettivi bilanci, i soggetti di cui all'articolo 1, comma 3.

2. Sono a carico dei comuni, singoli e associati, le spese di attivazione degli interventi e dei servizi sociali a favore della persona e della comunità, fatto salvo quanto previsto ai commi 3 e 5.

3. Le regioni, secondo le competenze trasferite ai sensi dell'articolo 132 del decreto legislativo 31 marzo 1998, n. 112, nonché in attuazione della presente legge, provvedono alla ripartizione dei finanziamenti assegnati dallo Stato per obiettivi ed interventi di settore, nonché, in forma sussidiaria, a cofinanziare interventi e servizi sociali derivanti dai provvedimenti regionali di trasferimento agli enti locali delle materie individuate dal citato articolo 132.

4. Le spese da sostenere da parte dei comuni e delle regioni sono a carico, sulla base dei piani di cui agli articoli 18 e 19, delle risorse loro assegnate del Fondo nazionale per le politiche sociali di cui all'articolo 59, comma 44, della legge 27 dicembre 1997, n. 449, e successive modificazioni, nonché degli autonomi stanziamenti a carico dei propri bilanci.

5. Ai sensi dell'articolo 129 del decreto legislativo 31 marzo 1998, n. 112, competono allo Stato la definizione e la ripartizione del Fondo nazionale per le politiche sociali, la spesa per pensioni, assegni e indennità considerati a carico del comparto assistenziale quali le indennità spettanti agli invalidi civili, l'assegno sociale di cui all'articolo 3, comma 6, della legge 8 agosto 1995, n. 335, il reddito minimo di inserimento di cui all'articolo 59, comma 47, della legge 27 dicembre 1997, n. 449, nonché eventuali progetti di settore individuati ai sensi del Piano nazionale di cui all'articolo 18 della presente legge.

5 Ruolo del terzo settore.

1. Per favorire l'attuazione del principio di sussidiarietà, gli enti locali, le regioni e lo Stato, nell'ambito delle risorse disponibili in base ai piani di cui agli articoli 18 e 19, promuovono azioni per il sostegno e la qualificazione dei soggetti operanti nel terzo settore anche attraverso politiche formative ed interventi per l'accesso agevolato al credito ed ai fondi dell'Unione europea. 2. Ai fini dell'affidamento dei servizi previsti dalla presente legge, gli enti pubblici, fermo restando quanto stabilito dall'articolo 11, promuovono azioni per favorire la trasparenza e la semplificazione amministrativa nonché il ricorso a forme di aggiudicazione o negoziali che consentano ai soggetti operanti nel terzo settore la piena espressione della propria progettualità, avvalendosi di analisi e di verifiche che tengano conto della qualità e delle caratteristiche delle prestazioni offerte e della qualificazione del personale.

3. Le regioni, secondo quanto previsto dall'articolo 3, comma 4, e sulla base di un atto di indirizzo e coordinamento del Governo, ai sensi dell'articolo 8 della legge 15 marzo 1997, n. 59, da emanare entro centoventi giorni dalla data di entrata in vigore della presente legge, con le modalità previste dall'articolo 8, comma 2, della presente legge, adottano specifici indirizzi per regolamentare i rapporti tra enti locali e terzo settore, con particolare riferimento ai sistemi di affidamento dei servizi alla persona.

4. Le regioni disciplinano altresì, sulla base dei principi della presente legge e degli indirizzi assunti con le modalità previste al comma 3, le modalità per valorizzare l'apporto del volontariato nell'erogazione dei servizi.

CAPO II
Assetto istituzionale e organizzazione del sistema intregato di interventi e servizi sociali

6 Funzioni dei comuni.

1. I comuni sono titolari delle funzioni amministrative concernenti gli interventi sociali svolti a livello locale e concorrono alla programmazione regionale. Tali funzioni sono esercitate dai comuni adottando sul piano territoriale gli assetti più funzionali alla gestione, alla spesa ed al rapporto con i cittadini, secondo le modalità stabilite dalla legge 8 giugno 1990, n. 142, come da ultimo modificata dalla legge 3 agosto 1999, n. 265.

2. Ai comuni, oltre ai compiti già trasferiti a norma del decreto del Presidente della Repubblica 24 luglio 1977, n. 616, ed alle funzioni attribuite ai sensi dell'articolo 132, comma 1, del decreto legislativo 31 marzo 1998, n. 112, spetta, nell'ambito delle risorse disponibili in base ai piani di cui agli articoli 18 e 19 e secondo la disciplina adottata dalle regioni, l'esercizio delle seguenti attività:

a) programmazione, progettazione, realizzazione del sistema locale dei servizi sociali a rete, indicazione delle priorità e dei settori di innovazione attraverso la concertazione delle risorse umane e finanziarie locali, con il coinvolgimento dei soggetti di cui all'articolo 1, comma 5;

b) erogazione dei servizi, delle prestazioni economiche diverse da quelle disciplinate dall'articolo 22, e dei titoli di cui all'articolo 17, nonché delle attività assistenziali già di competenza delle province, con le modalità stabilite dalla legge regionale di cui all'articolo 8, comma 5;

c) autorizzazione, accreditamento e vigilanza dei servizi sociali e delle strutture a ciclo residenziale e semiresidenziale a gestione pubblica o dei soggetti di cui all'articolo 1, comma 5, secondo quanto stabilito ai sensi degli articoli 8, comma 3, lettera *f*), e 9, comma 1, lettera *c*);

d) partecipazione al procedimento per l'individuazione degli ambiti territoriali, di cui all'articolo 8, comma 3, lettera *a*); *e*) definizione dei parametri di valutazione delle condizioni di cui all'articolo 2, comma 3, ai fini della determinazione dell'accesso prioritario alle prestazioni e ai servizi.

3. Nell'esercizio delle funzioni di cui ai commi 1 e 2 i comuni provvedono a:

a) promuovere, nell'ambito del sistema locale dei servizi sociali a rete, risorse delle collettività locali tramite forme innovative di collaborazione per lo sviluppo di interventi di auto-aiuto e per favorire la reciprocità tra cittadini nell'ambito della vita comunitaria;

b) coordinare programmi e attività degli enti che operano nell'ambito di competenza, secondo le modalità fissate dalla regione, tramite collegamenti operativi tra i servizi che realizzano attività volte all'integrazione sociale ed intese con le aziende unità sanitarie locali per le attività socio-sanitarie e per i piani di zona;

c) adottare strumenti per la semplificazione amministrativa e per il controllo di gestione atti a valutare l'efficienza, l'efficacia ed i risultati delle prestazioni, in base alla programmazione di cui al comma 2, lettera *a*);

d) effettuare forme di consultazione dei soggetti di cui all'articolo 1, commi 5 e 6, per valutare la qualità e l'efficacia dei servizi e formulare proposte ai fini della predisposizione dei programmi;

e) garantire ai cittadini i diritti di partecipazione al controllo di qualità dei servizi, secondo le modalità previste dagli statuti comunali.

4. Per i soggetti per i quali si renda necessario il ricovero stabile presso strutture residenziali, il comune nel quale essi hanno la residenza prima del ricovero, previamente informato, assume gli obblighi connessi all'eventuale integrazione economica.

7 Funzioni delle province.

1. Le province concorrono alla programmazione del sistema integrato di interventi e servizi sociali per i compiti previsti dall'articolo 15 della legge 8 giugno 1990, n. 142, nonché dall'articolo 132 del decreto legislativo 31 marzo 1998, n. 112, secondo le modalità definite dalle regioni che disciplinano il ruolo delle province in ordine:

a) alla raccolta delle conoscenze e dei dati sui bisogni e sulle risorse rese disponibili dai comuni e da altri soggetti istituzionali presenti in ambito provinciale per concorrere all'attuazione del sistema informativo dei servizi sociali;

b) all'analisi dell'offerta assistenziale per promuovere approfondimenti mirati sui fenomeni sociali più rilevanti in ambito provinciale fornendo, su richiesta dei comuni e degli enti locali interessati, il supporto necessario per il coordinamento degli interventi territoriali;

c) alla promozione, d'intesa con i comuni, di iniziative di formazione, con particolare riguardo alla formazione professionale di base e all'aggiornamento;

d) alla partecipazione alla definizione e all'attuazione dei piani di zona.

8 Funzioni delle regioni.

1. Le regioni esercitano le funzioni di programmazione, coordinamento e indirizzo degli interventi sociali nonché di verifica della rispettiva attuazione a livello territoriale e disciplinano l'integrazione degli interventi stessi, con particolare riferimento all'attività sanitaria e socio-sanitaria ad elevata integrazione sanitaria di cui all'articolo 2, comma 1, lettera *n*), della legge 30 novembre 1998, n. 419.

2. Allo scopo di garantire il costante adeguamento alle esigenze delle comunità locali, le regioni programmano gli interventi sociali secondo le indicazioni di cui all'articolo 3, commi 2 e 5, del decreto legislativo 31 marzo 1998, n. 112, promuovendo, nell'ambito delle rispettive competenze, modalità di collaborazione e azioni coordinate con gli enti locali, adottando strumenti e procedure di raccordo e di concertazione, anche permanenti, per dare luogo a forme di cooperazione. Le regioni provvedono altresì alla consultazione dei soggetti di cui agli articoli 1, commi 5 e 6, e 10 della presente legge.

3. Alle regioni, nel rispetto di quanto previsto dal decreto legislativo 31 marzo 1998, n. 112, spetta in particolare l'esercizio delle seguenti funzioni:

a) determinazione, entro centottanta giorni dalla data di entrata in vigore della presente legge, tramite le forme di concertazione con gli enti locali interessati, degli ambiti territoriali, delle modalità e degli strumenti per la gestione unitaria del sistema locale dei servizi sociali a rete. Nella determinazione degli ambiti territoriali, le regioni prevedono incentivi a favore dell'esercizio associato delle funzioni sociali in ambiti territoriali di norma coincidenti con i distretti sanitari già operanti per le prestazioni sanitarie, destinando allo scopo una quota delle complessive risorse regionali destinate agli interventi previsti dalla presente legge;

b) definizione di politiche integrate in materia di interventi sociali, ambiente, sanità, istituzioni scolastiche, avviamento al lavoro e reinserimento nelle attività lavorative, servizi del tempo libero, trasporti e comunicazioni;

c) promozione e coordinamento delle azioni di assistenza tecnica per la istituzione e la gestione degli interventi sociali da parte degli enti locali;

d) promozione della sperimentazione di modelli innovativi di servizi in grado di coordinare le risorse umane e finanziarie presenti a livello locale e di collegarsi altresì alle esperienze effettuate a livello europeo;

e) promozione di metodi e strumenti per il controllo di gestione atti a valutare l'efficacia e l'efficienza dei servizi ed i risultati delle azioni previste;

f) definizione, sulla base dei requisiti minimi fissati dallo Stato, dei criteri per l'autorizzazione, l'accreditamento e la vigilanza delle strutture e dei servizi a gestione pubblica o dei soggetti di cui all'articolo 1, commi 4 e 5;

g) istituzione, secondo le modalità definite con legge regionale, sulla base di indicatori oggettivi di qualità, di registri dei soggetti autorizzati all'esercizio delle attività disciplinate dalla presente legge;

h) definizione dei requisiti di qualità per la gestione dei servizi e per la erogazione delle prestazioni;

i) definizione dei criteri per la concessione dei titoli di cui all'articolo 17 da parte dei comuni, secondo i criteri generali adottati in sede nazionale;

l) definizione dei criteri per la determinazione del concorso da parte degli utenti al costo delle prestazioni, sulla base dei criteri determinati ai sensi dell'articolo 18, comma 3, lettera *g*);

m) predisposizione e finanziamento dei piani per la formazione e l'aggiornamento del personale addetto alle attività sociali;

n) determinazione dei criteri per la definizione delle tariffe che i comuni sono tenuti a corrispondere ai soggetti accreditati;

o) esercizio dei poteri sostitutivi, secondo le modalità indicate dalla legge regionale di cui all'articolo 3 del decreto legislativo 31 marzo 1998, n. 112, nei confronti degli enti locali inadempienti rispetto a quanto stabilito dagli articoli 6, comma 2, lettere *a*), *b*) e *c*), e 19.

4. Fermi restando i principi di cui alla legge 7 agosto 1990, n. 241, le regioni disciplinano le procedure amministrative, le modalità per la presentazione dei reclami da parte degli utenti delle prestazioni sociali e l'eventuale istituzione di uffici di tutela degli utenti stessi che assicurino adeguate forme di indipendenza nei confronti degli enti erogatori.

5. La legge regionale di cui all'articolo 132 del decreto legislativo 31 marzo 1998, n. 112, disciplina il trasferimento ai comuni o agli enti locali delle funzioni indicate dal regio decreto-legge 8 maggio 1927, n. 798, convertito dalla legge 6 dicembre 1928, n. 2838, e dal decreto-legge 18 gennaio 1993, n. 9, convertito, con modificazioni, dalla legge 18 marzo 1993, n. 67. Con la medesima legge, le regioni disciplinano, con le modalità stabilite dall'articolo 3 del citato decreto legislativo n. 112 del 1998, il trasferimento ai comuni e agli enti locali delle risorse umane, finanziarie e patrimoniali per assicurare la copertura degli oneri derivanti dall'esercizio delle funzioni sociali trasferite utilizzate alla data di entrata in vigore della presente legge per l'esercizio delle funzioni stesse.

9 Funzioni dello Stato.

1. Allo Stato spetta l'esercizio delle funzioni di cui all'articolo 129 del decreto legislativo 31 marzo 1998, n. 112, nonché dei poteri di indirizzo e coordinamento e di regolazione delle politiche sociali per i seguenti aspetti:

a) determinazione dei principi e degli obiettivi della politica sociale attraverso il Piano nazionale degli interventi e dei servizi sociali di cui all'articolo 18;

b) individuazione dei livelli essenziali ed uniformi delle prestazioni, comprese le funzioni in materia assistenziale, svolte per minori ed adulti dal Ministero della giustizia, all'interno del settore penale;

c) fissazione dei requisiti minimi strutturali e organizzativi per l'autorizzazione all'esercizio dei servizi e delle strutture a ciclo residenziale e semiresidenziale; previsione di requisiti specifici per le comunità di tipo familiare con sede nelle civili abitazioni;

d) determinazione dei requisiti e dei profili professionali in materia di professioni sociali, nonché dei requisiti di accesso e di durata dei percorsi formativi;

e) esercizio dei poteri sostitutivi in caso di riscontrata inadempienza delle regioni, ai sensi dell'articolo 8 della legge 15 marzo 1997, n. 59, e dell'articolo 5 del decreto legislativo 31 marzo 1998, n. 112;

f) ripartizione delle risorse del Fondo nazionale per le politiche sociali secondo i criteri stabiliti dall'articolo 20, comma 7.

2. Le competenze statali di cui al comma 1, lettere *b*) e *c*), del presente articolo sono esercitate sentita la Conferenza unificata di cui all'articolo 8 del decreto legislativo 28 agosto 1997, n. 281; le restanti competenze sono esercitate secondo i criteri stabiliti dall'articolo 129, comma 2, del decreto legislativo 31 marzo 1998, n. 112.

10 Istituzioni pubbliche di assistenza e beneficenza.

1. Il Governo è delegato ad emanare, entro centottanta giorni dalla data di entrata in vigore della presente legge, un decreto legislativo recante una nuova disciplina delle istituzioni pubbliche di assistenza e beneficenza (IPAB) di cui alla legge 17 luglio 1890, n. 6972, e successive modificazioni, sulla base dei seguenti principi e criteri direttivi:

a) definire l'inserimento delle IPAB che operano in campo socio-assistenziale nella programmazione regionale del sistema integrato di interventi e servizi sociali di cui all'articolo 22, prevedendo anche modalità per la partecipazione alla programmazione, secondo quanto previsto dall'articolo 3, comma 2, lettera *b*);

b) prevedere, nell'ambito del riordino della disciplina, la trasformazione della forma giuridica delle IPAB al fine di garantire l'obiettivo di un'efficace ed efficiente gestione, assicurando autonomia statutaria, patrimoniale, contabile, gestionale e tecnica compatibile con il mantenimento della personalità giuridica pubblica;

c) prevedere l'applicazione ai soggetti di cui alla lettera *b*): 1) di un regime giuridico del personale di tipo privatistico e di forme contrattuali coerenti con la loro autonomia; 2) di forme di controllo relative all'approvazione degli statuti, dei bilanci annuali e pluriennali, delle spese di gestione del patrimonio in materia di investimenti, delle alienazioni, cessioni e permute, nonché di forme di verifica dei risultati di gestione, coerenti con la loro autonomia;

d) prevedere la possibilità della trasformazione delle IPAB in associazioni o in fondazioni di diritto privato fermo restando il rispetto dei vincoli posti dalle tavole di fondazione e dagli statuti, tenuto conto della normativa vigente che regolamenta la trasformazione dei fini e la privatizzazione delle IPAB, nei casi di particolari condizioni statutarie e patrimoniali;

e) prevedere che le IPAB che svolgono esclusivamente attività di amministrazione del proprio patrimonio adeguino gli statuti, entro due anni dalla data di entrata in vigore del decreto legislativo, nel rispetto delle tavole di fondazione, a principi di efficienza, efficacia e trasparenza ai fini del potenziamento dei servizi; prevedere che negli statuti siano inseriti appositi strumenti di verifica della attività di amministrazione dei patrimoni;

f) prevedere linee di indirizzo e criteri che incentivino l'accorpamento e la fusione delle IPAB ai fini della loro riorganizzazione secondo gli indirizzi di cui alle lettere *b*) e *c*);

g) prevedere la possibilità di separare la gestione dei servizi da quella dei patrimoni garantendo comunque la finalizzazione degli stessi allo sviluppo e al potenziamento del sistema integrato di interventi e servizi sociali;

h) prevedere la possibilità di scioglimento delle IPAB nei casi in cui, a seguito di verifica da parte delle regioni o degli enti locali, risultino essere inattive nel campo sociale da almeno due anni ovvero risultino esaurite le finalità previste nelle tavole di fondazione o negli statuti; salvaguardare, nel caso di scioglimento delle IPAB, l'effettiva destinazione dei patrimoni alle stesse appartenenti, nel rispetto degli interessi originari e delle tavole di fondazione o, in mancanza di disposizioni specifiche nelle stesse, a favore, prioritariamente, di altre IPAB del territorio o dei comuni territorialmente competenti, allo scopo di promuovere e potenziare il sistema integrato di interventi e servizi sociali;

i) esclusione di nuovi o maggiori oneri a carico della finanza pubblica.

2. Sullo schema di decreto legislativo di cui al comma 1 sono acquisiti i pareri della Conferenza unificata di cui all'articolo 8 del decreto legislativo 28 agosto 1997, n. 281, e delle rappresentanze delle IPAB. Lo schema di decreto legislativo è successivamente trasmesso alle Camere per l'espressione del parere da parte delle competenti Commissioni parlamentari, che si pronunciano entro trenta giorni dalla data di assegnazione.

3. Le regioni adeguano la propria disciplina ai principi del decreto legislativo di cui al comma 1 entro centottanta giorni dalla data di entrata in vigore del medesimo decreto legislativo.

11 Autorizzazione e accreditamento.

1. I servizi e le strutture a ciclo residenziale e semiresidenziale a gestione pubblica o dei soggetti di cui all'articolo 1, comma 5, sono autorizzati dai comuni. L'autorizzazione è rilasciata in conformità ai requisiti stabiliti dalla legge regionale, che recepisce e integra, in relazione alle esigenze locali, i requisiti minimi nazionali determinati ai sensi dell'articolo 9, comma 1, lettera *c*), con decreto del Ministro per la solidarietà sociale, sentiti i Ministri interessati e la Conferenza unificata di cui all'articolo 8 del decreto legislativo 28 agosto 1997, n. 281.

2. I requisiti minimi nazionali trovano immediata applicazione per servizi e strutture di nuova istituzione; per i servizi e le strutture operanti alla data di entrata in vigore della presente legge, i comuni provvedono a concedere autorizzazioni provvisorie, prevedendo l'adeguamento ai requisiti regionali e nazionali nel termine stabilito da ciascuna regione e in ogni caso non oltre il termine di cinque anni.

3. I comuni provvedono all'accreditamento, ai sensi dell'articolo 6, comma 2, lettera *c*), e corrispondono ai soggetti accreditati tariffe per le prestazioni erogate nell'ambito della programmazione regionale e locale sulla base delle determinazioni di cui all'articolo 8, comma 3, lettera *n*).

4. Le regioni, nell'ambito degli indirizzi definiti dal Piano nazionale ai sensi dell'articolo 18, comma 3, lettera *e*), disciplinano le modalità per il rilascio da parte dei comuni ai soggetti di cui all'articolo 1, comma 5, delle autorizzazioni alla erogazione di servizi sperimentali e innovativi, per un periodo massimo di tre anni, in deroga ai requisiti di cui al comma 1. Le regioni, con il medesimo provvedimento di cui al comma 1, definiscono gli strumenti per la verifica dei risultati.

12 Figure professionali sociali.

1. Con decreto del Ministro per la solidarietà sociale, da emanare entro centottanta giorni dalla data di entrata in vigore della presente legge, di concerto con i Ministri della sanità, del lavoro e della previdenza sociale, della pubblica istruzione e dell'università e della ricerca scientifica e tecnologica, sulla base dei criteri e dei parametri individuati dalla Conferenza unificata di cui all'articolo 8 del decreto legislativo 28 agosto 1997, n. 281, ai sensi dell'articolo 129, comma 2, del decreto legislativo 31 marzo 1998, n. 112, sono definiti i profili professionali delle figure professionali sociali.

2. Con regolamento del Ministro per la solidarietà sociale, da emanare di concerto con i Ministri della sanità e dell'università e della ricerca scientifica e tecnologica e d'intesa con la Conferenza unificata di cui all'articolo 8 del decreto legislativo 28 agosto 1997, n. 281, sono definiti:

a) le figure professionali di cui al comma 1 da formare con i corsi di laurea di cui all'articolo 6 del regolamento recante norme concernenti l'autonomia didattica degli atenei, adottato con decreto del Ministro dell'università e della ricerca scientifica e tecnologica 3 novembre 1999, n. 509;

b) le figure professionali di cui al comma 1 da formare in corsi di formazione organizzati dalle regioni, nonché i criteri generali riguardanti i requisiti per l'accesso, la durata e l'ordinamento didattico dei medesimi corsi di formazione;

c) i criteri per il riconoscimento e la equiparazione dei profili professionali esistenti alla data di entrata in vigore della presente legge.

3. Gli ordinamenti didattici dei corsi di laurea di cui al comma 2, lettera *a*), sono definiti dall'università ai sensi dell'articolo 11 del citato regolamento adottato con decreto del Ministro dell'università e della ricerca scientifica e tecnologica 3 novembre 1999, n. 509.

4. Restano ferme le disposizioni di cui all'articolo 3-*octies* del decreto legislativo 30 dicembre 1992, n. 502, introdotto dall'articolo 3 del decreto legislativo 19 giugno 1999, n. 229, relative ai profili professionali dell'area socio-sanitaria ad elevata integrazione sociosanitaria.

5. Ai sensi del decreto legislativo 3 febbraio 1993, n. 29, e successive modificazioni, con decreto dei Ministri per la solidarietà sociale, del tesoro, del bilancio e della programmazione economica e per la funzione pubblica, da emanare entro centottanta giorni dalla data di entrata in vigore della presente legge, sono individuate, per le figure professionali sociali, le modalità di

accesso alla dirigenza, senza nuovi o maggiori oneri a carico della finanza pubblica.

6. Le risorse economiche per finanziare le iniziative di cui al comma 2 sono reperite dalle amministrazioni responsabili delle attività formative negli stanziamenti previsti per i programmi di formazione, avvalendosi anche del concorso del Fondo sociale europeo e senza oneri aggiuntivi a carico dello Stato.

13 Carta dei servizi sociali.

1. Al fine di tutelare le posizioni soggettive degli utenti, entro centottanta giorni dalla data di entrata in vigore della presente legge, con decreto del Presidente del Consiglio dei ministri, su proposta del Ministro per la solidarietà sociale, d'intesa con i Ministri interessati, è adottato lo schema generale di riferimento della carta dei servizi sociali. Entro sei mesi dalla pubblicazione nella Gazzetta Ufficiale del citato decreto del Presidente del Consiglio dei ministri, ciascun ente erogatore di servizi adotta una carta dei servizi sociali ed è tenuto a darne adeguata pubblicità agli utenti.

2. Nella carta dei servizi sociali sono definiti i criteri per l'accesso ai servizi, le modalità del relativo funzionamento, le condizioni per facilitarne le valutazioni da parte degli utenti e dei soggetti che rappresentano i loro diritti, nonché le procedure per assicurare la tutela degli utenti. Al fine di tutelare le posizioni soggettive e di rendere immediatamente esigibili i diritti soggettivi riconosciuti, la carta dei servizi sociali, ferma restando la tutela per via giurisdizionale, prevede per gli utenti la possibilità di attivare ricorsi nei confronti dei responsabili preposti alla gestione dei servizi.

3. L'adozione della carta dei servizi sociali da parte degli erogatori delle prestazioni e dei servizi sociali costituisce requisito necessario ai fini dell'accreditamento.

CAPO III

Disposizioni per la realizzazione di particolari interventi di integrazione e sostegno sociale

14 Progetti individuali per le persone disabili.

1. Per realizzare la piena integrazione delle persone disabili di cui all'articolo 3 della legge 5 febbraio 1992, n. 104, nell'ambito della vita familiare e sociale, nonché nei percorsi dell'istruzione scolastica o professionale e del lavoro, i comuni, d'intesa con le aziende unità sanitarie locali, predispongono, su richiesta dell'interessato, un progetto individuale, secondo quanto stabilito al comma 2.

2. Nell'ambito delle risorse disponibili in base ai piani di cui agli articoli 18 e 19, il progetto individuale comprende, oltre alla valutazione diagnostico-funzionale (o al Profilo di funzionamento), le prestazioni di cura e di riabilitazione a carico del Servizio sanitario nazionale (, il Piano educativo individualizzato a cura delle istituzioni scolastiche), i servizi alla persona a cui provvede il comune in forma diretta o accreditata, con particolare riferimento al recupero e all'integrazione sociale, nonché le misure economiche necessarie per il superamento di condizioni di povertà, emarginazione ed esclusione sociale. Nel progetto individuale sono definiti le potenzialità e gli eventuali sostegni per il nucleo familiare.

3. Con decreto del Ministro della sanità, di concerto con il Ministro per la solidarietà sociale, da emanare entro novanta giorni dalla data di entrata in vigore della presente legge, sono definite, nel rispetto dei principi di tutela della riservatezza previsti dalla normativa vigente, le modalità per indicare nella tessera sanitaria, su richiesta dell'interessato, i dati relativi alle condizioni di non autosufficienza o di dipendenza per facilitare la persona disabile nell'accesso ai servizi ed alle prestazioni sociali.

15 Sostegno domiciliare per le persone anziane non autosufficienti.

1. Ferme restando le competenze del Servizio sanitario nazionale in materia di prevenzione, cura e riabilitazione, per le patologie acute e croniche, particolarmente per i soggetti non autosufficienti, nell'ambito del Fondo nazionale per le politiche sociali il Ministro per la solidarietà sociale, con proprio decreto, emanato di concerto con i Ministri della sanità e per le pari opportunità, sentita la Conferenza unificata di cui all'articolo 8 del decreto legislativo 28 agosto 1997, n. 281, determina annualmente la quota da riservare ai servizi a favore delle persone anziane non autosufficienti, per favorirne l'autonomia e sostenere il nucleo familiare nell'assistenza domiciliare alle persone anziane che ne fanno richiesta.

2. Il Ministro per la solidarietà sociale, con il medesimo decreto di cui al comma 1, stabilisce annualmente le modalità di ripartizione dei finanziamenti in base a criteri ponderati per quantità di popolazione, classi di età e incidenza degli anziani, valutando altresì la posizione delle regioni e delle province autonome in rapporto ad indicatori nazionali di non autosufficienza e di reddito. In sede di prima applicazione della presente legge, il decreto di cui al comma 1 è emanato entro novanta giorni dalla data della sua entrata in vigore.

3. Una quota dei finanziamenti di cui al comma 1 è riservata ad investimenti e progetti integrati tra assistenza e sanità, realizzati in rete con azioni e programmi coordinati tra soggetti pubblici e privati, volti a sostenere e a favorire l'autonomia delle persone anziane e la loro permanenza nell'ambiente familiare secondo gli indirizzi indicati dalla presente legge. In sede di prima applicazione della presente legge le risorse individuate ai sensi del comma 1 sono finalizzate al potenziamento delle attività di assistenza domiciliare integrata.

4. Entro il 30 giugno di ogni anno le regioni destinatarie dei finanziamenti di cui al comma 1 trasmettono una relazione al Ministro per la solidarietà sociale e al Ministro della sanità in cui espongono lo stato di attuazione degli interventi e gli obiettivi conseguiti nelle attività svolte ai sensi del presente articolo, formulando anche eventuali proposte per interventi innovativi. Qualora una o più regioni non provvedano all'impegno contabile delle quote di competenza entro i tempi in-

dicati nel riparto di cui al comma 2, il Ministro per la solidarietà sociale, di concerto con il Ministro della sanità, sentita la Conferenza unificata di cui all'articolo 8 del decreto legislativo 28 agosto 1997, n. 281, provvede alla rideterminazione e riassegnazione dei finanziamenti alle regioni.

16 Valorizzazione e sostegno delle responsabilità familiari.

1. Il sistema integrato di interventi e servizi sociali riconosce e sostiene il ruolo peculiare delle famiglie nella formazione e nella cura della persona, nella promozione del benessere e nel perseguimento della coesione sociale; sostiene e valorizza i molteplici compiti che le famiglie svolgono sia nei momenti critici e di disagio, sia nello sviluppo della vita quotidiana; sostiene la cooperazione, il mutuo aiuto e l'associazionismo delle famiglie; valorizza il ruolo attivo delle famiglie nella formazione di proposte e di progetti per l'offerta dei servizi e nella valutazione dei medesimi. Al fine di migliorare la qualità e l'efficienza degli interventi, gli operatori coinvolgono e responsabilizzano le persone e le famiglie nell'ambito dell'organizzazione dei servizi.

2. I livelli essenziali delle prestazioni sociali erogabili nel territorio nazionale, di cui all'articolo 22, e i progetti obiettivo, di cui all'articolo 18, comma 3, lettera *b*), tengono conto dell'esigenza di favorire le relazioni, la corresponsabilità e la solidarietà fra generazioni, di sostenere le responsabilità genitoriali, di promuovere le pari opportunità e la condivisione di responsabilità tra donne e uomini, di riconoscere l'autonomia di ciascun componente della famiglia.

3. Nell'ambito del sistema integrato di interventi e servizi sociali hanno priorità:

a) l'erogazione di assegni di cura e altri interventi a sostegno della maternità e della paternità responsabile, ulteriori rispetto agli assegni e agli interventi di cui agli articoli 65 e 66 della legge 23 dicembre 1998, n. 448, alla legge 6 dicembre 1971, n. 1044, e alla legge 28 agosto 1997, n. 285, da realizzare in collaborazione con i servizi sanitari e con i servizi socio - educativi della prima infanzia;

b) politiche di conciliazione tra il tempo di lavoro e il tempo di cura, promosse anche dagli enti locali ai sensi della legislazione vigente;

c) servizi formativi ed informativi di sostegno alla genitorialità, anche attraverso la promozione del mutuo aiuto tra le famiglie;

d) prestazioni di aiuto e sostegno domiciliare, anche con benefici di carattere economico, in particolare per le famiglie che assumono compiti di accoglienza, di cura di disabili fisici, psichici e sensoriali e di altre persone in difficoltà, di minori in affidamento, di anziani;

e) servizi di sollievo, per affiancare nella responsabilità del lavoro di cura la famiglia, ed in particolare i componenti più impegnati nell'accudimento quotidiano delle persone bisognose di cure particolari ovvero per sostituirli nelle stesse responsabilità di cura durante l'orario di lavoro;

f) servizi per l'affido familiare, per sostenere, con qualificati interventi e percorsi formativi, i compiti educativi delle famiglie interessate.

4. Per sostenere le responsabilità individuali e familiari e agevolare l'autonomia finanziaria di nuclei monoparentali, di coppie giovani con figli, di gestanti in difficoltà, di famiglie che hanno a carico soggetti non autosufficienti con problemi di grave e temporanea difficoltà economica, di famiglie di recente immigrazione che presentino gravi difficoltà di inserimento sociale, nell'ambito delle risorse disponibili in base ai piani di cui agli articoli 18 e 19, i comuni, in alternativa a contributi assistenziali in denaro, possono concedere prestiti sull'onore, consistenti in finanziamenti a tasso zero secondo piani di restituzione concordati con il destinatario del prestito. L'onere dell'interesse sui prestiti è a carico del comune; all'interno del Fondo nazionale per le politiche sociali è riservata una quota per il concorso alla spesa destinata a promuovere il prestito sull'onore in sede locale.

5. I comuni possono prevedere agevolazioni fiscali e tariffarie rivolte alle famiglie con specifiche responsabilità di cura. I comuni possono, altresì, deliberare ulteriori riduzioni dell'aliquota dell'imposta comunale sugli immobili (ICI) per la prima casa, nonché tariffe ridotte per l'accesso a più servizi educativi e sociali.

6. Con la legge finanziaria per il 2001 sono determinate misure fiscali di agevolazione per le spese sostenute per la tutela e la cura dei componenti del nucleo familiare non autosufficienti o disabili. Ulteriori risorse possono essere attribuite per la realizzazione di tali finalità in presenza di modifiche normative comportanti corrispondenti riduzioni nette permanenti del livello della spesa di carattere corrente.

17 Titoli per l'acquisto di servizi sociali.

1. Fermo restando quanto previsto dall'articolo 2, comma 2, i comuni possono prevedere la concessione, su richiesta dell'interessato, di titoli validi per l'acquisto di servizi sociali dai soggetti accreditati del sistema integrato di interventi e servizi sociali ovvero come sostitutivi delle prestazioni economiche diverse da quelle correlate al minimo vitale previste dall'articolo 24, comma 1, lettera *a*), numeri 1) e 2), della presente legge, nonché dalle pensioni sociali di cui all'articolo 26 della legge 30 aprile 1969, n. 153, e successive modificazioni, e dagli assegni erogati ai sensi dell'articolo 3, comma 6, della legge 8 agosto 1995, n. 335.

2. Le regioni, in attuazione di quanto stabilito ai sensi dell'articolo 18, comma 3, lettera *i*), disciplinano i criteri e le modalità per la concessione dei titoli di cui al comma 1 nell'ambito di un percorso assistenziale attivo per la integrazione o la reintegrazione sociale dei soggetti beneficiari, sulla base degli indirizzi del Piano nazionale degli interventi e dei servizi sociali.

CAPO IV

Strumenti per favorire il riordino del sistema integrato di interventi e servizi sociali

18 Piano nazionale e piani regionali degli interventi e dei servizi sociali.

1. Il Governo predispone ogni tre anni il Piano nazionale degli interventi e dei servizi sociali, di seguito

denominato "Piano nazionale", tenendo conto delle risorse finanziarie individuate ai sensi dell'articolo 4 nonché delle risorse ordinarie già destinate alla spesa sociale dagli enti locali.

2. Il Piano nazionale è adottato previa deliberazione del Consiglio dei ministri, su proposta del Ministro per la solidarietà sociale, sentiti i Ministri interessati. Sullo schema di piano sono acquisiti l'intesa con la Conferenza unificata di cui all'articolo 8 del decreto legislativo 28 agosto 1997, n. 281, nonché i pareri degli enti e delle associazioni nazionali di promozione sociale di cui all'articolo 1, comma 1, lettere *a*) e *b*), della legge 19 novembre 1987, n. 476, e successive modificazioni, maggiormente rappresentativi, delle associazioni di rilievo nazionale che operano nel settore dei servizi sociali, delle organizzazioni sindacali maggiormente rappresentative a livello nazionale e delle associazioni di tutela degli utenti. Lo schema di piano è successivamente trasmesso alle Camere per l'espressione del parere da parte delle competenti Commissioni parlamentari, che si pronunciano entro trenta giorni dalla data di assegnazione.

3. Il Piano nazionale indica:

a) le caratteristiche ed i requisiti delle prestazioni sociali comprese nei livelli essenziali previsti dall'articolo 22;

b) le priorità di intervento attraverso l'individuazione di progetti obiettivo e di azioni programmate, con particolare riferimento alla realizzazione di percorsi attivi nei confronti delle persone in condizione di povertà o di difficoltà psico-fisica;

c) le modalità di attuazione del sistema integrato di interventi e servizi sociali e le azioni da integrare e coordinare con le politiche sanitarie, dell'istruzione, della formazione e del lavoro;

d) gli indirizzi per la diffusione dei servizi di informazione al cittadino e alle famiglie;

e) gli indirizzi per le sperimentazioni innovative, comprese quelle indicate dall'articolo 3, comma 4, e per le azioni di promozione della concertazione delle risorse umane, economiche, finanziarie, pubbliche e private, per la costruzione di reti integrate di interventi e servizi sociali;

f) gli indicatori ed i parametri per la verifica dei livelli di integrazione sociale effettivamente assicurati in rapporto a quelli previsti nonché gli indicatori per la verifica del rapporto costi - benefici degli interventi e dei servizi sociali;

g) i criteri generali per la disciplina del concorso al costo dei servizi sociali da parte degli utenti, tenuto conto dei principi stabiliti dal decreto legislativo 31 marzo 1998, n. 109;

h) i criteri generali per la determinazione dei parametri di valutazione delle condizioni di cui all'articolo 2, comma 3;

i) gli indirizzi ed i criteri generali per la concessione dei prestiti sull'onore di cui all'articolo 16, comma 4, e dei titoli di cui all'articolo 17;

l) gli indirizzi per la predisposizione di interventi e servizi sociali per le persone anziane non autosufficienti e per i soggetti disabili, in base a quanto previsto dall'articolo 14;

m) gli indirizzi relativi alla formazione di base e all'aggiornamento del personale;

n) i finanziamenti relativi a ciascun anno di vigenza del Piano nazionale in coerenza con i livelli essenziali previsti dall'articolo 22, secondo parametri basati sulla struttura demografica, sui livelli di reddito e sulle condizioni occupazionali della popolazione;

o) gli indirizzi per la predisposizione di programmi integrati per obiettivi di tutela e qualità della vita rivolti ai minori, ai giovani e agli anziani, per il sostegno alle responsabilità familiari, anche in riferimento all'obbligo scolastico, per l'inserimento sociale delle persone con disabilità e limitazione dell'autonomia fisica e psichica, per l'integrazione degli immigrati, nonché per la prevenzione, il recupero e il reinserimento dei tossicodipendenti e degli alcoldipendenti.

4. Il primo Piano nazionale è adottato entro dodici mesi dalla data di entrata in vigore della presente legge.

5. Il Ministro per la solidarietà sociale predispone annualmente una relazione al Parlamento sui risultati conseguiti rispetto agli obiettivi fissati dal Piano nazionale, con particolare riferimento ai costi e all'efficacia degli interventi, e fornisce indicazioni per l'ulteriore programmazione. La relazione indica i risultati conseguiti nelle regioni in attuazione dei piani regionali. La relazione dà conto altresì dei risultati conseguiti nei servizi sociali con l'utilizzo dei finanziamenti dei fondi europei, tenuto conto dei dati e delle valutazioni forniti dal Ministro del lavoro e della previdenza sociale.

6. Le regioni, nell'esercizio delle funzioni conferite dagli articoli 131 e 132 del decreto legislativo 31 marzo 1998, n. 112, e dalla presente legge, in relazione alle indicazioni del Piano nazionale di cui al comma 3 del presente articolo, entro centoventi giorni dall'adozione del Piano stesso adottano nell'ambito delle risorse disponibili, ai sensi dell'articolo 4, attraverso forme di intesa con i comuni interessati ai sensi dell'articolo 3 della legge 8 giugno 1990, n. 142, e successive modificazioni, il piano regionale degli interventi e dei servizi sociali, provvedendo in particolare all'integrazione socio-sanitaria in coerenza con gli obiettivi del piano sanitario regionale, nonché al coordinamento con le politiche dell'istruzione, della formazione professionale e del lavoro.

19 Piano di zona.

1. I comuni associati, negli ambiti territoriali di cui all'articolo 8, comma 3, lettera *a*), a tutela dei diritti della popolazione, d'intesa con le aziende unità sanitarie locali, provvedono, nell'ambito delle risorse disponibili, ai sensi dell'articolo 4, per gli interventi sociali e socio-sanitari, secondo le indicazioni del piano regionale di cui all'articolo 18, comma 6, a definire il piano di zona, che individua:

a) gli obiettivi strategici e le priorità di intervento nonché gli strumenti e i mezzi per la relativa realizzazione;

b) le modalità organizzative dei servizi, le risorse finanziarie, strutturali e professionali, i requisiti di qualità in relazione alle disposizioni regionali adottate ai sensi dell'articolo 8, comma 3, lettera *h*);

c) le forme di rilevazione dei dati nell'ambito del sistema informativo di cui all'articolo 21;

d) le modalità per garantire l'integrazione tra servizi e prestazioni;

e) le modalità per realizzare il coordinamento con gli organi periferici delle amministrazioni statali, con particolare riferimento all'amministrazione penitenziaria e della giustizia;

f) le modalità per la collaborazione dei servizi territoriali con i soggetti operanti nell'ambito della solidarietà sociale a livello locale e con le altre risorse della comunità;

g) le forme di concertazione con l'azienda unità sanitaria locale e con i soggetti di cui all'articolo 1, comma 4.

2. Il piano di zona, di norma adottato attraverso accordo di programma, ai sensi dell'articolo 27 della legge 8 giugno 1990, n. 142, e successive modificazioni, è volto a:

a) favorire la formazione di sistemi locali di intervento fondati su servizi e prestazioni complementari e flessibili, stimolando in particolare le risorse locali di solidarietà e di auto-aiuto, nonché a responsabilizzare i cittadini nella programmazione e nella verifica dei servizi;

b) qualificare la spesa, attivando risorse, anche finanziarie, derivate dalle forme di concertazione di cui al comma 1, lettera *g*);

c) definire criteri di ripartizione della spesa a carico di ciascun comune, delle aziende unità sanitarie locali e degli altri soggetti firmatari dell'accordo, prevedendo anche risorse vincolate per il raggiungimento di particolari obiettivi;

d) prevedere iniziative di formazione e di aggiornamento degli operatori finalizzate a realizzare progetti di sviluppo dei servizi.

3. All'accordo di programma di cui al comma 2, per assicurare l'adeguato coordinamento delle risorse umane e finanziarie, partecipano i soggetti pubblici di cui al comma 1 nonché i soggetti di cui all'articolo 1, comma 4, e all'articolo 10, che attraverso l'accreditamento o specifiche forme di concertazione concorrono, anche con proprie risorse, alla realizzazione del sistema integrato di interventi e servizi sociali previsto nel piano.

20 Fondo nazionale per le politiche sociali.

1. Per la promozione e il raggiungimento degli obiettivi di politica sociale, lo Stato ripartisce le risorse del Fondo nazionale per le politiche sociali.

2. Per le finalità della presente legge il Fondo di cui al comma 1 è incrementato di lire 106.700 milioni per l'anno 2000, di lire 761.500 milioni per l'anno 2001 e di lire 922.500 milioni a decorrere dall'anno 2002. Al relativo onere si provvede mediante corrispondente riduzione dello stanziamento iscritto, ai fini del bilancio triennale 2000-2002, nell'ambito dell'unità previsionale di base di parte corrente "Fondo speciale" dello stato di previsione del Ministero del tesoro, del bilancio e della programmazione economica per l'anno 2000, allo scopo utilizzando quanto a lire 56.700 milioni per l'anno 2000, a lire 591.500 milioni per l'anno 2001 e a lire 752.500 milioni per l'anno 2002, l'accantonamento relativo al Ministero del tesoro, del bilancio e della programmazione economica; quanto a lire 50.000 milioni per l'anno 2000 e a lire 149.000 milioni per ciascuno degli anni 2001 e 2002, l'accantonamento relativo al Ministero della pubblica istruzione; quanto a lire 1.000 milioni per ciascuno degli anni 2001 e 2002, le proiezioni dell'accantonamento relativo al Ministero dell'interno; quanto a lire 20.000 milioni per ciascuno degli anni 2001 e 2002, le proiezioni dell'accantonamento relativo al Ministero del commercio con l'estero.

3. Il Ministro del tesoro, del bilancio e della programmazione economica è autorizzato ad apportare, con propri decreti, le occorrenti variazioni di bilancio.

4. La definizione dei livelli essenziali di cui all'articolo 22 è effettuata contestualmente a quella delle risorse da assegnare al Fondo nazionale per le politiche sociali tenuto conto delle risorse ordinarie destinate alla spesa sociale dalle regioni e dagli enti locali, nel rispetto delle compatibilità finanziarie definite per l'intero sistema di finanza pubblica dal Documento di programmazione economico-finanziaria.

5. Con regolamento, da emanare ai sensi dell'articolo 17, comma 2, della legge 23 agosto 1988, n. 400, il Governo provvede a disciplinare modalità e procedure uniformi per la ripartizione delle risorse finanziarie confluite nel Fondo di cui al comma 1 ai sensi delle vigenti disposizioni di legge, sulla base dei seguenti principi e criteri direttivi:

a) razionalizzare e armonizzare le procedure medesime ed evitare sovrapposizioni e diseconomie nell'allocazione delle risorse;

b) prevedere quote percentuali di risorse aggiuntive a favore dei comuni associati ai sensi dell'articolo 8, comma 3, lettera *a*);

c) garantire che gli stanziamenti a favore delle regioni e degli enti locali costituiscano quote di cofinanziamento dei programmi e dei relativi interventi e prevedere modalità di accertamento delle spese al fine di realizzare un sistema di progressiva perequazione della spesa in ambito nazionale per il perseguimento degli obiettivi del Piano nazionale;

d) prevedere forme di monitoraggio, verifica e valutazione dei costi, dei rendimenti e dei risultati degli interventi, nonché modalità per la revoca dei finanziamenti in caso di mancato impegno da parte degli enti destinatari entro periodi determinati;

e) individuare le norme di legge abrogate dalla data di entrata in vigore del regolamento.

6. Lo schema di regolamento di cui al comma 5, previa deliberazione preliminare del Consiglio dei ministri, acquisito il parere della Conferenza unificata di cui all'articolo 8 del decreto legislativo 28 agosto 1997, n. 281, è trasmesso successivamente alle Camere per l'espressione del parere da parte delle competenti Commissioni parlamentari, che si pronunciano entro trenta giorni dalla data di assegnazione. Decorso inutilmente tale termine, il regolamento può essere emanato.

7. Il Ministro per la solidarietà sociale, sentiti i Ministri interessati, d'intesa con la Conferenza unificata di cui all'articolo 8 del decreto legislativo 28 agosto 1997, n. 281, provvede, con proprio decreto, annualmente alla ripartizione delle risorse del Fondo nazionale per le politiche sociali, tenuto conto della quota riservata di cui all'articolo 15, sulla base delle linee contenute nel Piano nazionale e dei parametri di cui all'articolo 18, comma 3, lettera *n*). In sede di prima applicazione della presente legge, entro novanta giorni dalla data della sua entrata in vigore, il Ministro per la solidarietà sociale, sentiti i Ministri interessati, d'intesa con la Conferenza unificata di cui al citato articolo 8 del decreto legislativo n. 281 del 1997, adotta il decreto di cui al presente comma sulla base dei parametri di cui all'articolo 18, comma 3, lettera *n*). La ripartizione garantisce le risorse necessarie per l'adempimento delle prestazioni di cui all'articolo 24.

8. A decorrere dall'anno 2002 lo stanziamento complessivo del Fondo nazionale per le politiche sociali è determinato dalla legge finanziaria con le modalità di cui all'articolo 11, comma 3, lettera *d*), della legge 5 agosto 1978, n. 468, e successive modificazioni, assicurando comunque la copertura delle prestazioni di cui all'articolo 24 della presente legge (1).

9. Alla data di entrata in vigore del decreto legislativo di cui all'articolo 24, confluiscono con specifica finalizzazione nel Fondo nazionale per le politiche sociali anche le risorse finanziarie destinate al finanziamento delle prestazioni individuate dal medesimo decreto legislativo.

10. Al Fondo nazionale per le politiche sociali affluiscono, altresì, somme derivanti da contributi e donazioni eventualmente disposti da privati, enti, fondazioni, organizzazioni, anche internazionali, da organismi dell'Unione europea, che sono versate all'entrata del bilancio dello Stato per essere assegnate al citato Fondo nazionale.

11. Qualora le regioni ed i comuni non provvedano all'impegno contabile della quota non specificamente finalizzata ai sensi del comma 9 delle risorse ricevute nei tempi indicati dal decreto di riparto di cui al comma 7, il Ministro per la solidarietà sociale, con le modalità di cui al medesimo comma 7, provvede alla rideterminazione e alla riassegnazione delle risorse, fermo restando l'obbligo di mantenere invariata nel triennio la quota complessiva dei trasferimenti a ciascun comune o a ciascuna regione.

(1) *L'art. 1, comma 271 della l. 24 dicembre 2012, n. 228 ha disposto () che « Lo stanziamento del Fondo nazionale per le politiche sociali, di cui all'articolo 20, comma 8, della legge 8 novembre 2000, n. 328, è incrementato di 300 milioni di euro per l'anno 2013." Successivamente anche la l. 23 dicembre 2014, n. 190 ha disposto (con l'art. 1, comma 158) che "Lo stanziamento del Fondo nazionale per le politiche sociali, di cui all'articolo 20, comma 8, della legge 8 novembre 2000, n. 328, è incrementato di 300 milioni di euro annui a decorrere dall'anno 2015 ».*

21 [Sistema informativo dei servizi sociali] (1).

(1) *Articolo abrogato dall'art. 26, comma 1, lettera* a) *d.lgs. 15 settembre 2017, n. 147.*

CAPO V
Interventi, servizi ed emolumenti economici del sistema integrato di interventi e servizi sociali

SEZIONE I
Disposizioni generali

22 Definizione del sistema integrato di interventi e servizi sociali.

1. Il sistema integrato di interventi e servizi sociali si realizza mediante politiche e prestazioni coordinate nei diversi settori della vita sociale, integrando servizi alla persona e al nucleo familiare con eventuali misure economiche, e la definizione di percorsi attivi volti ad ottimizzare l'efficacia delle risorse, impedire sovrapposizioni di competenze e settorializzazione delle risposte.

2. Ferme restando le competenze del Servizio sanitario nazionale in materia di prevenzione, cura e riabilitazione, nonché le disposizioni in materia di integrazione socio-sanitaria di cui al decreto legislativo 30 dicembre 1992, n. 502, e successive modificazioni, gli interventi di seguito indicati costituiscono il livello essenziale delle prestazioni sociali erogabili sotto forma di beni e servizi secondo le caratteristiche ed i requisiti fissati dalla pianificazione nazionale, regionale e zonale, nei limiti delle risorse del Fondo nazionale per le politiche sociali, tenuto conto delle risorse ordinarie già destinate dagli enti locali alla spesa sociale:

a) misure di contrasto della povertà e di sostegno al reddito e servizi di accompagnamento, con particolare riferimento alle persone senza fissa dimora;

b) misure economiche per favorire la vita autonoma e la permanenza a domicilio di persone totalmente dipendenti o incapaci di compiere gli atti propri della vita quotidiana;

c) interventi di sostegno per i minori in situazioni di disagio tramite il sostegno al nucleo familiare di origine e l'inserimento presso famiglie, persone e strutture comunitarie di accoglienza di tipo familiare e per la promozione dei diritti dell'infanzia e dell'adolescenza;

d) misure per il sostegno delle responsabilità familiari, ai sensi dell'articolo 16, per favorire l'armonizzazione del tempo di lavoro e di cura familiare;

e) misure di sostegno alle donne in difficoltà per assicurare i benefici disposti dal regio decreto-legge 8 maggio 1927, n. 798, convertito dalla legge 6 dicembre 1928, n. 2838, e dalla legge 10 dicembre 1925, n. 2277, e loro successive modificazioni, integrazioni e norme attuative;

f) interventi per la piena integrazione delle persone disabili ai sensi dell'articolo 14; realizzazione, per i soggetti di cui all'articolo 3, comma 3, della legge 5 febbraio 1992, n. 104, dei centri socio-riabilitativi e delle comunita-alloggio di cui all'articolo 10 della citata legge n. 104 del 1992, e dei servizi di comunità e di accoglienza per quelli privi di sostegno familiare, nonché erogazione delle prestazioni di sostituzione temporanea delle famiglie;

g) interventi per le persone anziane e disabili per favorire la permanenza a domicilio, per l'inserimento presso famiglie, persone e strutture comunitarie di accoglienza di tipo familiare, nonché per l'accoglienza e la socializzazione presso strutture residenziali e semiresidenziali per coloro che, in ragione della elevata fragilità personale o di limitazione dell'autonomia, non siano assistibili a domicilio;

h) prestazioni integrate di tipo socio-educativo per contrastare dipendenze da droghe, alcol e farmaci, favorendo interventi di natura preventiva, di recupero e reinserimento sociale;

i) informazione e consulenza alle persone e alle famiglie per favorire la fruizione dei servizi e per promuovere iniziative di auto-aiuto.

3. Gli interventi del sistema integrato di interventi e servizi sociali di cui al comma 2, lettera *c*), sono realizzati, in particolare, secondo le finalità delle leggi 4 maggio 1983, n. 184, 27 maggio 1991, n. 176, 15 febbraio 1996, n. 66, 28 agosto 1997, n. 285, 23 dicembre 1997, n. 451, 3 agosto 1998, n. 296, 31 dicembre 1998, n. 476, del testo unico di cui al decreto legislativo 25 luglio 1998, n. 286, e delle disposizioni sul processo penale a carico di imputati minorenni, approvate con decreto del Presidente della Repubblica 22 settembre 1988, n. 448, nonché della legge 5 febbraio 1992, n. 104, per i minori disabili. Ai fini di cui all'articolo 11 e per favorire la deistituzionalizzazione, i servizi e le strutture a ciclo residenziale destinati all'accoglienza dei minori devono essere organizzati esclusivamente nella forma di strutture comunitarie di tipo familiare.

4. In relazione a quanto indicato al comma 2, le leggi regionali, secondo i modelli organizzativi adottati, prevedono per ogni ambito territoriale di cui all'articolo 8, comma 3, lettera *a*), tenendo conto anche delle diverse esigenze delle aree urbane e rurali, comunque l'erogazione delle seguenti prestazioni:

a) servizio sociale professionale e segretariato sociale per informazione e consulenza al singolo e ai nuclei familiari;

b) servizio di pronto intervento sociale per le situazioni di emergenza personali e familiari;

c) assistenza domiciliare;

d) strutture residenziali e semiresidenziali per soggetti con fragilità sociali;

e) centri di accoglienza residenziali o diurni a carattere comunitario (1).

(1) *Ai sensi dell'art. 89, comma 2-bis d.l. 19 maggio 2020, n. 34, conv., con modif., in l. 17 luglio 2020, n. 77 i servizi previsti dal presente comma « sono da considerarsi servizi pubblici essenziali, anche se svolti in regime di concessione, accreditamento o mediante convenzione, in quanto volti a garantire il godimento di diritti della persona costituzionalmente tutelati. Allo scopo di assicurare l'effettivo e continuo godimento di tali diritti, le regioni e le province autonome di Trento e di Bolzano, nell'ambito delle loro competenze e della loro autonomia organizzativa, entro sessanta giorni dalla data di entrata in vigore della legge di conversione del presente decreto, definiscono le modalità per garantire l'accesso e la continuità dei servizi sociali, socio-assistenziali e sociosanitari essenziali di cui al presente comma anche in situazione di emergenza, sulla base di progetti personalizzati, tenendo conto delle specifiche e inderogabili esigenze di tutela delle persone più esposte agli effetti di emergenze e calamità. Le amministrazioni interessate provvedono all'attuazione del presente comma nell'ambito delle risorse umane, strumentali e finanziarie disponibili a legislazione vigente e, comunque, senza nuovi o maggiori oneri per la finanza pubblica ».*

SEZIONE II
Misure di contrasto alla povertà e riordino degli emolumenti economici assistenziali

23-30 (*Omissis*).

60. Decreto legislativo 1° agosto 2003, n. 259. — Codice delle comunicazioni elettroniche. (*rinvio*) (1).

Pubblicato nella Gazzetta Ufficiale n. 214 del 15 settembre 2003, S.O. n. 150.

(1) *Il decreto è riportato sub V, 94. V., in particolare, gli artt. 11 e 94 ss. sul servizio universale.*

(*Omissis*).

61. Decreto legislativo 15 luglio 2015, n. 112. — Attuazione della direttiva 2012/34/UE del Parlamento europeo e del Consiglio, del 21 novembre 2012, che istituisce uno spazio ferroviario europeo unico. (*estratto*) (1).

Pubblicato nella Gazzetta Ufficiale n. 170 del 24 luglio 2015.

(1) *Il decreto è riportato sub V, 119.*

2 Principi.

1. Le attività disciplinate dal presente decreto si uniformano ai seguenti principi:

a) autonomia e indipendenza gestionale, amministrativa e contabile delle imprese ferroviarie;

b) indipendenza delle funzioni essenziali del gestore dell'infrastruttura, separazione contabile o costituzione di strutture aziendali autonome e distinte, sotto il profilo patrimoniale e contabile, per la gestione dell'infrastruttura ferroviaria e per l'esercizio dell'attività di trasporto a mezzo ferrovia;

c) libertà di accesso al mercato dei trasporti di merci e di passeggeri per ferrovia da parte delle imprese ferroviarie, in conformità alle prescrizioni contenute nelle direttive dell'Unione europea e negli articoli 56 e seguenti del TFUE, a condizioni eque, non discriminatorie e trasparenti e tali da garantire lo sviluppo della concorrenza nel settore ferroviario;

d) possibilità di risanamento della struttura finanziaria delle imprese di proprietà pubblica o controllate di settore, nel rispetto di quanto previsto dall'articolo 9 della direttiva 2012/34/UE del Parlamento europeo e del Consiglio, fatta salva la normativa dell'Unione sugli aiuti di Stato e a norma degli articoli 93, 107 e 108 TFUE.

2. Dall'attuazione del presente articolo non devono derivare nuovi o maggiori oneri per la finanza pubblica.

(*Omissis*).

11 Indipendenza del gestore dell'infrastruttura (1)

1. Il gestore dell'infrastruttura di cui all'articolo 3, comma 1, lettera *b*), è un'entità giuridicamente distinta da qualsiasi impresa ferroviaria e, nelle imprese a integrazione verticale, da qualsiasi altra entità giuridica all'interno dell'impresa.

2. Nel rispetto delle regole quadro e specifiche in materia di canoni e di assegnazione di capacità di infrastruttura, il gestore dell'infrastruttura è autonomo e responsabile della propria gestione, della propria amministrazione e del proprio controllo interno.

3. Il gestore dell'infrastruttura ferroviaria è responsabile dell'esercizio e dello sviluppo dell'infrastruttura ferroviaria nonché del controllo della circolazione in sicurezza dei convogli, della manutenzione e del rinnovo dell'infrastruttura ferroviaria, sul piano tecnico, commerciale e finanziario, assicurandone l'accessibilità, la funzionalità, nonché la diffusione delle informazioni relative all'accesso all'infrastruttura a tutte le imprese interessate a condizioni eque e non discriminatorie. Il gestore dell'infrastruttura deve, altresì, assicurare la manutenzione e la pulizia degli spazi pubblici delle stazioni passeggeri. Tale obbligo viene trasferito, con apposito accordo e senza ulteriori oneri per la finanza pubblica, in capo al gestore di stazione, qualora quest'ultimo non coincida con il gestore dell'infrastruttura, fatta eccezione per le aree funzionali alle attività proprie del gestore dell'infrastruttura.

4. Al gestore dell'infrastruttura ferroviaria, per la rete di propria attribuzione, sono affidate, in via esclusiva, entro i limiti di cui agli articoli 17 e 26 del presente decreto e fatto salvo quanto previsto dal comma 11 e le specifiche attribuzioni dell'organismo di regolazione, le decisioni relative alle funzioni essenziali. Nessuna entità giuridica all'interno dell'impresa a integrazione verticale può esercitare un'influenza determinante sulle decisioni del gestore dell'infrastruttura relative alle funzioni essenziali.

5. Le imprese ferroviarie, o qualsiasi soggetto avente personalità giuridica pubblica o privata, d'intesa con il gestore dell'infrastruttura possono, tuttavia, contribuire allo sviluppo dell'infrastruttura ferroviaria, anche mediante investimenti, manutenzione e finanziamento diretto o tramite il gestore medesimo, senza maggiori oneri a carico della finanza pubblica a legislazione vigente e a condizione che ne sia garantito l'accesso equo e non discriminatorio.

6. Un'impresa ferroviaria o qualsiasi altra entità giuridica all'interno dell'impresa a integrazione verticale non può esercitare un'influenza determinante sulle nomine e sulla rimozione dei responsabili dell'adozione di decisioni sulle funzioni essenziali.

7. I responsabili dell'adozione di decisioni sulle funzioni essenziali non possono ricoprire, per un periodo di ventiquattro mesi da quando cessano nelle proprie funzioni, alcun ruolo all'interno delle imprese ferroviarie operanti sulla relativa infrastruttura.

8. I membri del consiglio di amministrazione del gestore dell'infrastruttura, nonché i dirigenti del gestore che riferiscono loro direttamente, agiscono in maniera non discriminatoria e la loro imparzialità non deve essere compromessa da alcun conflitto di interesse. A tal fine i soggetti di cui al presente comma rilasciano, alla società di appartenenza, con cadenza annuale una dichiarazione relativa ad ogni eventuale interesse personale di tipo finanziario, economico o professionale legato, anche potenzialmente, a un'impresa ferroviaria.

9. I membri del consiglio di amministrazione del gestore dell'infrastruttura e i responsabili dell'adozione di decisioni sulle funzioni essenziali, o, qualora istituito, del consiglio di vigilanza non possono al contempo essere membri del consiglio di amministrazione, o, qualora istituito, del consiglio di vigilanza di un'impresa ferroviaria. Nelle imprese a integrazione verticale, i membri del consiglio di amministrazione del gestore dell'infrastruttura e i responsabili dell'adozione di decisioni sulle funzioni essenziali non ricevono alcuna retribuzione basata sui risultati da altra entità giuridica all'interno dell'impresa a integrazione verticale né premi legati ai risultati economico-finanziari di specifiche imprese ferroviarie. Possono tuttavia ricevere incentivi connessi alla prestazione globale del sistema ferroviario.

10. Il gestore dell'infrastruttura ferroviaria è tenuto al rispetto della riservatezza delle informazioni commerciali in suo possesso. In presenza di sistemi informatici comuni a diverse entità all'interno di un'impresa a integrazione verticale, l'accesso alle informazioni sensibili relative alle funzioni essenziali è limitato espressamente al personale autorizzato dal gestore dell'infrastruttura per l'esercizio di tali funzioni e nei limiti di quanto necessario. Le informazioni sensibili non sono comunicate ad altre entità all'interno di un'impresa a integrazione verticale.

11. I gestori di infrastrutture ferroviarie regionali di cui all'articolo 1, comma 4, nel caso in cui entro trecentosessanta giorni dalla data di entrata in vigore del presente decreto non risultino entità giuridicamente distinte dall'impresa che svolge le prestazioni di servizio di trasporto sulla medesima rete, procedono, entro i successivi novanta giorni, ad affidare le funzioni essenziali di cui all'articolo 3, comma 1, lettera *b-septies*), ad un soggetto terzo, indipendente sul piano giuridico e decisionale dalle imprese ferroviarie. Tale affidamento è regolato da apposito accordo tra le parti. Ai gestori di tali reti che hanno proceduto al suddetto affidamento non si applicano le disposizioni di cui al comma 1. Per le finalità di cui all'articolo 5, i gestori di tali reti sono organizzati come divisione incaricata della gestione dell'infrastruttura, non dotata di personalità giuridica, distinta dalla divisione incaricata della prestazione dei servizi ferroviari. Ai capi di divisione incaricati della gestione dell'infrastruttura e della prestazione dei servizi ferroviari si applica il comma 9. Il rispetto dei requisiti di cui al presente comma è dimo-

strato nelle contabilità separate delle rispettive divisioni dell'impresa.

(1) *Articolo sostituito dall'art. 7, d.lgs. 23 novembre 2018, n. 139. Il testo previgente era il seguente: « 11 –Principi- 1. Il gestore dell'infrastruttura ferroviaria è soggetto autonomo ed indipendente, sul piano giuridico, organizzativo o decisionale, e sotto il profilo contabile, dalle imprese operanti nel settore dei trasporti.*

2. Nel rispetto delle regole quadro e specifiche in materia di canoni e di assegnazione di capacità di infrastruttura, il gestore dell'infrastruttura è autonomo e responsabile della propria gestione, della propria amministrazione e del proprio controllo interno.

3. Il gestore dell'infrastruttura ferroviaria è responsabile del controllo della circolazione in sicurezza dei convogli, della manutenzione e del rinnovo dell'infrastruttura ferroviaria, sul piano tecnico, commerciale e finanziario, assicurandone l'accessibilità, la funzionalità, nonché le informazioni. Il gestore dell'infrastruttura deve, altresì, assicurare la manutenzione e la pulizia degli spazi pubblici delle stazioni passeggeri. Tale obbligo viene trasferito, con apposito accordo e senza ulteriori oneri per la finanza pubblica, in capo al gestore di stazione, qualora quest'ultimo non coincida con il gestore dell'infrastruttura, fatta eccezione per le aree funzionali alle attività proprie del gestore dell'infrastruttura.

4. Al gestore dell'infrastruttura ferroviaria, per la rete di propria attribuzione, sono affidati, in via esclusiva, le funzioni essenziali relative alla determinazione e riscossione dei canoni e all'assegnazione di capacità dell'infrastruttura, incluse sia la definizione e la valutazione che la disponibilità e l'assegnazione delle singole tracce orarie, sulla base rispettivamente delle disposizioni di cui agli articoli 17 e 26.

5. Le imprese ferroviarie, o qualsiasi soggetto avente personalità giuridica pubblica o privata, d'intesa con il gestore dell'infrastruttura, possono, tuttavia, contribuire allo sviluppo dell'infrastruttura ferroviaria, anche mediante investimenti, manutenzione e finanziamento diretto o tramite il gestore medesimo, senza maggiori oneri a carico della finanza pubblica a legislazione vigente.

6. Per quanto riguarda i gestori di infrastrutture ferroviarie regionali e locali, rientranti nel campo di applicazione del presente decreto, nel caso in cui l'attività di gestione dell'infrastruttura della rete è svolta da impresa non distinta sul piano giuridico o decisionale dall'impresa che svolge le prestazioni di servizio di trasporto sulla medesima rete, le funzioni essenziali del gestore di cui al comma 4 sono svolte da un organismo incaricato della determinazione dei canoni e da un organismo incaricato dell'assegnazione di capacità di infrastruttura, individuati in ambito regionale o locale ed indipendenti sul piano giuridico e decisionale dalle imprese nel settore ferroviario.

7. Il gestore dell'infrastruttura ferroviaria è tenuto al rispetto della riservatezza delle informazioni commerciali in suo possesso ».

11-*bis* Imparzialità del gestore dell'infrastruttura rispetto alla gestione del traffico e alla programmazione della manutenzione (1).

1. I responsabili dell'adozione di decisioni relative alle funzioni di gestione del traffico e pianificazione della manutenzione agiscono in maniera trasparente e non discriminatoria e la loro imparzialità non deve essere soggetta ad alcun conflitto di interesse. A tal fine i soggetti di cui al presente comma rilasciano, alla società di appartenenza, con cadenza annuale una dichiarazione relativa ad ogni eventuale interesse personale di tipo finanziario, economico o professionale legato, anche potenzialmente, a un'impresa ferroviaria.

2. Il gestore dell'infrastruttura è tenuto, in modo trasparente e non discriminatorio, a fornire tempestiva comunicazione alle imprese ferroviarie sia delle interruzioni programmate della circolazione, nell'ambito del prospetto informativo della rete, sia di quelle non programmate, tramite appositi e adeguati strumenti informativi. Qualora il gestore dell'infrastruttura conceda un ulteriore accesso al processo di gestione del traffico, tale accesso è concesso in modo trasparente e non discriminatorio alle imprese ferroviarie interessate.

3. La programmazione a lungo termine dei lavori di grande manutenzione o rinnovo è effettuata dal gestore dell'infrastruttura in modo non discriminatorio, e, a tal fine, il gestore dell'infrastruttura consulta i richiedenti e tiene conto, ove possibile, delle osservazioni da questi ultimi formulate.

(1) *Articolo aggiunto dall'art. 8, d.lgs. 23 novembre 2018, n. 139.*

11-*ter* Delega e ripartizione delle funzioni del gestore dell'infrastruttura (1).

1. A condizione che non sorgano conflitti di interesse e sia garantita la riservatezza delle informazioni sensibili sotto il profilo commerciale, il gestore dell'infrastruttura può: *a*) delegare funzioni o parti di esse a un'entità diversa, purché questa non sia un'impresa ferroviaria, non controlli un'impresa ferroviaria o non sia da questa controllata. All'interno di un'impresa a integrazione verticale, le funzioni essenziali non possono essere delegate ad alcuna altra entità inserita nell'impresa a integrazione verticale, a meno che tale entità svolga esclusivamente funzioni essenziali; *b*) delegare l'esecuzione di lavori e i relativi compiti circa lo sviluppo, la manutenzione e il rinnovo dell'infrastruttura ferroviaria a imprese ferroviarie o società che controllano l'impresa ferroviaria o sono da essa controllate.

2. Il gestore dell'infrastruttura mantiene il potere di vigilanza relativamente all'esercizio delle funzioni di cui all'articolo 3, comma 1, lettera *b*), e ne ha la responsabilità. Le entità che svolgono le funzioni essenziali si conformano agli articoli 11, 11-*bis* e 11-*quater*.

3. Sotto la supervisione dell'organismo di regolazione, il gestore dell'infrastruttura può concludere accordi di cooperazione con una o più imprese ferroviarie in modo non discriminatorio e al fine di ottenere vantaggi per i clienti quali costi ridotti o migliori prestazioni sulla parte della rete coperta dall'accordo. L'organismo di regolazione monitora l'esecuzione di tali accordi e può, in casi giustificati, raccomandare di porvi termine.

(1) *Articolo aggiunto dall'art. 8, d.lgs. 23 novembre 2018, n. 139.*

11-*quater* Trasparenza finanziaria (1).

1. Il gestore dell'infrastruttura può utilizzare le entrate derivanti dalla gestione della rete dell'infrastruttura comportanti l'impiego di fondi pubblici soltanto per finanziare la propria attività, gestione e rimborso dei prestiti compresi. Il gestore dell'infrastruttura può, inoltre, utilizzare gli eventuali utili derivanti da tali entrate per pagare dividendi ai proprietari dell'impresa, che possono comprendere lo Stato e azionisti privati, ma non le imprese che fanno parte di un'impresa a integrazione verticale e che esercitano un controllo sia su un'impresa ferroviaria sia sul gestore dell'infrastruttura.

2. Fatto salvo quanto previsto dai commi successivi, sono vietati i trasferimenti finanziari tra il gestore dell'infrastruttura e le imprese ferroviarie e, nelle impre-

se a integrazione verticale, tra il gestore dell'infrastruttura e qualsiasi altra entità giuridica dell'impresa integrata, qualora tali trasferimenti possano generare distorsioni della concorrenza sul mercato, anche in seguito ai sussidi incrociati.

3. I dividendi del gestore dell'infrastruttura prodotti da attività che non comportano l'impiego di fondi pubblici o le entrate derivanti dai canoni per l'utilizzo dell'infrastruttura ferroviaria possono essere utilizzati anche da imprese che fanno parte di un'impresa a integrazione verticale e che esercitano un controllo sia su un'impresa ferroviaria sia sul gestore dell'infrastruttura.

4. I gestori dell'infrastruttura non concedono, direttamente o indirettamente, prestiti alle imprese ferroviarie né queste ultime concedono, direttamente o indirettamente, prestiti ai gestori dell'infrastruttura.

5. Nell'ambito di un'impresa a integrazione verticale i prestiti tra le entità giuridiche della stessa sono concessi, erogati e gestiti soltanto a tassi e condizioni di mercato che rispecchiano il profilo di rischio individuale dell'entità interessata.

6. I prestiti tra entità giuridiche di un'impresa a integrazione verticale concessi prima del 24 dicembre 2016 restano in essere fino a scadenza, purché siano stati stipulati a condizioni di mercato e siano effettivamente erogati e onorati.

7. I servizi prestati dalle altre entità giuridiche di un'impresa a integrazione verticale al gestore dell'infrastruttura si basano su contratti e sono remunerati ai prezzi di mercato o ai prezzi che rispecchiano il costo di produzione, aumentato di un ragionevole margine di profitto.

8. I debiti imputati al gestore dell'infrastruttura sono nettamente separati dai debiti imputati alle altre entità giuridiche delle imprese a integrazione verticale. Tali debiti sono onorati separatamente. Ciò non osta a che il pagamento finale dei debiti sia effettuato attraverso un'impresa che faccia parte di un'impresa a integrazione verticale e che eserciti un controllo sia su un'impresa ferroviaria sia su un gestore dell'infrastruttura, oppure attraverso un'altra entità nell'ambito dell'impresa.

9. La contabilità del gestore dell'infrastruttura e quella delle altre entità giuridiche inserite nell'impresa a integrazione verticale sono tenute in modo da assicurare il rispetto del presente articolo e permettere di avere contabilità separate e circuiti finanziari trasparenti nell'ambito dell'impresa.

10. Nelle imprese a integrazione verticale, il gestore dell'infrastruttura tiene registrazioni dettagliate di tutti i rapporti commerciali e finanziari con le altre entità giuridiche dell'impresa in questione.

11. I riferimenti di cui al presente articolo relativi al gestore dell'infrastruttura, all'impresa ferroviaria e ad altre entità giuridiche di un'impresa ad integrazione verticale, si intendono riferiti anche alle rispettive divisioni dell'impresa.

(1) *Articolo aggiunto dall'art. 8, d.lgs. 23 novembre 2018, n. 139.*

11-*quinquies* Meccanismi di coordinamento (1).

1. Il gestore dell'infrastruttura predispone idonei sistemi di coordinamento per la consultazione di tutte le imprese ferroviarie interessate e dei richiedenti, anche potenziali. L'organismo di regolazione ha facoltà di partecipare alle consultazioni in qualità di osservatore.

2. Il coordinamento, salvo quanto già previsto dagli articoli 14, comma 1, e 15, commi 2 e 6, riguarda: *a*) le necessità dei richiedenti relative alla manutenzione e allo sviluppo della capacità di infrastruttura; *b*) il contenuto degli obiettivi di prestazione orientati agli utenti contenuti negli accordi contrattuali di cui all'articolo 15 e degli incentivi di cui all'articolo 15, comma 4, e la relativa attuazione; *c*) questioni di intermodalità e interoperabilità da trattarsi nell'ambito del piano commerciale di cui all'articolo 15, commi 5 e 6; *d*) qualsiasi altra questione relativa alle condizioni di accesso, all'uso dell'infrastruttura e alla qualità dei servizi del gestore dell'infrastruttura.

3. Il gestore dell'infrastruttura previa consultazione con le parti interessate, elabora e pubblica linee guida per il coordinamento delle tematiche di cui alle lettere *a*), *b*) e *c*). Il coordinamento ha luogo annualmente e il gestore dell'infrastruttura pubblica sul proprio sito web un'illustrazione delle attività intraprese ai sensi del presente articolo.

4. Il coordinamento a norma del presente articolo non pregiudica il diritto dei richiedenti di adire l'organismo di regolazione né i poteri dello stesso ai sensi dell'articolo 37.

(1) *Articolo aggiunto dall'art. 8, d.lgs. 23 novembre 2018, n. 139.*

11-*sexies* Rete europea dei gestori dell'infrastruttura (1).

1. Il gestore dell'infrastruttura ferroviaria nazionale partecipa alla rete europea dei gestori dell'infrastruttura di cui all'articolo 7-*septies* della direttiva 2012/34/UE del Parlamento europeo e del Consiglio. È in ogni caso fatto salvo il diritto del richiedente di adire l'organismo di regolazione secondo quanto previsto dall'articolo 37, anche in relazione alle questioni oggetto dell'attività di coordinamento tra i gestori dell'infrastruttura.

(1) *Articolo aggiunto dall'art. 8, d.lgs. 23 novembre 2018, n. 139.*

12 Condizioni di accesso all'infrastruttura ferroviaria

1. Alle imprese ferroviarie è concesso, a condizioni eque, non discriminatorie e trasparenti, il diritto di accesso alla infrastruttura ferroviaria, che rientra nell'ambito di applicazione del presente decreto, per l'esercizio del trasporto ferroviario di merci e dei servizi ad esso collegati. Tale diritto comprende l'accesso all'infrastruttura che collega i porti marittimi e di navigazione interna e altri impianti di servizio di cui all'articolo 13, comma 2, ed all'infrastruttura che serve o potrebbe servire più di un cliente finale.

2. Fatto salvo quanto previsto dal regolamento (CE) n. 1370/2007, alle imprese ferroviarie è concesso, a condizioni eque, non discriminatorie e trasparenti, il diritto di accesso alla infrastruttura ferroviaria, che rientra nell'ambito di applicazione del presente decreto, per l'esercizio dei servizi di trasporto ferroviario di passeggeri. Tale diritto comprende l'accesso alle infrastrutture di collegamento agli impianti di servizio di cui all'articolo 13, comma 2 (1).

[3. Durante lo svolgimento di un servizio di trasporto internazionale di passeggeri, le imprese ferroviarie hanno il diritto di far salire passeggeri in ogni stazione situata lungo il percorso internazionale e farli scendere in un'altra stazione, incluse le stazioni situate in uno stesso Stato membro.] (2)

[4. L'organismo di regolazione stabilisce, a seguito di una richiesta delle autorità competenti o delle imprese ferroviarie interessate, come individuate dall'articolo 5 del regolamento di esecuzione (UE) n. 869/2014 della Commissione europea dell'11 agosto 2014, se la finalità principale del servizio sia il trasporto di passeggeri tra stazioni situate in Stati membri diversi, sulla base di quanto disposto dagli articoli da 6 a 9 del citato regolamento di esecuzione (UE) n. 869/2014. La decisione dell'organismo di regolazione è debitamente giustificata e pubblicata tempestivamente sul suo sito web, nel rispetto della riservatezza da applicare alle informazioni sensibili dal punto di vista commerciale. Nei casi in cui venga accertato dall'organismo di regolazione che la finalità principale del servizio non è il trasporto di passeggeri tra stazioni situate in Stati membri diversi e fatta comunque salva la possibilità di limitazione di cui al comma 5, l'impresa ferroviaria deve possedere la licenza nazionale passeggeri per esercire il servizio.] (2)

5. Lo svolgimento di servizi ferroviari di trasporto passeggeri può essere soggetto a limitazioni, sulla base di quanto disposto ai commi 6 e 7, da parte dell'organismo di regolazione, tra un dato punto di partenza e una data destinazione quando uno o più contratti di servizio pubblico coprono lo stesso percorso o un percorso alternativo, se l'esercizio di tale diritto compromette l'equilibrio economico del contratto o dei contratti di servizio pubblico in questione (3).

6. Per stabilire se l'equilibrio economico di un contratto di servizio pubblico sia compromesso ai sensi del comma 5, l'organismo di regolazione procede ad un'analisi economica oggettiva, basando la propria decisione su criteri prestabiliti da definirsi con proprio provvedimento sentito il Ministero dell'economia e delle finanze, e previa richiesta della competente autorità di aggiudicazione del contratto di servizio pubblico, ovvero del gestore dell'infrastruttura, ovvero dell'impresa ferroviaria che adempie al contratto di servizio pubblico, presentata entro un mese dal ricevimento dell'informazione sul previsto servizio di trasporto di passeggeri di cui all'articolo 24, comma 2. (4) Le autorità competenti e le imprese ferroviarie che prestano servizi pubblici forniscono all'organismo di regolazione competente le informazioni necessarie per addivenire a una decisione. L'organismo di regolazione valuta le informazioni ricevute dalle parti sopra citate e, se del caso, richiede eventuali ulteriori informazioni pertinenti da tutte le parti interessate e avvia con esse consultazioni entro trenta giorni dal ricevimento della richiesta. L'organismo di regolazione si consulta adeguatamente con tutte le parti interessate e informa queste ultime della sua decisione motivata entro un termine ragionevole e prestabilito e, comunque, entro sei settimane dal ricevimento di tutte le informazioni necessarie.

7. L'organismo di regolazione motiva la propria decisione e precisa le condizioni alle quali l'autorità competente, il gestore dell'infrastruttura, l'impresa ferroviaria che adempie al contratto di servizio pubblico ovvero l'impresa ferroviaria che chiede l'accesso possono chiedere un riesame della decisione entro un mese dalla sua notifica (5).

[8. Salvo indicazione contraria dell'organismo di regolazione nella sua decisione, il riesame di una decisione non può essere richiesto nei primi tre anni successivi la pubblicazione della decisione, ad eccezione del caso di cui al comma 6, lettera *a)*.] (2)

9. Avverso le decisioni di cui ai commi 5, 6 e 7 (6) è possibile proporre ricorso giurisdizionale.

10. L'organismo di regolazione, tenuto anche conto delle pertinenti analisi economiche, accertata la compromissione dell'equilibrio economico del contratto di servizio pubblico, indica le eventuali limitazioni di cui al comma 5 che permettano di soddisfare le condizioni per la concessione del diritto di accesso al nuovo operatore. L'autorità competente può richiedere all'impresa ferroviaria oggetto della procedura di cui al comma 6 il pagamento di opportuni, trasparenti e non discriminatori diritti di compensazione, determinati, previo parere dell'organismo di regolazione, sulla base delle misure disposte dalla Commissione europea, ai sensi dell'articolo 11, paragrafo 4, secondo comma, della direttiva 2012/34/UE del Parlamento europeo e del Consiglio (7).

11. I proventi ottenuti da tali diritti devono essere utilizzati per compensare i servizi oggetto del contratto di servizio pubblico al fine di ristabilirne l'equilibrio economico e non eccedono quanto necessario per coprire tutti o parte dei costi originati dall'adempimento degli obblighi di servizio pubblico in questione, tenendo conto degli introiti relativi agli stessi nonché di un margine di utile ragionevole per l'adempimento di detti obblighi. La totalità dei diritti imposti ai sensi del presente comma non deve compromettere la redditività economica del servizio di trasporto di passeggeri al quale si applicano.

12. Al fine di consentire uno sviluppo dei processi concorrenziali nel settore dei trasporti ferroviari, in armonia con la necessità di assicurare la copertura degli oneri per i servizi universali di trasporto ferroviario di interesse nazionale oggetto di contratti di servizio pubblico, di cui all'articolo 38, commi 2 e 3, della legge 1° agosto 2002, n. 166, e successive modificazioni, può essere introdotto un sovrapprezzo al canone dovuto per l'esercizio dei servizi di trasporto di passeggeri a media e a lunga percorrenza, non forniti nell'ambito di contratti di servizio pubblico, per la parte espletata su linee appositamente costruite o adattate per l'alta velocità, attrezzate per velocità pari o superiori a 250 chilometri orari.

13. La determinazione del sovrapprezzo di cui al comma 12, conformemente al diritto dell'Unione europea e in particolare alla direttiva 2007/58/CE del Parlamento europeo e del Consiglio, del 23 ottobre 2007, nonché ai principi di equità, trasparenza, non discriminazione e proporzionalità, è effettuata con decreto del Ministro delle infrastrutture e dei trasporti, di concerto con il Ministro dell'economia e delle finanze, sentita l'Autorità di regolazione dei trasporti, sulla base dei costi dei servizi universali di trasporto ferroviario di interesse nazionale oggetto di contratti di servizio pubblico di cui al comma 12, senza compromettere la redditività economica del servizio di trasporto su rotaia al quale si applica, ed è soggetta ad aggiornamento triennale. I proventi ottenuti dal sovrapprezzo non possono eccedere quanto necessario per coprire tutto o parte dei costi originati dall'adempimento degli obblighi di servizio pubblico, tenendo conto degli introiti relativi agli stessi nonché di un margine di utile ragionevole per l'adempimento di detti obblighi. Gli introiti derivanti dal sovrapprezzo sono integralmente versati all'entrata del bilancio dello Stato per essere utilizzati per contribuire al finanziamento degli oneri del servizio universale del trasporto ferroviario di interesse nazionale oggetto dei contratti di servizio pubblico di cui al citato comma 12.

14. Le autorità competenti conservano le informazioni necessarie per poter risalire sia all'origine dei diritti di compensazione che all'utilizzo degli stessi e le forniscono, su richiesta, alla Commissione.

(1) *Comma sostituito dall'art. 9, comma 1, lett.* a), *d.lgs. 23 novembre 2018, n. 139. Il testo previgente era il seguente: "Alle imprese ferroviarie è concesso, a condizioni eque, non discriminatorie e trasparenti, il diritto di accesso alla infrastruttura ferroviaria, che rientra nell'ambito di applicazione del presente decreto, per l'esercizio del trasporto internazionale di passeggeri, nonché del trasporto nazionale passeggeri alle condizioni di cui all'articolo 6, commi 2 e 3. Tale diritto comprende l'accesso alle infrastrutture di collegamento agli impianti di servizio di cui all'articolo 13, comma 2."*

(2) *Comma abrogato dall'art. 9, comma 1, d.lgs. 23 novembre 2018, n. 139.*

(3) *Comma sostituito dall'art. 9, comma 1, lett.* c), *d.lgs. 23 novembre 2018, n. 139. Il testo previgente era il seguente: « 5. Lo svolgimento di servizi ferroviari passeggeri in ambito nazionale, ivi compresa la parte di servizi internazionali svolta sul territorio italiano, può essere soggetto a limitazioni, sulla base di quanto disposto ai commi 6 e 7, da parte dell'organismo di regolazione, nel diritto di far salire e scendere passeggeri in stazioni situate lungo il percorso del servizio, che sono oggetto di uno o più contratti di servizio pubblico conformi al diritto dell'Unione, nei casi in cui il loro esercizio comprometta l'equilibrio economico del contratto di servizio pubblico in questione ».*

(4) *Periodo sostituito dall'art. 9, comma 1, lett.* d), *d.lgs. 23 novembre 2018, n. 139. Il testo previgente era il seguente: « 6. L'organismo di regolazione stabilisce, entro sei settimane dal ricevimento di tutte le informazioni necessarie, se l'equilibrio economico di un contratto di servizio pubblico per il trasporto ferroviario risulta compromesso sulla base di quanto disposto dagli articoli da 11 a 17 del regolamento di esecuzione (UE) n. 869/2014 previa richiesta:* a) *delle autorità competenti che hanno concluso un contratto di servizio pubblico che copre una stazione di partenza e una di destinazione del nuovo servizio proposto;* b) *di qualsiasi altra autorità competente interessata e dotata del diritto di limitare l'accesso;* c) *del gestore dell'infrastruttura nell'area geografica coperta dal nuovo servizio proposto di trasporto internazionale di passeggeri;* d) *di qualsiasi impresa ferroviaria che adempie al contratto di servizio pubblico aggiudicato dall'autorità di cui alla lettera* a) *».*

(5) *Comma sostituito dall'art. 9, comma 1, lett.* e), *d.lgs. 23 novembre 2018, n. 139. Il testo previgente era il seguente: « 7. L'organismo di regolazione motiva la sua decisione e precisa il termine entro cui i soggetti di cui al comma 4 possono chiedere il riesame della decisione derivante dall'esame dell'equilibrio economico alle condizioni definite dall'organismo di regolamentazione, fra cui:* a) *se il nuovo servizio di trasporto internazionale di passeggeri risulta profondamente modificato rispetto ai dati analizzati dall'organismo di regolamentazione;* b) *se esiste una differenza sostanziale fra l'impatto reale e quello stimato sui servizi nell'ambito del contratto di servizio pubblico;* c) *se il contratto di servizio pubblico è scaduto prima del termine iniziale ».*

(6) *Le parole « commi 5, 6 e 7 » sono state sostituite alle previgenti « commi 4, 5, 6 e 7 » dall'art. 9, comma 1, lett.* g), *d.lgs. 23 novembre 2018, n. 139.*

(7) *Comma sostituito dall'art. 9, comma 1, lett.* h), *d.lgs. 23 novembre 2018, n. 139. Il testo previgente era il seguente: « 10. L'autorità competente, accertata la compromissione dell'equilibrio economico del contratto di servizio pubblico, in alternativa alla limitazione di cui al comma 5, può richiedere all'impresa ferroviaria oggetto della procedura di cui al comma 6, il pagamento di opportuni, trasparenti e non discriminatori diritti di compensazione, determinati, previo parere dell'organismo di regolazione, sulla base delle misure disposte dalla Commissione europea ai sensi dell'articolo 12, paragrafo 5, della direttiva 2012/34/UE del Parlamento europeo e del Consiglio ».*

13 Condizioni di accesso ai servizi

1. Il gestore dell'infrastruttura garantisce, e quindi fornisce, a tutte le imprese ferroviarie cui sono state assegnate tracce orarie, a condizioni eque e non discriminatorie e senza corresponsione di alcun onere aggiuntivo rispetto al canone di accesso e utilizzo dell'infrastruttura, la fornitura dei seguenti servizi costituenti il pacchetto minimo di accesso:

a) trattamento delle richieste di capacità di infrastruttura ferroviaria, ai fini della conclusione dei contratti di utilizzo dell'infrastruttura;

b) diritto di utilizzo della capacità assegnata;

c) uso dell'infrastruttura ferroviaria, compresi scambi e raccordi;

d) controllo e regolazione della circolazione dei treni, segnalamento ed instradamento dei convogli, nonché comunicazione di ogni informazione relativa alla circolazione;

e) uso del sistema di alimentazione elettrica per la corrente di trazione, ove disponibile;

f) tutte le altre informazioni necessarie per la realizzazione o la gestione del servizio per il quale è stata concessa la capacità.

2. Gli operatori degli impianti di servizio forniscono, a condizioni eque, non discriminatorie e trasparenti, a tutte le imprese ferroviarie l'accesso, compreso quello alle linee ferroviarie, ai seguenti impianti di servizio, se esistenti, e ai servizi forniti in tale ambito:

a) stazioni passeggeri, relativamente alle strutture funzionali ai sistemi di informazione di viaggio e agli spazi adeguati per i servizi di biglietteria ed alle altre strutture funzionali e necessarie per l'esercizio ferroviario;

b) scali merci;

c) scali di smistamento e aree di composizione dei treni, ivi comprese le aree di manovra;

d) aree, impianti ed edifici destinati alla sosta, al ricovero ed al deposito di materiale rotabile e di merci;

e) centri di manutenzione, ad eccezione dei centri di manutenzione pesante riservati a treni ad alta velocità o ad altri tipi di materiale rotabile che esigono centri specializzati;

f) altre infrastrutture tecniche, comprese quelle di pulizia e di lavaggio, nonché gli impianti di scarico dei reflui delle toilette dei treni;

g) infrastrutture portuali marittime e di navigazione interna collegate a servizi ferroviari;

h) impianti e attrezzature di soccorso;

i) aree o impianti per l'approvvigionamento di combustibile, i cui canoni sono indicati nelle fatture separatamente.

3. Il collegamento tra gli impianti di servizio e l'infrastruttura ferroviaria è disciplinato da specifici contratti di raccordo, il cui schema tipo è riportato nel prospetto informativo della rete. Tali contratti devono contenere condizioni eque, non discriminatorie e trasparenti.

4. Per garantire la totale trasparenza e l'accesso non discriminatorio agli impianti di servizio di cui al comma 2, lettere *a*), *b*), *c*), *d*), *g*) e *i*), così come la fornitura di servizi in tali impianti nei casi in cui l'operatore di tale impianto di servizio è controllato, direttamente o indirettamente, da una società che è anche attiva e detiene una posizione dominante sui mercati nazionali dei servizi di trasporto ferroviario per il quale il servizio è utilizzato, gli operatori di detti impianti di servizio sono organizzati in modo tale da essere indipendenti da tale società sotto il profilo organizzativo e decisionale. L'indipendenza non comporta la costituzione di un'entità giuridica distinta per gli impianti di servizio e può essere realizzata mediante l'organizzazione di divisioni distinte all'interno di una stessa entità giuridica.

5. Per tutti gli impianti di servizio di cui al comma 2, l'operatore e la società di cui al comma 4 tengono una contabilità separata, anche mediante l'aggregazione per categorie di impianti gestiti dall'operatore medesimo, con evidenza nel conto economico e nella situazione patrimoniale finanziaria. Se l'esercizio di un impianto di servizio è assicurato da un gestore dell'infrastruttura oppure quando l'operatore dell'impianto di servizio è controllato, direttamente o indirettamente, da un gestore dell'infrastruttura, la conformità ai requisiti del comma 4 e del presente comma si considera dimostrata se sono rispettate le condizioni previste all'articolo 11.

6. Alle richieste di accesso agli impianti di servizio di cui al comma 2 e di fornitura dei servizi, ove forniti, è data risposta entro limiti ragionevoli di tempo stabiliti dall'organismo di regolazione. Dette richieste possono essere respinte, motivando per iscritto la decisione di diniego, solo se esistono alternative valide che consentono di effettuare il servizio di trasporto merci o passeggeri sullo stesso itinerario, o su itinerari alternativi o su altri impianti, a condizioni economicamente accettabili. La presente disposizione non obbliga gli operatori degli impianti di servizio a investire in risorse o impianti per soddisfare tutte le richieste delle imprese ferroviarie, ma ad ottimizzare ed efficientare la capacità utilizzata nell'impianto.

7. Se esistono conflitti fra diverse richieste, l'operatore dell'impianto di servizio di cui al comma 2 cerca di soddisfare, nella misura del possibile, tutte le richieste. Se non esiste alcuna alternativa valida e se non è possibile soddisfare tutte le richieste di capacità per l'impianto in questione sulla base di esigenze dimostrate, il richiedente può presentare un reclamo all'organismo di regolazione, il quale esamina il caso e, se opportuno, interviene per assicurare che a detto richiedente sia riservata una parte adeguata della capacità.

8. Se un impianto di servizio di cui al comma 2, non è utilizzato per almeno due anni consecutivi e le imprese ferroviarie hanno manifestato interesse ad accedere all'impianto in questione sulla base di esigenze dimostrate, il proprietario rende pubblico, anche mediante una informativa pubblicitaria nel medesimo impianto, che la gestione dell'impianto di servizio è data in locazione o in leasing come impianto di servizio, in tutto o in parte, a meno che l'operatore di detto impianto di servizio non dimostri che un progetto di riconversione in corso ne impedisce l'uso da parte di un'impresa ferroviaria.

9. Qualora l'operatore dell'impianto di servizio fornisca i sotto indicati servizi complementari, questi ultimi sono forniti a richiesta delle imprese ferroviarie, a condizioni eque, non discriminatorie e trasparenti:

a) corrente di trazione, i cui diritti di utilizzo sono indicati nelle fatture separatamente rispetto a quelli per l'utilizzo del sistema di alimentazione elettrica, fatta salva l'applicazione della direttiva 2009/72/CE;

b) preriscaldamento dei treni passeggeri e servizio di rifornimento idrico dei treni;

c) controllo della circolazione di treni che effettuano trasporti di merci pericolose;

d) assistenza alla circolazione di treni speciali;

e) servizi di manovra.

10. Relativamente alla corrente di trazione di cui al comma 9, lettera *a*), il relativo prezzo di fornitura è determinato sulla base di quanto previsto dall'articolo 29 del decreto-legge 24 giugno 2014, n. 91, convertito, con modificazioni, dalla legge 11 agosto 2014, n. 116. Tenuto conto delle variazioni delle condizioni del mercato dell'energia elettrica, il fornitore del servizio applica meccanismi di conguaglio alle imprese ferroviarie, in positivo o in negativo, sulla base dei costi di approvvigionamento da esso effettivamente sostenuti.

11. L'operatore dell'impianto di servizio o il gestore dell'infrastruttura possono, su richiesta delle imprese ferroviarie, fornire, ove effettuati, a condizioni eque, non discriminatorie e trasparenti i seguenti servizi ausiliari:

a) accesso alla rete di telecomunicazioni;

b) fornitura di informazioni complementari;

c) ispezione tecnica del materiale rotabile;

d) servizi di biglietteria nelle stazioni passeggeri;

e) servizi di manutenzione pesante prestati in centri di manutenzione dedicati ai treni ad alta velocità o ad altri tipi di materiale rotabile che esigono centri specializzati.

12. Fermo restando il rispetto del principio di non discriminazione, l'operatore dell'impianto di servizio o il gestore dell'infrastruttura non sono obbligati a fornire i servizi di cui al comma 11.

13. Le procedure ed i criteri relativi all'accesso ai servizi di cui ai commi 2, 9 e 11 sono definiti dall'Autorità di regolazione dei trasporti sulla base delle misure di cui all'articolo 13, paragrafo 9, della direttiva 2012/34/UE del Parlamento europeo e del Consiglio.

15 Rapporti tra il gestore dell'infrastruttura ferroviaria nazionale e lo Stato.

1. I rapporti tra il gestore dell'infrastruttura ferroviaria nazionale e lo Stato sono disciplinati da un atto di concessione e da uno o più contratti di programma. I contratti di programma sono stipulati per un periodo

minimo di cinque anni, per l'attuazione delle strategie di sviluppo sostenibile dell'infrastruttura ferroviaria nazionale come individuate nel documento di cui all'articolo 1, comma 7, e per definire altresì la programmazione degli investimenti, anche previsti da specifiche disposizioni di legge, relativi alla manutenzione, al rinnovo e alla sicurezza dell'infrastruttura ferroviaria, (1) nel rispetto dei principi e parametri fondamentali di cui all'allegato II del presente decreto. Le condizioni dei contratti di programma e la struttura dei pagamenti ai fini dell'erogazione di fondi al gestore dell'infrastruttura sono concordate in anticipo e coprono l'intera durata del contratto. Nelle more della stipula dei nuovi contratti di programma per il periodo 2016-2020 e sino all'efficacia degli stessi, il contratto di programma parte servizi 2012-2014, stipulato dal Ministero delle infrastrutture e dei trasporti con Rete Ferroviaria Italiana S.p.A., è prorogato, ai medesimi patti e condizioni già previste, per il periodo necessario alla stipula del nuovo contratto e comunque non oltre il 31 dicembre 2016 con l'aggiornamento delle relative Tabelle (2).

2. Il Ministro delle infrastrutture e della mobilità sostenibili, di concerto con il Ministro dell'economia e delle finanze, per quanto attiene ai profili finanziari, entro il mese di giugno dell'anno precedente all'inizio di ciascun quinquennio programmatorio sottopone lo schema di contratto all'approvazione del Comitato interministeriale per la programmazione economica e lo sviluppo sostenibile (CIPESS), che adotta la relativa delibera entro trenta giorni. Il Ministero delle infrastrutture e della mobilità sostenibili informa l'organismo di regolazione, che si esprime entro quindici giorni relativamente ai profili di competenza, e, mediante il gestore dell'infrastruttura, i richiedenti e, su loro richiesta, i richiedenti potenziali, sul contenuto dello schema di contratto di programma, al fine di consentire agli stessi di esprimersi al riguardo prima che esso sia sottoposto all'approvazione del CIPESS. La delibera del CIPESS è sottoposta al controllo di legittimità da parte della Corte dei conti ai sensi dell'articolo 41, comma 5, del decreto-legge 6 dicembre 2011, n. 201, convertito, con modificazioni, dalla legge 22 dicembre 2011, n. 214. Al fine di permettere una più celere realizzazione degli interventi ferroviari, è ammessa la registrazione anche parziale della delibera del CIPESS, che diviene efficace limitatamente a quanto oggetto di registrazione. In tal caso, il CIPESS può adottare, su richiesta del Ministro delle infrastrutture e della mobilità sostenibili, d'intesa con il Ministro dell'economia e delle finanze, una delibera integrativa o modificativa delle parti non registrate. Lo schema di contratto di programma è sottoscritto tra il Ministero delle infrastrutture e della mobilità sostenibili e il gestore dell'infrastruttura entro quindici giorni dalla registrazione da parte della Corte dei conti della delibera di approvazione del medesimo schema da parte del CIPESS. Il contratto di programma è trasmesso, entro cinque giorni dalla sottoscrizione, dal Ministero delle infrastrutture e della mobilità sostenibili alle Camere, al Ministero dell'economia e delle finanze e al CIPESS, con apposita informativa. Gli investimenti ferroviari autorizzati e finanziati da specifiche disposizioni di legge sono inseriti di diritto nel contratto di programma in corso alla data di entrata in vigore di dette disposizioni e ne costituiscono parte integrante. Gli aggiornamenti di cui al comma 2-*bis* danno evidenza di tali investimenti e dei relativi finanziamenti che vi rimangono vincolati ai sensi delle disposizioni di legge (3).

2-*bis*. Entro sessanta giorni dalla data di entrata in vigore della legge di bilancio, il Ministero delle infrastrutture e della mobilità sostenibili e il gestore dell'infrastruttura ferroviaria provvedono alla sottoscrizione degli aggiornamenti annuali del contratto di programma, in coerenza con quanto previsto dal documento strategico di cui all'articolo 1, comma 7. Gli aggiornamenti di importo pari o inferiore a 5 miliardi di euro complessivi sono approvati con decreto del Ministro delle infrastrutture e della mobilità sostenibili di concerto con il Ministro dell'economia e delle finanze, previa informativa al CIPESS. Per gli aggiornamenti di importo superiore a 5 miliardi di euro, al netto delle risorse finalizzate per legge a specifici interventi, si applica la procedura di cui al comma 2. Gli aggiornamenti, entro cinque giorni dall'emanazione del decreto di approvazione ovvero, nei casi previsti dal terzo periodo, dalla loro sottoscrizione, sono trasmessi alle Camere, corredati della relazione di cui al comma 2-*ter* (4).

2-*ter*. Il Ministro delle infrastrutture e della mobilità sostenibili riferisce annualmente alle Camere sullo stato di attuazione dei contratti di programma (4).

3. Nei contratti di programma di cui al comma 1, è disciplinata, nel rispetto degli articoli 93, 107 e 108 TFUE, separatamente, la concessione di finanziamenti per far fronte a nuovi investimenti ai fini del miglioramento della qualità dei servizi, dello sviluppo dell'infrastruttura stessa e del rispetto dei livelli di sicurezza compatibili con l'evoluzione tecnologica, e la concessione di finanziamenti destinati alla manutenzione ordinaria e a quella straordinaria finalizzata al rinnovo dell'infrastruttura ferroviaria. Il finanziamento può essere assicurato con mezzi diversi dai contributi statali diretti, incluso il finanziamento privato.

4. Nei contratti di programma di cui al comma 1, tenendo in debito conto la necessità di garantire il conseguimento di elevati livelli di sicurezza, l'effettuazione delle operazioni di manutenzione, nonché il miglioramento della qualità dell'infrastruttura e dei servizi ad essa connessi, sono previsti incentivi al gestore per ridurre i costi di fornitura dell'infrastruttura e l'entità dei diritti di accesso, fermo restando il rispetto dell'equilibrio economico e finanziario di cui all'articolo16.

5. Nell'ambito della politica generale di Governo e tenendo conto del documento strategico di cui all'articolo 1, comma 7, (5) e del finanziamento erogato di cui al comma 1, il gestore dell'infrastruttura ferroviaria è tenuto all'elaborazione ed all'aggiornamento di un piano commerciale comprendente i programmi di finanziamento e di investimento, da trasmettere al Ministero delle infrastrutture e dei trasporti ed all'organismo di regolazione. Il piano ha lo scopo di garantire l'uso, la fornitura e lo sviluppo ottimali ed efficienti dell'infrastruttura, assicurando al tempo stesso l'equilibrio economico e finanziario e prevedendo i mezzi per conseguire tali obiettivi.

6. Il gestore dell'infrastruttura assicura che i richiedenti noti e, su loro richiesta, i richiedenti potenziali, abbiano accesso alle informazioni pertinenti e la possibilità di esprimersi sul contenuto del piano commerciale riguardo alle condizioni di accesso e di uso e alla natura, fornitura e sviluppo dell'infrastruttura prima della sua approvazione da parte del gestore dell'infrastruttura. A tal fine il gestore dell'infrastruttura pubblica, sul proprio sito internet, il piano commerciale tre mesi prima della sua adozione, concedendo ai richiedenti trenta giorni per esprimere un parere non vincolante sulle tematiche suddette.

7. Il gestore dell'infrastruttura si accerta della coerenza tra le disposizioni del contratto e il piano commerciale.

8. Il gestore dell'infrastruttura entro un anno dall'entrata in vigore del presente decreto legislativo, mette a punto e aggiorna annualmente un registro dei propri beni e dei beni della cui gestione è responsabile, dandone adeguata informativa al Ministero delle infrastrutture e dei trasporti. Tale registro deve essere corredato delle spese dettagliate per il rinnovo e il potenziamento dell'infrastruttura ferroviaria e viene utilizzato per valutare il finanziamento necessario alla loro riparazione o sostituzione.

(1) *Le parole da* « per l'attuazione delle strategie » *a* « dell'infrastruttura ferroviaria, » *sono state inserite dall'art. 5, comma 1, lett.* b), *n. 1 d.l. 6 novembre 2021, n. 152, conv., con modif., in l. 29 dicembre 2021, n. 233.*

(2) *Comma modificato dall'art. 7, comma 9, d.l. 30 dicembre 2015, n. 210, conv., con modif., in l. 25 febbraio 2016, n. 21.*

(3) *Comma così sostituito dall'art. 5, comma 1, lett.* b), *n. 2 d.l. n. 152, cit. Il testo del comma era il seguente:* « 2. Il Ministero delle infrastrutture e dei trasporti informa l'organismo di regolazione e, mediante il gestore dell'infrastruttura, i richiedenti e, su loro richiesta, i richiedenti potenziali, sul contenuto del contratto di programma, al fine di consentire agli stessi di esprimersi al riguardo prima che esso sia sottoscritto, soprattutto in materia di interventi nei terminali e scali merci, nei nodi urbani, nelle stazioni e nei collegamento con i porti. Il contratto di programma è pubblicato entro un mese dalla sua approvazione ».

(4) *Comma inserito dall'art. 5, comma 1, lett.* b), *n. 3 d.l. n. 152, cit.*

(5) *Le parole* « del documento strategico di cui all'articolo 1, comma 7, » *sono state sostituite alle parole* « della Strategia di cui all'articolo 1, comma 7, » *dall'art. 5, comma 1, lett.* b), *n. 4 d.l. n. 152, cit.*

17 Canoni per l'utilizzo dell'infrastruttura ferroviaria e dei servizi.

1. Fermo restando il generale potere di indirizzo del Ministro delle infrastrutture e dei trasporti, di concerto con il Ministro dell'economia e delle finanze, ai fini dell'accesso e dell'utilizzo equo e non discriminatorio dell'infrastruttura ferroviaria da parte delle imprese ferroviarie, l'Autorità di regolazione dei trasporti, di cui all'articolo 37 del decreto-legge 6 dicembre 2011, n. 201, convertito, con modificazioni, dalla legge 22 dicembre 2011, n. 214, definisce, fatta salva l'indipendenza del gestore dell'infrastruttura e tenendo conto dell'esigenza di assicurare l'equilibrio economico dello stesso, i criteri per la determinazione del canone per l'utilizzo dell'infrastruttura ferroviaria da parte del gestore dell'infrastruttura e dei corrispettivi dei servizi di cui all'articolo 13.

2. Il gestore dell'infrastruttura ferroviaria, sulla base di quanto disposto al comma 1, determina il canone dovuto dalle imprese ferroviarie per l'utilizzo dell'infrastruttura e procede alla riscossione dello stesso. Il canone di utilizzo dell'infrastruttura è pubblicato nel prospetto informativo della rete. Salvo nel caso delle disposizioni specifiche di cui all'articolo 18, il gestore dell'infrastruttura provvede a che il sistema di imposizione dei canoni in vigore si basi sugli stessi principi per tutta la rete.

3. Il gestore dell'infrastruttura provvede affinché l'applicazione del sistema di imposizione comporti canoni equivalenti e non discriminatori per le diverse imprese ferroviarie che prestano servizi di natura equivalente su una parte simile del mercato o di rete, e i canoni effettivamente applicati siano conformi a quanto disposto al comma 2. Del rispetto di tali garanzie deve essere data dimostrazione nel prospetto informativo della rete, senza rivelare informazioni commerciali riservate.

4. Fatto salvo quanto previsto ai commi 5 e 6 del presente articolo o all'articolo 18, i canoni per il pacchetto minimo di accesso e per l'accesso all'infrastruttura di collegamento agli impianti di servizio sono stabiliti al costo direttamente legato alla prestazione del servizio ferroviario sulla base di quanto disposto al comma 1 e tenuto conto delle modalità di calcolo definite dall'atto di esecuzione di cui all'articolo 31, paragrafo 3, della direttiva 2012/34/UE del Parlamento europeo e del Consiglio. Il gestore dell'infrastruttura può decidere di adeguarsi gradualmente a tali modalità durante un periodo non superiore a quattro anni dall'entrata in vigore di detto atto di esecuzione.

5. I canoni per l'utilizzo dell'infrastruttura possono includere un costo che rispecchi la scarsità di capacità della sezione identificabile dell'infrastruttura nei periodi di congestione.

6. Il gestore dell'infrastruttura può modificare i canoni per l'utilizzo dell'infrastruttura, per tener conto del costo degli effetti ambientali causati dalla circolazione del treno, sulla base delle modalità di calcolo definite dal regolamento di esecuzione (UE) n. 429/2015 della Commissione europea del 13 marzo 2015, emanato in attuazione di quanto previsto dall'articolo 31, paragrafo 5, della direttiva 2012/34/UE del Parlamento europeo e del Consiglio. Ogni modifica dei canoni per l'utilizzo dell'infrastruttura, onde tenere in conto il costo degli effetti acustici, favorisce l'ammodernamento dei veicoli ferroviari con la tecnologia di sistema frenante a bassa rumorosità più vantaggioso economicamente disponibile.

7. L'imputazione di costi ambientali che determini un aumento del totale delle entrate per il gestore è tuttavia ammessa solo se essa è applicata anche al trasporto stradale di merci conformemente al diritto dell'Unione. Qualora l'imputazione dei costi ambientali determini un aumento delle entrate, il Ministero delle infrastrutture e dei trasporti, di concerto con il Ministero dell'economia e delle finanze, sentita l'Autorità di regolazione dei trasporti, decide in merito all'uso degli introiti supplementari. Il gestore conserva le informazioni necessarie in modo da poter risalire sia all'origine dei proventi derivanti dall'imputazione dei costi ambientali che all'applicazione degli stessi, e, su richiesta le fornisce alla Commissione europea.

8. Per evitare fluttuazioni sproporzionate e indesiderate, i canoni di cui ai commi 4, 5 e 6 possono essere

espressi in medie calcolate su un ragionevole numero di servizi ferroviari e periodi. L'entità relativa dei canoni per l'utilizzo dell'infrastruttura è comunque correlata ai costi imputabili ai servizi.

9. Il gestore dell'infrastruttura può applicare un canone adeguato per la capacità assegnata ma non utilizzata. Tale canone per mancato uso serve a incentivare un utilizzo efficiente della capacità. L'applicazione del canone in parola ai richiedenti cui sia stata assegnata una traccia ferroviaria è obbligatoria in caso di regolare mancato uso delle tracce assegnate o di parte di esse. Ai fini dell'imposizione di questo canone, il gestore dell'infrastruttura pubblica nel proprio prospetto informativo della rete i criteri per determinare tale mancato uso. L'organismo di regolazione controlla tali criteri. I pagamenti di tale canone sono effettuati dal richiedente o dall'impresa ferroviaria designata. Il gestore dell'infrastruttura deve essere permanentemente in grado di indicare a qualsiasi interessato la capacità d'infrastruttura già assegnata alle imprese ferroviarie utilizzatrici.

10. Il canone richiesto per l'accesso agli impianti di servizio di cui all'articolo 13, comma 2 e per la prestazione dei servizi in tali impianti non può superare il costo della loro fornitura, aumentato di un profitto ragionevole.

11. Se i servizi complementari e ausiliari di cui all'articolo 13, commi 9 e 11, sono offerti da un unico fornitore, i pertinenti corrispettivi non superano il costo totale di fornitura, aumentato di un profitto ragionevole. Se gli stessi servizi sono offerti in regime di concorrenza, possono essere forniti a prezzi di mercato.

19 Sistema di compensazione per la mancata copertura dei costi ambientali, dei costi connessi ad incidenti e dei costi di infrastruttura.

1. Nel rispetto degli articoli 93, 107 e 108 TFUE, il Ministero delle infrastrutture e dei trasporti, sentito l'organismo di regolazione, può istituire sistemi di compensazione, di durata limitata nel tempo, a favore del modo di trasporto ferroviario, laddove sia dimostrabile la mancata copertura dei costi ambientali, dei costi connessi ad incidenti e dei costi di infrastruttura non imputati in modi di trasporto concorrenti e nei limiti della differenza tra tali costi rispetto ai costi equivalenti imputabili alla modalità di trasporto ferroviario.

2. Se le imprese ferroviarie che beneficiano di una compensazione di cui al comma 1 usufruiscono di un diritto esclusivo, la compensazione deve essere accompagnata da vantaggi comparabili per gli utenti.

3. Le metodologie di definizione e di calcolo utilizzate per la determinazione delle compensazioni di cui al presente articolo sono rese pubbliche e devono rendere possibile dimostrare l'entità dei costi specifici imputabili a modi di trasporto concorrenti che vengono evitati, direttamente o indirettamente, sostenendo il trasporto ferroviario con il ricorso a tale tipologia di compensazioni.

62. Direttiva UE del Parlamento europeo e del Consiglio 26 febbraio 2014, n. 23. — Sull'aggiudicazione dei contratti di concessione. (*estratto*) (1).

Pubblicata nella Gazzetta Ufficiale dell'Unione europea n. L 94/1 del 28 marzo 2014.

(1) *Il testo è riportato sub III, 36.*

4 Libertà di definire servizi di interesse economico generale.

1. La presente direttiva fa salva la libertà, per gli Stati membri, di definire, in conformità del diritto dell'Unione, quali essi ritengano essere servizi d'interesse economico generale, in che modo tali servizi debbano essere organizzati e finanziati, in conformità delle regole sugli aiuti di Stato, e a quali obblighi specifici essi debbano essere soggetti. Parimenti, la presente direttiva non incide sulle modalità di organizzazione dei sistemi di sicurezza sociale da parte degli Stati membri.

2. I servizi non economici d'interesse generale non rientrano nell'ambito di applicazione della presente direttiva.

CAPO II
SERVIZI PUBBLICI LOCALI

63. Decreto legislativo 18 agosto 2000, n. 267. — Testo unico delle leggi sull'ordinamento degli enti locali. (*estratto*).

Pubblicato nella Gazzetta Ufficiale 28 settembre 2000, n. 227, S.O. n. 162.

112 Servizi pubblici locali (1).

1. Gli enti locali, nell'ambito delle rispettive competenze, provvedono alla gestione dei servizi pubblici che abbiano per oggetto produzione di beni ed attività rivolte a realizzare fini sociali e a promuovere lo sviluppo economico e civile delle comunità locali.

[2. I servizi riservati in via esclusiva ai comuni e alle province sono stabiliti dalla legge (2)].

3. Ai servizi pubblici locali si applica il capo III del decreto legislativo 30 luglio 1999, n. 286, relativo alla qualità dei servizi pubblici locali e carte dei servizi.

(1) *Il presente articolo corrisponde all'art. 22, commi 1 e 2, l. 8 giugno 1990, n. 142, ora abrogata. Per le nuove disposizioni in materia di città metropolitane, province e unioni e fusioni di comuni, vedi la L. 7 aprile 2014, n. 56.*

(2) *Comma abrogato dall'art. 35, comma 12, lett.* c), *l. 28 dicembre 2001, n. 448, a decorrere dal 1° gennaio 2002.*

113 Gestione delle reti ed erogazione dei servizi pubblici locali di rilevanza economica (1) (2).

1. Le disposizioni del presente articolo che disciplinano le modalità di gestione ed affidamento dei servizi pubblici locali concernono la tutela della concorrenza e sono inderogabili ed integrative delle discipline di settore. Restano ferme le altre disposizioni di settore e quelle di attuazione di specifiche normative comunitarie. Restano esclusi dal campo di applicazione del presente articolo i settori disciplinati dai decreti legislativi 16 marzo 1999, n. 79 e 23 maggio 2000, n. 164 (3).

1-*bis*. Le disposizioni del presente articolo non si applicano al settore del trasporto pubblico locale che resta disciplinato dal decreto legislativo 19 novembre 1997, n. 422, e successive modificazioni (4).

2. Gli enti locali non possono cedere la proprietà degli impianti, delle reti e delle altre dotazioni destinati all'esercizio dei servizi pubblici di cui al comma 1, salvo quanto stabilito dal comma 13.

2-*bis*. Le disposizioni del presente articolo non si applicano agli impianti di trasporti a fune per la mobilità turistico-sportiva eserciti in aree montane (4).

3. Le discipline di settore stabiliscono i casi nei quali l'attività di gestione delle reti e degli impianti destinati alla produzione dei servizi pubblici locali di cui al comma 1 può essere separata da quella di erogazione degli stessi. È, in ogni caso, garantito l'accesso alle reti a tutti i soggetti legittimati all'erogazione dei relativi servizi.

4. Qualora sia separata dall'attività di erogazione dei servizi, per la gestione delle reti, degli impianti e delle altre dotazioni patrimoniali gli enti locali, anche in forma associata, si avvalgono:

a) di soggetti allo scopo costituiti, nella forma di società di capitali con la partecipazione totalitaria di capitale pubblico, cui può essere affidata direttamente tale attività, a condizione che gli enti pubblici titolari del capitale sociale esercitino sulla società un controllo analogo a quello esercitato sui propri servizi e che la società realizzi la parte più importante della propria attività con l'ente o gli enti pubblici che la controllano (5);

b) di imprese idonee, da individuare mediante procedure ad evidenza pubblica, ai sensi del comma 7.

5. (6).

5-*bis* (7).

5-*ter*. In ogni caso in cui la gestione della rete, separata o integrata con l'erogazione dei servizi, non sia stata affidata con gara ad evidenza pubblica, i soggetti gestori di cui ai precedenti commi provvedono all'esecuzione dei lavori comunque connessi alla gestione della rete esclusivamente mediante contratti di appalto o di concessione di lavori pubblici, aggiudicati a seguito di procedure di evidenza pubblica, ovvero in economia nei limiti di cui all'articolo 24 della legge 11 febbraio 1994, n. 109, e all'articolo 143 del regolamento di cui al decreto del Presidente della Repubblica 21 dicembre 1999, n. 554. Qualora la gestione della rete, separata o integrata con la gestione dei servizi, sia stata affidata con procedure di gara, il soggetto gestore può realizzare direttamente i lavori connessi alla gestione della rete, purché qualificato ai sensi della normativa vigente e purché la gara espletata abbia avuto ad oggetto sia la gestione del servizio relativo alla rete, sia l'esecuzione dei lavori connessi. Qualora, invece, la gara abbia avuto ad oggetto esclusivamente la gestione del servizio relativo alla rete, il gestore deve appaltare i lavori a terzi con le procedure ad evidenza pubblica previste dalla legislazione vigente (8).

6. (9).

7. (10).

8. (11).

9. Alla scadenza del periodo di affidamento, e in esito alla successiva gara di affidamento, le reti, gli impianti e le altre dotazioni patrimoniali di proprietà degli enti locali o delle società di cui al comma 13 sono assegnati al nuovo gestore (12).

10. È vietata ogni forma di differenziazione nel trattamento dei gestori di pubblico servizio in ordine al regime tributario, nonché alla concessione da chiunque dovuta di contribuzioni o agevolazioni per la gestione del servizio.

11. I rapporti degli enti locali con le società di erogazione del servizio e con le società di gestione delle reti e degli impianti sono regolati da contratti di servizio, allegati ai capitolati di gara, che dovranno prevedere i livelli dei servizi da garantire e adeguati strumenti di verifica del rispetto dei livelli previsti.

12. L'ente locale può cedere in tutto o in parte la propria partecipazione nelle società erogatrici di servizi mediante procedure ad evidenza pubblica da rinnovarsi alla scadenza del periodo di affidamento. Tale cessione non comporta effetti sulla durata delle concessioni e degli affidamenti in essere (13).

13. Gli enti locali, anche in forma associata, nei casi in cui non sia vietato dalle normative di settore, possono conferire la proprietà delle reti, degli impianti, e delle altre dotazioni patrimoniali a società a capitale interamente pubblico, che è incedibile. Tali società pongono le reti, gli impianti e le altre dotazioni patrimoniali a disposizione dei gestori incaricati della gestione del servizio o, ove prevista la gestione separata della rete, dei gestori di quest'ultima, a fronte di un canone stabilito dalla competente Autorità di settore, ove prevista, o dagli enti locali. Alla società suddetta gli enti locali possono anche assegnare, ai sensi della lettera *a*) del comma 4, la gestione delle reti, nonché il compito di espletare le gare di cui al comma 5 (13).

14. (14).

15. Le disposizioni del presente articolo non si applicano alle regioni a statuto speciale e alle province autonome di Trento e di Bolzano, se incompatibili con le attribuzioni previste dallo statuto e dalle relative norme di attuazione.

15-*bis*. (15).

15-*ter*. (16).

15-*quater*. (17) (18).

(1) *Articolo sostituito dall'art. 35 l. 28 dicembre 2001, n. 448 e poi abrogato dall'art. 23-*bis*, comma 11, d.l. 25 giugno 2008, n. 112, conv., con modif., in l. 6 agosto 2008, n. 133, nelle parti incompatibili con le disposizioni di cui all'articolo 23 medesimo. V. ora l'art. 4 del d.l. n. 13 agosto 2011, 138, conv., con modif., in l. 14 settembre 2011, n. 148 (sub III, 67).*

(2) *Rubrica modificata dall'art. 14, comma 1, d.l. 30 settembre 2003, n. 269, conv., con modif., in l. 24 novembre 2003, n. 326.*

(3) *Comma sostituito dall'art. 14, comma 1, d.l. n. 269, cit.*

(4) *Comma inserito dall'art. 1, comma 48, l. 15 dicembre 2004, n. 308.*

(5) *Lettera modificata dall'art. 14, comma 1, d.l. n. 269, cit.*

(6) *Comma abrogato dall'art. 12, comma 1, lett.* a) *d.P.R. 7 settembre 2010, n. 168. Il testo del comma era il seguente:* « L'erogazione del servizio avviene secondo le discipline di settore e nel rispetto della normativa dell'Unione europea, con conferimento della titolarità del servizio: *a*) a società di capitali individuate attraverso l'espletamento di gare con procedure ad evidenza pubblica; *b*) a società a capitale misto pubblico privato nelle quali il socio privato venga scelto attraverso l'espletamento di gare con procedure ad evidenza pubblica che abbiano dato garanzia di rispetto delle norme interne e comunitarie in materia di concorrenza secondo le linee di indirizzo emanate dalle autorità competenti attraverso provvedimenti o circolari specifiche; *c*) a società a capitale interamente pubblico a condizione che l'ente o gli enti pubblici titolari del capitale sociale esercitino sulla società un controllo analogo a quello esercitato sui propri servizi e che la società realizzi la parte più importante della propria attività con l'ente o gli enti pubblici che la controllano. ».

(7) *Comma aggiunto dall'art. 4, comma 234, l. 24 dicembre 2003, n. 350 e successivamente abrogato dall'art. 12, comma 1, lett.* a) *d.P.R. n. 168, cit. Il testo del comma era il seguente:* « Le normative di settore, al fine di superare assetti monopolistici, possono introdurre regole che assicurino concorrenzialità nella gestione dei servizi da esse disciplinati prevedendo, nel rispetto delle disposizioni di cui al comma 5, criteri di gradualità nella scelta della modalità di conferimento del servizio. ».

(8) *Comma aggiunto dall'art. 4, comma 234, l. n. 350, cit.*

(9) *Comma abrogato dall'art. 12, comma 1, lett.* a) *d.P.R. n. 168, cit. Il testo del comma era il seguente:* « Non sono ammesse a partecipare alle gare di cui al comma 5 le società che, in Italia o all'estero, gestiscono a qualunque titolo servizi pubblici locali in virtù di un affidamento diretto, di una procedura non ad evidenza pubblica, o a seguito dei relativi rinnovi; tale divieto si estende alle società controllate o collegate, alle loro controllanti, nonché alle società controllate o collegate con queste ultime. Sono parimenti esclusi i soggetti di cui al comma 4. ».

(10) *Comma abrogato dall'art. 12, comma 1, lett.* a) *d.P.R. n. 168, cit. Ai sensi del successivo comma 2 dell'art. 12 d.P.R. n. 168, cit. le leggi, i regolamenti, i decreti, o altri provvedimenti, che fanno riferimento al presente comma si intendono riferiti all'art. 3, comma 1 del medesimo d.P.R. Il testo del comma, come modificato dall'art. 14, comma 1, lett.* e) *d.l. n. 269, cit., era il seguente:* « La gara di cui al comma 5 è indetta nel rispetto degli standard qualitativi, quantitativi, ambientali, di equa distribuzione sul territorio e di sicurezza definiti dalla competente Autorità di settore o, in mancanza di essa, dagli enti locali. La gara è aggiudicata sulla base del migliore livello di qualità e sicurezza e delle condizioni economiche e di prestazione del servizio, dei piani di investimento per lo sviluppo e il potenziamento delle reti e degli impianti, per il loro rinnovo e manutenzione, nonché dei contenuti di innovazione tecnologica e gestionale. Tali elementi fanno parte integrante del contratto di servizio. Le previsioni di cui al presente comma devono considerarsi integrative delle discipline di settore. ». *Precedentemente C. cost. 27 luglio 2004, n. 272, aveva dichiarato l'*illegittimità costituzionale *sia dell'art. 14, comma 1, lettera* e), *del medesimo d.l. 269/2003, sia l'illegittimità costituzionale del secondo e terzo periodo del presente comma ai sensi dell'art. 27 della legge 11 marzo 1953, n. 87.*

(11) *Comma abrogato dall'art. 12, comma 1, lett.* a) *d.P.R. n. 168, cit. Il testo del comma era il seguente:* « Qualora sia economicamente più vantaggioso, è consentito l'affidamento contestuale con gara di una pluralità di servizi pubblici locali diversi da quelli di trasporto collettivo. In questo caso, la durata dell'affidamento, unica per tutti i servizi, non può essere superiore alla media calcolata sulla base della durata degli affidamenti indicata dalle discipline di settore. ».

(12) *L'art. 12, comma 1, lett.* a) *d.P.R. 7 settembre 2010, n. 168 ha disposto l'abrogazione del presente comma con esclusione del primo periodo. Il testo dei periodi abrogati era il seguente:* « Sono, inoltre, assegnati al nuovo gestore le reti o loro porzioni, gli impianti e le altre dotazioni realizzate, in attuazione dei piani di investimento di cui al comma 7, dal gestore uscente. A quest'ultimo è dovuto da parte del nuovo gestore un indennizzo pari al valore dei beni non ancora ammortizzati, il cui ammontare è indicato nel bando di gara ».

(13) *Comma modificato dall'art. 14, comma 1, d.l. n. 269, cit.*

(14) *Comma abrogato dall'art. 12, comma 1, lett.* a) *d.P.R. n. 168, cit. Il testo del comma era il seguente:* « Fermo restando quanto disposto dal comma 3, se le reti, gli impianti e le altre dotazioni patrimoniali per la gestione dei servizi di cui al comma 1 sono di proprietà di soggetti diversi dagli enti locali, questi possono essere autorizzati a gestire i servizi o loro segmenti, a condizione che siano rispettati gli standard di cui al comma 7 e siano praticate tariffe non superiori alla media regionale, salvo che le discipline di carattere settoriale o le relative Autorità dispongano diversamente. Tra le parti è in ogni caso stipulato, ai sensi del

comma 11, un contratto di servizio in cui sono definite, tra l'altro, le misure di coordinamento con gli eventuali altri gestori. ».

(15) *Comma abrogato dall'art. 12, comma 1, lett.* a) *d.P.R. n. 168, cit. Il testo del comma, aggiunto dall'art. 14, comma 1, d.l. n. 269, cit., integrato dall'art. 4, comma 234, l. 24 dicembre 2003, n. 350, e successivamente modificato dall'art. 15 d.l. 4 luglio 2006, n. 223, conv., con modif., in l. 4 agosto 2006, n. 248, era il seguente:* « Nel caso in cui le disposizioni previste per i singoli settori non stabiliscano un congruo periodo di transizione, ai fini dell'attuazione delle disposizioni previste nel presente articolo, le concessioni rilasciate con procedure diverse dall'evidenza pubblica cessano comunque entro e non oltre la data del 31 dicembre 2006, relativamente al solo servizio idrico integrato al 31 dicembre 2007, senza necessità di apposita deliberazione dell'ente affidante. Sono escluse dalla cessazione le concessioni affidate a società a capitale misto pubblico privato nelle quali il socio privato sia stato scelto mediante procedure ad evidenza pubblica che abbiano dato garanzia di rispetto delle norme interne e comunitarie in materia di concorrenza, nonché quelle affidate a società a capitale interamente pubblico a condizione che gli enti pubblici titolari del capitale sociale esercitino sulla società un controllo analogo a quello esercitato sui propri servizi e che la società realizzi la parte più importante della propria attività con l'ente o gli enti pubblici che la controllano. Sono altresì escluse dalla cessazione le concessioni affidate alla data del 1° ottobre 2003 a società già quotate in borsa e a quelle da esse direttamente partecipate a tale data a condizione che siano concessionarie esclusive del servizio, nonché a società originariamente a capitale interamente pubblico che entro la stessa data abbiano provveduto a collocare sul mercato quote di capitale attraverso procedure ad evidenza pubblica, ma, in entrambe le ipotesi indicate, le concessioni cessano comunque allo spirare del termine equivalente a quello della durata media delle concessioni aggiudicate nello stesso settore a seguito di procedure di evidenza pubblica, salva la possibilità di determinare caso per caso la cessazione in una data successiva qualora la stessa risulti proporzionata ai tempi di recupero di particolari investimenti effettuati da parte del gestore. ». *V. le disposizioni di cui all'art. 204 d.lgs. 3 aprile 2005, n. 152.*

(16) *Comma abrogato dall'art. 12, comma 1, lett.* a) *d.P.R. n. 168, cit. Il testo del comma, aggiunto dall'art. 14, comma 1, d.l. n. 269, cit., e successivamente modificato dall'art. 15 d.l. 4 luglio 2006, n. 223, conv.,con modif., in l. 4 agosto 2006, n. 248, era il seguente:* « Il termine del 31 dicembre 2006, relativamente al solo servizio idrico integrato al 31 dicembre 2007, di cui al comma 15-*bis*, può essere differito ad una data successiva, previo accordo, raggiunto caso per caso, con la Commissione europea, alle condizioni sotto indicate: *a*) nel caso in cui, almeno dodici mesi prima dello scadere del suddetto termine si dia luogo, mediante una o più fusioni, alla costituzione di una nuova società capace di servire un bacino di utenza complessivamente non inferiore a due volte quello originariamente servito dalla società maggiore; in questa ipotesi il differimento non può comunque essere superiore ad un anno; *b*) nel caso in cui, entro il termine di cui alla lettera *a*), un'impresa affidataria, anche a seguito di una o più fusioni, si trovi ad operare in un ambito corrispondente almeno all'intero territorio provinciale ovvero a quello ottimale, laddove previsto dalle norme vigenti; in questa ipotesi il differimento non può comunque essere superiore a due anni. ».

(17) *Comma abrogato dall'art. 12, comma 1, lett.* a) *d.P.R. n. 168, cit. Il testo del comma, aggiunto dall'art. 4, comma 234, l. n. 350, cit., era il seguente:* « A decorrere dal 1° gennaio 2007 si applica il divieto di cui al comma 6, salvo nei casi in cui si tratti dell'espletamento delle prime gare aventi ad oggetto i servizi forniti dalle società partecipanti alla gara stessa. Con regolamento da emanare ai sensi dell'articolo 17, comma 1, della legge 23 agosto 1988, n. 400, e successive modificazioni, sentite le Autorità indipendenti del settore e la Conferenza unificata di cui all'articolo 8 del decreto legislativo 28 agosto 1997, n. 281, il Governo definisce le condizioni per l'ammissione alle gare di imprese estere, o di imprese italiane che abbiano avuto all'estero la gestione del servizio senza ricorrere a procedure di evidenza pubblica, a condizione che, nel primo caso, sia fatto salvo il principio di reciprocità e siano garantiti tempi certi per l'effettiva apertura dei relativi mercati. ». *V. le disposizioni di cui all'art. 23 l. 18 aprile 2005, n. 62 e le disposizioni di cui all'art. 46-*bis*, comma 4-*bis*, d.l. 10 ottobre 2007, n. 159, introdotto dall'art. 2, comma 175, l. 24 dicembre 2007, n. 244, conv., con modif., in l. 29 novembre 2007, n. 222.*

(18) *L'originario testo del d.lgs. n. 267 del 2000 è stato modificato dall'art. 35, comma 1, L. 28 dicembre 2001, n. 448. Si riporta il testo originario dell'art. 113, quale risultante, dalle modifiche del 2001 e prima delle modifiche recante dal d.l. n. 269 del 2003.*

« Articolo 113 Gestione delle reti ed erogazione dei servizi pubblici locali di rilevanza industriale

1. Le disposizioni del presente articolo si applicano ai servizi pubblici locali di rilevanza industriale. Restano ferme le disposizioni previste per i singoli settori e quelle nazionali di attuazione delle normative comunitarie.

2. Gli enti locali non possono cedere la proprietà degli impianti, delle reti e delle altre dotazioni destinati all'esercizio dei servizi pubblici di cui al comma 1, salvo quanto stabilito dal comma 13.

3. Le discipline di settore stabiliscono i casi nei quali l'attività di gestione delle reti e degli impianti destinati alla produzione dei servizi pubblici locali di cui al comma 1 può essere separata da quella di erogazione degli stessi. È, in ogni caso, garantito l'accesso alle reti a tutti i soggetti legittimati all'erogazione dei relativi servizi.

4. Qualora sia separata dall'attività di erogazione dei servizi, per la gestione delle reti, degli impianti e delle altre dotazioni patrimoniali gli enti locali, anche in forma associata, si avvalgono: a) di soggetti allo scopo costituiti, nella forma di società di capitali con la partecipazione maggioritaria degli enti locali, anche associati, cui può essere affidata direttamente tale attività; b) di imprese idonee, da individuare mediante procedure ad evidenza pubblica, ai sensi del comma 7.

5. L'erogazione del servizio, da svolgere in regime di concorrenza, avviene secondo le discipline di settore, con conferimento della titolarità del servizio a società di capitali individuate attraverso l'espletamento di gare con procedure ad evidenza pubblica.

6. Non sono ammesse a partecipare alle gare di cui al comma 5 le società che, in Italia o all'estero, gestiscono a qualunque titolo servizi pubblici locali in virtù di un affidamento diretto, di una procedura non ad evidenza pubblica, o a seguito dei relativi rinnovi; tale divieto si estende alle società controllate o collegate, alle loro controllanti, nonché alle società controllate o collegate con queste ultime. Sono parimenti esclusi i soggetti di cui al comma 4.

7. La gara di cui al comma 5 è indetta nel rispetto degli standard qualitativi, quantitativi, ambientali, di equa distribuzione sul territorio e di sicurezza definiti dalla competente Autorità di settore o, in mancanza di essa, dagli enti locali. La gara è aggiudicata sulla base del migliore livello di qualità e sicurezza e delle condizioni economiche e di prestazione del servizio, dei piani di investimento per lo sviluppo e il potenziamento delle reti e degli impianti, per il loro rinnovo e manutenzione, nonché dei contenuti di innovazione tecnologica e gestionale. Tali elementi fanno parte integrante del contratto di servizio.

8. Qualora sia economicamente più vantaggioso, è consentito l'affidamento contestuale con gara di una pluralità di servizi pubblici locali diversi da quelli di trasporto collettivo. In questo caso, la durata dell'affidamento, unica per tutti i servizi, non può essere superiore alla media calcolata sulla base della durata degli affidamenti indicata dalle discipline di settore.

9. Alla scadenza del periodo di affidamento, e in esito alla successiva gara di affidamento, le reti, gli impianti e le altre dotazioni patrimoniali di proprietà degli enti locali o delle società di cui al comma 13 sono assegnati al nuovo gestore. Sono, inoltre, assegnati al nuovo gestore le reti o loro porzioni, gli impianti e le altre dotazioni realizzate, in attuazione dei piani di investimento di cui al comma 7, dal gestore uscente. A quest'ultimo è dovuto da parte del nuovo gestore un indennizzo pari al valore dei beni non ancora ammortizzati, il cui ammontare è indicato nel bando di gara.

10. È vietata ogni forma di differenziazione nel trattamento dei gestori di pubblico servizio in ordine al regime tributario, nonché alla concessione da chiunque dovuta di contribuzioni o agevolazioni per la gestione del servizio.

11. I rapporti degli enti locali con le società di erogazione del servizio e con le società di gestione delle reti e degli impianti sono regolati da contratti di servizio, allegati ai capitolati di gara, che dovranno prevedere i livelli dei servizi da garantire e adeguati strumenti di verifica del rispetto dei livelli previsti.

12. L'ente locale può cedere in tutto o in parte la propria partecipazione nelle società erogatrici di servizi. Tale cessione non comporta effetti sulla durata delle concessioni e degli affidamenti in essere.

13. Gli enti locali, anche in forma associata, possono conferire la proprietà delle reti, degli impianti e delle altre dotazioni patrimoniali a società di capitali di cui detengono la maggioranza, che è incedibile. Tali società pongono le reti, gli impianti e le altre dotazioni patrimoniali a disposizione dei gestori incaricati della gestione del servizio o, ove prevista la gestione separata della rete, dei gestori di quest'ultima, a fronte di un canone stabilito dalla competente Autorità di settore, ove prevista, o dagli enti locali. Alla società suddetta gli enti locali possono anche assegnare, ai sensi della lettera *a*) del comma 4, la gestione delle reti, nonché il compito di espletare le gare di cui al comma 5.

14. Fermo restando quanto disposto dal comma 3, se le reti, gli impianti e le altre dotazioni patrimoniali per la gestione dei servizi di cui al comma 1 sono di proprietà di soggetti diversi dagli enti locali, questi possono essere autorizzati a gestire i servizi o loro segmenti, a condizione che siano rispettati gli standard di cui al comma 7 e siano praticate tariffe non superiori alla media regionale, salvo che le disci-

pline di carattere settoriale o le relative Autorità dispongano diversamente. Tra le parti è in ogni caso stipulato, ai sensi del comma 11, un contratto di servizio in cui sono definite, tra l'altro, le misure di coordinamento con gli eventuali altri gestori.

15. Le disposizioni del presente articolo non si applicano alle regioni a statuto speciale e alle province autonome di Trento e di Bolzano, se incompatibili con le attribuzioni previste dallo statuto e dalle relative norme di attuazione ».

L'art. 14 del d.l. n. 269 del 2003 ha, successivamente, recato all'art. 113 le seguenti modiche. Si riporta il testo dell'art. 113:

« 1. All'articolo 113 del testo unico delle leggi sull'ordinamento degli enti locali, di cui al decreto legislativo 18 agosto 2000, n. 267, come modificato dal comma 1 dell'articolo 35 della legge 28 dicembre 2001, n. 448, sono apportate le seguenti modifiche:

a) nella rubrica le parole: "di rilevanza industriale" sono sostituite dalle seguenti: "di rilevanza economica";

b) il comma 1 è sostituito dal seguente: "1. Le disposizioni del presente articolo che disciplinano le modalità di gestione ed affidamento dei servizi pubblici locali concernono la tutela della concorrenza e sono inderogabili ed integrative delle discipline di settore. Restano ferme le altre disposizioni di settore e quelle di attuazione di specifiche normative comunitarie. Restano escluse dal campo di applicazione del presente articolo i settori disciplinati dai decreti legislativi 16 marzo 1999, n. 79, e 23 maggio 2000, n. 164";

c) al comma 4, lettera *a)*, le parole: "con la partecipazione maggioritaria degli enti locali, anche associati," sono sostituite dalle seguenti: "con la partecipazione totalitaria di capitale pubblico" e, in fine, sono aggiunte, le seguenti parole: "a condizione che gli enti pubblici titolari del capitale sociale esercitino sulla società un controllo analogo a quello esercitato sui propri servizi e che la società realizzi la parte più importante della propria attività con l'ente o gli enti pubblici che la controllano";

d) il comma 5 è sostituito dal seguente: "5. L'erogazione del servizio avviene secondo le discipline di settore e nel rispetto della normativa dell'Unione europea, con conferimento della titolarità del servizio:

a) a società di capitali individuate attraverso l'espletamento di gare con procedure ad evidenza pubblica;

b) a società a capitale misto pubblico privato nelle quali il socio privato venga scelto attraverso l'espletamento di gare con procedure ad evidenza pubblica che abbiano dato garanzia di rispetto delle norme interne e comunitarie in materia di concorrenza secondo le linee di indirizzo emanate dalle autorità competenti attraverso provvedimenti o circolari specifiche;

c) a società a capitale interamente pubblico a condizione che l'ente o gli enti pubblici titolari del capitale sociale esercitino sulla società un controllo analogo a quello esercitato sui propri servizi e che la società realizzi la parte più importante della propria attività con l'ente o gli enti pubblici che la controllano.";

e) al comma 7, è aggiunto, in fine, il seguente periodo: "Le previsioni di cui al presente comma devono considerarsi integrative delle discipline di settore.";

f) al comma 12, primo periodo, sono aggiunte, in fine, le seguenti parole: "mediante procedure ad evidenza pubblica da rinnovarsi alla scadenza del periodo di affidamento";

g) al comma 13, il primo periodo è sostituito dal seguente: "Gli enti locali, anche in forma associata, nei casi in cui non sia vietato dalle normative di settore, possono conferire la proprietà delle reti, degli impianti, e delle altre dotazioni patrimoniali a società a capitale interamente pubblico, che è incedibile.";

h) dopo il comma 15 è aggiunto il seguente:

"15-*bis*. Nel caso in cui le disposizioni previste per i singoli settori non stabiliscano un congruo periodo di transizione, ai fini dell'attuazione delle disposizioni previste nel presente articolo, le concessioni rilasciate con procedure diverse dall'evidenza pubblica cessano comunque entro e non oltre la data del 31 dicembre 2006, senza necessità di apposita deliberazione dell'ente affidante. Sono escluse dalla cessazione le concessioni affidate a società a capitale misto pubblico privato nelle quali il socio privato sia stato scelto mediante procedure ad evidenza pubblica che abbiano dato garanzia di rispetto delle norme interne e comunitarie in materia di concorrenza, nonché quelle affidate a società a capitale interamente pubblico a condizione che gli enti pubblici titolari del capitale sociale esercitino sulla società un controllo analogo a quello esercitato sui propri servizi e che la società realizzi la parte più importante della propria attività con l'ente o gli enti pubblici che la controllano.".

h-bis). Dopo il comma 15-*bis* è aggiunto il seguente:

"15-*ter*. Il termine del 31 dicembre 2006, di cui al comma 15-bis, può essere differito ad una data successiva, previo accordo, raggiunto caso per caso, con la Commissione europea, alle condizioni sotto indicate:

a) nel caso in cui, almeno dodici mesi prima dello scadere del suddetto termine si dia luogo, mediante una o più fusioni, alla costituzione di una nuova società capace di servire un bacino di utenza complessivamente non inferiore a due volte quello originariamente servito dalla società maggiore; in questa ipotesi il differimento non può comunque essere superiore ad un anno;

b) nel caso in cui, entro il termine di cui alla lettera *a)*, un'impresa affidataria, anche a seguito di una o più fusioni, si trovi ad operare in un ambito corrispondente almeno all'intero territorio provinciale ovvero a quello ottimale, laddove previsto dalle norme vigenti; in questa ipotesi il differimento non può comunque essere superiore a due anni ».

117 Tariffe dei servizi (1).

1. Gli enti interessati approvano le tariffe dei servizi pubblici in misura tale da assicurare l'equilibrio economico-finanziario dell'investimento e della connessa gestione. I criteri per il calcolo della tariffa relativa ai servizi stessi sono i seguenti:

a) la corrispondenza tra costi e ricavi in modo da assicurare la integrale copertura dei costi, ivi compresi gli oneri di ammortamento tecnico-finanziario;

b) l'equilibrato rapporto tra i finanziamenti raccolti ed il capitale investito;

c) l'entità dei costi di gestione delle opere, tenendo conto anche degli investimenti e della qualità del servizio;

d) l'adeguatezza della remunerazione del capitale investito, coerente con le prevalenti condizioni di mercato.

2. La tariffa costituisce il corrispettivo dei servizi pubblici; essa è determinata e adeguata ogni anno dai soggetti proprietari, attraverso contratti di programma di durata poliennale, nel rispetto del disciplinare e dello statuto conseguenti ai modelli organizzativi prescelti.

3. Qualora i servizi siano gestiti da soggetti diversi dall'ente pubblico per effetto di particolari convenzioni e concessioni dell'ente o per effetto del modello organizzativo di società mista, la tariffa è riscossa dal soggetto che gestisce i servizi pubblici.

(1) *Per le nuove disposizioni in materia di città metropolitane, province e unioni e fusioni di comuni, vedi la L. 7 aprile 2014, n. 56.*

64. Legge 8 giugno 1990, n. 142. – Ordinamento delle autonomie locali. (*estratto*) (1).

Pubblicata nella Gazzetta Ufficiale n135 del 12 giugno 1990, S.O.

(1) *Legge abrogata dall'art. 274, comma 1, lett. q) d.lgs. 18 agosto 2000, n. 267. Vedi ora gli articoli 112, 113, 113-bis e 117 del d.lgs. 18 agosto 2000, n. 267.*

22 Servizi pubblici locali (1).

[1. I comuni e le province, nell'ambito delle rispettive competenze, provvedono alla gestione dei servizi pubblici che abbiano per oggetto produzione di beni ed attività rivolte a realizzare fini sociali e a promuovere lo sviluppo economico e civile delle comunità locali.

2. I servizi riservati in via esclusiva ai comuni e alle province sono stabiliti dalla legge.

3. I comuni e le province possono gestire i servizi pubblici nelle seguenti forme:

a) in economia, quando per le modeste dimensioni o per le caratteristiche del servizio non sia opportuno costituire una istituzione o una azienda;

b) in concessione a terzi, quando sussistano ragioni tecniche, economiche e di opportunità sociale;

c) a mezzo di azienda speciale, anche per la gestione di più servizi di rilevanza economica ed imprenditoriale;

d) a mezzo di istituzione, per l'esercizio di servizi sociali senza rilevanza imprenditoriale;

e) a mezzo di società per azioni o a responsabilità limitata a prevalente capitale pubblico locale costituite o partecipate dall'ente titolare del pubblico servizio, qualora sia opportuna in relazione alla natura o all'ambito territoriale del servizio la partecipazione di più soggetti pubblici o privati (2) (3) (4)].

(1) *V. nota* sub *Epigrafe.*

(2) *Lettera sostituita dall'art. 17, comma 58, l. 15 maggio 1997, n. 127.*

(3) *Vedi anche R.D.15 ottobre 1925, n. 2578 (Approvazione del testo unico della legge sull'assunzione diretta dei pubblici servizi da parte dei comuni e delle province):*

« Art. 1 Costituzione ed amministrazione delle aziende speciali

1. (art. 1 della legge 29 marzo 1903, n. 103, e art. 1° del regio decreto 30 dicembre 1923, n. 3047). - I comuni possono assumere nei modi stabiliti dal presente testo unico, l'impianto e l'esercizio diretto dei pubblici servizi e segnatamente di quelli relativi agli oggetti seguenti:

1° costruzione di acquedotti e fontane e distribuzione di acqua potabile;

2° impianto ed esercizio dell'illuminazione pubblica e privata;

3° costruzione di fognature ed utilizzazione delle materie fertilizzanti;

4° costruzione ed esercizio di tramvie a trazione animale o meccanica;

5° costruzione ed esercizio di reti telefoniche nel territorio comunale;

6° impianto ed esercizio di farmacie;

7° nettezza pubblica e sgombro di immondizie dalle case;

8° trasporti funebri, anche con diritto di privativa, eccettuati i trasporti dei soci di congregazioni, confraternite ed altre associazioni costituite a tal fine e riconosciute come enti morali);

9° costruzione ed esercizio di molini e di forni normali;

10° costruzione ed esercizio di stabilimenti per la macellazione, anche con diritto di privativa;

11° costruzione ed esercizio di mercati pubblici, anche con diritto di privativa;

12° costruzione ed esercizio di bagni e lavatoi pubblici;

13° fabbrica e vendita del ghiaccio;

14° costruzione ed esercizio di asili notturni;

15° impianto ed esercizio di omnibus, automobili e di ogni altro simile mezzo, diretto a provvedere alle pubbliche comunicazioni;

16° produzione distribuzione di forza motrice idraulica ed elettrica e costruzione degli impianti relativi;

17° pubbliche affissioni, anche con diritto di privativa, eccettuandone sempre i manifesti elettorali e gli atti della pubblica autorità;

18° essiccatoi di granturco e relativi depositi;

19° stabilimento e relativa vendita di semenzai e vivai di viti ed altre piante arboree e fruttifere.

Uguale facoltà è attribuita alle province per i servizi di cui ai numeri 4, 5, 15, 16, 18 e 19 e per altri di interesse provinciale. L'assunzione e l'esercizio di tali servizi da parte delle province sono regolati dalle disposizioni del presente testo unico, intendendosi sostituiti agli organi del comune quelli della provincia ed equiparate le province ai comuni ai quali sono assegnati 80 consiglieri.

Art. 2 (art. 2 della legge 29 marzo 1903, n. 103, e art. 2 del regio decreto 30 dicembre 1923, numero 3047). - Ciascuno dei servizi assunti direttamente deve, salvo ciò che è disposto dall'articolo 15, costituire un'azienda speciale, distinta dall'amministrazione ordinaria del comune, con bilanci e conti separati, e regolata dalle disposizioni del presente testo unico.

Quando però si tratti di servizi di non grande importanza o di tal natura da potersi riunire convenientemente, potrà essere costituita una azienda sola che provveda a più servizi, tenendo contabilità separate.

Le aziende speciali hanno la capacità di compiere tutti i negozi giuridici necessari per il raggiungimento del loro fine e di stare in giudizio per le azioni che ne conseguono.

Esse sono soggette alla vigilanza del consiglio comunale, che può sempre esaminarne l'andamento.

Gli utili netti dell'azienda, accertati dal conto approvato, salvo il disposto dell'articolo seguente lettere a) e d), e detratto quando si ritenga di dover destinare al miglioramento ed allo sviluppo della azienda stessa, ed anche a ridurre le tariffe dei servizi, sono devoluti al bilancio comunale e saranno versati alla cassa del comune nei modi e tempi da stabilirsi coi regolamenti speciali delle singole aziende.

Alle perdite, che eventualmente si verifichino, si fa fronte col fondo di riserva costituito come alla lettera d) *dell'articolo seguente ed, in caso di insufficienza, con appositi stanziamenti nella parte straordinaria della spesa del bilancio comunale, salvi gli effetti dell'art. 19.*

Agli ampliamenti ed ai miglioramenti dell'azienda si potrà eccezionalmente provvedere anche col fondo di ammortamento e con le riserve.

(4) *Vedi anche l'art. 12 della l. 23 dicembre 1992, n. 498 (Interventi urgenti in materia di finanza pubblica) che aveva previsto che:* "Le province e i comuni possono, per l'esercizio di servizi pubblici e per la realizzazione delle opere necessarie al corretto svolgimento del servizio nonché per la realizzazione di infrastrutture ed altre opere di interesse pubblico, che non rientrino, ai sensi della vigente legislazione statale e regionale, nelle competenze istituzionali di altri enti, costituire apposite società per azioni, anche mediante gli accordi di programma di cui al comma 9, senza il vincolo della proprietà maggioritaria di cui al comma 3, lettera *e*), dell'articolo 22 della legge 8 giugno 1990, n. 142, e anche in deroga a quanto previsto dall'articolo 9, primo comma, lettera *d*), della legge 2 aprile 1968, n. 475, come sostituita dall'articolo 10 della legge 8 novembre 1991, n. 362. Gli enti interessati provvedono alla scelta dei soci privati e all'eventuale collocazione dei titoli azionari sul mercato con procedure di evidenza pubblica. L'atto costitutivo delle società deve prevedere l'obbligo dell'ente pubblico di nominare uno o più amministratori e sindaci. Nel caso di servizi pubblici locali una quota delle azioni può essere destinata all'azionariato diffuso e resta comunque sul mercato"; *ma successivamente l'art. 12 della predetta l. n. 498, cit. è stata abrogata dall'art. 274, d.lgs. 18 agosto 2000, n. 267. V., ora, l'art. 116 dello stesso decreto.*

65. Decreto legge 25 giugno 2008, n. 112, convertito, con modificazioni, in legge 6 agosto 2008, n. 133. — Disposizioni urgenti per lo sviluppo economico, la semplificazione, la competitività, la stabilizzazione della finanza pubblica e la perequazione tributaria. (*estratto*).

Pubblicato nella Gazzetta Ufficiale n. 147 del 25 giugno 2008, S.O; la legge di conversione è stata pubblicata nella Gazzetta Ufficiale n. 195 del 21 agosto 2008.

TITOLO II
Sviluppo economico, semplificazione e competitività

CAPO VI
Liberalizzazioni e deregolazione

[23-*bis* Servizi pubblici locali di rilevanza economica (1).

1. Le disposizioni del presente articolo disciplinano l'affidamento e la gestione dei servizi pubblici locali di rilevanza economica, in applicazione della disciplina comunitaria e al fine di favorire la più ampia diffusione dei principi di concorrenza, di libertà di stabilimento e di libera prestazione dei servizi di tutti gli operatori economici interessati alla gestione di servizi di interesse generale in ambito locale, nonché di garantire il diritto di tutti gli utenti alla universalità ed accessibilità dei servizi pubblici locali ed al livello essenziale delle prestazioni, ai sensi dell'articolo 117, secondo comma, lettere e) e m), della Costituzione, assicurando un adeguato livello di tutela degli utenti, secondo i principi di sussidiarietà, proporzionalità e leale cooperazione. Le disposizioni contenute nel presente articolo si applicano a tutti i servizi pubblici locali e prevalgono sulle relative discipline di settore con esse incompatibili. Sono fatte salve le disposizioni del decreto legislativo 23 maggio 2000, n. 164, e dell'articolo 46-bis del decretolegge 1° ottobre 2007, n. 159, convertito, con modificazioni, dalla legge 29 novembre 2007, n. 222, in materia di distribuzione di gas naturale, le disposizioni del decreto legislativo 16 marzo 1999, n. 79, e della legge 23 agosto 2004, n. 239, in materia di distribuzione di energia elettrica, le disposizioni della legge 2 aprile 1968, n. 475, relativamente alla gestione delle farmacie comunali, nonché quelle del decreto legislativo 19 novembre 1997, n. 422, relativamente alla disciplina del trasporto ferroviario regionale. Gli ambiti territoriali minimi di cui al comma 2 del citato articolo 46-bis sono determinati, entro il 31 dicembre 2012, dal Ministro dello sviluppo economico, di concerto con il Ministro per i rapporti con le regioni, sentite la Conferenza unificata di cui all'articolo 8 del decreto legislativo 28 agosto 1997, n. 281, e successive modificazioni, e l'Autorità per l'energia elettrica e il gas, tenendo anche conto delle interconnessioni degli impianti di distribuzione e con riferimento alle specificità territoriali e al numero dei clienti finali. In ogni caso l'ambito non può essere inferiore al territorio comunale.

2. Il conferimento della gestione dei servizi pubblici locali avviene, in via ordinaria:

a) a favore di imprenditori o di società in qualunque forma costituite individuati mediante procedure competitive ad evidenza pubblica, nel rispetto dei principi del Trattato che istituisce la Comunità europea e dei principi generali relativi ai contratti pubblici e, in particolare, dei principi di economicità, efficacia, imparzialità, trasparenza, adeguata pubblicità, non discriminazione, parità di trattamento, mutuo riconoscimento e proporzionalità;

b) a società a partecipazione mista pubblica e privata, a condizione che la selezione del socio avvenga mediante procedure competitive ad evidenza pubblica, nel rispetto dei principi di cui alla lettera *a*), le quali abbiano ad oggetto, al tempo stesso, la qualità di socio e l'attribuzione di specifici compiti operativi connessi alla gestione del servizio e che al socio sia attribuita una partecipazione non inferiore al 40 per cento.

4. In deroga alle modalità di affidamento ordinario di cui al comma 2, per situazioni eccezionali che, a causa di peculiari caratteristiche economiche, sociali, ambientali e geomorfologiche del contesto territoriale di riferimento, non permettono un efficace e utile ricorso al mercato, l'affidamento può avvenire a favore di società a capitale interamente pubblico, partecipata dall'ente locale, che abbia i requisiti richiesti dall'ordinamento comunitario per la gestione cosiddetta "in house" e, comunque, nel rispetto dei principi della disciplina comunitaria in materia di controllo analogo sulla società e di prevalenza dell'attività svolta dalla stessa con l'ente o gli enti pubblici che la controllano.

4. Nei casi di cui al comma 3, l'ente affidante deve dare adeguata pubblicità alla scelta, motivandola in base ad un'analisi del mercato e contestualmente trasmettere una relazione contenente gli esiti della predetta verifica all'Autorità garante della concorrenza e del mercato per l'espressione di un parere preventivo, da rendere entro sessanta giorni dalla ricezione della predetta relazione. Decorso il termine, il parere, se non reso, si intende espresso in senso favorevole.

4-*bis*. I regolamenti di cui al comma 10 definiscono le soglie oltre le quali gli affidamenti di servizi pubblici locali assumono rilevanza ai fini dell'espressione del parere di cui al comma 4.

5. Ferma restando la proprietà pubblica delle reti, la loro gestione può essere affidata a soggetti privati.

6. È consentito l'affidamento simultaneo con gara di una pluralità di servizi pubblici locali nei casi in cui possa essere dimostrato che tale scelta sia economicamente vantaggiosa. In questo caso la durata dell'affidamento, unica per tutti i servizi, non può essere superiore alla media calcolata sulla base della durata degli affidamenti indicata dalle discipline di settore.

7. Le regioni e gli enti locali, nell'ambito delle rispettive competenze e d'intesa con la Conferenza unificata di cui all'articolo 8 del decreto legislativo 28 agosto 1997, n. 281, e successive modificazioni, possono definire, nel rispetto delle normative settoriali, i bacini di gara per i diversi servizi, in maniera da consentire lo sfruttamento delle economie di scala e di scopo e favorire una maggiore efficienza ed efficacia nell'espletamento dei servizi, nonché l'integrazione di servizi a domanda debole nel quadro di servizi più redditizi, garantendo il raggiungimento della dimensione minima efficiente a livello di impianto per più soggetti gestori e la copertura degli obblighi di servizio universale.

8. Il regime transitorio degli affidamenti non conformi a quanto stabilito ai commi 2 e 3 è il seguente:

a) le gestioni in essere alla data del 22 agosto 2008 affidate conformemente ai principi comunitari in materia di cosiddetta "in house" cessano, improrogabilmente e senza necessità di deliberazione da parte dell'ente affidante, alla data del 31 dicembre 2011. Esse cessano alla scadenza prevista dal contratto di servizio a condizione che entro il 31 dicembre 2011 le amministrazioni cedano almeno il 40 per cento del capitale attraverso le modalità di cui alla lettera *b*) del comma 2;

b) le gestioni affidate direttamente a società a partecipazione mista pubblica e privata, qualora la selezione del socio sia avvenuta mediante procedure competitive ad evidenza pubblica, nel rispetto dei principi di cui alla lettera *a*) del comma 2, le quali non abbiano avuto ad oggetto, al tempo stesso, la qualità di socio e l'attribuzione dei compiti operativi connessi alla gestione del servizio, cessano, improrogabilmente e senza necessità di apposita deliberazione dell'ente affidante, alla data del 31 dicembre 2011;

c) le gestioni affidate direttamente a società a partecipazione mista pubblica e privata, qualora la selezione del socio sia avvenuta mediante procedure competitive ad evidenza pubblica, nel rispetto dei principi di cui alla lettera *a*) del comma 2, le quali abbiano avuto ad oggetto, al tempo stesso, la qualità di socio e l'attribuzione dei compiti operativi connessi alla gestione del servizio, cessano alla scadenza prevista nel contratto di servizio;

d) gli affidamenti diretti assentiti alla data del 1° ottobre 2003 a società a partecipazione pubblica già quotate in borsa a tale data e a quelle da esse controllate ai sensi dell'articolo 2359 del codice civile, cessano alla scadenza prevista nel contratto di servizio, a condizione che la partecipazione pubblica, si riduca anche progressivamente, attraverso procedure ad evidenza pubblica ovvero forme di collocamento privato presso investitori qualificati e operatori industriali, ad una quota non superiore al 40 per cento entro il 30 giugno 2013 e non superiore al 30 per cento entro il 31 dicembre 2015; ove siffatte condizioni non si verifichino, gli affidamenti cessano improrogabilmente e senza necessità di apposita deliberazione dell'ente affidante, rispettivamente, alla data del 30 giugno 2013 o del 31 dicembre 2015;

e) le gestioni affidate che non rientrano nei casi di cui alle lettere da *a*) a *d*) cessano comunque entro e non oltre la data del 31 dicembre 2010, senza necessità di apposita deliberazione dell'ente affidante.

9. Le società, le loro controllate, controllanti e controllate da una medesima controllante, anche non appartenenti a Stati membri dell'Unione europea, che, in Italia o all'estero, gestiscono di fatto o per disposizioni di legge, di atto amministrativo o per contratto servizi pubblici locali in virtù di affidamento diretto, di una procedura non ad evidenza pubblica ovvero ai sensi del comma 2, lettera *b*), nonché i soggetti cui è affidata la gestione delle reti, degli impianti e delle altre dotazioni patrimoniali degli enti locali, qualora separata dall'attività di erogazione dei servizi, non possono acquisire la gestione di servizi ulteriori ovvero in ambiti territoriali diversi, né svolgere servizi o attività per altri enti pubblici o privati, né direttamente, né tramite loro controllanti o altre società che siano da essi controllate o partecipate, né partecipando a gare. Il divieto di cui al primo periodo opera per tutta la durata della gestione e non si applica alle società quotate in mercati regolamentati e alle società da queste direttamente o indirettamente controllate ai sensi dell'articolo 2359 del codice civile, nonché al socio selezionato ai sensi della lettera *b*) del comma 2. I soggetti affidatari diretti di servizi pubblici locali possono comunque concorrere su tutto il territorio nazionale alla prima gara successiva alla cessazione del servizio, svolta mediante procedura competitiva ad evidenza pubblica, avente ad oggetto i servizi da essi forniti.

10. Il Governo, su proposta del Ministro per i rapporti con le regioni ed entro il 31 dicembre 2009, sentita la Conferenza unificata di cui all'articolo 8 del decreto legislativo 28 agosto 1997, n. 281, e successive modificazioni, nonché le competenti Commissioni parlamentari, adotta uno o più regolamenti, ai sensi dell'articolo 17, comma 2, della legge 23 agosto 1988, n. 400, al fine di :

a) prevedere l'assoggettamento dei soggetti affidatari cosiddetti in house di servizi pubblici locali al patto di stabilità interno, tenendo conto delle scadenze fissate al comma 8, e l'osservanza da parte delle società in house e delle società a partecipazione mista pubblica e privata di procedure ad evidenza pubblica per l'acquisto di beni e servizi e l'assunzione di personale ;

b) prevedere, in attuazione dei principi di proporzionalità e di adeguatezza di cui all'articolo 118 della Costituzione, che i comuni con un limitato numero di residenti possano svolgere le funzioni relative alla gestione dei servizi pubblici locali in forma associata;

c) prevedere una netta distinzione tra le funzioni di regolazione e le funzioni di gestione dei servizi pubblici locali, anche attraverso la revisione della disciplina sulle incompatibilità;

d) armonizzare la nuova disciplina e quella di settore applicabile ai diversi servizi pubblici locali, individuando le norme applicabili in via generale per l'affidamento di tutti i servizi pubblici locali di rilevanza economica in materia di rifiuti, trasporti, energia elettrica e gas, nonché in materia di acqua;

e) disciplinare, per i settori diversi da quello idrico, fermo restando il limite massimo stabilito dall'ordinamento di ciascun settore per la cessazione degli affidamenti effettuati con procedure diverse dall'evidenza pubblica o da quella di cui al comma 3, la fase transitoria, ai fini del progressivo allineamento delle gestioni in essere alle disposizioni di cui al presente articolo, prevedendo tempi differenziati e che gli affidamenti di retti in essere debbano cessare alla scadenza, con esclusione di ogni proroga o rinnovo;

f) prevedere l'applicazione del principio di reciprocità ai fini dell'ammissione alle gare di imprese estere;

g) limitare, secondo criteri di proporzionalità, sussidiarietà orizzontale e razionalità economica, i casi di gestione in regime d'esclusiva dei servizi pubblici locali, liberalizzando le altre attività economiche di prestazione di servizi di interesse generale in ambito locale compatibili con le garanzie di universalità ed accessibilità del servizio pubblico locale;

h) prevedere nella disciplina degli affidamenti idonee forme di ammortamento degli investimenti e una durata degli affidamenti strettamente proporzionale e mai superiore ai tempi di recupero degli investimenti;

i) disciplinare, in ogni caso di subentro, la cessione dei beni, di proprietà del precedente gestore, necessari per la prosecuzione del servizio;

l) prevedere adeguati strumenti di tutela non giurisdizionale anche con riguardo agli utenti dei servizi;

m) individuare espressamente le norme abrogate ai sensi del presente articolo.

11. L'articolo 113 del testo unico delle leggi sull'ordinamento degli enti locali, di cui al decreto legislativo 18 agosto 2000, n. 267, e successive modificazioni, è

abrogato nelle parti incompatibili con le disposizioni di cui al presente articolo.

12. Restano salve le procedure di affidamento già avviate alla data di entrata in vigore della legge di conversione del presente decreto.]

(1) *Articolo abrogato dall'articolo 1 del d.P.R. 18 luglio 2011, n. 113.*

66. Decreto del Presidente della Repubblica 7 settembre 2010, n. 168. — Regolamento in materia di servizi pubblici locali di rilevanza economica, a norma dell'articolo 23-*bis*, comma 10, del decreto-legge 25 giugno 2008, n. 112, convertito, con modificazioni, dalla legge 6 agosto 2008, n. 133.

Pubblicato nella Gazzetta Ufficiale n. 239 del 12 ottobre 2010.

1 Ambito di applicazione.

1. Il presente regolamento, in attuazione dell'articolo 23-*bis* del decreto-legge 25 giugno 2008, n. 112, convertito, con modificazioni, dalla legge 6 agosto 2008, n. 133, e successive modificazioni, di seguito denominato « articolo 23-bis », si applica ai servizi pubblici locali di rilevanza economica, di seguito denominati « servizi pubblici locali ».

2. Con riguardo alla gestione del servizio idrico integrato restano ferme l'autonomia gestionale del soggetto gestore, la piena ed esclusiva proprietà pubblica delle risorse idriche, nonché la spettanza esclusiva alle istituzioni pubbliche del governo delle risorse stesse, ai sensi dell'articolo 15, comma 1-*ter*, del decreto-legge 25 settembre 2009, n. 135, convertito, con modificazioni, dalla legge 20 novembre 2009, n. 166.

3. Sono esclusi dall'applicazione del presente regolamento:

a) il servizio di distribuzione di gas naturale, di cui al decreto legislativo 23 maggio 2000, n. 164;

b) il servizio di distribuzione di energia elettrica, di cui al decreto legislativo 16 marzo 1999, n. 79 e alla legge 23 agosto 2004, n. 239;

c) il servizio di trasporto ferroviario regionale, di cui al decreto legislativo 19 novembre 1997, n. 422;

d) la gestione delle farmacie comunali, di cui alla legge 2 aprile 1968, n. 475;

e) i servizi strumentali all'attività o al funzionamento degli enti affidanti di cui all'articolo 13, comma 1, del decreto-legge 4 luglio 2006, n. 223, convertito, con modificazioni, dalla legge 4 agosto 2006, n. 248, e successive modificazioni.

2 Misure in tema di liberalizzazione.

1. Gli enti locali verificano la realizzabilità di una gestione concorrenziale dei servizi pubblici locali, limitando l'attribuzione di diritti di esclusiva, ove non diversamente previsto dalla legge, ai casi in cui, in base ad una analisi di mercato, la libera iniziativa economica privata non risulti idonea, secondo criteri di proporzionalità, sussidiarietà orizzontale ed efficienza, a garantire un servizio rispondente ai bisogni della comunità, e liberalizzando in tutti gli altri casi le attività economiche compatibilmente con le caratteristiche di universalità ed accessibilità del servizio.

2. All'esito della verifica l'ente adotta una delibera quadro che illustra l'istruttoria compiuta ed evidenzia, per i settori sottratti alla liberalizzazione, i fallimenti del sistema concorrenziale e, viceversa, i benefici per la stabilizzazione, lo sviluppo e l'equità all'interno della comunità locale derivanti dal mantenimento di un regime di esclusiva del servizio.

3. Alla delibera di cui al comma precedente è data adeguata pubblicità; essa è inviata all'Autorità garante della concorrenza e del mercato ai fini della relazione al Parlamento di cui alla legge 10 ottobre 1990, n. 287.

4. La verifica di cui al comma 1 è effettuata entro dodici mesi dalla data di entrata in vigore del presente regolamento e poi periodicamente secondo i rispettivi ordinamenti degli enti locali;

essa è comunque effettuata prima di procedere al conferimento e al rinnovo della gestione dei servizi.

5. Gli enti locali, per assicurare agli utenti l'erogazione di servizi pubblici che abbiano ad oggetto la produzione di beni e attività rivolte a realizzare fini sociali e a promuovere lo sviluppo economico e civile delle comunità locali, definiscono, ove necessario, gli obblighi di servizio pubblico, prevedendo le eventuali compensazioni economiche alle aziende esercenti i servizi stessi, tenendo conto dei proventi derivanti dalle tariffe e nei limiti della disponibilità di bilancio destinata allo scopo.

6. All'attribuzione di diritti di esclusiva ad un'impresa incaricata della gestione di servizi pubblici locali consegue l'applicazione di quanto disposto dall'articolo 9 della legge 10 ottobre 1990, n. 287, e successive modificazioni.

7. I soggetti gestori di servizi pubblici locali, qualora intendano svolgere attività in mercati diversi da quelli in cui sono titolari di diritti di esclusiva, sono soggetti alla disciplina prevista dall'articolo 8, commi 2-*bis* e 2-*quater*, della legge 10 ottobre 1990, n. 287, e successive modificazioni.

3 Norme applicabili in via generale per l'affidamento.

1. Le procedure competitive ad evidenza pubblica, di cui all'articolo 23-*bis*, comma 2, sono indette nel rispetto degli standard qualitativi, quantitativi, ambientali, di equa distribuzione sul territorio e di sicurezza definiti dalla legge, ove esistente, dalla competente autorità di settore o, in mancanza di essa, dagli enti affidanti.

2. Le società a capitale interamente pubblico possono partecipare alle procedure competitive ad evidenza

pubblica di cui all'articolo 23-*bis*, comma 2, lettera *a*), sempre che non vi siano specifici divieti previsti dalla legge.

3. Al fine di promuovere e proteggere l'assetto concorrenziale dei mercati interessati, il bando di gara o la lettera di invito:

a) esclude che la disponibilità a qualunque titolo delle reti, degli impianti e delle altre dotazioni patrimoniali non duplicabili a costi socialmente sostenibili ed essenziali per l'effettuazione del servizio possa costituire elemento discriminante per la valutazione delle offerte dei concorrenti;

b) assicura che i requisiti tecnici ed economici di partecipazione alla gara siano proporzionati alle caratteristiche e al valore del servizio e che la definizione dell'oggetto della gara garantisca la più ampia partecipazione e il conseguimento di eventuali economie di scala e di gamma;

c) indica, ferme restando le discipline di settore, la durata dell'affidamento commisurata alla consistenza degli investimenti in immobilizzazioni materiali previsti nei capitolati di gara a carico del soggetto gestore. In ogni caso la durata dell'affidamento non può essere superiore al periodo di ammortamento dei suddetti investimenti;

d) può prevedere l'esclusione di forme di aggregazione o di collaborazione tra soggetti che possiedono singolarmente i requisiti tecnici ed economici di partecipazione alla gara, qualora, in relazione alla prestazione oggetto del servizio, l'aggregazione o la collaborazione sia idonea a produrre effetti restrittivi della concorrenza sulla base di un'oggettiva e motivata analisi che tenga conto di struttura, dimensione e numero degli operatori del mercato di riferimento;

e) prevede che la valutazione delle offerte sia effettuata da una commissione nominata dall'ente affidante e composta da soggetti esperti nella specifica materia;

f) indica i criteri e le modalità per l'individuazione dei beni di cui all'articolo 10, comma 1, e per la determinazione dell'eventuale importo spettante al gestore al momento della scadenza o della cessazione anticipata della gestione ai sensi dell'articolo 10, comma 2;

g) prevede l'adozione di carte dei servizi al fine di garantire trasparenza informativa e qualità del servizio.

4. Fermo restando quanto previsto al comma 3, nel caso di procedure aventi ad oggetto, al tempo stesso, la qualità di socio e l'attribuzione di specifici compiti operativi connessi alla gestione del servizio, il bando di gara o la lettera di invito assicura che:

a) i criteri di valutazione delle offerte basati su qualità e corrispettivo del servizio prevalgano di norma su quelli riferiti al prezzo delle quote societarie;

b) il socio privato selezionato svolga gli specifici compiti operativi connessi alla gestione del servizio per l'intera durata del servizio stesso e che, ove ciò non si verifica, si proceda a un nuovo affidamento ai sensi dell'articolo 23-*bis*, comma 2;

c) siano previsti criteri e modalità di liquidazione del socio privato alla cessazione della gestione.

4 Parere dell'Autorità garante della concorrenza e del mercato.

1. Gli affidamenti di servizi pubblici locali assumono rilevanza ai fini dell'espressione del parere di cui all'articolo 23-bis, comma 4, se il valore economico del servizio oggetto dell'affidamento supera la somma complessiva di 200.000,00 euro annui.

2. Nella richiesta del parere di cui al comma 1, esclusivamente per i servizi relativi al settore idrico, l'ente affidante può rappresentare specifiche condizioni di efficienza che rendono la gestione « in house » non distorsiva della concorrenza, ossia comparativamente non svantaggiosa per i cittadini rispetto a una modalità alternativa di gestione dei servizi pubblici locali, con particolare riferimento:

a) alla chiusura dei bilanci in utile, escludendosi a tal fine qualsiasi trasferimento non riferito a spese per investimenti da parte dell'ente affidante o altro ente pubblico;

b) al reinvestimento nel servizio almeno dell'80 per cento degli utili per l'intera durata dell'affidamento;

c) all'applicazione di una tariffa media inferiore alla media di settore;

3. Nel rendere il parere di cui al comma 1 si tiene espressamente conto delle condizioni rappresentate ai sensi del comma 2 e dichiarate dall'ente affidante sotto la personale responsabilità del suo legale rappresentante.

4. L'effettivo rispetto delle condizioni di cui al comma 2 è verificato annualmente dall'ente affidante, che invia gli esiti di tale verifica all'Autorità garante della concorrenza e del mercato.

In caso negativo, anche su segnalazione della medesima Autorità, l'ente procede alla revoca dell'affidamento e al conferimento della gestione del servizio ai sensi dell'articolo 23-bis, comma 2.

5 Patto di stabilità interno.

1. Al patto di stabilità interno sono assoggettati gli affidatari « in house » di servizi pubblici locali ai sensi dell'articolo 23-*bis*, commi 3 e 4.

2. Gli enti locali vigilano sull'osservanza, da parte dei soggetti indicati al comma 1 al cui capitale partecipano, dei vincoli derivanti dal patto di stabilità interno.

3. Le modalità e la modulistica per l'assoggettamento al patto di stabilità interno dei soggetti di cui al comma 1 sono definite in sede di attuazione di quanto previsto dall'articolo 2, comma 2, lettera *h*), della legge 5 maggio 2009, n. 42, e successive modificazioni, in materia di bilancio consolidato.

6 Acquisto di beni e servizi da parte delle società « in house » e delle società miste.

1. Le società « in house » e le società a partecipazione mista pubblica e privata, affidatarie di servizi pubblici locali, applicano, per l'acquisto di beni e servizi, le disposizioni di cui al decreto legislativo 12 aprile 2006, n. 163, e successive modificazioni.

2. L'articolo 32, comma 3, del decreto legislativo 12 aprile 2006, n. 163, e successive modificazioni, limitatamente alla gestione del servizio per il quale le società di cui al comma 1, lettera *c*), del medesimo articolo sono state specificamente costituite, si applica se la scelta del socio privato è avvenuta secondo quanto previsto dall'articolo 23-*bis*, comma 2, lettera *b*). Restano ferme le altre condizioni stabilite dall'articolo 32, comma 3, numeri 2) e 3), del decreto legislativo 12 aprile 2006, n. 163, e successive modificazioni.

7 Assunzione di personale da parte delle società « in house » e delle società miste.

1. Le società a partecipazione pubblica che gestiscono servizi pubblici locali adottano, con propri provvedimenti, criteri e modalità per il reclutamento del personale e per il conferimento degli incarichi nel rispetto dei principi di cui al comma 3 dell'articolo 35 del decreto legislativo 30 marzo 2001, n. 165. Il presente articolo non si applica alle società quotate in mercati regolamentati.

8 Distinzione tra funzioni di regolazione e funzioni di gestione.

1. Gli amministratori, i dirigenti e i responsabili degli uffici o dei servizi dell'ente locale, nonché degli altri organismi che espletano funzioni di stazione appaltante, di regolazione, di indirizzo e di controllo di servizi pubblici locali, non possono svolgere incarichi inerenti la gestione dei servizi affidati da parte dei medesimi soggetti. Il divieto si applica anche nel caso in cui le dette funzioni sono state svolte nei tre anni precedenti il conferimento dell'incarico inerente la gestione dei servizi pubblici locali. Alle società quotate nei mercati regolamentati si applica la disciplina definita dagli organismi di controllo competenti.

2. Il divieto di cui al comma 1 opera anche nei confronti del coniuge, dei parenti e degli affini entro il quarto grado dei soggetti indicati allo stesso comma, nonché nei confronti di coloro che prestano, o hanno prestato nel triennio precedente, a qualsiasi titolo attività di consulenza o collaborazione in favore degli enti locali o dei soggetti che hanno affidato la gestione del servizio pubblico locale.

3. Non possono essere nominati amministratori di società partecipate da enti locali coloro che nei tre anni precedenti alla nomina hanno ricoperto la carica di amministratore, di cui all'articolo 77 del decreto legislativo 18 agosto 2000, n. 267, e successive modificazioni, negli enti locali che detengono quote di partecipazione al capitale della stessa società.

4. I componenti della commissione di gara per l'affidamento della gestione di servizi pubblici locali non devono aver svolto né possono svolgere alcun'altra funzione o incarico tecnico o amministrativo relativamente alla gestione del servizio di cui si tratta.

5. Coloro che hanno rivestito, nel biennio precedente, la carica di amministratore locale, di cui al comma 3, non possono essere nominati componenti della commissione di gara relativamente a servizi pubblici locali da affidare da parte del medesimo ente locale.

6. Sono esclusi da successivi incarichi di commissario coloro che, in qualità di componenti di commissioni di gara, abbiano concorso, con dolo o colpa grave accertati in sede giurisdizionale con sentenza non sospesa, all'approvazione di atti dichiarati illegittimi.

7. Si applicano ai componenti delle commissioni di gara le cause di astensione previste dall'articolo 51 del codice di procedura civile.

8. Nell'ipotesi in cui alla gara concorre una società partecipata dall'ente locale che la indice, i componenti della commissione di gara non possono essere né dipendenti né amministratori dell'ente locale stesso.

9. Le incompatibilità e i divieti di cui ai commi precedenti si applicano alle nomine e agli incarichi da conferire successivamente alla data di entrata in vigore del presente regolamento.

10. In caso di affidamento della gestione dei servizi pubblici locali ai sensi dell'articolo 23-bis, comma 3, e in tutti i casi in cui il capitale sociale del soggetto gestore è partecipato dall'ente locale affidante, la verifica del rispetto del contratto di servizio nonché ogni eventuale aggiornamento e modifica dello stesso sono sottoposti, secondo modalità definite dallo statuto dell'ente locale, alla vigilanza dell'organo di revisione di cui agli articoli 234 e seguenti del decreto legislativo 18 agosto 2000, n. 267, e successive modificazioni. Restano ferme le disposizioni contenute nelle discipline di settore vigenti alla data di entrata in vigore del presente regolamento.

9 Principio di reciprocità.

1. Le imprese estere, non appartenenti a Stati membri dell'Unione europea, possono essere ammesse alle procedure competitive ad evidenza pubblica per l'affidamento di servizi pubblici locali a condizione che documentino la possibilità per le imprese italiane di partecipare alle gare indette negli Stati di provenienza per l'affidamento di omologhi servizi.

10 Cessione dei beni in caso di subentro.

1. Alla scadenza della gestione del servizio pubblico locale o in caso di sua cessazione anticipata, il precedente gestore cede al gestore subentrante i beni strumentali e le loro pertinenze necessari, in quanto non duplicabili a costi socialmente sostenibili, per la prosecuzione del servizio, come individuati, ai sensi dell'articolo 3, comma 3, lettera *f*), dall'ente affidante, a titolo gratuito e liberi da pesi e gravami.

2. Se, al momento della cessazione della gestione, i beni di cui al comma 1 non sono stati interamente ammortizzati, il gestore subentrante corrisponde al precedente gestore un importo pari al valore contabile originario non ancora ammortizzato, al netto di eventuali contributi pubblici direttamente riferibili ai beni stessi.

Restano ferme le disposizioni contenute nelle discipline di settore, anche regionali, vigenti alla data di entrata in vigore del presente regolamento, nonché restano salvi eventuali diversi accordi tra le parti stipulati prima dell'entrata in vigore del presente regolamento.

3. L'importo di cui al comma 2 è indicato nel bando o nella lettera di invito relativi alla gara indetta per il successivo affidamento del servizio pubblico locale a seguito della scadenza o della cessazione anticipata della gestione.

11 Tutela non giurisdizionale.

1. I contratti di servizio e, se emanate, le carte dei servizi concernenti la gestione di servizi pubblici locali prevedono la possibilità, per l'utente o per la categoria di utenti che lamenti la violazione di un diritto o di un interesse giuridico rilevante, di promuovere la risoluzione non giurisdizionale delle controversie, che avviene entro trenta giorni successivi al ricevimento della richiesta.

2. La procedura conciliativa prevista al comma 1 è avviata secondo lo schema-tipo di formulario di cui all'allegato A del presente regolamento.

3. Restano ferme le disposizioni di cui all'articolo 2, comma 461, della legge 24 dicembre 2007, n. 244, nonché quelle contenute nelle discipline di settore vigenti alla data di entrata in vigore del presente regolamento.

12 Abrogazioni e disposizioni finali.

1. A decorrere dall'entrata in vigore del presente regolamento sono o restano abrogate le seguenti disposizioni:

a) articolo 113, commi 5, 5-*bis*, 6, 7, 8, 9, escluso il primo periodo, 14, 15-*bis*, 15-*ter* e 15-*quater*, del decreto legislativo 18 agosto 2000, n. 267, e successive modificazioni;

b) articolo 150, comma 1, del decreto legislativo 3 aprile 2006, n. 152, e successive modificazioni, ad eccezione della parte in cui individua la competenza dell'Autorità d'ambito per l'affidamento e l'aggiudicazione;

c) articolo 202, comma 1, del decreto legislativo 3 aprile 2006, n. 152, e successive modificazioni, ad eccezione della parte in cui individua la competenza dell'Autorità d'ambito per l'affidamento e l'aggiudicazione.

2. Le leggi, i regolamenti, i decreti, o altri provvedimenti, che fanno riferimento al comma 7 dell'articolo 113 del decreto legislativo 18 agosto 2000, n. 267, e successive modificazioni, abrogato dal comma 1, lettera *a*), si intendono riferiti al comma 1 dell'articolo 3 del presente regolamento.

3. All'articolo 18, comma 3-*bis*, secondo periodo, del decreto legislativo 19 novembre 1997, n. 422, e successive modificazioni, la parola « esclusivamente » è soppressa.

4. Per il trasporto pubblico locale il presente regolamento si applica in quanto compatibile con le disposizioni del regolamento (CE) 23 ottobre 2007, n. 1370/2007.

5. Le disposizioni del presente regolamento si applicano alle regioni a statuto speciale e alle province autonome di Trento e di Bolzano, in quanto compatibili con gli statuti speciali e le relative norme di attuazione.

6. Al fine di assicurare il monitoraggio delle modalità attuative del presente regolamento il Ministro per i rapporti con le regioni e per la coesione territoriale promuove la stipula di un apposito protocollo d'intesa.

Il presente decreto, munito del sigillo dello Stato, sarà inserito nella Raccolta ufficiale degli atti normativi della Repubblica italiana. È fatto obbligo a chiunque spetti di osservarlo e di farlo osservare.

ALLEGATO 1

ALLEGATO A
Modello (*Omissis*).

67. Decreto legge 13 agosto 2011, n. 138, convertito, con modificazioni, in legge 14 settembre 2011, n. 148. — Ulteriori misure urgenti per la stabilizzazione finanziaria e per lo sviluppo. (*estratto*).

Pubblicato nella Gazzetta Ufficiale n. 188 del 13 agosto 2011; la legge di conversione è stata pubblicata nella Gazzetta Ufficiale n. 216 del 16 settembre 2011.

3-*bis* Ambiti territoriali e criteri di organizzazione dello svolgimento dei servizi pubblici locali (1).

1. A tutela della concorrenza e dell'ambiente, le regioni e le province autonome di Trento e di Bolzano organizzano lo svolgimento dei servizi pubblici locali a rete di rilevanza economica definendo il perimetro degli ambiti o bacini territoriali ottimali e omogenei tali da consentire economie di scala e di differenziazione idonee a massimizzare l'efficienza del servizio e istituendo o designando gli enti di governo degli stessi, entro il termine del 30 giugno 2012. La dimensione degli ambiti o bacini territoriali ottimali di norma deve essere non inferiore almeno a quella del territorio provinciale. Le regioni possono individuare specifici bacini territoriali di dimensione diversa da quella provinciale, motivando la scelta in base a criteri di differenziazione territoriale e socio-economica e in base a principi di proporzionalità, adeguatezza ed efficienza rispetto alle caratteristiche del servizio, anche su proposta dei comuni presentata entro il 31 maggio 2012 previa lettera di adesione dei sindaci interessati o delibera di un organismo associato e già costituito ai sensi dell'articolo 30 del testo unico di cui al decreto legislativo 18 agosto 2000, n. 267. Fermo restando il termine di cui al primo periodo del presente comma che opera anche in deroga a disposizioni esistenti in ordine ai

tempi previsti per la riorganizzazione del servizio in ambiti, è fatta salva l'organizzazione di servizi pubblici locali di settore in ambiti o bacini territoriali ottimali già prevista in attuazione di specifiche direttive europee nonché ai sensi delle discipline di settore vigenti o, infine, delle disposizioni regionali che abbiano già avviato la costituzione di ambiti o bacini territoriali in coerenza con le previsioni indicate nel presente comma. Decorso inutilmente il termine indicato, il Consiglio dei ministri, a tutela dell'unità giuridica ed economica, esercita i poteri sostitutivi di cui all'articolo 8 della legge 5 giugno 2003, n. 131, per organizzare lo svolgimento dei servizi pubblici locali in ambiti o bacini territoriali ottimali e omogenei, comunque tali da consentire economie di scala e di differenziazione idonee a massimizzare l'efficienza del servizio (2).

1-*bis*. Le funzioni di organizzazione dei servizi pubblici locali a rete di rilevanza economica, compresi quelli appartenenti al settore dei rifiuti urbani, di scelta della forma di gestione, di determinazione delle tariffe all'utenza per quanto di competenza, di affidamento della gestione e relativo controllo sono esercitate unicamente dagli enti di governo degli ambiti o bacini territoriali ottimali e omogenei istituiti o designati ai sensi del comma 1 del presente articolo cui gli enti locali partecipano obbligatoriamente, fermo restando quanto previsto dall'articolo 1, comma 90, della legge 7 aprile 2014, n. 56. Qualora gli enti locali non aderiscano ai predetti enti di governo entro il 1° marzo 2015 oppure entro sessanta giorni dall'istituzione o designazione dell'ente di governo dell'ambito territoriale ottimale ai sensi del comma 2 dell'articolo 13 del decreto-legge 30 dicembre 2013, n. 150, convertito, con modificazioni, dalla legge 27 febbraio 2014, n. 15, il Presidente della regione esercita, previa diffida all'ente locale ad adempiere entro il termine di trenta giorni, i poteri sostitutivi. Gli enti di governo di cui al comma 1 devono effettuare la relazione prescritta dall'articolo 34, comma 20, del decreto-legge 18 ottobre 2012, n. 179, convertito, con modificazioni, dalla legge 17 dicembre 2012, n. 221, e le loro deliberazioni sono validamente assunte nei competenti organi degli stessi senza necessità di ulteriori deliberazioni, preventive o successive, da parte degli organi degli enti locali. Nella menzionata relazione, gli enti di governo danno conto della sussistenza dei requisiti previsti dall'ordinamento europeo per la forma di affidamento prescelta e ne motivano le ragioni con riferimento agli obiettivi di universalità e socialità, di efficienza, di economicità e di qualità del servizio. Al fine di assicurare la realizzazione degli interventi infrastrutturali necessari da parte del soggetto affidatario, la relazione deve comprendere un piano economico-finanziario che, fatte salve le disposizioni di settore, contenga anche la proiezione, per il periodo di durata dell'affidamento, dei costi e dei ricavi, degli investimenti e dei relativi finanziamenti, con la specificazione, nell'ipotesi di affidamento in house, dell'assetto economico-patrimoniale della società, del capitale proprio investito e dell'ammontare dell'indebitamento da aggiornare ogni triennio. Il piano economico-finanziario deve essere asseverato da un istituto di credito o da società di servizi costituite dall'istituto di credito stesso e iscritte nell'albo degli intermediari finanziari, ai sensi dell'articolo 106 del testo unico di cui al decreto legislativo 1° settembre 1993, n. 385, e successive modificazioni, o da una società di revisione ai sensi dell'articolo 1 della legge 23 novembre 1939, n. 1966. Nel caso di affidamento in house, gli enti locali proprietari procedono, contestualmente all'affidamento, ad accantonare pro quota nel primo bilancio utile, e successivamente ogni triennio, una somma pari all'impegno finanziario corrispondente al capitale proprio previsto per il triennio nonché a redigere il bilancio consolidato con il soggetto affidatario in house (3).

2. In sede di affidamento del servizio mediante procedura ad evidenza pubblica, l'adozione di strumenti di tutela dell'occupazione costituisce elemento di valutazione dell'offerta.

2-*bis*. L'operatore economico succeduto al concessionario iniziale, in via universale o parziale, a seguito di operazioni societarie effettuate con procedure trasparenti, comprese fusioni o acquisizioni, fermo restando il rispetto dei criteri qualitativi stabiliti inizialmente, prosegue nella gestione dei servizi fino alle scadenze previste. In tale ipotesi, anche su istanza motivata del gestore, il soggetto competente accerta la persistenza dei criteri qualitativi e la permanenza delle condizioni di equilibrio economico-finanziario al fine di procedere, ove necessario, alla loro rideterminazione, anche tramite l'aggiornamento del termine di scadenza di tutte o di alcune delle concessioni in essere, previa verifica ai sensi dell'articolo 143, comma 8, del codice di cui al decreto legislativo 12 aprile 2006, n. 163, e successive modificazioni, effettuata dall'Autorità di regolazione competente, ove istituita, da effettuare anche con riferimento al programma degli interventi definito a livello di ambito territoriale ottimale sulla base della normativa e della regolazione di settore (4).

3. A decorrere dal 2013, l'applicazione di procedura di affidamento dei servizi a evidenza pubblica da parte di regioni, province e comuni o degli enti di governo locali dell'ambito o del bacino costituisce elemento di valutazione della virtuosità degli stessi ai sensi dell'articolo 20, comma 2, del decreto-legge 6 luglio 2011, n. 98, convertito, con modificazioni, dalla legge 15 luglio 2011, n. 111. A tal fine, la Presidenza del Consiglio dei ministri, nell'ambito dei compiti di tutela e promozione della concorrenza nelle regioni e negli enti locali, comunica, entro il termine perentorio del 31 gennaio di ciascun anno, al Ministero dell'economia e delle finanze gli enti che hanno provveduto all'applicazione delle procedure previste dal presente articolo. In caso di mancata comunicazione entro il termine di cui al periodo precedente, si prescinde dal predetto elemento di valutazione della virtuosità.

4. Fatti salvi i finanziamenti già assegnati anche con risorse derivanti da fondi europei, i finanziamenti a qualsiasi titolo concessi a valere su risorse pubbliche statali ai sensi dell'articolo 119, quinto comma, della Costituzione relativi ai servizi pubblici locali a rete di rilevanza economica sono attribuiti agli enti di governo degli ambiti o dei bacini territoriali ottimali ovvero ai relativi gestori del servizio a condizione che dette risorse siano aggiuntive o garanzia a sostegno dei piani di investimento approvati dai menzionati enti di go-

verno. Le relative risorse sono prioritariamente assegnate ai gestori selezionati tramite procedura di gara ad evidenza pubblica o di cui comunque l'Autorità di regolazione competente, o l'ente di governo dell'ambito nei settori in cui l'Autorità di regolazione non sia stata istituita, attesti l'efficienza gestionale e la qualità del servizio reso sulla base dei parametri stabiliti dall'Autorità stessa o dall'ente di governo dell'ambito, ovvero che abbiano deliberato operazioni di aggregazione societaria (5).

4-*bis*. Le spese in conto capitale, ad eccezione delle spese per acquisto di partecipazioni, effettuate dagli enti locali con i proventi derivanti dalla dismissione totale o parziale, anche a seguito di quotazione, di partecipazioni in società, individuati nei codici del Sistema informativo delle operazioni degli enti pubblici (SIOPE) E4121 e E4122, e i medesimi proventi sono esclusi dai vincoli del patto di stabilità interno (6).

[5. Le società affidatarie in house sono assoggettate al patto di stabilità interno secondo le modalità definite dal decreto ministeriale previsto dall'articolo 18, comma 2-*bis*, del decreto-legge 25 giugno 2008, n. 112, convertito, con modificazioni, dalla legge 6 agosto 2008, n. 133, e successive modificazioni. L'ente locale o l'ente di governo locale dell'ambito o del bacino vigila sull'osservanza da parte delle società di cui al periodo precedente dei vincoli derivanti dal patto di stabilità interno.] (7)

[6. Le società affidatarie in house sono tenute all'acquisto di beni e servizi secondo le disposizioni di cui al decreto legislativo 12 aprile 2006, n. 163, e successive modificazioni. Le medesime società adottano, con propri provvedimenti, criteri e modalità per il reclutamento del personale e per il conferimento degli incarichi nel rispetto dei principi di cui al comma 3 dell'articolo 35 del decreto legislativo 30 marzo 2001, n. 165, nonché i vincoli assunzionali e di contenimento delle politiche retributive stabiliti dall'ente locale controllante ai sensi dell'articolo 18, comma 2-*bis*, del decreto-legge n. 112 del 2008] (8).

6-*bis*. Le disposizioni del presente articolo e le altre disposizioni, comprese quelle di carattere speciale, in materia di servizi pubblici locali a rete di rilevanza economica si intendono riferite, salvo deroghe espresse, anche al settore dei rifiuti urbani e ai settori sottoposti alla regolazione ad opera di un'autorità indipendente (9).

(1) *Articolo inserito dall'art. 25, comma 1, lett.* a), *d.l. 24 gennaio 2012, n. 1, conv., con modif., in l. 24 marzo 2012, n. 27.*

(2) *Comma modificato dall'art. 53, comma 1, lett.* a), *nn. 1), 2), 3) e 4), d.l 22 giugno 2012, n. 83, conv., con modif., in l. 7 agosto 2012, n. 134.*

(3) *Comma inserito dall'art. 34, comma 23, d.l. 18 ottobre 2012, n. 179, conv., con modif., in l. 17 dicembre 2012, n. 221, e successivamente modificato dall'art. 1, comma 609, lett.* a), *l. 23 dicembre 2014, n. 190.*

(4) *Comma inserito dall'art. 1, comma 609, lett.* b), *l. 23 dicembre 2014, n. 190.*

(5) *Comma sostituito dall'art. 1, comma 609, lett.* c), *l. 23 dicembre 2014, n. 190.*

(6) *Comma inserito dall'art. 1, comma 609, lett.* d), *l. 23 dicembre 2014, n. 190*

(7) *Comma abrogato dall'art. 1, comma 559, lett.* a), *l. 27 dicembre 2013, n. 147.*

(8) *Comma abrogato dall'art. 28, comma 1, lett.* m), *d.lgs. 19 agosto 2016, n. 175. Il comma era stato modificato dall'art. 1, comma 559, lett.* b), *l. 27 dicembre 2013, n. 147.*

(9) *Comma aggiunto dall'art. 1, comma 609, lett.* e), *l. 23 dicembre 2014, n. 190.*

4 (1) Adeguamento della disciplina dei servizi pubblici locali al referendum popolare e alla normativa dall'Unione europea.

1. Gli enti locali, nel rispetto dei principi di concorrenza, di libertà di stabilimento e di libera prestazione dei servizi, dopo aver individuato i contenuti specifici degli obblighi di servizio pubblico e universale,verificano la realizzabilità di una gestione concorrenziale dei servizi pubblici locali di rilevanza economica, di seguito "servizi pubblici locali", liberalizzando tutte le attività economiche compatibilmente con le caratteristiche di universalità e accessibilità del servizio e limitando, negli altri casi, l'attribuzione di diritti di esclusiva alle ipotesi in cui, in base ad una analisi di mercato, la libera iniziativa economica privata non risulti idonea a garantire un servizio rispondente ai bisogni della comunità (2).

2. All'esito della verifica di cui al comma 1 l'ente adotta una delibera quadro che illustra l'istruttoria compiuta ed evidenzia, per i settori sottratti alla liberalizzazione, le ragioni della decisione e i benefici per la comunità locale derivanti dal mantenimento di un regime di esclusiva del servizio. Con la stessa delibera gli enti locali valutano l'opportunità di procedere all'affidamento simultaneo con gara di una pluralità di servizi pubblici locali nei casi in cui possa essere dimostrato che tale scelta sia economicamente vantaggiosa (3).

3. Per gli enti territoriali con popolazione superiore a 10.000 abitanti, la delibera di cui al comma 2 è adottata previo parere obbligatorio dell'Autorità garante della concorrenza e del mercato, che si pronuncia entro sessanta giorni, sulla base dell'istruttoria svolta dall'ente di governo locale dell'ambito o del bacino o in sua assenza dall'ente locale, in merito all'esistenza di ragioni idonee e sufficienti all'attribuzione di diritti di esclusiva e alla correttezza della scelta eventuale di procedere all'affidamento simultaneo con gara di una pluralità di servizi pubblici locali. La delibera e il parere sono resi pubblici sul sito internet, ove presente, e con ulteriori modalità idonee (4).

4. L'invio all'Autorità garante della concorrenza e del mercato, per il parere obbligatorio, della verifica di cui al comma 1 e del relativo schema di delibera quadro di cui al comma 2, è effettuato entro dodici mesi dalla data di entrata in vigore del presente decreto e poi periodicamente secondo i rispettivi ordinamenti degli enti locali. La delibera quadro di cui al comma 2 è comunque adottata prima di procedere al conferimento e al rinnovo della gestione dei servizi, entro trenta giorni dal parere dell'Autorità garante della concorrenza e del mercato. In assenza della delibera, l'ente locale non può procedere all'attribuzione di diritti di esclusiva ai sensi del presente articolo (5).

5. Gli enti locali, per assicurare agli utenti l'erogazione di servizi pubblici che abbiano ad oggetto la produzione di beni e attività rivolte a realizzare fini sociali e a promuovere lo sviluppo economico e civile delle comunità locali, definiscono preliminarmente, ove necessario, gli obblighi di servizio pubblico, prevedendo le eventuali compensazioni economiche alle aziende esercenti i servizi stessi, tenendo conto dei proventi

derivanti dalle tariffe e nei limiti della disponibilità di bilancio destinata allo scopo (6).

6. All'attribuzione di diritti di esclusiva ad un'impresa incaricata della gestione di servizi pubblici locali consegue l'applicazione di quanto disposto dall'articolo 9 della legge 10 ottobre 1990, n. 287, e successive modificazioni.

7. I soggetti gestori di servizi pubblici locali, qualora intendano svolgere attività in mercati diversi da quelli in cui sono titolari di diritti di esclusiva, sono soggetti alla disciplina prevista dall'articolo 8, commi 2-*bis* e 2-*quater*, della legge 10 ottobre 1990, n. 287, e successive modificazioni.

8. Nel caso in cui l'ente locale, a seguito della verifica di cui al comma 1, intende procedere all'attribuzione di diritti di esclusiva, il conferimento della gestione di servizi pubblici locali avviene in favore di imprenditori o di società in qualunque forma costituite individuati mediante procedure competitive ad evidenza pubblica, nel rispetto dei principi del Trattato sul funzionamento dell'Unione europea e dei principi generali relativi ai contratti pubblici e, in particolare, dei principi di economicità, imparzialità, trasparenza, adeguata pubblicità, non discriminazione, parità di trattamento, mutuo riconoscimento e proporzionalità. Le medesime procedure sono indette nel rispetto degli standard qualitativi, quantitativi, ambientali, di equa distribuzione sul territorio e di sicurezza definiti dalla legge, ove esistente, dalla competente autorità di settore o, in mancanza di essa, dagli enti affidanti.

9. Le società a capitale interamente pubblico possono partecipare alle procedure competitive ad evidenza pubblica, sempre che non vi siano specifici divieti previsti dalla legge.

10. Le imprese estere, non appartenenti a Stati membri dell'Unione europea, possono essere ammesse alle procedure competitive ad evidenza pubblica per l'affidamento di servizi pubblici locali a condizione che documentino la possibilità per le imprese italiane di partecipare alle gare indette negli Stati di provenienza per l'affidamento di omologhi servizi.

11. Al fine di promuovere e proteggere l'assetto concorrenziale dei mercati interessati, il bando di gara o la lettera di invito relative alle procedure di cui ai commi 8, 9, 10:

a) esclude che la disponibilità a qualunque titolo delle reti, degli impianti e delle altre dotazioni patrimoniali non duplicabili a costi socialmente sostenibili ed essenziali per l'effettuazione del servizio possa costituire elemento discriminante per la valutazione delle offerte dei concorrenti;

b) assicura che i requisiti tecnici ed economici di partecipazione alla gara siano proporzionati alle caratteristiche e al valore del servizio e che la definizione dell'oggetto della gara garantisca la più ampia partecipazione e il conseguimento di eventuali economie di scala e di gamma;

b-bis) prevede l'impegno del soggetto gestore a conseguire economie di gestione con riferimento all'intera durata programmata dell'affidamento, e prevede altresì, tra gli elementi di valutazione dell'offerta, la misura delle anzidette economie e la loro destinazione alla riduzione delle tariffe da praticarsi agli utenti ed al finanziamento di strumenti di sostegno connessi a processi di efficientamento relativi al personale (7);

c) indica, ferme restando le discipline di settore, la durata dell'affidamento commisurata alla consistenza degli investimenti in immobilizzazioni materiali previsti nei capitolati di gara a carico del soggetto gestore. In ogni caso la durata dell'affidamento non può essere superiore al periodo di ammortamento dei suddetti investimenti;

d) può prevedere l'esclusione di forme di aggregazione o di collaborazione tra soggetti che possiedono singolarmente i requisiti tecnici ed economici di partecipazione alla gara, qualora, in relazione alla prestazione oggetto del servizio, l'aggregazione o la collaborazione sia idonea a produrre effetti restrittivi della concorrenza sulla base di un'oggettiva e motivata analisi che tenga conto di struttura, dimensione e numero degli operatori del mercato di riferimento;

e) prevede che la valutazione delle offerte sia effettuata da una commissione nominata dall'ente affidante e composta da soggetti esperti nella specifica materia;

f) indica i criteri e le modalità per l'individuazione dei beni di cui al comma 29, e per la determinazione dell'eventuale importo spettante al gestore al momento della scadenza o della cessazione anticipata della gestione ai sensi del comma 30 (8);

g) prevede l'adozione di carte dei servizi al fine di garantire trasparenza informativa e qualità del servizio.

g-bis) indica i criteri per il passaggio dei dipendenti ai nuovi aggiudicatari del servizio, prevedendo, tra gli elementi di valutazione dell'offerta, l'adozione di strumenti di tutela dell'occupazione (9).

12. Fermo restando quanto previsto ai commi 8, 9, 10 e 11, nel caso di procedure aventi ad oggetto, al tempo stesso, la qualità di socio, al quale deve essere conferita una partecipazione non inferiore al 40 per cento, e l'attribuzione di specifici compiti operativi connessi alla gestione del servizio, il bando di gara o la lettera di invito assicura che:

a) i criteri di valutazione delle offerte basati su qualità e corrispettivo del servizio prevalgano di norma su quelli riferiti al prezzo delle quote societarie;

b) il socio privato selezionato svolga gli specifici compiti operativi connessi alla gestione del servizio per l'intera durata del servizio stesso e che, ove ciò non si verifica, si proceda a un nuovo affidamento;

c) siano previsti criteri e modalità di liquidazione del socio privato alla cessazione della gestione.

13. In deroga a quanto previsto dai commi 8, 9, 10, 11 e 12 se il valore economico del servizio oggetto dell'affidamento è pari o inferiore alla somma complessiva di 200.000 euro annui, l'affidamento può avvenire a favore di società a capitale interamente pubblico che abbia i requisiti richiesti dall'ordinamento europeo per la gestione cosiddetta "in house". Al fine di garantire l'unitarietà del servizio oggetto dell'affidamento, è fatto divieto di procedere al frazionamento del medesimo servizio e del relativo affidamento (10).

14. Le società cosiddette "in house" affidatarie dirette della gestione di servizi pubblici locali sono assoggettate al patto di stabilità interno secondo le mo-

dalità definite, con il concerto del Ministro per le riforme per il federalismo, in sede di attuazione dell'articolo 18, comma 2-*bis* del decreto-legge 25 giugno 2008, n. 112, convertito con legge 6 agosto 2008, n. 133, e successive modificazioni. Gli enti locali vigilano sull'osservanza, da parte dei soggetti indicati al periodo precedente al cui capitale partecipano, dei vincoli derivanti dal patto di stabilità interno (11).

15. Le società cosiddette "in house" e le società a partecipazione mista pubblica e privata, affidatarie di servizi pubblici locali, applicano, per l'acquisto di beni e servizi, le disposizioni di cui al decreto legislativo 12 aprile 2006, n. 163, e successive modificazioni.

16. L'articolo 32, comma 3, del decreto legislativo 12 aprile 2006, n. 163, e successive modificazioni, limitatamente alla gestione del servizio per il quale le società di cui al comma 1, lettera *c*), del medesimo articolo sono state specificamente costituite, si applica se la scelta del socio privato è avvenuta mediante procedure competitive ad evidenza pubblica le quali abbiano ad oggetto, al tempo stesso, la qualità di socio e l'attribuzione di specifici compiti operativi connessi alla gestione del servizio. Restano ferme le altre condizioni stabilite dall'articolo 32, comma 3, numeri 2) e 3), del decreto legislativo 12 aprile 2006, n. 163, e successive modificazioni.

17. Fermo restando quanto previsto dall'articolo 18, comma 2-*bis*, primo e secondo periodo, del decreto-legge 25 giugno 2008, n. 112, convertito, con modificazioni, dalla legge 6 agosto 2008, n. 133, e successive modificazioni, le società a partecipazione pubblica che gestiscono servizi pubblici locali adottano, con propri provvedimenti, criteri e modalità per il reclutamento del personale e per il conferimento degli incarichi nel rispetto dei principi di cui al comma 3 dell'articolo 35 del decreto legislativo 30 marzo 2001, n. 165. Fino all'adozione dei predetti provvedimenti, è fatto divieto di procedere al reclutamento di personale ovvero di conferire incarichi. Il presente comma non si applica alle società quotate in mercati regolamentati.

18. In caso di affidamento della gestione dei servizi pubblici locali a società cosiddette "in house" e in tutti i casi in cui il capitale sociale del soggetto gestore è partecipato dall'ente locale affidante, la verifica del rispetto del contratto di servizio nonché ogni eventuale aggiornamento e modifica dello stesso sono sottoposti, secondo modalità definite dallo statuto dell'ente locale, alla vigilanza dell'organo di revisione di cui agli articoli 234 e seguenti del decreto legislativo 18 agosto 2000, n. 267, e successive modificazioni. Restano ferme le disposizioni contenute nelle discipline di settore vigenti alla data di entrata in vigore del presente decreto.

19. Gli amministratori, i dirigenti e i responsabili degli uffici o dei servizi dell'ente locale, nonché degli altri organismi che espletano funzioni di stazione appaltante, di regolazione, di indirizzo e di controllo di servizi pubblici locali, non possono svolgere incarichi inerenti la gestione dei servizi affidati da parte dei medesimi soggetti. Il divieto si applica anche nel caso in cui le dette funzioni sono state svolte nei tre anni precedenti il conferimento dell'incarico inerente la gestione dei servizi pubblici locali. Alle società quotate nei mercati regolamentati si applica la disciplina definita dagli organismi di controllo competenti.

20. Il divieto di cui al comma 19 opera anche nei confronti del coniuge, dei parenti e degli affini entro il quarto grado dei soggetti indicati allo stesso comma, nonché nei confronti di coloro che prestano, o hanno prestato nel triennio precedente, a qualsiasi titolo attività di consulenza o collaborazione in favore degli enti locali o dei soggetti che hanno affidato la gestione del servizio pubblico locale.

21. Non possono essere nominati amministratori di società partecipate da enti locali coloro che nei tre anni precedenti alla nomina hanno ricoperto la carica di amministratore, di cui all'articolo 77 del decreto legislativo 18 agosto 2000, n. 267, e successive modificazioni, negli enti locali che detengono quote di partecipazione al capitale della stessa società.

22. I componenti della commissione di gara per l'affidamento della gestione di servizi pubblici locali non devono aver svolto né svolgere alcun'altra funzione o incarico tecnico o amministrativo relativamente alla gestione del servizio di cui si tratta.

23. Coloro che hanno rivestito, nel biennio precedente, la carica di amministratore locale, di cui al comma 21, non possono essere nominati componenti della commissione di gara relativamente a servizi pubblici locali da affidare da parte del medesimo ente locale.

24. Sono esclusi da successivi incarichi di commissario coloro che, in qualità di componenti di commissioni di gara, abbiano concorso, con dolo o colpa grave accertati in sede giurisdizionale con sentenza non sospesa, all'approvazione di atti dichiarati illegittimi.

25. Si applicano ai componenti delle commissioni di gara le cause di astensione previste dall'articolo 51 del codice di procedura civile.

26. Nell'ipotesi in cui alla gara concorre una società partecipata dall'ente locale che la indice, i componenti della commissione di gara non possono essere né dipendenti né amministratori dell'ente locale stesso.

27. Le incompatibilità e i divieti di cui ai commi dal 19 al 26 si applicano alle nomine e agli incarichi da conferire successivamente alla data di entrata in vigore del presente decreto.

28. Ferma restando la proprietà pubblica delle reti, la loro gestione può essere affidata a soggetti privati.

29. Alla scadenza della gestione del servizio pubblico locale o in caso di sua cessazione anticipata, il precedente gestore cede al gestore subentrante i beni strumentali e le loro pertinenze necessari, in quanto non duplicabili a costi socialmente sostenibili, per la prosecuzione del servizio, come individuati, ai sensi del comma 11, lettera *f*), dall'ente affidante, a titolo gratuito e liberi da pesi e gravami.

30. Se, al momento della cessazione della gestione, i beni di cui al comma 29 non sono stati interamente ammortizzati, il gestore subentrante corrisponde al precedente gestore un importo pari al valore contabile originario non ancora ammortizzato, al netto di eventuali contributi pubblici direttamente riferibili ai beni stessi. Restano ferme le disposizioni contenute nelle discipline di settore, anche regionali, vigenti alla data di entrata in vigore del presente decreto, nonché restano

salvi eventuali diversi accordi tra le parti stipulati prima dell'entrata in vigore del presente decreto (12).

31. L'importo di cui al comma 30 è indicato nel bando o nella lettera di invito relativi alla gara indetta per il successivo affidamento del servizio pubblico locale a seguito della scadenza o della cessazione anticipata della gestione.

32. Fermo restando quanto previsto dall'articolo 14, comma 32, del decreto-legge 31 maggio 2010, n. 78, convertito, con modificazioni, dalla legge 30 luglio 2010, n. 122, come modificato dall'articolo 1, comma 117, della legge 13 dicembre 2010, n. 220, e successive modificazioni, il regime transitorio degli affidamenti non conformi a quanto stabilito dal presente decreto è il seguente:

a) gli affidamenti diretti relativi a servizi il cui valore economico sia superiore alla somma di cui al comma 13 ovvero non conformi a quanto previsto al medesimo comma, nonché gli affidamenti diretti che non rientrano nei casi di cui alle successive lettere da b) a d) cessano, improrogabilmente e senza necessità di apposita deliberazione dell'ente affidante, alla data del 31 dicembre 2012. In deroga, l'affidamento per la gestione può avvenire a favore di un'unica società in house risultante dalla integrazione operativa di preesistenti gestioni in affidamento diretto e gestioni in economia, tale da configurare un unico gestore del servizio a livello di ambito o di bacino territoriale ottimale ai sensi dell'articolo 3-*bis*. La soppressione delle preesistenti gestioni e la costituzione dell'unica azienda in capo alla società in house devono essere perfezionati entro il termine del 31 dicembre 2012. In tal caso il contratto di servizio dovrà prevedere indicazioni puntuali riguardanti il livello di qualità del servizio reso, il prezzo medio per utente, il livello di investimenti programmati ed effettuati e obbiettivi di performance (reddittività, qualità, efficienza). La valutazione dell'efficacia e dell'efficienza della gestione e il rispetto delle condizioni previste nel contratto di servizio sono sottoposti a verifica annuale da parte dell'Autorità di regolazione di settore. La durata dell'affidamento in house all'azienda risultante dall'integrazione non può essere in ogni caso superiore a tre anni a decorrere dal 1° gennaio 2013. La deroga di cui alla presente lettera non si applica ai processi di aggregazione a livello di ambito o di bacino territoriale che già prevedano procedure di affidamento ad evidenza pubblica (13);

b) le gestioni affidate direttamente a società a partecipazione mista pubblica e privata, qualora la selezione del socio sia avvenuta mediante procedure competitive ad evidenza pubblica, nel rispetto dei principi di cui al comma 8, le quali non abbiano avuto ad oggetto, al tempo stesso, la qualità di socio e l'attribuzione dei compiti operativi connessi alla gestione del servizio, cessano, improrogabilmente e senza necessità di apposita deliberazione dell'ente affidante, alla data del 31 marzo 2013 (14);

c) le gestioni affidate direttamente a società a partecipazione mista pubblica e privata, qualora la selezione del socio sia avvenuta mediante procedure competitive ad evidenza pubblica, nel rispetto dei principi di cui al comma 8, le quali abbiano avuto ad oggetto, al tempo stesso, la qualità di socio e l'attribuzione dei compiti operativi connessi alla gestione del servizio, cessano alla scadenza prevista nel contratto di servizio;

d) gli affidamenti diretti assentiti alla data del 1° ottobre 2003 a società a partecipazione pubblica già quotate in borsa a tale data e a quelle da esse controllate ai sensi dell'articolo 2359 del codice civile, cessano alla scadenza prevista nel contratto di servizio, a condizione che la partecipazione in capo a soci pubblici detentori di azioni alla data del 13 agosto 2011, ovvero quella sindacata, si riduca anche progressivamente, attraverso procedure ad evidenza pubblica ovvero forme di collocamento privato presso investitori qualificati e operatori industriali, ad una quota non superiore al 40 per cento entro il 30 giugno 2013 e non superiore al 30 per cento entro il 31 dicembre 2015; ove siffatte condizioni non si verifichino, gli affidamenti cessano, improrogabilmente e senza necessità di apposita deliberazione dell'ente affidante, rispettivamente, alla data del 30 giugno 2013 o del 31 dicembre 2015 (15).

32-*bis*. Al fine di verificare e assicurare il rispetto delle disposizioni di cui al comma 32, il prefetto accerta che gli enti locali abbiano attuato, entro i termini stabiliti, quanto previsto al medesimo comma. In caso di inottemperanza, assegna agli enti inadempienti un termine perentorio entro il quale provvedere. Decorso inutilmente detto termine, il Governo, ricorrendone i presupposti, esercita il potere sostitutivo ai sensi dell'articolo 120, comma secondo, della Costituzione e secondo le modalità previste dall'articolo 8 della legge 5 giugno 2003, n. 131 (16).

32-*ter*. Fermo restando quanto previsto al comma 32 ed al fine di non pregiudicare la necessaria continuità nell'erogazione dei servizi pubblici locali di rilevanza economica, i soggetti pubblici e privati esercenti a qualsiasi titolo attività di gestione dei servizi pubblici locali assicurano l'integrale e regolare prosecuzione delle attività medesime anche oltre le scadenze ivi previste, ed in particolare il rispetto degli obblighi di servizio pubblico e degli standard minimi del servizio pubblico locale di cui all'articolo 2, comma 3, lettera *e*), del presente decreto alle condizioni di cui ai rispettivi contratti di servizio ed agli altri atti che regolano il rapporto, fino al subentro del nuovo gestore e comunque, in caso di liberalizzazione del settore, fino all'apertura del mercato alla concorrenza. Nessun indennizzo o compenso aggiuntivo può essere ad alcun titolo preteso in relazione a quanto previsto nel presente articolo (17).

33. Le società, le loro controllate, controllanti e controllate da una medesima controllante, anche non appartenenti a Stati membri dell'Unione europea, che, in Italia o all'estero, gestiscono di fatto o per disposizioni di legge, di atto amministrativo o per contratto servizi pubblici locali in virtù di affidamento diretto, di una procedura non ad evidenza pubblica ovvero non ai sensi del comma 12, nonché i soggetti cui è affidata la gestione delle reti, degli impianti e delle altre dotazioni patrimoniali degli enti locali, qualora separata dall'attività di erogazione dei servizi, non possono acquisire la gestione di servizi ulteriori ovvero in ambiti territoriali diversi, né svolgere servizi o attività per altri enti pubblici o privati, né direttamente, né tramite loro

controllanti o altre società che siano da essi controllate o partecipate, né partecipando a gare. Il divieto di cui al primo periodo opera per tutta la durata della gestione e non si applica alle società quotate in mercati regolamentati e alle società da queste direttamente o indirettamente controllate ai sensi dell'articolo 2359 del codice civile, nonché al socio selezionato ai sensi del comma 12 e alle società a partecipazione mista pubblica e privata costituite ai sensi del medesimo comma. I soggetti affidatari diretti di servizi pubblici locali possono comunque concorrere su tutto il territorio nazionale a gare indette nell'ultimo anno di affidamento dei servizi da essi gestiti, a condizione che sia stata indetta la procedura competitiva ad evidenza pubblica per il nuovo affidamento del servizio o, almeno, sia stata adottata la decisione di procedere al nuovo affidamento attraverso la predetta procedura ovvero, purché in favore di soggetto diverso, ai sensi del comma 13 (18).

33-*bis*. Al fine di assicurare il progressivo miglioramento della qualità di gestione dei servizi pubblici locali e di effettuare valutazioni comparative delle diverse gestioni, gli enti affidatari sono tenuti a rendere pubblici i dati concernenti il livello di qualità del servizio reso, il prezzo medio per utente e il livello degli investimenti effettuati, nonché ogni ulteriore informazione necessaria alle predette finalità (19).

33-*ter*. Con decreto del Ministro per gli affari regionali, il turismo e lo sport, adottato entro il 31 marzo 2012, di concerto con i Ministri dell'economia e delle finanze e dell'interno, sentita la Conferenza unificata, sono definiti (20):

a) i criteri per la verifica di cui al comma 1 e l'adozione della delibera quadro di cui al comma 2;

b) le modalità attuative del comma 33-*bis*, anche tenendo conto delle diverse condizioni di erogazione in termini di aree, popolazioni e caratteristiche del territorio servito;

c) le ulteriori misure necessarie ad assicurare la piena attuazione delle disposizioni di cui al presente articolo (21).

34. Le disposizioni contenute nel presente articolo si applicano a tutti i servizi pubblici locali e prevalgono sulle relative discipline di settore con esse incompatibili. Sono esclusi dall'applicazione del presente articolo il servizio idrico integrato, ad eccezione di quanto previsto dai commi da 19 a 27, il servizio di distribuzione di gas naturale, di cui al decreto legislativo 23 maggio 2000, n. 164, ad eccezione di quanto previsto dal comma 33, il servizio di distribuzione di energia elettrica, di cui al decreto legislativo 16 marzo 1999, n. 79 e alla legge 23 agosto 2004, n. 239, [il servizio di trasporto ferroviario regionale, di cui al decreto legislativo 19 novembre 1997, n. 422], nonché la gestione delle farmacie comunali, di cui alla legge 2 aprile 1968, n. 475. È escluso dall'applicazione dei commi 19, 21 e 27 del presente articolo quanto disposto dall'articolo 2, comma 42, del decreto-legge 29 dicembre 2010, n. 225, convertito, con modificazioni, dalla legge 26 febbraio 2011, n. 10. Con riguardo al trasporto pubblico regionale ferroviario sono fatti salvi, fino alla scadenza naturale dei primi sei anni di validità, gli affidamenti e i contratti di servizio già deliberati o sottoscritti in conformità all'articolo 5 del regolamento (CE) n. 1370/2007 del Parlamento europeo e del Consiglio, del 23 ottobre 2007, ed in conformità all'articolo 61 della legge 23 luglio 2009, n. 99 (22).

[34-*bis*. Il presente articolo, fermo restando quanto disposto al comma 34, si applica al trasporto pubblico regionale e locale. Con riguardo al trasporto pubblico regionale, sono fatti salvi gli affidamenti già deliberati in conformità all'articolo 5, paragrafo 2, del regolamento (CE) n. 1370/2007 del Parlamento europeo e del Consiglio, del 23 ottobre 2007.] (23)

34-*ter*. Gli affidamenti diretti in materia di trasporto pubblico locale su gomma, già affidati ai sensi dell'articolo 61 della legge 23 luglio 2009, n. 99, ed in conformità all'articolo 8 del regolamento (CE) n. 1370/2007 ed in atto alla data di entrata in vigore della presente disposizione, cessano alla scadenza prevista nel contratto di affidamento (24).

34-*quater*. Gli affidamenti in essere a valere su infrastrutture ferroviarie interessate da investimenti compresi in programmi cofinanziati con risorse dell'Unione europea cessano con la conclusione dei lavori previsti dai relativi programmi di finanziamento e, ove necessari, dei connessi collaudi, anche di esercizio (24).

35. Restano salve le procedure di affidamento già avviate all'entrata in vigore del presente decreto.

[35-*bis*. Fatto salvo quanto previsto dal comma 35, a decorrere dalla data di entrata in vigore del decreto-legge 24 gennaio 2012 n. 1, convertito con modificazioni dalla legge 24 marzo 2012 n. 27, la verifica di cui ai commi 1, 2, 3 e 4, le attività di cui al comma 5 e le procedure di cui ai commi 8, 12 e 13 per il conferimento della gestione dei servizi pubblici locali a rete di rilevanza economica, sono effettuate unicamente per ambiti o bacini territoriali ottimali e omogenei di cui all'articolo 3-*bis* dagli enti di governo degli stessi istituti o designati ai sensi del medesimo articolo (25).]

(1) *La Corte Costituzionale, con sentenza 20 luglio 2012, n. 199 (in Gazz.Uff., 25 luglio, n. 30), ha dichiarato l'illegittimità costituzionale del presente articolo, sia nel testo originario che in quello risultante dalle successive modificazioni.*

(2) *Comma modificato dall'art. 25, comma 1, lett.* b), *num. 1) del d.l. 24 gennaio 2012, n. 1, conv., con modif., in l. 24 marzo 2012, n. 27.*

(3) *Comma modificato da ultimo dall'art. 9, comma 2, lett.* a) *l. 12 novembre 2011, n. 183, a decorrere dal 1° gennaio 2012, ai sensi dell'articolo 36, comma 1, della medesima l. n. 183/2011.*

(4) *Comma da ultimo, modificato dall'art. 53, comma 1, lett.* b), *n. 1), d.l. 22 giugno 2012, n. 83, conv., con modif., in l. 7 agosto 2012, n. 134. Successivamente la suddetta lettera* b) *è stata abrogata dall'art. 34, comma 24, d.l. 18 ottobre 2012, n. 179, conv., con modif., in l. 17 dicembre 2012, n. 221.*

(5) *Comma modificato dall'art. 9, comma 2, lett.* c) *l. 12 novembre 2011, n. 183 e, successivamente, sostituito dall'art. 1, comma 1, lett.* b), *n. 3), d.l. n. 1, cit., e, da ultimo, modificato dall'art. 53, comma 1, lett.* b), *n. 2), d.l. n. 83, cit. Successivamente la suddetta lettera* b) *è stata abrogata dall'art. 34, comma 24, d.l. n. 179, cit. ripristinando così il testo precedente alle modifiche apportate dal d.l. n. 83/2012.*

(6) *Comma modificato dall'art. 53, comma 1, lett.* b), *n. 2.*bis), *d.l. n. 83, cit. Successivamente la suddetta lettera* b) *è stata abrogata dall'art. 34, comma 24, d.l. n. 179, cit. ripristinando così il testo precedente alle modifiche apportate dal d.l. n. 83/2012.*

(7) *Lettera inserita dall'art. 25, comma 1, lett.* b), *n. 4) d.l. n. 1, cit.*

(8) *Lettera modificata dall'art. 1, comma 1, l. 14 settembre 2011, n. 148, in sede di conversione.*

(9) *Lettera inserita dall'art. 25, comma 1, lett.* b), *n. 4) d.l. n. 1, cit.*

(10) *Comma modificato dall'art. 9, comma 2, lett.* d) *l. 12 novembre 2011, n. 183 e successivamente dall'art. 25, comma 1, lett.* b), *n. 5) d.l. n. 1, cit.*

(11) *Comma modificato dall'art. 53, comma 1, lett.* b), *n. 3), d.l. n. 83, cit. Successivamente la suddetta lettera* b) *è stata abrogata dall'art. 34, comma 24, d.l. n. 179, cit. ripristinando così il testo precedente alle modifiche apportate dal d.l. n. 83/2012.*

(12) *Comma modificato dall'art. 1, comma 1, l. 14 settembre 2011, n. 148, in sede di conversione.*
(13) *Lettera modificata da ultimo dall'art. 53, comma 1, lett.* b), *n. 4), d.l. n. 83, cit. Successivamente la suddetta lettera* b) *è stata abrogata dall'art. 34, comma 24, d.l. n. 179, cit. ripristinando così il testo precedente alle modifiche apportate dal d.l. n. 83/2012.*
(14) *Lettera modificata dall'art. 25, comma 1, lett.* b), *n. 6.2) d.l. n. 1, cit.*
(15) *Lettera modificata dall'art. 9, comma 2, lett.* f) *l. 12 novembre 2011, n. 183.*
(16) *Comma inserito dall'art. 9, comma 2, lett.* g) *l. 12 novembre 2011, n. 183.*
(17) *Comma aggiunto dall'art. 1, comma 1, lett.* b), *n. 7), d.l. n. 1, cit., e, successivamente, dall'articolo 53, comma 1, lett.* b), *n. 5), d.l. n. 83, cit. Successivamente la suddetta lettera* b) *è stata abrogata dall'art. 34, comma 24, d.l. n. 179, cit. ripristinando così il testo precedente alle modifiche apportate dal d.l. n. 83/2012.*
(18) *Comma modificato dall'art. 9, comma 2, lett.* h) i) *ed* l) *l. 12 novembre 2011, n. 183, a decorrere dal 1° gennaio 2012, ai sensi dell'articolo 36, comma 1, della medesima L. n. 183/2011.*
(19) *Comma inserito dall'art. 9, comma 2, lett.* m) *l. 12 novembre 2011, n. 183, a decorrere dal 1° gennaio 2012, ai sensi dell'articolo 36, comma 1, della medesima L. n. 183/2011.*
(20) *Alinea modificato dall'articolo 25, comma 1, lett.* b), *n. 8) d.l. n. 1, cit.*
(21) *Comma dall'art. 9, comma 2, lett.* m) *l. 12 novembre 2011, n. 183, a decorrere dal 1° gennaio 2012, ai sensi dell'articolo 36, comma 1, della medesima L. n. 183/2011.*
(22) *Comma modificato in sede di conversione e successivamente dall'art. 9, comma 2, lett.* n) *l. 12 novembre 2011, n. 183e, da ultimo, dall'art. 25, comma 1, lett.* b), *n. 9) d.l. n. 1, cit.*
(23) *Comma inserito dall'art. 9, comma 2, lett.* o) *l. 12 novembre 2011, n. 183 e successivamente abrogato dall'art. 25, comma 1, lett.* b), *n. 10) d.l n. 1, cit.*
(24) *Comma inserito dall'art. 25, comma 1, lett.* b), *n. 11) d.l. n. 1, cit.*
(25) *Comma inserito dall'art. 53, comma 1, lett.* b), *n. 6), d.l. n. 83, cit. e, successivamente abrogato per effetto dell'abrogazione della suddetta lettera* b), *dall'art. 34, comma 24, d.l n. 179, cit.*

68. Decreto legge 18 ottobre 2012, n. 179, convertito, con modificazioni, in legge 17 dicembre 2012, n. 221. — Ulteriori misure urgenti per la crescita del Paese. (*estratto*).

Pubblicato nella Gazzetta Ufficiale n. 245 del 19 ottobre 2012, S.O; la legge di conversione è stata pubblicata nella Gazzetta Ufficiale n. 294 del 18 dicembre 2012.

34 Misure urgenti per le attività produttive, le infrastrutture e i trasporti locali, la valorizzazione dei beni culturali ed i comuni.

1-19. (*Omissis*).

20. Per i servizi pubblici locali di rilevanza economica, al fine di assicurare il rispetto della disciplina europea, la parità tra gli operatori, l'economicità della gestione e di garantire adeguata informazione alla collettività di riferimento, l'affidamento del servizio è effettuato sulla base di apposita relazione, pubblicata sul sito internet dell'ente affidante, che dà conto delle ragioni e della sussistenza dei requisiti previsti dall'ordinamento europeo per la forma di affidamento prescelta e che definisce i contenuti specifici degli obblighi di servizio pubblico e servizio universale, indicando le compensazioni economiche se previste.

21. Gli affidamenti in essere alla data di entrata in vigore del presente decreto non conformi ai requisiti previsti dalla normativa europea devono essere adeguati entro il termine del 31 dicembre 2013 pubblicando, entro la stessa data, la relazione prevista al comma 20. Per gli affidamenti in cui non è prevista una data di scadenza gli enti competenti provvedono contestualmente ad inserire nel contratto di servizio o negli altri atti che regolano il rapporto un termine di scadenza dell'affidamento. Il mancato adempimento degli obblighi previsti nel presente comma determina la cessazione dell'affidamento alla data del 31 dicembre 2013.

22. Gli affidamenti diretti assentiti alla data del 31 dicembre 2004 a società a partecipazione pubblica già quotate in mercati regolamentati a tale data e a quelle da esse controllate ai sensi dell'articolo 2359 del codice civile alla medesima data, cessano alla scadenza prevista nel contratto di servizio o negli altri atti che regolano il rapporto; gli affidamenti che non prevedono una data di scadenza cessano, improrogabilmente e senza necessità di apposita deliberazione dell'ente affidante, il 31 dicembre 2020. Gli affidamenti diretti a società poste, successivamente al 31 dicembre 2004, sotto il controllo di società quotate a seguito di operazioni societarie effettuate in assenza di procedure conformi ai principi e alle disposizioni dell'Unione europea applicabili allo specifico affidamento cessano, improrogabilmente e senza necessità di apposita deliberazione dell'ente affidante, il 31 dicembre 2018 o alla scadenza prevista nel contratto di servizio o negli altri atti che regolano il rapporto, se anteriori.

22-*bis*. Per consentire agli enti competenti di procedere all'acquisizione della proprietà degli impianti di illuminazione pubblica e all'organizzazione delle gare per l'individuazione del gestore del servizio, la scadenza di cui al comma 22 è prorogata al 30 giugno 2021 limitatamente agli affidamenti di servizi su impianti di illuminazione pubblica di proprietà del gestore (1).

23-57. (*omissis*).

(1) *Comma inserito dall'art. 12, comma 7, d.l. 31 dicembre 2020, n. 183, conv., con modif., in l. 26 febbraio 2021, n. 21.*

69. Legge 7 agosto 2015, n. 124. — Deleghe al Governo in materia di riorganizzazione delle amministrazioni pubbliche. (*estratto*).

Pubblicata nella Gazzetta Ufficiale n. 187 del 13 agosto 2015.

19 Riordino della disciplina dei servizi pubblici locali di interesse economico generale.

1. Il decreto legislativo per il riordino della disciplina in materia di servizi pubblici locali di interesse economico generale è adottato, senza nuovi o maggiori oneri per la finanza pubblica, nel rispetto dei seguenti principi e criteri direttivi, che si aggiungono a quelli di cui all'articolo 16:

a) riconoscimento, quale funzione fondamentale dei comuni e delle città metropolitane, da esercitare nel rispetto dei principi e dei criteri dettati dalla normativa europea e dalla legge statale, dell'individuazione delle attività di interesse generale il cui svolgimento è necessario al fine di assicurare la soddisfazione dei bisogni degli appartenenti alle comunità locali, in condizioni di accessibilità fisica ed economica, di continuità e non discriminazione, e ai migliori livelli di qualità e sicurezza, così da garantire l'omogeneità dello sviluppo e la coesione sociale;

b) soppressione, previa ricognizione, dei regimi di esclusiva, comunque denominati, non conformi ai principi generali in materia di concorrenza e comunque non indispensabili per assicurare la qualità e l'efficienza del servizio;

c) individuazione della disciplina generale in materia di regolazione e organizzazione dei servizi di interesse economico generale di ambito locale, compresa la definizione dei criteri per l'attribuzione di diritti speciali o esclusivi, in base ai principi di adeguatezza, sussidiarietà e proporzionalità e in conformità alle direttive europee; con particolare riferimento alle società in partecipazione pubblica operanti nei servizi idrici, risoluzione delle antinomie normative in base ai principi del diritto dell'Unione europea, tenendo conto dell'esito del referendum abrogativo del 12 e 13 giugno 2011;

d) definizione, anche mediante rinvio alle normative di settore e armonizzazione delle stesse, dei criteri per l'organizzazione territoriale ottimale dei servizi pubblici locali di rilevanza economica;

e) individuazione, anche per tutti i casi in cui non sussistano i presupposti della concorrenza nel mercato, delle modalità di gestione o di conferimento della gestione dei servizi nel rispetto dei principi dell'ordinamento europeo, ivi compresi quelli in materia di auto-produzione, e dei principi generali relativi ai contratti pubblici e, in particolare, dei principi di autonomia organizzativa, economicità, efficacia, imparzialità, trasparenza, adeguata pubblicità, non discriminazione, parità di trattamento, mutuo riconoscimento, proporzionalità;

f) introduzione, nell'ambito delle risorse disponibili a legislazione vigente, di incentivi e meccanismi di premialità o di riequilibrio economico-finanziario nei rapporti con i gestori per gli enti locali che favoriscono l'aggregazione delle attività e delle gestioni secondo criteri di economicità ed efficienza, ovvero l'eliminazione del controllo pubblico;

g) individuazione dei criteri per la definizione dei regimi tariffari che tengano conto degli incrementi di produttività al fine di ridurre l'aggravio sui cittadini e sulle imprese;

h) definizione delle modalità di tutela degli utenti dei servizi pubblici locali;

i) revisione delle discipline settoriali ai fini della loro armonizzazione e coordinamento con la disciplina generale in materia di modalità di affidamento dei servizi;

l) previsione di una netta distinzione tra le funzioni di regolazione e controllo e le funzioni di gestione dei servizi, anche attraverso la modifica della disciplina sulle incompatibilità o sull'inconferibilità di incarichi o cariche;

m) revisione della disciplina dei regimi di proprietà e gestione delle reti, degli impianti e delle altre dotazioni, nonché di cessione dei beni in caso di subentro, in base a principi di tutela e valorizzazione della proprietà pubblica, di efficienza, di promozione della concorrenza, di contenimento dei costi di gestione, di semplificazione;

n) individuazione e allocazione dei poteri di regolazione e controllo tra i diversi livelli di governo e le autorità indipendenti, al fine di assicurare la trasparenza nella gestione e nell'erogazione dei servizi, di garantire l'eliminazione degli sprechi, di tendere al continuo contenimento dei costi aumentando nel contempo gli standard qualitativi dei servizi;

o) previsione di adeguati strumenti di tutela non giurisdizionale per gli utenti dei servizi;

p) introduzione e potenziamento di forme di consultazione dei cittadini e di partecipazione diretta alla formulazione di direttive alle amministrazioni pubbliche e alle società di servizi sulla qualità e sui costi degli stessi;

q) promozione di strumenti per supportare gli enti proprietari nelle attività previste all'articolo 18, per favorire investimenti nel settore dei servizi pubblici locali e per agevolare i processi di razionalizzazione, riduzione e miglioramento delle aziende che operano nel settore;

r) previsione di termini e modalità per l'adeguamento degli attuali regimi alla nuova disciplina;

s) definizione del regime delle sanzioni e degli interventi sostitutivi, in caso di violazione della disciplina in materia;

t) armonizzazione con la disciplina generale delle disposizioni speciali vigenti nei servizi pubblici locali, relative alla disciplina giuridica dei rapporti di lavoro;

u) definizione di strumenti per la trasparenza e la pubblicizzazione dei contratti di servizio, relativi a servizi pubblici locali di interesse economico generale, da parte degli enti affidanti anche attraverso la definizione di contratti di servizio tipo per ciascun servizio pubblico locale di interesse economico generale;

v) definizione di strumenti di rilevazione, anche attraverso banche dati nazionali già costituite, dei dati economici e industriali, degli obblighi di servizio pubblico imposti e degli standard di qualità, nel rispetto dei principi dettati dalla normativa nazionale in materia di trasparenza (1).

(*Omissis*).

(1) *La Corte costituzionale, con sentenza 25 novembre 2016, n. 251, ha dichiarato, tra l'altro:* a) *l'illegittimità costituzionale dell'art. 11, comma 1, lettere* a), b), *n. 2),* c), *nn. 1) e 2),* e), f), g), h), i), l), m), n), o), p) *e* q), *e comma 2, L. 7 agosto 2015, n. 124, nella parte in cui prevede che i decreti legislativi attuativi siano adottati previa acquisizione del parere reso in sede di Conferenza unificata, anziché previa intesa in sede di*

Conferenza Stato-Regioni; b) *l'illegittimità costituzionale dell'art. 17, comma 1, lettere* a), b), c), d), e), f), l), m), o), q), r), s) *e* t), *della legge n. 124 del 2015, nella parte in cui, in combinato disposto con l'art. 16, commi 1 e 4, della medesima legge n. 124 del 2015, prevede che il Governo adotti i relativi decreti legislativi attuativi previo parere in sede di Conferenza unificata, anziché previa intesa in sede di Conferenza Stato-Regioni;* c) *l'illegittimità costituzionale dell'art. 18, lettere* a), b), c), e), i), l) *e* m), *numeri da 1) a 7), della legge n. 124 del 2015, nella parte in cui, in combinato disposto con l'art. 16, commi 1 e 4, della medesima legge n. 124 del 2015, prevede che il Governo adotti i relativi decreti legislativi attuativi previo parere, anziché previa intesa, in sede di Conferenza unificata;* d) *l'illegittimità costituzionale dell'art. 19, lettere* b), c), d), g), h), l), m), n), o), p), s), t) *e* u), *della legge n. 124 del 2015, nella parte in cui, in combinato disposto con l'art. 16, commi 1 e 4, della medesima legge n. 124 del 2015, prevede che il Governo adotti i relativi decreti legislativi attuativi previo parere, anziché previa intesa, in sede di Conferenza unificata.*

70. Decreto legislativo 19 novembre 1997, n. 422. — Conferimento alle regioni ed agli enti locali di funzioni e compiti in materia di trasporto pubblico locale, a norma dell'articolo 4, comma 4, della l. 15 marzo 1997, n. 59.

Pubblicato nella Gazzetta Ufficiale n. 287 del 10 dicembre 1997.

CAPO I
Conferimento alle regioni e agli enti locali

1 Oggetto.

1. Il presente decreto, in attuazione degli articoli 1 e 3 e dei commi 3 e 4, lettere *a*) e *b*), dell'articolo 4 della legge 15 marzo 1997, n. 59, individua le funzioni e i compiti che sono conferiti alle regioni ed agli enti locali in materia di servizi pubblici di trasporto di interesse regionale e locale con qualsiasi modalità effettuati ed in qualsiasi forma affidati e fissa, altresì, i criteri di organizzazione dei servizi di trasporto pubblico locale.

2. Sono servizi pubblici di trasporto regionale e locale i servizi di trasporto di persone e merci, che non rientrano tra quelli di interesse nazionale tassativamente individuati dall'articolo 3; essi comprendono l'insieme dei sistemi di mobilità terrestri, marittimi, lagunari, lacuali, fluviali e aerei che operano in modo continuativo o periodico con itinerari, orari, frequenze e tariffe prestabilite, ad accesso generalizzato, nell'ambito di un territorio di dimensione normalmente regionale o infraregionale.

3. Per le regioni a statuto speciale e le province autonome di Trento e di Bolzano il conferimento delle funzioni, nonché il trasferimento dei relativi beni e risorse, sono disposti nel rispetto degli statuti e attraverso apposite norme di attuazione.

2 Definizioni.

1. Ai sensi del presente decreto, per legge n. 59 si intende la legge 15 marzo 1997, n. 59, come modificata dalla legge 15 maggio 1997, n. 127.

2. Ai fini del presente decreto, per conferimento si intende il trasferimento, la delega o l'attribuzione di funzioni e compiti; per enti locali si intendono le province, i comuni, le comunità montane e gli altri enti locali; per servizio di trasporto pubblico locale lagunare si intende il trasporto pubblico locale effettuato con unità che navigano esclusivamente nelle acque protette della laguna di Venezia (1).

(1) *Comma modificato dall'articolo 30, comma 3-*bis, *del d.l. 6 dicembre 2011, n. 201, convertito, con modificazioni, in Legge 22 dicembre 2011, n. 214.*

3 Trasporti pubblici di interesse nazionale.

1. Costituiscono servizi pubblici di trasporto di interesse nazionale:

a) i servizi di trasporto aereo, ad eccezione dei collegamenti che si svolgono esclusivamente nell'ambito di una regione e dei servizi elicotteristici;

b) i servizi di trasporto marittimo, ad eccezione dei servizi di cabotaggio che si svolgono prevalentemente nell'ambito di una regione;

c) i servizi di trasporto automobilistico a carattere internazionale, con esclusione di quelli transfrontalieri, e le linee interregionali che collegano più di due regioni;

d) i servizi di trasporto ferroviario internazionali e quelli nazionali di percorrenza medio-lunga caratterizzati da elevati standards qualitativi. Detti servizi sono tassativamente individuati con decreto del Ministro dei trasporti e della navigazione, previa intesa con la Conferenza permanente per i rapporti tra lo Stato, le regioni e le province autonome di Trento e di Bolzano. Qualora la predetta intesa non sia raggiunta entro quarantacinque giorni dalla prima seduta in cui l'oggetto è posto all'ordine del giorno, provvede il Consiglio dei Ministri;

e) i servizi di collegamento via mare fra terminali ferroviari;

f) i servizi di trasporto di merci pericolose, nocive ed inquinanti.

4 Competenze dello Stato nel trasporto pubblico regionale e locale.

1. Nella materia del servizio pubblico di trasporto regionale e locale, sono di competenza dello Stato esclusivamente:

a) gli accordi, le convenzioni ed i trattati internazionali relativi a servizi transfrontalieri per il trasporto di persone e merci;

b) le funzioni in materia di sicurezza, di cui al decreto del Presidente della Repubblica 11 luglio 1980, n. 753, tranne quelle relative al rilascio del nulla osta allo svolgimento dei servizi di trasporto su gomma e quelle relative all'accertamento di cui all'ultimo comma dell'articolo 5 dello stesso decreto n. 753;

c) l'adozione delle linee guida e dei princìpi quadro

per la riduzione dell'inquinamento derivante dal sistema di trasporto pubblico.

5 Conferimento a regioni ed enti locali.

1. Sono conferiti alle regioni e agli enti locali, con le modalità di cui agli articoli 6 e seguenti, tutti i compiti e tutte le funzioni relativi al servizio pubblico di trasporto di interesse regionale e locale, in atto esercitati da qualunque organo o amministrazione dello Stato, centrale o periferica, anche tramite enti o altri soggetti pubblici, tranne quelli espressamente mantenuti allo Stato dall'articolo 4 del presente decreto.

6 Delega alle regioni.

1. Sono delegati alle regioni i compiti di programmazione dei servizi di trasporto pubblico regionale e locale di cui all'articolo 14, non già compresi nelle materie di cui all'articolo 117 della Costituzione.

2. Sono, altresì, delegati alle regioni i compiti programmatori e amministrativi e le funzioni di cui agli articoli 8 e 9, in conformità a quanto disposto dall'articolo 4, comma 4, lettera *b*), della legge n. 59 del 1997 e dall'articolo 2, comma 7, della legge 23 dicembre 1996, n. 662, nonché i compiti e le funzioni di cui all'articolo 10.

7 Trasferimento agli enti locali.

1. Le regioni, in conformità ai singoli ordinamenti regionali e sentite le rappresentanze degli enti e delle autonomie locali, conferiscono alle province, ai comuni e agli altri enti locali tutte le funzioni e i compiti regionali in materia di trasporto pubblico locale ai sensi dell'articolo 117 della Costituzione, che non richiedono l'unitario esercizio a livello regionale.

2. I conferimenti delle funzioni e dei compiti di cui al comma 1 sono attuati tenendo conto delle dimensioni territoriali, associative e organizzative degli enti, nonché nel rispetto dei princìpi di cui all'articolo 4, comma 3, della legge n. 59, e particolarmente di quelli di sussidiarietà, economicità, efficienza, responsabilità, unicità e omogeneità dell'amministrazione, nonché di copertura finanziaria, con esclusione delle sole funzioni incompatibili con le dimensioni medesime.

3. Entro sei mesi dalla data di entrata in vigore del presente decreto, le regioni adottano la legge di puntuale individuazione delle funzioni, trasferite o delegate agli enti locali in conformità ai princìpi stabiliti dall'articolo 4, comma 3, della legge n. 59. Se la regione non provvede entro il termine indicato, il governo adotta le misure di cui all'articolo 4, comma 5, ultimo periodo, della legge n. 59.

4. Gli enti locali, oltre ai compiti e alle funzioni loro conferite a norma del comma 1, svolgono nei servizi pubblici di trasporto locale le funzioni e i compiti non mantenuti allo Stato, a norma degli articoli 3 e 4, o alle regioni, a norma degli articoli 8, 9, 10 e 11, secondo i princìpi e le competenze rispettivamente previsti dagli articoli 3, 9, 14 e 29 della legge 8 giugno 1990, n. 142, sull'ordinamento delle autonomie locali, nonché in conformità ai princìpi della legge n. 59 e alle disposizioni del presente decreto. Sono, in particolare, conferiti agli enti locali i compiti amministrativi e le funzioni nei settori del trasporto lagunare e lacuale.

8 Servizi ferroviari di interesse regionale e locale non in concessione a F.S. S.p.a. (1)

1. Sono delegati alle regioni le funzioni e i compiti di programmazione e di amministrazione inerenti:

a) le ferrovie in gestione commissariale governativa, affidate per la ristrutturazione alla società Ferrovie dello Stato S.p.a. dalla legge 23 dicembre 1996, n. 662;

b) le ferrovie in concessione a soggetti diversi dalle Ferrovie dello Stato S.p.a.

2. Le funzioni e i compiti di cui al comma 1 sono conferiti:

a) entro i termini di scadenza dei piani di ristrutturazione di cui all'articolo 2 della citata legge n. 662 del 1996 e comunque non oltre il 1° gennaio 2000, per le gestioni commissariali governative di cui al comma 1, lettera *a*);

b) a partire dal 1° gennaio 1998, e comunque entro il 1° gennaio 2000, per le ferrovie in concessione di cui al comma 1, lettera *b*).

3. Le regioni subentrano allo Stato, quali concedenti delle ferrovie di cui al comma 1, lettere *a*) e *b*), sulla base di accordi di programma, stipulati a norma dell'articolo 12 del presente decreto, con i quali sono definiti, tra l'altro, per le ferrovie in concessione di cui al comma 1, lettera *b*), i finanziamenti diretti al risanamento tecnico-economico di cui all'articolo 86 del decreto del Presidente della Repubblica 24 luglio 1977, n. 616.

4. Gli accordi di programma di cui al comma 3 e i decreti del Presidente del Consiglio dei Ministri di cui all'articolo 12 sono, rispettivamente, perfezionati ed adottati entro il 30 ottobre 1999. Detti accordi definiranno, in particolare, il trasferimento dei beni, degli impianti e dell'infrastruttura a titolo gratuito alle regioni sia per le ferrovie in ex gestione commissariale governativa, come già previsto all'articolo 2, comma 7, della legge 23 dicembre 1996, n. 662, sia per le ferrovie in concessione a soggetti diversi dalle Ferrovie dello Stato S.p.a. Tali beni sono trasferiti al demanio ed al patrimonio indisponibile e disponibile delle regioni, e, in relazione alla loro natura giuridica, possono essere dalle regioni dismessi, sdemanializzati o sottratti alla loro destinazione, previa intesa con il Ministero dei trasporti e della navigazione, quando si tratti di beni demaniali o appartenenti al patrimonio indisponibile. A partire dalla data di trasferimento, il vincolo di reversibilità a favore dello Stato gravante sui beni in questione si intende costituito a favore della regione competente. I suddetti trasferimenti sono esentati da ogni imposta e tassa fatto salvo il caso di dismissione o sdemanializzazione da parte delle regioni. I beni di cui all'articolo 3, commi 7, 8 e 9, della legge n. 385/1990 sono trasferiti alle regioni competenti che inizieranno o proseguiranno le relative procedure di alienazione o di diversa utilizzazione, destinandone i proventi a favore delle aziende ex gestioni governative. Gli accordi di programma definiscono altresì l'entità delle risorse finanziarie da trasferire alle regioni, tali da garantire,

al netto dei contributi già riconosciuti da regioni ed enti locali, l'attuale livello di tutti i servizi erogati dalle aziende in regime di gestione commissariale governativa (2).

4-*bis*. La gestione delle reti e dell'infrastruttura ferroviaria per l'esercizio dell'attività di trasporto a mezzo ferrovia è regolata dalle norme di separazione contabile o costituzione di imprese separate di cui al regolamento recante norme di attuazione della direttiva 91/440/CEE relativa allo sviluppo delle ferrovie comunitarie, emanato con decreto del Presidente della Repubblica 8 luglio 1998, n. 277. I gestori delle reti per i criteri di ripartizione della capacità di infrastruttura ferroviaria e per gli standard e le norme di sicurezza si adeguano al regolamento recante norme di attuazione della direttiva 95/19/CEE, emanato con decreto del Presidente della Repubblica 16 marzo 1999, n. 146 (3).

4-*ter*. Le regioni hanno la facoltà, previa intesa con il Ministero del tesoro, del bilancio e della programmazione economica, di trasferire alle Ferrovie dello Stato S.p.a. i beni, gli impianti e l'infrastruttura di cui al comma 4, fermo restando la natura giuridica dei singoli beni (3).

4-*quater*. I beni di cui all'articolo 3, commi da 7 a 9, della legge 15 dicembre 1990, n. 385, trasferiti alle regioni competenti ai sensi del comma 4 del presente articolo, possono essere trasferiti a titolo gratuito, con esenzione da ogni imposta e tassa connessa al trasferimento medesimo, alle società costituite dalle ex gestioni governative di cui al comma 3-bis dell'articolo 18 del presente decreto, se a totale partecipazione della stessa regione conferente (4).

5. Successivamente al perfezionamento degli accordi di programma e alla emanazione dei decreti del Presidente del Consiglio dei Ministri di cui al comma 4, le regioni affidano, trascorso il periodo transitorio previsto dall'articolo 18, comma 3-*bis*, con le procedure di cui all'articolo 18, comma 2, lettera *a*), la gestione dei servizi ferroviari di cui al comma 1, lettere *a*) e *b*), con contratti di servizio ai sensi dell'articolo 19, alle imprese ferroviarie che abbiano i requisiti di legge. Dette imprese hanno accesso alla rete ferroviaria nazionale con le modalità fissate dal regolamento emanato con decreto del Presidente della Repubblica 8 luglio 1998, n. 277. I contratti di servizio assicurano che sia conseguito, a partire dal 1° gennaio 2000 il rapporto di almeno 0,35 tra ricavi da traffico e costi operativi, al netto dei costi di infrastruttura. Le regioni forniscono al Ministero dei trasporti e della navigazione - Dipartimento dei trasporti terrestri, tutte le informazioni relative all'esercizio delle funzioni a loro delegate. Il Ministro dei trasporti e della navigazione, in base alle predette informazioni e a quelle che acquisirà direttamente, relaziona annualmente alla Conferenza Stato-regioni e al Presidente del Consiglio dei Ministri sulle modalità di esercizio della delega e sulle eventuali criticità (2).

6. Con successivi provvedimenti legislativi si provvede alla copertura dei disavanzi maturati alla data del conferimento di cui al presente articolo, ivi compresi gli oneri per il trattamento di fine rapporto, al netto degli interventi già disposti ai sensi della legge 30 maggio 1995, n. 204, e delle successive analoghe disposizioni.

6-*bis*. Lo Stato e le regioni possono concludere, d'intesa tra loro, accordi di programma con le Ferrovie dello Stato S.p.a. per l'affidamento alle stesse della costruzione, ammodernamento, manutenzione e relativa gestione delle linee ferroviarie locali concesse e già in gestione commissariale governativa di rilevanza per il sistema ferroviario nazionale (3) (5) (6).

(1) *Vedi l'articolo 22 del d.l. 24 dicembre 2003, n. 355.*

(2) *Comma sostituito dall'articolo 1, del d.lgs. 20 settembre 1999, n. 400.*

(3) *Comma aggiunto dall'articolo 1, del d.lgs. 20 settembre 1999, n. 400.*

(4) *Comma inserito dall'articolo 27, comma 12-*sexies*, del d.l. 24 aprile 2017, n. 50, convertito, con modificazioni, dalla legge 21 giugno 2017, n. 96.*

(5) *Per l'autorizzazione di spesa per le finalità previste dal presente articolo, vedi articolo 1, comma 1031, della legge 27 dicembre 2006, n. 296.*

(6) *Vedi l'articolo 1, comma 297, lettera* b), *della legge 24 dicembre 2007, n. 244.*

9 Servizi ferroviari di interesse regionale e locale in concessione a F.S. S.p.a. (1)

1. Con decorrenza 1° giugno 1999 sono delegati alle regioni le funzioni e i compiti di programmazione e di amministrazione inerenti ai servizi ferroviari in concessione alle Ferrovie dello Stato S.p.a. di interesse regionale e locale.

2. Per i servizi di cui al comma 1, che ricomprendono comunque i servizi interregionali di interesse locale, le regioni subentrano allo Stato nel rapporto con le Ferrovie dello Stato S.p.a. e stipulano, entro il 30 settembre 1999, i relativi contratti di servizio ai sensi dell'articolo 19. Detti contratti di servizio entrano in vigore il 1° ottobre 1999. Trascorso il periodo transitorio di cui all'articolo 18, comma 4, le regioni affidano i predetti servizi con le procedure di cui al medesimo articolo 18, comma 2, lettera *a*) (2).

3. Il Ministro dei trasporti e della navigazione, al fine di regolare i rapporti con le Ferrovie dello Stato S.p.a., fino alla data di attuazione delle deleghe alle regioni, provvede:

a) a rinnovare fino al 30 settembre 1999 il contratto di servizio tra la società stessa ed il Ministero dei trasporti e della navigazione (3);

b) ad acquisire, sui contenuti di tale rinnovo, l'intesa delle regioni, che possono integrare il predetto contratto di servizio pubblico con contratti regionali senza ulteriori oneri per lo Stato;

c) a stipulare con le regioni gli accordi di programma di cui all'articolo 12 (3) (4) (5) (6).

(1) *Per l'autorizzazione di spesa di euro 311 milioni per l'anno 2007, in relazione all'adeguamento dei corrispettivi per gli oneri di servizio pubblico sostenuti in attuazione dei contratti di servizio con le regioni di cui al presente articolo, vedi l'articolo 1, comma 973, della legge 27 dicembre 2006, n. 296. Vedi, anche, l'articolo 1, comma 1031, della medesima legge.*

(2) *Comma modificato dall'articolo 1, del d.lgs. 20 settembre 1999, n. 400.*

(3) *Lettera sostituita dall'articolo 1, del d.lgs. 20 settembre 1999, n. 400.*

(4) *A norma dell'articolo 1, comma 302, della legge 24 dicembre 2007, n. 244, le risorse per i servizi di cui al presente articolo, continuano ad essere corrisposte sino a tutto l'anno 2010.*

(5) *Per l'autorizzazione di spesa di 80 milioni di euro da corrispondere direttamente alla società Trenitalia S.p.A., per l'anno 2008, vedi il d.l. 8 aprile 2008 n. 60.*

(6) *A norma dell'articolo 63, comma 1, della legge 23 luglio 2009, n. 99i servizi ferroviari di interesse locale di cui al presente articolo, svolti nelle regioni a statuto speciale e nelle province autonome di Trento e di Bolzano sono attribuiti alla competenza delle medesime regioni e province autonome.*

10 Servizi marittimi e aerei.

1. Sono delegati alle regioni le funzioni e i compiti amministrativi in materia di servizi marittimi e aerei di interesse regionale.

2. La gestione dei servizi di cui al comma 1 è affidata con le modalità di cui agli articoli 17 e 18, in quanto applicabili al settore. Detti trasporti sono organizzati e regolati da contratti di servizio, secondo quanto previsto dai citati articoli 17 e 18 e nel rispetto dei princìpi di economicità ed efficienza.

3. All'attuazione della delega si provvede a norma dell'articolo 12.

11 Servizi lacuali e lagunari.

1. La gestione governativa per la navigazione dei laghi Maggiore, di Como e di Garda è trasferita alle regioni territorialmente competenti e alla provincia autonoma di Trento entro il 1° gennaio 2000, previo il risanamento tecnico-economico, di cui all'articolo 98 del decreto del Presidente della Repubblica 24 luglio 1977, n. 616.

2. Il Ministero dei trasporti e della navigazione predispone il piano di risanamento tecnico-economico. Il piano è approvato entro il 31 marzo 1998 dal Ministro dei trasporti e della navigazione, di concerto con il Ministro del tesoro, del bilancio e della programmazione economica, previa intesa con le regioni interessate e la provincia autonoma di Trento.

3. Al fine di coordinare il trasporto locale con le attività relative al traffico acqueo negli ambiti della laguna veneta, la provincia di Venezia, d'intesa con i soggetti competenti in materia, emana apposito regolamento che, fra l'altro, prevede un sistema di rilevamento dei natanti circolanti nell'ambito lagunare al fine di garantire la sicurezza della navigazione. L'intesa è conseguita in apposita conferenza di servizi, da realizzare ai sensi dell'articolo 17, comma 4 e seguenti, della legge 15 maggio 1997, n. 127, cui partecipano, oltre la provincia e gli enti locali, rappresentanti del Ministero dei trasporti e della navigazione, del Ministero dell'ambiente, del Ministero dei lavori pubblici e della Presidenza del Consiglio dei Ministri - Dipartimento delle aree urbane. Se il regolamento non è emanato entro il 30 giugno 1998, vi provvede il Ministro dei trasporti e della navigazione, di concerto con gli altri Ministri interessati.

3-*bis*. Ferme rimanendo le competenze dell'autorità marittima previste dalla vigente normativa in materia di sicurezza della navigazione e disciplina del traffico nell'ambito dei canali marittimi, i servizi di trasporto pubblico di persone e cose, effettuate all'interno della laguna veneta sono autorizzati e regolati in conformità alle norme emanate dagli enti locali competenti in materia di trasporto pubblico locale. Nel caso di navigazione che interessi le zone di acque interne e quelle di acque marittime nell'ambito della laguna veneta, il numero massimo delle unità adibite al servizio di trasporto pubblico, al fine di assicurare il regolare svolgimento e la sicurezza della navigazione lagunare, è stabilito d'intesa tra l'autorità marittima e l'ente locale competente. In caso di disaccordo detto numero viene determinato in apposita conferenza di servizi indetta dal prefetto alla quale partecipano i rappresentanti della provincia e dei comuni e delle capitanerie di porto competenti (1).

(1) *Comma aggiunto dall'articolo 1, del d.lgs. 20 settembre 1999, n. 400.*

12 Attuazione dei conferimenti.

1. All'attuazione dei conferimenti e all'attribuzione delle relative risorse alle regioni si provvede con decreto del Presidente del Consiglio dei Ministri ai sensi dell'articolo 7, comma 1, della legge n. 59, previo accordo di programma tra il Ministero dei trasporti e della navigazione e la regione interessata, ai sensi dell'articolo 4, comma 4, lettera *a*), della legge n. 59.

2. L'accordo di programma, di cui al comma 1, può disporre, previa intesa tra regione ed enti locali, la contestuale attribuzione e ripartizione fra gli enti locali delle risorse finanziarie, umane, strumentali ed organizzative.

13 Poteri sostitutivi.

1. Ai sensi dell'articolo 3, comma 1, lettera *c*), della legge n. 59, in caso di accertata inerzia nell'esercizio delle funzioni delegate, il Ministro dei trasporti e della navigazione fissa alla regione un congruo termine per provvedere.

2. Qualora l'inerzia degli organi regionali perduri dopo la scadenza del termine di cui al comma 1, il Presidente del Consiglio dei Ministri, su proposta del Ministro dei trasporti e della navigazione, previa deliberazione del Consiglio dei Ministri, adotta i provvedimenti necessari in sostituzione dell'amministrazione regionale.

CAPO II
Organizzazione del trasporto pubblico locale

14 Programmazione dei trasporti locali.

1. La Conferenza permanente per i rapporti tra lo Stato, le regioni e le province autonome di Trento e di Bolzano promuove, su proposta del Ministro dei trasporti e della navigazione e sentita, per quanto di competenza, la Presidenza del Consiglio dei Ministri - Dipartimento per le aree urbane, il coordinamento della programmazione delle regioni e delle province autonome con la programmazione dello Stato definita dal C.I.P.E.

2. Nell'esercizio dei compiti di programmazione, le regioni:

a) definiscono gli indirizzi per la pianificazione dei trasporti locali ed in particolare per i piani di bacino;

b) redigono i piani regionali dei trasporti e loro aggiornamenti tenendo conto della programmazione degli enti locali ed in particolare dei piani di bacino predisposti dalle province e, ove esistenti, dalle città metropolitane, in connessione con le previsioni di assetto territoriale e di sviluppo economico e con il fine di assicurare una rete di trasporto che privilegi le integrazioni tra le varie modalità favorendo in particolar modo quelle a minore impatto sotto il profilo ambientale.

3. Per la regolamentazione dei servizi di trasporto pubblico locale, con riferimento ai servizi minimi, di cui all'articolo 16, le regioni, sentite le organizzazioni sindacali confederali e le associazioni dei consumatori, approvano programmi triennali dei servizi di trasporto pubblico locale, che individuano:

a) la rete e l'organizzazione dei servizi;

b) l'integrazione modale e tariffaria;

c) le risorse da destinare all'esercizio e agli investimenti;

d) le modalità di determinazione delle tariffe;

e) le modalità di attuazione e revisione dei contratti di servizio pubblico;

f) il sistema di monitoraggio dei servizi;

g) i criteri per la riduzione della congestione e dell'inquinamento ambientale.

4. Per l'esercizio dei servizi pubblici di trasporto locale in territori a domanda debole, al fine di garantire comunque il soddisfacimento delle esigenze di mobilità nei territori stessi, le regioni, sentiti gli enti locali interessati e le associazioni nazionali di categoria del settore del trasporto di persone, possono individuare modalità particolari di espletamento dei servizi di linea, da affidare, attraverso procedure concorsuali, alle imprese che hanno i requisiti per esercitare autoservizi pubblici non di linea o servizi di trasporto di persone su strada. Nei comuni montani o nei territori in cui non vi è offerta dei servizi predetti possono essere utilizzati veicoli adibiti ad uso proprio, fermo restando l'obbligo del possesso dei requisiti professionali per l'esercizio del trasporto pubblico di persone.

5. Gli enti locali, al fine del decongestionamento del traffico e del disinquinamento ambientale, ai sensi dell'articolo 16, comma 3, e dell'articolo 18, comma 3-bis, possono organizzare la rete dei trasporti di linea nelle aree urbane e suburbane diversificando il servizio con l'utilizzazione di veicoli della categoria M1 di cui all'articolo 47 del decreto legislativo 30 aprile 1992, n. 285. Detti veicoli devono risultare nella disponibilità di soggetti aventi i requisiti per esercitare autoservizi pubblici non di linea o servizi di trasporto di persone su strada. L'espletamento di tali servizi non costituisce titolo per il rilascio di licenze o autorizzazioni. Gli enti locali fissano le modalità del servizio e le relative tariffe e, nella fase di prima attuazione, affidano per il primo anno in via prioritaria detti servizi, sempre attraverso procedure concorsuali, ai soggetti che esercitano autoservizi pubblici non di linea. I criteri tecnici e le modalità per la utilizzazione dei sopraddetti veicoli sono stabiliti con decreto del Ministro dei trasporti e della navigazione (1).

6. Ad integrazione dell'articolo 86 del decreto legislativo 30 aprile 1992, n. 285, ai veicoli adibiti al servizio di piazza per il trasporto di persone di cui all'articolo 82, comma 5, lettera *b*), dello stesso decreto, è consentito l'uso proprio fuori servizio.

7. Nel comma 2 dell'art. 57 del decreto del Presidente della Repubblica 16 dicembre 1992, n. 495, recante il regolamento di esecuzione e di attuazione del nuovo codice della strada, come sostituito dall'art. 47 del decreto del Presidente della Repubblica 16 settembre 1996, n. 610, dopo le parole: "di linea" sono inserite le seguenti: "e non di linea", ad eccezione dei taxi. All'art. 57 del succitato decreto n. 495 il comma 3 è così sostituito:

"3. La pubblicità non luminosa per conto terzi è consentita sui veicoli adibiti al servizio taxi unicamente se effettuata mediante scritte con caratteri alfanumerici, abbinati a marchi e simboli, ed alle seguenti ulteriori condizioni:

a) che sia realizzata con pannello rettangolare piano bifacciale, saldamente ancorato al di sopra dell'abitacolo del veicolo e posto in posizione parallela al senso di marcia. Il pannello deve avere le dimensioni esterne di 75 X 35 cm e la pubblicità non deve essere realizzata con messaggi variabili;

b) che sia realizzata tramite l'applicazione sul lunotto posteriore del veicolo di pellicola della misura di 100 X 12 cm;

c) che sia realizzata tramite l'applicazione di pellicola sulle superfici del veicolo ad esclusione di quelle vetrate. Le esposizioni pubblicitarie di cui alle lettere *a*) e *c*) sono alternative tra loro. I veicoli adibiti al servizio taxi sui quali sono esposti messaggi pubblicitari di cui al capo *a*) non possono circolare sulle autostrade." (2)

8. Per i collegamenti con gli aeroporti aperti al traffico aereo civile, ferme restando le competenze degli enti gestori, sono autorizzati ad effettuare servizio di piazza i titolari di licenze per servizio di taxi rilasciate dai comuni capoluogo di regione e di provincia, nonché dal comune o dai comuni nel cui ambito territoriale l'aeroporto ricade. I comuni interessati, d'intesa, disciplinano le tariffe, le condizioni di trasporto e di svolgimento del servizio, ivi compresa la fissazione del numero massimo di licenze che ciascun comune può rilasciare proporzionalmente al bacino di utenza aeroportuale. Nel caso di mancata intesa tra i comuni, provvede il presidente della regione, sentita la commissione consultiva regionale di cui all'articolo 4 della legge 15 gennaio 1992, n. 21.

(1) *Comma modificato dall'articolo 1, d.lgs. 20 settembre 1999, n. 400.*

(2) *Comma sostituito dall'articolo 1, d.lgs. 20 settembre 1999, n. 400.*

15 Programmazione degli investimenti.

1. In attuazione di quanto previsto dal comma 1 dell'articolo 14, con accordi di programma in materia di investimenti si individuano:

a) le opere da realizzare e i mezzi di trasporto, incluso il materiale rotabile ferroviario, da acquisire;

b) i tempi di realizzazione in funzione dei piani di sviluppo dei servizi;

c) i soggetti coinvolti e loro compiti;

d) le risorse necessarie, le loro fonti di finanziamento certe e i tempi di erogazione;

e) il periodo di validità.

2. Gli accordi di cui al comma 1 sono sottoscritti dal Ministro dei trasporti e della navigazione e dalla regione, nonché dai presidenti delle province, dai sindaci e dai presidenti delle comunità montane nel caso di esercizio associato di servizi comunali di trasporto locale di cui all'articolo 11, comma 1, della legge 31 gennaio 1994, n. 97, direttamente coinvolti nella realizzazione delle opere; essi sono impegnativi per le parti che sottoscrivono. L'attuazione degli accordi di programma è verificata annualmente, congiuntamente dal Ministero dei trasporti e della navigazione, dalle regioni interessate e dai soggetti che l'hanno sottoscritto in sede di conferenza dei servizi, da realizzare ai sensi dell'articolo 17, commi 4 e seguenti, della legge 15 maggio 1997, n. 127. Il Ministro dei trasporti e della navigazione riferisce annualmente in sede di Conferenza unificata, di cui all'articolo 9 della legge n. 59, sull'attuazione degli accordi di cui al comma 1. Per la realizzazione degli accordi di programma, le parti possono concordare di costituire gestioni finanziarie cui conferire le proprie risorse.

2-*bis*. Per soggetti direttamente coinvolti nella realizzazione delle opere di cui al comma 2 sono da intendersi le province, i comuni e le comunità montane nel caso di esercizio associato di servizi comunali di trasporto locale di cui all'articolo 11, comma 1, della legge 31 gennaio 1994, n. 97, che partecipano alla realizzazione dell'opera con lo stanziamento di un contributo di importo pari o superiore al 5 per cento dell'investimento (1).

2-*ter*. Le risorse necessarie all'attuazione degli accordi di programma di cui al comma 2 sono depositate presso conti di tesoreria infruttiferi intestati al Ministero delle infrastrutture e dei trasporti con vincolo di destinazione alle singole regioni. L'erogazione, mediante svincolo, è disposta da parte del Ministero delle infrastrutture e dei trasporti in favore delle regioni a valere sui conti di tesoreria infruttiferi intestati alle stesse regioni in ragione dello stato di avanzamento della realizzazione degli interventi individuati negli accordi di programma di cui al comma 2, secondo i termini e le modalità ivi concordate e comunque in maniera tale da assicurare il tempestivo e corretto adempimento degli obblighi connessi all'esecuzione delle opere (1).

3. Non rientrano negli accordi di cui al presente articolo le risorse finanziarie conferite a Ferrovie dello Stato S.p.a. dallo Stato nella qualità di azionista.

4. Le aree e i beni non più funzionali all'esercizio del trasporto pubblico possono essere ceduti, a titolo oneroso, in conformità al regime giuridico di appartenenza, ai comuni o alle province. Le modalità relative vengono definite in appositi accordi tra i Ministri interessati e il sindaco o il presidente della provincia e, ove coinvolte, le società proprietarie.

(1) *Comma aggiunto dall'articolo 11, della l. 1° agosto 2002, n. 166.*

16 Servizi minimi.

1. I servizi minimi, qualitativamente e quantitativamente sufficienti a soddisfare la domanda di mobilità dei cittadini e i cui costi sono a carico del bilancio delle regioni, sono definiti tenendo conto:

a) dell'integrazione tra le reti di trasporto;

b) del pendolarismo scolastico e lavorativo;

c) della fruibilità dei servizi da parte degli utenti per l'accesso ai vari servizi amministrativi, socio-sanitari e culturali;

d) delle esigenze di riduzione della congestione e dell'inquinamento.

2. Nella determinazione del livello dei servizi minimi, le regioni definiscono, d'intesa con gli enti locali, secondo le modalità stabilite dalla legge regionale, e adottando criteri di omogeneità fra regioni, quantità e standard di qualità dei servizi di trasporto pubblico locale, in modo da soddisfare le esigenze essenziali di mobilità dei cittadini, in conformità al regolamento 1191/69/CEE, modificato dal regolamento 1893/91/CEE, e in osservanza dei seguenti criteri:

a) ricorso alle modalità e tecniche di trasporto più idonee a soddisfare le esigenze di trasporto considerate, con particolare attenzione a quelle delle persone con ridotta capacità motoria;

b) scelta, tra più soluzioni atte a garantire, in condizioni analoghe, sufficienti servizi di trasporto, di quella che comporta i minori costi per la collettività, anche mediante modalità differenziate di trasporto o integrazione dei servizi e intermodalità; dovrà, in particolare, essere considerato nella determinazione dei costi del trasporto su gomma l'incidenza degli elementi esterni, quali la congestione del traffico e l'inquinamento.

3. Le province, i comuni e le comunità montane, nel caso di esercizio associato di servizi comunali del trasporto locale di cui all'articolo 11, comma 1, della legge 31 gennaio 1994, n. 97, possono istituire, d'intesa con la regione ai fini della compatibilità di rete, servizi di trasporto aggiuntivi a quelli definiti dalla regione stessa ai sensi dei commi 1 e 2, sulla base degli elementi del contratto di servizio di cui all'articolo 19, con oneri a carico dei bilanci degli enti stessi (1).

(1) *Comma sostituito dall'articolo 1, del d.lgs. 20 settembre 1999, n. 400.*

17 Obblighi di servizio pubblico.

1. Le regioni, le province e i comuni, allo scopo di assicurare la mobilità degli utenti, definiscono, ai sensi dell'articolo 2 del regolamento 1191/69/CEE, modificato dal regolamento 1893/91/CEE, obblighi di servizio pubblico, prevedendo nei contratti di servizio di cui all'articolo 19, le corrispondenti compensazioni economiche alle aziende esercenti i servizi stessi, determinate secondo il criterio dei costi standard che dovrà essere osservato dagli enti affidanti nella quantificazione dei corrispettivi da porre a base d'asta previsti nel bando di gara o nella lettera di invito delle procedure concorsuali di cui al successivo articolo 18, comma 2, lettera *a*), tenendo conto, ai sensi della citata disposizione comunitaria, dei proventi derivanti dalle

tariffe e di quelli derivanti anche dalla eventuale gestione di servizi complementari alla mobilità (1) (2).

(1) *Per una deroga al presente articolo vedi l'articolo 57, comma 4, del d.l. 25 giugno 2008, n. 112, convertito con modificazioni dalla Legge 6 agosto 2008, n. 133.*

(2) *Comma modificato dall'articolo 23, comma 12-undecies, del d.l. 6 luglio 2012, n. 95, convertito con modificazioni dalla Legge 7 agosto 2012, n. 135.*

18 Organizzazione dei servizi di trasporto pubblico regionale e locale.

1. L'esercizio dei servizi di trasporto pubblico regionale e locale, con qualsiasi modalità effettuati e in qualsiasi forma affidati, è regolato, a norma dell'art. 19, mediante contratti di servizio di durata non superiore a nove anni. L'esercizio deve rispondere a princìpi di economicità ed efficienza, da conseguirsi anche attraverso l'integrazione modale dei servizi pubblici di trasporto. I servizi in economia sono disciplinati con regolamento dei competenti enti locali. Al fine di garantire l'efficace pianificazione del servizio, degli investimenti e del personale, i contratti di servizio relativi all'esercizio dei servizi di trasporto pubblico ferroviario comunque affidati hanno durata minima non inferiore a sei anni rinnovabili di altri sei, nei limiti degli stanziamenti di bilancio allo scopo finalizzati (1).

1-*bis* I servizi di trasporto pubblico ferroviario, qualora debbano essere svolti anche sulla rete infrastrutturale nazionale, sono affidati dalle regioni ai soggetti in possesso del titolo autorizzatorio di cui all'articolo 3, comma 1, lettera *r*), del decreto legislativo 8 luglio 2003, n. 188, ovvero della apposita licenza valida in ambito nazionale rilasciata con le procedure previste dal medesimo decreto legislativo n. 188 del 2003 (2).

2. Allo scopo di incentivare il superamento degli assetti monopolistici e di introdurre regole di concorrenzialità nella gestione dei servizi di trasporto regionale e locale, per l'affidamento dei servizi le regioni e gli enti locali si attengono ai princìpi dell'art. 2 della legge 14 novembre 1995, n. 481, garantendo in particolare:

a) il ricorso alle procedure concorsuali per la scelta del gestore del servizio sulla base degli elementi del contratto di servizio di cui all'articolo 19 e in conformità alla normativa comunitaria e nazionale sugli appalti pubblici di servizio. Alle gare possono partecipare i soggetti in possesso dei requisiti di idoneità morale, finanziaria e professionale richiesti, ai sensi della normativa vigente, per il conseguimento della prescritta abilitazione all'autotrasporto di viaggiatori su strada. Le società, nonché le loro controllanti, collegate e controllate che, in Italia o all'estero, sono destinatarie di affidamenti non conformi al combinato disposto degli articoli 5 e 8, paragrafo 3, del regolamento (CE) n. 1370/2007 del Parlamento europeo e del Consiglio, del 23 ottobre 2007, e la cui durata ecceda il termine del 3 dicembre 2019, non possono partecipare ad alcuna procedura per l'affidamento dei servizi, anche se già avviata. L'esclusione non si applica alle imprese affidatarie del servizio oggetto di procedura concorsuale. [Tale esclusione non opera limitatamente alle gare che hanno ad oggetto i servizi già espletati dai soggetti stessi.] La gara è aggiudicata sulla base delle migliori condizioni economiche e di prestazione del servizio, nonché dei piani di sviluppo e potenziamento delle reti e degli impianti, oltre che della fissazione di un coefficiente minimo di utilizzazione per la istituzione o il mantenimento delle singole linee esercite. Il bando di gara deve garantire che la disponibilità a qualunque titolo delle reti, degli impianti e delle altre dotazioni patrimoniali essenziale per l'effettuazione del servizio non costituisca, in alcun modo, elemento discriminante per la valutazione delle offerte dei concorrenti. Il bando di gara deve altresì assicurare che i beni di cui al periodo precedente siano, indipendentemente da chi ne abbia, a qualunque titolo, la disponibilità, messi a disposizione del gestore risultato aggiudicatario a seguito di procedura ad evidenza pubblica (3);

[*b*) l'esclusione, in caso di gestione diretta o di affidamento diretto dei servizi da parte degli enti locali a propri consorzi o aziende speciali, dell'ampliamento dei bacini di servizio rispetto a quelli già gestiti nelle predette forme;] (4)

[*c*) la previsione, nel caso di cui alla lettera *b*), dell'obbligo di affidamento da parte degli enti locali tramite procedure concorsuali di quote di servizio o di servizi speciali, previa revisione dei contratti di servizio in essere;] (4)

d) l'esclusione, in caso di mancato rinnovo del contratto alla scadenza o di decadenza dal contratto medesimo, di indennizzo al gestore che cessa dal servizio;

e) l'indicazione delle modalità di trasferimento, in caso di cessazione dell'esercizio, dal precedente gestore all'impresa subentrante dei beni essenziali per l'effettuazione del servizio e del personale dipendente con riferimento a quanto disposto all'art. 26 del regio decreto 8 gennaio 1931, n. 148 (5);

f) l'applicazione della disposizione dell'art. 1, comma 5, del regolamento 1893/91/CEE alle società di gestione dei servizi di trasporto pubblico locale che, oltre a questi ultimi servizi, svolgono anche altre attività;

g) la determinazione delle tariffe del servizio in analogia, ove possibile, a quanto previsto dall'art. 2 della legge 14 novembre 1995, n. 481.

g-bis) relativamente ai servizi di trasporto pubblico ferroviario, la definizione di meccanismi certi e trasparenti di aggiornamento annuale delle tariffe in coerenza con l'incremento dei costi dei servizi, che tenga conto del necessario miglioramento dell'efficienza nella prestazione dei servizi, del rapporto tra ricavi da traffico e costi operativi, di cui all'articolo 19, comma 5, del tasso di inflazione programmato, nonché del recupero di produttività e della qualità del servizio reso (6).

3. Le regioni e gli enti locali, nelle rispettive competenze, incentivano il riassetto organizzativo e attuano, entro e non oltre il 31 dicembre 2000, la trasformazione delle aziende speciali e dei consorzi, anche con le procedure di cui all'articolo 17, commi 51 e seguenti, della legge 15 maggio 1997, n. 127, in società di capitali, ovvero in cooperative a responsabilità limitata, anche tra i dipendenti, o l'eventuale frazionamento societario derivante da esigenze funzionali o di gestione. Di tali società, l'ente titolare del servizio può restare socio unico per un periodo non superiore a due anni. Ove la trasformazione di cui al presente comma non avvenga entro il termine indicato, provvede il sindaco o il presidente della provincia nei successivi tre mesi. In caso

di ulteriore inerzia, la regione procede all'affidamento immediato del relativo servizio mediante le procedure concorsuali di cui al comma 2, lettera *a*) (7).

3-*bis*. Le regioni prevedono un periodo transitorio, da concludersi comunque entro il 31 dicembre 2007, nel corso del quale vi è la facoltà di mantenere tutti gli affidamenti agli attuali concessionari ed alle società derivanti dalle trasformazioni di cui al comma 3, ma con l'obbligo di affidamento di quote di servizio o di servizi speciali mediante procedure concorsuali, previa revisione dei contratti di servizio in essere se necessaria; le regioni procedono altresì all'affidamento della gestione dei relativi servizi alle società costituite allo scopo dalle ex gestioni governative, fermo restando quanto previsto dalle norme in materia di programmazione e di contratti di servizio di cui al capo II. Trascorso il periodo transitorio, tutti i servizi vengono affidati [esclusivamente] tramite le procedure concorsuali di cui al comma 2, lettera *a*) (8) (9).

3-*ter*. Ferme restando le procedure di gara ad evidenza pubblica già avviate o concluse, le regioni possono disporre una eventuale proroga dell'affidamento, fino a un massimo di un anno, in favore di soggetti che, entro il termine del periodo transitorio di cui al comma 3-*bis*, soddisfino una delle seguenti condizioni:

a) per le aziende partecipate da regioni o enti locali, sia avvenuta la cessione, mediante procedure ad evidenza pubblica, di una quota di almeno il 20 per cento del capitale sociale ovvero di una quota di almeno il 20 per cento dei servizi eserciti a società di capitali, anche consortili, nonché a cooperative e consorti, purché non partecipate da regioni o da enti locali;

b) si sia dato luogo ad un nuovo soggetto societario mediante fusione di almeno due società affidatarie di servizio di trasporto pubblico locale nel territorio nazionale ovvero alla costituzione di una società consortile, con predisposizione di un piano industriale unitario, di cui siano soci almeno due società affidatarie di servizio di trasporto pubblico locale nel territorio nazionale. Le società interessate dalle operazioni di fusione o costituzione di società consortile devono operare all'interno della medesima regione ovvero in bacini di traffico uniti da contiguità territoriale in modo tale che tale nuovo soggetto unitario risulti affidatario di un maggiore livello di servizi di trasporto pubblico locale, secondo parametri di congruità definiti dalle regioni (10).

3-*quater*. Durante i periodi di cui ai commi 3-*bis* e 3-*ter*, i servizi di trasporto pubblico regionale e locale possono continuare ad essere prestati dagli attuali esercenti, comunque denominati. A tali soggetti gli enti locali affidanti possono integrare il contratto di servizio pubblico già in essere ai sensi dell'articolo 19 in modo da assicurare l'equilibrio economico e attraverso il sistema delle compensazioni economiche di cui al regolamento (CEE) n. 1191/69 del Consiglio, del 26 giugno 1969, e successive modificazioni, ai sensi e per gli effetti di quanto stabilito all'articolo 17. Nei medesimi periodi, gli affidatari dei servizi, sulla base degli indirizzi degli enti affidanti, provvedono, in particolare:

a) al miglioramento delle condizioni di sicurezza, economicità ed efficacia dei servizi offerti nonché della qualità dell'informazione resa all'utenza e dell'accessibilità ai servizi in termini di frequenza, velocità commerciale, puntualità ed affidabilità;

b) al miglioramento del servizio sul piano della sostenibilità ambientale;

c) alla razionalizzazione dell'offerta dei servizi di trasporto, attraverso integrazione modale in ottemperanza a quanto previsto al comma 3-*quinquies* (10).

3-*quinquies*. Le disposizioni di cui ai commi 3-bis e 3-quater si applicano anche ai servizi automobilistici di competenza regionale. Nello stesso periodo di cui ai citati commi, le regioni e gli enti locali promuovono la razionalizzazione delle reti anche attraverso l'integrazione dei servizi su gomma e su ferro individuando sistemi di tariffazione unificata volti ad integrare le diverse modalità di trasporto (10).

3-*sexies*. I soggetti titolari dell'affidamento dei servizi ai sensi dell'articolo 113, comma 5, lettera *c*), del testo unico di cui al decreto legislativo 18 agosto 2000, n. 267, come modificato dall'articolo 14, comma 1, lettera *d*), del decreto-legge 30 settembre 2003, n. 269, convertito, con modificazioni, dalla legge 24 novembre 2003, n. 326, provvedono ad affidare, con procedure ad evidenza pubblica, entro dodici mesi dalla data di entrata in vigore della presente disposizione, una quota di almeno il 20 per cento dei servizi eserciti a soggetti privati o a società, purché non partecipate dalle medesime regioni o dagli stessi enti locali affidatari dei servizi (10).

3-*septies*. Le società che fruiscono della ulteriore proroga di cui ai commi 3-bis e 3-ter per tutta la durata della proroga stessa non possono partecipare a procedure ad evidenza pubblica attivate sul resto del territorio nazionale per l'affidamento di servizi (10) (11).

(1) *Comma modificato dall'articolo 7, comma 3-*ter*, del d.l. 10 febbraio 2009 n. 5, convertito, con modificazioni, in legge 9 aprile 2009, n. 33.*

(2) *Comma inserito dall'articolo 60, comma 1, lettera* a*), della legge 23 luglio 2009, n. 99.*

(3) *Lettera sostituita dall'articolo 1, comma 6, lettera* a*), del d.lgs. 20 settembre 1999, n. 400; successivamente modificata dall'articolo 45, comma 1, lettere* a*),* b*)* c*) e* d*), della legge 1 agosto 2002, n. 166; dall'articolo 60, comma 1, lettera* b*), della legge 23 luglio 2009, n. 99 e, da ultimo, dall'articolo 1, comma 556, della legge 27 dicembre 2013, n. 147.*

(4) *Lettera soppressa dall'articolo 1, comma 6, lettera* b*), del d.lgs. 20 settembre 1999, n. 400.*

(5) *Lettera modificata dall'articolo 45, comma 1, lettere* e*), della legge 1 agosto 2002, n. 166.*

(6) *Lettera aggiunta dall'articolo 60, comma 1, lettera* c*), della legge 23 luglio 2009, n. 99.*

(7) *Comma sostituito dall'articolo 1, comma 6, lettera* c*), del d.lgs. 20 settembre 1999, n. 400.*

(8) *Comma aggiunto dall'articolo 1, comma 6, lettera* d*), del d.lgs. 20 settembre 1999, n. 400 e, successivamente, modificato dall'articolo 12, comma 3, del d.P.R. 7 settembre 2010, n. 168.*

(9) *Termine così prorogato dall'articolo 11, comma 3, della legge 1 agosto 2002, n. 166, dall'articolo 23, comma 3-*bis*, del d.l. 24 dicembre 2003, n. 355, convertito con modificazioni dalla legge 27 febbraio 2004, n. 47. Dall'articolo 1, comma 393, della legge 23 dicembre 2005, n. 266. Dall'articolo 6, comma 4-*bis*, del d.l. 28 dicembre 2006, n. 300, convertito con modificazioni dalla Legge 26 febbraio 2007, n. 17.*

(10) *Comma aggiunto dall'articolo 1, comma 393, della legge 23 dicembre 2005, n. 266.*

(11) *A norma dell'articolo 57, comma 4, del d.l. 25 giugno 2008, n. 112, convertito con modificazioni dalla legge 6 agosto 2008, n. 133, in deroga al presente articolo e sussistendo comprovate esigenze economiche sociali, ambientali, anche al fine di assicurare il rispetto del principio della continuità territoriale e la domanda di mobilità dei cittadini, le Regioni possono affidare, l'esercizio di servizi di cabotaggio a società di capitale da esse interamente partecipate secondo le modalità stabilite dal diritto comunitario.*

19 Contratti di servizio.

1. I contratti di servizio assicurano la completa corrispondenza fra oneri per servizi e risorse disponibili, al netto dei proventi tariffari e sono stipulati prima dell'inizio del loro periodo di validità. Per i servizi ferroviari i contratti di servizio sono stipulati sette mesi prima dell'inizio del loro periodo di validità, al fine di consentire la definizione degli orari nazionali.

2. I contratti di servizio per i quali non è assicurata, al momento della loro stipula, la corrispondenza tra gli importi di cui alla lettera *e*) del comma 3 e le risorse effettivamente disponibili sono nulli.

3. I contratti di servizio, nel rispetto anche delle disposizioni dell'articolo 14, comma 2, del regolamento n. 1191/69/CEE, così come modificato dall'articolo 1 del regolamento 1893/91/CEE, nonché nel rispetto dei princìpi sull'erogazione dei servizi pubblici così come fissati dalla carta dei servizi del settore trasporti, definiscono:

a) il periodo di validità;

b) le caratteristiche dei servizi offerti ed il programma di esercizio;

c) gli standard qualitativi minimi del servizio, in termini di età, manutenzione, confortevolezza e pulizia dei veicoli, e di regolarità delle corse;

d) la struttura tariffaria adottata ed i criteri di aggiornamento annuale di cui all'articolo 18, comma 2, lettera *g-bis*) (1);

e) l'importo eventualmente dovuto dall'ente pubblico all'azienda di trasporto per le prestazioni oggetto del contratto e le modalità di pagamento, nonché eventuali adeguamenti conseguenti a mutamenti della struttura tariffaria;

f) le modalità di modificazione del contratto successivamente alla conclusione;

g) le garanzie che devono essere prestate dall'azienda di trasporto;

h) le sanzioni in caso di mancata osservanza del contratto;

i) la ridefinizione dei rapporti, con riferimento ai lavoratori dipendenti e al capitale investito, dal soggetto esercente il servizio di trasporto pubblico, in caso di forti discontinuità nella quantità di servizi richiesti nel periodo di validità del contratto di servizio;

l) l'obbligo dell'applicazione, per le singole tipologie del comparto dei trasporti, dei rispettivi contratti collettivi di lavoro, così come sottoscritti dalle organizzazioni sindacali nazionali maggiormente rappresentative e dalle associazioni datoriali di categoria (2).

4. Gli importi di cui al comma 3, lettera *e*), possono essere soggetti a revisione annuale con modalità determinate nel contratto stesso allo scopo di incentivare miglioramenti di efficienza. I suddetti importi possono essere incrementati in misura non maggiore del tasso programmato di inflazione, salvo l'eventuale recupero delle differenze in caso di rilevante scostamento dal tasso effettivo di inflazione, a parità di offerta di trasporto.

5. I contratti di servizio pubblico devono rispettare gli articoli 2 e 3 del regolamento (CEE) n. 1191/69 ed il regolamento (CEE) n. 1893/91, avere caratteristiche di certezza finanziaria e copertura di bilancio e prevedere un progressivo incremento del rapporto tra ricavi da traffico e costi operativi, rapporto che, al netto dei costi di infrastruttura, dovrà essere pari almeno allo 0,35 a partire dal 1° gennaio 2000. Con decreto del Ministro delle infrastrutture e dei trasporti, di concerto con il Ministro dell'economia e delle finanze, sentita la Conferenza unificata di cui all'articolo 8 del decreto legislativo 28 agosto 1997, n. 281, la soglia minima del rapporto di cui al precedente periodo può essere rideterminata per tenere conto del livello della domanda di trasporto e delle condizioni economiche e sociali. (3) Trovano applicazione ai trasporti regionali e locali, a tale fine, le norme della direttiva 91/440/CEE del Consiglio del 29 luglio 1991.

[6. I contratti di servizio in vigore alla data di entrata in vigore del presente decreto sono adeguati, per le parti eventualmente in contrasto con il presente decreto, in occasione della prima revisione annuale.] (4)

(1) *Lettera modificata dall'articolo 60, comma 1, lettera* b*), della legge 23 luglio 2009, n. 99.*

(2) *Lettera sostituita dall'articolo 1, comma 7, lettera* a*), del d.lgs. 20 settembre 1999, n. 400.*

(3) *Periodo aggiunto dall'art. 27, comma 8-*ter*, lettera* a*), del d.l. 24 aprile 2017, n. 50, convertito, con modificazioni, dalla legge 21 giugno 2017, n. 96, Ai sensi dall'art. 27, comma 8-*quater*, del d.l. 24 aprile 2017, n. 50, convertito, con modificazioni, dalla legge 21 giugno 2017, n. 96, la disposizione si applica a partire dal 1° gennaio 2018.*

(4) *Comma abrogato dall'art. 27, comma 8-ter, lettera* b*), del d.l. 24 aprile 2017, n. 50, convertito, con modificazioni, dalla legge 21 giugno 2017, n. 96, Ai sensi dall'art. 27, comma 8-*quater*, del d.l. 24 aprile 2017, n. 50, convertito, con modificazioni, dalla legge 21 giugno 2017, n. 96, la disposizione si applica a partire dal 1° gennaio 2018.*

20 Norme finanziarie.

1. Ogni regione, in relazione ai servizi minimi definiti ai sensi dell'articolo 16, ai piani regionali di trasporto e al tasso programmato di inflazione, costituisce annualmente un fondo destinato ai trasporti, alimentato sia dalle risorse proprie sia da quelle trasferite ai sensi del presente decreto.

[2. Sono trasferite alle regioni le risorse relative all'espletamento delle funzioni ad esse delegate, fatto salvo quanto disposto dall'articolo 8, comma 4, nei modi e nei tempi indicati nei successivi commi, ad esclusione di quelle relative all'espletamento delle competenze di cui all'articolo 21, commi 1 e 2. Il trasferimento di risorse dovrà, in particolare, garantire l'attuale livello di servizio, considerando anche il tasso di inflazione del settore (1).] (2)

3. Le risorse relative all'espletamento delle funzioni amministrative di cui al presente decreto, salvo quelle di cui al comma 4, sono trasferite alle regioni a partire dal 1° gennaio 1998 e, per le ferrovie già in gestione commissariale governativa, al momento del conferimento delle funzioni amministrative, ai sensi dell'articolo 8, comma 2, lettera *a*).

4. Le risorse relative all'espletamento delle funzioni amministrative in materia di servizi regionali e locali delle Ferrovie dello Stato S.p.a. sono trasferite alle regioni a decorrere dal 1° giugno 1999 (3).

5. Le risorse di cui ai commi precedenti sono individuate e ripartite con decreti del Presidente del Consiglio dei Ministri, di concerto con il Ministro dei trasporti e della navigazione e con il Ministro del tesoro, del bilancio e della programmazione economica, pre-

via intesa con la Conferenza permanente tra lo Stato, le regioni e le province autonome di Trento e di Bolzano. Il Ministro del tesoro, del bilancio e della programmazione economica è autorizzato ad apportare le conseguenti variazioni di bilancio.

6. I fondi, ripartiti ai sensi del comma 5, sono annualmente regolati dalla legge finanziaria ai sensi dell'articolo 11, comma 3, lettera *i*), della legge 5 agosto 1978, n. 468, e successive modificazioni.

7. Entro il 31 dicembre 2004 i criteri di ripartizione dei fondi sono rideterminati, con decreto del Ministro dei trasporti e della navigazione, di concerto col Ministro del tesoro, del bilancio e della programmazione economica, di intesa con la Conferenza unificata di cui all'articolo 9 della legge n. 59 (4).

7-*bis*. I criteri di ripartizione dei fondi di cui al comma 7 sono rideterminati anche sulla base del volume dei passeggeri trasportati e, per i servizi di cui all'articolo 8, dei risultati del monitoraggio ivi previsto (5) (6).

(1) *Comma sostituito dall'articolo 1, comma 8, lettera* a), *del d.lgs. 20 settembre 1999, n. 400.*

(2) *Comma abrogato dall'articolo 1, comma 312, della legge 24 dicembre 2007, n. 244.*

(3) *Vedi, anche, l'articolo 9 del d.l. 1 ottobre 2007, n. 159.*

(4) *Comma modificato dall'articolo 9, comma 1, del d.l. 25 ottobre 2002, n. 236, convertito con modificazioni dalla Legge 27 dicembre 2002, n. 284. Per l'autorizzazione di spesa di 80 milioni di euro da corrispondere direttamente alla società Trenitalia S.p.A., per l'anno 2008, vedi il d.l. 8 aprile 2008 n. 60.*

(5) *Comma aggiunto dall'articolo 1, comma 8, lettera* b), *del d.lgs. 20 settembre 1999, n. 400.*

(6) *Vedi l'articolo 1, comma 297, lettera* b), *della legge 24 dicembre 2007, n. 244.*

21 Disposizioni finali e transitorie.

1. La conclusione dei procedimenti amministrativi che hanno comportato impegni di spesa anteriormente alla data di conferimento delle funzioni amministrative alle regioni ed agli enti locali rimane di competenza dello Stato.

2. Restano ferme le competenze tecnico-amministrative dello Stato relative ai finanziamenti stanziati per lavori e forniture per i quali all'atto dell'entrata in vigore del presente decreto sono stati già perfezionati i relativi contratti.

3. È fatto salvo quanto disposto dalla L. 20 dicembre 1974, n. 684, dalla L. 19 maggio 1975, n. 169, dalla L. 5 dicembre 1986, n. 856, dalla L. 5 maggio 1989, n. 160, e dal d.P.R. 1° giugno 1979, n. 501, e dalle conseguenti convenzioni fino alla scadenza delle stesse.

71. Decreto legislativo 23 maggio 2000, n. 164. — Attuazione della direttiva n. 98/30/CE recante norme comuni per il mercato interno del gas naturale, a norma dell'art. 41 della legge 17 maggio 1999, n. 144. (*rinvio*) (1).

Pubblicato nella Gazzetta Ufficiale n. 142 del 20 giugno 2000.

(1) *V. gli artt. 14-16* sub *V, 115.*

72. Decreto legislativo 3 aprile 2006, n. 152. — Norme in materia ambientale (*rinvio*) (1) (2).

Pubblicato nella Gazzetta Ufficiale n. 88 del 14 aprile 2006, S.O.

(1) *V. gli artt. 147-158-*bis, sub *V, 13.*

(2) *V. gli artt. 199-207,* sub *V, 13.*

SEZIONE QUINTA
I CONTROLLI

CAPO I
CONTROLLI INTERNI

73. Decreto legislativo 30 luglio 1999, n. 286. — Riordino e potenziamento dei meccanismi e strumenti di monitoraggio e valutazione dei costi, dei rendimenti e dei risultati dell'attività svolta dalle amministrazioni pubbliche, a norma dell'articolo 11 della l. 15 marzo 1997, n. 59.

Pubblicato nella Gazzetta Ufficiale n. 193 del 18 agosto 1999.

CAPO I
Disposizioni di carattere generale

1 Princìpi generali del controllo interno.

1. Le pubbliche amministrazioni, nell'ambito della rispettiva autonomia, si dotano di strumenti adeguati a:

a) garantire la legittimità, regolarità e correttezza dell'azione amministrativa (controllo di regolarità amministrativa e contabile);

b) verificare l'efficacia, efficienza ed economicità dell'azione amministrativa al fine di ottimizzare, anche mediante tempestivi interventi di correzione, il rapporto tra costi e risultati (controllo di gestione);

c) valutare le prestazioni del personale con qualifica dirigenziale (valutazione della dirigenza);

d) valutare l'adeguatezza delle scelte compiute in sede di attuazione dei piani, programmi ed altri strumenti di determinazione dell'indirizzo politico, in termini di congruenza tra risultati conseguiti e obiettivi predefiniti (valutazione e controllo strategico).

2. La progettazione d'insieme dei controlli interni rispetta i seguenti princìpi generali, obbligatori per i Ministeri, applicabili dalle regioni nell'ambito della propria autonomia organizzativa e legislativa e derogabili da parte di altre amministrazioni pubbliche, fermo restando il principio di cui all'articolo 3 del decreto legislativo 3 febbraio 1993, n. 29, e successive modificazioni ed integrazioni, di qui in poi denominato "decreto n. 29":

a) l'attività di valutazione e controllo strategico supporta l'attività di programmazione strategica e di indirizzo politico-amministrativo di cui agli articoli 3, comma 1, lettere *b*) e *c*), e 14 del decreto n. 29. Essa è pertanto svolta da strutture che rispondono direttamente agli organi di indirizzo politico-amministrativo. [Le strutture stesse svolgono, di norma, anche l'attività di valutazione dei dirigenti direttamente destinatari delle direttive emanate dagli organi di indirizzo politico-amministrativo, in particolare dai Ministri, ai sensi del successivo articolo 8] (1);

b) il controllo di gestione e l'attività di valutazione dei dirigenti, fermo restando quanto previsto alla lettera *a*), sono svolte da strutture e soggetti che rispondono ai dirigenti posti al vertice dell'unità organizzativa interessata;

c) l'attività di valutazione dei dirigenti utilizza anche i risultati del controllo di gestione, ma è svolta da strutture o soggetti diverse da quelle cui è demandato il controllo di gestione medesimo;

d) le funzioni di cui alle precedenti lettere sono esercitate in modo integrato;

e) è fatto divieto di affidare verifiche di re-golarità amministrativa e contabile a strutture addette al controllo di gestione, alla valutazione dei dirigenti, al controllo strategico.

3. Gli enti locali e le camere di commercio, industria, artigianato e agricoltura possono adeguare le normative regolamentari alle disposizioni del presente decreto, nel rispetto dei propri ordinamenti generali e delle norme concernenti l'ordinamento finanziario e contabile.

4. Il presente decreto non si applica alla valutazione dell'attività didattica e di ricerca dei professori e ricercatori delle università, all'attività didattica del personale della scuola, all'attività di ricerca dei ricercatori e tecnologi degli enti di ricerca.

5. Ai sensi degli articoli 13, comma 1, e 24, comma 6, ultimo periodo, della legge 7 agosto 1990, n. 241, le disposizioni relative all'accesso ai documenti amministrativi non si applicano alle attività di valutazione e controllo strategico. Resta fermo il diritto all'accesso dei dirigenti di cui all'articolo 5, comma 3, ultimo periodo.

[6. Gli addetti alle strutture che effettuano il controllo di gestione, la valutazione dei dirigenti e il controllo strategico riferiscono sui risultati dell'attività svolta esclusivamente agli organi di vertice dell'amministrazione, ai soggetti, agli organi di indirizzo politico-amministrativo individuati dagli articoli seguenti, a fini di ottimizzazione della funzione amministrativa. In ordine ai fatti così segnalati, e la cui conoscenza consegua dall'esercizio delle relative funzioni di controllo o valutazione, non si configura l'obbligo di denuncia al quale si riferisce l'articolo 1, comma 3, della legge 14 gennaio 1994, n. 20.] (2).

(1) *Lettera modificata dall'articolo 30, comma 4, lettera* a), *del d.lgs. 27 ottobre 2009, n. 150.*

(2) *Comma abrogato dall'articolo 30, comma 4, lettera* b), *del d.lgs. 27 ottobre 2009, n. 150.*

2 Il controllo interno di regolarità amministrativa e contabile.

1. Ai controlli di regolarità amministrativa e contabile provvedono gli organi appositamente previsti dalle disposizioni vigenti nei diversi comparti della pubblica amministrazione, e, in particolare, gli organi di revisione, ovvero gli uffici di ragioneria, nonché i servizi ispettivi, ivi compresi quelli di cui all'articolo 1, comma 62, della legge 23 dicembre 1996, n. 662, e, nell'ambito delle competenze stabilite dalla vigente legislazione, i servizi ispettivi di finanza della Ragioneria generale dello Stato e quelli con competenze di carattere generale.

[2. Le verifiche di regolarità amministrativa e contabile devono rispettare, in quanto applicabili alla pubblica amministrazione, i princìpi generali della revisione aziendale asseverati dagli ordini e collegi professionali operanti nel settore.] (1)

3. Il controllo di regolarità amministrativa e contabile non comprende verifiche da effettuarsi in via preventiva se non nei casi espressamente previsti dalla legge e fatto salvo, in ogni caso, il principio secondo cui le definitive determinazioni in ordine all'efficacia dell'atto sono adottate dall'organo amministrativo responsabile.

[4. I membri dei collegi di revisione degli enti pubblici sono in proporzione almeno maggioritaria nominati tra gli iscritti all'albo dei revisori contabili. Le amministrazioni pubbliche, ove occorra, ricorrono a soggetti esterni specializzati nella certificazione dei bilanci.] (1)

(1) *Comma abrogato dall'articolo 29, comma 1, lettera* d), *del d.lgs. 30 giugno 2011, n. 123.*

3 Disposizioni sui controlli esterni di regolarità amministrativa e contabile.

1. (*Omissis*) (1).

2. Al fine anche di adeguare l'organizzazione delle strutture di controllo della Corte dei conti al sistema dei controlli interni disciplinato dalle disposizioni del presente decreto, il numero, la composizione e la sede degli organi della Corte dei conti adibiti a compiti di controllo preventivo su atti o successivo su pubbliche gestioni e degli organi di supporto sono determinati dalla Corte stessa, anche in deroga a previgenti disposizioni di legge, fermo restando, per le assunzioni di personale, quanto previsto dall'articolo 39, comma 1, della legge 27 dicembre 1997, n. 449, nell'esercizio dei poteri di autonomia finanziaria, organizzativa e contabile ad essa conferiti dall'articolo 4 della legge 14 gennaio 1994, n. 20.

(1) *Abroga l'art. 8, l. 21 marzo 1958, n. 259* (sub *III, 79*). *L'art. 8 prevede che « La Corte dei conti, oltre a riferire annualmente al Parlamento, formula, in qualsiasi altro momento, se accerti irregolarità nella gestione di un ente e, comunque, quando lo ritenga opportuno, i suoi rilievi al Ministro per il tesoro ed al Ministro competente ». C. cost., sent. 17 maggio 2001, n. 139, ha dichiarato che non spetta al Governo adottare il l'art. 3, comma 1, d.lgs. 30 luglio 1999, n. 286 e per conseguenza lo ha annullato (l'art. 8 della l. n. 259/1958 è quindi tuttora vigente).*

4 Controllo di gestione.

1. Ai fini del controllo di gestione, ciascuna amministrazione pubblica definisce:

a) l'unità o le unità responsabili della progettazione e della gestione del controllo di gestione;

b) le unità organizzative a livello delle quali si intende misurare l'efficacia, efficienza ed economicità dell'azione amministrativa;

c) le procedure di determinazione degli obiettivi gestionali e dei soggetti responsabili;

d) l'insieme dei prodotti e delle finalità dell'azione amministrativa, con riferimento all'intera amministrazione o a singole unità organizzative;

e) le modalità di rilevazione e ripartizione dei costi tra le unità organizzative e di individuazione degli obiettivi per cui i costi sono sostenuti;

f) gli indicatori specifici per misurare efficacia, efficienza ed economicità;

g) la frequenza di rilevazione delle informazioni.

2. Nelle amministrazioni dello Stato, il sistema dei controlli di gestione supporta la funzione dirigenzia le di cui all'articolo 16, comma 1, del decreto n. 29. Le amministrazioni medesime stabiliscono le modalità operative per l'attuazione del controllo di gestione entro tre mesi dall'entrata in vigore del presente decreto, dandone comunicazione alla Presidenza del Consiglio dei Ministri. Il Presidente del Consiglio dei Ministri, con propria direttiva, periodicamente aggiornabile, stabilisce in maniera tendenzialmente omogenea i requisiti minimi cui deve ottemperare il sistema dei controlli di gestione.

3. Nelle amministrazioni regionali, la legge quadro di contabilità contribuisce a delineare l'insieme degli strumenti operativi per le attività di pianificazione e controllo.

5 [La valutazione del personale con incarico dirigenziale.

1. Le pubbliche amministrazioni, sulla base anche dei risultati del controllo di gestione, valutano, in coerenza a quanto stabilito al riguardo dai contratti collettivi nazionali di lavoro, le prestazioni dei propri dirigenti, nonché i comportamenti relativi allo sviluppo delle risorse professionali, umane e organizzative ad essi assegnate (competenze organizzative).

2. La valutazione delle prestazioni e delle competenze organizzative dei dirigenti tiene particolarmente conto dei risultati dell'attività amministrativa e della

gestione. La valutazione ha periodicità annuale. Il procedimento per la valutazione è ispirato ai princìpi della diretta conoscenza dell'attività del valutato da parte dell'organo proponente o valutatore di prima istanza, della approvazione o verifica della valutazione da parte dell'organo competente o valutatore di seconda istanza, della partecipazione al procedimento del valutato.

3. Per le amministrazioni dello Stato, la valutazione è adottata dal responsabile dell'ufficio dirigenziale generale interessato, su proposta del dirigente, eventualmente diverso, preposto all'ufficio cui è assegnato il dirigente valutato. Per i dirigenti preposti ad uffici di livello dirigenziale generale, la valutazione è adottata dal capo del dipartimento o altro dirigente generale sovraordinato. Per i dirigenti preposti ai centri di responsabilità delle rispettive amministrazioni ed ai quali si riferisce l'articolo 14, comma 1, lettera *b*), del decreto n. 29, la valutazione è effettuata dal Ministro, sulla base degli elementi forniti dall'organo di valutazione e controllo strategico.

4. La procedura di valutazione di cui al comma 3, costituisce presupposto per l'applicazione delle misure di cui all'articolo 21, commi 1 e 2, del decreto n. 29, in materia di responsabilità dirigenziale. In particolare, le misure di cui al comma 1, del predetto articolo si applicano allorché i risultati negativi dell'attività amministrativa e della gestione o il mancato raggiungimento degli obiettivi emergono dalle ordinarie ed annuali procedure di valutazione. Tuttavia, quando il rischio grave di un risultato negativo si verifica prima della scadenza annuale,il procedimento di valutazione può essere anticipatamente concluso. Il procedimento di valutazione è anticipatamente concluso, inoltre nei casi previsti dal comma 2, del citato articolo 21, del decreto n. 29.

5. Nel comma 8 dell'articolo 20 del decreto n. 29, sono aggiunte alla fine del secondo periodo le seguenti parole: ", ovvero, fino alla data di entrata in vigore di tale decreto, con provvedimenti dei singoli Ministri interessati". Sono fatte salve le norme proprie dell'ordinamento speciale della carriera diplomatica e della carriera prefettizia, in materia di valutazione dei funzionari diplomatici e prefettizi.] (1).

(1) *Articolo abrogato dall'articolo 30, comma 4, lettera* c), *del d.lgs. 27 ottobre 2009, n. 150.*

6 La valutazione e il controllo strategico.

1. L'attività di valutazione e controllo strategico mira a verificare, in funzione dell'esercizio dei poteri di indirizzo da parte dei competenti organi, l'effettiva attuazione delle scelte contenute nelle direttive ed altri atti di indirizzo politico. L'attività stessa consiste nell'analisi, preventiva e successiva, della congruenza e/o degli eventuali scostamenti tra le missioni affidate dalle norme, gli obiettivi operativi prescelti, le scelte operative effettuate e le risorse umane, finanziarie e materiali assegnate, nonché nella identificazione degli eventuali fattori ostativi, delle eventuali responsabilità per la mancata o parziale attuazione, dei possibili rimedi.

[2. Gli uffici ed i soggetti preposti all'attività di valutazione e controllo strategico riferiscono in via riservata agli organi di indirizzo politico, con le relazioni di cui al comma 3, sulle risultanze delle analisi effettuate. Essi di norma supportano l'organo di indirizzo politico anche per la valutazione dei dirigenti che rispondono direttamente all'organo medesimo per il conseguimento degli obiettivi da questo assegnatigli.] (1).

[3. Nelle amministrazioni dello Stato, i compiti di cui ai commi 1 e 2 sono affidati ad apposito ufficio, operante nell'ambito delle strutture di cui all'articolo 14, comma 2, del decreto n. 29, denominato servizio di controllo interno e dotato di adeguata autonomia operativa. La direzione dell'ufficio può essere dal Ministro affidata ad un organo monocratico o composto da tre componenti. In caso di previsione di un organo con tre componenti viene nominato un presidente, ferma restando la possibilità di ricorrere, anche per la direzione stessa, ad esperti estranei alla pubblica amministrazione, ai sensi del predetto articolo 14, comma 2, del decreto n. 29. I servizi di con trollo interno operano in collegamento con gli uffici di statistica istituiti ai sensi del decreto legislativo 6 settembre 1989, n. 322. Essi redigono almeno annualmente una relazione sui risultati delle analisi effettuate, con proposte di miglioramento della funzionalità delle amministrazioni. Possono svolgere, anche su richiesta del Ministro, analisi su politiche e programmi specifici dell'amministrazione di appartenenza e fornire indicazioni e proposte sulla sistematica generale dei controlli interni nell'amministrazione.] (2).

(1) *Comma abrogato dall'articolo 30, comma 4, lettera* d), *del d.lgs. 27 ottobre 2009, n. 150.*

(2) *Comma modificato dall'articolo 31, comma 1, del d.l. 4 luglio 2006, n. 223, conv., con modif. in l. 4 agosto 2006, n. 248, e successivamente abrogato dall'articolo 30, comma 4, lettera* d), *del d.lgs. 27 ottobre 2009, n. 150.*

CAPO II
Strumenti del controllo interno

7 [Compiti della Presidenza del Consiglio dei Ministri.

1. Presso la Presidenza del Consiglio dei Ministri è costituita una banca dati, accessibile in via telematica e pienamente integrata nella rete unitaria della pubblica amministrazione, alimentata dalle amministrazioni dello Stato, alla quale affluiscono, in ogni caso, le direttive annuali dei Ministri e gli indicatori di efficacia, efficienza, economicità relativi ai centri di responsabilità e alle funzioni obiettivo del bilancio dello Stato.

2. Per il coordinamento in materia di valutazione e controllo strategico nelle amministrazioni dello Stato, la Presidenza del Consiglio dei Ministri si avvale di un apposito comitato tecnico scientifico e dell'osservatorio di cui al comma 3. Il comitato è composto da non più di sei membri, scelti tra esperti di chiara fama, anche stranieri, uno in materia di metodologia della ricerca valutativa, gli altri nelle discipline economiche, giuridiche, politologiche, sociologiche e statistiche. Si applica, ai membri del comitato, l'articolo 31 della legge 23 agosto 1988, n. 400, e ciascun membro non può

durare complessivamente in carica per più di sei anni. Il comitato formula, anche a richiesta del Presidente del Consiglio dei Ministri, valutazioni specifiche di politiche pubbliche o programmi operativi plurisettoriali.

3. L'osservatorio è istituito nell'ambito della Presidenza del Consiglio dei Ministri ed è organizzato con decreto del Presidente del Consiglio. L'osservatorio, tenuto anche conto delle esperienze in materia maturate presso Stati esteri e presso organi costituzionali, ivi compreso il CNEL, fornisce indicazioni e suggerimenti per l'aggiornamento e la standardizzazione dei sistemi di controllo interno, con riferimento anche, ove da queste richiesto, alle amministrazioni pubbliche non statali] (1).

(1) *Articolo abrogato dall'articolo 6 del d.P.R. 12 dicembre 2006, n. 315.*

8 Direttiva annuale del Ministro (1).

1. La direttiva annuale del Ministro di cui all'articolo 14, del decreto n. 29, costituisce il documento base per la programmazione e la definizione degli obiettivi delle unità dirigenziali di primo livello. In coerenza ad eventuali indirizzi del Presidente del Consiglio dei Ministri, e nel quadro degli obiettivi generali di parità e pari opportunità previsti dalla legge, la direttiva identifica i principali risultati da realizzare, in relazione anche agli indicatori stabiliti dalla documentazione di bilancio per centri di responsabilità e per funzioni-obiettivo, e determina, in relazione alle risorse assegnate, gli obiettivi di miglioramento, eventualmente indicando progetti speciali e scadenze intermedie. La direttiva, avvalendosi del supporto dei servizi di controllo interno di cui all'articolo 6, definisce altresì i meccanismi e gli strumenti di monitoraggio e valutazione dell'attuazione.

2. Il personale che svolge incarichi dirigenziali ai sensi dell'articolo 19, commi 3 e 4, del decreto n. 29, eventualmente costituito in conferenza permanente, fornisce elementi per l'elaborazione della direttiva annuale.

(1) *V. l'articolo 3, comma 68, della legge 24 dicembre 2007, n. 244, come modificato dall'articolo 5, comma 3, del d.l. 27 maggio 2008, n. 93.*

9 Sistemi informativi.

1. Ai sensi dell'articolo 17, comma 1, lettera *a*), della legge 15 marzo 1997, n. 59, il sistema di controllo di gestione e il sistema di valutazione e controllo strategico delle amministrazioni statali si avvalgono di un sistema informativo-statistico unitario, idoneo alla rilevazione di grandezze quantitative a carattere economico-finanziario. La struttura del sistema informativo statistico basata su una banca dati delle informazioni rilevanti ai fini del controllo, ivi comprese quelle di cui agli articoli 63 e 64 del decreto n. 29, e sulla predisposizione periodica di una serie di prospetti numerici e grafici (sintesi statistiche) di corredo alle analisi periodiche elaborate dalle singole amministrazioni. Il sistema informativo-statistico è organizzato in modo da costituire una struttura di servizio per tutte le articolazioni organizzative del Ministero.

2. I sistemi automatizzati e le procedure manuali rilevanti ai fini del sistema di controllo, qualora disponibili, sono i seguenti:

a) sistemi e procedure relativi alla rendicontazione contabile della singola amministrazione;

b) sistemi e procedure relativi alla gestione del personale (di tipo economico, finanziario e di attività — presenze, assenze, attribuzione a centro di disponibilità);

c) sistemi e procedure relativi al fabbisogno ed al dimensionamento del personale;

d) sistemi e procedure relativi alla rilevazione delle attività svolte per la realizzazione degli scopi istituzionali (erogazione prodotti/servizi, sviluppo procedure amministrative) e dei relativi effetti;

e) sistemi e procedure relativi alla analisi delle spese di funzionamento (personale, beni e servizi) dell'amministrazione;

f) sistemi e procedure di contabilità analitica.

10 Abrogazione di norme e disposizioni transitorie.

1. Entro tre mesi dalla data di entrata in vigore del presente decreto legislativo le amministrazioni statali, nell'ambito delle risorse disponibili, adeguano i loro ordinamenti a quanto in esso previsto. In particolare, gli organi di indirizzo politico provvedono alla costituzione degli uffici di cui all'articolo 6, nell'ambito degli uffici di cui all'articolo 14, comma 2, del decreto n. 29, e vigilano sugli adempimenti organizzativi e operativi che fanno carico agli uffici dirigenziali di livello generale per l'esercizio delle altre funzioni di valutazione e controllo.

2. Sono abrogate le disposizioni incompatibili con quelle del presente decreto e, in particolare: l'articolo 20 del decreto legislativo 3 febbraio 1993, n. 29, ad eccezione del comma 8, l'articolo 6, comma 3, del decreto del Presidente della Repubblica 18 aprile 1994, n. 338; l'articolo 3-*quater* della legge 11 luglio 1995, n. 273; l'articolo 12, comma 3, del decreto legislativo 7 agosto 1997, n. 279. Si intendono attribuiti alle strutture di cui all'articolo 2 i compiti attribuiti ad uffici di controllo interno in materia di verifiche sulla legittimità, regolarità e correttezza dell'azione amministrativa, e, in particolare, quelli di cui all'articolo 52, comma 5, del decreto legislativo 3 febbraio 1993, n. 29, come sostituito dal decreto legislativo 4 novembre 1997, n. 396, e all'articolo 3-*ter*, comma 2, del decreto legge 12 maggio 1995, n. 163, convertito, con modificazioni, dalla legge 11 luglio 1995, n. 273. Si intendono attribuiti alle strutture di cui all'articolo 4 i compiti attribuiti ad uffici di controllo interno in materia di controllo sulla gestione, e, in particolare, quelli di cui all'articolo 8, comma 3, del decreto del Presidente della Repubblica 20 aprile 1994, n. 367, all'articolo 20, comma 6, della legge 15 marzo 1997, n. 59, ed all'articolo 52, comma 6, ultimo periodo, del decreto legislativo 3 febbraio 1993, n. 29, come modificato dall'articolo 14, comma 4, del decreto legislativo 29 ottobre 1998, n. 387. Si intendono attribuiti alle strutture di cui all'articolo 5 i compiti attribuiti ad uffici di controllo interno in materia di valutazione del personale e, in particolare, quelli di cui all'articolo

25-*bis*, comma 1, del decreto legislativo 3 febbraio 1993, n. 29, e successive modifiche ed integrazioni. Nulla è innovato per quanto riguarda le attività dell'ispettorato della funzione pubblica.

3. Gli organi collegiali preposti ai servizi di controllo nuclei di valutazione statali, ove non sostituiti o confermati ai sensi del comma 1, decadono al termine dei tre mesi successivi alla data di entrata in vigore del presente decreto.

4. Le regioni a statuto speciale e le province autonome di Trento e Bolzano provvedono alle finalità di cui al presente decreto nell'ambito delle proprie competenze, secondo quanto previsto dai rispettivi statuti e relative norme di attuazione. Fermo restando quanto previsto dall'articolo 1, commi 2 e 3, le amministrazioni non statali provvedono, nelle forme previste dalla vigente legislazione, a conformare il proprio ordinamento ai princìpi dettati dal presente decreto, anche in deroga a specifiche disposizioni di legge con i princìpi stessi non compatibili.

5. Più amministrazioni omogenee o affini possono istituire, mediante convenzione, che ne regoli le modalità di costituzione e di funzionamento, uffici unici per l'attuazione di quanto previsto dal presente decreto.

6. Nell'ambito dei comitati provinciali per la pubblica amministrazione, d'intesa con le province, sono istituite apposite strutture di consulenza e supporto, delle quali possono avvalersi gli enti locali ai fini dell'attuazione del presente decreto. A tal fine, i predetti comitati possono essere integrati con esperti nelle materie di pertinenza.

CAPO III
Qualità dei servizi pubblici e carte dei servizi

11 Qualità dei servizi pubblici.

1. I servizi pubblici nazionali e locali sono erogati con modalità che promuovono il miglioramento della qualità e assicurano la tutela dei cittadini e degli utenti e la loro partecipazione, nelle forme, anche associative, riconosciute dalla legge, alle inerenti procedure di valutazione e definizione degli standard qualitativi.

[2. Le modalità di definizione, adozione e pubblicizzazione degli standard di qualità, i casi e le modalità di adozione delle carte dei servizi, i criteri di misurazione della qualità dei servizi, le condizioni di tutela degli utenti, nonché i casi e le modalità di in dennizzo automatico e forfettario all'utenza per mancato rispetto degli standard di qualità sono stabilite con direttive, aggiornabili annualmente, del Presidente del Consiglio dei Ministri, su proposta della Commissione per la valutazione, la trasparenza e l'integrità nelle amministrazioni pubbliche. Per quanto riguarda i servizi erogati direttamente o indirettamente dalle regioni e dagli enti locali, si provvede con atti di indirizzo e coordinamento adottati d'intesa con la Conferenza unificata di cui al decreto legislativo 28 agosto 1997, n. 281, su proposta della Commissione per la valutazione, la trasparenza e l'integrità nelle amministrazioni pubbliche] (1).

[3. Le iniziative di coordinamento, supporto operativo alle amministrazioni interessate e monitoraggio sull'attuazione del presente articolo sono adottate dal Presidente del Consiglio dei Ministri, supportato da apposita struttura della Presidenza del Consiglio dei Ministri. È ammesso il ricorso a un soggetto privato, da scegliersi con gara europea di assistenza tecnica, sulla base di criteri oggettivi e trasparenti.] (2) (3).

4. Sono in ogni caso fatte salve le funzioni e i compiti legislativamente assegnati, per alcuni servizi pubblici, ad autorità indipendenti.

5. È abrogato l'articolo 2 della legge 11 luglio 1995, n. 273. Restano applicabili, [sino a diversa disposizione adottata ai sensi del comma 2,] i decreti del Presidente del Consiglio dei Ministri recanti gli schemi generali di riferimento già emanati ai sensi del suddetto articolo (4).

(1) *Comma sostituito dall'articolo 28, comma 1, del d.gls. 27 ottobre 2009, n. 150 e poi abrogato dall'art. 19, comma 13, lett.* a), *d.l. 24 giugno 2014, n. 90, conv., con modif. in l. 11 agosto 2014, n. 114.*

(2) *Per l'attuazione delle disposizioni di cui al presente comma, v. l'articolo 2, comma 163 del d.l. 3 ottobre 2006, n. 262, conv., con modif., in l. 24 novembre 2006, n. 286, che dispone che « 163. In attuazione delle disposizioni di cui all'articolo 11, comma 3, del decreto legislativo 30 luglio 1999, n. 286, il Dipartimento della funzione pubblica predispone, entro il 31 dicembre 2006, un piano per il miglioramento della qualità dei servizi resi dalla pubblica amministrazione e dai gestori di servizi pubblici. Il piano reca anche linee guida per l'adozione, da parte delle amministrazioni interessate da processi di riorganizzazione delle strutture, di sistemi di misurazione della qualità dei servizi resi all'utenza ».*

(3) *Comma abrogato dall'articolo 30, comma 4, lettera* f), *del d.lgs. 27 ottobre 2009, n. 150.*

(4) *Comma modificato dall'arti. 19, comma 13, lett.* b), *d.l. 24 giugno 2014, n. 90, conv., con modif. in l. 11 agosto 2014, n. 114.*

74. Decreto legislativo 18 agosto 2000, n. 267. — Testo unico delle leggi sull'ordinamento degli enti locali. (*estratto*) (1).

Pubblicato nella Gazzetta Ufficiale n. 227 del 28 settembre 2000, S.O. n. 162/L.

(1) *V. sub II, 12; v., in particolare la parte I, titolo VI: per il controllo sugli atti il Capo I (artt. 124-140), per il controllo sugli organi il Capo II (artt. 141-146) e gli artt. 147 (controlli interni) e 148 (controlli esterni sulla gestione da parte della Corte dei Conti).*

CAPO IV
Princìpi di gestione e controllo di gestione.

191 Regole per l'assunzione di impegni e per l'effettuazione di spese.

1. Gli enti locali possono effettuare spese solo se sussiste l'impegno contabile registrato sul competente programma (1) del bilancio di previsione e l'attestazione della copertura finanziaria di cui all'art. 153, comma 5. Nel caso di spese riguardanti trasferimenti e contributi ad altre amministrazioni pubbliche, somministrazioni, forniture, appalti e prestazioni professionali, il responsabile del procedimento di spesa comunica al destinatario le informazioni relative all'impegno (2). La

comunicazione dell'avvenuto impegno e della relativa copertura finanziaria, riguardanti le somministrazioni, le forniture e le prestazioni professionali, è effettuata contestualmente all'ordinazione della prestazione con l'avvertenza che la successiva fattura deve essere completata con gli estremi della suddetta comunicazione. Fermo restando quanto disposto al comma 4, il terzo interessato, in mancanza della comunicazione, ha facoltà di non eseguire la prestazione sino a quando i dati non gli vengano comunicati (2).

2. Per le spese previste dai regolamenti economali l'ordinazione fatta a terzi contiene il riferimento agli stessi regolamenti, alla missione e al programma (3) di bilancio e al relativo capitolo di spesa del piano esecutivo di gestione ed all'impegno (3).

3. Per i lavori pubblici di somma urgenza, cagionati dal verificarsi di un evento eccezionale o imprevedibile, la Giunta [qualora i fondi specificamente previsti in bilancio si dimostrino insufficienti,] (4) entro venti giorni dall'ordinazione fatta a terzi, su proposta del responsabile del procedimento, sottopone al Consiglio il provvedimento di riconoscimento della spesa con le modalità previste dall'articolo 194, comma 1, lettera *e*), prevedendo la relativa copertura finanziaria nei limiti delle accertate necessità per la rimozione dello stato di pregiudizio alla pubblica incolumità. Il provvedimento di riconoscimento è adottato entro 30 giorni dalla data di deliberazione della proposta da parte della Giunta, e comunque entro il 31 dicembre dell'anno in corso se a tale data non sia scaduto il predetto termine. La comunicazione al terzo interessato è data contestualmente all'adozione della deliberazione consiliare.

4. Nel caso in cui vi è stata l'acquisizione di beni e servizi in violazione dell'obbligo indicato nei commi 1, 2 e 3, il rapporto obbligatorio intercorre, ai fini della controprestazione e per la parte non riconoscibile ai sensi dell'art. 194, comma 1, lettera *e*), tra il privato fornitore e l'amministratore, funzionario o dipendente che hanno consentito la fornitura. Per le esecuzioni reiterate o continuative detto effetto si estende a coloro che hanno reso possibili le singole prestazioni.

5. Il regolamento di contabilità dell'ente disciplina le modalità attraverso le quali le fatture o i documenti contabili equivalenti che attestano l'avvenuta cessione di beni, lo stato di avanzamento di lavori, la prestazione di servizi nei confronti dell'ente sono protocollate ed, entro 10 giorni, annotate nel registro delle fatture ricevutesecondo le modalità previste dall'art. 42 del decreto-legge 24 aprile 2014, n. 66, convertito in legge, con modificazioni, dalla legge 23 giugno 2014, n. 89. Per il protocollo di tali documenti è istituito un registro uniconel rispetto della disciplina in materia di documentazione amministrativa di cui al decreto del Presidente della Repubblica 28 dicembre 2000, n. 445, ed è esclusa la possibilità di ricorrere a protocolli di settore o di reparto (5).

(1) *La parola* « programma » *è stata sostituita alle parole* « intervento o capitolo » *dall'art. 74, n. 34), lett.* a), *d.lgs. 23 giugno 2011, n. 118, come modificato dall'art. 1, comma 1, lett. aa) d.lgs. 10 agosto 2014, n. 126, a decorrere dall'esercizio finanziario 2015, come disposto dall'art. 80 d.lgs. n. 118, cit.*

(2) *Periodi così sostituiti all'originario secondo periodo dall'art. 74, n. 34), lett.* a), *d.lgs. n. 118, cit., come modificato dall'art. 1, comma 1, lett.* aa) *d.lgs. n. 126, cit. V. nota 1 per la decorrenza disposta dall'art. 80 d.lgs. n. 118, cit. Il testo dell'originario secondo periodo era il seguente:* « Il responsabile del servizio, conseguita l'esecutività del provvedimento di spesa, comunica al terzo interessato l'impegno e la copertura finanziaria contestualmente all'ordinazione della prestazione, con l'avvertenza che la successiva fattura deve essere completata con gli estremi della suddetta comunicazione. Fermo restando quanto disposto al comma 4, il terzo interessato, in mancanza della comunicazione, ha facoltà di non eseguire la prestazione sino a quando i dati non gli vengano comunicati ».

(3) *Le parole* « alla missione e al programma » *sono state sostituite alle parole* « all'intervento o capitolo » *e le parole da* « al relativo » *a* « all'impegno » *sono state inserite dall'art. 74, comma 1, n. 34), lett.* b) *d.lgs. n. 118, cit., come modificato dall'art. 1, comma 1, lett.* aa) *d.lgs. n. 126, cit. V. nota 1 per la decorrenza disposta dall'art. 80 d.lgs. n. 118, cit.*

(4) *Le parole tra parentesi quadre sono state soppresse dall'art. 1, comma 901, l. 30 dicembre 2018, n. 145.*

(5) *Comma così sostituito dall'art. 74, comma 1, n. 34), lett.* c) *d.lgs. n. 118, cit., come modificato dall'art. 1, comma 1, lett.* aa) *d.lgs. n. 126, cit. V. nota 1 per la decorrenza disposta dall'art. 80 d.lgs. n. 118, cit. Il testo del comma era il seguente:* « 5. Agli enti locali che presentino, nell'ultimo rendiconto deliberato, disavanzo di amministrazione ovvero indichino debiti fuori bilancio per i quali non sono stati validamente adottati i provvedimenti di cui all'art. 193, è fatto divieto di assumere impegni e pagare spese per servizi non espressamente previsti per legge. Sono fatte salve le spese da sostenere a fronte di impegni già assunti nei precedenti esercizi ».

192 Determinazioni a contrattare e relative procedure.

1. La stipulazione dei contratti deve essere preceduta da apposita determinazione del responsabile del procedimento di spesa indicante:

a) il fine che con il contratto si intende perseguire;

b) l'oggetto del contratto, la sua forma e le clausole ritenute essenziali;

c) le modalità di scelta del contraente ammesse dalle disposizioni vigenti in materia di contratti delle pubbliche amministrazioni e le ragioni che ne sono alla base.

2. Si applicano, in ogni caso, le procedure previste dalla normativa della Unione europea recepita o comunque vigente nell'ordinamento giuridico italiano.

193 Salvaguardia degli equilibri di bilancio.

1. Gli enti locali rispettano durante la gestione e nelle variazioni di bilancio il pareggio finanziario e tutti gli equilibri stabiliti in bilancio per la copertura delle spese correnti e per il finanziamento degli investimenti, secondo le norme contabili recate dal presente testo unico, con particolare riferimento agli equilibri di competenza e di cassa di cui all'art. 162, comma 6 (1).

2. Con periodicità stabilita dal regolamento di contabilità dell'ente locale, e comunque almeno una volta entro il 31 luglio di ciascun anno, l'organo consiliare provvede con delibera a dare atto del permanere degli equilibri generali di bilancio o, in caso di accertamento negativo ad adottare, contestualmente:

a) le misure necessarie a ripristinare il pareggio qualora i dati della gestione finanziaria facciano prevedere un disavanzo, di gestione o di amministrazione, per squilibrio della gestione di competenza, di cassa ovvero della gestione dei residui;

b) i provvedimenti per il ripiano degli eventuali debiti di cui all'art. 194;

c) le iniziative necessarie ad adeguare il fondo crediti di dubbia esigibilità accantonato nel risultato di amministrazione in caso di gravi squilibri riguardanti la gestione dei residui.

La deliberazione è allegata al rendiconto dell'esercizio relativo (2) (3) (4).

3. Ai fini del comma 2, fermo restando quanto stabilito dall'art. 194, comma 2, possono essere utilizzate per l'anno in corso e per i due successivi le possibili economie di spesa e tutte le entrate, ad eccezione di quelle provenienti dall'assunzione di prestiti e di quelle con specifico vincolo di destinazione, nonché i proventi derivanti da alienazione di beni patrimoniali disponibili e da altre entrate in c/capitale con riferimento a squilibri di parte capitale. Ove non possa provvedersi con le modalità sopra indicate è possibile impiegare la quota libera del risultato di amministrazione. Per il ripristino degli equilibri di bilancio e in deroga all'art. 1, comma 169, della legge 27 dicembre 2006, n. 296, l'ente può modificare le tariffe e le aliquote relative ai tributi di propria competenza entro la data di cui al comma 2 (5).

4. La mancata adozione, da parte dell'ente, dei provvedimenti di riequilibrio previsti dal presente articolo è equiparata ad ogni effetto alla mancata approvazione del bilancio di previsione di cui all'art. 141, con applicazione della procedura prevista dal comma 2 del medesimo articolo.

(1) *Le parole* «, con particolare riferimento agli equilibri di competenza e di cassa di cui all'art. 162, comma 6. » *sono state inserite dall'art. 74, comma 1, n. 35), lett.* a) *d.lgs. 23 giugno 2011, n. 118, come modificato dall'art. 1, comma 1, lett. aa) d.lgs. 10 agosto 2014, n. 126, a decorrere dall'esercizio finanziario 2015, come disposto dall'art. 80 d.lgs. n. 118, cit.*

(2) *A norma dell'art. 78, comma 7, d.l. 25 giugno 2008, n. 112, come modificato in sede di conversione in l. 6 agosto 2008, n. 133, per il comune di Roma sono prorogati di sei mesi i termini previsti per l'approvazione del rendiconto relativo all'esercizio 2007, per l'adozione della delibera di cui al presente comma, e per l'assestamento del bilancio relativo all'esercizio 2008.*

(3) *A norma dell'art. 107, comma 2, d.l. 17 marzo 2020, n. 18, conv., con modif., in l. 24 aprile 2020, n. 27, come modificato da ultimo dall'art. 54, comma 1, d.l. 14 agosto 2020, n. 104, conv., con modif., in l. 13 ottobre 2020, n. 126, il termine di cui al presente comma, è differito al 30 novembre 2020.*

(4) *Le parole* « 31 luglio » *sono state sostituite alle parole* « 30 settembre », *le parole* « a dare » *sono state sostituite alle parole* « ad effettuare la ricognizione sullo stato di attuazione dei programmi. In tale sede l'organo consiliare dà », *le parole da* « ad adottare, contestualmente » *alla fine del comma sono state sostituite alle parole* «, adotta contestualmente i provvedimenti necessari per il ripiano degli eventuali debiti di cui all'art. 194, per il ripiano dell'eventuale disavanzo di amministrazione risultante dal rendiconto approvato e, qualora i dati della gestione finanziaria facciano prevedere un disavanzo, di amministrazione o di gestione, per squilibrio della gestione di competenza ovvero della gestione dei residui, adotta le misure necessarie a ripristinare il pareggio. » *dall'art. 74, comma 1, n. 34), lett.* b) *d.lgs. n. 118, cit., come modificato dall'art. 1, comma 1, lett.* aa) *d.lgs. n. 126, cit. V. nota 1 per la decorrenza disposta dall'art. 80 d.lgs. n. 118, cit.*

(5) *Comma sostituito dall'art. 74, comma 1, n. 34), lett.* c) *d.lgs. n. 118, cit., come modificato dall'art. 1, comma 1, lett.* aa) *d.lgs. n. 126, cit. V. nota 1 per la decorrenza disposta dall'art. 80 d.lgs. n. 118, cit. Il testo del comma era il seguente:* « 3. Ai fini del comma 2 possono essere utilizzate per l'anno in corso e per i due successivi tutte le entrate e le disponibilità ad eccezione di quelle provenienti dall'assunzione di prestiti e di quelle aventi specifica destinazione per legge, nonché i proventi derivanti da alienazione di beni patrimoniali disponibili con riferimento a squilibri di parte capitale. Per il ripristino degli equilibri di bilancio e in deroga all'articolo 1, comma 169, della legge 27 dicembre 2006, n. 296, l'ente può modificare le tariffe e le aliquote relative ai tributi di propria competenza entro la data di cui al comma 2 ».

194 Riconoscimento di legittimità di debiti fuori bilancio.

1. Con deliberazione consiliare di cui all'art. 193, comma 2, o con diversa periodicità stabilita dai regolamenti di contabilità, gli enti locali riconoscono la legittimità dei debiti fuori bilancio derivanti da:

a) sentenze esecutive;

b) copertura di disavanzi di consorzi, di aziende speciali e di istituzioni, nei limiti degli obblighi derivanti da statuto, convenzione o atti costitutivi, purché sia stato rispettato l'obbligo di pareggio del bilancio di cui all'art. 114 ed il disavanzo derivi da fatti di gestione;

c) ricapitalizzazione, nei limiti e nelle forme previste dal codice civile o da norme speciali, di società di capitali costituite per l'esercizio di servizi pubblici locali:

d) procedure espropriative o di occupazione d'urgenza per opere di pubblica utilità;

e) acquisizione di beni e servizi, in violazione degli obblighi di cui ai commi 1, 2 e 3 dell'art. 191, nei limiti degli accertati e dimostrati utilità ed arricchimento per l'ente, nell'ambito dell'espletamento di pubbliche funzioni e servizi di competenza.

2. Per il pagamento, l'ente può provvedere anche mediante un piano di rateizzazione, della durata di tre anni finanziari compreso quello in corso, convenuto con i creditori.

3. Per il finanziamento delle spese suddette, ove non possa documentalmente provvedersi a norma dell'art. 193, comma 3, l'ente locale può far ricorso a mutui ai sensi degli articoli 202 e seguenti, nonché, in presenza di piani di rateizzazioni con durata diversa da quelli indicati al comma 2, può garantire la copertura finanziaria delle quote annuali previste negli accordi con i creditori in ciascuna annualità dei corrispondenti bilanci, in termini di competenza e di cassa (1). Nella relativa deliberazione consiliare viene dettagliatamente motivata l'impossibilità di utilizzare altre risorse.

(1) *Le parole da* «, nonché, in presenza di piani di rateizzazioni » *a* « in termini di competenza e di cassa » *sono state aggiunte dall'art. 53, comma 6, d.l. 14 agosto 2020, n. 104, conv., con modif., in l. 13 ottobre 2020, n. 126. Ai sensi del medesimo comma 6 del citato art. 53,* « *nella delibera di riconoscimento, le coperture sono puntualmente individuate con riferimento a ciascun esercizio del piano di rateizzazione convenuto con i creditori* ».

195 Utilizzo di entrate vincolate (1).

1. Gli enti locali, ad eccezione degli enti in stato di dissesto finanziario sino all'emanazione del decreto di cui all'art. 261, comma 3, possono disporre l'ulilizzo, in termini di cassa, delle entrate vincolate di cui all'art. 180, comma 3, lettera *d*) (2) per il finanziamento di spese correnti, anche se provenienti dall'assunzione di mutui con istituti diversi dalla Cassa depositi e prestiti, per un importo non superiore all'anticipazione di tesoreria disponibile ai sensi dell'art. 222. I movimenti di utilizzo e di reintegro delle somme vincolate di cui all'art. 180, comma 3, sono oggetto di registrazione contabile secondo le modalità indicate nel principio applicato della contabilità finanziaria (2).

2. L'utilizzo di entrate vincolate (3) presuppone l'adozione della deliberazione della giunta relativa al-

l'anticipazione di tesoreria di cui all'art. 222, comma 1, e viene deliberato in termini generali all'inizio di ciascun esercizio ed è attivato dall'ente con l'emissione di appositi ordinativi di incasso e pagamento di regolazione contabile (3).

3. Il ricorso all'utilizzo delle entrate vincolate (4), secondo le modalità di cui ai commi 1 e 2, vincola una quota corrispondente dell'anticipazione di tesoreria. Con i primi introiti non soggetti a vincolo di destinazione viene ricostituita la consistenza delle somme vincolate che sono state utilizzate per il pagamento di spese correnti. La ricostituzione dei vincoli è perfezionata con l'emissione di appositi ordinativi di incasso e pagamento di regolazione contabile (4).

4. Gli enti locali che hanno deliberato alienazioni del patrimonio ai sensi dell'art. 193 possono, nelle more del perfezionamento di tali atti, utilizzare in termini di cassa le entrate vincolate (5), fatta eccezione per i trasferimenti di enti del settore pubblico allargato e del ricavato dei mutui e dei prestiti, con obbligo di reintegrare le somme vincolate con il ricavato delle alienazioni.

(1) *Rubrica così sostituita dall'art. 74, comma 1, n. 36), lett.* a) *d.lgs. 23 giugno 2011, n. 118, come modificato dall'art. 1, comma 1, lett.* aa) *d.lgs. 10 agosto 2014, n. 126, a decorrere dall'esercizio finanziario 2015, come disposto dall'art. 80 d.lgs. n. 118, cit. Il testo della rubrica era il seguente:* « Utilizzo di entrate vincolate ».

(2) *Le parole* « delle entrate vincolate di cui all'art. 180, comma 3, lettera d) » *e il secondo periodo sono stati inseriti dall'art. 74, comma 1, n. 36), lett.* b) *d.lgs. n. 118, cit., come modificato dall'art. 1, comma 1, lett.* aa), *d.lgs. n. 126, cit. V. nota 1 per la decorrenza disposta dall'art. 80 d.lgs. n. 114, cit.*

(3) *Le parole* « entrate vincolate » *sono state sostituite alle parole* « somme a specifica destinazione » *e le parole* « dall'ente con l'emissione di appositi ordinativi di incasso e pagamento di regolazione contabile » *sono state sostituite alle parole* « dal tesoriere su specifiche richieste del servizio finanziario dell'ente » *dall'art. 74, comma 1, n. 36), lett.* c) *d.lgs. n. 118, cit., come modificato dall'art. 1, comma 1, lett.* aa), *d.lgs. n. 126, cit. V. nota 1 per la decorrenza disposta dall'art. 80 d.lgs. n. 114, cit.*

(4) *Le parole* « entrate vincolate » *sono state sostituite alle parole* « somme a specifica destinazione » e il terzo periodo è stato inserito *dall'art. 74, comma 1, n. 36), lett.* d) *d.lgs. n. 118, cit., come modificato dall'art. 1, comma 1, lett.* aa), *d.lgs. n. 126, cit. V. nota 1 per la decorrenza disposta dall'art. 80 d.lgs. n. 114, cit.*

(5) *Le parole* « entrate vincolate » *sono state sostituite alle parole* « somme a specifica destinazione » *dall'art. 74, comma 1, n. 36), lett.* e) *d.lgs. n. 118, cit., come modificato dall'art. 1, comma 1, lett.* aa), *d.lgs. n. 126, cit. V. nota 1 per la decorrenza disposta dall'art. 80 d.lgs. n. 114, cit.*

196 Controllo di gestione.

1. Al fine di garantire la realizzazione degli obiettivi programmati, la corretta ed economica gestione delle risorse pubbliche, l'imparzialità ed il buon andamento della pubblica amministrazione e la trasparenza dell'azione amministrativa, gli enti locali applicano il controllo di gestione secondo le modalità stabilite dal presente titolo, dai propri statuti e regolamenti di contabilità.

2. Il controllo di gestione è la procedura diretta a verificare lo stato di attuazione degli obiettivi programmati e, attraverso l'analisi delle risorse acquisite e della comparazione tra i costi e la quantità dei servizi offerti, la funzionalità dell'organizzazione dell'ente, l'efficacia, l'efficienza ed il livello di economicità nell'attività di realizzazione dei predetti obiettivi.

197 Modalità del controllo di gestione.

1. Il controllo di gestione, di cui all'art. 147, comma 1, lettera *b*), ha per oggetto l'intera attività amministrativa e gestionale delle province, dei comuni, delle Comunità montane, delle unioni dei comuni e delle città metropolitane ed è svolto con una cadenza periodica definita dal regolamento di contabilità dell'ente.

2. Il controllo di gestione si articola almeno in tre fasi:

a) predisposizione del piano esecutivo di gestione (1);

b) rilevazione dei dati relativi ai costi ed ai proventi nonché rilevazione dei risultati raggiunti;

c) valutazione dei dati predetti in rapporto al piano degli obiettivi al fine di verificare il loro stato di attuazione e di misurare l'efficacia, l'efficienza ed il grado di economicità dell'azione intrapresa.

3. Il controllo di gestione è svolto in riferimento ai singoli servizi e centri di costo, ove previsti, verificando in maniera complessiva e per ciascun servizio i mezzi finanziari acquisiti, i costi dei singoli fattori produttivi, i risultati qualitativi e quantitativi ottenuti e, per i servizi a carattere produttivo, i ricavi.

4. La verifica dell'efficacia, dell'efficienza e della economicità dell'azione amministrativa è svolta rapportando le risorse acquisite ed i costi dei servizi, ove possibile per unità di prodotto, ai dati rusultanti dal rapporto annuale sui parametri gestionali dei servizi degli enti locali di cui all'art. 228, comma 7.

(1) *Lettera così sostituita dall'art. 74, comma 1, n. 37), lett.* a) *d.lgs. 23 giugno 2011, n. 118, come modificato dall'art. 1, comma 1, lett.* aa) *d.lgs. 10 agosto 2014, n. 126, a decorrere dall'esercizio finanziario 2015, come disposto dall'art. 80 d.lgs. n. 118, cit. Il testo della lettera era il seguente:* « *a*) predisposizione di un piano dettagliato di obiettivi; ».

198 Referto del controllo di gestione.

1. La struttura operativa alla quale è assegnata la funzione del controllo di gestione fornisce le conclusioni del predetto controllo agli amministratori ai fini della verifica dello stato di attuazione degli obiettivi programmati ed ai responsabili dei servizi affinché questi ultimi abbiano gli elementi necessari per valutare l'andamento della gestione dei servizi di cui sono responsabili.

198-*bis* Comunicazione del referto (1).

1. Nell'ambito dei sistemi di controllo di gestione di cui agli articoli 196, 197 e 198, la struttura operativa alla quale è assegnata la funzione del controllo di gestione fornisce la conclusione del predetto controllo, oltre che agli amministratori ed ai responsabili dei servizi ai sensi di quanto previsto dall'articolo 198, anche alla Corte dei conti.

(1) *Articolo inserito dall'art. 1 d.l. 12 luglio 2004, n. 168, conv., con modif., in l. 30 luglio 2004, n. 191.*

75. Decreto del Presidente della Repubblica 12 dicembre 2006, n. 315. — Regolamento recante riordino del Comitato tecnico-scientifico per il controllo strategico nelle amministrazioni dello Stato.

Pubblicato nella Gazzetta Ufficiale n. 38 del 15 febbraio 2006.

1 Riordino del Comitato tecnico-scientifico.

1. Il Comitato tecnico-scientifico per il controllo strategico nelle amministrazioni dello Stato, di seguito denominato: « Comitato », istituito presso la Presidenza del Consiglio dei Ministri ai sensi dell'articolo 7 del decreto legislativo 30 luglio 1999, n. 286, è composto da un Presidente e da tre membri.

2. I componenti sono scelti, nel rispetto del principio di pari opportunità tra uomini e donne, tra professori universitari, magistrati amministrativi, contabili ed ordinari, avvocati dello Stato, funzionari parlamentari, avvocati del libero foro con almeno quindici anni di iscrizione nell'albo professionale, dirigenti di prima fascia dello Stato e dirigenti delle pubbliche amministrazioni di livello equivalente in base ai rispettivi ordinamenti o tra esperti di chiara fama, anche stranieri, nelle materie oggetto delle attività del Comitato.

3. I componenti restano in carica fino alla scadenza del termine di durata del Comitato, ferma restando l'applicazione dell'articolo 31, comma 4, della legge 23 agosto 1988, n. 400, e possono essere confermati una sola volta, nel caso di proroga della durata del Comitato ai sensi dell'articolo 3 (1).

(1) *Per la soppressione del Comitato di cui al presente articolo v. l'art. 19, comma 14, d.l. 24 giugno 2014, n. 90, conv., con modif. in l. 11 agosto 2014, n. 114.*

2 Funzioni e compiti.

1. Il Comitato, ai fini del coordinamento delle attività di competenza delle amministrazioni dello Stato in materia di valutazione e controllo strategico, di cui all'articolo 6 del decreto legislativo 30 luglio 1999, n. 286:

a) svolge attività di supporto al Presidente del Consiglio dei Ministri o al Ministro da lui delegato, al fine di assicurare la coerenza tra il programma di Governo e la pianificazione strategica dei Ministeri in relazione alle funzioni di direzione della politica generale e di mantenimento dell'unità d'indirizzo politico ed amministrativo del Governo;

b) promuove l'utilizzo di metodologie e strumenti comuni per la pianificazione strategica delle amministrazioni dello Stato, la circolazione di informazioni e documenti, il confronto di buone prassi, l'accumulo e la diffusione di conoscenze, anche con riferimento alle esperienze di altri Paesi;

c) elabora metodologie e strumenti per assicurare e migliorare il collegamento fra gli obiettivi strategici e l'allocazione e l'uso delle risorse nelle amministrazioni dello Stato;

d) elabora proposte per la progressiva integrazione tra il processo di formazione del bilancio ed il processo di pianificazione strategica delle amministrazioni dello Stato;

e) formula, anche su richiesta del Presidente del Consiglio dei Ministri, valutazioni specifiche di politiche pubbliche o programmi operativi plurisettoriali.

3 Durata e relazione di fine mandato.

1. Il Comitato dura in carica tre anni, decorrenti dalla data di entrata in vigore del presente regolamento.

2. Tre mesi prima della scadenza del termine di durata, il Comitato presenta una relazione sull'attività svolta alla Presidenza del Consiglio dei Ministri, ai fini della valutazione della perdurante utilità dell'organismo e della conseguente eventuale proroga della durata del Comitato, comunque non superiore a tre anni, da adottarsi con decreto del Presidente del Consiglio dei Ministri. Gli eventuali successivi decreti di proroga sono adottati secondo la medesima procedura (1).

(1) *A norma dell'articolo 1 del d.P.C.M. 3 agosto 2011 il Comitato tecnico-scientifico per il controllo strategico, di cui al presente articolo è prorogato per un periodo non superiore a due anni.*

4 Supporto tecnico e banca dati.

1. Il Comitato si avvale del supporto tecnico del Dipartimento per il programma di Governo della Presidenza del Consiglio dei Ministri.

2. Il Comitato si avvale, altresì, del supporto informativo della banca dati, già costituita presso la Presidenza del Consiglio dei Ministri ai sensi dell'articolo 7, comma 1, del decreto legislativo 30 luglio 1999, n. 286, accessibile in via telematica e alimentata dalle amministrazioni dello Stato, alla quale affluiscono le direttive annuali dei Ministri e gli indicatori di efficacia, efficienza ed economicità relativi ai centri di responsabilità e alle funzioni obiettivo del bilancio dello Stato.

5 Forme di consultazione.

1. Al fine di acquisire proposte, pareri, dati e informazioni per l'espletamento dei compiti di cui all'articolo 3, il Comitato svolge audizioni generali con i rappresentanti delle amministrazioni e istituisce altre forme di consultazione settoriale.

6 Abrogazioni.

1. A decorrere dalla data di entrata in vigore del presente regolamento è abrogato l'articolo 7 del decreto legislativo 30 luglio 1999, n. 286.

Il presente decreto, munito del sigillo dello Stato, sarà inserito nella Raccolta ufficiale degli atti normativi della Repubblica italiana. È fatto obbligo a chiunque spetti di osservarlo e di farlo osservare.

76. Decreto legislativo 30 giugno 2011, n. 123. — Riforma dei controlli di regolarità amministrativa e contabile e potenziamento dell'attività di analisi e valutazione della spesa, a norma dell'articolo 49 della legge 31 dicembre 2009, n. 196.

Pubblicato nella Gazzetta Ufficiale n. 179 del 3 agosto 2011.

TITOLO I
Principi generali e criteri direttivi

1 Ambito di applicazione.

1. In attuazione dell'articolo 49 della legge 31 dicembre 2009, n. 196, le disposizioni del presente decreto recano la disciplina del controllo di regolarità amministrativa e contabile, di cui all'articolo 1, comma 1, lettera *a*), e all'articolo 2 del decreto legislativo 30 luglio 1999, n. 286, nonché disposizioni volte al rafforzamento ed alla graduale estensione a tutte le amministrazioni pubbliche delle attività di analisi e valutazione della spesa (1).

2. Il Dipartimento della Ragioneria generale dello Stato, nell'ambito delle sue competenze, adotta i provvedimenti necessari per assicurare l'adeguatezza e la coerenza del controllo, al fine di garantire la proficuità, la correttezza e la regolarità delle gestioni. In particolare:

a) valuta e verifica la regolarità dei sistemi contabili;

b) svolge l'analisi dei programmi e concorre, con le amministrazioni interessate, alla revisione delle procedure di spesa e dell'allocazione delle risorse in bilancio nell'ambito dei nuclei di analisi e valutazione di cui all'articolo 4, comma 4;

c) svolge un costante monitoraggio della programmazione e della corretta applicazione delle disposizioni sul contenimento della spesa, valutando gli oneri delle funzioni e dei servizi istituzionali, nonché dei programmi e dei progetti presentati dalle amministrazioni.

(1) *Così corretto con Comunicato 6 dicembre 2011.*

2 Principi del controllo di regolarità amministrativa e contabile.

1. Il controllo di regolarità amministrativa e contabile di cui all'articolo 1, comma 1, lettera *a*), e all'articolo 2 del decreto legislativo 30 luglio 1999, n. 286, ha per oggetto gli atti aventi riflessi finanziari sui bilanci dello Stato, delle altre amministrazioni pubbliche e degli organismi pubblici.

2. Il controllo di cui al comma 1 è svolto dagli organi appositamente previsti dalle disposizioni vigenti nei diversi comparti della pubblica amministrazione e, in particolare, nell'ambito delle proprie competenze istituzionali, dal Dipartimento della Ragioneria generale dello Stato, attraverso i propri uffici centrali e periferici e i Servizi ispettivi di finanza pubblica, nonché dai collegi di revisione e sindacali presso gli enti e organismi pubblici, al fine di assicurare la legittimità e proficuità della spesa.

3. Il Ragioniere generale dello Stato presenta annualmente al Ministro dell'economia e delle finanze una relazione sull'attività di vigilanza e controllo svolta dagli uffici centrali e periferici del Dipartimento della Ragioneria generale dello Stato, anche ai fini della successiva trasmissione alla Corte dei conti (1).

4. Sono fatte salve tutte le speciali disposizioni in materia di controllo vigenti per le amministrazioni, gli organismi e gli organi dello Stato dotati di autonomia finanziaria e contabile.

5. Il controllo di regolarità amministrativa e contabile è volto a garantire la legittimità contabile e amministrativa, al fine di assicurare la trasparenza, la regolarità e la correttezza dell'azione amministrativa, e si svolge in via preventiva o successiva rispetto al momento in cui l'atto di spesa spiega i suoi effetti, secondo i principi e i criteri stabiliti dal presente decreto.

6. Fatto salvo quanto previsto dall'articolo 3, comma 1, della legge 14 gennaio 1994, n. 20, a seguito dell'esito positivo del controllo preventivo di regolarità amministrativa e contabile, l'atto diviene efficace a decorrere dalla data della sua emanazione.

7. Il procedimento di controllo è svolto nei termini e secondo le modalità previste dal presente decreto.

8. I controlli di cui al presente articolo si adeguano al processo di dematerializzazione degli atti, nel rispetto delle regole tecniche per la riproduzione e conservazione dei documenti su supporto idoneo a garantirne la conformità agli originali, secondo la vigente normativa di riferimento.

(1) *Comma sostituito dall'art.* 16-ter, comma 3, *d.l. 26 ottobre 2019, n. 124, conv., con modif., in l. 19 dicembre 2019, n. 157. Il testo del comma era il seguente:* « 3. L'Ispettorato generale di finanza esercita le funzioni di vigilanza e coordinamento sulle attività di controllo svolte dagli uffici centrali e periferici del Dipartimento della Ragioneria generale dello Stato e dai collegi di revisione e sindacali. Per ogni esercizio finanziario l'Ispettorato generale di finanza presenta una relazione sull'attività svolta al Ragioniere generale dello Stato, che la comunica con le proprie eventuali osservazioni al Ministro dell'economia e delle finanze. La relazione è trasmessa dal Ministro dell'economia e delle finanze alla Corte dei conti ».

3 Organi di controllo.

1. Il controllo di regolarità amministrativa e contabile sugli atti adottati dalle amministrazioni statali centrali e periferiche è svolto, rispettivamente, dagli Uffici centrali del bilancio operanti presso ciascuna amministrazione centrale, dall'Ufficio centrale di ragioneria presso l'Amministrazione autonoma dei Monopoli di Stato e dalle Ragionerie territoriali dello Stato secondo il proprio ambito di competenza.

2. Agli effetti del presente decreto, gli Uffici centrali del bilancio, l'Ufficio centrale di ragioneria presso l'Amministrazione autonoma dei Monopoli di Stato e le

Ragionerie territoriali dello Stato sono definiti uffici di controllo, che costituiscono il sistema delle ragionerie.

3. Gli atti di spesa adottati dalle amministrazioni centrali dello Stato sono assoggettati al controllo dei rispettivi Uffici centrali del bilancio e dall'Ufficio centrale di ragioneria presso l'Amministrazione autonoma dei Monopoli di Stato.

4. Gli atti di spesa adottati dalle amministrazioni periferiche dello Stato sono assoggettati al controllo dalle Ragionerie territoriali dello Stato, secondo la rispettiva competenza.

4-*bis*. Per particolari e motivate esigenze di carattere organizzativo, anche connesse all'articolazione territoriale delle amministrazioni, le attività di controllo degli atti di cui all'articolo 5, comma 2, lettere *c*), e *d*) ed all'articolo 11, comma 3-*ter*, possono essere affidate, prioritariamente nell'ambito della medesima Regione e per periodi di tempo determinati, ad altre Ragionerie territoriali individuate con determina del Ragioniere generale dello Stato (1).

5. Gli atti adottati dalle amministrazioni periferiche organizzate su base interprovinciale o interregionale sono sottoposti all'ufficio di controllo territorialmente competente rispetto alla sede dell'ufficio che ha adottato l'atto. Per particolari e motivate esigenze, con determina del Ragioniere generale dello Stato può essere stabilita una diversa competenza territoriale.

6. Il controllo sui decreti interministeriali è svolto dagli Uffici centrali del bilancio individuati in relazione agli stati di previsione della spesa sui quali il decreto produce effetti finanziari.

7. Il controllo di regolarità amministrativa e contabile sugli atti adottati dagli enti ed organismi pubblici è svolto dai collegi dei revisori dei conti e sindacali, ai sensi degli articoli 19, e seguenti.

(1) *Comma inserito dall'articolo* 5-bis, *comma 1, lettera* a), *del d.lgs. 12 maggio 2016, n. 93, come modificato dall'articolo 2, comma 1, del d.lgs. 16 marzo 2018, n. 29.*

4 Analisi e valutazione della spesa.

1. L'analisi e valutazione della spesa è l'attività sistematica di analisi della programmazione e della gestione delle risorse finanziarie e dei risultati conseguiti dai programmi di spesa, finalizzata al miglioramento del grado di efficienza ed efficacia della spesa pubblica anche in relazione al conseguimento degli obiettivi di finanza pubblica. Essa viene attuata mediante l'elaborazione e l'affinamento di metodologie per la definizione dei fabbisogni di spesa, per la verifica e il monitoraggio dell'efficacia delle misure volte al miglioramento della capacità di controllo della stessa, in termini di quantità e di qualità, nonché la formulazione di proposte dirette a migliorare il rapporto costo-efficacia dell'azione amministrativa. Le attività di cui al precedente periodo sono realizzate avvalendosi anche di metodologie provenienti dall'analisi economica e statistica.

2. Le amministrazioni centrali dello Stato svolgono le attività di analisi e valutazione della spesa con le modalità di cui ai commi 4 e 5.

3. Le amministrazioni pubbliche diverse da quelle di cui al comma 2, nell'ambito della propria autonomia, svolgono attività di analisi della spesa, di monitoraggio e valutazione degli interventi, al fine di ottimizzare l'utilizzo delle risorse e di promuovere una maggiore efficienza ed efficacia della spesa pubblica.

4. L'analisi e la valutazione della spesa delle amministrazioni centrali dello Stato si svolge nell'ambito dei nuclei di analisi e valutazione istituiti ai sensi dell'articolo 39 della legge 31 dicembre 2009, n. 196. Ciascun nucleo è costituito da rappresentanti del Ministero interessato e del Ministero dell'economia e delle finanze - Dipartimento della Ragioneria generale dello Stato, che ne cura il coordinamento. Ai nuclei partecipa anche un rappresentante della Presidenza del Consiglio dei Ministri - Dipartimento della funzione pubblica.

5. Il Dipartimento della Ragioneria generale dello Stato - Ispettorato generale del bilancio - supporta il programma di lavoro dei nuclei di analisi e valutazione della spesa delle amministrazioni centrali e propone strumenti e misure per rafforzare il monitoraggio della spesa e la valutazione delle politiche pubbliche, anche tramite il rapporto triennale sulla valutazione e analisi della spesa delle amministrazioni centrali dello Stato di cui all'articolo 41 della legge del 31 dicembre 2009, n. 196.

TITOLO II
Controllo di regolarità amministrativa e contabile sugli atti delle amministrazioni statali

CAPO I
Controllo preventivo

5 Atti sottoposti al controllo preventivo.

1. Sono assoggettati al controllo preventivo di regolarità amministrativa e contabile tutti gli atti dai quali derivino effetti finanziari per il bilancio dello Stato, ad eccezione di quelli posti in essere dalle amministrazioni, dagli organismi e dagli organi dello Stato dotati di autonomia finanziaria e contabile.

2. Sono in ogni caso soggetti a controllo preventivo i seguenti atti:

a) atti soggetti a controllo preventivo di legittimità della Corte dei conti;

b) decreti di approvazione di contratti o atti aggiuntivi, atti di cottimo e affidamenti diretti, atti di riconoscimento di debito;

c) provvedimenti o contratti di assunzione di personale a qualsiasi titolo;

d) atti relativi alle modifiche della posizione giuridica o della base stipendiale del personale statale in servizio (1);

e) accordi in materia di contrattazione integrativa, di qualunque livello, intervenuti ai sensi della vigente normativa legislativa e contrattuale. Gli accordi locali stipulati dalle articolazioni centrali e periferiche dei Ministeri sono sottoposti al controllo da parte del competente Ufficio centrale del bilancio;

f) atti e provvedimenti comportanti trasferimenti di somme dal bilancio dello Stato ad altri enti o organismi;

g) atti e provvedimenti di gestione degli stati di previsione dell'entrata e della spesa, nonché del conto del patrimonio.

g-bis) contratti passivi, convenzioni, decreti ed altri provvedimenti riguardanti interventi a titolarità delle Amministrazioni centrali dello Stato, cofinanziati in tutto o in parte con risorse dell'Unione europea, ovvero aventi carattere di complementarità rispetto alla programmazione dell'Unione europea, giacenti sulla contabilità del Fondo di rotazione di cui all'articolo 5 della legge 16 aprile 1987, n. 183. Restano ferme le disposizioni della legge 25 novembre 1971, n. 1041, per la rendicontazione dei pagamenti conseguenti agli atti assoggettati al controllo di cui al periodo precedente (2).

3. Gli atti di cui al comma 2, lettera *a*), soggetti al controllo preventivo di legittimità da parte della Corte dei conti ai sensi dell'articolo 3 della legge 14 gennaio 1994, n. 20, sono inviati dalle amministrazioni contestualmente agli Uffici di controllo, per l'effettuazione del controllo preventivo di regolarità contabile, e agli uffici della Corte dei conti competenti per l'effettuazione del controllo di legittimità. Gli atti soggetti al controllo preventivo di cui al comma 2, lettere *b*), *c*), *d*), *e*), *f*), *g*) e *g-bis*), sono inviati agli Uffici di controllo per il controllo di regolarità amministrativa e contabile (3).

3-*bis*. Gli atti di cui al comma 2, lettere *a*), *b*) e *c*), sono assoggettati unicamente al controllo successivo qualora facenti parte di una delle rendicontazioni previste dall'articolo 11, comma 1, lettere *a*), *b*) e *c*). È fatto salvo quanto previsto dall'articolo 11, comma 5 (4).

3-*ter*. Gli ordinativi di spesa emessi a valere sui fondi scorta di cui all'articolo 7-*ter* del decreto legislativo 12 maggio 2016, n. 90, sono assoggettati al solo controllo contabile, da espletarsi entro dieci giorni dal ricevimento degli stessi (5).

4. I contratti dichiarati segretati o che esigono particolari misure di sicurezza, ai sensi dell'articolo 17, comma 7, del decreto legislativo 12 aprile 2006, n. 163, sono sottoposti unicamente al controllo contabile di cui all'articolo 6, fatto salvo, in ogni caso, il controllo della Corte dei conti.

(1) *Lettera così sostituita dall'articolo 5, comma 1, lettera* a), *del d.lgs. 12 maggio 2016, n. 93, a decorrere dal 1° gennaio 2017.*

(2) *Lettera aggiunta dall'art. 1, comma 247, l. 27 dicembre 2013, n. 147.*

(3) *Comma sostituito dall'art. 33, comma 4, lett.* a), *d.l. 24 giugno 2014, n. 91, conv. con modif. in l. 11 agosto 2014, n. 116.*

(4) *Comma inserito dall'articolo 5, comma 1, lettera* b), *del d.lgs. 12 maggio 2016, n. 93, a decorrere dal 1° gennaio 2017.*

(5) *Comma inserito dall'articolo 6, comma 4, lettera* a), *del d.lgs. 12 settembre 2018, n. 116.*

6 Controllo contabile.

1. L'ufficio di controllo effettua la registrazione contabile delle somme relative agli atti di spesa di cui all'articolo 5, con conseguente effetto di rendere indisponibili ad altri fini le somme ad essa riferite.

2. Gli atti di spesa non possono avere corso qualora:

a) siano pervenuti oltre il termine perentorio di ricevibilità del 31 dicembre dell'esercizio finanziario cui si riferisce la spesa, fatti salvi quelli direttamente conseguenti all'applicazione di provvedimenti legislativi pubblicati nell'ultimo quadrimestre dell'anno, quelli relativi a risorse iscritte in bilancio a seguito dell'adozione, nell'ultimo mese dell'anno, di decreti di riassegnazione di entrate di scopo, nonché di quelli relativi alla attribuzione delle risorse di fondi la cui ripartizione, tra le unità elementari di bilancio interessate, è disposta con decreto del Ministro dell'economia e delle finanze, a seguito dell'emanazione di un provvedimento amministrativo che ne stabilisce la destinazione (1);

b) la spesa ecceda lo stanziamento dell'unità elementare di bilancio, ovvero dell'articolo, qualora l'unità elementare di bilancio sia suddivisa in articoli (2);

c) l'imputazione della spesa sia errata rispetto all'unità elementare di bilancio o all'esercizio finanziario, o alla competenza piuttosto che ai residui (3);

d) siano violate le disposizioni che prevedono specifici limiti a talune categorie di spesa;

e) non si rinviene la compatibilità dei costi della contrattazione integrativa con i vincoli di bilancio ai sensi dell'articolo 40-*bis* del decreto legislativo 31 marzo 2001, n. 165.

e-bis) i relativi provvedimenti di impegno non risultino conformi a quanto stabilito dall'articolo 34, comma 2, della legge 31 icembre 2009, n. 196, ovvero, nel caso in cui dispongano l'utilizzo di risorse destinate ad altre finalità, i corrispondenti decreti di variazione di bilancio non risultino registrati dalla Corte dei conti (4).

(1) *Lettera sostituita dall'articolo 5, comma 1, lettera* c), *del d.lgs. 12 maggio 2016, n. 93, a decorrere dal 1° gennaio 2017 e successivamente modificata dall'articolo 5-*bis, *comma 1, lettera* b), *numero 1), del d.lgs. 12 maggio 2016, n. 93, come modificato dall'articolo 2, comma 1, del d.lgs. 16 marzo 2018, n. 29.*

(2) *Lettera modificata dall'articolo 5-*bis, *comma 1, lettera* b), *numero 2), del d.lgs. 12 maggio 2016, n. 93, come modificato dall'articolo 2, comma 1, del d.lgs. 16 marzo 2018, n. 29.*

(3) *Lettera modificata dall'articolo 5-*bis, *comma 1, lettera* b), *numero 3), del d.lgs. 12 maggio 2016, n. 93, come modificato dall'articolo 2, comma 1, del d.lgs. 16 marzo 2018, n. 29.*

(4) *Lettera aggiunta dall'articolo 5, comma 1, lettera* d), *del d.lgs. 12 maggio 2016, n. 93, a decorrere dal 1° gennaio 2017.*

7 Controllo amministrativo.

1. A seguito della registrazione contabile prevista dall'articolo 6, sono accantonate e rese indisponibili le somme fino al momento del pagamento. L'ufficio di controllo procede all'esame degli atti di spesa sotto il profilo della regolarità amministrativa, con riferimento alla normativa vigente.

1-*bis*. Fermo restando il disposto dell'articolo 8, comma 4-*bis*, l'ufficio di controllo verifica in via preventiva che i pagamenti siano coerenti con il cronoprogramma di cui all'articolo 34, comma 7, della legge 31 dicembre 2009, n. 196 (1).

2. L'ufficio di controllo richiede chiarimenti o comunica le osservazioni nei termini indicati dall'articolo 8.

3. In caso di esito negativo del controllo di cui al comma 1, gli atti non producono effetti a carico del bilancio dello Stato, salvo che sia esplicitamente richiesto di dare ulteriore corso al provvedimento, sotto

la responsabilità del dirigente titolare della spesa ai sensi dell'articolo 10.

(1) *Comma inserito dall'articolo 5, comma 1, lettera* e), *del d.lgs. 12 maggio 2016, n. 93, a decorrere dal 1° gennaio 2017.*

8 Termini del controllo.

1. Gli atti di cui all'articolo 5, contestualmente alla loro adozione, sono inviati all'ufficio di controllo che, entro trenta giorni dal ricevimento, provvede all'apposizione del visto di regolarità amministrativa e contabile. Per i provvedimenti di cui all'articolo 5, comma 2, lettere *c*) e *d*), l'ufficio di controllo si pronuncia entro sessanta giorni. Per gli accordi in materia di contrattazione integrativa di cui all'articolo 5, comma 1, lettera *e*), restano fermi i termini previsti dalle vigenti disposizioni contrattuali. Per i pagamenti derivanti dalle transazioni commerciali di cui al decreto legislativo 9 ottobre 2002, n. 231, si applicano le disposizioni del comma 4-*bis* (1).

2. Fatte salve le norme in materia di controllo da parte della Corte dei conti, ai sensi dell'articolo 3 della legge 14 gennaio 1994, n. 20, trascorso il termine di cui al comma 1 senza che l'ufficio di controllo abbia formulato osservazioni o richiesto ulteriore documentazione, l'atto è efficace e viene restituito munito di visto.

3. In presenza di osservazioni o di richiesta di chiarimenti, salvo quanto previsto al comma 4-*bis*, i termini per l'espletamento del controllo di cui al comma 1 sono interrotti fino al momento in cui l'ufficio di controllo riceve i documenti o i chiarimenti richiesti (2).

4. Il controllo degli atti di cui all'articolo 5, comma 2, lettere *b*), *c*) e *d*), può essere espletato secondo un programma annuale approvato dal Ragioniere generale dello Stato, basato sulla complessità degli atti, sulla loro rilevanza ai fini della finanza pubblica e sull'efficacia dell'esercizio del controllo.

4-*bis*. Gli atti di pagamento emessi a titolo di corrispettivo nelle transazioni commerciali devono pervenire all'ufficio di controllo almeno 15 giorni prima della data di scadenza del termine di pagamento. L'ufficio di controllo espleta i riscontri di competenza e dà comunque corso al pagamento entro i 15 giorni successivi al ricevimento degli atti di pagamento, sia in caso di esito positivo, sia in caso di formulazione di osservazioni o richieste di integrazioni e chiarimenti. Qualora il dirigente responsabile non risponda alle osservazioni, ovvero i chiarimenti forniti non siano idonei a superare le osservazioni mosse, l'ufficio di controllo è tenuto a segnalare alla competente Procura Regionale della Corte dei conti eventuali ipotesi di danno erariale derivanti dal pagamento cui si è dato corso. Resta fermo il divieto di dare corso agli atti di spesa nelle ipotesi di cui all'articolo 6, comma 2, con riferimento ai quali comunque sussiste la responsabilità del dirigente che ha emanato l'atto (3) (4).

(1) *Comma modificato dall'art. 6, comma 8, lett.* a) *d.l. 8 aprile 2013, n. 35, conv. con modif. in l. 6 giugno 2013, n. 64.*

(2) *Comma modificato dall'art. 6, comma 8, lett.* b) *d.l. 8 aprile 2013, n. 35, conv. con modif. in l. 6 giugno 2013, n. 64.*

(3) *Comma inserito dall'art. 6, comma 8, lett.* c) *d.l. 8 aprile 2013, n. 35, conv. con modif. in l. 6 giugno 2013, n. 64.*

(4) *Per la riduzione dei termini di cui al presente articolo v. l'art. 18-*bis*, comma 2, d.l. 17 ottobre 2016, n. 189, conv.,con modif., in l. 15 dicembre 2016, n. 229, coma da ultimo modificato dall'art. 9-*decies *d.l. 24 ottobre 2019, n. 123, conv., con modif., in l. 12 dicembre 2019, n. 56, che così dispone: « 2. Per l'adozione delle misure di cui al comma 1, è autorizzata la spesa di euro 5 milioni nell'anno 2016, euro 10 milioni nell'anno 2017, euro 8 milioni nell'anno 2018, euro 6 milioni nell'anno 2019 euro 4,15 milioni nell'anno 2020, euro 4,75 milioni nell'anno 2021 ed euro 2,85 milioni nell'anno 2022. Dette somme sono ripartite tra gli Uffici scolastici regionali interessati con decreto del Ministro dell'istruzione, dell'università e della ricerca e costituiscono limite di spesa per le attività di cui al comma 1. Per l'adozione del decreto di riparto, i termini di cui all'articolo 8 del decreto legislativo 30 giugno 2011, n. 123, sono ridotti a due giorni, incrementabili fino a sette giorni in presenza di motivate esigenze; è in ogni caso fatto salvo il disposto dell'articolo 6 del medesimo decreto legislativo »..*

9 Documentazione giustificativa.

1. Gli atti sottoposti al controllo sono corredati da titoli, documenti, certificazioni previste da specifiche norme e da ogni altro atto o documento giustificativo degli stessi.

2. La documentazione di cui al comma 1 è allegata in originale.

Nei casi debitamente attestati e motivati dal dirigente responsabile della spesa, in cui ricorra l'imprescindibile esigenza di conservare gli originali presso l'ufficio emittente, è possibile allegare copie, munite della certificazione di conformità all'originale.

Espletato il controllo, gli atti e la relativa documentazione sono restituiti all'amministrazione.

3. Sono fatte salve le disposizioni in materia di dematerializzazione degli atti e dei flussi informativi tra le pubbliche amministrazioni, con particolare riferimento alle disposizioni in materia di Codice dell'amministrazione digitale di cui al decreto legislativo 7 marzo 2005, n. 82, e successive modificazioni.

10 Effetti delle osservazioni.

1. Ricevute le osservazioni o le richieste di chiarimenti di cui all'articolo 8, il dirigente responsabile comunica, entro trenta giorni, se intende modificare o ritirare il provvedimento, per conformarsi alle indicazioni ricevute dall'ufficio di controllo.

Entro il medesimo termine il dirigente responsabile, sotto la propria responsabilità, può disporre di dare comunque seguito al provvedimento, che acquista efficacia pur in presenza di osservazioni. In tali casi l'ufficio di controllo ne prende atto e trasmette l'atto corredato dalle osservazioni e dalla relativa documentazione al competente ufficio di controllo della Corte dei conti.

2. Nei casi in cui il termine di cui al comma 1 decorre senza alcuna disposizione impartita dal dirigente responsabile ai sensi del medesimo comma, il provvedimento oggetto di rilievo non acquista efficacia, è improduttivo di effetti contabili e viene restituito, non vistato, all'amministrazione emittente.

3. È esclusa la possibilità di disporre l'ulteriore corso del provvedimento nei seguenti casi:

a) provvedimenti non sorretti da un'obbligazione giuridicamente perfezionata o che dispongono l'utilizzo di somme destinate ad altre finalità;

b) provvedimenti concernenti pagamenti in conto sospeso emessi ai sensi dell'articolo 14 del decreto-legge 31 dicembre 1996, n. 669, convertito, con modificazioni, dalla legge 28 febbraio 1997, n. 30, e successive modificazioni, non derivanti da provvedimenti giurisdizionali o da lodi arbitrali aventi efficacia esecutiva.

CAPO II
Controllo successivo

11 Atti sottoposti al controllo successivo e soggetti obbligati.

1. Sono sottoposti al controllo successivo di regolarità amministrativa e contabile i seguenti atti:

a) rendiconti amministrativi relativi alle aperture di credito alimentate con fondi di provenienza statale resi dai funzionari delegati titolari di contabilità ordinaria e speciale;

b) rendiconti amministrativi resi dai commissari delegati titolari di contabilità speciale di cui all'articolo 5, comma 5-*bis*, della legge 24 febbraio 1992, n. 225, e successive modificazioni, nonché da ogni altro soggetto gestore, comunque denominato;

c) rendiconti amministrativi afferenti a un'unica contabilità speciale alimentata con fondi di provenienza statale e non statale per la realizzazione di accordi di programma;

c-bis) rendiconti di contabilità speciale concernenti i pagamenti degli interventi europei o della programmazione complementare di cui all'articolo 1, comma 671, della legge 23 dicembre 2014, n. 190 (1);

d) ogni altro rendiconto previsto da specifiche disposizioni di legge;

e) conti giudiziali;

e-bis) ordini collettivi di pagamento relativi alle competenze fisse ed accessorie del personale centrale e periferico dello Stato, erogati secondo le modalità di cui all'articolo 2, comma 197, della legge 23 dicembre 2009, n. 191, e successive modificazioni (2).

2. I soggetti gestori dei fondi di cui al comma 1, lettere dalla *a*) alla *d*), devono rendere il conto finanziario della loro gestione al competente ufficio di controllo al termine di ciascun esercizio finanziario, nonché alla conclusione dell'intervento delegato.

3. Nelle ipotesi di cui al comma 1, lettera *c*), qualora la quota parte di finanziamento statale sia maggioritaria, il riscontro viene effettuato dal competente ufficio di controllo del Dipartimento della Ragioneria generale dello Stato. Diversamente, il competente organo di controllo è individuato in sede di accordo di programma o dall'ordinamento dell'amministrazione che mette a disposizione la prevalente quota di finanziamento. In ogni caso, gli esiti del controllo sono comunicati a tutte le amministrazioni partecipanti per i relativi provvedimenti di competenza.

3-*bis*. Nelle ipotesi di cui al comma 1, lettera *e-bis*), agli ordini collettivi di pagamento, emessi in esecuzione dei provvedimenti amministrativi di cui all'articolo 5, comma 2, lettere *c*) e *d*), è data esecuzione sotto la diretta responsabilità dell'amministrazione ordinante. Gli uffici di controllo verificano i flussi dei pagamenti erogati e segnalano alle amministrazioni titolari delle partite stipendiali le eventuali irregolarità riscontrate. A questi fini gli uffici di controllo hanno accesso a tutti gli applicativi informatici e ai database in uso per il pagamento delle competenze fisse e accessorie del personale e possono richiedere ogni altro atto o documento ritenuto necessario (3).

3-*ter*. Entro il termine di cui all'articolo 14, comma 1, primo periodo, le amministrazioni centrali e periferiche dello Stato presentano agli uffici di controllo una rendicontazione dettagliata dei pagamenti effettuati ai sensi del comma 1, lettera *e-bis*) (4).

4. I commissari delegati e i soggetti attuatori di cui all'articolo 5, comma 5-*bis*, della legge 24 febbraio 1992, n. 225, e successive modificazioni, entro dieci giorni dall'insediamento, in considerazione della complessità della gestione e della rilevanza delle risorse normalmente accreditate, trasmettono all'ufficio di controllo copia dell'ordinanza istitutiva della gestione. Su specifica richiesta degli uffici di controllo, i commissari delegati trasmettono copia degli atti adottati riguardanti l'attività contrattuale posta in essere con l'utilizzo delle risorse ricevute e ogni elemento informativo ritenuto utile ai fini del successivo controllo del rendiconto.

5. Per particolari tipologie di spese effettuate da commissari delegati o commissari straordinari o funzionari delegati, nonché per i pagamenti effettuati ai sensi del comma 1, lettera *e-bis*), fermo restando l'obbligo di rendicontazione, possono essere svolti controlli di tipo concomitante, secondo criteri e modalità da definirsi con decreto del Ministro dell'economia e delle finanze (5).

6. Sono fatte salve le diverse attribuzioni di competenza territoriale dettate da specifiche leggi di settore, nonché tutte le speciali disposizioni normative vigenti in materia di controllo successivo.

(1) *Lettera inserita dall'art. 33, comma 3 d.l. 8 aprile 2020, n. 23, conv., con modif., in l. 5 giugno 2020, n. 40.*

(2) *Lettera inserita dall'articolo 5, comma 1, lettera* f), *del d.lgs. 12 maggio 2016, n. 93, a decorrere dal 1° gennaio 2017.*

(3) *Comma inserito dall'articolo 5, comma 1, lettera* g), *del d.lgs. 12 maggio 2016, n. 93, a decorrere dal 1° gennaio 2017.*

(4) *Comma aggiunto dall'articolo 5-*bis*, comma 1, lettera* c), *numero 1), del d.lgs. 12 maggio 2016, n. 93, come modificato dall'articolo 2, comma 1, del d.lgs. 16 marzo 2018, n. 29. L'art. 2, comma 2, d.lgs. n. 29, cit., come da ultimo modificato dall'art. 4, comma 3 d.l. 30 dicembre 2019, n. 162, conv., con modif., in l. 28 febbraio 2020, n. 8, dispone che: « In sede di prima applicazione della disposizione prevista dall'articolo 11, comma 3-*ter*, del decreto legislativo 30 giugno 2011, n. 123, come introdotto dal presente decreto, la rendicontazione dettagliata relativa all'anno 2017 è presentata entro il 30 dicembre 2019 e il relativo termine di controllo è fissato al 30 giugno 2020 ».*

(5) *Comma sostituito dall'articolo 5-*bis*, comma 1, lettera* c), *numero 2), del d.lgs. 12 maggio 2016, n. 93, come modificato dall'articolo 2, comma 1, del d.lgs. 16 marzo 2018, n. 29.*

12 Programma di controllo.

1. Il controllo di regolarità amministrativa e contabile dei rendiconti di cui all'articolo 11, comma 1, lettere *a*), *b*), *c*) e *c-bis*) (1) nonché dei pagamenti di cui alla lettera *e-bis*) del medesimo articolo 11, comma 1, può essere esercitato secondo un programma elaborato sulla base dei criteri definiti con decreto del Ministro dell'economia e delle finanze (2).

2. I frontespizi dei rendiconti amministrativi non inclusi nel programma di controllo sono restituiti al l'amministrazione emittente con esplicita annotazione di esclusione dal controllo.

(1) *Le parole* « dei rendiconti di cui all'articolo 11, comma 1, lettere *a*), *b*), *c*) e *c-bis*) » *sono state sostituite alle parole* « dei rendiconti di cui all'articolo 11, comma 1, lettere *a*), *b*) e *c*), » *dall'art. 33, comma 3 d.l. 8 aprile 2020, n. 23, conv., con modif., in l. 5 giugno 2020, n. 40.*

(2) *Comma così sostituito dall'art. 5, comma 1, lett.* h) *d.lgs. 12 maggio 2016, n. 93, a decorrere dal 1° gennaio 2017. Il testo del comma era il seguente:* « 1. Il controllo di regolarità amministrativa e contabile dei rendiconti di cui all'articolo 11, comma 1, lettera *a*), può essere esercitato secondo un programma elaborato sulla base dei criteri definiti con decreto del Ministro dell'economia e delle finanze. In ogni caso, il programma deve ricomprendere i rendiconti assoggettati annualmente al controllo della Corte dei conti ».

13 Contenuto dei rendiconti.

1. I rendiconti amministrativi dimostrano, nella sezione finanziaria, tutte le entrate e le uscite riguardanti l'intervento o le spese delegate, con indicazione della provenienza dei fondi, dei soggetti beneficiari e della tipologia delle spese sostenute, secondo lo schema predisposto con decreto del Ministro dell'economia e delle finanze.

2. Fermo restando quanto disposto dall'articolo 5, comma 5-*bis*, della legge 24 febbraio 1992, n. 225 (1), i rendiconti dei commissari delegati, straordinari o comunque denominati contengono anche una sezione dimostrativa della situazione analitica dei crediti, distinti in certi, esigibili e di difficile riscossione, nonché dei debiti derivanti da obbligazioni giuridicamente perfezionate assunte a qualsiasi titolo, con l'indicazione della relativa scadenza.

(1) *L'art. 47, comma 1, lett.* g) *d.lgs. 2 gennaio 2018, n. 1, dispone che: « l'articolo 5 della legge n. 225 del 1992, cit. negli articoli 11, comma 1, e nell'articolo 13, comma 2, del decreto legislativo 30 giugno 2011, n.123, deve intendersi riferito all'articolo 27 del presente decreto ».*

13-*bis* Rendicontazione dettagliata dei pagamenti delle competenze fisse e accessorie del personale (1).

1. La rendicontazione dettagliata di cui all'articolo 11, comma 3-*ter*, è fornita in modalità informatizzata ed elaborabile, per esercizio finanziario al quale si riferisce il pagamento, per unità elementare di bilancio e partita stipendiale ed è composta dai tabulati dei nominativi dei beneficiari dei pagamenti distinti per Centri di Responsabilità, Direzioni generali, qualifiche e tipologia di pagamento e con indicazione delle casistiche di variazione stipendiale intervenuta nell'anno.

2. Unitamente alla rendicontazione le amministrazioni forniscono tutta la documentazione giustificativa dei pagamenti stipendiali e corrispondono, entro trenta giorni, ad ogni altra richiesta formulata dagli uffici di controllo. La rendicontazione relativa ai pagamenti delle competenze spettanti per incarichi di supplenza del personale del comparto scuola si riferisce anche ai relativi contratti di lavoro a tempo determinato, che conseguentemente sono soggetti esclusivamente a controllo successivo.

3. In caso di mancata presentazione della rendicontazione nel termine previsto, l'ufficio di controllo diffida il responsabile dell'inadempienza, assegnando un termine per la presentazione, e ne informa l'amministrazione centrale di appartenenza, anche ai fini dell'applicazione di quanto disposto dal comma 8 dell'articolo 14, nonché la Corte dei conti.

4. A seguito della diffida alla presentazione della rendicontazione, il termine finale per l'esercizio del controllo di cui all'articolo 14-*bis*, comma 1, è differito in misura corrispondente al ritardo dell'amministrazione.

(1) *Articolo inserito dall'articolo 5-*bis*, comma 1, lettera* d), *del d.lgs. 12 maggio 2016, n. 93, come modificato dall'articolo 2, comma 1, del d.lgs. 16 marzo 2018, n. 29.*

13-*ter* Rendicontazione delle spese per il reintegro delle disponibilità delle strutture centrali e periferiche delle amministrazioni titolari di fondi scorta (1).

1. Nei rendiconti delle spese effettuate dai funzionari delegati ai quali sono accreditate le risorse dalle pertinenti unità elementari del bilancio per il reintegro delle disponibilità delle strutture centrali e periferiche facenti capo ai medesimi funzionari delegati, originariamente provenienti dalle anticipazioni dei fondi scorta di cui all'articolo 7-*ter* del decreto legislativo 12 maggio 2016, n. 90, sono consolidati anche i dati relativi alle spese realizzate dalle predette strutture. A questi fini la documentazione giustificativa della spesa effettuata dalle strutture confluisce nella rendicontazione del funzionario delegato.

(1) *Articolo inserito dall'articolo 6, comma 4, lettera* b), *del d.lgs. 12 settembre 2018, n. 116.*

14 Procedimento di controllo dei rendiconti.

1. I rendiconti amministrativi sono presentati all'ufficio di controllo competente entro il venticinquesimo giorno successivo al termine dell'esercizio finanziario di riferimento, corredati dalla documentazione giustificativa della spesa in originale, o in copia conforme, nei casi indicati dall'articolo 9, comma 2, secondo periodo. Per le Prefetture tale termine è fissato al quarantesimo giorno. Sono fatte salve tutte le disposizioni normative di carattere speciale che prevedono termini diversi o la preventiva trasmissione dei rendiconti alla competente amministrazione centrale per i riscontri che ritenga necessari.

2. In caso di avvicendamento tra funzionari delegati, il rendiconto è reso a cura del funzionario delegato in carica alla data prevista per la sua presentazione, sulla base di specifici passaggi di consegne. I relativi verbali sono allegati al rendiconto. In caso di oggettiva impossibilità, al rendiconto è allegata una specifica dichiarazione del funzionario in carica che ne attesti le ragioni. In tale ipotesi, ciascun funzionario delegato è comunque responsabile per gli atti di spesa della propria gestione.

3. Gli uffici di controllo esaminano i rendiconti e la relativa documentazione, verificando che sia data dimostrazione delle aperture di credito ricevute, dei titoli estinti e delle somme restanti e, separatamente, delle somme prelevate in contanti.

4. Gli uffici di controllo, entro l'esercizio finanziario successivo alla presentazione dei rendiconti, provvedono al discarico di quelli ritenuti regolari e li restituiscono al funzionario delegato muniti del visto di rego-

larità amministrativo-contabile, unitamente alla documentazione originale, debitamente obliterata.

5. Nel caso in cui siano riscontrate irregolarità, gli uffici di controllo non discaricano i rendiconti e inviano al funzionario delegato una nota di osservazione. I funzionari delegati rispondono ai rilievi entro trenta giorni dal ricevimento della predetta nota di osservazione.

5-*bis*. Nel caso in cui siano riscontrate irregolarità riguardo ai rendiconti amministrativi di cui all'articolo 13-ter, gli uffici di controllo non discaricano i rendiconti e inviano al funzionario delegato una nota di osservazione. Il funzionario delegato, o il responsabile della struttura interessata per il tramite di quest'ultimo, rispondono ai rilievi entro trenta giorni dal ricevimento della predetta nota di osservazione. Restano ferme le responsabilità di ciascuna struttura in relazione alle competenze e alle gestioni concretamente svolte, secondo i rispettivi ordinamenti (1).

6. Qualora il funzionario delegato non fornisca riscontro alle osservazioni dell'ufficio di controllo o le controdeduzioni rese non siano idonee a superare i rilievi formulati, i rendiconti non sono discaricati. In tali casi, l'ufficio di controllo restituisce i rendiconti al funzionario delegato responsabile, informandone contestualmente l'amministrazione che ha disposto l'apertura di credito.

7. In caso di mancata presentazione del rendiconto nel termine previsto, l'ufficio di controllo diffida il funzionario delegato inadempiente assegnandogli un termine per la presentazione, e ne informa l'amministrazione centrale di appartenenza. Decorso senza esito tale termine, il rendiconto è predisposto d'ufficio a cura dell'amministrazione che ha disposto l'apertura di credito, con oneri finanziari a carico del funzionario delegato inadempiente.

8. Nei casi previsti dai commi 6 e 7, l'ufficio di controllo informa la competente sezione di controllo della Corte dei conti.

Fatte salve le eventuali responsabilità amministrativocontabili e disciplinari, del comportamento del funzionario si tiene conto anche ai fini della corresponsione della quota del trattamento economico accessorio collegato alla produttività individuale e della retribuzione di risultato.

(1) *Comma inserito dall'articolo 6, comma 4, lettera* c), *del d.lgs. 12 settembre 2018, n. 116.*

14-*bis* Procedimento di controllo dei pagamenti delle competenze fisse e accessorie al personale (1).

1. Entro il 31 dicembre dell'anno di presentazione della rendicontazione dettagliata prevista dall'articolo 11, comma 3-*ter*, gli uffici di controllo comunicano alle Amministrazioni l'esito dei controlli sull'intera gestione annuale.

2. Qualora l'ufficio di controllo richieda chiarimenti o documentazione giustificativa di qualsiasi tipo, fermo restando quanto previsto dall'articolo 13-*bis*, comma 2, il termine di cui al periodo precedente è differito in misura corrispondente al periodo di tempo intercorrente tra la richiesta dell'ufficio di controllo e la ricezione dei documenti o dei chiarimenti.

3. Nel caso in cui siano riscontrate irregolarità, l'Ufficio di controllo formula congiuntamente tutte le osservazioni relative all'intera gestione di riferimento.

4. Sulla base delle osservazioni pervenute, le amministrazioni titolari della spesa provvedono al recupero delle somme indebitamente corrisposte, dandone notizia agli uffici di controllo, ovvero comunicano le motivazioni per le quali ritengono di non conformarsi alle osservazioni di regolarità amministrativa e contabile.

5. In caso di mancato recupero da parte delle Amministrazioni, o nel caso in cui le controdeduzioni rese non siano idonee a superare le osservazioni formulate, l'ufficio di controllo trasmette al competente ufficio della Corte dei conti la rendicontazione corredata dalle osservazioni e da ogni altra documentazione in suo possesso.

(1) *Articolo inserito dall'articolo 5-*bis, *comma 1, lettera* e), *del d.lgs. 12 maggio 2016, n. 93, come modificato dall'articolo 2, comma 1, del d.lgs. 16 marzo 2018, n. 29.*

15 Relazione sulla realizzazione degli interventi delegati.

1. Fermo l'obbligo di presentazione degli atti cui all'articolo 11, i funzionari delegati, i commissari delegati, i commissari del Governo o i soggetti, in qualunque altro modo denominati, autorizzati alla gestione di fondi statali per la realizzazione di specifici interventi o progetti trasmettono annualmente all'ufficio di controllo, ai fini del successivo inoltro al Ministero delegante ed alla competente sezione di controllo della Corte dei conti, una relazione sullo stato di attuazione dell'intervento indicando, qualora esso non sia concluso nei tempi prestabiliti, le ragioni ostative. Del contenuto della relazione si tiene conto ai fini della valutazione della performance individuale.

2. La relazione è trasmessa all'ufficio di controllo per il successivo inoltro al Ministero delegante ed anche alla competente sezione di controllo della Cor te dei conti. Di essa si tiene conto anche ai fini della valutazione della performance individuale.

16 Controllo dei conti giudiziali.

1. Gli agenti incaricati della riscossione delle entrate e dell'esecuzione dei pagamenti delle spese, o che ricevono somme dovute allo Stato e altre delle quali lo Stato diventa debitore, o hanno maneggio qualsiasi di denaro ovvero debito di materie, nonché coloro che si ingeriscono negli incarichi attribuiti ai detti agenti, devono rendere il conto della propria gestione alle amministrazioni centrali o periferiche dalle quali dipendono, ovvero dalla cui amministrazione sono vigilati, per il successivo inoltro ai competenti uffici di controllo.

2. Il conto giudiziale è reso entro i due mesi successivi alla chiusura dell'esercizio finanziario di riferimento e comunque alla data della cessazione della gestione.

3. Gli uffici di controllo, qualora non abbiano nulla da osservare, appongono sui singoli conti il visto di regolarità amministrativo-contabile e li trasmettono

alla Corte dei conti entro i due mesi successivi alla data della loro ricezione ovvero a quella della ricezione dei chiarimenti o dei documenti richiesti con note di osservazione.

17 Controlli sull'attività di riscossione (1).

1. Le Ragionerie territoriali dello Stato svolgono, congiuntamente con l'Agenzia delle entrate, il controllo delle attività svolte dagli agenti della riscossione, sulla base dei criteri elaborati dal Comitato di indirizzo e verifica di cui all'articolo 1, comma 531, della legge 24 dicembre 2012, n. 228, approvati con il decreto del Ministro dell'economia e delle finanze ai sensi dello stesso articolo 1, commi da 533 a 534.

2. Il Dipartimento della Ragioneria generale dello Stato - Ispettorato generale di finanza, in sede di monitoraggio dei controlli svolti ai sensi del comma 1, può proporre al Comitato di cui al comma 1, d'intesa con le amministrazioni interessate, eventuali interventi necessari per migliorare l'attività di riscossione.

3. L'agente della riscossione fornisce annualmente al Ministero dell'economia e delle finanze, con le modalità, i criteri e i termini fissati con decreto del Ministro dell'economia e delle finanze, la valutazione, di regola in forma aggregata, del grado di esigibilità dei crediti erariali iscritti a ruolo. Tale valutazione è effettuata attraverso un'analisi storico-statistica basata sull'andamento delle riscossioni degli anni precedenti, tenendo conto delle variabili più significative in ordine alla natura e alle caratteristiche del credito nonché alla natura e allo stato giuridico del contribuente (2).

(1) *Articolo sostituito dall'art. 1, comma 611, lett.* d), *l. 27 dicembre 2013, n. 147.*

(2) *Comma sostituito dall'articolo 6, comma 6, del d.lgs. 16 marzo 2018, n. 29.*

18 Relazione annuale sull'esito del controllo.

1. Gli uffici di controllo, entro il mese di febbraio di ciascun anno, trasmettono alla amministrazione interessata una relazione sintetica sulle principali irregolarità riscontrate nell'esercizio del controllo preventivo e successivo relativo all'anno precedente, con una elencazione dei casi in cui non è stato apposto il visto di regolarità.

2. La relazione di cui al comma 1 è inviata anche alla Corte dei conti, nonché all'Ispettorato generale di finanza.

3. Il Dipartimento della Ragioneria generale dello Stato riferisce annualmente al Ministro dell'economia e delle finanze in ordine alle attività di verifica, valutazione e monitoraggio espletate, nell'ambito della relazione di cui all'articolo 25, comma 1. A tale fine gli uffici di controllo effettuano un costante monitoraggio finanziario sugli andamenti delle spese, per singola legge o per determinate tipologie di spese, secondo le disposizioni e con le modalità indicate dalle leggi vigenti. Le conclusioni del monitoraggio finanziario di cui al comma precedente sono trasmesse anche al Ministero competente all'adozione delle misure correttive.

Nella relazione di cui al primo periodo viene dato, in particolare, conto della complessiva attività di monitoraggio svolta ai sensi dell'articolo 17, comma 12, della legge 31 dicembre 2009, n. 196, evidenziando, con riferimento a ciascuna clausola di salvaguardia, l'andamento effettivo degli oneri rispetto alle previsioni di spesa.

TITOLO III

I controlli dei collegi dei revisori dei conti e sindacali presso gli enti e organismi pubblici

19 Costituzione dei collegi dei revisori dei conti e sindacali.

1. I collegi dei revisori dei conti e sindacali degli enti ed organismi pubblici, escluse le società, sono costituiti con la nomina disposta da parte della amministrazione vigilante ovvero mediante deliberazioni dei competenti organi degli enti ed organismi, ai sensi delle vigenti disposizioni di legge, statutarie e regolamentari.

2. Qualora entro quarantacinque giorni non si provveda alla costituzione dei collegi ai sensi del comma 1, l'amministrazione vigilante nomina in via straordinaria, nei successivi trenta giorni, un collegio di tre componenti in possesso dei requisiti prescritti.

Decorso inutilmente il predetto termine di trenta giorni, vi provvede il Ministero dell'economia e delle finanze nominando propri funzionari. Il collegio straordinario cessa le proprie funzioni all'atto di nomina del nuovo collegio.

20 Compiti dei collegi dei revisori dei conti e sindacali.

1. I collegi dei revisori dei conti e sindacali presso gli enti ed organismi pubblici, di cui all'articolo 19, vigilano sull'osservanza delle disposizioni di legge, regolamentari e statutarie; provvedono agli altri compiti ad essi demandati dalla normativa vigente, compreso il monitoraggio della spesa pubblica.

2. I collegi dei revisori dei conti e sindacali, in particolare, devono:

a) verificare la corrispondenza dei dati riportati nel conto consuntivo o bilancio d'esercizio con quelli analitici desunti dalla contabilità generale tenuta nel corso della gestione;

b) verificare la loro corretta esposizione in bilancio, l'esistenza delle attività e passività e l'attendibilità delle valutazioni di bilancio, la correttezza dei risultati finanziari, economici e patrimoniali della gestione e l'esattezza e la chiarezza dei dati contabili presentati nei prospetti di bilancio e nei relativi allegati;

c) effettuare le analisi necessarie e acquisire informazioni in ordine alla stabilità dell'equilibrio di bilancio e, in caso di disavanzo, acquisire informazioni circa la struttura dello stesso e le prospettive di riassorbimento affinché venga, nel tempo, salvaguardato l'equilibrio;

d) vigilare sull'adeguatezza della struttura organizzativa dell'ente e il rispetto dei principi di corretta amministrazione;

e) verificare l'osservanza delle norme che presiedono la formazione e l'impostazione del bilancio preventivo e del conto consuntivo o bilancio d'esercizio;

f) esprimere il parere in ordine all'approvazione del bilancio preventivo e del conto consuntivo o bilancio d'esercizio da parte degli organi a ciò deputati sulla base degli specifici ordinamenti dei singoli enti;

g) effettuare almeno ogni trimestre controlli e riscontri sulla consistenza della cassa e sulla esistenza dei valori, dei titoli di proprietà e sui depositi e i titoli a custodia;

h) effettuare il controllo sulla compatibilità dei costi della contrattazione collettiva integrativa con i vincoli di bilancio e quelli derivanti dall'applicazione delle norme di legge, con particolare riferimento alle disposizioni inderogabili che incidono sulla misura e sulla corresponsione dei trattamenti accessori.

3. Gli schemi dei bilanci preventivi, delle variazioni ai bilanci preventivi, delle delibere di accertamento dei residui, del conto consuntivo o bilancio d'esercizio sono sottoposti, corredati dalla relazione illustrativa o da analogo documento, almeno quindici giorni prima della data della relativa delibera, all'esame del collegio dei revisori dei conti o sindacale. Il collegio redige apposita relazione da allegare ai predetti schemi, nella quale sono sintetizzati anche i risultati del controllo svolto durante l'esercizio.

4. L'attività dei collegi dei revisori e sindacali si conforma ai principi della continuità, del campionamento e della programmazione dei controlli.

5. I collegi dei revisori dei conti e sindacali non intervengono nella gestione e nell'amministrazione attiva degli enti e organismi pubblici.

6. Alle sedute degli organi di amministrazione attiva assiste almeno un componente del collegio dei revisori e sindacale.

7. I componenti del collegio dei revisori e sindacale possono procedere ad atti di ispezione e controllo, anche individualmente.

8. Di ogni verifica, ispezione e controllo, anche individuale, nonché delle risultanze dell'esame collegiale dei bilanci preventivi e relative variazioni e dei conti consuntivi o bilanci d'esercizio è redatto apposito verbale.

21 Indipendenza dei revisori e dei sindaci presso gli enti ed organismi pubblici.

1. Gli organi di controllo devono assicurare l'esercizio delle funzioni loro attribuite in modo indipendente. Ai revisori e sindaci presso enti ed organismi pubblici si applicano i requisiti di onorabilità, professionalità e indipendenza previsti dall'articolo 2387 del codice civile.

22 Vigilanza sulle attività dei collegi dei revisori dei conti e sindacali.

1. I rappresentanti del Ministero dell'economia e delle finanze negli organi di cui all'articolo 21 sono tenuti a trasmettere i verbali e i documenti contabili al Dipartimento della Ragioneria generale dello Stato, anche mediante forme di comunicazione telematica, secondo la normativa vigente, nonché a fornire alla stessa ogni informazione richiesta.

TITOLO IV
I controlli dei servizi ispettivi di finanza pubblica

23 Verifiche sulla regolarità amministrativa e contabile.

1. I Servizi ispettivi di finanza pubblica svolgono le verifiche amministrativo-contabili in conformità agli obiettivi generali delineati nelle direttive annuali del Ministro dell'economia e delle finanze, emanate ai sensi dell'articolo 14 del decreto legislativo 30 marzo 2001, n. 165, e successive modificazioni.

2. L'attività ispettiva è diretta a ricondurre a economicità e regolarità amministrativo-contabile le gestioni pubbliche, a verificare la regolare produzione dei servizi, nonché a suggerire le misure dalle quali possano derivare miglioramenti dei saldi delle gestioni finanziarie pubbliche e della qualità della spesa.

24 Modalità di svolgimento dei controlli ispettivi.

1. I soggetti destinatari dei controlli ispettivi sono tenuti a consentire l'accesso all'ispettore incaricato e ad esibire allo stesso e, su sua richiesta, a rilasciargli copia, atti, documenti e dati, anche rilevati dai sistemi informatici, ritenuti necessari ai fini della verifica.

2. A seguito della verifica, l'ispettore incaricato predispone la relazione ispettiva. Le criticità eventualmente riscontrate, unitamente al testo della relazione, sono comunicate ai soggetti sottoposti a verifica ed alle amministrazioni vigilanti, ai fini dell'adozione delle opportune misure correttive. I soggetti ispezionati devono fornire ai Servizi ispettivi di finanza pubblica le risposte ai rilievi formulati ed ogni inerente e successiva informazione.

3. Nel caso in cui la relazione evidenzi ipotesi di danno erariale, è effettuata una apposita segnalazione alla Procura regionale della Corte dei conti competente per territorio, ai sensi dell'articolo 6 della legge 16 agosto 1962, n. 1291.

TITOLO V
Analisi e valutazione della spesa

25 Analisi e valutazione della spesa delle amministrazioni centrali dello Stato.

1. L'analisi e valutazione della spesa delle amministrazioni centrali dello Stato è svolta secondo un programma di lavoro triennale concordato nell'ambito dei nuclei di analisi e valutazione della spesa di cui all'arti-

colo 4, comma 4. Ciascun nucleo predispone una relazione annuale che illustra le attività svolte e gli esiti raggiunti. Il programma e la relazione sono trasmessi annualmente ai Ministri competenti, i quali possono indicare ulteriori ambiti di interesse e di approfondimento. I risultati conseguiti sono utilizzati ai fini dell'elaborazione del Rapporto triennale sulla spesa di cui all'articolo 41 della legge 31 dicembre 2009, n. 196, inviato alle Camere, entro il 30 settembre del triennio di riferimento, ai fini dell'esame da parte delle Commissioni parlamentari competenti per materia e per i profili finanziari, ai sensi dell'articolo 4 della legge 31 dicembre 2009, n. 196, nonché alle sezioni riunite della Corte dei conti.

2. Nell'ambito dei nuclei possono essere costituiti appositi gruppi di lavoro a cui possono partecipare anche rappresentanti di altre amministrazioni o istituzioni pubbliche nonché professori universitari e altri soggetti con comprovata competenza in materia di economia e finanza pubblica, senza diritto a compensi o rimborsi spese di alcun genere, per affrontare tematiche specifiche relative all'elaborazione e affinamento di metodologie di previsione della spesa e del fabbisogno associato ai programmi di spesa e di valutazione dei relativi obiettivi. I nuclei possono effettuare audizioni di esperti e di esponenti dei settori della società civile interessati all'attività delle amministrazioni.

3. Nell'ambito dei nuclei è svolta la verifica delle attività previste dall'articolo 9 del decreto-legge 29 novembre 2008, n. 185, convertito, con modificazioni, dalla legge 28 gennaio 2009, n. 2, e dall'articolo 9 del decreto-legge 1° luglio 2009, n. 78, convertito, con modificazioni, dalla legge 3 agosto 2009, n. 102, con riferimento all'analisi delle cause di formazione dei debiti pregressi delle amministrazioni centrali e alle proposte di revisione delle correlate procedure di spesa. I nuclei collaborano, inoltre, al completamento della riforma del bilancio dello Stato di cui all'articolo 40 della legge 31 dicembre 2009, n. 196, mediante la formulazione di proposte sulla revisione della struttura del bilancio statale. Le proposte di revisione sono, in particolare, volte ad accrescere la flessibilità del bilancio ed a favorire il contenimento della spesa attraverso la revisione della struttura e del numero dei programmi, degli stanziamenti iscritti in ciascun programma e della relativa legislazione, anche attraverso l'accorpamento delle autorizzazioni di spesa. L'attività di revisione dei programmi e della legislazione di spesa deve prevedere la verifica dell'efficacia, dell'efficienza, dell'attualità e della congruità delle singole autorizzazioni di spesa nonché un puntuale riesame della ripartizione delle spese in non rimodulabili e rimodulabili, al fine, in particolare, di attribuire la qualifica di spese rimodulabili alle spese attualmente considerate non rimodulabili non correlate a diritti soggettivi e suscettibili di essere ridotte in via amministrativa attraverso appropriate scelte gestionali. La relazione di cui al comma 1 dà conto dell'attività svolta dai nuclei ai sensi del presente comma.

4. All'attività di analisi e valutazione della spesa concorrono:

a) gli Uffici centrali del bilancio, attraverso la diretta partecipazione ai nuclei di cui al comma 1;

b) le Ragionerie territoriali dello Stato, attraverso l'analisi delle spese statali soggette al loro controllo e il concorso al monitoraggio del rispetto del patto di stabilità interno degli enti locali presenti nel territorio di propria competenza, secondo ambiti e modalità definiti con determina del Ragioniere generale dello Stato;

c) i Servizi ispettivi di finanza pubblica, attraverso il monitoraggio finalizzato alla verifica dell'efficacia delle misure volte al conseguimento degli obiettivi di finanza pubblica al miglioramento dell'efficienza nell'utilizzo delle risorse pubbliche e delle connesse procedure di spesa. Con determina del Ragioniere generale dello Stato, possono essere disposte attività di analisi di particolari tipologie di spese o di specifici comparti di amministrazioni pubbliche i cui risultati sono presi in considerazione per l'elaborazione del Rapporto triennale di cui all'articolo 41 della legge 31 dicembre 2009, n. 196.

26 Potenziamento delle strutture e degli strumenti del Dipartimento della Ragioneria generale dello Stato per lo svolgimento delle attività di analisi e revisione della spesa.

1. Al fine di potenziare l'attività di analisi e valutazione della spesa, il Dipartimento della Ragioneria generale dello Stato è autorizzato ad avvalersi di collaborazioni, anche mediante la stipula di apposite convenzioni, con università pubbliche e private e con altri soggetti pubblici. Allo stesso fine, il medesimo dipartimento è autorizzato a promuovere, per il tramite della Scuola superiore dell'economia e delle finanze, iniziative di formazione sulle tecniche di analisi economica e statistica e sugli aspetti macro e micro di analisi della spesa nel settore pubblico.

2. Al fine di potenziare le capacità di analisi statistica ed economica della spesa e per lo svolgimento delle attività connesse alla realizzazione dei programmi di analisi e valutazione della spesa, con decreto del Ministro dell'economia e delle finanze, ai sensi dell'articolo 17, comma 4-*bis*, lettera *e*), della legge 23 agosto 1988, n. 400, si provvede ad individuare fino a sei posizioni dirigenziali tra quelle esistenti nell'ambito del Dipartimento della Ragioneria generale dello Stato da destinare allo svolgimento di compiti di studio e ricerca.

3. Per lo svolgimento delle attività di analisi e valutazione della spesa di cui all'articolo 25 del presente decreto, il Dipartimento della Ragioneria generale dello Stato può avvalersi, ai sensi dell'articolo 17, comma 14, della legge 15 maggio 1997, n. 127, di personale in posizione di comando, su richiesta del Ministero (1) dell'economia e delle finanze.

4. Nell'ambito dei bandi per il reclutamento di funzionari del Ministero dell'economia e delle finanze da assegnare al Dipartimento della Ragioneria generale dello Stato, una quota dei posti messi a concorso può essere destinata a profili di tipo economico-statistico ai fini dello svolgimento dell'attività di analisi e valutazione della spesa.

(1) *La parola* « Ministero » *è stata sostituita alla parola* « Ministro » *dall'art. 1, comma 1050, l. 30 dicembre 2020, n. 178, come modificato dall'art. 1-*bis*, comma 7, lett.* d) *d.l. 31 dicembre 2020, n. 183, conv., con modif., in l. 26 febbraio 2021, n. 21.*

27 Condivisione di banche dati per le attività di analisi e valutazione della spesa.

1. Il Ministero dell'economia e delle finanze - Dipartimento della Ragioneria generale dello Stato, gli organismi indipendenti di valutazione della performance di cui all'articolo 14 del decreto legislativo 27 ottobre 2009, n. 150, e la Commissione per la valutazione, la trasparenza e l'integrità delle amministrazioni pubbliche (CIVIT) assicurano lo scambio dei dati utili all'analisi e valutazione della spesa e trovano soluzioni per semplificare gli adempimenti richiesti alle amministrazioni centrali in materia di misurazione delle performance, nonché per migliorare la disponibilità di informazioni quantitative sugli obiettivi e sui risultati conseguiti con la spesa.

2. Gli uffici di statistica delle amministrazioni centrali dello Stato rendono disponibili, per via telematica, al Ministero dell'economia e delle finanze - Dipartimento della Ragioneria generale dello Stato, i dati utili alla realizzazione dell'attività di analisi e valutazione della spesa provenienti dalle banche dati, indagini e sistemi informativi dell'amministrazione. Facilitano inoltre l'accesso a tali informazioni e ad altri dati provenienti dal SISTAN, anche nella forma di dati elementari, nel rispetto della normativa vigente in materia di segreto statistico, senza nuovi o maggiori oneri a carico del bilancio dello Stato.

3. Con riferimento alle attività di cui all'articolo 25, comma 1, le amministrazioni centrali implementano, nei limiti delle risorse finanziarie disponibili a legislazione vigente, i sistemi informativi esistenti al fine di garantire il monitoraggio della spesa in termini di realizzazione fisica, la misurazione del numero e delle caratteristiche dei beneficiari dei servizi erogati, nonché della qualità dei servizi e dei risultati conseguiti con gli interventi, anche qualora si tratti di interventi e servizi la cui realizzazione è affidata ad altre amministrazioni e imprese pubbliche.

4. I dati di cui ai commi 1, 2 e 3 confluiscono nell'apposita sezione della banca dati unitaria delle pubbliche amministrazioni di cui all'articolo 39, comma 4, della legge 31 dicembre 2009, n. 196.

5. In caso di ritardata o mancata trasmissione dei dati senza motivata giustificazione, su comunicazione del Ministero dell'economia e delle finanze, l'amministrazione competente procede nei confronti dei dirigenti responsabili alla riduzione della loro retribuzione di risultato in una percentuale compresa tra un minimo del 2 per cento e un massimo del 7 per cento in funzione della gravità del ritardo o del mancato invio delle informazioni richieste.

28 Graduale estensione del programma di analisi e valutazione della spesa alle altre amministrazioni pubbliche.

1. Le altre amministrazioni pubbliche sottoposte alla vigilanza dei Ministeri avviano progressivamente, inizialmente in via sperimentale, in collaborazione con le amministrazioni vigilanti, le attività per la realizzazione di analisi e valutazione della spesa collegate al programma triennale di cui all'articolo 25, comma 1, del presente decreto.

2. Le disposizioni del presente titolo non si applicano in via diretta alle regioni e alle province autonome di Trento e di Bolzano, agli enti locali e agli enti del Servizio sanitario nazionale, per i quali costituiscono disposizioni di principio ai fini del coordinamento della finanza pubblica.

29 Abrogazioni.

1. A decorrere dalla data di entrata in vigore del presente decreto sono abrogati:

a) l'articolo 8, comma 5, del decreto del Presidente della Repubblica 20 aprile 1994, n. 367;

b) l'articolo 11 del decreto del Presidente della Repubblica 20 aprile 1994, n. 367;

c) l'articolo 9, comma 1, del decreto del Presidente della Repubblica 20 febbraio 1998, n. 38;

d) l'articolo 2, commi 2 e 4, del decreto legislativo 30 luglio 1999, n. 286;

e) l'articolo 1, comma 159, della legge 30 dicembre 2004, n. 311;

f) l'articolo 79 del decreto del Presidente della Repubblica 27 febbraio 2003, n. 97.

30 Norma finanziaria.

1. Dall'attuazione del presente decreto non devono derivare nuovi o maggiori oneri a carico della finanza pubblica.

2. Le amministrazioni interessate provvedono ai compiti di cui al presente decreto con le risorse umane, strumentali e finanziarie disponibili a legislazione vigente.

77. Decreto legislativo 19 agosto 2016, n. 175. — Testo unico in materia di società a partecipazione pubblica. (*estratto*) (1) (2).

Pubblicato nella Gazzetta Ufficiale 8 settembre 2016, n. 210.

(1) *Per il testo integrale del Decreto legislativo si veda* sub *II, 29. Vedi anche l'art. 11 sugli Organi amministrativi e di controllo delle società a controllo pubblico.*

Il D. Lgs. n. 175/2016 è stato adottato sulla base della delega contenuta nell'art. 18 della legge 7 agosto 2015, n. 124 (v. sub*, II, 28), la cui lett.* m)*, n. 7, prevede che « 7) ai fini del rafforzamento del sistema dei controlli interni previsti dal testo unico di cui al decreto legislativo 18 agosto 2000, n. 267, revisione degli obblighi di trasparenza e di rendicontazione delle società partecipate nei confronti degli enti locali soci, attraverso specifici flussi informativi che rendano analizzabili e confrontabili i dati economici e industriali del servizio, gli obblighi di servizio pubblico imposti e gli standard di qualità, per ciascun servizio o attività svolta dalle società medesime nell'esecuzione dei compiti affidati, anche attraverso l'adozione e la predisposizione di appositi schemi di contabilità separata ».*

(2) *Per i controlli esterni vedi altri articoli del d.lgs. n. 175/2016 riportati* sub *III, 86.*

6 Principi fondamentali sull'organizzazione e sulla gestione delle società a controllo pubblico.

(*omissis*)

3. Fatte salve le funzioni degli organi di controllo previsti a norma di legge e di statuto, le società a controllo pubblico valutano l'opportunità di integrare, in considerazione delle dimensioni e delle caratteristiche organizzative nonché dell'attività svolta, gli strumenti di governo societario con i seguenti:

a) regolamenti interni volti a garantire la conformità dell'attività della società alle norme di tutela della concorrenza, comprese quelle in materia di concorrenza sleale, nonché alle norme di tutela della proprietà industriale o intellettuale;

b) un ufficio di controllo interno strutturato secondo criteri di adeguatezza rispetto alla dimensione e alla complessità dell'impresa sociale, che collabora con l'organo di controllo statutario, riscontrando tempestivamente le richieste da questo provenienti, e trasmette periodicamente all'organo di controllo statutario relazioni sulla regolarità e l'efficienza della gestione;

c) codici di condotta propri, o adesione a codici di condotta collettivi aventi a oggetto la disciplina dei comportamenti imprenditoriali nei confronti di consumatori, utenti, dipendenti e collaboratori, nonché altri portatori di legittimi interessi coinvolti nell'attività della società;

d) programmi di responsabilità sociale d'impresa, in conformità alle raccomandazioni della Commissione dell'Unione europea.

4. Gli strumenti eventualmente adottati ai sensi del comma 3 sono indicati nella relazione sul governo societario che le società controllate predispongono annualmente, a chiusura dell'esercizio sociale e pubblicano contestualmente al bilancio d'esercizio.

5. Qualora le società a controllo pubblico non integrino gli strumenti di governo societario con quelli di cui al comma 3, danno conto delle ragioni all'interno della relazione di cui al comma 4.

CAPO II
CONTROLLI ESTERNI

78. Regio decreto 12 luglio 1934, n. 1214. — Approvazione del testo unico delle leggi sulla Corte dei conti. (*rinvio*) (1).

Pubblicato nella Gazzetta Ufficiale n. 179 del 1 agosto 1934.

(1) *V. sub VI, 13, v. in particolare gli artt. 13-37.*

79. Legge 21 marzo 1958, n. 259. — Partecipazione della Corte dei conti al controllo sulla gestione finanziaria degli enti a cui lo Stato contribuisce in via ordinaria (1).

Pubblicata nella Gazzetta Ufficiale n. 84 del 8 aprile 1958.

(1) *Per una deroga alla presente legge, relativamente all'E.N.E.A., v. l'art. 11, d.lgs. 30 gennaio 1999, n. 36.*

1 In attuazione dell'art. 100, comma secondo, della Costituzione, al fine di sottoporre all'esame del Parlamento le gestioni finanziarie degli enti cui lo Stato contribuisce in via ordinaria, la partecipazione della Corte dei conti al controllo sugli enti stessi è regolata dalle disposizioni della presente legge.

2 Devono essere considerate contribuzioni ordinarie:

a) i contributi che, con qualsiasi denominazione, una Pubblica Amministrazione o un'azienda autonoma statale abbia assunto a proprio carico, con carattere di periodicità, per la gestione finanziaria di un ente, o che da oltre un biennio siano iscritti nel suo bilancio;

b) le imposte, tasse e contributi che con carattere di continuità gli enti siano autorizzati ad imporre o che siano comunque ad essi devoluti.

3 Con decreto del Presidente della Repubblica, su proposta del Presidente del Consiglio dei ministri, di concerto col Ministro per il tesoro e col Ministro competente, gli enti per i quali sussistono le condizioni di cui all'art. 2 sono dichiarati sottoposti al controllo previsto dalla presente legge. Il decreto è comunicato per estratto ai singoli enti interessati.

Dal controllo sono esclusi gli enti d'interesse esclusivamente locale e quelli per i quali la contribuzione dello Stato sia di particolare tenuità, in relazione alla natura dell'ente ed alla sua consistenza patrimoniale e finanziaria, nonché gli enti ai quali la contribuzione dello Stato sia stata concessa in applicazione di provvedimenti legislativi di carattere generale.

Qualora un ente sottoposto al controllo contribuisca nelle forme dell'art. 2 ad altro ente, è tenuto a darne notizia alla Presidenza del Consiglio dei ministri ed al Ministro competente, per l'eventuale applicazione della presente legge all'ente che fruisce della contribuzione, tenuto conto dell'ammontare di questa e della particolare natura ed attività dell'ente.

Quando siano venute meno le condizioni di cui all'art. 2, è dichiarata cessata, con le modalità stabilite dal primo comma del presente articolo, la sottoposizione degli enti alla disciplina della presente legge.

4 Gli enti sottoposti alla disciplina della presente legge debbono far pervenire alla Corte dei conti i conti consuntivi ed i bilanci di esercizio col relativo conto dei profitti e delle perdite corredati dalle relazioni dei rispettivi organi amministrativi e di revisione, non oltre quindici giorni dalla loro approvazione e, in ogni caso, non oltre sei mesi e quindici giorni dalla chiusura dell'esercizio finanziario al quale si riferiscono.

Egualmente sono trasmesse alla Corte dei conti le relazioni degli organi di revisione che vengano presentate in corso di esercizio.

5 I rappresentanti delle amministrazioni dello Stato o delle aziende statali o degli enti pubblici che facciano parte, in quanto tali, dei collegi sindacali o di revisione degli enti destinatari delle contribuzioni di cui all'art. 2 della presente legge, sono tenuti a fornire alla Corte dei conti, su richiesta della medesima, ogni informazione e notizia che essi abbiano facoltà di ottenere, a norma delle leggi o degli statuti, per effetto della loro appartenenza a detti organi sindacali di revisione.

6 Qualora la Corte dei conti ritenga insufficienti, ai fini del controllo, gli elementi ad essa pervenuti in base alle disposizioni degli artt. 4 e 5, può chiedere agli enti controllati ed ai Ministeri competenti informazioni, notizie, atti e documenti concernenti le gestioni finanziarie.

7 Non oltre i sei mesi successivi alla presentazione dei documenti di cui al primo comma dell'art. 4, la Corte dei conti comunica alla Presidenza del Senato della Repubblica e alla Presidenza della Camera dei deputati i documenti stessi e riferisce il risultato del controllo eseguito sulla gestione finanziaria.

[8 La Corte dei conti, oltre a riferire annualmente al Parlamento, formula, in qualsiasi al-tro momento, se accerti irregolarità nella gestione di un ente e, comunque, quando lo ritenga opportuno, i suoi rilievi al Ministro per il tesoro ed al Ministro competente] (1).

(1) *Articolo abrogato dall'art. 3, comma 1, d.lgs. 30 luglio 1999, n. 286. La Corte costituzionale, con sentenza 17 maggio 2001, n. 139, ha dichiarato che non spetta al Governo adottare l'art. 3, comma 1, citato, e per conseguenza lo ha annullato. L'art. 8 deve ritenersi quindi vigente.*

9 Ai fini dell'adempimento, da parte della Corte dei conti, dei compiti di cui alla presente legge, è istituita una speciale Sezione in seno alla Corte stessa.

10 Al rendiconto generale dello Stato deve essere allegato un elenco completo degli enti sottoposti alla disciplina della presente legge.

11 I regi decreti 8 aprile 1939, n. 720 e 30 marzo 1942, n. 442, non si applicano agli enti soggetti alla disciplina della presente legge.

12 Il controllo previsto dall'art. 100 della Costituzione sulla gestione finanziaria degli enti pubblici ai quali l'Amministrazione dello Stato o un'azienda autonoma statale contribuisca con apporto al patrimonio in capitale o servizi o beni ovvero mediante concessione di garanzia finanziaria, è esercitato, anziché nei modi previsti dagli artt. 5 e 6, da un magistrato della Corte dei conti, nominato dal Presidente della Corte stessa, che assiste alle sedute degli organi di amministrazione e di revisione.

13 Le disposizioni della presente legge non si applicano alle Regioni, alle Province, ai Comuni, alle istituzioni pubbliche di assistenza e beneficenza regolate dalla legge 17 luglio 1890, n. 6972, e successive modificazioni, ed agli Istituti di credito sottoposti a vigilanza dell'Ispettorato del credito.

14 Nulla è innovato a quanto dispone l'art. 21 della legge 10 agosto 1950, n. 646, sull'istituzione della Cassa per le opere straordinarie di pubblico interesse nell'Italia meridionale (1).

(1) *Soppressa. Ora Ministero del tesoro, del bilancio e della programmazione economica.*

15 Per gli enti sottoposti alla disciplina della presente legge, gli organi competenti provvederanno, entro sei mesi dalla comunicazione del decreto previsto dal primo comma del precedente art. 3, a modificare le norme concernenti la composizione dei collegi sindacali o degli organi di revisione escludendone i rappresentanti della Corte dei conti la cui partecipazione sia prevista in esecuzione delle norme di cui ai regi decreti 8 aprile 1939, n. 720 e 30 marzo 1942, n. 442.

ALLEGATO 1

1. ELENCO DEGLI ENTI ASSOGGETTATI AL CONTROLLO DELLA CORTE DEI CONTI AI SENSI DELL'ART. 2 DELLA l. 21 MARZO 1958, N. 259

Alla data del 31 marzo 1964 sono stati dichiarati sottoposti al controllo di cui al precedente art. 2, con vari decreti del Capo dello Stato, i seguenti enti: 1) Accademia nazionale dei Lincei. 2) Aero Club d'Italia. 3) Associazione italiana della Croce Rossa. 4) Associazione nazionale combattenti e reduci. 5) Associazione nazionale famiglie caduti e dispersi in guerra. 6) Associazione nazionale fra mutilati ed invalidi del lavoro. 7) Associazione nazionale mutilati ed invalidi di guerra. 8) Associazione nazionale per il controllo della combustione. 9) Associazione nazio nale vittime civili di guerra. 10) Automobil Club d'Italia. 11) Azienda portuale dei magazzini generali di Trieste. 12) Cassa di colleganza fra gli ingegneri dell'Ispettorato generale della motorizzazione civile e dei trasporti in concessione. 13) Cassa integrativa di previdenza per il personale telefonico statale. 14) Cassa marittima adriatica per gli infortuni sul lavoro e le malattie. 15) Cassa marittima meridionale per gli infortuni sul lavoro e le malattie. 16) Cassa marittima tirrena per gli infortuni sul lavoro e le malattie. 17) Cassa nazionale di previdenza ed assistenza a favore dei geometri. 18) Cassa nazionale di previdenza e di assistenza a favore degli avvocati e dei procuratori. 19) Cassa nazionale di previdenza a favore degli ingegneri e architetti. 20) Cassa sottufficiali dell'Aeronautica. 21) Cassa sottufficiali della Marina militare. 22) Cassa ufficiali dell'Aeronautica. 23) Cassa ufficiali della Marina militare. 24) Cassa ufficiali dell'Esercito. 25) Centro italiano per i viaggi di istruzione degli studenti delle scuole secondarie ed universitarie. 26) Centro nazionale per il catalogo unico delle Biblioteche italiane e per le informazioni bibliografiche. 27) Centro sperimentale di cinematografia. 28) Comitato nazionale italiano per il collegamento fra il Governo italiano e l'Organizzazione delle Nazioni Unite per l'alimentazione e l'agricoltura (F.A.O.). 29) Comitato nazionale per la celebrazione del primo centenario dell'unità d'Italia. 30) Comitato olimpico nazionale italiano (C.O.N.I.). 31) Commissariato anticoccidico di Catania. 32) Consiglio nazionale delle ricerche. 33) Consorzio autonomo del Porto di Genova. 34) Consorzio nazionale produttori canapa. 35) Ente autonomo degli spettacoli lirici all'Arena di Verona. 36) Ente autonomo del Flumendosa. 37) Ente autonomo del Porto di Napoli. 38) Ente autonomo del Teatro alla Scala di Milano. 39) Ente autonomo del Teatro comunale dell'Opera di Genova. 40) Ente autonomo del Teatro comunale di Bologna. 41) Ente autonomo del Teatro comunale di Firenze. 42) Ente autonomo del Teatro comunale "G. Verdi" di Trieste. 43) Ente autonomo dell'Opera di Roma. 44) Ente autonomo del Teatro "La Fenice" di Venezia. 45) Ente autonomo del Teatro Massimo di Palermo. 46) Ente autonomo del Teatro Regio di Torino. 47) Ente autonomo del Teatro S. Carlo di Napoli. 48) Ente autonomo "La Biennale di Venezia Esposizione Internazionale d'Arte". 49) Ente autotrasporti merci (E.A.M.). 50) Ente "Fondo per gli Assegni Vitalizi e straordinari al personale del Lotto". 51) Ente nazionale assistenza e previdenza per i pittori e gli scultori. 52) Ente nazionale Assistenza Magistrale (E.N.A.M.) 53) Ente nazionale di assistenza per gli Agenti e Rappresentanti di commercio (E.N.A.S.A.R-.C.O.). 54) Ente nazionale di previdenza e assistenza dei veterinari. 55) Ente nazionale di previdenza e assistenza delle ostetriche. 56) Ente nazionale di previdenza e assistenza per i dipendenti statali (E.N.P.A.S.). 57) Ente nazionale di previdenza e di assistenza per i lavoratori dello spettacolo (E.N.P.A.L.S.). 58) Ente nazionale di previdenza per i dipendenti da enti di diritto pubblico (E.N.P.D. E.D.P.). 59) Ente nazionale italiano per il turismo (E.N.I.T.). 60) Ente nazionale per la cellulosa e la carta. 61) Ente nazionale per la prevenzione degli infortuni (E.N.P.I.). 62) Ente nazionale per la protezione degli animali. 63) Ente nazionale per l'artigianato e le piccole industrie. 64) Ente nazionale per l'assistenza agli orfani dei lavoratori italiani (E.N.A.O.L.I.). 65) Ente nazionale per l'educazione marinara. 66) Ente nazionale risi. 67) Ente nazionale serico. 68) Ente nazionale sordomuti. 69) Ente per le ville Venete. 70) Ente porto industriale di Trieste. 71) Ente portuale Savona-Piemonte. 72) Ente zolfi italiani (E.Z.I.). 73) Federazione italiana della caccia. 74) Federazione nazionale delle casse mutue di malattia per gli artigiani. 75) Federazione nazionale delle casse mutue di malattia per i coltivatori diretti. 76) Fondazione assistenza e rifornimento per la pesca. 77) Fondo assistenza, previdenza e premi per il personale di P.S. 78) Fondo previdenza sottufficiali dell'esercito. 79) Gestione I.N.A.-Casa. 80) Istituti fisioterapici ospedalieri. 81) Istituto centrale di statistica. 82) Istituto cotoniero italiano. 83) Istituto elettrotecnico nazionale "Galileo Ferrarris". 84) Istituto italiano per il Medio ed Estremo Oriente (I.S.M.E.O.). 85) Istituto italiano per l'Africa. 86) Istituto nazionale della previdenza sociale (I.N.P.S.). 87) Istituto nazionale di assistenza ai dipendenti degli enti locali (I.N.A.D.E.L.). 88) Istituto nazionale di economia agraria. 89) Istituto nazionale di geofisica. 90) Istituto nazionale di previdenza dei giornalisti italiani "G. Amendola". 91) Istituto nazionale di previdenza per i dirigenti di aziende industriali. 92) Istituto nazionale "G. Kirner". 93) Istituto nazionale per il commercio estero. 94) Istituto nazionale per l'addestramento e il perfezionamento dei lavoratori dell'industria (I.N.A.P.L.I.) 95) Istituto nazionale per l'assicurazione contro gli infortuni sul lavoro (I.N.A.I.L.). 96) Istituto nazionale per l'assicurazione contro le malattie (I.N.A.M.). 97) Istituto nazionale per le conserve alimentari. 98) Istituto nazionale per lo studio della congiuntura. 99) Istituto per gli studi di politica internazionale. 100) Istituto per l'Oriente. 101) Istituto postelegrafonici. 102) Istituto scientifico sperimentale per i tabacchi. 103) Istituzione dei concerti del Conservatorio di musica "Pierluigi da Palestrina" Cagliari. 104) Istituzione dei concerti dell'Accademia di S. Cecilia. 105) Lega italiana per la lotta contro i tumori. 106) Opera nazionale assistenza all'infanzia delle regioni di confine (O.N.A.I.R.C.). 107) Opera nazionale ciechi civili. 108) Opera nazionale orfani di guerra (O.N.O.G.). 109) Opera nazionale per gli invalidi di guerra (O.N.I.G.). 110) Opera nazionale per la protezione e l'assistenza della maternità e infanzia (O.N.M.I.). 111) Pio Istituto di S. Spirito ed Ospedali riuniti. 112) Provveditorato al Porto di Venezia. 113) Registro aeronautico italiano. 114) Registro navale italiano. 115) Servizio per i contributi agricoli unificati. 116) Società italiana per l'organizzazione internazionale (S.I.O.I.). 117) Società per azioni di navigazione "Adriatica". 118) Società per azioni di navigazione "Italia". 119) Società per azioni di navigazione "Lloyd Triestino". 120) Società per azioni di navigazione "Tirrenia". 121) Società per azioni "Linee marittime dell'Adriatico". 122) Società per azioni "Navigazione Alto Adriatico". 123) Società per azioni "Navigazione Toscana". 124) Società per azioni "Navisarma". 125) Società per azioni "Partenopea" di navigazione. 126) Società per azioni Rai-radiotelevisione italiana. 127) Società per azioni "SI.RE.NA." sicula regionale di navigazione. 128) Unione italiana ciechi. 129) Unione nazionale incremento razze equine (U.N.I.R.E.). 130) Unione nazionale ufficiali in congedo d'Italia (U.N.U.C.I.).

ALLEGATO 2

ELENCO DEGLI ENTI ASSOGGETTATI AL CONTROLLO DELLA CORTE DEI CONTI AI SENSI DELL'ART. 12 DELLA l. 21 MARZO 1958, N. 259

Alla data del 31 marzo 1964 sono stati dichiarati sottoposti al controllo di cui al presente articolo, con vari decreti del Capo dello Stato, i seguenti enti: 1) Comitato nazionale per l'energia nucleare (C.N.E.N.). 2) Commissariato per la gioventù italiana. 3) Ente acquedotti siciliani (E.A.S.). 4) Ente autonomo di gestione per il cinema. 5) Ente autonomo di gestione per le aziende minerarie. 6) Ente autonomo di gestione per le aziende termali. 7) Ente autonomo di gestione per le partecipazioni del Fondo di finanziamento dell'industria meccanica. 8) Ente autonomo esposizione universale di Roma (E.U.R.). 9) Ente autonomo fiera di Bolzano. 10) Ente autonomo per la Mostra d'oltremare e del lavoro italiano nel mondo. 11) Ente autonomo per l'acquedotto Pugliese. 12) Ente italiano della moda con sede in Torino. 13) Ente nazionale assistenza lavoratori (E.N.A.L.). 14) Ente nazionale idrocarburi (E.N.I.). 15) Ente nazionale per la distribuzione dei soccorsi in Italia. 16) Ente nazionale per l'energia elettrica (E.N.E.L.). 17) Ente nazionale per le Tre Venezie. 18) Ente per la colonizzazione del Delta Padano. 19) Ente per la colonizzazione della Maremma Tosco-laziale. 20) Ente per la riforma agraria in Sicilia (E.R.A.S.). 21) Ente per la trasformazione fondiaria ed agraria in Sardegna (E.T.F.A.S.). 22) Ente per la valorizzazione del Territorio del Fucino. 23) Ente per lo sviluppo dell'irrigazione e per la trasformazione fondiaria ed agraria in Puglia e Lucania. 24) Ente siciliano di elettricità (E.S.E.). 25) Ente teatrale italiano (E.T.I.). 26) Fondazione figli degli italiani all'estero. 27) Fondazione per la sperimentazione e la ricerca agraria. 28) Istituto della enciclopedia "G. Treccani". 29) Istituto nazionale delle assicurazioni (I.N.A.). 30) Istituto nazionale gestione imposte di consumo (I.N.G.I.C.). 31) Istituto Nazionale Luce. 32) Istituto nazionale per le case degli impiegati dello Stato (I.N-.C.I.S.). 33) Istituto nazionale per studi ed esperienze di architettura navale. 34) Istituto per la ricostruzione industriale (I.R.I.). 35) Istituto poligrafico dello Stato. 36) Opera nazionale combattenti (O.N.C.). 37) Opera nazionale per i pensionati d'Italia (O.N.P.I.). 38) Opera per la valorizzazione della Sila. 39) Segretariato nazionale per la montagna. 40) Sezione speciale per la riforma fondiaria presso l'Ente autonomo del Flumendosa. 41) Sezione speciale per la riforma fondiaria presso l'Ente per lo sviluppo dell'irrigazione e la trasformazione fondiaria ed agraria in Puglia e Lucania. 42) Sezione speciale per la riforma fondiaria presso l'Opera Nazionale Combattenti. 43) Sezione speciale per la riforma fondiaria presso l'Opera per la valorizzazione della Sila. 44) Ufficio italiano dei cambi.

80. Legge 9 maggio 1989, n. 168. — Istituzione del Ministero dell'università e della ricerca scientifica e tecnologica. (*estratto*) (1).

Pubblicata nella Gazzetta Ufficiale n. 108 del 11 maggio 1989, S.O.

(1) *Si riporta il solo comma 10 dell'art. 7, in quanto attinente alla materia dei controlli.*

7 Autonomia finanziaria e contabile delle università.

1-9. (*Omissis*).

10. A decorrere dalla data di entrata in vigore della presente legge, sono soggetti al controllo preventivo di legittimità della Corte dei conti esclusivamente i provvedimenti di nomina, promozione e cessazione dal servizio del personale. Tali provvedimenti sono immediatamente esecutivi, fatta salva la sopravvenuta inefficacia a seguito di ricusazione del visto da parte della Corte dei conti. Dalla stessa data lagestione finanziaria delle università è soggetta, sulla base di consuntivi annuali, al controllo successivo della Corte stessa. La Corte dei conti riferisce al Parlamento con un'unica relazione annuale.

(*Omissis*).

81. Legge 24 dicembre 1993, n. 537. — Interventi correttivi di finanza pubblica. (*estratto*) (1).

Pubblicata nella Gazzetta Ufficiale n. 303 del 28 dicembre 1993.

(1) *Si riportano i soli commi attinenti alla materia dei controlli.*

5 Università.

1-22. (*Omissis*).

21. I provvedimenti di nomina, promozione e cessazione dal servizio del personale delle università non sono soggetti a controlli preventivi di legittimità della Corte dei conti. Il controllo successivo della Corte dei conti di cui all'articolo 7, comma 10, della legge 9 maggio 1989, n. 168, è esercitato ai soli fini della Relazione al Parlamento con l'esclusione del controllo amministrativo di regolarità contabile e sui singoli atti della gestione. All'uopo le università trasmettono alla Corte dei conti i consuntivi annuali, corredati della relazione del rettore, dei nuclei di valutazione interna e dei revisori dei conti, non oltre quindici giorni dopo la loro approvazione e comunque non oltre sei mesi dopo la chiusura dell'esercizio finanziario a cui si riferiscono.

22. Nelle università, ove già non esistano, sono istituiti nuclei di valutazione interna con il compito di verificare, mediante analisi comparative dei costi e dei rendimenti, la corretta gestione delle risorse pubbliche, la produttività della ricerca e della didattica, nonché l'imparzialità ed il buon andamento dell'azione amministrativa. I nuclei determinano i parametri di riferimento del controllo anche su indicazione degli organi generali di direzione, cui riferiscono con apposita relazione almeno annualmente.

23. La relazione dei nuclei di valutazione interna è trasmessa al Ministero dell'università e della ricerca scientifica e tecnologica, al Consiglio universitario nazionale e alla Conferenza permanente dei rettori per la valutazione dei risultati relativi all'efficienza e alla produttività delle attività di ricerca e di formazione, e per la verifica dei programmi di sviluppo e di riequilibrio del sistema universitario, anche ai fini della successiva assegnazione delle risorse. [Tale valutazione è effettuata dall'osservatorio permanente da istituire, con decreto del Ministro, ai sensi dell'articolo 12, comma 4, lettera *f*), della legge 9 maggio 1989, n. 168, previo parere delle competenti Commissioni parlamentari. La relazione è altresì trasmessa ai Comitati provinciali della pubblica amministrazione, di cui all'articolo 17 del decreto-legge 13 maggio 1991, n. 152, convertito, con modificazioni, dalla legge 12 luglio 1991, n. 203] (1).

24-28. (*Omissis*).

(1) *Il secondo e il terzo periodo del presente comma sono stati abrogati dall'art. 2, comma 4, l. 19 ottobre 1999, n. 370, a decorrere dalla data di cui al comma 3 dello stesso art. 2.*

82. Legge 14 gennaio 1994, n. 20. — Disposizioni in materia di giurisdizione e controllo della Corte dei conti. (*rinvio*) (1).

Pubblicata nella Gazzetta Ufficiale n. 10 del 14 gennaio 1994.

(1) *V. sub VI, 15, in particolare, l'art. 3 (Norme in materia di controllo della Corte dei conti) con riguardo al controllo preventivo di legittimità della Corte dei conti e al controllo successivo sulla gestione del bilancio e del patrimonio delle amministrazioni pubbliche, nonché sulle gestioni fuori bilancio e sui fondi di provenienza comunitaria.*

83. Legge 23 dicembre 2005, n. 266. — Disposizioni per la formazione del bilancio annuale e pluriennale dello Stato (legge finanziaria 2006). (*estratto*) (1)

Pubblicata nella Gazzetta Ufficiale n. 302 del 29 dicembre 2005, S.O. n. 211.

(1) *Si riportano i soli commi attinenti alla materia dei controlli.*

1 (*Omissis*).

166. Ai fini della tutela dell'unità economica della Repubblica e del coordinamento della finanza pubblica, gli organi degli enti locali di revisione economico-finanziaria trasmettono alle competenti sezioni regionali di controllo della Corte dei conti una relazione sul bilancio di previsione dell'esercizio di competenza e sul rendiconto dell'esercizio medesimo.

167. La Corte dei conti definisce unitariamente criteri e linee guida cui debbono attenersi gli organi degli enti locali di revisione economico-finanziaria nella predisposizione della relazione di cui al comma 166, che, in ogni caso, deve dare conto del rispetto degli obiettivi annuali posti dal patto di stabilità interno, dell'osservanza del vincolo previsto in materia di indebitamento dall'articolo 119, ultimo comma, della Costituzione, e di ogni grave irregolarità contabile e finanziaria in ordine alle quali l'amministrazione non abbia adottato le misure correttive segnalate dall'organo di revisione.

[168. Le sezioni regionali di controllo della Corte dei conti, qualora accertino, anche sulla base delle relazioni di cui al comma 166, comportamenti difformi dalla sana gestione finanziaria o il mancato rispetto degli obiettivi posti con il patto, adottano specifica pronuncia e vigilano sull'adozione da parte dell'ente locale delle necessarie misure correttive e sul rispetto dei vincoli e limitazioni posti in caso di mancato rispetto delle regole del patto di stabilità interno] (1).

169. Per l'esercizio dei compiti di cui ai commi 166, 167 e 168, la Corte dei conti può avvalersi della collaborazione di esperti anche estranei alla pubblica amministrazione, sino ad un massimo di dieci unità, particolarmente qualificati nelle materie economiche, finanziarie e statistiche, nonché, per le esigenze delle sezioni regionali di controllo e sino al completamento delle procedure concorsuali di cui al comma 175, di personale degli enti locali, fino ad un massimo di cinquanta unità, in possesso di laurea in scienze economiche ovvero di diploma di ragioniere e perito commerciale, collocato in posizione di fuori ruolo o di comando.

170. Le disposizioni dei commi 166 e 167 si applicano anche agli enti del Servizio sanitario nazionale. Nel caso di enti di cui al presente comma che non abbiano rispettato gli obblighi previsti ai sensi del comma 166, la Corte trasmette la propria segnalazione alla regione interessata per i conseguenti provvedimenti.

171. All'articolo 2 della legge 5 agosto 1978, n. 468, dopo il comma 3 è inserito il seguente:

"3-*bis*. Nella formulazione delle previsioni di spesa si tiene conto degli esiti del controllo eseguito dalla Corte dei conti ai sensi dell'articolo 3, commi 4 e seguenti, della legge 14 gennaio 1994, n. 20. Nelle note preliminari della spesa sono indicate le misure adottate a seguito delle valutazioni della Corte dei conti".

172. All'articolo 3, comma 6, della legge 14 gennaio 1994, n. 20, dopo le parole: "agli organi elettivi" sono inserite le seguenti: ", entro sei mesi dalla data di ricevimento della relazione,".

173. Gli atti di spesa relativi ai commi 9, 10, 56 e 57 di importo superiore a 5.000 euro devono essere trasmessi alla competente sezione della Corte dei conti per l'esercizio del controllo successivo sulla gestione.

174. Al fine di realizzare una più efficace tutela dei crediti erariali, l'articolo 26 del regolamento di procedura di cui al regio decreto 13 agosto 1933, n. 1038, si interpreta nel senso che il procuratore regionale della Corte dei conti dispone di tutte le azioni a tutela delle ragioni del creditore previste dalla procedura civile, ivi compresi i mezzi di conservazione della garanzia patrimoniale di cui al libro VI, titolo III, capo V, del codice civile.

175. Al fine di assicurare il corretto svolgimento delle funzioni di cui ai commi da 166 a 174, la Corte dei conti può avviare apposito concorso pubblico su base regionale per il reclutamento di un contingente complessivo non superiore a cinquanta unità di personale amministrativo a tempo indeterminato dell'area C in possesso di laurea in scienze economiche o statistiche e attuariali, da destinare alle sezioni regionali di controllo. Le conseguenti assunzioni sono disposte in deroga a quanto stabilito dall'articolo 1, comma 95, della legge 30 dicembre 2004, n. 311.

(*Omissis*).

(1) *Comma abrogato dal comma 1-*bis* dell'art. 3, d.l. 10 ottobre 2012, n. 174, nel testo integrato dalla legge di conversione 7 dicembre 2012, n. 213.*

84. Legge 4 marzo 2009, n. 15. — Delega al Governo finalizzata all'ottimizzazione della produttività del lavoro pubblico e alla efficienza e trasparenza delle pubbliche amministrazioni nonché disposizioni integrative delle funzioni attribuite al Consiglio nazionale dell'economia e del lavoro e alla Corte dei conti. (*estratto*)

Pubblicata nella Gazzetta Ufficiale n. 53 del 5 marzo 2009.

11 Corte dei conti.

1. Le disposizioni di delega della presente legge non si applicano alle funzioni della Corte dei conti che restano disciplinate dalle norme vigenti in materia, come integrate dalle disposizioni del presente articolo.

2. La Corte dei conti, anche a richiesta delle competenti Commissioni parlamentari, può effettuare controlli su gestioni pubbliche statali in corso di svolgimento. Ove accerti gravi irregolarità gestionali ovvero gravi deviazioni da obiettivi, procedure o tempi di attuazione stabiliti da norme, nazionali o comunitarie, ovvero da direttive del Governo, la Corte ne individua, in contraddittorio con l'amministrazione, le cause e provvede, con decreto motivato del Presidente, su proposta della competente sezione, a darne comunicazione, anche con strumenti telematici idonei allo scopo, al Ministro competente. Questi, con decreto da comunicare al Parlamento e alla presidenza della Corte, sulla base delle proprie valutazioni, anche di ordine economico-finanziario, può disporre la sospensione dell'impegno di somme stanziate sui pertinenti capitoli di spesa. Qualora emergano rilevanti ritardi nella realizzazione di piani e programmi, nell'erogazione di contributi ovvero nel trasferimento di fondi, la Corte ne individua, in contraddittorio con l'amministrazione, le cause, e provvede, con decreto motivato del Presidente, su proposta della competente sezione, a darne comunicazione al Ministro competente. Entro sessanta giorni l'amministrazione competente adotta i provvedimenti idonei a rimuovere gli impedimenti, ferma restando la facoltà del Ministro, con proprio decreto da comunicare alla presidenza della Corte, di sospendere il termine stesso per il tempo ritenuto necessario ovvero di comunicare, al Parlamento ed alla presidenza della Corte, le ragioni che impediscono di ottemperare ai rilievi formulati dalla Corte (1).

3. Le sezioni regionali di controllo della Corte dei conti, di cui all'articolo 7, comma 7, della legge 5 giugno 2003, n. 131, previo concerto con il Presidente della Corte, possono fare applicazione delle disposizioni di cui al comma 2 del presente articolo nei confronti delle gestioni pubbliche regionali o degli enti locali. In tal caso la facoltà attribuita al Ministro competente si intende attribuita ai rispettivi organi di governo e l'obbligo di riferire al Parlamento è da adempiere nei confronti delle rispettive Assemblee elettive.

4. All'articolo 7 della legge 5 giugno 2003, n. 131, e successive modificazioni, dopo il comma 8 è aggiunto il seguente:

« 8-*bis*. Le sezioni regionali di controllo della Corte dei conti possono essere integrate, senza nuovi o maggiori oneri per la finanza pubblica, da due componenti designati, salva diversa previsione dello statuto della Regione, rispettivamente dal Consiglio regionale e dal Consiglio delle autonomie locali oppure, ove tale organo non sia stato istituito, dal Presidente del Consiglio regionale su indicazione delle associazioni rappresentative dei Comuni e delle Province a livello regionale. I predetti componenti sono scelti tra persone che, per gli studi compiuti e le esperienze professionali acquisite, sono particolarmente esperte nelle materie aziendalistiche, economiche, finanziarie, giuridiche e contabili; i medesimi durano in carica cinque anni e non sono riconfermabili. Lo status dei predetti componenti è equiparato a tutti gli effetti, per la durata dell'incarico, a quello dei consiglieri della Corte dei conti, con oneri finanziari a carico della Regione. La nomina è effettuata con decreto del Presidente della Repubblica, con le modalità previste dal secondo comma dell'articolo unico del decreto del Presidente della Repubblica 8 luglio 1977, n. 385 ».

5. Il comma 61 dell'articolo 3 della legge 24 dicembre 2007, n. 244, è abrogato.

6. Gli atti, i documenti e le notizie che la Corte dei conti può acquisire ai sensi dell'articolo 3, comma 8, della legge 14 gennaio 1994, n. 20, e delle norme ivi richiamate, sono anche quelli formati o conservati in formato elettronico.

7. Il Presidente della Corte dei conti, quale organo di governo dell'istituto, sentito il parere dei presidenti di sezione della Corte medesima, presenta annualmente al Parlamento, e comunica al Governo, la relazione di cui all'articolo 3, comma 63, della legge 24 dicembre 2007, n. 244. Ne trasmette copia al Consiglio di presidenza della Corte dei conti. Esercita ogni altra funzione non espressamente attribuita da norme di legge ad altri organi collegiali o monocratici della Corte. Provvede, sentito il Consiglio di presidenza, ad autorizzare, nei casi consentiti dalle norme, gli incarichi extra-istituzionali, con o senza collocamento in posizione di fuori ruolo o aspettativa. Revoca, sentito il Consiglio di presidenza, gli incarichi extra-istituzionali in corso di svolgimento, per sopravvenute esigenze di servizio della Corte. Può esercitare la facoltà di cui all'articolo 41, ultimo capoverso, del testo unico delle leggi sulla Corte dei conti, di cui al regio decreto 12 luglio 1934, n. 1214. Si applica al Presidente della Corte dei conti, per la composizione nominativa e per la determinazione delle competenze delle sezioni riunite, in ogni funzione ad esse attribuita, ferme restando le previsioni organiche vigenti alla data di entrata in vigore della presente legge, la disposizione di cui all'articolo 1, quinto comma, della legge 27 aprile 1982, n. 186, introdotto dall'articolo 54 del decreto-legge 25 giugno 2008, n. 112, convertito, con modificazioni, dalla legge 6 agosto 2008, n. 133.

8. Il Consiglio di presidenza della Corte dei conti, quale organo di amministrazione del personale di magistratura, esercita le funzioni ad esso espressamente attribuite da norme di legge. È composto dal Presidente della Corte, che lo presiede, dal Presidente aggiunto, dal Procuratore generale, da quattro rappresentanti del Parlamento eletti ai sensi dell'articolo 7, comma 1, lettera *d*), della legge 27 aprile 1982, n. 186, e successive modificazioni, e dell'articolo 18, comma 3, della legge 21 luglio 2000, n. 205, e da quattro magistrati eletti da tutti i magistrati della Corte. Alle sedute del Consiglio, tranne quelle in sede disciplinare, possono partecipare il Segretario generale della Corte ed il magistrato addetto alla presidenza con funzioni di capo di gabinetto. Qualora, per specifiche questioni, uno dei due sia designato relatore, lo stesso ha diritto di voto per espressa delega del Presidente della Corte. Ferme restando la promozione dell'azione disciplinare da parte del Procuratore generale e la relativa procedura, il Presidente della Corte ha le funzioni di iniziativa nel sottoporre al Consiglio di presidenza gli affari da trattare e può disporre che le questioni siano previamente istruite dalle commissioni ovvero sottoposte direttamente al plenum. Il Consiglio di presidenza, su proposta del Presidente della Corte, adotta idonei indicatori e strumenti di monitoraggio per misurare i livelli delle prestazioni lavorative rese dai magistrati. Il Presidente e i componenti del Consiglio di presidenza rispondono, per i danni causati nell'esercizio delle proprie funzioni, soltanto nei casi di dolo o colpa grave.

9. Per lo svolgimento delle funzioni di controllo di cui ai commi 2 e 3 del presente articolo è autorizzata la spesa di 5 milioni di euro a decorrere dall'anno 2009. All'onere conseguente si provvede mediante riduzione lineare degli stanziamenti di parte corrente relativi alle autorizzazioni di spesa come determinate dalla Tabella C allegata alla legge 22 dicembre 2008, n. 203.

10. Il presente articolo entra in vigore il giorno successivo a quello della pubblicazione della presente legge nella Gazzetta Ufficiale. Il termine, decorrente dalla data di scadenza del Consiglio di presidenza in carica, entro il quale il Presidente della Corte dei conti indice le elezioni per il rinnovo della composizione del Consiglio medesimo, è prorogato al 7 maggio 2009.

(1) *Il presente comma è richiamato dall'art. 22 (Controllo concomitante della Corte dei conti per accelerare gli interventi di sostegno e di rilancio dell'economia nazionale) del d.l. 16 luglio 2020, n. 76, conv., con modif., in l. 11 settembre 2020, n. 120, sub VIII, 1.*

12 Monitoraggio della spesa per le prerogative sindacali nel settore pubblico.

1. Il Governo trasmette annualmente al Parlamento e alla Corte dei conti una relazione sull'andamento della spesa relativa all'applicazione degli istituti connessi alle prerogative sindacali in favore dei dipendenti delle pubbliche amministrazioni.

85. Decreto legge 10 ottobre 2012, n. 174, convertito, con modificazioni, in legge 7 dicembre 2012, n. 213. — Disposizioni urgenti in materia di finanza e funzionamento degli enti territoriali, nonché ulteriori disposizioni in favore delle zone terremotate nel maggio 2012. (*estratto*).

Pubblicato nella Gazzetta Ufficiale n. 237 del 10 ottobre 2012; la legge di conversione è stata pubblicata nella Gazzetta Ufficiale n. 286 del 7 dicembre 2012.

1 Rafforzamento della partecipazione della Corte dei conti al controllo sulla gestione finanziaria delle regioni (1).

1. Al fine di rafforzare il coordinamento della finanza pubblica, in particolare tra i livelli di governo statale e regionale, e di garantire il rispetto dei vincoli finanziari derivanti dall'appartenenza dell'Italia all'Unione europea, le disposizioni del presente articolo sono volte ad adeguare, ai sensi degli articoli 28, 81, 97, 100 e 119 della Costituzione, il controllo della Corte dei conti sulla gestione finanziaria delle regioni di cui all'articolo 3, comma 5, della legge 14 gennaio 1994, n. 20, e all'articolo 7, comma 7, della legge 5 giugno 2003, n. 131, e successive modificazioni.

2. Annualmente le sezioni regionali di controllo della Corte dei conti trasmettono ai consigli regionali una relazione sulla tipologia delle coperture finanziarie adottate nelle leggi regionali approvate nell'anno precedente e sulle tecniche di quantificazione degli oneri (2).

3. Le sezioni regionali di controllo della Corte dei conti esaminano i bilanci preventivi e i rendiconti consuntivi delle regioni e degli enti che compongono il Servizio sanitario nazionale, con le modalità e secondo le procedure di cui all'articolo 1, commi 166 e seguenti, della legge 23 dicembre 2005, n. 266, per la verifica del rispetto degli obiettivi annuali posti dal patto di stabilità interno, dell'osservanza del vincolo previsto in materia di indebitamento dall'articolo 119, sesto comma, della Costituzione, della sostenibilità dell'indebitamento e dell'assenza di irregolarità suscettibili di pregiudicare, anche in prospettiva, gli equilibri economico-finanziari degli enti. I bilanci preventivi annuali e pluriennali e i rendiconti delle regioni con i relativi allegati sono trasmessi alle competenti sezioni regionali di controllo della Corte dei conti dai presidenti delle regioni con propria relazione.

4. Ai fini del comma 3, le sezioni regionali di controllo della Corte dei conti verificano altresì che i rendiconti delle regioni tengano conto anche delle partecipazioni in società controllate e alle quali è affidata la gestione di servizi pubblici per la collettività regionale e di servizi strumentali alla regione, nonché dei risultati definitivi della gestione degli enti del Servizio sanitario nazionale, per i quali resta fermo quanto pre-

visto dall'articolo 2, comma 2-*sexies*, del decreto legislativo 30 dicembre 1992, n. 502, dall'articolo 2, comma 12, della legge 28 dicembre 1995, n. 549, e dall'articolo 32 della legge 27 dicembre 1997, n. 449.

5. Il rendiconto generale della regione è parificato dalla sezione regionale di controllo della Corte dei conti ai sensi degli articoli 39, 40 e 41 del testo unico di cui al regio decreto 12 luglio 1934, n. 1214. Alla decisione di parifica è allegata una relazione nella quale la Corte dei conti formula le sue osservazioni in merito alla legittimità e alla regolarità della gestione e propone le misure di correzione e gli interventi di riforma che ritiene necessari al fine, in particolare, di assicurare l'equilibrio del bilancio e di migliorare l'efficacia e l'efficienza della spesa. La decisione di parifica e la relazione sono trasmesse al presidente della giunta regionale e al consiglio regionale.

6. Il presidente della regione trasmette ogni dodici mesi alla Sezione regionale di controllo della Corte dei conti una relazione sul sistema dei controlli interni, adottata sulla base delle linee guida deliberate dalla Sezione delle autonomie della Corte dei conti e sui controlli effettuati nell'anno (3).

7. Nell'ambito della verifica di cui ai commi 3 e 4, l'accertamento, da parte delle competenti sezioni regionali di controllo della Corte dei conti, di squilibri economico-finanziari, della mancata copertura di spese, della violazione di norme finalizzate a garantire la regolarità della gestione finanziaria o del mancato rispetto degli obiettivi posti con il patto di stabilità interno comporta per le amministrazioni interessate l'obbligo di adottare, entro sessanta giorni dalla comunicazione del deposito della pronuncia di accertamento, i provvedimenti idonei a rimuovere le irregolarità e a ripristinare gli equilibri di bilancio. Tali provvedimenti sono trasmessi alle sezioni regionali di controllo della Corte dei conti che li verificano nel termine di trenta giorni dal ricevimento. Qualora la regione non provveda alla trasmissione dei suddetti provvedimenti o la verifica delle sezioni regionali di controllo dia esito negativo, è preclusa l'attuazione dei programmi di spesa per i quali è stata accertata la mancata copertura o l'insussistenza della relativa sostenibilità finanziaria (4).

8. Le relazioni redatte dalle sezioni regionali di controllo della Corte dei conti ai sensi dei commi precedenti sono trasmesse alla Presidenza del Consiglio dei ministri e al Ministero dell'economia e delle finanze per le determinazioni di competenza.

9. Ciascun gruppo consiliare dei consigli regionali approva un rendiconto di esercizio annuale, strutturato secondo linee guida deliberate dalla Conferenza permanente per i rapporti tra lo Stato, le regioni e le province autonome di Trento e di Bolzano e recepite con decreto del Presidente del Consiglio dei ministri, per assicurare la corretta rilevazione dei fatti di gestione e la regolare tenuta della contabilità, nonché per definire la documentazione necessaria a corredo del rendiconto. In ogni caso il rendiconto evidenzia, in apposite voci, le risorse trasferite al gruppo dal consiglio regionale, con indicazione del titolo del trasferimento, nonché le misure adottate per consentire la tracciabilità dei pagamenti effettuati.

9-*bis*. Al fine di agevolare la rimozione degli squilibri finanziari delle regioni che adottano, o abbiano adottato, il piano di stabilizzazione finanziaria, ai sensi dell'articolo 14, comma 22, del decreto-legge 31 maggio 2010, n. 78, convertito, con modificazioni, dalla legge 30 luglio 2010, n. 122, approvato dal Ministero dell'economia e delle finanze, nello stato di previsione del Ministero dell'economia e delle finanze è istituito un Fondo di rotazione, con una dotazione di 50 milioni di euro, denominato « Fondo di rotazione per la concessione di anticipazioni alle regioni in situazione di squilibrio finanziario », finalizzato a concedere anticipazioni di cassa per il graduale ammortamento dei disavanzi e dei debiti fuori bilancio accertati, nonché per il concorso al sostegno degli oneri derivanti dall'attuazione del citato piano di stabilizzazione finanziaria ovvero per la regione Campania al finanziamento del piano di rientro di cui al comma 5 dell'articolo 16 del decreto legge 22 giugno 2012, n. 83, convertito con modificazioni, dalla legge 7 agosto 2012, n. 134 (5) (6).

9-*ter*. Con decreto del Presidente del Consiglio dei ministri, su proposta del Ministro per gli affari regionali, di concerto con il Ministro dell'economia e delle finanze, di intesa con la Conferenza permanente per i rapporti tra lo Stato, le regioni e le province autonome di Trento e Bolzano, da emanare entro il termine del 31 marzo 2013 sono individuati i criteri per la determinazione dell'importo massimo dell'anticipazione di cui al comma 9-*bis* attribuibile a ciascuna regione, nonché le modalità per la concessione e per la restituzione della stessa in un periodo massimo di 10 anni, decorrente dall'anno successivo a quello in cui viene erogata l'anticipazione. I criteri per la determinazione dell'anticipazione attribuibile a ciascuna Regione sono definiti nei limiti dell'importo massimo fissato in euro 10 per abitante e della disponibilità annua del Fondo (7).

9-*quater*. Alla copertura degli oneri derivanti per l'anno 2013 dalle disposizioni di cui ai commi 9-*bis* e 9-*ter*, si provvede a valere sulla dotazione del Fondo di rotazione di cui all'articolo 4, comma 1. Il Fondo di cui al comma 9-*bis* è altresì alimentato dalle somme del Fondo rimborsate dalle regioni (7).

9-*quinquies*. Con decreti del Ministro dell'economia e delle finanze si provvede alle occorrenti variazioni di bilancio (7).

9-*sexies*. In sede di prima applicazione delle disposizioni di cui ai commi 9-*bis* e seguenti, alle regioni interessate, in presenza di eccezionali motivi di urgenza, può essere concessa un'anticipazione a valere sul Fondo di rotazione di cui al comma 9-*bis*, da riassorbire secondo tempi e modalità disciplinati dal decreto del Presidente del Consiglio dei Ministri di cui al comma 9-*ter* (7).

9-*septies*. Il piano di stabilizzazione finanziaria di cui al comma » 9-*bis*, per le regioni che abbiano già adottato il piano stesso, è completato entro il 30 giugno 2016 e l'attuazione degli atti indicati nel piano deve avvenire entro il 31 dicembre 2017. Per le restanti regioni i predetti termini sono, rispettivamente, di quattro e cinque anni dall'adozione del ripetuto piano di stabilizzazione finanziaria. Conseguentemente, sono soppressi i commi 13, 14 e 15 dell'articolo 1 del decreto-legge 10 ottobre 2012, n. 174, convertito con modificazioni dalla legge 7 dicembre 2012, n. 213 (7).

10. Il rendiconto è trasmesso da ciascun gruppo consiliare al presidente del consiglio regionale, che lo trasmette al presidente della regione. Entro sessanta giorni dalla chiusura dell'esercizio, il presidente della regione trasmette il rendiconto di ciascun gruppo alla competente sezione regionale di controllo della Corte dei conti perché si pronunci, nel termine di trenta giorni dal ricevimento, sulla regolarità dello stesso con apposita delibera, che è trasmessa al presidente della regione per il successivo inoltro al presidente del consiglio regionale, che ne cura la pubblicazione. In caso di mancata pronuncia nei successivi trenta giorni, il rendiconto di esercizio si intende comunque approvato. Il rendiconto è, altresì, pubblicato in allegato al conto consuntivo del consiglio regionale e nel sito istituzionale della regione (8) (9).

11. Qualora la competente sezione regionale di controllo della Corte dei conti riscontri che il rendiconto di esercizio del gruppo consiliare o la documentazione trasmessa a corredo dello stesso non sia conforme alle prescrizioni stabilite a norma del presente articolo, trasmette, entro trenta giorni dal ricevimento del rendiconto, al presidente della regione una comunicazione affinché si provveda alla relativa regolarizzazione, fissando un termine non superiore a trenta giorni. La comunicazione è trasmessa al presidente del consiglio regionale per i successivi adempimenti da parte del gruppo consiliare interessato e sospende il decorso del termine per la pronuncia della sezione. Nel caso in cui il gruppo non provveda alla regolarizzazione entro il termine fissato, decade, per l'anno in corso, dal diritto all'erogazione di risorse da parte del consiglio regionale. La decadenza di cui al presente comma comporta l'obbligo di restituire le somme ricevute a carico del bilancio del consiglio regionale e non rendicontate (10) (11) (12).

12. La decadenza e l'obbligo di restituzione di cui al comma 11 conseguono alla mancata trasmissione del rendiconto entro il termine individuato ai sensi del comma 10, ovvero alla delibera di non regolarità del rendiconto da parte della sezione regionale di controllo della Corte dei conti. Avverso le delibera della Sezione regionale di controllo della Corte dei conti, di cui al presente comma, è ammessa l'impugnazione alle Sezioni riunite della Corte dei conti in speciale composizione, con le forme e i termini di cui all'articolo 243-*quater*, comma 5, del decreto legislativo 18 agosto 2000, n. 267 (13) (14).

13. Le regioni che abbiano adottato il piano di stabilizzazione finanziaria, ai sensi dell'articolo 14, comma 22, del decreto-legge 31 maggio 2010, n. 78, convertito, con modificazioni, dalla legge 30 luglio 2010, n. 122, formalmente approvato con decreto del Ministro dell'economia e delle finanze, possono chiedere al Ministero dell'economia e delle finanze, entro il 15 dicembre 2012, un'anticipazione di cassa da destinare esclusivamente al pagamento delle spese di parte corrente relative a spese di personale, alla produzione di servizi in economia e all'acquisizione di servizi e forniture, già impegnate e comunque non derivanti da riconoscimento dei debiti fuori bilancio.

14. L'anticipazione di cui al comma 13 è concessa, nei limiti di 50 milioni di euro per l'anno 2012, con decreto del Presidente del Consiglio dei ministri, su proposta del Ministro dell'economia e delle finanze, che stabilisce altresì le modalità per l'erogazione e per la restituzione dell'anticipazione straordinaria in un periodo massimo di cinque anni, a decorrere dall'anno successivo a quello in cui è erogata l'anticipazione.

15. Alla copertura degli oneri derivanti, nell'anno 2012, dalle disposizioni recate dai commi 13 e 14 si provvede a valere sulla dotazione del Fondo di rotazione di cui all'articolo 4, comma 5.

16. Le regioni a statuto speciale e le province autonome di Trento e di Bolzano adeguano il proprio ordinamento alle disposizioni del presente articolo entro un anno dalla data di entrata in vigore del presente decreto (15).

17. Dall'attuazione del presente articolo non devono derivare nuovi o maggiori oneri per la finanza pubblica.

(1) *Articolo sostituito dall'art. 1, comma 1, l. 7 dicembre 2012, n. 213, in sede di conversione.*

(2) *Comma modificato dall'art. 33, comma 2, lett. a), n. 1), d.l. 24 giugno 2014, n. 91, conv. con modif. in l. 11 agosto 2014, n. 116.*

(3) *Comma sostituito dall'art. 33, comma 2, lett. a), n. 2), d.l. 24 giugno 2014, n. 91, conv. con modif. in l. 11 agosto 2014, n. 116.*

(4) *La Corte Costituzionale, con sentenza 6 marzo 2014, n. 39 (Gazz. Uff., 12 marzo 2014, n. 12), ha dichiarato l'illegittimità costituzionale del presente comma, limitatamente alla parte in cui si riferisce al controllo dei bilanci preventivi e dei rendiconti consuntivi delle Regioni.*

(5) *Comma aggiunto dall'art. 1, comma 230, l. 24 dicembre 2012, n. 228 e successivamente modificato dall'art. 11, comma 16, d.l. 28 giugno 2013, n. 76, conv. con modif. in l. 9 agosto 2013, n. 99.*

(6) *Vedi quanto disposto dall'art. 41, comma 5, d.l. 12 settembre 2014, n. 133, conv., con modif., in l. 11 novembre 2014, n. 164.*

(7) *Comma aggiunto dall'art. 1, comma 230, l. 24 dicembre 2012, n. 228.*

(8) *La Corte Costituzionale, con sentenza 6 marzo 2014, n. 39 (in Gazz. Uff., 12 marzo 2014, n. 12), ha dichiarato l'illegittimità costituzionale del presente comma, primo periodo, limitatamente alle parole « che lo trasmette al presidente della Regione ».*

(9) *La Corte Costituzionale, con sentenza 6 marzo 2014, n. 39 (in Gazz. Uff., 12 marzo 2014, n. 12), ha dichiarato l'illegittimità costituzionale del presente comma, secondo periodo, limitatamente alle parole « al presidente della regione per il successivo inoltro ».*

(10) *La Corte Costituzionale, con sentenza 6 marzo 2014, n. 39 (in Gazz. Uff., 12 marzo 2014, n. 12), ha dichiarato l'illegittimità costituzionale del presente comma, primo periodo, nella parte in cui prevede il « presidente della regione », anziché il « presidente del consiglio regionale ».*

(11) *La Corte Costituzionale, con sentenza 6 marzo 2014, n. 39 (in Gazz. Uff., 12 marzo 2014, n. 12), ha dichiarato l'illegittimità costituzionale del presente comma, terzo periodo, del decreto-legge n. 174 del 2012.*

(12) *La Corte Costituzionale, con sentenza 6 marzo 2014, n. 39 (in Gazz. Uff., 12 marzo 2014, n. 12), ha dichiarato l'illegittimità costituzionale del presente comma, quarto periodo, del decreto-legge n. 174 del 2012, nella parte in cui prevede che l'obbligo di restituire le somme ricevute a carico del bilancio del consiglio regionale e non rendicontate consegue alla « decadenza di cui al presente comma », anziché all'omessa regolarizzazione di cui allo stesso comma 11.*

(13) *Comma modificato dall'art. 33, comma 2, lett. a), n. 3), d.l. 24 giugno 2014, n. 91, conv. con modif. in l. 11 agosto 2014, n. 116.*

(14) *La Corte Costituzionale, con sentenza 6 marzo 2014, n. 39 (in Gazz. Uff., 12 marzo 2014, n. 12), ha dichiarato l'illegittimità costituzionale del presente comma, là dove prevede che « La decadenza e l'obbligo di restituzione di cui al comma 11 conseguono » anziché prevedere che « L'obbligo di restituzione di cui al comma 11 consegue ».*

(15) *La Corte Costituzionale, con sentenza 6 marzo 2014, n. 39 (in Gazz. Uff., 12 marzo 2014, n. 12), ha dichiarato l'illegittimità costituzionale del presente comma, nella parte in cui impone alle Regioni a statuto speciale e alle Province autonome di Trento e di Bolzano di adeguare il proprio ordinamento alle disposizioni dei commi 7, limitatamente alla parte in cui si riferisce al controllo dei bilanci preventivi e dei rendiconti consuntivi delle Regioni; 10, primo periodo, limitatamente alle parole « che lo trasmette al presidente della Regione »; 10, secondo periodo, limitatamente alle parole « al presidente della regione per il successivo inoltro »; 11, primo periodo, nella parte in cui prevede il « presidente della regione », anziché il « presidente del consiglio regionale »; 11, terzo*

periodo; 11, quarto periodo, nella parte in cui prevede che l'obbligo di restituire le somme ricevute a carico del bilancio del consiglio regionale e non rendicontate consegue alla « decadenza di cui al presente comma », anziché all'omessa regolarizzazione di cui allo stesso comma 11; 12, là dove prevede che « La decadenza e l'obbligo di restituzione di cui al comma 11 conseguono » anziché prevedere che « L'obbligo di restituzione di cui al comma 11 consegue ».

86. Decreto legislativo 19 agosto 2016, n. 175. — Testo unico in materia di società a partecipazione pubblica. (*estratto*) (1).

Pubblicato nella Gazzetta Ufficiale 8 settembre 2016, n. 210.

(1) *Per il testo integrale del Decreto legislativo si veda sub II, 29.*

5 Oneri di motivazione analitica.

(*Omissis*)

3. L'amministrazione invia l'atto deliberativo di costituzione della società o di acquisizione della partecipazione diretta o indiretta alla Corte dei conti, a fini conoscitivi, e all'Autorità garante della concorrenza e del mercato, che può esercitare i poteri di cui all'articolo 21-*bis* della legge 10 ottobre 1990, n. 287.

4. Ai fini di quanto previsto dal comma 3, per gli atti delle amministrazioni dello Stato e degli enti nazionali sono competenti le Sezioni Riunite in sede di controllo; per gli atti delle regioni e degli enti locali, nonché dei loro enti strumentali, delle università o delle altre istituzioni pubbliche di autonomia aventi sede nella regione, è competente la Sezione regionale di controllo; per gli atti degli enti assoggettati a controllo della Corte di conti ai sensi della legge 21 marzo 1958, n. 259, è competente la Sezione del controllo sugli enti medesimi (1).

(*Omissis*)

(1) *Comma modificato dall'articolo 6, comma 1, lettera* c), *del d.lgs. 16 giugno 2017 n. 100.*

20 Razionalizzazione periodica delle partecipazioni pubbliche.

(*Omissis*)

3. I provvedimenti di cui ai commi 1 e 2 (1) sono adottati entro il 31 dicembre di ogni anno e sono trasmessi con le modalità di cui all'articolo 17 del decreto-legge n. 90 del 2014, convertito, con modificazioni, dalla legge di conversione 11 agosto 2014, n. 114 e rese disponibili alla struttura di cui all'articolo 15 e alla sezione di controllo della Corte dei conti competente ai sensi dell'articolo 5, comma 4.

4. In caso di adozione del piano di razionalizzazione, entro il 31 dicembre dell'anno successivo le pubbliche amministrazioni approvano una relazione sull'attuazione del piano, evidenziando i risultati conseguiti, e la trasmettono alla struttura di cui all'articolo 15 e alla sezione di controllo della Corte dei conti competente ai sensi dell'articolo 5, comma 4.

(*Omissis*)

(1) *Piani di razionalizzazione periodica delle partecipazioni pubbliche.*

(*Omissis*)

24 Revisione straordinaria delle partecipazioni.

(*Omissis*)

3. Il provvedimento di ricognizione è inviato alla sezione della Corte dei conti competente ai sensi dell'articolo 5, comma 4, nonché alla struttura di cui all'articolo 15, perché verifichi il puntuale adempimento degli obblighi di cui al presente articolo (1).

(*Omissis*)

(1) *Sull'applicabilità delle disposizioni del presente comma vedi l'art. 21, comma 2, d.lgs. 16 giugno 2017, n. 100, che prevede che "Le disposizioni di cui all'articolo 24, commi 3 e 5, del decreto legislativo n. 175 del 2016 si applicano a decorrere dal 1° ottobre 2017 e sono fatti salvi gli atti di esercizio dei diritti sociali di cui al predetto articolo 24, comma 5, compiuti dal socio pubblico sino alla data di entrata in vigore del presente decreto".*

CAPO III
POTERI SOSTITUTIVI

87. Legge 7 agosto 1990, n. 241. — Nuove norme in materia di procedimento amministrativo e di diritto di accesso ai documenti amministrativi (1). (*rinvio*)

Pubblicata nella Gazzetta Ufficiale n. 192 del 18 agosto 1990.

(1) *Per i poteri sostitutivi v. l'art. 2, commi 9-*bis *e ss.,* sub *III, 1.*

88. Decreto legge 12 maggio 1995, n. 163, convertito, con modificazioni, in legge 11 luglio 1995, n. 273. — Misure urgenti per la semplificazione dei procedimenti amministrativi e per il miglioramento dell'efficienza delle pubbliche amministrazioni. (*estratto*).

Pubblicato nella Gazzetta Ufficiale n. 109 del 12 maggio 1995; la legge di conversione è stata pubblicata nella Gazzetta Ufficiale n. 160 dell'11 luglio 1995.

1-3-*bis* (*Omissis*).

3-*ter* **Rimedi per l'inosservanza dei termini.**

1. Decorsi inutilmente i termini di conclusione dei procedimenti amministrativi di competenza delle amministrazioni statali, fissati ai sensi dell'articolo 2 della legge 7 agosto 1990, n. 241, l'interessato può produrre istanza al dirigente generale dell'unità responsabile del procedimento, il quale provvede direttamente nel termine di trenta giorni. Se il provvedimento è di competenza del dirigente generale l'istanza è rivolta al Ministro, il quale valuta se ricorrono le condizioni per l'esercizio del potere di avocazione regolato dall'articolo 14, comma 3, del decreto legislativo 3 febbraio 1993, n. 29, come sostituito dall'articolo 8 del decreto legislativo 23 dicembre 1993, n. 546, provvedendo in caso positivo entro trenta giorni dall'avocazione (1).

2. I servizi di controllo interno dei Ministeri, istituiti ai sensi dell'articolo 20 del decreto legislativo 3 febbraio 1993, n. 29, come sostituito dall'articolo 6 del decreto legislativo 18 novembre 1993, n. 470, e i servizi ispettivi compiono annualmente rilevazioni sul numero complessivo dei procedimenti non conclusi entro il termine determinato ai sensi dell'articolo 2 della legge 7 agosto 1990, n. 241. L'inosservanza di tale termine comporta accertamenti ai fini dell'applicazione delle sanzioni previste a carico dei dirigenti generali, dei dirigenti e degli altri dipendenti dall'articolo 20, commi 9 e 10, e dall'articolo 59 del decreto legislativo 3 febbraio 1993, n. 29, come sostituiti, rispettivamente, dall'articolo 6 del decreto legislativo 18 novembre 1993, n. 470, e dall'articolo 27 del decreto legislativo 23 dicembre 1993, n. 546 (2).

(1) *In luogo di dirigente/i generale/i leggasi dirigente/i di ufficio/i dirigenziale/i generale/i (art. 70, comma 7, d.lgs. 30 marzo 2001, n. 165;* sub *II, 95).*

(2) *Per i compiti degli uffici di controllo, vedi l'art. 10, secondo comma, d.lgs. 30 luglio 1999, n. 286 (*sub *III, 73).*

4-6 (*Omissis*)

89. Legge 5 giugno 2003, n. 131. — Disposizioni per l'adeguamento dell'ordinamento della Repubblica alla legge costituzionale 18 ottobre 2001, n. 3. (*estratto*) (1).

Pubblicata nella Gazzetta Ufficiale n. 132 del 10 giugno 2003.

(1) *V.* sub *II, 18. V., in particolare, l'art. 7, comma 7 e ss. (Attuazione dell'articolo 118 della Costituzione in materia di esercizio delle funzioni*

amministrative) sui poteri di controllo della Corte dei Conti e l'art. 8 di seguito riportato (Attuazione dell'articolo 120 della Costituzione sul potere sostitutivo) sui poteri sostitutivi.

V. anche l'art. 117 Cost. che prevede che « Le Regioni e le Province autonome di Trento e di Bolzano, nelle materie di loro competenza, partecipano alle decisioni dirette alla formazione degli atti normativi comunitari e provvedono all'attuazione e all'esecuzione degli accordi internazionali e degli atti dell'Unione europea, nel rispetto delle norme di procedura stabilite da legge dello Stato, che disciplina le modalità di esercizio del potere sostitutivo in caso di inadempienza », e l'art. 120, co. 2, che prevede che « Il Governo può sostituirsi a organi delle Regioni, delle Città metropolitane, delle Province e dei Comuni nel caso di mancato rispetto di norme e trattati internazionali o della normativa comunitaria oppure di pericolo grave per l'incolumità e la sicurezza pubblica, ovvero quando lo richiedono la tutela dell'unità giuridica o dell'unità economica e in particolare la tutela dei livelli essenziali delle prestazioni concernenti i diritti civili e sociali, prescindendo dai confini territoriali dei governi locali. La legge definisce le procedure atte a garantire che i poteri sostitutivi siano esercitati nel rispetto del principio di sussidiarietà e del principio di leale collaborazione ».

8 Attuazione dell'articolo 120 della Costituzione sul potere sostitutivo.

1. Nei casi e per le finalità previsti dall'articolo 120, secondo comma, della Costituzione, il Presidente del Consiglio dei ministri, su proposta del Ministro competente per materia, anche su iniziativa delle Regioni o degli enti locali, assegna all'ente interessato un congruo termine per adottare i provvedimenti dovuti o necessari; decorso inutilmente tale termine, il Consiglio dei ministri, sentito l'organo interessato, su proposta del Ministro competente o del Presidente del Consiglio dei ministri, adotta i provvedimenti necessari, anche normativi, ovvero nomina un apposito commissario. Alla riunione del Consiglio dei ministri partecipa il Presidente della Giunta regionale della Regione interessata al provvedimento.

2. Qualora l'esercizio del potere sostitutivo si renda necessario al fine di porre rimedio alla violazione della normativa comunitaria, gli atti ed i provvedimenti di cui al comma 1 sono adottati su proposta del Presidente del Consiglio dei ministri o del Ministro per le politiche comunitarie e del Ministro competente per materia. L'articolo 11 della legge 9 marzo 1989, n. 86, è abrogato.

3. Fatte salve le competenze delle Regioni a statuto speciale, qualora l'esercizio dei poteri sostitutivi riguardi Comuni, Province o Città metropolitane, la nomina del commissario deve tenere conto dei principi di sussidiarietà e di leale collaborazione. Il commissario provvede, sentito il Consiglio delle autonomie locali qualora tale organo sia stato istituito.

4. Nei casi di assoluta urgenza, qualora l'intervento sostitutivo non sia procrastinabile senza mettere in pericolo le finalità tutelate dall'articolo 120 della Costituzione, il Consiglio dei ministri, su proposta del Ministro competente, anche su iniziativa delle Regioni o degli enti locali, adotta i provvedimenti necessari, che sono immediatamente comunicati alla Conferenza Stato-Regioni o alla Conferenza Stato-Città e autonomie locali, allargata ai rappresentanti delle Comunità montane, che possono chiederne il riesame.

5. I provvedimenti sostitutivi devono essere proporzionati alle finalità perseguite.

6. Il Governo può promuovere la stipula di intese in sede di Conferenza Stato-Regioni o di Conferenza unificata, dirette a favorire l'armonizzazione delle rispettive legislazioni o il raggiungimento di posizioni unitarie o il conseguimento di obiettivi comuni; in tale caso è esclusa l'applicazione dei commi 3 e 4 dell'articolo 3 del decreto legislativo 28 agosto 1997, n. 281. Nelle materie di cui all'articolo 117, terzo e quarto comma, della Costituzione non possono essere adottati gli atti di indirizzo e di coordinamento di cui all'articolo 8 della legge 15 marzo 1997, n. 59, e all'articolo 4 del decreto legislativo 31 marzo 1998, n. 112 (1) (2).

(1) *Un richiamo all'art. 8 della legge n. 131/2003 è presente nell'art. 1, comma 17 l. 7 aprile 2014 n. 56. (Disposizioni sulle città metropolitane, sulle province, sulle unioni e fusioni di comuni) che prevede che « 17. In caso di mancata approvazione dello statuto entro il 30 giugno 2015 si applica la procedura per l'esercizio del potere sostitutivo di cui all'articolo 8 della legge 5 giugno 2003, n. 131 ». Analogo richiamo è effettuato dal comma 81, come modificato dall'art. 23 d.l. 24 giugno 2014, n. 90, conv., con modif., in l. 11 agosto 2014, n. 114 « 81. Nel caso di cui al comma 79, lettera* a)*, il consiglio provinciale eletto ai sensi dei commi da 67 a 78 svolge fino al 31 dicembre 2014 le funzioni relative ad atti preparatori e alle modifiche statutarie conseguenti alla presente legge; l'assemblea dei sindaci, su proposta del consiglio provinciale, approva le predette modifiche entro il 31 dicembre 2014. [Entro la medesima data, si procede quindi all'elezione del presidente ai sensi dei commi da 58 a 65. Per le prime elezioni di cui al precedente periodo sono eleggibili anche i consiglieri provinciali uscenti.] In caso di mancata approvazione delle modifiche statutarie entro il 30 giugno 2015 si applica la procedura per l'esercizio del potere sostitutivo di cui all'articolo 8 della legge 5 giugno 2003, n. 131 » e dal comma 83 « 83. Nel caso di cui al comma 79, lettera* b)*, l'assemblea dei sindaci approva le modifiche statutarie conseguenti alla presente legge entro sei mesi dall'insediamento del consiglio provinciale. In caso di mancata approvazione delle modifiche statutarie entro la predetta data si applica la procedura per l'esercizio del potere sostitutivo di cui all'articolo 8 della legge 5 giugno 2003, n. 131 ».*

*V. anche l'art. 143-*bis *del d. lgs. n. 267/2000 (TUEL), sub II, 12, inserito dall'art. 28, comma 1, d.l. 4 ottobre 2018, n. 113, conv., con modif., in l. 1° dicembre 2018, n. 132. Successivamente la Corte costituzionale, con sentenza 24 luglio 2019, n. 195 ha dichiarato* l'illegittimità costituzionale *del predetto art. 28, comma 1, che aveva appunto inserito il seguente comma 7-*bis *« 7-*bis*. Nell'ipotesi di cui al comma 7, qualora dalla relazione del prefetto emergano, riguardo ad uno o più settori amministrativi, situazioni sintomatiche di condotte illecite gravi e reiterate, tali da determinare un'alterazione delle procedure e da compromettere il buon andamento e l'imparzialità delle amministrazioni comunali o provinciali, nonché il regolare funzionamento dei servizi ad esse affidati, il prefetto, sulla base delle risultanze dell'accesso, al fine di far cessare le situazioni riscontrate e di ricondurre alla normalità l'attività amministrativa dell'ente, individua, fatti salvi i profili di rilevanza penale, i prioritari interventi di risanamento indicando gli atti da assumere, con la fissazione di un termine per l'adozione degli stessi, e fornisce ogni utile supporto tecnico-amministrativo a mezzo dei propri uffici. Decorso inutilmente il termine fissato, il prefetto assegna all'ente un ulteriore termine, non superiore a 20 giorni, per la loro adozione, scaduto il quale si sostituisce, mediante commissario ad acta, all'amministrazione inadempiente. Ai relativi oneri gli enti locali provvedono con le risorse disponibili a legislazione vigente sui propri bilanci ».*

*Per l'esercizio dei poteri sostitutivi v. anche: art. 7 d.P.R. n. 190/2006, sub II, 6; art. 7-*bis*, comma 8-*bis*, art. 19, comma 11, art. 25, comma 2-*bis*, d.lgs. n. 152/2006, sub V, 13; art. 12, comma 4, l. n. 394/1991, sub V, 25; art. 2, comma 2, lett.* h)*, art. 4, comma 2, lett.* e) *e art. 12 d.l. n. 77/2021, sub VIII, 4.*

(2) *Per un esercizio dei poteri sostitutivi in materia legislativa, v. il d.l. 31 luglio 2020, n. 86, conv., con modif., in l. 7 agosto 2020, n. 98 (Disposizioni urgenti in materia di parità di genere nelle consultazioni elettorali delle regioni a statuto ordinario), sub III, 95.*

90. Legge 24 dicembre 2012, n. 234. — Norme generali sulla partecipazione dell'Italia alla formazione e all'attuazione della normativa e delle politiche dell'Unione europea. (*estratto*).

Pubblicata nella Gazzetta Ufficiale n. 3 del 4 gennaio 2013.

4 Poteri sostitutivi dello Stato (1).

1. In relazione a quanto disposto dagli articoli 117, quinto comma, e 120, secondo comma, della Costituzione, fermo restando quanto previsto dal decreto legislativo 28 agosto 1997, n. 281, i provvedimenti di attuazione degli atti dell'Unione europea possono essere adottati dallo Stato nelle materie di competenza legislativa delle regioni e delle province autonome al fine di porre rimedio all'eventuale inerzia dei suddetti enti nel dare attuazione ad atti dell'Unione europea. In tale caso, i provvedimenti statali adottati si applicano, per le regioni e per le province autonome nelle quali non sia ancora in vigore la relativa normativa di attuazione, a decorrere dalla scadenza del termine stabilito per l'attuazione della rispettiva normativa dell'Unione europea e perdono comunque efficacia dalla data di entrata in vigore dei provvedimenti di attuazione di ciascuna regione e provincia autonoma. I provvedimenti statali recano l'esplicita indicazione della natura sostitutiva del potere esercitato e del carattere cedevole delle disposizioni in essi contenute. I predetti atti normativi sono sottoposti al preventivo esame della Conferenza permanente per i rapporti tra lo Stato, le regioni e le province autonome di Trento e di Bolzano.

2. Nei casi di cui all'articolo 37, qualora gli obblighi di adeguamento ai vincoli derivanti dall'ordinamento dell'Unione europea riguardino materie di competenza legislativa o amministrativa delle regioni e delle province autonome, il Presidente del Consiglio dei Ministri o il Ministro per gli affari europei informa gli enti interessati assegnando un termine per provvedere e, ove necessario, chiede che la questione sia sottoposta all'esame della Conferenza permanente per i rapporti tra lo Stato, le regioni e le province autonome di Trento e di Bolzano per concordare le iniziative da assumere. In caso di mancato tempestivo adeguamento da parte dei suddetti enti, il Presidente del Consiglio dei Ministri o il Ministro per gli affari europei propone al Consiglio dei Ministri le opportune iniziative ai fini dell'esercizio dei poteri sostitutivi di cui agli articoli 117, quinto comma, e 120, secondo comma, della Costituzione, ai sensi del comma 1 del presente articolo e delle altre disposizioni vigenti in materia.

2-*bis*. Nel caso di violazione della normativa europea accertata con sentenza della Corte di giustizia dell'Unione europea di condanna al pagamento di sanzioni a carico della Repubblica italiana, ove per provvedere ai dovuti adempimenti si renda necessario procedere all'adozione di una molteplicità di atti anche collegati tra loro, il Presidente del Consiglio dei ministri, su proposta del Ministro competente per materia, sentiti gli enti inadempienti, assegna a questi ultimi termini congrui per l'adozione di ciascuno dei provvedimenti e atti necessari. Decorso inutilmente anche uno solo di tali termini, il Consiglio dei ministri, sentito il soggetto interessato, su proposta del Presidente del Consiglio dei ministri e del Ministro competente per materia, adotta i provvedimenti necessari, anche normativi, ovvero nomina un apposito commissario. Alla riunione del Consiglio dei ministri è invitato il Presidente della Giunta regionale della regione interessata al provvedimento. Le disposizioni di cui al presente comma si applicano anche agli inadempimenti conseguenti alle diffide effettuate in data anteriore alla data di entrata in vigore della presente disposizione che si fondino sui presupposti e abbiano le caratteristiche di cui al primo periodo (1).

2-*ter*. Il commissario di cui al comma 2-*bis* esercita le facoltà e i poteri di cui ai commi 4, 5 e 6 dell'articolo 10 del decreto-legge 24 giugno 2014, n. 91, convertito, con modificazioni, dalla legge 11 agosto 2014, n. 116 (1).

2-*quater*. Le disposizioni di cui ai commi precedenti si applicano anche nei casi in cui sono in corso procedure europee di infrazione (1).

(1) *Comma aggiunto dall'art. 1, comma 814, l. 28 dicembre 2015, n. 208.*

91. Legge 7 agosto 2015, n. 124. — Deleghe al Governo in materia di riorganizzazione delle amministrazioni pubbliche. (*estratto*).

Pubblicata nella Gazzetta Ufficiale n. 187 del 13 agosto 2015.

4 Norme per la semplificazione e l'accelerazione dei procedimenti amministrativi (1).

1. Con regolamento da emanare, ai sensi dell'articolo 17, comma 2, della legge 23 agosto 1988, n. 400, e successive modificazioni, previa intesa in sede di Conferenza unificata di cui all'articolo 8 del decreto legislativo 28 agosto 1997, n. 281, entro centottanta giorni dalla data di entrata in vigore della presente legge, sono dettate norme di semplificazione e accelerazione dei procedimenti amministrativi, sulla base delle seguenti norme generali regolatrici della materia:

a) individuazione dei tipi di procedimento amministrativo, relativi a rilevanti insediamenti produttivi, a opere di interesse generale o all'avvio di attività imprenditoriali, ai quali possono essere applicate le misure di cui alle lettere *c*) e seguenti;

b) individuazione in concreto da parte del Presidente del Consiglio dei ministri, previa deliberazione del Consiglio dei ministri, nell'ambito dei tipi di procedimento indicati alla lettera *a*), dei singoli interventi con positivi effetti sull'economia o sull'occupazione per i quali adottare le misure di cui alle lettere *c*) e seguenti;

c) previsione, per ciascun procedimento, dei relativi termini, ridotti in misura non superiore al 50 per cento rispetto a quelli applicabili ai sensi dell'articolo 2 della legge 7 agosto 1990, n. 241, e successive modificazioni;

d) per i procedimenti di cui alla lettera *b*), attribuzione, previa delibera del Consiglio dei ministri, di poteri sostitutivi al Presidente del Consiglio dei ministri o a un suo delegato;

e) previsione, per i procedimenti in cui siano coinvolte amministrazioni delle regioni e degli enti locali, di idonee forme di raccordo per la definizione dei poteri sostitutivi di cui alla lettera *d*);

f) definizione dei criteri di individuazione di personale in servizio presso le amministrazioni pubbliche, in possesso di specifiche competenze tecniche e amministrative, di cui possono avvalersi i titolari dei poteri sostitutivi di cui alla lettera *d*) senza riconoscimento di trattamenti retributivi ulteriori rispetto a quelli in godimento e senza nuovi o maggiori oneri per la finanza pubblica (2).

(1) *Per l'attuazione di tale norma vedi il D.P.R. 12 settembre 2016, n. 194, Regolamento recante norme per la semplificazione e l'accelerazione dei procedimenti amministrativi, a norma dell'articolo 4 della legge 7 agosto 2015, n. 124 sub III, 12.*

(2) *V. anche art. 16 del D. Lgs. n. 165/2001, sub II, 95, che prevede che « 1. I dirigenti di uffici dirigenziali generali, comunque denominati, nell'ambito di quanto stabilito dall'articolo 4 esercitano, fra gli altri, i seguenti compiti e poteri: [...] e) dirigono, coordinano e controllano l'attività dei dirigenti e dei responsabili dei procedimenti amministrativi, anche con potere sostitutivo in caso di inerzia, e propongono l'adozione, nei confronti dei dirigenti, delle misure previste dall'articolo 21 »*

92. Decreto del Presidente della Repubblica 12 settembre 2016, n. 194.— Regolamento recante norme per la semplificazione e l'accelerazione dei procedimenti amministrativi, a norma dell'articolo 4 della legge 7 agosto 2015, n. 124. (Sblocca-procedimenti) (*estratto*) (1).

Pubblicato nella Gazzetta Ufficiale n. 252 del 27 ottobre 2016.

(1) *V. anche* sub *III, 10.*

4 Potere sostitutivo.

1. Per gli interventi e i procedimenti individuati con i decreti di cui all'articolo 2, in caso di inutile decorso del termine di cui all'articolo 2 della legge 7 agosto 1990, n. 241, o di quello eventualmente rideterminato ai sensi dell'articolo 3, il Presidente del Consiglio dei ministri, previa deliberazione del Consiglio dei ministri, può adottare i relativi atti.

2. Il Presidente del Consiglio dei ministri, con le modalità di cui al comma 1, può delegare il potere sostitutivo di cui al medesimo comma 1 a un soggetto dotato di comprovata competenza ed esperienza in relazione all'attività oggetto di sostituzione, fissando un nuovo termine per la conclusione del procedimento, comunque di durata non superiore a quello originariamente previsto.

3. I poteri sostitutivi di cui ai commi 1 e 2 sono esercitati previa diffida all'organo competente, al quale, in caso di inerzia, è comunicato l'avvenuto esercizio del potere sostitutivo.

4. Il Presidente del Consiglio dei ministri o il suo delegato si avvalgono, per l'esercizio del potere sostitutivo, di personale delle amministrazioni pubbliche individuato ai sensi dell'articolo 6, nell'ambito delle risorse disponibili a legislazione vigente.

93. Legge regionale Emilia Romagna 19 dicembre 2002, n. 37. — Disposizioni regionali in materia di espropri. (*estratto*) (1).

Pubblicata in B.U.R. 20 dicembre 2002, n. 180

(1) *Si riporta il solo articolo attinente alla materia dei poteri sostitutivi.*

7 Poteri sostitutivi.

1. Per le opere pubbliche regionali, in caso di persistente inerzia del Comune o del soggetto attuatore nel compimento degli atti del procedimento espropriativo ad esso spettanti ai sensi degli articoli 6 e 6-*bis*, la Giunta regionale assegna all'ente medesimo un termine per provvedere, comunque non inferiore a quindici giorni. Trascorso inutilmente tale termine, la Giunta assume i provvedimenti necessari per il compimento dell'atto, ivi compresa la nomina di un commissario *ad acta* (1).

(1) *Articolo modificato dall'articolo 21 della l.r. 3 giugno 2003, n. 10.*

94. Legge regionale Puglia 31 gennaio 2003, n. 2. — Disciplina degli interventi di sviluppo economico, attività produttive, aree industriali e aree ecologicamente attrezzate. (*estratto*) (1) (2).

Pubblicata in B.U.R. 4 febbraio 2003, n. 13

(1) *Si riporta il solo articolo attinente alla materia dei poteri sostitutivi.*
(2) *L'intero testo della presente legge è stato abrogato dall'art. 19, comma 1, lettera c), l.r. 8 marzo 2007, n. 2.*

4 Gestione delle infrastrutture e oneri di urbanizzazione.

[1. Annualmente il Comune, sulla scorta dei risultati del precedente esercizio, determina canoni, prezzi e tariffe per la fornitura di beni e servizi alle aziende insediate in un'area industriale.

2. I Comuni, ogni tre anni, determinano altresì i criteri di riparto degli oneri per la copertura dei costi di gestione e manutenzione delle opere e degli impianti in uso comune alle aziende insediate. Sono a carico del Comune i costi di gestione e manutenzione di opere e impianti di uso pubblico.

3. Qualora i Comuni non adempiano alle precedenti prescrizioni, la Regione assume proprie determinazioni sostitutive] (1).

(1) *C. cost. 2 marzo 2004, n. 69 ha dichiarato la* illegittimità costituzionale *del presente comma. V. la differente norma di cui all'art. 7 della l.r. Emilia Romagna 19 dicembre 2002, n. 37* (sub *III, 93) L'intero testo della presente legge è stato abrogato dall'art. 19, comma 1, lettera c), l.r. 8 marzo 2007, n. 2.*

95. Decreto legge 31 luglio 2020, n. 86, convertito, con modificazioni, in legge 7 agosto 2020, n. 98. — Disposizioni urgenti in materia di parità di genere nelle consultazioni elettorali delle regioni a statuto ordinario.

Pubblicato nella Gazzetta Ufficiale n. 191 del 31 luglio 2020; la legge di conversione è stata pubblicata nella Gazzetta Ufficiale n. 198 dell'8 agosto 2020.

Visti gli articoli 77 e 87 della Costituzione; Visti gli articoli 51, primo comma, 117, settimo comma, e 122, primo comma, della Costituzione;
Visto l'articolo 1, comma 1, della legge 2 luglio 2004, n. 165, che, in attuazione dell'articolo 122, primo comma, della Costituzione, stabilisce in via esclusiva i principi fondamentali concernenti il sistema di elezione del Presidente e degli altri componenti della Giunta regionale, nonchè dei Consigli regionali;
Atteso che tra i principi fondamentali vincolanti per la funzione legislativa regionale in materia di sistemi elettorali è stabilito il principio di promozione delle pari opportunità tra donne e uomini nell'accesso alle cariche elettive;
Visto l'articolo 4, comma 1, lettera *c-bis*), della legge 2 luglio 2004, n. 165, come modificato dall'articolo 1, comma 1, della legge 15 febbraio 2016, n. 20, che declina i criteri di attuazione del principio di promozione di pari opportunità tra uomini e donne nell'accesso alle cariche elettive, prescrivendo meccanismi formali di garanzia di tale principio nella disciplina regolativa delle preferenze e delle candidature; Ritenuto necessario a tutela dell'unità giuridica della Repubblica garantire l'effettività del rispetto del principio di accesso alle cariche elettive in condizioni di eguaglianza ai sensi dell'articolo 51, primo comma, della Costituzione; Visto l'articolo 120 della Costituzione;
Visto l'articolo 8 della legge 5 giugno 2003, n. 131;
Visto l'atto di formale diffida da parte del Presidente del Consiglio dei ministri alla Regione Puglia in data 23 luglio 2020, per adeguare, entro il 28 luglio 2020, le disposizioni della propria legge elettorale ai principi di promozione delle pari opportunità tra donne e uomini nell'accesso alle cariche elettive, di cui all'articolo 4, comma 1, lettera *c-bis*), della legge 2 luglio 2004, n. 165, come modificato dall'articolo 1, comma 1, della legge 15 febbraio 2016, n. 20;
Considerato che la Regione interessata non ha provveduto ad adottare, nel termine indicato, le necessarie disposizioni di adeguamento della propria legislazione elettorale;
Ritenuto di dover intervenire con urgenza, in considerazione delle imminenti scadenze elettorali a tutela dell'unità giuridica della Repubblica;
Visto l'invito al Presidente della Giunta regionale della Regione Puglia, a partecipare alla riunione del Consiglio dei ministri, ai sensi dell'articolo 8, comma 1, della legge 5 giugno 2003, n. 131;
Vista la deliberazione del Consiglio dei ministri, adottata nella riunione del 31 luglio 2020;
Su proposta del Presidente del Consiglio dei ministri, del Ministro per gli affari regionali e le autonomie e del Ministro per le pari opportunità e la famiglia, di concerto con il Ministro dell'interno;
Emana il seguente decreto-legge:

1 Rafforzamento. Intervento sostitutivo in materia di consultazioni elettorali regionali per l'anno 2020.

1. Il mancato recepimento nella legislazione regionale in materia di sistemi di elezione del Presidente e degli altri componenti della Giunta Regionale, nonché dei consigli regionali dei principi fondamentali posti dall'articolo 4 della legge 2 luglio 2004, n. 165, come modificata dalla legge 15 febbraio 2016, n. 20, integra la fattispecie di mancato rispetto di norme di cui all'articolo 120 della Costituzione e, contestualmente, costituisce presupposto per l'assunzione delle misure sostitutive ivi contemplate.

2. Al fine di assicurare il pieno esercizio dei diritti politici e l'unità giuridica della Repubblica, nella Regione Puglia per le elezioni del consiglio regionale, in luogo delle vigenti disposizioni regionali in contrasto con i principi della legge n. 165 del 2004 e salvo sopravvenuto autonomo adeguamento regionale ai predetti principi, si applicano le seguenti disposizioni:

a) ciascun elettore può esprimere due voti di preferenza, di cui una riservata a un candidato di sesso diverso dall'altro, e le schede utilizzate per la votazione sono conseguentemente predisposte;

b) nel caso in cui siano espresse due preferenze per candidati del medesimo sesso, si procede all'annullamento della seconda preferenza.

3. Il Prefetto di Bari è nominato commissario straordinario con il compito di provvedere agli adempimenti conseguenti per l'attuazione del presente decreto, ivi compresa la ricognizione delle disposizioni regionali incompatibili con il comma 2, fermo restando il rispetto del principio della concentrazione delle consultazioni elettorali di cui al comma 3 dell'articolo 1-*bis* del decreto-legge 20 aprile 2020, n. 26, convertito, con modificazioni, dalla legge 19 giugno 2020, n. 59.

2-3 (*Omissis*).

96. Decreto legge 31 maggio 2021, n. 77, convertito, con modificazioni, in legge 29 luglio 2021, n. 108. — Governance del Piano nazionale di rilancio e resilienza e prime misure di rafforzamento delle strutture amministrative e di accelerazione e snellimento delle procedure. (*estratto*) (1).

Pubblicato nella Gazzetta Ufficiale n. 129 del 31 maggio 2021; la legge di conversione è stata pubblicata nella Gazzetta Ufficiale n. 181 del 30 luglio 2021.

(1) *V. anche sub VIII, 4.*

12 Poteri sostitutivi.

1. In caso di mancato rispetto da parte delle regioni, delle province autonome di Trento e di Bolzano, delle città metropolitane, delle province e dei comuni degli obblighi e impegni finalizzati all'attuazione del PNRR e assunti in qualità di soggetti attuatori, consistenti anche nella mancata adozione di atti e provvedimenti necessari all'avvio dei progetti del Piano, ovvero nel ritardo, inerzia o difformità nell'esecuzione dei progetti, il Presidente del Consiglio dei ministri, ove sia messo a rischio il conseguimento degli obiettivi intermedi e finali del PNRR e su proposta della Cabina di regia o del Ministro competente, assegna al soggetto attuatore interessato un termine per provvedere non superiore a trenta giorni. In caso di perdurante inerzia, su proposta del Presidente del Consiglio dei ministri o del Ministro competente, sentito il soggetto attuatore, il Consiglio dei ministri individua l'amministrazione, l'ente, l'organo o l'ufficio, ovvero in alternativa nomina uno o più commissari ad acta, ai quali attribuisce, in via sostitutiva, il potere di adottare gli atti o provvedimenti necessari ovvero di provvedere all'esecuzione dei progetti, anche avvalendosi di società di cui all'articolo 2 del decreto legislativo 19 agosto 2016, n. 175 o di altre amministrazioni specificamente indicate.

2. Fermo restando l'esercizio dei poteri sostitutivi di cui al comma 1, e nei casi ivi previsti, il Ministro per gli affari regionali e le autonomie può promuovere le opportune iniziative di impulso e coordinamento nei riguardi di regioni, province autonome di Trento e di Bolzano, città metropolitane, province e comuni, anche in sede di Conferenza permanente per i rapporti tra lo Stato, le Regioni e le Province autonome di Trento e Bolzano nonché di Conferenza unificata di cui all'articolo 8 del decreto legislativo 28 agosto 1997, n. 281.

3. Nel caso in cui l'inadempimento, il ritardo, l'inerzia o la difformità di cui al comma 1 sia ascrivibile a un soggetto attuatore diverso dalle regioni, dalle province autonome di Trento e di Bolzano, dalle città metropolitane, dalle province o dai comuni, all'assegnazione del termine non superiore a trenta giorni e al successivo esercizio del potere sostitutivo con le stesse modalità previste dal secondo periodo del comma 1 provvede direttamente il Ministro competente. Lo stesso Ministro provvede analogamente nel caso in cui la richiesta di esercizio dei poteri sostitutivi provenga, per qualunque ragione, direttamente da un soggetto attuatore, ivi compresi le regioni, le province autonome di Trento e di Bolzano, le città metropolitane, le province e i comuni.

4. Ove il Ministro competente non adotti i provvedimenti di cui al comma 3 e in tutti i casi in cui situazioni o eventi ostativi alla realizzazione dei progetti rientranti nel PNRR non risultino altrimenti superabili con celerità, su proposta del Presidente del Consiglio dei ministri o della Cabina di regia, il Consiglio dei ministri esercita i poteri sostitutivi con le modalità previste dal comma 1.

5. L'amministrazione, l'ente, l'organo, l'ufficio individuati o i commissari ad acta nominati ai sensi dei commi precedenti, ove strettamente indispensabile per garantire il rispetto del cronoprogramma del progetto, provvedono all'adozione dei relativi atti mediante ordinanza motivata, contestualmente comunicata all'Unità per la razionalizzazione e il miglioramento della regolazione di cui all'articolo 5, in deroga ad ogni disposizione di legge diversa da quella penale, fatto salvo il rispetto dei principi generali dell'ordinamento, delle disposizioni del codice delle leggi antimafia e delle misure di prevenzione di cui al decreto legislativo 6 settembre 2011, n. 159, nonché dei vincoli inderogabili derivanti dall'appartenenza all'Unione europea. Nel caso in cui la deroga riguardi la legislazione regionale, l'ordinanza è adottata, previa intesa in sede di Conferenza permanente per i rapporti tra lo Stato, le Regioni e le province autonome di Trento e Bolzano, da adottarsi ai sensi dell'articolo 3 del decreto legislativo 28 agosto 1997, n. 281. Nel caso in cui la deroga riguardi la legislazione in materia di tutela della salute, della sicurezza e della incolumità pubblica, dell'ambiente e del patrimonio culturale, l'ordinanza è adottata previa autorizzazione della Cabina di regia. Tali ordinanze

sono immediatamente efficaci e sono pubblicate nella Gazzetta Ufficiale.

6. La Presidenza del Consiglio dei ministri e le amministrazioni centrali titolari di interventi previsti dal PNRR restano estranee ad ogni rapporto contrattuale e obbligatorio discendente dall'adozione di atti, provvedimenti e comportamenti da parte dei soggetti individuati o nominati per l'esercizio dei poteri sostitutivi ai sensi del presente articolo. Di tutte le obbligazioni nei confronti dei terzi rispondono, con le risorse del piano o con risorse proprie, esclusivamente i soggetti attuatori sostituiti. Per la nomina dei Commissari di cui al comma 1, secondo periodo, per la definizione dei relativi compensi, si applicano le procedure e le modalità applicative previste dall'articolo 15, commi da 1 a 3, del decreto legge 6 luglio 2011, n. 98, convertito, con modificazioni, dalla legge 15 luglio 2011, n. 111. Gli eventuali oneri derivanti dalla nomina di Commissari sono a carico dei soggetti attuatori inadempienti sostituiti.

6-*bis*. All'articolo 15 del decreto-legge 6 luglio 2011, n. 98, convertito, con modificazioni, dalla legge 15 luglio 2011, n. 111, è aggiunto, in fine, il seguente comma: "5-*bis*. Le disposizioni di cui al comma 1 possono essere applicate anche agli enti sottoposti alla vigilanza delle regioni e delle province autonome di Trento e di Bolzano. La liquidazione coatta amministrativa è disposta con deliberazione della rispettiva giunta, che provvede altresì alla nomina del commissario e agli ulteriori adempimenti previsti dal comma 1".

97. Legge 30 dicembre 2021, n. 234. — Bilancio di previsione dello Stato per l'anno finanziario 2022 e bilancio pluriennale per il triennio 2022-2024. (*estratto*).

Pubblicato nella Gazzetta Ufficiale n. 310 del 31 dicembre 2021.

1 421. Al fine di assicurare gli interventi funzionali alle celebrazioni del Giubileo della Chiesa cattolica per il 2025 nella città di Roma, è nominato, con decreto del Presidente della Repubblica, [ai sensi dell'articolo 11 della legge 23 agosto 1988, n. 400,] (1) un Commissario straordinario del [Governo] (1). Il Commissario resta in carica fino al 31 dicembre 2026. Il Presidente del Consiglio dei ministri, d'intesa con il Commissario, può nominare uno o più subcommissari. Per gli oneri correlati alla gestione commissariale è autorizzata la spesa di 500.000 euro per ciascuno degli anni dal 2022 al 2026.

422. Il Commissario straordinario di cui al comma 421 predispone, sulla base degli indirizzi e del piano di cui all'articolo 1, comma 645, della legge 30 dicembre 2020, n. 178, e nei limiti delle risorse disponibili a legislazione vigente a tale scopo destinate, la proposta di programma dettagliato degli interventi connessi alle celebrazioni del Giubileo della Chiesa cattolica per il 2025, da approvare con decreto del Presidente del Consiglio dei ministri, sentito il Ministro dell'economia e delle finanze.

423. Il programma dettagliato ripartisce i finanziamenti tra gli interventi che sono identificati con il codice unico di progetto (CUP). Per ogni intervento il programma dettagliato individua il cronoprogramma procedurale. Il programma dettagliato deve altresì individuare per ciascun intervento il costo complessivo a carico delle risorse di cui al comma 420 o delle eventuali risorse già disponibili a legislazione vigente, ivi comprese le risorse del PNRR e del Piano complementare. Il decreto di cui al comma 422 individua inoltre le modalità di revoca in caso di mancata alimentazione dei sistemi di monitoraggio o di mancato rispetto del cronoprogramma procedurale.

424. Gli interventi del programma dettagliato aventi natura di investimento sono monitorati, a cura del soggetto titolare del CUP, tramite i sistemi informativi del Dipartimento della Ragioneria generale dello Stato. Per tali investimenti le informazioni relative al comma 423 sono desunte da detti sistemi.

425. Ai fini dell'esercizio dei compiti di cui al comma 421, il Commissario straordinario, limitatamente agli interventi urgenti di particolare criticità, può operare a mezzo di ordinanza, in deroga a ogni disposizione di legge diversa da quella penale, fatto salvo il rispetto delle disposizioni del codice delle leggi antimafia e delle misure di prevenzione, di cui al decreto legislativo 6 settembre 2011, n. 159, delle disposizioni del codice dei beni culturali e del paesaggio, di cui al decreto legislativo 22 gennaio 2004, n. 42, nonché dei vincoli inderogabili derivanti dall'appartenenza all'Unione europea. Le ordinanze adottate dal Commissario straordinario sono immediatamente efficaci e sono pubblicate nella Gazzetta Ufficiale.

426. Il Commissario straordinario coordina la realizzazione di interventi ricompresi nel programma dettagliato di cui al comma 422, nonché di quelli funzionali all'accoglienza e alle celebrazioni del Giubileo della Chiesa cattolica per il 2025 avvalendosi della società di cui al comma 427.

427. Al fine di assicurare la realizzazione dei lavori e delle opere indicati nel programma dettagliato degli interventi, nonché la realizzazione degli interventi funzionali all'accoglienza e alle celebrazioni del Giubileo della Chiesa cattolica per il 2025, è costituita una società interamente controllata dal Ministero dell'economia e delle finanze denominata « Giubileo 2025 », che agisce anche in qualità di soggetto attuatore e di stazione appaltante per la realizzazione degli interventi e l'approvvigionamento dei beni e dei servizi utili ad assicurare l'accoglienza e la funzionalità del Giubileo. Alla società « Giubileo 2025 » non si applicano le disposizioni previste dal testo unico di cui al decreto legislativo 19 agosto 2016, n. 175, e dall'articolo 23-*bis* del decreto-legge 6 dicembre 2011, n. 201, convertito, con modificazioni, dalla legge 22 dicembre 2011, n.

214. Le società direttamente o indirettamente partecipate dal Ministero dell'economia e delle finanze possono acquisire partecipazioni nella società « Giubileo 2025 », anche mediante aumenti di capitale, ai sensi della normativa vigente.

428. Con decreto del Presidente del Consiglio dei ministri, su proposta del Ministro dell'economia e delle finanze, sono definiti l'atto costitutivo e lo statuto sociale della società « Giubileo 2025 », sono nominati gli organi sociali per il primo periodo di durata in carica, è indicato il contributo annuale per il servizio svolto e sono stabilite le remunerazioni degli stessi organi ai sensi dell'articolo 2389, primo comma, del codice civile nonché sono definiti i criteri, in riferimento al mercato, per la remunerazione degli amministratori investiti di particolari cariche da parte del consiglio di amministrazione ai sensi dell'articolo 2389, terzo comma, del codice civile.

429. La società « Giubileo 2025 » cura le attività di progettazione e di affidamento nonché la realizzazione degli interventi, delle forniture e dei servizi. A tale scopo, la società può avvalersi, previa stipula di apposite convenzioni, delle strutture e degli uffici tecnici e amministrativi della regione Lazio, del comune di Roma Capitale, dell'Agenzia del demanio, dei provveditorati interregionali per le opere pubbliche, nonché dei concessionari di servizi pubblici. La predetta società può altresì, nei limiti delle risorse disponibili, stipulare, anche in deroga alla disciplina del codice dei contratti pubblici, di cui al decreto legislativo 18 aprile 2016, n. 50, a eccezione delle norme che costituiscono attuazione delle disposizioni delle direttive 2014/24/UE del Parlamento europeo e del Consiglio, del 26 febbraio 2014, e 2014/25/UE del Parlamento europeo e del Consiglio, del 26 febbraio 2014, apposite convenzioni, anche a titolo oneroso, con società direttamente o indirettamente partecipate dallo Stato, da Roma Capitale o dalla regione Lazio ai fini dell'assistenza tecnica, operativa e gestionale.

430. La società « Giubileo 2025 » può affidare incarichi di progettazione, servizi di architettura e ingegneria ed altri servizi tecnici finalizzati alla realizzazione degli interventi di cui al programma dettagliato, applicando le procedure di cui all'articolo 1 del decreto-legge 16 luglio 2020, n. 76, convertito, con modificazioni, dalla legge 11 settembre 2020, n. 120. Per le eventuali attività di rielaborazione e approvazione di progetti non ancora aggiudicati si applicano le procedure acceleratorie previste dall'articolo 4, comma 2, del decreto-legge 18 aprile 2019, n. 32, convertito, con modificazioni, dalla legge 14 giugno 2019, n. 55.

431. Il Ministero dell'economia e delle finanze è autorizzato a partecipare al capitale sociale della società « Giubileo 2025 » per un importo di 5 milioni di euro per l'anno 2022.

432. Per l'attuazione dei commi 427, 428, 429 e 430 è autorizzata la spesa di 1 milione di euro per ciascuno degli anni dal 2022 al 2026.

433. Per l'esercizio di poteri di indirizzo e impulso in relazione alle attività e agli interventi connessi alle celebrazioni del Giubileo della Chiesa cattolica per il 2025 è istituita la Cabina di coordinamento.

434. La Cabina di coordinamento è un organo collegiale, presieduto dal Presidente del Consiglio dei ministri o da un Ministro o da un Sottosegretario di Stato alla Presidenza del Consiglio dei ministri all'uopo delegato, ed è composto dal Commissario straordinario, dal Sindaco del comune di Roma Capitale, dal Presidente della regione Lazio, da uno dei soggetti di vertice della società « Giubileo 2025 », dal prefetto di Roma, dal Capo del Dipartimento della protezione civile, dal presidente del Consiglio dei lavori pubblici e da un rappresentante della Santa Sede.

435. Per le attività di natura istruttoria, alle riunioni della Cabina di coordinamento possono essere invitati, in dipendenza della tematica affrontata, soggetti pubblici ed esperti, anche provenienti dal settore privato, con comprovata esperienza e competenze nello specifico settore di riferimento, nonché rappresentanti dei soggetti attuatori. Ai predetti soggetti ed esperti non sono corrisposti compensi, gettoni di presenza, rimborsi di spese o altri emolumenti comunque denominati per la partecipazione alle riunioni della Cabina di coordinamento.

436. La Cabina di coordinamento, sulla base del monitoraggio svolto ai sensi del comma 424, verifica il grado di attuazione degli interventi, anche al fine di informare il Tavolo istituzionale di cui all'articolo 1, comma 645, della legge 30 dicembre 2020, n. 178.

437. In caso di mancata adozione di atti e provvedimenti necessari all'avvio degli interventi, ovvero di ritardo, inerzia o difformità nell'esecuzione dei progetti del programma dettagliato di cui al comma 422, nonché qualora sia messo a rischio, anche in via prospettica, il rispetto del cronoprogramma, il Commissario straordinario, informata la Cabina di coordinamento, assegna al soggetto responsabile del mancato rispetto dei termini un termine per provvedere non superiore a trenta giorni. In caso di perdurante inerzia, il Commissario straordinario, sentita la Cabina di coordinamento, individua l'amministrazione, l'ente, l'organo o l'ufficio, ovvero in alternativa nomina uno o più commissari ad acta, ai quali attribuisce, in via sostitutiva, il potere di adottare gli atti o provvedimenti necessari, ovvero di provvedere all'esecuzione dei progetti e degli interventi, anche avvalendosi di società di cui all'articolo 2 del testo unico di cui al decreto legislativo 19 agosto 2016, n. 175, o di altre amministrazioni pubbliche.

438. Qualora il mancato rispetto degli impegni di cui al comma 437 sia ascrivibile alle regioni o agli enti locali interessati, il Presidente del Consiglio dei ministri, su proposta del Commissario straordinario, assegna al soggetto attuatore interessato un termine per provvedere non superiore a trenta giorni. In caso di perdurante inerzia, su proposta del Presidente del Consiglio dei ministri, sentita la Cabina di coordinamento, il Consiglio dei ministri individua l'amministrazione, l'ente, l'organo o l'ufficio, ovvero in alternativa nomina uno o più commissari ad acta, ai quali attribuisce, in via sostitutiva, il potere di adottare gli atti o provvedimenti necessari ovvero di provvedere all'esecuzione dei progetti, anche avvalendosi di società di cui all'articolo 2 del testo unico di cui al decreto

legislativo 19 agosto 2016, n. 175, o di altre amministrazioni specificatamente indicate.

439. In caso di dissenso, diniego, opposizione o altro atto equivalente proveniente da un organo di un ente territoriale interessato che, secondo la legislazione vigente, sia idoneo a precludere, in tutto o in parte, la realizzazione di un intervento rientrante nel programma dettagliato e qualora un meccanismo di superamento del dissenso non sia già previsto dalle vigenti disposizioni, il Commissario straordinario propone al Presidente del Consiglio dei ministri le opportune iniziative ai fini dell'esercizio dei poteri sostitutivi di cui agli articoli 117, quinto comma, e 120, secondo comma, della Costituzione, ai sensi delle disposizioni vigenti in materia.

440. Per la nomina dei commissari ad acta di cui ai commi 437 e 438 nonché per la definizione dei relativi compensi, si applicano le procedure e le modalità applicative previste dall'articolo 15, commi da 1 a 3, del decreto-legge 6 luglio 2011, n. 98, convertito, con modificazioni, dalla legge 15 luglio 2011, n. 111. Gli eventuali oneri derivanti dalla nomina di commissari ad acta sono a carico dei soggetti inadempienti sostituiti.

441. Fermo quanto previsto dalle convenzioni di cui al comma 429, le funzioni di rendicontazione degli interventi previsti dal programma dettagliato sono di competenza della società « Giubileo 2025 » che riferisce semestralmente alla Cabina di coordinamento sulla propria attività e segnala eventuali anomalie e scostamenti rispetto ai termini fissati nel cronoprogramma di realizzazione degli interventi di cui al comma 423, anche ai fini dell'aggiornamento del piano previsto dall'articolo 1, comma 645, della citata legge n. 178 del 2020.

442. Per gli interventi previsti dal programma dettagliato di cui al comma 422, le risorse di cui al comma 420, ferme restando le finalità ivi previste, sono trasferite su apposito conto di tesoreria intestato alla società « Giubileo 2025 », che provvede all'eventuale successivo trasferimento ai soggetti attuatori diversi dalla medesima società. A tal fine, le predette somme possono essere eventualmente versate all'entrata del bilancio dello Stato per la successiva riassegnazione ai pertinenti stati di previsione della spesa. Le risorse relative agli interventi finanziati a carico del PNRR e del Piano complementare possono essere trasferite sul conto di tesoreria di cui al presente comma, previa convenzione tra la società « Giubileo 2025 » e l'amministrazione titolare dell'intervento.

443. La società « Giubileo 2025 » predispone e aggiorna, mediante le informazioni desunte dai sistemi informativi del Dipartimento della Ragioneria generale dello Stato, il cronoprogramma dei pagamenti degli interventi in base al quale i soggetti attuatori, ciascuno per la parte di propria competenza, assumono gli impegni pluriennali di spesa. Conseguentemente, nei limiti delle risorse impegnate in bilancio, la società può avviare le procedure di affidamento dei contratti anche nelle more del trasferimento delle risorse. I provvedimenti di natura regolatoria, ad esclusione di quelli di natura gestionale, adottati dal Commissario straordinario sono sottoposti al controllo preventivo della Corte dei conti e pubblicati nella Gazzetta Ufficiale. Si applica l'articolo 3, comma 1-bis, della legge 14 gennaio 1994, n. 20. I termini di cui all'articolo 27, comma 1, della legge 24 novembre 2000, n. 340, sono dimezzati. In ogni caso, durante lo svolgimento della fase del controllo, l'organo emanante può, con motivazione espressa, dichiarare i predetti provvedimenti provvisoriamente efficaci, esecutori ed esecutivi, a norma degli articoli 21-*bis*, 21-*ter* e 21-*quater* della legge 7 agosto 1990, n. 241.

(1) *Le parole* « ai sensi dell'articolo 11 della legge 23 agosto 1988, n. 400, » *e la parola* « Governo » *sono state soppresse dall'art. 31, comma 1, d.l. 27 gennaio 2022, n. 4, conv., con modif., in l. 28 marzo 2022, n. 25.*

SEZIONE SESTA
SANZIONI

CAPO I
DISPOSIZIONI GENERALI SULLE SANZIONI AMMINISTRATIVE

98. Convenzione europea per la salvaguardia dei diritti dell'uomo e delle libertà fondamentali, firmata a Roma il 4 novembre 1950, ratificata e resa esecutiva dalla l. 4 agosto 1955, n. 848 (1) (2). (*estratto*).

(1) *La presente Convenzione, entrata in vigore: 3 settembre 1953, è stata da ultimo modificata dal Protocollo n. 14 del 13 maggio 2004, ratificato dall'Italia con l. 15 dicembre 2005, n. 280 (G.U. 5 gennaio 2006, n. 4) ed entrato in vigore il 1° giugno 2010; v. l'art. 20 del Protocollo n. 14, cit.*
V., inoltre, il Protocollo n. 15 recante emendamento alla presente Convenzione, firmato a Strasburgo il 24 giugno 2013, ma non ancora ratificato dall'Italia: tale Protocollo, ai sensi dell'art 7, entra in vigore « il primo giorno del mese successivo alla scadenza di un periodo di tre mesi dalla data in cui tutte le Alte Parti contraenti della Convenzione avranno espresso il loro consenso a essere vincolate dal Protocollo ». Si veda altresì il Protocollo n. 16 alla Convenzione, firmato a Strasburgo il 2 ottobre 2013 — che consente alle corti e ai tribunali di un'Alta Parte contraente, dalla medesima designati, di richiedere pareri consultivi alla Corte europea dei diritti dell'uomo su questioni di principio riguardanti l'interpretazione o l'applicazione dei diritti e libertà definiti nella Convenzione o nei suoi Protocolli — ma non ancora ratificato dall'Italia: tale Protocollo, è entrato in vigore il 1° agosto 2018 (ai sensi dell'art 8, « il primo giorno del mese successivo alla scadenza di un periodo di tre mesi dalla data in cui dieci Alte Parti contraenti della Convenzione avranno espresso il loro consenso ad essere vincolate dal Protocollo »; il deposito dell'ultimo strumento di ratifica è avvenuto, da parte della Francia, in data 12 aprile 2018).
(2) *Vedi, anche, l'art. 1, comma 1217, della legge 27 dicembre 2006, n. 296.*

6 Diritto ad un processo equo (1).

1. Ogni persona ha diritto ad un'equa e pubblica udienza entro un termine ragionevole, davanti ad un tribunale indipendente e imparziale e costituito per legge, che decide sia in ordine alla controversia sui suoi diritti e obblighi di natura civile, sia sul fondamento di ogni accusa in materia penale derivata contro di lei. La sentenza deve essere resa pubblicamente, ma l'accesso alla sala d'udienza può essere vietato alla stampa e al pubblico durante tutto o una parte del processo nell'interesse della morale, dell'ordine pubblico o della sicurezza nazionale in una società democratica, quando lo esigono gli interessi dei minori o la tutela della vita privata delle parti in causa, nella misura ritenuta strettamente necessaria dal tribunale quando, in speciali circostanze, la pubblicità potrebbe pregiudicare gli interessi della giustizia.

2. Ogni persona accusata di un reato si presume innocente sino a quando la sua colpevolezza non sia stata legalmente accertata.

3. Ogni accusato ha diritto soprattutto a:

a) essere informato, nel più breve tempo possibile, in una lingua a lui comprensibile e in modo dettagliato, della natura e dei motivi dell'accusa elevata a suo carico;

b) disporre del tempo e dei mezzi necessari per preparare la sua difesa;

c) difendersi personalmente o con l'assistenza di un difensore di propria scelta e, se non ha i mezzi per pagare un difensore, poter essere assistito gratuitamente da un avvocato d'ufficio, quando lo esigono gli interessi della giustizia;

d) interrogare o far interrogare i testimoni a carico ed ottenere la citazione e l'interrogatorio dei testimoni a discarico a pari condizioni dei testimoni a carico;

e) farsi assistere gratuitamente da un interprete se non comprende o non parla la lingua usata nell'udienza.

(1) *Rubrica aggiunta dal Protocollo n. 11, firmato a Strasburgo l'11 maggio 1994 e ratificato con l. 28 agosto 1997, n. 296.*

7 *Nullum crimen sine lege* (1).

1. Nessuno può essere condannato per un'azione o un'omissione che, al momento in cui fu commessa, non costituiva reato secondo il diritto interno o secondo il diritto internazionale. Non può del pari essere inflitta una pena maggiore di quella che sarebbe stata applicata al momento in cui il reato è stato commesso.

2. Il presente articolo non vieterà il giudizio e la condanna di una persona colpevole d'una azione o d'una omissione che, al momento in cui è stata commessa, era ritenuta crimine secondo i princìpi generali di diritto riconosciuti dalle nazioni civili.

(1) *Rubrica aggiunta dal Protocollo n. 11, firmato a Strasburgo l'11 maggio 1994 e ratificato con l. 28 agosto 1997, n. 296.*

99. Legge 24 novembre 1981, n. 689. — Modifiche al sistema penale (1) (2) (3).

Pubblicata nella Gazzetta Ufficiale n. 329 del 30 novembre 1981.

(1) *V. anche l. 25 giugno 1999, n. 205 (Delega al Governo per la depenalizzazione dei reati minori e modifiche al sistema penale e tributario) e d.lgs. 30 dicembre 1999, n. 507 (Depenalizzazione dei reati minori e riforma del sistema sanzionatorio, ai sensi dell'articolo 1 della l. 25 giugno 1999, n. 205).*

(2) *Il d.lgs. 19 febbraio 1998, n. 51, ha soppresso l'ufficio del pretore e, fuori dai casi espressamente previsti dal citato decreto, le relative competenze sono da intendersi trasferite al tribunale ordinario. Lo stesso decreto ha soppresso l'ufficio del pubblico ministero presso la pretura circondariale e ha provveduto a trasferirne le relative funzioni all'ufficio del pubblico ministero presso il tribunale ordinario. Inoltre, qualora il presente provvedimento attribuisca funzioni amministrative alternativamente al pretore e ad organi della P.A., le attribuzioni pretorili si intendono soppresse; sono altresì soppresse le funzioni amministrative di altre autorità giurisdizionali, eccezion fatta per il giudice di pace, se attribuite in via alternativa tanto al pretore che ad organi della P.A. Inoltre il potere del pretore di rendere esecutivi atti emanati da autorità amministrative è soppresso e gli atti sono esecutivi di diritto. Infine, qualora il presente provvedimento preveda l'obbligo di determinati soggetti di rendere giuramento innanzi al pretore per l'esercizio di attività, questo si intende reso innanzi al sindaco o ad un suo delegato.*

(4) *A decorrere dalla data di nomina del primo governo costituito a seguito delle prime elezioni politiche successive all'entrata in vigore del d.lgs. 30 luglio 1999, n. 300, le prefetture sono trasformate in uffici territoriali del governo; il prefetto preposto a tale ufficio nel capoluogo della regione assume anche le funzioni di commissario del governo (art. 11, d.lgs. n. 300/1999, cit.).*

CAPO I
Le sanzioni amministrative

SEZIONE I
Principi generali (1)

(1) *In tema di sanzioni conseguenti alle violazioni delle misure di contenimento dell'emergenza epidemiologica da Covid-19, v. l'art. 4, comma 3 d.l. 25 marzo 2020, n. 19, conv., con modif., in l. 22 maggio 2020, n. 35, ai sensi del quale, per quanto non previsto dal predetto art. 4, si applicano le disposizioni del presente Capo I, Sezione I e II.*

1 Principio di legalità.

Nessuno può essere assoggettato a sanzioni amministrative se non in forza di una legge che sia entrata in vigore prima della commissione della violazione.

Le leggi che prevedono sanzioni amministrative si applicano soltanto nei casi e per i tempi in esse considerati.

2 Capacità di intendere e di volere.

Non può essere assoggettato a sanzione amministrativa, chi al momento in cui ha commesso il fatto, non aveva compiuto i diciotto anni o non aveva, in base ai criteri indicati nel codice penale, la capacità di intendere e di volere, salvo che lo stato di incapacità non derivi da sua colpa o sia stato da lui preordinato.

Fuori dei casi previsti dall'ultima parte del precedente comma, della violazione risponde chi era tenuto alla sorveglianza dell'incapace, salvo che provi di non aver potuto impedire il fatto.

3 Elemento soggettivo.

Nelle violazioni cui è applicabile una sanzione amministrativa ciascuno è responsabile della propria azione od omissione, cosciente e volontaria, sia essa dolosa o colposa.

Nel caso in cui la violazione è commessa per errore sul fatto, l'agente non è responsabile quando l'errore non è determinato da sua colpa.

4 Cause di esclusione della responsabilità.

Non risponde delle violazioni amministrative chi ha commesso il fatto nell'adempimento di un dovere o nell'esercizio di una facoltà legittima ovvero in stato di necessità o di legittima difesa.

Se la violazione è commessa per ordine dell'autorità, della stessa risponde il pubblico ufficiale che ha dato l'ordine.

I comuni, le province, le comunità montane e i loro consorzi, le istituzioni pubbliche di assistenza e beneficenza (IPAB), gli enti non commerciali senza scopo di lucro che svolgono attività socio-assistenziale e le istituzioni sanitarie operanti nel Servizio sanitario nazionale ed i loro amministratori non rispondono delle sanzioni amministrative e civili che riguardano l'assunzione di lavoratori, le assicurazioni obbligatorie e gli ulteriori adempimenti, relativi a prestazioni lavorative stipulate nella forma del contratto d'opera e successivamente riconosciute come rapporti di lavoro subordinato, purché esaurite alla data del 31 dicembre 1997 (1).

(1) *Comma aggiunto dall'art. 31, comma 36, l. 23 dicembre 1998, n. 448.*

5 Concorso di persone.

Quando più persone concorrono in una violazione amministrativa, ciascuna di esse soggiace alla sanzione per questa disposta, salvo che sia diversamente stabilito dalla legge.

6 Solidarietà (1).

Il proprietario della cosa che servì o fu destinata a commettere la violazione o, in sua vece, l'usufruttuario o, se trattasi di bene immobile, il titolare di un diritto personale di godimento, è obbligato in solido con l'autore della violazione al pagamento della somma da questo dovuta se non prova che la cosa è stata utilizzata contro la sua volontà.

Se la violazione è commessa da persona capace di intendere e di volere ma soggetta all'altrui autorità, direzione o vigilanza, la persona rivestita dell'autorità o incaricata della direzione o della vigilanza è obbligata in solido con l'autore della violazione al pagamento della somma da questo dovuta, salvo che provi di non aver potuto, impedire il fatto.

Se la violazione è commessa dal rappresentante o dal dipendente di una persona giuridica o di un ente privo di personalità giuridica o, comunque, di un imprenditore nell'esercizio delle proprie funzioni o incombenze, la persona giuridica o l'ente o l'imprenditore è obbligato in solido con l'autore della violazione al pagamento della somma da questo dovuta.

Nei casi previsti dai commi precedenti chi ha pagato ha diritto di regresso per l'intero nei confronti dell'autore della violazione (1).

(1) *V. l'art. 12, comma 6-*bis*, d.lgs. 25 luglio 1998, n. 286, aggiunto dall'art. 2, comma 1, d.l. 14 giugno 2019, n. 53, conv., con modif., in l. 8 agosto 2019, n. 77, che prevede che « Salvo che si tratti di naviglio militare o di navi in servizio governativo non commerciale, il comandante della nave è tenuto ad osservare la normativa internazionale e i divieti e le limitazioni eventualmente disposti ai sensi dell'articolo 11, comma 1-ter. In caso di violazione del divieto di ingresso, transito o sosta in acque territoriali italiane, salve le sanzioni penali quando il fatto costituisce reato, si applica al comandante della nave la sanzione amministrativa del pagamento di una somma da euro 150.000 a euro 1.000.000. La responsabilità solidale di cui all'articolo 6 della legge 24 novembre 1981, n. 689, si estende all'armatore della nave. È sempre disposta la confisca della nave utilizzata per commettere la violazione, procedendosi immediatamente a sequestro cautelare. A seguito di provvedimento definitivo di confisca, sono imputabili all'armatore e al proprietario della nave gli oneri di custodia delle imbarcazioni sottoposte a sequestro cautelare. All'irrogazione delle sanzioni, accertate dagli organi addetti al controllo, provvede il prefetto territorialmente competente. Si osservano le disposizioni di cui alla legge 24 novembre 1981, n. 689 ».*

7 Non trasmissibilità dell'obbligazione.

La obbligazione di pagare la somma dovuta per la violazione non si trasmette agli eredi.

8 Più violazioni di disposizioni che prevedono sanzioni amministrative.

Salvo che sia diversamente stabilito dalla legge, chi con una azione od omissione viola diverse disposizioni che prevedono, sanzioni amministrative o commette più violazioni della stessa disposizione, soggiace alla sanzione prevista per la violazione più grave, aumentata sino al triplo.

Alla stessa sanzione prevista dal precedente comma soggiace anche chi con più azioni od omissioni, esecutive di un medesimo disegno posto in essere in violazione di norme che stabiliscono sanzioni amministrative, commette, anche in tempi diversi, più violazioni della stessa o di diverse norme di legge in materia di previdenza ed assistenza obbligatorie (1).

La disposizione di cui al precedente comma si applica anche alle violazioni commesse anteriormente all'entrata in vigore della legge di conversione del d.l. 2 dicembre 1985, n. 688, per le quali non sia già intervenuta sentenza passata in giudicato (1).

(1) *Comma aggiunto dall'art. 1-*sexies*, d.l. 2 dicembre 1985, n. 688, conv., con modif., in l. 31 gennaio 1986, n. 11.*

8-*bis* Reiterazione delle violazioni (1).

Salvo quanto previsto da speciali disposizioni di legge, si ha reiterazione quando, nei cinque anni successivi alla commissione di una violazione amministrativa, accertata con provvedimento esecutivo, lo stesso soggetto commette un'altra violazione della stessa indole. Si ha reiterazione anche quando più violazioni della stessa indole commesse nel quinquennio sono accertate con unico provvedimento esecutivo.

Si considerano della stessa indole le violazioni della medesima disposizione e quelle di disposizioni diverse che, per la natura dei fatti che le costituiscono o per le modalità della condotta, presentano una sostanziale omogeneità o caratteri fondamentali comuni.

La reiterazione è specifica se è violata la medesima disposizione.

Le violazioni amministrative successive alla prima non sono valutate, ai fini della reiterazione, quando sono commesse in tempi ravvicinati e riconducibili ad una programmazione unitaria.

La reiterazione determina gli effetti che la legge espressamente stabilisce. Essa non opera nel caso di pagamento in misura ridotta.

Gli effetti conseguenti alla reiterazione possono essere sospesi fino a quando il provvedimento che accerta la violazione precedentemente commessa sia divenuto definitivo. La sospensione è disposta dall'autorità amministrativa competente, o in caso di opposizione dal giudice, quando possa derivare grave danno.

Gli effetti della reiterazione cessano di diritto, in ogni caso, se il provvedimento che accerta la precedente violazione è annullato.

(1) *Articolo aggiunto dall'art. 94, d.lgs. 30 dicembre 1999, n. 507.*

9 Princìpio di specialità.

Quando uno stesso fatto è punito da una disposizione penale e da una disposizione che prevede una sanzione amministrativa, ovvero da una pluralità di disposizioni che prevedono sanzioni amministrative, si applica la disposizione speciale.

Tuttavia quando uno stesso fatto è punito da una disposizione penale e da una disposizione regionale o delle province autonome di Trento e di Bolzano che preveda una sanzione amministrativa, si applica in ogni caso la disposizione penale, salvo che quest'ultima sia applicabile solo in mancanza di altre disposizioni penali.

Ai fatti puniti dagli articoli 5, 6 e 12 della legge 30 aprile 1962, n. 283, e successive modificazioni ed integrazioni, si applicano soltanto le disposizioni penali, anche quando i fatti stessi sono puniti con sanzioni amministrative previste da disposizioni speciali in materia di produzione, commercio e igiene degli alimenti e delle bevande (1).

(1) *Comma così sostituito dall'art. 95, d.lgs. 30 dicembre 1999, n. 507.*

10 Sanzione amministrativa pecuniaria e rapporto tra limite minimo e limite massimo.

La sanzione amministrativa pecuniaria consiste nel pagamento di una somma non inferiore a euro 10 e non superiore a euro 15.000. Le sanzioni proporzionali non hanno limite massimo (1).

Fuori dei casi espressamente stabiliti dalla legge, il limite massimo della sanzione amministrativa pecuniaria non può, per ciascuna violazione superare il decuplo del minimo.

(1) *Comma modificato dall'art. 96 d.lgs. 30 dicembre 1999, n. 507 e successivamente dall'art. 3, comma 63, l. 15 luglio 2009, n. 94.*

11 Criteri per l'applicazione delle sanzioni amministrative pecuniarie.

Nella determinazione della sanzione amministrativa pecuniaria fissata dalla legge tra un limite minimo ed un limite massimo e nell'applicazione delle sanzioni accessorie facoltative, si ha riguardo alla gravità della violazione, all'opera svolta dall'agente per l'eliminazione o attenuazione delle conseguenze della violazione, nonché alla personalità dello stesso e alle sue condizioni economiche.

12 Ambito di applicazione.

Le disposizioni di questo Capo si osservano, in quanto applicabili e salvo che non sia diversamente stabilito, per tutte le violazioni per le quali è prevista la sanzione amministrativa del pagamento di una somma di denaro, anche quando questa sanzione non è prevista in sostituzione di una sanzione penale. Non si applicano alle violazioni disciplinari.

SEZIONE II
Applicazione (1)

(1) *In tema di sanzioni conseguenti alle violazioni delle misure di contenimento dell'emergenza epidemiologica da Covid-19, v. l'art. 4, comma 3 d.l. 25 marzo 2020, n. 19, conv., con modif., in l. 22 maggio 2020, n. 35, ai sensi del quale, per quanto non previsto dal predetto art. 4, si applicano le disposizioni del presente Capo I, Sezione I e II.*

13 Atti di accertamento.

Gli organi addetti al controllo sull'osservanza delle disposizioni per la cui violazione è prevista la sanzione amministrativa del pagamento di una somma di denaro possono, per l'accertamento delle violazioni di rispettiva competenza, assumere informazioni e procedere a ispezioni di cose e di luoghi diversi dalla privata dimora, a rilievi segnaletici, descrittivi e fotografici e ad ogni altra operazione tecnica.

Possono altresì procedere al sequestro cautelare delle cose che possono formare oggetto di confisca amministrativa, nei modi e con i limiti con cui il codice di procedura penale consente il sequestro alla polizia giudiziaria.

È sempre disposto il sequestro del veicolo a motore o del natante posto in circolazione senza essere coperto dall'assicurazione obbligatoria e del veicolo posto in circolazione senza che per lo stesso sia stato rilasciato il documento di circolazione.

All'accertamento delle violazioni punite con la sanzione amministrativa del pagamento di una somma di denaro possono procedere anche gli ufficiali e gli agenti di polizia giudiziaria, i quali, oltre che esercitare i poteri indicati nei precedenti commi, possono procedere, quando non sia possibile acquisire altrimenti gli elementi di prova, a perquisizioni in luoghi diversi dalla privata dimora, previa autorizzazione motivata del pretore del luogo ove le perquisizioni stesse dovranno essere effettuate. Si applicano le disposizioni del primo comma dell'articolo 333 e del primo e secondo comma dell'articolo 334 del codice di procedura penale (1).

È fatto salvo l'esercizio degli specifici poteri di accertamento previsti dalle leggi vigenti.

(1) *Ora artt. 250 e 251 c.p.p.*

14 Contestazione e notificazione (1).

La violazione, quando è possibile, deve essere contestata immediatamente tanto al trasgressore quanto alla persona che sia obbligata in solido al pagamento della somma dovuta per la violazione stessa.

Se non è avvenuta la contestazione immediata per tutte o per alcune delle persone indicate nel comma precedente, gli estremi della violazione debbono essere notificati agli interessati residenti nel territorio della Repubblica entro il termine di novanta giorni e a quelli residenti all'estero entro il termine di trecentosessanta giorni dall'accertamento.

Quando gli atti relativi alla violazione sono trasmessi all'autorità competente con provvedimento dell'autorità giudiziaria, i termini di cui al comma precedente decorrono dalla data della ricezione.

Per la forma della contestazione immediata o della notificazione si applicano le disposizioni previste dalle leggi vigenti. In ogni caso la notificazione può essere effettuata, con le modalità previste dal codice di procedura civile, anche da un funzionario dell'amministrazione che ha accertato la violazione. Quando la notificazione non può essere eseguita in mani proprie del destinatario, si osservano le modalità previste dall'articolo 137, terzo comma, del medesimo codice (2).

Per i residenti all'estero, qualora la residenza, la dimora o il domicilio non siano noti, la notifica non è obbligatoria e resta salva la facoltà del pagamento in misura ridotta sino alla scadenza del termine previsto nel secondo comma dell'articolo 22 per il giudizio di opposizione.

L'obbligazione di pagare la somma dovuta per la violazione si estingue per la persona nei cui confronti è stata omessa la notificazione nel termine prescritto.

(1) *Ai sensi dell'art. 103, comma 6-*bis *d.l. 17 marzo 2020, n. 18, conv., con modif., in l. 24 aprile 2020, n. 27, il termine di cui al presente articolo « è sospeso dal 23 febbraio 2020 al 31 maggio 2020 e riprende a decorrere dalla fine del periodo di sospensione. Ove il decorso abbia inizio durante il periodo di sospensione, l'inizio stesso è differito alla fine del periodo ».*

(2) *Comma così modificato dall'art. 174 d.lgs. 30 giugno 2003, n. 196. Ma v. l'art. 27, comma 1, lett. c), n. 3), d.lgs. 10 agosto 2018, n. 101, che ha disposto l'abrogazione del sudetto art. 174 d.lgs. n. 196 del 2003, cit.*

15 Accertamenti mediante analisi di campioni (1).

Se per l'accertamento della violazione sono compiute analisi di campioni, il dirigente del laboratorio deve comunicare all'interessato, a mezzo di lettera raccomandata con avviso di ricevimento, l'esito dell'analisi.

L'interessato può chiedere la revisione dell'analisi con la partecipazione di un proprio consulente tecnico. La richiesta è presentata con istanza scritta all'organo che ha prelevato i campioni da analizzare, nel termine di 15 giorni dalla comunicazione dell'esito della prima analisi, che deve essere allegato all'istanza medesima.

Delle operazioni di revisione dell'analisi è data comunicazione all'interessato almeno dieci giorni prima del loro inizio.

I risultati della revisione dell'analisi sono comunicati all'interessato a mezzo di lettera raccomandata con avviso di ricevimento, a cura del dirigente del laboratorio che ha eseguito la revisione dell'analisi.

Le comunicazioni di cui al primo e al quarto comma equivalgono alla contestazione di cui al primo comma dell'articolo 14 ed il termine per il pagamento in misura ridotta di cui all'articolo 16 decorre dalla comunicazione dell'esito della prima analisi o, quando è stata chiesta la revisione dell'analisi, dalla comunicazione dell'esito della stessa.

Ove non sia possibile effettuare la comunicazione all'interessato nelle forme di cui al primo e al quarto comma, si applicano le disposizioni dell'articolo 14.

Con il decreto o con la legge regionale indicati nell'ultimo comma dell'art. 17 sarà altresì fissata la somma di denaro che il richiedente la revisione dell'analisi è tenuto a versare e potranno essere indicati, anche a modifica delle vigenti disposizioni di legge, gli istituti incaricati della stessa analisi.

(1) *L'importo da versare per ogni richiesta di revisione di analisi alla competente tesoreria provinciale dello Stato ai sensi del presente articolo è stato, da ultimo, determinato in euro 126,80 dall'articolo unico del d.m. 1° febbraio 2022 (G.U. 16 febbraio 2022, n. 39).*

16 Pagamento in misura ridotta (1).

È ammesso il pagamento di una somma in misura ridotta pari alla terza parte del massimo della sanzione prevista per la violazione commessa, o, se più favorevole e qualora sia stabilito il minimo della sanzione edittale, pari al doppio del relativo importo, oltre alle spese del procedimento, entro il termine di sessanta giorni dalla contestazione immediata o, se questa non vi è stata, dalla notificazione degli estremi della violazione (2).

Per le violazioni ai regolamenti ed alle ordinanze comunali e provinciali, la Giunta comunale o provinciale, all'interno del limite edittale minimo e massimo della sanzione prevista, può stabilire un diverso importo del pagamento in misura ridotta, in deroga alle disposizioni del primo comma (3).

Il pagamento in misura ridotta è ammesso anche nei casi in cui le norme antecedenti all'entrata in vigore della presente legge non consentivano l'oblazione (4).

(1) *Per l'inammissibilità del pagamento in misura ridotta di cui al presente articolo per determinati illeciti amministrativi, in caso di reiterazione specifica, v. art. 4 comma 3 d.lgs. 15 gennaio 2016, n. 8.*

(2) *Comma modificato dall'art. 52 d.lgs. 24 giugno 1998, n. 213.*

(3) *Comma così sostituito dall'art. 6-*bis *d.l. 23 maggio 2008, n. 92, conv., con modif., in l. 24 luglio 2008, n. 125. Precedentemente l'art. 231 d.lgs. 30 aprile 1992, n. 285, aveva disposto l'abrogazione del presente comma per la parte relativa al testo unico delle norme sulla circolazione stradale, approvato con d.P.R. 15 giugno 1959, n. 393.*

(4) *Si veda l'art. 18, comma 1, d.lgs. 10 agosto 2018, n. 101: « In deroga all'articolo 16 della legge 24 novembre 1981, n. 689, per i procedimenti sanzionatori riguardanti le violazioni di cui agli articoli 161, 162, 162-*bis*, 162-*ter*, 163, 164, 164-*bis*, comma 2, del Codice in materia di protezione dei dati personali, di cui al decreto legislativo 30 giugno 2003, n. 196, e le violazioni delle misure di cui all'articolo 33 e 162, comma 2-bis, del medesimo Codice, che, alla data di applicazione del Regolamento, risultino non ancora definiti con l'adozione dell'ordinanza-ingiunzione, è ammesso il pagamento in misura ridotta di un somma pari a due quinti del minimo edittale. Fatti salvi i restanti atti del procedimento eventualmente già adottati, il pagamento potrà essere effettuato entro novanta giorni dalla data di entrata in vigore del presente decreto ».*

17 Obbligo del rapporto.

Qualora non sia stato effettuato il pagamento in misura ridotta, il funzionario o l'agente che ha accertato la violazione, salvo che ricorra l'ipotesi prevista nell'art. 24, deve presentare rapporto, con la prova delle eseguite contestazioni o notificazioni, all'ufficio periferico cui sono demandati attribuzioni e compiti del Ministero nella cui competenza rientra la materia alla quale si riferisce la violazione o, in mancanza, al prefetto (1).

Deve essere presentato al prefetto il rapporto relativo alle violazioni previste dal testo unico delle norme sulla circolazione stradale, approvato con d.P.R. 15 giugno 1959, n. 393, dal testo unico per la tutela delle strade, approvato con r.d. 8 dicembre 1933, n. 1740 (2), e dalla l. 20 giugno 1935, n. 1349, sui servizi di trasporto merci.

Nelle materie di competenza delle regioni e negli altri casi, per le funzioni amministrative ad esse delegate, il rapporto è presentato all'ufficio regionale competente (3).

Per le violazioni dei regolamenti provinciali e comunali il rapporto è presentato, rispettivamente, al presidente della giunta provinciale o al sindaco.

L'ufficio territorialmente competente è quello del luogo in cui è stata commessa la violazione.

Il funzionario o l'agente che ha proceduto al sequestro previsto dall'articolo 13 deve immediatamente informare l'autorità amministrativa competente a norma dei precedenti commi, inviandole il processo verbale di sequestro.

Con decreto del Presidente della Repubblica, su proposta del Presidente del Consiglio dei ministri, da emanare entro centottanta giorni dalla pubblicazione della presente legge, in sostituzione del d.P.R. 13 maggio 1976, n. 407, saranno indicati gli uffici periferici dei singoli Ministeri, previsti nel primo comma, anche per i casi in cui leggi precedenti abbiano regolato diversamente la competenza (1).

Con il decreto indicato nel comma precedente saranno stabilite le modalità relative alla esecuzione del sequestro previsto dall'articolo 13, al trasporto ed alla consegna delle cose sequestrate, alla custodia ed alla eventuale alienazione o distruzione delle stesse; sarà altresì stabilita la destinazione delle cose confiscate. Le regioni, per le materie di loro competenza, provvederanno con legge nel termine previsto dal comma precedente (4).

(1) *V. d.P.R. 29 luglio 1982, n. 571.*

(2) *Provvedimenti abrogati dall'art. 231, d.lgs. 30 aprile 1992, n. 285.*

(3) *V. l'art. 1, comma 191 l. 30 dicembre 2004, n. 311.*

(4) *V. d.P.R. 30 dicembre 1995, n. 582.*

18 Ordinanza-ingiunzione (1).

Entro il termine di trenta giorni dalla data della contestazione o notificazione della violazione, gli interessati possono far pervenire all'autorità competente a ricevere il rapporto a norma dell'articolo 17 scritti difensivi e documenti e possono chiedere di essere sentiti dalla medesima autorità.

L'autorità competente, sentiti gli interessati, ove questi ne abbiano fatto richiesta, ed esaminati i documenti inviati e gli argomenti esposti negli scritti difensivi, se ritiene fondato l'accertamento, determina, con ordinanza motivata, la somma dovuta per la violazione e ne ingiunge il pagamento, insieme con le spese, all'autore della violazione ed alle persone che vi sono obbligate solidalmente; altrimenti emette ordinanza motivata di archiviazione degli atti comunicandola integralmente all'organo che ha redatto il rapporto.

Con l'ordinanza-ingiunzione deve essere disposta la restituzione, previo pagamento delle spese di custodia, delle cose sequestrate, che non siano confiscate con lo stesso provvedimento. La restituzione delle cose sequestrate è altresì disposta con l'ordinanza di archiviazione, quando non ne sia obbligatoria la confisca.

Il pagamento è effettuato all'ufficio del registro o al diverso ufficio indicato nella ordinanza-ingiunzione, entro il termine di trenta giorni dalla notificazione di detto provvedimento, eseguita nelle forme previste dall'articolo 14; del pagamento è data comunicazione, entro il trentesimo giorno, a cura dell'ufficio che lo ha ricevuto, all'autorità che ha emesso l'ordinanza.

Il termine per il pagamento è di sessanta giorni se l'interessato risiede all'estero.

La notificazione dell'ordinanza-ingiunzione può essere eseguita dall'ufficio che adotta l'atto, secondo le modalità di cui alla legge 20 novembre 1982, n. 890 (2).

L'ordinanza-ingiunzione costituisce titolo esecutivo. Tuttavia l'ordinanza che dispone la confisca diventa esecutiva dopo il decorso del termine per proporre opposizione, o, nel caso in cui l'opposizione è proposta, con il passaggio in giudicato della sentenza con la quale si rigetta l'opposizione, o quando l'ordinanza con la quale viene dichiarata inammissibile l'opposizione o convalidato il provvedimento opposto diviene inoppugnabile o è dichiarato inammissibile il ricorso proposto avverso la stessa.

(1) *A norma dell'art. 1, comma 1288, l. 27 dicembre 2006, n. 296 le ordinanze-ingiunzioni emesse a norma del presente articolo, in applicazione dell'art. 1, comma 333, l. 23 dicembre 2005, n. 266, sono inefficaci. V., anche, i commi 1287 e 1289 del medesimo art. 1.*

(2) *Comma aggiunto dall'art. 10, l. 3 agosto 1999, n. 265.*

19 Sequestro.

Quando si è proceduto a sequestro, gli interessati possono, anche immediatamente, proporre opposizione all'autorità indicata nel primo comma dell'articolo 18, con atto esente da bollo. Sull'opposizione la decisione è adottata con ordinanza motivata emessa entro il decimo giorno successivo alla sua proposizione. Se non è rigettata entro questo termine, l'opposizione si intende accolta.

Anche prima che sia concluso il procedimento amministrativo, l'autorità competente può disporre la restituzione della cosa sequestrata, previo pagamento delle spese di custodia, a chi prova di averne diritto e ne fa istanza, salvo che si tratti di cose soggette a confisca obbligatoria.

Quando l'opposizione al sequestro è stata rigettata, il sequestro cessa di avere efficacia se non è emessa ordinanza-ingiunzione di pagamento o se non è disposta la confisca entro due mesi dal giorno in cui è pervenuto il rapporto e, comunque, entro sei mesi dal giorno in cui è avvenuto il sequestro.

20 Sanzioni amministrative accessorie.

L'autorità amministrativa con l'ordinanza-ingiunzione o il giudice penale con la sentenza di condanna nel caso previsto dall'articolo 24, può applicare, come sanzioni amministrative, quelle previste dalle leggi vigenti, per le singole violazioni, come sanzioni penali accessorie, quando esse consistono nella privazione o sospensione di facoltà, e diritti derivanti da provvedimenti dell'amministrazione.

Le sanzioni amministrative accessorie non sono applicabili fino a che è pendente il giudizio di opposizione contro il provvedimento di condanna o, nel caso di connessione di cui all'articolo 24, fino a che il provvedimento stesso non sia divenuto esecutivo.

Le autorità stesse possono disporre la confisca amministrativa delle cose che servirono o furono destinate a commettere la violazione e debbono disporre la confisca delle cose che ne sono il prodotto, sempre che le cose suddette appartengano a una delle persone cui è ingiunto il pagamento.

In presenza di violazioni gravi o reiterate, in materia di tutela del lavoro, di igiene sui luoghi di lavoro e di prevenzione degli infortuni sul lavoro, è sempre disposta la confisca amministrativa delle cose che servirono o furono destinate a commettere la violazione e delle cose che ne sono il prodotto, anche se non venga emessa l'ordinanza - ingiunzione di pagamento. La disposizione non si applica se la cosa appartiene a persona estranea alla violazione amministrativa ovvero quando in relazione ad essa è consentita la messa a norma e quest'ultima risulta effettuata secondo le disposizioni vigenti (1).

È sempre disposta la confisca amministrativa delle cose, la fabbricazione, l'uso, il porto, la detenzione o l'alienazione delle quali costituisce violazione amministrativa, anche se non venga emessa l'ordinanza-ingiunzione di pagamento.

La disposizione indicata nel comma precedente non si applica se la cosa appartiene a persona estranea alla violazione amministrativa e la fabbricazione, l'uso, il porto, la detenzione o l'alienazione possono essere consentiti mediante autorizzazione amministrativa.

(1) *Comma inserito dall'art. 9, comma 1, d.l. 12 novembre 2010, n. 187, conv., con modif., in l. 17 dicembre 2010, n. 217.*

21 Casi speciali di sanzioni amministrative accessorie.

Quando è accertata la violazione del primo comma dell'articolo 32 della legge 24 dicembre 1969, n. 990, è sempre disposta la confisca del veicolo a motore o del natante che appartiene alla persona a cui è ingiunto il pagamento, se entro il termine fissato con l'ordinanza-ingiunzione non viene pagato, oltre alla sanzione pecuniaria applicata, anche il premio di assicurazione per almeno sei mesi.

Nel caso in cui sia proposta opposizione ovvero l'ordinanza-ingiunzione, il termine di cui al primo comma decorre dal passaggio in giudicato della sentenza con la quale si rigetta l'opposizione ovvero dal momento in cui diventa inoppugnabile l'ordinanza con la quale viene dichiarata inammissibile l'opposizione o convalidato il provvedimento opposto ovvero viene dichiarato inammissibile il ricorso proposto avverso la stessa.

Quando è accertata la violazione dell'ottavo comma dell'articolo 58 del testo unico delle norme sulla circolazione stradale, approvato con d.P.R. 15 giugno 1959, n. 393, è sempre disposta la confisca del veicolo (1).

Quando è accertata la violazione del secondo comma dell'articolo 14 della legge 30 aprile 1962, n. 283, è sempre disposta la sospensione della licenza per un periodo non superiore a dieci giorni.

(1) *C. cost. 27 ottobre 1994, n. 371, ha dichiarato* l'illegittimità costituzionale *del presente comma, nella parte in cui prevede la confisca del veicolo privo della carta di circolazione, anche se già immatricolato.*

22 Opposizione all'ordinanza ingiunzione (1) (2).

Salvo quanto previsto dall'articolo 133 del decreto legislativo 2 luglio 2010, n. 104, e da altre disposizioni di legge, contro l'ordinanza-ingiunzione di pagamento e contro l'ordinanza che dispone la sola confisca gli interessati possono proporre opposizione dinanzi all'autorità giudiziaria ordinaria. L'opposizione è regolata dall'articolo 6 del decreto legislativo 1° settembre 2011, n. 150 (3).

[Il termine è di sessanta giorni se l'interessato risiede all'estero.] (4).

[L'opposizione si propone mediante ricorso, al quale è allegata l'ordinanza notificata.] (5).

[Il ricorso deve contenere altresì, quando l'opponente non abbia indicato un suo procuratore, la dichiarazione di residenza o la elezione di domicilio nel comune dove ha sede il giudice adito (6) (7).] (8).

[Se manca l'indicazione del procuratore oppure la dichiarazione di residenza o la elezione di domicilio, le notificazioni al ricorrente vengono eseguite mediante deposito in cancelleria (9).] (10).

[Quando è stato nominato un procuratore, le notificazioni e le comunicazioni nel corso del procedimento sono effettuate nei suoi confronti secondo le modalità stabilite dal codice di procedura civile.] (11)

[L'opposizione non sospende l'esecuzione del provvedimento, salvo che il giudice, concorrendo gravi motivi, disponga diversamente con ordinanza inoppugnabile (12) (13).] (14).

(1) *La Corte costituzionale, con sentenza 24 febbraio 1992, n. 62, ha dichiarato* l'illegittimità costituzionale *del presente articolo, in combinato disposto con l'art. 122 c.p.c., nella parte in cui non consentono ai cittadini italiani appartenenti alla minoranza linguistica slovena nel processo di opposizione ad ordinanze-ingiunzioni applicative di sanzioni amministrative davanti al pretore avente competenza su un territorio dove sia insediata la predetta minoranza, di usare, su loro richiesta, la lingua materna nei propri atti, usufruendo per questi della traduzione nella lingua italiana, nonché di ricevere tradotti nella propria lingua gli atti dell'autorità giudiziaria e le risposte della controparte.*

(2) *La Corte costituzionale, con sentenza 18 marzo 2004, n. 98, ha dichiarato* l'illegittimità costituzionale *del presente articolo nella parte in cui non consente l'utilizzo del servizio postale per la proposizione dell'opposizione.*

(3) *Comma così modificato dall'art. 97, d.lgs. 30 dicembre 1999, n. 507e successivamente dall'art. 34, comma 1, lettera* a), *del d.lgs. 1° settembre 2011, n. 150.*

(4) *Comma abrogato dall'art. 34, comma 1, lettera* b), *del d.lgs. 1° settembre 2011, n. 150.*

(5) *Comma abrogato dall'art. 34, comma 1, lettera* b), *del d.lgs. 1° settembre 2011, n. 150.*

(6) *Comma modificato dall'art. 97, d.lgs. 30 dicembre 1999, n. 507.*

(7) *La Corte Costituzionale, con sentenza 22 dicembre 2010, n. 365, ha dichiarato* l'illegittimità costituzionale *del presente comma, nella parte in cui non prevede, a richiesta dell'opponente, che abbia dichiarato la residenza o eletto domicilio in un comune diverso da quello dove ha sede il giudice adito, modi di notificazione ammessi a questo fine dalle norme statali vigenti, alternativi al deposito presso la cancelleria.*

(8) *Comma abrogato dall'art. 34, comma 1, lettera* b), *del d.lgs. 1° settembre 2011, n. 150.*

(9) *La Corte Costituzionale, con sentenza 22 dicembre 2010, n. 365 ha dichiarato* l'illegittimità costituzionale *del presente comma, nella parte in cui non prevede, a richiesta dell'opponente, che abbia dichiarato la residenza o eletto domicilio in un comune diverso da quello dove ha sede il giudice adito, modi di notificazione ammessi a questo fine dalle norme statali vigenti, alternativi al deposito presso la cancelleria.*

(10) *Comma abrogato dall'art. 34, comma 1, lettera* b), *del d.gls. 1° settembre 2011, n. 150.*

(11) *Comma abrogato dall'art. 34, comma 1, lettera* b), *del d.lgs. 1° settembre 2011, n. 150.*

(12) *Comma così modificato dall'art. 97, d.lgs. 30 dicembre 1999, n. 507.*

(13) *Vedi l'art. 6, comma 1, del d.lgs. 1° settembre 2011, n. 150.*

(14) *Comma abrogato dall'art. 34, comma 1, lettera* b), *del d.lgs. 1° settembre 2011, n. 150.*

22-*bis* Competenza per il giudizio di opposizione (1).

[Salvo quanto previsto dai commi seguenti, l'opposizione di cui all'articolo 22 si propone davanti al giudice di pace.

L'opposizione si propone davanti al tribunale quando la sanzione è stata applicata per una violazione concernente disposizioni in materia:

a) di tutela del lavoro, di igiene sui luoghi di lavoro e di prevenzione degli infortuni sul lavoro;

b) di previdenza e assistenza obbligatoria;

c) urbanistica ed edilizia;

d) di tutela dell'ambiente dall'inquinamento, della flora, della fauna e delle aree protette;

e) di igiene degli alimenti e delle bevande;

f) di società e di intermediari finanziari;

g) tributaria e valutaria.

L'opposizione si propone altresì davanti al tribunale:

a) se per la violazione è prevista una sanzione pecuniaria superiore nel massimo euro 15.493;

b) quando, essendo la violazione punita con sanzione pecuniaria proporzionale senza previsione di un limite massimo, è stata applicata una sanzione superiore a euro 15.493;

c) quando è stata applicata una sanzione di natura diversa da quella pecuniaria, sola o congiunta a quest'ultima, fatta eccezione per le violazioni previste dal regio decreto 21 dicembre 1933, n. 1736, dalla legge 15 dicembre 1990, n. 386 e dal decreto legislativo 30 aprile 1992, n. 285.

Restano salve le competenze stabilite da diverse disposizioni di legge].

(1) *Articolo dapprima inserito dall'art. 98 d.lgs. 30 dicembre 1999, n. 507, poi modificato dall'art. 66 comma 8 d.lgs. 21 novembre 2007, n. 231, e infine abrogato dall'art. 34, comma 1, lettera* c), *del d.lgs. 1° settembre 2011, n. 150. V. le disposizioni transitorie di cui al comma 2 dell'art. 36 del medesimo decreto, che così dispone: « 2. Le norme abrogate o modificate dal presente decreto continuano ad applicarsi alle controversie pendenti alla data di entrata in vigore dello stesso ». Si riporta inoltre l'art. 6 d.lgs. n. 150, cit.: « 1. Le controversie previste dall'articolo 22 della legge 24 novembre 1981, n. 689, sono regolate dal rito del lavoro, ove non diversamente stabilito dalle disposizioni del presente articolo. — 2. L'opposizione si propone davanti al giudice del luogo in cui è stata commessa la violazione. — 3. Salvo quanto previsto dai commi 4 e 5, e salve le competenze stabilite da altre disposizioni di legge, l'opposizione si propone davanti al giudice di pace. — 4. L'opposizione si propone davanti al tribunale quando la sanzione è stata applicata per una violazione concernente disposizioni in materia:* a) *di tutela del lavoro, di igiene sui luoghi di lavoro e di prevenzione degli infortuni sul lavoro;* b) *di previdenza e assistenza obbligatoria;* c) *di tutela dell'ambiente dall'inquinamento, della flora, della fauna e delle aree protette;* d) *di igiene degli alimenti e delle bevande;* e) *valutaria;* f) *di antiriciclaggio. — 5. L'opposizione si propone altresì davanti al tribunale:* a) *se per la violazione è prevista una sanzione pecuniaria superiore nel massimo a 15.493 euro;* b) *quando, essendo la violazione punita con sanzione pecuniaria proporzionale senza previsione di un limite massimo, è stata applicata una sanzione superiore a 15.493 euro;* c) *quando è stata applicata una sanzione di natura diversa da quella pecuniaria, sola o congiunta a quest'ultima, fatta eccezione per le violazioni previste dal regio decreto 21 dicembre 1933, n. 1736, dalla legge 15 dicembre 1990, n. 386 e dal decreto legislativo 30 aprile 1992, n. 285. — 6. Il ricorso è proposto, a pena di inammissibilità, entro trenta giorni dalla notificazione del provvedimento, ovvero entro sessanta giorni se il ricorrente risiede all'estero, e può essere depositato anche a mezzo del servizio postale. — 7. L'efficacia esecutiva del provvedimento impugnato può essere sospesa secondo quanto previsto dall'articolo 5. — 8. Con il decreto di cui all'articolo 415, secondo comma, del codice di procedura civile il giudice ordina all'autorità che ha emesso il provvedimento impugnato di depositare in cancelleria, dieci giorni prima dell'udienza fissata, copia del rapporto con gli atti relativi all'accertamento, nonché alla contestazione o notificazione della violazione. Il ricorso e il decreto sono notificati, a cura della cancelleria, all'opponente e all'autorità che ha emesso l'ordinanza. — 9. Nel giudizio di primo grado l'opponente e l'autorità che ha emesso l'ordinanza possono stare in giudizio personalmente. L'autorità che ha emesso l'ordinanza può avvalersi anche di funzionari appositamente delegati. Nel giudizio di opposizione all'ordinanza-ingiunzione di cui all'articolo 205 del decreto legislativo 30 aprile 1992, n. 285, il prefetto può farsi rappresentare in giudizio dall'amministrazione cui appartiene l'organo accertatore, la quale vi provvede a mezzo di propri funzionari appositamente delegati, laddove sia anche destinataria dei proventi della sanzione, ai sensi dell'articolo 208 del medesimo decreto. — 10. Alla prima udienza, il giudice:* a) *quando il ricorso è proposto oltre i termini di cui al comma 6, lo dichiara inammissibile con sentenza;* b) *quando l'opponente o il suo difensore non si presentano senza addurre alcun legittimo impedimento, convalida con ordinanza appellabile il provvedimento opposto e provvede sulle spese, salvo che l'illegittimità del provvedimento risulti dalla documentazione allegata dall'opponente, ovvero l'autorità che ha emesso l'ordinanza abbia omesso il deposito dei documenti di cui al comma 8. — 11. Il giudice accoglie l'opposizione quando non vi sono prove sufficienti della responsabilità dell'opponente. — 12. Con la sentenza che accoglie l'opposizione il giudice può annullare in tutto o in parte l'ordinanza o modificarla anche limitatamente all'entità della sanzione dovuta, che è determinata in una misura in ogni caso non inferiore al minimo edittale. Nel giudizio di opposizione davanti al giudice di pace non si applica l'articolo 113, secondo comma, del codice di procedura civile. — 13. Salvo quanto previsto dall'articolo 10, comma 6-*bis*, del decreto del Presidente della Repubblica 30 maggio 2002, n. 115, gli atti del processo e la decisione sono esenti da ogni tassa e imposta ».*

Da ultimo l'art. 72, comma 6 d.lgs. 21 novembre 2007, n. 231, come modificato dall'art. 5 comma 3 d.lgs. 25 maggio 2017, n. 90, ha disposto l'inserimento nel secondo comma del presente articolo di una lettera « g-*bis*) antiriciclaggio *» non tenendo èerò conto della intervenuta abrogazione.*

23 Giudizio di opposizione (1).

[Il giudice, se il ricorso è proposto oltre il termine previsto dal primo comma dell'articolo 22, ne dichiara l'inammissibilità con ordinanza ricorribile per cassazione.

Se il ricorso è tempestivamente proposto, il giudice fissa l'udienza di comparizione con decreto, steso in calce al ricorso, ordinando all'autorità che ha emesso il provvedimento impugnato di depositare in cancelleria, dieci giorni prima della udienza fissata, copia del rapporto con gli atti relativi all'accertamento, nonché alla contestazione o notificazione della violazione. Il ricorso ed il decreto sono notificati, a cura della cancelleria, all'opponente o, nel caso sia stato indicato, al suo procuratore, e all'autorità che ha emesso l'ordinanza. La prova scritta della conoscenza del ricorso e del decreto equivale alla notifica degli stessi.

Tra il giorno della notificazione e l'udienza di comparizione devono intercorrere i termini previsti dall'articolo 163-*bis* del codice di procedura civile.

L'opponente e l'autorità che ha emesso l'ordinanza possono stare in giudizio personalmente; l'autorità che ha emesso l'ordinanza può avvalersi anche di funzionari appositamente delegati.

Se alla prima udienza l'opponente o il suo procuratore non si presentano senza addurre alcun legittimo impedimento, il giudice, con ordinanza appellabile, convalida il provvedimento opposto, ponendo a carico dell'opponente anche le spese successive all'opposizione.

Nel corso del giudizio il giudice dispone, anche d'ufficio, i mezzi di prova che ritiene necessari e può disporre la citazione di testimoni anche senza la formulazione di capitoli.

Appena terminata l'istruttoria il giudice invita le parti a precisare le conclusioni ed a procedere nella stessa udienza alla discussione della causa, pronunciando subito dopo la sentenza mediante lettura del dispositivo. Tuttavia, dopo la precisazione delle conclusioni, il giudice, se necessario, concede alle parti un termine non superiore a dieci giorni per il deposito di note difensive e rinvia la causa all'udienza immediatamente successiva alla scadenza del termine per la discussione e la pronuncia della sentenza.

Il giudice può anche redigere e leggere, unitamente al dispositivo, la motivazione della sentenza, che è subito dopo depositata in cancelleria.

A tutte le notificazioni e comunicazioni occorrenti si provvede d'ufficio.

Gli atti del processo e la decisione sono esenti da ogni tassa e imposta.

Con la sentenza il giudice può rigettare l'opposizione, ponendo a carico dell'opponente le spese del procedimento o accoglierla, annullando in tutto o in parte l'ordinanza o modificandola anche limitatamente all'entità della sanzione dovuta. Nel giudizio di opposizione davanti al giudice di pace non si applica l'articolo 113, secondo comma, del codice di procedura civile.

Il giudice accoglie l'opposizione quando non vi sono prove sufficienti della responsabilità dell'opponente.

La sentenza è inappellabile ma è ricorribile per cassazione].

(1) *Articolo abrogato dall'art. 34, comma 1 lettera* b), *del d.lgs. 1° settembre 2001, n. 150.*

24 Connessione obiettiva con un reato.

Qualora l'esistenza di un reato dipenda dall'accertamento di una violazione non costituente reato, e per questa non sia stato effettuato il pagamento in misura ridotta, il giudice penale competente a conoscere del reato è pure competente a decidere sulla predetta violazione e ad applicare con la sentenza di condanna la sanzione stabilita dalla legge per la violazione stessa.

Se ricorre l'ipotesi prevista dal precedente comma, il rapporto di cui all'articolo 17 è trasmesso, anche senza che si sia proceduto alla notificazione prevista dal secondo comma dell'articolo 14, alla autorità giudiziaria competente per il reato, la quale, quando invia la comunicazione giudiziaria, dispone la notifica degli estremi della violazione amministrativa agli obbligati per i quali essa non è avvenuta. Dalla notifica decorre il termine per il pagamento in misura ridotta.

Se l'autorità giudiziaria non procede ad istruzione, il pagamento in misura ridotta può essere effettuato prima dell'apertura del dibattimento.

La persona obbligata in solido con l'autore della violazione deve essere citata nella istruzione o nel giudizio penale su richiesta del pubblico ministero. Il pretore ne dispone di ufficio la citazione. Alla predetta persona, per la difesa dei propri interessi, spettano i diritti e le garanzie riconosciuti all'imputato, esclusa la nomina del difensore d'ufficio.

Il pretore quando provvede con decreto penale, con lo stesso decreto applica, nei confronti dei responsabili, la sanzione stabilita dalla legge per la violazione.

La competenza del giudice penale in ordine alla violazione non costituente reato cessa se il procedimento penale si chiude per estinzione del reato e per difetto di una condizione di procedibilità (1).

(1) *V. art. 1, l. 25 giugno 1999, n. 205.*

25 Impugnabilità del provvedimento del giudice penale.

La sentenza del giudice penale, relativamente al capo che, ai sensi dell'articolo precedente, decide sulla violazione non costituente reato, è impugnabile, oltre che dall'imputato e dal pubblico ministero, anche dalla persona che sia stata solidalmente condannata al pagamento della somma dovuta per la violazione.

Avverso il decreto penale, relativamente al capo che dichiara la responsabilità per la predetta violazione, può proporre opposizione anche la persona indicata nel comma precedente.

Si osservano, in quanto applicabili, le disposizioni del codice di procedura penale concernenti l'impugnazione per i soli interessi civili.

26 Pagamento rateale della sanzione pecuniaria.

L'autorità giudiziaria o amministrativa che ha applicato la sanzione pecuniaria può disporre, su richiesta dell'interessato che si trovi in condizioni economiche disagiate, che la sanzione medesima venga pagata in rate mensili da tre a trenta; ciascuna rata non può essere inferiore a euro 15. In ogni momento il debito può essere estinto mediante un unico pagamento.

Decorso inutilmente, anche per una sola rata, il termine fissato dall'autorità giudiziaria o amministrativa, l'obbligato è tenuto al pagamento del residuo ammontare della sanzione in un'unica soluzione.

27 Esecuzione forzata.

Salvo quanto disposto nell'ultimo comma dell'articolo 22, decorso inutilmente il termine fissato per il pagamento, l'autorità che ha emesso l'ordinanza-ingiunzione procede alla riscossione delle somme dovute in base alle norme previste per la esazione delle imposte dirette, trasmettendo il ruolo all'intendenza di finanza che lo dà in carico all'esattore per la riscossione in unica soluzione, senza l'obbligo del non riscosso come riscosso.

È competente l'intendenza di finanza del luogo ove ha sede l'autorità che ha emesso l'ordinanza-ingiunzione.

Gli esattori, dopo aver trattenuto l'aggio nella misura ridotta del 50 per cento rispetto a quella ordinaria e comunque non superiore al 2 per cento delle somme riscosse, effettuano il versamento delle somme medesime ai destinatari dei proventi.

Le regioni possono avvalersi anche delle procedure previste per la riscossione delle proprie entrate.

Se la somma è dovuta in virtù di una sentenza o di un decreto penale di condanna ai sensi dell'articolo 24, si procede alla riscossione con l'osservanza delle norme sul recupero delle spese processuali.

Salvo quanto previsto nell'articolo 26, in caso di ritardo nel pagamento la somma dovuta è maggiorata di un decimo per ogni semestre a decorrere da quello in cui la sanzione è divenuta esigibile e fino a quello in cui il ruolo è trasmesso all'esattore. La maggiorazione assorbe gli interessi eventualmente previsti dalle disposizioni vigenti.

Le disposizioni relative alla competenza dell'esattore si applicano fino alla riforma del sistema di riscossione delle imposte dirette.

28 Prescrizione (1).

Il diritto a riscuotere le somme dovute per le violazioni indicate dalla presente legge si prescrive nel termine di cinque anni dal giorno in cui è stata commessa la violazione.

L'interruzione della prescrizione è regolata dalle norme del codice civile.

(1) *Ai sensi dell'art. 103, comma 6-*bis *d.l. 17 marzo 2020, n. 18, conv., con modif., in l. 24 aprile 2020, n. 27, il termine di cui al presente articolo « è sospeso dal 23 febbraio 2020 al 31 maggio 2020 e riprende a decorrere dalla fine del periodo di sospensione. Ove il decorso abbia inizio durante il periodo di sospensione, l'inizio stesso è differito alla fine del periodo ».*

29 Devoluzione dei proventi.

I proventi delle sanzioni sono devoluti agli enti a cui era attribuito, secondo le leggi anteriori, l'ammontare della multa o dell'ammenda.

Il provento delle sanzioni per le violazioni previste dalla legge 20 giugno 1935, n. 1349, sui servizi di trasporto merci, è devoluto allo Stato.

Nei casi previsti dal terzo comma dell'articolo 17 i proventi spettano alle regioni (1).

Continuano ad applicarsi, se previsti, i criteri di ripartizione attualmente vigenti. Sono tuttavia escluse dalla ripartizione le autorità competenti ad emanare l'ordinanza-ingiunzione di pagamento e la quota loro spettante è ripartita tra gli altri aventi diritto, nella proporzione attribuita a ciascuno di essi.

(1) *V. l'articolo 1, comma 191 l. 30 dicembre 2004, n. 311.*

30 Valutazione delle violazioni in materia di circolazione stradale.

Agli effetti della sospensione e della revoca della patente di guida e del documento di circolazione, si tiene conto anche delle violazioni non costituenti reato previste, rispettivamente, dalle norme del testo unico sulla circolazione stradale, approvato con decreto del Presidente della Repubblica 15 giugno 1959, n. 393, e dalle norme della legge 20 giugno 1935, n. 1349, sui servizi di trasporto merci.

Per le stesse violazioni, il prefetto dispone la sospensione della patente di guida o del documento di circolazione, quando ne ricorrono le condizioni, anche se è avvenuto il pagamento in misura ridotta. Il provvedimento di sospensione è revocato, qualora l'autorità giudiziaria, pronunziando ai sensi degli articoli 23, 24 e 25, abbia escluso la responsabilità per la violazione.

Nei casi sopra previsti e in ogni altro caso di revoca o sospensione del documento di circolazione da parte del prefetto o di altra autorità, il provvedimento è immediatamente comunicato al competente ufficio provinciale della motorizzazione civile (1).

(1) *Gli uffici della motorizzazione civile sono stati soppressi dall'art. 106, d.lgs. 31 marzo 1998, n. 112, di conferimento di funzioni e compiti amministrativi alle regioni ed agli enti locali.*

31 Provvedimenti dell'autorità regionale.

I provvedimenti emessi dall'autorità regionale per l'applicazione della sanzione amministrativa del pagamento di una somma di danaro non sono soggetti al controllo della Commissione prevista dall'articolo 41 della legge 10 febbraio 1953, n. 62.

L'opposizione contro l'ordinanza-ingiunzione è regolata dagli articoli 22 e 23.

SEZIONE III
Depenalizzazione di delitti e contravvenzioni

32 Sostituzione della sanzione amministrativa pecuniaria alla multa o alla ammenda.

Non costituiscono reato e sono soggette alla sanzione amministrativa del pagamento di una somma di denaro tutte le violazioni per le quali è prevista la sola pena della multa o dell'ammenda, salvo quanto disposto, per le violazioni finanziarie, dell'articolo 39.

La disposizione del precedente comma non si applica ai reati in esso previsti che, nelle ipotesi aggravate, siano punibili con pena detentiva, anche se alternativa a quella pecuniaria.

La disposizione del primo comma non si applica, infine, ai delitti in esso previsti che siano punibili a querela.

33 Altri casi di depenalizzazione.

Non costituiscono reato e sono soggette alla sanzione amministrativa del pagamento di una somma di denaro le contravvenzioni previste:

a) dagli articoli 669, 672, 687, 693 e 694 del codice penale;

b) dagli articoli 121 e 124 del testo unico delle leggi di pubblica sicurezza, approvato con regio decreto 18 giugno 1931, n. 773 (1), nella parte non abrogata dall'articolo 14 della legge 19 maggio 1976, n. 398;

c) dagli articoli 121, 180, 181 e 186 del regolamento di pubblica sicurezza, approvato con regio decreto 6 maggio 1940, n. 635;

d) [dagli articoli 8, 58, comma ottavo, 72, 83, comma sesto, 88, comma sesto, del testo unico delle norme sulla circolazione stradale, approvato con decreto del Presidente della Repubblica 15 giugno 1959, n. 393, come modificati dalle leggi 14 febbraio 1974, n. 62, e 14 agosto 1974, n. 394, nonché dal decreto-legge 11 agosto 1975, n. 367, convertito, con modificazioni nella legge 10 ottobre 1975, n. 486] (2);

e) dal primo comma dell'articolo 32 della legge 24 dicembre 1969, n. 990, sull'assicurazione obbligatoria della responsabilità civile derivante dalla circolazione dei veicoli a motore e dei natanti.

(1) *Le violazioni di cui al presente articolo sono state depenalizzate dal d.lgs. 13 luglio 1994, n. 480.*

(2) *Il nuovo codice della strada (d.lgs. 30 aprile 1992, n. 285) ha abrogato (art. 231) le disposizioni di cui al d.P.R. 15 giugno 1959, n. 393, nonché le leggi 14 febbraio 1974, n. 62, 14 agosto 1974, n. 394 e il d.l. 11 agosto 1975, n. 367, conv. in l. 10 ottobre 1975, n. 486.*

34 Esclusione della depenalizzazione (1).

La disposizione del primo comma dell'articolo 32 non si applica ai reati previsti:

a) dal codice penale, salvo quanto disposto dall'articolo 33, lettera *a*);

b) dall'articolo 19, secondo comma, della legge 22 maggio 1978, n. 194, sulla interruzione volontaria della gravidanza;

c) da disposizioni di legge concernenti le armi, le munizioni e gli esplosivi;

d) dall'articolo 221 del testo unico delle leggi sanitarie, approvato con regio decreto 27 luglio 1934, n. 1265;

e) dalla legge 30 aprile 1962, n. 283, modificata con legge 26 febbraio 1963, n. 441, sulla disciplina igienica degli alimenti, salvo che per le contravvenzioni previste dagli articoli 8 e 14 della stessa legge 30 aprile 1962, n. 283;

f) dalla legge 29 marzo 1951, n. 327, sulla disciplina degli alimenti per la prima infanzia e dei prodotti dietetici;

g) dalla legge 10 maggio 1976, n. 319, sulla tutela delle acque dall'inquinamento;

h) dalla legge 13 luglio 1966, n. 615, concernente provvedimenti contro l'inquinamento atmosferico;

i) dalla legge 31 dicembre 1962, n. 1860, e dal decreto del Presidente della Repubblica 13 febbraio 1964, n. 185, relativi all'impiego pacifico dell'energia nucleare;

l) dalle leggi in materia urbanistica ed edilizia;

m) dalle leggi relative ai rapporti di lavoro, anche per quanto riguarda l'assunzione dei lavoratori e le assicurazioni sociali, salvo quanto previsto dal successivo articolo 35;

n) dalle leggi relative alla prevenzione degli infortuni sul lavoro ed all'igiene del lavoro;

o) dall'articolo 108 del decreto del Presidente della Repubblica 30 marzo 1957, n. 361, e dall'articolo 89 del decreto del Presidente della Repubblica 16 maggio 1960, n. 570, in materia elettorale.

(1) *Ai sensi dell'art. 15, l. 24 novembre 1999, n. 468, al giudice di pace è devoluta la competenza per i reati che non rientrano in taluna delle materie indicate nel presente articolo ovvero nell'ambito delle violazioni finanziarie.*

35 Violazioni in materia di previdenza ed assistenza obbligatorie.

Non costituiscono reato e sono soggette alla sanzione amministrativa del pagamento di una somma di denaro tutte le violazioni previste dalle leggi in materia di previdenza ed assistenza obbligatorie, punite con la sola ammenda.

Per le violazioni consistenti nell'omissione totale o parziale del versamento di contributi e premi, l'ordinanza-ingiunzione è emessa, ai sensi dell'articolo 18, dagli enti ed istituti gestori delle forme di previdenza ed assistenza obbligatorie, che con lo stesso provvedimento ingiungono ai debitori anche il pagamento dei contributi e dei premi non versati e delle somme aggiuntive previste dalle leggi vigenti a titolo di sanzione civile.

Per le altre violazioni, quando viene accertato che da esse deriva l'omesso o parziale versamento di contributi e premi, la relativa sanzione amministrativa è applicata con la medesima ordinanza e dagli stessi enti ed istituti di cui al comma precedente.

Avverso l'ordinanza-ingiunzione può essere proposta, nel termine previsto dall'articolo 22, opposizione davanti al pretore in funzione di giudice del lavoro. Si applicano i commi terzo e settimo dell'articolo 22 e il quarto comma dell'articolo 23 ed il giudizio di opposizione è regolato ai sensi degli articoli 442 e seguenti del codice di procedura civile.

Si osservano, in ogni caso, gli articoli 13, 14, 20, 24, 25, 26, 27, 28, 29 e 38 in quanto applicabili (1).

L'ordinanza-ingiunzione emanata ai sensi del secondo comma costituisce titolo per iscrivere ipoteca legale sui beni del debitore, nei casi in cui essa è consentita, quando la opposizione non è stata proposta ovvero è stata dichiarata inammissibile o rigettata. In pendenza del giudizio di opposizione la iscrizione dell'ipoteca è autorizzata dal pretore se vi è pericolo nel ritardo.

Per le violazioni previste dal primo comma che non consistono nell'omesso o parziale versamento di contributi e premi e che non sono allo stesso connesse a norma del terzo comma si osservano le disposizioni delle sezioni I e II di questo Capo, in quanto applicabili.

La disposizione del primo comma non si applica alle violazioni previste dagli articoli 53, 54, 139, 157, 175 e 246 del testo unico delle disposizioni per l'assicurazione obbligatoria contro gli infortuni sul lavoro e le malattie professionali, approvato con decreto del Presidente della Repubblica 30 giugno 1965, n. 1124 (2).

(1) *Comma così modificato dagli artt. 27 e 37, d.lgs. 26 febbraio 1999, n. 46.*

(2) *Seguiva un comma abrogato dall'art. 37, d.lgs. n. 46, cit.*

36 Omissione o ritardo nel versamento di contributi e premi in materia di previdenza ed assistenza obbligatorie.

La sanzione amministrativa per l'omissione totale o parziale del versamento di contributi e premi in materia assistenziale e previdenziale non si applica se il pagamento delle somme dovute avviene entro trenta giorni dalla scadenza ovvero se, entro lo stesso termine, il datore di lavoro presenta domanda di dilazione all'ente o istituto di cui al secondo comma dell'articolo precedente. Tuttavia, quando è stata presentata domanda di dilazione, la sanzione amministrativa si applica se il datore di lavoro:

a) omette anche un solo versamento alla scadenza fissata dall'ente o istituto;

b) non provvede al pagamento delle somme dovute entro venti giorni dalla comunicazione del rigetto della domanda di dilazione.

Per gli effetti previsti dalla lettera *b*) del precedente comma la mancata comunicazione dell'accoglimento della domanda di dilazione entro novanta giorni dalla sua presentazione equivale a rigetto della medesima.

37 Omissione o falsità di registrazione o denuncia obbligatoria (1).

1. Salvo che il fatto costituisca più grave reato, il datore di lavoro che, al fine di non versare in tutto o in parte contributi e premi previsti dalle leggi sulla previdenza e assistenza obbligatorie, omette una o più registrazioni o denunce obbligatorie, ovvero esegue una o più denunce obbligatorie in tutto o in parte non conformi al vero, è punito con la reclusione fino a due anni quando dal fatto deriva l'omesso versamento di contributi e premi previsti dalle leggi sulla previdenza e assistenza obbligatorie per un importo mensile non inferiore al maggiore importo fra cinque milioni mensili e il cinquanta per cento dei contributi complessivamente dovuti.

2. Fermo restando l'obbligo dell'organo di vigilanza di riferire al pubblico ministero la notizia di reato, qualora l'evasione accertata formi oggetto di ricorso amministrativo o giudiziario il procedimento penale è sospeso dal momento dell'iscrizione della notizia di reato nel registro di cui all'articolo 335 del codice di procedura penale, fino al momento della decisione dell'organo amministrativo o giudiziario di primo grado.

3. La regolarizzazione dell'inadempienza accertata, anche attraverso dilazione, estingue il reato.

4. Entro novanta giorni l'ente impositore è tenuto a dare comunicazione all'autorità giudiziaria dell'avvenuta regolarizzazione o dell'esito del ricorso amministrativo o giudiziario.

(1) *Articolo così sostituito dall'art. 116, l. 23 dicembre 2000, n. 388. Per l'estinzione del delitto di cui al presente articolo, v. l'art. 1, l. 18 ottobre 2001, n. 383.*

38 Entità della somma dovuta.

La somma dovuta ai sensi del primo comma dell'articolo 32 è pari all'ammontare della multa o dell'ammenda stabilita dalle disposizioni che prevedono le singole violazioni.

La somma dovuta come sanzione amministrativa è da euro 10 a euro 258 per la violazione dell'articolo 669 del codice penale e da euro 25 a euro 258 per la violazione dell'articolo 672 del codice penale.

(*Omissis*) (1).

(*Omissis*) (2).

La somma dovuta è da euro 51 a euro 516 per la violazione dell'art. 8, l. 30 aprile 1962, n. 283, e da lire cinquantamila a lire duecentomila per la violazione dell'ultimo comma dell'articolo 14 della stessa legge.

La somma dovuta è da euro 258 a euro 1.549 per la violazione del primo comma dell'articolo 32 della legge 24 dicembre 1969, n. 990 (3).

(1) *Comma abrogato dall'art. 13, d.lgs. 13 luglio 1994, n. 480.*
(2) *Comma da ritenersi abrogato a seguito di quanto disposto dall'art. 231, d.lgs, 30 aprile 1992, n. 285.*
(3) *V. ora le corrispondenti disposizioni del d.lgs. 7 settembre 2005, n. 209.*

39 Violazioni finanziarie.

Non costituiscono reato e sono soggette alla sanzione amministrativa del pagamento di una somma di denaro le violazioni previste dalle leggi in materia finanziaria punite con la sola multa o con l'ammenda (1).

Se le leggi in materia finanziaria prevedono, oltre all'ammenda o alla multa, una pena pecuniaria, l'ammontare di quest'ultima si aggiunge alla somma prevista nel comma precedente e la sanzione viene unificata a tutti gli effetti (1).

(*Omissis*) (2).

(*Omissis*) (2).

(*Omissis*) (2).

Alle violazioni finanziarie, comprese quelle originariamente punite con la pena pecuniaria, si applicano, altresì, gli articoli 29 e 38, primo comma (3).

(1) *Comma così modificato dall'art. 2, l. 28 dicembre 1993, n. 562.*
(2) *Comma abrogato dall'art. 29, d.lgs. 18 dicembre 1997, n. 472.*
(3) *Comma così modificato dall'art. 29, d.lgs. 18 dicembre 1997, n. 472.*

SEZIONE IV
Disposizioni transitorie e finali

40 Violazioni commesse anteriormente alla legge di depenalizzazione.

Le disposizioni di questo Capo si applicano anche alle violazioni commesse anteriormente all'entrata in vigore della presente legge che le ha depenalizzate, quando il relativo procedimento penale non sia stato definito.

41 Norme processuali transitorie.

L'autorità giudiziaria, in relazione ai procedimenti penali per le violazioni non costituenti più reato, pendenti alla data di entrata in vigore della presente legge, se non deve pronunciare decreto di archiviazione o sentenza di proscioglimento, dispone la trasmissione degli atti all'autorità competente. Da tale momento decorre il termine di cui al secondo comma dell'articolo 14 per la notifica delle violazioni, quando essa non è prevista dalle leggi vigenti.

Le multe e le ammende inflitte con sentenze divenute irrevocabili o con decreti divenuti esecutivi alla data di entrata in vigore della presente legge sono riscosse, insieme con le spese del procedimento, con l'osservanza delle norme sull'esecuzione delle pene pecuniarie.

Restano salve le pene accessorie e la confisca, nei casi in cui le stesse sono applicabili a norma dell'articolo 20. Restano salvi, altresì, i provvedimenti adottati in ordine alla patente di guida ed al documento di circolazione, ai sensi del testo unico delle norme sulla circolazione stradale, approvato con decreto del Presidente della Repubblica 15 giugno 1959, n. 393, e della legge 20 giugno 1935, n. 1349, sui servizi di trasporto merci. Per ogni altro effetto si applica il secondo comma dell'articolo 2 del codice penale.

42 Disposizioni abrogate.

Sono abrogati la legge 3 maggio 1967, n. 317, gli articoli 4 e 5 della legge 9 ottobre 1967, n. 950, gli articoli 14 e 15 del decreto del Presidente della Repubblica 29 dicembre 1969, n. 1228, l'articolo 13 della legge 29 ottobre 1971, n. 889, la legge 24 dicembre 1975, n. 706, nonché ogni altra disposizione incompatibile con la presente legge.

43 Entrata in vigore.

Le norme di questo Capo entrano in vigore il centottantesimo giorno dalla data della pubblicazione della presente legge nella Gazzetta Ufficiale della Repubblica italiana.

44-148 (*Omissis*) (1).

(1) *Si omettono i restanti articoli della legge contenuti nel Capo II (Aggravamento di pene e nuove disposizioni penali); nel Capo III (Sanzioni sostitutive delle pene detentive brevi); nel Capo IV (Estensione della perseguibilità a querela.); nel Capo V (Disposizioni in materia di pene pecuniarie.) e nel Capo VI (Disposizioni in materia di pene accessorie, prescrizione, oblazione, sospensione condizionale della pena e confisca.*

CAPO II
DISPOSIZIONI PARTICOLARI

100. Decreto legislativo 30 aprile 1992, n. 285. — Nuovo codice della strada. (*estratto*).

Pubblicato nella Gazzetta Ufficiale n. 114 del 18 maggio 1992.

186 Guida sotto l'influenza dell'alcool (1) (2).

1. È vietato guidare in stato di ebbrezza in conseguenza dell'uso di bevande alcoliche.

2. Chiunque guida in stato di ebbrezza è punito, ove il fatto non costituisca più grave reato:

a) con la sanzione amministrativa del pagamento di una somma da euro 544 a euro 2.174 (3), qualora sia stato accertato un valore corrispondente ad un tasso alcolemico superiore a 0,5 e non superiore a 0,8 grammi per litro (g/l). All'accertamento della violazione consegue la sanzione amministrativa accessoria della sospensione della patente di guida da tre a sei mesi (4);

b) con l'ammenda da euro 800 a euro 3.200 e l'arresto fino a sei mesi, qualora sia stato accertato un valore corrispondente ad un tasso alcolemico superiore a 0,8 e non superiore a 1,5 grammi per litro (g/l). All'accertamento del reato consegue in ogni caso la sanzione amministrativa accessoria della sospensione della patente di guida da sei mesi ad un anno (5);

c) con l'ammenda da euro 1.500 a euro 6.000, l'arresto da sei mesi ad un anno, qualora sia stato accertato un valore corrispondente ad un tasso alcolemico superiore a 1,5 grammi per litro (g/l). All'accertamento del reato consegue in ogni caso la sanzione amministrativa accessoria della sospensione della patente di guida da uno a due anni. Se il veicolo appartiene a persona estranea al reato, la durata della sospensione della patente di guida è raddoppiata. La patente di guida è sempre revocata, ai sensi del capo II, sezione II, del titolo VI, in caso di recidiva nel biennio. Con la sentenza di condanna ovvero di applicazione della pena su richiesta delle parti, anche se è stata applicata la sospensione condizionale della pena, è sempre disposta la confisca del veicolo con il quale è stato commesso il reato, salvo che il veicolo stesso appartenga a persona estranea al reato. Ai fini del sequestro si applicano le disposizioni di cui all'articolo 224-*ter* (6) (7).

2-*bis*. Se il conducente in stato di ebbrezza provoca un incidente stradale, le sanzioni di cui al comma 2 del presente articolo e al comma 3 dell'articolo 186-*bis* sono raddoppiate ed è disposto il fermo amministrativo del veicolo per centottanta giorni, salvo che il veicolo appartenga a persona estranea all'illecito. Qualora per il conducente che provochi un incidente stradale sia stato accertato un valore corrispondente ad un tasso alcolemico superiore a 1,5 grammi per litro (g/l), fatto salvo quanto previsto dal quinto e sesto periodo della lettera *c*) del comma 2 del presente articolo, la patente di guida è sempre revocata ai sensi del capo II, sezione II, del titolo VI. È fatta salva in ogni caso l'applicazione dell'articolo 222 (8).

2-*ter*. Competente a giudicare dei reati di cui al presente articolo è il tribunale in composizione monocratica (9).

2-*quater*. Le disposizioni relative alle sanzioni accessorie di cui ai commi 2 e 2-*bis* si applicano anche in caso di applicazione della pena su richiesta delle parti (9).

2-*quinquies*. Salvo che non sia disposto il sequestro ai sensi del comma 2, il veicolo, qualora non possa essere guidato da altra persona idonea, può essere fatto trasportare fino al luogo indicato dall'interessato o fino alla più vicina autorimessa e lasciato in consegna al proprietario o al gestore di essa con le normali garanzie per la custodia. Le spese per il recupero ed il trasporto sono interamente a carico del trasgressore (10).

2-*sexies*. L'ammenda prevista dal comma 2 è aumentata da un terzo alla metà quando il reato è commesso dopo le ore 22 e prima delle ore 7 (11).

2-*septies*. Le circostanze attenuanti concorrenti con l'aggravante di cui al comma 2-*sexies* non possono essere ritenute equivalenti o prevalenti rispetto a questa. Le diminuzioni di pena si operano sulla quantità della stessa risultante dall'aumento conseguente alla predetta aggravante (12).

2-*octies*. Una quota pari al venti per cento dell'ammenda irrogata con la sentenza di condanna che ha ritenuto sussistente l'aggravante di cui al comma 2-*sexies* è destinata ad alimentare il Fondo contro l'incidentalità notturna di cui all'articolo 6-*bis* del decreto-legge 3 agosto 2007, n. 117, convertito, con modificazioni, dalla legge 2 ottobre 2007, n. 160, e successive modificazioni (12).

3. Al fine di acquisire elementi utili per motivare l'obbligo di sottoposizione agli accertamenti di cui al comma 4, gli organi di Polizia stradale di cui all'articolo 12, commi l e 2, secondo le direttive fornite dal Ministero dell'interno, nel rispetto della riservatezza personale e senza pregiudizio per l'integrità fisica, possono sottoporre i conducenti ad accertamenti qualitativi non invasivi o a prove, anche attraverso apparecchi portatili.

4. Quando gli accertamenti qualitativi di cui al comma 3 hanno dato esito positivo, in ogni caso d'incidente ovvero quando si abbia altrimenti motivo di ritenere che il conducente del veicolo si trovi in stato di alterazione psicofisica derivante dall'influenza dell'alcool, gli organi di Polizia stradale di cui all'articolo 12, commi 1 e 2, anche accompagnandolo presso il più vicino ufficio o comando, hanno la facoltà di effettuare l'accertamento con strumenti e procedure determinati dal regolamento.

5. Per i conducenti coinvolti in incidenti stradali e sottoposti alle cure mediche, l'accertamento del tasso alcoolemico viene effettuato, su richiesta degli organi di Polizia stradale di cui all'articolo 12, commi 1 e 2, da parte delle strutture sanitarie di base o di quelle accreditate o comunque a tali fini equiparate. Le strutture sanitarie rilasciano agli organi di Polizia stradale la relativa certificazione, estesa alla prognosi delle lesioni accertate, assicurando il rispetto della riservatezza dei dati in base alle vigenti disposizioni di legge. Copia della certificazione di cui al periodo precedente deve essere tempestivamente trasmessa, a cura dell'organo di polizia che ha proceduto agli accertamenti, al prefetto del luogo della commessa violazione per gli eventuali provvedimenti di competenza. Si applicano le disposizioni del comma 5-*bis* dell'articolo 187 (13).

6. Qualora dall'accertamento di cui ai commi 4 o 5 risulti un valore corrispondente ad un tasso alcoolemico superiore a 0,5 grammi per litro (g/l), l'interessato è considerato in stato di ebbrezza ai fini dell'applicazione delle sanzioni di cui al comma 2.

7. Salvo che il fatto costituisca più grave reato, in caso di rifiuto dell'accertamento di cui ai commi 3, 4 o 5, il conducente è punito con le pene di cui al comma 2, lettera *c*). La condanna per il reato di cui al periodo che precede comporta la sanzione amministrativa accessoria della sospensione della patente di guida per un periodo da sei mesi a due anni e della confisca del veicolo con le stesse modalità e procedure previste dal comma 2, lettera *c*), salvo che il veicolo appartenga a persona estranea alla violazione. Con l'ordinanza con la quale è disposta la sospensione della patente, il prefetto ordina che il conducente si sottoponga a visita medica secondo le disposizioni del comma 8. Se il fatto è commesso da soggetto già condannato nei due anni precedenti per il medesimo reato, è sempre disposta la sanzione amministrativa accessoria della revoca della patente di guida ai sensi del capo I, sezione II, del titolo VI (14).

8. Con l'ordinanza con la quale viene disposta la sospensione della patente ai sensi dei commi 2 e 2-*bis*, il prefetto ordina che il conducente si sottoponga a visita medica ai sensi dell'articolo 119, comma 4, che deve avvenire nel termine di sessanta giorni. Qualora il conducente non vi si sottoponga entro il termine fissato, il prefetto può disporre, in via cautelare, la sospensione della patente di guida fino all'esito della visita medica (15).

9. Qualora dall'accertamento di cui ai commi 4 e 5 risulti un valore corrispondente ad un tasso alcolemico superiore a 1,5 grammi per litro, ferma restando l'applicazione delle sanzioni di cui ai commi 2 e 2-*bis*, il prefetto, in via cautelare, dispone la sospensione della patente fino all'esito della visita medica di cui al comma 8 (16).

9-*bis*. Al di fuori dei casi previsti dal comma 2-*bis* del presente articolo, la pena detentiva e pecuniaria può essere sostituita, anche con il decreto penale di condanna, se non vi è opposizione da parte dell'imputato, con quella del lavoro di pubblica utilità di cui all'articolo 54 del decreto legislativo n. 274 del 2000, secondo le modalità ivi previste e consistente nella prestazione di un'attività non retribuita a favore della collettività da svolgere, in via prioritaria, nel campo della sicurezza e dell'educazione stradale presso lo Stato, le regioni, le province, i comuni o presso enti o organizzazioni di assistenza sociale e di volontariato, o presso i centri specializzati di lotta alle dipendenze. Con il decreto penale o con la sentenza il giudice incarica l'ufficio locale di esecuzione penale ovvero gli organi di cui all'articolo 59 del decreto legislativo n. 274 del 2000 di verificare l'effettivo svolgimento del lavoro di pubblica utilità. In deroga a quanto previsto dall'articolo 54 del decreto legislativo n. 274 del 2000, il lavoro di pubblica utilità ha una durata corrispondente a quella della sanzione detentiva irrogata e della conversione della pena pecuniaria ragguagliando 250 euro ad un giorno di lavoro di pubblica utilità. In caso di svolgimento positivo del lavoro di pubblica utilità, il giudice fissa una nuova udienza e dichiara estinto il reato, dispone la riduzione alla metà della sanzione della sospensione della patente e revoca la confisca del veicolo sequestrato. La decisione è ricorribile in cassazione. Il ricorso non sospende l'esecuzione a meno che il giudice che ha emesso la decisione disponga diversamente. In caso di violazione degli obblighi connessi allo svolgimento del lavoro di pubblica utilità, il giudice che procede o il giudice dell'esecuzione, a richiesta del pubblico ministero o di ufficio, con le formalità di cui all'articolo 666 del codice di procedura penale, tenuto conto dei motivi, della entità e delle circostanze della violazione, dispone la revoca della pena sostitutiva con ripristino di quella sostituita e della sanzione amministrativa della sospensione della patente e della confisca. Il lavoro di pubblica utilità può sostituire la pena per non più di una volta (17).

(1) *Articolo modificato dall'art. 6, comma 1, lett.* b), *l. 30 marzo 2001, n. 125; art. 3, comma 1, d.l. 20 giugno 2002, n. 121, conv., con modif., in l. 1° agosto 2002, n. 168; dall'art. 13, comma 1, lett.* a), b), c), d) *e* e) *del d.lgs. 15 gennaio 2002, n. 9 e, da ultimo, sostituito dall'art. 5, comma 1, d.l. 27 giugno 2003, n. 151, conv., con modif., dalla l. 1° agosto 2003, n. 214.*

(2) *Ai sensi dell'art. 57 comma 1 l. 29 luglio 2010, n. 120, in luogo della misura detentiva dell'arresto prevista dal presente articolo e dagli artt. 186-*bis *e 187, a richiesta di parte può essere disposta la misura alternativa dell'affidamento in prova ai servizi sociali di cui all'art. 47 l. 26 luglio 1975, n. 354, individuati con decreto del Ministro del lavoro e delle politiche sociali, di concerto con il Ministro della giustizia, preferibilmente tra i servizi sociali che esercitano l'attività nel settore dell'assistenza alle vittime di sinistri stradali e alle loro famiglie.*

(3) *Per l'aggiornamento della sanzione, v. da ultimo d.m. 31 dicembre 2020 (G.U. 31 dicembre 2020, n. 323).*

(4) *Lettera modificata dall'art. 33, comma 1, lett.* a), *punto 1), l. 29 luglio 2010, n. 120.*

(5) *Lettera modificata dall'art. 4, comma 1, lett.* a), *d.l. 23 maggio 2008, n. 92, conv., con modif., dalla l. 24 luglio 2008, n. 125.*

(6) *Lettera modificata dapprima dall'art. 4, comma 1, lett.* b), *d.l. n. 92, cit., successivamente dall'art. 3, comma 45, l. 15 luglio 2009, n. 94 e, infine dall'art. 33, comma 1, lett.* a), *punto 2), l. 29 luglio 2010, n. 120.*

Precedentemente a tale ultima modifica, la Corte Costituzionale, con sentenza 4 giugno 2010, n. 196 aveva dichiarato l'illegittimità costituzionale *della presente lettera, limitatamente alle parole « ai sensi dell'articolo 240, secondo comma, del codice penale ».*

(7) *Comma sostituito dall'art. 5, comma 1, lett.* a), *d.l. 3 agosto 2007, n. 117, conv., con modif., dalla l. 2 ottobre 2007, n. 160.*

(8) *Comma dapprima aggiunto dall'art. 5, comma 1, lett.* a), *d.l. n. 117, cit., per effetto della sostituzione dell'originario comma 2; successivamente, sostituito dall'art. 4, comma 1, lett.* 2-bis), *d.l. 23 maggio 2008, n. 92 e, da ultimo, dall'art. 33, comma 1, lett.* b), *l. 29 luglio 2010, n. 120.*

(9) *Comma aggiunto dall'art. 5, comma 1, lett.* a), *d.l. n. 117, cit. per effetto della sostituzione dell'originario comma 2.*

(10) *Comma inserito dall'art. 4, comma 1, lett.* c), *d.l. n. 92, cit.*

(11) *Comma inserito dall'art. 3, comma 55, lettera* a), *l. 15 luglio 2009, n. 94.*

(12) *Comma inserito dall'art. 3, comma 55, lettera* a), *l. 15 luglio 2009, n. 94.*

(13) *Comma modificato dall'art. 5, comma 1, lett.* b), *d.l. n. 117, cit., e, successivamente, dall'art. 33, comma 1, lett.* c), *l. 29 luglio 2010, n. 120.*

(14) *Comma modificato dall'art. 5, comma 1, lett.* c), *d.l. n. 117, cit. e, successivamente, dall'art. 4, comma 1, lett.* d) e) *e* f), *d.l. n. 92, cit.*

(15) *Comma modificato dall'art. 5, comma 1, lett.* d), *d.l. n. 117, cit.*

(16) *Comma sostituito dall'art. 5, comma 1, lett.* e), *d.l. n. 117, cit.*

(17) *Comma aggiunto dall'art. 33, comma 1, lett.* d), *l. 29 luglio 2010, n. 120.*

(*Omissis*).

101. Decreto legislativo 15 gennaio 2016, n. 7. — Disposizioni in materia di abrogazione di reati e introduzione di illeciti con sanzioni pecuniarie civili, a norma dell'articolo 2, comma 3, della legge 28 aprile 2014, n. 67 (A).

Pubblicato nella Gazzetta Ufficiale n. 17 del 22 gennaio 2016.

(A) *In riferimento al presente decreto vedi: Circolare del Ministero della Giustizia 10 marzo 2016, n. 60154.*

IL PRESIDENTE DELLA REPUBBLICA

Visti gli articoli 76 e 87 della Costituzione;

Vista la legge 28 aprile 2014, n. 67, recante « Deleghe al Governo in materia di pene detentive non carcerarie e di riforma del sistema sanzionatorio. Disposizioni in materia di sospensione del procedimento con messa alla prova e nei confronti degli irreperibili », e in particolare l'articolo 2, comma 3;

Visto il regio decreto 19 ottobre 1930, n. 1398, recante « Approvazione del testo definitivo del codice penale »;

Vista la legge 24 novembre 1981, n. 689, recante « Modifiche al sistema penale »;

Visto l'articolo 14 della legge 23 agosto 1988, n. 400;

Vista la preliminare deliberazione del Consiglio dei ministri, adottata nella riunione del 13 novembre 2015;

Acquisiti i pareri delle competenti Commissioni della Camera dei deputati e del Senato della Repubblica;

Vista la deliberazione del Consiglio dei ministri, adottata nella riunione del 15 gennaio 2016;

Su proposta del Ministro della giustizia, di concerto con il Ministro dell'economia e delle finanze;

E m a n a

il seguente decreto legislativo:

CAPO I
Abrogazione di reati e modifiche al codice penale

1 Abrogazione di reati.

1. Sono abrogati i seguenti articoli del codice penale:

a) 485;

b) 486;

c) 594;

d) 627;

e) 647.

2 Modifiche al codice penale.

1. Al regio decreto 19 ottobre 1930, n. 1398, sono apportate le seguenti modificazioni:

a) l'articolo 488 è sostituito dal seguente: « 488. Altre falsità in foglio firmato in bianco. Applicabilità delle disposizioni sulle falsità materiali. - Ai casi di falsità su un foglio firmato in bianco diversi da quelli preveduti dall'articolo 487 si applicano le disposizioni sulle falsità materiali in atti pubblici. »;

b) all'articolo 489, il secondo comma è abrogato;

c) all'articolo 490:

1) il primo comma è sostituito dal seguente: « Chiunque, in tutto o in parte, distrugge, sopprime od occulta un atto pubblico vero o, al fine di recare a sé o ad altri un vantaggio o di recare ad altri un danno, distrugge, sopprime od occulta un testamento olografo, una cambiale o un altro titolo di credito trasmissibile per girata o al portatore veri, soggiace rispettivamente alle pene stabilite negli articoli 476, 477 e 482, secondo le distinzioni in essi contenute. »;

2) il secondo comma è abrogato;

d) l'articolo 491 è sostituito dal seguente: « 491. Falsità in testamento olografo, cambiale o titoli di credito. - Se alcuna delle falsità prevedute dagli articoli precedenti riguarda un testamento olografo, ovvero una cambiale o un altro titolo di credito trasmissibile per girata o al portatore e il fatto è commesso al fine di recare a sé o ad altri un vantaggio o di recare ad altri un danno, si applicano le pene rispettivamente stabilite nella prima parte dell'articolo 476 e nell'articolo 482.

Nel caso di contraffazione o alterazione degli atti di cui al primo comma, chi ne fa uso, senza essere concorso nella falsità, soggiace alla pena stabilita nell'articolo 489 per l'uso di atto pubblico falso. »;

e) l'articolo 491-*bis* è sostituito dal seguente: « 491-*bis*. Documenti informatici. - Se alcuna delle falsità previste dal presente capo riguarda un documento informatico pubblico avente efficacia probatoria, si applicano le disposizioni del capo stesso concernenti gli atti pubblici. »;

f) l'articolo 493-*bis* è sostituito dal seguente: « 493-*bis*. Casi di perseguibilità a querela. - I delitti previsti dagli articoli 490 e 491, quando concernono una cambiale o un titolo di credito trasmissibile per girata o al portatore, sono punibili a querela della persona offesa.

Si procede d'ufficio, se i fatti previsti dagli articoli di cui al precedente comma riguardano un testamento olografo. »;

g) all'articolo 596:

1) al comma primo, le parole « dei delitti preveduti dai due articoli precedenti » sono sostituite dalle seguenti: « dal delitto previsto dall'articolo precedente »;

2) al comma quarto, le parole « applicabili le disposizioni dell'articolo 594, primo comma, ovvero dell'articolo 595, primo comma » sono sostituite dalle seguenti: « applicabile la disposizione dell'articolo 595, primo comma »;

h) all'articolo 597, comma primo, le parole « I delitti preveduti dagli articoli 594 e 595 sono punibili » sono sostituite dalle seguenti: « Il delitto previsto dall'articolo 595 è punibile »;

i) all'articolo 599:

1) la rubrica è sostituita dalla seguente: « Provocazione. »;

2) i commi primo e terzo sono abrogati;

3) nel secondo comma, le parole « dagli articoli 594 e » sono sostituite dalle seguenti: « dall'articolo »;

l) l'articolo 635 è sostituito dal seguente: « 635. Danneggiamento. - Chiunque distrugge, disperde, deteriora o rende, in tutto o in parte, inservibili cose mobili o immobili altrui con violenza alla persona o con minaccia ovvero in occasione di manifestazioni che si svolgono in luogo pubblico o aperto al pubblico o del delitto previsto dall'articolo 331, è punito con la reclusione da sei mesi a tre anni.

Alla stessa pena soggiace chiunque distrugge, disperde, deteriora o rende, in tutto o in parte, inservibili le seguenti cose altrui:

1. edifici pubblici o destinati a uso pubblico o all'esercizio di un culto o cose di interesse storico o artistico ovunque siano ubicate o immobili compresi nel perimetro dei centri storici, ovvero immobili i cui lavori di costruzione, di ristrutturazione, di recupero o di risanamento sono in corso o risultano ultimati o altre delle cose indicate nel numero 7) dell'articolo 625;

2. opere destinate all'irrigazione;

3. piantate di viti, di alberi o arbusti fruttiferi, o boschi, selve o foreste, ovvero vivai forestali destinati al rimboschimento;

4. attrezzature e impianti sportivi al fine di impedire o interrompere lo svolgimento di manifestazioni sportive.

Per i reati di cui al primo e al secondo comma, la sospensione condizionale della pena è subordinata all'eliminazione delle conseguenze dannose o pericolose del reato, ovvero, se il condannato non si oppone, alla prestazione di attività non retribuita a favore della collettività per un tempo determinato, comunque non superiore alla durata della pena sospesa, secondo le modalità indicate dal giudice nella sentenza di condanna. »;

m) l'articolo 635-*bis*, secondo comma, è sostituito dal seguente: « Se il fatto è commesso con violenza alla persona o con minaccia ovvero con abuso della qualità di operatore del sistema, la pena è della reclusione da uno a quattro anni. »;

n) l'articolo 635-*ter*, terzo comma, è sostituito dal seguente: « Se il fatto è commesso con violenza alla persona o con minaccia ovvero con abuso della qualità di operatore del sistema, la pena è aumentata. »;

o) l'articolo 635-*quater*, secondo comma, è sostituito dal seguente: « Se il fatto è commesso con violenza alla persona o con minaccia ovvero con abuso della qualità di operatore del sistema, la pena è aumentata. »;

p) l'articolo 635-*quinques* terzo comma, è sostituito dal seguente: « Se il fatto è commesso con violenza alla persona o con minaccia ovvero con abuso della qualità di operatore del sistema, la pena è aumentata. ».

CAPO II
Illeciti sottoposti a sanzioni pecuniarie civili

3 Responsabilità civile per gli illeciti sottoposti a sanzioni pecuniarie.

1. I fatti previsti dall'articolo seguente, se dolosi, obbligano, oltre che alle restituzioni e al risarcimento del danno secondo le leggi civili, anche al pagamento della sanzione pecuniaria civile ivi stabilita.

2. Si osserva la disposizione di cui all'articolo 2947, primo comma, del codice civile.

4 Illeciti civili sottoposti a sanzioni pecuniarie.

1. Soggiace alla sanzione pecuniaria civile da euro cento a euro ottomila:

a) chi offende l'onore o il decoro di una persona presente, ovvero mediante comunicazione telegrafica, telefonica, informatica o telematica, o con scritti o disegni, diretti alla persona offesa;

b) il comproprietario, socio o coerede che, per procurare a sé o ad altri un profitto, s'impossessa della cosa comune, sottraendola a chi la detiene, salvo che il fatto sia commesso su cose fungibili e il valore di esse non ecceda la quota spettante al suo autore;

c) chi distrugge, disperde, deteriora o rende, in tutto o in parte, inservibili cose mobili o immobili altrui, al di fuori dei casi di cui agli articoli 635, 635-*bis*, 635-*ter*, 635-*quater* e 635-*quinquies* del codice penale;

d) chi, avendo trovato denaro o cose da altri smarrite, se ne appropria, senza osservare le prescrizioni della legge civile sull'acquisto della proprietà di cose trovate;

e) chi, avendo trovato un tesoro, si appropria, in tutto o in parte, della quota dovuta al proprietario del fondo;

f) chi si appropria di cose delle quali sia venuto in possesso per errore altrui o per caso fortuito.

2. Nel caso di cui alla lettera *a*) del primo comma, se le offese sono reciproche, il giudice può non applicare la sanzione pecuniaria civile ad uno o ad entrambi gli offensori.

3. Non è sanzionabile chi ha commesso il fatto previsto dal primo comma, lettera *a*), del presente articolo, nello stato d'ira determinato da un fatto ingiusto altrui, e subito dopo di esso.

4. Soggiace alla sanzione pecuniaria civile da euro duecento a euro dodicimila:

a) chi, facendo uso o lasciando che altri faccia uso di una scrittura privata da lui falsamente formata o da lui alterata, arreca ad altri un danno. Si considerano alterazioni anche le aggiunte falsamente apposte a una scrittura vera, dopo che questa fu definitivamente formata;

b) chi, abusando di un foglio firmato in bianco, del quale abbia il possesso per un titolo che importi l'obbligo o la facoltà di riempirlo, vi scrive o fa scrivere un atto privato produttivo di effetti giuridici, diverso da quello a cui era obbligato o autorizzato, se dal fatto di farne uso o di lasciare che se ne faccia uso, deriva un danno ad altri;

c) chi, limitatamente alle scritture private, commettendo falsità su un foglio firmato in bianco diverse da quelle previste dalla lettera *b*), arreca ad altri un danno;

d) chi, senza essere concorso nella falsità, facendo uso di una scrittura privata falsa, arreca ad altri un danno;

e) chi, distruggendo, sopprimendo od occultando in tutto o in parte una scrittura privata vera, arreca ad altri un danno;

f) chi commette il fatto di cui al comma 1, lettera *a*), del presente articolo, nel caso in cui l'offesa consista nell'attribuzione di un fatto determinato o sia commessa in presenza di più persone;

5. Le disposizioni di cui alle lettere *a*), *b*), *c*), *d*) ed *e*) del comma 4, si applicano anche nel caso in cui le falsità ivi previste riguardino un documento informatico privato avente efficacia probatoria.

6. Agli effetti delle disposizioni di cui al comma 4, lettere *a*), *b*), *c*), *d*) ed *e*) del presente articolo, nella denominazione di « scritture private » sono compresi gli atti originali e le copie autentiche di essi, quando a norma di legge tengano luogo degli originali mancanti.

7. Nei casi di cui al comma 4, lettere *b*) e *c*) del presente articolo, si considera firmato in bianco il foglio in cui il sottoscrittore abbia lasciato bianco un qualsiasi spazio destinato a essere riempito.

8. Le disposizioni di cui ai commi 2 e 3 del presente articolo si applicano anche nel caso di cui al comma 4, lettera *f*), del medesimo articolo.

5 Criteri di commisurazione delle sanzioni pecuniarie.

1. L'importo della sanzione pecuniaria civile è determinato dal giudice tenuto conto dei seguenti criteri:

a) gravità della violazione;

b) reiterazione dell'illecito;

c) arricchimento del soggetto responsabile;

d) opera svolta dall'agente per l'eliminazione o attenuazione delle conseguenze dell'illecito;

e) personalità dell'agente;

f) condizioni economiche dell'agente.

6 Reiterazione dell'illecito.

1. Si ha reiterazione nel caso in cui l'illecito sottoposto a sanzione pecuniaria civile sia compiuto entro quattro anni dalla commissione, da parte dello stesso soggetto, di un'altra violazione sottoposta a sanzione pecuniaria civile, che sia della stessa indole e che sia stata accertata con provvedimento esecutivo.

2. Ai fini della presente legge, si considerano della stessa indole le violazioni della medesima disposizione e quelle di disposizioni diverse che, per la natura dei fatti che le costituiscono o per le modalità della condotta, presentano una sostanziale omogeneità o caratteri fondamentali comuni.

7 Concorso di persone.

1. Quando più persone concorrono in un illecito di cui al presente capo, ciascuna di esse soggiace alla sanzione pecuniaria civile per esso stabilita.

8 Procedimento.

1. Le sanzioni pecuniarie civili sono applicate dal giudice competente a conoscere dell'azione di risarcimento del danno.

2. Il giudice decide sull'applicazione della sanzione civile pecuniaria al termine del giudizio, qualora accolga la domanda di risarcimento proposta dalla persona offesa.

3. La sanzione pecuniaria civile non può essere applicata quando l'atto introduttivo del giudizio è stato notificato nelle forme di cui all'articolo 143 del codice di procedura civile, salvo che la controparte si sia costituita in giudizio o risulti con certezza che abbia avuto comunque conoscenza del processo.

4. Al procedimento, anche ai fini dell'irrogazione della sanzione pecuniaria civile, si applicano le disposizioni del codice di procedura civile, in quanto compatibili con le norme del presente capo.

9 Pagamento della sanzione.

1. L'importo dovuto a titolo di sanzione pecuniaria civile è recuperato secondo le disposizioni stabilite dalla parte VII del testo unico delle disposizioni legislative e regolamentari in materia di spese di giustizia, di cui al decreto del Presidente della Repubblica 30 maggio 2002, n. 115 (1).

2. Il giudice può disporre, in relazione alle condizioni economiche del condannato, che il pagamento della sanzione pecuniaria civile sia effettuato in rate mensili da due a otto. Ciascuna rata non può essere inferiore ad euro cinquanta.

3. Decorso inutilmente, anche per una sola rata, il termine fissato per il pagamento, l'ammontare residuo della sanzione è dovuto in un'unica soluzione.

4. Il condannato può estinguere la sanzione civile pecuniaria in ogni momento, mediante un unico pagamento.

5. Per il pagamento della sanzione pecuniaria civile non è ammessa alcuna forma di copertura assicurativa.

6. L'obbligo di pagare la sanzione pecuniaria civile non si trasmette agli eredi.

(1) *Comma sostituito dall'art. 1, comma 351, lettera* a), *l. 11 dicembre 2016, n. 232, a decorrere dal 1° gennaio 2017.*

10 Destinazione del provento della sanzione.

1. Il provento della sanzione pecuniaria civile è versato all'entrata del bilancio dello Stato per essere riassegnato al pertinente capitolo di spesa dello stato di previsione del Ministero dell'interno riguardante il Fondo di rotazione per la solidarietà alle vittime dei reati di tipo mafioso, delle richieste estorsive, dell'usura e dei reati intenzionali violenti, per le finalità di cui all'articolo 11 della legge 7 luglio 2016, n. 122 (1).

(1) *Comma modificato dall'art. 1, comma 351, lettera* b), *l. 11 dicembre 2016, n. 232, a decorrere dal 1° gennaio 2017.*

11 Registro informatizzato dei provvedimenti in materia di sanzioni pecuniarie.

1. Con apposito decreto del Ministro della giustizia sono adottate le disposizioni relative alla tenuta di un registro, in forma automatizzata, in cui sono iscritti i provvedimenti di applicazione delle sanzioni pecuniarie civili, per gli effetti di cui all'articolo 6.

12 Disposizioni transitorie.

1. Le disposizioni relative alle sanzioni pecuniarie civili del presente decreto si applicano anche ai fatti commessi anteriormente alla data di entrata in vigore dello stesso, salvo che il procedimento penale sia stato definito con sentenza o con decreto divenuti irrevocabili.

2. Se i procedimenti penali per i reati abrogati dal presente decreto sono stati definiti, prima della sua entrata in vigore, con sentenza di condanna o decreto irrevocabili, il giudice dell'esecuzione revoca la sentenza o il decreto, dichiarando che il fatto non è previsto dalla legge come reato e adotta i provvedimenti conseguenti. Il giudice dell'esecuzione provvede con l'osservanza delle disposizioni dell'articolo 667, comma 4, del codice di procedura penale.

13 Disposizioni finanziarie.

1. Con riferimento alle minori entrate derivanti dalle disposizioni di cui agli articoli 1, 2 e 12, valutate in euro 129.873,00 per l'anno 2016 e in euro 86.582,00 annui a decorrere dall'anno 2017, si provvede con quota parte dei risparmi derivanti dall'attuazione degli articoli 1 e 2.

Il presente decreto, munito del sigillo dello Stato, sarà inserito nella Raccolta ufficiale degli atti normativi della Repubblica Italiana. È fatto obbligo a chiunque spetti di osservarlo e di farlo osservare.

102. Decreto legislativo 15 gennaio 2016, n. 8. — Disposizioni in materia di depenalizzazione, a norma dell'articolo 2, comma 2, della legge 28 aprile 2014, n. 67.

Pubblicato nella Gazzetta Ufficiale n. 17 del 22 gennaio 2016.

1 Depenalizzazione di reati puniti con la sola pena pecuniaria ed esclusioni.

1. Non costituiscono reato e sono soggette alla sanzione amministrativa del pagamento di una somma di denaro tutte le violazioni per le quali è prevista la sola pena della multa o dell'ammenda.

2. La disposizione del comma 1 si applica anche ai reati in esso previsti che, nelle ipotesi aggravate, sono puniti con la pena detentiva, sola, alternativa o congiunta a quella pecuniaria. In tal caso, le ipotesi aggravate sono da ritenersi fattispecie autonome di reato.

3. La disposizione del comma 1 non si applica ai reati previsti dal codice penale, fatto salvo quanto previsto dall'articolo 2, comma 6, e a quelli compresi nell'elenco allegato al presente decreto.

4. La disposizione del comma 1 non si applica ai reati di cui al decreto legislativo 25 luglio 1998, n. 286, nonché ai reati di cui al decreto del Presidente della Repubblica 23 gennaio 1973, n. 43, quando l'ammontare dei diritti di confine dovuti è superiore a euro diecimila (1).

5. La sanzione amministrativa pecuniaria, di cui al primo comma, è così determinata:

a) da euro 5.000 a euro 10.000 per i reati puniti con la multa o l'ammenda non superiore nel massimo a euro 5.000;

b) da euro 5.000 a euro 30.000 per i reati puniti con la multa o l'ammenda non superiore nel massimo a euro 20.000;

c) da euro 10.000 a euro 50.000 per i reati puniti con la multa o l'ammenda superiore nel massimo a euro 20.000.

6. Se per le violazioni previste dal comma 1 è prevista una pena pecuniaria proporzionale, anche senza la determinazione dei limiti minimi o massimi, la somma dovuta è pari all'ammontare della multa o dell'ammenda, ma non può, in ogni caso, essere inferiore a euro 5.000 né superiore a euro 50.000.

(1) *Le parole* « nonché ai reati di cui al decreto del Presidente della Repubblica 23 gennaio 1973, n. 43, quando l'ammontare dei diritti di confine dovuti è superiore a euro diecimila » *sono state aggiunte dall'art. 4, comma 1 d.lgs. 14 luglio 2020, n. 75.*

2 Depenalizzazione di reati del codice penale.

1. All'articolo 527 del codice penale sono apportate le seguenti modificazioni:

a) nel primo comma, le parole « è punito con la reclusione da tre mesi a tre anni » sono sostituite dalle seguenti: « è soggetto alla sanzione amministrativa pecuniaria da euro 5.000 a euro 30.000 »;

b) nel secondo comma, le parole « La pena è aumentata da un terzo alla metà » sono sostituite dalle seguenti: « Si applica la pena della reclusione da quattro mesi a quattro anni e sei mesi. ».

2. All'articolo 528 del codice penale sono apportate le seguenti modificazioni:

a) nel primo comma, le parole « è punito con la reclusione da tre mesi a tre anni e con la multa non inferiore a euro 103 » sono sostituite dalle seguenti: « è soggetto alla sanzione amministrativa pecuniaria da euro 10.000 a euro 50.000 »;

b) nel secondo comma, le parole « Alla stessa pena » sono sostituite dalle seguenti: « Alla stessa sanzione »;

c) nel terzo comma, le parole « Tale pena si applica inoltre » sono sostituite dalle seguenti: « Si applicano la reclusione da tre mesi a tre anni e la multa non inferiore a euro 103 ».

3. All'articolo 652 del codice penale sono apportate le seguenti modificazioni:

a) nel primo comma, le parole « è punito con l'arresto fino a tre mesi o con l'ammenda fino a euro 309 » sono sostituite dalle seguenti: « è soggetto alla sanzione amministrativa pecuniaria da euro 5.000 a euro 15.000 »;

b) nel secondo comma, le parole « è punito con l'arresto da uno a sei mesi ovvero con l'ammenda da euro 30 a euro 619 » sono sostituite dalle seguenti: « è soggetto alla sanzione amministrativa pecuniaria da euro 6.000 a euro 18.000 ».

4. All'articolo 661 del codice penale, le parole « è punito » sono sostituite con le seguenti: « è soggetto » e le parole « con l'arresto fino a tre mesi o con l'ammenda fino a euro 1.032 » sono sostituite dalle seguenti: « alla sanzione amministrativa pecuniaria da euro 5.000 a euro 15.000 ».

5. All'articolo 668 del codice penale sono apportate le seguenti modificazioni:

a) nel primo comma, le parole « è punito con l'arresto fino a sei mesi o con l'ammenda fino a euro 309 » sono sostituite dalle seguenti: « è soggetto alla sanzione amministrativa pecuniaria da euro 5.000 a euro 15.000 »;

b) nel secondo comma, le parole « Alla stessa pena » sono sostituite dalle seguenti: « Alla stessa sanzione »;

c) nel terzo comma, le parole « la pena pecuniaria e la pena detentiva sono applicate congiuntamente » sono sostituite dalle seguenti: « si applica la sanzione amministrativa pecuniaria da euro 10.000 a euro 30.000 ».

6. L'articolo 726 del codice penale è sostituito dal seguente: « Chiunque, in un luogo pubblico o aperto o esposto al pubblico, compie atti contrari alla pubblica decenza è soggetto alla sanzione amministrativa pecuniaria da euro 5.000 a euro 10.000 ».

3 Altri casi di depenalizzazione.

(*Omissis*)

4 Sanzioni amministrative accessorie.

1. In caso di reiterazione specifica di una delle violazioni di seguito indicate, l'autorità amministrativa competente, con l'ordinanza ingiunzione, applica la sanzione amministrativa accessoria della sospensione della concessione, della licenza, dell'autorizzazione o di altro provvedimento amministrativo che consente l'esercizio dell'attività da un minimo di dieci giorni a un massimo di tre mesi:

a) articolo 668 del codice penale;

b) articolo 171-*quater* della legge 22 aprile 1941, n. 633;

c) articolo 28, comma 2, del decreto del Presidente della Repubblica 9 ottobre 1990, n. 309.

2. Allo stesso modo provvede il giudice con la sentenza di condanna qualora sia competente, ai sensi dell'articolo 24 della legge 24 novembre 1981, n. 689, a decidere su una delle violazioni indicate nel comma 1.

3. Per gli illeciti amministrativi di cui al comma 1, in caso di reiterazione specifica, non è ammesso il pagamento in misura ridotta ai sensi dell'articolo 16 della legge 24 novembre 1981, n. 689.

5 Disposizione di coordinamento.

1. Quando i reati trasformati in illeciti amministrativi ai sensi del presente decreto prevedono ipotesi aggravate fondate sulla recidiva ed escluse dalla depenalizzazione, per recidiva è da intendersi la reiterazione dell'illecito depenalizzato.

6 Disposizioni applicabili.

1. Nel procedimento per l'applicazione delle sanzioni amministrative previste dal presente decreto si osservano, in quanto applicabili, le disposizioni delle sezioni I e II del capo I della legge 24 novembre 1981, n. 689.

7 Autorità competente.

1. Per le violazioni di cui all'articolo 1, sono competenti a ricevere il rapporto e ad applicare le sanzioni amministrative le autorità amministrative competenti ad irrogare le altre sanzioni amministrative già previste dalle leggi che contemplano le violazioni stesse; nel caso di mancata previsione, è competente l'autorità individuata a norma dell'articolo 17 della legge 24 novembre 1981, n. 689.

2. Per le violazioni di cui all'articolo 2, è competente a ricevere il rapporto e ad irrogare le sanzioni amministrative il prefetto.

3. Per le violazioni di cui all'articolo 3, sono competenti a ricevere il rapporto e ad irrogare le sanzioni amministrative:

a) le autorità competenti ad irrogare le sanzioni amministrative già indicate nella legge 22 aprile 1941, n. 633, nel decreto-legge 12 settembre 1983, n. 463, convertito, con modificazioni, dalla legge 11 novembre 1983, n. 638, e nel decreto del Presidente della Repubblica 9 ottobre 1990, n. 309;

b) il Ministero dello sviluppo economico in relazione all'articolo 11 della legge 8 gennaio 1931, n. 234;

c) l'autorità comunale competente al rilascio dell'autorizzazione all'installazione o all'esercizio di impianti di distribuzione di carburante di cui all'articolo 1 del decreto legislativo 11 febbraio 1998, n. 32;

d) il prefetto con riguardo alle restanti leggi indicate all'articolo 3.

8 Applicabilità delle sanzioni amministrative alle violazioni anteriormente commesse.

1. Le disposizioni del presente decreto che sostituiscono sanzioni penali con sanzioni amministrative si applicano anche alle violazioni commesse anteriormente alla data di entrata in vigore del decreto stesso, sempre che il procedimento penale non sia stato definito con sentenza o con decreto divenuti irrevocabili.

2. Se i procedimenti penali per i reati depenalizzati dal presente decreto sono stati definiti, prima della sua entrata in vigore, con sentenza di condanna o decreto irrevocabili, il giudice dell'esecuzione revoca la sentenza o il decreto, dichiarando che il fatto non è previsto dalla legge come reato e adotta i provvedimenti conseguenti. Il giudice dell'esecuzione provvede con l'osservanza delle disposizioni dell'articolo 667, comma 4, del codice di procedura penale.

3. Ai fatti commessi prima della data di entrata in vigore del presente decreto non può essere applicata una sanzione amministrativa pecuniaria per un importo superiore al massimo della pena originariamente inflitta per il reato, tenuto conto del criterio di ragguaglio di cui all'articolo 135 del codice penale. A tali fatti non si applicano le sanzioni amministrative accessorie introdotte dal presente decreto, salvo che le stesse sostituiscano corrispondenti pene accessorie.

9 Trasmissione degli atti all'autorità amministrativa.

1. Nei casi previsti dall'articolo 8, comma 1, l'autorità giudiziaria, entro novanta giorni dalla data di entrata in vigore del presente decreto, dispone la trasmissione all'autorità amministrativa competente degli atti dei procedimenti penali relativi ai reati trasformati in illeciti amministrativi, salvo che il reato risulti prescritto o estinto per altra causa alla medesima data.

2. Se l'azione penale non è stata ancora esercitata, la trasmissione degli atti è disposta direttamente dal pubblico ministero che, in caso di procedimento già iscritto, annota la trasmissione nel registro delle notizie di reato. Se il reato risulta estinto per qualsiasi causa, il pubblico ministero richiede l'archiviazione a norma del codice di procedura penale; la richiesta ed il decreto del giudice che la accoglie possono avere ad oggetto anche elenchi cumulativi di procedimenti.

3. Se l'azione penale è stata esercitata, il giudice pronuncia, ai sensi dell'articolo 129 del codice di procedura penale, sentenza inappellabile perché il fatto non è previsto dalla legge come reato, disponendo la trasmissione degli atti a norma del comma 1. Quando è stata pronunciata sentenza di condanna, il giudice dell'impugnazione, nel dichiarare che il fatto non è previsto dalla legge come reato, decide sull'impugnazione ai soli effetti delle disposizioni e dei capi della sentenza che concernono gli interessi civili.

4. L'autorità amministrativa notifica gli estremi della violazione agli interessati residenti nel territorio della Repubblica entro il termine di novanta giorni e a quelli residenti all'estero entro il termine di trecentosettanta giorni dalla ricezione degli atti.

5. Entro sessanta giorni dalla notificazione degli estremi della violazione l'interessato è ammesso al pagamento in misura ridotta, pari alla metà della sanzione, oltre alle spese del procedimento. Si applicano, in quanto compatibili, le disposizioni di cui all'articolo 16 della legge 24 novembre 1981, n. 689.

6. Il pagamento determina l'estinzione del procedimento.

10 Disposizioni finanziarie.

1. Le amministrazioni interessate provvedono agli adempimenti previsti dal presente decreto, senza nuovi o maggiori oneri a carico della finanza pubblica, con le risorse umane, strumentali e finanziarie disponibili a legislazione vigente.

ALLEGATO (*Omissis*).

PARTE QUARTA
LA RESPONSABILITÀ

SEZIONE PRIMA
LA RESPONSABILITÀ DELLA P.A.

CAPO I
RESPONSABILITÀ CIVILE DELLA P.A. PER DANNI DA COMPORTAMENTI MATERIALI

1. Regio decreto 16 marzo 1942, n. 262. — Codice civile. (*estratto*).

TITOLO IX
Dei fatti illeciti (1)

(1) *Sul diritto applicabile v. art. 62, l. 31maggio 1995 n. 218.*

2043 Risarcimento per fatto illecito.

[I] Qualunque fatto doloso o colposo [1176], che cagiona ad altri un danno ingiusto, obbliga colui che ha commesso il fatto a risarcire il danno [7, 10, 129-*bis*, 840, 844, 8722, 9352, 9393, 948, 949, 1438, 1440, 2395, 2947, 2504-*quater*, 2600; c.p. 1852, 198; c.p.p. 74 ss.; c.p.c. 55, 60, 642, 96, 278] (1) (2).

(1) *Per il danno derivante da illegittimo esercizio di attività amministrativa, v. l'art. 35, d.lgs. 31 marzo 1998 n. 80* (sub *IV, 13). Per il danno ambientale v. ora l'art. 311, d.lgs. 3 aprile 2006, n. 152* (sub *V, 13). Sul diritto ad un'equa riparazione del danno in caso di violazione del termine ragionevole del processo v. l'art. 2, l. 24 marzo 2001, n. 89* (sub *IV, 17). Sul risarcimento dei danni cagionati per effetto del trattamento dei dati personali v. l'art. 15, d.lgs. 30 giugno 2003, n. 196* (sub *II, 74). Sul risarcimento del danno derivante dalla violazione delle norme sulla concorrenza v. l'art. 33, l. 10 ottobre 1990, n. 287* (sub *II, 58). Per la responsabilità del pubblico dipendente derivante dalla violazione di diritti di terzi, v. gli artt. 22 e 23, d.P.R. 10 gennaio 1957, n. 3* (sub *II, 90). Sulla responsabilità civile dei giudici v. l'art. 11, l. 13 aprile 1988, n. 117 (sub IV, 16). Sulla responsabilità della Comunità europea per i danni cagionati dalle sue istituzioni o dai suoi agenti nell'esercizio delle loro funzioni v. l'art. 288 Trattato CE (sub IV, 7). Sul risarcimento del danno alle vittime delle richieste estorsive e dell'usura v. l. 23 febbraio 1999 n. 44 e successive modificazioni.*

(2) *V. anche i seguenti artt. del c.p.p.:* ***Art. 651*** *- Efficacia della sentenza penale di condanna nel giudizio civile o amministrativo di danno. (« 1. La sentenza penale irrevocabile di condanna pronunciata in seguito a dibattimento ha efficacia di giudicato, quanto all'accertamento della sussistenza del fatto, della sua illiceità penale e all'affermazione che l'imputato lo ha commesso, nel giudizio civile o amministrativo per le restituzioni e il risarcimento del danno promosso nei confronti del condannato e del responsabile civile che sia stato citato ovvero sia intervenuto nel processo penale. - 2. La stessa efficacia ha la sentenza irrevocabile di condanna pronunciata a norma dell'articolo 442, salvo che vi si opponga la parte civile che non abbia accettato il rito abbreviato ».);* ***Art. 651-bis*** *- Efficacia della sentenza di proscioglimento per particolare tenuità del fatto nel giudizio civile o amministrativo di danno (« 1. La sentenza penale irrevocabile di proscioglimento pronunciata per particolare tenuità del fatto in seguito a dibattimento ha efficacia di giudicato quanto all'accertamento della sussistenza del fatto, della sua illiceità penale e all'affermazione che l'imputato lo ha commesso, nel giudizio civile o amministrativo per le restituzioni e il risarcimento del danno promosso nei confronti del prosciolto e del responsabile civile che sia stato citato ovvero sia intervenuto nel processo penale. - 2. La stessa efficacia ha la sentenza irrevocabile di proscioglimento pronunciata per particolare tenuità del fatto a norma dell'articolo 442, salvo che vi si opponga la parte civile che non abbia accettato il rito abbreviato ».);* ***Art. 652*** *- Efficacia della sentenza penale di assoluzione nel giudizio civile o amministrativo di danno (« 1. La sentenza penale irrevocabile di assoluzione pronunciata in seguito a dibattimento ha efficacia di giudicato, quanto all'accertamento che il fatto non sussiste o che l'imputato non lo ha commesso o che il fatto è stato compiuto nell'adempimento di un dovere o nell'esercizio di una facoltà legittima, nel giudizio civile o amministrativo per le restituzioni e il risarcimento del danno promosso dal danneggiato o nell'interesse dello stesso, sempre che il danneggiato si sia costituito o sia stato posto in condizione di costituirsi parte civile, salvo che il danneggiato dal reato abbia esercitato l'azione in sede civile a norma dell'articolo 75, comma 2. 2. La stessa efficacia ha la sentenza irrevocabile di assoluzione pronunciata a norma dell'articolo 442, se la parte civile ha accettato il rito abbreviato ».)*

2044 Legittima difesa.

[I] Non è responsabile chi cagiona il danno per legittima difesa di sé o di altri [c.p. 52]

[II] Nei casi di cui all'articolo 52, commi secondo, terzo e quarto, del codice penale, la responsabilità di chi ha compiuto il fatto è esclusa (1).

[III] Nel caso di cui all'articolo 55, secondo comma, del codice penale, al danneggiato è dovuta una indennità la cui misura è rimessa all'equo apprezzamento del giudice, tenuto altresì conto della gravità, delle modalità realizzative e del contributo causale della condotta posta in essere dal danneggiato (1).

(1) *Comma aggiunto dall'art. 7, comma 1, l. 26 aprile 2019, n. 36, in vigore dal 18 maggio 2019.*

2045 Stato di necessità.

[I] Quando chi ha compiuto il fatto dannoso vi è stato costretto dalla necessità di salvare sé o altri dal pericolo attuale di un danno grave alla persona [1447], e il pericolo non è stato da lui volontariamente causato né era altrimenti evitabile [c.p. 54], al danneggiato è dovuta un'indennità [2047], la cui misura è rimessa all'equo apprezzamento del giudice [att. 194; c.p.c. 113]

2046 Imputabilità del fatto dannoso.

[I] Non risponde delle conseguenze del fatto dannoso chi non aveva la capacità d'intendere o di volere [428] al momento in cui lo ha commesso [2047; c.p. 85

ss.], ameno che lo stato d'incapacità derivi da sua colpa.

2047 Danno cagionato dall'incapace.

[I] In caso di danno cagionato da persona incapace di intendere o di volere [2046; c.p. 85 ss.], il risarcimento è dovuto da chi è tenuto alla sorveglianza dell'incapace, salvo che provi di non aver potuto impedire il fatto.

[II] Nel caso in cui il danneggiato non abbia potuto ottenere il risarcimento da chi è tenuto alla sorveglianza, il giudice, in considerazione delle condizioni economiche delle parti, può condannare l'autore del danno a una equa indennità [2045; c.p.c. 113]

2048 Responsabilità dei genitori, dei tutori, dei precettori e dei maestri d'arte.

[I] Il padre e la madre, o il tutore, sono responsabili del danno[2056 ss.; c.p. 190] cagionato dal fatto illecito dei figli minori non emancipati [316 ss.;] o delle persone soggette alla tutela [343 ss., 414 ss.], che abitano con essi. La stessa disposizione si applica all'affiliante (1).

[II] I precettori e coloro che insegnano un mestiere o un'arte sono responsabili del danno[2056 ss.] cagionato dal fatto illecito dei loro allievi e apprendisti [2130 ss.] nel tempo in cui sono sotto la loro vigilanza (2).

[III] Le persone indicate dai commi precedenti sono liberate dalla responsabilità soltanto se provano di non aver potuto impedire il fatto.

(1) *V. art. 77 l. 4 maggio 1983, n. 184.*

(2) *Sulla responsabilità patrimoniale del personale direttivo, docente, educativo e non docente v. l'art. 61 l. 11 luglio 1980, n. 312 (*sub *IV, 21).*

2049 Responsabilità dei padroni e dei committenti.

[I] I padroni e i committenti [2082 ss.] sono responsabili per i danni [2056 ss.] arrecati dal fatto illecito dei loro domestici e commessi nell'esercizio delle incombenze a cui sono adibiti (1).

(1) *V. per la responsabilità riguardante gli infortuni sul lavoro gli artt. 10 e 11 d.P.R. 30 giugno 1965, n. 1124.*

2050 Responsabilità per l'esercizio di attività pericolose.

[I] Chiunque cagiona danno ad altri nello svolgimento di un'attività pericolosa, per sua natura o per la natura dei mezzi adoperati [965 c. nav.], è tenuto al risarcimento [2056 ss.; c.p. 678], se non prova di avere adottato tutte le misure idonee a evitare il danno [2054] (1).

(1) *V. anche: artt. 15 ss. l. 31 dicembre 1962, n. 1860 (e succ. modif.) e l. 23 aprile 1991, n. 147 sulla responsabilità civile dipendente da impiego pacifico dell'energia nucleare; art. 5, l. 25 gennaio 1983, n. 23 (*sub *IV, 4) sulla responsabilità oggettiva dello Stato italiano per i danni causati alle persone fisiche e giuridiche italiane da oggetti spaziali; art. 15, d.lgs. 30 giugno 2003, n. 196 (*sub *II, 74) sul risarcimento dei danni cagionati per effetto del trattamento dei dati personali.*

2051 Danno cagionato da cose in custodia.

[I] Ciascuno è responsabile del danno [2056 ss.] cagionato dalle cose che ha in custodia, salvo che provi il caso fortuito [1218, 1256[1]; c.p.c. 675]

2052 Danno cagionato da animali.

[I] Il proprietario di un animale o chi se ne serve per il tempo in cui lo ha in uso, è responsabile dei danni [2056 ss.] cagionati dall'animale, sia che fosse sotto la sua custodia, sia che fosse smarrito o fuggito [c.p. 672], salvo che provi il caso fortuito [1218, 1256[1]]

2053 Rovina di edificio.

[I] Il proprietario di un edificio o di altra costruzione è responsabile dei danni [2056 ss.] cagionati dalla loro rovina, salvo che provi che questa non è dovuta a difetto di manutenzione o a vizio di costruzione [1669, c.p. 676]

2054 Circolazione di veicoli.

[I] Il conducente di un veicolo senza guida di rotaie è obbligato a risarcire il danno prodotto a persone o a cose dalla circolazione del veicolo [2056 ss.] (1), se non prova di aver fatto tutto il possibile per evitare il danno [2947]

[II] Nel caso di scontro tra veicoli si presume, fino a prova contraria, che ciascuno dei conducenti abbia concorso ugualmente a produrre il danno subito dai singoli veicoli (2).

[III] Il proprietario del veicolo, o, in sua vece, l'usufruttuario [978 ss.] o l'acquirente con patto di riservato dominio [1523 ss.], è responsabile in solido [1292] col conducente, se non prova che la circolazione del veicolo è avvenuta contro la sua volontà.

[IV] In ogni caso le persone indicate dai commi precedenti sono responsabili dei danni derivati da vizi di costruzione o da difetto di manutenzione del veicolo [2053]

(1) *Sul risarcimento del danno derivante dalla circolazione di veicoli v. inoltre artt. 137 ss. d.lgs. 7 settembre 2005, n. 209.*

(2) *C. cost.. 29 dicembre 1972, n. 205 ha dichiarato* costituzionalmente illegittimo *il comma 2 « limitatamente alla parte in cui nel caso di scontro tra veicoli esclude che la presunzione di egual concorso dei conducenti operi anche se uno dei veicoli non abbia riportato danni ».*

2055 Responsabilità solidale.

[I] Se il fatto dannoso è imputabile a più persone, tutte sono obbligate in solido [1292] al risarcimento del danno [c.p. 1872]

[II] Colui che ha risarcito il danno ha regresso contro ciascuno degli altri, nella misura determinata dalla gravità della rispettiva colpa e dalla entità delle conseguenze che ne sono derivate [1299] Nel dubbio, le singole colpe si presumono uguali.

2056 **Valutazione dei danni.**

[I] Il risarcimento dovuto al danneggiato si deve determinare secondo le disposizioni degli articoli 1223, 1226 e 1227 (1).

[II] Il lucro cessante è valutato dal giudice con equo apprezzamento delle circostanze del caso [c.p.c. 113]

(1) *Cfr. art. 23, l. 24 marzo 2001, n. 89 (sub IV, 17) sul diritto ad un equa riparazione del danno in caso di violazione del termine ragionevole del processo.*

2057 **Danni permanenti.**

[I] Quando il danno alle persone ha carattere permanente la liquidazione può essere fatta dal giudice, tenuto conto delle condizioni delle parti e della natura del danno, sotto forma di una rendita vitalizia [1872 ss.] In tal caso il giudice dispone le opportune cautele [att. 194]

2058 **Risarcimento in forma specifica.**

[I] Il danneggiato può chiedere la reintegrazione in forma specifica, qualora sia in tutto o in parte possibile [1843] (1).

[II] Tuttavia il giudice può disporre che il risarcimento avvenga solo per equivalente, se la reintegrazione in forma specifica risulta eccessivamente onerosa per il debitore [trans. 194]

(1) *V. l'art. 2933 c.c. Cfr. anche: art. 35, d.lgs. 31 marzo 1998, n. 80 (sub IV, 13) e art. 7 l. 6 dicembre 1971, n. 1034 (sub IV, 9) sulla reintegrazione in forma specifica nelle controversie devolute alla giurisdizione esclusiva del giudice amministrativo; art. 8, l. 8 febbraio 1948, n. 47 (e succ. modif.) sul diritto di rettifica nella stampa; art. 52, l. 25 gennaio 1983, n. 23 (sub IV, 4), sul risarcimento in forma specifica a carico dello Stato per i danni causati da oggetti spaziali a persone fisiche o giuridiche; art. 311, d.lgs. 3 aprile 2006, n. 152 (sub V, 13), relativo al ripristino dello stato dei luoghi in materia di danno ambientale; art. 23, lett. b), l. 24 marzo 2001, n. 89 sulla riparazione in forma specifica del danno in caso di violazione del termine ragionevole del processo (sub IV, 17); art. 36, d.lgs. 8 luglio 2003, n. 224 sul risarcimento in forma specifica del danno all'ambiente derivante dall'emissione di organismi geneticamente modificati (OGM).*

2059 **Danni non patrimoniali.**

[I] Il danno non patrimoniale deve essere risarcito solo nei casi determinati dalla legge [c.p. 185 ss., 598; c.p.p. 74 ss.; c.p.c. 892, 120] (1).

(1) *Vedi: art. 1583, l. 22 aprile 1941, n. 633 per il risarcimento dei danni non patrimoniali conseguenti alla lesione del diritto di utilizzazione economica di un opera; art. 11, l. 13 aprile 1988, n. 117 (sub IV, 16), sul risarcimento del danno non patrimoniale derivante da privazione della libertà personale in conseguenza di un comportamento, di un atto o di un provvedimento giudiziario posto in essere dal magistrato con dolo o colpa grave nell'esercizio delle sue funzioni ovvero per diniego di giustizia; per la valutazione del « danno biologico » derivante da infortuni sul lavoro o malattie professionali, v. art. 13, d.lgs. 23 febbraio 2000, n. 38, nonché le tabelle di cui al d.m. 12 luglio 2000; per il danno biologico derivante da sinistri conseguenti alla circolazione dei veicoli a motore e dei natanti v. invece artt. 138 e 139 d.lgs. 7 settembre 2005, n. 209 (Codice delle asicurazioni private); art. 2, l. 24 marzo 2001, n. 89 (sub IV, 17) sul diritto ad un equa riparazione del danno non patrimoniale in caso di violazione del termine ragionevole del processo; art. 15, d.lgs. 30 giugno 2003, n. 196 (sub II, 74) sul danno non patrimoniale derivante dal trattamento di dati personali; art. 44, d.lgs. 9 luglio 2003, n. 215 sul danno non patrimoniale derivante da atti, comportamenti o condotte discriminatorie a causa della razza o dell'origine etnica delle persone.*

2. Regio decreto 19 ottobre 1930, n. 1398. — Codice penale. (*estratto*).

185 **Restituzioni e risarcimento del danno.**

[I] Ogni reato obbliga alle restituzioni, a norma delle leggi civili [1168, 1169 c.c.]

[II] Ogni reato, che abbia cagionato un danno patrimoniale o non patrimoniale [598 comma 2; 2059 c.c.], obbliga al risarcimento il colpevole e le persone che, a norma delle leggi civili, debbono rispondere per il fatto di lui [2043-2054 c.c.]

3. Regio decreto 18 giugno 1931, n. 773. — Approvazione del testo unico delle leggi di pubblica sicurezza. (*estratto*) (1).

Pubblicato nella Gazzetta Ufficiale n. 146 del 26 giugno 1931, S.O.

(1) *Si riporta il solo art. 7 r.d. 18 giugno 1931, n. 773, sub V, 59.*

7 Nessun indennizzo è dovuto per i provvedimenti dell'autorità di pubblica sicurezza nell'esercizio delle facoltà ad essa attribuite dalla legge.

4. Legge 25 gennaio 1983, n. 23. — Norme di attuazione della convenzione sulla responsabilità internazionale per i danni causati da oggetti spaziali, firmata a Londra, Mosca e Washington il 29 marzo 1972.

Pubblicata nella Gazzetta Ufficiale n. 35 del 5 febbraio 1983.

1 La presente legge si applica in caso di danni causati da oggetti spaziali lanciati da uno Stato straniero Parte della convenzione sulla responsabilità internazionale per i danni causati da oggetti spaziali, firmata a Londra, Mosca e Washington il 29 marzo 1972, nelle disposizioni seguenti denominata convenzione.

Ai fini della presente legge valgono le definizioni contenute nell'articolo I della convenzione.

2 Le persone fisiche e giuridiche italiane possono ottenere dallo Stato italiano il risarcimento dei danni indicati nell'articolo 1 nella misura in cui lo Stato italiano ha chiesto e ottenuto, ai sensi dell'articolo VIII, n. 1, della convenzione, il risarcimento da parte dello Stato di lancio dei danni da esse subiti.

Lo Stato italiano, qualora, non abbia formulato la richiesta di cui all'articolo VIII, n. 1, della convenzione, ha l'obbligo di risarcire le persone contemplate al primo comma dei danni subiti sempre che lo Stato sul cui territorio si sono verificati i danni o quello nel quale le predette persone hanno la residenza o la sede non abbiano chiesto e ottenuto il risarcimento dei danni stessi da parte dello Stato di lancio ai sensi rispettivamente del n. 2 e del n. 3 dell'articolo VIII della convenzione.

Le persone fisiche e giuridiche straniere possono ottenere dallo Stato italiano il risarcimento dei danni indicati nell'articolo 1 quando e nella misura in cui lo Stato italiano ha chiesto e ottenuto il risarcimento dei danni predetti da parte dello Stato di lancio ai sensi del n. 2 o del n. 3 dell'articolo VIII della convenzione.

3 Lo Stato italiano ha l'obbligo di risarcire alle persone fisiche e giuridiche italiane i danni indicati nell'articolo 1 anche quando abbia formulato la richiesta prevista dall'articolo VIII, n. 1, della convenzione ma la stessa sia rimasta per qualsiasi ragione insoddisfatta.

4 Le persone di cui all'articolo 2 possono presentare una richiesta di risarcimento dei danni allo Stato italiano nel termine di cinque anni dalla data in cui tali danni si sono verificati o da quella in cui gli effetti di tali danni si sono completati.

5 La responsabilità dello Stato italiano nei confronti delle persone contemplate dagli articoli 2 e 3 per i danni indicati nell'articolo 1 ha natura obiettiva e non ammette prova liberatoria.

Nelle ipotesi previste dall'articolo 2, secondo comma, e dall'articolo 3 la misura del risarcimento è stabilita a norma degli articoli 2056, 1223 e 1226 del codice civile e il danneggiato può chiedere il risarcimento in forma specifica ai sensi dell'articolo 2058 del codice civile.

6 Non si applicano le disposizioni dei precedenti articoli qualora le persone danneggiate da oggetti spaziali abbiano adìto direttamente i tribunali o gli organi amministrativi di uno Stato di lancio per richiedere il risarcimento dei danni prodotti dall'oggetto spaziale.

5. Legge 25 febbraio 1992, n. 210. — Indennizzo a favore dei soggetti danneggiati da complicanze di tipo irreversibile a causa di vaccinazioni obbligatorie, trasfusioni e somministrazione di emoderivati (1).

Pubblicata nella Gazzetta Ufficiale n. 55 del 6 marzo 1992.

(1) *Vedi l'art. 5-quater, comma 1, d.l. 7 giugno 2017, n. 73, convertito, con modificazioni, in l. 31 luglio 2017, n. 119, che prevede che « Le disposizioni di cui alla legge 25 febbraio 1992, n. 210, si applicano a tutti i soggetti che, a causa delle vaccinazioni indicate nell'articolo 1, abbiano riportato lesioni o infermità dalle quali sia derivata una menomazione permanente dell'integrità psico-fisica ».*

1 1. Chiunque abbia riportato, a causa di vaccinazioni obbligatorie per legge o per ordinanza di una autorità sanitaria italiana, lesioni o infermità, dalle quali sia derivata una menomazione permanente della integrità psico-fisica, ha diritto ad un indennizzo da parte dello Stato, alle condizioni e nei modi stabiliti dalla presente legge (1).

1-*bis*. L'indennizzo di cui al comma 1 spetta, alle condizioni e nei modi stabiliti dalla presente legge, anche a coloro che abbiano riportato lesioni o infermità, dalle quali sia derivata una menomazione permanente della integrità psico-fisica, a causa della vaccinazione anti SARS-CoV-2 raccomandata dall'autorità sanitaria italiana (2).

2. L'indennizzo di cui al comma 1 spetta anche ai soggetti che risultino contagiati da infezioni da HIV a seguito di somministrazione di sangue e suoi derivati, nonché agli operatori sanitari che, in occasione e durante il servizio, abbiano riportato danni permanenti alla integrità psicofisica conseguenti a infezione contratta a seguito di contatto con sangue e suoi derivati provenienti da soggetti affetti da infezione da HIV (3).

3. I benefici di cui alla presente legge spettano altresì a coloro che presentino danni irreversibili da epatiti post-trasfusionali (4).

4. I benefici di cui alla presente legge spettano alle persone non vaccinate che abbiano riportato, a seguito ed in conseguenza di contatto con persona vaccinata, i danni di cui al comma 1; alle persone che, per motivi di lavoro o per incarico del loro ufficio o per potere accedere ad uno Stato estero, si siano sottoposte a vaccinazioni che, pur non essendo obbligatorie, risultino necessarie; ai soggetti a rischio operanti nelle strutture sanitarie ospedaliere che si siano sottoposti a vaccinazioni anche non obbligatorie (5) (6) (7).

(1) *La Corte costituzionale ha dichiarato* l'illegittimità costituzionale *del presente comma: con sentenza 23 febbraio 1998, n. 27 (G.U. 4 marzo 1998, n. 9), nella parte in cui non prevede il diritto all'indennizzo, alle condizioni ivi stabilite, di coloro che siano stati sottoposti a vaccinazione antipoliomielitica nel periodo di vigenza della legge 30 luglio 1959, n. 695; con sentenza 16 ottobre 2000, n. 423, (G.U. 18 ottobre 2000, n. 43), nella parte in cui non prevede il diritto all'indennizzo, alle condi-*

zioni ivi stabilite, di coloro che siano stati sottoposti a vaccinazione antiepatite B, a partire dall'anno 1983; con sentenza 26 aprile 2012, n. 107 (G.U. 2 maggio 2012, n. 18), nella parte in cui non prevede il diritto ad un indennizzo, alle condizioni e nei modi stabiliti dalla presente legge, nei confronti di coloro i quali abbiano subito le conseguenze previste dal presente comma 1, a seguito di vaccinazione contro il morbillo, la parotite e la rosolia; con sentenza 14 dicembre 2017, n. 268 (G.U. 20 dicembre 2017, n. 51, Prima serie speciale), nella parte in cui non prevede il diritto all'indennizzo, alle condizioni e nei modi ivi stabiliti, nei confronti di coloro che si siano sottoposti a vaccinazione antinfluenzale; con sentenza 23 giugno 2020, n. 118 (G.U. 24 giugno 2020, n. 26), nella parte in cui non prevede il diritto a un indennizzo, alle condizioni e nei modi stabiliti dalla medesima legge, a favore di chiunque abbia riportato lesioni o infermità, da cui sia derivata una menomazione permanente della integrità psico-fisica, a causa della vaccinazione contro il contagio dal virus dell'epatite A. La mancata previsione del diritto all'indennizzo in caso di patologie irreversibili derivanti da determinate vaccinazioni raccomandate si risolve in una lesione degli artt. 2, 3 e 32 Cost.: perché sono le esigenze di solidarietà costituzionalmente previste, oltre che la tutela del diritto alla salute del singolo, a richiedere che sia la collettività ad accollarsi l'onere del pregiudizio da questi subìto, mentre sarebbe ingiusto consentire che l'individuo danneggiato sopporti il costo del beneficio anche collettivo.

(2) *Comma inserito dall'art. 20, comma 1 d.l. 27 gennaio 2022, n. 4, conv., con modif., in l. 28 marzo 2022, n. 25.*

(3) *L'art. 3, commi 3 e 4, l. 14 ottobre 1999, n. 362, ha previsto che l'indennizzo di cui al presente comma, spetta, alle condizioni ivi stabilite, anche a coloro che si siano sottoposti a vaccinazione antipoliomelitica non obbligatoria nel periodo di vigenza della legge 30 luglio 1959, n. 695. I soggetti danneggiati devono presentare la domanda alla azienda unità sanitaria locale competente, entro il termine perentorio di quattro anni dalla data di entrata in vigore della citata l. n. 362/1999. C. cost., sent. 16 ottobre 2000, n. 423, ha dichiarato* l'illegittimità costituzionale *del presente comma, nella parte in cui non prevede il diritto all'indennizzo, alle condizioni ivi stabilite, di coloro che siano stati sottoposti a vaccinazione antiepatite B, a partire dall'anno 1983.*

Per l'interpretazione del presente comma, v. l'art. 11, comma 13, d.l. 31 maggio 2010, n. 78, conv., con modif., in l. 30 luglio 2010, n. 122, che stabilisce che « Il comma 2 dell'articolo 2 della legge 25 febbraio 1992, n. 210 e successive modificazioni si interpreta nel senso che la somma corrispondente all'importo dell'indennità integrativa speciale non è rivalutata secondo il tasso d'inflazione ». Ma successivamente C. cost., sent. 9 novembre 2011, n. 293 ha dichiarato l'illegittimità costituzionale *del predetto art. 11, comma 13.*

(4) *C. cost., sent. 20 novembre 2002, n. 476, ha dichiarato* l'illegittimità costituzionale *del presente comma nella parte in cui non prevede che i benefici previsti dalla legge stessa spettino anche agli operatori sanitari che, in occasione del servizio e durante il medesimo, abbiano riportato danni permanenti alla integrità psico-fisica conseguenti a infezione contratta a seguito di contatto con sangue e suoi derivati provenienti da soggetti affetti da epatiti.*

(5) *L'indennizzo di cui al presente articolo consiste in un assegno, reversibile per quindici anni, determinato nella misura di cui alla tabella B allegata alla l. 29 aprile 1976, n. 177. L'indennizzo è cumulabile con ogni altro emolumento a qualsiasi titolo percepito ed è rivalutato annualmente sulla base del tasso di inflazione programmato (art. 1, l. 25 luglio 1997, n. 238), per il 1997.*

(6) *I soggetti di cui al presente articolo sono esentati dalla partecipazione alla spesa sanitaria di cui ai commi 14 e 15 dell'art. 8, l. 24 dicembre 1993, n. 537, nonché dal pagamento della quota fissa per ricetta di cui al comma 16-*ter *del medesimo articolo 8, limitatamente alle prestazioni sanitarie necessarie per la diagnosi e la cura delle patologie previste dalla presente legge, per il 1997.*

(7) *V. l'art. 4 (Indennizzo per i soggetti emofilici danneggiati da somministrazione di emoderivati) d.l. 5 dicembre 2005, n. 250, conv., con modif., in l. 3 febbraio 2006, n. 27, che così dispone: « 1. Ai soggetti emofilici che ai sensi del decreto-legge 23 aprile 2003, n. 89, convertito, con modificazioni, dalla legge 20 giugno 2003, n. 141, nel rispetto delle modalità e del termine stabilito dal decreto del Ministro della salute in data 3 novembre 2003, pubblicato nella Gazzetta Ufficiale n. 280 del 2 dicembre 2003, hanno presentato domanda di ammissione a procedura transattiva e per i quali la medesima procedura non risulti definita entro il 31 ottobre 2005, è attribuito, in aggiunta a quello già percepito ai sensi della legge 25 febbraio 1992, n. 210, un ulteriore indennizzo per un importo equivalente a quello derivante dall'applicazione dei criteri transattivi fissati dal citato decreto del Ministro della salute 3 novembre 2003, sulla base delle conclusioni rassegnate dal gruppo tecnico istituito con decreto del Ministro della salute in data 13 marzo 2002. La corresponsione di tale ulteriore indennizzo è subordinata alla formale rinuncia, da parte degli interessati, ad ogni ulteriore pretesa, anche di natura risarcitoria, nei confronti dello Stato e degli enti del Servizio sanitario nazionale, nonché alla estinzione, a spese compensate, dei giudizi in atto. - 2. Agli oneri derivanti dall'attuazione di quanto previsto dal comma 1, valutati in euro 55 milioni per l'esercizio 2005, si fa fronte mediante corrispondente riduzione dell'autorizzazione di spesa recata per il medesimo esercizio dall'articolo 3, comma 1, del decreto-legge 23 aprile 2003, n. 89, convertito, con modificazioni, dalla legge 20 giugno 2003, n. 141 ».*

L'art. 10 l. 21 ottobre 2005, n. 219 prevede che « Art. 10. (Competenze del Ministero della salute). *1. Il Ministero della salute svolge funzioni di indirizzo e programmazione del settore trasfusionale. Per le funzioni di coordinamento e controllo esso si avvale del Centro nazionale sangue di cui all'articolo 12. 2. Il Ministero della salute svolge le seguenti funzioni:* a) *programmazione delle attività trasfusionali a livello nazionale;* b) *attività normativa, anche in adeguamento agli indirizzi ed alle direttive comunitarie;* c) *controllo della produzione nazionale di emoderivati, avvalendosi anche del Centro nazionale sangue;* d) *controllo sul commercio e sull'informazione riguardanti gli emoderivati;* e) *autorizzazione all'import-export del sangue e dei suoi prodotti;* f) *registrazione di farmaci emoderivati e prodotti diagnostici;* g) *promozione della ricerca e sperimentazione in campo trasfusionale, con riferimento in particolare alla riduzione del volume ematico da trasfondere, anche avvalendosi del Centro nazionale sangue;* h) *definizione dei livelli essenziali di assistenza sanitaria uniformi e dei relativi criteri di finanziamento per le attività del servizio trasfusionale nazionale;* i) *individuazione, in accordo con le associazioni di volontariato del sangue, di un programma nazionale di iniziative per la razionalizzazione ed il rafforzamento delle attività trasfusionali. 3. Entro nove mesi dalla data di entrata in vigore della presente legge, il Ministro della salute, con proprio decreto, predispone un progetto per l'istituzione di una rete nazionale di banche per la conservazione di cordoni ombelicali ai fini di trapianto, nonché programmi annuali di sviluppo delle relative attività, individuando le strutture trasfusionali pubbliche e private idonee sulla base di specifici accreditamenti. 4. Entro sei mesi dalla data di entrata in vigore della presente legge e successivamente ogni tre anni, il Ministro della salute, sentiti il Centro nazionale sangue e la Consulta, emana, nell'ambito del Piano sanitario nazionale, un atto di programmazione specifico per il settore trasfusionale denominato "Piano sangue e plasma nazionale" ».*

V. anche gli artt. 1-4 l. 29 ottobre 2005, n. 229 - Disposizioni in materia di indennizzo a favore dei soggetti danneggiati da complicanze di tipo irreversibile a causa di vaccinazioni obbligatorie – di seguito riportati: « Art. 1 - 1. Ai soggetti di cui all'articolo 1, comma 1, della legge 25 febbraio 1992, n. 210, è riconosciuto, in relazione alla categoria già loro assegnata dalla competente commissione medico-ospedaliera, di cui all'articolo 165 del testo unico di cui al decreto del Presidente della Repubblica 29 dicembre 1973, n. 1092, un ulteriore indennizzo. Tale ulteriore indennizzo consiste in un assegno mensile vitalizio, di importo pari a sei volte la somma percepita dal danneggiato ai sensi dell'articolo 2 della legge 25 febbraio 1992, n. 210, per le categorie dalla prima alla quarta della tabella A annessa al testo unico di cui al decreto del Presidente della Repubblica 23 dicembre 1978, n. 915, e successive modificazioni, a cinque volte per le categorie quinta e sesta, e a quattro volte per le categorie settima e ottava. Esso è corrisposto per la metà al soggetto danneggiato e per l'altra metà ai congiunti che prestano o abbiano prestato al danneggiato assistenza in maniera prevalente e continuativa. Se il danneggiato è minore di età o incapace di intendere e di volere l'indennizzo è corrisposto per intero ai congiunti conviventi di cui al precedente periodo. Rimane fermo il diritto al risarcimento del danno patrimoniale e non patrimoniale derivante da fatto illecito. - 2. In caso di morte dei congiunti di cui al comma 1, l'indennizzo è erogato al danneggiato e, se minore o incapace di intendere e di volere, ai familiari conviventi che prestano assistenza in maniera prevalente e continuativa, per tutto il periodo di esistenza in vita del danneggiato. - 3. Qualora a causa della vaccinazione obbligatoria sia derivato il decesso in data successiva a quella di entrata in vigore della presente legge, l'avente diritto può optare tra l'ulteriore indennizzo di cui al comma 1 e un assegno una tantum pari a 150.000 euro, da corrispondere in cinque rate annuali di 30.000 euro ciascuna. Ai fini della presente legge sono considerati aventi diritto nell'ordine i seguenti soggetti a carico: il coniuge, i figli, i genitori, i fratelli minorenni, i fratelli maggiorenni inabili al lavoro. - 4. L'intero importo dell'indennizzo, stabilito ai sensi del presente articolo, è rivalutato annualmente in base alla variazione degli indici ISTAT (*).

(*) *A norma dell'art. 2, comma 363, della legge 24 dicembre 2007, n. 244 l'indennizzo di cui al presente articolo è riconosciuto anche ai soggetti affetti da sindrome da talidomide, determinata dalla somministrazione dell'omonimo farmaco, nelle forme dell'amelia, dell'emimelia, della focomelia e della macromelia. Vedi inoltre l'articolo 1, comma 1, del d.m. 2 ottobre 2009, n. 163.*

Art. 2 - 1. Con decreto del Ministro della salute, da emanare entro sessanta giorni dalla data di entrata in vigore della presente legge, è istituita, senza nuovi o maggiori oneri a carico dello Stato, una commissione per la definizione degli importi da erogare di cui agli articoli 1 e 4. - 2. All'istituzione e al funzionamento della commissione di cui al comma

1 si fa fronte con le risorse finanziarie, umane e strumentali disponibili a legislazione vigente. La partecipazione all'attività della commissione non dà luogo alla corresponsione di alcun compenso o rimborso spese.

Art. 3 - 1. I soggetti danneggiati da vaccinazioni obbligatorie che usufruiscono dei benefici di cui alla legge 25 febbraio 1992, n. 210, aventi in corso contenziosi giudiziali, ai sensi della medesima legge, in qualsiasi stato e grado del giudizio, ivi compresa la fase esecutiva, i quali intendono accedere ai benefici previsti dalla presente legge, debbono rinunciare con atto formale alla prosecuzione del giudizio. - 2. Gli atti di rinuncia degli interessati sono trasmessi alla commissione di cui all'articolo 2.

Art. 4 - 1. Ai soggetti di cui al comma 1 dell'articolo 1 è ulteriormente riconosciuto il beneficio di un assegno una tantum, il cui ammontare è determinato dalla commissione di cui all'articolo 2, sino alla misura massima di dieci annualità dell'indennizzo di cui al medesimo comma 1 dell'articolo 1, per il periodo compreso tra il manifestarsi dell'evento dannoso e l'ottenimento dell'indennizzo medesimo. Esso è corrisposto per la metà al soggetto danneggiato e per l'altra metà ai congiunti che prestano o abbiano prestato al danneggiato assistenza in maniera prevalente e continuativa. - 2. Le annualità pregresse sono definite con tabelle di conversione al 50 per cento del periodo intercorrente tra la data del manifestarsi dell'evento dannoso e la data di ottenimento dell'indennizzo. - 3. Gli importi, determinati ai sensi del presente articolo, sono erogati in cinque rate annuali, a decorrere dall'anno successivo alla data di entrata in vigore della presente legge ».

L'art. 27-bis d.l. 24 giugno 2014, n. 90, conv., con modif., in l. 11 agosto 2014, n. 114, come da ultimo modificato dall'art. 1, comma 1141 l. 27 dicembre 2017, n. 205, prevede che: « 1. Ai soggetti di cui all'articolo 2, comma 361, della legge 24 dicembre 2007, n. 244, che hanno presentato entro la data del 19 gennaio 2010 domanda di adesione alla procedura transattiva, nonché ai loro aventi causa nel caso in cui nelle more sia intervenuto il decesso, è riconosciuta, a titolo di equa riparazione, una somma di denaro, in un'unica soluzione, determinata nella misura di euro 100.000 per i danneggiati da trasfusione con sangue infetto e da somministrazione di emoderivati infetti e nella misura di euro 20.000 per i danneggiati da vaccinazione obbligatoria. Il riconoscimento è subordinato alla verifica del possesso dei requisiti di cui all'articolo 2, comma 1, lettere a) *e* b)*, del regolamento di cui al decreto del Ministro del lavoro, della salute e delle politiche sociali 28 aprile 2009, n. 132, e alla verifica della ricevibilità dell'istanza. La liquidazione degli importi è effettuata entro il 31 dicembre 2018, in base al criterio della gravità dell'infermità derivatane agli aventi diritto e, in caso di pari entità, secondo l'ordine del disagio economico, accertato con le modalità previste dal regolamento di cui al decreto del Presidente del Consiglio dei ministri 5 dicembre 2013, n. 159, nei limiti della disponibilità annuale di bilancio.*

2. Fatto salvo quanto previsto al comma 3, la corresponsione delle somme di cui al comma 1 è subordinata alla formale rinuncia all'azione risarcitoria intrapresa, ivi comprese le procedure transattive, e a ogni ulteriore pretesa di carattere risarcitorio nei confronti dello Stato anche in sede sovranazionale. La corresponsione è effettuata al netto di quanto già percepito a titolo di risarcimento del danno a seguito di sentenza esecutiva.

3. La procedura transattiva di cui all'articolo 2, comma 361, della legge 24 dicembre 2007, n. 244, prosegue per i soggetti che non intendano avvalersi della somma di denaro, a titolo di equa riparazione, di cui al comma 1 del presente articolo. Per i medesimi soggetti si applicano, in un'unica soluzione, nei tempi e secondo i criteri di cui al medesimo comma 1, i moduli transattivi allegati al decreto del Ministro della salute 4 maggio 2012, pubblicato nella Gazzetta Ufficiale n. 162 del 13 luglio 2012.

4. Agli oneri derivanti dalla disposizione di cui al comma 1 si provvede nei limiti delle risorse finanziarie disponibili a legislazione vigente iscritte nello stato di previsione del Ministero della salute, di cui all'articolo 2, comma 361, della legge 24 dicembre 2007, n. 244 ».

2 (1) 1. L'indennizzo di cui all'articolo 1, comma 1, consiste in un assegno, reversibile per quindici anni, determinato nella misura di cui alla tabella B allegata alla legge 29 aprile 1976, n. 177, come modificata dall'articolo 8 della legge 2 maggio 1984, n. 111. L'indennizzo è cumulabile con ogni altro emolumento a qualsiasi titolo percepito ed è rivalutato annualmente sulla base del tasso di inflazione programmato (2) (3).

2. L'indennizzo di cui al comma 1, è integrato dall'indennità integrativa speciale di cui alla legge 27 maggio 1959, n. 324, e successive modificazioni, prevista per la prima qualifica funzionale degli impiegati civili dello Stato, ed ha decorrenza dal primo giorno del mese successivo a quello di presentazione della domanda ai sensi dell'articolo 3. La predetta somma integrativa è cumulabile con l'indennità integrativa speciale o altra analoga indennità collegata alla variazione del costo della vita. Ai soggetti di cui al comma 1 dell'articolo 1, anche nel caso in cui l'indennizzo sia stato già concesso, è corrisposto, a domanda, per il periodo ricompreso tra il manifestarsi dell'evento dannoso e l'ottenimento dell'indennizzo previsto dalla presente legge, un assegno una tantum nella misura pari, per ciascun anno, al 30 per cento dell'indennizzo dovuto ai sensi del comma 1 e del primo periodo del presente comma, con esclusione di interessi legali e rivalutazione monetaria (4).

3. Qualora a causa delle vaccinazioni o delle patologie previste dalla presente legge sia derivata la morte, l'avente diritto può optare fra l'assegno reversibile di cui al comma 1 e un assegno una tantum di lire 150 milioni (€ 77.467). Ai fini della presente legge, sono considerati aventi diritto nell'ordine i seguenti soggetti a carico: il coniuge, i figli, i genitori, i fratelli minorenni, i fratelli maggiorenni inabili al lavoro. I benefici di cui al presente comma spettano anche nel caso in cui il reddito della persona deceduta non rappresenti l'unico sostentamento della famiglia.

4. Qualora la persona sia deceduta in età minore, l'indennizzo spetta ai genitori o a chi esercita la potestà parentale.

5. I soggetti di cui all'articolo 1 sono esentati dalla partecipazione alla spesa sanitaria di cui ai commi 14 e 15 dell'articolo 8 della legge 24 dicembre 1993, n. 537, e successive modificazioni, nonché del pagamento della quota fissa per ricetta di cui al comma 16-*ter* del medesimo articolo 8 della citata legge n. 537 del 1993, introdotto dall'articolo 1 della legge 24 dicembre 1994, n. 724, limitatamente alle prestazioni sanitarie necessarie per la diagnosi e la cura delle patologie previste dalla presente legge.

6. I benefici di cui alla presente legge spettano altresì al coniuge che risulti contagiato da uno dei soggetti di cui all'articolo 1, nonché al figlio contagiato durante la gestazione.

7. Ai soggetti danneggiati che contraggono più di una malattia ad ognuna delle quali sia conseguito un esito invalidante distinto è riconosciuto, in aggiunta ai benefici previsti dal presente articolo, un indennizzo aggiuntivo, stabilito dal Ministro della sanità con proprio decreto, in misura non superiore al 50 per cento di quello previsto ai commi 1 e 2 (4).

(1) *Articolo così sostituito dall'art. 7, d.l. 25 ottobre 1996, n. 548, conv., con modif., in l. 20 dicembre 1996, n. 641.*

(2) *In attesa di una nuova e più completa disciplina legislativa, le disposizioni di cui al presente comma si applicano per gli anni 1995 e 1996 (art. 7, d.l. 25 ottobre 1996, n. 548, conv., con modif., in l. 20 dicembre 1996, n. 641).*

(3) *V. interpretazione di cui all'art. 3, comma 145, legge 24 dicembre 2003, n. 350, secondo cui: « La reversibilità dell'assegno di cui al comma 1 dell'articolo 2 della legge 25 febbraio 1992, n. 210, e successive modificazioni, si intende applicabile solo in presenza delle condizioni di cui al comma 3 dell'articolo 2 della stessa legge ».*

(4) *Per l'interpretazione autentica del presente comma v. il comma 13 dell'art. 11, d.l. 31 maggio 2010, n. 78, conv., con modif., in l. 30 luglio 2010, n. 122, che stabilisce che: « Il comma 2 dell'articolo 2 della legge 25 febbraio 1992, n. 210 e successive modificazioni si interpreta nel senso che la somma corrispondente all'importo dell'indennità integrativa speciale non è rivalutata secondo il tasso d'inflazione ». Ma successivamente C. cost., sent. 9 novembre 2011, n. 293 (G.U. 16 novembre 2011, n. 48) ha dichiarato* l'illegittimità costituzionale *dell'art. 11, commi 13 e 14, d.l. n. 78, cit..*

3 1. I soggetti interessati ad ottenere l'indennizzo di cui all'articolo 1, comma 1, presentano alla USL competente le relative domande, indirizzate al Ministero della sanità entro il termine perentorio di tre anni nel caso di vaccinazioni o di epatiti post-trasfusionali o di dieci anni nei casi di infezioni da HIV. I termini decorrono dal momento in cui, sulla base della documentazione di cui ai commi 2 e 3, l'avente diritto risulti aver avuto conoscenza del danno. La USL provvede, entro novanta giorni dalla data di presentazione delle domande, all'istruttoria delle domande stesse e all'acquisizione del giudizio di cui all'articolo 4, sulla base delle direttive del Ministero della sanità, che garantiscono il diritto alla riservatezza anche mediante opportune modalità organizzative (1).

1-*bis*. Chiunque, nell'esercizio delle proprie funzioni, venga a conoscenza di casi di persone danneggiate da complicanze di tipo irreversibile a causa di vaccinazioni obbligatorie, trasfusioni e somministrazioni di emoderivati, è tenuto a rispettare il segreto d'ufficio e ad adottare, nell'ambito delle proprie competenze, tutte le misure occorrenti per la tutela della riservatezza della persona interessata (2).

2. Alla domanda è allegata la documentazione comprovante: la data della vaccinazione, i dati relativi al vaccino, le manifestazioni cliniche conseguenti alla vaccinazione e l'entità delle lesioni o dell'infermità da cui è derivata la menomazione permanente del soggetto.

3. Per le infezioni da HIV la domanda deve essere corredata da una documentazione comprovante la data di effettuazione della trasfusione o della somministrazione di emoderivati con l'indicazione dei dati relativi all'evento trasfusionale o all'emoderivato, nonché la data dell'avvenuta infezione da HIV.

4. Alla domanda di indennizzo ai sensi dell'articolo 2, comma 3, è allegata la documentazione comprovante: la data della vaccinazione, i dati relativi al vaccino, le manifestazioni cliniche conseguenti alla vaccinazione e il decesso. Per le infezioni da HIV alla domanda è allegata la documentazione comprovante la data di effettuazione della trasfusione o della somministrazione di emoderivati con l'indicazione dei dati relativi all'evento trasfusionale o all'emoderivato, nonché la data dell'avvenuto decesso.

5. Il medico che effettua la vaccinazione di cui all'articolo 1 compila una scheda informativa dalla quale risultino gli eventuali effetti collaterali derivanti dalle vaccinazioni stesse.

6. Il medico che effettua trasfusioni o somministra emoderivati compila una scheda informativa dei dati relativi alla trasfusione o alla somministrazione.

7. Per coloro che, alla data di entrata in vigore della presente legge, hanno già subito la menomazione prevista dall'articolo 1, il termine di cui al comma 1 del presente articolo decorre dalla data di entrata in vigore della legge stessa (3) (4).

(1) *Comma, da ultimo, così sostituito dall'art. 1, l. 25 luglio 1997, n. 238.*

(2) *Comma aggiunto dall'art. 1, l. 25 luglio 1997, n. 238.*

(3) *La Corte costituzionale con sentenza del 18 aprile 1996, n. 118, ha dichiarato l'illegittimità costituzionale del presente comma nella parte in cui esclude, per il periodo ricompreso tra il manifestarsi dell'evento prima dell'entrata in vigore della predetta legge e l'ottenimento della prestazione determinata a norma della stessa legge, il diritto fuori dell'ipotesi dell'art. 2043 del codice civile a un equo indennizzo a carico dello Stato per le menomazioni e da quanti abbiano prestato ai primi assistenza personale diretta.*

(4) *V. modifiche di cui al d.l. 4 aprile 1997, n. 92 non convertito in legge nel termine di sessanta giorni dalla sua pubblicazione.*

4 (1) 1. Il giudizio sanitario sul nesso causale tra la vaccinazione, la trasfusione, la somministrazione di emoderivati, il contatto con il sangue e derivati in occasione di attività di servizio e la menomazione dell'integrità psico-fisica o la morte è espresso dalla commissione medico-ospedaliera di cui all'articolo 165 del testo unico approvato con decreto del Presidente della Repubblica 29 dicembre 1973, n. 1092.

2. La commissione medico-ospedaliera redige un verbale degli accertamenti eseguiti e formula il giudizio diagnostico sulle infermità e sulle lesioni riscontrate.

3. La commissione medico-ospedaliera esprime il proprio parere sul nesso causale tra le infermità o le lesioni e la vaccinazione, la trasfusione, la somministrazione di emoderivati, il contatto con il sangue e derivati in occasione di attività di servizio.

4. Nel verbale è espresso il giudizio di classificazione delle lesioni e delle infermità secondo la tabella A annessa al testo unico approvato con decreto del Presidente della Repubblica 23 dicembre 1978, n. 915, come sostituita dalla tabella A allegata al decreto del Presidente della Repubblica 30 dicembre 1981, n. 834.

(1) *Vedi modifiche di cui al d.l. 4 aprile 1997, n. 92 non convertito in legge nel termine di sessanta giorni dalla sua pubblicazione.*

5 1. Avverso il giudizio della commissione di cui all'articolo 4, è ammesso ricorso al Ministro della sanità. Il ricorso è inoltrato entro trenta giorni dalla notifica o dalla piena conoscenza del giudizio stesso.

2. Entro tre mesi dalla presentazione del ricorso, il Ministro della sanità, sentito l'ufficio medico-legale, decide sul ricorso stesso con atto che è comunicato al ricorrente entro trenta giorni.

3. È facoltà del ricorrente esperire l'azione dinanzi al giudice ordinario competente entro un anno dalla comunicazione della decisione sul ricorso o, in difetto, dalla scadenza del termine previsto per la comunicazione.

6 1. Nel caso di aggravamento delle infermità o delle lesioni, l'interessato può presentare domanda di revisione al Ministro della sanità, tramite la USL territorialmente competente entro sei mesi dalla data di conoscenza dell'evento (1).

2. Per il giudizio sull'aggravamento si osserva la procedura di cui agli articoli 3 e 4 (2).

(1) *Comma così modificato dall'art. 7, d.l. 25 ottobre 1996, n. 548, conv., con modif., in l. 20 dicembre 1996, n. 641.*

(2) *V. modifiche di cui al d.l. 4 aprile 1997, n. 92 non convertito in legge nel termine di sessanta giorni dalla sua pubblicazione.*

7 1. Ai fini della prevenzione delle complicanze causate da vaccinazioni, le unità sanitarie locali predispongono e attuano, entro sei mesi dalla data di entrata in vigore della presente legge, progetti di informazione rivolti alla popolazione e in particolare ai donatori e ai soggetti riceventi materiali biologici umani, alle persone da vaccinare e alle persone a contatto.

2. I progetti di cui al comma 1 assicurano una corretta informazione sull'uso dei vaccini, sui possibili

rischi e complicanze, sui metodi di prevenzione e sono prioritariamente rivolti ai genitori, alle scuole ed alle comunità in genere.

3. Le regioni, attraverso le unità sanitarie locali, curano la raccolta dei dati conoscitivi sulle complicanze da vaccino, anche al fine di adeguare a tali dati i progetti di informazione e i metodi di prevenzione.

8 1. Gli indennizzi previsti dalla presente legge sono corrisposti dal Ministero della sanità.

2. All'onere derivante dall'applicazione della presente legge, valutato in lire 19 miliardi per l'anno 1992 e in lire 10 miliardi a decorrere dal 1993, si provvede mediante riduzione dello stanziamento iscritto al capitolo 4550 dello stato di previsione del Ministero della sanità per l'anno 1992 e corrispondenti capitoli per gli anni successivi.

3. Il Ministro del tesoro è autorizzato ad apportare, con propri decreti, le occorrenti variazioni di bilancio.

6. Decreto del Presidente della Repubblica 18 aprile 1994, n. 388. — Regolamento recante semplificazione del procedimento di risarcimento dei danni provocati a persone e a cose a seguito di operazioni di polizia giudiziaria.

Pubblicato nella Gazzetta Ufficiale n. 141 del 18 giugno 1994, S.O.

1 Presentazione della richiesta di risarcimento danni.

1. La richiesta in via amministrativa di risarcimento dei danni conseguenti all'espletamento di servizi di ordine pubblico e ad operazioni di polizia giudiziaria deve essere inoltrata alla questura nel cui territorio l'evento dannoso si è verificato o al comando provinciale dell'Arma dei carabinieri territorialmente competente quando l'evento dannoso si è verificato in occasione dell'intervento di militari dell'Arma dei carabinieri.

2. Qualora la domanda venga presentata ad un'autorità incompetente a riceverla ai sensi del precedente comma, quest'ultima la trasmette a quella ritenuta competente.

2 Istruttoria delle richieste di risarcimento dei danni.

1. Entro trenta giorni dal ricevimento della richiesta, gli uffici di cui all'articolo 1 acquisiscono il rapporto di servizio del personale operante e istruiscono la richiesta corredandola di una analitica relazione contenente la descrizione dell'operazione, della dinamica dei fatti e dei luoghi dove si sono svolti, l'indicazione del personale che ha diretto o disposto le operazioni, le deposizioni testimoniali, i rilievi o accertamenti tecnici ed ogni altro utile elemento di valutazione, trasmettendo gli atti alla Prefettura territorialmente competente.

2. Il termine previsto dal comma 1 è sospeso nel caso in cui il segreto istruttorio su indagini in corso non permetta di acquisire elementi sufficienti per la redazione del rapporto e inizia nuovamente a decorrere nel caso in cui siano cessati tali impedimenti.

3 Richiesta di pareri.

1. La prefettura, entro venti giorni dal ricevimento degli atti, verifica la completezza della documentazione e la congruità della richiesta, e richiede al competente servizio del Ministero dell'interno l'autorizzazione al pagamento o alla transazione.

2. Se la richiesta, per il danno a cose e a persone, ammonta ad una somma complessivamente superiore a lire dieci milioni, la prefettura acquisisce pareri:

a) sulla fondatezza o meno della pretesa e sulla convenienza per l'amministrazione di addivenire ad una transazione, dall'Avvocatura dello Stato competente;

b) sulla congruità della somma, in caso di danno alle cose, dal competente Ufficio tecnico erariale; in caso di danno ai veicoli, dall'Ufficio motorizzazione dipendente dal Dipartimento della P.S.; in caso di danno alla persona, da un medico dei ruoli dei sanitari della polizia di Stato, esperto in medicina legale.

3. Quando sono richiesti i pareri di cui al comma 2, il termine di cui al comma 1 è di sessanta giorni.

4 Liquidazione del danno.

1. Entro trenta giorni dalla ricezione della richiesta istruita, il servizio competente del Ministero dell'interno predispone il provvedimento di autorizzazione al pagamento o alla transazione.

2. In caso di transazione, la prefettura provvede alla stipula dell'atto, alla registrazione presso il competente Ufficio del registro e, nei dieci giorni successivi, alla trasmissione al servizio competente del Ministero dell'interno, il quale, entro trenta giorni dalla ricezione, provvede a predisporre il provvedimento di autorizzazione al pagamento.

3. In deroga a quanto previsto dall'art. 14, regio decreto 18 novembre 1923 n. 2440, il prescritto parere al Consiglio di Stato sullo schema di transazione deve essere richiesto solo se il danno da liquidare ammonta ad una somma superiore a lire cinquanta milioni. Il detto limite viene annualmente elevato in riferimento ai parametri ISTAT relativi al costo della lira dei lavoratori dell'industria.

5 Entrata in vigore.

1. Il presente regolamento entra in vigore centottanta giorni dopo la sua pubblicazione nella Gazzetta Ufficiale.

CAPO II
RESPONSABILITÀ DELLA P.A. PER DANNI DERIVANTI DA ATTIVITÀ AMMINISTRATIVA ILLEGITTIMA

7. Trattato sul funzionamento dell'Unione Europea. (*estratto*).

340 (ex 288).

La responsabilità contrattuale dell'Unione è regolata dalla legge applicabile al contratto in causa.

In materia di responsabilità extracontrattuale, l'Unione deve risarcire, conformemente ai principi generali comuni ai diritti degli Stati membri, i danni cagionati dalle sue istituzioni o dai suoi agenti nell'esercizio delle loro funzioni.

In deroga al secondo comma, la Banca centrale europea deve risarcire, conformemente ai principi generali comuni al diritto degli Stati membri, i danni cagionati da essa stessa o dai suoi agenti nell'esercizio delle loro funzioni.

La responsabilità personale degli agenti nei confronti dell'Unione è regolata dalle disposizioni che stabiliscono il loro statuto o il regime loro applicabile.

8. Regio decreto 16 marzo 1942, n. 262. — Codice civile. (*estratto*).

LIBRO QUARTO
Delle obbligazioni

TITOLO I
Delle obbligazioni in generale (1)

(1) *V. l'art. 11 l. 7 agosto 1990, n. 241,* sub *III, 1.*

CAPO I
Disposizioni preliminari

1173 Fonti delle obbligazioni [prel. 25]

[I] Le obbligazioni derivano da contratto [1321 ss., 1218 ss.], da fatto illecito [2043 ss.], o da ogni altro atto o fatto idoneo a produrle [433 ss., 1337, 1755, 1987, 2028 ss., 2033 ss., 2041 ss., 2126, 2332] in conformità dell'ordinamento giuridico.

1174 Carattere patrimoniale della prestazione.

[I] La prestazione che forma oggetto dell'obbligazione deve essere suscettibile di valutazione economica e deve corrispondere a un interesse, anche non patrimoniale, del creditore [648, 1256, 1384, 1411 ss., 1457, 1464]

1175 Comportamento secondo correttezza.

[I] Il debitore e il creditore devono comportarsi secondo le regole della correttezza [1183, 1206, 1227, 1337, 1338, 1358, 1375, 1460, 1686, 1690, 1710, 1746, 1759, 1800, 1805, 1914, 2106, 2598 n. 3; c.p.c. 88] (1).

(1) *Articolo così modificato ad opera dell'art. 32 d.lgs.lt. 14 settembre 1944, n. 287. Il testo previgente era il seguente:* « Il debitore e il creditore devono comportarsi secondo le regole della correttezza, in relazione ai principi della solidarietà corporativa ».

CAPO II
Dell'adempimento delle obbligazioni

SEZIONE I
Dell'adempimento in generale

1176 Diligenza nell'adempimento.

[I] Nell'adempiere l'obbligazione il debitore deve usare la diligenza del buon padre di famiglia [382, 703, 1001, 1587, 1710, 1768, 1800, 1804, 2030, 2148, 2167, 2392, 2407] (1).

[II] Nell'adempimento delle obbligazioni inerenti all'esercizio di un'attività professionale, la diligenza deve valutarsi con riguardo alla natura dell'attività esercitata [1754, 1834 ss. 1838, 2104, 2145, 2174, 2224, 2229, 2236]

(1) *V. gli artt. 789, 1681, 1710, 1768, 1812, 1821, 2236 c.c., nonché gli artt. 1693, 1785, 1787, 1839 c.c.*

1181 Adempimento parziale.

[I] Il creditore può rifiutare un adempimento parziale anche se la prestazione è divisibile [1314 ss., 1464], salvo che la legge [1193, 1208 n. 3, 1258, 1672, 2873; c.p.c. 186-*bis*, 423] o gli usi dispongano diversamente.

CAPO III
Dell'inadempimento delle obbligazioni

1218 Responsabilità del debitore [c.p. 641]

[I] Il debitore che non esegue esattamente la prestazione dovuta [1176, 1181, 1197] è tenuto al risarcimento del danno [1223 ss., 2740], se non prova che l'inadempimento o il ritardo è stato determinato da impossibilità della prestazione [1256] derivante da causa a lui non imputabile [1176; trans. 160]

1219 Costituzione in mora.

[I] Il debitore è costituito in mora mediante intimazione o richiesta fatta per iscritto [1308, 2943; trans. 160]

[II] Non è necessaria la costituzione in mora: 1) quando il debito deriva da fatto illecito [1218, 2043 ss.]; 2) quando il debitore ha dichiarato per iscritto di non volere eseguire l'obbligazione; 3) quando è scaduto il termine, se la presta-zione deve essere eseguita al domicilio del creditore [1182] Se il termine scade dopo la morte del debitore, gli eredi non sono costituiti in mora che mediante intimazione o richiesta fatta per iscritto, e decorsi otto giorni dall'intimazione o dalla richiesta (1).

(1) *V. inoltre: art. 429 c.p.c.; art. 33, l. 18 giugno 1998, n. 192 in materia di subfornitura nelle attività produttive; art. 4, d.lgs. 9 ottobre 2002, n. 231 relativo alla decorrenza degli interessi moratori nelle transazioni commerciali tra imprese ovvero tra imprese e pubbliche amministrazioni.*

1220 Offerta non formale.

[I] Il debitore non può essere considerato in mora, se tempestivamente ha fatto offerta della prestazione dovuta, anche senza osservare le forme indicate nella sezione III del precedente capo [1208 ss.], a meno che il creditore l'abbia rifiutata per un motivo legittimo [1206]

1221 Effetti della mora sul rischio.

[I] Il debitore che è in mora non è liberato per la sopravvenuta impossibilità della prestazione derivante da causa a lui non imputabile [1256], se non prova che l'oggetto della prestazione sarebbe ugualmente perito presso il creditore [1805]

[II] In qualunque modo sia perita o smarrita [1257] una cosa illecitamente sottratta, la perdita di essa non libera chi l'ha sottratta dall'obbligo di restituirne il valore.

1222 Inadempimento di obbligazioni negative.

[I] Le disposizioni sulla mora [1219 ss.] non si applicano alle obbligazioni di non fare; ogni fatto compiuto in violazione di queste costituisce di per sé inadempimento.

1223 Risarcimento del danno.

[I] Il risarcimento del danno per l'inadempimento o per il ritardo deve comprendere così la perdita subita dal creditore [1174] come il mancato guadagno [2056], in quanto ne siano conseguenza immediata e diretta [c.p. 40, 41] (1).

(1) *V. artt. 1225, 1227, 20302 c.c.*

1224 Danni nelle obbligazioni pecuniarie.

[I] Nelle obbligazioni che hanno per oggetto una somma di danaro [1277 ss.], sono dovuti dal giorno della mora gli interessi legali [1284] (1), anche se non erano dovuti precedentemente e anche se il creditore non prova di aver sofferto alcun danno. Se prima della mora erano dovuti interessi in misura superiore a quella legale [1284], gli interessi moratori sono dovuti nella stessa misura.

[II] Al creditore che dimostra di aver subito un danno maggiore spetta l'ulteriore risarcimento [c.p.c. 429] (2). Questo non è dovuto se è stata convenuta la misura degli interessi moratori.

(1) *Per la misura degli interessi di mora in materia di espropriazione v. artt. 20 e 22 d.P.R. 8 giugno 2001, n. 327 (*sub *V, 57).*

(2) *Per il divieto di cumulo tra rivalutazione e interessi con riguardo agli emolumenti pensionistici e retributivi dei dipendenti v. art. 16, comma 6, l. 30 dicembre 1991, n. 412 e 22, comma 36 l. 23 dicembre 1994, n. 724, dichiarato, quest'ultimo, costituzionalmente illegittimo in riferimento ai datori di lavoro privati da C.Cost. 2 novembre 2000, n. 459. V. inoltre d.m. 1° settembre 1998, n. 352, concernente regolamento recante i criteri e le modalità per la corresponsione degli interessi legali e rivalutazione monetaria.*

1225 Prevedibilità del danno.

Se l'inadempimento o il ritardo non dipende da dolo del debitore, il risarcimento [1223] è limitato al danno che poteva prevedersi [1176] nel tempo in cui è sorta l'obbligazione [1173]

1226 Valutazione equitativa del danno.

[I] Se il danno non può essere provato nel suo preciso ammontare, è liquidato dal giudice con valutazione equitativa [2056; c.p.c. 113, 432]

1227 Concorso del fatto colposo del creditore [2056]

[I] Se il fatto colposo del creditore ha concorso a cagionare il danno, il risarcimento è diminuito secondo la gravità della colpa [2055] e l'entità delle conseguenze che ne sono derivate.

[II] Il risarcimento non è dovuto per i danni che il creditore avrebbe potuto evitare usando l'ordinaria diligenza [1175]

1228 Responsabilità per fatto degli ausiliari.

[I] Salva diversa volontà delle parti, il debitore che nell'adempimento dell'obbligazione si vale dell'opera di terzi, risponde anche dei fatti dolosi o colposi di costoro [2049]

1229 Clausole di esonero da responsabilità.

[I] È nullo qualsiasi patto che esclude o limita preventivamente la responsabilità del debitore [1228, 2049] per dolo o per colpa grave [1490, 1579, 1694, 1713; c.p. 641]
[II] È nullo altresì qualsiasi patto preventivo di esonero o di limitazione di responsabilità per i casi in cui il fatto del debitore o dei suoi ausiliari costituisca violazione di obblighi derivanti da norme di ordine pubblico [prel. 31; 1580, 1681, 1785-*quater*, 1838, 2087]

SEZIONE V
Dell'impossibilità sopravvenuta per causa non imputabile al debitore

1256 Impossibilità definitiva e impossibilità temporanea.

[I] La obbligazione si estingue quando, per una causa non imputabile al debitore, la prestazione diventa impossibile [1218, 1463 ss.]
[II] Se l'impossibilità è solo temporanea, il debitore, finché essa perdura, non è responsabile del ritardo nell'adempimento [1219] Tuttavia l'obbligazione si estingue se l'impossibilità perdura fino a quando, in relazione al titolo dell'obbligazione [1173] o alla natura dell'oggetto [1174], il debitore non può più essere ritenuto obbligato a eseguire la prestazione ovvero il creditore non ha più interesse a conseguirla [1174]

1258 Impossibilità parziale.

[I] Se la prestazione è divenuta impossibile solo in parte, il debitore si libera dall'obbligazione eseguendo la prestazione per la parte che è rimasta possibile [1181, 1672] (1).
[II] La stessa disposizione si applica quando, essendo dovuta una cosa determinata, questa ha subito un deterioramento, o quando residua alcunché dal perimento totale della cosa [994, 996]

(1) *V. art. 1464 c.c.*

1337 Trattative e responsabilità precontrattuale.

[I] Le parti, nello svolgimento delle trattative e nella formazione del contratto, devono comportarsi secondo buona fede [1218, 1440, 1578, 1812, 1821, 2043]

1338 Conoscenza delle cause d'invalidità.

[I] La parte che, conoscendo o dovendo conoscere l'esistenza di una causa d'invalidità del contratto [1418 ss.], non ne ha dato notizia all'altra parte è tenuta a risarcire il danno da questa risentito per avere confidato, senza sua colpa, nella validità del contratto [139, 1398]

TITOLO VII
Del pagamento dell'indebito

2033 Indebito oggettivo.

[I] Chi ha eseguito un pagamento non dovuto ha diritto di ripetere ciò che ha pagato. Ha inoltre diritto ai frutti [820 ss.] e agli interessi [1284] dal giorno del pagamento, se chi lo ha ricevuto era in mala fede, oppure, se questi era in buona fede [1147], dal giorno della domanda (1).

(1) *Sulle prestazioni indebite in materia di pensioni v. art. 52 l. 9 marzo 1989, n. 88, nonché art. 13 l. 30 dicembre 1991, n. 412.*

TITOLO VIII
Dell'arricchimento senza causa

2041 Azione generale di arricchimento.

[I] Chi, senza una giusta causa, si è arricchito a danno di un'altra persona è tenuto, nei limiti dell'arricchimento, a indennizzare quest'ultima della correlativa diminuzione patrimoniale [313, 5342, 1153, 1180, 1185, 1189, 1443, 1769, 2037, 2038] (1).
[II] Qualora l'arricchimento abbia per oggetto una cosa determinata, colui che l'ha ricevuta è tenuto a restituirla in natura, se sussiste al tempo della domanda.

(1) *V. art. 429 c.p.c.*

2042 Carattere sussidiario dell'azione.

[I] L'azione di arricchimento non è proponibile quando il danneggiato può esercitare un'altra azione per farsi indennizzare del pregiudizio subito.

TITOLO IX
Dei fatti illeciti

2043 Risarcimento per fatto illecito (1).

(1) *V. parte IV, 1.*

2058 Risarcimento in forma specifica (1).

(1) *V.* sub *IV, 1.*

2377 (1) **Annullabilità delle deliberazioni.**

[I] Le deliberazioni dell'assemblea, prese in conformità della legge e dell'atto sostitutivo, vincolano tutti i soci, ancorché non intervenuti o dissenzienti (2).

[II] Le deliberazioni che non sono prese in conformità della legge o dello statuto possono essere impugnate [c.c. 2351, 2606] dai soci assenti, dissenzienti od astenuti, dagli amministratori, dal consiglio di sorveglianza e dal collegio sindacale.

[III] L'impugnazione può essere proposta dai soci quando possiedono tante azioni aventi diritto di voto con riferimento alla deliberazione che rappresentino, anche congiuntamente, l'uno per mille del capitale sociale nelle società che fanno ricorso al mercato del capitale di rischio e il cinque per cento nelle altre; lo statuto può ridurre o escludere questo requisito. Per l'impugnazione delle deliberazioni delle assemblee speciali queste percentuali sono riferite al capitale rappresentato dalle azioni della categoria.

[IV] I soci che non rappresentano la parte di capitale indicata nel comma precedente e quelli che, in quanto privi di voto, non sono legittimati a proporre l'impugnativa hanno diritto al risarcimento del danno loro cagionato dalla non conformità della deliberazione alla legge o allo statuto.

[V] La deliberazione non può essere annullata:

1) per la partecipazione all'assemblea di persone non legittimate, salvo che tale partecipazione sia stata determinante ai fini della regolare costituzione dell'assemblea a norma degli articoli 2368 e 2369;

2) per l'invalidità di singoli voti o per il loro errato conteggio, salvo che il voto invalido o l'errore di conteggio siano stati determinanti ai fini del raggiungimento della maggioranza richiesta;

3) per l'incompletezza o l'inesattezza del verbale, salvo che impediscano l'accertamento del contenuto, degli effetti e della validità della deliberazione.

[VI] L'impugnazione o la domanda di risarcimento del danno sono proposte nel termine di novanta giorni dalla data della deliberazione, ovvero, se questa è soggetta ad iscrizione nel registro delle imprese, entro novanta giorni dall'iscrizione [c.c. 23, 25, 1109, 1445, 2391] o, se è soggetta solo a deposito presso l'ufficio del registro delle imprese, entro novanta giorni dalla data di questo (3).

[VII] L'annullamento della deliberazione ha effetto rispetto a tutti i soci ed obbliga gli amministratori, il consiglio di sorveglianza e il consiglio di gestione a prendere i conseguenti provvedimenti sotto la propria responsabilità. In ogni caso sono salvi i diritti acquistati in buona fede dai terzi in base ad atti compiuti in esecuzione della deliberazione [c.c. 23, 2964]

[VIII] L'annullamento della deliberazione non può aver luogo, se la deliberazione impugnata è sostituita con altra presa in conformità della legge e dello statuto. In tal caso il giudice provvede sulle spese di lite, ponendole di norma a carico della società, e sul risarcimento dell'eventuale danno.

[IX] Restano salvi i diritti acquisiti dai terzi sulla base della deliberazione sostituita (4).

(1) *Articolo sostituito dall' art. 1 d.lgs. 17 gennaio 2003, n. 6, che ha sostituito l'originario Capo V, comprendente gli artt. 2325-2461.*

(2) *Comma inserito dall'art. 1 d.lgs. n. 6, cit., come modificato dall'art. 5, comma 1, lett.* o) *d.lgs. 6 febbraio 2004, n. 37.*

(3) *V. Avviso di rettifica in G.U. 4 luglio 2003, n. 153.*

(4) *Il testo del presente articolo prima delle modifiche apportate con i d.lg. citati nelle precedenti note era il seguente:* « 2377. Annullabilità delle deliberazioni.

Le deliberazioni che non sono prese in conformità della legge o dello statuto possono essere impugnate dai soci assenti, dissenzienti od astenuti, dagli amministratori, dal consiglio di sorveglianza e dal collegio sindacale.

L'impugnazione può essere proposta dai soci quando possiedono tante azioni aventi diritto di voto con riferimento alla deliberazione che rappresentino, anche congiuntamente, l'uno per mille del capitale sociale nelle società che fanno ricorso al mercato del capitale di rischio e il cinque per cento nelle altre; lo statuto può ridurre o escludere questo requisito. Per l'impugnazione delle deliberazioni delle assemblee speciali queste percentuali sono riferite al capitale rappresentato dalle azioni della categoria.

I soci che non rappresentano la parte di capitale indicata nel comma precedente e quelli che, in quanto privi di voto, non sono legittimati a proporre l'impugnativa hanno diritto al risarcimento del danno loro cagionato dalla non conformità della deliberazione alla legge o allo statuto.

La deliberazione non può essere annullata:

1) per la partecipazione all'assemblea di persone non legittimate, salvo che tale partecipazione sia stata determinante ai fini della regolare costituzione dell'assemblea a norma degli articoli 2368 e 2369;

2) per l'invalidità di singoli voti o per il loro errato conteggio, salvo che il voto invalido o l'errore di conteggio siano stati determinanti ai fini del raggiungimento della maggioranza richiesta;

3) per l'incompletezza o l'inesattezza del verbale, salvo che impediscano l'accertamento del contenuto, degli effetti e della validità della deliberazione.

L'impugnazione o la domanda di risarcimento del danno sono proposte nel termine di novanta giorni dalla data della deliberazione, ovvero, se questa è soggetta ad iscrizione nel registro delle imprese, entro novanta giorni dall'iscrizione o, se è soggetta solo a deposito presso l'ufficio del registro delle imprese, entro novanta giorni dalla data di questo.

L'annullamento della deliberazione ha effetto rispetto a tutti i soci ed obbliga gli amministratori, il consiglio di sorveglianza e il consiglio di gestione a prendere i conseguenti provvedimenti sotto la propria responsabilità. In ogni caso sono salvi i diritti acquistati in buona fede dai terzi in base ad atti compiuti in esecuzione della deliberazione.

L'annullamento della deliberazione non può aver luogo, se la deliberazione impugnata è sostituita con altra presa in conformità della legge e dello statuto. In tal caso il giudice provvede sulle spese di lite, ponendole di norma a carico della società, e sul risarcimento dell'eventuale danno.

Restano salvi i diritti acquisiti dai terzi sulla base della deliberazione sostituita. ».

Prima ancora l'originario testo dell'art. 2377 c.c. prevedeva al comma 2 che « Le deliberazioni che non sono prese in conformità della legge o dell'atto costitutivo possono essere impugnate da (...) entro tre mesi dalla data della deliberazione (...) ».

9. Legge 6 dicembre 1971, n. 1034. — Istituzione dei tribunali amministrativi regionali. (*estratto*).

Pubblicata nella Gazzetta Ufficiale n. 314 del 13 dicembre 1971.

7 [Il tribunale amministrativo regionale esercita giurisdizione di merito nei casi preveduti dall'articolo 27 del testo unico 26 giugno 1924, n. 1054, ed in quelli previsti dall'articolo 1 del testo unico 26 giugno 1924, n. 1058.

Il tribunale amministrativo regionale esercita giurisdizione esclusiva nei casi previsti dall'articolo 29 del testo unico 26 giugno 1924, n. 1054, e in quelli previsti dall'articolo 4 del testo unico 26 giugno 1924, n. 1058, e successive modificazioni, nonché nelle materie di cui all'articolo 5, primo comma, della presente legge.

Il tribunale amministrativo regionale, nell'ambito della sua giurisdizione, conosce anche di tutte le questioni relative all'eventuale risarcimento del danno (1), anche attraverso la reintegrazione in forma specifica (2), e agli altri diritti patrimoniali consequenziali (3). Restano riservate all'autorità giudiziaria ordinaria le questioni pregiudiziali concernenti lo stato e la capacità dei privati individui, salvo che si tratti della capacità di stare in giudizio, e la risoluzione dell'incidente di falso (4) (5).

Il tribunale amministrativo regionale giudica anche in merito nei casi previsti dall'articolo 29, numeri 2), 3), 4), 5) e 8) del testo unico 26 giugno 1924, n. 1054.] (6)

(1) *V. art. 2043 c.c.* (sub *IV, 1*).

(2) *V. art. 2058 c.c.* (sub *IV, 1*).

(3) *Prima della modifica di cui alla nota 4, il comma 3 dell'art. 7 prevedeva « Il tribunale amministrativo regionale nelle materie deferite alla sua giurisdizione esclusiva conosce anche di tutte le questioni relative a diritti. Restano, tuttavia, sempre riservate all'autorità giudiziaria ordinaria le questioni attinenti a diritti patrimoniali consequenziali alla pronuncia di illegittimità dell'atto o provvedimento contro cui si ricorre, nonché le questioni pregiudiziali concernenti lo stato e la capacità dei privati individui, salvo che si tratti della capacità di stare in giudizio, e la risoluzione dell'incidente di falso. ». Anche in base all'art. 30 del r.d. 26 giugno 1924 n. 1054 era previsto che « Restano, tuttavia, sempre riservate all'autorità giudiziaria ordinaria le questioni attinenti a diritti patrimoniali consequenziali alla pronunzia di legittimità dell'atto o provvedimento contro cui si ricorre, nonché le questioni pregiudiziali concernenti lo Stato e la capacità dei privati individui, salvo che si tratti della capacità di stare in giudizio, e la risoluzione dell'incidente di falso ». Vedi anche l'art. 13 della l. 19 febbraio 1992, n. 142* (sub *IV, 10; in particolare, v. la nota 2*).

(4) *Comma sostituito dall'art. 35, d.lgs. 31 marzo 1998, n. 80, a sua volta successivamente modificato dall'art. 7, l. 21 luglio 2000, n. 205.*

(5) *Per le materie di giurisdizione esclusiva, v. l'art. 35 d.lgs. 31 marzo 1998, n. 80* (sub *IV, 13*).

(6) *Articolo abrogato dal n. 10) del comma 1 dell'art. 4 dell'allegato 4 al d.lgs. 2 luglio 2010, n. 104, a decorrere dal 16 settembre 2010, ai sensi di quanto disposto dall'art. 2 dello stesso provvedimento.*

10. Legge 19 febbraio 1992, n. 142. — Disposizioni per l'adempimento di obblighi derivanti dall'appartenenza dell'Italia alle Comunità europee (legge comunitaria per il 1991). (*estratto*) (1).

Pubblicata nella Gazzetta Ufficiale n. 42 del 20 febbraio 1992, S.O.

(1) *Si riporta il solo art. 13, benché abrogato, in quanto relativo al risarcimento del danno.*

13 Violazioni del diritto comunitario in materia di appalti e forniture.

[1. I soggetti che hanno subìto una lesione a causa di atti compiuti in violazione del diritto comunitario in materia di appalti pubblici di lavori o di forniture o delle relative norme interne di recepimento possono chiedere all'Amministrazione aggiudicatrice il risarcimento del danno.

2. La domanda di risarcimento è proponibile dinanzi al giudice ordinario da chi ha ottenuto l'annullamento dell'atto lesivo con sentenza del giudice amministrativo.

3. Gli oneri derivanti dall'attuazione del presente articolo sono imputati ad apposito capitolo da istituire « per memoria » nello stato di previsione del Ministero del tesoro, alla cui dotazione si provvede, in considerazione della natura della spesa, mediante prelevamento dal fondo di riserva per le spese obbligatorie e d'ordine iscritto nel medesimo stato di previsione.

4. Il Ministro del tesoro è autorizzato ad apportare, con propri decreti, le occorrenti variazioni di bilancio] (1) (2).

(1) *Articolo abrogato dall'art. 35, d.lgs. 31 marzo 1998, n. 80. In precedenza, con l'art. 11 l. 19 dicembre 1992, n. 489 (poi abrogato dall'art. 256, d.lgs. 12 aprile 2006, n. 163, era stato previsto che « Gli articoli 12 e 13 della legge 19 febbraio 1992, n. 142, si applicano dal 1993 anche alle procedure di appalto degli enti costituiti in forma di società per azioni di cui alla direttiva 90/531/CEE del Consiglio, del 17 settembre 1990 » e con l'art. 11, lett. i), l. 22 febbraio 1994, n. 14 (anche abrogato dall'art. 256, d.lgs. 12 aprile 2006, n. 163) era stato fissato il seguente criterio di delega « i) prevedere l'estensione delle disposizioni di cui agli articoli 12 e 13 della legge 19 febbraio 1992, n. 142, anche agli appalti di servizi ».*

(2) *V., l'art. 2 della Direttiva 89/665/CEE del Consiglio, del 21 dicembre 1989 che coordina le disposizioni legislative, regolamentari e amministrative relative all'applicazione delle procedure di ricorso in materia di aggiudicazione degli appalti pubblici di forniture e di lavori (in attuazione della quale è stato introdotto l'art. 13 l. n. 142/1992), che prevede(va) che: « 1. Gli Stati membri fanno sì che i provvedimenti presi ai fini dei ricorsi di cui all'articolo 1 prevedano i poteri che permettano di. a) prendere con la massima sollecitudine e con procedura d'urgenza provvedimenti provvisori intesi a riparare la violazione o impedire che altri danni siano causati agli interessi coinvolti, compresi i provvedimenti intesi a sospendere o a far sospendere la procedura di aggiudicazione pubblica di un appalto o l'esecuzione di qualsiasi decisione presa dalle autorità aggiudicatrici; b) annullare o far annullare le decisioni illegittime, compresa la soppressione delle specificazioni tecniche, economiche o finanziarie discriminatorie figuranti nei documenti di gara, nei capitolati d'oneri o in ogni altro documento connesso con la procedura di aggiudicazione dell'appalto in questione; c) accordare un risarcimento danni alle persone lese dalla violazione. 3. Le procedure di ricorso non devono necessariamente esercitare, di per sé stesse, effetti sospensivi automatici sulle procedure di aggiudicazione cui si riferiscono. 4. Gli Stati membri possono prevedere che l'organo responsabile, quando esamina l'opportunità di prendere provvedimenti provvisori, possa tener conto delle probabili conseguenze dei provvedimenti stessi per tutti gli interessi che possono essere lesi, nonché dell'interesse pubblico e decidere di non accordare tali provvedimenti qualora le conseguenze negative possano superare quelle positive. La decisione di non accordare provvedimenti provvisori non reca pregiudizio agli altri diritti rivendicati dalla persona che chiede tali provvedimenti. 5. Gli Stati membri possono prevedere che, se un risarcimento danni viene domandato a causa di una decisione presa illegalmente, per prima cosa l'organo che ha la competenza necessaria a tal fine annulli la decisione contestata. 6. Gli effetti dell'esercizio dei poteri di cui al paragrafo 1 sul contratto stipulato in seguito all'aggiudicazione dell'appalto sono determinati dal diritto nazionale. Inoltre, salvo nel caso in cui una decisione debba essere annullata prima della concessione di un risarcimento danni, uno Stato membro può prevedere che, dopo la stipulazione di un contratto in seguito all'aggiudicazione dell'appalto, i poteri dell'organo responsabile delle procedure di ricorso si limitino alla concessione di un risarcimento danni a qualsiasi persona lesa da una violazione ».*

11. Legge 15 marzo 1997, n. 59. — Delega al Governo per il conferimento di funzioni e compiti alle regioni ed enti locali, per la riforma della Pubblica Amministrazione e per la semplificazione amministrativa. (*estratto*) (1).

Pubblicata nella Gazzetta Ufficiale n. 63 del 17 marzo 1997.

(1) *Si riporta il solo criterio di delega di cui all'art. 11, comma 4, lett.* g) *e all'art. 17, comma 1, lett.* f), *benché per quest'ultimo il termine per l'esercizio della delega sia ormai scaduto.*

11 1. Il Governo è delegato ad emanare, entro il 31 gennaio 1999, uno o più decreti legislativi diretti a:

(*Omissis*).

4. Anche al fine di conformare le disposizioni del decreto legislativo 3 febbraio 1993, n. 29, e successive modificazioni, alle disposizioni della presente legge recanti princìpi e criteri direttivi per i decreti legislativi da emanarsi ai sensi del presente capo, ulteriori disposizioni integrative e correttive al decreto legislativo 3 febbraio 1993, n. 29, e successive modificazioni, possono essere emanate entro il 31 ottobre 1998. A tal fine il Governo, in sede di adozione dei decreti legislativi, si attiene ai princìpi contenuti negli articoli 97 e 98 della Costituzione, ai criteri direttivi di cui all'articolo 2 della legge 23 ottobre 1992, n. 421, a partire dal principio della separazione tra compiti e responsabilità di direzione politica e compiti e responsabilità di direzione delle amministrazioni, nonché, ad integrazione, sostituzione o modifica degli stessi ai seguenti princìpi e criteri direttivi:

(*Omissis*).

g) devolvere, entro il 30 giugno 1998, al giudice ordinario, tenuto conto di quanto previsto dalla lettera *a*), tutte le controversie relative ai rapporti di lavoro dei dipendenti delle pubbliche amministrazioni, ancorché concernenti in via incidentale atti amministrativi presupposti, ai fini della disapplicazione, prevedendo: misure organizzative e processuali anche di carattere generale atte a prevenire disfunzioni dovute al sovraccarico del contenzioso; procedure stragiudiziali di conciliazione e arbitrato; infine, la contestuale estensione della giurisdizione del giudice amministrativo alle controversie aventi ad oggetto diritti patrimoniali conseguenziali, ivi comprese quelle relative al risarcimento del danno, in materia edilizia, urbanistica e di servizi pubblici, prevedendo altresì un regime processuale transitorio per i procedimenti pendenti (1);

(*Omissis*).

(1) *Per quest'ultima parte, v. l'art. 35 del d.lgs. 31 marzo 1998, n. 80 (sub IV, 13).*

17 1. Nell'attuazione della delega di cui alla lettera *c*) del comma 1 dell'articolo 11 il Governo si atterrà, oltreché ai princìpi generali desumibili dalla legge 7 agosto 1990, n. 241, e successive modificazioni, dal decreto legislativo 3 febbraio 1993, n. 29, e successive modificazioni, dall'articolo 3, comma 6, della legge 14 gennaio 1994, n. 20, ai seguenti princìpi e criteri direttivi:

(*Omissis*).

f) previsione, per i casi di mancato rispetto del termine del procedimento, di mancata o ritardata adozione del provvedimento, di ritardato o incompleto assolvimento degli obblighi e delle prestazioni da parte della pubblica amministrazione, di forme di indennizzo automatico e forfettario a favore dei soggetti richiedenti il provvedimento; contestuale individuazione delle modalità di pagamento e degli uffici che assolvono all'obbligo di corrispondere l'indennizzo, assicurando la massima pubblicità e conoscenza da parte del pubblico delle misure adottate e la massima celerità nella corresponsione dell'indennizzo stesso (1) (2).

(1) *La presente lettera, in origine lettera* h) *dell'art. 20 successivo, è stata qui ricollocata dall'art. 7, l. 15 maggio 1997, n. 127. La delega non è stata attuata; sui termini per la conclusione del procedimento, v. l'art. 2 della legge 7 agosto 1990, n. 241 (sub III, 1).*

(2) *La delega non è stata attuata; per l'unico caso di previsione dell'indennizzo, v. la l.r. Toscana 23 luglio 2009, n. 40, di seguito riportata.*

12. Legge regionale Toscana 23 luglio 2009, n. 40. — Norme sul procedimento amministrativo, per la semplificazione e la trasparenza dell'attività amministrativa. (*estratto*) (1).

Pubblicata nel B.U. Toscana 29 luglio 2009, n. 27.

(1) *Titolo così sostituito dall'art. 1, comma 1, l.r. 14 marzo 2013, n. 9. Il testo originario era così formulato: « Legge di semplificazione e riordino normativo 2009 ».*

SEZIONE III
Riduzione dei tempi burocratici

12 Certezza dei termini di conclusione del procedimento.

1. Il procedimento che consegua obbligatoriamente ad una istanza oppure debba essere iniziato d'ufficio, si conclude mediante provvedimento espresso, fermo restando quanto stabilito dalle disposizioni in materia di segnalazione certificata di inizio di attività e di silenzio assenso (1).

2. I procedimenti amministrativi nelle materie di competenza legislativa della Regione si concludono entro trenta giorni. Eventuali disposizioni di legge o di regolamento approvate successivamente all'entrata in vigore della presente legge che stabiliscano termini di conclusione dei procedimenti superiori a trenta giorni sono specificamente motivate.

2-*bis*. La mancata o tardiva adozione del provvedimento nei termini costituisce elemento di valutazione individuale nonché di responsabilità disciplinare del soggetto inadempiente, ferme le ulteriori responsabilità previste dalla normativa statale (2).

2-*ter*. Nei provvedimenti rilasciati in ritardo su istanza di parte è espressamente indicato il termine di conclusione previsto dalla normativa e quello effettivamente impiegato (3).

2-*quater*. Il responsabile della correttezza, entro il 30 gennaio di ogni anno, comunica alla Giunta regionale i procedimenti per i quali non è stato rispettato il termine di conclusione (3).

2-*quinquies*. Il responsabile della correttezza del Consiglio regionale di cui all'articolo 11-*bis*, comma 4, provvede alla comunicazione, di cui al comma 2 quater, all'Ufficio di presidenza (3).

3. La Regione, con legge o regolamento, conferma o ridetermina, con specifica motivazione, tutti i termini di conclusione dei procedimenti amministrativi superiori a trenta giorni previsti rispettivamente da leggi o regolamenti regionali (4).

3-*bis*. Il Consiglio regionale, su proposta della Giunta regionale, conferma o ridetermina, con specifica motivazione, i termini di conclusione dei procedimenti superiori a trenta giorni previsti in atti amministrativi di propria competenza (5).

3-*ter*. I termini di conclusione dei procedimenti che al 31 dicembre 2010 non siano stati espressamente confermati o rideterminati ai sensi dei commi 3 e 3-*bis* sono ridotti a trenta giorni (5).

(1) *Comma sostituito dall'art. 15 l. r. 14 marzo 2013, n. 9.*
(2) *Comma inserito dall'art. 15 l. r. n. 9, cit.*
(3) *Comma inserito dall'art. 15 l. r. n. 9, cit.*
(4) *Comma sostituito dall'art. 43 l. r. 14 dicembre 2009, n. 75.*
(5) *Comma aggiunto dall'art. 43 l. r. n. 75, cit.*

16 Indennizzo per il ritardo nella conclusione dei procedimenti (1).

1. I soggetti di cui all'articolo 3, comma 1, lettere *a*), *b*) e *c*), in caso di inosservanza dei termini per la conclusione dei procedimenti di rispettiva compe-tenza, corrispondono all'interessato che ne faccia ri chiesta ai sensi dell'articolo 17, una somma di denaro a titolo di indennizzo per il mero ritardo, stabilita in misura fissa di 100,00 euro per ogni dieci giorni di ritardo, fino a un massimo di 1.000,00 euro. Resta impregiudicato il diritto al risarcimento del danno.

2. La disposizione di cui al comma 1 non si applica ai casi di silenzio-assenso normativamente previsti.

3. I soggetti di cui all'articolo 3, comma 1, lettera *c*), stabiliscono le procedure e i termini per la corresponsione dell'indennizzo relativo ai procedimenti di loro competenza.

4. I soggetti di cui all'articolo 3, comma 1, lettere *e*) e *f*) possono prevedere procedure e termini per la corresponsione dell'indennizzo relativo ai procedimenti di loro competenza.

(1) *Per la disciplina dell'indennizzo per il ritardo nella conclusione del procedimento v. l'art. 2-*bis*, comma 1-*bis*. l. 7 agosto 1990, n. 241, sub IV, 14.*

17 Procedura per la corresponsione dell'indennizzo da parte della Regione Toscana.

1. In caso di inosservanza dei termini di conclusione del procedimento, l'interessato inoltra istanza scritta di indennizzo al responsabile della correttezza o, ove la procedura di indennizzo sia attivata per i procedimenti di competenza del Consiglio regionale, al Segretario generale del Consiglio (1).

2. L'istanza, da presentare a pena di decadenza entro un anno dalla scadenza del termine fissato per la conclusione del procedimento, contiene l'indicazione del procedimento stesso.

3. Il responsabile della correttezza e della celerità del procedimento accerta la sussistenza dei presupposti per il riconoscimento dell'indennizzo, e a tal fine acquisisce ogni elemento utile, anche mediante audizione del responsabile del procedimento e dell'interessato.

4. [Il mancato rispetto dei termini di conclusione dei procedimenti costituisce elemento di valutazione della responsabilità dirigenziale] (2).

(1) *Comma così sostituito dall'art. 18, comma 1, l.r. 14 marzo 2013, n. 9. Il testo originario era così formulato: « 1. In caso di inosservanza dei termini di conclusione del procedimento, l'interessato inoltra istanza scritta di indennizzo alla direzione generale competente per il procedimento o, ove la procedura di indennizzo sia attivata per i procedimenti di competenza del Consiglio regionale, alla direzione generale del Consiglio. ».*
(2) *Comma abrogato dall'art. 18, comma 2, l.r. 14 marzo 2013, n. 9.*

13. Decreto legislativo 31 marzo 1998, n. 80. — Nuove disposizioni in materia di organizzazione e di rapporti di lavoro nelle amministrazioni pubbliche, di giurisdizione nelle controversie di lavoro e di giurisdizione amministrativa, emanate in attuazione dell'articolo 11, comma 4, della l. 15 marzo 1997, n. 59. (*estratto*) (1).

Pubblicato nella Gazzetta Ufficiale n. 82 del 8 aprile 1998, S.O.

(1) *Si riporta il solo art. 35 del d.lgs. 31 marzo 1998, n. 80.*

35 [1. Il giudice amministrativo, nelle controversie devolute alla sua giurisdizione esclusiva, dispone, anche attraverso la reintegrazione in forma specifica (1), il risarcimento del danno ingiusto (2).

2. Nei casi previsti dal comma 1, il giudice amministrativo può stabilire i criteri in base ai quali l'amministrazione pubblica o il gestore del pubblico servizio devono proporre a favore dell'avente titolo il pagamento di una somma entro un congruo termine. Se le parti non giungono ad un accordo, con il ricorso previ-

sto dall'articolo 27, primo comma, numero 4), del testo unico approvato con regio decreto 26 giugno 1924, n. 1054, può essere chiesta la determinazione della somma dovuta (3).

3. Il giudice amministrativo, nelle controversie di cui al comma 1, può disporre l'assunzione dei mezzi di prova previsti dal codice di procedura civile, nonché della consulenza tecnica d'ufficio, esclusi l'interrogatorio formale e il giuramento. L'assunzione dei mezzi di prova e l'espletamento della consulenza tecnica d'ufficio sono disciplinati, ove occorra, nel regolamento di cui al regio decreto 17 agosto 1907, n. 642, tenendo conto della specificità del processo amministrativo in relazione alle esigenze di celerità e concentrazione del giudizio.

4. (*Omissis*) (4).

5. Sono abrogati l'articolo 13 della legge 19 febbraio 1992, n. 142 (5), e ogni altra disposizione che prevede la devoluzione al giudice ordinario delle controversie sul risarcimento del danno conseguente all'annullamento di atti amministrativi (6)] (7).

(1) *V. l'art. 2058 c.c. (sub IV, 1).*

(2) *V. l'art. 2058 c.c. (sub IV, 1).*

(3) *V. la differenza con l'art. 278 c.p.c.*

(4) *Modifica il comma 3 dell'art. 7, l. 6 dicembre 1971, n. 1034 (sub IV, 9).*

(5) *V. sub IV, 10.*

(6) *Articolo così sostituito dall'art. 7, l. 21 luglio 2000, n. 205.*

(7) *Articolo abrogato dall'art. 4 delle Norme di coord. e abr. del Codice del processo amministrativo, approvato con d.lgs. 2 luglio 2010, n. 104.*

14. Legge 7 agosto 1990, n. 241. — Nuove norme in materia di procedimento amministrativo e di diritto di accesso ai documenti amministrativi. (*estratto*) (1).

(1) *Per l'intera legge v. sub III, 1.*

2-*bis* Conseguenze per il ritardo dell'amministrazione nella conclusione del procedimento (1).

1. Le pubbliche amministrazioni e i soggetti di cui all'articolo 1, comma 1-*ter*, sono tenuti al risarcimento del danno ingiusto cagionato in conseguenza dell'inosservanza dolosa o colposa del termine di conclusione del procedimento.

1-*bis*. Fatto salvo quanto previsto dal comma 1 e ad esclusione delle ipotesi di silenzio qualificato e dei concorsi pubblici, in caso di inosservanza del termine di conclusione del procedimento ad istanza di parte, per il quale sussiste l'obbligo di pronunziarsi, l'istante ha diritto di ottenere un indennizzo per il mero ritardo alle condizioni e con le modalità stabilite dalla legge o, sulla base della legge, da un regolamento emanato ai sensi dell'articolo 17, comma 2, della legge 23 agosto 1988, n. 400. In tal caso le somme corrisposte o da corrispondere a titolo di indennizzo sono detratte dal risarcimento (2).

[2. Le controversie relative all'applicazione del presente articolo sono attribuite alla giurisdizione esclusiva del giudice amministrativo. Il diritto al risarcimento del danno si prescrive in cinque anni] (3).

(1) *Articolo aggiunto dall'art. 7 comma 1 lett. c) l. 18 giugno 2009, n. 69.*

(2) *Comma inserito dall'art. 28, comma 9, d.l. 21 giugno 2013, n. 69, conv., con modif., in l. 9 agosto 2013, n. 98.*

Il citato art. 28 ha previsto che:

« 1. La pubblica amministrazione procedente o, in caso di procedimenti in cui intervengono più amministrazioni, quella responsabile del ritardo e i soggetti di cui all'art. 1, comma 1-ter, della legge 7 agosto 1990, n. 241, in caso di inosservanza del termine di conclusione del procedimento amministrativo iniziato ad istanza di parte, per il quale sussiste l'obbligo di pronunziarsi, con esclusione delle ipotesi di silenzio qualificato e dei concorsi pubblici, corrispondono all'interessato, a titolo di indennizzo per il mero ritardo, una somma pari a 30 euro per ogni giorno di ritardo con decorrenza dalla data di scadenza del termine del procedimento, comunque complessivamente non superiore a 2.000 euro.

2. Al fine di ottenere l'indennizzo, l'istante è tenuto ad azionare il potere sostitutivo previsto dall'art. 2, comma 9-bis, della legge n. 241 del 1990 nel termine perentorio di venti giorni dalla scadenza del termine di conclusione del procedimento. Nel caso di procedimenti in cui intervengono più amministrazioni, l'interessato presenta istanza all'amministrazione procedente, che la trasmette tempestivamente al titolare del potere sostitutivo dell'amministrazione responsabile del ritardo. I soggetti di cui all'articolo 1, comma 1-ter, della medesima legge individuano a tal fine il responsabile del potere sostitutivo.

3. Nel caso in cui anche il titolare del potere sostitutivo non emani il provvedimento nel termine di cui all'articolo 2, comma 9-ter, della legge 7 agosto 1990, n. 241, o non liquidi l'indennizzo maturato fino alla data della medesima liquidazione, l'istante può proporre ricorso ai sensi dell'articolo 117 del codice del processo amministrativo di cui all'Allegato 1 al decreto legislativo 2 luglio 2010, n. 104, e successive modificazioni, oppure, ricorrendone i presupposti, dell'articolo 118 dello stesso codice.

4. Nel giudizio di cui all'articolo 117 del codice di cui all'Allegato 1 al decreto legislativo 2 luglio 2010, n. 104, e successive modificazioni, può proporsi, congiuntamente al ricorso avverso il silenzio, domanda per ottenere l'indennizzo. In tal caso, anche tale domanda è trattata con rito camerale e decisa con sentenza in forma semplificata.

5. Nei ricorsi di cui al comma 3, nonché nei giudizi di opposizione e in quelli di appello conseguenti, il contributo unificato è ridotto alla metà e confluisce nel capitolo di cui all'articolo 37, comma 10, secondo periodo, del decreto-legge 6 luglio 2011, n. 98, convertito, con modificazioni, dalla legge 15 luglio 2011, n. 111, e successive modificazioni.

6. Se il ricorso è dichiarato inammissibile o è respinto in relazione all'inammissibilità o alla manifesta infondatezza dell'istanza che ha dato avvio al procedimento, il giudice, con pronuncia immediatamente esecutiva, condanna il ricorrente a pagare in favore del resistente una somma da due volte a quattro volte il contributo unificato.

7. La pronuncia di condanna a carico dell'amministrazione è comunicata, a cura della Segreteria del giudice che l'ha pronunciata, alla Corte dei conti al fine del controllo di gestione sulla pubblica amministrazione, al Procuratore regionale della Corte dei Conti per le valutazioni di competenza, nonché al titolare dell'azione disciplinare verso i dipendenti pubblici interessati dal procedimento amministrativo.

8. Nella comunicazione di avvio del procedimento e nelle informazioni sul procedimento pubblicate ai sensi dell'articolo 35 del decreto legislativo 14 marzo 2013, n. 33, è fatta menzione del diritto all'indennizzo, nonché delle modalità e dei termini per conseguirlo, e sono altresì indicati il soggetto cui è attribuito il potere sostitutivo e i termini a questo assegnati per la conclusione del procedimento.

9. (omissis: inserisce all'articolo 2-bis il comma 1-bis).

10. Le disposizioni del presente articolo si applicano, in via sperimentale e dalla data di entrata in vigore della legge di conversione del presente decreto, ai procedimenti amministrativi relativi all'avvio e all'esercizio dell'attività di impresa iniziati successivamente alla medesima data di entrata in vigore.

11. Gli oneri derivanti dall'applicazione del presente articolo restano a carico degli stanziamenti ordinari di bilancio di ciascuna amministrazione interessata.

12. Decorsi diciotto mesi dall'entrata in vigore della legge di conversione del presente decreto e sulla base del monitoraggio relativo alla sua applicazione, con regolamento emanato ai sensi dell'articolo 17, comma 2, della legge 23 agosto 1988, n. 400, su proposta del Ministro per la pubblica amministrazione e la semplificazione, di concerto con il Ministro dell'economia e delle finanze, sentita la Conferenza unificata, di cui all'articolo 8 del decreto legislativo 28 agosto 1997, n. 281, e successive modificazioni, sono stabiliti la conferma, la rimodulazione, anche con riguardo ai procedimenti amministrativi esclusi, o la cessazione delle disposizioni del presente articolo, nonché eventualmente il termine a decorrere dal quale le disposizioni ivi contenute sono applicate, anche gradualmente, ai procedimenti amministrativi diversi da quelli individuati al comma 10 del presente articolo ».

(3) *Comma abrogato dall'art. 4 dell'Allegato 4 d.lgs. 2 luglio 2010, n. 104, con effetto a decorrere dal 16 settembre 2010.*

15. Codice del processo amministrativo, approvato con d.lgs. 2 luglio 2010, n. 104. (*estratto*) (1).

Pubblicato nella Gazzetta Ufficiale n. 156 del 7 luglio 2010, S.O.

(1) *Per l'intero provvedimento, v. sub VI, 37.*

30 Azione di condanna.

1. L'azione di condanna può essere proposta contestualmente ad altra azione o, nei soli casi di giurisdizione esclusiva e nei casi di cui al presente articolo, anche in via autonoma.

2. Può essere chiesta la condanna al risarcimento del danno ingiusto derivante dall'illegittimo esercizio dell'attività amministrativa o dal mancato esercizio di quella obbligatoria. Nei casi di giurisdizione esclusiva può altresì essere chiesto il risarcimento del danno da lesione di diritti soggettivi. Sussistendo i presupposti previsti dall'articolo 2058 del codice civile, può essere chiesto il risarcimento del danno in forma specifica.

3. La domanda di risarcimento per lesione di interessi legittimi è proposta entro il termine di decadenza di centoventi giorni decorrente dal giorno in cui il fatto si è verificato ovvero dalla conoscenza del provvedimento se il danno deriva direttamente da questo. Nel determinare il risarcimento il giudice valuta tutte le circostanze di fatto e il comportamento complessivo delle parti e, comunque, esclude il risarcimento dei danni che si sarebbero potuti evitare usando l'ordinaria diligenza, anche attraverso l'esperimento degli strumenti di tutela previsti.

4. Per il risarcimento dell'eventuale danno che il ricorrente comprovi di aver subito in conseguenza dell'inosservanza dolosa o colposa del termine di conclusione del procedimento, il termine di cui al comma 3 non decorre fintanto che perdura l'inadempimento. Il termine di cui al comma 3 inizia comunque a decorrere dopo un anno dalla scadenza del termine per provvedere.

5. Nel caso in cui sia stata proposta azione di annullamento la domanda risarcitoria può essere formulata nel corso del giudizio o, comunque, sino a centoventi giorni dal passaggio in giudicato della relativa sentenza.

6. Di ogni domanda di condanna al risarcimento di danni per lesioni di interessi legittimi o, nelle materie di giurisdizione esclusiva, di diritti soggettivi conosce esclusivamente il giudice amministrativo (1).

(1) *Per la sussistenza della giurisdizione amministrativa sulle domande risarcitorie, v. anche l'art. 7 del presente Codice; per i poteri del giudice v. l'art. 34 (*sub *VI, 37).*

CAPO III
RESPONSABILITÀ PER DANNI CAGIONATI NELL'ESERCIZIO DELLE FUNZIONI GIURISDIZIONALI

16. Legge 13 aprile 1988, n. 117. — Risarcimento dei danni cagionati nell'esercizio delle funzioni giudiziarie e responsabilità civile dei magistrati (1).

Pubblicata nella Gazzetta Ufficiale n. 88 del 15 aprile 1988.

(1) *Di seguito sono riportate le modifiche apportate dalla l. 27 febbraio 2015 n. 18 (Disciplina della responsabilità civile dei magistrati), il cui art. 1 stabilisce che « La presente legge introduce disposizioni volte a modificare le norme di cui alla legge 13 aprile 1988, n. 117, al fine di rendere effettiva la disciplina che regola la responsabilità civile dello Stato e dei magistrati, anche alla luce dell'appartenenza dell'Italia all'Unione europea ».*

1 Ambito di applicazione.

1. Le disposizioni della presente legge si applicano a tutti gli appartenenti alle magistrature ordinaria, amministrativa, contabile, militare e speciali, che esercitano l'attività giudiziaria, indipendentemente dalla natura delle funzioni, nonché agli estranei che partecipano all'esercizio della funzione giudiziaria.

2. Le disposizioni di cui al comma 1 si applicano anche ai magistrati che esercitano le proprie funzioni in organi collegiali.

3. Nelle disposizioni che seguono il termine "magistrato" comprende tutti i soggetti indicati nei commi 1 e 2.

2 Responsabilità per dolo o colpa grave.

1. Chi ha subito un danno ingiusto per effetto di un comportamento, di un atto o di un provvedimento giudiziario posto in essere dal magistrato con dolo o colpa grave nell'esercizio delle sue funzioni ovvero per diniego di giustizia può agire contro lo Stato per ottenere il risarcimento dei danni patrimoniali e anche di quelli non patrimoniali [che derivino da privazione della libertà personale] (1).

2. Fatti salvi i commi 3 e 3-*bis* ed i casi di dolo, nell'esercizio delle funzioni giudiziarie non può dar luogo a responsabilità l'attività di interpretazione di norme di diritto né quella di valutazione del fatto e delle prove (2).

3. Costituisce colpa grave la violazione manifesta della legge nonché del diritto dell'Unione europea, il travisamento del fatto o delle prove, ovvero l'affermazione di un fatto la cui esistenza è incontrastabilmente esclusa dagli atti del procedimento o la negazione di un fatto la cui esistenza risulta incontrastabilmente dagli atti del procedimento, ovvero l'emissione di un provvedimento cautelare personale o reale fuori dai casi consentiti dalla legge oppure senza motivazione (3).

3-*bis*. Fermo restando il giudizio di responsabilità contabile di cui al decreto-legge 23 ottobre 1996, n. 543, convertito, con modificazioni, dalla legge 20 dicembre 1996, n. 639, ai fini della determinazione dei casi in cui sussiste la violazione manifesta della legge nonché del diritto dell'Unione europea si tiene conto, in particolare, del grado di chiarezza e precisione delle norme violate nonché dell'inescusabilità e della gravità dell'inosservanza. In caso di violazione manifesta del diritto dell'Unione europea si deve tener conto anche della mancata osservanza dell'obbligo di rinvio pregiudiziale ai sensi dell'articolo 267, terzo paragrafo, del Trattato sul funzionamento dell'Unione europea, nonché del contrasto dell'atto o del provvedimento con l'interpretazione espressa dalla Corte di giustizia dell'Unione europea (4).

(1) *Comma modificato dall'art. 2, comma 1, lett.* a) *l. 27 febbraio 2015, n.18.*

(2) *Comma sostituito dall'art. 2, comma 1, lett.* b) *l. 27 febbraio 2015, n.18.*

(3) *Comma sostituito dall'art. 2, comma 1, lett.* c) *l. 27 febbraio 2015, n.18.*

(4) *Comma aggiunto, per effetto della sostituzione del comma 3, dall'art. 2, comma 1, lett.* c) *l. 27 febbraio 2015, n.18.*

3 Diniego di giustizia.

1. Costituisce diniego di giustizia il rifiuto, l'omissione o il ritardo del magistrato nel compimento di atti del suo ufficio quando, trascorso il termine di legge per il compimento dell'atto, la parte ha presentato istanza per ottenere il provvedimento e sono decorsi inutilmente, senza giustificato motivo, trenta giorni dalla data di deposito in cancelleria. Se il termine non è previsto, debbono in ogni caso decorrere inutilmente trenta giorni dalla data del deposito in cancelleria dell'istanza volta ad ottenere il provvedimento.

2. Il termine di trenta giorni può essere prorogato, prima della sua scadenza, dal dirigente dell'ufficio con decreto motivato non oltre i tre mesi dalla data di de-

posito dell'istanza. Per la redazione di sentenze di particolare complessità, il dirigente dell'ufficio, con ulteriore decreto motivato adottato prima della scadenza, può aumentare fino ad altri tre mesi il termine di cui sopra.

3. Quando l'omissione o il ritardo senza giustificato motivo concernono la libertà personale dell'imputato, il termine di cui al comma 1 è ridotto a cinque giorni, improrogabili, a decorrere dal deposito dell'istanza o coincide con il giorno in cui si è verificata una situazione o è decorso un termine che rendano incompatibile la permanenza della misura restrittiva della libertà personale.

4 Competenza e termini (1).

1. L'azione di risarcimento del danno contro lo Stato deve essere esercitata nei confronti del Presidente del Consiglio dei ministri. Competente è il tribunale del capoluogo del distretto della corte d'appello, da determinarsi a norma dell'articolo 11 del codice di procedura penale e dell'articolo 1 delle norme di attuazione, di coordinamento e transitorie del codice di procedura penale, approvate con decreto legislativo 28 luglio 1989, n. 271 (2).

2. L'azione di risarcimento del danno contro lo Stato può essere esercitata soltanto quando siano stati esperiti i mezzi ordinari di impugnazione o gli altri rimedi previsti avverso i provvedimenti cautelari e sommari, e comunque quando non siano più possibili la modifica o la revoca del provvedimento ovvero, se tali rimedi non sono previsti, quando sia esaurito il grado del procedimento nell'ambito del quale si è verificato il fatto che ha cagionato il danno. La domanda deve essere proposta a pena di decadenza entro tre anni che decorrono dal momento in cui l'azione è esperibile (3).

3. L'azione può essere esercitata decorsi tre anni dalla data del fatto che ha cagionato il danno se in tal termine non si è concluso il grado del procedimento nell'ambito del quale il fatto stesso si è verificato.

4. Nei casi previsti dall'articolo 3 l'azione deve essere promossa entro tre anni dalla scadenza del termine entro il quale il magistrato avrebbe dovuto provvedere sull'istanza (4).

5. In nessun caso il termine decorre nei confronti della parte che, a causa del segreto istruttorio, non abbia avuto conoscenza del fatto.

(1) *A norma dell'art. 8, comma 2 l. 2 dicembre 1998, n. 420 le disposizioni di cui al presente articolo si applicano ai giudizi iniziati successivamente alla pubblicazione in Gazzetta Ufficiale della medesima legge n. 420/1998.*

(2) *Comma sostituito dall'art. 3 l. 2 dicembre 1998, n. 420.*

(3) *Comma modificato dall'art. 3, comma 1, lett.* a) *l. 27 febbraio 2015, n. 18.*

(4) *Comma modificato dall'art. 3, comma 1, lett.* b) *l. 27 febbraio 2015, n. 18.*

5 Ammissibilità della domanda.

1. Il tribunale, sentite le parti, delibera in camera di consiglio sull'ammissibilità della domanda di cui all'articolo 2.

2. A tale fine il giudice istruttore, alla prima udienza, rimette le parti dinanzi al collegio che è tenuto a provvedere entro quaranta giorni dal provvedimento di rimessione del giudice istruttore.

3. La domanda è inammissibile quando non sono rispettati i termini o i presupposti di cui agli articoli 2, 3 e 4 ovvero quando è manifestamente infondata.

4. L'inammissibilità è dichiarata con decreto motivato, impugnabile con i modi e le forme di cui all'articolo 739 del codice di procedura civile, innanzi alla corte d'appello che pronuncia anch'essa in camera di consiglio con decreto motivato entro quaranta giorni dalla proposizione del reclamo. Contro il decreto di inammissibilità della corte d'appello può essere proposto ricorso per cassazione, che deve essere notificato all'altra parte entro trenta giorni dalla notificazione del decreto da effettuarsi senza indugio a cura della cancelleria e comunque non oltre dieci giorni. Il ricorso è depositato nella cancelleria della stessa corte d'appello nei successivi dieci giorni e l'altra parte deve costituirsi nei dieci giorni successivi depositando memoria e fascicolo presso la cancelleria. La corte, dopo la costituzione delle parti o dopo la scadenza dei termini per il deposito, trasmette gli atti senza indugio e comunque non oltre dieci giorni alla Corte di cassazione che decide entro sessanta giorni dal ricevimento degli atti stessi. La Corte di cassazione, ove annulli il provvedimento di inammissibilità della corte d'appello, dichiara ammissibile la domanda. Scaduto il quarantesimo giorno la parte può presentare, rispettivamente al tribunale o alla corte d'appello o, scaduto il sessantesimo giorno, alla Corte di cassazione, secondo le rispettive competenze, l'istanza di cui all'articolo 3.

5. Il tribunale che dichiara ammissibile la domanda dispone la prosecuzione del processo. La corte d'appello o la Corte di cassazione che in sede di impugnazione dichiarano ammissibile la domanda rimettono per la prosecuzione del processo gli atti ad altra sezione del tribunale e, ove questa non sia costituita, al tribunale che decide in composizione intieramente diversa. Nell'eventuale giudizio di appello non possono far parte della corte i magistrati che abbiano fatto parte del collegio che ha pronunziato l'inammissibilità. Se la domanda è dichiarata ammissibile, il tribunale ordina la trasmissione di copia degli atti ai titolari dell'azione disciplinare; per gli estranei che partecipano all'esercizio di funzioni giudiziarie la copia degli atti è trasmessa agli organi ai quali compete l'eventuale sospensione o revoca della loro nomina.

6 Intervento del magistrato nel giudizio.

1. Il magistrato il cui comportamento, atto o provvedimento rileva in giudizio non può essere chiamato in causa ma può intervenire in ogni fase e grado del procedimento, ai sensi di quanto disposto dal secondo comma dell'articolo 105 del codice di procedura civile. Al fine di consentire l'eventuale intervento del magistrato, il presidente del tribunale deve dargli comunicazione del procedimento almeno quindici giorni prima della data fissata per la prima udienza.

2. La decisione pronunciata nel giudizio promosso contro lo Stato non fa stato nel giudizio di rivalsa se il magistrato non è intervenuto volontariamente in giudizio. Non fa stato nel procedimento disciplinare.

3. Il magistrato cui viene addebitato il provvedimento non può essere assunto come teste né nel giudizio di ammissibilità, né nel giudizio contro lo Stato.

7 Azione di rivalsa (1).

1. Il Presidente del Consiglio dei ministri, entro due anni dal risarcimento avvenuto sulla base di titolo giudiziale o di titolo stragiudiziale, ha l'obbligo di esercitare l'azione di rivalsa nei confronti del magistrato nel caso di diniego di giustizia, ovvero nei casi in cui la violazione manifesta della legge nonché del diritto dell'Unione europea ovvero il travisamento del fatto o delle prove, di cui all'articolo 2, commi 2, 3 e 3-*bis*, sono stati determinati da dolo o negligenza inescusabile.

2. In nessun caso la transazione è opponibile al magistrato nel giudizio di rivalsa o nel giudizio disciplinare.

3. I giudici popolari rispondono soltanto in caso di dolo. I cittadini estranei alla magistratura che concorrono a formare o formano organi giudiziari collegiali rispondono in caso di dolo o negligenza inescusabile per travisamento del fatto o delle prove.

(1) *Articolo sostituito dall'art. 4, comma 1, l. 27 febbraio 2015, n. 18.*

8 Competenza per l'azione di rivalsa e misura della rivalsa (1).

1. L'azione di rivalsa deve essere promossa dal Presidente del Consiglio dei Ministri.

2. L'azione di rivalsa deve essere proposta davanti al tribunale del capoluogo del distretto della corte d'appello, da determinarsi a norma dell'articolo 11 del codice di procedura penale e dell'articolo 1 delle norme di attuazione, di coordinamento e transitorie del codice di procedura penale, approvate con decreto legislativo 28 luglio 1989, n. 271 (2).

3. La misura della rivalsa non può superare una somma pari alla metà di una annualità dello stipendio, al netto delle trattenute fiscali, percepito dal magistrato al tempo in cui l'azione di risarcimento è proposta, anche se dal fatto è derivato danno a più persone e queste hanno agito con distinte azioni di responsabilità. Tale limite non si applica al fatto commesso con dolo. L'esecuzione della rivalsa, quando viene effettuata mediante trattenuta sullo stipendio, non può comportare complessivamente il pagamento per rate mensili in misura superiore ad un terzo dello stipendio netto (3).

4. Le disposizioni del comma 3 si applicano anche agli estranei che partecipano all'esercizio delle funzioni giudiziarie. Per essi la misura della rivalsa è calcolata in rapporto allo stipendio iniziale annuo, al netto delle trattenute fiscali, che compete al magistrato di tribunale; se l'estraneo che partecipa all'esercizio delle funzioni giudiziarie percepisce uno stipendio annuo netto o reddito di lavoro autonomo netto inferiore allo stipendio iniziale del magistrato di tribunale, la misura della rivalsa è calcolata in rapporto a tale stipendio o reddito al tempo in cui l'azione di risarcimento è proposta.

(1) *A norma dell'art. 8, comma 2 l. 2 dicembre 1998, n. 420 le disposizioni di cui al presente articolo si applicano ai giudizi iniziati successivamente alla pubblicazione in Gazzetta Ufficiale della medesima legge 420/1998.*

(2) *Comma sostituito dall'art. 4 l. 2 dicembre 1998, n. 420.*

(3) *Comma sostituito dall'art. 5, comma 1, l. 27 febbraio 2015, n. 18.*

9 Azione disciplinare.

1. Il procuratore generale presso la Corte di cassazione per i magistrati ordinari o il titolare dell'azione disciplinare negli altri casi devono esercitare l'azione disciplinare nei confronti del magistrato per i fatti che hanno dato causa all'azione di risarcimento, salvo che non sia stata già proposta [, entro due mesi dalla comunicazione di cui al comma 5 dell'articolo 5] Resta ferma la facoltà del Ministro della giustizia di cui al secondo comma dell'articolo 107 della Costituzione (1).

2. Gli atti del giudizio disciplinare possono essere acquisiti, su istanza di parte o d'ufficio, nel giudizio di rivalsa.

3. La disposizione di cui all'articolo 2, che circoscrive la rilevanza della colpa ai casi di colpa grave ivi previsti, non si applica nel giudizio disciplinare.

(1) *Comma modificato dall'art. 6, comma 1, l. 27 febbraio 2015, n. 18.*

10 Consiglio di presidenza della Corte dei conti.

1. Fino all'entrata in vigore della legge di riforma della Corte dei conti, la competenza per i giudizi disciplinari e per i provvedimenti attinenti e conseguenti che riguardano le funzioni dei magistrati della Corte dei conti è affidata al consiglio di presidenza.

2. Il consiglio di presidenza è composto:

a) dal presidente della Corte dei conti, che lo presiede;

b) dal procuratore generale della Corte dei conti;

c) dal presidente aggiunto della Corte dei conti o, in sua assenza, dal presidente di sezione più anziano (1);

d) da quattro cittadini scelti di intesa tra i Presidenti delle due Camere tra i professori universitari ordinari di materie giuridiche o gli avvocati con quindici anni di esercizio professionale (2);

e) da dieci magistrati ripartiti tra le qualifiche di presidente di sezione, consigliere o vice procuratore, primo referendario e referendario in proporzione alla rispettiva effettiva consistenza numerica quale risulta dal ruolo alla data del 10 gennaio dell'anno di costituzione dell'organo.

2-*bis*. I componenti elettivi del Consiglio di presidenza durano in carica 4 anni e non sono nuovamente eleggibili per i successivi otto anni dalla scadenza dell'incarico (3).

3. Alle adunanze del consiglio di presidenza partecipa il segretario generale senza diritto di voto.

4. Il consiglio di presidenza ha il compito di decidere in ordine alle questioni disciplinari. Alle adunanze che hanno tale oggetto non partecipa il segretario generale ed il procuratore generale è chiamato a svolgervi, anche per mezzo dei suoi sostituti, esclusivamente

le funzioni inerenti alla promozione dell'azione disciplinare e le relative richieste.

5. I cittadini di cui alla lettera *d*) del comma 2 non possono esercitare alcuna attività suscettibile di interferire con le funzioni della Corte dei conti.

6. Alla elezione dei componenti di cui alla lettera *e*) del comma 2 partecipano, in unica tornata, tutti i magistrati con voto personale e segreto.

7. Ciascun elettore ha facoltà di esprimere soltanto una preferenza. Sono nulli i voti espressi oltre tale numero.

8. Per l'elezione è istituito presso la Corte dei conti l'ufficio elettorale nominato dal presidente della Corte dei conti e composto da un presidente di sezione, che lo presiede, e da due consiglieri più anziani di qualifica in servizio presso la Corte dei conti.

9. Il procedimento disciplinare è promosso dal procuratore generale della Corte dei conti. Nella materia si applicano gli articoli 32, 33, commi secondo e terzo, e 34 della legge 27 aprile 1982, n. 186 (4).

10. Fino all'entrata in vigore della legge di riforma della Corte dei conti si applicano in quanto compatibili le norme di cui agli articoli 7, primo, quarto, quinto e settimo comma, 8, 9, quarto e quinto comma, 10, 11, 12, 13, primo comma, numeri 1), 2), 3), e secondo comma, numeri 1), 2), 3), 4), 8), 9), della legge 27 aprile 1982, n. 186.

(1) *Lettera sostituita dall'articolo 1 del d.lgs. 7 febbraio 2006, n. 62, che ha recepito le disposizioni di cui all'articolo 2, comma 17 della legge 25 luglio 2005, n. 150.*

(2) *Vedi articolo 18, comma 3 della legge 21 luglio 2000, n. 205.*

(3) *Comma inserito dall'articolo 1 del d.lgs. 7 febbraio 2006, n. 62, che ha recepito le disposizioni di cui all'articolo 2, comma 17 della legge 25 luglio 2005, n. 150.*

(4) *La Corte costituzionale, con sentenza del 27 marzo 2009, n. 87, ha dichiarato* l'illegittimità costituzionale *del presente comma e dell'art. 34, secondo comma, della legge 27 aprile 1982, n. 186, nella parte in cui escludono che il magistrato amministrativo o contabile, sottoposto a procedimento disciplinare, possa farsi assistere da un avvocato.*

11 Disposizioni concernenti i referendari e primi referendari della Corte dei conti.

1. È abolito il rapporto informativo di cui agli articoli 29 del regio decreto 12 ottobre 1933, n. 1364, e 4 della legge 13 ottobre 1969, n. 691.

2. Si applicano ai referendari e primi referendari della Corte dei conti gli articoli 17, 18, 50, settimo comma, e 51, primo comma, della legge 27 aprile 1982, n. 186, con decorrenza dall'entrata in vigore della presente legge (1).

3. Al relativo onere si provvede mediante l'indisponibilità per tre anni di cinque posti di quelli cumulativamente previsti per le qualifiche di consigliere, vice procuratore generale, primo referendario e referendario dalla tabella B annessa alla legge 20 dicembre 1961, n. 1345, integrata ai sensi dell'articolo 13 del decreto-legge 22 dicembre 1981, n. 786, convertito, con modificazioni, dalla legge 26 febbraio 1982, n. 51, e dell'articolo 7 della legge 8 ottobre 1984, n. 658.

(1) *V. legge 13 luglio 1990, n. 189 e l'art. 7 d.l. 23 ottobre 1996, n. 543, conv., con modif., in l. 20 dicembre 1996, n. 639.*

12 Stato giuridico ed economico dei componenti non magistrati del consiglio di presidenza della Corte dei conti.

1. Per lo stato giuridico dei componenti non magistrati del consiglio di presidenza della Corte dei conti si osservano in quanto applicabili le disposizioni di cui alla legge 24 marzo 1958, n. 195, e successive modificazioni. Il trattamento economico di tali componenti è stabilito con decreto del Presidente del Consiglio dei Ministri, avuto riguardo alle incompatibilità, ai carichi di lavoro ed all'indennità dei componenti del Consiglio superiore della magistratura eletti dal Parlamento.

13 Responsabilità civile per fatti costituenti reato.

1. Chi ha subito un danno in conseguenza di un fatto costituente reato commesso dal magistrato nell'esercizio delle sue funzioni ha diritto al risarcimento nei confronti del magistrato e dello Stato. In tal caso l'azione civile per il risarcimento del danno ed il suo esercizio anche nei confronti dello Stato come responsabile civile sono regolati dalle norme ordinarie.

2. All'azione di regresso dello Stato che sia tenuto al risarcimento nei confronti del danneggiato si procede altresì secondo le norme ordinarie relative alla responsabilità dei pubblici dipendenti.

2-*bis*. Il mancato esercizio dell'azione di regresso, di cui al comma 2, comporta responsabilità contabile. Ai fini dell'accertamento di tale responsabilità, entro il 31 gennaio di ogni anno la Corte dei conti acquisisce informazioni dal Presidente del Consiglio dei ministri e dal Ministro della giustizia sulle condanne al risarcimento dei danni per fatti costituenti reato commessi dal magistrato nell'esercizio delle sue funzioni, emesse nel corso dell'anno precedente e sull'esercizio della relativa azione di regresso (1).

(1) *Comma aggiunto dall'art. 7, comma 1, l. 27 febbraio 2015, n. 18.*

14 Riparazione per errori giudiziari.

1. Le disposizioni della presente legge non pregiudicano il diritto alla riparazione a favore delle vittime di errori giudiziari e di ingiusta detenzione.

15 Esenzioni (1).

1. (*Omissis*) (2).

2. Si osserva, in quanto applicabile, l'articolo unico, della legge 2 aprile 1958, n. 319, come sostituito dall'articolo 10, della legge 11 agosto 1973, n. 533 (3).

3. (*Omissis*) (2).

(1) *Rubrica modificata dall'art. 300 d.P.R. 30 maggio 2002, n. 115, con effetto a decorrere dal 1° luglio 2002.*

(2) *Comma abrogato dall'art. 299 d.P.R. n. 115, cit.*

(3) *Comma sostituito dall'art. 300 d.P.R. n. 115, cit.*

16 Responsabilità dei componenti gli organi giudiziari collegiali.

1. All'art. 148 del codice di procedura penale dopo il

comma terzo è aggiunto il seguente: "Dei provvedimenti collegiali è compilato sommario processo verbale il quale deve contenere la menzione della unanimità della decisione o del dissenso, succintamente motivato, che qualcuno dei componenti del collegio, da indicarsi nominativamente, abbia eventualmente espresso su ciascuna delle questioni decise. Il verbale, redatto dal meno anziano dei componenti togati del collegio e sottoscritto da tutti i componenti del collegio stesso, è conservato a cura del presidente in plico sigillato presso la cancelleria dell'ufficio" (1).

2. All'art. 131 del codice di procedura civile è aggiunto, in fine, il seguente comma: "Dei provvedimenti collegiali è compilato sommario processo verbale, il quale deve contenere la menzione dell'unanimità della decisione o del dissenso, succintamente motivato, che qualcuno dei componenti del collegio, da indicarsi nominativamente, abbia eventualmente espresso su ciascuna delle questioni decise. Il verbale, redatto dal meno anziano dei componenti togati del collegio e sottoscritto da tutti i componenti del collegio stesso, è conservato a cura del presidente in plico sigillato presso la cancelleria dell'ufficio" (1).

3. Le disposizioni di cui al comma 1 si applicano anche ai provvedimenti di altri giudici collegiali aventi giurisdizione in materia penale e di prevenzione; le disposizioni di cui al comma 2 si applicano anche ai provvedimenti dei giudici collegiali aventi giurisdizione in ogni altra materia. Il verbale delle deliberazioni è redatto dal meno anziano dei componenti del collegio o, per i collegi a composizione mista, dal meno anziano dei componenti togati, ed è sottoscritto da tutti i componenti del collegio stesso.

4. Nei casi previsti dall'articolo 3, il magistrato componente l'organo giudiziario collegiale risponde, altresì, in sede di rivalsa, quando il danno ingiusto, che ha dato luogo al risarcimento, è derivato dall'inosservanza di obblighi di sua specifica competenza.

5. Il tribunale innanzi al quale è proposta l'azione di rivalsa ai sensi dell'articolo 8 chiede la trasmissione del plico sigillato contenente la verbalizzazione della decisione alla quale si riferisce la dedotta responsabilità e ne ordina l'acquisizione agli atti del giudizio.

6. Con decreto del Ministro della giustizia vengono definiti i modelli dei verbali di cui ai commi 1, 2 e 3 e determinate le modalità di conservazione dei plichi sigillati nonché della loro distruzione quando sono decorsi i termini previsti dall'articolo 4.

(1) *C. cost., sent. 18 gennaio 1989, n. 18, ha dichiarato* l'illegittimità costituzionale *del presente comma, nella parte in cui dispone che « è compilato sommario processo verbale » anziché « può, se uno dei componenti dell'organo collegiale lo richieda, essere compilato sommario processo verbale ».*

17 Modifica dell'articolo 328 del codice penale.

1. Il secondo comma dell'art. 328 del codice penale è sostituito dal seguente: "Se il pubblico ufficiale è un magistrato, vi è omissione o ritardo quando siano decorsi i termini previsti dalla legge perché si configuri diniego di giustizia".

18 Misure finanziarie.

1. Agli oneri conseguenti all'attuazione dell'articolo 15 della presente legge, valutati in lire 2.000 milioni in ragione d'anno a decorrere dall'esercizio 1988, si fa fronte mediante corrispondente riduzione dello stanziamento iscritto, ai fini del bilancio triennale 1988-1990, al capitolo 6856 dello stato di previsione del Ministero del tesoro per l'anno 1988, utilizzando parzialmente l'accantonamento "Revisione della normativa in materia di patrocinio gratuito".

2. Gli altri oneri derivanti dall'attuazione della presente legge sono imputati ad apposito capitolo da istituire "per memoria" nello stato di previsione del Ministero del tesoro alla cui dotazione si provvede, in considerazione della natura della spesa, mediante prelevamento dal fondo di riserva per le spese obbligatorie e d'ordine iscritto nel medesimo stato di previsione.

3. Il Ministro del tesoro è autorizzato ad apportare, con propri decreti, le occorrenti variazioni di bilancio.

19 Entrata in vigore.

1. La presente legge entra in vigore il giorno successivo a quello della sua pubblicazione nella Gazzetta Ufficiale della Repubblica italiana.

2. La presente legge non si applica ai fatti illeciti posti in essere dal magistrato, nei casi previsti dagli articoli 2 e 3, anteriormente alla sua entrata in vigore (1).

(1) *C. cost., sent. 22 ottobre 1990, n. 468, ha dichiarato* l'illegittimità costituzionale *del presente comma, nella parte in cui, quanto ai giudizi di responsabilità civile dei magistrati, relativamente a fatti anteriori al 16 aprile 1988, e proposti successivamente al 7 aprile 1988, non prevede che il Tribunale competente verifichi con rito camerale la non manifesta infondatezza della domanda ai fini della sua ammissibilità.*

17. Legge 24 marzo 2001, n. 89. — Previsione di equa riparazione in caso di violazione del termine ragionevole del processo e modifica dell'articolo 375 del codice di procedura civile (1).

Pubblicata nella Gazzetta Ufficiale n. 78 del 3 aprile 2001.

(1) *Per le modifiche apportate dall'art. 55, comma 1, d.l. 22 giugno 2012, n. 83, convertito, con modificazioni, dalla l. 7 agosto 2012, n. 134, vedi il comma 2 del medesimo art. 55 che prevede che « Le disposizioni di cui al comma 1 si applicano ai ricorsi depositati a decorrere dal trentesimo giorno successivo a quello di entrata in vigore della legge di conversione del presente decreto ».*

1 Pronuncia in camera di consiglio.

1. (*Omissis*) (1).

(1) *Sostituisce l'art. 375 c.p.c.*

CAPO II
Equa riparazione

1-*bis* Rimedi all'irragionevole durata del processo (1).

1. La parte di un processo ha diritto a esperire rimedi preventivi alla violazione della Convenzione per la salvaguardia dei diritti dell'uomo e delle libertà fondamentali, ratificata ai sensi della legge 4 agosto 1955, n. 848, sotto il profilo del mancato rispetto del termine ragionevole di cui all'articolo 6, paragrafo 1, della Convenzione stessa.

2. Chi, pur avendo esperito i rimedi preventivi di cui all'articolo 1-*ter*, ha subito un danno patrimoniale o non patrimoniale a causa dell'irragionevole durata del processo ha diritto ad una equa riparazione.

(1) *Articolo inserito dall'art. 1, comma 777, lett.* a), *l. 28 dicembre 2015, n. 208.*

1-*ter* Rimedi preventivi (1).

1. Ai fini della presente legge, nei processi civili costituisce rimedio preventivo a norma dell'articolo 1-*bis*, comma 1, l'introduzione del giudizio nelle forme del procedimento sommario di cognizione di cui agli articoli 702-*bis* e seguenti del codice di procedura civile. Costituisce altresì rimedio preventivo formulare richiesta di passaggio dal rito ordinario al rito sommario a norma dell'articolo 183-*bis* del codice di procedura civile, entro l'udienza di trattazione e comunque almeno sei mesi prima che siano trascorsi i termini di cui all'articolo 2, comma 2-*bis*. Nelle cause in cui non si applica il rito sommario di cognizione, ivi comprese quelle in grado di appello, costituisce rimedio preventivo proporre istanza di decisione a seguito di trattazione orale a norma dell'articolo 281-*sexies* del codice di procedura civile, almeno sei mesi prima che siano trascorsi i termini di cui all'articolo 2, comma 2-*bis*. Nelle cause in cui il tribunale giudica in composizione collegiale, il giudice istruttore quando ritiene che la causa può essere decisa a seguito di trattazione orale, a norma dell'articolo 281-*sexies* del codice di procedura civile, rimette la causa al collegio fissando l'udienza collegiale per la precisazione delle conclusioni e per la discussione orale.

2. L'imputato e le altre parti del processo penale hanno diritto di depositare, personalmente o a mezzo di procuratore speciale, un'istanza di accelerazione almeno sei mesi prima che siano trascorsi i termini di cui all'articolo 2, comma 2-*bis*.

3. Nei giudizi dinanzi al giudice amministrativo costituisce rimedio preventivo la presentazione dell'istanza di prelievo di cui all'articolo 71, comma 2, del codice del processo amministrativo, di cui al decreto legislativo 2 luglio 2010, n. 104, almeno sei mesi prima che siano trascorsi i termini di cui all'articolo 2, comma 2-*bis* (2).

4. Nel procedimento contabile davanti alla Corte dei conti il presunto responsabile ha diritto di depositare, personalmente o a mezzo di procuratore speciale, un'istanza di accelerazione, almeno sei mesi prima che siano trascorsi i termini di cui all'articolo 2, comma 2-*bis*.

5. La parte dei giudizi di natura pensionistica dinanzi alla Corte dei conti ha diritto di depositare, personalmente o a mezzo di procuratore speciale, un'istanza di accelerazione, almeno sei mesi prima che siano trascorsi i termini di cui all'articolo 2, comma 2-*bis*.

6. Nei giudizi davanti alla Corte di cassazione la parte ha diritto a depositare un'istanza di accelerazione almeno due mesi prima che siano trascorsi i termini di cui all'articolo 2, comma 2-*bis*.

7. Restano ferme le disposizioni che determinano l'ordine di priorità nella trattazione dei procedimenti.

(1) *Articolo inserito dall'art. 1, comma 777, lett.* a), *l. 28 dicembre 2015, n. 208. Ma v. C. cost., sent. 30 luglio 2021, n. 175 sub art. 2, nota 2.*

(2) *L'art. 54, comma 2, d.l. 25 giugno 2008, n. 112, conv., con modif., in l. 6 agosto 2008, n. 133, aveva previsto che « La domanda di equa riparazione non è proponibile se nel giudizio dinanzi al giudice amministrativo in cui si assume essersi verificata la violazione di cui all'articolo 2, comma 1, della legge 24 marzo 2001, n. 89, non è stata presentata l'istanza di prelievo di cui all'articolo 71, comma 2, del codice del processo amministrativo, né con riguardo al periodo anteriore alla sua presentazione ». La Corte costituzionale, con sentenza 6 marzo 2019, n. 34 (G.U. 13 marzo 2019, n. 11), ha dichiarato* l'illegittimità costituzionale *dell'art. 54, comma 2, cit.. V. gli artt. 71 e 71-*bis *c.p.a (sub VI, 37).*

2 Diritto all'equa riparazione (1).

1. È inammissibile la domanda di equa riparazione proposta dal soggetto che non ha esperito i rimedi preventivi all'irragionevole durata del processo di cui all'articolo 1-*ter* (2).

2. Nell'accertare la violazione il giudice valuta la complessità del caso, l'oggetto del procedimento, il comportamento delle parti e del giudice durante il procedimento, nonché quello di ogni altro soggetto chiamato a concorrervi o a contribuire alla sua definizione (3).

2-*bis*. Si considera rispettato il termine ragionevole di cui al comma 1 se il processo non eccede la durata di tre anni in primo grado, di due anni in secondo grado, di un anno nel giudizio di legittimità. Ai fini del computo della durata il processo si considera iniziato con il deposito del ricorso introduttivo del giudizio ovvero con la notificazione dell'atto di citazione. Si considera rispettato il termine ragionevole se il procedimento di esecuzione forzata si è concluso in tre anni, e se la procedura concorsuale si è conclusa in sei anni. Il processo penale si considera iniziato con l'assunzione della qualità di imputato, di parte civile o di responsabile civile, ovvero quando l'indagato ha avuto legale conoscenza della chiusura delle indagini preliminari (4) (5).

2-*ter*. Si considera comunque rispettato il termine ragionevole se il giudizio viene definito in modo irrevocabile in un tempo non superiore a sei anni (3).

2-*quater*. Ai fini del computo non si tiene conto del tempo in cui il processo è sospeso e di quello intercorso tra il giorno in cui inizia a decorrere il termine per proporre l'impugnazione e la proposizione della stessa (4).

2-*quinquies*. Non è riconosciuto alcun indennizzo:

a) in favore della parte che ha agito o resistito in giudizio consapevole della infondatezza originaria o sopravvenuta delle proprie domande o difese, anche fuori dai casi di cui all'articolo 96 del codice di procedura civile;

b) nel caso di cui all'articolo 91, primo comma, secondo periodo, del codice di procedura civile;

c) nel caso di cui all'articolo 13, comma 1, primo periodo, del decreto legislativo 4 marzo 2010, n. 28;

d) in ogni altro caso di abuso dei poteri processuali che abbia determinato una ingiustificata dilazione dei tempi del procedimento (6).

2-*sexies*. Si presume insussistente il pregiudizio da irragionevole durata del processo, salvo prova contraria, nel caso di:

a) dichiarazione di intervenuta prescrizione del reato, limitatamente all'imputato;

b) contumacia della parte;

c) estinzione del processo per rinuncia o inattività delle parti ai sensi degli articoli 306 e 307 del codice di procedura civile e dell'articolo 84 del codice del processo amministrativo, di cui al decreto legislativo 2 luglio 2010, n. 104;

d) perenzione del ricorso ai sensi degli articoli 81 e 82 del codice del processo amministrativo, di cui al decreto legislativo 2 luglio 2010, n. 104;

e) mancata presentazione della domanda di riunione nel giudizio amministrativo presupposto, in pendenza di giudizi dalla stessa parte introdotti e ricorrendo le condizioni di cui all'articolo 70 del codice del processo amministrativo, di cui al decreto legislativo 2 luglio 2010, n. 104;

f) introduzione di domande nuove, connesse con altre già proposte, con ricorso separato, pur ricorrendo i presupposti per i motivi aggiunti di cui all'articolo 43 del codice del processo amministrativo, di cui al decreto legislativo 2 luglio 2010, n. 104, salvo che il giudice amministrativo disponga la separazione dei processi;

g) irrisorietà della pretesa o del valore della causa, valutata anche in relazione alle condizioni personali della parte (7).

2-*septies*. Si presume parimenti insussistente il danno quando la parte ha conseguito, per effetto della irragionevole durata del processo, vantaggi patrimoniali eguali o maggiori rispetto alla misura dell'indennizzo altrimenti dovuto (7).

[3. Il giudice determina la riparazione a norma dell'articolo 2056 del codice civile, osservando le disposizioni seguenti:

a) rileva solamente il danno riferibile al periodo eccedente il termine ragionevole di cui al comma 1;

b) il danno non patrimoniale è riparato, oltre che con il pagamento di una somma di denaro, anche attraverso adeguate forme di pubblicità della dichiarazione dell'avvenuta violazione.] (8)

(1) *L'art. 10, comma 16, d.l. 2 marzo 2020, n. 9, poi abrogato dall'art. 1, comma 2 l. 24 aprile 2020, n. 27 di conversione del d.l. 17 marzo 2020, n. 18 (fatti salvi gli atti ed i provvedimenti adottati nonché gli effetti prodottisi e i rapporti giuridici sorti sulla base del medesimo decreto), disponeva che nei procedimenti rinviati d'ufficio a norma del predetto articolo per contrastare l'emergenza epidemiologica da Covid-19, « non si tiene conto del periodo compreso dal giorno successivo alla data di entrata in vigore del presente decreto e la data del 31 marzo 2020 ». Inoltre, l'art. 2, comma 5 d.l. 8 marzo 2020, n. 11 (anch'esso abrogato dall'art. 1, comma 2 l. n. 27 cit., fatti salvi gli atti ed i provvedimenti adottati nonché gli effetti prodottisi e i rapporti giuridici sorti sulla base del medesimo decreto) disponeva che ai fini del computo di cui al presente articolo « nei procedimenti nei quali le udienze sono rinviate a norma del presente articolo non si tiene conto del periodo decorrente dalla data del provvedimento di rinvio dell'udienza alla data della nuova udienza, sino al limite massimo di tre mesi successivi al 31 maggio 2020 ».*

(2) *Comma sostituito dall'art. 1, comma 777, lett.* b)*, l. 28 dicembre 2015, n. 208. Successivamente C. cost., sent. 30 luglio 2021, n. 175, ha dichiarato* l'illegittimità costituzionale *del presente comma, in relazione all'art.* 1-ter *l. 24 marzo 2001, n. 89, nel testo risultante dalle modifiche apportate dall'art. 1, comma 777, lett.* a) e b) *l. n. 208, cit.*

(3) *Comma sostituito dall'art. 55, comma 1, lett.* a)*, n. 1), d.l. 22 giugno 2012, n. 83, conv., con modif., in l. 7 agosto 2012, n. 134.*

(4) *Comma aggiunto dall'art. 55, comma 1, lett.* a)*, n. 2), d.l.. n. 83, cit.*

(5) *C. Cost., sent. 23 luglio 2015, n. 184 (G.U. 29 luglio 2015, n. 30), ha dichiarato* l'illegittimità costituzionale *del presente comma, nella parte in cui prevede che il processo penale si considera iniziato con l'assunzione della qualità di imputato, ovvero quando l'indagato ha avuto legale conoscenza della chiusura delle indagini preliminari, anziché quando l'indagato, in seguito a un atto dell'autorità giudiziaria, ha avuto conoscenza del procedimento penale a suo carico. Successivamente la Corte Costituzionale, con sentenza 19 febbraio 2016, n. 36 (G.U. 24 febbraio 2016, n. 8), ha dichiarato* l'illegittimità costituzionale *del presente comma nella parte in cui si applica alla durata del processo di primo grado previsto dalla presente legge.*

(6) *Comma sostituito dall'art. 1, comma 777, lett.* c)*, l. 28 dicembre 2015, n. 208. Il testo del comma, come aggiunto dall'art. 55 d.l. n. 83, cit., era il seguente: « 2-quinquies. Non è riconosciuto alcun indennizzo:*

a) *in favore della parte soccombente condannata a norma dell'articolo 96 del codice di procedura civile;*

b) *nel caso di cui all'articolo 91, primo comma, secondo periodo, del codice di procedura civile;*

c) *nel caso di cui all'articolo 13, primo comma, primo periodo, del decreto legislativo 4 marzo 2010, n. 28;*

d) *nel caso di estinzione del reato per intervenuta prescrizione connessa a condotte dilatorie della parte;*

e) *quando l'imputato non ha depositato istanza di accelerazione del processo penale nei trenta giorni successivi al superamento dei termini cui all'articolo* 2-bis.

f) *in ogni altro caso di abuso dei poteri processuali che abbia determinato una ingiustificata dilazione dei tempi del procedimento ». La Corte costituzionale, con sentenza 10 luglio 2019, n. 169, ha dichiarato* l'illegittimità costituzionale *della lettera e) del presente comma, nel testo introdotto dall'art. 55 d.l. n. 83, cit., per contrasto con l'art. 117 Cost., in relazione agli art. 6, par. 1, e 13 C.E.D.U.*

(7) *Comma aggiunto dall'art. 1, comma 777, lett.* d)*, l. 28 dicembre 2015, n. 208.*

(8) *Comma abrogato dall'art. 55, comma 1, lett.* a)*, n. 3), d.l. n. 83, cit.*

2-*bis* Misura dell'indennizzo (1).

1. Il giudice liquida a titolo di equa riparazione, di regola, una somma di denaro non inferiore a euro 400 e non superiore a euro 800 per ciascun anno, o frazione di anno superiore a sei mesi, che eccede il termine ragionevole di durata del processo. La somma liquidata può essere incrementata fino al 20 per cento per gli anni successivi al terzo e fino al 40 per cento per gli anni successivi al settimo (2).

1-*bis*. La somma può essere diminuita fino al 20 per cento quando le parti del processo presupposto sono più di dieci e fino al 40 per cento quando le parti del processo sono più di cinquanta (3).

1-*ter*. La somma può essere diminuita fino a un terzo in caso di integrale rigetto delle richieste della parte ricorrente nel procedimento cui la domanda di equa riparazione si riferisce (3).

1-*quater*. L'indennizzo è riconosciuto una sola volta in caso di riunione di più giudizi presupposti che coinvolgono la stessa parte. La somma liquidata può essere incrementata fino al 20 per cento per ciascun ricorso riunito, quando la riunione è disposta su istanza di parte (3).

2. L'indennizzo è determinato a norma dell'articolo 2056 del codice civile, tenendo conto:

a) dell'esito del processo nel quale si è verificata la violazione di cui al comma 1 dell'articolo 2;

b) del comportamento del giudice e delle parti;

c) della natura degli interessi coinvolti;

d) del valore e della rilevanza della causa, valutati anche in relazione alle condizioni personali della parte.

3. La misura dell'indennizzo, anche in deroga al comma 1, non può in ogni caso essere superiore al valore della causa o, se inferiore, a quello del diritto accertato dal giudice.

(1) *Articolo aggiunto dall'art. 55, comma 1, lett.* b), *d.l. 22 giugno 2012, n. 83, conv., con modif., in l. 7 agosto 2012, n. 134, con la decorrenza di cui al comma 2 del medesimo decreto.*

(2) *Comma sostituito dall'articolo 1, comma 777, lett.* e), *l. 28 dicembre 2015, n. 208.*

(3) *Comma inserito dall'art. 1, comma 777, lett.* f), *l. 28 dicembre 2015, n. 208.*

3 Procedimento (1).

1. La domanda di equa riparazione si propone con ricorso al presidente della corte d'appello del distretto in cui ha sede il giudice innanzi al quale si è svolto il primo grado del processo presupposto. Si applica l'articolo 125 del codice di procedura civile (2).

2. Il ricorso è proposto nei confronti del Ministro della giustizia quando si tratta di procedimenti del giudice ordinario, del Ministro della difesa quando si tratta di procedimenti del giudice militare. Negli altri casi è proposto nei confronti del Ministro dell'economia e delle finanze.

3. Unitamente al ricorso deve essere depositata copia autentica dei seguenti atti:

a) l'atto di citazione, il ricorso, le comparse e le memorie relativi al procedimento nel cui ambito la violazione si assume verificata;

b) i verbali di causa e i provvedimenti del giudice;

c) il provvedimento che ha definito il giudizio, ove questo si sia concluso con sentenza od ordinanza irrevocabili.

4. Il presidente della corte d'appello, o un magistrato della corte a tal fine designato, provvede sulla domanda di equa riparazione con decreto motivato da emettere entro trenta giorni dal deposito del ricorso. Non può essere designato il giudice del processo presupposto. Si applicano i primi due commi dell'articolo 640 del codice di procedura civile (3).

5. Se accoglie il ricorso, il giudice ingiunge all'amministrazione contro cui è stata proposta la domanda di pagare senza dilazione la somma liquidata a titolo di equa riparazione, autorizzando in mancanza la provvisoria esecuzione. Nel decreto il giudice liquida le spese del procedimento e ne ingiunge il pagamento.

6. Se il ricorso è in tutto o in parte respinto la domanda non può essere riproposta, ma la parte può fare opposizione a norma dell'articolo 5-*ter*.

7. L'erogazione degli indennizzi agli aventi diritto avviene nei limiti delle risorse disponibili nel relativo capitolo, fatto salvo il ricorso al conto sospeso (4).

(1) *Articolo modificato dall'art. 1, comma 1224, l. 27 dicembre 2006, n. 296 e, successivamente, sostituito dall'art. 55, comma 1, lett.* c), *d.l. 22 giugno 2012, n. 83, conv., con modif., in l. 7 agosto 2012, n. 134, con la decorrenza di cui al comma 2 del medesimo decreto.*

(2) *Comma sostituito dall'art. 1, comma 777, lett.* g), *l. 28 dicembre 2015, n. 208.*

(3) *Comma modificato dall'art. 1, comma 777, lett.* h), *l. n. 208, cit.*

(4) *Comma modificato dall'art. 1, comma 777, lett.* i), *l. n. 208, cit.*

4 Termine e condizioni di proponibilità.

1. La domanda di riparazione può essere proposta, a pena di decadenza, entro sei mesi dal momento in cui la decisione, che conclude il medesimo procedimento, è divenuta definitiva (1).

(1) *Articolo sostituito dall'articolo 55, comma 1, lettera* d), *d.l. 22 giugno 2012, n. 83, conv., con modif., in l. 7 agosto 2012, n. 134, con la decorrenza di cui al comma 2 del medesimo decreto. Successivamente la Corte costituzionale, con sentenza 26 aprile 2018, n. 88 (G.U. 2 maggio 2018, n. 18), ha dichiarato l'illegittimità* costituzionale *del presente articolo – come sostituito dall'art. 55, comma 1, lettera* d), *d.l. n. 83, cit. – nella parte in cui non prevede che la domanda di equa riparazione possa essere proposta in pendenza del procedimento presupposto.*

5 Notificazioni e comunicazioni.

1. Il ricorso, unitamente al decreto che accoglie la domanda di equa riparazione, è notificato per copia autentica al soggetto nei cui confronti la domanda è proposta.

2. Il decreto diventa inefficace qualora la notificazione non sia eseguita nel termine di trenta giorni dal deposito in cancelleria del provvedimento e la domanda di equa riparazione non può essere più proposta.

3. La notificazione ai sensi del comma 1 rende improponibile l'opposizione e comporta acquiescenza al decreto da parte del ricorrente.

4. Il decreto che accoglie la domanda è altresì comunicato al procuratore generale della Corte dei conti, ai fini dell'eventuale avvio del procedimento di responsabilità, nonché ai titolari dell'azione disciplinare dei dipendenti pubblici comunque interessati dal procedimento.

(1) *Articolo sostituito dall'articolo 55, comma 1, lettera* e), *del d.l. 22 giugno 2012, n. 83, conv., con modif., in l. 7 agosto 2012, n. 134, con la decorrenza di cui al comma 2 del medesimo decreto.*

5-*bis* Gratuità del procedimento (1).

(1) *Articolo abrogato dall'art. 299, d.P.R. 30 maggio 2002, n. 115, a decorrere dal 1° luglio 2002.*

5-*ter* Opposizione (1).

1. Contro il decreto che ha deciso sulla domanda di equa riparazione può essere proposta opposizione nel termine perentorio di trenta giorni dalla comunicazione del provvedimento ovvero dalla sua notificazione.

2. L'opposizione si propone con ricorso davanti all'ufficio giudiziario al quale appartiene il giudice che ha emesso il decreto. Si applica l'articolo 125 del codice di procedura civile.

3. La corte d'appello provvede ai sensi degli articoli 737 e seguenti del codice di procedura civile. Del collegio non può far parte il giudice che ha emanato il provvedimento impugnato.

4. L'opposizione non sospende l'esecuzione del provvedimento. Il collegio, tuttavia, quando ricorrono

gravi motivi, può, con ordinanza non impugnabile, sospendere l'efficacia esecutiva del decreto opposto.

5. La corte pronuncia, entro quattro mesi dal deposito del ricorso, decreto impugnabile per cassazione. Il decreto è immediatamente esecutivo.

(1) *Articolo inserito dall'articolo 55, comma 1, lettera f), d.l. 22 giugno 2012, n. 83, conv., con modif., in l. 7 agosto 2012, n. 134, con la decorrenza di cui al comma 2 del medesimo decreto.*

5-*quater* Sanzioni processuali (1).

1. Con il decreto di cui all'articolo 3, comma 4, ovvero con il provvedimento che definisce il giudizio di opposizione, il giudice, quando la domanda per equa riparazione è dichiarata inammissibile ovvero manifestamente infondata, può condannare il ricorrente al pagamento in favore della cassa delle ammende di una somma di denaro non inferiore ad euro 1.000 e non superiore ad euro 10.000.

(1) *Articolo inserito dall'articolo 55, comma 1, lettera f), d.l. 22 giugno 2012, n. 83, conv., con modif., in l. 7 agosto 2012, n. 134, con la decorrenza di cui al comma 2 del medesimo decreto.*

5-*quinquies* Esecuzione forzata (1).

1. Al fine di assicurare un'ordinata programmazione dei pagamenti dei creditori di somme liquidate a norma della presente legge, non sono ammessi a pena di nullità rilevabile d'ufficio, atti di sequestro o di pignoramento presso la Tesoreria centrale e presso le Tesorerie provinciali dello Stato per la riscossione coattiva di somme liquidate a norma della presente legge.

2. Ferma restando l'impignorabilità prevista dall'articolo 1, commi 294-*bis* e 294-*ter*, della legge 23 dicembre 2005, n. 266, e successive modificazioni, anche relativamente ai fondi, alle aperture di credito e alle contabilità speciali destinati al pagamento di somme liquidate a norma della presente legge, i creditori di dette somme, a pena di nullità rilevabile d'ufficio, eseguono i pignoramenti e i sequestri esclusivamente secondo le disposizioni del libro III, titolo II, capo II del codice di procedura civile, con atto notificato ai Ministeri di cui all'articolo 3, comma 2, ovvero al funzionario delegato del distretto in cui è stato emesso il provvedimento giurisdizionale posto in esecuzione, con l'effetto di sospendere ogni emissione di ordinativi di pagamento relativamente alle somme pignorate. L'ufficio competente presso i Ministeri di cui all'articolo 3, comma 2, a cui sia stato notificato atto di pignoramento o di sequestro, ovvero il funzionario delegato sono tenuti a vincolare l'ammontare per cui si procede, sempreché esistano in contabilità fondi soggetti ad esecuzione forzata; la notifica rimane priva di effetti riguardo agli ordini di pagamento che risultino già emessi.

3. Gli atti di pignoramento o di sequestro devono indicare a pena di nullità rilevabile d'ufficio il provvedimento giurisdizionale posto in esecuzione.

4. Gli atti di sequestro o di pignoramento eventualmente notificati alla Tesoreria centrale e alle Tesorerie provinciali dello Stato non determinano obblighi di accantonamento da parte delle Tesorerie medesime, né sospendono l'accreditamento di somme a favore delle Amministrazioni interessate. Le Tesorerie in tali casi rendono dichiarazione negativa, richiamando gli estremi della presente disposizione di legge.

5. L'articolo 1 del decreto-legge 25 maggio 1994, n. 313, convertito, con modificazioni, dalla legge 22 luglio 1994, n. 460, si applica anche ai fondi destinati al pagamento di somme liquidate a norma della presente legge, ivi compresi quelli accreditati mediante aperture di credito in favore dei funzionari delegati degli uffici centrali e periferici delle amministrazioni interessate.

(1) *Articolo inserito dall'art. 6, comma 6, d.l. 8 aprile 2013, n. 35, conv., con modif., in l. 6 giugno 2013, n. 64.*

5-*sexies* Modalità di pagamento (1).

1. Al fine di ricevere il pagamento delle somme liquidate a norma della presente legge, il creditore rilascia all'amministrazione debitrice una dichiarazione, ai sensi degli articoli 46 e 47 del testo unico di cui al decreto del Presidente della Repubblica 28 dicembre 2000, n. 445, attestante la mancata riscossione di somme per il medesimo titolo, l'esercizio di azioni giudiziarie per lo stesso credito, l'ammontare degli importi che l'amministrazione è ancora tenuta a corrispondere, la modalità di riscossione prescelta ai sensi del comma 9 del presente articolo, nonché a trasmettere la documentazione necessaria a norma dei decreti di cui al comma 3.

2. La dichiarazione di cui al comma 1 ha validità semestrale e deve essere rinnovata a richiesta della pubblica amministrazione.

3. Con decreti del Ministero dell'economia e delle finanze e del Ministero della giustizia, da emanare entro il 30 ottobre 2016, sono approvati i modelli di dichiarazione di cui al comma 1 ed è individuata la documentazione da trasmettere all'amministrazione debitrice ai sensi del predetto comma 1. Le amministrazioni pubblicano nei propri siti istituzionali la modulistica di cui al periodo precedente.

3-*bis*. Con decreti dirigenziali del Ministero dell'economia e delle finanze e del Ministero della giustizia, da adottarsi entro il 31 dicembre 2021, sono indicate le modalità di presentazione telematica dei modelli di cui al comma 3, anche a mezzo di soggetti incaricati, ai sensi del codice dell'amministrazione digitale, di cui al decreto legislativo 7 marzo 2005, n. 82 (2).

4. Nel caso di mancata, incompleta o irregolare trasmissione della dichiarazione o della documentazione di cui ai commi precedenti, l'ordine di pagamento non può essere emesso.

5. L'amministrazione effettua il pagamento entro sei mesi dalla data in cui sono integralmente assolti gli obblighi previsti ai commi precedenti. Il termine di cui al periodo precedente non inizia a decorrere in caso di mancata, incompleta o irregolare trasmissione della dichiarazione ovvero della documentazione di cui ai commi precedenti.

6. L'amministrazione esegue, ove possibile, i provvedimenti per intero. L'erogazione degli indennizzi agli aventi diritto avviene nei limiti delle risorse disponibili sui pertinenti capitoli di bilancio, fatto salvo il ricorso ad anticipazioni di tesoreria mediante paga-

mento in conto sospeso, la cui regolarizzazione avviene a carico del fondo di riserva per le spese obbligatorie, di cui all'articolo 26 della legge 31 dicembre 2009, n. 196.

7. Prima che sia decorso il termine di cui al comma 5, i creditori non possono procedere all'esecuzione forzata, alla notifica dell'atto di precetto, né proporre ricorso per l'ottemperanza del provvedimento.

8. Qualora i creditori di somme liquidate a norma della presente legge propongano l'azione di ottemperanza di cui al titolo I del libro quarto del codice del processo amministrativo, di cui al decreto legislativo 2 luglio 2010, n. 104, il giudice amministrativo nomina, ove occorra, commissario ad acta un dirigente dell'amministrazione soccombente, con esclusione dei titolari di incarichi di Governo, dei capi dipartimento e di coloro che ricoprono incarichi dirigenziali generali. I compensi riconosciuti al commissario ad acta rientrano nell'onnicomprensività della retribuzione dei dirigenti.

9. Le operazioni di pagamento delle somme dovute a norma della presente legge si effettuano mediante accreditamento sui conti correnti o di pagamento dei creditori. I pagamenti per cassa o per vaglia cambiario non trasferibile sono possibili solo se di importo non superiore a 1.000 euro.

10. Nei casi di riscossione per cassa o tramite vaglia cambiario il creditore può delegare all'incasso un legale rappresentante con il rilascio di procura speciale.

11. Nel processo di esecuzione forzata, anche in corso, non può essere disposto il pagamento di somme o l'assegnazione di crediti in favore dei creditori di somme liquidate a norma della presente legge in caso di mancato, incompleto o irregolare adempimento degli obblighi di comunicazione. La disposizione di cui al presente comma si applica anche al pagamento compiuto dal commissario *ad acta*.

12. I creditori di provvedimenti notificati anteriormente all'emanazione dei decreti di cui al comma 3 trasmettono la dichiarazione e la documentazione di cui ai commi precedenti avvalendosi della modulistica presente nei siti istituzionali delle amministrazioni. Le dichiarazioni complete e regolari, già trasmesse alla data di entrata in vigore del presente articolo, conservano validità anche in deroga al disposto dei commi 9 e 10 (1).

(1) *Articolo inserito dall'art. 1, comma 777, lett.* l), *l. 28 dicembre 2015, n. 208. Successivamente la Corte costituzionale con sentenza 26 giugno 2018, n. 135 ha dichiarato non fondate, nei sensi di cui in motivazione, le questioni di legittimità costituzionale del presente articolo, commi 1, 4, 5, 7 e 11, sollevate dal Tribunale regionale amministrativo per la Liguria — in riferimento agli artt. 3, 24, 111, primo e secondo comma, 113, secondo comma, e 117, primo comma, della Costituzione, quest'ultimo in relazione agli artt. 6 e 13 della Convenzione per la salvaguardia dei diritti dell'uomo e delle libertà fondamentali (CEDU), firmata a Roma il 4 novembre 1950, ratificata e resa esecutiva con legge 4 agosto 1955, n. 848, e all'art. 47 della Carta dei diritti fondamentali dell'Unione europea, proclamata a Nizza il 7 dicembre 2000 e, in una versione adattata, il 12 dicembre 2007 a Strasburgo — con le ordinanze indicate in epigrafe.*

(2) *Comma inserito dall'art. 25, comma 1 d.l. 24 agosto 2021, n. 118, conv., con modif., in l. 21 ottobre 2021, n. 147.*

6 Norma transitoria.

1. Nel termine di sei mesi dalla data di entrata in vigore della presente legge, coloro i quali abbiano già tempestivamente presentato ricorso alla Corte europea dei diritti dell'uomo, sotto il profilo del mancato rispetto del termine ragionevole di cui all'articolo 6, paragrafo 1, della Convenzione per la salvaguardia dei diritti dell'uomo e delle libertà fondamentali, ratificata ai sensi della legge 4 agosto 1955, n. 848, possono presentare la domanda di cui all'articolo 3 della presente legge qualora non sia intervenuta una decisione sulla ricevibilità da parte della predetta Corte europea. In tal caso, il ricorso alla corte d'appello deve contenere l'indicazione della data di presentazione del ricorso alla predetta Corte europea (1).

2. La cancelleria del giudice adito informa senza ritardo il Ministero degli affari esteri di tutte le domande presentate ai sensi dell'articolo 3 nel termine di cui al comma 1 del presente articolo.

2-*bis*. Nei processi la cui durata al 31 ottobre 2016 ecceda i termini ragionevoli di cui all'articolo 2, comma 2-*bis*, e in quelli assunti in decisione alla stessa data non si applica il comma 1 dell'articolo 2 (2).

2-*ter*. Il comma 2 dell'articolo 54 del decreto-legge 25 giugno 2008, n. 112, convertito, con modificazioni, dalla legge 6 agosto 2008, n. 133, come modificato dall'articolo 3, comma 23, dell'allegato 4 al decreto legislativo 2 luglio 2010, n. 104, si applica solo nei processi amministrativi la cui durata al 31 ottobre 2016 ecceda i termini di cui all'articolo 2, comma 2-*bis* (2).

(1) *Il termine previsto dal presente comma è prorogato sino al 18 aprile 2002, ai sensi dell'art. 1, d.l. 12 ottobre 2001, n. 370, conv., con modif., in l. 14 dicembre 2001, n. 432.*

(2) *Comma aggiunto dall'art.1, comma 777, lett.* m), *l. 28 dicembre 2015, n. 208. Con sentenza 6 marzo 2019, n. 34, la Corte Costituzionale ha dichiarato incostituzionale l'art. 54, comma 2, del decreto-legge 25 giugno 2008, n. 112, convertito, con modificazioni, nella legge 6 agosto 2008, n. 133, come modificato dall'art. 3, comma 23, dell'Allegato 4 al decreto legislativo 2 luglio 2010, n. 104 e dall'art. 1, comma 3, lettera* a), *numero 6, del decreto legislativo 15 novembre 2011, n. 195.*

7 Disposizioni finanziarie.

1. All'onere derivante dall'attuazione della presente legge, valutato in lire 12.705 milioni a decorrere dall'anno 2002, si provvede mediante corrispondente riduzione delle proiezioni dello stanziamento iscritto, ai fini del bilancio triennale 2001-2003, nell'ambito dell'unità previsionale di base di parte corrente "Fondo speciale" dello stato di previsione del Ministero del tesoro, del bilancio e della programmazione economica per l'anno 2001, allo scopo parzialmente utilizzando l'accantonamento relativo al medesimo Ministero.

2. Il Ministro del tesoro, del bilancio e della programmazione economica è autorizzato ad apportare, con propri decreti, le occorrenti variazioni di bilancio.

La presente legge, munita del sigillo dello Stato, sarà inserita nella Raccolta ufficiale degli atti normativi della Repubblica italiana. È fatto obbligo a chiunque spetti di osservarla e di farla osservare come legge dello Stato.

SEZIONE SECONDA
LA RESPONSABILITÀ DEL PUBBLICO DIPENDENTE

CAPO I
RESPONSABILITÀ AMMINISTRATIVA E CONTABILE (1)

(1) *Si riportano qui alcune delle norme in materia. V. anche il r.d. 12 luglio 1934 n. 1214; in particolare gli artt. 13 e 52 e ss. (*sub *VI, 13); il d.l. 15 novembre 1993, n. 453, conv., con modif., in l. 14 gennaio 1994, n. 19; in particolare gli artt. 1, 2 e 6 (*sub *VI, 14); la l. 14 gennaio 1994, n. 20, in particolare l'art.1 (*sub *IV, 22); v. anche il Codice della giustizia contabile,* sub *VI, 17.*

18. Costituzione della Repubblica. (*estratto*) (1).

(1) *Si riportano qui gli artt. 28 e 103, comma 2 Cost. (per l'intero testo, v.* sub *I, 1).*

28 [I] I funzionari e i dipendenti dello Stato e degli enti pubblici sono direttamente responsabili, secondo le leggi penali, civili e amministrative, degli atti compiuti in violazione di diritti. In tali casi la responsabilità civile si estende allo Stato e agli enti pubblici.

103 (*Omissis*).

[II] La Corte dei conti ha giurisdizione nelle materie di contabilità pubblica e nelle altre specificate dalla legge.

(*Omissis*).

19. Decreto del Presidente della Repubblica 10 gennaio 1957, n. 3. — Testo unico delle disposizioni concernenti lo statuto degli impiegati civili dello Stato. (*estratto*) (1).

Pubblicato nella Gazzetta Ufficiale n. 22 del 25 gennaio 1957.

(1) *Si riportano qui i soli articoli relativi alla responsabilità del presente d.P.R. 10 gennaio 1957, n. 3 (*sub *II, 90).*

8 Responsabilità dell'impiegato verso l'Amministrazione.

L'impiegato delle amministrazioni dello Stato anche ad ordinamento autonomo, è tenuto a risarcire alle amministrazioni stesse i danni derivanti da violazioni di obblighi di servizio.

Se l'impiegato ha agito per un ordine che era obbligato ad eseguire va esente da responsabilità, salva la responsabilità del superiore che ha impartito l'ordine.

L'impiegato, invece, è responsabile se ha agito per delega del superiore.

19 Giurisdizione della Corte dei conti.

L'impiegato, per la responsabilità di cui al precedente articolo, è sottoposto alla giurisdizione della Corte dei Conti nei modi previsti dalle leggi in materia (1).

La Corte, valutate le singole responsabilità, può porre a carico dei responsabili tutto il danno accertato o parte di esso (2).

Il diritto al risarcimento si estingue con il decorso del termine di prescrizione ordinario previsto dal Codice civile (3).

(1) *V. il r.d. 12 luglio 1934 n. 1214; in particolare gli artt. 13 e 52 e ss. (*sub *VI, 13); il d.l. 15 novembre 1993, n. 453, conv., con modif., in l. 14 gennaio 1994, n. 19; in particolare gli artt. 1, 2 e 6 (*sub *VI, 14); la l. 14 gennaio 1994, n. 20, in particolare l'art.1 (*sub *IV, 15) e il Codice della giustizia contabile,* sub *VI, 17.*

(2) *Per il potere riduttivo della Corte dei Conti v. l'art. 52 del r.d. 12 luglio 1934 n. 1214 (*sub *VI, 13) e l'art. 1, comma 1-bis, della l. 14 gennaio 1994, n. 20 (*sub *VI, 15) e il Codice della giustizia contabile,* sub *VI, 17.*

(3) *Per l'azione di responsabilità davanti alla Corte dei Conti, v. i termini di prescrizione, previsti dall'art. 1, commi 2, 2-bis, 2-ter e 2 l. 14 gennaio 1994, n. 20 (*sub *IV, 15) e il Codice della giustizia contabile,* sub *VI, 17.*

20 [Obbligo di denuncia.] (1)

[Il direttore generale e il capo del servizio che vengano a conoscenza direttamente od a seguito di rapporto cui sono tenuti gli organi inferiori, di fatti che diano luogo a responsabilità ai sensi dell'art. 18 devono farne denuncia al procuratore generale della Corte dei conti, indicando tutti gli elementi raccolti per l'accertamento della responsabilità e la determinazione dei danni.

Qualora il fatto dannoso venga accertato da un impiegato con qualifica di ispettore generale, nel corso di una ispezione, questi è tenuto a farne immediatamente denuncia al procuratore generale della Corte dei conti, informandone nel contempo il direttore generale o il capo del servizio competente.

Se il fatto dannoso sia imputabile al direttore generale o al capo di un servizio posto alle dirette dipendenze del Ministro, la denuncia è fatta a cura del Ministro stesso.

Ove in sede di giudizio si accerti che la denuncia fu omessa per dolo o colpa grave, la Corte può condannare al risarcimento anche i responsabili dell'omissione.]

(1) *Articolo abrogato dall'articolo 4, comma 1, lettera* c), *d.lgs. 26 agosto 2016, n. 174 (Codice di giustizia contabile), riportato* sub *VI, 17.*

21 Responsabilità dell'agente contabile.

Resta regolata dalle norme vigenti la speciale responsabilità dell'agente contabile.

22 Responsabilità verso i terzi.

L'impiegato che, nell'esercizio delle attribuzioni ad esso conferite dalle leggi o dai regolamenti, cagioni ad altri un danno ingiusto ai sensi dell'art. 23 è personalmente obbligato a risarcirlo. L'azione di risarcimento nei suoi confronti può essere esercitata congiuntamente con l'azione diretta nei confronti dell'Amministrazione qualora, in base alle norme ed ai principi vigenti dell'ordinamento giuridico, sussista anche la responsabilità dello Stato (1).

L'amministrazione che abbia risarcito il terzo del danno cagionato dal dipendente si rivale agendo contro quest'ultimo a norma degli articoli 18 e 19. Contro l'impiegato addetto alla conduzione di autoveicoli o di altri mezzi meccanici l'azione dell'Amministrazione è ammessa solo nel caso di danni arrecati per dolo o colpa grave (2).

(1) *V. l'art. 2043 c.c. (*sub *IV, 1).*
(2) *V. l'art. 19 del presente T.U.*

23 Danno ingiusto (1).

È danno ingiusto, agli effetti previsti dall'art. 22, quello derivante da ogni violazione dei diritti dei terzi che l'impiegato abbia commesso per dolo o per colpa grave (2); restano salve le responsabilità più gravi previste dalle leggi vigenti.

La responsabilità personale dell'impiegato sussiste tanto se la violazione del diritto del terzo sia cagionata dal compimento di atti od operazioni, quanto se la detta violazione consista nell'omissione o nel ritardo ingiustificato di atti od operazioni al cui compimento l'impiegato sia obbligato per legge o per regolamento.

(1) *V. l'art. 2043 c.c. (*sub *IV, 1).*
(2) *V. l'art. 1, comma 1, della l. 14 gennaio 1994, n. 20 (*sub *IV, 22).*

24 Responsabilità degli organi collegiali.

Quando la violazione del diritto sia derivata da atti od operazioni di collegi amministrativi deliberanti, sono responsabili, in solido, il presidente ed i membri del collegio che hanno partecipato all'atto od all'operazione. La responsabilità è esclusa per coloro che abbiano fatto constatare nel verbale il proprio dissenso.

26 Inesecuzione del giudicato amministrativo.

Qualora il danno del terzo derivi dalla mancata esecuzione del giudicato formatosi contro l'Amministrazione, l'azione di risarcimento può essere iniziata soltanto dopo che siano trascorsi sessanta giorni dalla notificazione, con diffida a provvedere, della decisione del Consiglio di Stato in sede giurisdizionale che, ai sensi dell'art. 27, n. 4, del testo unico 26 giugno 1924, n. 1054 (1), dichiara l'obbligo dell'autorità amministrativa di conformarsi al giudicato, salvo il diritto alla riparazione dei danni che si siano verificati.

(1) *Si rinvia alla Parte VI, 45.*

27 Comunicazione della diffida.

L'impiegato convenuto in giudizio ai sensi dell'art. 22 o quello cui sia stata notificata una delle diffide previste dagli artt. 25 e 26 ha il dovere di darne, senza indugio, notizia al capo dell'ufficio dal quale dipende.

Il capo dell'ufficio ha il dovere di informare senza indugio il Ministro degli atti di citazione e delle diffide che siano notificati a lui stesso, ovvero ad impiegati dipendenti.

Debbono altresì essere comunicate al capo dell'ufficio ed al Ministro, ai sensi del primo e secondo comma del presente articolo, le sentenze, rinuncie e transazioni intervenute nei detti giudizi.

La difesa dell'impiegato convenuto in giudizio può essere assunta dall'Avvocatura dello Stato, nei casi e con le forme previste dall'art. 44 del T.U. 30 ottobre 1933, n. 1611.

28 Esclusione della responsabilità verso i terzi.

Alla responsabilità dell'impiegato verso i terzi si applicano le disposizioni del secondo comma dell'art. 18.

29 Altri casi di esclusione della responsabilità verso i terzi.

La responsabilità personale verso i terzi di cui agli articoli precedenti è esclusa, oltre che negli altri casi previsti dalla legge, quando l'impiegato ha agito per legittima difesa di sé o di altri o quando sia stato costretto all'azione od omissione dannosa da violenza fisica esercitata sulla persona. Quando ha agito perché costrettovi dalla necessità di salvare sé o altri dal pericolo attuale di un danno grave alla persona ed il pericolo non è stato da lui volontariamente causato né era altrimenti evitabile, al danneggiato è dovuto dall'amministrazione cui l'impiegato appartiene un indennizzo.

Ai fini dell'applicazione della disposizione di cui al precedente comma l'impiegato ha l'obbligo di informare i superiori prima di essere convenuto in giudizio per il risarcimento del danno o prima che gli siano notificate le diffide previste dagli artt. 25 e 26.

Nelle ipotesi previste nei commi precedenti l'amministrazione può valutare se sussista responsabilità dell'impiegato verso di essa.

30 Concorso di danno verso l'Amministrazione e verso i terzi.

Il mancato esercizio dell'azione di risarcimento nei confronti dell'impiegato da parte del terzo danneggiato la reiezione della domanda da parte del giudice adito, come pure le rinunce o transazioni non escludono che il fatto, l'omissione o il ritardo dell'impiegato siano valutati dall'Amministrazione ai sensi dell'ultimo comma dell'art. 29.

20. Legge 31 dicembre 1962, n. 1833. — Modificazioni ed integrazioni alla disciplina della responsabilità patrimoniale dei dipendenti dello Stato, adibiti alla conduzione di autoveicoli o altri mezzi meccanici e semplificazione delle procedure di liquidazione dei danni.

1 Gli impiegati e gli operai dello Stato, i militari dell'Esercito, della Marina e dell'Aeronautica, gli appartenenti ai Corpi della guardia di finanza, delle guardie di pubblica sicurezza e degli agenti di custodia, addetti alla conduzione di autoveicoli o di altri mezzi meccanici che, nell'esercizio di tali attribuzioni, cagionino un danno all'Amministrazione dello Stato, sono tenuti al risarcimento solo nel caso di danno arrecato per dolo o per colpa grave.

La limitazione di cui al comma precedente si applica anche alla responsabilità del personale, ivi indicato, verso l'Amministrazione che abbia risarcito il terzo del danno cagionato da circolazione di autoveicoli o di altri mezzi meccanici.

Restano salve le responsabilità più gravi previste dalle leggi vigenti.

Le Amministrazioni non possono procedere all'accertamento di danni causati da propri dipendenti e alle conseguenti liquidazioni o transazioni, senza avere concesso preventivamente un termine ai dipendenti stessi al fine di produrre le loro difese e senza averle adeguatamente valutate (1).

(1) *Vedi l'art. unico l. 17 marzo 1975, n. 69.*

2 Il limite di somma contenuto nell'articolo 14 del regio decreto 18 novembre 1923, n. 2440, è elevato a lire tre milioni (€ 1.549) quando si tratti di atti di transazione relativi al risarcimento di danni ai terzi causati dalla circolazione di autoveicoli o di altri mezzi meccanici dello Stato.

Sugli atti di transazione di cui al precedente comma l'Amministrazione non ha l'obbligo di sentire l'avviso dell'Avvocatura dello Stato, quando ciò che dà o abbandona sia determinato o determinabile in somma non superiore a l. 150.000 (€ 77).

3 L'istruttoria delle liquidazioni e transazioni relative ai risarcimenti di danni di cui al primo comma dell'articolo 2 della presente legge, è affidata all'ufficio centrale o periferico presso il quale l'autoveicolo od il diverso mezzo meccanico è in uso.

4 Alla liquidazione dei danni, alla stipulazione e al pagamento delle transazioni per sinistri comportanti risarcimenti non superiori, per ciascun atto, all'importo di lire 3.000.000 (€ 1.549), provvedono gli uffici centrali o periferici ai quali è in carico l'autoveicolo o il diverso mezzo meccanico.

In ogni caso la transazione deve essere autorizzata dal capo dell'ufficio centrale o periferico al quale è in carico l'autoveicolo o di quello gerarchicamente superiore, con qualifica non inferiore a direttore di divisione o equiparata.

L'assegnazione e la gestione dei fondi occorrenti agli uffici periferici per le liquidazioni ed i pagamenti di cui al comma precedente avverranno secondo le modalità indicate nella legge 17 agosto 1960, n. 908.

5 Alla liquidazione dei danni, alla stipulazione e al pagamento delle transazioni per sinistri comportanti risarcimenti d'importo superiore a lire 3.000.000 ('80 1549) provvedono le Amministrazioni centrali competenti.

6 Sugli atti transattivi di cui al precedente articolo 4, di importo superiore a lire 150.000 (€ 77), deve essere sentito il parere dell'Avvocatura dello Stato competente per il territorio in cui ha sede l'ufficio che deve disporre la liquidazione ed il pagamento.

Sugli atti transattivi di cui al precedente articolo 5 deve essere sentito il parere dell'Avvocatura generale dello Stato e del Consiglio di Stato.

7 L'addetto alla conduzione di un autoveicolo o di altro mezzo meccanico dello Stato che, nell'esercizio delle sue attribuzioni, abbia provocato o subito un danno alla persona o alle cose, è tenuto a denunciare, appena possibile, il fatto al più vicino ufficio e organo di polizia giudiziaria per la raccolta di tutti gli elementi e mezzi di prova in base ai quali sia possibile determinare la causa, la natura e l'entità del danno.

Analoga denuncia deve essere fatta, appena possibile, all'ufficio al quale è in uso l'autoveicolo od il diverso mezzo meccanico. L'ufficio, ricevuta la denuncia o conosciuto altrimenti il fatto, richiede copia del verbale redatto dagli organi di cui al primo comma e provvede all'acquisizione di ogni ulteriore elemento e mezzo di prova per l'accertamento della responsabilità.

8 Le disposizioni dell'articolo 1 si applicano anche alle procedure in corso alla data di entrata in vigore della presente legge.

L'Amministrazione, a favore della quale, alla stessa data, sia stata pronunciata decisione di condanna passata in giudicato, ma non ancora completamente eseguita, provvede di ufficio, su conforme avviso del procuratore generale della Corte dei conti, a rinunciare alla riscossione del suo credito, ove risulti trattarsi di condanna che non sia stata pronunciata per dolo o colpa grave. La riscossione del credito resta sospesa fino a quando non è definita la procedura prevista dal presente comma.

Nel caso in cui l'Amministrazione non rinunci al proprio credito, l'interessato entro trenta giorni dal primo atto di esecuzione posto in essere nei suoi confronti, può ricorrere nelle forme e nei modi previsti dall'articolo 25 del regio decreto 13 agosto 1933, n. 1038; se si tratta di decisione di condanna pronunziata da giudice diverso dalla Corte dei conti, l'interpretazione della sentenza, al fine di stabilire se sussista dolo o colpa grave, spetta al giudice di merito che emise la sentenza di condanna.

Non si fa luogo, in ogni caso, a rimborso di somme già introitate dall'Erario.

21. Legge 11 luglio 1980, n. 312. — Nuovo assetto retributivo-funzionale del personale civile e militare dello Stato. (*estratto*) (1).

Pubblicata nella Gazzetta Ufficiale n. 190 del 12 luglio 1980.

(1) *Si riporta qui il solo art. 61 in materia di responsabilità.*

61 Disciplina della responsabilità patrimoniale del personale direttivo, docente, educativo e non docente.

La responsabilità patrimoniale del personale direttivo, docente, educativo e non docente della scuola materna, elementare, secondaria ed artistica dello Stato e delle istituzioni educative statali per danni arrecati direttamente all'Amministrazione in connessione a comportamenti degli alunni è limitata ai soli casi di dolo o colpa grave nell'esercizio della vigilanza sugli alunni stessi.

La limitazione di cui al comma precedente si applica anche alla responsabilità del predetto personale verso l'Amministrazione che risarcisca il terzo dei danni subiti per comportamenti degli alunni sottoposti alla vigilanza. Salvo rivalsa nei casi di dolo o colpa grave, l'Amministrazione si surroga al personale medesimo nelle responsabilità civili derivanti da azioni giudiziarie promosse da terzi.

22. Legge 14 gennaio 1994, n. 20. — Disposizioni in materia di giurisdizione e controllo della Corte dei conti. (*estratto*) (1).

Pubblicata nella Gazzetta Ufficiale n. 10 del 14 gennaio 1994.

(1) *Si riporta qui il solo art. 1 l. 14 gennaio 1994, n. 20 (sub VI, 16). V. anche l'art. 52 r.d. 12 luglio 1934, n. 1214, sub VI, 13.*

1 Azione di responsabilità.

1. La responsabilità dei soggetti sottoposti alla giurisdizione della Corte dei conti in materia di contabilità pubblica è personale e limitata ai fatti ed alle omissioni commessi con dolo o con colpa grave, ferma restando l'insindacabilità nel merito delle scelte discrezionali. La prova del dolo richiede la dimostrazione della volontà dell'evento dannoso (1). In ogni caso è esclusa la gravità della colpa quando il fatto dannoso tragga origine dall'emanazione di un atto vistato e registrato in sede di controllo preventivo di legittimità, limitatamente ai profili presi in considerazione nell'esercizio del controllo. La gravità della colpa e ogni conseguente responsabilità sono in ogni caso escluse per ogni profilo se il fatto dannoso trae origine da decreti che determinano la cessazione anticipata, per qualsiasi ragione, di rapporti di concessione autostradale, allorché detti decreti siano stati vistati e registrati dalla Corte dei conti in sede di controllo preventivo di legittimità svolto su richiesta dell'amministrazione procedente. Il relativo debito si trasmette agli eredi secondo le leggi vigenti nei casi di illecito arricchimento del dante causa e di conseguente indebito arricchimento degli eredi stessi (2) (3).

1-*bis*. Nel giudizio di responsabilità, fermo restando il potere di riduzione, deve tenersi conto dei vantaggi comunque conseguiti dall'amministrazione di appartenenza, o da altra amministrazione, o dalla comunità amministrata in relazione al comportamento degli amministratori o dei dipendenti pubblici soggetti al giudizio di responsabilità (4).

1-*ter*. Nel caso di deliberazioni di organi collegiali la responsabilità si imputa esclusivamente a coloro che hanno espresso voto favorevole. Nel caso di atti che rientrano nella competenza propria degli uffici tecnici o amministrativi la responsabilità non si estende ai titolari degli organi politici che in buona fede li abbiano approvati ovvero ne abbiano autorizzato o consentito l'esecuzione (5).

1-*quater*. Se il fatto dannoso è causato da più persone, la Corte dei conti, valutate le singole responsabilità, condanna ciascuno per la parte che vi ha preso (5).

1-*quinquies*. Nel caso di cui al comma 1-*quater* i soli

concorrenti che abbiano conseguito un illecito arricchimento o abbiano agito con dolo sono responsabili solidalmente. La disposizione di cui al presente comma si applica anche per i fatti accertati con sentenza passata in giudicato pronunciata in giudizio pendente alla data di entrata in vigore del decreto-legge 28 giugno 1995, n. 248. In tali casi l'individuazione dei soggetti ai quali non si estende la responsabilità solidale è effettuata in sede di ricorso per revocazione (5).

1-*sexies*. Nel giudizio di responsabilità, l'entità del danno all'immagine della pubblica amministrazione derivante dalla commissione di un reato contro la stessa pubblica amministrazione accertato con sentenza passata in giudicato si presume, salva prova contraria, pari al doppio della somma di denaro o del valore patrimoniale di altra utilità illecitamente percepita dal dipendente (6).

1-*septies*. Nei giudizi di responsabilità aventi ad oggetto atti o fatti di cui al comma 1-*sexies*, il sequestro conservativo [di cui all'articolo 5, comma 2, del decreto-legge 15 novembre 1993, n. 453, convertito, con modificazioni, dalla legge 14 gennaio 1994, n. 19,] è concesso in tutti i casi di fondato timore di attenuazione della garanzia del credito erariale (7).

2. Il diritto al risarcimento del danno si prescrive in ogni caso in cinque anni, decorrenti dalla data in cui si è verificato il fatto dannoso, ovvero, in caso di occultamento doloso del danno, dalla data della sua scoperta (8).

2-*bis*. Per i fatti che rientrano nell'ambito di applicazione dell'articolo 1, comma 7, del decreto-legge 27 agosto 1993, n. 324, convertito, con modificazioni, dalla legge 27 ottobre 1993, n. 423, la prescrizione si compie entro cinque anni ai sensi del comma 2 e comunque non prima del 31 dicembre 1996 (9).

2-*ter*. Per i fatti verificatisi anteriormente alla data del 15 novembre 1993 e per i quali stia decorrendo un termine di prescrizione decennale, la prescrizione si compie entro il 31 dicembre 1998, ovvero nel più breve termine dato dal compiersi del decennio (9).

3. Qualora la prescrizione del diritto al risarcimento sia maturata a causa di omissione o ritardo della denuncia del fatto, rispondono del danno erariale i soggetti che hanno omesso o ritardato la denuncia. In tali casi, l'azione è proponibile entro cinque anni dalla data in cui la prescrizione è maturata.

4. La Corte dei conti giudica sulla responsabilità amministrativa degli amministratori e dipendenti pubblici anche quanto il danno sia stato cagionato ad amministrazioni o enti pubblici diversi da quelli di appartenenza, per i fatti commessi successivamente alla data di entrata in vigore della presente legge (10).

(1) *Periodo inserito dall'art. 21, comma 1 d.l. 16 luglio 2020, n. 76, conv., con modif., in l. 11 settembre 2020, n. 120. Ai sensi del successivo comma 2, come modificato dall'art. 51, lett. h), d.l. 31 maggio 2021, n. 77, conv., con modif., in l. 29 luglio 2021, n. 108 « Limitatamente ai fatti commessi dalla data di entrata in vigore del presente decreto e* ***fino al 30 giugno 2023****, la responsabilità dei soggetti sottoposti alla giurisdizione della Corte dei conti in materia di contabilità pubblica per l'azione di responsabilità di cui all'articolo 1 della legge 14 gennaio 1994, n. 20, è limitata ai casi in cui la produzione del danno conseguente alla condotta del soggetto agente è da lui dolosamente voluta. La limitazione di responsabilità prevista dal primo periodo non si applica per i danni cagionati da omissione o inerzia del soggetto agente ».*

(2) *Ultimo periodo inserito dall'art. 4, comma 12-*ter*, d.l. 18 aprile 2019, n. 32, conv., con modif., in l. 14 giugno 2019, n. 55.*

(3) *Comma sostituito dall'art. 3 d.l. 23 ottobre 1996, n. 543, conv., con modif., in l. 20 dicembre 1996, n. 639 e successivamente modificato dall'art. 17, comma 30-*quater*, lett. a), d.l. 1° luglio 2009, n. 78, conv., con modif., in l. 3 agosto 2009, n. 102, come modificato dall'art. 1, comma 1, lett. c), punto 1), d.l. 3 agosto 2009, n. 103, conv., con modif., in l. 3 agosto 2009, n. 141. V. l'art. 29, comma 7, d.l. 31 maggio 2010, n. 78, conv., con modif., in l. 30 luglio 2010, n. 122, ai sensi del quale, con riguardo alle valutazioni di diritto e di fatto operate ai fini della definizione del contesto mediante gli istituti previsti dall'art. 182-*ter* r.d. 16 marzo 1942, n. 267, dal d.lgs. 19 giugno 1997, n. 218, e dall'art. 48 d.lgs. 31 dicembre 1992, n. 546, la responsabilità di cui al presente comma è limitata alle ipotesi di dolo.*

(4) *Comma inserito dall'art. 3 del d.l. n. 543, cit., e successivamente modificato dall'art. 17, comma 30-*quater*, lett. b), d.l. n. 78, cit.*

(5) *Comma inserito dall'art. 3 d.l. n. 543, cit.*

(6) *Comma aggiunto dal comma 62 dell'art. 1, l. n. 190/2012.*

(7) *Comma inserito dall'articolo 1, comma 62, della Legge 6 novembre 2012, n. 190. e, successivamente modificato dall'articolo 4, comma 1, lettera e), del d.lgs. 26 agosto 2016, n. 174 (Codice di giustizia contabile), riportato sub VI, 17.*

(8) *Comma sostituito dall'art. 3 d.l. n. 543, cit.*

Con l'art. 1, comma 1343 della l. 27 dicembre 2006, n. 296 (Disposizioni per la formazione del bilancio annuale e pluriennale dello Stato (legge finanziaria 2007), erano state apportate le seguenti modifiche al comma 2: « [Al comma 2 dell'articolo 1 della legge 14 gennaio 1994, n. 20, le parole: « si è verificato il fatto dannoso » sono sostituite dalle seguenti: « è stata realizzata la condotta produttiva di danno »] Il comma 1343, e quindi le modifiche, sono state abrogate dal d.l. 27 dicembre 2006, n. 299 (Abrogazione del comma 1343 dell'articolo 1 della l. 27 dicembre 2006, n. 296, recante disposizioni in materia di decorrenza del termine di prescrizione per la responsabilità amministrativa), convertito in legge dall'art. 1, l. 23 febbraio 2007, n. 16 (Gazz. Uff. 26 febbraio 2007, n. 47).

(9) *Comma inserito dall'art. 3 d.l. n. 543, cit.*

(10) *Comma sostituito dall'art. 3 d.l n. 543, cit.*

23. Decreto legge 1° luglio 2009, n. 78, convertito, con modificazioni, in legge 3 agosto 2009, n. 102. — Provvedimenti anticrisi, nonché proroga di termini. (*estratto*).

Pubblicato nella Gazzetta Ufficiale n. 150 del 1° luglio 2009; la legge di conversione è stata pubblicata nella Gazzetta Ufficiale n. 179 del 4 agosto 2009.

17 Enti pubblici: economie, controlli, Corte dei conti.

30-*ter*. [Le procure della Corte dei conti possono iniziare l'attività istruttoria ai fini dell'esercizio dell'azione di danno erariale a fronte di specifica e concreta notizia di danno, fatte salve le fattispecie direttamente sanzionate dalla legge.] Le procure della Corte dei conti esercitano l'azione per il risarcimento del danno all'immagine nei soli casi e nei modi previsti dall'articolo 7 della legge 27 marzo 2001, n. 97 (1). A tale ultimo fine, il decorso del termine di prescrizione di cui al comma 2 dell'articolo 1 della legge 14 gennaio 1994, n. 20, è sospeso fino alla conclusione del procedimento penale. Qualunque atto istruttorio o processuale posto in essere in violazione delle disposizioni di cui al presente comma, salvo che sia stata già pronunciata sentenza anche non definitiva alla data di entrata in vigore della legge di conversione del presente decreto, è nullo e la relativa nullità può essere fatta valere in ogni momento, da chiunque vi abbia interesse, innanzi alla competente sezione giurisdizionale della Corte dei conti, che decide nel termine perentorio di trenta giorni dal deposito della richiesta (2).

(1) *Il richiamato art. 7 della legge n. 97/2001, abrogato dall'art. 4, comma 1, lett. g) d.lgs. 26 agosto 2016, n. 174, prevedeva che « 1. La sentenza irrevocabile di condanna pronunciata nei confronti dei dipendenti indicati nell'articolo 3 per i delitti contro la pubblica amministrazione previsti nel capo I del titolo II del libro secondo del codice penale è comunicata al competente procuratore regionale della Corte dei conti affinché promuova entro trenta giorni l'eventuale procedimento di responsabilità per danno erariale nei confronti del condannato. Resta salvo quanto disposto dall'articolo 129 delle norme di attuazione, di coordinamento e transitorie del codice di procedura penale, approvate con decreto legislativo 28 luglio 1989, n. 271 ». Ai sensi del comma. 2 del citato articolo 4 d.lgs. n. 174, cit.: « Quando disposizioni vigenti richiamano disposizioni abrogate dal comma 1, il riferimento agli istituti previsti da queste ultime si intende operato ai corrispondenti istituti disciplinati nel presente codice ».*

(2) *Comma inserito in sede di conversione e successivamente modificato dapprima dall'art. 1, comma 1, lett.* c), *n. 1), d.l. 3 agosto 2009, n. 103, convertito, con modificazioni, dalla l. 3 ottobre 2009, n. 141 e da ultimo dall'articolo 4, comma 1, lettera* h), *del d.lgs. 26 agosto 2016, n. 174 (Codice di giustizia contabile, riportato* sub *VI, 17), che ha soppresso il primo periodo.*

24. Decreto legislativo 19 agosto 2016, n. 175. — Testo unico in materia di società a partecipazione pubblica. (*estratto*) (1).

Pubblicata nella Gazzetta Ufficiale 8 settembre 2016, n. 210.

(1) *Per il testo integrale del Decreto legislativo si veda* sub *II, 29.*

12 Responsabilità degli enti partecipanti e dei componenti degli organi delle società partecipate.

1. I componenti degli organi di amministrazione e controllo delle società partecipate sono soggetti alle azioni civili di responsabilità previste dalla disciplina ordinaria delle società di capitali, salva la giurisdizione della Corte dei conti per il danno erariale causato dagli amministratori e dai dipendenti delle società in house. È devoluta alla Corte dei conti, nei limiti della quota di partecipazione pubblica, la giurisdizione sulle controversie in materia di danno erariale di cui al comma 2.

2. Costituisce danno erariale il danno, patrimoniale o non patrimoniale, subito dagli enti partecipanti, ivi compreso il danno conseguente alla condotta dei rappresentanti degli enti pubblici partecipanti o comunque dei titolari del potere di decidere per essi, che, nell'esercizio dei propri diritti di socio, abbiano con dolo o colpa grave pregiudicato il valore della partecipazione.

SEZIONE TERZA
LA RESPONSABILITÀ AMMINISTRATIVA
DELLE PERSONE GIURIDICHE

25. Decreto legislativo 8 giugno 2001, n. 231. — Disciplina della responsabilità amministrativa delle persone giuridiche, delle società e delle associazioni anche prive di personalità giuridica, a norma dell'articolo 11 della legge 29 settembre 2000, n. 300. (*estratto*).

Pubblicato nella Gazzetta Ufficiale n. 140 del 19 giugno 2001.

CAPO I
Responsabilità amministrativa dell'ente

SEZIONE I
Principi generali e criteri di attribuzione della responsabilità amministrativa

1 Soggetti.

1. Il presente decreto legislativo disciplina la responsabilità degli enti per gli illeciti amministrativi dipendenti da reato.

2. Le disposizioni in esso previste si applicano agli enti forniti di personalità giuridica e alle società e associazioni anche prive di personalità giuridica.

3. Non si applicano allo Stato, agli enti pubblici territoriali, agli altri enti pubblici non economici nonché agli enti che svolgono funzioni di rilievo costituzionale.

2 Principio di legalità.

1. L'ente non può essere ritenuto responsabile per un fatto costituente reato se la sua responsabilità amministrativa in relazione a quel reato e le relative sanzioni non sono espressamente previste da una legge entrata in vigore prima della commissione del fatto.

3 Successione di leggi.

1. L'ente non può essere ritenuto responsabile per un fatto che secondo una legge posteriore non costituisce più reato o in relazione al quale non è più prevista la responsabilità amministrativa dell'ente, e, se vi è stata condanna, ne cessano l'esecuzione e gli effetti giuridici.

2. Se la legge del tempo in cui è stato commesso l'illecito e le successive sono diverse, si applica quella le cui disposizioni sono più favorevoli, salvo che sia intervenuta pronuncia irrevocabile.

3. Le disposizioni dei commi 1 e 2 non si applicano se si tratta di leggi eccezionali o temporanee.

4 Reati commessi all'estero.

1. Nei casi e alle condizioni previsti dagli articoli 7, 8, 9 e 10 del codice penale, gli enti aventi nel territorio dello Stato la sede principale rispondono anche in relazione ai reati commessi all'estero, purché nei loro confronti non proceda lo Stato del luogo in cui è stato commesso il fatto.

2. Nei casi in cui la legge prevede che il colpevole sia punito a richiesta del Ministro della giustizia, si procede contro l'ente solo se la richiesta è formulata anche nei confronti di quest'ultimo.

5 Responsabilità dell'ente.

1. L'ente è responsabile per i reati commessi nel suo interesse o a suo vantaggio:

a) da persone che rivestono funzioni di rappresentanza, di amministrazione o di direzione dell'ente o di una sua unità organizzativa dotata di autonomia finanziaria e funzionale nonché da persone che esercitano, anche di fatto, la gestione e il controllo dello stesso;

b) da persone sottoposte alla direzione o alla vigilanza di uno dei soggetti di cui alla lettera *a*).

2. L'ente non risponde se le persone indicate nel comma 1 hanno agito nell'interesse esclusivo proprio o di terzi.

6 Soggetti in posizione apicale e modelli di organizzazione dell'ente.

1. Se il reato è stato commesso dalle persone indi-

cate nell'articolo 5, comma 1, lettera *a*), l'ente non risponde se prova che:

a) l'organo dirigente ha adottato ed efficacemente attuato, prima della commissione del fatto, modelli di organizzazione e di gestione idonei a prevenire reati della specie di quello verificatosi;

b) il compito di vigilare sul funzionamento e l'osservanza dei modelli di curare il loro aggiornamento è stato affidato a un organismo dell'ente dotato di autonomi poteri di iniziativa e di controllo;

c) le persone hanno commesso il reato eludendo fraudolentemente i modelli di organizzazione e di gestione;

d) non vi è stata omessa o insufficiente vigilanza da parte dell'organismo di cui alla lettera *b*).

2. In relazione all'estensione dei poteri delegati e al rischio di commissione dei reati, i modelli di cui alla lettera *a*), del comma 1, devono rispondere alle seguenti esigenze:

a) individuare le attività nel cui ambito possono essere commessi reati;

b) prevedere specifici protocolli diretti a programmare la formazione e l'attuazione delle decisioni dell'ente in relazione ai reati da prevenire;

c) individuare modalità di gestione delle risorse finanziarie idonee ad impedire la commissione dei reati;

d) prevedere obblighi di informazione nei confronti dell'organismo deputato a vigilare sul funzionamento e l'osservanza dei modelli;

e) introdurre un sistema disciplinare idoneo a sanzionare il mancato rispetto delle misure indicate nel modello.

2-*bis*. I modelli di cui alla lettera *a*) del comma 1 prevedono:

a) uno o più canali che consentano ai soggetti indicati nell'articolo 5, comma 1, lettere *a*) e *b*), di presentare, a tutela dell'integrità dell'ente, segnalazioni circostanziate di condotte illecite, rilevanti ai sensi del presente decreto e fondate su elementi di fatto precisi e concordanti, o di violazioni del modello di organizzazione e gestione dell'ente, di cui siano venuti a conoscenza in ragione delle funzioni svolte; tali canali garantiscono la riservatezza dell'identità del segnalante nelle attività di gestione della segnalazione;

b) almeno un canale alternativo di segnalazione idoneo a garantire, con modalità informatiche, la riservatezza dell'identità del segnalante;

c) il divieto di atti di ritorsione o discriminatori, diretti o indiretti, nei confronti del segnalante per motivi collegati, direttamente o indirettamente, alla segnalazione;

d) nel sistema disciplinare adottato ai sensi del comma 2, lettera *e*), sanzioni nei confronti di chi viola le misure di tutela del segnalante, nonché di chi effettua con dolo o colpa grave segnalazioni che si rivelano infondate (1).

2-*ter*. L'adozione di misure discriminatorie nei confronti dei soggetti che effettuano le segnalazioni di cui al comma 2-*bis* può essere denunciata all'Ispettorato nazionale del lavoro, per i provvedimenti di propria competenza, oltre che dal segnalante, anche dall'organizzazione sindacale indicata dal medesimo (1).

2-*quater*. Il licenziamento ritorsivo o discriminatorio del soggetto segnalante è nullo. Sono altresì nulli il mutamento di mansioni ai sensi dell'articolo 2103 del codice civile, nonché qualsiasi altra misura ritorsiva o discriminatoria adottata nei confronti del segnalante. È onere del datore di lavoro, in caso di controversie legate all'irrogazione di sanzioni disciplinari, o a demansionamenti, licenziamenti, trasferimenti, o sottoposizione del segnalante ad altra misura organizzativa avente effetti negativi, diretti o indiretti, sulle condizioni di lavoro, successivi alla presentazione della segnalazione, dimostrare che tali misure sono fondate su ragioni estranee alla segnalazione stessa (1).

3. I modelli di organizzazione e di gestione possono essere adottati, garantendo le esigenze di cui al comma 2, sulla base di codici di comportamento redatti dalle associazioni rappresentative degli enti, comunicati al Ministero della giustizia che, di concerto con i Ministeri competenti, può formulare, entro trenta giorni, osservazioni sulla idoneità dei modelli a prevenire i reati (2).

4. Negli enti di piccole dimensioni i compiti indicati nella lettera *b*), del comma 1, possono essere svolti direttamente dall'organo dirigente.

4-*bis*. Nelle società di capitali il collegio sindacale, il consiglio di sorveglianza e il comitato per il controllo della gestione possono svolgere le funzioni dell'organismo di vigilanza di cui al comma 1, lettera *b*) (3).

5. È comunque disposta la confisca del profitto che l'ente ha tratto dal reato, anche nella forma per equivalente.

(1) *Comma inserito dall'art. 2, comma 1, lett.* a), *l. 30 novembre 2017, n. 179.*

(2) *Vedi l'articolo 8, comma 1, del d.m. 26 giugno 2003, n. 201.*

(3) *Comma inserito dall'articolo 14, comma 12, della l. 12 novembre 2011, n. 183, a decorrere dal 1° gennaio 2012, ai sensi dell'articolo 36, comma 1, della medesima l. n. 183/2011.*

7 Soggetti sottoposti all'altrui direzione e modelli di organizzazione dell'ente.

1. Nel caso previsto dall'articolo 5, comma 1, lettera *b*), l'ente è responsabile se la commissione del reato è stata resa possibile dall'inosservanza degli obblighi di direzione o vigilanza.

2. In ogni caso, è esclusa l'inosservanza degli obblighi di direzione o vigilanza se l'ente, prima della commissione del reato, ha adottato ed efficacemente attuato un modello di organizzazione, gestione e controllo idoneo a prevenire reati della specie di quello verificatosi.

3. Il modello prevede, in relazione alla natura e alla dimensione dell'organizzazione nonché al tipo di attività svolta, misure idonee a garantire lo svolgimento dell'attività nel rispetto della legge e a scoprire ed eliminare tempestivamente situazioni di rischio.

4. L'efficace attuazione del modello richiede:

a) una verifica periodica e l'eventuale modifica dello stesso quando sono scoperte significative violazioni delle prescrizioni ovvero quando intervengono mutamenti nell'organizzazione o nell'attività;

b) un sistema disciplinare idoneo a sanzionare il mancato rispetto delle misure indicate nel modello.

8 Autonomia delle responsabilità dell'ente.

1. La responsabilità dell'ente sussiste anche quando:
a) l'autore del reato non è stato identificato o non è imputabile;
b) il reato si estingue per una causa diversa dall'amnistia.
2. Salvo che la legge disponga diversamente, non si procede nei confronti dell'ente quando è concessa amnistia per un reato in relazione al quale è prevista la sua responsabilità e l'imputato ha rinunciato alla sua applicazione.
3. L'ente può rinunciare all'amnistia.

SEZIONE II
Sanzioni in generale

9 Sanzioni amministrative.

1. Le sanzioni per gli illeciti amministrativi dipendenti da reato sono:
a) la sanzione pecuniaria;
b) le sanzioni interdittive;
c) la confisca;
d) la pubblicazione della sentenza.
2. Le sanzioni interdittive sono:
a) l'interdizione dall'esercizio dell'attività;
b) la sospensione o la revoca delle autorizzazioni, licenze o concessioni funzionali alla commissione dell'illecito;
c) il divieto di contrattare con la pubblica amministrazione, salvo che per ottenere le prestazioni di un pubblico servizio;
d) l'esclusione da agevolazioni, finanziamenti, contributi o sussidi e l'eventuale revoca di quelli già concessi;
e) il divieto di pubblicizzare beni o servizi.

10 Sanzione amministrativa pecuniaria.

1. Per l'illecito amministrativo dipendente da reato si applica sempre la sanzione pecuniaria.
2. La sanzione pecuniaria viene applicata per quote in un numero non inferiore a cento né superiore a mille.
3.L'importo di una quota va da un minimo di lire cinquecentomila ad un massimo di lire tre milioni.
4. Non è ammesso il pagamento in misura ridotta.

11 Criteri di commisurazione della sanzione pecuniaria.

1. Nella commisurazione della sanzione pecuniaria il giudice determina il numero delle quote tenendo conto della gravità del fatto, del grado della responsabilità dell'ente nonché dell'attività svolta per eliminare o attenuare le conseguenze del fatto e per prevenire la commissione di ulteriori illeciti.
2. L'importo della quota è fissato sulla base delle condizioni economiche e patrimoniali dell'ente allo scopo di assicurare l'efficacia della sanzione.
3. Nei casi previsti dall'articolo 12, comma 1, l'importo della quota è sempre di lire duecentomila.

12 Casi di riduzione della sanzione pecuniaria.

1. La sanzione pecuniaria è ridotta della metà e non può comunque essere superiore a lire duecento milioni se:
a) l'autore del reato ha commesso il fatto nel prevalente interesse proprio o di terzi e l'ente non ne ha ricavato vantaggio o ne ha ricavato un vantaggio minimo;
b) il danno patrimoniale cagionato è di particolare tenuità;
2. La sanzione è ridotta da un terzo alla metà se, prima della dichiarazione di apertura del dibattimento di primo grado:
a) l'ente ha risarcito integralmente il danno e ha eliminato le conseguenze dannose o pericolose del reato ovvero si è comunque efficacemente adoperato in tal senso;
b) è stato adottato e reso operativo un modello organizzativo idoneo a prevenire reati della specie di quello verificatosi.
3. Nel caso in cui concorrono entrambe le condizioni previste dalle lettere del precedente comma, la sanzione è ridotta dalla metà ai due terzi.
4. In ogni caso, la sanzione pecuniaria non può essere inferiore a lire venti milioni.

13 Sanzioni interdittive.

1. Le sanzioni interdittive si applicano in relazione ai reati per i quali sono espressamente previste, quando ricorre almeno una delle seguenti condizioni:
a) l'ente ha tratto dal reato un profitto di rilevante entità e il reato è stato commesso da soggetti in posizione apicale ovvero da soggetti sottoposti all'altrui direzione quando, in questo caso, la commissione del reato è stata determinata o agevolata da gravi carenze organizzative;
b) in caso di reiterazione degli illeciti.
2. Fermo restando quanto previsto dall'articolo 25, comma 5, le sanzioni interdittive (1) hanno una durata non inferiore a tre mesi e non superiore a due anni.
3. Le sanzioni interdittive non si applicano nei casi previsti dall'articolo 12, comma 1.

(1) *Le parole: « Fermo restando quanto previsto dall'articolo 25, comma 5, le sanzioni interdittive » sono state sostituite alle parole « Le sanzioni interdittive » dall'art. 1, comma 9, lett.* a), *l. 9 gennaio 2019, n. 3.*

14 Criteri di scelta delle sanzioni interdittive.

1. Le sanzioni interdittive hanno ad oggetto la specifica attività alla quale si riferisce l'illecito dell'ente. Il giudice ne determina il tipo e la durata sulla base dei criteri indicati nell'articolo 11, tenendo conto dell'ido-

neità delle singole sanzioni a prevenire illeciti del tipo di quello commesso.

2. Il divieto di contrattare con la pubblica amministrazione può anche essere limitato a determinati tipi di contratto o a determinate amministrazioni. L'interdizione dall'esercizio di un'attività comporta la sospensione ovvero la revoca delle autorizzazioni, licenze o concessioni funzionali allo svolgimento dell'attività.

3. Se necessario, le sanzioni interdittive possono essere applicate congiuntamente.

4. L'interdizione dall'esercizio dell'attività si applica soltanto quando l'irrogazione di altre sanzioni interdittive risulta inadeguata.

15 Commissario giudiziale.

1. Se sussistono i presupposti per l'applicazione di una sanzione interdittiva che determina l'interruzione dell'attività dell'ente, il giudice, in luogo dell'applicazione della sanzione, dispone la prosecuzione dell'attività dell'ente da parte di un commissario per un periodo pari alla durata della pena interdittiva che sarebbe stata applicata, quando ricorre almeno una delle seguenti condizioni:

a) l'ente svolge un pubblico servizio o un servizio di pubblica necessità la cui interruzione può provocare un grave pregiudizio alla collettività;

b) l'interruzione dell'attività dell'ente può provocare, tenuto conto delle sue dimensioni e delle condizioni economiche del territorio in cui è situato, rilevanti ripercussioni sull'occupazione.

2. Con la sentenza che dispone la prosecuzione dell'attività, il giudice indica i compiti ed i poteri del commissario, tenendo conto della specifica attività in cui è stato posto in essere l'illecito da parte dell'ente.

3. Nell'ambito dei compiti e dei poteri indicati dal giudice, il commissario cura l'adozione e l'efficace attuazione dei modelli di organizzazione e di controllo idonei a prevenire reati della specie di quello verificatosi. Non può compiere atti di straordinaria amministrazione senza autorizzazione del giudice.

4. Il profitto derivante dalla prosecuzione dell'attività viene confiscato.

5. La prosecuzione dell'attività da parte del commissario non può essere disposta quando l'interruzione dell'attività consegue all'applicazione in via definitiva di una sanzione interdittiva.

16 Sanzioni interdittive applicate in via definitiva.

1. Può essere disposta l'interdizione definitiva dall'esercizio dell'attività se l'ente ha tratto dal reato un profitto di rilevante entità ed è già stato condannato, almeno tre volte negli ultimi sette anni, alla interdizione temporanea dall'esercizio dell'attività.

2. Il giudice può applicare all'ente, in via definitiva, la sanzione del divieto di contrattare con la pubblica amministrazione ovvero del divieto di pubblicizzare beni o servizi quando è già stato condannato alla stessa sanzione almeno tre volte negli ultimi sette anni.

3. Se l'ente o una sua unità organizzativa viene stabilmente utilizzato allo scopo unico o prevalente di consentire o agevolare la commissione di reati in relazione ai quali è prevista la sua responsabilità è sempre disposta l'interdizione definitiva dall'esercizio dell'attività e non si applicano le disposizioni previste dall'articolo 17.

17 Riparazione delle conseguenze del reato.

1. Ferma l'applicazione delle sanzioni pecuniarie, le sanzioni interdittive non si applicano quando, prima della dichiarazione di apertura del dibattimento di primo grado, concorrono le seguenti condizioni:

a) l'ente ha risarcito integralmente il danno e ha eliminato le conseguenze dannose o pericolose del reato ovvero si è comunque efficacemente adoperato in tal senso;

b) l'ente ha eliminato le carenze organizzative che hanno determinato il reato mediante l'adozione e l'attuazione di modelli organizzativi idonei a prevenire reati della specie di quello verificatosi;

c) l'ente ha messo a disposizione il profitto conseguito ai fini della confisca.

18 Pubblicazione della sentenza di condanna.

1. La pubblicazione della sentenza di condanna può essere disposta quando nei confronti dell'ente viene applicata una sanzione interdittiva.

2. La pubblicazione della sentenza avviene ai sensi dell'articolo 36 del codice penale nonché mediante affissione nel comune ove l'ente ha la sede principale (1).

3. La pubblicazione della sentenza è eseguita, a cura della cancelleria del giudice, a spese dell'ente.

(1) *Comma sostituito, a decorrere dal 1° gennaio 2010, dall'articolo 2, comma 218, della legge 23 dicembre 2009, n. 191.*

19 Confisca.

1. Nei confronti dell'ente è sempre disposta, con la sentenza di condanna, la confisca del prezzo o del profitto del reato, salvo che per la parte che può essere restituita al danneggiato. Sono fatti salvi i diritti acquisiti dai terzi in buona fede.

2. Quando non è possibile eseguire la confisca a norma del comma 1, la stessa può avere ad oggetto somme di denaro, beni o altre utilità di valore equivalente al prezzo o al profitto del reato.

20 Reiterazione.

1. Si ha reiterazione quando l'ente, già condannato in via definitiva almeno una volta per un illecito dipen-

dente da reato, ne commette un altro nei cinque anni successivi alla condanna definitiva.

21 Pluralità di illeciti.

1. Quando l'ente è responsabile in relazione ad una pluralità di reati commessi con una unica azione od omissione ovvero commessi nello svolgimento di una medesima attività e prima che per uno di essi sia stata pronunciata sentenza anche non definitiva, si applica la sanzione pecuniaria prevista per l'illecito più grave aumentata fino al triplo. Per effetto di detto aumento, l'ammontare della sanzione pecuniaria non può comunque essere superiore alla somma delle sanzioni applicabili per ciascun illecito.

2. Nei casi previsti dal comma 1, quando in relazione a uno o più degli illeciti ricorrono le condizioni per l'applicazione delle sanzioni interdittive, si applica quella prevista per l'illecito più grave.

22 Prescrizione.

1. Le sanzioni amministrative si prescrivono nel termine di cinque anni dalla data di consumazione del reato.

2. Interrompono la prescrizione la richiesta di applicazione di misure cautelari interdittive e la contestazione dell'illecito amministrativo a norma dell'articolo 59.

3. Per effetto della interruzione inizia un nuovo periodo di prescrizione.

4. Se l'interruzione è avvenuta mediante la contestazione dell'illecito amministrativo dipendente da reato, la prescrizione non corre fino al momento in cui passa in giudicato la sentenza che definisce il giudizio.

23 Inosservanza delle sanzioni interdittive.

1. Chiunque, nello svolgimento dell'attività dell'ente a cui è stata applicata una sanzione o una misura cautelare interdittiva trasgredisce agli obblighi o ai divieti inerenti a tali sanzioni o misure, è punito con la reclusione da sei mesi a tre anni.

2. Nel caso di cui al comma 1, nei confronti dell'ente nell'interesse o a vantaggio del quale il reato è stato commesso, si applica la sanzione amministrativa pecuniaria da duecento e seicento quote e la confisca del profitto, a norma dell'articolo 19.

3. Se dal reato di cui al comma 1, l'ente ha tratto un profitto rilevante, si applicano le sanzioni interdittive, anche diverse da quelle in precedenza irrogate.

SEZIONE III
Responsabilità amministrativa da reato (1)

(1) *Rubrica sostituita dall'articolo 3, del d.lgs. 11 aprile 2002, n. 61.*

(*Omissis*).

CAPO II
Responsabilità patrimoniale e vicende modificative dell'ente

SEZIONE I
Responsabilità patrimoniale dell'ente

27 Responsabilità patrimoniale dell'ente.

1. Dell'obbligazione per il pagamento della sanzione pecuniaria risponde soltanto l'ente con il suo patrimonio o con il fondo comune.

2. I crediti dello Stato derivanti degli illeciti amministrativi dell'ente relativi a reati hanno privilegio secondo le disposizioni del codice di procedura penale sui crediti dipendenti da reato. A tale fine, la sanzione pecuniaria si intende equiparata alla pena pecuniaria.

SEZIONE II
Vicende modificative dell'ente

28 Trasformazione dell'ente.

1. Nel caso di trasformazione dell'ente, resta ferma la responsabilità per i reati commessi anteriormente alla data in cui la trasformazione ha avuto effetto.

29 Fusione dell'ente.

1. Nel caso di fusione, anche per incorporazione, l'ente che ne risulta risponde dei reati dei quali erano responsabili gli enti partecipanti alla fusione.

30 Scissione dell'ente.

1. Nel caso di scissione parziale, resta ferma la responsabilità dell'ente scisso per i reati commessi anteriormente alla data in cui la scissione ha avuto effetto, salvo quanto previsto dal comma 3.

2. Gli enti beneficiari della scissione, sia totale che parziale, sono solidalmente obbligati al pagamento delle sanzioni pecuniarie dovute dall'ente scisso per i reati commessi anteriormente alla data dalla quale la scissione ha avuto effetto. L'obbligo è limitato al valore effettivo del patrimonio netto trasferito al singolo ente, salvo che si tratti di ente al quale è stato trasferito, anche in parte il ramo di attività nell'ambito del quale è stato commesso il reato.

3. Le sanzioni interdittive relative ai reati indicati nel comma 2, si applicano agli enti cui è rimasto o è stato trasferito, anche in parte, il ramo di attività nell'ambito del quale il reato è stato commesso.

31 Determinazione delle sanzioni nel caso di fusione o scissione.

1. Se la fusione o la scissione è avvenuta prima della conclusione del giudizio, il giudice, nella commi-

surazione della sanzione pecuniaria a norma dell'articolo 11, comma 2, tiene conto delle condizioni economiche e patrimoniali dell'ente originariamente responsabile.

2. Salvo quanto previsto dall'articolo 17, l'ente risultante dalla fusione e l'ente al quale, nel caso di scissione, è applicabile la sanzione interdittiva possono chiedere al giudice la sostituzione della medesima con la sanzione pecuniaria, qualora, a seguito della fusione o della scissione, si sia realizzata la condizione prevista dalla lettera *b*) del comma 1 dell'articolo 17, e ricorrano le ulteriori condizioni di cui alle lettere *a*) e *c*) del medesimo articolo.

3. Se accoglie la richiesta, il giudice, nel pronunciare sentenza di condanna, sostituisce la sanzione interdittiva con una sanzione pecuniaria di ammontare pari da una a due volte quello della sanzione pecuniaria inflitta all'ente in relazione al medesimo reato.

4. Resta salva la facoltà dell'ente, anche nei casi di fusione o scissione successiva alla conclusione del giudizio, di chiedere la conversione della sanzione interdittiva in sanzione pecuniaria.

32 Rilevanza della fusione o della scissione ai fini della reiterazione.

1. Nei casi di responsabilità dell'ente risultante dalla fusione o beneficiario della scissione per reati commessi successivamente alla data dalla quale la fusione o la scissione ha avuto effetto, il giudice può ritenere la reiterazione, a norma dell'articolo 20, anche in rapporto a condanne pronunciate nei confronti degli enti partecipanti alla fusione o dell'ente scisso per reati commessi anteriormente a tale data.

2. A tale fine, il giudice tiene conto della natura delle violazioni e dell'attività nell'ambito della quale sono state commesse nonché delle caratteristiche della fusione o della scissione.

3. Rispetto agli enti beneficiari della scissione, la reiterazione può essere ritenuta, a norma dei commi 1 e 2, solo se ad essi è stato trasferito, anche in parte, il ramo di attività nell'ambito del quale è stato commesso il reato per cui è stata pronunciata condanna nei confronti dell'ente scisso.

33 Cessione di azienda.

1. Nel caso di cessione dell'azienda nella cui attività è stato commesso il reato, il cessionario è solidalmente obbligato, salvo il beneficio della preventiva escussione dell'ente cedente e nei limiti del valore dell'azienda, al pagamento della sanzione pecuniaria.

2. L'obbligazione del cessionario è limitata alle sanzioni pecuniarie che risultano dai libri contabili obbligatori, ovvero dovute per illeciti amministrativi dei quali egli era comunque a conoscenza.

3. Le disposizioni del presente articolo si applicano anche nel caso di conferimento di azienda.

CAPO III
Procedimento di accertamento e di applicazione delle sanzioni amministrative

SEZIONE I
Disposizioni generali

34 Disposizioni processuali applicabili.

1. Per il procedimento relativo agli illeciti amministrativi dipendenti da reato, si osservano le norme di questo capo nonché, in quanto compatibili, le disposizioni del codice di procedura penale e del decreto legislativo 28 luglio 1989, n. 271.

35 Estensione della disciplina relativa all'imputato.

1. All'ente si applicano le disposizioni processuali relative all'imputato, in quanto compatibili.

SEZIONE II
Soggetti, giurisdizione e competenza

36 Attribuzioni del giudice penale.

1. La competenza a conoscere gli illeciti amministrativi dell'ente appartiene al giudice penale competente per i reati dai quali gli stessi dipendono.

2. Per il procedimento di accertamento dell'illecito amministrativo dell'ente si osservano le disposizioni sulla composizione del tribunale e le disposizioni processuali collegate relative ai reati dai quali l'illecito amministrativo dipende.

37 Casi di improcedibilità.

1. Non si procede all'accertamento dell'illecito amministrativo dell'ente quando l'azione penale non può essere iniziata o proseguita nei confronti dell'autore del reato per la mancanza di una condizione di procedibilità.

38 Riunione e separazione dei procedimenti.

1. Il procedimento per l'illecito amministrativo dell'ente è riunito al procedimento penale instaurato nei confronti dell'autore del reato da cui l'illecito dipende.

2. Si procede separatamente per l'illecito amministrativo dell'ente soltanto quando:

a) è stata ordinata la sospensione del procedimento ai sensi dell'articolo 71 del codice di procedura penale;

b) il procedimento è stato definito con il giudizio abbreviato o con l'applicazione della pena ai sensi dell'articolo 444 del codice di procedura penale, ovvero è stato emesso il decreto penale di condanna;

c) l'osservanza delle disposizioni processuali lo rende necessario.

39 Rappresentanza dell'ente.

1. L'ente partecipa al procedimento penale con il proprio rappresentante legale, salvo che questi sia imputato del reato da cui dipende l'illecito amministrativo.

2. L'ente che intende partecipare al procedimento si costituisce depositando nella cancelleria dell'autorità giudiziaria procedente una dichiarazione contenente a pena di inammissibilità:

a) la denominazione dell'ente e le generalità del suo legale rappresentante;

b) il nome ed il cognome del difensore e l'indicazione della procura;

c) la sottoscrizione del difensore;

d) la dichiarazione o l'elezione di domicilio.

3. La procura, conferita nelle forme previste dall'articolo 100, comma 1, del codice di procedura penale, è depositata nella segreteria del pubblico ministero o nella cancelleria del giudice ovvero è presentata in udienza unitamente alla dichiarazione di cui al comma 2.

4. Quando non compare il legale rappresentante, l'ente costituito è rappresentato dal difensore.

40-85 (*Omissis*).

PARTE QUINTA
I SETTORI

SEZIONE PRIMA
CONCORRENZA

1. Trattato sul funzionamento dell'Unione Europea. (*rinvio*) (1) (2).

Il presente Trattato è pubblicato nella versione consolidata a fronte dell'entrata in vigore il 1° dicembre 2009 del Trattato di Lisbona (firmato a Lisbona il 13 dicembre 2007 dai Rappresentanti dei 27 Stati membri e ratificato dall'Italia con l. 2 agosto 2008 n. 130).

(1) Sub *I, 13. V. in particolare, gli artt. 101-109*

(2) *V. altresì il Protocollo (n. 27) sul mercato interno e sulla concorrenza, ai sensi del quale: « Le alte parti contraenti, CONSIDERANDO che il mercato interno ai sensi dell'articolo 3 del trattato sull'Unione europea comprende un sistema che assicura che la concorrenza non sia falsata, HANNO CONVENUTO che a tal fine l'Unione adotta, se necessario, misure in base alle disposizioni dei trattati, ivi compreso l'articolo 352 del trattato sul funzionamento dell'Unione europea. Il presente protocollo è allegato al trattato sull'Unione europea e al trattato sul funzionamento dell'Unione europea ».*

2. Regolamento (Ce) n. 1/2003 del Consiglio del 16 dicembre 2002 concernente l'applicazione delle regole di concorrenza di cui agli articoli 81 e 82 del trattato (1).

Pubblicato in Gazzetta ufficiale n. L 001 del 4 gennaio 2003 pp. 1-25.

(1) *V. anche la Direttiva (UE) 2019/1 del Parlamento europeo e del Consiglio dell'11 dicembre 2018 che conferisce alle autorità garanti della concorrenza degli Stati membri poteri di applicazione più efficace e che assicura il corretto funzionamento del mercato interno* (sub *II, 65*).

IL CONSIGLIO DELL'UNIONE EUROPEA,

visto il trattato che istituisce la Comunità europea, in particolare l'articolo 83,

vista la proposta della Commissione (1),

visto il parere del Parlamento europeo (2),

visto il parere del Comitato economico e sociale europeo (3),

considerando quanto segue:

(1) Per istituire un sistema che impedisca distorsioni della concorrenza nel mercato comune occorre provvedere all'applicazione efficace e uniforme degli articoli 81 e 82 del trattato nella Comunità. Il regolamento n. 17 del Consiglio, del 6 febbraio 1962, primo regolamento d'applicazione degli articoli 81 e 82 (4) del trattato (5), ha permesso lo sviluppo di una politica comunitaria in materia di concorrenza che ha contribuito alla diffusione di una cultura della concorrenza nella Comunità. Oggi, tuttavia, alla luce dell'esperienza acquisita, è opportuno sostituire detto regolamento per introdurre disposizioni adeguate alle sfide di un mercato integrato e di un futuro allargamento della Comunità.

(2) È necessario, in particolare, rivedere le modalità di applicazione della deroga al divieto di accordi restrittivi della concorrenza di cui all'articolo 81, paragrafo 3, del trattato. A tale riguardo va tenuto conto, ai sensi dell'articolo 83, paragrafo 2, lettera b), del trattato, della necessità di esercitare una sorveglianza efficace e, nel contempo, di semplificare, per quanto possibile, il controllo amministrativo.

(3) Il sistema centralizzato istituito dal regolamento n. 17 non è più in grado di garantire un equilibrio fra questi due obiettivi. Esso frena l'applicazione delle regole di concorrenza comunitarie da parte delle giurisdizioni e delle autorità garanti della concorrenza degli Stati membri, mentre il sistema di notificazione che esso comporta impedisce alla Commissione di concentrarsi sulla repressione delle infrazioni più gravi. Esso impone inoltre ingenti costi alle imprese.

(4) L'attuale sistema dovrebbe pertanto essere sostituito con un sistema di eccezione direttamente applicabile, in base al quale le autorità garanti della concorrenza e le giurisdizioni degli Stati membri siano competenti non solo ad applicare l'articolo 81, paragrafo 1 e l'articolo 82 del trattato, direttamente applicabili in virtù della giurisprudenza della Corte di giustizia delle Comunità europee, ma anche l'articolo 81, paragrafo 3, del trattato.

(5) Per garantire l'applicazione efficace delle regole di concorrenza comunitarie e nel contempo il rispetto dei diritti fondamentali di difesa, il presente regolamento dovrebbe disciplinare l'onere della prova ai sensi degli articoli 81 e 82 del trattato. Alla parte o all'autorità che asserisce un'infrazione all'articolo 81, paragrafo 1, o dell'articolo 82 del trattato dovrebbe spettare l'onere di provare l'esistenza di tale infrazio-

ne al livello giuridico richiesto. All'impresa o all'associazione di imprese che invocano il beneficio della difesa contro l'esistenza di un'infrazione dovrebbe spettare l'onere di provare al livello giuridico richiesto, che le condizioni per l'applicazione di detta difesa sono soddisfatte. Il presente regolamento non incide né sulle norme nazionali in materia di grado di intensità della prova né sugli obblighi delle autorità garanti della concorrenza e delle giurisdizioni nazionali degli Stati membri inerenti all'accertamento dei fatti pertinenti di un caso, purché dette norme e detti obblighi siano compatibili con i principi generali del diritto comunitario.

(6) Per garantire un'efficace applicazione delle regole di concorrenza comunitarie sarebbe opportuno coinvolgere in maggior misura le autorità garanti della concorrenza degli Stati membri. A tal fine, ad esse dovrebbe essere conferito il potere di applicare il diritto comunitario.

(7) Le giurisdizioni nazionali svolgono una funzione essenziale nell'applicazione delle regole di concorrenza comunitarie. Esse tutelano i diritti soggettivi garantiti dal diritto comunitario nelle controversie fra privati, in particolare accordando risarcimenti alle parti danneggiate dalle infrazioni. Le giurisdizioni nazionali svolgono sotto questo aspetto un ruolo complementare rispetto a quello delle autorità garanti della concorrenza degli Stati membri. Occorrerebbe quindi consentire loro di applicare pienamente gli articoli 81 e 82 del trattato.

(8) Per garantire l'effettiva applicazione delle regole di concorrenza comunitarie e il corretto funzionamento del meccanismo di cooperazione contenuto nel presente regolamento è necessario imporre alle autorità garanti della concorrenza e alle giurisdizioni degli Stati membri di applicare anche gli articoli 81 e 82 del trattato allorché applicano il diritto nazionale in materia di concorrenza ad accordi e prassi che possono pregiudicare il commercio tra Stati membri. Per creare condizioni eque per gli accordi, per le decisioni di associazioni di imprese e per le pratiche concordate nel mercato interno è inoltre necessario definire, a norma dell'articolo 83, paragrafo 2, lettera e), del trattato, i rapporti fra le legislazioni nazionali e il diritto comunitario in materia di concorrenza. A tal fine è necessario prevedere che l'applicazione delle legislazioni nazionali in materia di concorrenza agli accordi, decisioni o pratiche concordate ai sensi dell'articolo 81, paragrafo 1, del trattato non possa comportare il divieto di siffatti accordi, decisioni o pratiche concordate se essi non sono vietati anche a norma del diritto comunitario in materia di concorrenza. I concetti di accordi, decisioni e pratiche concordate sono concetti autonomi del diritto comunitario in materia di concorrenza che disciplinano il coordinamento della condotta delle imprese sul mercato secondo l'interpretazione delle giurisdizioni della Comunità. Non dovrebbe essere fatto ostacolo, ai sensi del presente regolamento, all'adozione e all'applicazione da parte degli Stati membri, nei rispettivi territori, di leggi nazionali sulla concorrenza più severe che vietano o sanzionano un comportamento unilaterale delle imprese. Tali leggi nazionali più severe possono prevedere disposizioni che vietano o sanzionano un comportamento illecito nei confronti di imprese economicamente dipendenti. Inoltre il presente regolamento non si applica a leggi nazionali che impongono sanzioni penali a persone fisiche, salvo qualora tali sanzioni costituiscano gli strumenti tramite i quali sono attuate le regole di concorrenza applicabili alle imprese.

(9) Gli articoli 81 e 82 del trattato hanno l'obiettivo di proteggere la concorrenza sul mercato. Il presente regolamento, che viene adottato per attuare tali disposizioni del trattato, non osta a che gli Stati membri applichino nei rispettivi territori una legislazione nazionale che tutela altri legittimi interessi, a condizione che essa sia compatibile con i principi generali e con le altre disposizioni del diritto comunitario. Nella misura in cui tale legislazione nazionale persegue prevalentemente un obiettivo diverso da quello della protezione della concorrenza sul mercato, le autorità garanti della concorrenza e le giurisdizioni degli Stati membri possono applicare tale legislazione nei rispettivi territori. Gli Stati membri possono pertanto, a norma del presente regolamento, attuare nei rispettivi territori una legislazione nazionale che vieti o sanzioni pratiche commerciali sleali, siano esse unilaterali o contrattuali. Una siffatta legislazione persegue un obiettivo specifico, a prescindere dagli effetti reali o presunti di tali atti sulla concorrenza nel mercato. Ciò è particolarmente vero per la legislazione che vieta alle imprese di imporre ai loro partner commerciali, di ottenere o di tentare di ottenere dagli stessi condizioni non giustificate, sproporzionate o irragionevoli.

(10) I regolamenti del Consiglio 19/65/CEE(6), (CEE) n. 2821/71(7), (CEE) n. 3976/87(8), (CEE) n. 1534/91(9) o (CEE) n. 479/92(10) autorizzano la Commissione ad applicare l'articolo 81, paragrafo 3, del trattato mediante regolamento a determinate categorie di accordi, decisioni di associazioni di imprese e pratiche concordate. Nei settori definiti da tali regolamenti, la Commissione ha adottato e può continuare ad adottare i cosiddetti regolamenti d'esenzione per categoria, mediante i quali dichiara inapplicabile l'articolo 81, paragrafo 1, del trattato a categorie di accordi, decisioni e pratiche concordate. Qualora accordi, decisioni e pratiche concordate cui si applicano tali regolamenti abbiano tuttavia effetti incompatibili con l'articolo 81, paragrafo 3, del trattato, la Commissione e le autorità garanti della concorrenza degli Stati membri dovrebbero avere il potere di revocare in uno specifico caso il beneficio dell'esenzione per categoria.

(11) Per vegliare sull'applicazione delle disposizioni del trattato la Commissione dovrebbe poter adottare, nei confronti di imprese o di associazioni di imprese, decisioni dirette a far cessare le infrazioni agli articoli 81 e 82 del trattato. Qualora sussista un legittimo interesse, la Commissione dovrebbe inoltre poter adottare decisioni volte a constatare infrazioni già cessate, anche ove non proceda a comminare ammende. Il presente regolamento dovrebbe inoltre prevedere espressamente il potere, riconosciuto alla Commissione dalla Corte di giustizia, di adottare decisioni che dispongano misure cautelari.

(12) Il presente regolamento dovrebbe prevedere espressamente il potere della Commissione di imporre qualsiasi rimedio, comportamentale o strutturale, necessario a far cessare effettivamente l'infrazione, tenendo conto del principio di proporzionalità. I rimedi strutturali dovrebbero essere imposti solo quando non esiste un rimedio comportamentale parimenti efficace o quando un rimedio comportamentale parimenti efficace risulterebbe più oneroso, per l'impresa interessata, del rimedio strutturale. Modifiche alla struttura di un'impresa quale si presentava prima dell'infrazione sarebbero proporzionate solo in presenza di un rischio sostanziale del perdurare o del ripetersi dell'infrazione derivante dalla struttura stessa dell'impresa.

(13) Qualora, nel corso di un procedimento che potrebbe portare a vietare un accordo o pratica concordata, le imprese propongano alla Commissione degli impegni tali da rispondere alle sue preoccupazioni, la Commissione, mediante decisione, dovrebbe poter rendere detti impegni obbligatori per le imprese interessate. Le decisioni concernenti gli impegni dovrebbero accertare che l'intervento della Commissione non è più giustificato, senza giungere alla conclusione dell'eventuale sussistere o perdurare di un'infrazione. Le decisioni concernenti gli impegni non pregiudicano la facoltà delle autorità garanti della concorrenza e delle giurisdizioni degli Stati membri di procedere a detto accertamento e di prendere una decisione. Le decisioni concernenti gli impegni non sono opportune nei casi in cui la Commissione intende comminare un'ammenda.

(14) Può inoltre essere utile, in casi eccezionali dettati da ragioni di interesse pubblico comunitario, che la Commissione adotti decisioni di natura dichiarativa in ordine all'inapplicabilità del divieto di cui all'articolo 81 o all'articolo 82 del trattato, al fine di rendere chiara la legislazione e di garantirne un'applicazione coerente nella Comunità, in particolare per quanto riguarda nuovi tipi di accordi o di pratiche non consolidati nella giurisprudenza e prassi amministrativa esistenti.

(15) La Commissione e le autorità garanti della concorrenza degli Stati membri dovrebbero formare insieme una rete di pubbliche autorità che applicano le regole di concorrenza comunitarie in stretta cooperazione. A tal fine è necessario istituire dei meccanismi di informazione e di consultazione. La Commissione, in stretta collaborazione con gli Stati membri, stabilirà e sottoporrà a revisione altre modalità di cooperazione all'interno della rete.

(16) Nonostante disposizioni nazionali contrarie, lo scambio di informazioni e l'utilizzo delle stesse come mezzo di prova dovrebbe essere consentito tra i membri della rete anche se le informazioni sono riservate. Tali informazioni possono essere utilizzate per l'applicazione degli articoli 81 e 82 del trattato così come per l'applicazione parallela della legislazione nazionale sulla concorrenza, purché questa ultima applicazione si riferisca allo stesso caso e non porti a un risultato diverso. Quando le informazioni scambiate sono utilizzate dall'autorità che le riceve per comminare sanzioni alle imprese, non dovrebbero sussistere altri limiti all'uso delle informazioni oltre all'obbligo di utilizzarle per lo scopo per le quali sono state raccolte, dal momento che le sanzioni comminate alle imprese sono dello stesso tipo in tutti gli ordinamenti. I diritti di difesa di cui godono le imprese nei vari ordinamenti possono essere considerati sufficientemente equivalenti. Per quanto riguarda le persone fisiche, invece, esse possono formare oggetto di tipi di sanzioni sostanzialmente diversi da un ordinamento all'altro. In tal caso è necessario garantire che le informazioni possano essere utilizzate soltanto se sono state raccolte in un modo che rispetta lo stesso livello di protezione dei diritti di difesa delle persone fisiche di quello previsto dalle norme nazionali delle autorità che le ricevono.

(17) Per assicurare un'applicazione coerente delle regole di concorrenza e al contempo una gestione ottimale della rete, è indispensabile mantenere la regola in virtù della quale le autorità garanti della concorrenza degli Stati membri sono automaticamente private della loro competenza qualora la Commissione avvii un procedimento. Se un'autorità garante della concorrenza di uno Stato membro si sta già occupando di un caso e la Commissione intende avviare un procedimento, la Commissione dovrebbe adoperarsi in tal senso il più presto possibile. Prima dell'avvio di un procedimento, la Commissione dovrebbe consultare l'autorità nazionale interessata.

(18) Per garantire una ripartizione ottimale dei casi tra le varie autorità nell'ambito della rete occorrerebbe prevedere una disposizione generale che consenta a un'autorità garante della concorrenza di sospendere o chiudere un caso ove un'altra autorità se ne stia già occupando o lo abbia già trattato, affinché ogni caso sia trattato da una sola autorità. Tale disposizione non dovrebbe pregiudicare la possibilità, riconosciuta alla Commissione dalla giurisprudenza della Corte di giustizia, di respingere una denuncia per mancanza di interesse comunitario anche nel caso in cui nessun'altra autorità garante della concorrenza abbia manifestato l'intenzione di occuparsene.

(19) Il funzionamento del comitato consultivo in materia di intese e posizioni dominanti istituito dal regolamento n. 17 è risultato molto soddisfacente. Tale comitato si inserisce bene nel nuovo sistema di applicazione decentrata. Occorre pertanto prendere come base le disposizioni del regolamento n. 17 rendendo al tempo stesso più efficace l'organizzazione dei lavori di tale organo. A tale scopo sarebbe utile consentire che i pareri possano essere resi tramite una procedura scritta. Il comitato consultivo dovrebbe inoltre poter fungere da sede di discussione di casi che sono in corso di trattazione da parte delle autorità garanti della concorrenza degli Stati membri, contribuendo così a mantenere coerente l'applicazione delle regole di concorrenza comunitarie.

(20) Il comitato consultivo dovrebbe essere composto da rappresentanti delle autorità garanti della concorrenza degli Stati membri. Gli Stati membri dovrebbero poter nominare un rappresentante aggiuntivo per le riunioni in cui si discutono questioni di carattere generale. Ciò non pregiudica il fatto che i membri del comitato siano assistiti da altri esperti degli Stati membri.

(21) L'applicazione coerente delle regole di concorrenza richiede inoltre l'istituzione di meccanismi di

cooperazione fra la Commissione e le giurisdizioni degli Stati membri. Ciò vale per tutte le giurisdizioni degli Stati membri che applicano gli articoli 81 e 82 del trattato, a prescindere dal fatto che applichino tali regole in controversie tra privati o agendo in quanto autorità pubbliche di esecuzione o in quanto giurisdizioni di ricorso. In particolare, le giurisdizioni nazionali dovrebbero potersi rivolgere alla Commissione per ottenere informazioni o pareri in merito all'applicazione del diritto comunitario in materia di concorrenza. Occorrerebbe inoltre che la Commissione e le autorità garanti della concorrenza degli Stati membri potessero formulare osservazioni per iscritto o oralmente dinanzi alle giurisdizioni chiamate ad applicare l'articolo 81 o l'articolo 82 del trattato. Tali osservazioni dovrebbero essere formulate nel quadro delle regole e prassi procedurali nazionali, comprese quelle intese a tutelare i diritti delle parti. A tal fine sarebbe opportuno assicurare che la Commissione e le autorità garanti della concorrenza degli Stati membri possano disporre di informazioni sufficienti riguardo ai procedimenti dinanzi alle giurisdizioni nazionali.

(22) Per assicurare il rispetto dei principi della certezza del diritto e dell'applicazione uniforme delle regole di concorrenza comunitarie in un sistema di competenze parallele devono essere evitati i conflitti fra decisioni. Occorre pertanto precisare, conformemente alla giurisprudenza della Corte di giustizia, gli effetti delle decisioni e dei procedimenti della Commissione sulle giurisdizioni e sulle autorità garanti della concorrenza degli Stati membri. Le decisioni d'impegno adottate dalla Commissione lasciano impregiudicato il potere delle giurisdizioni e delle autorità garanti della concorrenza degli Stati membri di applicare gli articoli 81 e 82 del trattato.

(23) La Commissione dovrebbe disporre in tutta la Comunità del potere di esigere le informazioni necessarie per individuare accordi, decisioni e pratiche concordate vietati dall'articolo 81 del trattato, nonché casi di abuso di posizione dominante vietati dall'articolo 82 del trattato. Nel conformarsi a una decisione della Commissione le imprese non possono essere costrette ad ammettere di aver commesso un'infrazione, ma sono in ogni caso tenute a rispondere a quesiti concreti e a fornire documenti, anche se tali informazioni possono essere utilizzate per accertare contro di esse o contro un'altra impresa l'esistenza di un'infrazione.

(24) La Commissione dovrebbe inoltre disporre del potere di svolgere gli accertamenti necessari per individuare accordi, decisioni e pratiche concordate vietati dall'articolo 81 del trattato, nonché casi di abuso di posizione dominante vietati dall'articolo 82 del trattato. Le autorità garanti della concorrenza degli Stati membri dovrebbero prestare la loro attiva collaborazione all'esercizio di tali poteri.

(25) Poiché diventa sempre più difficile individuare le infrazioni delle regole di concorrenza, per far sì che questa sia efficacemente tutelata è necessario ampliare i poteri di indagine della Commissione. La Commissione dovrebbe in particolare avere la facoltà di sentire chiunque possa disporre di informazioni utili e di verbalizzarne le dichiarazioni. Nel corso degli accertamenti, gli agenti incaricati dalla Commissione dovrebbero poter apporre sigilli per il tempo necessario agli accertamenti. I sigilli dovrebbero di norma essere apposti per non più di 72 ore. Gli agenti autorizzati dalla Commissione dovrebbero inoltre poter chiedere qualsiasi informazione in relazione all'oggetto e allo scopo dell'accertamento stesso.

(26) L'esperienza ha dimostrato che esistono casi in cui i documenti aziendali sono conservati presso il domicilio dei dirigenti e dei collaboratori delle imprese. Per salvaguardare l'efficacia degli accertamenti sarebbe opportuno pertanto autorizzare l'accesso degli agenti e delle altre persone autorizzate dalla Commissione a tutti i locali in cui possono trovarsi documenti aziendali, comprese le abitazioni private. L'esercizio di quest'ultimo potere dovrebbe tuttavia essere subordinato all'autorizzazione dell'autorità giudiziaria.

(27) Fatta salva la giurisprudenza della Corte di giustizia, è utile fissare la portata del controllo che l'autorità giudiziaria nazionale può esercitare quando autorizza, come previsto dalla legislazione nazionale e quale misura precauzionale, l'intervento della forza pubblica allo scopo di sormontare l'eventuale opposizione di un'impresa o l'esecuzione di una decisione di effettuare accertamenti in locali non appartenenti all'impresa. Dalla giurisprudenza si evince che l'autorità giudiziaria nazionale può in particolare chiedere alla Commissione ulteriori informazioni di cui necessita per effettuare i suoi controlli e senza le quali potrebbe rifiutare l'autorizzazione. La giurisprudenza conferma inoltre la competenza delle giurisdizioni nazionali a controllare l'applicazione delle regole nazionali che disciplinano l'attuazione di misure coercitive.

(28) Perché le autorità garanti della concorrenza dei diversi Stati membri abbiano maggiori possibilità di applicare efficacemente gli articoli 81 e 82 del trattato, è utile consentire loro di prestarsi assistenza reciproca mediante lo svolgimento di accertamenti e l'attuazione di altre misure di acquisizione dei fatti.

(29) L'osservanza degli articoli 81 e 82 del trattato e l'adempimento degli obblighi imposti alle imprese e alle associazioni di imprese in forza del presente regolamento dovrebbero poter essere assicurati per mezzo di ammende e di penalità di mora. A tale scopo sarebbe opportuno stabilire ammende di importo adeguato anche per infrazioni alle norme procedurali.

(30) Al fine di assicurare la riscossione effettiva delle ammende irrogate ad associazioni di imprese per infrazioni da esse commesse, è necessario stabilire le condizioni alle quali la Commissione può richiedere il pagamento dell'ammenda ai membri dell'associazione qualora quest'ultima non sia solvibile. Nell'agire in tal senso, la Commissione dovrebbe tener presente la dimensione relativa delle imprese che appartengono all'associazione ed in particolare la posizione delle piccole e medie imprese. Il pagamento dell'ammenda da parte di uno o più membri di un'associazione non pregiudica le norme del diritto nazionale riguardanti la riscossione dell'importo pagato da parte di altri membri dell'associazione.

(31) Le norme relative alla prescrizione in materia di imposizione di ammende e penalità di mora sono stabilite dal regolamento (CEE) n. 2988/74 del Consiglio (11), che contempla anche le sanzioni applicabili nel

settore dei trasporti. In un sistema di competenze parallele, sarebbe opportuno aggiungere agli atti che possono interrompere la prescrizione gli atti procedurali autonomi posti in essere da un'autorità garante della concorrenza di uno Stato membro. Per chiarire il quadro giuridico sarebbe quindi opportuno modificare il regolamento (CEE) n. 2988/74 per escluderne l'applicazione al settore disciplinato dal presente regolamento, e occorrerebbe includere nel presente regolamento disposizioni relative alla prescrizione.

(32) Occorrerebbe sancire il diritto delle imprese interessate ad essere sentite dalla Commissione, dare ai terzi i cui interessi possono essere danneggiati da una decisione la possibilità di presentare preventivamente le loro osservazioni, nonché assicurare un'ampia pubblicità alle decisioni adottate. Pur garantendo i diritti di difesa delle imprese interessate, e in particolare il diritto di accesso al fascicolo, è al tempo stesso indispensabile tutelare il segreto aziendale. Occorrerebbe parimenti garantire la riservatezza delle informazioni scambiate in seno alla rete.

(33) Poiché tutte le decisioni adottate dalla Commissione in applicazione del presente regolamento sono soggette al controllo della Corte di giustizia alle condizioni definite dal trattato, sarebbe opportuno attribuire alla Corte di giustizia, in applicazione dell'articolo 229 del trattato, la competenza giurisdizionale anche di merito per quanto riguarda le decisioni mediante le quali la Commissione infligge ammende o penalità di mora.

(34) I principi contemplati dagli articoli 81 e 82 del trattato, così come sono stati applicati dal regolamento n. 17, hanno conferito agli organi della Comunità un ruolo centrale che sarebbe opportuno mantenere, pur coinvolgendo maggiormente gli Stati membri nell'applicazione delle regole di concorrenza comunitarie. Conformemente ai principi di sussidiarietà e di proporzionalità enunciati all'articolo 5 del trattato, il presente regolamento non va al di là di quanto necessario per raggiungere il proprio obiettivo, che è quello di permettere un'applicazione efficace delle regole di concorrenza comunitarie.

(35) Al fine di realizzare la piena applicazione del diritto comunitario in materia di concorrenza, gli Stati membri dovrebbero designare delle autorità appositamente preposte all'applicazione degli articoli 81 e 82 del trattato quali autorità pubbliche competenti. Essi dovrebbero poter designare autorità sia amministrative che giudiziarie con il compito di espletare le varie funzioni conferite alle autorità garanti della concorrenza nel presente regolamento. Il presente regolamento riconosce le ampie differenze che esistono nei sistemi pubblici degli Stati membri preposti all'applicazione della legge. Gli effetti dell'articolo 11, paragrafo 6, del presente regolamento dovrebbero applicarsi a tutte le autorità garanti della concorrenza. In deroga a tale regola generale, qualora un'autorità responsabile della fase istruttoria sottoponga un caso ad un'autorità giudiziaria separata, l'articolo 11, paragrafo 6, dovrebbe applicarsi all'autorità responsabile della fase istruttoria alle condizioni stabilite nell'articolo 35, paragrafo 4, del presente regolamento. Se dette condizioni non sono soddisfatte si dovrebbe applicare la regola generale. In ogni caso l'articolo 11, paragrafo 6, non dovrebbe applicarsi alle giurisdizioni che agiscono in quanto istanze di ricorso.

(36) Poiché la giurisprudenza ha chiarito che il settore dei trasporti rientra nel campo d'applicazione delle regole di concorrenza, tale settore dovrebbe essere assoggettato alle norme procedurali del presente regolamento. Il regolamento n. 141 del Consiglio, del 26 novembre 1962, relativo alla non applicazione del regolamento n. 17 del Consiglio al settore dei trasporti(12) dovrebbe pertanto essere abrogato e i regolamenti (CEE) n. 1017/68(13), (CEE) n. 4056/86(14) e (CEE) n. 3975/87(15) dovrebbero essere modificati per sopprimere le specifiche disposizioni procedurali in essi contenute.

(37) Il presente regolamento ottempera ai diritti fondamentali e osserva i principi sanciti in particolare nella Carta dei diritti fondamentali dell'Unione europea. Esso pertanto dovrebbe essere interpretato e applicato in relazione a detti diritti e principi.

(38) La certezza del diritto per le imprese che operano nel quadro delle regole di concorrenza comunitarie contribuisce alla promozione dell'innovazione e degli investimenti. Nei casi che danno adito ad una reale incertezza perché presentano quesiti nuovi o non risolti circa l'applicazione di dette regole, è possibile che le singole imprese desiderino ottenere dalla Commissione un orientamento informale. Il presente regolamento lascia impregiudicata la capacità della Commissione di fornire un siffatto orientamento,

HA ADOTTATO IL PRESENTE REGOLAMENTO:

CAPITOLO I
Principi

1 Applicazione degli articoli 81 e 82 del trattato.

1. Gli accordi, le decisioni e le pratiche concordate di cui all'articolo 81, paragrafo 1, del trattato che non soddisfano le condizioni di cui all'articolo 81, paragrafo 3, del trattato sono vietati senza che occorra una previa decisione in tal senso.

2. Gli accordi, le decisioni e le pratiche concordate di cui all'articolo 81, paragrafo 1, del trattato che soddisfano le condizioni di cui all'articolo 81, paragrafo 3, del trattato non sono vietati senza che occorra una previa decisione in tal senso.

3. Lo sfruttamento abusivo di una posizione dominante ai sensi dell'articolo 82 del trattato è vietato senza che occorra una previa decisione in tal senso.

2 Onere della prova.

In tutti i procedimenti nazionali o comunitari relativi all'applicazione degli articoli 81 e 82 del trattato, l'onere della prova di un'infrazione dell'articolo 81, paragrafo 1, o dell'articolo 82 del trattato incombe alla parte o all'autorità che asserisce tale infrazione. Incombe invece all'impresa o associazione di imprese che invoca l'applicazione dell'articolo 81, paragrafo 3, del trattato l'onere di provare che le condizioni in esso enunciate sono soddisfatte.

3 Rapporto fra gli articoli 81 e 82 e le legislazioni nazionali in materia di concorrenza.

1. Quando le autorità garanti della concorrenza degli Stati membri o le giurisdizioni nazionali applicano la legislazione nazionale in materia di concorrenza ad accordi, decisioni di associazioni di imprese o pratiche concordate ai sensi dell'articolo 81, paragrafo 1, del trattato che possano pregiudicare il commercio tra Stati membri ai sensi di detta disposizione, esse applicano anche l'articolo 81 del trattato a siffatti accordi, decisioni o pratiche concordate. Quando le autorità garanti della concorrenza degli Stati membri o le giurisdizioni nazionali applicano la legislazione nazionale in materia di concorrenza agli sfruttamenti abusivi vietati dall'articolo 82 del trattato, esse applicano anche l'articolo 82 del trattato.

2. Dall'applicazione della legislazione nazionale in materia di concorrenza non può scaturire il divieto di accordi, decisioni di associazioni di imprese o pratiche concordate che possano pregiudicare il commercio tra Stati membri che non impongono restrizioni alla concorrenza ai sensi dell'articolo 81, paragrafo 1, del trattato, che soddisfano le condizioni dell'articolo 81, paragrafo 3, del trattato o che sono disciplinati da un regolamento per l'applicazione dell'articolo 81, paragrafo 3, del trattato. Il presente regolamento non impedisce agli Stati membri di adottare e applicare nel loro territorio norme nazionali più rigorose che vietino o sanzionino le condotte unilaterali delle imprese.

3. Fatti salvi i principi generali ed altre disposizioni di diritto comunitario, i paragrafi 1 e 2 non si applicano quando le autorità garanti della concorrenza e le giurisdizioni degli Stati membri applicano la legislazione nazionale in materia di controllo delle fusioni, né precludono l'applicazione di norme nazionali che perseguono principalmente un obiettivo differente rispetto a quello degli articoli 81 e 82 del trattato.

CAPITOLO II
Competenze

4 Competenze della Commissione.

Ai fini dell'applicazione degli articoli 81 e 82 del trattato, alla Commissione sono attribuite le competenze previste dal presente regolamento.

5 Competenze delle autorità garanti della concorrenza degli Stati membri.

Le autorità garanti della concorrenza degli Stati membri sono competenti ad applicare gli articoli 81 e 82 del trattato in casi individuali. A tal fine, agendo d'ufficio o in seguito a denuncia, possono adottare le seguenti decisioni:

— ordinare la cessazione di un'infrazione,
— disporre misure cautelari,
— accettare impegni,
— comminare ammende, penalità di mora o qualunque altra sanzione prevista dal diritto nazionale.

Qualora, in base alle informazioni di cui dispongono, non sussistono le condizioni per un divieto, possono anche decidere di non avere motivo di intervenire.

6 Competenze delle giurisdizioni nazionali.

Le giurisdizioni nazionali sono competenti ad applicare gli articoli 81 e 82 del trattato (1).

(1) *Vedi anche l'art. 30 della Direttiva (UE) 2019/1 del Parlamento europeo e del Consiglio dell'11 dicembre 2018 che conferisce alle autorità garanti della concorrenza degli Stati membri poteri di applicazione più efficace e che assicura il corretto funzionamento del mercato interno. (sub II, 65) sul "Ruolo delle autorità amministrative nazionali garanti della concorrenza dinanzi alle giurisdizioni nazionali".*

CAPITOLO III
Decisioni della Commissione

7 Constatazione ed eliminazione delle infrazioni.

1. Se la Commissione constata, in seguito a denuncia o d'ufficio, un'infrazione all'articolo 81 o all'articolo 82 del trattato, può obbligare, mediante decisione, le imprese e associazioni di imprese interessate a porre fine all'infrazione constatata. A tal fine può imporre loro l'adozione di tutti i rimedi comportamentali o strutturali, proporzionati all'infrazione commessa e necessari a far cessare effettivamente l'infrazione stessa. I rimedi strutturali possono essere imposti solo quando non esiste un rimedio comportamentale parimenti efficace o quando un rimedio comportamentale parimenti efficace risulterebbe più oneroso, per l'impresa interessata, del rimedio strutturale. Qualora la Commissione abbia un legittimo interesse in tal senso, essa può inoltre procedere alla constatazione di un'infrazione già cessata.

2. Possono presentare una denuncia ai sensi del paragrafo 1 le persone fisiche o giuridiche che abbiano legittimo interesse e gli Stati membri (1).

(1) *Vedi anche l'art. 10 della Direttiva (UE) 2019/1 del Parlamento europeo e del Consiglio dell'11 dicembre 2018 che conferisce alle autorità garanti della concorrenza degli Stati membri poteri di applicazione più efficace e che assicura il corretto funzionamento del mercato interno* (sub *II, 65*).

8 Misure cautelari.

1. Nei casi di urgenza dovuta al rischio di un danno grave e irreparabile per la concorrenza la Commissione può, d'ufficio, ove constati *prima facie* la sussistenza di un'infrazione, adottare mediante decisione misure cautelari.

2. Le decisioni adottate ai sensi del paragrafo 1 sono applicabili per un determinato periodo di tempo e possono, se necessario ed opportuno, essere rinnovate (1).

(1) *Vedi anche l'art. 11 della Direttiva (UE) 2019/1 del Parlamento europeo e del Consiglio dell'11 dicembre 2018 che conferisce alle autorità garanti della concorrenza degli Stati membri poteri di applicazione più efficace e che assicura il corretto funzionamento del mercato interno* (sub *II, 65*).

9 Impegni.

1. Qualora intenda adottare una decisione volta a far cessare un'infrazione e le imprese interessate propongano degli impegni tali da rispondere alle preoccupazioni espresse loro dalla Commissione nella sua valutazione preliminare, la Commissione può, mediante decisione, rendere detti impegni obbligatori per le imprese. La decisione può essere adottata per un periodo di tempo determinato e giunge alla conclusione che l'intervento della Commissione non è più giustificato.

2. La Commissione, su domanda o d'ufficio, può riaprire il procedimento:

a) se si modifica la situazione di fatto rispetto a un elemento su cui si fonda la decisione;

b) se le imprese interessate contravvengono agli impegni assunti; oppure

c) se la decisione si basa su informazioni trasmesse dalle parti che sono incomplete, inesatte o fuorvianti (1).

(1) *Vedi anche l'art. 12 della Direttiva (UE) 2019/1 del Parlamento europeo e del Consiglio dell'11 dicembre 2018 che conferisce alle autorità garanti della concorrenza degli Stati membri poteri di applicazione più efficace e che assicura il corretto funzionamento del mercato interno* (sub *II, 65*).

10 Constatazione di inapplicabilità.

Per ragioni di interesse pubblico comunitario relative all'applicazione degli articoli 81 e 82 del trattato, la Commissione, d'ufficio, può stabilire mediante decisione che l'articolo 81 del trattato è inapplicabile a un accordo, a una decisione di un'associazione di imprese o a una pratica concordata, o perché le condizioni di cui all'articolo 81, paragrafo 1, del trattato non sono soddisfatte, o perché sono soddisfatte le condizioni di cui all'articolo 81, paragrafo 3, del trattato.

La Commissione può effettuare una tale constatazione anche in relazione all'articolo 82 del trattato.

CAPITOLO IV
Cooperazione

11 Cooperazione fra la Commissione e le autorità garanti della concorrenza degli Stati membri.

1. La Commissione e le autorità garanti della concorrenza degli Stati membri applicano le regole di concorrenza comunitarie in stretta collaborazione.

2. La Commissione trasmette alle autorità garanti della concorrenza degli Stati membri copia dei principali documenti raccolti ai fini dell'applicazione degli articoli 7, 8, 9, 10 e dell'articolo 29, paragrafo 1. La Commissione fornisce all'autorità garante della concorrenza di uno Stato membro, su richiesta di quest'ultima, copia di altri documenti esistenti necessari alla valutazione della pratica trattata.

3. Quando le autorità garanti della concorrenza degli Stati membri agiscono ai sensi dell'articolo 81 o 82 del trattato, esse ne informano per iscritto la Commissione prima o immediatamente dopo l'avvio della prima misura formale di indagine. L'informazione può essere resa disponibile anche alle autorità garanti della concorrenza degli altri Stati membri.

4. Al più tardi 30 giorni prima dell'adozione di una decisione volta a ordinare la cessazione di un'infrazione, ad accettare impegni o a revocare l'applicazione di un regolamento d'esenzione per categoria, le autorità garanti della concorrenza degli Stati membri informano la Commissione. A tal fine esse forniscono alla Commissione una presentazione del caso in questione, la decisione prevista o, in sua mancanza, qualsiasi altro documento che esponga la linea d'azione proposta. Tali informazioni possono essere fornite anche alle autorità garanti della concorrenza degli altri Stati membri. Su richiesta della Commissione, l'autorità garante della concorrenza che agisce rende disponibili alla Commissione altri documenti in suo possesso necessari alla valutazione della pratica. Le informazioni fornite alla Commissione possono essere messe a disposizione delle autorità garanti della concorrenza degli altri Stati membri. Le autorità nazionali garanti della concorrenza possono anche scambiarsi le informazioni necessarie alla valutazione di un caso di cui si occupano a norma degli articoli 81 o 82 del trattato.

5. Le autorità garanti della concorrenza degli Stati membri possono consultare la Commissione su qualsiasi caso che implichi l'applicazione del diritto comunitario.

6. L'avvio di un procedimento da parte della Commissione per l'adozione di una decisione ai sensi del capitolo III priva le autorità garanti della concorrenza degli Stati membri della competenza ad applicare gli articoli 81 e 82 del trattato. Qualora un'autorità garante della concorrenza di uno Stato membro stia già svolgendo un procedimento, la Commissione avvia il procedimento unicamente previa consultazione di quest'ultima (1).

(1) *Vedi anche l'art. 24 della Direttiva (UE) 2019/1 del Parlamento europeo e del Consiglio dell'11 dicembre 2018 che conferisce alle autorità garanti della concorrenza degli Stati membri poteri di applicazione più efficace e che assicura il corretto funzionamento del mercato interno* (sub *II, 65*) *sulla "Cooperazione tra le autorità amministrative nazionali garanti della concorrenza".*

12 Scambio di informazioni.

1. Ai fini dell'applicazione degli articoli 81 e 82 del trattato, la Commissione e le autorità garanti della concorrenza degli Stati membri hanno la facoltà di scambiare e utilizzare come mezzo di prova qualsiasi elemento di fatto o di diritto, comprese informazioni riservate.

2. Le informazioni scambiate possono essere utilizzate come mezzo di prova soltanto ai fini dell'applicazione degli articoli 81 o 82 del trattato e riguardo all'oggetto dell'indagine per il quale sono state raccolte dall'autorità che le trasmette. Tuttavia qualora la legislazione nazionale in materia di concorrenza sia applicata allo stesso caso e in parallelo al diritto comunitario in materia di concorrenza e non porti ad un risultato diverso, le informazioni scambiate ai sensi del presente articolo possono essere utilizzate anche per l'applicazione della legislazione nazionale in materia di concorrenza.

3. Le informazioni scambiate a norma del paragrafo 1 possono essere utilizzate come mezzo di prova per comminare sanzioni a persone fisiche soltanto quando:

— il diritto dell'autorità che trasmette le informazioni prevede sanzioni di tipo analogo in caso di infrazione all'articolo 81 o all'articolo 82 del trattato o, in mancanza,

— le informazioni sono state raccolte in un modo che rispetta lo stesso livello di tutela dei diritti di difesa delle persone fisiche di quello previsto dalle norme nazionali dell'autorità che le riceve. In tal caso le informazioni scambiate non possono tuttavia essere utilizzate dall'autorità che le riceve per imporre sanzioni detentive.

13 Sospensione o chiusura del procedimento.

1. Quando le autorità garanti della concorrenza di due o più Stati membri hanno ricevuto una denuncia o agiscono d'ufficio ai sensi dell'articolo 81 o dell'articolo 82 del trattato riguardo al medesimo accordo, alla medesima decisione di un'associazione o alla medesima pratica, il fatto che un'autorità garante della concorrenza stia esaminando il caso costituisce, per le altre autorità, un motivo sufficiente per sospendere il procedimento o per respingere la denuncia. La Commissione può analogamente respingere una denuncia qualora questa sia all'esame dell'autorità garante della concorrenza di uno Stato membro.

2. Qualora un'autorità garante della concorrenza di uno Stato membro o la Commissione abbiano ricevuto una denuncia contro un accordo, una decisione di un'associazione o una pratica già trattata da un'altra autorità garante della concorrenza, tale denuncia può essere respinta.

14 Comitato consultivo.

1. La Commissione consulta un comitato consultivo in materia di intese e posizioni dominanti prima dell'adozione di qualsiasi decisione ai sensi degli articoli 7, 8, 9, 10, 23, dell'articolo 24, paragrafo 2 e dell'articolo 29, paragrafo 1.

2. Ai fini della discussione di casi individuali il comitato consultivo è composto da rappresentanti delle autorità garanti della concorrenza degli Stati membri. Per le riunioni in cui si discutono temi diversi da casi individuali può essere designato un ulteriore rappresentante degli Stati membri competente in materia di concorrenza. In caso di impedimento i rappresentanti possono essere sostituiti da altri rappresentanti.

3. La consultazione può essere effettuata nel corso di una riunione convocata e presieduta dalla Commissione, da tenersi non prima di quattordici giorni da quando viene inviata la convocazione, unitamente all'esposizione della questione, all'indicazione dei documenti più importanti della pratica e a un progetto preliminare di decisione. Per quanto riguarda le decisioni di cui all'articolo 8, la riunione può aver luogo sette giorni dopo l'invio della parte operativa di un progetto di decisione. Se la Commissione invia la convocazione della riunione con un termine di convocazione inferiore a quelli summenzionati, la riunione può svolgersi alla data proposta se non vi sono obiezioni da parte degli Stati membri. Il comitato consultivo emette per iscritto un parere sul progetto preliminare di decisione della Commissione. Il parere può essere formulato anche se alcuni dei membri sono assenti e non si sono fatti rappresentare. Su richiesta di uno o più membri le posizioni assunte nel parere sono motivate.

4. La consultazione può anche avere luogo mediante procedura scritta. Tuttavia, se uno Stato membro lo richiede, la Commissione convoca una riunione. In caso di procedura scritta la Commissione stabilisce un termine, non inferiore a quattordici giorni, entro il quale gli Stati membri devono formulare le loro osservazioni da trasmettere a tutti gli altri Stati membri. Per quanto riguarda le decisioni da prendere ai sensi dell'articolo 8, il termine di quattordici giorni è sostituito da quello di sette giorni. Se la Commissione fissa per la procedura scritta un termine inferiore a quelli summenzionati, si applica il termine proposto se non vi sono obiezioni da parte di nessuno Stato membro.

5. La Commissione tiene in massima considerazione il parere del comitato consultivo. Essa lo informa del modo in cui ha tenuto conto del parere.

6. Se il parere del comitato consultivo è formulato per iscritto, esso è unito al progetto di decisione. Se il comitato consultivo ne raccomanda la pubblicazione, la Commissione provvede alla pubblicazione del parere tenendo debitamente conto dell'interesse legittimo delle imprese a che non vengano divulgati segreti aziendali.

7. Su richiesta dell'autorità garante della concorrenza di uno Stato membro la Commissione iscrive all'ordine del giorno del comitato consultivo i casi che sono in corso di trattazione da parte dell'autorità garante della concorrenza di uno Stato membro ai sensi degli articoli 81 e 82 del trattato. La Commissione può agire in tal senso anche di propria iniziativa. Preventivamente, la Commissione ne informa l'autorità garante della concorrenza interessata.

La richiesta può essere avanzata in particolare dall'autorità garante della concorrenza di uno Stato membro per i casi in cui la Commissione intende avviare il procedimento di cui all'articolo 11, paragrafo 6.

Il comitato consultivo non emette pareri su casi trattati dalle autorità garanti della concorrenza degli Stati membri. Il comitato consultivo può anche discutere problemi generali riguardanti il diritto comunitario in materia di concorrenza.

15 Cooperazione con le giurisdizioni nazionali.

1. Nell'ambito dei procedimenti per l'applicazione dell'articolo 81 o dell'articolo 82 del trattato le giurisdizioni degli Stati membri possono chiedere alla Commissione di trasmettere loro le informazioni in suo possesso o i suoi pareri in merito a questioni relative all'applicazione delle regole di concorrenza comunitarie.

2. Gli Stati membri trasmettono alla Commissione copia delle sentenze scritte delle giurisdizioni nazio-

nali competenti a pronunciarsi sull'applicazione dell'articolo 81 o dell'articolo 82 del trattato. La copia è trasmessa senza indugio dopo che il testo integrale della sentenza scritta è stato notificato alle parti.

3. Le autorità garanti della concorrenza degli Stati membri possono, agendo d'ufficio, presentare osservazioni scritte alle giurisdizioni nazionali dei rispettivi Stati membri in merito a questioni relative all'applicazione dell'articolo 81 o dell'articolo 82 del trattato. Previa autorizzazione della giurisdizione competente, esse possono inoltre presentare osservazioni orali alle giurisdizioni nazionali dei rispettivi Stati membri. Qualora sia necessario ai fini dell'applicazione uniforme dell'articolo 81 o dell'articolo 82 del trattato, la Commissione, agendo d'ufficio, può presentare osservazioni scritte alle giurisdizioni degli Stati membri. Previa autorizzazione della giurisdizione competente, essa può inoltre presentare osservazioni orali.

Esclusivamente ai fini della preparazione delle rispettive osservazioni, le autorità garanti della concorrenza degli Stati membri e la Commissione possono chiedere alla competente giurisdizione dello Stato membro di trasmettere o di garantire che vengano loro trasmessi i documenti necessari alla valutazione del caso trattato.

4. Il presente articolo lascia impregiudicati i più ampi poteri di presentare osservazioni dinanzi alle giurisdizioni che siano conferiti alle autorità garanti della concorrenza degli Stati membri in forza della legislazione dei rispettivi Stati membri (1).

(1) *Vedi anche l'art. 30 della Direttiva (UE) 2019/1 del Parlamento europeo e del Consiglio dell'11 dicembre 2018 che conferisce alle autorità garanti della concorrenza degli Stati membri poteri di applicazione più efficace e che assicura il corretto funzionamento del mercato interno* (sub *II, 65*) *sul "Ruolo delle autorità amministrative nazionali garanti della concorrenza dinanzi alle giurisdizioni nazionali".*

16 Applicazione uniforme del diritto comunitario in materia di concorrenza.

1. Quando le giurisdizioni nazionali si pronunciano su accordi, decisioni e pratiche ai sensi dell'articolo 81 o 82 del trattato che sono già oggetto di una decisione della Commissione, non possono prendere decisioni che siano in contrasto con la decisione adottata dalla Commissione. Esse devono inoltre evitare decisioni in contrasto con una decisione contemplata dalla Commissione in procedimenti da essa avviati. A tal fine le giurisdizioni nazionali possono valutare se sia necessario o meno sospendere i procedimenti da esse avviati. Tale obbligo lascia impregiudicati i diritti e gli obblighi di cui all'articolo 234 del trattato.

2. Quando le autorità garanti della concorrenza degli Stati membri si pronunciano su accordi, decisioni o pratiche ai sensi dell'articolo 81 o dell'articolo 82 del trattato che sono già oggetto di una decisione della Commissione, non possono prendere decisioni che siano in contrasto con la decisione adottata dalla Commissione.

CAPITOLO V
Poteri di indagine

17 Indagini per settore economico e per tipo di accordi.

1. Se l'evoluzione degli scambi fra Stati membri, la rigidità dei prezzi o altre circostanze fanno presumere che la concorrenza può essere ristretta o falsata all'interno del mercato comune, la Commissione può procedere ad una sua indagine in un settore specifico dell'economia o nell'ambito di un tipo particolare di accordi in vari settori. Nel corso di tale indagine la Commissione può richiedere alle imprese o alle associazioni di imprese interessate di fornire le informazioni necessarie per l'applicazione degli articoli 81 e 82 del trattato e svolgere i necessari accertamenti.

La Commissione può, in particolare, chiedere alle imprese o associazioni di imprese interessate di comunicarle tutti gli accordi, decisioni e pratiche concordate.

La Commissione può pubblicare una relazione sui risultati della sua indagine in settori specifici dell'economia o nell'ambito di tipi particolari di accordi in vari settori e invitare le parti interessate a presentare le loro osservazioni.

2. Sono applicabili, *mutatis mutandis*, gli articoli 14, 18, 19, 20 e 22, 23 e 24.

18 Richiesta di informazioni.

1. Per l'assolvimento dei compiti affidatile dal presente regolamento, la Commissione può, mediante semplice domanda o con decisione, richiedere alle imprese e associazioni di imprese di fornire tutte le informazioni necessarie.

2. Nell'inviare una semplice domanda di informazioni ad un'impresa o associazione di imprese, la Commissione indica le basi giuridiche e lo scopo della domanda, precisa le informazioni richieste e stabilisce il termine entro il quale le informazioni devono essere fornite nonché le sanzioni previste dall'articolo 23 nel caso in cui siano fornite informazioni inesatte o fuorvianti.

3. Quando richiede alle imprese o associazioni di imprese di comunicare informazioni mediante decisione, la Commissione indica le basi giuridiche e lo scopo della domanda, precisa le informazioni richieste e stabilisce un termine entro il quale esse devono essere fornite. Indica altresì le sanzioni previste dall'articolo 23 e indica o commina le sanzioni di cui all'articolo 24. Fa menzione inoltre del diritto di presentare ricorso dinanzi alla Corte di giustizia delle Comunità europee avverso la decisione.

4. L'obbligo di fornire le informazioni richieste incombe, a nome dell'impresa o associazione di imprese interessate, ai proprietari delle imprese o ai loro rappresentanti e, se si tratta di persone giuridiche, di società, o di associazioni non dotate di personalità giuridica, a coloro che, per legge o in base allo statuto, ne hanno la rappresentanza. Gli avvocati debitamente incaricati possono fornire le informazioni richieste in

nome dei loro clienti. Questi ultimi restano pienamente responsabili qualora le informazioni fornite siano incomplete, inesatte o fuorvianti.

5. La Commissione trasmette senza indugio copia della semplice domanda o della decisione all'autorità garante della concorrenza dello Stato membro nel cui territorio è situata la sede dell'impresa o associazione di imprese e all'autorità garante della concorrenza dello Stato membro il cui territorio è interessato.

6. A richiesta della Commissione i governi e le autorità garanti della concorrenza degli Stati membri forniscono alla Commissione tutte le informazioni necessarie per assolvere i compiti affidatile dal presente regolamento.

19 Potere di raccogliere dichiarazioni.

1. Per l'assolvimento dei compiti affidatile dal presente regolamento, la Commissione può sentire ogni persona fisica o giuridica che vi acconsenta ai fini della raccolta di informazioni relative all'oggetto di un'indagine.

2. Se l'audizione di cui al paragrafo 1 si svolge nei locali di un'impresa, la Commissione ne informa l'autorità garante della concorrenza dello Stato membro nel cui territorio ha luogo l'audizione. I funzionari di quest'ultima possono, su richiesta di detta autorità, assistere gli agenti della Commissione e le altre persone che li accompagnano incaricati di svolgere l'audizione.

20 Poteri della Commissione in materia di accertamenti.

1. Per l'assolvimento dei compiti affidatile dal presente regolamento, la Commissione può procedere a tutti gli accertamenti necessari presso le imprese e associazioni di imprese.

2. Gli agenti e le altre persone che li accompagnano autorizzati dalla Commissione a procedere agli accertamenti dispongono dei seguenti poteri:

a) accedere a tutti i locali, terreni e mezzi di trasporto di imprese e associazioni di imprese;

b) controllare i libri e qualsiasi altro documento connesso all'azienda, su qualsiasi forma di supporto;

c) fare o ottenere sotto qualsiasi forma copie o estratti dei suddetti libri o documenti;

d) apporre sigilli a tutti i locali e libri o documenti aziendali per la durata degli accertamenti e nella misura necessaria al loro espletamento;

e) chiedere a qualsiasi rappresentante o membro del personale dell'impresa o dell'associazione di imprese spiegazioni su fatti o documenti relativi all'oggetto e allo scopo degli accertamenti e verbalizzarne le risposte.

3. Gli agenti e le altre persone che li accompagnano autorizzati dalla Commissione a procedere agli accertamenti esercitano i loro poteri su presentazione di un mandato scritto che precisa l'oggetto e lo scopo degli accertamenti, nonché la sanzione prevista dall'articolo 23 per il caso in cui i libri e gli altri documenti connessi all'azienda richiesti siano presentati in modo incompleto e per il caso in cui le risposte fornite alle domande poste in applicazione del paragrafo 2 del presente articolo siano inesatte o fuorvianti. Prima degli accertamenti, la Commissione avvisa in tempo utile l'autorità garante della concorrenza dello Stato membro nel cui territorio essi devono essere compiuti.

4. Le imprese e le associazioni di imprese sono obbligate a sottoporsi agli accertamenti ordinati dalla Commissione mediante decisione. La decisione precisa l'oggetto e lo scopo degli accertamenti, ne fissa la data di inizio ed indica le sanzioni previste dagli articoli 23 e 24, nonché il diritto di presentare ricorso dinanzi alla Corte di giustizia avverso la decisione. La Commissione adotta tali decisioni dopo aver sentito l'autorità garante della concorrenza dello Stato membro nel cui territorio devono essere effettuati gli accertamenti.

5. Gli agenti dell'autorità garante della concorrenza dello Stato membro nel cui territorio devono essere effettuati gli accertamenti o le persone da essa autorizzate o incaricate, su domanda di tale autorità o della Commissione, prestano attivamente assistenza agli agenti e alle altre persone che li accompagnano autorizzati dalla Commissione. Essi dispongono a tal fine dei poteri definiti al paragrafo 2.

6. Qualora gli agenti e le altre persone che li accompagnano autorizzati dalla Commissione constatino che un'impresa si oppone ad un accertamento ordinato a norma del presente articolo, lo Stato membro interessato presta loro l'assistenza necessaria per l'esecuzione degli accertamenti, ricorrendo se del caso alla forza pubblica o a un'autorità equivalente incaricata dell'applicazione della legge.

7. Se l'assistenza di cui al paragrafo 6 richiede l'autorizzazione di un'autorità giudiziaria ai sensi della legislazione nazionale, tale autorizzazione viene richiesta. Essa può anche essere richiesta in via preventiva.

8. Qualora sia richiesta l'autorizzazione di cui al paragrafo 7, l'autorità giudiziaria nazionale controlla l'autenticità della decisione della Commissione e verifica che le misure coercitive previste non siano né arbitrarie né sproporzionate rispetto all'oggetto degli accertamenti. Nel verificare la proporzionalità delle misure coercitive, l'autorità giudiziaria nazionale può chiedere alla Commissione, direttamente o attraverso l'autorità garante della concorrenza dello Stato membro, una spiegazione dettagliata, in particolare, dei motivi per i quali la Commissione sospetta un'infrazione agli articoli 81 e 82 del trattato nonché della gravità della presunta infrazione e della natura del coinvolgimento dell'impresa interessata. Tuttavia la autorità giudiziaria nazionale non può né mettere in discussione la necessità degli accertamenti né chiedere che siano fornite informazioni contenute nel fascicolo della Commissione. Il controllo della legittimità della decisione della Commissione è riservato alla Corte di giustizia.

21 Accertamenti in altri locali.

1. Se vi sono motivi ragionevoli di sospettare che libri o altri documenti connessi all'azienda e all'oggetto degli accertamenti, che possono essere pertinenti per provare un'infrazione grave all'articolo 81 o all'articolo 82 del trattato, sono conservati in altri locali, terreni e

mezzi di trasporto, compreso il domicilio di amministratori, direttori e altri membri del personale delle imprese o associazioni di imprese interessate, la Commissione può, mediante decisione, ordinare che siano effettuati accertamenti in siffatti locali, terreni e mezzi di trasporto.

2. La decisione specifica l'oggetto e lo scopo degli accertamenti, ne stabilisce la data d'inizio e fa menzione del diritto di presentare ricorso dinanzi alla Corte di giustizia avverso la decisione. Essa precisa in particolare, i motivi che hanno indotto la Commissione a concludere che esiste un motivo di sospetto ai sensi del paragrafo 1. La Commissione adotta tali decisioni previa consultazione dell'autorità garante della concorrenza dello Stato membro nel cui territorio devono essere effettuati gli accertamenti.

3. Una decisione adottata ai sensi del paragrafo 1 non può essere eseguita senza l'autorizzazione preliminare dell'autorità giudiziaria nazionale dello Stato membro interessato. Quest'ultima controlla l'autenticità della decisione della Commissione e verifica che le misure coercitive previste non siano né arbitrarie né sproporzionate in considerazione, in particolare, della gravità della presunta infrazione, dell'importanza della prova richiesta, del coinvolgimento dell'impresa interessata e della ragionevole probabilità che i registri e i documenti aziendali relativi all'oggetto degli accertamenti siano detenuti nei locali per i quali è chiesta l'autorizzazione. L'autorità giudiziaria nazionale può chiedere alla Commissione, direttamente o attraverso l'autorità garante della concorrenza dello Stato membro una spiegazione dettagliata degli elementi che sono necessari per permetterle di verificare la proporzionalità delle misure coercitive previste.

Tuttavia, l'autorità giudiziaria nazionale non può mettere in discussione la necessità degli accertamenti né chiedere che siano fornite informazioni contenute nel fascicolo della Commissione. Il controllo della legittimità della decisione della Commissione è riservato alla Corte di giustizia.

4. Gli agenti e le altre persone che li accompagnano autorizzati dalla Commissione ad effettuare accertamenti ordinati in conformità del paragrafo 1 dispongono dei poteri previsti all'articolo 20, paragrafo 2, lettere *a*), *b*) e *c*). I paragrafi 5 e 6 dell'articolo 20 si applicano *mutatis mutandis*.

22 Indagini effettuate dalle autorità garanti della concorrenza degli Stati membri.

1. Per stabilire l'esistenza di un'infrazione all'articolo 81 o all'articolo 82 del trattato l'autorità garante della concorrenza di uno Stato membro può procedere, sul proprio territorio, a qualsiasi accertamento o altra misura di acquisizione dei fatti prevista dalla legislazione nazionale in nome e per conto dell'autorità garante della concorrenza di un altro Stato membro. Qualsiasi scambio o uso delle informazioni raccolte è effettuato ai sensi dell'articolo 12.

2. Su richiesta della Commissione, le autorità garanti della concorrenza degli Stati membri procedono agli accertamenti che la Commissione ritiene necessari a norma dell'articolo 20, paragrafo 1 o che essa ha ordinato mediante decisione ai sensi dell'articolo 20, paragrafo 4. I funzionari delle autorità garanti della concorrenza degli Stati membri incaricati di procedere agli accertamenti così come quelli da esse autorizzati o nominati esercitano i loro poteri conformemente alla loro legislazione nazionale.

Gli agenti e le altre persone che li accompagnano autorizzati dalla Commissione possono, su richiesta di questa o dell'autorità garante della concorrenza dello Stato membro nel cui territorio devono essere effettuati gli accertamenti, assistere i funzionari dell'autorità interessata (1).

(1) *Vedi anche gli artt. 6 e ss. della Direttiva (UE) 2019/1 del Parlamento europeo e del Consiglio dell'11 dicembre 2018 che conferisce alle autorità garanti della concorrenza degli Stati membri poteri di applicazione più efficace e che assicura il corretto funzionamento del mercato interno* (sub *II, 65*).

CAPITOLO VI
Sanzioni

23 Ammende.

1. La Commissione può, mediante decisione, irrogare alle imprese ed alle associazioni di imprese ammende il cui importo può giungere fino all'1 % del fatturato totale realizzato durante l'esercizio sociale precedente, quando esse, intenzionalmente o per negligenza:

a) forniscono informazioni inesatte o fuorvianti in risposta a una domanda rivolta a norma dell'articolo 17 o dell'articolo 18, paragrafo 2;

b) in risposta ad una richiesta formulata mediante decisione adottata ai sensi dell'articolo 17 o dell'articolo 18, paragrafo 3, forniscono informazioni inesatte, incomplete o fuorvianti oppure non forniscono le informazioni entro il termine stabilito;

c) presentano in maniera incompleta, nel corso degli accertamenti effettuati a norma dell'articolo 20, i libri o altri documenti richiesti, connessi all'azienda, o rifiutano di sottoporsi agli accertamenti ordinati mediante decisione adottata ai sensi dell'articolo 20, paragrafo 4;

d) in risposta ad una domanda posta a norma dell'articolo 20, paragrafo 2, lettera *e*),

— forniscono una risposta inesatta o fuorviante,

— non rettificano entro un termine stabilito dalla Commissione una risposta inesatta, incompleta o fuorviante data da un membro del personale, oppure

— non forniscono o rifiutano di fornire una risposta completa su fatti inerenti all'oggetto e allo scopo di accertamenti ordinati mediante decisione adottata ai sensi dell'articolo 20, paragrafo 4;

e) sono stati infranti i sigilli apposti, in applicazione dell'articolo 20, paragrafo 2, lettera *d*), dagli agenti o dalle persone che li accompagnano autorizzati dalla Commissione.

2. La Commissione può, mediante decisione, infliggere ammende alle imprese ed alle associazioni di imprese quando, intenzionalmente o per negligenza:

a) commettono un'infrazione alle disposizioni dell'articolo 81 o dell'articolo 82 del trattato; oppure *b*) contravvengono a una decisione che disponga misure cautelati ai sensi dell'articolo 8; oppure

c) non rispettano un impegno reso obbligatorio mediante decisione ai sensi dell'articolo 9.

Per ciascuna impresa o associazione di imprese partecipanti all'infrazione, l'ammenda non deve superare il 10 % del fatturato totale realizzato durante l'esercizio sociale precedente.

Qualora l'infrazione di un'associazione sia relativa alle attività dei membri della stessa, l'ammenda non deve superare il 10 % dell'importo del fatturato totale di ciascun membro attivo sul mercato coinvolto dall'infrazione dell'associazione.

3. Per determinare l'ammontare dell'ammenda occorre tener conto, oltre che della gravità dell'infrazione, anche della sua durata.

4. Qualora sia irrogata un'ammenda a un'associazione di imprese che tenga conto del fatturato dei suoi membri e l'associazione non sia solvibile, l'associazione è tenuta a richiedere ai propri membri contributi a concorrenza dell'importo dell'ammenda.

Se tali contributi non sono stati versati all'associazione entro un termine stabilito dalla Commissione, quest'ultima può esigere il pagamento dell'ammenda direttamente da ciascuna delle imprese i cui rappresentanti erano membri degli organi decisionali interessati dell'associazione.

Una volta richiesto il pagamento ai sensi del secondo comma, se necessario per garantire il totale pagamento dell'ammenda, la Commissione può esigere il pagamento del saldo da parte di ciascuno dei membri dell'associazione presenti sul mercato nel quale si è verificata l'infrazione.

Tuttavia la Commissione non esige il pagamento ai sensi del secondo e del terzo comma dalle imprese che dimostrino che non hanno attuato la decisione dell'associazione che ha costituito un'infrazione e che o non erano al corrente della sua esistenza, o si sono attivamente dissociate da essa anteriormente all'avvio delle indagini da parte della Commissione.

La responsabilità finanziaria di ciascuna impresa per il pagamento dell'ammenda non deve superare il 10% del suo fatturato totale realizzato durante l'esercizio sociale precedente.

5. Le decisioni adottate a norma dei paragrafi 1 e 2 non hanno carattere penale (1).

(1) *Vedi anche gli artt. 13 e ss. della Direttiva (UE) 2019/1 del Parlamento europeo e del Consiglio dell'11 dicembre 2018 che conferisce alle autorità garanti della concorrenza degli Stati membri poteri di applicazione più efficace e che assicura il corretto funzionamento del mercato interno* (sub *II, 65*).

24 Penalità di mora.

(*Omissis*).

CAPITOLO VII
Prescrizione

25 Prescrizione in materia di imposizione di sanzioni.

1. I poteri conferiti alla Commissione in virtù degli articoli 23 e 24 sono soggetti ai termini di prescrizione seguenti:

a) tre anni per le infrazioni alle disposizioni relative alla richiesta di informazioni o all'esecuzione di accertamenti;

b) cinque anni per le altre infrazioni.

2. La prescrizione decorre dal giorno in cui è stata commessa l'infrazione. Tuttavia, per quanto concerne le infrazioni continuate o ripetute, la prescrizione decorre dal giorno in cui è cessata l'infrazione.

3. La prescrizione riguardante l'imposizione di ammende o di penalità di mora si interrompe con qualsiasi atto della Commissione o dell'autorità garante della concorrenza di uno Stato membro destinato all'accertamento o alla repressione dell'infrazione. La prescrizione è interrotta a partire dal giorno in cui l'atto è notificato ad almeno un'impresa, o associazione di imprese, che abbia partecipato all'infrazione. Gli atti interruttivi della prescrizione comprendono in particolare:

a) le domande scritte di informazioni formulate dalla Commissione o da un'autorità garante della concorrenza di uno Stato membro;

b) i mandati scritti ad eseguire accertamenti rilasciati ai propri agenti dalla Commissione o da un'autorità garante della concorrenza di uno Stato membro;

c) l'avvio di un procedimento da parte della Commissione o di un'autorità garante della concorrenza di uno Stato membro;

d) la comunicazione degli addebiti mossi dalla Commissione o da un'autorità garante della concorrenza di uno Stato membro.

4. L'interruzione della prescrizione vale nei confronti di tutte le imprese ed associazioni di imprese che abbiano partecipato all'infrazione.

5. Per effetto dell'interruzione si inizia un nuovo periodo di prescrizione. La prescrizione opera tuttavia al più tardi allo spirare del doppio del termine previsto, se la Commissione non ha irrogato un'ammenda o una penalità di mora entro tale termine. Detto termine è prolungato della durata della sospensione in conformità al paragrafo 6.

6. La prescrizione in materia di imposizione di ammende o di penalità di mora rimane sospesa per il tempo in cui pende dinanzi alla Corte di giustizia un ricorso contro la decisione della Commissione (1).

(1) *Vedi anche l'art. 29 della Direttiva (UE) 2019/1 del Parlamento europeo e del Consiglio dell'11 dicembre 2018 che conferisce alle autorità garanti della concorrenza degli Stati membri poteri di applicazione più efficace e che assicura il corretto funzionamento del mercato interno* (sub *II, 65*).

26 Prescrizione in materia d'esecuzione delle sanzioni.

1. Il potere della Commissione di procedere all'esecuzione delle decisioni adottate ai sensi degli articoli 23 e 24 si prescrive dopo cinque anni.

2. La prescrizione inizia a decorrere dal giorno in cui la decisione è divenuta inoppugnabile.

3. La prescrizione in materia di esecuzione delle sanzioni è interrotta:

a) dalla notificazione di una decisione che modifica l'ammontare iniziale dell'ammenda o della penalità di mora, oppure respinge una domanda intesa ad ottenere una tale modifica;

b) da ogni atto compiuto dalla Commissione o da uno Stato membro, su richiesta della Commissione, ai fini dell'esecuzione forzata dell'ammenda o della penalità di mora.

4. Dopo ogni interruzione inizia un nuovo periodo di prescrizione.

5. La prescrizione in materia di esecuzione delle sanzioni è sospesa:

a) per tutto il periodo nel quale è consentito il pagamento;

b) per tutto il periodo nel quale l'esecuzione forzata è sospesa in virtù di una decisione della Corte di giustizia.

CAPITOLO VIII
Audizioni e segreto d'ufficio

(*Omissis*).

CAPITOLO IX
Regolamenti d'esenzione

29 Revoca in casi specifici.

1. Quando la Commissione, autorizzata da un regolamento del Consiglio, come i regolamenti 19/65/CEE, (CEE) n. 2821/71, (CEE) n. 3976/87, (CEE) n. 1534/91 e (CEE) n. 479/92, ad applicare l'articolo 81, paragrafo 3, del trattato, abbia dichiarato mediante regolamento che l'articolo 81, paragrafo 1, del trattato è inapplicabile a determinate categorie di accordi, decisioni di associazioni di imprese e pratiche concordate, essa può, agendo d'ufficio o in seguito a denuncia, revocare il beneficio di tale regolamento d'esenzione qualora constati che in uno specifico caso un accordo, una decisione o una pratica concordata cui si applica il regolamento di esenzione ha effetti incompatibili con l'articolo 81, paragrafo 3, del trattato.

2. Qualora, in uno specifico caso, taluni accordi, decisioni di associazioni di imprese o pratiche concordate che rientrano nel campo d'applicazione di un regolamento della Commissione di cui al paragrafo 1 producano effetti incompatibili con l'articolo 81, paragrafo 3, del trattato sul territorio di uno Stato membro o in una parte di esso avente tutte le caratteristiche di un mercato geografico distinto, l'autorità garante della concorrenza di tale Stato membro può revocare il beneficio di tale regolamento sul territorio di tale Stato.

CAPITOLO X
Disposizioni generali

30 Pubblicazione delle decisioni.

1. La Commissione pubblica le decisioni adottate in applicazione degli articoli da 7 a 10 e degli articoli 23 e 24.

2. La pubblicazione indica le parti interessate e il contenuto essenziale della decisione, comprese le sanzioni irrogate. Essa tiene conto del legittimo interesse delle imprese alla protezione dei propri segreti aziendali.

31 Controllo della Corte di giustizia.

La Corte di giustizia ha competenza giurisdizionale anche di merito per decidere sui ricorsi presentati avverso le decisioni con le quali la Commissione irroga un'ammenda o una penalità di mora. Essa può estinguere, ridurre o aumentare l'ammenda o la penalità di mora irrogata.

32 Esclusione dal campo d'applicazione.

Il presente regolamento non si applica:

a) ai trasporti marittimi internazionali non di linea ("tramps") quali definiti all'articolo 1, paragrafo 3, lettera *a*), del regolamento (CEE) n. 4056/86;

b) ai trasporti marittimi che si effettuano esclusivamente fra i porti di uno stesso Stato membro, quali previsti all'articolo 1, paragrafo 2, del regolamento (CEE) n. *4056/86*;

c) ai trasporti aerei fra aeroporti della Comunità e paesi terzi.

33 Disposizioni d'esecuzione.

1. La Commissione è autorizzata ad adottare qualsiasi disposizione utile ai fini dell'applicazione del presente regolamento. Tali disposizioni possono in particolare riguardare:

a) la forma, il contenuto e le altre modalità delle denunce presentate ai sensi dell'articolo 7, e la procedura applicabile per il rigetto delle denunce;

b) le modalità dello scambio di informazioni e di consultazione di cui all'articolo 11;

c) le modalità delle audizioni di cui all'articolo 27.

2. Prima dell'adozione di qualsivoglia misura ai sensi del paragrafo 1, la Commissione ne pubblica un progetto e invita tutte le parti interessate a presentare le loro osservazioni entro un termine da essa stabilito, che non può essere inferiore ad un mese. Prima di pubblicare il progetto e di procedere all'adozione della misura la Commissione consulta il comitato consultivo sulle intese restrittive e le posizioni dominanti.

(*Omissis*)

3. Legge 10 ottobre 1990, n. 287. — Norme per la tutela della concorrenza e del mercato. (*rinvio*) (1).

Pubblicata nella Gazzetta Ufficiale n. 240 del 13 ottobre 1990.

(1) Sub *II, 58*.

4. Legge 18 giugno 1998, n. 192. — Disciplina della subfornitura nelle attività produttive. (*estratto*).

Pubblicata nella Gazzetta Ufficiale n. 143 del 22 giugno 1998.

9 Abuso di dipendenza economica.

1. È vietato l'abuso da parte di una o più imprese dello stato di dipendenza economica nel quale si trova, nei suoi o nei loro riguardi, una impresa cliente o fornitrice. Si considera dipendenza economica la situazione in cui una impresa sia in grado di determinare, nei rapporti commerciali con un'altra impresa, un eccessivo squilibrio di diritti e di obblighi. La dipendenza economica è valutata tenendo conto anche della reale possibilità per la parte che abbia subito l'abuso di reperire sul mercato alternative soddisfacenti.

2. L'abuso può anche consistere nel rifiuto di vendere o nel rifiuto di comprare, nella imposizione di condizioni contrattuali ingiustificatamente gravose o discriminatorie, nella interruzione arbitraria delle relazioni commerciali in atto.

3. Il patto attraverso il quale si realizzi l'abuso di dipendenza economica è nullo. Il giudice ordinario competente conosce delle azioni in materia di abuso di dipendenza economica, comprese quelle inibitorie e per il risarcimento dei danni (1).

3-*bis*. Ferma restando l'eventuale applicazione dell'articolo 3 della legge 10 ottobre 1990, n. 287, l'Autorità garante della concorrenza e del mercato può, qualora ravvisi che un abuso di dipendenza economica abbia rilevanza per la tutela della concorrenza e del mercato, anche su segnalazione di terzi ed a seguito dell'attivazione dei propri poteri di indagine ed esperimento dell'istruttoria, procedere alle diffide e sanzioni previste dall'articolo 15 della legge 10 ottobre 1990, n. 287, nei confronti dell'impresa o delle imprese che abbiano commesso detto abuso. In caso di violazione diffusa e reiterata della disciplina di cui al decreto legislativo 9 ottobre 2002, n. 231, posta in essere ai danni delle imprese, con particolare riferimento a quelle piccole e medie, l'abuso si configura a prescindere dall'accertamento della dipendenza economica (2).

(1) *Comma sostituito dall'art. 11, comma 1, l. 5 marzo 2001, n. 57.*
(2) *Comma aggiunto dall'art. 11, comma 2, l. 5 marzo 2001, n. 57 e successivamente modificato dall'art. 10, comma 2 l. 11 novembre 2011, n. 180.*

5. Legge 23 luglio 2009, n. 99. — Disposizioni per lo sviluppo e l'internazionalizzazione delle imprese, nonché in materia di energia. (*estratto*).

Pubblicata nella Gazzetta Ufficiale n. 136 del 31 luglio 2009, S.O.

47 Legge annuale per il mercato e la concorrenza (1).

1. Il presente articolo disciplina l'adozione della legge annuale per il mercato e la concorrenza, al fine di rimuovere gli ostacoli regolatori, di carattere normativo o amministrativo, all'apertura dei mercati, di promuovere lo sviluppo della concorrenza e di garantire la tutela dei consumatori.

2. Entro sessanta giorni dalla data di trasmissione al Governo della relazione annuale dell'Autorità garante della concorrenza e del mercato, ai sensi dell'articolo 23 della legge 10 ottobre 1990, n. 287, come modificato dal comma 5 del presente articolo, il Governo, su proposta del Ministro dello sviluppo economico, sentita la Conferenza unificata di cui all'articolo 8 del decreto legislativo 28 agosto 1997, n. 281, e successive modificazioni, tenendo conto anche delle segnalazioni eventualmente trasmesse agli stessi fini di cui al comma 1 del presente articolo dall'Autorità garante della concorrenza e del mercato, presenta alle Camere il disegno di legge annuale per il mercato e la concorrenza.

3. Il disegno di legge di cui al comma 2 reca, in distinte sezioni:

a) norme di immediata applicazione, al fine, anche in relazione ai pareri e alle segnalazioni dell'Autorità garante della concorrenza e del mercato, espressi ai sensi degli articoli 21, 22 e 23 della legge 10 ottobre 1990, n. 287, nonché alle indicazioni contenute nelle relazioni annuali dell'Autorità per le garanzie nelle comunicazioni e delle altre autorità amministrative indipendenti, di rimuovere gli ostacoli all'apertura dei mercati, di promuovere lo sviluppo della concorrenza, anche con riferimento alle funzioni pubbliche e ai costi regolatori condizionanti l'esercizio delle attività economiche private, nonché di garantire la tutela dei consumatori;

b) una o più deleghe al Governo per l'emanazione di decreti legislativi, da adottare non oltre centoventi giorni dalla data di entrata in vigore della legge, ai fini di cui al comma 1;

c) l'autorizzazione all'adozione di regolamenti, decreti ministeriali e altri atti, ai fini di cui al comma 1;

d) disposizioni recanti i princìpi fondamentali nel rispetto dei quali le regioni e le province autonome esercitano le proprie competenze normative, quando vengano in rilievo profili attinenti alla tutela della concorrenza, ai sensi dell'articolo 117, secondo comma, lettera *e*), della Costituzione;

e) norme integrative o correttive di disposizioni contenute in precedenti leggi per il mercato e la concorrenza, con esplicita indicazione delle norme da modificare o abrogare.

4. Il Governo allega al disegno di legge di cui al comma 2 una relazione di accompagnamento che evidenzi:

a) lo stato di conformità dell'ordinamento interno ai princìpi comunitari in materia di libera circolazione, concorrenza e apertura dei mercati, nonché alle politiche europee in materia di concorrenza;

b) lo stato di attuazione degli interventi previsti nelle precedenti leggi per il mercato e la concorrenza, indicando gli effetti che ne sono derivati per i cittadini, le imprese e la pubblica amministrazione;

c) l'elenco delle segnalazioni e dei pareri dell'Autorità garante della concorrenza e del mercato, espressi ai sensi degli articoli 21 e 22 della legge 10 ottobre 1990, n. 287, indicando gli ambiti in cui non si è ritenuto opportuno darvi seguito.

5. [...]

(1) *La prima attuazione della presente legge è avvenuta con la l. 4 agosto 2017, n. 124 (Legge annuale per il mercato e la concorrenza), sub V, 9.*

6. Direttiva UE del Parlamento europeo e del Consiglio del 26 novembre 2014, n. 104 relativa a determinate norme che regolano le azioni per il risarcimento del danno ai sensi del diritto nazionale per violazioni delle disposizioni del diritto della concorrenza degli Stati membri e dell'Unione europea (*estratto*) (1).

Pubblicata nella Gazzetta Ufficiale n. 349 del 5 dicembre 2014.

(1) *Per l'attuazione della Direttiva v. il successivo d.lgs. n. 3/2017, sub V, 8.*

IL PARLAMENTO EUROPEO E IL CONSIGLIO DELL'UNIONE EUROPEA,

visto il trattato sul funzionamento dell'Unione europea, in particolare gli articoli 103 e 114, vista la proposta della Commissione europea,

previa trasmissione del progetto di atto legislativo ai parlamenti nazionali, visto il parere del Comitato economico e sociale europeo,

deliberando secondo la procedura legislativa ordinaria, considerando quanto segue:

(1) Gli articoli 101 e 102 del trattato sul funzionamento dell'Unione europea (TFUE) sono elementi di ordine pubblico e dovrebbero essere applicati efficacemente in tutta l'Unione al fine di garantire che la concorrenza nel mercato interno non sia distorta.

(2) L'applicazione a livello pubblicistico degli articoli 101 e 102 TFUE compete alla Commissione in virtù dei poteri ad essa conferiti dal regolamento (CE) n. 1/2003 del Consiglio. A seguito dell'entrata in vigore del trattato di Lisbona il 1° dicembre 2009, gli articoli 81 e 82 del trattato che istituisce la Comunità europea sono diventati gli articoli 101 e 102 TFUE e restano sostanzialmente identici. Provvedono all'applicazione a livello pubblicistico anche le autorità nazionali garanti della concorrenza, che possono adottare le decisioni elencate all'articolo 5 del regolamento (CE) n. 1/2003. A norma di tale regolamento, gli Stati membri dovrebbero poter designare autorità sia amministrative che giudiziarie preposte all'applicazione degli articoli 101 e 102 TFUE quali autorità pubbliche competenti e all'espletamento delle varie funzioni conferite alle autorità garanti della concorrenza da detto regolamento.

(3) Gli articoli 101 e 102 TFUE producono effetti diretti nei rapporti tra singoli e attribuiscono ai singoli interessati diritti ed obblighi che le autorità giudiziarie nazionali devono applicare. Le autorità giudiziarie nazionali hanno quindi un ruolo di pari importanza da svolgere nell'applicazione delle regole di concorrenza (applicazione a livello privatistico). Esse tutelano i diritti soggettivi garantiti dal diritto dell'Unione nelle controversie fra privati, ad esempio accordando risarcimenti alle vittime delle violazioni. Per una piena efficacia degli articoli 101 e 102 TFUE, ed in particolare per realizzare l'effetto concreto dei divieti da essi previsti, è necessario che chiunque, compresi consumatori e imprese o autorità pubbliche, possa richiedere un risarcimento dinanzi alle autorità giudiziarie nazionali per i danni subiti a causa di una violazione di tali disposizioni. Il diritto al risarcimento previsto dal diritto dell'Unione si applica anche alle violazioni degli articoli 101 e 102 TFUE commesse da imprese pubbliche e da imprese cui gli Stati membri hanno accordato diritti speciali o esclusivi ai sensi dell'articolo 106 TFUE.

(4) Il diritto al risarcimento previsto dal diritto dell'Unione per i danni derivanti dalle violazioni del diritto della concorrenza dell'Unione e nazionale richiede che ciascuno Stato membro disponga di norme procedurali che garantiscano l'effettivo esercizio di tale diritto. La necessità di mezzi di ricorso procedurali efficaci deriva anche dal diritto a una tutela giurisdizionale effettiva come previsto all'articolo 19, paragrafo 1, secondo comma, del trattato sull'Unione europea (TUE) e all'articolo 47, primo comma, della Carta dei diritti fondamentali dell'Unione europea. Gli Stati membri dovrebbero assicurare una tutela giurisdizionale effettiva nei settori disciplinati dal diritto dell'Unione.

(5) Le azioni per il risarcimento del danno sono solo uno degli elementi che assicurano un sistema efficace di applicazione a livello privatistico per le violazioni del diritto della concorrenza, a cui fanno da complemento vie alternative di ristoro, quali forme consensuali di risoluzione delle controversie e decisioni di applicazione a livello pubblicistico che incentivano le parti a riconoscere il risarcimento.

(6) Per garantire un'efficace applicazione a livello privatistico a norma del diritto civile e un'efficace applicazione a livello pubblicistico da parte delle autorità garanti della concorrenza, i due canali devono interagire in modo da assicurare la massima efficacia delle regole di concorrenza. È necessario dettare regole per coordinare in modo coerente queste due forme di applicazione, ad esempio in relazione alle modalità

di accesso a documenti in possesso delle autorità garanti della concorrenza. Tale coordinamento a livello di Unione permetterà inoltre di evitare divergenze fra le norme applicabili, che potrebbero compromettere il corretto funzionamento del mercato interno.

(7) A norma dell'articolo 26, paragrafo 2, TFUE, il mercato interno comporta uno spazio senza frontiere interne, nel quale è assicurata la libera circolazione delle merci, delle persone, dei servizi e dei capitali. Esistono marcate differenze fra gli Stati membri per quanto riguarda le norme che disciplinano le azioni per il risarcimento del danno causato da violazioni del diritto della concorrenza dell'Unione o nazionale. Tali differenze causano incertezza riguardo alle condizioni a cui i soggetti danneggiati possono esercitare il diritto al risarcimento conferito loro dal TFUE e compromettono l'effettivo esercizio di tale diritto. Poiché i soggetti danneggiati spesso scelgono lo Stato membro in cui sono stabiliti quale foro in cui presentare la domanda di risarcimento del danno, le discrepanze fra le norme nazionali portano a condizioni disomogenee per quanto riguarda le azioni per il risarcimento del danno e possono pertanto incidere sulla concorrenza nei mercati in cui operano tali soggetti danneggiati così come le imprese autrici della violazione.

(8) Le imprese stabilite e operanti in Stati membri diversi sono soggette a differenti norme procedurali che incidono fortemente sulla misura in cui possono essere considerate responsabili di violazioni del diritto della concorrenza. Questa applicazione disomogenea del diritto al risarcimento garantito dal diritto dell'Unione non solo può portare a un vantaggio concorrenziale per certe imprese che hanno violato gli articoli 101 o 102 TFUE, ma può altresì disincentivare l'esercizio del diritto di stabilimento e di fornitura di beni e servizi negli Stati membri in cui il diritto al risarcimento è applicato in modo più efficace. Poiché le differenze fra i regimi di responsabilità applicabili negli Stati membri possono quindi incidere negativamente sia sulla concorrenza che sul corretto funzionamento del mercato interno, è opportuno fondare la presente direttiva sulla duplice base giuridica degli articoli 103 e 114 TFUE.

(9) È necessario, tenuto conto che le violazioni su vasta scala del diritto della concorrenza presentano spesso un elemento transfrontaliero, garantire condizioni più uniformi per le imprese operanti nel mercato interno e migliorare le condizioni alle quali i consumatori possono esercitare i diritti che derivano loro dal mercato interno. È opportuno aumentare la certezza del diritto e ridurre le differenze fra gli Stati membri riguardo alle norme nazionali che regolano le azioni per il risarcimento del danno causato da violazioni sia del diritto della concorrenza dell'Unione che del diritto della concorrenza nazionale, laddove quest'ultimo sia applicato parallelamente al diritto della concorrenza dell'Unione. Un ravvicinamento di tali norme contribuirà a prevenire l'aumento di differenze fra le disposizioni degli Stati membri che disciplinano le azioni per il risarcimento del danno nei casi relativi alla concorrenza.

(10) Ai sensi dell'articolo 3, paragrafo 1, del regolamento (CE) n. 1/2003, « quando le autorità garanti della concorrenza degli Stati membri o le giurisdizioni nazionali applicano il diritto nazionale in materia di concorrenza ad accordi, decisioni di associazioni di imprese o pratiche concordate ai sensi dell'articolo [101, paragrafo 1, TFUE] che possano pregiudicare il commercio tra Stati membri ai sensi di detta disposizione, esse applicano anche l'articolo [101 TFUE] a siffatti accordi, decisioni o pratiche concordate. Quando le autorità garanti della concorrenza degli Stati membri o le giurisdizioni nazionali applicano il diritto nazionale in materia di concorrenza agli sfruttamenti abusivi vietati dall'articolo [102 TFUE], esse applicano anche l'articolo [102 TFUE] ». Ai fini del corretto funzionamento del mercato interno e nell'ottica di una maggiore certezza del diritto e di condizioni più uniformi per le imprese e i consumatori, è opportuno che l'ambito di applicazione della presente direttiva si estenda alle azioni per il risarcimento del danno causato dalla violazione del diritto nazionale della concorrenza quando esso è applicato ai sensi dell'articolo 3, paragrafo 1, del regolamento (CE) n. 1/2003. L'applicazione di norme differenti in materia di responsabilità civile per le violazioni dell'articolo 101 o 102 TFUE e con riguardo alle violazioni delle norme del diritto della concorrenza nazionale che devono essere applicate negli stessi casi e parallelamente al diritto della concorrenza dell'Unione nuocerebbe altrimenti alla posizione degli attori nello stesso caso e all'ambito delle loro richieste, e costituirebbe un ostacolo al corretto funzionamento del mercato interno. La presente direttiva non dovrebbe pregiudicare le azioni per il risarcimento del danno relative a violazioni del diritto nazionale della concorrenza che non incidono sul commercio tra Stati membri ai sensi dell'articolo 101 o 102 TFUE.

(11) In mancanza di una legislazione dell'Unione, le azioni per il risarcimento del danno sono disciplinate dalle norme e procedure nazionali degli Stati membri. Secondo la giurisprudenza della Corte di giustizia dell'Unione europea (Corte di giustizia), chiunque può chiedere il risarcimento di un danno subito ove sussista un nesso di causalità tra tale danno ed una violazione del diritto della concorrenza. Tutte le norme nazionali che disciplinano l'esercizio del diritto al risarcimento del danno causato da una violazione dell'articolo 101 o 102 TFUE, comprese quelle relative ad aspetti non trattati nella presente direttiva quale la nozione di nesso causale fra la violazione e il danno, devono rispettare i principi di efficacia e di equivalenza. Questo significa che esse non dovrebbero essere formulate o applicate in modo da rendere eccessivamente difficile o praticamente impossibile l'esercizio del diritto al risarcimento garantito dal TFUE o essere applicate in maniera meno favorevole rispetto a quelle applicabili ad azioni nazionali simili. Qualora gli Stati membri nel loro diritto nazionale prevedano altre condizioni per il risarcimento, quali imputabilità, adeguatezza o colpevolezza, essi dovrebbero poter mantenere tali condizioni nella misura in cui siano conformi alla giurisprudenza della Corte di giustizia, ai principi di efficacia e di equivalenza e alla presente direttiva.

(12) La presente direttiva ribadisce l'acquis comunitario relativo al diritto di ottenere un risarcimento per il danno causato da violazioni del diritto della concor-

renza dell'Unione, in particolare per quanto riguarda la legittimazione ad agire e la definizione di danno, come statuito dalla giurisprudenza della Corte di giustizia, e non ne pregiudica alcun ulteriore sviluppo. Chiunque abbia subito un danno causato da una tale violazione può chiedere un risarcimento per il danno emergente (*damnum emergens*), per il guadagno di cui è stato privato (lucro cessante o *lucrum cessans*), oltre agli interessi indipendentemente dal fatto che tali categorie siano definite separatamente o unitariamente dal diritto nazionale. Il pagamento degli interessi è una componente essenziale del risarcimento per indennizzare il danno subito tenendo conto del decorso del tempo, e dovrebbe essere corrisposto con decorrenza dal momento in cui il danno si è prodotto fino al momento dell'effettivo risarcimento, restando impregiudicata la qualifica di siffatto interesse come interesse compensativo o interesse di mora a norma del diritto nazionale e indipendentemente dal fatto che il decorso del tempo sia considerato come una categoria separata (interesse) o come una parte costitutiva del danno emergente o del lucro cessante. Spetta agli Stati membri stabilire le norme da applicare a tal fine.

(13) Il diritto al risarcimento è riconosciuto a ogni persona fisica o giuridica ¾ consumatori, imprese e pubbliche autorità ¾ a prescindere dall'esistenza di un rapporto contrattuale diretto con l'impresa autrice della violazione, e a prescindere dal fatto che un'autorità garante della concorrenza abbia o meno preventivamente constatato una violazione. È opportuno che la presente direttiva non imponga agli Stati membri di introdurre meccanismi di ricorso collettivo per l'applicazione degli articoli 101 e 102 TFUE. Fatto salvo il risarcimento del danno da perdita di opportunità, il pieno risarcimento a norma della presente direttiva non dovrebbe comportare una sovracompensazione, che sia a titolo di risarcimento punitivo, multiplo o di altra natura.

(14) Le azioni per il risarcimento del danno causato da violazioni del diritto della concorrenza dell'Unione o nazionale richiedono di norma una complessa analisi fattuale ed economica. Gli elementi di prova necessari per comprovare la fondatezza di una domanda di risarcimento del danno sono spesso detenuti esclusivamente dalla controparte o da terzi e non sono sufficientemente noti o accessibili all'attore. In tali circostanze, rigide disposizioni giuridiche che prevedano che gli attori debbano precisare dettagliatamente tutti i fatti relativi al proprio caso all'inizio di un'azione e presentare elementi di prova esattamente specificati possono impedire in maniera indebita l'esercizio efficace del diritto al risarcimento garantito dal TFUE.

(15) La prova è un elemento importante per intentare un'azione per il risarcimento del danno causato dalla violazione del diritto dell'Unione o nazionale della concorrenza. Tuttavia, poiché il contenzioso in materia di diritto della concorrenza è caratterizzato da un'asimmetria informativa, è opportuno garantire agli attori il diritto di ottenere la divulgazione delle prove rilevanti per la loro richiesta, senza che sia necessario, da parte loro, specificarne i singoli elementi. Onde garantire che le controparti dispongano di strumenti equivalenti, anche i convenuti delle azioni per il risarcimento del danno dovrebbero disporre di tali mezzi, in modo da poter chiedere la divulgazione di prove da parte degli attori. I giudici nazionali dovrebbero anche poter ordinare la divulgazione delle prove da parte di terzi, comprese le pubbliche autorità. Quando i giudici nazionali intendano ordinare la divulgazione delle prove da parte della Commissione, si applicano il principio di leale cooperazione fra l'Unione e gli Stati membri di cui all'articolo 4, paragrafo 3, TUE, e l'articolo 15, paragrafo 1, del regolamento (CE) n. 1/2003 sulle richieste di informazioni. Laddove i giudici nazionali ordinino alle pubbliche autorità di divulgare le prove, si applicano i principi di cooperazione giuridica e amministrativa a norma del diritto dell'Unione o nazionale.

(16) Su richiesta di una parte, il giudice nazionale dovrebbe poter ordinare la divulgazione di specifici elementi di prova o categorie di prove, esercitando un controllo rigoroso, in particolare per quanto riguarda la necessità e la proporzionalità di tale misura. Dall'esigenza di proporzionalità deriva che la divulgazione può essere ingiunta solo qualora un attore abbia asserito in modo plausibile ¾ sulla base di fatti ragionevolmente disponibili per tale attore ¾ di aver subito un danno causato dal convenuto. Laddove una richiesta di divulgazione sia intesa ad ottenere una categoria di prove, quest'ultima dovrebbe essere individuata attraverso il riferimento a caratteristiche comuni dei suoi elementi costitutivi, come la natura, l'oggetto o il contenuto dei documenti di cui è richiesta la divulgazione, il periodo durante il quale sono stati redatti o altri criteri, purché gli elementi di prova rientranti nella categoria siano pertinenti ai sensi della presente direttiva. Tali categorie dovrebbero essere definite nel modo più preciso e circoscritto possibile sulla base di fatti ragionevolmente disponibili.

(17) Qualora l'autorità giudiziaria in uno Stato membro chieda che l'autorità giudiziaria competente di un altro Stato membro proceda all'assunzione delle prove o chieda di procedere direttamente all'assunzione delle prove in un altro Stato membro, si applicano le disposizioni del regolamento (CE) n. 1206/2001 del Consiglio.

(18) Seppure le prove pertinenti che contengono segreti aziendali o altre informazioni riservate dovrebbero, in linea di principio, essere disponibili nell'ambito di azioni per il risarcimento del danno, tali informazioni riservate devono essere adeguatamente protette. I giudici nazionali dovrebbero quindi avere a disposizione una serie di misure per tutelare tali informazioni riservate contro ogni divulgazione nel corso del procedimento. Tali misure possono comprendere la possibilità di non rendere visibili parti riservate di un documento, condurre audizioni a porte chiuse, limitare il numero di persone autorizzate a prendere visione delle prove e conferire ad esperti l'incarico di redigere sintesi delle informazioni in forma aggregata o in altra forma non riservata. Le misure che tutelano i segreti aziendali ed altre informazioni riservate non dovrebbero comunque impedire l'esercizio del diritto al risarcimento.

(19) La presente direttiva non ha effetti sulla possibilità prevista dalle legislazioni degli Stati membri di

impugnare gli ordini di divulgazione, né sulle condizioni per proporre tali impugnazioni.

(20) Il regolamento (CE) n. 1049/2001 del Parlamento europeo e del Consiglio disciplina l'accesso del pubblico ai documenti del Parlamento europeo, del Consiglio e della Commissione ed è volto a conferire al pubblico un diritto di accesso il più ampio possibile ai documenti di tali istituzioni. Tale diritto è nondimeno assoggettato a determinati limiti basati su motivi di interesse pubblico o privato. Ne deriva che il regime delle eccezioni previsto dall'articolo 4 di tale regolamento è fondato su una ponderazione degli interessi contrapposti in una data situazione, ossia, da un lato, gli interessi che sarebbero favoriti dalla divulgazione dei documenti in questione e, dall'altro, quelli che sarebbero pregiudicati da tale divulgazione. La presente direttiva dovrebbe lasciare impregiudicate tali norme e pratiche previste dal regolamento (CE) n. 1049/2001.

(21) L'efficacia e la coerenza dell'applicazione degli articoli 101 e 102 TFUE da parte della Commissione e delle autorità nazionali garanti della concorrenza richiedono un approccio comune a livello di Unione per quanto riguarda la divulgazione delle prove incluse nel fascicolo di un'autorità garante della concorrenza. È opportuno che la divulgazione delle prove non comprometta indebitamente l'efficace applicazione del diritto della concorrenza da parte di un'autorità garante della concorrenza. La presente direttiva non contempla la divulgazione dei documenti interni delle autorità garanti della concorrenza e la corrispondenza tra tali autorità.

(22) Al fine di garantire la tutela effettiva del diritto al risarcimento, non è necessario che ogni documento relativo a procedimenti avviati in virtù degli articoli 101 o 102 TFUE sia divulgato ad un attore esclusivamente a motivo del fatto che egli intende promuovere un'azione di risarcimento del danno, poiché è altamente improbabile che tale azione debba essere basata su tutte le prove contenute nel fascicolo relativo a tali procedimenti.

(23) L'esigenza di proporzionalità dovrebbe essere valutata attentamente quando la divulgazione delle prove rischia di compromettere la strategia di indagine di un'autorità garante della concorrenza rivelando quali documenti facciano parte del fascicolo o rischia di avere un effetto negativo sul modo in cui le imprese cooperano con le autorità garanti della concorrenza. È opportuno prestare una particolare attenzione per prevenire tentativi di acquisizione generalizzata di informazioni, ossia la ricerca in base a criteri non sufficientemente determinati o eccessivamente ampi di informazioni che probabilmente non rivestono interesse per le parti del procedimento. Le richieste di divulgazione non dovrebbero quindi essere considerate proporzionate quando riguardano una trasmissione generica dei documenti del fascicolo di un'autorità garante della concorrenza relativamente a un determinato caso o la divulgazione generica di documenti presentati da una parte nel contesto di un caso particolare. Richieste di queste tipo, riguardanti una divulgazione ampia, non sarebbero compatibili con l'obbligo della parte richiedente di specificare in maniera quanto più possibile precisa e circoscritta le prove o categorie di prova.

(24) La presente direttiva non pregiudica il diritto dei giudici di considerare, a norma del diritto dell'Unione o nazionale, l'interesse all'efficace applicazione a livello pubblicistico del diritto della concorrenza allorquando ordinano la divulgazione di prove di qualsiasi tipo, diverse dalle dichiarazioni rese nell'ambito di un programma di clemenza e dalle proposte di transazione.

(25) Una deroga dovrebbe inoltre applicarsi con riguardo ad ogni divulgazione che, laddove concessa, interferisca in modo indebito con un'indagine in corso da parte di un'autorità garante della concorrenza in merito ad una violazione del diritto della concorrenza dell'Unione o nazionale. Le informazioni preparate da un'autorità garante della concorrenza nel corso di un suo procedimento d'applicazione del diritto della concorrenza dell'Unione o nazionale e trasmesse alle parti di tale procedimento (come una comunicazione degli addebiti) oppure preparate da una parte del procedimento (come le risposte alle richieste di informazioni dell'autorità garante della concorrenza o le deposizioni testimoniali) dovrebbero quindi essere divulgabili, nelle azioni per il risarcimento del danno, solo dopo che l'autorità garante della concorrenza abbia chiuso il procedimento, ad esempio adottando una decisione a norma dell'articolo 5 o a norma del capitolo III del regolamento (CE) n. 1/2003, ad eccezione delle decisioni che dispongono misure cautelari.

(26) I programmi di clemenza e le procedure di transazione sono strumenti importanti per l'applicazione a livello pubblicistico del diritto della concorrenza dell'Unione, poiché contribuiscono ad individuare e perseguire efficacemente e sanzionare le violazioni più gravi di tali norme. Inoltre, poiché molte decisioni delle autorità garanti della concorrenza nei casi riguardanti cartelli si basano su richieste di clemenza e le azioni per il risarcimento del danno nei casi riguardanti cartelli sono in genere successive a tali decisioni, i programmi di clemenza sono importanti anche per assicurare l'efficacia delle azioni per il risarcimento del danno nei casi riguardanti cartelli. Le imprese potrebbero essere dissuase dal collaborare con le autorità garanti della concorrenza nell'ambito di programmi di clemenza e di procedure di transazione se dichiarazioni contenenti prove autoincriminanti, quali le dichiarazioni legate a un programma di clemenza e le proposte di transazione predisposte soltanto ai fini della collaborazione con le autorità garanti della concorrenza venissero divulgate. Tale divulgazione comporterebbe il rischio di esporre le imprese che collaborano o il loro personale con funzioni di amministrazione o direzione a responsabilità civile o penale a condizioni peggiori di quelle dei coautori della violazione che non collaborano con le autorità garanti della concorrenza. Per garantire che le imprese continuino ad essere disposte a rivolgersi volontariamente alle autorità garanti della concorrenza presentando dichiarazioni legate a un programma di clemenza o proposte di transazione, è opportuno che tali documenti siano esclusi dall'ordine della divulgazione delle prove. Tale esclusione dovrebbe altresì applicarsi alle citazioni letterali di una

dichiarazione legata a un programma di clemenza o di una proposta di transazione contenute in altri documenti. Tali limitazioni quanto alla divulgazione delle prove non dovrebbero impedire alle autorità garanti della concorrenza di pubblicare le loro decisioni conformemente al diritto dell'Unione o nazionale applicabile. Per assicurare che tale deroga non interferisca in modo indebito con il diritto al risarcimento dei soggetti danneggiati, essa dovrebbe essere circoscritta alle suddette dichiarazioni volontarie e autoincriminanti legate a un programma di clemenza e a proposte di transazione.

(27) Le norme della presente direttiva in materia di divulgazione di documenti diversi dalle dichiarazioni legate a un programma di clemenza e dalle proposte di transazione garantiscono che i soggetti danneggiati mantengano mezzi alternativi sufficienti per avere accesso alle pertinenti prove necessarie ad esperire le loro azioni per il risarcimento del danno. I giudici nazionali dovrebbero avere la possibilità, su richiesta dell'attore, di accedere essi stessi a documenti per i quali è invocata la deroga al fine di verificare se il loro contenuto esuli dalle definizioni di dichiarazione legata a un programma di clemenza e di proposta di transazione previste dalla presente direttiva. Qualsiasi contenuto che vada oltre tali definizioni dovrebbe essere divulgabile alle condizioni stabilite.

(28) I giudici nazionali dovrebbero poter ordinare in qualsiasi momento, nel contesto di un'azione per il risarcimento del danno, la divulgazione delle prove che esistono indipendentemente dal procedimento avviato dall'autorità garante della concorrenza (« informazioni preesistenti »).

(29) La divulgazione delle prove dovrebbe essere ordinata ad un'autorità garante della concorrenza soltanto allorquando tali prove non possono essere ragionevolmente ottenute da un'altra parte o da terzi.

(30) A norma dell'articolo 15, paragrafo 3, del regolamento (CE) n. 1/2003, le autorità garanti della concorrenza possono, agendo d'ufficio, presentare osservazioni scritte alle giurisdizioni nazionali in merito a questioni relative all'applicazione dell'articolo 101 o 102 TFUE. Al fine di preservare il contributo all'attuazione di tali articoli apportato dall'applicazione a livello pubblicistico, le autorità garanti della concorrenza dovrebbero poter ugualmente presentare, agendo d'ufficio, le proprie osservazioni a un giudice nazionale ai fini della valutazione della proporzionalità della divulgazione delle prove incluse nel fascicolo delle autorità, alla luce dell'impatto che una tale divulgazione produrrebbe sull'efficacia dell'applicazione a livello pubblicistico del diritto della concorrenza. Gli Stati membri dovrebbero poter istituire un sistema in base al quale un'autorità garante della concorrenza sia informata delle richieste di divulgazione delle informazioni qualora la persona che richiede la divulgazione o la persona alla quale è richiesta la divulgazione sia coinvolta nell'indagine di tale autorità relativa alla presunta violazione, fatte salve le norme nazionali sulle procedure senza contraddittorio.

(31) Ogni persona fisica o giuridica che ottenga delle prove grazie all'accesso al fascicolo di un'autorità garante della concorrenza dovrebbe poter usare tali prove ai fini di un'azione per il risarcimento del danno di cui è parte. Tale uso dovrebbe anche essere consentito alla persona fisica o giuridica che le sia succeduta nei diritti e negli obblighi, anche attraverso il rilevamento della sua domanda. Laddove le prove siano state ottenute da una persona giuridica facente parte di un gruppo societario che costituisce una sola impresa ai fini dell'applicazione degli articoli 101 e 102 TFUE, l'uso di tali prove dovrebbe essere consentito anche alle altre persone giuridiche appartenenti alla stessa impresa.

(32) Tuttavia, l'uso delle prove ottenute mediante l'accesso al fascicolo di un'autorità garante della concorrenza non dovrebbe ostacolare indebitamente l'efficace applicazione del diritto della concorrenza da parte di un'autorità garante. Al fine di garantire che le limitazioni alla divulgazione di documenti di cui alla presente direttiva non siano pregiudicate, l'uso delle prove del tipo indicato ai considerando 24 e 25 ottenute solo grazie all'accesso al fascicolo di un'autorità garante della concorrenza dovrebbe essere limitato in base alle medesime condizioni. La limitazione dovrebbe prendere la forma di un'inammissibilità nelle azioni per il risarcimento del danno o consistere in altra forma di protezione secondo le norme nazionali applicabili atte a garantire la piena efficacia dei limiti alla divulgazione di tali tipi di prove. Le prove ottenute tramite un'autorità garante della concorrenza non dovrebbero inoltre diventare oggetto di scambio. È quindi opportuno che la possibilità di usare prove ottenute solo grazie all'accesso al fascicolo di un'autorità garante della concorrenza sia limitata alla persona fisica o giuridica cui è stato originariamente accordato l'accesso e ai suoi successori legali. Tale limitazione volta a evitare il commercio di prove, tuttavia, non impedisce a un giudice nazionale di ordinare la divulgazione di tali prove alle condizioni previste nella presente direttiva.

(33) La presentazione di una domanda di risarcimento del danno, o l'avvio di un'indagine da parte di un'autorità garante della concorrenza, comporta il rischio che le persone interessate possano distruggere od occultare prove utili ai soggetti danneggiati per comprovare la domanda di risarcimento. Onde impedire la distruzione di prove rilevanti e garantire che vengano rispettate le decisioni giudiziarie di divulgazione, i giudici nazionali dovrebbero poter applicare sanzioni sufficientemente dissuasive. Per quanto riguarda le parti del procedimento, il rischio che siano tratte conclusioni sfavorevoli nel procedimento per il risarcimento del danno può essere una sanzione particolarmente efficace e può contribuire a evitare ritardi. Dovrebbero essere disponibili sanzioni anche per l'inosservanza degli obblighi di tutelare le informazioni riservate e per l'utilizzo abusivo di informazioni ottenute attraverso la divulgazione. Analogamente, è opportuno prevedere sanzioni nel caso di utilizzo abusivo, in un'azione per il risarcimento del danno, di informazioni ottenute tramite l'accesso al fascicolo di un'autorità garante della concorrenza.

(34) Per assicurare l'efficacia e la coerenza dell'applicazione degli articoli 101 e 102 TFUE da parte della Commissione e delle autorità nazionali garanti

della concorrenza occorre un approccio comune a livello dell'Unione per quanto riguarda gli effetti delle decisioni definitive delle autorità nazionali garanti della concorrenza relative e a una violazione sulle successive azioni per il risarcimento del danno. Tali decisioni sono adottate solamente dopo che la Commissione è stata informata della decisione prevista oppure, in mancanza di essa, di qualsiasi altro documento che esponga la linea d'azione proposta a norma dell'articolo 11, paragrafo 4, del regolamento (CE) n. 1/2003 e nel caso in cui la Commissione non abbia privato l'autorità nazionale garante della concorrenza della sua competenza tramite l'avvio di un procedimento, conformemente all'articolo 11, paragrafo 6, di tale regolamento. La Commissione dovrebbe garantire l'applicazione coerente del diritto della concorrenza dell'Unione fornendo alle autorità nazionali garanti della concorrenza orientamenti a livello bilaterale e nell'ambito della rete europea della concorrenza. Per migliorare la certezza del diritto, evitare contraddizioni nell'applicazione degli articoli 101 e 102 TFUE, aumentare l'efficacia e l'efficienza procedurale delle azioni per il risarcimento del danno e promuovere il funzionamento del mercato interno per le imprese e i consumatori, la constatazione di una violazione dell'articolo 101 o 102 TFUE in una decisione definitiva di un'autorità nazionale garante della concorrenza o di un giudice del ricorso non dovrebbe essere rimessa in discussione in successive azioni per il risarcimento del danno. Pertanto, siffatta constatazione dovrebbe essere ritenuta definitivamente accertata in azioni per il risarcimento del danno riguardanti la violazione in questione intentate nello Stato membro dell'autorità nazionale garante della concorrenza o del giudice del ricorso. L'effetto della constatazione dovrebbe, tuttavia, riguardare soltanto la natura della violazione e la sua portata materiale, personale, temporale e territoriale, come determinata dall'autorità garante della concorrenza o dal giudice del ricorso nell'esercizio della sua giurisdizione. Anche laddove una decisione abbia constatato una violazione di disposizioni del diritto nazionale della concorrenza in casi in cui le norme del diritto della concorrenza dell'Unione e nazionale sono applicate nello stesso caso e in parallelo, tale violazione dovrebbe considerarsi inconfutabilmente accertata.

(35) Qualora un'azione per il risarcimento del danno sia intentata in uno Stato membro diverso da quello dell'autorità nazionale garante della concorrenza o del giudice del ricorso che hanno constatato la violazione dell'articolo 101 o 102 TFUE a cui si riferisce l'azione, tale constatazione formulata in una decisione definitiva dell'autorità nazionale garante della concorrenza o del giudice del ricorso dovrebbe potere essere presentata dinanzi a un giudice nazionale almeno a titolo di prova prima facie del fatto che è avvenuta una violazione del diritto della concorrenza e può, se del caso, essere valutata insieme ad altri elementi di prova presentati dalle parti. Gli effetti delle decisioni adottate dalle autorità nazionali garanti della concorrenza e dal giudice del ricorso che accertano una violazione delle norme in materia di concorrenza lasciano impregiudicati i diritti e gli obblighi dei giudici nazionali ai sensi dell'articolo 267 TFUE.

(36) Le norme nazionali riguardanti l'inizio, la durata, la sospensione o l'interruzione dei termini di prescrizione non dovrebbero ostacolare in maniera eccessiva la proposizione di azioni per il risarcimento del danno. Questo è particolarmente importante per le azioni che si basano sulla constatazione di una violazione da parte di un'autorità garante della concorrenza o di un giudice del ricorso. A tal fine, dovrebbe essere possibile intentare un'azione per il risarcimento del danno successivamente ad un procedimento condotto da un'autorità garante della concorrenza ai fini dell'applicazione del diritto nazionale della concorrenza e dell'Unione. Il termine di prescrizione non dovrebbe iniziare a decorrere prima che la violazione sia cessata e prima che un attore sia a conoscenza, ovvero prima che si possa ragionevolmente presumere che egli sia a conoscenza, del comportamento che costituisce la violazione, del fatto che la violazione gli ha causato un danno e dell'identità dell'autore della violazione. Gli Stati membri dovrebbero poter mantenere o introdurre termini di prescrizione assoluti di applicazione generale, purché la durata di tali termini assoluti di prescrizione non renda praticamente impossibile o eccessivamente difficile esercitare il diritto al pieno risarcimento.

(37) Per il caso in cui più imprese violino insieme le norme in materia di concorrenza, come nel caso di un cartello, è opportuno prevedere che i coautori della violazione siano considerati responsabili in solido per l'intero ammontare del danno causato dal loro comportamento illecito. Se un coautore della violazione ha pagato più della parte che gli spetta, dovrebbe avere il diritto di ottenere un contributo da altri coautori della violazione. La determinazione della parte corrispondente alla responsabilità relativa di un dato autore della violazione e i criteri rilevanti, quali il fatturato, la quota di mercato o il ruolo nel cartello, sono disciplinate dal diritto nazionale applicabile, fermo restando il rispetto dei principi di efficacia e di equivalenza.

(38) Le imprese che collaborano con le autorità garanti della concorrenza nell'ambito di un programma di clemenza svolgono un ruolo determinante nell'individuazione delle violazioni commesse sotto forma di cartelli segreti e nella loro cessazione, permettendo spesso di arginare il danno che sarebbe stato causato se la violazione fosse continuata. È pertanto opportuno prevedere disposizioni che proteggano le imprese che hanno ottenuto da un'autorità garante della concorrenza un'immunità dalle ammende nel quadro di un programma di clemenza da un'esposizione ingiustificata alle domande di risarcimento, tenendo presente che per il beneficiario dell'immunità le decisioni delle autorità garanti della concorrenza che constatano una violazione possono diventare definitive prima che per altre imprese non beneficiarie dell'immunità, rendendo il beneficiario dell'immunità possibile bersaglio preferenziale di contenzioso. È quindi opportuno che il beneficiario dell'immunità sia in linea di principio sollevato dalla responsabilità in solido per quanto riguarda la totalità del danno e che ogni contributo che esso debba versare nei confronti dei coautori della violazione non superi l'ammontare del danno causato ai suoi propri acquirenti diretti o indiretti o, nel caso di un

cartello relativo agli acquisti, ai suoi fornitori diretti o indiretti. Nella misura in cui un cartello ha danneggiato soggetti diversi dai clienti o fornitori degli autori della violazione, il contributo del beneficiario dell'immunità non dovrebbe superare l'importo corrispondente alla sua responsabilità relativa per il danno causato dal cartello. Tale quota dovrebbe essere determinata conformemente alle stesse regole utilizzate per stabilire i contributi fra gli autori della violazione. Il beneficiario dell'immunità dovrebbe restare pienamente responsabile verso i soggetti danneggiati che non siano i suoi acquirenti o fornitori diretti o indiretti solo qualora essi si trovino nell'impossibilità di ottenere il pieno risarcimento dagli altri autori della violazione.

(39) Il danno nella forma di danno emergente può risultare dalla differenza tra il prezzo che è stato effettivamente pagato e quanto sarebbe stato altrimenti pagato in assenza della violazione. Quando un soggetto danneggiato ha ridotto il danno emergente trasferendolo, interamente o in parte, sui propri acquirenti, il danno trasferito non costituisce più un danno per il quale tale parte debba essere risarcita. È pertanto opportuno, in linea di principio, permettere all'autore di una violazione di invocare a propria difesa l'avvenuto trasferimento del danno emergente a fronte di una domanda di risarcimento del danno. Occorre prevedere disposizioni che stabiliscano che l'autore della violazione, nella misura in cui invoca l'eccezione del trasferimento, debba dimostrare l'esistenza e l'entità del trasferimento del sovrapprezzo. Tale onere della prova non dovrebbe avere effetti sulla possibilità che l'autore della violazione utilizzi prove diverse da quelle in suo possesso, come le prove già acquisite nel procedimento o le prove in possesso di altre parti o di terzi.

(40) Nei casi in cui il trasferimento ha dato luogo a una riduzione delle vendite e quindi a un danno nella forma di un lucro cessante, dovrebbe restare impregiudicato il diritto a chiedere un risarcimento di siffatto lucro cessante.

(41) A seconda delle condizioni in cui operano le imprese, può essere prassi commerciale trasferire gli aumenti di prezzo a valle della catena di approvvigionamento. I consumatori o le imprese sui quali è stato così trasferito il danno emergente subiscono il danno derivante dalla violazione del diritto della concorrenza dell'Unione o nazionale. Il danno dovrebbe essere rimborsato dall'autore della violazione: può essere tuttavia particolarmente difficile comprovarne la portata per i consumatori o le imprese che non hanno acquistato direttamente da tale soggetto. Quando l'esistenza di una domanda di risarcimento del danno o l'importo dei danni da attribuire dipendono dal fatto che il sovrapprezzo pagato da un acquirente diretto dell'autore della violazione sia stato trasferito o meno sull'acquirente indiretto, e in che misura, è quindi opportuno stabilire che si ritiene che l'acquirente indiretto abbia provato tale trasferimento del sovrapprezzo dall'acquirente diretto al suo livello se è in grado di dimostrare *prima facie* che tale trasferimento è avvenuto. Tale presunzione relativa si applica a meno che l'autore della violazione non sia in grado di dimostrare in modo credibile e ritenuto adeguato dal giudice che il danno emergente non è stato trasferito o non è stato trasferito interamente sull'acquirente indiretto. È inoltre opportuno definire a quali condizioni si ritiene che l'acquirente indiretto abbia fornito a tale riguardo prove *prima facie*. Per quanto riguarda la quantificazione di tale trasferimento, il giudice nazionale dovrebbe avere la facoltà di stimare quale parte del sovrapprezzo sia stata trasferita al livello degli acquirenti indiretti nella controversia di cui è investito.

(42) La Commissione dovrebbe emettere linee guida chiare, semplici ed esaustive per i giudici nazionali in ordine alle modalità di stima della parte del sovrapprezzo trasferita sugli acquirenti indiretti.

(43) Le violazioni del diritto della concorrenza spesso riguardano le condizioni e il prezzo a cui i beni o i servizi sono venduti, e portano a un sovrapprezzo, e ad altri danni, per i clienti degli autori della violazione. La violazione può anche riguardare le forniture all'autore della violazione (ad esempio nel caso di un cartello fra acquirenti). In siffatti casi, il danno emergente potrebbe derivare da un prezzo inferiore pagato dagli autori della violazione ai loro fornitori. La presente direttiva e in particolare le disposizioni relative al trasferimento del sovrapprezzo dovrebbero applicarsi di conseguenza a tali casi.

(44) Le azioni per il risarcimento del danno possono essere intentate sia da soggetti che hanno acquistato beni o servizi dall'autore della violazione che dagli acquirenti che si trovano in un punto successivo della catena di approvvigionamento. Per promuovere la coerenza tra decisioni giudiziarie relative a procedimenti tra loro connessi ed evitare pertanto che il danno causato dalla violazione del diritto della concorrenza dell'Unione o nazionale non sia pienamente risarcito o che all'autore della violazione si richieda di risarcire danni che non sono stati subiti, i giudici nazionali dovrebbero avere la facoltà di stimare la proporzione di eventuali sovrapprezzi a carico degli acquirenti diretti o indiretti nelle controversie di cui sono investiti. In tale contesto, i giudici nazionali dovrebbero poter tenere nella dovuta considerazione, tramite i mezzi procedurali o sostanziali previsti dal diritto dell'Unione e dal diritto nazionale, eventuali azioni connesse e le relative decisioni giudiziarie, in particolare qualora venga comprovato che è avvenuto il trasferimento del sovrapprezzo. I giudici nazionali dovrebbero disporre di adeguati mezzi procedurali, come la riunione delle azioni, per garantire che il risarcimento per il danno emergente riconosciuto a un dato livello della catena di approvvigionamento non superi il danno da sovrapprezzo causato a tale livello. Detti mezzi dovrebbero altresì essere disponibili nei casi transfrontalieri. Questa possibilità di tener debito conto dei giudizi non dovrebbe compromettere né i diritti fondamentali alla difesa, né il diritto a un ricorso effettivo e a un giudice imparziale per coloro che non erano parti di tali procedimenti giudiziari, e non dovrebbe compromettere le norme in materia di valore probatorio delle decisioni adottate in quel determinato contesto. È possibile per le azioni pendenti dinanzi a giudici di Stati membri diversi essere considerate connesse ai sensi dell'articolo 30 del regolamento (UE) n. 1215/2012 del Parlamento europeo e del Consiglio. Ai sensi di tale articolo,

il giudice nazionale successivamente adito può sospendere il procedimento o, in determinate circostanze, dichiarare la propria incompetenza. La presente direttiva lascia impregiudicati i diritti e gli obblighi dei giudici nazionali ai sensi di tale regolamento.

(45) Un soggetto danneggiato che abbia dimostrato di aver subito un danno a seguito di una violazione del diritto della concorrenza deve, oltre a ciò, dimostrare l'entità del danno ai fini dell'ottenimento del risarcimento. La quantificazione dei danni nelle cause in materia di concorrenza è un processo che richiede l'analisi di un gran numero di elementi fattuali e che può esigere l'applicazione di modelli economici complessi. Ciò è spesso molto costoso e gli attori incontrano difficoltà nell'ottenere i dati necessari a comprovare le loro domande. La quantificazione dei danni nelle cause in materia di concorrenza può quindi costituire un considerevole ostacolo che impedisce l'efficacia delle domande di risarcimento.

(46) In mancanza di norme dell'Unione sulla quantificazione del danno causato dalla violazione del diritto della concorrenza, spetta all'ordinamento giuridico di ciascuno Stato membro stabilire le proprie norme sulla quantificazione del danno e agli Stati membri e ai giudici nazionali stabilire quali condizioni l'attore deve soddisfare per dimostrare l'ammontare del danno subito, quali metodi possono essere usati per quantificare tale importo e quali conseguenze comporta il mancato pieno rispetto di tali condizioni. Tuttavia, le condizioni del diritto nazionale riguardo alla quantificazione del danno nelle cause in materia di concorrenza non dovrebbero essere meno favorevoli di quelle che disciplinano azioni nazionali simili (principio di equivalenza), né dovrebbero rendere praticamente impossibile o eccessivamente difficile l'esercizio del diritto al risarcimento conferito dall'Unione (principio di efficacia). È opportuno tenere conto di ogni asimmetria informativa fra le parti e del fatto che quantificare il danno significa valutare quale sarebbe stato l'andamento del mercato in questione in assenza della violazione. Tale valutazione implica un confronto con una situazione per definizione ipotetica e non potrà mai, quindi, essere totalmente esatta. È pertanto opportuno assicurare che ai giudici nazionali sia conferito il potere di stimare l'ammontare del danno causato dalle violazioni del diritto della concorrenza. Gli Stati membri dovrebbero assicurare che, su richiesta, le autorità nazionali garanti della concorrenza possano fornire orientamenti riguardo alla quantificazione. Per garantire coerenza e prevedibilità, la Commissione dovrebbe fornire orientamenti generali a livello di Unione.

(47) Per rimediare all'asimmetria informativa e ad alcune delle difficoltà che presenta la quantificazione del danno nelle cause in materia di concorrenza e per garantire l'efficacia delle domande di risarcimento, è opportuno presumere che da una violazione sotto forma di cartello derivi un danno, in particolare attraverso un effetto sui prezzi. A seconda degli elementi fattuali del caso, i cartelli determinano un aumento dei prezzi o impediscono una loro riduzione, che si sarebbe invece verificata in assenza di cartello. Tale presunzione non dovrebbe riguardare l'effettivo ammontare del danno. Gli autori della violazione dovrebbero avere il diritto di confutare questa presunzione. È opportuno limitare ai cartelli questa presunzione relativa, dato il loro carattere segreto che aumenta l'asimmetria informativa e rende più difficile per l'attore ottenere le prove necessarie per dimostrare il danno subito.

(48) È auspicabile pervenire ad una transazione « definitiva » per i convenuti al fine di ridurre le incertezze per gli autori della violazione e i soggetti danneggiati. Pertanto, gli autori della violazione e i soggetti danneggiati dovrebbero essere incoraggiati a concordare il risarcimento del danno causato dalla violazione del diritto della concorrenza per mezzo di meccanismi di composizione consensuale delle controversie, come le transazioni stragiudiziali (comprese quelle in cui un giudice può dichiarare vincolante una transazione), l'arbitrato, la mediazione o la conciliazione. Tale composizione consensuale delle controversie dovrebbe interessare il maggior numero possibile di soggetti danneggiati e di autori di violazioni consentito dall'ordinamento. Le disposizioni della presente direttiva sulla composizione consensuale delle controversie sono pertanto volte a facilitare il ricorso a tali meccanismi e ad aumentarne l'efficacia.

(49) I termini di prescrizione per intentare un'azione per il risarcimento del danno possono essere tali da non lasciare ai soggetti danneggiati e agli autori della violazione tempo sufficiente per giungere a un accordo sul risarcimento da corrispondere. Per dare a entrambe le parti una reale possibilità di procedere a una composizione consensuale delle controversie prima di intentare un'azione dinanzi al giudice nazionale, il termine di prescrizione deve quindi essere sospeso per la durata della procedura di composizione consensuale.

(50) Inoltre, quando le parti decidono di ricorrere alla composizione consensuale delle controversie dopo aver intentato per la stessa domanda un'azione davanti al giudice nazionale, tale giudice dovrebbe poter sospendere il procedimento pendente per la durata della procedura di composizione consensuale. Nel considerare se sospendere il procedimento, il giudice nazionale dovrebbe tenere conto dei vantaggi che presenta una procedura rapida.

(51) Per incoraggiare le transazioni consensuali l'autore di una violazione che paghi un risarcimento a seguito di una composizione consensuale non dovrebbe ritrovarsi in una situazione peggiore, rispetto ai coautori della violazione, di quella in cui si troverebbe altrimenti se non avesse fatto ricorso a questo tipo di transazione. Ciò potrebbe accadere se l'autore di una violazione e parte di una transazione, anche dopo una composizione consensuale, continuasse a essere responsabile in solido per il danno causato dalla violazione. In linea di principio, l'autore di una violazione che partecipi a una transazione non dovrebbe quindi essere tenuto al pagamento del contributo ai coautori della violazione che non sono parti della transazione e che hanno pagato il risarcimento al soggetto danneggiato con cui egli ha già trovato un accordo. Il corollario di questa regola del non-contributo è che la parte del danno causata dall'autore della violazione che opta per la transazione dovrebbe essere dedotta dall'importo del risarcimento cui ha diritto il soggetto danneggiato, indipendentemente dal fatto che l'ammontare della

transazione sia pari o differente dalla relativa parte del danno che il coautore della violazione partecipante alla transazione ha cagionato al soggetto danneggiato partecipante alla transazione. Tale quota relativa dovrebbe essere determinata conformemente alle stesse regole altrimenti utilizzate per stabilire i contributi fra gli autori della violazione. Senza una tale riduzione, gli autori della violazione non partecipanti alla transazione sarebbero indebitamente penalizzati dalla transazione di cui non sono parte. Tuttavia, al fine di garantire il diritto al pieno risarcimento, il coautore della violazione partecipante alla transazione dovrebbe comunque pagare i danni qualora ciò sia l'unico modo, per il soggetto danneggiato che partecipa alla transazione, di ottenere il risarcimento per il danno corrispondente al resto della domanda di risarcimento. Il resto della domanda si riferisce all'importo del risarcimento cui ha diritto il soggetto danneggiato partecipante alla transazione diminuito della parte, imputabile al coautore della violazione partecipante alla transazione, del danno cagionato dalla violazione al soggetto danneggiato partecipante alla transazione. Quest'ultima possibilità di richiedere i danni all'autore della violazione partecipante alla transazione esiste, a meno che ciò non sia espressamente escluso in base alla transazione consensuale.

(52) È opportuno evitare situazioni in cui i coautori partecipanti alla transazione, con la corresponsione di un contributo ai coautori della violazione non partecipanti alla transazione per danni da essi pagati a soggetti danneggiati non partecipanti alla transazione, paghino un importo totale di risarcimento superiore alla loro responsabilità relativa per il danno causato dalla violazione. Pertanto, quando i coautori di una violazione partecipanti a una transazione sono invitati a contribuire al risarcimento dei soggetti danneggiati non partecipanti alla transazione pagato successivamente dai coautori della violazione non partecipanti alla transazione, il giudice nazionale dovrebbe prendere in considerazione il risarcimento già versato a titolo della transazione consensuale, tenendo conto del fatto che non tutti i coautori della violazione sono necessariamente coinvolti allo stesso grado nell'insieme della violazione, dal punto di vista materiale, temporale e geografico.

(53) La presente direttiva rispetta i diritti fondamentali e osserva i principi sanciti dalla Carta dei diritti fondamentali dell'Unione europea.

(54) Poiché gli obiettivi della presente direttiva, ossia stabilire norme relative alle azioni per il risarcimento del danno a seguito di violazioni del diritto della concorrenza dell'Unione al fine di garantire la piena attuazione degli articoli 101 e 102 TFUE e il corretto funzionamento del mercato interno per le imprese e i consumatori, non possono essere conseguiti in misura sufficiente dagli Stati membri ma, per raggiungere il livello richiesto di efficacia e coerenza nell'applicazione degli articoli 101 e 102 TFUE, possono essere conseguiti meglio a livello di Unione, quest'ultima può intervenire in base al principio di sussidiarietà sancito dall'articolo 5 TUE. La presente direttiva si limita a quanto è necessario per conseguire tali obiettivi in ottemperanza al principio di proporzionalità enunciato nello stesso articolo.

(55) Conformemente alla dichiarazione politica comune del 28 settembre 2011 degli Stati membri e della Commissione sui documenti esplicativi, gli Stati membri si sono impegnati ad accompagnare, ove ciò sia giustificato, la notifica delle loro misure di recepimento con uno o più documenti intesi a chiarire il rapporto tra le componenti di una direttiva e le parti corrispondenti degli strumenti nazionali di recepimento. Per quanto riguarda la presente direttiva, il legislatore ritiene che la trasmissione di tali documenti sia giustificata.

(56) È opportuno prevedere norme relative all'applicazione temporale della presente direttiva,

HANNO ADOTTATO LA PRESENTE DIRETTIVA:

CAPO I
Oggetto, ambito di applicazione e definizioni

1 Oggetto e ambito di applicazione.

1. La presente direttiva stabilisce alcune norme necessarie per garantire che chiunque abbia subito un danno a causa di una violazione del diritto della concorrenza da parte di un'impresa o un'associazione di imprese possa esercitare in maniera efficace il diritto di chiedere a tale impresa o associazione il pieno risarcimento di tale danno. Essa stabilisce norme per promuovere una concorrenza non falsata nel mercato interno e per eliminare gli ostacoli al suo corretto funzionamento, garantendo a qualsiasi soggetto che abbia subito danni di questo tipo una protezione equivalente in tutta l'Unione.

2. La presente direttiva stabilisce norme per il coordinamento fra l'applicazione delle regole di concorrenza da parte delle autorità garanti della concorrenza e l'applicazione di tali regole nelle azioni per il risarcimento del danno dinanzi ai giudici nazionali.

2 Definizioni.

Ai fini della presente direttiva si intende per:

1) « violazione del diritto della concorrenza »: una violazione dell'articolo 101 o 102 TFUE o del diritto nazionale della concorrenza;

2) « autore della violazione »: l'impresa o l'associazione di imprese che ha commesso la violazione del diritto della concorrenza;

3) « diritto nazionale della concorrenza »: le disposizioni del diritto nazionale che perseguono principalmente lo stesso obiettivo degli articoli 101 e 102 TFUE e che sono applicate nello stesso caso e parallelamente al diritto della concorrenza dell'Unione ai sensi dell'articolo 3, paragrafo 1, del regolamento (CE) n. 1/2003, escluse le disposizioni del diritto nazionale che impongono sanzioni penali a persone fisiche, salvo qualora tali sanzioni penali costituiscano gli strumenti tramite i quali sono attuate le regole di concorrenza applicabili alle imprese;

4) « azione per il risarcimento del danno »: un'azione ai sensi del diritto nazionale con cui una domanda di risarcimento del danno è proposta dinanzi ad un'autorità giudiziaria nazionale da un presunto soggetto danneggiato, o da una persona che agisce per conto di uno o più presunti soggetti danneggiati, qualora il diritto dell'Unione o nazionale preveda tale possibilità, o da una persona fisica o giuridica che è succeduta nel diritto del presunto soggetto danneggiato, inclusa la persona che ha rilevato la sua domanda;

5) « domanda di risarcimento del danno »: una domanda di risarcimento del danno subito a causa di una violazione del diritto della concorrenza;

6) « soggetto danneggiato »: una persona che ha subito un danno causato da una violazione del diritto della concorrenza;

7) « autorità nazionale garante della concorrenza »: un'autorità designata da uno Stato membro a norma dell'articolo 35 del regolamento (CE) n. 1/2003 come responsabile dell'applicazione degli articoli 101 e 102 TFUE;

8) « autorità garante della concorrenza »: la Commissione o un'autorità nazionale garante della concorrenza, ovvero entrambe a seconda del contesto;

9) « giudice nazionale »: una giurisdizione di uno Stato membro ai sensi dell'articolo 267 TFUE;

10) « giudice del ricorso »: un giudice nazionale che ha il potere, in seguito alla proposizione di mezzi di impugnazione ordinari, di rivedere le decisioni emesse da un'autorità nazionale garante della concorrenza o le pronunce giurisdizionali formulate su tali decisioni, indipendentemente dal fatto che tale giudice abbia il potere di constatare una violazione del diritto della concorrenza;

11) « decisione relativa a una violazione »: una decisione di un'autorità garante della concorrenza o di un giudice del ricorso che constata una violazione del diritto della concorrenza;

12) « decisione definitiva relativa a una violazione »: una decisione relativa a una violazione che non può o non può più essere impugnata con mezzi ordinari;

13) « prove »: tutti i tipi di mezzi di prova ammissibili dinanzi al giudice nazionale adito, in particolare documenti e tutti gli altri oggetti contenenti informazioni, indipendentemente dal supporto sul quale le informazioni sono registrate;

14) « cartello »: un accordo o una pratica concordata fra due o più concorrenti, volta a coordinare il loro comportamento concorrenziale sul mercato o a influire sui pertinenti parametri di concorrenza mediante pratiche consistenti, tra l'altro, nel fissare o coordinare i prezzi di acquisto o di vendita o altre condizioni di transazione, anche in relazione a diritti di proprietà intellettuale, nell'allocare quote di produzione o di vendita, nel ripartire i mercati e i clienti, tra l'altro mediante manipolazione delle gare d'appalto, restrizioni delle importazioni o delle esportazioni o azioni anticoncorrenziali dirette contro altre imprese concorrenti;

15) « programma di clemenza »: un programma relativo all'applicazione dell'articolo 101 TFUE o a una disposizione corrispondente del diritto nazionale in base a cui un partecipante a un cartello segreto, indipendentemente dalle altre imprese coinvolte nel cartello, collabora a un'indagine dell'autorità garante della concorrenza rappresentando volontariamente elementi di propria conoscenza del cartello e il ruolo svolto al suo interno, ricevendo in cambio, per decisione o sospensione del procedimento, l'immunità dalle ammende irrogate per il suo coinvolgimento nel cartello o una loro riduzione;

16) « dichiarazione legata a un programma di clemenza »: una dichiarazione orale o scritta presentata volontariamente da parte o per conto di un'impresa o di una persona fisica a un'autorità garante della concorrenza, o una registrazione di una tale dichiarazione, che descrive la conoscenza dell'impresa o della persona fisica in merito a un cartello e descrive il ruolo da essa svolto al suo interno, predisposta specificamente per essere presentata all'autorità garante della concorrenza allo scopo di ottenere l'immunità o una riduzione delle ammende ai sensi di un programma di clemenza e che non comprende le informazioni preesistenti;

17) « informazioni preesistenti »: le prove esistenti indipendentemente dal procedimento di un'autorità garante della concorrenza, a prescindere dalla presenza o meno di siffatte informazioni nel fascicolo di un'autorità garante della concorrenza;

18) « proposta di transazione »: la dichiarazione volontaria da parte o per conto di un'impresa a un'autorità garante della concorrenza, in cui l'impresa riconosce o rinuncia a contestare la sua partecipazione a una violazione del diritto della concorrenza e la propria responsabilità in detta violazione del diritto della concorrenza, predisposta specificamente per consentire all'autorità garante della concorrenza di applicare una procedura semplificata o accelerata;

19) « beneficiario dell'immunità »: un'impresa o una persona fisica che ha ottenuto l'immunità dalle ammende da un'autorità garante della concorrenza nell'ambito di un programma di clemenza;

20) « sovrapprezzo »: la differenza tra il prezzo effettivamente pagato e il prezzo che sarebbe altrimenti prevalso in assenza di una violazione del diritto della concorrenza;

21) « composizione consensuale delle controversie »: qualsiasi meccanismo che consenta una risoluzione stragiudiziale di una controversia riguardante una richiesta di risarcimento dei danni;

22) « transazione consensuale »: un accordo raggiunto tramite una composizione consensuale delle controversie;

23) « acquirente diretto »: una persona fisica o giuridica che ha acquistato direttamente da un autore della violazione beni o servizi oggetto di una violazione del diritto della concorrenza;

24) « acquirente indiretto »: una persona fisica o giuridica che ha acquistato non direttamente da un autore della violazione, ma da un acquirente diretto o da un acquirente successivo beni o servizi oggetto di una violazione del diritto della concorrenza, oppure beni o servizi che li incorporano o che derivano dagli stessi.

3 Diritto a un pieno risarcimento.

1. Gli Stati membri provvedono a che qualsiasi persona fisica o giuridica che abbia subito un danno causato da una violazione del diritto della concorrenza possa chiedere e ottenere il pieno risarcimento per tale danno.

2. Il pieno risarcimento pone una persona che abbia subito un danno nella situazione in cui si sarebbe trovata se la violazione del diritto della concorrenza non fosse stata commessa. Esso comprende quindi il diritto al risarcimento per il danno emergente e per il lucro cessante, oltre al pagamento di interessi.

3. Il pieno risarcimento ai sensi della presente direttiva non conduce a una sovra-compensazione del danno subito, sia sotto forma di risarcimento punitivo che di risarcimento multiplo o di altra natura.

4 Principi di efficacia e di equivalenza.

A norma del principio di efficacia, gli Stati membri provvedono affinché tutte le norme e procedure nazionali relative all'esercizio del diritto di chiedere il risarcimento del danno siano concepite e applicate in modo da non rendere praticamente impossibile o eccessivamente difficoltoso l'esercizio del diritto, conferito dall'Unione, al pieno risarcimento per il danno causato da una violazione del diritto della concorrenza. A norma del principio di equivalenza le norme e procedure nazionali relative alle azioni per il risarcimento del danno a seguito di violazioni dell'articolo 101 o 102 TFUE non devono essere meno favorevoli, per i presunti soggetti danneggiati, di quelle che disciplinano azioni simili per danni derivanti da violazioni del diritto nazionale.

CAPO II
Divulgazione delle prove

5 Divulgazione delle prove.

1. Gli Stati membri provvedono affinché, nei procedimenti relativi a un'azione per il risarcimento del danno nell'Unione, su istanza di un attore che abbia presentato una richiesta motivata comprendente fatti e prove ragionevolmente disponibili che siano sufficienti a sostenere la plausibilità della sua domanda di risarcimento del danno, i giudici nazionali possano ordinare al convenuto o a un terzo la divulgazione delle prove rilevanti che rientrino nel controllo di tale soggetto, alle condizioni precisate nel presente capo. Gli Stati membri provvedono affinché i giudici nazionali possano, su richiesta del convenuto, ingiungere all'attore o a un terzo la divulgazione delle prove rilevanti.

Il presente paragrafo lascia impregiudicati i diritti e gli obblighi dei giudici nazionali ai sensi del regolamento (CE) n. 1206/2001.

2. Gli Stati membri provvedono affinché i giudici nazionali possano ordinare la divulgazione di specifici elementi di prova o rilevanti categorie di prove definiti nel modo più preciso e circoscritto possibile sulla base dei fatti ragionevolmente disponibili nella richiesta motivata.

3. Gli Stati membri garantiscono che i giudici nazionali limitino la divulgazione delle prove a quanto è proporzionato. Nel determinare se una divulgazione richiesta da una parte è proporzionata, i giudici nazionali prendono in considerazione gli interessi legittimi di tutte le parti e di tutti i terzi interessati. In particolare:

a) esaminano in quale misura la domanda di risarcimento o gli argomenti di difesa siano corroborati da fatti e prove disponibili che giustificano la domanda di divulgazione delle prove;

b) esaminano la portata e i costi della divulgazione, in particolare per i terzi interessati, anche al fine di prevenire la ricerca generica di informazioni verosimilmente non rilevanti per le parti nel procedimento;

c) valutano se le prove di cui è richiesta la divulgazione contengano informazioni riservate, in particolare riguardanti parti terze, e le modalità atte a proteggere tali informazioni riservate.

4. Gli Stati membri provvedono affinché i giudici nazionali dispongano del potere di ordinare la divulgazione delle prove che contengono informazioni riservate ove le ritengano rilevanti ai fini delle azioni per il risarcimento del danno. Gli Stati membri provvedono affinché, allorquando ordinano la divulgazione di siffatte informazioni, i giudici nazionali dispongano di misure efficaci per tutelarle.

5. L'interesse delle imprese a evitare azioni per il risarcimento del danno in seguito a una violazione del diritto della concorrenza non costituisce un interesse meritevole di tutela.

6. Gli Stati membri provvedono affinché i giudici nazionali garantiscano appieno la riservatezza delle comunicazioni tra avvocati e clienti prevista dal diritto dell'Unione o nazionale allorquando ordinano la divulgazione delle prove.

7. Gli Stati membri provvedono affinché coloro ai quali è chiesta la divulgazione abbiano la possibilità di essere sentiti prima che il giudice nazionale ordini la divulgazione a norma del presente articolo.

8. Fermi restando i paragrafi 4 e 7 e l'articolo 6, il presente articolo non impedisce agli Stati membri di mantenere o introdurre norme che prevedano una divulgazione più ampia delle prove.

6 Divulgazione delle prove incluse nel fascicolo di un'autorità garante della concorrenza.

1. Gli Stati membri provvedono affinché, ai fini delle azioni per il risarcimento del danno, allorquando i giudici nazionali ordinano la divulgazione di prove incluse nel fascicolo di un'autorità garante della concorrenza, si applichi, oltre all'articolo 5, il presente articolo.

2. Il presente articolo non pregiudica le norme e prassi in materia di accesso del pubblico ai documenti previste dal regolamento (CE) n. 1049/2001.

3. Il presente articolo non pregiudica le norme e prassi previste dal diritto dell'Unione o nazionale sulla protezione dei documenti interni delle autorità garanti

della concorrenza e della corrispondenza fra tali autorità.

4. Nel valutare, a norma dell'articolo 5, paragrafo 3, la proporzionalità di un ordine di divulgazione di informazioni, i giudici nazionali considerano altresì:

a) se la richiesta sia stata formulata in modo specifico quanto alla natura, all'oggetto o al contenuto dei documenti presentati a un'autorità garante della concorrenza o contenuti nel fascicolo di tale autorità, piuttosto che con una domanda generica attinente a documenti presentati a un'autorità garante della concorrenza;

b) se la parte stia richiedendo la divulgazione in relazione a un'azione per il risarcimento del danno intentata dinanzi a un giudice nazionale; e

c) con riferimento ai paragrafi 5 e 10, o su richiesta di un'autorità garante della concorrenza ai sensi del paragrafo 11, se sia necessario salvaguardare l'efficacia dell'applicazione a livello pubblicistico del diritto della concorrenza.

5. I giudici nazionali possono ordinare la divulgazione delle categorie di prove sotto indicate solo dopo che l'autorità garante della concorrenza abbia chiuso il suo procedimento adottando una decisione o in altro modo:

a) informazioni elaborate da persone fisiche o giuridiche specificamente ai fini di un procedimento di un'autorità garante della concorrenza;

b) informazioni che l'autorità garante della concorrenza ha redatto e comunicato alle parti nel corso del suo procedimento; e

c) proposte di transazione che sono state ritirate.

6. Gli Stati membri provvedono affinché, ai fini delle azioni per il risarcimento del danno, i giudici nazionali non possano in alcun momento ordinare a una parte o a un terzo di divulgare prove rientranti nelle seguenti categorie:

a) dichiarazioni legate a un programma di clemenza; e

b) proposte di transazione.

7. Un attore può presentare una richiesta motivata affinché un giudice nazionale acceda alle prove indicate al paragrafo 6, lettera *a*) o *b*), al solo scopo di garantire che il loro contenuto corrisponda alle definizioni di cui all'articolo 2, punti 16 e 18. Nell'ambito di tale valutazione, il giudice nazionale può chiedere l'assistenza solo della competente autorità garante della concorrenza. Anche gli autori dei documenti interessati possono avere la possibilità di essere sentiti. In nessun caso, il giudice concede alle altre parti o a terzi l'accesso a tali prove.

8. Laddove il paragrafo 6 trovi applicazione solo riguardo ad alcune parti delle prove richieste, le parti restanti sono divulgate, in funzione della categoria in cui rientrano, conformemente ai pertinenti paragrafi del presente articolo.

9. La divulgazione di prove incluse nel fascicolo di un'autorità garante della concorrenza e che non rientrano in nessuna delle categorie di cui al presente articolo può essere ordinata in ogni momento ai fini delle azioni per il risarcimento del danno, fatto salvo quanto previsto dal presente articolo.

10. Gli Stati membri provvedono affinché il giudice nazionale chieda a un'autorità garante della concorrenza la divulgazione delle prove contenute nel fascicolo di quest'ultima solo qualora nessuna parte o nessun terzo sia ragionevolmente in grado di fornire tale prova.

11. Nella misura in cui un'autorità garante della concorrenza intenda fornire il proprio parere sulla proporzionalità delle richieste di divulgazione, essa, agendo d'ufficio, può presentare osservazioni al giudice nazionale cui è richiesto un ordine di divulgazione.

7 Limiti nell'uso delle prove ottenute solo grazie all'accesso al fascicolo di un'autorità garante della concorrenza.

1. Gli Stati membri provvedono affinché le prove rientranti in una delle categorie elencate all'articolo 6, paragrafo 6, ottenute da una persona fisica o giuridica solo grazie all'accesso al fascicolo di un'autorità garante della concorrenza, siano ritenute inammissibili nelle azioni per il risarcimento del danno o siano altrimenti protette secondo le norme nazionali applicabili per garantire la piena efficacia dei limiti relativi alla divulgazione delle prove di cui all'articolo 6.

2. Gli Stati membri provvedono affinché, fino a quando l'autorità garante della concorrenza non abbia chiuso il procedimento adottando una decisione o in altro modo, le prove rientranti nelle categorie elencate all'articolo 6, paragrafo 5, ottenute da una persona fisica o giuridica solo grazie all'accesso al fascicolo di tale autorità, siano ritenute inammissibili nelle azioni per il risarcimento del danno o siano altrimenti protette secondo le norme nazionali applicabili per garantire la piena efficacia dei limiti relativi alla divulgazione delle prove di cui all'articolo 6.

3. Gli Stati membri provvedono affinché le prove ottenute da una persona fisica o giuridica solo grazie all'accesso al fascicolo di un'autorità garante della concorrenza e che non rientrano nell'ambito di applicazione dei paragrafi 1 e 2, possano essere usate nelle azioni per il risarcimento del danno solo da tale persona o dalla persona fisica o giuridica che le è succeduta nei diritti, inclusa la persona che ha rilevato la sua domanda.

8 Sanzioni.

1. Gli Stati membri provvedono affinché i giudici nazionali possano applicare efficacemente sanzioni alle parti, ai terzi e ai loro rappresentanti legali in caso di:

a) mancato rispetto o rifiuto di rispettare l'ordine di divulgazione di un giudice nazionale;

b) distruzione di prove rilevanti;

c) mancato rispetto o rifiuto di rispettare gli obblighi imposti dall'ordine di un giudice nazionale a tutela di informazioni riservate; o

d) violazione dei limiti all'uso delle prove previsti nel presente capo.

2. Gli Stati membri provvedono affinché le sanzioni che possono essere imposte dai giudici nazionali siano efficaci, proporzionate e dissuasive. Le sanzioni di cui dispongono i giudici nazionali comprendono, per quanto riguarda il comportamento di una parte nel procedimento relativo a un'azione per il risarcimento del danno, la possibilità di trarre conclusioni negative, quali presumere che la questione sia stata provata o respingere in tutto o in parte domande e eccezioni, e la possibilità di ordinare il pagamento delle spese.

CAPO III
Effetto delle decisioni nazionali, termini di prescrizione e responsabilità in solido

9 Effetto delle decisioni nazionali.

1. Gli Stati membri provvedono affinché una violazione del diritto della concorrenza constatata da una decisione definitiva di un'autorità nazionale garante della concorrenza o di un giudice del ricorso sia ritenuta definitivamente accertata ai fini dell'azione per il risarcimento del danno proposta dinanzi ai loro giudici nazionali ai sensi dell'articolo 101 o 102 TFUE o ai sensi del diritto nazionale della concorrenza.

2. Gli Stati membri provvedono affinché una decisione definitiva ai sensi del paragrafo 1 adottata in un altro Stato membro possa, conformemente al rispettivo diritto nazionale, essere presentata dinanzi ai propri giudici nazionali, almeno a titolo di prova prima facie, del fatto che è avvenuta una violazione del diritto della concorrenza e possa, se del caso, essere valutata insieme ad altre prove addotte dalle parti.

3. Il presente articolo lascia impregiudicati i diritti e gli obblighi delle giurisdizioni nazionali di cui all'articolo 267 TFUE.

10 Termini di prescrizione.

1. Gli Stati membri stabiliscono, conformemente al presente articolo, norme riguardanti i termini di prescrizione per intentare azioni per il risarcimento del danno. Tali norme determinano quando inizia a decorrere il termine di prescrizione, la durata del termine e le circostanze nelle quali il termine è interrotto o sospeso.

2. Il termine di prescrizione non inizia a decorrere prima che la violazione del diritto della concorrenza sia cessata e prima che l'attore sia a conoscenza o si possa ragionevolmente presumere che sia a conoscenza:

a) della condotta e del fatto che tale condotta costituisce una violazione del diritto della concorrenza;

b) del fatto che la violazione del diritto della concorrenza gli ha causato un danno;

c) dell'identità dell'autore della violazione.

3. Gli Stati membri provvedono affinché il termine di prescrizione applicabile alle azioni per il risarcimento del danno sia almeno di cinque anni.

4. Gli Stati membri provvedono affinché il termine di prescrizione sia sospeso o, a seconda del diritto nazionale, interrotto se un'autorità garante della concorrenza interviene a fini di indagine o di istruttoria avviata in relazione alla violazione del diritto della concorrenza cui si riferisce l'azione per il risarcimento del danno. La sospensione non può protrarsi oltre un anno dal momento in cui la decisione relativa a una violazione è diventata definitiva o dopo che il procedimento si è chiuso in altro modo.

11 Responsabilità in solido.

1. Gli Stati membri provvedono affinché le imprese che hanno violato congiuntamente il diritto della concorrenza con il proprio comportamento siano responsabili in solido per il danno causato dalla violazione del diritto della concorrenza, con l'effetto che ciascuna di tali imprese è tenuta a risarcire il danno nella sua integralità e il soggetto danneggiato ha il diritto di esigere il pieno risarcimento da ognuna di loro fino ad essere totalmente risarcito.

2. In deroga al paragrafo 1, gli Stati membri provvedono affinché, fatto salvo il diritto al pieno risarcimento di cui all'articolo 3, nel caso in cui la violazione sia stata commessa da una piccola o media impresa (PMI), come definita nella raccomandazione 2003/361/CE della Commissione, l'autore della violazione sia responsabile solo nei confronti dei propri acquirenti diretti ed indiretti se:

a) la sua quota nel mercato rilevante era inferiore al 5% per tutto il tempo in cui ha avuto luogo la violazione del diritto della concorrenza; e

b) l'applicazione delle ordinarie regole in materia di responsabilità solidale determinerebbe un pregiudizio irreparabile per la sua solidità economica e la totale perdita di valore delle sue attività.

3. La deroga di cui al paragrafo 2 non si applica se:

a) la PMI ha svolto un ruolo di guida nella violazione del diritto della concorrenza o costretto altre imprese a parteciparvi; o

b) la PMI risulta aver commesso in precedenza una violazione del diritto della concorrenza.

4. In deroga al paragrafo 1, gli Stati membri provvedono affinché il beneficiario dell'immunità sia responsabile in solido:

a) nei confronti dei suoi acquirenti o fornitori diretti o indiretti; e

b) nei confronti di altri soggetti danneggiati solo qualora questi non possano ottenere il pieno risarcimento dalle altre imprese coinvolte nella stessa violazione del diritto della concorrenza.

Gli Stati membri provvedono affinché il termine di prescrizione applicabile ai casi di cui al presente paragrafo sia ragionevole e sufficiente a consentire ai soggetti danneggiati di intentare le azioni di risarcimento.

5. Gli Stati membri provvedono affinché l'autore di una violazione possa recuperare da ogni altro autore della violazione un contributo il cui importo è determinato alla luce delle loro responsabilità relative per il danno causato dalla violazione del diritto della concorrenza. L'importo del contributo di un autore della violazione che ha ottenuto l'immunità dalle ammende nell'ambito di un programma di clemenza non supera l'importo del danno che esso ha causato ai propri acquirenti o fornitori diretti o indiretti.

6. Gli Stati membri provvedono affinché, nella misura in cui la violazione del diritto della concorrenza abbia causato un danno a soggetti diversi dagli acquirenti o fornitori diretti o indiretti degli autori della violazione, l'importo del contributo dal beneficiario dell'immunità agli altri autori della violazione sia determinato alla luce della sua responsabilità relativa per tale danno.

12-24 (*Omissis*).

7. Decreto legislativo 19 gennaio 2017, n. 3. — Attuazione della direttiva 2014/104/UE del Parlamento europeo e del Consiglio, del 26 novembre 2014, relativa a determinate norme che regolano le azioni per il risarcimento del danno ai sensi del diritto nazionale per violazioni delle disposizioni del diritto della concorrenza degli Stati membri e dell'Unione europea (1).

Pubblicato nella Gazzetta ufficiale n. 15 del 19 gennaio 2017. Entrato in vigore in data 3 febbraio 2017.

(1) *Vedi il testo normativo precedente, sub V, 7, (Direttiva 2014/104/UE del Parlamento europeo e del Consiglio, del 26 novembre 2014, relativa a determinate norme che regolano le azioni per il risarcimento del danno ai sensi del diritto nazionale per violazioni delle disposizioni del diritto della concorrenza degli Stati membri e dell'Unione europea) che il presente decreto recepisce.*

1 Ambito di applicazione e oggetto.

1. Il presente decreto disciplina, anche con riferimento alle azioni collettive di cui all'articolo 140-*bis* del codice del consumo di cui al decreto legislativo 6 settembre 2005, n. 206 (1), il diritto al risarcimento in favore di chiunque ha subito un danno a causa di una violazione del diritto della concorrenza da parte di un'impresa o di un'associazione di imprese.

2. Il risarcimento comprende il danno emergente, il lucro cessante e gli interessi e non determina sovracompensazioni.

(1) *L'art.. 6, comma 2, l. 12 aprile 2019, n. 31 ha disposto la sostituzione delle parole:* « di cui all'articolo 140-*bis* del codice del consumo di cui al decreto legislativo 6 settembre 2005, n. 206 » *con le parole* « di cui al titolo VIII-*bis* del libro quarto del codice di procedura civile », *decorsi venticinque mesi [19 maggio 2021] dalla pubblicazione della predetta legge nella Gazzetta Ufficiale, come disposto dall'art. 7, comma 1, l. n. 31, cit., come da ultimo modificato dall'art. 31-*ter *d.l. 28 ottobre 2020, n. 137, conv., con modif., in l. 18 dicembre 2020, n. 176.*

2 Definizioni.

1. Ai fini del presente decreto si intende per:

a) « autore della violazione »: l'impresa o l'associazione di imprese che ha commesso la violazione del diritto della concorrenza;

b) « diritto della concorrenza »: le disposizioni di cui agli articoli 101 o 102 del trattato sul funzionamento dell'Unione europea, le disposizioni di cui agli articoli 2,3 e 4 della legge 10 ottobre 1990, n. 287, applicate autonomamente, nonché le disposizioni di altro Stato membro che perseguono principalmente lo stesso obiettivo degli articoli 101 e 102 del Trattato sul funzionamento dell'Unione europea e le predette disposizioni di cui agli articoli 2,3 e 4 della legge 10 ottobre 1990, n. 287, applicate nello stesso caso e parallelamente al diritto della concorrenza dell'Unione ai sensi dell'articolo 3, paragrafo 1, del regolamento (CE) n. 1/2003, escluse le disposizioni che impongono sanzioni penali a persone fisiche, salvo qualora tali sanzioni penali costituiscano gli strumenti tramite i quali sono attuate le regole di concorrenza applicabili alle imprese;

c) « soggetto danneggiato »: una persona, fisica o giuridica, o un ente privo di personalità giuridica, che ha subito un danno causato da una violazione del diritto della concorrenza;

d) « autorità nazionale garante della concorrenza »: un'autorità designata da altro Stato membro dell'Unione europea a norma dell'articolo 35 del regolamento (CE) n. 1/2003 come responsabile dell'applicazione degli articoli 101 e 102 del trattato sul funzionamento dell'Unione europea;

e) « autorità garante della concorrenza »: la Commissione o l'autorità garante della concorrenza e del mercato di cui all'articolo 10 della legge 10 ottobre 1990, n. 287, o l'autorità nazionale garante della concorrenza di cui alla lettera *d*), ovvero, a seconda del contesto, le predette autorità garanti della concorrenza disgiuntamente o congiuntamente alla Commissione;

f) « giudice del ricorso »: il giudice competente ai sensi dell'articolo 33, comma 1, della legge 10 ottobre 1990, n. 287, ovvero un giudice di altro Stato membro che ha il potere, in seguito alla proposizione di mezzi di impugnazione ordinari, di rivedere le decisioni emesse da un'autorità nazionale garante della concorrenza o le pronunce giurisdizionali formulate su tali decisioni, indipendentemente dal fatto che tale giudice abbia il potere di constatare una violazione del diritto della concorrenza;

g) « decisione relativa a una violazione »: la decisione di un'autorità garante della concorrenza ovvero di un giudice del ricorso che constata una violazione del diritto della concorrenza;

h) « decisione definitiva relativa a una violazione »: la decisione relativa a una violazione che non può o non può più essere impugnata con mezzi ordinari;

i) « prove »: tutti i mezzi di prova ammissibili dinanzi al giudice adito, in particolare documenti e tutti gli altri oggetti contenenti informazioni, indipendentemente dal supporto sul quale le informazioni sono registrate;

l) « cartello »: un accordo, una intesa ai sensi dell'articolo 2 della legge 10 ottobre 1990, n. 287, o una pratica concordata fra due o più concorrenti, volta a coordinare il loro comportamento concorrenziale sul mercato o a influire sui pertinenti parametri di concorrenza mediante pratiche consistenti, tra l'altro, nel fissare o coordinare i prezzi di acquisto o di vendita o altre condizioni di transazione, anche in relazione a diritti di proprietà intellettuale, nell'allocare quote di produzione o di vendita, nel ripartire i mercati e i clienti, tra l'altro mediante manipolazione delle gare d'appalto, restrizioni delle importazioni o delle esportazioni o azioni anticoncorrenziali dirette contro altre imprese concorrenti;

m) « programma di clemenza »: il programma adottato dall'autorità garante della concorrenza e del mercato ai sensi dell'articolo 15, comma 2-*bis*, della legge 10 ottobre 1990, n. 287, o altro programma della Commissione europea o di uno Stato membro relativo all'applicazione dell'articolo 101 del trattato sul funzionamento dell'Unione europea o di una disposizione corrispondente del diritto nazionale in base alla quale un partecipante a un cartello segreto, indipendentemente dalle altre imprese coinvolte nel cartello, collabora a un'indagine dell'autorità garante della concorrenza fornendo volontariamente gli elementi di cui è a conoscenza circa il cartello e il ruolo svolto al suo interno, ricevendo in cambio, per decisione o con la chiusura del procedimento, l'immunità dalle ammende per il suo coinvolgimento nel cartello o una loro riduzione;

n) « dichiarazione legata a un programma di clemenza »: una dichiarazione orale o scritta presentata volontariamente da parte o per conto di un'impresa o di una persona fisica a un'autorità garante della concorrenza, ovvero una registrazione di una tale dichiarazione, che descrive la conoscenza dell'impresa o della persona fisica in merito a un cartello e descrive il ruolo da essa svolto al suo interno, predisposta specificamente per essere presentata alla medesima autorità garante allo scopo di ottenere la non applicazione o una riduzione delle sanzioni ai sensi di un programma di clemenza e che non comprende le informazioni preesistenti;

o) « informazioni preesistenti »: le prove esistenti indipendentemente dal procedimento di un'autorità garante della concorrenza a prescindere dalla presenza o meno delle suddette informazioni nel fascicolo della predetta autorità;

p) « proposta di transazione »: la dichiarazione volontaria da parte o per conto di un'impresa a un'autorità garante della concorrenza, in cui l'impresa riconosce o rinuncia a contestare la sua partecipazione a una violazione del diritto della concorrenza e la propria responsabilità in detta violazione del diritto della concorrenza, predisposta specificamente per consentire all'autorità garante della concorrenza di applicare una procedura semplificata o accelerata;

q) « beneficiario dell'immunità »: un'impresa o una persona fisica che ha ottenuto l'immunità dalle ammende da un'autorità garante della concorrenza nell'ambito di un programma di clemenza;

r) « sovrapprezzo »: la differenza tra il prezzo effettivamente pagato e il prezzo che sarebbe altrimenti prevalso in assenza di una violazione del diritto della concorrenza;

s) « composizione consensuale delle controversie »: i procedimenti di risoluzione stragiudiziale di una controversia, riguardanti una richiesta di risarcimento del danno subito a causa di una violazione del diritto della concorrenza, di cui al decreto legislativo 4 marzo 2010, n. 28, al capo II del decreto-legge 12 settembre 2014, n. 132, convertito, con modificazioni, dalla legge 10 novembre 2014, n. 162, e al titolo II-*bis* della parte V del codice del consumo di cui al decreto legislativo 6 settembre 2005, n. 206, nonché i procedimenti di arbitrato di cui al titolo VIII del libro IV del codice di procedura civile;

t) « accordo che compone la controversia »: l'accordo amichevole di definizione della controversia raggiunto mediante il procedimento di cui al decreto legislativo 4 marzo 2010, n. 28; l'accordo raggiunto a seguito di convenzione di negoziazione assistita di cui al capo II del decreto-legge 12 settembre 2014, n. 132, convertito, con modificazioni, dalla legge 10 novembre 2014, n. 162; l'accordo amichevole raggiunto mediante il procedimento di cui al titolo II-*bis* del codice del consumo di cui al decreto legislativo 6 settembre 2005, n. 206; la determinazione contrattuale con cui è definita la controversia nell'arbitrato irrituale di cui all'articolo 808-*ter* del codice di procedura civile;

u) « acquirente diretto »: una persona fisica, una persona giuridica o un ente privo di personalità giuridica che ha acquistato direttamente da un autore della violazione beni o servizi oggetto di una violazione del diritto della concorrenza;

v) « acquirente indiretto »: una persona fisica, una persona giuridica o un ente privo di personalità giuridica che ha acquistato non direttamente da un autore della violazione, ma da un acquirente diretto o da un acquirente successivo beni o servizi oggetto di una violazione del diritto della concorrenza, oppure beni o servizi che li incorporano o che derivano dagli stessi.

3 Ordine di esibizione (1).

1. Nelle azioni per il risarcimento del danno a causa di una violazione del diritto della concorrenza, su istanza motivata della parte, contenente l'indicazione di fatti e prove ragionevolmente disponibili dalla controparte o dal terzo, sufficienti a sostenere la plausibilità della domanda di risarcimento del danno o della difesa, il giudice può ordinare alle parti o al terzo l'esibizione delle prove rilevanti che rientrano nella loro disponibilità a norma delle disposizioni del presente capo.

2. Il giudice dispone a norma del comma 1 individuando specificatamente e in modo circoscritto gli elementi di prova o le rilevanti categorie di prove oggetto della richiesta o dell'ordine di esibizione. La categoria di prove è individuata mediante il riferimento a caratteristiche comuni dei suoi elementi costitutivi come la natura, il periodo durante il quale sono stati formati, l'oggetto o il contenuto degli elementi di prova di cui è richiesta l'esibizione e che rientrano nella stessa categoria.

3. Il giudice ordina l'esibizione, nei limiti di quanto è proporzionato alla decisione e, in particolare:

a) esamina in quale misura la domanda di risarcimento o la difesa sono sostenute da fatti e prove disponibili che giustificano l'ordine di esibizione;

b) esamina la portata e i costi dell'esibizione, in specie per i terzi interessati;

c) valuta se le prove di cui è richiesta l'esibizione contengono informazioni riservate, in specie se riguardanti terzi.

4. Quando la richiesta o l'ordine di esibizione hanno per oggetto informazioni riservate, il giudice dispone specifiche misure di tutela tra le quali l'obbligo del segreto, la possibilità di non rendere visibili le parti riservate di un documento, la conduzione di audizioni a porte chiuse, la limitazione del numero di persone autorizzate a prendere visione delle prove, il conferimento ad esperti dell'incarico di redigere sintesi delle informazioni in forma aggregata o in altra forma non riservata. Si considerano informazioni riservate i documenti che contengono informazioni riservate di carattere personale, commerciale, industriale e finanziario relative a persone ed imprese, nonché i segreti commerciali.

5. La parte o il terzo nei cui confronti è rivolta la istanza di esibizione hanno diritto di essere sentiti prima che il giudice provveda a norma del presente articolo.

6. Resta ferma la riservatezza delle comunicazioni tra avvocati incaricati di assistere la parte e il cliente stesso.

(1) *Cfr. il cons. 23 della direttiva UE 26 novembre 2014, n. 104, sub V, 7, che prevede: « L'esigenza di proporzionalità dovrebbe essere valutata attentamente quando la divulgazione delle prove rischia di compromettere la strategia di indagine di un'autorità garante della concorrenza rivelando quali documenti facciano parte del fascicolo o rischia di avere un effetto negativo sul modo in cui le imprese cooperano con le autorità garanti della concorrenza. È opportuno prestare una particolare attenzione per prevenire tentativi di acquisizione generalizzata di informazioni, ossia la ricerca in base a criteri non sufficientemente determinati o eccessivamente ampi di informazioni che probabilmente non rivestono interesse per le parti del procedimento. Le richieste di divulgazione non dovrebbero quindi essere considerate proporzionate quando riguardano una trasmissione generica dei documenti del fascicolo di un'autorità garante della concorrenza relativamente a un determinato caso o la divulgazione generica di documenti presentati da una parte nel contesto di un caso particolare. Richieste di queste tipo, riguardanti una divulgazione ampia, non sarebbero compatibili con l'obbligo della parte richiedente di specificare in maniera quanto più possibile precisa e e circoscritta le prove o categorie di prova ».*

4 Esibizione delle prove contenute nel fascicolo di un'autorità garante della concorrenza (1).

1. Il giudice ordina l'esibizione di prove contenute nel fascicolo di un'autorità garante della concorrenza quando né le parti né i terzi sono ragionevolmente in grado di fornire tale prova.

2. Il giudice ordina l'esibizione di prove contenute nel fascicolo di un'autorità garante della concorrenza a norma dell'articolo 3 e secondo quanto disposto dal presente articolo.

3. Quando il giudice valuta la proporzionalità dell'ordine di esibizione considera altresì:

a) se la richiesta è stata formulata in modo specifico quanto alla natura, all'oggetto o al contenuto dei documenti presentati a un'autorità garante della concorrenza o contenuti nel fascicolo di tale autorità o con una domanda generica attinente a documenti presentati a un'autorità garante della concorrenza;

b) se la parte richiede l'esibizione in relazione all'azione per il risarcimento del danno a causa di una violazione del diritto della concorrenza;

c) se sia necessario salvaguardare l'efficacia dell'applicazione a livello pubblicistico del diritto della concorrenza in relazione a quanto previsto dalle disposizioni di cui ai commi 1 e 4, o nel caso di richiesta di un'autorità garante della concorrenza ai sensi del comma 7.

4. Il giudice, solo dopo la conclusione del procedimento da parte dell'autorità garante della concorrenza, può ordinare l'esibizione delle seguenti categorie di prove:

a) informazioni rese nell'ambito di un procedimento di un'autorità garante della concorrenza;

b) informazioni che l'autorità garante della concorrenza ha redatto e comunicato alle parti nel corso del suo procedimento;

c) proposte di transazione, ove specificamente disciplinate, che sono state revocate.

5. Il giudice non può ordinare a una parte o a un terzo di esibire prove aventi ad oggetto dichiarazioni legate a un programma di clemenza o proposte di transazione, ove specificamente disciplinate. In ogni caso l'attore può proporre istanza motivata perché il giudice, che può chiedere assistenza solo all'autorità garante della concorrenza, acceda alle prove di cui al periodo precedente al solo scopo di garantire che il loro contenuto corrisponda alle definizioni di cui all'articolo 2, comma 1, lettere *n*) e *p*). Gli autori dei documenti interessati possono chiedere al giudice di essere sentiti. In nessun caso il giudice consente alle altre parti o a terzi l'accesso a tali prove. Quando il giudice accerta che il contenuto delle prove non corrisponde alle definizioni di cui all'articolo 2, comma 1, lettere *n*) e *p*), ne ordina l'esibizione secondo le disposizioni di cui ai commi 4 e 6.

6. Il giudice può ordinare l'esibizione delle prove che non rientrano nelle categorie di cui ai commi 4 e 5, primo periodo, anche prima della conclusione del procedimento da parte dell'autorità garante della concorrenza.

7. Quando l'autorità garante della concorrenza intende fornire il proprio parere sulla proporzionalità della richiesta di esibizione può presentare osservazioni al giudice. Al fine di consentire all'autorità garante della concorrenza di esercitare la facoltà di cui al periodo precedente, il giudice informa la medesima autorità delle richieste di esibizione, disponendo la trasmissione degli atti che ritiene a tal fine rilevanti. Le osservazioni dell'autorità sono inserite nel fascicolo d'ufficio a norma dell'articolo 96 delle disposizioni di attuazione del codice di procedura civile.

8. Nei casi di cui al comma 4, quando sui fatti rilevanti ai fini del decidere è in corso un procedimento davanti a un'autorità garante della concorrenza ed è necessario salvaguardare l'efficacia dell'applicazione a livello pubblicistico del diritto della concorrenza, il giudice può sospendere il giudizio fino alla chiusura del predetto procedimento con una decisione dell'autorità o in altro modo.

9. Sono fatte salve le norme e prassi previste dal diritto dell'Unione o le specifiche disposizioni nazionali sulla protezione dei documenti interni delle autorità garanti della concorrenza e della corrispondenza tra tali autorità.

(1) *Cfr. art. 6 della Direttiva UE 26 novembre 2014, n. 104, sub V, 7,* (Divulgazione delle prove incluse nel fascicolo di un'autorità garante della concorrenzà): « 1. *Gli Stati membri provvedono affinché, ai fini delle azioni per il risarcimento del danno, allorquando i giudici nazionali ordinano la divulgazione di prove incluse nel fascicolo di un'autorità garante della concorrenza, si applichi, oltre all'articolo 5, il presente articolo.*

2. *Il presente articolo non pregiudica le norme e prassi in materia di accesso del pubblico ai documenti previste dal regolamento (CE) n. 1049/2001.*

3. *Il presente articolo non pregiudica le norme e prassi previste dal diritto dell'Unione o nazionale sulla protezione dei documenti interni delle autorità garanti della concorrenza e della corrispondenza fra tali autorità.*

4. *Nel valutare, a norma dell'articolo 5, paragrafo 3, la proporzionalità di un ordine di divulgazione di informazioni, i giudici nazionali considerano altresì:*

a) *se la richiesta sia stata formulata in modo specifico quanto alla natura, all'oggetto o al contenuto dei documenti presentati a un'autorità garante della concorrenza o contenuti nel fascicolo di tale autorità, piuttosto che con una domanda generica attinente a documenti presentati a un'autorità garante della concorrenza;*

b) *se la parte stia richiedendo la divulgazione in relazione a un'azione per il risarcimento del danno intentata dinanzi a un giudice nazionale; e*

c) *con riferimento ai paragrafi 5 e 10, o su richiesta di un'autorità garante della concorrenza ai sensi del paragrafo 11, se sia necessario salvaguardare l'efficacia dell'applicazione a livello pubblicistico del diritto della concorrenza.*

5. *I giudici nazionali possono ordinare la divulgazione delle categorie di prove sotto indicate solo dopo che l'autorità garante della concorrenza abbia chiuso il suo procedimento adottando una decisione o in altro modo:*

a) *informazioni elaborate da persone fisiche o giuridiche specificamente ai fini di un procedimento di un'autorità garante della concorrenza;*

b) *informazioni che l'autorità garante della concorrenza ha redatto e comunicato alle parti nel corso del suo procedimento; e*

c) *proposte di transazione che sono state ritirate.*

6. *Gli Stati membri provvedono affinché, ai fini delle azioni per il risarcimento del danno, i giudici nazionali non possano in alcun momento ordinare a una parte o a un terzo di divulgare prove rientranti nelle seguenti categorie:*

a) *dichiarazioni legate a un programma di clemenza; e*

b) *proposte di transazione.*

7. *Un attore può presentare una richiesta motivata affinché un giudice nazionale acceda alle prove indicate al paragrafo 6, lettera* a) *o* b), *al solo scopo di garantire che il loro contenuto corrisponda alle definizioni di cui all'articolo 2, punti 16 e 18. Nell'ambito di tale valutazione, il giudice nazionale può chiedere l'assistenza solo della competente autorità garante della concorrenza. Anche gli autori dei documenti interessati possono avere la possibilità di essere sentiti. In nessun caso, il giudice concede alle altre parti o a terzi l'accesso a tali prove.*

8. *Laddove il paragrafo 6 trovi applicazione solo riguardo ad alcune parti delle prove richieste, le parti restanti sono divulgate, in funzione della categoria in cui rientrano, conformemente ai pertinenti paragrafi del presente articolo.*

9. *La divulgazione di prove incluse nel fascicolo di un'autorità garante della concorrenza e che non rientrano in nessuna delle categorie di cui al presente articolo può essere ordinata in ogni momento ai fini delle azioni per il risarcimento del danno, fatto salvo quanto previsto dal presente articolo.*

10. *Gli Stati membri provvedono affinché il giudice nazionale chieda a un'autorità garante della concorrenza la divulgazione delle prove contenute nel fascicolo di quest'ultima solo qualora nessuna parte o nessun terzo sia ragionevolmente in grado di fornire tale prova.*

11. *Nella misura in cui un'autorità garante della concorrenza intenda fornire il proprio parere sulla proporzionalità delle richieste di divulgazione, essa, agendo d'ufficio, può presentare osservazioni al giudice nazionale cui è richiesto un ordine di divulgazione* ».

5 Limiti nell'uso delle prove ottenute solo grazie all'accesso al fascicolo di un'autorità garante della concorrenza.

1. Le prove che rientrano in una delle categorie di cui all'articolo 4, commi 4 e 5, primo periodo, comunque ottenute dalle parti anche mediante l'accesso al fascicolo sono ammesse negli stessi limiti di cui all'articolo 4, commi 4 e 5.

2. Le prove che rientrano nella categoria di cui all'articolo 4, comma 6, comunque ottenute dalle parti solo mediante l'accesso al fascicolo possono essere utilizzate nell'azione per il risarcimento del danno solo dalla parte che le ha ottenute o dal suo successore nel diritto.

6 Sanzioni.

1. Alla parte o al terzo che rifiuta senza giustificato motivo di rispettare l'ordine di esibizione del giudice a norma dell'articolo 3 o non adempie allo stesso il giudice applica una sanzione amministrativa pecuniaria da euro 15.000 a euro 150.000 che è devoluta a favore della Cassa delle ammende.

2. Salvo che il fatto costituisca reato, alla parte o al terzo che distrugge prove rilevanti ai fini del giudizio di risarcimento il giudice applica una sanzione amministrativa pecuniaria da euro 15.000 a euro 150.000 che è devoluta a favore della Cassa delle ammende.

3. Alla parte o al terzo che non rispetta o rifiuta di rispettare gli obblighi imposti dall'ordine del giudice a tutela di informazioni riservate a norma dell'articolo 3, comma 4, il giudice applica una sanzione amministrativa pecuniaria da euro 15.000 a euro 150.000 che è devoluta a favore della Cassa delle ammende.

4. Alla parte che utilizza le prove in violazione dei limiti di cui all'articolo 5 il giudice applica una sanzione amministrativa pecuniaria da euro 15.000 a euro 150.000 che è devoluta a favore della Cassa delle ammende.

5. Le sanzioni di cui ai commi 1, 2, 3 e 4 si applicano anche ai rappresentanti legali della parte o del terzo autori delle violazioni.

6. Ferma l'applicazione delle sanzioni amministrative pecuniarie di cui ai commi 1 e 2, se la parte rifiuta senza giustificato motivo di rispettare l'ordine di esibizione del giudice a norma dell'articolo 3 o non adempie allo stesso, ovvero distrugge prove rilevanti ai fini del giudizio di risarcimento, il giudice, valutato ogni elemento di prova, può ritenere provato il fatto al quale la prova si riferisce.

7. Ferma l'applicazione della sanzione amministrativa pecuniaria di cui al comma 4, se la parte utilizza prove in violazione dei limiti di cui all'articolo 5, il giudice può respingere in tutto o in parte le domande e le eccezioni alle quali le prove si riferiscono.

7 Effetti delle decisioni dell'autorità garante della concorrenza (1).

1. Ai fini dell'azione per il risarcimento del danno si ritiene definitivamente accertata, nei confronti del-

l'autore, la violazione del diritto della concorrenza constatata da una decisione dell'autorità garante della concorrenza e del mercato di cui all'articolo 10 della legge 10 ottobre 1990, n. 287, non più soggetta ad impugnazione davanti al giudice del ricorso, o da una sentenza del giudice del ricorso passata in giudicato. Il sindacato del giudice del ricorso comporta la verifica diretta dei fatti posti a fondamento della decisione impugnata e si estende anche ai profili tecnici che non presentano un oggettivo margine di opinabilità, il cui esame sia necessario per giudicare la legittimità della decisione medesima. Quanto previsto al primo periodo riguarda la natura della violazione e la sua portata materiale, personale, temporale e territoriale, ma non il nesso di causalità e l'esistenza del danno.

2. La decisione definitiva con cui una autorità nazionale garante della concorrenza o il giudice del ricorso di altro Stato membro accerta una violazione del diritto della concorrenza costituisce prova, nei confronti dell'autore, della natura della violazione e della sua portata materiale, personale, temporale e territoriale, valutabile insieme ad altre prove.

3. Le disposizioni del presente articolo lasciano impregiudicati le facoltà e gli obblighi del giudice ai sensi dell'articolo 267 del trattato sul funzionamento dell'Unione europea.

(1) *Cfr. art. 9 della Direttiva UE 26 novembre 2014, n. 104, sub V, 7,* (Effetto delle decisioni nazionali): « *1. Gli Stati membri provvedono affinché una violazione del diritto della concorrenza constatata da una decisione definitiva di un'autorità nazionale garante della concorrenza o di un giudice del ricorso sia ritenuta definitivamente accertata ai fini dell'azione per il risarcimento del danno proposta dinanzi ai loro giudici nazionali ai sensi dell'articolo 101 o 102 TFUE o ai sensi del diritto nazionale della concorrenza. 2. Gli Stati membri provvedono affinché una decisione definitiva ai sensi del paragrafo 1 adottata in un altro Stato membro possa, conformemente al rispettivo diritto nazionale, essere presentata dinanzi ai propri giudici nazionali, almeno a titolo di prova prima facie, del fatto che è avvenuta una violazione del diritto della concorrenza e possa, se del caso, essere valutata insieme ad altre prove addotte dalle parti. 3. Il presente articolo lascia impregiudicati i diritti e gli obblighi delle giurisdizioni nazionali di cui all'articolo 267 TFUE* ».

8 Termine di prescrizione.

1. Il diritto al risarcimento del danno derivante da una violazione del diritto della concorrenza si prescrive in cinque anni. Il termine di prescrizione non inizia a decorrere prima che la violazione del diritto della concorrenza sia cessata e prima che l'attore sia a conoscenza o si possa ragionevolmente presumere che sia a conoscenza di tutti i seguenti elementi:

a) della condotta e del fatto che tale condotta costituisce una violazione del diritto della concorrenza;

b) del fatto che la violazione del diritto della concorrenza gli ha cagionato un danno;

c) dell'identità dell'autore della violazione.

2. La prescrizione rimane sospesa quando l'autorità garante della concorrenza avvia un'indagine o un'istruttoria in relazione alla violazione del diritto della concorrenza cui si riferisce l'azione per il diritto al risarcimento del danno. La sospensione si protrae per un anno dal momento in cui la decisione relativa alla violazione del diritto della concorrenza è divenuta definitiva o dopo che il procedimento si è chiuso in altro modo.

9 Responsabilità in solido.

1. In deroga a quanto previsto dall'articolo 2055, primo comma, del codice civile, fatto salvo il diritto al pieno risarcimento del danno di cui all'articolo 1, comma 2, la piccola o media impresa (PMI), come definita nella raccomandazione 2003/361/CE della Commissione, che viola il diritto della concorrenza è responsabile in solido solo nei confronti dei propri acquirenti diretti ed indiretti quando la sua quota nel mercato rilevante è rimasta inferiore al cinque per cento per il tempo in cui si è protratta la violazione del diritto della concorrenza e quando l'applicazione delle ordinarie regole in materia di responsabilità solidale determinerebbe un pregiudizio irreparabile per la sua solidità economica e la totale perdita di valore delle sue attività. La PMI è responsabile in solido anche nei confronti di soggetti danneggiati diversi da quelli di cui al periodo precedente solo quando questi non possono ottenere l'integrale risarcimento del danno dalle altre imprese coinvolte nella stessa violazione del diritto della concorrenza.

2. La deroga di cui al comma 1, primo periodo, non si applica quando la PMI ha svolto un ruolo di guida nella violazione del diritto della concorrenza o costretto altre imprese a parteciparvi ovvero quando risulta accertato che la PMI ha commesso in precedenza una violazione del diritto della concorrenza.

3. In deroga a quanto previsto dall'articolo 2055, primo comma, del codice civile il beneficiario dell'immunità è responsabile in solido:

a) nei confronti dei suoi acquirenti o fornitori diretti o indiretti;

b) nei confronti di altri soggetti danneggiati, solo quando questi non possono ottenere l'integrale risarcimento del danno dalle altre imprese coinvolte nella stessa violazione del diritto della concorrenza.

4. Il termine di prescrizione del diritto al risarcimento del danno dei soggetti danneggiati di cui ai commi 1, secondo periodo, e 3, lettera *b*), inizia a decorrere da quando risulta accertato che gli stessi non possono ottenere l'integrale risarcimento del danno dalle altre imprese coinvolte nella stessa violazione del diritto della concorrenza.

5. Il regresso contro il beneficiario dell'immunità da parte di colui che ha risarcito il danno non può superare la misura del danno che lo stesso beneficiario dell'immunità ha causato ai propri acquirenti o fornitori diretti o indiretti ed è comunque determinato ai sensi dell'articolo 2055, secondo comma, del codice civile.

10 Risarcimento del danno e trasferimento del sovrapprezzo.

1. Il risarcimento del danno da violazione del diritto della concorrenza può essere chiesto da chiunque lo ha subito, indipendentemente dal fatto che si tratti di acquirente diretto o indiretto dell'autore della violazione.

2. Il risarcimento del danno emergente cagionato dall'autore della violazione ad un dato livello della catena di approvvigionamento non supera il danno da

sovrapprezzo subito a tale livello, fermo il diritto del soggetto danneggiato di chiedere il risarcimento per il lucro cessante derivante dal trasferimento integrale o parziale del sovrapprezzo.

3. Le disposizioni del Capo IV del presente decreto si applicano anche quando la violazione del diritto della concorrenza riguarda una fornitura all'autore della violazione.

11 Eccezione di trasferimento.

1. Nelle azioni per il risarcimento del danno, il convenuto che eccepisce il fatto che l'attore ha trasferito in tutto o in parte il sovrapprezzo derivante dalla violazione del diritto della concorrenza ha l'onere di provarlo anche chiedendo l'esibizione di prove all'attore o a terzi.

12 Acquirenti indiretti.

1. Nelle azioni di risarcimento del danno per trasferimento in tutto o in parte del sovrapprezzo, l'attore deve dimostrare l'esistenza e la portata del trasferimento anche chiedendo l'esibizione di prove al convenuto o a terzi.

2. Nel caso di cui al comma 1, il trasferimento del sovrapprezzo si presume quando l'acquirente indiretto dimostra che:

a) il convenuto ha commesso una violazione del diritto della concorrenza;

b) la violazione del diritto della concorrenza ha determinato un sovrapprezzo per l'acquirente diretto del convenuto;

c) l'acquirente indiretto ha acquistato beni o servizi oggetto della violazione del diritto della concorrenza o ha acquistato beni o servizi che derivano dagli stessi o che li incorporano.

3. Il convenuto può dimostrare che il sovrapprezzo di cui al comma 2 non è stato trasferito interamente o in parte sull'acquirente indiretto.

13 Pluralità di azioni.

1. Ferma la applicazione degli articoli 39 e 40 del codice di procedura civile e dell'articolo 30 del regolamento (UE) n. 1215/2012, nelle azioni di risarcimento del danno da trasferimento in tutto o in parte del sovrapprezzo derivante dalla violazione del diritto della concorrenza, il giudice, nel valutare se l'onere della prova previsto dagli articoli 11 e 12 è assolto, può tenere conto delle azioni di risarcimento del danno, anche proposte in altri Stati membri, relative alla medesima violazione del diritto della concorrenza ma promosse da attori che si trovano a un altro livello della catena di approvvigionamento e delle decisioni assunte in tali cause. Può, altresì, tenere conto delle informazioni di dominio pubblico risultanti dall'applicazione a livello pubblicistico del diritto della concorrenza riguardanti il caso specifico.

14 Valutazione del danno (1).

1. Il risarcimento del danno causato da una violazione del diritto della concorrenza dovuto al soggetto danneggiato si deve determinare secondo le disposizioni degli articoli 1223,1226 e 1227 del codice civile.

2. L'esistenza del danno cagionato da una violazione del diritto alla concorrenza consistente in un cartello si presume, salva prova contraria dell'autore della violazione.

3. Il giudice può chiedere assistenza all'autorità garante della concorrenza formulando specifiche richieste sugli orientamenti che riguardano la quantificazione del danno. Salvo che l'assistenza risulti non appropriata in relazione alle esigenze di salvaguardare l'efficacia dell'applicazione a livello pubblicistico del diritto della concorrenza, l'autorità garante presta l'assistenza richiesta nelle forme e con le modalità che il giudice indica sentita l'autorità medesima.

(1) *Cfr. art. 17 della Direttiva UE 26 novembre 2014, n. 104,* sub V, 7, (Quantificazione del danno): « *1. Gli Stati membri garantiscono che né l'onere della prova né il grado di rilevanza della prova richiesti per la quantificazione del danno rendano praticamente impossibile o eccessivamente difficile l'esercizio del diritto al risarcimento. Gli Stati membri provvedono affinché i giudici nazionali abbiano il potere, a norma delle procedure nazionali, di stimare l'ammontare del danno se è accertato che l'attore ha subito un danno ma è praticamente impossibile o eccessivamente difficile quantificare con esattezza il danno subito sulla base delle prove disponibili.*

2. Si presume che le violazioni consistenti in cartelli causino un danno. L'autore della violazione ha il diritto di fornire prova contraria a tale presunzione.

3. Gli Stati membri provvedono affinché, nei procedimenti relativi a un'azione per il risarcimento del danno, un'autorità nazionale garante della concorrenza possa, su richiesta di un giudice nazionale, prestare a questo assistenza con riguardo alla determinazione quantitativa del danno qualora l'autorità nazionale garante della concorrenza consideri appropriata tale assistenza ».

15 Effetti della composizione consensuale delle controversie.

1. Alla prescrizione del diritto per il risarcimento del danno da violazione del diritto della concorrenza si applicano l'articolo 5, comma 6, del decreto legislativo 4 marzo 2010, n. 28, l'articolo 8 del decreto-legge 12 settembre 2014, n. 132, convertito, con modificazioni, dalla legge 10 novembre 2014, n. 162, l'articolo 141-quinquies del codice del consumo di cui al decreto legislativo 6 settembre 2005, n. 206, e l'articolo 2943, quarto comma, del codice civile.

2. Fatte salve le disposizioni in materia di arbitrato, il giudice, su istanza delle parti, può sospendere sino a due anni il processo pendente per il risarcimento del danno da violazione del diritto della concorrenza quando le medesime parti hanno fatto ricorso ad una procedura di composizione consensuale della controversia. Quando la conciliazione non riesce il processo deve essere riassunto nel termine perentorio di trenta giorni dalla formalizzazione della mancata conciliazione.

3. Il periodo di sospensione di cui al comma 2 non si computa ai fini dell'articolo 2 della legge 24 marzo 2001, n. 89.

4. L'autorità garante della concorrenza e del mercato di cui all'articolo 10 della legge 10 ottobre 1990, n. 287, può considerare, ai fini della irrogazione della sanzione di cui all'articolo 15 della medesima legge, il risarcimento del danno effettuato dall'autore della violazione a seguito di una procedura di composizione consensuale della controversia e prima della decisione dell'autorità.

16 Effetti della composizione consensuale delle controversie sulle successive azioni per il risarcimento del danno.

1. Nelle azioni per il risarcimento del danno da violazione del diritto della concorrenza, il soggetto danneggiato che ha partecipato ad un accordo che compone la controversia non può chiedere la parte di danno imputabile al coautore della violazione che vi ha partecipato ai coautori che non vi hanno partecipato.

2. I coautori della violazione che non hanno partecipato ad un accordo che compone la controversia non hanno regresso nei confronti dei coautori della violazione che vi hanno partecipato per la parte del danno a questi imputabile.

3. Quando i coautori della violazione che non hanno partecipato all'accordo che compone la controversia sono insolventi, detratta la parte di danno imputabile al coautore che ha partecipato all'accordo, il soggetto danneggiato può chiedere il risarcimento ai coautori della violazione che hanno partecipato all'accordo, salvo che le parti che hanno partecipato all'accordo che compone la controversia lo abbiano espressamente escluso.

4. Fermo il disposto dell'articolo 2055, secondo comma, del codice civile, nel determinare la misura del regresso dovuto dal coautore della violazione a ciascuno degli altri coautori della violazione responsabili per il danno cagionato dalla violazione del diritto della concorrenza, il giudice tiene conto del risarcimento corrisposto dal predetto coautore interessato nell'ambito di un accordo che compone la controversia concluso in precedenza.

5. Le disposizioni del presente articolo si applicano anche quando il procedimento di composizione consensuale della controversia è definito con la pronuncia del lodo di cui al capo IV del Titolo VIII del libro IV del codice di procedura civile.

17 Modificazioni alla legge 10 ottobre 1990, n. 287.

1. All'articolo 1 della legge 10 ottobre 1990, n. 287, sono apportate le seguenti modificazioni:

a) al comma 1, le parole: « che non ricadono nell'ambito di applicazione degli articoli 65 e/o 66 del Trattato istitutivo della Comunità europea del carbone e dell'acciaio, degli articoli 85 e/o 86 del Trattato istitutivo della Comunità economica europea (CEE), dei regolamenti della CEE o di atti comunitari con efficacia normativa equiparata » sono soppresse;

b) il comma 2 è sostituito dal seguente: « 2. L'Autorità garante della concorrenza e del mercato di cui all'articolo 10, di seguito denominata "Autorità", applica anche parallelamente in relazione a uno stesso caso gli articoli 101 e 102 del Trattato sul funzionamento dell'Unione europea e gli articoli 2 e 3 della presente legge in materia di intese restrittive della libertà di concorrenza e di abuso di posizione dominante. »;

c) il comma 3 è abrogato.

18 Competenza dei tribunali per le imprese.

1. All'articolo 4 del decreto legislativo 27 giugno 2003, n. 168, sono apportate le seguenti modificazioni:

a) al comma 1, primo periodo, le parole: « dal comma 1-*bis* » sono sostituite dalle seguenti: « dai commi 1-*bis* e 1-*ter* »;

b) dopo il comma 1-*bis* è aggiunto il seguente: « 1-*ter*. Per le controversie di cui all'articolo 3, comma 1, lettere *c*) e *d*), anche quando ricorrono i presupposti del comma 1-*bis*, che, secondo gli ordinari criteri di competenza territoriale e nel rispetto delle disposizioni normative speciali che le disciplinano, dovrebbero essere trattate dagli uffici giudiziari di seguito elencati, sono inderogabilmente competenti:

a) la sezione specializzata in materia di impresa di Milano per gli uffici giudiziari ricompresi nei distretti di Brescia, Milano, Bologna, Genova, Torino, Trieste, Venezia, Trento e Bolzano (sezione distaccata);

b) la sezione specializzata in materia di impresa di Roma per gli uffici giudiziari ricompresi nei distretti di Ancona, Firenze, L'Aquila, Perugia, Roma, Cagliari e Sassari (sezione distaccata);

c) la sezione specializzata in materia di impresa di Napoli per gli uffici giudiziari ricompresi nei distretti di corte d'appello di Campobasso, Napoli, Salerno, Bari, Lecce, Taranto (sezione distaccata), Potenza, Caltanissetta, Catania, Catanzaro, Messina, Palermo, Reggio Calabria. ».

19 Disposizione transitoria.

1. Ai fini dell'applicazione temporale del presente decreto, gli articoli 3, 4, 5, 15, comma 2, quali disposizioni procedurali, si applicano ai giudizi di risarcimento del danno da violazione del diritto della concorrenza promossi successivamente al 26 dicembre 2014.

20 Clausola di invarianza finanziaria.

1. Dall'attuazione delle disposizioni di cui al presente decreto non devono derivare nuovi o maggiori oneri a carico della finanza pubblica. Le amministrazioni interessate provvedono agli adempimenti ivi previsti con le risorse umane, strumentali e finanziarie disponibili a legislazione vigente.

8. Legge 4 agosto 2017, n. 124. — Legge annuale per il mercato e la concorrenza (1). (*estratto*).

Pubblicata nella Gazzetta ufficiale n. 189 del 14 agosto 2017.

(1) *Vedi d.m. del 5 marzo 2018 (G.U. 28 aprile 2018, n. 98).*

1 **1.** La presente legge reca disposizioni finalizzate a rimuovere ostacoli regolatori all'apertura dei mercati, a promuovere lo sviluppo della concorrenza e a garantire la tutela dei consumatori, anche in applicazione dei principi del diritto dell'Unione europea in materia di libera circolazione, concorrenza e apertura dei mercati, nonché delle politiche europee in materia di concorrenza.

2-32. (*omissis*) (1).

33. L'IVASS esercita poteri di vigilanza e di controllo sull'osservanza delle disposizioni di cui alla presente legge, con speciale riguardo a quelle relative alla riduzione dei premi dei contratti di assicurazione, all'evoluzione dei costi per il risarcimento dei sinistri e al rispetto degli obblighi di pubblicità e di comunicazione, anche in fase di offerta contrattuale. Nella relazione al Parlamento, di cui all'articolo 13, comma 5, del decreto-legge 6 luglio 2012, n. 95, convertito, con modificazioni, dalla legge 7 agosto 2012, n. 135, è dato conto specificamente dell'esito dell'attività svolta.

34. Al fine del conseguimento della massima trasparenza, l'impresa di assicurazione pubblica nel proprio sito internet, entro il 30 aprile dell'anno successivo a quello a cui i dati si riferiscono, l'entità della riduzione dei premi secondo forme di pubblicità che ne rendano efficace e chiara l'applicazione. L'impresa comunica altresì, entro i trenta giorni successivi, i medesimi dati al Ministero dello sviluppo economico e all'IVASS, ai fini della loro pubblicazione nei rispettivi siti internet.

35. Il mancato rispetto delle disposizioni di cui al comma 34 comporta l'applicazione da parte dell'IVASS di una sanzione amministrativa pecuniaria da 10.000 euro a 100.000 euro.

36. (*omissis*).

37. L'IVASS, d'intesa con l'Autorità garante della concorrenza e del mercato, monitora le variazioni dei premi assicurativi offerti al consumatore e l'evoluzione dei costi per il risarcimento dei sinistri nei ventiquattro mesi successivi alla data di entrata in vigore della presente legge.

38-40. (*omissis*).

41. All'articolo 1 del decreto-legge 31 gennaio 2007, n. 7, convertito, con modificazioni, dalla legge 2 aprile 2007, n. 40, sono apportate le seguenti modificazioni:

a) al comma 3 è aggiunto, in fine, il seguente periodo: « In ogni caso, le spese relative al recesso o al trasferimento dell'utenza ad altro operatore sono commisurate al valore del contratto e ai costi reali sopportati dall'azienda, ovvero ai costi sostenuti per dismettere la linea telefonica o trasferire il servizio, e comunque rese note al consumatore al momento della pubblicizzazione dell'offerta e in fase di sottoscrizione del contratto, nonché comunicate, in via generale, all'Autorità per le garanzie nelle comunicazioni, esplicitando analiticamente la composizione di ciascuna voce e la rispettiva giustificazione economica »;

b) dopo il comma 3 sono inseriti i seguenti:

« 3-*bis*. Le modalità utilizzabili dal soggetto contraente che intenda recedere da un contratto stipulato con operatori di telefonia e di reti televisive e di comunicazione elettronica, nonché in caso di cambio di gestore, devono essere semplici e di immediata attivazione e devono seguire le medesime forme utilizzabili al momento dell'attivazione o dell'adesione al contratto. In ogni caso, gli operatori di telefonia, di reti televisive e di comunicazioni elettroniche devono consentire la possibilità per consumatori e utenti di comunicare il recesso o il cambio di gestore con modalità telematiche.

3-*ter*. Il contratto stipulato con operatori di telefonia e di reti televisive e di comunicazione elettronica, ove comprenda offerte promozionali aventi ad oggetto la fornitura sia di servizi che di beni, non può avere durata superiore a ventiquattro mesi. Nel caso di risoluzione anticipata si applicano i medesimi obblighi informativi e i medesimi limiti agli oneri per il consumatore di cui al comma 3, terzo periodo, e comunque gli eventuali relativi costi devono essere equi e proporzionati al valore del contratto e alla durata residua della promozione offerta.

3-*quater*. È fatto obbligo ai soggetti gestori dei servizi di telefonia e di comunicazioni elettroniche, ai fini dell'eventuale addebito al cliente del costo di servizi in abbonamento offerti da terzi, di acquisire la prova del previo consenso espresso del medesimo. In ogni caso, è fatto divieto agli operatori di telefonia e di comunicazioni elettroniche di prevedere la possibilità per il consumatore o per l'utente di ricevere servizi in abbonamento da parte dello stesso operatore, o di terzi, senza il previo consenso espresso e documentato all'attivazione di tale tipologia di servizi »;

c) al comma 4:

1) al primo periodo sono aggiunte, in fine, le seguenti parole: « e al comma 3-*quater* »;

2) al secondo periodo, le parole: « commi 1, 2 e 3 » sono sostituite dalle seguenti: « commi 1, 2, 3, 3-*bis*, 3-*ter* e 3-*quater* ».

42-45. (*omissis*).

46. Al fine di semplificare le procedure di migrazione tra operatori di telefonia mobile e le procedure per l'integrazione di SIM card aggiuntive o per la sostituzione di SIM card richieste da utenti già clienti di un operatore, con decreto del Ministro dell'interno, di concerto con il Ministro dello sviluppo economico, da adottare entro sei mesi dalla data di entrata in vigore della presente legge, sono previste misure per l'identificazione in via indiretta del cliente, anche utilizzando il sistema pubblico dell'identità digitale previsto dall'articolo 64 del codice dell'amministrazione digitale, di cui al decreto legislativo 7 marzo 2005, n. 82, e successive modificazioni, in modo da consentire che la richiesta di migrazione e di integrazione di SIM card e tutte le operazioni ad essa connesse possano essere svolte per via telematica. Dall'attuazione delle disposizioni previste dal presente comma non devono derivare nuovi o maggiori oneri a carico della finanza pubblica (2).

47. Al fine di promuovere la massima diffusione dei pagamenti digitali ed elettronici, ivi inclusi i micropagamenti con credito telefonico, dando nuovo impulso allo sviluppo e alla fruizione dei servizi culturali e turistici, per l'acquisto di biglietti per l'accesso a istituti e luoghi di cultura o per manifestazioni culturali, di spettacolo e intrattenimento, in deroga alle normative di settore, possono essere applicate le stesse modalità previste dall'articolo 8, comma 3, del decreto-legge 18 ottobre 2012, n. 179, convertito, con modificazioni, dalla legge 17 dicembre 2012, n. 221.

48. Al fine di evitare situazioni di insolvenza, l'utente che intende usufruire delle modalità di pagamento di cui al comma 47 è messo nelle condizioni di conoscere, durante l'operazione di acquisto, se il proprio credito telefonico sia sufficiente e quanto residua a seguito dell'operazione medesima.

49-53. (*omissis*).

(1) *I commi da 2 a 32 modificano alcune disposizioni del d.lgs. n. 209/2005 (Codice delle assicurazioni private) e dettano altre norme in materia di assicurazioni.*

(2) *Ai sensi dell'art. 38, comma 6-bis, d.l. 16 luglio 2020, n. 76, conv., con modif., in l. 11 settembre 2020, n. 120, il presente comma « si interpreta nel senso che le misure di identificazione in via indiretta o da remoto del cliente già adottate dagli operatori di telefonia mobile, sia in caso di nuova attivazione che di migrazione di S.I.M. card già attivate, basate su sistemi di registrazione audio-video che garantiscano, anche ai fini di giustizia, la corretta e completa acquisizione dei dati necessari al riconoscimento dell'utente, la genuinità della ripresa e il rispetto delle norme a tutela della riservatezza dei dati personali, effettuate sotto la responsabilità del medesimo operatore, sono ritenute compatibili con le previsioni, gli obiettivi ed i requisiti di cui all'articolo 55, comma 7, del codice di cui al decreto legislativo 1° agosto 2003, n. 259 ».*

9. Decreto legislativo 8 novembre 2021, n. 198. — Attuazione della direttiva (UE) 2019/633 del Parlamento europeo e del Consiglio, del 17 aprile 2019, in materia di pratiche commerciali sleali nei rapporti tra imprese nella filiera agricola e alimentare nonché dell'articolo 7 della legge 22 aprile 2021, n. 53, in materia di commercializzazione dei prodotti agricoli e alimentari.

Pubblicata nella Gazzetta ufficiale n. 285 del 30 novembre 2021, S.O. n. 41

1 Oggetto e ambito di applicazione.

1. Il presente decreto reca disposizioni per la disciplina delle relazioni commerciali e per il contrasto delle pratiche commerciali sleali nelle relazioni tra acquirenti e fornitori di prodotti agricoli ed alimentari, definendo le pratiche commerciali vietate in quanto contrarie ai principi di buona fede e correttezza ed imposte unilateralmente da un contraente alla sua controparte, razionalizzando e rafforzando il quadro giuridico vigente nella direzione della maggiore tutela dei fornitori e degli operatori della filiera agricola e alimentare rispetto alle suddette pratiche.

2. Le disposizioni di cui al presente decreto si applicano alle cessioni di prodotti agricoli ed alimentari, eseguite da fornitori che siano stabiliti nel territorio nazionale, indipendentemente dal fatturato dei fornitori e degli acquirenti.

3. Il presente decreto non si applica ai contratti di cessione direttamente conclusi tra fornitori e consumatori.

4. Le previsioni di cui agli articoli 3, 4, 5 e 7 del presente decreto costituiscono norme imperative e prevalgono sulle eventuali discipline di settore con esse contrastanti, qualunque sia la legge applicabile al contratto di cessione di prodotti agricoli e alimentari. È nulla qualunque pattuizione o clausola contrattuale contraria alle predette disposizioni. La nullità della clausola non comporta la nullità del contratto.

2 Definizioni.

1. Ai fini del presente decreto si intende per:

a) « accordo quadro »: il contratto quadro, l'accordo quadro o il contratto di base, conclusi anche a livello di centrali di acquisto, aventi ad oggetto la disciplina dei conseguenti contratti di cessione dei prodotti agricoli e alimentari, tra cui le condizioni di compravendita, le caratteristiche dei prodotti, il listino prezzi, le prestazioni di servizi e le loro eventuali rideterminazioni. È fatta salva la definizione di contratto quadro di cui all'articolo 1, comma 1, lettera *f*) del decreto legislativo 27 maggio 2005, n. 102;

b) « acquirente »: qualsiasi persona fisica o giuridica, indipendentemente dal luogo di stabilimento di tale persona, o qualsiasi autorità pubblica ricompresa nell'Unione europea che acquista prodotti agricoli e alimentari; il termine « acquirente » può includere un gruppo di tali persone fisiche e giuridiche;

c) « autorità pubblica »: autorità nazionale, regionale o locale, organismo di diritto pubblico o associazione costituita da una o più di tali autorità o da uno o più di tali organismi di diritto pubblico;

d) « consumatore »: la persona fisica che acquista i prodotti agricoli o alimentari per scopi estranei alla propria attività imprenditoriale o professionale eventualmente svolta;

e) « contratti di cessione »: i contratti che hanno ad oggetto la cessione di prodotti agricoli ed alimentari, ad eccezione di quelli conclusi con il consumatore, delle cessioni con contestuale consegna e pagamento del prezzo pattuito, nonché dei conferimenti di prodotti agricoli ed alimentari da parte di imprenditori agricoli e ittici a cooperative di cui essi sono soci o ad organizzazioni di produttori, ai sensi del decreto legislativo 27 maggio 2005, n. 102, di cui essi sono soci;

f) « contratto di cessione con consegna pattuita su base periodica »: un accordo quadro, come definito alla lettera a), ovvero un contratto di fornitura con prestazioni periodiche o continuative;

g) « Direttiva »: la direttiva (UE) 2019/633 del Parlamento europeo e del Consiglio del 17 aprile 2019;

h) « fatturato »: l'ammontare dei ricavi, come definiti all'articolo 85, comma 1 del decreto del Presidente della Repubblica 22 dicembre 1986, n. 917, recante Testo unico delle imposte sui redditi (TUIR), o dei compensi derivanti dall'esercizio di arti o professioni, di cui all'articolo 54, comma 1 del medesimo TUIR;

i) « fornitore »: qualsiasi produttore agricolo o persona fisica o giuridica che vende prodotti agricoli e alimentari, ivi incluso un gruppo di tali produttori agricoli o un gruppo di tali persone fisiche e giuridiche, come le organizzazioni di produttori, le società cooperative, le organizzazioni di fornitori e le associazioni di tali organizzazioni;

j) « ICQRF »: Dipartimento dell'Ispettorato Centrale della tutela della Qualità e Repressione Frodi dei prodotti agroalimentari del Ministero delle politiche agricole, alimentari e forestali;

k) « interessi legali di mora »: interessi di mora ad un tasso che è pari al tasso di riferimento, come definito alla lettera o);

l) « prodotti agricoli e alimentari »: i prodotti elencati nell'allegato I del Trattato sul funzionamento dell'Unione europea e i prodotti non elencati in tale allegato, ma trasformati per uso alimentare a partire dai prodotti elencati in tale allegato;

m) « prodotti agricoli e alimentari deperibili »: i prodotti agricoli e alimentari che per loro natura o nella fase della loro trasformazione potrebbero diventare inadatti alla vendita entro 30 giorni dalla raccolta, produzione o trasformazione;

n) « saggio degli interessi »: il tasso complessivo degli interessi da applicare all'importo dovuto, al netto delle maggiorazioni di legge;

o) « tasso di riferimento »: il tasso di interesse, come definito dalla vigente normativa nazionale di recepimento delle direttive comunitarie in materia di lotta contro i ritardi di pagamento nelle transazioni commerciali, applicabile come di seguito indicato:

1) per il primo semestre dell'anno in questione è quello in vigore al 1° gennaio di quell'anno;

2) per il secondo semestre dell'anno in questione è quello in vigore al 1° luglio di quell'anno.

3 Principi ed elementi essenziali dei contratti di cessione.

1. I contratti di cessione devono essere informati a principi di trasparenza, correttezza, proporzionalità e reciproca corrispettività delle prestazioni, con riferimento ai beni forniti, cui attenersi prima, durante e dopo l'instaurazione della relazione commerciale.

2. I contratti di cessione sono conclusi obbligatoriamente mediante atto scritto stipulato prima della consegna dei prodotti ceduti ed indicano la durata, le quantità e le caratteristiche del prodotto venduto, il prezzo, che può essere fisso o determinabile sulla base di criteri stabiliti nel contratto, le modalità di consegna e di pagamento.

3. L'obbligo della forma scritta può essere assolto con le seguenti forme equipollenti, a condizione che gli elementi contrattuali di cui ai commi 1 e 2 siano concordati tra acquirente e fornitore mediante un accordo quadro: documenti di trasporto o di consegna, fatture, ordini di acquisto con i quali l'acquirente commissiona la consegna dei prodotti.

4. La durata dei contratti di cessione non può essere inferiore a dodici mesi, salvo deroga motivata, anche in ragione della stagionalità dei prodotti oggetto di cessione, concordata dalle parti contraenti o risultante da un contratto stipulato con l'assistenza delle rispettive organizzazioni professionali maggiormente rappresentative a livello nazionale rappresentate in almeno cinque camere di commercio, industria, artigianato e agricoltura, ovvero nel Consiglio nazionale dell'economia e del lavoro, anche per il tramite delle loro articolazioni territoriali e di categoria. Nell'ipotesi in cui il contratto abbia una durata inferiore a quella minima, all'infuori delle deroghe espressamente ammesse dal presente comma, essa si considera comunque pari a dodici mesi. Il presente comma non si applica ai contratti di cessione ove la parte acquirente esercita l'attività di somministrazione di alimenti e bevande in un pubblico esercizio di cui all'articolo 5 della legge 25 agosto 1991, n. 287.

5. Fermo restando quanto disposto dagli articoli 4 e 5, sono fatte salve le condizioni contrattuali, comprese quelle relative ai prezzi, definite nell'ambito di accordi quadro aventi ad oggetto la fornitura dei prodotti agricoli e alimentari stipulati dalle organizzazioni professionali maggiormente rappresentative a livello nazionale rappresentate in almeno cinque camere di commercio, industria, artigianato e agricoltura, ovvero nel Consiglio nazionale dell'economia e del lavoro, anche per il tramite delle loro articolazioni territoriali e di categoria. sono fatte salve le funzioni e le competenze dell'Autorità garante della concorrenza e del mercato ai sensi della legge 10 ottobre 1990, n. 287.

6. Nei contratti quadro conclusi con le centrali di acquisto devono essere indicati, in allegato, i nominativi degli associati che hanno conferito il mandato.

4 Pratiche commerciali sleali vietate.

1. Nelle relazioni commerciali tra operatori economici, ivi compresi i contratti di cessione, sono vietate le seguenti pratiche commerciali sleali:

a) nei contratti di cessione con consegna pattuita su base periodica:

1) il versamento del corrispettivo, da parte dell'acquirente di prodotti agricoli e alimentari deperibili, dopo oltre trenta giorni dal termine del periodo di consegna convenuto in cui le consegne sono state effet-

tuate, che in ogni caso non può essere superiore a un mese, oppure dopo oltre trenta giorni dalla data in cui è stabilito l'importo da corrispondere per il periodo di consegna in questione, a seconda di quale delle due date sia successiva;

2) il versamento del corrispettivo, da parte dell'acquirente di prodotti agricoli e alimentari non deperibili, dopo oltre sessanta giorni dal termine del periodo di consegna convenuto in cui le consegne sono state effettuate, che in ogni caso non può essere superiore a un mese, oppure dopo oltre sessanta giorni dalla data in cui è stabilito l'importo da corrispondere per il periodo di consegna in questione, a seconda di quale delle due date sia successiva;

b) nei contratti di cessione con consegna pattuita su base non periodica:

1) il versamento del corrispettivo, da parte dell'acquirente di prodotti agricoli e alimentari deperibili, dopo oltre trenta giorni dalla data di consegna oppure dopo oltre trenta giorni dalla data in cui è stabilito l'importo da corrispondere, a seconda di quale delle due date sia successiva;

2) il versamento del corrispettivo, da parte dell'acquirente di prodotti agricoli e alimentari non deperibili, dopo oltre sessanta giorni dalla data di consegna oppure dopo oltre sessanta giorni dalla data in cui è stabilito l'importo da corrispondere, a seconda di quale delle due date sia successiva;

c) l'annullamento, da parte dell'acquirente, di ordini di prodotti agricoli e alimentari deperibili con un preavviso inferiore a 30 giorni. Con regolamento del Ministro delle politiche agricole, alimentari e forestali, da adottare ai sensi dell'articolo 17, comma 3 della legge 23 agosto 1988, n. 400 entro 90 giorni dall'entrata in vigore del presente decreto, sono individuati i casi particolari nonché i settori nei quali le parti di un contratto di cessione possono stabilire termini di preavviso inferiori a 30 giorni;

d) la modifica unilaterale, da parte dell'acquirente o del fornitore, delle condizioni di un contratto di cessione di prodotti agricoli e alimentari relative alla frequenza, al metodo, al luogo, ai tempi o al volume della fornitura o della consegna dei prodotti, alle norme di qualità, ai termini di pagamento o ai prezzi oppure relative alla prestazione di servizi accessori rispetto alla cessione dei prodotti;

e) la richiesta al fornitore, da parte dell'acquirente, di pagamenti che non sono connessi alla vendita dei prodotti agricoli e alimentari;

f) l'inserimento, da parte dell'acquirente, di clausole contrattuali che obbligano il fornitore a farsi carico dei costi per il deterioramento o la perdita di prodotti agricoli e alimentari che si verifichino presso i locali dell'acquirente o comunque dopo che tali prodotti siano stati consegnati, purché tale deterioramento o perdita non siano stati causati da negligenza o colpa del fornitore;

g) il rifiuto, da parte dell'acquirente o del fornitore, di confermare per iscritto le condizioni di un contratto di cessione in essere tra l'acquirente medesimo ed il fornitore per il quale quest'ultimo abbia richiesto una conferma scritta, salvo che il contratto di cessione riguardi prodotti che devono essere consegnati da un socio alla propria organizzazione di produttori o ad una cooperativa della quale sia socio e sempreché lo statuto o la disciplina interna di tali enti contengano disposizioni aventi effetti analoghi alle disposizioni di un contratto di cessione di cui al presente decreto;

h) l'acquisizione, l'utilizzo o la divulgazione illecita, da parte dell'acquirente o da parte di soggetti facenti parte della medesima centrale o del medesimo gruppo d'acquisto dell'acquirente, di segreti commerciali del fornitore, ai sensi del decreto legislativo 11 maggio 2018, n. 63 di attuazione della direttiva (UE) 2016/943 del Parlamento europeo e del Consiglio dell'8 giugno 2016, o qualsiasi altra informazione commerciale sensibile del fornitore;

i) la minaccia di mettere in atto o la messa in atto, da parte dell'acquirente, di ritorsioni commerciali nei confronti del fornitore quando quest'ultimo esercita i diritti contrattuali e legali di cui gode, anche qualora consistano nella presentazione di una denuncia all'Autorità di contrasto, come individuata ai sensi del presente decreto, o nella cooperazione con essa nell'ambito di un'indagine;

j) la richiesta al fornitore, da parte dell'acquirente, del risarcimento del costo sostenuto per esaminare i reclami dei clienti relativi alla vendita dei prodotti del fornitore, benché non risultino negligenze o colpe da parte di quest'ultimo.

2. Fermo restando il diritto del fornitore di avvalersi dei rimedi previsti in caso di ritardo nei pagamenti ai sensi del decreto legislativo 9 ottobre 2002, n. 231, in caso di mancato rispetto dei termini di pagamento di cui al comma 1, lettere a) e b), sono dovuti al creditore gli interessi legali di mora che decorrono automaticamente dal giorno successivo alla scadenza del termine. In questi casi il saggio degli interessi è maggiorato di ulteriori quattro punti percentuali ed è inderogabile. Per i contratti di cui al comma 1, lettere a) e b), in cui il debitore è una pubblica amministrazione del settore scolastico e sanitario, è fatto salvo quanto previsto dall'articolo 4, comma 4, del decreto legislativo n. 231 del 2002.

3. Il divieto di cui al comma 1, lettera a), non si applica ai pagamenti:

a) effettuati da un acquirente a un fornitore quando tali pagamenti siano effettuati nel quadro di programmi di distribuzione di prodotti ortofrutticoli e di latte destinati alle scuole ai sensi dell'articolo 23 del regolamento (UE) n. 1308/2013 del Parlamento europeo e del Consiglio, del 17 dicembre 2013;

b) effettuati da enti pubblici che forniscono assistenza sanitaria;

c) nell'ambito di contratti di cessione tra fornitori di uve o mosto per la produzione di vino e i loro acquirenti diretti, alle seguenti condizioni:

1) che i termini di pagamento specifici delle operazioni di vendita siano inclusi in contratti tipo vincolanti ai sensi dell'articolo 164 del regolamento (UE) n. 1308/2013 prima del 1° gennaio 2019 e la cui applicazione sia stata rinnovata a decorrere da tale data senza modificare sostanzialmente i termini di pagamento a danno dei fornitori di uve o mosto;

2) che i contratti di cessione tra fornitori di uve o mosto per la produzione di vino e i loro acquirenti diretti siano pluriennali o lo diventino.

4. Sono inoltre vietate le seguenti pratiche commerciali, salvo che esse siano state precedentemente concordate da fornitore e acquirente, nel contratto di cessione, nell'accordo quadro ovvero in un altro accordo successivo, in termini chiari ed univoci:

a) la restituzione, da parte dell'acquirente al fornitore, di prodotti agricoli e alimentari rimasti invenduti, senza corrispondere alcun pagamento per tali prodotti invenduti o per il loro smaltimento;

b) la richiesta al fornitore, da parte dell'acquirente, di un pagamento come condizione per l'immagazzinamento, l'esposizione, l'inserimento in listino dei suoi prodotti, o per la messa in commercio degli stessi;

c) la richiesta al fornitore, da parte dell'acquirente, di farsi carico, in tutto o in parte, del costo degli sconti sui prodotti venduti dall'acquirente come parte di una promozione, a meno che, prima di una promozione avviata dall'acquirente, quest'ultimo ne specifichi il periodo e indichi la quantità prevista dei prodotti agricoli e alimentari da ordinare a prezzo scontato;

d) la richiesta al fornitore, da parte dell'acquirente, di farsi carico dei costi della pubblicità, effettuata dall'acquirente, dei prodotti agricoli e alimentari;

e) la richiesta al fornitore, da parte dell'acquirente, di farsi carico dei costi per il marketing dei prodotti agricoli e alimentari effettuata dall'acquirente;

f) la richiesta al fornitore, da parte dell'acquirente, di farsi carico dei costi del personale incaricato di organizzare gli spazi destinati alla vendita dei prodotti del fornitore.

5. Se l'acquirente richiede un pagamento per i casi di cui al comma 4, lettere *b*), *c*), *d*), *e*) o *f*), egli fornisce al fornitore, ove richiesto, una stima per iscritto dei pagamenti unitari o dei pagamenti complessivi a seconda dei casi e, per i casi di cui alle lettere *b*), *d*), *e*) o *f*) del comma 4, fornisce anche una stima, per iscritto, dei costi per il fornitore e i criteri alla base di tale stima.

5 Altre pratiche commerciali sleali.

1. Sono altresì vietate le seguenti pratiche commerciali:

a) l'acquisto di prodotti agricoli e alimentari attraverso il ricorso a gare e aste elettroniche a doppio ribasso;

b) l'imposizione di condizioni contrattuali eccessivamente gravose per il venditore, ivi compresa quella di vendere prodotti agricoli e alimentari a prezzi al di sotto dei costi di produzione;

c) l'omissione, nella stipula di un contratto che abbia ad oggetto la cessione di prodotti agricoli e alimentari, di anche una delle condizioni richieste dell'articolo 168, paragrafo 4 del regolamento (UE) n. 1308/2013 del Parlamento europeo e del Consiglio, del 17 dicembre 2013;

d) l'imposizione, diretta o indiretta, di condizioni di acquisto, di vendita o altre condizioni contrattuali ingiustificatamente gravose;

e) l'applicazione di condizioni oggettivamente diverse per prestazioni equivalenti;

f) il subordinare la conclusione, l'esecuzione dei contratti e la continuità e regolarità delle medesime relazioni commerciali alla esecuzione di prestazioni da parte dei contraenti che, per loro natura e secondo gli usi commerciali, non abbiano alcuna connessione con l'oggetto degli uni e delle altre;

g) il conseguimento di indebite prestazioni unilaterali, non giustificate dalla natura o dal contenuto delle relazioni commerciali;

h) l'adozione di ogni ulteriore condotta commerciale sleale che risulti tale anche tenendo conto del complesso delle relazioni commerciali che caratterizzano le condizioni di approvvigionamento;

i) l'imposizione, a carico di una parte, di servizi e prestazioni accessorie rispetto all'oggetto principale della fornitura, anche qualora questi siano forniti da soggetti terzi, senza alcuna connessione oggettiva, diretta e logica con la cessione del prodotto oggetto del contratto;

j) l'esclusione dell'applicazione di interessi di mora a danno del creditore o delle spese di recupero dei crediti;

k) la previsione nel contratto di una clausola che obbligatoriamente imponga al fornitore, successivamente alla consegna dei prodotti, un termine minimo prima di poter emettere la fattura, fatto salvo il caso di consegna dei prodotti in più quote nello stesso mese, nel qual caso la fattura potrà essere emessa solo successivamente all'ultima consegna del mese;

l) l'imposizione di un trasferimento ingiustificato e sproporzionato del rischio economico da una parte alla sua controparte;

m) l'imposizione all'acquirente, da parte del fornitore, di prodotti con date di scadenza troppo brevi rispetto alla vita residua del prodotto stesso, stabilita contrattualmente;

n) l'imposizione all'acquirente, da parte del fornitore, di vincoli contrattuali per il mantenimento di un determinato assortimento, inteso come l'insieme dei beni che vengono posti in vendita da un operatore commerciale per soddisfare le esigenze dei suoi clienti;

o) l'imposizione all'acquirente, da parte del fornitore, dell'inserimento di prodotti nuovi nell'assortimento;

p) l'imposizione all'acquirente, da parte del fornitore, di posizioni privilegiate di determinati prodotti nello scaffale o nell'esercizio commerciale.

6 Buone pratiche commerciali.

1. Fermo restando il rispetto delle disposizioni di cui agli articoli 3, 4, 5 e 7, si considerano attuativi dei principi di trasparenza, buona fede e correttezza nelle relazioni commerciali tra acquirenti e fornitori di prodotti agricoli ed alimentari gli accordi ed i contratti di filiera che abbiano durata di almeno tre anni nonché i contratti di cui all'articolo 3, conformi alle condizioni contrattuali definite nell'ambito degli accordi quadro ovvero che siano conclusi con l'assistenza delle rispettive organizzazioni professionali maggiormente rappresentative a livello nazionale rappresentate in almeno cinque camere di commercio, industria, artigianato e agricoltura, ovvero nel Consiglio nazionale dell'eco-

nomia e del lavoro, anche per il tramite delle loro articolazioni territoriali e di categoria.

2. I contratti di cessione si considerano conformi ai principi di buona fede, correttezza e trasparenza quando sono retti, sia nella loro negoziazione che nella successiva esecuzione, dai seguenti criteri: conformità dell'esecuzione a quanto concordato; correttezza e trasparenza delle informazioni fornite in sede precontrattuale; assunzione ad opera di tutte le parti della filiera dei propri rischi imprenditoriali; giustificabilità delle richieste.

3. Per la vendita dei prodotti agricoli e alimentari oggetto dei contratti di cui al comma 1 possono essere utilizzati messaggi pubblicitari recanti la seguente dicitura: « Prodotto conforme alle buone pratiche commerciali nella filiera agricola e alimentare ». L'ICQRF, nell'esercizio dei propri poteri di indagine e di accertamento di cui all'articolo 8, verifica la veridicità di tale dicitura e, in caso di riscontro negativo, ne inibisce l'ulteriore utilizzo.

7 Disciplina delle vendite sottocosto di prodotti agricoli ed alimentari.

1. Fermo restando quanto previsto dal decreto legislativo 31 marzo 1998, n. 114 nonché dal decreto del Presidente della Repubblica 6 aprile 2001, n. 218, relativamente alle procedure e alle sanzioni ivi disciplinate, la vendita sottocosto dei prodotti agricoli e alimentari freschi e deperibili è consentita solo nel caso di prodotto invenduto a rischio di deperibilità oppure nel caso di operazioni commerciali programmate e concordate con il fornitore in forma scritta.

2. È, in ogni caso, vietato imporre al fornitore condizioni contrattuali tali da far ricadere sullo stesso le conseguenze economiche derivanti, in modo diretto o indiretto, dal deperimento o dalla perdita dei prodotti agricoli e alimentari venduti sottocosto non imputabili a negligenza del fornitore.

3. In caso di violazione della disposizione di cui al comma 1, il prezzo stabilito dalle parti è sostituito di diritto, ai sensi dell'articolo 1339 del codice civile, dal prezzo risultante dalle fatture d'acquisto oppure, qualora non sia possibile il riscontro con le fatture d'acquisto, dal prezzo calcolato sulla base dei costi medi di produzione rilevati dall'Istituto di servizi per il mercato agricolo alimentare - ISMEA ovvero, in mancanza di quest'ultimo, dal prezzo medio praticato per prodotti similari nel mercato di riferimento.

8 Autorità di contrasto.

1. In attuazione dell'articolo 4 della Direttiva, l'ICQRF è designato quale autorità nazionale di contrasto deputata all'attività di accertamento delle violazioni delle disposizioni di cui agli articoli 3, 4 e 5 del presente decreto ed all'irrogazione delle relative sanzioni amministrative, nel rispetto delle procedure di cui alla legge 24 novembre 1981, n. 689.

2. Ai fini di cui al comma 1, l'ICQRF esercita le seguenti attività:

a) avvia e conduce indagini di propria iniziativa o a seguito di una denuncia;

b) chiede agli acquirenti e ai fornitori di rendere disponibili tutte le informazioni necessarie al fine di condurre indagini sulle eventuali pratiche commerciali vietate;

c) effettua ispezioni in loco, senza preavviso, nel quadro delle indagini di cui alla lettera *a*);

d) accerta la violazione delle disposizioni di cui al presente decreto e impone all'autore della violazione di porre fine alla pratica commerciale vietata, salvo che ciò possa rivelare l'identità del denunciante o qualsiasi altra informazione la cui divulgazione, secondo il denunciante stesso, potrebbe essere lesiva dei suoi interessi e a condizione che quest'ultimo abbia specificato quali sono tali informazioni conformemente a quanto previsto dall'articolo 9, comma 3;

e) avvia procedimenti finalizzati all'irrogazione di sanzioni amministrative pecuniarie, nei confronti dell'autore della violazione accertata, in conformità delle vigenti disposizioni di legge nonché di quanto previsto all'articolo 10;

f) pubblica regolarmente sull'apposita sezione del sito internet del Ministero delle politiche agricole, alimentari e forestali i provvedimenti sanzionatori inflitti ai sensi delle lettere *d*) ed *e*);

g) pubblica una relazione annuale sulle attività svolte in attuazione del presente decreto, indicando anche il numero delle denunce ricevute e il numero delle indagini avviate o concluse nel corso dell'anno precedente. Per ogni indagine conclusa, la relazione contiene un'illustrazione sommaria del caso, l'esito dell'indagine e la decisione presa, nel rispetto degli obblighi di riservatezza di cui all'articolo 9, comma 3;

h) entro il 15 marzo di ogni anno, trasmette alla Commissione europea una relazione sulle pratiche commerciali sleali nei rapporti tra imprese nella filiera agricola e alimentare. Tale relazione contiene, in particolare, tutti i dati pertinenti riguardanti le attività di contrasto e l'applicazione delle norme del presente decreto, nel corso dell'anno precedente, in conformità a quanto richiesto dalla Direttiva.

3. Nell'esercizio delle attività di cui al comma 2, l'ICQRF può avvalersi dell'Arma dei Carabinieri e, in particolare, del Comando Carabinieri per la tutela agroalimentare, oltre che della Guardia di finanza, fermo restando quanto previsto dall'articolo 13 della legge n. 689 del 1981 in ordine ai poteri di accertamento degli ufficiali e degli agenti di polizia giudiziaria.

4. Le attività di cui al presente articolo sono svolte dall'ICQRF d'ufficio o su denuncia di qualunque soggetto interessato, ai sensi dell'articolo 9.

5. Sono in ogni caso fatte salve le funzioni e le competenze dell'Autorità garante della concorrenza e del mercato previste dalle leggi vigenti, anche in ordine all'accertamento e alla repressione delle pratiche commerciali scorrette di cui agli articoli 18 e seguenti del decreto legislativo 6 ottobre 2005, n. 206. L'Autorità provvede d'ufficio o su segnalazione delle organizzazioni professionali maggiormente rappresentative a livello nazionale, le quali sono in ogni caso legittimate ad agire in giudizio per la tutela degli interessi delle imprese rappresentate.

9 Denunce all'Autorità di contrasto.

1. Le denunce possono essere presentate all'ICQRF dai soggetti stabiliti nel territorio nazionale, indipendentemente dal luogo di stabilimento del soggetto sospettato di aver attuato una pratica commerciale vietata, oppure all'autorità di contrasto dello Stato membro in cui è stabilito il soggetto sospettato di avere attuato una pratica commerciale vietata.

2. Le organizzazioni di produttori, le altre organizzazioni di fornitori, le associazioni di tali organizzazioni nonché le associazioni di parte acquirente possono presentare denunce su richiesta di uno o più dei loro membri o, se del caso, su richiesta di uno o più dei soci delle rispettive organizzazioni ricomprese al loro interno, qualora tali membri si ritengano vittime di una pratica commerciale vietata ai sensi del presente decreto. Le organizzazioni diverse da quelle di cui al primo periodo possono presentare denunce purché vi abbiano un interesse qualificato, a condizione che dette organizzazioni siano soggetti indipendenti senza scopo di lucro.

3. Qualora il denunciante lo richieda, l'ICQRF adotta le misure necessarie per tutelare adeguatamente l'identità del denunciante ovvero del soggetto che assuma di essere stato leso dalla pratica commerciale sleale denunciata, nonché per tutelare adeguatamente qualunque altra informazione la cui divulgazione, secondo il denunciante, sarebbe lesiva degli interessi del denunciante o del soggetto leso. Il denunciante specifica le informazioni per le quali chiede un trattamento riservato.

4. L'ICQRF che riceve la denuncia informa il denunciante, entro trenta giorni dal ricevimento della denuncia, di come intende dare seguito alla denuncia.

5. L'ICQRF, se ritiene che non vi siano ragioni sufficienti per agire a seguito della denuncia, informa il denunciante dei motivi della sua decisione entro centottanta giorni dal ricevimento della denuncia.

6. L'ICQRF, se ritiene che vi siano ragioni sufficienti per agire a seguito della denuncia, avvia e conclude un'indagine a carico del soggetto denunciato entro centottanta giorni dal ricevimento della denuncia, procedendo ad effettuare la contestazione ai sensi dell'articolo 14 della legge 24 novembre 1981, n. 689.

7. Fatto salvo il diritto di presentare denunce e fermo restando il potere dell'ICQRF di svolgere d'ufficio le attività di cui al presente articolo, nei contratti di cessione le parti contraenti possono ricorrere a procedure di mediazione ai sensi del decreto legislativo 4 marzo 2010, n. 28 o di risoluzione alternativa delle controversie derivanti dal contratto stesso. Nel caso in cui sia fallito il tentativo di mediazione o di risoluzione alternativa delle controversie, è fatto salvo il diritto di presentare denuncia ai sensi del presente articolo, fermo restando il potere dell'ICQRF di svolgere d'ufficio le attività di cui all'articolo 8.

10 Sanzioni.

1. Salvo che il fatto costituisca reato, per la violazione delle disposizioni di cui all'articolo 3, comma 2 o all'articolo 4, comma 1, lettera g), si applica la sanzione amministrativa pecuniaria fino al 5 per cento del fatturato realizzato nell'ultimo esercizio precedente all'accertamento. La misura della sanzione è determinata facendo riferimento al valore dei beni oggetto di cessione o al valore del contratto. In ogni caso la sanzione non può essere inferiore a 2.000 euro.

2. Salvo che il fatto costituisca reato, per la violazione del divieto di cui all'articolo 3, comma 4, si applica all'acquirente una sanzione amministrativa pecuniaria fino al 3,5 per cento del fatturato realizzato nell'ultimo esercizio precedente all'accertamento. La misura della sanzione è determinata facendo riferimento al beneficio ricevuto dal soggetto che ha commesso la violazione nonché all'entità del danno provocato all'altro contraente. In ogni caso la sanzione non può essere inferiore a 10.000 euro.

3. Salvo che il fatto costituisca reato, il mancato rispetto, da parte del debitore, dei termini di pagamento stabiliti all'articolo 4, comma 1, lettere *a*) e *b*) è punito con la sanzione amministrativa pecuniaria fino al 3,5 per cento del fatturato realizzato nell'ultimo esercizio precedente all'accertamento. La misura della sanzione viene determinata in ragione della misura dei ritardi. In ogni caso la sanzione non può essere inferiore a 1.000 euro.

4. Salvo che il fatto costituisca reato, per la violazione dei divieti di cui all'articolo 4, comma 1, lettere *c*), *d*), *e*), *f*), *h*), *i*) e *j*) si applica all'acquirente una sanzione amministrativa pecuniaria fino al 5 per cento del fatturato realizzato nell'ultimo esercizio precedente all'accertamento. La misura della sanzione è determinata facendo riferimento al beneficio ricevuto dal soggetto che ha commesso la violazione nonché all'entità del danno provocato all'altro contraente. In ogni caso la sanzione non può essere inferiore a 30.000 euro.

5. Salvo che il fatto costituisca reato, per la violazione dei divieti di cui all'articolo 4, comma 4, si applica all'acquirente una sanzione amministrativa pecuniaria fino al 3 per cento del fatturato realizzato nell'ultimo esercizio precedente all'accertamento. La misura della sanzione è determinata facendo riferimento al beneficio ricevuto dal soggetto che ha commesso la violazione nonché all'entità del danno provocato all'altro contraente. In ogni caso la sanzione non può essere inferiore a 15.000 euro.

6. Salvo che il fatto costituisca reato, il contraente che contravviene agli obblighi di cui all'articolo 5, comma 1, lettere *a*), *b*), *c*), *l*), m*)* *n*), *o*) e *p*), è punito con la sanzione amministrativa pecuniaria fino al 3 per cento del fatturato realizzato nell'ultimo esercizio precedente all'accertamento. La misura della sanzione è determinata facendo riferimento al beneficio ricevuto dal soggetto che ha commesso la violazione nonché all'entità del danno provocato all'altro contraente. In ogni caso la sanzione non può essere inferiore a 10.000 euro.

7. In caso di concorso della violazione dei divieti di cui all'articolo 5, comma 1, lettere *a*) e *b*), la sanzione di cui al comma 6 è raddoppiata.

8. Salvo che il fatto costituisca reato, il contraente che contravviene agli obblighi di cui all'articolo 5, comma 1, lettere *d*), *e*), *f*), *g*), *h*), *i*), *j*) e *k*), è punito con la sanzione amministrativa pecuniaria fino al 4 per cento

del fatturato realizzato nell'ultimo esercizio precedente all'accertamento. La misura della sanzione è determinata facendo riferimento al beneficio ricevuto dal soggetto che ha commesso la violazione nonché all'entità del danno provocato all'altro contraente. In ogni caso la sanzione non può essere inferiore a 5.000 euro.

9. Chiunque effettua vendite sottocosto di prodotti agricoli e alimentari al di fuori delle ipotesi previste dall'articolo 7 è punito con la sanzione amministrativa di cui all'articolo 5, commi 2 e 3, del decreto del Presidente della Repubblica n. 218 del 2001.

10. Qualora venga accertata la prosecuzione, da parte dell'autore della violazione, della pratica sleale inibita con il provvedimento di cui all'articolo 8, comma 2, lettera *d*), si applica la sanzione amministrativa pecuniaria nella misura massima prevista per la violazione commessa, fermo restando il limite massimo del 10 per cento del fatturato realizzato nell'ultimo esercizio precedente all'accertamento.

11. Nei casi di reiterata violazione, la misura delle sanzioni di cui al presente articolo è aumentata fino al doppio e, in caso di ulteriori reiterazioni, fino al triplo. In ogni caso, tutte le sanzioni previste dal presente articolo non possono eccedere il 10 per cento del fatturato realizzato dal soggetto sanzionato nell'ultimo esercizio precedente all'accertamento.

12. Per l'irrogazione delle sanzioni previste dal presente articolo si applicano le disposizioni di cui al Capo I della legge 24 novembre 1981, n. 689. In ogni caso, non è consentito il pagamento in misura ridotta di cui all'articolo 16 della medesima legge.

13. Al fine di rafforzare l'efficacia dell'attività di contrasto alle pratiche commerciali sleali di cui al presente decreto, i proventi ottenuti dal pagamento delle sanzioni amministrative pecuniarie sono versati all'entrata del bilancio dello Stato per essere riassegnati ai pertinenti capitoli di spesa del Dipartimento dell'Ispettorato centrale della tutela della qualità e repressione frodi dei prodotti agroalimentari del Ministero delle politiche agricole alimentari e forestali. Con decreto del Ragioniere generale dello Stato sono apportate le occorrenti variazioni di bilancio.

14. Sono fatte salve le azioni in giudizio per il risarcimento del danno derivante dalle violazioni dei precetti sanzionati dal presente articolo, anche ove promosse dai soggetti di cui all'articolo 9, comma 2. I predetti soggetti sono altresì legittimati ad agire, a tutela degli interessi collettivi rappresentati, richiedendo l'inibitoria ai comportamenti in violazione dei precetti sanzionati dal presente articolo ai sensi degli articoli 840-*bis* e seguenti del codice di procedura civile.

11 Cooperazione tra Autorità di contrasto.

1. L'ICQRF collabora con le Autorità di contrasto degli altri Stati membri e con la Commissione europea nello svolgimento delle attività di cui all'articolo 8, anche al fine della reciproca assistenza nelle indagini che presentano una dimensione transfrontaliera nonché per le attività di cui all'articolo 8 della Direttiva.

12 Abrogazioni.

1. Dalla data di entrata in vigore del *presente* decreto sono abrogati:

a) l'articolo 62 del decreto-legge 24 gennaio 2012, n. 1, convertito, con modificazioni, dalla legge 24 marzo 2012, n. 27; (1)

b) il comma 6-*bis* dell'articolo 36 del decreto-legge 18 ottobre 2012, n. 179, convertito, con modificazioni, dalla legge 17 dicembre 2012, n. 221;

c) il decreto del Ministro delle politiche agricole, alimentari e forestali 19 ottobre 2012, n. 199;

d) i commi 1, 3, 4 e 5 dell'articolo 10-quater del decreto-legge 29 marzo 2019, n. 27, convertito, con modificazioni, dalla legge 21 maggio 2019, n. 44.

(1) *Il citato art. 62 prevedeva: « 1. I contratti che hanno ad oggetto la cessione dei prodotti agricoli e alimentari, ad eccezione di quelli conclusi con il consumatore finale, sono stipulati obbligatoriamente in forma scritta e indicano [a pena di nullità] la durata, le quantità e le caratteristiche del prodotto venduto, il prezzo, le modalità di consegna e di pagamento. I contratti devono essere informati a principi di trasparenza, correttezza, proporzionalità e reciproca corrispettività delle prestazioni, con riferimento ai beni forniti. [La nullità del contratto può anche essere rilevata d'ufficio dal giudice].*

2. Nelle relazioni commerciali tra operatori economici, ivi compresi i contratti che hanno ad oggetto la cessione dei beni di cui al comma 1, è vietato:

a) *imporre direttamente o indirettamente condizioni di acquisto, di vendita o altre condizioni contrattuali ingiustificatamente gravose, nonché condizioni extracontrattuali e retroattive;*

b) *applicare condizioni oggettivamente diverse per prestazioni equivalenti;*

c) *subordinare la conclusione, l'esecuzione dei contratti e la continuità e regolarità delle medesime relazioni commerciali alla esecuzione di prestazioni da parte dei contraenti che, per loro natura e secondo gli usi commerciali, non abbiano alcuna connessione con l'oggetto degli uni e delle altre;*

d) *conseguire indebite prestazioni unilaterali, non giustificate dalla natura o dal contenuto delle relazioni commerciali;*

e) *adottare ogni ulteriore condotta commerciale sleale che risulti tale anche tenendo conto del complesso delle relazioni commerciali che caratterizzano le condizioni di approvvigionamento.*

3. Per i contratti di cui al comma 1, il pagamento del corrispettivo deve essere effettuato per le merci deteriorabili entro il termine legale di trenta giorni e per tutte le altre merci entro il termine di sessanta giorni. In entrambi i casi il termine decorre dall'ultimo giorno del mese di ricevimento della fattura. Gli interessi decorrono automaticamente dal giorno successivo alla scadenza del termine. In questi casi il saggio degli interessi è maggiorato di ulteriori quattro punti percentuali ed è inderogabile.

4. Per « prodotti alimentari deteriorabili » si intendono i prodotti che rientrano in una delle seguenti categorie:

a) *prodotti agricoli, ittici e alimentari preconfezionati che riportano una data di scadenza o un termine minimo di conservazione non superiore a sessanta giorni;*

b) *prodotti agricoli, ittici e alimentari sfusi, comprese erbe e piante aromatiche, anche se posti in involucro protettivo o refrigerati, non sottoposti a trattamenti atti a prolungare la durabilità degli stessi per un periodo superiore a sessanta giorni;*

c) *prodotti a base di carne che presentino le seguenti caratteristiche fisico-chimiche:*

aW superiore a 0,95 e pH superiore a 5,2
oppure
aW superiore a 0,91
oppure
pH uguale o superiore a 4,5;

d) *tutti i tipi di latte.*

5. Salvo che il fatto costituisca reato, il contraente, ad eccezione del consumatore finale, che contravviene agli obblighi di cui al comma 1 è sottoposto alla sanzione amministrativa pecuniaria da euro 1.000,00 a euro 40.000,00. L'entità della sanzione è determinata facendo riferimento al valore dei beni oggetto di cessione.

6. Salvo che il fatto costituisca reato, il contraente, ad eccezione del consumatore finale, che contravviene agli obblighi di cui al comma 2 è punito con la sanzione amministrativa pecuniaria da euro 2.000,00 a euro 50.000,00. La misura della sanzione è determinata facendo riferi-

mento al beneficio ricevuto dal soggetto che non ha rispettato i divieti di cui al comma 2.

7. Salvo che il fatto costituisca reato, il mancato rispetto, da parte del debitore, dei termini di pagamento stabiliti al comma 3 è punito con sanzione amministrativa pecuniaria da 500 euro a euro 500.000. L'entità della sanzione viene determinata in ragione del fatturato dell'azienda cessionaria, della ricorrenza e della misura dei ritardi .

8. L'Autorità Garante per la Concorrenza ed il Mercato è incaricata della vigilanza sull'applicazione delle presenti disposizioni e all'irrogazione delle sanzioni ivi previste, ai sensi della legge 24 novembre 1981, n. 689. A tal fine, l'Autorità può avvalersi del supporto operativo della Guardia di Finanza, fermo restando quanto previsto in ordine ai poteri di accertamento degli ufficiali e degli agenti di polizia giudiziaria dall'articolo 13 della predetta legge 24 novembre 1981, n. 689. All'accertamento delle violazioni delle disposizioni di cui ai commi 1, 2 e 3 del presente articolo l'Autorità provvede d'ufficio o su segnalazione dell'Ispettorato centrale della tutela della qualità e della repressione delle frodi dei prodotti agroalimentari del Ministero delle politiche agricole alimentari e forestali o di qualunque soggetto interessato. Le attività di cui al presente comma sono svolte con le risorse umane, finanziarie e strumentali già disponibili a legislazione vigente.

9. Gli introiti derivanti dall'irrogazione delle sanzioni di cui ai commi 5, 6 e 7 sono versate all'entrata del bilancio dello Stato per essere riassegnati e ripartiti con decreto del Ministro dell'economia e delle finanze e iscritti nello stato di previsione del Ministero dello sviluppo economico, al Fondo derivante dalle sanzioni amministrative irrogate dall'Autorità Garante Concorrenza e Mercato da destinare a vantaggio dei consumatori per finanziare iniziative di informazione in materia alimentare a vantaggio dei consumatori e per finanziare attività di ricerca, studio e analisi in materia alimentare nell'ambito dell'Osservatorio unico delle Attività produttive, nonché nello stato di previsione del Ministero per le Politiche agricole, alimentari e forestali per il finanziamento di iniziative in materia agroalimentare, ovvero, in caso di violazioni relative a relazioni commerciali nel settore lattiero caseario, al Fondo per gli investimenti nel settore lattiero-caseario di cui all'articolo 1, comma 214, della legge 23 dicembre 2014, n. 190.

*10. Sono fatte salve le azioni in giudizio per il risarcimento del danno derivante dalle violazioni della presente disposizione, anche ove promosse dalle associazioni dei consumatori aderenti al CNCU e delle categorie imprenditoriali presenti nel Consiglio Nazionale dell'Economia e del Lavoro o comunque rappresentative a livello nazionale. Le stesse associazioni sono altresì legittimate ad agire, a tutela degli interessi collettivi, richiedendo l'inibitoria ai comportamenti in violazione della presente disposizione ai sensi degli articoli 669-*bis *e seguenti del codice di procedura civile.*

11. Sono abrogati i commi 3 e 4 dell'art. 4 del decreto legislativo 9 ottobre 2002, n. 231 e il decreto del Ministro delle attività produttive del 13 maggio 2003.

*11-*bis*. Le disposizioni di cui al presente articolo hanno efficacia decorsi sette mesi dalla data di pubblicazione della legge di conversione del presente decreto. Con decreto del Ministro delle politiche agricole alimentari e forestali, di concerto con il Ministro dello sviluppo economico, da emanare entro tre mesi dalla data di pubblicazione della legge di conversione del presente decreto, sono definite le modalità applicative delle disposizioni del presente articolo. »*

13 (*Omissis*).

14 Disposizioni transitorie e finali.

1. Le disposizioni di cui al presente decreto si applicano ai contratti di cessione di prodotti agricoli e alimentari conclusi a decorrere dall'entrata in vigore del presente decreto. I contratti di cessione in corso di esecuzione alla predetta data sono resi conformi alle disposizioni del presente decreto entro sei mesi dalla stessa.

SEZIONE SECONDA
AMBIENTE

CAPO I
DISPOSIZIONI GENERALI

10. Legge 8 luglio 1986, n. 349. — Istituzione del Ministero dell'ambiente e norme in materia di danno ambientale (*estratto*).

Pubblicata nella Gazzetta Ufficiale n. 162 del 15 luglio 1986, S.O.

1 1. È istituito il Ministero dell'ambiente.

2. È compito del Ministero assicurare, in un quadro organico, la promozione, la conservazione ed il recupero delle condizioni ambientali conformi agli interessi fondamentali della collettività ed alla qualità della vita, nonché la conservazione e la valorizzazione del patrimonio naturale nazionale e la difesa delle risorse naturali dall'inquinamento.

3. Il Ministero compie e promuove studi, indagini e rilevamenti interessanti l'ambiente; adotta, con i mezzi dell'informazione, le iniziative idonee a sensibilizzare l'opinione pubblica alle esigenze ed ai problemi dell'ambiente, anche attraverso la scuola, di concerto con il Ministro della pubblica istruzione.

4. Il Ministero instaura e sviluppa, previo coordinamento con il Ministero degli affari esteri e con gli altri Ministeri interessati, rapporti di cooperazione con gli organismi internazionali e delle Comunità europee.

5. Il Ministero promuove e cura l'adempimento di convenzioni internazionali, delle direttive e dei regolamenti comunitari concernenti l'ambiente e il patrimonio naturale.

6. Il Ministero presenta al Parlamento ogni due anni una relazione sullo stato dell'ambiente.

2 1. Il Ministero esercita:

a) le funzioni già attribuite al Comitato interministeriale previsto dall'articolo 3 della legge 10 maggio 1976, n. 319, e quelle attribuite dalla stessa legge e dalle successive modifiche ed integrazioni al Ministero dei lavori pubblici;

b) le funzioni già attribuite al Comitato interministeriale previsto dall'articolo 5 del decreto del Presidente della Repubblica 10 settembre 1982, n. 915;

c) le funzioni già attribuite allo Stato, in materia di inquinamento atmosferico ed acustico, salvo quelle previste dall'art. 102, numeri 1), 3), 4), 5) e 10) del d.P.R. 24 luglio 1977, n. 616, che vengono esercitate di concerto con il Ministro della sanità; nonché quelle previste al n. 7) dell'articolo citato che vengono esercitate di concerto con il Ministro dei trasporti e con il Ministro della sanità;

d) le funzioni di competenza dello Stato nelle materie di cui all'articolo 82 del decreto del Presidente della Repubblica 24 luglio 1977, n. 616, in materia di cave e torbiere, da esercitarsi di concerto con il Ministro dell'industria, del commercio e dell'artigianato.

2. [*abrogato*]

3. Le disposizioni degli articoli 12 e 13 della legge 13 luglio 1966, n. 615, e successive modificazioni ed integrazioni, restano in vigore fino alle date che saranno indicate nei decreti di cui al precedente comma 2.

4. [*abrogato dall'articolo 1, comma 11, l. 24 giugno 2013, n. 71*]

5. Il Ministro dell'ambiente interviene, per il concerto, nella predisposizione dei piani di settore a carattere nazionale che abbiano rilevanza di impatto ambientale.

6. Il Ministro dell'ambiente adotta, d'intesa con il Ministro dei lavori pubblici, le iniziative necessarie per assicurare il coordinamento, ad ogni livello di pianificazione, delle funzioni di tutela dell'ambiente di cui alla presente legge con gli interventi per la difesa del suolo e per la tutela e utilizzazione delle acque.

7. In particolare, fino alla riforma dell'Amministrazione dei lavori pubblici, sono esercitate di concerto con il Ministro dell'ambiente le funzioni di cui alla lettera *a*) del primo comma dell'articolo 81 del decreto Presidente della Repubblica 24 luglio 1977, n. 616, relativamente alle linee fondamentali dell'assetto del territorio nazionale ed alla difesa del suolo, nonché le funzioni di cui agli articoli 90 e 91 dello stesso decreto relativamente alla programmazione nazionale della destinazione delle risorse idriche.

8. Sono adottati di concerto con il Ministro dell'ambiente i provvedimenti di competenza ministeriale relativi al piano generale di difesa del mare e delle coste marine di cui all'articolo 1 della legge 31 dicembre 1982, n. 979.

9. I provvedimenti istitutivi, comprensivi dei piani di vincolo, delle riserve marine, di cui agli articoli 26, primo comma, e 27 della legge 31 dicembre 1982, n.

979, sono adottati con decreti del Ministro dell'ambiente di concerto con il Ministro della marina mercantile.

10-12. (*Omissis*).

13. L'articolo 29 della legge 31 dicembre 1982, n. 979, è soppresso.

14. Il Ministro dell'ambiente, di concerto con il Ministro della sanità, propone al Presidente del Consiglio dei ministri la fissazione dei limiti massimi di accettabilità delle concentrazioni e i limiti massimi di esposizione relativi ad inquinamenti di natura chimica, fisica e biologica e delle emissioni sonore relativamente all'ambiente esterno e abitativo di cui all'articolo 4 della l. 23 dicembre 1978, n. 833. La fissazione di tali limiti, ove gli stessi siano relativi agli ambienti di lavoro, è proposta al Presidente del Consiglio dei ministri dal Ministro della sanità, di concerto con il Ministro dell'ambiente e con il Ministro del lavoro e della previdenza sociale.

15. Gli atti di indirizzo e coordinamento previsti dalla L. 23 dicembre 1978, n. 833, relativi a funzioni trasferite alle regioni, e gli atti di esercizio di poteri relativi a funzioni delegate alle regioni stesse sono adottati di concerto con il Ministro dell'ambiente ove riferiti ad inquinamenti di natura chimica, fisica, biologica o da emissioni sonore.

16. Sono adottati dal Ministro della sanità, di concerto con il Ministro dell'ambiente, i provvedimenti di competenza ministeriale relativi all'attuazione del d.P.R. 8 giugno 1982, n. 470.

17. Il Ministro della sanità, di concerto con il Ministro dei lavori pubblici e con il Ministro dell'ambiente, adotta i provvedimenti di competenza ministeriale relativi all'attuazione del d.P.R. 3 luglio 1982, n. 515.

18. Il Ministro dell'ambiente, apprezzate le circostanze, promuove le iniziative necessarie per l'adozione degli atti per i quali è previsto il suo concerto.

19. Il Ministro dell'ambiente partecipa al concerto per la predisposizione del piano nazionale per la protezione civile.

20. Il Ministro dell'ambiente, di concerto con il Ministro per il coordinamento delle iniziative per la ricerca scientifica e tecnologica e con i Ministri interessati, predispone i piani nazionali di ricerca in materia ambientale e coordina la partecipazione italiana ai programmi di ricerca ambientale definiti dalla Comunità Europea.

3 1. Il Ministro dell'ambiente ed il Ministro per i beni culturali e ambientali assumono di intesa le iniziative necessarie per assicurare il coordinato esercizio delle attribuzioni di rispettiva competenza.

4 (*Omissis*).

5 1. I territori nei quali istituire riserve naturali e parchi di carattere interregionale sono individuati, a norma dell'articolo 83, comma quarto, del d.P.R. 24 luglio 1977, n. 616, su proposta del Ministro dell'ambiente.

2. Sono trasferite al Ministero dell'ambiente le competenze esercitate, ai sensi delle leggi vigenti, dal Ministero dell'agricoltura e delle foreste in materia di parchi nazionali e di individuazione delle zone di importanza naturalistica nazionale e internazionale promuovendo in esse la costituzione di parchi e riserve naturali.

3. Il Ministro dell'ambiente impartisce agli enti autonomi e agli altri organismi di gestione dei parchi nazionali e delle riserve naturali statali le direttive necessarie al raggiungimento degli obiettivi scientifici, educativi e di protezione naturalistica, verificandone l'osservanza. Propone altresì al Consiglio dei ministri norme generali di indirizzo e coordinamento per la gestione delle aree protette di carattere regionale e locale.

6-11 (*Omissis*).

12 1. È istituito il Consiglio nazionale per l'ambiente con la seguente composizione:

a) un rappresentante designato da ogni regione; per il Trentino-Alto Adige, uno designato dalla provincia autonoma di Trento e uno dalla provincia autonoma di Bolzano;

b) sei rappresentanti designati dall'Associazione nazionale comuni italiani e tre dalla Unione delle province d'Italia;

c) quindici rappresentanti nominati dal Ministro dell'ambiente su terne presentate dalle associazioni a carattere nazionale o presenti in almeno cinque regioni, di cui al successivo articolo 13;

d) un rappresentante del CNR, uno dell'ENEA e uno dell'ENEL.

2. Il Ministro dell'ambiente, quando ne ravvisi l'opportunità in relazione agli argomenti iscritti all'ordine del giorno del Consiglio, può invitare rappresentanti dell'impresa e del lavoro e degli ordini professionali.

3. Il Consiglio nazionale per l'ambiente è presieduto dal Ministro dell'ambiente ed è rinnovato ogni tre anni. Elegge nel suo seno il vicepresidente e stabilisce le regole per il proprio funzionamento. Si avvale di un apposito ufficio di segreteria istituito presso il Ministro dell'ambiente.

4. Il Consiglio dà pareri ed avanza proposte nelle materie indicate dalla presente legge nei casi e con le modalità stabilite con apposito regolamento approvato con decreto ministeriale.

5. Il Consiglio può proporre iniziative al Ministro dell'ambiente per il raggiungimento delle finalità indicate nell'articolo 1, comma 3.

6. Il Consiglio esprime il proprio parere sulla relazione di cui all'articolo 1, comma 6, che è allegato alla relazione stessa ai fini della sua trasmissione al Parlamento.

7. Il Consiglio nazionale per l'ambiente è nominato con decreto del Presidente della Repubblica, su proposta del Ministro dell'ambiente entro sessanta giorni dall'entrata in vigore della presente legge.

13 1. Le associazioni di protezione ambientale a carattere nazionale e quelle presenti in almeno cinque regioni sono individuate con decreto del Ministro dell'ambiente sulla base delle finalità programmatiche e dell'ordinamento interno democratico previsti dallo statuto, nonché della continuità dell'azione e della sua rilevanza esterna, previo parere del Consiglio nazionale per l'ambiente da esprimere entro novanta giorni dalla richiesta. Decorso tale termine senza che il parere sia stato espresso, il Ministro dell'ambiente decide (1).

2. Il Ministro, al solo fine di ottenere, per la prima composizione del Consiglio nazionale per l'ambiente, le terne di cui al precedente art. 12, comma 1, lett. *c*), effettua, entro trenta giorni dall'entrata in vigore della presente legge, una prima individuazione delle associazioni a carattere nazionale e di quelle presenti in almeno cinque regioni, secondo i criteri di cui al precedente comma 1, e ne informa il Parlamento.

(1) *Periodo aggiunto dall'art. 17, comma 3, l. 23 marzo 2001, n. 93.*

14 1. Il Ministro dell'ambiente assicura la più ampia divulgazione delle informazioni sullo stato dell'ambiente.

2. Gli atti adottati dal Consiglio nazionale per l'ambiente debbono essere motivati e, quando la loro conoscenza interessi la generalità dei cittadini e risponda ad esigenze informative di carattere diffuso, vengono pubblicati per estratto nella Gazzetta Ufficiale della Repubblica italiana ai sensi dell'articolo 3 della legge 11 dicembre 1984, n. 839, con la menzione del numero del Bollettino Ufficiale del Ministero dell'ambiente, che riporta il testo integrale dagli atti stessi nonché il processo verbale delle sedute.

3. Qualsiasi cittadino ha diritto di accesso alle informazioni sullo stato dell'ambiente disponibili, in conformità delle leggi vigenti, presso gli uffici della pubblica amministrazione, e può ottenere copia previo rimborso delle spese di riproduzione e delle spese effettive di ufficio il cui importo è stabilito con atto dell'amministrazione interessata.

15-17 (*Omissis*).

18 (1).

1. [Qualunque fatto doloso o colposo in violazione di disposizioni di legge o di provvedimenti adottati in base a legge che comprometta l'ambiente, ad esso arrecando danno, alterandolo, deteriorandolo o distruggendolo in tutto o in parte, obbliga l'autore del fatto al risarcimento nei confronti dello Stato].

2. [Per la materia di cui al precedente comma 1 la giurisdizione appartiene al giudice ordinario, ferma quella della Corte dei conti, di cui all'articolo 22 del decreto del Presidente della Repubblica 10 gennaio 1957, n. 3].

3. [L'azione di risarcimento del danno ambientale, anche se esercitata in sede penale, è promossa dallo Stato, nonché dagli enti territoriali sui quali incidano i beni oggetto del fatto lesivo].

4. [Le associazioni di cui al precedente articolo 13 e i cittadini, al fine di sollecitare l'esercizio dell'azione da parte dei soggetti legittimati, possono denunciare i fatti lesivi di beni ambientali dei quali siano a conoscenza].

5. Le associazioni individuate in base all'articolo 13 della presente legge possono intervenire nei giudizi per danno ambientale e ricorrere in sede di giurisdizione amministrativa per l'annullamento di atti illegittimi.

6. [Il giudice, ove non sia possibile una precisa quantificazione del danno, ne determina l'ammontare in via equitativa, tenendo comunque conto della gravità della colpa individuale, del costo necessario per il ripristino e del profitto conseguito dal trasgres- sore in conseguenza del suo comportamento lesivo dei beni ambientali].

7. [Nei casi di concorso nello stesso evento di danno, ciascuno risponde nei limiti della più propria responsabilità individuale].

8. [Il giudice, nella sentenza di condanna, dispone, ove possibile, il ripristino dello stato dei luoghi a spese del responsabile].

9. [Per la riscossione dei crediti in favore dello Stato risultanti dalle sentenze di condanna si applicano le norme di cui al testo unico delle disposizioni di legge relative alla riscossione delle entrate patrimoniali dello Stato, approvato con regio decreto 14 aprile 1910, n. 639].

9-*bis*. [Le somme derivanti dalla riscossione dei crediti in favore dello Stato per il risarcimento del danno di cui al comma 1, ivi comprese quelle derivanti dall'escussione di fidejussioni a favore dello Stato, assunte a garanzia del risarcimento medesimo, sono versate all'entrata del bilancio dello Stato, per essere riassegnate, con decreto del Ministro del tesoro, del bilancio e della programmazione economica, ad un fondo di rotazione da istituire nell'àmbito di apposita unità previsionale di base dello stato di previsione del Ministero dell'ambiente, al fine di finanziare, anche in via di anticipazione:

a) interventi urgenti di perimetrazione, caratterizzazione e messa in sicurezza dei siti inquinati, con priorità per le aree per le quali ha avuto luogo il risarcimento del danno ambientale;

b) interventi di disinquinamento, bonifica e ripristino ambientale delle aree per le quali abbia avuto luogo il risarcimento del danno ambientale;

c) interventi di bonifica e ripristino ambientale previsti nel programma nazionale di bonifica e ripristino ambientale dei siti inquinati di cui all'articolo 1, comma 3, della legge 9 dicembre 1998, n. 426].

9-*ter*. [Con decreto del Ministro dell'ambiente, adottato di concerto con il Ministro del tesoro, del bilancio e della programmazione economica, sono disciplinate le modalità di funzionamento e di accesso al predetto fondo di rotazione, ivi comprese le procedure per il recupero delle somme concesse a titolo di anticipazione].

(1) *Il presente articolo è stato abrogato, ad eccezione del comma 5, dall'art. 318, d.lgs. 3 aprile 2006, n. 152.*

11. Decreto legge 4 dicembre 1993, n. 496, convertito, con modificazioni, in legge 21 gennaio 1994, n. 61. — Disposizioni urgenti sulla riorganizzazione dei controlli ambientali e istituzione della Agenzia nazionale per la protezione dell'ambiente (*estratto*).

Pubblicato nella Gazzetta Ufficiale n. 285 del 4 dicembre 1993; la legge di conversione è stata pubblicata nella Gazzetta Ufficiale n. 21 del 27 gennaio 1994.

01 Attività tecnico-scientifiche per la protezione dell'ambiente.

1. Ai fini del presente decreto, le attività tecnico-scientifiche connesse all'esercizio delle funzioni pubbliche per la protezione dell'ambiente consistono:

a) nella promozione, nei confronti degli enti preposti, della ricerca di base e applicata sugli elementi dell'ambiente fisico, sui fenomeni di inquinamento, sulle condizioni generali e di rischio, sulle forme di tutela degli ecosistemi;

b) nella raccolta sistematica, anche informatizzata, e nella integrale pubblicazione di tutti i dati sulla situazione ambientale, anche attraverso la realizzazione del sistema informativo e di monitoraggio ambientale in raccordo con i Servizi tecnici nazionali;

c) nella elaborazione di dati e di informazioni di interesse ambientale, nella diffusione dei dati sullo stato dell'ambiente, nella elaborazione, verifica e promozione di programmi di divulgazione e formazione in materia ambientale;

d) nella formulazione alle autorità amministrative centrali e periferiche di proposte e pareri concernenti: i limiti di accettabilità delle sostanze inquinanti; gli standard di qualità dell'aria, delle risorse idriche e del suolo; lo smaltimento dei rifiuti; le norme di campionamento e di analisi dei limiti di accettabilità e degli standard di qualità; le metodologie per il rilevamento dello stato dell'ambiente e per il controllo dei fenomeni di inquinamento e dei fattori di rischio nonché gli interventi per la tutela, il risanamento e il recupero dell'ambiente, delle aree naturali protette, dell'ambiente marino e costiero;

e) nella cooperazione con l'Agenzia europea dell'ambiente e con l'Istituto statistico delle Comunità europee (EUROSTAT), nonché con le organizzazioni internazionali operanti nel settore della salvaguardia ambientale;

f) nella promozione della ricerca e della diffusione di tecnologie ecologicamente compatibili, di prodotti e sistemi di produzione a ridotto impatto ambientale anche al fine dell'esercizio delle funzioni relative alla concessione del marchio CEE di qualità ecologica e all'attività di auditing in campo ambientale;

g) nella verifica della congruità e della efficacia tecnica delle disposizioni normative in materia ambientale nonché nella verifica della documentazione tecnica, che accompagna le domande di autorizzazione, richiesta dalle leggi vigenti in campo ambientale;

h) nei controlli di fattori fisici, chimici e biologici di inquinamento acustico, dell'aria, delle acque e del suolo, ivi compresi quelli sull'igiene dell'ambiente;

i) nell'attività di supporto tecnico-scientifico agli organi preposti alla valutazione ed alla prevenzione dei rischi di incidenti rilevanti connessi ad attività produttive;

l) nei controlli ambientali delle attività connesse all'uso pacifico dell'energia nucleare e nei controlli in materia di protezione dalle radiazioni;

m) negli studi e nelle attività tecnico-scien-tifiche di supporto alla valutazione di impatto ambientale;

n) in qualsiasi altra attività collegata alle competenze in materia ambientale.

2. Restano ferme le attribuzioni tecniche e di controllo e quelle amministrative di interesse nazionale spettanti, in base alla legislazione vigente, ai Servizi tecnici nazionali e, in materia di igiene degli alimenti, di servizi veterinari, di igiene, prevenzione e sicurezza nei luoghi di lavoro e di igiene e sanità pubblica, al Servizio sanitario nazionale.

3. L'Agenzia nazionale per la protezione dell'ambiente di cui all'art. 1 e le Agenzie regionali e delle province autonome di cui all'art. 3, ciascuna nell'ambito delle attribuzioni stabilite dal presente decreto, sono tenute a prevedere forme di consultazione delle associazioni imprenditoriali di categoria e delle organizzazioni sindacali nelle materie di cui al comma 1 del presente articolo.

02 Funzioni amministrative delle province.

1. Le regioni nell'esercizio della potestà legislativa prevista dall'art. 3 della legge 8 giugno 1990, n. 142, provvedono, entro 6 mesi dalla data di entrata in vigore della legge di conversione del presente decreto, all'organica ricomposizione in capo alle province delle funzioni amministrative in materia ambientale di cui all'art. 14 della stessa legge.

2. Per l'espletamento delle funzioni di cui al comma 1, le strutture tecniche provinciali dell'Agenzia regionale di cui all'art. 03, sono poste alle dipendenze funzionali delle province, secondo criteri stabiliti in base ad apposite convenzioni stipulate con le regioni.

3. In attesa delle leggi regionali di cui all'art. 03, le province esercitano le funzioni amministrative di autorizzazione e di controllo per la salvaguardia dell'igiene dell'ambiente, di cui all'art. 1, comma 1, del decreto del Presidente della Repubblica 5 giugno 1993, n. 177, già di competenza delle unità sanitarie locali, avvalendosi dei presìdi multizonali di prevenzione e dei competenti servizi delle unità sanitarie locali.

4. Sulla base di accordi di programma promossi dalle regioni fra i soggetti interessati sono determinati i costi necessari per lo svolgimento delle attività di con-

trollo ambientale di cui al presente articolo, da considerare ai fini della determinazione delle tariffe di cui all'art. 2, comma 1, lettere *b*) e *c*), della legge 23 dicembre 1992, n. 498, nonché le modalità per il trasferimento dei relativi importi ai soggetti competenti. Le regioni, in conformità alle direttive all'uopo emanate dal Ministro dell'ambiente, di concerto con il Ministro del tesoro, curano annualmente la pubblicazione di relazioni preventive e consuntive, sulle attività di controllo provinciali indicanti, in particolare, quantità di mezzi personali, reali e finanziari disponibili, tipo e quantità dei controlli effettuati, tipo e quantità dei mezzi effettivamente utilizzati.

03 Agenzie regionali e delle province autonome.

1. Per lo svolgimento delle attività di interesse regionale di cui all'art. 01 e delle ulteriori attività tecniche di prevenzione, di vigilanza e di controllo ambientale, eventualmente individuate dalle regioni e dalle province autonome di Trento e di Bolzano, le medesime regioni e province autonome con proprie leggi, entro centottanta giorni dalla data di entrata in vigore della legge di conversione del presente decreto, istituiscono rispettivamente Agenzie regionali e provinciali, attribuendo ad esse o alle loro articolazioni territoriali le funzioni, il personale, i beni mobili e immobili, le attrezzature e la dotazione finanziaria dei presidi multizonali di prevenzione, nonché il personale, l'attrezzatura e la dotazione finanziaria dei servizi delle unità sanitarie locali adibiti alle attività di cui all'art. 1. Le Agenzie regionali e provinciali hanno autonomia tecnico-giuridica, amministrativa, contabile e sono poste sotto la vigilanza della Presidenza della Giunta provinciale o regionale (1).

2. Le Agenzie sono istituite senza oneri aggiuntivi per le regioni, utilizzando, oltre al personale di cui al comma 1, personale già in organico presso di esse o presso enti finanziati con risorse regionali. Corrispondentemente sono ridotti gli organici regionali, i relativi oneri e i trasferimenti destinati agli enti finanziati con risorse regionali da cui provenga il personale dell'Agenzia. Deve essere condotta una rico- gnizione, entro 12 mesi dalla data di entrata in vigore della legge di conversione del presente decreto, che sulla base di parametri quali la densità di popolazione, la densità di sorgenti inquinanti, la presenza di recettori particolarmente sensibili, la densità di attività produttive ed agricole, permetta di definire gli obiettivi del controllo ambientale per l'area di competenza delle Agenzie regionali e di strutturare su di essi la dotazione organica, strumentale, finanziaria delle Agenzie regionali e delle loro articolazioni.

3. Al fine di assicurare efficacia e indirizzi omogenei all'attività di prevenzione, di vigilanza e di controllo ambientali, nonché di coordinamento con l'attività di prevenzione sanitaria, le Agenzie sono organizzate in settori tecnici corrispondenti alle principali aree di intervento e articolate in dipartimenti provinciali o subprovinciali e in servizi territoriali.

4. Le regioni e le province autonome di Trento e di Bolzano, con le leggi di cui al comma 1, provvedono a definire l'organizzazione nonché la dotazione tecnica e di personale e le risorse finanziarie delle Agenzie, con l'osservanza, per quanto riguarda l'aspetto sanitario, delle disposizioni contenute nell'art. 7 del decreto legislativo 30 dicembre 1992, n. 502 e successive modificazioni, per le parti non in contrasto con il decreto del Presidente della Repubblica 5 giugno 1993, n. 177. Esse stabiliscono le modalità di consulenza e di supporto all'azione delle province, dei comuni e delle comunità montane, dei dipartimenti e dei servizi territoriali dell'Agenzia e fissano le modalità di integrazione e di coordinamento che evitino sovrapposizioni di funzioni e di attività con i servizi delle unità sanitarie locali.

5. Le Agenzie di cui al presente articolo collaborano con l'Agenzia nazionale per la protezione dell'ambiente di cui all'art. 1, cui prestano, su richiesta, supporto tecnico in attuazione delle convenzioni di cui al comma 3 del medesimo art. 1. In attesa dell'attuazione delle disposizioni di cui all'art. 45, comma 3, del decreto legislativo 3 febbraio 1993, n. 29, al personale delle Agenzie di cui al presente articolo è confermato il trattamento giuridico ed economico in godimento.

6. Le Agenzie regionali per lo svolgimento delle proprie attività istituzionali si avvalgono delle sezioni regionali dell'Albo di cui all'art. 10 del decreto-legge 31 agosto 1987, n. 361, convertito, con modificazioni, dalla legge 29 ottobre 1987, n. 441. I rapporti fra le Agenzie e le sezioni regionali del predetto Albo sono regolati dall'accordo di programma di cui al comma 6 dell'art. 1 del presente decreto.

(1) *La Corte costituzionale, con sentenza 27 luglio 1994, n. 356, ha dichiarato* l'illegittimità *costituzionale del presente comma, ultimo periodo, nella parte in cui stabilisce che: « le agenzie provinciali sono poste sotto la vigilanza "della presidenza della giunta provinciale", anziché "della provincia autonoma" ».*

1 Agenzia nazionale per la protezione dell'ambiente (1).

1. È istituita l'Agenzia nazionale per la protezione dell'ambiente (ANPA), che svolge:

a) le attività tecnico-scientifiche di cui all'art. 01, comma 1, di interesse nazionale;

b) le attività di indirizzo e coordinamento tecnico nei confronti delle Agenzie di cui all'art. 03 allo scopo di rendere omogenee sul piano nazionale le metodologie operative per l'esercizio delle competenze ad esse spettanti;

c) le attività di consulenza e supporto tecnico-scientifico del Ministero dell'ambiente e, tramite convenzione, di altre amministrazioni ed enti pubblici.

2. L'ANPA fornisce al Ministro dell'ambiente tutti gli elementi tecnici e documentali in proprio possesso, nonché le elaborazioni utili per la predisposizione della relazione sullo stato dell'ambiente di cui all'art. 1, comma 6, della legge 8 luglio 1986, n. 349.

3. L'ANPA stipula con le regioni e con le province autonome di Trento e di Bolzano apposite convenzioni che prevedono la specializzazione di talune strutture tecniche delle Agenzie di cui all'art. 03, al fine di assicurare sull'intero territorio nazionale il più efficace espletamento delle sue funzioni.

4. L'ANPA, anche sulla base di indicazioni espresse dal Ministro dell'università e della ricerca scientifica e tecnologica, stipula con il Ministro dell'ambiente e con

l'Ente per le nuove tecnologie, l'energia e l'ambiente (ENEA) apposita convenzione per l'individuazione delle attività di ricerca, finalizzate all'espletamento dei compiti dell'Agenzia, che l'ENEA dovrà svolgere sulla base di accordi di programma ai sensi dell'art. 2, comma 2, lettera *a*), della legge 25 agosto 1991, n. 282. Per la medesima finalità l'ANPA stipula accordi di programma con enti e istituzioni di ricerca pubblici e privati.

5. Le amministrazioni dello Stato, anche ad ordinamento autonomo, nonché gli enti pubblici, territoriali e locali e le società per azioni operanti in regime di concessione esclusiva, che comunque raccolgano dati nel settore ambientale, devono trasmetterli all'ANPA, secondo le modalità stabilite con il regolamento di cui all'art. 1-*ter*, comma 5.

6. Entro 60 giorni dalla data di entrata in vigore della legge di conversione del presente decreto con apposito accordo di programma stipulato dall'ANPA con l'Unioncamere, vengono stabilite le modalità per l'integrazione con i dati ambientali riguardanti il sistema delle imprese, la cui raccolta e informatizzazione spetta alle camere di commercio, industria, artigianato e agricoltura.

7. L'ANPA, anche sulla base di apposite direttive del Ministro dell'ambiente, predispone un programma triennale della propria attività. Nell'ambito di tale programma il Consiglio di amministrazione dell'Agenzia adotta ogni anno il piano di lavoro.

8. L'ANPA fa parte del Sistema statistico nazionale.

(1) *Articolo sostituito sede di conversione.*

1-*bis* Disposizioni concernenti organismi operanti nel settore ambientale (1).

1. In sede di riorganizzazione del Ministero dell'ambiente, ai sensi dell'art. 6 del decreto legislativo 3 febbraio 1993, n. 29, da effettuare entro il 31 dicembre 1994, si provvede anche al riordino delle commissioni e dei comitati tecnico-scientifici operanti presso il medesimo Ministero tenendo conto delle competenze attribuite all'ANPA ai sensi del presente decreto e provvedendo altresì al conseguente trasferimento all'Agenzia del personale non più impiegato presso le suddette commissioni e i suddetti comitati e delle corrispondenti risorse finanziarie.

2. I componenti delle commissioni e dei comitati di cui al comma 1, trasferiti all'ANPA ai sensi del medesimo comma, continuano a prestare la propria attività nell'ambito dell'Agenzia in analoga posizione e con analoghe funzioni fino alla scadenza dell'incarico. Qualora siano appartenenti al personale civile e militare dello Stato e degli enti pubblici, anche economici, essi, alla scadenza dell'incarico, sono inquadrati a domanda nel ruolo organico dell'ANPA.

3. Con apposito regolamento si provvede anche al riordino delle commissioni e dei comitati tecnico-scientifici operanti presso altri Ministeri, istituti ed enti pubblici, tenendo conto delle competenze attribuite all'ANPA ai sensi del presente decreto.

4. A decorrere dalla data di entrata in vigore del regolamento di cui all'art. 1-*ter*, comma 5, del presente decreto, le iniziative adottate in attuazione dell'art. 18, comma 1, lettera *e*), della legge 11 marzo 1988, n. 67, relative al sistema informativo e di monitoraggio ambientale e le relative dotazioni tecniche sono trasferite all'ANPA secondo le modalità definite con il medesimo regolamento. È abrogato l'ultimo periodo del comma 5 dell'art. 9 della legge 18 maggio 1989, n. 183. Restano ferme tutte le altre competenze dei Servizi tecnici nazionali.

5. A decorrere dalla data di entrata in vigore della legge di conversione del presente decreto, la Direzione per la sicurezza nucleare e la protezione sanitaria dell'ENEA (ENEA-DISP), i relativi compiti, il personale, le strutture, le dotazioni tecniche e le risorse finanziarie sono trasferiti all'ANPA. A decorrere dalla stessa data sono abrogati l'art. 4 della legge 18 marzo 1982, n. 85, e l'art. 3 della legge 25 agosto 1991, n. 282.

6. Per le attività relative all'ambiente marino l'ANPA si avvale dell'Istituto centrale per la ricerca scientifica e tecnologica applicata al mare (ICRAM), che è posto sotto la vigilanza del Ministero dell'ambiente. Le modalità di coordinamento ed integrazione tra l'ANPA e l'ICRAM, nonché le norme di organizzazione e le competenze dell'ICRAM sono stabilite con decreto del Ministro dell'ambiente emanato di concerto con il Ministro per la funzione pubblica entro 30 giorni dalla data di entrata in vigore della legge di conversione del presente decreto. In applicazione del presente comma, a decorrere dall'esercizio finanziaro 1994, il contributo ordinario per le spese relative al funzionamento dell'ICRAM è iscritto nello stato di previsione del Ministero dell'ambiente.

7. Al fine dell'attuazione delle disposizioni di cui al presente articolo, il Ministro del tesoro è autorizzato ad apportare, con propri decreti, le occorrenti variazioni di bilancio.

8. Il contingente di personale di cui all'art. 3, comma 9, della legge 6 dicembre 1991, n. 394, è composto anche mediante apposito comando di dipendenti di ogni altra amministrazione dello Stato o delle società a partecipazione statale di prevalente interesse pubblico ovvero mediante ricorso alla mobilità volontaria e d'ufficio prevista dalle vigenti disposizioni in materia.

(1) *A norma dell'articolo 28, comma 2, del d.l. 25 giugno 2008, n. 112, convertito con modificazioni in legge 6 agosto 2008, n. 133, l'Istituto Centrale per la Ricerca scientifica e tecnologica applicata al mare, di cui al presente articolo è soppresso, e le sue funzioni sono svolte dall'ISPRA.*

1-*ter*-8 (*Omissis*).

12. Decreto legislativo 19 agosto 2005, n. 195. — Attuazione della direttiva 2003/4/CE sull'accesso del pubblico all'informazione ambientale.

Pubblicato nella Gazzetta Ufficiale, n. 222 del 23 settembre 2005.

1 Finalità.

1. Il presente decreto, nello stabilire i principi generali in materia di informazione ambientale, è volto a:

a) garantire il diritto d'accesso all'informazione ambientale detenuta dalle autorità pubbliche e stabilire i termini, le condizioni fondamentali e le modalità per il suo esercizio;

b) garantire, ai fini della più ampia trasparenza, che l'informazione ambientale sia sistematicamente e progressivamente messa a disposizione del pubblico e diffusa, anche attraverso i mezzi di telecomunicazione e gli strumenti informatici, in forme o formati facilmente consultabili, promuovendo a tale fine, in particolare, l'uso delle tecnologie dell'informazione e della comunicazione.

2 Definizioni.

1. Ai fini del presente decreto s'intende per:

a) « informazione ambientale »: qualsiasi informazione disponibile in forma scritta, visiva, sonora, elettronica od in qualunque altra forma materiale concernente:

1) lo stato degli elementi dell'ambiente, quali l'aria, l'atmosfera, l'acqua, il suolo, il territorio, i siti naturali, compresi gli igrotopi, le zone costiere e marine, la diversità biologica ed i suoi elementi costitutivi, compresi gli organismi geneticamente modificati, e, inoltre, le interazioni tra questi elementi;

2) fattori quali le sostanze, l'energia, il rumore, le radiazioni od i rifiuti, anche quelli radioattivi, le emissioni, gli scarichi ed altri rilasci nell'ambiente, che incidono o possono incidere sugli elementi dell'ambiente, individuati al numero 1);

3) le misure, anche amministrative, quali le politiche, le disposizioni legislative, i piani, i programmi, gli accordi ambientali e ogni altro atto, anche di natura amministrativa, nonché le attività che incidono o possono incidere sugli elementi e sui fattori dell'ambiente di cui ai numeri 1) e 2), e le misure o le attività finalizzate a proteggere i suddetti elementi;

4) le relazioni sull'attuazione della legislazione ambientale;

5) le analisi costi-benefici ed altre analisi ed ipotesi economiche, usate nell'ambito delle misure e delle attività di cui al numero 3);

6) lo stato della salute e della sicurezza umana, compresa la contaminazione della catena alimentare, le condizioni della vita umana, il paesaggio, i siti e gli edifici d'interesse culturale, per quanto influenzabili dallo stato degli elementi dell'ambiente di cui al punto 1) o, attraverso tali elementi, da qualsiasi fattore di cui ai punti 2) e 3);

b) « autorità pubblica »: le amministrazioni pubbliche statali, regionali, locali, le aziende autonome e speciali, gli enti pubblici ed i concessionari di pubblici servizi, nonché ogni persona fisica o giuridica che svolga funzioni pubbliche connesse alle tematiche ambientali o eserciti responsabilità amministrative sotto il controllo di un organismo pubblico;

c) « informazione detenuta da un'autorità pubblica »: l'informazione ambientale in possesso di una autorità pubblica in quanto dalla stessa prodotta o ricevuta o materialmente detenuta da persona fisica o giuridica per suo conto;

d) « richiedente »: la persona fisica o l'ente che chiede l'informazione ambientale;

e) « pubblico »: una o più persone, fisiche o giuridiche, e le associazioni, le organizzazioni o gruppi di persone fisiche o giuridiche.

3 Accesso all'informazione ambientale su richiesta (1).

1. L'autorità pubblica rende disponibile, secondo le disposizioni del presente decreto, l'informazione ambientale detenuta a chiunque ne faccia richiesta, senza che questi debba dichiarare il proprio interesse.

2. Fatto salvo quanto stabilito all'articolo 5 e tenuto conto del termine eventualmente specificato dal richiedente, l'autorità pubblica mette a disposizione del richiedente l'informazione ambientale quanto prima possibile e, comunque, entro 30 giorni dalla data del ricevimento della richiesta ovvero entro 60 giorni dalla stessa data nel caso in cui l'entità e la complessità della richiesta sono tali da non consentire di soddisfarla entro il predetto termine di 30 giorni. In tale ultimo caso l'autorità pubblica informa tempestivamente e, comunque, entro il predetto termine di 30 giorni il richiedente della proroga e dei motivi che la giustificano.

3. Nel caso in cui la richiesta d'accesso è formulata in maniera eccessivamente generica l'autorità pubblica può chiedere al richiedente, al più presto e, comunque, entro 30 giorni dalla data del ricevimento della richiesta stessa, di specificare i dati da mettere a disposizione, prestandogli, a tale scopo, la propria collaborazione, anche attraverso la fornitura di informazioni sull'uso dei cataloghi pubblici di cui all'articolo 4, comma 1, ovvero può, se lo ritiene opportuno, respingere la richiesta, ai sensi dell'articolo 5, comma 1, lettera *c*).

4. Nel caso in cui l'informazione ambientale è richiesta in una forma o in un formato specifico, ivi compresa la riproduzione di documenti, l'autorità pubblica la mette a disposizione nei modi richiesti, eccetto nel caso in cui:

a) l'informazione è già disponibile al pubblico in altra forma o formato, a norma dell'articolo 8, e facilmente accessibile per il richiedente;

b) è ragionevole per l'autorità pubblica renderla disponibile in altra forma o formato.

5. Nei casi di cui al comma 4, lettere *a*) e *b*), l'autorità pubblica comunica al richiedente i motivi del rifiuto dell'informazione nella forma o nel formato richiesti entro il termine di 30 giorni dalla data del ricevimento della richiesta stessa.

6. Nel caso di richiesta d'accesso concernente i fattori di cui all'articolo 2, comma 1, lettera *a*), numero 2), l'autorità pubblica indica al richiedente, se da questi espressamente richiesto, dove possono essere reperite, se disponibili, le informazioni relative al procedimento di misurazione, ivi compresi i metodi d'analisi, di prelievo di campioni e di preparazione degli stessi, utilizzato per raccogliere l'informazione ovvero fa riferimento alla metodologia normalizzata utilizzata.

7. L'autorità pubblica mantiene l'informazione ambientale detenuta in forme o formati facilmente riproducibili e, per quanto possibile, consultabili tramite reti di telecomunicazione informatica o altri mezzi elettronici.

(1) *Per le associazioni di protezione ambientale, v. art. 13 l. 8 luglio 1986, n. 349, che così dispone: « 1. Le associazioni di protezione ambientale a carattere nazionale e quelle presenti in almeno cinque regioni sono individuate con decreto del Ministero dell'ambiente sulla base delle finalità programmatiche e dell'ordinamento interno democratico previsti dallo statuto, nonché della continuità dell'azione e della sua rilevanza esterna, previo parere del Consiglio nazionale per l'ambiente da esprimere entro novanta giorni dalla richiesta. Decorso tale termine senza che il parere sia stato espresso, il Ministero dell'ambiente decide. — 2. Il Ministro, al solo fine di ottenere, per la prima composizione del Consiglio nazionale per l'ambiente, le terne di cui al precedente art. 12, comma 1, lett.* c), *effettua entro trenta giorni dall'entrata in vigore della presente legge, una prima individuazione delle associazioni a carattere nazionale e di quelle presenti in almeno cinque regioni, secondo i criteri di cui al precedente comma 1, e ne informa il Parlamento ».*

In materia di danno ambientale, v. gli artt. 299 ss. d.lgs. 3 aprile 2006, n. 152 e, in particolare art. 300 e art. 311, che riporta il testo dell'art. 18 della l. 8 luglio 1986, n. 349 (abrogato, ad eccezione del comma 5, dal medesimo d.lgs. n. 152, cit.).

4 Cataloghi e punti d'informazione.

1. Al fine di fornire al pubblico tutte le notizie utili al reperimento dell'informazione ambientale, entro sei mesi dalla data di entrata in vigore del presente decreto, l'autorità pubblica istituisce e aggiorna almeno annualmente appositi cataloghi pubblici dell'informazione ambientale contenenti l'elenco delle tipologie dell'informazione ambientale detenuta ovvero si avvale degli uffici per le relazioni con il pubblico già esistenti.

2. L'autorità pubblica può evidenziare nei cataloghi di cui al comma 1 le informazioni ambientali detenute che non possono essere diffuse al pubblico ai sensi dell'articolo 5.

3. L'autorità pubblica informa in maniera adeguata il pubblico sul diritto di accesso alle informazioni ambientali disciplinato dal presente decreto.

5 Casi di esclusione del diritto di accesso.

1. L'accesso all'informazione ambientale è negato nel caso in cui:

a) l'informazione richiesta non è detenuta dall'autorità pubblica alla quale è rivolta la richiesta di accesso. In tale caso l'autorità pubblica, se conosce quale autorità detiene l'informazione, trasmette rapidamente la richiesta a quest'ultima e ne informa il richiedente ovvero comunica allo stesso quale sia l'autorità pubblica dalla quale è possibile ottenere l'informazione richiesta;

b) la richiesta è manifestamente irragionevole avuto riguardo alle finalità di cui all'articolo 1;

c) la richiesta è espressa in termini eccessivamente generici;

d) la richiesta concerne materiali, documenti o dati incompleti o in corso di completamento. In tale caso, l'autorità pubblica informa il richiedente circa l'autorità che prepara il materiale e la data approssimativa entro la quale detto materiale sarà disponibile;

e) la richiesta riguarda comunicazioni interne, tenuto, in ogni caso, conto dell'interesse pubblico tutelato dal diritto di accesso.

2. L'accesso all'informazione ambientale è negato quando la divulgazione dell'informazione reca pregiudizio:

a) alla riservatezza delle deliberazioni interne delle autorità pubbliche, secondo quanto stabilito dalle disposizioni vigenti in materia;

b) alle relazioni internazionali, all'ordine e sicurezza pubblica o alla difesa nazionale;

c) allo svolgimento di procedimenti giudiziari o alla possibilità per l'autorità pubblica di svolgere indagini per l'accertamento di illeciti;

d) alla riservatezza delle informazioni commerciali o industriali, secondo quanto stabilito dalle disposizioni vigenti in materia, per la tutela di un legittimo interesse economico e pubblico, ivi compresa la riservatezza statistica ed il segreto fiscale, nonché ai diritti di proprietà industriale, di cui al decreto legislativo 10 febbraio 2005, n. 30;

e) ai diritti di proprietà intellettuale;

f) alla riservatezza dei dati personali o riguardanti una persona fisica, nel caso in cui essa non abbia acconsentito alla divulgazione dell'informazione al pubblico, tenuto conto di quanto stabilito dal decreto legislativo 30 giugno 2003, n. 196;

g) agli interessi o alla protezione di chiunque abbia fornito di sua volontà le informazioni richieste, in assenza di un obbligo di legge, a meno che la persona interessata abbia acconsentito alla divulgazione delle informazioni in questione;

h) alla tutela dell'ambiente e del paesaggio, cui si riferisce l'informazione, come nel caso dell'ubicazione di specie rare.

3. L'autorità pubblica applica le disposizioni dei commi 1 e 2 in modo restrittivo, effettuando, in relazione a ciascuna richiesta di accesso, una valutazione ponderata fra l'interesse pubblico all'informazione ambientale e l'interesse tutelato dall'esclusione dall'accesso.

4. Nei casi di cui al comma 2, lettere *a*), *d*), *f*), *g*) e *h*), la richiesta di accesso non può essere respinta qualora riguardi informazioni su emissioni nell'ambiente.

5. Nei casi di cui al comma 1, lettere *d*) ed *e*), ed al comma 2, l'autorità pubblica dispone un accesso parziale, a favore del richiedente, qualora sia possibile espungere dall'informazione richiesta le informazioni escluse dal diritto di accesso ai sensi dei citati commi 1 e 2.

6. Nei casi in cui il diritto di accesso è rifiutato in tutto o in parte, l'autorità pubblica ne informa il richiedente per iscritto o, se richiesto, in via informatica, entro i termini previsti all'articolo 3, comma 2, precisando i motivi del rifiuto ed informando il richiedente della procedura di riesame prevista all'articolo 7.

6 Tariffe.

1. L'accesso ai cataloghi previsti all'articolo 4 e l'esame presso il detentore dell'informazione richiesta sono gratuiti, fatto salvo quanto stabilito all'articolo 25, comma 1, della legge 7 agosto 1990, n. 241, e successive modificazioni, relativamente al rilascio di copie.

2. Fermo restando quanto previsto al comma 1, l'autorità pubblica può, in casi specifici, applicare una

tariffa per rendere disponibile l'informazione ambientale, dalla stessa determinata sulla base del costo effettivo del servizio. In tali casi il pubblico è adeguatamente informato sulla entità della tariffa e sulle circostanze nelle quali può essere applicata.

3. Nei casi in cui l'autorità pubblica mette a disposizione l'informazione ambientale a titolo commerciale e l'esigenza di garantire la continuazione della raccolta e della pubblicazione dell'informazione l'impone, può essere prevista una tariffa calcolata sulla base del mercato. Detta tariffa è predeterminata e pubblica.

7 Tutela del diritto di accesso.

1. Contro le determinazioni dell'autorità pubblica concernenti il diritto di accesso e nel caso di mancata risposta entro i termini di cui all'articolo 3, comma 2, il richiedente può presentare ricorso in sede giurisdizionale secondo la procedura di cui all'articolo 25, commi 5, 5-*bis* e 6 della legge 7 agosto 1990, n. 241, ovvero può chiedere il riesame delle suddette determinazioni, secondo la procedura stabilita all'articolo 25, comma 4, della stessa legge n. 241 del 1990, al difensore civico competente per territorio, nel caso di atti delle amministrazioni comunali, provinciali e regionali, o alla Commissione per l'accesso di cui all'articolo 27 della citata legge n. 241 del 1990, nel caso di atti delle amministrazioni centrali o periferiche dello Stato.

8 Diffusione dell'informazione ambientale.

1. Fatto salvo quanto previsto all'articolo 5, l'autorità pubblica rende disponibile l'informazione ambientale detenuta rilevante ai fini delle proprie attività istituzionali avvalendosi, ove disponibili, delle tecnologie di telecomunicazione informatica e delle tecnologie elettroniche disponibili.

2. Per le finalità di cui al comma 1, l'autorità pubblica stabilisce, entro sei mesi dalla data di entrata in vigore del presente decreto, un piano per rendere l'informazione ambientale progressivamente disponibile in banche dati elettroniche facilmente accessibili al pubblico tramite reti di telecomunicazione pubbliche, da aggiornare annualmente.

3. Entro due anni dalla data di entrata in vigore del presente decreto, l'autorità pubblica, per quanto di competenza, trasferisce nelle banche dati istituite in attuazione dei piani di cui al comma 2, almeno:

a) i testi di trattati, di convenzioni e di accordi internazionali, atti legislativi comunitari, nazionali, regionali o locali, aventi per oggetto l'ambiente;

b) le politiche, i piani ed i programmi relativi all'ambiente;

c) le relazioni sullo stato d'attuazione degli elementi di cui alle lettere *a*) e *b*), se elaborati o detenuti in forma elettronica dalle autorità pubbliche;

d) la relazione sullo stato dell'ambiente, prevista dall'articolo 1, comma 6, della legge 8 luglio 1986, n. 349, e successive modificazioni, e le eventuali relazioni sullo stato dell'ambiente a livello regionale o locale, laddove predisposte;

e) i dati o le sintesi di dati ricavati dal monitoraggio di attività che incidono o possono incidere sull'ambiente;

f) le autorizzazioni e i pareri rilasciati dalle competenti autorità in applicazione delle norme sulla valutazione d'impatto ambientale e gli accordi in materia ambientale, ovvero un riferimento al luogo in cui può essere richiesta o reperita l'informazione, a norma dell'articolo 3;

g) gli studi sull'impatto ambientale, le valutazioni dei rischi relativi agli elementi dell'ambiente, di cui all'articolo 2, comma 1, lettera *a*), ovvero il riferimento al luogo in cui l'informazione ambientale può essere richiesta o reperita a norma dell'articolo 3.

4. Fermo restando quanto previsto al comma 3, l'informazione ambientale può essere resa disponibile creando collegamenti a sistemi informativi e a banche dati elettroniche, anche gestiti da altre autorità pubbliche, da rendere facilmente accessibili al pubblico.

5. In caso di minaccia imminente per la salute umana e per l'ambiente, causata da attività umane o dovuta a cause naturali, le autorità pubbliche, nell'ambito dell'espletamento delle attività di protezione civile previste dalla legge 24 febbraio 1992, n. 225, e successive modificazioni, e dalle altre disposizioni in materia, diffondono senza indugio le informazioni detenute che permettono, a chiunque possa esserne colpito, di adottare misure atte a prevenire o alleviare i danni derivanti da tale minaccia.

6. Le disposizioni di cui ai commi 1, 2 e 3 non si applicano all'informazione raccolta dall'autorità pubblica precedentemente alla data di entrata in vigore del presente decreto, a meno che tale informazione non sia già disponibile in forma elettronica (1).

(1) *Per la diffusione delle informazioni ambientali, v. ora anche il d.lgs. 27 gennaio 2010, n. 32 recante « Attuazione della direttiva 2007/2/CE, che istituisce un'infrastruttura per l'informazione territoriale nella Comunità europea (INSPIRE) » di cui si riportano di seguito alcuni articoli:*

« *Articolo 1.* (Finalità e ambito di applicazione). — *1. Il presente decreto è finalizzato alla realizzazione di una infrastruttura nazionale per l'informazione territoriale e del monitoraggio ambientale che consenta allo Stato italiano di partecipare all'infrastruttura per l'informazione territoriale nella Comunità europea, di seguito INSPIRE, per gli scopi delle politiche ambientali e delle politiche o delle attività che possono avere ripercussioni sull'ambiente.— 2-4.* (Omissis) »;

« *Articolo 9.* (Accesso al pubblico). — *1. Le autorità pubbliche responsabili della produzione, della gestione, dell'aggiornamento e della distribuzione dei set di dati territoriali e dei servizi ad essi relativi consentono l'accesso del pubblico ai servizi di cui al comma 1 dell'articolo 7, tenendo conto delle pertinenti esigenze degli utilizzatori, attraverso servizi facili da utilizzare, disponibili per il pubblico e accessibili via internet. — 2. I servizi di cui all'*articolo *7, comma 1, lettere* a) e b), *sono messi gratuitamente a disposizione del pubblico. — 3. In deroga al comma 1, l'accesso del pubblico ai set di dati territoriali e ai servizi ad essi relativi tramite i servizi di ricerca di cui all'*articolo *7, comma 1, lettera* a), *e conseguentemente tramite i servizi di cui al medesimo* articolo *7, comma 1, lettere* b), c) *ed* e), *è escluso qualora l'accesso a tali servizi possa recare pregiudizio alle relazioni internazionali, alla pubblica sicurezza o alla difesa nazionale. — 4. In deroga al comma 1, le autorità pubbliche escludono l'accesso del pubblico ai set di dati territoriali e ai servizi ad essi relativi tramite i servizi di cui all'articolo 7, comma 1, lettere da* b) *ad* e), *o ai servizi di commercio elettronico di cui al comma 12 qualora l'accesso a tali servizi possa recare pregiudizio:* a) *alla riservatezza delle deliberazioni interne delle autorità pubbliche, qualora essa sia prevista dal diritto;* b) *alle relazioni internazionali, alla sicurezza pubblica o alla difesa nazionale;* c) *allo svolgimento di procedimenti giudiziari, alla possibilità per ogni persona di avere un processo equo o alla possibilità per l'autorità pubblica di svolgere indagini di carattere penale o disciplinare;* d) *alla riservatezza delle informazioni commerciali o industriali qualora la riservatezza sia prevista dal diritto* *nazionale o comunitario per tutelare un legittimo interesse economico, compreso l'interesse pubblico di mantenere la riservatezza statistica ed il segreto fiscale;* e) *ai diritti di proprietà intellettuale;* f) *alla riservatezza dei dati personali ovvero dei fascicoli riguardanti una persona fisica, qualora tale persona non abbia acconsentito alla divulgazione dell'informazione al pubblico, laddove detta riservatezza sia prevista dal diritto nazionale o comunitario, anche tenuto conto dei requisiti previsti dalla direttiva 95/46/CE;* g) *agli interessi o alla protezione di chiunque abbia fornito le informazioni richieste di sua propria volontà, senza che sussistesse alcun obbligo legale reale o potenziale in tal senso, a meno che la persona interessata abbia acconsentito alla divulgazione delle informazioni in questione;* h) *alla tutela dell'ambiente cui si riferisce l'informazione, come nel caso dell'ubicazione di specie rare. — 5. I motivi che giustificano la limitazione dell'accesso di cui al comma 3 e al comma 4 sono interpretati in modo restrittivo, tenendo conto nel caso specifico dell'interesse pubblico tutelato dalla fornitura del medesimo accesso. — 6. Le disposizioni del comma 4, lettere* a), d), f), g) *ed* h), *non si applicano in caso di accesso alle informazioni sulle emissioni nell'ambiente. — 7. I dati messi a disposizione mediante i servizi di consultazione di cui all'articolo 7, comma 1, lettera* b), *possono essere presentati in una forma che ne impedisca il riutilizzo a fini commerciali. — 8. In deroga ai commi 1 e 2, per esigenze di auto finanziamento delle autorità pubbliche che producono set di dati territoriali, con decreti dei Ministri competenti, di concerto con il Ministro dell'economia e delle finanze, sentito il Ministro dell'ambiente e della tutela del territorio e del mare, sono determinati l'ammontare delle tariffe al pubblico e le relative modalità di pagamento per la fornitura dei dati territoriali attraverso i servizi ai sensi dell'articolo 7, comma 1, lettere* b), c) *ed* e), *quando tali tariffe garantiscono il mantenimento di set di dati territoriali e dei servizi ad essi relativi in particolare quando sono coinvolte quantità particolarmente consistenti di dati frequentemente aggiornati. Ai fini della determinazione delle tariffe si applica l'articolo 7, commi 2 e 3, del decreto legislativo 24 gennaio 2006, n. 36. Sono fatte salve le disposizioni dell'articolo 59, comma 7-*bis*, del decreto legislativo 7 marzo 2005, n. 82. — 9. I decreti di cui al comma 8 sono pubblicati nella Gazzetta Ufficiale della Repubblica italiana e resi altresì pubblici, a cura dell'Amministrazione competente, ove possibile, sul proprio sito istituzionale. — 10. Gli introiti delle tariffe di cui al comma 8 sono versati all'entrata del bilancio dello Stato, per essere riassegnati, ai sensi dell'articolo 4, comma 2, della legge 18 aprile 2005, n. 62, allo stato di previsione delle Amministrazioni interessate. — 11. Gli enti territoriali e gli altri enti ed organismi pubblici determinano, rispettivamente con proprie disposizioni o propri atti deliberativi, entro novanta giorni dalla data di entrata in vigore del presente decreto, gli importi delle tariffe e le relative modalità di pagamento, sulla base dei criteri indicati ai commi 8 e 9. — 12. Qualora le autorità pubbliche applichino tariffe per i servizi di cui all'*articolo 7, *comma 1, lettere* b), c) *ed* e), *rendono disponibili servizi di commercio elettronico. Tali servizi possono prevedere clausole di esclusione della responsabilità, licenze on-line (click-licenses) o, se necessario, licenze* ».

« *Articolo 10.* (Condivisione e riutilizzo dei dati nell'ambito delle autorità pubbliche). — *1. Ai fini dello svolgimento delle funzioni che possono avere ripercussioni sull'ambiente, le autorità pubbliche hanno libero accesso ai set di dati territoriali e ai servizi ad essi relativi. Le autorità pubbliche consentono ad altre autorità pubbliche lo scambio e il riutilizzo di tali dati e servizi senza nuovi o maggiori oneri a carico della finanza pubblica. È preclusa ogni limitazione che possa determinare ostacoli pratici, al punto di utilizzo, alla condivisione dei set di dati territoriali e dei servizi ad essi relativi. — 2. Qualora le condizioni per la messa a disposizione dei dati e dei servizi fra pubbliche amministrazioni siano fissate in appositi accordi, questi sono trasmessi all'Autorità competente di cui all'*articolo 3, *comma 2. — 3. Le autorità pubbliche di cui all'*articolo 2, *comma 1, lettera* i), *numeri 1) e 2), forniscono alle autorità pubbliche degli altri Stati membri e alle istituzioni e organismi europei l'accesso ai set di dati territoriali e servizi ad essi relativi a condizioni armonizzate secondo le disposizioni di esecuzione adottate a livello europeo. I set di dati territoriali e i servizi ad essi relativi, forniti sia ai fini delle funzioni pubbliche che possono avere ripercussioni sull'ambiente sia al fine di adempiere agli obblighi informativi in virtù della legislazione europea in materia ambientale, non sono soggetti ad alcuna tariffa. —* 3-bis. *Le autorità pubbliche forniscono, su base reciproca e equivalente, agli organismi istituiti da accordi internazionali di cui l'Unione europea o l'Italia sono parte, l'accesso ai set di dati territoriali e ai servizi ad essi relativi. I set di dati territoriali e i servizi ad essi relativi, forniti sia ai fini delle funzioni pubbliche che possono avere ripercussioni sull'ambiente sia al fine di adempiere agli obblighi informativi in virtù della legislazione europea in materia ambientale, non sono soggetti ad alcuna tariffa. — 4. Quando un'istituzione o un organismo comunitario chiede la disponibilità dell'accesso ad un set di dati territoriali o ad un servizio ad essi relativo, l'autorità pubblica mette a disposizione, su richiesta, anche le informazioni, a fini di valutazione e di utilizzo, sui meccanismi di rilevamento, di trattamento, di produzione, di controllo qualità e di ottenimento dell'accesso ai suddetti set di dati territoriali e servizi, qualora tali informazioni supplementari siano disponibili e sia ragionevolmente possibile estrarle e fornirle. — 5. Quando un'autorità pubblica fornisce ad un'altra autorità pubblica, ivi comprese le autorità pubbliche di cui all'*articolo 2, *comma 1, lettera* i), *numeri 1) e 2), degli altri Stati membri, set di dati territoriali e servizi ad essi relativi, richiesti per l'adempimento di obblighi di informazione ai sensi della legislazione comunitaria in materia ambientale, tali set di dati territoriali e servizi ad essi relativi non sono soggetti ad alcuna tariffa. — 6. Per i set di dati territoriali già acquisiti, alla data dell'entrata in vigore del presente decreto, sotto condizioni di licenza d'uso, le autorità pubbliche sono autorizzate a fornire i set di dati e servizi ad essi relativi secondo licenza. — 7. In deroga ai commi 1 e 5, per esigenze di auto finanziamento delle autorità pubbliche che producono o forniscono i set di dati territoriali e i servizi ad essi relativi, con uno o più decreti del Presidente del Consiglio dei Ministri, su proposta dei Ministri competenti, di concerto con il Ministro dell'ambiente e della tutela del territorio e del mare, con il Ministro dell'economia e delle finanze e con il Ministro per la pubblica amministrazione e l'innovazione, sentita la Consulta nazionale per l'informazione territoriale ed ambientale di cui all'articolo 11, sono individuate le autorità pubbliche autorizzate ad applicare tariffe per la fornitura dei dati territoriali ad altre autorità pubbliche attraverso i servizi individuati ai sensi dell'*articolo 7, *comma 1, lettere* c) *ed* e). *Con il medesimo provvedimento sono determinati l'ammontare delle tariffe stesse e le relative modalità di pagamento. Sono fatte salve le disposizioni dell'articolo 59, comma 7-*bis, *del decreto legislativo n. 82 del 2005. Ai fini della determinazione dell'importo delle tariffe si applica l'articolo 7, commi 2 e 3, del decreto legislativo 24 gennaio 2006, n. 36. Sono fatte salve le disposizioni in materia di scambio di documenti di cui all'articolo 10, comma 1, dello stesso decreto legislativo n. 36 del 2006. — 8. Gli introiti delle tariffe di cui al comma 7, sono versati all'entrata del bilancio dello Stato, per essere riassegnati, ai sensi dell'articolo 4, comma 2, della legge 18 aprile 2005, n. 62, allo stato di previsione delle Amministrazioni interessate. — 9. Gli enti territoriali e gli altri enti ed organismi pubblici determinano, rispettivamente con proprie disposizioni o propri atti deliberativi, entro novanta giorni dalla data di entrata in vigore del presente decreto, gli importi delle tariffe e le relative modalità di pagamento, sulla base dei criteri indicati al comma 7. — 10. Le tariffe di cui al comma 7 possono essere applicate soltanto qualora, in relazione alla tipologia di dati territoriali per i quali si chiede l'accesso, siano disponibili servizi di commercio elettronico, con l'eventuale previsione di clausole di esclusione della responsabilità, licenze online (click-licenses), ovvero licenze o accordi quadro che esclu dono ogni ostacolo temporale e amministrativo per l'accesso al servizio. — 11. In deroga al presente articolo, le autorità pubbliche originatrici dei set di dati possono limitare la condivisione ove esse ritengano che questa comprometta il corso della giustizia, la pubblica sicurezza, la difesa nazionale o le relazioni internazionali. Di tale limitazione è data comunicazione attraverso i metadati di cui all'articolo 4* ».

« *Articolo 11.* (Misure di coordinamento). — *1. Ai fini del coordinamento diretto dei contributi di tutti i soggetti interessati all'efficace funzionamento ai vari livelli di amministrazione dell'infrastruttura nazionale per l'informazione territoriale e del monitoraggio ambientale, a decorrere dalla data di entrata in vigore del presente decreto, il "Tavolo di Coordinamento Stato-regioni per il sistema nazionale di osservazione ed informazione ambientale" costituito con Atto n. 1367 del 17 gennaio 2002 della Conferenza permanente per i rapporti tra lo Stato, le regioni e le Province Autonome di Trento e di Bolzano, è trasferito presso il Ministero dell'ambiente e della tutela del territorio e del mare ed assume la denominazione di "Consulta nazionale per l'informazione territoriale ed ambientale" e la sua composizione è adeguata secondo quanto stabilito ai commi 4 e 5. — 2. La Consulta nazionale per l'informazione territoriale ed ambientale è organo di raccordo istituzionale tra le pubbliche amministrazioni che producono set di dati territoriali, nonché di indirizzo tecnico all'azione del Ministero dell'ambiente e della tutela del territorio e del mare nell'ambito della predisposizione dei provvedimenti atti al funzionamento dell'infrastruttura nazionale per l'informazione territoriale e del monitoraggio ambientale. Il Ministero dell'ambiente e della tutela del territorio e del mare assicura il servizio di segreteria tecnica per la Consulta nazionale per l'informazione territoriale ed ambientale anche al fine del coordinamento dei contributi, tra gli altri, degli utilizzatori, dei produttori terzi e dei fornitori di servizi a valore aggiunto relativamente all'individuazione di pertinenti set di dati, alla valutazione delle esigenze degli utilizzatori, all'invio di informazioni sulle pratiche in uso e ad un feedback sull'attuazione del presente decreto. Lo svolgimento di tali attività possono essere anche garantite attraverso consultazioni pubbliche telematiche. 3-6.* (Omissis) ».

9 Qualità dell'informazione ambientale.

1. Il Ministero dell'ambiente e della tutela del territorio garantisce, se possibile, che l'informazione ambientale detenuta dall'autorità pubblica sia aggiornata, precisa e confrontabile.

2. Per le finalità di cui al comma 1, l'Agenzia per la protezione dell'ambiente e per i servizi tecnici elabora, se necessario, apposite specifiche tecniche da approvare con le modalità di cui all'articolo 15, comma 5, del decreto del Presidente della Repubblica 8 agosto 2002, n. 207.

10 Relazioni.

1. A decorrere dall'anno 2005 e fino all'anno 2008, entro il 30 dicembre di ogni anno, l'autorità pubblica trasmette al Ministero dell'ambiente e della tutela del territorio i dati degli archivi automatizzati previsti agli articoli 11 e 12 del decreto del Presidente della Repubblica 27 giugno 1992, n. 352, relativi alle richieste d'accesso all'informazione ambientale, nonché una relazione sugli adempimenti posti in essere in applicazione del presente decreto.

2. Entro il 14 febbraio 2009 il Ministero dell'ambiente e della tutela del territorio elabora, sulla base delle informazioni di cui al comma 1 e secondo le modalità definite a livello comunitario, una relazione sulla attuazione del presente decreto.

3. Entro il 14 agosto 2009 il Ministero dell'ambiente e della tutela del territorio trasmette la relazione di cui al comma 1 alla Commissione europea. Detta relazione è, altresì, presentata dal Ministro dell'ambiente e della tutela del territorio al Parlamento e resa accessibile al pubblico.

4. La relazione sullo stato dell'ambiente, prevista dall'articolo 1, comma 6, della legge 8 luglio 1986, n. 349, è pubblicata dal Ministero dell'ambiente e della tutela del territorio con modalità atte a garantire l'effettiva disponibilità al pubblico.

11 Aspetti organizzativi e procedimentali delle regioni e degli enti locali.

1. In attuazione del principio di leale collaborazione, gli aspetti organizzativi e procedimentali, che lo Stato, le regioni e gli enti locali debbono definire per l'attuazione del presente decreto sono individuati sulla base di accordi, da raggiungere in sede di Conferenza unificata ai sensi della legge 5 giugno 2003, n. 131, entro tre mesi dalla data di entrata in vigore del presente decreto.

Nell'ambito di tali accordi sono individuati:

a) le modalità di coordinamento tra le Autorità pubbliche;

b) i livelli minimi omogenei di informazione al pubblico in applicazione dell'articolo 5, comma 4, in coerenza con le norme in materia di protezione di dati personali e nel rispetto della normativa comunitaria in materia di riutilizzo delle informazioni nel settore pubblico;

c) i criteri di riferimento per l'applicazione dell'articolo 5;

d) le modalità di produzione della relazione annuale sull'applicazione del presente decreto.

12 Norme finanziarie e abrogazioni.

1. Entro 6 mesi dalla data di entrata in vigore del presente decreto le autorità pubbliche si adeguano alle disposizioni del presente decreto.

2. Le autorità pubbliche provvedono all'attuazione delle disposizioni di cui agli articoli 3, comma 7, 4, 5, 7, 8, 9, 10 e di cui al comma 1 nell'ambito delle proprie attività istituzionali ed utilizzando a tali fini le risorse umane, finanziarie e strumentali disponibili a legislazione vigente.

3. In ogni caso, dall'attuazione del presente decreto non devono derivare nuovi o maggiori oneri né minori entrate a carico della finanza pubblica.

4. È abrogato il decreto legislativo 24 febbraio 1997, n. 39.

13. Decreto legislativo 3 aprile 2006, n. 152. — Norme in materia ambientale. (*estratto*) (1) (2).

Pubblicato nella Gazzetta Ufficiale n. 88 del 14 aprile 2006.

(1) *Per l'applicazione delle modifiche apportate dal d.lgs. n. 104 del 16 giugno 2017 ("Attuazione della direttiva 2014/52/UE del Parlamento europeo e del Consiglio, del 16 aprile 2014, che modifica la direttiva 2011/92/UE, concernente la valutazione dell'impatto ambientale di determinati progetti pubblici e privati, ai sensi degli articoli 1 e 14 della legge 9 luglio 2015, n. 114."), v. art. 23 ('Disposizioni transitorie e finali') secondo cui: « 1. Le disposizioni del presente decreto si applicano ai procedimenti di verifica di assoggettabilità a VIA e ai procedimenti di VIA avviati dal 16 maggio 2017. Fatti salvi gli effetti degli atti già compiuti alla data di entrata in vigore del presente decreto, l'autorità competente di cui all'articolo 7, commi 5 e 6, del decreto legislativo 3 aprile 2006, n. 152, assegna al proponente un congruo termine per eventuali integrazioni documentali o adempimenti resi necessari dalle disposizioni recate dal presente decreto. 2. I procedimenti di verifica di assoggettabilità a VIA pendenti alla data del 16 maggio 2017, nonché i procedimenti di VIA per i progetti per i quali alla medesima data risulti avviata la fase di consultazione di cui all'articolo 21 del decreto legislativo 3 aprile 2006, n. 152, ovvero sia stata presentata l'istanza di cui all'articolo 23 del medesimo decreto legislativo, restano disciplinati dalla normativa previgente. Nel caso dei procedimenti di VIA di cui al periodo precedente, l'autorità competente può disporre, su istanza del proponente da presentare entro sessanta giorni dalla data di entrata in vigore del presente decreto, l'applicazione al procedimento in corso della disciplina recata dal presente decreto, indicando eventuali integrazioni documentali ritenute necessarie e stabilendo la rimessione del procedimento alla sola fase della valutazione di cui all'articolo 25 o all'articolo 27-*bis*, *comma 7, del decreto legislativo 3 aprile 2006, n. 152, qualora risultino già effettuate ed esaurite le attività istruttorie di cui all'articolo 24 o all'articolo 27-*bis*, commi 4, 5 e 6, del medesimo decreto legislativo. Il proponente conserva comunque la facoltà di ritirare l'istanza e di presentarne una nuova ai sensi dell'articolo 19 o ai sensi dell'articolo 23 del decreto legislativo 3 aprile 2006, n. 152, come modificati dal presente decreto. Il proponente conserva, altresì, la facoltà di ritirare l'istanza e di presentarne una nuova ai sensi dell'articolo 27 del decreto legislativo 3 aprile 2006, n. 152, come introdotto dall'articolo 16 del presente decreto. 3. Alle attività di monitoraggio, ai provvedimenti di verifica di assoggettabilità a VIA e ai provvedimenti di VIA adottati secondo la normativa previgente, nonché alle attività conseguenti si applicano comunque le disposizioni di cui all'articolo 17 del presente decreto. 4. Le regioni e le Province autonome di Trento e di Bolzano adeguano i propri ordinamenti esercitando le potestà normative di cui all'articolo 7-*bis*, *comma 8, del decreto legislativo 3 aprile 2006, n. 152, come introdotto*

dall'articolo 5 del presente decreto, entro il termine perentorio di centoventi giorni dall'entrata in vigore del presente decreto. Decorso inutilmente il suddetto termine, in assenza di disposizioni regionali o provinciali vigenti idonee allo scopo, si applicano i poteri sostitutivi di cui all'articolo 117, quinto comma, della Costituzione, secondo quanto previsto dagli articoli 41 e 43 della legge 24 dicembre 2012, n. 234. 5. Entro novanta giorni dall'entrata in vigore del presente decreto il Ministro dell'ambiente e della tutela del territorio e del mare provvede a nominare la nuova Commissione tecnica di verifica dell'impatto ambientale VIA e VAS e i componenti del Comitato tecnico istruttorio di cui all'articolo 8, comma 3, del decreto legislativo 3 aprile 2006, n. 152, come modificato dall'articolo 6 del presente decreto. Gli attuali componenti della Commissione restano in carica fino al subentro dei nuovi. L'entrata in carica dei nuovi componenti della Commissione e del Comitato è condizionata all'entrata in vigore dei decreti di cui all'articolo 8, commi 4 e 5, del decreto legislativo 3 aprile 2006, n. 152, come modificato dall'articolo 6 del presente decreto. Fino all'entrata in carica dei nuovi componenti della Commissione e del Comitato, per i procedimenti di competenza statale non si applicano le disposizioni sulla perentorietà dei termini di cui agli articoli 19, comma 12, 25, comma 7 e 27, comma 8, ultimo periodo, del decreto legislativo 3 aprile 2006, n. 152 ».

(2) *Nel presente decreto, a norma di quanto disposto dall'articolo 4, comma 2, del d.lgs. 29 giugno 2010, n. 128 ovunque ricorrano, le parole « Ministero dell'ambiente e della tutela del territorio », sono sostituite dalle seguenti « Ministero dell'ambiente e della tutela del territorio e del mare », le parole « Agenzia per la protezione dell'ambiente e per i servizi tecnici » sono sostituite dalle seguenti « Istituto superiore per la protezione e la ricerca ambientale », e la parola « APAT » è sostituita dalla seguente « ISPRA ».*

PARTE I

Disposizioni comuni e principi generali (1)

(1) *Titolo così modificato dall'art. 1, comma 1, d.lgs. 16 gennaio 2008, n. 4.*

1 Ambito di applicazione

1. Il presente decreto legislativo disciplina, in attuazione della legge 15 dicembre 2004, n. 308, le materie seguenti:

a) nella parte seconda, le procedure per la valutazione ambientale strategica (VAS), per la valutazione d'impatto ambientale (VIA) e per l'autorizzazione ambientale integrata (IPPC);

b) nella parte terza, la difesa del suolo e la lotta alla desertificazione, la tutela delle acque dall'inquinamento e la gestione delle risorse idriche;

c) nella parte quarta, la gestione dei rifiuti e la bonifica dei siti contaminati;

d) nella parte quinta, la tutela dell'aria e la riduzione delle emissioni in atmosfera;

e) nella parte sesta, la tutela risarcitoria contro i danni all'ambiente.

2 Finalità.

1. Il presente decreto legislativo ha come obiettivo primario la promozione dei livelli di qualità della vita umana, da realizzare attraverso la salvaguardia ed il miglioramento delle condizioni dell'ambiente e l'utilizzazione accorta e razionale delle risorse naturali.

2. Per le finalità di cui al comma 1, il presente decreto provvede al riordino, al coordinamento e all'integrazione delle disposizioni legislative nelle materie di cui all'articolo 1, in conformità ai principi e criteri direttivi di cui ai commi 8 e 9 dell'articolo 1 della legge 15 dicembre 2004, n. 308, e nel rispetto degli obblighi internazionali, dell'ordinamento comunitario, delle attribuzioni delle regioni e degli enti locali (1).

3. Le disposizioni di cui al presente decreto sono attuate nell'ambito delle risorse umane, strumentali e finanziarie previste a legislazione vigente e senza nuovi o maggiori oneri a carico della finanza pubblica.

(1) *Comma modificato dall'articolo 1, comma 1, del d.lgs. 29 giugno 2010, n. 128.*

3 Criteri per l'adozione dei provvedimenti successivi.

[1. Le norme di cui al presente decreto non possono essere derogate, modificate o abrogate se non per dichiarazione espressa, mediante modifica o abrogazione delle singole disposizioni in esso contenute.] (1).

[2. Entro due anni dalla data di pubblicazione del presente decreto legislativo, con uno o più regolamenti da emanarsi ai sensi dell'articolo 17, comma 2, della legge 23 agosto 1988, n. 400, il Governo, su proposta del Ministro dell'ambiente e della tutela del territorio, adotta i necessari provvedimenti per la modifica e l'integrazione dei regolamenti di attuazione ed esecuzione in materia ambientale, nel rispetto delle finalità, dei principi e delle disposizioni di cui al presente decreto.] (2).

3. Per la modifica e l'integrazione dei regolamenti di attuazione ed esecuzione in materia ambientale, il Ministro dell'ambiente e della tutela del territorio acquisisce, entro 30 giorni dalla richiesta, il parere delle rappresentanze qualificate degli interessi economici e sociali presenti nel Consiglio economico e sociale per le politiche ambientali (CESPA), senza nuovi o maggiori oneri a carico della finanza pubblica (3).

[4. Entro il medesimo termine di cui al comma 2, il Ministro dell'ambiente e della tutela del territorio provvede alla modifica ed all'integrazione delle norme tecniche in materia ambientale con uno o più regolamenti da emanarsi ai sensi dell'articolo 17, comma 3, della legge 23 agosto 1988, n. 400, nel rispetto delle finalità, dei principi e delle disposizioni di cui al presente decreto. Resta ferma l'applicazione dell'articolo 13 della legge 4 febbraio 2005, n. 11, relativamente al recepimento di direttive comunitarie modificative delle modalità esecutive e di caratteristiche di ordine tecnico di direttive già recepite nell'ordinamento nazionale.] (4).

[5. Ai fini degli adempimenti di cui al presente articolo, il Ministro dell'ambiente e della tutela del territorio si avvale, per la durata di due anni e senza nuovi o maggiori oneri per la finanza pubblica, di un gruppo di dieci esperti nominati, con proprio decreto, fra professori universitari, dirigenti apicali di istituti pubblici di ricerca ed esperti di alta qualificazione nei settori e nelle materie oggetto del presente decreto. Ai componenti del gruppo di esperti non spetta la corresponsione di compensi, indennità, emolumenti a qualsiasi titolo riconosciuti o rimborsi spese.] (4).

(1) *Comma soppresso dall'articolo 1 comma 2, lettera* a), *del d.lgs. 29 giugno 2010, n. 128.*

(2) *Comma soppresso dall'articolo 1, comma 2, lettera* b), *del d.lgs. 29 giugno 2010, n. 128.*

(3) *Comma sostituito dall'articolo 1, comma 2, lettera* c), *del d.lgs. 29 giugno 2010, n. 128.*

(4) *Comma soppresso dall'articolo 1, comma 2, lettera* d), *del d.lgs. 29 giugno 2010, n. 128.*

3-*bis* Principi sulla produzione del diritto ambientale (1).

1. I principi posti dalla presente Parte prima e dagli articoli seguenti costituiscono i principi generali in tema di tutela dell'ambiente, adottati in attuazione degli articoli 2, 3, 9, 32, 41, 42 e 44, 117 commi 1 e 3 della Costituzione e nel rispetto degli obblighi internazionali e del diritto comunitario (2).

2. I principi previsti dalla presente Parte Prima costituiscono regole generali della materia ambientale nell'adozione degli atti normativi, di indirizzo e di coordinamento e nell'emanazione dei provvedimenti di natura contingibile ed urgente.

3. Le norme di cui al presente decreto possono essere derogate, modificate o abrogate solo per dichiarazione espressa da successive leggi della Repubblica, purché sia comunque sempre garantito il rispetto del diritto europeo, degli obblighi internazionali e delle competenze delle Regioni e degli Enti locali (3).

(1) *Articolo aggiunto dall'articolo 1, comma 2, del d.lgs. 16 gennaio 2008, n. 4.*

(2) *Comma modificato dall'articolo 1, comma 3, lettera* a), *del d.lgs. 29 giugno 2010, n. 128.*

(3) *Comma sostituito dall'articolo 1, comma 3, lettera* b), *del d.lgs. 29 giugno 2010, n. 128.*

3-*ter* Principio dell'azione ambientale (1).

1. La tutela dell'ambiente e degli ecosistemi naturali e del patrimonio culturale deve essere garantita da tutti gli enti pubblici e privati e dalle persone fisiche e giuridiche pubbliche o private, mediante una adeguata azione che sia informata ai principi della precauzione, dell'azione preventiva, della correzione, in via prioritaria alla fonte, dei danni causati all'ambiente, nonché al principio « chi inquina paga » che, ai sensi dell'articolo 174, comma 2, del Trattato delle unioni europee, regolano la politica della comunità in materia ambientale.

(1) *Articolo aggiunto dall'articolo 1, comma 2, del d.lgs. 16 gennaio 2008, n. 4.*

3-*quater* Principio dello sviluppo sostenibile (1).

1. Ogni attività umana giuridicamente rilevante ai sensi del presente codice deve conformarsi al principio dello sviluppo sostenibile, al fine di garantire che il soddisfacimento dei bisogni delle generazioni attuali non possa compromettere la qualità della vita e le possibilità delle generazioni future.

2. Anche l'attività della pubblica amministrazione deve essere finalizzata a consentire la migliore attuazione possibile del principio dello sviluppo sostenibile, per cui nell'ambito della scelta comparativa di interessi pubblici e privati connotata da discrezionalità gli interessi alla tutela dell'ambiente e del patrimonio culturale devono essere oggetto di prioritaria considerazione.

3. Data la complessità delle relazioni e delle interferenze tra natura e attività umane, il principio dello sviluppo sostenibile deve consentire di individuare un equilibrato rapporto, nell'ambito delle risorse ereditate, tra quelle da risparmiare e quelle da trasmettere, affinché nell'ambito delle dinamiche della produzione e del consumo si inserisca altresì il principio di solidarietà per salvaguardare e per migliorare la qualità dell'ambiente anche futuro.

4. La risoluzione delle questioni che involgono aspetti ambientali deve essere cercata e trovata nella prospettiva di garanzia dello sviluppo sostenibile, in modo da salvaguardare il corretto funzionamento e l'evoluzione degli ecosistemi naturali dalle modificazioni negative che possono essere prodotte dalle attività umane.

(1) *Articolo aggiunto dall'articolo 1, comma 2, del d.lgs. 16 gennaio 2008, n. 4.*

3-*quinquies* Principi di sussidiarietà e di leale collaborazione (1).

1. I principi contenuti nel presente decreto legislativo costituiscono le condizioni minime ed essenziali per assicurare la tutela dell'ambiente su tutto il territorio nazionale (2).

2. Le regioni e le province autonome di Trento e di Bolzano possono adottare forme di tutela giuridica dell'ambiente più restrittive, qualora lo richiedano situazioni particolari del loro territorio, purché ciò non comporti un'arbitraria discriminazione, anche attraverso ingiustificati aggravi procedimentali.

3. Lo Stato interviene in questioni involgenti interessi ambientali ove gli obiettivi dell'azione prevista, in considerazione delle dimensioni di essa e dell'entità dei relativi effetti, non possano essere sufficientemente realizzati dai livelli territoriali inferiori di governo o non siano stati comunque effettivamente realizzati.

4. Il principio di sussidiarietà di cui al comma 3 opera anche nei rapporti tra regioni ed enti locali minori. Qualora sussistano i presupposti per l'esercizio del potere sostitutivo del Governo nei confronti di un ente locale, nelle materie di propria competenza la Regione può esercitare il suo potere sostitutivo (3).

(1) *Articolo aggiunto dall'articolo 1, comma 2, del d.lgs. 16 gennaio 2008, n. 4.*

(2) *Comma modificato dall'articolo 1, comma 4, lettera* a), *del d.lgs. 29 giugno 2010, n. 128.*

(3) *Comma modificato dall'articolo 1, comma 4, lettera* b), *del d.lgs. 29 giugno 2010, n. 128.*

3-*sexies* (1) Diritto di accesso alle informazioni ambientali e di partecipazione a scopo collaborativo.

1. In attuazione della legge 7 agosto 1990, n. 241, e successive modificazioni, e delle previsioni della Convenzione di Aarhus, ratificata dall'Italia con la legge 16 marzo 2001, n. 108, e ai sensi del decreto legislativo 19 agosto 2005, n. 195, chiunque, senza essere tenuto a dimostrare la sussistenza di un interesse giuridicamente rilevante, può accedere alle informazioni relative allo stato dell'ambiente e del paesaggio nel territorio nazionale.

1-*bis*. Nel caso di piani o programmi da elaborare a norma delle disposizioni di cui all'allegato 1 alla direttiva 2003/35/CE del Parlamento europeo e del Consiglio, del 26 maggio 2003, qualora agli stessi non si applichi l'articolo 6, comma 2, del presente decreto, l'autorità competente all'elaborazione e all'approvazione dei predetti piani o programmi assicura la partecipazione del pubblico nel procedimento di elaborazione, di modifica e di riesame delle proposte degli stessi piani o programmi prima che vengano adottate decisioni sui medesimi piani o programmi (2).

1-*ter*. Delle proposte dei piani e programmi di cui al comma 1-*bis* l'autorità procedente dà avviso mediante pubblicazione nel proprio sito web. La pubblicazione deve contenere l'indicazione del titolo del piano o del programma, dell'autorità competente, delle sedi ove può essere presa visione del piano o programma e delle modalità dettagliate per la loro consultazione (2).

1-*quater*. L'autorità competente mette altresì a disposizione del pubblico il piano o programma mediante il deposito presso i propri uffici e la pubblicazione nel proprio sito web (2).

1-*quinquies*. Entro il termine di sessanta giorni dalla data di pubblicazione dell'avviso di cui al comma 1-*ter*, chiunque può prendere visione del piano o programma ed estrarne copia, anche in formato digitale, e presentare all'autorità competente proprie osservazioni o pareri in forma scritta (2).

1-*sexies*. L'autorità procedente tiene adeguatamente conto delle osservazioni del pubblico presentate nei termini di cui al comma 1-*quinquies* nell'adozione del piano o programma (2).

1-*septies*. Il piano o programma, dopo che è stato adottato, è pubblicato nel sito web dell'autorità competente unitamente ad una dichiarazione di sintesi nella quale l'autorità stessa dà conto delle considerazioni che sono state alla base della decisione. La dichiarazione contiene altresì informazioni sulla partecipazione del pubblico (2).

(1) *Articolo aggiunto dall'articolo 1, comma 2, del d.lgs. 16 gennaio 2008, n. 4.*

(2) *Comma aggiunto dall''art. 16, comma 5-*bis*, d.l. 24 giugno 2014, n. 91, conv., con modif. in l. 11 agosto 2014, n. 116.*

3-*septies* (1) Interpello in materia ambientale.

1. Le regioni, le Province autonome di Trento e Bolzano, le province, le città metropolitane, i comuni, le associazioni di categoria rappresentate nel Consiglio nazionale dell'economia e del lavoro, le associazioni di protezione ambientale a carattere nazionale e quelle presenti in almeno cinque regioni o province autonome di Trento e Bolzano, possono inviare al Ministero della transizione ecologica [, con le modalità di cui al comma 3,] istanze di ordine generale sull'applicazione della normativa statale in materia ambientale. La risposta alle istanze deve essere data entro novanta giorni dalla data della loro presentazione. Le indicazioni fornite nelle risposte alle istanze di cui al presente comma costituiscono criteri interpretativi per l'esercizio delle attività di competenza delle pubbliche amministrazioni in materia ambientale, salva rettifica della soluzione interpretativa da parte dell'amministrazione con efficacia limitata ai comportamenti futuri dell'istante. Resta salvo l'obbligo di ottenere gli atti di consenso, comunque denominati, prescritti dalla vigente normativa. Nel caso in cui l'istanza sia formulata da più soggetti e riguardi la stessa questione o questioni analoghe tra loro, il Ministero della transizione ecologica può fornire un'unica risposta.

2. Il Ministero della transizione ecologica, in conformità all'articolo 3-sexies del presente decreto e al decreto legislativo 19 agosto 2005, n. 195, pubblica senza indugio le risposte fornite alle istanze di cui al presente articolo nell'ambito della sezione "Informazioni ambientali" del proprio sito internet istituzionale di cui all'articolo 40 del decreto legislativo 14 marzo 2013, n. 33, previo oscuramento dei dati comunque coperti da riservatezza, nel rispetto del decreto legislativo 30 giugno 2003, n. 196.

3. La presentazione delle istanze di cui al comma 1 non ha effetto sulle scadenze previste dalle norme ambientali, né sulla decorrenza dei termini di decadenza e non comporta interruzione o sospensione dei termini di prescrizione.

(1) *Articolo inserito dall'art. 27, comma 1, d.l. 31 maggio 2021, n. 77, conv., con modif., in l. 29 luglio 2021, n. 108.*

PARTE II

Procedure per la valutazione ambientale strategica (VAS), per la valutazione di impatto ambientale (VIA) e per l'autorizzazione integrata ambientale (IPPC) (1)

(1) *Il testo della presente parte precedente le modifiche del d.ls. 16 gennaio 2008, n. 4, era ulteriormente diviso in Capi.*

TITOLO I

Principi generali per le procedure di VIA, di VAS e per la valutazione d'incidenza e l'autorizzazione integrata ambientale (AIA) (1)

(1) *Titolo modificato dall'articolo 1, comma 3, del d.ls. 16 gennaio 2008, n. 4.*

4 Finalità (1).

1. Le norme del presente decreto costituiscono recepimento ed attuazione:

a) della direttiva 2001/42/CE del Parlamento europeo e del Consiglio, del 27 giugno 2001, concernente la valutazione degli impatti di determinati piani e programmi sull'ambiente;

b) della direttiva 2014/52/UE del Parlamento europeo e del Consiglio, del 16 aprile 2014, che modifica la direttiva 2011/92/UE concernente la valutazione di impatto ambientale di determinati progetti pubblici e privati (5);

c) della direttiva 2008/1/CE del Parlamento Europeo e del Consiglio del 15 gennaio 2008, concernente la prevenzione e la riduzione integrate dell'inquinamento (2).

[2. Il presente decreto individua, nell'ambito della procedura di Valutazione dell'impatto ambientale modalità di semplificazione e coordinamento delle procedure autorizzative in campo ambientale, ivi comprese le procedure di cui al Titolo III-*bis*, Parte Seconda del presente decreto (3).] (6)

3. La valutazione ambientale di piani, programmi e progetti ha la finalità di assicurare che l'attività antropica sia compatibile con le condizioni per uno sviluppo sostenibile, e quindi nel rispetto della capacità rigenerativa degli ecosistemi e delle risorse, della salvaguardia della biodiversità e di un'equa distribuzione dei vantaggi connessi all'attività economica. Per mezzo della stessa si affronta la determinazione della valutazione preventiva integrata degli impatti ambientali nello svolgimento delle attività normative e amministrative, di informazione ambientale, di pianificazione e programmazione.

4. In tale ambito:

a) la valutazione ambientale di piani e programmi che possono avere un impatto significativo sull'ambiente ha la finalità di garantire un elevato livello di protezione dell'ambiente e contribuire all'integrazione di considerazioni ambientali all'atto dell'elaborazione, dell'adozione e approvazione di detti piani e programmi assicurando che siano coerenti e contribuiscano alle condizioni per uno sviluppo sostenibile.

b) la valutazione ambientale dei progetti ha la finalità di proteggere la salute umana, contribuire con un migliore ambiente alla qualità della vita, provvedere al mantenimento delle specie e conservare la capacità di riproduzione degli ecosistemi in quanto risorse essenziali per la vita. A questo scopo essa individua, descrive e valuta, in modo appropriato, per ciascun caso particolare e secondo le disposizioni del presente decreto, gli impatti ambientali di un progetto come definiti all'articolo 5, comma 1, lettera *c*) (7);

c) l'autorizzazione integrata ambientale ha per oggetto la prevenzione e la riduzione integrate dell'inquinamento proveniente dalle attività di cui all'allegato VIII e prevede misure intese a evitare, ove possibile, o a ridurre le emissioni nell'aria, nell'acqua e nel suolo, comprese le misure relative ai rifiuti, per conseguire un livello elevato di protezione dell'ambiente salve le disposizioni sulla valutazione di impatto ambientale (4).

(1) *Articolo abrogato e sostituito dall'articolo 1, comma 3, del d.lgs. 16 gennaio 2008, n. 4.*

(2) *Lettera aggiunta dall'articolo 2, comma 1, lettera* a), *del d.lgs. 29 giugno 2010, n. 128.*

(3) *Comma modificato dall'articolo 2, comma 1, lettera* b), *del d.lgs. 29 giugno 2010, n. 128.*

(4) *Lettera aggiunta dall'articolo 2, comma 1, lettera* c), *del d.lgs. 29 giugno 2010, n. 128.*

(5) *Lettera sostituita dall'art. 1, comma 1, lett.* a), *d.lgs. 16 giugno 2017, n. 104. Per le disposizioni transitorie v. nota (1) al Titolo del presente d.lgs.*

(6) *Comma abrogato dall'art. 26, comma 1, lett.* a), *d.lgs. 16 giugno 2017, n. 104. Per le disposizioni transitorie v. nota (1) al Titolo del presente d.lgs.*

(7) *Lettera sostituita dall'art. 1, comma 1, lett.* b), *d.lgs. 16 giugno 2017, n. 104. Per le disposizioni transitorie v. nota (1) al Titolo del presente d.lgs.*

5 Definizioni (1).

1. Ai fini del presente decreto si intende per:

a) valutazione ambientale di piani e programmi, nel seguito valutazione ambientale strategica, di seguito VAS: il processo che comprende, secondo le disposizioni di cui al titolo II della seconda parte del presente decreto, lo svolgimento di una verifica di assoggettabilità, l'elaborazione del rapporto ambientale, lo svolgimento di consultazioni, la valutazione del piano o del programma, del rapporto e degli esiti delle consultazioni, l'espressione di un parere motivato, l'informazione sulla decisione ed il monitoraggio;

b) valutazione d'impatto ambientale, di seguito VIA: il processo che comprende, secondo le disposizioni di cui al Titolo III della parte seconda del presente decreto, l'elaborazione e la presentazione dello studio d'impatto ambientale da parte del proponente, lo svolgimento delle consultazioni, la valutazione dello studio d'impatto ambientale, delle eventuali informazioni supplementari fornite dal proponente e degli esiti delle consultazioni, l'adozione del provvedimento di VIA in merito agli impatti ambientali del progetto, l'integrazione del provvedimento di VIA nel provvedimento di approvazione o autorizzazione del progetto;) (2);

b-bis) valutazione di impatto sanitario, di seguito VIS: elaborato predisposto dal proponente sulla base delle linee guida adottate con decreto del Ministro della salute, che si avvale dell'Istituto superiore di sanità, al fine di stimare gli impatti complessivi, diretti e indiretti, che la realizzazione e l'esercizio del progetto può procurare sulla salute della popolazione; (21)

b-ter) valutazione d'incidenza: procedimento di carattere preventivo al quale è necessario sottoporre qualsiasi piano o progetto che possa avere incidenze significative su un sito o su un'area geografica proposta come sito della rete Natura 2000, singolarmente o congiuntamente ad altri piani e progetti e tenuto conto degli obiettivi di conservazione del sito stesso (21);

c) impatti ambientali: effetti significativi, diretti e indiretti, di un piano, di un programma o di un progetto, sui seguenti fattori:

— popolazione e salute umana;

— biodiversità, con particolare attenzione alle specie e agli habitat protetti in virtù della direttiva 92/43/CEE e della direttiva 2009/147/CE;

— territorio, suolo, acqua, aria e clima;

— beni materiali, patrimonio culturale, paesaggio;

— interazione tra i fattori sopra elencati.

Negli impatti ambientali rientrano gli effetti derivanti dalla vulnerabilità del progetto a rischio di gravi incidenti o calamità pertinenti il progetto medesimo; (22)

d) patrimonio culturale: l'insieme costituito dai beni culturali e dai beni paesaggistici in conformità al disposto di cui all'articolo 2, comma 1, del decreto legislativo 22 gennaio 2004, n. 42;

e) piani e programmi: gli atti e provvedimenti di pianificazione e di programmazione comunque denominati, compresi quelli cofinanziati dalla Comunità europea, nonché le loro modifiche:

1) che sono elaborati e/o adottati da un'autorità a livello nazionale, regionale o locale oppure predisposti da un'autorità per essere approvati, mediante una procedura legislativa, amministrativa o negoziale e

2) che sono previsti da disposizioni legislative, regolamentari o amministrative;

f) rapporto ambientale: il documento del piano o del programma redatto in conformità alle previsioni di cui all'articolo 13;

g) progetto: la realizzazione di lavori di costruzione o di altri impianti od opere e di altri interventi sull'ambiente naturale o sul paesaggio, compresi quelli destinati allo sfruttamento delle risorse del suolo. Ai fini del rilascio del provvedimento di VIA il proponente presenta il progetto di fattibilità come definito dall'articolo 23, commi 5 e 6, del decreto legislativo 18 aprile 2016, n. 50, o, ove disponibile, il progetto definitivo come definito dall'articolo 23, comma 7, del decreto legislativo n. 50 del 2016, ed in ogni caso tale da consentire la compiuta valutazione dei contenuti dello studio di impatto ambientale ai sensi dell'allegato IV della direttiva 2011/92/UE; (3) (4)

g-bis) studio preliminare ambientale: documento da presentare per l'avvio del procedimento di verifica di assoggettabilità a VIA, contenente le informazioni sulle caratteristiche del progetto e sui suoi probabili effetti significativi sull'ambiente, redatto in conformità alle indicazioni contenute nell'allegato IV-*bis* alla parte seconda del presente decreto (4);

[*h*) progetto definitivo: gli elaborati progettuali predisposti in conformità all'articolo 93 del decreto n. 163 del 2006 nel caso di opere pubbliche; negli altri casi, il progetto che presenta almeno un livello informativo e di dettaglio equivalente ai fini della valutazione ambientale] (5);

i) studio di impatto ambientale: documento che integra i progetti (6) ai fini del procedimento di VIA, redatto in conformità alle disposizioni di cui all'articolo 22 e alle indicazioni contenute nell'allegato VII alla parte seconda del presente decreto (28);

i-bis) sostanze: gli elementi chimici e loro composti, escluse le sostanze radioattive di cui al decreto legislativo 17 marzo 1995, n. 230, e gli organismi geneticamente modificati di cui ali decreti legislativi del 3 marzo 1993, n. 91 e n. 92 (7);

i-ter) inquinamento: l'introduzione diretta o indiretta, a seguito di attività umana, di sostanze, vibrazioni, calore o rumore o più in generale di agenti fisici o chimici, nell'aria, nell'acqua o nel suolo, che potrebbero nuocere alla salute umana o alla qualità del l'ambiente, causare il deterioramento dei beni materiali, oppure danni o perturbazioni a valori ricreativi dell'ambiente o ad altri suoi legittimi usi (7);

i-quater) 'installazione': unità tecnica permanente, in cui sono svolte una o più attività elencate all'allegato VIII alla Parte Seconda e qualsiasi altra attività accessoria, che sia tecnicamente connessa con le attività svolte nel luogo suddetto e possa influire sulle emissioni e sull'inquinamento. È considerata accessoria l'attività tecnicamente connessa anche quando condotta da diverso gestore (8);

i-quinquies) 'installazione esistente': ai fini dell'applicazione del Titolo III-*bis* alla Parte Seconda una installazione che, al 6 gennaio 2013, ha ottenuto tutte le autorizzazioni ambientali necessarie all'esercizio o il provvedimento positivo di compatibilità ambientale o per la quale, a tale data, sono state presentate richieste complete per tutte le autorizzazioni ambientali necessarie per il suo esercizio, a condizione che essa entri in funzione entro il 6 gennaio 2014. Le installazioni esistenti si qualificano come 'non già soggette ad AIA' se in esse non si svolgono attività già ricomprese nelle categorie di cui all'Allegato VIII alla Parte Seconda del decreto legislativo 3 aprile 2006, n. 152, come introdotto dal decreto legislativo 29 giugno 2010, n. 128 (8);

i-sexies) 'nuova installazione': una installazione che non ricade nella definizione di installazione esistente (8);

i-septies) emissione: lo scarico diretto o indiretto, da fonti puntiformi o diffuse dell'impianto, opera o infrastruttura, di sostanze, vibrazioni, calore o rumore, agenti fisici o chimici, radiazioni, nell'aria, nell'acqua ovvero nel suolo (7);

i-octies) valori limite di emissione: la massa espressa in rapporto a determinati parametri specifici, la concentrazione ovvero il livello di un'emissione che non possono essere superati in uno o più periodi di tempo. I valori limite di emissione possono essere fissati anche per determinati gruppi, famiglie o categorie di sostanze, indicate nel allegato X. I valori limite di emissione delle sostanze si applicano, tranne i casi diversamente previsti dalla legge, nel punto di fuoriuscita delle emissioni dell'impianto; nella loro determinazione non devono essere considerate eventuali diluizioni. Per quanto concerne gli scarichi indiretti in acqua, l'effetto di una stazione di depurazione può essere preso in considerazione nella determinazione dei valori limite di emissione dall'impianto, a condizione di garantire un livello equivalente di protezione dell'ambiente nel suo insieme e di non portare a carichi inquinanti maggiori nell'ambiente, fatto salvo il rispetto delle disposizioni di cui alla parte terza del presente decreto (7);

i-nonies) norma di qualità ambientale: la serie di requisiti, inclusi gli obiettivi di qualità, che sussistono in un dato momento in un determinato ambiente o in una specifica parte di esso, come stabilito nella normativa vigente in materia ambientale (7);

l) modifica: la variazione di un piano, programma, impianto o progetto approvato, compresi, nel caso degli impianti e dei progetti, le variazioni delle loro caratteristiche o del loro funzionamento, ovvero un loro potenziamento, che possano produrre effetti sull'ambiente (9);

l-bis) modifica sostanziale di un progetto, opera o di un impianto: la variazione delle caratteristiche o del funzionamento ovvero un potenziamento dell'impianto, dell'opera o dell'infrastruttura o del progetto che, secondo l'autorità competente, producano effetti negativi e significativi sull'ambiente o sulla salute umana. In particolare, con riferimento alla disciplina dell'autorizzazione integrata ambientale, per ciascuna attività per la quale l'allegato VIII indica valori di soglia, è sostanziale una modifica all'installazione che dia luogo ad un incremento del valore di una delle grandezze, oggetto della soglia, pari o superiore al valore della soglia stessa (10);

l-ter) migliori tecniche disponibili (best available techniques - BAT): la più efficiente e avanzata fase di sviluppo di attività e relativi metodi di esercizio indicanti l'idoneità pratica di determinate tecniche a costituire, in linea di massima, la base dei valori limite di emissione e delle altre condizioni di autorizzazione intesi ad evitare oppure, ove ciò si riveli impossibile, a ridurre in modo generale le emissioni e l'impatto sull'ambiente nel suo complesso. Nel determinare le migliori tecniche disponibili, occorre tenere conto in particolare degli elementi di cui all'allegato XI. Si intende per:

1) tecniche: sia le tecniche impiegate sia le modalità di progettazione, costruzione, manutenzione, esercizio e chiusura dell'impianto;

2) disponibili: le tecniche sviluppate su una scala che ne consenta l'applicazione in condizioni economicamente e tecnicamente idonee nell'ambito del relativo comparto industriale, prendendo in considerazione i costi e i vantaggi, indipendentemente dal fatto che siano o meno applicate o prodotte in ambito nazionale, purchè il gestore possa utilizzarle a condizioni ragionevoli;

3) migliori: le tecniche più efficaci per ottenere un elevato livello di protezione dell'ambiente nel suo complesso (9);

l-ter.1) 'documento di riferimento sulle 'BAT' o 'BREF': documento pubblicato dalla Commissione europea ai sensi dell'articolo 13, paragrafo 6, della direttiva 2010/75/UE (12);

l-ter.2) 'conclusioni sulle BAT': un documento adottato secondo quanto specificato all'articolo 13, paragrafo 5, della direttiva 2010/75/UE, e pubblicato in italiano nella Gazzetta Ufficiale dell'Unione europea, contenente le parti di un BREF riguardanti le conclusioni sulle migliori tecniche disponibili, la loro descrizione, le informazioni per valutarne l'applicabilità, i livelli di emissione associati alle migliori tecniche disponibili, il monitoraggio associato, i livelli di consumo associati e, se del caso, le pertinenti misure di bonifica del sito (12);

l-ter.4) 'livelli di emissione associati alle migliori tecniche disponibilì o 'BAT-AEL': intervalli di livelli di emissione ottenuti in condizioni di esercizio normali utilizzando una migliore tecnica disponibile o una combinazione di migliori tecniche disponibili, come indicato nelle conclusioni sulle BAT, espressi come media in un determinato arco di tempo e nell'ambito di condizioni di riferimento specifiche (12);

l-ter.5) 'tecnica emergentè: una tecnica innovativa per un'attività industriale che, se sviluppata commercialmente, potrebbe assicurare un più elevato livello di protezione dell'ambiente nel suo complesso o almeno lo stesso livello di protezione dell'ambiente e maggiori risparmi di spesa rispetto alle migliori tecniche disponibili esistenti (12);

m) verifica di assoggettabilità a VIA di un progetto: la verifica attivata allo scopo di valutare, ove previsto, se un progetto determina potenziali impatti ambientali significativi e negativi e deve essere quindi sottoposto al procedimento di VIA secondo le disposizioni di cui al Titolo III della parte seconda del presente decreto (13);

m-bis) verifica di assoggettabilità di un piano o programma: la verifica attivata allo scopo di valutare, ove previsto, se piani, programmi ovvero le loro modifiche, possano aver effetti significativi sull'ambiente e devono essere sottoposti alla fase di valutazione secondo le disposizioni del presente decreto considerato il diverso livello di sensibilità ambientale delle aree interessate (14);

m-ter) parere motivato: il provvedimento obbligatorio con eventuali osservazioni e condizioni che conclude la fase di valutazione di VAS, espresso dall'autorità competente sulla base dell'istruttoria svolta e degli esiti delle consultazioni (14);

n) provvedimento di verifica di assoggettabilità a VIA: il provvedimento motivato, obbligatorio e vincolante dell'autorità competente che conclude il procedimento di verifica di assoggettabilità a VIA (26);

o) provvedimento di VIA: il provvedimento motivato, obbligatorio e vincolante, che esprime la conclusione dell'autorità competente in merito agli impatti ambientali significativi e negativi del progetto, adottato sulla base dell'istruttoria svolta, degli esiti delle consultazioni pubbliche e delle eventuali consultazioni transfrontaliere (15);

o-bis) autorizzazione integrata ambientale: il provvedimento che autorizza l'esercizio di una installazione rientrante fra quelle di cui all'articolo 4, comma 4, lettera *c*), o di parte di essa a determinate condizioni che devono garantire che l'installazione sia conforme ai requisiti di cui al Titolo III-*bis* ai fini dell'individuazione delle soluzioni più idonee al perseguimento degli obiettivi di cui all'articolo 4, comma 4, lettera *c*). Un'autorizzazione integrata ambientale può valere per una o più installazioni o parti di esse che siano localizzate sullo stesso sito e gestite dal medesimo gestore. Nel caso in cui diverse parti di una installazione siano gestite da gestori differenti, le relative autorizzazioni integrate ambientali sono opportunamente coordinate a livello istruttorio (16);

o-ter) condizione ambientale del provvedimento di verifica di assoggettabilità a VIA: prescrizione vincolante, se richiesta dal proponente, relativa alle caratteristiche del progetto ovvero alle misure previste per evitare o prevenire impatti ambientali significativi e negativi, eventualmente associata al provvedimento negativo di verifica di assoggettabilità a VIA; (27)

o-quater) condizione ambientale del provvedimento di VIA: prescrizione vincolante eventualmente associata al provvedimento di VIA che definisce le linee di indirizzo da seguire nelle successive fasi di sviluppo progettuale delle opere per garantire l'applicazione di criteri ambientali atti a contenere e limitare gli impatti ambientali significativi e negativi o incrementare le prestazioni ambientali del progetto, nonchè (17) i requisiti per la realizzazione del progetto o l'esercizio delle relative attività, ovvero le misure previste per evitare, prevenire, ridurre e, se possibile, compensare gli impatti ambientali significativi e negativi nonché, ove opportuno, le misure di monitoraggio (27);

o-quinquies) autorizzazione: il provvedimento che abilita il proponente a realizzare il progetto (27);

p) autorità competente: la pubblica amministrazione cui compete l'adozione del provvedimento di verifica di assoggettabilità a VIA, l'elaborazione del parere motivato, nel caso di valutazione di piani e programmi, e l'adozione dei provvedimenti di VIA, nel caso di progetti ovvero il rilascio dell'autorizzazione integrata ambientale o del provvedimento comunque denominato che autorizza l'esercizio (18);

q) autorità procedente: la pubblica amministrazione che elabora il piano, programma soggetto alle disposizioni del presente decreto, ovvero nel caso in cui il soggetto che predispone il piano, programma sia un diverso soggetto pubblico o privato, la pubblica amministrazione che recepisce, adotta o approva il piano, programma;

r) proponente: il soggetto pubblico o privato che elabora il piano, programma o progetto soggetto alle disposizioni del presente decreto;

r-bis) gestore: qualsiasi persona fisica o giuridica che detiene o gestisce, nella sua totalità o in parte, l'installazione o l'impianto oppure che dispone di un potere economico determinante sull'esercizio tecnico dei medesimi (19);

s) soggetti competenti in materia ambientale: le pubbliche amministrazioni e gli enti pubblici che, per le loro specifiche competenze o responsabilità in campo ambientale, possono essere interessate agli impatti sull'ambiente dovuti all'attuazione dei piani, programmi o progetti;

t) consultazione: l'insieme delle forme di informazione e partecipazione, anche diretta, delle amministrazioni, del pubblico e del pubblico interessato nella raccolta dei dati e nella valutazione dei piani, programmi e progetti;

u) pubblico: una o più persone fisiche o giuridiche nonchè, ai sensi della legislazione vigente, le associazioni, le organizzazioni o i gruppi di tali persone;

v) pubblico interessato: il pubblico che subisce o può subire gli effetti delle procedure decisionali in materia ambientale o che ha un interesse in tali procedure; ai fini della presente definizione le organizzazioni non governative che promuovono la protezione dell'ambiente e che soddisfano i requisiti previsti dalla normativa statale vigente, nonchè le organizzazioni sindacali maggiormente rappresentative, sono considerate come aventi interesse.

v-bis) 'relazione di riferimento': informazioni sullo stato di qualità del suolo e delle acque sotterranee, con riferimento alla presenza di sostanze pericolose pertinenti, necessarie al fine di effettuare un raffronto in termini quantitativi con lo stato al momento della cessazione definitiva delle attività. Tali informazioni riguardano almeno: l'uso attuale e, se possibile, gli usi passati del sito, nonchè, se disponibili, le misurazioni effettuate sul suolo e sulle acque sotterranee che ne illustrino lo stato al momento dell'elaborazione della relazione o, in alternativa, relative a nuove misurazioni effettuate sul suolo e sulle acque sotterranee tenendo conto della possibilità di una contaminazione del suolo e delle acque sotterranee da parte delle sostanze pericolose usate, prodotte o rilasciate dall'installazione interessata. Le informazioni definite in virtù di altra normativa che soddisfano i requisiti di cui alla presente lettera possono essere incluse o allegate alla relazione di riferimento. Nella redazione della relazione di riferimento si terrà conto delle linee guida eventualmente emanate dalla Commissione europea ai sensi dell'articolo 22, paragrafo 2, della direttiva 2010/75/UE (20);

v-ter) 'acque sotterranee': acque sotterranee quali definite all'articolo 74, comma 1, lettera *l*) (21);

v-quater) 'suolo': lo strato più superficiale della crosta terrestre situato tra il substrato roccioso e la superficie. Il suolo è costituito da componenti minera li, materia organica, acqua, aria e organismi viventi. Ai soli fini dell'applicazione della Parte Terza, l'accezione del termine comprende, oltre al suolo come precedentemente definito, anche il territorio, il sottosuolo, gli abitati e le opere infrastrutturali (21);

v-quinquies) 'ispezione ambientalè: tutte le azioni, ivi compresi visite in loco, controllo delle emissioni e controlli delle relazioni interne e dei documenti di follow-up, verifica dell'autocontrollo, controllo delle tecniche utilizzate e adeguatezza della gestione ambientale dell'installazione, intraprese dall'autorità competente o per suo conto al fine di verificare e promuovere il rispetto delle condizioni di autorizzazione da parte delle installazioni, nonchè, se del caso, monitorare l'impatto ambientale di queste ultime (21);

v-sexies) 'pollame': il pollame quale definito all'articolo 2, comma 2, lettera *a*), del decreto del Presidente della Repubblica 3 marzo 1993, n. 587 (21);

v-septies) 'combustibile': qualsiasi materia combustibile solida, liquida o gassosa, che la norma ammette possa essere combusta per utilizzare l'energia liberata dal processo (21);

v-octies) 'sostanze pericolose': le sostanze o miscele, come definite all'articolo 2, punti 7 e 8, del regolamento (CE) n. 1272/2008, del Parlamento europeo e del Consiglio, del 16 dicembre 2008, pericolose ai sensi dell'articolo 3 del medesimo regolamento. Ai fini della Parte Terza si applica la definizione di cui all'articolo 74, comma 2, lettera *ee*) (21).

1-*bis*. Ai fini del della presente Parte Seconda si applicano inoltre le definizioni di 'impianto di incenerimento dei rifiuti e di 'impianto di coincenerimento dei rifiuti' di cui alle lettere *b*) e *c*) del comma 1 dell'articolo 237-*ter* (22).

(1) *Articolo abrogato e sostituito dall'articolo 1, comma 3, del d.lgs. 16 gennaio 2008, n. 4.*

(2) *Lettera sostituita dall'articolo 2, comma 2, lettera* a), *del d.lgs. 29 giugno 2010, n. 128. Successivamente, la presente lettera è stata così sostituita dall'art. 2, comma 1, lett.* a), *d.lgs. 16 giugno 2017, n. 104, che ha sostituito l'originaria lettera* b) *con le attuali lettere* b), b-bis) *e* b-ter). *Per le disposizioni transitorie v. nota (1) al Titolo del presente d.lgs.*

(3) *Secondo periodo così sostituito dall'art. 50, comma 1, lett.* a), *n. 1) d.l. 16 luglio 2020, n. 76, conv., con modif., in l. 11 settembre 2020, n. 120. Ai sensi del successivo comma 3, « Le disposizioni introdotte dal presente articolo si applicano alle istanze presentate a partire dal trentesimo giorno successivo alla data di entrata in vigore della legge di conversione del presente decreto ». Il testo del periodo era il seguente:* « Ai fini del rilascio del provvedimento di VIA gli elaborati progettuali presentati dal proponente sono predisposti con un livello informativo e di dettaglio almeno equivalente a quello del progetto di fattibilità come definito dall'articolo 23, commi 5 e 6, del decreto legislativo 18 aprile 2016, n. 50, o comunque con un livello tale da consentire la compiuta valutazione degli impatti ambientali in conformità con quanto definito in esito alla procedura di cui all'articolo 20; ».

(4) *Lettera sostituita dall'articolo 15, comma 1, lett.* a) *d.l. 24 giugno 2014, n. 91, conv., con modif., in l. 11 agosto 2014, n. 116. Successivamente, la presente lettera è stata così sostituita dall'art. 2, comma 1, lett.* c), *d.lgs. 16 giugno 2017, n. 104, che ha sostituito l'originaria lettera* g) *con le attuali lettere* g) *e* g-bis). *Per le disposizioni transitorie v. nota (1) al Titolo del presente d.lgs.*

(5) *Lettera abrogata dall'art. 15, comma 1, lett.* b) *d.l. 24 giugno 2014, n. 91, conv., con modif., in l. 11 agosto 2014, n. 116.*

(6) *Le parole* « i progetti » *sono state sostituite alle parole* « gli elaborati progettuali » *dall'art. 50, comma 1, lett.* a), *n. 2) d.l. n. 76, cit. V. nota 3 per la disciplina di applicazione.*

(7) *Lettera inserita dall'art. 2, comma 2, lett.* b), *d.lgs. 29 giugno 2010, n. 128.*

(8) *Lettera inserita dall'art. 2, comma 2, lett.* b), *d.lgs. 29 giugno 2010, n. 128 e successivamente sostituita dall'art. 1, comma 1, lett.* a), *d.lgs. 4 marzo 2014, n. 46.*

(9) *Lettera sostituita dall'art. 2, comma 2, lett.* c), *d.lgs. 29 giugno 2010, n. 128.*

(10) *Lettera dapprima sostituita dall'art. 2, comma 2, lett.* c), *d.lgs. 29 giugno 2010, n. 128 e sostituita dall'art. 1, comma 1, lett.* b), *d.lgs. 4 marzo 2014, n. 46 e successivamente modificata dall'art. 18, comma 1, lettera* a), *della legge 20 novembre 2017, n. 167 (Legge europea 2017).*

(11) *Lettera aggiunta dall'art. 2, comma 2, lett.* d), *d.lgs. 29 giugno 2010, n. 128 e successivamente sostituita dall'art. 1, comma 1, lett.* c), *d.lgs. 4 marzo 2014, n. 46.*

(12) *Lettera aggiunta dall'art. 1, comma 1, lett.* d), *d.lgs. 4 marzo 2014, n. 46.*

(13) *Lettera modificata dall'art. 2, comma 2, lett.* e), *d.lgs. 29 giugno 2010, n. 128 e, successivamente, sostituita dall'art. 2, comma 1, lett.* e), *d.lgs. 16 giugno 2017, n. 104. Per le disposizioni transitorie v. nota (1) al Titolo del presente d.lgs.*

(14) *Lettera aggiunta dall'art. 2, comma 2, lett.* f), *d.lgs. 29 giugno 2010, n. 128.*

(15) *Lettera modificata dall'art. 2, comma 2, lett.* g), *d.lgs. 29 giugno 2010, n. 128 e, successivamente, così sostituita dall'art. 2, comma 1, lett.* g), *d.lgs. 16 giugno 2017, n. 104. Per le disposizioni transitorie v. nota (1) al Titolo del presente d.lgs.*

(16) *Lettera sostituita dall'art. 2, comma 2, lett.* h), *d.lgs. 29 giugno 2010, n. 128 e successivamente dall'art. 1, comma 1, lett.* e), *d.lgs. 4 marzo 2014, n. 46.*

(17) *Le parole* « le linee di indirizzo da seguire nelle successive fasi di sviluppo progettuale delle opere per garantire l'applicazione di criteri ambientali atti a contenere e limitare gli impatti ambientali significativi e negativi o incrementare le prestazioni ambientali del progetto, nonché » *sono state inserite dall'art. 50, comma 1, lett.* a), *n. 3) d.l. n. 76, cit. V. nota 3 per la disciplina di applicazione.*

(18) *Lettera modificata dall'art. 2, comma 2, lett.* i), *d.lgs. 29 giugno 2010, n. 128, successivamente dall'art. 1, comma 1, lett.* f), *d.lgs. 4 marzo 2014, n. 46 e, da ultimo sostituita dall'art. 2, comma 1, lett.* i), *d.lgs. 16 giugno 2017, n. 104. Per le disposizioni transitorie v. nota (1) al Titolo del presente d.lgs.*

(19) *Lettera inserita dall'art. 2, comma 2, lett.* l), *d.lgs. 29 giugno 2010, n. 128 e successivamente dall'art. 1, comma 1, lett.* g), *d.lgs. 4 marzo 2014, n. 46.*

(20) *Lettera aggiunta dall'art. 1, comma 1, lett.* h), *d.lgs. 4 marzo 2014, n. 46. Per le modalità per la redazione della relazione di riferimento, di cui alla presente lettera, vedi il d.m. 13 novembre 2014, n. 272.*

(21) *Lettera aggiunta dall'art. 1, comma 1, lett.* h), *d.lgs. 4 marzo 2014, n. 46.*

(22) *Comma aggiunto dall'art. 1, comma 1, lett.* i), *d.lgs. 4 marzo 2014, n. 46.*

(23) *Lettera inserita dall'art. 2, comma 1, lett.* c), *d.lgs. 16 giugno 2017, n. 104, che ha sostituito l'originaria lettera* g) *con le attuali lettere* g) e g-bis). *Per le disposizioni transitorie v. nota (1) al Titolo del presente d.lgs.*

(24) *Lettera inserita dall'art. 2, comma 1, lett.* a), *d.lgs. 16 giugno 2017, n. 104. Per le disposizioni transitorie v. nota (1) al Titolo del presente d.lgs.*

(25) *Lettera così sostituita dall'art. 2, comma 1, lett.* b), *d.lgs. 16 giugno 2017, n. 104. Per le disposizioni transitorie v. nota (1) al Titolo del presente d.lgs.*

(26) *Lettera così sostituita dall'art. 2, comma 1, lett.* f), *d.lgs. 16 giugno 2017, n. 104. Per le disposizioni transitorie v. nota (1) al Titolo del presente d.lgs.*

(27) *Lettera inserita dall'art. 2, comma 1, lett.* h), *d.lgs. 16 giugno 2017, n. 104. Per le disposizioni transitorie v. nota (1) al Titolo del presente d.lgs.*

(28) *Lettera sostituita dall'articolo 2, comma 1, lettera* d), *del d.lgs. 16 giugno 2017 n. 104. Per le disposizioni transitorie v. nota (1) al Titolo del presente d.lgs.*

6 Oggetto della disciplina (1).

1. La valutazione ambientale strategica riguarda i piani e i programmi che possono avere impatti significativi sull'ambiente e sul patrimonio culturale.

2. Fatto salvo quanto disposto al comma 3, viene effettuata una valutazione per tutti i piani e i programmi:

a) che sono elaborati per la valutazione e gestione della qualità dell'aria ambiente, per i settori agricolo, forestale, della pesca, energetico, industriale, dei trasporti, della gestione dei rifiuti e delle acque, delle telecomunicazioni, turistico, della pianificazione territoriale o della destinazione dei suoli, e che definiscono il quadro di riferimento per l'approvazione, l'autorizzazione, l'area di localizzazione o comunque la realizzazione dei progetti elencati negli allegati II, II-*bis*, III e IV del presente decreto; (2)

b) per i quali, in considerazione dei possibili impatti sulle finalità di conservazione dei siti designati come zone di protezione speciale per la conservazione degli uccelli selvatici e quelli classificati come siti di importanza comunitaria per la protezione degli habitat naturali e della flora e della fauna selvatica, si ritiene necessaria una valutazione d'incidenza ai sensi dell'articolo 5 del decreto del Presidente della Repubblica 8 settembre 1997, n. 357, e successive modificazioni.

3. Per i piani e i programmi di cui al comma 2 che determinano l'uso di piccole aree a livello locale e per le modifiche minori dei piani e dei programmi di cui al comma 2, la valutazione ambientale è necessaria qualora l'autorità competente valuti che producano impatti significativi sull'ambiente, secondo le disposizioni di cui all'articolo 12 e tenuto conto del diverso livello di sensibilità ambientale dell'area oggetto di intervento (3).

3-*bis*. L'autorità competente valuta, secondo le disposizioni di cui all'articolo 12, se i piani e i programmi, diversi da quelli di cui al comma 2, che definiscono il quadro di riferimento per l'autorizzazione dei progetti, producano impatti significativi sull'ambiente (4).

3-*ter*. Per progetti di opere e interventi da realizzarsi nell'ambito del Piano regolatore portuale o del Piano di sviluppo aeroportuale (5), già sottoposti ad una valutazione ambientale strategica, e che rientrano tra le categorie per le quali è prevista la Valutazione di impatto ambientale, costituiscono dati acquisiti tutti gli elementi valutati in sede di VAS o comunque desumibili dal Piano regolatore portuale o dal Piano di sviluppo aeroportuale (5). Qualora il Piano regolatore Portuale, il Piano di sviluppo aeroportuale (5) ovvero le rispettive varianti abbiano contenuti tali da essere sottoposti a valutazione di impatto ambientale nella loro interezza secondo le norme comunitarie, tale valutazione è effettuata secondo le modalità e le competenze previste dalla Parte Seconda del presente decreto ed è integrata dalla valutazione ambientale strategica per gli eventuali contenuti di pianificazione del Piano e si conclude con un unico provvedimento (6).

4. Sono comunque esclusi dal campo di applicazione del presente decreto:

a) i piani e i programmi destinati esclusivamente a scopi di difesa nazionale caratterizzati da somma urgenza o ricadenti nella disciplina di cui all'articolo 17 del decreto legislativo 12 aprile 2006, n. 163, e successive modificazioni (7);

b) i piani e i programmi finanziari o di bilancio;

c) i piani di protezione civile in caso di pericolo per l'incolumità pubblica.

c-bis) i piani di gestione forestale o strumenti equivalenti, riferiti ad un ambito aziendale o sovraziendale di livello locale, redatti secondo i criteri della gestione forestale sostenibile e approvati dalle regioni o dagli organismi dalle stesse individuati (8).

c-ter) i piani, i programmi e i provvedimenti di difesa fitosanitaria adottati dal Servizio fitosanitario nazionale che danno applicazione a misure fitosanitarie di emergenza (9).

5. La valutazione d'impatto ambientale si applica ai progetti che possono avere impatti ambientali significativi e negativi, come definiti all'articolo 5, comma 1, lettera *c*) (10).

6. La verifica di assoggettabilità a VIA è effettuata per:

a) i progetti elencati nell'allegato II alla parte seconda del presente decreto, che servono esclusivamente o essenzialmente per lo sviluppo ed il collaudo di nuovi metodi o prodotti e non sono utilizzati per più di due anni;

b) le modifiche o le estensioni dei progetti elencati nell'allegato II, II-*bis*, III e IV alla parte seconda del presente decreto, la cui realizzazione potenzialmente possa produrre impatti ambientali significativi e negativi, ad eccezione delle modifiche o estensioni che risultino conformi agli eventuali valori limite stabiliti nei medesimi allegati II e III;

c) i progetti elencati nell'allegato II-*bis* alla parte seconda del presente decreto, in applicazione dei criteri e delle soglie definiti dal decreto del Ministro dell'ambiente e della tutela del territorio e del mare del 30 marzo 2015, pubblicato nella Gazzetta Ufficiale n. 84 dell'11 aprile 2015;

d) i progetti elencati nell'allegato IV alla parte seconda del presente decreto, in applicazione dei criteri e delle soglie definiti dal decreto del Ministro dell'ambiente e della tutela del territorio e del mare del 30 marzo 2015, pubblicato nella Gazzetta Ufficiale n. 84 dell'11 aprile 2015 (11).

6-*bis*. Qualora nei procedimenti di VIA di competenza statale l'autorità competente coincida con l'autorità che autorizza il progetto, la valutazione di impatto ambientale viene rilasciata dall'autorità competente nell'ambito del procedimento autorizzatorio. Resta fermo che la decisione di autorizzare il progetto è assunta sulla base del provvedimento di VIA (12).

7. La VIA è effettuata per:

a) i progetti di cui agli allegati II e III alla parte seconda del presente decreto;

b) i progetti di cui agli allegati II-*bis* e IV alla parte seconda del presente decreto, relativi ad opere o interventi di nuova realizzazione, che ricadono, anche parzialmente, all'interno di aree naturali protette come definite dalla legge 6 dicembre 1991, n. 394, ovvero all'interno di siti della rete Natura 2000;

c) i progetti elencati nell'allegato II alla parte seconda del presente decreto, che servono esclusivamente o essenzialmente per lo sviluppo ed il collaudo di nuovi metodi o prodotti e non sono utilizzati per più di due anni, qualora, all'esito dello svolgimento della verifica di assoggettabilità a VIA, l'autorità competente valuti che possano produrre impatti ambientali significativi;

d) le modifiche o estensioni dei progetti elencati negli allegati II e III che comportano il superamento degli eventuali valori limite ivi stabiliti;

e) le modifiche o estensioni dei progetti elencati nell'allegato II, II-*bis*, III e IV alla parte seconda del presente decreto, qualora, all'esito dello svolgimento della verifica di assoggettabilità a VIA, l'autorità competente valuti che possano produrre impatti ambientali significativi e negativi;

f) i progetti di cui agli allegati II-*bis* e IV alla parte seconda del presente decreto, qualora all'esito dello svolgimento della verifica di assoggettabilità a VIA, in applicazione dei criteri e delle soglie definiti dal decreto del Ministro dell'ambiente e della tutela del territorio e del mare del 30 marzo 2015, pubblicato nella Gazzetta Ufficiale n. 84 dell'11 aprile 2015, l'autorità competente valuti che possano produrre impatti ambientali significativi e negativi (13);

[8. Per i progetti di cui agli allegati III e IV, ricadenti all'interno di aree naturali protette, le soglie dimensionali, ove previste, sono ridotte del cinquanta per cento. Le medesime riduzioni si applicano anche per le soglie dimensionali dei progetti di cui all'allegato II, punti 4-*bis*) e 4-*ter*), relativi agli elettrodotti facenti parte della rete elettrica di trasmissione nazionale] (14).

9. Per le modifiche, le estensioni o gli adeguamenti tecnici finalizzati a migliorare il rendimento e le prestazioni ambientali dei progetti elencati negli allegati II, II-*bis*, III e IV alla parte seconda del presente decreto, fatta eccezione per le modifiche o estensioni di cui al comma 7, lettera *d*), il proponente, in ragione della presunta assenza di potenziali impatti ambientali significativi e negativi, ha la facoltà di richiedere all'autorità competente, trasmettendo adeguati elementi informativi tramite apposite liste di controllo, una valutazione preliminare al fine di individuare l'eventuale procedura da avviare. L'autorità competente, entro trenta giorni dalla presentazione della richiesta di valutazione preliminare, comunica al proponente l'esito delle proprie valutazioni, indicando se le modifiche, le estensioni o gli adeguamenti tecnici devono essere assoggettati a verifica di assoggettabilità a VIA, a VIA, ovvero non rientrano nelle categorie di cui ai commi 6 o 7. L'esito della valutazione preliminare e la documentazione trasmessa dal proponente sono tempestivamente pubblicati dall'autorità competente sul proprio sito internet istituzionale (15) (16).

9-*bis*. Nell'ambito dei progetti già autorizzati, per le varianti progettuali legate a modifiche, estensioni e adeguamenti tecnici non sostanziali che non comportino impatti ambientali significativi e negativi si applica la procedura di cui al comma 9 (17).

10. Per i progetti o parti di progetti aventi quale unico obiettivo la difesa nazionale e per i progetti aventi quali unico obiettivo la risposta alle emergenze che riguardano la protezione civile, il Ministro dell'ambiente e della tutela del territorio e del mare, di concerto con il Ministro dei beni e delle attività culturali e del turismo, dopo una valutazione caso per caso, può disporre, con decreto, l'esclusione di tali progetti dal campo di applicazione delle norme di cui al titolo III della parte seconda del presente decreto, qualora

ritenga che tale applicazione possa pregiudicare i suddetti obiettivi (18).

10-*bis*. Ai procedimenti di cui ai commi 6, 7 e 9 del presente articolo, nonché all'articolo 28, non si applica quanto previsto dall'articolo 10-*bis* della legge 7 agosto 1990, n. 241 (19).

11. Fatto salvo quanto previsto dall'articolo 32, il Ministro dell'ambiente e della tutela del territorio e del mare può, in casi eccezionali, previo parere del Ministro dei beni e delle attività culturali e del turismo, esentare in tutto o in parte un progetto specifico dalle disposizioni di cui al titolo III della parte seconda del presente decreto, qualora l'applicazione di tali disposizioni incida negativamente sulla finalità del progetto, a condizione che siano rispettati gli obiettivi della normativa nazionale ed europea in materia di valutazione di impatto ambientale. In tali casi il Ministro dell'ambiente e della tutela del territorio e del mare:

a) esamina se sia opportuna un'altra forma di valutazione;

b) mette a disposizione del pubblico coinvolto le informazioni raccolte con le altre forme di valutazione di cui alla lettera *a*), le informazioni relative alla decisione di esenzione e le ragioni per cui è stata concessa;

c) informa la Commissione europea, prima del rilascio dell'autorizzazione, dei motivi che giustificano l'esenzione accordata fornendo tutte le informazioni acquisite (20).

12. Per le modifiche dei piani e dei programmi elaborati per la pianificazione territoriale, urbanistica (21) o della destinazione dei suoli conseguenti all'approvazione dei piani di cui al comma 3-*ter*, nonché (21) a provvedimenti di autorizzazione di opere singole che hanno per legge l'effetto di variante ai suddetti piani e programmi, ferma restando l'applicazione della disciplina in materia di VIA, la valutazione ambientale strategica non è necessaria per la localizzazione delle singole opere.

13. L'autorizzazione integrata ambientale è necessaria per:

a) le installazioni che svolgono attività di cui all'Allegato VIII alla Parte Seconda;

b) le modifiche sostanziali degli impianti di cui alla lettera *a*) del presente comma (22);

14. Per le attività di smaltimento o di recupero di rifiuti svolte nelle installazioni di cui all'articolo 6, comma 13, anche qualora costituiscano solo una parte delle attività svolte nell'installazione, l'autorizzazione integrata ambientale, ai sensi di quanto disposto dall'articolo 29-*quater*, comma 11, costituisce anche autorizzazione alla realizzazione o alla modifica, come disciplinato dall'articolo 208 (23).

15. Per le installazioni di cui alla lettera *a*) del comma 13, nonché per le loro modifiche sostanziali, l'autorizzazione integrata ambientale è rilasciata nel rispetto della disciplina di cui al presente decreto e dei termini di cui all'articolo 29-*quater*, comma 10 (24).

16. L'autorità competente, nel determinare le condizioni per l'autorizzazione integrata ambientale, fermo restando il rispetto delle norme di qualità ambientale, tiene conto dei seguenti principi generali:

a) devono essere prese le opportune misure di prevenzione dell'inquinamento, applicando in particolare le migliori tecniche disponibili;

b) non si devono verificare fenomeni di inquinamento significativi;

c) è prevenuta la produzione dei rifiuti, a norma della parte quarta del presente decreto; i rifiuti la cui produzione non è prevenibile sono in ordine di priorità e conformemente alla parte quarta del presente decreto, riutilizzati, riciclati, ricuperati o, ove ciò sia tecnicamente ed economicamente impossibile, sono smaltiti evitando e riducendo ogni loro impatto sull'ambiente;

d) l'energia deve essere utilizzata in modo efficace ed efficiente;

e) devono essere prese le misure necessarie per prevenire gli incidenti e limitarne le conseguenze;

f) deve essere evitato qualsiasi rischio di inquinamento al momento della cessazione definitiva delle attività e il sito stesso deve essere ripristinato conformemente a quanto previsto all'articolo 29-*sexies*, comma 9-*quinquies* (25).

17. Ai fini di tutela dell'ambiente e dell'ecosistema, all'interno del perimetro delle aree marine e costiere a qualsiasi titolo protette per scopi di tutela ambientale, in virtù di leggi nazionali, regionali o in attuazione di atti e convenzioni dell'Unione europea e internazionali sono vietate le attività di ricerca, di prospezione nonché di coltivazione di idrocarburi liquidi e gassosi in mare, di cui agli articoli 4, 6 e 9 della legge 9 gennaio 1991, n. 9. Il divieto è altresì stabilito nelle zone di mare poste entro dodici miglia dalle linee di costa lungo l'intero perimetro costiero nazionale e dal perimetro esterno delle suddette aree marine e costiere protette. I titoli abilitativi già rilasciati sono fatti salvi per la durata di vita utile del giacimento, nel rispetto degli standard di sicurezza e di salvaguardia ambientale. Sono sempre assicurate le attività di manutenzione finalizzate all'adeguamento tecnologico necessario alla sicurezza degli impianti e alla tutela dell'ambiente, nonché le operazioni finali di ripristino ambientale. Dall'entrata in vigore delle disposizioni di cui al presente comma è abrogato il comma 81 dell'articolo 1 della legge 23 agosto 2004, n. 239. A decorrere dalla data di entrata in vigore della presente disposizione, i titolari delle concessioni di coltivazione in mare sono tenuti a corrispondere annualmente l'aliquota di prodotto di cui all'articolo 19, comma 1 del decreto legislativo 25 novembre 1996, n. 625, elevata dal 7% al 10% per il gas e dal 4% al 7% per l'olio. Il titolare unico o contitolare di ciascuna concessione è tenuto a versare le somme corrispondenti al valore dell'incremento dell'aliquota ad apposito capitolo dell'entrata del bilancio dello Stato, per essere interamente riassegnate, in parti uguali, ad appositi capitoli istituiti nello stato di previsione, rispettivamente, del Ministero dello sviluppo economico, per lo svolgimento delle attività di vigilanza e controllo della sicurezza anche ambientale degli impianti di ricerca e coltivazione in mare, e del Ministero dell'ambiente e della tutela del territorio e del mare, per assicurare il pieno svolgimento delle azioni di monitoraggio, ivi compresi gli adempimenti connessi alle valutazioni ambientali in ambito costiero e marino, anche mediante l'impiego dell'Istituto superiore

per la protezione e la ricerca ambientale (ISPRA), delle Agenzie regionali per l'ambiente e delle strutture tecniche dei corpi dello Stato preposti alla vigilanza ambientale, e di contrasto dell'inquinamento marino (26) (27).

(1) *Articolo modificato dall'articolo 14, comma 1, lettera* l), *del d.P.R. 14 maggio 2007, n. 90 e, successivamente, sostituito dall'articolo 1, comma 3, del d.lgs. 16 gennaio 2008, n. 4.*

(2) *Comma modificato dall'articolo 3, comma 1, lettera* a) *del d.lgs. 16 giugno 2017, n. 104.*

(3) *Comma modificato dall'articolo 2, comma 3, lettera* a), *del d.lgs. 29 giugno 2010, n. 128.*

(4) *Comma modificato dall'articolo 2, comma 3, lettera* b), *del d.lgs. 29 giugno 2010, n. 128.*

(5) *Le parole* « o del Piano di sviluppo aeroportuale », *le parole* « o dal Piano di sviluppo aeroportuale » *e le parole* «, il Piano di sviluppo aeroportuale » *sono state inserite dall'art. 50, comma 1, lett.* b), *n. 1) d.l. 16 luglio 2020, n. 76, conv., con modif., in l. 11 settembre 2020, n. 120. Ai sensi del successivo comma 3 « Le disposizioni introdotte dal presente articolo si applicano alle istanze presentate a partire dal trentesimo giorno successivo alla data di entrata in vigore della legge di conversione del presente decreto. ».*

(6) *Comma inserito dall'articolo 2, comma 3, lettera* c), *del d.lgs. 29 giugno 2010, n. 128.*

(7) *Lettera modificata dall'articolo 2, comma 3, lettera* d), *del d.lgs. 29 giugno 2010, n. 128.*

(8) *Lettera aggiunta dall'articolo 4 undecies del d.l. 3 novembre 2008, n. 171, convertito, con modificazioni, dalla legge 30 dicembre 2008, n. 205.*

(9) *Lettera aggiunta dall'articolo 8, comma 3, d.l. 29 marzo 2019, n. 27, convertito con modificazioni in l. 21 maggio 2019, n. 44.*

(10) *Comma modificato dall'articolo 2, comma 3, lettera* e), *del d.lgs. 29 giugno 2010, n. 128 e successivamente sostituito dall'articolo 3, comma 1, lettera* b) *del d.lgs. 16 giugno 2017, n. 104.*

(11) *Comma sostituito dall'articolo 3, comma 1, lettera* c) *del d.lgs. 16 giugno 2017, n. 104.*

(12) *Comma inserito dall'art. 25, comma 1, lett.* b), *n. 1) d.l. 31 maggio 2021, n. 77, conv., con modif., in l. 29 luglio 2021, n. 108.*

(13) *Comma sostituito dall'articolo 2, comma 3, lettera* f), *del d.lgs. 29 giugno 2010, n. 128, successivamente modificato dall'articolo 15, comma 1, lettera* c) *del d.l. 24 giugno 2014, n. 91, convertito, con modificazioni dalla legge 11 agosto 2014, n. 116, infine sostituito dall'articolo 3, comma 1, lettera* d) *del d.lgs. 16 giugno 2017, n. 104. V. anche il comma 2 del medesimo articolo 15.*

(14) *Comma modificato dall'articolo 36, comma 7-bis, lettera* d), *del d.l. 10 ottobre 2012, n. 179, convertito, con modificazioni, dalla legge 17 dicembre 2012, n. 221 e successivamente soppresso dall'articolo 3, comma 1, lettera* e) *del d.lgs. 16 giugno 2017, n. 104.*

(15) *Periodo inserito dall'art. 50, comma 1, lett.* b), *n. 2) d.l. n. 76, cit. V. nota 5 per la disciplina di applicazione.*

(16) *Comma modificato dall'articolo 2, comma 3, lettera* g), *del d.lgs. 29 giugno 2010, n. 128, sostituito dall'articolo 15, comma 1, lettera* d) *del d.l. 24 giugno 2014, n. 91, convertito, con modificazioni dalla legge 11 agosto 2014, n. 116 e infine sostituito dall'articolo 3, comma 1, lettera* f) *del d.lgs. 16 giugno 2017, n. 104.*

(17) *Comma inserito dall'art. 18, comma 1, lett.* b-bis) *d.l. n. 77, cit.*

(18) *Comma aggiunto dall'articolo 2, comma 3, lettera* h), *del d.lgs. 29 giugno 2010, n. 128 e successivamente sostituito dall'articolo 3, comma 1, lettera* g) *del d.lgs. 16 giugno 2017, n. 104*

(19) *Comma inserito dall'art. 25, comma 1, lett.* b), *n. 2) d.l. n. 77, cit.*

(20) *Comma sostituito dall'articolo 3, comma 1, lettera* h) *del d.lgs. 16 giugno 2017, n. 104.*

(21) *Le parole* «, urbanistica » *e le parole* « all'approvazione dei piani di cui al comma 3-*ter*, nonché » *sono state inserite dall'art. 50, comma 1, lett.* b), *n. 3) d.l. n. 76, cit. V. nota 5 per la disciplina di applicazione.*

(22) *Comma aggiunto dall'articolo 2, comma 3, lettera* h), *del d.lgs. 29 giugno 2010, n. 128 e successivamente modificato dall'articolo 2, comma 1, lettera* a), *del d.lgs. 4 marzo 2014, n. 46.*

(23) *Comma aggiunto dall'articolo 2, comma 3, lettera* h), *del d.lgs. 29 giugno 2010, n. 128 e successivamente sostituito dall'articolo 2, comma 1, lettera* b), *del d.lgs. 4 marzo 2014, n. 46.*

(24) *Comma aggiunto dall'articolo 2, comma 3, lettera* h), *del d.lgs. 29 giugno 2010, n. 128 e successivamente sostituito dall'articolo 2, comma 1, lettera* b), *del d.lgs. 4 marzo 2014, n. 46.*

(25) *Comma aggiunto dall'articolo 2, comma 3, lettera* h), *del d.lgs. 29 giugno 2010, n. 128 e successivamente modificato dall'articolo 2, comma 1, lettere* c) *e* d), *del d.lgs. 4 marzo 2014, n. 46.*

(26) *Comma aggiunto dall'articolo 2, comma 3, lettera* h), *del d.lgs. 29 giugno 2010, n. 128, successivamente modificato dall'articolo 3 del d.lgs. 7 luglio 2011, n. 121, dall'articolo 24, comma 1, lettera* a), *del d.l. 9 febbraio 2012, n. 5, convertito, con modificazioni, dalla legge 4 aprile 2012, n. 35, sostituito dall'articolo 35, comma 1, del d.l. 22 giugno 2012, n. 83, convertito, con modificazioni, dalla legge 7 agosto 2012, n. 134, modificato dall'articolo 1, comma 239, della legge 28 dicembre 2015, n. 208 e, da ultimo, dall'articolo 2, comma 1, della legge 28 dicembre 2015, n. 221.*

(27) *Con d.P.R. 15 febbraio 2016 (GU n. 38 del 16.2.2016) è stato indetto il referendum popolare per l'abrogazione del terzo periodo del presente comma, che prevede che « I titoli abilitativi già rilasciati sono fatti salvi per la durata di vita utile del giacimento, nel rispetto degli standard di sicurezza e di salvaguardia ambientale ».*

7 Competenze in materia di VAS e AIA (1).

1. Sono sottoposti a VAS in sede statale i piani e programmi di cui all'articolo 6, commi da 1 a 4, la cui approvazione compete ad organi dello Stato.

2. Sono sottoposti a VAS secondo le disposizioni delle leggi regionali, i piani e programmi di cui all'articolo 6, commi da 1 a 4, la cui approvazione compete alle regioni e province autonome o agli enti locali.

[3. Sono sottoposti a VIA in sede statale i progetti di cui all'allegato II al presente decreto.] (2)

[4. Sono sottoposti a VIA secondo le disposizioni delle leggi regionali, i progetti di cui agli allegati III e IV al presente decreto.] (2)

4-*bis*. Sono sottoposti ad AIA in sede statale i progetti relativi alle attività di cui all'allegato XII al presente decreto e loro modifiche sostanziali (3).

4-*ter*. Sono sottoposti ad AIA secondo le disposizioni delle leggi regionali e provinciali i progetti di cui all'allegato VIII che non risultano ricompresi anche nell'allegato XII al presente decreto e loro modifiche sostanziali (3).

5. In sede statale, l'autorità competente ai fini della VAS e dell'AIA è il Ministero dell'ambiente e della tutela del territorio e del mare. Il parere motivato in sede di VAS è espresso dal Ministro dell'ambiente e della tutela del territorio e del mare di concerto con il Ministro dei beni e delle attività culturali e del turismo, che collabora alla relativa attività istruttoria. Il provvedimento di AIA è rilasciato dal Ministro dell'ambiente e della tutela del territorio e del mare (4).

6. In sede regionale, l'autorità competente ai fini della VAS e dell'AIA è la pubblica amministrazione con compiti di tutela, protezione e valorizzazione ambientale individuata secondo le disposizioni delle leggi regionali o delle province autonome (5).

7. Le regioni e le province autonome di Trento e di Bolzano disciplinano con proprie leggi e regolamenti le competenze proprie e quelle degli altri enti locali in materia di VAS e di AIA. Disciplinano inoltre:

a) i criteri per la individuazione degli enti locali territoriali interessati;

b) i criteri specifici per l'individuazione dei soggetti competenti in materia ambientale;

c) fermo il rispetto della legislazione comunitaria eventuali ulteriori modalità, rispetto a quelle indicate nel presente decreto, purché con questo compatibili, per l'individuazione dei piani e programmi o progetti o installazioni da sottoporre a VAS, VIA ed AIA e per lo svolgimento della relative consultazione (6);

d) le modalità di partecipazione delle regioni e province autonome confinanti al processo di VAS, in coerenza con quanto stabilito dalle disposizioni nazionali in materia;

e) le regole procedurali per il rilascio dei provvedimenti di AIA e dei pareri motivati in sede di VAS di propria competenza, fermo restando il rispetto dei limiti generali di cui al presente decreto ed all'articolo 29 della legge 7 agosto 1990, n. 241, e successive modificazioni (7).

8. Le regioni e le province autonome di Trento e di Bolzano informano, ogni dodici mesi, il Ministero dell'ambiente e della tutela del territorio e del mare circa i provvedimenti adottati e i procedimenti di valutazione in corso.

9. Le Regioni e le Province Autonome esercitano la competenza ad esse assegnata dai commi 2, 4 e 7 nel rispetto dei principi fondamentali dettati dal presente Titolo (8).

(1) *Articolo abrogato e sostituito dall'articolo 1, comma 3, del d.lgs. 16 gennaio 2008, n. 4. Successivamente la rubrica è stata sostituita dall'art. 4, comma 1, lett.* a), *d.lgs. 16 giugno 2017, n. 104. Per le disposizioni transitorie v. nota (1) al Titolo del presente d.lgs.*

(2) *Comma abrogato dall'art. 26, comma 1, lett.* a), *d.lgs. 16 giugno 2017, n. 104. Per le disposizioni transitorie v. nota (1) al Titolo del presente d.lgs.*

(3) *Comma aggiunto dall'articolo 2, comma 4, lettera* a), *del d.lgs. 29 giugno 2010, n. 128.*

(4) *Comma modificato dall'articolo 2, comma 4, lettera* b), *del d.lgs. 29 giugno 2010, n. 128 e successivamente sostituito dall'art. 3, comma 1, lett.* a), *d.lgs. 4 marzo 2014, n. 46. Da ultimo, il presente comma è stato così sostituito dall'art. 4, comma 1, lett.* b), *d.lgs. 16 giugno 2017, n. 104. Per le disposizioni transitorie v. nota (1) al Titolo del presente d.lgs.*

(5) *Comma sostituito dall'art. 4, comma 1, lett.* c), *d.lgs. 16 giugno 2017, n. 104. Per le disposizioni transitorie v. nota (1) al Titolo del presente d.lgs.*

(6) *Lettera sostituita dall'articolo 2, comma 4, lettera* c), *del d.lgs. 29 giugno 2010, n. 128 e dall'art. 3, comma 1, lett.* b), *d.lgs. 4 marzo 2014, n. 46.*

(7) *Lettera aggiunta dall'articolo 2, comma 4, lettera* d), *del d.lgs. 29 giugno 2010, n. 128, successivamente sostituito dall'art. 4, comma 1, lett.* d), *d.lgs. 16 giugno 2017, n. 104. Per le disposizioni transitorie v. nota (1) al Titolo del presente d.lgs.*

(8) *Comma aggiunto dall'articolo 2, comma 4, lettera* e), *del d.lgs. 29 giugno 2010, n. 128.*

7-*bis* Competenze in materia di VIA e di verifica di assoggettabilità a VIA (1).

1. La verifica di assoggettabilità a VIA e la VIA vengono effettuate ai diversi livelli istituzionali, tenendo conto dell'esigenza di razionalizzare i procedimenti ed evitare duplicazioni nelle valutazioni.

2. Sono sottoposti a VIA in sede statale i progetti di cui all'allegato II alla parte seconda del presente decreto. Sono sottoposti a verifica di assoggettabilità a VIA in sede statale i progetti di cui all'allegato II-*bis* alla parte seconda del presente decreto.

2-*bis*. Le opere, gli impianti e le infrastrutture necessari alla realizzazione dei progetti strategici per la transizione energetica del Paese inclusi nel Piano nazionale di ripresa e resilienza (PNRR) e al raggiungimento degli obiettivi fissati dal Piano nazionale integrato per l'energia e il clima (PNIEC), predisposto in attuazione del Regolamento (UE) 2018/1999, come individuati nell'Allegato I-*bis*, e le opere ad essi connesse costituiscono interventi di pubblica utilità, indifferibili e urgenti (2).

2-*ter*. (3).

2-*quater*. Per la realizzazione delle opere di cui al comma 2-*bis* occorre privilegiare, ove possibile, l'utilizzo di superfici di strutture edificate, comprese le piattaforme petrolifere in disuso (4).

3. Fatto salvo quanto previsto dal comma 2-*bis*, sono sottoposti a VIA (5) in sede regionale, i progetti di cui all'allegato III alla parte seconda del presente decreto. Sono sottoposti a verifica di assoggettabilità a VIA in sede regionale i progetti di cui all'allegato IV alla parte seconda del presente decreto.

4. In sede statale, l'autorità competente è il Ministero dell'ambiente e della tutela del territorio e del mare, che esercita le proprie competenze in collaborazione con il Ministero dei beni e delle attività culturali e del turismo per le attività istruttorie relative al procedimento di VIA. Il provvedimento di verifica di assoggettabilità a VIA è adottato dal Ministero dell'ambiente e della tutela del territorio e del mare. Il provvedimento di VIA è adottato nelle forme e con le modalità di cui all'articolo 25, comma 2, e all'articolo 27, comma 8.

4-*bis*. Nel caso di opere o interventi caratterizzati da più elementi progettuali corrispondenti a diverse tipologie soggette a VIA ovvero a verifica di assoggettabilità a VIA rientranti in parte nella competenza statale e in parte in quella regionale, il proponente, con riferimento alle voci elencate negli allegati II, II-*bis*, III e IV alla parte seconda del presente decreto, invia in formato elettronico al Ministero della transizione ecologica e alla Regione o Provincia autonoma interessata una comunicazione contenente:

a) oggetto/titolo del progetto o intervento proposto;

b) tipologia progettuale individuata come principale;

c) altre tipologie progettuali coinvolte;

[*d*) autorità (stato o regione/provincia autonoma) che egli individua come competente allo svolgimento della procedura di VIA o verifica di assoggettabilità a VIA.] (6).

4-*ter*. Entro [e non oltre] trenta giorni dal ricevimento della comunicazione, la Regione o la Provincia autonoma trasmette al Ministero le valutazioni di competenza, anche in merito all'individuazione dell'autorità competente allo svolgimento della procedura di VIA o alla verifica di assoggettabilità a VIA, dandone contestualmente comunicazione al proponente. Entro [e non oltre] i successivi trenta giorni, in base ai criteri di cui agli allegati II, II-*bis*, III e IV alla parte seconda del presente decreto, il competente ufficio del Ministero comunica al proponente e alla Regione o Provincia autonoma la determinazione in merito all'autorità competente, alla quale il proponente stesso dovrà presentare l'istanza per l'avvio del procedimento. Decorso tale termine, si considera acquisito l'assenso del Ministero sulla posizione formulata dalla Regione o Provincia autonoma [o, in assenza di questa, dal proponente] (6).

5. In sede regionale, l'autorità competente è la pubblica amministrazione con compiti di tutela, protezione e valorizzazione ambientale individuata secondo le disposizioni delle leggi regionali o delle Province autonome.

6. Qualora nei procedimenti di VIA o di verifica di assoggettabilità a VIA l'autorità competente coincida con l'autorità proponente di un progetto, le autorità medesime provvedono a separare in maniera appropriata, nell'ambito della propria organizzazione delle competenze amministrative, le funzioni confliggenti in relazione all'assolvimento dei compiti derivanti dal presente decreto. Le autorità competenti evitano l'insorgenza di situazioni che diano origine a un conflitto di interessi e provvedono a segnalare ogni situazione di conflitto, anche potenziale, alle competenti autorità (7).

7. Qualora un progetto sia sottoposto a verifica di assoggettabilità a VIA o a VIA di competenza regionale, le Regioni e le Province autonome di Trento e Bolzano assicurano che le procedure siano svolte in conformità agli articoli da 19 a 26 e da 27-*bis* a 29 del presente decreto. Il procedimento di VIA di competenza regionale si svolge con le modalità di cui all'articolo 27-*bis*.

8. Le Regioni e le Province autonome di Trento e di Bolzano disciplinano con proprie leggi o regolamenti l'organizzazione e le modalità di esercizio delle funzioni amministrative ad esse attribuite in materia di VIA, nonché l'eventuale conferimento di tali funzioni o di compiti specifici agli altri enti territoriali sub-regionali. La potestà normativa di cui al presente comma è esercitata in conformità alla legislazione europea e nel rispetto di quanto previsto nel presente decreto, fatto salvo il potere di stabilire regole particolari ed ulteriori per la semplificazione dei procedimenti, per le modalità della consultazione del pubblico e di tutti i soggetti pubblici potenzialmente interessati, per il coordinamento dei provvedimenti e delle autorizzazioni di competenza regionale e locale, nonché per la destinazione alle finalità di cui all'articolo 29, comma 8, dei proventi derivanti dall'applicazione delle sanzioni amministrative pecuniarie. In ogni caso non sono derogabili i termini procedimentali massimi di cui agli articoli 19 e 27-*bis*.

8-*bis*. Limitatamente agli interventi necessari per il superamento di sentenze di condanna della Corte di Giustizia dell'Unione Europea, in caso di inerzia regionale per i progetti sottoposti a verifica di assoggettabilità a VIA o a VIA ai sensi del comma 3, lo Stato esercita i poteri sostitutivi di cui all'articolo 41 della legge 24 dicembre 2012 n. 234 (8).

9. A decorrere dal 31 dicembre 2017, e con cadenza biennale, le Regioni e le Province autonome di Trento e di Bolzano informano il Ministero dell'ambiente e della tutela del territorio e del mare circa i provvedimenti adottati e i procedimenti di verifica di assoggettabilità a VIA e di VIA, fornendo:

a) il numero di progetti di cui agli allegati III e IV sottoposti ad una valutazione dell'impatto ambientale;

b) la ripartizione delle valutazioni dell'impatto ambientale secondo le categorie dei progetti di cui agli allegati III e IV;

c) il numero di progetti di cui all'allegato IV sottoposti a verifica di assoggettabilità a VIA;

d) la durata media delle procedure di valutazione dell'impatto ambientale;

e) stime generali dei costi medi diretti delle valutazioni dell'impatto ambientale, incluse le stime degli effetti sulle piccole e medie imprese.

10. A decorrere dal 16 maggio 2017, ed ogni 6 anni, il Ministero dell'ambiente e della tutela del territorio e del mare informa la Commissione europea circa lo stato di attuazione della direttiva 2014/52/UE del Parlamento europeo e del Consiglio, del 16 aprile 2014, che modifica la direttiva 2011/92/UE concernente la valutazione di impatto ambientale di determinati progetti pubblici e privati.

(1) *Articolo inserito dall'articolo 5, comma 1, del d.lgs. 16 giugno 2017, n. 104. Per le disposizioni transitorie v. nota (1) al Titolo del presente d.lgs.*

(2) *Comma così sostituito dall'art. 18, comma 1, lett.* a), *n. 1) d.l. 31 maggio 2021, n. 77, conv., con modif., in l. 29 luglio 2021, n. 108. Il testo del comma, inserito dall'art. 50, comma 1, lett.* c), *n. 1) d.l. 16 luglio 2020, n. 76, conv., con modif., in l. 11 settembre 2020, n. 120, era il seguente:* « 2-*bis*. Entro centoventi giorni dalla data di entrata in vigore della presente disposizione, il Presidente del Consiglio dei ministri, su proposta del Ministro dell'ambiente e della tutela del territorio e del mare, del Ministro dello sviluppo economico, del Ministro delle infrastrutture e dei trasporti e del Ministro per i beni e le attività culturali e per il turismo, previa intesa con la Conferenza permanente per i rapporti tra lo Stato, le regioni e le province autonome di Trento e Bolzano, individua, con uno più decreti, successivamente aggiornati, ove necessario, con cadenza semestrale, le tipologie di progetti e le opere necessarie per l'attuazione del Piano Nazionale Integrato per l'Energia e il Clima (PNIEC), nonchè le aree non idonee alla realizzazione di tali progetti o opere, tenendo conto delle caratteristiche del territorio, sociali, industriali, urbanistiche, paesaggistiche e morfologiche e delle aree sia a terra che a mare caratterizzate dalla presenza di siti di interesse nazionale da bonificare ovvero limitrofe, con particolare riferimento all'assetto idrogeologico e alle vigenti pianificazioni, da sottoporre a verifica di assoggettabilità a VIA o a VIA in sede statale ai sensi del comma 2 ».

(3) *Comma abrogato dall'art. 18, comma 1, lett.* b) *d.l. n. 77, cit. Il testo del comma, inserito dall'art. 50, comma 1, lett.* c), *n. 1) d.l. n. 76, cit., era il seguente:* « 2-*ter*. L'individuazione delle aree di cui al comma 2-*bis* deve avvenire nel rispetto delle esigenze di mitigazione degli effetti dei cambiamenti climatici, nonché delle esigenze di tutela del patrimonio culturale e del paesaggio, delle aree agricole e forestali, della qualità dell'aria e dei corpi idrici e del suolo, tenuto conto dei suoli degradati le cui funzioni ecosistemiche risultano pregiudicate in modo irreversibile e definitivo ».

(4) *Comma inserito dall'art. 50, comma 1, lett.* c), *n. 1) d.l. 16 luglio 2020, n. 76, conv., con modif., in l. 11 settembre 2020, n. 120. Ai sensi del successivo comma 3 « Le disposizioni introdotte dal presente articolo si applicano alle istanze presentate a partire dal trentesimo giorno successivo alla data di entrata in vigore della legge di conversione del presente decreto ».*

(5) *Le parole* « Fatto salvo quanto previsto dal comma 2-*bis*, sono sottoposti a VIA » *sono state sostituite alle parole* « Sono sottoposti a VIA » *dall'art. 50, comma 1, lett.* c), *n. 2) d.l. n. 76, cit. V. nota 4 per la disciplina di applicazione.*

(6) *Comma inserito dall'art. 25, comma 1, lett.* a) *d.l. n. 77, cit. e così modificato in sede di conversione in l. n. 108, cit.*

(7) *Periodo aggiunto dall'art. 50, comma 1, lett.* c), *n. 3) d.l. n. 76, cit. V. nota 4 per la disciplina di applicazione.*

(8) *Comma inserito dall'art. 50, comma 1, lett.* c), *n. 4) d.l. n. 76, cit. V. nota 4 per la disciplina di applicazione.*

8 Commissione tecnica di verifica dell'impatto ambientale - VIA e VAS (1).

1. Il supporto tecnico-scientifico all'autorità competente per l'attuazione delle norme di cui ai Titoli II e III della presente parte nel caso di piani, programmi e progetti per i quali le valutazioni ambientali VIA e VAS spettano allo Stato è assicurato dalla Commissione tecnica di verifica dell'impatto ambientale VIA e VAS, composta da un numero massimo di cinquanta (2) commissari, inclusi il Presidente e il Segretario, posta alle dipendenze funzionali del Ministero dell'ambien-

te e della tutela del territorio e del mare. Per lo svolgimento delle istruttorie tecniche la Commissione può avvalersi, tramite appositi protocolli d'intesa, del Sistema nazionale a rete per la protezione dell'ambiente, a norma della legge 28 giugno 2016, n. 132 e, senza nuovi o maggiori oneri a carico della finanza pubblica, degli altri enti pubblici di ricerca (3). Per i procedimenti per i quali sia riconosciuto un concorrente interesse regionale, all'attività istruttoria partecipa un esperto designato dalle Regioni e dalle Province autonome interessate, individuato tra i soggetti in possesso di adeguata professionalità ed esperienza nel settore della valutazione dell'impatto ambientale e del diritto ambientale. Nella trattazione dei procedimenti di sua competenza ai sensi della normativa vigente, la Commissione di cui al presente comma nonché la Commissione di cui al comma 2-*bis* danno precedenza ai progetti aventi un comprovato valore economico superiore a 5 milioni di euro ovvero una ricaduta in termini di maggiore occupazione attesa superiore a quindici unità di personale, nonché ai progetti cui si correlano scadenze non superiori a dodici mesi, fissate con termine perentorio dalla legge o comunque da enti terzi, e ai progetti relativi ad impianti già autorizzati la cui autorizzazione scade entro dodici mesi dalla presentazione dell'istanza (4).

2. I commissari di cui al comma 1 sono scelti tra professori o ricercatori universitari, tra il personale di cui agli articoli 2 e 3 del decreto legislativo del 30 marzo 2001, n. 165, ivi compreso quello appartenente ad enti di ricerca, al Sistema nazionale a rete per la protezione dell'ambiente di cui alla legge 28 giugno 2016, n. 132, all'Istituto superiore di sanità ovvero tra soggetti anche estranei alla pubblica amministrazione, provvisti del diploma di laurea di vecchio ordinamento, di laurea specialistica o magistrale, con adeguata esperienza professionale di almeno cinque anni, all'atto della nomina; il loro incarico dura quattro anni ed è rinnovabile una sola volta. I commissari sono nominati dal Ministro dell'ambiente e della tutela del territorio e del mare, senza obbligo di procedura concorsuale e con determinazione motivata esclusivamente in ordine al possesso da parte dei prescelti dei necessari requisiti di comprovata professionalità e competenza nelle materie ambientali, economiche, giuridiche e di sanità pubblica, garantendo il rispetto del principio dell'equilibrio di genere. Ai commissari, qualora provenienti dalle amministrazioni pubbliche di cui all'articolo 1, comma 2, del decreto legislativo 30 marzo 2001, n. 165, nonché se personale di cui all'articolo 3 del medesimo decreto legislativo, si applica quanto previsto dall'articolo 53 del decreto legislativo 30 marzo 2001, n. 165, e, per il personale in regime di diritto pubblico, quanto stabilito dai rispettivi ordinamenti. Ai commissari spetta il compenso definito con le modalità di cui al comma 5 esclusivamente in ragione dei compiti istruttori effettivamente svolti e solo a seguito dell'adozione del relativo provvedimento finale.

2-*bis*. Per lo svolgimento delle procedure di valutazione ambientale di competenza statale dei progetti compresi nel Piano nazionale di ripresa e resilienza (PNRR), di quelli finanziati a valere sul fondo complementare nonché dei progetti attuativi del Piano nazionale integrato per l'energia e il clima, individuati nell'allegato I-*bis* al presente decreto, è istituita la Commissione Tecnica PNRR-PNIEC, posta alle dipendenze funzionali del Ministero della transizione ecologica, e formata da un numero massimo di quaranta unità, inclusi il presidente e il segretario, (5) in possesso di diploma di laurea o laurea magistrale, con almeno cinque anni di esperienza professionale e con competenze adeguate alla valutazione tecnica, ambientale e paesaggistica dei predetti progetti, individuate tra il personale di ruolo delle amministrazioni statali e regionali, delle istituzioni universitarie, (5) del Consiglio nazionale delle ricerche (CNR), del Sistema nazionale a rete per la protezione dell'ambiente di cui alla legge 28 giugno 2016, n. 132, dell'Agenzia nazionale per le nuove tecnologie, l'energia e lo sviluppo economico sostenibile (ENEA) e dell'Istituto superiore di sanità (ISS), secondo le modalità di cui al comma 2, secondo periodo, ad esclusione del personale docente, educativo, amministrativo, tecnico ed ausiliario delle istituzioni scolastiche. Il personale delle pubbliche amministrazioni è collocato d'ufficio in posizione di fuori ruolo, comando, distacco, aspettativa o altra analoga posizione, secondo i rispettivi ordinamenti, alla data di adozione del decreto di nomina di cui al settimo periodo (6) del presente comma. Nel caso in cui al presidente della Commissione di cui al comma 1 sia attribuita anche la presidenza della Commissione di cui al comma 2-*bis*, si applica l'articolo 9, comma 5-*bis*, del decreto legislativo 30 luglio 1999, n. 303, anche per evitare qualsiasi effetto decadenziale (7) (8). I componenti nominati nella Commissione Tecnica PNRR-PNIEC svolgono tale attività a tempo pieno ad eccezione dei componenti nominati ai sensi del quinto periodo (9). Con decreto del Ministro della transizione ecologica, su proposta del presidente della Commissione di cui al comma 1, i componenti della predetta Commissione, fino a un massimo di sei, possono essere nominati anche componenti della Commissione di cui al presente comma (9). Nella nomina dei membri è garantito il rispetto dell'equilibrio di genere. I componenti della Commissione Tecnica PNRR-PNIEC sono nominati con decreto del Ministro della transizione ecologica entro sessanta giorni dalla data di entrata in vigore della presente disposizione anche attingendo dall'elenco utilizzato per la nomina dei componenti della Commissione tecnica di verifica di cui comma 1 del presente articolo in possesso dei medesimi requisiti di cui al presente comma. I componenti della Commissione Tecnica PNRR-PNIEC restano in carica cinque anni e sono rinnovabili per una sola volta. Alle riunioni della commissione partecipa, con diritto di voto, anche un rappresentante del Ministero della cultura. Per lo svolgimento delle istruttorie tecniche la Commissione si avvale, tramite appositi protocolli d'intesa, del Sistema nazionale a rete per la protezione dell'ambiente a norma della legge 28 giugno 2016, n. 132, e degli altri enti pubblici di ricerca. Per i procedimenti per i quali sia riconosciuto da specifiche disposizioni o intese un concorrente interesse regionale, all'attività istruttoria partecipa con diritto di voto un esperto designato dalle Regioni e dalle Province autonome interessate, individuato tra i soggetti in possesso di adeguata professionalità ed esperienza nel settore della valutazione dell'impatto ambientale e del diritto ambientale. La Commissione opera con le modalità previste dall'articolo 20, dall'articolo 21, dall'articolo 23, dall'articolo 24, dall'articolo 25, commi 1, 2-*bis*, 2-*ter*, 3, 4, 5, 6 e 7, e dall'articolo 27, del presente decreto; ai fini della designazione e della conseguente partecipazione alle riunioni della Commissione tecnica PNRR-PNIEC, è in ogni caso sufficiente la comunicazione o la conferma da parte della regione o della provincia autonoma del nominativo dell'interessato (10). I commissari, laddove collocati in quiescenza nel corso dello svolgimento dell'incarico, restano in carica fino al termine dello stesso e non possono essere rinnovati; in tal caso, i suddetti commissari percepiscono soltanto, oltre al trattamento di quiescenza, il compenso di cui al comma 5 (11). Quanto previsto dall'articolo 73, comma 2, del decreto-legge 17 marzo 2020, n. 18, convertito, con modificazioni, dalla legge 24 aprile 2020, n. 27, si applica anche ai compiti istruttori svolti dai Commissari nell'ambito delle Sottocommissioni e dei Gruppi istruttori, sino al 31 dicembre 2023 (12) (13) (14).

2-*ter*. Al fine di garantire univocità di indirizzo, i presidenti della Commissione tecnica di cui al comma 1 e della Commissione tecnica di cui al comma 2-*bis*, coadiuvati da un numero massimo di due commissari per ciascuna Commissione, individuati dal Ministro della transizione ecologica, provvedono all'elaborazione di criteri tecnici e procedurali preordinati all'attuazione coordinata e omogenea delle disposizioni di cui alla parte seconda del presente decreto (14).

2-*quater*. Il Ministro della transizione ecologica può attribuire, al presidente di una delle Commissioni di cui ai commi 1 o 2-*bis*, anche la presidenza dell'altra. Nel caso in cui la presidenza di entrambe le Commissioni sia attribuita al presidente della Commissione di cui al comma 1, quest'ultimo è collocato fuori ruolo o in posizione di comando, distacco, aspettativa o altra analoga posizione entro dieci giorni dall'assunzione dell'incarico e per l'intera durata del medesimo (14).

2-*quinquies*. In relazione a quanto previsto dai commi 2-*ter* e 2-*quater*, resta fermo che dagli incarichi ivi indicati è escluso il personale docente, educativo, amministrativo, tecnico e ausiliario delle istituzioni scolastiche (14).

2-*sexies*. La denominazione "Commissione tecnica PNRR-PNIEC" sostituisce, ad ogni effetto e ovunque presente, la denominazione "Commissione tecnica PNIEC" (14).

2-*septies*. Qualora lo richieda almeno una delle Commissioni parlamentari competenti a maggioranza dei due terzi dei suoi componenti, le tipologie dei progetti attuativi del PNIEC individuati nell'allegato I-*bis* al presente decreto possono essere modificate, con decreto del Ministro della transizione ecologica, previo parere delle Commissioni parlamentari competenti da rendere entro quarantacinque giorni dalla richiesta, decorsi i quali il decreto può essere comunque adottato (14).

2-*octies*. Allo scopo di consentire l'incremento di operatività delle Commissioni di cui ai commi 1 e 2-*bis*, le stesse possono avvalersi di un contingente massimo di quattro unità di personale del Comando unità forestali, ambientali e agroalimentari dell'Arma dei carabinieri, che il Comando medesimo provvede a individuare e distaccare entro dieci giorni dalla richiesta del Ministero della transizione ecologica (15).

[3. Al fine di assicurare il necessario supporto tecnico e giuridico, la Commissione si avvale di un Comitato tecnico istruttorio posto alle dipendenze funzionali del Ministero dell'ambiente e della tutela del territorio e del mare, formato da trenta unità di personale pubblico con almeno cinque anni di anzianità di servizio nella pubblica amministrazione ed esperienza professionale e competenze adeguate ai profili individuati, e collocato in posizione di comando, distacco, fuori ruolo o analoga posizione prevista dall'ordinamento di appartenenza, ai sensi dell'articolo 17, comma 14, della legge 15 maggio 1997, n. 127. All'atto del collocamento in fuori ruolo è reso indisponibile per tutta la durata dello stesso un numero di posti nella dotazione organica dell'amministrazione di provenienza equivalente dal punto di vista finanziario. I componenti del Comitato sono nominati dal Ministro dell'ambiente e della tutela del territorio e del mare, e individuati tra gli appartenenti ad Amministrazioni pubbliche, al Sistema nazionale a rete per la protezione dell'ambiente, all'ENEA, ad altri Enti di ricerca, nonchè, per lo svolgimento delle attività istruttorie in materia di impatto sanitario, sino a sei unità designate dal Ministro della salute. I componenti del Comitato restano in carica cinque anni e sono rinominabili per una sola volta]. (16)

4. Con uno o più decreti del Ministro dell'ambiente e della tutela del territorio e del mare, sentiti il Ministro dell'economia e delle finanze e il Ministro della salute, sono stabilite per i profili di rispettiva competenza l'articolazione, l'organizzazione, le modalità di funzionamento e la disciplina delle situazioni di inconferibilità, incompatibilità e conflitto di interessi anche potenziale della Commissione e della Commissione tecnica PNIEC (17) [e del Comitato tecnico istruttorio] (18).

5. A decorrere dall'anno 2017, con decreto annuale del Ministro dell'ambiente e della tutela del territorio e del mare, di concerto con il Ministro dell'economia e delle finanze, sono definiti i costi di funzionamento della Commissione tecnica di verifica dell'impatto ambientale e della Commissione tecnica PNRR-PNIEC (19) [e del Comitato tecnico istruttorio] (18), comprensivi dei compensi per i relativi componenti, in misura complessivamente non superiore all'ammontare delle tariffe di cui all'articolo 33 del presente decreto, versate all'entrata del bilancio dello Stato nell'anno precedente, senza che ne derivino nuovi o maggiori oneri per la finanza pubblica. I compensi sono stabiliti proporzionalmente alle responsabilità di ciascun membro della Commissione e Commissione tecnica PNRR-PNIEC (18) [e del Comitato] (18), esclusivamente in ragione dei compiti istruttori effettivamente svolti e solo a seguito dell'adozione del provvedimento finale, (19) fermo restando che gli oneri relativi al trattamento economico fondamentale del personale di cui al comma 2-*bis* (20) restano in carico all'amministrazione di appartenenza. Per i componenti della Commissione tecnica PNRR-PNIEC si applicano i compensi previsti per i membri della Commissione tecnica di verifica dell'impatto ambientale, nelle more del-

l'adozione del nuovo decreto ai sensi del presente comma (20).

6. Resta in ogni caso fermo, per i commissari, quanto stabilito dall'articolo 6-*bis* della legge 7 agosto 1990, n. 241, e dal decreto legislativo 8 aprile 2013, n. 39. In caso di accertata violazione delle prescrizioni del decreto legislativo n. 39 del 2013, fermo restando ogni altro profilo di responsabilità, il componente responsabile decade dall'incarico con effetto dalla data dell'accertamento. Per gli iscritti agli ordini professionali la violazione viene segnalata dall'autorità competente.

7. Nel caso di progetti per i quali la VIA spetta alle Regioni e alle Province Autonome, queste ultime assicurano che l'autorità competente disponga di adeguate competenze tecnico-scientifiche o, se necessario, si avvalga di adeguate figure di comprovata professionalità, competenza ed esperienza per l'attuazione delle norme di cui ai Titoli II e III della presente parte.

(1) *Articolo così sostituito dall'art. 6, comma 1 d.lgs. 16 giugno 2017, n. 104.*

(2) *La parola* « cinquanta » *è stata sostituita alla parola* « quaranta » *dall'art. 17, comma 1, lett.* oa), *d.l. 27 gennaio 2022, n. 4, conv., con modif., in l. 28 marzo 2022, n. 25.*

(3) *Le parole* « e, senza nuovi o maggiori oneri a carico della finanza pubblica, degli altri enti pubblici di ricerca. » *sono state aggiunte dall'art. 228, comma 1, lett.* a) *d.l. 19 maggio 2020, n. 34, conv., con modif., in l. 17 luglio 2020, n. 77.*

(4) *Periodo aggiunto dall'art. 17, comma 1, lett.* b) *d.l. 31 maggio 2021, n. 77, conv., con modif., in l. 29 luglio 2021, n. 108.*

(5) *Le parole* « inclusi il presidente e il segretario, » *e le parole* « delle istituzioni universitarie, » *sono state inserite dall'art. 17-*undecies, *comma 2, lett.* a), *n. 1) d.l. 9 giugno 2021, n. 80, conv., con modif., in l. 6 agosto 2021, n. 113.*

(6) *Le parole* « di cui al settimo periodo » *sono state sostituite alle parole* « di cui al sesto periodo » *dall'art. 17, comma 1, lett.* a), *n. 01) d.l. n. 4, cit.*

(7) *Le parole* «, anche per evitare qualsiasi effetto decadenziale » *sono state inserite dall'art. 10, comma 7-*octies *d.l. 10 settembre 2021, n. 121, conv., con modif., in l. 9 novembre 2021, n. 156.*

(8) *Periodo inserito dall'art. 17-*undecies, *comma 2, lett.* a), *n. 2) d.l. n. 80, cit.*

(9) *Periodo così sostituito all'originario quarto periodo dall'art. 17, comma 1, lett.* a), *n. 1) d.l. n. 4, cit. Il testo dell'originario quarto periodo era il seguente:* « I componenti nominati nella Commissione Tecnica PNRR-PNIEC svolgono tale attività a tempo pieno e non possono far parte della Commissione di cui al comma 1 del presente articolo. Nella nomina dei membri è garantito il rispetto dell'equilibrio di genere ».

(10) *Le parole da* «; ai fini » *a* « dell'interessato » *sono state inserite dall'art. 17, comma 1, lett.* a), *n. 1-bis) d.l. n. 4, cit.*

(11) *Periodo aggiunto dall'art. 17-*undecies, *comma 2, lett.* a), *n. 3) d.l. n. 80, cit.*

(12) *Periodo aggiunto dall'art. 17, comma 1, lett.* a), *n. 2) d.l. n. 4, cit.*

(13) *Ai sensi dell'art. 17-*undecies, *comma 1 d.l. n. 80, cit., il presente comma, come da ultimo modificato dal d.l. n. 77, cit. e dallo stesso d.l. n. 80, cit.,* ***si applica alle istanze presentate a partire dal 31 luglio 2021.***

(14) *I commi da 2-*bis *a 2-*septies *sono stati così sostituiti all'originario comma 2-*bis *dall'art. 17, comma 1, lett.* a) *d.l. n. 77, cit. Il testo dell'originario comma 2-*bis, *come inserito dall'art. 50, comma 1, lett.* d), *n. 1) d.l. 16 luglio 2020, n. 76, conv., con modif., in l. 11 settembre 2020, n. 120, era il seguente:* « 2-*bis*. Per lo svolgimento delle procedure di valutazione ambientale di competenza statale dei progetti individuati dal decreto del Presidente del Consiglio dei ministri di cui all'articolo 7-*bis*, comma 2-*bis*, è istituita la Commissione Tecnica PNIEC, posta alle dipendenze funzionali del Ministero dell'ambiente e della tutela del territorio e del mare, e formata da un numero massimo di venti unità, in possesso di laurea specialistica o magistrale ovvero del diploma di laurea, con almeno cinque anni di esperienza professionale e con competenze adeguate alla valutazione tecnica ed ambientale dei predetti progetti, individuate in base all'articolo 17, comma 14, della legge 15 maggio 1997, n. 127, tra il personale di ruolo del CNR, del Sistema nazionale a rete per la protezione dell'ambiente di cui alla legge 28 giugno 2016, n. 132, dell'ENEA e dell'ISS, secondo le modalità di cui al comma 2, secondo periodo. I componenti nominati nella Commissione Tecnica PNIEC non possono far parte della Commissione di cui al comma 1 del presente articolo. Nella nomina dei membri è garantito il rispetto dell'equilibrio di genere. I componenti della Commissione Tecnica PNIEC sono nominati con decreto del Ministro dell'ambiente e della tutela del territorio e del mare, entro trenta giorni dalla data di entrata in vigore del decreto di cui all'articolo 7-*bis*, comma 2-*bis*. I componenti della Commissione Tecnica PNIEC restano in carica quattro anni e sono rinnovabili per una sola volta. Ai commissari spetta una indennità aggiuntiva definita con le modalità di cui al comma 5, esclusivamente in ragione dei compiti istruttori effettivamente svolti e solo a seguito dell'adozione del relativo provvedimento finale. Per lo svolgimento delle istruttorie tecniche la Commissione può avvalersi, tramite appositi protocolli d'intesa, del Sistema nazionale a rete per la protezione dell'ambiente a norma della legge 28 giugno 2016, n. 132, e degli altri enti pubblici di ricerca. La Commissione opera con le modalità previste dall'articolo 20, dall'articolo 21, dall'articolo 23, dall'articolo 24, dai commi 1, 2-*bis*, 3, 4, 5, 6 e 7 dell'articolo 25, e dall'articolo 27, del presente decreto ».

(15) *Comma inserito dall'art. 17, comma 1, lett.* b), *d.l. n. 4, cit.*

(16) *Comma abrogato dall'art. 228, comma 1, lett.* b) *d.l. n. 34, cit.*

(17) *Le parole* « e della Commissione tecnica PNIEC » *sono state inserite dall'art. 50, comma 1, lett.* d), *n. 2) d.l. n. 76, cit. con applicazione alle istanze presentate a partire dal trentesimo giorno successivo alla data di entrata in vigore della legge di conversione del medesimo d.l. n. 76, cit.*

(18) *Le parole* « e del Comitato tecnico istruttorio » *e le parole* « del Comitato » *sono state soppresse dall'art. 228, comma 1, lett.* c) e d) *d.l. n. 34, cit.*

(19) *Le parole* « Commissione tecnica PNRR-PNIEC » *sono state sostituite alle parole* « Commissione tecnica PNIEC » *e le parole* «, esclusivamente in ragione dei compiti istruttori effettivamente svolti e solo a seguito dell'adozione del provvedimento finale, » *sono state sostituite alle parole* « e in ragione dei compiti istruttori effettivamente svolti, » *dall'art. 17, comma 1, lett.* c) *d.l. n. 77, cit.*

(20) *Le parole* « comma 2-*bis* » *sono state sostituite alle parole* « comma 3 » *e l'ultimo periodo è stato aggiunto dall'art. 17-*undecies, *comma 2, lett.* b), *d.l. n. 80, cit.*

9 Norme procedurali generali (1).

1. Alle procedure di verifica e autorizzazione disciplinate dal presente decreto si applicano, in quanto compatibili, le norme della legge 7 agosto 1990, n. 241, e successive modificazioni, concernente norme in materia di procedimento amministrativo e di diritto di accesso ai documenti amministrativi (2).

2. L'autorità competente, ove ritenuto utile indice, così come disciplinato dagli articoli che seguono, una o più conferenze di servizi ai sensi dell'articolo 14 della legge n. 241 del 1990 al fine di acquisire elementi informativi e le valutazioni delle altre autorità pubbliche interessate (3).

3. Nel rispetto dei tempi minimi definiti per la consultazione del pubblico, nell'ambito delle procedure di seguito disciplinate, l'autorità competente può concludere con il proponente o l'autorità procedente e le altre amministrazioni pubbliche interessate accordi per disciplinare lo svolgimento delle attività di interesse comune ai fini della semplificazione e della maggiore efficacia dei procedimenti.

4. Per ragioni di segreto industriale o commerciale è facoltà del proponente presentare all'autorità competente motivata richiesta di non rendere pubblica parte della documentazione relativa al progetto, allo studio preliminare ambientale o allo studio di impatto ambientale. L'autorità competente, verificate le ragioni del proponente, accoglie o respinge motivatamente la richiesta soppesando l'interesse alla riservatezza con l'interesse pubblico all'accesso alle informazioni. L'autorità competente dispone comunque della documentazione riservata, con l'obbligo di rispettare le disposizioni vigenti in materia. L'invio di informazioni a un altro Stato membro e il ricevimento di informazioni

da un altro Stato membro sono soggetti alle restrizioni vigenti nello Stato membro in cui il progetto è proposto (4).

4-*bis*. L'autorità competente provvede a mettere a disposizione del pubblico, mediante il proprio sito internet istituzionale, le informazioni pratiche sull'accesso alle procedure di ricorso amministrativo e giurisdizionale. Ai sensi dell'articolo 3, comma 4, della legge 7 agosto 1990 n. 241, in ogni atto notificato al destinatario sono indicati l'autorità cui è possibile ricorrere e il relativo termine (5).

(1) *Articolo abrogato e sostituito dall'articolo 1, comma 3, del d.lgs. 16 gennaio 2008, n. 4.*

(2) *Comma sostituito dall'articolo 2, comma 7, del d.lgs. 29 giugno 2010, n. 128.*

(3) *Comma modificato dall'articolo 5, comma 1, lettera* a), *del d.lgs. 30 giugno 2016, n. 127; per l'applicazione vedi quanto disposto dall'articolo 7, comma 1, del medesimo decreto, che stabilisce che: « Le disposizioni del presente decreto trovano applicazione ai procedimenti avviati successivamente alla data della sua entrata in vigore ».*

(4) *Periodo aggiunto dall'art. 50, comma 1, lett.* e), *n. 1) d.l. 16 luglio 2020, n. 76, conv., con modif., in l. 11 settembre 2020, n. 120. Ai sensi del successivo comma 3 « Le disposizioni introdotte dal presente articolo si applicano alle istanze presentate a partire dal trentesimo giorno successivo alla data di entrata in vigore della legge di conversione del presente decreto ».*

(5) *Comma aggiunto dall'art. 50, comma 1, lett.* e), *n. 2) d.l. n. 76, cit. V. nota 4 per la disciplina di applicazione.*

10 Coordinamento delle procedure di VAS, VIA, Verifica di assoggettabilità a VIA, Valutazione di incidenza e Autorizzazione integrata ambientale (1) (2).

1. Nel caso di progetti per i quali è prevista la procedura di verifica di assoggettabilità a VIA, l'autorizzazione integrata ambientale può essere rilasciata solo dopo che, ad esito della predetta procedura di verifica, l'autorità competente abbia valutato di non assoggettare i progetti a VIA (3).

[1-*bis*. Nei casi di cui al comma 1, lo studio di impatto ambientale e gli elaborati progettuali contengono anche le informazioni previste ai commi 1, 2 e 3 dell'articolo 29-*ter* e il provvedimento finale le condizioni e le misure supplementari previste dagli articoli 29-*sexies* e 29-*septies* del presente decreto. Qualora la documentazione prodotta risulti incompleta, si applica il comma 4 dell'articolo 23.] (4)

[1-*ter*. Le condizioni e le misure supplementari di cui al comma 1-*bis* sono rinnovate e riesaminate, controllate e sanzionate con le modalità di cui agli articoli 29-*octies*, 29-*decies* e 29-*quattuordecies*.] (5)

[2. Le regioni e le province autonome assicurano che, per i progetti per i quali la valutazione d'impatto ambientale sia di loro attribuzione e che ricadano nel campo di applicazione dell'allegato VIII del presente decreto, la procedura per il rilascio di autorizzazione integrata ambientale sia coordinata nell'ambito del procedimento di VIA. È in ogni caso disposta l'unicità della consultazione del pubblico per le due procedure. Se l'autorità competente in materia di VIA coincide con quella competente al rilascio dell'autorizzazione integrata ambientale, le disposizioni regionali e delle province autonome possono prevedere che il provvedimento di valutazione d'impatto ambientale faccia luogo anche di quella autorizzazione. In questo caso, si applica il comma 1-*bis* del presente articolo.] (6)

3. La VAS e la VIA comprendono le procedure di valutazione d'incidenza di cui all'articolo 5 del decreto n. 357 del 1997; a tal fine, il rapporto ambientale, lo studio preliminare ambientale o lo studio di impatto ambientale contengono gli elementi di cui all'allegato G dello stesso decreto n. 357 del 1997 e la valutazione dell'autorità competente si estende alle finalità di conservazione proprie della valutazione d'incidenza oppure dovrà dare atto degli esiti della valutazione di incidenza. Le modalità di informazione del pubblico danno specifica evidenza della integrazione procedurale.

4. La verifica di assoggettabilità di cui all'articolo 19 può essere condotta, nel rispetto delle disposizioni contenute nel presente decreto, nell'ambito della VAS. In tal caso le modalità di informazione del pubblico danno specifica evidenza della integrazione procedurale (7).

5. Nella redazione dello studio di impatto ambientale di cui all'articolo 22, relativo a progetti previsti da piani o programmi già sottoposti a valutazione ambientale, possono essere utilizzate le informazioni e le analisi contenute nel rapporto ambientale. Nel corso della redazione dei progetti e nella fase della loro valutazione, sono tenute in considerazione la documentazione e le conclusioni della VAS.

(1) *Articolo sostituito dall'articolo 1, comma 3, del d.lgs. 16 gennaio 2008, n. 4.*

(2) *Rubrica sostituita dall'articolo articolo 7, comma 1, lettera* a) *del d.lgs. 16 giugno 2017 n. 104. Per le disposizioni transitorie v. nota (1) al Titolo del presente d.lgs.*

(3) *Comma modificato dall'articolo 2, comma 8, lettera* a), *del d.lgs. 29 giugno 2010, n. 128, dall'articolo 24, comma 1, lettera* b), *del d.l. 9 febbraio 2012, n. 5, convertito, con modificazioni, dalla legge 4 aprile 2012, n. 35,dall'articolo 5, comma 1, lettera* a), *del d.lgs. 4 marzo 2014, n. 46 ed infine sostituito dall'articolo 7, comma 1, lettera* b) *del d.lgs. 16 giugno 2017 n. 104. Per le disposizioni transitorie v. nota (1) al Titolo del presente d.lgs.*

(4) *Comma inserito dall'articolo 2, comma 8, lettera* b), *del d.lgs. 29 giugno 2010, n. 128 e successivamente abrogato dall'articolo 26, comma 1, lettera* a) *del d.lgs. 16 giugno 2017 n. 104. Per le disposizioni transitorie v. nota (1) al Titolo del presente d.lgs.*

(5) *Comma inserito dall'articolo 2, comma 8, lettera* b), *del d.lgs. 29 giugno 2010, n. 128, sostituito dall'articolo 5, comma 1, lettera* b), *del d.lgs. 4 marzo 2014, n. 46 ed infine abrogato articolo 26, comma 1, lettera* a) *del d.lgs. 16 giugno 2017 n. 104. Per le disposizioni transitorie v. nota (1) al Titolo del presente d.lgs.*

(6) *Comma modificato dall'articolo 2, comma 8, lettera* c), *del d.lgs. 29 giugno 2010, n. 128 e successivamente abrogato dall'articolo 26, comma 1, lettera* a) *del d.lgs. 16 giugno 2017 n. 104. Per le disposizioni transitorie v. nota (1) al Titolo del presente d.lgs.*

(7) *Comma modificato dall'articolo 7, comma 1, lettera* c) *del d.lgs. 16 giugno 2017 n. 104. Per le disposizioni transitorie v. nota (1) al Titolo del presente d.lgs.*

TITOLO II

La valutazione ambientale strategica (1)

(1) *Titolo modificato dall'articolo 1, comma 3, del d.ls. 16 gennaio 2008, n. 4.*

11 Modalità di svolgimento (1).

1. La valutazione ambientale strategica è avviata dall'autorità procedente contestualmente al processo di formazione del piano o programma e comprende, secondo le disposizioni di cui agli articoli da 12 a 18:

a) lo svolgimento di una verifica di assoggettabilità limitatamente ai piani e ai programmi di cui all'articolo 6, commi 3 e 3-*bis* (2);

b) l'elaborazione del rapporto ambientale;

c) lo svolgimento di consultazioni;

d) la valutazione del rapporto ambientale e gli esiti delle consultazioni;

e) la decisione;

f) l'informazione sulla decisione;

g) il monitoraggio.

2. L'autorità competente, al fine di promuovere l'integrazione degli obiettivi di sostenibilità ambientale nelle politiche settoriali ed il rispetto degli obiettivi, dei piani e dei programmi ambientali, nazionali ed europei:

a) esprime il proprio parere sull'assoggettabilità delle proposte di piano o di programma alla valutazione ambientale strategica nei casi previsti dal comma 3 dell'articolo 6;

b) collabora con l'autorità proponente al fine di definire le forme ed i soggetti della consultazione pubblica, nonché l'impostazione ed i contenuti del Rapporto ambientale e le modalità di monitoraggio di cui all'articolo 18;

c) esprime, tenendo conto della consultazione pubblica, dei pareri dei soggetti competenti in materia ambientale, un proprio parere motivato sulla proposta di piano e di programma e sul rapporto ambientale nonché sull'adeguatezza del piano di monitoraggio e con riferimento alla sussistenza delle risorse finanziarie.

3. La fase di valutazione è effettuata anteriormente all'approvazione del piano o del programma, ovvero all'avvio della relativa procedura legislativa, e comunque durante la fase di predisposizione dello stesso. Essa è preordinata a garantire che gli impatti significativi sull'ambiente derivanti dall'attuazione piani e programmi siano presi in considerazione durante la loro elaborazione e prima della loro approvazione (3).

4. La VAS viene effettuata ai vari livelli istituzionali tenendo conto dell'esigenza di razionalizzare i procedimenti ed evitare duplicazioni nelle valutazioni.

5. La VAS costituisce per i piani e programmi a cui si applicano le disposizioni del presente decreto, parte integrante del procedimento di adozione ed approvazione. I provvedimenti amministrativi di approvazione adottati senza la previa valutazione ambientale strategica, ove prescritta, sono annullabili per violazione di legge.

(1) *Articolo abrogato e sostituito dall'articolo 1, comma 3, del d.ls. 16 gennaio 2008, n. 4.*

(2) *Lettera modificata dall'articolo 2, comma 9, lettera* a), *del d.ls. 29 giugno 2010, n. 128.*

(3) *Comma sostituito dall'articolo 2, comma 9, lettera* b), *del d.lgs. 29 giugno 2010, n. 128.*

12 Verifica di assoggettabilità (1).

1. Nel caso di piani e programmi di cui all'articolo 6, commi 3 e 3-*bis*, l'autorità procedente trasmette all'autorità competente, su supporto informatico [ovvero, nei casi di particolare difficoltà di ordine tecnico, anche su supporto cartaceo] (2), un rapporto preliminare di assoggettabilità a VAS (2) comprendente una descrizione del piano o programma e le informazioni e i dati necessari alla verifica degli impatti significativi sull'ambiente dell'attuazione del piano o programma,, facendo riferimento ai criteri dell'allegato I del presente decreto (3).

2. L'autorità competente in collaborazione con l'autorità procedente, individua i soggetti competenti in materia ambientale da consultare e trasmette loro il rapporto preliminare di assoggettabilità a VAS (4) per acquisirne il parere. Il parere è inviato entro trenta giorni all'autorità competente ed all'autorità procedente.

3. Salvo quanto diversamente concordato dall'autorità competente con l'autorità procedente, l'autorità competente, sulla base degli elementi di cui all'allegato I del presente decreto e tenuto conto delle osservazioni pervenute, verifica se il piano o pro gramma possa avere impatti significativi sull'ambiente.

3-*bis*. Qualora l'autorità competente stabilisca di non assoggettare il piano o programma al procedimento di VAS, specifica i motivi principali di tale decisione in relazione ai criteri pertinenti elencati nell'allegato I alla presente parte e, tenendo conto delle eventuali osservazioni dei soggetti competenti in materia ambientale pervenute ai sensi dei commi 2 e 3, specifica le eventuali raccomandazioni per evitare o prevenire effetti significativi e negativi sull'ambiente (5).

4. L'autorità competente, sentita l'autorità procedente, tenuto conto dei contributi pervenuti, entro novanta giorni dalla trasmissione di cui al comma 1, emette il provvedimento di verifica assoggettando o escludendo il piano o il programma dalla valutazione di cui agli articoli da 13 a 18 [e, se del caso, definendo le necessarie prescrizioni] (6).

5. Il risultato della verifica di assoggettabilità, comprese le motivazioni, è pubblicato integralmente nel sito web dell'autorità competente (7).

6. La verifica di assoggettabilità a VAS ovvero la VAS relative a modifiche a piani e programmi ovvero a strumenti attuativi di piani o programmi già sottoposti positivamente alla verifica di assoggettabilità di cui all'art. 12 o alla VAS di cui agli artt. da 12 a 17, si limita ai soli effetti significativi sull'ambiente che non siano stati precedentemente considerati dagli strumenti normativamente sovraordinati (8).

(1) *Articolo abrogato e sostituito dall'articolo 1, comma 3, del d.lgs. 16 gennaio 2008, n. 4.*

(2) *Le parole tra parentesi quadre sono state soppresse e le parole* « di assoggettabilità a VAS » *sono state inserite dall'art. 28, comma 1, lett.* a), *n. 1) d.l. 31 maggio 2021, n. 77, conv., con modif., in l. 29 luglio 2021, n. 108.*

(3) *Comma modificato dall'articolo 2, comma 10, lettera* a), *del d.lgs. 29 giugno 2010, n. 128.*

(4) *Le parole* « rapporto preliminare di assoggettabilità a VAS » *sono state sostituite alle parole* « documento preliminare » *dall'art. 28, comma 1, lett.* a), *n. 2) d.l. n. 77, cit.*

(5) *Comma inserito dall'art. 18, comma 1, lett.* oa) *d.l. 6 novembre 2021, n. 152, conv., con modif., in l. 29 dicembre 2021, n. 233.*

(6) *Le parole tra parentesi quadre sono state soppresse dall'art. 28, comma 1, lett.* a), *n. 3) d.l. n. 77, cit.*

(7) *Comma sostituito dall'art. 15, comma 1, lett.* e) *d.l. 24 giugno 2014, n. 91, conv., con modif. in l. 11 agosto 2014, n. 116.*

(8) *Comma aggiunto dall'articolo 2, comma 10, lettera* b), *del d.lgs. 29 giugno 2010, n. 128.*

13 Redazione del rapporto ambientale (1).

1. Sulla base di un rapporto preliminare sui possibili impatti ambientali significativi, anche transfrontalieri, (2) dell'attuazione del piano o programma, il proponente e/o l'autorità procedente entrano in consultazione, sin dai momenti preliminari dell'attività di elaborazione di piani e programmi, con l'autorità competente e gli altri soggetti competenti in materia ambientale, al fine di definire la portata ed il livello di dettaglio delle informazioni da includere nel rapporto ambientale. L'autorità competente, in collaborazione con l'autorità procedente, individua e seleziona (2) i soggetti competenti in materia ambientale da consultare e trasmette loro il rapporto preliminare per acquisire i contributi (3). I contributi sono inviati all'autorità competente ed all'autorità procedente entro trenta giorni dall'avvio della consultazione (3).

2. La consultazione, salvo quanto diversamente comunicato dall'autorità competente (4), si conclude entro quarantacinque giorni (4) dall'invio del rapporto preliminare di cui al comma 1 del presente articolo (5).

3. La redazione del rapporto ambientale spetta al proponente o all'autorità procedente, senza nuovi o maggiori oneri a carico della finanza pubblica. Il rapporto ambientale costituisce parte integrante del piano o del programma e ne accompagna l'intero processo di elaborazione ed approvazione.

4. Nel rapporto ambientale debbono essere individuati, descritti e valutati gli impatti significativi che l'attuazione del piano o del programma proposto potrebbe avere sull'ambiente e sul patrimonio culturale, nonché le ragionevoli alternative che possono adottarsi in considerazione degli obiettivi e dell'ambito territoriale del piano o del programma stesso. L'allegato VI al presente decreto riporta le informazioni da fornire nel rapporto ambientale a tale scopo, nei limiti in cui possono essere ragionevolmente richieste, tenuto conto del livello delle conoscenze e dei metodi di valutazione correnti, dei contenuti e del livello di dettaglio del piano o del programma. Il Rapporto ambientale dà atto della consultazione di cui al comma 1 ed evidenzia come sono stati presi in considerazione i contributi pervenuti. Per evitare duplicazioni della valutazione, possono essere utilizzati, se pertinenti, approfondimenti già effettuati ed informazioni ottenute nell'ambito di altri livelli decisionali o altrimenti acquisite in attuazione di altre disposizioni normative (6).

5. L'autorità procedente trasmette all'autorità competente in formato elettronico:

a) la proposta di piano o di programma;

b) il rapporto ambientale;

c) la sintesi non tecnica;

d) le informazioni sugli eventuali impatti transfrontalieri del piano/programma ai sensi dell'articolo 32;

e) l'avviso al pubblico, con i contenuti indicati all'articolo 14 comma 1;

[*f*) copia della ricevuta di avvenuto pagamento del contributo di cui all'articolo 33] (7) (8).

5-*bis*. La documentazione di cui al comma 5 è immediatamente pubblicata e resa accessibile nel sito web dell'autorità competente e dell'autorità procedente. La proposta di piano o programma e il rapporto ambientale sono altresì messi a disposizione dei soggetti competenti in materia ambientale e del pubblico interessato affinché questi abbiano l'opportunità di esprimersi (9).

6. La documentazione è depositata presso gli uffici dell'autorità competente e presso gli uffici delle regioni e delle province il cui territorio risulti anche solo parzialmente interessato dal piano o programma o dagli impatti della sua attuazione.

(1) *Articolo abrogato e sostituito dall'articolo 1, comma 3, del d.lgs. 16 gennaio 2008, n. 4.*

(2) *Le parole* «, anche transfrontalieri, » *e le parole* « e seleziona » *sono state inserite dall'art. 18, comma 1, lett.* a), *n. 1) d.l. 6 novembre 2021, n. 152, conv., con modif., in l. 29 dicembre 2021, n. 233.*

(3) *Periodo aggiunto dall'art. 28, comma 1, lett.* b), *n. 1) d.l. 31 maggio 2021, n. 77, conv., con modif., in l. 29 luglio 2021, n. 108.*

(4) *Le parole* « comunicato dall'autorità competente » *sono state sostituite alla parola* « concordato » *e le parole* « quarantacinque giorni » *sono state sostituite alle parole* « novanta giorni » *dall'art. dall'art. 18, comma 1, lett.* a), *n. 2) d.l. n. 152, cit.*

(5) *Comma modificato dall'articolo 2, comma 11, lettera* a), *del d.lgs. 29 giugno 2010, n. 128.*

(6) *Comma modificato dall'articolo 2, comma 11, lettera* b), *del d.lgs. 29 giugno 2010, n. 128.*

(7) *Lettera abrogata dall'art. dall'art. 18, comma 1, lett.* a), *n. 3) d.l. n. 152, cit.*

(8) *Comma così sostituito dall'art. 28, comma 1, lett.* b), *n. 2) d.l. n. 77, cit. Il testo del comma era il seguente:* « 5. La proposta di piano o di programma è comunicata, anche secondo modalità concordate, all'autorità competente. La comunicazione comprende il rapporto ambientale e una sintesi non tecnica dello stesso. Dalla data pubblicazione dell'avviso di cui all'articolo 14, comma 1, decorrono i tempi dell'esame istruttorio e della valutazione. La proposta di piano o programma ed il rapporto ambientale sono altresì messi a disposizione dei soggetti competenti in materia ambientale e del pubblico interessato affinché questi abbiano l'opportunità di esprimersi ».

(9) *Comma inserito dall'art. 28, comma 1, lett.* b), *n. 3) d.l. n. 77, cit.*

14 Consultazione (1).

1. L'avviso al pubblico di cui all'articolo 13, comma 5, lettera *e*), contiene almeno:

a) la denominazione del piano o del programma proposto, il proponente, l'autorità procedente;

b) la data dell'avvenuta presentazione dell'istanza di VAS e l'eventuale applicazione delle disposizioni di cui all'articolo 32;

c) una breve descrizione del piano e del programma e dei suoi possibili effetti ambientali;

d) l'indirizzo web e le modalità per la consultazione della documentazione e degli atti predisposti dal proponente o dall'autorità procedente nella loro interezza;

e) i termini e le specifiche modalità per la partecipazione del pubblico;

f) l'eventuale necessità della valutazione di incidenza a norma dell'articolo 10, comma 3.

2. Entro il termine di quarantacinque giorni (2) dalla pubblicazione dell'avviso di cui al comma 1, chiunque può prendere visione della proposta di piano o programma e del relativo rapporto ambientale e presentare proprie osservazioni in forma scritta, in formato elettronico, anche fornendo nuovi o ulteriori elementi conoscitivi e valutativi.

3. In attuazione dei principi di economicità e di semplificazione, le procedure di deposito, pubblicità e partecipazione, eventualmente previste dalle vigenti disposizioni anche regionali per specifici piani e programmi, si coordinano con quelle di cui al presente

articolo, in modo da evitare duplicazioni ed assicurare il rispetto dei termini previsti dal comma 3 del presente articolo e dal comma 1 dell'articolo 15. Tali forme di pubblicità tengono luogo delle comunicazioni di cui all'articolo 7 e all'articolo 8 commi 3 e 4, della legge 7 agosto 1990, n. 241.

(1) *Articolo così sostituito dall'art. 28, comma 1, lett.* c) *d.l. 31 maggio 2021, n. 77, conv., con modif., in l. 29 luglio 2021, n. 108. Il testo dell'articolo, come da ultimo modificato dall'art. 2, comma 12, d.lgs. 29 giugno 2010, n. 128, era il seguente:* « Art. 14 (*Consultazione*). - 1. Contestualmente alla comunicazione di cui all'articolo 13, comma 5, l'autorità procedente cura la pubblicazione di un avviso nella Gazzetta Ufficiale della Repubblica italiana o nel Bollettino Ufficiale della regione o provincia autonoma interessata. L'avviso deve contenere: il titolo della proposta di piano o di programma, il proponente, l'autorità procedente, l'indicazione delle sedi ove può essere presa visione del piano o programma e del rapporto am bientale e delle sedi dove si può consultare la sintesi non tecnica.

2. L'autorità competente e l'autorità procedente mettono, altresì, a disposizione del pubblico la proposta di piano o programma ed il rapporto ambientale mediante il deposito presso i propri uffici e la pubblicazione sul proprio sito web.

3. Entro il termine di sessanta giorni dalla pubblicazione dell'avviso di cui al comma 1, chiunque può prendere visione della proposta di piano o programma e del relativo rapporto ambientale e presentare proprie osservazioni in forma scritta, anche fornendo nuovi o ulteriori elementi conoscitivi e valutativi.

4. In attuazione dei principi di economicità e di semplificazione, le procedure di deposito, pubblicità e partecipazione, eventualmente previste dalle vigenti disposizioni anche regionali per specifici piani e programmi, si coordinano con quelle di cui al presente articolo, in modo da evitare duplicazioni ed assicurare il rispetto dei termini previsti dal comma 3 del presente articolo e dal comma 1 dell'articolo 15. Tali forme di pubblicità tengono luogo delle comunicazioni di cui all'articolo 7 ed ai commi 3 e 4 dell'articolo 8 della legge 7 agosto 1990 n. 241 ».

(2) *Le parole* « quarantacinque giorni » *sono state sostituite alle parole* « sessanta giorni » *dall'art. 18, comma 1, lett.* b) *d.l. 6 novembre 2021, n. 152, conv., con modif., in l. 29 dicembre 2021, n. 233.*

15 (1) Valutazione del rapporto ambientale e degli esiti della consultazione (2).

1. L'autorità competente, in collaborazione con l'autorità procedente, svolge le attività tecnico-istruttorie, acquisisce e valuta tutta la documentazione presentata, nonché le osservazioni, obiezioni e suggerimenti inoltrati ai sensi dell'articolo 14 e dell'articolo 32, nonché i risultati delle consultazioni transfrontaliere di cui al medesimo articolo 32 ed esprime il proprio parere motivato entro il termine di quarantacinque giorni (3) a decorrere dalla scadenza di tutti i termini di cui all'articolo 14. La tutela avverso il silenzio dell'Amministrazione è disciplinata dalle disposizioni generali del processo amministrativo (4).

2. L'autorità procedente, in collaborazione con l'autorità competente, provvede, prima della presentazione del piano o programma per l'approvazione e tenendo conto delle risultanze del parere motivato di cui al comma 1 e dei risultati delle consultazioni transfrontaliere, alle opportune revisioni del piano o programma (5).

(1) *Articolo abrogato e sostituito dall'articolo 1, comma 3, del d.lgs. 16 gennaio 2008, n. 4.*

(2) *Rubrica così sostituita dall'art. 18, comma 1, lett.* c), *n. 1) d.l. 6 novembre 2021, n. 152, conv., con modif., in l. 29 dicembre 2021, n. 133. Il testo della rubrica era il seguente:* « Valutazione del rapporto ambientale e degli esiti i risultati della consultazione ».

(3) *Le parole* « quarantacinque giorni » *sono state sostituite alle parole* « novanta giorni » *dall'art. 18, comma 1, lett.* c), *n. 2) d.l. n. 152, cit.*

(4) *Comma modificato dall'articolo 2, comma 13, lettera* a), *del d.lgs. 29 giugno 2010, n. 128.*

(5) *Comma sostituito dall'articolo 2, comma 13, lettera* b), *del d.lgs. 29 giugno 2010, n. 128.*

16 Decisione (1).

1. Il piano o programma ed il rapporto ambientale, insieme con il parere motivato e la documentazione acquisita nell'ambito della consultazione, sono trasmessi all'organo competente all'adozione o approvazione del piano o programma (2).

(1) *Articolo abrogato e sostituito dall'articolo 1, comma 3, del d.lgs. 16 gennaio 2008, n. 4.*

(2) *Comma modificato dall'articolo 2, comma 14, del d.lgs. 29 giugno 2010, n. 128.*

17 Informazione sulla decisione (1).

1. La decisione finale è pubblicata nei siti web delle autorità interessate con indicazione del luogo in cui è possibile prendere visione del piano o programma adottato e di tutta la documentazione oggetto dell'istruttoria. Sono inoltre rese pubbliche [, anche] attraverso la pubblicazione sui siti web della autorità interessate (2):

a) il parere motivato espresso dall'autorità competente;

b) una dichiarazione di sintesi in cui si illustra in che modo le considerazioni ambientali sono state integrate nel piano o programma e come si è tenuto conto del rapporto ambientale e degli esiti delle consultazioni, nonché le ragioni per le quali è stato scelto il piano o il programma adottato, alla luce delle alternative possibili che erano state individuate;

c) le misure adottate in merito al monitoraggio di cui all'articolo 18.

(1) *Articolo abrogato e sostituito dall'articolo 1, comma 3, del d.lgs. 16 gennaio 2008, n. 4.*

(2) *Alinea modificato dall'art. 15, comma 1, lett.* f), *nn. 1) e 2) d.l. 24 giugno 2014, n. 91, conv., con modif. in l. 11 agosto 2014, n. 116.*

18 Monitoraggio (1).

1. Il monitoraggio assicura il controllo sugli impatti significativi sull'ambiente derivanti dall'attuazione dei piani e dei programmi approvati e la verifica del raggiungimento degli obiettivi di sostenibilità prefissati, così da individuare tempestivamente gli impatti negativi imprevisti e da adottare le opportune misure correttive. Il monitoraggio è effettuato dall'Autorità procedente in collaborazione con l'Autorità competente anche avvalendosi del sistema delle Agenzie ambientali e dell'Istituto Superiore per la Protezione e la Ricerca Ambientale (2).

2. Il piano o programma individua le responsabilità e la sussistenza delle le risorse necessarie per la realizzazione e gestione del monitoraggio.

2-*bis*. L'autorità procedente trasmette all'autorità competente i risultati del monitoraggio ambientale e le eventuali misure correttive adottate secondo le indicazioni di cui alla lettera *i*), dell'Allegato VI alla parte seconda (3).

2-*ter*. L'autorità competente si esprime entro trenta giorni sui risultati del monitoraggio ambientale e sulle eventuali misure correttive adottate da parte dell'autorità procedente (3).

3. Delle modalità di svolgimento del monitoraggio, dei risultati e delle eventuali misure correttive adottate ai sensi del comma 1 è data adeguata informazione attraverso i siti web dell'autorità competente e dell'autorità procedente [e delle Agenzie interessate] (4).

3-*bis*. L'autorità competente verifica lo stato di attuazione del piano o programma, gli effetti prodotti e il contributo del medesimo al raggiungimento degli obiettivi di sostenibilità ambientale definiti dalle strategie di sviluppo sostenibile nazionale e regionali di cui all'articolo 34 (5).

4. Le informazioni raccolte attraverso il monitoraggio sono tenute in conto nel caso di eventuali modifiche al piano o programma e comunque sempre incluse nel quadro conoscitivo dei successivi atti di pianificazione o programmazione.

(1) *Articolo abrogato e sostituito dall'articolo 1, comma 3, del d.lgs. 16 gennaio 2008, n. 4.*

(2) *Comma modificato dall'articolo 2, comma 15, del d.lgs. 29 giugno 2010, n. 128.*

(3) *Comma inserito dall'art. 28, comma 1, lett.* d), *n. 1) d.l. 31 maggio 2021, n. 77, conv., con modif., in l. 29 luglio 2021, n. 108.*

(4) *Le parole tra parentesi quadre sono state soppresse dall'art. 28, comma 1, lett.* d), *n. 2) d.l. n. 77, cit.*

(5) *Comma inserito dall'art. 28, comma 1, lett.* d), *n. 3) d.l. n. 77, cit.*

TITOLO III

La valutazione d'impatto ambientale (1)

(1) *Titolo modificato dall'articolo 1, comma 3, del d.lgs. 16 gennaio 2008, n. 4.*

19 Modalità di svolgimento del procedimento di verifica di assoggettabilità a VIA (1).

1. Il proponente trasmette all'autorità competente lo studio preliminare ambientale in formato elettronico, redatto in conformità a quanto contenuto nell'allegato IV-*bis* alla parte seconda del presente decreto, nonchè copia dell'avvenuto pagamento del contributo di cui all'articolo 33.

2. Entro cinque giorni dalla ricezione dello studio preliminare ambientale, l'autorità competente verifica la completezza e l'adeguatezza della documentazione e, qualora necessario, può richiedere per una sola volta chiarimenti e integrazioni al proponente. In tal caso, il proponente provvede a trasmettere i chiarimenti e le integrazioni richiesti, inderogabilmente entro i successivi quindici giorni. Qualora il proponente non trasmetta la documentazione richiesta entro il termine stabilito, la domanda si intende respinta ed è fatto obbligo all'autorità competente di procedere all'archiviazione.

3. Contestualmente alla ricezione della documentazione, ove ritenuta completa, ovvero dei chiarimenti e delle integrazioni richiesti ai sensi del comma 2, l'autorità competente provvede a pubblicare lo studio preliminare nel proprio sito internet istituzionale, con modalità tali da garantire la tutela della riservatezza di eventuali informazioni industriali o commerciali indicate dal proponente, in conformità a quanto previsto dalla disciplina sull'accesso del pubblico all'informazione ambientale. In alternativa, la pubblicazione può avvenire a cura del proponente, trascorso il termine di cui al comma 2, secondo le modalità tecniche di accesso al sito internet istituzionale dell'autorità competente tempestivamente indicate da quest'ultima.

4. Entro e non oltre trenta (2) giorni dalla comunicazione di cui al comma 3 e dall'avvenuta pubblicazione sul sito internet della relativa documentazione, chiunque abbia interesse può presentare le proprie osservazioni all'autorità competente in merito allo studio preliminare ambientale e alla documentazione allegata.

5. L'autorità competente, sulla base dei criteri di cui all'allegato V alla parte seconda del presente decreto, tenuto conto delle osservazioni pervenute e, se del caso, dei risultati di eventuali altre valutazioni degli effetti sull'ambiente effettuate in base ad altre pertinenti normative europee, nazionali o regionali, verifica se il progetto ha possibili ulteriori impatti ambientali significativi.

6. L'autorità competente adotta il provvedimento di verifica di assoggettabilità a VIA entro i successivi quarantacinque giorni dalla scadenza del termine di cui al comma 4. In casi eccezionali, relativi alla natura, alla complessità, all'ubicazione o alle dimensioni del progetto, l'autorità competente può prorogare, per una sola volta e per un periodo non superiore a venti giorni, il termine per l'adozione del provvedimento di verifica; in tal caso, l'autorità competente comunica tempestivamente per iscritto al proponente le ragioni che giustificano la proroga e la data entro la quale è prevista l'adozione del provvedimento. La presente comunicazione è, altresì, pubblicata nel sito internet istituzionale dell'autorità competente. Nel medesimo termine l'autorità competente può richiedere chiarimenti e integrazioni al proponente finalizzati alla non assoggettabilità del progetto al procedimento di VIA (3). In tal caso, il proponente può richiedere, per una sola volta, la sospensione dei termini, per un periodo non superiore a quarantacinque giorni, per la presentazione delle integrazioni e dei chiarimenti richiesti (3). Qualora il proponente non trasmetta la documentazione richiesta entro il termine stabilito, la domanda si intende respinta ed è fatto obbligo all'autorità competente di procedere all'archiviazione (3).

7. Qualora l'autorità competente stabilisca di non assoggettare il progetto al procedimento di VIA, specifica i motivi principali alla base della mancata richiesta di tale valutazione in relazione ai criteri pertinenti elencati nell'allegato V alla parte seconda, e, ove richiesto dal proponente, tenendo conto delle eventuali osservazioni del Ministero per i beni e le attività culturali e per il turismo, per i profili di competenza, specifica le condizioni ambientali necessarie per evitare o prevenire quelli che potrebbero altrimenti rappresentare impatti ambientali significativi e negativi. Ai fini di cui al primo periodo l'autorità competente si pronuncia sulla richiesta di condizioni ambientali formulata dal proponente entro il termine di trenta giorni con determinazione positiva o negativa, esclusa ogni ulteriore interlocuzione o proposta di modifica (4).

8. Qualora l'autorità competente stabilisca che il progetto debba essere assoggettato al procedimento di VIA, specifica i motivi principali alla base della richiesta di VIA in relazione ai criteri pertinenti elencati nell'allegato V alla parte seconda.

9. Per i progetti elencati nell'allegato II-*bis* e nell'allegato IV alla parte seconda del presente decreto la verifica di assoggettabilità a VIA è effettuata applicando i criteri e le soglie definiti dal decreto del Ministro dell'ambiente e della tutela del territorio e del mare del 30 marzo 2015, pubblicato nella Gazzetta Ufficiale n. 84 dell'11 aprile 2015.

10. Il provvedimento di verifica di assoggettabilità a VIA, comprese le motivazioni, è pubblicato integralmente nel sito internet istituzionale dell'autorità competente.

11. I termini per il rilascio del provvedimento di verifica di assoggettabilità a VIA si considerano perentori ai sensi e per gli effetti di cui agli articoli 2, commi da 9 a 9-*quater*, e 2-*bis*, della legge 7 agosto 1990, n. 241. In caso di inerzia nella conclusione del procedimento, il titolare del potere sostitutivo, nominato ai sensi dell'articolo 2 della legge 7 agosto 1990 n. 241, acquisito, qualora la competente Commissione di cui all'articolo 8 non si sia pronunciata, il parere dell'ISPRA entro il termine di trenta giorni, provvede al rilascio del provvedimento entro i successivi trenta giorni.

12. Tutta la documentazione afferente al procedimento, nonchè i risultati delle consultazioni svolte, le informazioni raccolte, le osservazioni e i pareri, e, comunque, qualsiasi informazione raccolta nell'esercizio di tale attività da parte dell'autorità competente, sono tempestivamente pubblicati dall'autorità competente sul proprio sito internet istituzionale e sono accessibili a chiunque.

(1) *Articolo così sostituito dall'art. 50, comma 1, lett. f) d.l. 16 luglio 2020, n. 76, conv., con modif., in l. 11 settembre 2020, n. 120. Ai sensi del successivo comma 3* « *Le disposizioni introdotte dal presente articolo si applicano alle istanze presentate a partire dal trentesimo giorno successivo alla data di entrata in vigore della legge di conversione del presente decreto* ». *Il testo dell'articolo, come sostituito dall'art. 8, comma 1, d.lgs. 16 giugno 2017, n. 104, era il seguente:* « Art. 19 (*Modalità di svolgimento del procedimento di verifica di assoggettabilità a VIA*). - 1. Il proponente trasmette all'autorità competente lo studio preliminare ambientale in formato elettronico, redatto in conformità a quanto contenuto nell'allegato IV-*bis* alla parte seconda del presente decreto, nonché copia dell'avvenuto pagamento del contributo di cui all'articolo 33. - 2. Lo studio preliminare ambientale è pubblicato tempestivamente nel sito web dell'autorità competente, con modalità tali da garantire la tutela della riservatezza di eventuali informazioni industriali o commerciali indicate dal proponente, in conformità a quanto previsto dalla disciplina sull'accesso del pubblico all'informazione ambientale. - 3. L'autorità competente comunica per via telematica a tutte le Amministrazioni e a tutti gli enti territoriali potenzialmente interessati l'avvenuta pubblicazione della documentazione nel proprio sito web. - 4. Entro e non oltre quarantacinque giorni dalla comunicazione di cui al comma 3, chiunque abbia interesse può prendere visione, sul sito web, dello studio preliminare ambientale e della documentazione a corredo, presentando le proprie osservazioni all'autorità competente. - 5. L'autorità competente, sulla base dei criteri di cui all'allegato V alla parte seconda del presente decreto, tenuto conto delle osservazioni pervenute e, se del caso, dei risultati di eventuali altre valutazioni degli effetti sull'ambiente effettuate in base ad altre pertinenti normative europee, nazionali o regionali, verifica se il progetto ha possibili impatti ambientali significativi. - 6. L'autorità competente può, per una sola volta, richiedere chiarimenti e integrazioni al proponente, entro trenta giorni dalla scadenza del termine di cui al comma 4. In tal caso, il proponente provvede a trasmettere i chiarimenti richiesti entro e non oltre i successivi quarantacinque giorni. Su richiesta motivata del proponente l'autorità competente può concedere, per una sola volta, la sospensione dei termini per la presentazione delle integrazioni e dei chiarimenti richiesti per un periodo non superiore a novanta giorni. Qualora il proponente non trasmetta la documentazione richiesta entro il termine stabilito, la domanda si intende respinta ed è fatto obbligo all'autorità competente di procedere all'archiviazione. - 7. L'autorità competente adotta il provvedimento di verifica di assoggettabilità a VIA entro i successivi quarantacinque giorni dalla scadenza del termine di cui al comma 4, ovvero entro trenta giorni dal ricevimento della documentazione di cui al comma 6. In casi eccezionali, relativi alla natura, alla complessità, all'ubicazione o alle dimensioni del progetto, l'autorità competente può prorogare, per una sola volta e per un periodo non superiore a trenta giorni, il termine per l'adozione del provvedimento di verifica; in tal caso, l'autorità competente comunica tempestivamente per iscritto al proponente le ragioni che giustificano la proroga e la data entro la quale è prevista l'adozione del provvedimento. - 8. Qualora l'autorità competente stabilisca di non assoggettare il progetto al procedimento di VIA, specifica i motivi principali alla base della mancata richiesta di tale valutazione in relazione ai criteri pertinenti elencati nell'allegato V, e, ove richiesto dal proponente, tenendo conto delle eventuali osservazioni del Ministero dei beni e delle attività culturali e del turismo per i profili di competenza, specifica le condizioni ambientali necessarie per evitare o prevenire quelli che potrebbero altrimenti rappresentare impatti ambientali significativi e negativi. - 9. Qualora l'autorità competente stabilisca che il progetto debba essere assoggettato al procedimento di VIA, specifica i motivi principali alla base della richiesta di VIA in relazione ai criteri pertinenti elencati nell'allegato V. - 10. Per i progetti elencati nell'allegato II-*bis* e nell'allegato IV alla parte seconda del presente decreto la verifica di assoggettabilità a VIA è effettuata applicando i criteri e le soglie definiti dal decreto del Ministro dell'ambiente e della tutela del territorio e del mare del 30 marzo 2015, pubblicato nella Gazzetta Ufficiale n. 84 dell'11 aprile 2015. - 11. Il provvedimento di verifica di assoggettabilità a VIA, comprese le motivazioni, è pubblicato integralmente nel sito web dell'autorità competente. - 12. I termini per il rilascio del provvedimento di verifica di assoggettabilità a VIA si considerano perentori ai sensi e per gli effetti di cui agli articoli 2, commi da 9 a 9-*quater*, e 2-*bis*, della legge 7 agosto 1990, n. 241. - 13. Tutta la documentazione afferente al procedimento, nonché i risultati delle consultazioni svolte, le informazioni raccolte, le osservazioni e i pareri sono tempestivamente pubblicati dall'autorità competente sul proprio sito web ».

(2) *La parola* « trenta » *è stata sostituita alla parola* « quarantacinque » *dall'art. 19, comma 1, lett.* a), *n. 1) d.l. 31 maggio 2021, n. 77, conv., con modif., in l. 29 luglio 2021, n. 108.*

(3) *Periodo aggiunto dall'art. 19, comma 1, lett.* a), *n. 2) d.l. n. 77, cit.*

(4) *Periodo aggiunto dall'art. 19, comma 1, lett.* a), *n. 3) d.l. n. 77, cit.*

20 Consultazione preventiva (1).

1. Il proponente ha la facoltà di richiedere, prima di presentare il progetto di cui all'articolo 5, comma 1, lettera *g*), una fase di confronto con l'autorità competente al fine di definire la portata e il livello di dettaglio delle informazioni necessarie da considerare per la redazione dello studio di impatto ambientale. A tal fine, il proponente trasmette, in formato elettronico, una proposta di elaborati progettuali. Sulla base della documentazione trasmessa dal proponente, l'autorità competente trasmette al proponente il proprio parere entro trenta giorni dalla presentazione della proposta. Le disposizioni di cui al presente articolo si applicano anche ai progetti di cui all'articolo 8, comma 2-*bis* (2).

(1) *Articolo così sostituito dall'art. 50, comma 1, lett. g) d.l. 16 luglio 2020, n. 76, conv., con modif., in l. 11 settembre 2020, n. 120. Ai sensi del successivo comma 3* « *Le disposizioni introdotte dal presente articolo si applicano alle istanze presentate a partire dal trentesimo giorno successivo alla data di entrata in vigore della legge di conversione del presente decreto* ». *Il testo dell'articolo, come sostituito dall'art. 9, comma 1, del d.lgs. 16 giugno 2017, n. 104, era il seguente:* « Art. 20 (*Definizione del livello di dettaglio degli elaborati progettuali ai fini del procedimento di VIA*). - 1. Il proponente ha la facoltà di richiedere, in qualunque momento, una fase di confronto con l'autorità competente al fine di definire la portata delle informazioni e il relativo livello di dettaglio degli elaborati progettuali necessari allo svolgimento del procedimento di VIA. A tal fine, il proponente trasmette, in formato elettronico, una proposta di elaborati progettuali. -

2. Sulla base della documentazione trasmessa dal proponente, l'autorità competente, entro trenta giorni dalla presentazione della proposta, comunica al proponente l'esito delle proprie valutazioni, assicurando che il livello di dettaglio degli elaborati progettuali sia di qualità sufficientemente elevata e tale da consentire la compiuta valutazione degli impatti ambientali ».

(2) *Le parole* « entro trenta giorni dalla presentazione della proposta. Le disposizioni di cui al presente articolo si applicano anche ai progetti di cui all'articolo 8, comma 2-*bis* » *sono state inserite dall'art. 19, comma 1, lett.* b), *d.l. 31 maggio 2021, n. 77, conv., con modif., in l. 29 luglio 2021, n. 108.*

21 Definizione dei contenuti dello studio di impatto ambientale (1).

1. Il proponente ha la facoltà di richiedere una fase di consultazione con l'autorità competente e i soggetti competenti in materia ambientale al fine di definire la portata delle informazioni, il relativo livello di dettaglio e le metodologie da adottare per la predisposizione dello studio di impatto ambientale. A tal fine, trasmette all'autorità competente, in formato elettronico, il progetto di cui all'articolo 5, comma 1, lettera *g)* (2), lo studio preliminare ambientale, nonché una relazione che, sulla base degli impatti ambientali attesi, illustra il piano di lavoro per l'elaborazione dello studio di impatto ambientale.

2. Entro cinque giorni dalla relativa trasmissione la documentazione di cui al comma 1 (3), è pubblicata e resa accessibile, con modalità tali da garantire la tutela della riservatezza di eventuali informazioni industriali o commerciali indicate dal proponente, in conformità a quanto previsto dalla disciplina sull'accesso del pubblico all'informazione ambientale, nel sito web dell'autorità competente che comunica contestualmente (3) per via telematica a tutte le Amministrazioni e a tutti gli enti territoriali potenzialmente interessati l'avvenuta pubblicazione della documentazione nel proprio sito web.

3. Sulla base della documentazione trasmessa dal proponente e della consultazione con i soggetti di cui al comma 2, entro quarantacinque giorni (4) dalla messa a disposizione della documentazione nel proprio sito web, l'autorità competente esprime un parere sulla portata e sul livello di dettaglio delle informazioni da includere nello studio di impatto ambientale. Il parere è pubblicato sul sito web dell'autorità competente.

4. L'avvio della procedura di cui al presente articolo può, altresì, essere richiesto dall'autorità competente sulla base delle valutazioni di cui all'articolo 6, comma 9, ovvero di quelle di cui all'articolo 20.

(1) *Articolo abrogato e sostituito dall'articolo 1, comma 3, del d.lgs. 16 gennaio 2008, n. 4. Successivamente, il presente articolo è stato così sostituito dall'art. 10, comma 1, d.lgs. 16 giugno 2017, n. 104. Per le disposizioni transitorie v. nota (1) al Titolo del presente d.lgs.*

(2) *Le parole* « il progetto di cui all'articolo 5, comma 1, lettera *g)* » *sono state sostituite alle parole* « gli elaborati progettuali » *dall'art. 50, comma 1, lett.* h), *n. 1) d.l. 16 luglio 2020, n. 76, conv., con modif., in l. 11 settembre 2020, n. 120. Ai sensi del successivo comma 3* « *Le disposizioni introdotte dal presente articolo si applicano alle istanze presentate a partire dal trentesimo giorno successivo alla data di entrata in vigore della legge di conversione del presente decreto* ».

(3) *Le parole* « Entro cinque giorni dalla relativa trasmissione la documentazione di cui al comma 1 » *sono state sostituite alle parole* « La documentazione di cui al comma 1 » *e la parola* « contestualmente » *è stata inserita dall'art. 50, comma 1, lett.* h), *n. 2) d.l. n. 76, cit. V. nota 2 per la disciplina di applicazione.*

(4) *Le parole* « quarantacinque giorni » *sono state sostituite alle parole* « sessanta giorni » *dall'art. 50, comma 1, lett.* h), *n. 3) d.l. n. 76, cit. V. nota 2 per la disciplina di applicazione.*

22 Studio di impatto ambientale (1).

1. Lo studio di impatto ambientale è predisposto dal proponente secondo le indicazioni e i contenuti di cui all'allegato VII alla parte seconda del presente decreto, sulla base del parere espresso dall'autorità competente a seguito della fase di consultazione sulla definizione dei contenuti di cui all'articolo 21, qualora attivata.

2. Sono a carico del proponente i costi per la redazione dello studio di impatto ambientale e di tutti i documenti elaborati nelle varie fasi del procedimento.

3. Lo studio di impatto ambientale contiene almeno le seguenti informazioni:

a) una descrizione del progetto, comprendente informazioni relative alla sua ubicazione e concezione, alle sue dimensioni e ad altre sue caratteristiche pertinenti;

b) una descrizione dei probabili effetti significativi del progetto sull'ambiente, sia in fase di realizzazione che in fase di esercizio e di dismissione;

c) una descrizione delle misure previste per evitare, prevenire o ridurre e, possibilmente, compensare i probabili impatti ambientali significativi e negativi;

d) una descrizione delle alternative ragionevoli prese in esame dal proponente, adeguate al progetto ed alle sue caratteristiche specifiche, compresa l'alternativa zero, con indicazione delle ragioni principali alla base dell'opzione scelta, prendendo in considerazione gli impatti ambientali;

e) il progetto di monitoraggio dei potenziali impatti ambientali significativi e negativi derivanti dalla realizzazione e dall'esercizio del progetto, che include le responsabilità e le risorse necessarie per la realizzazione e la gestione del monitoraggio;

f) qualsiasi informazione supplementare di cui all'allegato VII relativa alle caratteristiche peculiari di un progetto specifico o di una tipologia di progetto e dei fattori ambientali che possono subire un pregiudizio.

4. Allo studio di impatto ambientale deve essere allegata una sintesi non tecnica delle informazioni di cui al comma 3, predisposta al fine di consentirne un'agevole comprensione da parte del pubblico ed un'agevole riproduzione.

5. Per garantire la completezza e la qualità dello studio di impatto ambientale e degli altri elaborati necessari per l'espletamento della fase di valutazione, il proponente:

a) tiene conto delle conoscenze e dei metodi di valutazione disponibili derivanti da altre valutazioni pertinenti effettuate in conformità della legislazione europea, nazionale o regionale, anche al fine di evitare duplicazioni di valutazioni;

b) ha facoltà di accedere ai dati e alle pertinenti informazioni disponibili presso le pubbliche amministrazioni, secondo quanto disposto dalle normative vigenti in materia;

c) cura che la documentazione sia elaborata da esperti con competenze e professionalità specifiche nelle materie afferenti alla valutazione ambientale, e che l'esattezza complessiva della stessa sia attestata da professionisti iscritti agli albi professionali.

(1) *Articolo abrogato e sostituito dall'articolo 1, comma 3, del d.lgs. 16 gennaio 2008, n. 4. Successivamente, il presente articolo è stato così sostituito dall'art. 11, comma 1, d.lgs. 16 giugno 2017, n. 104. Per le disposizioni transitorie v. nota (1) al Titolo del presente d.lgs.*

24 Consultazione del pubblico, acquisizione dei pareri e consultazioni transfrontaliere (1).

1. Della presentazione dell'istanza, della pubblicazione della documentazione, nonché delle comunicazioni di cui all'articolo 23 deve essere dato contestualmente specifico avviso al pubblico sul sito web dell'autorità competente. Tale forma di pubblicità tiene luogo delle comunicazioni di cui agli articoli 7 e 8, commi 3 e 4, della legge 7 agosto 1990, n. 241. Dalla data di pubblicazione sul sito web dell'avviso al pubblico decorrono i termini per la consultazione, la valutazione e l'adozione del provvedimento di VIA.

2. L'avviso al pubblico, predisposto dal proponente, è pubblicato a cura dell'autorità competente ai sensi e per gli effetti di cui al comma 1, e ne è data comunque informazione nell'albo pretorio informatico delle amministrazioni comunali territorialmente interessate. L'avviso al pubblico deve indicare almeno:

a) il proponente, la denominazione del progetto e la tipologia di procedura autorizzativa necessaria ai fini della realizzazione del progetto;

b) l'avvenuta presentazione dell'istanza di VIA e l'eventuale applicazione delle disposizioni di cui all'articolo 32;

c) la localizzazione e una breve descrizione del progetto e dei suoi possibili principali impatti ambientali;

d) l'indirizzo web e le modalità per la consultazione della documentazione e degli atti predisposti dal proponente nella loro interezza;

e) i termini e le specifiche modalità per la partecipazione del pubblico;

f) l'eventuale necessità della valutazione di incidenza a norma dell'articolo 10, comma 3.

3. Entro il termine di sessanta giorni, ovvero trenta giorni per i progetti di cui all'articolo 8, comma 2-*bis*, dalla pubblicazione dell'avviso al pubblico di cui al comma 2, chiunque abbia interesse può prendere visione, sul sito web, del progetto e della relativa documentazione e presentare le proprie osservazioni all'autorità competente, anche fornendo nuovi o ulteriori elementi conoscitivi e valutativi. Entro il medesimo termine sono acquisiti per via telematica i pareri delle Amministrazioni e degli enti pubblici che hanno ricevuto la comunicazione di cui all'articolo 23, comma 4. Entro i quindici giorni successivi alla scadenza del termine di cui ai periodi precedenti, il proponente ha facoltà di presentare all'autorità competente le proprie controdeduzioni alle osservazioni e ai pareri pervenuti (2).

4. Qualora all'esito della consultazione ovvero della presentazione delle controdeduzioni da parte del proponente si renda necessaria la modifica o l'integrazione degli elaborati progettuali o della documentazione acquisita, l'autorità competente, entro i venti giorni successivi, ovvero entro i dieci giorni successivi per i progetti di cui all'articolo 8, comma 2-*bis*, può, per una sola volta, stabilire un termine non superiore ad ulteriori venti giorni, per la trasmissione, in formato elettronico, degli elaborati progettuali o della documentazione modificati o integrati. Su richiesta motivata del proponente l'autorità competente può concedere, per una sola volta, la sospensione dei termini per la presentazione della documentazione integrativa per un periodo non superiore a sessanta giorni ovvero a centoventi giorni nei casi di integrazioni che richiedono maggiori approfondimenti su motivata richiesta del proponente in ragione della particolare complessità tecnica del progetto o delle indagini richieste. Nel caso in cui il proponente non ottemperi alla richiesta entro il termine perentorio stabilito, l'istanza si intende respinta ed è fatto obbligo all'autorità competente di procedere all'archiviazione (3).

5. L'autorità competente, ricevuta la documentazione integrativa, la pubblica immediatamente sul proprio sito web e, tramite proprio apposito avviso, avvia una nuova consultazione del pubblico (4). In relazione alle sole modifiche o integrazioni apportate agli elaborati progettuali e alla documentazione si applica il termine di trenta giorni per la presentazione delle osservazioni e la trasmissione dei pareri delle Amministrazioni e degli enti pubblici che hanno ricevuto la comunicazione di cui all'articolo 23, comma 4 ovvero quindici giorni per i progetti di cui all'articolo 8, comma 2-*bis* (5). Entro i dieci giorni successivi (6) il proponente ha facoltà di presentare all'autorità competente le proprie controdeduzioni alle osservazioni e ai pareri pervenuti.

6. Nel caso di progetti cui si applica la disciplina di cui all'articolo 32, i termini per le consultazioni e l'acquisizione di tutti pareri di cui al presente articolo decorrono dalla comunicazione della dichiarazione di interesse alla partecipazione alla procedura da parte degli Stati consultati e coincidono con quelli previsti dal medesimo articolo 32.

7. Tutta la documentazione afferente al procedimento, nonchè i risultati delle consultazioni svolte, qualsiasi informazione raccolta, le osservazioni e i pareri comunque espressi, compresi quelli di cui agli articoli 20 e 32, sono tempestivamente resi disponibili al pubblico interessato mediante pubblicazione, a cura dell'autorità competente, sul proprio sito internet istituzionale (7).

(1) *Articolo abrogato e sostituito dall'articolo 1, comma 3, del d.lgs. 16 gennaio 2008, n. 4. Successivamente, il presente articolo è stato così sostituito dall'art. 13, comma 1, d.lgs. 16 giugno 2017, n. 104. Per le disposizioni transitorie v. nota (1) al Titolo del presente d.lgs.*

(2) *Comma così sostituito dall'art. 21, comma 1, lett.* b), *n. 1) d.l. 31 maggio 2021, n. 77, conv., con modif., in l. 29 luglio 2021, n. 108. Il testo del comma, come da ultimo dall'art. 50, comma 1, lett.* l), *n. 1) d.l. 16 luglio 2020, n. 76, conv., con modif., in l. 11 settembre 2020, n. 120, era il seguente:* « 3. Entro il termine di sessanta giorni dalla pubblicazione dell'avviso al pubblico di cui al comma 2, chiunque abbia interesse può prendere visione, sul sito web, del progetto e della relativa documentazione e presentare le proprie osservazioni all'autorità competente, anche fornendo nuovi o ulteriori elementi conoscitivi e valutativi. Entro il medesimo termine sono acquisiti per via telematica i pareri delle Amministrazioni e degli enti pubblici che hanno ricevuto la comunicazione di cui all'articolo 23, comma 4. Entro i quindici giorni successivi alla scadenza del termine di cui ai periodi precedenti,

il proponente ha facoltà di presentare all'autorità competente le proprie controdeduzioni alle osservazioni e ai pareri pervenuti ».

(3) *Comma così sostituito dall'art. 21, comma 1, lett.* b), *n. 2) d.l. n. 77, cit. Il testo del comma, come da ultimo modificato dall'art. 50, comma 1, lett.* l), *n. 2) d.l. n. 76, cit., era il seguente:* « 4. Qualora all'esito della consultazione ovvero della presentazione delle controdeduzioni da parte del proponente si renda necessaria la modifica o l'integrazione degli elaborati progettuali o della documentazione acquisita, l'autorità competente, entro i venti giorni successivi, può, per una sola volta, stabilire un termine non superiore ad ulteriori venti giorni, per la trasmissione, in formato elettronico, degli elaborati progettuali o della documentazione modificati o integrati. Su richiesta motivata del proponente l'autorità competente può concedere, per una sola volta, la sospensione dei termini per la presentazione della documentazione integrativa per un periodo non superiore a sessanta giorni. Nel caso in cui il proponente non ottemperi alla richiesta entro il termine perentorio stabilito, l'istanza si intende respinta ed è fatto obbligo all'autorità competente di procedere all'archiviazione ».

(4) *Periodo così sostituito dall'art. 21, comma 1, lett.* b), *n. 3) d.l. n. 77, cit. Il testo del periodo, come da ultimo modificato dall'art. 50, comma 1, lett.* l), *n. 3), n. 3.1) d.l. n. 76, cit., era il seguente:* « L'autorità competente procede alla pubblicazione delle integrazioni sul proprio sito internet istituzionale e dispone, entro quindici giorni dalla ricezione della documentazione integrativa di cui al comma 4, che il proponente trasmetta, entro i successivi quindici giorni, un nuovo avviso al pubblico, predisposto in conformità al comma 2, da pubblicare a cura dell'autorità competente sul proprio sito web ».

(5) *Le parole* « ovvero quindici giorni per i progetti di cui all'articolo 8, comma 2-*bis* » *sono state inserite dall'art. 21, comma 1, lett.* b), *n. 3) d.l. n. 77, cit.*

(6) *Le parole* « dieci giorni successivi » *sono state sostituite alle parole* « trenta giorni successivi » *dall'art. 50, comma 1, lett.* l), *n. 3), n. 3.3.) d.l. n. 76, cit. Ai sensi del successivo comma 3 « Le disposizioni introdotte dal presente articolo si applicano alle istanze presentate a partire dal trentesimo giorno successivo alla data di entrata in vigore della legge di conversione del presente decreto ».*

(7) *Comma così sostituito dall'art. 50, comma 1, lett.* l), *n. 4) d.l. n. 76, cit. V. nota 6 per la disciplina di applicazione. Il testo del comma era il seguente:* « 7. Tutta la documentazione afferente al procedimento, nonché i risultati delle consultazioni svolte, le informazioni raccolte, le osservazioni e i pareri compresi quelli ricevuti a norma dell'articolo 32 sono tempestivamente pubblicati dall'autorità competente sul proprio sito web ».

24 *bis* Inchiesta pubblica.

1. L'autorità competente può disporre che la consultazione del pubblico di cui all'articolo 24, comma 3, primo periodo, si svolga nelle forme dell'inchiesta pubblica, con oneri a carico del proponente, nel rispetto del termine massimo di novanta giorni. L'inchiesta si conclude con una relazione sui lavori svolti ed un giudizio sui risultati emersi, predisposti dall'autorità competente.

2. Per i progetti di cui all'allegato II, e nell'ipotesi in cui non sia stata svolta la procedura di dibattito pubblico di cui all'articolo 22 del decreto legislativo 18 aprile 2016, n. 50, l'autorità competente si esprime con decisione motivata, sentito il proponente, qualora la richiesta di svolgimento dell'inchiesta pubblica sia presentata dal consiglio regionale della Regione territorialmente interessata, ovvero da un numero di consigli comunali rappresentativi di almeno cinquantamila residenti nei territori interessati, ovvero da un numero di associazioni riconosciute ai sensi dell'articolo 18 della legge 8 luglio 1986, n. 349, rappresentativo di almeno cinquantamila iscritti.

3. La richiesta di cui al comma 2, motivata specificamente in relazione ai potenziali impatti ambientali del progetto, è presentata entro il quarantesimo giorno dalla pubblicazione dell'avviso al pubblico di cui all'articolo 24, comma 1 (1).

(1) *Articolo inserito dall'articolo 13, comma 2, del d.lgs. 16 giugno 2017 n. 104. Per le disposizioni transitorie v. nota (1) al Titolo del presente d.lgs.*

25 Valutazione degli impatti ambientali e provvedimento di VIA (1).

1. L'autorità competente valuta la documentazione acquisita tenendo debitamente conto dello studio di impatto ambientale, delle eventuali informazioni supplementari fornite dal proponente, nonché dai risultati delle consultazioni svolte, delle informazioni raccolte e delle osservazioni e dei pareri ricevuti a norma degli articoli 24 e 32. Qualora tali pareri non siano resi nei termini ivi previsti ovvero esprimano valutazioni negative o elementi di dissenso sul progetto, l'autorità competente procede comunque alla valutazione a norma del presente articolo.

2. Nel caso di progetti di competenza statale, ad esclusione di quelli di cui all'articolo 8, comma 2-*bis*, l'autorità competente, entro il termine di sessanta giorni dalla conclusione della fase di consultazione di cui all'articolo 24, adotta il provvedimento di VIA previa acquisizione del concerto del competente direttore generale del Ministero della cultura entro il termine di trenta giorni. Nei casi di cui al precedente periodo, qualora sia necessario procedere ad accertamenti e indagini di particolare complessità, l'autorità competente, con atto motivato, dispone il prolungamento della fase di valutazione sino a un massimo di ulteriori trenta giorni, dando tempestivamente comunicazione per via telematica al proponente delle ragioni che giustificano la proroga e del termine entro cui sarà emanato il provvedimento. Nel caso di consultazioni transfrontaliere l'adozione del provvedimento di VIA è proposta al Ministro entro il termine di cui all'articolo 32, comma 5-*bis* (2).

2-*bis*. Per i progetti di cui all'articolo 8, comma 2-*bis*, la Commissione di cui al medesimo comma 2-*bis* si esprime entro il termine di trenta giorni dalla conclusione della fase di consultazione di cui all'articolo 24 e comunque entro il termine di centotrenta giorni dalla data di pubblicazione della documentazione di cui all'articolo 23 predisponendo lo schema di provvedimento di VIA. Nei successivi trenta giorni, il direttore generale del Ministero della transizione ecologica adotta il provvedimento di VIA, previa acquisizione del concerto del competente direttore generale del Ministero della cultura entro il termine di venti giorni. Nel caso di consultazioni transfrontaliere il provvedimento di VIA è adottato entro il termine di cui all'articolo 32, comma 5-*bis* (2).

2-*ter*. Nei casi in cui i termini per la conclusione del procedimento di cui al comma 2-*bis*, primo e secondo periodo, non siano rispettati è [automaticamente] rimborsato al proponente il cinquanta per cento dei diritti di istruttoria di cui all'articolo 33, mediante utilizzazione delle risorse iscritte in apposito capitolo a tal fine istituito nello stato di previsione del Ministero della transizione ecologica con uno stanziamento di euro 840.000 per l'anno 2021, di euro 1.640.000 per l'anno 2022 ed euro 1.260.000 per l'anno 2023. In sede di prima applicazione, i termini indicati al primo periodo del presente comma ai fini dell'eventuale rimborso al proponente del 50 per cento dei diritti di istruttoria decorrono dalla data della prima riunione della Commissione di cui all'articolo 8, comma 2-*bis* (2).

2-*quater*. In caso di inerzia nella conclusione del procedimento da parte delle Commissioni di cui all'articolo 8, commi 1 e 2-*bis*, il titolare del potere sostitutivo, nominato ai sensi dell'articolo 2 della legge 7 agosto 1990, n. 241, acquisito, qualora la competente commissione di cui all'articolo 8 non si sia pronunciata, il parere dell'ISPRA entro il termine di trenta giorni, provvede all'adozione dell'atto omesso entro i successivi trenta giorni. In caso di inerzia nella conclusione del procedimento da parte del direttore generale del Ministero della transizione ecologica ovvero in caso di ritardo nel rilascio del concerto da parte del direttore generale competente del Ministero della cultura, il titolare del potere sostitutivo, nominato ai sensi dell'articolo 2 della legge n. 241 del 1990, provvede al rilascio degli atti di relativa competenza entro i successivi trenta giorni (2).

2-*quinquies*. Il concerto del competente direttore generale del Ministero della cultura comprende l'autorizzazione di cui all'articolo 146 del decreto legislativo 22 gennaio 2004, n. 42, ove gli elaborati progettuali siano sviluppati a un livello che consenta la compiuta redazione della relazione paesaggistica (2).

3. Il provvedimento di VIA contiene le motivazioni e le considerazioni su cui si fonda la decisione dell'autorità competente, incluse le informazioni relative al processo di partecipazione del pubblico, la sintesi dei risultati delle consultazioni e delle informazioni raccolte ai sensi degli articoli 23, 24 e 24-*bis*, e, ove applicabile, ai sensi dell'articolo 32, nonché l'indicazione di come tali risultati siano stati integrati o altrimenti presi in considerazione.

4. Il provvedimento di VIA contiene altresì le eventuali e motivate condizioni ambientali che definiscono:

a) le condizioni per la realizzazione, l'esercizio e la dismissione del progetto, nonché quelle relative ad eventuali malfunzionamenti;

a-bis) le linee di indirizzo da seguire nelle successive fasi di sviluppo progettuale delle opere per garantire l'applicazione di criteri ambientali atti a contenere e limitare gli impatti ambientali significativi e negativi o incrementare le prestazioni ambientali del progetto (3);

b) le misure previste per evitare, prevenire, ridurre e, se possibile, compensare gli impatti ambientali significativi e negativi;

c) le misure per il monitoraggio degli impatti ambientali significativi e negativi, anche tenendo conto dei contenuti del progetto di monitoraggio ambientale predisposto dal proponente ai sensi dell'articolo 22, comma 3, lettera *e*). La tipologia dei parametri da monitorare e la durata del monitoraggio sono proporzionati alla natura, all'ubicazione, alle dimensioni del progetto ed alla significatività dei suoi effetti sull'ambiente. Al fine di evitare una duplicazione del monitoraggio, è possibile ricorrere, se del caso, a meccanismi di controllo esistenti derivanti dall'attuazione di altre pertinenti normative europee, nazionali o regionali.

5. Il provvedimento di VIA è immediatamente pubblicato sul sito web dell'autorità competente e ha l'efficacia temporale, comunque non inferiore a cinque anni, definita nel provvedimento stesso, tenuto conto dei tempi previsti per la realizzazione del progetto, dei procedimenti autorizzatori necessari, nonché dell'eventuale proposta formulata dal proponente e inserita nella documentazione a corredo dell'istanza di VIA. Decorsa l'efficacia temporale indicata nel provvedimento di VIA senza che il progetto sia stato realizzato, il procedimento di VIA deve essere reiterato, fatta salva la concessione, su istanza del proponente, di specifica proroga da parte dell'autorità competente.

6. Nel caso di consultazioni transfrontaliere, l'autorità competente informa l'altro Stato e il Ministero degli affari esteri e della cooperazione internazionale dell'avvenuta pubblicazione del provvedimento di VIA sul sito web.

7. Tutti i termini del procedimento di VIA si considerano perentori ai sensi e per gli effetti di cui agli articoli 2, commi da 9 a 9-*quater*, e 2-*bis*, della legge 7 agosto 1990, n. 241.

(1) *Articolo abrogato e sostituito dall'articolo 1, comma 3, del d.lgs. 16 gennaio 2008, n. 4. Successivamente, il presente articolo è stato così sostituito dall'art. 14, comma 1, d.lgs. 16 giugno 2017, n. 104. Per le disposizioni transitorie v. nota (1) al Titolo del presente d.lgs.*

(2) *I commi 2, 2-*bis*, 2-*ter* e 2-*quater* sono stati così sostituiti agli originari commi 2 e 2-*bis* dall'art. 20, comma 1 d.l. 31 maggio 2021, n. 77, conv., con modif., in l. 29 luglio 2021, n. 108. Il testo dei predetti commi, come da ultimo modificati dall'art. 50, comma 1, lett.* m), *n. 1) e 2) d.l. 16 luglio 2020, n. 76, conv., con modif., in l. 11 settembre 2020, n. 120, era il seguente:* «

2. Nel caso di progetti di competenza statale, ad esclusione di quelli di cui all'articolo 7-*bis*, comma 2-*bis*, l'autorità competente, entro il termine di sessanta giorni dalla conclusione della fase di consultazione di cui all'articolo 24, propone al Ministro dell'ambiente e della tutela del territorio e del mare l'adozione del provvedimento di VIA. Qualora sia necessario procedere ad accertamenti e indagini di particolare complessità, l'autorità competente, con atto motivato, dispone il prolungamento della fase di valutazione sino a un massimo di ulteriori trenta giorni, dando tempestivamente comunicazione per via telematica al proponente delle ragioni che giustificano la proroga e del termine entro cui sarà emanato il provvedimento. Nel caso di consultazioni transfrontaliere il provvedimento di VIA è proposto all'adozione del Ministro entro il termine di cui all'articolo 32, comma 5-*bis*. Decorsi inutilmente i termini di cui al periodo precedente senza che la Commissione competente di cui all'articolo 8 si sia espressa, il direttore generale della competente Direzione Generale del Ministero dell'ambiente e della tutela del territorio e del mare, entro i successivi sessanta giorni, e sulla base del parere dell'ISPRA acquisito entro il termine di trenta giorni, trasmette il provvedimento di VIA al Ministro dell'ambiente e della tutela del territorio e del mare per la conseguente adozione. Il Ministro dell'ambiente e della tutela del territorio e del mare provvede entro il termine di trenta giorni all'adozione del provvedimento di VIA, previa acquisizione del concerto del Ministro dei beni e delle attività culturali e del turismo da rendere entro quindici giorni dalla richiesta. In caso di inutile decorso del termine per l'adozione del provvedimento di VIA da parte del Ministro dell'ambiente e della tutela del territorio e del mare ovvero per l'espressione del concerto da parte del Ministro dei beni e delle attività culturali e del turismo nonché qualora sia inutilmente decorso il termine complessivo di duecentodieci giorni, a decorrere dall'avvio del procedimento per l'adozione del provvedimento di VIA, su istanza del proponente o dei Ministri interessati, l'adozione del provvedimento è rimessa alla deliberazione del Consiglio dei ministri che si esprime entro i successivi trenta giorni.

2-*bis*. Per i progetti di cui all'articolo 7-*bis*, comma 2-*bis*, la Commissione di cui all'articolo 8, comma 2-*bis*, si esprime entro il termine di centosettanta giorni dalla pubblicazione della documentazione di cui all'articolo 23 predisponendo lo schema di provvedimento di VIA. Nei successivi trenta giorni, il direttore generale del Ministero dell'ambiente e della tutela del territorio e del mare adotta il provvedimento di VIA, previa acquisizione del concerto del competente direttore generale del Ministero per i beni e le attività culturali e per il turismo entro il termine di quindici giorni. Nel caso di consultazioni transfrontaliere il provvedimento di VIA è adottato entro il termine di cui all'articolo 32, comma 5-*bis*. In caso di inerzia nella conclusione del procedimento, il titolare del potere sostitutivo, nominato ai sensi dell'articolo 2 della legge 7 agosto 1990 n. 241, acquisito, qualora la competente commissione di cui all'articolo 8 non si sia pronunciata, il parere dell'ISPRA entro il termine di trenta giorni, provvede al rilascio del provvedimento entro i successivi trenta giorni ».

(3) *Lettera inserita dall'art. 50, comma 1, lett.* m), *n. 3) d.l. n. 76, cit. Ai sensi del successivo comma 3 « Le disposizioni introdotte dal presente articolo si applicano alle istanze presentate a partire dal trentesimo giorno successivo alla data di entrata in vigore della legge di conversione del presente decreto ».*

26 Integrazione del provvedimento di VIA negli atti autorizzatori (1).

1. Il provvedimento di VIA è sempre integrato nell'autorizzazione e in ogni altro titolo abilitativo alla realizzazione dei progetti sottoposti a VIA, nonché nell'autorizzazione integrata ambientale, ove prevista.

2. L'autorizzazione recepisce ed esplicita almeno le seguenti informazioni:

a) il provvedimento di VIA;

b) le eventuali condizioni ambientali del provvedimento di VIA, una descrizione delle caratteristiche del progetto e delle eventuali misure previste per evitare, prevenire o ridurre e se possibile compensare gli impatti ambientali negativi e significativi, nonché, ove opportuno, una descrizione delle misure di monitoraggio.

3. Della decisione in merito alla concessione o al rigetto dell'autorizzazione, è data prontamente informazione al pubblico, nonché alle Amministrazioni e agli enti pubblici che hanno ricevuto la comunicazione di cui all'articolo 23, comma 4, mediante pubblicazione sul sito web dell'autorità che ha adottato l'atto, consentendo altresì l'accesso almeno alle seguenti informazioni:

a) il contenuto della decisione e le condizioni che eventualmente l'accompagnano;

b) le motivazioni e le considerazioni su cui si fonda la decisione, incluse le informazioni relative al processo di partecipazione del pubblico nel procedimento di VIA, la sintesi dei risultati delle consultazioni e delle informazioni raccolte ai sensi degli articoli 23, 24 e 24-*bis*, e, ove applicabile, ai sensi dell'articolo 32, nonché l'indicazione di come tali risultati siano stati integrati o altrimenti presi in considerazione.

(1) *Articolo abrogato e sostituito dall'articolo 1, comma 3, del d.lgs. 16 gennaio 2008, n. 4. Successivamente, il presente articolo è stato così sostituito dall'art. 15, comma 1, d.lgs. 16 giugno 2017, n. 104. Per le disposizioni transitorie v. nota (1) al Titolo del presente d.lgs.*

26-*bis* (1) Fase preliminare al provvedimento autorizzatorio unico regionale.

1. Per i progetti sottoposti a valutazione di impatto ambientale di competenza regionale, il proponente può richiedere, prima della presentazione dell'istanza di cui all'articolo 27-*bis*, l'avvio di una fase preliminare finalizzata alla definizione delle informazioni da inserire nello studio di impatto ambientale, del relativo livello di dettaglio e delle metodologie da adottare per la predisposizione dello stesso nonché alla definizione delle condizioni per ottenere le autorizzazioni, intese, concessioni, licenze, pareri, concerti, nulla osta e assensi, comunque denominati, necessari alla realizzazione e all'esercizio del progetto. Il proponente trasmette all'autorità competente, in formato elettronico, i seguenti documenti:

a) studio preliminare ambientale ovvero una relazione che, sulla base degli impatti ambientali attesi, illustra il piano di lavoro per l'elaborazione dello studio di impatto ambientale;

b) progetto avente un livello di dettaglio equivalente al progetto di fattibilità tecnica ed economica di cui all'articolo 23 del decreto legislativo 18 aprile 2016, n. 50.

2. Entro cinque giorni dalla trasmissione, la documentazione di cui al comma 1 è pubblicata e resa accessibile, con modalità tali da garantire la tutela della riservatezza di eventuali informazioni industriali o commerciali indicate dal proponente, nel sito web dell'autorità competente che comunica, per via telematica, a tutte le amministrazioni ed enti potenzialmente interessati e comunque competenti a esprimersi sulla realizzazione e sull'esercizio del progetto, l'avvenuta pubblicazione. Contestualmente l'autorità competente indice una conferenza di servizi preliminare ai sensi della legge 7 agosto 1990, n. 241, con le medesime amministrazioni ed enti.

3. La conferenza di servizi preliminare di cui all'articolo 14, comma 3, della legge 7 agosto 1990, n. 241, si svolge con le modalità di cui all'articolo 14-*bis* della medesima legge e i termini possono essere ridotti fino alla metà. Le determinazioni espresse in sede di conferenza preliminare possono essere motivatamente modificate o integrate solo in presenza di significativi elementi emersi nel successivo procedimento anche a seguito delle osservazioni degli interessati di cui al comma 4 dell'articolo 27-*bis*. Entro cinque giorni dal termine dei lavori della conferenza preliminare, l'autorità competente trasmette al proponente le determinazioni acquisite.

4. L'autorità competente, in accordo con tutte le amministrazioni ed enti potenzialmente interessati e competenti a esprimersi sulla realizzazione e sull'esercizio del progetto, può stabilire una riduzione dei termini della conferenza di servizi di cui al comma 7 dell'articolo 27-*bis*, fornendo congrua motivazione dei presupposti che determinano tale decisione in relazione alle risultanze emerse. Le determinazioni espresse in sede di conferenza preliminare possono essere motivatamente modificate o integrate solo in presenza di elementi nuovi, tali da comportare notevoli ripercussioni negative sugli interessi coinvolti emersi nel successivo procedimento anche a seguito delle osservazioni degli interessati di cui al comma 4 dell'articolo 27-*bis*. Le amministrazioni e gli enti che non si esprimono nella conferenza di servizi preliminare non possono porre condizioni, formulare osservazioni o evidenziare motivi ostativi alla realizzazione dell'intervento nel corso del procedimento di cui all'articolo 27-*bis*, salvo che in presenza di significativi elementi nuovi, emersi nel corso di tale procedimento anche a seguito delle osservazioni degli interessati.

(1) *Articolo inserito dall'art. 23, comma 1 d.l. 31 maggio 2021, n. 77, conv., con modif., in l. 29 luglio 2021, n. 108.*

27 Provvedimento unico in materia ambientale (1).

1. Nel caso di procedimenti di VIA di competenza statale, il proponente può richiedere all'autorità competente che il provvedimento di VIA sia rilasciato nell'ambito di un provvedimento unico comprensivo delle autorizzazioni ambientali tra quelle elencate al comma 2 richieste (2) dalla normativa vigente per la realizzazione e l'esercizio del progetto. A tal fine, il proponente presenta un'istanza ai sensi dell'articolo 23, avendo cura che l'avviso al pubblico di cui all'articolo 24, comma 2, rechi altresì specifica indicazione delle autorizzazioni di cui al comma 2 (2), nonché la documentazione e gli elaborati progettuali previsti dalle normative di settore per consentire la compiuta istruttoria tecnico-amministrativa finalizzata al rilascio di tutti i titoli ambientali di cui al comma 2. A tale istanza, laddove necessario, si applica l'articolo 93 del decreto del Presidente della Repubblica 6 giugno 2001, n. 380.

2. È facoltà del proponente richiedere l'esclusione dal presente procedimento dell'acquisizione di autorizzazioni, intese, concessioni, licenze, pareri, concerti, nulla osta e assensi comunque denominati, nel caso in cui le relative normative di settore richiedano, per consentire una compiuta istruttoria tecnico-amministrativa, un livello di progettazione esecutivo (3). Il provvedimento unico di cui al comma 1 comprende il rilascio dei seguenti titoli laddove necessario:

a) autorizzazione integrata ambientale ai sensi del Titolo III-*bis* della Parte II del presente decreto;

b) autorizzazione riguardante la disciplina degli scarichi nel sottosuolo e nelle acque sotterranee di cui all'articolo 104 del presente decreto;

c) autorizzazione riguardante la disciplina dell'immersione in mare di materiale derivante da attività di escavo e attività di posa in mare di cavi e condotte di cui all'articolo 109 del presente decreto;

d) autorizzazione paesaggistica di cui all'articolo 146 del Codice dei beni culturali e del paesaggio di cui al decreto legislativo 22 gennaio 2004, n. 42;

e) autorizzazione culturale di cui all'articolo 21 del Codice dei beni culturali e del paesaggio di cui al decreto legislativo 22 gennaio 2004, n. 42;

f) autorizzazione riguardante il vincolo idrogeologico di cui al regio decreto 30 dicembre 1923, n. 3267, e al decreto del Presidente della Repubblica 24 luglio 1977, n. 616;

g) nulla osta di fattibilità di cui all'articolo 17, comma 2, del decreto legislativo 26 giugno 2015, n. 105;

h) autorizzazione antisismica di cui all'articolo 94 del decreto del Presidente della Repubblica 6 giugno 2001, n. 380.

3. Nel caso di cui al comma 2, lettera *a*), lo studio di impatto ambientale e gli elaborati progettuali contengono anche le informazioni previste ai commi 1, 2 e 3 dell'articolo 29-*ter* e il provvedimento finale contiene le condizioni e le misure supplementari previste dagli articoli 29-*sexies* e 29-*septies*.

4. Entro dieci (4) giorni dalla presentazione dell'istanza l'autorità competente verifica l'avvenuto pagamento del contributo dovuto ai sensi dell'articolo 33, nonché l'eventuale ricorrere della fattispecie di cui all'articolo 32, comma 1, e comunica per via telematica a tutte le amministrazioni competenti al rilascio delle autorizzazioni ambientali di cui al comma 2 richieste dal proponente (5) l'avvenuta pubblicazione della documentazione nel proprio sito web con modalità tali da garantire la tutela della riservatezza di eventuali informazioni industriali o commerciali indicate dal proponente, in conformità a quanto previsto dalla disciplina sull'accesso del pubblico all'informazione ambientale. La medesima comunicazione è effettuata in sede di notifica ad altro Stato ai sensi dell'articolo 32, comma 1.

5. Entro trenta giorni dalla pubblicazione della documentazione nel sito web dell'autorità competente, quest'ultima, nonché le amministrazioni e gli enti di cui al comma 4, per i profili di rispettiva competenza, verificano l'adeguatezza e la completezza della documentazione, assegnando al proponente un termine perentorio non superiore a trenta giorni per le eventuali integrazioni.

6. Entro dieci (6) giorni dalla verifica della completezza documentale, ovvero, in caso di richieste di integrazioni, dalla data di ricevimento delle stesse, [l'autorità competente indice la conferenza di servizi decisoria di cui all'articolo 14-*ter* della legge 7 agosto 1990, n. 241 che opera secondo quanto disposto dal comma 8. Contestualmente] (6) l'autorità competente pubblica l'avviso di cui all'articolo 23, comma 1, lettera *e*), di cui è data comunque informazione nell'albo pretorio informatico delle amministrazioni comunali territorialmente interessate. Tale forma di pubblicità tiene luogo delle comunicazioni di cui agli articoli 7 e 8, commi 3 e 4, della legge n. 241 del 1990. Dalla data della pubblicazione della suddetta documentazione, e per la durata di sessanta giorni, il pubblico interessato può presentare osservazioni concernenti la valutazione di impatto ambientale, la valutazione di incidenza ove necessaria e l'autorizzazione integrata ambientale nonchè gli altri titoli autorizzativi inclusi nel provvedimento unico ambientale (7).

7. Entro i successivi quindici giorni l'autorità competente può chiedere al proponente eventuali integrazioni assegnando allo stesso un termine perentorio non superiore a quindici giorni. Su richiesta motivata del proponente l'autorità competente può concedere, per una sola volta, la sospensione dei termini per la presentazione della documentazione integrativa per un periodo non superiore a novanta giorni. Qualora entro il termine stabilito il proponente non depositi la documentazione integrativa, l'istanza si intende ritirata ed è fatto obbligo all'autorità competente di procedere all'archiviazione. L'autorità competente indice la conferenza di servizi decisoria di cui all'articolo 14-*ter* della legge 7 agosto 1990, n. 241, che opera secondo quanto disposto dal comma 8. Contestualmente (8) procede immediatamente alla pubblicazione delle integrazioni sul sito internet istituzionale e dispone, entro cinque giorni dalla ricezione della documentazione integrativa, che il proponente trasmetta, entro i successivi dieci giorni, un nuovo avviso al pubblico, predisposto in conformità all'articolo 24, comma 2, del presente decreto, da pubblicare a cura della medesima autorità competente sul proprio sito internet e di cui è data comunque informazione nell'albo pretorio infor-

matico delle amministrazioni comunali territorialmente interessate. In relazione alle modifiche o integrazioni apportate al progetto e alla documentazione, i termini di cui al comma 6 per l'ulteriore consultazione del pubblico sono ridotti alla metà (9).

8. Fatto salvo il rispetto dei termini previsti dall'articolo 32, comma 2, per il caso di consultazioni transfrontaliere, al fine di acquisire il provvedimento di VIA e dei titoli abilitativi in materia ambientale richiesti dal proponente, l'autorità competente convoca nel termine di cui al primo periodo del comma 6, una conferenza di servizi decisoria che opera in modalità simultanea secondo quanto stabilito dall'articolo 14-*ter* della legge 7 agosto 1990, n. 241. Alla conferenza partecipano il proponente e tutte le amministrazioni competenti o comunque potenzialmente interessate al rilascio del provvedimento di VIA e i titoli abilitativi ambientali richiesti dal proponente. Per i progetti di cui all'articolo 8, comma 2-*bis* (10), alla conferenza partecipano in ogni caso il direttore generale del Ministero dell'ambiente e della tutela del territorio e del mare o un suo delegato e il direttore generale del Ministero per i beni e le attività culturali e per il turismo o un suo delegato. La conferenza, nell'ambito della propria attività, prende in considerazione le osservazioni e le informazioni raccolte in sede di consultazione ai sensi dei commi 6 e 7, e conclude i propri lavori nel termine di duecentodieci giorni. La determinazione motivata di conclusione della conferenza di servizi, che costituisce il provvedimento unico in materia ambientale, reca l'indicazione espressa del provvedimento di VIA ed elenca, altresì, i titoli abilitativi compresi nel provvedimento unico. Fatto salvo quanto previsto per i progetti di cui all'articolo 8, comma 2-*bis* (10), la decisione di rilasciare i titoli di cui al comma 2 è assunta sulla base del provvedimento di VIA, adottato dal Ministro dell'ambiente e della tutela del territorio e del mare, di concerto con il Ministro per i beni e le attività culturali e per il turismo, ai sensi dell'articolo 25. I termini previsti dall'articolo 25, comma 2, quarto periodo, sono ridotti alla metà e, in caso di rimessione alla deliberazione del Consiglio dei ministri, la conferenza di servizi è sospesa per il termine di cui all'articolo 25, comma 2, quinto periodo. Tutti i termini del procedimento si considerano perentori ai sensi e per gli effetti di cui agli articoli 2, commi da 9 a 9-*quater*, e 2-*bis* della legge n. 241 del 1990 (11).

9. Le condizioni e le misure supplementari relative all'autorizzazione integrata ambientale di cui al comma 2, lettera *a*), e contenute nel provvedimento unico, sono rinnovate e riesaminate, controllate e sanzionate con le modalità di cui agli articoli 29-*octies*, 29-*decies* e 29-*quattuordecies*. Le condizioni e le misure supplementari relative agli altri titoli abilitativi in materia ambientale di cui al comma 2, sono rinnovate e riesaminate, controllate e sanzionate con le modalità previste dalle relative disposizioni di settore da parte delle amministrazioni competenti per materia.

10. Le disposizioni contenute nel presente articolo si applicano in deroga alle disposizioni che disciplinano i procedimenti riguardanti il solo primo rilascio dei titoli abilitativi in materia ambientale di cui al comma 2.

(1) *Articolo abrogato e sostituito dall'articolo 1, comma 3, del d.lgs. 16 gennaio 2008, n. 4. Successivamente, il presente articolo è stato così sostituito dall'art. 16, comma 1, d.lgs. 16 giugno 2017, n. 104. Per le disposizioni transitorie v. nota (1) al Titolo del presente d.lgs.*

(2) *Le parole* « delle autorizzazioni ambientali tra quelle elencate al comma 2 richieste » *sono state sostituite alle parole* « di ogni autorizzazione, intesa, parere, concerto, nulla osta, o atto di assenso in materia ambientale, richiesto » *e le parole* « delle autorizzazioni di cui al comma 2 » *sono state sostituite alle parole* « di ogni autorizzazione, intesa, parere, concerto, nulla osta, o atti di assenso in materia ambientale richiesti » *dall'art. 22, comma 1, lett.* a) *d.l. 31 maggio 2021, n. 77, conv., con modif., in l. 29 luglio 2021, n. 108.*

(3) *Periodo inserito dall'art. 22, comma 1, lett.* b) *d.l. n. 77, cit..*

(4) *La parola* « dieci » *è stata sostituita alla parola* « quindici » *dall'art. 50, comma 1, lett.* n), *n. 1) d.l. 16 luglio 2020, n. 76, conv., con modif., in l. 11 settembre 2020, n. 120. Ai sensi del successivo comma 3 « Le disposizioni introdotte dal presente articolo si applicano alle istanze presentate a partire dal trentesimo giorno successivo alla data di entrata in vigore della legge di conversione del presente decreto ».*

(5) *Le parole* « competenti al rilascio delle autorizzazioni ambientali di cui al comma 2 richieste dal proponente » *sono state sostituite alle parole* « ed enti potenzialmente interessati e comunque competenti in materia ambientale » *dall'art. 22, comma 1, lett.* c) *d.l. n. 77, cit.*

(6) *La parola* « dieci » *è stata sostituita alla parola* « cinque » *e le parole tra parentesi quadre sono state soppresse dall'art. 22, comma 1, lett.* d) *d.l. n. 77, cit.*

(7) *Comma così sostituito dall'art. 50, comma 1, lett.* n), *n. 2) d.l. n. 76, cit. Il testo del comma era il seguente:* « 6. Successivamente alla verifica della completezza documentale, ovvero, in caso di richieste di integrazioni, dalla data di ricevimento delle stesse, l'autorità competente pubblica l'avviso di cui all'articolo 23, comma 1, lettera *e*), di cui è data comunque informazione nell'albo pretorio informatico delle amministrazioni comunali territorialmente interessate. Tale forma di pubblicità tiene luogo delle comunicazioni di cui agli articoli 7 e 8, commi 3 e 4, della legge 7 agosto 1990, n. 241. Dalla data della pubblicazione della suddetta documentazione, e per la durata di sessanta giorni, il pubblico interessato può presentare osservazioni concernenti la valutazione di impatto ambientale, la valutazione di incidenza ove necessaria e l'autorizzazione integrata ambientale ». *V. nota 4 per la disciplina di applicazione.*

(8) *Le parole* « indice la conferenza di servizi decisoria di cui all'articolo 14-*ter* della legge 7 agosto 1990, n. 241, che opera secondo quanto disposto dal comma 8. Contestualmente » *sono state inserite dall'art. 22, comma 1, lett.* e) *d.l. n. 77, cit.*

(9) *Comma così sostituito dall'art. 50, comma 1, lett.* n), *n. 3) d.l. n. 76, cit. V. nota 4 per la disciplina di applicazione. Il testo del comma era il seguente:* « 7. Entro i successivi trenta giorni l'autorità competente può chiedere al proponente eventuali integrazioni assegnando allo stesso un termine perentorio non superiore a trenta giorni. Su richiesta motivata del proponente l'autorità competente può concedere, per una sola volta, la sospensione dei termini per la presentazione della documentazione integrativa per un periodo non superiore a centottanta giorni. Qualora entro il termine stabilito il proponente non depositi la documentazione integrativa, l'istanza si intende ritirata ed è fatto obbligo all'autorità competente di procedere all'archiviazione. L'autorità competente, ove motivatamente ritenga che le modifiche o le integrazioni siano sostanziali e rilevanti per il pubblico, dispone, entro quindici giorni dalla ricezione della documentazione integrativa, che il proponente trasmetta, entro i successivi quindici giorni, un nuovo avviso al pubblico, predisposto in conformità all'articolo 24, comma 2, del presente decreto, da pubblicare a cura della medesima autorità competente sul proprio sito web e di cui è data comunque informazione nell'albo pretorio informatico delle amministrazioni comunali territorialmente interessate. In relazione alle modifiche o integrazioni apportate al progetto e alla documentazione, i termini di cui al comma 6 per l'ulteriore consultazione del pubblico sono ridotti alla metà ».

(10) *Le parole* « Per i progetti di cui all'articolo 8, comma 2-*bis* » *sono state sostituite alle parole* « Per i progetti di cui all'articolo 7-*bis*, comma 2-*bis* » *dall'art. 22, comma 1, lett.* f), *n. 1) e 2) d.l. n. 77, cit.*

(11) *Comma così sostituito dall'art. 50, comma 1, lett.* n), *n. 4) d.l. n. 76, cit. V. nota 4 per la disciplina di applicazione. Il testo del comma era il seguente:* « 8. Fatto salvo il rispetto dei termini previsti dall'articolo 32, comma 2, per il caso di consultazioni transfrontaliere, entro dieci giorni dalla scadenza del termine di conclusione della consultazione ovvero dalla data di ricevimento delle eventuali integrazioni documentali, l'autorità competente convoca una conferenza di servizi alla quale partecipano il proponente e tutte le Amministrazioni competenti o comunque potenzialmente interessate al rilascio del provvedimento di VIA e dei titoli abilitativi in materia ambientale richiesti dal proponente. La conferenza di servizi si svolge secondo le modalità di

cui all'articolo 14-*ter*, commi 1, 3, 4, 5, 6 e 7, della legge 7 agosto 1990, n. 241. Il termine di conclusione dei lavori della conferenza di servizi è di duecentodieci giorni. La determinazione motivata di conclusione della conferenza di servizi, che costituisce il provvedimento unico in materia ambientale, reca l'indicazione espressa del provvedimento di VIA ed elenca, altresì, i titoli abilitativi compresi nel provvedimento unico. La decisione di rilasciare i titoli di cui al comma 2 è assunta sulla base del provvedimento di VIA, adottato dal Ministro dell'ambiente e della tutela del territorio e del mare, di concerto con il Ministro dei beni e delle attività culturali e del turismo, ai sensi dell'articolo 25. I termini previsti dall'articolo 25, comma 2, quarto periodo, sono ridotti alla metà e, in caso di rimessione alla deliberazione del Consiglio dei ministri, la conferenza di servizi è sospesa per il termine di cui all'articolo 25, comma 2, quinto periodo. Tutti i termini del procedimento si considerano perentori ai sensi e per gli effetti di cui agli articoli 2, commi da 9 a 9-*quater*, e 2-*bis* della legge 7 agosto 1990, n. 241 ».

27-*bis* Provvedimento autorizzatorio unico regionale (1).

1. Nel caso di procedimenti di VIA di competenza regionale il proponente presenta all'autorità competente un'istanza ai sensi dell'articolo 23, comma 1, allegando la documentazione e gli elaborati progettuali previsti dalle normative di settore per consentire la compiuta istruttoria tecnico-amministrativa finalizzata al rilascio di tutte le autorizzazioni, intese, concessioni, licenze, pareri, concerti, nulla osta e assensi comunque denominati, necessari alla realizzazione e all'esercizio del medesimo progetto e indicati puntualmente in apposito elenco predisposto dal proponente stesso. L'avviso al pubblico di cui all'articolo 24, comma 2, reca altresì specifica indicazione di ogni autorizzazione, intesa, parere, concerto, nulla osta, o atti di assenso richiesti.

2. Entro dieci giorni (2) dalla presentazione dell'istanza l'autorità competente verifica l'avvenuto pagamento del contributo dovuto ai sensi dell'articolo 33, nonché l'eventuale ricorrere della fattispecie di cui all'articolo 32, comma 1, e comunica per via telematica a tutte le amministrazioni ed enti potenzialmente interessati, e comunque competenti ad esprimersi sulla realizzazione e sull'esercizio del progetto, l'avvenuta pubblicazione della documentazione nel proprio sito web con modalità tali da garantire la tutela della riservatezza di eventuali informazioni industriali o commerciali indicate dal proponente, in conformità a quanto previsto dalla disciplina sull'accesso del pubblico all'informazione ambientale. In caso di progetti che possono avere impatti rilevanti sull'ambiente di un altro Stato, la pubblicazione è notificata al medesimo con le modalità di cui all'articolo 32.

3. Entro trenta giorni dalla pubblicazione della documentazione nel sito web dell'autorità competente, quest'ultima, nonché le amministrazioni e gli enti di cui al comma 2, per i profili di rispettiva competenza, verificano [l'adeguatezza e] (3) la completezza della documentazione, assegnando al proponente un termine perentorio non superiore a trenta giorni per le eventuali integrazioni. Nei casi in cui sia richiesta anche la variante urbanistica di cui all'articolo 8 del decreto del Presidente della Repubblica 7 settembre 2010, n. 160, nel termine di cui al primo periodo l'amministrazione competente effettua la verifica del rispetto dei requisiti per la procedibilità (3).

4. Successivamente alla verifica della completezza documentale, ovvero, in caso di richieste di integrazioni, dalla data di ricevimento delle stesse, l'autorità competente pubblica l'avviso di cui all'articolo 23, comma 1, lettera *e*), di cui è data comunque informazione nell'albo pretorio informatico delle amministrazioni comunali territorialmente interessate. Tale forma di pubblicità tiene luogo delle comunicazioni di cui agli articoli 7 e 8, commi 3 e 4, della legge 7 agosto 1990, n. 241. Dalla data della pubblicazione del suddetto avviso, e per la durata di trenta giorni (4), il pubblico interessato può presentare osservazioni [concernenti la valutazione di impatto ambientale e, ove necessarie, la valutazione di incidenza e l'autorizzazione integrata ambientale] (5). Ove il progetto comporti la variazione dello strumento urbanistico, le osservazioni del pubblico interessato riguardano anche tale variazione e, ove necessario, la valutazione ambientale strategica (5).

5. Entro i successivi trenta giorni l'autorità competente può chiedere al proponente eventuali integrazioni, anche concernenti i titoli abilitativi compresi nel provvedimento autorizzatorio unico, come indicate dagli enti e amministrazioni competenti al loro rilascio, assegnando un termine non superiore a trenta giorni. Su richiesta motivata del proponente l'autorità competente può concedere, per una sola volta, la sospensione dei termini per la presentazione della documentazione integrativa per un periodo non superiore a centottanta giorni. Qualora entro il termine stabilito il proponente non depositi la documentazione integrativa, l'istanza si intende ritirata ed è fatto obbligo all'autorità competente di procedere all'archiviazione. L'autorità competente, ricevuta la documentazione integrativa, la pubblica sul proprio sito web e, tramite proprio apposito avviso, avvia una nuova consultazione del pubblico la cui durata è ridotta della metà rispetto a quella di cui al comma 4 (6).

6. L'autorità competente può disporre che la consultazione del pubblico si svolga ai sensi dell'articolo 24-*bis*, comma 1, con le forme e le modalità disciplinate dalle regioni e dalle province autonome ai sensi dell'articolo 7-*bis*, comma 8.

7. Fatto salvo il rispetto dei termini previsti dall'articolo 32 per il caso di consultazioni transfrontaliere, entro dieci giorni dalla scadenza del termine per richiedere integrazioni di cui al comma 5 ovvero dalla data di ricevimento delle eventuali integrazioni documentali, l'autorità competente convoca una conferenza di servizi alla quale partecipano il proponente e tutte le Amministrazioni competenti o comunque potenzialmente interessate per il rilascio del provvedimento di VIA e dei titoli abilitativi necessari alla realizzazione e all'esercizio del progetto richiesti dal proponente. La conferenza di servizi è convocata in modalità sincrona e si svolge ai sensi dell'articolo 14-*ter* della legge 7 agosto 1990, n. 241. Il termine di conclusione della conferenza di servizi è di novanta giorni decorrenti dalla data della prima riunione. La determinazione motivata di conclusione della conferenza di servizi costituisce il provvedimento autorizzatorio unico regionale e comprende, recandone l'indicazione esplicita, il provvedimento di VIA e i titoli abilitativi

rilasciati per la realizzazione e l'esercizio del progetto. Nel caso in cui il rilascio di titoli abilitativi settoriali sia compreso nell'ambito di un'autorizzazione unica, le amministrazioni competenti per i singoli atti di assenso partecipano alla conferenza e l'autorizzazione unica confluisce nel provvedimento autorizzatorio unico regionale (7).

7-*bis*. Qualora in base alla normativa di settore per il rilascio di uno o più titoli abilitativi sia richiesto un livello progettuale esecutivo, oppure laddove la messa in esercizio dell'impianto o l'avvio dell'attività necessiti di verifiche, riesami o nulla osta successivi alla realizzazione dell'opera stessa, la amministrazione competente indica in conferenza le condizioni da verificare, secondo un cronoprogramma stabilito nella conferenza stessa, per il rilascio del titolo definitivo. Le condizioni indicate dalla conferenza possono essere motivatamente modificate o integrate solo in presenza di significativi elementi emersi nel corso del successivo procedimento per il rilascio del titolo definitivo (7).

7-*ter*. Laddove uno o più titoli compresi nella determinazione motivata di conclusione della conferenza di cui al comma 7 attribuiscano carattere di pubblica utilità, indifferibilità e urgenza, costituiscano variante agli strumenti urbanistici e vincolo preordinato all'esproprio, la determinazione conclusiva della conferenza ne dà atto (7).

8. Tutti i termini del procedimento si considerano perentori ai sensi e per gli effetti di cui agli articoli 2, commi da 9 a 9-*quater*, e 2-*bis* della legge 7 agosto 1990, n. 241.

9. Le condizioni e le misure supplementari relative all'autorizzazione integrata ambientale e contenute nel provvedimento autorizzatorio unico regionale, sono rinnovate e riesaminate, controllate e sanzionate con le modalità di cui agli articoli 29-*octies*, 29-*decies* e 29-*quattuordecies*. Le condizioni e le misure supplementari relative agli altri titoli abilitativi di cui al comma 7, sono rinnovate e riesaminate, controllate e sanzionate con le modalità previste dalle relative disposizioni di settore da parte delle amministrazioni competenti per materia.

(1) *Articolo inserito dall'art. 16, comma 2, d.lgs. 16 giugno 2017, n. 104. Per le disposizioni transitorie v. nota (1) al Titolo del presente d.lgs.*

(2) *Le parole* « Entro dieci giorni » *sono state sostituite alle parole* « Entro quindici giorni » *dall'art. 50, comma 1, lett.* o), *n. 1) d.l. 16 luglio 2020, n. 76, conv., con modif., in l. 11 settembre 2020, n. 120. Ai sensi del successivo comma 3 « Le disposizioni introdotte dal presente articolo si applicano alle istanze presentate a partire dal trentesimo giorno successivo alla data di entrata in vigore della legge di conversione del presente decreto ».*

(3) *Le parole tra parentesi quadre sono state soppresse e l'ultimo periodo è stato aggiunto dall'art. 24, comma 1, lett.* a) *d.l. 31 maggio 2021, n. 77, conv., con modif., in l. 29 luglio 2021, n. 108.*

(4) *Le parole* « trenta giorni » *sono state sostituite alle parole* « quarantacinque giorni » *dall'art. 50, comma 1, lett.* o), *n. 2) d.l. n. 76, cit. V. nota 2 per la disciplina di applicazione.*

(5) *Le parole tra parentesi quadre sono state soppresse e l'ultimo periodo è stato aggiunto dall'art. 24, comma 1, lett.* b) *d.l. n. 77, cit.*

(6) *Comma così sostituito dall'art. 24, comma 1, lett.* c) *d.l. n. 77, cit. Il testo del comma era il seguente:* « 5. Entro i successivi trenta giorni l'autorità competente può chiedere al proponente eventuali integrazioni assegnando allo stesso un termine non superiore a trenta giorni. Su richiesta motivata del proponente l'autorità competente può concedere, per una sola volta, la sospensione dei termini per la presentazione della documentazione integrativa per un periodo non superiore a centottanta giorni. Qualora entro il termine stabilito il proponente non depositi la documentazione integrativa, l'istanza si intende ritirata ed è fatto obbligo all'autorità competente di procedere all'archiviazione. L'autorità competente, ove motivatamente ritenga che le modifiche o le integrazioni siano sostanziali e rilevanti per il pubblico, dispone, entro quindici giorni dalla ricezione della documentazione integrativa, che il proponente trasmetta, entro i successivi quindici giorni, un nuovo avviso al pubblico, predisposto in conformità all'articolo 24, comma 2, del presente decreto, da pubblicare a cura della medesima autorità competente sul proprio sito web, di cui è data comunque informazione nell'albo pretorio informatico delle amministrazioni comunali territorialmente interessate. In relazione alle modifiche o integrazioni apportate al progetto e alla documentazione, i termini di cui al comma 4 per l'ulteriore consultazione del pubblico sono ridotti alla metà ».

(7) *I commi 7, 7-*bis *e 7-*ter *così sostituiscono l'originario comma 7 ai sensi dell'art. 24, comma 1, lett.* d) *d.l. n. 77, cit. Il testo del comma 7 era il seguente:* « 7. Fatto salvo il rispetto dei termini previsti dall'articolo 32 per il caso di consultazioni transfrontaliere, entro dieci giorni dalla scadenza del termine di conclusione della consultazione ovvero dalla data di ricevimento delle eventuali integrazioni documentali, l'autorità competente convoca una conferenza di servizi alla quale partecipano il proponente e tutte le Amministrazioni competenti o comunque potenzialmente interessate per il rilascio del provvedimento di VIA e dei titoli abilitativi necessari alla realizzazione e all'esercizio del progetto richiesti dal proponente. La conferenza di servizi è convocata in modalità sincrona e si svolge ai sensi dell'articolo 14-*ter* della legge 7 agosto 1990, n. 241. Il termine di conclusione della conferenza di servizi è di centoventi giorni decorrenti dalla data di convocazione dei lavori. La determinazione motivata di conclusione della conferenza di servizi costituisce il provvedimento autorizzatorio unico regionale e comprende il provvedimento di VIA e i titoli abilitativi rilasciati per la realizzazione e l'esercizio del progetto, recandone l'indicazione esplicita. Resta fermo che la decisione di concedere i titoli abilitativi di cui al periodo precedente è assunta sulla base del provvedimento di VIA, adottato in conformità all'articolo 25, commi 1, 3, 4, 5 e 6, del presente decreto ».

28 Monitoraggio (1).

1. Il proponente è tenuto a ottemperare alle condizioni ambientali contenute nel provvedimento di verifica di assoggettabilità a VIA o nel provvedimento di VIA.

2. L'autorità competente, in collaborazione con il Ministero dei beni e delle attività culturali e del turismo per i profili di competenza, verifica l'ottemperanza delle condizioni ambientali di cui al comma 1 al fine di identificare tempestivamente gli impatti ambientali significativi e negativi imprevisti e di adottare le opportune misure correttive. Per tali attività, l'autorità competente può avvalersi, tramite appositi protocolli d'intesa, del Sistema nazionale a rete per la protezione dell'ambiente di cui alla legge 28 giugno 2016, n. 132, dell'Istituto superiore di sanità per i profili concernenti la sanità pubblica, ovvero di altri soggetti pubblici, i quali informano tempestivamente la stessa autorità competente degli esiti della verifica. Per il supporto alle medesime attività, nel caso di progetti di competenza statale particolarmente rilevanti per natura, complessità, ubicazione e dimensioni delle opere o degli interventi, l'autorità competente può istituire, sentito il proponente (2) e con oneri a carico di quest'ultimo, appositi osservatori ambientali finalizzati a garantire la trasparenza e la diffusione delle informazioni concernenti le verifiche di ottemperanza, che operano secondo le modalità definite da uno o più decreti del Ministro dell'ambiente e della tutela del territorio e del mare adottati sulla base dei seguenti criteri:

a) designazione dei componenti dell'Osservatorio da parte di ciascuna delle Amministrazioni e degli Enti individuati nel decreto di Valutazione di Impatto Ambientale;

b) nomina del 50 per cento dei rappresentanti del Ministero della transizione ecologica tra soggetti estranei all'amministrazione del Ministero e dotati di significativa competenza e professionalità per l'esercizio delle funzioni (3);

c) previsioni di cause di incandidabilità, incompatibilità e conflitto di interessi;

d) temporaneità dell'incarico, non superiore a quattro anni, non rinnovabile e non cumulabile con incarichi in altri Osservatori;

e) individuazione degli oneri a carico del proponente, fissando un limite massimo per i compensi dei componenti dell'Osservatorio (4).

All'esito positivo della verifica l'autorità competente attesta l'avvenuta ottemperanza pubblicando sul proprio sito web la relativa documentazione, entro quindici giorni dal ricevimento dell'esito della verifica.

3. Per la verifica dell'ottemperanza delle condizioni ambientali, il proponente, nel rispetto dei tempi e delle specifiche modalità di attuazione stabilite nel provvedimento di verifica di assoggettabilità a VIA o nel provvedimento di VIA, trasmette in formato elettronico all'autorità competente, o al soggetto eventualmente individuato per la verifica, la documentazione contenente gli elementi necessari alla verifica dell'ottemperanza. L'attività di verifica si conclude entro il termine di trenta giorni dal ricevimento della documentazione trasmessa dal proponente.

4. Qualora i soggetti individuati per la verifica di ottemperanza ai sensi del comma 2 non provvedano entro il termine stabilito dal comma 3, le attività di verifica sono svolte direttamente dall'autorità competente.

5. Nel caso in cui la verifica di ottemperanza dia esito negativo, l'autorità competente diffida il proponente ad adempiere entro un congruo termine, trascorso inutilmente il quale si applicano le sanzioni di cui all'articolo 29.

6. Qualora all'esito dei risultati delle attività di verifica di cui ai commi da 1 a 5, ovvero successivamente all'autorizzazione del progetto, dall'esecuzione dei lavori di costruzione ovvero dall'esercizio dell'opera, si accerti la sussistenza di impatti ambientali negativi, imprevisti, ulteriori o diversi, ovvero di entità significativamente superiore a quelli valutati nell'ambito del procedimento di VIA, comunque non imputabili al mancato adempimento delle condizioni ambientali da parte del proponente, l'autorità competente, acquisite ulteriori informazioni dal proponente o da altri soggetti competenti in materia ambientale, può ordinare la sospensione dei lavori o delle attività autorizzate e disporre l'adozione di opportune misure correttive.

7. Nei casi in cui, al verificarsi delle fattispecie di cui al comma 6, emerga l'esigenza di modificare il provvedimento di VIA o di stabilire condizioni ambientali ulteriori rispetto a quelle del provvedimento originario, l'autorità competente, ai fini della riedizione del procedimento di VIA, dispone l'aggiornamento dello studio di impatto ambientale e la nuova pubblicazione dello stesso, assegnando al proponente un termine non superiore a novanta giorni.

7-*bis*. Il proponente, entro i termini di validità disposti dal provvedimento di verifica di assoggettabilità a VIA o di VIA, trasmette all'autorità competente la documentazione riguardante il collaudo delle opere o la certificazione di regolare esecuzione delle stesse, comprensiva di specifiche indicazioni circa la conformità delle opere rispetto al progetto depositato e alle condizioni ambientali prescritte. La documentazione è pubblicata tempestivamente nel sito internet dell'autorità competente (5).

8. Delle modalità di svolgimento delle attività di monitoraggio, dei risultati delle verifiche, dei controlli e delle eventuali misure correttive adottate dall'autorità competente, nonché dei dati derivanti dall'attuazione dei monitoraggi ambientali da parte del proponente è data adeguata informazione attraverso il sito web dell'autorità competente.

(1) *Articolo dapprima abrogato, sostituito dall'articolo 1, comma 3, del d.lgs. 16 gennaio 2008, n. 4, e modificato dall'articolo 2, comma 23, lettera* a) *e* b) *del d.lgs. 29 giugno 2010, n. 128. Successivamente, il presente articolo è stato così sostituito dall'art. 17, comma 1, d.lgs. 16 giugno 2017, n. 104. Per le disposizioni transitorie v. nota (1) al Titolo del presente d.lgs.*

(2) *Le parole* « sentito il proponente » *sono state sostituite alle parole* « d'intesa con il proponente » *dall'art. 26, comma 1, lett.* a) *d.l. 31 maggio 2021, n. 77, conv., con modif., in l. 29 luglio 2021, n. 108.*

(3) *Lettera così sostituita dall'art. 26, comma 1, lett.* b) *d.l. n. 77, cit. Il testo della lettera era il seguente:* « *b*) nomina dei due terzi dei rappresentanti del Ministero dell'ambiente e della tutela del territorio e del mare tra soggetti estranei ai ruoli del Ministero e dotati di significativa competenza e professionalità per l'esercizio delle funzioni; ».

(4) *Le parole da* « che operano » *a* « dell'Osservatorio » *sono state inserite dall'art. 50, comma 1, lett.* p) *d.l. 16 luglio 2020, n. 76, conv., con modif., in l. 11 settembre 2020, n. 120. Ai sensi del successivo comma 3 « Le disposizioni introdotte dal presente articolo si applicano alle istanze presentate a partire dal trentesimo giorno successivo alla data di entrata in vigore della legge di conversione del presente decreto ».*

(5) *Comma inserito dall'art. 50, comma 1, lett.* p-bis) *d.l. n. 76, cit. V. nota 4 per la disciplina di applicazione.*

29 Sistema sanzionatorio (1) (2).

1. I provvedimenti di autorizzazione di un progetto adottati senza la verifica di assoggettabilità a VIA o senza la VIA, ove prescritte, sono annullabili per violazione di legge.

2. Qualora siano accertati inadempimenti o violazioni delle condizioni ambientali di cui all'articolo 28, ovvero in caso di modifiche progettuali che rendano il progetto difforme da quello sottoposto al procedimento di verifica di assoggettabilità a VIA, al procedimento di VIA, ovvero al procedimento unico di cui all'articolo 27 o di cui all'articolo 27-*bis*, l'autorità competente procede secondo la gravità delle infrazioni:

a) alla diffida, assegnando un termine entro il quale devono essere eliminate le inosservanze;

b) alla diffida con contestuale sospensione dell'attività per un tempo determinato, ove si manifesti il rischio di impatti ambientali significativi e negativi;

c) alla revoca del provvedimento di verifica di assoggettabilità a VIA, del provvedimento di VIA, in caso di mancato adeguamento alle prescrizioni imposte con la diffida e in caso di reiterate violazioni che determinino situazioni di pericolo o di danno per l'ambiente.

3. Nel caso di progetti a cui si applicano le disposizioni del presente decreto realizzati senza la previa sottoposizione al procedimento di verifica di assoggettabilità a VIA, al procedimento di VIA ovvero al procedimento unico di cui all'articolo 27 o di cui all'artico-

lo 27-*bis*, in violazione delle disposizioni di cui al presente Titolo III, ovvero in caso di annullamento in sede giurisdizionale o in autotutela dei provvedimenti di verifica di assoggettabilità a VIA o dei provvedimenti di VIA relativi a un progetto già realizzato o in corso di realizzazione, l'autorità competente assegna un termine all'interessato entro il quale avviare un nuovo procedimento e può consentire la prosecuzione dei lavori o delle attività a condizione che tale prosecuzione avvenga in termini di sicurezza con riguardo agli eventuali rischi sanitari, ambientali o per il patrimonio culturale. Scaduto inutilmente il termine assegnato all'interessato, ovvero nel caso in cui il nuovo provvedimento di VIA, adottato ai sensi degli articoli 25, 27 o 27-*bis*, abbia contenuto negativo, l'autorità competente dispone la demolizione delle opere realizzate e il ripristino dello stato dei luoghi e della situazione ambientale a cura e spese del responsabile, definendone i termini e le modalità. In caso di inottemperanza, l'autorità competente provvede d'ufficio a spese dell'inadempiente. Il recupero di tali spese è effettuato con le modalità e gli effetti previsti dal testo unico delle disposizioni di legge relative alla riscossione delle entrate patrimoniali dello Stato approvato con regio decreto 14 aprile 1910, n. 639.

4. Salvo che il fatto costituisca reato, chiunque realizza un progetto o parte di esso, senza la previa VIA o senza la verifica di assoggettabilità a VIA, ove prescritte, è punito con una sanzione amministrativa da 35.000 euro a 100.000 euro.

5. Salvo che il fatto costituisca reato, si applica la sanzione amministrativa pecuniaria da 20.000 euro a 80.000 euro nei confronti di colui che, pur essendo in possesso del provvedimento di verifica di assoggettabilità o di valutazione di impatto ambientale, non ne osserva le condizioni ambientali.

6. Le sanzioni sono irrogate dall'autorità competente.

7. Alle sanzioni amministrative pecuniarie previste dal presente articolo non si applica il pagamento in misura ridotta di cui all'articolo 16 della legge 24 novembre 1981, n. 689.

8. I proventi derivanti dall'applicazione delle sanzioni amministrative pecuniarie di competenza statale per le violazioni previste dal presente articolo, sono versati all'entrata del bilancio dello Stato e sono successivamente riassegnati ai pertinenti capitoli di spesa del Ministero dell'ambiente e della tutela del territorio e del mare per essere destinati al miglioramento delle attività di vigilanza, prevenzione e monitoraggio ambientale, alle attività di cui all'articolo 28 del presente decreto per la verifica dell'ottemperanza delle condizioni ambientali contenute nel provvedimento di verifica di assoggettabilità a VIA o nel provvedimento di VIA, nonché alla predisposizione di misure per la protezione sanitaria della popolazione in caso di incidenti o calamità naturali.

(1) *Articolo abrogato, sostituito dall'articolo 1, comma 3, del d.lgs. 16 gennaio 2008, n. 4. Successivamente, il presente articolo è stato così sostituito dall'art. 18, comma 1, d.lgs. 16 giugno 2017, n. 104. Per le disposizioni transitorie v. nota (1) al Titolo del presente d.lgs.*

(2) *V. d.m. 28 marzo 2018, n. 94 (in Gazz. Uff. del 9 agosto 2018, n. 184), sul regolamento recante la definizione dei contenuti minimi e i formati dei verbali di accertamento, contestazione e notificazione dei procedimenti di cui all'articolo 29 del decreto legislativo 3 aprile 2006, n. 152, come modificato dall'articolo 18 del decreto legislativo 16 giugno 2017, n. 104.*

TITOLO III-*BIS* (1)

L'autorizzazione integrata ambientale

(1) *Titolo inserito dall'articolo 2, comma 24, del d.lgs. 29 giugno 2010, n. 128.*

29-*bis* Individuazione e utilizzo delle migliori tecniche disponibili (1).

1. L'autorizzazione integrata ambientale è rilasciata tenendo conto di quanto indicato all'Allegato XI alla Parte Seconda e le relative condizioni sono definite avendo a riferimento le Conclusioni sulle BAT, salvo quanto previsto all'articolo 29-*sexies*, comma 9-*bis*, e all'articolo 29-*octies*. Nelle more della emanazione delle conclusioni sulle BAT l'autorità competente utilizza quale riferimento per stabilire le condizioni dell'autorizzazione le pertinenti conclusioni sulle migliori tecniche disponibili, tratte dai documenti pubblicati dalla Commissione europea in attuazione dell'articolo 16, paragrafo 2, della direttiva 96/61/CE o dell'articolo 16, paragrafo 2, della direttiva 2008/01/CE (2).

2. Con decreto del Ministro dell'ambiente e della tutela del territorio e del mare, di concerto con il Ministro dello sviluppo economico, il Ministro del lavoro e delle politiche sociali, il Ministro della salute e d'intesa con la Conferenza permanente per i rapporti tra lo Stato, le regioni e le province autonome di Trento e di Bolzano, previa consultazione delle associazioni maggiormente rappresentative a livello nazionale degli operatori delle installazioni interessate, possono essere determinati requisiti generali, per talune categorie di installazioni, che tengano luogo dei corrispondenti requisiti fissati per ogni singola autorizzazione, purchè siano garantiti un approccio integrato ed una elevata protezione equivalente dell'ambiente nel suo complesso. I requisiti generali si basano sulle migliori tecniche disponibili, senza prescrivere l'utilizzo di alcuna tecnica o tecnologia specifica, al fine di garantire la conformità con l'articolo 29-*sexies*. Per le categorie interessate, salva l'applicazione dell'articolo 29-*septies*, l'autorità competente rilascia l'autorizzazione in base ad una semplice verifica di conformità dell'istanza con i requisiti generali (2).

2-*bis*. I decreti di cui al comma 2 sono aggiornati entro sei mesi dall'emanazione delle pertinenti conclusioni sulle BAT da parte della Commissione europea, al fine di tener conto dei progressi delle migliori tecniche disponibili e garantire la conformità con l'articolo 29-*octies*, ed inoltre contengono un esplicito riferimento alla direttiva 2010/75/UE all'atto della pubblicazione ufficiale. Decorso inutilmente tale termine e fino al loro aggiornamento, i decreti già emanati ai sensi del comma 2 assumono, per installazioni pertinenti a tali conclusioni sulle BAT, una mera valenza informativa e conseguentemente non trova più applicazione l'ultimo periodo del comma 2 (3).

3. Per le discariche di rifiuti da autorizzare ai sensi del presente titolo, si considerano soddisfatti i requisiti tecnici di cui al presente titolo se sono soddisfatti i requisiti tecnici di cui al decreto legislativo 13 gennaio

2003, n. 36 fino all'emanazione delle relative conclusioni sulle BAT (4).

(1) *Articolo inserito dall'art. 2, comma 24, d.lgs. 29 giugno 2010, n. 128.*
(2) *Comma sostituito dall'art. 7, comma 1, lett.* a), *d.lgs. 4 marzo 2014, n. 46.*
(3) *Comma aggiunto dall'art. 7, comma 1, lett.* b), *d.lgs. 4 marzo 2014, n. 46.*
(4) *Comma modificato dall'art. 7, comma 1, lett.* c), *d.lgs. 4 marzo 2014, n. 46.*

29-*ter* Domanda di autorizzazione integrata ambientale (1).

1. Ai fini dell'esercizio delle nuove installazioni di nuovi impianti, della modifica sostanziale e dell'adeguamento del funzionamento degli impianti delle installazioni esistenti alle disposizioni del presente decreto, si provvede al rilascio dell'autorizzazione integrata ambientale di cui all'articolo 29-*sexies*. Fatto salvo quanto disposto al comma 4 e ferme restando le informazioni richieste dalla normativa concernente aria, acqua, suolo e rumore, la domanda deve contenere le seguenti informazioni:

a) descrizione dell'installazione e delle sue attività, specificandone tipo e portata;

b) descrizione delle materie prime e ausiliarie, delle sostanze e dell'energia usate o prodotte dall'installazione;

c) descrizione delle fonti di emissione dell'installazione;

d) descrizione dello stato del sito di ubicazione dell'installazione;

e) descrizione del tipo e dell'entità delle prevedibili emissioni dell'installazione in ogni comparto ambientale nonchè un'identificazione degli effetti significativi delle emissioni sull'ambiente;

f) descrizione della tecnologia e delle altre tecniche di cui si prevede l'uso per prevenire le emissioni dall'installazione oppure, qualora ciò non fosse possibile, per ridurle;

g) descrizione delle misure di prevenzione, di preparazione per il riutilizzo, di riciclaggio e di recupero dei rifiuti prodotti dall'installazione;

h) descrizione delle misure previste per controllare le emissioni nell'ambiente nonchè le attività di autocontrollo e di controllo programmato che richiedono l'intervento dell'ente responsabile degli accertamenti di cui all'articolo 29-*decies*, comma 3;

i) descrizione delle principali alternative alla tecnologia, alle tecniche e alle misure proposte, prese in esame dal gestore in forma sommaria;

l) descrizione delle altre misure previste per ottemperare ai principi di cui all'articolo 6, comma 16;

m) se l'attività comporta l'utilizzo, la produzione o lo scarico di sostanze pericolose e, tenuto conto della possibilità di contaminazione del suolo e delle acque sotterrane nel sito dell'installazione, una relazione di riferimento elaborata dal gestore prima della messa in esercizio dell'installazione o prima del primo aggiornamento dell'autorizzazione rilasciata, per la quale l'istanza costituisce richiesta di validazione. L'autorità competente esamina la relazione disponendo nell'autorizzazione o nell'atto di aggiornamento, ove ritenuto necessario ai fini della sua validazione, ulteriori e specifici approfondimenti (2).

2. La domanda di autorizzazione integrata ambientale deve contenere anche una sintesi non tecnica dei dati di cui alle lettere da *a*) a *m*) del comma 1 e l'indicazione delle informazioni che ad avviso del gestore non devono essere diffuse per ragioni di riservatezza industriale, commerciale o personale, di tutela della proprietà intellettuale e, tenendo conto delle indicazioni contenute nell'articolo 39 della legge 3 agosto 2007, n. 124, di pubblica sicurezza o di difesa nazionale. In tale caso il richiedente fornisce all'autorità competente anche una versione della domanda priva delle informazioni riservate, ai fini dell'accessibilità al pubblico (3).

3. Qualora le informazioni e le descrizioni fornite secondo un rapporto di sicurezza, elaborato conformemente alle norme previste sui rischi di incidente rilevante connessi a determinate attività industriali, o secondo la norma UNI EN ISO 14001, ovvero i dati prodotti per i siti registrati ai sensi del regolamento (CE) n. 761/2001 e successive modifiche, nonché altre informazioni fornite secondo qualunque altra normativa, rispettino uno o più requisiti di cui al comma 1 del presente articolo, tali dati possono essere utilizzati ai fini della presentazione della domanda e possono essere inclusi nella domanda o essere ad essa allegati.

4. Entro trenta giorni dalla presentazione della domanda, l'autorità competente verifica la completezza della stessa e della documentazione allegata. Qualora queste risultino incomplete, l'autorità competente ovvero, nel caso di impianti di competenza statale, la Commissione di cui all'art. 8-*bis* potrà chiedere apposite integrazioni, indicando un termine non inferiore a trenta giorni per la presentazione della documentazione integrativa. In tal caso i termini del procedimento si intendono interrotti fino alla presentazione della documentazione integrativa. Qualora entro il termine indicato il proponente non depositi la documentazione completa degli elementi mancanti, l'istanza si intende ritirata. È fatta salva la facoltà per il proponente di richiedere una proroga del termine per la presentazione della documentazione integrativa in ragione della complessità della documentazione da presentare.

(1) *Articolo inserito dall'articolo 2, comma 24, del d.lgs. 29 giugno 2010, n. 128.*
(2) *Comma sostituito dall'art. 7, comma 2, d.ls. 4 marzo 2014, n. 46.*
(3) *Comma modificato dall'articolo 18, comma 1, lettera* b), *della l. 20 novembre 2017, n. 167 (Legge europea 2017).*

29-*quater* Procedura per il rilascio dell'autorizzazione integrata ambientale (1).

1. Per le installazioni di competenza statale la domanda è presentata all'autorità competente per mezzo di procedure telematiche, con il formato e le modalità stabiliti con il decreto di cui all'articolo 29-*duodecies*, comma 2 (2).

2. L'autorità competente individua gli uffici presso i quali sono depositati i documenti e gli atti inerenti il procedimento, al fine della consultazione del pubblico. Tale consultazione è garantita anche mediante pubblicazione sul sito internet dell'autorità competente, non appena sia ragionevolmente possibile, del progetto di

decisione, compreso il verbale conclusivo della conferenza di servizi di cui al comma 5, del contenuto della decisione, compresa una copia dell'autorizzazione e degli eventuali successivi aggiornamenti, e con particolare riferimento agli elementi di cui alle lettere *b*), *e*), *f*) e *g*) del comma 13, nonché delle proposte di riesame pervenute dalle autorità competenti in materia ambientale ai sensi dell'articolo 29-*octies*, comma 4, ovvero dal sindaco ai sensi del comma 7, del presente articolo (3).

3. L'autorità competente, entro trenta giorni dal ricevimento della domanda ovvero, in caso di riesame ai sensi dell'articolo 29-*octies*, comma 4, contestualmente all'avvio del relativo procedimento, comunica al gestore la data di avvio del procedimento ai sensi dell'art. 7 della legge 7 agosto 1990, n. 241, e la sede degli uffici di cui al comma 2. "Entro il termine di quindici giorni dalla data di avvio del procedimento, l'autorità competente pubblica nel proprio sito web l'indicazione della localizzazione dell'installazione e il nominativo del gestore, nonché gli uffici individuati ai sensi del comma 2 ove è possibile prendere visione degli atti e trasmettere le osservazioni. Tali forme di pubblicità tengono luogo delle comunicazioni di cui all'articolo 7 ed ai commi 3 e 4 dell'articolo 8 della legge 7 agosto 1990, n. 241. Le informazioni pubblicate dal gestore ai sensi del presente comma sono altresì pubblicate dall'autorità competente nel proprio sito web. È in ogni caso garantita l'unicità della pubblicazione per gli impianti di cui al titolo III della parte seconda del presente decreto (4).

4. Entro trenta giorni dalla data di pubblicazione dell'annuncio di cui al comma 3, i soggetti interessati possono presentare in forma scritta, all'autorità competente, osservazioni sulla domanda.

5. La convocazione da parte dell'autorità competente, ai fini del rilascio dell'autorizzazione integrata ambientale, di apposita Conferenza di servizi, alla quale sono invitate le amministrazioni competenti in materia ambientale e comunque, nel caso di impianti di competenza statale, i Ministeri dell'interno, del lavoro e delle politiche sociali, della salute e dello sviluppo economico, oltre al soggetto richiedente l'autorizzazione, nonché, per le installazioni di competenza regionale, le altre amministrazioni competenti per il rilascio dei titoli abilitativi richiesti contestualmente al rilascio dell'AIA, ha luogo ai sensi degli articoli 14 e 14-*ter* della legge 7 agosto 1990, n. 241, e successive modificazioni. Per le installazioni soggette alle disposizioni di cui al decreto legislativo 17 agosto 1999, n. 334, ferme restando le relative disposizioni, al fine di acquisire gli elementi di valutazione ai sensi dell'articolo 29-*sexies*, comma 8, e di concordare preliminarmente le condizioni di funzionamento dell'installazione, alla conferenza è invitato un rappresentante della rispettiva autorità competente (5).

6. Nell'ambito della Conferenza dei servizi di cui al comma 5, vengono acquisite le prescrizioni del sindaco di cui agli articoli 216 e 217 del regio decreto 27 luglio 1934, n. 1265, nonché la proposta dell'Istituto superiore per la protezione e la ricerca ambientale, per le installazioni di competenza statale, o il parere delle Agenzie regionali e provinciali per la protezione dell'ambiente, per le altre installazioni, per quanto riguarda le modalità di monitoraggio e controllo degli impianti e delle emissioni nell'ambiente (6).

7. In presenza di circostanze intervenute successivamente al rilascio dell'autorizzazione di cui al presente titolo, il sindaco, qualora lo ritenga necessario nell'interesse della salute pubblica, può, con proprio motivato provvedimento, corredato dalla relativa documentazione istruttoria e da puntuali proposte di modifica dell'autorizzazione, chiedere all'autorità competente di riesaminare l'autorizzazione rilasciata ai sensi dell'articolo 29-*octies* (7).

8. Nell'ambito della Conferenza dei servizi, l'autorità competente può richiedere integrazioni alla documentazione, anche al fine di valutare la applicabilità di specifiche misure alternative o aggiuntive, indicando il termine massimo non superiore a novanta giorni per la presentazione della documentazione integrativa. In tal caso, il termine di cui al comma 10 resta sospeso fino alla presentazione della documentazione integrativa (8).

[9. Salvo quanto diversamente concordato, la Conferenza dei servizi di cui al comma 5 deve concludersi entro sessanta giorni dalla data di scadenza del termine previsto dal comma 4 per la presentazione delle osservazioni.] (9)

10. L'autorità competente esprime le proprie determinazioni sulla domanda di autorizzazione integrata ambientale entro centocinquanta giorni dalla presentazione della domanda (10).

11. Le autorizzazioni integrate ambientali rilasciate ai sensi del presente decreto, sostituiscono ad ogni effetto le autorizzazioni riportate nell'elenco dell'Allegato IX alla Parte Seconda del presente decreto. A tal fine il provvedimento di autorizzazione integrata ambientale richiama esplicitamente le eventuali condizioni, già definite nelle autorizzazioni sostituite, la cui necessità permane. Inoltre le autorizzazioni integrate ambientali sostituiscono la comunicazione di cui all'articolo 216 (11).

12. Ogni autorizzazione integrata ambientale deve includere le modalità previste dal presente decreto per la protezione dell'ambiente, nonché, la data entro la quale le prescrizioni debbono essere attuate (11).

13. Copia dell'autorizzazione integrata ambientale e di qualsiasi suo successivo aggiornamento, è messa tempestivamente a disposizione del pubblico, presso l'ufficio di cui al comma 2. Presso il medesimo ufficio sono inoltre rese disponibili:

a) informazioni relative alla partecipazione del pubblico al procedimento;

b) i motivi su cui è basata la decisione;

c) i risultati delle consultazioni condotte, anche coinvolgendo altri Stati ai sensi dell'articolo 32-*bis*, prima dell'adozione della decisione e una spiegazione della modalità con cui se ne è tenuto conto nella decisione (12);

d) il titolo dei documenti di riferimento sulle BAT pertinenti per l'installazione o l'attività interessati;

e) il metodo utilizzato per determinare le condizioni di autorizzazione di cui all'articolo 29-*sexies*, ivi compresi i valori limite di emissione, in relazione alle migliori tecniche disponibili e ai livelli di emissione ivi associati;

f) se è concessa una deroga ai sensi dell'articolo 29-*sexies*, comma 10, i motivi specifici della deroga sulla base dei criteri indicati in detto comma e le condizioni imposte;

g) le informazioni pertinenti sulle misure adottate dal gestore, in applicazione dell'articolo 29-*sexies*, comma 13, al momento della cessazione definitiva delle attività;

h) i risultati del controllo delle emissioni, richiesti dalle condizioni di autorizzazione e in possesso dell'autorità competente (13).

14. L'autorità competente può sottrarre all'accesso le informazioni, in particolare quelle relative agli impianti militari di produzione di esplosivi di cui al punto 4.6 dell'allegato VIII, qualora ciò si renda necessario per l'esigenza di salvaguardare ai sensi dell'articolo 24, comma 6, lettera *a*), della legge 7 agosto 1990, n. 241, e relative norme di attuazione, la sicurezza pubblica o la difesa nazionale. L'autorità competente può inoltre sottrarre all'accesso informazioni non riguardanti le emissioni dell'impianto nell'ambiente, per ragioni di tutela della proprietà intellettuale o di riservatezza industriale, commerciale o personale.

15. In considerazione del particolare e rilevante impatto ambientale, della complessità e del preminente interesse nazionale dell'impianto, nel rispetto delle disposizioni del presente decreto, possono essere conclusi, d'intesa tra lo Stato, le regioni, le province e i comuni territorialmente competenti e i gestori, specifici accordi, al fine di garantire, in conformità con gli interessi fondamentali della collettività, l'armonizzazione tra lo sviluppo del sistema produttivo nazionale, le politiche del territorio e le strategie aziendali. In tali casi l'autorità competente, fatto comunque salvo quanto previsto al comma 12, assicura il necessario coordinamento tra l'attuazione dell'accordo e la procedura di rilascio dell'autorizzazione integrata ambientale.

Nei casi disciplinati dal presente comma i termini di cui al comma 10 sono raddoppiati.

(1) *Articolo inserito dall'articolo 2, comma 24, del d.lgs. 29 giugno 2010, n. 128.*

(2) *Comma modificato dall'articolo 7, comma 3, lettera* a*), del d.lgs. 4 marzo 2014, n. 46.*

(3) *Comma modificato dall'articolo 7, comma 3, lettera* b*), del d.lgs. 4 marzo 2014, n. 46 e successivamente dall'articolo 18, comma 1, lettera c), della legge 20 novembre 2017, n. 167 (Legge europea 2017).*

(4) *Comma modificato dall'articolo 7, comma 3, lettera* c*), del d.lgs. 4 marzo 2014, n. 46.*

(5) *Comma sostituito dall'articolo 7, comma 3, lettera* d*), del d.lgs. 4 marzo 2014, n. 46 e successivamente modificato dall'articolo 5, comma 1, lettera* b*), del d.lgs. 30 giugno 2016, n. 127; per l'applicazione vedi quanto disposto dall'articolo 7, comma 1, del medesimo decreto.*

(6) *Comma aggiunto dall'articolo 7, comma 3, lettera* e*), del d.lgs. 4 marzo 2014, n. 46.*

(7) *Comma sostituito dall'articolo 7, comma 3, lettera* e*), del d.lgs. 4 marzo 2014, n. 46.*

(8) *Comma modificato dall'articolo 7, comma 3, lettera* f*), del d.lgs. 4 marzo 2014, n. 46.*

(9) *Comma soppresso dall'articolo 7, comma 3, lettera* g*), del d.lgs. 4 marzo 2014, n. 46.*

(10) *Comma sostituito dall'articolo 7, comma 3, lettera* h*), del d.lgs. 4 marzo 2014, n. 46.*

(11) *Comma sostituito dall'articolo 7, comma 3, lettera* i*), del d.lgs. 4 marzo 2014, n. 46.*

(12) *Comma modificato dall'articolo 18, comma 1, lettera c), della Legge 20 novembre 2017, n. 167 (Legge europea 2017).*

(13) *Comma sostituito dall'articolo 7, comma 3, lettera* i*), del d.lgs. 4 marzo 2014, n. 46.*

29-*quinquies* Coordinamento per l'uniforme applicazione sul territorio nazionale (1).

1. È istituito, presso il Ministero dell'ambiente e della tutela del territorio e del mare, un Coordinamento tra i rappresentanti di tale Ministero, di ogni regione e provincia autonoma e dell'Unione delle province italiane (UPI). Partecipano al Coordinamento rappresentanti dell'ISPRA, nonchè, su indicazione della regione o provincia autonoma di appartenenza, rappresentanti delle agenzie regionali e provinciali per la protezione dell'ambiente. Il Coordinamento opera attraverso l'indizione di riunioni periodiche e la creazione di una rete di referenti per lo scambio di dati e di informazioni.

2. Il Coordinamento previsto dal comma 1 assicura, anche mediante gruppi di lavoro, l'elaborazione di indirizzi e di linee guida in relazione ad aspetti di comune interesse e permette un esame congiunto di temi connessi all'applicazione del presente Titolo, anche al fine di garantire un'attuazione coordinata e omogenea delle nuove norme e di prevenire le situazioni di inadempimento e le relative conseguenze.

3. Ai soggetti che partecipano, a qualsiasi titolo, al Coordinamento previsto al comma 1 non sono corrisposti gettoni, compensi, rimborsi spese o altri emolumenti comunque denominati.

(1) *Articolo inserito dall'articolo 2, comma 24, del d.lgs. 29 giugno 2010, n. 128 e successivamente sostituito dall'art. 7, comma 4, d.lgs. 4 marzo 2014, n. 46.*

29-*sexies* Autorizzazione integrata ambientale (1).

1. L'autorizzazione integrata ambientale rilasciata ai sensi del presente decreto, deve includere tutte le misure necessarie a soddisfare i requisiti di cui ai seguenti commi del presente articolo nonchè di cui agli articoli 6, comma 16, e 29 *septies*, al fine di conseguire un livello elevato di protezione dell'ambiente nel suo complesso. L'autorizzazione integrata ambientale di attività regolamentate dal decreto legislativo 4 aprile 2006, n. 216, contiene valori limite per le emissioni dirette di gas serra, di cui all'allegato B del medesimo decreto, solo quando ciò risulti indispensabile per evitare un rilevante inquinamento locale (2).

[2. In caso di nuovo impianto o di modifica sostanziale, se sottoposti alla normativa in materia di valutazione d'impatto ambientale, si applicano le disposizioni di cui all'art. 10 del presente decreto.] (3)

3. L'autorizzazione integrata ambientale deve includere valori limite di emissione fissati per le sostanze inquinanti, in particolare quelle dell'allegato X alla Parte Seconda, che possono essere emesse dall'installazione interessata in quantità significativa, in considerazione della loro natura e delle loro potenzialità di trasferimento dell'inquinamento da un elemento ambientale all'altro, acqua, aria e suolo, nonchè i valori limite ai sensi della vigente normativa in materia di inquinamento acustico. I valori limite di emissione fissati nelle autorizzazioni integrate ambientali non possono comunque essere meno rigorosi di quelli fissati

dalla normativa vigente nel territorio in cui è ubicata l'installazione. Se del caso i valori limite di emissione possono essere integrati o sostituiti con parametri o misure tecniche equivalenti (4).

3-*bis*. L'autorizzazione integrata ambientale contiene le ulteriori disposizioni che garantiscono la protezione del suolo e delle acque sotterranee, le opportune disposizioni per la gestione dei rifiuti prodotti dall'impianto e per la riduzione dell'impatto acustico, nonchè disposizioni adeguate per la manutenzione e la verifica periodiche delle misure adottate per prevenire le emissioni nel suolo e nelle acque sotterranee e disposizioni adeguate relative al controllo periodico del suolo e delle acque sotterranee in relazione alle sostanze pericolose che possono essere presenti nel sito e tenuto conto della possibilità di contaminazione del suolo e delle acque sotterranee presso il sito dell'installazione (5).

4. Fatto salvo l'articolo 29-*septies*, i valori limite di emissione, i parametri e le misure tecniche equivalenti di cui ai commi precedenti fanno riferimento all'applicazione delle migliori tecniche disponibili, senza l'obbligo di utilizzare una tecnica o una tecnologia specifica, tenendo conto delle caratteristiche tecniche dell'impianto in questione, della sua ubicazione geografica e delle condizioni locali dell'ambiente. In tutti i casi, le condizioni di autorizzazione prevedono disposizioni per ridurre al minimo l'inquinamento a grande distanza o attraverso le frontiere e garantiscono un elevato livello di protezione dell'ambiente nel suo complesso.

4-*bis*. L'autorità competente fissa valori limite di emissione che garantiscono che, in condizioni di esercizio normali, le emissioni non superino i livelli di emissione associati alle migliori tecniche disponibili (BAT-AEL) di cui all'articolo 5, comma 1, lettera *l-ter*.4), attraverso una delle due opzioni seguenti:

a) fissando valori limite di emissione, in condizioni di esercizio normali, che non superano i BAT-AEL, adottino le stesse condizioni di riferimento dei BAT-AEL e tempi di riferimento non maggiori di quelli dei BAT-AEL;

b) fissando valori limite di emissione diversi da quelli di cui alla lettera *a*) in termini di valori, tempi di riferimento e condizioni, a patto che l'autorità competente stessa valuti almeno annualmente i risultati del controllo delle emissioni al fine di verificare che le emissioni, in condizioni di esercizio normali, non superino i livelli di emissione associati alle migliori tecniche disponibili (6).

4-*ter*. L'autorità competente può fissare valori limite di emissione più rigorosi di quelli di cui al comma 4-*bis*, se pertinenti, nei seguenti casi:

a) quando previsto dall'articolo 29-*septies*;

b) quando lo richiede il rispetto della normativa vigente nel territorio in cui è ubicata l'installazione o il rispetto dei provvedimenti relativi all'installazione non sostituiti dall'autorizzazione integrata ambientale (6).

4-*quater*. I valori limite di emissione delle sostanze inquinanti si applicano nel punto di fuoriuscita delle emissioni dall'installazione e la determinazione di tali valori è effettuata al netto di ogni eventuale diluizione che avvenga prima di quel punto, tenendo se del caso esplicitamente conto dell'eventuale presenza di fondo della sostanza nell'ambiente per motivi non antropici. Per quanto concerne gli scarichi indiretti di sostanze inquinanti nell'acqua, l'effetto di una stazione di depurazione può essere preso in considerazione nella determinazione dei valori limite di emissione dell'installazione interessata, a condizione di garantire un livello equivalente di protezione dell'ambiente nel suo insieme e di non portare a carichi inquinanti maggiori nell'ambiente (6).

5. L'autorità competente rilascia l'autorizzazione integrata ambientale osservando quanto specificato nell'articolo 29-*bis*, commi 1, 2 e 3. In mancanza delle conclusioni sulle BAT l'autorità competente rilascia comunque l'autorizzazione integrata ambientale secondo quanto indicato al comma 5-*ter*, tenendo conto di quanto previsto nell'Allegato XI alla Parte Seconda (7).

5-*bis*. Se l'autorità competente stabilisce condizioni di autorizzazione sulla base di una migliore tecnica disponibile non descritta in alcuna delle pertinenti conclusioni sulle BAT, essa verifica che tale tecnica sia determinata prestando particolare attenzione ai criteri di cui all'Allegato XI alla Parte Seconda, e:

a) qualora le conclusioni sulle BAT applicabili contengano BAT-AEL verifica il rispetto degli obblighi di cui ai commi 4-*bis* e 9-*bis*, ovvero

b) qualora le conclusioni sulle BAT applicabili non contengano BAT-AEL verifica che la tecnica garantisca un livello di protezione dell'ambiente non inferiore a quello garantito dalle migliori tecniche disponibili descritte nelle conclusioni sulle BAT (8).

5-*ter*. Se un'attività, o un tipo di processo di produzione svolto all'interno di un'installazione non è previsto, nè da alcuna delle conclusioni sulle BAT, nè dalle conclusioni sulle migliori tecniche disponibili, tratte dai documenti pubblicati dalla Commissione europea in attuazione dell'articolo 16, paragrafo 2, della direttiva 96/61/CE o dell'articolo 16, paragrafo 2, della direttiva 2008/01/CE o, se queste conclusioni non prendono in considerazione tutti gli effetti potenziali dell'attività o del processo sull'ambiente, l'autorità competente, consultato il gestore, stabilisce le condizioni dell'autorizzazione tenendo conto dei criteri di cui all'Allegato XI (8).

6. L'autorizzazione integrata ambientale contiene gli opportuni requisiti di controllo delle emissioni, che specificano, in conformità a quanto disposto dalla vigente normativa in materia ambientale e basandosi sulle conclusioni sulle BAT applicabili, la metodologia e la frequenza di misurazione, le condizioni per valutare la conformità, la relativa procedura di valutazione, nonchè l'obbligo di comunicare all'autorità competente periodicamente, ed almeno una volta all'anno, i dati necessari per verificarne la conformità alle condizioni di autorizzazione ambientale integrata nonchè, quando si applica il comma 4-*bis*, lettera *b*), una sintesi di detti risultati espressi in un formato che consenta un confronto con i livelli di emissione associati alle migliori tecniche disponibili, rendendo disponibili, a tal fine, anche i risultati del controllo delle emissioni per gli stessi periodi e alle stesse condizioni di riferimento dei livelli di emissione associati alle migliori tecniche disponibili. L'autorizzazione contiene altresì l'obbligo di comunicare all'autorità competente e ai comuni in-

teressati, nonchè all'ente responsabile degli accertamenti di cui all'articolo 29-*decies*, comma 3, i dati relativi ai controlli delle emissioni richiesti dall'autorizzazione integrata ambientale. Tra i requisiti di controllo, l'autorizzazione stabilisce in particolare, nel rispetto del decreto di cui all'articolo 33, comma 3-*bis*, le modalità e la frequenza dei controlli programmati di cui all'articolo 29-*decies*, comma 3. Per gli impianti di competenza statale le comunicazioni di cui al presente comma sono trasmesse per il tramite dell'Istituto superiore per la protezione e la ricerca ambientale. L'autorità competente in sede di aggiornamento dell'autorizzazione, per fissare i nuovi requisiti di controllo delle emissioni, su richiesta del gestore, tiene conto dei dati di controllo sull'installazione trasmessi per verificarne la conformità all'autorizzazione e dei dati relativi ai controlli delle emissioni, nonchè dei dati reperiti durante le attività di cui all'articolo 29-*octies*, commi 3 e 4 (7).

6-*bis*. Fatto salvo quanto specificato nelle conclusioni sulle BAT applicabili, l'autorizzazione integrata ambientale programma specifici controlli almeno una volta ogni cinque anni per le acque sotterranee e almeno una volta ogni dieci anni per il suolo, a meno che sulla base di una valutazione sistematica del rischio di contaminazione non siano state fissate diverse modalità o più ampie frequenze per tali controlli (8).

6-*ter*. Nell'ambito dei controlli di cui al comma 6 è espressamente prevista un'attività ispettiva presso le installazioni svolta con oneri a carico del gestore dall'autorità di controllo di cui all'articolo 29-*decies*, comma 3, e che preveda l'esame di tutta la gamma degli effetti ambientali indotti dalle installazioni interessate. Le Regioni possono prevedere il coordinamento delle attività ispettive in materia di autorizzazione integrata ambientale con quelle previste in materia di valutazione di impatto ambientale e in materia di incidenti rilevanti, nel rispetto delle relative normative (8).

7. L'autorizzazione integrata ambientale contiene le misure relative alle condizioni diverse da quelle di esercizio normali, in particolare per le fasi di avvio e di arresto dell'installazione, per le emissioni fuggitive, per i malfunzionamenti, e per l'arresto definitivo dell'installazione. L'autorizzazione può, tra l'altro, ferme restando le diverse competenze in materia di autorizzazione alla demolizione e alla bonifica dei suoli, disciplinare la pulizia, la protezione passiva e la messa in sicurezza di parti dell'installazione per le quali il gestore dichiari non essere previsto il funzionamento o l'utilizzo durante la durata dell'autorizzazione stessa. Gli spazi liberabili con la rimozione di tali parti di impianto sono considerati disponibili alla realizzazione delle migliori tecniche disponibili negli stretti tempi tecnici e amministrativi necessari alla demolizione e, se del caso, alla bonifica (7).

7-*bis*. Fermo restando quanto prescritto agli articoli 237-*sexies*, comma 1, lettera *e*), e 237-*octiedecies* per gli impianti di incenerimento o coincenerimento, è facoltà dell'autorità competente, considerata la stabilità d'esercizio delle tecniche adottate, l'affidabilità dei controlli e la mancata contestazione al gestore, nel periodo di validità della precedente autorizzazione, di violazioni relative agli obblighi di comunicazione, indicare preventivamente nell'autorizzazione il numero massimo, la massima durata e la massima intensità (comunque non eccedente il 20 per cento) di superamenti dei valori limite di emissione di cui al comma 4-*bis*, dovuti ad una medesima causa, che possono essere considerati, nel corso di validità dell'autorizzazione stessa, situazioni diverse dal normale esercizio e nel contempo non rientrare tra le situazioni di incidente o imprevisti, disciplinate dall'articolo 29-*undecies* (8).

8. Per le installazioni assoggettate al decreto legislativo del 17 agosto 1999, n. 334, l'autorità competente ai sensi di tale decreto trasmette all'autorità competente per il rilascio dell'autorizzazione integrata ambientale le più recenti valutazioni assunte e i provvedimenti adottati, alle cui prescrizioni ai fini della sicurezza e della prevenzione dei rischi di incidenti rilevanti, citate nella autorizzazione, sono armonizzate le condizioni dell'autorizzazione integrata ambientale (7).

9. L'autorizzazione integrata ambientale può contenere ulteriori condizioni specifiche ai fini del presente decreto, giudicate opportune dell'autorità competente. Ad esempio, fermo restando l'obbligo di immediato rispetto dei precedenti commi e in particolare del comma 4-*bis*, l'autorizzazione può disporre la redazione di progetti migliorativi, da presentare ai sensi del successivo articolo 29-*nonies*, ovvero il raggiungimento di determinate ulteriori prestazioni ambientali in tempi fissati, impegnando il gestore ad individuare le tecniche da implementare a tal fine. In tale ultimo caso, fermo restando l'obbligo di comunicare i miglioramenti progettati, le disposizioni di cui all'articolo 29-*nonies* non si applicano alle modifiche strettamente necessarie ad adeguare la funzionalità degli impianti alle prescrizioni dell'autorizzazione integrata ambientale (9).

9-*bis*. In casi specifici l'autorità competente può fissare valori limite di emissione meno severi di quelli discendenti dall'applicazione del comma 4-*bis*, a condizione che una valutazione dimostri che porre limiti di emissione corrispondenti ai 'livelli di emissione associati alle migliori tecniche disponibili comporterebbe una maggiorazione sproporzionata dei costi rispetto ai benefici ambientali, in ragione dell'ubicazione geografica e delle condizioni ambientali locali dell'istallazione interessata e delle caratteristiche tecniche dell'istallazione interessata. In tali casi l'autorità competente documenta, in uno specifico allegato all'autorizzazione, le ragioni di tali scelta, illustrando il risultato della valutazione e la giustificazione delle condizioni imposte. I valori limite di emissione così fissati non superano, in ogni caso, i valori limite di emissione di cui agli allegati del presente decreto, laddove applicabili. Ai fini della predisposizione di tale allegato si fa riferimento alle linee guida di cui all'Allegato XII-*bis* alla Parte Seconda. Tale Allegato è aggiornato con decreto del Ministro dell'ambiente e della tutela del territorio e del mare entro sei mesi dall'emanazione, da parte della Commissione europea, di eventuali linee guida comunitarie in materia, per garantire la coerenza con tali linee guida comunitarie. L'autorità competente verifica comunque l'applicazione dei principi di cui all'articolo 6, comma 16, e in particolare che non si verifichino eventi inquinanti di rilievo e che si realizzi nel complesso un elevato grado di tutela ambientale. L'applicazione del presente comma deve essere espressamente riverificata e riconfermata in occasione di ciascun pertinente riesame dell'autorizzazione (10).

9-*ter*. L'autorità competente può accordare deroghe temporanee alle disposizioni del comma 4-*bis* e 5-*bis* e dell'articolo 6, comma 16, lettera *a*), in caso di sperimentazione e di utilizzo di tecniche emergenti per un periodo complessivo non superiore a nove mesi, a condizione che dopo il periodo specificato tale tecnica sia sospesa o che le emissioni dell'attività raggiungano almeno i livelli di emissione associati alle migliori tecniche disponibili (10).

9-*quater*. Nel caso delle installazioni di cui al punto 6.6 dell'Allegato VIII alla Parte Seconda, il presente articolo si applica fatta salva la normativa in materia di benessere degli animali (10).

9-*quinquies*. Fatto salvo quanto disposto alla Parte Terza ed al Titolo V della Parte Quarta del presente decreto, l'autorità competente stabilisce condizioni di autorizzazione volte a garantire che il gestore:

a) quando l'attività comporta l'utilizzo, la produzione o lo scarico di sostanze pericolose, tenuto conto della possibilità di contaminazione del suolo e delle acque sotterranee nel sito dell'installazione, elabori e trasmetta per validazione all'autorità competente la relazione di riferimento di cui all'articolo 5, comma 1, lettera *v-bis*), prima della messa in servizio della nuova installazione o prima dell'aggiornamento dell'autorizzazione rilasciata per l'installazione esistente;

b) al momento della cessazione definitiva delle attività, valuti lo stato di contaminazione del suolo e delle acque sotterranee da parte di sostanze pericolose pertinenti usate, prodotte o rilasciate dall'installazione;

c) qualora dalla valutazione di cui alla lettera *b*) risulti che l'installazione ha provocato un inquinamento significativo del suolo o delle acque sotterranee con sostanze pericolose pertinenti, rispetto allo stato constatato nella relazione di riferimento di cui alla lettera *a*), adotti le misure necessarie per rimediare a tale inquinamento in modo da riportare il sito a tale stato, tenendo conto della fattibilità tecnica di dette misure;

d) fatta salva la lettera *c*), se, tenendo conto dello stato del sito indicato nell'istanza, al momento della cessazione definitiva delle attività la contaminazione del suolo e delle acque sotterranee nel sito comporta un rischio significativo per la salute umana o per l'ambiente in conseguenza delle attività autorizzate svolte dal gestore anteriormente al primo aggiornamento dell'autorizzazione per l'installazione esistente, esegua gli interventi necessari ad eliminare, controllare, contenere o ridurre le sostanze pericolose pertinenti in modo che il sito, tenuto conto dell'uso attuale o dell'uso futuro approvato, cessi di comportare detto rischio;

e) se non è tenuto ad elaborare la relazione di riferimento di cui alla lettera *a*), al momento della cessazione definitiva delle attività esegua gli interventi necessari ad eliminare, controllare, contenere o ridurre le sostanze pericolose pertinenti in modo che il sito, tenuto conto dell'uso attuale o dell'uso futuro approvato del medesimo non comporti un rischio significativo per la salute umana o per l'ambiente a causa della contaminazione del suolo o delle acque sotterranee in conseguenza delle attività autorizzate, tenendo conto dello stato del sito di ubicazione dell'installazione indicato nell'istanza (10).

9-*sexies*. Con uno o più decreti del Ministro dell'ambiente e della tutela del territorio e del mare sono stabilite le modalità per la redazione della relazione di riferimento di cui all'articolo 5, comma 1, lettera *v-bis*), con particolare riguardo alle metodiche di indagine ed alle sostanze pericolose da ricercare con riferimento alle attività di cui all'Allegato VIII alla Parte Seconda (10) (11).

9-*septies*. A garanzia degli obblighi di cui alla lettera c del comma 9-*quinquies*, l'autorizzazione integrata ambientale prevede adeguate garanzie finanziarie, da prestare entro 12 mesi dal rilascio in favore della regione o della provincia autonoma territorialmente competente. Con uno o più decreti del Ministro dell'ambiente e della tutela del territorio e del mare sono stabiliti criteri che l'autorità competente dovrà tenere in conto nel determinare l'importo di tali garanzie finanziarie (10).

(1) *Articolo inserito dall'articolo 2, comma 24, del d.lgs. 29 giugno 2010, n. 128.*

(2) *Comma modificato dall'art. 7, comma 5, lett.* a), *d.lgs. 4 marzo 2014, n. 46.*

(3) *Comma soppresso dall'art. 7, comma 5, lett.* b), *d.lgs. 4 marzo 2014, n. 46 e abrogato dall'articolo 34, comma 1, lettera* a), *del d.lgs. 4 marzo 2014, n. 46.*

(4) *Comma sostituito dall'art. 7, comma 5, lett.* c), *d.lgs. 4 marzo 2014, n. 46.*

(5) *Comma aggiunto dall'art. 7, comma 5, lett.* c), *d.lgs. 4 marzo 2014, n. 46.*

(6) *Comma aggiunto dall'art. 7, comma 5, lett.* d), *d.lgs. 4 marzo 2014, n. 46.*

(7) *Comma sostituito dall'art. 7, comma 5, lett.* e), *d.lgs. 4 marzo 2014, n. 46.*

(8) *Comma aggiunto dall'art. 7, comma 5, lett.* e), *d.lgs. 4 marzo 2014, n. 46.*

(9) *Comma sostituito dall'art. 7, comma 5, lett.* f), *d.lgs. 4 marzo 2014, n. 46.*

(10) *Comma aggiunto dall'art. 7, comma 5, lett.* f), *d.lgs. 4 marzo 2014, n. 46.*

(11) *In attuazione del presente comma, con d.m. 15 aprile 2019, n. 95 sono state stabilite le modalità per la redazione della relazione di riferimento di cui all'articolo 5, comma 1, lettera* v-bis), *del presente d.lgs. n. 152/2006.*

29-*septies* Migliori tecniche disponibili e norme di qualità ambientale (1).

1. Se, a seguito di una valutazione dell'autorità competente, che tenga conto di tutte le emissioni coinvolte, risulta necessario applicare ad impianti, localizzati in una determinata area, misure più rigorose di quelle ottenibili con le migliori tecniche disponibili, al fine di assicurare in tale area il rispetto delle norme di qualità ambientale, l'autorità competente può prescrivere nelle autorizzazioni integrate ambientali misure supplementari particolari più rigorose, fatte salve le altre misure che possono essere adottate per rispettare le norme di qualità ambientale.

(1) *Articolo inserito dall'articolo 2, comma 24, del d.ls. 29 giugno 2010, n. 128 e successivamente sostituito dall'art. 7, comma 6, d.ls. 4 marzo 2014, n. 46.*

29-*octies* Rinnovo e riesame (1).

1. L'autorità competente riesamina periodicamente l'autorizzazione integrata ambientale, confermando o aggiornando le relative condizioni.

2. Il riesame tiene conto di tutte le conclusioni sulle BAT, nuove o aggiornate, applicabili all'installazione e adottate da quando l'autorizzazione è stata concessa o da ultimo riesaminata, nonchè di eventuali nuovi elementi che possano condizionare l'esercizio dell'installazione. Nel caso di installazioni complesse, in cui siano applicabili più conclusioni sulle BAT, il riferimento va fatto, per ciascuna attività, prevalentemente alle conclusioni sulle BAT pertinenti al relativo settore industriale.

3. Il riesame con valenza, anche in termini tariffari, di rinnovo dell'autorizzazione è disposto sull'installazione nel suo complesso:

a) entro quattro anni dalla data di pubblicazione nella Gazzetta Ufficiale dell'Unione europea delle decisioni relative alle conclusioni sulle BAT riferite all'attività principale di un'installazione;

b) quando sono trascorsi 10 anni dal rilascio dell'autorizzazione integrata ambientale o dall'ultimo riesame effettuato sull'intera installazione.

4. Il riesame è inoltre disposto, sull'intera installazione o su parti di essa, dall'autorità competente, anche su proposta delle amministrazioni competenti in materia ambientale, comunque quando:

a) a giudizio dell'autorità competente ovvero, in caso di installazioni di competenza statale, a giudizio dell'amministrazione competente in materia di qualità della specifica matrice ambientale interessata, l'inquinamento provocato dall'installazione è tale da rendere necessaria la revisione dei valori limite di emissione fissati nell'autorizzazione o l'inserimento in quest'ultima di nuovi valori limite, in particolare quando è accertato che le prescrizioni stabilite nell'autorizzazione non garantiscono il conseguimento degli obiettivi di qualità ambientale stabiliti dagli strumenti di pianificazione e programmazione di settore;

b) le migliori tecniche disponibili hanno subito modifiche sostanziali, che consentono una notevole riduzione delle emissioni;

c) a giudizio di una amministrazione competente in materia di igiene e sicurezza del lavoro, ovvero in materia di sicurezza o di tutela dal rischio di incidente rilevante, la sicurezza di esercizio del processo o dell'attività richiede l'impiego di altre tecniche;

d) sviluppi delle norme di qualità ambientali o nuove disposizioni legislative comunitarie, nazionali o regionali lo esigono;

e) una verifica di cui all'articolo 29-*sexies*, comma 4-*bis*, lettera *b*), ha dato esito negativo senza evidenziare violazioni delle prescrizioni autorizzative, indicando conseguentemente la necessità di aggiornare l'autorizzazione per garantire che, in condizioni di esercizio normali, le emissioni corrispondano ai "livelli di emissione associati alle migliori tecniche disponibili.".

5. A seguito della comunicazione di avvio del riesame da parte dell'autorità competente, il gestore presenta, entro il termine determinato dall'autorità competente in base alla prevista complessità della documentazione, e compreso tra 30 e 180 giorni, ovvero, nel caso in cui la necessità di avviare il riesame interessi numerose autorizzazioni, in base ad un apposito calendario annuale, tutte le informazioni necessarie ai fini del riesame delle condizioni di autorizzazione, ivi compresi, in particolare, i risultati del controllo delle emissioni e altri dati, che consentano un confronto tra il funzionamento dell'installazione, le tecniche descritte nelle conclusioni sulle BAT applicabili e i livelli di emissione associati alle migliori tecniche disponibili nonchè, nel caso di riesami relativi all'intera installazione, l'aggiornamento di tutte le informazioni di cui all'articolo 29-*ter*, comma 1. Nei casi di cui al comma 3, lettera *b*), la domanda di riesame è comunque presentata entro il termine ivi indicato. Nel caso di inosservanza del predetto termine l'autorizzazione si intende scaduta. La mancata presentazione nei tempi indicati di tale documentazione, completa dell'attestazione del pagamento della tariffa, comporta la sanzione amministrativa da 10.000 euro a 60.000 euro, con l'obbligo di provvedere entro i successivi 90 giorni. Al permanere dell'inadempimento la validità dell'autorizzazione, previa diffida, è sospesa. In occasione del riesame l'autorità competente utilizza anche tutte le informazioni provenienti dai controlli o dalle ispezioni.

6. Entro quattro anni dalla data di pubblicazione nella Gazzetta Ufficiale della Unione europea delle decisioni sulle conclusioni sulle BAT riferite all'attività principale di un'installazione, l'autorità competente verifica che:

a) tutte le condizioni di autorizzazione per l'installazione interessata siano riesaminate e, se necessario, aggiornate per assicurare il rispetto del presente decreto in particolare, se applicabile, dell'articolo 29-*sexies*, commi 3, 4 e 4-*bis*;

b) l'installazione sia conforme a tali condizioni di autorizzazione.

7. Il ritardo nella presentazione della istanza di riesame, nel caso disciplinato al comma 3, lettera *a*), non può in alcun modo essere tenuto in conto per dilazionare i tempi fissati per l'adeguamento dell'esercizio delle installazioni alle condizioni dell'autorizzazione.

8. Nel caso di un'installazione che, all'atto del rilascio dell'autorizzazione di cui all'articolo 29-*quater*, risulti registrata ai sensi del regolamento (CE) n. 1221/2009, il termine di cui al comma 3, lettera *b*), è esteso a sedici anni. Se la registrazione ai sensi del predetto regolamento è successiva all'autorizzazione di cui all'articolo 29-*quater*, il riesame di detta autorizzazione è effettuato almeno ogni sedici anni, a partire dal primo successivo riesame.

9. Nel caso di un'installazione che, all'atto del rilascio dell'autorizzazione di cui all'articolo 29-*quater*, risulti certificato secondo la norma UNI EN ISO 14001, il termine di cui al comma 3, lettera *b*), è esteso a dodici anni. Se la certificazione ai sensi della predetta norma è successiva all'autorizzazione di cui all'articolo 29-*quater*, il riesame di detta autorizzazione è effettuato almeno ogni dodici anni, a partire dal primo successivo riesame.

10. Il procedimento di riesame è condotto con le modalità di cui agli articoli 29-*ter*, comma 4, e 29-*quater*. In alternativa alle modalità di cui all'articolo 29-*quater*,

comma 3, la partecipazione del pubblico alle decisioni può essere assicurata attraverso la pubblicazione nel sito web istituzionale dell'autorità competente.

11. Fino alla pronuncia dell'autorità competente in merito al riesame, il gestore continua l'attività sulla base dell'autorizzazione in suo possesso.

(1) *Articolo inserito dall'articolo 2, comma 24, del d.lgs. 29 giugno 2010, n. 128 e successivamente sostituito dall'art. 7, comma 7, d.lgs. 4 marzo 2014, n. 46.*

TITOLO IV
Valutazione ambientali interregionali e transfrontaliere (1)

(1) *Titolo modificato dall'articolo 1, comma 3, del d.lgs. 16 gennaio 2008, n. 4.*

30 Impatti ambientali interregionali (1).

1. Nel caso di piani e programmi soggetti a VAS, di progetti di interventi e di opere sottoposti a procedura di VIA di competenza regionale, [nonché di impianti o parti di essi le cui modalità di esercizio necessitano del provvedimento di autorizzazione integrata ambientale con esclusione di quelli previsti dall'allegato XII,] i quali risultino localizzati anche sul territorio di regioni confinanti, le procedure di valutazione e autorizzazione ambientale sono effettuate d'intesa tra le autorità competenti (2).

2. Nel caso di piani e programmi soggetti a VAS, di progetti di interventi e di opere sottoposti a VIA di competenza regionale nonché di impianti o parti di essi le cui modalità di esercizio necessitano del provvedimento di autorizzazione integrata ambientale con esclusione di quelli previsti dall'allegato XII, i quali possano avere impatti ambientali rilevanti ovvero effetti ambientali negativi e significativi su regioni confinanti, l'autorità competente è tenuta a darne informazione e ad acquisire i pareri delle autorità competenti di tali regioni, nonché degli enti locali territoriali interessati dagli impatti (3).

2-*bis*. Nei casi di cui al comma 2, ai fini dell'espressione dei rispettivi pareri, l'autorità competente mette a disposizione nel proprio sito web tutta la documentazione pervenuta affinché i soggetti di cui al comma 2 rendano le proprie determinazioni (4).

(1) *Articolo abrogato e sostituito dall'articolo 1, comma 3, del d.lgs. 16 gennaio 2008, n. 4.*

(2) *Comma sostituito dall'articolo 2, comma 25, lettera* a)*, del d.lgs. 29 giugno 2010, n. 128 e successivamente modificato dall'art. 8, comma 1, d.lgs. 4 marzo 2014, n. 46.*

(3) *Comma sostituito dall'articolo 2, comma 25, lettera* a)*, del d.lgs. 29 giugno 2010, n. 128.*

(4) *Comma inserito dall'articolo 2, comma 25, lettera* b)*, del d.lgs. 29 giugno 2010, n. 128. e, successivamente, così sostituito dall'art. 19, comma 1, d.lgs. 16 giugno 2017, n. 104. Per le disposizioni transitorie v. nota (1) al Titolo del presente d.lgs.*

31 Attribuzione competenze (1).

1. In caso di piani, programmi o progetti la cui valutazione ambientale è rimessa alla regione, qualora siano interessati territori di più regioni e si manifesti un conflitto tra le autorità competenti di tali regioni circa gli impatti ambientali di un piano, programma o progetto localizzato sul territorio di una delle regioni, il Presidente del Consiglio dei Ministri, su conforme parere della Conferenza permanente per i rapporti tra lo Stato, le regioni e le province autonome di Trento e di Bolzano, può disporre che si applichino le procedure previste dal presente decreto per i piani, programmi e progetti di competenza statale.

(1) *Articolo abrogato e sostituito dall'articolo 1, comma 3, del d.ls. 16 gennaio 2008, n. 4.*

32 Consultazioni transfrontaliere (1).

1. In caso di piani, programmi, progetti e impianti, che possono avere impatti rilevanti sull'ambiente di un altro Stato, o qualora un altro Stato così richieda, il Ministero dell'ambiente e della tutela del territorio e del mare, d'intesa con il Ministero per i beni e le attività culturali e con il Ministero degli affari esteri e per suo tramite, ai sensi della Convenzione sulla valutazione dell'impatto ambientale in un contesto transfrontaliero, fatta a Espoo il 25 febbraio 1991, ratificata ai sensi della legge 3 novembre 1994, n. 640, nell'ambito delle fasi previste dalle procedure di cui ai titoli II, III e III-*bis*, provvede quanto prima e comunque contestualmente alla informativa resa al pubblico interessato (2) alla notifica dei progetti di tutta la documentazione concernente il piano, programma, progetto o impianto e delle informazioni sulla natura della decisione che può essere adottata (2). Nell'ambito della notifica è fissato il termine, non superiore ai sessanta giorni, per esprimere il proprio interesse alla partecipazione alla procedura. Della notifica è data evidenza pubblica attraverso il sito web dell'autorità competente (3).

2. Qualora sia espresso l'interesse a partecipare alla procedura, gli Stati consultati trasmettono all'autorità competente i pareri e le osservazioni delle autorità pubbliche e del pubblico entro novanta giorni dalla comunicazione della dichiarazione di interesse alla partecipazione alla procedura ovvero secondo le modalità ed i termini concordati dagli Stati membri interessati, in modo da consentire comunque che le autorità pubbliche ed il pubblico degli Stati consultati siano informati ed abbiano l'opportunità di esprimere il loro parere entro termini ragionevoli. L'Autorità competente ha l'obbligo di trasmettere agli Stati membri consultati le decisioni finali e tutte le informazioni già stabilite dagli articoli 17, 25, 27, 27-*bis* e 29-*quater* del presente decreto (4).

3. Fatto salvo quanto previsto dagli accordi internazionali, le regioni o le province autonome nel caso in cui i piani, i programmi, i progetti od anche le modalità di esercizio di un impianto o di parte di esso, con esclusione di quelli previsti dall'allegato XII, possano avere effetti transfrontalieri informano immediatamente il Ministero dell'ambiente e della tutela del territorio e del mare quando progetti di loro competenza possono avere impatti ambientali transfrontalieri e collaborano per lo svolgimento delle fasi procedurali di applicazione della convenzione (5).

4. La predisposizione e la distribuzione della documentazione necessaria sono a cura del proponente o del gestore o dell'autorità procedente, senza nuovi o maggiori oneri a carico della finanza pubblica, che de-

ve provvedervi su richiesta dell'autorità competente secondo le modalità previste dai titoli II, III o III-*bis* del presente decreto ovvero concordate dall'autorità competente e gli Stati consultati (6).

5. Il Ministero dell'ambiente e della tutela del territorio e del mare, il Ministero per i beni e le attività culturali e il Ministero degli affari esteri, d'intesa con le regioni interessate, stipulano con i Paesi aderenti alla Convenzione accordi per disciplinare le varie fasi al fine di semplificare e rendere più efficace l'attuazione della convenzione.

5-*bis*. Nel caso in cui si provveda ai sensi dei commi 1 e 2, il termine per l'emissione del provvedimento finale di cui all'art. 25, comma 2, è prorogato di 90 giorni o del diverso termine concordato ai sensi del comma 2 (7).

5-*ter*. Gli Stati membri interessati che partecipano alle consultazioni ai sensi del presente articolo ne fissano preventivamente la durata in tempi ragionevoli.

5-*quater*. In caso di progetti proposti da altri Stati membri che possono avere effetti significativi sull'ambiente italiano le informazioni ricevute dall'altro Stato membro sono tempestivamente rese disponibili alle pertinenti autorità italiane e al pubblico interessato italiano che entro sessanta giorni esprimono le proprie osservazioni. Il Ministero dell'ambiente e della tutela del territorio e del mare entro sessanta giorni redige il proprio parere e lo trasmette unitamente alle osservazioni ricevute all'autorità competente nell'altro Stato membro (8).

(1) *Articolo abrogato e sostituito dall'articolo 1, comma 3, del d.lgs. 16 gennaio 2008, n. 4.*

(2) *Le parole* « quanto prima e comunque contestualmente alla informativa resa al pubblico interessato » *e le parole* « e delle informazioni sulla natura della decisione che può essere adottata » *sono state inserite dall'art. 50, comma 1, lett.* r), *n. 1) d.l. 16 luglio 2020, n. 76, conv., con modif., in l. 11 settembre 2020, n. 120. Ai sensi del successivo comma 3,* « *Le disposizioni introdotte dal presente articolo si applicano alle istanze presentate a partire dal trentesimo giorno successivo alla data di entrata in vigore della legge di conversione del presente decreto* ».

(3) *Comma modificato dall'articolo 2, comma 26, lettera* a), *del d.lgs. 29 giugno 2010, n. 128 e dall'articolo 15, comma 1, lett.* i), *del d.l. 24 giugno 2014, n. 91, conv., con modif. in l. 11 agosto 2014, n. 116.*

(4) *Comma sostituito dall'articolo 2, comma 26, lettera* b), *del d.lgs. 29 giugno 2010, n. 128 e, successivamente, così modificato dall'art. 20, comma 1, lett.* a), *d.lgs. 16 giugno 2017, n. 104. Per le disposizioni transitorie v. nota (1) al Titolo del presente d.lgs.*

(5) *Comma modificato dall'articolo 2, comma 26, lettera* c), *del d.lgs. 29 giugno 2010, n. 128.*

(6) *Comma modificato dall'articolo 2, comma 26, lettera* e), *del d.lgs. 29 giugno 2010, n. 128.*

(7) *Comma modificato dall'articolo 2, comma 26, lettera* e), *del d.lgs. 29 giugno 2010, n. 128. e, successivamente, così modificato dall'art. 20, comma 1, lett.* b), *d.lgs. 16 giugno 2017, n. 104. Per le disposizioni transitorie v. nota (1) al Titolo del presente d.lgs.*

(8) *Comma aggiunto dall'art. 50, comma 1, lett.* r), *n. 2) d.l. n. 76, cit. V. nota 2 per la disciplina di applicazione.*

32-*bis* Effetti transfrontalieri (1).

1. Nel caso in cui il funzionamento di un impianto possa avere effetti negativi e significativi sull'ambiente di un altro Stato dell'Unione europea, il Ministero dell'ambiente e della tutela del territorio, d'intesa con il Ministero degli affari esteri, comunica a tale Stato membro i dati forniti ai sensi degli articoli 29-*ter*, 29-*quater* e 29-*octies*, nel momento stesso in cui sono messi a disposizione del pubblico. Comunque tali dati devono essere forniti ad uno Stato dell'Unione europea che ne faccia richiesta, qualora ritenga di poter subire effetti negativi e significativi sull'ambiente nel proprio territorio. Nel caso in cui l'impianto non ricada nell'ambito delle competenze statali, l'autorità competente, qualora constati che il funzionamento di un impianto possa avere effetti negativi e significativi sull'ambiente di un altro Stato dell'Unione europea, informa il Ministero dell'ambiente e della tutela del territorio che provvede ai predetti adempimenti.

2. Il Ministero dell'ambiente e della tutela del territorio provvede, d'intesa con il Ministero degli affari esteri, nel quadro dei rapporti bilaterali fra Stati, affinché, nei casi di cui al comma 1, le domande siano accessibili anche ai cittadini dello Stato eventualmente interessato per un periodo di tempo adeguato che consenta una presa di posizione prima della decisione dell'autorità competente.

2-*bis*. Il Ministero dell'ambiente e della tutela del territorio e del mare provvede, attraverso il proprio sito internet istituzionale, a rendere disponibili al pubblico in modo appropriato le informazioni ricevute da altri Stati dell'Unione europea, in attuazione degli obblighi recati dall'articolo 26, paragrafo 1, della direttiva 2010/75/UE del Parlamento europeo e del Consiglio, del 24 novembre 2010, circa le decisioni adottate in tali Stati su domande presentate per l'esercizio di attività di cui all'allegato VIII alla parte seconda del presente decreto (2).

(1) *Articolo inserito dall'articolo 2, comma 27, del d.lgs. 29 giugno 2010, n. 128.*

(2) *Comma aggiunto dall'articolo 18, comma 1, lettera f), della l. 20 novembre 2017, n. 167 (Legge europea 2017).*

33-176 (*Omissis*).

PARTE IV

Norme in materia di gestione dei rifiuti e di bonifica dei siti inquinanti

TITOLO I

Gestione dei rifiuti

CAPO I

Disposizioni generali

177 Campo di applicazione e finalità (1).

1. La parte quarta del presente decreto disciplina la gestione dei rifiuti e la bonifica dei siti inquinati, anche in attuazione delle direttive comunitarie, in particolare della direttiva 2008/98/CE, così come modificata dalla direttiva (UE) 2018/851 prevedendo misure volte a proteggere l'ambiente e la salute umana, evitando o riducendo la produzione di rifiuti, gli impatti negativi della produzione e della gestione dei rifiuti, riducendo gli impatti complessivi dell'uso delle risorse e migliorandone l'efficacia e l'efficienza che costituiscono elementi fondamentali per il passaggio a un'economia circolare e per assicurare la competitività a lungo termine dell'Unione (2).

2. La gestione dei rifiuti costituisce attività di pubblico interesse.

3. Sono fatte salve disposizioni specifiche, particolari o complementari, conformi ai principi di cui alla parte quarta del presente decreto adottate in attuazione di direttive comunitarie che disciplinano la gestione di determinate categorie di rifiuti.

4. I rifiuti sono gestiti senza pericolo per la salute dell'uomo e senza usare procedimenti o metodi che potrebbero recare pregiudizio all'ambiente e, in particolare:

a) senza determinare rischi per l'acqua, l'aria, il suolo, nonché per la fauna e la flora;

b) senza causare inconvenienti da rumori o odori;

c) senza danneggiare il paesaggio e i siti di particolare interesse, tutelati in base alla normativa vigente.

5. Per conseguire le finalità e gli obiettivi di cui ai commi da 1 a 4, lo Stato, le regioni, le province autonome e gli enti locali esercitano i poteri e le funzioni di rispettiva competenza in materia di gestione dei rifiuti in conformità alle disposizioni di cui alla parte quarta del presente decreto, adottando ogni opportuna azione ed avvalendosi, ove opportuno, mediante accordi, contratti di programma o protocolli d'intesa anche sperimentali, di soggetti pubblici o privati.

6. I soggetti di cui al comma 5 costituiscono, altresì, un sistema compiuto e sinergico che armonizza, in un contesto unitario, relativamente agli obiettivi da perseguire, la redazione delle norme tecniche, i sistemi di accreditamento e i sistemi di certificazione attinenti direttamente o indirettamente le materie ambientali, con particolare riferimento alla gestione dei rifiuti, secondo i criteri e con le modalità di cui all'articolo 195, comma 2, lettera *a*), e nel rispetto delle procedure di informazione nel settore delle norme e delle regolazioni tecniche e delle regole relative ai servizi della società dell'informazione, previste dalle direttive comunitarie e relative norme di attuazione, con particolare riferimento alla legge 21 giugno 1986, n. 317.

7. Le regioni e le province autonome adeguano i rispettivi ordinamenti alle disposizioni di tutela dell'ambiente e dell'ecosistema contenute nella parte quarta del presente decreto entro un anno dalla data di entrata in vigore della presente disposizione.

8. Ai fini dell'attuazione dei principi e degli obiettivi stabiliti dalle disposizioni di cui alla parte quarta del presente decreto, il Ministro dell'ambiente e della tutela del territorio e del mare può avvalersi del supporto tecnico dell'Istituto superiore per la protezione e la ricerca ambientale (ISPRA), senza nuovi o maggiori oneri per la finanza pubblica.

(1) *Articolo modificato dall'articolo 2, comma 16, del d.lgs. 16 gennaio 2008, n. 4 e successivamente sostituito dall'articolo 1 del d.lgs. 3 dicembre 2010, n. 205.*

(2) *Comma modificato dall'articolo 1, comma 1, del d.lgs. 3 settembre 2020, n. 116.*

178 Principi.

1. La gestione dei rifiuti è effettuata conformemente ai principi di precauzione, di prevenzione, di sostenibilità, di proporzionalità, di responsabilizzazione e di cooperazione di tutti i soggetti coinvolti nella produzione, nella distribuzione, nell'utilizzo e nel consumo di beni da cui originano i rifiuti, nel rispetto del principio di concorrenza nonché del principio chi inquina paga. A tale fine la gestione dei rifiuti è effettuata secondo criteri di efficacia, efficienza, economicità, trasparenza, fattibilità tecnica ed economica, nonché nel rispetto delle norme vigenti in materia di partecipazione e di accesso alle informazioni ambientali (1).

(1) *Articolo modificato dall'articolo 1, comma 2, del d.lgs. 3 settembre 2020, n. 116. Precedentemente, l'articolo era stato modificato dall'articolo 2, comma 16-*bis*, del d.lgs. 16 gennaio 2008, n. 4 successivamente sostituito dall'articolo 2 del d.lgs. 3 dicembre 2010, n. 205.*

178-*bis* Responsabilità estesa del produttore (1).

1. Al fine di rafforzare il riutilizzo, la prevenzione, il riciclaggio e il recupero dei rifiuti, con uno o più decreti adottati ai sensi dell'articolo 17, comma 3, della legge 23 agosto 1988, n. 400 del Ministro dell'ambiente e della tutela del territorio e del mare, di concerto con il Ministero dello sviluppo economico, sentita la Conferenza unificata, sono istituiti, anche su istanza di parte, regimi di responsabilità estesa del produttore. Con il medesimo decreto sono definiti, per singolo regime di responsabilità estesa del produttore, i requisiti, nel rispetto dell'articolo 178-*ter*, e sono altresì determinate le misure che includono l'accettazione dei prodotti restituiti e dei rifiuti che restano dopo l'utilizzo di tali prodotti e la successiva gestione dei rifiuti, la responsabilità finanziaria per tali attività nonché misure volte ad assicurare che qualsiasi persona fisica o giuridica che professionalmente sviluppi, fabbrichi, trasformi, tratti, venda o importi prodotti (produttore del prodotto) sia soggetto ad una responsabilità estesa del produttore. Sono fatte salve le discipline di responsabilità estesa del produttore di cui agli articoli 217 e seguenti del presente decreto.

2. La responsabilità estesa del produttore del prodotto è applicabile fatta salva la responsabilità della gestione dei rifiuti di cui all'articolo 188, comma 1, e fatta salva la legislazione esistente concernente flussi di rifiuti e prodotti specifici.

3. I regimi di responsabilità estesa del produttore istituiti con i decreti di cui al comma 1 prevedono misure appropriate per incoraggiare una progettazione dei prodotti e dei loro componenti volta a ridurne gli impatti ambientali e la produzione di rifiuti durante la produzione e il successivo utilizzo dei prodotti e tesa ad assicurare che il recupero e lo smaltimento dei prodotti che sono diventati rifiuti avvengano secondo i criteri di priorità di cui all'articolo 179 e nel rispetto del comma 4 dell'articolo 177. Tali misure incoraggiano, tra l'altro, lo sviluppo, la produzione e la commercializzazione di prodotti e componenti dei prodotti adatti all'uso multiplo, contenenti materiali riciclati, tecnicamente durevoli e facilmente riparabili e che, dopo essere diventati rifiuti, sono adatti a essere preparati per il riutilizzo e riciclati per favorire la corretta attuazione della gerarchia dei rifiuti. Le misure tengono conto dell'impatto dell'intero ciclo di vita dei prodotti, della gerarchia dei rifiuti e, se del caso, della potenzialità di riciclaggio multiplo.

4. I decreti di cui al comma 1:

a) tengono conto della fattibilità tecnica e della praticabilità economica nonché degli impatti complessivi sanitari, ambientali e sociali, rispettando l'esigenza di assicurare il corretto funzionamento del mercato interno;

b) disciplinano le eventuali modalità di riutilizzo dei prodotti nonché di gestione dei rifiuti che ne derivano ed includono l'obbligo di mettere a disposizione del pubblico le informazioni relative alla modalità di riutilizzo e riciclo;

c) prevedono specifici obblighi per gli aderenti al sistema.

5. Nelle materie di competenza del Ministero delle politiche agricole alimentari e forestali, i regimi di responsabilità estesa del produttore sono istituiti e disciplinati, ai sensi del comma 1, con decreto del Ministro dell'ambiente e della tutela del territorio e del mare e del Ministro delle politiche agricole alimentari e forestali, di concerto con il Ministro dello sviluppo economico, sentita la Conferenza unificata.

(1) *Articolo inserito dall'articolo 3 del d.lgs. 3 dicembre 2010, n. 205, e successivamente sostituito dall'articolo 1, comma 3, del d.lgs. 3 settembre 2020, n. 116. Il testo dell'articolo era il seguente:* « 1. Al fine di rafforzare la prevenzione e facilitare l'utilizzo efficiente delle risorse durante l'intero ciclo di vita, comprese le fasi di riutilizzo, riciclaggio e recupero dei rifiuti, evitando di compromettere la libera circolazione delle merci sul mercato, possono essere adottati, previa consultazione delle parti interessate, con uno o più decreti del Ministro dell'ambiente e della tutela del territorio e del mare aventi natura regolamentare, sentita la Conferenza unificata di cui all'articolo 8 del decreto legislativo 28 agosto 1997, n. 281, le modalità e i criteri di introduzione della responsabilità estesa del produttore del prodotto, inteso come qualsiasi persona fisica o giuridica che professionalmente sviluppi, fabbrichi, trasformi, tratti, venda o importi prodotti, nell'organizzazione del sistema di gestione dei rifiuti, e nell'accettazione dei prodotti restituiti e dei rifiuti che restano dopo il loro utilizzo. Ai medesimi fini possono essere adottati con uno o più decreti del Ministro dell'ambiente e della tutela del territorio e del mare di concerto con il Ministero dello sviluppo economico, le modalità e i criteri: *a*) di gestione dei rifiuti e della relativa responsabilità finanziaria dei produttori del prodotto. I de creti della presente lettera sono adottati di concerto con il Ministero dell'Economia e delle Finanze; *b*) di pubblicizzazione delle informazioni relative alla misura in cui il prodotto è riutilizzabile e riciclabile; *c*) della progettazione dei prodotti volta a ridurre i loro impatti ambientali; *d*) di progettazione dei prodotti volta a diminuire o eliminare i rifiuti durante la produzione e il successivo utilizzo dei prodotti, assicurando che il recupero e lo smaltimento dei prodotti che sono diventati rifiuti avvengano in conformità ai criteri di cui agli articoli 177 e 179; *e*) volti a favorire e incoraggiare lo sviluppo, la produzione e la commercializzazione di prodotti adatti all'uso multiplo, tecnicamente durevoli, e che, dopo essere diventati rifiuti, sono adatti ad un recupero adeguato e sicuro e a uno smaltimento compatibile con l'ambiente. — 2. La responsabilità estesa del produttore del prodotto è applicabile fatta salva la responsabilità della gestione dei rifiuti di cui all'articolo 188, comma 1, e fatta salva la legislazione esistente concernente flussi di rifiuti e prodotti specifici. — 3. I decreti di cui al comma 1 possono prevedere altresì che i costi della gestione dei rifiuti siano sostenuti parzialmente o interamente dal produttore del prodotto causa dei rifiuti. Nel caso il produttore del prodotto partecipi parzialmente, il distributore del prodotto concorre per la differenza fino all'intera copertura di tali costi. — 4. Dall'attuazione del presente articolo non devono derivare nuovi o maggiori oneri a carico della finanza pubblica ».

178-*ter* Requisiti generali minimi in materia di responsabilità estesa del produttore (1).

1. I regimi di responsabilità estesa del produttore rispettano i seguenti requisiti:

a) definizione dei ruoli e delle responsabilità di tutti i pertinenti attori coinvolti nelle diverse filiere di riferimento, compresi i produttori che immettono prodotti sul mercato nazionale, le organizzazioni che attuano, per conto dei produttori di prodotti, gli obblighi derivanti dalla responsabilità estesa di questi ultimi, i gestori pubblici o privati di rifiuti, le autorità locali e, ove applicabile, gli operatori per il riutilizzo e la preparazione per il riutilizzo e le imprese dell'economia sociale;

b) definizione in linea con la gerarchia dei rifiuti degli obiettivi di gestione dei rifiuti, volti a conseguire almeno gli obiettivi quantitativi rilevanti per il regime di responsabilità estesa del produttore e per il raggiungimento degli obiettivi di cui al presente decreto ed alle direttive 94/62/CE, 2000/53/CE, 2006/66/CE e 2012/19/CE del Parlamento europeo e del Consiglio, e definiscono, ove opportuno, altri obiettivi quantitativi e/o qualitativi considerati rilevanti per il regime di responsabilità estesa del produttore;

c) adozione di un sistema di comunicazione delle informazioni relative ai prodotti immessi sul mercato e dei dati sulla raccolta e sul trattamento di rifiuti risultanti da tali prodotti, specificando i flussi dei materiali di rifiuto e di altri dati pertinenti ai fini della lettera *b*), da parte dei produttori, tramite il Registro di cui al comma 8;

d) adempimento degli oneri amministrativi a carico dei produttori e importatori di prodotti, nel rispetto del principio di equità e proporzionalità in relazione alla quota di mercato e indipendentemente dalla loro provenienza;

e) assicurazione che i produttori del prodotto garantiscano la corretta informazione agli utilizzatori del loro prodotto e ai detentori di rifiuti interessati dai regimi di responsabilità estesa del produttorecirca le misure di prevenzione dei rifiuti, i centri per il riutilizzo e la preparazione per il riutilizzo, i sistemi di ritiro e di raccolta dei rifiuti e la prevenzione della dispersione dei rifiuti nonché le misure per incentivare i detentori di rifiuti a conferire i rifiuti ai sistemi esistenti di raccolta differenziata, in particolare, se del caso, mediante incentivi economici.

2. I regimi di responsabilità estesa assicurano:

a) una copertura geografica della rete di raccolta dei rifiuti corrispondente alla copertura geografica della distribuzione dei prodotti, senza limitare la raccolta alle aree in cui la raccolta stessa e gestione dei rifiuti sono più proficue e fornendo un'adeguata disponibilità dei sistemi di raccolta dei rifiuti anche nelle zone più svantaggiate;

b) idonei mezzi finanziari o mezzi finanziari e organizzativi per soddisfare gli obblighi derivanti dalla responsabilità estesa del produttore;

c) meccanismi adeguati di autosorveglianza supportati da regolari verifiche indipendenti, e inviate al soggetto di cui al comma 4, per valutare:

1. la loro gestione finanziaria, compreso il rispetto degli obblighi di cui al comma 3, lettere *a*) e *b*);

2. la qualità dei dati raccolti e comunicati in conformità del comma 1, lettera *c*) e delle disposizioni del regolamento (CE) n. 1013/2006;

d) pubblicità delle informazioni sul conseguimento degli obiettivi di gestione dei rifiuti di cui al comma 1, lettera *b*), e, nel caso di adempimento collettivo degli obblighi in materia di responsabilità estesa del produttore, informazioni altresì su:

1. proprietà e membri;

2. contributi finanziari versati da produttori di prodotti per unità venduta o per tonnellata di prodotto immessa sul mercato;

3. procedura di selezione dei gestori di rifiuti.

3. I produttori, in adempimento ai propri obblighi derivanti dalla responsabilità estesa del produttore, versano un contributo finanziario affinché lo stesso:

a) copra i seguenti costi per i prodotti che il produttore immette sul mercato nazionale:

1) costi della raccolta differenziata di rifiuti e del loro successivo trasporto;

2) costi della cernita e del trattamento necessario per raggiungere gli obiettivi dell'Unione in materia di gestione dei rifiuti tenendo conto degli introiti ricavati dal riutilizzo, dalla vendita dei rifiuti derivanti dai propri prodotti, dalla vendita delle materie prime secondarie ottenute dai propri prodotti e da cauzioni di deposito non reclamate;

3) costi necessari a raggiungere altri traguardi e obiettivi di cui al comma 1, lettera *b*);

4) costi di una congrua informazione agli utilizzatori dei prodotti e ai detentori di rifiuti a norma del comma 1, lettera *e*);

5) costi della raccolta e della comunicazione dei dati a norma del comma 1, lettera *c*);

b) nel caso di adempimento collettivo degli obblighi in materia di responsabilità estesa del produttore, sia modulato, ove possibile, per singoli prodotti o gruppi di prodotti simili, in particolare tenendo conto della loro durevolezza, riparabilità, riutilizzabilità e riciclabilità e della presenza di sostanze pericolose, adottando in tal modo un approccio basato sul ciclo di vita e in linea con gli obblighi fissati dalla pertinente normativa dell'Unione e, se del caso, sulla base di criteri armonizzati al fine di garantire il buon funzionamento del mercato interno;

c) non superi i costi che sono necessari per fornire servizi di gestione dei rifiuti in modo efficiente in termini di costi. Tali costi sono stabiliti, sentita l'Autorità di regolazione per energia, reti e ambiente (ARERA), in modo trasparente tra i soggetti interessati.

4. La lettera *a*) di cui al comma 3 non si applica ai regimi di responsabilità estesa del produttore di cui alle direttive 2000/53/CE, 2006/66/CE e 2012/19/UE. Il principio della copertura finanziaria dei costi, così come declinato alla lettera *a*) del comma 3 può essere derogato, previa autorizzazione del Ministero dell'ambiente e della tutela del territorio e del mare, ove ricorra la necessità di garantire la corretta gestione dei rifiuti e la sostenibilità economica del regime di responsabilità estesa, a condizione che:

a) nel caso di regimi di responsabilità estesa del produttore istituiti con direttive europee, per raggiungere gli obiettivi in materia di gestione dei rifiuti, i produttori di prodotti sostengano almeno l'80 per cento dei costi necessari;

b) nel caso di regimi di responsabilità estesa del produttore istituiti dopo il 4 luglio 2018 per raggiungere gli obiettivi in materia di gestione dei rifiuti, i produttori di prodotti sostengano almeno l'80 per cento dei costi necessari;

c) nel caso di regimi di responsabilità estesa del produttore istituiti prima del 4 luglio 2018 per raggiungere gli obiettivi in materia di gestione dei rifiuti, i produttori sostengano almeno il 50 per cento dei costi necessari;

d) e a condizione che i rimanenti costi siano sostenuti da produttori originali di rifiuti o distributori.

5. La deroga non può essere utilizzata per ridurre la quota dei costi sostenuti dai produttori di prodotti nell'ambito dei regimi di responsabilità estesa del produttore istituiti prima del 4 luglio 2018.

6. Il Ministero dell'ambiente e della tutela del territorio e del mare esercita la funzione di vigilanza e controllo sul rispetto degli obblighi derivanti dalla responsabilità estesa del produttore e, in particolare:

a) raccoglie in formato elettronico i dati di cui al comma 9 nel Registro nazionale di cui al comma 8 e ne verifica la correttezza e la provenienza;

b) analizza i bilanci di esercizio ed effettua analisi comparative tra i diversi sistemi collettivi evidenziando eventuali anomalie;

c) analizza la determinazione del contributo ambientale di cui al comma 3;

d) controlla che vengano raggiunti gli obbiettivi previsti negli accordi di programma stipulati dai sistemi di gestione volti a favorire la prevenzione, il riciclaggio e il recupero dei rifiuti e ne monitora l'attuazione;

e) verifica la corretta attuazione delle previsioni del presente articolo per ciascun sistema istituito e per tutti i soggetti responsabili.

7. Con decreto del Ministro dell'ambiente e della tutela del territorio e del mare sono definite le modalità di vigilanza e controllo di cui al comma 6.

8. Al fine dello svolgimento della funzione di vigilanza e controllo di cui al comma 6, presso il Ministero dell'ambiente e della tutela del territorio e del mare è istituito il Registro nazionale dei produttori al quale i soggetti sottoposti ad un regime di responsabilità estesa del produttore sono tenuti ad iscriversi secondo le modalità definite con il decreto di cui al comma 7; in caso di produttori con sede legale in altro Stato Membro dell'Unione che immettono prodotti sul territorio nazionale, ai fini di adempiere agli obblighi derivanti dall'istituzione di un regime di responsabilità estesa, questi designano una persona giuridica o fisica stabilita sul territorio nazionale quale rappresentante autorizzato per l'adempimento degli obblighi e l'iscrizione al Registro.

9. I soggetti di cui al comma 8 trasmettono al Registro, secondo le modalità stabilite con il decreto di cui al comma 7: i dati relativi all'immesso sul mercato nazionale dei propri prodotti e le modalità con cui intendono adempiere ai propri obblighi; i sistemi attraverso i quali i produttori adempiono ai propri obblighi, in forma individuale e associata, con statuto e annessa documentazione relativa al proprio progetto; entro il 31 ottobre di ogni anno il bilancio in caso di sistemi collettivi, il rendiconto dell'attività di gestione in caso

di sistemi individuali; entro il 31 ottobre di ogni anno una relazione sulla gestione relativa all'anno precedente contenente gli obiettivi raggiunti ovvero le ragioni che, eventualmente, impediscono il raggiungimento degli obiettivi di recupero e riciclo previsti e le relative soluzioni, le modalità di raccolta e di trattamento implementate, le voci di costo relative alle diverse operazioni di gestione, inclusa la prevenzione, i ricavi dalla commercializzazione dei materiali e dal riutilizzo e le entrate da contributo ambientale; entro il 31 ottobre di ogni anno un piano specifico di prevenzione e gestione relativo all'anno successivo; entro il 31 ottobre di ogni anno l'entità del contributo ambientale per l'anno successivo dettagliando le voci di costo che lo compongono.

(1) *Articolo inserito dall'articolo 1, comma 4, del d.lgs. 3 settembre 2020, n. 116.*

179 Criteri di priorità nella gestione dei rifiuti (1).

1. La gestione dei rifiuti avviene nel rispetto della seguente gerarchia:

a) prevenzione;

b) preparazione per il riutilizzo;

c) riciclaggio;

d) recupero di altro tipo, per esempio il recupero di energia;

e) smaltimento.

2. La gerarchia stabilisce, in generale, un ordine di priorità di ciò che costituisce la migliore opzione ambientale. Nel rispetto della gerarchia di cui al comma 1, devono essere adottate le misure volte a incoraggiare le opzioni che garantiscono, nel rispetto degli articoli 177, commi 1 e 4, e 178, il miglior risultato complessivo, tenendo conto degli impatti sanitari, sociali ed economici, ivi compresa la fattibilità tecnica e la praticabilità economica.

3. Con riferimento a flussi di rifiuti specifici è consentito discostarsi, in via eccezionale, dall'ordine di priorità di cui al comma 1 qualora ciò sia previsto nella pianificazione nazionale e regionale e consentito dall'autorità che rilascia l'autorizzazione ai sensi del Titolo III-*bis* della Parte II o del Titolo I, Capo IV, della Parte IV del decreto legislativo 3 aprile 2006, n. 152, nel rispetto del principio di precauzione e sostenibilita', in base ad una specifica analisi degli impatti complessivi della produzione e della gestione di tali rifiuti sia sotto il profilo ambientale e sanitario, in termini di ciclo di vita, che sotto il profilo sociale ed economico, ivi compresi la fattibilità tecnica e la protezione delle risorse (2).

4. Con uno o più decreti del Ministro dell'ambiente e della tutela del territorio e del mare, di concerto con il Ministro della salute, possono essere individuate, con riferimento a flussi di rifiuti specifici, le opzioni che garantiscono, in conformità a quanto stabilito dai commi da 1 a 3, il miglior risultato in termini di protezione della salute umana e dell'ambiente (3).

[5. Le pubbliche amministrazioni perseguono, nell'esercizio delle rispettive competenze, iniziative dirette a favorire il rispetto della gerarchia del trattamento dei rifiuti di cui al comma 1 in particolare mediante:

a) la promozione dello sviluppo di tecnologie pulite, che permettano un uso più razionale e un maggiore risparmio di risorse naturali;

b) la promozione della messa a punto tecnica e dell'immissione sul mercato di prodotti concepiti in modo da non contribuire o da contribuire il meno possibile, per la loro fabbricazione, il loro uso o il loro smaltimento, ad incrementare la quantità o la nocività dei rifiuti e i rischi di inquinamento;

c) la promozione dello sviluppo di tecniche appropriate per l'eliminazione di sostanze pericolose contenute nei rifiuti al fine di favorirne il recupero;

d) la determinazione di condizioni di appalto che prevedano l'impiego dei materiali recuperati dai rifiuti e di sostanze e oggetti prodotti, anche solo in parte, con materiali recuperati dai rifiuti al fine di favorire il mercato dei materiali medesimi;

e) l'impiego dei rifiuti per la produzione di combustibili e il successivo utilizzo e, più in generale, l'impiego dei rifiuti come altro mezzo per produrre energia.] (4)

[6. Nel rispetto della gerarchia del trattamento dei rifiuti le misure dirette al recupero dei rifiuti mediante la preparazione per il riutilizzo, il riciclaggio o ogni altra operazione di recupero di materia sono adottate con priorità rispetto all'uso dei rifiuti come fonte di energia.] (4)

[7. Le pubbliche amministrazioni promuovono l'analisi del ciclo di vita dei prodotti sulla base di metodologie uniformi per tutte le tipologie di prodotti stabilite mediante linee guida dall'ISPRA, eco-bilanci, la divulgazione di informazioni anche ai sensi del decreto legislativo 19 agosto 2005, n. 195, l'uso di strumenti economici, di criteri in materia di procedure di evidenza pubblica, e di altre misure necessarie.] (4)

8. Le Amministrazioni interessate provvedono agli adempimenti di cui al presente articolo con le risorse umane, strumentali e finanziarie disponibili a legislazione vigente, senza nuovi o maggiori oneri a carico della finanza pubblica.] (4)

(1) *Articolo modificato dall'articolo 2, comma 17, del d.lgs. 16 gennaio 2008, n. 4 e successivamente sostituito dall'articolo 4 del d.lgs. 3 dicembre 2010, n. 205.*

(2) *Comma modificato dall'articolo 1, comma 5, lettera* a), *del d.lgs. 3 settembre 2020, n. 116.*

(3) *Comma modificato dall'articolo 1, comma 5, lettera* b), *d.lgs. n. 116, cit.*

(4) *Comma abrogato dall'articolo 7, comma 1, lettera* a), *d.lgs. n. 116, cit.*

180 Prevenzione della produzione di rifiuti (1).

1. Al fine di promuovere in via prioritaria la prevenzione della produzione dei rifiuti, il Ministero dell'ambiente e della tutela del territorio e del mare, di concerto con il Ministero dello sviluppo economico, il Ministero delle politiche agricole alimentari e forestali, adotta il Programma nazionale di prevenzione dei rifiuti. Il Programma nazionale di prevenzione dei rifiuti fissa idonei indicatori e obiettivi qualitativi e quantitativi per la valutazione dell'attuazione delle misure di prevenzione dei rifiuti in esso stabilite.

2. Fatte salve le misure già in essere, il Programma nazionale di prevenzione dei rifiuti comprende misure che:

a) promuovono e sostengono modelli di produzione e consumo sostenibili;

b) incoraggiano la progettazione, la fabbricazione e l'uso di prodotti efficienti sotto il profilo delle risorse, durevoli, anche in termini di durata di vita e di assenza di obsolescenza programmata, scomponibili, riparabili, riutilizzabili e aggiornabili nonché l'utilizzo di materiali ottenuti dai rifiuti nella loro produzione;

c) riguardano prodotti che contengono materie prime critiche onde evitare che tali materie diventino rifiuti;

d) incoraggiano il riutilizzo di prodotti e la creazione di sistemi che promuovono attività di riparazione e di riutilizzo, in particolare per le apparecchiature elettriche ed elettroniche, i tessili e i mobili, nonché imballaggi e materiali e prodotti da costruzione;

e) incoraggiano, se del caso e fatti salvi i diritti di proprietà intellettuale, la disponibilità di pezzi di ricambio, i manuali di istruzioni e di manutenzione, le informazioni tecniche o altri strumenti, attrezzature o software che consentano la riparazione e il riutilizzo dei prodotti senza comprometterne la qualità e la sicurezza;

f) riducono la produzione di rifiuti nei processi inerenti alla produzione industriale, all'estrazione di minerali, all'industria manifatturiera, alla costruzione e alla demolizione, tenendo in considerazione le migliori tecniche disponibili;

g) riducono la produzione di rifiuti alimentari nella produzione primaria, nella trasformazione e nella fabbricazione, nella vendita e in altre forme di distribuzione degli alimenti, nei ristoranti e nei servizi di ristorazione, nonché nei nuclei domestici come contributo all'obiettivo di sviluppo sostenibile delle Nazioni Unite di ridurre del 50 per cento i rifiuti alimentari globali pro capite a livello di vendita al dettaglio e di consumatori e di ridurre le perdite alimentari lungo le catene di produzione e di approvvigionamento entro il 2030. Il Programma nazionale di prevenzione dei rifiuti comprende una specifica sezione dedicata al Programma di prevenzione dei rifiuti alimentari che favorisce l'impiego degli strumenti e delle misure finalizzate alla riduzione degli sprechi secondo le disposizioni di cui alla legge 19 agosto 2016, n. 166;

h) incoraggiano la donazione di alimenti e altre forme di ridistribuzione per il consumo umano, dando priorità all'utilizzo umano rispetto ai mangimi e al ritrattamento per ottenere prodotti non alimentari;

i) promuovono la riduzione del contenuto di sostanze pericolose in materiali e prodotti, fatti salvi i requisiti giuridici armonizzati relativi a tali materiali e prodotti stabiliti a livello dell'Unione;

l) riducono la produzione di rifiuti, in particolare dei rifiuti che non sono adatti alla preparazione per il riutilizzo o al riciclaggio;

m) identificano i prodotti che sono le principali fonti della dispersione di rifiuti, in particolare negli ambienti terrestri e acquatici, e adottano le misure adeguate per prevenire e ridurre la dispersione di rifiuti da tali prodotti;

n) mirano a porre fine alla dispersione di rifiuti in ambiente acquatico come contributo all'obiettivo di sviluppo sostenibile delle Nazioni Unite per prevenire e ridurre in modo significativo l'inquinamento acquatico di ogni tipo;

o) sviluppano e supportano campagne di informazione per sensibilizzare alla riduzione della produzione dei rifiuti e alla prevenzione della loro dispersione.

3. A decorrere dal 5 gennaio 2021, ogni fornitore di un articolo, quale definito al punto 33 dell'articolo 3 del regolamento (CE) n. 1907/2006 del Parlamento europeo e del Consiglio, trasmette le informazioni di cui all'articolo 33, paragrafo 1, del suddetto regolamento all'Agenzia europea per le sostanze chimiche tramite il format e la modalità di trasmissione stabiliti dalla medesima Agenzia ai sensi dell'articolo 9, paragrafo 2, della direttiva 2008/98/CE. L'attività di controllo è esercitata in linea con gli accordi Stato-regioni in materia. Con successivo decreto del Ministero dell'ambiente e della tutela del territorio e del mare, di concerto con il Ministero della salute, sono stabilite le modalità di analisi dei dati trasmessi dai fornitori di articoli.

4. Il Ministero dell'ambiente e della tutela del territorio e del mare controlla e valuta l'attuazione delle misure di prevenzione di cui al comma 2.

5. Il Ministero dell'ambiente e della tutela del territorio e del mare, sulla base della metodologia stabilita ai sensi dell'articolo 9, paragrafo 7, della direttiva 2008/98/CE, valuta l'attuazione delle misure sul riutilizzo.

6. Il Ministero dell'ambiente e della tutela del territorio e del mare e il Ministero delle politiche agricole alimentari e forestali controllano e valutano l'attuazione delle misure di prevenzione dei rifiuti alimentari, misurando i livelli di rifiuti alimentari sulla base della metodologia stabilita ai sensi dell'articolo 9, paragrafi 5 e 8, della direttiva 2008/98/CE.

(1) *Articolo così sostituito dall'articolo 1, comma 6, del d.lgs. 3 settembre 2020, n. 116. Il testo dell'articolo, come da ultimo modificato dal d.lgs. 3 dicembre 2010, n. 205, era il seguente:* « 1. Al fine di promuovere in via prioritaria la prevenzione e la riduzione della produzione e della nocività dei rifiuti, le iniziative di cui all'articolo 179 riguardano in particolare: *a*) la promozione di strumenti economici, eco-bilanci, sistemi di certificazione ambientale, utilizzo delle migliori tecniche disponibili, analisi del ciclo di vita dei prodotti, azioni di informazione e di sensibilizzazione dei consumatori, l'uso di sistemi di qualità, nonché lo sviluppo del sistema di marchio ecologico ai fini della corretta valutazione dell'impatto di uno specifico prodotto sull'ambiente durante l'intero ciclo di vita del prodotto medesimo; *b*) la previsione di clausole di bandi di gara o lettere d'invito che valorizzino le capacità e le competenze tecniche in materia di prevenzione della produzione di rifiuti; *c*) la promozione di accordi e contratti di programma o protocolli d'intesa anche sperimentali finalizzati [, con effetti migliorativi] alla prevenzione ed alla riduzione della quantità e della pericolosità dei rifiuti; [*d*) l'attuazione del decreto legislativo 18 febbraio 2005, n. 59, e degli altri decreti di recepimento della direttiva 96/61/CE in materia di prevenzione e riduzione integrate dell'inquinamento.]. — 1-*bis*. Il Ministero dell'ambiente e della tutela del territorio e del mare adotta entro il 31 dicembre 2012, a norma degli articoli 177, 178, 178-*bis* e 179, un programma nazionale di prevenzione dei rifiuti ed elabora indicazioni affinché tale programma sia integrato nei piani di gestione dei rifiuti di cui all'articolo 199. In caso di integrazione nel piano di gestione, sono chiaramente identificate le misure di prevenzione dei rifiuti. Entro il 31 dicembre di ogni anno, a decorrere dal 2013, il Ministero dell'ambiente e della tutela del territorio e del mare presenta alle Camere una relazione recante l'aggiornamento del programma nazionale di prevenzione dei rifiuti e contenente anche l'indicazione dei risultati raggiunti e delle eventuali criticità registrate nel perseguimento degli obiettivi di prevenzione dei rifiuti. — 1-*ter*. I programmi di cui al comma 1-*bis* fissano gli obiettivi

di prevenzione. Il Ministero descrive le misure di prevenzione esistenti e valuta l'utilità degli esempi di misure di cui all'allegato L o di altre misure adeguate. — 1-*quater*. Il Ministero dell'ambiente e della tutela del territorio e del mare individua gli appropriati specifici parametri qualitativi o quantitativi per le misure di prevenzione dei rifiuti, adottate per monitorare e valutare i progressi realizzati nell'attuazione delle misure di prevenzione e può stabilire specifici traguardi e indicatori qualitativi o quantitativi. — 1-*quinquies*. Il Ministero dell'ambiente e della tutela del territorio e del mare assicura la disponibilità di informazioni sulle migliori pratiche in materia di prevenzione dei rifiuti e, se del caso, elabora linee guida per assistere le regioni nella preparazione dei programmi di cui all'articolo 199, comma 3, lett. *r*). — 1-*sexies*. Le amministrazioni interessate provvedono agli adempimenti di cui al presente articolo con le risorse umane, strumentali e finanziarie disponibili a legislazione vigente, senza nuovi o maggiori oneri a carico della finanza pubblica. — 1-*septies*. Al fine di ridurre la produzione di rifiuti organici e gli impatti sull'ambiente derivanti dalla gestione degli stessi, il Ministero dell'ambiente e della tutela del territorio e del mare, le regioni ed i comuni, nell'ambito delle rispettive competenze, incentivano le pratiche di compostaggio di rifiuti organici effettuate sul luogo stesso di produzione, come l'autocompostaggio e il compostaggio di comunità, anche attraverso gli strumenti di pianificazione di cui all'articolo 199 del presente decreto. I comuni possono applicare una riduzione sulla tassa di cui all'articolo 1, comma 641, della legge 27 dicembre 2013, n. 147, alle utenze che effettuano pratiche di riduzione dei rifiuti di cui al presente comma. — 1-*octies*. Entro novanta giorni dalla data di entrata in vigore della presente disposizione, con decreto del Ministro dell'ambiente e della tutela del territorio e del mare, di concerto con il Ministro della salute, sono stabiliti i criteri operativi e le procedure autorizzative semplificate per il compostaggio di comunità di rifiuti organici. Le attività di compostaggio di comunità che, alla data di entrata in vigore del decreto di cui al presente comma, risultano già autorizzate ai sensi degli articoli 208 o 214 del presente decreto, possono continuare ad operare sulla base dell'autorizzazione vigente sino alla scadenza della stessa ».

180-*bis*-181 (*Omissis*).

182 Smaltimento dei rifiuti.

1. Lo smaltimento dei rifiuti è effettuato in condizioni di sicurezza e costituisce la fase residuale della gestione dei rifiuti, previa verifica, da parte della competente autorità, della impossibilità tecnica ed economica di esperire le operazioni di recupero di cui all'articolo 181. A tal fine, la predetta verifica concerne la disponibilità di tecniche sviluppate su una scala che ne consenta l'applicazione in condizioni economicamente e tecnicamente valide nell'ambito del pertinente comparto industriale, prendendo in considerazione i costi e i vantaggi, indipendentemente dal fatto che siano o meno applicate o prodotte in ambito nazionale, purché vi si possa accedere a condizioni ragionevoli.

2. I rifiuti da avviare allo smaltimento finale devono essere il più possibile ridotti sia in massa che in volume, potenziando la prevenzione e le attività di riutilizzo, di riciclaggio e di recupero e prevedendo, ove possibile, la priorità per quei rifiuti non recuperabili generati nell'ambito di attività di riciclaggio o di recupero (1).

3. È vietato smaltire i rifiuti urbani non pericolosi in regioni diverse da quelle dove gli stessi sono prodotti, fatti salvi eventuali accordi regionali o internazionali, qualora gli aspetti territoriali e l'opportunità tecnico economica di raggiungere livelli ottimali di utenza servita lo richiedano (2).

3-*bis*. Il divieto di cui al comma 3 non si applica ai rifiuti urbani che il Presidente della regione ritiene necessario avviare a smaltimento, nel rispetto della normativa europea, fuori del territorio della regione dove sono prodotti per fronteggiare situazioni di emergenza causate da calamità naturali per le quali è dichiarato lo stato di emergenza di protezione civile ai sensi della legge 24 febbraio 1992, n. 225 (3).

4. Nel rispetto delle prescrizioni contenute nel decreto legislativo 11 maggio 2005, n. 133, la realizzazione e la gestione di nuovi impianti possono essere autorizzate solo se il relativo processo di combustione garantisca un elevato livello di recupero energetico (4).

5. Le attività di smaltimento in discarica dei rifiuti sono disciplinate secondo le disposizioni del decreto legislativo 13 gennaio 2003, n. 36, di attuazione della direttiva 1999/31/CE (2).

6. Lo smaltimento dei rifiuti in fognatura è disciplinato dall'articolo 107, comma 3 (5).

6-*bis*. Le attività di raggruppamento e abbruciamento in piccoli cumuli e in quantità giornaliere non superiori a tre metri steri per ettaro dei materiali vegetali di cui all'articolo 185, comma 1, lettera *f*), effettuate nel luogo di produzione, costituiscono normali pratiche agricole consentite per il reimpiego dei materiali come sostanze concimanti o ammendanti, e non attività di gestione dei rifiuti. Nei periodi di massimo rischio per gli incendi boschivi, dichiarati dalle regioni, la combustione di residui vegetali agricoli e forestali è sempre vietata. I comuni e le altre amministrazioni competenti in materia ambientale hanno la facoltà di sospendere, differire o vietare la combustione del materiale di cui al presente comma all'aperto in tutti i casi in cui sussistono condizioni meteorologiche, climatiche o ambientali sfavorevoli e in tutti i casi in cui da tale attività possano derivare rischi per la pubblica e privata incolumità e per la salute umana, con particolare riferimento al rispetto dei livelli annuali delle polveri sottili (PM10) (6).

[7. Le attività di smaltimento in discarica dei rifiuti sono disciplinate secondo le disposizioni del decreto legislativo 13 gennaio 2003, n. 36, di attuazione della direttiva 1999/31/CE.] (7).

[8. È ammesso lo smaltimento della frazione biodegradabile ottenuta da trattamento di separazione fisica della frazione residua dei rifiuti solidi urbani nell'ambito degli impianti di depurazione delle acque reflue previa verifica tecnica degli impianti da parte dell'ente gestore] (8).

(1) *Comma modificato dall'articolo 8 del d.lgs. 3 dicembre 2010, n. 205.*

(2) *Comma sostituito dall'articolo 8 del d.lgs. 3 dicembre 2010, n. 205.*

(3) *Comma inserito dall'art. 35, comma 11, d.l. 12 settembre 2014, n. 133, conv., con modif., in l. 11 novembre 2014, n. 164.*

(4) *Comma modificato dall'articolo 8 del d.ls. 3 dicembre 2010, n. 205. e successivamente sostituito dall'articolo 8, comma 1, lett.* c), *d.lgs. 3 dicembre 2010, n. 205.*

(5) *Comma abrogato dall'articolo 2, comma 19, del d.lgs. 16 gennaio 2008, n. 4. Successivamente il suddetto comma 19 dell'art. 2 d.lgs. n. 4 del 2008 è stato sostituito dall'articolo 9-*quater*, comma 3, del d.l. 6 novembre 2008, n. 172, che, nell'attuale formulazione, non contempla più l'abrogazione del presente comma.*

(6) *Comma aggiunto dall'art. 14, comma 8, lett.* b), *d.l. 24 giugno 2014, n. 91, conv., con modif., in l. 11 agosto 2014, n. 116.*

(7) *Comma abrogato dall'articolo 8 del d.lgs. 3 dicembre 2010, n. 205.*

(8) *Comma abrogato dall'articolo 2, comma 19, del d.lgs. 16 gennaio 2008, n. 4.*

182-*bis* Principi di autosufficienza e prossimità.

1. Lo smaltimento dei rifiuti ed il recupero dei rifiuti urbani non differenziati sono attuati con il ricorso ad una rete integrata ed adeguata di impianti, tenendo conto delle migliori tecniche disponibili e del rapporto tra i costi e i benefici complessivi, al fine di:

a) realizzare l'autosufficienza nello smaltimento dei rifiuti urbani non pericolosi e dei rifiuti del loro trattamento in ambiti territoriali ottimali;

b) permettere lo smaltimento dei rifiuti ed il recupero dei rifiuti urbani indifferenziati in uno degli impianti idonei più vicini ai luoghi di produzione o raccolta, al fine di ridurre i movimenti dei rifiuti stessi, tenendo conto del contesto geografico o della necessità di impianti specializzati per determinati tipi di rifiuti;

c) utilizzare i metodi e le tecnologie più idonei a garantire un alto grado di protezione dell'ambiente e della salute pubblica.

2. Sulla base di una motivata richiesta delle regioni e delle province autonome di Trento e di Bolzano, con decreto del Ministro dell'ambiente e della tutela del territorio e del mare può essere limitato l'ingresso nel territorio nazionale di rifiuti destinati ad inceneritori classificati come impianti di recupero, qualora sia accertato che l'ingresso di tali rifiuti avrebbe come conseguenza la necessità di smaltire i rifiuti nazionali o di trattare i rifiuti in modo non coerente con i piani di gestione dei rifiuti. Può essere altresì limitato, con le modalità di cui al periodo precedente, l'invio di rifiuti negli altri Stati membri per motivi ambientali, come stabilito nel regolamento (CE) n. 1013/2006.

3. I provvedimenti di cui al comma 2 sono notificati alla Commissione europea (1).

(1) *Articolo inserito dall'articolo 9 del d.lgs. 3 dicembre 2010, n. 205.*

182-*ter*-190 (*Omissis*).

191 Ordinanze contingibili e urgenti e poteri sostitutivi.

1. Ferme restando le disposizioni vigenti in materia di tutela ambientale, sanitaria e di pubblica sicurezza, con particolare riferimento alle disposizioni sul potere di ordinanza di cui all'articolo 5 della legge 24 febbraio 1992, n. 225, istitutiva del servizio nazionale della protezione civile, qualora si verifichino situazioni di eccezionale ed urgente necessità di tutela della salute pubblica e dell'ambiente, e non si possa altrimenti provvedere, il Presidente della Giunta regionale o il Presidente della provincia ovvero il Sindaco possono emettere, nell'ambito delle rispettive competenze, ordinanze contingibili ed urgenti per consentire il ricorso temporaneo a speciali forme di gestione dei rifiuti, anche in deroga alle disposizioni vigenti, nel rispetto, comunque, delle disposizioni contenute nelle direttive dell'Unione europea, garantendo un elevato livello di tutela della salute e dell'ambiente. Dette ordinanze sono comunicate al Presidente del Consiglio dei Ministri, al Ministro dell'ambiente e della tutela del territorio, al Ministro della salute, al Ministro delle attività produttive, al Presidente della regione e all'autorità d'ambito di cui all'201 entro tre giorni dall'emissione ed hanno efficacia per un periodo non superiore a sei mesi (1) (2).

2. Entro centoventi giorni dall'adozione delle ordinanze di cui al comma 1, il Presidente della Giunta regionale promuove ed adotta le iniziative necessarie per garantire la raccolta differenziata, il riutilizzo, il riciclaggio e lo smaltimento dei rifiuti. In caso di inutile decorso del termine e di accertata inattività, il Ministro dell'ambiente e della tutela del territorio diffida il Presidente della Giunta regionale a provvedere entro sessanta giorni e, in caso di protrazione dell'inerzia, può adottare in via sostitutiva tutte le iniziative necessarie ai predetti fini (3).

3. Le ordinanze di cui al comma 1 indicano le norme a cui si intende derogare e sono adottate su parere degli organi tecnici o tecnico-sanitari locali, che si esprimono con specifico riferimento alle conseguenze ambientali.

4. Le ordinanze di cui al comma 1 possono essere reiterate per un periodo non superiore a 18 mesi per ogni speciale forma di gestione dei rifiuti. Qualora ricorrano comprovate necessità, il Presidente della regione d'intesa con il Ministro dell'ambiente e della tutela del territorio può adottare, dettando specifiche prescrizioni, le ordinanze di cui al comma 1 anche oltre i predetti termini (4).

5. Le ordinanze di cui al comma 1 che consentono il ricorso temporaneo a speciali forme di gestione dei rifiuti pericolosi sono comunicate dal Ministro dell'ambiente e della tutela del territorio alla Commissione dell'Unione europea.

(1) *Comma modificato dall'art. 44, comma 1, l. 28 dicembre 2015, n. 221.*

(2) *Ai sensi dell'art. 47, comma 1, lettera* m) *d.lgs. 2 gennaio 2018, n. 1, l'articolo 5 della legge n. 225 del 1992, citato nel presente comma, deve intendersi riferito agli articoli 24 e 25 del d.lgs. n. 1, cit.*

(3) *Comma modificato dall'art. 44, comma 2, l. 28 dicembre 2015, n. 221.*

(4) *Comma modificato dall'art. 9, comma 8, d.l. 23 maggio 2008, n. 90, conv., con modif., in l. 14 luglio 2008, n. 123.*

192 Divieto di abbandono.

1. L'abbandono e il deposito incontrollati di rifiuti sul suolo e nel suolo sono vietati.

2. È altresì vietata l'immissione di rifiuti di qualsiasi genere, allo stato solido o liquido, nelle acque superficiali e sotterranee.

3. Fatta salva l'applicazione della sanzioni di cui agli articoli 255 e 256, chiunque viola i divieti di cui ai commi 1 e 2 è tenuto a procedere alla rimozione, all'avvio a recupero o allo smaltimento dei rifiuti ed al ripristino dello stato dei luoghi in solido con il proprietario e con i titolari di diritti reali o personali di godimento sull'area, ai quali tale violazione sia imputabile a titolo di dolo o colpa, in base agli accertamenti effettuati, in contraddittorio con i soggetti interessati, dai soggetti preposti al controllo. Il Sindaco dispone con ordinanza le operazioni a tal fine necessarie ed il termine entro cui provvedere, decor so il quale procede all'esecuzione in danno dei soggetti obbligati ed al recupero delle somme anticipate.

4. Qualora la responsabilità del fatto illecito sia imputabile ad amministratori o rappresentanti di perso-

na giuridica ai sensi e per gli effetti del comma 3, sono tenuti in solido la persona giuridica ed i soggetti che siano subentrati nei diritti della persona stessa, secondo le previsioni del decreto legislativo 8 giugno 2001, n. 231, in materia di responsabilità amministrativa delle persone giuridiche, delle società e delle associazioni.

193-194 (*Omissis*).

CAPO II
Competenze

195 Competenze dello stato.

1. Ferme restando le ulteriori competenze statali previste da speciali disposizioni, anche contenute nella parte quarta del presente decreto, spettano allo Stato:

a) le funzioni di indirizzo e coordinamento necessarie all'attuazione della parte quarta del presente decreto, da esercitare ai sensi dell'articolo 8 della legge 15 marzo 1997, n. 59, nei limiti di quanto stabilito dall'articolo 8, comma 6, della legge 5 giugno 2003, n. 131;

b) la definizione dei criteri generali e delle metodologie per la gestione integrata dei rifiuti, [nonché l'individuazione dei fabbisogni per lo smaltimento dei rifiuti sanitari, anche al fine di ridurne la movimentazione] (1);

b-bis): la definizione di linee guida, sentita la Conferenza unificata di cui all'articolo 8 del decreto legislativo 28 agosto 1997, n. 281, sui contenuti minimi delle autorizzazioni rilasciate ai sensi degli artt. 208, 215 e 216 (2);

b-ter) la definizione di linee guida, sentita la Conferenza Unificata di cui all'articolo 8 del decreto legislativo 28 agosto 1997, n. 281, per le attività di recupero energetico dei rifiuti (2);

c) l'individuazione delle iniziative e delle misure per prevenire e limitare, anche mediante il ricorso a forme di deposito cauzionale sui beni immessi al consumo, la produzione dei rifiuti, nonché per ridurne la pericolosità;

d) l'individuazione dei flussi omogenei di produzione dei rifiuti con più elevato impatto ambientale, che presentano le maggiori difficoltà di smaltimento o particolari possibilità di recupero sia per le sostanze impiegate nei prodotti base sia per la quantità complessiva dei rifiuti medesimi:

e) l'adozione di criteri generali per la redazione di piani di settore per la riduzione, il riciclaggio, il recupero e l'ottimizzazione dei flussi di rifiuti;

f) l'individuazione, nel rispetto delle attribuzioni costituzionali delle regioni, degli impianti di recupero e di smaltimento di preminente interesse nazionale da realizzare per la modernizzazione e lo sviluppo del paese; l'individuazione è operata, sentita la Conferenza unificata di cui all'articolo 8 del decreto legislativo 28 agosto 1997, n. 281, a mezzo di un programma, adottato con decreto del Presidente del Consiglio dei Ministri su proposta del Ministro dell'ambiente e della tutela del territorio, e inserito nel Documento di programmazione economico-finanziaria, con indicazione degli stanziamenti necessari per la loro realizzazione. Nell'individuare le infrastrutture e gli insediamenti strategici di cui al presente comma il Governo procede secondo finalità di riequilibrio socio-economico fra le aree del territorio nazionale. Il Governo indica nel disegno di legge finanziaria ai sensi dell'articolo 11, comma 3, lettera *i-ter*), della legge 5 agosto 1978, n. 468, le risorse necessarie, anche ai fini dell'erogazione dei contributi compensativi a favore degli enti locali, che integrano i finanziamenti pubblici, comunitari e privati allo scopo disponibili;

g) la definizione, nel rispetto delle attribuzioni costituzionali delle regioni, di un piano nazionale di comunicazione e di conoscenza ambientale. La definizione è operata, sentita la Conferenza unificata di cui all'articolo 8 del decreto legislativo 28 agosto 1997, n. 281, a mezzo di un Programma, formulato con decreto del Presidente del Consiglio dei Ministri, su proposta del Ministro dell'ambiente e della tutela del territorio, inserito nel Documento di programmazione economico-finanziaria, con indicazione degli stanziamenti necessari per la realizzazione;

h) l'indicazione [delle tipologie] delle misure atte ad incoraggiare la razionalizzazione della raccolta, della cernita e del riciclaggio dei rifiuti (1);

i) l'individuazione delle iniziative e delle azioni, anche economiche, per favorire il riciclaggio e il recupero [di materia prima secondaria] dai rifiuti, nonché per promuovere il mercato dei materiali recuperati dai rifiuti ed il loro impiego da parte delle pubbliche amministrazioni e dei soggetti economici, anche ai sensi dell'articolo 52, comma 56, lettera *a*), della legge 28 dicembre 2001, n. 448, e del decreto del Ministro dell'ambiente e della tutela del territorio 8 maggio 2003, n. 203 (1);

l) l'individuazione di obiettivi di qualità dei servizi di gestione dei rifiuti;

m) la determinazione di criteri generali, differenziati per i rifiuti urbani e per i rifiuti speciali, ai fini della elaborazione dei piani regionali di cui all'articolo 199 con particolare riferimento alla determinazione, d'intesa con la CConferenza unificata di cui all'articolo 8 del decreto legislativo 28 agosto 1997, n. 281, delle linee guida per la individuazione degli Ambiti territoriali ottimali, da costituirsi ai sensi dell'articolo 200, e per il coordinamento dei piani stessi (1);

n) la determinazione, relativamente all'assegnazione della concessione del servizio per la gestione integrata dei rifiuti, d'intesa con la Conferenza unificata di cui all'articolo 8 del decreto legislativo 28 agosto 1997, n. 281, delle linee guida per la definizione delle gare d'appalto, ed in particolare dei requisiti di ammissione delle imprese, e dei relativi capitolati, anche con riferimento agli elementi economici relativi agli impianti esistenti (1);

o) la determinazione, d'intesa con la Conferenza unificata di cui all'articolo 8 del decreto legislativo 28 agosto 1997, n. 281, delle linee guida inerenti le forme ed i modi della cooperazione fra gli enti locali, anche con riferimento alla riscossione della tariffa sui rifiuti urbani ricadenti nel medesimo ambito territoriale ottimale, secondo criteri di trasparenza, efficienza, efficacia ed economicità (1);

p) l'indicazione dei criteri generali relativi alle caratteristiche delle aree non idonee alla localizzazione degli impianti di smaltimento dei rifiuti;

q) l'indicazione dei criteri generali, ivi inclusa l'emanazione di specifiche linee guida,per l'organizzazione e l'attuazione della raccolta differenziata dei rifiuti urbani (1);

r) la determinazione, d'intesa con la Conferenza unificata di cui all'articolo 8 del decreto legislativo 28 agosto 1997, n. 281, delle linee guida, dei criteri generali e degli standard di bonifica dei siti inquinati, nonché la determinazione dei criteri per individuare gli interventi di bonifica che, in relazione al rilievo dell'impatto sull'ambiente connesso all'estensione dell'area interessata, alla quantità e pericolosità degli inquinanti presenti, rivestono interesse nazionale (1);

s) la determinazione delle metodologie di calcolo e la definizione di materiale riciclato per l'attuazione dell'articolo 196, comma 1, lettera *p*);

t) l'adeguamento della parte quarta del presente decreto alle direttive, alle decisioni ed ai regolamenti dell'Unione europea.

2. Sono inoltre di competenza dello Stato:

a) l'indicazione dei criteri e delle modalità di adozione, secondo principi di unitarietà, compiutezza e coordinamento, delle norme tecniche per la gestione dei rifiuti, dei rifiuti pericolosi e di specifiche tipologie di rifiuti, con riferimento anche ai relativi sistemi di accreditamento e di certificazione ai sensi dell'articolo 178, comma 5;

b) l'adozione delle norme e delle condizioni per l'applicazione delle procedure semplificate di cui agli articoli 214, 215 e 216, ivi comprese le linee guida contenenti la specificazione della relazione da allegare alla comunicazione prevista da tali articoli;

c) la determinazione dei limiti di accettabilità e delle caratteristiche chimiche, fisiche e biologiche di talune sostanze contenute nei rifiuti in relazione a specifiche utilizzazioni degli stessi;

d) la determinazione e la disciplina delle attività di recupero dei prodotti di amianto e dei beni e dei prodotti contenenti amianto, mediante decreto del Ministro dell'ambiente e della tutela del territorio, di concerto con il Ministro della salute e con il Ministro delle attività produttive;

e) La determinazione dei criteri qualitativi e quali-quantitativi per l'assimilazione, ai fini della raccolta e dello smaltimento, dei rifiuti speciali e dei rifiuti urbani. [Ai rifiuti assimilati, entro due anni, si applica esclusivamente una tariffazione per le quantità conferite al servizio di gestione dei rifiuti urbani. La tariffazione per le quantità conferite che deve includere, nel rispetto del principio della copertura integrale dei costi del servizio prestato, una parte fissa ed una variabile e una quota dei costi dello spazzamento stradale, è determinata dall'amministrazione comunale tenendo conto anche della natura dei rifiuti, del tipo, delle dimensioni economiche e operative delle attività che li producono. A tale tariffazione si applica una riduzione, fissata dall'amministrazione comunale, in proporzione alle quantità dei rifiuti assimilati che il produttore dimostri di aver avviato al recupero tramite soggetto diverso dal gestore dei rifiuti urbani. Non sono assimilabili ai rifiuti urbani i rifiuti che si formano nelle aree produttive, compresi i magazzini di materie prime e di prodotti finiti, salvo i rifiuti prodotti negli uffici, nelle mense, negli spacci, nei bar e nei locali al servizio dei lavoratori o comunque aperti al pubblico; allo stesso modo, non sono assimilabili ai rifiuti urbani i rifiuti che si formano nelle strutture di vendita con superficie due volte superiore ai limiti di cui all'articolo 4, comma 1, lettera *d*), del decreto legislativo n. 114 del 1998. Per gli imballaggi secondari e terziari per i quali risulti documentato il non conferimento al servizio di gestione dei rifiuti urbani e l'avvio a recupero e riciclo diretto tramite soggetti autorizzati, non si applica la predetta tariffazione]. Con decreto del Ministro dell'ambiente e della tutela del territorio e del mare, d'intesa con il Ministro dello sviluppo economico, sono definiti, entro nvanta giorni, i criteri per l'assimilabilità ai rifiuti urbani (3);

f) la definizione dei metodi, delle procedure e degli standard per il campionamento e l'analisi dei rifiuti (4);

g) la determinazione dei requisiti e delle capacità tecniche e finanziarie per l'esercizio delle attività di gestione dei rifiuti, ivi compresi i criteri generali per la determinazione delle garanzie finanziarie in favore delle regioni, con particolare riferimento a quelle dei soggetti obbligati all'iscrizione all'Albo di cui all'articolo 212, secondo la modalità di cui al comma 9 dello stesso articolo (4);

h) la definizione del modello e dei contenuti del formulario di cui all'articolo 193 e la regolamentazione del trasporto dei rifiuti (4);

i) l'individuazione delle tipologie di rifiuti che per comprovate ragioni tecniche, ambientali ed economiche possono essere smaltiti direttamente in discarica (4);

l) l'adozione di un modello uniforme del registro di cui all'articolo 190 e la definizione delle modalità di tenuta dello stesso, nonché l'individuazione degli eventuali documenti sostitutivi del registro stesso (4);

m) l'individuazione dei rifiuti elettrici ed elettronici, di cui all'articolo 227, comma 1, lettera *a*) (4);

n) l'aggiornamento degli Allegati alla parte quarta del presente decreto (4);

o) l'adozione delle norme tecniche, delle modalità e delle condizioni di utilizzo del prodotto ottenuto mediante compostaggio, con particolare riferimento all'utilizzo agronomico come fertilizzante, ai sensi del decreto legislativo29 aprile 2010, n. 75, e del prodotto di qualità ottenuto mediante compostaggio da rifiuti organici selezionati alla fonte con raccolta differenziata (4);

p) l'autorizzazione allo smaltimento di rifiuti nelle acque marine, in conformità alle disposizioni stabilite dalle norme comunitarie e dalle convenzioni internazionali vigenti in materia, rilasciata dal Ministro dell'ambiente e della tutela del territorio e del mare, su proposta dell'autorità marittima nella cui zona di competenza si trova il porto più vicino al luogo dove deve essere effettuato lo smaltimento ovvero si trova il porto da cui parte la nave con il carico di rifiuti da smaltire (4);

q) l'individuazione della misura delle sostanze assorbenti e neutralizzanti, previamente testate da università o istituti specializzati, di cui devono dotarsi gli impianti destinati allo stoccaggio, ricarica, manutenzione, deposito e sostituzione di accumulatori, al fine di prevenire l'inquinamento del suolo, del sottosuolo e di evitare danni alla salute e all'ambiente derivanti dalla fuoriuscita di acido, tenuto conto della dimensione degli impianti, del numero degli accumulatori e del rischio di sversamento connesso alla tipologia dell'attività esercitata (4);

r) l'individuazione e la disciplina, nel rispetto delle norme comunitarie ed anche in deroga alle disposizioni della parte quarta del presente decreto, di forme di semplificazione degli adempimenti amministrativi per la raccolta e il trasporto di specifiche tipologie di rifiuti destinati al recupero e conferiti direttamente dagli utenti finali dei beni che originano i rifiuti ai produttori, ai distributori, a coloro che svolgono attività di istallazione e manutenzione presso le utenze domestiche dei beni stessi o ad impianti autorizzati alle operazioni di recupero di cui alle voci R2, R3, R4, R5, R6 e R9 dell'Allegato C alla parte quarta del presente decreto, da adottarsi con decreto del Ministro dell'ambiente e della tutela del territorio e del mare entro tre mesi dalla data di entrata in vigore della presente disciplina (4);

s) la riorganizzazione del Catasto dei rifiuti (4);

t) predisposizione di linee guida per l'individuazione di una codifica omogenea per le operazioni di recupero e smaltimento da inserire nei provvedimenti autorizzativi da parte delle autorità competenti, anche in conformità a quanto disciplinato in materia dalla direttiva 2008/12/CE, e sue modificazioni (5);

u) individuazione dei contenuti tecnici minimi da inserire nei provvedimenti autorizzativi di cui agli articoli 208, 209, 211 (6);

v) predisposizione di linee guida per l'individuazione delle procedure analitiche, dei criteri e delle metodologie per la classificazione dei rifiuti pericolosi ai sensi dell'allegato D della parta quarta del presente decreto (6).

3. Salvo che non sia diversamente disposto dalla parte quarta del presente decreto, le funzioni di cui ai comma 1 sono esercitate ai sensi della legge 23 agosto 1988, n. 400, su proposta del Ministro dell'ambiente e della tutela del territorio, di concerto con i Ministri delle attività produttive, della salute e dell'interno, sentite la Conferenza unificata di cui all'articolo 8 del decreto legislativo 28 agosto 1997, n. 281, le regioni e le province autonome di Trento e di Bolzano (7).

4. Salvo che non sia diversamente disposto dalla parte quarta del presente decreto, le norme regolamentari e tecniche di cui al comma 2 sono adottate, ai sensi dell'articolo 17, comma 3, della legge 23 agosto 1988, n. 400, con decreti del Ministro dell'ambiente e della tutela del territorio, di concerto con i Ministri delle attività produttive, della salute e dell'interno, nonché, quando le predette norme riguardino i rifiuti agricoli ed il trasporto dei rifiuti, di concerto, rispettivamente, con i Ministri delle politiche agricole e forestali e delle infrastrutture e dei trasporti.

5. Fatto salvo quanto previsto dal decreto legislativo 31 marzo 1998, n. 112, ai fini della sorveglianza e dell'accertamento degli illeciti in violazione della normativa in materia di rifiuti nonché della repressione dei traffici illeciti e degli smaltimenti illegali dei rifiuti provvedono il Comando carabinieri tutela ambiente (C.C.T.A.) e il Corpo delle Capitanerie di porto; può altresì intervenire il Corpo forestale dello Stato e possono concorrere la Guardia di finanza e la Polizia di Stato.

(1) *Lettera modificata dall'articolo 18 del d.lgs. 3 dicembre 2010, n. 205.*

(2) *Lettera inserita dall'articolo 18 del d.lgs. 3 dicembre 2010, n. 205.*

(3) *Lettera sostituita dall'articolo 2, comma 26, lettera* a), *del d.lgs. 16 gennaio 2008, n. 4, modificata dall'articolo 5, comma 2, del d.l. 30 dicembre 2008, n. 208, conv., con modif., in l. 27 febbraio 2008, n. 13, dall'articolo 15, comma 2-*bis *del d.l. 25 settembre 2009, n. 135, conv., con modif., in l. 20 novembre 2009, n. 166 e dall'articolo 14, comma 46, del d.l. 6 dicembre 2011, n. 201, conv., con modif., in l. 22 dicembre 2011, n. 214.*

(4) *Lettera sostituita dall'articolo 18 del d.lgs. 3 dicembre 2010, n. 205.*

(5) *Lettera aggiunta dall'articolo 2, comma 26, lettera* b), *del d.lgs. 16 gennaio 2008, n. 4. Successivamente l'articolo 18 del d.lgs. 3 dicembre 2010, n. 205 ha sostituito l'originaria lettera* s-bis) *con le lettere* t), u), v).

(6) *Lettera aggiunta dall'articolo 18 del d.lgs. 3 dicembre 2010, n. 205.*

(7) *Comma modificato dall'articolo 18 del d.lgs. 3 dicembre 2010, n. 205.*

196 Competenze delle regioni.

1. Sono di competenza delle regioni, nel rispetto dei principi previsti dalla normativa vigente e dalla parte quarta del presente decreto, ivi compresi quelli di cui all'articolo 195:

a) la predisposizione, l'adozione e l'aggiornamento, sentiti le province, i comuni e le Autorità d'ambito, dei piani regionali di gestione dei rifiuti, di cui all'articolo 199;

b) la regolamentazione delle attività di gestione dei rifiuti, ivi compresa la raccolta differenziata dei rifiuti urbani, anche pericolosi, secondo un criterio generale di separazione dei rifiuti di provenienza alimentare e degli scarti di prodotti vegetali e animali o comunque ad alto tasso di umidità dai restanti rifiuti;

c) l'elaborazione, l'approvazione e l'aggiornamento dei piani per la bonifica di aree inquinate di propria competenza;

d) l'approvazione dei progetti di nuovi impianti per la gestione dei rifiuti, anche pericolosi, e l'autorizzazione alle modifiche degli impianti esistenti, fatte salve le competenze statali di cui all'articolo 195, comma 1, lettera *f*) e di cui all'articolo 7, comma 4-*bis* (1);

e) l'autorizzazione all'esercizio delle operazioni di smaltimento e di recupero dei rifiuti, anche pericolosi, fatte salve le competenze statali di cui all'articolo 7, comma 4-*bis* (1);

f) le attività in materia di spedizioni transfrontaliere dei rifiuti che il regolamento (CEE) n. 259/93 del 1° febbraio 1993 attribuisce alle autorità competenti di spedizione e di destinazione;

g) la delimitazione, nel rispetto delle linee guida generali di cui all'articolo 195, comma 1, lettera *m*), degli ambiti territoriali ottimali per la gestione dei rifiuti urbani e assimilali;

h) la redazione di linee guida ed i criteri per la predisposizione e l'approvazione dei progetti di bonifica e di messa in sicurezza, nonché l'individuazione delle tipologie di progetti non soggetti ad autorizzazione, nel rispetto di quanto previsto all'articolo 195, comma 1, lettera *r*):

i) la promozione della gestione integrata dei rifiuti;

l) l'incentivazione alla riduzione della produzione dei rifiuti ed al recupero degli stessi;

m) la specificazione dei contenuti della relazione da allegare alla comunicazione di cui agli articoli 214, 215, e 216, nel rispetto di linee guida elaborate ai sensi dell'articolo 195, comma 2, lettera *b*);

n) la definizione di criteri per l'individuazione, da parte delle province, delle aree non idonee alla localizzazione degli impianti di smaltimento e di recupero dei rifiuti, nel rispetto dei criteri generali indicati nell'articolo 195, comma 1, lettera *p*);

o) la definizione dei criteri per l'individuazione dei luoghi o impianti idonei allo smaltimento e la determinazione, nel rispetto delle norme tecniche di cui all'articolo 195, comma 2, lettera *a*), di disposizioni speciali per rifiuti di tipo particolare;

p) l'adozione, sulla base di metodologia di calcolo e di criteri stabiliti da apposito decreto del Ministro dell'ambiente e della tutela del territorio, di con certo con i Ministri delle attività produttive e della salute, sentito il Ministro per gli affari regionali, da emanarsi entro sessanta giorni dalla data di entrata in vigore della parte quarta del presente decreto, delle disposizioni occorrenti affinché gli enti pubblici e le società a prevalente capitale pubblico, anche di gestione dei servizi, coprano il proprio fabbisogno annuale di manufatti e beni, indicati nel medesimo decreto, con una quota di prodotti ottenuti da materiale riciclato non inferiore al 30 per cento del fabbisogno medesimo. A tal fine i predetti soggetti inseriscono nei bandi di gara o di selezione per l'aggiudicazione apposite clausole di preferenza, a parità degli altri requisiti e condizioni. Sino all'emanazione del predetto decreto continuano ad applicarsi le disposizioni di cui al decreto del Ministro dell'ambiente e della tutela del territorio 8 maggio 2003, n. 203, e successive circolari di attuazione. Restano ferme, nel frattempo, le disposizioni regionali esistenti.

2. Per l'esercizio delle funzioni di cui al comma 1 le regioni si avvalgono anche delle Agenzie regionali per la protezione dell'ambiente.

3. Le regioni privilegiano la realizzazione di impianti di smaltimento e recupero dei rifiuti in aree industriali, compatibilmente con le caratteristiche delle aree medesime, incentivando le iniziative di autosmaltimento. Tale disposizione non si applica alle discariche.

(1) *Lettera sostituita dall'art. 12, comma 1, d.lgs. 4 marzo 2014, n. 46.*

197 Competenze delle province.

1. In attuazione dell'articolo 19 del decreto legislativo 18 agosto 2000, n. 267, alle province competono in linea generale le funzioni amministrative concernenti la programmazione ed organizzazione del recupero e dello smaltimento dei rifiuti a livello provinciale, da esercitarsi con le risorse umane, strumentali e finanziarie disponibili a legislazione vigente, ed in particolare (1):

a) il controllo e la verifica degli interventi di bonifica ed il monitoraggio ad essi conseguenti;

b) il controllo periodico su tutte le attività di gestione, di intermediazione e di commercio dei rifiuti, ivi compreso l'accertamento delle violazioni delle disposizioni di cui alla parte quarta del presente decreto;

c) la verifica ed il controllo dei requisiti previsti per l'applicazione delle procedure semplificate, con le modalità di cui agli articoli 214, 215, e 216;

d) l'individuazione, sulla base delle previsioni del piano territoriale di coordinamento di cui all'articolo 20, comma 2, del decreto legislativo 18 agosto 2000, n. 267, ove già adottato, e delle previsioni di cui all'articolo 199, comma 3, lettere *d*) e *h*), nonché sentiti l'Autorità d'ambito ed i comuni, delle zone idonee alla localizzazione degli impianti di smaltimento dei rifiuti, nonché delle zone non idonee alla localizzazione di impianti di recupero e di smaltimento dei rifiuti.

2. Ai fini dell'esercizio delle proprie funzioni le province possono avvalersi, mediante apposite convenzioni, di organismi pubblici, ivi incluse le Agenzie regionali per la protezione dell'ambiente (ARPA), con specifiche esperienze e competenze tecniche in materia, fermo restando quanto previsto dagli articoli 214, 215, e 216 in tema di procedure semplificate.

3. Gli addetti al controllo sono autorizzati ad effettuare ispezioni, verifiche e prelievi di campioni all'interno di stabilimenti, impianti o imprese che producono o che svolgono attività di gestione dei rifiuti. Il segreto industriale non può essere opposto agli addetti al controllo, che sono, a loro volta, tenuti all'obbligo della riservatezza ai sensi della normativa vigente.

4. Il personale appartenente al Comando carabinieri tutela ambiente (C.C.T.A.) è autorizzato ad effettuare le ispezioni e le verifiche necessarie ai fini dell'espletamento delle funzioni di cui all'articolo 8 della legge 8 luglio 1986, n. 349, istitutiva del Ministero dell'ambiente.

5. Nell'ambito delle competenze di cui al comma 1, le province sottopongono ad adeguati controlli periodici gli enti e le imprese che producono rifiuti pericolosi, le imprese che raccolgono e trasportano rifiuti a titolo professionale, gli stabilimenti e le imprese che smaltiscono o recuperano rifiuti, curando, in particolare, che vengano effettuati adeguati controlli periodici sulle attività sottoposte alle procedure semplificate di cui agli articoli 214, 215, e 216 e che i controlli concernenti la raccolta ed il trasporto di rifiuti pericolosi riguardino, in primo luogo, l'origine e la destinazione dei rifiuti (2).

5-*bis*. Le province, nella programmazione delle ispezioni e controlli di cui al presente articolo, possono tenere conto, nella determinazione della frequenza degli stessi, delle registrazioni ottenute dai destinatari nell'ambito del sistema comunitario di ecogestione e audit (EMAS) (3).

6. Restano ferme le altre disposizioni vigenti in materia di vigilanza e controllo previste da disposizioni speciali.

(1) *Alinea modificato dall'articolo 2, comma 27, del d.lgs. 16 gennaio 2008, n. 4.*

(2) *Comma modificato dall'articolo 19 del d.lgs. 3 dicembre 2010, n. 205.*

(3) *Comma inserito dall'articolo 19 del d.lgs. n. 205, cit.*

198 Competenze dei comuni.

1. I comuni concorrono, nell'ambito delle attività

svolte a livello degli ambiti territoriali ottimali di cui all'articolo 200 e con le modalità ivi previste, alla gestione dei rifiuti urbani ed assimilati. Sino all'inizio delle attività del soggetto aggiudicatario della gara ad evidenza pubblica indetta dall'Autorità d'ambito ai sensi dell'articolo 202, i comuni continuano la gestione dei rifiuti urbani e dei rifiuti assimilati avviati allo smaltimento in regime di privativa nelle forme di cui all'articolo 113, comma 5, del decreto legislativo 18 agosto 2000, n. 267.

2. I comuni concorrono a disciplinare la gestione dei rifiuti urbani con appositi regolamenti che, nel rispetto dei principi di trasparenza, efficienza, efficacia ed economicità e in coerenza con i piani d'ambito adottati ai sensi dell'articolo 201, comma 3, stabiliscono in particolare:

a) le misure per assicurare la tutela igienico-sanitaria in tutte le fasi della gestione dei rifiuti urbani;

b) le modalità del servizio di raccolta e trasporto dei rifiuti urbani;

c) le modalità del conferimento, della raccolta differenziata e del trasporto dei rifiuti urbani ed assimilati al fine di garantire una distinta gestione delle diverse frazioni di rifiuti e promuovere il recupero degli stessi;

d) le norme atte a garantire una distinta ed adeguata gestione dei rifiuti urbani pericolosi e dei rifiuti da esumazione ed estumulazione di cui all'articolo 184, comma 2, lettera *f*);

e) le misure necessarie ad ottimizzare le forme di conferimento, raccolta e trasporto dei rifiuti primari di imballaggio in sinergia con altre frazioni merceologiche, fissando standard minimi da rispettare;

f) le modalità di esecuzione della pesata dei rifiuti urbani prima di inviarli al recupero e allo smaltimento;

g) l'assimilazione, per qualità e quantità, dei rifiuti speciali non pericolosi ai rifiuti urbani, secondo i criteri di cui all'articolo 195, comma 2, lettera *e*), ferme restando le definizioni di cui all'articolo 184, comma 2, lettere *c*) e *d*).

3. I comuni sono tenuti a fornire alla regione, alla provincia ed alle Autorità d'ambito tutte le informazioni sulla gestione dei rifiuti urbani da esse richieste.

4. I comuni sono altresì tenuti ad esprimere il proprio parere in ordine all'approvazione dei progetti di bonifica dei siti inquinati rilasciata dalle regioni.

198-*bis*-238 (*Omissis*).

TITOLO V
Bonifica di siti contaminanti

239 Principi e campo di applicazione.

1. Il presente titolo disciplina gli interventi di bonifica e ripristino ambientale dei siti contaminati e definisce le procedure, i criteri e le modalità per lo svolgimento delle operazioni necessarie per l'eliminazione delle sorgenti dell'inquinamento e comunque per la riduzione delle concentrazioni di sostanze inquinanti, in armonia con i principi e le norme comunitari, con particolare riferimento al principio "chi inquina paga".

2. Ferma restando la disciplina dettata dal titolo I della parte quarta del presente decreto, le disposizioni del presente titolo non si applicano:

a) all'abbandono dei rifiuti disciplinato dalla parte quarta del presente decreto. In tal caso qualora, a seguito della rimozione, avvio a recupero, smaltimento dei rifiuti abbandonati o depositati in modo incontrollato, si accerti il superamento dei valori di attenzione, si dovrà procedere alla caratterizzazione dell'area ai fini degli eventuali interventi di bonifica e ripristino ambientale da effettuare ai sensi del presente titolo;

b) agli interventi di bonifica disciplinati da leggi speciali, se non nei limiti di quanto espressamente richiamato dalle medesime o di quanto dalle stesse non disciplinato.

3. Gli interventi di bonifica e ripristino ambientale per le aree caratterizzate da inquinamento diffuso sono disciplinati dalle regioni con appositi piani, fatte salve le competenze e le procedure previste per i siti oggetto di bonifica di interesse nazionale e comunque nel rispetto dei criteri generali di cui al presente titolo.

240-241-*bis* (*Omissis*).

242 Procedure operative ed amministrative.

1. Al verificarsi di un evento che sia potenzialmente in grado di contaminare il sito, il responsabile dell'inquinamento mette in opera entro ventiquattro ore le misure necessarie di prevenzione e ne dà immediata comunicazione ai sensi e con le modalità di cui all'articolo 304, comma 2. La medesima procedura si applica all'atto di individuazione di contaminazioni storiche che possano ancora comportare rischi di aggravamento della situazione di contaminazione.

2. Il responsabile dell'inquinamento, attuate le necessarie misure di prevenzione, svolge, nelle zone interessate dalla contaminazione, un'indagine preliminare sui parametri oggetto dell'inquinamento e, ove accerti che il livello delle concentrazioni soglia di contaminazione (CSC) non sia stato superato, provvede al ripristino della zona contaminata, dandone notizia, con apposita autocertificazione, al comune ed alla provincia competenti per territorio entro quarantotto ore dalla comunicazione. L'autocertificazione conclude il procedimento di notifica di cui al presente articolo, ferme restando le attività di verifica e di controllo da parte dell'autorità competente da effettuarsi nei successivi quindici giorni. Nel caso in cui l'inquinamento non sia riconducibile ad un singolo evento, i parametri da valutare devono essere individuati, caso per caso, sulla base della storia del sito e delle attività ivi svolte nel tempo.

3. Qualora l'indagine preliminare di cui al comma 2 accerti l'avvenuto superamento delle CSC anche per un solo parametro, il responsabile dell'inquinamento ne dà immediata notizia al comune ed alle province competenti per territorio con la descrizione delle misure di prevenzione e di messa in sicurezza di emergenza adottate. Nei successivi trenta giorni, presenta alle predette amministrazioni, nonché alla regione territorialmente competente il piano di caratterizzazione con i requisiti di cui all'Allegato 2alla parte quarta del

presente decreto. Entro i trenta giorni successivi la regione, convocata la conferenza di servizi, autorizza il piano di caratterizzazione con eventuali prescrizioni integrative. L'autorizzazione regionale costituisce assenso per tutte le opere connesse alla caratterizzazione, sostituendosi ad ogni altra autorizzazione, concessione, concerto, intesa, nulla osta da parte della pubblica amministrazione.

4. Sulla base delle risultanze della caratterizzazione, al sito è applicata la procedura di analisi del rischio sito specifica per la determinazione delle concentrazioni soglia di rischio (CSR). I criteri per l'applicazione della procedura di analisi di rischio sono stabiliti con decreto del Ministro dell'ambiente e della tutela del territorio e del mare, di concerto con i Ministri dello sviluppo economico e della salute entro il 30 giugno 2008. Nelle more dell'emanazione del predetto decreto, i criteri per l'applicazione della procedura di analisi di rischio sono riportati nell'Allegato 1 alla parte quarta del presente decreto. Entro sei mesi dall'approvazione del piano di caratterizzazione, il soggetto responsabile presenta alla regione i risultati dell'analisi di rischio. La conferenza di servizi convocata dalla regione, a seguito dell'istruttoria svolta in contraddittorio con il soggetto responsabile, cui è dato un preavviso di almeno venti giorni, approva il documento di analisi di rischio entro i sessanta giorni dalla ricezione dello stesso. Tale documento è inviato ai componenti della conferenza di servizi almeno venti giorni prima della data fissata per la conferenza e, in caso di decisione a maggioranza, la delibera di adozione fornisce una adeguata ed analitica motivazione rispetto alle opinioni dissenzienti espresse nel corso della conferenza (1).

5. Qualora gli esiti della procedura dell'analisi di rischio dimostrino che la concentrazione dei contaminanti presenti nel sito è inferiore alle concentrazioni soglia di rischio, la conferenza dei servizi, con l'approvazione del documento dell'analisi del rischio, dichiara concluso positivamente il procedimento. In tal caso la conferenza di servizi può prescrivere lo svolgimento di un programma di monitoraggio sul sito circa la stabilizzazione della situazione riscontrata in relazione agli esiti dell'analisi di rischio e all'attuale destinazione d'uso del sito. A tal fine, il soggetto responsabile, entro sessanta giorni dall'approvazione di cui sopra, invia alla provincia ed alla regione competenti per territorio un piano di monitoraggio nel quale sono individuati:

a) i parametri da sottoporre a controllo;

b) la frequenza e la durata del monitoraggio.

6. La regione, sentita la provincia, approva il piano di monitoraggio entro trenta giorni dal ricevimento dello stesso. L'anzidetto termine può essere sospeso una sola volta, qualora l'autorità competente ravvisi la necessità di richiedere, mediante atto adeguatamente motivato, integrazioni documentali o approfondimenti del progetto, assegnando un congruo termine per l'adempimento. In questo caso il termine per l'approvazione decorre dalla ricezione del progetto integrato. Alla scadenza del periodo di monitoraggio il soggetto responsabile ne dà comunicazione alla regione ed alla provincia, inviando una relazione tecnica riassuntiva degli esiti del monitoraggio svolto. Nel caso in cui le attività di monitoraggio rilevino il superamento di uno o più delle concentrazioni soglia di rischio, il soggetto responsabile dovrà avviare la procedura di bonifica di cui al comma 7.

7. Qualora gli esiti della procedura dell'analisi di rischio dimostrino che la concentrazione dei contaminanti presenti nel sito è superiore ai valori di concentrazione soglia di rischio (CSR), il soggetto responsabile sottopone alla regione, nei successivi sei mesi dall'approvazione del documento di analisi di rischio, il progetto operativo degli interventi di bonifica o di messa in sicurezza, operativa o permanente, e, ove necessario, le ulteriori misure di riparazione e di ripristino ambientale, al fine di minimizzare e ricondurre ad accettabilità il rischio derivante dallo stato di contaminazione presente nel sito. Per la selezione delle tecnologie di bonifica in situ più idonee, la regione può autorizzare l'applicazione a scala pilota, in campo, di tecnologie di bonifica innovative, anche finalizzata all'individuazione dei parametri di progetto necessari per l'applicazione a piena scala, a condizione che tale applicazione avvenga in condizioni di sicurezza con riguardo ai rischi sanitari e ambientali. Nel caso di interventi di bonifica o di messa in sicurezza di cui al primo periodo, che presentino particolari complessità a causa della natura della contaminazione, degli interventi, delle dotazioni impiantistiche necessarie o dell'estensione dell'area interessata dagli interventi medesimi, il progetto può essere articolato per fasi progettuali distinte al fine di rendere possibile la realizzazione degli interventi per singole aree o per fasi temporali successive. Nell'ambito dell'articolazione temporale potrà essere valutata l'adozione di tecnologie innovative, di dimostrata efficienza ed efficacia, a costi sopportabili, resesi disponibili a seguito dello sviluppo tecnico-scientifico del settore. La regione, acquisito il parere del comune e della provincia interessati mediante apposita conferenza di servizi e sentito il soggetto responsabile, approva il progetto, con eventuali prescrizioni ed integrazioni entro sessanta giorni dal suo ricevimento. Tale termine può essere sospeso una sola volta, qualora la regione ravvisi la necessità di richiedere, mediante atto adeguatamente motivato, integrazioni documentali o approfondimenti al progetto, assegnando un congruo termine per l'adempimento. In questa ipotesi il termine per l'approvazione del progetto decorre dalla presentazione del progetto integrato. Ai soli fini della realizzazione e dell'esercizio degli impianti e delle attrezzature necessarie all'attuazione del progetto operativo e per il tempo strettamente necessario all'attuazione medesima, l'autorizzazione regionale di cui al presente comma sostituisce a tutti gli effetti le autorizzazioni, le concessioni, i concerti, le intese, i nulla osta, i pareri e gli assensi previsti dalla legislazione vigente compresi, in particolare, quelli relativi alla valutazione di impatto ambientale, ove necessaria, alla gestione delle terre e rocce da scavo all'interno dell'area oggetto dell'intervento ed allo scarico delle acque emunte dalle falde. L'autorizzazione costituisce, altresì, variante urbanistica e comporta dichiarazione di pubblica utilità, di urgenza ed indifferibilità dei lavori. Con il provvedimento di approvazione del progetto sono stabiliti anche i tempi di esecuzione, indicando altresì le eventuali prescrizioni necessarie per l'esecuzione dei lavori, le verifiche intermedie per la valutazione dell'efficacia delle tecnologie di bonifica

adottate e le attività di verifica in corso d'opera necessarie per la certificazione di cui all'articolo 248, comma 2, con oneri a carico del proponente, (2) ed è fissata l'entità delle garanzie finanziarie, in misura non superiore al cinquanta per cento del costo stimato dell'intervento, che devono essere prestate in favore della regione per la corretta esecuzione ed il completamento degli interventi medesimi (3).

7-*bis*. Qualora gli obiettivi individuati per la bonifica del suolo, sottosuolo e materiali di riporto siano raggiunti anticipatamente rispetto a quelli previsti per la falda, è possibile procedere alla certificazione di avvenuta bonifica di cui all'articolo 248 limitatamente alle predette matrici ambientali, anche a stralcio in relazione alle singole aree catastalmente individuate, fermo restando l'obbligo di raggiungere tutti gli obiettivi di bonifica su tutte le matrici interessate da contaminazione. In tal caso è necessario dimostrare e garantire nel tempo che le contaminazioni ancora presenti nelle acque sotterranee fino alla loro completa rimozione non comportino un rischio per i fruitori dell'area, nè una modifica del modello concettuale tale da comportare un peggioramento della qualità ambientale per le altre matrici secondo le specifiche destinazioni d'uso. Le garanzie finanziarie di cui al comma 7 sono comunque prestate per l'intero intervento e sono svincolate solo al raggiungimento di tutti gli obiettivi di bonifica (4).

8. I criteri per la selezione e l'esecuzione degli interventi di bonifica e ripristino ambientale, di messa in sicurezza operativa o permanente, nonché per l'individuazione delle migliori tecniche di intervento a costi sostenibili (B.A.T.N.E.E.C. - Best Available Technology Not Entailing Excessive Costs) ai sensi delle normative comunitarie sono riportati nell'Allegato 3 alla parte quarta del presente decreto,

9. La messa in sicurezza operativa, riguardante i siti contaminati [con attività in esercizio], garantisce una adeguata sicurezza sanitaria ed ambientale ed impedisce un'ulteriore propagazione dei contaminanti. I progetti di messa in sicurezza operativa sono accompagnati da accurati piani di monitoraggio dell'efficacia delle misure adottate ed indicano se all'atto della cessazione dell'attività si renderà necessario un intervento di bonifica o un intervento di messa in sicurezza permanente. Possono essere altresì autorizzati interventi di manutenzione ordinaria e straor dinaria e di messa in sicurezza degli impianti e delle reti tecnologiche, purché non compromettano la possibilità di effettuare o completare gli interventi di bonifica che siano condotti adottando appropriate misure di prevenzione dei rischi (5).

10. Nel caso di caratterizzazione, bonifica, messa in sicurezza e ripristino ambientale di siti con attività in esercizio, la regione, fatto salvo l'obbligo di garantire la tutela della salute pubblica e dell'ambiente, in sede di approvazione del progetto assicura che i suddetti interventi siano articolati in modo tale da risultare compatibili con la prosecuzione della attività.

11. Nel caso di eventi avvenuti anteriormente all'entrata in vigore della parte quarta del presente decreto che si manifestino successivamente a tale data in assenza di rischio immediato per l'ambiente e per la salute pubblica, il soggetto interessato comunica alla regione, alla provincia e al comune competenti l'esistenza di una potenziale contaminazione unitamente al piano di caratterizzazione del sito, al fine di determinarne l'entità e l'estensione con riferimento ai parametri indicati nelle CSC ed applica le procedure di cui ai commi 4 e seguenti.

12. Le indagini ed attività istruttorie sono svolte dalla provincia, che si avvale della competenza tecnica dell'Agenzia regionale per la protezione dell'ambiente e si coordina con le altre amministrazioni.

13. La procedura di approvazione della caratterizzazione e del progetto di bonifica si svolge in Conferenza di servizi convocata dalla regione e costituita dalle amministrazioni ordinariamente competenti a rilasciare i permessi, autorizzazioni e concessioni per la realizzazione degli interventi compresi nel piano e nel progetto. La relativa documentazione è inviata ai componenti della conferenza di servizi almeno venti giorni prima della data fissata per la discussione e, in caso di decisione a maggioranza, la delibera di adozione deve fornire una adeguata ed analitica motivazione rispetto alle opinioni dissenzienti espresse nel corso della conferenza. [Compete alla provincia rilasciare la certificazione di avvenuta bonifica] (6). [Qualora la provincia non provveda a rilasciare tale certificazione entro trenta giorni dal ricevimento della delibera di adozione, al rilascio provvede la regione] (6).

13-*bis*. Per la rete di distribuzione carburanti si applicano le procedure semplificate di cui all'articolo 252, comma 4 (7).

13-*ter*. Qualora la procedura interessi un sito in cui, per fenomeni di origine naturale o antropica, le concentrazioni rilevate superino le CSC di cui alle colonne A e B della tabella 1 dell'allegato 5 al titolo V della parte quarta, il proponente può presentare all'ARPA territorialmente competente un piano di indagine per definire i valori di fondo da assumere. Tale piano, condiviso con l'ARPA territorialmente competente, è realizzato dal proponente con oneri a proprio carico, in contraddittorio con la medesima ARPA, entro sessanta giorni dalla data di presentazione dello stesso. Il piano di indagine può fare riferimento anche ai dati pubblicati e validati dall'ARPA territorialmente competente relativi all'area oggetto di indagine. Sulla base delle risultanze del piano di indagine, nonché di altri dati disponibili per l'area oggetto di indagine, l'ARPA territorialmente competente definisce i valori di fondo. È fatta comunque salva la facoltà dell'ARPA territorialmente competente di esprimersi sulla compatibilità delle CSC rilevate nel sito con le condizioni geologiche, idrogeologiche e antropiche del contesto territoriale in cui esso è inserito. In tale caso le CSC riscontrate nel sito sono ricondotte ai valori di fondo (8).

(1) *Comma modificato dall'articolo 2, comma 43-*bis*, del d.lgs. 16 gennaio 2008, n. 4.*

(2) *Le parole* «, le verifiche intermedie per la valutazione dell'efficacia delle tecnologie di bonifica adottate e le attività di verifica in corso d'opera necessarie per la certificazione di cui all'articolo 248, comma 2, con oneri a carico del proponente, » *dall'art. 37 comma 1 lett.* b) *n. 1) d.l. 31 maggio 2021, n. 77, conv., con modif., in l. 29 luglio 2021, n. 108.*

(3) *Comma modificato dall'articolo 40, comma 5, del d.l. 6 dicembre 2011, n. 201,, conv., con modif., in l. 22 dicembre 2011, n. 214, dall'art. 24, comma 1, lett.* f-bis) *d.l. 9 febbraio 2012, n. 5, conv., con modif., in l. 4*

*aprile 2012, n. 35 e dall'art. 34, comma 7-*bis*, d.l 12 settembre 2014, n. 133, conv., con modif. in l. 11 novembre 2014, n. 164.*

(4) *Comma inserito dall'art. 37 comma 1 lett.* b) *n. 2) d.l. n. 77, cit.*

(5) *Comma modificato dall'articolo 40, comma 5, del d.l. n. 201, cit.*

(6) *Il terzo e quarto periodo del comma 13 sono stati soppressi dall'art. 37 comma 1 lett.* b) *n. 3) d.l. n. 77, cit.*

(7) *Comma aggiunto dall'art. 13, comma 3-*ter*, d.l. 24 giugno 2014, n. 91, conv., con modif. in l. 11 novembre 2014, n. 164.*

(8) *Comma inserito dall'art. 37 comma 1 lett.* b) *n. 3-*bis*) d.l. n. 77, cit.*

242-*ter* Interventi e opere nei siti oggetto di bonifica (1).

1. Nei siti oggetto di bonifica, inclusi i siti di interesse nazionale, possono essere realizzati i progetti del Piano nazionale di ripresa e resilienza (2), interventi e opere richiesti dalla normativa sulla sicurezza dei luoghi di lavoro, di manutenzione ordinaria e straordinaria di impianti e infrastrutture, compresi adeguamenti alle prescrizioni autorizzative, nonchè opere lineari necessarie per l'esercizio di impianti e forniture di servizi e, più in generale, altre opere lineari di pubblico interesse, di sistemazione idraulica, di mitigazione del rischio idraulico, opere per la realizzazione di impianti per la produzione energetica da fonti rinnovabili e di sistemi di accumulo, esclusi gli impianti termoelettrici, fatti salvi i casi di riconversione da un combustibile fossile ad altra fonte meno inquinante o qualora l'installazione comporti una riduzione degli impatti ambientali rispetto all'assetto esistente, opere con le medesime connesse, infrastrutture indispensabili alla costruzione e all'esercizio degli stessi impianti, nonchè le tipologie di opere e interventi individuati con il decreto del Presidente del Consiglio dei ministri di cui all'articolo 7-*bis*, a condizione che detti interventi e opere siano realizzati secondo modalità e tecniche che non pregiudichino nè interferiscano con l'esecuzione e il completamento della bonifica, nè determinino rischi per la salute dei lavoratori e degli altri fruitori dell'area nel rispetto del decreto legislativo 9 aprile 2008, n. 81.

1-*bis*. Le disposizioni del presente articolo si applicano anche per la realizzazione di opere che non prevedono scavi ma comportano occupazione permanente di suolo, a condizione che il sito oggetto di bonifica sia già caratterizzato ai sensi dell'articolo 242 (3).

2. La valutazione del rispetto delle condizioni di cui al comma 1 e al comma 1-*bis* (4) è effettuata da parte dell'autorità competente ai sensi del Titolo V, Parte quarta, del presente decreto, nell'ambito dei procedimenti di approvazione e autorizzazione degli interventi e, ove prevista, nell'ambito della procedura di valutazione di impatto ambientale.

3. Per gli interventi e le opere individuate al comma 1 e al comma 1-*bis* (4), nonchè per quelle di cui all'articolo 25 del decreto del Presidente della Repubblica 13 giugno 2017, n. 120, il Ministro dell'ambiente e della tutela del territorio e del mare con proprio decreto per le aree ricomprese nei siti di interesse nazionale, e le regioni per le restanti aree, provvedono all'individuazione delle categorie di interventi che non necessitano della preventiva valutazione da parte dell'Autorità competente ai sensi del Titolo V, Parte quarta, del presente decreto, e, qualora necessaria, definiscono i criteri e le procedure per la predetta valutazione nonchè le modalità di controllo.

4. Ai fini del rispetto delle condizioni previste dal comma 1, anche nelle more dell'attuazione del comma 3, sono rispettate le seguenti procedure e modalità di caratterizzazione, scavo e gestione dei terreni movimentati:

a) nel caso in cui non sia stata ancora realizzata la caratterizzazione dell'area oggetto dell'intervento ai sensi dell'articolo 242, il soggetto proponente accerta lo stato di potenziale contaminazione del sito mediante un Piano di indagini preliminari Il Piano, comprensivo della lista degli analiti da ricercare, è concordato con l'Agenzia di protezione ambientale territorialmente competente che si pronuncia entro e non oltre il termine di trenta giorni dalla richiesta del proponente, eventualmente stabilendo particolari prescrizioni in relazione alla specificità del sito. In caso di mancata pronuncia nei termini da parte dell'Agenzia di protezione ambientale territorialmente competente, il Piano di indagini preliminari è concordato con l'ISPRA che si pronuncia entro i quindici giorni successivi su segnalazione del proponente. Il proponente, trenta giorni prima dell'avvio delle attività d'indagine, trasmette agli enti interessati il piano con la data di inizio delle operazioni. Qualora l'indagine preliminare accerti l'avvenuto superamento delle CSC anche per un solo parametro, il soggetto proponente ne dà immediata comunicazione con le forme e le modalità di cui all'articolo 245, comma 2, con la descrizione delle misure di prevenzione e di messa in sicurezza di emergenza adottate;

b) in presenza di attività di messa in sicurezza operativa già in essere, il proponente può avviare la realizzazione degli interventi e delle opere di cui al comma 1 previa comunicazione all'Agenzia di protezione ambientale territorialmente competente da effettuarsi con almeno quindici giorni di anticipo rispetto all'avvio delle opere. Al termine dei lavori, l'interessato assicura il ripristino delle opere di messa in sicurezza operativa;

c) le attività di scavo sono effettuate con le precauzioni necessarie a non aumentare i livelli di inquinamento delle matrici ambientali interessate e, in particolare, delle acque sotterranee. Le eventuali fonti attive di contaminazione, quali rifiuti o prodotto libero, rilevate nel corso delle attività di scavo, sono rimosse e gestite nel rispetto delle norme in materia di gestione dei rifiuti. I terreni e i materiali provenienti dallo scavo sono gestiti nel rispetto del decreto del Presidente della Repubblica 13 giugno 2017, n. 120.

c-bis) ove l'indagine preliminare di cui alla lettera *a*) accerti che il livello delle CSC non sia stato superato, per i siti di interesse nazionale il procedimento si conclude secondo le modalità previste dal comma 4-*bis* dell'articolo 252 e per gli altri siti nel rispetto di quanto previsto dal comma 2 dell'articolo 242.

4-*bis*. Ai fini della definizione dei valori di fondo naturale si applica la procedura prevista dall'articolo 11 del decreto del Presidente della Repubblica 13 giugno 2017, n. 120. È fatta comunque salva la facoltà dell'ARPA territorialmente competente di esprimersi sulla compatibilità delle CSC rilevate nel sito con le condizioni geologiche, idrogeologiche e antropiche del contesto territoriale in cui esso è inserito. In tale caso le CSC riscontrate nel sito sono ricondotte ai valori di fondo (5).

5. All'attuazione del presente articolo le amministrazioni interessate provvedono con le risorse umane, finanziarie e strumentali disponibili a legislazione vigente, senza nuovi o maggiori oneri a carico della finanza pubblica.

(1) *Articolo inserito dall'art. 52, comma 1 d.l. 16 luglio 2020, n. 76, conv., con modif., in l. 11 settembre 2020, n. 120.*

(2) *Le parole* « i progetti del Piano nazionale di ripresa e resilienza, » *sono state aggiunte dall'art. 37, comma 1, lett.* c), *n. 1) d.l. 31 maggio 2021, n. 77, conv., con modif., in l. 29 luglio 2021, n. 108.*

(3) *Comma inserito dall'art. 37, comma 1, lett.* c), *n. 2) d.l. n. 77, cit.*

(4) *Le parole* « e al comma 1-*bis* » *sono state inserite dall'art. 37, comma 1, lett.* c), *n. 3) e 4) d.l. n. 77, cit.*

(5) *Comma aggiunto dall'art. 37, comma 1, lett.* c), *n. 5) d.l. n. 77, cit.*

244 Ordinanze.

1. Le pubbliche amministrazioni che nell'esercizio delle proprie funzioni individuano siti nei quali accertino che i livelli di contaminazione sono superiori ai valori di concentrazione soglia di contaminazione, ne danno comunicazione alla regione, alla provincia e al comune competenti.

2. La provincia, ricevuta la comunicazione di cui al comma 1, dopo aver svolto le opportune indagini volte ad identificare il responsabile dell'evento di superamento e sentito il comune, diffida con ordinanza motivata il responsabile della potenziale contaminazione a provvedere ai sensi del presente titolo.

3. L'ordinanza di cui al comma 2 è comunque notificata anche al proprietario del sito ai sensi e per gli effetti dell'articolo 253.

4. Se il responsabile non sia individuabile o non provveda e non provveda il proprietario del sito né altro soggetto interessato, gli interventi che risultassero necessari ai sensi delle disposizioni di cui al presente titolo sono adottati dall'amministrazione competente in conformità a quanto disposto dall'articolo 250.

245 Obblighi di intervento e di notifica da parte dei soggetti non responsabili della potenziale contaminazione.

1. Le procedure per gli interventi di messa in sicurezza, di bonifica e di ripristino ambientale disciplinate dal presente titolo possono essere comunque attivate suiniziativa degli interessati non responsabili.

2. Fatti salvi gli obblighi del responsabile della potenziale contaminazione di cui all'articolo 242, il proprietario o il gestore dell'area che rilevi il superamento o il pericolo concreto e attuale del superamento della concentrazione soglia di contaminazione (CSC) deve darne comunicazione alla regione, alla provincia ed al comune territorialmente competenti e attuare le misure di prevenzione secondo la procedura di cui all'articolo 242. Il procedimento è interrotto qualora il soggetto non responsabile della contaminazione esegua volontariamente il piano di caratterizzazione nel termine perentorio di sei mesi dall'approvazione o comunicazione ai sensi dell'articolo 252, comma 4 (1). In tal caso, il procedimento per l'identificazione del responsabile della contaminazione deve concludersi nel termine perentorio di sessanta giorni dal ricevimento delle risultanze della caratterizzazione validate dall'Agenzia regionale per la protezione dell'ambiente competente (1). La provincia, una volta ricevute le comunicazioni di cui sopra, si attiva, sentito il comune, per l'identificazione del soggetto responsabile al fine di dar corso agli interventi di bonifica. È comunque riconosciuta al proprietario o ad altro soggetto interessato la facoltà di intervenire in qualunque momento volontariamente per la realizzazione degli interventi di bonifica necessari nell'ambito del sito in proprietà o disponibilità.

3. Qualora i soggetti interessati procedano ai sensi dei commi 1 e 2 entro sei mesi dalla data di entrata in vigore della parte quarta del presente decreto, ovvero abbiano già provveduto in tal senso in precedenza, la decorrenza dell'obbligo di bonifica di siti per even ti anteriori all'entrata in vigore della parte quarta del presente decreto verrà definita dalla regione territorialmente competente in base alla pericolosità del sito, determinata in generale dal piano regionale delle bonifiche o da suoi eventuali stralci, salva in ogni caso la facoltà degli interessati di procedere agli interventi prima del suddetto termine.

(1) *Periodo inserito dall'art. 37, comma 1, lett.* e) *d.l. 31 maggio 2021, n. 77, conv., con modif., in l. 29 luglio 2021, n. 108.*

246 Accordi di programma.

1. I soggetti obbligati agli interventi di cui al presente titolo ed i soggetti altrimenti interessati hanno diritto di definire modalità e tempi di esecuzione degli interventi mediante appositi accordi di programma stipulati, entro sei mesi dall'approvazione del documento di analisi di rischio di cui all'articolo 242, con le amministrazioni competenti ai sensi delle disposizioni di cui al presente titolo.

2. Nel caso in cui vi siano soggetti che intendano o siano tenuti a provvedere alla contestuale bonifica di una pluralità di siti che interessano il territorio di più regioni, i tempi e le modalità di intervento possono essere definiti con appositi accordi di programma stipulati, entro dodici mesi dall'approvazione del documento di analisi di rischio di cui all'articolo 242, con le regioni interessate.

3. Nel caso in cui vi siano soggetti che intendano o siano tenuti a provvedere alla contestuale bonifica di una pluralità di siti dislocati su tutto il territorio nazionale o vi siano più soggetti interessati alla bonifica di un medesimo sito di interesse nazionale, i tempi e le modalità di intervento possono essere definiti con accordo di programma da stipularsi, entro diciotto mesi dall'approvazione del documento di analisi di rischio di cui all'articolo 242, con il Ministro dell'ambiente e della tutela del territorio di concerto con i Ministri della salute e delle attività produttive, d'intesa con la Conferenza Stato-regioni.

247-249 (*Omissis*).

250 Bonifica da parte dell'amministrazione.

1. Qualora i soggetti responsabili della contaminazione non provvedano direttamente agli adempimenti

disposti dal presente titolo ovvero non siano individuabili e non provvedano né il proprietario del sito né altri soggetti interessati, le procedure e gli interventi di cui all'articolo 242 sono realizzati d'ufficio dal comune territorialmente competente e, ove questo non provveda, dalla regione, secondo l'ordine di priorità fissati dal piano regionale per la bonifica delle aree inquinate, avvalendosi anche di altri soggetti pubblici o privati, individuati ad esito di apposite procedure ad evidenza pubblica entro il termine di novanta giorni dalla mancata individuazione del soggetto responsabile della contaminazione o dall'accertato inadempimento da parte dello stesso (1). Al fine di anticipare le somme per i predetti interventi le regioni possono istituire appositi fondi nell'ambito delle proprie disponibilità di bilancio.

1-*bis*. Per favorire l'accelerazione degli interventi per la messa in sicurezza, bonifica e ripristino ambientale, le regioni, le province autonome e gli enti locali individuati quali soggetti beneficiari e/o attuatori, previa stipula di appositi accordi sottoscritti con il Ministero della transizione ecologica ai sensi dell'articolo 15 della legge 7 agosto 1990, n. 241, possono avvalersi, con le risorse umane, strumentali e finanziarie disponibili a legislazione vigente sui propri bilanci e senza nuovi o maggiori oneri a carico della finanza pubblica, attraverso la stipula di apposte convenzioni, delle società in house del medesimo Ministero (2).

(1) *Le parole da* « entro il termine » *a* « parte dello stesso » *sono state aggiunte dall'art. 37, comma 1, lett.* f-bis) *d.l. 31 maggio 2021, n. 77, conv., con modif., in l. 29 luglio 2021, n. 108.*

(2) *Comma aggiunto dall'art. 37, comma 1, lett.* g) *d.l. n. 77, cit.*

251-252 (*Omissis*).

253 Oneri reali e privilegi speciali.

1. Gli interventi di cui al presente titolo costituiscono onere reale sui siti contaminati qualora effettuati d'ufficio dall'autorità competente ai sensi degli articoli 250 e 252, comma 5. L'onere reale viene iscritto nei registri immobiliari tenuti dagli uffici dell'Agenzia del territorio a seguito della approvazione del progetto di bonifica e deve essere indicato nel certificato di destinazione urbanistica (1).

2. Le spese sostenute per gli interventi di cui al comma 1 sono assistite da privilegio speciale immobiliare sulle aree medesime, ai sensi e per gli effetti dell'articolo 2748, secondo comma, del codice civile. Detto privilegio si può esercitare anche in pregiudizio dei diritti acquistati dai terzi sull'immobile.

3. Il privilegio e la ripetizione delle spese possono essere esercitati, nei confronti del proprietario del sito incolpevole dell'inquinamento o del pericolo di inquinamento, solo a seguito di provvedimento motivato dell'autorità competente che giustifichi, tra l'altro, l'impossibilità di accertare l'identità del soggetto responsabile ovvero che giustifichi l'impossibilità di esercitare azioni di rivalsa nei confronti del medesimo soggetto ovvero la loro infruttuosità.

4. In ogni caso, il proprietario non responsabile dell'inquinamento può essere tenuto a rimborsare, sulla base di provvedimento motivato e con l'osservanza delle disposizioni di cui alla legge 7 agosto 1990, n. 241, le spese degli interventi adottati dall'autorità competente soltanto nei limiti del valore di mercato del sito determinato a seguito dell'esecuzione degli interventi medesimi. Nel caso in cui il proprietario non responsabile dell'inquinamento abbia spontaneamente provveduto alla bonifica del sito inquinato, ha diritto di rivalersi nei confronti del responsabile dell'inquinamento per le spese sostenute e per l'eventuale maggior danno subito.

5. Gli interventi di bonifica dei siti inquinati possono essere assistiti, sulla base di apposita disposizione legislativa di finanziamento, da contributi pubblici entro il limite massimo del cinquanta per cento delle relative spese qualora sussistano preminenti interessi pubblici connessi ad esigenze di tutela igienico-sanitaria e ambientale o occupazionali. Ai predetti contributi pubblici non si applicano le disposizioni di cui ai commi 1 e 2.

(1) *Comma modificato dall'art. 53, comma 2-*ter *d.l. 16 luglio 2020, n. 76, conv., con modif., in l. 11 settembre 2020, n. 120.*

254-298 (*Omissis*).

PARTE VI

Norme in materia di tutela risarcitoria contro i danni all'ambiente

TITOLO I

Ambito di applicazione

299 Competenze ministeriali.

1. Il Ministro dell'ambiente e della tutela del territorio esercita le funzioni e i compiti spettanti allo Stato in materia di tutela, prevenzione e riparazione dei danni all'ambiente [, attraverso la Direzione generale per il danno ambientale istituita presso il Ministero dell'ambiente e della tutela del territorio dall'articolo 34 del decreto-legge 10 gennaio 2006, n. 4, e gli altri uffici ministeriali competenti] (1).

2. L'azione ministeriale si svolge normalmente in collaborazione con le regioni, con gli enti locali e con qualsiasi soggetto di diritto pubblico ritenuto idoneo.

3. L'azione ministeriale si svolge nel rispetto della normativa comunitaria vigente in materia di prevenzione e riparazione del danno ambientale, delle competenze delle regioni, delle province autonome di Trento e di Bolzano e degli enti locali con applicazione dei principi costituzionali di sussidiarietà e di leale collaborazione.

4. Per le finalità connesse all'individuazione, all'accertamento ed alla quantificazione del danno ambientale, il Ministero dell'ambiente e della tutela del territorio si avvale, in regime convenzionale, di soggetti pubblici e privati di elevata e comprovata qualificazione tecnico-scientifica operanti sul territorio, nei limiti delle disponibilità esistenti.

5. Entro sessanta giorni dalla data di entrata in vigore del presente decreto, il Ministro dell'ambiente e della tutela del territorio, con proprio decreto, di concerto con i Ministri dell'economia e delle finanze e delle attività produttive, stabilisce i criteri per le attività istruttorie volte all'accertamento del danno ambientale [e per la riscossione della somma dovuta per equivalente patrimoniale] ai sensi del titolo III della parte

sesta del presente decreto. I relativi oneri sono posti a carico del responsabile del danno (1).

6. Ai fini dell'attuazione delle disposizioni contenute nel presente articolo, il Ministro dell'economia e delle finanze è autorizzato ad apportare, con propri decreti, le necessarie variazioni di bilancio.

(1) *Comma modificato dall'art. 25, comma 1, lett.* b), *l. 6 agosto 2013, n. 97.*

300 Danno ambientale.

1. È danno ambientale qualsiasi deterioramento significativo e misurabile, diretto o indiretto, di una risorsa naturale o dell'utilità assicurata da quest'ultima.

2. Ai sensi della direttiva 2004/35/CE costituisce danno ambientale il deterioramento, in confronto alle condizioni originarie, provocato:

a) alle specie e agli habitat naturali protetti dalla normativa nazionale e comunitaria di cui alla legge 11 febbraio 1992, n. 157, recante norme per la protezione della fauna selvatica, che recepisce le direttive 79/409/CEE del Consiglio del 2 aprile 1979; 85/411/CEE della Commissione del 25 luglio 1985 e 91/244/CEE della Commissione del 6 marzo 1991 ed attua le convenzioni di Parigi del 18 ottobre 1950 e di Berna del 19 settembre 1979, e di cui al decreto del Presidente della Repubblica 8 settembre 1997, n. 357, recante regolamento recante attuazione della direttiva 92/43/CEE relativa alla conservazione degli habitat naturali e seminaturali, nonché della flora e della fauna selvatiche, nonché alle aree naturali protette di cui alla legge 6 dicembre 1991, n. 394, e successive norme di attuazione;

b) alle acque interne, mediante azioni che incidano in modo significativamente negativo su:

1) lo stato ecologico, chimico o quantitativo o il potenziale ecologico delle acque interessate, quali definiti nella direttiva 2000/60/CE, fatta eccezione per gli effetti negativi cui si applica l'articolo 4, paragrafo 7, di tale direttiva, oppure;

2) lo stato ambientale delle acque marine interessate, quale definito nella direttiva 2008/56/CE, nella misura in cui aspetti particolari dello stato ecologico del l'ambiente marino non siano già affrontati nella direttiva 2000/60/CE (1);

c) alle acque costiere ed a quelle ricomprese nel mare territoriale mediante le azioni suddette, anche se svolte in acque internazionali;

d) al terreno, mediante qualsiasi contaminazione che crei un rischio significativo di effetti nocivi, anche indiretti, sulla salute umana a seguito dell'introduzione nel suolo, sul suolo o nel sottosuolo di sostanze, preparati, organismi o microrganismi nocivi per l'ambiente.

(1) *Lettera sostituita dall'art. 33, comma 1, d.lgs. 18 agosto 2015, n. 145.*

301 Attuazione del principio di precauzione.

1. In applicazione del principio di precauzione di cui all'articolo 174, paragrafo 2, del Trattato CE, in caso di pericoli, anche solo potenziali, per la salute umana e per l'ambiente, deve essere assicurato un alto livello di protezione.

2. L'applicazione del principio di cui al comma 1 concerne il rischio che comunque possa essere individuato a séguito di una preliminare valutazione scientifica obiettiva.

3. L'operatore interessato, quando emerga il rischio suddetto, deve informarne senza indugio, indicando tutti gli aspetti pertinenti alla situazione, il comune, la provincia, la regione o la provincia autonoma nel cui territorio si prospetta l'evento lesivo, nonché il Prefetto della provincia che, nelle ventiquattro ore successive, informa il Ministro dell'ambiente e della tutela del territorio.

4. Il Ministro dell'ambiente e della tutela del territorio, in applicazione del principio di precauzione, ha facoltà di adottare in qualsiasi momento misure di prevenzione, ai sensi dell'articolo 304, che risultino:

a) proporzionali rispetto al livello di protezione che s'intende raggiungere;

b) non discriminatorie nella loro applicazione e coerenti con misure analoghe già adottate;

c) basate sull'esame dei potenziali vantaggi ed oneri;

d) aggiornabili alla luce di nuovi dati scientifici.

5. Il Ministro dell'ambiente e della tutela del territorio promuove l'informazione del pubblico quanto agli effetti negativi di un prodotto o di un processo e, tenuto conto delle risorse finanziarie previste a legislazione vigente, può finanziare programmi di ricerca, disporre il ricorso a sistemi di certificazione ambientale ed assumere ogni altra iniziativa volta a ridurre i rischi di danno ambientale.

302 Definizioni.

1. Lo stato di conservazione di una specie è considerato favorevole quando:

a) i dati relativi alla sua popolazione mostrano che essa si sta mantenendo, a lungo termine, come componente vitale dei suoi habitat naturali;

b) l'area naturale della specie non si sta riducendo né si ridurrà verosimilmente in un futuro prevedibile;

c) esiste, e verosimilmente continuerà ad esistere, un habitat sufficientemente ampio per mantenerne la popolazione a lungo termine.

2. Lo stato di conservazione di un habitat naturale è considerato favorevole quando:

a) la sua area naturale e le zone in essa racchiuse sono stabili o in aumento;

b) le strutture e le funzioni specifiche necessarie per il suo mantenimento a lungo termine esistono e continueranno verosimilmente a esistere in un futuro prevedibile; e

c) lo stato di conservazione delle sue specie tipiche è favorevole, ai sensi del comma 1.

3. Per « acque » si intendono tutte le acque cui si applica la parte terza del presente decreto.

4. Per « operatore » s'intende qualsiasi persona, fisica o giuridica, pubblica o privata, che esercita o controlla un'attività professionale avente rilevanza ambientale oppure chi comunque eserciti potere decisionale sugli aspetti tecnici e finanziari di tale attività,

compresi il titolare del permesso o dell'autorizzazione a svolgere detta attività.

5. Per « attività professionale » s'intende qualsiasi azione, mediante la quale si perseguano o meno fini di lucro, svolta nel corso di un'attività economica, industriale, commerciale, artigianale, agricola e di prestazione di servizi, pubblica o privata.

6. Per « emissione » s'intende il rilascio nell'ambiente, a seguito dell'attività umana, di sostanze, preparati, organismi o microrganismi.

7. Per « minaccia imminente » di danno si intende il rischio sufficientemente probabile che stia per verificarsi uno specifico danno ambientale.

8. Per « misure di prevenzione » si intendono le misure prese per reagire a un evento, un atto o un'omissione che ha creato una minaccia imminente di danno ambientale, al fine di impedire o minimizzare tale danno.

9. Per « ripristino », anche « naturale », s'intende: nel caso delle acque, delle specie e degli habitat protetti, il ritorno delle risorse naturali o dei servizi danneggiati alle condizioni originarie; nel caso di danno al terreno, l'eliminazione di qualsiasi rischio di effetti nocivi per la salute umana e per la integrità ambientale. In ogni caso il ripristino deve consistere nella riqualificazione del sito e del suo ecosistema, mediante qualsiasi azione o combinazione di azioni, comprese le misure di attenuazione o provvisorie, dirette a riparare, risanare o, qualora sia ritenuto ammissibile dall'autorità competente, sostituire risorse naturali o servizi naturali danneggiati.

10. Per « risorse naturali » si intendono specie e habitat naturali protetti, acqua e terreno.

11. Per « servizi » e « servizi delle risorse naturali » si intendono le funzioni svolte da una risorsa naturale a favore di altre risorse naturali e/o del pubblico.

12. Per « condizioni originarie » si intendono le condizioni, al momento del danno, delle risorse naturali e dei servizi che sarebbero esistite se non si fosse verificato il danno ambientale, stimate sulla base delle migliori informazioni disponibili.

13. Per « costi » s'intendono gli oneri economici giustificati dalla necessità di assicurare un'attuazione corretta ed efficace delle disposizioni di cui alla parte sesta del presente decreto, compresi i costi per valutare il danno ambientale o una sua minaccia imminente, per progettare gli interventi alternativi, per sostenere le spese amministrative, legali e di realiz zazione delle opere, i costi di raccolta dei dati ed altri costi generali, nonché i costi del controllo e della sorveglianza.

303 Esclusioni.

1. La parte sesta del presente decreto:

a) non riguarda il danno ambientale o la minaccia imminente di tale danno cagionati da:

1) atti di conflitto armato, sabotaggi, atti di ostilità, guerra civile, insurrezione;

2) fenomeni naturali di carattere eccezionale, inevitabili e incontrollabili;

b) non si applica al danno ambientale o a minaccia imminente di tale danno provocati da un incidente per il quale la responsabilità o l'indennizzo rientrino nell'ambito d'applicazione di una delle convenzioni internazionali elencate nell'allegato 1 alla parte sesta del presente decreto cui la Repubblica italiana abbia aderito;

c) non pregiudica il diritto del trasgressore di limitare la propria responsabilità conformemente alla legislazione nazionale che dà esecuzione alla convenzione sulla limitazione della responsabilità per crediti marittimi (LLMC) del 1976, o alla convenzione di Strasburgo sulla limitazione della responsabilità nella navigazione interna (CLNI) del 1988;

d) non si applica ai rischi nucleari relativi all'ambiente né alla minaccia imminente di tale danno causati da attività disciplinate dal Trattato istitutivo della Comunità europea dell'energia atomica o causati da un incidente o un'attività per i quali la responsabilità o l'indennizzo rientrano nel campo di applicazione di uno degli strumenti internazionali elencati nell'allegato 2 alla parte sesta del presente decreto;

e) non si applica alle attività svolte in condizioni di necessità ed aventi come scopo esclusivo la difesa nazionale, la sicurezza internazionale o la protezione dalle calamità naturali;

f) non si applica al danno causato da un'emissione, un evento o un incidente verificatisi prima della data di entrata in vigore della parte sesta del presente decreto; [i criteri di determinazione dell'obbligazione risarcitoria stabiliti dall'articolo 311, commi 2 e 3, si applicano anche alle domande di risarcimento proposte o da proporre ai sensi dell'articolo 18 della legge 18 luglio 1986, n. 349, in luogo delle previsioni dei commi 6, 7 e 8 del citato articolo 18, o ai sensi del titolo IX del libro IV del codice civile o ai sensi di altre disposizioni non aventi natura speciale, con esclusione delle pronunce passate in giudicato; ai predetti giudizi trova, inoltre, applicazione la previsione dell'articolo 315 del presente decreto] (1);

g) non si applica al danno in relazione al quale siano trascorsi più di trent'anni dall'emissione, dall'evento o dall'incidente che l'hanno causato;

h) non si applica al danno ambientale o alla minaccia imminente di tale danno causa ti da inquinamento di carattere diffuso, se non sia stato possibile accertare in alcun modo un nesso causale tra il danno e l'attività di singoli operatori;

[*i*) non si applica alle situazioni di inquinamento per le quali siano effettivamente avviate le procedure relative alla bonifica, o sia stata avviata o sia intervenuta bonifica dei siti nel rispetto delle norme vigenti hi materia, salvo che ad esito di tale bonifica non permanga un danno ambientale] (2).

(1) *Lettera modificata dall'art.* 5-bis, *comma 1, lettera* c), *d.l. 25 settembre 2009, n. 135, conv., con modif., in l. 20 novembre 2009, n. 166 e successivamente dall'art. 25, comma 1, lett.* d), *l. 6 agosto 2013, n. 97.*

(2) *Lettera abrogata dall'art. 25, comma 1, lett.* e), *l. 6 agosto 2013, n. 97.*

TITOLO II

Prevenzione e ripristino ambientale

304 Azione di prevenzione.

1. Quando un danno ambientale non si è ancora

verificato, ma esiste una minaccia imminente che si verifichi, l'operatore interessato adotta, entro ventiquattro ore e a proprie spese, le necessarie misure di prevenzione e di messa in sicurezza.

2. L'operatore deve far precedere gli interventi di cui al comma 1 da apposita comunicazione al comune, alla provincia, alla regione, o alla provincia autonoma nel cui territorio si prospetta l'evento lesivo, nonché al Prefetto della provincia che nelle ventiquattro ore successive informa il Ministro dell'ambiente e della tutela del territorio. Tale comunicazione deve avere ad oggetto tutti gli aspetti pertinenti della situazione, ed in particolare le generalità dell'operatore, le caratteristiche del sito interessato, le matrici ambientali presumibilmente coinvolte e la descrizione degli interventi da eseguire. La comunicazione, non appena pervenuta al comune, abilita immediatamente l'operatore alla realizzazione degli interventi di cui al comma 1. Se l'operatore non provvede agli interventi di cui al comma 1 e alla comunicazione di cui al presente comma, l'autorità preposta al controllo o comunque il Ministero dell'ambiente e della tutela del territorio irroga una sanzione amministrativa non inferiore a mille euro né superiore a tremila euro per ogni giorno di ritardo.

3. Il Ministro dell'ambiente e della tutela del territorio, in qualsiasi momento, ha facoltà di:

a) chiedere all'operatore di fornire informazioni su qualsiasi minaccia imminente di danno ambientale o su casi sospetti di tale minaccia imminente;

b) ordinare all'operatore di adottare le specifiche misure di prevenzione considerate necessarie, precisando le metodologie da seguire;

c) adottare egli stesso le misure di prevenzione necessarie.

4. Se l'operatore non si conforma agli obblighi previsti al comma 1 o al comma 3, lettera *b*), o se esso non può essere individuato, o se non è tenuto a sostenere i costi a norma della parte sesta del presente decreto, il Ministro dell'ambiente e della tutela del territorio ha facoltà di adottare egli stesso le misure necessarie per la prevenzione del danno, approvando la nota delle spese, con diritto di rivalsa esercitabile verso chi abbia causato o concorso a causare le spese stesse, se venga individuato entro il termine di cinque anni dall'effettuato pagamento.

305 Ripristino ambientale.

1. Quando si è verificato un danno ambientale, l'operatore deve comunicare senza indugio tutti gli aspetti pertinenti della situazione alle autorità di cui all'articolo 304, con gli effetti ivi previsti, e, se del caso, alle altre autorità dello Stato competenti, comunque interessate. L'operatore ha inoltre l'obbligo di adottare immediatamente:

a) tutte le iniziative praticabili per controllare, circoscrivere, eliminare o gestire in altro modo, con effetto immediato, qualsiasi fattore di danno, allo scopo di prevenire o limitare ulteriori pregiudizi ambientali ed effetti nocivi per la salute umana o ulteriori deterioramenti ai servizi, anche sulla base delle specifiche istruzioni formulate dalle autorità competenti relativamente alle misure di prevenzione necessarie da adottare;

b) le necessarie misure di ripristino di cui all'articolo 306.

2. Il Ministro dell'ambiente e della tutela del territorio, in qualsiasi momento, ha facoltà di:

a) chiedere all'operatore di fornire informazioni su qualsiasi danno verificatosi e sulle misure da lui adottate immediatamente ai sensi del comma 1;

b) adottare, o ordinare all'operatore di adottare, tutte le iniziative opportune per controllare, circoscrivere, eliminare o gestire in altro modo, con effetto immediato, qualsiasi fattore di danno, allo scopo di prevenire o limitare ulteriori pregiudizi ambientali e effetti nocivi per la salute umana o ulteriori deterioramenti ai servizi;

c) ordinare all'operatore di prendere le misure di ripristino necessarie;

d) adottare egli stesso le suddette misure.

3. Se l'operatore non adempie agli obblighi previsti al comma 1 o al comma 2, lettera *b*) o *c*), o se esso non può essere individuato o se non è tenuto a sostenere i costi a norma della parte sesta del presente decreto, il Ministro dell'ambiente e della tutela del territorio ha facoltà di adottare egli stesso tali misure, approvando la nota delle spese, con diritto di rivalsa esercitabile verso chi abbia causato o comunque concorso a causare le spese stesse, se venga individuato entro il termine di cinque anni dall'effettuato pagamento.

306 Determinazione delle misure per il ripristino ambientale.

1. Gli operatori individuano le possibili misure per il ripristino ambientale che risultino conformi all'alle gato 3 alla parte sesta del presente decreto e le presentano per l'approvazione al Ministro dell'ambiente e della tutela del territorio senza indugio e comunque non oltre trenta giorni dall'evento dannoso, a meno che questi non abbia già adottato misure urgenti, a norma articolo 305, commi 2 e 3.

2. Il Ministro dell'ambiente e della tutela del territorio decide quali misure di ripristino attuare, in modo da garantire, ove possibile, il conseguimento del completo ripristino ambientale, e valuta l'opportunità di addivenire ad un accordo con l'operatore interessato nel rispetto della procedura di cui all'articolo 11 della legge 7 agosto 1990, n. 241.

3. Se si è verificata una pluralità di casi di danno ambientale e l'autorità competente non è in grado di assicurare l'adozione simultanea delle misure di ripristino necessarie, essa può decidere quale danno ambientale debba essere riparato a titolo prioritario. Ai fini di tale decisione, l'autorità competente tiene conto, fra l'altro, della natura, entità e gravità dei diversi casi di danno ambientale in questione, nonché della possibilità di un ripristino naturale.

4. Nelle attività di ripristino ambientale sono prioritariamente presi in considerazione i rischi per la salute umana.

5. Il Ministro dell'ambiente e della tutela del territorio invita i soggetti di cui agli articoli 12 e 7, comma 4, della direttiva 2004/35/CE, nonché i soggetti sugli immobili dei quali si devono effettuare le misure di ripristino a presentare le loro osservazioni nel termine di

dieci giorni e le prende in considerazione in sede di ordinanza. Nei casi di motivata, estrema urgenza l'invito può essere incluso nell'ordinanza, che in tal caso potrà subire le opportune riforme o essere revocata tenendo conto dello stato dei lavori in corso.

306-*bis* Determinazione delle misure per il risarcimento del danno ambientale e il ripristino ambientale dei siti di interesse nazionale (1).

1. Salvo che la transazione avvenga in sede giudiziale a norma dell'articolo 185 del codice di procedura civile, nel rispetto dei criteri di cui al comma 2 e tenuto conto del quadro comune da rispettare di cui all'allegato 3 alla presente parte sesta, il soggetto nei cui confronti il Ministero dell'ambiente e della tutela del territorio e del mare ha avviato le procedure di bonifica e di riparazione del danno ambientale di siti inquinati di interesse nazionale ai sensi dell'articolo 18 della legge 8 luglio 1986, n. 349, dell'articolo 17 del decreto legislativo 5 febbraio 1997, n. 22, nonchè ai sensi del titolo V della parte quarta e della parte sesta del presente decreto, ovvero ha intrapreso la relativa azione giudiziaria, può formulare una proposta transattiva in sede amministrativa (2).

2. La proposta di transazione di cui al comma 1:

a) individua gli interventi di riparazione primaria, complementare e compensativa;

b) ove sia formulata per la riparazione compensativa, tiene conto del tempo necessario per conseguire l'obiettivo della riparazione primaria o della riparazione primaria e complementare;

c) ove i criteri risorsa-risorsa e servizio-servizio non siano applicabili per la determinazione delle misure complementari e compensative, contiene una liquidazione del danno mediante una valutazione economica;

d) prevede comunque un piano di monitoraggio e controllo qualora all'impossibilità della riparazione primaria corrisponda un inquinamento residuo che comporta un rischio per la salute e per l'ambiente;

e) tiene conto degli interventi di bonifica già approvati e realizzati ai sensi del titolo V della parte quarta del presente decreto;

f) in caso di concorso di più soggetti nell'aver causato il danno e negli obblighi di bonifica, può essere formulata anche da alcuni soltanto di essi con riferimento all'intera obbligazione, salvo il regresso nei confronti degli altri concorrenti;

g) contiene l'indicazione di idonee garanzie finanziarie.

3. Il Ministero dell'ambiente e della tutela del territorio e del mare, con proprio decreto, dichiara ricevibile la proposta di transazione, verificato che ricorrono i requisiti di cui al comma 2, ovvero respinge la proposta per assenza dei medesimi requisiti.

4. Nel caso in cui dichiari ricevibile la proposta di transazione, il Ministero dell'ambiente e della tutela del territorio e del mare convoca, entro trenta giorni, una conferenza di servizi alla quale partecipano la regione e gli enti locali territorialmente coinvolti, che acquisisce il parere dell'Istituto superiore per la protezione e la ricerca ambientale (ISPRA) e dell'Istituto superiore di sanità.

In ogni caso il parere tiene conto della necessità che gli interventi proposti, qualora non conseguano il completo ripristino dello stato dei luoghi, assicurino comunque la funzionalità dei servizi e delle risorse tutelate e colpite dall'evento lesivo. Della conferenza di servizi è data adeguata pubblicità al fine di consentire a tutti i soggetti interessati di formulare osservazioni.

5. La conferenza di servizi, entro centottanta giorni dalla convocazione, approva, respinge o modifica la proposta di transazione. La deliberazione finale è comunicata al proponente per l'accettazione, che deve intervenire nei successivi sessanta giorni.

Le determinazioni assunte all'esito della conferenza sostituiscono a tutti gli effetti ogni atto decisorio comunque denominato di competenza delle amministrazioni partecipanti alla predetta conferenza o comunque invitate a partecipare ma risultate assenti.

6. Sulla base della deliberazione della conferenza accettata dall'interessato, il Ministero dell'ambiente e della tutela del territorio e del mare predispone uno schema di transazione sul quale è acquisito il parere dell'Avvocatura generale dello Stato, che lo valuta anche tenendo conto dei presumibili tempi processuali e, ove possibile, dei prevedibili esiti del giudizio pendente o da instaurare.

7. Acquisito il parere di cui al comma 6, lo schema di transazione, sottoscritto per accettazione dal proponente, è adottato con decreto del Ministro dell'ambiente e della tutela del territorio e del mare e sottoposto al controllo preventivo di legittimità della Corte dei conti ai sensi dell'articolo 3, comma 1, della legge 14 gennaio 1994, n. 20.

8. Nel caso di inadempimento, anche parziale, da parte dei soggetti privati, delle obbligazioni dagli stessi assunte in sede di transazione nei confronti del Ministero dell'ambiente e della tutela del territorio e del mare, quest'ultimo, previa diffida ad adempiere nel termine di trenta giorni e previa escussione delle garanzie finanziarie prestate, può dichiarare risolto il contratto di transazione. In tal caso, le somme eventualmente già corrisposte dai contraenti sono trattenute dal Ministero in acconto dei maggiori importi definitivamente dovuti per i titoli di cui al comma 1.

(1) *Articolo inserito dall'art. 31, comma 1, l. 28 dicembre 2015, n. 221.*

(2) *Comma modificato dall'art. 53, comma 2-*quater *d.l. 16 luglio 2020, n. 76, conv., con modif., in l. 11 settembre 2020, n. 120.*

307 Notificazione delle misure preventive e di ripristino.

1. Le decisioni che impongono misure di precauzione, di prevenzione o di ripristino, adottate ai sensi della parte sesta del presente decreto, sono adeguatamente motivate e comunicate senza indugio all'operatore interessato con indicazione dei mezzi di ricorso di cui dispone e dei termini relativi.

308 Costi dell'attività di prevenzione e di ripristino.

1. L'operatore sostiene i costi delle iniziative statali di prevenzione e di ripristino ambientale adottate secondo le disposizioni di cui alla parte sesta del presente decreto.

2. Fatti salvi i commi 4, 5 e 6, il Ministro dell'ambiente e della tutela del territorio recupera, anche attraverso garanzie reali o fideiussioni bancarie a prima richiesta e con esclusione del beneficio della preventiva escussione, dall'operatore che ha causato il danno o l'imminente minaccia, le spese sostenute dallo Stato in relazione alle azioni di precauzione, prevenzione e ripristino adottate a norma della parte sesta del presente decreto.

3. Il Ministro dell'ambiente e della tutela del territorio determina di non recuperare la totalità dei costi qualora la spesa necessaria sia maggiore dell'importo recuperabile o qualora l'operatore non possa essere individuato.

4. Non sono a carico dell'operatore i costi delle azioni di precauzione, prevenzione e ripristino adottate conformemente alle disposizioni di cui alla parte sesta del presente decreto se egli può provare che il danno ambientale o la minaccia imminente di tale danno:

a) è stato causato da un terzo e si è verificato nonostante l'esistenza di misure di sicurezza astrattamente idonee;

b) è conseguenza dell'osservanza di un ordine o istruzione obbligatori impartiti da una autorità pubblica, diversi da quelli impartiti a seguito di un'emissione o di un incidente imputabili all'operatore; in tal caso il Ministro dell'ambiente e della tutela del territorio adotta le misure necessarie per consentire all'operatore il recupero dei costi sostenuti.

5. L'operatore non è tenuto a sostenere i costi delle azioni di cui al comma 5 intraprese conformemente alle disposizioni di cui alla parte sesta del presente decreto qualora dimostri che non gli è attribuibile un comportamento doloso o colposo e che l'intervento preventivo a tutela dell'ambiente è stato causato da:

a) un'emissione o un evento espressa mente consentiti da un'autorizzazione conferita ai sensi delle vigenti disposizioni legislative e regolamentari recanti attuazione delle misure legislative adottate dalla Comunità europea di cui all'allegato 5 della parte sesta del presente decreto, applicabili alla data dell'emissione o dell'evento e in piena conformità alle condizioni ivi previste;

b) un'emissione o un'attività o qualsiasi altro modo di utilizzazione di un prodotto nel corso di un'attività che l'operatore dimostri non essere stati considerati probabile causa di danno ambientale secondo lo stato delle conoscenze scientifiche e tecniche al momento del rilascio dell'emissione o dell'esecuzione dell'attività.

6. Le misure adottate dal Ministro dell'ambiente e della tutela del territorio in attuazione delle disposizioni di cui alla parte sesta del presente decreto lasciano impregiudicata la responsabilità e l'obbligo risarcitorio del trasgressore interessato.

309 Richiesta di intervento statale.

1. Le regioni, le province autonome e gli enti locali, anche associati, nonché le persone fisiche o giuridiche che sono o che potrebbero essere colpite dal danno ambientale o che vantino un interesse legittimante la partecipazione al procedimento relativo all'adozione delle misure di precauzione, di prevenzione o di ripristino previste dalla parte sesta del presente decreto possono presentare al Ministro dell'ambiente e della tutela del territorio, depositandole presso le Prefetture - Uffici territoriali del Governo, denunce e osservazioni, corredate da documenti ed informazioni, concernenti qualsiasi caso di danno ambientale o di minaccia imminente di danno ambientale e chiedere l'intervento statale a tutela dell'ambiente a norma della parte sesta del presente decreto.

2. Le organizzazioni non governative che promuovono la protezione dell'ambiente, di cui all'articolo 13 della legge 8 luglio 1986, n. 349, sono riconosciute titolari dell'interesse di cui al comma 1.

3. Il Ministro dell'ambiente e della tutela del territorio valuta le richieste di intervento e le osservazioni ad esse allegate afferenti casi di danno o di minaccia di danno ambientale e informa senza dilazione i soggetti richiedenti dei provvedimenti assunti al riguardo.

4. In caso di minaccia imminente di danno, il Ministro dell'ambiente e della tutela del territorio, nell'urgenza estrema, provvede sul danno denunciato anche prima d'aver risposto ai richiedenti ai sensi del comma 3.

310 Ricorsi.

1. I soggetti di cui all'articolo 309, comma 1, sono legittimati ad agire, secondo i principi generali, per l'annullamento degli atti e dei provvedimenti adottati in violazione delle disposizioni di cui alla parte sesta del presente decreto nonché avverso il silenzio inadempimento del Ministro dell'ambiente e della tutela del territorio e per il risarcimento del danno subito a causa del ritardo nell'attivazione, da parte del medesimo Ministro, delle misure di precauzione, di prevenzione o di contenimento del danno ambientale.

2. Nell'ipotesi di cui al comma 1, il ricorso al giudice amministrativo [, in sede di giurisdizione esclusiva,] (1) può essere preceduto da una opposizione depositata presso il Ministero dell'ambiente e della tutela del territorio o inviata presso la sua sede a mezzo di posta raccomandata con avviso di ricevimento entro trenta giorni dalla notificazione, comunicazione o piena conoscenza dell'atto. In caso di inerzia del Ministro, analoga opposizione può essere proposta entro il suddetto termine decorrente dalla scadenza del trentesimo giorno successivo all'effettuato deposito dell'opposizione presso il Ministero dell'ambiente e della tutela del territorio.

3. Se sia stata presentata l'opposizione e non ancora il ricorso al giudice amministrativo, quest'ultimo è proponibile entro il termine di sessanta giorni decorrenti dal ricevimento della decisione di rigetto dell'opposizione oppure dal trentunesimo giorno successivo alla presentazione dell'opposizione se il Ministro non si sia pronunciato.

4. Resta ferma la facoltà dell'interessato di ricorrere in via straordinaria al Presidente della Repubblica nel termine di centoventi giorni dalla notificazione, comunicazione o piena conoscenza dell'atto o provvedimento che si ritenga illegittimo e lesivo.

(1) *Le parole «, in sede di giurisdizione esclusiva, » sono state abrogate dall'art. 4 dell'Allegato 4 d.lgs. 2 luglio 2010, n. 104, con effetto a decorrere dal 16 settembre 2010.*

TITOLO III
Risarcimento del danno ambientale

311 Azione risarcitoria in forma specifica [e per equivalente patrimoniale] (1).

1. Il Ministro dell'ambiente e della tutela del territorio agisce, anche esercitando l'azione civile in sede penale, per il risarcimento del danno ambientale in forma specifica e, se necessario, per equivalente patrimoniale, oppure procede ai sensi delle disposizioni di cui alla parte sesta del presente decreto.

2. Quando si verifica un danno ambientale cagionato dagli operatori le cui attività sono elencate nell'allegato 5 alla presente parte sesta, gli stessi sono obbligati all'adozione delle misure di riparazione di cui all'allegato 3 alla medesima parte sesta secondo i criteri ivi previsti, da effettuare entro il termine congruo di cui all'articolo 314, comma 2, del presente decreto. Ai medesimi obblighi è tenuto chiunque altro cagioni un danno ambientale con dolo o colpa. Solo quando l'adozione delle misure di riparazione anzidette risulti in tutto o in parte omessa, o comunque realizzata in modo incompleto o difforme dai termini e modalità prescritti, il Ministro dell'ambiente e della tutela del territorio e del mare determina i costi delle attività necessarie a conseguirne la completa e corretta attuazione e agisce nei confronti del soggetto obbligato per ottenere il pagamento delle somme corrispondenti (2).

3. Il Ministro dell'ambiente e della tutela del territorio e del mare provvede in applicazione dei criteri enunciati negli allegati 3 e 4 della presente parte sesta alla determinazione delle misure di riparazione da adottare e provvede con le procedure di cui al presente titolo III all'accertamento delle responsabilità risarcitorie. Con decreto del Ministro dell'ambiente e della tutela del territorio e del mare, sentito il Ministro dello sviluppo economico, da adottare entro sessanta giorni dalla data di entrata in vigore della presente disposizione, ai sensi dell'articolo 17, comma 3, della legge 23 agosto 1988, n. 400, sono definiti, in conformità a quanto previsto dal punto 1.2.3 dell'allegato 3 alla presente parte sesta i criteri ed i metodi, anche di valutazione monetaria, per determinare la portata delle misure di riparazione complementare e compensativa. Tali criteri e metodi trovano applicazione anche ai giudizi pendenti non ancora definiti con sentenza passata in giudicato alla data di entrata in vigore del decreto di cui al periodo precedente. Nei casi di concorso nello stesso evento di danno, ciascuno risponde nei limiti della propria responsabilità personale. Il relativo debito si trasmette, secondo le leggi vigenti, agli eredi, nei limiti del loro effettivo arricchimento (3) (4).

(1) *Rubrica modificata dall'art. 25, comma 1, lett. f), l. 6 agosto 2013, n. 97.*

(2) *Comma modificato dall'art. 5-*bis, *comma 1, lett.* a), *d.l. 25 settembre 2009, n. 135 conv., con modif., in l. 20 novembre 2009, n. 166 e successivamente sostituito dall'art. 25, comma 1, lett.* g), *l. 6 agosto 2013, n. 97. Vedi anche quanto disposto dal successivo comma 2 del medesimo articolo 25 della l. n. 97/2013.*

(3) *Comma modificato dall'art. 5-*bis, *comma 1, lett.* b), *d.l. n. 135, cit. e successivamente sostituito dall'art. 25, comma 1, lett.* h), *l. 6 agosto 2013, n. 97.*

(4) *In precedenza, il risarcimento del danno ambientale era disciplinato dall'art. 18 l. 8 luglio 1986, n. 349 (ora abrogato, ad eccezione del comma 5, dall'art. 318 del presente decreto, per cui v.* infra*), che qui si riporta: « Art. 18. 1. [Qualunque fatto doloso o colposo in violazione di disposizioni di legge o di provvedimenti adottati in base a legge che comprometta l'ambiente, ad esso arrecando danno, alterandolo, deteriorandolo o distruggendolo in tutto o in parte obbliga l'autore del fatto al risarcimento nei confronti dello Stato]. — 2. [Per la materia in cui al precedente comma 1 la giurisdizione appartenente al giudice ordinario, ferma quello della Corte dei conti, di cui all'articolo 22 del decreto del Presidente della Repubblica 10 gennaio 1957, n. 3]. — 3. [L'azione di risarcimento del danno ambientale, anche se esercitata in sede penale, è promossa dallo Stato, nonché dagli anti territoriali sui quali incidano i beni oggetto del fatto lesivo]. — 4. [Le associazioni di cui al precedente articolo 13 e i cittadini, al fine di sollecitare l'esercizio dell'azione da parte dei soggetti legittimi, possono denunciare i fatti lesivi di beni ambientali dei quali siano a conoscienza]. — 5. Le associazioni individuate in base all'articolo 13 della presente legge possono intervenire nei giudizi per danno ambientale e ricorrere in sede di giurisdizione amministrativa per l'annullamento di atti illegittimi. — 6. [Il giudice, ove non sia possibile una precisa quantificazione del danno, ne determina l'ammontare in via equitativa, tenendo comunque conto della gravità della colpa individuale, del costo necessario per il ripristino e del profitto conseguito dal trasgressore in conseguenza del suo comportamento lesivo dei beni ambientali]. — 7. [Nei casi di concorso nello stesso evento il danno, ciascuno risponde nei limiti della più propria responsabilità individuale]. — 8. [Il giudice, nella sentenza di condanna, dispone, ove possibile, il ripristino dello stato dei luoghi a spese del responsabile]. — 9. [Per la riscossione dei crediti in favore dello Stato risultanti dalle sentenze si condanna si applicano le norme si cui al testo unico delle disposizioni di legge relative alla riscossione delle entrate patrimoniali dello Stato, Approvato con regio decreto 14 aprile 1910, n. 639]. — 9-*bis. *[Le somme derivanti dalla riscossione dei crediti in favore dello Stato per il risarcimento del danno di cui al comma 1, ivi comprese quelle derivanti dall'esclusione di fidejussioni a favore dello Stato, assunte a garanzia del risarcimento medesimo, sono versate all'entrata del bilancio dello Stato, per essere riassegnate, con decreto del Ministero del tesoro, del bilancio e della programmazione economica, ad un fondo di rotazione da istituire nell'ambito di apposita unità previsionale di base dello stato di previsione del Ministero dell'ambiente, al fine di finanziare, anche in via di anticipazione:* a) *interventi urgenti di perimetrazione, caratterizzazione e messa in sicurezza dei siti inquinati, con priorità per le aree per le quali ha avuto luogo il risarcimento del danno ambientale;* b) *interventi di disinquinamento, bonifica e ripristino ambientale delle aree per le quali abbia avuto luogo il risarcimento del danno ambientale;* c) *interventi di bonifica e ripristino ambientale previsti nel programma nazionale di bonifica e ripristino ambientale dei siti inquinati di cui all'articolo 1, comma 3, della legge 9 dicembre 198, n. 426]. — 9-*ter. *[Con decreto del Ministro dell'ambiente, adottato di concerto con il Ministero del tesoro, del bilancio e della programmazione economica, sono disciplinate le modalità di funzionamento e di accesso al predetto fondo di rotazione, ivi comprese le procedure per il recupero delle somme concesse a titolo di anticipazione] ».*

L'originaria versione dell'art. 311 era la seguente: 1. Il Ministro dell'ambiente e della tutela del territorio agisce, anche esercitando l'azione civile in sede penale, per il risarcimento del danno ambientale in forma specifica e, se necessario, per equivalente patrimoniale, oppure procede ai sensi delle disposizioni di cui alla parte sesta del presente decreto. 2. Chiunque realizzando un fatto illecito, o omettendo attività o comportamenti doverosi, con violazione di legge, di regolamento, o di provvedimento amministrativo, con negligenza, imperizia, imprudenza o violazione di norme tecniche, arrechi danno all'ambiente, alterandolo, deteriorandolo o distruggendolo in tutto o in parte, è obbligato al ripristino della precedente situazione e, in mancanza, al risarcimento per equivalente patrimoniale nei confronti dello Stato. 3. Alla quantificazione del danno il Ministro dell'ambiente e della tutela del territorio provvede in applicazione dei criteri enunciati negli Allegati 3 e 4 della parte sesta del presente decreto. All'accertamento delle responsabilità risarcitorie ed alla riscossione delle somme dovute per equivalente patrimoniale il Ministro dell'ambiente e della tutela del territorio provvede con le procedure di cui al titolo III della parte sesta del presente decreto.

La versione dell'art. 311 dopo le modifiche apportate dal d.l. 25 settembre 2009, n. 135 era la seguente: « 1. Il Ministro dell'ambiente e della tutela del territorio agisce, anche esercitando l'azione civile in sede penale, per il risarcimento del danno ambientale in forma specifica e, se necessario, per equivalente patrimoniale, oppure procede ai sensi delle dispo-

sizioni di cui alla parte sesta del presente decreto. 2. Chiunque realizzando un fatto illecito, o omettendo attività o comportamenti doverosi, con violazione di legge, di regolamento, o di provvedimento amministrativo, con negligenza, imperizia, imprudenza o violazione di norme tecniche, arrechi danno all'ambiente, alterandolo, deteriorandolo o distruggendolo in tutto o in parte, è obbligato all'effettivo ripristino a sue spese della precedente situazione e, in mancanza, all'adozione di misure di riparazione complementare e compensativa di cui alla direttiva 2004/35/CE del Parlamento europeo e del Consiglio, del 21 aprile 2004, secondo le modalità prescritte dall'Allegato II alla medesima direttiva, da effettuare entro il termine congruo di cui all'articolo 314, comma 2, del presente decreto. Quando l'effettivo ripristino o l'adozione di misure di riparazione complementare o compensativa risultino in tutto o in parte omessi, impossibili o eccessivamente onerosi ai sensi dell'articolo 2058 del codice civile o comunque attuati in modo incompleto o difforme rispetto a quelli prescritti, il danneggiante è obbligato in via sostitutiva al risarcimento per equivalente patrimoniale nei confronti dello Stato, determinato conformemente al comma 3 del presente articolo, per finanziare gli interventi di cui all'articolo 317, comma 5. 3. Alla quantificazione del danno il Ministro dell'ambiente e della tutela del territorio provvede in applicazione dei criteri enunciati negli Allegati 3 e 4 della parte sesta del presente decreto. All'accertamento delle responsabilità risarcitorie ed alla riscossione delle somme dovute per equivalente patrimoniale il Ministro dell'ambiente e della tutela del territorio provvede con le procedure di cui al titolo III della parte sesta del presente decreto. Con decreto del Ministro dell'ambiente e della tutela del territorio e del mare, da emanare entro sessanta giorni dalla data di entrata in vigore della presente disposizione, ai sensi dell'articolo 17, comma 3, della legge 23 agosto 1988, n. 400, sono definiti, in conformità a quanto previsto dal punto 1.2.3 dell'Allegato II alla direttiva 2004/35/CE, i criteri di determinazione del risarcimento per equivalente e dell'eccessiva onerosità, avendo riguardo anche al valore monetario stimato delle risorse naturali e dei servizi perduti e ai parametri utilizzati in casi simili o materie analoghe per la liquidazione del risarcimento per equivalente del danno ambientale in sentenze passate in giudicato pronunciate in ambito nazionale e comunitario. Nei casi di concorso nello stesso evento di danno, ciascuno risponde nei limiti della propria responsabilità personale. Il relativo debito si trasmette, secondo le leggi vigenti, agli eredi nei limiti del loro effettivo arricchimento. Il presente comma si applica anche nei giudizi di cui ai commi 1 e 2 ».

312 Istruttoria per l'emanazione dell'ordinanza ministeriale.

1. L'istruttoria per l'emanazione dell'ordinanza ministeriale di cui all'articolo 313 si svolge ai sensi della legge 7 agosto 1990, n. 241.

2. Il Ministro dell'ambiente e della tutela del territorio, per l'accertamento dei fatti, per l'individuazione dei trasgressori, per l'attuazione delle misure a tutela dell'ambiente e per il risarcimento dei danni, può delegare il Prefetto competente per territorio ed avvalersi, anche mediante apposite convenzioni, della collaborazione delle Avvocature distrettuali dello Stato, del Corpo forestale dello Stato, dell'Arma dei carabinieri, della Polizia di Stato, della Guardia di finanza e di qualsiasi altro soggetto pubblico dotato di competenza adeguata.

3. Il Ministro dell'ambiente e della tutela del territorio, per l'accertamento delle cause del danno e per la sua quantificazione, da effettuare in applicazione delle disposizioni contenute negli Allegati 3 e 4 alla parte sesta del presente decreto, può disporre, nel rispetto del principio del contraddittorio con l'operatore interessato, apposita consulenza tecnica svolta dagli uffici ministeriali, da quelli di cui al comma 2 oppure, tenuto conto delle risorse finanziarie previste a legislazione vigente, da liberi professionisti.

4. Il Ministro dell'ambiente e della tutela del territorio, al fine di procedere ad ispezioni documentali, verificazioni e ricerche anche in apparecchiature informatiche e ad ogni altra rilevazione ritenuta utile per l'accertamento del fatto dannoso e per l'individuazione dei trasgressori, può disporre l'accesso di propri incaricati nel sito interessato dal fatto dannoso. Gli incaricati che eseguono l'accesso devono essere muniti di apposita autorizzazione che ne indica lo scopo, rilasciata dal capo dell'ufficio da cui dipendono. Per l'accesso a locali che siano adibiti ad abitazione o all'esercizio di attività professionali è necessario che l'Amministrazione si munisca dell'autorizzazione dell'autorità giudiziaria competente. In ogni caso, dell'accesso nei luoghi di cui al presente comma dovrà essere informato il titolare dell'attività o un suo delegato, che ha il diritto di essere presente, anche con l'assistenza di un difensore di fiducia, e di chiedere che le sue dichiarazioni siano verbalizzate.

5. In caso di gravi indizi che facciano ritenere che libri, registri, documenti, scritture ed altre prove del fatto dannoso si trovino in locali diversi da quelli indicati nel comma 4, il Ministro dell'ambiente e della tutela del territorio può chiedere l'autorizzazione per la perquisizione di tali locali all'autorità giudiziaria competente.

6. È in ogni caso necessaria l'autorizzazione dell'autorità giudiziaria competente per procedere, durante l'accesso, a perquisizioni personali e all'apertura coattiva di pieghi sigillati, borse, casseforti, mobili, ripostigli e simili e per l'esame dei documenti e la richiesta di notizie relativamente ai quali sia stato eccepito il segreto professionale.

7. Di ogni accesso deve essere redatto processo verbale da cui risultino le ispezioni e le rilevazioni eseguite, le richieste fatte all'interessato o a chi lo rap presenta e le risposte ricevute, nonché le sue dichiarazioni. Il verbale deve essere sottoscritto dall'interessato o da chi lo rappresenta oppure deve indicare il motivo della mancata sottoscrizione. L'interessato ha diritto di averne copia.

8. I documenti e le scritture possono essere sequestrati soltanto se non sia possibile riprodurne o farne constare agevolmente il contenuto rilevante nel verbale, nonché in caso di mancata sottoscrizione o di contestazione del contenuto del verbale; tuttavia gli agenti possono sempre acquisire dati con strumenti propri da sistemi meccanografici, telematici, elettronici e simili.

313 Ordinanza.

1. Qualora all'esito dell'istruttoria di cui all'articolo 312 sia stato accertato un fatto che abbia causato danno ambientale ed il responsabile non abbia attivato le procedure di ripristino ai sensi del titolo V della parte quarta del presente decreto oppure ai sensi degli articoli 304e seguenti, il Ministro dell'ambiente e della tutela del territorio, con ordinanza immediatamente esecutiva, ingiunge a coloro che, in base al suddetto accertamento, siano risultati responsabili del fatto il ripristino ambientale a titolo di risarcimento in forma specifica entro un termine fissato.

2. Qualora il responsabile del fatto che ha provocato danno ambientale non provveda in tutto o in parte al ripristino nel termine ingiunto o all'adozione delle misure di riparazione nei termini e modalità prescritti, il Ministro dell'ambiente e della tutela del territorio e del mare determina i costi delle attività necessarie a conseguire la completa attuazione delle misure anzidette secondo i criteri definiti con il decreto di cui al comma

3 dell'articolo 311 e, al fine di procedere alla realizzazione delle stesse, con ordinanza ingiunge il pagamento, entro il termine di sessanta giorni dalla notifica, delle somme corrispondenti (1).

3. Con riguardo al risarcimento del danno in forma specifica, l'ordinanza è emessa nei confronti del responsabile del fatto dannoso nonché, in solido, del soggetto nel cui effettivo interesse il comportamento fonte del danno è stato tenuto o che ne abbia obiettivamente tratto vantaggio sottraendosi, secondo l'accertamento istruttorio intervenuto, all'onere economico necessario per apprestare, in via preventiva, le opere, le attrezzature, le cautele e tenere i comportamenti previsti come obbligatori dalle norme applicabili.

4. L'ordinanza è adottata nel termine perentorio di centottanta giorni decorrenti dalla comunicazione ai soggetti di cui al comma 3 dell'avvio dell'istruttoria, e comunque entro il termine di decadenza di due anni dalla notizia del fatto, salvo quando sia in corso il ripristino ambientale a cura e spese del trasgressore. In tal caso i medesimi termini decorrono dalla sospensione ingiustificata dei lavori di ripristino oppure dalla loro conclusione in caso di incompleta riparazione del danno. Alle attestazioni concernenti la sospensione dei lavori e la loro incompletezza provvede il Ministro dell'ambiente e della tutela del territorio con apposito atto di accertamento.

5. Nei termini previsti dai commi 1 e 3 dell'articolo 2947 del codice civile, il Ministro dell'ambiente e della tutela del territorio può adottare ulteriori provvedimenti nei confronti di trasgressori successivamente individuati.

6. Nel caso di danno provocato da soggetti sottoposti alla giurisdizione della Corte dei conti, il Ministro dell'ambiente e della tutela del territorio, anziché ingiungere il pagamento del risarcimento per equivalente patrimoniale, invia rapporto all'Ufficio di Procura regionale presso la Sezione giurisdizionale della Corte dei conti competente per territorio.

7. Nel caso di intervenuto risarcimento del danno, sono esclusi, a seguito di azione concorrente da parte di autorità diversa dal Ministro dell'ambiente e della tutela territorio, nuovi interventi comportanti aggra vio di costi per l'operatore interessato. Resta in ogni caso fermo il diritto dei soggetti danneggiati dal fatto produttivo di danno ambientale, nella loro salute o nei beni di loro proprietà, di agire in giudizio nei confronti del responsabile a tutela dei diritti e degli interessi lesi.

(1) *Comma modificato dall'art. 25, comma 1, lett.* i), *l. 6 agosto 2013, n. 97.*

314 Contenuto dell'ordinanza.

1. L'ordinanza contiene l'indicazione specifica del fatto, commissivo o omissivo, contestato, nonché degli elementi di fatto ritenuti rilevanti per l'individuazione e la quantificazione del danno e delle fonti di prova per l'identificazione dei trasgressori.

2. L'ordinanza fissa un termine, anche concordato con il trasgressore in applicazione dell'articolo 11 della legge 7 agosto 1990, n. 241, per il ripristino dello stato dei luoghi a sue spese, comunque non inferiore a due mesi e non superiore a due anni, salvo ulteriore proroga da definire in considerazione dell'entità dei lavori necessari.

3. La quantificazione del danno deve comprendere il pregiudizio arrecato alla situazione ambientale con particolare riferimento al costo necessario per il suo ripristino. [Ove non sia motivatamente possibile l'esatta quantificazione del danno non risarcibile in forma specifica, o di parte di esso, il danno per equivalente patrimoniale si presume, fino a prova contraria, di ammontare non inferiore al triplo della somma corrispondente alla sanzione pecuniaria amministrativa, oppure alla sanzione penale, in concreto applicata.] [Se sia stata erogata una pena detentiva, al fine della quantificazione del danno di cui al presente articolo, il ragguaglio fra la stessa e la somma da addebitare a titolo di risarcimento del danno ha luogo calcolando quattrocento euro per ciascun giorno di pena detentiva.] (1)

4. In caso di sentenza di condanna in sede penale o di emanazione del provvedimento di cui all'articolo 444 del codice di procedura penale, la cancelleria del giudice che ha emanato la sentenza o il provvedimento trasmette copia degli stessi al Ministero dell'ambiente e della tutela del territorio entro cinque giorni dalla loro pubblicazione.

5. Le regioni, le province autonome e gli altri enti territoriali, al fine del risarcimento del danno ambien tale, comunicano al Ministero dell'ambiente e della tutela del territorio le sanzioni amministrative, entro dieci giorni dall'avvenuta irrogazione.

6. Le ordinanze ministeriali di cui agli articoli 304, comma 3, e 313 indicano i mezzi di ricorso ed i relativi termini.

(1) *Comma modificato dall'art. 25, comma 1, lett.* l), *l. 6 agosto 2013, n. 97.*

315 Effetti dell'ordinanza sull'azione giudiziaria.

1. Il Ministro dell'ambiente e della tutela del territorio che abbia adottato l'ordinanza di cui all'articolo 313non può né proporre né procedere ulteriormente nel giudizio per il risarcimento del danno ambientale, salva la possibilità dell'intervento in qualità di persona offesa dal reato nel giudizio penale.

316 Ricorso avverso l'ordinanza.

1. Il trasgressore, entro il termine perentorio di sessanta giorni dalla comunicazione dell'ordinanza di cui all'articolo 313, può ricorrere al Tribunale amministrativo regionale [, in sede di giurisdizione esclusiva,] (1) competente in relazione al luogo nel quale si è prodotto il danno ambientale.

2. Il trasgressore può far precedere l'azione giurisdizionale dal ricorso in opposizione di cui all'articolo 310, commi 2 e 3.

3. Il trasgressore può proporre altresì ricorso al Presidente della Repubblica nel termine di centoventi giorni dalla ricevuta notificazione o comunicazione dell'ordinanza o dalla sua piena conoscenza.

(1) *Le parole «, in sede di giurisdizione esclusiva, » sono state abrogate dall'art. 4 dell'Allegato 4 d.lgs. 2 luglio 2010, n. 104 con effetto a decorrere dal 16 settembre 2010.*

317 Riscossione dei crediti e fondo di rotazione.

1. Per la riscossione delle somme costituenti credito dello Stato ai sensi delle disposizioni di cui alla parte sesta del presente decreto, nell'ammontare determinato dal Ministro dell'ambiente e della tutela del territorio o dal giudice, si applicano le norme di cui al decreto legislativo 13 aprile 1999, n. 112.

2. Nell'ordinanza o nella sentenza può essere disposto, su richiesta dell'interessato che si trovi in condizioni economiche disagiate, che gli importi dovuti vengano pagati in rate mensili non superiori al numero di venti; ciascuna rata non può essere inferiore comunque ad euro cinquemila.

3. In ogni momento il debito può essere estinto mediante un unico pagamento.

4. Il mancato adempimento anche di una sola rata alla sua scadenza comporta l'obbligo di pagamento del residuo ammontare in unica soluzione.

5. Le somme derivanti dalla riscossione dei crediti in favore dello Stato per il risarcimento del danno ambientale disciplinato dalla presente parte sesta, ivi comprese quelle derivanti dall'escussione di fidejussioni a favore dello Stato, assunte a garanzia del risarcimento medesimo, sono versate all'entrata del bilancio dello Stato per essere integralmente riassegnate con decreto del Ministro dell'economia e delle finanze ad un pertinente capitolo dello stato di previsione del Ministero dell'ambiente e della tutela del territorio e del mare, per essere destinate alla realizzazione delle misure di prevenzione e riparazione in conformità alle previsioni della direttiva 2004/35/CE ed agli obblighi da essa derivanti (1)

[6. Con decreto del Ministro dell'ambiente e della tutela del territorio, adottato di concerto con il Ministro dell'economia e delle finanze, sono disciplinate le modalità di funzionamento e di accesso al predetto fondo di rotazione, ivi comprese le procedure per il recupero delle somme concesse a titolo di anticipazione] (2).

(1) *Alinea modificato dall'art. 5-*bis*, comma 1, lettera* d), *d.l. 25 settembre 2009, n. 135, conv., con modif., in l. 20 novembre 2009, n. 166 e successivamente sostituito dall'art. 25, comma 1, lett.* m), *l. 6 agosto 2013, n. 97.*

(2) *Comma abrogato dall'art. 5-*bis*, comma 1, lettera* e), *d.l. n. 135, cit.*

318 Norme transitorie e finali.

1. Nelle more dell'adozione del decreto di cui all'articolo 317, comma 6, continua ad applicarsi il decreto del Ministro dell'ambiente e della tutela del territorio 14 ottobre 2003.

2. Sono abrogati:

a) l'articolo 18 della legge 8 luglio 1986, n. 349, ad eccezione del comma 5;

b) l'articolo 9, comma 3, del decreto legislativo 18 agosto 2000, n. 267;

c) l'articolo 1, commi 439, 440, 441, 442 e 443 della legge 23 dicembre 2005, n. 266.

3. In attuazione dell'articolo 14 della direttiva 2004/35/CE, con decreto del Presidente del Consiglio dei Ministri, adottato su proposta del Ministro dell'ambiente e della tutela del territorio di concerto con i Ministri dell'economia e delle finanze e delle attività produttive, sono adottate misure per la definizione di idonee forme di garanzia e per lo sviluppo dell'offer ta dei relativi strumenti, in modo da consentirne l'utilizzo da parte degli operatori interessati ai lini dell'assolvimento delle responsabilità ad essi incombenti ai sensi della parte sesta del presente decreto.

4. Quando un danno ambientale riguarda o può riguardare una pluralità di Stati membri dell'Unione europea, il Ministro dell'ambiente e della tutela del territorio coopera, anche attraverso un appropriato scambio di informazioni, per assicurare che sia posta in essere un'azione di prevenzione e, se necessario, di riparazione di tale danno ambientale. In tale ipotesi, quando il danno ambientale ha avuto origine nel territorio italiano, il Ministro dell'ambiente e della tutela del territorio fornisce informazioni sufficienti agli Stati membri potenzialmente esposti ai suoi effetti. Se il Ministro individua entro i confini del territorio nazionale un danno la cui causa si è invece verificata al di fuori di tali confini, esso ne informa la Commissione europea e qualsiasi altro Stato membro interessato; il Ministro può raccomandare l'adozione di misure di prevenzione o di riparazione e può cercare, ai sensi della parte sesta del presente decreto, di recuperare i costi sostenuti in relazione all'adozione delle misure di prevenzione o riparazione.

318-*bis*-318-*octies* (*Omissis*)

14. Decreto legge 30 dicembre 2008, n. 208, convertito, con modificazioni, in legge 27 febbraio 2009, n. 13. — Misure straordinarie in materia di risorse idriche e di protezione dell'ambiente. (*estratto*).

Pubblicato nella Gazzetta Ufficiale n. 304 del 31 dicembre 2008; la legge di conversione è stata pubblicata nella Gazzetta Ufficiale n. 49 del 28 febbraio 2008.

2 Danno ambientale.

[1. Nell'ambito degli strumenti di attuazione di interventi di bonifica e messa in sicurezza di uno o più siti di interesse nazionale, al fine della stipula di una o più transazioni globali, con una o più imprese interessate, pubbliche o private, in ordine alla spettanza e alla quantificazione degli oneri di bonifica, degli oneri di ripristino, nonché del danno ambientale di cui agli articoli 18 della legge 8 luglio 1986, n. 349, e 300 del decreto legislativo 3 aprile 2006, n. 152, e degli altri eventuali danni di cui lo Stato o altri enti pubblici territoriali possano richiedere il risarcimento, il Ministero dell'ambiente e della tutela del territorio e del mare può, sentiti l'Istituto superiore per la protezione e la ricerca ambientale (ISPRA) di cui all'articolo 28 del decreto-legge 25 giugno 2008, n. 112, convertito, con modificazioni, dalla legge 6 agosto 2008, n. 133, e la Commissione di valutazione degli investimenti e di supporto alla programmazione e gestione degli interventi ambientali (COVIS) di cui all'articolo 2 del decreto del Presidente della Re pubblica 14 maggio 2007, n. 90, predisporre uno schema di contratto, che viene concordato con le imprese interessate e comunicato a regioni, province e comuni e reso noto alle associazioni ed ai privati interessati mediante idonee forme di pubblicità nell'ambito delle risorse di bilancio disponibili per lo scopo.

2. Entro trenta giorni dalle comunicazioni e pubblicazioni di cui al comma 1, gli enti ed i soggetti interessati possono fare pervenire ai partecipanti alla conferenza di cui al comma 3 note di commento sullo schema di contratto, senza obbligo di risposta.

3. Previa assunzione, sullo schema di transazione, del parere dell'Avvocatura generale dello Stato, il Ministero dell'ambiente e della tutela del territorio e del mare svolge, nei successivi trenta giorni, una conferenza di servizi decisoria, fra i soggetti pubblici aventi titolo, per acquisire e comporre gli interessi di cui ciascuno risulti portatore, ai sensi dell'articolo 14-*ter* della legge 7 agosto 1990, n. 241, in quanto applicabile. Le determinazioni assunte all'esito della conferenza sostituiscono a tutti gli effetti ogni atto decisorio comunque denominato di competenza delle amministrazioni partecipanti, o comunque invitate a partecipare ma risultate assenti, alla predetta conferenza.

4. Acquisite le determinazioni di cui al comma 3, lo schema di contratto di transazione, sottoscritto per accettazione dalla impresa [obbligata], è trasmesso alla Presidenza del Consiglio dei Ministri per l'autorizzazione da parte del Consiglio dei Ministri, sulla proposta del Ministro dell'ambiente e della tutela del territorio e del mare (1).

5. La stipula del contratto di transazione, non novativo, conforme allo schema autorizzato ai sensi del comma 4, comporta abbandono del contenzioso pendente e preclude ogni ulteriore azione per rimborso degli oneri di bonifica e di ripristino ed ogni ulteriore azione risarcitoria per il danno ambientale, ai sensi dell'articolo 18 della legge 8 luglio 1986, n. 349, o della Parte VI del decreto legislativo 3 aprile 2006, n. 152, nonché per le altre eventuali pretese risarcitorie azionabili dallo Stato e da enti pubblici territoriali, per i fatti oggetto della transazione. Sono fatti salvi gli accordi transattivi già stipulati alla data di entrata in vigore del presente decreto, nonché gli accordi transattivi attuativi di accordi di programma già conclusi a tale data.

5-*bis*. La stipula del contratto di transazione comporta altresì la facoltà di utilizzare i terreni o singoli lotti o porzioni degli stessi, in conformità alla loro destinazione urbanistica, qualora l'utilizzo non risulti incompatibile con gli interventi di bonifica, alla luce del contestuale decreto direttoriale di approvazione del progetto di messa in sicurezza e di bonifica del suolo e della falda, sia funzionale all'esercizio di un'attività di impresa e non contrasti con eventuali necessità di garanzia dell'adempimento evidenziate nello schema di contratto.

6. Nel caso di inadempimento, anche parziale, da parte dei soggetti privati delle obbligazioni dagli stessi assunte in sede di transazione, nei confronti del Ministero dell'ambiente e della tutela del territorio e del mare, quest'ultimo, previa diffida ad adempiere nel termine di trenta giorni, può dichiarare risolto il contratto di transazione. In tal caso, le somme eventualmente già corrisposte dai suddetti soggetti privati sono trattenute dal Ministero dell'ambiente e della tutela del territorio e del mare in acconto dei maggiori importi definitivamente dovuti per i titoli di cui al comma 1.

7. I soli proventi di spettanza dello Stato, derivanti dalle transazioni di cui al presente articolo, introitati a titolo di risarcimento del danno ambientale, affluiscono al fondo di cui all'articolo 7-*quinquies*, comma 1, del decreto-legge 10 febbraio 2009, n. 5, convertito, con modificazioni, dalla legge 9 aprile 2009, n. 33 (1).

8. Ferme restando le disposizioni di cui agli articoli 14 e 16 del decreto legislativo 30 marzo 2001, n. 165, all'avvio delle procedure di cui alla Parte VI del decreto legislativo 3 aprile 2006, n. 152, provvede il Ministro dell'ambiente e della tutela del territorio e del mare se il danno ambientale è quantificabile in un ammontare uguale o superiore a dieci milioni di euro, ovvero i titolari dei competenti uffici dirigenziali generali se l'ammontare del danno ambientale è inferiore.

9. Dall'attuazione del presente articolo non devono derivare nuovi o maggiori oneri a carico della finanza pubblica] (2).

(1) *Comma sostituito dall'art. 5-*bis*, comma 2, d.l. 25 settembre 2009, n. 135, conv., con modif., in l. 20 novembre 2009, n. 166.*

(2) *Articolo abrogato dall'art. 31, comma 2, l. 28 dicembre 2015, n. 221 che ha introdotto l'articolo 306-*bis* del decreto legislativo 3 aprile 2006, n. 152, in materia di risarcimento del danno e ripristino ambientale dei siti di interesse nazionale.*

15. Decreto legge 9 febbraio 2012, n. 5, convertito, con modificazioni, in legge 4 aprile 2012, n. 35. — Disposizioni urgenti in materia di semplificazione e di sviluppo. (*estratto*).

Pubblicato nella Gazzetta Ufficiale n. 26 del 9 febbraio 2012, n. 33, S.O.; la legge di conversione è stata pubblicata nella Gazzetta Ufficiale n. 82 del 6 aprile 2012.

23 Autorizzazione unica in materia ambientale per le piccole e medie imprese.

1. Ferme restando le disposizioni in materia di autorizzazione integrata ambientale di cui al titolo 3-*bis* del decreto legislativo 3 aprile 2006, n. 152, al fine di semplificare le procedure e ridurre gli oneri per le PMI e per gli impianti non soggetti alle citate disposizioni in materia di autorizzazione integrata ambientale, anche sulla base dei risultati delle attività di misurazione degli oneri amministrativi di cui all'articolo 25 del decreto-legge 25 giugno 2008, n. 112, convertito, con modificazioni, dalla legge 6 agosto 2008, n. 133, il Governo è autorizzato ad emanare un regolamento ai sensi dell'articolo 17, comma 2, della legge 23 agosto 1988, n. 400, su proposta del Ministro dell'ambiente e della tutela del territorio e del mare, del Ministro per la pubblica amministrazione e la semplificazione e del Ministro dello sviluppo economico, sentita la Conferenza unificata di cui al decreto legislativo 28 agosto 1997, n. 281, volto a disciplinare l'autorizzazione unica ambientale e a semplificare gli adempimenti amministrativi delle piccole e medie imprese e degli impianti non soggetti alle disposizioni in materia di autorizzazione integrata ambientale, in base ai seguenti principi e criteri direttivi, nel rispetto di quanto previsto dagli articoli 20, 20-*bis* e 20-*ter*, della legge 15 marzo 1997, n. 59, e successive modificazioni:

a) l'autorizzazione sostituisce ogni atto di comunicazione, notifica ed autorizzazione previsto dalla legislazione vigente in materia ambientale;

b) l'autorizzazione unica ambientale è rilasciata da un unico ente;

c) il procedimento deve essere improntato al principio di proporzionalità degli adempimenti amministrativi in relazione alla dimensione dell'impresa e al settore di attività, nonchè all'esigenza di tutela degli interessi pubblici e non dovrà comportare l'introduzione di maggiori oneri a carico delle imprese.

2. Il regolamento di cui al comma 1 è emanato entro sei mesi dalla data di entrata in vigore del presente decreto e dalla data di entrata in vigore del medesimo regolamento sono identificate le norme, anche di legge, regolatrici dei relativi procedimenti che sono abrogate dalla data di entrata in vigore del medesimo regolamento.

[2-*bis*. La realizzazione delle infrastrutture di ricarica dei veicoli elettrici è sottoposta alla disciplina della segnalazione certificata di inizio attività di cui all'articolo 19 della legge 7 agosto 1990, n. 241, e successive modificazioni (1)] (2).

[2-*ter*. Con decreto del Ministero delle infrastrutture e dei trasporti, di concerto con il Ministero dell'ambiente e della tutela del territorio e del mare, da emanarsi entro trenta giorni, sono individuate le dichiarazioni, attestazioni, asseverazioni, nonché gli elaborati tecnici da presentare a corredo della segnalazione certificata di inizio attività di cui al comma 2-*bis* (3)] (2).

(1) *Per il regolamento recante la disciplina dell'autorizzazione unica ambientale e la semplificazione di adempimenti amministrativi in materia ambientale gravanti sulle piccole e medie imprese e sugli impianti non soggetti ad ad. autorizzazione integrata ambientale, di cui al presente articolo, v. il d.P.R. 13 marzo 2013, n. 59, riportato di seguito.*

(2) *Comma abrogato dall'art. 57, comma 14 d.l. 16 luglio 2020, n. 76, conv., con modif., in l. 11 settembre 2020, n. 120.*

(3) *Comma aggiunto dall'articolo 15, comma 4, del d.lgs. 16 dicembre 2016, n. 257.*

16. Decreto del Presidente della Repubblica 13 marzo 2013, n. 59. — Regolamento recante la disciplina dell'autorizzazione unica ambientale e la semplificazione di adempimenti amministrativi in materia ambientale gravanti sulle piccole e medie imprese e sugli impianti non soggetti ad autorizzazione integrata ambientale, a norma dell'articolo 23 del decreto-legge 9 febbraio 2012, n. 5, convertito, con modificazioni, dalla legge 4 aprile 2012, n. 35 (*estratto*) (1).

Pubblicato nella Gazzetta Ufficiale n. 124 del 29 maggio 2013.

(1) *L'art. 23 del d.l. n. 5/2012 è riportato sub V, 15.*

CAPO I
Principi generali

1 Ambito di applicazione.

1. Il presente regolamento, in attuazione della previsione di cui all'articolo 23, del decreto-legge 9 febbraio 2012, n. 5, convertito, con modificazioni, dalla legge 4 aprile 2012, n. 35, si applica alle categorie di imprese di cui all'articolo 2 del decreto del Ministro delle attività produttive 18 aprile 2005, pubblicato nella Gazzetta Ufficiale n. 238 del 12 ottobre 2005, nonchè agli impianti non soggetti alle disposizioni in materia di autorizzazione integrata ambientale.

2. Le disposizioni del presente regolamento non si applicano ai progetti sottoposti alla valutazione di impatto ambientale (VIA) laddove la normativa statale e regionale disponga che il provvedimento finale di VIA comprende e sostituisce tutti gli altri atti di assenso, comunque denominati, in materia ambientale, ai sensi dell'articolo 26, comma 4, del decreto legislativo 3 aprile 2006, n. 152.

2 Definizioni.

1. Ai fini del presente regolamento, si intende per:

a) autorizzazione unica ambientale: il provvedimento rilasciato dallo sportello unico per le attività produttive, che sostituisce gli atti di comunicazione, notifica ed autorizzazione in materia ambientale di cui all'articolo 3;

b) autorità competente: la Provincia o la diversa autorità indicata dalla normativa regionale quale competente ai fini del rilascio, rinnovo e aggiornamento dell'autorizzazione unica ambientale, che confluisce nel provvedimento conclusivo del procedimento adottato dallo sportello unico per le attività produttive, ai sensi dell'articolo 7 del decreto del Presidente della Repubblica 7 settembre 2010, n. 160, ovvero nella determinazione motivata di cui all'articolo 14-*ter*, comma 6-*bis*, della legge 7 agosto 1990, n. 241;

c) soggetti competenti in materia ambientale: le pubbliche amministrazioni e gli enti pubblici che, in base alla normativa vigente, intervengono nei procedimenti sostituiti dall'autorizzazione unica ambientale;

d) gestore: la persona fisica o giuridica che ha potere decisionale circa l'installazione o l'esercizio dello stabilimento e che è responsabile dell'applicazione dei limiti e delle prescrizioni disciplinate dal decreto legislativo 3 aprile 2006, n. 152;

e) sportello unico per le attività produttive (SUAP): l'unico punto di accesso per il richiedente in relazione a tutte le vicende amministrative riguardanti la sua attività produttiva, che fornisce una risposta unica e tempestiva in luogo di tutte le pubbliche amministrazioni, comunque coinvolte nel procedimento, ai sensi del decreto del Presidente della Repubblica 7 settembre 2010, n. 160;

f) modifica: ogni variazione al progetto, già autorizzato, realizzato o in fase di realizzazione o dell'impianto, che possa produrre effetti sull'ambiente;

g) modifica sostanziale di un impianto: ogni modifica considerata sostanziale ai sensi delle normative di settore che disciplinano gli atti di comunicazione, notifica e autorizzazione in materia ambientale compresi nell'autorizzazione unica ambientale in quanto possa produrre effetti negativi e significativi sull'ambiente.

CAPO II
Autorizzazione unica ambientale

3 Autorizzazione unica ambientale.

1. Salvo quanto previsto dall'articolo 7, comma 1, i gestori degli impianti di cui all'articolo 1 presentano domanda di autorizzazione unica ambientale nel caso in cui siano assoggettati, ai sensi della normativa vigente, al rilascio, alla formazione, al rinnovo o all'aggiornamento di almeno uno dei seguenti titoli abilitativi:

a) autorizzazione agli scarichi di cui al capo II del titolo IV della sezione II della Parte terza del decreto legislativo 3 aprile 2006, n. 152;

b) comunicazione preventiva di cui all'articolo 112 del decreto legislativo 3 aprile 2006, n. 152, per l'utilizzazione agronomica degli effluenti di allevamento, delle acque di vegetazione dei frantoi oleari e delle acque reflue provenienti dalle aziende ivi previste;

c) autorizzazione alle emissioni in atmosfera per gli stabilimenti di cui all'articolo 269 del decreto legislativo 3 aprile 2006, n. 152;

d) autorizzazione generale di cui all'articolo 272 del decreto legislativo 3 aprile 2006, n. 152;

e) comunicazione o nulla osta di cui all'articolo 8, commi 4 o comma 6, della legge 26 ottobre 1995, n. 447;

f) autorizzazione all'utilizzo dei fanghi derivanti dal processo di depurazione in agricoltura di cui all'articolo 9 del decreto legislativo 27 gennaio 1992, n. 99;

g) comunicazioni in materia di rifiuti di cui agli articoli 215 e 216 del decreto legislativo 3 aprile 2006, n. 152.

2. Nel rispetto della disciplina comunitaria e nazionale vigente in materia, le regioni e le province autonome di Trento e di Bolzano possono individuare ulteriori atti di comunicazione, notifica ed autorizzazione in materia ambientale che possono essere compresi nell'autorizzazione unica ambientale.

3. È fatta comunque salva la facoltà dei gestori degli impianti di non avvalersi dell'autorizzazione unica ambientale nel caso in cui si tratti di attività soggette solo a comunicazione, ovvero ad autorizzazione di carattere generale, ferma restando la presentazione della comunicazione o dell'istanza per il tramite del SUAP.

4. Nei casi in cui si procede alla verifica di cui all'articolo 20 del decreto legislativo 3 aprile 2006, n. 152, l'autorizzazione unica ambientale può essere richiesta solo dopo che l'autorità competente a tale verifica abbia valutato di non assoggettare alla VIA i relativi progetti.

5. L'autorizzazione unica ambientale contiene tutti gli elementi previsti dalle normative di settore per le autorizzazioni e gli altri atti che sostituisce e definisce le modalità per lo svolgimento delle attività di autocontrollo, ove previste, individuate dall'autorità competente tenendo conto della dimensione dell'impresa e del settore di attività. In caso di scarichi contenenti sostanze pericolose, di cui all'articolo 108 del decreto legislativo 3 aprile 2006, n. 152, i gestori degli impianti autorizzati devono presentare, almeno ogni quattro anni, una comunicazione contenente gli esiti delle attività di autocontrollo all'autorità competente, la quale può procedere all'aggiornamento delle condizioni autorizzative qualora dalla comunicazione emerga che l'inquinamento provocato dall'attività e dall'impianto è tale da renderlo necessario. Tale aggiornamento non modifica la durata dell'autorizzazione.

6. L'autorizzazione di cui al presente articolo ha durata pari a quindici anni a decorrere dalla data di rilascio.

4 Procedura per il rilascio dell'autorizzazione unica ambientale.

1. La domanda per il rilascio dell'autorizzazione unica ambientale corredata dai documenti, dalle dichiarazioni e dalle altre attestazioni previste dalle vigenti normative di settore relative agli atti di comunicazione, notifica e autorizzazione di cui all'articolo 3, commi 1 e 2, è presentata al SUAP che la trasmette immediatamente, in modalità telematica all'autorità competente e ai soggetti di cui all'articolo 2, comma 1,

lettera *c*), e ne verifica, in accordo con l'autorità competente, la correttezza formale. Nella domanda sono indicati gli atti di comunicazione, notifica e autorizzazione di cui all'articolo 3, per i quali si chiede il rilascio dell'autorizzazione unica ambientale, nonché le informazioni richieste dalle specifiche normative di settore.

2. Qualora l'autorità competente riscontri che è necessario integrare la documentazione presentata, lo comunica tempestivamente e in modalità telematica al SUAP, precisando gli elementi mancanti ed il termine per il deposito delle integrazioni.

3. Le verifiche di cui ai commi 1 e 2 si concludono entro trenta giorni dal ricevimento della domanda. Decorso tale termine, in assenza di comunicazioni, l'istanza si intende correttamente presentata. Nel caso di richiesta di integrazione documentale ai sensi del comma 2, si applica l'articolo 2, comma 7, della legge 7 agosto 1990, n. 241. Qualora il gestore non abbia depositato la documentazione richiesta entro il termine fissato dall'autorità competente, l'istanza è archiviata, fatta salva la facoltà per il gestore di chiedere una proroga in ragione della complessità della documentazione da presentare; in tal caso, il termine è sospeso per il tempo della proroga.

4. Se l'autorizzazione unica ambientale sostituisce i titoli abilitativi per i quali la conclusione del procedimento è fissata in un termine inferiore o pari a novanta giorni, l'autorità competente adotta il provvedimento nel termine di novanta giorni dalla presentazione della domanda e lo trasmette immediatamente al SUAP che, rilascia il titolo. [Resta ferma la facoltà di indire la conferenza di servizi di cui all'articolo 7 del decreto del Presidente della Repubblica 7 settembre 2010, n. 160.] (1). La conferenza di servizi è sempre indetta dal SUAP nei casi previsti dalla legge 7 agosto 1990, n. 241, e nei casi previsti dalle normative regionali e di settore che disciplinano il rilascio, la formazione, il rinnovo o l'aggiornamento dei titoli abilitativi di cui all'articolo 3, commi 1 e 2, del presente regolamento compresi nell'autorizzazione unica ambientale.

5. Se l'autorizzazione unica ambientale sostituisce i titoli abilitativi per i quali almeno uno dei termini di conclusione del procedimento è superiore a novanta giorni, il SUAP, salvo quanto previsto al comma 7, indice, entro trenta giorni dalla ricezione della domanda, la conferenza di servizi di cui all'articolo 7 del decreto del Presidente della Repubblica 7 settembre 2010, n. 160. In tale caso, l'autorità competente adotta l'autorizzazione unica ambientale entro centoventi giorni dal ricevimento della domanda o, in caso di richiesta di integrazione della documentazione, ai sensi dell'articolo 14-*ter*, comma 8, della legge 7 agosto 1990, n. 241, entro il termine di centocinquanta giorni dal ricevimento della domanda medesima. Tale atto confluisce nella determinazione motivata di cui all'articolo 14-*ter*, comma 6-*bis* della legge 7 agosto 1990, n. 241. [I soggetti competenti in materia ambientale di cui all'articolo 2, comma 1, lettera *c*), che esprimono parere positivo possono non intervenire alla conferenza di servizi e trasmettere i relativi atti di assenso, dei quali si tiene conto ai fini della individuazione delle posizioni prevalenti per l'adozione della determinazione motivata di conclusione del procedimento, di cui all'articolo 14-*ter*, comma 6-*bis*, della legge 7 agosto 1990, n. 241.] (2)

6. Nei casi di cui ai commi 4 e 5 del presente articolo l'autorità competente promuove il coordinamento dei soggetti competenti, anche nell'ambito della conferenza di servizi.

7. Qualora sia necessario acquisire esclusivamente l'autorizzazione unica ambientale ai fini del rilascio, della formazione, del rinnovo o dell'aggiornamento di titoli abilitativi di cui all'articolo 3, commi 1 e 2, del presente regolamento, il SUAP trasmette la relativa documentazione all'autorità competente che, ove previsto, convoca la conferenza di servizi di cui agli articoli 14 e seguenti della legge 7 agosto 1990, n. 241. L'autorità competente adotta il provvedimento e lo trasmette immediatamente al SUAP per il rilascio del titolo.

8. L'autorità competente trasmette, in modalità telematica, ogni comunicazione al gestore tramite il SUAP e mette a disposizione del medesimo tutte le informazioni sulla documentazione da presentare e sull'iter relativo alla procedura di autorizzazione unica ambientale.

Il SUAP, assicura a tutti gli interessati le informazioni sugli adempimenti in materia secondo quanto previsto dall'articolo 6 del decreto-legge 13 maggio 2011, n. 70, convertito, con modificazioni, dalla legge 12 luglio 2011, n. 106, e dall'articolo 54 del decreto legislativo 7 marzo 2005, n. 82.

(1) *Periodo soppresso dall'articolo 4, comma 1, lettera* a), *del d.lgs. 30 giugno 2016, n. 127 (Norme per il riordino della disciplina in materia di conferenza di servizi, in attuazione dell'articolo 2 della legge 7 agosto 2015, n. 124). Per l'applicazione v. art. 7 del medesimo decreto che prevede che « Le disposizioni del presente decreto trovano applicazione ai procedimenti avviati successivamente alla data della sua entrata in vigore ».*

(2) *Periodo soppresso dall'articolo 4, comma 1, lettera* b), *del d.lgs. n. 127, cit. Per l'applicazione v. art. 7 sub nota 1.*

5 Rinnovo dell'autorizzazione unica ambientale.

1. Ai fini del rinnovo dell'autorizzazione unica ambientale il titolare della stessa, almeno sei mesi prima della scadenza, invia all'autorità competente, tramite il SUAP, un'istanza corredata dalla documentazione aggiornata di cui all'articolo 4, comma 1.

2. È consentito far riferimento alla documentazione eventualmente già in possesso dell'autorità competente nel caso in cui le condizioni d'esercizio, o comunque le informazioni in essa contenute, siano rimaste immutate.

3. L'autorità competente si esprime sulla domanda di rinnovo secondo la procedura prevista dall'articolo 4.

4. Per le attività e gli impianti per cui le istanze di rinnovo sono presentate nei termini di cui al comma 1, nelle more dell'adozione del provvedimento di rinnovo, fatta salva diversa previsione contenuta nella specifica normativa di settore, l'esercizio dell'attività o dell'impianto può continuare sulla base della precedente autorizzazione.

5. L'autorità competente può comunque imporre il rinnovo dell'autorizzazione, o la revisione delle prescrizioni contenute nell'autorizzazione stessa, prima della scadenza quando:

a) le prescrizioni stabilite nella stessa impediscano o pregiudichino il conseguimento degli obiettivi di qualità ambientale stabiliti dagli strumenti di pianificazione e programmazione di settore;

b) nuove disposizioni legislative comunitarie, statali o regionali lo esigono.

6 Modifiche.

1. Il gestore che intende effettuare una modifica dell'attività o dell'impianto ne dà comunicazione all'autorità competente e, salvo quanto previsto dal comma 3, nel caso in cui quest'ultima non si esprima entro sessanta giorni dalla comunicazione, può procedere all'esecuzione della modifica. L'autorità competente provvede, ove necessario, ad aggiornare l'autorizzazione in atto e tale aggiornamento non incide sulla durata dell'autorizzazione.

2. Il gestore che intende effettuare una modifica sostanziale presenta una domanda di autorizzazione ai sensi e per gli effetti di cui all'articolo 4.

3. L'autorità competente, se ritiene che la modifica comunicata ai sensi del comma 1 è una modifica sostanziale, nei trenta giorni successivi alla comunicazione medesima, ordina al gestore di presentare una domanda di autorizzazione ai sensi e per gli effetti di cui all'articolo 4 e la modifica comunicata non può essere eseguita sino al rilascio della nuova autorizzazione.

4. Le Regioni e le Province Autonome possono, nel rispetto delle norme di settore vigenti, definire ulteriori criteri per la qualificazione delle modifiche sostanziali e indicare modifiche non sostanziali per le quali non vi è l'obbligo di effettuare la comunicazione di cui al comma 1.

CAPO III
Disposizioni in materia di emissioni in atmosfera

7 Autorizzazioni di carattere generale.

1. È fatta salva la facoltà del gestore di aderire tramite il SUAP, ricorrendone i presupposti, all'autorizzazione di carattere generale ai sensi dell'articolo 272, comma 2, del decreto legislativo 3 aprile 2006, n. 152. Il SUAP trasmette, per via telematica, l'adesione all'autorità competente.

2. Per gli stabilimenti in cui sono presenti esclusivamente gli impianti e le attività di cui alla parte II dell'allegato IV alla parte quinta del decreto legislativo 3 aprile 2006, n. 152, nelle more dell'adozione delle autorizzazioni di carattere generale previste dall'articolo 272, comma 2, del medesimo decreto legislativo da parte dell'autorità di cui all'articolo 268, comma 1, lettera *o*), i gestori degli stabilimenti interessati comunicano tramite il SUAP a tale autorità o ad altra autorità da questa delegata la propria adesione alle autorizzazioni generali riportate nell'Allegato I al presente regolamento, il quale trova applicazione in ciascuna Regione sino all'adozione della pertinente disciplina regionale.

3. Le autorizzazioni generali adottate dalle autorità di cui all'articolo 268, comma 1, lettera *o*), del decreto legislativo 3 aprile 2006, n. 152, sostituiscono, per il territorio interessato, quelle riportate nell'Allegato I. Sono fatte comunque salve, fino alla scadenza, le adesioni alle autorizzazioni generali di cui all'Allegato I.

(*Omissis*).

11 Poteri sostitutivi e abrogazioni.

1. Decorsi inutilmente i termini per la conclusione dei procedimenti previsti dal presente regolamento, si applica l'articolo 2, commi da 9-*bis* a 9-*quinquies*, della legge 7 agosto 1990, n. 241.

2. Dalla data di entrata in vigore del presente decreto, i poteri sostitutivi già attribuiti al Ministro dell'ambiente e della tutela del territorio e del mare per la conclusione dei procedimenti di cui all'articolo 269, comma 3, e per la prosecuzione dell'esercizio degli stabilimenti di cui all'articolo 281, comma 1, del decreto legislativo 3 aprile 2006, n. 152, sono attribuiti al soggetto responsabile dei poteri sostitutivi di cui all'articolo 2, comma 9-*bis*, della legge 7 agosto 1990, n. 241, che li esercita con le modalità e nei termini dei commi 9-*ter*, 9-*quater* e 9-*quinquies* del medesimo articolo.

3. Per la prosecuzione dell'esercizio degli stabilimenti di cui all'articolo 281, commi 1 e 3, del decreto legislativo 3 aprile 2006, n. 152, in caso di mancata pronuncia entro i termini previsti, l'esercizio degli stessi può essere proseguito fino alla scadenza del termine previsto per la pronuncia del soggetto di cui all'articolo 2, comma 9-*bis*, della legge 7 agosto 1990, n. 241, a cui sia stato richiesto di provvedere ai sensi dell'articolo 269.

(*Omissis*).

17. Legge 28 dicembre 2015, n. 221. — Disposizioni in materia ambientale per promuovere misure di green economy e per il contenimento dell'uso eccessivo di risorse naturali. (*Green economy*). (*estratto*).

Pubblicato nella Gazzetta Ufficiale del 18 gennaio 2016, n. 13.

(*Omissis*).

45 Misure per incrementare la raccolta differenziata e ridurre la quantità dei rifiuti non riciclati.

1. Le regioni possono promuovere misure economiche di incentivo, da corrispondere con modalità automatiche e progressive, per i comuni che attuano misure di prevenzione della produzione dei rifiuti in applicazione dei principi e delle misure previsti dal programma nazionale di prevenzione dei rifiuti, adottato ai sensi dell'articolo 180, comma 1-*bis*, del decreto legislativo 3 aprile 2006, n. 152, e successive modificazioni, e dai rispettivi programmi regionali ovvero riducono i rifiuti residuali e gli scarti del trattamento di selezione delle raccolte differenziate da avviare a smaltimento. Gli incentivi di cui al presente comma si applicano tramite modulazione della tariffa del servizio di igiene urbana.

2. Le regioni, sulla base delle misure previste dal programma nazionale di cui al comma 1, adottano, entro sei mesi dalla data di entrata in vigore della presente legge, propri programmi regionali di prevenzione della produzione dei rifiuti o verificano la coerenza dei programmi già approvati.

3. Le regioni, anche in collaborazione con gli enti locali, le associazioni ambientaliste, individuate ai sensi dell'articolo 13 della legge 8 luglio 1986, n. 349, e successive modificazioni, quelle di volontariato, i comitati e le scuole locali attivi nell'educazione ambientale nonchè nella riduzione e riciclo dei rifiuti, possono promuovere campagne di sensibilizzazione finalizzate alla riduzione, al riutilizzo e al massimo riciclo dei rifiuti. Per favorire la riduzione della produzione, il riutilizzo ed il recupero dei rifiuti urbani, la regione può affidare ad università e ad istituti scientifici, mediante apposite convenzioni, studi e ricerche di supporto all'attività degli enti locali.

(*Omissis*).

60 Tariffa sociale del servizio idrico integrato.

1. L'Autorità per l'energia elettrica, il gas e il sistema idrico, al fine di garantire l'accesso universale all'acqua, assicura agli utenti domestici del servizio idricointegrato in condizioni economico-sociali disagiate l'accesso, a condizioni agevolate, alla fornitura della quantità di acqua necessaria per il soddisfacimento dei bisogni fondamentali, sentiti gli enti di ambito nelle loro forme rappresentative, sulla base dei principi e dei criteri individuati con decreto del Presidente del Consiglio dei ministri, su proposta del Ministro dell'ambiente e della tutela del territorio e del mare, di concerto con il Ministro dello sviluppo economico e con il Ministro dell'economia e delle finanze, da emanare entro novanta giorni dalla data di entrata in vigore della presente legge. (1)

2. Al fine di assicurare la copertura degli oneri derivanti dal comma 1, l'Autorità per l'energia elettrica, il gas e il sistema idrico definisce le necessarie modifiche all'articolazione tariffaria per fasce di consumo o per uso, determinando i criteri e le modalità per il riconoscimento delle agevolazioni di cui al medesimo comma 1.

3. (*Omissis*).

(1) *A norma dell'articolo 57-*bis*, comma 4, d.l. 26 ottobre 2019, n. 124, conv., con modif., in l. 19 dicembre 2019, n. 157, a decorrere dal 1° gennaio 2020, la tariffa sociale del servizio idrico integrato di cui al presente comma, comprende, con riferimento al quantitativo minimo vitale, anche gli oneri relativi ai servizi di fognatura e depurazione, le cui modalità di quantificazione, riconoscimento ed erogazione sono disciplinate dall'Autorità di regolazione per energia, reti e ambiente.*

18. Decreto legge 14 ottobre 2019, n. 111, convertito, con modificazioni, in legge 12 dicembre 2019, n. 141. — Misure urgenti per il rispetto degli obblighi previsti dalla direttiva 2008/50/CE sulla qualità dell'aria e proroga del termine di cui all'articolo 48, commi 11 e 13, del decreto-legge 17 ottobre 2016, n. 189 (*estratto*).

Pubblicato nella Gazzetta Ufficiale del 14 ottobre 2019, n. 241; la legge di conversione è stata pubblicata nella Gazzetta Ufficiale del 13 dicembre 2019, n. 292.

1 Misure urgenti per la definizione di una politica strategica nazionale per il contrasto ai cambiamenti climatici e il miglioramento della qualità dell'aria.

1. [In coordinamento con il Piano nazionale integrato per l'energia e il clima (PNIEC) e con la pianificazione di bacino per il dissesto idrogeologico, entro novanta giorni i dalla data di entrata in vigore del presente decreto, con decreto del Presidente del Consiglio dei ministri, su proposta del Ministro dell'ambiente e della tutela del territorio e del mare, sentiti il Ministro della salute e gli altri Ministri interessati, nonchè sentita la Conferenza permanente per i rapporti tra lo Stato, le regioni e le Province autonome di Trento e di Bolzano, è approvato il Programma strategico nazionale per il contrasto ai cambiamenti climatici e il miglioramento della qualità dell'aria in cui sono individuate le misure di competenza nazionale da porre in essere al fine di assicurare la corretta e piena attuazione della normativa europea e nazionale in materia di contrasto al cambiamento climatico e della direttiva 2008/50/CE del Parlamento europeo e del Consiglio, del 21 maggio 2008, e sono identificate le risorse economiche disponibili a legislazione vigente per ciascuna misura con la relativa tempistica attuativa] (1).

2. Ciascuna amministrazione pubblica, di cui all'articolo 1, comma 2, del decreto legislativo 30 marzo

2001 n. 165, conforma le attività di propria competenza al raggiungimento degli obiettivi di contrasto ai cambiamenti climatici e miglioramento della qualità dell'aria.

2-*bis*. [È istituito presso il Ministero dell'ambiente e della tutela del territorio e del mare il tavolo permanente interministeriale sull'emergenza climatica, composto da un rappresentante del Ministero medesimo e di ciascuno dei Ministeri delle politiche agricole alimentari e forestali, della salute, dello sviluppo economico e delle infrastrutture e dei trasporti, al fine di monitorare, e adeguare ai risultati, le azioni del Programma strategico nazionale, senza ulteriori oneri a carico della finanza pubblica. Ai componenti del tavolo di cui al presente comma non sono corrisposti compensi, indennità, gettoni di presenza, rimborsi spese o altri emolumenti comunque denominati] (1).

(1) *Comma abrogato dall'art. 50, comma 5 d.l. 6 novembre 2021, n. 152, conv., con modif., in l. 29 dicembre 2021, n. 133.*

1-*bis* Coordinamento delle politiche pubbliche per il raggiungimento degli obiettivi di sviluppo sostenibile.

1. Al fine di rafforzare il coordinamento delle politiche pubbliche in vista del perseguimento degli obiettivi in materia di sviluppo sostenibile indicati dalla risoluzione A/70/L.I adottata dall'Assemblea generale dell'Organizzazione delle Nazioni Unite il 25 settembre 2015, a decorrere dal 1° gennaio 2021 il Comitato interministeriale per la programmazione economica assume la denominazione di Comitato interministeriale per la programmazione economica e lo sviluppo sostenibile (CIPESS). A decorrere dalla medesima data, nella legge 27 febbraio 1967, n. 48, e in ogni altra disposizione vigente, qualunque richiamo al Comitato interministeriale per la programmazione economica deve intendersi riferito al Comitato interministeriale per la programmazione economica e lo sviluppo sostenibile (CIPESS).

1-*ter* Campagne di informazione e formazione ambientale nelle scuole (1).

1. Al fine di avviare campagne di informazione, formazione e sensibilizzazione sulle questioni ambientali, e in particolare sugli strumenti e le azioni di contrasto, mitigazione e adattamento ai cambiamenti climatici, nelle scuole di ogni ordine e grado, è istituito presso il Ministero dell'ambiente e della tutela del territorio e del mare uno specifico fondo denominato « Programma #iosonoAmbiente » con una dotazione di 2 milioni di euro per ciascuno degli anni 2020, 2021 e 2022.

2. Il fondo di cui al comma 1 è destinato a finanziare progetti, iniziative, programmi e campagne, ivi comprese le attività di volontariato degli studenti, finalizzati alla diffusione dei valori della tutela dell'ambiente e dello sviluppo sostenibile, nonchè alla promozione di percorsi di conoscenza e tutela ambientale, nell'ambito delle tematiche individuate dall'articolo 3 della legge 20 agosto 2019, n. 92, sull'insegnamento dell'educazione civica.

3. Nell'ambito delle attività di cui al comma 2, le scuole di ogni ordine e grado, in forma singola o associata, anche congiuntamente alle associazioni di protezione ambientale, al Sistema nazionale a rete per la protezione dell'ambiente, a università statali e non statali, a centri di ricerca pubblici, a consorzi universitari ed interuniversitari, presentano al Ministero dell'istruzione, dell'università e della ricerca proprie proposte progettuali coerenti con il Piano triennale dell'offerta formativa, da finanziare con il fondo di cui al comma 1.

4. Con regolamento ai sensi dell'articolo 17, comma 3, della legge 23 agosto 1988, n. 400, da adottare con decreto del Ministro dell'ambiente e della tutela del territorio e del mare, di concerto con il Ministro dell'istruzione, dell'università e della ricerca, entro quarantacinque giorni dalla data di entrata in vigore della legge di conversione del presente decreto, sono determinati i criteri di presentazione e di selezione dei progetti nonchè le modalità di ripartizione e assegnazione del finanziamento.

5. Agli oneri derivanti dal presente articolo, pari a 2 milioni di euro per ciascuno degli anni 2020, 2021 e 2022, si provvede mediante corrispondente riduzione delle proiezioni dello stanziamento del fondo speciale di parte corrente iscritto, ai fini del bilancio triennale 2019-2021, nell'ambito del programma « Fondi di riserva e speciali » della missione « Fondi da ripartire » dello stato di previsione del Ministero dell'economia e delle finanze per l'anno 2019, allo scopo parzialmente utilizzando l'accantonamento relativo al Ministero dell'ambiente e della tutela del territorio e del mare.

(1) *Articolo inserito sede di conversione.*

2 Misure per incentivare la mobilità sostenibile nelle aree metropolitane.

1. È istituito, nello stato di previsione del Ministero dell'ambiente e della tutela del territorio e del mare, il fondo denominato "Programma sperimentale buono mobilità", con una dotazione pari a euro 5 milioni per l'anno 2019, euro 70 milioni per l'anno 2020, euro 70 milioni per l'anno 2021, euro 55 milioni per l'anno 2022, euro 45 milioni per l'anno 2023 e euro 10 milioni per l'anno 2024, per le finalità di cui al presente comma. Al relativo onere si provvede mediante corrispondente utilizzo, per ciascuno degli anni 2019, 2020, 2021, 2022, 2023 e 2024 di quota parte dei proventi delle aste delle quote di emissione di CO_2 di cui all'articolo 19 del decreto legislativo 13 marzo 2013, n. 30, destinata al Ministero dell'ambiente e della tutela del territorio e del mare, versata dal Gestore dei servizi energetici (GSE) ad apposito capitolo del bilancio dello Stato, che resta acquisita definitivamente all'erario. Le disponibilità di bilancio relative all'anno 2020, anche in conto residui, sono destinate, nei limiti della dotazione del fondo di cui al primo periodo e fino ad esaurimento delle risorse, alla concessione in favore dei residenti maggiorenni nei capoluoghi di Regione, nelle Città metropolitane, nei capoluoghi di Provincia ovvero nei Comuni con popolazione superiore a 50.000 abitanti,

di un "buono mobilità", pari al 60 per cento della spesa sostenuta e, comunque, in misura non superiore a euro 500, a partire dal 4 maggio 2020 e fino al 31 dicembre 2020, per l'acquisto di biciclette, anche a pedalata assistita, nonchè di veicoli per la mobilità personale a propulsione prevalentemente elettrica di cui all'articolo 33-*bis* del decreto-legge 30 dicembre 2019, n. 162, convertito, con modificazioni, dalla legge 28 febbraio 2020, n. 8, ovvero per l'utilizzo dei servizi di mobilità condivisa a uso individuale esclusi quelli mediante autovetture (1). Il "buono mobilità" può essere richiesto per una sola volta ed esclusivamente per una delle destinazioni d'uso previste (1). Con decreto del Ministro dell'ambiente e della tutela del territorio e del mare, di concerto con il Ministro dell'economia e delle finanze e il Ministro delle infrastrutture e dei trasporti, sono definite le modalità e i termini per l'ottenimento e l'erogazione del beneficio di cui al terzo periodo del presente comma, anche ai fini del rispetto del limite di spesa (1). Al fine di ridurre le emissioni climalteranti, le risorse relative agli anni dal 2021 al 2024 sono destinate nei limiti della dotazione del fondo di cui al primo periodo e fino ad esaurimento delle risorse, alla concessione, ai residenti nei comuni interessati dalle procedure di infrazione comunitaria n. 2014/2147 del 10 luglio 2014 o n. 2015/2043 del 28 maggio 2015 per la non ottemperanza dell'Italia agli obblighi previsti dalla direttiva 2008/50/CE che rottamano, dal 1° gennaio 2021 al 31 dicembre 2021, autovetture omologate fino alla classe Euro 3 o motocicli omologati fino alla classe Euro 2 ed Euro 3 a due tempi, di un "buono mobilità", cumulabile con quello previsto al terzo periodo, pari ad euro 1.500 per ogni autovettura e ad euro 500 per ogni motociclo rottamati da utilizzare, entro i successivi tre anni, per l'acquisto, anche a favore di persone conviventi, di abbonamenti al trasporto pubblico locale e regionale, nonchè di biciclette anche a pedalata assistita, e di veicoli per la mobilità personale a propulsione prevalentemente elettrica di cui all'articolo 33-*bis* del decreto-legge 30 dicembre 2019, n. 162, convertito, con modificazioni, dalla legge 28 febbraio 2020, n. 8 o per l'utilizzo dei servizi di mobilità condivisa a uso individuale (1). Il "buono mobilità" non costituisce reddito imponibile del beneficiario e non rileva ai fini del computo del valore dell'indicatore della situazione economica equivalente. Entro sessanta giorni dalla data di entrata in vigore del presente decreto, con decreto del Ministro dell'ambiente e della tutela del territorio e del mare, di concerto con il Ministro dell'economia e delle finanze, il Ministro delle infrastrutture e dei trasporti e il Ministro dello sviluppo economico, sentita la Conferenza unificata, sono definite le modalità e i termini per l'ottenimento e l'erogazione del beneficio di cui al sesto periodo (2), anche ai fini del rispetto del limite di spesa.

2. Per le medesime finalità di cui al comma 1, per il finanziamento di progetti per la creazione, il prolungamento, l'ammodernamento e la messa a norma di corsie riservate per il trasporto pubblico locale o piste ciclabili (3) è autorizzata la spesa di euro 20 milioni per ciascuno degli anni 2020 e 2021. Al relativo onere si provvede mediante corrispondente utilizzo, per ciascuno degli anni 2020 e 2021, di quota parte dei proventi delle aste delle quote di emissione di CO_2 di cui all'articolo 19 del decreto legislativo 13 marzo 2013, n. 30, destinata al Ministero dell'ambiente e della tutela del territorio e del mare, versata dal GSE ad apposito capitolo del bilancio dello Stato, che resta acquisita definitivamente all'erario. I progetti di cui al presente comma sono presentati al Ministero dell'ambiente e della tutela del territorio e del mare dai comuni con popolazione superiore a 50.000 abitanti, ovvero da uno o più comuni finitimi anche in forma associata riferiti a un ambito territoriale con popolazione superiore a 50.000 abitanti per la realizzazione di un'unica opera, interessati dalle procedure di infrazione comunitaria n. 2014/2147 del 10 luglio 2014 o n. 2015/2043 (3) del 28 maggio 2015 per la non ottemperanza dell'Italia agli obblighi previsti dalla direttiva 2008/50/CE sulla qualità dell'aria. Con decreto del Ministro dell'ambiente e della tutela del territorio e del mare, da adottarsi entro novanta giorni dalla data di entrata in vigore del presente decreto, di concerto con il Ministro delle infrastrutture e dei trasporti, sentito il Ministro dell'economia e delle finanze e d'intesa con la Conferenza unificata che si pronuncia entro trenta giorni, decorsi i quali il decreto è emanato anche in mancanza di detto parere, sono stabilite le modalità e i termini di presentazione delle domande, adottando criteri che assicurino priorità ai progetti presentati dai comuni con i più elevati livelli di emissioni inquinanti.

(1) *Periodi così sostituiti all'originario terzo periodo dall'art. 229, comma 1, lett.* a) *d.l. 19 maggio 2020, n. 34, conv., con modif., in l. 17 luglio 2020, n. 77. Il testo del terzo periodo originario era il seguente:* « Al fine di ridurre le emissioni climalteranti, a valere sul suddetto programma sperimentale, ai residenti nei comuni interessati dalle procedure di infrazione comunitaria n. 2014/2147 del 10 luglio 2014 e n. 2015/2043 del 28 maggio 2015 per la non ottemperanza dell'Italia agli obblighi previsti dalla direttiva 2008/50/CE che rottamano, entro il 31 dicembre 2021, autovetture omologate fino alla classe Euro 3 o motocicli omologati fino alla classe Euro 2 ed Euro 3 a due tempi, è riconosciuto, nei limiti della dotazione del fondo di cui al primo periodo e fino ad esaurimento delle risorse, un "buono mobilità" pari ad euro 1.500 per ogni autovettura e ad euro 500 per ogni motociclo rottamati da utilizzare, entro i successivi tre anni, per l'acquisto, anche a favore di persone conviventi, di abbonamenti al trasporto pubblico locale e regionale, nonchè di biciclette anche a pedalata assistita o per l'utilizzo dei servizi di mobilità condivisa a uso individuale ».

(2) *Le parole* « sesto periodo » *sono state sostituite alle parole* « presente comma » *dall'art. 229, comma 1, lett.* b) *d.l. n. 34, cit.*

(3) *Le parole* « corsie riservate per il trasporto pubblico locale o piste ciclabili » *sono state sostituite alle parole* « corsie preferenziali per il trasporto pubblico locale » *e le parole* « o n. 2015/2043 » *sono state sostituite alle parole* « e n. 2015/2043 » *dall'art. 229, comma 1, lett.* c) *d.l. n. 34, cit.*

3 Disposizioni per la promozione del trasporto scolastico sostenibile (1).

1. Al fine di limitare le emissioni climalteranti e inquinanti in atmosfera e migliorare la qualità dell'aria, è autorizzata la spesa di euro 10 milioni per ciascuno degli anni 2020 e 2021 per il finanziamento degli investimenti necessari alla realizzazione di progetti sperimentali per la realizzazione o l'implementazione del servizio di trasporto scolastico per i bambini della scuola dell'infanzia statale e comunale e per gli alunni delle scuole statali del primo ciclo di istruzione con mezzi di trasporto ibridi o elettrici, selezionati dal Ministero dell'ambiente e della tutela del territorio e del mare in base all'entità del numero di studenti coinvolti

e alla stima di riduzione dell'inquinamento atmosferico. Al relativo onere si provvede mediante corrispondente utilizzo, per ciascuno degli anni 2020 e 2021, di quota parte dei proventi delle aste delle quote di emissione di CO_2 di cui all'articolo 19 del decreto legislativo 13 marzo 2013, n. 30, destinata al Ministero dell'ambiente e della tutela del territorio e del mare, versata dal GSE ad apposito capitolo del bilancio dello Stato, che resta acquisita definitivamente all'erario.

2. I progetti di cui al comma 1 sono presentati al Ministero dell'ambiente e della tutela del territorio e del mare dai comuni con popolazione superiore a 50.000 abitanti interessati dalle procedure di infrazione comunitaria n. 2014/2147 del 10 luglio 2014 e n. 2015/2043 del 28 maggio 2015 per la non ottemperanza dell'Italia agli obblighi previsti dalla direttiva 2008/50/CE sulla qualità dell'aria.

3. Con decreto del Ministro dell'ambiente e della tutela del territorio e del mare, da adottarsi entro novanta giorni dalla data di entrata in vigore del presente decreto, sentiti il Ministro dell'istruzione, dell'università e della ricerca e il Ministro dell'economia e delle finanze, nonchè sentita la Conferenza Stato-città ed autonomie locali, sono stabilite le modalità di presentazione delle domande e le spese ammissibili ai fini del finanziamento.

(1) *Per le misure attuative delle disposizioni per la promozione del trasporto scolastico sostenibile, v. d.m. 28 ottobre 2020 (G.U. 16 dicembre 2020, n. 311).*

4 Azioni per la riforestazione.

1. Per il finanziamento di un programma sperimentale di messa a dimora di alberi, ivi compresi gli impianti arborei da legno di ciclo medio e lungo, purchè non oggetto di altro finanziamento o sostegno pubblico, di reimpianto e di silvicoltura, e per la creazione di foreste urbane e periurbane, nelle città metropolitane, in coerenza con quanto previsto dal decreto legislativo 3 aprile 2018, n. 34, è autorizzata la spesa di euro 15 milioni per ciascuno degli anni 2020 e 2021. Al relativo onere si provvede mediante corrispondente utilizzo, per ciascuno degli anni 2020 e 2021, di quota parte dei proventi delle aste delle quote di emissione di CO_2 di cui all'articolo 19 del decreto legislativo 13 marzo 2013, n. 30, destinata al Ministero dell'ambiente e della tutela del territorio e del mare, versata dal GSE ad apposito capitolo del bilancio dello Stato, che resta acquisita definitivamente all'erario.

2. Al fine di procedere a un rapido avvio del programma sperimentale di cui al presente articolo, entro novanta giorni dalla data di entrata in vigore del presente decreto, con decreto del Ministro dell'ambiente e della tutela del territorio e del mare, d'intesa con la Conferenza unificata che si pronuncia entro trenta giorni, decorsi i quali il decreto è emanato anche in mancanza di detto parere, sulla base dell'istruttoria del Comitato per lo sviluppo del verde pubblico di cui all'articolo 3 della legge 14 gennaio 2013, n. 10, sono definite le modalità per la progettazione degli interventi e di ogni eventuale successiva variazione e il riparto delle risorse di cui al comma 1 tra le città metropolitane, tenendo conto, quali criteri di selezione, in particolare, della valenza ambientale e sociale dei progetti, del livello di riqualificazione e di fruibilità dell'area, dei livelli di qualità dell'aria e della localizzazione nelle zone oggetto delle procedure di infrazione comunitaria n. 2014/2147 del 10 luglio 2014 e n. 2015/2043 del 28 maggio 2015.

3. Entro centoventi giorni dalla data di pubblicazione del decreto di cui al comma 2, ciascuna città metropolitana presenta al Ministero dell'ambiente e della tutela del territorio e del mare le progettazioni, corredate dai programmi operativi di dettaglio con i relativi costi. Il Ministero dell'ambiente e della tutela del territorio e del mare provvede all'approvazione di almeno un progetto, ove ammissibile in base ai requisiti previsti dal decreto di cui al comma 2, per ciascuna città metropolitana, con i relativi programmi operativi di dettaglio, e di ogni eventuale successiva variazione, sulla base di apposite istruttorie effettuate dal Comitato per lo sviluppo del verde pubblico che, a tal fine, può avvalersi, anche per la verifica della fase attuativa dei progetti e senza nuovi o maggiori oneri a carico della finanza pubblica, del Sistema nazionale a rete per la protezione dell'ambiente di cui alla legge 28 giugno 2016, n. 132.

4. Le autorità competenti nella gestione del demanio fluviale e nella programmazione degli interventi di contrasto al dissesto idrogeologico introducono, tra i criteri per l'affidamento della realizzazione delle opere, la pulizia, la manutenzione e il rimboschimento delle fasce ripariali e delle aree demaniali fluviali con relativo piano di manutenzione, laddove ritenuto necessario per prevenire il rischio idrogeologico, garantendo l'opportuno raccordo con la pianificazione e la programmazione delle misure e degli interventi per la sicurezza idraulica di competenza delle Autorità di bacino distrettuale di cui all'articolo 63 del decreto legislativo 3 aprile 2006, n. 152. Al rimboschimento delle fasce ripariali e delle aree demaniali fluviali di cui al primo periodo si provvede secondo le modalità stabilite con decreto del Ministero dell'ambiente e della tutela del territorio e del mare, sentito il Comitato per lo sviluppo del verde pubblico di cui all'articolo 3 della legge 14 gennaio 2013, n. 10, da adottare entro sei mesi dalla data di entrata in vigore della legge di conversione del presente decreto. Le autorità competenti di cui al primo periodo, quando non ritengono necessario il rimboschimento per prevenire il rischio idrogeologico, devono darne motivatamente conto negli atti di affidamento, che, agli effetti di quanto previsto dall'articolo 46 del decreto legislativo 14 marzo 2013, n. 33, sono pubblicati, entro trenta giorni dalla loro adozione, nella sezione « Amministrazione trasparente » del rispettivo sito internet.

4-*bis*. Le autorità competenti di cui al comma 4, tra i criteri per la programmazione degli interventi di messa a dimora di alberi, di reimpianto e di silvicoltura nelle città metropolitane, in coerenza con quanto previsto dal testo unico in materia di foreste e filiere forestali, di cui al decreto legislativo 3 aprile 2018, n. 34, tengono conto principalmente delle aree che hanno subito notevoli danni da eventi climatici eccezionali.

4-*ter*. Lo svolgimento delle attività di rimboschimento di cui al comma 4 può essere affidato dalle autorità competenti nella gestione del demanio fluviale e nella programmazione degli interventi di contrasto al dissesto idrogeologico agli imprenditori agricoli di cui all'articolo 2135 del codice civile, in forma singola o associata, nel rispetto della disciplina prevista dal codice dei contratti pubblici, di cui al decreto legislativo 18 aprile 2016, n. 50.

4-*quater*. Al comma 2 dell'articolo 3 del testo unico di cui al decreto legislativo 3 aprile 2018, n. 34, è aggiunta, in fine, la seguente lettera:

"*s-bis*) bosco vetusto: superficie boscata costituita da specie autoctone spontanee coerenti con il contesto biogeografico, con una biodiversità caratteristica conseguente all'assenza di disturbi da almeno sessanta anni e con la presenza di stadi seriali legati alla rigenerazione ed alla senescenza spontanee".

4-*quinquies*. All'articolo 7 del testo unico di cui al decreto legislativo 3 aprile 2018, n. 34, è aggiunto, in fine, il seguente comma:

« 13-*bis*. Con decreto del Ministero delle politiche agricole alimentari e forestali, di concerto con il Ministero dell'ambiente e della tutela del territorio e del mare e d'intesa con la Conferenza permanente per i rapporti tra lo Stato, le regioni e le Province autonome di Trento e di Bolzano, sono adottate apposite disposizioni per la definizione delle linee guida per l'identificazione delle aree definibili come boschi vetusti e le indicazioni per la loro gestione e tutela, anche al fine della creazione della Rete nazionale dei boschi vetusti ».

4-*sexies*. Dalle disposizioni di cui ai commi 4-*quater* e 4-*quinquies* non devono derivare nuovi o maggiori oneri a carico della finanza pubblica.

4-*septies*. All'articolo 7 del testo unico di cui al decreto legislativo 3 aprile 2018, n. 34, dopo il comma 13-*bis*, introdotto dal comma 4-quinquies del presente articolo, è aggiunto il seguente:

"13-*ter*. Le regioni e le Province autonome di Trento e di Bolzano, in accordo con i principi di salvaguardia della biodiversità, con particolare riferimento alla conservazione delle specie dipendenti dalle necromasse legnose, favoriscono il rilascio in bosco di alberi da destinare all'invecchiamento a tempo indefinito".

4-*octies*. Dalla disposizione di cui al comma 4-*septies* non devono derivare nuovi o maggiori oneri a carico della finanza pubblica.

4-*novies*. A decorrere dal 1° gennaio 2020, nelle aree interessate da pericolosità o da rischio idraulico di grado elevato o molto elevato, come definite dalle norme tecniche di attuazione dei relativi Piani di bacino, non sono consentiti incrementi delle attuali quote di impermeabilizzazione del suolo. Sono comunque fatte salve le previsioni delle norme tecniche di attuazione dei piani di bacino relative agli interventi consentiti nelle aree di cui al periodo precedente (1).

(1) *Comma sostituito dall'art. 4, comma 6-*sexies*, d.l. 18 aprile 2019, n. 32, conv., con modif., in l. 14 giugno 2019, n. 55, come da ultimo modificato, in sede di conversione, dall'art. 16, comma 1-*ter*, d.l. 30 dicembre 2019, n. 162, conv., con modif., in l. 28 febbraio 2020, n. 8. Il testo del comma era il seguente:* « A decorrere dal 1° gennaio 2020, nelle aree interessate da elevata criticità idraulica, come definite dalle norme tecniche di attuazione dei relativi Piani di bacino, non sono consentiti incrementi delle attuali quote di impermeabilizzazione del suolo ».

4-*bis* - 8-*bis* (*Omissis*).

CAPO II
DISPOSIZIONI PARTICOLARI

19. Decreto legge 5 gennaio 2015, n. 1, convertito, con modificazioni, in legge 4 marzo 2015, n. 20. — Disposizioni urgenti per l'esercizio di imprese di interesse strategico nazionale in crisi e per lo sviluppo della città e dell'area di Taranto. (*estratto*).

Pubblicato nella Gazzetta Ufficiale del 5 gennaio 2015, n. 3; la legge di conversione è stata pubblicata nella Gazzetta Ufficiale del 5 marzo 2015, n. 53.

2 Disciplina applicabile ad ILVA S.p.A.

1. L'ammissione di ILVA S.p.A. alla amministrazione straordinaria di cui al decreto-legge n. 347 determina la cessazione del commissariamento straordinario di cui al decreto-legge 4 giugno 2013, n. 61, convertito, con modificazioni, dalla legge 3 agosto 2013, n. 89, di seguito denominato « decreto-legge n. 61 ». Il commissario straordinario subentra nei poteri attribuiti per i piani e le azioni di bonifica previsti dal decreto del Presidente del Consiglio dei Ministri 14 marzo 2014, pubblicato nella Gazzetta Ufficiale n. 105 dell'8 maggio 2014, di seguito « d.P.C.M. 14 marzo 2014 ».

2. In attuazione dell'articolo 1-*bis* del decreto-legge 3 dicembre 2012, n. 207, convertito, con modificazioni, dalla legge 24 dicembre 2012, n. 231, i rapporti di valutazione del danno sanitario si conformano ai criteri metodologici stabiliti dal decreto ministeriale di cui al comma 2 del medesimo articolo 1-*bis* del decreto-legge n. 207 del 2012. Il rapporto di valutazione del danno sanitario non può unilateralmente modificare le prescrizioni dell'autorizzazione integrata ambientale in corso di validità, ma legittima la regione competente a chiedere il riesame ai sensi dell'articolo 29-*octies*, comma 4, del decreto legislativo 3 aprile 2006, n. 152 e successive modificazioni. Fatta salva l'applicazione dell'articolo 12 del decreto-legge 31 agosto 2013, n. 101, convertito, con modificazioni, dalla legge 30 ottobre 2013, n. 125, i contenuti del d.P.C.M. 14 marzo 2014 possono essere modificati con i procedimenti di cui agli articoli 29-*octies* e 29-*nonies* del decreto legislativo 3 aprile 2006, n. 152, e successive modificazioni.

3. L'attività di gestione dell'impresa eseguita nel rispetto delle prescrizioni del d.P.C.M. 14 marzo 2014 è considerata di pubblica utilità ad ogni effetto e gli interventi ivi previsti sono dichiarati indifferibili, urgenti e di pubblica utilità e costituiscono varianti ai piani urbanistici.

4. Per l'attuazione degli interventi previsti dal piano di cui al d.P.C.M. 14 marzo 2014, il procedimento di cui all'articolo 1, comma 9, del decreto-legge n. 61 è avviato su proposta del commissario entro quindici giorni dalla comunicazione dei relativi progetti. I termini per l'espressione dei pareri, visti e nulla osta relativi agli interventi previsti per l'attuazione del detto piano devono essere resi dalle amministrazioni o enti competenti entro venti giorni dalla richiesta, prorogati di ulteriori venti giorni in caso di richiesta motivata e, qualora non resi entro tali termini, si intendono acquisiti con esito positivo. Per la valutazione d'impatto ambientale e per i pareri in materia di tutela sanitaria e paesaggistica, restano ferme le previsioni del citato articolo 1, comma 9, secondo periodo, del decreto-legge n. 61.

4-*bis*. Il Ministro dell'ambiente e della tutela del territorio e del mare presenta alle Camere, con cadenza semestrale, una relazione sullo stato di attuazione del piano di cui al d.P.C.M. 14 marzo 2014 e sulle risultanze dei controlli ambientali effettuati.

5. Il piano di cui al d.P.C.M. 14 marzo 2014 si intende attuato se entro il 31 luglio 2015 sia stato realizzato, almeno nella misura dell'80 per cento, il numero di prescrizioni in scadenza a quella data. Entro il 31 dicembre 2015, il commissario straordinario presenta al Ministero dell'ambiente e della tutela del territorio e del mare e all'ISPRA una relazione sulla osservanza delle prescrizioni del piano di cui al primo periodo. Fermo restando il rispetto dei limiti di emissione previsti dalla normativa europea, il termine ultimo per l'attuazione del Piano, comprensivo delle prescrizioni di cui al decreto del Ministro dell'ambiente e della tutela del territorio e del mare 3 febbraio 2014, n. 53, è fissato al 30 giugno 2017. Tale termine può essere prorogato, su istanza dell'aggiudicatario della procedura di cui all'articolo 1 del decreto-legge 4 gennaio 2015, n. 191, convertito, con modificazioni, dalla legge 1° feb-

braio 2016, n.13, formulata con la domanda prevista al comma 8.1 del medesimo articolo 1, con il decreto del Presidente del Consiglio dei ministri di approvazione delle modifiche del Piano delle misure e delle attività di tutela ambientale e sanitaria e per un periodo non superiore a 18 mesi, conformemente alle risultanze dell'istruttoria svolta ai sensi del comma 8 dello stesso articolo 1. Tale termine si applica altresì ad ogni altro adempimento, prescrizione, attività o intervento di gestione ambientale e di smaltimento e gestione dei rifiuti inerente ILVA S.p.A. in amministrazione straordinaria e le altre società da essa partecipate anch'esse in amministrazione straordinaria e sostituisce ogni altro diverso termine intermedio o finale che non sia ancora scaduto alla data di entrata in vigore del presente decreto, previsto da norme di legge o da provvedimenti amministrativi comunque denominati. È conseguentemente prorogato alla medesima data il termine di cui all'articolo 3, comma 3, del decreto-legge 3 dicembre 2012, n. 207, convertito, con modificazioni, dalla legge 24 dicembre 2012, n. 231. Il comma 3-*ter* dell'articolo 2 del decreto-legge 4 giugno 2013, n. 61, convertito, con modificazioni, dalla legge 3 agosto 2013, n. 89, è abrogato (1).

6. L'osservanza delle disposizioni contenute nel Piano Ambientale di cui al d.P.C.M. 14 marzo 2014, come modificato e integrato con il decreto del Presidente del Consiglio dei ministri 29 settembre 2017, pubblicato nella Gazzetta Ufficiale n. 229 del 30 settembre 2017, equivale all'adozione ed efficace attuazione dei modelli di organizzazione e gestione, previsti dall'articolo 6 del decreto legislativo 8 giugno 2001, n. 231, ai fini della valutazione delle condotte strettamente connesse all'attuazione dell'A.I.A. [e delle altre norme a tutela dell'ambiente, della salute e dell'incolumità pubblica]. Le condotte poste in essere in attuazione del Piano Ambientale di cui al periodo precedente, nel rispetto dei termini e delle modalità ivi stabiliti, non possono dare luogo a responsabilità penale o amministrativa del commissario straordinario, dell'affittuario o acquirente e dei soggetti da questi funzionalmente delegati, in quanto costituiscono adempimento delle migliori regole preventive in materia ambientale [, di tutela della salute e dell'incolumità pubblica e di sicurezza sul lavoro]. La disciplina di cui al periodo precedente si applica con riferimento alle condotte poste in essere fino al 6 settembre 2019 (2).

6-*bis*. La regione Puglia, al fine di assicurare adeguati livelli di tutela della salute pubblica e una più efficace lotta ai tumori, con particolare riferimento alla lotta alle malattie infantili, è autorizzata ad effettuare interventi per il potenziamento della prevenzione e della cura nel settore della onco-ematologia pediatrica nella provincia di Taranto, nei limiti di spesa di 0,5 milioni di euro per l'anno 2015 e di 4,5 milioni di euro per l'anno 2016.

6-*ter*. Ai maggiori oneri di cui al comma 6-*bis*, pari a 0,5 milioni di euro per l'anno 2015 e a 4,5 milioni di euro per l'anno 2016, si provvede mediante corrispondente riduzione dello stanziamento del fondo speciale di parte corrente iscritto, ai fini del bilancio triennale 2015-2017, nell'ambito del programma "Fondi di riserva e speciali" della missione "Fondi da ripartire" dello stato di previsione del Ministero dell'economia e delle finanze per l'anno 2015, allo scopo parzialmente utilizzando l'accantonamento relativo al medesimo Ministero. Il Ministro dell'economia e delle finanze è autorizzato ad apportare, con propri decreti, le occorrenti variazioni di bilancio.

7. All'articolo 217-*bis*, comma 1, del regio decreto 16 marzo 1942, n. 267, è aggiunto, in fine, il seguente periodo: « e alle operazioni di finanziamento effettuate ai sensi dell'articolo 22-*quater*, comma 1, del decreto-legge 24 giugno 2014, n. 91, convertito, con modificazioni, dalla legge 11 agosto 2014, n. 116, nonchè ai pagamenti ed alle operazioni compiuti, per le finalità di cui alla medesima disposizione, con impiego delle somme provenienti da tali finanziamenti. ».

8. Si applica, in quanto compatibile, la disciplina del decreto-legge n. 61. Si applica l'articolo 12 del decreto-legge 31 agosto 2013, n. 101, convertito, con modificazioni, dalla legge 30 ottobre 2013, n. 125, come modificato dal presente decreto [, e l'articolo 22-*quater*, comma 2, del decreto-legge 24 giugno 2014, n. 91, convertito, con modificazioni, dalla legge 11 agosto 2014, n. 116].

8-*bis*. Per le imprese di autotrasporto e per le piccole imprese, come definite ai sensi della raccomandazione 2003/361/CE della Commissione, del 6 maggio 2003, che vantino crediti nei confronti di ILVA S.p.A. per prestazioni svolte a favore della medesima società prima del deposito della domanda di accertamento dello stato di insolvenza, ai sensi dell'articolo 3 del decreto legislativo 8 luglio 1999, n. 270, sono sospesi i termini dei versamenti di tributi erariali che scadono nel periodo compreso tra la data di entrata in vigore della legge di conversione del presente decreto e il 15 settembre 2015; per lo stesso periodo sono sospese le procedure esecutive e cautelari relative ai predetti tributi. La sospensione non si applica alle ritenute che i predetti soggetti, in qualità di sostituti d'imposta, devono continuare ad operare e versare. Sono altresì sospesi i termini relativi ai versamenti derivanti da cartelle di pagamento emesse dagli agenti della riscossione, nonchè dagli atti previsti dall'articolo 29 del decreto-legge 31 maggio 2010, n. 78, convertito, con modificazioni, dalla legge 30 luglio 2010, n. 122, ancorchè scaduti prima della data di entrata in vigore della legge di conversione del presente decreto. Le somme non versate per effetto della sospensione di cui al presente comma sono versate in unica soluzione entro il 21 dicembre 2015.

8-*ter*. Al fine di consentire di rimodulare il piano di ammortamento dei mutui e dei finanziamenti per le piccole e medie imprese individuate dalla raccomandazione 2003/361/CE della Commissione, del 6 maggio 2003, che vantano crediti verso imprese che gestiscono almeno uno stabilimento industriale di interesse strategico nazionale ai sensi dell'articolo 1 del decreto-legge 3 dicembre 2012, n. 207, convertito, con modificazioni, dalla legge 24 dicembre 2012, n. 231, e che sono ammesse all'amministrazione straordinaria di cui al decreto-legge n. 347, il Ministero dell'economia e delle finanze e il Ministero dello sviluppo economico, entro il termine previsto dal comma 246 dell'articolo 1 della legge 23 dicembre 2014, n. 190, e previo accordo con l'Associazione bancaria italiana e con le associazioni dei rappresentanti delle imprese e dei consumatori, concordano, senza nuovi o maggiori oneri per la finanza pubblica, tutte le misure necessarie al fine di sospendere il pagamento della quota capitale delle rate per gli anni dal 2015 al 2017.

9. I riferimenti al commissario e al sub-commissario, nonchè al commissariamento e alla gestione commissariale contenuti negli articoli 1 e 2-*quinquies* del decreto-legge n. 61, nell'articolo 12 del decreto-legge 31 agosto 2013, n. 101, convertito, con modificazioni, dalla legge 30 ottobre 2013, n. 125, e nell'articolo 22-*quater*, comma 2, del decreto-legge 24 giugno 2014, n. 91, convertito, con modificazioni, dalla legge 11 agosto 2014, n. 116, si devono intendere come riferimenti, rispettivamente, al commissario straordinario e alla procedura di amministrazione straordinaria di cui al decreto-legge n. 347, e il riferimento al piano di cui al comma 5 dell'articolo 1 del decreto-legge n. 61 si deve intendere come riferimento al piano di cui al d.P.C.M. 14 marzo 2014.

10. Il riferimento alla gestione commissariale, di cui al comma 9-*bis* dell'articolo 1 del decreto-legge n. 61, si intende riferito alla gestione aziendale da parte del commissario e dell'avente titolo, sia esso affittuario o cessionario, e la disciplina ivi prevista si applica all'impresa commissariata o affittata o ceduta, fino alla data di cessazione del commissariamento ovvero a diversa data fissata con decreto del Presidente del Consiglio dei Ministri, su proposta del Ministro dello sviluppo economico.

11. Al comma 1 dell'articolo 252-*bis* del decreto legislativo 3 aprile 2006, n. 152, è aggiunto, in fine, il seguente periodo: « L'esclusione cessa di avere effetto nel caso in cui l'impresa è ammessa alla procedura di amministrazione straordinaria di cui al decreto-legge 23 dicembre 2003, n. 347, convertito, con modificazioni, dalla legge 18 febbraio 2004, n. 39. ».

(1) *Comma modificato dapprima in sede di conversione, successivamente dall'articolo 1, comma 7, d.l. 4 dicembre 2015, n. 191, conv., con modif., in l. 1° febbraio 2016 n. 13 e da ultimo dall'articolo 1, comma 4, lettera* a), *d.l. 9 giugno 2016 n. 98, conv., con modif., inl. 1° agosto 2016, n. 151.*

(2) *Comma da ultimo così modificato dall'art. 46, comma 1 d.l. 30 aprile 2019, n. 34, conv., con modif., in l. 28 giugno 2019, n. 58.*

Il testo originario del comma era il seguente: « 6. L'osservanza delle disposizioni contenute nel Piano di cui al d.P.C.M. 14 marzo 2014, nei termini previsti dai commi 4 e 5 del presente articolo, equivale all'adozione ed efficace attuazione dei modelli di organizzazione e gestione, previsti dall'articolo 6 del decreto legislativo 8 giugno 2001, n. 231, ai fini della valutazione delle condotte strettamente connesse all'attuazione dell'A.I.A. e delle altre norme a tutela dell'ambiente, della salute e dell'incolumità pubblica. Le condotte poste in essere in attuazione del Piano di cui al periodo precedente non possono dare luogo a responsabilità penale o amministrativa del commissario straordinario e dei soggetti da questo funzionalmente delegati, in quanto costituiscono adempimento delle migliori regole preventive in materia ambientale, di tutela della salute e dell'incolumità pubblica e di sicurezza sul lavoro ».

Successivamente il comma 6 è stato modificato dall'articolo 1, comma 4, lettera b), *d.l. 9 giugno 2016 n. 98, conv., con modif., in l. 1° agosto 2016 n. 151 nei seguenti termini:* « 6. L'osservanza delle disposizioni contenute nel Piano di cui al d.P.C.M. 14 marzo 2014, nei termini previsti dai commi 4 e 5 del presente articolo, equivale all'adozione ed efficace attuazione dei modelli di organizzazione e gestione, previsti dall'articolo 6 del decreto legislativo 8 giugno 2001, n. 231, ai fini della valutazione delle condotte strettamente connesse all'attuazione dell'A.I.A. e delle altre norme a tutela dell'ambiente, della salute e dell'incolumità pubblica. Le condotte poste in essere in attuazione del Piano di cui al periodo precedente non possono dare luogo a responsabilità penale o amministrativa del commissario straordinario, dell'affittuario o acquirente e dei soggetti da questi funzionalmente delegati, in quanto costituiscono adempimento delle migliori regole preventive in materia ambientale, di tutela della salute e dell'incolumità pubblica e di sicurezza sul lavoro. Per quanto attiene all'affittuario o acquirente e ai soggetti funzionalmente da questi delegati, la disciplina di cui al periodo precedente si applica con riferimento alle condotte poste in essere fino alla scadenza del 30 giugno 2017 prevista dal terzo periodo del comma 5 ovvero per un periodo ulteriore non superiore ai diciotto mesi ai sensi del medesimo comma 5 ».

*Successivamente il presente comma è stato ulteriormente modificato dall'articolo 6, comma 10-*ter, *d.l. 30 dicembre 2016, n. 244, conv., con modif., in l. 27 febbraio 2017, n. 19 nei termini che seguono:* « 6. L'osservanza delle disposizioni contenute nel Piano di cui al d.P.C.M. 14 marzo 2014, nei termini previsti dai commi 4 e 5 del presente articolo, equivale all'adozione ed efficace attuazione dei modelli di organizzazione e gestione, previsti dall'articolo 6 del decreto legislativo 8 giugno 2001, n. 231, ai fini della valutazione delle condotte strettamente connesse all'attuazione dell'A.I.A. e delle altre norme a tutela dell'ambiente, della salute e dell'incolumità pubblica. Le condotte poste in essere in attuazione del Piano di cui al periodo precedente non possono dare luogo a responsabilità penale o amministrativa del commissario straordinario, dell'affittuario o acquirente e dei soggetti da questi funzionalmente delegati, in quanto costituiscono adempimento delle migliori regole preventive in materia ambientale, di tutela della salute e dell'incolumità pubblica e di sicurezza sul lavoro. Per quanto attiene all'affittuario o acquirente e ai soggetti funzionalmente da questi delegati, la disciplina di cui al periodo precedente si applica con riferimento alle condotte poste in essere fino alla scadenza del 30 giugno 2017 prevista dal terzo periodo del comma 5 ovvero per un periodo ulteriore non superiore ai diciotto mesi decorrenti dalla data di entrata in vigore del decreto del Presidente del Consiglio dei ministri di approvazione delle modifiche del Piano delle misure e delle attività di tutela ambientale e sanitaria secondo quanto ivi stabilito a norma del comma 5 ».

Infine l'articolo 14, comma 1, d.l. 3 settembre 2019, n. 101, aveva modificato il presente comma nel seguente modo: « 6. L'osservanza delle disposizioni contenute nel Piano Ambientale di cui al d.P.C.M. 14 marzo 2014, come modificato e integrato con il decreto del Presidente del Consiglio dei ministri 29 settembre 2017, pubblicato nella Gazzetta Ufficiale n. 229 del 30 settembre 2017, equivale all'adozione ed efficace attuazione dei modelli di organizzazione e gestione, previsti dall'articolo 6 del decreto legislativo 8 giugno 2001, n. 231, ai fini della valutazione delle condotte strettamente connesse all'attuazione del Piano Ambientale medesimo [e delle altre norme a tutela dell'ambiente, della salute e dell'incolumità pubblica]. Le condotte poste in essere in attuazione del Piano Ambientale di cui al periodo precedente, nel rispetto dei termini e delle modalità ivi stabiliti, non possono dare luogo a responsabilità penale o amministrativa del commissario straordinario, dell'affittuario o acquirente e dei soggetti da questi funzionalmente delegati, in quanto costituiscono adempimento dei doveri imposti dal suddetto Piano Ambientale, nonchè esecuzione delle migliori regole preventive in materia ambientale [, di tutela della salute e dell'incolumità pubblica e di sicurezza sul lavoro]. La disciplina di cui al periodo precedente si applica con riferimento alle condotte poste in essere fino al 6 settembre 2019, fatta eccezione per l'affittuario o acquirente e i soggetti da questi funzionalmente delegati, per i quali la disciplina di cui al secondo periodo si applica con riferimento alle condotte poste in essere in esecuzione del suddetto Piano Ambientale sino alla scadenza dei termini di attuazione stabiliti dal Piano stesso per ciascuna prescrizione ivi prevista che venga in rilievo con riferimento alle condotte poste in essere da detti soggetti, ovvero dei più brevi termini che l'affittuario o acquirente si sia impegnato a rispettare nei confronti della gestione commissariale di ILVA S.p.A. in amministrazione straordinaria. In ogni caso, resta ferma la responsabilità in sede penale, civile e amministrativa derivante dalla violazione di norme poste a tutela della salute e della sicurezza dei lavoratori », *ma tale modifica è decaduta in sede di conversione in l. 2 novembre 2019, n. 128.*

3 Disposizioni finanziarie (1).

1. Nell'ambito della procedura di amministrazione straordinaria di cui al decreto-legge n. 347, l'organo commissariale di ILVA S.p.A. è autorizzato a richiedere il trasferimento delle somme sequestrate, subentrando nel procedimento già promosso ai sensi dell'articolo 1, comma 11-*quinquies*, del decreto-legge n.

61, nel testo vigente prima della data di entrata in vigore del presente decreto. A seguito dell'apertura della procedura di amministrazione straordinaria, l'organo commissariale è autorizzato a richiedere che l'autorità giudiziaria procedente disponga l'impiego delle somme sequestrate, in luogo dell'aumento di capitale, per la sottoscrizione di obbligazioni emesse dalla società in amministrazione straordinaria. Il credito derivante dalla sottoscrizione delle obbligazioni è prededucibile ai sensi dell'articolo 111 del regio decreto 16 marzo 1942, n. 267, e successive modificazioni, ma subordinato alla soddisfazione, nell'ordine, dei crediti prededucibili di tutti gli altri creditori della procedura di amministrazione straordinaria nonchè dei creditori privilegiati ai sensi dell'articolo 2751-*bis*, numero 1), del codice civile. L'emissione è autorizzata ai sensi dell'articolo 2412, sesto comma, del codice civile. Le obbligazioni sono emesse a un tasso di rendimento parametrato a quello mediamente praticato sui rapporti intestati al Fondo unico giustizia ai sensi dell'articolo 2 del decreto-legge 16 settembre 2008, n. 143, convertito, con modificazioni, dalla legge 13 novembre 2008, n. 181. Il sequestro penale sulle somme si converte in sequestro delle obbligazioni. Le obbligazioni di nuova emissione sono nominative e devono essere intestate al Fondo unico giustizia e, per esso, ad Equitalia Giustizia S.p.A. quale gestore ex lege del predetto Fondo. Il versamento delle somme sequestrate avviene al momento della sottoscrizione delle obbligazioni, in misura pari all'ammontare di queste ultime. Le attività poste in essere da Equitalia Giustizia S.p.A. devono svolgersi, ai sensi dell'articolo 1, comma 11-*quinquies*, del decreto-legge n. 61, sulla base delle indicazioni fornite dall'autorità giudiziaria procedente. Le somme rivenienti dalla sottoscrizione delle obbligazioni sono versate in un patrimonio dell'emittente destinato all'attuazione e alla realizzazione del piano delle misure e delle attività di tutela ambientale e sanitaria dell'impresa in amministrazione straordinaria, previa restituzione dei finanziamenti statali di cui all'articolo 1, comma 6-bis, del decreto-legge 4 dicembre 2015, n. 191, convertito, con modificazioni, dalla legge 1° febbraio 2016, n. 13, per la parte eventualmente erogata, e, nei limiti delle disponibilità residue, a interventi volti alla tutela della sicurezza e della salute, di ripristino e di bonifica ambientale secondo le modalità previste dall'ordinamento vigente, nonché per un ammontare determinato, nel limite massimo di 150 milioni di euro, con decreto del Ministro dello sviluppo economico e del Ministro della transizione ecologica, da adottare di concerto con il Ministro dell'economia e delle finanze, sentito il Presidente della regione Puglia, a progetti di decarbonizzazione del ciclo produttivo dell'acciaio presso lo stabilimento siderurgico di Taranto, proposti anche dal gestore dello stabilimento stesso ed attuati dall'organo commissariale di ILVA S.p.A., che può avvalersi di organismi in house dello Stato. Restano comunque impregiudicate le intese già sottoscritte fra il gestore e l'organo commissariale di ILVA S.p.A alla data di entrata in vigore della presente disposizione. Le modalità di valutazione, approvazione e attuazione dei progetti di decarbonizzazione da parte dell'organo commissariale di ILVA S.p.A., sono individuate con il decreto di cui al decimo periodo. (2). Al patrimonio si applicano le disposizioni del libro V, titolo V, capo V, sezione XI, del codice civile (3) (4).

1-*bis*. All'articolo 1, comma 11-*quinquies*, del decreto-legge n. 61, al primo periodo, le parole: ", non oltre l'anno 2014" sono soppresse e le parole: "il giudice" sono sostituite dalle seguenti: "l'autorità giudiziaria" e, all'ultimo periodo, la parola: "giurisdizionale" è sostituita dalla seguente: "giudiziaria".

1-*ter*. L'organo commissariale di ILVA S.p.A, al fine della realizzazione degli investimenti necessari al risanamento ambientale, nonchè di quelli destinati ad interventi a favore di ricerca, sviluppo e innovazione, formazione e occupazione, nel rispetto della normativa dell'Unione europea in materia, è autorizzato a contrarre finanziamenti per un ammontare complessivo fino a 400 milioni di euro, assistiti dalla garanzia dello Stato. Il predetto finanziamento è rimborsato dall'organo commissariale in prededuzione rispetto agli altri debiti, ai sensi dell'articolo 111, primo comma, numero 1), del regio decreto 16 marzo 1942, n. 267, e successive modificazioni. La garanzia dello Stato è a prima richiesta, esplicita, incondizionata e irrevocabile. È istituito nello stato di previsione del Ministero dell'economia e delle finanze un fondo a copertura delle garanzie dello Stato concesse ai sensi della presente disposizione, con una dotazione iniziale di 150 milioni di euro per l'anno 2015 e di 50 milioni di euro per l'anno 2016. È autorizzata, allo scopo, l'istituzione di un'apposita contabilità speciale su cui confluiscono le predette risorse. Al relativo onere, pari a 150 milioni di euro per l'anno 2015 e a 50 milioni di euro per l'anno 2016, si provvede mediante corrispondente utilizzo delle disponibilità in conto residui, iscritte in bilancio rispettivamente negli anni 2015 e 2016, relative all'autorizzazione di spesa di cui all'articolo 37, comma 6, del decreto-legge 24 aprile 2014, n. 66, convertito, con modificazioni, dalla legge 23 giugno 2014, n. 89, e successive modificazioni. Il Ministro dell'economia e delle finanze è autorizzato ad apportare, con propri decreti, anche in conto residui, le occorrenti variazioni di bilancio (5) (6).

2. Ai fini dell'attuazione delle prescrizioni di cui al d.P.C.M. 14 marzo 2014, il Commissario straordinario dell'amministrazione straordinaria [, oltre alla titolarità della o delle contabilità speciali di cui all'articolo 1, comma 11-*quinqies*, del decreto legge n. 61, come modificato dal comma 1,] è titolare di contabilità speciali, aperte presso la tesoreria statale, in cui confluiscono:

a) le risorse assegnate dal CIPE con propria delibera, previa presentazione di un progetto di lavori, a valere sul Fondo di sviluppo e coesione di cui al decreto legislativo 31 maggio 2011, n. 88, nel limite delle risorse annualmente disponibili e garantendo comunque la neutralità dei saldi di finanza pubblica;

b) altre eventuali risorse a qualsiasi titolo destinate o da destinare agli interventi di risanamento ambientale.

3. Il Commissario straordinario rendiconta, secondo la normativa vigente, l'utilizzo delle risorse di tutte le contabilità speciali aperte e ne fornisce periodica informativa al Ministero dell'ambiente e della tutela del territorio e del mare, al Ministero dello sviluppo eco-

nomico e alle autorità giudiziarie interessate nonchè, con una relazione semestrale, alle Camere (8).

4. Resta fermo il diritto di rivalsa da parte dello Stato nei confronti dei responsabili del danno ambientale.

5. Allo scopo di definire tempestivamente le pendenze tuttora aperte, il commissario straordinario, entro sessanta giorni dall'entrata in vigore del presente decreto, [previo parere dell'Avvocatura Generale dello Stato e del Ministero dell'ambiente e della tutela del territorio e del mare,] è autorizzato a sottoscrivere con FINTECNA S.p.A., in qualità di avente causa dell'IRI, un atto convenzionale di liquidazione dell'obbligazione contenuta nell'articolo 17.7 del contratto di cessione dell'ILVA Laminati Piani (oggi ILVA S.p.A.). La liquidazione è determinata nell'importo di 156.000.000 di euro, ha carattere definitivo, non è soggetta ad azione revocatoria e preclude ogni azione concernente il danno ambientale generatosi, relativamente agli stabilimenti produttivi ceduti dall'IRI in sede di privatizzazione della ILVA Laminati Piani (oggi ILVA S.p.A.), antecedentemente al 16 marzo 1995. Le somme rinvenienti da detta operazione affluiscono nella contabilità ordinaria del Commissario straordinario.

5-*bis*. Ai fini della messa in sicurezza e gestione dei rifiuti radioattivi in deposito nell'area ex Cemerad ricadente nel comune di Statte, in provincia di Taranto, sono destinati fino a dieci milioni di euro a valere sulle risorse disponibili sulla contabilità speciale aperta ai sensi dell'articolo 1, comma 4, del decreto-legge 7 agosto 2012, n. 129, convertito dalla legge 4 ottobre 2012, n. 171.

5-*ter*. Qualora, per effetto dell'attuazione del comma 1, si determinino nuovi o maggiori oneri per la finanza pubblica, ai medesimi si fa fronte mediante una riduzione di pari importo delle risorse del Fondo per lo sviluppo e la coesione, per il periodo di programmazione 2014-2020, indicate all'articolo 1, comma 6, della legge 27 dicembre 2013, n. 147. A tal fine, il CIPE, con propria delibera, individua le risorse disponibili sulla programmazione 2014-2020, eventualmente riprogrammando le assegnazioni che non abbiano dato luogo a obblighi giuridicamente vincolanti (1).

(1) *Si riportano gli artt. 1 e 2 del d.l. n. 61/2013, conv., con modif., in l. 89/2013 (Nuove disposizioni urgenti a tutela dell'ambiente, della salute e del lavoro nell'esercizio di imprese di interesse strategico nazionale): « Art. 1 Commissariamento straordinario - 1. Il Consiglio dei Ministri, su proposta del Presidente del Consiglio, può deliberare il commissariamento straordinario dell'impresa, esercitata anche in forma di società, che impieghi un numero di lavoratori subordinati, compresi quelli ammessi al trattamento di integrazione guadagni, non inferiore a mille e che gestisca almeno uno stabilimento industriale di interesse strategico nazionale ai sensi dell'articolo 1 del decreto-legge 3 dicembre 2012, n. 207, convertito, con modificazioni, dalla legge 24 dicembre 2012, n. 231, la cui attività produttiva abbia comportato e comporti oggettivamente pericoli gravi e rilevanti per l'integrità dell'ambiente e della salute a causa della inosservanza reiterata dell'autorizzazione integrata ambientale, di seguito anche "a.i.a.". Il commissario è nominato con decreto del Presidente del Consiglio dei Ministri entro sette giorni dalla delibera del Consiglio dei Ministri e si avvale di un sub commissario nominato dal Ministro dell'ambiente e della tutela del territorio e del mare. Con gli stessi procedimenti si provvede all'eventuale sostituzione o revoca del commissario e del sub commissario. Al commissario e al sub commissario sono attribuiti poteri per i piani e le azioni di bonifica previsti dall'a.i.a. - 1-*bis*. A decorrere dalla data di entrata in vigore della legge di conversione del presente decreto, il commissariamento di cui al comma 1 è disposto, previo parere delle competenti Commissioni parlamentari, nei confronti dell'impresa ovvero, previa offerta di idonee garanzie patrimoniali o finanziarie, nei confronti dello specifico ramo d'azienda o stabilimento di cui al comma 1, previo accertamento dell'inosservanza delle prescrizioni contenute nell'a.i.a. da parte dell'Istituto superiore per la protezione e la ricerca ambientale (ISPRA), con il supporto delle Agenzie regionali e provinciali per la protezione dell'ambiente (ARPA), in contraddittorio con l'impresa interessata. - 1-*ter*. Il commissariamento di cui al comma 1, fermo restando quanto disposto dall'articolo 29-*decies*, comma 10, del decreto legislativo 3 aprile 2006, n. 152, costituisce deroga all'articolo 29-decies, comma 9, del medesimo decreto, qualora siano compiuti gli adempimenti previsti dal comma 9 del presente articolo. - 2. Il commissariamento di cui al comma 1 ha durata di 12 mesi eventualmente prorogabili di 12 mesi fino ad un massimo di 36. La prosecuzione dell'attività produttiva durante il commissariamento è funzionale alla conservazione della continuità aziendale ed alla destinazione prioritaria delle risorse aziendali alla copertura dei costi necessari per gli interventi conseguenti alle situazioni di cui al comma 1. - 3. Per la durata del commissariamento sono attribuiti al commissario tutti i poteri e le funzioni degli organi di amministrazione dell'impresa ed è sospeso l'esercizio dei poteri di disposizione e gestione dei titolari dell'impresa. Nel caso di impresa costituita in forma societaria, i poteri dell'assemblea sono sospesi per l'intera durata del commissariamento. Al commissario è attribuito il potere di redigere e approvare il bilancio di esercizio e, laddove applicabile, il bilancio consolidato dell'impresa soggetta a commissariamento. Le linee di credito ed i relativi rapporti debitori, concernenti l'attività dell'azienda, oggetto di commissariamento, anche in carico a società del medesimo gruppo, sono trasferite al commissario ai sensi degli articoli 1339 e 2558 del codice civile. - 4. È garantita al titolare dell'impresa, ovvero al socio di maggioranza, nonchè al rappresentante legale all'atto del commissariamento o ad altro soggetto, appositamente designato dall'Assemblea dei soci, l'informazione sull'andamento della gestione e sulle misure di cui al comma 2. Il Presidente del Consiglio dei Ministri, con decreto motivato, può sostituire fino a due terzi dei componenti degli organi di controllo; il restante terzo è nominato dagli azionisti di minoranza. Tutti i componenti restano in carica per la durata del commissariamento. - 5. Contestualmente alla nomina del commissario straordinario, il Ministro dell'ambiente e della tutela del territorio e del mare, sentiti i Ministri della salute e dello sviluppo economico, nomina un comitato di tre esperti, scelti tra soggetti di comprovata esperienza e competenza in materia di tutela dell'ambiente e della salute e di ingegneria impiantistica, che, sentito il commissario straordinario, predispone e propone al Ministro, entro sessanta giorni dalla nomina, in conformità alle norme dell'Unione europea e internazionali nonchè alle leggi nazionali e regionali, il piano delle misure e delle attività di tutela ambientale e sanitaria che prevede le azioni e i tempi necessari per garantire il rispetto delle prescrizioni di legge e dell'a.i.a. Lo schema di piano è reso pubblico, anche attraverso la pubblicazione nei siti web dei Ministeri dell'ambiente e della tutela del territorio e del mare e della salute, nonchè attraverso link nei siti web della regione e degli enti locali interessati, a cura del commissario straordinario, che acquisisce le eventuali osservazioni, che possono essere proposte nei successivi trenta giorni e sono valutate dal comitato ai fini della definitiva proposta entro il termine di centoventi giorni dalla nomina del medesimo comitato. - 6. Entro il termine di trenta giorni dal decreto di approvazione del piano di cui al comma 5, il commissario straordinario, comunicato il piano industriale al titolare dell'impresa, ovvero al socio di maggioranza, nonchè al rappresentante legale all'atto del commissariamento o ad altro soggetto, appositamente designato dall'assemblea dei soci, e acquisite e valutate le eventuali osservazioni pervenute entro i successivi dieci giorni anche da parte degli enti locali interessati nel cui territorio insistono gli impianti dell'impresa commissariata, predispone il piano industriale di conformazione delle attività produttive, che consente la continuazione dell'attività produttiva nel rispetto delle prescrizioni di tutela ambientale, sanitaria e di sicurezza di cui al comma 5. - 7. Il piano di cui al comma 5 è approvato con decreto del Presidente del Consiglio dei ministri, previa delibera del Consiglio dei ministri, su proposta del Ministro dell'ambiente e della tutela del territorio e del mare, sentito il Ministro della salute, entro quindici giorni dalla proposta e comunque entro il 28 febbraio 2014. Il Ministro dell'ambiente e della tutela del territorio e del mare, al fine della formulazione della proposta di cui al periodo precedente, acquisisce sulla proposta del comitato di esperti di cui al comma 5, ultimo periodo, il parere del Commissario straordinario e quello della regione competente, che sono resi entro dieci giorni dalla richiesta, decorsi i quali la proposta del Ministro può essere formulata anche senza i pareri richiesti. La proposta del Ministro dell'ambiente e della tutela del territorio e del mare è formulata entro quindici giorni dalla richiesta dei pareri e comunque non oltre quarantacinque giorni dal ricevimento della proposta del comitato di esperti di cui al comma 5, ultimo periodo. Il piano di cui al comma 6 è approvato con decreto del Presidente del Consiglio dei ministri, previa deliberazione del Consiglio dei ministri, su proposta del Ministro dello sviluppo economico, formulata entro quindici giorni dalla presentazione del piano medesimo. Il rappresentante dell'impresa di cui al comma 4 può proporre osservazioni al piano di cui al comma 5 entro dieci giorni*

dalla sua pubblicazione; le stesse sono valutate dal comitato ai sensi dell'ultimo periodo del comma 5. L'approvazione del piano di cui al comma 5 equivale a modifica dell'a.i.a., limitatamente alla modulazione dei tempi di attuazione delle relative prescrizioni, che consenta il completamento degli adempimenti previsti nell'a.i.a. non oltre trentasei mesi dalla data di entrata in vigore della legge di conversione del presente decreto. In attuazione dell'articolo 1-bis *del decreto-legge 3 dicembre 2012, n. 207, convertito, con modificazioni, dalla legge 24 dicembre 2012, n. 231, i rapporti di valutazione del danno sanitario si conformano ai criteri metodologici stabiliti dal decreto interministeriale di cui al comma 2 del medesimo articolo* 1-bis. *Il rapporto di valutazione del danno sanitario non può unilateralmente modificare le prescrizioni dell'a.i.a. in corso di validità, ma legittima la regione competente a chiedere il riesame ai sensi dell'articolo* 29-octies, *comma 4, del decreto legislativo 3 aprile 2006, n. 152. Fatta salva l'applicazione dell'articolo 12 del decreto-legge 31 agosto 2013, n. 101, convertito, con modificazioni, dalla legge 30 ottobre 2013, n. 125, il decreto di approvazione del piano di cui al comma 5 conclude i procedimenti di riesame previsti dall'autorizzazione integrata ambientale, costituisce integrazione alla medesima autorizzazione integrata ambientale, e i suoi contenuti possono essere modificati con i procedimenti di cui agli articoli* 29-octies *e* 29-nonies *del decreto legislativo 3 aprile 2006, n. 152, e successive modificazioni. - 8. Fino all'adozione del decreto di approvazione del piano delle misure e delle attività di tutela ambientale e sanitaria di cui al comma 7, il commissario straordinario garantisce comunque la progressiva adozione delle misure previste dall'autorizzazione integrata ambientale e dalle altre autorizzazioni e prescrizioni in materia di tutela ambientale e sanitaria, curando altresì la prosecuzione dell'attività di impresa nel rispetto delle disposizioni del presente comma. La progressiva adozione delle misure, prevista dal periodo precedente, si interpreta nel senso che la stessa è rispettata qualora sussistano tutte le seguenti condizioni:* a) *la qualità dell'aria nella zona esterna allo stabilimento, per la parte riconducibile alle sue emissioni, valutata sulla base dei parametri misurati dalle apposite centraline di monitoraggio gestite dall'A.R.P.A. risulti conforme alle prescrizioni delle vigenti disposizioni europee e nazionali in materia, e comunque non abbia registrato un peggioramento rispetto alla data di inizio della gestione commissariale;* b) *alla data di approvazione del piano, siano stati avviati gli interventi necessari ad ottemperare ad almeno l'80 per cento del numero complessivo delle prescrizioni contenute nelle autorizzazioni integrate ambientali, ferma restando la non applicazione dei termini previsti dalle predette autorizzazioni e prescrizioni. Il Commissario, entro trenta giorni dall'approvazione del piano di cui al comma 5, trasmette all'Istituto superiore per la protezione e la ricerca ambientale una relazione che indica analiticamente i suddetti interventi. - 9. La predisposizione dei piani di cui ai commi 5 e 6 nei termini ivi previsti, l'osservanza delle prescrizioni dei piani di cui ai medesimi commi, e, nelle more dell'adozione degli stessi piani, il rispetto delle previsioni di cui al comma 8, equivalgono e producono i medesimi effetti, ai fini dell'accertamento di responsabilità per il commissario, il sub commissario e gli esperti del comitato, derivanti dal rispetto dei modelli di organizzazione dell'ente in relazione alla responsabilità dei soggetti in posizione apicale per fatti di rilievo penale o amministrativo di cui all'articolo 6 del decreto legislativo 8 giugno 2001, n. 231, per gli illeciti strettamente connessi all'attuazione dell'a.i.a. e delle altre norme a tutela dell'ambiente e della salute. In applicazione del generale principio di semplificazione procedimentale, al fine dell'acquisizione delle autorizzazioni, intese concerti, pareri, nulla osta e assensi comunque denominati degli enti locali, regionali, dei ministeri competenti, di tutti gli altri enti comunque coinvolti, necessari per realizzare le opere e i lavori previsti dall'autorizzazione integrata ambientale, dal piano delle misure e delle attività di tutela ambientale e sanitaria, dal piano industriale di conformazione delle attività produttive, il Ministero dell'ambiente e della tutela del territorio e del mare, su proposta del commissario straordinario, convoca una conferenza dei servizi ai sensi degli articoli 14 e seguenti della legge 7 agosto 1990, n. 241, che si deve pronunciare entro il termine di sessanta giorni dalla convocazione. La conferenza di servizi si esprime dopo avere acquisito, se dovuto, il parere della commissione tecnica di verifica dell'impatto ambientale di cui all'articolo 8 del decreto legislativo 3 aprile 2006, n. 152, che si esprime sulla valutazione di impatto ambientale del progetto entro sessanta giorni dalla sua presentazione, o sulla verifica di assoggettabilità alla procedura medesima entro trenta giorni. I predetti termini sono comprensivi dei quindici giorni garantiti al pubblico interessato al fine di esprimere osservazioni sugli elaborati progettuali messi a disposizione. Nei casi di attivazione delle procedure di VIA, il termine di conclusione della conferenza di servizi è sospeso per un massimo di novanta giorni. Decorso tale termine, i pareri non espressi si intendono resi in senso favorevole. Solo nel caso di motivata richiesta di approfondimento tecnico, tale termine può essere prorogato una sola volta fino ad un massimo di trenta giorni. La determinazione conclusiva della conferenza di servizi è adottata con decreto del Ministro dell'ambiente e della tutela del territorio e del mare e costituisce variante ai piani territoriali ed urbanistici, per la quale non è necessaria la valutazione ambientale strategica. Nel caso di motivato dissenso delle autorità preposte alla tutela ambientale, sanitaria, culturale o paesaggistica, il Consiglio dei ministri si pronuncia sulla proposta, previa intesa con la regione o provincia autonoma interessata, entro i venti giorni successivi all'intesa. L'intesa si intende comunque acquisita decorsi trenta giorni dalla relativa richiesta. Le cubature degli edifici di copertura di materie prime, sottoprodotti, rifiuti e impianti, previsti dall'autorizzazione integrata ambientale o da altre prescrizioni ambientali, sono considerate "volumi tecnici". -* 9-bis. *Durante la gestione commissariale, qualora vengano rispettate le prescrizioni dei piani di cui ai commi 5 e 6, nonchè le previsioni di cui al comma 8, non si applicano, per atti o comportamenti imputabili alla gestione commissariale, le sanzioni previste dall'articolo 1, comma 3, del decreto-legge 3 dicembre 2012, n. 207, convertito, con modificazioni, dalla legge 24 dicembre 2012, n. 231. Dette sanzioni, ove riferite a atti o comportamenti imputabili alla gestione precedente al commissariamento, non possono essere poste a carico dell'impresa commissariata per tutta la durata del commissariamento e sono irrogate al titolare dell'impresa o al socio di maggioranza che abbiano posto in essere detti atti o comportamenti. - 10. L'attività di gestione dell'impresa eseguita in presenza dei presupposti di cui al comma 8 e, successivamente, nel rispetto dei piani, è considerata di pubblica utilità ad ogni effetto ed il commissario non risponde delle eventuali diseconomie dei risultati ai sensi dell'articolo 2236 del codice civile, tranne che abbia agito con dolo o colpa grave. 11. Il giudice competente provvede allo svincolo delle somme per le quali in sede penale sia stato disposto il sequestro, anche ai sensi del decreto legislativo 231 del 2001, in danno dei soggetti nei cui confronti l'autorità amministrativa abbia disposto l'esecuzione degli obblighi di attuazione delle prescrizioni dell'aia e di messa in sicurezza, risanamento e bonifica ambientale, nonchè degli enti o dei soggetti controllati o controllanti, in relazione a reati comunque connessi allo svolgimento dell'attività di impresa. Le predette somme sono messe a disposizione del commissario e vincolate alle finalità indicate al periodo precedente. Le somme di cui al presente comma, messe a disposizione del commissario e utilizzate per l'adempimento delle prescrizioni dell'a.i.a., non sono mai ripetibili, attesa la loro destinazione per finalità aziendali e di salute pubblica. -* 11-bis. *Al commissario straordinario, previa approvazione del piano industriale, è attribuito il potere, al fine di finanziare gli investimenti ivi previsti per l'attuazione dell'autorizzazione integrata ambientale e per l'adozione delle altre misure previste nel piano delle misure e delle attività di tutela ambientale e sanitaria:* a) *nel caso di impresa esercitata in forma individuale, di richiedere al titolare dell'impresa le somme necessarie ai fini del risanamento ambientale;* b) *nel caso di impresa esercitata in forma societaria, di aumentare il capitale sociale a pagamento nella misura necessaria ai fini del risanamento ambientale, in una o più volte, con o senza sovrapprezzo a seconda dei casi: offrendo le azioni emittende in opzione ai soci in proporzione al numero delle azioni possedute, con le modalità previste dall'articolo 2441, secondo comma, del codice civile e nel rispetto del diritto di prelazione di cui al medesimo articolo 2441, terzo comma, primo periodo, ovvero, nel caso in cui non siano stati esercitati, in tutto o in parte, i diritti di opzione, collocando l'aumento di capitale presso terzi; ovvero anche con esclusione o limitazione del diritto di opzione, previa predisposizione della relazione di cui al citato articolo 2441, sesto comma, primo periodo, e rilascio, in tale ultimo caso, da parte del collegio sindacale, del parere sulla congruità del prezzo di emissione delle azioni entro quindici giorni dalla comunicazione della predetta relazione allo stesso e al soggetto incaricato della revisione legale dei conti. In tutti i casi di cui alla presente lettera, le azioni di nuova emissione possono essere liberate esclusivamente mediante conferimenti in denaro. -* 11-ter. *Il soggetto o i soggetti che intendono sottoscrivere le azioni offerte in opzione e quelli individuati per il collocamento dell'aumento di capitale presso terzi devono, prima di dare corso all'operazione, impegnarsi, nei confronti dell'impresa soggetta a commissariamento nonchè del Ministero dello sviluppo economico e del Ministero dell'ambiente e della tutela del territorio e del mare, a far sì che le risorse finanziarie rivenienti dall'aumento di capitale siano messe a disposizione dell'impresa soggetta a commissariamento ai fini dell'attuazione del piano delle misure e delle attività di tutela ambientale e sanitaria e del piano industriale. -* 11-quater. *Le somme eventualmente messe a disposizione dal titolare dell'impresa o dal socio di maggioranza sono scomputate in sede di confisca delle somme sequestrate, anche ai sensi del decreto legislativo 8 giugno 2001, n. 231, per reati ambientali o connessi all'attuazione dell'autorizzazione integrata ambientale. -* 11-quinquies. *Qualora sia necessario ai fini dell'attuazione e della realizzazione del piano delle misure e delle attività di tutela ambientale e sanitaria dell'impresa soggetta a commissariamento [, non oltre l'anno 2014], l'autorità giudiziaria procedente trasferisce all'impresa commissariata, su richiesta del commissario straordinario, le somme sottoposte a sequestro penale, nei limiti di quanto costituisce oggetto di sequestro, anche in relazione a procedimenti penali diversi da quelli per reati ambientali o connessi all'attuazione dell'autorizzazione integrata ambientale, a carico del titolare dell'impresa, ovvero, in caso di impresa esercitata in forma societaria, a carico dei soci di maggioranza o degli enti, ovvero dei rispettivi soci o amministratori, che abbiano esercitato attività di direzione e coordinamento sull'impresa commissariata prima del commissariamento. In caso di impresa esercitata in forma societaria le predette somme devono essere trasferite a titolo di sottoscrizione di aumento di capitale, ovvero in conto futuro aumento di capitale nel caso in cui il trasferimento avvenga prima dell'aumento di capitale di cui al comma 11*-bis. *Tutte le attività di esecuzione funzionali al trasferimento, ivi comprese quelle relative alla liquidazione di titoli e valori esistenti in conti deposito titoli, vengono svolte da Equitalia Giustizia S.p.A. quale gestore ex lege del Fondo unico giustizia. Il sequestro penale sulle somme si converte in sequestro delle azioni o delle quote che sono emesse; nel caso di trasferimento delle somme sequestrate prima dell'aumento di capitale, in sequestro del credito a titolo di futuro aumento di capitale. Le azioni o quote di nuova emissione devono essere intestate al Fondo unico giustizia e, per esso, al gestore ex lege Equitalia Giustizia S.p.A. Le attività poste in essere da Equitalia Giustizia S.p.A. devono svolgersi sulla base delle indicazioni fornite dall'autorità giudiziaria procedente. - 12. I proventi derivanti dall'attività dell'impresa commissariata restano nella disponibilità del commissario nella misura necessaria all'attuazione dell'aia ed alla gestione dell'impresa nel rispetto delle previsioni del presente decreto e altresì, nei limiti delle disponibilità residue, a interventi di bonifica dell'area dello stabilimento secondo le modalità previste dall'ordinamento vigente. - 13. Il compenso omnicomprensivo del commissario straordinario è determinato con decreto del Presidente del Consiglio dei Ministri, nel rispetto dei limiti previsti dall'articolo 23*-bis, *comma 5*-bis, *del decreto-legge 6 dicembre 2011, n. 201, convertito, con modificazioni, dalla legge 22 dicembre 2011, n. 214, o, se dipendenti pubblici, dall'articolo 23*-ter, *comma 1, del citato decreto-legge n. 201 del 2011. Il compenso del sub commissario è determinato nella misura del 50 per cento di quella fissata per il commissario. Se dipendenti pubblici, il commissario e il sub commissario sono collocati in aspettativa senza assegni. Il compenso dei componenti del comitato è determinato nella misura del 15 per cento di quella fissata per il commissario. Tutti i trattamenti economici nonchè gli eventuali ulteriori oneri di funzionamento della struttura commissariale sono per intero a carico dell'impresa. - 13*-bis. *Al fine di consentire il monitoraggio sull'attività di ispezione e di accertamento svolta dall'ISPRA e dalle ARPA in relazione alle autorizzazioni integrate ambientali rilasciate alle imprese di cui ai commi 1 e 1*-bis, *il Ministro dell'ambiente e della tutela del territorio e del mare presenta semestralmente alle Camere una relazione sullo stato dei controlli ambientali che dà conto anche dell'adeguatezza delle attività svolte dall'ISPRA e dalle ARPA.*

Art. 2 - Commissariamento della s.p.a. ILVA - 1. I presupposti di cui al comma 1 dell'articolo 1 sussistono per la s.p.a. ILVA avente sede a Milano. In considerazione delle evidenze e dei profili di straordinaria necessità e urgenza della relativa fattispecie, non trova applicazione il comma 1-bis *del medesimo articolo 1. - 1*-bis. *In relazione al commissariamento dell'ILVA S.p.A., gli interventi previsti dal piano di cui all'articolo 1, comma 5, sono dichiarati indifferibili, urgenti e di pubblica utilità e costituiscono varianti ai piani urbanistici. Il sub commissario di cui all'articolo 1, comma 1, dispone, coordina ed è responsabile in via esclusiva dell'attuazione degli interventi previsti dal citato piano, anche ai sensi dell'articolo 1, commi 8, 9, 9*-bis *e 10. Il sub commissario definisce, d'intesa con il commissario straordinario, la propria struttura, le relative modalità operative e il programma annuale delle risorse finanziarie necessarie per far fronte agli interventi previsti dal piano di cui all'articolo 1, comma 5, aggiornandolo ogni trimestre e con rendicontazione delle spese e degli impegni di spesa; dispone altresì i pagamenti con le risorse rese disponibili dal commissario straordinario. - 1*-ter. *Per l'attuazione degli interventi previsti dal piano di cui all'articolo 1, comma 5, il procedimento di cui all'articolo 1, comma 9, è avviato su proposta del sub commissario di cui all'articolo 1, comma 1, entro quindici giorni dalla disponibilità dei relativi progetti. I termini per l'espressione dei pareri, visti e nulla-osta relativi agli interventi previsti per l'attuazione del detto piano devono essere resi dalle amministrazioni o enti competenti entro venti giorni dalla richiesta, prorogati di ulteriori venti giorni in caso di richiesta motivata e, qualora non resi entro tali termini, si intendono acquisiti con esito positivo. Per la valutazione d'impatto ambientale e per i pareri in materia di tutela sanitaria e paesaggistica, restano ferme le previsioni del citato articolo 1, comma 9. 2. L'articolo 3, comma 1, del citato decreto-legge n. 207 del 2012 è così sostituito: "1. Gli impianti siderurgici della società ILVA s.p.a. costituiscono stabilimenti di interesse strategico nazionale a norma dell'articolo 1". 3. All'articolo 1, comma 3, del citato decreto-legge n. 207 del 2012, dopo le parole: "sanzione amministrativa pecuniaria" sono aggiunte le seguenti: ", escluso il pagamento in misura ridotta, da euro 50.000" e, dopo le parole "prefetto competente per territorio." sono aggiunte le seguenti: "Le attività di accertamento, contestazione e notificazione delle violazioni sono svolte dall'IS.P.R.A. Agli ispettori dell'ISPRA, nello svolgimento di tali attività, è attribuita la qualifica di ufficiale di polizia giudiziaria. I proventi delle sanzioni irrogate sono versati ad apposito capitolo dell'entrata del bilancio dello Stato per essere riassegnati al pertinente capitolo dello stato di previsione del Ministero dell'ambiente e della tutela del territorio e del mare per il finanziamento degli interventi di messa in sicurezza, bonifica e risanamento ambientale del territorio interessato". Il Ministro dell'economia e delle finanze è autorizzato ad apportare, con propri decreti, le occorrenti variazioni di bilancio. - 3*-bis. *Entro trenta giorni dalla data di entrata in vigore della legge di conversione del presente decreto, il Ministro dell'ambiente e della tutela del territorio e del mare, con apposito decreto avente natura regolamentare ai sensi dell'articolo 17, comma 3, della legge 23 agosto 1988, n. 400, sentito il Consiglio federale istituito presso l'ISPRA, definisce i contenuti minimi e i formati dei verbali di accertamento, contestazione e notificazione dei procedimenti di cui all'articolo 29-quattuordecies del decreto legislativo 3 aprile 2006, n. 152. - [3*-ter. *Per l'osservanza del piano di cui all'articolo 1, comma 5, nei termini ivi previsti, si intende che, trattandosi di un numero elevato di prescrizioni con interconnessioni critiche, entro il 31 luglio 2015 sia attuato almeno l'80 per cento delle prescrizioni in scadenza a quella data. Entro il 31 dicembre 2015, il commissario straordinario presenta al Ministero dell'ambiente e della tutela del territorio e del mare e all'ISPRA una relazione sulla osservanza delle prescrizioni del piano di cui al primo periodo. Rimane il termine ultimo già previsto del 4 agosto 2016 per l'attuazione di tutte le altre prescrizioni, fatto salvo il termine per l'applicazione della decisione 2012/135/UE della Commissione, del 28 febbraio 2012, relativa alle conclusioni sulle migliori tecniche disponibili (BAT) per la produzione di ferro ed acciaio.]*

L'art. 1 del d.l. n. 191/2015, conv., con modif., in l. n. 13/2016 (Disposizioni urgenti per la cessione a terzi dei complessi aziendali del Gruppo ILVA) stabilisce che « [...] 2. Entro il 30 giugno 2016, i commissari del Gruppo ILVA in amministrazione straordinaria espletano, nel rispetto dei principi di parità di trattamento, trasparenza e non discriminazione, le procedure per il trasferimento dei complessi aziendali individuati dal programma commissariale ai sensi ed in osservanza delle modalità di cui all'articolo 4, comma 4-quater, *del decreto-legge 23 dicembre 2003, n. 347, convertito, con modificazioni, dalla legge 18 febbraio 2004, n. 39, assicurando la discontinuità, anche economica, della gestione da parte del o dei soggetti aggiudicatari. - 3. Al solo scopo di accelerare il processo di trasferimento e conseguire la discontinuità di cui al comma 2, garantendo nel contempo la prosecuzione dell'attività in modo da contemperare le esigenze di tutela dell'ambiente, della salute e dell'occupazione, nelle more del completamento delle procedure di trasferimento, è disposta in favore dell'amministrazione straordinaria l'erogazione della somma di 300 milioni di euro, indispensabile per fare fronte alle indilazionabili esigenze finanziarie del Gruppo ILVA in amministrazione straordinaria. L'erogazione della somma di cui al precedente periodo è disposta con decreto del Ministro dello sviluppo economico, di concerto con il Ministro dell'economia e delle finanze. Il relativo stanziamento è iscritto sullo stato di previsione del Ministero dello sviluppo economico. L'amministrazione straordinaria del Gruppo Ilva, provvede, anteponendolo agli altri debiti della procedura, alla restituzione dell'importo erogato dallo Stato, maggiorato degli interessi al tasso percentuale Euribor a 6 mesi pubblicato il giorno lavorativo antecedente la data di erogazione maggiorato di uno spread pari al 3 per cento, entro 60 giorni dalla data in cui ha efficacia la cessione a titolo definitivo dei complessi aziendali oggetto della procedura di trasferimento di cui al comma 2. I rimborsi del capitale e degli interessi derivanti dall'erogazione di cui al presente comma sono versati all'entrata del bilancio dello Stato, per essere destinati al Fondo per l'ammortamento dei titoli di Stato. - 4. All'onere derivante dall'erogazione della somma di cui al comma 3, si provvedemediante versamento all'entrata del bilancio dello Stato, per un corrispondente importo, delle somme giacenti sulla contabilità speciale di cui all'articolo 45, comma 2, del decreto-legge 24 aprile 2014, n. 66, convertito, con modificazioni, dalla legge 23 giugno 2014, n. 89, non utilizzate per le finalità di cui al medesimo articolo. All'onere derivante dal venire meno del rimborso dei mutui di cui al predetto articolo 45, pari a 13,1 milioni di euro a decorrere dal 2017 in termini di saldo netto da finanziare e a 7,05 milioni di euro per l'anno 2017, 6,88 milioni di euro per l'anno 2018 e 6,71 milioni di euro a decorrere dall'anno 2019, in termini di fabbisogno e indebitamento netto, si provvede mediante riduzione, per un importo pari a 13,1 milioni di euro a decorrere dal 2017, dello stanziamento del fondo speciale di parte corrente iscritto, ai fini del bilancio triennale 2015-2017, nell'ambito del programma « Fondi di riserva e speciali » della missione « Fondi da ripartire » dello stato di previsione del Ministero dell'economia e delle finanze, allo scopo parzialmente utilizzando l'accantonamento relativo al medesimo Ministero. - 5. Ai fini dell'immediata attuazione delle disposizioni recate dal presente decreto, il Ministro dell'economia e delle finanze è autorizzato ad apportare con propri decreti, da adottare entro 10 giorni dalla data di entrata in vigore del presente decreto, le occorrenti variazioni di bilancio. Ove necessario,* *previa richiesta dell'amministrazione competente, il Ministero dell'economia e delle finanze può disporre il ricorso ad anticipazioni di tesoreria, la cui regolarizzazione avviene tempestivamente con l'emissione di ordini di pagamento sul pertinente capitolo di spesa. - 6. L'organo commissariale del Gruppo ILVA in Amministrazione Straordinaria provvede al pagamento con priorità dei debiti prededucibili contratti nel corso dell'amministrazione straordinaria, anche in deroga al disposto dell'articolo 111-*bis*, ultimo comma, del regio decreto 16 marzo 1942, n. 267. In relazione alle condotte poste in essere dall'organo commissariale del gruppo ILVA in amministrazione straordinaria e dai soggetti da esso funzionalmente delegati, in esecuzione di quanto disposto dal periodo che precede, trova applicazione, anche con riguardo alla responsabilità civile, l'esonero previsto dall'articolo 2, comma 6, del decreto-legge 5 gennaio 2015, n. 1, convertito, con modificazioni, dalla legge 4 marzo 2015, n. 20. - 6-*bis*. I commissari del Gruppo ILVA, al fine esclusivo dell'attuazione e della realizzazione del Piano delle misure e delle attività di tutela ambientale e sanitaria dell'impresa in amministrazione straordinaria, come eventualmente modificato e integrato per effetto della procedura di cui al comma 8, sono autorizzati a contrarre finanziamenti statali, nel rispetto della normativa dell'Unione europea in materia, per un ammontare fino a 800 milioni di euro, di cui fino a 600 milioni di euro nel 2016 e fino a 200 milioni di euro nel 2017. I finanziamenti statali di cui al periodo precedente sono erogati secondo modalità stabilite con decreto del Ministro dello sviluppo economico, di concerto con il Ministro dell'economia e delle finanze e con il Ministro dell'ambiente e della tutela del territorio e del mare. I relativi importi sono iscritti in apposito capitolo dello stato di previsione del Ministero dello sviluppo economico. Sugli importi erogati maturano interessi al tasso percentuale Euribor a 6 mesi pubblicato il giorno lavorativo antecedente la data di erogazione, maggiorato di uno spread pari al 4,1 per cento. I predetti importi sono rimborsati nell'anno 2018, ovvero successivamente, secondo la procedura di ripartizione dell'attivo stabilita nel presente comma. I commissari del Gruppo ILVA devono tenere conto, ai fini dell'aggiudicazione con la procedura di cui al comma 2, degli impegni assunti dai soggetti offerenti e dell'incidenza di essi sulla necessità di ricorrere ai finanziamenti di cui al primo periodo da parte dell'amministrazione straordinaria. I criteri di scelta del contraente utilizzati dai commissari del Gruppo ILVA sono indicati in una relazione da trasmettere alle Camere entro il 30 luglio 2016. I crediti maturati dallo Stato per capitale e interessi sono soddisfatti, nell'ambito della procedura di ripartizione dell'attivo della società, in prededuzione, ma subordinatamente al pagamento, nell'ordine, dei crediti prededucibili di tutti gli altri creditori della procedura di amministrazione straordinaria, nonché dei creditori privilegiati ai sensi dell'articolo 2751-*bis, numero 1), del codice civile. È, comunque, fatto obbligo di promuovere le azioni di rivalsa, le azioni di responsabilità e di risarcimento nei confronti dei soggetti che hanno, anche indirettamente, cagionato i danni ambientali e sanitari, nonché danni al Gruppo ILVA e al suo patrimonio. I finanziamenti statali concessi ai sensi del presente comma e non erogati cessano di avere efficacia a decorrere dalla data di sottoscrizione delle obbligazioni emesse ai sensi dell'articolo 3, comma 1, del decreto-legge 5 gennaio 2015, n. 1, convertito, con modificazioni, dalla legge 4 marzo 2015, n. 20 ».*

*Infine l'art. 13, comma 1 del d.l. n. 91/2017, conv., con modif., in l. n. 193/2017, ha previsto che « Art. 13 - Disposizioni in materia di risanamento ambientale da parte dell'Amministrazione straordinaria ILVA - 1. Ai fini dell'attuazione delle misure previste dall'articolo 1, comma 6-*undecies *del decreto-legge 4 dicembre 2015, n. 191, convertito, con modificazioni, dalla legge 1° febbraio 2016, n. 13, fermo restando quanto previsto dall'articolo 3, comma 1 del decreto-legge 5 gennaio 2015, n. 1, convertito, con modificazioni, dalla legge 4 marzo 2015, n. 20, qualora la confisca abbia ad oggetto le obbligazioni di cui alla predetta disposizione, ferma la destinazione delle somme rivenienti dalla sottoscrizione delle obbligazioni per le finalita' di cui al penultimo periodo del predetto articolo 3, comma 1 del decreto-legge 5 gennaio 2015, n. 1, convertito, con modificazioni, dalla legge 4 marzo 2015, n. 20, il finanziamento di cui all'articolo 1, comma 6-*bis*, del decreto-legge n. 191 del 2015 è estinto mediante utilizzo delle risorse finanziarie derivanti dalla sottoscrizione delle suddette obbligazioni. I crediti derivanti dalla sottoscrizione delle suddette obbligazioni sono estinti fino a concorrenza dell'ammontare delle spese e dei costi sostenuti, a valere sul patrimonio destinato dell'emittente costituito ai sensi dell'articolo 3, comma 1, del decreto-legge 5 gennaio 2015, n. 1, convertito, con modificazioni, dalla legge 4 marzo 2015, n. 20, per l'attuazione e la realizzazione di interventi di risanamento e bonifica ambientale, compresi gli interventi già autorizzati a valere sui finanziamenti statali di cui all'articolo 1, comma 6-*bis *del decreto-legge 4 dicembre 2015, n. 191, convertito, con modificazioni, dalla legge 1° febbraio 2016, n. 13 ». L'art. 21, comma 3, lett. *a) e *b) d.l. 30 dicembre 2021, n. 228, aveva modficato il predetto art. 13, comma 1 con la seguente formulazione: « Ai fini dell'attuazione delle misure previste dall'articolo 1, comma 6-*undecies *del decreto-legge 4 dicembre 2015, n. 191, convertito, con modificazioni, dalla legge 1° febbraio 2016, n. 13, fermo restando quanto previsto dall'articolo 3, comma 1 del decreto-legge 5 gennaio 2015, n. 1, convertito, con modificazioni, dalla legge 4 marzo 2015, n. 20, qualora la confisca abbia ad oggetto le obbligazioni di cui alla predetta disposizione, ferma la destinazione delle somme rivenienti dalla sottoscrizione delle obbligazioni per le finalità di cui al penultimo periodo del predetto articolo 3, comma 1 del decreto-legge 5 gennaio 2015, n. 1, convertito, con modificazioni, dalla legge 4 marzo 2015, n. 20, il finanziamento di cui all'articolo 1, comma 6-*bis*, del decreto-legge n. 191 del 2015 è estinto mediante utilizzo delle risorse finanziarie derivanti dalla sottoscrizione delle suddette obbligazioni. I crediti derivanti dalla sottoscrizione delle suddette obbligazioni sono estinti fino a concorrenza dell'ammontare delle spese e dei costi sostenuti, a valere sul patrimonio destinato dell'emittente costituito ai sensi dell'articolo 3, comma 1, del decreto-legge 5 gennaio 2015, n. 1, convertito, con modificazioni, dalla legge 4 marzo 2015, n. 20, per l'attuazione e la realizzazione degli interventi e progetti di cui all'articolo 3, comma 1, del suddetto decreto-legge n. 1 del 2015 », ma le modifiche sono decadute in sede di conversione in l. 25 febbraio 2022, n. 15.*

(2) *Periodo così sostituito dall'art. 10 d.l. 21 marzo 2022, n. 21, in corso di conversione in legge. Il testo del periodo era il seguente* « Le somme rivenienti dalla sottoscrizione delle obbligazioni sono versate in un patrimonio dell'emittente destinato in via esclusiva all'attuazione e alla realizzazione del piano delle misure e delle attività di tutela ambientale e sanitaria dell'impresa in amministrazione straordinaria, previa restituzione dei finanziamenti statali di cui all'articolo 1, comma 6-bis, del decreto-legge 4 dicembre 2015, n. 191, convertito, con modificazioni, dalla legge 1° febbraio 2016, n. 13, per la parte eventualmente erogata e, nei limiti delle disponibilità residue, a interventi volti alla tutela della sicurezza e della salute, nonchè di ripristino e di bonifica ambientale secondo le modalità previste dall'ordinamento vigente ».

Precedentmenete, l'art. 21, comma 1 d.l. 30 dicembre 2021, n. 228, aveva disposto la sostituzione del decimo periodo con i seguenti: « Le somme rivenienti dalla sottoscrizione delle obbligazioni sono versate in un patrimonio dell'emittente destinato all'attuazione e alla realizzazione del piano delle misure e delle attività di tutela ambientale e sanitaria di cui al decreto del Presidente del Consiglio dei Ministri 29 settembre 2017, pubblicato nella Gazzetta Ufficiale della Repubblica italiana n. 229 del 30 settembre 2017, per un ammontare complessivo non eccedente euro 450 milioni, previa restituzione dei finanziamenti statali di cui all'articolo 1, comma 6-*bis*, del decreto-legge 4 dicembre 2015, n. 191, convertito, con modificazioni, dalla legge 1° febbraio 2016, n. 13, per la parte eventualmente erogata. Quanto alle disponibilità eccedenti le predette somme, il suddetto patrimonio è destinato a interventi volti alla tutela della sicurezza e della salute, nonché di ripristino e di bonifica ambientale del sito siderurgico di Taranto e della connessa centrale termoelettrica previsti dalle intese sottoscritte dall'organo commissariale di ILVA S.p.A. e dal gestore dello stabilimento in coerenza con il provvedimento del Ministero dello Sviluppo Economico prot. 18559 del 7 settembre 2018 per un ammontare complessivo non eccedente euro 190 milioni, nonché, fino ad esaurimento delle risorse disponibili e nel rispetto delle norme dell'Unione europea in tema di aiuti di Stato, a progetti di decarbonizzazione del ciclo produttivo dell'acciaio presso lo stabilimento siderurgico di Taranto proposti ed attuati del gestore dello stabilimento stesso », *ma tale modifica è decaduta in sede di conversione in l. 25 febbraio 2022, n. 15.*

(3) *Comma modificato dall'articolo 1, comma 610, della legge 11 dicembre 2016, n. 232.*

(4) *A norma dell'articolo 13, comma 1-*ter*, del d.l. 20 giugno 2017, n. 91, convertito con modificazioni dalla legge 3 agosto 2017, n. 123, il presente comma si attua nel senso che, a seguito del trasferimento dei complessi aziendali del gruppo Ilva, le somme rivenienti dalla sottoscrizione delle obbligazioni sono destinate all'attuazione e realizzazione del piano delle misure e delle attività di tutela ambientale e sanitaria dell'impresa in amministrazione straordinaria nei limiti di quanto eccedente gli investimenti ambientali previsti nell'ambito dell'offerta vincolante definitiva del soggetto aggiudicatario della procedura di trasferimento dei complessi aziendali e, per la restante parte, alle ulteriori finalità previste dal medesimo articolo 3, comma 1, per le società del gruppo Ilva in amministrazione straordinaria.*

(5) *Comma inserito in sede di conversione e successivamente modificato dall'articolo 1, comma 6-*sexies*, del d.l. 4 dicembre 2015, n. 191, convertito con modificazioni dalla legge 1° febbraio 2016, n. 13.*

(6) *Per l'incremento della dotazione del Fondo di cui al presente comma, vedi l'articolo 1, comma 837, della legge 28 dicembre 2015, n. 208, come modificato dall'articolo 1, comma 6-*septies*, lettera *b*), del d.l. 4 dicembre 2015, n. 191, convertito con modificazioni dalla legge 1° febbraio 2016, n. 13.*

5 Contratto istituzionale di sviluppo per l'area di Taranto.

1. In considerazione della peculiare situazione dell'area di Taranto, l'attuazione degli interventi che riguardano detta area è disciplinata dallo specifico Contratto Istituzionale di Sviluppo di cui all'articolo 6 del decreto legislativo 31 maggio 2011, n. 88, di seguito denominato « CIS Taranto ».

2. Il CIS Taranto è sottoscritto dai soggetti che compongono il Tavolo istituzionale permanente per l'Area di Taranto, istituito e disciplinato con decreto del Presidente del Consiglio dei Ministri presso la struttura di missione "Aquila-Taranto-POIN Attrattori" della Presidenza del Consiglio dei Ministri, entro trenta giorni dalla data di entrata in vigore della legge di conversione del presente decreto. Il Tavolo istituzionale ha il compito di coordinare e concertare tutte le azioni in essere nonchè definire strategie comuni utili allo sviluppo compatibile e sostenibile del territorio ed è presieduto dal Presidente del Consiglio dei ministri o da un suo delegato, da un rappresentante per ciascuno dei Ministeri dello sviluppo economico, dell'ambiente e della tutela del territorio e del mare, delle infrastrutture e dei trasporti, della difesa, per i beni e le attività culturali, della salute, dell'istruzione, dell'università e della ricerca, delle politiche agricole alimentari, forestali e del turismo, da un rappresentante del Ministro per il Sud, dai commissari straordinari dell'ILVA in amministrazione straordinaria, da un rappresentante della regione Puglia, della camera di commercio industria, artigianato e agricoltura di Taranto, della provincia di Taranto, dell'Autorità di sistema portuale del mare Ionio, del Commissario straordinario per la bonifica, ambientalizzazione e riqualificazione di Taranto, del comune di Taranto, da un rappresentante dell'insieme dei comuni ricadenti nell'area di Taranto Il Tavolo istituzionale assorbe le funzioni di tutti i tavoli tecnici comunque denominati su Taranto istituiti presso la Presidenza del Consiglio dei Ministri e di quelli costituiti presso le amministrazioni centrali, regionali e locali (1).

2-*bis*. Il Tavolo istituzionale ha il compito di verificare, decorsi dodici mesi dalla data di sottoscrizione, lo stato di applicazione del CIS Taranto.

2-*ter*. Il CIS Taranto deve contenere il Programma per le bonifiche di cui all'articolo 6 e il Piano di interventi nel comune di Taranto di cui all'articolo 8.

3. Dall'attuazione del presente articolo non devono derivare nuovi o maggiori oneri a carico della finanza pubblica.

(1) *Comma modificato dall'articolo 1, comma 737 della legge 30 dicembre 2018, n. 145.*

6 Programma per la bonifica, ambientalizzazione e riqualificazione dell'area di Taranto.

1. Il Commissario straordinario per la bonifica, ambientalizzazione e riqualificazione di Taranto di cui al decreto-legge 7 agosto 2012, n. 129, convertito dalla legge 4 ottobre 2012, n. 171, è incaricato di predisporre, tenendo conto delle eventuali indicazioni del Tavolo istituzionale di cui all'articolo 5, un Programma di misure, a medio e lungo termine, per la bonifica, ambientalizzazione e riqualificazione dell'intera area di Taranto, dichiarata ad elevato rischio di crisi ambientale, volto a garantire, ove possibile, mediante ricorso alle BAT (best available techniques) riconosciute a livello internazionale, il più alto livello di sicurezza per le persone e per l'ambiente. Il Programma è attuato secondo disposizioni contenute nel CIS Taranto di cui all'articolo 5 del presente decreto.

2. Alla predisposizione ed attuazione del Programma di misure di cui al comma 1 sono destinate, per essere trasferite sulla contabilità speciale intestata al Commissario straordinario, le risorse effettivamente disponibili di cui al decreto-legge 7 agosto 2012, n. 129, convertito dalla legge 4 ottobre 2012, n. 171, di cui alla delibera CIPE 17/03 e delibere ad essa collegate 83/03 e successive modificazioni e 179/06, nonché le risorse allo scopo impegnate dal Ministero dell'ambiente e della tutela del territorio e del mare e ulteriori risorse che con propria delibera il CIPE può destinare nell'ambito della programmazione 2014-2020 del Fondo di sviluppo e coesione, per il prosieguo di interventi di bonifiche e riqualificazione dell'area di Taranto.

3. Una quota non superiore all'1,5 per cento delle risorse di cui al comma 2, trasferite al Commissario straordinario per la bonifica, ambientalizzazione e riqualificazione dell'area di Taranto per le finalità del comma 1, può essere utilizzata dal Commissario stesso per tutte le attività tecnico-amministrative connesse alla realizzazione degli interventi.

4. Il Commissario straordinario, per le attività di propria competenza, può avvalersi di altre pubbliche amministrazioni, università o loro consorzi e fondazioni, enti pubblici di ricerca, secondo le previsioni di cui all'articolo 15, comma 1, della legge 7 agosto 1990, n. 241 e successive modificazioni.

4-*bis*. Al fine di ottimizzare l'impiego di risorse umane e finanziarie, nonchè di ridurre gli effetti occupazionali negativi connessi con il processo di riorganizzazione dei siti produttivi della città di Taranto, il Commissario straordinario, nell'individuare i soggetti tenuti all'attuazione degli interventi previsti dall'articolo 5 e dal comma 2 del presente articolo, può definire procedure volte a favorire l'impiego di lavoratori provenienti dai bacini di crisi delle aziende dei complessi industriali di Taranto già coinvolti in programmi di integrazione del reddito e sospensione dell'attività lavorativa. Il Commissario straordinario adotta altresì tutte le procedure necessarie volte a ridurre gli eventuali effetti occupazionali negativi connessi alla riorganizzazione delle attività d'impresa, anche con riferimento a tutti i siti produttivi del gruppo presenti sul territorio nazionale (1).

(1) *L'art. 12 d.l. n. 101/2013, conv., con modif., in l. n. 125/2013 così prevede: « Art. 12 - (Disposizioni in materia di imprese di interesse strategico nazionale) - 1. Al fine di garantire l'attuazione del Piano delle misure e delle attività di tutela ambientale e sanitaria di cui al comma 5 dell'articolo 1 del decreto-legge 4 giugno 2013, n. 61, convertito, con modificazioni, dalla legge 3 agosto 2013, n. 89, necessarie per assicurare il rispetto delle prescrizioni di legge e dell'autorizzazione integrata ambientale rilasciata allo stabilimento ILVA di Taranto, in considerazione dell'urgente necessità di provvedere e di evitare ulteriori ritardi, è autorizzata la costruzione e la gestione delle discariche per rifiuti spe-*

ciali pericolosi e non pericolosi localizzate nel perimetro dell'impianto produttivo dell'ILVA di Taranto, [sentita l'ARPA della regione Puglia,] che hanno ottenuto parere di compatibilità ambientale, per la discarica di rifiuti non pericolosi nel 2010, e valutazione d'impatto ambientale, per la discarica di rifiuti pericolosi nel 1995, positivi alla data di entrata in vigore del presente decreto-legge, da destinarsi esclusivamente al conferimento dei rifiuti prodotti dall'attività dell'ILVA di Taranto e dagli interventi necessari per il risanamento ambientale. - 2. Sono approvate le modalità di costruzione e di gestione delle discariche di cui al comma 1 per rifiuti non pericolosi e pericolosi, presentate in data 19 dicembre 2014 dal sub-commissario di cui all'articolo 1, comma 1, del decreto legge 4 giugno 2013, n. 61, convertito, con modificazioni, dalla legge 3 agosto 2013, n. 89. Successive modifiche sono approvate ed autorizzate dall'autorità competente ai sensi e con le procedure di cui al decreto legislativo 3 aprile 2006, n. 152 e successive modificazioni. Sono altresì approvate, a saldi invariati per la finanza pubblica, le proposte presentate in data 19 dicembre 2014 al Ministro dell'ambiente e della tutela del territorio e del mare dal sub-commissario di cui all'articolo 1, comma 1, del decreto-legge n. 61 del 2013, convertito, con modificazioni, dalla legge n. 89 del 2013, relative alla definizione delle misure di compensazione ambientale. Con decreto del Ministro dell'ambiente e della tutela del territorio e del mare, di concerto con il Ministro dello sviluppo economico, sono definite le eventuali ulteriori garanzie finanziarie di cui all'articolo 208, comma 11, lettera g), del decreto legislativo 3 aprile 2006, n. 152. La mancata prestazione delle garanzie entro 120 giorni dall'adozione del decreto di cui al periodo precedente comporta la decadenza dall'esercizio dell'attività di cui al presente comma. - 3. Il commissario straordinario, di cui all'articolo 1, comma 1, del decreto-legge n. 61 del 2013, può sciogliersi dai contratti con parti correlate in corso d'esecuzione alla data del decreto che dispone il commissariamento dell'impresa, ove questi siano incompatibili con la predisposizione e l'attuazione dei piani di cui ai commi 5 e 6 del predetto articolo. Le disposizioni di cui al presente comma non si applicano ai rapporti di lavoro subordinato nonchè ai contratti di cui agli articoli 72, ottavo comma, 72-ter e 80, primo comma, del regio decreto 16 marzo 1942, n. 267. - 4. La disciplina della responsabilità per il commissario, il subcommissario e gli esperti del comitato, di cui all'articolo 1, comma 9 del decreto-legge n. 61 del 2013, deve intendersi estesa anche ai soggetti da questi funzionalmente delegati che curino la predisposizione e l'attuazione dei piani di cui ai commi 5 e 6 del medesimo articolo. Tale disciplina trova applicazione dalla data di nomina del commissario straordinario » (omissis).

7 Disposizioni sul commissario straordinario del porto di Taranto.

1. In conformità con le disposizioni di cui all'articolo 1, comma 1002, della legge 27 dicembre 2006, n. 296, i poteri del Commissario straordinario del Porto di Taranto, nominato con decreto del Presidente del Consiglio dei Ministri 17 febbraio 2012, pubblicato nella Gazzetta Ufficiale n. 84 del 10 aprile 2012, sono estesi a tutte le opere ed agli interventi infrastrutturali necessari per l'ampliamento e l'adeguamento del porto medesimo nonchè del sistema logistico portuale e retroportuale.

2. Per la realizzazione di tali opere ed interventi, in applicazione dei generali principi di efficacia dell'attività amministrativa e di semplificazione procedimentale, autorizzazioni, intese, concerti, pareri, nulla osta ed atti di assenso, comunque denominati, degli enti locali, regionali, dei Ministeri nonchè di tutti gli altri competenti enti e agenzie, devono essere resi entro il termine di giorni trenta dalla richiesta del Commissario straordinario del Porto di Taranto. Decorso inutilmente detto termine, tali atti si intendono resi in senso favorevole.

2-*bis*. L'Autorità portuale di Taranto pubblica nel proprio sito istituzionale tutte le autorizzazioni, intese, concerti, pareri, nulla osta ed atti di assenso resi dagli enti di cui al comma 2.

3. La pronuncia sulla compatibilità ambientale delle opere è emessa nel termine di giorni sessanta dalla richiesta, ai sensi dell'articolo 13, comma 3, del decreto-legge 25 marzo 1997, n. 67, convertito, con modificazioni, dalla legge 23 maggio 1997, n. 135.

8 Piano nazionale della città e relativi interventi nel comune di Taranto.

1. Il Comune di Taranto adotta ad integrazione del progetto presentato per il Piano nazionale delle città un Piano di interventi per il recupero, la riqualificazione e la valorizzazione della città vecchia di Taranto e lo trasmette al Ministero dei beni e delle attività culturali e del turismo al fine dell'acquisizione degli atti di assenso, comunque denominati, di competenza. Il Piano di interventi può prevedere la valorizzazione di eventuali immobili di proprietà pubblica meritevoli di salvaguardia e riqualificazione nonchè la realizzazione di opere di urbanizzazione primaria e secondaria, in particolare di centri culturali, ambulatori polispecialistici ed aree verdi attrezzate con strutture ludico-ricreative. Il Ministero, entro sessanta giorni dalla ricezione degli atti, valuta la compatibilità degli interventi con le esigenze di tutela del patrimonio culturale. La valutazione positiva del Ministero, espressa con decreto del Ministro sulla base dei pareri degli uffici periferici e centrali competenti, sostituisce tutte le autorizzazioni, i nulla osta e gli atti di assenso comunque denominati di competenza del Ministero medesimo. Le autorizzazioni, le intese, i concerti, i pareri, i nulla osta e ogni altro atto di assenso comunque denominato degli enti locali, regionali, degli altri Ministeri, nonchè di tutti gli altri competenti enti e agenzie, sono resi entro il termine di giorni trenta dalla richiesta del Comune di Taranto. Decorso inutilmente detto termine, tali atti si intendono resi in senso favorevole, ferme restando le competenze regionali in materia urbanistica.

1-*bis*. Il comune di Taranto pubblica nel proprio sito istituzionale tutte le autorizzazioni, intese, concerti, pareri, nulla osta ed atti di assenso resi dagli enti di cui al comma 1.

2. La pronuncia sulla compatibilità ambientale delle opere è emessa nel termine di giorni sessanta dalla richiesta, ai sensi dell'articolo 13, comma 3, del decreto-legge 25 marzo 1997, n. 67, convertito, con modificazioni, dalla legge 23 maggio 1997, n. 135.

2-*bis*. Il comune di Taranto pubblica nel proprio sito istituzionale la pronuncia di compatibilità ambientale prevista dal comma 2, ai sensi dell'articolo 40 del decreto legislativo 14 marzo 2013, n. 33.

3. I Ministeri dei beni e delle attività culturali e del turismo e della difesa, previa intesa con la Regione Puglia e il Comune di Taranto, da acquisire nell'ambito del Tavolo istituzionale di cui all'articolo 5, predispongono, entro sessanta giorni dalla data di entrata in vigore della legge di conversione del presente decreto, un progetto di valorizzazione culturale e turistica dell'Arsenale militare marittimo di Taranto, ferme restando la prioritaria destinazione ad arsenale del complesso e le prioritarie esigenze operative e logistiche della Marina Militare. Il progetto è approvato con decreto del Presidente del Consiglio dei Ministri.

3-*bis*. Il comune di Taranto pubblica nel proprio sito istituzionale il Piano e il progetto previsti dai commi 1 e 3, ai sensi dell'articolo 38 del decreto legislativo 14 marzo 2013, n. 33.

4. Fermo restando quanto disposto in materia di norme e piani urbanistici ed edilizi dall'articolo 2, comma 1, del decreto del Presidente della Repubblica 18 aprile 1994, n. 383, il decreto di approvazione del progetto sostituisce tutte le autorizzazioni, i pareri e gli atti di assenso comunque denominati di competenza del Ministero dei beni e delle attività culturali e del turismo.

5. Il Piano e il progetto di cui ai commi 1 e 3 sono sottoposti al CIPE ai fini dell'approvazione e assegnazione delle risorse finanziarie a valere sul Fondo di sviluppo e coesione di cui al decreto legislativo 31 maggio 2011, n. 88, nel limite delle risorse annualmente disponibili e garantendo comunque la neutralità dei saldi di finanza pubblica.

CAPO III
INQUINAMENTO ELETTROMAGNETICO

20. Legge 22 febbraio 2001, n. 36. — Legge quadro sulla protezione dalle esposizioni a campi elettrici, magnetici ed elettromagnetici (1) (2).

Pubblicata nella Gazzetta Ufficiale n. 55 del 7 marzo 2001.

(1) *Per il procedimento per l'autorizzazione all'installazione degli impianti di comunicazione elettronica, v. gli artt. 44 e ss. del d.lgs. 1 agosto 2003, n. 259 (sub V, 94).*

(2) *In questo capo si riportano alcune leggi regionali in materia, in relazione alle quali v., in particolare, le dichiarazioni di incostituzionalità in nota.*

1 Finalità della legge.

1. La presente legge ha lo scopo di dettare i princìpi fondamentali diretti a:

a) assicurare la tutela della salute dei lavoratori, delle lavoratrici e della popolazione dagli effetti dell'esposizione a determinati livelli di campi elettrici, magnetici ed elettromagnetici ai sensi e nel rispetto dell'articolo 32 della Costituzione;

b) promuovere la ricerca scientifica per la valutazione degli effetti a lungo termine e attivare misure di cautela da adottare in applicazione del principio di precauzione di cui all'articolo 174, paragrafo 2, del trattato istitutivo dell'Unione Europea;

c) assicurare la tutela dell'ambiente e del paesaggio e promuovere l'innovazione tecnologica e le azioni di risanamento volte a minimizzare l'intensità e gli effetti dei campi elettrici, magnetici ed elettromagnetici secondo le migliori tecnologie disponibili.

2. Le regioni a statuto speciale e le province autonome di Trento e di Bolzano provvedono alle finalità della presente legge nell'ambito delle competenze ad esse spettanti ai sensi degli statuti e delle relative norme di attuazione e secondo quanto disposto dai rispettivi ordinamenti.

2 Ambito di applicazione.

1. La presente legge ha per oggetto gli impianti, i sistemi e le apparecchiature per usi civili, militari e delle forze di polizia, che possano comportare l'esposizione dei lavoratori, delle lavoratrici e della popolazione a campi elettrici, magnetici ed elettromagnetici con frequenze comprese tra 0 Hz e 300 GHz. In particolare, la presente legge si applica agli elettrodotti ed agli impianti radioelettrici compresi gli impianti per telefonia mobile, i radar e gli impianti per radiodiffusione.

2. Le disposizioni della presente legge non si applicano nei casi di esposizione intenzionale per scopi diagnostici o terapeutici. Agli apparecchi ed ai dispositivi di uso domestico, individuale e lavorativo si applicano esclusivamente le disposizioni di cui agli articoli 10 e 12 della presente legge.

3. Nei riguardi delle Forze armate e delle Forze di polizia le norme della presente legge sono applicate tenendo conto delle particolari esigenze al servizio espletato, individuate con il decreto di cui all'articolo 4, comma 2, lettera *a*).

4. Restano ferme le competenze in materia di sicurezza e salute dei lavoratori attribuite dalle disposizioni vigenti ai servizi sanitari e tecnici istituiti per le Forze armate e per le Forze di polizia; i predetti servizi sono competenti altresì per le aree riservate od operative e per quelle che presentano analoghe esigenze individuate con il decreto di cui al comma 3.

3 Definizioni.

1. Ai fini dell'applicazione della presente legge si assumono le seguenti definizioni:

a) esposizione: è la condizione di una persona soggetta a campi elettrici, magnetici, elettromagnetici, o a correnti di contatto, di origine artificiale;

b) limite di esposizione: è il valore di campo elettrico, magnetico ed elettromagnetico, considera to come valore di immissione, definito ai fini della tutela della salute da effetti acuti, che non deve essere superato in alcuna condizione di esposizione della popolazione e dei lavoratori per le finalità di cui all'articolo 1, comma 1, lettera *a*);

c) valore di attenzione: è il valore di campo elettrico, magnetico ed elettromagnetico, considerato come valore di immissione, che non deve essere, superato negli ambienti abitativi, scolastici e nei luoghi adibiti a permanenze prolungate per le finalità di cui all'articolo 1, comma 1, lettere *b*) e *c*). Esso costituisce misura di cautela ai fini della protezione da possibili effetti a lungo termine e deve essere raggiunto nei tempi e nei modi previsti dalla legge;

d) obiettivi di qualità sono:

1) i criteri localizzativi, gli standard urbanistici, le prescrizioni e le incentivazioni per l'utilizzo delle migliori tecnologie disponibili, indicati dalle leggi regionali secondo le competenze definite dall'articolo 8;

2) i valori di campo elettrico, magnetico ed elettromagnetico, definiti dallo Stato secondo le previsioni di cui all'articolo 4, comma 1, lettera *a*), ai fini della progressiva miticizzazione dell'esposizione ai campi medesimi;

e) elettrodotto: è l'insieme delle linee elettriche, delle sottostazioni e delle cabine di trasformazione;

f) esposizione dei lavoratori e delle lavoratrici: è ogni tipo di esposizione dei lavoratori e delle lavoratrici che, per la loro specifica attività lavorativa, sono esposti a campi elettrici, magnetici ed elettromagnetici;

g) esposizione della popolazione: è ogni tipo di esposizione ai campi elettrici, magnetici ed elettromagnetici. ad eccezione dell'esposizione di cui alla lettera *f*) e di quella intenzionale per scopi diagnostici o terapeutici;

h) stazioni e sistemi o impianti radioelettrici: sono uno o più trasmettitori, nonché ricevitori, o un insieme di trasmettitori e ricevitori, ivi comprese le apparecchiature accessorie, necessari in una data postazione ad assicurare un servizio di radiodiffusione, radiocomunicazione o radioastronomia;

i) impianto per telefonia mobile: è la stazione radio di terra del servizio di telefonia mobile, destinata al collegamento radio dei terminali mobili con la rete del servizio di telefonia mobile;

l) impianto fisso per radiodiffusione: è la stazione di terra per il servizio di radiodiffusione televisiva o radiofonica.

4 Funzioni dello Stato.

1. Lo Stato esercita le funzioni relative:

a) alla determinazione dei limiti di esposizione, dei valori di attenzione e degli obiettivi di qualità, in quanto valori di campo come definiti dall'articolo 3, comma 1, lettera *d*), numero 2), in considerazione del preminente interesse nazionale alla definizione di criteri unitari e dì normative omogenee in relazione alle finalità di cui all'articolo 1;

b) alla promozione di attività di ricerca e di sperimentazione tecnico-scientifica, nonché al coordinamento dell'attività di raccolta, di elaborazione e di diffusione dei dati, informando annualmente il Parlamento su tale attività, in particolare il Ministro della sanità promuove, avvalendosi di istituzioni pubbliche e private senza fini di lucro, aventi comprovata esperienza nel campo scientifico, un programma pluriennale di ricerca epidemiologica e di cancerogenesi sperimentale, al fine di approfondire i rischi connessi all'esposizione a campi elettromagnetici a bassa e alta frequenza;

c) all'istituzione del catasto nazionale delle sorgenti fisse e mobili dei campi elettrici, magnetici ed elettromagnetici e delle zone territoriali interessate, al fine di rilevare i livelli di campo presenti nell'ambiente;

d) alla determinazione dei criteri di elaborazione dei piani di risanamento di cui all'articolo 9, comma 2, con particolare riferimento alle priorità di intervento, ai tempi di attuazione ed alle modalità di coordinamento delle attività riguardanti più regioni nonché alle migliori tecnologie disponibili per quanto attiene alle implicazioni di carattere economico ed impiantistico;

e) all'individuazione delle tecniche di misurazione e di rilevamento dell'inquinamento elettromagnetico;

f) alla realizzazione di accordi di programma con i gestori di elettrodotti ovvero con i proprietari degli stessi o delle reti di trasmissione o con coloro che ne abbiamo comunque la disponibilità nonché con gli esercenti di impianti per emittenza radiotelevisiva e telefonia mobile, al fine di promuovere tecnologie e tecniche di costruzione degli impianti che consentano di minimizzare le emissioni nell'ambiente e di tutelare il paesaggio;

g) alla definizione dei tracciati degli elettrodotti con tensione superiore a 150 kV;

h) alla determinazione dei parametri per la previsione di fasce di rispetto per gli elettrodotti; all'interno di tali fasce di rispetto non è consentita alcuna destinazione di edifici ad uso residenziale, scolastico, sanitario ovvero ad uso che comporti una permanenza non inferiore a quattro ore.

2. I limiti di esposizione, i valori di attenzione e gli obiettivi di qualità, le tecniche di misurazione e rilevamento dell'inquinamento elettromagnetico e i parametri per la previsione di fasce di rispetto per gli elettrodotti, di cui al comma 1, lettere *a*), *e*) e *h*), sono stabiliti, entro sessanta giorni dalla data di entrata in vigore della presente legge (1):

a) per la popolazione, con decreto del Presidente del Consiglio dei ministri, su proposta del Ministro dell'ambiente, di concerto con il Ministro della sanità, sentiti il Comitato di cui all'articolo 6 e le competenti Commissioni parlamentari, previa intesa in sede di Conferenza unificata di cui all'articolo 9 del decreto legislativo 29 agosto 1997, n. 281, di seguito denominata "Conferenza unificata";

b) per i lavoratori e le lavoratrici, ferme restando le disposizioni previste dal decreto legislativo 19 settembre 1994, n. 626, e successive modificazioni, con decreto del Presidente del Consiglio dei ministri, su proposta del Ministro della sanità, sentiti i Ministri dell'ambiente e del lavoro e della previdenza sociale, il Comitato di cui all'articolo 6 e le competenti Commissioni parlamentari, previa intesa in sede di Conferenza unificata. Il medesimo decreto disciplina, altresì, il regime di sorveglianza medica sulle lavoratrici e sui lavoratori professionalmente esposti.

3. Qualora entro il termine previsto dal comma 2 non siano state raggiunte le intese in sede di Conferenza unificata, il Presidente del Consiglio dei ministri entro i trenta giorni successivi adotta i decreti di cui al comma 2, lettere *a*) e *b*).

4. Alla determinazione dei criteri di elaborazione dei piani di risanamento, ai sensi del comma 1, lettera *d*), si provvede, entro centoventi giorni dalla data di entrata in vigore della presente legge, con decreto del Presidente del Consiglio dei ministri, su proposta del Ministro dell'ambiente, sentiti il Comitato di cui all'articolo 6 e la Conferenza unificata.

5. Le regioni adeguano la propria legislazione ai limiti di esposizione, ai valori di attenzione e, limitatamente alla definizione dì cui all'articolo 3, comma 1, lettera *d*), numero 2), agli obiettivi di qualità previsti dai decreti di cui al comma 2 del presente articolo.

6. Per le finalità di cui al presente articolo è autorizzata la spesa di lire 8.000 milioni (€ 4.131.655) per ciascuno degli anni 2001, 2002 e 2003 per le attività di cui al comma 1, lettera *b*), di lire 2.000 milioni (€ 1.032.915) annue a decorrere dall'anno 2001 per le attività di cui al comma 1, lettera *c*), e di lire 5.000 milioni (€ 2.582.284) per ciascuno degli anni 2001, 2002 e 2003 per la realizzazione degli accordi di programma di cui al comma 1, lettera *f*), nonché per gli ulteriori accordi di programma di cui agli articoli 12 e 13.

(1) *V. il d.P.C.M. 8 luglio 2003 (in Gazz. Uff., 29 agosto, n. 199 e in Gazz. Uff., 28 agosto, n. 200).*

5 Misure di tutela dell'ambiente e del paesaggio. Procedimento di autorizzazione alla costruzione e all'esercizio di elettrodotti.

1. Al fine di tutelare l'ambiente e il paesaggio, con apposito regolamento adottato, entro centoventi giorni dalla data di entrata in vigore della presente legge, ai sensi dell'articolo 17, comma 2, della legge 23 agosto 1988, n. 400, e dell'articolo 29, comma 2, lettera *g*), del decreto legislativo 31 marzo 1999, n. 112, su proposta dei Ministri dei lavori pubblici e per i beni e le attività culturali, previo parere del Comitato di cui all'articolo 6 e sentite le competenti Commissioni parlamentari, sono adottate misure specifiche relative alle caratteristiche tecniche degli impianti e alla localizzazione dei tracciati per la progettazione, la costruzione e la modifica di elettrodotti e di impianti per telefonia mobile e radiodiffusione. Con lo stesso regolamento vengono indicate le particolari misure atte ad evitare danni ai valori ambientali e paesaggistici e possono essere adottate ulteriori misure specifiche per la progettazione, la costruzione e la modifica di elettrodotti nelle aree soggette a vincoli imposti da leggi statali o regionali, nonché da strumenti di pianificazione territoriale ed urbanistica, a tutela degli interessi storici, artistici, architettonici, archeologici, paesaggistici e ambientali, fermo restando quanto disposto dal testo unico delle disposizioni legislative in materia di beni culturali e ambientali, approvato con decreto legislativo 29 ottobre 1999, n. 490, e fermo restando il rispetto dei predetti vincoli e strumenti di pianificazione.

2. Con il medesimo regolamento di cui al comma 1 sono adottate misure di contenimento del rischio elettrico degli impianti di cui allo stesso comma 1, ed in particolare del rischio di elettrocuzione e di collisione dell'avifauna.

3. Con il medesimo regolamento di cui al comma 1 è definita una nuova disciplina dei procedimenti di autorizzazione alla costruzione e all'esercizio degli elettrodotti con tensione superiore a 150 kV, in modo da assicurare il rispetto dei principi della presente legge, ferme restando le vigenti disposizioni in materia di valutazione di impatto ambientale. Tale disciplina si conforma inoltre ai seguenti criteri e principi:

a) semplificazione dei procedimenti amministrativi;

b) individuazione delle tipologie di infrastrutture a minore impatto ambientale, paesaggistico e sulla salute dei cittadini;

c) concertazione con le regioni e gli enti locali interessati nell'ambito dei procedimenti amministrativi di definizione dei tracciati;

d) individuazione delle responsabilità e delle procedure di verifica e controllo;

e) riordino delle procedure relative alle servitù di elettrodotto e ai relativi indennizzi;

f) valutazione preventiva dei campi elettromagnetici preesistenti.

4. Le norme, anche di legge, che disciplinano i procedimenti indicati al comma 3, individuate dal regolamento di cui al medesimo comma, sono abrogate con effetto dalla data di entrata in vigore del regolamento medesimo.

6 Comitato interministeriale per la prevenzione e la riduzione dell'inquinamento elettromagnetico.

1. È istituito il Comitato interministeriale per la prevenzione e la riduzione dell'inquinamento elettromagnetico, di seguito denominato "Comitato".

2. Il Comitato è presieduto dal Ministro dell'ambiente o dal Sottosegretario all'ambiente delegato, ed è composto altresì dai Ministri, o dai Sottosegretari delegati, della sanità, dell'università e della ricerca scientifica e tecnologica, del lavoro e della previdenza sociale, del tesoro, del bilancio e della programmazione economica, dei lavori pubblici, dell'industria, del commercio e dell'artigianato, per i beni e le attività culturali, dei trasporti e della navigazione, delle comunicazioni, della difesa e dell'interno.

3. Il Comitato svolge le attività di cui agli articoli 4, comma 1, lettere *b*) ed *f*), 12, comma 2, e 13.

4. Il Comitato esprime i pareri di cui agli articoli 4, comma 2, lettere *a*) e *b*), 4, comma 4, 5, comma 1, e 12, comma 1.

5. Il Comitato svolge funzioni di monitoraggio sugli adempimenti previsti dalla presente legge e predispone una relazione annuale al Parlamento sulla sua attuazione.

6. Il Comitato si avvale del contributo, che viene reso a titolo gratuito, di enti, agenzie, istituti ed organismi, aventi natura pubblica e competenze specifiche nelle diverse materie di interesse della presente legge.

7. Per l'istituzione e il funzionamento del Comitato è autorizzata la spesa massima di lire 1.000 milioni annue a decorrere dall'anno 2001.

7 Catasto nazionale.

1. Il catasto nazionale di cui all'articolo 4, comma 1, lettera *c*), è costituito, entro centoventi giorni dalla data di entrata in vigore della presente legge, dal Ministro dell'ambiente, sentiti il Ministro della sanità ed il Ministro dell'industria, del commercio e dell'artigianato, nell'ambito del sistema informativo e di monitoraggio di cui all'articolo 8 del decreto del Presidente della Repubblica 4 giugno 1997, n. 335. Il catasto nazionale opera in coordinamento con i catasti regionali di cui all'articolo 8, comma 1, lettera *d*). Le modalità di inserimento dei dati sono definite dal Ministro dell'ambiente, di concerto con il Ministro delle comunicazioni, per quanto riguarda l'inserimento dei dati relativi a sorgenti fisse connesse ad impianti, sistemi ed apparecchiature radioelettrici per usi civili di telecomunicazioni, con il Ministro dei lavori pubblici e con il Ministro dell'industria, del commercio e dell'artigianato, per quanto riguarda l'inserimento dei dati relativi agli elettrodotti, con il Ministro dei trasporti e della navigazione, per quanto riguarda l'inserimento dei dati relativi agli impianti di trasporto, e con i Ministri della difesa e dell'interno, per quanto riguarda l'inserimento dei dati relativi a sorgenti fisse connesse ad impianti, sistemi ed apparecchiature per usi militari e delle forze di polizia.

8 Competenze delle regioni, delle province e dei comuni.

1. Sono di competenza delle regioni, nel rispetto dei limiti dì esposizione, dei valori di attenzione e degli obiettivi di qualità nonché dei criteri e delle modalità fissati dallo Stato, fatte salve le competenze dello Stato e delle autorità indipendenti:

a) l'esercizio delle funzioni relative all'individuazione dei siti dì trasmissione e degli impianti per telefonia mobile, degli impianti radioelettrici e degli impianti per radiodiffusione, ai sensi della legge 31 luglio 1997, n. 249, e nel rispetto del decreto di cui all'articolo 4, comma 2, lettera *a*), e dei principi stabiliti dal regolamento di cui all'articolo 5;

b) la definizione dei tracciati degli elettrodotti con tensione non superiore a 150 kV, con la previsione di fasce di rispetto secondo i parametri fissati ai sensi dell'articolo 4 e dell'obbligo di segnalarle;

c) le modalità per il rilascio delle autorizzazioni alla installazione degli impianti di cui al presente articolo, in conformità a criteri di semplificazione amministrativa, tenendo conto dei campi elettrici, magnetici ed elettromagnetici preesistenti;

d) la realizzazione e la gestione, in coordinamento con il catasto nazionale di cui all'articolo 4, comma 1, lettera *c*), di un catasto delle sorgenti fisse dei campi elettrici, magnetici ed elettromagnetici, al fine di rilevare i livelli dei campi stessi nel territorio regionale, con riferimento alle condizioni dì esposizione della popolazione;

e) l'individuazione degli strumenti e delle azioni per il raggiungimento degli obiettivi di qualità di cui all'articolo 3, comma 1, lettera *d*), numero 1);

f) il concorso all'approfondimento delle conoscenze scientifiche relative agli effetti per la salute, in particolare quelli a lungo termine, derivanti dal l'esposizione a campi elettrici, magnetici ed elettromagnetici.

2. Nell'esercizio delle funzioni di cui al comma 1, lettere *a*) e *c*), le regioni si attengono ai princìpi relativi alla tutela della salute pubblica, alla compatibilità ambientale ed alle esigenze di tutela dell'ambiente e del paesaggio.

3. In caso di inadempienza delle regioni, si applica l'articolo 5 del decreto legislativo 31 marzo 1998, n. 112.

4. Le regioni, nelle materie di cui al comma 1, definiscono le competenze che spettano alle province ed ai comuni, nel rispetto di quanto previsto dalla legge 31 luglio 1997, n. 249.

5. Le attività di cui al comma 1, riguardanti aree interessate da installazioni militari o appartenenti ad altri organi dello Stato con funzioni attinenti all'ordine e alla sicurezza pubblica sono definite mediante specifici accordi dai comitati misti paritetici di cui all'articolo 3 della legge 24 dicembre 1976, n. 898, e successive modificazioni.

6. I comuni possono adottare un regolamento per assicurare il corretto insediamento urbanistico e territoriale degli impianti e minimizzare l'esposizione della popolazione ai campi elettromagnetici con riferimento a siti sensibili individuati in modo specifico, con esclusione della possibilità di introdurre limitazioni alla localizzazione in aree generalizzate del territorio di stazioni radio base per reti di comunicazioni elettroniche di qualsiasi tipologia e, in ogni caso, di incidere, anche in via indiretta o mediante provvedimenti contingibili e urgenti, sui limiti di esposizione a campi elettrici, magnetici ed elettromagnetici, sui valori di attenzione e sugli obiettivi di qualità, riservati allo Stato ai sensi dell'articolo 4 (1) (2).

(1) *Comma così sostituito dall'art. 38, comma 6 d.l. 16 luglio 2020, n. 76, conv., con modif., in l. 11 settembre 2020, n. 120. Il testo del comma era il seguente:* « 6. I comuni possono adottare un regolamento per assicurare il corretto insediamento urbanistico e territoriale degli impianti e minimizzare l'esposizione della popolazione ai campi elettromagnetici ».

(2) *Con riferimento alla disciplina regionale in materia di protezione dalle esposizioni a campi elettrici, magnetici ed elettromagnetici si riportano alcune disposizioni di leggi regionali, oggetto di pronunce di incostituzionalità della Corte Costituzionale:*

Legge regionale Campania 24 novembre 2001, n. 13: art. 2, comma 3: « 3. Gli strumenti urbanistici devono assicurare che si realizzi il rispetto del valore limite di induzione magnetica, misurata al ricettore, di 0.2 micro Tesla in prossimità di asili, scuole, aree verdi attrezzate, ospedali ed aree urbane, nonché uffici adibiti a permanenza di persone non inferiori a 4 ore giornaliere » (C. cost., sent. 7 ottobre 2003 n. 307 ha dichiarato l'illegittimità costituzionale del presente comma.)

Legge regionale Lombardia 6 marzo 2002, n. 4: art. 1, comma 12: « 12. Alla legge regionale 11 maggio 2001 n. 11 (Norme sulla protezione ambientale dall'esposizione a campi elettromagnetici indotti dai impianti fissi per le telecomunicazione e per la radiotelevisione) sono apportate le seguenti modifiche: a) *Il comma 8 dell'articolo 4 è sostituito dal seguente: "8. È comunque vietata l'installazione di impianti per le telecomunicazioni e per la radiotelevisione entro il limite inderogabile di 75 metri di distanza dal perimetro di proprietà di asili, edifici scolastici, nonché strutture di accoglienza socio-assistenziali, ospedali, carceri,oratori, parchi gioco, case di cura, residenze per anziani, orfanotrofi e strutture similari, e relative pertinenze » (C. cost., sent. 7 novembre 2003 n. 331 ha dichiarato la illegittimità costituzionale della presente lettera).*

Legge regionale Umbria 14 giugno 2002, n. 9: art. 2, comma 1: « 1. Nella pianificazione della localizzazione di nuovi im pianti e comunque in sede di rilascio delle autorizzazioni i gestori e i concessionari sono tenuti a dimostrare le ragioni obiettive della indispensabilità degli im-

pianti stessi ai fini dell'operatività del servizio. 2. Il disposto del comma 1 non si applica agli impianti di competenza del Piano di assegnazione delle frequenze di cui alla legge 31 luglio 1997, n. 249 ». (C. cost., sent. 7 ottobre 2003 n. 307 ha dichiarato l'illegittimità costituzionale del presente articolo.); art. 12, comma 1: « 1. Gli impianti di telefonia mobile sono sottoposti alla procedura di verifica ai sensi dell'art. 4 della legge regionale 9 aprile 1998 n. 11 e successive modificazioni ed integrazioni ovvero alla procedura di valutazione di impatto ambientale, ai sensi dell'art. 5 della stessa legge, nei casi previsti dal regolamento di cui all'articolo 5 » (C. cost., sent. 7 ottobre 2003 n. 307 ha dichiarato l'illegittimità costituzionale del presente comma.); art. 13, comma 1: « 1. Le modalità, i criteri ed i procedimenti amministrativi preordinati alla localizzazione, al risanamento e al rilascio di autorizzazione per la realizzazione e la modifica degli impianti sono definiti dalla Giunta regionale, nel rispetto delle norme in materia di procedimento amministrativo e del d.P.R. 20 ottobre 1998, n. 447 e successive modificazioni ed integrazioni ». (C. cost., sent. 7 ottobre 2003 n. 307 ha dichiarato l'illegittimità costituzionale del presente articolo.).

Legge regionale Abruzzo 13 dicembre 2004, n. 45: art. 2, comma 1 « 1. La presente legge disciplina: a) *l'esercizio delle funzioni relative alla individuazione dei siti di trasmissione e degli impianti radioelettrici compresi gli impianti per la telefonia mobile, la cui stabilità sia assicurata con infissione o appoggio al suoloi radar e gli impianti per la radiodiffusione;* b) *le modalità per il rilascio delle autorizzazioni alla installazione degli impianti che possono comportare l'esposizione della popolazione a campi elettrici, magnetici ed elettromagnetici con frequenze comprese tra 100 KHz e 300 GHz, tali modalità devono tener conto delle situazioni di rischio preesistenti;* c) *la trasmissione e la distribuzione dell'energia elettrica con tensione non superiore a 150 KV.* 1-bis. *La Regione prescrive ed incentiva i gestori all'utilizzo delle migliori tecnologie disponibili sul mercato » (C. cost., sent. 17 marzo 2006 n. 103, ha dichiarato l'illegittimità costituzionale del presente comma nella parte in cui prevede che la Regione possa prescrivere ai gestori l'utilizzo delle migliori tecnologie disponibili sul mercato anche in relazione alla trasmissione e distribuzione dell'energia elettrica con tensione non superiore a 150 Kv.).*

Legge regionale Veneto 25 febbraio 2005, n. 8: art. 14, comma 1: « 1. Ai fini della verifica di compatibilità igienico-sanitaria, l'installazione, la modifica e l'adeguamento degli impianti per la telefonia mobile, nonché la modifica delle caratteristiche di emissione dei medesimi, è subordinata al rilascio del provvedimento autorizzatorio da parte dei comuni territorialmente interessati nelle forme e nei tempi previsti dall'articolo 87 del decreto legislativo 1° agosto 2003, n. 259 "Codice delle comunicazioni elettroniche. - 2. Ai fini della conformità urbanistica ed edilizia l'installazione, la modifica e l'adeguamento degli impianti per la telefonia mobile necessitano del rilascio del permesso di costruire ai sensi degli articoli 10 e 3, comma 1, lettere e.2) ed e.4) del decreto del Presidente della Repubblica 6 giugno 2001, n. 380 "Testo unico delle disposizioni legislative e regolamentari in materia edilizia" » (C. cost., sent. 6 luglio 2006 n. 265, ha dichiarato l'illegittimità costituzionale del presente articolo). V. il solo procedimento previsto dagli artt. 44 e ss. d.lgs. 1 agosto 2003, n. 259 (sub V, 94).

9 Piani di risanamento.

1. Entro dodici mesi dalla data di entrata in vigore del decreto di cui all'articolo 4, comma 2, lettera *a*), la regione adotta, su proposta dei soggetti gestori e sentiti i comuni interessati, un piano di risanamento al fine di adeguare, in modo graduale, e comunque entro il termine di ventiquattro mesi, gli impianti radioelettrici già esistenti ai limiti di esposizione, ai valori di attenzione ed agli obiettivi di qualità stabiliti secondo le norme della presente legge. Trascorsi dodici mesi dalla data di entrata in vigore del decreto di cui all'articolo 4, comma 2, lettera *a*), in caso di inerzia o inadempienza dei gestori, il piano di risanamento è adottato dalle regioni, sentiti i comuni e gli enti interessati, entro i successivi tre mesi. Il piano, la cui realizzazione è controllata dalle regioni, può prevedere anche la delocalizzazione degli impianti di radiodiffusione in siti conformi alla pianificazione in materia, e degli impianti di diversa tipologia in siti idonei. Il risanamento è effettuato con onere a carico dei titolari degli impianti.

2. Entro dodici mesi dalla data di entrata in vigore del decreto di cui all'articolo 4, comma 4, i gestori degli elettrodotti presentano una proposta di piano di risanamento, al fine di assicurare la tutela della salute e dell'ambiente. I proprietari di porzioni della rete di trasmissione nazionale o coloro che comunque ne abbiano la disponibilità sono tenuti a fornire tempestivamente al gestore della rete di trasmissione nazionale, entro sei mesi dalla data di entrata in vigore dei decreto di cui all'articolo 4, comma 2, lettera *a*), le proposte degli interventi di risanamento delle linee di competenza, nonché tutte le informazioni necessarie ai fini della presentazione della proposta di piano di risanamento. Il piano deve prevedere i progetti che si intendono attuare allo scopo di rispettare i limiti di esposizione e i valori di attenzione, nonché di raggiungere gli obiettivi di qualità stabiliti dal decreto di cui all'articolo 4, comma 2, lettera *a*). Esso deve indicare il programma cronologico di attuazione, adeguandosi alle priorità stabilite dal citato decreto, considerando comunque come prioritarie le situazioni sottoposte a più elevati livelli di inquinamento elettromagnetico, in prossimità di destinazioni residenziali, scolastiche, sanitarie, o comunque di edifici adibiti a permanenze non inferiori a quattro ore, con particolare riferimento alla tutela della popolazione infantile. Trascorsi dodici mesi dalla data di entrata in vigore del decreto di cui all'articolo 4, comma 4, in caso di inerzia o inadempienza dei gestori, il piano di risanamento di cui al primo periodo del comma 3 è proposto dalla regione entro i successivi tre mesi (1).

3. Per gli elettrodotti con tensione superiore a 150 kV, la proposta di piano di risanamento è presentata al Ministero dell'ambiente. Il piano è approvato, con eventuali modifiche, integrazioni e prescrizioni, entro sessanta giorni, dal Ministro dell'ambiente, di concerto con i Ministri dell'industria, del commercio e dell'artigianato e dei lavori pubblici, sentiti il Ministro della sanità e le regioni ed i comuni interessati. Per gli elettrodotti con tensione non superiore a 150 kV, la proposta di piano di risanamento è presentata alla regione, che approva il piano, con eventuali modifiche, integrazioni e prescrizioni, entro sessanta giorni, sentiti i comuni interessati. Trascorsi dodici mesi dalla data di entrata in vigore del decreto di cui all'articolo 4, comma 2, lettera *a*), in caso di inerzia o inadempienza dei gestori, il piano di risanamento per gli elettrodotti con tensione non superiore a 150 kV è adottato dalla regione, nei termini di cui al terzo periodo del presente comma.

4. Il risanamento degli elettrodotti deve essere completato entro dieci anni dalla data di entrata in vigore della presente legge. Entro il 31 dicembre 2004 ed entro il 31 dicembre 2008, deve essere comunque completato il risanamento degli elettrodotti che non risultano conformi, rispettivamente, ai limiti di cui all'articolo 4 ed alle condizioni di cui all'articolo 5 del decreto del Presidente del Consiglio dei ministri 23 aprile 1992, pubblicato nella Gazzetta Ufficiale n. 104 del 6 maggio 1992, al fine dell'adeguamento ai limiti di esposizione, ai valori di attenzione e agli obiettivi di qualità stabiliti ai sensi dell'articolo 4, comma 2, lettera *a*), della presente legge. Il risanamento è effettuato con onere a

carico dei proprietari degli elettrodotti, come definiti ai sensi del decreto legislativo 16 marzo 1999, n. 79. L'Autorità per l'energia elettrica ed il gas, ai sensi dell'articolo 2, comma 12, della legge 14 novembre 1995, n. 481, determina, entro sessanta giorni dall'approvazione del piano di risanamento, la valutazione dei costi strettamente connessi all'attuazione degli interventi di risanamento nonché i criteri, le modalità e le condizioni per il loro eventuale recupero.

5. Ai fini della concessione di contributi alle regioni per l'elaborazione dei piani di risanamento, la realizzazione dei catasti regionali e l'esercizio delle attività di controllo e di monitoraggio, è autorizzata la spesa massima di lire 2.000 milioni annue a decorrere dall'anno 2001. Le somme derivanti dall'applicazione delle sanzioni previste dall'articolo 15, versate all'entrata del bilancio dello Stato, sono riassegnate nella misura del 100 per cento, con decreto del Ministro del tesoro, del bilancio e della programmazione economica, ad apposite unità previsionali di base dello stato di previsione del Ministero dell'ambiente; tali somme sono destinate, sulla base di criteri determinati dalla Conferenza unificata, alla concessione di contributi alle regioni, ad integrazione delle risorse ad esse assegnate ai sensi del primo periodo del presente comma, ai fini dell'elaborazione dei piani di risanamento, della realizzazione dei catasti regionali e dell'esercizio delle attività di controllo e di monitoraggio.

6. Il mancato risanamento degli elettrodotti, delle stazioni e dei sistemi radioelettrici, degli impianti per telefonia mobile e degli impianti per radiodiffusione, secondo le prescrizioni del piano, dovuto ad inerzia o inadempienza dei proprietari degli elettrodotti o di coloro che ne abbiano comunque la disponibilità, fermo restando quanto previsto dall'articolo 15, comporta il mancato riconoscimento da parte del gestore della rete di trasmissione nazionale del canone di utilizzo relativo alla linea non risanata e la disattivazione dei suddetti impianti per un periodo fino a sei mesi, garantendo comunque i diritti degli utenti all'erogazione del servizio di pubblica utilità. La disattivazione è disposta:

a) con provvedimento del Ministro dell'ambiente, di concerto con il Ministro dell'industria, del commercio e dell'artigianato, sentiti il Ministro della sanità e del lavoro e della previdenza sociale nonché le regioni interessate, per quanto riguarda gli elettrodotti con tensione superiore a 150 kV;

b) con provvedimento del presidente della giunta regionale per quanto riguarda gli elettrodotti con tensione inferiore a 150 kV ed i sistemi radioelettrici, con esclusione degli impianti per telefonia mobile e per radiodiffusione e degli impianti per telefonia fissa nonché delle stazioni radioelettriche per trasmissione di dati, la cui disattivazione è disposta con provvedimento del Ministro delle comunicazioni che assicura l'uniforme applicazione della disciplina sul territorio nazionale.

7. Entro centottanta giorni dalla data di entrata in vigore della presente legge, su ciascuna struttura di cui alle lettere *e*), *h*) ed *l*) del comma 1 dell'articolo 3 deve essere applicata una etichetta informativa ben visibile, riportante la tensione prodotta, i valori di esposizione rintracciabili nella documentazione autorizzativa, i limiti di esposizione ed i valori di attenzione prescritti dalle leggi nazionali e regionali e le distanze di rispetto.

(1) *Comma così modificato dall'articolo unico della legge 23 agosto 2004, n. 239.*

10 Educazione ambientale.

1. Il Ministro dell'ambiente, di concerto con i Ministri della sanità, dell'università e della ricerca scientifica e tecnologica e della pubblica istruzione, promuove lo svolgimento di campagne di informazione e di educazione ambientale ai sensi della legge 8 luglio 1986, n. 349. A tale fine è autorizzata la spesa di lire 2.000 milioni annue a decorrere dall'anno 2001.

11 Partecipazione al procedimento amministrativo.

1. Ai procedimenti di definizione dei tracciati degli elettrodotti, di cui agli articoli 4 e 8, nonché ai procedimenti di adozione e approvazione dei piani di risanamento di cui all'articolo 9, comma 2, si applicano le disposizioni di cui al capo III della legge 7 agosto 1990, n. 241, e successive modificazioni, sulla partecipazione al procedimento amministrativo.

12 Apparecchiature di uso domestico, individuale o lavorativo.

1. Con decreto del Ministro dell'ambiente, di concerto con il Ministro della sanità, previo parere del Comitato e sentite le competenti Commissioni parlamentari, sono stabilite, entro centoventi giorni dalla data di entrata in vigore della presente legge, tenendo conto anche degli orientamenti e degli atti dell'Unione europea in materia di inquinamento elettromagnetico, tutela dei consumatori e istruzioni per l'uso dei prodotti, le informazioni che i fabbricanti di apparecchi e dispositivi, in particolare di uso domestico, individuale o lavorativo, generanti campi elettrici, magnetici ed elettromagnetici, sono tenuti a fornire agli utenti, ai lavoratori e alle lavoratrici, mediante apposite etichettature o schede informative. Le informazioni devono riguardare, in particolare, i livelli di esposizione prodotti dall'apparecchio o dal dispositivo, la distanza di utilizzo consigliata per ridurre l'e sposizione al campo elettrico, magnetico ed elettromagnetico e le principali prescrizioni di sicurezza. Con lo stesso decreto sono individuate le tipologie di apparecchi e dispositivi per i quali non vi è emissione di campo elettrico, magnetico ed elettromagnetico, o per i quali tali emissioni sono da ritenersi cosi basse da non richiedere alcuna precauzione.

2. Il Comitato promuove la realizzazione di intese ed accordi di programma con le imprese produttrici di apparecchiature di uso domestico, individuale o lavorativo, che producono campi elettrici, magnetici ed elettromagnetici, al fine di favorire e sviluppare tecnologie che consentano di minimizzare le emissioni.

13 Accordi di programma per i servizi di trasporto pubblico.

1. Il Ministro dell'ambiente, su proposta del Comitato, promuove la realizzazione di intese ed accordi di programma con i gestori di servizi di trasporto pubblico che producono campi elettrici, magnetici ed elettromagnetici, al fine di favorire e sviluppare tecnologie che consentano di minimizzare le emissioni.

14 Controlli.

1. Le amministrazioni provinciali e comunali, al fine di esercitare le funzioni di controllo e di vigilanza sanitaria e ambientale per l'attuazione della presente legge, utilizzano le strutture delle Agenzie regionali per la protezione dell'ambiente, di cui al decreto-legge 4 dicembre 1993, n. 496, convertito, con modificazioni, dalla legge 21 gennaio 1994, n. 61. Restano ferme le competenze in materia di vigilanza nei luoghi di lavoro attribuite dalle disposizioni vigenti.

2. Nelle regioni in cui le Agenzie regionali per la protezione dell'ambiente non sono ancora operanti, ai fini di cui al comma 1, le amministrazioni provinciali e comunali si avvalgono del supporto tecnico dell'Agenzia nazionale per la protezione dell'ambiente, dei presidi multizonali di prevenzione (PMP), dell'Istituto superiore per la prevenzione e la sicurezza sul lavoro (ISPESL) e degli ispettori territoriali del Ministero delle comunicazioni, nel rispetto delle specifiche competenze attribuite dalle disposizioni vigenti.

3. Il controllo all'interno degli impianti fissi o mobili destinati alle attività istituzionali delle Forze armate, delle Forze di polizia e dei Vigili del fuoco è disciplinato dalla specifica normativa di settore. Resta fermo in particolare, quanto previsto per le forze armate e di polizia dagli articoli 1, comma 2, e 23, comma 4, del decreto legislativo 19 settembre 1994, n. 626, e successive modificazioni.

4. Il personale incaricato dei controlli, nell'esercizio delle funzioni di vigilanza e di controllo, può accedere agli impianti che costituiscono fonte di emissioni elettromagnetiche e richiedere, in conformità alle disposizioni della legge 7 agosto 1990, n. 241, e successive modificazioni, i dati, le informazioni e i documenti necessari per l'espletamento delle proprie funzioni. Tale personale è munito di documento di riconoscimento dell'ente di appartenenza.

15 Sanzioni.

1. Salvo che il fatto costituisca reato, chiunque nell'esercizio o nell'impiego di una sorgente o di un impianto che genera campi elettrici, magnetici ed elettromagnetici superi i limiti di esposizione ed i valori di attenzione di cui ai decreti del Presidente del Consiglio dei ministri previsti dall'articolo 4, comma 2, e ai decreti previsti dall'articolo 16 è punito con la sanzione amministrativa del pagamento di una somma da lire 2 milioni a lire 600 milioni. La predetta sanzione si applica anche nei confronti di chi ha in corso di attuazione piani di risanamento, qualora non rispetti i limiti ed i tempi ivi previsti.

2. Salvo che il fatto costituisca reato, la violazione delle misure di tutela di cui all'articolo 5, comma 1, è punita con la sanzione amministrativa del pagamento di una somma da lire 2 milioni (€ 1.032) a lire 200 milioni (€ 103.291). In caso di recidiva la sanzione è raddoppiata.

3. Salvo che il fatto costituisca reato, le sanzioni di cui ai commi 1 e 2 sono irrogate dalle autorità competenti, sulla base degli accertamenti effettuati dalle autorità abilitate ai controlli ai sensi dell'articolo 14. Le autorità competenti all'irrogazione delle sanzioni di cui ai commi 1 e 2 sono individuate dai decreti di cui all'articolo 4, comma 2.

4. In caso di inosservanza delle prescrizioni previste, ai fini della tutela dell'ambiente e della salute, dall'autorizzazione, dalla concessione o dalla licenza per l'installazione e l'esercizio degli impianti disciplinati dalla presente legge, si applica la sanzione della sospensione degli atti autorizzatori suddetti, da due a quattro mesi. In caso di nuova infrazione l'atto autorizzatorio è revocato.

5. La sanzione di cui al comma 4 è applicata dall'autorità competente in base alle vigenti disposizioni a rilasciare l'atto autorizzatorio, sulla base degli accertamenti effettuati dalle autorità abilitate ai controlli.

6. L'inosservanza del decreto di cui all'articolo 12, comma 1, è punita con la sanzione amministrativa del pagamento di una somma compresa fra lire 2 milioni (€ 1.032) e lire 600 milioni (€ 309.874).

7. In riferimento alle sanzioni previste nel presente articolo non è ammesso il pagamento in misura ridotta di cui all'articolo 16 della legge 24 novembre 1981, n. 689, e successive modificazioni.

16 Regime transitorio.

1. Fino alla data di entrata in vigore del decreto del Presidente del Consiglio dei ministri di cui all'articolo 4, comma 2, lettera *a*), si applicano, in quanto compatibili con la presente legge, le disposizioni del decreto del Presidente del Consiglio dei ministri 23 aprile 1992, pubblicato nella Gazzetta Ufficiale n. 104 del 6 maggio 1992, e successive modificazioni, le disposizioni del decreto del Presidente del Consiglio dei ministri 28 settembre 1995, pubblicato nella Gazzetta Ufficiale n. 232 del 4 ottobre 1995, nonché le disposizioni del decreto del Ministro dell'ambiente 10 settembre 1998, n. 381.

17 Copertura finanziaria.

1. All'onere derivante dall'attuazione della presente legge, pari a lire 20.000 milioni (€ 10.329.438) per ciascuno degli anni 2001, 2002 e 2003 si provvede:

a) quanto a lire 7.000 milioni (€ 3.615.198) a decorrere dall'anno 2001, mediante utilizzo delle proiezioni, per detti anni, dello stanziamento iscritto, ai fini del bilancio triennale 2001-2003, nell'ambito dell'unità previsionale di base di parte corrente "Fondo speciale" dello stato di previsione del Ministero del tesoro, del bilancio e della programmazione economica per l'anno 2001, allo scopo parzialmente utilizzando l'accantonamento relativo al Ministero dell'ambiente;

b) quanto a lire 13.000 milioni (€ 6.713.940) per ciascuno degli anni 2001, 2002 e 2003, mediante utilizzo delle proiezioni, per detti anni, dello stanziamento iscritto, ai fini del bilancio triennale 2001-2003, nell'ambito dell'unità previsionale di base di conto capitale "Fondo speciale" dello stato di previsione del Ministero del tesoro, del bilancio e della programmazione economica per l'anno 2001, allo scopo parzialmente utilizzando l'accantonamento relativo al Ministero dell'ambiente.

2. Il Ministro del tesoro, del bilancio e della programmazione economica è autorizzato ad apportare, con propri decreti, le occorrenti variazioni di bilancio.

La presente legge, munita del sigillo dello Stato, sarà inserita nella Raccolta ufficiale degli atti normativi della Repubblica italiana. È fatto obbligo a chiunque spetti di osservarla e di farla osservare come legge dello Stato.

CAPO IV
RIFIUTI (1)

(1) *V. anche gli artt. 177 ss. del d.lgs. 3 aprile 2006, n. 152* (sub *V, 13*).

21. Decreto legge 14 novembre 2003, n. 314, convertito, con modificazioni in legge 24 dicembre 2003, n. 368. — Disposizioni urgenti per la raccolta, lo smaltimento e lo stoccaggio, in condizioni di massima sicurezza, dei rifiuti radioattivi (1).

Pubblicato nella Gazzetta Ufficiale n. 268 del 18 novembre 2003; la legge di conversione è stata pubblicata nella Gazzetta Ufficiale n. 6 del 9 gennaio 2004.

(1) *Per l'integrazione delle disposizioni del presente decreto-legge, vedi l'articolo unico, da comma 99 a comma 106, della legge 23 agosto 2004, n. 239.*

1 Deposito nazionale dei rifiuti radioattivi.

[1. La sistemazione in sicurezza dei rifiuti radioattivi, come definiti dall'articolo 4, comma 3, del decreto legislativo 17 marzo 1995, n. 230, degli elementi di combustibile irraggiati e dei materiali nucleari, ivi inclusi quelli rinvenienti dalla disattivazione delle centrali elettronucleari e degli impianti di ricerca e di fabbricazione del combustibile, dismessi nel rispetto delle condizioni di sicurezza e di protezione della salute umana e dell'ambiente previste dal citato decreto legislativo n. 230 del 1995, è effettuata, garantendo la protezione sanitaria della popolazione e dei lavoratori nonché la tutela dell'ambiente dalle radiazioni ionizzanti, presso il Deposito nazionale, riservato ai soli rifiuti di III categoria, che costituisce opera di difesa militare di proprietà dello Spato. Il sito in relazione alle caratteristiche geomorfologiche del terreno e in relazione alle condizioni antropiche del territorio, è individuato, entra un anno dalla data di entrata in vigore della legge di conversione del presente decreto, dal Commissario straordinario di cui all'articolo 2, sentita la Commissione istituita ai sensi del medesimo articolo 2, previa intesa in sede di Conferenza unificata di cui all'articolo 8 del decreto legislativo 28 agosto 1997, n. 281. Qualora l'intesa non sia raggiunta entro il termine di cui al periodo precedente, l'individuazione definitiva del sito è adottata con decreto del presidente del Consiglio dei ministri, previa deliberazione del Consiglio dei ministri (1).

2. La Società gestione impianti nucleari (SOGIN S.p.a.), nel rispetto di quanto previsto dall'articolo 2 in ordine alle modalità di attuazione degli interventi, provvede alla realizzazione del Deposito nazionale dei rifiuti radioattivi di cui al comma 1, opera di pubblica utilità, dichiarata indifferibile ed urgente, che dovrà essere completata entro e non oltre il 31 dicembre 2008 (1).

3. Per la progettazione e la costruzione del Deposito nazionale di cui al comma 1, ivi incluse le procedure espropriative, sono utilizzate le procedure speciali di cui alla legge 21 dicembre 2001, n. 443, e successive modificazioni, e al decreto legislativo 20 agosto 2002, n. 190. Le infrastrutture tecnologiche per la gestione in sicurezza dei rifiuti radioattivi sono integrate da altre strutture finalizzate a servizi di alta tecnologia ed alla promozione dello sviluppo del territorio (1).

4. La validazione del sito, l'esproprio delle aree, la progettazione e la costruzione del Deposito nazionale di cui al comma 1 e le attività di supporto di cui all'articolo 3 sono finanziate dalla SOGIN Spa attraverso i prezzi o le tariffe di conferimento dei rifiuti radioattivi al Deposito nazionale. La gestione definitiva dello stesso è affidata in concessione.

4-*bis*. La validazione del sito è effettuata, entro un anno dalla data di individuazione del sito medesimo dal Consiglio dei ministri, sulla base degli studi effettuati dalla Commissione istituita ai sensi dell'articolo 2, comma 3, previo parere, dell'Agenzia per la protezione dell'ambiente e per i servizi tecnici (APAT), del Consiglio nazionale delle ricerche (CNR) e dell'Ente per le nuove tecnologie, l'energia e l'ambiente (ENEA) (2)] (3).

(1) *Comma così modificato dall'articolo unico della legge 23 agosto 2004, n. 239.*

(2) *La Corte costituzionale, con sentenza 29 gennaio 2005, n. 62, ha dichiarato* l'illegittimità costituzionale *del presente comma, nella parte in cui non prevede una forma di partecipazione della Regione interessata, nei sensi di cui in motivazione, al procedimento di « validazione » del sito.*

(3) *Articolo abrogato dall'art. 10, comma 1, lett. f), d.lgs. 4 marzo 2014, n. 45.*

2 Attuazione degli interventi.

[1. Per l'attuazione di tutti gli interventi e le iniziative necessari per la realizzazione del Deposito nazionale di cui all'articolo 1, comma 1, il Presidente del Consiglio dei Ministri nomina un Commissario straordinario il quale, in deroga alla normativa vigente, provvede:

a) (*omissis*);

b) (*omissis*);

c) all'approvazione del piano economico finanziario che indichi le risorse necessarie alla realizzazione dell'opera ed i proventi derivanti dalla gestione in relazione alla durata della costruzione e della concessione per la gestione del deposito; tali proventi devono essere prioritariamente destinati al rimborso degli investimenti per la realizzazione dell'opera medesima, in coerenza con quanto indicato all'articolo 1, comma 4;

d) all'affidamento degli incarichi di progettazione del Deposito nazionale;

e) alle procedure espropriative;

f) all'approvazione dei progetti (1);

g) all'affidamento dei lavori di costruzione del Deposito nazionale.

2. Il Commissario straordinario di cui al comma 1 è autorizzato, inoltre, ad adottare, con le modalità ed i poteri di cui all'articolo 13 del decreto-legge 25 marzo 1997, n. 67, convertito, con modificazioni, dalla legge 23 maggio 1997, n. 135, anche in sostituzione dei soggetti competenti, tutti i provvedimenti e gli atti di qualsiasi natura necessari alla progettazione, all'istruttoria, all'affidamento ed alla realizzazione del Deposito nazionale di cui all'articolo 1, comma 1. Sono fatte salve le competenze del Ministero dell'ambiente e della tutela del territorio in materia di valutazione di impatto ambientale in conformità a quanto previsto dalla legge 21 dicembre 2001, n. 443, e successive modificazioni, e dal decreto legislativo 20 agosto 2002, n. 190. Sono, altresì, fatte salve le competenze dell'APAT, che si esprime entro centoventi giorni dal ricevimento della richiesta dei pareri, secondo la procedura di cui al Capo VII del decreto legislativo 17 marzo 1995, n. 230, e successive modificazioni, in quanto applicabile.

3. Con decreto del Presidente del Consiglio dei ministri è istituita, senza nuovi o maggiori oneri per la finanza pubblica, una Commissione tecnico-scientifica con compiti di valutazione e di alta vigilanza per gli aspetti tecnico-scientifici inerenti agli obiettivi del presente decreto e per le iniziative operative del Commissario straordinario. La predetta Commissione è composta da diciannove esperti di elevata e comprovata qualificazione tecnico-scientifica, di cui tre nominati dal Presidente del Consiglio dei ministri, due dal Ministro dell'ambiente e della tutela del territorio, due dal Ministro delle attività produttive, uno dal Ministro dell'economia e delle finanze, uno dal Ministro della difesa, uno dal Ministro dell'intero, uno dal Ministro della salute, uno dal Ministro dell'istruzione, dell'università e della ricerca, quattro dalla Conferenza unificata di cui all'articolo 9 del decreto legislativo 28 agosto 1997, n. 281, di cui due espressi dalle regioni e due espressi dagli enti locali, uno dall'ENEA, uno dal CNR e uno dall'APAT. Il Presidente della Commissione è nominato con apposito decreto del Presidente del Consiglio dei ministri, d'intesa con la Conferenza unificata di cui all'articolo 8 del decreto legislativo 28 agosto 1997, n. 281, senza maggiori oneri a carico della finanza pubblica. Il Commissario straordinario si avvale altresì, di una struttura di supporto individuata con decreto del Presidente del Consiglio dei ministri, di concerto con il Ministro dell'economia e delle finanze. Agli oneri derivanti dall'attuazione del presente comma, si provvede ai sensi dell'articolo 5, comma 3 (2)] (3).

(1) *La Corte costituzionale, con sentenza 29 gennaio 2005, n. 62, ha dichiarato* l'illegittimità costituzionale *della presente lettera, nella parte in cui non prevede una forma di partecipazione della Regione interessata, nei sensi di cui in motivazione, al procedimento di approvazione dei progetti.*

(2) *Comma sostituito dall'articolo unico della legge 23 agosto 2004, n. 239.*

(3) *Articolo abrogato dall'art. 10, comma 1, lett.* f), *d.lgs. 4 marzo 2014, n. 45.*

3 Allocazione dei rifiuti radioattivi.

[1. Nel Deposito nazionale di cui all'articolo 1, comma 1 sono allocati e gestiti in via definitiva tutti i rifiuti radioattivi di III categoria ed il combustibile irraggiato. Fino alla data della messa in esercizio del Deposito nazionale, il trattamento ed il condizionamento dei rifiuti radioattivi, nonché la messa in sicurezza del combustibile irraggiato e dei materiali nu cleari, al fine di trasformarli in manufatti certificati, pronti per essere trasferiti al Deposito nazionale, possono essere effettuati in altre strutture ove richiesto da motivi di sicurezza.

1-*bis*. Con decreto dei Presidente dei Consiglio dei ministri, da adottare su proposta del Ministro dell'ambiente e della tutela del territorio, di concerto con i Ministri dell'interno delle attività produttive e della salute, si provvede, avvalendosi del supporto operativo della SOGIN Spa, alla messa in sicurezza e allo stoccaggio dei rifiuti radioattivi di I e II categoria. Per la messa in sicurezza dei rifiuti di cui al precedente periodo, si applicano le procedure tecniche e amministrative di cui agli articoli 1 e 2, fatta eccezio-ne per quelle previste dall'articolo 1, comma 3, primo periodo.

1-*ter*. A decorrere dalla data di entrata in vigore della legge di conversione del presente decreto è vietata l'esportazione definitiva dei materiali nucleari di III categoria al di fuori dei Paesi dell'Unione europea, fatto salvo quanto previsto dalla normativa comunitaria. La sola esportazione temporanea di materiali nucleari di III categoria è autonzzata ai fini del loro trattamento e riprocessamento] (1).

(1) *Articolo abrogato dall'art. 10, comma 1, lett.* f), *d.lgs. 4 marzo 2014, n. 45.*

4 Misure compensative e informazione.

1. Misure di compensazione territoriale sono stabilite, fino al definitivo smantellamento degli impianti, a favore dei siti che ospitano centrali nucleari e impianti del ciclo del combustibile nucleare. Alla data della messa in esercizio del Deposito nazionale di cui all'articolo 1, comma 1, le misure sono trasferite al territorio che ospita il Deposito, proporzionalmente alla allocazione dei rifiuti radioattivi.

1-*bis*. L'ammontare complessivo annuo del contributo ai sensi del comma 1 è definita mediante la determinazione di un'aliquota della componente della tariffa elettrica pari a 0,015 centesimi di euro per ogni kilowattora consumata, con aggiornamento annuale sulla base degli indici ISTAT dei prezzi al consumo. Il contributo è assegnato annualmente con deliberazione del Comitato interministeriale per la programmazione economica sulla base delle stime di inventario radiometrico dei siti determinato annualmente con decreto del Ministro dell'ambiente e della tutela del territorio e del mare, su proposta dell'Istituto superiore per la protezione e la ricerca ambientale (ISPRA), valutata la pericolosità dei rifiuti, ed è ripartito, per ciascun territorio, in misura del 50 per cento in favore del comune nel cui territorio è ubicato il sito, in misura del 25 per cento in favore della relativa provincia e in misura del 25 per cento in favore dei comuni confinanti con quello nel cui territorio è ubicato il sito. Il contributo spettante a questi ultimi è calcolato in proporzione alla superficie ed alla popolazione residente nel raggio di dieci chilometri dall'impianto (1).

2. Il Commissario straordinario promuove una campagna nazionale di informazione sulla gestione in sicurezza dei rifiuti radioattivi.

(1) *Comma inserito in sostituzione del primo comma in sede di conversione, modificato dall'articolo 2, comma 560, della legge 24 dicembre 2007, n. 244, dall'articolo 7-*ter *del d.l. 30 dicembre 2008, n. 208 e successivamente dall'articolo 6, comma 1, del d.l. 30 dicembre 2016, n. 244, convertito in legge con modificazioni, dalla legge 27 febbraio 2017, n. 19. A norma dell'articolo 4 della deliberazione dell'Autorità dell'energia elettrica e del gas 28 dicembre 2006, n. 321 l'aliquota di cui al presente comma per l'anno 2007 è pari a 0,0159 centesimi di euro/kWh.*

5 Disposizioni di carattere finanziario.

1. Per l'avvio delle iniziative connesse alla realizzazione del Deposito nazionale, per l'informazione alle popolazioni e per le prime misure di intervento territoriale è autorizzata la spesa di 500.000 euro per l'anno 2003 e di 2.250.000 euro per ciascuno degli anni 2004 e 2005.

2. Agli oneri derivanti dall'attuazione del comma 1 si provvede mediante corrispondente riduzione dello stanziamento iscritto, ai fini del bilancio triennale 2003-2005, nell'ambito dell'unità previsionale di base di conto capitale « Fondo speciale » dello stato di previsione del Ministero dell'economia e delle finanze per l'anno 2003, allo scopo parzialmente utilizzando l'accantonamento relativo al Ministero delle attività produttive.

3. Agli oneri derivanti dall'attuazione del comma 3 dell'articolo 2, pari a 50.000 euro per l'anno 2003 ed a 300.000 euro per ciascuno degli anni 2004 e 2005, si provvede mediante corrispondente riduzione dello stanziamento iscritto, ai fini del bilancio triennale 2003-2005, nell'ambito dell'unità previsionale di parte corrente « Fondo speciale » dello stato di previsione del Ministero dell'economia e delle finanze per l'anno 2003, allo scopo parzialmente utilizzando l'accantonamento relativo al Ministero dell'ambiente e della tutela del territorio.

4. Ai fini dell'attuazione dell'articolo 2, comma 3, e del comma 1 del presente articolo, è istituita apposita contabilità speciale intestata al Commissario straordinario di cui all'articolo 2.

5. Il Ministro dell'economia e delle finanze è autorizzato ad apportare, con propri decreti, le occorrenti variazioni di bilancio.

6 Entrata in vigore.

1. Il presente decreto entra in vigore il giorno stesso della sua pubblicazione nella Gazzetta Ufficiale della Repubblica italiana e sarà presentato alle Camere per la conversione in legge.

Il presente decreto, munito del sigillo dello Stato, sarà inserito nella Raccolta ufficiale degli atti normativi della Repubblica italiana. È fatto obbligo a chiunque spetti di osservarlo e di farlo osservare.

22. Legge regionale Puglia 31 ottobre 2007, n. 29. — Disciplina per lo smaltimento dei rifiuti speciali pericolosi e non pericolosi, prodotti al di fuori della Regione Puglia, che transitano nel territorio regionale e sono destinati a impianti di smaltimento siti nella Regione Puglia (*estratto*) (1).

Pubblicata in B.U.R. 2 novembre 2007, n. 157.

(1) *La Corte Costituzionale con sentenza n. 10 del 23 gennaio 2009 ha dichiarato* l'illegittimità costituzionale *dell'articolo 3, comma 1, nonché delle restanti disposizioni della medesima legge regionale.*

1

[1. La presente legge regionale, conformemente al regolamento (CE) n. 1013/2006 del Parlamento europeo e del Consiglio, del 14 giugno 2006, alla direttiva 75/442/CEE del Consiglio, del 15 luglio 1975, e successive modificazioni e integrazioni, al decreto legislativo 3 aprile 2006, n. 152 (Norme in materia ambientale), disciplina lo smaltimento di rifiuti speciali pericolosi e non pericolosi, prodotti al di fuori della regione Puglia, che transitano nel territorio regionale e sono destinati a impianti di smaltimento siti nella regione Puglia] (1).

(1) *La Corte costituzionale con sentenza n. 10 del 23 gennaio 2009 ha dichiarato* l'illegittimità costituzionale *dell'articolo 3, comma 1 della presente legge, nonché delle restanti disposizioni della medesima legge regionale.*

2

[1. Lo smaltimento dei rifiuti speciali di cui all'articolo 1, al fine di ridurre la movimentazione dei rifiuti allo stretto necessario e salvaguardare la salute e l'ambiente, può avvenire solo nel rispetto dei principi di prossimità e appropriatezza nello smaltimento dei rifiuti speciali sanciti dalla normativa dell'Unione Europea e dall'ordinamento giuridico nazionale] (1).

(1) *La Corte costituzionale con sentenza n. 10 del 23 gennaio 2009 ha dichiarato* l'illegittimità costituzionale *dell'articolo 3, comma 1 della presente legge, nonché delle restanti disposizioni della medesima legge regionale.*

3

[1. Lo smaltimento di rifiuti speciali di cui all'articolo 1 può avvenire in impianti per rifiuti speciali pericolosi e non pericolosi ubicati nel territorio regionale pugliese, a condizione che quelli siti nella regione Puglia siano gli impianti di smaltimento appropriati più vicini al luogo di produzione dei medesimi rifiuti speciali (1).

2. Il produttore e/o il trasportatore di rifiuti speciali di cui all'articolo 1, per smaltirli in impianti siti nel territorio regionale pugliese, deve previamente munirsi di uno o più certificati delle autorità extraregionali competenti, di data non anteriore a sei mesi, attestanti l'inesistenza o l'inoperatività, nei rispettivi territori, di impianti appropriati per lo smaltimento dei medesimi rifiuti speciali, individuati secondo il catalogo europeo dei rifiuti (CER).

3. Le autorità extraregionali cui il produttore e/o trasportatore deve chiedere i certificati di cui al comma 2, sono:

a) quelle competenti per il territorio in cui sono stati prodotti i rifiuti speciali destinati agli impianti di smaltimento siti nel territorio regionale pugliese;

b) quelle che, diverse dalle precedenti, sono competenti per il territorio che, rispetto al luogo di produzione dei rifiuti speciali, è comunque più vicino al luogo in cui è ubicato nel territorio pugliese l'impianto individuato come destinatario delle stesse operazioni di smaltimento.

4. La maggiore o minore vicinanza o prossimità di un impianto appropriato per lo smaltimento di rifiuti speciali sito in un territorio extraregionale rispetto all'impianto appropriato sito nella regione Puglia si determina sulla base dei chilometri da percorrere con il mezzo di trasporto prescelto, secondo il percorso più breve, dal luogo di produzione dei rifiuti speciali sino ai rispettivi impianti volta per volta presi in considerazione.

5. I certificati delle autorità extraregionali competenti di cui al presente articolo possono essere sostituiti dalla presentazione di una dichiarazione sostitutiva di atto di notorietà di data non anteriore a sei mesi, formulata ai sensi del decreto del Presidente della Repubblica 28 dicembre 2000, n. 445 (Testo unico delle disposizioni legislative e regolamentari in materia di documentazione amministrativa), e sottoscritta dal produttore e/o trasportatore di rifiuti speciali, che attesti l'inesistenza o l'inoperatività di impianti appropriati più prossimi al luogo di produzio ne dei rifiuti rispetto all'impianto insistente nel territorio regionale.] (1).

(1) *La Corte costituzionale con sentenza n. 10 del 23 gennaio 2009 ha dichiarato* l'illegittimità costituzionale *del presente comma nonché delle restanti disposizioni della medesima legge regionale.*

4-6 (*Omissis*) (1).

(1) *La Corte costituzionale con sentenza n. 10 del 23 gennaio 2009 ha dichiarato* l'illegittimità costituzionale *dell'articolo 3, comma 1 della presente legge, nonché delle restanti disposizioni della medesima legge regionale.*

23. Legge regionale Puglia 4 dicembre 2009, n. 30. — Disposizioni in materia di energia nucleare.

Pubblicata in B.U.R. 7 dicembre 2009, n. 196

1 1. La Regione Puglia, tenuto conto degli indirizzi nella politica energetica regionale, nazionale e dell'Unione europea, disciplina gli atti di programmazione e gli interventi operativi della Regione e degli enti locali in materia d'energia, in conformità a quanto previsto dall'articolo 117, comma terzo, della Costituzione, al fine di promuovere lo sviluppo sostenibile del sistema energetico regionale garantendo che vi sia una corrispondenza tra energia prodotta, il suo uso razionale e la capacità di carico del territorio e dell'ambiente.

2. Nel pieno rispetto dei principi di sussidiarietà, ragionevolezza e leale collaborazione e in assenza di intese con lo Stato in merito alla loro localizzazione, il territorio della Regione Puglia è precluso all'installazione di impianti di produzione di energia elettrica nucleare, di fabbricazione del combustibile nucleare, di stoccaggio del combustibile irraggiato e dei rifiuti radioattivi, nonché di depositi di materiali e rifiuti radioattivi (1).

(1) *La Corte costituzionale con sentenza n. 331 del 3 novembre 2010, ha dichiarato* l'illegittimità costituzionale *del presente comma. Con la stessa sentenza è stata dichiarata l'illegittimità costituzionale anche dell'art. 8 l. della Regione Basilicata n. 1 del 2010 (« In ossequio ai principi di sussidiarietà, ragionevolezza e leale collaborazione, in mancanza di intesa tra lo Stato e la Regione Basilicata, nel territorio lucano non possono essere installati impianti di produzione di energia elettrica nucleare, di fabbricazione di combustibile nucleare, di stoccaggio di combustibile irraggiato e di rifiuti radioattivi, né depositi di materiali e rifiuti radioattivi ») e dell'art. 1, comma 2, della l. r. Campania n. 2 del 2010 (« Nel rispetto dei principi di sussidiarietà, ragionevolezza e leale collaborazione e in assenza di intese con lo Stato in merito alla loro localizzazione, il territorio della regione Campania è precluso alllinstallazione di impianti di produzione di energia elettrica nucleare, di fabbricazione e di stoccaggio del combustibile nucleare nonché di depositi di materiali radioattivi. La regione Campania predispone, entro trenta giorni dalla data di entrata in vigore della presente legge, un programma di interventi al fine di migliorare, con riferimento agli impianti di pubblica illuminazione, l'efficienza energetica, la sicurezza pubblica e la salvaguardia delllambiente. Il programma degli interventi di adeguamento è attuato, a seguito di un censimento dello stato degli impianti di pubblica illuminazione, attraverso un bando per l'efficienza energetica avente come destinatari i comuni della regione Campania. Gli oneri sono a carico del Fondo europeo di sviluppo regionale »).*

SEZIONE TERZA
BENI CULTURALI E PAESAGGIO

24. Decreto legge 27 giugno 1985, n. 312, convertito, con modificazioni, in legge 8 agosto 1985, n. 431. — Disposizioni urgenti per la tutela delle zone di particolare interesse ambientale. (*estratto*) (1).

Pubblicato nella Gazzetta Ufficiale n. 152 del 29 giugno 1985; la legge di conversione è stata pubblicata nella Gazzetta Ufficiale n. 197 del 22 agosto 1985.

(1) *Decreto abrogato dall'art. 166, d.lgs. 29 ottobre 1999, n. 490, ad eccezione degli artt. 1-*ter *e 1-*quinquies.

1-*ter* 1. Le regioni, entro centoventi giorni dalla data di entrata in vigore della legge di conversione del presente decreto, possono individuare con indicazioni planimetriche e catastali, nell'ambito delle zone elencate dal quinto comma dell'articolo 82 del decreto del Presidente della Repubblica 24 luglio 1977, n. 616, come integrato dal precedente articolo 1, nonché nelle altre comprese negli elenchi redatti ai sensi della legge 29 giugno 1939, n. 1497, e del regio decreto 3 giugno 1940, n. 1357, le aree in cui è vietata, fino all'adozione da parte delle regioni dei piani di cui al precedente articolo 1-*bis*, ogni modificazione dell'assetto del territorio nonché qualsiasi opera edilizia, con esclusione degli interventi di manutenzione ordinaria, straordinaria, di consolidamento statico e di restauro conservativo che non alterino lo stato dei luoghi e l'aspetto esteriore degli edifici. La notificazione dei provvedimenti predetti avviene secondo le procedure previste dalla legge 29 giugno 1939, n. 1497, e dal relativo regolamento di esecuzione approvato con regio decreto 3 giugno 1940, n. 1357.

2. Restano fermi al riguardo le competenze ed i poteri del Ministro per i beni culturali e ambientali (1) di cui all'articolo 4 del decreto del Presidente della Repubblica 24 luglio 1977, n. 616.

(1) *Ora per i beni e le attività culturali.*

1-*quinquies* Le aree e i beni individuati ai sensi dell'articolo 2 del decreto ministeriale 21 settembre 1984, pubblicato nella Gazzetta Ufficiale n. 265 del 26 settembre 1984, sono inclusi tra quelli in cui è vietata, fino all'adozione da parte delle regioni dei piani di cui all'articolo 1-*bis*, ogni modificazione dell'assetto del territorio nonché ogni opera edilizia, con esclusione degli interventi di manutenzione ordinaria, straordinaria, di consolidamento statico e di restauro conservativo che non alterino lo stato dei luoghi e l'aspetto esteriore degli edifici.

25. Legge 6 dicembre 1991, n. 394. — Legge Quadro sulle Aree Protette. (*estratto*) (1) (2) (3).

Pubblicata nella Gazzetta Ufficiale n. 292 del 13 dicembre 1991, S.O.

(1) *Il programma triennale per le aree naturali protette è stato soppresso dall'art. 76, d.lgs. 31 marzo 1998, n. 112. Con il medesimo decreto sono state devolute alle regioni e agli enti locali tutte le funzioni amministrative inerenti alla materia delle risorse idriche e della difesa del suolo, ad eccezione di quelle espressamente mantenute allo Stato.*

(2) *Il Comitato per le aree naturali protette e il Gruppo di lavoro per la carta della natura sono stati soppressi dall'art. 7, d.lgs. 28 agosto 1997, n. 281.*

(3) *La gestione delle aree protette marine previste dalla presente legge è affidata ad enti pubblici, istituzioni scientifiche o associazioni ambientaliste riconosciute (art. 3, comma 37, l. 9 dicembre 1998, n. 426).*

TITOLO I
Principi generali

1 Finalità e ambito della legge.

1. La presente legge, in attuazione degli articoli 9 e 32 della Costituzione e nel rispetto degli accordi internazionali, detta princìpi fondamentali per l'istituzione e la gestione delle aree naturali protette, al fine di garantire e di promuovere, in forma coordinata, la conservazione e la valorizzazione del patrimonio naturale del paese.

2. Ai fini della presente legge costituiscono il patrimonio naturale le formazioni fisiche, geologiche, geomorfologiche e biologiche, o gruppi di esse, che hanno rilevante valore naturalistico e ambientale.

3. I territori nei quali siano presenti i valori di cui al comma 2, specie se vulnerabili, sono sottoposti ad uno speciale regime di tutela e di gestione, allo scopo di perseguire, in particolare, le seguenti finalità:

a) conservazione di specie animali o vegetali, di associazioni vegetali o forestali, di singolarità geologiche, di formazioni paleontologiche, di comunità biologiche, di biotopi, di valori scenici e panoramici, di processi naturali, di equilibri idraulici e idrogeologici, di equilibri ecologici;

b) applicazione di metodi di gestione o di restauro ambientale idonei a realizzare una integrazione tra uomo e ambiente naturale, anche mediante la salvaguardia dei valori antropologici, archeologici, storici e architettonici e delle attività agro-silvo-pastorali e tradizionali;

c) promozione di attività di educazione, di formazione e di ricerca scientifica, anche interdisciplinare, nonché di attività ricreative compatibili;

d) difesa e ricostituzione degli equilibri idraulici e idrogeologici.

4. I territori sottoposti al regime di tutela e di gestione di cui al comma 3 costituiscono le aree naturali protette. In dette aree possono essere promosse la valorizzazione e la sperimentazione di attività produttive compatibili.

5. Nella tutela e nella gestione delle aree naturali protette, lo Stato, le regioni e gli enti locali attuano forme di cooperazione e di intesa ai sensi dell'articolo 81 del d.P.R. 24 luglio 1977, n. 616, e dell'articolo 27 della l. 8 giugno 1990, n. 142. Per le medesime finalità lo Stato, le regioni, gli enti locali, altri soggetti pubblici e privati e le Comunità del parco possono altresì promuovere i patti territoriali di cui all'articolo 2, comma 203, della legge 23 dicembre 1996, n. 662 (1).

(1) *Comma così modificato dall'art. 2, l. 9 dicembre 1998, n. 426.*

1-*bis* Programmi nazionali e politiche di sistema.

1. Il Ministro dell'ambiente promuove, per ciascuno dei sistemi territoriali dei parchi dell'arco alpino, dell'appennino, delle isole e di aree marine protette, accordi di programma per lo sviluppo di azioni economiche sostenibili con particolare riferimento ad attività agro-silvo-pastorali tradizionali, dell'agriturismo e del turismo ambientale con i Ministri delle politiche agricole e forestali, dell'industria, del commercio e dell'artigianato, del lavoro e della previdenza sociale e per i beni culturali e ambientali, con le regioni e con altri soggetti pubblici e privati.

2. Il Ministro dell'ambiente, sentito il parere della Conferenza permanente per i rapporti tra lo Stato, le regioni e le province autonome di Trento e di Bolzano, degli Enti parco interessati e delle associazioni ambientalistiche maggiormente rappresentative, individua altresì le risorse finanziarie nazionali e comunitarie, impiegabili nell'attuazione degli accordi di programma di cui al comma 1 (1).

(1) *Articolo aggiunto dall'art. 2, l. 9 dicembre 1998, n. 426.*

2 Classificazione delle aree naturali protette.

1. I parchi nazionali sono costituiti da aree terrestri, fluviali, lacuali o marine che contengono uno o più ecosistemi intatti o anche parzialmente alterati da interventi antropici, una o più formazioni fisiche, geologiche, geomorfologiche, biologiche, di rilievo internazionale o nazionale per valori naturalistici, scientifici, estetici, culturali, educativi e ricreativi tali da richiedere l'intervento dello Stato ai fini della loro conservazione per le generazioni presenti e future.

2. I parchi naturali regionali sono costituiti da aree terrestri, fluviali, lacuali ed eventualmente da tratti di mare prospicienti la costa, di valore naturalistico e ambientale, che costituiscono, nell'ambito di una o più regioni limitrofe, un sistema omogeneo individuato dagli assetti naturali dei luoghi, dai valori paesaggistici ed artistici e dalle tradizioni culturali delle popolazioni locali.

3. Le riserve naturali sono costituite da aree terrestri, fluviali, lacuali o marine che contengono una o più specie naturalisticamente rilevanti della flora e della fauna, ovvero presentino uno o più ecosistemi importanti per le diversità biologiche o per la conservazione delle risorse genetiche. Le riserve naturali possono essere statali o regionali in base alla rilevanza degli interessi in esse rappresentati.

4. Con riferimento all'ambiente marino, si distinguono le aree protette come definite ai sensi del protocollo di Ginevra relativo alle aree del Mediterraneo particolarmente protette di cui alla l. 5 marzo 1985, n. 127, e quelle definite ai sensi della l. 31 dicembre 1982, n. 979.

5. [Il Comitato per le aree naturali protette di cui all'articolo 3 può operare ulteriori classificazioni per le finalità della presente legge ed allo scopo di rendere efficaci i tipi di protezione previsti dalle convenzioni internazionali ed in particolare dalla convenzione di Ramsar di cui al d.P.R. 13 marzo 1976, n. 448] (1).

6. La classificazione delle aree naturali protette di rilievo internazionale e nazionale, qualora rientrino nel territorio delle regioni a statuto speciale e delle province autonome di Trento e di Bolzano, ha luogo d'intesa con le regioni e le province stesse secondo le

procedure previste dalle norme di attuazione dei rispettivi statuti d'autonomia e, per la regione Valle d'Aosta, secondo le procedure di cui all'articolo 3 della l. 5 agosto 1981, n. 453.

7. La classificazione e l'istituzione dei parchi nazionali e delle riserve naturali statali, terrestri, fluviali e lacuali, sono effettuate d'intesa con le regioni (2).

8. La classificazione e l'istituzione dei parchi e delle riserve naturali di interesse regionale e locale sono effettuate dalle regioni.

9. Ciascuna area naturale protetta ha diritto all'uso esclusivo della propria denominazione.

9-*bis*. I limiti geografici delle aree protette marine entro i quali è vietata la navigazione senza la prescritta autorizzazione sono definiti secondo le indicazioni dell'Istituto idrografico della Marina e individuati sul territorio con mezzi e strumenti di segnalazione conformi alla normativa emanata dall'Association Internationale de Signalisation Maritime-International Association of Marine Aids to Navigation and Lighthouse Authorities (AISM-IALA) (3).

(1) *Il Comitato di cui al presente comma è stato soppresso dall'art. 7, d.lgs. 28 agosto 1997, n. 281.*
(2) *Comma così sostituito dall'art. 2, l. 9 dicembre 1998, n. 426.*
(3) *Comma aggiunto dall'art. 4 l. 8 luglio 2003, n. 172.*

3-4 (*Omissis*).

5 Attuazione del programma; poteri sostitutivi.

1. Il Ministro dell'ambiente vigila sull'attuazione del programma e propone al Comitato le variazioni ritenute necessarie. In caso di ritardi nell'attuazione del programma tali da pregiudicarne gravemente le finalità, il Ministro dell'ambiente, sentita la Consulta, indica gli adempimenti e le misure necessarie e fissa un termine per la loro adozione decorso il quale, previo parere del Comitato, rimette la questione al Consiglio dei ministri che provvede in via sostitutiva anche attraverso la nomina di commissari ad acta.

2. Il Ministro dell'ambiente provvede a tenere aggiornato l'elenco ufficiale delle aree protette e rilascia le relative certificazioni. A tal fine le regioni e gli altri soggetti pubblici o privati che attuano forme di protezione naturalistica di aree sono tenuti ad informare il Ministro dell'ambiente secondo le modalità indicate dal Comitato.

3. L'iscrizione nell'elenco ufficiale delle aree protette è condizione per l'assegnazione di contributi a carico dello Stato.

6 Misure di salvaguardia.

1. In caso di necessità ed urgenza il Ministro dell'ambiente e le regioni, secondo le rispettive competenze, possono individuare aree da proteggere ai sensi della presente legge ed adottare su di esse misure di salvaguardia. Per quanto concerne le aree protette marine detti poteri sono esercitati dal Ministro dell'ambiente di concerto con il Ministro della marina mercantile (1). Nei casi previsti dal presente comma la proposta d'istituzione dell'area protetta e le relative misure di salvaguardia devono essere esaminate dal Comitato nella prima seduta successiva alla pubblicazione del provvedimento di individuazione dell'area stessa. Resta fermo quanto previsto dall'articolo 5 della legge 8 luglio 1986, n. 349, in materia di individuazione di zone di importanza naturalistica nazionale ed internazionale, nonché dall'articolo 7 della legge 3 marzo 1987, n. 59 (2).

2. Dalla pubblicazione del programma fino all'istituzione delle singole aree protette operano direttamente le misure di salvaguardia di cui al comma 3 nonché le altre specifiche misure eventualmente individuate nel programma stesso e si applicano le misure di incentivazione di cui all'articolo 7.

3. Sono vietati fuori dei centri edificati di cui all'articolo 18 della legge 22 ottobre 1971, n. 865, e, per gravi motivi di salvaguardia ambientale, con provvedimento motivato, anche nei centri edificati, l'esecuzione di nuove costruzioni e la trasformazione di quelle esistenti, qualsiasi mutamento dell'utilizzazione dei terreni con destinazione diversa da quella agricola e quant'altro possa incidere sulla morfologia del territorio, sugli equilibri ecologici, idraulici ed idrogeotermici e sulle finalità istitutive dell'area protetta. In caso di necessità ed urgenza, il Ministro dell'ambiente, con provvedimento motivato, sentita la Consulta, può consentire deroghe alle misure di salvaguardia in questione, prescrivendo le modalità di attuazione di lavori ed opere idonei a salvaguardare l'integrità dei luoghi e dell'ambiente naturale. Resta ferma la possibilità di realizzare interventi di manutenzione ordinaria e straordinaria di cui alle lettere *a*) e *b*) del primo comma dell'articolo 31 della legge 5 agosto 1978, n. 457, dandone comunicazione al Ministro dell'ambiente e alla regione interessata.

4. Dall'istituzione della singola area protetta sino all'approvazione del relativo regolamento operano i divieti e le procedure per eventuali deroghe di cui all'articolo 11.

5. Per le aree protette marine le misure di salvaguardia sono adottate ai sensi dell'articolo 7 della legge 3 marzo 1987, n. 59.

6. L'inosservanza delle disposizioni di cui ai commi 1, 2 e 3 comporta la riduzione in pristino dei luoghi e la eventuale ricostituzione delle specie vegetali ed animali danneggiate a spese dell'inadempiente. Sono solidalmente responsabili per le spese il committente, il titolare dell'impresa e il direttore dei lavori in caso di costruzione e trasformazione di opere. Accertata l'inosservanza, il Ministro dell'ambiente o l'autorità di gestione ingiunge al trasgressore l'ordine di riduzione in pristino e, ove questi non provveda entro il termine assegnato, che non può essere inferiore a trenta giorni, dispone l'esecuzione in danno degli inadempienti secondo la procedura di cui ai commi secondo, terzo e quarto dell'articolo 27 della legge 28 febbraio 1985, n. 47, ovvero avvalendosi del Corpo forestale dello Stato o del nucleo operativo ecologico di cui al comma 4 dell'articolo 8 della legge 8 luglio 1986, n. 349. La nota relativa alle spese è resa esecutiva dal Ministro del-

l'ambiente ed è riscossa ai sensi del testo unico delle disposizioni di legge relative alla riscossione delle entrate patrimoniali dello Stato, approvato con regio decreto 14 aprile 1910, n. 639.

(1) *Ora, lo stesso Ministro dell'ambiente.*
(2) *Il Comitato di cui al presente comma è stato soppresso dall'art. 7, d.lgs. 28 agosto 1997, n. 281.*

7 Misure di incentivazione.

1. Ai comuni ed alle province il cui territorio è compreso, in tutto o in parte, entro i confini di un parco nazionale, e a quelli il cui territorio è compreso, in tutto o in parte, entro i confini di un parco naturale regionale è, nell'ordine, attribuita priorità nella concessione di finanziamenti dell'Unione europea statali e regionali richiesti per la realizzazione, sul territorio compreso entro i confini del parco stesso, dei seguenti interventi, impianti ed opere previsti nel piano per il parco di cui, rispettivamente, agli articoli 12 e 25 (1):

a) restauro dei centri storici ed edifici di particolare valore storico e culturale;

b) recupero dei nuclei abitati rurali;

c) opere igieniche ed idropotabili e di risanamento dell'acqua, dell'aria e del suolo;

d) opere di conservazione e di restauro ambientale del territorio, ivi comprese le attività agricole e forestali;

e) attività culturali nei campi di interesse del parco;

f) agriturismo;

g) attività sportive compatibili;

h) strutture per la utilizzazione di fonti energetiche a basso impatto ambientale quali il metano e altri gas combustibili nonché interventi volti a favorire l'uso di energie rinnovabili.

2. Il medesimo ordine di priorità di cui al comma 1 è attribuito ai privati, singoli od associati, che intendano realizzare iniziative produttive o di servizio compatibili con le finalità istitutive del parco nazionale o naturale regionale.

(1) *Alinea così modificato dall'art. 2, l. 9 dicembre 1998, n. 426.*

TITOLO II
Aree naturali protette nazionali

8 Istituzione delle aree naturali protette nazionali.

1. I parchi nazionali individuati e delimitati secondo le modalità di cui all'articolo 4 sono istituiti e delimitati in via definitiva con decreto del Presidente della Repubblica, su proposta del Ministro dell'ambiente, sentita la regione.

2. Le riserve naturali statali, individuate secondo le modalità di cui all'articolo 4, sono istituite con decreto del Ministro dell'ambiente, sentita la regione.

3. Qualora il parco o la riserva interessi il territorio di una regione a statuto speciale o provincia autonoma si procede di intesa.

4. Qualora il parco o la riserva interessi il territorio di più regioni, ivi comprese quelle a statuto speciale o province autonome, è comunque garantita una configurazione ed una gestione unitaria.

5. Con il provvedimento che istituisce il parco o la riserva naturale possono essere integrate, sino alla entrata in vigore della disciplina di ciascuna area protetta, le misure di salvaguardia introdotte ai sensi dell'articolo 6.

6. Salvo quanto previsto dall'articolo 34, commi 1 e 2, e dall'articolo 35, commi 1, 3, 4 e 5, alla istituzione di enti parco si provvede sulla base di apposito provvedimento legislativo.

7. Le aree protette marine sono istituite in base alle disposizioni di cui all'articolo 18.

9 Ente parco.

1. L'Ente parco ha personalità di diritto pubblico, sede legale e amministrativa nel territorio del parco ed è sottoposto alla vigilanza del Ministro dell'ambiente.

(*Omissis*).

10-12 (*Omissis*).

13 Nulla osta.

1. Il rilascio di concessioni o autorizzazioni relative ad interventi, impianti ed opere all'interno del parco è sottoposto al preventivo nulla osta dell'Ente parco. Il nulla osta verifica la conformità tra le disposizioni del piano e del regolamento e l'intervento ed è reso entro sessanta giorni dalla richiesta. Decorso inutilmente tale termine il nulla osta si intende rilasciato. Il diniego, che è immediatamente impugnabile, è affisso contemporaneamente all'albo del comune interessato e all'albo dell'Ente parco e l'affissione ha la durata di sette giorni. L'Ente parco dà notizia per estratto, con le medesime modalità, dei nulla osta rilasciati e di quelli determinatisi per decorrenza del termine.

2. Avverso il rilascio del nulla osta è ammesso ricorso giurisdizionale anche da parte delle associazioni di protezione ambientale individuate ai sensi della legge 8 luglio 1986, n. 349.

3. L'esame delle richieste di nulla osta può essere affidato con deliberazione del Consiglio direttivo ad un apposito comitato la cui composizione e la cui attività sono disciplinate dal regolamento del parco.

4. Il Presidente del parco, entro sessanta giorni dalla richiesta, con comunicazione scritta al richiedente, può rinviare, per una sola volta, di ulteriori trenta giorni i termini di espressione del nulla osta.

13-*bis* Interventi nelle zone di promozione economica e sociale (1).

1. In presenza di piano del parco e di regolamento del parco approvati e vigenti le cui previsioni siano state recepite dai comuni nei rispettivi strumenti urbanistici, gli interventi di natura edilizia da realizzare nelle zone di cui all'articolo 12, comma 2, lettera *d*),

eccetto quelle ricomprese nei perimetri dei siti Natura 2000, sono autorizzati direttamente dagli enti locali competenti, salvo che l'intervento non comporti una variante degli strumenti urbanistici vigenti, dandone comunicazione all'Ente parco. In caso di non conformità il direttore del parco annulla il provvedimento autorizzatorio entro quarantacinque giorni dal ricevimento.

(1) *Articolo inserito dall'art. 55, comma 1, lett.* d) *d.l. 16 luglio 2020, n. 76, conv., con modif., in l. 11 settembre 2020, n. 120.*

14-16 (*Omissis*).

17 Riserve naturali statali.

1. Il decreto istitutivo delle riserve naturali statali, di cui all'articolo 8, comma 2, oltre a determinare i confini della riserva ed il relativo organismo di gestione, ne precisa le caratteristiche principali, le finalità istitutive ed i vincoli principali, stabilendo altresì indicazioni e criteri specifici cui devono conformarsi il piano di gestione delle riserva ed il relativo regolamento attuativo, emanato secondo i princìpi contenuti nell'articolo 11 della presente legge. Il piano di gestione della riserva ed il relativo regolamento attuativo sono adottati dal Ministro dell'ambiente entro i termini stabiliti dal decreto istitutivo della riserva stessa, sentite le regioni a statuto ordinario e d'intesa con le regioni a statuto speciale e le province autonome di Trento e di Bolzano.

2. Sono vietati in particolare:

a) ogni forma di discarica di rifiuti solidi e liquidi;

b) l'accesso nelle riserve naturali integrali a persone non autorizzate, salvo le modalità stabilite dagli organi responsabili della gestione della riserva.

18-21 (*Omissis*).

TITOLO III
Aree naturali protette regionali

22 Norme quadro.

1. Costituiscono princìpi fondamentali per la disciplina delle aree naturali protette regionali:

a) la partecipazione delle province, delle comunità montane e dei comuni al procedimento di istituzione dell'area protetta, fatta salva l'attribuzione delle funzioni amministrative alle province, ai sensi dell'articolo 14 della legge 8 giugno 1990, n. 142. Tale partecipazione si realizza, tenuto conto dell'articolo 3 della stessa legge n. 142 del 1990, attraverso conferenze per la redazione di un documento di indirizzo relativo all'analisi territoriale dell'area da destinare a protezione, alla perimetrazione provvisoria, all'individuazione degli obiettivi da perseguire, alla valutazione degli effetti dell'istituzione dell'area protetta sul territorio;

b) la pubblicità degli atti relativi all'istituzione dell'area protetta e alla definizione del piano per il parco di cui all'articolo 25;

c) la partecipazione degli enti locali interessati alla gestione dell'area protetta;

d) l'adozione, secondo criteri stabiliti con legge regionale in conformità ai princìpi di cui all'articolo 11, di regolamenti delle aree protette;

e) la possibilità di affidare la gestione alle comunioni familiari montane, anche associate fra loro, qualora l'area naturale protetta sia in tutto o in parte compresa fra i beni agro-silvo-pastorali costituenti patrimonio delle comunità stesse.

2. Fatte salve le rispettive competenze per le regioni a statuto speciale e per le province autonome di Trento e di Bolzano, costituiscono princìpi fondamentali di riforma economico-sociale la partecipazione degli enti locali alla istituzione e alla gestione delle aree protette e la pubblicità degli atti relativi all'istituzione dell'area protetta e alla definizione del piano per il parco.

3. Le regioni istituiscono parchi naturali regionali e riserve naturali regionali utilizzando soprattutto i demani e i patrimoni forestali regionali, provinciali, comunali e di enti pubblici, al fine di un utilizzo razionale del territorio e per attività compatibili con la speciale destinazione dell'area.

4. Le aree protette regionali che insistono sul territorio di più regioni sono istituite dalle regioni interessate, previa intesa tra le stesse, e gestite secondo criteri unitari per l'intera area delimitata.

5. Non si possono istituire aree protette regionali nel territorio di un parco nazionale o di una riserva naturale statale.

6. Nei parchi naturali regionali e nelle riserve naturali regionali l'attività venatoria è vietata, salvo eventuali prelievi faunistici ed abbattimenti selettivi necessari per ricomporre squilibri ecologici. Detti prelievi ed abbattimenti devono avvenire in conformità al regolamento del parco o, qualora non esista, alle direttive regionali per iniziativa e sotto la diretta responsabilità e sorveglianza dell'organismo di gestione del parco e devono essere attuati dal personale da esso dipendente o da persone da esso autorizzate scelte con preferenza tra cacciatori residenti nel territorio del parco, previ opportuni corsi di formazione a cura dello stesso Ente (1).

(1) *Comma così modificato dall'art. 2 l. 9 dicembre 1998, n. 426.*

23 Parchi naturali regionali.

1. La legge regionale istitutiva del parco naturale regionale, tenuto conto del documento di indirizzo di cui all'articolo 22, comma 1, lettera *a*), definisce la perimetrazione provvisoria e le misure di salvaguardia, individua il soggetto per la gestione del parco e indica gli elementi del piano per il parco, di cui all'articolo 25, comma 1, nonché i princìpi del regolamento del parco. A tal fine possono essere istituiti appositi enti di diritto pubblico o consorzi obbligatori tra enti locali od organismi associativi ai sensi della legge 8 giugno 1990, n. 142. Per la gestione dei servizi del parco, esclusa la vigilanza, possono essere stipulate convenzioni con enti pubblici, con soggetti privati, nonché con comunioni familiari montane.

24-26 (*Omissis*).

27 Vigilanza e sorveglianza.

1. La vigilanza sulla gestione delle aree naturali protette regionali è esercitata dalla regione. Ove si tratti di area protetta con territorio ricadente in più regioni l'atto istitutivo determina le intese per l'esercizio della vigilanza.

2. Il Corpo forestale dello Stato ha facoltà di stipulare specifiche convenzioni con le regioni per la sorveglianza dei territori delle aree naturali protette regionali, sulla base di una convenzione-tipo predisposta dal Ministro dell'ambiente, di concerto con il Ministro dell'agricoltura e delle foreste (1).

(1) *Ora, Ministro delle politiche agricole e forestali.*

28 Leggi regionali.

1. Entro dodici mesi dalla data di entrata in vigore della presente legge le regioni adeguano la loro legislazione alle disposizioni contenute nel presente titolo.

TITOLO IV
Disposizioni finali e transitorie

29-38 (*Omissis*).

26. Decreto legislativo 22 gennaio 2004, n. 42. — Codice dei beni culturali e del paesaggio, ai sensi dell'articolo 10 della legge 6 luglio 2002, n. 137 (1). (*estratto*).

Pubblicato nella Gazzetta Ufficiale n. 45 del 24 febbraio 2004, S.O. n. 28.

(1) *Titolo così corretto con Comunicato 26 febbraio 2004 in G.U. 26 febbraio 2004, n. 47.*

1 È approvato l'unito codice dei beni culturali e del paesaggio, composto di 184 articoli e dell'allegato A, vistato dal Ministro proponente.

Il presente decreto, munito del sigillo dello Stato, sarà inserito nella Raccolta ufficiale degli atti normativi della Repubblica italiana. È fatto obbligo a chiunque spetti di osservarlo e di farlo osservare.

CODICE DEI BENI CULTURALI E DEL PAESAGGIO

PARTE I
Disposizioni generali

1 Principi.

1. In attuazione dell'articolo 9 della Costituzione, la Repubblica tutela e valorizza il patrimonio culturale in coerenza con le attribuzioni di cui all'articolo 117 della Costituzione e secondo le disposizioni del presente codice.

2. La tutela e la valorizzazione del patrimonio culturale concorrono a preservare la memoria della comunità nazionale e del suo territorio e a promuovere lo sviluppo della cultura.

3. Lo Stato, le regioni, le città metropolitane, le province e i comuni assicurano e sostengono la conservazione del patrimonio culturale e ne favoriscono la pubblica fruizione e la valorizzazione.

4. Gli altri soggetti pubblici, nello svolgimento della loro attività, assicurano la conservazione e la pubblica fruizione del loro patrimonio culturale.

5. I privati proprietari, possessori o detentori di beni appartenenti al patrimonio culturale, ivi compresi gli enti ecclesiastici civilmente riconosciuti, sono tenuti a garantirne la conservazione (1).

6. Le attività concernenti la conservazione, la fruizione e la valorizzazione del patrimonio culturale indicate ai commi 3, 4 e 5 sono svolte in conformità alla normativa di tutela.

(1) *Comma modificato dall'art. 1 d.lgs. 26 marzo 2008, n. 62.*

2 Patrimonio culturale.

1. Il patrimonio culturale è costituito dai beni culturali e dai beni paesaggistici.

2. Sono beni culturali le cose immobili e mobili che, ai sensi degli articoli 10 e 11, presentano interesse artistico, storico, archeologico, etnoantropologico, archivistico e bibliografico e le altre cose individuate dalla legge o in base alla legge quali testimonianze aventi valore di civiltà.

3. Sono beni paesaggistici gli immobili e le aree indicati all'articolo 134, costituenti espressione dei valori storici, culturali, naturali, morfologici ed estetici del territorio, e gli altri beni individuati dalla legge o in base alla legge.

4. I beni del patrimonio culturale di appartenenza pubblica sono destinati alla fruizione della collettività, compatibilmente con le esigenze di uso istituzionale e sempre che non vi ostino ragioni di tutela.

3 Tutela del patrimonio culturale.

1. La tutela consiste nell'esercizio delle funzioni e nella disciplina delle attività dirette, sulla base di un'adeguata attività conoscitiva, ad individuare i beni costituenti il patrimonio culturale ed a garantirne la protezione e la conservazione per fini di pubblica fruizione.

2. L'esercizio delle funzioni di tutela si esplica anche attraverso provvedimenti volti a conformare e regolare ditti e comportamenti inerenti al patrimonio culturale.

4 Funzioni dello Stato in materia di tutela del patrimonio culturale.

1. Al fine di garantire l'esercizio unitario delle funzioni di tutela, ai sensi dell'articolo 118 della Costituzione, le funzioni stesse sono attribuite al Ministero per i beni e le attività culturali, di seguito denominato « Ministero », che le esercita direttamente o ne può conferire l'esercizio alle regioni, tramite forme di intesa e coordinamento ai sensi dell'articolo 5, commi 3 e 4. Sono fatte salve le funzioni già conferite alle regioni ai sensi del comma 6 del medesimo articolo 5 (1).

2. Il Ministero esercita le funzioni di tutela sui beni culturali di appartenenza statale anche se in consegna o in uso ad amministrazioni o soggetti diversi dal Ministero.

(1) *Comma modificato dall'art. 16, comma 1-*sexies*, lett.* a)*, d.l. 19 giugno 2015, n. 78, conv., con modif., in l. 6 agosto 2015, n. 125.*

5 Cooperazione delle regioni e degli altri enti pubblici territoriali in materia di tutela del patrimonio culturale.

1. Le regioni, nonché i comuni, le città metropolitane e le province, di seguito denominati « altri enti pubblici territoriali », cooperano con il Ministero nell'esercizio delle funzioni di tutela in conformità a quanto disposto dal Titolo I della Parte seconda del presente codice.

[2. Le funzioni di tutela previste dal presente codice che abbiano ad oggetto manoscritti, autografi, carteggi, incunaboli, raccolte librarie, nonché libri, stampe e incisioni, non appartenenti allo Stato, sono esercitate dalle regioni. Qualora l'interesse culturale delle predette cose sia stato riconosciuto con provvedimento ministeriale, l'esercizio delle potestà previste dall'articolo 128 compete al Ministero] (1).

3. Sulla base di specifici accordi od intese e previo parere della Conferenza permanente per i rapporti tra lo Stato, le regioni e le province autonome di Trento e Bolzano, di seguito denominata "Conferenza Stato-regioni", le regioni possono esercitare le funzioni di tutela su manoscritti, autografi, carteggi, incunaboli, raccolte librarie, libri, stampe e incisioni, carte geografiche, spartiti musicali, fotografie, pellicole o altro materiale audiovisivo, con relativi negativi e matrici, non appartenenti allo, Stato (2).

4. Nelle forme previste dal comma 3 e sulla base dei principi di differenziazione ed adeguatezza, possono essere individuate ulteriori forme di coordinamento in materia di tutela con le regioni che ne facciano richiesta.

5. Gli accordi o le intese possono prevedere particolari forme di cooperazione con gli altri enti pubblici territoriali.

6. Le funzioni amministrative di tutela dei beni paesaggistici sono esercitate dallo Stato e dalle regioni secondo le disposizioni di cui alla Parte terza del presente codice, in modo che sia sempre assicurato un livello di governo unitario ed adeguato alle diverse finalità perseguite (3).

7. Relativamente alle funzioni esercitate dalle regioni ai sensi dei commi 3, 4, 5 e 6, il Ministero esercita le potestà di indirizzo e di vigilanza e il potere sostitutivo in caso di perdurante inerzia o inadempienza (4).

(1) *Comma sostituito dall'art. 1, comma 1, lett.* a) *d.lgs. 24 marzo 2006, n. 156 e, successivamente, abrogato dall'art. 16, comma 1-*sexies*, lett.* b)*, n. 1), d.l. 19 giugno 2015, n. 78, conv., con modif., in l. 6 agosto 2015, n. 125.*

(2) *Comma modificato dall'art. 1, comma 1, lett.* b) *d.lgs. n. 156, cit. e, successivamente, abrogato dall'art. 16, comma 1-*sexies*, lett.* b)*, n. 2), d.l. n. 78, cit.*

(3) *Comma modificato dall'art.1, comma 1, lett.* a) *d.lgs. 24 marzo 2006, n. 157, e dall'art. 1 d.lgs. 26 marzo 2008, n. 63.*

(4) *Comma modificato dall'art. 1, comma 1, lett.* b) *d.lgs. n. 157, cit., e, successivamente, abrogato dall'art. 16, comma 1-*sexies*, lett.* b)*, n. 3), d.l. n. 78, cit.*

6 Valorizzazione del patrimonio culturale.

1. La valorizzazione consiste nell'esercizio delle funzioni e nella disciplina delle attività dirette a promuovere la conoscenza del patrimonio culturale e ad assicurare le migliori condizioni di utilizzazione e fruizione pubblica del patrimonio stesso, anche da parte delle persone diversamente abili, al fine di promuovere lo sviluppo della cultura. Essa comprende anche la promozione ed il sostegno degli interventi di conservazione del patrimonio culturale. In riferimento al paesaggio la valorizzazione comprende altresì la riqualificazione degli immobili e delle aree sottoposti a tutela compromessi o degradati, ovvero la realizzazione di nuovi valori paesaggistici coerenti ed integrati (1).

2. La valorizzazione è amata in forme compatibili con la tutela e tali da non pregiudicarne le esigenze.

3. La Repubblica favorisce e sostiene la partecipazione dei soggetti privati, singoli o associati, alla valorizzazione del patrimonio culturale.

(1) *Comma modificato dall'art. 1, comma 1, lett.* b) *d.lgs. 24 marzo 2006, n. 156, dall'art. 2 d.lgs. 24 marzo 2006, n. 157, dall'art. 1 d.lgs. 26 marzo 2008, n. 62 e dall'art. 1 d.lgs. 26 marzo 2008, n. 63.*

7 Funzioni e compiti in materia di valorizzazione del patrimonio culturale.

1. Il presente codice fissa i principi fondamentali in materia di valorizzazione del patrimonio culturale. Nel rispetto di tali principi le regioni esercitano la propria potestà legislativa.

2. Il Ministero, le regioni e gli altri enti pubblici territoriali perseguono il coordinamento, l'armonizzazione e l'integrazione delle attività di valorizzazione dei beni pubblici.

7-*bis* Espressioni di identità culturale collettiva.

1. Le espressioni di identità culturale collettiva contemplate dalle Convenzioni UNESCO per la salvaguardia del patrimonio culturale immateriale e per la protezione e la promozione delle diversità culturali, adottate a Parigi, rispettivamente, il 3 novembre 2003

ed il 20 ottobre 2005, sono assoggettabili alle disposizioni del presente codice qualora siano rappresentate da testimonianze materiali e sussistano i presupposti e le condizioni per l'applicabilità dell'articolo 10 (1).

(1) *Articolo aggiunto dall'art. 1 d.lgs. 26 marzo 2008, n. 62.*

8 Regioni e province ad autonomia speciale.

1. Nelle materie disciplinate dal presente codice restano ferme le potestà attribuite alle regioni a statuto speciale ed alle province autonome di Trento e Bolzano dagli statuti e dalle relative norme di attuazione.

9 Beni culturali di interesse religioso.

1. Per i beni culturali di interesse religioso appartenenti ad enti ed istituzioni della Chiesa cattolica o di altre confessioni religiose; il Ministero e, per quanto di competenza, le regioni provvedono, relativamente alle esigenze di culto, d'accordo con le rispettive autorità.

2. Si osservano, altresì, le disposizioni stabilite dalle intese concluse ai sensi dell'articolo 12 dell'Accordo di modificazione del Concordato lateranense firmato il 18 febbraio 1984, ratificato e reso esecutivo con legge 25 marzo 1985, n. 121, ovvero dalle leggi emanate sulla base delle intese sottoscritte con le confessioni religiose diverse dalla cattolica, ai sensi dell'articolo 8, comma 3, della Costituzione.

PARTE II
Beni culturali

TITOLO I
Tutela

CAPO I
Oggetto della tutela

9-*bis* Professionisti competenti ad eseguire interventi sui beni culturali (1).

1. In conformità a quanto disposto dagli articoli 4 e 7 e fatte salve le competenze degli operatori delle professioni già regolamentate, gli interventi operativi di tutela, protezione e conservazione dei beni culturali nonché quelli relativi alla valorizzazione e alla fruizione dei beni stessi, di cui ai titoli I e II della parte seconda del presente codice, sono affidati alla responsabilità e all'attuazione, secondo le rispettive competenze, di archeologi, archivisti, bibliotecari, demoetnoantropologi, antropologi fisici, restauratori di beni culturali e collaboratori restauratori di beni culturali, esperti di diagnostica e di scienze e tecnologia applicate ai beni culturali e storici dell'arte, in possesso di adeguata formazione ed esperienza professionale.

(1) *Articolo aggiunto dall'art. 1, comma 1, l. 22 luglio 2014, n. 110.*

10 Beni culturali.

1. Sono beni culturali le cose immobili e mobili appartenenti allo Stato, alle regioni, agli altri enti pubblici territoriali, nonché ad ogni altro ente ed istituto pubblico e a persone giuridiche private senza fine di lucro, ivi compresi gli enti ecclesiastici civilmente riconosciuti, che presentano interesse artistico, storico, archeologico o etnoantropologico (1).

2. Sono inoltre beni culturali:

a) le raccolte di musei, pinacoteche, gallerie e altri luoghi espositivi dello Stato, delle regioni, degli altri enti pubblici territoriali nonché di ogni altro ente ed istituto pubblico;

b) gli archivi e i singoli documenti dello Stato, delle regioni, degli altri enti pubblici territoriali, nonché di ogni altro ente ed istituto pubblico;

c) le raccolte librarie delle biblioteche dello Stato, delle regioni, degli altri enti pubblici territoriali, nonché di ogni altro ente e istituto pubblico, ad eccezione delle raccolte che assolvono alle funzioni delle biblioteche indicate all'articolo 47, comma 2, del decreto del Presidente della Repubblica 24 luglio 1977, n. 616,[e di quelle ad esse assimilabili] (2).

3. Sono altresì beni culturali, quando sia intervenuta la dichiarazione prevista dall'articolo 13:

a) le cose immobili e mobili che presentano interesse artistico, storico, archeologico o etnoantropologico particolarmente importante, appartenenti a soggetti diversi da quelli indicati al comma 1;

b) gli archivi e i singoli documenti, appartenenti a privati, che rivestono interesse storico particolarmente importante;

c) le raccolte librarie, appartenenti a privati, di eccezionale interesse culturale;

d) le cose immobili e mobili, a chiunque appartenenti, che rivestono un interesse, particolarmente importante a causa del loro riferimento con la storia politica, militare, della letteratura, dell'arte, della scienza, della tecnica, dell'industria e della cultura in genere, ovvero quali testimonianze dell'identità e della storia delle istituzioni pubbliche, collettive o religiose. Se le cose rivestono altresì un valore testimoniale o esprimono un collegamento identitario o civico di significato distintivo eccezionale, il provvedimento di cui all'articolo 13 può comprendere, anche su istanza di uno o più comuni o della regione, la dichiarazione di monumento nazionale (3);

d-bis) le cose, a chiunque appartenenti, che presentano un interesse artistico, storico, archeologico o etnoantropologico eccezionale per l'integrità e la completezza del patrimonio culturale della Nazione (4);

e) le collezioni o serie di oggetti, a chiunque appartenenti, che, per tradizione, fama e particolari caratteristiche ambientali, ovvero per rilevanza artistica, storica, archeologica, numismatica o etnoantropologica, rivestono come complesso un eccezionale interesse (5).

4. Sono comprese tra le cose indicate al comma 1 e al comma 3, lettera *a*):

a) le cose che interessano la paleontologia, la preistoria e le primitive civiltà;

b) le cose di interesse numismatico che, in rapporto all'epoca, alle tecniche e ai materiali di produzione, nonché al contesto di riferimento, abbiano carattere di rarità o di pregio, anche storico (6);

c) i manoscritti, gli autografi i carteggi, gli incunaboli, nonché i libri, le stampe e le incisioni, con relative matrici, aventi carattere di rarità e di pregio;

d) le carte geografiche e gli spartiti musicali aventi carattere di rarità e di pregio;

e) le fotografie, con relativi negativi e matrici, le pellicole cinematografiche ed i supporti audiovisivi in genere, aventi carattere di rarità e di pregio;

f) le ville, i parchi e i giardini che abbiano interesse artistico o storico;

g) le pubbliche piazze, vie, strade e altri spazi aperti urbani di interesse artistico o storico;

h) i siti minerari di interesse storico od etnoantropologico;

i) le navi e i galleggianti aventi interesse artistico, storico od etnoantropologico;

l) le architetture rurali aventi interesse storico od etnoantropologico quali testimonianze dell'economia rurale tradizionale (7).

5. Salvo quanto disposto dagli articoli 64 e 178, non sono soggette alla disciplina del presente Titolo le cose indicate al comma 1 e al comma 3, lettere *a*) ed *e*), che siano opera di autore vivente o la cui esecuzione non risalga ad oltre settanta anni, nonché le cose indicate al comma 3, lettera *d-bis*), che siano opera di autore vivente o la cui esecuzione non risalga ad oltre cinquanta anni (8).

(1) *Comma modificato dall'art. 2 del d.lgs. 26 marzo 2008, n. 62.*

(2) *Lettera integrata dall'art. 2, comma 1, lett.* a) *d.lgs. 24 marzo 2006, n. 156 e successivamente modificata dall'art. 2 d.lgs. 26 marzo 2008, n. 62.*

(3) *Lettera modificata dall'art. 2 d.lgs. 26 marzo 2008, n. 62 e, successivamente, dall'art. 6, comma 1, l. 12 ottobre 2017, n. 153.*

(4) *Lettera inserita dall'art. 1, comma 175, lett.* a), *n. 1), l. 4 agosto 2017, n. 124, per cui v.* sub *V, 9.*

(5) *Lettera modificata dall'art. 2, comma 1, lett.* a) *d.lgs. 24 marzo 2006, n. 156 e successivamente dall'art. 2, comma 1, lett.* a) *d.lgs. 26 marzo 2008, n. 62.*

(6) *Lettera integrata dall'art. 2, comma 1, lett.* a) *d.lgs. 24 marzo 2006, n. 156 e successivamente modificata dall'art. 2, comma 1, lett.* a) *d.lgs. 26 marzo 2008, n. 62.*

(7) *Lettera modificata dall'art. 2, comma 1, lett.* a) *d.lgs. 24 marzo 2006, n. 156.*

(8) *Comma sostituito dapprima dall'art. 4, comma 16, lett.* a), *d.l. 13 maggio 2011, n. 70, conv., con modif., in l. 12 luglio 2011, n. 106, e successivamente dall'art. 1, comma 175, lett.* a), *n. 2), l. 4 agosto 2017, n. 124, per cui* sub *V, 9.*

11 Cose oggetto di specifiche disposizioni di tutela (1).

1. Sono assoggettate alle disposizioni espressamente richiamate le seguenti tipologie di cose (2):

a) gli affreschi, gli stemmi i graffiti, le lapidi le iscrizioni, i tabernacoli ed altri elementi decorativi di edifici, esposti o non alla pubblica vista, di cui all'articolo 50, comma 1 (3);

b) gli studi d'artista, di cui all'articolo 51;

c) le aree pubbliche di cui all'articolo 52;

d) le opere di pittura, di scultura, di grafica e qualsiasi oggetto d'arte di autore vivente o la cui esecuzione non risalga ad oltre settanta anni, a termini degli articoli 64 e 65, comma 4 (4);

e) le opere dell'architettura contemporanea di particolare valore artistico, a termini dell'articolo 37 (5);

f) le fotografie, con relativi negativi e matrici, gli esemplari di opere cinematografiche, audiovisive o di sequenze di immagini in movimento, le documentazioni di manifestazioni, sonore o verbali comunque realizzate, la cui produzione risalga ad oltre venticinque ami, a termini dell'articolo 65, comma 3, lettera *c*) (5);

g) i mezzi di trasporto aventi più di settantacinque anni, a termini degli articoli 65, comma 3, lettera *c*) e 67, comma 2 (5);

h) i beni e gli strumenti di interesse per la storia della scienza e della tecnica aventi più di cinquanta anni, a termini dell'articolo 65, comma 3, lettera *c*) (5);

i) le vestigia individuate dalla vigente normativa in materia di tutela del patrimonio storico della Prima guerra mondiale, di cui all'articolo 50, comma 2.

1-*bis*.Per le cose di cui al comma 1, resta ferma l'applicabilità delle disposizioni di cui agli articoli 12 e 13, qualora sussistano i presupposti e le condizioni stabiliti dall'articolo 10 (6).

(1) *Rubrica modificata dall'art. 2, comma 1, lett.* b) *d.lgs. 26 marzo 2008, n. 62.*

(2) *Alinea modificato dall'art. 2, comma 1, lett.* b) *d.lgs. n. 62, cit.*

(3) *Lettera modificata dall'art.2, comma 1, lett.* b) *d.lgs. 24 marzo 2006, n. 156.*

(4) *Lettera modificata dall'art. 2, comma 1, lett.* b) *d.lgs. n. 62, cit. e, successivamente, dall'art. 1, comma 175, lett.* b), *l. 4 agosto 2017, n. 124,* sub *V, 9.*

(5) *Lettera modificata dall'art. 2, comma 1, lett.* b) *d.lgs. n. 62, cit.*

(6) *Comma aggiunto dall'art. 2, comma 1, lett.* b) *d.lgs. n. 62, cit.*

12 Verifica dell'interesse culturale.

1. Le cose indicate all'articolo 10, comma 1, che siano opera di autore non più vivente e la cui esecuzione risalga ad oltre settanta anni [, se mobili, o ad oltre settanta anni, se immobili], sono sottoposte alle disposizioni della presente Parte fino a quando non sia stata effettuata la verifica di cui al comma 2 (1).

2. I competenti organi del Ministero, d'ufficio o su richiesta formulata dai soggetti cui le cose appartengono e corredata dai relativi dati conoscitivi, verificano la sussistenza dell'interesse artistico, storico, archeologico o etnoantropologico nelle cose di cui al comma 1, sulla base di indirizzi di carattere generale stabiliti dal Ministero medesimo al fine di assicurare uniformità di valutazione (2).

3. Per i beni immobili dello Stato, la richiesta di cui al comma 2 è corredata da elenchi dei beni e dalle relative schede descrittive. I criteri per la predisposizione degli elenchi, le modalità di redazione delle schede descrittive e di trasmissione di elenchi e schede sono stabiliti con decreto del Ministero adottato di concerto con l'Agenzia del demanio e, per i beni immobili in uso all'amministrazione della difesa, anche con il concerto della competente direzione generale dei lavori e del demanio. Il Ministero fissa, con propri decreti, i criteri e le modalità per la predisposizione e la presentazione delle richieste di verifica, e della relativa documentazione conoscitiva, da parte degli altri soggetti di cui al comma 1.

4. Qualora nelle cose sottoposte a verifica non sia stato riscontrato l'interesse di cui al comma 2, le cose medesime sono escluse dall'applicazione delle disposizioni del presente Titolo.

5. Nel caso di verifica con esito negativo su cose appartenenti al demanio dello Stato, delle regioni e degli altri enti pubblici territoriali, la scheda contenente i relativi dati è trasmessa ai competenti uffici affinché ne dispongano la sdemanializzazione qualora, secondo le valutazioni dell'amministrazione interessata, non vi ostino altre ragioni di pubblico interesse.

6. Le cose di cui al comma 4 e quelle di cui al comma 5 per le quali si sia proceduto alla sdemanializzazione sono liberamente alienabili, ai fini del presente codice (3).

7. L'accertamento dell'interesse artistico, storico, archeologico o etnoantropologico, effettuato in conformità agli indirizzi generali di cui al comma 2, costituisce dichiarazione ai sensi dell'articolo 13 ed il relativo provvedimento è trascritto nei modi previsti dall'articolo 15, comma 2. I beni restano definitivamente sottoposti alle disposizioni del presente Titolo.

8. Le schede descrittive degli immobili di proprietà dello Stato oggetto di verifica con esito positivo, integrate con il provvedimento di cui al comma 7, confluiscono in un archivio informatico, conservato presso il Ministero e accessibile al Ministero e all'Agenzia del demanio, per finalità di monitoraggio del patrimonio immobiliare e di programmazione degli interventi in funzione delle rispettive competenze istituzionali (4).

9. Le disposizioni del presente articolo si applicano alle cose di cui al comma 1 anche qualora i soggetti cui esse appartengono mutino in qualunque modo la loro natura giuridica.

10. Il procedimento di verifica si conclude entro centoventi giorni dal ricevimento della richiesta (5).

(1) *Comma modificato dall'art. 2, comma 1, lett. c) d.lgs. 24 marzo 2006, n. 156, successivamente dall'art. 4, comma 16, lett.* b)*, d.l. 13 maggio 2011, n. 70, conv., con modif., in l. 12 luglio 2011, n. 106, e da ultimo dall'art. 1, comma 175, lett.* c)*, l. 4 agosto 2017, n. 124,* sub *V, 9.*

(2) *Per l'attuazione del presente comma v. d.m. 25 gennaio 2005.*

(3) *Comma modificato dall'art. 2, comma 1, lett.* c) *d.lgs. 24 marzo 2006, n. 156.*

(4) *Comma modificato dall'art. 2, comma 1, lett.* c) *d.lgs. 26 marzo 2008, n. 62.*

(5) *Comma sostituito dall'art. 2, comma 1, lett.* c) *d.lgs. 24 marzo 2006, n. 156.*

13 Dichiarazione dell'interesse culturale.

1. La dichiarazione accerta la sussistenza, nella cosa che ne forma oggetto, dell'interesse richiesto dall'articolo 10, comma 3.

2. La dichiarazione non è richiesta per i beni di cui all'articolo 10, comma 2. Tali beni rimangono sottoposti a tutela anche qualora i soggetti cui essi appartengono mutino in qualunque modo la loro natura giuridica.

14 Procedimento di dichiarazione.

1. Il soprintendente avvia il procedimento per la dichiarazione dell'interesse culturale, anche su motivata richiesta della regione e di ogni altro ente territoriale interessato, dandone comunicazione al proprietario, possessore o detentore a qualsiasi titolo della cosa che ne forma oggetto.

2. La comunicazione contiene gli elementi di identificazione e di valutazione della cosa risultanti dalle prime indagini, l'indicazione degli effetti previsti dal comma 4, nonché l'indicazione del termine, comunque non inferiore a trenta giorni, per la presentazione di eventuali osservazioni.

3. Se il procedimento riguarda complessi immobiliari, la comunicazione è inviata anche al comune e alla città metropolitana (1).

4. La comunicazione comporta l'applicazione, in via cautelare, delle disposizioni previste dal Capo II, dalla sezione I del Capo III e dalla sezione I del Capo IV del presente Titolo.

5. Gli effetti indicati al comma 4 cessano alla scadenza del temine del procedimento di dichiarazione, che il Ministero stabilisce ai sensi delle vigenti disposizioni di legge in materia di procedimento amministrativo (2).

6. La dichiarazione dell'interesse culturale è adottata dal Ministero. Per le cose di cui all'articolo 10, comma 3, lettera *d-bis*), la dichiarazione è adottata dal competente organo centrale del Ministero (3).

(1) *Comma modificato dall'art. 2, comma 1, lett.* d) *d.lgs. 24 marzo 2006, n. 156.*

(2) *Comma modificato dall'art. 2, comma 1, lett.* d) *d.lgs. 26 marzo 2008, n. 62.*

(3) *Comma così modificato dall'art. 1, comma 175, lett.* d)*, l. 4 agosto 2017, n. 124,* sub *V, 9.*

15 Notifica della dichiarazione.

1. La dichiarazione prevista dall'articolo 13 è notificata al proprietario, possessore o detentore a qualsiasi titolo della cosa che ne forma oggetto, tramite messo comunale o a mezzo posta raccomandata con avviso di ricevimento.

2. Ove si tratti di cose soggette a pubblicità immobiliare o mobiliare, il provvedimento di dichiarazione è trascritto, su richiesta del soprintendente, nei relativi registri ed ha efficacia nei confronti di ogni successivo proprietario, possessore o detentore a qualsiasi titolo.

2-*bis*. Dei beni dichiarati il Ministero forma e conserva un apposito elenco, anche su supporto informatico (1).

(1) *Comma aggiunto dall'art. 2, comma 1, lett.* e) *d.lgs. 26 marzo 2008, n. 62.*

16 Ricorso amministrativo avverso la dichiarazione.

1. Avverso il provvedimento conclusivo della verifica di cui all'articolo 12 o la dichiarazione di cui all'articolo 13 è ammesso ricorso al Ministero, per motivi di legittimità e di merito, entro trenta giorni dalla notifica della dichiarazione (1).

2. La proposizione del ricorso comporta la sospensione degli effetti del provvedimento impugnato. Rimane ferma l'applicazione, in via cautelare, delle disposizioni previste dal Capo II, dalla sezione I del Capo III e dalla sezione I del Capo IV del presente Titolo.

3. Il Ministero, sentito il competente organo consultivo, decide sul ricorso entro il termine di novanta giorni dalla presentazione dello stesso.

4. Il Ministero, qualora accolga il ricorso, annulla o riforma l'atto impugnato.

5. Si applicano le disposizioni del decreto del Presidente della Repubblica 24 novembre 1971, n. 1199.

(1) *Comma integrato dall'art. 2, comma 1, lett.* e) *d.lgs. 24 marzo 2006, n. 156.*

17 Catalogazione.

1. Il Ministero. con il concorso delle regioni e degli altri enti pubblici territoriali, assicura la catalogazione dei beni culturali e coordina le relative attività.

2. Le procedure e le modalità di catalogazione sono stabilite con decreto ministeriale. A tal fine il Ministero, con il concorso delle regioni, individua e definisce metodologie comuni di raccolta, scambio, accesso ed elaborazione dei dati a livello nazionale e di integrazione in rete delle banche dati dello Stato, delle regioni e degli altri enti pubblici territoriali.

3. Il Ministero e le regioni, anche con la collaborazione delle università, concorrono alla definizione di programmi concernenti studi, ricerche ed iniziative scientifiche in tema di metodologie di catalogazione e inventariazione.

4. Il Ministero, le regioni e gli altri enti pubblici territoriali, con le modalità di cui al decreto ministeriale previsto al comma 2, curano la catalogazione dei beni culturali loro appartenenti e previe intese con gli enti proprietari, degli altri beni culturali.

5. I dati di cui al presente articolo affluiscono al catalogo nazionale dei beni culturali in ogni sua articolazione (1).

6. La consultazione dei dati concernenti le dichiarazioni emesse ai sensi dell'articolo 13 è disciplinata in modo da garantire la sicurezza dei beni e la tutela della riservatezza.

(1) *Comma integrato dall'art. 2, comma 1, lett.* f) *d.lgs. 24 marzo 2006, n. 156.*

CAPO II
Vigilanza e ispezione

18 Vigilanza.

1. La vigilanza sui beni culturali, sulle cose di cui all'articolo 12, comma 1, nonché sulle aree interessate da prescrizioni di tutela indiretta, ai sensi dell'articolo 45, compete al Ministero (1).

2. Sulle cose di cui all'articolo 12, comma 1, che appartengano alle regioni e agli altri enti pubblici territoriali, il Ministero provvede alla vigilanza anche mediante forme di intesa e di coordinamento con le regioni medesime (2).

(1) *Comma modificato dall'art. 2, comma 1, lett.* f) *d.lgs. 26 marzo 2008, n. 62.*
(2) *Comma sostituito dall'art. 2, comma 1, lett.* f) *d.lgs. n. 62, cit.*

19 Ispezione.

1. I soprintendenti possono procedere in ogni tempo, con preavviso non inferiore a cinque giorni, fatti salvi i casi di estrema urgenza, ad ispezioni volte ad accertare l'esistenza e lo stato di conservazione o di custodia dei beni culturali (1).

1-*bis*. Con le modalità di cui al comma 1 i soprintendenti possono altresì accertare l'ottemperanza alle prescrizioni di tutela indiretta date ai sensi dell'articolo 45 (2).

(1) *Comma modificato dall'art. 2, comma 1, lett.* g) *d.lgs. 26 marzo 2008, n. 62.*
(2) *Comma aggiunto dall'art. 2, comma 1, lett.* g) *d.lgs. n. 62, cit.*

CAPO III
Protezione e conservazione

SEZIONE I
Misure di protezione

20 Interventi vietati.

1. I beni culturali non possono essere distrutti, deteriorati, danneggiati o adibiti ad usi non compatibili con il loro carattere storico o artistico oppure tali da recare pregiudizio alla loro conservazione (1).

2. Gli archivi pubblici e gli archivi privati per i quali sia intervenuta la dichiarazione ai sensi dell'articolo 13 non possono essere smembrati (2).

(1) *Comma modificato dall'art. 2, comma 1, lett.* h) *d.lgs. 26 marzo 2008, n. 62.*
(2) *Comma integrato dall'art. 2, comma 1, lett.* g) *d.lgs. 24 marzo 2006, n. 156.*

21 Interventi soggetti ad autorizzazione (1).

1. Sono subordinati ad autorizzazione del Ministero:

a) la rimozione o la demolizione, anche con successiva ricostituzione, dei beni culturali (2);

b) lo spostamento, anche temporaneo, dei beni culturali mobili, salvo quanto previsto ai commi 2 e 3 (3);

c) lo smembramento di collezioni, serie e raccolte;

d) lo scarto dei documenti degli archivi pubblici e degli archivi privati per i quali sia intervenuta la dichiarazione ai sensi dell'articolo 13 nonché lo scarto di materiale bibliografico delle biblioteche pubbliche, con l'eccezione prevista all'articolo 10, comma 2, lettera *c*), e delle biblioteche private per le quali sia intervenuta la dichiarazione ai sensi dell'articolo 13 (4);

e) il trasferimento ad altre persone giuridiche di complessi organici di documentazione di archivi pubblici, nonché di archivi privati per i quali sia intervenuta la dichiarazione ai sensi dell'articolo 13 (4).

2. Lo spostamento di beni culturali, dipendente dal mutamento di dimora o di sede del detentore, è preventivamente denunciato al soprintendente, che, entro trenta giorni dal ricevimento della denuncia, può

prescrivere le misure necessarie per cui i beni non subiscano danno dal trasporto.

3. Lo spostamento degli archivi correnti dello Stato e degli enti ed istituti pubblici non è soggetto ad autorizzazione (5).

4. Fuori dei casi di cui ai commi precedenti, l'esecuzione di opere e lavori di qualunque genere su beni culturali è subordinata ad autorizzazione, ma comporta l'obbligo di comunicazione al Ministero per le finalità di cui all'articolo 18 del soprintendente. Il mutamento di destinazione d'uso dei beni medesimi è comunicato al soprintendente per le finalità di cui all'articolo 20, comma 1 (6).

5. L'autorizzazione è resa su progetto o, qualora sufficiente, su descrizione tecnica dell'intervento, presentati dal richiedente, e può contenere prescrizioni. Se i lavori non iniziano entro cinque anni dal rilascio dell'autorizzazione, il soprintendente può dettare prescrizioni ovvero integrare o variare quelle già date in relazione al mutare delle tecniche di conservazione (6).

(1) *Ai sensi dell'art. 55, comma 1, lett.* a), *n. 5) d.l. 31 maggio 2021, n. 77, conv., con modif., in l. 29 luglio 2021, n. 108, « Al fine di accelerare l'esecuzione degli interventi in materia di istruzione ricompresi nel PNRR e garantirne l'organicità, sono adottate le seguenti misure di semplificazione:*

a) *per gli interventi di nuova costruzione, riqualificazione e messa in sicurezza degli edifici pubblici adibiti ad uso scolastico ed educativo da realizzare nell'ambito del PNRR:*

5) l'autorizzazione prevista dall'articolo 21 del decreto legislativo 22 gennaio 2004, n. 42, relativa agli interventi di edilizia scolastica autorizzati nell'ambito del PNRR, è resa dall'amministrazione competente entro sessanta giorni dalla richiesta, anche tramite conferenza di servizi. Il parere del soprintendente di cui all'articolo 146, comma 8, del decreto legislativo 22 gennaio 2004, n. 42, è reso entro trenta giorni; ».

(2) *Lettera così sostituita dall'art. 2, comma 1, lett.* i) *d.lgs. 26 marzo 2008, n. 62.*

(3) *Lettera così modificata dall'art. 2, comma 1, lett.* i) *d.lgs. n. 62, cit.*

(4) *Lettera modificata dall'art. 2, comma 1, lett.* h) *d.lgs. 24 marzo 2006, n. 156.*

(5) *Comma modificato dall'art. 2, comma 1, lett.* i) *d.lgs. n. 62, cit.*

(6) *Comma modificato dall'art. 2, comma 1, lett.* h) *d.lgs. n. 156, cit.*

22 Procedimento di autorizzazione per interventi di edilizia.

1. Fuori dei casi previsti dagli articoli 25 e 26, l'autorizzazione prevista dall'articolo 21, comma 4, relativa ad interventi in materia di edilizia pubblica e privata è rilasciata entro il termine di centoventi giorni dalla ricezione della richiesta da parte della soprintendenza (1).

2. Qualora la soprintendenza chieda chiarimenti o elementi integrativi di giudizio, il termine indicato al comma 1 è sospeso fino al ricevimento della documentazione richiesta.

3. Ove sorga l'esigenza di procedere ad accertamenti di natura tecnica, la soprintendenza ne dà preventiva comunicazione al richiedente ed il termine indicato al comma 1 è sospeso fino all'acquisizione delle risultanze degli accertamenti d'ufficio e comunque per non più di trenta giorni (2).

4. Decorso inutilmente il termine stabilito, il richiedente può diffidare l'amministrazione a provvedere. Se l'amministrazione non provvede nei trenta giorni successivi al ricevimento della diffida, il richiedente può agire ai sensi dell'articolo 21-*bis* della legge 6 dicembre 1971, n. 1034, e successive modificazioni (3).

(1) *Per una deroga al presente comma v. l'art. 49 d.lgs. 1° agosto 2003, n. 259, inserito dall'art. 8-*bis*, comma 2, lett.* c), *d.l. 14 dicembre 2018, n. 135, conv., con modif., dalla l. 11 febbraio 2019, n. 12,* sub, *V, 94.*

(2) *Comma modificato dall'art. 2, comma 1, lett.* i) *d.lgs. 24 marzo 2006, n. 156.*

(3) *Comma sostituito dall'art. 2, comma 1, lett.* i) *d.lgs. n. 156, cit.*

23 Procedure edilizie semplificate.

1. Qualora gli interventi autorizzati ai sensi dell'articolo 21 necessitino anche di titolo abilitativo in materia edilizia, è possibile il ricorso alla denuncia di inizio attività, nei casi previsti dalla legge. A tal fine l'interessato, all'atto della denuncia, trasmette al comune l'autorizzazione conseguita, corredata dal relativo progetto.

24 Interventi su beni pubblici.

1. Per gli interventi su beni culturali pubblici da eseguirsi da parte di amministrazioni dello Stato, delle regioni, di altri enti pubblici territoriali, nonché di ogni altro ente ed istituto pubblico, l'autorizzazione necessaria ai sensi dell'articolo 21 può essere espressa nell'ambito di accordi tra il Ministero ed il soggetto pubblico interessato.

25 Conferenza dei servizi.

1. Nei procedimenti relativi ad opere o lavori incidenti su beni culturali ove si ricorra alla conferenza di servizi, l'assenso espresso in quella sede dal competente organo del Ministero con dichiarazione motivata, acquisita al verbale della conferenza e contenente le eventuali prescrizioni impartite per la realizzazione del progetto sostituisce, a tutti gli effetti, l'autorizzazione di cui all'articolo 21 (1).

2. Qualora l'organo ministeriale esprima motivato dissenso, la decisione conclusiva è assunta ai sensi delle vigenti disposizioni di legge in materia di procedimento amministrativo (2).

3. Il destinatario della determinazione conclusiva favorevole adottata in conferenza di servizi informa il Ministero dell'avvenuto adempimento delle prescrizioni da quest'ultimo impartite.

(1) *Comma modificato dall'art. 2, comma 1, lett.* l) *d.lgs. 26 marzo 2008, n. 62.*

(2) *Comma sostituito dall'art. 2, comma 1, lett.* l) *d.lgs. n. 62, cit.*

26 Valutazione di impatto ambientale (1).

1. Per i progetti di opere da sottoporre a valutazione di impatto ambientale, il Ministero si esprime ai sensi della disciplina di cui agli articoli da 23 a 27-*bis* del decreto legislativo 3 aprile 2006, n. 152.

2. Qualora prima dell'adozione del provvedimento di valutazione di impatto ambientale risulti che il progetto non è in alcun modo compatibile con le esigenze di protezione dei beni culturali sui quali esso è destinato ad incidere, il Ministero si pronuncia negativamente e, in tal caso, il procedimento di valutazione di impatto ambientale si conclude negativamente.

3. Qualora nel corso dei lavori di realizzazione del progetto risultino comportamenti contrastanti con l'autorizzazione di cui all'articolo 21 espressa nelle forme del provvedimento unico ambientale di cui all'articolo 27 del decreto legislativo 3 aprile 2006, n. 152, ovvero della conclusione motivata della conferenza di servizi di cui all'articolo 27-*bis* del decreto legislativo 3 aprile 2006, n. 152, tali da porre in pericolo l'integrità dei beni culturali soggetti a tutela, il soprintendente ordina la sospensione dei lavori.

(1) *Articolo dapprima modificato dall'art. 2, comma 1, lett.* m) *d.lgs. 26 marzo 2008, n. 62 e, successivamente, così sostituito dall'art. 26, comma 3, d.lgs. 16 giugno 2017, n. 104. V. la disciplina transitoria di cui all'art. 23 d.lgs. n. 104, cit.*

27 Situazioni di urgenza.

1. Nel caso di assoluta urgenza possono essere effettuati gli interventi provvisori indispensabili per evitare danni al bene tutelato, purché ne sia data immediata comunicazione alla soprintendenza, alla quale sono tempestivamente inviati i progetti degli interventi definitivi per la necessaria autorizzazione.

28 Misure cautelari e preventive.

1. Il soprintendente può ordinare la sospensione di interventi iniziati contro il disposto degli articoli 20, 21, 25, 26 e 27 ovvero condotti in difformità dall'autorizzazione.

2. Al soprintendente spetta altresì la facoltà di ordinare l'inibizione o la sospensione di interventi relativi alle cose indicate nell'articolo 10, anche quando per esse non siano ancora intervenute la verifica di cui all'articolo 12, comma 2, o la dichiarazione di cui all'articolo 13.

3. L'ordine di cui al comma 2 si intende revocato se, entro trenta giorni dalla ricezione del medesimo, non è comunicato, a cura del soprintendente, l'avvio del procedimento di verifica o di dichiarazione.

4. In caso di realizzazione di lavori pubblici ricadenti in aree di interesse archeologico, anche quando per esse non siano intervenute la verifica di cui all'articolo 12, comma 2, o la dichiarazione di cui all'articolo 13, il soprintendente può richiedere l'esecuzione di saggi archeologici preventivi sulle aree medesime a spese del committente (1) (2).

(1) *Per l'applicazione del presente comma v. art. 2-*ter *d.l. 26 aprile 2005, n. 63, conv., con modif., in l. 25 giugno 2005, n. 109.*

(2) *Comma modificato dall'art. 2, comma 1, lett.* l) *d.lgs. 24 marzo 2006, n. 156.*

SEZIONE II
Misure di conservazione

29 Conservazione.

1. La conservazione del patrimonio culturale è assicurata mediante una coerente, coordinata e pro grammata attività di studio, prevenzione, manutenzione e restauro.

2. Per prevenzione si intende il complesso delle attività idonee a limitare le situazioni di rischio connesse al bene culturale nel suo contesto.

3. Per manutenzione si intende il complesso delle attività e degli interventi destinati al controllo delle condizioni del bene culturale e al mantenimento dell'integrità, dell'efficienza funzionale e dell'identità del bene e delle sue parti.

4. Per restauro si intende l'intervento diretto sul bene attraverso un complesso di operazioni finalizzate all'integrità materiale ed al recupero del bene medesimo, alla protezione ed alla trasmissione dei suoi valori culturali. Nel caso di beni immobili situati nelle zone dichiarate a rischio sismico in base alla normativa vigente, il restauro comprende l'intervento di miglioramento strutturale.

5. Il Ministero definisce, anche con il concorso delle regioni e con la collaborazione delle università e degli istituti di ricerca competenti, linee di indirizzo, norme tecniche, criteri e modelli di intervento in materia di conservazione dei beni culturali.

6. Fermo quanto disposto dalla normativa in materia di progettazione ed esecuzione di opere su beni architettonici, gli interventi di manutenzione e restauro su beni culturali mobili e superfici decorate di beni architettonici sono eseguiti in via esclusiva da coloro che sono restauratori di beni culturali ai sensi della normativa in materia.

7. I profili di competenza dei restauratori e degli altri operatori che svolgono attività complementari al restauro o altre attività di conservazione dei beni culturali mobili e delle superfici decorate di beni architettonici sono definiti con decreto del Ministro adottato ai sensi dell'articolo 17, comma 3 della legge 23 agosto 1988, n. 400, d'intesa con la Conferenza Stato-regioni.

8. Con decreto del Ministro adottato ai sensi dell'articolo 17 comma 3, della legge n. 400 del 1988 di concerto con il Ministro dell'università e della ricerca, sono definiti i criteri ed i livelli di qualità cui si adegua l'insegnamento del restauro (1).

9. L'insegnamento del restauro è impartito dalle scuole di alta formazione e di studio istituite ai sensi dell'articolo 9 del decreto legislativo 20 ottobre 1998. n. 368, nonché dai centri di cui al comma 11 e dagli altri soggetti pubblici e privati accreditati presso lo Stato. Con decreto del Ministro adottato ai sensi del l'articolo 17, comma 3, della legge n. 400 del 1988 di concerto con il Ministro dell'istruzione, dell'università e della ricerca sono individuati le modalità di accreditamento, i requisiti minimi organizzativi e di funzionamento dei soggetti di cui al presente comma, le modalità della vigilanza sullo svolgimento delle attività didattiche e dell'esame finale abilitante alle attività di cui al comma 6 e avente valore di esame di Stato, cui partecipa alme-

no un rappresentante del Ministero il titolo accademico rilasciato a seguito del superamento di detto esame, che è equiparato al diploma di laurea specialistica o magistrale, nonché le caratteristiche del corpo docente. Il procedimento di accreditamento si conclude con provvedimento adottato entro novanta giorni dalla presentazione della domanda corredata dalla prescritta documentazione (1).

9-*bis*. Dalla data di entrata in vigore dei decreti previsti dai commi 7, 8 e 9, agli effetti dell'esecuzione degli interventi di manutenzione e restauro su beni culturali mobili e superfici decorate di beni architettonici, nonché agli effetti del possesso dei requisiti di qualificazione da parte dei soggetti esecutori di detti lavori, la qualifica di restauratore di beni culturali è acquisita esclusivamente in applicazione delle predette disposizioni (2).

10. La formazione delle figure professionali che svolgono attività complementari al restauro o altre attività di conservazione è assicurata da soggetti pubblici e privati ai sensi della normativa regionale. I relativi corsi si adeguano a criteri e livelli di qualità definiti con accordo in sede di Conferenza Stato-regioni, ai sensi dell'articolo 4 del decreto legislativo 28 agosto 1997, n. 281.

11. Mediante appositi accordi il Ministero e le regioni, anche con il concorso delle università e di altri soggetti pubblici e privati, possono istituire congiuntamente centri, anche a carattere interregionale, dotati di personalità giuridica; cui affidare attività di ricerca, sperimentazione, studio, documentazione ed attuazione di interventi di conservazione e restauro su beni culturali, di particolare complessità. Presso tali centri possono essere altresì istituite, ove accreditate, ai sensi del comma 9, scuole di alta formazione per l'insegnamento del restauro. All'attuazione del presente comma si provvede nell'ambito delle risorse umane, strumentali e finanziarie disponibili a legislazione vigente, senza nuovi o maggiori oneri per la finanza pubblica (3).

(1) *Comma modificato dall'art. 2, comma 1, lett.* m) *d.lgs. 24 marzo 2006, n. 156 e dall'art. 2, comma 1, lett.* n) *d.lgs. 26 marzo 2008, n. 62. Per il Regolamento concernente la definizione dei criteri e livelli di qualità cui si adegua l'insegnamento del restauro, nonché delle modalità di accreditamento, dei requisiti minimi organizzativi e di funzionamento dei soggetti che impartiscono tale insegnamento, delle modalità della vigilanza sullo svolgimento delle attività didattiche e dell'esame finale, del titolo accademico relasciato a seguito del superamento di detto esame, v. il d.m. 26 maggio 2009, n. 87.*

(2) *Comma aggiunto dall'art. 2, comma 1, lett.* m) *d.lgs. n. 156, cit.*

(3) *Comma modificato dall'art. 2, comma 1, lett.* m) *d.lgs. n. 156, cit.*

30 Obblighi conservativi.

1. Lo Stato, le regioni, gli altri enti pubblici territoriali nonché ogni altro ente ed istituto pubblico hanno l'obbligo di garantire la sicurezza e la conservazione dei beni culturali di loro appartenenza.

2. I soggetti indicati al comma 1 e le persone giuridiche private senza fine di lucro, ivi compresi gli enti ecclesiastici civilmente riconosciuti, fissano i beni culturali di loro appartenenza, ad eccezione degli archivi correnti, nel luogo di loro destinazione nel modo indicato dal soprintendente (1).

3. I privati proprietari, possessori o detentori di beni culturali sono tenuti a garantirne la conservazione.

4. I soggetti indicati al comma 1 hanno l'obbligo di conservare i propri archivi nella loro organicità e di ordinarli. I soggetti medesimi hanno altresì l'obbligo di inventariare i propri archivi storici, costituiti dai documenti relativi agli affari esauriti da oltre quaranta anni ed istituiti in sezioni separate. Agli stessi obblighi sono assoggettati i proprietari, possessori o detentori, a qualsiasi titolo, di archivi privati per i quali sia intervenuta la dichiarazione di cui all'articolo 13. Copia degli inventari e dei relativi aggiornamenti è inviata alla soprintendenza, nonché al Ministero dell'interno per gli accertamenti di cui all'articolo 125 (2).

(1) *Comma modificato dall'art. 2, comma 1, lett.* o) *d.lgs. 26 marzo 2008, n. 62.*

(2) *Comma integrato dall'art. 2, comma 1, lett.* n) *d.lgs. 24 marzo 2006, n. 156 e successivamente modificato dall'art. 2, comma 1, lett.* o) *d.lgs. n. 62, cit.*

31-44 (*Omissis*).

SEZIONE III
Altre forme di protezione

45 Prescrizioni di tutela indiretta.

1. Il Ministero ha facoltà di prescrivere le distanze, le misure e le altre norme dirette ad evitare che sia messa in pericolo l'integrità dei beni culturali immobili, ne sia danneggiata la prospettiva o la luce o ne siano alterate le condizioni di ambiente e di decoro.

2. Le prescrizioni di cui al comma 1, adottate e notificate ai sensi degli articoli 46 e 47, sono immediatamente precettive. Gli enti pubblici territoriali interessati recepiscono le prescrizioni medesime nei regolamenti edilizi e negli strumenti urbanistici.

46 Procedimento per la tutela indiretta.

1. Il soprintendente avvia il procedimento per la tutela indiretta, anche su motivata richiesta della regione o di altri enti pubblici territoriali interessati dandone comunicazione al proprietario, possessore o detentore a qualsiasi titolo dell'immobile cui le prescrizioni si riferiscono. Se per il numero dei destinatari la comunicazione personale non è possibile o risulta particolarmente gravosa, il soprintendente comunica l'avvio del procedimento mediante idonee forme di pubblicità.

2. La comunicazione di avvio del procedimento individua l'immobile in relazione al quale si intendono adottare le prescrizioni di tutela indiretta e indica i contenuti essenziali di tali prescrizioni.

3. Nel caso di complessi immobiliari, la comunicazione è inviata anche al comune e alla città metropolitana (1).

4. La comunicazione comporta, in via cautelare, la temporanea immodificabilità dell'immobile limitatamente agli aspetti cui si riferiscono le prescrizioni contenute nella comunicazione stessa.

5. Gli effetti indicati al comma 4 cessano alla scadenza del termine del relativo procedimento, stabilito

dal Ministero ai sensi delle vigenti disposizioni di legge in materia di procedimento amministrativo (2).

(1) *Comma modificato dall'art. 2, comma 1, lett.* r) *d.lgs. 24 marzo 2006, n. 156.*
(2) *Comma modificato dall'art. 2, comma 1, lett.* aa) *d.lgs. 26 marzo 2008, n. 62.*

47 Notifica delle prescrizioni di tutela indiretta e ricorso amministrativo.

1. Il provvedimento contenente le prescrizioni di tutela indiretta è notificato al proprietario, possessore o detentore a qualsiasi titolo degli immobili interessati, tramite messo comunale o a mezzo posta raccomandata con avviso di ricevimento.

2. Il provvedimento è trascritto nei registri immobiliari e ha efficacia nei confronti di ogni successivo proprietario, possessore o detentore a qualsiasi titolo degli immobili cui le prescrizioni stesse si riferiscono.

3. Avverso il provvedimento contenente le prescrizioni di tutela indiretta è ammesso ricorso amministrativo ai sensi dell'articolo 16. La proposizione del ricorso, tuttavia, non comporta la sospensione degli effetti del provvedimento impugnato.

CAPO IV
Circolazione in ambito nazionale

SEZIONE I
Alienazione e altri modi di trasmissione

53 Beni del demanio culturale.

1. I beni culturali appartenenti allo Stato, alle regioni e agli altri enti pubblici territoriali che rientrino nelle tipologie indicate all'articolo 822 del codice civile costituiscono il demanio culturale.

2. I beni del demanio culturale non possono essere alienati, né formare oggetto di diritti a favore di terzi, se non nei limiti e con le modalità previsti dal presente codice (1).

(1) *Comma modificato dall'art. 2, comma 1, lett.* dd) *d.lgs. 26 marzo 2008, n. 62.*

54 Beni inalienabili.

1. Sono inalienabili i beni del demanio culturale di seguito indicati (1):

a) gli immobili e le aree di interesse archeologico;

b) gli immobili dichiarati monumenti nazionali a termini della normativa all'epoca vigente (2);

c) le raccolte di musei, pinacoteche, gallerie e biblioteche;

d) gli archivi;

d-bis) gli immobili dichiarati di interesse particolarmente importante ai sensi dell'articolo 10, comma 3, lettera *d*) (3);

d-ter) le cose mobili che siano opera di autore vivente o la cui esecuzione non risalga ad oltre settanta anni, se incluse in raccolte appartenenti ai soggetti di cui all'articolo 53 (4).

2. Sono altresì inalienabili:

a) le cose appartenenti ai soggetti indicati all'articolo 10, comma 1, che siano opera di autore non più vivente e la cui esecuzione risalga ad oltre settanta anni, fino alla conclusione del procedimento di verifica previsto dall'articolo 12. Se il procedimento si conclude con esito negativo, le cose medesime sono liberamente alienabili, ai fini del presente codice,, ai sensi dell'articolo 12, commi 4, 5 e 6 (5);

[*b*) le cose mobili che siano opera di autore vivente o la cui esecuzione non risalga ad oltre cinquanta anni, se incluse in raccolte appartenenti ai soggetti di cui all'articolo 53;] (6)

c) i singoli documenti appartenenti ai soggetti di cui all'articolo 53, nonché gli archivi e i singoli documenti di enti ed istituti pubblici diversi da quelli indicati al medesimo articolo 53;

[*d*) le cose immobili appartenenti ai soggetti di cui all'articolo 53 dichiarate di interesse particolarmente importante, ai sensi dell'articolo 10, comma 3, lettera *d*) (7).] (8).

3. I beni e le cose di cui ai commi 1 e 2 possono essere oggetto di trasferimento tra lo Stato, le regioni e gli altri enti pubblici territoriali. Qualora si tratti di beni o cose non in consegna al Ministero, del trasferimento è data preventiva comunicazione al Ministero medesimo per le finalità di cui agli articoli 18 e articoli 19 (9).

4. I beni e le cose indicati ai commi 1 e 2 possono essere utilizzati esclusivamente secondo le modalità e per i fini previsti dal Titolo II della presente Parte.

(1) *Alinea modificato dall'art. 2, comma 1, lett. ee) d.lgs. 26 marzo 2008, n. 62.*
(2) *Lettera sostituita dall'art. 2, comma 1, lett. ee) d.lgs. 26 marzo 2008, n. 62.*
(3) *Lettera aggiunta dall'art. 2, comma 1, lett. ee) d.lgs. 26 marzo 2008, n. 62.*
(4) *Lettera dapprima aggiunta dall'art. 2, comma 1, lett. ee) d.lgs. 26 marzo 2008, n. 62 e, successivamente modificata dall'art. 1, comma 175, lett.* e), *n. 1), l. 4 agosto 2017, n. 124, sub V, 9).*
(5) *Lettera modificata dapprima dall'art. 2, comma 1, lett. t) d.lgs. 24 marzo 2006, n. 156, successivamente dall'art. 4, comma 16, lett.*c), *d.l. 13 maggio 2011, n. 70, conv., con modif., in l. 12 luglio 2011, n. 106, e infine dall'art. 1, comma 175, lett.* e), *n. 2), l. 4 agosto 2017, n. 124, sub V, 9).*
(6) *Lettera soppressa dall'art. 2, comma 1, lett. ee) del d.lgs. 26 marzo 2008, n. 62.*
(7) *Lettera modificata dall'art. 2, comma 1, lett. t) d.lgs. n. 156, cit.*
(8) *Lettera soppressa dall'art. 2, comma 1, lett. ee) d.lgs. n. 62, cit.*
(9) *Comma modificato dall'art. 2, comma 1, lett. ee) d.lgs., n. 62, cit.*

55 Alienabilità di immobili appartenenti al demanio culturale.

1. I beni culturali immobili appartenenti al demanio culturale e non rientranti tra quelli elencati nell'articolo 54, comma 1, non possono essere alienati senza l'autorizzazione del Ministero (1).

2. La richiesta di autorizzazione ad alienare è corredata:

a) dalla indicazione della destinazione d'uso in atto;

b) dal programma delle misure necessarie ad assicurare la conservazione del bene;

c) dall'indicazione degli obiettivi di valorizzazione che si intendono perseguire con l'alienazione del bene e delle modalità e dei tempi previsti per il loro conseguimento;

d) dall'indicazione della destinazione d'uso prevista, anche in funzione degli obiettivi di valorizzazione da conseguire;

e) dalle modalità di fruizione pubblica del bene, anche in rapporto con la situazione conseguente alle precedenti destinazioni d'uso (2).

3. L'autorizzazione è rilasciata su parere del soprintendente, sentita la regione e, per suo tramite, gli altri enti pubblici territoriali interessati. Il provvedimento, in particolare:

a) detta prescrizioni e condizioni in ordine alle misure di conservazione programmate;

b) stabilisce le condizioni di fruizione pubblica del bene, tenuto conto della situazione conseguente alle precedenti destinazioni d'uso;

c) si pronuncia sulla congruità delle modalità e dei tempi previsti per il conseguimento degli obiettivi di valorizzazione indicati nella richiesta (3).

3-*bis*. L'autorizzazione non può essere rilasciata qualora la destinazione d'uso proposta sia suscettibile di arrecare pregiudizio alla conservazione e fruizione pubblica del bene o comunque risulti non compatibile con il carattere storico e artistico del bene medesimo. Il Ministero ha facoltà di indicare, nel provvedimento di diniego, destinazioni d'uso ritenute compatibili con il carattere del bene e con le esigenze della sua conservazione (4).

3-*ter*. Il Ministero ha altresì facoltà di concordare con il soggetto interessato il contenuto del provvedimento richiesto, sulla base di una valutazione comparativa fra le proposte avanzate con la richiesta di autorizzazione ed altre possibili modalità di valorizzazione del bene (4).

3-*quater*. Qualora l'alienazione riguardi immobili utilizzati a scopo abitativo o commerciale, la richiesta di autorizzazione è corredata dai soli elementi di cui al comma 2, lettere *a*), *b*) ed *e*), e l'autorizzazione è rilasciata con le indicazioni di cui al comma 3, lettere *a*) e *b*) (4).

3-*quinquies*. L'autorizzazione ad alienare comporta la sdemanializzazione del bene cui essa si riferisce. Tale bene resta comunque sottoposto a tutte le disposizioni di tutela di cui al presente titolo (4).

3-*sexies*. L'esecuzione di lavori ed opere di qualunque genere sui beni alienati è sottoposta a preventiva autorizzazione ai sensi dell'articolo 21, commi 4 e 5 (4).

(1) *Comma modificato dall'art. 2, comma 1, lett.* ff) *d.lgs. 26 marzo 2008, n. 62.*

(2) *Comma modificato dall'art. 2, comma 1, lett.* u) *d.lgs. 24 marzo 2006, n. 156 e successivamente sostituito dall'art. 2, comma 1, lett.* ff) *d.lgs. n. 62, cit.*

(3) *Comma sostituito dall'art. 2, comma 1, lett.* ff) *d.lgs. n. 62, cit.*

(4) *Comma aggiunto dall'art.2, comma 1, lett.* ff) *d.lgs. n. 62, cit.*

55-*bis* Clausola risolutiva.

1. Le prescrizioni e condizioni contenute nell'autorizzazione di cui all'articolo 55 sono riportate nell'atto di alienazione, del quale costituiscono obbligazione ai sensi dell'articolo 1456 del codice civile ed oggetto di apposita clausola risolutiva espressa. Esse sono anche trascritte, su richiesta del soprintendente, nei registri immobiliari.

2. Il soprintendente, qualora verifichi l'inadempimento, da parte dell'acquirente, dell'obbligazione di cui al comma 1, fermo restando l'esercizio dei poteri di tutela, dà comunicazione delle accertate inadempienze alle amministrazioni alienanti ai fini della risoluzione di diritto dell'atto di alienazione (1).

(1) *Articolo inserito dall'art. 2, comma 1, lett.* gg) *d.lgs. 26 marzo 2008, n. 62.*

56 Altre alienazioni soggette ad autorizzazione.

1. È altresì soggetta ad autorizzazione da parte del Ministero:

a) l'alienazione dei beni culturali appartenenti allo Stato, alle regioni e agli altri enti pubblici territoriali, e diversi da quelli indicati negli articoli 54, commi 1 e 2, e 55, comma 1.

b) l'alienazione dei beni culturali appartenenti a soggetti pubblici diversi da quelli indicati alla lettera *a*) o a persone giuridiche private senza fine di lucro, ivi compresi gli enti ecclesiastici civilmente riconosciuti (1).

2. L'autorizzazione è richiesta inoltre:

a) nel caso di vendita, anche parziale, da parte di soggetti di cui al comma 1, lettera *b*), di collezioni o serie di oggetti e di raccolte librarie;

b) nel caso di vendita, da parte di persone giuridiche private senza fine di lucro, ivi compresi gli enti ecclesiastici civilmente riconosciuti, di archivi o di singoli documenti (2).

3. La richiesta di autorizzazione è corredata dagli elementi di cui all'articolo 55, comma 2, lettere *a*), *b*) ed *e*), e l'autorizzazione è rilasciata con le indicazioni di cui al comma 3, lettere *a*) e *b*) del medesimo articolo (2).

4. Relativamente ai beni di cui al comma 1, lettera *a*), l'autorizzazione può essere rilasciata a condizione che i beni medesimi non abbiano interesse per le raccolte pubbliche e dall'alienazione non derivi danno alla loro conservazione e non ne sia menomata la pubblica fruizione (2).

4-*bis*. Relativamente ai beni di cui al comma 1, lettera *b*), e al comma 2, l'autorizzazione può essere rilasciata a condizione che dalla alienazione non derivi danno alla conservazione e alla pubblica fruizione dei beni medesimi (3).

4-*ter*. Le prescrizioni e condizioni contenute nell'autorizzazione sono riportate nell'atto di alienazione e sono trascritte, su richiesta del soprintendente, nei registri immobiliari (3).

4-*quater*. L'esecuzione di lavori ed opere di qualunque genere sui beni alienati è sottoposta a preventiva autorizzazione ai sensi dell'articolo 21, commi 4 e 5 (3).

4-*quinquies*. La disciplina dettata ai commi precedenti si applica anche alle costituzioni di ipoteca e di pegno ed ai negozi giuridici che possono comportare l'alienazione dei beni culturali ivi indicati (3).

4-*sexies*. Non è soggetta ad autorizzazione l'alienazione delle cose indicate all'articolo 54, commi 2, lettera *a*), secondo periodo (3).

4-*septies*. Rimane ferma l'inalienabilità disposta dall'articolo 54, commi 1, lettera *d-ter*) (3).

(1) *Lettera modificata dall'art. 2, comma 1, lett.* hh) *d.lgs. 26 marzo 2008, n. 62.*
(2) *Comma sostituito dall'art. 2, comma 1, lett.* hh) *d.lgs. n. 62, cit.*
(3) *Comma aggiunto dall'art. 2, comma 1, lett.* hh) *d.lgs n. 62, cit.*

57 Cessione di beni culturali in favore dello Stato (1).

1. Gli atti che comportano alienazione di beni culturali a favore dello Stato, ivi comprese le cessioni in pagamento di obbligazioni tributarie, non sono soggetti ad autorizzazione.

(1) *Articolo dapprima modificato dall'art. 2, comma 1, lett.* v) *d.lgs. 24 marzo 2006, n. 156 e successivamente così sostituito dall'art. 2, comma 1, lett.* ii) *d.lgs. 26 marzo 2008, n. 62.*

57-*bis* (1) Procedure di trasferimento di immobili pubblici.

1. Le disposizioni di cui agli articoli 54, 55 e 56 si applicano ad ogni procedura di dismissione o di valorizzazione e utilizzazione, anche a fini economici, di beni immobili pubblici di interesse culturale, prevista dalla normativa vigente e attuata, rispettivamente, mediante l'alienazione ovvero la concessione in uso o la locazione degli immobili medesimi.

2. Qualora si proceda alla concessione in uso o alla locazione di immobili pubblici di interesse culturale per le finalità di cui al comma 1, le prescrizioni e condizioni contenute nell'autorizzazione sono riportate nell'atto di concessione o nel contratto di locazione e sono trascritte, su richiesta del soprintendente, nei registri immobiliari. L'inosservanza, da parte del concessionario o del locatario, delle prescrizioni e condizioni medesime, comunicata dal soprintendente alle amministrazioni cui i beni pertengono, dà luogo, su richiesta delle stesse amministrazioni, alla revoca della concessione o alla risoluzione del contratto, senza indennizzo.

(1) *Articolo inserito dall'art. 2, comma 1, lett.* ll) *d.lgs. 26 marzo 2008, n. 62.*

58 Autorizzazione alla permuta.

1. Il Ministero può autorizzare la permuta dei beni indicati agli articoli 55 e 56 nonché di singoli beni appartenenti alle pubbliche raccolte con altri appartenenti ad enti, istituti e privati, anche stranieri, qualora dalla permuta stessa derivi un incremento del patrimonio culturale nazionale ovvero l'arricchimento delle pubbliche raccolte.

59 Denuncia di trasferimento.

1. Gli atti che trasferiscono, in tutto o in parte, a qualsiasi titolo, la proprietà o, limitatamente ai beni mobili, la detenzione di beni culturali sono denunciati al Ministero (1).

2. La denuncia è effettuata entro trenta giorni:

a) dall'alienante o dal cedente la detenzione, in caso di alienazione a titolo oneroso o gratuito o di trasferimento della detenzione;

b) dall'acquirente, in caso di trasferimento avvenuto nell'ambito di procedure di vendita forzata o fallimentare ovvero in forza di sentenza che produca gli effetti di un contratto di alienazione non concluso;

c) dall'erede o dal legatario, in caso di successione a causa di morte. Per l'erede, il termine decorre dall'accettazione dell'eredità o dalla presentazione della dichiarazione ai competenti uffici tributari; per il legatario, il temine decorre dalla comunicazione notarile prevista dall'articolo 623 del codice civile, salva rinuncia ai sensi delle disposizioni del codice civile (2).

3. La denuncia è presentata al competente soprintendente del luogo ove si trovano i beni.

4. La denuncia contiene:

a) i dati identificativi delle parti e la sottoscrizione delle medesime o dei loro rappresentanti legali;

b) i dati identificativi dei beni;

c) l'indicazione del luogo ove si trovano i beni;

d) l'indicazione della natura e delle condizioni dell'atto di trasferimento;

e) l'indicazione del domicilio in Italia delle parti ai fini delle eventuali comunicazioni previste dal presente Titolo.

5. Si considera non avvenuta la denuncia priva delle indicazioni previste dal comma 4 o con indicazioni incomplete o imprecise.

(1) *Comma modificato dall'art. 4, comma 16, lett.* d), *d.l. 13 maggio 2011, n. 70, conv., con modif., in l. 12 luglio 2011, n. 106.*
(2) *Lettera modificata dall'art. 2, comma 1, lett.* z) *d.lgs. 24 marzo 2006, n. 156.*

SEZIONE II
Prelazione

60 Acquisto in via di prelazione.

1. Il Ministero o, nel caso previsto dall'articolo 62, comma 3, la regione o gli altri enti pubblici territoriali interessati, hanno facoltà di acquistare in via di prelazione i beni culturali alienati a titolo oneroso o conferiti in società, rispettivamente, al medesimo prezzo stabilito nell'atto di alienazione o al medesimo valore attribuito nell'atto di conferimento (1).

2. Qualora il bene sia alienato con albi per un unico corrispettivo o sia ceduto senza previsione di un corrispettivo in denaro ovvero sia dato in permuta, il valore economico è determinato d'ufficio dal soggetto che procede alla prelazione ai sensi del comma 1.

3. Ove l'alienante non ritenga di accettare la determinazione effettuata ai sensi del comma 2, il valore economico della cosa è stabilito da un terzo, designato concordemente dall'alienante e dal soggetto che procede alla prelazione. Se le parti non si accordano per la nomina del terzo, ovvero per la sua sostituzione qualora il terzo nominato non voglia o non possa accettare l'incarico, la nomina è effettuata, su richiesta di una delle parti, dal presidente del tribunale del luogo in cui è stato concluso il contratto. Le spese relative sono anticipate dall'alienante.

4. La determinazione del terzo è impugnabile in caso di errore o di manifesta iniquità.

5. La prelazione può essere esercitata anche quando il bene sia a qualunque titolo dato in pagamento.

(1) *Comma modificato dall'art. 2, comma 1, lett.* aa) *d.lgs. 24 marzo 2006, n. 156 e dall'art. 2, comma 1, lett.* mm) *d.lgs. 26 marzo 2008, n. 62.*

61 Condizioni della prelazione.

1. La prelazione è esercitata nel termine di sessanta giorni dalla data di ricezione della denuncia prevista dall'articolo 59.

2. Nel caso in cui la denuncia sia stata omessa o presentata tardivamente oppure risulti incompleta, la prelazione è esercitata nel termine di centottanta giorni dal momento in cui il Ministero ha ricevuto la denuncia tardiva o ha comunque acquisito tutti gli elementi costitutivi della stessa ai sensi dell'articolo 59, comma 4.

3. Entro i termini indicati dai commi 1 e 2 il provvedimento di prelazione 6 notificato all'alienante ed all'acquirente. La proprietà passa allo stato dalla data dell'ultima notifica.

4. In pendenza del termine prescritto dal comma 1 l'atto di alienazione rimane condizionato sospensivamente all'esercizio della prelazione e all'alienante è vietato effettuare la consegna della cosa.

5. Le clausole del contratto di alienazione non vincolano lo Stato.

6. Nel caso in cui il Ministero eserciti la prelazione su parte delle cose alienate, l'acquirente ha facoltà di recedere dal contratto.

62 Procedimento per la prelazione.

1. Il soprintendente, ricevuta la denuncia di un atto soggetto a prelazione, ne dà immediata comuni cazione alla regione e agli altri enti pubblici territoriali nel cui ambito si trova il bene. Trattandosi di bene mobile, la regione ne dà notizia sul proprio Bollettino Ufficiale ed eventualmente mediante altri idonei mezzi di pubblicità a livello nazionale, con la descrizione dell'opera e l'indicazione del prezzo.

2. La regione e gli altri enti pubblici territoriali, nel termine di venti giorni dalla denuncia, formulano al Ministero una proposta di prelazione, corredata dalla deliberazione dell'organo competente che predisponga, a valere sul bilancio dell'ente, la necessaria copertura finanziaria della spesa indicando le specifiche finalità di valorizzazione culturale del bene (1).

3. Il Ministero può rinunciare all'esercizio della prelazione, trasferendone la facoltà all'ente interessato entro venti giorni dalla ricezione della denuncia. Detto ente assume il relativo impegno di spesa, adotta il provvedimento di prelazione e lo notifica all'alienante ed all'acquirente entro e non oltre sessanta giorni dalla denuncia medesima. La proprietà del bene passa all'ente che ha esercitato la prelazione dalla data dell'ultima notifica (1).

4. Nei casi in cui la denuncia sia stata omessa o presentata tardivamente oppure risulti incompleta, il termine indicato al comma 2 è di novanta giorni ed i termini stabiliti al comma 3, primo e secondo periodo, sono, rispettivamente, di centoventi e centottanta giorni. Essi decorrono dal momento in cui il Ministero ha ricevuto la denuncia tardiva o ha comunque acquisito tutti gli elementi costitutivi della stessa ai sensi dell'articolo 59, comma 4 (2).

(1) *Comma modificato dall'art. 2, comma 1, lett.* bb) *d.lgs. 24 marzo 2006, n. 156, come rettificato in G.U. 24 maggio 2006, n. 119.*

(2) *Comma sostituito dall'art. 2, comma 1, lett.* nn) *d.lgs. 26 marzo 2008, n. 62.*

SEZIONE III
Commercio

63-87-*bis* (*Omissis*).

CAPO VI
Ritrovamenti e scoperte

SEZIONE I
Ricerche e rinvenimenti fortuiti nell'ambito del territorio nazionale

88 Attività di ricerca.

1. Le ricerche archeologiche e, in genere, le opere per il ritrovamento delle cose indicate all'articolo 10 in qualunque parte del territorio nazionale sono riservate al Ministero.

2. Il Ministero può ordinare l'occupazione temporanea degli immobili ove devono eseguirsi le ricerche o le opere di cui al comma 1.

3. Il proprietario dell'immobile ha diritto ad un'indennità per l'occupazione, determinata secondo le modalità stabilite dalle disposizioni generali in materia di espropriazione per pubblica utilità. L'indennità può essere corrisposta in denaro o, a richiesta del proprietario, mediante rilascio delle cose ritrovate o di parte di esse, quando non interessino le raccolte dello Stato.

89 Concessione di ricerca.

1. Il Ministero può dare in concessione a soggetti pubblici o privati l'esecuzione delle ricerche e delle opere indicate nell'articolo 88 ed emettere a favore del concessionario il decreto di occupazione degli immobili ove devono eseguirsi i lavori.

2. Il concessionario deve osservare, oltre alle prescrizioni imposte nell'atto di concessione, tutte le altre che il Ministero ritenga di impartire. In caso di inosservanza la concessione è revocata.

3. La concessione può essere revocata anche quando il Ministero intenda sostituirsi nell'esecuzione o prosecuzione delle opere. In tal caso sono rimborsate al concessionario le spese occorse per le opere già eseguite ed il relativo importo è fissato dal Ministero.

4. Ove il concessionario non ritenga di accettare la determinazione ministeriale, l'importo è stabilito da un perito tecnico nominato dal presidente del tribunale. Le relative spese sono anticipate dal concessionario.

5. La concessione prevista al comma 1 può essere rilasciata anche al proprietario degli immobili ove devono eseguirsi i lavori.

6. Il Ministero può consentire, a richiesta, che le cose rinvenute rimangano, in tutto o in parte, presso la

Regione od altro ente pubblico territoriale per fini espositivi, sempre che l'ente disponga di una sede idonea e possa garantire la conservazione e la custodia delle cose medesime.

90 Scoperte fortuite.

1. Chi scopre fortuitamente cose immobili o mobili indicate nell'articolo 10 ne fa denuncia entro ventiquattro ore al soprintendente o al sindaco ovvero all'autorità di pubblica sicurezza e provvede alla conservazione temporanea di esse, lasciandole nelle condizioni e nel luogo in cui sono state rinvenute. Della scoperta fortuita sono informati, a cura del soprintendente, anche i carabinieri preposti alla tutela del patrimonio culturale (1).

2. Ove si tratti di cose mobili delle quali non si possa altrimenti assicurare la custodia, lo scopritore ha facoltà di rimuoverle per meglio garantirne la sicurezza e la conservazione sino alla visita dell'autorità competente e, ove occorra, di chiedere l'ausilio della forza pubblica.

3. Agli obblighi di conservazione e custodia previsti nei commi 1 e 2 è soggetto ogni detentore di cose scoperte fortuitamente.

4. Le spese sostenute per la custodia e rimozione sono rimborsate dal Ministero.

(1) *Comma modificato dall'art. 2, comma 1, lett.* nnn) *d.lgs. 26 marzo 2008, n. 62.*

91 Appartenenza e qualificazione delle cose ritrovate.

1. Le cose indicate nell'articolo 10, da chiunque e in qualunque modo ritrovate nel sottosuolo o sui fondali marini, appartengono allo Stato e, a seconda che siano immobili o mobili, fanno parte del demanio o del patrimonio indisponibile, ai sensi degli articoli 822 e 826 del codice civile.

2. Qualora si proceda per conto dello Stato, delle regioni, degli altri enti pubblici territoriali o di altro ente o istituto pubblico alla demolizione di un immobile, tra i materiali di risulta che per contratto siano stati riservati all'impresa di demolizione non sono comprese le cose rinvenienti dall'abbattimento che abbiano l'interesse di cui all'articolo 10, comma 3, lettera *a*). È nullo ogni patto contrario.

92 Premio per i ritrovamenti.

1. Il Ministero corrisponde un premio non superiore al quarto del valore delle cose ritrovate:

a) al proprietario dell'immobile dove è avvenuto il ritrovamento;

b) al concessionario dell'attività di ricerca, di cui all'articolo 89, qualora l'attività medesima non rientri tra i suoi scopi istituzionali o statutari (1);

c) allo scopritore fortuito che ha ottemperato agli obblighi previsti dall'articolo 90.

2. Il proprietario dell'immobile che abbia ottenuto la concessione prevista dall'articolo 89 ovvero sia scopritore della cosa, ha diritto ad un premio non superiore alla metà del valore delle cose ritrovate.

3. Nessun premio spetta allo scopritore che si sia introdotto e abbia ricercato nel fondo altrui senza il consenso del proprietario o del possessore.

4. Il premio può essere corrisposto in denaro o mediante rilascio di parte delle cose ritrovate. In luogo del premio, l'interessato può ottenere, a richiesta, un credito di imposta di pari ammontare, secondo le modalità e con i limiti stabiliti con decreto adottato dal Ministro dell'economia e delle finanze di concerto con il Ministro, ai sensi dell'articolo 17, comma 3, della legge 23 agosto 1988, n. 400.

(1) *Lettera modificata dall'art. 2, comma 1, lett.* ooo) *d.lgs. 26 marzo 2008, n. 62.*

93 Determinazione del premio.

1. Il Ministero provvede alla determinazione del premio spettante agli aventi titolo ai sensi dell'articolo 92, previa stima delle cose ritrovate.

2. In corso di stima, a ciascuno degli aventi titolo è corrisposto un acconto del premio in misura non superiore ad un quinto del valore, determinato in via provvisoria, delle cose ritrovate. L'accettazione dell'acconto non comporta acquiescenza alla stima definitiva.

3. Se gli aventi titolo non accettano la stima definitiva del Ministero, il valore delle cose ritrovate è determinato da un terzo, designato concordemente dalle parti. Se esse non si accordano per la nomina del terzo ovvero per La sua sostituzione, qualora il terzo nominato non voglia o non possa accettare. l'incarico, la nomina è effettuata, su richiesta di una delle parti, dal presidente del tribunale del luogo in cui le cose sono state ritrovate. Le spese della perizia sono anticipate dagli aventi titolo al premio.

4. La determinazione del terzo è impugnabile in caso di errore o di manifesta iniquità.

SEZIONE II
Ricerche e rinvenimenti fortuiti nella zona contigua al mare territoriale

94 Convenzione UNESCO sulla protezione del patrimonio culturale subacqueo (1).

1. Gli oggetti archeologici e storici rinvenuti nei fondali della zona di mare estesa dodici miglia marine a partire dal limite esterno del mare territoriale sono tutelati ai sensi delle "regole relative agli interventi sul patrimonio culturale subacqueo" allegate alla Convenzione UNESCO sulla protezione del patrimonio culturale subacqueo, adottata a Parigi il 2 novembre 2001 (2).

(1) *Rubrica sostituita dall'art. 2, comma 1, lett.* ppp) *d.lgs. 26 marzo 2008, n. 62.*

(2) *Comma modificato dall'art. 2, comma 1, lett.* ppp) *d.lgs. n. 62, cit.*

CAPO VII
Espropriazione

95 Espropriazione di beni culturali.

1. I beni culturali immobili e mobili possono essere espropriati dal Ministero per causa di pubblica utilità, quando l'espropriazione risponda ad un importante interesse a migliorare le condizioni di tutela ai fini della fruizione pubblica dei beni medesimi.

2. Il Ministero può autorizzare, a richiesta, le regioni, gli altri enti pubblici territoriali nonché ogni altro ente ed istituto pubblico ad effettuare l'espropriazione di cui al comma 1. In tal caso dichiara la pubblica utilità ai fini dell'esproprio e rimette gli atti all'ente interessato per la prosecuzione del procedimento.

3. Il Ministero può anche disporne l'espropriazione a favore di persone giuridiche private senza fine di lucro, curando direttamente il relativo procedimento.

96 Espropriazione per fini strumentali.

1. Possono essere espropriati per causa di pubblica utilità edifici ed aree quando ciò sia necessario per isolare o restaurare beni culturali immobili, assicurarne la luce o la prospettiva, garantirne o accrescerne il decoro o il godimento da parte del pubblico, facilitarne l'accesso (1).

(1) *Comma modificato dall'art. 2, comma 1, lett. qqq) d.lgs. 26 marzo 2008, n. 62.*

97 Espropriazione per interesse archeologico.

1. Il Ministero può procedere all'espropriazione di immobili al fine di eseguire interventi di interesse archeologico o ricerche per il ritrovamento delle cose indicate nell'articolo 10.

98 Dichiarazione di pubblica utilità.

1. La pubblica utilità è dichiarata con decreto ministeriale o, nel caso dell'articolo 96, anche con provvedimento della regione comunicato al Ministero.

2. Nei casi di espropriazione previsti dagli articoli 96 e 97 l'approvazione del progetto equivale a dichiarazione di pubblica utilità.

99 Indennità di esproprio per i beni culturali.

1. Nel caso di espropriazione previsto dall'articolo 95 l'indennità consiste nel giusto prezzo che il bene avrebbe in una libera contrattazione di compravendita all'interno dello Stato.

2. Il pagamento dell'indennità è effettuato secondo le modalità stabilite dalle disposizioni generali in materia di espropriazione per pubblica utilità.

100 Rinvio a norme generali.

1. Nei casi di espropriazione disciplinati dagli articoli 96 e 97 si applicano, in quanto compatibili, le disposizioni generali in materia di espropriazione per pubblica utilità.

(*Omissis*)

TITOLO II
Fruizione e valorizzazione

CAPO II
Principi della valorizzazione dei beni culturali

111 Attività di valorizzazione.

1. Le attività di valorizzazione dei beni culturali consistono nella costituzione ed organizzazione stabile di risorse, strutture o reti, ovvero nella messa a disposizione di competenze tecniche o risorse finanziarie o strumentali, finalizzate all'esercizio delle funzioni ed al perseguimento delle finalità indicate all'articolo 6. A tali attività possono concorrere, cooperare o partecipare soggetti privati.

2. La valorizzazione è ad iniziativa pubblica o privata.

3. La valorizzazione ad iniziativa pubblica si conforma ai principi di libertà di partecipazione, pluralità dei soggetti, continuità di esercizio, parità di trattamento, economicità e trasparenza della gestione.

4. La valorizzazione ad iniziativa privata è attività socialmente utile e ne è riconosciuta la finalità di solidarietà sociale.

112 Valorizzazione dei beni culturali di appartenenza pubblica (1).

1. Lo Stato, le regioni e gli altri enti pubblici territoriali assicurano la valorizzazione dei beni presenti negli istituti e nei luoghi indicati all'articolo 101, nel rispetto dei principi fondamentali fissati dal presente codice.

2. Nel rispetto dei principi richiamati al comma 1, la legislazione regionale disciplina le funzioni e le attività di valorizzazione dei beni presenti negli istituti e nei luoghi della cultura non appartenenti allo Stato o dei quali lo Stato abbia trasferito la disponibilità sulla base della normativa vigente.

3. La valorizzazione dei beni culturali pubblici al di fuori degli istituti e dei luoghi di cui all'articolo 101 è assicurata, secondo le disposizioni del presente Titolo, compatibilmente con lo svolgimento degli scopi istituzionali cui detti beni sono destinati.

4. Lo Stato, le regioni e gli altri enti pubblici territoriali stipulano accordi per definire strategie ed obiettivi comuni di valorizzazione, nonché per elaborare i conseguenti piani strategici di sviluppo culturale e i programmi, relativamente ai beni culturali di pertinenza pubblica. Gli accordi possono essere conclusi su base regionale o subregionale, in rapporto ad ambiti territoriali definiti, e promuovono altresì l'integrazio-

ne, nel processo di valorizzazione concordato, delle infrastrutture e dei settori produttivi collegati. Gli accordi medesimi possono riguardare anche beni di proprietà privata, previo consenso degli interessati. Lo Stato stipula gli accordi per il tramite del Ministero, che opera direttamente ovvero d'intesa con le altre amministrazioni statali eventualmente competenti.

5. Lo Stato, per il tramite del Ministero e delle altre amministrazioni statali eventualmente competenti, le regioni e gli altri enti pubblici territoriali possono costituire, nel rispetto delle vigenti disposizioni, appositi soggetti giuridici cui affidare l'elaborazione e lo sviluppo dei piani di cui al comma 4.

6. In assenza degli accordi di cui al comma 4, ciascun soggetto pubblico è tenuto a garantire la valorizzazione dei beni di cui ha comunque la disponibilità.

7. Con decreto del Ministro sono definiti modalità e criteri in base ai quali il Ministero costituisce i soggetti giuridici indicati al comma 5 o vi partecipa.

8. Ai soggetti di cui al comma 5 possono partecipare privati proprietari di beni culturali suscettibili di essere oggetto di valorizzazione, nonché persone giuridiche private senza fine di lucro, anche quando non dispongano di beni culturali che siano oggetto della valorizzazione, a condizione che l'intervento in tale settore di attività sia per esse previsto dalla legge o dallo statuto.

9. Anche indipendentemente dagli accordi di cui al comma 4, possono essere stipulati accordi tra lo Stato, per il tramite del Ministero e delle altre amministrazioni statali eventualmente competenti, le regioni, gli altri enti pubblici territoriali e i privati interessati, per regolare servizi strumentali comuni destinati alla fruizione e alla valorizzazione di beni culturali. Con gli accordi medesimi possono essere anche istituite forme consortili non imprenditoriali per la gestione di uffici comuni. Per le stesse finalità di cui al primo periodo, ulteriori accordi possono essere stipulati dal Ministero, dalle regioni, dagli altri enti pubblici territoriali, da ogni altro ente pubblico nonché dai soggetti costituiti ai sensi del comma 5, con le associazioni culturali o di volontariato, dotate di adeguati requisiti, che abbiano per statuto finalità di promozione e diffusione della conoscenza dei beni culturali. All'attuazione del presente comma si provvede nell'ambito delle risorse umane, strumentali e finanziarie disponibili a legislazione vigente, senza nuovi o maggiori oneri per la finanza pubblica (2).

(1) *Articolo sostituito dall'art. 2, comma 1, lett.* ff) *d.lgs. 24 marzo 2006, n. 156, come rettificato in G.U. 24 maggio 2006, n. 119.*

(2) *Comma modificato dall'art. 2, comma 1, lett.* uuu) *d.lgs. 26 marzo 2008, n. 62.*

113 Valorizzazione dei beni culturali di proprietà privata.

1. Le attività e le strutture di valorizzazione, ad iniziativa privata, di beni culturali di proprietà privata possono beneficiare del sostegno pubblico da parte dello Stato, delle regioni e degli altri enti pubblici territoriali.

2. Le misure di sostegno sono adottate tenendo conto della rilevanza dei beni culturali ai quali si riferiscono.

3. Le modalità della valorizzazione sono stabilite con accordo da stipularsi con il proprietario, possessore o detentore del bene in sede di adozione della misura di sostegno.

4. La regione e gli altri enti pubblici territoriali possono anche concorrere alla valorizzazione dei beni di cui all'articolo 104, comma 1, partecipando agli accordi ivi previsti al comma 3.

114 Livelli di qualità della valorizzazione.

1. Il Ministero, le regioni e gli altri enti pubblici territoriali, anche con il concorso delle università, fissano i livelli minimi uniformi di qualità delle attività di valorizzazione su beni di pertinenza pubblica e ne curano l'aggiornamento periodico (1).

2. I livelli di cui al comma 1 sono adottati con decreto del Ministro previa intesa in sede di Conferenza unificata.

3. I soggetti che, ai sensi dell'articolo 115, hanno la gestione delle attività di valorizzazione sono tenuti ad assicurare il rispetto dei livelli adottati.

(1) *Comma sostituito dall'art. 2, comma 1, lett.* gg) *d.lgs. 24 marzo 2006, n. 156.*

115 Forme di gestione (1).

1. Le attività di valorizzazione dei beni culturali di appartenenza pubblica sono gestite in forma diretta o indiretta.

2. La gestione diretta è svolta per mezzo di strutture organizzative interne alle amministrazioni, dotate di adeguata autonomia scientifica, organizzativa, finanziaria e contabile, e provviste di idoneo personale tecnico. Le amministrazioni medesime possono attuare la gestione diretta anche in forma consortile pubblica.

3. La gestione indiretta è attuata tramite concessione a terzi ovvero mediante l'affidamento di appalti pubblici di servizi (2), anche in forma congiunta e integrata, da parte delle amministrazioni cui i beni pertengono o dei soggetti giuridici costituiti ai sensi dell'articolo 112, comma 5, qualora siano conferitari dei beni ai sensi del comma 7, mediante procedure di evidenza pubblica, sulla base della valutazione comparativa di specifici progetti. I privati che eventualmente partecipano ai soggetti indicati all'articolo 112, comma 5, non possono comunque essere individuati quali concessionari delle attività di valorizzazione (3).

4. Lo Stato, le regioni e gli altri enti pubblici territoriali ricorrono alla gestione indiretta al fine di assicurare un miglior livello di valorizzazione dei beni culturali. La scelta tra le due forme di gestione indicate ai commi 2 e 3 è attuata mediante valutazione comparativa in termini di sostenibilità economico-finanziaria e di efficacia, sulla base di obbiettivi previamente definiti. La gestione in forma indiretta è attuata nel rispetto dei parametri di cui all'articolo 114, ferma restando la possibilità per le amministrazioni di progettare i servizi e i relativi contenuti, anche di dettaglio, mantenendo comunque il rischio operativo a carico del concessionario e l'equilibrio economico e finanziario della gestione (4).

5. Le amministrazioni cui i beni pertengono e, ove conferitari dei beni, i soggetti giuridici costituiti ai sensi dell'articolo 112, comma 5, regolano i rapporti con i concessionari delle attività di valorizzazione mediante contratto di servizio, nel quale sono determinati, tra l'altro, i contenuti del progetto di gestione delle attività di valorizzazione ed i relativi tempi di attuazione, i livelli qualitativi delle attività da assicurare e dei servizi da erogare, nonché le professionalità degli addetti. Nel contratto di servizio sono indicati i servizi essenziali che devono essere comunque garantiti per la pubblica fruizione del bene.

6. Nel caso in cui la concessione a terzi delle attività di valorizzazione sia attuata dai soggetti giuridici di cui all'articolo 112, comma 5, in quanto conferitari dei beni oggetto della valorizzazione, la vigilanza sul rapporto concessorio è esercitata anche dalle amministrazioni cui i beni pertengono. L'inadempimento, da parte del concessionario, degli obblighi derivanti dalla concessione e dal contratto di servizio, oltre alle conseguenze convenzionalmente stabilite, determina anche, a richiesta delle amministrazioni cui i beni pertengono, la risoluzione del rapporto concessorio e la cessazione, senza indennizzo, degli effetti del conferimento in uso dei beni (3).

7. Le amministrazioni possono partecipare al patrimonio dei soggetti di cui all'articolo 112, comma 5, anche con il conferimento in uso dei beni culturali che ad esse pertengono e che siano oggetto della valorizzazione. Al di fuori dell'ipotesi prevista al comma 6, gli effetti del conferimento si esauriscono, senza indennizzo, in tutti i casi di cessazione dalla partecipazione ai soggetti di cui al primo periodo o di estinzione dei medesimi. I beni conferiti in uso non sono assoggettati a garanzia patrimoniale specifica se non in ragione del loro controvalore economico.

8. Alla concessione delle attività di valorizzazione può essere collegata la concessione in uso degli spazi necessari all'esercizio delle attività medesime, previamente individuati nel capitolato d'oneri. La concessione in uso perde efficacia, senza indennizzo, in qualsiasi caso di cessazione della concessione delle attività.

9. Alle funzioni ed ai compiti derivanti dalle disposizioni del presente articolo il Ministero provvede nell'ambito delle risorse umane, strumentali e finanziarie disponibili a legislazione vigente, senza nuovi o maggiori oneri per la finanza pubblica.

(1) *Articolo sostituito dall'art. 2, comma 1, lett.* hh) *d.lgs. 24 marzo 2006, n. 156.*

(2) *Le parole* « ovvero mediante l'affidamento di appalti pubblici di servizi » *sono state sostituite alle parole* « delle attività di valorizzazione » *dall'art. 8, comma 7-bis, lett.* a), *n. 1 d.l. 16 luglio 2020, n. 76, conv., con modif., in l. 11 settembre 2020, n. 120.*

(3) *Comma modificato dall'art. 2, comma 1, lett.* vvv) *d.lgs. 26 marzo 2008, n. 62.*

(4) *Le parole da* «, ferma restando la possibilità per le amministrazioni » *a* « economico e finanziario della gestione » *sono state aggiunte dall'art. 8, comma 7-bis, lett.* a), *n. 2 d.l. n. 76, cit.*

116 Tutela dei beni culturali conferiti o concessi in uso (1).

1. I beni culturali che siano stati conferiti o concessi in uso ai sensi dell'articolo 115, commi 7 e 8, restano a tutti gli effetti assoggettati al regime giuridico loro proprio. Le funzioni di tutela sono esercitate dal Ministero in conformità alle disposizioni del presente codice. Gli organi istituzionalmente preposti alla tutela non partecipano agli organismi di gestione dei soggetti giuridici indicati all'articolo 112, comma 5.

(1) *Articolo sostituito dall'art. 2, comma 1, lett.* ii) *d.lgs. 24 marzo 2006, n. 156.*

117 Servizi per il pubblico (1) (2).

1. Negli istituti e nei luoghi della cultura indicati all'articolo 101 possono essere istituiti servizi di assistenza culturale e di ospitalità per il pubblico.

2. Rientrano tra i servizi di cui al comma 1:

a) il servizio editoriale e di vendita riguardante i cataloghi e i sussidi catalografici, audiovisivi e informatici, ogni altro materiale informativo, e le riproduzioni di beni culturali;

b) i servizi riguardanti beni librari e archivistici per la fornitura di riproduzioni e il recapito del prestito bibliotecario;

c) la gestione di raccolte discografiche, di diapoteche e biblioteche museali;

d) la gestione dei punti vendita e l'utilizzazione commerciale delle riproduzioni dei beni;

e) i servizi di accoglienza, ivi inclusi quelli di assistenza e di intrattenimento per l'infanzia, i servizi di informazione, di guida e assistenza didattica, i centri di incontro;

f) i servizi di caffetteria, di ristorazione, di guardaroba;

g) l'organizzazione di mostre e manifestazioni culturali, nonché di iniziative promozionali.

3. I servizi di cui al comma 1 possono essere gestiti in forma integrata con i servizi di pulizia, di vigilanza e di biglietteria. Qualora l'affidamento dei servizi integrati abbia ad oggetto una concessione di servizi ai sensi dell'articolo 3, comma 1, lettera *vv*), del decreto legislativo 18 aprile 2016, n. 50, l'integrazione può essere realizzata anche indipendentemente dal rispettivo valore economico dei servizi considerati (3). È ammessa la stipulazione di contratti di appalto pubblico aventi ad oggetto uno o più servizi tra quelli di cui al comma 1 e uno o più tra i servizi di pulizia, di vigilanza e di biglietteria (3).

4. La gestione dei servizi medesimi è attuata nelle forme previste dall'articolo 115.

5. I canoni di concessione dei servizi sono incassati e ripartiti ai sensi dell'articolo 110.

(1) *Per la razionalizzazione dei servizi aggiuntivi di cui al presente articolo v. l'art. 14 d.l. 1 ottobre 2007, n. 159.*

(2) *Rubrica così sostituita dall'art. 2, comma 1, lett. zzz) d.lgs. 26 marzo 2008, n. 62.*

(3) *Periodo aggiunto dall'art. 8, comma 7-bis, lett.* b) *d.l. 16 luglio 2020, n. 76, conv., con modif., in l. 11 settembre 2020, n. 120.*

118 Promozione di attività di studio e ricerca.

1. Il Ministero, le regioni e gli altri enti pubblici territoriali, anche con il concorso delle università e di altri soggetti pubblici e privati, realizzano, promuovono e sostengono, anche congiuntamente, ricerche, studi ed

altre attività conoscitive aventi ad oggetto il patrimonio culturale.

2. Al fine di garantire la raccolta e la diffusione sistematica dei risultati degli studi, delle ricerche e delle altre attività di cui al comma 1, ivi compresa la catalogazione, il Ministero e le regioni possono stipulare accordi per istituire, a livello regionale o interregionale, centri permanenti di studio e documentazione del patrimonio culturale, prevedendo il concorso delle università e di altri soggetti pubblici e privati.

119 Diffusione della conoscenza del patrimonio culturale nelle scuole (1).

1. Il Ministero può concludere accordi con i Ministeri della pubblica istruzione e dell'università e della ricerca, le regioni e gli altri enti pubblici territoriali interessati, per diffondere la conoscenza del patrimonio culturale e favorirne la fruizione.

2. Sulla base degli accordi previsti al comma 1, i responsabili degli istituti e dei luoghi della cultura di cui all'articolo 101 possono stipulare apposite convenzioni con le università, le scuole di ogni ordine e grado, appartenenti al sistema nazionale di istruzione, nonché con ogni altro istituto di formazione, per l'elaborazione e l'attuazione di progetti formativi e di aggiornamento, dei connessi percorsi didattici e per la predisposizione di materiali e sussidi audiovisivi, destinati ai docenti ed agli operatori didattici. I percorsi, i materiali e i sussidi tengono conto della specificità dell'istituto di formazione e delle eventuali particolari esigenze determinate dalla presenza di persone con disabilità.

(1) *Articolo sostituito dall'art. 2, comma 1, lett.* aaaa) *d.lgs. 26 marzo 2008, n. 62.*

120 Sponsorizzazione di beni culturali.

1. È sponsorizzazione di beni culturali ogni contributo, anche in beni o servizi, erogato per la progettazione o l'attuazione di iniziative in ordine alla tutela ovvero alla valorizzazione del patrimonio culturale, con lo scopo di promuovere il nome, il marchio, l'immagine, l'attività o il prodotto dell'attività del soggetto erogante. Possono essere oggetto di sponsorizzazione iniziative del Ministero, delle regioni, degli altri enti pubblici territoriali nonché di altri soggetti pubblici o di persone giuridiche private senza fine di lucro, ovvero iniziative di soggetti privati su beni culturali di loro proprietà. La verifica della compatibilità di dette iniziative con le esigenze della tutela è effettuata dal Ministero in conformità alle disposizioni del presente codice (1).

2. La promozione di cui al comma 1 avviene attraverso l'associazione del nome, del marchio, dell'immagine, dell'attività o del prodotto all'iniziativa oggetto del contributo, in forme compatibili con il carattere artistico o storico, L'aspetto e il decoro del bene culturale da tutelare o valorizzare, da stabilirsi con il contratto di sponsorizzazione.

3. Con il contrario di sponsorizzazione sono altresì definite le modalità di erogazione del contributo nonché le forme del controllo, da parte del soggetto erogante, sulla realizzazione dell'iniziativa cui il contributo si riferisce.

(1) *Comma sostituito dall'art. 2, comma 1, lett.* bbbb) *d.lgs. 26 marzo 2008, n. 62.*

121 Accordi con le fondazioni bancarie.

1. Il Ministero, le regioni e gli altri enti pubblici territoriali, ciascuno nel proprio ambito, possono stipulare, anche congiuntamente, protocolli di intesa con le fondazioni conferenti di cui alle disposizioni in materia di ristrutturazione e disciplina del gruppo creditizio, che statutariamente perseguano scopi di utilità sociale nel settore dell'arte e delle attività e beni culturali, al fine di coordinare gli interventi di valorizzazione sul patrimonio culturale e, in tale contesto, garantire l'equilibrato impiego delle risorse finanziarie messe a disposizione. La parte pubblica può concorrere, con proprie risorse finanziarie, per garantire il perseguimento degli obiettivi dei protocolli di intesa.

122-130 (*Omissis*).

PARTE III
Beni paesaggistici

TITOLO I
Tutela e valorizzazione

CAPO I
Disposizioni generali

131 (1) Paesaggio.

1. Per paesaggio si intende il territorio espressivo di identità, il cui carattere deriva dall'azione di fattori naturali, umani e dalle loro interrelazioni

2. Il presente Codice tutela il paesaggio relativamente a quegli aspetti e caratteri che costituiscono rappresentazione materiale e visibile dell'identità nazionale, in quanto espressione di valori culturali.

3. Salva la potestà esclusiva dello Stato di tutela del paesaggio quale limite all'esercizio delle attribuzioni delle regioni e delle province autonome di Trento e di Bolzano sul territorio, le norme del presente Codice definiscono i principi e la disciplina di tutela dei beni paesaggistici (2).

4. La tutela del paesaggio, ai fini del presente Codice, è volta a riconoscere, salvaguardare e, ove necessario, recuperare i valori culturali che esso esprime. I soggetti indicati al comma 6, qualora intervengano sul paesaggio, assicurano la conservazione dei suoi aspetti e caratteri peculiari.

5. La valorizzazione del paesaggio concorre a promuovere lo sviluppo della cultura. A tale fine le amministrazioni pubbliche promuovono e sostengono, per quanto di rispettiva competenza, apposite attività di conoscenza, informazione e formazione, riqualificazione e fruizione del paesaggio nonché, ove possibile, la realizzazione di nuovi valori paesaggistici coerenti

ed integrati. La valorizzazione è attuata nel rispetto delle esigenze della tutela.

6. Lo Stato, le regioni, gli altri enti pubblici territoriali nonché tutti i soggetti che, nell'esercizio di pubbliche funzioni, intervengono sul territorio nazionale, informano la loro attività ai principi di uso consapevole del territorio e di salvaguardia delle caratteristiche paesaggistiche e di realizzazione di nuovi valori paesaggistici integrati e coerenti, rispondenti a criteri di qualità e sostenibilità.

(1) *Articolo modificato dall'art. 3 d.lgs. 24 marzo 2006, n. 157 e successivamente sostituito dall'art. 2, comma 1, lett.* a) *d.lgs. 26 marzo 2008, n. 63.*

(2) *C. cost. 22 luglio 2009, n. 226, ha dichiarato* l'illegittimità costituzionale *del presente comma, nella parte in cui include le Province autonome di Trento e di Bolzano tra gli enti territoriali soggetti al limite della potestà legislativa esclusiva statale di cui all'art. 117, secondo comma, lettera* s)*, della Costituzione.*

132 Convenzioni internazionali.

1. La Repubblica si conforma agli obblighi ed ai principi di cooperazione tra gli Stati fissati dalle convenzioni internazionali in materia di conservazione e valorizzazione del paesaggio.

2. La ripartizione delle competenze in materia di paesaggio è stabilita in conformità ai principi costituzionali, anche con riguardo all'applicazione della Convenzione europea sul paesaggio, adottata a Firenze il 20 ottobre 2000, e delle relative norme di ratifica ed esecuzione (1).

(1) *Articolo sostituito dall'art. 2, comma 1, lett.* b) *d.lgs. 26 marzo 2008, n. 63.*

133 Cooperazione tra amministrazioni pubbliche per la conservazione e la valorizzazione del paesaggio.

1. Il Ministero e le regioni definiscono d'intesa le politiche per la conservazione e la valorizzazione del paesaggio tenendo conto anche degli studi, delle analisi e delle proposte formulati dall'Osservatorio nazionale per la qualità del paesaggio, istituito con decreto del Ministro, nonché dagli Osservatori istituiti in ogni regione con le medesime finalità (1).

(1) *Articolo sostituito dall'art. 2, comma 1, lett.* c) *d.lgs. 26 marzo 2008, n. 63.*

134 Beni paesaggistici.

1. Sono beni paesaggistici:

a) gli immobili e le aree di cui all'articolo 136, individuati ai sensi degli articoli da 138 a 141 (1);

b) le aree di cui all'articolo 142 (1);

c) gli immobili e le aree tipizzati, individuati e gli ulteriori immobili ed aree specificamente individuati a termini dell'articolo 136 e sottoposti a tutela dai piani paesaggistici previsti dagli articoli 143 e 156 (2).

(1) *Lettera modificata dall'art. 2, comma 1, lett.* d)*. d.lgs. 26 marzo 2008, n. 63.*

(2) *Lettera modificata dall'art. 4 d.lgs. 24 marzo 2006, n. 157 e dall'art. 2, comma 1, lett.* d) *d.lgs. n. 63, cit.*

135 Pianificazione paesaggistica (1).

1. Lo Stato e le regioni assicurano che tutto il territorio sia adeguatamente conosciuto, salvaguardato, pianificato e gestito in ragione dei differenti valori espressi dai diversi contesti che lo costituiscono. A tale fine le regioni sottopongono a specifica normativa d'uso il territorio mediante piani paesaggistici, ovvero piani urbanistico-territoriali con specifica considerazione dei valori paesaggistici, entrambi di seguito denominati: "piani paesaggistici". L'elaborazione dei piani paesaggistici avviene congiuntamente tra Ministero e regioni, limitatamente ai beni paesaggistici di cui all'articolo 143, comma 1, lettere *b*), *c*) e *d*), nelle forme previste dal medesimo articolo 143.

2. I piani paesaggistici, con riferimento al territorio considerato, ne riconoscono gli aspetti e i caratteri peculiari, nonché le caratteristiche paesaggistiche, e ne delimitano i relativi ambiti.

3. In riferimento a ciascun ambito, i piani predispongono specifiche normative d'uso, per le finalità indicate negli articoli 131 e 133, ed attribuiscono adeguati obiettivi di qualità.

4. Per ciascun ambito i piani paesaggistici definiscono apposite prescrizioni e previsioni ordinate in particolare:

a) alla conservazione degli elementi costitutivi e delle morfologie dei beni paesaggistici sottoposti a tutela, tenuto conto anche delle tipologie architettoniche, delle tecniche e dei materiali costruttivi, nonché delle esigenze di ripristino dei valori paesaggistici;

b) alla riqualificazione delle aree compromesse o degradate;

c) alla salvaguardia delle caratteristiche paesaggistiche degli altri ambiti territoriali, assicurando, al contempo, il minor consumo del territorio;

d) alla individuazione delle linee di sviluppo urbanistico ed edilizio, in funzione della loro compatibilità con i diversi valori paesaggistici riconosciuti e tutelati, con particolare attenzione alla salvaguardia dei paesaggi rurali e dei siti inseriti nella lista del patrimonio mondiale dell'UNESCO.

(1) *Articolo sostituito dall'art. 5 d.lgs. 24 marzo 2006, n. 157 e dall'art. 2, comma 1, lett.* e) *d.lgs. 26 marzo 2008, n. 63.*

CAPO II
Individuazione dei beni paesaggistici

136 Immobili ed aree di notevole interesse pubblico.

1. Sono soggetti alle disposizioni di questo Titolo per il loro notevole interesse pubblico:

a) le cose immobili che hanno cospicui caratteri di bellezza naturale, singolarità geologica o memoria storica, ivi compresi gli alberi monumentali (1);

b) le ville, i giardini e i parchi, non tutelati dalle disposizioni della Parte seconda del presente codice, che si distinguono per la loro non comune bellezza;

c) i complessi di cose immobili che compongono un caratteristico aspetto avente valore estetico e tradizionale, inclusi i centri ed i nuclei storici (2);

d) le bellezze panoramiche [considerate come quadri] e così pure quei punti di vista o di belvedere, accessibili al pubblico, dai quali si goda lo spettacolo di quelle bellezze (3).

(1) *Lettera modificata dall'art. 2, comma 1, lett.* f) *d.lgs. 26 marzo 2008, n. 63.*
(2) *Lettera modificata dall'art. 6 d.lgs. 24 marzo 2006, n. 157 e dall'art. 2, comma 1, lett.* f) *d.lgs. n. 63, cit.*
(3) *Lettera modificata dall'art. 2, comma 1, lett.* f) *d.lgs. n. 63, cit.*

137 Commissioni regionali (1).

1. Le regioni istituiscono apposite commissioni, con il compito di formulare proposte per la dichiarazione di notevole interesse pubblico degli immobili indicati alle lettere *a*) e *b*) del comma 1 dell'articolo 136 e delle aree indicate alle lettere *c*) e *d*) del comma 1 del medesimo articolo 136 (2).

2. Di ciascuna commissione fanno parte di diritto il direttore regionale, il soprintendente per i beni architettonici e per il paesaggio ed il soprintendente per i beni archeologici competenti per territorio, nonché due responsabili preposti agli uffici regionali competenti in materia di paesaggio. I restanti membri, in numero non superiore a quattro, sono nominati dalla regione tra soggetti con qualificata, pluriennale e documentata professionalità ed esperienza nella tutela del paesaggio, di norma scelti nell'ambito di terne designate, rispettivamente, dalle università aventi sede nella regione, dalle fondazioni aventi per statuto finalità di promozione e tutela del patrimonio culturale e dalle associazioni portatrici di interessi diffusi individuate ai sensi delle vigenti disposizioni di legge in materia di ambiente e danno ambientale. La commissione è integrata dal rappresentante del competente comando regionale del Corpo forestale dello Stato nei casi in cui la proposta riguardi filari, alberate ed alberi monumentali. Decorsi infruttuosamente sessanta giorni dalla richiesta di designazione, la regione procede comunque alle nomine (2).

3. Fino all'istituzione delle commissioni di cui ai commi 1 e 2, le relative funzioni sono esercitate dalle commissioni istituite ai sensi della normativa previgente per l'esercizio di competenze analoghe.

(1) *Articolo sostituito dall'art. 7 d.lgs. 24 marzo 2006, n. 157.*
(2) *Comma modificato dall'art. 2, comma 1, lett.* g) *d.lgs. 26 marzo 2008, n. 63.*

138 Avvio del procedimento di dichiarazione di notevole interesse pubblico (1).

1. Le commissioni di cui all'articolo 137, su iniziativa dei componenti di parte ministeriale o regionale, ovvero su iniziativa di altri enti pubblici territoriali interessati, acquisite le necessarie informazioni attraverso le soprintendenze e i competenti uffici regionali e provinciali e consultati i comuni interessati nonché, ove opportuno, esperti della materia, valutano la sussistenza del notevole interesse pubblico, ai sensi dell'articolo 136, degli immobili e delle aree per i quali è stata avviata l'iniziativa e propongono alla regione l'adozione della relativa dichiarazione. La proposta è formulata con riferimento ai valori storici, culturali, naturali, morfologici, estetici espressi dagli aspetti e caratteri peculiari degli immobili o delle aree considerati ed alla loro valenza identitaria in rapporto al territorio in cui ricadono, e contiene proposte per le prescrizioni d'uso intese ad assicurare la conservazione dei valori espressi.

2. La commissione decide se dare ulteriore seguito all'atto di iniziativa entro sessanta giorni dalla data di presentazione dell'atto medesimo. Decorso infruttuosamente il predetto termine, entro i successivi trenta giorni il componente della commissione o l'ente pubblico territoriale che ha assunto l'iniziativa può formulare la proposta di dichiarazione direttamente alla regione.

3. È fatto salvo il potere del Ministero, su proposta motivata del soprintendente, previo parere della regione interessata che deve essere motivatamente espresso entro e non oltre trenta giorni dalla richiesta, di dichiarare il notevole interesse pubblico degli immobili e delle aree di cui all'articolo 136.

(1) *Articolo sostituito dall'art. 8 d.lgs. 24 marzo 2006, n. 157 e dall'art. 2, comma 1, lett.* h) *d.lgs. 26 marzo 2008, n. 63.*

139 Procedimento di dichiarazione di notevole interesse pubblico (1) (2).

1. La proposta di dichiarazione di notevole interesse pubblico di cui all'articolo 138, corredata di planimetria redatta in scala idonea alla puntuale individuazione degli immobili e delle aree che ne costituiscono oggetto, è pubblicata per novanta giorni all'albo pretorio e depositata a disposizione del pubblico presso gli uffici dei comuni interessati. La proposta è altresì comunicata alla città metropolitana e alla provincia interessate (3).

2. Dell'avvenuta proposta e relativa pubblicazione è data senza indugio notizia su almeno due quotidiani diffusi nella regione [territorialmente] interessata, nonché su un quotidiano a diffusione nazionale e sui siti informatici della regione e degli altri enti pubblici territoriali nel cui ambito ricadono gli immobili o le aree da assoggettare a tutela. Dal primo giorno di pubblicazione decorrono gli effetti di cui all'articolo 146, comma 1. Alle medesime forme di pubblicità è sottoposta la determinazione negativa della commissione (3).

3. Per gli immobili indicati alle lettere *a*) e *b*) del comma 1 dell'articolo 136, viene altresì data comunicazione dell'avvio del procedimento di dichiarazione al proprietario, possessore o detentore del bene.

4. La comunicazione di cui al comma 3 contiene gli elementi, anche catastali, identificativi dell'immobile e la proposta formulata dalla commissione. Dalla data di ricevimento della comunicazione decorrono gli effetti di cui all'articolo 146, comma 1.

5. Entro i trenta giorni successivi al periodo di pubblicazione di cui al comma 1, i comuni, le città metropolitane, le province, le associazioni portatrici di interessi diffusi individuate ai sensi delle vigenti disposizioni di legge in materia di ambiente e danno ambientale, e gli altri soggetti interessati possono presentare osservazioni e documenti alla regione, che ha altresì facoltà di indire un'inchiesta pubblica. I proprietari, possessori o detentori del bene possono presentare osservazioni e documenti entro i trenta giorni succes-

sivi alla comunicazione individuale di cui al comma 3 (3).

(1) *Articolo sostituito dall'art. 9 d.lgs. 24 marzo 2006, n. 157.*
(2) *Rubrica modificata dall'art. 2, comma 1, lett.* i) *d.lgs. 26 marzo 2008, n. 63.*
(3) *Comma modificato dall'art. 2, comma 1, lett.* i) *d.lgs. n. 63, cit.*

140 Dichiarazione di notevole interesse pubblico e relative misure di conoscenza (1).

1. La regione, sulla base della proposta della commissione, esaminati le osservazioni e i documenti e tenuto conto dell'esito dell'eventuale inchiesta pubblica, entro [il termine di] sessanta giorni dalla data di scadenza dei termini di cui all'articolo 139, comma 5, emana il provvedimento relativo alla dichiarazione di notevole interesse pubblico [paesaggistico] degli immobili e delle aree indicati, rispettivamente, alle lettere *a*) e *b*) e alle lettere *c*) e *d*) del comma 1 dell'articolo 136 (2).

2. La dichiarazione di notevole interesse pubblico detta la specifica disciplina intesa ad assicurare la conservazione dei valori espressi dagli aspetti e caratteri peculiari del territorio considerato. Essa costituisce parte integrante del piano paesaggistico e non è suscettibile di rimozioni o modifiche nel corso del procedimento di redazione o revisione del piano medesimo (3).

3. La dichiarazione di notevole interesse pubblico, quando ha ad oggetto gli immobili indicati alle lettere *a*) e *b*) dell'articolo 136, comma 1, è notificata al proprietario, possessore o detentore, depositata presso ogni comune interessato e trascritta, a cura della regione, nei registri immobiliari. Ogni dichiarazione di notevole interesse pubblico è pubblicata nella Gazzetta Ufficiale della Repubblica italiana e nel Bollettino ufficiale della regione (3).

4. Copia della Gazzetta Ufficiale è affissa per novanta giorni all'albo pretorio di tutti i comuni interessati. Copia della dichiarazione e delle relative planimetrie resta depositata a disposizione del pubblico presso gli uffici dei comuni interessati (3).

[5. Copia della Gazzetta Ufficiale è affissa per novanta giorni all'albo pretorio di tutti i comuni interessati. Copia della dichiarazione e delle relative planimetrie resta depositata a disposizione del pubblico presso gli uffici dei comuni interessati] (4).

(1) *Articolo sostituito dall'art. 10 d.lgs. 24 marzo 2006, n. 157.*
(2) *Comma modificato dall'art. 2, comma 1, lett.* l) *d.lgs. 26 marzo 2008, n. 63.*
(3) *Comma sostituito dall'art. 2, comma 1, lett.* l) *d.lgs. n. 63, cit.*
(4) *Comma abrogato dall'art. 2, comma 1, lett.* l) *d.lgs. n. 63, cit.*

141 Provvedimenti ministeriali (1).

1. Le disposizioni di cui agli articoli 139 e 140 si applicano anche ai procedimenti di dichiarazione di notevole interesse pubblico di cui all'articolo 138, comma 3. In tale caso i comuni interessati, ricevuta la proposta di dichiarazione formulata dal soprintendente, provvedono agli adempimenti indicati all'articolo 139, comma 1, mentre agli adempimenti indicati ai commi 2, 3 e 4 del medesimo articolo 139 provvede direttamente il soprintendente.

2. Il Ministero, valutate le eventuali osservazioni presentate ai sensi del detto articolo 139, comma 5, e sentito il competente Comitato tecnico-scientifico, adotta la dichiarazione di notevole interesse pubblico, a termini dell'articolo 140, commi 1 e 2, e ne cura la pubblicazione nella Gazzetta Ufficiale della Repubblica italiana e nel Bollettino ufficiale della regione.

3. Il soprintendente provvede alla notifica della dichiarazione, al suo deposito presso i comuni interessati e alla sua trascrizione nei registri immobiliari, ai sensi dell'articolo 140, comma 3.

4. La trasmissione ai comuni del numero della Gazzetta Ufficiale contenente la dichiarazione, come pure la trasmissione delle relative planimetrie, è fatta dal Ministero, per il tramite della soprintendenza, entro dieci giorni dalla data di pubblicazione del numero predetto. La soprintendenza vigila sull'adempimento, da parte di ogni comune interessato, di quanto prescritto dall'articolo 140, comma 4, e ne dà comunicazione al Ministero.

5. Se il provvedimento ministeriale di dichiarazione non è adottato nei termini di cui all'articolo 140, comma 1, allo scadere dei detti termini, per le aree e gli immobili oggetto della proposta di dichiarazione, cessano gli effetti di cui all'articolo 146, comma 1.

(1) *Articolo sostituito dall'art. 11 d.lgs. 24 marzo 2006, n. 157 e dall'art. 2, comma 1, lett.* m) *d.lgs. 26 marzo 2008, n. 63.*

141-*bis* Integrazione del contenuto delle dichiarazioni di notevole interesse pubblico (1).

1. Il Ministero e le regioni provvedono ad integrare le dichiarazioni di notevole interesse pubblico rispettivamente adottate con la specifica disciplina di cui all'articolo 140, comma 2.

2. Qualora le regioni non provvedano alle integrazioni di loro competenza entro il 31 dicembre 2009, il Ministero provvede in via sostitutiva. La procedura di sostituzione è avviata dalla soprintendenza ed il provvedimento finale è adottato dal Ministero, sentito il competente Comitato tecnico-scientifico.

3. I provvedimenti integrativi adottati ai sensi dei commi 1 e 2 producono gli effetti previsti dal secondo periodo del comma 2 dell'articolo 140 e sono sottoposti al regime di pubblicità stabilito dai commi 3 e 4 del medesimo articolo.

(1) *Articolo inserito dall'art. 2, comma 1, lett.* n) *del d.lgs. 26 marzo 2008, n. 63.*

142 Aree tutelate per legge (1).

1. Sono comunque di interesse paesaggistico e sono sottoposti alle disposizioni di questo Titolo:

a) i territori costieri compresi in una fascia della profondità di 300 metri dalla linea di battigia, anche per i terreni elevati sul mare;

b) i territori contermini ai laghi compresi in una fascia della profondità di 300 metri dalla linea di battigia, anche per i territori elevati sui laghi;

c) i fiumi, i torrenti, i corsi d'acqua iscritti negli elenchi previsti dal testo unico delle disposizioni di legge sulle acque ed impianti elettrici, approvato con regio decreto 11 dicembre 1933, n. 1775, e le relative sponde o piedi degli argini per una fascia di 150 metri ciascuna;

d) le montagne per la parte eccedente 1.600 metri sul livello del mare per la catena alpina e 1.200 metri sul livello del mare per la catena appenninica e per le isole;

e) i ghiacciai e i circhi glaciali;

f) i parchi e le riserve nazionali o regionali, nonché i territori di protezione esterna dei parchi;

g) i territori coperti da foreste e da boschi, ancorché percorsi o danneggiati dal fuoco, e quelli sottoposti a vincolo di rimboschimento, come definiti dall'articolo 2, commi 2 e 6, del decreto legislativo 18 maggio 2001, n. 227 (2);

h) le aree assegnate alle università agrarie e le zone gravate da usi civici;

i) le zone umide incluse nell'elenco previsto dal decreto del Presidente della Repubblica 13 marzo 1976, n. 448;

l) i vulcani;

m) le zone di interesse archeologico [individuate alla data di entrata in vigore del presente codice] (3).

2. La disposizione di cui al comma 1, lettere *a*), *b*), *c*), *d*), *e*), *g*), *h*), *l*), *m*), non si applica alle aree che alla data del 6 settembre 1985 (4):

a) erano delimitate negli strumenti urbanistici, ai sensi del decreto ministeriale 2 aprile 1968, n. 1444, come zone territoriali omogenee A e B (5);

b) erano delimitate negli strumenti urbanistici ai sensi del decreto ministeriale 2 aprile 1968, n. 1444, come zone territoriali omogenee diverse dalle zone A e B, limitatamente alle parti di esse ricomprese in piani pluriennali di attuazione, a condizione che le relative previsioni siano state concretamente realizzate (5);

c) nei comuni sprovvisti di tali strumenti, ricadevano nei centri edificati perimetrati ai sensi dell'articolo 18 della legge 22 ottobre 1971, n. 865.

3. La disposizione del comma 1 non si applica, altresì, ai beni ivi indicati alla lettera *c*) che la regione abbia ritenuto in tutto o in parte, irrilevanti ai fini paesaggistici includendoli in apposito elenco reso pubblico e comunicato al Ministero. Il Ministero, con provvedimento motivato, può confermare la rilevanza paesaggistica dei suddetti beni. Il provvedimento di conferma è sottoposto alle forme di pubblicità previste dall'articolo 140, comma 4 (6).

4. Resta in ogni caso ferma la disciplina derivante dagli atti e dai provvedimenti indicati all'articolo 157.

(1) *Articolo sostituito dall'art. 12 d.lgs. 24 marzo 2006, n. 157.*

(2) *In tema di semplificazione in materia di economia montana e forestale, v. l'art. 36, comma 2 d.l. 31 maggio 2021, n. 77, conv., con modif., in l. 29 luglio 2021, n. 108, ai sensi del quale « 2. Nei boschi e nelle foreste indicati dall'articolo 142, comma 1, lettera* g), *del decreto legislativo 22 gennaio 2004, n. 42, non è richiesta l'autorizzazione paesaggistica per gli interventi di manutenzione e ripristino delle opere di sistemazione idraulica forestale in aree montane e collinari ad alto rischio idrogeologico e di frana, che non alterino lo stato dei luoghi e siano condotti secondo i criteri e le metodologie dell'ingegneria naturalistica ».*

(3) *Lettera modificata dall'art. 2, comma 1, lett.* o) *d.lgs. 26 marzo 2008, n. 63.*

(4) *Alinea modificato dall'art. 2, comma 1, lett.* o) *d.lgs. n. 63, cit.*

(5) *Lettera modificata dall'art. 2, comma 1, lett.* o) *d.lgs. n. 63, cit.*

(6) *Comma modificato dall'art. 2, comma 1, lett.* o) *d.lgs n. 63, cit.*

CAPO III
Pianificazione paesaggistica

143 Piano paesaggistico (1).

1. L'elaborazione del piano paesaggistico comprende almeno:

a) ricognizione del territorio oggetto di pianificazione, mediante l'analisi delle sue caratteristiche paesaggistiche, impresse dalla natura, dalla storia e dalle loro interrelazioni, ai sensi degli articoli 131 e 135;

b) ricognizione degli immobili e delle aree dichiarati di notevole interesse pubblico ai sensi dell'articolo 136, loro delimitazione e rappresentazione in scala idonea alla identificazione, nonché determinazione delle specifiche prescrizioni d'uso, a termini dell'articolo 138, comma 1, fatto salvo il disposto di cui agli articoli 140, comma 2, e 141-*bis*;

c) ricognizione delle aree di cui al comma 1 dell'articolo 142, loro delimitazione e rappresentazione in scala idonea alla identificazione, nonché determinazione di prescrizioni d'uso intese ad assicurare la conservazione dei caratteri distintivi di dette aree e, compatibilmente con essi, la valorizzazione;

d) eventuale individuazione di ulteriori immobili od aree, di notevole interesse pubblico a termini dell'articolo 134, comma 1, lettera *c*), loro delimitazione e rappresentazione in scala idonea alla identificazione, nonché determinazione delle specifiche prescrizioni d'uso, a termini dell'articolo 138, comma 1;

e) individuazione di eventuali, ulteriori contesti, diversi da quelli indicati all'articolo 134, da sottoporre a specifiche misure di salvaguardia e di utilizzazione;

f) analisi delle dinamiche di trasformazione del territorio ai fini dell'individuazione dei fattori di rischio e degli elementi di vulnerabilità del paesaggio, nonché comparazione con gli altri atti di programmazione, di pianificazione e di difesa del suolo;

g) individuazione degli interventi di recupero e riqualificazione delle aree significativamente compromesse o degradate e degli altri interventi di valorizzazione compatibili con le esigenze della tutela;

h) individuazione delle misure necessarie per il corretto inserimento, nel contesto paesaggistico, degli interventi di trasformazione del territorio, al fine di realizzare uno sviluppo sostenibile delle aree interessate;

i) individuazione dei diversi ambiti e dei relativi obiettivi di qualità, a termini dell'articolo 135, comma 3.

2. Le regioni, il Ministero ed il Ministero dell'ambiente e della tutela del territorio e del mare possono stipulare intese per la definizione delle modalità di elaborazione congiunta dei piani paesaggistici, salvo quanto previsto dall'articolo 135, comma 1, terzo periodo. Nell'intesa è stabilito il termine entro il quale deve essere completata l'elaborazione del piano. Il piano è oggetto di apposito accordo fra pubbliche amministrazioni, ai sensi dell'articolo 15 della legge 7 agosto 1990, n. 241. L'accordo stabilisce altresì i presupposti, le modalità ed i tempi per la revisione del piano, con particolare riferimento all'eventuale so-

pravvenienza di dichiarazioni emanate ai sensi degli articoli 140 e 141 o di integrazioni disposte ai sensi dell'articolo 141-*bis*. Il piano è approvato con provvedimento regionale entro il termine fissato nell'accordo. Decorso inutilmente tale termine, il piano, limitatamente ai beni paesaggistici di cui alle lettere *b*), *c*) e *d*) del comma 1, è approvato in via sostitutiva con decreto del Ministro, sentito il Ministro dell'ambiente e della tutela del territorio e del mare.

3. Approvato il piano paesaggistico, il parere reso dal soprintendente nel procedimento autorizzatorio di cui agli articoli 146 e 147 è vincolante in relazione agli interventi da eseguirsi nell'ambito dei beni paesaggistici di cui alle lettere *b*), *c*) e *d*) del comma 1, salvo quanto disposto al comma 4, nonché quanto previsto dall'articolo 146, comma 5.

4. Il piano può prevedere:

a) la individuazione di aree soggette a tutela ai sensi dell'articolo 142 e non interessate da specifici procedimenti o provvedimenti ai sensi degli articoli 136, 138, 139, 140, 141 e 157, nelle quali la realizzazione di interventi può avvenire previo accertamento, nell'ambito del procedimento ordinato al rilascio del titolo edilizio, della conformità degli interventi medesimi alle previsioni del piano paesaggistico e dello strumento urbanistico comunale;

b) la individuazione delle aree gravemente compromesse o degradate nelle quali la realizzazione degli interventi effettivamente volti al recupero ed alla riqualificazione non richiede il rilascio dell'autorizzazione di cui all'articolo 146.

5. L'entrata in vigore delle disposizioni di cui al comma 4 è subordinata all'approvazione degli strumenti urbanistici adeguati al piano paesaggistico, ai sensi dell'articolo 145, commi 3 e 4.

6. Il piano può anche subordinare l'entrata in vigore delle disposizioni che consentono la realizzazione di interventi senza autorizzazione paesaggistica, ai sensi del comma 4, all'esito positivo di un periodo di monitoraggio che verifichi l'effettiva conformità alle previsioni vigenti delle trasformazioni del territorio realizzate.

7. Il piano prevede comunque che nelle aree di cui al comma 4, lettera *a*), siano effettuati controlli a campione sugli interventi realizzati e che l'accertamento di significative violazioni delle previsioni vigenti determini la reintroduzione dell'obbligo dell'autorizzazione di cui agli articoli 146 e 147, relativamente ai comuni nei quali si sono rilevate le violazioni.

8. Il piano paesaggistico può individuare anche linee-guida prioritarie per progetti di conservazione, recupero, riqualificazione, valorizzazione e gestione di aree regionali, indicandone gli strumenti di attuazione, comprese le misure incentivanti.

9. A far data dall'adozione del piano paesaggistico non sono consentiti, sugli immobili e nelle aree di cui all'articolo 134, interventi in contrasto con le prescrizioni di tutela previste nel piano stesso. A far data dalla approvazione del piano le relative previsioni e prescrizioni sono immediatamente cogenti e prevalenti sulle previsioni dei piani territoriali ed urbanistici.

(1) *Articolo sostituito dall'art. 13 d.lgs. 24 marzo 2006, n. 157 e successivamente dall'art. 2, comma 1, lett.* p) *d.lgs. 26 marzo 2008, n. 63.*

144 Pubblicità e partecipazione.

1. Nei procedimenti di approvazione dei piani paesaggistici sono assicurate la concertazione istituzionale, la partecipazione dei soggetti interessati e delle associazioni portatrici di interessi diffusi, individuate ai sensi delle vigenti disposizioni in materia di ambiente e danno ambientale, e ampie forme di pubblicità. A tale fine le regioni disciplinano mediante apposite norme di legge i procedimenti di pianificazione paesaggistica, anche in riferimento ad ulteriori forme di partecipazione, informazione e comunicazione (1).

2. Fatto salvo quanto disposto all'articolo 143, comma 9, il piano paesaggistico diviene efficace il giorno successivo a quello della sua pubblicazione nel Bollettino ufficiale della regione (2).

(1) *Comma modificato dall'art. 14 d.lgs. 24 marzo 2006, n. 157 e successivamente dall'art. 2, comma 1, lett.* q) *d.lgs. 26 marzo 2008, n. 63.*

(2) *Comma sostituito dall'art. 14 d.lgs. n. 157, cit. e successivamente dall'art. 2, comma 1, lett.* q) *d.lgs. n. 63, cit.*

145 Coordinamento della pianificazione paesaggistica con altri strumenti di pianificazione.

1. La individuazione, da parte del Ministero, delle linee fondamentali dell'assetto del territorio nazionale per quanto riguarda la tutela del paesaggio, con finalità di indirizzo della pianificazione, costituisce compito di rilievo nazionale, ai sensi delle vigenti disposizioni in materia di principi e criteri direttivi per il conferimento di funzioni e compiti alle regioni ed enti locali (1).

2. I piani paesaggistici possono prevedere misure di coordinamento con gli strumenti di pianificazione territoriale e di settore, nonché con i piani, programmi e progetti nazionali e regionali di sviluppo economico (2).

3. Le previsioni dei piani paesaggistici di cui agli articoli 143 e 156 non sono derogabili da parte di piani, programmi e progetti nazionali o regionali di sviluppo economico, sono cogenti per gli strumenti urbanistici dei comuni, delle città metropolitane e delle province, sono immediatamente prevalenti sulle disposizioni difformi eventualmente contenute negli strumenti urbanistici stabiliscono norme di salvaguardia applicabili in attesa dell'adeguamento degli strumenti urbanistici e sono altresì vincolanti per gli interventi settoriali. Per quanto attiene alla tutela del paesaggio, le disposizioni dei piani paesaggistici sono comunque prevalenti sulle disposizioni contenute negli atti di pianificazione, ad incidenza territoriale previsti dalle normative di settore, ivi compresi quelli degli enti gestori delle aree naturali protette (2).

4. I comuni, le città metropolitane, le province e gli enti gestori delle aree naturali protette conformano o adeguano gli strumenti di pianificazione urbanistica e territoriale alle previsioni dei piani paesaggistici, secondo le procedure previste dalla regionale, entro i termini stabiliti dai piani medesimi e comunque non oltre due anni dalla loro approvazione. I limiti alla proprietà derivanti da tali previsioni non sono oggetto di indennizzo (3).

5. La regione disciplina il procedimento di conformazione ed adeguamento degli strumenti urbanistici alle previsioni della pianificazione paesaggistica, assicurando la partecipazione degli organi ministeriali al procedimento medesimo.

(1) *Comma modificato dall'art. 2, comma 1, lett.* r) *d.lgs. 26 marzo 2008, n. 63.*
(2) *Comma modificato dall'art. 15 d.lgs. 24 marzo 2006, n. 157, e successivamente dall'art. 2, comma 1, lett.* r) *d.lgs. n. 63, cit.*
(3) *Comma sostituito dall'art. 2, comma 1, lett.* r) *d.lgs. n. 63, cit.*

CAPO IV
Controllo e gestione dei beni soggetti a tutela

146 Autorizzazione (1).

1. I proprietari, possessori o detentori a qualsiasi titolo di immobili ed aree di interesse paesaggistico, tutelati dalla legge, a termini dell'articolo 142, o in base alla legge, a termini degli articoli 136, 143, comma 1, lettera *d*), e 157, non possono distruggerli, né introdurvi modificazioni che rechino pregiudizio ai valori paesaggistici oggetto di protezione.

2. I soggetti di cui al comma 1 hanno l'obbligo di presentare alle amministrazioni competenti il progetto degli interventi che intendano intraprendere, corredato della prescritta documentazione, ed astenersi dall'avviare i lavori fino a quando non ne abbiano ottenuta l'autorizzazione.

3. La documentazione a corredo del progetto è preordinata alla verifica della compatibilità fra interesse paesaggistico tutelato ed intervento progettato. Essa è individuata, su proposta del Ministro, con decreto del Presidente del Consiglio dei Ministri, d'intesa con la Conferenza Stato-regioni, e può essere aggiornata o integrata con il medesimo procedimento.

4. L'autorizzazione paesaggistica costituisce atto autonomo e presupposto rispetto al permesso di costruire o agli altri titoli legittimanti l'intervento urbanistico-edilizio. Fuori dai casi di cui all'articolo 167, commi 4 e 5, l'autorizzazione non può essere rilasciata in sanatoria successivamente alla realizzazione, anche parziale, degli interventi. L'autorizzazione è efficace per un periodo di cinque anni, scaduto il quale l'esecuzione dei progettati lavori deve essere sottoposta a nuova autorizzazione. I lavori iniziati nel corso del quinquennio di efficacia dell'autorizzazione possono essere conclusi entro e non oltre l'anno successivo la scadenza del quinquennio medesimo. Il termine di efficacia dell'autorizzazione decorre dal giorno in cui acquista efficacia il titolo edilizio eventualmente necessario per la realizzazione dell'intervento, a meno che il ritardo in ordine al rilascio e alla conseguente efficacia di quest'ultimo non sia dipeso da circostanze imputabili all'interessato (2).

5. Sull'istanza di autorizzazione paesaggistica si pronuncia la regione, dopo avere acquisito il parere vincolante del soprintendente in relazione agli interventi da eseguirsi su immobili ed aree sottoposti a tutela dalla legge o in base alla legge, ai sensi del comma 1, salvo quanto disposto all'articolo 143, commi 4 e 5. Il parere del soprintendente, all'esito dell'approvazione delle prescrizioni d'uso dei beni paesaggistici tutelati, predisposte ai sensi degli articoli 140, comma 2, 141, comma 1, 141-*bis* e 143, comma 1, lettere *b), c)* e *d),* nonché della positiva verifica da parte del Ministero, su richiesta della regione interessata, dell'avvenuto adeguamento degli strumenti urbanistici, assume natura obbligatoria non vincolante ed è reso nel rispetto delle previsioni e delle prescrizioni del piano paesaggistico, entro il termine di quarantacinque giorni dalla ricezione degli atti, decorsi i quali l'amministrazione competente provvede sulla domanda di autorizzazione (3).

6. La regione esercita la funzione autorizzatoria in materia di paesaggio avvalendosi di propri uffici dotati di adeguate competenze tecnico-scientifiche e idonee risorse strumentali. Può tuttavia delegarne l'esercizio, per i rispettivi territori, a province, a forme associative e di cooperazione fra enti locali come definite dalle vigenti disposizioni sull'ordinamento degli enti locali, agli enti parco, ovvero a comuni, purché gli enti destinatari della delega dispongano di strutture in grado di assicurare un adeguato livello di competenze tecnico-scientifiche nonché di garantire la differenziazione tra attività di tutela paesaggistica ed esercizio di funzioni amministrative in materia urbanistico-edilizia (4).

7. L'amministrazione competente al rilascio dell'autorizzazione paesaggistica, ricevuta l'istanza dell'interessato, verifica se ricorrono i presupposti per l'applicazione dell'articolo 149, comma 1, alla stregua dei criteri fissati ai sensi degli articoli 140, comma 2, 141, comma 1, 141-*bis* e 143, comma 1, lettere *b*), *c*) e *d*). Qualora detti presupposti non ricorrano, l'amministrazione verifica se l'istanza stessa sia corredata della documentazione di cui al comma 3, provvedendo, ove necessario, a richiedere le opportune integrazioni e a svolgere gli accertamenti del caso. Entro quaranta giorni dalla ricezione dell'istanza, l'amministrazione effettua gli accertamenti circa la conformità dell'intervento proposto con le prescrizioni contenute nei provvedimenti di dichiarazione di interesse pubblico e nei piani paesaggistici e trasmette al soprintendente la documentazione presentata dall'interessato, accompagnandola con una relazione tecnica illustrativa nonché con una proposta di provvedimento, e dà comunicazione all'interessato dell'inizio del procedimento e dell'avvenuta trasmissione degli atti al soprintendente, ai sensi delle vigenti disposizioni di legge in materia di procedimento amministrativo (4).

8. Il soprintendente rende il parere di cui al comma 5, limitatamente alla compatibilità paesaggistica del progettato intervento nel suo complesso ed alla conformità dello stesso alle disposizioni contenute nel piano paesaggistico ovvero alla specifica disciplina di cui all'articolo 140, comma 2, entro il termine di quarantacinque giorni dalla ricezione degli atti. Il soprintendente, in caso di parere negativo, comunica agli interessati il preavviso di provvedimento negativo ai sensi dell'articolo 10-*bis* della legge 7 agosto 1990, n. 241. Entro venti giorni dalla ricezione del parere, l'amministrazione provvede in conformità (4).

9. [Decorso inutilmente il termine di cui al primo periodo del comma 8 senza che il soprintendente abbia reso il prescritto parere, l'amministrazione competente può indire una conferenza di servizi, alla quale il

soprintendente partecipa o fa pervenire il parere scritto]. [La conferenza si pronuncia entro il termine perentorio di quindici giorni]. Decorsi inutilmente sessanta giorni dalla ricezione degli atti da parte del soprintendente senza che questi abbia reso il prescritto parere, l'amministrazione competente provvede comunque sulla domanda di autorizzazione. Con regolamento da emanarsi ai sensi dell'articolo 17, comma 2, della legge 23 agosto 1988, n. 400, entro il 31 dicembre 2008, su proposta del Ministro d'intesa con la Conferenza unificata, salvo quanto previsto dall'articolo 3 del decreto legislativo 28 agosto 1997, n. 281, sono stabilite procedure semplificate per il rilascio dell'autorizzazione in relazione ad interventi di lieve entità in base a criteri di snellimento e concentrazione dei procedimenti, ferme, comunque, le esclusioni di cui agli articoli 19, comma 1 e 20, comma 4 della legge 7 agosto 1990, n. 241 e successive modificazioni (5).

10. Decorso inutilmente il termine indicato all'ultimo periodo del comma 8 senza che l'amministrazione si sia pronunciata, l'interessato può richiedere l'autorizzazione in via sostitutiva alla regione, che vi provvede, anche mediante un commissario ad acta, entro sessanta giorni dal ricevimento della richiesta. Qualora la regione non abbia delegato gli enti indicati al comma 6 al rilascio dell'autorizzazione paesaggistica, e sia essa stessa inadempiente, la richiesta del rilascio in via sostitutiva è presentata al soprintendente.

11. L'autorizzazione paesaggistica [diventa efficace decorsi trenta giorni dal suo rilascio ed] è trasmessa, senza indugio, alla soprintendenza che ha reso il parere nel corso del procedimento, nonché, unitamente allo stesso parere, alla regione ovvero agli altri enti pubblici territoriali interessati e, ove esistente, all'ente parco nel cui territorio si trova l'immobile o l'area sottoposti al vincolo (5).

12. L'autorizzazione paesaggistica è impugnabile, con ricorso al tribunale amministrativo regionale o con ricorso straordinario al Presidente della Repubblica, dalle associazioni portatrici di interessi diffusi individuate ai sensi delle vigenti disposizioni di legge in materia di ambiente e danno ambientale, e da qualsiasi altro soggetto pubblico o privato che ne abbia interesse. Le sentenze e le ordinanze del Tribunale amministrativo regionale possono essere appellate dai medesimi soggetti, anche se non abbiano proposto ricorso di primo grado.

13. Presso ogni amministrazione competente al rilascio dell'autorizzazione paesaggistica è istituito un elenco delle autorizzazioni rilasciate, aggiornato almeno ogni trenta giorni e liberamente consultabile, anche per via telematica, in cui è indicata la data di rilascio di ciascuna autorizzazione, con la annotazione sintetica del relativo oggetto. Copia dell'elenco è trasmessa trimestralmente alla regione e alla soprintendenza, ai fini dell'esercizio delle funzioni di vigilanza.

14. Le disposizioni dei commi da 1 a 13 si applicano anche alle istanze concernenti le attività di coltivazione di cave e torbiere nonché per le attività minerarie di ricerca ed estrazione incidenti sui beni di cui all'articolo 134 (6).

[15. Le disposizioni dei commi 6, 7, 8, 9, 10, 11 e 13 non si applicano alle autorizzazioni per le attività minerarie di ricerca ed estrazione. Per tali attività restano ferme le potestà del Ministero dell'ambiente e della tutela del territorio e del mare, ai sensi della normativa in materia, che sono esercitate tenendo conto delle valutazioni espresse, per quanto attiene ai profili paesaggistici, dal soprintendente competente. Il soprintendente si pronuncia entro trenta giorni dalla ricezione della richiesta, corredata della necessaria documentazione tecnica, da parte del Ministero dell'ambiente e della tutela del territorio e del mare.] (7).

16. Dall'attuazione del presente articolo non devono derivare nuovi o maggiori oneri a carico della finanza pubblica.

(1) *Articolo sostituito dapprima dall'art. 16 d.lgs. 24 marzo 2006, n. 157, e successivamente dall'art. 2, comma 1, lett.* s) *d.lgs. 26 marzo 2008, n. 63.*

Ai sensi dell'art. 6, comma 4, d.l. 12 settembre 2014, n. 133, conv., con modif., in l. 11 novembre 2014, n. 164, in deroga al presente articolo, non sono soggette ad autorizzazione paesaggistica l'installazione o la modifica di impianti delle reti di comunicazione elettronica o di impianti radioelettrici, da eseguire su edifici e tralicci preesistenti, che comportino la realizzazione di pali di supporto per antenne di altezza non superiore a 1,5 metri e superficie delle medesime antenne non superiore a 0,5 metri quadrati. Resta ferma l'applicazione degli articoli 20 e seguenti del presente codice.

Per l'individuazione degli interventi esclusi dall'autorizzazione paesaggistica o sottoposti a procedura autorizzatoria semplificata, v. d.P.R. 13 febbraio 2017, n. 31 (G.U. 22 marzo 2017, n. 68), Regolamento recante individuazione degli interventi esclusi dall'autorizzazione paesaggistica o sottoposti a procedura autorizzatoria semplificata (v. *infra*, sub *V, 29*).

(2) *Comma modificato dall'art. 4, comma 16, lettera* e), *del d.l. 13 maggio 2011, n. 70, conv., con modif., dalla l. 12 luglio 2011, n. 106, e dall'art. 39, comma 1, lett.* b), *n. 1), d.l. 21 giugno 2013, n. 69, conv., con modif., in l. 9 agosto 2013, n. 98, dall'art. 3-*quater, *comma 1, d.l. 8 agosto 2013, n. 91, conv., con modif., in l. 7 ottobre 2013, n. 112, e da ultimo, dall'art. 12, comma 1, lett.* a), *d.l. 31 maggio 2014, n. 83, conv., con modif., in l. 29 luglio 2014, n. 106.*

(3) *Comma modificato dall'art. 4, comma 16, lett.* e), *d.l. 13 maggio 2011, n. 70, e successivamente dall'art. 39, comma 1, lett.* b), *n. 2), d.l. 21 giugno 2013, n. 69, conv. con modif., in l. 9 agosto 2013, n. 98.*

(4) *Comma modificato dall'art. 4, comma 16, lett.* e), *del d.l. 13 maggio 2011, n. 70, conv., con modif., in l. 12 luglio 2011, n. 106. V. inoltre nota 1 sub art. 21 per quanto disposto dall'art. 55, comma 1, lett.* a), *n. 5) d.l. 31 maggio 2021, n. 77, conv., con modif., in l. 29 luglio 2021, n. 108.*

(5) *Comma modificato dall'art. 25, comma 3, d.l. 12 settembre 2014, n. 133, conv., con modif., in l. 11 novembre 2014, n. 164.*

(6) *Comma sostituito dall'art. 4, comma 16, lett.* e), *d.l. 13 maggio 2011, n. 70, conv., con modif., in l. 12 luglio 2011, n. 106.*

(7) *Comma abrogato dall'art. 4, comma 16, lett.* e), *d.l. 13 maggio 2011, n. 70, conv., con modif., in l. 12 luglio 2011, n. 106.*

147 Autorizzazione per opere da eseguirsi da parte di amministrazioni statali.

1. Qualora la richiesta di autorizzazione prevista dall'articolo 146 riguardi opere da eseguirsi da parte di amministrazioni statali, ivi compresi gli alloggi di servizio per il personale militare, l'autorizzazione viene rilasciata in esito ad una conferenza di servizi indetta ai sensi delle vigenti disposizioni di legge in materia di procedimento amministrativo (1).

2. Per i progetti di opere comunque soggetti a valutazione di impatto ambientale a norma delle vigenti disposizioni di legge in materia di ambiente e danno ambientale e da eseguirsi da parte di amministrazioni statali, si applica l'articolo 26. I progetti sono corredati della documentazione prevista dal comma 3 dell'articolo 146 (2).

3. Entro sei mesi dalla data di entrata in vigore del presente codice, con decreto del Presidente del Consiglio dei ministri, su proposta del Ministero, d'intesa

con il Ministero della difesa e con le altre amministrazioni statali interessate, sono individuate le modalità di valutazione congiunta e preventiva della localizzazione delle opere di difesa nazionale che incidano su immobili o aree sottoposti a tutela paesaggistica.

(1) *Comma modificato dall'art. 2, comma 1, lett.* t) *d.lgs. 26 marzo 2008, n. 63.*

(2) *Comma modificato dall'art. 17 d.lgs. 24 marzo 2006, n. 157 e successivamente dall'art. 2, comma 1, lett.* t) *d.lgs. n. 63, cit.*

148 Commissioni locali per il paesaggio (1).

1. Le regioni promuovono l'istituzione e disciplinano il funzionamento delle commissioni per il paesaggio di supporto ai soggetti ai quali sono delegate le competenze in materia di autorizzazione paesaggistica, ai sensi dell'articolo 146, comma 6 (2).

2. Le commissioni sono composte da soggetti con particolare, pluriennale e qualificata esperienza nella tutela del paesaggio (2).

3. Le commissioni esprimono pareri nel corso dei procedimenti autorizzatori previsti dagli articoli 146, comma 7, 147 e 159 (2).

4. (3).

(1) *Articolo sostituito dall'art. 18 d.lgs. 24 marzo 2006, n. 157.*

(2) *Comma modificato dall'art. 2, comma 1, lett.* u) *d.lgs. 26 marzo 2008, n. 63.*

(3) *Comma soppresso dall'art. 2, comma 1, lett.* u) *d.lgs. n. 63, cit.*

149 Interventi non soggetti ad autorizzazione.

1. Fatta salva l'applicazione dell'articolo 146, comma 4, lettera *a*) non è comunque richiesta l'autorizzazione prescritta dall'articolo 146, dall'articolo 147 e dall'articolo 159 (1):

a) per gli interventi di manutenzione ordinaria, straordinaria, di consolidamento statico e di restauro conservativo che non alterino lo stato dei luoghi e l'aspetto esteriore degli edifici;

b) per gli interventi inerenti l'esercizio dell'attività agro-silvo-pastorale che non comportino alterazione permanente dello stato dei luoghi con costruzioni edilizie ed altre opere civili, e sempre che si tratti di attività ed opere che non alterino l'assetto idrogeologico del territorio;

c) per il taglio colturale, la forestazione, la riforestazione, le opere di bonifica, antincendio e di conservazione da eseguirsi nei boschi e nelle foreste indicati dall'articolo 142, comma 1, lettera *g*), purché previsti ed autorizzati in base alla normativa in materia.

(1) *Alinea modificato dall'art. 19 d.lgs. 24 marzo 2006, n. 157 e successivamente dall'art. 2, comma 1, lett.* v) *d.lgs. 26 marzo 2008, n. 63.*

150 Inibizione o sospensione dei lavori.

1. Indipendentemente dall'avvenuta pubblicazione all'albo pretorio prevista dagli articoli 139 e 141, ovvero dall'avvenuta comunicazione prescritta dall'articolo 139, comma 3, la regione o il Ministero hanno facoltà di (1):

a) inibire che si eseguano lavori senza autorizzazione o comunque capaci di recare pregiudizio al paesaggio (2);

b) ordinare, anche quando non sia intervenuta la diffida prevista alla lettera *a*), la sospensione di lavori iniziati.

2. L'inibizione o sospensione dei lavori disposta ai sensi del comma 1 cessa di avere efficacia se entro il termine di novanta giorni non sia stata effettuata la pubblicazione all'albo pretorio della proposta di dichiarazione di notevole interesse pubblico di cui all'articolo 138 o all'articolo 141, ovvero non sia stata ricevuta dagli interessati la comunicazione prevista dall'articolo 139, comma 3 (3).

3. (4).

4. I provvedimenti indicati ai commi precedenti sono comunicati anche al comune interessato.

(1) *Alinea modificato dall'art. 20, comma 1, lett.* a) *d.lgs. 24 marzo 2006, n. 157 e successivamente dall'art. 2, comma 1, lett.* z) *d.lgs. 26 marzo 2008, n. 63.*

(2) *Lettera modificata dall'art. 20, comma 1, lett.* b) *d.lgs. n. 157, cit.*

(3) *Comma modificato dall'art. 20, comma 1, lett.* c) *d.lgs. n. 157, cit. e successivamente dall'art. 2, comma 1, lett.* z) *d.lgs. n. 63, cit.*

(4) *Comma dapprima modificato dall'art. 20, comma 1, lett.* d) *d.lgs. 24 marzo 2006, n. 157 e successivamente abrogato dall'art. 2, comma 1, lett.* z) *d.lgs. n. 63, cit.*

151 Rimborso spese a seguito della sospensione dei lavori.

1. Qualora sia stata ordinata, senza la intimazione della preventiva diffida prevista dall'articolo 150, comma 1, lettera *a*), la sospensione di lavori su immobili ed aree di cui non sia stato in precedenza dichiarato il notevole interesse pubblico, ai sensi degli articoli 136, 143, comma 1, lettera *d*), e 157, l'interessato può ottenere il rimborso delle spese sostenute sino al momento della notificata sospensione. Le opere già eseguite sono demolite a spese dell'autorità che ha disposto la sospensione (1).

(1) *Comma modificato dall'art. 2, comma 1, lett.* aa) *d.lgs. 26 marzo 2008, n. 63.*

152 Interventi soggetti a particolari prescrizioni.

1. Nel caso di aperture di strade e di cave, di posa di condotte per impianti industriali e civili e di palificazioni nell'ambito e in vista delle aree indicate alle lettere *c*) e *d*) del comma 1 dell'articolo 136 ovvero in prossimità degli immobili indicati alle lettere *a*) e *b*) del comma 1 dello stesso articolo, l'amministrazione competente, su parere vincolante, salvo quanto previsto dall'articolo 146, comma 5, del soprintendente, o il Ministero, tenuto conto della funzione economica delle opere già realizzate o da realizzare, hanno facoltà di prescrivere le distanze, le misure e le varianti ai progetti in corso d'esecuzione, idonee comunque ad assicurare la conservazione dei valori espressi dai beni protetti ai sensi delle disposizioni del presente Titolo. Decorsi inutilmente i termini previsti dall'articolo 146, comma 8, senza che sia stato reso il prescritto parere, l'amministrazione competente procede ai sensi del comma 9 del medesimo

articolo 146. [La medesima facoltà spetta al Ministero, che la esercita previa consultazione della regione] (1).

2. (2).

(1) *Comma sostituito dall'art. 21, comma 1, lett.* a) *d.lgs. 24 marzo 2006, n. 157 e successivamente modificato dall'art. 2, comma 1, lett.* bb) *d.lgs. 26 marzo 2008, n. 63.*

(2) *Comma dapprima modificato dall'art. 21, comma 1, lett.* b) *d.lgs. n. 157, cit. e successivamente abrogato dall'art. 2, comma 1, lett.* bb) *d.lgs. n. 63, cit.*

153 Cartelli pubblicitari.

1. Nell'ambito e in prossimità dei beni paesaggistici indicati nell'articolo 134 è vietata la posa in opera di cartelli o albi mezzi pubblicitari se non previa autorizzazione dell'amministrazione competente, che provvede su parere vincolante, salvo quanto previsto dall'articolo 146, comma 5, del soprintendente. Decorsi inutilmente i termini previsti dall'articolo 146, comma 8, senza che sia stato reso il prescritto parere, l'amministrazione competente procede ai sensi del comma 9 del medesimo articolo 146 (1).

2. Lungo le strade site nell'ambito e in prossimità dei beni indicati nel comma 1 è vietata la posa in opera di cartelli o altri mezzi pubblicitari, salvo autorizzazione rilasciata ai sensi della normativa in materia di circolazione stradale e di pubblicità sulle strade e sui veicoli, previo parere favorevole del soprintendente sulla compatibilità della collocazione o della tipologia del meno pubblicitario con i valori paesaggistici degli immobili o delle aree soggetti a tutela (1).

(1) *Comma modificato dall'art. 2, comma 1, lett.* cc) *d.lgs. 26 marzo 2008, n. 63.*

154 Colore delle facciate dei fabbricati (1).

1. Qualora la tinteggiatura delle facciate dei fabbricati siti nelle aree contemplate dalle lettere *c*) e *d*) dell'articolo 136, comma 1, o dalla lettera *m*) dell'articolo 142, comma 1, sia sottoposta all'obbligo della preventiva autorizzazione, in base alle disposizioni degli articoli 146 e 149, comma 1, lettera *a*), l'amministrazione competente, su parere vincolante, salvo quanto previsto dall'articolo 146, comma 5, del soprintendente, o il Ministero, possono ordinare che alle facciate medesime sia dato un colore che armonizzi con la bellezza d'insieme.

2. Qualora i proprietari, possessori o detentori degli immobili di cui al comma 1 non ottemperino, entro i termini stabiliti, alle prescrizioni loro impartite, l'amministrazione competente, o il soprintendente, provvede all'esecuzione d'ufficio.

3. Nei confronti degli immobili di cui all'articolo 10, comma 3, lettere *a*) e *d*), dichiarati di interesse culturale ai sensi dell'articolo 13, e degli immobili di cui al comma 1 del medesimo articolo 10 valgono le disposizioni della Parte seconda del presente codice.

(1) *Articolo modificato dall'art. 22 d.lgs. 24 marzo 2006, n. 157 e successivamente sostituito dall'art. 2, comma 1, lett.* dd) *d.lgs. 26 marzo 2008, n. 63.*

155 Vigilanza.

1. Le funzioni di vigilanza sui beni paesaggistici tutelati da questo Titolo sono esercitate dal Ministero e dalle regioni.

2. Le regioni vigilano sull'ottemperanza alle disposizioni contenute nel presente decreto legislativo da parte delle amministrazioni da loro individuate per l'esercizio delle competenze in materia di paesaggio. L'inottemperanza o la persistente inerzia nell'esercizio di tali competenze comporta l'attivazione dei poteri sostitutivi da parte del Ministero (1).

2-*bis*. Tutti gli atti di pianificazione urbanistica o territoriale si conformano ai principi di uso consapevole del territorio e di salvaguardia delle caratteristiche paesaggistiche dei vari contesti (2).

2-*ter*. Gli atti di pianificazione urbanistica o territoriale che ricomprendano beni paesaggistici sono impugnabili, ai fini del presente codice, ai sensi dell'articolo 146, comma 12 (2).

(1) *Comma modificato dall'art. 23 d.lgs. 24 marzo 2006, n. 157.*

(2) *Comma aggiunto dall'art. 2, comma 1, lett.* ee) *d.lgs. 26 marzo 2008, n. 63.*

CAPO V
Disposizioni di prima applicazione e transitorie

156 Verifica ed adeguamento dei piani paesaggistici (1).

1. Entro il 31 dicembre 2009, le regioni che hanno redatto piani paesaggistici verificano la conformità tra le disposizioni dei predetti piani e le previsioni dell'articolo 143 e provvedono ai necessari adeguamenti. Decorso inutilmente il termine sopraindicato il Ministero provvede in via sostitutiva ai sensi dell'articolo 5, comma 7 (2).

2. Entro centottanta giorni dalla data di entrata in vigore del presente codice, il Ministero, d'intesa con la Conferenza Stato-regioni, predispone uno schema generale di convenzione con le regioni in cui vengono stabilite le metodologie e le procedure di ricognizione, analisi, censimento e catalogazione degli immobili e delle aree oggetto di tutela, ivi comprese le tecniche per la loro rappresentazione cartografica e le caratteristiche atte ad assicurare la interoperabilità dei sistemi informativi.

3. Le regioni e il Ministero, in conformità a quanto stabilito dall'articolo 135, possono stipulare intese, ai sensi dell'articolo 143, comma 2, per disciplinare lo svolgimento congiunto della verifica e dell'adeguamento dei piani paesaggistici. Nell'intesa è stabilito il termine entro il quale devono essere completati la verifica e l'adeguamento, nonché il termine entro il quale la regione approva il piano adeguato. Il piano adeguato è oggetto di accordo fra il Ministero e la regione, ai sensi dell'articolo 15 della legge 7 agosto 1990, n. 241, e dalla data della sua adozione vigono le misure di salvaguardia di cui all'articolo 143, comma 9. Qualora all'adozione del piano non consegua la sua approvazione da parte della regione, entro i termini stabiliti dall'accordo, il piano medesimo è approvato in via sostitutiva con decreto del Ministro (2).

4. Qualora l'intesa di cui al comma 3 non venga stipulata, ovvero ad essa non segua l'accordo procedimentale sul contenuto del piano adeguato, non trova applicazione quanto previsto dai commi 4 e 5 dell'articolo 143.

(1) *Articolo sostituito dall'art. 24 d.lgs. 24 marzo 2006, n. 157.*
(2) *Comma modificato dall'art. 2, comma 1, lett.* ff) *d.lgs. 26 marzo 2008, n. 63.*

157 Notifiche eseguite, elenchi compilati, provvedimenti e atti emessi ai sensi della normativa previgente.

1. Conservano efficacia a tutti gli effetti (1):

a) le dichiarazioni di importante interesse pubblico delle bellezze naturali o panoramiche, notificate in base alla legge 11 giugno 1922, n. 778 (2);

b) gli elenchi compilati ai sensi della legge 29 giugno 1939, n. 1497;

c) le dichiarazioni di notevole interesse pubblico notificate ai sensi della legge 29 giugno 1939, n. 1497 (2);

d) i provvedimenti di riconoscimento delle zone di interesse archeologico emessi ai sensi dell'articolo 82, quinto comma, del decreto del Presidente della Repubblica 24 luglio 1977, n. 616, aggiunto dall'articolo 1 del decreto legge 27 giugno 1985, n. 311, convertito con modificazioni nella legge 8 agosto 1985, n. 431 (3);

d-bis) gli elenchi compilati ovvero integrati ai sensi del decreto legislativo 29 ottobre 1999, n. 490 (4);

e) le dichiarazioni di notevole interesse pubblico notificate ai sensi del decreto legislativo 29 ottobre 1999, n. 490 (5);

f) i provvedimenti di riconoscimento delle zone di interesse archeologico emessi ai sensi del decreto legislativo 29 ottobre 1999, n. 490 (6);

f-bis) i provvedimenti emanati ai sensi dell'articolo 1-*ter* del decreto-legge 27 giugno 1985, n. 312, convertito, con modificazioni, dalla legge 8 agosto 1985, n. 431 (7).

2. Le disposizioni della presente Parte si applicano anche agli immobili ed alle aree in ordine ai quali, alla data di entrata in vigore del presente codice, sia stata formulata la proposta ovvero definita la perimetrazione ai fini della dichiarazione di notevole interesse pubblico o del riconoscimento quali zone di interesse archeologico.

(1) *Alinea sostituito dall'art. 2, comma 1, lett.* gg) *d.lgs. 26 marzo 2008, n. 63.*
(2) *Lettera modificata dall'art. 2, comma 1, lett.* gg) *d.lgs. n. 63, cit.*
(3) *Lettera modificata dall'art. 25 d.lgs. 24 marzo 2006, n. 157.*
(4) *Lettera aggiunta dall'art. 2, comma 1, lett.* gg) *d.lgs. n. 63, cit.*
(5) *Lettera modificata dall'art. 2, comma 1, lett.* gg) *d.lgs. n. 63, cit.*
(6) *Lettera modificata dall'art. 25 d.lgs. n. 157, cit.*
(7) *Lettera inserita dall'art. 25 d.lgs. n. 157, cit.*

158 Disposizioni regionali di attuazione.

1. Fino all'emanazione di apposite disposizioni regionali di attuazione del presente codice restano in vigore, in quanto applicabili, le disposizioni del regolamento approvato con regio decreto 3 giugno 1940, n. 1357.

159 Regime transitorio in materia di autorizzazione paesaggistica (1).

1. Fino al 31 dicembre 2009 il procedimento rivolto al rilascio dell'autorizzazione paesaggistica è disciplinato secondo il regime transitorio di cui al presente articolo. La disciplina dettata al capo IV si applica anche ai procedimenti di rilascio dell'autorizzazione paesaggistica che alla data del 31 dicembre 2009 non si siano ancora conclusi con l'emanazione della relativa autorizzazione o approvazione. Entro tale data le regioni provvedono a verificare la sussistenza, nei soggetti delegati all'esercizio della funzione autorizzatoria in materia di paesaggio, dei requisiti di organizzazione e di competenza tecnico-scientifica stabiliti dall'articolo 146, comma 6, apportando le eventuali necessarie modificazioni all'assetto della funzione delegata. Il mancato adempimento, da parte delle regioni, di quanto prescritto al precedente periodo determina la decadenza delle deleghe in essere alla data del 31 dicembre 2009 (2).

2. L'amministrazione competente al rilascio dell'autorizzazione dà immediata comunicazione alla soprintendenza delle autorizzazioni rilasciate, trasmettendo la documentazione prodotta dall'interessato nonché le risultanze degli accertamenti eventualmente esperiti. La comunicazione è inviata contestualmente agli interessati, per i quali costituisce avviso di inizio di procedimento, ai sensi e per gli effetti della legge 7 agosto 1990, n. 241. Nella comunicazione alla soprintendenza l'Autorità competente al rilascio dell'autorizzazione attesta di avere eseguito il contestuale invio agli interessati. L'autorizzazione è rilasciata o negata entro il termine perentorio di sessanta giorni dalla relativa richiesta e costituisce comunque atto autonomo e presupposto della concessione edilizia o degli altri titoli legittimanti l'intervento edilizio. I lavori non possono essere iniziati in difetto di essa. In caso di richiesta di integrazione documentale o di accertamenti il termine è sospeso per una sola volta fino alla data di ricezione della documentazione richiesta ovvero fino alla data di effettuazione degli accertamenti.

3. La soprintendenza, se ritiene l'autorizzazione non conforme alle prescrizioni di tutela del paesaggio, dettate ai sensi del presente titolo, può annullarla, con provvedimento motivato, entro i sessanta giorni successivi alla ricezione della relativa, completa documentazione. Si applicano le disposizioni di cui all'articolo 6, comma 6-*bis*, del regolamento di cui al decreto del Ministro per i beni culturali e ambientali 13 giugno 1994, n. 495.

4. Decorso il termine di sessanta giorni dalla richiesta di autorizzazione è data facoltà agli interessati di richiedere l'autorizzazione stessa alla soprintendenza, che si pronuncia entro il termine di sessanta giorni dalla data di ricevimento. La richiesta, corredata dalla documentazione prescritta, è presentata alla soprintendenza e ne è data comunicazione alla amministrazione competente. In caso di richiesta di integrazione documentale o di accertamenti, il termine è sospeso per una sola volta fino alla data di ricezione della documentazione richiesta ovvero fino alla data di effettuazione degli accertamenti.

5. Si applicano le disposizioni di cui all'articolo 146, commi 1, 2 e 4.

6. I procedimenti di conformazione ed adeguamento degli strumenti urbanistici alle previsioni della pianificazione paesaggistica redatta a termini dell'articolo 143 o adeguata a termini dell'articolo 156, che alla data del 10 giugno 2008 non si siano ancora conclusi, sono regolati ai sensi dell'articolo 145, commi 3, 4 e 5.

7. Per i beni che alla data del 10 giugno 2008 siano oggetto di provvedimenti adottati ai sensi dell'articolo 1-*quinquies* del decreto-legge 27 giugno 1985, n. 312, convertito, con modificazioni, dalla legge 8 agosto 1985, n. 431, e pubblicati nella Gazzetta Ufficiale in data anteriore al 6 settembre 1985, l'autorizzazione può essere concessa solo dopo l'adozione dei provvedimenti integrativi di cui all'articolo 141-*bis*.

8. Sono fatti salvi gli atti, anche endoprocedimentali, ed i provvedimenti adottati dalla data di entrata in vigore del decreto legislativo 26 marzo 2008, n. 63, fino alla data di entrata in vigore della presente disposizione, in applicazione dell'articolo 159 del presente codice, nel testo vigente anteriormente alla data di entrata in vigore del decreto legislativo 26 marzo 2008, n. 63.

9. Nei confronti delle autorizzazioni paesaggistiche adottate dopo la data di entrata in vigore del decreto legislativo 26 marzo 2008, n. 63, e prima della data di entrata in vigore della presente disposizione, la soprintendenza, qualora non abbia già esercitato il potere di annullamento, può esercitare detto potere, ai sensi dei precedenti commi 2 e 3, entro i trenta giorni decorrenti dalla data di entrata in vigore della presente disposizione; qualora l'autorizzazione, corredata dalla relativa documentazione, sia stata rinviata dalla soprintendenza all'Autorità competente al rilascio dell'autorizzazione ai fini dell'applicazione dell'articolo 146, il predetto termine decorre dalla data in cui viene nuovamente trasmessa alla soprintendenza.

(1) *Articolo sostituito dall'art. 26 d.lgs. 24 marzo 2006, n. 157, dall'art. 2, comma 1, lett.* hh) *d.lgs. 26 marzo 2008, n. 63 e dall'art. 4-*quinquies*, comma 1 d.l. 3 giugno 2008, n. 97, conv., con modif., in l. 2 agosto 2008, n. 129.*

(2) *Comma modificato dall'art. 38, comma 1, d.l. 30 dicembre 2008, n. 207, conv., con modif., in l. 27 febbraio 2009, n. 14 e successivamente dall'art. 23, comma 6, d.l. 1° luglio 2009, n. 78, conv., con modif., in l. 3 agosto 2010, n. 102.*

PARTE IV
Sanzioni

TITOLO I
Sanzioni amministrative

CAPO I
Sanzioni relative alla Parte seconda

160 Ordine di reintegrazione.

1. Se per effetto della violazione degli obblighi di protezione e conservazione stabiliti dalle disposizioni del Capo III del Titolo I della Parte seconda il bene culturale subisce un danno, il Ministero ordina al responsabile l'esecuzione a sue spese delle opere necessarie alla reintegrazione.

2. Qualora le opere da disporre ai sensi del comma 1 abbiano rilievo urbanistico-edilizio l'avvio del procedimento e il provvedimento finale sono comunicati anche alla città metropolitana o al comune interessati.

3. In caso di inottemperanza all'ordine impartito ai sensi del comma 1, il Ministero provvede all'esecuzione d'ufficio a spese dell'obbligato. Al recupero delle somme relative si provvede nelle forme previste dalla normativa in materia di riscossione coattiva delle entrate patrimoniali dello Stato.

4. Quando la reintegrazione non sia possibile il responsabile è tenuto a corrispondere allo Stato una somma pari al valore della cosa perduta o alla diminuzione di valore subita dalla cosa.

5. Se la determinazione della somma, fatta dal Ministero, non è accettata dall'obbligato, la somma stessa è determinata da una commissione composta di tre membri da nominarsi uno dal Ministero, uno dall'obbligato e un terzo dal presidente del tribunale. Le spese relative sono anticipate dall'obbligato.

161 Danno a cose ritrovate.

1. Le misure previste nell'articolo 160 si applicano anche a chi cagiona un danno alle cose di cui all'articolo 91, trasgredendo agli obblighi indicati agli articoli 89 e 90.

162 Violazioni in materia di affissione.

1. Chiunque colloca cartelli o altri mezzi pubblicitari in violazione delle disposizioni di cui all'articolo 49 è punito con le sanzioni previste dall'articolo 23 del decreto legislativo 30 aprile 1992, n. 285 e successive modificazioni e integrazioni.

163 Perdita di beni culturali.

1. Se, per effetto della violazione degli obblighi stabiliti dalle disposizioni della sezione I del Capo IV e della sezione I del Capo V del Titolo I della Parte seconda, il bene culturale non sia più rintracciabile o risulti uscito dal territorio nazionale, il trasgressore è tenuto a corrispondere allo Stato una somma pari al valore del bene (1).

2. Se il fatto è imputabile a più persone queste sono tenute in solido al pagamento della somma.

3. Se la determinazione della somma fatta dal Ministero non è accettata dall'obbligato, la somma stessa è determinata da una commissione composta di tre membri da nominarsi uno dal Ministero, uno dall'obbligato e un terzo dal presidente del tribunale. Le spese relative sono anticipate dall'obbligato.

4. La determinazione della commissione è impugnabile in caso di errore o di manifesta iniquità.

(1) *Comma modificato dall'art. 3, comma 1, lett.* a) *d.lgs. 24 marzo 2006, n. 156.*

164 Violazioni in atti giuridici.

1. Le alienazioni, le convenzioni e gli atti giuridici in genere, compiuti contro i divieti stabiliti dalle disposizioni del Titolo I della Patte seconda, o senza l'osservanza delle condizioni e modalità da esse prescritte, sono nulli.

2. Resta salva la facoltà del Ministero di esercitare la prelazione ai sensi dell'articolo 61, comma 2.

165 Violazione di disposizioni in materia di circolazione internazionale.

1. Fuori dei casi di concorso nel delitto previsto dall'articolo 174, comma 1, chiunque trasferisce all'estero le cose o i beni indicati nell'articolo 10, in violazione delle disposizioni di cui alle sezioni I e II del Capo V del Titolo I della Parte seconda, è punito con la sanzione amministrativa del pagamento di una somma da euro 77,50 a euro 465.

166 Omessa restituzione di documenti per l'esportazione.

1. Chi, effettuata l'esportazione di un bene culturale al di fuori del territorio dell'Unione europea ai sensi del regolamento CE, non rende al competente ufficio di esportazione l'esemplare n. 3 del formulario previsto dal regolamento (CE) n. 1081/2012 della Commissione, del 9 novembre 2012, recante disposizioni d'applicazione del regolamento CE, è punito con la sanzione amministrativa del pagamento di una somma da euro 103,50 a euro 620 (1).

(1) *Comma modificato dall'art. 1, comma 9, d.lgs. 7 gennaio 2016, n. 2.*

CAPO II
Sanzioni relative alla Parte terza

167 Ordine di remissione in pristino o di versamento di indennità pecuniaria (1).

1. In caso di violazione degli obblighi e degli ordini previsti dal Titolo I della Parte terza, il trasgressore è sempre tenuto alla rimessione in pristino a proprie spese, fatto salvo quanto previsto al comma 4.

2. Con l'ordine di rimessione in pristino è assegnato al trasgressore un termine per provvedere.

3. In caso di inottemperanza, l'autorità amministrativa preposta alla tutela paesaggistica provvede d'ufficio per mezzo del prefetto e rende esecutoria la nota delle spese. Laddove l'autorità amministrativa preposta alla tutela paesaggistica non provveda d'ufficio, il direttore regionale competente, su richiesta della medesima autorità amministrativa ovvero, decorsi centottanta giorni dall'accertamento dell'illecito, previa diffida alla suddetta autorità competente a provvedervi nei successivi trenta giorni, procede alla demolizione avvalendosi dell'apposito servizio tecnico-operativo del Ministero, ovvero delle modalità previste dall'articolo 41 del decreto del Presidente della Repubblica 6 giugno 2001, n. 380, a seguito di apposita convenzione che può essere stipulata d'intesa tra il Ministero e il Ministero della difesa (2).

4. L'autorità amministrativa competente accerta la compatibilità paesaggistica, secondo le procedure di cui al comma 5, nei seguenti casi:

a) per i lavori, realizzati in assenza o difformità dall'autorizzazione paesaggistica, che non abbiano determinato creazione di superfici utili o volumi ovvero aumento di quelli legittimamente realizzati;

b) per l'impiego di materiali in difformità dall'autorizzazione paesaggistica;

c) per i lavori comunque configurabili quali interventi di manutenzione ordinaria o straordinaria ai sensi dell'articolo 3 del decreto del Presidente della Repubblica 6 giugno 2001, n. 380.

5. Il proprietario, possessore o detentore a qualsiasi titolo dell'immobile o dell'area interessati dagli interventi di cui al comma 4 presenta apposita domanda all'autorità preposta alla gestione del vincolo ai fini dell'accertamento della compatibilità paesaggistica degli interventi medesimi. L'autorità competente si pronuncia sulla domanda entro il termine perentorio di centottanta giorni, previo parere vincolante della soprintendenza da rendersi entro il termine perentorio di novanta giorni. Qualora venga accertata la compatibilità paesaggistica, il trasgressore è tenuto al pagamento di una somma equivalente al maggiore importo tra il danno arrecato e il profitto conseguito mediante la trasgressione.

L'importo della sanzione pecuniaria è determinato previa perizia di stima. In caso di rigetto della domanda si applica la sanzione demolitoria di cui al comma 1. La domanda di accertamento della compatibilità paesaggistica presentata ai sensi dell'articolo 181, comma 1-*quater*, si intende presentata anche ai sensi e per gli effetti di cui al presente comma.

6. Le somme riscosse per effetto dell'applicazione del comma 5, nonché per effetto dell'articolo 1, comma 37, lettera *b*), n. 1), della legge 15 dicembre 2004, n. 308, sono utilizzate, oltre che per l'esecuzione delle rimessioni in pristino di cui al comma 1, anche per finalità di salvaguardia nonché per interventi di recupero dei valori paesaggistici e di riqualificazione degli immobili e delle aree degradati o interessati dalle rimessioni in pristino. Per le medesime finalità possono essere utilizzate anche le somme derivanti dal recupero delle spese sostenute dall'amministrazione per l'esecuzione della rimessione in pristino in danno dei soggetti obbligati, ovvero altre somme a ciò destinate dalle amministrazioni competenti.

(1) *Articolo modificato dall'art. 1, comma 36, l. 15 dicembre 2004, n. 308 e successivamente sostituito dall'art. 27 d.lgs. 24 marzo 2006, n. 157.*

(2) *Comma modificato dall'art. 3, comma 1, lett.* a), *d.lgs. 26 marzo 2008, n. 63.*

168 Violazione in materia di affissione.

1. Chiunque colloca cartelli o altri mezzi pubblicitari in violazione delle disposizioni di cui all'articolo 153 è punito con le sanzioni previste dall'articolo 23 del decreto legislativo 30 aprile 1992, n. 285 e successive modificazioni.

TITOLO II
Sanzioni penali

CAPO I
Sanzioni relative alla Parte seconda

169 Opere illecite.

1. È punito con l'arresto da sei mesi ad un anno e con l'ammenda da euro 775 a euro 38.734,50:

a) chiunque senza autorizzazione demolisce, rimuove, modifica, restaura ovvero esegue opere di qualunque genere sui beni culturali indicati nell'articolo 10;

b) chiunque, senza l'autorizzazione del soprintendente, procede al distacco di affreschi, stemmi, graffiti, iscrizioni, tabernacoli ed altri ornamenti di edifici, esposti o non alla pubblica vista, anche se non vi sia stata la dichiarazione prevista dall'articolo 13;

c) chiunque esegue, in casi di assoluta urgenza, lavori provvisori indispensabili per evitare danni notevoli ai beni indicati nell'articolo 10, senza dame immediata comunicazione alla soprintendenza ovvero senza inviare, nel più breve tempo, i progetti dei lavori definitivi per l'autorizzazione.

2. La stessa pena prevista dal comma 1 si applica in caso di inosservanza dell'ordine di sospensione dei lavori impartito dal soprintendente ai sensi dell'articolo 28.

[170 Uso illecito.

1. È punito con l'arresto da sei mesi ad un anno e con l'ammenda da euro 775 a euro 38.734,50 chiunque destina i beni culturali indicati nell'articolo 10 ad uso incompatibile con il loro carattere storico od artistico o pregiudizievole per la loro conservazione o integrità] (1).

(1) *Articolo abrogato dall'art. 5, comma 2, lett.* b), *l. 9 marzo 2022, n. 22.*

171 Collocazione e rimozione illecita.

1. È punito con l'arresto da sei mesi ad un anno e con l'ammenda da euro 775 a euro 38.734,50 chiunque omette di fissare al luogo di loro destinazione, nel modo indicato dal soprintendente, beni culturali appartenenti ai soggetti di cui all'articolo 10, comma 1.

2. Alla stessa pena soggiace il detentore che omette di dare notizia alla competente soprintendenza dello spostamento di beni culturali, dipendente dal mutamento di dimora, ovvero non osserva le prescrizioni date dalla soprintendenza affinché i beni medesimi non subiscano danno dal trasporto.

172 Inosservanza delle prescrizioni di tutela indiretta.

1. È punito con l'arresto da sei mesi ad un anno e con l'ammenda da euro 775 a euro 38.734, 50 chiunque non osserva le prescrizioni date dal Ministero ai sensi dell'articolo 45, comma 1.

2. L'inosservanza delle misure cautelari contenute nell'atto di cui all'articolo 46, comma 4, è punita ai sensi dell'articolo 180.

[173 Violazioni in materia di alienazione.

1. È punito con la reclusione fino ad un anno e la multa da euro 1.549,50 a euro 77.469:

a) chiunque, senza la prescritta autorizzazione, aliena i beni culturali indicati negli articoli 55 e 56;

b) chiunque, essendovi tenuto, non presenta, nel termine indicato all'articolo 59, comma 2, la denuncia degli atti di trasferimento della proprietà o della detenzione di beni culturali;

c) l'alienante di un bene culturale soggetto a prelazione che effettua la consegna della cosa in pendenza del termine previsto dall'articolo 61, comma 1 (1)] (2).

(1) *Lettera modificata dall'art. 3, comma 1, lett.* b) *d.lgs. 24 marzo 2006, n. 156.*

(2) *Articolo abrogato dall'art. 5, comma 2, lett.* b), *l. 9 marzo 2022, n. 22.*

[174 Uscita o esportazione illecite.

1. Chiunque trasferisce all'estero cose di interesse artistico, storico, archeologico, etnoantropologico, bibliografico, documentale o archivistico, nonché quelle indicate all'articolo 11, comma 1, lettere *f*), *g*) e *h*), senza attestato di libera circolazione o licenza di esportazione, è punito con la reclusione da uno a quattro anni o con la multa da euro 258 a euro 5.165.

2. La pena prevista al comma 1 si applica, altresì, nei confronti di chiunque non fa rientrare nel territorio nazionale, alla scadenza del termine, beni culturali per i quali sia stata autorizzata l'uscita o l'esportazione temporanee.

3. Il giudice dispone la confisca delle cose, salvo che queste appartengano a persona estranea al reato. La confisca ha luogo in conformità delle nome della legge doganale relative alle cose oggetto di contrabbando.

4. Se il fatto è commesso da chi esercita attività di vendita al pubblico o di esposizione a fine di commercio di oggetti di interesse culturale, alla sentenza di condanna consegue l'interdizione ai sensi dell'articolo 30 del codice penale] (1).

(1) *Articolo abrogato dall'art. 5, comma 2, lett.* b), *l. 9 marzo 2022, n. 22.*

175 Violazioni in materia di ricerche archeologiche.

1. È punito con l'arresto fino ad un anno e l'ammenda da euro 310 a euro 3.099:

a) chiunque esegue ricerche archeologiche o, in genere, opere per il ritrovamento di cose indicate all'articolo 10 senza concessione, ovvero non osserva le prescrizioni date dall'amministrazione;

b) chiunque, essendovi tenuto, non denuncia nel termine prescritto dall'articolo 90, comma 1, le cose indicate nell'articolo 10 rinvenute fortuitamente o non provvede alla loro conservazione temporanea.

[176 Impossessamento illecito di beni culturali appartenenti allo Stato.

1. Chiunque si impossessa di beni culturali indicati nell'articolo 10 appartenenti allo Stato ai sensi dell'articolo 91 è punito con la reclusione fino a tre anni e con la multa da euro 31 a euro 516,50.

2. La pena è della reclusione da uno a sei ami e della,multa da euro 103 a euro 1.033 se il fatto è commesso da chi abbia ottenuto la concessione di ricerca prevista dall'articolo 89] (1).

(1) *Articolo abrogato dall'art. 5, comma 2, lett.* b), *l. 9 marzo 2022, n. 22.*

[177 Collaborazione per il recupero di beni culturali.

1. La pena applicabile per i reati previsti dagli articoli 174 e 176 è ridotta da uno a due terzi qualora il colpevole fornisca una collaborazione decisiva o comunque di notevole rilevanza per il recupero dei beni illecitamente sottratti o trasferiti all'estero] (1).

(1) *Articolo abrogato dall'art. 5, comma 2, lett.* b), *l. 9 marzo 2022, n. 22.*

[178 Contraffazione di opere d'arte.

1. È punito con la reclusione da tre mesi fino a quattro anni e con la multa da euro 103 a euro 3.099:

a) chiunque, al fine di trarne profitto, contraffà, altera o riproduce un'opera di pittura, scultura o grafica, ovvero un oggetto di antichità o di interesse storico od archeologico;

b) chiunque, anche senza aver concorso nella contraffazione, alterazione o riproduzione, pone in commercio, o detiene per fame commercio, o introduce a questo fine nel territorio dello Stato, o comunque pone in circolazione, come autentici, esemplari contraffatti, alterati o riprodotti di opere di pittura, scultura, grafica o di oggetti di antichità, o di oggetti di interesse storico od archeologico;

c) chiunque, conoscendone la falsità, autentica opere od oggetti, indicati alle lettere *a*) e *b*), contraffatti, alterati o riprodotti;

d) chiunque mediante altre dichiarazioni, penne, pubblicazioni, apposizione di timbri od etichette o con qualsiasi altro mezzo accredita o contribuisce ad accreditare, conoscendone la falsità, come autentici opere od oggetti indicati alle lettere *a*) e *b*) contraffatti, alterati o riprodotti.

2. Se i fatti sono commessi nell'esercizio di un'attività commerciale la pena è aumentata e alla sentenza di condanna consegue l'interdizione a norma dell'articolo 30 del codice penale.

3. La sentenza di condanna per i reati previsti dal comma 1 è pubblicata su tre quotidiani con diffusione nazionale designati dal giudice ed editi in tre diverse località. Si applica l'articolo 36, comma 3, del codice penale.

4. È sempre ordinata la confisca degli esemplari contraffatti, alterati o riprodotti delle opere o degli oggetti indicati nel commi 1, salvo che si tratti di cose appartenenti a persone estranee al reato. Delle cose confiscate vietata, senza limiti di tempo, la vendita nelle aste dei corpi di reato] (1).

(1) *Articolo abrogato dall'art. 5, comma 2, lett.* b), *l. 9 marzo 2022, n. 22.*

[179 Casi di non punibilità.

1. Le disposizioni dell'articolo 178 non si applicano a chi riproduce, detiene, pone in vendita o altrimenti diffonde copie di opere di pittura, di scultura o di grafica, ovvero copie di oggetti di antichità o di interesse storico od archeologico, dichiarate espressamente non autentiche all'atto della esposizione o della vendita, mediante annotazione scritta sull'opera o sull'oggetto o, quando ciò non sia possibile per la natura o le dimensioni della copia o dell'imitazione, mediante dichiarazione rilasciata all'atto della esposizione o della vendita. Non si applicano del pari ai restauri artistici che non abbiano ricostruito in modo determinante l'opera originale (1)] (2).

(1) *Comma modificato dall'art. 3, comma 1, lett.* c) *d.lgs. 24 marzo 2006, n. 156.*

(2) *Articolo abrogato dall'art. 5, comma 2, lett.* b), *l. 9 marzo 2022, n. 22.*

180 Inosservanza dei provvedimenti amministrativi.

1. Salvo che il fatto non costituisca più grave reato, chiunque non ottempera ad un ordine impartito dall'autorità preposta alla tutela dei beni culturali in conformità del presente Titolo è punito con le pene previste dall'articolo 650 del codice penale.

CAPO II
Sanzioni relative alla Parte terza

181 Opere eseguite in assenza di autorizzazione o in difformità da essa.

1. Chiunque, senza la prescritta autorizzazione o in difformità di essa, esegue lavori di qualsiasi gene re su beni paesaggistici è punito con le pene previste dall'articolo 44, lettera *c*), del decreto del Presidente della Repubblica 6 giugno 2001, n. 380 (1).

1-*bis*. La pena è della reclusione da uno a quattro anni qualora i lavori di cui al comma 1:

[*a*) ricadano su immobili od aree che per le loro caratteristiche paesaggistiche siano stati dichiarati di notevole interesse pubblico con apposito provvedimento emanato in epoca antecedente alla realizzazione dei lavori (2);

b) ricadano su immobili od aree tutelati per legge ai sensi dell'articolo 142 ed] abbiano comportato un aumento dei manufatti superiore al trenta per cento della volumetria della costruzione originaria o, in alternativa, un ampliamento della medesima superiore a settecentocinquanta metri cubi, ovvero ancora abbiano comportato una nuova costruzione con una volumetria superiore ai mille metri cubi (3) (4).

1-*ter.* Ferma restando l'applicazione delle sanzioni amministrative pecuniarie di cui all'articolo 167, qualora l'autorità amministrativa competente accerti la compatibilità paesaggistica secondo le procedure di cui al comma 1-*quater,* la disposizione di cui al comma 1 non si applica (4):

a) per i lavori, realizzati in assenza o difformità dall'autorizzazione paesaggistica, che non abbiano determinato creazione di superfici utili o volumi ovvero aumento di quelli legittimamente realizzati;

b) per l'impiego di materiali in difformità dall'autorizzazione paesaggistica;

c) per i lavori configurabili quali interventi di manutenzione ordinaria o straordinaria ai sensi dell'articolo 3 del decreto del Presidente della Repubblica 6 giugno 2001, n. 380 (5).

1-*quater.* Il proprietario, possessore o detentore a qualsiasi titolo dell'immobile o dell'area interessati dagli interventi di cui al comma 1-*ter* presenta apposita domanda all'autorità preposta alla gestione del vincolo ai fini dell'accertamento della compatibilità paesaggistica degli interventi medesimi. L'autorità competente si pronuncia sulla domanda entro il termine perentorio di centottanta giorni, previo parere vincolante della soprintendenza da rendersi entro il termine perentorio di novanta giorni (5).

1-*quinquies.* La rimessione in pristino delle aree o degli immobili soggetti a vincoli paesaggistici da parte del trasgressore, prima che venga disposta d'ufficio dall'autorità amministrativa, e comunque prima che intervenga la condanna, estingue il reato di cui al comma 1 (5).

2. Con la sentenza di condanna viene ordinata la rimessione in pristino dello stato dei luoghi a spese del condannato. Copia della sentenza è trasmessa alla regione ed al comune nel cui territorio è stata commessa la violazione.

(1) *Comma modificato dall'art. 3, comma 1, lett.* b), *d.lgs. 26 marzo 2008, n. 63.*

(2) *Lettera modificata dall'art. 28 d.lgs. 24 marzo 2006, n. 157.*

(3) *Comma aggiunto dall'art. 1, comma 36 l. 15 dicembre 2004, n. 308.*

(4) *La Corte Costituzionale, con sentenza 23 marzo 2016, n. 56 ha dichiarato* l'illegittimità costituzionale *del presente comma, nella parte in cui prevede: «* a) *ricadano su immobili od aree che, per le loro caratteristiche paesaggistiche siano stati dichiarati di notevole interesse pubblico con apposito provvedimento emanato in epoca antecedente alla realizzazione dei lavori;* b) *ricadano su immobili od aree tutelati per legge ai sensi dell'articolo 142 ed ».*
Alinea modificato dall'art. 28 d.lgs. n. 157, cit.

(5) *Comma aggiunto dall'art. 1, comma 36 l. n. 308, cit.*

PARTE V
Disposizioni transitorie, abrogazioni ed entrata in vigore

182-184 (*Omissis*).

27. Legge 15 dicembre 2004, n. 308. — Delega al Governo per il riordino, il coordinamento e l'integrazione della legislazione in materia ambientale e misure di diretta applicazione. (*estratto*).

Pubblicata nella Gazzetta Ufficiale n. 187 del 27 dicembre 2004.

1 32. In considerazione del grave pregiudizio arrecato al paesaggio da vasti interventi di lottizzazione abusiva realizzati nella località denominata Punta Perotti nel comune di Bari, il direttore generale per i beni architettonici e paesaggistici del Ministero per i beni e le attività culturali, verificato il mancato esercizio del potere di demolizione delle opere abusive già confiscate a favore del comune con sentenza penale passata in giudicato, diffida il comune medesimo a provvedere entro il termine di sessanta giorni, invitando la regione Puglia ad esercitare, ove occorra, il potere sostitutivo. Il direttore generale, accertata l'ulteriore inerzia del comune, nonché il mancato esercizio del potere sostitutivo da parte della regione, provvede agli interventi di demolizione, avvalendosi a tal fine delle strutture tecniche del Ministero della difesa, previa convenzione.

33. Per l'esecuzione della demolizione di cui al comma 32 il Ministero per i beni e le attività culturali si avvale delle anticipazioni e delle procedure di cui all'articolo 32, comma 12, del decreto-legge 30 settembre 2003, n. 269, convertito, con modificazioni, dalla legge 24 novembre 2003, n. 326. Per le medesime finalità, possono essere utilizzate le somme riscosse ai sensi del comma 38, secondo periodo, nonché, previa intesa tra il Ministero per i beni e le attività culturali e la regione Puglia, le somme riscosse dalla regione ai sensi dell'articolo 164 del decreto legislativo 29 ottobre 1999, n. 490, e ai sensi dell'articolo 167 del decreto legislativo 22 gennaio 2004, n. 42.

34. Il Ministero per i beni e le attività culturali, d'intesa con la regione Puglia ed il comune di Bari e sentito il Ministero dell'ambiente e della tutela del territorio, effettuata la demolizione, procede all'elaborazione del progetto di recupero e di riqualificazione paesaggistica dell'area. Per l'esecuzione di tali interventi la regione o i comuni interessati utilizzano le somme riscosse ai sensi dell'articolo 167 del decreto legislativo n. 42 del 2004, ovvero altre somme individuate dalla regione.

35. Con uno o più decreti del Presidente del Consiglio dei ministri, su proposta del Ministro per i beni e le attività culturali, di concerto con il Ministro dell'ambiente e della tutela del territorio, o della regione interessata, sono individuati ulteriori opere o interventi realizzati da sottoporre ad interventi di demolizione, secondo le procedure e le modalità di cui ai commi 32, 33 e 34. Sono fatte salve le disposizioni di cui all'articolo 2 della legge 9 dicembre 1998, n. 426.

36. Al decreto legislativo 22 gennaio 2004, n. 42, sono apportate le seguenti modificazioni:

a) all'articolo 167, comma 3, è aggiunto, in fine, il seguente periodo: "Laddove l'autorità amministrativa preposta alla tutela paesaggistica non provveda d'ufficio, il direttore regionale competente, su richiesta della medesima autorità amministrativa ovvero, decorsi centottanta giorni dall'accertamento dell'illecito, previa diffida alla suddetta autorità competente a provvedervi nei successivi trenta giorni, procede alla demolizione avvalendosi delle modalità operative previste dall'articolo 41 del decreto del Presidente della Repubblica 6 giugno 2001, n. 380, a seguito di apposita convenzione stipulata d'intesa tra il Ministero per i beni e le attività culturali e il Ministero della difesa.";

b) all'articolo 167, il comma 4 è sostituito dal seguente:

"4. Le somme riscosse per effetto dell'applicazione del comma 1, nonché per effetto dell'articolo 1, comma 38, secondo periodo, della legge recante: "Delega al Governo per il riordino, il coordinamento e l'integrazione della legislazione in materia ambientale e misure di diretta applicazione" sono utilizzate, oltre che per l'esecuzione delle rimessioni in pristino di cui al comma 3, anche per finalità di salvaguardia nonché per interventi di recupero dei valori paesaggistici e di riqualificazione degli immobili e delle aree degradati o interessati dalle rimessioni in pristino. Per le medesime finalità possono essere utilizzate anche le somme derivanti dal recupero delle spese sostenute dall'amministrazione per l'esecuzione della rimessione in pristino in danno dei soggetti obbligati, ovvero altre somme a ciò destinate dalle amministrazioni competenti.";

c) all'articolo 181, dopo il comma 1, sono aggiunti i seguenti:

"1-*bis*. La pena è della reclusione da uno a quattro anni qualora i lavori di cui al comma 1:

a) ricadano su immobili od aree che, ai sensi dell'articolo 136, per le loro caratteristiche paesaggistiche siano stati dichiarati di notevole interesse pubblico con apposito provvedimento emanato in epoca antecedente alla realizzazione dei lavori;

b) ricadano su immobili od aree tutelati per legge ai sensi dell'articolo 142 ed abbiano comportato un aumento dei manufatti superiore al trenta per cento della volumetria della costruzione originaria o, in alternativa, un ampliamento della medesima superiore a settecentocinquanta metri cubi, ovvero ancora abbiano comportato una nuova costruzione con una volumetria superiore ai mille metri cubi.

1-*ter*. Ferma restando l'applicazione delle sanzioni amministrative ripristinatorie o pecuniarie di cui all'articolo 167, qualora l'autorità amministrativa competente accerti la compatibilità paesaggistica secondo le procedure di cui al comma 1-*quater*, la disposizione di cui al comma 1 non si applica:

a) per i lavori, realizzati in assenza o difformità dall'autorizzazione paesaggistica, che non abbiano determinato creazione di superfici utili o volumi ovvero aumento di quelli legittimamente realizzati;

b) per l'impiego di materiali in difformità dall'autorizzazione paesaggistica;

c) per i lavori configurabili quali interventi di manutenzione ordinaria o straordinaria ai sensi dell'articolo 3 del decreto del Presidente della Repubblica 6 giugno 2001, n. 380.

1-*quater*. Il proprietario, possessore o detentore a qualsiasi titolo dell'immobile o dell'area interessati dagli interventi di cui al comma 1-*ter* presenta apposita domanda all'autorità preposta alla gestione del vincolo ai fini dell'accertamento della compatibilità paesaggistica degli interventi medesimi. L'autorità competente si pronuncia sulla domanda entro il termine perentorio di centottanta giorni, previo parere vincolante della soprintendenza da rendersi entro il termine perentorio di novanta giorni.

1-*quinquies*. La rimessione in pristino delle aree o degli immobili soggetti a vincoli paesaggistici da parte del trasgressore, prima che venga disposta d'ufficio dall'autorità amministrativa, e comunque prima che intervenga la condanna, estingue il reato di cui al comma 1".

37. Per i lavori compiuti su beni paesaggistici entro e non oltre il 30 settembre 2004 senza la prescritta autorizzazione o in difformità da essa, l'accertamento di compatibilità paesaggistica dei lavori effettivamente eseguiti, anche rispetto all'autorizzazione eventualmente rilasciata, comporta l'estinzione del reato di cui all'articolo 181 del decreto legislativo n. 42 del 2004, e di ogni altro reato in materia paesaggistica alle seguenti condizioni:

a) che le tipologie edilizie realizzate e i materiali utilizzati, anche se diversi da quelli indicati nell'eventuale autorizzazione, rientrino fra quelli previsti e assentiti dagli strumenti di pianificazione paesaggistica, ove vigenti, o, altrimenti, siano giudicati compatibili con il contesto paesaggistico;

b) che i trasgressori abbiano previamente pagato:

1) la sanzione pecuniaria di cui all'articolo 167 del decreto legislativo n. 42 del 2004, maggiorata da un terzo alla metà;

2) una sanzione pecuniaria aggiuntiva determinata, dall'autorità amministrativa competente all'applicazione della sanzione di cui al precedente numero 1), tra un minimo di tremila euro ed un massimo di cinquantamila euro.

38. La somma riscossa per effetto della sanzione di cui al comma 37, lettera *b*), numero 1), è utilizzata in conformità a quanto disposto dall'articolo 167 del decreto legislativo n. 42 del 2004. La somma determinata ai sensi del comma 37, lettera *b*), numero 2), è riscossa dal Ministero dell'economia e delle finanze e riassegnata alle competenti unità previsionali di base dello stato di previsione della spesa del Ministero per i beni e le attività culturali per essere utilizzata per le finalità di cui al comma 33 e al comma 36, lettera *b*).

39. Il proprietario, possessore o detentore a qualsiasi titolo dell'immobile o dell'area interessati all'intervento, presenta la domanda di accertamento di compatibilità paesaggistica all'autorità preposta alla gestione del vincolo entro il termine perentorio del 31 gennaio 2005. L'autorità competente si pronuncia sulla domanda, previo parere della soprintendenza.

28. Decreto legge 9 febbraio 2012, n. 5, convertito, con modificazioni, in legge 4 aprile 2012, n. 35. — Disposizioni urgenti in materia di semplificazione e di sviluppo. (*estratto*).

Pubblicato nella Gazzetta Ufficiale n. 33 del 9 febbraio 2012; la legge di conversione è stata pubblicata nella Gazzetta Ufficiale n. 82 del 6 aprile 2012, S.O.

43 Semplificazioni in materia di verifica dell'interesse culturale nell'ambito delle procedure di dismissione del patrimonio immobiliare pubblico.

1. Al fine di accelerare i processi di dismissione e valorizzazione del patrimonio immobiliare pubblico di cui all'articolo 6 della legge 12 novembre 2011, n. 183, all'articolo 66 del decreto-legge 24 gennaio 2012, n. 1, all'articolo 27 del decreto-legge 6 dicembre 2011, n. 201, convertito, con modificazioni, dalla legge 22 dicembre 2011, n. 214, e agli articoli 307, comma 10, e 314 del codice dell'ordinamento militare, di cui al decreto legislativo 15 marzo 2010, n. 66, nel rispetto delle esigenze di tutela del patrimonio culturale, con decreto non avente natura regolamentare del Ministro per i beni e le attività culturali, di concerto con il Ministro dell'economia e delle finanze, da adottarsi entro sessanta giorni dalla data di entrata in vigore del presente decreto, sono definite modalità tecniche operative, anche informatiche, idonee ad accelerare le procedure di verifica dell'interesse culturale di cui all'articolo 12, del decreto legislativo 22 gennaio 2004, n. 42, e successive modificazioni, recante il Codice dei beni culturali e del paesaggio.

2. Le Amministrazioni provvedono all'attuazione del presente articolo con le risorse umane, strumentali e finanziarie disponibili a legislazione vigente, senza nuovi o maggiori oneri a carico della finanza pubblica.

29. Decreto del Presidente della Repubblica 13 febbraio 2017, n. 31. — Regolamento recante individuazione degli interventi esclusi dall'autorizzazione paesaggistica o sottoposti a procedura autorizzatoria semplificata. (*estratto*).

Pubblicato nella Gazzetta Ufficiale n. 68 del 22 marzo 2017.

1 Definizioni.

1. Nel testo e negli Allegati « A », « B », « C » e « D » che costituiscono parte integrante del presente decreto:

a) « Codice » è il Codice dei beni culturali e del paesaggio di cui al decreto legislativo 22 gennaio 2004, n. 42, e successive modificazioni;

b) « Ministero » è il Ministero dei beni e delle attività culturali e del turismo;

c) « amministrazione procedente » è la regione, ovvero l'ente delegato al rilascio dell'autorizzazione paesaggistica;

d) « Soprintendenza » è l'ufficio periferico del Ministero competente al rilascio dei pareri in materia di autorizzazioni paesaggistiche;

e) « accordi di collaborazione » sono gli accordi stipulati tra il Ministero, la regione e gli enti locali di cui all'articolo 25 del decreto-legge 12 settembre 2014, n. 133, convertito, con modificazioni, dalla legge 11 novembre 2014, n. 164;

f) « vincolo paesaggistico » è quello imposto ai sensi degli articoli 140, 141 e 143 del Codice o delle previgenti norme, ovvero quello previsto dall'articolo 142 del Codice.

2 Interventi ed opere non soggetti ad autorizzazione paesaggistica.

1. Non sono soggetti ad autorizzazione paesaggistica gli interventi e le opere di cui all'Allegato « A » nonché quelli di cui all'articolo 4.

3 Interventi ed opere di lieve entità soggetti a procedimento autorizzatorio semplificato.

1. Sono soggetti al procedimento autorizzatorio semplificato di cui al Capo II gli interventi ed opere di lieve entità elencati nell'Allegato « B ».

4 Esonero dall'obbligo di autorizzazione paesaggistica per particolari categorie di interventi.

1. Qualora nel provvedimento di vincolo, ovvero nel piano paesaggistico, siano contenute le specifiche prescrizioni d'uso intese ad assicurare la conservazione e la tutela del bene paesaggistico, le seguenti categorie di interventi ed opere sono esonerate dall'obbligo di autorizzazione paesaggistica semplificata:

a) gli interventi e le opere di cui alle voci A.2, ultimo periodo, A.5, A.7, A.13 e A.14 dell'Allegato « A », sottoposti al procedimento autorizzatorio semplificato in base al combinato disposto delle corrispondenti voci degli Allegati « A » e « B » nel caso in cui riguardino aree o immobili vincolati ai sensi dell'articolo 136, comma 1, del Codice, lettere *a*), *b*) e *c*), limitatamente, per quest'ultima, agli immobili di interesse storico-architettonico o storico-testimoniale, ivi compresa l'edilizia rurale tradizionale, isolati o ricompresi nei centri o nuclei storici;

b) gli interventi e le opere di cui alle voci B.6, B.13, B.26 e B.36.

2. La regione e il Ministero danno adeguata pubblicità sui rispettivi siti istituzionali della riscontrata condizione di esonero dall'obbligo di cui al comma 1. L'esonero decorre dalla data di pubblicazione del relativo avviso sui siti istituzionali.

3. Nelle regioni nelle quali sono stati stipulati gli accordi di collaborazione tra il Ministero, la regione e gli enti locali di cui all'articolo 12, comma 2, del decreto-legge 31 maggio 2014, n. 83, convertito, con modificazioni, dalla legge 29 luglio 2014, n. 106, come modificato dall'articolo 25, comma 2, del decreto-legge 12 settembre 2014, n. 133, convertito, con modificazioni, dalla legge 11 novembre 2014, n. 164, nell'ambito territoriale di efficacia degli accordi medesimi, sono esonerati dall'obbligo di autorizzazione paesaggistica semplificata gli interventi di cui alle voci B.6, B.13, B.26 e B.36 dell'Allegato « B ».

4. Sono fatti salvi in ogni caso gli specifici accordi di collaborazione già intervenuti tra Ministero e singole regioni, stipulati ai sensi dell'articolo 15 della legge 7 agosto 1990, n. 241, e successive modificazioni.

5 Disposizioni specificative degli interventi.

1. Ferma restando l'applicazione del presente decreto in ogni sua parte fin dalla sua entrata in vigore, i piani paesaggistici di cui agli articoli 135 e 143 del Codice possono dettare direttive o disposizioni per la specificazione, ad opera degli strumenti urbanistici locali, in sede di adeguamento ai piani paesaggistici stessi, delle corrette metodologie di realizzazione degli interventi di cui all'Allegato « A ».

6 Procedimento e contenuti precettivi per la stipula degli accordi di collaborazione.

1. Entro centottanta giorni dalla data di entrata in vigore del presente decreto il Ministro, con proprio decreto, previa intesa in sede di conferenza unificata, approva le regole tecniche e di indirizzo di carattere generale relative alla struttura e ai contenuti precettivi degli accordi di collaborazione tra il Ministero, le singole regioni e gli enti locali di cui all'articolo 12 del decreto-legge n. 83 del 2014, e successive modificazioni.

2. Sugli schemi di accordi, predisposti d'intesa dal Ministero, dalla regione interessata e dall'ANCI regionale, è acquisito il parere obbligatorio dell'Osservatorio nazionale del paesaggio che ne verifica la conformità al Codice, al presente decreto e alle regole tecniche e di indirizzo di carattere generale di cui al comma 1. Il Ministro può altresì richiedere il parere del Consiglio superiore dei beni culturali e paesaggistici.

CAPO II

Procedimento autorizzatorio semplificato

7 Procedimento autorizzatorio semplificato per il rinnovo di autorizzazioni paesaggistiche.

1. Oltre agli interventi di lieve entità indicati nell'elenco di cui all'Allegato « B », sono assoggettate a procedimento semplificato di autorizzazione paesaggistica le istanze di rinnovo di autorizzazioni paesaggistiche, anche rilasciate ai sensi dell'articolo 146 del Codice, scadute da non più di un anno e relative ad interventi in tutto o in parte non eseguiti, a condizione che il progetto risulti conforme a quanto in precedenza autorizzato e alle specifiche prescrizioni di tutela eventualmente sopravvenute.

2. Qualora con l'istanza di rinnovo siano chieste anche variazioni progettuali che comportino interventi di non lieve entità, si applica il procedimento autorizzatorio ordinario di cui all'articolo 146 del Codice.

3. L'istanza di rinnovo non è corredata dalla relazione paesaggistica semplificata nei casi in cui non siano richieste variazioni progettuali e non siano sopravvenute specifiche prescrizioni di tutela. Alle autorizzazioni rinnovate si applica la disposizione di cui all'articolo 146, comma 4, del Codice, con riferimento alla conclusione dei lavori entro e non oltre l'anno successivo la scadenza del quinquennio di efficacia della nuova autorizzazione.

8 Semplificazione documentale.

1. L'istanza di autorizzazione paesaggistica relativa agli interventi di lieve entità è compilata — anche in modalità telematica — secondo il modello semplificato di cui all'Allegato « C » ed è corredata da una relazione paesaggistica semplificata, redatta da un tecnico abilitato, nelle forme di cui all'Allegato « D ». Nella relazione sono indicati i contenuti precettivi della disciplina paesaggistica vigente nell'area, è descritto lo stato attuale dell'area interessata dall'intervento, è attestata la conformità del progetto alle specifiche prescrizioni d'uso dei beni paesaggistici, se esistenti, è descritta la compatibilità del progetto stesso con i valori paesaggistici che qualificano il contesto di riferimento e sono altresì indicate le eventuali misure di inserimento paesaggistico previste.

2. Alle autorizzazioni semplificate non si applicano le disposizioni del decreto del Presidente del Consiglio dei ministri 12 dicembre 2005, pubblicato nella Gazzetta Ufficiale n. 25 del 31 gennaio 2006, recante l'individuazione della documentazione necessaria alla verifica della compatibilità paesaggistica degli interventi proposti.

3. Per gli interventi di lieve entità che riguardano immobili vincolati ai sensi dell'articolo 136, comma 1, del Codice medesimo, lettere *a*), *b*) e *c*), limitatamente, per quest'ultima agli immobili di interesse storico-architettonico o storico-testimoniale, ivi compresa l'edilizia rurale tradizionale, isolati o ricompresi nei centri o nuclei storici, la relazione paesaggistica di cui al comma 1 deve contenere altresì specifici riferimenti ai valori storico-culturali ed estetico-percettivi che caratterizzano l'area interessata dall'intervento e il contesto paesaggistico di riferimento.

4. Alla presentazione della domanda di autorizzazione paesaggistica semplificata si applicano le vigenti disposizioni in materia di amministrazione digitale.

9 Concentrazione procedimentale e presentazione dell'istanza di autorizzazione paesaggistica semplificata.

1. Fatti salvi i casi di cui al comma 2, l'istanza di autorizzazione paesaggistica e la relativa documentazione sono presentate allo sportello unico per l'edilizia (SUE) di cui all'articolo 5 del decreto del Presidente della Repubblica 6 giugno 2001, n. 380, recante testo unico delle disposizioni legislative e regolamentari in materia edilizia, secondo le modalità ivi indicate, qualora siano riferite ad interventi edilizi ai sensi del medesimo decreto del Presidente della Repubblica n. 380 del 2001, ovvero, nelle more della costituzione del SUE, all'ufficio comunale competente per le attività edilizie.

2. Nei casi in cui l'istanza di autorizzazione paesaggistica sia riferita ad interventi che rientrano nell'ambito di applicazione del decreto del Presidente della Repubblica 7 settembre 2010, n. 160, la domanda e la relativa documentazione sono presentate allo sportello unico per le attività produttive (SUAP).

3. In tutti gli altri casi, la richiesta di autorizzazione paesaggistica è presentata all'amministrazione procedente.

4. Ove non trovi applicazione il comma 2, si applicano le disposizioni di cui ai commi 5, 6 e 7.

5. L'amministrazione procedente richiede all'interessato, ove occorrano, in un'unica volta, entro dieci giorni dal ricevimento dell'istanza, gli ulteriori documenti e chiarimenti strettamente indispensabili, che sono inviati in via telematica entro il termine di dieci giorni dal ricevimento della richiesta. Il procedimento resta sospeso fino alla scadenza del termine assegnato o alla ricezione della documentazione integrativa richiesta. Decorso inutilmente il termine assegnato, l'istanza è dichiarata improcedibile. Entro il termine tassativo di venti giorni dal ricevimento dell'istanza ovvero, in caso di richiesta di integrazione documentale, dal ricevimento dell'ulteriore documentazione richiesta, l'amministrazione procedente trasmette alla Soprintendenza per via telematica, anche fornendo ove possibile le credenziali per l'accesso telematico agli atti e ai documenti necessari ai fini dell'istruttoria, una motivata proposta di accoglimento, unitamente alla domanda ed alla documentazione in suo possesso. Se anche la valutazione del Soprintendente è positiva, questi, entro il termine tassativo di venti giorni dal ricevimento della proposta, esprime il proprio parere vincolante, per via telematica, all'amministrazione procedente, la quale adotta il provvedimento nei dieci giorni successivi.

6. In caso di esito negativo della valutazione di cui al comma 3, l'amministrazione procedente, entro dieci giorni dal ricevimento della richiesta, ne dà comunicazione all'interessato, comunicando contestualmente i motivi che ostano all'accoglimento dell'istanza e le modifiche indispensabili affinché sia formulata la proposta di accoglimento. Con la comunicazione è sospeso il termine del procedimento ed è assegnato il termine di quindici giorni all'interessato entro il quale presentare le proprie osservazioni e il progetto adeguato. Ove, esaminate le osservazioni o gli adeguamenti progettuali presentati persistano i motivi ostativi all'accoglimento dell'istanza, l'amministrazione competente al rilascio dell'autorizzazione paesaggistica, entro venti giorni, rigetta motivatamente l'istanza, con particolare riguardo alla non accoglibilità delle osservazioni o alla persistente incompatibilità paesaggistica del progetto adeguato e ne dà comunicazione al richiedente.

7. In caso di valutazione negativa della proposta di accoglimento formulata dall'amministrazione procedente, il Soprintendente comunica per via telematica al richiedente, entro il termine di dieci giorni dal ricevimento della proposta, i motivi che ostano all'accoglimento dell'istanza e della proposta dell'amministrazione procedente, specificandoli in modo dettagliato, ed indica contestualmente le modifiche indispensabili per la valutazione positiva del progetto, a meno che quest'ultimo risulti incompatibile con i valori paesaggistici che qualificano il contesto di riferimento ovvero contrastanti con le prescrizioni d'uso eventualmente presenti e di ciò venga data idonea ed adeguata motivazione. Con la comunicazione è sospeso il termine del procedimento ed è assegnato al richiedente un termine di quindici giorni entro il quale presentare le proprie osservazioni e il progetto adeguato. Decorso il termine assegnato, la Soprintendenza, ove ne ricorrano i presupposti, entro il termine di venti giorni adotta il provvedimento motivato di diniego

10 Termine per la conclusione del procedimento.

1. Il procedimento autorizzatorio semplificato si conclude con un provvedimento, adottato entro il termine tassativo di sessanta giorni dal ricevimento della domanda da parte dell'amministrazione procedente, che è immediatamente comunicato al richiedente.

11 Semplificazioni procedimentali.

1. L'amministrazione procedente, ricevuta l'istanza, verifica preliminarmente se l'intervento non rientri nelle fattispecie escluse dall'autorizzazione paesaggistica di cui all'Allegato « A », ovvero all'articolo 149 del Codice, oppure se sia assoggettato al regime autorizzatorio ordinario, di cui all'articolo 146 del Codice. In tali casi comunica ai soggetti di cui ai commi 1 e 2 dell'articolo 9, ovvero al richiedente, ove non trovi applicazione il comma 2, che l'intervento non è soggetto ad autorizzazione o necessita di autorizzazione ordinaria.

2. Ove l'intervento o le opere richiedano uno o più atti di assenso comunque denominati, ulteriori all'autorizzazione paesaggistica semplificata e al titolo abilitativo edilizio, i soggetti di cui all'articolo 9 indicono la conferenza di servizi, ai sensi degli articoli 14 e seguenti della legge 7 agosto 1990, n. 241. In tal caso, i termini previsti per le amministrazioni preposte alla tutela paesaggistica e dei beni culturali sono dimezzati.

3. L'amministrazione procedente valuta la conformità dell'intervento o dell'opera alle prescrizioni d'uso, ove presenti, contenute nel provvedimento di vincolo o nel piano paesaggistico, anche solo adottato, ai sensi del Codice, nonché, eventualmente, la sua compatibilità con i valori paesaggistici che qualificano il contesto di riferimento.

fornendo specifica motivazione, con particolare riguardo alla non accoglibilità delle osservazioni o alla persistente incompatibilità del progetto adeguato con la tutela dei beni vincolati e ne dà contestualmente comunicazione all'autorità procedente.

8. Il parere del Soprintendente è obbligatorio e non vincolante e deve essere reso entro venti giorni dal ricevimento della proposta quando l'area interessata dall'intervento di lieve entità sia assoggettata a specifiche prescrizioni d'uso nel piano paesaggistico approvato ai sensi del Codice o nel provvedimento di imposizione del vincolo o negli atti di integrazione del contenuto precettivo del vincolo stesso adottati ai sensi dell'articolo 141-bis del Codice.

9. In caso di mancata espressione del parere vincolante del Soprintendente nei tempi previsti dal comma 5, si forma il silenzio assenso ai sensi dell'articolo 17-bis della legge 7 agosto 1990, n. 241, e successive modificazioni e l'amministrazione procedente provvede al rilascio dell'autorizzazione paesaggistica.

10. Nel procedimento autorizzatorio semplificato non è obbligatorio il parere delle Commissioni locali per il paesaggio, salvo quanto diversamente disposto dalle leggi regionali.

11. L'articolo 146, comma 4, del Codice si applica anche alle autorizzazioni paesaggistiche semplificate.

12 Semplificazione organizzativa.

1. Al fine di assicurare il sollecito esame delle istanze di autorizzazione semplificata presso ciascuna Soprintendenza sono individuati uno o più funzionari responsabili dei relativi procedimenti.

2. Le regioni, con autonomi atti normativi o di indirizzo, promuovono le iniziative organizzative da adottarsi dalle amministrazioni competenti al rilascio delle autorizzazioni paesaggistiche, in particolare per quanto concerne l'individuazione del responsabile dei procedimenti autorizzatori paesaggistici.

13 Efficacia immediata delle disposizioni in tema di autorizzazioni semplificate.

1. Ai sensi dell'articolo 131, comma 3, del Codice le disposizioni del presente decreto trovano immediata applicazione nelle regioni a statuto ordinario.

2. In ragione dell'attinenza delle disposizioni del presente decreto alla tutela del paesaggio, ai livelli essenziali delle prestazioni amministrative, di cui all'articolo 117, secondo comma, lettera m), della Costituzione, nonché della natura di grande riforma economico sociale del Codice e delle norme di semplificazione procedimentale previste in esso e nel decreto-legge 12 settembre 2014, n. 133, convertito, con modificazioni, dalla legge 11 novembre 2014, n. 164, le regioni a statuto speciale e le Province autonome di Trento e di Bolzano adeguano la propria legislazione ai sensi dei rispettivi statuti speciali e delle relative norme di attuazione. Sino al predetto adeguamento trovano applicazione le disposizioni regionali vigenti.

3. L'esonero dall'obbligo di autorizzazione delle categorie di opere e di interventi di cui all'Allegato « A » si applica immediatamente in tutto il territorio nazionale, fermo restando il rispetto delle competenze delle Regioni a statuto speciale e delle Province autonome di Trento e di Bolzano, ai sensi dei rispettivi statuti speciali e delle relative norme di attuazione.

CAPO III
Norme finali

14 Prevalenza del regolamento di delegificazione e rapporti con gli strumenti di pianificazione.

1. L'esclusione dell'autorizzazione paesaggistica per gli interventi di cui all'Allegato « A » prevale su eventuali disposizioni contrastanti, quanto al regime abilitativo degli interventi, contenute nei piani paesaggistici o negli strumenti di pianificazione ad essi adeguati. Sono fatte salve le specifiche prescrizioni d'uso dei beni paesaggistici dettate ai sensi degli articoli 140, 141 e 143, comma 1, lettere b), c) e d), del Codice.

15 Rinvio a normative di settore.

1. L'esclusione dall'obbligo di autorizzazione paesaggistica degli interventi di cui all'Allegato « A » non produce alcun effetto sulla disciplina amministrativa cui sono assoggettati tali interventi in base alla Parte II del Codice o delle vigenti normative di settore, in particolare per quanto riguarda i titoli abilitativi edilizi, i provvedimenti di occupazione di suolo pubblico e l'esercizio di attività commerciali in area pubblica.

16 Coordinamento con la tutela dei beni culturali.

1. Ove gli interventi soggetti ad autorizzazione paesaggistica semplificata, ai sensi del presente regolamento, abbiano ad oggetto edifici o manufatti assoggettati anche a tutela storica e artistica, ai sensi della Parte II del Codice, l'interessato presenta un'unica istanza relativa ad entrambi i titoli abilitativi e la Soprintendenza competente si pronuncia con un atto a contenuto ed efficacia plurimi recante sia le valutazioni relative alla tutela paesaggistica, sia le determinazioni relative alla tutela storica, artistica e archeologica di cui agli articoli 21 e 22 del Codice medesimo.

17 Rinvio all'articolo 167 del decreto legislativo 22 gennaio 2004, n. 42.

1. Nel caso di violazione degli obblighi previsti dal presente decreto, fermo restando quanto previsto dall'articolo 181 del Codice, si applica l'articolo 167 del Codice. In tali casi l'autorità preposta alla gestione del vincolo e il Soprintendente, nell'esercizio delle funzioni di cui all'articolo 167, comma 4, del Codice, dispongono la rimessione in pristino solo quando non sia in alcun modo possibile dettare prescrizioni che consentano la compatibilità paesaggistica dell'intervento e delle opere.

2. Non può disporsi la rimessione in pristino nel caso di interventi e opere ricompresi nell'ambito di applicazione dell'articolo 2 del presente decreto e realizzati anteriormente alla data di entrata in vigore del presente regolamento non soggette ad altro titolo abilitativo all'infuori dell'autorizzazione paesaggistica.

18-20 (*Omissis*).

ALLEGATI (*Omissis*).

SEZIONE QUARTA
GOVERNO DEL TERRITORIO ED ESPROPRIAZIONI

CAPO I
URBANISTICA

30. Legge 17 agosto 1942, n. 1150. — Legge urbanistica (*estratto*) (1) (2) (3).

Pubblicata nella Gazzetta Ufficiale n. 244 del 16 ottobre 1942.

(1) *Vedi l'art. 21 della legge 28 gennaio 1977, n. 10* (sub V, 40), *il quale, tra l'altro, ha sostituito all'espressione « licenza edilizia » quella di « concessione". V. poi il Testo unico edilizia, d.P.R. 6 giugno 2001, n. 380* (sub V, 46) *che ha utilizzato il termine « permesso di costruire ».*

(2) *Con d.lgs. 31 marzo 1998, n. 112, sono state devolute alle regioni e agli enti locali tutte le funzioni amministrative inerenti alla materia delle opere pubbliche, ad eccezione di quelle espressamente mantenute allo Stato.*

(3) *A decorrere dalla data di nomina del primo governo costituito a seguito delle prime elezioni politiche successive all'entrata in vigore del d.lgs. 30 luglio 1999, n. 300, le prefetture sono state trasformate in uffici territoriali del governo; il prefetto preposto a tale ufficio nel capoluogo della regione assume anche le funzioni di commissario del governo (art. 11 d.lgs. n. 300, cit.).*

TITOLO I
Ordinamento statale dei servizi urbanistici

1 Disciplina dell'attività urbanistica e suoi scopi.

L'assetto e l'incremento edilizio dei centri abitati e lo sviluppo urbanistico in genere nel territorio del Regno sono disciplinati dalla presente legge.

Il Ministero dei lavori pubblici vigila sull'attività urbanistica anche allo scopo di assicurare, nel rinnovamento ed ampliamento edilizio delle città, il rispetto dei caratteri tradizionali, di favorire il disurbanamento e di frenare la tendenza all'urbancsimo.

2 Competenza consultiva del Consiglio superiore dei lavori pubblici.

Il Consiglio superiore dei lavori pubblici è l'organo di consulenza tecnica del Ministero dei lavori pubblici per i progetti e le questioni di interesse urbanistico (1).

(1) *Le funzioni consultive, spettanti al Consiglio superiore dei lavori pubblici, di cui al presente articolo sono soppresse ai sensi dell'art. 53, lett. a), del d.lgs. 31 marzo 1998, n. 112.*

3 Istituzione delle Sezioni urbanistiche compartimentali.

Nelle sedi degli Ispettorati compartimentali del Genio civile e degli Uffici decentrati del Ministero dei lavori pubblici sono istituite Sezioni urbanistiche rette da funzionari del ruolo architetti, ingegneri, urbanistici del Genio civile.

Le Sezioni urbanistiche compartimentali promuovono, vigilano e coordinano l'attività urbanistica nella rispettiva circoscrizione.

TITOLO II
Disciplina urbanistica

CAPO I
Modi di attuazione

4 Piani regolatori e norme sull'attività costruttiva.

La disciplina urbanistica si attua a mezzo dei piani regolatori territoriali, dei piani regolatori comunali e delle norme sull'attività costruttiva edilizia, sancite dalla presente legge o prescritte a mezzo di regolamenti.

CAPO II
Piani territoriali di coordinamento

5 Formazione ed approvazione dei piani territoriali di coordinamento (1).

Allo scopo di orientare o coordinare l'attività urbanistica da svolgere in determinate parti del territorio nazionale, il Ministero dei lavori pubblici ha facoltà di provvedere, su parere del Consiglio superiore dei lavori pubblici, alla compilazione di piani territoriali di coordinamento fissando il perimetro di ogni singolo piano.

Nella formazione dei detti piani devono stabilirsi le direttive da seguire nel territorio considerato, in rapporto principalmente:

a) alle zone da riservare a speciali destinazioni ed a quelle soggette a speciali vincoli o limitazioni di legge;

b) alle località da scegliere come sedi di nuovi nuclei edilizi od impianti di particolare natura ed importanza;

c) alla rete delle principali linee di comunicazioni stradali, ferroviarie, elettriche, navigabili esistenti e in programma.

I piani, elaborati d'intesa con le altre Amministrazioni interessate e previo parere del Consiglio superiore dei lavori pubblici, sono approvati per decreto Reale su proposta del Ministro per i lavori pubblici, di concerto col Ministro per le comunicazioni, quando interessino impianti ferroviari, e col Ministro per le corporazioni, ai fini della sistemazione delle zone industriali nel territorio nazionale.

Il decreto di approvazione viene pubblicato nella Gazzetta Ufficiale del Regno, ed allo scopo di dare ordine e disciplina anche all'attività privata, un esemplare del piano approvato deve essere depositato, a libera visione del pubblico, presso ogni Comune il cui territorio sia compreso, in tutto o in parte, nell'ambito del piano medesimo.

(1) *Le attribuzioni spettanti al Ministero dei lavori pubblici, di cui al presente articolo, in materia di piani territoriali di coordinamento, sono soppresse ai sensi dell'art. 53, lett.* b)*, del d.lgs. 31 marzo 1998, n. 112.*

6 Durata ed effetti dei piani territoriali di coordinamento.

Il piano territoriale di coordinamento ha vigore a tempo indeterminato e può essere variato con decreto Reale previa la osservanza della procedura che sarà stabilita dal regolamento di esecuzione della presente legge.

I Comuni, il cui territorio sia compreso in tutto o in parte nell'ambito di un piano territoriale di coordinamento, sono tenuti ad uniformare a questo il rispettivo piano regolatore comunale.

CAPO III
Piani regolatori comunali

SEZIONE I
Piani regolatori generali

7 Contenuto del piano generale (1).

Il piano regolatore generale deve considerare la totalità del territorio comunale. Esso deve indicare essenzialmente:

1) la rete delle principali vie di comunicazione stradali, ferroviarie e navigabili e dei relativi impianti;

2) la divisione in zone del territorio comunale con la precisazione delle zone destinate all'espansione dell'aggregato urbano e la determinazione dei vincoli e dei caratteri da osservare in ciascuna zona (2);

3) le aree destinate a formare spazi di uso pubblico o sottoposte a speciali servitù (2);

4) le aree da riservare ad edifici pubblici o di uso pubblico nonché ad opere ed impianti di interesse collettivo o sociale (2);

5) i vincoli da osservare nelle zone a carattere storico, ambientale, paesistico;

6) le norme per l'attuazione del piano.

(1) *Articolo così sostituito dall'art. 1, comma 1, l. 19 novembre 1968, n. 1187.*

(2) *La Corte costituzionale, con sentenza 20 maggio 1999, n. 179, ha dichiarato* l'illegittimità costituzionale *del combinato disposto dei numeri 2, 3, 4 dell'art. 7 l. 17 agosto 1942, n. 1150, e dell'art. 40 della stessa legge, e dell'art. 2, comma 1, l. 19 novembre 1968, n. 1187, nella parte in cui consente all'Amministrazione di reiterare i vincoli urbanistici scaduti, preordinati all'espropriazione o che comportino l'inedificabilità, senza la previsione di indennizzo.*

L'art. 2, comma 1, l. n. 1187 del 1968, cit., poi abrogato dall'art. 58 d.P.R. 8 giugno 2001, n. 327, prevedeva che: « Le indicazioni di piano regolatore generale, nella parte in cui incidono su beni determinati ed assoggettano i beni stessi a vincoli preordinati all'espropriazione od a vincoli che comportino l'inedificabilità, perdono ogni efficacia qualora entro cinque anni dalla data di approvazione del piano regolatore generale non siano stati approvati i relativi piani particolareggiati od autorizzati i piani di lottizzazione convenzionati. L'efficacia dei vincoli predetti non può essere protratta oltre il termine di attuazione dei piani particolareggiati e di lottizzazione ».

In precedenza la Corte costituzionale, con sentenza 29 maggio 1968, n. 55, aveva dichiarato l'illegittimità costituzionale *dei numeri 2, 3, 4 dell'art. 7 l. 17 agosto 1942, n. 1150, e dell'art. 40 della stessa legge, nella parte in cui non prevedono un indennizzo per l'imposizione di limitazioni operanti immediatamente e a tempo indeterminato nei confronti del diritti reali, quando le limitazioni stesse abbiano contenuto espropriativo.*

8 Formazione del piano regolatore generale.

I Comuni hanno la facoltà di formare il piano regolatore generale del proprio territorio. La deliberazione con la quale il Consiglio comunale decide di procedere alla formazione del piano non è soggetta a speciale approvazione e diviene esecutiva in conformità dell'art. 3 della l. 9 giugno 1947, n. 530; la spesa conseguente è obbligatoria (1).

La formazione del piano è obbligatoria per tutti i Comuni compresi in appositi elenchi da approvarsi con decreto del Ministro per i lavori pubblici di con certo con i Ministri per l'interno e per le finanze, sentito il Consiglio superiore dei lavori pubblici.

Il primo elenco sarà approvato non oltre un anno dall'entrata in vigore della presente legge.

I Comuni compresi negli elenchi di cui al secondo comma devono procedere alla nomina dei progettisti per la formazione del piano regolatore generale entro tre mesi dalla data del decreto ministeriale con cui è stato approvato il rispettivo elenco, nonché alla deliberazione di adozione del piano stesso entro i successivi dodici mesi ed alla presentazione al Ministero dei lavori pubblici per l'approvazione entro due anni dalla data del sopracitato decreto ministeriale (1).

Trascorso ciascuno dei termini sopra indicati il prefetto, salvo il caso di proroga non superiore ad un anno concessa dal Ministro per i lavori pubblici su richiesta motivata del Comune, convoca il Consiglio comunale per gli adempimenti relativi da adottarsi entro il termine di 30 giorni (1).

Decorso quest'ultimo termine il prefetto, d'intesa con il provveditore regionale alle opere pubbliche, nomina un commissario per la designazione dei progettisti, ovvero per l'adozione del piano regolatore generale o per gli ulteriori adempimenti necessari per la presentazione del piano stesso al Ministero dei lavori pubblici (1).

Nel caso in cui il piano venga restituito per modifiche, integrazioni o rielaborazioni al Comune, quest'ultimo provvede ad adottare le proprie determinazioni nel termine di 180 giorni dalla restituzione. Trascorso tale termine si applicano le disposizioni dei commi precedenti (2).

Nel caso di compilazione o di rielaborazione d'ufficio del piano, il prefetto promuove d'intesa con il provveditore regionale alle opere pubbliche l'iscrizione d'ufficio della relativa spesa nel bilancio comunale (2).

Il piano regolatore generale è approvato entro un anno dal suo inoltro al Ministero dei lavori pubblici (2).

(1) *Comma così sostituito dall'art. 1, comma 1, l. 6 agosto 1967, n. 765.*

(2) *Comma aggiunto dall'art. 1, comma 2, l. 6 agosto 1967, n. 765, il quale ha sostituito gli originari commi quarto, quinto e sesto con gli attuali commi dal quarto al nono.*

9 Pubblicazione del progetto di piano generale.

Osservazioni. Il progetto di piano regolatore generale del Comune deve essere depositato nella Segreteria comunale per la durata di 30 giorni consecutivi, durante i quali chiunque ha facoltà di prendere visione. L'effettuato deposito è reso noto al pubblico nei modi che saranno stabiliti nel regolamento di esecuzione della presente legge.

Fino a 30 giorni dopo la scadenza del periodo di deposito possono presentare osservazioni le Associazioni sindacali e gli altri Enti pubblici ed istituzioni interessate.

10 Approvazione del piano regolatore.

Il piano regolatore generale è approvato con decreto del Ministro per i lavori pubblici, sentito il parere del Consiglio superiore dei lavori pubblici (1).

Con lo stesso decreto di approvazione possono essere apportate al piano, su parere del Consiglio superiore dei lavori pubblici e sentito il Comune, le modifiche che non comportino sostanziali innovazioni, tali cioè da mutare le caratteristiche essenziali del piano stesso ed i criteri di impostazione, le modifiche conseguenti all'accoglimento di osservazioni presentate al piano ed accettate con deliberazione del Consiglio comunale, nonché quelle che siano riconosciute indispensabili per assicurare:

a) il rispetto delle previsioni del piano territoriale di coordinamento a norma dell'articolo 6, secondo comma;

b) la razionale e coordinata sistemazione delle opere e degli impianti di interesse dello Stato;

c) la tutela del paesaggio e di complessi storici, monumentali, ambientali ed archeologici;

d) l'osservanza dci limiti di cui agli articoli 41-*quinquies*, sesto e ottavo comma e 41-*sexies* della presente legge (2).

Le modifiche di cui alla lettera *c*) sono approvate sentito il Ministro per la pubblica istruzione, che può anche dettare prescrizioni particolari per singoli immobili di interesse storico-artistico (2).

Le proposte di modifica, di cui al secondo comma, ad eccezione di quelle riguardanti le osservazioni presentate al piano, sono comunicate al Comune, il quale entro novanta giorni adotta le proprie controdeduzioni con deliberazione del Consiglio comunale che, previa pubblicazione nel primo giorno festivo, è trasmessa al Ministero dei lavori pubblici nei successivi quindici giorni (2).

Nelle more di approvazione del piano, le normali misure di salvaguardia di cui alla legge 3 novembre 1952, n. 1902 e successive modificazioni, sono obbligatorie (2).

Il decreto di approvazione del piano è pubblicato nella Gazzetta Ufficiale del Regno. Il deposito del piano approvato, presso il Comune, a libera visione del pubblico, è fatto nei modi e termini stabiliti dal regolamento.

Nessuna proposta di variante al piano approvato può aver corso se non sia intervenuta la preventiva autorizzazione del Ministro per i lavori pubblici che potrà concederla, sentito il Consiglio superiore dei lavori pubblici, in vista di sopravvenute ragioni che determinino la totale o parziale inattualità del piano medesimo o la convenienza di migliorarlo.

Non sono soggette alla preventiva autorizzazione le varianti, anche generali, intese ad adeguare il piano approvato ai limiti e rapporti fissati con i decreti previsti dall'ultimo comma dell'articolo 41-*quinquies* e dall'articolo 41-*septies* della presente legge nonché le modifiche alle norme di attuazione e le varianti parziali che non incidano sui criteri informatori del piano stesso (3).

La variazione del piano è approvata con la stessa procedura stabilita per l'approvazione del piano originario.

(1) *Comma così sostituito dall'art. 1, comma 1, l. 1° giugno 1971, n. 291.*

(2) *Comma aggiunto dall'art. 3, comma 1, l. 6 agosto 1967, n. 765.*

(3) *Comma aggiunto dall'art. 1, comma 2, l. 1° giugno 1971, n. 291.*

11 Durata ed effetti del piano generale.

Il piano regolatore generale del Comune ha vigore a tempo indeterminato.

I proprietari degli immobili hanno l'obbligo di osservare nelle costruzioni e nelle ricostruzioni le linee e le prescrizioni di zona che sono indicate nel piano.

[Sono fatti salvi i poteri del ministero delle corporazioni di autorizzare in caso di necessità nuovi impianti industriali fuori delle zone previste dai piani regolatori] (1).

(1) *Comma soppresso dall'art. 4, comma 1, l. 6 agosto 1967, n. 765.*

SEZIONE II
Piani regolatori particolareggiati

12 Piani regolatori generali intercomunali.

Quando per le caratteristiche di sviluppo degli aggregati edilizi di due o più Comuni contermini si riconosca opportuno il coordinamento delle direttive riguardanti l'assetto urbanistico dei Comuni stessi, il

Ministro per i lavori pubblici può, a richiesta di una delle Amministrazioni interessate o di propria iniziativa, disporre la formazione di un piano regolatore intercomunale.

In tal caso il Ministro, sentito il parere del Consiglio superiore dei lavori pubblici, determina:

a) l'estensione del piano intercomunale da formare;

b) quale dei Comuni interessati debba provvedere alla redazione del piano stesso e come debba essere ripartita la relativa spesa.

Il piano intercomunale deve, a cura del Comune incaricato di redigerlo, essere pubblicato nei modi e per gli effetti di cui all'art. 9 in tutti i Comuni compresi nel territorio da esso considerato.

Deve inoltre essere comunicato ai podestà degli stessi Comuni perché deliberino circa la sua adozione.

Compiuta l'ulteriore istruttoria a norma del regolamento di esecuzione della presente legge, il piano intercomunale è approvato negli stessi modi stabiliti dall'art. 10 per l'approvazione del piano generale comunale.

13 Contenuto dei piani particolareggiati.

Il piano regolatore generale è attuato a mezzo di piani particolareggiati di esecuzione nei quali devono essere indicate le reti stradali e i principali dati altimetrici di ciascuna zona e debbono inoltre essere determinati:

le masse e le altezze delle costruzioni lungo le principali strade e piazze;

gli spazi riservati ad opere od impianti di interesse pubblico;

gli edifici destinati a demolizione o ricostruzione ovvero soggetti a restauro o a bonifica edilizia;

le suddivisioni degli isolati in lotti fabbricabili secondo la tipologia indicata nel piano;

gli elenchi catastali delle proprietà da espropriare o da vincolare;

la profondità delle zone laterali a opere pubbliche, la cui occupazione serva ad integrare le finalità delle opere stesse ed a soddisfare prevedibili esigenze future.

Ciascun piano particolareggiato di esecuzione deve essere corredato dalla relazione illustrativa e dal piano finanziario di cui al successivo articolo 30 (1).

(1) *Articolo abrogato dall'art. 58, comma 1, n. 62), d.P.R. 8 giugno 2001, n. 327, limitatamente alle norme riguardanti l'espropriazione, con effetto a decorrere dal 30 giugno 2003, come da ultimo prorogato ai sensi dell'art. 1, comma 1, lett. ss), n. 1), d.lgs. 27 dicembre 2002, n. 302.*

14 Compilazione dei piani particolareggiati (1).

I piani particolareggiati di esecuzione sono compilati a cura del Comune e debbono essere adottati dal podestà con apposita deliberazione.

È però in facoltà del prefetto di prefiggere un termine per la compilazione dei piani particolareggiati riguardanti determinate zone.

Contro il decreto del prefetto il podestà può ricorrere, entro 30 giorni, al Ministro per i lavori pubblici.

(1) *Articolo abrogato dall'art. 58, comma 1, n. 62), d.P.R. 8 giugno 2001, n. 327, limitatamente alle norme riguardanti l'espropriazione, con effetto a decorrere dal 30 giugno 2003, come da ultimo prorogato ai sensi dell'art. 1, comma 1, lett. ss), n. 1), d.lgs. 27 dicembre 2002, n. 302.*

15 Pubblicazione dei piani particolareggiati. Opposizioni (1).

I piani particolareggiati devono essere depositati nella Segreteria del Comune per la durata di 30 giorni consecutivi.

L'effettuato deposito è reso noto al pubblico nei modi che saranno stabiliti nel regolamento di esecuzione della presente legge.

Fino a 30 giorni dopo la scadenza del periodo di deposito potranno essere presentate opposizioni dai proprietari di immobili compresi nei piani ed osservazioni da parte delle Associazioni sindacali interessate.

(1) *Articolo abrogato dall'art. 58, comma 1, n. 62), d.P.R. 8 giugno 2001, n. 327, limitatamente alle norme riguardanti l'espropriazione, con effetto a decorrere dal 30 giugno 2003, ai sensi dell'art. 2 d.l. 20 giugno 2002, n. 122, conv., con modif., in l. 1° agosto 2002, n. 185.*

16 Approvazione dei piani particolareggiati (1).

I piani particolareggiati di esecuzione del piano regolatore generale sono approvati con decreto del provveditore regionale alle opere pubbliche, sentita la Sezione urbanistica regionale, entro 180 giorni dalla presentazione da parte dei Comuni (2).

Con decreto del Ministro per i lavori pubblici di concerto con i Ministri per l'interno e per la pubblica istruzione può essere disposto che l'approvazione dei piani particolareggiati di determinati Comuni avvenga con decreto del Ministro per i lavori pubblici, sentito il Consiglio superiore dei lavori pubblici. Le determinazioni in tal caso sono assunte entro 80 giorni dalla presentazione del piano da parte dei Comuni (2).

I piani particolareggiati nei quali siano comprese cose immobili soggette alla legge 1° giugno 1939, n. 1089, sulla tutela delle cose di interesse artistico o storico, e alla legge 29 giugno 1939, n. 1497, sulla protezione delle bellezze naturali, sono preventivamente sottoposti alla competente Soprintendenza ovvero al Ministero della pubblica istruzione quando sono approvati con decreto del Ministro per i lavori pubblici (2).

Le eventuali osservazioni del Ministero della pubblica istruzione o delle Soprintendenze sono presentate entro novanta giorni dall'avvenuta comunicazione del piano particolareggiato di esecuzione (3).

Col decreto di approvazione sono decise le opposizioni e sono fissati il tempo, non maggiore di anni 10, entro il quale il piano particolareggiato dovrà essere attuato ed i termini entro cui dovranno essere compiute le relative espropriazioni.

Con il decreto di approvazione possono essere introdotte nel piano le modifiche che siano conseguenti all'accoglimento di osservazioni o di opposizioni ovvero siano riconosciute indispensabili per assicurare:

1) la osservanza del piano regolatore generale;

2) il conseguimento delle finalità di cui al secondo comma lettera *b*), *c*), *d*) del precedente articolo 10;

3) una dotazione dei servizi e degli spazi pubblici adeguati alle necessità della zona (4).

Le modifiche di cui al punto 2), lettera *c*), del precedente comma, sono adottate sentita la competente Soprintendenza o il Ministro per la pubblica istruzione a seconda che l'approvazione avvenga con decreto del provveditore regionale alle opere pubbliche oppure del Ministro per i lavori pubblici (3).

Le modifiche di cui ai precedenti commi sono comunicate per la pubblicazione ai sensi dell'articolo 15 al Comune, il quale entro novanta giorni adotta le proprie controdeduzioni con deliberazione del Consiglio comunale che, previa pubblicazione del primo giorno festivo, è trasmessa nei successivi quindici giorni al Provveditorato regionale alle opere pubbliche od al Ministero dei lavori pubblici che adottano le relative determinazioni entro 90 giorni (4).

L'approvazione dei piani particolareggiati equivale a dichiarazione di pubblica utilità delle opere in essi previste.

Il decreto di approvazione di un piano particolareggiato deve essere depositato nella segreteria comunale e notificato nelle forme delle citazioni a ciascun proprietario degli immobili vincolati dal piano stesso entro un mese dall'annuncio dell'avvenuto deposito.

Le varianti ai piani particolareggiati devono essere approvate con la stessa procedura.

Lo strumento attuativo di piani urbanistici già sottoposti a valutazione ambientale strategica non è sottoposto a valutazione ambientale strategica né a verifica di assoggettabilità qualora non comporti variante e lo strumento sovraordinato in sede di valutazione ambientale strategica definisca l'assetto localizzativo delle nuove previsioni e delle dotazioni territoriali, gli indici di edificabilità, gli usi ammessi e i contenuti planivolumetrici, tipologici e costruttivi degli interventi, dettando i limiti e le condizioni di sostenibilità ambientale delle trasformazioni previste. Nei casi in cui lo strumento attuativo di piani urbanistici comporti variante allo strumento sovraordinato, la valutazione ambientale strategica e la verifica di assoggettabilità sono comunque limitate agli aspetti che non sono stati oggetto di valutazione sui piani sovraordinati. I procedimenti amministrativi di valutazione ambientale strategica e di verifica di assoggettabilità sono ricompresi nel procedimento di adozione e di approvazione del piano urbanistico o di loro varianti non rientranti nelle fattispecie di cui al presente comma (5).

(1) *Articolo abrogato, limitatamente alle norme riguardanti l'espropriazione, dall'art. 58, comma 1, n. 62), d.P.R. 8 giugno 2001, n. 327, con effetto a decorrere dal 30 giugno 2003, come da ultimo prorogato ai sensi dell'art. 1, comma 1, lett. ss), n. 1), d.lgs. 27 dicembre 2002, n. 302.*

(2) *Comma così sostituito dall'art. 5, comma 1, l. 6 agosto 1967, n. 765.*

(3) *Comma aggiunto dall'art. 5, comma 1, l. 6 agosto 1967, n. 765.*

(3) *Comma aggiunto, dall'art. 5, comma 2, l. 6 agosto 1967, n. 765.*

(5) *Comma aggiunto dall'art. 5, comma 8, d.l. 13 maggio 2011, n. 70, conv., con modif., in l. 12 luglio 2011, n. 106..*

17 Validità dei piani particolareggiati.

Decorso il termine stabilito per la esecuzione del piano particolareggiato questo diventa inefficace per la parte in cui non abbia avuto attuazione, rimanendo soltanto fermo a tempo indeterminato l'obbligo di osservare nella costruzione di nuovi edifici e nella modificazione di quelli esistenti gli allineamenti e le prescrizioni di zona stabiliti dal piano stesso.

Ove il Comune non provveda a presentare un nuovo piano per il necessario assesto della parte di piano particolareggiato che sia rimasta inattuata per decorso di termine, la compilazione potrà essere disposta dal prefetto a norma del secondo comma dell'art. 14 (1).

Qualora, decorsi due anni dal termine per l'esecuzione del piano particolareggiato, non abbia trovato applicazione il secondo comma, nell'interesse improcrastinabile dell'Amministrazione di dotare le aree di infrastrutture e servizi, il comune, limitatamente all'attuazione anche parziale di comparti o comprensori del piano particolareggiato decaduto, accoglie le proposte di formazione e attuazione di singoli subcomparti, indipendentemente dalla parte restante del comparto, per iniziativa dei privati che abbiano la titolarità dell'intero sub-comparto, purché non modifichino la destinazione d'uso delle aree pubbliche o fondiarie rispettando gli stessi rapporti dei parametri urbanistici dello strumento attuativo decaduti. I subcomparti di cui al presente comma non costituiscono variante urbanistica e sono approvati dal consiglio comunale senza l'applicazione delle procedure di cui agli articoli 15 e 16 (2).

(1) *Articolo abrogato, limitatamente alle norme riguardanti l'espropriazione, dall'art. 58, comma 1, n. 62), del d.P.R. 8 giugno 2001, n. 327, con effetto a decorrere dal 30 giugno 2003, come da ultimo prorogato ai sensi dell'art. 1, comma 1, lett. ss), n. 1), d.lgs. 27 dicembre 2002, n. 302.*

(2) *Comma aggiunto, in sede di conversione, dall'art. 5, comma 8-bis, del d.l. 13 maggio 2011, n. 70, conv., con modif., in l. 12 luglio 2011, n. 106.*

18-27 (*Omissis*).

28 Lottizzazione di aree (1).

Prima dell'approvazione del piano regolatore generale o del programma; di fabbricazione di cui all'art. 34 della presente legge è vietato procedere alla lottizzazione dei terreni a scopo edilizio (2).

Nei Comuni forniti di programma di fabbricazione ed in quelli dotati di piano regolatore generale fino a quando non sia stato approvato il piano particolareggiato di esecuzione, la lottizzazione di terreno a scopo edilizio può essere autorizzata dal Comune previo nulla osta del provveditore regionale alle opere pubbliche, sentita la Sezione urbanistica regionale, nonché la competente Soprintendenza (2).

L'autorizzazione di cui al comma precedente può essere rilasciata anche dai Comuni che hanno adottato il programma di fabbricazione o il piano regolatore generale, se entro dodici mesi dalla presentazione al Ministero dei lavori pubblici la competente autorità non ha adottato alcuna determinazione, sempre che si tratti di piani di lottizzazione conformi al piano regolatore generale ovvero al programma di fabbricazione adottato (3).

Con decreto del Ministro per i lavori pubblici di concerto con i Ministri per l'interno e per la pubblica istruzione può disporsi che il nulla-osta all'autorizzazione di cui ai precedenti commi venga rilasciato per determinati Comuni con decreto del Ministro per i lavori pubblici di concerto con il Ministro per la pubblica istruzione, sentito il Consiglio superiore dei lavori pubblici (3).

L'autorizzazione comunale è subordinata alla stipula di una convenzione, da trascriversi a cura del proprietario, che preveda:

1) la cessione gratuita entro termini prestabiliti delle aree necessarie per le opere di urbanizzazione primaria, precisate dall'articolo 4 della legge 29 settembre 1964, n. 847, nonché la cessione gratuita delle aree necessarie per le opere di urbanizzazione secondaria nei limiti di cui al successivo n. 2;

2) l'assunzione, a carico del proprietario, degli oneri relativi alle opere di urbanizzazione primaria e di una quota parte delle opere di urbanizzazione secondaria relative alla lottizzazione o di quelle opere che siano necessarie per allacciare la zona ai pubblici servizi; la quota è determinata in proporzione all'entità e alle caratteristiche degli insediamenti delle lottizzazioni;

3) i termini non superiori ai dieci anni entro i quali deve essere ultimata la esecuzione delle opere di cui al precedente paragrafo;

4) congrue garanzie finanziarie per l'adempimento degli obblighi derivanti dalla convenzione (3).

La convenzione deve essere approvata con deliberazione consiliare nei modi e forme di legge (3).

L'attuazione degli interventi previsti nelle convenzioni di cui al presente articolo ovvero degli accordi similari comunque denominati dalla legislazione regionale, può avvenire per stralci funzionali e per fasi e tempi distinti. In tal caso per ogni stralcio funzionale nella convenzione saranno quantificati gli oneri di urbanizzazione o le opere di urbanizzazione da realizzare e le relative garanzie purché l'attuazione parziale sia coerente con l'intera area oggetto d'intervento (4).

Il rilascio delle licenze edilizie nell'ambito dei singoli lotti è subordinato all'impegno della contemporanea esecuzione delle opere di urbanizzazione primaria relative ai lotti stessi (3).

Sono fatte salve soltanto ai fini del quinto comma le autorizzazioni rilasciate sulla base di deliberazioni del Consiglio comunale, approvate nei modi e forme di legge, aventi data anteriore al 2 dicembre 1966 (3).

Il termine per l'esecuzione di opere di urbanizzazione poste a carico del proprietario è stabilito in dieci anni a decorrere dall'entrata in vigore della presente legge, salvo che non sia stato previsto un termine diverso (3).

Le autorizzazioni rilasciate dopo il 2 dicembre 1966 e prima dell'entrata in vigore della presente legge e relative a lottizzazioni per le quali non siano stati stipulati atti di convenzione contenenti gli oneri e i vincoli precisati al quinto comma del presente articolo, restano sospese fino alla stipula di dette convenzioni (3).

Nei Comuni forniti di programma di fabbricazione e in quelli dotati di piano regolatore generale anche se non si è provveduto alla formazione del piano particolareggiato di esecuzione, il sindaco ha facoltà di invitare i proprietari delle aree fabbricabili esistenti nelle singole zone a presentare entro congruo termine un progetto di lottizzazione delle aree stesse. Se essi non aderiscono, provvede alla compilazione d'ufficio (3).

Il progetto di lottizzazione approvato con le modificazioni che l'autorità comunale abbia ritenuto di apportare è notificato per mezzo del messo comunale ai proprietari della aree fabbricabili con invito a dichiarare, entro trenta giorni dalla notifica, se l'accettino. Ove manchi tale accettazione, il podestà ha facoltà di variare il progetto di lottizzazione in conformità alle richieste degli interessati o di procedere alla espropriazione delle aree.

(1) *V. l'art. 10, comma 4-*bis, *d.l. 16 luglio 2020, n. 76, conv., con modif., in l. 11 settembre 2020, n. 120, ai sensi del quale il termine di validità nonché i termini di inizio e fine lavori previsti dalle convenzioni di lottizzazione di cui al presente articolo, dagli accordi similari comunque denominati dalla legislazione regionale, nonché i termini dei relativi piani attuativi e di qualunque altro atto ad essi propedeutico, formatisi al 31 dicembre 2020, sono prorogati di tre anni. La presente disposizione si applica anche ai diversi termini delle convenzioni di lottizzazione di cui al presente articolo, o degli accordi similari comunque denominati dalla legislazione regionale nonché dei relativi piani attuativi che hanno usufruito della proroga di cui all'art. 30, comma 3-bis, d.l. 21 giugno 2013, n. 69, conv., con modif., in l. 9 agosto 2013, n. 98.*

(2) *Comma sostituito dall'art. 8 l. 6 agosto 1967, n. 765.*

(3) *Comma aggiunto dall'art. 8 l. 6 agosto 1967, n. 765.*

(4) *Comma inserito dall'art. 17, comma 4, d.l. 12 settembre 2014, n. 133, conv., con modif., in l. 11 novembre 2014, n. 164.*

29 Conformità delle costruzioni statali alle prescrizioni del piano regolatore comunale.

Compete al Ministero dei lavori pubblici accertare che le opere da eseguirsi da Amministrazioni statali non siano in contrasto con le prescrizioni del piano regolatore e del regolamento edilizio vigenti nel territorio comunale in cui esse ricadono.

A tale scopo le Amministrazioni interessate sono tenute a comunicare preventivamente i progetti al Ministero dei lavori pubblici.

30 Approvazione del piano finanziario.

Il piano regolatore generale, agli effetti del primo comma dell'articolo 18, ed i piani particolareggiati previsti dall'articolo 13 sono corredati da una relazione di previsione di massima delle spese occorrenti per la acquisizione delle aree e per le sistemazioni generali necessarie per l'attuazione del piano (1).

(1) *Articolo così sostituito dall'art. 9 l. 6 agosto 1967, n. 765.*

31-36 (*Omissis*).

TITOLO III
Determinazione dell'indennità di espropriazione

37 Rinvio alla legge generale sulle espropriazioni per pubblica utilità.

Per le espropriazioni dipendenti dall'attuazione dei piani regolatori approvati in base alla presente legge la relativa indennità sarà determinata a norma della legge 25 giugno 1965, n. 2359, salvo il disposto degli articoli seguenti.

38 **Valutazione dell'indennità per le aree urbane espropriabili.**

Per la determinazione dell'indennità di espropriazione delle aree di cui all'art. 18, non si terrà conto degli incrementi di valore attribuibili sia direttamente che indirettamente all'approvazione del piano regolatore generale ed alla sua attuazione.

39 **Lavori di miglioramento eseguiti dopo l'approvazione del piano particolareggiato.**

Agli effetti della determinazione della indennità di espropriazione non si tiene conto degli aumenti di valore dipendenti da lavori eseguiti nell'immobile dopo la pubblicazione del piano particolareggiato, a meno che i lavori stessi non siano stati, con le modalità stabilite dal regolamento di esecuzione della presente legge, riconosciuti necessari per la conservazione dell'immobile e per accertare esigenze dell'igiene e della incolumità pubblica.

40 **Oneri e vincoli non indennizzabili.**

Nessun indennizzo è dovuto per le limitazioni ed i vincoli previsti dal piano regolatore generale nonché per le limitazioni e per gli oneri relativi all'allineamento edilizio delle nuove costruzioni (1).

Non è dovuta indennità neppure per la servitù di pubblico passaggio che il Comune creda di imporre sulle aree di portici delle nuove costruzioni e di quelle esistenti. Rimangono a carico del Comune la costruzione e manutenzione del pavimento e la illuminazione dei portici soggetti alla predetta servitù (2).

(1) *Comma sostituito dall'art. 5 l. 19 novembre 1968, n. 1187.*

(2) *La Corte costituzionale, con sentenza 20 maggio 1999, n. 179, ha dichiarato l'illegittimità costituzionale del combinato disposto del presente articolo, dei numeri 2, 3 e 4 dell'art. 7 della presente legge e dell'art. 2, comma 1, l. 19 novembre 1968, n. 1187, nella parte in cui consente all'Amministrazione di reiterare i vincoli urbanistici scaduti, preordinati all'espropriazione o che comportino l'inedificabilità, senza la previsione di indennizzo. V. anche* sub *art. 7.*

40-*bis*-41-*quinquies* (*Omissis*).

41-*sexies* (1)

Nelle nuove costruzioni ed anche nelle aree di pertinenza delle costruzioni stesse, debbono essere riservati appositi spazi per parcheggi in misura non inferiore ad un metro quadrato per ogni 10 metri cubi di costruzione. Gli spazi per parcheggi realizzati in forza del primo comma non sono gravati da vincoli pertinenziali di sorta né da diritti d'uso a favore dei proprietari di altre unità immobiliari e sono trasferibili autonomamente da esse (2).

(1) *Articolo aggiunto dall'art. 18 l. 6 agosto 1967, n. 765 e successivamente sostituito dall'art. 2 l. 24 marzo 1989, n. 122.*

(2) *Comma aggiunto dall'art. 12, comma 9, l. 28 novembre 2005, n. 246.*

41-*septies*-45 (*Omissis*).

31. Legge 18 aprile 1962, n. 167. — Disposizioni per favorire l'acquisizione di aree fabbricabili per l'edilizia economica e popolare (*estratto*) (1) (2).

Pubblicata nella Gazzetta Ufficiale n. 111 del 30 aprile 1962.

(1) *A decorrere dalla data di nomina del primo governo costituito a seguito delle prime elezioni politiche successive all'entrata in vigore del d.lg. 30 luglio 1999, n. 300, le prefetture sono state trasformate in uffici territoriali del governo; il prefetto preposto a tale ufficio nel capoluogo della regione assume anche le funzioni di commissario del governo (art. 11 d.lgs. n. 300, cit.).*

(2) *L'articolo 1, comma 1, del d.lgs. 1° dicembre 2009, n. 179, ha ritenuto indispensabile la permanenza in vigore della presente legge, limitatamente agli articoli da 1 a 11, 19 e 20.*

1 I Comuni con popolazione superiore ai 50.000 abitanti o che siano capoluoghi di Provincia sono tenuti a formare un piano delle zone da destinare alla costruzione di alloggi a carattere economico o popolare nonché alle opere e servizi complementari, urbani e sociali, ivi comprese le aree a verde pubblico.

Tutti gli altri Comuni possono procedere, con deliberazione del Consiglio comunale, alla formazione del piano.

Il Ministro per i lavori pubblici, sentito il parere del Consiglio superiore dei lavori pubblici, può, con un suo decreto, disporre la formazione del piano nei Comuni che non si siano avvalsi della facoltà di cui al comma precedente, nonostante invito motivato da parte del Ministro stesso, quando se ne ravvisi la necessità e, in particolare, quando ricorra una delle seguenti condizioni:

a) che siano limitrofi ai Comuni di cui al primo comma;

b) che abbiano una popolazione di almeno 20.000 abitanti;

c) che siano riconosciuti stazioni di cura, soggiorno o turismo;

d) che abbiano un indice di affollamento secondo i dati ufficiali dell'Istituto centrale di statistica, superiore a 1,5;

e) nei quali sia in atto un incremento demografico straordinario;

f) nei quali vi sia una percentuale di abitazioni malsane superiore all'8 per cento.

Più comuni limitrofi possono costituirsi in consorzio per la formazione di un piano di zona consortile ai sensi della presente legge (1).

La Regione può disporre, a richiesta di una delle amministrazioni comunali interessate, la costituzione di consorzi obbligatori fra comuni limitrofi per la formazione di piani di zona consortili (2).

(1) *Comma sostituito dall'art. 28 l. 22 ottobre 1971, n. 865.*

(2) *Comma aggiunto dall'art. 28 l. 22 ottobre 1971, n. 865.*

2 Qualora nel termine di 180 giorni decorrente dalla data di entrata in vigore della presente legge o, nei casi di cui all'art. 1, terzo comma, dalla comunicazione del provvedimento del Ministro per i lavori pubblici, il Comune non abbia deliberato il piano, il Prefetto, salvo il caso di proroga concessa dal Ministro su richiesta del comune, provvede alla nomina di un commissario per la formazione del piano.

Il commissario è tenuto a compilare il piano entro i 180 giorni dalla data del decreto di nomina e a portarlo entro i successivi 30 giorni a conoscenza del Consiglio comunale.

3 L'estensione delle zone da includere nei piani è determinata in relazione alle esigenze dell'edilizia economica e popolare per un decennio e non può essere inferiore al 40 per cento e superiore al 70 per cento di quella necessaria a soddisfare il fabbisogno complessivo di edilizia abitativa nel periodo considerato (1).

Le aree da comprendere nei piani sono, di norma, scelte nelle zone destinate ad edilizia residenziale nei piani regolatori vigenti, con preferenza in quelle di espansione dell'aggregato urbano.

Possono essere comprese nei piani anche le aree sulle quali insistono immobili la cui demolizione o trasformazione sia richiesta da ragioni igienico-sanitarie ovvero sia ritenuta necessaria per la realizzazione del piano (2).

Ove si manifesti l'esigenza di reperire in parte le aree per la formazione dei piani in zone non destinate all'edilizia residenziale nei piani regolatori vigenti, o si renda comunque necessario apportare modifiche a questi ultimi, si può procedere con varianti agli stessi. In tal caso il piano approvato a norma della presente legge costituisce variante al piano regolatore.

Qualora non esista piano regolatore approvato, le zone riservate all'edilizia economica e popolare ai sensi dei precedenti commi sono comprese in un programma di fabbricazione il quale è compilato a norma dell'articolo 34 della legge 17 agosto 1942, n. 1150, e successive modificazioni, ed è approvato a norma dell'articolo 8 della presente legge (3).

I comuni possono comprendere tali zone anche in un piano regolatore soltanto adottato e trasmesso ai competenti organi per l'approvazione. In tali ipotesi il piano delle zone suddette, approvato con le modalità di cui al comma precedente, è vincolante in sede di approvazione del piano regolatore (3).

(1) *Comma sostituito dapprima dall'art. 29 l. 22 ottobre 1971, n. 865, e successivamente dall'art. 2 l. 28 gennaio 1977, n. 10.*
(2) *Comma sostituito dall'art. 32 l. 22 ottobre 1971, n. 865.*
(3) *Comma sostituito dall'art. 33 l. 22 ottobre 1971, n. 865.*

4 Il piano deve contenere i seguenti elementi:

a) la rete stradale e la delimitazione degli spazi riservati ad opere ed impianti di interesse pubblico, nonché ad edifici pubblici o di culto;

b) la suddivisione in lotti delle aree, con l'indicazione della tipologia edilizia e, ove del caso, l'ubicazione e la volumetria dei singoli edifici;

c) la profondità delle zone laterali a opere pubbliche, la cui occupazione serva ad integrare le finalità delle opere stesse ed a soddisfare prevedibili esigenze future.

5 Il progetto del piano è costituito dai seguenti elaborati:

1) planimetria in scala non inferiore a 1:10.000, contenente le previsioni del piano regolatore, ovvero, quando questo non esista, le indicazioni del programma di fabbricazione, con la precisa individuazione delle zone destinate all'edilizia popolare;

2) planimetria in scala non inferiore ad 1:2.000, disegnata sulla mappa catastale e contenente gli elementi di cui all'art. 4;

3) gli elenchi catastali delle proprietà comprese nel piano;

4) il compendio delle norme urbanistiche edilizie per la buona esecuzione del piano;

5) relazione illustrativa e relazione sulle previsioni della spesa occorrente per le sistemazioni generali necessarie per l'attuazione del piano.

6 Entro cinque giorni dalla deliberazione di adozione da parte del Consiglio comunale, il piano deve essere depositato nella segreteria comunale e rimanervi nei dieci giorni successivi.

Dell'eseguito deposito è data immediata notizia al pubblico mediante avviso da affiggere all'albo del Comune e da inserire nel Foglio annunzi legali della Provincia, nonché mediante manifesti.

Entro venti giorni dalla data di inserzione nel Foglio annunzi legali, gli interessati possono presentare al Comune le proprie opposizioni.

Nello stesso termine stabilito per il deposito nella segreteria comunale, il sindaco comunica il piano anche alle competenti Amministrazioni centrali dello Stato, ove esso riguardi terreni sui quali esistano vincoli paesistici, artistici o militari o che siano in uso di dette Amministrazioni.

Le Amministrazioni predette devono trasmettere al Comune le loro eventuali osservazioni entro trenta giorni dalla ricevuta comunicazione.

7 Decorso il periodo per le opposizioni e osservazioni, nonché il termine di trenta giorni di cui all'ultimo comma del precedente art. 6, il sindaco, nei successivi trenta giorni, trasmette tutti gli atti, con le deduzioni del Consiglio comunale sulle osservazioni ed opposizioni presentate, al provveditore regionale alle opere pubbliche.

8 I piani sono approvati dal provveditore regionale alle opere pubbliche, sentita la sezione urbanistica regionale, se non comportano varianti ai piani regolatori vigenti e se non vi sono opposizioni od osservazioni da parte delle Amministrazioni centrali dello Stato.

Qualora il piano comporti varianti al piano regolatore ovvero vi siano opposizioni od osservazioni da parte dei Ministeri di cui al comma che precede, il provveditore regionale alle opere pubbliche, riscontrata la regolarità degli atti, li trasmette, entro trenta giorni dal ricevimento, al Ministero dei lavori pubblici con una relazione della sezione urbanistica regionale. In tal caso i piani sono approvati dal Ministro per i lavori pubblici, sentito il Consiglio superiore dei lavori pubblici.

Con gli stessi provvedimenti di approvazione dei piani di cui ai due commi precedenti sono decise anche le opposizioni.

Il decreto di approvazione di ciascun piano va inserito per estratto nella Gazzetta Ufficiale della Repubblica ed è depositato, con gli atti allegati, nella segreteria comunale a libera visione del pubblico.

Dell'eseguito deposito è data notizia, a cura del sindaco, con atto notificato nella forma delle citazioni, a ciascun proprietario degli immobili compresi nel piano stesso, entro venti giorni dalla inserzione nella Gazzetta Ufficiale.

Le varianti che non incidono sul dimensionamento globale del piano e non comportano modifiche al perimetro, agli indici di fabbricabilità ed alle dotazioni di spazi pubblici o di uso pubblico, o costituiscono adeguamento delle previsioni del piano ai limiti ed ai rapporti di cui all'articolo 17 della legge 6 agosto 1967, n. 765, sono approvate con deliberazione del consiglio comunale. La deliberazione diviene esecutiva ai sensi dell'articolo 3 della legge 9 giugno 1947, n. 530 (1).

(1) *Comma aggiunto dall'art. 34 l. 22 ottobre 1971, n. 865.*

9 I piani approvati ai sensi del precedente art. 8 hanno efficacia per dieci anni dalla data del decreto di approvazione ed hanno valore di piani particolareggiati di esecuzione ai sensi della legge 17 agosto 1942, n. 1150 (1).

Per giustificati motivi l'efficacia dei piani può, su richiesta del Comune interessato, essere prorogata, con decreto del Ministro per i lavori pubblici, per non oltre due anni.

L'approvazione dei piani equivale anche a dichiarazione di indifferibilità ed urgenza di tutte le opere, impianti ed edifici in esso previsti.

L'indicazione nel piano delle aree occorrenti per la costruzione di edifici scolastici sostituisce a tutti gli effetti la dichiarazione di idoneità preveduta dall'art. 8 della legge 9 agosto 1954, n. 645.

Le aree comprese nel piano rimangono soggette, durante il periodo di efficacia del piano stesso, ad espropriazione a norma degli articoli seguenti, per i fini di cui al primo comma dell'art. 1.

(1) *L'efficacia dei piani è stata portata a 18 anni ai sensi di quanto disposto dall'art. 51 l. e 5 agosto 1978, n. 457.*

10 (1) I Comuni ed i Consorzi, di cui all'art. 1, ultimo comma, possono riservarsi l'acquisizione, anche mediante esproprio, fino ad un massimo del 50 per cento delle aree comprese nel piano, e sono autorizzati a cederne il diritto di superficie o a rivenderle, previa urbanizzazione e fatti salvi i diritti dei proprietari, a norma del successivo art. 16, ad enti o privati che si impegnino a realizzare la costruzione di case economiche o popolari.

Il prezzo di cessione deve essere determinato sulla base del prezzo di acquisto o dell'indennità di esproprio, maggiorato delle spese sostenute per la realizzazione degli impianti urbanistici, tenendo conto, inoltre, della destinazione e dei volumi edificabili.

Le rimanenti aree edificabili possono essere richieste per la costruzione di case popolari:

a) dallo Stato, dalle Regioni, dalle Province e dai Comuni;

b) dall'Istituto nazionale per le case agli impiegati dello Stato e dagli Istituti autonomi per le case popolari;

c) dall'I.N.A.-Casa;

d) dalle Società cooperative per la costruzione di case popolari a favore dei propri soci;

e) dall'Istituto nazionale di previdenza dei giornalisti italiani;

f) dagli enti morali, dagli enti e dagli istituti che costruiscono case popolari da assegnare in locazione o con patto di futura vendita, non aventi scopo di lucro.

Gli enti indicano al sindaco o al presidente del Consorzio le aree che intendono scegliere e l'entità delle costruzioni che sulle stesse intendono eseguire, entro il mese di novembre di ogni anno.

(1) *Le disposizioni di cui al presente articolo sono da intendersi sostituite con quelle di cui all'art. 35 l. 22 ottobre 1971, n. 865.*

11-20 (*Omissis*).

32. Legge 19 novembre 1968, n. 1187. — Modifiche ed integrazioni alla legge urbanistica 17 agosto 1942, n. 1150. (*estratto*).

Pubblicata nella Gazzetta Ufficiale n. 304 del 30 novembre 1968.

2 (1) [Le indicazioni di piano regolatore generale, nella parte in cui incidono su beni determinati ed assoggettano i beni stessi a vincoli preordinati all'espropriazione od a vincoli che comportino l'inedificabilità, perdono ogni efficacia qualora entro cinque anni dalla data di approvazione del piano regolatore generale non siano stati approvati i relativi piani particolareggiati od autorizzati i piani di lottizzazione convenzionati. L'efficacia dei vincoli predetti non può essere protratta oltre il termine di attuazione dei piani particolareggiati e di lottizzazione (2).

Per i piani regolatori generali approvati prima della data di entrata in vigore della presente legge, il termine di cinque anni di cui al precedente comma decorre dalla predetta data].

(1) *Articolo abrogato dall'art. 58 d.P.R. 8 giugno 2001, n. 327con effetto a decorrere dal 30 giugno 2003, come da ultimo prorogato ai sensi dell'art. 1, comma 1, lett. ss), n. 1), d.lgs. 27 dicembre 2002, n. 302.*

(2) *La Corte costituzionale, con sentenza 20 maggio 1999, n. 179, ha dichiarato l'illegittimità costituzionale del combinato disposto del presente comma, dei numeri 2, 3 e 4 dell'art. 7 e dell'art. 40 l. 17 agosto 1942, n. 1150, nella parte in cui consente all'Amministrazione di reiterare i vincoli urbanistici scaduti, preordinati all'espropriazione o che comportino l'inedificabilità, senza la previsione di indennizzo.*

3 (1) L'applicazione delle misure di salvaguardia per i piani particolareggiati è, in ogni caso, obbligatoria dalla data della deliberazione di adozione.

(1) *L'art. 1, comma 1, d.lgs. d.lgs.1° dicembre 2009, n. 179, ha dichiarato indispensabile la permanenza in vigore del presente articolo.*

33. Legge 22 ottobre 1971, n. 865. – Programmi e coordinamento dell'edilizia residenziale pubblica; norme sulla espropriazione per pubblica utilità; modifiche ed integrazioni alle leggi 17 agosto 1942, n. 1150; 18 aprile 1962, n. 167; 29 settembre 1964, n. 847; ed autorizzazione di spesa per interventi straordinari nel settore dell'edilizia residenziale, agevolata e convenzionata. (*estratto*) (1).

Pubblicata nella Gazzetta Ufficiale n. 276 del 30 ottobre 1971.

(1) *A decorrere dalla data di nomina del primo governo costituito a seguito delle prime elezioni politiche successive all'entrata in vigore del d.lgs. 30 luglio 1999, n. 300, le prefetture sono state trasformate in uffici territoriali del governo; il prefetto preposto a tale ufficio nel capoluogo della regione assume anche le funzioni di commissario del governo (art. 11 d.lgs. 300/1999, cit.).*

TITOLO III
Modifiche ed integrazioni alle leggi 17 agosto 1942, n. 1150, 18 aprile 1962, n. 167 e 29 settembre 1964, n. 847

27 I comuni dotati di piano regolatore generale o di programma di fabbricazione approvati possono formare, previa autorizzazione della Regione, un piano delle aree da destinare a insediamenti produttivi.

Le aree da comprendere nel piano sono delimitate, nell'ambito delle zone destinate a insediamenti produttivi dai piani regolatori generali o dai programmi di fabbricazione vigenti, con deliberazione del consiglio comunale, la quale, previa pubblicazione, insieme agli elaborati, a mezzo di deposito presso la segreteria del comune per la durata di venti giorni, è approvata con decreto del presidente della giunta regionale.

Il piano approvato ai sensi del presente articolo ha efficacia per dieci anni dalla data del decreto di approvazione ed ha valore di piano particolareggiato d'esecuzione ai sensi della legge 17 agosto 1942, n. 1150, e successive modificazioni.

Per quanto non diversamente disposto dalla presente legge, alla deliberazione del consiglio comunale e al decreto del presidente della giunta regionale si applicano, in quanto compatibili, le norme della legge 18 aprile 1962, n. 167, e successive modificazioni.

Le aree comprese nel piano approvato a norma del presente articolo sono espropriate dai comuni o loro consorzi secondo quanto previsto dalla presente legge in materia di espropriazione per pubblica utilità.

Il comune utilizza le aree espropriate per la realizzazione di impianti produttivi di carattere industriale, artigianale, commerciale e turistico mediante la cessione in proprietà o la concessione del diritto di superficie sulle aree medesime. Tra più istanze concorrenti è data la preferenza a quelle presentate da enti pubblici e aziende a partecipazione statale nell'ambito di programmi già approvati dal CIPE (1).

La concessione del diritto di superficie ad enti pubblici per la realizzazione di impianti e servizi pubblici, occorrenti nella zona delimitata dal piano, è a tempo indeterminato, in tutti gli altri casi ha una durata non inferiore a sessanta anni e non superiore a novantanove anni.

Contestualmente all'atto di concessione, o all'atto di cessione della proprietà dell'area, tra il comune da una parte e il concessionario o l'acquirente dall'altra, viene stipulata una convenzione per atto pubblico con la quale vengono disciplinati gli oneri posti a carico del concessionario o dell'acquirente e le sanzioni per la loro inosservanza.

(1) *Comma modificato dall'art. 49, comma 17, l. 27 dicembre 1997, n. 449.*

34. Decreto del Presidente della Repubblica 24 luglio 1977, n. 616. – Attuazione della delega di cui all'art. 1 della l. 22 luglio 1975, n. 382. (*estratto*) (1).

Pubblicato nella Gazzetta Ufficiale n. 234 del 29 agosto 1977, S.O.

(1) *Per altra parte del testo v. sub II, 10.*

TITOLO V
Assetto ed utilizzazione del territorio

CAPO I
Oggetto

79 Materia del trasferimento.

Sono trasferite alle regioni le funzioni amministrative dello Stato e degli enti pubblici di cui all'art. 1 nelle materie "urbanistica, tranvie e linee automobilistiche di interesse regionale", "viabilità, acquedotti e lavori pubblici di interesse regionale", "navigazione e porti lacuali", "caccia", "pesca nelle acque interne", come attinenti all'assetto ed utilizzazione del rispettivo territorio.

CAPO II
Urbanistica

80 Urbanistica.

Le funzioni amministrative relative alla materia "urbanistica" concernono la disciplina dell'uso del territorio comprensiva di tutti gli aspetti conoscitivi, normativi e gestionali riguardanti le operazioni di salvaguardia e di trasformazione del suolo nonché la protezione dell'ambiente.

81 Competenze dello Stato.

Sono di competenza dello Stato le funzioni amministrative concernenti:

a) (*Omissis*) (1);

b) la formazione e l'aggiornamento degli elenchi delle zone dichiarate sismiche e l'emanazione delle relative norme tecniche per le costruzioni nelle stesse.

(*Omissis*) (2).

(*Omissis*) (2).

Se l'intesa non si realizza entro novanta giorni dalla data di ricevimento da parte delle regioni del programma di intervento, e il Consiglio dei Ministri ritiene che si debba procedere in difformità dalla previsione degli strumenti urbanistici, si provvede sentita la commissione interparlamentare per le questioni regionali con decreto del Presidente della Repubblica previa deliberazione del Consiglio dei Ministri su proposta del Ministro o dei Ministri competenti per materia.

I progetti di investimento di cui all'art. 14 della legge 6 ottobre 1971, n. 853, sono comunicati alla regione nel cui territorio essi devono essere realizzati. Le regioni hanno la facoltà di promuovere la deliberazione del CIPE di cui al quarto comma dello stesso articolo.

Resta fermo quanto previsto dalla legge 18 dicembre 1973, n. 880, concernente la localizzazione degli impianti per la produzione di energia elettrica e dalla legge 2 agosto 1975, n. 393, relativa a norme sulla localizzazione delle centrali elettronucleari e sulla produzione e sull'impiego di energia elettrica e dalla legge 24 dicembre 1976, n. 898, per le servitù militari (3).

(1) *Lettera abrogata dall'art. 52, d.lgs. 31 marzo 1998, n. 112.*
(2) *Comma abrogato dall'art. 4 d.P.R. 18 aprile 1994, n. 383.*
(3) *V. l'art. 1 del d.m. 25 ottobre 2004.*

82 Beni ambientali.

[Sono delegate alle regioni le funzioni amministrative esercitate dagli organi centrali e periferici dello Stato per la protezione delle bellezze naturali per quanto attiene alla loro individuazione, alla loro tutela e alle relative sanzioni] (1).

[La delega riguarda tra l'altro le funzioni amministrative concernenti:

a) l'individuazione delle bellezze naturali, salvo il potere del Ministro per i beni culturali e ambientali (2), sentito il Consiglio nazionale per i beni culturali e ambientali (2), di integrare gli elenchi delle bellezze naturali approvate dalle regioni;

b) la concessione delle autorizzazioni o nulla osta per le loro modificazioni;

c) l'apertura di strade e cave;

d) la posa in opera di cartelli o di altri mezzi di pubblicità;

e) la adozione di provvedimenti cautelari anche indipendentemente dalla inclusione dei beni nei relativi elenchi;

f) l'adozione dei provvedimenti di demolizione e la irrogazione delle sanzioni amministrative;

g) le attribuzioni degli organi statali centrali e periferici inerenti alle commissioni provinciali previste dall'art. 2 della legge 29 giugno 1939, n. 1497 e dell'art. 31 del decreto del Presidente della Repubblica 3 dicembre 1975, n. 805;

h) l'autorizzazione prevista dalla legge 29 novembre 1971, n. 1097, per la tutela dei Colli Euganei] (1).

(*Omissis*) (3).

(*Omissis*) (3).

(*Omissis*) (3).

(*Omissis*) (3).

(*Omissis*) (3).

(*Omissis*) (3).

(*Omissis*) (3).

(*Omissis*) (3).

(*Omissis*) (3).

(*Omissis*) (3).

(*Omissis*) (3).

(1) *Comma soppresso dall'art. 5 d.lgs. 26 marzo 2008, n. 63.*
(2) *Ora per i beni e le attività culturali.*
(3) *Comma abrogato dall'art. 166, d.lgs. 29 ottobre 1999, n. 490.*

83 Interventi per la protezione della natura.

Sono trasferite alle regioni le funzioni amministrative concernenti gli interventi per la protezione della natura, le riserve ed i parchi naturali.

Per quanto riguarda i parchi nazionali e le riserve naturali dello Stato esistenti, la disciplina generale relativa e la ripartizione dei compiti fra Stato, regioni e comunità montane, ferma restando l'unitarietà dei parchi e riserve, saranno definite con legge della Repubblica entro il 31 dicembre 1979.

Sino all'entrata in vigore della legge di cui al comma precedente, gli organi di amministrazione dei parchi nazionali esistenti sono integrati da tre esperti per ciascuna regione territorialmente interessata, assicurando la rappresentanza della minoranza.

Resta ferma, nell'ambito delle funzioni di indirizzo e di coordinamento, la potestà per il Governo di individuare i nuovi territori nei quali istituire riserve naturali e parchi di carattere interregionale.

È fatto salvo quanto stabilito dall'art. 3 del decreto del Presidente della Repubblica 22 marzo 1974, n. 279, relativamente al Parco nazionale dello Stelvio.

ALLEGATO 1

TABELLE
(*Omissis*)

35. Legge 5 agosto 1978, n. 457. – Norme per l'edilizia residenziale. *(estratto)* (1).

Pubblicata nella Gazzetta Ufficiale n. 231 del 19 agosto 1978.

(1) *V., ora, l. 17 febbraio 1992, n. 179.*

TITOLO IV
Norme generali per il recupero del patrimonio edilizio ed urbanistico esistente

27 Individuazione delle zone di recupero del patrimonio edilizio esistente.

I comuni individuano, nell'ambito degli strumenti urbanistici generali, le zone ove, per le condizioni di degrado, si rende opportuno il recupero del patrimonio edilizio ed urbanistico esistente mediante interventi rivolti alla conservazione, al risanamento, alla ricostruzione e alla migliore utilizzazione del patrimonio stesso. Dette zone possono comprendere singoli immobili, complessi edilizi, isolati ed aree, nonché edifici da destinare ad attrezzature.

Le zone sono individuate in sede di formazione dello strumento urbanistico generale ovvero, per i comuni che, alla data di entrata in vigore della presente legge, ne sono dotati, con deliberazione del consiglio comunale sottoposta al controllo di cui all'articolo 59 della legge 10 febbraio 1953, n. 62.

Nell'ambito delle zone, con la deliberazione di cui al precedente comma o successivamente con le stesse modalità di approvazione, possono essere individuati gli immobili, i complessi edilizi, gli isolati e le aree per i quali il rilascio della concessione è subordinato alla formazione dei piani di recupero di cui al successivo articolo 28.

Per le aree e gli immobili non assoggettati al piano di recupero e comunque non compresi in questo si attuano gli interventi edilizi che non siano in contrasto con le previsioni degli strumenti urbanistici generali. Ove gli strumenti urbanistici generali subordinino il rilascio della concessione alla formazione degli strumenti attuativi, ovvero nell'ambito delle zone destinate a servizi i cui vincoli risultano scaduti, sono sempre consentiti, in attesa di tali strumenti urbanistici attuativi, gli interventi previsti dalle lettere *a*), *b*), *c*) e *d*) del primo comma dell'articolo 31 che riguardino singole unità immobiliari o parti di esse. Inoltre sono consentiti gli interventi di cui alla lettera *d*) del primo comma dell'articolo 31 che riguardino globalmente uno o più edifici anche se modifichino fino al 25 per cento delle destinazioni preesistenti purché il concessionario si impegni, con atto trascritto a favore del comune e a cura e spese dell'interessato, a praticare, limitatamente alla percentuale mantenuta ad uso residenziale, prezzi di vendita e canoni di locazione concordati con il comune ed a concorrere negli oneri di urbanizzazione ai sensi della legge 28 gennaio 1977, n. 10, e successive modificazioni (1).

(1) *L'attuale comma quarto così sostituisce gli originari commi quarto e quinto ai sensi dell'art. 14 l. 17 febbraio 1992, n. 179.*

28 Piani di recupero del patrimonio edilizio esistente.

I piani di recupero prevedono la disciplina per il recupero degli immobili, dei complessi edilizi, degli isolati e delle aree di cui al terzo comma del precedente articolo 27, anche attraverso interventi di ristrutturazione urbanistica, individuando le unità minime di intervento.

I piani di recupero sono approvati con la deliberazione del consiglio comunale con la quale vengono decise le opposizioni presentate al piano, ed hanno efficacia dal momento in cui questa abbia riportato il visto di legittimità di cui all'articolo 59 della legge 10 febbraio 1953, n. 62.

Ove la deliberazione del consiglio comunale di cui al comma precedente non sia assunta, per ciascun piano di recupero, entro tre anni dalla individuazione di cui al terzo comma del precedente articolo 27, ovvero non sia divenuta esecutiva entro il termine di un anno dalla predetta scadenza, l'individuazione stessa decade ad ogni effetto. In tal caso, sono consentiti gli interventi edilizi previsti dal quarto e quinto comma del precedente articolo 27.

Per quanto non stabilito dal presente titolo si applicano ai piani di recupero le disposizioni previste per i piani particolareggiati dalla vigente legislazione regionale e, in mancanza, da quella statale.

I piani di recupero sono attuati:

a) dai proprietari singoli o riuniti in consorzio o dalle cooperative edilizie di cui siano soci, dalle imprese di costruzione o dalle cooperative edilizie cui i proprietari o i soci abbiano conferito il mandato all'esecuzione delle opere, dai condominii o loro consorzi, dai consorzi fra i primi ed i secondi, nonché dagli IACP o loro consorzi, da imprese di costruzione o loro associazioni temporanee o consorzi e da cooperative o loro consorzi;

b) dai comuni, direttamente ovvero mediante apposite convenzioni con i soggetti di cui alla lettera *a*) nei seguenti casi:

1) per gli interventi che essi intendono eseguire direttamente per il recupero del patrimonio edilizio esistente nonché, limitatamente agli interventi di rilevante interesse pubblico, con interventi diretti;

2) per l'adeguamento delle urbanizzazioni;

3) per gli interventi da attuare mediante cessione volontaria, espropriazione od occupazione temporanea, previa diffida nei confronti dei proprietari delle unità minime di intervento, in caso di inerzia dei medesimi, o in sostituzione dei medesimi nell'ipotesi di interventi assistiti da contributo. La diffida può essere effettuata anche prima della decorrenza del termine di scadenza del programma pluriennale di attuazione nel quale il piano di recupero sia stato eventualmente incluso (1).

I comuni, sempre previa diffida, possono provvedere all'esecuzione delle opere previste dal piano di recupero, anche mediante occupazione temporanea, con diritto di rivalsa, nei confronti dei proprietari, delle spese sostenute.

I comuni possono affidare la realizzazione delle opere di urbanizzazione primaria e secondaria ai proprietari singoli o riuniti in consorzio che eseguono gli interventi previsti dal piano di recupero.

(1) *L'attuale comma quinto così sostituisce gli originari commi quinto, sesto e settimo ai sensi dell'art. 13 l. 17 febbraio 1992, n. 179.*

29 Utilizzazione dei fondi da parte dei comuni.

Per l'attuazione dei piani di recupero da parte dei comuni, nei casi previsti dal quinto comma del precedente articolo 28, viene utilizzata la quota dei fondi destinata al recupero del patrimonio edilizio esistente, ai sensi della lettera *c*) del precedente articolo 4, detratta la parte destinata alla concessione dei contributi dello Stato per i mutui agevolati.

La predetta quota è messa a disposizione dei comuni e può essere utilizzata, nei limiti che saranno determinati dalla regione, anche per il trasferimento e la sistemazione temporanea delle famiglie, con esclusione della costruzione di nuovi alloggi, per la prosecuzione delle attività economiche insediate negli immobili interessati dagli interventi, nonché per la redazione dei piani di recupero.

30 Piani di recupero di iniziativa dei privati.

I proprietari di immobili e di aree compresi nelle zone di recupero, rappresentanti, in base all'imponibile catastale, almeno i tre quarti del valore degli immobili interessati, possono presentare proposte di piani di recupero.

In deroga agli articoli 1120, 1121 e 1136, quinto comma, del codice civile gli interventi di recupero relativi ad un unico immobile composto da più unità immobiliari possono essere disposti dalla maggioranza dei condomini che comunque rappresenti almeno la metà del valore dell'edificio (1).

La proposta di piano è adottata con deliberazione del consiglio comunale unitamente alla convenzione contenente le previsioni stabilite dall'articolo 28, comma quinto, della legge 17 agosto 1942, n. 1150, e successive modificazioni.

La proposta di piano deve essere pubblicata, ai sensi della legge 17 agosto 1942, n. 1150, con la procedura prevista per i piani particolareggiati.

I piani di recupero di iniziativa dei privati diventano efficaci dopo che la deliberazione del consiglio comunale, con la quale vengono decise le opposizioni, ha riportato il visto di legittimità di cui all'articolo 59 della legge 10 febbraio 1953, n. 62.

(1) *Comma aggiunto dall'art. 15 l. 17 febbraio 1992, n. 179.*

31 Definizione degli interventi (1).

Gli interventi di recupero del patrimonio edilizio esistente sono così definiti:

a) interventi di manutenzione ordinaria, quelli che riguardano le opere di riparazione, rinnovamento e sostituzione delle finiture degli edifici e quelle necessarie ad integrare o mantenere in efficienza gli impianti tecnologici esistenti;

b) interventi di manutenzione straordinaria, le opere e le modifiche necessarie per rinnovare e sostituire parti anche strutturali degli edifici, nonché per realizzare ed integrare i servizi igienico-sanitari e tecnologici, sempre che non alterino i volumi e le superfici delle singole unità immobiliari e non comportino modifiche delle destinazioni di uso;

c) interventi di restauro e di risanamento conservativo, quelli rivolti a conservare l'organismo edilizio e ad assicurarne la funzionalità mediante un insieme sistematico di opere che, nel rispetto degli elementi tipologici, formali e strutturali dell'organismo stesso, ne consentano destinazioni d'uso con essi compatibili. Tali interventi comprendono il consolidamento, il ripristino e il rinnovo degli elementi costitutivi dell'edificio, l'inserimento degli elementi accessori e degli impianti richiesti dalle esigenze dell'uso, l'eliminazione degli elementi estranei all'organismo edilizio;

d) interventi di ristrutturazione edilizia, quelli rivolti a trasformare gli organismi edilizi mediante un insieme sistemativo di opere che possono portare ad un organismo edilizio in tutto o in parte diverso dal precedente. Tali interventi comprendono il ripristino o la sostituzione di alcuni elementi costitutivi dell'edificio, la eliminazione, la modifica e l'inserimento di nuovi elementi ed impianti;

e) interventi di ristrutturazione urbanistica, quelli rivolti a sostituire l'esistente tessuto urbanistico-edilizio con altro diverso mediante un insieme sistematico di interventi edilizi anche con la modificazione del disegno dei lotti, degli isolati e della rete stradale.

Le definizioni del presente articolo prevalgono sulle disposizioni degli strumenti urbanistici generali e dei regolamenti edilizi. Restano ferme le disposizioni e le competenze previste dalle leggi 1° giugno 1939, n. 1089, e 29 giugno 1939, n. 1497, e successive modificazioni ed integrazioni.

(1) *Vedi articolo 2, comma 29, della legge 24 dicembre 2003, n. 350.*

32 Disposizioni particolari.

Gli interventi sul patrimonio edilizio esistente, compresi nei piani di recupero, approvati ai sensi del secondo comma del precedente articolo 28, sono inclusi nei programmi pluriennali di attuazione previsti dall'articolo 13 della legge 28 gennaio 1977, n. 10. I comuni possono includere nei predetti programmi pluriennali anche gli interventi sul patrimonio edilizio esistente non compresi nei piani di recupero.

Nel formulare i programmi pluriennali di attuazione, i comuni sono tenuti a stimare la quota presumibile degli interventi di recupero del patrimonio edilizio esistente e a valutarne la incidenza ai fini della determinazione delle nuove costruzioni previste nei programmi stessi.

Nei comuni con popolazione superiore a 50 mila abitanti, per gli interventi di rilevante entità non convenzionati ai sensi della legge 28 gennaio 1977, n. 10, o della presente legge, la concessione può essere subordinata alla stipula di una convenzione speciale mediante la quale i proprietari assumono, anche per i loro aventi causa, l'impegno di dare in locazione una quota delle abitazioni recuperate a soggetti appartenenti a categorie indicate dal comune, concordando il canone con il comune medesimo ed assicurando la priorità ai precedenti occupanti.

33 Agevolazioni creditizie per gli interventi di recupero.

Gli interventi di cui al presente titolo e quelli previsti dai piani particolareggiati, ove esistenti, purché convenzionati ai sensi della L. 28 gennaio 1977, n. 10, fruiscono delle agevolazioni creditizie di cui al precedente articolo 16, per le quali si applicano le disposizioni di cui agli articoli 17, 19, 20 e 21 della presente legge. Il limite massimo del mutuo agevolato concedibile, stabilito nel primo comma del precedente articolo 16, è fissato in lire 15 milioni ed è soggetto a revisione con le modalità previste dal secondo comma dello stesso articolo 16.

Tra le agevolazioni creditizie indicate dal precedente comma è compresa quella del contributo sugli interessi di preammortamento previsto dall'art. 36, secondo comma (1).

Nel caso in cui gli interventi che fruiscono delle agevolazioni creditizie previste dal precedente articolo 16 siano effettuati da imprese o da cooperative, le abitazioni recuperate possono essere cedute o assegnate esclusivamente a soggetti aventi i requisiti per l'assegnazione di abitazioni di edilizia economica e popolare.

La cessione o l'assegnazione può essere disposta a favore dei precedenti occupanti anche se non sono in possesso dei predetti requisiti. In tal caso gli stessi non possono fruire del contributo pubblico.

(1) *Comma aggiunto dall'art. 16, d.l. 15 dicembre 1979, n. 629, conv., con modif., in l. 15 febbraio 1980, n. 25.*

34 Piani esecutivi vigenti.

Ai piani particolareggiati e ai piani delle zone da destinare all'edilizia economica e popolare, già approvati alla data di entrata in vigore della presente legge e finalizzati al risanamento del patrimonio edilizio esistente, i comuni possono attribuire, con deliberazione del consiglio comunale, il valore di piani di recupero ed applicare le disposizioni del presente titolo.

36. Legge 17 febbraio 1992, n. 179. — Norme per l'edilizia residenziale pubblica. (*estratto*).

Pubblicata nella Gazzetta Ufficiale n. 50 del 29 febbraio 1992, S.O.

16 Programmi integrati di intervento.

1. Al fine di riqualificare il tessuto urbanistico, edilizio ed ambientale, i comuni promuovono la formazione di programmi integrati. Il programma integrato è caratterizzato dalla presenza di pluralità di funzioni, dalla integrazione di diverse tipologie di intervento, ivi comprese le opere di urbanizzazione, da una dimensione tale da incidere sulla riorganizzazione urbana e dal possibile concorso di più operatori e risorse finanziarie pubblici e privati.

2. Soggetti pubblici e privati, singolarmente o riuniti in consorzio o associati fra di loro, possono presentare al comune programmi integrati relativi a zone in tutto o in parte edificate o da destinare anche a nuova edificazione al fine della loro riqualificazione urbana ed ambientale.

3. I programmi di cui al presente articolo sono approvati dal consiglio comunale con gli effetti di cui all'articolo 4 della legge 28 gennaio 1977, n. 10 (1).

4. Qualora il programma sia in contrasto con le previsioni della strumentazione urbanistica, la delibera di approvazione del consiglio comunale è soggetta alle osservazioni da parte di associazioni, di cittadini e di enti, da inviare al comune entro quindici giorni dalla data della sua esposizione all'albo pretorio coincidente con l'avviso pubblico sul giornale locale. Il programma medesimo con le relative osservazioni è trasmesso alla regione entro i successivi dieci giorni. La regione provvede alla approvazione o alla richiesta di modifiche entro i successivi centocinquanta giorni, trascorsi i quali si intende approvato (1).

5. Anche nelle zone di cui all'articolo 2 del decreto ministeriale 2 aprile 1968, pubblicato nella Gazzetta Ufficiale 16 aprile 1968, n. 97, qualora il programma contenga la disposizione planovolumetrica degli edifici, la densità fondiaria di questi può essere diversa da quella preesistente purché non sia superata la densità complessiva preesistente dell'intero ambito del programma, nonché nel rispetto del limite dell'altezza massima preesistente nell'ambito. Non sono computabili i volumi eseguiti senza licenza o concessione edilizia ovvero in difformità totale dalla stessa o in base a licenza o concessione edilizia annullata. Nel caso in cui sia stata presentata istanza di sanatoria ai sensi dell'articolo 31 della legge 28 febbraio 1985, n. 47, il comune è obbligato a pronunciarsi preventivamente in via definitiva sull'istanza medesima (1).

6. La realizzazione dei programmi non è subordinata all'inclusione nei programmi pluriennali di attuazione di cui all'articolo 13 della legge 28 gennaio 1977, n. 10 (1).

7. Le regioni concedono i finanziamenti inerenti il settore dell'edilizia residenziale ad esse attribuiti con

priorità a quei comuni che provvedono alla formazione dei programmi di cui al presente articolo (1).

8. Le regioni possono destinare parte delle somme loro attribuite, ai sensi della presente legge, alla formazione di programmi integrati.

9. Il contributo dello Stato alla realizzazione dei programmi integrati, fa carico ai fondi di cui all'articolo 2.

(1) *La Corte costituzionale, con sentenza 19 ottobre 1992, n. 393, ha dichiarato* l'illegittimità costituzionale *del presente comma.*

37. Decreto legislativo 31 marzo 1998, n. 112. — Conferimento di funzioni e compiti amministrativi dello Stato alle regioni ed agli enti locali, in attuazione del capo I della legge 15 marzo 1997, n. 59. (*estratto*).

Pubblicato nella Gazzetta Ufficiale n. 92 del 21 aprile 1998, S.O.

TITOLO III
Territorio ambiente e infrastrutture

CAPO II
Territorio e urbanistica

SEZIONE II
Urbanistica, pianificazione territoriale e bellezze naturali

54 Funzioni mantenute allo Stato.

1. Sono mantenute allo Stato, ai sensi dell'articolo 3, comma 1, lettera *a*) della legge 15 marzo 1997, n. 59, le funzioni relative:

a) all'osservatorio e monitoraggio delle trasformazioni territoriali, con particolare riferimento ai compiti di cui all'articolo 52, all'abusivismo edilizio ed al recupero, anche sulla base dei dati forniti dai comuni;

b) all'indicazione dei criteri per la raccolta e l'informatizzazione di tutto il materiale cartografico ufficiale esistente, e per quello in corso di elaborazione, al fine di unificare i diversi sistemi per una più agevole lettura dei dati;

c) alla predisposizione della normativa tecnica nazionale per le opere in cemento armato e in acciaio e le costruzioni in zone sismiche;

d) alla salvaguardia di Venezia, della zona lagunare e al mantenimento del regime idraulico lagunare, nei limiti e con le modalità di cui alle leggi speciali vigenti nonché alla legge 5 marzo 1963, n. 366;

e) alla promozione di programmi innovativi in ambito urbano che implichino un intervento coordinato da parte di diverse amministrazioni dello Stato.

2. Le funzioni di cui alle lettere *a*), *b*), *c*) ed *e*) del comma 1 sono esercitate di intesa con la Conferenza unificata.

55 Localizzazione di opere di interesse statale.

1. Le procedure di localizzazione delle opere pubbliche di interesse di amministrazioni diverse dalle regioni e dagli enti locali sono attivate previa presentazione alla regione, ogni anno, da parte dell'amministrazione interessata, di un quadro complessivo delle opere e degli interventi compresi nella propria programmazione triennale, da realizzarsi nel territorio regionale.

2. Nei casi di variazione degli strumenti urbanistici vigenti conseguente all'approvazione di progetti di opere e interventi pubblici, l'amministrazione procedente è tenuta a predisporre, insieme al progetto, uno specifico studio sugli effetti urbanistico-territoriali e ambientali dell'opera o dell'intervento e sulle misure necessarie per il suo inserimento nel territorio comunale.

56 Funzioni conferite alle regioni e agli enti locali.

1. Sono conferite alle regioni e agli enti locali, ai sensi dell'articolo 4, comma 1, della legge 15 marzo 1997, n. 59, tutte le funzioni amministrative non espressamente mantenute allo Stato dalle disposizioni della presente sezione.

57 Pianificazione territoriale di coordinamento e pianificazioni di settore.

1. La regione, con legge regionale, prevede che il piano territoriale di coordinamento provinciale di cui all'articolo 15 della legge 8 giugno 1990, n. 142, assuma il valore e gli effetti dei piani di tutela nei settori della protezione della natura, della tutela dell'ambiente, delle acque e della difesa del suolo e della tutela delle bellezze naturali, sempreché la definizione delle relative disposizioni avvenga nella forma di intese fra la provincia e le amministrazioni, anche statali, competenti.

2. In mancanza dell'intesa di cui al comma 1, i piani di tutela di settore conservano il valore e gli effetti ad essi assegnati dalla rispettiva normativa nazionale e regionale.

3. Resta comunque fermo quanto disposto dall'articolo 149, comma 6, del presente decreto legislativo.

38. Decreto legislativo 18 agosto 2000, n. 267. — Testo unico delle leggi sull'ordinamento degli enti locali (*estratto*) (1).

Pubblicato nella Gazzetta Ufficiale n. 276 del 30 ottobre 2000, S.O.

(1) *V. anche il testo* sub *II, 12. Si veda inoltre la l. 7 aprile 2014, n. 56,* sub *II, 13.*

PARTE I
Ordinamento istituzionale

TITOLO V
Servizi e interventi pubblici locali

120 Società di trasformazione urbana.

1. Le città metropolitane e i comuni, anche con la partecipazione della provincia e della regione, possono costituire società per azioni per progettare e realizzare interventi di trasformazione urbana, in attuazione degli strumenti urbanistici vigenti. A tal fine le deliberazioni dovranno in ogni caso prevedere che gli azionisti privati delle società per azioni siano scelti tramite procedura di evidenza pubblica.

2. Le società di trasformazione urbana provvedono alla preventiva acquisizione degli immobili interessati dall'intervento, alla trasformazione e alla commercializzazione degli stessi. Le acquisizioni possono avvenire consensualmente o tramite ricorso alle procedure di esproprio da parte del comune (1).

3. Gli immobili interessati dall'intervento di trasformazione sono individuati con delibera del consiglio comunale. L'individuazione degli immobili equivale a dichiarazione di pubblica utilità, anche per gli immobili non interessati da opere pubbliche. Gli immobili di proprietà degli enti locali interessati dall'intervento possono essere conferiti alla società anche a titolo di concessione (2).

4. I rapporti tra gli enti locali azionisti e la società per azioni di trasformazione urbana sono disciplinati da una convenzione contenente, a pena di nullità, gli obblighi e i diritti delle parti.

(1) *Comma sostituito dall'art. 44, comma 1, lett.* a), *l. 1° agosto 2002, n. 166.*

(2) *Comma sostituito dall'art. 44, comma 1, lett.* b), *l. 1° agosto 2002, n. 166.*

39. Legge 24 dicembre 2007, n. 244. — Disposizioni per la formazione del bilancio annuale e pluriennale dello Stato (Finanziaria 2008) (*estratto*).

Pubblicata nella Gazzetta Ufficale n. 300 del 28 dicembre 2007, S.O. n. 285.

1 Disposizioni in materia di entrata, nonché disposizioni concernenti le seguenti Missioni: Organi costituzionali, a rilevanza costituzionale e Presidenza del Consiglio dei ministri; Relazioni finanziarie con le autonomie territoriali.

258. Fino alla definizione della riforma organica del governo del territorio, in aggiunta alle aree necessarie per le superfici minime di spazi pubblici o riservati alle attività collettive, a verde pubblico o a parcheggi di cui al decreto del Ministro dei lavori pubblici 2 aprile 1968, n. 1444, e alle relative leggi regionali, negli strumenti urbanistici sono definiti ambiti la cui trasformazione è subordinata alla cessione gratuita da parte dei proprietari, singoli o in forma consortile, di aree o immobili da destinare a edilizia residenziale sociale, in rapporto al fabbisogno locale e in relazione all'entità e al valore della trasformazione. In tali ambiti è possibile prevedere, inoltre, l'eventuale fornitura di alloggi a canone calmierato, concordato e sociale.

259. Ai fini dell'attuazione di interventi finalizzati alla realizzazione di edilizia residenziale sociale, di rinnovo urbanistico ed edilizio, di riqualificazione e miglioramento della qualità ambientale degli insediamenti, il comune può, nell'ambito delle previsioni degli strumenti urbanistici, consentire un aumento di volumetria premiale nei limiti di incremento massimi della capacità edificatoria prevista per gli ambiti di cui al comma 258.

CAPO II
EDILIZIA

40. Legge 28 gennaio 1977, n. 10. — Norme per la edificabilità dei suoli (1). (*estratto*).

(1) *Il d.lgs. 19 febbraio 1998, n. 51, ha soppresso l'ufficio del pretore e, fuori dai casi espressamente previsti dal citato decreto, le relative competenze sono da intendersi trasferite al tribunale ordinario. Lo stesso decreto ha soppresso l'ufficio del pubblico ministero presso la pretura circondariale e ha provveduto a trasferirne le relative funzioni all'ufficio del pubblico ministero presso il tribunale ordinario. Inoltre, qualora il presente provvedimento attribuisca funzioni amministrative alternativamente al pretore e ad organi della P.A., le attribuzioni pretorili si intendono soppresse; sono altresì soppresse le funzioni amministrative di altre autorità giurisdizionali, eccezion fatta per il giudice di pace, se attribuite in via alternativa tanto al pretore che ad organi della P.A.*

1 [Trasformazione urbanistica del territorio e concessione di edificare] (1).

[Ogni attività comportante trasformazione urbanistica ed edilizia del territorio comunale partecipa agli oneri ad essa relativi e la esecuzione delle opere è subordinata a concessione da parte del sindaco, ai sensi della presente legge].

(1) *Articolo abrogato dall'art. 136, comma 1 e 2, d.P.R. 6 giugno 2001, n. 380, con effetto a decorrere dal 30 giugno 2003, come da ultimo prorogato ai sensi dell'art. 2 d.l. 20 giugno 2002, n. 122, conv., con modif., in l. 1° agosto 2002, n. 185. V. l'art. 10 d.P.R. 6 giugno 2001, n. 380.*

2 Piani di zona e demani comunali di aree.

Per le aree comprese nei piani di zona di cui alla legge 8 aprile 1962, n. 167, e per quelle acquisite ai sensi degli articoli 27 e 51 della legge 22 ottobre 1971, n. 865, resta fermo il regime previsto dalle norme della stessa legge n. 865.

Anche per tali aree è necessario il provvedimento del sindaco di cui all'articolo 1 della presente legge.

(*Omissis*) (1).

L'articolo 26 della legge 22 ottobre 1971, n. 865, è abrogato. Le aree già vincolate ai sensi di detto articolo sono assoggettate al regime previsto dall'articolo 35 della legge 22 ottobre 1971, n. 865, salvo quanto previsto nell'undicesimo, nel sedicesimo e nel diciottesimo comma dello stesso articolo 35 per ciò che concerne i requisiti soggettivi.

(*Omissis*) (2).

(1) *Sostituisce il primo comma dell'art. 3 l. 18 aprile 1962, n. 167*
(2) *Comma abrogato dall'art. 2, comma 70, l. 23 dicembre 1996, n. 662.*

3 [Contributo per il rilascio della concessione] (1).

[La concessione comporta la corresponsione di un contributo commisurato all'incidenza delle spese di urbanizzazione nonché al costo di costruzione].

(1) *Articolo abrogato dall'art. 136, comma 2, d.P.R. 6 giugno 2001, n. 380, con effetto a decorrere dal 30 giugno 2003, come da ultimo prorogato ai sensi dell'art. 2 d.l. 20 giugno 2002, n. 122, conv., con modif., in l. 1° agosto 2002, n. 185. V. l'art. 16 d.P.R. 6 giugno 2001, n. 380.*

4 [Caratteristiche della concessione] (1).

[La concessione è data dal sindaco al proprietario dell'area o a chi abbia titolo per richiederla con le modalità, con la procedura e con gli effetti di cui all'articolo 31 della legge 17 agosto 1942, n. 1150, e successive modificazioni ed integrazioni, in conformità alle previsioni degli strumenti urbanistici e dei regolamenti edilizi e, nei comuni sprovvisti di detti strumenti, a norma dell'articolo 41-*quinquies*, primo e terzo comma, della legge medesima, nonché delle ulteriori norme regionali.

Per gli immobili di proprietà dello Stato la concessione è data a coloro che siano muniti di titolo, rilasciato dai competenti organi dell'amministrazione, al godimento del bene.

Nell'atto di concessione sono indicati i termini di inizio e di ultimazione dei lavori.

Il termine per l'inizio dei lavori non può essere superiore ad un anno; il termine di ultimazione, en tro il quale l'opera deve essere abitabile o agibile, non può essere superiore a tre anni e può essere prorogato, con provvedimento motivato, solo per fatti estranei alla volontà del concessionario, che siano sopravvenuti a ritardare i lavori durante la loro esecuzione. Un periodo più lungo per l'ultimazione dei lavori può essere concesso esclusivamente in considerazione della mole dell'opera da realizzare o delle sue particolari caratteristiche tecnico-costruttive; ovvero quando si tratti di opere pubbliche il cui finanziamento sia previsto in più esercizi finanziari.

Qualora i lavori non siano ultimati nel termine stabilito, il concessionario deve presentare istanza diretta ad ottenere una nuova concessione; in tal caso la nuova concessione concerne la parte non ultimata.

La concessione è trasferibile ai successori o aventi causa. Essa non incide sulla titolarità della proprietà o di altri diritti reali relativi agli immobili realizzati per effetto del suo rilascio ed è irrevocabile, fatti salvi i casi di decadenza ai sensi della presente legge e le sanzioni previste dall'articolo 15 della stessa. Resta fermo inoltre il disposto di cui al penultimo comma dell'articolo 31 della legge 17 agosto 1942, n. 1150.

La regione stabilisce le forme e le modalità d'esercizio dei poteri sostitutivi nel caso di mancato rilascio della concessione nei termini di legge.

A decorrere dal 10 gennaio 1979, salva l'applicazione dell'articolo 4 della legge 10 giugno 1971, n. 291, nei comuni sprovvisti degli strumenti urbanistici generali e in mancanza di norme regionali e fino all'entrata in vigore di queste, la concessione deve osservare i seguenti limiti:

a) fuori del perimetro dei centri abitati definito ai sensi dell'articolo 17 della legge 6 agosto 1967, n. 765, l'edificazione a scopo residenziale non può superare l'indice di metri cubi 0,03, per metro quadrato di area edificabile;

b) nell'ambito dei centri abitati definiti ai sensi dell'articolo 17 della legge 6 agosto 1967, n. 765, sono consentite soltanto opere di restauro e di risanamento conservativo, di manutenzione ordinaria o straordinaria, di consolidamento statico e di risanamento igienico;

c) le superfici coperte degli edifici o dei complessi produttivi non possono superare un decimo dell'area di proprietà].

(1) *Articolo abrogato dall'art. 136, comma 1 e 2, d.P.R. 6 giugno 2001, n. 380, con effetto a decorrere dal 30 giugno 2003, come da ultimo prorogato ai sensi dell'art. 2 d.l. 20 giugno 2002, n. 122, conv., con modif., in l. 1° agosto 2002, n. 185. V. artt. 9, 11, 12, 13 e 15 d.P.R. 6 giugno 2001, n. 380.*

5-15 (*Omissis*).

16 [Tutela giurisdizionale] (1).

[I ricorsi giurisdizionali contro il provvedimento con il quale la concessione viene data o negata nonché contro la determinazione e la liquidazione del contributo e delle sanzioni previste dagli artt. 15 e 18 sono devoluti alla competenza dei tribunali amministrativi regionali, i quali, oltre i mezzi di prova previsti dall'art. 44, primo comma, r.d. 26 giugno 1924, n. 1054, possono disporre altresì le perizie di cui all'art. 27, r.d. 17 agosto 1907, n. 642] (1).

(1) *Articolo abrogato dall'art. 136, comma 2, d.P.R. 6 giugno 2001, n. 380,, con effetto a decorrere dal 30 giugno 2003, come da ultimo prorogato ai sensi dell'art. 2 d.l. 20 giugno 2002, n. 122, conv., con modif., in l. 1° agosto 2002, n. 185.*

17-22 (*Omissis*).

41. Legge 28 febbraio 1985, n. 47. — Norme in materia di controllo dell'attività urbanistico-edilizia, sanzioni, recupero e sanatoria delle opere edilizie (*estratto*) (1) (2) (3) (4).

Pubblicata nella Gazzetta Ufficiale n. 53 del 2 marzo 1985.

(1) *Il riferimento a soprattasse e/o a pene pecuniarie, nonché ad ogni altra sanzione amministrativa, ancorché diversamente denominata, contenuto nel presente provvedimento, è sostituito con il riferimento alla sanzione pecuniaria di uguale importo (art. 26, comma 1, d.lgs. 18 dicembre 1997, n. 472). I riferimenti eventualmente contenuti nelle singole leggi di imposta a disposizioni abrogate si intendono effettuati agli istituti e alle previsioni corrispondenti risultanti dal citato d.lgs. n. 472/1997. Salvo diversa espressa previsione, i procedimenti di irrogazione delle sanzioni disciplinati dal citato d.lgs. n. 472/1997, si applicano all'irrogazione di tutte le sanzioni tributarie non penali (art. 26, comma 1, d.lgs. 18 dicembre 1997, n. 472).*

(2) *Con d.lgs. 31 marzo 1998, n. 112 sono state devolute alle regioni e agli enti locali tutte le funzioni amministrative inerenti alla materia delle opere pubbliche, ad eccezione di quelle espressamente mantenute allo Stato.*

(3) *A decorrere dalla data di nomina del primo governo costituito a seguito delle prime elezioni politiche successive all'entrata in vigore del d.lgs. 30 luglio 1999, n. 300, le prefetture sono trasformate in uffici territoriali del governo; il prefetto preposto a tale ufficio nel capoluogo della regione assume anche le funzioni di commissario del governo (art. 11, d.lgs. n. 300/1999, cit.).*

(4) *La Regione Sicilia, con l.r. 10 agosto 1985, n. 37, ha disposto che la presente legge si applichi nel proprio territorio con le modifiche e le eccezioni nella stessa indicate. In appendice alla medesima legge regionale è riportato il testo della presente legge, aggiornato con le modifiche da essa disposte, nonché con le modifiche apportate da altri provvedimenti regionali intervenuti successivamente, la cui validità è pertanto circoscritta unicamente alla regione Sicilia.*

CAPO I
Norme in materia di controllo dell'attività urbanistico-edilizia
Sanzioni amministrative e penali

1 Legge-quadro.

Fermo restando quanto previsto dal capo IV, le regioni emanano norme in materia di controllo dell'attività urbanistica ed edilizia e di sanzioni amministrative in conformità ai principi definiti dai capp. I, II e III della presente legge.

Fino all'emanazione delle norme regionali si applicano le norme della presente legge.

Sono in ogni caso fatte salve le competenze delle regioni a statuto speciale e delle province autonome di Trento e di Bolzano.

2 Sostituzione di norme.

Le disposizioni di cui al capo I della presente legge sostituiscono quelle di cui all'art. 32, l. 17 agosto 1942, n. 1150, ed agli articoli 15 e 17, l. 28 gennaio 1977, n. 10.

3-22 (1).

(1) *Articoli abrogati dall'art. 136, comma 2, d.P.R. 6 giugno 2001, n. 380, con effetto a decorrere dal 30 giugno 2003, come da ultimo prorogato ai sensi dell'art. 2 d.l. 20 giugno 2002, n. 122, conv., con modif., in l. 1° agosto 2002, n. 185.*

23-30 (*Omissis*).

CAPO IV
Opere sanabili
Soggetti legittimati
Conservazione dei rapporti sorti sulla base di decreti-legge non convertiti

31 Sanatoria delle opere abusive (1).

Possono, su loro richiesta, conseguire la concessione o la autorizzazione in sanatoria i proprietari di costruzioni e di altre opere che risultino essere state ultimate entro la data del 10 ottobre 1983 ed eseguite:

a) senza licenza o concessione edilizia o autorizzazione a costruire prescritte da norme di legge o di regolamento, ovvero in difformità dalle stesse;

b) in base a licenza o concessione edilizia o autorizzazione annullata, decaduta o comunque divenuta inefficace, ovvero nei cui confronti sia in corso procedimento di annullamento o di declaratoria di decadenza in sede giudiziaria o amministrativa.

Ai fini delle disposizioni del comma precedente, si intendono ultimati gli edifici nei quali sia stato eseguito il rustico e completata la copertura, ovvero, quanto alle opere interne agli edifici già esistenti e a quelle non destinate alla residenza, quando esse siano state completate funzionalmente.

Alla richiesta di sanatoria ed agli adempimenti relativi possono altresì provvedere coloro che hanno titolo, ai sensi della l. 28 gennaio 1977, n. 10, a richiedere la concessione edilizia o l'autorizzazione nonché, salvo rivalsa nei confronti del proprietario, ogni altro soggetto interessato al conseguimento della sanatoria medesima.

Conservano efficacia gli atti ed i provvedimenti adottati in applicazione delle disposizioni dell'art. 6 del d.l. 31 luglio 1982, n. 486, dell'art. 9 del d.l. 30 settembre 1982, n. 688, e del d.l. 5 ottobre 1983, n. 529, non convertiti in legge. Restano fermi i rapporti giuridici sorti sulla base delle medesime disposizioni anche ai fini dei provvedimenti che i comuni, in ordine alle richieste di sanatoria già presentate, devono adottare per la definitiva determinazione della oblazione ai sensi della presente legge.

Per le opere ultimate anteriormente al 10 settembre 1967 per le quali era richiesto, ai sensi dell'art. 31, primo comma, della l. 17 agosto 1942, n. 1150, e dei regolamenti edilizi comunali, il rilascio della licenza di costruzione, i soggetti di cui ai commi primo e terzo del presente articolo conseguono la concessione in sanatoria previo pagamento, a titolo di oblazione, della somma determinata a norma dell'articolo 34 della presente legge.

(1) *V. l'art. 32, comma 25, d.l. 30 settembre 2003, n. 269, conv., con modif., in l. 24 novembre 2003, n. 326, ai sensi del quale: « 25. Le disposizioni di cui ai capi IV e V della legge 28 febbraio 1985, n. 47, e successive modificazioni e integrazioni, come ulteriormente modificate dall'articolo 39 della legge 23 dicembre 1994, n. 724, e successive modificazioni e integrazioni, nonché dal presente articolo, si applicano alle opere abusive che risultino ultimate entro il 31 marzo 2003 e che non abbiano comportato ampliamento del manufatto superiore al 30 per cento della volumetria della costruzione originaria o, in alternativa, un ampliamento superiore a 750 mc. Le suddette disposizioni trovano altresì applicazione alle opere abusive realizzate nel termine di cui sopra relative a nuove costruzioni residenziali non superiori a 750 mc per singola richiesta di titolo abilitativo edilizio in sanatoria, a condizione che la nuova costruzione non superi complessivamente i 3.000 metri cubi » Successivamente la Corte costituzionale, con sentenza 28 giugno 2004, n. 196 ha dichiarato l'illegittimità costituzionale del comma 25 dell'art. 32 d.l. n. 269 cit.,, nella parte in cui non prevede che la legge regionale di cui al comma 26 possa determinare limiti volumetrici inferiori a quelli ivi indicati.*

32 Opere costruite su aree sottoposte a vincolo (1) (2).

1. Fatte salve le fattispecie previste dall'articolo 33, il rilascio del titolo abilitativo edilizio in sanatoria per opere eseguite su immobili sottoposti a vincolo è subordinato al parere favorevole delle amministrazioni preposte alla tutela del vincolo stesso. Qualora tale parere non venga formulato dalle suddette amministrazioni entro centottanta giorni dalla data di ricevimento della richiesta di parere, il richiedente può impugnare il silenzio-rifiuto. Il rilascio del titolo abilitativo edilizio estingue anche il reato per la violazione del vincolo. Il parere non è richiesto quando si tratti di violazioni riguardanti l'altezza, i distacchi, la cubatura o la superficie coperta che non eccedano il 2 per cento delle misure prescritte.

2. Sono suscettibili di sanatoria, alle condizioni sotto indicate, le opere insistenti su aree vincolate dopo la loro esecuzione e che risultino:

a) in difformità dalla legge 2 febbraio 1974, n.64, e successive modificazioni, e dal decreto del Presidente della Repubblica 6 giugno 2001, n.380, quando possano essere collaudate secondo il disposto del quarto comma dell'articolo 35;

b) in contrasto con le norme urbanistiche che prevedono la destinazione ad edifici pubblici od a spazi pubblici, purché non in contrasto con le previsioni delle varianti di recupero di cui al capo III;

c) in contrasto con le norme del decreto ministeriale 10 aprile 1968, n.1404, pubblicato nella Gazzetta Ufficiale n. 96 del 13 aprile 1968, e con agli articoli 16, 17 e 18 della legge 13 giugno 1991, n.190, e successive modificazioni, sempre che le opere stesse non costituiscano minaccia alla sicurezza del traffico.

3. Qualora non si verifichino le condizioni di cui al comma 2, si applicano le disposizioni dell'articolo 33.

4. Ai fini dell'acquisizione del parere di cui al comma 1 si applica quanto previsto dall'articolo 20, comma 6, del decreto del Presidente della Repubblica 6 giugno 2001, n. 380. Il motivato dissenso espresso da una amministrazione preposta alla tutela ambientale, paesaggistico-territoriale, ivi inclusa la soprintendenza competente, alla tutela del patrimonio storico artistico o alla tutela della salute preclude il rilascio del titolo abilitativo edilizio in sanatoria.

5. Per le opere eseguite da terzi su aree di proprietà di enti pubblici territoriali, in assenza di un titolo che abiliti al godimento del suolo, il rilascio della concessione o dell'autorizzazione in sanatoria è subordinato

anche alla disponibilità dell'ente proprietario a concedere onerosamente, alle condizioni previste dalle leggi statali o regionali vigenti, l'uso del suolo su cui insiste la costruzione. La disponibilità all'uso del suolo, anche se gravato di usi civici, viene espressa dagli enti pubblici territoriali proprietari entro il termine di centottanta giorni dalla richiesta. La richiesta di disponibilità all'uso del suolo deve essere limitata alla superficie occupata dalle costruzioni oggetto della sanatoria e alle pertinenze strettamente necessarie, con un massimo di tre volte rispetto all'area coperta dal fabbricato. Salve le condizioni previste da leggi regionali, il valore è stabilito dalla filiale dell'Agenzia del demanio competente per territorio per gli immobili oggetto di sanatoria ai sensi della presente legge e dell'articolo 39 della legge 23 dicembre 1994, n.724, con riguardo al valore del terreno come risultava all'epoca della costruzione aumentato dell'importo corrispondente alla variazione dell'indice ISTAT dei prezzi al consumo per le famiglie di operai ed impiegati, al momento della determinazione di detto valore. L'atto di disponibilità, regolato con convenzione di cessione del diritto di superficie per una durata massima di anni sessanta, è stabilito dall'ente proprietario non oltre sei mesi dal versamento dell'importo come sopra determinato.

6. Per le costruzioni che ricadono in aree comprese fra quelle di cui all'articolo 21 della legge 17 agosto 1942, n.1150, il rilascio della concessione o della autorizzazione in sanatori a è subordinato alla acquisizione della proprietà dell'area stessa previo versamento del prezzo, che è determinato dall'Agenzia del territorio in rapporto al vantaggio derivante dall'incorporamento dell'area.

7. Per le opere non suscettibili di sanatoria ai sensi del presente articolo si applicano le sanzioni previste dal decreto del Presidente della Repubblica 6 giugno 2001, n. 380.

(1) *Articolo, da ultimo sostituito dall'art. 32 d.l. 30 settembre 2003, n. 269, conv., con modif., in l. 24 novembre 2003, n. 326.*
In precedenza l'articolo era stato modificato dall'art. 4 d.l. 23 aprile 1985, n. 146, conv., con modif., in l. 21 giugno 1985, n. 298, dal d.l. 12 gennaio 1988, n. 2, conv., con modif., in l. 13 marzo 1988, n. 68, dall'art. 39 l. 23 dicembre 1994, n. 724, dall'art. 2, comma 44, l. 23 dicembre 1996, n. 662.

(2) *Per l'applicazione delle disposizioni di cui al presente articolo v. articolo 32, comma 25, d.l. n. 269, cit.,* sub *art. 31.*

33 Opere non suscettibili di sanatoria (1).

Le opere di cui all'articolo 31 non sono suscettibili di sanatoria quando siano in contrasto con i seguenti vincoli, qualora questi comportino inedificabilità e siano stati imposti prima della esecuzione delle opere stesse:

a) vincoli imposti da leggi statali e regionali nonché dagli strumenti urbanistici a tutela di interessi storici, artistici, architettonici, archeologici, paesistici, ambientali, idrogeologici;

b) vincoli imposti da norme statali e regionali a difesa delle coste marine, lacuali e fluviali;

c) vincoli imposti a tutela di interessi della difesa militare e della sicurezza interna;

d) ogni altro vincolo che comporti la inedificabilità delle aree.

Sono altresì escluse dalla sanatoria le opere realizzate su edifici ed immobili assoggettati alla tutela della l. 1° giugno 1939, n. 1089, e che non siano compatibili con la tutela medesima.

Per le opere non suscettibili di sanatoria ai sensidel presente articolo si applicano le sanzioni previste dal capo I.

(1) *Per l'applicazione delle disposizioni di cui al presente articolo v. art. 32, comma 25, d.l. 30 settembre 2003, n. 269, conv., con modif., in l. 24 novembre 2003, n. 326,* sub *art. 31.*

34 Somma da corrispondere a titolo di oblazione.

(*Omissis*).

35 Procedimento per la sanatoria.

La domanda di concessione o di autorizzazione in sanatoria deve essere presentata al comune interessato entro il termine perentorio del 30 novembre 1985. La domanda è corredata dalla prova dell'eseguito versamento dell'oblazione, nella misura dovuta secondo l'allegata tabella, ovvero di una somma pari ad un terzo dell'oblazione, quale prima rata (1).

Per le costruzioni ed altre opere, ultimate entro il 10 ottobre 1983, la cui licenza, concessione od autorizzazione venga annullata, ovvero dichiarata decaduta o inefficace successivamente all'entrata in vigore della presente legge, il decorso del termine di centoventi giorni inizia dal giorno della notificazione o comunicazione alla parte interessata del relativo provvedimento.

Alla domanda devono essere allegati (2):

a) una descrizione delle opere per le quali si chiede la concessione o l'autorizzazione in sanatoria;

b) una apposita dichiarazione, corredata di documentazione fotografica, dalla quale risulti lo stato dei lavori relativi; quando l'opera abusiva supera i 450 metri cubi, devono altresì essere presentati, entro il termine stabilito per il versamento della seconda rata della oblazione, una perizia giurata sulle dimensioni e sullo stato delle opere e una certificazione redatta da un tecnico abilitato all'esercizio della professione attestante l'idoneità statica delle opere eseguite (3). Qualora l'opera per la quale viene presentata istanza di sanatoria sia stata in precedenza collaudata, tale certificazione non è necessaria se non è oggetto di richiesta motivata da parte del sindaco;

c) un certificato di residenza, di data non anteriore a tre mesi nell'ipotesi di cui al terzo comma dell'articolo 34, nonché copia della dichiarazione dei redditi nell'ipotesi di cui al primo e al secondo comma dell'articolo 36;

d) un certificato di iscrizione alla camera di commercio, industria, artigianato e agricoltura, di data non anteriore a tre mesi, da cui risulti che la sede dell'impresa è situata nei locali per i quali si chiede la concessione in sanatoria, nelle ipotesi previste dal quinto comma dell'articolo 34;

e) (*Omissis*) (4).

Con decreto del Ministro dei lavori pubblici, di concerto con il Ministro per il coordinamento della protezione civile, sono determinati entro tre mesi dalla data di entrata in vigore della legge di conversione del d.l.

12 gennaio 1988, n. 2, gli accertamenti da eseguire al fine della certificazione di cui alla lettera *b*) del comma precedente anche in deroga alle leggi 9 luglio 1908, n. 445, e successive modificazioni, 5 novembre 1971, n. 1086, 2 febbraio 1974, n. 64, e 14 maggio 1981, n. 219, e relative norme tecniche. Con lo stesso decreto possono essere previste deroghe anche alle disposizioni della legge 2 febbraio 1974, n. 64, riguardanti le altezze degli edifici anche in rapporto alla larghezza stradale e sono determinate altresì le disposizioni per l'adeguamento antisismico degli edifici, tenuto conto dei criteri tecnici già stabiliti con le ordinanze concernenti la riparazione degli immobili colpiti dal terremoto (5). Per le costruzioni realizzate prima della dichiarazione di sismicità della zona, gli accertamenti sono eseguiti senza tener conto della dichiarazione stessa (6).

Nei casi di non idoneità statica delle costruzioni esistenti in zone non dichiarate sismiche deve altresì essere presentato al comune un progetto di completo adeguamento redatto da un professionista abilitato ai sensi della legge 2 febbraio 1974, n. 64, da realizzare entro tre anni dalla data di presentazione della domanda di concessione in sanatoria. In tal caso la certificazione di cui alla lettera *b*) del terzo comma deve essere presentata al comune entro trenta giorni dalla data dell'ultimazione dell'intervento di adeguamento (7).

Nei casi di costruzioni di cui all'articolo 1 della legge 5 novembre 1971, n. 1086, deve essere effettuato il deposito del progetto di completo adeguamento nei termini e nei modi prescritti dagli articoli 4 e 7 della legge medesima. Il certificato di idoneità statica è depositato negli stessi termini quando non occorra procedere all'adeguamento; negli altri casi, nel termine di cui al comma precedente (7).

Per le costruzioni eseguite nei comuni dichiarati sismici dopo la realizzazione delle costruzioni stesse si applicano le disposizioni di cui al precedente comma e per esse non si tiene conto delle disposizioni in materia, ai sensi dell'art. 2 del d.l. 20 novembre 1985, n. 656, convertito dalla l. 24 dicembre 1985, n. 780 (7).

Per le costruzioni eseguite nelle zone sottoposte a vincolo sismico prima della realizzazione delle costruzioni stesse, nel progetto di adeguamento, da redigersi in caso di inidoneità sismica delle strutture e da presentarsi al comune prima dell'inizio dei lavori, si deve tener conto, qualunque sia la loro volumetria, del grado di sismicità della zona su cui esse sorgono, tenendo presenti le disposizioni emanate con il de creto di cui al quarto comma. Per l'esecuzione dei suddetti lavori di adeguamento, da completarsi entro tre anni dalla data di presentazione della domanda di concessione in sanatoria, non occorre alcuna autorizzazione da parte dell'amministrazione preposta alla tutela del vincolo sismico. Nella fattispecie, la certificazione, da presentare al comune entro trenta giorni dalla data di ultimazione dell'intervento, con la quale l'idoneità sismica della costruzione viene attestata da un professionista abilitato, sostituisce a tutti gli effetti il certificato prescritto dalle disposizioni vigenti in materia sismica (7).

Il rilascio della concessione o dell'autorizzazzione in sanatoria, qualsivoglia sia la struttura della costruzione, è subordinato, per quanto riguarda il vincolo sismico, soltanto al deposito presso l'amministrazione preposta alla tutela del vincolo stesso sia dell'eventuale progetto di adeguamento prima dell'inizio dei lavori che della predetta certificazione di idoneità sismica entro trenta giorni dalla data di ultimazione dei lavori stessi. Una copia di quest'ultima con l'attestazione dell'avvenuto deposito verrà restituita all'interessato (7).

Le disposizioni di cui ai commi precedenti valgono anche per quelle costruzioni in zona sismica per le quali il reato è stato dichiarato estinto per qualsiasi causa (7).

Ove all'adeguamento sismico prescritto non si provveda nei termini previsti dalla legge il sindaco, ha facoltà di fare eseguire i lavori in danno degli inadempienti.

Entro centoventi giorni dalla presentazione della domanda, l'interessato integra, ove necessario, la domanda a suo tempo presentata e provvede a versare la seconda rata dell'oblazione dovuta, pari ad un terzo dell'intero, maggiorato del 10 per cento, in ragione d'anno. La terza e ultima rata, maggiorata del 10 per cento, è versata entro i successivi sessanta giorni (8).

Per le costruzioni ed altre opere di cui al primo comma dell'art. 31, realizzate in comprensori la cui lottizzazione sarebbe dovuta avvenire a norma dell'art. 8 della legge 6 agosto 1967, n. 765, il versamento dovuto per l'oblazione di cui all'art. 31 non costituisce titolo per ottenere il rilascio della concessione edilizia in sanatoria, che resta subordinata anche all'impegno di partecipare pro quota agli oneri di urbanizzazione dell'intero comprensorio in sede di stipula della convenzione.

Decorsi centoventi giorni dalla presentazione della domanda e, comunque, dopo il versamento della seconda rata dell'oblazione, il presentatore dell'istanza di concessione o autorizzazione in sanatoria può completare sotto la propria responsabilità le opere di cui all'articolo 31 non comprese tra quelle indicate dall'articolo 33. A tal fine l'interessato notifica al comune il proprio intendimento, allegando perizia giurata ovvero documentazione avente data certa in ordine allo stato dei lavori abusivi, ed inizia i lavori non prima di trenta giorni dalla data della notificazione. L'avvenuto versamento della prima e della seconda rata, seguito da garanzia fideiussoria per il residuo, abilita gli istituti di credito a concedere mutui fondiari ed edilizi. I lavori per il completamento delle opere di cui all'articolo 32 possono essere eseguiti solo dopo che siano stati espressi i pareri delle competenti amministrazioni. I lavori per il completamento delle opere di cui al quarto comma dell'articolo 32 possono essere eseguiti solo dopo che sia stata dichiarata la disponibilità dell'ente proprietario a concedere l'uso del suolo.

Il sindaco, esaminata la domanda di concessione o di autorizzazione, previ i necessari accertamenti, invita, ove lo ritenga necessario, l'interessato a produrre l'ulteriore documentazione; quindi determina in via definitiva l'importo dell'oblazione e rilascia, salvo in ogni caso il disposto dell'articolo 37, la concessione o l'autorizzazione in sanatoria contestualmente alla esibizione da parte dell'interessato della ricevuta del versamento all'erario delle somme a conguaglio nonché della prova dell'avvenuta presentazione all'ufficio tecnico erariale della documentazione necessaria ai fini dell'accatastamento (9) (10).

Il diniego di sanatoria è notificato al richiedente.

Ogni controversia relativa all'oblazione è devoluta alla competenza dei tribunali amministrativi regionali, i quali possono disporre dei mezzi di prova previsti dall'articolo 16 della legge 28 gennaio 1977, n. 10.

Fermo il disposto del primo comma dell'articolo 40 e con l'esclusione dei casi di cui all'articolo 33, decorso il termine perentorio di ventiquattro mesi dalla presentazione della domanda, quest'ultima si intende accolta ove l'interessato provveda al pagamento di tutte le somme eventualmente dovute a conguaglio ed alla presentazione all'ufficio tecnico erariale della documentazione necessaria all'accatastamento. Trascorsi trentasei mesi si prescrive l'eventuale diritto al conguaglio o al rimborso spettanti (9) (10).

Nelle ipotesi previste nell'articolo 32 il termine di cui al dodicesimo comma del presente articolo decorre dall'emissione del parere previsto dal primo comma dello stesso articolo 32.

A seguito della concessione o autorizzazione in sanatoria viene altresì rilasciato il certificato di abitabilità o agibilità anche in deroga ai requisiti fissati da norme regolamentari, qualora le opere sanate non contrastino con le disposizioni vigenti in materia di sicurezza statica, attestata dal certificato di idoneità di cui alla lettera *b*) del terzo comma e di prevenzione degli incendi e degli infortuni (11).

Le modalità di versamento dell'oblazione sono determinate con decreto del Ministro delle finanze, da emanarsi entro trenta giorni dall'entrata in vigore della presente legge.

Qualora dall'esame della documentazione risulti un credito a favore del presentatore della domanda di concessione in sanatoria, certificato con l'attestazione rilasciata dal sindaco, interessato può presentare istanza di rimborso all'intendenza di finanza territorialmente competente (12) (13).

(1) *Comma così modificato dall'art. 8 d.l. 23 aprile 1985, n. 146, conv. in l. 21 giugno 1985, n. 298. Per la proroga del termine al 31 marzo 1986 e per le relative modalità v. l'art. 1, d.l. 20 novembre 1985, n. 656, conv. in l. 24 dicembre 1985, n. 780. Per una ulteriore proroga, vedi l'art. 1, d.l. 12 gennaio 1988, n. 2, conv. in l. 13 marzo 1988, n. 68.*

(2) *V. l'art. 39, comma 4, l. 23 dicembre 1994, n. 724.*

(3) *Periodo aggiunto dall'art. 4, d.l. 12 gennaio 1988, n. 2, conv. in l. 13 marzo 1988, n. 68.*

(4) *Lettera soppressa dall'art. 4, d.l. 12 gennaio 1988, n. 2, conv. in l. 13 marzo 1988, n. 68.*

(5) *Gli attuali primi due periodi così sostituiscono l'originario primo periodo per effetto dell'art. 4, d.l. 12 gennaio 1988, n. 2, conv. in l. 13 marzo 1988, n. 68.*

(6) *Periodo aggiunto dall'art. 2, d.l. 20 novembre 1985, n. 656, conv. in l. 24 dicembre 1985, n. 780.*

(7) *Gli attuali commi dal quinto al decimo così sostituiscono il comma quinto per effetto dell'art. 4, d.l. 12 gennaio 1988, n. 2, conv. in l. 13 marzo 1988, n. 68.*

(8) *Comma così modificato dall'art. 8, d.l. 23 aprile 1985, n. 146, conv. in l. 21 giugno 1985, n. 298.*

(9) *Comma così modificato dall'art. 4, d.l. 12 gennaio 1988, n. 2, convertito in l. 13 marzo 1988, 68.*

(10) *V. art. 32, comma 41, d.l. 30 settembre 2003, n. 269, conv., con modif., in l. 24 novembre 2003, n. 326, ai sensi del quale: « Al fine di incentivare la definizione delle domande di sanatoria presentate ai sensi del presente articolo, nonché ai sensi del capo IV della legge 28 febbraio 1985, n. 47, e successive modificazioni, e dell'articolo 39 della legge 23 dicembre 1994, n. 724, e successive modificazioni, il 50 per cento delle somme riscosse a titolo di conguaglio dell'oblazione, ai sensi dell'articolo 35, comma 14, della citata legge n. 47 del 1985, e successive modificazioni, è devoluto al comune interessato. Con decreto interdipartimentale del Ministero delle infrastrutture e dei trasporti e del Ministero dell'economia e delle finanze sono stabilite le modalità di applicazione del presente comma ».*

(11) *Comma così sostituito dall'art. 4, d.l. 12 gennaio 1988, n. 2, conv. in l. 13 marzo 1988, n. 68.*

(12) *Comma aggiunto dall'art. 4, d.l. 12 gennaio 1988, n. 2, conv. in l. 13 marzo 1988, n. 68.*

(13) *Per l'applicazione delle disposizioni di cui al presente articolo v. art. 32, comma 25, d.l. 30 settembre 2003, n. 269, conv., con modif., in l. 24 novembre 2003, n. 326,* sub *art. 31.*

36-37 (*Omissis*).

38 Effetti della oblazione e della concessione in sanatoria (1).

La presentazione entro il termine perentorio della domanda di cui all'articolo 31, accompagnata dalla attestazione del versamento della somma di cui al primo comma dell'articolo 35, sospende il procedimento penale e quello per le sanzioni amministrative.

L'oblazione interamente corrisposta estingue i reati di cui all'articolo 41 della legge 17 agosto 1942, n. 1150, e successive modificazioni, e all'articolo 17 della legge 28 gennaio 1977, n. 10, come modificato dall'art. 20 della presente legge, nonché quelli di cui all'art. 221 del testo unico delle leggi sanitarie, approvato con r.d. 27 luglio 1934, n. 1265, e agli articoli 13, 15, 16 e 17 della legge 5 novembre 1971, n. 1086. Essa estingue altresì i reati di cui all'articolo 20 della legge 2 febbraio 1974, n. 64, nonché i procedimenti di esecuzione delle sanzioni amministrative. Qualora l'immobile appartenga a più proprietari, l'oblazione versata da uno di essi estingue il reato anche nei confronti degli altri comproprietari (2).

Ove nei confronti del richiedente la sanatoria sia intervenuta con sentenza definitiva di condanna per i reati previsti dal comma precedente, viene fatta annotazione della oblazione nel casellario giudiziale. In tale caso non si tiene conto della condanna ai fini dell'applicazione della recidiva e del beneficio della sospensione condizionale della pena.

Concessa la sanatoria, non si applicano le sanzioni amministrative, ivi comprese le pene pecuniarie e le sovrattasse previste per le violazioni delle disposizioni in materia di imposte sui redditi relativamente ai fabbricati abusivamente eseguiti, sempre che le somme dovute a titolo di oblazione siano state corrisposte per intero. Copia del provvedimento di sanatoria viene trasmessa dal sindaco al competente ufficio distrettuale delle imposte dirette (3).

I soggetti indicati all'articolo 6 della presente legge, diversi dal proprietario, che intendano fruire dei benefici penali di cui al presente articolo ovvero di quelli di cui al successivo articolo 39, devono presentare al comune autonoma domanda di oblazione, con le modalità di cui all'articolo 35.

La somma dovuta viene determinata nella misura del 30 per cento rispetto a quella applicabile al proprietario ai sensi dell'articolo 34.

Si applicano le procedure previste dagli articoli 35 e 36.

(1) *Per l'applicazione delle disposizioni di cui al presente articolo v. art. 32, comma 25, del d.l. 30 settembre 2003, n. 269, conv., con modif., in l. 24 novembre 2003, n. 326,* sub *art. 31.*

(2) *Comma così sostituito dall'art. 5, d.l. 23 aprile 1985, n. 146, conv. in l. 21 giugno 1985, n. 298 e poi così modificato dall'art. 6, d.l. 12 gennaio 1988, n. 2, conv. in l. 13 marzo 1988, n. 68. Per un'interpretazione autentica del presente comma, v. art. 24 l. 30 aprile 1999, n. 136.*

(3) *Comma così modificato dall'art. 8, d.l. 23 aprile 1985, n. 146, conv. in l. 21 giugno 1985, n. 298.*

39 Effetti del diniego di sanatoria (1) (2).

L'effettuazione dell'oblazione, qualora le opere non possano conseguire la sanatoria, estingue i reati contravvenzionali, di cui all'articolo 38. Le sanzioni amministrative consistenti nel pagamento di una somma di danaro sono ridotte in misura corrispondente all'oblazione versata se l'interessato dichiari di rinunciare al rimborso.

(1) *Per l'applicazione delle disposizioni di cui al presente articolo v. art. 32, comma 25, d.l. 30 settembre 2003, n. 269, conv., con modif., in l. 24 novembre 2003, n. 326,* sub *art. 31.*

(2) *Articolo così modificato dall'art. 6, d.l. 23 aprile 1985, n. 146, conv. in l. 21 giugno 1985, n. 298.*

40 Mancata presentazione dell'istanza (1).

Se nel termine prescritto non viene presentata la domanda di cui all'art. 31 per opere abusive realizzate in totale difformità o in assenza della licenza o concessione, ovvero se la domanda presentata, per la rilevanza delle omissioni o delle inesattezze riscontrate, deve ritenersi dolosamente infedele, si applicano le sanzioni di cui al capo I. Le stesse sanzioni si applicano se, presentata la domanda, non viene effettuata la oblazione dovuta. (2).

Gli atti tra vivi aventi per oggetto diritti reali, esclusi quelli di costituzione, modificazione ed estinzione di diritti di garanzia o di servitù, relativi ad edifici o loro parti, sono nulli e non possono essere rogati se da essi non risultano, per dichiarazione dell'alienante, gli estremi della licenza o della concessione ad edificare o della concessione rilasciata in sanatoria ai sensi dell'articolo 31 ovvero se agli atti stessi non viene allegata la copia per il richiedente della relativa domanda, munita degli estremi dell'avvenuta presentazione, ovvero copia autentica di uno degli esemplari della domanda medesima, munita degli estremi dell'avvenuta presentazione e non siano indicati gli estremi dell'avvenuto versamento delle prime due rate dell'oblazione di cui al sesto comma dell'articolo 35. Per le opere iniziate anteriormente al 10 settembre 1967, in luogo degli estremi della licenza edilizia può essere prodotta una dichiarazione sostitutiva di atto notorio, rilasciata dal proprietario o altro avente titolo, ai sensi e per gli effetti dell'articolo 4 della legge 4 gennaio 1968, n. 15, attestante che l'opera risulti iniziata in data anteriore al 10 settembre 1967. Tale dichiarazione può essere ricevuta e inserita nello stesso atto, ovvero in documento separato da allegarsi all'atto medesimo. Per gli edifici di proprietà comunale, in luogo degli estremi della licenza edilizia o della concessione di edificare, possono essere prodotti quelli della deliberazione con la quale il progetto è stato approvato o l'opera autorizzata (3).

Se la mancanza delle dichiarazioni o dei documenti, rispettivamente da indicarsi o da allegarsi, non sia dipesa dall'insussistenza della licenza o della concessione o dalla inesistenza della domanda di concessione in sanatoria al tempo in cui gli atti medesimi sono stati stipulati, ovvero dal fatto che la costruzione sia stata iniziata successivamente al 10 settembre 1967, essi possono essere confermati anche da una sola delle parti mediante atto successivo, redatto nella stessa forma del precedente, che contenga la menzione omessa o al quale siano allegate la dichiarazione sostitutiva di atto notorio o la copia della domanda indicate al comma precedente (4).

Si applica in ogni caso il disposto del terzo comma dell'articolo 17 e del primo comma dell'art. 21 (5).

Le nullità di cui al secondo comma del presente articolo non si applicano ai trasferimenti derivanti da procedure esecutive immobiliari individuali o concorsuali nonché a quelli derivanti da procedure di amministrazione straordinaria e di liquidazione coatta amministrativa (6).

Nella ipotesi in cui l'immobile rientri nelle previsioni di sanabilità di cui al capo IV della presente legge e sia oggetto di trasferimento derivante da procedure esecutive, la domanda di sanatoria può essere presentata entro centoventi giorni dall'atto di trasferimento dell'immobile purché le ragioni di credito per cui si interviene o procede siano di data anteriore all'entrata in vigore della presente legge (5).

(1) *Per l'applicazione delle disposizioni di cui al presente articolo v. art. 32, comma 25, d.l. 30 settembre 2003, n. 269, conv., con modif., in l. 24 novembre 2003, n. 326,* sub *art. 31.*

(2) *Comma così modificato, dall'art. 1, d.l. 20 novembre 1985, n. 656, conv. in l. 24 dicembre 1985, n. 780 e successivamente modificato dall'art. 1, d.l. 12 gennaio 1988, n. 2, conv. in l. 13 marzo 1988, n. 68.*

(3) *Comma così modificato, da ultimo, dall'art. 7, d.l. 12 gennaio 1988, n. 2, conv. in l. 13 marzo 1988, n. 68.*

(4) *Comma così sostituito dall'art. 8-*bis*, d.l. 23 aprile 1985, n. 146, conv. in l. 21 giugno 1985, n. 298.*

(5) *Comma così modificato dall'art. 8, d.l. 23 aprile 1985, n. 146, conv. in l. 21 giugno 1985, n. 298.*

(6) *Comma aggiunto dall'art. 8-*bis*, d.l. 23 aprile 1985, n. 146, conv. in l. 21 giugno 1985, n. 298. L'ultimo comma è stato poi così sostituito dall'art. 7, d.l. 12 gennaio 1988, n. 2, conv. in l. 13 marzo 1988, n. 68.*

41 Esecuzione delle sanzioni ai fini della commerciabilità dei beni (1).

Ai fini della commerciabilità dei beni, possono essere stipulati gli atti aventi per oggetto diritti reali relativi ad immobili la cui costruzione sia stata iniziata successivamente al 10 settembre 1967 per i quali sia esibita idonea certificazione rilasciata dall'autorità competente che attesti l'avvenuto integrale adempimento delle prescrizioni dei provvedimenti sanzionatori adottati ai sensi dell'art. 41 della l. 17 agosto 1942, n. 1150, modificato dall'art. 13 della l. 6 agosto 1967, n. 765, per il caso di opere eseguite senza la licenza di costruzione o in base a licenza annullata, e ai sensi del nono comma dell'art. 15 della l. 28 gennaio 1977, n. 10. Degli estremi dei documenti esibiti dovrà farsi menzione in atto; si applica in ogni caso il disposto dell'ultimo comma dell'art. 17 e del primo comma dell'art. 21 della presente legge (2).

Il pagamento delle sanzioni pecuniarie produce gli effetti di cui al penultimo comma dell'articolo 35.

La certificazione di cui al primo comma è rilasciata dalla competente autorità entro trenta giorni dalla presentazione della domanda, trascorso inutilmente tale termine, essa può essere sostituita da una dichiarazione dell'alienante attestante l'avvenuto inte grale adempimento delle prescrizioni dei provvedimenti di cui al primo comma, accompagnata dalla copia conforme della domanda di rilascio della certificazione.

Le disposizioni di cui sopra non si applicano comunque agli atti costitutivi, modificativi od estintivi di diritti reali di garanzia o di servitù (3).

(1) *Per l'applicazione delle disposizioni di cui al presente articolo v. art. 32, comma 25, d.l. 30 settembre 2003, n. 269, conv., con modif., in l. 24 novembre 2003, n. 326,* sub *art. 31.*

(2) *Comma così modificato dall'art. 8 d.l. 23 aprile 1985, n. 146, conv. in l. 21 giugno 1985, n. 298.*

(3) *Comma aggiunto dall'art. 8 d.l. 23 aprile 1985, n. 146, conv. in l. 21 giugno 1985, n. 298.*

42 Prevalenza sulle leggi speciali (1).

Le disposizioni del presente capo prevalgono sulla diversa disciplina procedimentale stabilita dalla legge 16 aprile 1973, n. 171, e dal d.P.R. 20 settembre 1973, n. 791.

(1) *Per l'applicazione delle disposizioni di cui al presente articolo v. art. 32, comma 25, d.l. 30 settembre 2003, n. 269, conv., con modif., in l. 24 novembre 2003, n. 326,* sub *art. 31.*

43 Procedimenti in corso (1).

L'esistenza di provvedimenti sanzionatori non ancora eseguiti, ovvero ancora impugnabili o nei cui confronti pende l'impugnazione, non impedisce il conseguimento della sanatoria (2).

Agli effetti delle disposizioni di cui al presente capo si considerano inoppugnabili i provvedimenti per i quali è intervenuta sentenza del Consiglio di Stato ancorché sia pendente il termine per il ricorso alla Corte di cassazione per motivi attinenti alla giurisdizione.

In ogni caso non sono ripetibili le somme già riscosse e restano ferme le altre sanzioni già eseguite, ancorché in forza di provvedimenti non ancora inoppugnabili.

Le somme versate si scomputano dal contributo di concessione.

Possono ottenere la sanatoria le opere non ultimate per effetto di provvedimenti amministrativi o giurisdizionali limitatamente alle strutture realizzate e ai lavori che siano strettamente necessari alla loro funzionalità.

Il tempo di commissione dell'abuso e di riferimento per la determinazione dell'oblazione sarà individuato nella data del primo provvedimento amministrativo o giurisdizionale. La medesima disposizione per determinare l'oblazione è applicabile in ogni altro caso in cui i suddetti provvedimenti abbiano interrotto le attività edificatorie.

(1) *Per l'applicazione delle disposizioni di cui al presente articolo v. art. 32, comma 25, d.l. 30 settembre 2003, n. 269, conv., con modif., in l. 24 novembre 2003, n. 326,* sub *art. 31.*

(2) *Per un'interpretazione autentica del presente comma, v- l'art. 12-*bis*, d.l. 12 gennaio 1988, n. 2, conv. in l. 13 marzo 1988, n. 68.*

44 Sospensione dei procedimenti (1).

Dalla data di entrata in vigore della presente legge e fino alla scadenza dei termini fissati dall'articolo 35, sono sospesi i procedimenti amministrativi e giurisdizionali e la loro esecuzione, quelli penali nonché quelli connessi all'applicazione dell'articolo 15 della l. 6 agosto 1967, n. 765, attinenti al presente capo (2).

La sospensione di cui al comma precedente non si applica ai procedimenti cautelari avanti agli organi di giurisdizione amministrativa, previsti dall'articolo 21, ultimo comma, della legge 6 dicembre 1971, n. 1034 (3).

Decorso il termine del 30 settembre 1986 senza che sia stata presentata domanda di concessione o autorizzazione in sanatoria, la sospensione di cui al precedente primo comma perde efficacia (3).

I procedimenti sospesi possono essere ripresi a richiesta degli interessati (4).

(1) *Per l'applicazione delle disposizioni di cui al presente articolo v. art. 32, comma 25, d.l. 30 settembre 2003, n. 269, conv., con modif., in l. 24 novembre 2003, n. 326,* sub *art. 31.*

(2) *Comma così modificato dall'art. 8, d.l. 23 aprile 1985, n. 146, conv. con modif., in l. 21 giugno 1985, n. 298.*

(3) *I commi secondo e terzo sono stati aggiunti dall'art. 8 d.l. 23 aprile 1985, n. 146, conv. in l. 21 giugno 1985, n. 298. Successivamente il terzo comma è stato così sostituito dall'art. 3 d.l. 20 novembre 1985, n. 656, conv. in l. 24 dicembre 1985, n. 780.*

(4) *Comma aggiunto dall'art. 8, d.l. 12 gennaio 1988, n. 2, conv. in l. 13 marzo 1988, n. 68.*

CAPO V
Disposizioni finali

45-52 (*Omissis*).

42. Legge 24 marzo 1989, n. 122. — Disposizioni in materia di parcheggi, programma triennale per le aree urbane maggiormente popolate nonché modificazioni di alcune norme del testo unico sulla disciplina della circolazione stradale, approvato con decreto del Presidente della Repubblica 15 giugno 1959, n. 393 (*estratto*) (1).

Pubblicata nella Gazzetta Ufficiale n. 80 del 6 aprile 1989.

(1) *Con d.lgs. 31 marzo 1998, n. 112 sono state devolute alle regioni e agli enti locali tutte le funzioni amministrative inerenti alla viabilità, ad eccezione di quelle espressamente mantenute allo Stato.*

9 1. I proprietari di immobili possono realizzare nel sottosuolo degli stessi ovvero nei locali siti al piano terreno dei fabbricati parcheggi da destinare a pertinenza delle singole unità immobiliari, anche in deroga agli strumenti urbanistici ed ai regolamenti edilizi vigenti. Tali parcheggi possono essere realizzati, ad uso esclusivo dei residenti, anche nel sottosuolo di aree pertinenziali esterne al fabbricato, purché non in contrasto con i piani urbani del traffico, tenuto conto dell'uso della superficie sovrastante e compatibilmente con la tutela dei corpi idrici. Restano in ogni caso fermi i vincoli previsti dalla legislazione in materia paesaggistica ed ambientale ed i poteri attribuiti dalla medesima legislazione alle regioni e ai Ministeri dell'ambiente e per i beni culturali ed ambientali da esercitare motivatamente nel termine di 90 giorni. I parcheggi stessi, ove i piani urbani del traffico non siano stati redatti, potranno comunque essere realizzati nel rispetto delle indicazioni di cui al periodo precedente (1).

2. L'esecuzione delle opere e degli interventi previsti dal comma 1 è soggetta a segnalazione certificata di inizio attività (2).

3. Le deliberazioni che hanno per oggetto le opere e gli interventi di cui al comma 1 sono approvate salvo che si tratti di proprietà non condominiale dalla assemblea del condominio, in prima o in seconda convocazione, con la maggioranza prevista dall'articolo 1136, secondo comma, del codice civile. Resta fermo quanto disposto dagli articoli 1120, secondo comma, e 1121, terzo comma, del codice civile (3).

4. I comuni, previa determinazione dei criteri di cessione del diritto di superficie e su richiesta dei privati interessati o di imprese di costruzione o di società anche cooperative, possono prevedere, nell'ambito del programma urbano dei parcheggi, la realizzazione di parcheggi da destinare a pertinenza di immobili privati su aree comunali o nel sottosuolo delle stesse. Tale disposizione si applica anche agli interventi in fase di avvio o già avviati. La costituzione del diritto di superficie è subordinata alla stipula di una convenzione nella quale siano previsti (4):

a) la durata della concessione del diritto di superficie per un periodo non superiore a novanta anni;

b) il dimensionamento dell'opera ed il piano economico-finanziario previsti per la sua realizzazione;

c) i tempi previsti per la progettazione esecutiva, la messa a disposizione delle aree necessarie e la esecuzione dei lavori;

d) i tempi e le modalità per la verifica dello stato di attuazione nonché le sanzioni previste per gli eventuali inadempimenti.

5. Fermo restando quanto previsto dall'articolo 41-*sexies*, della legge 17 agosto 1942, n. 1150, e successive modificazioni, e l'immodificabilità dell'esclusiva destinazione a parcheggio, la proprietà dei parcheggi realizzati a norma del comma 1 può essere trasferita, anche in deroga a quanto previsto nel titolo edilizio che ha legittimato la costruzione e nei successivi atti convenzionali, solo con contestuale destinazione del parcheggio trasferito a pertinenza di altra unità immobiliare sita nello stesso comune. I parcheggi realizzati ai sensi del comma 4 non possono essere ceduti separatamente dall'unità immobiliare alla quale sono legati da vincolo pertinenziale e i relativi atti di cessione sono nulli, ad eccezione di espressa previsione contenuta nella convenzione stipulata con il comune, ovvero quando quest'ultimo abbia autorizzato l'atto di cessione (5).

6. Le opere e gli interventi di cui ai precedenti commi 1 e 4, nonché gli acquisti di immobili destinati a parcheggi, effettuati da enti o imprese di assicurazione sono equiparati, ai fini della copertura delle riserve tecniche, ad immobili ai sensi degli articoli 32 ed 86 della legge 22 ottobre 1986, n. 742.

(1) *Comma integrato dall'art. 17, comma 90, lett.* a) *l. 15 maggio 1997, n. 127 e successivamente dall'art. 37, comma 1, l. 7 dicembre 1999, n. 472.*

(2) *Comma così sostituito dall'art. 137, comma 3 del d.P.R. 6 giugno 2001, n. 380, come modificato dall'art. 17 comma 2 d.l. 12 settembre 2014, n. 133, conv., con modif., in l. 11 novembre 2014, n. 164, che ha sostituito la precedente espressione* « denuncia di inizio attività » *con la attuale* « segnalazione certificata di inizio attività ». *V. anche la decorrenza di cui all'art. 138 d.P.R. n. 380, cit.*

(3) *Comma modificato dall'art. 17, comma 90, l. 15 maggio 1997, n. 127.*

(4) *Comma modificato dall'art. 10, comma 2-*ter, *d.l. 30 dicembre 1997, n. 457, conv., con modif., in l. 27 febbraio 1998, n. 30.*

(5) *Comma sostituito dall'art. 10 d.l. 9 febbraio 2012, n. 5, conv., con modif., in l. 4 aprile 2012, n. 35.*

10 1. Gli enti concessionari di autostrade o le società da essi appositamente costituite possono realizzare e gestire in regime di concessione infrastrutture di sosta e corrispondenza e relative adduzioni, purché connesse alla rete autostradale e finalizzate all'interscambio con sistemi di trasporto collettivo.

2. La localizzazione e il dimensionamento di tali infrastrutture e le relative adduzioni sono individuate nell'ambito del programma urbano dei parcheggi, di intesa tra il comune e i soggetti di cui al comma 1.

3. La concessione di cui al comma 1 è assentita con decreto del Ministro dei lavori pubblici Presidente dell'ANAS di concerto con il Ministro del tesoro, sentito il consiglio di amministrazione dell'ANAS. Con lo stesso provvedimento è approvato l'atto convenzionale da stipularsi con l'ANAS, con l'intervento del comune interessato, disciplinante anche le modalità di utilizzo delle risorse a tal fine destinate, nonché di erogazione dei mutui e dei contributi di cui ai commi 4 e 5.

4. Per il conseguimento delle esclusive finalità di cui al presente articolo possono essere utilizzate fino al 31 dicembre 1992 le disponibilità di cui all'articolo 5 della legge 3 ottobre 1985, n. 526, fermi i limiti di spesa e la garanzia dello Stato in esso previsti.

5. Per le medesime finalità il Fondo centrale di garanzia per le autostrade e ferrovie metropolitane, utilizzando il saldo netto, accertato al 10 gennaio di ciascun anno, delle disponibilità finanziarie ad esso affluite, ivi comprese quelle derivanti dai rimborsi di cui all'articolo 15 della legge 12 agosto 1982, n. 531, è autorizzato ad erogare ai soggetti di cui al comma 1 contributi in conto interessi a fronte di contratti di mutuo da essi stipulati per il finanziamento delle infrastrutture di cui al medesimo comma 1. Con decreto del Ministro del tesoro, ad integrazione ed aggiornamento del decreto ministeriale 29 maggio 1969, si provvede alla definizione delle modalità attuative del presente comma ed alla fissazione della misura del contributo in conto interessi da erogare a fronte delle suddette operazioni finanziarie.

11 1. Le opere e gli interventi previsti dalla presente legge costituiscono opere di urbanizzazione anche ai sensi dell'articolo 9, primo comma, lettera *f*), della legge 28 gennaio 1977, n. 10.

2. Le prestazioni derivanti da contratti aventi per oggetto la realizzazione delle opere e degli interventi previsti dalla presente legge sono soggette all'imposta sul valore aggiunto con l'aliquota del 2 per cento. La stessa

aliquota si applica ai trasferimenti degli immobili o di porzioni degli stessi anche in diritto di superficie.

3. L'atto di cessione del diritto di superficie è soggetto all'imposta di registro in misura fissa.

43. Legge 23 dicembre 1994, n. 724. – Misure di razionalizzazione della finanza pubblica (*estratto*).

Pubblicata nella Gazzetta Ufficiale n. 304 del 30 dicembre 1994.

39 Definizione agevolata delle violazioni edilizie.

1. Le disposizioni di cui ai capi IV e V della legge 28 febbraio 1985, n. 47, e successive modificazioni e integrazioni, come ulteriormente modificate dal presente articolo, si applicano alle opere abusive che risultino ultimate entro il 31 dicembre 1993, e che non abbiano comportato ampliamento del manufatto superiore al 30 per cento della volumetria della costruzione originaria ovvero, indipendentemente dalla volumetria iniziale o assentita, un ampliamento superiore a 750 metri cubi. Le suddette disposizioni trovano altresì applicazione alle opere abusive realizzate nel termine di cui sopra relative a nuove costruzioni non superiori ai 750 metri cubi per singola richiesta di concessione edilizia in sanatoria. I termini contenuti nelle disposizioni richiamate al presente comma e decorrenti dalla data di entrata in vigore della legge 28 febbraio 1985, n. 47, o delle leggi di successiva modificazione o integrazione, sono da intendersi come riferiti alla data di entrata in vigore del presente articolo. I predetti limiti di cubatura non trovano applicazione nel caso di annullamento della concessione edilizia. Il procedimento di sanatoria degli abusi edilizi posti in essere dalla persona imputata di uno dei delitti di cui agli articoli 416-*bis*, 648-*bis* e 648-*ter* del codice penale, o da terzi per suo conto, è sospeso fino alla sentenza definitiva di non luogo a procedere o di proscioglimento o di assoluzione. Non può essere conseguita la concessione in sanatoria degli abusi edilizi se interviene sentenza definitiva di condanna per i delitti sopra indicati. Fatti salvi gli accertamenti di ufficio in ordine alle condanne riportate nel certificato generale del casellario giudiziale ad opera del comune, il richiedente deve attestare, con dichiarazione sottoscritta nelle forme di cui all'articolo 2 della legge 4 gennaio 1968, n. 15, di non avere carichi pendenti in relazione ai delitti di cui agli articoli 416-*bis*, 648-*bis* e 648-*ter* del codice penale (1).

1-*bis*. Qualora l'amministratore di beni immobili oggetto di sequestro o di confisca ai sensi della legge 31 maggio 1965, n. 575, sia autorizzato dal giudice competente ad alienare taluno di detti beni, il medesimo giudice, sentito il pubblico ministero, può altresì autorizzarlo a riattivare il procedimento di sanatoria sospeso ai sensi del quinto periodo del comma 1. In tal caso non opera nei confronti dell'amministratore o del terzo acquirente il divieto di concessione in sanatoria di cui al sesto periodo del medesimo comma (2).

2. Il rilascio della concessione o autorizzazione in sanatoria non comporta limitazione ai diritti dei terzi (3).

3. Per gli abusi edilizi commessi fino al 15 marzo 1985 e dal 16 marzo 1985 al 31 dicembre 1993, la misura dell'oblazione, prevista nella tabella allegata alla legge di cui al comma 1, in relazione al periodo dal 30 gennaio 1977 al 10 ottobre 1983, è moltiplicata rispettivamente per 2 e per 3. La misura dell'oblazione, come determinata ai sensi del presente comma, è elevata di un importo pari alla metà, nei comuni con popolazione superiore ai centomila abitanti.

4. La domanda di concessione o di autorizzazione in sanatoria, con la prova del pagamento dell'oblazione, deve essere presentata al comune competente, a pena di decadenza, entro il 31 marzo 1995 (4). La documentazione di cui all'articolo 35, terzo comma, della l. 28 febbraio 1985, n. 47, è sostituita da apposita dichiarazione del richiedente resa ai sensi dell'art. 4 della l. 4 gennaio 1968, n. 15. Resta fermo l'obbligo di allegazione della documentazione fotografica e, ove prescritto, quello di presentazione della perizia giurata, della certificazione di cui alla lettera *b*) del predetto terzo comma, nonché del progetto di adeguamento statico di cui al quinto comma dello stesso articolo 35. Il pagamento dell'oblazione dovuta ai sensi della l. 28 febbraio 1985, n. 47, dell'eventuale integrazione di cui al comma 6, degli oneri di concessione di cui al comma 9, nonché la documentazione di cui al presente comma e la denuncia in catasto nel termine di cui all'art. 52, secondo comma, della l. 28 febbraio 1985, n. 47, come da ultimo prorogato dall'art. 9, comma 8, del d.l. 30 dicembre 1993, n. 557, convertito, con modificazioni, dalla l. 26 febbraio 1994, n. 133, ed il decorso del termine di un anno e di due anni per i comuni con più di 500.000 abitanti dalla data di entrata in vigore della presente legge senza l'adozione di un provvedimento negativo del comune, equivale a concessione o ad autorizzazione edilizia in sanatoria salvo il disposto del periodo successivo; ai fini del rispetto del suddetto termine la ricevuta attestante il pagamento degli oneri concessori e la documentazione di denuncia al catasto può essere depositata entro la data di compimento dell'anno. Se nei termini previsti l'oblazione dovuta non è stata interamente corrisposta o è stata determinata in modo non veritiero e palesemente doloso, le costruzioni realizzate senza licenza o concessione edilizia sono assoggettate alle sanzioni richiamate agli articoli 40 e 45 della l. 28 febbraio 1985, n. 47. Le citate sanzioni non si applicano nel caso in cui il versamento sia stato effettuato nei termini per errore ad ufficio incompetente alla riscossione dello stesso. La mancata presentazione dei documenti previsti per legge entro il termine di tre mesi dalla espressa richiesta di integrazione notificata dal comune comporta l'improcedibilità della domanda e il conseguente diniego della concessione o autorizzazione in sanatoria per carenza di documentazione. Si fanno salvi i provvedimenti emanati per la

determinazione delle modalità di versamento, riscossione e rimborso dell'oblazione (1).

5. L'oblazione prevista dal presente articolo deve essere corrisposta a mezzo di versamento, entro il 31 marzo 1995, dell'importo fisso indicato nella tabella B allegata alla presente legge e della restante parte in quattro rate di pari importo da effettuarsi rispettivamente il 15 aprile 1995, il 15 luglio 1995, il 15 settembre 1995 ed il 15 dicembre 1995. È consentito il versamento della restante parte dell'oblazione, in una unica soluzione, entro sessanta giorni dalla data di entrata in vigore della presente legge, ovvero entro il termine di scadenza di una delle suindicate rate. Ove l'intera oblazione da corrispondere sia di importo minore o pari rispetto a quello indicato nella tabella di cui sopra ovvero l'oblazione stessa, pari a lire 2.000.000, sia riferita alle opere di cui al numero 7 della tabella allegata alla l. 28 febbraio 1985, n. 47, il versamento dell'intera somma, dovuta a titolo di oblazione per ciascuna unità immobiliare, deve essere effettuato in unica soluzione, entro il 15 dicembre 1995, purché la domanda sia stata presentata nei termini. Per le opere di cui ai numeri 4, 5 e 6 della tabella allegata alla stessa legge, l'oblazione, pari a lire 5.000.000, deve essere pagata con la medesima modalità di cui sopra. Le somme già versate, in adempimento di norme contenute nei decreti-legge 26 luglio 1994, n. 468, 27 settembre 1994, n. 551, e 25 novembre 1994, n. 649, che siano di importo superiore a quello indicato nel presente comma sono portate in riduzione dell'importo complessivo della oblazione da versare entro il 15 dicembre 1995 (1).

6. I soggetti che hanno presentato domanda di concessione o di autorizzazione edilizia in sanatoria ai sensi del capo IV della l. 28 febbraio 1985, n. 47, o i loro aventi causa, se non è stata interamente corrisposta l'oblazione dovuta ai sensi della stessa legge devono, a pena di improcedibilità della domanda, versare, in luogo della somma residua, il triplo della differenza tra la somma dovuta e quella versata, in unica soluzione entro il 31 marzo 1996 (4). La disposizione di cui sopra non trova applicazione nel caso in cui a seguito dell'intero pagamento dell'oblazione sia dovuto unicamente il conguaglio purché sia stato richiesto nei termini di cui all'art. 35 della l. 28 febbraio 1985, n. 47 (5).

7. (*Omissis*) (6).

8. Nel caso di interventi edilizi nelle zone e fabbricati sottoposti a vincolo ai sensi delle leggi 10 giugno 1939, n. 1089, 29 giugno 1939, n. 1497, e del d.l. 27 giugno 1985, n. 312, convertito, con modificazioni, dalla l. 8 agosto 1985, n. 431, il rilascio della concessione edilizia o della autorizzazione in sanatoria, subordinato al conseguimento delle autorizzazioni delle Amministrazioni preposte alla tutela del vincolo, estingue il reato per la violazione del vincolo stesso.

9. Alle domande di concessione in sanatoria deve essere altresì allegata una ricevuta comprovante il pagamento al comune, nel cui territorio è ubicata la costruzione, di una somma a titolo di anticipazione degli oneri concessori, se dovuti, calcolata nella misura indicata nella tabella C allegata alla presente legge, rispettivamente per le nuove costruzioni e gli ampliamenti e per gli interventi di ristrutturazione edilizia di cui all'articolo 31, primo comma, lettera *d*), della legge 5 agosto 1978, n. 457, nonché per le modifiche di destinazione d'uso, ove soggette a sanatoria. Per il pagamento dell'anticipo degli oneri concessori si applica la stessa rateizzazione prevista per l'oblazione. Coloro che in proprio o in forme consortili abbiano eseguito o intendano eseguire parte delle opere di urbanizzazione primaria, secondo le disposizioni tecniche dettate dagli uffici comunali, possono invocare lo scorporo delle aliquote, da loro sostenute, che riguardino le parti di interesse pubblico. Le modalità di pagamento del conguaglio sono definite entro sessanta giorni dalla data di entrata in vigore della presente legge, dal comune in cui l'abuso è stato realizzato. Qualora l'importo finale degli oneri concessori applicati nel comune di ubicazione dell'immobile risulti inferiore alla somma indicata nella predetta tabella C, la somma da versare, in unica soluzione, deve essere pari a detto minore importo.

10. Le domande di concessione in sanatoria presentate entro il 30 giugno 1987 e non definite per il mancato pagamento dell'oblazione, secondo quanto previsto dall'articolo 40, primo comma, ultimo periodo, della legge 28 febbraio 1985, n. 47, devono essere integrate dalla presentazione di una ricevuta attestante il pagamento al comune, entro sessanta giorni dalla data di entrata in vigore della presente legge, di una quota pari al 70 per cento delle somme di cui al comma 9, se dovute. Qualora gli oneri concessori siano stati determinati ai sensi della legge 28 gennaio 1977, n. 10, dalla legislazione regionale e dai conseguenti provvedimenti attuativi di questa, gli importi dovuti devono essere pari, in deroga a quanto previsto dal presente comma, all'intera somma calcolata, in applicazione dei parametri in vigore alla data del 30 giugno 1989. Il mancato pagamento degli oneri concessori, di cui al comma 9 ed al presente comma, entro il termine di cui al primo periodo del presente comma comporta l'applicazione dell'interesse del 10 per cento annuo sulle somme dovute.

10-*bis*. Per le domande di concessione o autorizzazione in sanatoria presentate entro il 30 giugno 1987 sulle quali il sindaco abbia espresso provvedimento di diniego successivamente al 31 marzo 1995, sanabili a norma del presente articolo, gli interessati possono chiederne la rideterminazione sulla base delle disposizioni della presente legge (7).

11. I soggetti che hanno presentato entro il 31 dicembre 1993 istanza di concessione ai sensi dell'articolo 13 della legge 28 febbraio 1985, n. 47, possono chiedere, nel rispetto dei termini e degli obblighi previsti dal presente articolo, che l'istanza sia considerata domanda di concessione in sanatoria. Entro il 30 giugno 1998 (8), i comuni determinano in via definitiva i contributi di concessione e l'importo, da richiedere a titolo di conguaglio dei versamenti di cui ai commi 9 e 10. L'interessato provvede agli adempimenti conseguenti entro 60 giorni dalla notifica della richiesta. Per il pagamento degli oneri dovuti, il proprietario può accedere al credito fondiario, compresa l'anticipazione bancaria, o ad altre forme di finanziamento offrendo in garanzia gli immobili oggetto della domanda di sanatoria (1).

12. Per le opere oggetto degli abusi edilizi posti in essere dai soggetti di cui al comma 1, ultimo periodo, la sentenza del giudice penale che irroga le sanzioni di cui all'articolo 20 della legge 28 febbraio 1985, n. 47, dispone la confisca. Per effetto di tale confisca, le opere sono acquisite di diritto e gratuitamente al patrimonio indisponibile del comune sul cui territorio insistono. La sentenza di cui al presente comma è titolo per l'immediata trascrizione nei registri immobiliari.

13. Per le opere realizzate al fine di ovviare a situazioni di estremo disagio abitativo, la misura dell'oblazione è ridotta percentualmente in relazione ai limiti, alla tipologia del reddito ed all'ubicazione delle stesse opere secondo quanto previsto dalla tabella D allegata alla presente legge. Per il pagamento dell'oblazione si applicano le modalità di cui al comma 5 del presente articolo. Le regioni possono modificare, ai sensi di quanto disposto dall'art. 37 della legge 28 febbraio 1985, n. 47, e successive modificazioni, le norme di attuazione degli articoli 5, 6 e 10 della legge 28 gennaio 1977, n. 10. La misura del contributo di concessione, in relazione alla tipologia delle costruzioni, alla loro destinazione d'uso ed alla loro localizzazione in riferimento all'ampiezza ed all'andamento demografico dei comuni nonché alle loro caratteristiche geografiche, non può risultare inferiore al 70 per cento di quello determinato secondo le norme vigenti alla data di entrata in vigore della presente disposizione. Il potere di legiferare in tal senso è esercitabile entro novanta giorni dalla predetta data; decorso inutilmente tale termine, si applicano le disposizioni vigenti alla medesima data (1).

14. Per l'applicazione della riduzione dell'oblazione è in ogni caso richiesto che l'opera abusiva risulti adibita ad abitazione principale, ovvero destinata ad abitazione principale del proprietario residente all'estero, del possessore dell'immobile o di altro componente del nucleo familiare in relazione di parentela entro il terzo grado o di affinità entro il secondo grado, e che vi sia convivenza da almeno due anni; è necessario inoltre che le opere abusive risultino di consistenza non superiore a quella indicata al comma 1 del presente articolo. La riduzione dell'oblazione si applica anche nei casi di ampliamento dell'abitazione e di effettuazione degli interventi di cui alle lettere *c*) e *d*) dell'articolo 31, primo comma, della legge 5 agosto 1978, n. 457. La riduzione dell'oblazione non si applica nel caso di presentazione di più di una richiesta di sanatoria da parte dello stesso soggetto (1).

15. Il reddito di riferimento di cui al comma 13 è quello dichiarato ai fini IRPEF per l'anno 1993 dal nucleo familiare del possessore ovvero, nel caso di più aventi titolo, è quello derivante dalla somma della quota proporzionale dei redditi dichiarati per l'anno precedente dai nuclei familiari dei possessori dell'immobile. A tali fini si considera la natura del reddito prevalente qualora ricorrano diversi tipi di reddito. Ove l'immobile sanato, ai sensi del comma 14, venga trasferito, con atto inter vivos a titolo oneroso a terzi, entro dieci anni a decorrere dalla data di entrata in vigore della presente legge, è dovuta la differenza tra l'oblazione corrisposta in misura ridotta e l'oblazione come determinata ai sensi del comma 3, maggiorata degli interessi nella misura legale. La ricevuta del versamento della somma eccedente deve essere allegata a pena di nullità all'atto di trasferimento dell'immobile.

16. All'oblazione calcolata ai sensi del presente articolo continuano ad applicarsi le riduzioni di cui all'articolo 34, terzo, quarto e settimo comma della legge 28 febbraio 1985, n. 47, ovvero, anche in deroga ai limiti di cubatura di cui al comma 1 del presente articolo, le riduzioni di cui al settimo comma dello stesso articolo 34. Ai fini dell'applicazione del presente comma la domanda di cui al comma 4 è integrata dal certificato di cui all'articolo 35, terzo comma, lettera *d*), della suddetta legge, in quanto richiesto. La riduzione di un terzo dell'oblazione di cui alla lettera *c*) del settimo comma dell'articolo 34 della predetta legge n. 47 del 1985 è aumentata al 50 per cento. Se l'opera è da completare, il certificato di cui all'articolo 35, terzo comma, lettera *d*), della legge 28 febbraio 1985, n. 47, può essere sostituito da una dichiarazione del richiedente resa ai sensi della legge 4 gennaio 1968, n. 15 (1).

17. Ai fini della determinazione delle norme tecniche per l'adeguamento antisismico dei fabbricati oggetto di sanatoria edilizia si applicano le norme di cui alla legge 2 febbraio 1974, n. 64, dei successivi decreti di attuazione, delle ordinanze, nonché dei decreti del Ministro dei lavori pubblici. In deroga ad ogni altra disposizione il progetto di adeguamento per le costruzioni nelle zone sottoposte a vincolo sismico di cui all'ottavo comma dell'articolo 35 della legge 28 febbraio 1985, n. 47, può essere predisposto secondo le prescrizioni relative al miglioramento ed adeguamento degli edifici esistenti di cui al punto C.9 delle norme tecniche per le costruzioni in zone sismiche, allegate al decreto del Ministro dei lavori pubblici 24 gennaio 1986, pubblicato nella Gazzetta Ufficiale n. 108 del 12 maggio 1986. A tal fine la certificazione di cui alla lettera *b*) del terzo comma dell'articolo 35 della legge 28 febbraio 1985, n. 47, deve essere integrata da idonei accertamenti e verifiche.

18. Il presente articolo sostituisce le norme in materia incompatibili, salvo le disposizioni riferite ai termini di versamento dell'oblazione, degli oneri di concessione e di presentazione delle domande, che si intendono come modificative di quelle sopra indicate (1).

19. Per le opere abusive divenute sanabili in forza della presente legge, il proprietario che ha adempiuto agli oneri previsti per la sanatoria ha il diritto di ottenere l'annullamento delle acquisizioni al patrimonio comunale dell'area di sedime e delle opere sopra questa realizzate disposte in attuazione dell'articolo 7, terzo comma, della legge 28 febbraio 1985, n. 47, e la cancellazione delle relative trascrizioni nel pubblico registro immobiliare dietro esibizione di certificazione comunale attestante l'avvenuta presentazione della domanda di sanatoria. Sono in ogni caso fatti salvi i diritti dei terzi e del comune nel caso in cui le opere stesse siano state destinate ad attività di pubblica utilità entro la data del 10 dicembre 1994 (9).

20. Ai fini dell'applicazione delle disposizioni di cui al comma 1, i vincoli di inedificabilità richiamati dall'articolo 33 della legge 28 febbraio 1985, n. 47, non comprendono il divieto transitorio di edificare previsto dall'articolo 1-*quinquies* del decreto-legge 27 giugno 1985,

n. 312, convertito, con modificazioni, dalla legge 8 agosto 1985, n. 431, fermo restando il rispetto dell'articolo 12 del decreto-legge 12 gennaio 1988, n. 2, convertito, con modificazioni, dalla legge 13 marzo 1988, n. 68.

21. Le disposizioni del presente articolo non si applicano alle regioni a statuto speciale ed alle province autonome di Trento e di Bolzano, se incompatibili con le attribuzioni previste dagli statuti delle stesse e dalle relative norme di attuazione ad esclusione di quelle relative alla misura dell'oblazione ed ai termini per il versamento di questa (10).

(1) *Comma così modificato dall'art. 2, comma 37, l. 23 dicembre 1996, n. 662. Vedi, anche, art. 2, comma 38, l. n. 662, cit.*

(2) *Comma aggiunto dall'art. 44 l. 23 dicembre 2000, n. 388.*

(3) *Comma così sostituito dall'art. 2, comma 37, l. 23 dicembre 1996, n. 662. Vedi anche art. 2, comma 38, l. n. 662, cit.*

(4) *Periodo così modificato dall'art. 14, d.l. 23 febbraio 1995, n. 41, conv. in l. 22 marzo 1995, n. 85.*

(5) *Comma così modificato dapprima dall'art. 14, d.l. 23 febbraio 1995, n. 41, conv. in l. 22 marzo 1995, n. 85, e successivamente dall'art. 2, comma 37, l. 23 dicembre 1996, n. 662.*

(6) *Aggiunge un comma, dopo il primo, all'art. 32 l. 28 febbraio 1985, n. 47.*

(7) *Comma aggiunto dall'art. 2, comma 37, l. 23 dicembre 1996, n. 662. Vedi, anche, l'art. 2, comma 38, l. n. 662, cit.*

(8) *Termine così sostituito dall'art. 49, comma 7, l. 27 dicembre 1997, n. 449.*

(9) *Per un'interpretazione autentica del presente comma, v. art. 24, l. 30 aprile 1999, n. 136.*

(10) *Per una proroga del termine per le denunce in catasto degli immobili oggetto di concessione e di autorizzazione in sanatoria, vedi art. 13, comma 6-octies, d.l. 30 gennaio 1998, n. 6, conv., con modif., in l. 30 marzo 1998, n. 61.*

44. Legge 23 dicembre 1996, n. 662. — Misure di razionalizzazione della finanza pubblica. (*estratto*).

Pubblicata nella Gazzetta Ufficiale n. 303 del 28 dicembre 1996.

2 Misure in materia di servizi di pubblica utilità e per il sostegno dell'occupazione e dello sviluppo.

1-39. (*Omissis*).

40. Per i soggetti o i loro aventi causa che hanno presentato domanda di concessione o di autorizzazione edilizia in sanatoria ai sensi del capo IV della legge 28 febbraio 1985, n. 47, e successive modificazioni, e dell'articolo 39 della legge 23 dicembre 1994, n. 724, e successive modificazioni, il mancato pagamento del triplo della differenza tra la somma dovuta e quella versata nel termine previsto dall'articolo 39, comma 6, della legge n. 724 del 1994, e successive modificazioni, o il mancato pagamento dell'oblazione nei termini previsti dall'articolo 39, comma 5, della medesima legge n. 724 del 1994, e successive modificazioni, comporta l'applicazione dell'interesse legale annuo sulle somme dovute, da corrispondere entro sessanta giorni dalla data di notifica da parte dei comuni dell'obbligo di pagamento (1).

41. È ammesso il versamento della somma di cui al comma 40 in un massimo di cinque rate trimestrali di pari importo. In tal caso, gli interessati fanno pervenire al comune, entro trentagiorni dalla data di notifica dell'obbligo di pagamento, il prospetto delle rate in scadenza, comprensive degli interessi maturati dal pagamento della prima rata, allegando l'attestazione del versamento della prima rata medesima (1).

42. Nei casi di cui al comma 40, il rilascio della concessione o dell'autorizzazione in sanatoria è subordinato all'avvenuto pagamento dell'intera oblazione, degli oneri concessori, ove dovuti, e degli interessi, fermo restando quanto previsto dall'articolo 38 della citata legge n. 47 del 1985, e successive modificazioni (1).

43. (*Omissis*) (2).

44. (*Omissis*) (2).

45. Per le modalità di riscossione e versamento dell'oblazione per la sanatoria degli abusi edilizi sono fatti salvi gli effetti del d.m. 31 agosto 1994, del Ministro delle finanze, pubblicato nella Gazzetta Ufficiale n. 207 del 5 settembre 1994, e del decreto del Ministro delle Finanze in data 13 ottobre 1994, pubblicato nella Gazzetta Ufficiale n. 244 del 18 ottobre 1994, ad esclusione dei termini per il versamento dell'importo fisso e della restante parte dell'oblazione previsti dall'articolo 39 della legge 23 dicembre 1994, n. 724. Con decreto del Ministro delle finanze, di concerto con i Ministri dei lavori pubblici e del tesoro, del bilancio e della programmazione economica, da emanare entro sessanta giorni dalla data di entrata in vigore della presente legge sono stabiliti le modalità ed i termini per il versamento dell'oblazione per la definizione delle violazioni edilizie da parte dei soggetti non residenti in Italia. I suddetti termini per il versamento dell'acconto dell'oblazione sono fissati in trenta giorni dalla data di pubblicazione del decreto nella Gazzetta Ufficiale; per la rateizzazione della restante parte dell'oblazione sono fissati rispettivamente a 60, 90, 120, 180 e 210 giorni dal versamento dell'acconto e per il versamento degli oneri di concessione allo scadere di trenta giorni dalla data di pubblicazione nella Gazzetta Ufficiale del decreto.

46. Per le opere eseguite in aree sottoposte al vincolo di cui alla l. 29 giugno 1939, n. 1497, e al d.l. 27 giugno 1985, n. 312, convertito, con modificazioni, dalla l. 8 agosto 1985, n. 431, il versamento dell'oblazione non esime dall'applicazione dell'indennità risarcitoria prevista dall'articolo 15 della citata legge n. 1497 del 1939. Allo scopo di rendere celermente applicabile la disposizione di cui al presente comma ai soli fini del condono edilizio, con decreto del Ministro per i beni e le attività culturali, di concerto con il Ministro dei lavori pubblici, da emanare entro sessanta giorni dalla data di entrata in vigore della presente disposizione, sono determinati parametri e modalità per la qualificazione della indennità risarcitoria prevista dall'articolo 15 della l. 29 giugno 1939, n. 1497, con riferimento alle singole tipologie di abuso ed alle zone territoriali oggetto del vincolo (3) (4).

47. Con decreto del Ministro del tesoro, del bilancio e della programmazione economica, di concerto con il Ministro dei lavori pubblici, da emanare entro sessan-

ta giorni dalla data di entrata in vigore della presente legge, sono modificate le modalità di rimborso delle differenze non dovute e versate a titolo di oblazione, definite dal d.m. 19 luglio 1995, del Ministro del tesoro, pubblicato nella Gazzetta Ufficiale n. 2 del 3 gennaio 1996. I soggetti che hanno presentato domanda di concessione in sanatoria entro il 30 giugno 1987, per la quale il sindaco ha espresso provvedimento di diniego, ed hanno riproposto la domanda ai sensi dell'articolo 39 della citata legge n. 724 del 1994, e successive modificazioni, per il medesimo immobile, possono compensare il credito a loro favore scaturito dal diniego della prima domanda di condono edilizio con il debito derivato dal nuovo calcolo dell'oblazione relativa alla domanda di condono inoltrata ai sensi del medesimo articolo 39. All'even tuale relativa spesa si provvede anche mediante utilizzo di quota parte del gettito eccedente l'importo di lire 2.550 miliardi (€ 1.136.965,093) e di lire 6.915 miliardi (€ 3.571.299,457), rispettivamente per gli anni 1994 e 1995, derivante dal pagamento delle oblazioni previste dall'articolo 39 della legge 23 dicembre 1994, n. 724. La quota eccedente tali importi, versata all'entrata dello Stato, è riassegnata, limitatamente alla misura necessaria a coprire gli oneri derivanti dai rimborsi previsti dal presente comma, con decreto del Ministro del tesoro, del bilancio e della programmazione economica, su apposito capitolo dello stato di previsione del bilancio dell'amministrazione competente (5).

48. I comuni sono tenuti ad iscrivere nei propri bilanci le somme versate a titolo di oneri concessori per la sanatoria degli abusi edilizi in un apposito capitolo del titolo IV dell'entrata. Le somme relative sono impegnate in un apposito capitolo del titolo II della spesa. I comuni possono utilizzare le relative somme per far fronte ai costi di istruttoria delle domande di concessione o di autorizzazione in sanatoria, per anticipare i costi per interventi di demolizione delle opere di cui agli articoli 32 e 33 della legge 28 febbraio 1985, n. 47, e successive modificazioni, per le opere di urbanizzazione primaria e secondaria, per interventi di demolizione delle opere non soggette a sanatoria entro la data di entrata in vigore della presente legge, nonché per gli interventi di risanamento urbano ed ambientale delle aree interessate dall'abusivismo. I comuni che, ai sensi dell'articolo 39, comma 9, della legge 23 dicembre 1994, n. 724, hanno adottato provvedimenti per consentire la realizzazione di opere di urbanizzazione con scorporo delle aliquote, possono utilizzare una quota parte delle somme vincolate per la costituzione di un apposito fondo di garanzia per l'autorecupero, con l'obiettivo di sostenere l'azione delle forme consortili costituitesi e di integrare i progetti relativi alle predette opere con progetti di intervento comunale.

49. Per l'attività istruttoria connessa al rilascio delle concessioni in sanatoria i comuni possono utilizzare i fondi all'uopo accantonati, per progetti finalizzati da svolgere oltre l'orario di lavoro ordinario, ovvero nell'ambito dei lavori socialmente utili. I comuni possono anche avvalersi di liberi professionisti o di strutture di consulenze e servizi ovvero promuovere convenzioni con altri enti locali.

[50. La concessione di indennizzi, ai sensi della legislazione sulle calamità naturali, è esclusa nei casi in cui gli immobili danneggiati siano stati eseguiti abusivamente in zone alluvionali; la citata concessione di indennizzi è altresì esclusa per gli immobili edificati in zone sismiche senza i prescritti criteri di sicurezza e senza che sia intervenuta sanatoria ai sensi della legge 28 febbraio 1985, n. 47, e successive modificazioni] (6).

51. Non possono formare oggetto di sanatoria, di cui all'articolo 39 della legge 23 dicembre 1994, n. 724, come integrato dal presente articolo, le costruzioni abusive realizzate sopra e sotto il soprassuolo boschivo distrutto o danneggiato per cause naturali o atti volontari, fermi restando i divieti previsti nei commi quarto e quinto dell'articolo 9 della legge 10 marzo 1975, n. 47, e successive modificazioni.

52. Ai fini della relazione prevista dal comma 3 dell'articolo 13 del decreto-legge 12 gennaio 1988, n. 2, convertito, con modificazioni, dalla legge 13 marzo 1988, n. 68, i comuni riferiscono annualmente al Ministero dei lavori pubblici sull'utilizzazione dei fondi di cui al comma 48.

53. La tipologia di abuso di cui al numero 4 della tabella allegata alla legge 28 febbraio 1985, n. 47, deve intendersi applicabile anche agli abusi consistenti in mutamenti di destinazione d'uso eseguiti senza opere edilizie.

54. I nuclei abusivi di costruzioni residenziali sanate o in corso di sanatoria ai sensi della legge 28 febbraio 1985, n. 47, e successive modificazioni, che non siano stati ancora oggetto di recupero urbanistico a mezzo di variante agli strumenti urbanistici, di cui all'articolo 29 della stessa legge, dovranno essere definiti dai comuni entro novanta giorni dalla data di entrata in vigore della presente legge, sulla base della normativa regionale specificamente adottata. In caso di inadempienza la regione, su istanza degli interessati ovvero d'ufficio, nomina un commissario ad acta per l'adozione dei necessari provvedimenti, con i contenuti e nei limiti dell'articolo 29 della legge 28 febbraio 1985, n. 47.

55. In caso di inadempienze, le regioni e le province autonome di Trento e di Bolzano, ai fini dell'attuazione di quanto previsto dall'articolo 39 della legge 23 dicembre 1994, n. 724, e successive modificazioni, su segnalazione del prefetto competente per territorio, ovvero d'ufficio, nominano un commissario *ad acta* per l'adozione dei provvedimenti sanzionatori di competenza del sindaco.

[56. Qualora sia necessario procedere alla demolizione di opere abusive è possibile avvalersi, per il tramite dei provveditorati alle opere pubbliche, delle strutture tecnico-operative del Ministero della difesa, sulla base di apposita convenzione stipulata d'intesa fra il Ministro dei lavori pubblici ed il Ministro della difesa] (6).

57. A seguito del rilascio della concessione in sanatoria ai sensi dell'articolo 39 della legge 23 dicembre 1994, n. 724, come integrato dai commi da 37 a 59, gli atti tra vivi la cui nullità, ai sensi dell'articolo 17 e del secondo comma dell'articolo 40, della l. 28 febbraio 1985, n. 47, e successive modificazioni, non sia stata ancora dichiarata, acquistano validità di diritto. Ove la nullità sia stata dichiarata con sentenza passata in giudicato e trascritta, può essere richiesta la sanatoria

retroattiva su accordo delle parti, con atto successivo contenente gli allegati di cui al secondo comma dell'articolo 40, della l. 28 febbraio 1985, n. 47, sempreché non siano nel frattempo intervenute altre trascrizioni a favore di terzi. Dall'imposta di registro calcolata sull'atto volto a determinare l'effetto di cui ai commi da 37 a 59 è decurtato l'importo eventualmente già versato per la registrazione dell'atto dichiarato nullo.

58. Gli atti di cui al secondo comma dell'articolo 40 della legge 28 febbraio 1985, n. 47, aventi per oggetto fabbricati o porzioni di fabbricati costruiti senza concessione edilizia sono nulli e non possono essere rogati se da essi non risultino gli estremi della domanda di condono con gli estremi del versamento, in una o più rate, dell'intera somma dovuta a titolo di oblazione e di contributo concessorio nonché, per i fabbricati assoggettati ai vincoli di cui all'articolo 32, terzo comma, della legge 28 febbraio 1985, n. 47, introdotto dal comma 44 del presente articolo, l'attestazione dell'avvenuta richiesta alle autorità competenti dell'espressione del parere di cui alla citata disposizione. Verificatosi il silenzio assenso disciplinato dall'articolo 39, comma 4, della legge 23 dicembre 1994, n. 724, nei predetti atti devono essere indicati, a pena di nullità, i seguenti elementi costitutivi dello stesso: data della domanda, estremi del versamento di tutte le somme dovute, dichiarazione dell'autorità preposta alla tutela dei vincoli nei casi di cui al periodo precedente, dichiarazione di parte che il comune non ha provveduto ad emettere provvedimento di sanatoria nei termini stabiliti nell'articolo 39, comma 4, della citata legge n. 724 del 1994. Nei successivi atti negoziali è consentito fare riferimento agli estremi di un precedente atto pubblico che riporti i dati sopracitati. Le norme del presente comma concernenti il contributo concessorio non trovano applicazione per le domande di sanatoria presentate entro il 30 giugno 1987.

59. Le disposizioni di cui ai commi quinto e sesto dell'articolo 40 della legge 28 febbraio 1985, n. 47, si applicano anche ai trasferimenti previsti dalla legge 24 dicembre 1993, n. 560, nonché ai trasferimenti di immobili di proprietà di enti di assistenza e previdenza e delle amministrazioni comunali.

60. (*Omissis*) (3) (7).

(1) *Comma così sostituito dall'art. 1, l. 27 dicembre 1997, n. 449.*

(2) *Modifica il comma 1 dell'art. 32, l. 28 febbraio 1985, n. 47.*

(3) *Comma così modificato dall'art. 10, d.l. 31 dicembre 1996, n. 669, conv. in l. 28 febbraio 1997, n. 30.*

(4) *V. il d.m. 26 settembre 1997.*

(5) *V. il d.m. 7 marzo 1997.*

(6) *Comma abrogato dall'art. 136, comma 2, d.P.R. 6 giugno 2001, n. 380, con effetto a decorrere dal 30 giugno 2003, come da ultimo prorogato ai sensi dell'art. 2 d.l. 20 giugno 2002, n. 122, conv., con modif., in l. 1° agosto 2002, n. 185.*

(7) *Sostituisce l'art. 4, d.l. 5 ottobre 1993, n. 398, conv. in l. 4 dicembre 1993, n. 493.*

45. Decreto ministeriale 8 ottobre 1998. — Promozione di programmi innovativi in ambito urbano denominati "Programmi di riqualificazione urbana e di sviluppo sostenibile del territorio" (1).

Pubblicato nella Gazzetta Ufficiale n. 278 del 27 novembre 1998.

(1) *Per la proroga dell'utilizzo dei contributi ministeriali residui assegnati ai soggetti aderenti ai Programmi di riqualificazione urbana e di sviluppo sostenibile (PRUSST) promossi con il presente decreto, v. il d.m. 14 febbraio 2014 (G.U. 7 giugno 2014, n. 130).*

1 Le disponibilità del Ministero dei lavori pubblici — Direzione generale del coordinamento territoriale, derivanti dalle somme non utilizzate per i programmi di riqualificazione urbana cui al decreto ministeriale 21 dicembre 1994, accertate alla data del 31 dicembre 1998, sono quantificate in lire 140,216 miliardi. Tali disponibilità sono destinate alla promozione e alla partecipazione alla realizzazione di programmi innovativi in ambito urbano denominati programmi di riqualificazione urbana e di sviluppo sostenibile del territorio (1).

Gli accordi di programma di cui all'art. 2 del decreto ministeriale 30 ottobre 1997 debbono essere sottoscritti, a pena di decadenza dal finanziamento concesso, entro il 31 dicembre 1998.

Alle finalità di cui al comma 1 sono altresì destinate, nella misura indicata dai rispettivi documenti di programmazione ed in conformità agli obiettivi da perseguire, le disponibilità della Direzione generale delle opere marittime e della Direzione generale dell'edilizia statale e dei servizi speciali, qualora nei programmi di riqualificazione urbana e di sviluppo sostenibile del territorio sono ricompresi interventi di competenza delle suddette direzioni generali.

Le disposizioni del presente decreto si applicano nelle province autonome di Trento e di Bolzano compatibilmente con gli statuti di autonomia e con le rispettive norme di attuazione.

(1) *Comma così sostituito dall'art. 1, d.m. 28 maggio 1999 (G.U. 22 luglio 1999, n. 170).*

2 I programmi di cui all'art. 1 hanno l'obiettivo di avviare una sperimentazione sulle azioni amministrative e sui moduli operativi più efficaci per attivare i finanziamenti per gli interventi nelle aree urbane che saranno previsti nel nuovo quadro comunitario di sostegno.

La sperimentazione di cui al comma 1 è attuata con la partecipazione della Commissione dell'Unione Europea, della BEI, delle regioni, dei soggetti promotori — di cui all'art. 4 dell'allegato bando — dei programmi prescelti, del Ministero dei lavori pubblici, del Dipartimento per le aree urbane della Presidenza del Consiglio dei Ministri, del Ministero del tesoro, del bilancio e della programmazione economica e dell'Anas.

Le modalità di presentazione e di selezione dei programmi innovativi in ambito urbano denominati programmi di riqualificazione e di sviluppo sostenibile del territorio sono disciplinate dal bando allegato al presente decreto.

3 Ai fini della verifica, del monitoraggio e della diffusione dei risultati della sperimentazione è istituito, con decreto del Ministro dei lavori pubblici, un Comitato composto dai seguenti membri:

un rappresentante del Ministero dei lavori pubblici con funzione di Presidente;

un rappresentante del Ministero del tesoro, del bilancio e della programmazione economica;

un rappresentante del Dipartimento per le aree urbane della Presidenza del Consiglio dei Ministri;

un rappresentante della Cabina di regia nazionale;

un rappresentante del Ministero dell'ambiente;

un rappresentante del Ministero per i beni e le attività culturali;

un rappresentante del Ministero dell'industria, del commercio e dell'artigianato;

un rappresentante del Dipartimento del turismo della Presidenza del Consiglio dei Ministri;

un rappresentante della Banca europea degli investimenti;

otto rappresentanti della Conferenza unificata.

Potranno inoltre partecipare ai lavori del Comitato, su indicazione del Comitato medesimo, in qualità di membri non permanenti i rappresentanti di altre amministrazioni centrali, regionali e locali, istituzioni, enti eventualmente interessati alla realizzazione dei programmi.

Il Comitato approva il proprio regolamento interno, comprendente le disposizioni circa le modalità organizzative e procedurali.

Il Comitato è assistito da una segreteria tecnica composta da personale della Direzione generale del coordinamento territoriale e individuata dal responsabile della Direzione stessa.

È ammessa la spesa fino al 4 per cento delle disponibilità di cui all'art. 1, comma 1, per servizi di assistenza tecnica, monitoraggio, diffusione dei risultati e valutazione da fornire al Comitato di cui al comma 1.

4 (*Omissis*)

BANDO ALLEGATO

1 (*Omissis*).

2 Obiettivi del programma.

1. I programmi riguardanti ambiti territoriali (subregionale, provinciale, intercomunale, comunale) individuati sulla base delle caratteristiche fisiche, morfologiche, culturali e produttive e si propongono di favorire:

la realizzazione, l'adeguamento e il completamento di attrezzature, sia a rete che puntuali, di livello territoriale e urbano in grado di promuovere e di orientare occasioni di sviluppo sostenibile sotto il profilo economico, ambientale e sociale, avuto riguardo ai valori di tutela ambientale, alla valorizzazione del patrimonio storico, artistico e architettonico, e garantendo l'aumento d benessere della collettività;

la realizzazione di un sistema integrato di attività finalizzate all'ampliamento e alla realizzazione di insediamenti industriali, commerciali e artigianali, alla promozione turistico-ricettiva e alla riqualificazione di zone urbane centrali e periferiche interessate di fenomeni di degrado.

2. Gli ambiti territoriali di cui al comma 1 possono ricomprendere:

i sistemi metropolitani caratterizzati dal deficit infrastrutturale relativo alla gestione dei grandi bacini di mobilità e dalla criticità delle interconnessioni tra nodi dei sistemi di trasporto internazionali, nazionali e interregionali;

i distretti insediativi che richiedono una migliore strutturazione della loro articolazione infraregionale, rafforzando le relazioni di complementarità e sinergia tra i singoli centri ricompresi nei suddetti distretti;

il sistema degli spazi di transizione e integrazione tra i sistemi urbani di cui ai punti *a*) e *b*) e il sistema delle attrezzature di cui al punto *d*);

il sistema delle attrezzature sia a rete che puntuali di livello territoriale e urbano.

3 Assi prioritari d'intervento.

1. Gli assi prioritari di intervento dei programmi riguardano:

interventi pubblici e di interesse pubblico di dimensione e importanza tale da rappresentare una precondizione per progetti di investimenti o di maggiore produttività per operatori pubblici e privati;

interventi finalizzati a favorire lo sviluppo locale e la valorizzazione del capitale fisso sociale, anche mediante una adeguata collocazione rispetto alle attrezzature a rete e a quelle puntuali;

interventi complementari ai progetti di cui alla lett. *a*);

azioni e iniziative finalizzate a favorire lo sviluppo dell'occupazione, la formazione professionale e più vantaggiose condizioni del credito, con particolare riferimento a quanto posto in essere da altre amministrazioni pubbliche, anche statali ed europee;

la funzione di ordinare sul territorio gli interventi previsti da altre iniziative avviate sulla base degli strumenti della programmazione negoziata (patti territoriali, contratti d'area) ovvero di affiancare, anche in termine di finanziamento, le predette iniziative.

2. Gli interventi di cui alla lett. *a*) del comma 1 sono riconducibili, in via esemplificativa:

a parti dell'attrezzatura a rete relativa al sistema stradale, ferroviario, aeroportuale, portuale, energetico, idrico, delle telecomunicazioni nonché alle opere necessarie per la difesa del suolo;

ai porti, agli aeroporti, agli interporti, agli scambiatori di modalità e alle interconnessioni delle reti con il sistema urbano;

a interventi di rilevanza tale da costituire poli di attrazione quali: sedi di tribunali, strutture ospedaliere, università, centri congressuali, strutture polifunzionali per lo sport, il turismo e il tempo libero, ecc.

Gli interventi di cui alla lett. *b*) del comma 1 sono riconducibili, in via esemplificativa:

a interventi pubblici quali:

realizzazione, completamento e adeguamento delle opere di urbanizzazione primaria a servizio di aree produttive o di quartieri degradati;

realizzazione, recupero e acquisizione di immobili da destinare a opere di urbanizzazione secondaria di livello almeno urbano;

a interventi privati quali:

realizzazione e riqualificazione di insediamenti produttivi in grado di promuovere lo sviluppo, l'innovazione e la competitività tra imprese anche attraverso la diffusione di nuove tecnologie;

realizzazione e recupero di edilizia residenziale al fine di innescare processi di riqualificazione fisica e sociale dell'ambito considerato;

gestione di attività no-profit;

ristrutturazione di edifici di rilevante valore storico-artistico, sviluppo di artigianato tipico, riconversione di complessi industriali con valenze culturali anche da destinare ad altri usi.

4 Soggetti promotori dei programmi.

1. I comuni promuovono i programmi in coerenza con le previsioni degli strumenti di pianificazione e di programmazione territoriale, ove esistenti, e assicurano l'integrazione e la concertazione con le politiche settoriali assunte dagli altri enti pubblici competenti per territorio. In caso di non compatibilità con gli strumenti di pianificazione e di programmazione territoriale, i comuni promuovono i programmi d'intesa con l'amministrazione provinciale e regionale che ha la titolarità dei suddetti strumenti.

2. Previa intesa con i comuni interessati, i programmi possono essere promossi anche da provincia e regione.

Nel territorio della regione Trentino-Alto Adige la predetta funzione è posta in capo rispettivamente alle province autonome di Trento e di Bolzano.

Ai fini dell'individuazione degli interventi e delle azioni di cui all'art. 3, comma 1, i soggetti promotori favoriscono la più ampia partecipazione all'attuazione dei programmi da parte di soggetti pubblici e privati.

Ai soggetti promotori compete il compito di verificare la compatibilità e la coerenza dei programmi con le indicazioni dei documenti di pianificazione urbanistica e territoriale ovvero l'impegno a conseguire la suddetta coerenza.

Per l'espletamento di compiti e di attività di supporto i soggetti promotori possono costituire le società miste di cui all'art. 22, lett. *e*) della legge n. 142/1990.

5 Soggetti proponenti.

1. Ai fini della composizione dei programmi le proposte ai soggetti promotori sono formulate dai seguenti soggetti proponenti anche riuniti tra loro in forma associata:

enti pubblici territoriali (regioni, province, comunità montane);

altre amministrazioni pubbliche (le amministrazioni dello Stato, le aziende e le amministrazioni dello Stato ad ordinamento autonomo, le istituzioni universitarie, le camere di commercio, industria, artigianato e agricoltura e loro associazioni, gli enti pubblici non economici nazionali, regionali e locali, le amministrazioni, le aziende e gli enti del servizio sanitario nazionale, le società e imprese a partecipazione pubblica, gli istituti autonomi case popolari comunque denominati);

soggetti privati (associazioni di categoria, imprenditori, società finanziarie, istituti bancari proprietari degli immobili, soggetti concessionari, proprietari o gestori di reti).

6 Modalità di finanziamento.

1. I finanziamenti di cui all'art. 1, comma 1, fino all'importo massimo di quattro miliardi di lire per ciascun programma, sono finalizzati:

alla copertura dei costi relativi all'assistenza tecnica per la predisposizione dei programmi, fino all'importo massimo di un miliardo;

alla copertura totale o parziale dei costi relativi alla progettazione delle opere pubbliche inserite nei programmi, anche se finanziate con altre risorse pubbliche;

al concorso alla realizzazione di infrastrutture pubbliche;

agli incentivi per il recupero del patrimonio edilizio residenziale.

2. Gli investimenti per interventi privati devono coprire almeno un terzo dell'investimento complessivo.

3. I soggetti privati devono concorrere per quota parte significativa, da stabilirsi da parte del soggetto promotore secondo criteri di convenienza, al finanziamento delle opere pubbliche o d'interesse pubblico.

I soggetti promotori e i soggetti proponenti individuano gli interventi pubblici da ricomprendere nei programmi anche in base alla possibilità che i medesimi interventi possano essere realizzati con risorse private sulla base di piani finanziari e di corrispettivi di gestione.

7 Documentazione da trasmettere.

1. I programmi sono trasmessi al Ministero dei lavori pubblici — Direzione generale del coordinamento territoriale — e alla regione competente per territorio, corredati da:

opportuni studi di prefattibilità;

descrizione delle finalità specifiche dei programmi e delle azioni conseguenti (redatte sul modello che si allega sotto "A" al presente bando);

individuazione cartografica delle aree ricomprese nei programmi e localizzazione degli interventi previsti;

cronoprogramma dei tempi di realizzazione dei programmi a far data dalla sottoscrizione dell'accordo quadro di cui all'art. 11;

dimensione dell'investimento da attivare, con l'indicazione dei risultati attesi, con particolare riguardo a quelli ambientali e occupazionali;

scheda relativa ai soggetti pubblici e privati interessati all'attuazione dei programmi;

intese o accordi eventualmente sottoscritti o da sottoscrivere;

relazione illustrativa sulla coerenza dei programmi con le strategie nazionali e con le previsioni degli strumenti di pianificazione e di programmazione territoriale.

8 Modalità di presentazione e di individuazione dei programmi da finanziare.

1. Entro il 27 agosto 1999, i soggetti promotori trasmettono alla Direzione generale per il coordinamento territoriale e alla regione competente per territorio la documentazione di cui all'art. 7 (1).

2. Nei successivi tre mesi, con le modalità previste all'art. 13, sono individuati i programmi da ammettere a finanziamento secondo i criteri stabiliti all'art. 10 (2).

3. Entro il mese successivo, il Ministro dei lavori pubblici sottoscrive con i soggetti promotori e i soggetti proponenti un protocollo d'intesa (2).

A seguito della sottoscrizione del protocollo di intesa di cui al precedente comma 3, la Direzione generale del coordinamento territoriale procede all'impegno dei finanziamenti sull'apposito capitolo di bilancio.

Qualora nei programmi sono ricompresi interventi di competenza della Direzione generale delle opere marittime e della Direzione generale dell'edilizia statale e dei servizi speciali, le stesse direzioni generali procedono agli impegni dei finanziamenti sui rispettivi capitoli di bilancio.

Il protocollo di intesa, con il quale i soggetti sottoscrittori si impegnano a dare attuazione ai programmi sulla base della ricognizione programmatica delle risorse finanziarie e delle procedure amministrative occorrenti, contiene in allegato la documentazione di cui al precedente articolo 7 e deve indicare:

la data di conclusione dei procedimenti di autorizzazione dei progetti di opere pubbliche statali e di opere pubbliche di interesse statale, da realizzarsi da parte degli enti istituzionalmente competenti, ricomprese nei programmi;

la data di conclusione degli eventuali accordi di programma di cui all'art. 27 della legge 8 giugno 1990, n. 142.

Il protocollo deve esplicitamente prevedere che il mancato rispetto del termine per la sottoscrizione dell'accordo quadro di cui all'art. 11 comporta l'automatica decadenza dal finanziamento concesso.

Per garantire un'efficace azione di coordinamento tra i soggetti interessati alla composizione e alla realizzazione dei programmi, nonché per pervenire alla sottoscrizione del protocollo di intesa e alla conclusione dell'accordo quadro di cui all'art. 11, presso la Direzione generale del coordinamento territoriale è istituito un tavolo permanente di concertazione, che è attivato anche su richiesta del soggetto promotore.

(1) *Comma così sostituito dall'art. 3, d.m. 28 maggio 1999.*
(2) *Comma così modificato dall'art. 3, d.m. 28 maggio 1999.*

9 Finanziamento dell'assistenza tecnica e prefinanziamento della progettazione.

1. Al fine di pervenire all'accordo quadro e al raggiungimento degli obiettivi in esso fissati, entro un mese dalla data di sottoscrizione del protocollo di intesa, il Ministero dei lavori pubblici — Direzione generale del coordinamento territoriale provvede a trasferire al soggetto promotore il finanziamento di cui all'art. 6, comma 1, lett. *a*) nonché, qualora richiesto dallo stesso soggetto promotore, il finanziamento di cui allo stesso art. 6, comma 1, lett. *b*).

2. Le modalità di impiego del predetto finanziamento da parte dei soggetti promotori sono definite nell'allegato "B" che fa parte integrante del presente bando.

3. Qualora i programmi comprendano interventi di competenza della Direzione generale delle opere marittime e/o della Direzione generale dell'edilizia statale e dei servizi speciali, le stesse direzioni generali, entro il termine di cui al precedente comma 1, provvedono a trasferire, su richiesta del soggetto promotore, un'anticipazione dei finanziamenti finalizzati alla progettazione dei predetti interventi.

10 Valutazione dei programmi.

1. I programmi conformi agli obiettivi e ai requisiti generali come indicati nel presente bando sono valutati sulla base dei seguenti criteri:

capacità di attrarre investimenti produttivi e di sviluppare iniziative economiche e imprenditoriali in grado di garantire una ricaduta socio-economica positiva stabile e duratura, con particolare riferimento all'attuazione di politiche per le pari opportunità;

capacità di massimizzare gli effetti diretti e indiretti degli investimenti utilizzando, da un lato, metodologie progettuali e di intervento qualitative e basate su logiche di risultato e, dall'altro lato, tecniche finanziarie innovative anche nell'utilizzo di risorse pubbliche;

presenza di interventi pubblici, realizzati con risorse esclusivamente private, che prevedono corrispettivi di gestione;

presenza nell'ambito territoriale considerato di indicazioni circa l'avvio di rilevanti fenomeni di sviluppo economico e di trasformazione territoriale;

rapidità di implementazione delle azioni e delle iniziative previste nei programmi in relazione alla copertura finanziaria e alla fattibilità amministrativa degli interventi;

capacità di produrre il miglioramento della qualità ambientale e la valorizzazione del patrimonio storico-culturale-paesaggistico;

capacità di risolvere gli elementi di criticità legati al rapporto infrastruttura-sistema urbano in termini territoriali e ambientali;

congruenza dei programmi con piani/politiche di settore nazionali e regionali;

capacità di incidere sull'organizzazione del sistema della mobilità (agibilità dei collegamenti), sulla riallocazione delle funzioni urbane (efficienza dei servizi), con particolare riguardo a quella residenziale.

11 Accordo quadro.

1. Entro dodici mesi dalla data di sottoscrizione del protocollo di intesa di cui all'art. 8, comma 3, il Ministero dei lavori pubblici, i soggetti promotori e i soggetti proponenti sottoscrivono l'accordo quadro (1).

2. L'accordo quadro è sottoscritto, inoltre, dalla regione nel cui ambito territoriale sono compresi i programmi, nonché dalle amministrazioni pubbliche di cui all'art. 5, comma 1, lett. *b*), interessate all'attuazione dei programmi medesimi.

3. L'accordo quadro deve indicare:

le aree interessate dagli interventi dei programmi individuate tramite delibera del consiglio comunale, ai sensi dell'art. 17, comma 59, della legge n. 127/1997;

la progettazione degli interventi pubblici ricompresi nei programmi;

l'impegno del comune, ai fini del rilascio delle concessioni edilizie, alla puntuale applicazione dell'art. 4 della legge n. 493/1993, così come modificato dall'art. 2, comma 60, della legge n. 662/1996, anche ricorrendo alle conferenze di servizio (2);

le attività e gli interventi da realizzare nonché la data di inizio e i relativi tempi di attuazione;

i soggetti responsabili dell'attuazione;

il funzionario delegato titolare della contabilità speciale vincolata ai sensi dell'art. 10 del decreto del Presidente della Repubblica n. 367/1994;

gli impegni di ciascun soggetto, nonché del soggetto cui competono poteri sostitutivi in caso di inerzie, ritardi o inadempienze;

i procedimenti di conciliazione o definizione di conflitti;

le risorse finanziarie per i diversi canali e per le diverse tipologie d'intervento;

le modalità per il monitoraggio.

4. L'accordo deve esplicitamente prevedere che il mancato rispetto del termine per l'inizio dei lavori degli interventi previsti nei programmi comporta la decadenza dal finanziamento concesso.

Entro i successivi trenta giorni decorrenti dalla data di sottoscrizione dell'accordo quadro, con decreto del Direttore generale del coordinamento territoriale, è emesso l'ordine di accreditamento al funzionario delegato titolare della contabilità speciale del finanziamento di cui all'art. 6 al netto delle somme già trasferite.

Qualora l'accordo quadro è sottoscritto dalla Direzione generale delle opere marittime e/o dalla Direzione generale dell'edilizia statale e dei servizi speciali, le stesse direzioni generali procedono, entro il termine di cui al precedente comma 5, ad accreditare al funzionario delegato i finanziamenti di propria competenza.

(1) *Comma così modificato dall'art. 4, d.m. 28 maggio 1999.*
(2) *Lettera così modificata dall'art. 4, d.m. 28 maggio 1999.*

12 Gestione coordinata dei finanziamenti.

1. Per le procedure di spesa e contabili dei finanziamenti messi a disposizione dei programmi con la sottoscrizione dell'accordo quadro di cui al precedente art. 11 si applica quanto previsto dagli artt. 8, 10 e 11 del decreto del Presidente della Repubblica 20 aprile 1994, n. 367 e dalla circolare n. 77 del 28 dicembre 1995 del Ministero del tesoro.

13 Procedure per la valutazione dei programmi.

1. Il Ministero dei lavori pubblici — Direzione generale del coordinamento territoriale — esamina ed istruisce la documentazione trasmessa dai soggetti promotori entro sessanta giorni dal termine di cui all'art. 8, comma 1.

2. La valutazione dei programmi da ammettere a finanziamento è effettuata entro i trenta giorni successivi al termine di cui al precedente comma 1 dal Comitato di valutazione e selezione (1).

3. Il Comitato di valutazione e selezione dei programmi, istituito con decreto del Ministro dei lavori pubblici, è composto da:

un rappresentante del Ministero dei lavori pubblici, con funzioni di presidente;

quattro rappresentanti designati da amministrazioni centrali dello Stato;

quattro rappresentanti designati dalla Conferenza unificata;

un rappresentante designato da parte di ciascuna regione.

4. Il rappresentante di ciascuna regione è designato al fine della valutazione dei programmi ricadenti nell'ambito del territorio della regione rappresentata, con esclusione di quelli per i quali la regione risulta essere soggetto promotore ai sensi dell'art. 4, comma 2 (1).

La valutazione è finalizzata all'attribuzione di un punteggio complessivo di 100 punti cosi suddivisi:

80 punti attribuiti sulla base degli indicatori di cui al comma 8;

20 punti attribuiti sulla base degli indicatori stabiliti da ciascuna regione, per l'ammissione a finanziamento dei programmi localizzati nelle regioni medesime.

Le regioni, entro trenta giorni dall'entrata in vigore del presente provvedimento, definiscono gli indicatori d cui al precedente comma 5, lett. *b*).

Qualora le regioni non pervengano entro il termine di cui al comma 6 alla definizione degli indicatori di cui al comma 5, lett. *b*), i programmi sono valutati dal Comitato di valutazione e selezione di cui al comma 3 sulla base degli indicatori di cui al presente articolo con il punteggio parametrato a punti 100.

Il Comitato di valutazione e selezione, attribuisce ai programmi il punteggio di cui al comma 5, lett. *b*), sulla base degli indicatori definiti dalle regioni, nonché il punteggio di cui al comma 5, lett. *a*), sulla base dei seguenti indicatori:

I — Capacità dei programmi di garantire l'integrazione tra politiche settoriali: fino a 40 punti così suddivisi:

politiche di recupero del deficit infrastrutturale: fino ad un massimo di 10 punti (punti 0,1 per ciascun miliardo di investimento finalizzato alla realizzazione di attrezzature di livello territoriale sia a rete che puntuali);

politiche finalizzate al recupero, alla messa in sicurezza e alla valorizzazione del patrimonio ambientale: fino ad un massimo di 15 punti (punti 0,2 per ciascun miliardo di investimenti finalizzati: alla realizzazione di interventi di bonifica di aree interessate da fenomeni di dismissione di attività industriale il cui ciclo di lavorazione ha comportato l'immissione di sostanze nocive e inquinanti, ovvero abbattimento dei livelli di inquinamento per gli stabilimenti in esercizio; ad interventi di sistemazione idrogeologica, alla valorizzazione del patrimonio storico, artistico e architettonico in grado di garantire ritorni di investimento anche nel settore no-profit);

politiche che perseguono fini sociali: fino ad un massimo di 10 punti (punti 0,2 per ciascun miliardo di investimento finalizzato ad insediare attività produttive in grado di garantire effetti occupazionali stabili);

politiche di partenariato, di sussidiarietà e di concertazione locale: fino ad un massimo di 5 punti (capacità dei programmi di coordinare politiche locali o di compartecipare ad altre iniziative avviate sulla base degli strumenti della programmazione negoziata — patti territoriali, contratti d'area — ovvero di affiancare, anche in termine di finanziamento, le predette iniziative: punti 0,05 per ciascun miliardo di costo di investimento per la realizzazione di interventi previsti da altre iniziative avviate sulla base degli strumenti della programmazione negoziata).

II — Capacità dei programmi di implementare le azioni e le iniziative previste in relazione alla copertura finanziaria: fino a 20 punti:

2.1. percentuale dei finanziamenti già disponibili sul totale della provvista necessaria: fino ad un massimo di 10 punti (punti 0,1 per ogni punto percentuale di finanziamenti già disponibili sul totale della provvista necessaria);

2.2. percentuale dell'investimento da parte dei soggetti privati che partecipano all'attuazione dei programmi superiore ad un terzo dell'investimento complessivo (cfr. art. 6, co. 2): fino ad un massimo di 5 punti (0,1 punti per ogni punto percentuale superiore ad un terzo dell'investimento complessivo) (2);

2.3. percentuale degli interventi pubblici realizzati con risorse esclusivamente private: fino ad un massimo di 5 punti (0,1 punti per ogni punto percentuale di interventi pubblici con risorse esclusivamente private) (2).

III — Capacità dei programmi di rispondere alle esigenze espresse (qualità della progettazione) fino a 20 punti: il punteggio è attribuito dal Comitato di valutazione e selezione dei programmi sulla base della capacità dei programmi di rispondere alle macro-esigenze delle trasformazioni territoriali (qualità ecologica-ambientale e dei valori paesaggistici; qualità urbanistica accessibilità e sicurezza; qualità morfologica o dei tessuti urbani — continuità e complessità) attraverso specifiche azioni progettuali (valorizzazione delle emergenze naturali, eliminazione dei detrattori ambientali; recupero e valorizzazione, delle emergenze antropiche, uso della vegetazione a scopo paesaggistico; integrazione con la rete veicolare esterna, localizzazione strategica dei parcheggi, continuità e indipendenza della rete pedonale e ciclabile, sicurezza e protezione degli spazi aperti; attrezzature a compenso contesto, flessibilità e polifunzionalità dei servizi; recupero fondiario ed edilizio, valorizzazione dei caratteri morfologici del tessuto, assortimento tipologico, conservazione e valorizzazione delle tipologie speciali).

(1) *Comma così modificato dall'art. 5, d.m. 28 maggio 1999 (G.U. 22 luglio 1999, n. 170).*

(2) *Punto così sostituito dall'art. 5, d.m. 28 maggio 1999 (G.U. 22 luglio 1999, n. 170).*.

14 Modalità per l'ammissione a finanziamento.

1. I programmi da ammettere ai finanziamenti di cui all'art. 6, comma 1, sono così individuati:

per ciascuna regione, il programma che ha conseguito il punteggio più elevato;

i restanti programmi utilmente collocati in graduatoria fino all'esaurimento dei finanziamenti suddetti.

Con decreto del Ministro dei lavori pubblici, su proposta motivata del Comitato di valutazione e selezione, a ciascun programma può essere assegnato un finanziamento superiore all'importo massimo previsto al comma 1 dell'art. 6, ferme restando le disponibilità finanziarie di cui al comma 1 dell'art. 1.

46. Decreto del Presidente della Repubblica 6 giugno 2001, n. 380. — Testo unico delle disposizioni legislative e regolamentari in materia edilizia (Testo A) (1) (2) (3) (4).

Pubblicato nella Gazzetta Ufficiale n. 245 del 20 ottobre 2001, S.O. n. 239.

(1) *Il termine di entrata in vigore del presente decreto previsto dall'art. 138 è, da ultimo, prorogato al 30 giugno 2003, dall'art. 2 d.l. 20 giugno 2002, n. 122, conv., con modif., in l. 1° agosto 2002, n. 185.*

(2) *Ai sensi dell'art. 17, comma 2, d.l. 12 settembre 2014, n. 133, conv., con modif., in l. 11 novembre 2014 n. 164, l'espressione « denuncia di inizio attività » ovunque ricorrente nel presente decreto ad eccezione degli articoli 22, 23 e 24, comma 3, è stata sostituita dalla seguente: « segnalazione certificata di inizio attività ».*

(3) *V. l'art. 32 del d.l. 30 settembre 2003, n. 269, conv., con modif., in l. 24 novembre 2003, n. 326, l'art. 1, comma 713, l. 27 dicembre 2006, n. 296, e l'art. 2, comma 8, l. 24 dicembre 2007, n. 244.*

(4) *In tema di misure urgenti connesse all'emergenza epidemiologica da Covid-19, con riferimento al riordino della rete ospedaliera, v. l'art. 4, comma 2 d.l. 17 marzo 2020, n. 18, conv., con modif., in l. 24 aprile 2020, n. 27, ai sensi del quale « 2. Le opere edilizie strettamente necessarie a rendere le strutture idonee all'accoglienza e alla assistenza per le finalità di cui al comma 1 possono essere eseguite in deroga alle disposizioni di cui al decreto del Presidente della Repubblica 6 giugno 2001, n. 380, delle leggi regionali, dei piani regolatori e dei regolamenti edilizi locali, nonché, sino al termine dello stato di emergenza deliberato dal Consiglio dei Ministri in data 31 gennaio 2020, agli obblighi di cui al decreto del Presidente della Repubblica 1° agosto 2011, n. 151. Il rispetto dei requisiti minimi antincendio si intende assolto con l'osservanza delle disposizioni del decreto legislativo 9 aprile 2008, n. 81. I lavori possono essere iniziati contestualmente alla presentazione della istanza o della denunzia di inizio di attività presso il comune competente. La presente disposizione si applica anche agli ospedali, ai policlinici universitari, agli istituti di ricovero e cura a carattere scientifico, alle strutture accreditate ed autorizzate », nonché l'art. 2, comma 13 d.l. 19 maggio 2020, n. 34, conv., con modif., in l. 17 luglio 2020, n. 77, che così dispone: « 13. Le opere edilizie strettamente necessarie a perseguire le finalità di cui al presente articolo possono essere eseguite in deroga alle disposizioni di cui al decreto del Presidente della Repubblica 6 giugno 2001, n. 380, delle leggi regionali, dei piani regolatori e dei regolamenti edilizi locali, nonché,*

sino al termine dello stato di emergenza deliberato dal Consiglio dei ministri in data 31 gennaio 2020 e delle successive eventuali proroghe, agli obblighi del decreto del Presidente della Repubblica 1 agosto 2011, n. 151. Il rispetto dei requisiti minimi antincendio si intende assolto con l'osservanza delle disposizioni del decreto legislativo 9 aprile 2008, n. 81. I lavori possono essere iniziati contestualmente alla presentazione della istanza o della denunzia di inizio di attività presso il comune competente ».

PARTE I
Attività edilizia

TITOLO I
Disposizioni generali

CAPO I
Attività edilizia

1 (L) Ambito di applicazione.

1. Il presente testo unico contiene i principi fondamentali e 1. Il presente testo unico contiene i principi fondamentali e generali e le disposizioni per la disciplina dell'attività edilizia.

2. Restano ferme le disposizioni in materia di tutela dei beni culturali e ambientali contenute nel decreto legislativo 29 ottobre 1999, n. 490, la normativa di tutela dell'assetto idrogeologico e le altre normative di settore aventi incidenza sulla disciplina dell'attività edilizia (1).

3. Sono fatte salve altresì le disposizioni di cui agli articoli 24 e 25 del decreto legislativo 31 marzo 1998, n. 112, ed alle relative norme di attuazione, in materia di realizzazione, ampliamento, ristrutturazione e riconversione di impianti produttivi.

(1) *Comma modificato dall'art. 54, comma 1, lett.* a), *l. 28 dicembre 2015, n. 221.*

2 (L) Competenze delle regioni e degli enti locali.

1. Le regioni esercitano la potestà legislativa concorrente in materia edilizia nel rispetto dei principi fondamentali della legislazione statale desumibili dalle disposizioni contenute nel testo unico.

2. Le regioni a statuto speciale e le province autonome di Trento e di Bolzano esercitano la propria potestà legislativa esclusiva, nel rispetto e nei limiti degli statuti di autonomia e delle relative norme di attuazione.

3. Le disposizioni, anche di dettaglio, del presente testo unico, attuative dei principi di riordino in esso contenuti, operano direttamente nei riguardi delle regioni a statuto ordinario, fino a quando esse non si adeguano ai principi medesimi.

4. I comuni, nell'ambito della propria autonomia statutaria e normativa di cui all'articolo 3 del decreto legislativo 18 agosto 2000, n. 267, disciplinano l'attività edilizia.

5. In nessun caso le norme del presente testo unico possono essere interpretate nel senso della attribuzione allo Stato di funzioni e compiti trasferiti, delegati o comunque conferiti alle regioni e agli enti locali dalle disposizioni vigenti alla data della sua entrata in vigore.

2-*bis* (L) Deroghe in materia di limiti di distanza tra fabbricati (1).

1. Ferma restando la competenza statale in materia di ordinamento civile con riferimento al diritto di proprietà e alle connesse norme del codice civile e alle disposizioni integrative, le regioni e le province autonome di Trento e di Bolzano possono prevedere, con proprie leggi e regolamenti, disposizioni derogatorie al decreto del Ministro dei lavori pubblici 2 aprile 1968, n. 1444, e possono dettare disposizioni sugli spazi da destinare agli insediamenti residenziali, a quelli produttivi, a quelli riservati alle attività collettive, al verde e ai parcheggi, nell'ambito della definizione o revisione di strumenti urbanistici comunque funzionali a un assetto complessivo e unitario o di specifiche aree territoriali (2).

1-*bis*. Le disposizioni del comma 1 sono finalizzate a orientare i comuni nella definizione di limiti di densità edilizia, altezza e distanza dei fabbricati negli ambiti urbani consolidati del proprio territorio (3).

1-*ter*. In ogni caso di intervento che preveda la demolizione e ricostruzione di edifici, anche qualora le dimensioni del lotto di pertinenza non consentano la modifica dell'area di sedime ai fini del rispetto delle distanze minime tra gli edifici e dai confini, la ricostruzione è comunque consentita nei limiti delle distanze legittimamente preesistenti. Gli incentivi volumetrici eventualmente riconosciuti per l'intervento possono essere realizzati anche con ampliamenti fuori sagoma e con il superamento dell'altezza massima dell'edificio demolito, sempre nei limiti delle distanze legittimamente preesistenti. Nelle zone omogenee A di cui al decreto del Ministro per i lavori pubblici 2 aprile 1968, n. 1444, o in zone a queste assimilabili in base alla normativa regionale e ai piani urbanistici comunali, nei centri e nuclei storici consolidati e in ulteriori ambiti di particolare pregio storico e architettonico, gli interventi di demolizione e ricostruzione sono consentiti esclusivamente nell'ambito dei piani urbanistici di recupero e di riqualificazione particolareggiati, di competenza comunale, fatti salvi le previsioni degli strumenti di pianificazione territoriale, paesaggistica e urbanistica vigenti e i pareri degli enti preposti alla tutela (3).

(1) *Articolo inserito dall'art. 30, comma 1, lett.* 0a), *d.l. 21 giugno 2013, n. 69, conv., con modif., in l. 9 agosto 2013, n. 98. Ai sensi del successivo comma 6 dell'art. 30 d.l. cit., le presenti disposizioni si applicano dalla data di entrata in vigore della legge di conversione del suddetto decreto.*

(2) *L'art. 5, comma 1, lett.* a), *d.l. 18 aprile 2019, n. 32 aveva previsto la modifica del presente comma, ma tale modifica è decaduta in sede di conversione in l. 14 giugno 2019, n. 55.*

(3) *Comma aggiunto dall'art. 5 comma 1 lett.* b) *d.l. n. 32 del 2019, cit., e poi così sostituito dall'art. 10 comma 1 lett.* a) *d.l. 16 luglio 2020, n. 76, conv., con modif., in l. 11 settembre 2020, n. 120. Il testo del comma era il seguente:* « 1-*ter*. In ogni caso di intervento di demolizione e ricostruzione, quest'ultima è comunque consentita nel rispetto delle distanze legittimamente preesistenti purché sia effettuata assicurando la coincidenza dell'area di sedime e del volume dell'edificio ricostruito con quello demolito, nei limiti dell'altezza massima di quest'ultimo ».

3 (L) Definizioni degli interventi edilizi. (Legge 5 agosto 1978, n. 457, art. 31).

1. Ai fini del presente testo unico si intendono per:

a) "interventi di manutenzione ordinaria", gli interventi edilizi che riguardano le opere di riparazione, rinnovamento e sostituzione delle finiture degli edifici e quelle necessarie ad integrare o mantenere in efficienza gli impianti tecnologici esistenti;

b) « interventi di manutenzione straordinaria », le opere e le modifiche necessarie per rinnovare e sostituire parti anche strutturali degli edifici, nonché per realizzare ed integrare i servizi igienico-sanitari e tecnologici, sempre che non alterino la volumetria complessiva degli edifici e non comportino mutamenti urbanisticamente rilevanti delle destinazioni d'uso implicanti incremento del carico urbanistico. Nell'ambito degli interventi di manutenzione straordinaria sono ricompresi anche quelli consistenti nel frazionamento o accorpamento delle unità immobiliari con esecuzione di opere anche se comportanti la variazione delle superfici delle singole unità immobiliari nonché del carico urbanistico purché non sia modificata la volumetria complessiva degli edifici e si mantenga l'originaria destinazione d'uso. Nell'ambito degli interventi di manutenzione straordinaria sono comprese anche le modifiche ai prospetti degli edifici legittimamente realizzati necessarie per mantenere o acquisire l'agibilità dell'edificio ovvero per l'accesso allo stesso, che non pregiudichino il decoro architettonico dell'edificio, purché l'intervento risulti conforme alla vigente disciplina urbanistica ed edilizia e non abbia ad oggetto immobili sottoposti a tutela ai sensi del Codice dei beni culturali e del paesaggio di cui al decreto legislativo 22 gennaio 2004, n. 42 (1);

c) "interventi di restauro e di risanamento conservativo", gli interventi edilizi rivolti a conservare l'organismo edilizio e ad assicurarne la funzionalità mediante un insieme sistematico di opere che, nel rispetto degli elementi tipologici, formali e strutturali dell'organismo stesso, ne consentano anche il mutamento delle destinazioni d'uso purché con tali elementi compatibili, nonché conformi a quelle previste dallo strumento urbanistico generale e dai relativi piani attuativi. Tali interventi comprendono il consolidamento, il ripristino e il rinnovo degli elementi costitutivi dell'edificio, l'inserimento degli elementi accessori e degli impianti richiesti dalle esigenze dell'uso, l'eliminazione degli elementi estranei all'organismo edilizio (2);

d) "interventi di ristrutturazione edilizia", gli interventi rivolti a trasformare gli organismi edilizi mediante un insieme sistematico di opere che possono portare ad un organismo edilizio in tutto o in parte diverso dal precedente. Tali interventi comprendono il ripristino o la sostituzione di alcuni elementi costitutivi dell'edificio, l'eliminazione, la modifica e l'inserimento di nuovi elementi ed impianti. Nell'ambito degli interventi di ristrutturazione edilizia sono ricompresi altresì gli interventi di demolizione e ricostruzione di edifici esistenti con diversi sagoma, prospetti, sedime e caratteristiche planivolumetriche e tipologiche, con le innovazioni necessarie per l'adeguamento alla normativa antisismica, per l'applicazione della normativa sull'accessibilità, per l'istallazione di impianti tecnologici e per l'efficientamento energetico. L'intervento può prevedere altresì, nei soli casi espressamente previsti dalla legislazione vigente o dagli strumenti urbanistici comunali, incrementi di volumetria anche per promuovere interventi di rigenerazione urbana. Costituiscono inoltre ristrutturazione edilizia gli interventi volti al ripristino di edifici, o parti di essi, eventualmente crollati o demoliti, attraverso la loro ricostruzione, purché sia possibile accertarne la preesistente consistenza. Rimane fermo che, con riferimento agli immobili sottoposti a tutela ai sensi del codice dei beni culturali e del paesaggio, di cui al decreto legislativo 22 gennaio 2004, n. 42, nonché, fatte salve le previsioni legislative e degli strumenti urbanistici, a quelli ubicati nelle zone omogenee A di cui al decreto del Ministro per i lavori pubblici 2 aprile 1968, n. 1444, o in zone a queste assimilabili in base alla normativa regionale e ai piani urbanistici comunali, nei centri e nuclei storici consolidati e negli ulteriori ambiti di particolare pregio storico e architettonico, gli interventi di demolizione e ricostruzione e gli interventi di ripristino di edifici crollati o demoliti costituiscono interventi di ristrutturazione edilizia soltanto ove siano mantenuti sagoma, prospetti, sedime e caratteristiche planivolumetriche e tipologiche dell'edificio preesistente e non siano previsti incrementi di volumetria (3);

e) "interventi di nuova costruzione", quelli di trasformazione edilizia e urbanistica del territorio non rientranti nelle categorie definite alle lettere precedenti. Sono comunque da considerarsi tali:

e.1) la costruzione di manufatti edilizi fuori terra o interrati, ovvero l'ampliamento di quelli esistenti all'esterno della sagoma esistente, fermo restando, per gli interventi pertinenziali, quanto previsto alla lettera e.6);

e.2) gli interventi di urbanizzazione primaria e secondaria realizzati da soggetti diversi dal comune;

e.3) la realizzazione di infrastrutture e di impianti, anche per pubblici servizi, che comporti la trasformazione in via permanente di suolo inedificato;

e.4) l'installazione di torri e tralicci per impianti radio-ricetrasmittenti e di ripetitori per i servizi di telecomunicazione;

e.5) l'installazione di manufatti leggeri, anche prefabbricati, e di strutture di qualsiasi genere, quali roulotte, camper, case mobili, imbarcazioni, che siano utilizzati come abitazioni, ambienti di lavoro, oppure come depositi, magazzini e simili, ad eccezione di quelli che siano diretti a soddisfare esigenze meramente temporanee o delle tende e delle unità abitative mobili con meccanismi di rotazione in funzione, e loro pertinenze e accessori, che siano collocate, anche in via continuativa, in strutture ricettive all'aperto per la sosta e il soggiorno dei turisti previamente autorizzate sotto il profilo urbanistico, edilizio e, ove previsto, paesaggistico, che non posseggano alcun collegamento di natura permanente al terreno e presentino le caratteristiche dimensionali e tecnico-costruttive previste dalle normative regionali di settore ove esistenti (4);

e.6) gli interventi pertinenziali che le norme tecniche degli strumenti urbanistici, in relazione alla zonizzazione e al pregio ambientale e paesaggistico delle aree, qualifichino come interventi di nuova costruzione, ovvero che comportino la realizzazione di un volume superiore al 20% del volume dell'edificio principale;

e.7) la realizzazione di depositi di merci o di materiali, la realizzazione di impianti per attività produttive all'aperto ove comportino l'esecuzione di lavori cui consegua la trasformazione permanente del suolo inedificato;

f) gli "interventi di ristrutturazione urbanistica", quelli rivolti a sostituire l'esistente tessuto urbanistico-edilizio con altro diverso, mediante un insieme sistematico di interventi edilizi, anche con la modificazione del disegno dei lotti, degli isolati e della rete stradale.

2. Le definizioni di cui al comma 1 prevalgono sulle disposizioni degli strumenti urbanistici generali e dei regolamenti edilizi. Resta ferma la definizione di restauro prevista dall'articolo 34 del decreto legislativo 29 ottobre 1999, n. 490.

(1) *Lettera così modificata dall'art. 17 comma 1 lett.* a) *d.l. 12 settembre 2014, n. 133, conv., con modif., in l. 11 novembre 2014, n. 164, e dall'art. 10 comma 1 lett.* b) *n. 1 d.l. 16 luglio 2020, n. 76, conv., con modif., in l. 11 settembre 2020, n. 120.*

(2) *Lettera così modificata dall'art.* 65-bis, *comma 1, d.l. 24 aprile 2017, n. 50, conv., con modif., in l. 21 giugno 2017, n. 96.*

(3) *Lettera modificata dall'art. 1 d.lgs. del 27 dicembre 2002, n. 301, dall'art. 30, comma 1, lett.* a), *d.l. 21 giugno 2013, n. 69, conv., con modif., in l. 9 agosto 2013, n. 98, e dall'art. 10 comma 1 lett. b) n. 2 d.l. n. 76, cit., che ha sostituito gli attuali ultimi quattro periodi ai previgenti terzo e quarto. Il testo originario dei predetti periodi era il seguente:* « Nell'ambito degli interventi di ristrutturazione edilizia sono ricompresi anche quelli consistenti nella demolizione e ricostruzione con la stessa volumetria [e sagoma] di quello preesistente, fatte salve le sole innovazioni necessarie per l'adeguamento alla normativa antisismica nonché quelli volti al ripristino di edifici, o parti di essi, eventualmente crollati o demoliti, attraverso la loro ricostruzione, purché sia possibile accertarne la preesistente consistenza. Rimane fermo che, con riferimento agli immobili sottoposti a vincoli ai sensi del decreto legislativo 22 gennaio 2004, n. 42 e successive modificazioni, gli interventi di demolizione e ricostruzione e gli interventi di ripristino di edifici crollati o demoliti costituiscono interventi di ristrutturazione edilizia soltanto ove sia rispettata la medesima sagoma dell'edificio preesistente ».

(4) *Capoverso così sostituito dall'art. 10 comma 1 lett. b) n.* 2-bis *d.l. n. 76, cit. Il testo del capoverso era il seguente:* « e5) l'installazione di manufatti leggeri, anche prefabbricati, e di strutture di qualsiasi genere, quali roulottes, campers, case mobili, imbarcazioni, che siano utilizzati come abitazioni, ambienti di lavoro, oppure come depositi, magazzini e simili, ad eccezione di quelli che siano diretti a soddisfare esigenze meramente temporanee o siano ricompresi in strutture ricettive all'aperto per la sosta e il soggiorno dei turisti, previamente autorizzate sotto il profilo urbanistico, edilizio e, ove previsto, paesaggistico, in conformità alle normative regionali di settore ».

3-*bis* Interventi di conservazione (1).

1. Lo strumento urbanistico individua gli edifici esistenti non più compatibili con gli indirizzi della pianificazione. In tal caso l'amministrazione comunale può favorire, in alternativa all'espropriazione, la riqualificazione delle aree attraverso forme di compensazione incidenti sull'area interessata e senza aumento della superficie coperta, rispondenti al pubblico interesse e comunque rispettose dell'imparzialità e del buon andamento dell'azione amministrativa. Nelle more dell'attuazione del piano, resta salva la facoltà del proprietario di eseguire tutti gli interventi conservativi, ad eccezione della demolizione e successiva ricostruzione non giustificata da obiettive ed improrogabili ragioni di ordine statico od igienico sanitario (2).

(1) *Articolo inserito dall'art. 17, comma 1, lett.* b), *d.l. 12 settembre 2014, n. 133, conv., con modif., in l. 11 novembre 2014, n. 164.*

(2) *Si veda anche l.r. Campania 22 dicembre 2004, n. 16,* sub *V, 52.*

4 (L) Regolamenti edilizi comunali (legge 17 agosto 1942, n. 1150, art. 33).

1. Il regolamento che i comuni adottano ai sensi dell'articolo 2, comma 4, deve contenere la disciplina delle modalità costruttive, con particolare riguardo al rispetto delle normative tecnico-estetiche, igienico-sanitarie, di sicurezza e vivibilità degli immobili e delle pertinenze degli stessi.

[1-*bis*. A decorrere dal 1° gennaio 2011, nel regolamento di cui al comma 1, ai fini del rilascio del permesso di costruire, deve essere prevista, per gli edifici di nuova costruzione, l'installazione di impianti per la produzione di energia elettrica da fonti rinnovabili, in modo tale da garantire una produzione energetica non inferiore a 1 kW per ciascuna unità abitativa, compatibilmente con la realizzabilità tecnica dell'intervento. Per i fabbricati industriali, di estensione superficiale non inferiore a 100 metri quadrati, la produzione energetica minima è di 5 kW.] (1)

[1-*ter*. Entro il 31 dicembre 2017, i comuni adeguano il regolamento di cui al comma 1 prevedendo, con decorrenza dalla medesima data, che ai fini del conseguimento del titolo abilitativo edilizio sia obbligatoriamente prevista, per gli edifici di nuova costruzione ad uso diverso da quello residenziale con superficie utile superiore a 500 metri quadrati e per i relativi interventi di ristrutturazione edilizia di primo livello di cui all'allegato 1, punto 1.4.1 del decreto del Ministero dello sviluppo economico 26 giugno 2015, nonché per gli edifici residenziali di nuova costruzione con almeno 10 unità abitative e per i relativi interventi di ristrutturazione edilizia di primo livello di cui all'allegato 1, punto 1.4.1 del decreto del Ministero dello sviluppo economico 26 giugno 2015, la predisposizione all'allaccio per la possibile installazione di infrastrutture elettriche per la ricarica dei veicoli idonee a permettere la connessione di una vettura da ciascuno spazio a parcheggio coperto o scoperto e da ciascun box per auto, siano essi pertinenziali o no, in conformità alle disposizioni edilizie di dettaglio fissate nel regolamento stesso e, relativamente ai soli edifici residenziali di nuova costruzione con almeno 10 unità abitative, per un numero di spazi a parcheggio e box auto non inferiore al 20 per cento di quelli totali (2)] (3).

[1-*quater*. Decorso inutilmente il termine di cui al comma 1-*ter* del presente articolo, le regioni applicano, in relazione ai titoli abilitativi edilizi difformi da quanto ivi previsto, i poteri inibitori e di annullamento stabiliti nelle rispettive leggi regionali o, in difetto di queste ultime, provvedono ai sensi dell'articolo 39 (4)] (3).

[1-*quinquies*. Le disposizioni di cui ai commi 1-*ter* e 1-*quater* non si applicano agli immobili di proprietà delle amministrazioni pubbliche (4)] (3).

1-*sexies*. Il Governo, le regioni e le autonomie locali, in attuazione del principio di leale collaborazione, concludono in sede di Conferenza unificata accordi ai sensi dell'articolo 9 del decreto legislativo 28 agosto 1997, n. 281, o intese ai sensi dell'articolo 8 della legge 5 giugno 2003, n. 131, per l'adozione di uno schema di regolamento edilizio-tipo, al fine di semplificare e uniformare le norme e gli adempimenti. Ai sensi dell'articolo 117, secondo comma, lettere *e*) e *m*), della Costituzione, tali accordi costituiscono livello essenziale delle prestazioni, concernenti la tutela della concorrenza e i diritti civili e sociali che devono essere garantiti su tutto il territorio nazionale. Il regolamento edilizio-tipo, che indica i requisiti prestazionali degli edifici, con particolare riguardo alla sicurezza e al risparmio energetico, è adottato dai comuni nei termini fissati dai suddetti accordi, comunque entro i termini previsti dall'articolo 2 della legge 7 agosto 1990, n. 241, e successive modificazioni (5).

2. Nel caso in cui il comune intenda istituire la commissione edilizia, il regolamento indica gli interventi sottoposti al preventivo parere di tale organo consultivo.

(1) *Comma, da ultimo, abrogato dall'art. 11, comma 5, lettera* a), *del d.lgs. 3 marzo 2011, n. 28. Ma v. l'art. 26, comma 11 d.lgs. 8 novembre 2021, n. 199, che ha disposto* **l'abrogazione** *del predetto art. 11 d.lgs. n. 28, cit., decorsi centottanta giorni dalla data di entrata in vigore del medesimo d.lgs. n. 199, cit. Il comma era stato dapprima inserito dall'art. 1, comma 350, l. 27 dicembre 2006, n. 296, successivamente sostituito dall'art. 1, comma 289, l. 24 dicembre 2007, n. 244, nonché modificato dall'art. 29, comma 1-*octies, *d.l.d.l. 30 dicembre 2008, n. 207, conv., con modif., in l. 27 febbraio 2009, n. 14, e dall'art. 8, comma 4-*bis, *d.l. d.l.30 dicembre 2009, n. 194, conv., con modif., in l. 26 febbraio 2010, n. 25. d.lgs.*

(2) *Comma dapprima inserito, in sede di conversione, dall'art. 17-*quinquies, *comma 1, d.l. 22 giugno 2012, n. 83, conv., con modif., in l. 7 agosto 2012, n. 134, e successivamente sostituito dall'art. 15, comma 1, d.lgs. 16 dicembre 2016, n. 257.*

(3) *Comma abrogato dall'art. 16, comma 4 d.lgs. 10 giugno 2020, n. 48, in vigore dall'11 giugno 2020.*

(4) *Comma inserito, in sede di conversione, dall'art. 17-*quinquies, *comma 1, d.l. n. 83, cit.*

(5) *Comma inserito, in sede di conversione, dall'art. 17-*bis, *comma 1, d.l. 12 settembre 2014, n. 133, conv., con modif. in l. 11 novembre 2014, n. 164.*

5 (R) Sportello unico per l'edilizia. (Decreto-legge 5 ottobre 1993, n. 98, art. 4, commi 1, 2, 3, 4, 5 e 6, convertito, con modificazioni, dalla legge 4 dicembre 1993, n. 493; art. 220, regio decreto 27 luglio 1934, n. 1265).

1. Le amministrazioni comunali, nell'ambito della propria autonomia organizzativa, provvedono, anche mediante esercizio in forma associata delle strutture ai sensi del capo V, Titolo II del decreto legislativo 18 agosto 2000, n. 267, ovvero accorpamento, disarticolazione, soppressione di uffici o organi già esistenti, a costituire un ufficio denominato sportello unico per l'edilizia, che cura tutti i rapporti fra il privato, l'amministrazione e, ove occorra, le altre amministrazioni tenute a pronunciarsi in ordine all'intervento edilizio oggetto della richiesta di permesso o di segnalazione certificata di inizio attività (1).

1-*bis*. (L) Lo sportello unico per l'edilizia costituisce l'unico punto di accesso per il privato interessato in relazione a tutte le vicende amministrative riguardanti il titolo abilitativo e l'intervento edilizio oggetto dello stesso, che fornisce una risposta tempestiva in luogo di tutte le pubbliche amministrazioni, comunque coinvolte. Acquisisce altresì presso le amministrazioni competenti, anche mediante conferenza di servizi ai sensi degli articoli 14, 14-*bis*, 14-*ter*, 14-*quater* e 14-*quinquies* della legge 7 agosto 1990, n. 241, e successive modificazioni, gli atti di assenso, comunque denominati, delle amministrazioni preposte alla tutela ambientale, paesaggistico-territoriale, del patrimonio storico-artistico, dell'assetto idrogeologico o alla tutela della salute e della pubblica incolumità. Resta comunque ferma la competenza dello sportello unico per le attività produttive definita dal regolamento di cui al decreto del Presidente della Repubblica 7 settembre 2010, n. 160 (2).

1-*ter*. Le comunicazioni al richiedente sono trasmesse esclusivamente dallo sportello unico per l'edilizia; gli altri uffici comunali e le amministrazioni pubbliche diverse dal comune, che sono interessati al procedimento, non possono trasmettere al richiedente atti autorizzatori, nulla osta, pareri o atti di consenso, anche a contenuto negativo, comunque denominati e sono tenuti a trasmettere immediatamente allo sportello unico per l'edilizia le denunce, le domande, le segnalazioni, gli atti e la documentazione ad esse eventualmente presentati, dandone comunicazione al richiedente (2).

2. Tale ufficio provvede in particolare:

a) alla ricezione delle denunce di inizio attività e delle domande per il rilascio di permessi di costruire e di ogni altro atto di assenso comunque denominato in materia di attività edilizia, ivi compreso il certificato di agibilità, nonché dei progetti approvati dalla Soprintendenza ai sensi e per gli effetti degli articoli 36, 38 e 46 del decreto legislativo 29 ottobre 1999, n. 490;

b) a fornire informazioni sulle materie di cui alla lettera *a*), anche mediante predisposizione di un archivio informatico contenente i necessari elementi normativi, che consenta a chi vi abbia interesse l'accesso gratuito, anche in via telematica, alle informazioni sugli adempimenti necessari per lo svolgimento delle procedure previste dal presente testo unico, all'elenco delle domande presentate, allo stato del loro iter procedurale, nonché a tutte le possibili informazioni utili disponibili;

c) all'adozione, nelle medesime materie, dei provvedimenti in tema di accesso ai documenti amministrativi in favore di chiunque vi abbia interesse ai sensi degli articoli 22 e seguenti della legge 7 agosto 1990, n. 241, nonché delle norme comunali di attuazione;

d) al rilascio dei permessi di costruire, nonché delle certificazioni attestanti le prescrizioni normative e le determinazioni provvedimentali a carattere urbanistico, paesaggistico-ambientale, edilizio, idrogeologico e di qualsiasi altro tipo comunque rilevanti ai fini degli interventi di trasformazione edilizia del territorio (3);

e) alla cura dei rapporti tra l'amministrazione comunale, il privato e le altre amministrazioni chiamate a pronunciarsi in ordine all'intervento edilizio oggetto dell'istanza o denuncia, con particolare riferimento agli adempimenti connessi all'applicazione della parte II del presente testo unico (4).

3. Lo sportello unico per l'edilizia acquisisce ai sensi degli articoli 14, 14-*bis*, 14-*ter*, 14-*quater* e 14-

quinquies della legge 7 agosto 1990, n. 241, e successive modificazioni, gli atti di assenso, comunque denominati, necessari ai fini della realizzazione dell'intervento edilizio. Nel novero di tali assensi rientrano, in particolare (5):

[*a*) il parere dell'azienda sanitaria locale (ASL), nel caso in cui non possa essere sostituito da una dichiarazione ai sensi dell'articolo 20, comma 1] (6);

b) il parere dei vigili del fuoco, ove necessario, in ordine al rispetto della normativa antincendio;

c) le autorizzazioni e le certificazioni del competente ufficio tecnico della regione, per le costruzioni in zone sismiche di cui agli articoli 61, 62 e 94;

d) l'assenso dell'amministrazione militare per le costruzioni nelle zone di salvaguardia contigue ad opere di difesa dello Stato o a stabilimenti militari, di cui all'articolo 333 del codice dell'ordinamento militare, di cui al decreto legislativo 15 marzo 2010, n. 66;

e) l'autorizzazione del direttore della circoscrizione doganale in caso di costruzione, spostamento e modifica di edifici nelle zone di salvaguardia in prossimità della linea doganale e nel mare territoriale, ai sensi e per gli effetti dell'articolo 19 del decreto legislativo 8 novembre 1990, n. 374;

f) l'autorizzazione dell'autorità competente per le costruzioni su terreni confinanti con il demanio marittimo, ai sensi e per gli effetti dell'articolo 55 del codice della navigazione;

g) gli atti di assenso, comunque denominati, previsti per gli interventi edilizi su immobili vincolati ai sensi del codice dei beni culturali e del paesaggio, di cui al decreto legislativo 22 gennaio 2004, n. 42, fermo restando che, in caso di dissenso manifestato dall'amministrazione preposta alla tutela dei beni culturali, si procede ai sensi del medesimo codice (7);

h) il parere vincolante della Commissione per la salvaguardia di Venezia, ai sensi e per gli effetti dell'articolo 6 della legge 16 aprile 1973, n. 171, e successive modificazioni, salvi i casi in cui vi sia stato l'adeguamento al piano comprensoriale previsto dall'articolo 5 della stessa legge, per l'attività edilizia nella laguna veneta nonché nel territorio dei centri storici di Chioggia e di Sottomarina e nelle isole di Pellestrina, Lido e Sant'Erasmo;

i) il parere dell'autorità competente in materia di assetti e vincoli idrogeologici;

l) gli assensi in materia di servitù viarie, ferroviarie, portuali e aeroportuali;

m) il nulla osta dell'autorità competente ai sensi dell'articolo 13 della legge 6 dicembre 1991, n. 394, in materia di aree naturali protette (8);

3-*bis*. Restano ferme le disposizioni in materia di sicurezza nei luoghi di lavoro di cui all'articolo 67 del decreto legislativo 9 aprile 2008, n. 81 (9).

[4. L'ufficio cura altresì gli incombenti necessari ai fini dell'acquisizione, anche mediante conferenza di servizi ai sensi degli articoli 14, 14-*bis*, 14-*ter*, 14-*quater* della legge 7 agosto 1990, n. 241, degli atti di assenso, comunque denominati, necessari ai fini della realizzazione dell'intervento edilizio. Nel novero di detti assensi rientrano, in particolare:

a) le autorizzazioni e certificazioni del competente ufficio tecnico della regione, per le costruzioni in zone sismiche di cui agli articoli 61, 94 e 62;

b) l'assenso dell'amministrazione militare per le costruzioni nelle zone di salvaguardia contigue ad opere di difesa dello Stato o a stabilimenti militari, di cui all'articolo 333 del codice dell'ordinamento militare (10);

c) l'autorizzazione del direttore della circoscrizione doganale in caso di costruzione, spostamento e modifica di edifici nelle zone di salvaguardia in prossimità della linea doganale e nel mare territoriale, ai sensi e per gli effetti dell'articolo 19 del decreto legislativo 8 novembre 1990, n. 374;

d) l'autorizzazione dell'autorità competente per le costruzioni su terreni confinanti con il demanio marittimo, ai sensi e per gli effetti dell'articolo 55 del codice della navigazione;

e) gli atti di assenso, comunque denominati, previsti per gli interventi edilizi su immobili vincolati ai sensi degli articoli 21, 23, 24, e 151 del decreto legislativo 29 ottobre 1999, n. 490, fermo restando che, in caso di dissenso manifestato dall'amministrazione preposta alla tutela dei beni culturali, si procede ai sensi dell'articolo 25 del decreto legislativo 29 ottobre 1999, n. 490;

f) il parere vincolante della Commissione per la salvaguardia di Venezia, ai sensi e per gli effetti dell'articolo 6 della legge 16 aprile 1973, n. 171, e successive modificazioni, salvi i casi in cui vi sia stato l'adeguamento al piano comprensoriale previsto dall'articolo 5 della stessa legge, per l'attività edilizia nella laguna veneta, nonché nel territorio dei centri storici di Chioggia e di Sottomarina e nelle isole di Pellestrina, Lido e Sant'Erasmo;

g) il parere dell'autorità competente in tema di assetti e vincoli idrogeologici;

h) gli assensi in materia di servitù viarie, ferroviarie, portuali ed aeroportuali;

i) il nulla-osta dell'autorità competente ai sensi dell'articolo 13 della legge 6 dicembre 1991, n. 394, in tema di aree naturali protette.] (11)

4-*bis*. Lo sportello unico per l'edilizia accetta le domande, le dichiarazioni, le segnalazioni, le comunicazioni e i relativi elaborati tecnici o allegati presentati dal richiedente con modalità telematica e provvede all'inoltro telematico della documentazione alle altre amministrazioni che intervengono nel procedimento, le quali adottano modalità telematiche di ricevimento e di trasmissione in conformità alle modalità tecniche individuate ai sensi dell'articolo 34-*quinquies* del decreto-legge 10 gennaio 2006, n. 4, convertito, con modificazioni, dalla legge 9 marzo 2006, n. 80. Tali modalità assicurano l'interoperabilità con le regole tecniche definite dal regolamento ai sensi dell'articolo 38, comma 3, del decreto-legge 25 giugno 2008, n. 112, convertito, con modificazioni, dalla legge 6 agosto 2008, n. 133, e successive modificazioni. Ai predetti adempimenti si provvede nell'ambito delle risorse umane, strumentali e finanziarie disponibili a legislazione vigente, senza nuovi o maggiori oneri a carico della finanza pubblica (12).

(1) *Comma dapprima così corretto in G.U. 13 novembre 2001, n. 264 e successivamente modificato dall'art. 17, comma 2, d.l. 12 settembre 2014, n. 133, conv., con modif., in l. 11 novembre 2014, n. 164.*

(2) *Comma dapprima inserito dall'art. 13, comma 2, lett.* a), *n.* 1), *d.l. 22 giugno 2012, n. 83, conv., con modif., in l. 7 agosto 2012, n. 134 (v.*

*inoltre quanto disposto dal comma 2-*bis *del medesimo art. 13 d.l. n. 83 cit.) e successivamente sostituito dall'art. 54, comma 1, lett.* b), *n. 1), l. 28 dicembre 2015, n. 221.*

(3) *Lettera così modificata dall'art. 3, comma 1, lett.* a), *n. 1), d.lgs. 25 novembre 2016, n. 222.*

(4) *Comma sostituito dall'art. 54, comma 1, lett. a* b), *n. 2), l. 28 dicembre 2015, n. 221.*

(5) *Alinea modificato dapprima dall'art. 2, comma 1, lett.* a), *n. 1), d.lgs. 30 giugno 2016, n. 127 (per l'applicazione di tale disposizione v. l'art. 7, comma 1 d.lgs. n. 127, cit.) e successivamente dall'art. 3, comma 1, lett.* a), *n. 2), d.lgs. 25 novembre 2016, n. 222.*

(6) *Lettera soppressa dall'art. 3, comma 1, lett.* a), *n. 3), d.lgs. 25 novembre 2016, n. 222.*

(7) *Lettera così modificata dall'art. 2, comma 1, lett.* a), *n. 2), d.lgs. 30 giugno 2016, n. 127. Per l'applicazione di tale disposizione v. l'art. 7, comma 1 d.lgs. n. 127, cit.*

(8) *Comma dapprima modificato dall'art. 5, comma 2, lett. a), n. 1), d.l. 13 maggio 2011, n. 70, conv., con modif., in l. 12 luglio 2011, n. 106 e, e successivamente sostituito dall'art. 13, comma 2, lett.* a), *n. 2), d.l. n. 83, cit. V. inoltre il comma 2-*bis *del medesimo art. 13 d.l. n. 83, cit.*

(9) *Comma inserito dall'art. 3, comma 1, lett.* a), *n. 4), d.lgs. 25 novembre 2016, n. 222.*

(10) *Lettera modificata dall'art. 2127, comma 1, d.lgs. 15 marzo 2010, n. 66.*

(11) *Comma abrogato dall'art. 13, comma 2, lett.* a), *n. 3), d.l. n. 83, cit. V. inoltre il comma 2-*bis *del medesimo art. 13 d.l. n. 83, cit.*

(12) *Comma aggiunto dall'art. 5, comma 2, lett.* a), *n. 1-*bis), *d.l. n. 70, cit.*

TITOLO II
Titoli abilitativi

CAPO I
Disposizioni generali

6 (L) Attività edilizia libera (1).

1. Fatte salve le prescrizioni degli strumenti urbanistici comunali, e comunque nel rispetto delle altre normative di settore aventi incidenza sulla disciplina dell'attività edilizia e, in particolare, delle norme antisismiche, di sicurezza, antincendio, igienicosanitarie, di quelle relative all'efficienza energetica, di tutela dal rischio idrogeologico, nonché delle disposizioni contenute nel codice dei beni culturali e del paesaggio, di cui al decreto legislativo 22 gennaio 2004, n. 42, i seguenti interventi sono eseguiti senza alcun titolo abilitativo (2):

a) gli interventi di manutenzione ordinaria di cui all'articolo 3, comma 1, lettera *a*) [, ivi compresi gli interventi di installazione delle pompe di calore aria-aria di potenza termica utile nominale inferiore a 12 kW] (3);

a-bis) gli interventi di installazione delle pompe di calore aria-aria di potenza termica utile nominale inferiore a 12 Kw (4);

b) gli interventi volti all'eliminazione di barriere architettoniche che non comportino la realizzazione [di rampe o] di ascensori esterni, ovvero di manufatti che alterino la sagoma dell'edificio (4);

c) le opere temporanee per attività di ricerca nel sottosuolo che abbiano carattere geognostico, ad esclusione di attività di ricerca di idrocarburi, e che siano eseguite in aree esterne al centro edificato;

d) i movimenti di terra strettamente pertinenti all'esercizio dell'attività agricola e le pratiche agro-silvo-pastorali, compresi gli interventi su impianti idraulici agrari;

e) le serre mobili stagionali, sprovviste di strutture in muratura, funzionali allo svolgimento dell'attività agricola.

e-bis) le opere stagionali e quelle dirette a soddisfare obiettive esigenze, contingenti e temporanee, purché destinate ad essere immediatamente rimosse al cessare della temporanea necessità e, comunque, entro un termine non superiore a centottanta giorni comprensivo dei tempi di allestimento e smontaggio del manufatto, previa comunicazione di avvio dei lavori all'amministrazione comunale (4);

e-ter) le opere di pavimentazione e di finitura di spazi esterni, anche per aree di sosta, che siano contenute entro l'indice di permeabilità, ove stabilito dallo strumento urbanistico comunale, ivi compresa la realizzazione di intercapedini interamente interrate e non accessibili, vasche di raccolta delle acque, locali tombati (5);

e-quater) i pannelli solari, fotovoltaici, a servizio degli edifici, come definiti alla voce 32 dell'allegato A al regolamento edilizio-tipo, adottato con intesa sancita in sede di Conferenza unificata 20 ottobre 2016, n. 125/CU, ai sensi dell'articolo 4, comma 1-sexies, del presente testo unico, o degli impianti di cui all'articolo 87 del codice delle comunicazioni elettroniche, di cui al decreto legislativo 1° agosto 2003, n. 259, posti su strutture e manufatti fuori terra diversi dagli edifici o collocati a terra in adiacenza, (6) da realizzare al di fuori della zona A) di cui al decreto del Ministro per i lavori pubblici 2 aprile 1968, n. 1444 (5);

e-quinquies) le aree ludiche senza fini di lucro e gli elementi di arredo delle aree pertinenziali degli edifici (5).

[2. Nel rispetto dei medesimi presupposti di cui al comma 1, previa comunicazione, anche per via telematica, dell'inizio dei lavori da parte dell'interessato all'amministrazione comunale, possono essere eseguiti senza alcun titolo abilitativo i seguenti interventi:

a) gli interventi di manutenzione straordinaria di cui all'articolo 3, comma 1, lettera *b*), ivi compresa l'apertura di porte interne o lo spostamento di pareti interne, sempre che non riguardino le parti strutturali dell'edificio (7);

b) le opere dirette a soddisfare obiettive esigenze contingenti e temporanee e ad essere immediatamente rimosse al cessare della necessità e, comunque, entro un termine non superiore a novanta giorni;

c) le opere di pavimentazione e di finitura di spazi esterni, anche per aree di sosta, che siano contenute entro l'indice di permeabilità, ove stabilito dallo strumento urbanistico comunale, ivi compresa la realizzazione di intercapedini interamente interrate e non accessibili, vasche di raccolta delle acque, locali tombati;

d) i pannelli solari, fotovoltaici [e termici, senza serbatoio di accumulo esterno], a servizio degli edifici, da realizzare al di fuori della zona A) di cui al decreto del Ministro per i lavori pubblici 2 aprile 1968, n. 1444 (8);

e) le aree ludiche senza fini di lucro e gli elementi di arredo delle aree pertinenziali degli edifici.

e-bis) le modifiche interne di carattere edilizio sulla superficie coperta dei fabbricati adibiti ad esercizio d'impresa, sempre che non riguardino le parti strutturali, ovvero le modifiche della destinazione d'uso dei locali adibiti ad esercizio d'impresa (9).] (10)

[3. L'interessato agli interventi di cui al comma 2 allega alla comunicazione di inizio dei lavori le autorizzazioni eventualmente obbligatorie ai sensi delle normative di settore e, limitatamente agli interventi di cui alla lettera *a*) del medesimo comma 2, i dati identificativi dell'impresa alla quale intende affidare la realizzazione dei lavori.] (11)

[4. Limitatamente agli interventi di cui al comma 2, lettere *a*) ed *e-bis*), l'interessato trasmette all'amministrazione comunale l'elaborato progettuale e la comunicazione di inizio dei lavori asseverata da un tecnico abilitato, il quale attesta, sotto la propria responsabilità, che i lavori sono conformi agli strumenti urbanistici approvati e ai regolamenti edilizi vigenti, nonché che sono compatibili con la normativa in materia sismica e con quella sul rendimento energetico nell'edilizia e che non vi è interessamento delle parti strutturali dell'edificio; la comunicazione contiene, altresì, i dati identificativi dell'impresa alla quale si intende affidare la realizzazione dei lavori. (12)

5. Riguardo agli interventi di cui al presente articolo, l'interessato provvede, nei casi previsti dalle vigenti disposizioni, alla presentazione degli atti di aggiornamento catastale ai sensi dell'articolo 34-quinquies, comma 2, lettera *b*), del decreto-legge 10 gennaio 2006, n. 4, convertito, con modificazioni, dalla legge 9 marzo 2006, n. 80 (13).

6. Le regioni a statuto ordinario:

a) possono estendere la disciplina di cui al presente articolo a interventi edilizi ulteriori rispetto a quelli previsti dal comma 1, esclusi gli interventi di cui all'articolo 10, comma 1, soggetti a permesso di costruire e gli interventi di cui all'articolo 23, soggetti a segnalazione certificata di inzio attività in alternativa al permesso di costruire (14);

b) disciplinano con legge le modalità per l'effettuazione dei controlli (15).

[7. La mancata comunicazione dell'inizio dei lavori di cui al comma 2, ovvero la mancata comunicazione asseverata dell'inizio dei lavori di cui al comma 4, comportano la sanzione pecuniaria pari a 1.000 euro. Tale sanzione è ridotta di due terzi se la comunicazione è effettuata spontaneamente quando l'intervento è in corso di esecuzione.] (16)

[8. Al fine di semplificare il rilascio del certificato di prevenzione incendi per le attività di cui ai commi 1 e 2, il certificato stesso, ove previsto, è rilasciato in via ordinaria con l'esame a vista. Per le medesime attività, il termine previsto dal primo periodo del comma 2 dell'articolo 2 del regolamento di cui al decreto del Presidente della Repubblica 12 gennaio 1998, n. 37, è ridotto a trenta giorni.] (17)

(1) *Articolo sostituito dall'art. 5, comma 1, d.l. 25 marzo 2010, n. 40, conv., con modif., in l. 22 maggio 2010, n. 73.*

(2) *Alinea modificato dall'art. 54, comma 1, lett. c), l. 28 dicembre 2015, n. 221.*

(3) *Lettera modificata dall'art. 17, comma 1, lettera* c), *n. 01), d.l. 12 settembre 2014, n. 133, conv., con modif., in l. 11 novembre 2014 n. 164 e successivamente dall'art. 1, comma 1, lett.* b), *n. 1), d.lgs. 25 novembre 2016, n. 222.*

(4) *Lettera aggiunta dall'art. 3 comma 1 lett.* b) *d.lgs. n. 222 del 2016, cit., e poi così sostituita dall'art. 10 comma 1 lett.* c) *d.l. 16 luglio 2020, n. 76, conv., con modif., in l. 11 settembre 2020, n. 120. Il testo della lettera era il seguente:* « e-bis) le opere dirette a soddisfare obiettive esigenze contingenti e temporanee e ad essere immediatamente rimosse al cessare della necessità e, comunque, entro un termine non superiore a novanta giorni, previa comunicazione di avvio lavori all'amministrazione comunale ». *V. inoltre l'art. 181 comma 4 d.l. 19 maggio 2020, n. 34, conv., con modif., in l. 17 luglio 2020, n. 77, che così dispone: « Per la posa in opera delle strutture amovibili di cui al comma 3 è disapplicato il limite temporale di cui all'articolo 6 comma 1, lettera* e-bis), *del decreto del Presidente della Repubblica 6 giugno 2001, n. 380 ».*

(5) *Lettera aggiunta dall'art. 3 comma 1 lett.* b) *d.lgs. n. 222 del 2016, cit.*

(6) *Le parole da* « come definiti » *a* « in adiacenza » *sono state inserite dall'art. 31, comma 2-ter d.l. 31 maggio 2021, n. 77, conv., con modif., in l. 29 luglio 2021, n. 108.*

(7) *Lettera modificata dall'art. 17, comma 1, lett.* c), *n. 1), lett.* a), *d.l. 12 settembre 2014, n. 133, conv., con modif., in l. 11 novembre 2014 n. 164.*

(8) *Lettera modificata dall'art. 7, comma 3, d.lgs. 3 marzo 2011, n. 28. Ma v. art. 25, comma 6 d.lgs. 8 novembre 2021, n. 199, che ha disposto* ***l'abrogazione*** *del predetto art. 7 d.lgs. n. 28, cit., dall'entrata in vigore dello stesso d.lgs. n. 199, cit. (15 dicembre 2021).*

(9) *Lettera aggiunta dall'art. 13-*bis, *comma 1, lett.* a), *d.l. 22 giugno 2012, n. 83, conv., con modif., in l. 7 agosto 2012, n. 134, e successivamente modificata dall'art. 17, comma 1, lett.* c), *n. 1), lett.* b), *d.l. 12 settembre 2014, n. 133, conv., con modif., in l. 11 novembre 2014 n. 164.*

(10) *Comma abrogato dall'art. 1, comma 1, lett.* b), *n. 4), d.lgs. 25 novembre 2016, n. 222.*

(11) *Comma abrogato dall'art. 13-*bis, *comma 1, lett.* b), *d.l. n. 83, cit.*

(12) *Comma da ultimo abrogato dall'art. 1, comma 1, lett.* b), *n. 4), d.lgs. 25 novembre 2016, n. 222. In precedenza il comma era stato dapprima sostituito dall'art. 13-*bis, *comma 1, lett.* c) *d.l. n. 83, cit., successivamente modificato dall'art. 30, comma 1, lett.* b), *d.l. 21 giugno 2013, n. 69, conv., con modif.,, in l. 9 agosto 2013, n. 98, e ulteriormente sostituito dall'art. 17, comma 1, lett.* c), *n. 2), d.l. 12 settembre 2014, n. 133, conv., con modif., in l. 11 novembre 2014 n. 164.*

(13) *Comma da ultimo sostituito dall'art. 1, comma 172, l. 4 agosto 2017, n. 124. In precedenza il comma era stato sostituito dall'art. 17, comma 1, lett.* c), *n. 3), d.l. 12 settembre 2014, n. 133, conv., con modif., in 11 novembre 2014 n. 164, e successivamente abrogato dall'art. 1, comma 1, lett.* b), *n. 4), d.lgs. 25 novembre 2016, n. 222.*

(14) *Lettera modificata dall'art. 1, comma 1, lett.* b), *n. 5), d.lgs. 25 novembre 2016, n. 222.*

(15) *L'attuale lett.* b) *è stata così sostituita alle precedenti lett.* b) *e* c) *dall'art. 17, comma 1, lett.* c), *n. 4), d.l. 12 settembre 2014, n. 133, conv., con modif., in 11 novembre 2014 n. 164.*

(16) *Comma modificato dall'art. 17, comma 1, lett.* c), *n. 5), d.l. 12 settembre 2014, n. 133, conv., con modif., in l. 11 novembre 2014 n. 164, e successivamente abrogato dall'art. 1, comma 1, lett.* b), *n. 4), d.lgs. 25 novembre 2016, n. 222.*

(17) *Comma abrogato dall'art. 12, comma 1, lett.* f), *n. 1), d.P.R. 1° agosto 2011, n. 151.*

6-*bis* Interventi subordinati a comunicazione di inizio lavori asseverata (1).

1. Gli interventi non riconducibili all'elenco di cui agli articoli 6, 10 e 22, sono realizzabili previa comunicazione, anche per via telematica, dell'inizio dei lavori da parte dell'interessato all'amministrazione competente, fatte salve le prescrizioni degli strumenti urbanistici, dei regolamenti edilizi e della disciplina urbanistico-edilizia vigente, e comunque nel rispetto delle altre normative di settore aventi incidenza sulla disciplina dell'attività edilizia e, in particolare, delle norme antisismiche, di sicurezza, antincendio, igienico-sanitarie, di quelle relative all'efficienza energetica, di tutela dal rischio idrogeologico, nonché delle disposizioni contenute nel codice dei beni culturali e del paesaggio, di cui al decreto legislativo 22 gennaio 2004, n. 42.

2. L'interessato trasmette all'amministrazione comunale l'elaborato progettuale e la comunicazione di inizio dei lavori asseverata da un tecnico abilitato, il

quale attesta, sotto la propria responsabilità, che i lavori sono conformi agli strumenti urbanistici approvati e ai regolamenti edilizi vigenti, nonché che sono compatibili con la normativa in materia sismica e con quella sul rendimento energetico nell'edilizia e che non vi è interessamento delle parti strutturali dell'edificio; la comunicazione contiene, altresì, i dati identificativi dell'impresa alla quale si intende affidare la realizzazione dei lavori.

3. Per gli interventi soggetti a CILA, ove la comunicazione di fine lavori sia accompagnata dalla prescritta documentazione per la variazione catastale, quest'ultima è tempestivamente inoltrata da parte dell'amministrazione comunale ai competenti uffici dell'Agenzia delle entrate.

4.Le regioni a statuto ordinario:

a) possono estendere la disciplina di cui al presente articolo a interventi edilizi ulteriori rispetto a quelli previsti dal comma 1;

b) disciplinano le modalità di effettuazione dei controlli, anche a campione e prevedendo sopralluoghi in loco.

5. La mancata comunicazione asseverata dell'inizio dei lavori comporta la sanzione pecuniaria pari a 1.000 euro. Tale sanzione è ridotta di due terzi se la comunicazione è effettuata spontaneamente quando l'intervento è in corso di esecuzione.

(1) *Articolo inserito dall'art. 1, comma 1, lett.* c), *d.lgs. 25 novembre 2016, n. 222.*

7 (L) Attività edilizia delle pubbliche amministrazioni.

(Legge 17 agosto 1942, n. 1150, art. 31, comma 3; decreto legislativo 18 agosto 2000, n. 267, art. 34; decreto del Presidente della Repubblica 24 luglio 1977, n. 616, art. 81; decreto del Presidente della Repubblica 18 aprile 1994, n. 383; decreto-legge 5 ottobre 1993, n. 398, art. 4, comma 16, convertito, con modificazioni, dalla legge 4 dicembre 1993, n. 493).

1. Non si applicano le disposizioni del presente titolo per:

a) opere e interventi pubblici che richiedano per la loro realizzazione l'azione integrata e coordinata di una pluralità di amministrazioni pubbliche allorché l'accordo delle predette amministrazioni, raggiunto con l'assenso del comune interessato, sia pubblicato ai sensi dell'articolo 34, comma 4, del decreto legislativo 18 agosto 2000, n. 267;

b) opere pubbliche, da eseguirsi da amministrazioni statali o comunque insistenti su aree del demanio statale e opere pubbliche di interesse statale, da realizzarsi dagli enti istituzionalmente competenti, ovvero da concessionari di servizi pubblici, previo accertamento di conformità con le prescrizioni urbanistiche ed edilizie ai sensi del decreto del Presidente della Repubblica 18 aprile 1994, n. 383, e successive modificazioni;

c) opere pubbliche dei comuni deliberate dal consiglio comunale, ovvero dalla giunta comunale, assistite dalla validazione del progetto, ai sensi dell'articolo 47 del decreto del Presidente della Repubblica 21 dicembre 1999, n. 554.

8 (L) Attività edilizia dei privati su aree demaniali.

(Legge 17 agosto 1942, n. 1150, art. 31, comma 3).

1. La realizzazione da parte di privati di interventi edilizi su aree demaniali è disciplinata dalle norme del presente testo unico.

9 (L) Attività edilizia in assenza di pianificazione urbanistica.

(Legge n. 10 del 1977, art. 4, ultimo comma; legge n. 457 del 1978, art. 27, ultimo comma).

1. Salvi i più restrittivi limiti fissati dalle leggi regionali e nel rispetto delle norme previste dal decreto legislativo 29 ottobre 1999, n. 490, nei comuni sprovvisti di strumenti urbanistici sono consentiti:

a) gli interventi previsti dalle lettere *a*), *b*) e *c*) del primo comma dell'articolo 3 che riguardino singole unità immobiliari o parti di esse;

b) fuori dal perimetro dei centri abitati, gli interventi di nuova edificazione nel limite della densità massima fondiaria di 0,03 metri cubi per metro quadro; in caso di interventi a destinazione produttiva, la superficie coperta non può comunque superare un decimo dell'area di proprietà.

2. Nelle aree nelle quali non siano stati approvati gli strumenti urbanistici attuativi previsti dagli strumenti urbanistici generali come presupposto per l'edificazione, oltre agli interventi indicati al comma 1, lettera *a*), sono consentiti gli interventi di cui alla lettera *d*) del primo comma dell'articolo 3 del presente testo unico che riguardino singole unità immobiliari o parti di esse. Tali ultimi interventi sono consentiti anche se riguardino globalmente uno o più edifici e modifichino fino al 25 per cento delle destinazioni preesistenti, purché il titolare del permesso si impegni, con atto trascritto a favore del comune e a cura e spese dell'interessato, a praticare, limitatamente alla percentuale mantenuta ad uso residenziale, prezzi di vendita e canoni di locazione concordati con il comune ed a concorrere negli oneri di urbanizzazione di cui alla sezione II del capo II del presente titolo.

9-*bis* Documentazione amministrativa e stato legittimo degli immobili (1) (2).

1. Ai fini della presentazione, del rilascio o della formazione dei titoli abilitativi previsti dal presente testo unico, le amministrazioni sono tenute ad acquisire d'ufficio i documenti, le informazioni e i dati, compresi quelli catastali, che siano in possesso delle pubbliche amministrazioni e non possono richiedere attestazioni, comunque denominate, o perizie sulla veridicità e sull'autenticità di tali documenti, informazioni e dati.

1-*bis*. Lo stato legittimo dell'immobile o dell'unità immobiliare è quello stabilito dal titolo abilitativo che ne ha previsto la costruzione o che ne ha legittimato la stessa e da quello che ha disciplinato l'ultimo intervento edilizio che ha interessato l'intero immobile o unità immobiliare, integrati con gli eventuali titoli successivi che hanno abilitato interventi parziali. Per gli immobili realizzati in un'epoca nella quale non era obbligatorio acquisire il titolo abilitativo edilizio, lo stato legittimo è quello desumibile dalle informazioni catastali di primo impianto, o da altri documenti probanti, quali le riprese fotografiche, gli estratti cartografici, i documenti d'archivio, o altro atto, pubblico o privato, di cui sia dimostrata la provenienza, e dal titolo abilitativo che ha disciplinato l'ultimo intervento edilizio che ha interessato l'intero immobile o unità immobiliare, integrati con gli eventuali titoli successivi che hanno abilitato interventi parziali. Le disposizioni di cui al secondo periodo si applicano altresì nei casi in cui sussista un principio di prova del titolo abilitativo del quale, tuttavia, non sia disponibile copia (3).

(1) *Articolo aggiunto, in sede di conversione, dall'art. 13 comma 2 lett.* b) *d.l. 22 giugno 2012, n. 83, conv., con modif., in l. 7 agosto 2012, n. 134. Ai sensi del successivo comma 2-*bis *del medesimo art. 13, « le amministrazioni comunali sono tenute ad applicare le disposizioni di cui al comma 2 entro sei mesi dalla data di entrata in vigore della legge di conversione del presente decreto ».*

(2) *Rubrica così sostituita dall'art. 10 comma 1 lett.* d) *n. 1 d.l. 16 luglio 2020, n. 76, conv., con modif., in l. 11 settembre 2020, n. 120. Il testo della rubrica era il seguente:* « Documentazione amministrativa ».

(3) *Comma aggiunto dall'art. 10 comma 1 lett.* d) *n. 2 d.l. n. 76 del 2020, cit.*

CAPO II
Permesso di costruire

SEZIONE I
Nozione e caratteristiche

10 (L) Interventi subordinati a permesso di costruire. (Legge n. 10 del 1977, art. 1; legge 28 febbraio 1985, n. 47, art. 25, comma 4).

1. Costituiscono interventi di trasformazione urbanistica ed edilizia del territorio e sono subordinati a permesso di costruire:

a) gli interventi di nuova costruzione;

b) gli interventi di ristrutturazione urbanistica;

c) gli interventi di ristrutturazione edilizia che portino ad un organismo edilizio in tutto o in parte diverso dal precedente, nei casi in cui comportino anche modifiche della volumetria complessiva degli edifici ovvero che, limitatamente agli immobili compresi nelle zone omogenee A, comportino mutamenti della destinazione d'uso, nonché gli interventi che comportino modificazioni della sagoma o della volumetria complessiva degli edifici o dei prospetti di immobili sottoposti a tutela ai sensi del Codice dei beni culturali e del paesaggio di cui al decreto legislativo 22 gennaio 2004, n. 42 (1).

2. Le regioni stabiliscono con legge quali mutamenti, connessi o non connessi a trasformazioni fisiche, dell'uso di immobili o di loro parti, sono subordinati a permesso di costruire o a segnalazione certificata di inizio attività (2).

3. Le regioni possono altresì individuare con legge ulteriori interventi che, in relazione all'incidenza sul territorio e sul carico urbanistico, sono sottoposti al preventivo rilascio del permesso di costruire. La violazione delle disposizioni regionali emanate ai sensi del presente comma non comporta l'applicazione delle sanzioni di cui all'articolo 44.

(1) *Lettera da ultimo così sostituita dall'art. 10 comma 1 lett.* e) *d.l. 16 luglio 2020, n. 76, conv., con modif., in l. 11 settembre 2020, n. 120. Il testo della lettera, come modificata dall'art. 1 comma 1 lett.* b) *d.lg. 27 dicembre 2002, n. 301, dall'art. 30 comma 1 lett.* c) *d.l. 21 giugno 2013, n. 69, conv., con modif., in l. 9 agosto 2013, n. 98 e dall'art. 17 comma 1 lett.* d) *d.l. 12 settembre 2014, n. 133, conv., con modif., in l. 11 novembre 2014, n. 164, era il seguente:* « c) gli interventi di ristrutturazione edilizia che portino ad un organismo edilizio in tutto o in parte diverso dal precedente e che comportino modifiche della volumetria complessiva degli edifici o dei prospetti, ovvero che, limitatamente agli immobili compresi nelle zone omogenee A, comportino mutamenti della destinazione d'uso, nonché gli interventi che comportino modificazioni della sagoma di immobili sottoposti a vincoli ai sensi del decreto legislativo 22 gennaio 2004, n. 42 e successive modificazioni ».

(2) *Comma modificato dall'art. 17, comma 2, lett.* a), *d.l. n. 133, cit.*

11 (L) Caratteristiche del permesso di costruire. (Legge 28 gennaio 1977, n. 10, art. 4, commi 1, 2 e 6; legge 23 dicembre 1994, n. 724, art. 39, comma 2, come sostituito dall'art. 2, comma 37, della legge 23 dicembre 1996, n. 662).

1. Il permesso di costruire è rilasciato al proprietario dell'immobile o a chi abbia titolo per richiederlo.

2. Il permesso di costruire è trasferibile, insieme all'immobile, ai successori o aventi causa. Esso non incide sulla titolarità della proprietà o di altri diritti reali relativi agli immobili realizzati per effetto del suo rilascio. È irrevocabile ed è oneroso ai sensi dell'articolo 16.

3. Il rilascio del permesso di costruire non comporta limitazione dei diritti dei terzi.

12 (L) Presupposti per il rilascio del permesso di costruire. (Art. 4, comma 1, legge n. 10 del 1977; art. 31, comma 4, legge n. 1150 del 1942; articolo unico legge 3 novembre 1952, n. 1902).

1. Il permesso di costruire è rilasciato in conformità alle previsioni degli strumenti urbanistici, dei regolamenti edilizi e della disciplina urbanistico-edilizia vigente.

2. Il permesso di costruire è comunque subordinato alla esistenza delle opere di urbanizzazione primaria o alla previsione da parte del comune dell'attuazione delle stesse nel successivo triennio, ovvero all'impegno degli interessati di procedere all'attuazione delle medesime contemporaneamente alla realizzazione dell'intervento oggetto del permesso.

3. In caso di contrasto dell'intervento oggetto della domanda di permesso di costruire con le previsioni di strumenti urbanistici adottati, è sospesa ogni determinazione in ordine alla domanda. La misura di salvaguardia non ha efficacia decorsi tre anni dalla data di adozione dello strumento urbanistico, ovvero cinque anni nell'ipotesi in cui lo strumento urbanistico sia stato sottoposto all'amministrazione competente all'approvazione entro un anno dalla conclusione della fase di pubblicazione.

4. A richiesta del sindaco, e per lo stesso periodo, il presidente della giunta regionale, con provvedimento motivato da notificare all'interessato, può ordinare la sospensione di interventi di trasformazione urbanisti-

ca ed edilizia del territorio che siano tali da compromettere o rendere più onerosa l'attuazione degli strumenti urbanistici.

13 (L) Competenza al rilascio del permesso di costruire. (Legge 28 gennaio 1977, n. 10, art. 4, comma 1; decreto legislativo 18 agosto 2000, n. 267, articoli 107 e 109; legge 17 agosto 1942, n. 1150, art. 41-*quater*).

1. Il permesso di costruire è rilasciato dal dirigente o responsabile dello sportello unico nel rispetto delle leggi, dei regolamenti e degli strumenti urbanistici (1).

2. La regione disciplina l'esercizio dei poteri sostitutivi di cui all'articolo 21, comma 2, per il caso di mancato rilascio del permesso di costruire entro i termini stabiliti.

(1) *Comma modificato dall'art. 13, comma 2, lett.* c), *d.l. 22 giugno 2012, n. 83 conv., con modif., in l. 7 agosto 2012, n. 134. Vedi inoltre quanto disposto dal comma* 2-bis *del medesimo art. 13 d.l. n. 83, cit.*

14 (L) Permesso di costruire in deroga agli strumenti urbanistici. (Legge 17 agosto 1942, n. 1150, art. 41-*quater*, introdotto dall'art. 16 della legge 6 agosto 1967, n. 765; decreto legislativo n. 267 del 2000, art. 42, comma 2, lettera *b*); legge 21 dicembre 1955, n. 1357, art. 3).

1. Il permesso di costruire in deroga agli strumenti urbanistici generali è rilasciato esclusivamente per edifici ed impianti pubblici o di interesse pubblico, previa deliberazione del consiglio comunale, nel rispetto comunque delle disposizioni contenute nel decreto legislativo 29 ottobre 1999, n. 490, e delle altre normative di settore aventi incidenza sulla disciplina dell'attività edilizia.

1-*bis*. Per gli interventi di ristrutturazione edilizia, la richiesta di permesso di costruire in deroga è ammessa previa deliberazione del consiglio comunale che ne attesta l'interesse pubblico limitatamente alle finalità di rigenerazione urbana, di contenimento del consumo del suolo e di recupero sociale e urbano dell'insediamento, fermo restando, nel caso di insediamenti commerciali, quanto disposto dall'articolo 31, comma 2, del decreto-legge 6 dicembre 2011, n. 201, convertito, con modificazioni, dalla legge 22 dicembre 2011, n. 214 (1).

2. Dell'avvio del procedimento viene data comunicazione agli interessati ai sensi dell'articolo 7 della legge 7 agosto 1990, n. 241.

3. La deroga, nel rispetto delle norme igieniche, sanitarie e di sicurezza, può riguardare esclusivamente i limiti di densità edilizia, di altezza e di distanza tra i fabbricati di cui alle norme di attuazione degli strumenti urbanistici generali ed esecutivi, nonché le destinazioni d'uso ammissibili, fermo restando in ogni caso il rispetto delle disposizioni di cui agli articoli 7, 8 e 9 del decreto ministeriale 2 aprile 1968, n. 1444 (2).

(1) *Comma inserito dall'art. 17 comma 1 lett.* e) *d.l. 12 settembre 2014, n. 133, conv., con modif., in l. 11 novembre 2014, n. 164, e da ultimo così sostituito dall'art. 10 comma 1 lett.* f) *n. 1 d.l. 16 luglio 2020, n. 76, conv., con modif., in l. 11 settembre 2020, n. 120. Il testo del comma era il seguente: «* 1-*bis*. Per gli interventi di ristrutturazione edilizia, attuati anche in aree industriali dismesse, è ammessa la richiesta di permesso di costruire anche in deroga alle destinazioni d'uso, previa deliberazione del Consiglio comunale che ne attesta l'interesse pubblico, a condizione che il mutamento di destinazione d'uso non comporti un aumento della superficie coperta prima dell'intervento di ristrutturazione, fermo restando, nel caso di insediamenti commerciali, quanto disposto dall'articolo 31, comma 2, del decreto-legge 6 dicembre 2011, n. 201, convertito, con modificazioni, dalla legge 22 dicembre 2011, n. 214, e successive modificazioni ».

(2) *Comma così modificato dall'art. 17 comma 1 lett.* e) *d.l. n. 133 del 2014, cit., e dall'art. 10 comma 1 lett.* f) *n. 2 d.l. n. 76, cit., che ha sostituito le parole « nonché le destinazioni d'uso ammissibili » alle parole « nonché, nei casi di cui al comma 1-bis, le destinazioni d'uso ».*

15 (R) Efficacia temporale e decadenza del permesso di costruire. (Legge 28 gennaio 1977, n. 10, art. 4, commi 3, 4 e 5; legge 17 agosto 1942, n. 1150, art. 31, comma 11) (1).

1. Nel permesso di costruire sono indicati i termini di inizio e di ultimazione dei lavori.

2. Il termine per l'inizio dei lavori non può essere superiore ad un anno dal rilascio del titolo; quello di ultimazione, entro il quale l'opera deve essere completata, non può superare tre anni dall'inizio dei lavori. Decorsi tali termini il permesso decade di diritto per la parte non eseguita, tranne che, anteriormente alla scadenza, venga richiesta una proroga. La proroga può essere accordata, con provvedimento motivato, per fatti sopravvenuti, estranei alla volontà del titolare del permesso, oppure in considerazione della mole dell'opera da realizzare, delle sue particolari caratteristiche tecnico-costruttive, o di difficoltà tecnico-esecutive emerse successivamente all'inizio dei lavori, ovvero quando si tratti di opere pubbliche il cui finanziamento sia previsto in più esercizi finanziari (2).

2-*bis*. La proroga dei termini per l'inizio e l'ultimazione dei lavori è comunque accordata qualora i lavori non possano essere iniziati o conclusi per iniziative dell'amministrazione o dell'autorità giudiziaria rivelatesi poi infondate (3).

3. La realizzazione della parte dell'intervento non ultimata nel termine stabilito è subordinata al rilascio di nuovo permesso per le opere ancora da eseguire, salvo che le stesse non rientrino tra quelle realizzabili mediante segnalazione certificata di inizio attività ai sensi dell'articolo 22. Si procede altresì, ove necessario, al ricalcolo del contributo di costruzione (4).

4. Il permesso decade con l'entrata in vigore di contrastanti previsioni urbanistiche, salvo che i lavori siano già iniziati e vengano completati entro il termine di tre anni dalla data di inizio (5).

(1) *In tema di misure urgenti connesse all'emergenza epidemiologica da Covid-19, con riferimento alla sospensione dei termini dei procedimenti amministrativi, v. l'art. 103, comma 2 d.l. 17 marzo 2020, n. 18, conv., con modif., in l. 24 aprile 2020, n. 27, ai sensi del quale: « 2. Tutti i certificati, attestati, permessi, concessioni, autorizzazioni e atti abilitativi comunque denominati, compresi i termini di inizio e di ultimazione dei lavori di cui all'articolo 15 del testo unico di cui al decreto del Presidente della Repubblica 6 giugno 2001, n. 380, in scadenza tra il 31 gennaio 2020 e la data della dichiarazione di cessazione dello stato di emergenza epidemiologica da COVID-19, conservano la loro validità per i novanta giorni successivi alla dichiarazione di cessazione dello stato di emergenza. La disposizione di cui al periodo precedente si applica anche alle segnalazioni certificate di inizio attività, alle segnalazioni certificate di agibilità, nonché alle autorizzazioni paesaggistiche e alle autorizzazioni ambientali comunque denominate. Il medesimo termine si applica anche al ritiro dei titoli abilitativi edilizi comunque denominati rilasciati fino alla dichiarazione di cessazione dello stato di emergenza ». L'art. 81, comma 1 d.l. 19 maggio 2020, n. 34, precedentemente alla conversio-*

ne in l. 17 luglio 2020, n. 77, aveva disposto l'inserimento delle seguenti parole nel predetto art. 103, comma 2, primo periodo d.l. n. 18, cit. «, ad eccezione dei documenti unici di regolarità contributiva in scadenza tra il 31 gennaio 2020 ed il 15 aprile 2020, che conservano validità sino al 15 giugno 2020. », ma tale modifica è decaduta in sede di conversione in legge.

V. inoltre art. 10 comma 4 d.l. 16 luglio 2020, n. 76, conv., con modif., in l. 11 settembre 2020, n. 120, che così dispone: « 4. Per effetto della comunicazione del soggetto interessato di volersi avvalere del presente comma, sono prorogati rispettivamente di un anno e di tre anni i termini di inizio e di ultimazione dei lavori di cui all'articolo 15 del decreto del Presidente della Repubblica 6 giugno 2001, n. 380, come indicati nei permessi di costruire rilasciati o comunque formatisi fino al 31 dicembre 2020, purché i suddetti termini non siano già decorsi al momento della comunicazione dell'interessato e sempre che i titoli abilitativi non risultino in contrasto, al momento della comunicazione dell'interessato, con nuovi strumenti urbanistici approvati o adottati. Le disposizioni di cui al primo periodo del presente comma si applicano anche ai permessi di costruire per i quali l'amministrazione competente abbia già accordato una proroga ai sensi dell'articolo 15, comma 2, del decreto del Presidente della Repubblica 6 giugno 2001, n. 380. La medesima proroga si applica alle segnalazioni certificate di inizio attività presentate entro lo stesso termine ai sensi degli articoli *22 e 23 del decreto del Presidente della Repubblica 6 giugno 2001, n. 380 ».*

(2) *Comma sostituito dall'art. 17, comma 1, lett. f), n. 1), d.l. 12 settembre 2014, n. 133, conv., con modif., in 11 novembre 2014, n. 164.*

(3) *Comma inserito dall'art. 17, comma 1, lett. f), n. 2), d.l. n. 133, cit.*

(4) *Comma modificato dall'art. 17, comma 2, d.l. n. 133, cit.*

(5) *Ai sensi dell'art. 30, comma 3, d.l. 21 giugno 2013, n. 69, conv., con modif., in l. 9 agosto 2013, n. 98, come modificato dall'art. 3-*quater*, comma 2, d.l. 8 agosto 2013, n. 91, conv., con modif., in l. 7 ottobre 2013, n. 112: « Salva diversa disciplina regionale, previa comunicazione del soggetto interessato, sono prorogati di due anni i termini di inizio e di ultimazione dei lavori di cui all'articolo 15 del decreto del Presidente della Repubblica 6 giugno 2001, n. 380, come indicati nei titoli abilitativi rilasciati o comunque formatisi antecedentemente all'entrata in vigore del presente decreto, purché i suddetti termini non siano già decorsi al momento della comunicazione dell'interessato e sempre che i titoli abilitativi non risultino in contrasto, al momento della comunicazione dell'interessato, con nuovi strumenti urbanistici approvati o adottati. È altresì prorogato di tre anni il termine delle autorizzazioni paesaggistiche in corso di efficacia alla data di entrata in vigore della legge di conversione del presente decreto ».*

SEZIONE II
Contributo di costruzione

16 (L) Contributo per il rilascio del permesso di costruire. (Legge 28 gennaio 1977, n. 10, articoli 3; 5, comma 1; 6, commi 1, 4 e 5; 11; legge 5 agosto 1978, n. 457, art. 47; legge 24 dicembre 1993, n. 537, art. 7; legge 29 settembre 1964, n. 847, articoli 1, comma 1, lettere *b*) e *c*), e 4; legge 22 ottobre 1971, n. 865, art. 44; legge 11 marzo 1988, n. 67, art. 17; decreto legislativo 5 febbraio 1997, n. 22, art. 58, comma 1; legge 23 dicembre 1998, n. 448, art. 61, comma 2).

1. Salvo quanto disposto dall'articolo 17, comma 3, il rilascio del permesso di costruire comporta la corresponsione di un contributo commisurato all'incidenza degli oneri di urbanizzazione nonché al costo di costruzione, secondo le modalità indicate nel presente articolo.

2. La quota di contributo relativa agli oneri di urbanizzazione è corrisposta al comune all'atto del rilascio del permesso di costruire e, su richiesta dell'interessato, può essere rateizzata. A scomputo totale o parziale della quota dovuta, il titolare del permesso può obbligarsi a realizzare direttamente le opere di urbanizzazione, nel rispetto dell'articolo 2, comma 5, della legge 11 febbraio 1994, n. 109, e successive modificazioni, con le modalità e le garanzie stabilite dal comune, con conseguente acquisizione delle opere realizzate al patrimonio indisponibile del comune (1).

2-*bis*. Nell'ambito degli strumenti attuativi e degli atti equivalenti comunque denominati nonché degli interventi in diretta attuazione dello strumento urbanistico generale, l'esecuzione diretta delle opere di urbanizzazione primaria di cui al comma 7, di importo inferiore alla soglia di cui all'articolo 28, comma 1, lettera *c*), del decreto legislativo 12 aprile 2006, n. 163, funzionali all'intervento di trasformazione urbanistica del territorio, è a carico del titolare del permesso di costruire e non trova applicazione il decreto legislativo 12 aprile 2006, n. 163 (2).

3. La quota di contributo relativa al costo di costruzione, determinata all'atto del rilascio, è corrisposta in corso d'opera, con le modalità e le garanzie stabilite dal comune, non oltre sessanta giorni dalla ultimazione della costruzione.

4. L'incidenza degli oneri di urbanizzazione primaria e secondaria è stabilita con deliberazione del consiglio comunale in base alle tabelle parametriche che la regione definisce per classi di comuni in relazione:

a) all'ampiezza ed all'andamento demografico dei comuni;

b) alle caratteristiche geografiche dei comuni;

c) alle destinazioni di zona previste negli strumenti urbanistici vigenti;

d) ai limiti e rapporti minimi inderogabili fissati in applicazione dall'articolo 41-*quinquies*, penultimo e ultimo comma, della legge 17 agosto 1942, n. 1150, e successive modifiche e integrazioni, nonché delle leggi regionali.

d-bis) alla differenziazione tra gli interventi al fine di incentivare, in modo particolare nelle aree a maggiore densità del costruito, quelli di ristrutturazione edilizia di cui all'articolo 3, comma 1, lettera *d*), anziché quelli di nuova costruzione (3);

d-ter) alla valutazione del maggior valore generato da interventi su aree o immobili in variante urbanistica o in deroga. Tale maggior valore, calcolato dall'amministrazione comunale, è suddiviso in misura non inferiore al 50 per cento tra il comune e la parte privata ed è erogato da quest'ultima al comune stesso sotto forma di contributo straordinario, che attesta l'interesse pubblico, in versamento finanziario, vincolato a specifico centro di costo per la realizzazione di opere pubbliche e servizi da realizzare nel contesto in cui ricade l'intervento, cessione di aree o immobili da destinare a servizi di pubblica utilità, edilizia residenziale sociale od opere pubbliche (4).

4-*bis*. Con riferimento a quanto previsto dal secondo periodo della lettera *d-ter)* del comma 4, sono fatte salve le diverse disposizioni delle legislazioni regionali e degli strumenti urbanistici generali comunali (5).

5. Nel caso di mancata definizione delle tabelle parametriche da parte della regione e fino alla definizione delle tabelle stesse, i comuni provvedono, in via provvisoria, con deliberazione del consiglio comunale, secondo i parametri di cui al comma 4, fermo restando quanto previsto dal comma 4-*bis* (6).

6. Ogni cinque anni i comuni provvedono ad aggiornare gli oneri di urbanizzazione primaria e secondaria, in conformità alle relative disposizioni regionali, in re-

lazione ai riscontri e prevedibili costi delle opere di urbanizzazione primaria, secondaria e generale.

7. Gli oneri di urbanizzazione primaria sono relativi ai seguenti interventi: strade residenziali, spazi di sosta o di parcheggio, fognature, rete idrica, rete di distribuzione dell'energia elettrica e del gas, pubblica illuminazione, spazi di verde attrezzato.

7-*bis*. Tra gli interventi di urbanizzazione primaria di cui al comma 7 rientrano i cavedi multiservizi e i cavidotti per il passaggio di reti di telecomunicazioni, salvo nelle aree individuate dai comuni sulla base dei criteri definiti dalle regioni. (7)

8. Gli oneri di urbanizzazione secondaria sono relativi ai seguenti interventi: asili nido e scuole materne, scuole dell'obbligo nonché strutture e complessi per l'istruzione superiore all'obbligo, mercati di quartiere, delegazioni comunali, chiese e altri edifici religiosi, impianti sportivi di quartiere, aree verdi di quartiere, centri sociali e attrezzature culturali e sanitarie. Nelle attrezzature sanitarie sono ricomprese le opere, le costruzioni e gli impianti destinati allo smaltimento, al riciclaggio o alla distruzione dei rifiuti urbani, speciali, pericolosi, solidi e liquidi, alla bonifica di aree inquinate.

9. Il costo di costruzione per i nuovi edifici è determinato periodicamente dalle regioni con riferimento ai costi massimi ammissibili per l'edilizia agevolata, definiti dalle stesse regioni a norma della lettera *g*) del primo comma dell'articolo 4 della legge 5 agosto 1978, n. 457. Con lo stesso provvedimento le regioni identificano classi di edifici con caratteristiche superiori a quelle considerate nelle vigenti disposizioni di legge per l'edilizia agevolata, per le quali sono determinate maggiorazioni del detto costo di costruzione in misura non superiore al 50 per cento. Nei periodi intercorrenti tra le determinazioni regionali, ovvero in eventuale assenza di tali determinazioni, il costo di costruzione è adeguato annualmente, ed autonomamente, in ragione dell'intervenuta variazione dei costi di costruzione accertata dall'Istituto nazionale di statistica (ISTAT). Il contributo afferente al permesso di costruire comprende una quota di detto costo, variabile dal 5 per cento al 20 per cento, che viene determinata dalle regioni in funzione delle caratteristiche e delle tipologie delle costruzioni e della loro destinazione ed ubicazione.

10. Nel caso di interventi su edifici esistenti il costo di costruzione è determinato in relazione al costo degli interventi stessi, così come individuati dal comune in base ai progetti presentati per ottenere il permesso di costruire. Al fine di incentivare il recupero del patrimonio edilizio esistente, per gli interventi di ristrutturazione edilizia di cui all'articolo 3, comma 1, lettera *d*), i comuni hanno comunque la facoltà di deliberare che i costi di costruzione ad essi relativi siano inferiori ai valori determinati per le nuove costruzioni (8).

(1) *Comma modificato dall'art. 1 d.lgs. 27 dicembre 2002, n. 301.*

(2) *Comma inserito dall'art. 45, comma 1, d.l. 6 dicembre 2011, n. 201, conv., con modif., in l. 22 dicembre 2011, n. 214.*

(3) *Lettera inserita dall'art. 17, comma 1, lett. g), n. 3), d.l. 12 settembre 2014, n. 133, conv., con modif., in 11 novembre 2014, n. 164.*

(4) *Lettera inserita, in sede di conversione, dall'art. 17 comma 1 lett.* g) *d.l. n. 133 del 2014, cit., e così modificata dall'art. 10 comma 1 lett.* g) *d.l. 16 luglio 2020, n. 76, conv., con modif., in l. 11 settembre 2020, n. 120, che ha sostituito le parole* « o in deroga » *alle parole* « in deroga o con cambio di destinazione d'uso ».

(5) *Comma inserito dall'art. 17, comma 1, lett. g), n. 3-bis), d.l. n. 133, cit.*

(6) *Comma modificato dall'art. 17, comma 1, lett. g), n. 4), d.l. n. 133, cit.*

(7) *Comma aggiunto dall'art. 40 l. 1° agosto 2002, n. 166.*

(8) *Comma modificato dall'art. 17, comma 1, lett. g), n. 5), d.l. n. 133, cit.*

17 (L) Riduzione o esonero dal contributo di costruzione. (Legge 28 gennaio 1977, n. 10, articoli 7, comma 1; 9; decreto-legge 23 gennaio 1982, n. 9, articoli 7 e 9, convertito in legge 25 marzo 1982, n. 94; legge 24 marzo 1989, n. 122, art. 11; legge 9 gennaio 1991, n. 10, art. 26, comma 1; legge n. 662 del 1996, art. 2, comma 60).

1. Nei casi di edilizia abitativa convenzionata, relativa anche ad edifici esistenti, il contributo afferente al permesso di costruire è ridotto alla sola quota degli oneri di urbanizzazione qualora il titolare del permesso si impegni, a mezzo di una convenzione con il comune, ad applicare prezzi di vendita e canoni di locazione determinati ai sensi della convenzione-tipo prevista dall'articolo 18.

2. Il contributo per la realizzazione della prima abitazione è pari a quanto stabilito per la corrispondente edilizia residenziale pubblica, purché sussistano i requisiti indicati dalla normativa di settore.

3. Il contributo di costruzione non è dovuto:

a) per gli interventi da realizzare nelle zone agricole, ivi comprese le residenze, in funzione della conduzione del fondo e delle esigenze dell'imprenditore agricolo a titolo principale, ai sensi dell'articolo 12 della legge 9 maggio 1975, n. 153;

b) per gli interventi di ristrutturazione e di ampliamento, in misura non superiore al 20%, di edifici unifamiliari;

c) per gli impianti, le attrezzature, le opere pubbliche o di interesse generale realizzate dagli enti istituzionalmente competenti nonché per le opere di urbanizzazione, eseguite anche da privati, in attuazione di strumenti urbanistici;

d) per gli interventi da realizzare in attuazione di norme o di provvedimenti emanati a seguito di pubbliche calamità;

e) per i nuovi impianti, lavori, opere, modifiche, installazioni, relativi alle fonti rinnovabili di energia, alla conservazione, al risparmio e all'uso razionale dell'energia, nel rispetto delle norme urbanistiche, di tutela dell'assetto idrogeologico, artistico-storica e ambientale (1).

4. Per gli interventi da realizzare su immobili di proprietà dello Stato, nonché per gli interventi di manutenzione straordinaria di cui all'articolo 6, comma 2, lettera *a*), qualora comportanti aumento del carico urbanistico, il contributo di costruzione è commisurato alla incidenza delle sole opere di urbanizzazione, purché ne derivi un aumento della superficie calpestabile (2).

4-*bis*. Al fine di agevolare gli interventi di rigenerazione urbana, di decarbonizzazione, efficientamento energetico, messa in sicurezza sismica e contenimento del consumo di suolo, di ristrutturazione, nonché di recupero e riuso degli immobili dismessi o in via di dismissione, il contributo di costruzione è ridotto in misura non inferiore del 20 per cento rispetto a quello previsto dalle tabelle parametriche regionali. I comuni hanno la facoltà(1) di deliberare ulteriori riduzioni del contributo di costruzione, fino alla completa esenzione dallo stesso (3).

(1) *Lettera modificata dall'art. 54, comma 1, lett.* d), *l. 28 dicembre 2015, n. 221.*

(2) *Comma modificato dall'art. 17, comma 1, lett.* h), *n. 1), d.l. 12 settembre 2014, n. 133, conv., con modif., in 11 novembre 2014, n. 164.*

(3) *Comma aggiunto dall'art. 17 comma 1 lett.* h) *d.l. n. 133 del 2014, cit., come modificato in sede di conversione in l. n. 164 del 2014, cit., e da ultimo così sostituito dall'art. 10 comma 1 lett.* h) *d.l. 16 luglio 2020, n. 76, conv., con modif., in l. 11 settembre 2020, n. 120. Il testo del comma era il seguente: « 4-bis.* Al fine di agevolare gli interventi di densificazione edilizia, per la ristrutturazione, il recupero e il riuso degli immobili dismessi o in via di dismissione, il contributo di costruzione è ridotto in misura non inferiore al venti per cento rispetto a quello previsto per le nuove costruzioni nei casi non interessati da varianti urbanistiche, deroghe o cambi di destinazione d'uso comportanti maggior valore rispetto alla destinazione originaria. I comuni definiscono, entro novanta giorni dall'entrata in vigore della presente disposizione, i criteri e le modalità applicative per l'applicazione della relativa riduzione ».

18 (L) Convenzione-tipo. (Legge 28 gennaio 1977, n. 10, art. 8; legge 17 febbraio 1992, n. 179, art. 23, comma 6).

1. Ai fini del rilascio del permesso di costruire relativo agli interventi di edilizia abitativa di cui all'articolo 17, comma 1, la regione approva una convenzione-tipo, con la quale sono stabiliti i criteri nonché i parametri, definiti con meccanismi tabellari per classi di comuni, ai quali debbono uniformarsi le convenzioni comunali nonché gli atti di obbligo in ordine essenzialmente a:

a) l'indicazione delle caratteristiche tipologiche e costruttive degli alloggi;

b) la determinazione dei prezzi di cessione degli alloggi, sulla base del costo delle aree, così come definito dal comma successivo, della costruzione e delle opere di urbanizzazione, nonché delle spese generali, comprese quelle per la progettazione e degli oneri di preammortamento e di finanziamento;

c) la determinazione dei canoni di locazione in percentuale del valore desunto dai prezzi fissati per la cessione degli alloggi;

d) la durata di validità della convenzione non superiore a 30 e non inferiore a 20 anni.

2. La regione stabilisce criteri e parametri per la determinazione del costo delle aree, in misura tale che la sua incidenza non superi il 20 per cento del costo di costruzione come definito ai sensi dell'articolo 16.

3. Il titolare del permesso può chiedere che il costo delle aree, ai fini della convenzione, sia determinato in misura pari al valore definito in occasione di trasferimenti di proprietà avvenuti nel quinquennio anteriore alla data della convenzione.

4. I prezzi di cessione ed i canoni di locazione determinati nelle convenzioni ai sensi del primo comma sono suscettibili di periodiche variazioni, con frequenza non inferiore al biennio, in relazione agli indici ufficiali ISTAT dei costi di costruzione intervenuti dopo la stipula delle convenzioni medesime.

5. Ogni pattuizione stipulata in violazione dei prezzi di cessione e dei canoni di locazione è nulla per la parte eccedente.

19 (L) Contributo di costruzione per opere o impianti non destinati alla residenza. (Legge 28 gennaio 1977, n. 10, art. 10).

1. Il permesso di costruire relativo a costruzioni o impianti destinati ad attività industriali o artigianali dirette alla trasformazione di beni ed alla prestazione di servizi comporta la corresponsione di un contributo pari alla incidenza delle opere di urbanizzazione, di quelle necessarie al trattamento e allo smaltimento dei rifiuti solidi, liquidi e gassosi e di quelle necessarie alla sistemazione dei luoghi ove ne siano alterate le caratteristiche. La incidenza di tali opere è stabilita con deliberazione del consiglio comunale in base a parametri che la regione definisce con i criteri di cui al comma 4, lettere *a*) e *b*) dell'articolo 16, nonché in relazione ai tipi di attività produttiva.

2. Il permesso di costruire relativo a costruzioni o impianti destinati ad attività turistiche, commerciali e direzionali o allo svolgimento di servizi comporta la corresponsione di un contributo pari all'incidenza delle opere di urbanizzazione, determinata ai sensi dell'articolo 16, nonché una quota non superiore al 10 per cento del costo documentato di costruzione da stabilirsi, in relazione ai diversi tipi di attività, con deliberazione del consiglio comunale.

3. Qualora la destinazione d'uso delle opere indicate nei commi precedenti, nonché di quelle nelle zone agricole previste dall'articolo 17, venga comunque modificata nei dieci anni successivi all'ultimazione dei lavori, il contributo di costruzione è dovuto nella misura massima corrispondente alla nuova destinazione, determinata con riferimento al momento dell'intervenuta variazione.

SEZIONE III
Procedimento

20 (R) Procedimento per il rilascio del permesso di costruire (1). (decreto-legge 5 ottobre 1993, n. 398, art. 4, commi 1, 2, 3 e 4, convertito, con modificazioni, dalla legge 4 dicembre 1993, n. 493).

1. La domanda per il rilascio del permesso di costruire, sottoscritta da uno dei soggetti legittimati ai sensi dell'articolo 11, va presentata allo sportello unico corredata da un'attestazione concernente il titolo di legittimazione, dagli elaborati progettuali richiesti [dal regolamento edilizio], e quando ne ricorrano i presupposti, dagli altri documenti previsti dalla parte II. La domanda è accompagnata da una dichiarazione del progettista abilitato che asseveri la conformità del progetto agli strumenti urbanistici approvati ed adottati, ai regolamenti edilizi vigenti, e alle altre normative di settore aventi incidenza sulla disciplina dell'attività edilizia e, in particolare, alle norme antisismiche, di sicurezza, antincendio, igienico-sanitarie [nel caso in cui la verifica in ordine a tale conformità non comporti

valutazioni tecnico-discrezionali], alle norme relative all'efficienza energetica (2).

1-*bis*. Con decreto del Ministro della salute, da adottarsi, previa intesa in Conferenza unificata, entro 90 giorni dall'entrata in vigore della presente disposizione, sono definiti i requisiti igienico-sanitari di carattere prestazionale degli edifici (3).

2. Lo sportello unico comunica entro dieci giorni al richiedente il nominativo del responsabile del procedimento ai sensi degli articoli 4 e 5 della legge 7 agosto 1990, n. 241, e successive modificazioni. L'esame delle domande si svolge secondo l'ordine cronologico di presentazione.

3. Entro sessanta giorni dalla presentazione della domanda, il responsabile del procedimento cura l'istruttoria e formula una proposta di provvedimento, corredata da una dettagliata relazione, con la qualificazione tecnico-giuridica dell'intervento richiesto. Qualora sia necessario acquisire ulteriori atti di assenso, comunque denominati, resi da amministrazioni diverse, si procede ai sensi degli articoli 14 e seguenti della legge 7 agosto 1990, n. 241 (4).

4. Il responsabile del procedimento, qualora ritenga che ai fini del rilascio del permesso di costruire sia necessario apportare modifiche di modesta entità rispetto al progetto originario, può, nello stesso termine di cui al comma 3, richiedere tali modifiche, illustrandone le ragioni. L'interessato si pronuncia sulla richiesta di modifica entro il termine fissato e, in caso di adesione, è tenuto ad integrare la documentazione nei successivi quindici giorni.

La richiesta di cui al presente comma sospende, fino al relativo esito, il decorso del termine di cui al comma 3.

5. Il termine di cui al comma 3 può essere interrotto una sola volta dal responsabile del procedimento, entro trenta giorni dalla presentazione della domanda, esclusivamente per la motivata richiesta di documenti che integrino o completino la documentazione presentata e che non siano già nella disponibilità dell'amministrazione o che questa non possa acquisire autonomamente. In tal caso, il termine ricomincia a decorrere dalla data di ricezione della documentazione integrativa.

[5-*bis*. Se entro il termine di cui al comma 3 non sono intervenute le intese, i concerti, i nulla osta o gli assensi, comunque denominati, delle altre amministrazioni pubbliche, o è intervenuto il dissenso di una o più amministrazioni interpellate, qualora tale dissenso non risulti fondato sull'assoluta incompatibilità dell'intervento, il responsabile dello sportello unico indice la conferenza di servizi ai sensi degli articoli 14 e seguenti della legge 7 agosto 1990, n. 241, e successive modificazioni. Le amministrazioni che esprimono parere positivo possono non intervenire alla conferenza di servizi e trasmettere i relativi atti di assenso, dei quali si tiene conto ai fini dell'individuazione delle posizioni prevalenti per l'adozione della determinazione motivata di conclusione del procedimento, di cui all'articolo 14-*ter*, comma 6-*bis*, della citata legge n. 241 del 1990, e successive modificazioni.] (5)

6. Il provvedimento finale, che lo sportello unico provvede a notificare all'interessato, è adottato dal dirigente o dal responsabile dell'ufficio, entro il termine di trenta giorni dalla proposta di cui al comma 3. Qualora sia indetta la conferenza di servizi di cui al medesimo comma, la determinazione motivata di conclusione del procedimento, assunta nei termini di cui agli articoli 14 e seguenti della legge 7 agosto 1990, n. 241, e successive modificazioni, è, ad ogni effetto, titolo per la realizzazione dell'intervento. Il termine di cui al primo periodo è fissato in quaranta giorni con la medesima decorrenza qualora il dirigente o il responsabile del procedimento abbia comunicato all'istante i motivi che ostano all'accoglimento della domanda, ai sensi dell'articolo 10-bis della citata legge n. 241 del 1990, e successive modificazioni. Dell'avvenuto rilascio del permesso di costruire è data notizia al pubblico mediante affissione all'albo pretorio. Gli estremi del permesso di costruire sono indicati nel cartello esposto presso il cantiere, secondo le modalità stabilite dal regolamento edilizio (6).

7. I termini di cui ai commi 3 e 5 sono raddoppiati nei soli casi di progetti particolarmente complessi secondo la motivata risoluzione del responsabile del procedimento (7).

8. (L) Decorso inutilmente il termine per l'adozione del provvedimento conclusivo, ove il dirigente o il responsabile dell'ufficio non abbia opposto motivato diniego, sulla domanda di permesso di costruire si intende formato il silenzio-assenso, fatti salvi i casi in cui sussistano vincoli relativi all'assetto idrogeologico, ambientali, paesaggistici o culturali, per i quali si applicano le disposizioni di cui agli articoli 14 e seguenti della legge 7 agosto 1990, n. 241. Fermi restando gli effetti comunque prodotti dal silenzio, lo sportello unico per l'edilizia rilascia anche in via telematica, entro quindici giorni dalla richiesta dell'interessato, un'attestazione circa il decorso dei termini del procedimento, in assenza di richieste di integrazione documentale o istruttorie inevase e di provvedimenti di diniego; altrimenti, nello stesso termine, comunica all'interessato che tali atti sono intervenuti (8).

[9. (L) Qualora l'immobile oggetto dell'intervento sia sottoposto a vincoli di assetto idrogeologico, ambientali, paesaggistici o culturali, il termine di cui al comma 6 decorre dal rilascio del relativo atto di assenso, il procedimento è concluso con l'adozione di un provvedimento espresso e si applica quanto previsto dall'articolo 2 della legge 7 agosto 1990, n. 241, e successive modificazioni. In caso di diniego dell'atto di assenso, eventualmente acquisito in conferenza di servizi, decorso il termine per l'adozione del provvedimento finale, la domanda di rilascio del permesso di costruire si intende respinta. Il responsabile del procedimento trasmette al richiedente il provvedimento di diniego dell'atto di assenso entro cinque giorni dalla data in cui è acquisito agli atti, con le indicazioni di cui all'articolo 3, comma 4, della legge 7 agosto 1990, n. 241. Per gli immobili sottoposti a vincolo paesaggistico, resta fermo quanto previsto dall'articolo 146, comma 9, del codice di cui al decreto legislativo 22 gennaio 2004, n. 42, e successive modificazioni.] (9)

[10. Qualora l'immobile oggetto dell'intervento sia sottoposto ad un vincolo la cui tutela non compete all'amministrazione comunale, il competente ufficio comunale acquisisce il relativo assenso nell'ambito della conferenza di servizi di cui al comma 5-*bis*. In caso di esito non favorevole, sulla domanda di permesso di costruire si intende formato il silenzio-rifiuto] (10).

11. Il termine per il rilascio del permesso di costruire per gli interventi di cui all'articolo 22, comma 7, è di settantacinque giorni dalla data di presentazione della domanda.

12. Fermo restando quanto previsto dalla vigente normativa in relazione agli adempimenti di competenza delle amministrazioni statali coinvolte, sono fatte salve le disposizioni contenute nelle leggi regionali che prevedano misure di ulteriore semplificazione e ulteriori riduzioni di termini procedimentali.

13. Ove il fatto non costituisca più grave reato, chiunque, nelle dichiarazioni o attestazioni o asseverazioni di cui al comma 1, dichiara o attesta falsamente l'esistenza dei requisiti o dei presupposti di cui al medesimo comma è punito con la reclusione da uno a tre anni. In tali casi, il responsabile del procedimento informa il competente ordine professionale per l'irrogazione delle sanzioni disciplinari.

(1) *Articolo sostituito dall'art. 5, comma 2, lettera* a), *numero 3), d.l. 13 maggio 2011, n. 70, conv., con modif., in l. 12 luglio 2011, n. 106. Nella versione precedente la sostituzione il comma 10-*bis *era stato inserito dall'art. 1 d.lgs.27 dicembre 2002, n. 301.*

(2) *Comma modificato dapprima dall'art. 13, comma 2, lett.* d), *n. 1), d.l. 22 giugno 2012, n. 83, conv., con modif., in l. 7 agosto 2012, n. 134, (v. inoltre il comma 2-*bis *del medesimo art. 13), e successivamente dall'art. 3, comma 1, lett.* d), *n. 1), d.lgs. 25 novembre 2016, n. 222.*

(3) *Comma aggiunto dall'art. 3, comma 1, lett.* d), *n. 2), d.lgs. 25 novembre 2016, n. 222.*

V. art. 10 comma 2 d.l. 16 luglio 2020, n. 76, conv., con modif., in l. 11 settembre 2020, n. 120, che così dispone: « 2. Nelle more dell'approvazione del decreto del Ministro della salute di cui all'articolo 20, comma 1-bis, del decreto del Presidente della Repubblica 6 giugno 2001, n. 380, le disposizioni di cui al decreto del Ministro per la sanità 5 luglio 1975, pubblicato sulla Gazzetta Ufficiale n. 190 del 18 luglio 1975, si interpretano nel senso che i requisiti relativi all'altezza minima e i requisiti igienico sanitari dei locali di abitazione ivi previsti non si considerano riferiti agli immobili che siano stati realizzati prima della data di entrata in vigore del medesimo decreto e che siano ubicati nelle zone A o B, di cui al decreto ministeriale 2 aprile 1968, n. 1444, o in zone a queste assimilabili, in base alla normativa regionale e ai piani urbanistici comunali. Ai fini della presentazione e rilascio dei titoli abilitativi per il recupero e la qualificazione edilizia dei medesimi immobili e della segnalazione certificata della loro agibilità, si fa riferimento alle dimensioni legittimamente preesistenti ».

(4) *Comma modificato dall'art. 13, comma 2, lett.* d), *n. 2), d.l. n. 83, cit. (v. inoltre il comma 2-*bis *del medesimo art. 13), e successivamente dall'art. 2, comma 1, lett.* b), *n. 1) lett.* a) *e* b) *d.lgs. 30 giugno 2016, n. 127. Per l'applicazione v. l'art. 7, comma 1 del medesimo decreto.*

(5) *Comma inserito dall'art. 13, comma 2, lett.* d), *n. 3), d.l. n. 83, cit. (v. inoltre il comma 2-*bis *del medesimo art. 13), e successivamente abrogato dall'art. 2, comma 1, lett.* b), *n. 2) d.lgs. 30 giugno 2016 n. 127. Per l'applicazione v. l'art. 7, comma 1 del medesimo decreto.*

(6) *Comma sostituito dall'art. 13, comma 2, lett.* d), *n. 4), d.l. n. 83, cit. (v. inoltre il comma 2-*bis *del medesimo art. 13), e successivamente modificato dall'art. 2, comma 1, lett.* b), *n. 3) d.lgs. 30 giugno 2016 n. 127. Per l'applicazione v. l'art. 7, comma 1 del medesimo decreto.*

(7) *Comma sostituito dall'art. 17, comma 1, lettera* i), *d.l. 12 settembre 2014, n. 133, conv., con modif., in l. 11 novembre 2014 n. 164; per l'applicazione della presente disposizione v. il comma 2-*ter *del medesimo art. 17.*

(8) *Comma sostituito dapprima dall'art. 30, comma 1, lett.* d), *n. 1), d.l. 21 giugno 2013, n. 69, conv., con modif., in l. 9 agosto 2013, n. 98 e, successivamente, dall'art. 54, comma 1, lett.* e), *l. 28 dicembre 2015, n. 221, infine modificato dall'art. 2, comma 1, lett.* b), *numero 4) d.lgs. 30 giugno 2016, n. 127. Per l'applicazione v. l'art. 7, comma 1 del medesimo decreto. Infine, l'ultimo periodo è stato aggiunto dall'art. 10 comma 1 lett. i) d.l. n. 76 del 2020, cit.*

(9) *Comma, da ultimo, abrogato dall'art. 2, comma 1, lett.* b), *n. 5) d.lgs. 30 giugno 2016, n. 127. In precedente il comma era stato sostituito dall'art. 30, comma 1, lett.* d), *n. 2), d.l. 21 giugno 2013, n. 69, conv., con modif., in l. 9 agosto 2013, n. 98 e, successivamente, dall'art. 54, comma 1, lett.* e), *l. 28 dicembre 2015, n. 221. Per l'applicazione v. l'art. 7, comma 1, del medesimo decreto.*

(10) *Comma, da ultimo, abrogato dall'art. 30, comma 1, lett.* d), *n. 3), d.l. 21 giugno 2013, n. 69, conv., con modif., in l. 9 agosto 2013, n. 98. In precedenza il comma era stato sostituito dall'art. 13, comma 2, lett.* d), *n. 5), d.l. n. 83, cit. (v. inoltre il comma 2-*bis *del medesimo art. 13).*

21 (R) Intervento sostitutivo regionale. (Decreto-legge 5 ottobre 1993, n. 398, art. 4, commi 5 e 6, convertito, con modificazioni, dalla legge 4 dicembre 1993, n. 493) (1).

1. Le regioni, con proprie leggi, determinano forme e modalità per l'eventuale esercizio del potere sostitutivo nei confronti dell'ufficio dell'amministrazione comunale competente per il rilascio del permesso di costruire.

(1) *Articolo sostituito dall'art. 5, comma 2, lett.* a), *n. 4), d.l. 13 maggio 2011, n. 70, conv., con modif., in l. 12 luglio 2011, n. 106.*

CAPO III
Denuncia di inizio attività

22 (L) Interventi subordinati a segnalazione certificata di inizio di attività (1) (2) (decreto-legge 5 ottobre 1993, n. 398, art. 4, commi 7, 8, convertito, con modificazioni, dalla legge 4 dicembre 1993, n. 493, come modificato dall'art. 2, comma 60, della legge 23 dicembre 1996, n. 662, nel testo risultante dalle modifiche introdotte dall'art. 10 del decreto-legge 31 dicembre 1996, n. 669; decreto-legge 25 marzo 1997 n. 67, art. 11, convertito, con modifiche, dalla legge 23 maggio 1997, n. 135; decreto legislativo 29 ottobre 1999, n. 490, in part. articoli 34 ss, e 149).

1. Sono realizzabili mediante la segnalazione certificata di inizio di attività di cui all'articolo 19 della legge 7 agosto 1990, n. 241, nonché in conformità alle previsioni degli strumenti urbanistici, dei regolamenti edilizi e della disciplina urbanistico-edilizia vigente:

a) gli interventi di manutenzione straordinaria di cui all'articolo 3, comma 1, lettera *b*), qualora riguardino le parti strutturali dell'edificio o i prospetti (3);

b) gli interventi di restauro e di risanamento conservativo di cui all'articolo 3, comma 1, lettera *c*), qualora riguardino le parti strutturali dell'edificio;

c) gli interventi di ristrutturazione edilizia di cui all'articolo 3, comma 1, lettera *d*), diversi da quelli indicati nell'articolo 10, comma 1, lettera c (4).

2. Sono, altresì, realizzabili mediante segnalazioni certificate di inizio attività le varianti a permessi di costruire che non incidono sui parametri urbanistici e sulle volumetrie, che non modificano la destinazione d'uso e la categoria edilizia, non alterano la sagoma dell'edificio qualora sottoposto a vincolo ai sensi del decreto legislativo 22 gennaio 2004, n. 42 e successive modificazioni, e non violano le eventuali prescrizioni contenute nel permesso di costruire. Ai fini dell'attività di vigilanza urbanistica ed edilizia, nonché ai fini dell'agibilità, tali segnalazioni certificate di inizio attività costituiscono parte integrante del procedimento relativo al permesso di costruzione dell'intervento

principale e possono essere presentate prima della dichiarazione di ultimazione dei lavori (5).

2-*bis*. Sono realizzabili mediante segnalazione certificata d'inizio attività e comunicate a fine lavori con attestazione del professionista, le varianti a permessi di costruire che non configurano una variazione essenziale, a condizione che siano conformi alle prescrizioni urbanistico-edilizie e siano attuate dopo l'acquisizione degli eventuali atti di assenso prescritti dalla normativa sui vincoli paesaggistici, idrogeologici, ambientali, di tutela del patrimonio storico, artistico ed archeologico e dalle altre normative di settore (6).

[3. In alternativa al permesso di costruire, possono essere realizzati mediante denuncia di inizio attività:

a) gli interventi di ristrutturazione di cui all'articolo 10, comma 1, lettera *c*);

b) gli interventi di nuova costruzione o di ristrutturazione urbanistica qualora siano disciplinati da piani attuativi comunque denominati, ivi compresi gli accordi negoziali aventi valore di piano attuativo, che contengano precise disposizioni plano-volumetriche, tipologiche, formali e costruttive, la cui sussistenza sia stata esplicitamente dichiarata dal competente organo comunale in sede di approvazione degli stessi piani o di ricognizione di quelli vigenti; qualora i piani attuativi risultino approvati anteriormente all'entrata in vigore della legge 21 dicembre 2001, n. 443, il relativo atto di ricognizione deve avvenire entro trenta giorni dalla richiesta degli interessati; in mancanza si prescinde dall'atto di ricognizione, purché il progetto di costruzione venga accompagnato da apposita relazione tecnica nella quale venga asseverata l'esistenza di piani attuativi con le caratteristiche sopra menzionate;

c) gli interventi di nuova costruzione qualora siano in diretta esecuzione di strumenti urbanistici generali recanti precise disposizioni plano-volumetriche.] (7)

4. Le regioni a statuto ordinario con legge possono ampliare o ridurre l'ambito applicativo delle disposizioni di cui ai commi precedenti. Restano, comunque, ferme le sanzioni penali previste all'articolo 44.

[5. Gli interventi di cui al comma 3 sono soggetti al contributo di costruzione ai sensi dell'articolo 16. Le regioni possono individuare con legge gli altri interventi soggetti a denuncia di inizio attività, diversi da quelli di cui al comma 3, assoggettati al contributo di costruzione definendo criteri e parametri per la relativa determinazione.] (8)

6. La realizzazione degli interventi di cui al presente Capo che riguardino immobili sottoposti a tutela storico-artistica, paesaggistico-ambientale o dell'assetto idrogeologico, è subordinata al preventivo rilascio del parere o dell'autorizzazione richiesti dalle relative previsioni normative. Nell'ambito delle norme di tutela rientrano, in particolare, le disposizioni di cui al decreto legislativo 29 ottobre 1999, n. 490 (9).

7. È comunque salva la facoltà dell'interessato di chiedere il rilascio di permesso di costruire per la realizzazione degli interventi di cui al presente Capo, senza obbligo del pagamento del contributo di costruzione di cui all'articolo 16, salvo quanto previsto dall'ultimo periodo del comma 1 dell'articolo 23. In questo caso la violazione della disciplina urbanistico-edilizia non comporta l'applicazione delle sanzioni di cui all'articolo 44 ed è soggetta all'applicazione delle sanzioni di cui all'articolo 37 (10).

(1) *Articolo sostituito dall'articolo 1 d.lgs. 27 dicembre 2002, n. 301.*

(2) *Rubrica sostituita dall'art. 3, comma 1, lett. f), n. 1), d.lgs. 25 novembre 2016, n. 222.*

(3) *Le parole « o i prospetti » sono state inserite dall'art. 10 comma 1 lett. l) d.l. 16 luglio 2020, n. 76, conv., con modif., in l. 11 settembre 2020, n. 120.*

(4) *Comma dapprima modificato dall'art. 17, comma 1, lett. m), n. 1), d.l. 12 settembre 2014, n. 133, conv., con modif., in l. 11 novembre 2014, n. 164 e successivamente sostituito dall'art. 3, comma 1, lett. f), n. 2), d.lgs. 25 novembre 2016, n. 222.*

(5) *Comma modificato dapprima dall'art. 30, comma 1, lett. e), d.l. 21 giugno 2013, n. 69, conv., con modif., in l. 9 agosto 2013, n. 98, successivamente dall'art. 17, comma 1, lett. m), n. 1), d.l. 12 settembre 2014, n. 133, conv., con modif., in l. 11 novembre 2014 n. 164, e dall'art. 3, comma 1, lett. f), n. 3), d.lgs. 25 novembre 2016, n. 222.*

(6) *Comma inserito dall'art. 17, comma 1, lett. m), n. 2), d.l. 12 settembre 2014, n. 133, conv., con modif., in l. 11 novembre 2014 n. 164.*

(7) *Comma abrogato dall'art. 3, comma 1, lett. f), n. 4), d.lgs. 25 novembre 2016, n. 222.*

(8) *Comma abrogato dall'art. 3, comma 1, lett. f), n. 4), d.lgs. 25 novembre 2016, n. 222.*

(9) *Comma modificato dall'art. 54, comma 1, lett. f), d l. 28 dicembre 2015, n. 221, e successivamente dall'art. 3, comma 1, lett. f), n. 5), d.lgs. 25 novembre 2016, n. 222.*

(10) *Comma modificato dall'art. 3, comma 1, lett. f), n. 6), d.lgs. 25 novembre 2016, n. 222.*

23 Interventi subordinati a segnalazione certificata di inizio di attività in alternativa al permesso di costruire (1) (2).

01. In alternativa al permesso di costruire, possono essere realizzati mediante segnalazione certificata di inizio di attività:

a) gli interventi di ristrutturazione di cui all'articolo 10, comma 1, lettera *c*);

b) gli interventi di nuova costruzione o di ristrutturazione urbanistica qualora siano disciplinati da piani attuativi comunque denominati, ivi compresi gli accordi negoziali aventi valore di piano attuativo, che contengano precise disposizioni plano-volumetriche, tipologiche, formali e costruttive, la cui sussistenza sia stata esplicitamente dichiarata dal competente organo comunale in sede di approvazione degli stessi piani o di ricognizione di quelli vigenti; qualora i piani attuativi risultino approvati anteriormente all'entrata in vigore della legge 21 dicembre 2001, n. 443, il relativo atto di ricognizione deve avvenire entro trenta giorni dalla richiesta degli interessati; in mancanza si prescinde dall'atto di ricognizione, purché il progetto di costruzione venga accompagnato da apposita relazione tecnica nella quale venga asseverata l'esistenza di piani attuativi con le caratteristiche sopra menzionate;

c) gli interventi di nuova costruzione qualora siano in diretta esecuzione di strumenti urbanistici generali recanti precise disposizioni plano-volumetriche.

Gli interventi di cui alle lettere precedenti sono soggetti al contributo di costruzione ai sensi dell'articolo 16. Le regioni possono individuare con legge gli altri interventi soggetti a segnalazione certificata di inizio attività, diversi da quelli di cui alle lettere precedenti, assoggettati al contributo di costruzione definendo criteri e parametri per la relativa determinazione (3).

1. Il proprietario dell'immobile o chi abbia titolo per presentare la segnalazione certificata di inizio attività, almeno trenta giorni prima dell'effettivo inizio dei la-

vori, presenta allo sportello unico la segnalazione, accompagnata da una dettagliata relazione a firma di un progettista abilitato e dagli opportuni elaborati progettuali, che asseveri la conformità delle opere da realizzare agli strumenti urbanistici approvati e non in contrasto con quelli adottati ed ai regolamenti edilizi vigenti, nonché il rispetto delle norme di sicurezza e di quelle igienico-sanitarie (4).

1-*bis*. Nei casi in cui la normativa vigente prevede l'acquisizione di atti o pareri di organi o enti appositi, ovvero l'esecuzione di verifiche preventive, con la sola esclusione dei casi in cui sussistano vincoli relativi all'assetto idrogeologico, ambientali, paesaggistici o culturali e degli atti rilasciati dalle amministrazioni preposte alla difesa nazionale, alla pubblica sicurezza, all'immigrazione, all'asilo, alla cittadinanza, all'amministrazione della giustizia, all'amministrazione delle finanze, ivi compresi gli atti concernenti le reti di acquisizione del gettito, anche derivante dal gioco, nonché di quelli previsti dalla normativa per le costruzioni in zone sismiche e di quelli imposti dalla normativa comunitaria, essi sono comunque sostituiti dalle autocertificazioni, attestazioni e asseverazioni o certificazioni di tecnici abilitati relative alla sussistenza dei requisiti e dei presupposti previsti dalla legge, dagli strumenti urbanistici approvati o adottati e dai regolamenti edilizi, da produrre a corredo della documentazione di cui al comma 1, salve le verifiche successive degli organi e delle amministrazioni competenti (5).

1-*ter*. La denuncia, corredata delle dichiarazioni, attestazioni e asseverazioni nonché dei relativi elaborati tecnici, può essere presentata mediante posta raccomandata con avviso di ricevimento, ad eccezione dei procedimenti per cui è previsto l'utilizzo esclusivo della modalità telematica; in tal caso la denuncia si considera presentata al momento della ricezione da parte dell'amministrazione.

[Con regolamento, emanato ai sensi dell'articolo 17, comma 2, della legge 23 agosto 1988, n. 400, e successive modificazioni, su proposta del Ministro delle infrastrutture e dei trasporti, di concerto con il Ministro per la pubblica amministrazione e la semplificazione, previa intesa in sede di Conferenza unificata di cui all'articolo 8 del decreto legislativo 28 agosto 1997, n. 281, e successive modificazioni, si procede all'individuazione dei criteri e delle modalità per l'utilizzo esclusivo degli strumenti telematici ai fini della presentazione della denuncia.] (6)

2. La segnalazione certificata di inizio attività è corredata dall'indicazione dell'impresa cui si intende affidare i lavori ed è sottoposta al termine massimo di efficacia pari a tre anni. La realizzazione della parte non ultimata dell'intervento è subordinata a nuova segnalazione. L'interessato è comunque tenuto a comunicare allo sportello unico la data di ultimazione dei lavori (7).

3. Nel caso dei vincoli e delle materie oggetto dell'esclusione di cui al comma 1-*bis*, qualora l'immobile oggetto dell'intervento sia sottoposto ad un vincolo la cui tutela compete, anche in via di delega, alla stessa amministrazione comunale, il termine di trenta giorni di cui al comma 1 decorre dal rilascio del relativo atto di assenso. Ove tale atto non sia favorevole, la denuncia è priva di effetti (8).

4. Nel caso dei vincoli e delle materie oggetto dell'esclusione di cui al comma 1-bis, qualora l'immobile oggetto dell'intervento sia sottoposto ad un vincolo la cui tutela non compete all'amministrazione comunale, ove il parere favorevole del soggetto preposto alla tutela non sia allegato alla segnalazione, il competente ufficio comunale convoca una conferenza di servizi ai sensi degli articoli 14, 14-*bis*, 14-*ter*, 14-*quater*, della legge 7 agosto 1990, n. 241. Il termine di trenta giorni di cui al comma 1 decorre dall'esito della conferenza. In caso di esito non favorevole, la segnalazione è priva di effetti (9).

5. La sussistenza del titolo è provata con la copia della segnalazione certificata di inizio attività da cui risulti la data di ricevimento della segnalazione, l'elenco di quanto presentato a corredo del progetto, l'attestazione del professionista abilitato, nonché gli atti di assenso eventualmente necessari (10).

6. Il dirigente o il responsabile del competente ufficio comunale, ove entro il termine indicato al comma 1 sia riscontrata l'assenza di una o più delle condizioni stabilite, notifica all'interessato l'ordine motivato di non effettuare il previsto intervento e, in caso di falsa attestazione del professionista abilitato, informa l'autorità giudiziaria e il consiglio dell'ordine di appartenenza. È comunque salva la facoltà di ripresentare la denuncia di inizio attività, con le modifiche o le integrazioni necessarie per renderla conforme alla normativa urbanistica ed edilizia.

7. Ultimato l'intervento, il progettista o un tecnico abilitato rilascia un certificato di collaudo finale, che va presentato allo sportello unico, con il quale si attesta la conformità dell'opera al progetto presentato con la segnalazione certificata di inizio attività. Contestualmente presenta ricevuta dell'avvenuta presentazione della variazione catastale conseguente alle opere realizzate ovvero dichiarazione che le stesse non hanno comportato modificazioni del classamento. In assenza di tale documentazione si applica la sanzione di cui all'articolo 37, comma 5 (11) (12).

(1) *Articolo sostituito dall'art. 1 d.lgs. 27 dicembre 2002, n. 301.*

(2) *Rubrica sostituita dall'art. 3, comma 1, lett.* g), *n. 1), d.lgs. 25 novembre 2016, n. 222.*

(3) *Comma premesso dall'art. 3, comma 1, lett.* g), *n. 2), d.lgs. 25 novembre 2016, n. 222.*

(4) *Comma modificato dall'art. 3, comma 1, lett.* g), *n. 3), d.lgs. 25 novembre 2016, n. 222.*

(5) *Comma dapprima inserito dall'art. 13, comma 2, lett.* e), *n. 1), d.l. 22 giugno 2012, n. 83 (v. inoltre il comma 2-*bis *del medesimo art. 13) e successivamente modificato dall'art. 54, comma 1, lett.* g), *l. 28 dicembre 2015, n. 221.*

(6) *Comma dapprima inserito dall'art. 13, comma 2, lett.* e), *n. 1), d.l. n. 83, cit. (v. inoltre il comma 2-*bis *del medesimo art. 13) e successivamente modificato dall'art. 2, comma 1, d.lgs. 22 gennaio 2016, n. 10.*

(7) *Comma modificato dall'art. 3, comma 1, lett.* g), *n. 3), d.lgs. 25 novembre 2016, n. 222.*

(8) *Comma modificato dall'art. 13, comma 2, lett.* e), *n. 2), n. 1), d.l. n. 83, cit. (v. inoltre il comma 2-*bis *del medesimo art. 13).*

(9) *Comma modificato dapprima dall'art. 13, comma 2, lett.* e), *n. 3), n. 1), d.l. n. 83, cit. (v. inoltre il comma 2-*bis *del medesimo art. 13) e successivamente dall'art. 3, comma 1, lett.* g), *n. 3), d.lgs. 25 novembre 2016, n. 222.*

(10) *Comma modificato dall'art. 3, comma 1, lett.* g), *n. 3), d.lgs. 25 novembre 2016, n. 222.*

(11) *Comma modificato dall'art. 1 comma 558 l. 30 dicembre 2004, n. 311 e successivamente dall'art. 3, comma 1, lett.* g), *n. 3), d.lgs. 25 novembre 2016, n. 222.*

(12) *V. per una proroga dei termini di inizio e di ultimazione dei lavori l'art. 10 comma 4 d.l. 16 luglio 2020, n. 76, conv., con modif., in l. 11 settembre 2020, n. 120,* sub *art. 15.*

23-*bis* Autorizzazioni preliminari alla segnalazione certificata di inizio attività e alla comunicazione dell'inizio dei lavori (1).

1. Nei casi in cui si applica la disciplina della segnalazione certificata di inizio attività di cui all'articolo 19 della legge 7 agosto 1990, n. 241, prima della presentazione della segnalazione, l'interessato può richiedere allo sportello unico di provvedere all'acquisizione di tutti gli atti di assenso, comunque denominati, necessari per l'intervento edilizio, o presentare istanza di acquisizione dei medesimi atti di assenso contestualmente alla segnalazione. Lo sportello unico comunica tempestivamente all'interessato l'avvenuta acquisizione degli atti di assenso. Se tali atti non vengono acquisiti entro il termine di cui all'articolo 20, comma 3, si applica quanto previsto dal comma 5-*bis* del medesimo articolo.

2. In caso di presentazione contestuale della segnalazione certificata di inizio attività e dell'istanza di acquisizione di tutti gli atti di assenso, comunque denominati, necessari per l'intervento edilizio, l'interessato può dare inizio ai lavori solo dopo la comunicazione da parte dello sportello unico dell'avvenuta acquisizione dei medesimi atti di assenso o dell'esito positivo della conferenza di servizi.

3. Le disposizioni di cui ai commi 1 e 2, si applicano anche alla comunicazione dell'inizio dei lavori di cui all'articolo 6-*bis*, qualora siano necessari atti di assenso, comunque denominati, per la realizzazione dell'intervento edilizio (2).

4. All'interno delle zone omogenee A) di cui al decreto del Ministro dei lavori pubblici 2 aprile 1968, n. 1444, e in quelle equipollenti secondo l'eventuale diversa denominazione adottata dalle leggi regionali, i comuni devono individuare con propria deliberazione, da adottare entro il 30 giugno 2014, le aree nelle quali non è applicabile la segnalazione certificata di inizio attività per interventi di demolizione e ricostruzione, o per varianti a permessi di costruire, comportanti modifiche della sagoma. Senza nuovi o maggiori oneri a carico della finanza pubblica, decorso tale termine e in mancanza di intervento sostitutivo della regione ai sensi della normativa vigente, la deliberazione di cui al primo periodo è adottata da un Commissario nominato dal Ministro delle infrastrutture e dei trasporti. Nelle restanti aree interne alle zone omogenee A) e a quelle equipollenti di cui al primo periodo, gli interventi cui è applicabile la segnalazione certificata di inizio attività non possono in ogni caso avere inizio prima che siano decorsi trenta giorni dalla data di presentazione della segnalazione. Nelle more dell'adozione della deliberazione di cui al primo periodo e comunque in sua assenza, non trova applicazione per le predette zone omogenee A) la segnalazione certificata di inizio attività con modifica della sagoma.

(1) *Articolo inserito dall'art. 30, comma 1, lettera* f)*, d.l. 21 giugno 2013, n. 69, conv., con modif., in l. 9 agosto 2013, n. 98.*

(2) *Comma modificato dall'art. 3, comma 1, lett.* h)*, d.lgs. 25 novembre 2016, n. 222.*

23-*ter* Mutamento d'uso urbanisticamente rilevante (1).

1. Salva diversa previsione da parte delle leggi regionali, costituisce mutamento rilevante della destinazione d'uso ogni forma di utilizzo dell'immobile o della singola unità immobiliare diversa da quella originaria, ancorché non accompagnata dall'esecuzione di opere edilizie, purché tale da comportare l'assegnazione dell'immobile o dell'unità immobiliare considerati ad una diversa categoria funzionale tra quelle sotto elencate:
a) residenziale;
a-bis) turistico-ricettiva;
b) produttiva e direzionale;
c) commerciale;
d) rurale.

2. La destinazione d'uso dell'immobile o dell'unità immobiliare è quella stabilita dalla documentazione di cui all'articolo 9-*bis*, comma 1-*bis* (2).

3. Le regioni adeguano la propria legislazione ai principi di cui al presente articolo entro novanta giorni dalla data della sua entrata in vigore. Decorso tale termine, trovano applicazione diretta le disposizioni del presente articolo. Salva diversa previsione da parte delle leggi regionali e degli strumenti urbanistici comunali, il mutamento della destinazione d'uso all'interno della stessa categoria funzionale è sempre consentito.

(1) *Articolo inserito dall'art. 17, comma 1, lett.* n)*, d.l. 12 settembre 2014, n. 133, conv., con modif., in l. 11 novembre 2014, n. 164.*

(2) *Comma così sostituito dall'art. 10 comma 1 lett.* m) *d.l. 16 luglio 2020, n. 76, conv., con modif., in l. 11 settembre 2020, n. 120. Il testo del comma era il seguente:* « 2. La destinazione d'uso di un fabbricato o di una unità immobiliare è quella prevalente in termini di superficie utile ».

23-*quater* Usi temporanei (1).

1. Allo scopo di attivare processi di rigenerazione urbana, di riqualificazione di aree urbane degradate, di recupero e valorizzazione di immobili e spazi urbani dismessi o in via di dismissione e favorire, nel contempo, lo sviluppo di iniziative economiche, sociali, culturali o di recupero ambientale, il comune può consentire l'utilizzazione temporanea di edifici ed aree per usi diversi da quelli previsti dal vigente strumento urbanistico.

2. L'uso temporaneo può riguardare immobili legittimamente esistenti ed aree sia di proprietà privata che di proprietà pubblica, purché si tratti di iniziative di rilevante interesse pubblico o generale correlate agli obiettivi urbanistici, socio-economici ed ambientali indicati al comma 1.

3. L'uso temporaneo è disciplinato da un'apposita convenzione che regola:
a) la durata dell'uso temporaneo e le eventuali modalità di proroga;
b) le modalità di utilizzo temporaneo degli immobili e delle aree;
c) le modalità, i costi, gli oneri e le tempistiche per il ripristino una volta giunti alla scadenza della convenzione;
d) le garanzie e le penali per eventuali inadempimenti agli obblighi convenzionali.

4. La stipula della convenzione costituisce titolo per l'uso temporaneo e per l'esecuzione di eventuali interventi di adeguamento che si rendano necessari per esigenze di accessibilità, di sicurezza negli ambienti di lavoro e di tutela della salute, da attuare comunque con modalità reversibili, secondo quanto stabilito dalla convenzione medesima.

5. L'uso temporaneo non comporta il mutamento della destinazione d'uso dei suoli e delle unità immobiliari interessate.

6. Laddove si tratti di immobili o aree di proprietà pubblica il soggetto gestore è individuato mediante procedure di evidenza pubblica; in tali casi la convenzione specifica le cause di decadenza dall'assegnazione per gravi motivi.

7. Il consiglio comunale individua i criteri e gli indirizzi per l'attuazione delle disposizioni del presente articolo da parte della giunta comunale. In assenza di tale atto consiliare lo schema di convenzione che regola l'uso temporaneo è approvato con deliberazione del consiglio comunale.

8. Le leggi regionali possono dettare disposizioni di maggior dettaglio, anche in ragione di specificità territoriali o di esigenze contingenti a livello locale.

(1) *Articolo aggiunto dall'art. 10 comma 1 lett.* m-bis) *d.l. 16 luglio 2020, n. 76, conv., con modif., in l. 11 settembre 2020, n. 120.*

TITOLO III
Agibilità degli edifici

CAPO I
Certificato di agibilità

24 (L) Agibilità (1).

1. La sussistenza delle condizioni di sicurezza, igiene, salubrità, risparmio energetico degli edifici e degli impianti negli stessi installati, e, ove previsto, di rispetto degli obblighi di infrastrutturazione digitale (2) valutate secondo quanto dispone la normativa vigente, nonché la conformità dell'opera al progetto presentato e la sua agibilità sono attestati mediante segnalazione certificata.

2. Ai fini dell'agibilità, entro quindici giorni dall'ultimazione dei lavori di finitura dell'intervento, il soggetto titolare del permesso di costruire, o il soggetto che ha presentato la segnalazione certificata di inizio di attività, o i loro successori o aventi causa, presenta allo sportello unico per l'edilizia la segnalazione certificata, per i seguenti interventi:

a) nuove costruzioni;

b) ricostruzioni o sopraelevazioni, totali o parziali;

c) interventi sugli edifici esistenti che possano influire sulle condizioni di cui al comma 1.

3. La mancata presentazione della segnalazione, nei casi indicati al comma 2, comporta l'applicazione della sanzione amministrativa pecuniaria da euro 77 a euro 464.

4. Ai fini dell'agibilità, la segnalazione certificata può riguardare anche:

a) singoli edifici o singole porzioni della costruzione, purché funzionalmente autonomi, qualora siano state realizzate e collaudate le opere di urbanizzazione primaria relative all'intero intervento edilizio e siano state completate e collaudate le parti strutturali connesse, nonché collaudati e certificati gli impianti relativi alle parti comuni;

b) singole unità immobiliari, purché siano completate e collaudate le opere strutturali connesse, siano certificati gli impianti e siano completate le parti comuni e le opere di urbanizzazione primaria dichiarate funzionali rispetto all'edificio oggetto di agibilità parziale.

5. La segnalazione certificata di cui ai commi da 1 a 4 è corredata dalla seguente documentazione:

a) attestazione del direttore dei lavori o, qualora non nominato, di un professionista abilitato che assevera la sussistenza delle condizioni di cui al comma 1;

b) certificato di collaudo statico di cui all'articolo 67 ovvero, per gli interventi di cui al comma 8-*bis* del medesimo articolo, dichiarazione di regolare esecuzione resa dal direttore dei lavori;

c) dichiarazione di conformità delle opere realizzate alla normativa vigente in materia di accessibilità e superamento delle barriere architettoniche di cui all'articolo 77, nonché all'articolo 82;

d) gli estremi dell'avvenuta dichiarazione di aggiornamento catastale;

e) dichiarazione dell'impresa installatrice, che attesta la conformità degli impianti installati negli edifici alle condizioni di sicurezza, igiene, salubrità, risparmio energetico prescritte dalla disciplina vigente ovvero, ove previsto, certificato di collaudo degli stessi;

e-bis) attestazione di 'edificio predisposto alla banda ultra larga', rilasciata da un tecnico abilitato per gli impianti di cui all'articolo 1, comma 2, lettera *b*), del decreto del Ministro dello sviluppo economico 22 gennaio 2008, n. 37, e secondo quanto previsto dalle Guide CEI 306-2, CEI 306-22 e 64-100/1, 2 e 3 (3).

6. L'utilizzo delle costruzioni di cui ai commi 2 e 4 può essere iniziato dalla data di presentazione allo sportello unico della segnalazione corredata della documentazione di cui al comma 5. Si applica l'articolo 19, commi 3 e 6-*bis*, della legge 7 agosto 1990, n. 241.

7. Le Regioni, le Province autonome, i Comuni e le Città metropolitane, nell'ambito delle proprie competenze, disciplinano le modalità di effettuazione dei controlli, anche a campione e comprensivi dell'ispezione delle opere realizzate.

7-*bis*. La segnalazione certificata può altresì essere presentata, in assenza di lavori, per gli immobili legittimamente realizzati privi di agibilità che presentano i requisiti definiti con decreto del Ministro delle infrastrutture e dei trasporti, di concerto con il Ministro della salute, con il Ministro per i beni e le attività culturali e per il turismo e con il Ministro per la pubblica amministrazione, da adottarsi, previa intesa in Conferenza unificata di cui all'articolo 8 del decreto legislativo 28 agosto 1997, n. 281, entro novanta giorni dalla data di entrata in vigore della presente disposizione (4).

(1) *Articolo da ultimo sostituito dall'art. 3, comma 1, lett.* i), *d.lgs. 25 novembre 2016, n. 222. Precedentemente il comma era stato odificato dall'art. 30, comma 1, lett.* g), *d.l. 21 giugno 2013, n. 69, conv., con modif., in l. 9 agosto 2013, n. 98, successivamente dall'art. 17, comma 1, lett.* o),

d.l. 12 settembre 2014, n. 133, conv., con modif., in l. 11 novembre 2014 n. 164.

(2) *Le parole* « e, ove previsto, di rispetto degli obblighi di infrastrutturazione digitale » *sono state inserite dall'art. 4, comma 1, lett.* a) *d.lgs. 8 novembre 2021, n. 207.*

(3) *Lettera inserita dall'art. 4, comma 1, lett.* b) *d.lgs. n. 207, cit.*

(4) *Comma aggiunto dall'art. 10 comma 1 lett.* n) *d.l. 16 luglio 2020, n. 76, conv., con modif., in l. 11 settembre 2020, n. 120.*

25 **(R) Procedimento di rilascio del certificato di agibilità** (decreto del Presidente della Repubblica 22 aprile 1994, n. 425; legge 5 novembre 1971, n. 1086, articoli 7 e 8).

[1. Entro quindici giorni dall'ultimazione dei lavori di finitura dell'intervento, il soggetto di cui all'articolo 24, comma 3, è tenuto a presentare allo sportello unico la domanda di rilascio del certificato di agibilità, corredata della seguente documentazione:

a) richiesta di accatastamento dell'edificio, sottoscritta dallo stesso richiedente il certificato di agibilità, che lo sportello unico provvede a trasmettere al catasto;

b) dichiarazione sottoscritta dallo stesso richiedente il certificato di agibilità di conformità dell'opera rispetto al progetto approvato, nonché in ordine alla avvenuta prosciugatura dei muri e della salubrità degli ambienti;

c) dichiarazione dell'impresa installatrice che attesta la conformità degli impianti installati negli edifici adibiti ad uso civile alle prescrizioni di cui agli articoli 113 e 127, nonché all'articolo 1 della legge 9 gennaio 1991, n. 10, ovvero certificato di collaudo degli stessi, ove previsto, ovvero ancora certificazione di conformità degli impianti prevista dagli articoli 111 e 126 del presente testo unico.

2. Lo sportello unico comunica al richiedente, entro dieci giorni dalla ricezione della domanda di cui al comma 1, il nominativo del responsabile del procedimento ai sensi degli articoli 4 e 5 della legge 7 agosto 1990, n. 241.

3. Entro trenta giorni dalla ricezione della domanda di cui al comma 1, il dirigente o il responsabile del competente ufficio comunale, previa eventuale ispezione dell'edificio, rilascia il certificato di agibilità verificata la seguente documentazione:

a) certificato di collaudo statico di cui all'articolo 67;

b) certificato del competente ufficio tecnico della regione, di cui all'articolo 62, attestante la conformità delle opere eseguite nelle zone sismiche alle disposizioni di cui al capo IV della parte II;

c) la documentazione indicata al comma 1;

d) dichiarazione di conformità delle opere realizzate alla normativa vigente in materia di accessibilità e superamento delle barriere architettoniche di cui all'articolo 77, nonché all'articolo 82.

4. Trascorso inutilmente il termine di cui al comma 3, l'agibilità si intende attestata nel caso sia stato rilasciato il parere dell'A.S.L. di cui all'articolo 5, comma 3, lettera *a*). In caso di autodichiarazione, il termine per la formazione del silenzio assenso è di sessanta giorni (1).

5. Il termine di cui al comma 3 può essere interrotto una sola volta dal responsabile del procedimento, entro quindici giorni dalla domanda, esclusivamente per la richiesta di documentazione integrativa, che non sia già nella disponibilità dell'amministrazione o che non possa essere acquisita autonomamente. In tal caso, il termine di trenta giorni ricomincia a decorrere dalla data di ricezione della documentazione integrativa (2).

5-*bis*. Ove l'interessato non proponga domanda ai sensi del comma 1, fermo restando l'obbligo di presentazione della documentazione di cui al comma 3, lettere *a*), *b*) e *d*), del presente articolo e all'articolo 5, comma 3, lettera *a*), presenta la dichiarazione del direttore dei lavori o, qualora non nominato, di un professionista abilitato, con la quale si attesta la conformità dell'opera al progetto presentato e la sua agibilità, corredata dalla seguente documentazione:

a) richiesta di accatastamento dell'edificio che lo sportello unico provvede a trasmettere al catasto;

b) dichiarazione dell'impresa installatrice che attesta la conformità degli impianti installati negli edifici alle condizioni di sicurezza, igiene, salubrità, risparmio energetico valutate secondo la normativa vigente (2).

5-*ter*. Le Regioni a statuto ordinario disciplinano con legge le modalità [per l'attuazione delle disposizioni di cui al comma 5-*bis* e] per l'effettuazione dei controlli (3).] (4)

(1) *Così rettificato in G.U. 13 novembre 2001, n. 264.*

(2) *Comma aggiunto dall'art. 30, comma 1, lett.* h), *d.l. 21 giugno 2013, n. 69, conv., con modif., in l. 9 agosto 2013, n. 98.*

(3) *Comma aggiunto dall'art. 30, comma 1, lettera* h), *d.l. 21 giugno 2013, n. 69 conv., con modif., in l. 9 agosto 2013, n. 98 e successivamente modificato dall'art.17, comma 1, lettera* p), *d.l. 12 settembre 2014, n. 133 conv., con modif., in l. 11 novembre 2014, n. 164.*

(4) *Articolo abrogato dall'art. 3, comma 1, lett.* j), *d.lgs. 25 novembre 2016, n. 222.*

26 **(L) Dichiarazione di inagibilità** (regio decreto 27 luglio 1934, n. 1265, art. 222).

1. La presentazione della segnalazione certificata di agibilità non impedisce l'esercizio del potere di dichiarazione di inagibilità di un edificio o di parte di esso ai sensi dell'articolo 222 del regio decreto 27 luglio 1934, n. 1265 (1).

(1) *Comma modificato dall'art. 3, comma 1, lett.* k), *d.lgs. 25 novembre 2016, n. 222.*

TITOLO IV

Vigilanza sull'attività urbanistico-edilizia, responsabilità e sanzioni

CAPO I

Vigilanza sull'attività urbanistico-edilizia e responsabilità

27 **(L) Vigilanza sull'attività urbanistico-edilizia.** (Legge 28 febbraio 1985, n. 47, art. 4; decreto legislativo 18 agosto 2000, n. 267, articoli 107 e 109).

1. Il dirigente o il responsabile del competente ufficio comunale esercita, anche secondo le modalità stabilite dallo statuto o dai regolamenti dell'ente, la vigilanza sull'attività urbanistico-edilizia nel territorio co-

munale per assicurarne la rispondenza alle norme di legge e di regolamento, alle prescrizioni degli strumenti urbanistici ed alle modalità esecutive fissate nei titoli abilitativi.

2. Il dirigente o il responsabile, quando accerti l'inizio o l'esecuzione di opere eseguite senza titolo su aree assoggettate, da leggi statali, regionali o da altre norme urbanistiche vigenti o adottate, a vincolo di inedificabilità, o destinate ad opere e spazi pubbli ci ovvero ad interventi di edilizia residenziale pubblica di cui alla legge 18 aprile 1962, n. 167, e successive modificazioni ed integrazioni, nonché in tutti i casi di difformità dalle norme urbanistiche e alle prescrizioni degli strumenti urbanistici, provvede alla demolizione e al ripristino dello stato dei luoghi. Qualora si tratti di aree assoggettate alla tutela di cui al regio decreto 30 dicembre 1923, n. 3267, o appartenenti ai beni disciplinati dalla legge 16 giugno 1927, n. 1766, nonché delle aree di cui al decreto legislativo 29 ottobre 1999, n. 490, il dirigente provvede alla demolizione ed al ripristino dello stato dei luoghi, previa comunicazione alle amministrazioni competenti le quali possono eventualmente intervenire, ai fini della demolizione, anche di propria iniziativa. Per le opere abusivamente realizzate su immobili dichiarati monumento nazionale con provvedimenti aventi forza di legge o dichiarati di interesse particolarmente importante ai sensi degli articoli 6 e 7 del decreto legislativo 29 ottobre 1999, n. 490, o su beni di interesse archeologico, nonché per le opere abusivamente realizzate su immobili soggetti a vincolo o di inedificabilità assoluta in applicazione delle disposizioni del titolo II del decreto legislativo 29 ottobre 1999, n. 490, il Soprintendente, su richiesta della regione, del comune o delle altre autorità preposte alla tutela, ovvero decorso il termine di 180 giorni dall'accertamento dell'illecito, procede alla demolizione, anche avvalendosi delle modalità operative di cui ai commi 55 e 56 dell'articolo 2 della legge 23 dicembre 1996, n. 662 (1).

3. Ferma rimanendo l'ipotesi prevista dal precedente comma 2, qualora sia constatata, dai competenti uffici comunali d'ufficio o su denuncia dei cittadini, l'inosservanza delle norme, prescrizioni e modalità di cui al comma 1, il dirigente o il responsabile dell'ufficio, ordina l'immediata sospensione dei lavori, che ha effetto fino all'adozione dei provvedimenti definitivi di cui ai successivi articoli, da adottare e notificare entro quarantacinque giorni dall'ordine di sospensione dei lavori. Entro i successivi quindici giorni dalla notifica il dirigente o il responsabile dell'ufficio, su ordinanza del sindaco, può procedere al sequestro del cantiere (2).

4. Gli ufficiali ed agenti di polizia giudiziaria, ove nei luoghi in cui vengono realizzate le opere non sia esibito il permesso di costruire, ovvero non sia apposto il prescritto cartello, ovvero in tutti gli altri casi di presunta violazione urbanistico-edilizia, ne danno immediata comunicazione all'autorità giudiziaria, al competente organo regionale e al dirigente del competente ufficio comunale, il quale verifica entro trenta giorni la regolarità delle opere e dispone gli atti conseguenti.

(1) *Comma modificato dall'art. 32 d.l. 30 settembre 2003, n. 269, conv., con modif., in l. 24 novembre 2003, n. 326.*

(2) *Periodo aggiunto dall'art. 2, comma 341, l. 24 dicembre 2007, n. 244.*

28 (L) Vigilanza su opere di amministrazioni statali. (Legge 28 febbraio 1985, n. 47, art. 5; decreto legislativo 18 agosto 2000, n. 267, articoli 107 e 109).

1. Per le opere eseguite da amministrazioni statali, qualora ricorrano le ipotesi di cui all'articolo 27, il dirigente o il responsabile del competente ufficio comunale informa immediatamente la regione e il Ministero delle infrastrutture e dei trasporti, al quale compete, d'intesa con il presidente della giunta regionale, la adozione dei provvedimenti previsti dal richiamato articolo 27 (1).

(1) *Così rettificato in G.U. 13 novembre 2001, n. 264.*

28-*bis* Permesso di costruire convenzionato (1).

1. Qualora le esigenze di urbanizzazione possano essere soddisfatte con una modalità semplificata, è possibile il rilascio di un permesso di costruire convenzionato.

2. La convenzione, approvata con delibera del consiglio comunale, salva diversa previsione regionale, specifica gli obblighi, funzionali al soddisfacimento di un interesse pubblico, che il soggetto attuatore si assume ai fini di poter conseguire il rilascio del titolo edilizio, il quale resta la fonte di regolamento degli interessi.

3. Sono, in particolare, soggetti alla stipula di convenzione:

a) la cessione di aree anche al fine dell'utilizzo di diritti edificatori;

b) la realizzazione di opere di urbanizzazione fermo restando quanto previsto dall'articolo 32, comma 1, lettera *g*), del decreto legislativo 12 aprile 2006, n.163;

c) le caratteristiche morfologiche degli interventi;

d) la realizzazione di interventi di edilizia residenziale sociale.

4. La convenzione può prevedere modalità di attuazione per stralci funzionali, cui si collegano gli oneri e le opere di urbanizzazione da eseguire e le relative garanzie.

5. Il termine di validità del permesso di costruire convenzionato può essere modulato in relazione agli stralci funzionali previsti dalla convenzione.

6. Il procedimento di formazione del permesso di costruire convenzionato è quello previsto dal Capo II del Titolo II della presente parte. Alla convenzione si applica altresì la disciplina dell'articolo 11 della legge 7 agosto 1990, n. 241.

(1) *Articolo inserito dall'art. 17, comma 1, lett. q), d.l. 12 settembre 2014, n. 133 conv., con modif., in l. 11 novembre 2014 n. 164.*

29 (L) Responsabilità del titolare del permesso di costruire, del committente, del costruttore e del direttore dei lavori, nonché anche del progettista per le opere subordinate a denuncia di inizio attività. (Legge 28 febbraio 1985, n. 47, art. 6; decreto-legge 23 aprile 1985, n. 146, art. 5-*bis*, convertito con modificazioni, in legge 21 giugno 1985, n. 298; decreto-legge 5 ottobre 1993, n.

398, art. 4, comma 12, convertito con modificazioni dalla legge 4 dicembre 1993, n. 493; decreto legislativo 18 agosto 2000, n. 267, articoli 107 e 109).

1. Il titolare del permesso di costruire, il committente e il costruttore sono responsabili, ai fini e per gli effetti delle norme contenute nel presente capo, della conformità delle opere alla normativa urbanistica, alle previsioni di piano nonché, unitamente al direttore dei lavori, a quelle del permesso e alle modalità esecutive stabilite dal medesimo. Essi sono, altresì, tenuti al pagamento delle sanzioni pecuniarie e solidalmente alle spese per l'esecuzione in danno, in caso di demolizione delle opere abusivamente realizzate, salvo che dimostrino di non essere responsabili dell'abuso.

2. Il direttore dei lavori non è responsabile qualora abbia contestato agli altri soggetti la violazione delle prescrizioni del permesso di costruire, con esclusione delle varianti in corso d'opera, fornendo al dirigente o responsabile del competente ufficio comunale contemporanea e motivata comunicazione della violazione stessa. Nei casi di totale difformità o di variazione essenziale rispetto al permesso di costruire, il direttore dei lavori deve inoltre rinunziare all'incarico contestualmente alla comunicazione resa al dirigente. In caso contrario il dirigente segnala al consiglio dell'ordine professionale di appartenenza la violazione in cui è incorso il direttore dei lavori, che è passibile di sospensione dall'albo professionale da tre mesi a due anni.

3. Per le opere realizzate dietro presentazione di segnalazione certificata di inizio attività, il progettista assume la qualità di persona esercente un servizio di pubblica necessità ai sensi degli articoli 359 e 481 del codice penale. In caso di dichiarazioni non veritiere nella relazione di cui all'articolo 23, comma 1, l'amministrazione ne dà comunicazione al competente ordine professionale per l'irrogazione delle sanzioni disciplinari (2).

(1) *Rubrica modificata dall'art. 17, comma 2, lett.* a), *d.l. 12 settembre 2014, n. 133, conv., con modif., in l. 11 novembre 2014, n. 164..*
(2) *Comma modificato dall'art. 17, comma 2, lett.* a), *d.l. n. 133, cit.*

CAPO II
Sanzioni

30 **(L) Lottizzazione abusiva.** (Legge 28 febbraio 1985, n. 47, art. 18; decreto-legge 23 aprile 1985, n. 146, articoli 1, comma 3-*bis*, e 7-*bis*; decreto legislativo 18 agosto 2000, n. 267, articoli 107 e 109).

1. Si ha lottizzazione abusiva di terreni a scopo edificatorio quando vengono iniziate opere che comportino trasformazione urbanistica od edilizia dei terreni stessi in violazione delle prescrizioni degli strumenti urbanistici, vigenti o adottati, o comunque stabilite dalle leggi statali o regionali o senza la prescritta autorizzazione; nonché quando tale trasformazione venga predisposta attraverso il frazionamento e la vendita, o atti equivalenti, del terreno in lotti che, per le loro caratteristiche quali la dimensione in relazione alla natura del terreno e alla sua destinazione secondo gli strumenti urbanistici, il numero, l'ubicazione o la eventuale previsione di opere di urbanizzazione ed in rapporto ad elementi riferiti agli acquirenti, denuncino in modo non equivoco la destinazione a scopo edificatorio.

2. Gli atti tra vivi, sia in forma pubblica sia in forma privata, aventi ad oggetto trasferimento o costituzione o scioglimento della comunione di diritti reali relativi a terreni sono nulli e non possono essere stipulati né trascritti nei pubblici registri immobiliari ove agli atti stessi non sia allegato il certificato di destinazione urbanistica contenente le prescrizioni urbanistiche riguardanti l'area interessata. Le disposizioni di cui al presente comma non si applicano quando i terreni costituiscano pertinenze di edifici censiti nel nuovo catasto edilizio urbano, purché la superficie complessiva dell'area di pertinenza medesima sia inferiore a 5.000 metri quadrati.

3. Il certificato di destinazione urbanistica deve essere rilasciato dal dirigente o responsabile del competente ufficio comunale entro il termine perentorio di trenta giorni dalla presentazione della relativa domanda. Esso conserva validità per un anno dalla data di rilascio se, per dichiarazione dell'alienante o di uno dei condividenti, non siano intervenute modificazioni degli strumenti urbanistici.

4. In caso di mancato rilascio del suddetto certificato nel termine previsto, esso può essere sostituito da una dichiarazione dell'alienante o di uno dei condividenti attestante l'avvenuta presentazione della domanda, nonché la destinazione urbanistica dei terreni secondo gli strumenti urbanistici vigenti o adottati, ovvero l'inesistenza di questi ovvero la prescrizione, da parte dello strumento urbanistico generale approvato, di strumenti attuativi.

4-*bis*. Gli atti di cui al comma 2, ai quali non siano stati allegati certificati di destinazione urbanistica, o che non contengano la dichiarazione di cui al comma 3, possono essere confermati o integrati anche da una sola delle parti o dai suoi aventi causa, mediante atto pubblico o autenticato, al quale sia allegato un certificato contenente le prescrizioni urbanistiche riguardanti le aree interessate al giorno in cui è stato stipulato l'atto da confermare o contenente la dichiarazione omessa (1).

5. I frazionamenti catastali dei terreni non possono essere approvati dall'agenzia del territorio se non è allegata copia del tipo dal quale risulti, per attestazione degli uffici comunali, che il tipo medesimo è stato depositato presso il comune.

6. [I pubblici ufficiali che ricevono o autenticano atti aventi per oggetto il trasferimento, anche senza frazionamento catastale, di appezzamenti di terreno di superficie inferiore a diecimila metri quadrati devono trasmettere, entro trenta giorni dalla data di registrazione, copia dell'atto da loro ricevuto o autenticato al dirigente o responsabile del competente ufficio del comune ove è sito l'immobile] (2).

7. Nel caso in cui il dirigente o il responsabile del competente ufficio comunale accerti l'effettuazione di lottizzazione di terreni a scopo edificatorio senza la prescritta autorizzazione, con ordinanza da notificare ai proprietari delle aree ed agli altri soggetti indicati nel comma 1 dell'articolo 29, ne dispone la sospensio-

ne. Il provvedimento comporta l'immediata interruzione delle opere in corso ed il divieto di disporre dei suoli e delle opere stesse con atti tra vivi, e deve essere trascritto a tal fine nei registri immobiliari.

8. Trascorsi novanta giorni, ove non intervenga la revoca del provvedimento di cui al comma 7, le aree lottizzate sono acquisite di diritto al patrimonio disponibile del comune il cui dirigente o responsabile del competente ufficio deve provvedere alla demolizione delle opere. In caso di inerzia si applicano le disposizioni concernenti i poteri sostitutivi di cui all'articolo 31, comma 8.

9. Gli atti aventi per oggetto lotti di terreno, per i quali sia stato emesso il provvedimento previsto dal comma 7, sono nulli e non possono essere stipulati, né in forma pubblica né in forma privata, dopo la trascrizione di cui allo stesso comma e prima della sua eventuale cancellazione o della sopravvenuta inefficacia del provvedimento del dirigente o del responsabile del competente ufficio comunale.

10. Le disposizioni di cui sopra si applicano agli atti stipulati ed ai frazionamenti presentati ai competenti uffici del catasto dopo il 17 marzo 1985, e non si applicano comunque alle divisioni ereditarie, alle donazioni fra coniugi e fra parenti in linea retta ed ai testamenti, nonché agli atti costitutivi, modificativi od estintivi di diritti reali di garanzia e di servitù.

(1) *Comma aggiunto dall'art. 12 l. 28 novembre 2005, n. 246.*
(2) *Comma corretto in G.U. 13 novembre 2001, n. 264 e abrogato dall'art. 1 d.P.R. 9 novembre 2005, n. 304.*

31 (L) Interventi eseguiti in assenza di permesso di costruire, in totale difformità o con variazioni essenziali (legge 28 febbraio 1985, n. 47, art. 7; decreto-legge 23 aprile 1985, n. 146, art. 2, convertito, con modificazioni, in legge 21 giugno 1985, n. 298; decreto legislativo 18 agosto 2000, n. 267, articoli 107 e 109).

1. Sono interventi eseguiti in totale difformità dal permesso di costruire quelli che comportano la realizzazione di un organismo edilizio integralmente diverso per caratteristiche tipologiche, planovolumetriche o di utilizzazione da quello oggetto del permesso stesso, ovvero l'esecuzione di volumi edilizi oltre i limiti indicati nel progetto e tali da costituire un organismo edilizio o parte di esso con specifica rilevanza ed autonomamente utilizzabile.

2. Il dirigente o il responsabile del competente ufficio comunale, accertata l'esecuzione di interventi in assenza di permesso, in totale difformità dal medesimo, ovvero con variazioni essenziali, determinate ai sensi dell'articolo 32, ingiunge al proprietario e al responsabile dell'abuso la rimozione o la demolizione, indicando nel provvedimento l'area che viene acquisita di diritto, ai sensi del comma 3.

3. Se il responsabile dell'abuso non provvede alla demolizione e al ripristino dello stato dei luoghi nel termine di novanta giorni dall'ingiunzione, il bene e l'area di sedime, nonché quella necessaria, secondo le vigenti prescrizioni urbanistiche, alla realizzazione di opere analoghe a quelle abusive sono acquisiti di diritto gratuitamente al patrimonio del comune. L'area acquisita non può comunque essere superiore a dieci volte la complessiva superficie utile abusivamente costruita.

4. L'accertamento dell'inottemperanza alla ingiunzione a demolire, nel termine di cui al comma 3, previa notifica all'interessato, costituisce titolo per l'immissione nel possesso e per la trascrizione nei registri immobiliari, che deve essere eseguita gratuitamente.

4-*bis*. L'autorità competente, constatata l'inottemperanza, irroga una sanzione amministrativa pecuniaria di importo compreso tra 2.000 euro e 20.000 euro, salva l'applicazione di altre misure e sanzioni previste da norme vigenti. La sanzione, in caso di abusi realizzati sulle aree e sugli edifici di cui al comma 2 dell'articolo 27, ivi comprese le aree soggette a rischio idrogeologico elevato o molto elevato, è sempre irrogata nella misura massima. La mancata o tardiva emanazione del provvedimento sanzionatorio, fatte salve le responsabilità penali, costituisce elemento di valutazione della performance individuale nonché di responsabilità disciplinare e amministrativo-contabile del dirigente e del funzionario inadempiente (1).

4-*ter*. I proventi delle sanzioni di cui al comma 4-bis spettano al comune e sono destinati esclusivamente alla demolizione e rimessione in pristino delle opere abusive e all'acquisizione e attrezzatura di aree destinate a verde pubblico (1).

4-*quater*. Ferme restando le competenze delle regioni a statuto speciale e delle province autonome di Trento e di Bolzano, le regioni a statuto ordinario possono aumentare l'importo delle sanzioni amministrative pecuniarie previste dal comma 4-*bis* e stabilire che siano periodicamente reiterabili qualora permanga l'inottemperanza all'ordine di demolizione (1).

5. L'opera acquisita è demolita con ordinanza del dirigente o del responsabile del competente ufficio comunale a spese dei responsabili dell'abuso, salvo che con deliberazione consiliare non si dichiari l'esistenza di prevalenti interessi pubblici e sempre che l'opera non contrasti con rilevanti interessi urbanistici, ambientali o di rispetto dell'assetto idrogeologico (2).

6. Per gli interventi abusivamente eseguiti su terreni sottoposti, in base a leggi statali o regionali, a vincolo di inedificabilità, l'acquisizione gratuita, nel caso di inottemperanza all'ingiunzione di demolizione, si verifica di diritto a favore delle amministrazioni cui compete la vigilanza sull'osservanza del vincolo. Tali amministrazioni provvedono alla demolizione delle opere abusive ed al ripristino dello stato dei luoghi a spese dei responsabili dell'abuso. Nella ipotesi di concorso dei vincoli, l'acquisizione si verifica a favore del patrimonio del comune.

7. Il segretario comunale redige e pubblica mensilmente, mediante affissione nell'albo comunale, i dati relativi agli immobili e alle opere realizzati abusivamente, oggetto dei rapporti degli ufficiali ed agenti di polizia giudiziaria e delle relative ordinanze di sospensione e trasmette i dati anzidetti all'autorità giudiziaria competente, al presidente della giunta regionale e, tramite l'ufficio territoriale del governo, al Ministro delle infrastrutture e dei trasporti.

8. In caso d'inerzia, protrattasi per quindici giorni dalla data di constatazione della inosservanza delle

disposizioni di cui al comma 1 dell'articolo 27, ovvero protrattasi oltre il termine stabilito dal comma 3 del medesimo articolo 27, il competente organo regionale, nei successivi trenta giorni, adotta i provvedimenti eventualmente necessari dandone contestuale comunicazione alla competente autorità giudiziaria ai fini dell'esercizio dell'azione penale.

9. Per le opere abusive di cui al presente articolo, il giudice, con la sentenza di condanna per il reato di cui all'articolo 44, ordina la demolizione delle opere stesse se ancora non sia stata altrimenti eseguita.

9-*bis*. Le disposizioni del presente articolo si applicano anche agli interventi edilizi di cui all'articolo 23, comma 01 (3).

(1) *Comma inserito dall'art. 17, comma 1, lett.* q-bis), *d.l. 12 settembre 2014, n. 133, conv., con modif., in l. 11 novembre 2014 n. 164.*

(2) *Comma modificato dall'art. 54, comma 1, lett.* h), *l. 28 dicembre 2015, n. 221.*

(3) *Comma aggiunto dall'art. 1 d.lgs. 27 dicembre 2002, n. 301 e successivamente modificato dall'art. 3, comma 1, lett.* l), *d.lgs. 25 novembre 2016, n. 222.*

32 (L) Determinazione delle variazioni essenziali. (Legge 28 febbraio 1985, n. 47, art. 8).

1. Fermo restando quanto disposto dal comma 1 dell'articolo 31, le regioni stabiliscono quali siano le variazioni essenziali al progetto approvato, tenuto conto che l'essenzialità ricorre esclusivamente quando si verifica una o più delle seguenti condizioni:

a) mutamento della destinazione d'uso che implichi variazione degli standards previsti dal decreto ministeriale 2 aprile 1968, pubblicato nella Gazzetta Ufficiale n. 97 del 16 aprile 1968;

b) aumento consistente della cubatura o della superficie di solaio da valutare in relazione al progetto approvato;

c) modifiche sostanziali di parametri urbanistico-edilizi del progetto approvato ovvero della localizzazione dell'edificio sull'area di pertinenza;

d) mutamento delle caratteristiche dell'intervento edilizio assentito;

e) violazione delle norme vigenti in materia di edilizia antisismica, quando non attenga a fatti procedurali.

2. Non possono ritenersi comunque variazioni essenziali quelle che incidono sulla entità delle cubature accessorie, sui volumi tecnici e sulla distribuzione interna delle singole unità abitative.

3. Gli interventi di cui al comma 1, effettuati su immobili sottoposti a vincolo storico, artistico, architettonico, archeologico, paesistico, ambientale e idrogeologico, nonché su immobili ricadenti sui parchi o in aree protette nazionali e regionali, sono considerati in totale difformità dal permesso, ai sensi e per gli effetti degli articoli 31 e 44. Tutti gli altri interventi sui medesimi immobili sono considerati variazioni essenziali (1).

(1) *Comma modificato dall'articolo 54, comma 1, lettera* i), *della Legge 28 dicembre 2015, n. 221.*

33 (L) Interventi di ristrutturazione edilizia in assenza di permesso di costruire o in totale difformità (legge 28 febbraio 1985, n. 47, art. 9; decreto legislativo 18 agosto 2000, n. 267, articoli 107 e 109).

1. Gli interventi e le opere di ristrutturazione edilizia di cui all'articolo 10, comma 1, eseguiti in assenza di permesso o in totale difformità da esso, sono rimossi ovvero demoliti e gli edifici sono resi conformi alle prescrizioni degli strumenti urbanistico-edilizi entro il congruo termine stabilito dal dirigente o del responsabile del competente ufficio comunale con propria ordinanza, decorso il quale l'ordinanza stessa è eseguita a cura del comune e a spese dei responsabili dell'abuso.

2. Qualora, sulla base di motivato accertamento dell'ufficio tecnico comunale, il ripristino dello stato dei luoghi non sia possibile, il dirigente o il responsabile dell'ufficio irroga una sanzione pecunaria pari al doppio dell'aumento di valore dell'immobile, conseguente alla realizzazione delle opere, determinato, con riferimento alla data di ultimazione dei lavori, in base ai criteri previsti dalla legge 27 luglio 1978, n. 392, e con riferimento all'ultimo costo di produzione determinato con decreto ministeriale, aggiornato alla data di esecuzione dell'abuso, sulla base dell'indice ISTAT del costo di costruzione, con la esclusione, per i comuni non tenuti all'applicazione della legge medesima, del parametro relativo all'ubicazione e con l'equiparazione alla categoria A/1 delle categorie non comprese nell'articolo 16 della medesima legge. Per gli edifici adibiti ad uso diverso da quello di abitazione la sanzione è pari al doppio dell'aumento del valore venale dell'immobile, determinato a cura dell'agenzia del territorio.

3. Qualora le opere siano state eseguite su immobili vincolati ai sensi del decreto legislativo 29 ottobre 1999, n. 490, l'amministrazione competente a vigilare sull'osservanza del vincolo, salva l'applicazione di altre misure e sanzioni previste da norme vigenti, ordina la restituzione in pristino a cura e spese del responsabile dell'abuso, indicando criteri e modalità diretti a ricostituire l'originario organismo edilizio, ed irroga una sanzione pecuniaria da 516 a 5164 euro (1).

4. Qualora le opere siano state eseguite su immobili, anche se non vincolati, compresi nelle zone omogenee A, di cui al decreto ministeriale 2 aprile 1968, n. 1444, il dirigente o il responsabile dell'ufficio richiede all'amministrazione competente alla tutela dei beni culturali ed ambientali apposito parere vincolante circa la restituzione in pristino o la irrogazione della sanzione pecuniaria di cui al precedente comma. Qualora il parere non venga reso entro novanta giorni dalla richiesta il dirigente o il responsabile provvede autonomamente.

5. In caso di inerzia, si applica la disposizione di cui all'articolo 31, comma 8.

6. È comunque dovuto il contributo di costruzione di cui agli articoli 16 e 19.

6-*bis*. Le disposizioni del presente articolo si applicano anche agli interventi di ristrutturazione edilizia di cui all'articolo 23, comma 01, eseguiti in assenza di segnalazione certificata di inizio attività o in totale difformità dalla stessa (2).

(1) *Così rettificato in Gazz. Uff., 13 novembre 2001, n. 264.*

(2) *Comma aggiunto dall'art. 1 d.lgs. 27 dicembre 2002, n. 301, successivamente modificato dall'art. 17, comma 2, lettera* a), *d.l. 12 settembre 2014, n. 133, conv., con modif., in l. 11 novembre 2014 n. 164, e infine dall'art. 3, comma 1, lett.* m), *d.lgs. 25 novembre 2016, n. 222.*

34 **(L) Interventi eseguiti in parziale difformità dal permesso di costruire** (legge 28 febbraio 1985, n. 47, art. 12; decreto legislativo 18 agosto 2000, n. 267, articoli 107 e 109).

1. Gli interventi e le opere realizzati in parziale difformità dal permesso di costruire sono rimossi o demoliti a cura e spese dei responsabili dell'abuso entro il termine congruo fissato dalla relativa ordinanza del dirigente o del responsabile dell'ufficio. Decorso tale termine sono rimossi o demoliti a cura del comune e a spese dei medesimi responsabili dell'abuso.

2. Quando la demolizione non può avvenire senza pregiudizio della parte eseguita in conformità, il dirigente o il responsabile dell'ufficio applica una sanzione pari al doppio del costo di produzione, stabilito in base alla legge 27 luglio 1978, n. 392, della parte dell'opera realizzata in difformità dal permesso di costruire, se ad uso residenziale, e pari al doppio del valore venale, determinato a cura della agenzia del territorio, per le opere adibite ad usi diversi da quello residenziale.

2-*bis*. Le disposizioni del presente articolo si applicano anche agli interventi edilizi di cui all'articolo 23, comma 01, eseguiti in parziale difformità dalla segnalazione certificata di inizio attività (1).

[2-*ter*. Ai fini dell'applicazione del presente articolo, non si ha parziale difformità del titolo abilitativo in presenza di violazioni di altezza, distacchi, cubatura o superficie coperta che non eccedano per singola unità immobiliare il 2 per cento delle misure progettuali] (2).

(1) *Comma aggiunto dall'art. 1 d.lgs. 27 dicembre 2002, n. 301, successivamente modificato dall'art. 17, comma 2, lett.* a)*, d.l. 12 settembre 2014, n. 133, conv., con modif., in l. 11 novembre 2014 n. 164 e infine dall'art. 3, comma 1, lett.* n)*, d.lgs. 25 novembre 2016, n. 222.*

(2) *Comma aggiunto dall'art. 5, comma 2, lett.* a)*, n.o 5), d.l. 13 maggio 2011, n. 70, conv., con modif., in l. 12 luglio 2011, n. 106 e successivamente abrogato dall'art. 10 comma 1 lett. o) d.l. 16 luglio 2020, n. 76, conv., con modif., in l. 11 settembre 2020, n. 120.*

34-*bis* **(L) Tolleranze costruttive** (1).

1. Il mancato rispetto dell'altezza, dei distacchi, della cubatura, della superficie coperta e di ogni altro parametro delle singole unità immobiliari non costituisce violazione edilizia se contenuto entro il limite del 2 per cento delle misure previste nel titolo abilitativo.

2. Fuori dai casi di cui al comma 1, limitatamente agli immobili non sottoposti a tutela ai sensi del decreto legislativo 22 gennaio 2004, n. 42, costituiscono inoltre tolleranze esecutive le irregolarità geometriche e le modifiche alle finiture degli edifici di minima entità, nonché la diversa collocazione di impianti e opere interne, eseguite durante i lavori per l'attuazione di titoli abilitativi edilizi, a condizione che non comportino violazione della disciplina urbanistica ed edilizia e non pregiudichino l'agibilità dell'immobile.

3. Le tolleranze esecutive di cui ai commi 1 e 2 realizzate nel corso di precedenti interventi edilizi, non costituendo violazioni edilizie, sono dichiarate dal tecnico abilitato, ai fini dell'attestazione dello stato legittimo degli immobili, nella modulistica relativa a nuove istanze, comunicazioni e segnalazioni edilizie ovvero, con apposita dichiarazione asseverata allegata agli atti aventi per oggetto trasferimento o costituzione, ovvero scioglimento della comunione, di diritti reali.

(1) *Articolo inserito dall'art. 10 comma 1 lett.* p) *d.l. 16 luglio 2020, n. 76, conv., con modif., in l. 11 settembre 2020, n. 120.*

35 **(L) Interventi abusivi realizzati su suoli di proprietà dello Stato o di enti pubblici** (legge 28 febbraio 1985, n. 47, art. 14; decreto legge 13 maggio 1991, n. 152, art. 17-*bis*, convertito in legge 12 luglio 1991, n. 203; decreto legislativo 18 agosto 2000, n. 267, articoli 107 e 109).

1. Qualora sia accertata la realizzazione, da parte di soggetti diversi da quelli di cui all'articolo 28, di interventi in assenza di permesso di costruire, ovvero in totale o parziale difformità dal medesimo, su suoli del demanio o del patrimonio dello Stato o di enti pubblici, il dirigente o il responsabile dell'ufficio, previa diffida non rinnovabile, ordina al responsabile dell'abuso la demolizione ed il ripristino dello stato dei luoghi, dandone comunicazione all'ente proprietario del suolo.

2. La demolizione è eseguita a cura del comune ed a spese del responsabile dell'abuso.

3. Resta fermo il potere di autotutela dello Stato e degli enti pubblici territoriali, nonché quello di altri enti pubblici, previsto dalla normativa vigente.

3-*bis*. Le disposizioni del presente articolo si applicano anche agli interventi edilizi di cui all'articolo 23, comma 01, eseguiti in assenza di segnalazione certificata di inizio attività, ovvero in totale o parziale difformità dalla stessa (1).

(1) *Comma aggiunto dall'art. 1 d.lgs. 27 dicembre 2002, n. 301, successivamente modificato dall'art. 17, comma 2, lett.* a)*, d.l. 12 settembre 2014, n. 133, conv. con modif. in l. 11 novembre 2014, n. 164,e infine dall'art. 3, comma 1, lett.* o)*, d.lgs. 25 novembre 2016, n. 222.*

36 **(L) Accertamento di conformità** (legge 28 febbraio 1985, n. 47, art. 13).

1. In caso di interventi realizzati in assenza di permesso di costruire, o in difformità da esso, ovvero in assenza di segnalazione certificata di inizio attività nelle ipotesi di cui all'articolo 23, comma 01, o in difformità da essa, fino alla scadenza dei termini di cui agli articolo 31, comma 3, 33, comma 1, 34, comma 1, e comunque fino all'irrogazione delle sanzioni amministrative, il responsabile dell'abuso, o l'attuale proprietario dell'immobile, possono ottenere il permesso in sanatoria se l'intervento risulti conforme alla disciplina urbanistica ed edilizia vigente sia al momento della realizzazione dello stesso, sia al momento della presentazione della domanda (1).

2. Il rilascio del permesso in sanatoria è subordinato al pagamento, a titolo di oblazione, del contributo di costruzione in misura doppia, ovvero, in caso di gratuità a norma di legge, in misura pari a quella prevista dall'articolo 16. Nell'ipotesi di intervento realizzato in parziale difformità, l'oblazione è calcolata con riferimento alla parte di opera difforme dal permesso.

3. Sulla richiesta di permesso in sanatoria il dirigente o il responsabile del competente ufficio comunale si pronuncia con adeguata motivazione, entro sessanta giorni decorsi i quali la richiesta si intende rifiutata.

(1) *Comma modificato dapprima dall'art. 1 d.lgs. 27 dicembre 2002, n. 301, successivamente dall'art. 17, comma 2, lettera* a), *d.l. 12 settembre 2014, n. 133, conv. con modif. in l. 11 novembre 2014, n. 164, e infine dall'art. 3, comma 1, lett.* p), *d.lgs. 25 novembre 2016, n. 222.*

Il testo del comma, prima della modifica recata dal d.lgs. n. 222, cit, era il seguente: « 1. In caso di interventi realizzati in assenza di permesso di costruire, o in difformità da esso, ovvero in assenza di segnalazione certificata di inizio attività nelle ipotesi di cui all'articolo 22, comma 3, o in difformità da essa, fino alla scadenza dei termini di cui agli articolo 31, comma 3, 33, comma 1, 34, comma 1, e comunque fino all'irrogazione delle sanzioni amministrative, il responsabile dell'abuso, o l'attuale proprietario dell'immobile, possono ottenere il permesso in sanatoria se l'intervento risulti conforme alla disciplina urbanistica ed edilizia vigente sia al momento della realizzazione dello stesso, sia al momento della presentazione della domanda ».

36 (L) Accertamento di conformità. (Legge 28 febbraio 1985, n. 47, art. 13).

1. In caso di interventi realizzati in assenza di permesso di costruire, o in difformità da esso, ovvero in assenza di segnalazione certificata di inizio attività nelle ipotesi di cui all'articolo 22, comma 3, o in difformità da essa, fino alla scadenza dei termini di cui agli articolo 31, comma 3, 33, comma 1, 34, comma 1, e comunque fino all'irrogazione delle sanzioni amministrative, il responsabile dell'abuso, o l'attuale proprietario dell'immobile, possono ottenere il permesso in sanatoria se l'intervento risulti conforme alla disciplina urbanistica ed edilizia vigente sia al momento della realizzazione dello stesso, sia al momento della presentazione della domanda (1).

2. Il rilascio del permesso in sanatoria è subordinato al pagamento, a titolo di oblazione, del contributo di costruzione in misura doppia, ovvero, in caso di gratuità a norma di legge, in misura pari a quella prevista dall'articolo 16. Nell'ipotesi di intervento realizzato in parziale difformità, l'oblazione è calcolata con riferimento alla parte di opera difforme dal permesso.

3. Sulla richiesta di permesso in sanatoria il dirigente o il responsabile del competente ufficio comunale si pronuncia con adeguata motivazione, entro sessanta giorni decorsi i quali la richiesta si intende rifiutata.

(1) *Comma modificato dall'art. 1 d.lgs. 27 dicembre 2002, n. 301 e successivamente dall'art. 17, comma 2, lett.* a), *d.l. 12 settembre 2014, n. 133 conv. con modif. in l. 11 novembre 2014, n. 164.*

37 (L) Interventi eseguiti in assenza o in difformità dalla segnalazione certificata di inizio attività e accertamento di conformità (1). (Art. 4, comma 13 del decreto-legge n. 398 del 1993; art. 10 della legge n. 47 del 1985).

1. La realizzazione di interventi edilizi di cui all'articolo 22, commi 1 e 2, in assenza della o in difformità dalla segnalazione certificata di inizio attività comporta la sanzione pecuniaria pari al doppio dell'aumento del valore venale dell'immobile conseguente alla realizzazione degli interventi stessi e comunque in misura non inferiore a 516 euro (2).

2. Quando le opere realizzate in assenza di segnalazione certificata di inizio attività consistono in interventi di restauro e di risanamento conservativo, di cui alla lettera *c*) dell'articolo 3, eseguiti su immobili comunque vincolati in base a leggi statali e regionali, nonché dalle altre norme urbanistiche vigenti, l'autorità competente a vigilare sull'osservanza del vincolo, salva l'applicazione di altre misure e sanzioni previste da norme vigenti, può ordinare la restituzione in pristino a cura e spese del responsabile ed irroga una sanzione pecuniaria da 516 a 10329 euro (2).

3. Qualora gli interventi di cui al comma 2 sono eseguiti su immobili, anche non vincolati, compresi nelle zone indicate nella lettera A dell'articolo 2 del decreto ministeriale 2 aprile 1968, il dirigente o il responsabile dell'ufficio richiede al Ministero per i beni e le attività culturali apposito parere vincolante circa la restituzione in pristino o la irrogazione della sanzione pecuniaria di cui al comma 1. Se il parere non viene reso entro sessanta giorni dalla richiesta, il dirigente o il responsabile dell'ufficio provvede autonomamente. In tali casi non trova applicazione la sanzione pecuniaria da 516 a 10329 euro di cui al comma 2 (3).

4. Ove l'intervento realizzato risulti conforme alla disciplina urbanistica ed edilizia vigente sia al momento della realizzazione dell'intervento, sia al momento della presentazione della domanda, il responsabile dell'abuso o il proprietario dell'immobile possono ottenere la sanatoria dell'intervento versando la somma, non superiore a 5164 euro e non inferiore a 516 euro, stabilita dal responsabile del procedimento in relazione all'aumento di valore dell'immobile valutato dall'agenzia del territorio (3).

5. Fermo restando quanto previsto dall'articolo 23, comma 6, la segnalazione certificata di inizio attività spontaneamente effettuata quando l'intervento è in corso di esecuzione, comporta il pagamento, a titolo di sanzione, della somma di 516 euro (4).

6. La mancata segnalazione certificata di inizio attività non comporta l'applicazione delle sanzioni previste dall'articolo 44. Resta comunque salva, ove ne ricorrano i presupposti in relazione all'intervento realizzato, l'applicazione delle sanzioni di cui agli articoli 31, 33, 34, 35 e 44 e dell'accertamento di conformità di cui all'articolo 36 (5).

(1) *Rubrica modificata dall'art. 17, comma 2, lett.* a), *d.l. 12 settembre 2014, n. 133, conv. con modif. in l. 11 novembre 2014, n. 164.*

(2) *Comma così rettificato in G.U. 13 novembre 2001, n. 264, successivamente modificato dall'art. 1 d.lgs. 27 dicembre 2002, n. 301 e infine dall'art. 17, comma 2, lett.* a), *d.l. n. 133, cit.*

(3) *Comma così rettificato in G.U. 13 novembre 2001, n. 264.*

(4) *Comma così rettificato in G.U. 13 novembre 2001, n. 264 e successivamente modificato dall'art. 17, comma 2, lett.* a), *d.l. n. 133, cit.*

(4) *Comma modificato dall'art. 17, comma 2, lett.* a), *d.l. n. 133, cit.*

38 (L) Interventi eseguiti in base a permesso annullato (legge 28 febbraio 1985, n. 47, art. 11; decreto legislativo 18 agosto 2000, n. 267, articoli 107 e 109).

1. In caso di annullamento del permesso di costruire, qualora non sia possibile, in base a motivata valutazione, la rimozione dei vizi delle procedure amministrative o la restituzione in pristino, il dirigente o il responsabile del competente ufficio comunale applica una sanzione pecuniaria pari al valore venale delle opere o loro parti abusivamente eseguite, valutato dall'agenzia del territorio, anche sulla base di accordi stipulati tra quest'ultima e l'amministrazione comunale. La valutazione dell'agenzia è notificata all'interessato

dal dirigente o dal responsabile dell'ufficio e diviene definitiva decorsi i termini di impugnativa.

2. L'integrale corresponsione della sanzione pecuniaria irrogata produce i medesimi effetti del permesso di costruire in sanatoria di cui all'articolo 36.

2-*bis*. Le disposizioni del presente articolo si applicano anche agli interventi edilizi di cui all'articolo 23, comma 01, in caso di accertamento dell'inesistenza dei presupposti per la formazione del titolo (1).

(1) *Comma aggiunto dall'articolo 1 d.lgs. 27 dicembre 2002, n. 301 e successivamente modificato dall'art. 3, comma 1, lett.* q), *d.lgs. 25 novembre 2016, n. 222.*

39 (L) Annullamento del permesso di costruire da parte della regione (legge 17 agosto 1942, n. 1150, art. 27, come sostituito dall'art. 7, legge 6 agosto 1967, n. 765; decreto del Presidente della Repubblica 15 gennaio 1972, n. 8, art. 1).

1. Entro dieci anni dalla loro adozione le deliberazioni ed i provvedimenti comunali che autorizzano interventi non conformi a prescrizioni degli strumenti urbanistici o dei regolamenti edilizi o comunque in contrasto con la normativa urbanistico-edilizia vigente al momento della loro adozione, possono essere annullati dalla regione.

2. Il provvedimento di annullamento è emesso entro diciotto mesi dall'accertamento delle violazioni di cui al comma 1, ed è preceduto dalla contestazione delle violazioni stesse al titolare del permesso, al proprietario della costruzione, al progettista, e al comune, con l'invito a presentare controdeduzioni entro un termine all'uopo prefissato.

3. In pendenza delle procedure di annullamento la regione può ordinare la sospensione dei lavori, con provvedimento da notificare a mezzo di ufficiale giudiziario, nelle forme e con le modalità previste dal codice di procedura civile, ai soggetti di cui al comma 2 e da comunicare al comune. L'ordine di sospensione cessa di avere efficacia se, entro sei mesi dalla sua notificazione, non sia stato emesso il decreto di annullamento di cui al comma 1.

4. Entro sei mesi dalla data di adozione del provvedimento di annullamento, deve essere ordinata la demolizione delle opere eseguite in base al titolo annullato.

5. I provvedimenti di sospensione dei lavori e di annullamento vengono resi noti al pubblico mediante l'affissione nell'albo pretorio del comune dei dati relativi agli immobili e alle opere realizzate.

5-*bis*. Le disposizioni del presente articolo si applicano anche agli interventi edilizi di cui all'articolo 23, comma 01, non conformi a prescrizioni degli strumenti urbanistici o dei regolamenti edilizi o comunque in contrasto con la normativa urbanistico-edilizia vigente al momento della scadenza del termine di 30 giorni dalla presentazione della segnalazione certificata di inizio attività (1).

(1) *Comma aggiunto dall'art. 1 d.lgs. 27 dicembre 2002, n. 301, successivamente modificato dall'art. 17, comma 2, lett.* a), *d.l. 12 settembre 2014, n. 133, conv., con modif., in l. 11 novembre 2014 n. 164, e infine dall'art. 3, comma 1, lett.* r), *d.lgs. 25 novembre 2016, n. 222.*

40 (L) Sospensione o demolizione di interventi abusivi da parte della regione (legge 17 agosto 1942, n. 1150, art. 26, come sostituito dall'art. 6, legge 6 agosto 1967, n. 765; decreto del Presidente della Repubblica 15 gennaio 1972, n. 8, art. 1).

1. In caso di interventi eseguiti in assenza di permesso di costruire o in contrasto con questo o con le prescrizioni degli strumenti urbanistici o della normativa urbanistico-edilizia, qualora il comune non abbia provveduto entro i termini stabiliti, la regione può disporre la sospensione o la demolizione delle opere eseguite. Il provvedimento di demolizione è adottato entro cinque anni dalla dichiarazione di agibilità dell'intervento.

2. Il provvedimento di sospensione o di demolizione è notificato al titolare del permesso o, in mancanza di questo, al committente, al costruttore e al direttore dei lavori. Lo stesso provvedimento è comunicato inoltre al comune.

3. La sospensione non può avere una durata superiore a tre mesi dalla data della notifica entro i quali sono adottate le misure necessarie per eliminare le ragioni della difformità, ovvero, ove non sia possibile, per la rimessa in pristino.

4. Con il provvedimento che dispone la modifica dell'intervento, la rimessa in pristino o la demolizione delle opere è assegnato un termine entro il quale il responsabile dell'abuso è tenuto a procedere, a proprie spese e senza pregiudizio delle sanzioni penali, alla esecuzione del provvedimento stesso. Scaduto inutilmente tale termine, la regione dispone l'esecuzione in danno dei lavori.

4-*bis*. Le disposizioni del presente articolo si applicano anche agli interventi edilizi di cui all'articolo 22, comma 3, realizzati in assenza di segnalazione certificata di inizio attività o in contrasto con questa o con le prescrizioni degli strumenti urbanistici o della normativa urbanistico-edilizia vigente al momento della scadenza del termine di 30 giorni dalla presentazione della segnalazione certificata di inizio attività (1).

(1) *Comma aggiunto dall'articolo 1 d.lgs. 27 dicembre 2002, n. 301 e successivamente modificato dall'art. 17, comma 2, lett.* a), *d.l. 12 settembre 2014, n. 133, conv., con modif., in l. 11 novembre 2014 n. 164*

41 (L) Demolizione di opere abusive (1).

1. In caso di mancato avvio delle procedure di demolizione entro il termine di centottanta giorni dall'accertamento dell'abuso, la competenza è trasferita all'ufficio del prefetto che provvede alla demolizione avvalendosi degli uffici del comune nel cui territorio ricade l'abuso edilizio da demolire, per ogni esigenza tecnico-progettuale. Per la materiale esecuzione dell'intervento, il prefetto può avvalersi del concorso del Genio militare, previa intesa con le competenti autorità militari e ferme restando le prioritarie esigenze istituzionali delle Forze armate.

2. Entro il termine di cui al comma 1, i responsabili del comune hanno l'obbligo di trasferire all'ufficio del prefetto tutte le informazioni relative agli abusi edilizi per provvedere alla loro demolizione.

(1) *Articolo così sostituito dall'art. 10-bis d.l. 16 luglio 2020, n. 76, conv., con modif., in l. 11 settembre 2020, n. 120. Il testo dell'articolo era il seguente:* « 1. Entro il mese di dicembre di ogni anno il dirigente o il responsabile del servizio trasmette al prefetto l'elenco delle opere non sanabili per le quali il responsabile dell'abuso non ha provveduto nel termine previsto alla demolizione e al ripristino dei luoghi e indica lo stato dei procedimenti relativi alla tutela del vincolo di cui al comma 6 dell'articolo 31. Nel medesimo termine le amministrazioni statali e regionali preposte alla tutela trasmettono al prefetto l'elenco delle demolizioni da eseguire. Gli elenchi contengono, tra l'altro, il nominativo dei proprietari e dell'eventuale occupante abusivo, gli estremi di identificazione catastale, il verbale di consistenza delle opere abusive e l'eventuale titolo di occupazione dell'immobile. — 2. Il prefetto, entro trenta giorni dalla ricezione degli elenchi di cui al comma 1, provvede agli adempimenti conseguenti all'intervenuto trasferimento della titolarità dei beni e delle aree interessate, notificando l'avvenuta acquisizione al proprietario e al responsabile dell'abuso. — 3. L'esecuzione della demolizione delle opere abusive, compresa la rimozione delle macerie e gli interventi a tutela della pubblica incolumità, è disposta dal prefetto. I relativi lavori sono affidati, anche a trattativa privata ove ne sussistano i presupposti, ad imprese tecnicamente e finanziariamente idonee. Il prefetto può anche avvalersi, per il tramite dei provveditorati alle opere pubbliche, delle strutture tecnico-operative del Ministero della difesa, sulla base di apposita convenzione stipulata d'intesa tra il Ministro delle infrastrutture e dei trasporti ed il Ministro della difesa ».

42 (L) Ritardato od omesso versamento del contributo di costruzione. (Legge 28 febbraio 1985, n. 47, art. 3).

1. Le regioni determinano le sanzioni per il ritardato o mancato versamento del contributo di costruzione in misura non inferiore a quanto previsto nel presente articolo e non superiore al doppio.

2. Il mancato versamento, nei termini stabiliti, del contributo di costruzione di cui all'articolo 16 comporta:

a) l'aumento del contributo in misura pari al 10 per cento qualora il versamento del contributo sia effettuato nei successivi centoventi giorni (1);

b) l'aumento del contributo in misura pari al 20 per cento quando, superato il termine di cui alla lettera *a*), il ritardo si protrae non oltre i successivi sessanta giorni (1);

c) l'aumento del contributo in misura pari al 40 per cento quando, superato il termine di cui alla lettera *b*), il ritardo si protrae non oltre i successivi sessanta giorni (1).

3. Le misure di cui alle lettere precedenti non si cumulano.

4. Nel caso di pagamento rateizzato le norme di cui al secondo comma si applicano ai ritardi nei pagamenti delle singole rate.

5. Decorso inutilmente il termine di cui alla lettera *c*) del comma 2, il comune provvede alla riscossione coattiva del complessivo credito nei modi previsti dall'articolo 43.

6. In mancanza di leggi regionali che determinino la misura delle sanzioni di cui al presente articolo, queste saranno applicate nelle misure indicate nel comma 2.

(1) *Lettera sostituita dall'art. 27 l. 28 dicembre 2001, n. 448.*

43 (L) Riscossione. (Legge 28 febbraio 1985, n. 47, art. 16).

1. I contributi, le sanzioni e le spese di cui ai titoli II e IV della parte I del presente testo unico sono riscossi secondo le norme vigenti in materia di riscossione coattiva delle entrate dell'ente procedente.

44 (L) Sanzioni penali (1) (legge 28 febbraio 1985, n. 47, articoli 19 e 20; decreto-legge 23 aprile 1985, n. 146, art. 3, convertito, con modificazioni, in legge 21 giugno 1985, n. 298).

1. Salvo che il fatto costituisca più grave reato e ferme le sanzioni amministrative, si applica:

a) l'ammenda fino a 20.658 euro per l'inosservanza delle norme, prescrizioni e modalità esecutive previste dal presente titolo, in quanto applicabili, nonché dai regolamenti edilizi, dagli strumenti urbanistici e dal permesso di costruire (2);

b) l'arresto fino a due anni e l'ammenda da 10.328 a 103.290 euro nei casi di esecuzione dei lavori in totale difformità o assenza del permesso o di prosecuzione degli stessi nonostante l'ordine di sospensione (2);

c) l'arresto fino a due anni e l'ammenda da 30.986 a 103.290 euro nel caso di lottizzazione abusiva di terreni a scopo edilizio, come previsto dal primo comma dell'articolo 30. La stessa pena si applica anche nel caso di interventi edilizi nelle zone sottoposte a vincolo storico, artistico, archeologico, paesistico, ambientale, in variazione essenziale, in totale difformità o in assenza del permesso (2).

2. La sentenza definitiva del giudice penale che accerta che vi è stata lottizzazione abusiva, dispone la confisca dei terreni, abusivamente lottizzati e delle opere abusivamente costruite. Per effetto della confisca i terreni sono acquisiti di diritto e gratuitamente al patrimonio del comune nel cui territorio è avvenuta la lottizzazione. La sentenza definitiva è titolo per la immediata trascrizione nei registri immobiliari.

2-*bis*. Le disposizioni del presente articolo si applicano anche agli interventi edilizi suscettibili di realizzazione mediante segnalazione certificata di inizio attività ai sensi dell'articolo 23, comma 01, eseguiti in assenza o in totale difformità dalla stessa (3).

(1) *Articolo così rettificato in G.U. 13 novembre 2001, n. 264.*

(2) *Sanzioni così incrementate dall'art. 32, comma 47, d.l. 30 settembre 2003, n. 269, conv., con modif., in l. 24 novembre 2003, n. 326.*

(3) *Comma aggiunto dall'art. 1 d.lgs. 27 dicembre 2002, n. 301, successivamente modificato dall'art. 17, comma 2, d.l. 12 settembre 2014, n. 133, conv., con modif., in l. 11 novembre 2014 n. 164 e dall'art. 3, comma 1, lett. t), d.lgs. 25 novembre 2016, n. 222.*

45 (L) Norme relative all'azione penale. (Legge 28 febbraio 1985, n. 47, art. 22).

1. L'azione penale relativa alle violazioni edilizie rimane sospesa finché non siano stati esauriti i procedimenti amministrativi di sanatoria di cui all'articolo 36.

[2. Nel caso di ricorso giurisdizionale avverso il diniego del permesso in sanatoria di cui all'articolo 36, l'udienza viene fissata d'ufficio dal presidente del tribunale amministrativo regionale per una data compresa entro il terzo mese dalla presentazione del ricorso] (1).

3. Il rilascio in sanatoria del permesso di costruire estingue i reati contravvenzionali previsti dalle norme urbanistiche vigenti.

(1) *Comma abrogato dall'art. 4 dell'Allegato 4 d.lgs. 2 luglio 2010, n. 114, con effetto a decorrere dal 16 settembre 2010.*

46 **(L) Nullità degli atti giuridici relativi ad edifici la cui costruzione abusiva sia iniziata dopo il 17 marzo 1985** (legge 28 febbraio 1985, n. 47, art. 17; decreto-legge 23 aprile 1985, n. 146, art. 8)

1. Gli atti tra vivi, sia in forma pubblica, sia in forma privata, aventi per oggetto trasferimento o costituzione o scioglimento della comunione di diritti reali, relativi ad edifici, o loro parti, la cui costruzione è iniziata dopo il 17 marzo 1985, sono nulli e non possono essere stipulati ove da essi non risultino, per dichiarazione dell'alienante, gli estremi del permesso di costruire o del permesso in sanatoria. Tali disposizioni non si applicano agli atti costitutivi, modificativi o estintivi di diritti reali di garanzia o di servitù.

2. Nel caso in cui sia prevista, ai sensi dell'articolo 38, l'irrogazione di una sanzione soltanto pecuniaria, ma non il rilascio del permesso in sanatoria, agli atti di cui al comma 1 deve essere allegata la prova dell'integrale pagamento della sanzione medesima.

3. La sentenza che accerta la nullità degli atti di cui al comma 1 non pregiudica i diritti di garanzia o di servitù acquisiti in base ad un atto iscritto o trascritto anteriormente alla trascrizione della domanda diretta a far accertare la nullità degli atti.

4. Se la mancata indicazione in atto degli estremi non sia dipesa dalla insussistenza del permesso di costruire al tempo in cui gli atti medesimi sono stati stipulati, essi possono essere confermati anche da una sola delle parti mediante atto successivo, redatto nella stessa forma del precedente, che contenga la menzione omessa.

5. Le nullità di cui al presente articolo non si applicano agli atti derivanti da procedure esecutive immobiliari, individuali o concorsuali. L'aggiudicatario, qualora l'immobile si trovi nelle condizioni previste per il rilascio del permesso di costruire in sanatoria, dovrà presentare domanda di permesso in sanatoria entro centoventi giorni dalla notifica del decreto emesso dalla autorità giudiziaria.

5-bis. Le disposizioni del presente articolo si applicano anche agli interventi edilizi realizzati mediante segnalazione certificata di inizio attività ai sensi dell'articolo 23, comma 01, qualora nell'atto non siano indicati gli estremi della stessa (1).

(1) *Comma aggiunto dall'art. 1 d.lgs. 27 dicembre 2002, n. 301, successivamente modificato dall'art. 17, comma 2, d.l. 12 settembre 2014, n. 133, conv., con modif., in l. 11 novembre 2014, n. 164, e dall'art. 3, comma 1, lettera* u), *d.lgs. 25 novembre 2016, n. 222.*

47 **(L) Sanzioni a carico dei notai.** (Legge 28 febbraio 1985, n. 47, art. 21).

1. Il ricevimento e l'autenticazione da parte dei notai di atti nulli previsti dagli articoli 46 e 30 e non convalidabili costituisce violazione dell'articolo 28 della legge 16 febbraio 1913, n. 89, e successive modificazioni, e comporta l'applicazione delle sanzioni previste dalla legge medesima.

2. Tutti i pubblici ufficiali, ottemperando a quanto disposto dall'articolo 30, sono esonerati da responsabilità inerente al trasferimento o alla divisione dei terreni (1).

(1) *Comma rettificato in G.U. 13 novembre 2001, n. 264 e così modificato dall'art. 1 d.P.R. 9 novembre 2005, n. 304.*

48 **(L) Aziende erogatrici di servizi pubblici.** (Legge 28 febbraio 1985, n. 47, art. 45).

1. È vietato a tutte le aziende erogatrici di servizi pubblici somministrare le loro forniture per l'esecuzione di opere prive di permesso di costruire, nonché ad opere in assenza di titolo iniziate dopo il 30 gennaio 1977 e per le quali non siano stati stipulati contratti di somministrazione anteriormente al 17 marzo 1985.

2. Il richiedente il servizio è tenuto ad allegare alla domanda una dichiarazione sostitutiva di atto notorio, ai sensi e per gli effetti dell'articolo 47 del decreto del Presidente della Repubblica 28 dicembre 2000, n. 445, recante il Testo unico delle disposizioni legislative e regolamentari in materia di documentazione amministrativa, indicante gli estremi del permesso di costruire, o, per le opere abusive, gli estremi del permesso in sanatoria, ovvero copia della domanda di permesso in sanatoria corredata della prova del pagamento delle somme dovute a titolo di oblazione per intero nell'ipotesi dell'articolo 36 e limitatamente alle prime due rate nell'ipotesi dell'articolo 35 della legge 28 febbraio 1985, n. 47. Il contratto stipulato in difetto di tali dichiarazioni è nullo e il funzionario della azienda erogatrice, cui sia imputabile la stipulazione del contratto stesso, è soggetto ad una sanzione pecuniaria da 2582 a 7746 euro. Per le opere che già usufruiscono di un servizio pubblico, in luogo della documentazione di cui al precedente comma, può essere prodotta copia di una fattura, emessa dall'azienda erogante il servizio, dalla quale risulti che l'opera già usufruisce di un pubblico servizio (1).

3. Per le opere iniziate anteriormente al 30 gennaio 1977, in luogo degli estremi della licenza edilizia può essere prodotta una dichiarazione sostitutiva di atto notorio rilasciata dal proprietario o altro avente titolo, ai sensi e per gli effetti dell'articolo 47 del decreto del Presidente della Repubblica 28 dicembre 2000, n. 445, recante il Testo unico delle disposizioni legislative e regolamentari in materia di documentazione amministrativa, attestante che l'opera è stata iniziata in data anteriore al 30 gennaio 1977. Tale dichiarazione può essere ricevuta e inserita nello stesso contratto, ovvero in documento separato da allegarsi al contratto medesimo.

3-*bis*. Le disposizioni del presente articolo si applicano anche agli interventi edilizi suscettibili di realizzazione mediante segnalazione certificata di inizio attività ai sensi dell'articolo 22, comma 3, eseguiti in assenza della stessa (2).

3-*ter*. Al fine di consentire una più penetrante vigilanza sull'attività edilizia, è fatto obbligo alle aziende erogatrici di servizi pubblici ed ai funzionari cui sia imputabile la stipulazione dei relativi contratti di somministrazione di comunicare al sindaco del comune ove è ubicato l'immobile le richieste di allaccio ai pubblici servizi effettuate per gli immobili, con indicazione della concessione edilizia ovvero della autorizzazione ovvero degli altri titoli abilitativi, ovvero della istanza di concessione in sanatoria presentata, corredata dalla prova del pagamento per intero delle somme dovute a titolo di oblazione. L'inosservanza di tale obbligo comporta, per ciascuna violazione, la sanzione pecuniaria da euro 10.000 ad euro 50.000 nei confronti delle aziende erogatrici di servizi pubblici, nonché la sanzione pecuniaria da euro 2.582 ad euro 7.746 nei confronti del funzionario della azienda erogatrice cui sia imputabile la stipulazione dei contratti (3).

(1) *Comma così rettificato in G.U. 13 novembre 2001, n. 264.*
(2) *Comma aggiunto dall'art. 1 d.lgs. 27 dicembre 2002, n. 301 e successivamente modificato dall'art. 17, comma 2, d.l. 12 settembre 2014, n. 133, conv., con modif., in l. 11 novembre 2014, n. 164.*
(3) *Comma inserito dall'art- 32 d.l. 30 settembre 2003, n. 269, conv., con modif., in l. 24 novembre 2003, n. 326.*

CAPO III
Disposizioni fiscali

49-51 (*Omissis*)

PARTE II
Normativa tecnica per l'edilizia

CAPO I
Disposizioni di carattere generale

52-67 (*Omissis*).

SEZIONE II
Vigilanza

68 **(L) Controlli.** (Legge 5 novembre 1971, n. 1086, art. 10).

1. Il dirigente o il responsabile del competente ufficio comunale, nel cui territorio vengono realizzate le opere indicate nell'articolo 53, comma 1, ha il compito di vigilare sull'osservanza degli adempimenti preposti dal presente testo unico (1): a tal fine si avvale dei funzionari ed agenti comunali.
2. Le disposizioni del precedente comma nonsi applicano alle opere costruite per conto dello Stato e per conto delle regioni, delle province e dei comuni, aventi un ufficio tecnico con a capo un ingegnere.

(1) *Comma così rettificato in G.U. 13 novembre 2001, n. 264.*

69 **(L) Accertamenti delle violazioni.** (Legge 5 novembre 1971, n. 1086, art. 11).

1. I funzionari e agenti comunali che accertino l'inosservanza degli adempimenti previsti nei precedenti articoli, redigono processo verbale che, a cura del dirigente o responsabile del competente ufficio comunale, verrà inoltrato all'Autorità giudiziaria competente ed all'ufficio tecnico della regione per i provvedimenti di cui all'articolo 70.

70 **(L) Sospensione dei lavori.** (Legge 5 novembre 1971, n. 1086, art. 12).

1. Il dirigente dell'ufficio tecnico regionale, ricevuto il processo verbale redatto a norma dell'articolo 69 ed eseguiti gli opportuni accertamenti, ordina, con decreto notificato a mezzo di messo comunale, al committente, al direttore dei lavori e al costruttore la sospensione dei lavori.
2. I lavori non possono essere ripresi finché il dirigente dell'ufficio tecnico regionale non abbia accertato che sia stato provveduto agli adempimenti previsti dal presente capo.
3. Della disposta sospensione è data comunicazione al dirigente del competente ufficio comunale perché ne curi l'osservanza.

SEZIONE III
Norme penali

71 **(L) Lavori abusivi.** (Legge 5 novembre 1971, n. 1086, art. 13).

1. Chiunque commette, dirige e, in qualità di costruttore, esegue le opere previste dal presente capo, o parti di esse, in violazione dell'articolo 64, commi 2, 3 e 4, è punito con l'arresto fino a tre mesi o con l'ammenda da 103 a 1.032 euro (1).
2. È soggetto alla pena dell'arresto fino ad un anno, o dell'ammenda da 1032 a 10329 euro (1), chi produce in serie manufatti in conglomerato armato normale o precompresso o manufatti complessi in metalli senza osservare le disposizioni dell'articolo 58.

(1) *Comma così rettificato in G.U. 13 novembre 2001, n. 264.*

72 **(L) Omessa denuncia dei lavori.** (Legge 5 novembre 1971, n. 1086, art. 14).

1. Il costruttore che omette o ritarda la denuncia prevista dall'articolo 65 è punito con l'arresto fino a tre mesi o con l'ammenda da 103 a 1032 euro (1).

(1) *Comma così rettificato in G.U. 13 novembre 2001, n. 264.*

73 **(L) Responsabilità del direttore dei lavori.** (Legge 5 novembre 1971, n. 1086, art. 15).

1. Il direttore dei lavori che non ottempera alle prescrizioni indicate nell'articolo 66 è punito con l'ammenda da 41 a 206 euro (1).
2. Alla stessa pena soggiace il direttore dei lavori che omette o ritarda la presentazione al competente ufficio tecnico regionale della relazione indicata nell'articolo 65, comma 6.

(1) *Comma così rettificato in G.U. 13 novembre 2001, n. 264.*

74 **(L) Responsabilità del collaudatore.** (Legge 5 novembre 1971, n. 1086, art. 16).

1. Il collaudatore che non osserva gli obblighi di cui all'articolo 67, comma 5, è punito con l'ammenda da 51 a 516 euro (1).

(1) *Comma così rettificato in G.U. 13 novembre 2001, n. 264.*

75 **(L) Mancanza del certificato di collaudo.** (Legge 5 novembre 1971, n. 1086, art. 17).

1. Chiunque consente l'utilizzazione delle costruzioni prima del rilascio del certificato di collaudo è

punito con l'arresto fino ad un mese o con l'ammenda da 103 a 1032 euro (1).

(1) *Comma così rettificato in G.U. 13 novembre 2001, n. 264.*

76 (L) Comunicazione della sentenza. (Legge 5 novembre 1971, n. 1086, art. 18).

1. La sentenza irrevocabile, emessa in base alle precedenti disposizioni, deve essere comunicata, a cura del cancelliere, entro quindici giorni da quello in cui è divenuta irrevocabile, al comune e alla regione interessata ed al consiglio provinciale dell'ordine professionale, cui eventualmente sia iscritto l'imputato.

CAPO III
Disposizioni per favorire il superamento e l'eliminazione delle barriere architettoniche negli edifici privati, pubblici e privati aperti al pubblico

SEZIONE I
Eliminazione delle barriere architettoniche negli edifici privati

77-82 (*Omissis*).

CAPO IV
Provvedimenti per le costruzioni con particolari prescrizioni per le zone sismiche

SEZIONE I
Norme per le costruzioni in zone sismiche

83-135 (*Omissis*).

135-*bis* Norme per l'infrastrutturazione digitale degli edifici (1).

1. Tutti gli edifici di nuova costruzione per i quali le domande di autorizzazione edilizia sono presentate dopo il 1° luglio 2015 devono essere equipaggiati con un'infrastruttura fisica multiservizio passiva interna all'edificio, costituita da adeguati spazi installativi e da impianti di comunicazione ad alta velocità in fibra ottica fino ai punti terminali di rete. Lo stesso obbligo si applica, a decorrere dal 1° luglio 2015, in caso di opere che richiedano il rilascio di un permesso di costruire ai sensi dell'articolo 10, comma 1, lettera *c*). Per infrastruttura fisica multiservizio interna all'edificio si intende il complesso delle installazioni presenti all'interno degli edifici contenenti reti di accesso cablate in fibra ottica con terminazione fissa o senza fili che permettono di fornire l'accesso ai servizi a banda ultralarga e di connettere il punto di accesso dell'edificio con il punto terminale di rete.

2. Tutti gli edifici di nuova costruzione per i quali le domande di autorizzazione edilizia sono presentate dopo il 1° luglio 2015 devono essere equipaggiati di un punto di accesso. Lo stesso obbligo si applica, a decorrere dal 1° luglio 2015, in caso di opere di ristrutturazione profonda che richiedano il rilascio di un permesso di costruire ai sensi dell'articolo 10. Per punto di accesso si intende il punto fisico, situato all'interno o all'esterno dell'edificio e accessibile alle imprese autorizzate a fornire reti pubbliche di comunicazione, che consente la connessione con l'infrastruttura interna all'edificio predisposta per i servizi di accesso in fibra ottica a banda ultralarga.

2-*bis*. Per i nuovi edifici nonché in caso di nuove opere che richiedono il rilascio di permesso di costruire ai sensi dei commi 1 e 2, per i quali la domanda di autorizzazione edilizia sia stata presentata dopo la data del 1° gennaio 2022, l'adempimento dei prescritti obblighi di equipaggiamento digitale degli edifici è attestato dall'etichetta necessaria di "edificio predisposto alla banda ultra larga", rilasciata da un tecnico abilitato per gli impianti di cui all'articolo 1, comma 2, lettera *b*), del decreto del Ministro dello sviluppo economico 22 gennaio 2008, n. 37, e secondo quanto previsto dalle Guide CEI 306-2, CEI 306-22 e 64-100/1, 2 e 3, su istanza del soggetto che ha richiesto il rilascio del permesso di costruire o di altro soggetto interessato. Tale attestazione è necessaria ai fini della segnalazione certificata di cui all'articolo 4. Il Comune entro 90 giorni dalla ricezione della segnalazione è tenuto a comunicare i dati relativi agli edifici infrastrutturali al Sistema Informativo Nazionale Federato delle Infrastrutture (SINFI) ai sensi del decreto-legge 12 settembre 2014, n. 133 convertito con modificazioni dalla legge n. 164 del 2014 (2).

3. Gli edifici equipaggiati in conformità al presente articolo, per i quali la domanda di autorizzazione edilizia sia stata presentata prima del 1° gennaio 2022, possono beneficiare ai fini della cessione, dell'affitto o della vendita dell'immobile, dell'etichetta volontaria e non vincolante di 'edificio predisposto alla banda ultra larga', rilasciata da un tecnico abilitato come previsto dal comma 2-*bis* (3).

(1) *Articolo aggiunto dall'art. 6-ter, comma 2, d.l. 12 settembre 2014, n. 133, conv., con modif., in l. 11 novembre 2014, n. 164.*

(2) *Comma inserito dall'art. 4, comma 1, lett.* c) *d.lgs. 8 novembre 2021, n. 207.*

(3) *Comma così sostituito dall'art. 4, comma 1, lett.* d) *d.lgs. n. 207, cit. Il testo del comma era il seguente:* « 3. Gli edifici equipaggiati in conformità al presente articolo possono beneficiare, ai fini della cessione, dell'affitto o della vendita dell'immobile, dell'etichetta volontaria e non vincolante di 'edificio predisposto alla banda larga'. Tale etichetta è rilasciata da un tecnico abilitato per gli impianti di cui all'articolo 1, comma 2, lettera *b*), del regolamento di cui al decreto del Ministro dello sviluppo economico 22 gennaio 2008, n. 37, e secondo quanto previsto dalle Guide CEI 306-2 e 64-100/1, 2 e 3 ».

PARTE III
Disposizioni finali

CAPO I
Disposizioni finali

136 (L) Abrogazioni (L, commi 1 e 2, lettere *a*), *b*), *c*), *d*), *e*), *f*), *g*), *h*), *i*), *l*) — R comma 2, lettera *m*).

1. Ai sensi dell'articolo 20, comma 4, della legge 15 marzo 1997, n. 59, dalla data di entrata in vigore del presente testo unico sono abrogate le seguenti disposizioni:

a) legge 17 agosto 1942, n. 1150, limitatamente all'articolo 31;

b) legge 21 dicembre 1955, n. 1357, limitatamente all'articolo 3;

c) legge 28 gennaio 1977, n. 10, limitatamente agli articoli 1; 4, commi 3, 4 e 5; 9, lettera *c*);

d) legge 5 agosto 1978, n. 457, limitatamente all'articolo 48;

e) decreto-legge 23 gennaio 1982, n. 9, limitatamente agli articoli 7 e 8, convertito, con modificazioni, in legge 25 marzo 1982, n. 94;

f) legge 28 febbraio 1985, n. 47, art. 15; 25, comma 4, come modificato dal decreto-legge 5 ottobre 1993, n. 398, art. 4, comma 7, lettera *g*), convertito con modificazioni dalla legge 4 dicembre 1993, n. 493, nel testo sostituito dall'art. 2, comma 60, della legge 23 dicembre 1996, n. 662;

g) decreto-legge 5 ottobre 1993, n. 398, limitatamente all'articolo 4, convertito, con modificazioni, dalla legge 4 dicembre 1993, n. 493, nel testo sostituito dall'art. 2, comma 60, della legge 23 dicembre 1996, n. 662, come modificato dal decreto legge 25 marzo 1997, n. 67, articolo 11, convertito, con modificazioni, dalla legge 23 maggio 1997, n. 135.

2. Ai sensi dell'articolo 7 della legge 8 marzo 1999, n. 50, dalla data di entrata in vigore del presente testo unico sono altresì abrogate le seguenti disposizioni:

a) regio decreto 27 luglio 1934, n. 1265, limitatamente agli articoli 220 e 221, comma 2;

b) legge 17 agosto 1942, n. 1150, limitatamente agli articoli 26, 27, 33, 41-*ter*, 41-*quater*, 41-*quinquies*, ad esclusione dei commi 6, 8 e 9;

c) legge 28 gennaio 1977, n. 10, limitatamente agli articoli 1, 3, 4, 5, 6, 7, 8, 9, 10, 11, 12, 16;

d) legge 3 gennaio 1978, n. 1, limitatamente all'articolo 1, commi 4 e 5, come sostituiti dall'articolo 4, legge 18 novembre 1998, n. 415;

e) decreto-legge 23 gennaio 1982, n. 9, convertito, con modificazioni, dalla legge 25 marzo 1982, n. 94, limitatamente all'articolo 7;

f) legge 28 febbraio 1985, n. 47, limitatamente agli articoli 3, 4, 5, 6, 7, 8, 9, 10, 11, 12, 13, 14, 15, 16, 17, 18, 19, 20, 21, 22, 25, comma 4, 26, 27, 45, 46, 47, 48, 52, comma 1;

g) legge 17 febbraio 1992, n. 179, limitatamente all'articolo 23, comma 6;

h) decreto-legge 5 ottobre 1993, n. 398, articolo 4, convertito, con modificazioni, dalla legge 4 dicembre 1993, n. 493, come modificato dall'art. 2, comma 60, della legge 23 dicembre 1996, n. 662, nel testo risultante dalle modifiche introdotte dall'art. 10 del decreto-legge 31 dicembre 1996, n. 669; decreto- legge 25 marzo 1997, n. 67, articolo 11, convertito, con modifiche, dalla legge 23 maggio 1997, n. 135;

i) legge 23 dicembre 1996, n. 662, limitatamente all'articolo 2, commi 50 e 56;

l) legge 23 dicembre 1998, n. 448, limitatamente al comma 2 dell'articolo 61;

m) decreto del Presidente della Repubblica 22 aprile 1994, n. 425 (1).

(1) *Articolo così corretto in G.U. 10 novembre 2001, n. 262.*

137 (L) Norme che rimangono in vigore.

Restano in vigore le seguenti disposizioni:

a) legge 17 agosto 1942, n. 1150 e successive modificazioni ad eccezione degli articoli di cui all'articolo 136, comma 2, lettera *b*);

b) legge 5 agosto 1978, n. 457 e successive modificazioni;

c) legge 28 febbraio 1985, n. 47 ad eccezione degli articoli di cui all'articolo 136, comma 2, lettera *f*);

d) legge 24 marzo 1989, n. 122;

e) articolo 17-*bis* del decreto-legge 13 maggio 1991, n. 152, convertito in legge 12 luglio 1991, n. 203;

f) articolo 2, comma 58, della legge 23 dicembre 1996, n. 662.

2. Restano in vigore, per tutti i campi di applicazione originariamente previsti dai relativi testi normativi e non applicabili alla parte I di questo testo unico, le seguenti leggi:

a) legge 5 novembre 1971, n. 1086;

b) legge 2 febbraio 1974, n. 64;

c) legge 9 gennaio 1989, n. 13;

d) legge 5 marzo 1990, n. 46;

e) legge 9 gennaio 1991, n. 10;

f) legge 5 febbraio 1992, n. 104;

3. All'articolo 9 della legge 24 marzo 1989, n. 122, il comma 2 è sostituito dal seguente: "2. L'esecuzione delle opere e degli interventi previsti dal comma 1 è soggetta a segnalazione certificata di inizio attività." (1)

(1) *Il d.l. 12 settembre 2014, n. 133 ha disposto (con l'art. 17, comma 2) la modifica dell'art. 137, comma 3.*

138 (L) Entrata in vigore del testo unico.

1. Le disposizioni del presente testo unico entrano in vigore a decorrere dal 10 gennaio 2002 (1).

(1) *Termine, da ultimo, prorogato al 30 giugno 2003, dall'art. 2 d.l. 20 giugno 2002, n. 122, conv., con modif., in l. 1° agosto 2002, n. 185.*

ALLEGATO
(*Omissis*)

47. Decreto legge 30 settembre 2003, n. 269, convertito, con modificazioni, in legge 24 novembre 2003, n. 326. — Disposizioni urgenti per favorire lo sviluppo e per la correzione dell'andamento dei conti pubblici. (*estratto*).

Pubblicato nella Gazzetta Ufficiale n. 229 del 2 ottobre 2003, S.O.; la legge di conversione è stata pubblicata nella Gazzetta ufficiale n. 274 del 25 novembre 2003, S.O.

32 Misure per la riqualificazione urbanistica, ambientale e paesaggistica, per l'incentivazione dell'attività di repressione dell'abusivismo edilizio, nonché per la definizione degli illeciti edilizi e delle occupazioni di aree demaniali (1).

1. Al fine di pervenire alla regolarizzazione del settore è consentito, in conseguenza del condono di cui al presente articolo, il rilascio del titolo abilitativo edilizio in sanatoria delle opere esistenti non conformi alla disciplina vigente (2).

2. La normativa è disposta nelle more dell'adeguamento della disciplina regionale ai principi contenuti nel testo unico delle disposizioni legislative e regolamentari in materia edilizia, approvato con decreto del Presidente della Repubblica 6 giugno 2001, n. 380, in conformità al titolo V della Costituzione come modificato dalla legge costituzionale 18 ottobre 2001, n. 3, e comunque fatte salve le competenze delle autonomie locali sul governo del territorio.

3. Le condizioni, i limiti e le modalità del rilascio del predetto titolo abilitativo sono stabilite dal presente articolo e dalle normative regionali.

4. Sono in ogni caso fatte salve le competenze delle regioni a statuto speciale e delle province autonome di Trento e di Bolzano.

5. Il Ministero delle infrastrutture e dei trasporti fornisce, d'intesa con le regioni interessate, il supporto alle amministrazioni comunali ai fini dell'applicazione della presente normativa e per il coordinamento con le leggi 28 febbraio 1985, n. 47, e successive modifiche e integrazioni, e con l'articolo 39 della legge 23 dicembre 1994, n. 724, e successive modifiche e integrazioni.

6. (*Omissis*) (3).

7. Al comma 1 dell'articolo 141 del decreto legislativo 18 agosto 2000, n. 267, è aggiunta, in fine, la seguente lettera:

"*c-bis*) nelle ipotesi in cui gli enti territoriali al di sopra dei mille abitanti siano sprovvisti dei relativi strumenti urbanistici generali e non adottino tali strumenti entro diciotto mesi dalla data di elezione degli organi. In questo caso, il decreto di scioglimento del consiglio è adottato su proposta del Ministro dell'interno di concerto con il Ministro delle infrastrutture e dei trasporti" (2).

8. All'articolo 141 del testo unico di cui al decreto legislativo 18 agosto 2000, n. 267, dopo il comma 2, è inserito il seguente:

"2-*bis*. Nell'ipotesi di cui alla lettera *c-bis*) del comma 1, trascorso il termine entro il quale gli strumenti urbanistici devono essere adottati, la regione segnala al prefetto gli enti inadempienti. Il prefetto invita gli enti che non abbiano provveduto ad adempiere all'obbligo nel termine di quattro mesi. A tal fine gli enti locali possono attivare gli interventi, anche sostitutivi, previsti dallo statuto secondo criteri di neutralità, di sussidiarietà e di adeguatezza. Decorso infruttuosamente il termine di quattro mesi, il prefetto inizia la procedura per lo scioglimento del consiglio" (4).

9. (*Omissis*) (3).

10. Per la realizzazione di un programma di interventi di messa in sicurezza del territorio nazionale dal dissesto idrogeologico è destinata una somma di 20 milioni di euro per l'anno 2004 e di 40 milioni di euro per ciascuno degli anni 2005 e 2006. Con decreto del Ministro dell'ambiente e della tutela del territorio, da adottare entro sessanta giorni dalla data di entrata in vigore del presente decreto, di intesa con la Conferenza unificata di cui all'articolo 8 del decreto legislativo 28 agosto 1997, n. 281, sono individuate le aree comprese nel programma. Su tali aree, il Ministero dell'ambiente e della tutela del territorio, d'intesa con i soggetti pubblici interessati, predispone un programma operativo di interventi e le relative modalità di attuazione (2).

11. (*Omissis*) (3).

12. A decorrere dalla data di entrata in vigore del presente decreto la Cassa depositi e prestiti è autorizzata a mettere a disposizione l'importo massimo di 50 milioni di euro per la costituzione, presso la Cassa stessa, di un Fondo di rotazione, denominato Fondo per le demolizioni delle opere abusive, per la concessione ai comuni e ai soggetti titolari dei poteri di cui all'articolo 27, comma 2, del decreto del Presidente della Repubblica 6 giugno 2001, n. 380, anche avvalendosi delle modalità di cui all'articolo 2, comma 55, della legge 23 dicembre 1996, n. 662, e all'articolo 41, comma 4, del testo unico di cui al decreto del Presidente della Repubblica 6 giugno 2001, n. 380, di anticipazioni, senza interessi, sui costi relativi agli interventi di demolizione delle opere abusive anche disposti dall'autorità giudiziaria e per le spese giudiziarie, tecniche e amministrative connesse. Le anticipazioni, comprensive della corrispondente quota delle spese di gestione del Fondo, sono restituite al Fondo stesso in un periodo massimo di cinque anni, secondo modalità e condizioni stabilite con decreto del Ministro dell'economia e delle finanze, di concerto con il Ministro delle infrastrutture e dei trasporti, utilizzando le somme riscosse a carico degli esecutori degli abusi. In caso di mancato pagamento spontaneo del credito, l'amministrazione comunale provvede alla riscossione mediante ruolo ai sensi del decreto legislativo 26 febbraio 1999, n. 46. Qualora le somme anticipate non siano rimborsate nei tempi e nelle modalità stabilite, il Ministro dell'interno provvede al reintegro alla Cassa depositi e prestiti, trattenendone le relative somme dai fondi del bilancio dello Stato da trasferire a qualsiasi titolo ai comuni (19).

13. Le attività di monitoraggio e di raccolta delle informazioni relative al fenomeno dell'abusivismo edilizio di competenza del Ministero delle infrastrutture e dei trasporti, fanno capo all'Osservatorio nazionale dell'abusivismo edilizio. li Ministero collabora con le regioni al fine di costituire un sistema informativo nazionale necessario anche per la redazione della relazione al Parlamento di cui all'articolo 9 del decreto-legge 23 aprile 1985, n. 146, convertito, con modificazioni, dalla legge 21 giugno 1985, n. 298. Con decreto del Ministro delle infrastrutture e dei trasporti, d'intesa con il Ministro dell'interno, sono aggiornate le modalità di redazione, trasmissione, archiviazione e restituzione delle informazioni contenute nei rapporti di cui all'articolo 31, comma 7, del decreto del Presidente della Repubblica 6 giugno 2001, n. 380. Per le

suddette attività è destinata una somma di 0,2 milioni di euro per l'anno 2004 e di 0,4 milioni di euro per ciascuno degli anni 2005 e 2006 (2).

14. Per le opere eseguite da terzi su aree di proprietà dello Stato o facenti parte del demanio statale ad esclusione del demanio marittimo, lacuale e fluviale, nonché dei terreni gravati da diritti di uso civico, il rilascio del titolo abilitativo edilizio in sanatoria da parte dell'ente locale competente è subordinato al rilascio della disponibilità da parte dello Stato proprietario, per il tramite dell'Agenzia del demanio, rispettivamente, a cedere a titolo oneroso la proprietà dell'area appartenente al patrimonio disponibile dello Stato su cui insiste l'opera ovvero a garantire onerosamente il diritto al mantenimento dell'opera sul suolo appartenente al demanio e al patrimonio indisponibile dello Stato (5).

15. La domanda del soggetto legittimato volta ad ottenere la disponibilità dello Stato alla cessione dell'area appartenente al patrimonio disponibile ovvero il riconoscimento al diritto al mantenimento dell'opera sul suolo appartenente al demanio o al patrimonio indisponibile dello Stato deve essere presentata, tra l'11 novembre 2004 e il 10 dicembre 2004, alla filiale dell'Agenzia del demanio territorialmente competente, corredata dell'attestazione del pagamento all'erario della somma dovuta a titolo di indennità per l'occupazione pregressa delle aree, determinata applicando i parametri di cui alla allegata Tabella A, per anno di occupazione, per un periodo comunque non superiore alla prescrizione quinquennale. A tale domanda deve essere allegata, in copia, la documentazione relativa all'illecito edilizio di cui ai commi 32 e 35. Entro il 30 aprile 2005, inoltre, deve essere allegata copia della denuncia in catasto dell'immobile e del relativo frazionamento (6).

16. La disponibilità alla cessione dell'area appartenente al patrimonio disponibile ovvero a riconoscere il diritto a mantenere l'opera sul suolo appartenente al demanio o al patrimonio indisponibile dello Stato viene espressa dalla filiale dell'Agenzia del demanio territorialmente competente entro il 31 maggio 2005. Resta ferma la necessità di assicurare, anche mediante specifiche clausole degli atti di vendita o dei provvedimenti di riconoscimento del diritto al mantenimento dell'opera, il libero accesso al mare, con il conseguente diritto pubblico di passaggio (2) (6).

17. Nel caso di aree soggette ai vincoli di cui all'articolo 32 della legge 28 febbraio 1985, n. 47, la disponibilità alla cessione dell'area appartenente al patrimonio disponibile ovvero a riconoscere il diritto a mantenere l'opera sul suolo appartenente al demanio o al patrimonio indisponibile dello Stato è subordinata al parere favorevole da parte dell'Autorità preposta alla tutela del vincolo.

18. Le procedure di vendita delle aree appartenenti al patrimonio disponibile dello Stato devono essere perfezionate entro il 31 dicembre 2006, a cura della filiale dell'Agenzia del demanio territorialmente competente previa presentazione da parte dell'interessato del titolo abilitativo edilizio in sanatoria rilasciato dall'ente locale competente, ovvero della documentazione attestante la presentazione della domanda, volta ad ottenere il rilascio del titolo edilizio in sanatoria sulla quale è intervenuto il silenzio assenso con l'attestazione dell'avvenuto pagamento della connessa oblazione, alle condizioni previste dal presente articolo.

19. Il prezzo di acquisto delle aree appartenenti al patrimonio disponibile è determinato applicando i parametri di cui alla Tabella B allegata al presente decreto ed è corrisposto in due rate di pari importo scadenti, rispettivamente, il 30 giugno 2005 e il 31 dicembre 2005 (2).

19-*bis*. Le opere eseguite da terzi su aree appartenenti al patrimonio disponibile dello Stato, per le quali è stato rilasciato il titolo abilitativo edilizio in sanatoria da parte dell'ente locale competente, sono inalienabili per un periodo di cinque anni dalla data di perfezionamento delle procedure di vendita delle aree sulle quali insistono le opere medesime (7).

20. Il provvedimento formale di riconoscimento del diritto al mantenimento dell'opera sulle aree del demanio dello Stato e del patrimonio indisponibile è rilasciato a cura della filiale dell'Agenzia del demanio territorialmente competente entro il 31 dicembre 2006, previa presentazione della documentazione di cui al comma 18. Il diritto è riconosciuto per una durata massima di anni venti, a fronte di un canone commisurato ai valori di mercato.

[21. Con decreto del Ministro delle infrastrutture e dei trasporti, di concerto con il Ministro dell'economia e delle finanze, da adottare entro sessanta giorni dalla data di entrata in vigore del presente decreto, sono rideterminati i canoni annui di cui all'articolo 03 del decreto-legge 5 ottobre 1993, n. 400, convertito, con modificazioni, dalla legge 4 dicembre 1993, n. 494.] (18).

[22. Con decreto interministeriale, da emanare entro il 30 giugno 2004, sono assicurate maggiori entrate non inferiori a 140 milioni di euro, a decorrere dal 1° gennaio 2004. In caso di mancata adozione entro il predetto termine del 30 giugno 2004 del decreto di cui al primo periodo, i canoni per la concessione d'uso sono rideterminati, con effetto dal 1° gennaio 2004, nella misura prevista dalle tabelle allegate al decreto del Ministro dei trasporti e della navigazione 5 agosto 1998, n. 342, rivalutate del trecento per cento.] (8).

[23. Resta fermo quanto previsto dall'articolo 6 del citato decreto del Ministro di cui al comma 22, relativo alla classificazione delle aree da parte delle regioni, in base alla valenza turistica delle stesse.] (18).

24. (*Omissis*) (3).

25. Le disposizioni di cui ai capi IV e V della legge 28 febbraio 1985, n. 47, e successive modificazioni e integrazioni, come ulteriormente modificate dall'articolo 39 della legge 23 dicembre 1994, n. 724, e successive modificazioni e integrazioni, nonché dal presente articolo, si applicano alle opere abusive che risultino ultimate entro il 31 marzo 2003 e che non abbiano comportato ampliamento del manufatto superiore al 30 per cento della volumetria della costruzione originaria o, in alternativa, un ampliamento superiore a 750 metri cubi. Le suddette disposizioni trovano altresì applicazione alle opere abusive realizzate nel termine di cui sopra relative a nuove costruzioni residenziali non superiori a 750 metri cubi per singola richiesta di titolo abilitativo edilizio in sanatoria, a condizione che la nuova costruzione non superi complessivamente i 3.000 metri cubi (9).

26. Sono suscettibili di sanatoria edilizia le tipologie di illecito di cui all'allegato 1:

a) numeri da 1 a 3, nell'ambito dell'intero territorio nazionale, fermo restando quanto previsto alla lettera *e*) del comma 27 del presente articolo, nonché 4,5 e 6 nell'ambito degli immobili soggetti a vincolo di cui all'articolo 32 della legge 28 febbraio 1985, n. 47 (11);

b) numeri 4, 5 e 6, nelle aree non soggette ai vincoli di cui all'articolo 32 della legge 28 febbraio 1985, n. 47, in attuazione di legge regionale, da emanarsi entro sessanta giorni dalla data di entrata in vigore del presente decreto, con la quale è determinata la possibilità, le condizioni e le modalità per l'ammissibilità a sanatoria di tali tipologie di abuso edilizio (10).

27. Fermo restando quanto previsto dagli articoli 32 e 33 della legge 28 febbraio 1985, n. 47, le opere abusive non sono comunque suscettibili di sanatoria, qualora:

a) siano state eseguite dal proprietario o avente causa condannato con sentenza definitiva, per i delitti di cui all'articolo 416-*bis*, 648-*bis* e 648-*ter* del codice penale o da terzi per suo conto;

b) non sia possibile effettuare interventi per l'adeguamento antisismico, rispetto alle categorie previste per i comuni secondo quanto indicato dalla ordinanza del Presidente del Consiglio dei Ministri 20 marzo 2003, n. 3274, pubblicata nel supplemento ordinario alla Gazzetta Ufficiale n. 105 dell'8 maggio 2003;

c) non sia data la disponibilità di concessione onerosa dell'area di proprietà dello Stato o degli enti pubblici territoriali, con le modalità e condizioni di cui all'articolo 32 della legge 28 febbraio 1985, n. 47 ed al presente decreto;

d) siano state realizzate su immobili soggetti a vincoli imposti sulla base di leggi statali e regionali a tutela degli interessi idrogeologici e delle falde acquifere, dei beni ambientali e paesistici, nonché dei parchi e delle aree protette nazionali, regionali e provinciali qualora istituiti prima della esecuzione di dette opere, in assenza o in difformità del titolo abilitativo edilizio e non conformi alle norme urbanistiche e alle prescrizioni degli strumenti urbanistici;

e) siano state realizzate su immobili dichiarati monumento nazionale con provvedimenti aventi forza di legge o dichiarati di interesse particolarmente rilevante ai sensi degli articoli 6 e 7 del decreto legislativo 29 ottobre 1999, n. 490;

f) fermo restando quanto previsto dalla legge 21 novembre 2000, n. 353, e indipendentemente dall'approvazione del piano regionale di cui al comma 1 dell'articolo 3 della citata legge n. 353 del 2000, il comune subordina il rilascio del titolo abilitativo edilizio in sanatoria alla verifica che le opere non insistano su aree boscate o su pascolo i cui soprassuoli siano stati percorsi dal fuoco. Agli effetti dell'esclusione dalla sanatoria è sufficiente l'acquisizione di elementi di prova, desumibili anche dagli atti e dai registri del Ministero dell'interno, che le aree interessate dall'abuso edilizio siano state, nell'ultimo decennio, percorse da uno o più incendi boschivi (11);

g) siano state realizzate nei porti e nelle aree appartenenti al demanio marittimo, lacuale e fluviale, nonché nei terreni gravati da diritti di uso civico (21).

28. I termini previsti dalle disposizioni sopra richiamate e decorrenti dalla data di entrata in vigore dell'articolo 39 della legge 23 dicembre 1994, n. 724, e successive modificazioni e integrazioni, ove non disposto diversamente, sono da intendersi come rife riti alla data di entrata in vigore del presente decreto. Per quanto non previsto dal presente decreto si applicano, ove compatibili, le disposizioni di cui alla legge 28 febbraio 1985, n. 47, e al predetto articolo 39.

29. Il procedimento di sanatoria degli abusi edilizi posti in essere dalla persona imputata di uno dei delitti di cui agli articolo 416-*bis*, 648-*bis* e 648-*ter* del codice penale, o da terzi per suo conto, è sospeso fino alla sentenza definitiva di non luogo a procedere o di proscioglimento o di assoluzione. Non può essere conseguito il titolo abilitativo edilizio in sanatoria degli abusi edilizi se interviene la sentenza definitiva di condanna per i delitti sopra indicati. Fatti salvi gli accertamenti di ufficio in ordine alle condanne riportate nel certificato generale del casellario giudiziale ad opera del comune, il richiedente deve attestare, con dichiarazione sottoscritta nelle forme di cui all'articolo 46 del testo unico di cui al decreto del Presidente della Repubblica 28 dicembre 2000, n. 445, di non avere carichi pendenti in relazione ai delitti di cui agli articolo 416-*bis*, 648-*bis* e 648-*ter* del codice penale (2).

30. Qualora l'amministratore di beni immobili oggetto di sequestro o di confisca ai sensi della legge 31 maggio 1965, n. 575, autorizzato dal giudice competente ad alienare taluno di detti beni, può essere autorizzato, altresì, dal medesimo giudice, sentito il pubblico ministero, a riattivare il procedimento di sanatoria sospeso. In tal caso non opera nei confronti dell'amministratore o del terzo acquirente il divieto di rilascio del titolo abilitativo edilizio in sanatoria di cui al comma 29 (2).

31. Il rilascio del titolo abilitativo edilizio in sanatoria non comporta limitazione ai diritti dei terzi.

32. La domanda relativa alla definizione dell'illecito edilizio, con l'attestazione del pagamento dell'oblazione e dell'anticipazione degli oneri concessori, è presentata al comune competente, a pena di decadenza, tra l'11 novembre 2004 e il 10 dicembre 2004 unitamente alla dichiarazione di cui al modello allegato e alla documentazione di cui al comma 35 (6) (12).

33. Le regioni, entro sessanta giorni dalla data di entrata in vigore del presente decreto, emanano norme per la definizione del procedimento amministrativo relativo al rilascio del titolo abilitativo edilizio in sanatoria e possono. prevederne, tra l'altro, un incremento dell'oblazione fino al massimo del 10 per cento della misura determinata nella tabella C allegata al presente decreto, ai fini dell'attivazione di politiche di repressione degli abusi edilizi e per la promozione di interventi di riqualificazione dei nuclei interessati da fenomeni di abusivismo edilizio, nonché per l'attuazione di quanto previsto dall'articolo 23 della legge 28 febbraio 1985, n. 47 (13).

34. Ai fini dell'applicazione del presente articolo non si applica quanto previsto dall'articolo 37, comma 2, della legge 28 febbraio 1985, n. 47. Con legge regionale gli oneri di concessione relativi alle opere abusive oggetto di sanatoria possono essere incrementati fino al massimo del 100 per cento. Le amministrazioni comunali perimetrano gli insediamenti abusivi entro i quali gli oneri concessori sono determinati nella misura dei costi

per la realizzazione delle opere di urbanizzazione primaria e secondaria necessarie, nonché per gli interventi di riqualificazione igienico-sanitaria e ambientale attuati dagli enti locali. Coloro che in proprio o in forme consortili, nell'ambito delle zone perimetrate, intendano eseguire in tutto o in parte le opere di urbanizzazione primaria, nel rispetto dell'articolo 2, comma 5, della legge 11 febbraio 1994, n. 109, e successive modificazioni e integrazioni, secondo le disposizioni tecniche dettate dagli uffici comunali, possono detrarre dall'importo complessivo quanto già versato, a titolo di anticipazione degli oneri concessori, di cui alla tabella D allegata al presente decreto. Con legge regionale, ai sensi dell'articolo 29 della legge 28 febbraio 1985, n. 47, come modificato dal presente articolo, sono disciplinate le relative modalità di attuazione (2).

35. La domanda di cui al comma 32 deve essere corredata dalla seguente documentazione:

a) dichiarazione del richiedente resa ai sensi dell'articolo 47, comma 1, del testo unico di cui al decreto del Presidente della Repubblica 28 dicembre 2000, n. 445, con allegata documentazione fotografica, dalla quale risulti la descrizione delle opere per le quali si chiede il titolo abilitativo edilizio in sanatoria e lo stato dei lavori relativo (11);

b) qualora l'opera abusiva supera i 450 metri cubi, da una perizia giurata sulle dimensioni e sullo stato delle opere e una certificazione redatta da un tecnico abilitato all'esercizio della professione attestante l'idoneità statica delle opere eseguite;

c) ulteriore documentazione eventualmente prescritta con norma regionale.

36. La presentazione nei termini della domanda di definizione dell'illecito edilizio, l'oblazione interamente corrisposta nonché il decorso di trentasei mesi dalla data da cui risulta il suddetto pagamento, producono gli effetti di cui all'articolo 38, comma 2, della legge 28 febbraio 1985, n. 47. Trascorso il suddetto periodo di trentasei mesi si prescrive il diritto al conguaglio o al rimborso spettante (2) (20).

37. Il pagamento degli oneri di concessione, la presentazione della documentazione di cui al comma 35, della denuncia in catasto, della denuncia ai fini dell'imposta comunale degli immobili di cui al decreto legislativo. 30 dicembre 1992, n. 504, nonché, ove dovute, delle denunce ai fini della tassa per lo smaltimento dei rifiuti solidi urbani e per l'occupazione del suolo pubblico, entro il 31 ottobre 2005, nonché il decorso del termine di ventiquattro mesi da tale data senza l'adozione di un provvedimento negativo del comune, equivalgono a titolo abilitativo edilizio in sanatoria. Se nei termini previsti l'oblazione dovuta non è stata interamente corrisposta o è stata determinata in forma dolosamente inesatta, le costruzioni realizzate senza titolo abilitativo edilizio sono assoggettate alle sanzioni richiamate all'articolo 40 della legge 28 febbraio 1985, n. 47, e all'articolo 48 del decreto del Presidente della Repubblica 6 giugno 2001, n. 380 (14).

38. La misura dell'oblazione e dell'anticipazione degli oneri concessori, nonché le relative modalità di versamento, sono disciplinate nell'allegato 1 al presente decreto (15).

39. Ai fini della determinazione dell'oblazione non si applica quanto previsto dai commi 13, 14 15 e 16 dell'articolo 39 della legge 23 dicembre 1994, n. 724.

40. Alla istruttoria della domanda di sanatoria si applicano i medesimi diritti e oneri previsti per il rilascio dei titoli abilitativi edilizi, come disciplinati dalle Amministrazioni comunali per le medesime fattispecie di opere edilizie. Ai fini della istruttoria delle domande di sanatoria edilizia può essere determinato dall'Amministrazione comunale un incremento dei predetti diritti e oneri fino ad un massimo del 10 per cento da utilizzare con le modalità di cui all'articolo 2, comma 46, della legge 23 dicembre 1996, n. 662. Per l'attività istruttoria connessa al rilascio delle concessioni in sanatoria i comuni possono utilizzare i diritti e oneri di cui al precedente periodo, per progetti finalizzati da svolgere oltre l'orario di lavoro ordinario (2).

41. Al fine di incentivare la definizione delle domande di sanatoria presentate ai sensi del presente articolo, nonché ai sensi del capo IV della legge 28 febbraio 1985, n. 47, e successive modificazioni, e dell'articolo 39 della legge 23 dicembre 1994, n. 724, e successive modificazioni, il 50 per cento delle somme riscosse a titolo di conguaglio dell'oblazione, ai sensi dell'articolo 35, comma 14, della citata legge n. 47 del 1985, e successive modificazioni, è devoluto al comune interessato. Con decreto interdipartimentale del Ministero delle infrastrutture e dei trasporti e del Ministero dell'economia e delle finanze sono stabilite le modalità di applicazione del presente comma (2).

42. All'articolo 29 della legge 28 febbraio 1985, n. 47, il comma 4 è sostituito dal seguente:

"4. Le proposte di varianti di recupero urbanistico possono essere presentate da parte di soggetti pubblici e privati, con allegato un piano di fattibilità tecnico, economico, giuridico e amministrativo, finalizzato al finanziamento, alla realizzazione e alla gestione di opere di urbanizzazione primaria e secondaria e per il recupero urbanistico ed edilizio, volto al raggiungimento della sostenibilità ambientale, economica e sociale, alla coesione degli abitanti dei nuclei edilizi inseriti nelle varianti e alla rivitalizzazione delle aree interessate dall'abusivismo edilizio".

43. L'articolo 32 della legge 28 febbraio 1985, n. 47, è sostituito dal seguente: "32. Opere costruite su aree sottoposte a vincolo.

1. Fatte salve le fattispecie previste dall'articolo 33, il rilascio del titolo abilitativo edilizio in sanatoria per opere eseguite su immobili sottoposti a vincolo è subordinato al parere favorevole delle amministrazioni preposte alla tutela del vincolo stesso. Qualora tale parere non venga formulato dalle suddette amministrazioni entro centottanta giorni dalla data di ricevimento della richiesta di parere, il richiedente può impugnare il silenzio-rifiuto. Il rilascio del titolo abilitativo edilizio estingue anche il reato per la violazione del vincolo. Il parere non è richiesto quando si tratti di violazioni riguardanti l'altezza, i distacchi, la cubatura o la superficie coperta che non eccedano il 2 per cento delle misure prescritte.

2. Sono suscettibili di sanatoria, alle condizioni sotto indicate, le opere insistenti su aree vincolate dopo la loro esecuzione e che risultino:

a) in difformità dalla legge 2 febbraio 1974, n. 64, e successive modificazioni, e dal decreto del Presidente della Repubblica 6 giugno 2001, n. 380, quando possano essere collaudate secondo il disposto del quarto comma dell'articolo 35;

b) in contrasto con le norme urbanistiche che prevedono la destinazione ad edifici pubblici od a spazi pubblici, purché non in contrasto con le previsioni delle varianti di recupero di cui al capo III;

c) in contrasto con le norme del decreto ministeriale 10 aprile 1968, n. 1404, pubblicato nella Gazzetta Ufficiale n. 96 del 13 aprile 1968, e con agli articoli 16, 17 e 18 della legge 13 giugno 1991, n. 190, e successive modificazioni, sempre che le opere stesse non costituiscano minaccia alla sicurezza del traffico.

3. Qualora non si verifichino le condizioni di cui al comma 2, si applicano le disposizioni dell'articolo 33.

4. Ai fini dell'acquisizione del parere di cui al comma 1 si applica quanto previsto dall'articolo 20, comma 6, del decreto del Presidente della Repubblica 6 giugno 2001, n. 380. Il motivato dissenso espresso da una amministrazione preposta alla tutela ambientale, paesaggistico-territoriale, ivi inclusa la soprintendenza competente, alla tutela del patrimonio storico artistico o alla tutela della salute preclude il rilascio del titolo abilitativo edilizio in sanatoria.

5. Per le opere eseguite da terzi su aree di proprietà di enti pubblici territoriali, in assenza di un titolo che abiliti al godimento del suolo, il rilascio della concessione o dell'autorizzazione in sanatoria è subordinato anche alla disponibilità dell'ente proprietario a concedere onerosamente, alle condizioni previste dalle leggi statali o regionali vigenti, l'uso del suolo su cui insiste la costruzione. La disponibilità all'uso del suolo, anche se gravato di usi civici, viene espressa dagli enti pubblici territoriali proprietari entro il termine di centottanta giorni dalla richiesta. La richiesta di disponibilità all'uso del suolo deve essere limitata alla superficie occupata dalle costruzioni oggetto della sanatoria e alle pertinenze strettamente necessarie, con un massimo di tre volte rispetto all'area coperta dal fabbricato. Salve le condizioni previste da leggi regionali, il valore è stabilito dalla filiale dell'Agenzia del demanio competente per territorio per gli immobili oggetto di sanatoria ai sensi della presente legge e dell'articolo 39 della legge 23 dicembre 1994, n. 724, con riguardo al valore del terreno come risultava all'epoca della costruzione aumentato dell'importo corrispondente alla variazione dell'indice ISTAT dei prezzi al consumo per le famiglie di operai ed impiegati, al momento della determinazione di detto valore. L'atto di disponibilità, regolato con convenzione di cessione del diritto di superficie per una durata massima di anni sessanta, è stabilito dall'ente proprietario non oltre sei mesi dal versamento dell'importo come sopra determinato.

6. Per le costruzioni che ricadono in aree comprese fra quelle di cui all'articolo 21 della legge 17 agosto 1942, n. 1150, il rilascio della concessione o della autorizzazione in sanatoria è subordinato alla acquisizione della proprietà dell'area stessa previo versamento del prezzo, che è determinato dall'Agenzia del territorio in rapporto al vantaggio derivante dall'incorporamento dell'area.

7. Per le opere non suscettibili di sanatoria ai sensi del presente articolo si applicano le sanzioni previste dal decreto del Presidente della Repubblica 6 giugno 2001, n. 380" (2).

43-*bis*. Le modifiche apportate con il presente articolo concernenti l'applicazione delle leggi 28 febbraio 1985, n. 47, e 23 dicembre 1994 n. 724, non si applicano alle domande già presentate ai sensi delle predette leggi (6).

44. All'articolo 27 del decreto del Presidente della Repubblica 6 giugno 2001, n. 380, comma 2, dopo le parole: "l'inizio" sono inserite le seguenti: "o l'esecuzione",

45. All'articolo 27 del decreto del Presidente della Repubblica 6 giugno 2001, n. 380, comma 2, dopo le parole: "18 aprile 1962, n. 167 e successive modificazioni e integrazioni" sono inserite le seguenti: ", nonché in tutti i casi di difformità dalle norme urbanistiche e alle prescrizioni degli strumenti urbanistici".

46. All'articolo 27 del decreto del Presidente della Repubblica 6 giugno 2001, n. 380, comma 2, è aggiunto, in fine, il seguente periodo: "Per le opere abusivamente realizzate su immobili dichiarati monumento nazionale con provvedimenti aventi forza di legge o dichiarati di interesse particolarmente importante ai sensi degli articoli 6 e 7 del decreto legislativo 29 ottobre 1999, n. 490, o su beni di interesse archeologico, nonché per le opere abusivamente realizzate su immobili soggetti a vincolo o di inedificabilità assoluta in applicazione delle disposizioni del titolo II del decreto legislativo 29 ottobre 1999, n. 490, il Soprintendente, su richiesta della regione, del comune o delle altre autorità preposte alla tutela, ovvero decorso il termine di 180 giorni dall'accertamento dell'illecito, procede alla demolizione, anche avvalendosi delle modalità operative di cui ai commi 55 e 56 dell'articolo 2 della legge 23 dicembre 1996, n. 662".

47. Le sanzioni pecuniarie di cui all'articolo 44 del decreto del Presidente della Repubblica 6 giugno 2001, n. 380, sono incrementate del cento per cento.

48. (*Omissis*) (16).

49. (*Omissis*) (16).

49-*bis*. All'articolo 54, comma 16, della legge 27 dicembre 1997, n. 449, e successive modificazioni, è aggiunto, in fine, il seguente periodo: "Tali spese, limitatamente agli esercizi finanziari 2002 e 2003, sono reiscritte nella competenza degli esercizi successivi a quello terminale, sempreché l'impegno formale venga assunto entro il secondo esercizio finanziario successivo alla prima iscrizione in bilancio" (7).

49-*ter*. L'articolo 41 del testo unico di cui al decreto del Presidente della Repubblica 6 giugno 2001, n. 380, è sostituito dal seguente:

"Art. 41. (Demolizione di opere abusive). — 1. Entro il mese di dicembre di ogni anno il dirigente o il responsabile del servizio trasmette al prefetto l'elenco delle opere non sanabili per le quali il responsabile dell'abuso non ha provveduto nel termine previsto alla demolizione e al ripristino dei luoghi e indica lo stato dei procedimenti relativi alla tutela del vincolo di cui al comma 6 dell'articolo 31. Nel medesimo termine le amministrazioni statali e regionali preposte alla tutela trasmettono al prefetto l'elenco delle demolizioni da eseguire. Gli elenchi contengono, tra l'altro, il nominativo dei proprietari e dell'eventuale occupante abusivo, gli estremi di identificazione catastale, il verbale di consistenza delle opere abusive e l'eventuale titolo di occupazione dell'immobile.

2. Il prefetto, entro trenta giorni dalla ricezione degli elenchi di cui al comma 1, provvede agli adempimenti conseguenti all'intervenuto trasferimento della titolarità dei beni e delle aree interessate, notificando l'avvenuta acquisizione al proprietario e al responsabile dell'abuso.

3. L'esecuzione della demolizione delle opere abusive, compresa la rimozione delle macerie e gli interventi a tutela della pubblica incolumità, è disposta dal prefetto. I relativi lavori sono affidati, anche a trattativa privata ove ne sussistano i presupposti, ad imprese tecnicamente e finanziariamente idonee. Il prefetto può anche avvalersi, per il tramite dei provveditorati alle opere pubbliche, delle strutture tecnico-operative del Ministero della difesa, sulla base di apposita convenzione stipulata d'intesa tra il Ministro delle infrastrutture e dei trasporti ed il Ministro della difesa" (17).

49-*quater*. All'articolo 48 del testo unico di cui al decreto del Presidente della Repubblica 6 giugno 2001, n. 380, e successive modificazioni, è aggiunto, in fine, il seguente comma: "3-*ter*. Al fine di consentire una più penetrante vigilanza sull'attività edilizia, è fatto obbligo alle aziende erogatrici di servizi pubblici ed ai funzionari cui sia imputabile la stipulazione dei relativi contratti di somministrazione di comunicare al sindaco del comune ove è ubicato l'immobile le richieste di allaccio ai pubblici servizi effettuate per gli immobili, con indicazione della concessione edilizia ovvero della autorizzazione ovvero degli altri titoli abilitativi, ovvero della istanza di concessione in sanatoria presentata, corredata dalla prova del pagamento per intero delle somme dovute a titolo di oblazione. L'inosservanza di tale obbligo comporta, per ciascuna violazione, la sanzione pecuniaria da euro 10.000 ad euro 50.000 nei confronti delle aziende erogatrici di servizi pubblici, nonché la sanzione pecuniaria da euro 2.582 ad euro 7.746 nei confronti del funzionario della azienda erogatrice cui sia imputabile la stipulazione dei contratti" (.

50. Agli oneri indicati ai commi 6, 9, 10, 11, 13 e 24, si provvede, nei limiti stabiliti nei predetti commi, per gli anni 2004, 2005 e, quanto a 82 milioni di euro, per l'anno 2006, mediante quota parte delle maggiori entrate derivanti dal presente articolo. Tali somme sono versate, per ciascuno dei predetti anni, all'entrata del bilancio dello Stato per essere riassegnate alle pertinenti unità previsionali di base, anche di nuova istituzione, dei Ministeri interessati. Per la restante parte degli oneri relativi all'anno 2006 si provvede con quota parte delle entrate recate dal presente decreto. Il Ministro dell'economia e delle finanze è autorizzato ad apportare, con propri decreti, le occorrenti variazioni di bilancio (2).

(1) *Vedi art. 2, comma 41, l. 24 dicembre 2003, n. 350.*

(2) *Vedi anche l'art. 5 d.l. 12 luglio 2004, n. 168, conv. con modif., in l. 30 luglio 2004, n. 191.*

(3) *Comma abrogato dall'art. 2, comma 70, l. 24 dicembre 2003, n. 350.*

(4) *Comma sostituito in sede di conversione in legge.*

(5) *La Corte costituzionale, con sentenza 28 giugno 2004, n. 196, ha dichiarato* l'illegittimità costituzionale *del presente comma, nella parte in cui non prevede il rispetto della legge regionale di cui al comma 26. Vedi anche l'art. 5 del d.l. n. 168, cit.*

(6) *Comma modificato dall'art. 1 d.l. 31 marzo 2004, n. 82, conv., con modif., in l. 28 maggio 2004, n. 141, e dall'art. 5 d.l. 12 luglio 2004, n. 168, conv. con modif., in l. 30 luglio 2004, n. 191.*

(7) *Comma inserito in sede di conversione in legge.*

(8) *Comma sostituito dall'art. 2, comma 53, l. 24 dicembre 2003, n. 350, e successivamente abrogato dall'art. 1, comma 256, l. 27 dicembre 2006, n. 296. Per la proroga del termine di cui al presente comma,, v. da ultimo art. 14-*quinquies *d.l. 30 giugno 2005, n. 115, conv., con modif., in l. 17 agosto 2005, n. 168.*

(9) *Vedi anche l'art. 5 del d.l. n. 168, cit.*

La Corte costituzionale, con sentenza 28 giugno 2004, n. 196 ha dichiarato l'illegittimità costituzionale *del presente comma, nel testo originario e in quello risultante dalla legge di conversione, nella parte in cui non prevede che la legge regionale di cui al comma 26 possa determinare limiti volumetrici inferiori a quelli ivi indicati.*

(10) *La Corte costituzionale, con sentenza 28 giugno 2004, n. 196 ha dichiarato* l'illegittimità costituzionale *del presente comma, nel testo originario e in quello risultante dalla legge di conversione, nella parte in cui non prevede che la legge regionale possa determinare la possibilità, le condizioni e le modalità per l'ammissibilità a sanatoria di tutte le tipologie di abuso edilizio di cui all'allegato 1.*

(11) *Lettera modificata in sede di conversione in legge.*

(12) *Per il versamento delle somme dovute di cui al presente comma, v. il d.m. 14 gennaio 2004.*

(13) *Vedi anche l'art. 5 d.l. n. 168, cit. La Corte costituzionale, con sentenza 28 giugno 2004, n. 196, ha dichiarato l'illegittimità del presente comma, nel testo originario e in quello risultante dalla legge di conversione, nella parte in cui prevede le parole « entro sessanta giorni dalla data di entrata in vigore del presente decreto » anziché le parole « tramite la legge di cui al comma 26.*

(14) *Comma modificato, successivamente dall'art. 5, comma 1, lett.* d) *d.l. 12 luglio 2004, n. 168, conv. con modif., in l. 30 luglio 2004, n. 191, ed infine dall'art. 10, comma 1, lett.* c) *d.l. 29 novembre 2004, n. 282, conv., con modif., in l. 27 dicembre 2004, n. 307. La Corte costituzionale, con sentenza 28 giugno 2004, n. 196, ha dichiarato* l'illegittimità costituzionale *del presente comma, nel testo originario e in quello risultante dalla legge di conversione, nella parte in cui non prevede che la legge regionale di cui al comma 26 possa disciplinare diversamente gli effetti del prolungato silenzio del comune.*

(15) *Vedi anche l'art. 5 d.l. 12 luglio 2004, n. 168, conv. con modif., in l. 30 luglio 2004, n. 191. La Corte costituzionale, con sentenza 28 giugno 2004, n. 196 ha dichiarato* l'illegittimità costituzionale *del presente comma, nel testo originario e in quello risultante dalla legge di conversione, nella parte in cui prevede che sia l'allegato 1 dello stesso decreto-legge n. 269 del 2003, anziché la legge regionale di cui al comma 26, a determinare la misura dell'anticipazione degli oneri concessori, nonché le relative modalità di versamento.*

(16) *Comma soppresso in sede di conversione in legge.*

(17) *La Corte costituzionale, con sentenza 28 giugno 2004, n. 196, ha dichiarato* l'illegittimità costituzionale *del presente comma.*

(18) *Comma abrogato dall'art. 1, comma 256, l. 27 dicembre 2006, n. 296.*

(19) *Comma modificato in sede di conversione in legge.*

(20) *La Corte costituzionale, con sentenza 28 marzo 2008, n. 70 ha dichiarato* l'illegittimità costituzionale *del presente comma, nella parte in cui non prevede che gli effetti di cui all'art. 38, comma 2, della legge 28 febbraio 1985, n. 47 (Norme in materia di controllo dell'attività urbanistico-edilizia, sanzioni, recupero e sanatoria delle opere edilizie), si producono anche allorché, anteriormente al decorso dei 36 mesi dal pagamento dell'oblazione, sia intervenuta l'attestazione di congruità da parte dell'autorità comunale dell'oblazione corrisposta.*

(21) *Lettera sostituita dall'art. 4 l. 24 dicembre 2003, n. 350.*

48. Decreto legge 12 luglio 2004, n. 168, convertito, con modificazioni, in legge 30 luglio 2004, n. 191. — Interventi urgenti per il contenimento della spesa pubblica. (*estratto*).

Pubblicato nella Gazzetta Ufficiale n. 161 del 12 luglio 2004; la legge di conversione è stata pubblicata nella Gazzetta Ufficiale n. 178 del 31 luglio 2004, S.O.

5 Esecuzione di sentenza della Corte costituzionale in materia di definizione di illeciti edilizi.

1. In esecuzione della sentenza della Corte costituzionale n. 196 del 28 giugno 2004, la legge regionale prevista dal comma 26 dell'articolo 32 del decreto-legge 30 settembre 2003, n. 269, convertito, con modificazioni, dalla legge 24 novembre 2003, n. 326, e successive modificazioni, può essere emanata entro quattro mesi dalla data di entrata in vigore del presente decreto. Il termine indicato nel primo periodo si applica anche alle leggi regionali di cui al comma 33 del citato articolo 32 del decreto-legge n. 269 del 2003, convertito, con modificazioni, dalla legge n. 326 del 2003. Decorso tale termine la normativa applicabile è quella contenuta nel citato decreto-legge n. 264 del 2003, convertito, con modificazioni, dalla legge n. 326 del 2003.

Conseguentemente, al medesimo articolo 32 sono apportate le seguenti modifiche:

a) al comma 15:

1) al primo periodo, le parole: « entro il 31 luglio 2004 » sono sostituite dalle seguenti: « tra l'11 novembre 2004 e il 10 dicembre 2004 »;

2) al terzo periodo, le parole: « 30 settembre 2004 » sono sostituite dalle seguenti: « 30 aprile 2005 »;

b) al comma 16, primo periodo, le parole: « 31 dicembre 2004 » sono sostituite dalle seguenti: « 31 maggio 2005 »;

c) al comma 32 le parole: « entro il 31 luglio 2004 » sono sostituite dalle seguenti: « tra l'11 novembre 2004 e il 10 dicembre 2004 »;

d) al comma 37, primo periodo, le parole: « entro il 30 settembre 2004 » sono sostituite dalle seguenti: « entro il 30 giugno 2005 ».

2. Nell'Allegato 1 del decreto-legge 30 settembre 2003, n. 269, convertito, con modificazioni, dalla legge 24 novembre 2003, n. 326, le parole: « 30 settembre 2004 » e « 30 novembre 2004 », indicate dopo le parole: « seconda rata » e « terza rata », sono sostituite, rispettivamente, dalle seguenti: « 20 dicembre 2004 » e « 30 dicembre 2004 »; le parole: « 30 settembre 2004 », indicate dopo le parole: « deve essere integrata entro il », sono sostituite dalle seguenti: « 30 giugno 2005 ».

2-*bis.* Al fine di salvaguardare il principio dell'affidamento, le domande relative alla definizione di illeciti edilizi presentate fino alla data della pubblicazione nella Gazzetta Ufficiale della citata sentenza della Corte costituzionale n. 196 del 2004 restano salve a tutti gli effetti, salva diversa statuizione delle leggi regionali di cui al comma 26 del citato articolo 32 del decreto-legge n. 269 del 2003, convertito, con modificazioni dalla legge n. 326 del 2003. Restano, comunque, salvi gli effetti penali.

2-*ter.* Per le domande relative alla definizione di illeciti edilizi presentate a decorrere dalla data di entrata in vigore del presente decreto fino alla data di entrata in vigore della legge di conversione del medesime decreto, restano salvi i soli effetti penali, salva diversa statuizione, più favorevole, delle predette leggi regionali.

2-*quater.* (1).

2-*quinquies.* Per consentire il completamento degli accertamenti tecnici in corso, d'intesa con le regioni interessate, relativamente alla rideterminazione dei canoni demaniali marittimi anche in relazione al numero, all'estensione, alle tipologie, alle caratteristiche economiche delle concessioni e delle attività economiche ivi esercitate, e all'abusivismo, il termine di cui all'articolo 32, comma 22, del citato decreto-legge n. 269 del 2003, convertito, con modificazioni, dalla legge n. 326 del 2003, e successive modificazioni, è differito al 30 ottobre 2004 (2).

(1) *Comma abrogato dall'art. 10, comma 3, d.l. 29 novembre 2004, n. 282, conv., con modif., in l. 27 dicembre 2004, n. 307.*

(2) *Il presente termine è stato da ultimo differito al 31 dicembre 2006, dall'art. 14-*quinquies *d.l. 30 giugno 2005, n. 115, conv., con modif., in l. 17 agosto 2005, n. 168, come modificato dall'art.. 2, comma 69, d.l. 3 ottobre 2006, n. 262, conv., con modif., in l. 24 novembre 2006, n. 286.*

49. Decreto legge 25 giugno 2008, n. 112, convertito, con modificazioni, in legge 6 agosto 2008, n. 133. — Disposizioni urgenti per lo sviluppo economico, la semplificazione, la competitività, la stabilizzazione della finanza pubblica e la perequazione tributaria. (*estratto*).

Pubblicato nella Gazzetta Ufficiale n. 147 del 25 giugno 2008, S.O.; la legge di conversione è stata pubblicata nella Gazzetta Ufficiale n. 195 del 21 agosto 2008, S.O.

11 Piano Casa (1).

1. Al fine di garantire su tutto il territorio nazionale i livelli minimi essenziali di fabbisogno abitativo per il pieno sviluppo della persona umana, è approvato con decreto del Presidente del Consiglio dei Ministri, previa delibera del Comitato interministeriale per la programmazione economica (CIPE) e d'intesa con la Conferenza unificata di cui all'articolo 8 del decreto legislativo 28 agosto 1997, n. 281, e successive modificazioni, su proposta del Ministro delle infrastrutture e dei trasporti, entro sessanta giorni dalla data di entrata in vigore della legge di conversione del presente decreto, un piano nazionale di edilizia abitativa (2).

2. Il piano è rivolto all'incremento del patrimonio immobiliare ad uso abitativo attraverso l'offerta di abitazioni di edilizia residenziale, da realizzare nel rispetto dei criteri di efficienza energetica e di riduzione delle emissioni inquinanti, con il coinvolgimento di capitali pubblici e privati, destinate prioritariamente a prima casa per:

a) nuclei familiari a basso reddito, anche monoparentali o monoreddito;

b) giovani coppie a basso reddito;

c) anziani in condizioni sociali o economiche svantaggiate;

d) studenti fuori sede;

e) soggetti sottoposti a procedure esecutive di rilascio;

f) altri soggetti in possesso dei requisiti di cui all'articolo 1 della legge 8 febbraio 2007, n. 9;

g) immigrati regolari a basso reddito, residenti da almeno dieci anni nel territorio nazionale ovvero da almeno cinque anni nella medesima regione.

3. Il piano nazionale di edilizia abitativa ha ad oggetto la costruzione di nuove abitazioni e la realizzazione di misure di recupero del patrimonio abitativo esistente ed è articolato, sulla base di criteri oggettivi che tengano conto dell'effettivo bisogno abitativo presente nelle diverse realtà territoriali, attraverso i seguenti interventi:

a) costituzione di fondi immobiliari destinati alla valorizzazione e all'incremento dell'offerta abitativa, ovvero alla promozione di strumenti finanziari immobiliari innovativi e con la partecipazione di altri soggetti pubblici o privati, articolati anche in un sistema integrato nazionale e locale, per l'acquisizione e la realizzazione di immobili per l'edilizia residenziale;

b) incremento del patrimonio abitativo di edilizia con le risorse anche derivanti dalla alienazione di alloggi di edilizia pubblica in favore degli occupanti muniti di titolo legittimo, con le modalità previste dall'articolo 13;

c) promozione da parte di privati di interventi anche ai sensi della parte II, titolo III, capo III, del codice dei contratti pubblici relativi a la vori, servizi e forniture, di cui al decreto legislativo 12 aprile 2006, n. 163;

d) agevolazioni, anche amministrative, in favore di cooperative edilizie costituite tra i soggetti destinatari degli interventi, potendosi anche prevedere termini di durata predeterminati per la partecipazione di ciascun socio, in considerazione del carattere solo transitorio dell'esigenza abitativa;

e) realizzazione di programmi integrati di promozione di edilizia residenziale anche sociale (3).

4. Il Ministero delle infrastrutture e dei trasporti promuove la stipulazione di appositi accordi di programma, approvati con decreto del Ministro delle infrastrutture e dei trasporti, previa delibera del CIPE, d'intesa con la Conferenza unificata di cui all'articolo 8 del decreto legislativo 28 agosto 1997, n. 281, e successive modificazioni, al fine di concentrare gli interventi sulla effettiva richiesta abitativa nei singoli contesti, rapportati alla dimensione fisica e demografica del territorio di riferimento, attraverso la realizzazione di programmi integrati di promozione di edilizia residenziale e di riqualificazione urbana, caratterizzati da elevati livelli di qualità in termini di vivibilità, salubrità, sicurezza e sostenibilità ambientale ed energetica, anche attraverso la risoluzione dei problemi di mobilità, promuovendo e valorizzando la partecipazione di soggetti pubblici e privati. Decorsi novanta giorni senza che sia stata raggiunta la predetta intesa, gli accordi di programma possono essere comunque approvati. Tale intesa va resa nella seduta del Cipe nella quale sono approvati gli accordi di programma. Eventuali rimodulazioni degli interventi contenuti negli accordi di programma sono approvate con decreto del Ministero delle infrastrutture e dei trasporti. Eventuali atti aggiuntivi agli accordi di programma, da sottoscrivere per l'utilizzo di economie ovvero di nuove risorse finanziarie che si rendessero disponibili, sono approvati con decreto del Ministro delle infrastrutture e dei trasporti di concerto con il Ministro dell'economia e delle finanze (4) (5).

5. Gli interventi di cui al comma 4 sono attuati anche attraverso le disposizioni di cui alla parte II, titolo III, capo III, del citato codice di cui al decreto legislativo 12 aprile 2006, n. 163, mediante:

a) il trasferimento di diritti edificatori in favore dei promotori degli interventi di incremento del patrimonio abitativo;

b) incrementi premiali di diritti edificatori finalizzati alla dotazione di servizi, spazi pubblici e miglioramento della qualità urbana, nel rispetto delle aree necessarie per le superfici minime di spazi pubblici o riservati alle attività collettive, a verde pubblico o a parcheggi di cui al decreto del Ministro dei lavori pubblici 2 aprile 1968, n. 1444;

c) provvedimenti mirati alla riduzione del prelievo fiscale di pertinenza comunale o degli oneri di costruzione;

d) la costituzione di fondi immobiliari di cui al comma 3, lettera *a*), con la possibilità di prevedere altresì il conferimento al fondo dei canoni di locazione, al netto delle spese di gestione degli immobili;

e) la cessione, in tutto o in parte, dei diritti edificatori come corrispettivo per la realizzazione anche di unità abitative di proprietà pubblica da destinare alla locazione a canone agevolato, ovvero da destinare alla alienazione in favore delle categorie sociali svantaggiate di cui al comma 2.

6. I programmi di cui al comma 4 sono finalizzati a migliorare e a diversificare, anche tramite interventi di sostituzione edilizia, l'abitabilità, in particolare, nelle zone caratterizzate da un diffuso degrado delle costruzioni e dell'ambiente urbano.

7. Ai fini della realizzazione degli interventi di cui al comma 3, lettera *e*), l'alloggio sociale, in quanto servizio economico generale, è identificato, ai fini dell'esenzione dall'obbligo della notifica degli aiuti di Stato, di cui agli articoli 87 e 88 del Trattato che istituisce la Comunità europea, come parte essenziale e integrante della più complessiva offerta di edilizia residenziale sociale, che costituisce nel suo insieme servizio abitativo finalizzato al soddisfacimento di esigenze primarie.

8. In sede di attuazione dei programmi di cui al comma 4, sono appositamente disciplinati le modalità e i termini per la verifica periodica delle fasi di realizzazione del piano, in base al cronoprogramma approvato e alle esigenze finanziarie, potendosi conseguentemente disporre, in caso di scostamenti, la diversa allocazione delle risorse finanziarie pubbliche verso modalità di attuazione più efficienti. Le abitazioni realizzate o alienate nell'ambito delle procedure di cui al presente articolo possono essere oggetto di successiva alienazione decorsi dieci anni dall'acquisto originario.

9. L'attuazione del piano nazionale può essere realizzata, in alternativa alle previsioni di cui al comma 4, con le modalità approvative di cui alla parte II, titolo III, capo IV, del citato codice di cui al decreto legislativo 12 aprile 2006, n. 163 (6).

10. Una quota del patrimonio immobiliare del demanio, costituita da aree ed edifici non più utilizzati, può es-

sere destinata alla realizzazione degli interventi previsti dal presente articolo, sulla base di accordi tra l'Agenzia del demanio, il Ministero delle infrastrutture e dei trasporti, il Ministero della difesa in caso di aree ed edifici non più utilizzati a fini militari, le regioni e gli enti locali.

11. Per la migliore realizzazione dei programmi, i comuni e le province possono associarsi ai sensi di quanto previsto dal testo unico delle leggi sull'ordinamento degli enti locali, di cui al decreto legislativo 18 agosto 2000, n. 267, e successive modificazioni. I programmi integrati di cui al comma 4 sono dichiarati di interesse strategico nazionale. Alla loro attuazione si provvede con l'applicazione dell'articolo 81 del decreto del Presidente della Repubblica 24 luglio 1977, n. 616, e successive modificazioni.

12. Fermo quanto previsto dal comma 12-bis, per l'attuazione degli interventi previsti dal presente articolo è istituito un Fondo nello stato di previsione del Ministero delle infrastrutture e dei trasporti, nel quale confluiscono le risorse finanziarie di cui all'articolo 1, comma 1154, della legge 27 dicembre 2006, n. 296, di cui all'articolo 3, comma 108, della legge 24 dicembre 2003, n. 350, d'intesa con la Conferenza unificata di cui all'articolo 8 del decreto legislativo 28 agosto 1997, n. 281, e successive modificazioni, nonché di cui agli articoli 21,21-*bis*, ad eccezione di quelle già iscritte nei bilanci degli enti destinatari e impegnate, e 41 del decreto-legge 1° ottobre 2007, n. 159, convertito, con modificazioni, dalla legge 29 novembre 2007, n. 222, e successive modificazioni. Gli eventuali provvedimenti adottati in attuazione delle disposizioni legislative citate al primo periodo del presente comma, incompatibili con il presente articolo, restano privi di effetti. A tale scopo le risorse di cui agli articoli 21, 21-*bis* e 41 del citato decreto-legge n. 159 del 2007 sono versate all'entrata del bilancio dello Stato per essere iscritte sul Fondo di cui al presente comma, negli importi corrispondenti agli effetti in termini di indebitamento netto previsti per ciascun anno in sede di iscrizione in bilancio delle risorse finanziarie di cui alle indicate autorizzazioni di spesa (7).

12-*bis*. Per il tempestivo avvio di interventi prioritari e immediatamente realizzabili di edilizia residenziale pubblica sovvenzionata di competenza regionale, diretti alla risoluzione delle più pressanti esigenze abitative, è destinato l'importo di 200 milioni di euro a valere sulle risorse di cui all'articolo 21 del decreto-legge 1 ottobre 2007, n. 159, convertito, con modificazioni, dalla legge 29 novembre 2007, n. 222. Alla ripartizione tra le regioni interessate si provvede con decreto del Ministro delle infrastrutture e dei trasporti previo accordo intervenuto in sede di Conferenza permanente per i rapporti tra lo Stato, le regioni e le province autonome di Trento e di Bolzano (8).

13. Ai fini del riparto del Fondo nazionale per il sostegno all'accesso alle abitazioni in locazione, di cui all'articolo 11 della legge 9 dicembre 1998, n. 431, i requisiti minimi necessari per beneficiare dei contributi integrativi come definiti ai sensi del comma 4 del medesimo articolo devono prevedere per gli immigrati il possesso del certificato storico di residenza da almeno dieci anni nel territorio nazionale ovvero da almeno cinque anni nella medesima regione (9).

(1) *Articolo sostituito in sede di conversione in legge.*

(2) *Comma modificato dall'art. 18, comma 4-*bis*, lett.* a)*, d.l. 29 novembre 2008, n. 185, conv., con modif., in l. 28 gennaio 2009, n. 2, e successivamente dall'art. 7-*quater*, comma 12, lett.* a)*, d.l. 10 febbraio 2009, n. 5, conv., con modif., in l. 9 aprile 2009, n. 33.*

(3) *La Corte Costituzionale, con sentenza 22 marzo 2010, n. 121 ha dichiarato l'illegittimità costituzionale della presente lettera, limitatamente alla parola* « anche ».

(4) *La Corte Costituzionale, con sentenza 22 marzo 2010, n. 121 (ha dichiarato l'illegittimità costituzionale del presente comma, limitatamente alle parole* « Decorsi novanta giorni senza che sia stata raggiunta la predetta intesa, gli accordi di programma possono essere comunque approvati ».

(5) *Comma modificato dall'art. 45, comma 3, d.l. 6 dicembre 2011, n. 201, conv., con modif., in l. 22 dicembre 2011, n. 214, e successivamente dall'art. 58, comma 1, d.l. 24 gennaio 2012, n. 1, conv., con modif., in l.. 24 marzo 2012, n. 27.*

(6) *La Corte Costituzionale, con sentenza 22 marzo 2010, n. 121 (ha dichiarato l'illegittimità costituzionale del presente comma.*

(7) *Comma modificato dall'art. 1-*ter*, comma 1, d.l. 20 ottobre 2008, n. 158, conv., con modif., in l. 18 dicembre 2008, n. 199, successivamente dall'art. 18, comma 4-*bis*, lett.* b)*, d.l. n. 185, cit., e infine dall'art. 7-*quater*, comma 12, lett.* b)*, d.l. n. 5., cit.*

(8) *Comma aggiunto dall'art. 18, comma 4-*bis*, lett.* c)*, d.l. n. 185, cit., e successivamente modificato dall'art. 7-*quater*, comma 12, lett.* b)*, d.l. n. 5, cit.*

(9) *La Corte costituzionale, con sentenza 20 luglio 2018, n. 166, ha dichiarato l'illegittimità costituzionale del presente comma.*

50. Decreto legge 13 maggio 2011, n. 70, convertito, come modificato, in legge 12 luglio 2011, n. 106. — Semestre Europeo — Prime disposizioni urgenti per l'economia. (*estratto*).

Pubblicato nella Gazzetta Ufficiale n. 110 del 13 maggio 2011; la legge di conversione è stata pubblicata nella Gazzetta Ufficiale n. 160 del 12 luglio 2011.

5 Costruzioni private.

1. Per liberalizzare le costruzioni private sono apportate modificazioni alla disciplina vigente nei termini che seguono:

a) introduzione del "silenzio assenso" per il rilascio del permesso di costruire, ad eccezione dei casi in cui sussistano vincoli ambientali, paesaggistici e culturali;

b) estensione della segnalazione certificata di inizio attività (SCIA) agli interventi edilizi precedentemente compiuti con denuncia di inizio attività (DIA);

c) tipizzazione di un nuovo schema contrattuale diffuso nella prassi: la "cessione di cubatura";

d) la registrazione dei contratti di trasferimento immobiliare assorbe l'obbligo di comunicazione all'autorità locale di pubblica sicurezza;

e) per gli edifici adibiti a civile abitazione l'"autocertificazione" asseverata da un tecnico abilitato sostituisce la cosiddetta relazione "acustica";

f) obbligo per i Comuni di pubblicare sul proprio sito istituzionale gli allegati tecnici agli strumenti urbanistici;

g) esclusione della procedura di valutazione ambientale strategica (VAS) per gli strumenti attuativi di piani urbanistici già sottoposti a valutazione ambientale strategica;

h) legge nazionale quadro per la riqualificazione incentivata delle aree urbane. Termine fisso per eventuali normative regionali;

h-bis) modalità di intervento in presenza di piani attuativi seppur decaduti.

(*Omissis*).

3. Per garantire certezza nella circolazione dei diritti edificatori, all'articolo 2643 [, comma 1,] del codice civile, dopo il n. 2), è inserito il seguente:

2-*bis*) i contratti che trasferiscono, costituiscono o modificano i diritti edificatori comunque denominati, previsti da normative statali o regionali, ovvero da strumenti di pianificazione territoriale.

51. Decreto legge 9 febbraio 2012, n. 5, convertito, con modificazioni, in legge 4 aprile 2012, n. 35. — Disposizioni urgenti in materia di semplificazione e di sviluppo. (*estratto*).

Pubblicato nella Gazzetta Ufficiale n. 33 del 9 febbaio 2012, S.O.; la legge di conversione è stata pubblicata nella Gazzetta Ufficiale n. 82 del 6 aprile 2012, S.O.

10 Parcheggi pertinenziali.

1. L'articolo 9, comma 5, della legge 24 marzo 1989, n. 122, (1) è sostituito dal seguente:

« 5. Fermo restando quanto previsto dall'articolo 41-*sexies*, della legge 17 agosto 1942, n. 1150, e successive modificazioni, e l'immodificabilità dell'esclusiva destinazione a parcheggio, la proprietà dei parcheggi realizzati a norma del comma 1 può essere trasferita, anche in deroga a quanto previsto nel titolo edilizio che ha legittimato la costruzione e nei successivi atti convenzionali, solo con contestuale destinazione del parcheggio trasferito a pertinenza di altra unità immobiliare sita nello stesso comune. I parcheggi realizzati ai sensi del comma 4 non possono essere ceduti separatamente dall'unità immobiliare alla quale sono legati da vincolo pertinenziale e i relativi atti di cessione sono nulli, ad eccezione di espressa previsione contenuta nella convenzione stipulata con il comune, ovvero quando quest'ultimo abbia autorizzato l'atto di cessione. ».

(1) *V.* sub *V, 42.*

52. Legge della regione Campania 22 dicembre 2004, n. 16. — Norme sul governo del territorio (*estratto*).

Pubblicata nel B.U. Campania n. 65 del 28 dicembre 2004, supplemento.

TITOLO II
Pianificazione territoriale e urbanistica

CAPO V
Sistemi di attuazione della pianificazione urbanistica

32 Perequazione urbanistica.

1. La perequazione urbanistica persegue lo scopo di distribuire equamente, tra i proprietari di immobili interessati dalla trasformazione oggetto della pianificazione urbanistica, diritti edificatori (1) e obblighi nei confronti del comune o di altri enti pubblici aventi titolo (2).

2. Il Puc, gli atti di programmazione degli interventi e i Pua ripartiscono le quote edificatorie e i relativi obblighi tra i proprietari degli immobili ricompresi nelle zone oggetto di trasformazione mediante comparti di cui all'articolo 33, indipendentemente dalla destinazione specifica delle aree interessate.

3. Il Ruec individua le modalità per la definizione dei diritti edificatori dei singoli proprietari, tenendo conto dello stato sia di fatto che di diritto in cui versano i relativi immobili all'atto della formazione del Puc.

(1) *V. anche art. 2643 c.c. n. 2-*bis*): « i contratti che costituiscono, trasferiscono o modificano i diritti edificatori comunque denominati, previsti da normative statali o regionali, ovvero da strumenti di pianificazione territoriale ».*

(2) *Per l'istituto in generale v. art. 3-*bis *d.P.R. n. 380 del 2001, sub V, 46.*

(3) *V. anche art. 26 l.r. Emilia Romagna 21 dicembre 2017, n. 24, che ha disposto, con l'art. 79, l'abrogazione della precedente l.r. 24 marzo 2000, n. 20.*

CAPO III
ESPROPRIAZIONI

53. Legge 25 giugno 1865, n. 2359. — Espropriazioni per causa di utilità pubblica. (*estratto*) (1).

Pubblicata nella Gazzetta Ufficiale n. 158 del 25 giugno 1865.

(1) *Legge abrogata dall'art. 58 del d.P.R. 8 giugno 2001, n. 327, a decorrere dal 30 giugno 2003, ai sensi dell'art. 59 dello stesso d.P.R. come da ultimo modificato dall'art. 1, comma 1, lett. ss), n. 1), d.lgs. 27 dicembre 2002, n. 302. Successivamente l'abrogazione è stata ribadita dall'art. 24 d.l. 25 giugno 2008, n. 112, conv., con modif., in l. 6 agosto 2008, n. 133, con la decorrenza prevista dal comma 1 del medesimo art. 24.*

TITOLO I
[Disposizioni generali]

CAPO IV
[Dell'indennità e del modo di determinarla]

39 (1) [Nei casi di occupazione totale, la indennità dovuta all'espropriato consisterà nel giusto prezzo che a giudizio dei periti avrebbe avuto l'immobile in una libera contrattazione di compravendita (2)].

(1) *Articolo abrogato dall'art. 58 d.P.R. 8 giugno 2001, n. 327, a decorrere dal 30 giugno 2003, ai sensi dell'art. 59 dello stesso d.P.R. come da ultimo modificato dall'art. 1, comma 1, lett. ss), n. 1), d.lgs. 27 dicembre 2002, n. 302. Successivamente l'abrogazione è stata ribadita dall'art. 24 d.l. 25 giugno 2008, n. 112, conv., con modif., in l. 6 agosto 2008, n. 133, con la decorrenza prevista dal comma 1 del medesimo art. 24. V. anche* sub *Epigrafe.*

(2) *V. i criteri posti in deroga al presente articolo previsti dagli artt. 12 e 13 l. 15 gennaio 1885, n. 2892, relativi alla città di Napoli e gli artt. 4 e 5 r.d.l. 6 luglio 1931, n. 981, relativi alla città di Roma.*

54. Legge 15 gennaio 1885, n. 2892. — Pel risanamento della città di Napoli. (*estratto*) (1).

Pubblicata nella Gazzetta Ufficiale n. 14 del 19 gennaio 1885.

(1) *Legge abrogata dall'articolo 58 d.P.R. 8 giugno 2001, n. 327.*

13 (1) [Nel piano, di cui all'articolo 1, sarà determinata l'area di zone, laterali alle nuove strade, che il municipio potrà espropriare per pubblica utilità.

I termini stabiliti dalla legge 25 giugno 1865, n. 2359, per la procedura delle espropriazioni potranno essere abbreviati con ordinanza del prefetto da pubblicarsi a norma di legge.

L'indennità dovuta ai proprietari degl'immobili espropriati sarà determinata sulla media del valore venale e dei fitti coacervati dell'ultimo decennio purché essi abbiano la data certa corrispondente al rispettivo anno di locazione.

In difetto di tali fitti accertati l'indennità sarà fissata sull'imponibile netto agli effetti delle imposte su terreni e su fabbricati.

I periti non dovranno, nella stima per l'indennità, tener conto dei miglioramenti e delle spese, fatti dopo la pubblicazione ufficiale del piano di risanamento].

(1) *Articolo abrogato dall'art. 58 d.P.R. 8 giugno 2001, n. 327.*

55. Legge 22 ottobre 1971, n. 865. — Programmi e coordinamento dell'edilizia residenziale pubblica (*estratto*).

Pubblicata nella Gazzetta Ufficiale n. 276 del 30 ottobre 1971.

TITOLO II
[Norme sull'espropriazione per pubblica utilità] (1)

(1) *Titolo abrogato dall'art. 58, d.P.R. 8 giugno 2001, n. 327, a decorrere dal 30 giugno 2003, ai sensi dell'art. 59 dello stesso d.P.R. come da ultimo modificato dall'art. 3, comma 1, d.l. 20 giugno 2002, n. 122, conv., con modif., in l. 1° agosto 2002, n. 185.*

16 (1) [Con provvedimento della regione è istituita, in ogni provincia, una Commissione composta dal presidente dell'amministrazione provinciale o da un suo delegato, che la presiede, dall'ingegnere capo dell'ufficio tecnico erariale o da un suo delegato, dall'ingegnere capo del genio civile o da un suo delegato, dal presidente dell'Istituto autonomo delle case popolari della provincia o da un suo delegato, nonché da due esperti nominati dalla regione in materia urbanistica ed edilizia e da tre esperti in materia di agricoltura e di foreste scelti dalla regione stessa su terne proposte dalle associazioni sindacali agricole maggiormente rappresentative (2).

La regione, ove particolari esigenze lo richiedano, può disporre la formazione di sottocommissioni, le quali opereranno nella medesima composizione della commissione di cui al primo comma. A tal fine la regione nomina gli ulteriori componenti (2).

La commissione di cui al primo comma ha sede presso l'ufficio tecnico erariale. L'intendente di finanza provvede alla costituzione della segreteria della commissione ed all'assegnazione ad essa del personale necessario (2).

La commissione determina ogni anno, entro il 31 gennaio, nell'ambito delle singole regioni agrarie delimitate secondo l'ultima pubblicazione ufficiale dell'Istituto centrale di statistica, il valore agricolo medio, nel precedente anno solare, dei terreni, considerati liberi da vincoli di contratti agrari, secondo i tipi di coltura effettivamente praticati (2).

L'indennità di espropriazione, per le aree esterne ai centri edificati di cui all'art. 18, è commisurata al valore agricolo medio di cui al comma precedente corrispondente al tipo di coltura in atto nell'area da espropriare (2) (3).

Nelle aree comprese nei centri edificati l'indennità è commisurata al valore agricolo medio della coltura più redditizia tra quelle che, nella regione agraria in cui ricade l'area da espropriare, coprono una superficie superiore al 5 per cento di quella coltivata della regione agraria stessa (4) (3).

Tale valore è moltiplicato per un coefficiente:

da 2 a 5 se l'area ricade nel territorio di comuni fino a 100 mila abitanti;

da 4 a 10 se l'area ricade nel territorio di comuni con popolazione superiore a 100 mila abitanti (4) (3).

Per la determinazione dell'indennità relativa alle aree comprese nei centri edificati, la commissione di cui al primo comma è integrata dal sindaco o da un suo delegato (4).

Per l'espropriazione delle aree che risultino edificate o urbanizzate ai sensi dell'art. 8 della L. 6 agosto 1967, n. 765, l'indennità è determinata in base alla somma del valore dell'area, definito a norma dei precedenti commi, e del valore delle opere di urbanizzazione e delle costruzioni, tenendo conto del loro stato di conservazione. Se la costruzione è stata eseguita senza licenza o in contrasto con essa o in base ad una licenza annullata e non è stata ancora applicata la sanzione pecuniaria prevista dall'art. 41, secondo comma, della L. 17 agosto 1942, n. 1150, e successive modificazioni, ne deve essere disposta ed eseguita la demolizione ai sensi dell'art. 26 della stessa legge e l'indennità è determinata in base al valore della sola area.

Nella determinazione dell'indennità non deve tenersi alcun conto dell'utilizzabilità dell'area ai fini dell'edificazione nonché dell'incremento del valore derivante dall'esistenza nella stessa zona di opere di urbanizzazione primaria e secondaria e di qualunque altra opera o impianto pubblico.

L'indennità determinata a norma dei commi precedenti è aumentata della somma eventualmente corrisposta dai soggetti espropriati, fino alla data dell'espropriazione, a titolo di imposta sugli incrementi di valore delle aree fabbricabili ai sensi della legge 5 marzo 1963, n. 246, nonché delle somme pagate dagli stessi per qualsiasi imposta relativa all'ultimo trasferimento dell'immobile precedente l'espropriazione.]

(1) *Articolo abrogato dall'art. 58, comma 1, numero 99), del d.P.R. 8 giugno 2001, n. 327, a decorrere dal 30 giugno 2003, ai sensi dell'art. 59 dello stesso d.P.R. come da ultimo modificato dall'art. 1, comma 1, lett. ss), n. 1), d.lgs. 27 dicembre 2002, n. 302.*

(2) *Comma sostituito dall'art. 14 l. 28 gennaio 1977, n. 10.*

(3) *La Corte Costituzionale, con sentenza 25 gennaio 1980, n. 5ha dichiarato l'illegittimità costituzionale del presente comma.*

(4) *Comma aggiunto dall'art. 14 l. 28 gennaio 1977, n. 10.*

56. Decreto legge 11 luglio 1992, n. 333, convertito, con modificazioni, in legge 8 agosto 1992, n. 359. — Misure urgenti per il risanamento della finanza pubblica. (*estratto*).

Pubblicato nella Gazzetta Ufficiale n. 162 dell'11 luglio 1992; la legge di conversione è stata pubblicata nella Gazzetta Ufficiale n. 190 del 13 agosto 1992.

CAPO I

5-*bis* (1) [1. Fino all'emanazione di un'organica disciplina per tutte le espropriazioni preordinate alla realizzazione di opere o interventi da parte o per conto dello Stato, delle regioni, delle province, dei comuni e degli altri enti pubblici o di diritto pubblico, anche non territoriali, o comunque preordinate alla realizzazione di opere o interventi dichiarati di pubblica utilità, l'indennità di espropriazione per le aree edificabili è determinata a norma dell'articolo 13, terzo comma, della legge 15 gennaio 1885, n. 2892, sostituendo in ogni caso ai fitti coacervati dell'ultimo decennio il reddito dominicale rivalutato di cui agli articoli 24 e seguenti del testo unico delle imposte sui redditi, approvato con decreto del Presidente della Repubblica 22 dicembre 1986, n. 917.

L'importo così determinato è ridotto del 40 per cento (2).

2. In ogni fase del procedimento espropriativo il soggetto espropriato può convenire la cessione volontaria del bene. In tal caso non si applica la riduzione di cui al comma 1 (2) (3).

3. Per la valutazione delle edificabilità delle aree, si devono considerare le possibilità legali ed effettive di edificazione esistenti al momento dell'apposizione del vincolo preordinato all'esproprio.

4. Per le aree agricole e per quelle che, ai sensi del comma 3, non sono classificabili come edificabili, si applicano le norme di cui al titolo II della legge 22 ottobre 1971, n. 865, e successive modificazioni ed integrazioni (4).

5. Con regolamento da emanare con decreto del Ministro dei lavori pubblici ai sensi dell'articolo 17 della legge 23 agosto 1988, n. 400, sono definiti i criteri e i requisiti per la individuazione della edificabilità di fatto di cui al comma 3.

6. Le dispozioni, di cui al presente articolo in materia di determinazione dell'indennità di espropriazione non si applicano ai procedimenti per i quali l'indennità predetta sia stata accettata dalle parti o sia divenuta non impugnabile o sia stata definita con sentenza passata in giudicato alla data di entrata in vigore della legge di conversione del presente decreto (5) (6).

7. Nella determinazione dell'indennità di espropriazione per i procedimenti in corso si applicano le disposizioni di cui al presente articolo.

7-*bis*. In caso di occupazioni illegittime di suoli per causa di pubblica utilità, intervenute anteriormente al 30 settembre 1996, si applicano, per la liquidazione del danno, i criteri di determinazione dell'indennità di cui al comma 1, con esclusione della riduzione del 40 per cento. In tal caso l'importo del risarcimento è altresì aumentato del 10 per cento. Le disposizioni di cui al presente comma si applicano anche ai procedimenti in corso non definiti con sentenza passata in giudicato (2) (7)].

(1) *Articolo successivamente abrogato dall'art. 58, comma 1, n. 133) d.P.R. 8 giugno 2001, n. 327, con la decorrenza di cui all'art. 59 del medesimo decreto.*

(2) *La Corte costituzionale, con sentenza 24 ottobre 2007, n. 348, ha dichiarato l'illegittimità costituzionale del presente comma.*

(3) *La Corte costituzionale, con sentenza 16 giugno 1993, n. 283 ha dichiarato l'illegittimità costituzionale del presente comma, nella parte in cui non prevede in favore dei soggetti già espropriati al momento della entrata in vigore della l. n. 359 del 1992, e nei confronti dei quali la indennità di espropriazione non sia ancora divenuta incontestabile, il diritto di accettare l'indennità di cui al primo comma con esclusione della riduzione del 40.*

(4) *La Corte Costituzionale, con sentenza 10 giugno 2011, n. 181, ha dichiarato l'illegittimità costituzionale del presente comma, in combinato disposto con gli articoli 15, primo comma, secondo periodo, e 16, commi quinto e sesto, l. 22 ottobre 1971, n. 865 (Programmi e coordinamento dell'edilizia residenziale pubblica; norme sulla espropriazione per pubblica utilità; modifiche e integrazioni alle leggi 17 agosto 1942, n. 1150; 18 aprile 1962, n. 167; 29 settembre 1964, n. 847; ed autorizzazione di spesa per interventi straordinari nel settore dell'edilizia residenziale, agevolata e convenzionata), come sostituiti dall'art. 14 della legge 28 gennaio 1977, n. 10 (Norme per la edificabilità dei suoli).*

(5) *Comma sostituito dall'art. 1, comma 65, l. 28 dicembre 1995, n. 549.*

(6) *La Corte costituzionale, con sentenza 2 novembre 1996, n. 369, ha dichiarato l'illegittimità costituzionale del presente comma, nella parte in cui applica al « risarcimento del danno » i criteri di determinazione stabiliti per il prezzo, l'entità dell'indennizzo.*

(7) *Comma aggiunto dall'art. 1, comma 65, l. 23 dicembre 1996, n. 662.*

57. Decreto del Presidente della Repubblica 8 giugno 2001, n. 327. — Testo unico delle disposizioni legislative e regolamentari in materia di espropriazione per pubblica utilità. (Testo A) (*estratto*) (1) (2).

Pubblicato nella Gazzetta Ufficiale n. 189 del 16 agosto 2001, S.O. n. 211.

(1) *Il termine di entrata in vigore del presente decreto previsto dall'art. 59 è, da ultimo, prorogato al 30 giugno 2003, ai sensi dell'art. 1, comma 1, lett. ss), n. 1), d.lgs. 27 dicembre 2002, n. 302.*

(2) *Per la riduzione dei termini di legge previsti dal presente provvedimento, v. dapprima l'art. 10, comma 6, d.l. 24 giugno 2014, n. 91, conv., con modif., in l. 11 agosto 2014, n. 116 e, da ultimo, l'art. 36-*ter *d.l. 31 maggio 2021, n. 77, conv., con modif., in l. 29 luglio 2021, n. 108.*

TITOLO I
Oggetto ed ambito di applicazione del testo unico

1 (L) Oggetto.

1. Il presente testo unico disciplina l'espropriazione, anche a favore di privati, dei beni immobili o di diritti relativi ad immobili per l'esecuzione di opere pubbliche o di pubblica utilità. (L)

2. Si considera opera pubblica o di pubblica utilità anche la realizzazione degli interventi necessari per l'utilizzazione da parte della collettività di beni o di terreni, o di un loro insieme, di cui non è prevista la materiale modificazione o trasformazione. (L)

3. (1).

4. Le norme del presente testo unico non possono essere derogate, modificate o abrogate se non per dichiarazione espressa, con specifico riferimento a singole disposizioni. (L)

(1) *Comma soppresso dall'art. 1 d.lgs. 27 dicembre 2002, n. 302.*

2 (L) Principio di legalità dell'azione amministrativa.

1. L'espropriazione dei beni immobili o di diritti relativi ad immobili di cui all'articolo 1 può essere disposta nei soli casi previsti dalle leggi e dai regolamenti. (L)

2. I procedimenti di cui al presente testo unico si ispirano ai principi di economicità, di efficacia, di efficienza, di pubblicità e di semplificazione dell'azione amministrativa. (L)

3 (L) Definizioni (1).

1. Ai fini del presente testo unico:

a) per "espropriato", si intende il soggetto, pubblico o privato, titolare del diritto espropriato;

b) per "autorità espropriante", si intende, l'autorità amministrativa titolare del potere di espropriare e che cura il relativo procedimento, ovvero il soggetto privato, al quale sia stato attribuito tale potere, in base ad una norma;

c) per "beneficiario dell'espropriazione", si intende il soggetto, pubblico o privato, in cui favore è emesso il decreto di esproprio;

d) per "promotore dell'espropriazione", si intende il soggetto, pubblico o privato, che chiede l'espropriazione. (L)

2. Tutti gli atti della procedura espropriativa, ivi incluse le comunicazioni ed il decreto di esproprio, sono disposti nei confronti del soggetto che risulti proprietario secondo i registri catastali, salvo che l'autorità espropriante non abbia tempestiva notizia dell'eventuale diverso proprietario effettivo. Nel caso in cui abbia avuto notizia della pendenza della procedura espropriativa dopo la comunicazione dell'indennità provvisoria al soggetto che risulti proprietario secondo i registri catastali, il proprietario effettivo può, nei trenta giorni successivi, concordare l'indennità ai sensi dell'articolo 45, comma 2. (L)

3. Colui che risulta proprietario secondo i registri catastali e riceva la notificazione o comunicazione di atti del procedimento espropriativo, ove non sia più proprietario è tenuto di comunicarlo all'amministrazione procedente entro trenta giorni dalla prima no tificazione, indicando altresì, ove ne sia a conoscenza, il nuovo proprietario, o comunque fornendo copia degli atti in suo possesso utili a ricostruire le vicende dell'immobile. (L)

(1) *Articolo sostituito dall'art. 1 d.lgs. 27 dicembre 2002, n. 302.*

4 (L) Beni non espropriabili o espropriabili in casi particolari.

1. I beni appartenenti al demanio pubblico non possono essere espropriati fino a quando non ne viene pronunciata la sdemanializzazione. (L)

1-*bis*. I beni gravati da uso civico non possono essere espropriati o asserviti coattivamente se non viene pronunciato il mutamento di destinazione d'uso, fatte salve le ipotesi in cui l'opera pubblica o di pubblica utilità sia compatibile con l'esercizio dell'uso civico (1).

2. I beni appartenenti al patrimonio indisponibile dello Stato e degli altri enti pubblici possono essere espropriati per perseguire un interesse pubblico di rilievo superiore a quello soddisfatto con la precedente destinazione. (L)

3. I beni descritti dagli articoli 13, 14, 15 e 16 della legge 27 maggio 1929, n. 810, non possono essere espropriati se non vi è il previo accordo con la Santa Sede (2). (L)

4. Gli edifici aperti al culto non possono essere espropriati se non per gravi ragioni previo accordo:

a) con la competente autorità ecclesiastica, se aperti al culto cattolico;

b) con l'Unione delle Chiese cristiane, se aperti al culto pubblico avventista;

c) con il presidente delle Assemblee di Dio in Italia, se aperti al culto pubblico delle chiese ad esse associate;

d) con l'Unione delle Comunità ebraiche italiane, se destinati all'esercizio pubblico del culto ebraico:

e) con l'Unione cristiana evangelica battista d'Italia, se aperti al culto pubblico delle chiese che ne facciano parte;

f) con il Decano della Chiesa evangelica luterana in Italia con l'organo responsabile della comunità interessata, se aperti al culto della medesima Chiesa;

g) col rappresentante di ogni altra confessione religiosa, nei casi previsti dalla legge. (L) (3)

5. Si applicano le regole sull'espropriazione dettate dal diritto internazionale generalmente riconosciuto e da trattati internazionali cui l'Italia aderisce. (L)

(1) *Comma inserito dall'art. 74, comma 1, l. 28 dicembre 2015, n. 221.*

(2) *Comma sostituito dall'articolo 1 d.lgs. 27 dicembre 2002, n. 302.*

(3) *Comma sostituito dall'articolo 1 d.lgs. n. 302, cit.*

5 (L) Ambito di applicazione nei confronti delle Regioni e delle Province autonome di Trento e di Bolzano (1).

1. Le Regioni a statuto ordinario esercitano la potestà legislativa concorrente, in ordine alle espropriazioni strumentali alle materie di propria competenza, nel rispetto dei principi fondamentali della legislazione statale nonché dei principi generali dell'ordinamento giuridico desumibili dalle disposizioni contenute nel testo unico. (L)

2. Le Regioni a statuto speciale, nonché le Province autonome di Trento e di Bolzano esercitano la propria potestà legislativa in materia di espropriazione per pubblica utilità nel rispetto dei rispettivi statuti e delle relative norme di attuazione, anche con riferimento alle disposizioni del titolo V, parte seconda, della Costituzione per le parti in cui prevedono forme di autonomia più ampie rispetto a quelle già attribuite. (L)

3. Le disposizioni del testo unico operano direttamente nei riguardi delle Regioni fino a quando esse non esercitano la propria potestà legislativa in materia, nel rispetto delle disposizioni di cui ai commi 1 e 2. La Regione Trentino-Alto Adige e le Province autonome di Trento e Bolzano adeguano la propria legislazione ai sensi degli articoli 4 e 8 dello statuto di cui al decreto del Presidente della Repubblica 31 agosto 1972, n. 670, e dell'articolo 2 del decreto legislativo 16 marzo 1992, n. 266. (L)

4. Nell'ambito delle funzioni amministrative conferite dallo Stato alle Regioni e alle Province autonome di Trento e di Bolzano ai sensi delle leggi vigenti rientrano anche quelle concernenti i procedimenti di espropriazione per pubblica utilità e quelli concernenti la materiale acquisizione delle aree. (L)

(1) *Articolo sostituito dall'art. 1 d.lgs. 27 dicembre 2002, n. 302.*

6 (L-R) Regole generali sulla competenza (1).

1. L'autorità competente alla realizzazione di un'opera pubblica o di pubblica utilità è anche competente all'emanazione degli atti del procedimento espropriativo che si renda necessario. (L)

2. Le amministrazioni statali, le Regioni, le Province, i Comuni e gli altri enti pubblici individuano ed organizzano l'ufficio per le espropriazioni, ovvero attribuiscono i relativi poteri ad un ufficio già esistente. (L)

3. Le Regioni a statuto speciale o a statuto ordinario e le Province autonome di Trento e di Bolzano emanano tutti gli atti dei procedimenti espropriativi strumentali alla cura degli interessi da esse gestiti, anche nel caso di delega di funzioni statali. (L)

4. Gli enti locali possono istituire un ufficio comune per le espropriazioni e possono costituirsi in consorzio o in un'altra forma associativa prevista dalla legge. (L)

5. All'ufficio per le espropriazioni è preposto un dirigente o, in sua mancanza, il dipendente con la qualifica più elevata. (L)

6. Per ciascun procedimento, è designato un responsabile che dirige, coordina e cura tutte le operazioni e gli atti del procedimento, anche avvalendosi dell'ausilio di tecnici. (L)

7. Il dirigente dell'ufficio per le espropriazioni emana ogni provvedimento conclusivo del procedimento o di singole fasi di esso, anche se non predisposto dal responsabile del procedimento. (L)

8. Se l'opera pubblica o di pubblica utilità va realizzata da un concessionario o contraente generale, l'amministrazione titolare del potere espropriativo può delegare, in tutto o in parte, l'esercizio dei propri poteri espropriativi, determinando chiaramente l'ambito della delega nella concessione o nell'atto di affidamento, i cui estremi vanno specificati in ogni atto del procedimento espropriativo. A questo scopo i soggetti privati cui sono attribuiti per legge o per delega poteri espropriativi, possono avvalersi di società controllata. I soggetti privati possono altresì avvalersi di società di servizi ai fini delle attività preparatorie. (L)

9. Per le espropriazioni finalizzate alla realizzazione di opere private, l'autorità espropriante è l'Ente che emana il provvedimento dal quale deriva la dichiarazione di pubblica utilità. (L)

9-*bis*. L'autorità espropriante, nel caso di opere di minore entità, può delegare, in tutto o in parte, al soggetto proponente l'esercizio dei propri poteri espropriativi, determinando chiaramente l'ambito della delega nell'atto di affidamento, i cui estremi vanno specificati in ogni atto del procedimento espropriativo. A questo scopo i soggetti cui sono delegati i poteri espropriativi possono avvalersi di società controllate nonché di società di servizi ai fini delle attività preparatorie (2).

(1) *Articolo sostituito dall'art. 1 d.lgs. 27 dicembre 2002, n. 302.*

(2) *Comma aggiunto dall'art. 60, comma 4, lett.* b) *d.l. 16 luglio 2020, n. 76, conv., con modif., in l. 11 settembre 2020, n. 120.*

7 (L) Competenze particolari dei Comuni.

1. Il Comune può espropriare:

a) le aree inedificate e quelle su cui vi siano costruzioni in contrasto con la destinazione di zona o abbiano carattere provvisorio, a seguito dell'approvazione del piano regolatore generale, per consentirne l'ordinata attuazione nelle zone di espansione;

b) l'immobile al quale va incorporata un'area inserita in un piano particolareggiato e non utilizzata, quando il suo proprietario non intenda acquistarla o non comunichi le proprie determinazioni, entro il termine di sessanta giorni, decorrente dalla ricezione di un avviso del dirigente dell'ufficio per le espropriazioni;

c) gli immobili necessari per delimitare le aree fabbricabili e per attuare il piano regolatore, nel caso di mancato accordo tra i proprietari del comprensorio;

d) le aree inedificate e le costruzioni da trasformare secondo speciali prescrizioni, quando decorre inutilmente il termine, non inferiore a novanta giorni, fissato nell'atto determinativo della formazione del consorzio, notificato ai proprietari interessati. (L)

TITOLO II
Disposizioni generali

CAPO I
Identificazione delle fasi che precedono il decreto d'esproprio

8 (L) Le fasi del procedimento espropriativi.

1. Il decreto di esproprio può essere emanato qualora:

a) l'opera da realizzare sia prevista nello strumento urbanistico generale, o in un atto di natura ed efficacia equivalente, e sul bene da espropriare sia stato apposto il vincolo preordinato all'esproprio;

b) vi sia stata la dichiarazione di pubblica utilità;

c) sia stata determinata, anche se in via provvisoria, l'indennità di esproprio.

CAPO II
La fase della sottoposizione del bene al vincolo preordinato all'esproprio

9 (L) Vincoli derivanti da piani urbanistici.

1. Un bene è sottoposto al vincolo preordinato all'esproprio quando diventa efficace l'atto di approvazione del piano urbanistico generale, ovvero una sua variante, che prevede la realizzazione di un opera pubblica o di pubblica utilità. (L)

2. Il vincolo preordinato all'esproprio ha la durata di cinque anni. Entro tale termine, può essere emanato il provvedimento che comporta la dichiarazione di pubblica utilità dell'opera. (L)

3. Se non è tempestivamente dichiarata la pubblica utilità dell'opera, il vincolo preordinato all'esproprio decade e trova applicazione la disciplina dettata dall'articolo 9 del testo unico in materia edilizia approvato con decreto del Presidente della Repubblica 6 giugno 2001, n. 380. (L) (1) (2)

4. Il vincolo preordinato all'esproprio, dopo la sua decadenza, può essere motivatamente reiterato, con la rinnovazione dei procedimenti previsti al comma 1 e tenendo conto delle esigenze di soddisfacimento degli standard. (L)

5. Nel corso dei cinque anni di durata del vincolo preordinato all'esproprio, il Consiglio comunale può motivatamente disporre o autorizzare che siano realizzate sul bene vincolato opere pubbliche o di pubblica utilità diverse da quelle originariamente previ ste nel piano urbanistico generale. In tal caso, se la Regione o l'ente da questa delegato all'approvazione del piano urbanistico generale (1) non manifesta il proprio dissenso entro il termine di novanta giorni, decorrente dalla ricezione della delibera del Consiglio comunale e della relativa completa documentazione, si intende approvata la determinazione del consiglio comunale, che in una successiva seduta ne dispone l'efficacia. (L) (2)

6. Salvo quanto previsto dal comma 5, nulla è innovato in ordine alla normativa statale o regionale sulla adozione e sulla approvazione degli strumenti urbanistici. (L) (2)

(1) *Comma rettificato in G.U. 14 settembre 2001, n. 214.*
(2) *Comma così modificato dall'art. 1 d.lgs. 27 dicembre 2002, n. 302.*

10 (L) Vincoli derivanti da atti diversi dai piani urbanistici generali (1).

1. Se la realizzazione di un'opera pubblica o di pubblica utilità non è prevista dal piano urbanistico generale, il vincolo preordinato all'esproprio può essere disposto, ove espressamente se ne dia atto, su richiesta dell'interessato ai sensi dell'articolo 14, comma 4, della legge 7 agosto 1990, n. 241, ovvero su iniziativa dell'amministrazione competente all'approvazione del progetto, mediante una conferenza di servizi, un accordo di programma, una intesa ovvero un altro atto, anche di natura territoriale, che in base alla legislazione vigente comporti la variante al piano urbanistico. (L)

2. Il vincolo può essere altresì disposto, dandosene espressamente atto, con il ricorso alla variante semplificata al piano urbanistico da realizzare, anche su richiesta dell'interessato, con le modalità e secondo le procedure di cui all'articolo 19, commi 2 e seguenti. (L)

3. Per le opere per le quali sia già intervenuto, in conformità alla normativa vigente, uno dei provvedimenti di cui ai commi 1 e 2 prima della data di entrata in vigore del presente testo unico, il vincolo si intende apposto, anche qualora non ne sia stato dato esplicitamente atto. (L)

(1) *Articolo sostituito dall'art. 1 d.lgs. 27 dicembre 2002, n. 302.*

11 (L-R) La partecipazione degli interessati (1).

1. Al proprietario, del bene sul quale si intende apporre il vincolo preordinato all'esproprio, va inviato l'avviso dell'avvio del procedimento:

a) nel caso di adozione di una variante al piano regolatore per la realizzazione di una singola opera pubblica, almeno venti giorni prima della delibera del consiglio comunale;

b) nei casi previsti dall'articolo 10, comma 1, almeno venti giorni prima dell'emanazione dell'atto se ciò risulti compatibile con le esigenze di celerità del procedimento. (L) (2)

2. L'avviso di avvio del procedimento è comunicato personalmente agli interessati alle singole opere previste dal piano o dal progetto. Allorché il numero dei destinatari sia superiore a 50, la comunicazione è effettuata mediante pubblico avviso, da affiggere all'albo pretorio dei Comuni nel cui territorio ricadono gli immobili da assoggettare al vincolo, nonché su uno o più quotidiani a diffusione nazionale e locale e, ove istituito, sul sito informatico della Regione o Provincia autonoma nel cui territorio ricadono gli immobili da assoggettare al vincolo. L'avviso deve precisare dove e con quali modalità può essere consultato il piano o il progetto. Gli interessati possono formulare entro i successivi trenta giorni osservazioni che vengono valutate dall'autorità espropriante ai fini delle definitive determinazioni. (L)

3. La disposizione di cui al comma 2 non si applica ai fini dell'approvazione del progetto preliminare delle infrastrutture e degli insediamenti produttivi ricompresi nei programmi attuativi dell'articolo 1, comma 1, della legge 21 dicembre 2001, n. 443. (L)

4. Ai fini dell'avviso dell'avvio del procedimento delle conferenze di servizi in materia di lavori pubblici, si osservano le forme previste dal decreto del Presidente della Repubblica 21 dicembre 1999, n. 554. (L)

5. Salvo quanto previsto dal comma 2, restano in vigore le disposizioni vigenti che regolano le modalità di partecipazione del proprietario dell'area e di altri interessati nelle fasi di adozione e di approvazione degli strumenti urbanistici. (L)

(1) *Articolo sostituito dall'art 1 d.lgs. 27 dicembre 2002, n. 302.*
(2) *Comma così rettificato in G.U. 14 settembre 2001, n. 214.*

CAPO III
La fase della dichiarazione di pubblica utilità

SEZIONE I
Disposizioni sul procedimento

12 (L-R) Gli atti che comportano la dichiarazione di pubblica utilità (1) (2).

1. La dichiarazione di pubblica utilità si intende disposta:

a) quando l'autorità espropriante approva a tale fine il progetto definitivo dell'opera pubblica o di pubblica utilità, ovvero quando sono approvati il piano particolareggiato, il piano di lottizzazione, il piano di recupero, il piano di ricostruzione, il piano delle aree da destinare a insediamenti produttivi, ovvero quando è approvato il piano di zona;

b) in ogni caso, quando in base alla normativa vigente equivale a dichiarazione di pubblica utilità l'approvazione di uno strumento urbanistico, anche di settore o attuativo, la definizione di una conferenza di servizi o il perfezionamento di un accordo di programma, ovvero il rilascio di una concessione, di una autorizzazione o di un atto avente effetti equivalenti. (L)

2. Le varianti derivanti dalle prescrizioni della conferenza di servizi, dell'accordo di programma o di altro atto di cui all'articolo 10, nonché le successive varianti in corso d'opera, qualora queste ultime non comportino variazioni di tracciato al di fuori delle zone di rispetto previste ai sensi del decreto del Presidente della Repubblica 11 luglio 1980, n. 753, nonché ai sensi del decreto ministeriale 1 aprile 1968, sono approvate dall'autorità espropriante ai fini della dichiarazione di pubblica utilità e non richiedono nuova apposizione del vincolo preordinato all'esproprio. (L)

3. Qualora non sia stato apposto il vincolo preordinato all'esproprio la dichiarazione di pubblica utilità diventa efficace al momento di tale apposizione a norma degli articoli 9 e 10. (L)

(1) *Articolo sostituito dall'art. 1 d.lgs. 27 dicembre 2002, n. 302.*
(2) *Ad integrazione delle disposizioni di cui al presente articolo, vedi l'art. 27, comma 2, d.lgs. 18 aprile 2016, n. 50.*

13 (L) Contenuto ed effetti dell'atto che comporta la dichiarazione di pubblica utilità.

1. Il provvedimento che dispone la pubblica utilità dell'opera può essere emanato fino a quando non sia decaduto il vincolo preordinato all'esproprio. (L)

2. Gli effetti della dichiarazione di pubblica utilità si producono anche se non sono espressamente indicati nel provvedimento che la dispone. (L)

3. Nel provvedimento che comporta la dichiarazione di pubblica utilità dell'opera può essere stabilito il termine entro il quale il decreto di esproprio va emanato. (L) (1)

4. Se manca l'espressa determinazione del termine di cui al comma 3, il decreto di esproprio può essere emanato entro il termine di cinque anni, decorrente dalla data in cui diventa efficace l'atto che dichiara la pubblica utilità dell'opera. (L) (1)

5. L'autorità che ha dichiarato la pubblica utilità dell'opera può disporre la proroga dei termini previsti dai commi 3 e 4 per casi di forza maggiore o per altre giustificate ragioni. La proroga può essere disposta, anche d'ufficio, prima della scadenza del termine e per un periodo di tempo che non supera i due anni. (L)

6. La scadenza del termine entro il quale può essere emanato il decreto di esproprio determina l'inefficacia della dichiarazione di pubblica utilità. (L)

7. Restano in vigore le disposizioni che consentono l'esecuzione delle previsioni dei piani territoriali o urbanistici, anche di settore o attuativi, entro termini maggiori di quelli previsti nel comma 4. (L)

8. Qualora il vincolo preordinato all'esproprio riguardi immobili da non sottoporre a trasformazione fisica, la dichiarazione di pubblica utilità ha luogo mediante l'adozione di un provvedimento di destinazione ad uso pubblico dell'immobile vincolato, con cui sono indicate le finalità dell'intervento, i tempi previsti per eventuali lavori di manutenzione, nonché i relativi costi previsti. (L)

(1) *Comma così modificato dall'art 1 d.lgs. 27 dicembre 2002, n. 302.*

14 (L-R) Istituzione degli elenchi degli atti che dichiarano la pubblica utilità (1).

1. L'autorità che emana uno degli atti previsti dall'articolo 12, comma 1, ovvero esegue un decreto di espropriazione, ne trasmette una copia al Ministero delle infrastrutture e dei trasporti, per le opere di competenza statale, e al presidente della Regione, per le opere di competenza regionale. (L)

2. Con decreto del Ministro delle infrastrutture e dei trasporti ovvero del presidente della Regione, rispettivamente per le opere di competenza statale o regionale, sono indicati gli uffici competenti all'aggiornamento degli elenchi degli atti da cui deriva la dichiarazione di pubblica utilità ovvero con cui è disposta l'espropriazione, distinti in relazione alle diverse amministrazioni che li hanno adottati; nello stesso decreto può prevedersi che i medesimi o altri uffici possano dare indicazioni operative alle autorità esproprianti per la corretta applicazione del presente testo unico. (L)

3. L'autorità espropriante comunica all'ufficio di cui al comma 2:

a) quale sia lo stato del procedimento d'esproprio, almeno sei mesi e non oltre tre mesi prima della data di scadenza degli effetti della dichiarazione di pubblica utilità;

b) se sia stato eseguito entro il prescritto termine il decreto d'esproprio ovvero se il medesimo termine sia inutilmente scaduto;

c) se siano stati impugnati gli atti di adozione e di approvazione del piano urbanistico generale, l'atto che dichiara la pubblica utilità dell'opera o il decreto di esproprio. (L)

(1) *Articolo sostituito dall'art 1 d.lgs. 27 dicembre 2002, n. 302.*

SEZIONE II
Disposizioni particolari sulla approvazione del progetto definitivo dell'opera

15 (L-R) Disposizioni sulla redazione del progetto (1).

1. Per le operazioni planimetriche e le altre operazioni preparatorie necessarie per la redazione dello strumento urbanistico generale, di una sua variante o di un atto avente efficacia equivalente nonché per l'attuazione delle previsioni urbanistiche e per la progettazione di opere pubbliche e di pubblica utilità, i tecnici incaricati, anche privati, possono essere autorizzati ad introdursi nell'area interessata. (L)

2. Chiunque chieda il rilascio della autorizzazione deve darne notizia, mediante atto notificato con le forme degli atti processuali civili o lettera raccomandata con avviso di ricevimento, al proprietario del bene,

nonché al suo possessore, se risulti conosciuto. L'autorità espropriante tiene conto delle eventuali osservazioni, formulate dal proprietario o dal possessore entro sette giorni dalla relativa notifica o comunicazione, e può accogliere la richiesta solo se risultano trascorsi almeno ulteriori dieci giorni dalla data in cui è stata notificata o comunicata la richiesta di introdursi nella altrui proprietà. (L)

3. L'autorizzazione indica i nomi delle persone che possono introdursi nell'altrui proprietà ed è notificata o comunicata mediante lettera raccomandata con avviso di ricevimento almeno sette giorni prima dell'inizio delle operazioni. (L)

4. Il proprietario e il possessore del bene possono assistere alle operazioni, anche mediante persone di loro fiducia. (L)

5. L'autorizzazione di cui al comma 1 si estende alle ricerche archeologiche, alla bonifica da ordigni bellici e alla bonifica dei siti inquinati. Le ricerche archeologiche sono compiute sotto la vigilanza delle competenti soprintendenze, che curano la tempestiva programmazione delle ricerche ed il rispetto della medesima, allo scopo di evitare ogni ritardo all'avvio delle opere. (L)

(1) *Articolo sostituito dall'art 1 d.lgs. 27 dicembre 2002, n. 302.*

16 (L-R) Le modalità che precedono l'approvazione del progetto definitivo (1).

1. Il soggetto, anche privato, diverso da quello titolare del potere di approvazione del progetto di un'opera pubblica o di pubblica utilità, può promuovere l'adozione dell'atto che dichiara la pubblica utilità dell'opera. A tale fine, egli deposita pressa l'ufficio per le espropriazioni il progetto dell'opera, unitamente ai documenti ritenuti rilevanti e ad una relazione sommaria, la quale indichi la natura e lo scopo delle opere da eseguire, nonché agli eventuali nulla osta, alle autorizzazioni o agli altri atti di assenso, previsti dalla normativa vigente. (L)

2. In ogni caso, lo schema dell'atto di approvazione del progetto deve richiamare gli elaborati contenenti la descrizione dei terreni e degli edifici di cui è prevista l'espropriazione, con l'indicazione dell'estensione e dei confini, nonché, possibilmente, dei dati identificativi catastali e con il nome ed il cognome dei proprietari iscritti nei registri catastali. (L)

3. L'autorizzazione rilasciata ai sensi dell'articolo 15 consente anche l'effettuazione delle operazioni previste dal comma 2. (L)

4. Al proprietario dell'area ove è prevista la realizzazione dell'opera è inviato l'avviso dell'avvio del procedimento e del deposito degli atti di cui al comma 1, con l'indicazione del nominativo del responsabile del procedimento. (L)

5. Allorché il numero dei destinatari sia superiore a 50 si osservano le forme di cui all'articolo 11, comma 2. (L)

6. Ai fini dell'approvazione del progetto definitivo degli interventi di cui alla legge 21 dicembre 2001, n. 443, l'avviso di avvio del procedimento di dichiarazione di pubblica utilità è comunicato con le modalità di cui all'articolo 4, comma 2, del decreto legislativo 20 agosto 2002, n. 190. (L)

7. Se la comunicazione prevista dal comma 4 non ha luogo per irreperibilità o assenza del proprietario risultante dai registri catastali, il progetto può essere ugualmente approvato. (L)

8. Se risulta la morte del proprietario iscritto nei registri catastali e non risulta il proprietario attuale, la comunicazione di cui al comma 4 è sostituita da un avviso, affisso per venti giorni consecutivi all'albo pretorio dei comuni interessati e da un avviso pubblicato su uno o più quotidiani a diffusione nazionale e locale. (L)

9. L'autorità espropriante non è tenuta a dare alcuna comunicazione a chi non risulti proprietario del bene. (L)

10. Il proprietario e ogni altro interessato possono formulare osservazioni al responsabile del procedimento, nel termine perentorio di trenta giorni dalla comunicazione o dalla pubblicazione dell'avviso. (L)

11. Nei casi previsti dall'articolo 12, comma 1, il proprietario dell'area, nel formulare le proprie osservazioni, può chiedere che l'espropriazione riguardi anche le frazioni residue dei suoi beni che non siano state prese in considerazione, qualora per esse risulti una disagevole utilizzazione ovvero siano necessari considerevoli lavori per disporne una agevole utilizzazione. (L)

12. L'autorità espropriante si pronuncia sulle osservazioni, con atto motivato. Se l'accoglimento in tutto o in parte delle osservazioni comporta la modifica dello schema del progetto con pregiudizio di un altro proprietario che non abbia presentato osservazioni, sono ripetute nei suoi confronti le comunicazioni previste dal comma 4. (L)

13. Se le osservazioni riguardano solo una parte agevolmente separabile dell'opera, l'autorità espropriante può approvare per la restante parte il progetto, in attesa delle determinazioni sulle osservazioni. (L)

14. Qualora nel corso dei lavori si manifesti la necessità o l'opportunità di espropriare altri terreni o altri edifici, attigui a quelli già espropriati, con atto motivato autorità espropriante integra il provvedimento con cui è stato approvato il progetto ai fini della dichiarazione di pubblica utilità. Si applicano le disposizioni dei precedenti commi. (L)

(1) *Articolo sostituito dall'art. 1 d.lgs. 27 dicembre 2002, n. 302.*

17 (1) (L-R) L'approvazione del progetto definitivo.

1. Il provvedimento che approva il progetto definitivo, ai fini della dichiarazione di pubblica utilità, indica gli estremi degli atti da cui è sorto il vincolo preordinato all'esproprio. (L)

2. Mediante raccomandata con avviso di ricevimento o altra forma di comunicazione equipollente al proprietario è data notizia della data in cui è diventato efficace l'atto che ha approvato il progetto definitivo e della facoltà di prendere visione della relativa documentazione. Al proprietario è contestualmente comunicato che può fornire ogni utile elemento per deter-

minare il valore da attribuire all'area ai fini della liquidazione della indennità di esproprio. (L)

(1) *Articolo sostituito dall'art. 1 d.lgs. 27 dicembre 2002, n. 302.*

SEZIONE III
Disposizioni sull'approvazione di un progetto di un'opera non conforme alle previsioni urbanistiche

18 (L) Disposizioni applicabili per le operazioni preliminari alla progettazione.

1. Le disposizioni contenute negli articoli 16 e 17 si applicano anche quando un soggetto pubblico o privato intende redigere un progetto di opera pubblica o di pubblica utilità non conforme alle previsioni urbanistiche. (L)

19 (L) L'approvazione del progetto (1).

1. Quando l'opera da realizzare non risulta conforme alle previsioni urbanistiche, la variante al piano regolatore può essere disposta con le forme di cui all'articolo 10, comma 1, ovvero con le modalità di cui ai commi seguenti. (L)

2. L'approvazione del progetto preliminare o definitivo da parte del consiglio comunale, costituisce adozione della variante allo strumento urbanistico. (L)

3. Se l'opera non è di competenza comunale, l'atto di approvazione del progetto preliminare o definitivo da parte della autorità competente è trasmesso al consiglio comunale, che può disporre l'adozione della corrispondente variante allo strumento urbanistico. (L)

4. Nei casi previsti dai commi 2 e 3, se la Regione o l'ente da questa delegato all'approvazione del piano urbanistico comunale non manifesta il proprio dissenso entro il termine di novanta giorni, decorrente dalla ricezione della delibera del consiglio comunale e della relativa completa documentazione, si intende approvata la determinazione del consiglio comunale, che in una successiva seduta ne dispone l'efficacia. (L) (2).

(1) *Articolo sostituito dall'art. 1 d.lgs. 27 dicembre 2002, n. 302.*

(2) *Per una deroga v. art. 1, comma 40, l. 27 dicembre 2019, n. 160 (legge di bilancio 2020), ai sensi del quale: « 40. Al fine di dare attuazione e non pregiudicare l'utilizzo delle risorse di cui all'articolo 1, comma 96, della legge 30 dicembre 2018, n. 145, propedeutiche alla celere realizzazione delle opere pubbliche utili anche allo svolgimento delle Olimpiadi invernali 2026, ivi comprese quelle per l'accessibilità da e verso il comune e la città metropolitana di Milano, nonché quelle connesse e di contesto dei capoluoghi interessati, qualora le stesse ricadano nel territorio di più comuni, la variante allo strumento urbanistico e vincoli conseguenti può essere adottata, fermo restando il parere favorevole della regione, in deroga all'articolo 19 del testo unico di cui al decreto del Presidente della Repubblica 8 giugno 2001, n. 327, mediante accordo di programma ovvero con la determinazione conclusiva della conferenza di servizi, indetta ai sensi dell'articolo 14 della legge 7 agosto 1990, n. 241, su richiesta dell'interessato ovvero su iniziativa dell'ente attuatore o dell'amministrazione competente all'approvazione, ai fini dell'approvazione del progetto definitivo. Rimangono ferme le vigenti disposizioni in materia di tutela ambientale, paesaggistica e del patrimonio culturale »*

CAPO IV
La fase di emanazione del decreto di esproprio

SEZIONE I
Del modo di determinare l'indennità di espropriazione

20 (L-R) La determinazione provvisoria dell'indennità di espropriazione (1).

1. Divenuto efficace l'atto che dichiara la pubblica utilità, entro i successivi trenta giorni il promotore dell'espropriazione compila l'elenco dei beni da espropriare, con una descrizione sommaria, e dei relativi proprietari, ed indica le somme che offre per le loro espropriazioni. L'elenco va notificato a ciascun proprietario, nella parte che lo riguarda, con le forme degli atti processuali civili. Gli interessati nei successivi trenta giorni possono presentare osservazioni scritte e depositare documenti. (L)

2. Ove lo ritenga opportuno in considerazione dei dati acquisiti e compatibile con le esigenze di celerità del procedimento, l'autorità espropriante invita il proprietario e, se del caso, il beneficiario dell'espropriazione a precisare, entro un termine non superiore a venti giorni ed eventualmente anche in base ad una relazione esplicativa, quale sia il valore da attribuire all'area ai fini della determinazione della indennità di esproprio. (L)

3. Valutate le osservazioni degli interessati, l'autorità espropriante, anche avvalendosi degli uffici degli enti locali, dell'ufficio tecnico erariale o della commissione provinciale prevista dall'articolo 41, che intenda consultare, prima di emanare il decreto di esproprio accerta il valore dell'area e determina in via provvisoria la misura della indennità di espropriazione. (L)

4. L'atto che determina in via provvisoria la misura della indennità di espropriazione è notificato al proprietario con le forme degli atti processuali civili e al beneficiario dell'esproprio, se diverso dall'autorità procedente. (L)

5. Nei trenta giorni successivi alla notificazione, il proprietario può comunicare all'autorità espropriante che condivide la determinazione della indennità di espropriazione. La relativa dichiarazione è irrevocabile. (L)

6. Qualora abbia condiviso la determinazione dell'indennità di espropriazione, il proprietario è tenuto a consentire all'autorità espropriante che ne faccia richiesta l'immissione nel possesso. In tal caso, il proprietario ha diritto a ricevere un acconto dell'80 per cento dell'indennità, previa autocertificazione, attestante la piena e libera proprietà del bene. Dalla data dell'immissione in possesso il proprietario ha altresì diritto agli interessi nella misura del tasso legale sulla indennità, sino al momento del pagamento dell'eventuale acconto e del saldo. In caso di opposizione all'immissione in possesso l'autorità espropriante può procedervi egualmente con la presenza di due testimoni. (L)

7. Il proprietario può limitarsi a designare un tecnico di propria fiducia, al fine dell'applicazione dell'articolo 21, comma 2. (L)

8. Qualora abbia condiviso la determinazione della indennità di espropriazione e abbia dichiarato l'assenza di diritti di terzi sul bene il proprietario è tenuto a depositare nel termine di sessanta giorni, decorrenti dalla comunicazione di cui al comma 5, la documentazione comprovante, anche mediante attestazione notarile, la piena e libera proprietà del bene. In tal caso l'intera indennità, ovvero il saldo di quella già corrisposta a titolo di acconto, è corrisposta entro il termine dei successivi sessanta giorni. Decorso tale termine, al proprietario sono dovuti gli interessi, nella misura del tasso legale anche ove non sia avvenuta la immissione in possesso. (L)

9. Il beneficiario dell'esproprio ed il proprietario stipulano l'atto di cessione del bene qualora sia stata condivisa la determinazione della indennità di espropriazione e sia stata depositata la documentazione attestante la piena e libera proprietà del bene. Nel caso in cui il proprietario percepisca la somma e si rifiuti di stipulare l'atto di cessione del bene, può essere emesso senza altre formalità il decreto di esproprio, che dà atto di tali circostanze, e può esservi l'immissione in possesso, salve le conseguenze risarcitorie dell'ingiustificato rifiuto di addivenire alla stipula.

10. L'atto di cessione volontaria è trasmesso per la trascrizione, entro quindici giorni presso l'ufficio dei registri immobiliari, a cura e a spese dell'acquirente. (L)

11. Dopo aver corrisposto l'importo concordato, l'autorità esproprİante, in alternativa alla cessione volontaria, può procedere, anche su richiesta del promotore dell'espropriazione, alla emissione e all'esecuzione del decreto di esproprio. (L)

12. L'autorità espropriante, anche su richiesta del promotore dell'espropriazione, può altresì emettere ed eseguire il decreto di esproprio, dopo aver ordinato il deposito dell'indennità condivisa presso la Cassa depositi e prestiti qualora il proprietario abbia condiviso la indennità senza dichiarare l'assenza di diritti di terzi sul bene, ovvero qualora non effettui il deposito della documentazione di cui al comma 8 nel termine ivi previsto ovvero ancora non si presti a ricevere la somma spettante. (L)

13. Al proprietario che abbia condiviso l'indennità offerta spetta l'importo di cui all'articolo 45, comma 2, anche nel caso in cui l'autorità espropriante abbia emesso il decreto di espropriazione ai sensi dei commi 10 e 12. (L)

14. Decorsi inutilmente trenta giorni dalla notificazione di cui al comma 4, si intende non concordata la determinazione dell'indennità di espropriazione. L'autorità espropriante dispone il deposito, entro trenta giorni, presso la Cassa depositi e prestiti Spa, della somma senza le maggiorazioni di cui all'articolo 45. Effettuato il deposito, l'autorità espropriante può emettere ed eseguire il decreto d'esproprio. (L) (2)

15. Qualora l'efficacia della pubblica utilità derivi dall'approvazione di piani urbanistici esecutivi, i termini per gli adempimenti di cui al comma 1 del presente articolo decorrono dalla data di inserimento degli immobili da espropriare nel programma di attuazione dei piani stessi. (L)

(1) *Articolo sostituito dall'art. 1 d.lgs. 27 dicembre 2002, n. 302.*
(2) *Comma modificato dall'art 2, comma 89, lett. c), l. 24 dicembre 2007, n. 244.*

21 (R) Procedimento di determinazione definitiva dell'indennità di espropriazione (1).

1. L'autorità espropriante forma l'elenco dei proprietari che non hanno concordato la determinazione della indennità di espropriazione. (L)

2. Se manca l'accordo sulla determinazione dell'indennità di espropriazione, l'autorità espropriante invita il proprietario interessato, con atto notificato a mezzo di ufficiale giudiziario, a comunicare entro i successivi venti giorni se intenda avvalersi, per la determinazione dell'indennità, del procedimento previsto nei seguenti commi e, in caso affermativo, designare un tecnico di propria fiducia. (L)

3. Nel caso di comunicazione positiva del proprietario, l'autorità espropriante nomina due tecnici, tra cui quello eventualmente già designato dal proprietario, e fissa il termine entro il quale va presentata la relazione da cui si evinca la stima del bene. Il termine non può essere superiore a novanta giorni, decorrente dalla data in cui è nominato il tecnico di cui al comma 4, ma è prorogabile per effettive e comprovate difficoltà. (L)

4. Il presidente del tribunale civile, nella cui circoscrizione si trova il bene da stimare, nomina il terzo tecnico, su istanza di chi vi abbia interesse. (L)

5. Il presidente del tribunale civile sceglie il terzo tecnico tra i professori universitari, anche associati, di estimo, ovvero tra coloro che risultano inseriti nell'albo dei periti o dei consulenti tecnici del tribunale civile nella cui circoscrizione si trova il bene. (L)

6. Le spese per la nomina dei tecnici: *a*) sono liquidate dall'autorità espropriante, in base alle tariffe professionali; *b*) sono poste a carico del proprietario se la stima è inferiore alla somma determinata in via provvisoria, sono divise per metà tra il beneficiario dell'esproprio e l'espropriato se la differenza con la somma determinata in via provvisoria non supera in aumento il decimo e, negli altri casi, sono poste a carico del beneficiario dell'esproprio. (L)

7. I tecnici comunicano agli interessati il luogo, la data e l'ora delle operazioni, mediante lettera raccomandata con avviso di ricevimento o strumento telematico, almeno sette giorni prima della data stabilita. (L)

8. Gli interessati possono assistere alle operazioni anche tramite persone di loro fiducia, formulare osservazioni orali e presentare memorie scritte e documenti, di cui i tecnici tengono conto. (L)

9. L'opposizione contro la nomina dei tecnici non impedisce o ritarda le operazioni, salvo il diritto di contestare in sede giurisdizionale la nomina e le operazioni peritali. (L)

10. La relazione dei tecnici è depositata presso l'autorità espropriante, che ne dà notizia agli interessati mediante lettera raccomandata con avviso di ricevi-

mento, avvertendoli che possono prenderne visione ed estrarne copia entro i successivi trenta giorni. (L)

11. In caso di dissenso di uno dei tecnici, la relazione è adottata a maggioranza. (L)

12. Ove l'interessato accetti in modo espresso l'indennità risultante dalla relazione, l'autorità espropriante autorizza il pagamento o il deposito della eventuale parte di indennità non depositata; il proprietario incassa la indennità depositata a norma dell'articolo 26. Ove non sia stata manifestata accettazione espressa entro trenta giorni dalla scadenza del termine di cui al comma 10, l'autorità espropriante ordina il deposito presso la Cassa depositi e prestiti dell'eventuale maggior importo della indennità. (L)

13. Il proprietario ha il diritto di chiedere che la somma depositata o da depositare sia impiegata in titoli del debito pubblico. (L)

14. Salve le disposizioni del testo unico, si applicano le norme del codice di procedura civile per quanto riguarda le operazioni peritali e le relative relazioni. (L)

15. Qualora il proprietario non abbia dato la tempestiva comunicazione di cui al comma 2, l'autorità espropriante chiede la determinazione dell'indennità alla commissione prevista dall'articolo 41 che provvede entro novanta giorni dalla richiesta. (L)

16. La relazione della commissione è depositata e comunicata secondo le previsioni del comma 10 e si procede a norma del comma 12. (L)

(1) *Articolo sostituito dall'art. 1 d.lgs. 27 dicembre 2002, n. 302.*

22 (1) (L-R) Determinazione urgente dell'indennità provvisoria.

1. Qualora l'avvio dei lavori rivesta carattere di urgenza, tale da non consentire l'applicazione delle disposizioni dell'articolo 20, il decreto di esproprio può essere emanato ed eseguito in base alla determinazione urgente della indennità di espropriazione, senza particolari indagini o formalità. Nel decreto si dà atto della determinazione urgente dell'indennità e si invita il proprietario, nei trenta giorni successivi alla immissione in possesso, a comunicare se la condivide. (L)

2. Il decreto di esproprio può altresì essere emanato ed eseguito in base alla determinazione urgente della indennità di espropriazione senza particolari indagini o formalità, nei seguenti casi:

a) per gli interventi di cui alla legge 21 dicembre 2001, n. 443;

b) allorché il numero dei destinatari della procedura espropriativa sia superiore a 50. (L)

3. Ricevuta dall'espropriato la comunicazione di cui al comma 1 e la documentazione comprovante la piena e libera disponibilità del bene, l'autorità espropriante dispone il pagamento dell'indennità di espropriazione nel termine di sessanta giorni. Decorso tale termine al proprietario sono dovuti gli interessi nella misura del tasso legale. (L) (2)

4. Se non condivide la determinazione della misura della indennità di espropriazione, entro il termine previsto dal comma 1 l'espropriato può chiedere la nomina dei tecnici, ai sensi dell'articolo 21 e, se non condivide la relazione finale, può proporre l'opposizione alla stima. (L)

5. In assenza della istanza dei proprietario, l'autorità espropriante chiede la determinazione dell'indennità alla commissione provinciale prevista dall'articolo 41, che provvede entro il termine di trenta giorni, e dà comunicazione della medesima determinazione al proprietario, con avviso notificato con le forme degli atti processuali civili. (L)

(1) *Articolo sostituito dall'art. 1 d.lgs. 27 dicembre 2002, n. 302.*

(2) *Comma modificato dall'art. 2, comma 89, lett.* d)*, l. 24 dicembre 2007, n. 244.*

22-*bis* Occupazione d'urgenza preordinata all'espropriazione (1).

1. Qualora l'avvio dei lavori rivesta carattere di particolare urgenza, tale da non consentire, in relazione alla particolare natura delle opere, l'applicazione delle disposizioni di cui ai commi 1 e 2 dell'articolo 20, può essere emanato, senza particolari indagini e formalità, decreto motivato che determina in via provvisoria l'indennità di espropriazione, e che dispone anche l'occupazione anticipata dei beni immobili necessari. Il decreto contiene l'elenco dei beni da espropriare e dei relativi proprietari, indica i beni da occupare e determina l'indennità da offrire in via provvisoria. Il decreto è notificato con le modalità di cui al comma 4 e seguenti dell'articolo 20 con l'avvertenza che il proprietario, nei trenta giorni successivi alla immissione in possesso, può, nel caso non condivida l'indennità offerta, presentare osservazioni scritte e depositare documenti. (L)

2. Il decreto di cui al comma 1, può altresì essere emanato ed eseguito in base alla determinazione urgente della indennità di espropriazione senza particolari indagini o formalità, nei seguenti casi:

a) per gli interventi di cui alla legge 21 dicembre 2001, n. 443;

b) allorché il numero dei destinatari della procedura espropriativa sia superiore a 50. (L)

3. Al proprietario che abbia condiviso la determinazione dell'indennità è riconosciuto l'acconto dell'80% con le modalità di cui al comma 6, dell'articolo 20. (L)

4. L'esecuzione del decreto di cui al comma 1, ai fini dell'immissione in possesso, è effettuata con le medesime modalità di cui all'articolo 24 e deve aver luogo entro il termine perentorio di tre mesi dalla data di emanazione del decreto medesimo. (L)

5. Per il periodo intercorrente tra la data di immissione in possesso e la data di corresponsione dell'indennità di espropriazione o del corrispettivo, stabilito per l'atto di cessione volontaria è dovuta l'indennità di occupazione, da computare ai sensi dell'articolo 50, comma 1. (L)

6. Il decreto che dispone l'occupazione ai sensi del comma 1 perde efficacia qualora non venga emanato il decreto di esproprio nel termine di cui all'articolo 13. (L)

(1) *Articolo inserito dall'art. 1 d.lgs. 27 dicembre 2002, n. 302.*

SEZIONE II
Del decreto di esproprio

23 (L-R) Contenuto ed effetti del decreto di esproprio.

1. Il decreto di esproprio:

a) è emanato entro il termine di scadenza dell'efficacia della dichiarazione di pubblica utilità;

b) indica gli estremi degli atti da cui è sorto il vincolo preordinato all'esproprio e del provvedimento che ha approvato il progetto dell'opera;

c) indica quale sia l'indennità determinata in via provvisoria o urgente e precisa se essa sia stata accettata dal proprietario o successivamente corrisposta, ovvero se essa sia stata depositata presso la Cassa depositi e prestiti;

d) dà atto della eventuale nomina dei tecnici incaricati di determinare in via definitiva l'indennità di espropriazione, precisando se essa sia stata accettata dal proprietario o successivamente corrisposta, ovvero se essa sia stata depositata presso la Cassa depositi e prestiti;

e) dà atto della eventuale sussistenza dei presupposti previsti dall'articolo 22, comma 1, e della determinazione urgente della indennità provvisoria;

e-bis) dà atto degli estremi del decreto emanato ai sensi dell'articolo 22-*bis* e del relativo stato di esecuzione (1);

f) dispone il passaggio del diritto di proprietà, o del diritto oggetto dell'espropriazione, sotto la condizione sospensiva che il medesimo decreto sia successivamente notificato ed eseguito;

g) è notificato al proprietario nelle forme degli atti processuali civili, con un avviso contenente l'indicazione del luogo, del giorno e dell'ora in cui è prevista l'esecuzione del decreto di espropriazione, almeno sette giorni prima di essa;

h) è eseguito mediante l'immissione in possesso del beneficiario dell'esproprio, con la redazione del verbale di cui all'articolo 24. (L)

2. Il decreto di esproprio è trascritto senza indugio presso l'ufficio dei registri immobiliari. (L)

3. La notifica del decreto di esproprio può avere luogo contestualmente alla sua esecuzione. Qualora vi sia l'opposizione del proprietario o del possessore del bene, nel verbale si dà atto dell'opposizione e le operazioni di immissione in possesso possono essere differite di dieci giorni. (L)

4. Le operazioni di trascrizione e di voltura nel catasto e nei libri censuari hanno luogo senza indugio, a cura e a spese del beneficiario dell'esproprio. (R)

5. Un estratto del decreto di esproprio è trasmesso entro cinque giorni per la pubblicazione nella Gazzetta Ufficiale della Repubblica o nel Bollettino Ufficiale della Regione nel cui territorio si trova il bene. L'opposizione del terzo è proponibile entro i trenta giorni successivi alla pubblicazione dell'estratto. Decorso tale termine in assenza di impugnazioni, anche per il terzo l'indennità resta fissata nella somma depositata. (L)

(1) *Lettera inserita dall'art. 1 d.lgs. 27 dicembre 2002, n. 302.*

24 (L-R) Esecuzione del decreto di esproprio.

1. L'esecuzione del decreto di esproprio ha luogo per iniziativa dell'autorità espropriante o del suo beneficiario, con il verbale di immissione in possesso, entro il termine perentorio di due anni. (L)

2. Lo stato di consistenza del bene può essere compilato anche successivamente alla redazione del verbale di immissione in possesso, senza ritardo e prima che sia mutato lo stato dei luoghi. (L)

3. Lo stato di consistenza e il verbale di immissione sono redatti in contraddittorio con l'espropriato o, nel caso di assenza o di rifiuto, con la presenza di almeno due testimoni che non siano dipendenti del beneficiario dell'espropriazione. Possono partecipare alle operazioni i titolari di diritti reali o personali sul bene. (L)

4. Si intende effettuata l'immissione in possesso anche quando, malgrado la redazione del relativo verbale, il bene continua ad essere utilizzato, per qualsiasi ragione, da chi in precedenza ne aveva la disponibilità. (L)

5. L'autorità espropriante, in calce al decreto di esproprio, indica la data in cui è avvenuta l'immissione in possesso e trasmette copia del relativo verbale all'ufficio per i registri immobiliari, per la relativa annotazione. (R)

6. L'autorità che ha eseguito il decreto di esproprio ne dà comunicazione all'ufficio istituito ai sensi dell'articolo 14, comma 1. (R)

7. Decorso il termine previsto nel comma 1, entro i successivi tre anni può essere emanato un ulteriore atto che comporta la dichiarazione di pubblica utilità. (L)

25 (L) Effetti dell'espropriazione per i terzi.

1. L'espropriazione del diritto di proprietà comporta l'estinzione automatica di tutti gli altri diritti, reali o personali, gravanti sul bene espropriato, salvo quelli compatibili con i fini cui l'espropriazione è preordinata. (L)

2. Le azioni reali e personali esperibili sul bene espropriando non incidono sul procedimento espropriativo e sugli effetti del decreto di esproprio. (L)

3. Dopo la trascrizione del decreto di esproprio, tutti i diritti relativi al bene espropriato possono essere fatti valere unicamente sull'indennità. (L)

4. A seguito dell'esecuzione del decreto di esproprio, il Prefetto convoca tempestivamente, e comunque non oltre dieci giorni dalla richiesta, il soggetto proponente e i soggetti gestori di servizi pubblici titolari del potere di autorizzazione e di concessione di attraversamento, per la definizione degli spostamenti concernenti i servizi interferenti e delle relative modalità tecniche. Il soggetto proponente, qualora i lavori di modifica non siano stati avviati entro sessanta giorni, può provvedervi direttamente, attenendosi alle modalità tecniche eventualmente definite ai sensi del presente comma. (L)

CAPO V
Il pagamento dell'indennità di esproprio

SEZIONE I
Disposizioni generali

26 **(R) Pagamento o deposito dell'indennità provvisoria.**

1. Trascorso il termine di trenta giorni dalla notificazione dell'atto determinativo dell'indennità provvisoria, l'autorità espropriante ordina che il promotore dell'espropriazione effettui il pagamento delle indennità che siano state accettate, ovvero il deposito delle altre indennità presso la Cassa depositi e prestiti. (R)

1-*bis*. L'autorità espropriante ordina il pagamento diretto dell'indennità al proprietario nei casi di cui all'articolo 20, comma 8 (1). (R)

2. L'autorità espropriante può ordinare altresì il pagamento diretto dell'indennità al proprietario, qualora questi abbia assunto ogni responsabilità in ordine ad eventuali diritti dei terzi, e può disporre che sia prestata una idonea garanzia entro un termine all'uopo stabilito (2). (R)

3. Se il bene è gravato di ipoteca, al proprietario è corrisposta l'indennità previa esibizione di una dichiarazione del titolare del diritto di ipoteca, con firma autenticata, che autorizza la riscossione della somma. (R)

4. Se il bene è gravato da altri diritti reali, ovvero se sono presentate opposizioni al pagamento della indennità, in assenza di accordo sulle modalità della sua riscossione, il beneficiario dell'espropriazione deposita la somma presso la Cassa depositi e prestiti. In tal caso, l'effettivo pagamento ha luogo in conformità alla pronuncia dell'autorità giudiziaria, adita su domanda di chi vi abbia interesse. (R)

5. Qualora manchino diritti dei terzi sul bene, il proprietario può in qualunque momento percepire la somma depositata, con riserva di chiedere in sede giurisdizionale l'importo effettivamente spettante. (R)

6. La Cassa depositi e prestiti provvede al pagamento delle somme ricevute a titolo di indennità di espropriazione e in relazione alle quali non vi sono opposizioni di terzi, quando il proprietario produca una dichiarazione in cui assume ogni responsabilità in relazione ad eventuali diritti dei terzi. (R)

7. Dei provvedimenti di cui ai commi 1 e 2 è data immediata notizia al terzo che risulti titolare di un diritto ed è curata la pubblicazione, per estratto, nella Gazzetta Ufficiale della Repubblica o nel Bollettino Ufficiale della Regione nel cui territorio si trova il bene. (R)

8. Il provvedimento dell'autorità espropriante diventa esecutivo col decorso di trenta giorni dal compimento delle relative formalità, se non è proposta dai terzi l'opposizione per l'ammontare dell'indennità o per la garanzia. (R)

9. Se è proposta una tempestiva opposizione, l'autorità espropriante dispone il deposito delle indennità accettate o convenute presso la Cassa depositi e prestiti. (R)

10. Il promotore dell'espropriazione esegue il pagamento dell'indennità accettata o determinata dai tecnici, entro il termine di sessanta giorni, decorrente dalla comunicazione del decreto che ha ordinato il pagamento, salvo il caso in cui egli abbia proposto, entro lo stesso termine, l'opposizione alla stima definitiva della indennità. (R)

11. In seguito alla presentazione, da parte del promotore dell'espropriazione, degli atti comprovanti l'eseguito deposito o pagamento dell'indennità di espropriazione, l'autorità espropriante emette senz'altro il decreto di esproprio. (R)

(1) *Comma inserito dall'art. 1 d.lgs. 27 dicembre 2002, n. 302.*
(2) *Comma così modificato dall'art. 1 d.lgs. n. 302, cit.*

27 **(R) Pagamento o deposito definitivo dell'indennità a seguito della perizia di stima dei tecnici o della Commissione provinciale (1).**

1. La relazione di stima è depositata dai tecnici ovvero della Commissione provinciale presso l'ufficio per le espropriazioni. L'autorità espropriante dà notizia dell'avvenuto deposito mediante raccomandata con avviso di ricevimento e segnala la facoltà di prenderne visione ed estrarne copia. (R) (2)

2. Decorsi trenta giorni dalla comunicazione del deposito, l'autorità espropriante, in base alla relazione peritale e previa liquidazione e pagamento delle spese della perizia, su proposta del responsabile del procedimento autorizza il pagamento dell'indennità, ovvero ne ordina il deposito presso la Cassa depositi e prestiti. (R)

3. In seguito alla presentazione, da parte del promotore dell'espropriazione, degli arti comprovanti l'eseguito deposito o pagamento dell'indennità di espropriazione, l'autorità espropriante emette senz'altro il decreto di esproprio. (R)

(1) *Rubrica così modificata dall'art. 1 d.lgs. 27 dicembre 2002, n. 302.*
(2) *Comma così modificato dall'art. 1 d.lgs. n. 302, cit.*

28 **(R) Pagamento definitivo della indennità.**

1. L'autorità espropriante autorizza il pagamento della somma depositata al proprietario od agli aventi diritto, qualora sia divenuta definitiva rispetto a tutti la determinazione dell'indennità di espropriazione, ovvero non sia stata tempestivamente notificata l'opposizione al pagamento o sia stato concluso tra tutte le parti interessate l'accordo per la distribuzione dell'indennità. (R)

2. L'autorizzazione è disposta su istanza delle parti interessate, su proposta del responsabile del procedimento successiva alla audizione delle parti, da cui risulti anche la mancata notifica di opposizioni di terzi. (R)

3. Unitamente all'istanza, vanno depositati:

a) un certificato dei registri immobiliari, da cui risulta che non vi sono trascrizioni o iscrizioni di diritti o di azioni di terzi;

b) un attestato del promotore dell'espropriazione, da cui risulti che non gli sono state notificate opposizioni di terzi. (R)

29 (L) Pagamento dell'indennità a seguito di procedimento giurisdizionale.

1. Qualora esistano diritti reali sul fondo espropriato o vi siano opposizioni al pagamento, ovvero le parti non si siano accordate sulla distribuzione, il pagamento delle indennità agli aventi diritto è disposto dall'autorità giudiziaria, su domanda di chi ne abbia interesse. (L)

SEZIONE II
Pagamento dell'indennità a incapaci a enti e associazioni

30 (R) Regola generale.

1. Se il bene da espropriare appartiene ad un minore, ad un interdetto, ad un assente, ad un ente o ad una associazione che non abbia la libera facoltà di alienare immobili, gli atti del procedimento non richiedono alcuna particolare autorizzazione. (R)

31 (R) Disposizioni sulla indennità.

1. I tutori e gli altri amministratori dei soggetti indicati nell'articolo precedente devono chiedere l'approvazione del tribunale civile per la determinazione consensuale o per l'accettazione dell'indennità offerta dal promotore dell'espropriazione, ovvero per la conclusione dell'accordo di cessione. (R)

2. Se lo Stato o un altro ente pubblico è titolare del bene, si applicano le disposizioni riguardanti la transazione. (R)

3. Le somme depositate per le indennità di beni espropriati spettanti ad un minore, ad un interdetto, ad un assente, ad un ente o ad una associazione che non abbia la libera facoltà di alienare immobili, non possono essere riscosse dal tutore o dagli altri amministratori, salvo che siano impiegate con le formalità prescritte dalle leggi civili. (R)

4. Non occorre alcuna approvazione per accettare l'indennità determinata dai tecnici ai sensi dell'articolo 21 o per la conversione delle indennità in titoli del debito pubblico. (R)

CAPO VI
Dell'entità dell'indennità di espropriazione

SEZIONE I
Disposizioni generali

32 (L) Determinazione del valore del bene.

1. Salvi gli specifici criteri previsti dalla legge, l'indennità di espropriazione è determinata sulla base delle caratteristiche del bene al momento dell'accordo di cessione o alla data dell'emanazione del decreto di esproprio, valutando l'incidenza dei vincoli di qualsiasi natura non aventi natura espropriativa e senza considerare gli effetti del vincolo preordinato all'esproprio e quelli connessi alla realizzazione dell'eventuale opera prevista, anche nel caso di espropriazione di un diritto diverso da quello di proprietà o di imposizione di una servitù. (L)

2. Il valore del bene è determinato senza tenere conto delle costruzioni, delle piantagioni e delle migliorie, qualora risulti, avuto riguardo al tempo in cui furono fatte e ad altre circostanze, che esse siano state realizzate allo scopo di conseguire una maggiore indennità. Si considerano realizzate allo scopo di conseguire una maggiore indennità, le costruzioni, le piantagioni e le migliorie che siano state intraprese sui fondi soggetti ad esproprio dopo la comunicazione dell'avvio del procedimento. (L)

3. Il proprietario, a sue spese, può asportare dal bene i materiali e tutto ciò che può essere tolto senza pregiudizio dell'opera da realizzare. (L)

33 (L) Espropriazione parziale di un bene unitario.

1. Nel caso di esproprio parziale di un bene unitario, il valore della parte espropriata è determinato tenendo conto della relativa diminuzione di valore. (L)

2. Se dall'esecuzione dell'opera deriva un vantaggio immediato e speciale alla parte non espropriata del bene, dalla somma relativa al valore della parte espropriata è detratto l'importo corrispondente al medesimo vantaggio. (L)

3. Non si applica la riduzione di cui al comma 2, qualora essa risulti superiore ad un quarto della indennità dovuta ed il proprietario abbandoni l'intero bene. L'espropriante può non accettare l'abbandono, qualora corrisponda una somma non inferiore ai tre quarti dell'indennità dovuta. In ogni caso l'indennità dovuta dall'espropriante non può essere inferiore alla metà di quella che gli spetterebbe ai sensi del comma 1. (L)

34 (L) Soggetti aventi titolo all'indennità.

1. L'indennità di esproprio spetta al proprietario del bene da espropriare ovvero all'enfiteuta, se ne sia anche possessore. (L)

2. Dopo la trascrizione del decreto di esproprio o dell'atto di cessione, tutti i diritti relativi al bene espropriato possono essere fatti valere esclusivamente sull'indennità. (L) (1).

3. L'espropriante non è tenuto ad intervenire nelle controversie tra il proprietario e l'enfiteuta e non sopporta aumenti di spesa a causa del riparto tra di loro dell'indennità. (L)

4. Salvo quanto previsto dall'articolo 42, il titolare di un diritto reale o personale sul bene non ha diritto ad una indennità aggiuntiva, può far valere il suo diritto sull'indennità di esproprio e può proporre l'opposizione alla stima, ovvero intervenire nel giudizio promosso dal proprietario. (L)

(1) *Comma così modificato dall'art. 1 d.lgs. 27 dicembre 2002, n. 302.*

35 (L) Regime fiscale.

1. Si applica l'articolo 81, comma 1, lettera *b*), ultima parte, del testo unico delle imposte sui redditi, approvato col decreto del Presidente della Repubblica 22 dicembre 1986, n. 917, qualora sia corrisposta a chi non eserciti una impresa commerciale una somma a titolo di indennità di esproprio, ovvero di corrispettivo di cessione volontaria o di risarcimento del danno per acquisizione coattiva, di un terreno ove sia stata realizzata un'opera pubblica, un intervento di edilizia residenziale pubblica o una infrastruttura urbana all'interno delle zone omogenee di tipo A, B, C e D, come definite dagli strumenti urbanistici. (L)

2. Il soggetto che corrisponde la somma opera la ritenuta nella misura del venti per cento, a titolo di imposta. Con la dichiarazione dei redditi, il contribuente può optare per la tassazione ordinaria, col computo della ritenuta a titolo di acconto. (L)

3. Le disposizioni del comma 2 si applicano anche quando il pagamento avvenga a seguito di un pignoramento presso terzi e della conseguente ordinanza di assegnazione. (L)

4. Le modalità di adempimento degli obblighi previsti nei commi precedenti sono disciplinate con regolamento del Ministro dell'economia e delle finanze. (L) (1)

5. Si applica l'articolo 28, secondo comma, del decreto del Presidente della Repubblica 29 settembre 1973, n. 600, per il versamento della ritenuta, per gli obblighi della dichiarazione e per le sanzioni da irrogare. (L)

6. Gli interessi percepiti per il ritardato pagamento della somma di cui al comma 1 e l'indennità di occupazione costituiscono reddito imponibile e concorrono alla formazione dei redditi diversi. (L) (2)

(1) *Comma così modificato dall'art. 1 d.lgs. 27 dicembre 2002, n. 302.*
(2) *V. interpretazione di cui all'art. 1, comma 444, l. 23 dicembre 2005, n. 266.*

SEZIONE II
Opere private di pubblica utilità

36 (L) Determinazione dell'indennità nel caso di esproprio per la realizzazione di opere private che non consistano in abitazioni dell'edilizia residenziale pubblica.

1. Se l'espropriazione è finalizzata alla realizzazione di opere private di pubblica utilità, che non rientrino nell'ambito dell'edilizia residenziale pubblica, convenzionata, agevolata o comunque denominata nonché nell'ambito dei piani di insediamenti produttivi di iniziativa pubblica, l'indennità di esproprio è determinata nella misura corrispondente al valore venale del bene e non si applicano le disposizioni contenute nelle sezioni seguenti. (L) (1)

1-*bis*. È fatto salvo il disposto dell'articolo 27, comma 5, della legge 1 agosto 2002, n. 166 (2).

(1) *Comma così modificato dall'art. 1 d.lgs. 27 dicembre 2002, n. 302.*
(2) *Comma aggiunto dall'art. 1 d.lgs. n. 302, cit.*

SEZIONE III
Determinazione dell'indennità nel caso di esproprio di un'area edificabile o legittimamente edificata

37 (L) Determinazione dell'indennità nel caso di esproprio di un'area edificabile.

1. L'indennità di espropriazione di un'area edificabile è determinata nella misura pari al valore venale del bene. Quando l'espropriazione è finalizzata ad attuare interventi di riforma economico-sociale, l'indennità è ridotta del venticinque per cento (L) (1).

2. Nei casi in cui è stato concluso l'accordo di cessione, o quando esso non è stato concluso per fatto non imputabile all'espropriato ovvero perché a questi è stata offerta un'indennità provvisoria che, attualizzata, risulta inferiore agli otto decimi di quella determinata in via definitiva, l'indennità è aumentata del dieci per cento (L) (1).

3. Ai soli fini dell'applicabilità delle disposizioni della presente sezione, si considerano le possibilità legali ed effettive di edificazione, esistenti al momento dell'emanazione del decreto di esproprio o dell'accordo di cessione. In ogni caso si esclude il rilievo di costruzioni realizzate abusivamente. (L)

4. Salva la disposizione dell'articolo 32, comma 1, non sussistono le possibilità legali di edificazione quando l'area è sottoposta ad un vincolo di inedificabilità assoluta in base alla normativa statale o regionale o alle previsioni di qualsiasi atto di programmazione o di pianificazione del territorio, ivi compresi il piano paesistico, il piano del parco, il piano di bacino, il piano regolatore generale, il programma di fabbricazione, il piano attuativo di iniziativa pubblica o privata anche per una parte limitata del territorio comunale per finalità di edilizia residenziale o di investimenti produttivi, ovvero in base ad un qualsiasi altro piano o provvedimento che abbia precluso il rilascio di atti, comunque denominati, abilitativi della realizzazione di edifici o manufatti di natura privata. (L)

5. I criteri e i requisiti per valutare l'edificabilità di fatto dell'area sono definiti con regolamento da emanare con decreto del Ministro delle infrastrutture e trasporti (2). (L)

6. Fino alla data di entrata in vigore del regolamento di cui al comma 5, si verifica se sussistano le possibilità effettive di edificazione, valutando le caratteristiche oggettive dell'area. (L)

7. L'indennità è ridotta ad un importo pari al valore indicato nell'ultima dichiarazione o denuncia presentata dall'espropriato ai fini dell'imposta comunale sugli immobili prima della determinazione formale dell'indennità nei modi stabiliti dall'art. 20, comma 3, e dall'art. 22, comma 1, e dell'art. 22-*bis* qualora il valore dichiarato risulti contrastante con la normativa vigente ed inferiore all'indennità di espropriazione come determinata in base ai commi precedenti (3). (L)

8. Se per il bene negli ultimi cinque anni è stata pagata dall'espropriato o dal suo dante causa un'imposta in misura maggiore dell'imposta da pagare sull'indennità, la differenza è corrisposta dall'espropriante all'espropriato. (L)

9. Qualora l'area edificabile sia utilizzata a scopi agricoli, spetta al proprietario coltivatore diretto anche una indennità pari al valore agricolo medio corrispondente al tipo di coltura effettivamente praticato. La stessa indennità spetta al fittavolo, al mezzadro o al compartecipante che, per effetto della procedura, sia costretto ad abbandonare in tutto o in parte il fondo direttamente coltivato, da almeno un anno, col lavoro proprio e di quello dei familiari (4). (L)

(1) *Comma sostituito dall'art. 2, comma 89, lett. a), l. 24 dicembre 2007, n. 244. Ai sensi dell'art. 2, comma 90, l. 24 dicembre 2007, n. 244, le disposizioni di cui al presente comma si applicano a tutti i procedimenti espropriativi in corso, salvo che la determinazione dell'indennità di espropriazione sia stata condivisa, ovvero accettata, o sia comunque divenuta irrevocabile. La Corte costituzionale, con sentenza 24 ottobre 2007, n. 348, aveva dichiarato l'illegittimità costituzionale del presente comma nel testo precedente.*

(2) *Comma modificato dall'art. 1 d.lgs. 27 dicembre 2002, n. 302.*

(3) *Comma modificato dall'art. 1 d.lgs. n. 302, cit. La Corte Costituzionale, con sentenza 2 dicembre 2011, n. 338 ha dichiarato l'illegittimità costituzionale dell'art. 16, comma 1, d.lgs. 30 dicembre 1992, n. 504 (Riordino della finanza degli enti territoriali, a norma dell'articolo 4 della l. 23 ottobre 1992, n. 421) e, ai sensi dell'art. 27 l. 11 marzo 1953, n. 87 (Norme sulla costituzione e sul funzionamento della Corte costituzionale), l'illegittimità costituzionale, in via consequenziale, del presente comma.*

(4) *Comma modificato dall'articolo 1 d.lgs. n. 302, cit.*

38 (L) Determinazione dell'indennità nel caso di esproprio di un'area legittimamente edificata.

1. Nel caso di espropriazione di una costruzione legittimamente edificata, l'indennità è determinata nella misura pari al valore venale. (L)

2. Qualora la costruzione ovvero parte di essa sia stata realizzata in assenza della concessione edilizia o della autorizzazione paesistica, ovvero in difformità, l'indennità è calcolata tenendo conto della sola area di sedime in base all'articolo 37 ovvero tenendo conto della sola parte della costruzione realizzata legittimamente. (L) (1)

2-*bis*. Ove sia pendente una procedura finalizzata alla sanatoria della costruzione, l'autorità espropriante, sentito il comune, accerta la sanabilità ai soli fini della corresponsione delle indennità. (L) (2).

(1) *Comma così modificato dall'art. 1 d.lgs. 27 dicembre 2002, n. 302.*

(2) *Comma aggiunto dall'art. 1 d.lgs. n. 302, cit.*

39 (L-R) Indennità dovuta in caso di incidenza di previsioni urbanistiche su particolari aree comprese in zone edificabili.

1. In attesa di una organica risistemazione della materia, nel caso di reiterazione di un vincolo preordinato all'esproprio o di un vincolo sostanzialmente espropriativo è dovuta al proprietario una indennità, commisurata all'entità del danno effettivamente prodotto. (L)

2. Qualora non sia prevista la corresponsione dell'indennità negli atti che determinano gli effetti di cui al comma 1, l'autorità che ha disposto la reiterazione del vincolo è tenuta a liquidare l'indennità, entro il termine di due mesi dalla data in cui abbia ricevuto la documentata domanda di pagamento ed a corrisponderla entro i successivi trenta giorni, decorsi i quali sono dovuti anche gli interessi legali. (R)

3. Con atto di citazione innanzi alla corte d'appello nel cui distretto si trova l'area, il proprietario può impugnare la stima effettuata dall'autorità. L'opposizione va proposta, a pena di decadenza, entro il termine di trenta giorni, decorrente dalla notifica dell'atto di stima. (L)

4. Decorso il termine di due mesi, previsto dal comma 2, il proprietario può chiedere alla corte d'appello di determinare l'indennità. (L)

5. Dell'indennità liquidata ai sensi dei commi precedenti non si tiene conto se l'area è successivamente espropriata. (L)

SEZIONE IV
Determinazione dell'indennità nel caso di esproprio di un area non edificabile

40 (L) Disposizioni generali.

1. Nel caso di esproprio di un'area non edificabile, l'indennità definitiva è determinata in base al criterio del valore agricolo, tenendo conto delle colture effettivamente praticate sul fondo e del valore dei manu fatti edilizi legittimamente realizzati, anche in relazione all'esercizio dell'azienda agricola, senza valutare la possibile o l'effettiva utilizzazione diversa da quella agricola. (L) (1)

2. Se l'area non è effettivamente coltivata, l'indennità è commisurata al valore agricolo medio corrispondente al tipo di coltura prevalente nella zona ed al valore dei manufatti edilizi legittimamente realizzati. (L) (2)

3. Per l'offerta da formulare ai sensi dell'articolo 20, comma 1, e per la determinazione dell'indennità provvisoria, si applica il criterio del valore agricolo medio di cui all'articolo 41, comma 4, corrispondente al tipo di coltura in atto nell'area da espropriare (2) (3).

4. Al proprietario coltivatore diretto o imprenditore agricolo a titolo principale spetta un'indennità aggiuntiva, determinata in misura pari al valore agricolo medio corrispondente al tipo di coltura effettivamente praticata. (L)

5. Nei casi previsti dai commi precedenti, l'indennità è aumentata delle somme pagate dall'espropriato per qualsiasi imposta relativa all'ultimo trasferimento dell'immobile. (L)

(1) *Comma così modificato dall'articolo 1 d.lgs. del 27 dicembre 2002, n. 302.*

(2) *La Corte Costituzionale, con sentenza 10 giugno 2011, n. 181 ha dichiarato l'illegittimità costituzionale dell'articolo 5-*bis*, comma 4, d.l. 11 luglio 1992, n. 333, in combinato disposto con gli artt. 15, primo comma, secondo periodo, e 16, commi quinto e sesto, della legge 22 ottobre 1971, n. 865 (Programmi e coordinamento dell'edilizia residenziale pubblica; norme sulla espropriazione per pubblica utilità; modifiche e integrazioni alle leggi 17 agosto 1942, n. 1150; 18 aprile 1962, n. 167; 29 settembre 1964, n. 847; ed autorizzazione di spesa per interventi straordinari nel settore dell'edilizia residenziale, agevolata e convenzionata), come sostituiti dall'art. 14 l. 28 gennaio 1977, n. 10 (Norme per la edificabilità dei suoli). Ha, inoltre, dichiarato, ai sensi dell'articolo 27 della legge 11 marzo 1953, n. 87 (Norme sulla costituzione e sul funzionamento della Corte costituzionale), l'illegittimità costituzionale, in via consequenziale, del presente comma.*

(3) *Comma sostituito dall'articolo 1 d.lgs. n. 302, cit.*

41 (L-R) Commissione competente alla determinazione dell'indennità definitiva (1).

1. In ogni provincia, la Regione istituisce una commissione composta:

a) dal presidente della Provincia, o da un suo delegato, che la presiede;

b) dall'ingegnere capo dell'ufficio tecnico erariale, o da un suo delegato;

c) dall'ingegnere capo del genio civile, o da un suo delegato;

d) dal presidente dell'Istituto autonomo delle case popolari della Provincia, o da un suo delegato;

e) da due esperti in materia urbanistica ed edilizia, nominati dalla Regione;

f) da tre esperti in materia di agricoltura e di foreste, nominati dalla Regione su terne proposte dalle associazioni sindacali maggiormente rappresentative. (L)

2. La Regione può nominare altri componenti e disporre la formazione di sottocommissioni, aventi la medesima composizione della commissione prevista dal comma 1. (L)

3. La commissione ha sede presso l'ufficio tecnico erariale. Il dirigente dell'Ufficio distrettuale delle imposte cura la costituzione della segreteria della commissione e l'assegnazione del personale necessario. (R)

4. Nell'ambito delle singole regioni agrarie, delimitate secondo l'ultima pubblicazione ufficiale dell'Istituto centrale di statistica, entro il 31 gennaio di ogni anno la commissione determina il valore agricolo medio, nel precedente anno solare, dei terreni, considerati non oggetto di contratto agrario, secondo i tipi di coltura effettivamente praticati. (R)

(1) *Rubrica così modificata dall'art. 1 d.lgs. 27 dicembre 2002, n. 302.*

42 (L) Indennità aggiuntive.

1. Spetta una indennità aggiuntiva al fittavolo, al mezzadro o al compartecipante che, per effetto della procedura espropriativa o della cessione volontaria, sia costretto ad abbandonare in tutto o in parte l'area direttamente coltivata da almeno un anno prima della data in cui vi è stata la dichiarazione di pubblica utilità. (L)

2. L'indennità aggiuntiva è determinata ai sensi dell'articolo 40, comma 4, ed è corrisposta a seguito di una dichiarazione dell'interessato e di un riscontro della effettiva sussistenza dei relativi presupposti. (L) (1)

(1) *Comma così modificato dall'art. 1 d.lgs. 27 dicembre 2002, n. 302.*

42-*bis* Utilizzazione senza titolo di un bene per scopi di interesse pubblico (1) (2) (3).

1. Valutati gli interessi in conflitto, l'autorità che utilizza un bene immobile per scopi di interesse pubblico, modificato in assenza di un valido ed efficace provvedimento di esproprio o dichiarativo della pubblica utilità, può disporre che esso sia acquisito, non retroattivamente, al suo patrimonio indisponibile e che al proprietario sia corrisposto un indennizzo per il pregiudizio patrimoniale e non patrimoniale, quest'ultimo forfetariamente liquidato nella misura del dieci per cento del valore venale del bene.

2. Il provvedimento di acquisizione può essere adottato anche quando sia stato annullato l'atto da cui sia sorto il vincolo preordinato all'esproprio, l'atto che abbia dichiarato la pubblica utilità di un'opera o il decreto di esproprio. Il provvedimento di acquisizione può essere adottato anche durante la pendenza di un giudizio per l'annullamento degli atti di cui al primo periodo del presente comma, se l'amministrazione che ha adottato l'atto impugnato lo ritira. In tali casi, le somme eventualmente già erogate al proprietario a titolo di indennizzo, maggiorate dell'interesse legale, sono detratte da quelle dovute ai sensi del presente articolo.

3. Salvi i casi in cui la legge disponga altrimenti, l'indennizzo per il pregiudizio patrimoniale di cui al comma 1 è determinato in misura corrispondente al valore venale del bene utilizzato per scopi di pubblica utilità e, se l'occupazione riguarda un terreno edificabile, sulla base delle disposizioni dell'articolo 37, commi 3, 4, 5, 6 e 7. Per il periodo di occupazione senza titolo è computato a titolo risarcitorio, se dagli atti del procedimento non risulta la prova di una diversa entità del danno, l'interesse del cinque per cento annuo sul valore determinato ai sensi del presente comma.

4. Il provvedimento di acquisizione, recante l'indicazione delle circostanze che hanno condotto alla indebita utilizzazione dell'area e se possibile la data dalla quale essa ha avuto inizio, è specificamente motivato in riferimento alle attuali ed eccezionali ragioni di interesse pubblico che ne giustificano l'emanazione, valutate comparativamente con i contrapposti interessi privati ed evidenziando l'assenza di ragionevoli alternative alla sua adozione; nell'atto è liquidato l'indennizzo di cui al comma 1 e ne è disposto il pagamento entro il termine di trenta giorni. L'atto è notificato al proprietario e comporta il passaggio del diritto di proprietà sotto condizione sospensiva del pagamento delle somme dovute ai sensi del comma 1, ovvero del loro deposito effettuato ai sensi dell'articolo 20, comma 14; è soggetto a trascrizione presso la conservatoria dei registri immobiliari a cura dell'amministrazione procedente ed è trasmesso in copia all'ufficio istituito ai sensi dell'articolo 14, comma 2.

5. Se le disposizioni di cui ai commi 1, 2 e 4 sono applicate quando un terreno sia stato utilizzato per finalità di edilizia residenziale pubblica, agevolata o convenzionata, ovvero quando si tratta di terreno destinato a essere attribuito per finalità di interesse pubblico in uso speciale a soggetti privati, il provvedimento è di competenza dell'autorità che ha occupato il terreno e la liquidazione forfetaria dell'indennizzo per il pregiudizio non patrimoniale è pari al venti per cento del valore venale del bene.

6. Le disposizioni di cui al presente articolo si applicano, in quanto compatibili, anche quando è imposta una servitù e il bene continua a essere utilizzato dal proprietario o dal titolare di un altro diritto reale; in tal

caso l'autorità amministrativa, con oneri a carico dei soggetti beneficiari, può procedere all'eventuale acquisizione del diritto di servitù al patrimonio dei soggetti, privati o pubblici, titolari di concessioni, autorizzazioni o licenze o che svolgono servizi di interesse pubblico nei settori dei trasporti, telecomunicazioni, acqua o energia.

7. L'autorità che emana il provvedimento di acquisizione di cui al presente articolo né dà comunicazione, entro trenta giorni, alla Corte dei conti mediante trasmissione di copia integrale.

8. Le disposizioni del presente articolo trovano altresì applicazione ai fatti anteriori alla sua entrata in vigore ed anche se vi è già stato un provvedimento di acquisizione successivamente ritirato o annullato, ma deve essere comunque rinnovata la valutazione di attualità e prevalenza dell'interesse pubblico a disporre l'acquisizione; in tal caso, le somme già erogate al proprietario, maggiorate dell'interesse legale, sono detratte da quelle dovute ai sensi del presente articolo.

(1) *Articolo inserito dall'art. 34, comma 1, d.l. 6 luglio 2011, n. 98, conv., con modif., in l. 15 luglio 2011, n. 111.*

(2) *Per la riduzione della metà dei termini di legge previsti dal presente provvedimento, v. l'art. 10, comma 6, d.l. 24 giugno 2014, n. 91, conv., con modif., in l. 11 agosto 2014, n. 116.*

(3) *La Corte costituzionale, con sentenza 30 aprile 2015, n. 71 ha dichiarato non fondata, nei sensi di cui in motivazione, la questione di legittimità costituzionale del presente articolo, sollevata in riferimento agli artt. 42, 111, primo e secondo comma, e 117, primo comma, della Costituzione.*

CAPO VII
Conseguenze della utilizzazione di un bene per scopi di interesse pubblico, in assenza del valido provvedimento ablatorio

43 (L) Utilizzazione senza titolo di un bene per scopi di interesse pubblico (1).

1. Valutati gli interessi in conflitto, l'autorità che utilizza un bene immobile per scopi di interesse pubblico, modificato in assenza del valido ed efficace provvedimento di esproprio o dichiarativo della pubblica utilità, può disporre che esso vada acquisito al suo patrimonio indisponibile e che al proprietario vadano risarciti i danni. (L)

2. L'atto di acquisizione:

a) può essere emanato anche quando sia stato annullato l'atto da cui sia sorto il vincolo preordinato all'esproprio, l'atto che abbia dichiarato la pubblica utilità di un'opera o il decreto di esproprio;

b) dà atto delle circostanze che hanno condotto alla indebita utilizzazione dell'area, indicando, ove risulti, la data dalla quale essa si è verificata;

c) determina la misura del risarcimento del danno e ne dispone il pagamento, entro il termine di trenta giorni, senza pregiudizio per l'eventuale azione già proposta;

d) è notificato al proprietario nelle forme degli atti processuali civili;

e) comporta il passaggio del diritto di proprietà;

f) è trascritto senza indugio presso l'ufficio dei registri immobiliari;

g) è trasmesso all'ufficio istituito ai sensi dell'articolo 14, comma 2 (L) (2).

3. Qualora sia impugnato uno dei provvedimenti indicati nei commi 1 e 2 ovvero sia esercitata una azione volta alla restituzione di un bene utilizzato per scopi di interesse pubblico, l'amministrazione che ne ha interesse o chi utilizza il bene può chiedere che il giudice amministrativo, nel caso di fondatezza del ricorso o della domanda, disponga la condanna al risarcimento del danno, con esclusione della restituzione del bene senza limiti di tempo. (L)

4. Qualora il giudice amministrativo abbia escluso la restituzione del bene senza limiti di tempo ed abbia disposto la condanna al risarcimento del danno, l'autorità che ha disposto l'occupazione dell'area emana l'atto di acquisizione, dando atto dell'avvenuto risarcimento del danno. Il decreto è trascritto nei registri immobiliari, a cura e spese della medesima autorità. (L)

5. Le disposizioni di cui ai precedenti commi si applicano, in quanto compatibili, anche quando un terreno sia stato utilizzato per finalità di edilizia residenziale pubblica, agevolata e convenzionata nonché quando sia imposta una servitù di diritto privato o di diritto pubblico ed il bene continui ad essere utilizzato dal proprietario o dal titolare di un altro diritto reale. (L)

6. Salvi i casi in cui la legge disponga altrimenti, nei casi previsti nei precedenti commi il risarcimento del danno è determinato:

a) nella misura corrispondente al valore del bene utilizzato per scopi di pubblica utilità e, se l'occupazione riguarda un terreno edificabile, sulla base delle disposizioni dell'articolo 37, commi 3, 4, 5, 6 e 7;

b) col computo degli interessi moratori, a decorrere dal giorno in cui il terreno sia stato occupato senza titolo. (L)

6-*bis*. Ai sensi dell'articolo 3 della legge 1 agosto 2002, n. 166, l'autorità espropriante può procedere, ai sensi dei commi precedenti, disponendo, con oneri di esproprio a carico dei soggetti beneficiari, l'eventuale acquisizione del diritto di servitù al patrimonio di soggetti, privati o pubblici, titolari di concessioni, autorizzazioni o licenze o che svolgono, anche in base alla legge, servizi di interesse pubblico neisettori dei trasporti, telecomunicazioni, acqua, energia. (L) (3)

(1) *C. cost. 8 ottobre 2010, n. 293 ha dichiarato* l'illegittimità costituzionale *del presente articolo.*

(2) *Lettera così rettificata in G.U. 14 settembre 2001, n. 214.*

(3) *Comma aggiunto dall'art. 1 d.lgs. 27 dicembre 2002, n. 302.*

CAPO VIII
Indennità dovuta al titolare del bene non espropriato

44 (L) Indennità per l'imposizione di servitù.

1. È dovuta una indennità al proprietario del fondo che, dalla esecuzione dell'opera pubblica o di pubblica utilità, sia gravato da una servitù o subisca una perma-

nente diminuzione di valore per la perdita o la ridotta possibilità di esercizio del diritto di proprietà. (L)

2. L'indennità è calcolata senza tenere conto del pregiudizio derivante dalla perdita di una utilità economica cui il proprietario non ha diritto. (L)

3. L'indennità è dovuta anche se il trasferimento della proprietà sia avvenuto per effetto dell'accordo di cessione o nei casi previsti dall'articolo 43. (L)

4. Le disposizioni dei commi precedenti non si applicano per le servitù disciplinate da leggi speciali. (L)

5. Non è dovuta alcuna indennità se la servitù può essere conservata o trasferita senza grave incomodo del fondo dominante o di quello servente. In tal caso l'espropriante, se non effettua direttamente le opere, rimborsa le spese necessarie per la loro esecuzione. (L)

6. L'indennità può anche essere concordata fra gli interessati prima o durante la realizzazione dell'opera e delle relative misure di contenimento del danno. (L)

CAPO IX
La cessione volontaria

45 (L) Disposizioni generali.

1. Fin da quando è dichiarata la pubblica utilità dell'opera e fino alla data in cui è eseguito il decreto di esproprio, il proprietario ha il diritto di stipulare col soggetto beneficiario dell'espropriazione l'atto di cessione del bene o della sua quota di proprietà. (L) (1)

2. Il corrispettivo dell'atto di cessione:

a) se riguarda un'area edificabile, è calcolato ai sensi dell'articolo 37, con l'aumento del dieci per cento di cui al comma 2 dell'articolo 37 (2);

b) se riguarda una costruzione legittimamente edificata, è calcolato nella misura venale del bene ai sensi dell'articolo 38;

c) se riguarda un'area non edificabile, è calcolato aumentando del cinquanta per cento l'importo dovuto ai sensi dell'articolo 40, comma 3;

d) se riguarda un'area non edificabile, coltivata direttamente dal proprietario, è calcolato moltiplicando per tre l'importo dovuto ai sensi dell'articolo 40, comma 3. In tale caso non compete l'indennità aggiuntiva di cui all'articolo 40, comma 4. (L) (3)

3. L'accordo di cessione produce gli effetti del decreto di esproprio e non li perde se l'acquirente non corrisponde la somma entro il termine concordato. (L)

4. Si applicano, in quanto compatibili, le disposizioni del capo X. (L)

(1) *Comma modificato dall'art. 1 d.lgs. 27 dicembre 2002, n. 302.*

(2) *Lettera modificata dall'art. 2, comma 89, lett.* b), *l. 24 dicembre 2007, n. 244. Ai sensi dell'art. 2, comma 90, l. 24 dicembre 2007, n. 244 le disposizioni di cui alla presente lettera si applicano a tutti i procedimenti espropriativi in corso, salvo che la determinazione dell'indennità di espropriazione sia stata condivisa, ovvero accettata, o sia comunque divenuta irrevocabile.*

(3) *Comma modificato dall'art. 1 d.lgs. n. 302, cit.*

CAPO X
La retrocessione

46 (L) La retrocessione totale (1).

1. Se l'opera pubblica o di pubblica utilità non è stata realizzata o cominciata entro il termine di dieci anni, decorrente dalla data in cui è stato eseguito il decreto di esproprio, ovvero se risulta anche in epoca anteriore l'impossibilità della sua esecuzione, l'espropriato può chiedere che sia accertata la decadenza della dichiarazione di pubblica utilità e che siano disposti la restituzione del bene espropriato e il pagamento di una somma a titolo di indennità. (L)

2. Dal rilascio del provvedimento di autorizzazione paesistica e sino all'inizio dei lavori decorre il termine di validità di cinque anni previsto dall'articolo 16 del regio decreto 3 giugno 1940, n. 1357, dell'autorizzazione stessa. Qualora i lavori siano iniziati nel quinquennio, l'autorizzazione si considera valida per tutta la durata degli stessi. (L)

(1) *Articolo sostituito dall'art. 1 d.lgs. 27 dicembre 2002, n. 302.*

47 (L-R) La retrocessione parziale.

1. Quando è stata realizzata l'opera pubblica o di pubblica utilità, l'espropriato può chiedere la restituzione della parte del bene, già di sua proprietà, che non sia stata utilizzata. In tal caso, il soggetto beneficiario della espropriazione, con lettera raccomandata con avviso di ricevimento, trasmessa al proprietario ed al Comune nel cui territorio si trova il bene, indica i beni che non servono all'esecuzione dell'opera pubblica o di pubblica utilità e che possono essere ritrasferiti, nonché il relativo corrispettivo. (L)

2. Entro i tre mesi successivi, l'espropriato invia copia della sua originaria istanza all'autorità che ha emesso il decreto di esproprio e provvede al pagamento della somma, entro i successivi trenta giorni. (R)

3. Se non vi è l'indicazione dei beni, l'espropriato può chiedere all'autorità che ha emesso il decreto di esproprio di determinare la parte del bene espropriato che non serve più per la realizzazione dell'opera pubblica o di pubblica utilità. (L)

48 (L) Disposizioni comuni per la retrocessione totale e per quella parziale.

1. Il corrispettivo della retrocessione, se non è concordato dalle parti, è determinato dall'ufficio tecnico erariale o dalla commissione provinciale prevista dall'articolo 41, su istanza di chi vi abbia interesse, sulla base dei criteri applicati per la determinazione dell'indennità di esproprio e con riguardo al momento del ritrasferimento. (L)

2. Avverso la stima, è proponibile opposizione alla corte d'appello nel cui distretto si trova il bene espropriato. (L)

3. Per le aree comprese nel suo territorio e non utilizzate per realizzare le opere oggetto della dichiarazione di pubblica utilità, il Comune può esercitare il diritto di prelazione, entro il termine di centottanta

giorni, decorrente dalla data in cui gli è notificato l'accordo delle parti, contenente con precisione i dati identificativi dell'area e il corrispettivo, ovvero entro il termine di sessanta giorni, decorrente dalla notifica dell'atto che ha determinato il corrispettivo. Le aree così acquisite fanno parte del patrimonio indisponibile. (L)

CAPO XI
L'occupazione temporanea

49 (L-R) L'occupazione temporanea di aree non soggette ad esproprio.

1. L'autorità espropriante può disporre l'occupazione temporanea di aree non soggette al procedimento espropriativo anche individuate ai sensi dell'articolo 12, se ciò risulti necessario per la corretta esecuzione dei lavori previsti. (L)

2. Al proprietario del fondo è notificato, nelle forme degli atti processuali civili, un avviso contenente l'indicazione del luogo, del giorno e dell'ora in cui è prevista l'esecuzione dell'ordinanza che dispone l'occupazione temporanea. (L)

3. Al momento della immissione in possesso, è redatto il verbale sullo stato di consistenza dei luoghi. (L)

4. Il verbale è redatto in contraddittorio con il proprietario o, nel caso di assenza o di rifiuto, con la presenza di almeno due testimoni che non siano dipendenti del soggetto espropriante. Possono partecipare alle operazioni il possessore e i titolari di diritti reali o personali sul bene da occupare. (R)

5. Le disposizioni di cui ai precedenti commi si applicano, in quanto compatibili, nel caso di frane, alluvioni, rottura di argini e in ogni altro caso in cui si utilizzano beni altrui per urgenti ragioni di pubblica utilità. (L)

50 (L-R) Indennità per l'occupazione.

1. Nel caso di occupazione di un'area, è dovuta al proprietario una indennità per ogni anno pari ad un dodicesimo di quanto sarebbe dovuto nel caso di esproprio dell'area e, per ogni mese o frazione di mese, una indennità pari ad un dodicesimo di quella annua. (L)

2. Se manca l'accordo, su istanza di chi vi abbia interesse la commissione provinciale prevista dall'articolo 41 determina l'indennità e ne dà comunicazione al proprietario, con atto notificato con le forme degli atti processuali civili. (R)

3. Contro la determinazione della commissione, è proponibile l'opposizione alla stima. Si applicano le disposizioni dell'articolo 54 in quanto compatibili. (L)

TITOLO III
Disposizioni particolari

51-52-*nonies* (*Omissis*)

TITOLO IV
Disposizioni sulla tutela giurisdizionale (1)

(1) *Titolo così rettificato in G.U. 14 settembre 2001, n. 214.*

53 (L) Disposizioni processuali (1).

1. La tutela giurisdizionale davanti al giudice amministrativo è disciplinata dal codice del processo amministrativo. (L)

2. Resta ferma la giurisdizione del giudice ordinario per le controversie riguardanti la determinazione e la corresponsione delle indennità in conseguenza dell'adozione di atti di natura espropriativa o ablativa. (L)

(1) *Articolo così sostituito dall'art. 3, comma 10, dell'Allegato 4 d.lgs. 2 luglio 2010, n. 104, con effetto a decorrere dal 16 settembre 2010. Il testo dell'articolo, come rettificato in G.U. 14 settembre 2001, n. 214, era il seguente:* « 1. Sono devolute alla giurisdizione esclusiva del giudice amministrativo le controversie aventi per oggetto gli atti, i provvedimenti, gli accordi e i comportamenti delle amministrazioni pubbliche e dei soggetti ad esse equiparati, conseguenti alla applicazione delle disposizioni del testo unico. (L). — 2. Si applicano le disposizioni dell'articolo 23-*bis* della legge 6 dicembre 1971, n. 1034, come introdotto dall'articolo 4 della legge 21 luglio 2000, n. 205, per i giudizi aventi per oggetto i provvedimenti relativi alle procedure di occupazione e di espropriazione delle aree destinate all'esecuzione di opere pubbliche o di pubblica utilità. (L). — 3. Resta ferma la giurisdizione del giudice ordinario per le controversie riguardanti la determinazione e la corresponsione delle indennità in conseguenza dell'adozione di atti di natura espropriativa o ablativa. (L) ». *Con riferimento a tale formulazione, C. cost. 11 maggio 2006, n. 191, aveva dichiarato l'illegittimità costituzionale del comma 1, nella parte in cui, devolvendo alla giurisdizione esclusiva del giudice amministrativo le controversie relative a « i comportamenti delle pubbliche amministrazioni e dei soggetti ad esse equiparati », non escludeva i comportamenti non riconducibili, nemmeno mediatamente, all'esercizio di un pubblico potere.*

54 (L) Opposizioni alla stima.

1. Decorsi trenta giorni dalla comunicazione prevista dall'articolo 27, comma 2, il proprietario espropriato, il promotore dell'espropriazione o il terzo che ne abbia interesse può impugnare innanzi all'autorità giudiziaria gli atti dei procedimenti di nomina dei periti e di determinazione dell'indennità, la stima fatta dai tecnici, la liquidazione delle spese di stima e comunque può chiedere la determinazione giudiziale dell'indennità. Le controversie di cui al presente comma sono disciplinate dall'articolo 29 del decreto legislativo 1° settembre 2011, n. 150 (1).

[2. L'opposizione di cui al comma 1 va proposta, a pena di decadenza, entro il termine di trenta giorni, decorrente dalla notifica del decreto di esproprio o dalla notifica della stima peritale, se quest'ultima sia successiva al decreto di esproprio.] (2)

[3. L'opposizione alla stima è proposta con atto di citazione notificato all'autorità espropriante, al promotore dell'espropriazione e, se del caso, al beneficiario dell'espropriazione, se attore è il proprietario del bene, ovvero notificato all'autorità espropriante e al proprietario del bene, se attore è il promotore dell'espropriazione.] (2)

[4. L'atto di citazione va notificato anche al concessionario dell'opera pubblica, se a questi sia stato affidato il pagamento dell'indennità.] (2)

5. Trascorso il termine per la proposizione dell'opposizione alla stima, l'indennità è fissata definitivamente nella somma risultante dalla perizia. (L)

(1) *Comma modificato dall'art. 1 del d.lgs. del 27 dicembre 2002, n. 302 e successivamente sostituito dall'art. 34, comma 37, lett.* a), *del d.lgs. 1° settembre 2011, n. 150.*
(2) *Comma abrogato dall'art. 34, comma 37, lett.* b), *d.lgs. 1° settembre 2011, n. 150.*

TITOLO V
Norme finali e transitorie

55 (L) Occupazioni senza titolo, anteriori al 30 settembre 1996.

1. Nel caso di utilizzazione di un suolo edificabile per scopi di pubblica utilità, in assenza del valido ed efficace provvedimento di esproprio alla data del 30 settembre 1996, il risarcimento del danno è liquidato in misura pari al valore venale del bene. (L) (1)
2. Il comma 1 si applica anche ai giudizi pendenti alla data del 1° gennaio 1997. (L)

(1) *Comma modificato dall'art. 1 d.lgs. del 27 dicembre 2002, n. 302, e successivamente sostituito dall'art. 2, comma 89, lett.* e), *l. 24 dicembre 2007, n. 244.*

56 (L) Disposizioni sulla determinazione dell'indennità di espropriazione.

1. Il soggetto già espropriato alla data dell'entrata in vigore della legge 8 agosto 1992, n. 359, può accettare l'indennità provvisoria con esclusione della riduzione del quaranta per cento, di cui all'articolo 37, se alla stessa data risultava ancora contestabile la determinazione dell'indennità di esproprio. (L)

57 (L) Ambito di applicazione della normativa sui procedimenti in corso (1).

1. Le disposizioni del presente testo unico non si applicano ai progetti per i quali, alla data di entrata in vigore dello stesso decreto, sia intervenuta la dichiarazione di pubblica utilità, indifferibilità ed urgenza. In tal caso continuano ad applicarsi tutte le normative vigenti a tale data. (L) (2)
2. Restano in vigore le disposizioni regionali che attribuiscono ad autorità diverse dal presidente della Regione la competenza ad adottare atti del procedimento espropriativo. (L)

(1) *Rubrica così modificata dall'art. 1 d.lgs. 27 dicembre 2002, n. 302.*
(2) *Comma così sostituito dall'art. 1 d.lgs. n. 302, cit.*

57-*bis* Applicazione della normativa ai procedimenti in corso relativi alle infrastrutture lineari energetiche (1).

1. Per le infrastrutture lineari energetiche per le quali, alla data del 31 dicembre 2004, sia intervenuta la dichiarazione di pubblica utilità ovvero siano decorsi i termini previsti per la formulazione delle osservazioni da parte dei soggetti interessati a seguito degli avvisi di cui alle norme vigenti, non si applicano le disposizioni del presente testo unico a meno che il beneficiario dell'espropriazione o il proponente dell'opera infrastrutturale lineare energetica, abbia optato espressamente per l'applicazione del presente testo unico ai procedimenti in corso relativamente alle fasi procedimentali non ancora concluse.

(1) *Articolo aggiunto dall'art. 1 d.lgs. 27 dicembre 2004, n. 330.*

58 (L) Abrogazione di norme.

(*Omissis*).

59 Entrata in vigore del testo unico.

1. Le disposizioni del presente testo unico entrano in vigore a decorrere dal 30 giugno 2003 (1).
Il presente decreto, munito del sigillo dello Stato, sarà inserito nella Raccolta ufficiale degli atti normativi della Repubblica italiana. È fatto obbligo a chiunque spetti di osservarlo e di farlo osservare.

(1) *Il termine di entrata in vigore del presente decreto, originariamente stabilito a decorrere dal 1° gennaio 2002, è stato prorogato dapprima al 30 giugno 2002 dall'art. 5 d.l. 23 novembre 2001, n. 411, conv., con modif., in l. 31 dicembre 2001, n. 463, poi al 31 dicembre 2002 dall'art. 5 l. 1 agosto 2002, n. 166, e infine al 30 giugno 2003, dall'art. 2, d.l. 20 giugno 2002, n. 122, conv., con modif., in l. 1° agosto 2002, n. 185, e dall'art. 1 d.lgs. 27 dicembre 2002, n. 302.*

CAPO IV
REQUISIZIONI

58. Decreto legislativo 15 marzo 2010, n. 66. — Codice dell'ordinamento militare (1). *(estratto)*.

Pubblicato nella Gazzetta Ufficiale n. 106 dell'8 maggio 2010, S.O. n. 84.

(1) *Ai sensi di quanto disposto dall'articolo 2272, il presente Codice e il regolamento entrano in vigore cinque mesi dopo la loro pubblicazione nella Gazzetta Ufficiale (9 ottobre 2010). Ai sensi dell'art. 2268, comma 1, n. 183, del presente decreto, con la decorrenza prevista dall'art. 2272, comma 1, è stato abrogato il r.d. 18 agosto 1940, n. 1741. Norme per la disciplina delle requisizioni.*

TITOLO V
Modi di acquisto coattivo di beni e diritti nell'interesse della difesa militare

CAPO I
Ambito

315 Ambito.

1. Il presente titolo disciplina i modi di acquisto coattivo di beni e diritti nell'interesse della difesa militare che trovano applicazione in tempo di pace.

2. Resta fermo quanto disposto dal titolo VIII del presente libro per le requisizioni in tempo di guerra, di grave crisi internazionale o di mobilitazione.

CAPO II
Espropriazioni, requisizioni, acquisti a seguito di confisca

316 Espropriazione di invenzioni nell'interesse della difesa militare. Rinvio al codice della proprietà industriale.

1. Per le espropriazioni di invenzioni nell'interesse della difesa militare resta ferma la disciplina all'uopo dettata dal decreto legislativo 10 febbraio 2005, n. 30, recante il codice della proprietà industriale.

317 Espropriazioni immobiliari. Rinvio al testo unico dell'espropriazione per pubblica utilità.

1. Fatto salvo quanto disposto nel titolo VI in ordine alle servitù militari, per le espropriazioni immobiliari finalizzate alla realizzazione di opere destinate alla difesa militare resta ferma la disciplina all'uopo dettata dal decreto del Presidente della Repubblica 8 giugno 2001, n. 327, recante il testo unico delle disposizioni legislative e regolamentari in materia di espropriazione per pubblica utilità (1).

(1) *Comma rettificato con Comunicato 30 settembre 2010 (in Gazz. Uff., 30 settembre, n. 229).*

318 Requisizioni nell'interesse della Difesa.

1. Alle requisizioni nell'interesse della Difesa si provvede nei casi di grave necessità pubblica in cui occorra senza indugio disporre della proprietà privata, con provvedimento motivato e senza pregiudizio dei diritti dei destinatari del provvedimento.

2. Si applicano in quanto compatibili i procedimenti previsti nel titolo VIII del presente libro, secondo l'oggetto della requisizione.

319 Acquisti a seguito di confisca.

1. Le armi, le munizioni, gli esplosivi e gli altri materiali di interesse militare sequestrati e acquisiti dallo Stato a seguito di provvedimento definitivo di confisca dell'autorità giudiziaria possono essere assegnati al Ministero della difesa per finalità istituzio nali, con decreto del Ministro della giustizia, di concerto con i Ministri della difesa e dell'economia e delle finanze. Si provvede con decreto del Ministro della difesa, di concerto con il Ministro dell'economia e delle finanze, nel caso in cui la confisca è stata disposta dall'autorità giudiziaria militare.

È fatto salvo, per l'Arma dei carabinieri, quanto previsto dall'articolo 1, comma 437, della legge 27 dicembre 2006, n. 296 (1).

(1) *L'ultimo periodo è stato aggiunto dall'art. 2 del d.lgs. 24 febbraio 2012, n. 20.*

SEZIONE QUINTA
SICUREZZA

CAPO I
PUBBLICA SICUREZZA E MISURE DI CONTRASTO ALLA CRIMINALITÀ E ALLA CORRUZIONE

59. Regio decreto 18 giugno 1931, n. 773. — Approvazione del testo unico delle leggi di pubblica sicurezza. (*estratto*).

Pubblicato nella Gazzetta Ufficiale n. 146 del 26 giugno 1931, S.O.

TITOLO I
Dei provvedimenti di polizia e della loro esecuzione

CAPO I
Delle attribuzioni dell'autorità di pubblica sicurezza e dei provvedimenti d'urgenza o per grave necessità pubblica

1 L'autorità di pubblica sicurezza veglia al mantenimento dell'ordine pubblico, alla sicurezza dei cittadini, alla loro incolumità e alla tutela della proprietà; cura l'osservanza delle leggi e dei regolamenti generali e speciali dello Stato, delle province e dei comuni, nonché delle ordinanze delle autorità; presta soccorso nel caso di pubblici e privati infortuni.

Per mezzo dei suoi ufficiali, ed a richiesta delle parti, provvede alla bonaria composizione dei dissidi privati.

L'autorità di pubblica sicurezza è provinciale e locale.

Le attribuzioni dell'autorità provinciale di pubblica sicurezza sono esercitate dal Prefetto e dal Questore; quelle dell'autorità locale dal capo dell'ufficio di pubblica sicurezza del luogo o, in mancanza, dal Podestà (1).

(1) *Si veda l'art. 159 d.lgs. 31 marzo 1998, n. 112 (Conferimento di funzioni e compiti amministrativi) che prevede che: « 1. Le funzioni ed i compiti amministrativi relativi alla polizia amministrativa regionale e locale concernono le misure dirette ad evitare danni o pregiudizi che possono essere arrecati ai soggetti giuridici ed alle cose nello svolgimento di attività relative alle materie nelle quali vengono esercitate le competenze, anche delegate, delle regioni e degli enti locali, senza che ne risultino lesi o messi in pericolo i beni e gli interessi tutelati in funzione dell'ordine pubblico e della sicurezza pubblica. — 2. Le funzioni ed i compiti amministrativi relativi all'ordine pubblico e sicurezza pubblica di cui all'articolo 1, comma 3, lettera l), della legge 15 marzo 1997, n. 59, concernono le misure preventive e repressive dirette al mantenimento dell'ordine pubblico, inteso come il complesso dei beni giuridici fondamentali e degli interessi pubblici primari sui quali si regge l'ordinata e civile convivenza nella comunità nazionale, nonché alla sicurezza delle istituzioni, dei cittadini e dei loro beni ».*

2 Il Prefetto, nel caso di urgenza o per grave necessità pubblica, ha facoltà di adottare i provvedimenti indispensabili per la tutela dell'ordine pubblico e della sicurezza pubblica.

Contro i provvedimenti del Prefetto chi vi ha interesse può presentare ricorso al Ministro per l'interno (1).

(1) *La Corte costituzionale, con sentenza 23 maggio 1961, n. 26, ha dichiarato l'illegittimità costituzionale del presente articolo nei limiti in cui esso attribuisce ai Prefetti il potere di emettere ordinanze senza il rispetto dei principi dell'ordinamento giuridico.*

3 Il sindaco è tenuto a rilasciare alle persone aventi nel comune la loro residenza o la loro dimora una carta d'identità conforme al modello stabilito dal Ministero dell'interno (1).

La carta di identità ha durata di dieci anni e deve essere munita della fotografia della persona a cui si riferisce. Per i minori di età inferiore a tre anni, la validità della carta d'identità è di tre anni; per i minori di età compresa fra tre e diciotto anni, la validità è di cinque anni. Le carte di identità di cui all'articolo 7-*vicies ter* del decreto legge 31 gennaio 2005, n. 7, convertito con modificazioni dalla legge 31 marzo 2005, n. 43, e successive modifiche ed integrazioni, devono essere munite anche delle impronte digitali della persona a cui si riferiscono. Sono esentati dall'obbligo di rilevamento delle impronte digitali i minori di età inferiore a dodici anni (2) (3).

La carta d'identità può altresì contenere l'indicazione del consenso ovvero del diniego della persona cui si riferisce a donare i propri organi in caso di morte. I comuni trasmettono i dati relativi al consenso o al diniego alla donazione degli organi al Sistema informativo trapianti, di cui all'articolo 7, comma 2, della legge 1 aprile 1999, n. 91 (4).

La carta d'identità è titolo valido per l'espatrio, anche per motivi di lavoro, negli Stati membri della Comunità economica europea e in quelli coi quali vigono, comunque, particolari accordi internazionali (5).

La carta di identità valida per l'espatrio rilasciata ai minori di età inferiore agli anni quattordici può riportare, a richiesta, il nome dei genitori o di chi ne fa le veci. L'uso della carta d'identità ai fini dell'espatrio dei minori di anni quattordici è subordinato alla condizione che essi viaggino in compagnia di uno dei genitori o di chi ne fa le veci, o che venga menzionato, in una dichiarazione rilasciata da chi può dare l'assenso o l'autorizzazione, il nome della persona, dell'ente o della compagnia di trasporto a cui i minori medesimi sono affidati. Tale dichiarazione è convalidata dalla questura o dalle autorità consolari in caso di rilascio all'estero (6).

A decorrere dal 1° gennaio 1999 sulla carta di identità deve essere indicata la data di scadenza (7) (8).

(1) *Comma sostituito dall'art. 10, comma 5, lett. a), d.l. 13 maggio 2011, n. 70, conv., con modif., in l. 12 luglio 2011, n. 106.*

(2) *Comma modificato dall'art. 31, comma 1, d.lgs. 25 giugno 2008, n. 112, dall'art. 10, comma 5, lett. b), d.l. n. 70, cit. e dall'art. 40, comma 2, lett. a), d.l. 24 gennaio 2012, n. 1, conv., con modif., in l. 24 marzo 2012, n. 27.*

(3) *Il termine di cui al presente comma, è stato prorogato al 1° gennaio 2011, dall'art. 1, comma 1, d.l. 29 dicembre 2010, n. 225, conv., con modif., in l. 26 febbraio 2011, n. 10 e ulteriormente prorogato al 31 dicembre 2011 dall'art. 1, comma 1, d.P.C.M. 25 marzo 2011. Da ultimo, a norma dell'art. 15, comma 4, d.l. 29 dicembre 2011, n. 216, conv., con modif., in l. 24 febbraio 2012, n. 14, il termine di scadenza relativo all'apposizione delle impronte digitali sulle carte di identità del 31 dicembre 2010, è stato prorogato al 31 dicembre 2012.*

(4) *Comma aggiunto dall'art. 3, comma 8-bis, d.l. 30 dicembre 2009, n. 194, conv., con modif., in l. 26 febbraio 2010, n. 25 e, da ultimo, modificato dall'art. 43, comma 1, d.l. 21 giugno 2013, n. 69, conv., con modif., in l. 9 agosto 2013, n. 98.*

(5) *Comma sostituito dall'art. 10, comma 1, d.P.R. 18 gennaio 2002, n. 54.*

(6) *Comma aggiunto, dall'art. 10, comma 5, lett. c), d.l. n. 70, cit. e successivamente sostituito dall'art. 40, comma 2, lett. b), d.l. n. 1, cit.*

(7) *Comma aggiunto dall'art. 2, comma 11-bis, l. 15 maggio 1997, n. 127, come modificato dall'art. 2, comma 6, l. 16 giugno 1998, n. 191.*

(8) *Articolo sostituito dall'art. unico l. 18 febbraio 1963, n. 224, come modificato dall'art. 10 del d.P.R. 30 dicembre 1965, n. 1656 e dall'art. 10, comma 1, del d.P.R. 18 gennaio 2002, n. 54.*

4 L'autorità di pubblica sicurezza ha facoltà di ordinare che le persone pericolose o sospette e coloro che non sono in grado o si rifiutano di provare la loro identità siano sottoposti a rilievi segnaletici.

Ha facoltà inoltre di ordinare alle persone pericolose o sospette di munirsi, entro un dato termine, della carta di identità e di esibirla ad ogni richiesta degli ufficiali o degli agenti di pubblica sicurezza (1).

(1) *La Corte costituzionale, con sentenza 22 marzo 1962, n. 30, ha dichiarato* l'illegittimità costituzionale *del presente articolo, nella parte in cui prevede rilievi segnaletici che comportino ispezioni personali ai sensi della stessa norma costituzionale.*

CAPO II
Della esecuzione dei provvedimenti di Polizia

5 I provvedimenti della autorità di pubblica sicurezza sono eseguiti in via amministrativa indipendentemente dall'esercizio dell'azione penale.

Qualora gli interessati non vi ottemperino sono adottati, previa diffida di tre giorni, salvi i casi di urgenza, i provvedimenti necessari per la esecuzione d'ufficio.

È autorizzato l'impiego della forza pubblica.

La nota delle spese relative è resa esecutiva dal Prefetto ed è rimessa all'esattore, che ne fa la riscossione nelle forme e coi privilegi fiscali stabiliti dalla legge sulla riscossione delle imposte dirette.

6 Salvo che la legge disponga altrimenti, contro i provvedimenti dell'autorità di pubblica sicurezza è ammesso il ricorso in via gerarchica nel termine di giorni dieci dalla notizia del provvedimento.

Il ricorso non ha effetto sospensivo.

La legge determina i casi nei quali il provvedimento del Prefetto è definitivo.

Il provvedimento, anche se definitivo, può essere annullato di ufficio dal Ministro per l'interno.

7 Nessun indennizzo è dovuto per i provvedimenti dell'autorità di pubblica sicurezza nell'esercizio delle facoltà ad essa attribuite dalla legge (1).

(1) *Vedi il d.P.R. 18 aprile 1994, n. 388.*

CAPO III
Delle autorizzazioni di Polizia

8 Le autorizzazioni di polizia sono personali: non possono in alcun modo essere trasmesse né dar luogo a rapporti di rappresentanza, salvi i casi espressamente preveduti dalla legge.

Nei casi in cui è consentita la rappresentanza nell'esercizio di una autorizzazione di polizia, il rappresentante deve possedere i requisiti necessari per conseguire l'autorizzazione e ottenere la approvazione dell'autorità di pubblica sicurezza che ha conceduta l'autorizzazione.

9 Oltre le condizioni stabilite dalla legge, chiunque ottenga un'autorizzazione di polizia deve osservare le prescrizioni, che l'autorità di pubblica sicurezza ritenga di imporgli nel pubblico interesse.

10 Le autorizzazioni di polizia possono essere revocate o sospese in qualsiasi momento, nel caso di abuso della persona autorizzata.

11 Salve le condizioni particolari stabilite dalla legge nei singoli casi, le autorizzazioni di polizia debbono essere negate:

1) a chi ha riportato una condanna a pena restrittiva della libertà personale superiore a tre anni per delitto non colposo e non ha ottenuto la riabilitazione;

2) a chi è sottoposto all'ammonizione o a misura di sicurezza personale o è stato dichiarato delinquente abituale, professionale o per tendenza.

Le autorizzazioni di polizia possono essere negate a chi ha riportato condanna per delitti contro la personalità dello Stato o contro l'ordine pubblico, ovvero per delitti contro le persone commessi con violenza, o per furto, rapina, estorsione, sequestro di persona a scopo di rapina o di estorsione, o per violenza o resistenza all'autorità, e a chi non può provare la sua buona condotta (1).

Le autorizzazioni devono essere revocate quando nella persona autorizzata vengono a mancare, in tutto o in parte, le condizioni alle quali sono subordinate, e possono essere revocate quando sopraggiungono o vengono a risultare circostanze che avrebbero imposto o consentito il diniego della autorizzazione.

(1) *La Corte costituzionale, con sentenza 16 dicembre 1993, n. 440, ha dichiarato* l'illegittimità costituzionale *del presente comma, nella parte in cui pone a carico dell'interessato l'onere di provare la sua buona condotta.*

12 [Le persone che hanno l'obbligo di provvedere all'istruzione elementare dei fanciulli ai termini delle leggi vigenti, non possono ottenere autorizzazioni di polizia se non dimostrano di avere ottemperato all'obbligo predetto.] (1)

Per le persone che sono nate posteriormente al 1885, quando la legge non disponga altrimenti, il rilascio delle autorizzazioni di polizia è sottoposto alla condizione che il richiedente stenda domanda e apponga di suo pugno, in calce alla domanda, la propria firma e le indicazioni del proprio stato e domicilio. Di ciò il pubblico ufficiale farà attestazione.

(1) *Comma abrogato dall'articolo 13, comma 1, lett. g), d.l. 9 febbraio 2012, n. 5, convertito, con modificazioni, in l. 4 aprile 2012, n. 35.*

13 Quando la legge non disponga altrimenti, le autorizzazioni di polizia hanno la durata di tre anni, computati secondo il calendario comune, con decorrenza dal giorno del rilascio (1).

Il giorno della decorrenza non è computato nel termine.

(1) *Comma modificato dall'art. 13 d.l. 9 febbraio 2012, n. 5, convertito, con modificazioni, in l. 4 aprile 2012, n. 35.*

14 Sono autorizzazioni di polizia le licenze, le iscrizioni in appositi registri, le approvazioni, le dichiarazioni di locali di meretricio e simili atti di polizia.

CAPO IV

Dell'inosservanza degli ordini dell'autorità di pubblica sicurezza e delle contravvenzioni

15 Salvo che il fatto costituisca reato, chiunque, invitato dall'autorità di pubblica sicurezza a comparire davanti ad essa, non si presenta nel termine prescritto senza giustificato motivo è soggetto alla sanzione amministrativa del pagamento di una somma da lire trecentomila a lire un milione (1).

L'autorità di pubblica sicurezza può disporre l'accompagnamento, per mezzo della forza pubblica, della persona invitata a comparire e non presentatasi nel termine prescritto.

(1) *Comma sostituito dall'articolo 1 d.lgs. 13 luglio 1994, n. 480.*

16 Gli ufficiali e gli agenti di pubblica sicurezza hanno facoltà di accedere in qualunque ora nei locali destinati allo esercizio di attività soggette ad autorizzazioni di polizia e di assicurarsi dell'adempimento delle prescrizioni imposte dalla legge, dai regolamenti o dall'autorità.

17 1. Salvo quanto previsto dall'art. 17-*bis*, le violazioni alle disposizioni di questo testo unico, per le quali non è stabilita una pena od una sanzione amministrativa ovvero non provvede il codice penale, sono punite con l'arresto fino a tre mesi o con l'ammenda fino a lire quattrocentomila.

2. Con le stesse pene sono punite, salvo quanto previsto dall'art. 17-*bis*, le contravvenzioni alle ordinanze emesse, in conformità alle leggi, dai prefetti, questori, ufficiali distaccati di pubblica sicurezza o sindaci (1).

(1) *Articolo sostituito dall'articolo 2 d.lgs. 13 luglio 1994, n. 480.*

17-*bis* 1. Le violazioni alle disposizioni di cui agli articoli 59, 60, 75, 75-*bis*, 76, se il fatto è commesso contro il divieto dell'autorità, 86, 87, 101, 104, 111, 115, 120, comma secondo, limitatamente alle operazioni diverse da quelle indicate nella tabella, 121, 124 e 135, comma quinto, limitatamente alle operazioni diverse da quelle indicate nella tabella, sono soggette alla sanzione amministrativa del pagamento di una somma da lire un milione a lire sei milioni (1).

2. La stessa sanzione si applica a chiunque, ottenuta una delle autorizzazioni previste negli articoli indicati nel comma 1, viola le disposizioni di cui agli articoli 8 e 9.

3. Le violazioni alle disposizioni di cui agli articoli 76, salvo quanto previsto nel comma 1, 81, 83, 84, 108, 113, quinto comma, 120, salvo quanto previsto nel comma 1, 126, 128, 135, escluso il comma terzo e salvo quanto previsto nel comma 1, e 147 sono soggette alla sanzione amministrativa del pagamento di una somma da lire trecentomila a lire due milioni (€ 1.032) (2) (3).

(1) *Comma modificato dall'articolo 8 l. 18 agosto 2000, n. 248.*
(2) *Comma modificato dall'articolo 37 l. 23 dicembre 2000, n. 388.*
(3) *Articolo aggiunto dall'articolo 3 d.lgs. 13 luglio 1994, n. 480.*

17-*ter* 1. Quando è accertata una violazione prevista dall'art. 17-*bis*, commi 1 e 2, e dall'art. 221-*bis* il pubblico ufficiale che vi ha proceduto, fermo restando l'obbligo del rapporto previsto dall'art. 17 della legge 24 novembre 1981, n. 689, ne riferisce per iscritto, senza ritardo, all'autorità competente al rilascio dell'autorizzazione o, qualora il fatto non concerna attività soggette ad autorizzazione, al questore.

2. Nei casi in cui è avvenuta la contestazione immediata della violazione, è sufficiente, ai fini del comma 1, la trasmissione del relativo verbale. Copia del verbale o del rapporto è consegnata o notificata all'interessato (1).

3. Entro cinque giorni dalla ricezione della comunicazione del pubblico ufficiale, l'autorità di cui al comma 1 ordina, con provvedimento motivato, la cessazione dell'attività condotta con difetto di autorizzazione ovvero, in caso di violazione delle prescrizioni, la sospensione dell'attività autorizzata per il tempo occorrente ad uniformarsi alle prescrizioni violate e comunque per un periodo non superiore a tre mesi. Fermo restando quanto previsto al comma 4 e salvo che la violazione riguardi prescrizioni a tutela della pubblica incolumità o dell'igiene, l'ordine di sospensione è disposto trascorsi trenta giorni dalla data di violazione. Non si dà comunque luogo all'esecuzione dell'ordine di sospensione qualora l'interessato dimostri di aver sanato le violazioni ovvero di aver avviato le relative procedure amministrative (2).

4. Quando ricorrono le circostanze previste dall'art. 100, la cessazione dell'attività non autorizzata è ordinata immediatamente dal questore.

5. Chiunque non osserva i provvedimenti previsti dai commi 3 e 4, legalmente dati dall'autorità, è punito ai sensi dell'art. 650 del codice penale (3).

(1) *Periodo aggiunto dall'articolo 11 d.l. 29 marzo 1995, n. 97 convertito con modificazioni in l. 30 maggio 1995, n. 203.*
(2) *Comma sostituito dall'articolo 9 l. 29 marzo 2001, n. 135.*
(3) *Articolo aggiunto dall'articolo 3 d.lgs. 13 luglio 1994, n. 480.*

17-*quater* 1. Per le violazioni previste dall'art. 17-*bis* e dall'art. 221-*bis* consistenti nell'inosservanza delle prescrizioni imposte dalla legge o impartite dall'autorità nell'esercizio di attività soggette ad autorizzazione, l'autorità amministrativa con l'ordinanza-ingiunzione può applicare la sanzione amministrativa accessoria della sospensione dell'attività per un periodo non superiore a tre mesi.

2. La sanzione accessoria è disposta dal giudice penale con la sentenza di condanna nell'ipotesi di connessione obiettiva della violazione amministrativa con un reato di cui all'art. 24 della legge 24 novembre 1981, n. 689.

3. Nell'esecuzione della sanzione accessoria, si computa l'eventuale periodo di sospensione eseguita ai sensi dell'art. 17-*ter* (1).

(1) *Articolo aggiunto dall'articolo 13 d.lgs. 3 luglio 1994, n. 480.*

17-*quinquies* 1. Il rapporto relativo alle violazioni previste dagli articoli 17-*bis* e 221-*bis* è presentato al prefetto (1) (2).

(1) *Articolo aggiunto dall'articolo 3 d.lgs. 13 luglio 1994, n. 480.*
(2) *La Corte costituzionale, con sentenza 7 aprile 1995, n. 115, ha dichiarato* l'illegittimità costituzionale *del presente articolo, nella parte in cui prevede che è presentato al prefetto, anziché all'ufficio regionale competente, il rapporto relativo alle violazioni delle disposizioni di cui agli artt. 84, 111 (limitatamente alle imprese artigiane), 123 e 124, secondo comma, del presente testo unico, nonché 180 del regolamento di esecuzione, approvato con r.d. 6 maggio 1940, n. 635.*

17-*sexies* 1. Per le violazioni previste dagli articoli 17-*bis* e 221-*bis* è esclusa la confisca di beni immobili e si applicano le disposizioni di cui all'art. 20, commi terzo, quarto e quinto, della legge 24 novembre 1981, n. 689 (1).

(1) *Articolo aggiunto dall'articolo 3 d.lgs. 13 luglio 1994, n. 480.*

TITOLO II
Disposizioni relative all'ordine pubblico e alla incolumità pubblica

CAPO I
Delle riunioni pubbliche e degli assembramenti in luoghi pubblici

18 I promotori di una riunione in luogo pubblico o aperto al pubblico devono darne avviso, almeno tre giorni prima, al Questore.

È considerata pubblica anche una riunione, che, sebbene indetta in forma privata, tuttavia per il luogo in cui sarà tenuta, o per il numero delle persone che dovranno intervenirvi, o per lo scopo o l'oggetto di essa, ha carattere di riunione non privata.

I contravventori sono puniti con l'arresto fino a sei mesi e con l'ammenda da lire 200.000 (€ 103) a 800.000 (€ 413). Con le stesse pene sono puniti coloro che nelle riunioni predette prendono la parola (1) (2) (3).

Il Questore, nel caso di omesso avviso ovvero per ragioni di ordine pubblico, di moralità o di sanità pubblica, può impedire che la riunione abbia luogo e può, per le stesse ragioni, prescrivere modalità di tempo e di luogo alla riunione.

I contravventori al divieto o alle prescrizioni dell'autorità sono puniti con l'arresto fino a un anno e con l'ammenda da lire 400.000 (€ 206) a 800.000 (€ 413) (1). Con le stesse pene sono puniti coloro che nelle predette riunioni prendono la parola.

Non è punibile chi, prima dell'ingiunzione dell'autorità o per obbedire ad essa, si ritira dalla riunione.

Le disposizioni di questo articolo non si applicano alle riunioni elettorali (4).

(1) *L'ammenda è stata elevata dall'articolo 113 l. 24 novembre 1981, n. 689.*
(2) *La Corte costituzionale, con sentenza 10 giugno 1970, n. 90, ha dichiarato* l'illegittimità costituzionale *del presente comma nella parte in cui non limita la previsione punitiva a coloro che prendono la parola essendo a conoscenza dell'omissione di preavviso previsto dal primo comma.*
(3) *La Corte costituzionale, con sentenza 10 maggio 1979, n. 11, ha dichiarato* l'illegittimità costituzionale *del secondo periodo del presente comma, nella parte in cui prevede la incriminazione contravvenzionale di coloro che prendono la parola in riunione in luogo pubblico essendo a conoscenza della omissione di preavviso previsto nel primo comma.*
(4) *La Corte costituzionale, con sentenza 31 marzo 1958, n. 27, ha dichiarato* l'illegittimità costituzionale *del presente articolo, nella parte relativa alle riunioni non tenute in luogo pubblico, in riferimento all'art. 17 della Costituzione.*

19 [È vietato di portare armi nelle riunioni pubbliche anche alle persone munite di licenza.

Salva l'applicazione delle pene stabilite dal codice penale per il porto abusivo di arme, i trasgressori sono puniti con l'arresto da dieci giorni a tre mesi e con l'ammenda da lire 500 (€ 0,25) a 5.000 (€ 2).

Le armi sono confiscate] (1).

(1) *Articolo abrogato dall'articolo 4 l. 18 aprile 1975, n. 110.*

20 Quando, in occasione di riunioni o di assembramenti in luogo pubblico o aperto al pubblico, avvengono manifestazioni o grida sediziose o lesive del prestigio dell'autorità, o che comunque possono mettere in pericolo l'ordine pubblico o la sicurezza dei cittadini, ovvero quando nelle riunioni o negli assembramenti predetti sono commessi delitti, le riunioni e gli assembramenti possono essere disciolti.

21 È sempre considerata manifestazione sediziosa l'esposizione di bandiere o emblemi, che sono simbolo di sovversione sociale o di rivolta o di vilipendio verso lo Stato, il governo o le autorità.

È manifestazione sediziosa anche la esposizione di distintivi di associazioni faziose.

22 Quando, nei casi preveduti dagli articoli precedenti, occorre disciogliere una riunione pubblica od un assembramento in luogo pubblico o aperto al pubblico, le persone riunite od assembrate sono invitate a disciogliersi dagli ufficiali di pubblica sicurezza o, in loro assenza, dagli ufficiali o dai sottufficiali dei carabinieri reali.

23 Qualora l'invito rimanga senza effetto, è ordinato il discioglimento con tre distinte formali intimazioni, preceduta ognuna da uno squillo di tromba.

24 Qualora rimangano senza effetto anche le tre intimazioni ovvero queste non possano essere fatte per rivolta od opposizione, gli ufficiali di pubblica sicurezza o, in loro assenza, gli ufficiali o i sottufficiali dei carabinieri reali ordinano che la riunione o l'assembramento siano disciolti con la forza.

All'esecuzione di tale ordine provvedono la forza pubblica e la forza armata sotto il comando dei rispettivi capi.

Le persone che si rifiutano di obbedire all'ordine di discioglimento sono punite con l'arresto da un mese a un anno e con l'ammenda da lire 60.000 (€ 30) a 800.000 (€ 413) (1).

(1) *L'ammenda è stata elevata dall'articolo 113 l. 24 novembre 1981, n. 689.*

25-141 (*Omissis*).

60. Legge 18 aprile 1975, n. 110. — Norme integrative della disciplina vigente per il controllo delle armi, delle munizioni e degli esplosivi. (*estratto*).

Pubblicata nella Gazzetta Ufficiale n. 175 del 21 aprile 1975.

1-3 (*Omissis*).

4 Porto di armi od oggetti atti ad offendere.

Salve le autorizzazioni previste dal terzo comma dell'articolo 42 del testo unico delle leggi di pubblica sicurezza 18 giugno 1931, n. 773, e successive modificazioni, non possono essere portati, fuori della propria abitazione o delle appartenenze di essa, armi, mazze ferrate o bastoni ferrati, sfollagente, noccoliere storditori elettrici e altri apparecchi analoghi in grado di erogare una elettrocuzione (1).

Senza giustificato motivo, non possono portarsi, fuori della propria abitazione o delle appartenenze di essa, bastoni muniti di puntale acuminato, strumenti da punta o da taglio atti ad offendere, mazze, tubi, catene, fionde, bulloni, sfere metalliche, nonché qualsiasi altro strumento non considerato espressamente come arma da punta o da taglio, chiaramente utilizzabile, per le circostanze di tempo e di luogo, per l'offesa alla persona, gli strumenti di cui all'articolo 5, quarto comma, nonché i puntatori laser o oggetti con funzione di puntatori laser, di classe pari o superiore a 3b, secondo le norme CEI EN 60825-1, CEI EN 60825- 1/A11, CEI EN 60825-4 (2).

Il contravventore è punito con l'arresto da sei mesi a due anni e con l'ammenda da 1.000 euro a 10.000 euro. Nei casi di lieve entità, riferibili al porto dei soli oggetti atti ad offendere, può essere irrogata la sola pena dell'ammenda. La pena è aumentata se il fatto avviene nel corso o in occasione di manifestazioni sportive (3) (4).

È vietato portare armi nelle riunioni pubbliche anche alle persone munite di licenza. Il trasgressore è punito con l'arresto da uno a tre anni e con l'ammenda da 3.000 euro a 20.000 euro. La pena è dell'arresto da tre a sei anni e dell'ammenda da 5.000 euro a 20.000 euro quando il fatto è commesso da persona non munita di licenza (4) (5) (6).

Chiunque, all'infuori dei casi previsti nel comma precedente, porta in una riunione pubblica uno strumento ricompreso tra quelli indicati nel primo o nel secondo comma, è punito con l'arresto da sei a diciotto mesi e con l'ammenda da 2.000 euro a 20.000 euro (3) (7).

La pena prevista dal terzo comma è raddoppiata quando ricorre una delle circostanze previste dall'articolo 4, secondo comma, della legge 2 ottobre 1967, n. 895, salvo che l'uso costituisca elemento costitutivo o circostanza aggravante specifica per il reato commesso (8).

[Gli ufficiali ed agenti di polizia giudiziaria devono procedere all'arresto di chiunque sia colto in flagranza di trasgressione alle norme dei precedenti commi quarto e quinto] (9).

Con la condanna deve essere disposta la confisca delle armi e degli altri oggetti atti ad offendere.

Sono abrogati l'articolo 19 e il primo e secondo comma dell'articolo 42 del testo unico delle leggi di pubblica sicurezza 18 giugno 1931, n. 773, e successive modificazioni.

Non sono considerate armi ai fini delle disposizioni penali di questo articolo le aste di bandiere, dei cartelli e degli striscioni usate nelle pubbliche manifestazioni e nei cortei, né gli altri oggetti simbolici usati nelle stesse circostanze, salvo che non vengano adoperati come oggetti contundenti.

(1) *Comma modificato, a decorrere dal 1° luglio 2011, dall'art. 5, comma 1, lett.* b), *n. 1), d.lgs. 26 ottobre 2010, n. 204.*

(2) *Comma modificato, a decorrere dal 1° luglio 2011, dall'art. 5, comma 1, lett.* b), *n. 2), d.lgs. n. 204, cit.*

(3) *L'ammenda è stata così elevata dall'articolo 113, comma 4, l. 24 novembre 1981, n. 689. La sanzione è esclusa dalla depenalizzazione in virtù dell'art. 32, secondo comma, della citata legge 689/1981.*

(4) *Comma modificato dall'art. 2 d.l. 20 agosto 2001, n. 336, conv., con modif., in l. 19 ottobre 2001, n. 377 e successivamente, a decorrere dal 1° luglio 2011, dall'art. 5, comma 1, lett.* b), *n. 3), d.lgs. 26 ottobre 2010, n. 204.*

(5) *Le pene ivi previste sono triplicate se ricorrono le condizioni di cui all'art. 9 l. 31 maggio 1965, n. 575.*

(6) *Comma modificato, a decorrere dal 1° luglio 2011, dall'art. 5, comma 1, lett.* b), *n. 4), d.lgs. n. 204, cit.*

(7) *Comma modificato, a decorrere dal 1° luglio 2011, dall'art. 5, comma 1, lett.* b), *n. 5), d.lgs. n. 204, cit.*

(8) *Comma sostituito dall'art. 3, comma 31, l. 15 luglio 2009, n. 94.*

(9) *Comma soppresso dall'art. 8 d.l. 26 aprile 1993, n. 122, conv., con modif., in l. 25 giugno 1993, n. 205.*

5 (*Omissis*).

6 Commissione consultiva centrale per il controllo delle armi.

È istituita, presso il Ministero dell'interno, la commissione consultiva centrale delle armi. La commissione si compone di un presidente, di due rappresentanti del Ministero dell'interno, di cui uno della Polizia di Stato, di due del Ministero della difesa, di cui uno dell'Arma dei carabinieri, di cinque del Ministero dell'industria, del commercio e dell'artigianato, di cui quattro in rappresentanza dei settori economici interessati, su designazioni plurime delle associazioni di categoria più rappresentative, di uno del Ministero del commercio con l'estero, di due del Ministero delle finanze, di cui uno della direzione generale delle dogane e l'altro del Corpo della guardia di finanza, di tre esperti in materia balistica e di un esperto in armi antiche, artistiche, rare o comunque di importanza storica (1).

Le mansioni di segretario sono esercitate da un funzionario della direzione generale della pubblica sicurezza.

Il presidente e i componenti della commissione sono nominati con decreto del Ministro per l'interno, durano in carica cinque anni e possono essere riconfermati. Per ciascun componente effettivo è nominato un supplente.

In caso di assenza o di impedimento del presidente, ne esercita le funzioni il componente effettivo annualmente delegato dal presidente; in caso di assenza o di impedimento dei componenti effettivi, ne fanno le veci i supplenti.

La commissione esprime parere obbligatorio sulla catalogazione delle armi prodotte o importate nello Stato, accertando che le stesse, anche per le loro caratteristiche, non rientrino nelle categorie contemplate nel precedente articolo 1, nonché su tutte le questioni di carattere generale e normativo relative alle armi e alle misure di sicurezza per quanto concerne la fabbricazione, la riparazione, il deposito, la custodia, il commercio, l'importazione, l'esportazione, la detenzione, la raccolta, la collezione, il trasporto e l'uso delle armi (2).

(1) *Comma così sostituito dall'art. 1, l. 16 luglio 1982, n. 452.*
(2) *Comma così sostituito dall'art. 2, l. 16 luglio 1982, n. 452.*

7 (*Omissis*).

8 Accertamento per il rilascio di autorizzazione di polizia in materia di armi.

La richiesta intesa ad ottenere il nulla osta per l'acquisto o la cessione di armi, ai sensi dell'articolo 35, terzo comma, del T.U. 18 giugno 1931, n. 773, modificato con d.l. 22 novembre 1956, n. 1452, deve indicare i motivi dell'acquisto o della cessione.

La licenza di cui all'articolo 31 del testo unico delle leggi di pubblica sicurezza è richiesta anche per l'esercizio dell'industria di riparazione delle armi.

Il rilascio delle autorizzazioni per la fabbricazione, la raccolta, il commercio, il deposito e la riparazione di armi, nonché del permesso di porto d'armi, previsti dagli artt. 28, 31, 32, 35 e 42 del testo unico sopracitato e 37, r.d. 6 maggio 1940, n. 635, e dalla presente legge, è subordinato all'accertamento della capacità tecnica del richiedente. L'accertamento non occorre per l'autorizzazione alla collezione (1).

Ai fini dell'accertamento della capacità tecnica, l'interessato deve sostenere apposito esame presso la commissione di cui all'articolo 49 del testo unico delle leggi di pubblica sicurezza. La commissione è integrata da un esperto designato dal Ministero della difesa quando l'accertamento è richiesto da persona che debba esercitare l'attività di fabbricazione, riparazione o commercio di armi.

Le disposizioni di cui ai precedenti commi si applicano altresì alle persone che rappresentano, a norma dell'articolo 8 del citato testo unico, il titolare dell'autorizzazione di polizia.

Coloro che nei dieci anni antecedenti alla presentazione della prima istanza hanno prestato servizio militare nelle Forze armate o in uno dei Corpi armati dello Stato ovvero abbiano appartenuto ai ruoli del personale civile della pubblica sicurezza in qualità di funzionari o che esibiscano certificato d'idoneità al maneggio delle armi rilasciato dalla competente sezione della Federazione del tiro a segno nazionale devono sottoporsi all'accertamento tecnico soltanto per l'esercizio delle attività di fabbricazione, riparazione o commercio di armi (2).

L'accertamento della capacità tecnica non è richiesto per l'acquisto e il porto di armi da parte di coloro che siano autorizzati per legge.

La capacità tecnica è presunta nei confronti di coloro che, all'atto dell'entrata in vigore della presente legge, abbiano già ottenuto le autorizzazioni ovvero abbiano adempiuto agli obblighi previsti in materia dalle disposizioni del testo unico delle leggi di pubblica sicurezza e del r.d. 6 maggio 1940, n. 635.

Coloro che esercitano l'industria di riparazione delle armi devono richiedere alla competente autorità di pubblica sicurezza la licenza di cui al secondo comma del presente articolo entro il termine di quarantacinque giorni dall'entrata in vigore della legge.

L'art. 33 del T.U. delle leggi di pubblica sicurezza 18 giugno 1931, n. 773, è abrogato.

(1) *Comma così sostituito dall'art. 3, l. 21 febbraio 1990, n. 36.*
(2) *Comma modificato, a decorrere dal 1° luglio 2011, dall'articolo 5, comma 1, lett.* d), *d.lgs. 26 ottobre 2010, n. 204.*

9 Requisiti soggettivi per le autorizzazioni di polizia in materia di armi.

Oltre quanto stabilito dall'art. 11 del T.U. delle leggi di pubblica sicurezza 18 giugno 1931, n. 773, e successive modificazioni, le autorizzazioni di polizia prescritte per la fabbricazione, la raccolta, il commercio, l'importazione, l'esportazione, la collezione, il deposito, la riparazione e il trasporto di armi di qualsiasi tipo non possono essere rilasciate alle persone che si trovino nelle condizioni indicate nell'art. 43 dello stesso testo unico. Per il rilascio di tali autorizzazioni, l'autorità di pubblica sicurezza può richiedere agli interessati la presentazione del certificato di cui al quarto comma dell'art. 35 del predetto T.U. modificato con d.l. 22 novembre 1956, n. 1274, convertito nella l. 22 dicembre 1956, n. 1452.

Ferme restando le disposizioni contenute nell'art. 8 della l. 31 maggio 1965, n. 575, le autorizzazioni di cui al primo comma non possono essere rilasciate a coloro che siano sottoposti ad una delle misure di prevenzione previste dalla l. 27 dicembre 1956, n. 1423.

10-16 (*Omissis*).

61. Legge 1° aprile 1981, n. 121. — Nuovo ordinamento dell'Amministrazione della pubblica sicurezza. (*estratto*).

Pubblicata nella Gazzetta Ufficiale n. 100 del 10 aprile 1981, S.O.

CAPO I
Amministrazione della pubblica sicurezza e coordinamento delle forze di polizia

1 Attribuzioni del Ministro dell'interno.

Il Ministro dell'interno è responsabile della tutela dell'ordine e della sicurezza pubblica ed è autorità nazionale di pubblica sicurezza. Ha l'alta direzione dei servizi di ordine e sicurezza pubblica e coordina in materia i compiti e le attività delle forze di polizia.

Il Ministro dell'interno adotta i provvedimenti per la tutela dell'ordine e della sicurezza pubblica.

Restano ferme le competenze del Consiglio dei ministri previste dalle leggi vigenti.

2 Tutela dell'ordine e della sicurezza pubblica.

Il Ministro dell'interno espleta i propri compiti in materia di tutela dell'ordine e della sicurezza pubblica avvalendosi dell'Amministrazione della pubblica sicurezza.

3 Amministrazione della pubblica sicurezza.

L'Amministrazione della pubblica sicurezza è civile ed ha un ordinamento speciale.

Le sue funzioni sono esercitate:

a) dal personale addetto agli uffici del dipartimento della pubblica sicurezza ed agli altri uffici, istituti e reparti in cui la stessa si articola (1);

b) dalle autorità provinciali, dal personale da esse dipendente nonché dalle autorità locali di pubblica sicurezza;

c) dagli ufficiali ed agenti di pubblica sicurezza sotto la direzione delle autorità centrali e provinciali di pubblica sicurezza.

(1) *Lettera così sostituita dall'art. 6, l. 31 marzo 2000, n. 78, a decorrere dalla data di entrata in vigore del regolamento di cui al medesimo art. 6 della citata l. n. 78/2000.*

4 Dipartimento della pubblica sicurezza.

Nell'ambito dell'Amministrazione della pubblica sicurezza è istituito il dipartimento della pubblica sicurezza che provvede, secondo le direttive e gli ordini del Ministro dell'interno:

1) all'attuazione della politica dell'ordine e della sicurezza pubblica;

2) al coordinamento tecnico-operativo delle forze di polizia;

3) alla direzione e amministrazione della Polizia di Stato;

4) alla direzione e gestione dei supporti tecnici, anche per le esigenze generali del Ministero dell'interno.

5-12 (*Omissis*).

13 Prefetto.

Il prefetto è autorità provinciale di pubblica sicurezza.

Il prefetto ha la responsabilità generale dell'ordine e della sicurezza pubblica nella provincia e sovraintende all'attuazione delle direttive emanate in materia.

Assicura unità di indirizzo e coordinamento dei compiti e delle attività degli ufficiali ed agenti di pubblica sicurezza nella provincia, promuovendo le misure occorrenti (1).

A tali fini il prefetto deve essere tempestivamente informato dal questore e dai comandanti provinciali dell'Arma dei carabinieri e della Guardia di finanza su quanto comunque abbia attinenza con l'ordine e la sicurezza pubblica nella provincia.

Il prefetto dispone della forza pubblica e delle altre forze eventualmente poste a sua disposizione in base alle leggi vigenti e ne coordina le attività.

Il prefetto trasmette al Ministro dell'interno relazioni sull'attività delle forze di polizia in riferimento ai compiti di cui al presente articolo.

Il prefetto tiene informato il commissario del Governo nella regione sui provvedimenti che adotta nell'esercizio dei poteri ad esso attribuiti dalla presente legge.

(1) *Periodo aggiunto dall'art. 12, d.l. 13 maggio 1991, n. 152.*

14 Questore.

Il questore è autorità provinciale di pubblica sicurezza.

Il questore ha la direzione, la responsabilità e il coordinamento, a livello tecnico operativo, dei servizi di ordine e di sicurezza pubblica e dell'impiego a tal fine della forza pubblica e delle altre forze eventualmente poste a sua disposizione.

A tale scopo il questore deve essere tempestivamente informato dai comandanti locali dell'Arma dei carabinieri e della Guardia di finanza su quanto comunque abbia attinenza con l'ordine e la sicurezza pubblica.

15 Autorità locali di pubblica sicurezza.

Sono autorità locali di pubblica sicurezza il questore nel capoluogo di provincia e i funzionari preposti ai commissariati di polizia aventi competenza negli altri comuni.

Ove non siano istituiti commissariati di polizia, le attribuzioni di autorità locale di pubblica sicurezza sono esercitate dal sindaco quale ufficiale di Governo.

Quando eccezionali esigenze di servizio lo richiedono, il prefetto, o il questore su autorizzazione del prefetto, può inviare funzionari della Polizia di Stato, nei comuni di cui al comma precedente, per assumere temporaneamente la direzione dei servizi di pubblica sicurezza. Resta in tale caso sospesa la competenza dell'autorità locale di pubblica sicurezza.

Le autorità provinciali di pubblica sicurezza, ai fini dell'ordine e della sicurezza pubblica e della prevenzione e difesa dalla violenza eversiva, sollecitano la collaborazione delle amministrazioni locali e mantengono rapporti con i sindaci dei comuni.

16 Forze di polizia.

Ai fini della tutela dell'ordine e della sicurezza pubblica, oltre alla polizia di Stato sono forze di polizia, fermi restando i rispettivi ordinamenti e dipendenze:

a) l'Arma dei carabinieri, quale forza armata in servizio permanente di pubblica sicurezza;

b) il Corpo della guardia di finanza, per il concorso al mantenimento dell'ordine e della sicurezza pubblica.

Fatte salve le rispettive attribuzioni e le normative dei vigenti ordinamenti, sono altresì forze di polizia e possono essere chiamati a concorrere nell'espletamento di servizi di ordine e sicurezza pubblica il Corpo degli agenti di custodia e il Corpo forestale dello Stato.

Le forze di polizia possono essere utilizzate anche per il servizio di pubblico soccorso.

17 Funzioni e servizi di polizia giudiziaria.

Le funzioni di polizia giudiziaria sono svolte alla dipendenza e sotto la direzione dell'autorità giudiziaria, in conformità a quanto stabilito dal codice di procedura penale. A tal fine, il dipartimento della pubblica sicurezza provvede, nei contingenti necessari, determinati dal Ministro dell'interno, di concerto con il Ministro della giustizia, all'istituzione e all'organizzazione dei servizi di polizia giudiziaria anche in base alle direttive impartite dal Ministro dell'interno nell'esercizio delle sue attribuzioni di coordinamento.

18 Comitato nazionale dell'ordine e della sicurezza pubblica.

Presso il Ministero dell'interno è istituito il Comitato nazionale dell'ordine e della sicurezza pubblica quale organo ausiliario di consulenza del Ministro dell'interno per l'esercizio delle sue attribuzioni di alta direzione e di coordinamento in materia di ordine e sicurezza pubblica.

Il Comitato è presieduto dal Ministro dell'interno ed è composto da un Sottosegretario di Stato per l'interno, designato dal Ministro, con funzioni di vice presidente, dal capo della polizia-direttore generale della pubblica sicurezza, dal comandante generale dell'Arma dei carabinieri, dal comandante generale del Corpo della guardia di finanza. Del Comitato fa parte anche il direttore generale dell'Amministrazione penitenziaria ed il dirigente generale capo del Corpo forestale dello Stato (1).

Il Ministro dell'interno può chiamare a partecipare alle riunioni del Comitato dirigenti generali del Ministero dell'interno, l'ispettore generale del Corpo delle capitanerie di porto, nonché altri rappresentanti dell'amministrazione dello Stato e delle forze armate; può invitare alle stesse riunioni componenti dell'ordine giudiziario, di intesa con il procuratore competente.

Un funzionario con qualifica dirigenziale espleta le funzioni di segretario del Comitato.

(1) *Comma modificato dall'art. 12, d.l. 13 maggio 1991, n. 152, convertito con modificazioni in l. 12 luglio 1991, n. 203 e successivamente dall'art. 7, comma 7, d.lgs. 3 aprile 2001, n. 155.*

19 Attribuzioni del Comitato nazionale.

Il Comitato esamina ogni questione di carattere generale relativa alla tutela dell'ordine e della sicurezza pubblica e all'ordinamento ed organizzazione delle forze di polizia ad esso sottoposta dal Ministro dell'interno.

Il Comitato deve esprimersi:

a) sugli schemi dei provvedimenti di carattere generale concernenti le forze di polizia;

b) sui piani per l'attribuzione delle competenze funzionali e territoriali alle forze di polizia;

c) sulla pianificazione finanziaria relativa alle forze di polizia;

d) sulla pianificazione dei servizi logistici e amministrativi di carattere comune alle forze di polizia;

e) sulla pianificazione della dislocazione e del coordinamento delle forze di polizia e dei loro servizi tecnici;

f) sulle linee generali per l'istruzione, l'addestramento, la formazione e la specializzazione del personale delle forze di polizia.

20 Comitato provinciale per l'ordine e la sicurezza pubblica.

Presso la prefettura è istituito il comitato provinciale per l'ordine e la sicurezza pubblica, quale organo ausiliario di consulenza del prefetto per l'esercizio delle sue attribuzioni di autorità provinciale di pubblica sicurezza.

Il comitato è presieduto dal prefetto ed è composto dal questore, dal sindaco del comune del capoluogo e dal presidente della provincia, dai comandanti provinciali dell'Arma dei carabinieri e del Corpo della guardia di finanza, e del Corpo forestale dello Stato, nonché dai sindaci degli altri comuni interessati, quando devono trattarsi questioni riferibili ai rispettivi ambiti territoriali (1).

Ai fini della tutela dell'ordine e della sicurezza pubblica, nonché della prevenzione dei reati, il prefetto può chiamare a partecipare alle sedute del comitato le autorità locali di pubblica sicurezza e i responsabili delle amministrazioni dello Stato interessate ai problemi da trattare, con particolare riguardo ai responsabili dei competenti uffici dell'Amministrazione penitenziaria, del Corpo nazionale dei vigili del fuoco, del Corpo delle capitanerie di porto, e, d'intesa con il presidente della provincia o con il sindaco, i responsabili degli altri uffici delle Amministrazioni locali interessate o della polizia municipale (2).

Il prefetto può invitare alle stesse riunioni componenti dell'ordine giudiziario, d'intesa con il procuratore della Repubblica competente.

Alla convocazione e alla formazione dell'ordine del giorno del comitato provvede il prefetto. La convocazione è in ogni caso disposta quando lo richiede il sindaco del comune capoluogo di provincia per la trattazione di questioni attinenti alla sicurezza della comunità locale o per la prevenzione di tensioni o conflitti sociali che possono comportare turbamenti dell'ordine o della sicurezza pubblica in ambito comunale. Per la trattazione delle medesime questioni, su richiesta del sindaco, è altresì integrato, ove occorra, l'ordine del giorno del comitato (3).

(1) *Comma sostituito dall'art. 160 d.lgs. 31 marzo 1998, n. 112, nel testo modificato dall'art. 1 d.lgs. 27 luglio 1999, n. 279, e successivamente modificato dall'art. 4, lett.* a), *d.lgs. 28 dicembre 2001, n. 472 e dall'art. 5 l. 6 febbraio 2004, n. 36.*

(2) *Comma così sostituito dall'art. 16, l. 26 marzo 2001, n. 128, e da ultimo modificato dall'art. 4, lett.* b), *d.lgs. 28 dicembre 2001, n. 472.*

(3) *Comma aggiunto dall'art. 160, d.lgs. n. 112, cit. nel testo modificato dall'art. 1, d.lgs. n. 279, cit.*

21-115 (*Omissis*).

62. Legge 3 agosto 1988, n. 327. — Norme in materia di misure di prevenzione personali. (*estratto*).

Pubblicata nella Gazzetta Ufficiale n. 186 del 9 agosto 1988.

1 1. L'istituto della diffida del questore di cui all'articolo 1 della legge 27 dicembre 1956, n. 1423, è soppresso ed ogni richiamo allo stesso, operato in disposizioni di legge, è abrogato.

2. Con l'entrata in vigore della presente legge cessano di avere efficacia le diffide in corso, i provvedimenti di diniego o di revoca di licenze ed autorizzazioni, nonché i provvedimenti di diniego, di revoca o di sospensione della patente di guida emessi in conseguenza della diffida.

3. Tuttavia alle diffide emanate entro il triennio precedente la data di entrata in vigore della presente legge, agli effetti previsti dal primo comma dell'articolo 3 della legge 27 dicembre 1956, n. 1423, come modificato dall'articolo 4 della presente legge, è attribuita l'efficacia dell'avviso di cui all'articolo 4 della legge 27 dicembre 1956, n. 1423, come modificato dall'articolo 5 della presente legge.

4. Ferma restando l'efficacia dei procedimenti di prevenzione già definiti, quelli in corso conservano efficacia:

a) se iniziati in forza di diffida emanata entro il triennio precedente la data di entrata in vigore della presente legge;

b) se iniziati a norma della legge 31 maggio 1965, n. 575, e successive modificazioni.

16 1. Per le persone che, alla data di entrata in vigore della presente legge, sono sottoposte alla sorveglianza speciale della pubblica sicurezza con obbligo di soggiorno in un comune diverso da quello di residenza o di dimora abituale, il presidente del tribunale competente ai sensi dell'articolo 4 della legge 27 dicembre 1956, n. 1423, dispone il trasferimento del soggetto nell'originario luogo di residenza salvo che non ritenga di sostituire alla misura il divieto di soggiorno. Il relativo provvedimento è comunicato al questore per l'esecuzione.

2. Per gli imputati ai quali sia stato imposto, anteriormente alla data di entrata in vigore della presente legge, l'obbligo di dimorare in un comune lontano da quello di residenza ovvero in una frazione, il giudice competente, entro trenta giorni da tale data e sempre che permangano le esigenze che hanno giustificato l'imposizione dell'obbligo, provvede ai sensi dell'articolo 291-*bis* del codice di procedura penale a determinare nuovamente il luogo di dimora obbligatoria, prescegliendolo tra i comuni indicati nel secondo comma dell'articolo 282 del codice di procedura penale, come modificato dall'articolo 14 della presente legge, avuto riguardo alla residenza che l'imputato aveva all'atto dell'imposizione dell'obbligo suddetto.

63. Decreto del Presidente della Repubblica 9 ottobre 1990, n. 309. — Testo unico delle leggi in materia di disciplina degli stupefacenti e sostanze psicotrope, prevenzione, cura e riabilitazione dei relativi stati di tossicodipendenza (1) (2) (3) (4) (5) (6) (7). (*estratto*).

Pubblicato nella Gazzetta Ufficiale n. 255 del 31 ottobre 1990, S.O.

(1) *Il d.lgs. 19 febbraio 1998, n. 51, ha soppresso l'ufficio del pretore e, fuori dai casi espressamente previsti dal citato decreto, le relative competenze sono da intendersi trasferite al tribunale ordinario. Lo stesso decreto ha soppresso l'ufficio del pubblico ministero presso la pretura circondariale e ha provveduto a trasferirne le relative funzioni all'ufficio del pubblico ministero presso il tribunale ordinario. Inoltre, qualora il*

presente provvedimento attribuisca funzioni amministrative alternativamente al pretore e ad organi della P.A., le attribuzioni pretorili si intendono soppresse; sono altresì soppresse le funzioni amministrative di altre autorità giurisdizionali, eccezion fatta per il giudice di pace, se attribuite in via alternativa tanto al pretore che ad organi della P.A. Inoltre il potere del pretore di rendere esecutivi atti emanati da autorità amministrative è soppresso e gli atti sono esecutivi di diritto. Infine, qualora il presente provvedimento preveda l'obbligo di determinati soggetti di rendere giuramento innanzi al pretore per l'esercizio di attività, questo si intende reso innanzi al sindaco o ad un suo delegato.

(2) *In luogo di dirigente/i generale/i leggasi dirigente/i di ufficio/i dirigenziale/i generale/i (art. 45, comma 2, d.lgs. 31 marzo 1998, n. 80).*

(3) *A decorrere dalla data di nomina del primo governo costituito a seguito delle prime elezioni politiche successive all'entrata in vigore del d.lgs. 30 luglio 1999, n. 300, le prefetture sono trasformate in uffici territoriali del governo; il prefetto preposto a tale ufficio nel capoluogo della regione assume anche le funzioni di commissario del governo (art. 11, d.lgs. n. 300/1999, cit.).*

(4) *In luogo di Ministro/Ministero di grazia e giustizia leggasi Ministro/Ministero della giustizia ex d.P.R. n. 300, cit.*

(5) *In luogo di Ministro/Ministero per le politiche agricole leggasi Ministro/Ministero delle politiche agricole e forestali, ex d.P.R. n. 300, cit.*

(6) *Per il riordino dei Comitati provinciali di educazione e prevenzione dei danni alla salute derivanti dall'uso di sostanze stupefacenti e psicotrope, istituiti a norma della presente legge, vedi l'articolo 1 del d.P.R. 28 marzo 2007 n. 75.*

(7) *In riferimento al presente decreto vedi: Circolare Ministero della Salute 23 luglio 2012 n. 13876; Circolare Ministero della Salute 30 gennaio 2013 n. 106450.*

1-16 (*Omissis*)

TITOLO II
Delle autorizzazioni

17 Obbligo di autorizzazione.

1. Chiunque intenda coltivare, produrre, fabbricare, impiegare, importare, esportare, ricevere per transito, commerciare a qualsiasi titolo o comunque detenere per il commercio sostanze stupefacenti o psicotrope, comprese nelle tabelle di cui all'articolo 14 deve munirsi dell'autorizzazione del Ministero della sanità.

2. Dall'obbligo dell'autorizzazione sono escluse le farmacie, per quanto riguarda l'acquisto di sostanze stupefacenti o psicotrope e per l'acquisto, la vendita o la cessione di dette sostanze in dose e forma di medicamenti.

3. L'importazione, il transito e l'esportazione di sostanze stupefacenti o psicotrope da parte di chi è munito dell'autorizzazione di cui al comma 1, sono subordinati alla concessione di un permesso rilasciato dal Ministro della sanità in conformità delle convenzioni internazionali e delle disposizioni di cui al titolo V del presente testo unico.

4. Nella domanda di autorizzazione, gli enti e le imprese interessati devono indicare la carica o l'ufficio i cui titolari sono responsabili della tenuta dei registri e dell'osservanza degli altri obblighi imposti dalle disposizioni dei titoli VI e VII del presente testo unico.

5. Il Ministro della sanità, nel concedere l'autorizzazione, determina, caso per caso, le condizioni e le garanzie alle quali essa è subordinata, sentito il Comando generale della Guardia di Finanza nonché, quando trattasi di coltivazione, il Ministero dell'agricoltura e delle foreste.

6. Il decreto di autorizzazione ha durata biennale ed è soggetto alla tassa di concessione governativa.

[7. L'autorizzazione prevista nel comma 1 è altresì necessaria per il compimento delle attività di cui al comma 2 dell'art. 70. Si applicano le disposizioni contenute nei commi da 2 a 6] (1).

(1) *Comma abrogato dall'art. 1, d.lgs. 12 aprile 1996, n. 258.*

18 Comunicazione dei decreti di autorizzazione.

1. I decreti ministeriali di autorizzazione sono comunicati al Dipartimento di pubblica sicurezza del Ministero dell'interno, al Comando generale della Guardia di finanza e al Comando generale dell'Arma i carabinieri che impartiscono ai dipendenti organi periferici le istruzioni necessarie per la vigilanza.

2. Uguale comunicazione è effettuata al Servizio centrale antidroga.

19 Requisiti soggettivi per l'autorizzazione.

1. Le autorizzazioni previste dal comma 1 dell'articolo 17 sono personali e non possono essere cedute, né comunque utilizzate da altri a qualsiasi titolo ed in qualsiasi forma.

2. Le autorizzazioni medesime possono essere accordate soltanto ad enti o imprese il cui titolare o legale rappresentante, se trattasi di società, sia di buona condotta e offra garanzie morali e professionali. Gli stessi requisiti deve possedere il direttore tecnico dell'azienda. Le autorizzazioni non possono essere rilasciate ai soggetti di cui al presente comma, persone fisiche o legali rappresentanti di enti, che abbiano avuto condanne o sanzioni ai sensi degli articoli 73, 74 e 75; in tali casi sono immediatamente revocate anche le autorizzazioni già rilasciate (1).

3. Nel caso di enti o imprese che abbiano più filiali o de siti è necessaria l'autorizzazione per ciascuna filiale o deposito. I requisiti previsti dal comma 2 devono essere posseduti anche dalla persona preposta alla filiale o al deposito.

4. Nel caso di cessazione dell'attività autorizzata o di cessazione dell'azienda, di mutamento della denominazione o della ragione sociale, di morte o di sostituzione del titolare dell'impresa o del legale rappresentante dell'ente, l'autorizzazione decade di diritto, senza necessità di apposito provvedimento.

5. Tuttavia nel caso di morte o di sostituzione del titolare dell'impresa o del legale rappresentante dell'ente, il Ministero della sanità può consentire in via provvisoria, per non oltre il termine perentorio di tre mesi, la prosecuzione dell'attività autorizzata sotto la responsabilità del direttore tecnico.

(1) *Comma modificato dall'art. 1, comma 3-bis, d.l. 20 marzo 2014, n. 36, conv., con modif., in l. 16 maggio 2014, n. 79.*

20 Rinnovo delle autorizzazioni.

1. La domanda per ottenere il rinnovo delle autorizzazioni deve essere presentata, almeno tre mesi prima della scadenza, con la procedura stabilita per il rilascio delle singole autorizzazioni.

2. Nei casi di decadenza di cui al comma 4 dell'articolo 19, ai fini del rilascio della nuova autorizzazione, può essere ritenuta valida la documentazione relativa ai requisiti obiettivi rimasti invariati.

21 Revoca e sospensione dell'autorizzazione.

1. In caso di accertate irregolarità durante il corso della coltivazione, della raccolta, della fabbricazione, trasformazione, sintesi, impiego, custodia, commercio di sostanze stupefacenti o psicotrope, o quando vengono a mancare in tutto o in parte i requisiti prescritti dalla legge per il titolare o per il legale rappresentante o per il direttore tecnico, il Ministro della sanità procede alla revoca dell'autorizzazione.

2. Il Ministro della sanità può procedere alla revoca anche in caso di incidente tecnico, di furto, di deterioramento di sostanze stupefacenti o psicotrope o di altre irregolarità verificatesi anche per colpa del personale addetto.

3. Nei casi previsti dai commi 1 e 2, qualora il fatto risulti di lieve entità, può essere adottato un provvedimento di sospensione dell'autorizzazione fino a sei mesi.

4. Il provvedimento di revoca o di sospensione deve essere motivato ed è notificato agli interessati tramite il sindaco e comunicato all'autorità sanitaria regionale, alla questura competente per territorio e, ove occorra, al Comando generale della Guardia di finanza.

5. Nel caso che le irregolarità indicate nel comma 1 concernano esclusivamente le prescrizioni tecnico-agrarie, il Ministro della sanità adotta i provvedimenti opportuni, sentito il Ministero dell'agricoltura e delle foreste (1).

(1) *Ora Ministro delle politiche agricole e forestali,* ex *d.lgs. 4 giugno 1997, n. 143.*

22-71 (*Omissis*).

TITOLO VIII
Della repressione delle attività illecite

CAPO I
Disposizioni penali e sanzioni amministrative

72 Attività illecite.

[1. É vietato l'uso personale di sostanze stupefacenti o psicotrope di cui alle tabelle I, II, III e IV, previste dall'art. 14. È altresì vietato qualunque impiego di sostanze stupefacenti o psicotrope non autorizzato secondo le norme del presente testo unico.] (1)

2. È consentito l'uso terapeutico di preparati medicinali a base di sostanze stupefacenti o psicotrope [di cui al comma 1], debitamente prescritti secondo le necessità di cura in relazione alle particolari condizioni patologiche del soggetto (2).

(1) *Comma abrogato dall'art. 1, comma 1, d.P.R. 5 giugno 1993, n. 171.*

(2) *Comma modificato dall'art. 1, comma 1, d.P.R. n. 171, cit.*

73-74 (*Omissis*).

75 Condotte integranti illeciti amministrativi (1).

1. Chiunque, per farne uso personale, illecitamente importa, esporta, acquista, riceve a qualsiasi titolo o comunque detiene sostanze stupefacenti o psicotrope è sottoposto, per un periodo da due mesi a un anno, se si tratta di sostanze stupefacenti o psicotrope comprese nelle tabelle I e III previste dall'articolo 14, e per un periodo da uno a tre mesi, se si tratta di sostanze stupefacenti o psicotrope comprese nelle tabelle II e IV previste dallo stesso articolo, a una o più delle seguenti sanzioni amministrative (2):

a) sospensione della patente di guida, del certificato di abilitazione professionale per la guida di motoveicoli e del certificato di idoneità alla guida di ciclomotori o divieto di conseguirli per un periodo fino a tre anni (3);

b) sospensione della licenza di porto d'armi o divieto di conseguirla;

c) sospensione del passaporto e di ogni altro documento equipollente o divieto di conseguirli;

d) sospensione del permesso di soggiorno per motivi di turismo o divieto di conseguirlo se cittadino extracomunitario.

1-*bis*. Ai fini dell'accertamento della destinazione ad uso esclusivamente personale della sostanza stupefacente o psicotropa o del medicinale di cui al comma 1, si tiene conto delle seguenti circostanze:

a) che la quantità di sostanza stupefacente o psicotropa non sia superiore ai limiti massimi indicati con decreto del Ministro della salute, di concerto con il Ministro della giustizia, sentita la Presidenza del Consiglio dei ministri — Dipartimento per le politiche antidroga, nonché della modalità di presentazione delle sostanze stupefacenti o psicotrope, avuto riguardo al peso lordo complessivo o al confezionamento frazionato ovvero ad altre circostanze dell'azione, da cui risulti che le sostanze sono destinate ad un uso esclusivamente personale;

b) che i medicinali contenenti sostanze stupefacenti o psicotrope elencate nella tabella dei medicinali, sezioni A, B, C e D, non eccedano il quantitativo prescritto (4).

2. L'interessato, inoltre, ricorrendone i presupposti, è invitato a seguire il programma terapeutico e socio-riabilitativo di cui all'articolo 122 o altro programma educativo e informativo personalizzato in relazione alle proprie specifiche esigenze, predisposto dal servizio pubblico per le tossicodipendenze competente per territorio analogamente a quanto disposto al comma 13 o da una struttura privata autorizzata ai sensi dell'articolo 116.

3. Accertati i fatti di cui al comma 1, gli organi di polizia procedono alla contestazione immediata, se

possibile, e riferiscono senza ritardo e comunque entro dieci giorni, con gli esiti degli esami tossicologici sulle sostanze sequestrate effettuati presso le strutture pubbliche di cui al comma 10, al prefetto competente ai sensi del comma 13. Ove, al momento dell'accertamento, l'interessato abbia la diretta e immediata disponibilità di veicoli a motore, gli organi di polizia procedono altresí all'immediato ritiro della patente di guida. Qualora la disponibilità sia riferita ad un ciclomotore, gli organi accertatori ritirano anche il certificato di idoneità tecnica, sottoponendo il veicolo a fermo amministrativo. Il ritiro della patente di guida, nonché del certificato di idoneità tecnica e il fermo amministrativo del ciclomotore hanno durata di trenta giorni e ad essi si estendono gli effetti di quanto previsto al comma 4. Si applicano, in quanto compatibili, le disposizioni degli articoli 214 e 216 del decreto legislativo 30 aprile 1992, n. 285, e successive modificazioni. La patente di guida e il certificato di idoneità tecnica sono trasmessi al prefetto competente ai sensi del comma 13. In caso di guida di un veicolo durante il periodo in cui la patente sia stata ritirata ovvero di circolazione con il veicolo sottoposto a fermo amministrativo, si applicano rispettivamente le sanzioni previste dagli articoli 216 e 214 del decreto legislativo 30 aprile 1992, n. 285, e successive modificazioni.

4. Entro il termine di quaranta giorni dalla ricezione della segnalazione, il prefetto, se ritiene fondato l'accertamento, adotta apposita ordinanza convocando, anche a mezzo degli organi di polizia, dinanzi a sé o a un suo delegato, la persona segnalata per valutare, a seguito di colloquio, le sanzioni amministrative da irrogare e la loro durata nonché, eventualmente, per formulare l'invito di cui al comma 2. In tale attività il prefetto è assistito dal personale del nucleo operativo costituito presso ogni prefettura-ufficio territoriale del Governo. Nel caso in cui l'interessato si avvalga delle facoltà previste dall'articolo 18 della legge 24 novembre 1981, n. 689, e successive modificazioni, e non venga emessa ordinanza motivata di archiviazione degli atti, da comunicare integralmente all'organo che ha effettuato la segnalazione, contestualmente all'ordinanza con cui viene ritenuto fondato l'accertamento, da adottare entro centocinquanta giorni dalla ricezione degli scritti difensivi ovvero dallo svolgimento dell'audizione ove richiesta, il prefetto convoca la persona segnalata ai fini e con le modalità indicate nel presente comma. La mancata presentazione al colloquio comporta l'irrogazione delle sanzioni di cui al comma 1. Avverso l'ordinanza con cui il prefetto ritiene fondato l'accertamento e convoca la persona segnalata può essere proposta opposizione al giudice di pace, entro il termine di dieci giorni dalla notifica all'interessato. Nel caso di minore l'opposizione viene proposta al tribunale per i minorenni. Valgono per la competenza territoriale in merito all'opposizione gli stessi criteri indicati al comma 13.

5. Se l'interessato è persona minore di età, il prefetto, qualora ciò non contrasti con le esigenze educative del medesimo, convoca i genitori o chi ne esercita la potestà, li rende edotti delle circostanze di fatto e dà loro notizia circa le strutture di cui al comma 2.

6. Degli accertamenti e degli atti di cui ai commi da 1 a 5 può essere fatto uso soltanto ai fini dell'applicazione delle misure e delle sanzioni previste nel presente articolo e nell'articolo 75-*bis*.

7. L'interessato può chiedere di prendere visione e di ottenere copia degli atti di cui al presente articolo che riguardino esclusivamente la sua persona. Nel caso in cui gli atti riguardino più persone, l'interessato può ottenere il rilascio di estratti delle parti relative alla sua situazione.

8. Qualora la condotta di cui al comma 1 sia stata posta in essere da straniero maggiorenne, gli organi di polizia ne riferiscono altresí al questore competente per territorio in relazione al luogo, come determinato al comma 13, per le valutazioni di competenza in sede di rinnovo del permesso di soggiorno.

9. Avverso il decreto con il quale il prefetto irroga le sanzioni di cui al comma 1 ed eventualmente formula l'invito di cui al comma 2, che ha effetto dal momento della notifica all'interessato, può essere fatta opposizione dinanzi all'autorità giudiziaria ordinaria. Le controversie di cui al presente comma sono disciplinate dall'articolo 8 del decreto legislativo 1° settembre 2011, n. 150. Copia del decreto è contestualmente inviata al questore di cui al comma 8 (5).

10. Gli accertamenti medico-legali e tossicologico-forensi sono effettuati presso gli istituti di medicina legale, i laboratori universitari di tossicologia forense, le strutture delle Forze di polizia ovvero presso le strutture pubbliche di base da individuare con decreto del Ministero della salute.

11. Se risulta che l'interessato si sia sottoposto, con esito positivo, al programma di cui al comma 2, il prefetto adotta il provvedimento di revoca delle sanzioni, dandone comunicazione al questore e al giudice di pace competente.

12. Si applicano, in quanto compatibili, le norme della sezione II del capo I e il secondo comma dell'articolo 62 della legge 24 novembre 1981, n. 689.

13. Il prefetto competente per territorio in relazione al luogo di residenza o, in mancanza, di domicilio dell'interessato e, ove questi siano sconosciuti, in relazione al luogo ove è stato commesso il fatto, applica le sanzioni di cui al comma 1 e formula l'invito di cui al comma 2.

14. Se per i fatti previsti dal comma 1, nel caso di particolare tenuità della violazione, ricorrono elementi tali da far presumere che la persona si asterrà, per il futuro, dal commetterli nuovamente, in luogo della sanzione, e limitatamente alla prima volta, il prefetto può definire il procedimento con il formale invito a non fare più uso delle sostanze stesse, avvertendo il soggetto delle conseguenze a suo danno.

(1) *Articolo prima modificato dal d.P.R. 5 giugno 1993, n. 171 e successivamente sostituito dall'articolo 4-*ter *d.l. 30 settembre 2005, n. 272, conv., con modif., in l. 11 febbraio 2006, n. 49.*

(2) *Alinea modificato dall'art. 3, comma 50, lett.* a)*, l. 15 luglio 2009, n. 94, dall'art. 10, comma 1, lett.* t)*, l. 15 marzo 2010, n. 38 e successivamente sostituito dall'art. 1, comma 24-*quater*, lett.* a)*, d.l. 20 marzo 2014, n. 36, conv., con modif., in l. 16 maggio 2014, n. 79.*

(3) *Lettera sostituita dall'art. 3, comma 50, lett.* b)*, l. 15 luglio 2009, n. 94.*

(4) *Comma aggiunto dall'art. 1, comma 24-*quater*, lett.* b)*, d.l. n. 36, cit.*

(5) *Comma sostituito dall'art. 34, comma 7, d.lgs. 1° settembre 2011 n. 150.*

75-*bis* Provvedimenti a tutela della sicurezza pubblica (1).

1. Qualora in relazione alle modalità od alle circostanze dell'uso, dalla condotta di cui al comma 1 dell'articolo 75 possa derivare pericolo per la sicurezza pubblica, l'interessato che risulti già condannato, anche non definitivamente, per reati contro la persona, contro il patrimonio o per quelli previsti dalle disposizioni del presente testo unico o dalle norme sulla circolazione stradale, oppure sanzionato per violazione delle norme del presente testo unico o destinatario di misura di prevenzione o di sicurezza, può essere inoltre sottoposto [, per la durata massima di due anni,] ad una o più delle seguenti misure (2):

a) obbligo di presentarsi almeno due volte a settimana presso il locale ufficio della Polizia di Stato o presso il comando dell'Arma dei carabinieri territorialmente competente;

b) obbligo di rientrare nella propria abitazione, o in altro luogo di privata dimora, entro una determinata ora e di non uscirne prima di altra ora prefissata;

c) divieto di frequentare determinati locali pubblici;

d) divieto di allontanarsi dal comune di residenza;

e) obbligo di comparire in un ufficio o comando di polizia specificamente indicato, negli orari di entrata ed uscita dagli istituti scolastici;

f) divieto di condurre qualsiasi veicolo a motore.

1-*bis*. La durata massima delle misure di cui al comma 1 è fissata in due anni per quelle indicate nelle lettere *a*), *b*), *c*), *d*) ed *e*) e in quattro anni per quella indicata nella lettera *f*) (3).

2. Il questore, ricevuta copia del decreto con il quale è stata applicata una delle sanzioni di cui all'articolo 75, quando la persona si trova nelle condizioni di cui al comma 1, può disporre le misure di cui al medesimo comma, con provvedimento motivato, che ha effetto dalla notifica all'interessato, recante l'avviso che lo stesso ha facoltà di presentare, personalmente o a mezzo di difensore, memorie o deduzioni al giudice della convalida. Il provvedimento è comunicato entro quarantotto ore dalla notifica al giudice di pace competente per territorio in relazione al luogo di residenza o, in mancanza, di domicilio dell'interessato. Il giudice, se ricorrono i presupposti di cui al comma 1, dispone con decreto la convalida nelle successive quarantotto ore.

3. Le misure, su istanza dell'interessato, sentito il questore, possono essere modificate o revocate dal giudice di pace competente, qualora siano cessate o mutate le condizioni che ne hanno giustificato l'emissione. Le prescrizioni possono essere altresí modificate, su richiesta del questore, qualora risultino aggravate le condizioni che ne hanno giustificato l'emissione. In tal caso, con la richiesta di modifica, il questore deve avvisare l'interessato della facoltà prevista dal comma 2. Il ricorso per cassazione contro il provvedimento di revoca o di modifica non ha effetto sospensivo.

4. Il decreto di revoca dei provvedimenti di cui all'articolo 75, adottato quando l'interessato risulta essersi sottoposto con esito positivo al programma di cui al comma 2 dell'articolo 75, è comunicato al questore e al giudice ai fini della revoca dei provvedimenti eventualmente emessi ai sensi del presente articolo. Il giudice provvede senza formalità.

5. Della sottoposizione con esito positivo al programma è data comunicazione al questore in relazione al disposto di cui al comma 8 dell'articolo 75.

6. Il contravventore anche solo ad una delle disposizioni del comma 1 del presente articolo è punito con l'arresto da tre a diciotto mesi.

7. Qualora l'interessato sia minorenne, competente a provvedere ai sensi dei commi da 2 a 4 è il tribunale per i minorenni, individuato in relazione al luogo di residenza o, in mancanza, di domicilio.

(1) *Articolo inserito dall'art. 4-*quater *d.l. 30 dicembre 2005, n. 272 conv., con modif., in l. 11 febbraio 2006, n. 49.*
*Successivamente, la Corte costituzionale, con sentenza 20 aprile-6 maggio 2016, n. 94 (Gazz. Uff. 11 maggio 2016, n. 19 — Prima serie speciale), ha dichiarato l'*illegittimità costituzionale *del citato art. 4-quater.*

(2) *Alinea modificato dall'art. 3, comma 51, lett.* a), *l. 15 luglio 2009, n. 94.*

(3) *Comma inserito dall'art. 3, comma 51, lett.* b), *l. 15 luglio 2009, n. 94.*

76-78 (*Omissis*).

79 Agevolazione dell'uso di sostanze stupefacenti o psicotrope.

1. Chiunque adibisce o consente che sia adibito un locale pubblico o un circolo privato di qualsiasi specie a luogo di convegno di persone che ivi si danno all'uso di sostanze stupefacenti o psicotrope è punito, per questo solo fatto, con la reclusione da tre a dieci anni e con la multa da lire cinque milioni a lire venti milioni se l'uso riguarda le sostanze comprese nelle tabelle I e III previste dall'art. 14, o con la reclusione da uno a quattro anni e con la multa da lire cinque milioni a lire cinquanta milioni se l'uso riguarda le sostanze comprese nelle tabelle II e IV previste dallo stesso art. 14 (1).

2. Chiunque, avendo la disponibilità di un immobile, di un ambiente o di un veicolo a ciò idoneo, lo adibisce o consente che altri lo adibisca a luogo di convegno abituale di persone che ivi si diano all'uso di sostanze stupefacenti o psicotrope è punito con le stesse pene previste nel comma 1.

3. La pena è aumentata dalla metà a due terzi se al convegno partecipa persona di età minore.

4. Qualora si tratti di pubblici esercizi, la condanna importa la chiusura dell'esercizio per un periodo da due a cinque anni.

5. La chiusura del pubblico esercizio può essere disposta con provvedimento motivato dall'autorità giudiziaria procedente.

6. La chiusura del pubblico esercizio può essere disposta con provvedimento cautelare dal prefetto territorialmente competente o dal Ministro della sanità, quando l'esercizio è aperto o condotto in base a suo provvedimento, per un periodo non superiore ad un anno, salve, in ogni caso, le disposizioni dell'autorità giudiziaria.

(1) *Comma sostituito dall'art. 4-*vicies ter *d.l. 30 dicembre 2005, n. 272 conv., con modif., in l. 11 febbraio 2006, n. 49. Successivamente la Corte Costituzionale, con sentenza 25 febbraio 2014, n. 32 (in Gazz. Uff.,*

*5 marzo 2014, n. 11), ha dichiarato l'*illegittimità costituzionale *del citato articolo 4-*vicies ter, *ripristinando il testo antecedente la modifica.*

80-85 (*Omissis*).

85-*bis* Ipotesi particolare di confisca (1).

1. Nei casi di condanna o di applicazione della pena su richiesta a norma dell'articolo 444 del codice di procedura penale, per taluno dei delitti previsti dall'articolo 73, esclusa la fattispecie di cui al comma 5, si applica l'articolo 240-*bis* del codice penale.

(1) *Articolo inserito dall'art. 6, comma 5, d.lgs. 1 marzo 2018, n. 21.*

86 Espulsione dello straniero condannato.

1. Lo straniero condannato per uno dei reati previsti dagli articoli 73, 74, 79 e 82, commi 2 e 3, a pena espiata deve essere espulso dallo Stato (1).

2. Lo stesso provvedimento di espulsione dallo Stato può essere adottato nei confronti dello straniero condannato per uno degli altri delitti previsti dal presente testo unico.

3. Se ricorre lo stato di flagranza di cui all'art. 382 del codice di procedura penale in riferimento ai delitti previsti dai commi 1, 2 e 5 dell'art. 73, il prefetto dispone l'espulsione immediata e l'accompagnamento alla frontiera dello straniero, previo nulla osta dell'autorità giudiziaria procedente.

(1) *La Corte costituzionale, con sentenza 24 febbraio 1995, n. 58, ha dichiarato l'illegittimità costituzionale del presente comma, nella parte in cui obbliga il giudice a emettere, senza l'accertamento della sussistenza in concreto della pericolosità sociale, contestualmente alla condanna, l'ordine di espulsione, eseguibile a pena espiata, nei confronti dello straniero condannato per uno dei reati previsti dagli artt. 73, 74, 79 e 82, commi 2 e 3, del presente testo unico.*

CAPO II
Disposizioni processuali e di esecuzione

87-96 (*Omissis*).

CAPO III
Operazioni di polizia e destinazione di beni e valori sequestrati o confiscati

97 Attività sotto copertura (1).

1. Per lo svolgimento delle attività sotto copertura concernenti i delitti previsti dal presente testo unico si applicano le disposizioni di cui all'articolo 9 della legge 16 marzo 2006, n. 146, e successive modificazioni.

(1) *Articolo modificato dall'art. 12-*ter *d.l. 8 giugno 1992, n. 306, conv., con modif., in l. 7 agosto 1992, n. 356, successivamente sostituito dall'art. 4-*terdecies *d.l. 30 dicembre 2005, n. 272 conv., con modif., in l. 11 febbraio 2006, n. 49 e ancora sostituito dall'art. 8, comma 2, lett.* a), *l. 13 agosto 2010, n. 136.*

98-101 (*Omissis*).

102 Notizie di procedimenti penali.

1. Il Ministro dell'interno, direttamente o per mezzo di ufficiali di polizia giudiziaria, appositamente delegati, può chiedere all'autorità giudiziaria competente copie di atti processuali e informazioni scritte sul loro contenuto, ritenute indispensabili per la prevenzione o per il tempestivo accertamento dei delitti previsti dal presente testo unico, nonché per la raccolta e per la elaborazione dei dati da utilizzare in occasione delle indagini per gli stessi delitti.

2. L'autorità giudiziaria può trasmettere le copie e le informazioni di cui al comma 1 anche di propria iniziativa; nel caso di richiesta provvede entro quarantotto ore.

3. Le copie e le informazioni acquisite ai sensi dei commi 1 e 2 sono coperte dal segreto d'ufficio e possono essere comunicate agli organi di polizia degli Stati esteri con i quali siano raggiunte specifiche intese per la lotta al traffico illecito delle sostanze stupefacenti o psicotrope e alla criminalità organizzata.

4. Se l'autorità giudiziaria ritiene di non poter derogare al segreto di cui all'art. 329 del codice di procedura penale, dispone con decreto motivato che la trasmissione sia procrastinata per il tempo strettamente necessario.

103 Controlli ed ispezioni.

1. Al fine di assicurare l'osservanza delle disposizioni previste dal presente testo unico, gli ufficiali e sottufficiali della Guardia di finanza possono svolgere negli spazi doganali le facoltà di visita, ispezione e controllo previste dagli articoli 19 e 20 del testo unico delle disposizioni legislative in materia doganale, approvato con D.P.R. 23 gennaio 1973, n. 43, fermo restando il disposto di cui all'art. 2 comma 1, lettera *o*), della l. 10 ottobre 1989, n. 349.

2. Oltre a quanto previsto dal comma 1, gli ufficiali e gli agenti di polizia giudiziaria, nel corso di operazioni di polizia per la prevenzione e la repressione del traffico illecito di sostanze stupefacenti o psicotrope, possono procedere in ogni luogo al controllo e all'ispezione dei mezzi di trasporto, dei bagagli e degli effetti personali quando hanno fondato motivo di ritenere che possano essere rinvenute sostanze stupefacenti o psicotrope. Dell'esito dei controlli e delle ispezioni è redatto processo verbale in appositi moduli, trasmessi entro quarantotto ore al procuratore della Repubblica il quale, se ne ricorrono i presupposti, li convalida entro le successive quarantotto ore. Ai fini dell'applicazione del presente comma, saranno emanate, con decreto del Ministro dell'interno di concerto con i Ministri della difesa e delle finanze, le opportune norme di coordinamento nel rispetto delle competenze istituzionali.

3. Gli ufficiali di polizia giudiziaria, quando ricorrano motivi di particolare necessità ed urgenza che non consentano di richiedere l'autorizzazione telefonica del magistrato competente, possono altresì procedere a perquisizioni dandone notizia, senza ritardo e comunque entro quarantotto ore, al procuratore della Repubblica il quale, se ne ricorrono i presupposti, le convalida entro le successive quarantotto ore (1).

4. Gli ufficiali e gli agenti di polizia giudiziaria che hanno proceduto al controllo, alle ispezioni e alle perquisizioni ai sensi dei commi 2 e 3, sono tenuti a rilasciare immediatamente all'interessato copia del verbale di esito dell'atto compiuto.

(1) *La Corte costituzionale, con sentenza 26 novembre 2020, n. 252, ha dichiarato* l'illegittimità costituzionale *del presente comma, nella parte in cui non prevede che anche le perquisizioni personali e domiciliari autorizzate per telefono debbano essere convalidate.*

104-126 (*Omissis*).

TITOLO XII
Disposizioni finali

127-136 (*Omissis*).

64. Decreto legge 13 maggio 1991, n. 152, convertito, con modificazioni, in legge 12 luglio 1991, n. 203. — Provvedimenti urgenti in tema di lotta alla criminalità organizzata e di trasparenza e buon andamento dell'attività amministrativa. (*estratto*).

Pubblicato nella Gazzetta Ufficiale n. 110 del 13 maggio del 1991; la legge di conversione è stata pubblicata nella Gazzetta Ufficiale n. 162 del 12 luglio 1991.

14 1. Per l'espletamento delle procedure relative ad appalti di opere pubbliche, pubbliche forniture e pubblici servizi, le province, i comuni, i rispettivi consorzi, le unioni di comuni e le comunità montane, fermi restando i compiti e le responsabilità stabiliti in materia dalla legge 8 giugno 1990, n. 142, possono avvalersi di un'apposita unità specializzata istituita dal presidente della giunta regionale presso ciascun ufficio del genio civile.

2. Il competente provveditorato regionale alle opere pubbliche, nonché l'Agenzia per lo sviluppo del Mezzogiorno forniscono la necessaria assistenza tecnica.

3. All'unità specializzata di cui al comma 1 può essere altresì preposto un funzionario con qualifica dirigenziale della regione o dello Stato. In quest'ultimo caso, il presidente della giunta regionale procede d'intesa con il Ministero dal quale il funzionario dipende.

3-*bis*. Il commissario del Governo presso la regione, per gli appalti di opere pubbliche o di pubbliche forniture o di pubblici servizi di competenza della regione, ed il prefetto, per quelli di competenza dei comuni, delle province, dei consorzi di comuni e province, delle unioni di comuni, delle unità sanitarie locali, delle comunità montane, delle aziende speciali di comuni e province e degli altri enti pubblici locali con sede nella provincia, possono richiedere all'ente od organo interessato notizie e informazioni sull'espletamento della gara d'appalto, e sull'esecuzione del contratto di appalto.

3-*ter*. Nel caso in cui, sulla base di elementi comunque acquisiti, emergono inefficienze, ritardi anche nell'espletamento della gara d'appalto, disservizi, anomalie o pericoli di condizionamenti mafiosi o criminali, il commissario del Governo ed il prefetto, nell'ambito delle attribuzioni di cui al comma 3-*bis*, d'intesa con il presidente della giunta regionale, provvedono, senza indugio, a nominare un apposito collegio di ispettori, con il compito di verificare la correttezza delle procedure di appalto e di acquisire ogni utile notizia sulla impresa o imprese partecipanti alla gara di appalto o aggiudicatarie o comunque partecipanti all'esecuzione dell'appalto stesso.

3-*quater*. Il collegio degli ispettori è formato da un magistrato della giurisdizione ordinaria o amministrativa che lo presiede, e da due funzionari dello Stato o della regione.

3-*quinquies*. Il provvedimento di nomina del collegio degli ispettori indica il termine entro il quale il collegio stesso deve riferire sul risultato delle indagini. Anche prima di concludere l'indagine, il collegio degli ispettori può proporre all'amministrazione o all'ente interessato la sospensione della gara d'appalto o della esecuzione del contratto di appalto ed informare gli organi amministrativi competenti sulle eventuali responsabilità riscontrate a carico di amministratori, pubblici dipendenti, liberi professionisti o imprese. Il collegio informa l'autorità giudiziaria nel caso in cui dall'indagine emergano indizi di reato o estremi per l'applicazione della legge 31 maggio 1965, n. 575, e successive modificazioni.

3-*sexies*. Sulla base delle indicazioni formulate dal collegio degli ispettori a conclusione dell'indagine, l'amministrazione o l'ente interessato adottano tutti i necessari provvedimenti e, se ricorrono gravi motivi, possono disporre d'autorità la revoca della gara di appalto o la rescissione del contratto d'appalto. In tal caso, al fine di garantire che l'esecuzione dell'opera pubblica, della pubblica fornitura o del pubblico servizio non abbia a subire pregiudizio alcuno, possono avvalersi dell'unità specializzata di cui al comma 1.

3-*septies*. L'eventuale ricorso contro il provvedimento adottato a norma del comma 3-*sexies* non ne sospende l'esecuzione.

3-*octies*. Nella regione Trentino-Alto Adige, alle finalità del presente articolo provvedono le province autonome di Trento e di Bolzano nell'ambito della propria organizzazione.

15 (*Omissis*). (1).

(1) *Articolo abrogato dall'art. 274 d.lgs. 18 agosto 2000, n. 267.*

16 1. In Calabria, Campania e Puglia sono istituite sezioni giurisdizionali della Corte dei conti con circoscrizione estesa ai rispettivi territori regionali e sede nel capoluogo di regione, alle quali si applicano le disposizioni di cui agli articoli 2, primo comma, lettere *a*), *b*) e *d*), limitatamente alle materie di contabilità pubblica; 3; 4, primo comma; 5; 6; 9 e 11 della legge 8 ottobre 1984, n. 658.

2. Le sezioni di cui al comma 1 in sede di prima applicazione funzionano presso le attuali delegazioni regionali per la Campania, per la Puglia e per la Calabria utilizzando il personale di magistratura e quello amministrativo ivi già in servizio, oltre a quello necessario appositamente assegnato anche in via temporanea. I magistrati possono essere assegnati senza il loro consenso per un periodo non superiore a tre anni.

3. La Corte dei Conti nell'esercizio delle sue attribuzioni può disporre, anche a mezzo della Guardia di finanza, ispezioni ed accertamenti diretti presso le pubbliche amministrazioni ed i terzi contraenti o beneficiari di provvidenze finanziarie a destinazione vincolata.

4. Rimane ferma, nelle parti non modificate dal presente articolo, la competenza delle sezioni centrali della Corte dei conti.

5. All'onere derivante dall'attuazione del presente articolo, valutato in lire 820 milioni per l'anno 1991 ed in lire 840 milioni a decorrere dall'anno 1992, si provvede mediante corrispondente riduzione dello stanziamento iscritto, ai fini del bilancio triennale 1991-1993, al capitolo 6856 dello stato di previsione del Ministero del tesoro per l'anno finanziario 1991, all'uopo parzialmente utilizzando l'accantonamento "Istituzione delle sezioni giurisdizionali regionali della Corte dei conti".

6. Il Ministro del tesoro è autorizzato ad apportare, con propri decreti, le occorrenti variazioni di bilancio.

17 1. Per assicurare il buon andamento, l'imparzialità e l'efficienza dell'azione amministrativa affidata agli organi decentrati dello Stato e agli enti pubblici è istituito, presso ciascuna prefettura, il comitato provinciale della pubblica amministrazione quale organo di coordinamento delle attività statali in ambito provinciale, nonché di informazione e di consulenza del prefetto per l'esercizio delle attribuzioni ad esso affidate dalla legge.

2. Il comitato è presieduto dal prefetto ed è composto dai responsabili degli uffici decentrati delle amministrazioni statali, comprese quelle ad ordinamento autonomo, e degli enti pubblici non territoriali aventi sede nella provincia. Le riunioni del comitato sono indette, di norma, con la partecipazione dei responsabili degli uffici interessati alle materie da trattare.

3. Quando è necessario ai fini conoscitivi o di raccordo con le iniziative di altri organismi o delle amministrazioni locali, il prefetto può chiamare a partecipare alle sedute del comitato rappresentanti delle organizzazioni sindacali o di categoria più rappresentative, nonché degli enti locali o di altri organismi interessati ai problemi da trattare.

4. Quando, sulla base di elementi comunque acquisiti, ravvisi l'esistenza di carenze, inefficienze o disservizi, il comitato provinciale può impartire direttive allo scopo di accertarne le cause ed eliminarne gli effetti, anche richiedendo, ove occorra, che siano eseguite ispezioni nell'ambito degli uffici di cui al comma 2, nonché verifiche delle procedure poste in essere per l'attuazione di attività amministrative, comprese quelle derivanti dai contratti dell'amministrazione interessata. Degli accertamenti richiesti e dell'esito degli stessi è informata immediatamente l'amministrazione centrale competente.

5. Il prefetto, nell'esercizio delle funzioni attribuitegli dalla legge e in attuazione di quanto previsto nel presente articolo, vigila sulla esecuzione delle determinazioni adottate dal comitato provinciale della pubblica amministrazione e riferisce al Presidente del Consiglio dei Ministri, informando il commissario del Governo e i Ministri di volta in volta interessati, mediante relazioni sull'attività svolta dal comitato e dagli uffici di cui al comma 2 in riferimento alle finalità del presente articolo.

17-*bis* 1. È istituito presso il Ministero dell'interno il Comitato tecnico centrale per l'esecuzione della demolizione delle opere e manufatti realizzati abusivamente su suolo del demanio o del patrimonio dello Stato o di enti pubblici.

2. Il Comitato è presieduto da un prefetto ed è composto da due rappresentanti dei Ministeri dell'interno, della difesa, delle finanze, dei lavori pubblici e della marina mercantile. Dei predetti componenti almeno due sono designati tra appartenenti ai ruoli tecnici delle rispettive Amministrazioni. Del Comitato possono, di volta in volta, essere chiamati a far parte, senza aver diritto a corresponsione di somme a qualunque titolo, rappresentanti di altre Amministrazioni o enti pubblici interessati.

3. Quando, espletate senza esito le procedure di gara per l'affidamento dei lavori di demolizione indicate nell'articolo 27 della legge 28 febbraio 1985, n. 47, sussista la materiale impossibilità di dare esecuzione alle ordinanze di demolizione per carenza dei mezzi tecnici occorrenti, le Amministrazioni e gli enti pubblici proprietari dei suoli su cui insistono le opere abusive possono richiedere al prefetto della provincia l'intervento del Comitato. La richiesta è trasmessa al predetto Comitato corredata di una relazione del prefetto che, qualora sussistano particolari esigenze di tutela dell'ordine e della sicurezza pubblica, acquisisce il preventivo parere del comitato provinciale per l'ordine e la sicurezza pubblica.

4. Per le finalità di cui al comma 1, il Comitato provvede all'elaborazione del progetto di demolizione e sovrintende alla esecuzione dello stesso, alla quale si provvede con personale e mezzi delle Forze armate, del Corpo nazionale dei vigili del fuoco e delle altre Amministrazioni dello Stato, tenuto conto delle rispettive dotazioni di attrezzature e mezzi tecnici in relazione all'entità dell'intervento.

5. Il prefetto, ove necessario, dispone che l'esecuzione avvenga con l'assistenza della forza pubblica.

6. Con decreto del Ministro dell'interno, di concerto con il Ministro della difesa, sentiti i Ministri delle finanze, dei lavori pubblici e della marina mercantile, sono determinati i criteri e le modalità di organizzazione e funzionamento del Comitato, nonché le procedure per l'attuazione degli interventi operativi.

7. Salvo quanto previsto dall'articolo 4, commi 5 e 6, del decreto-legge 14 giugno 1989, n. 230, convertito, con modificazioni, dalla legge 4 agosto 1989, n. 282, le disposizioni del presente articolo possono applicarsi anche ai beni confiscati ai sensi della legge 31 maggio 1965, n. 575, e successive modificazioni, quando si tratti di opere e manufatti abusivi ricompresi tra quelli indicati nel comma 1.

8. Le spese relative alle demolizioni sono a carico delle Amministrazioni richiedenti e assistite dai privilegi di legge per la riscossione delle imposte.

18-22 (*Omissis*).

23 1. Le disposizioni dell'articolo 10 della legge 31 maggio 1965, n. 575, come modificato dall'articolo 3 della legge 19 marzo 1990, n. 55, e quelle dell'articolo 10-*sexies* della stessa legge n. 575 del 1965, introdotto dall'articolo 7 della legge n. 55 del 1990, si applicano alle licenze, autorizzazioni, concessioni, erogazioni, abilitazioni e iscrizioni disposte successivamente alla data di entrata in vigore delle norme che hanno previsto i relativi divieti, sospensioni o decadenze o l'onere di acquisire la certificazione del prefetto.

2. Ai fini di cui al comma 1 non si tiene conto della data dei provvedimenti attuativi o comunque conseguenti a provvedimenti già disposti anteriormente alla data di entrata in vigore della legge 19 marzo 1990, n. 55. Per questi ultimi provvedimenti e per ogni altro adempimento amministrativo o esecutivo relativo a provvedimenti disposti, i divieti, le decadenze e le sospensioni stabiliti dall'articolo 10 della legge 31 maggio 1965, n. 575, operano a norma dell'articolo 10-*bis* della medesima legge.

3. Sono abrogati i commi 3 e 4 dell'articolo 23-*bis* della legge 13 settembre 1982, n. 646, introdotto dall'articolo 9 della legge 19 marzo 1990, n. 55.

24 1. Per le persone che, alla data di entrata in vigore del presente decreto, sono sottoposte alla sorveglianza speciale con divieto di soggiorno in uno o più comuni o in una o più province, nei casi indicati dal comma 2 dell'articolo 2 della legge 31 maggio 1965, n. 575, come modificato dal presente decreto, il giudice competente ai sensi dell'articolo 4 della legge 27 dicembre 1956, n. 1423, dispone il trasferimento del soggetto entro un termine prefissato, comunque non superiore a 60 giorni, nell'originario luogo di residenza o in altro comune o frazione di esso determinato a norma del comma 2 dell'articolo 2 della predetta legge n. 575 del 1965.

2. Il relativo provvedimento è comunicato al questore per l'esecuzione.

3. Avverso il provvedimento di cui al comma 1 può essere proposto ricorso a norma dell'articolo 4 della legge 27 dicembre 1956, n. 1423.

3-*bis*. Entro sessanta giorni dalla data di entrata in vigore della legge di conversione del presente decreto del Ministro dell'interno, sentito il Comitato nazionale per l'ordine e la sicurezza pubblica, con proprio decreto, individua in ogni regione i luoghi ove debbono essere operati i trasferimenti di cui al comma 1, che siano idonei in considerazione della loro ubicazione e delle loro caratteristiche territoriali ad assicurare l'effettiva esecuzione delle misure di prevenzione.

65. Legge 14 marzo 2005, n. 41. — Disposizioni per l'attuazione della decisione 2002/187/GAI del 28 febbraio 2002 del Consiglio dell'Unione europea, che istituisce l'Eurojust per rafforzare la lotta contro le forme gravi di criminalità (1).

Pubblicata nella Gazzetta Ufficiale n. 72 del 29 marzo 2005.

(1) *Si veda anche il d.l. 18 febbraio 2015 n. 7 convertito, con modificazioni, in l. 17 aprile 2015, n. 43, Misure urgenti per il contrasto del terrorismo, anche di matrice internazionale, nonché proroga delle missioni internazionali delle Forze armate e di polizia, iniziative di cooperazione allo sviluppo e sostegno ai processi di ricostruzione e partecipazione alle iniziative delle Organizzazioni internazionali per il consolidamento dei processi di pace e di stabilizzazione.*

1 Finalità e oggetto.

1. Con la presente legge viene data attuazione alla decisione 2002/187/GAI del 28 febbraio 2002 del Consiglio dell'Unione europea, che istituisce l'Eurojust per rafforzare la lotta contro le forme gravi di criminalità, di seguito denominata « decisione ».

2 Nomina del membro nazionale e poteri del Ministro della giustizia.

1. Il membro nazionale distaccato presso l'Eurojust è nominato con decreto del Ministro della giustizia tra i giudici o i magistrati del pubblico ministero, che esercitano funzioni giudiziarie, o fuori del ruolo organico della magistratura, con almeno venti anni di anzianità di servizio. Il magistrato che esercita funzioni giudiziarie è collocato fuori del ruolo organico della magistratura.

2. Ai fini della nomina, il Ministro della giustizia, acquisite le valutazioni del Consiglio superiore della magistratura in ordine ad una rosa di candidati nell'àmbito della quale provvederà ad effettuare la nomina stessa, richiede al medesimo Consiglio il collocamento del magistrato designato fuori del ruolo organico della magistratura o, nel caso di magistrato già in posizione di fuori ruolo, comunica al Consiglio superiore della magistratura la propria designazione.

3. Il Ministro della giustizia può, per il tramite del Capo del Dipartimento per gli affari di giustizia, indirizzare al membro nazionale direttive per l'esercizio delle sue funzioni.

3 Assistenti del membro nazionale.

1. Il membro nazionale distaccato presso l'Eurojust può essere coadiuvato da un assistente. In caso di necessità e previo accordo del collegio di cui all'articolo 10 della decisione, il membro nazionale può essere coadiuvato da ulteriori assistenti, in numero complessivo non superiore a tre. Uno di tali assistenti, purché giudice o magistrato del pubblico ministero, può sostituire il membro nazionale nell'esercizio delle sue funzioni.

2. Gli assistenti del membro nazionale sono nominati tra i giudici o i magistrati del pubblico ministero, che esercitano funzioni giudiziarie, o fuori del ruolo organico della magistratura, con qualifica almeno di magistrato di tribunale. Essi possono altresì essere nominati tra i dirigenti dell'Amministrazione della giustizia.

3. Nei casi di cui al comma 2, primo periodo, l'assistente del membro nazionale è nominato con decreto del Ministro della giustizia, secondo la procedura di cui all'articolo 2, comma 2. Il magistrato che esercita funzioni giudiziarie è collocato fuori del ruolo organico della magistratura. Nei casi di cui al comma 2, secondo periodo, l'assistente del membro nazionale è nominato con decreto del Ministro della giustizia. Il dirigente dell'Amministrazione della giustizia è collocato fuori del ruolo organico.

4 Durata dell'incarico e trattamento economico.

1. I mandati del membro nazionale distaccato presso l'Eurojust e dei suoi assistenti hanno una durata di quattro anni e sono prorogabili per non più di due anni.

2. I magistrati ordinari e i dirigenti appartenenti all'Amministrazione della giustizia ai quali sono attribuiti gli incarichi di membro nazionale o di assistente mantengono il proprio trattamento economico complessivo; agli stessi è altresì corrisposta un'indennità, comprensiva di ogni altro trattamento all'estero, corrispondente a quella percepita, rispettiva mente, dal primo consigliere e dal primo segretario di delegazione.

5 Poteri del membro nazionale dell'Eurojust.

1. Nell'àmbito delle indagini e delle azioni penali relative alle forme di criminalità e ai reati di competenza dell'Eurojust di cui all'articolo 4 della decisione e ai fini del conseguimento degli obiettivi di impulso e miglioramento del coordinamento delle medesime indagini e azioni penali e di miglioramento della cooperazione tra le autorità nazionali competenti degli Stati membri dell'Unione europea, nonché di assistenza delle stesse, di cui all'articolo 3 della decisione, il membro nazionale esercita i poteri di cui all'articolo 6 della decisione.

2. Per lo svolgimento delle funzioni di cui al comma 1, il membro nazionale può, in particolare:

a) chiedere alle autorità giudiziarie competenti di valutare se:

1) avviare un'indagine o esercitare un'azione penale in ordine a fatti determinati;

2) accettare che una di esse sia più indicata per avviare un'indagine o azione penale in ordine a fatti determinati;

3) porre in essere un coordinamento con le autorità competenti di altri Stati membri interessati;

4) istituire una squadra investigativa comune con le autorità competenti di altri Stati membri interessati, conformemente ai pertinenti strumenti di cooperazione;

b) assicurare l'informazione reciproca tra le autorità giudiziarie competenti degli Stati membri interessati in ordine alle indagini e alle azioni penali di cui l'Eurojust ha conoscenza;

c) assistere, su loro richiesta, le autorità nazionali competenti e quelle degli altri Stati membri per assicurare un coordinamento ottimale delle indagini e delle azioni penali, anche mediante l'organizzazione di riunioni tra le suddette autorità;

d) prestare assistenza per migliorare la cooperazione tra le autorità competenti degli Stati membri;

e) collaborare e consultarsi con la rete giudiziaria europea, anche utilizzando e contribuendo ad arricchire la sua base di dati documentali;

f) ricevere dalle autorità giudiziarie, attraverso i corrispondenti nazionali o direttamente nei casi di urgenza, e trasmettere alle autorità competenti degli altri Stati membri, richieste di assistenza giudiziaria, quando queste riguardano indagini o azioni penali relative alle forme di criminalità e ai reati di competenza dell'Eurojust di cui all'articolo 4, paragrafo 1, della decisione e richiedono, per essere eseguite in modo coordinato, l'assistenza dell'Eurojust;

g) prestare sostegno, con l'accordo del collegio di cui all'articolo 10 della decisione e su richiesta dell'autorità giudiziaria competente, anche nel caso in cui le indagini e le azioni penali interessino unicamente lo Stato italiano e un Paese terzo, se con tale Paese è stato concluso un accordo che instaura una cooperazione ai sensi dell'articolo 27, paragrafo 3, della decisione o se tale sostegno riveste un interesse essenziale, o nel caso in cui le indagini e le azioni penali interessino unicamente lo Stato italiano e la Comunità;

h) partecipare, con funzioni di assistenza, alle attività di una squadra investigativa comune costituita conformemente ai pertinenti strumenti di cooperazione.

6 Poteri del collegio dell'Eurojust.

1. Nell'àmbito delle indagini e delle azioni penali relative alle forme di criminalità e ai reati di competenza dell'Eurojust di cui all'articolo 4 della decisione e ai fini del conseguimento degli obiettivi di impulso e miglioramento del coordinamento delle medesime indagini e azioni penali e di miglioramento della cooperazione tra le autorità nazionali competenti degli Stati membri dell'Unione europea, nonché di assistenza delle stesse, di cui all'articolo 3 della decisione, il collegio dell'Eurojust di cui all'articolo 10 della decisione esercita i poteri di cui all'articolo 7 della decisione.

7 Richiesta di informazioni, accesso alle banche dati e ai sistemi informativi nazionali, obbligo di informativa.

1. Ai fini del conseguimento degli obiettivi di cui all'articolo 3 della decisione, il membro nazionale può:

a) richiedere e scambiare con l'autorità giudiziaria competente, anche in deroga al divieto stabilito dall'articolo 329 del codice di procedura penale, informazioni scritte in ordine a procedimenti penali e al contenuto di atti degli stessi;

b) accedere alle informazioni contenute nel casellario giudiziale, nel casellario dei carichi pendenti, nell'anagrafe delle sanzioni amministrative dipendenti da reato e nell'anagrafe dei carichi pendenti degli illeciti amministrativi dipendenti da reato, ai sensi degli articoli 21 e 30 del testo unico delle disposizioni legislative e regolamentari in materia di casellario giudiziale, di anagrafe delle sanzioni amministrative dipendenti da reato e dei relativi carichi pendenti, di cui al decreto del Presidente della Repubblica 14 novembre 2002, n. 313, nei registri delle notizie di reato e negli altri registri istituiti presso gli uffici giudiziari e in ogni altro pubblico registro;

c) richiedere all'autorità che ha la competenza centrale per la sezione nazionale del Sistema di informazione Schengen di comunicargli dati inseriti nel Sistema.

2. La richiesta di cui al comma 1, lettera *a*), ovvero di accedere alle informazioni di cui al medesimo comma 1, lettera *b*), è inviata all'autorità giudiziaria competente. Nella fase delle indagini preliminari provvede il pubblico ministero il quale, se ravvisa motivi ostativi all'accoglimento della richiesta, trasmette la stessa, unitamente al proprio parere, al giudice per le indagini preliminari che provvede con decreto motivato. Nelle fasi successive provvedono, con decreto motivato, rispettivamente il giudice dell'udienza preliminare ovvero il giudice individuato ai sensi dell'articolo 91 delle norme di attuazione, di coordinamento e transitorie del codice di procedura penale, di cui al decreto legislativo 28 luglio 1989, n. 271, acquisito il parere del pubblico ministero. Il decreto che accoglie o rigetta la richiesta è impugnabile dal pubblico ministero e dal membro nazionale dell'Eurojust nel termine di venti giorni dalla comunicazione del provvedimento dinanzi alla Corte di cassazione. L'impugnazione sospende l'esecuzione del provvedimento di accoglimento della richiesta.

3. Ai fini del conseguimento degli obiettivi di cui all'articolo 3 della decisione, il procuratore della Repubblica, quando procede ad indagini per talune delle forme di criminalità o dei reati di competenza dell'Eurojust di cui all'articolo 4, paragrafo 1, della decisione, che coinvolgono almeno due Stati membri dell'Unione europea, o un Paese terzo, se con tale Paese è stato concluso un accordo che instaura una cooperazione ai sensi dell'articolo 27, paragrafo 3, della decisione, o la Comunità, ne dà notizia al membro nazionale

66. Legge 6 novembre 2012, n. 190. — Disposizioni per la prevenzione e la repressione della corruzione e dell'illegalità nella pubblica amministrazione (1). (*estratto*).

Pubblicata in Gazzetta Ufficiale, 13 novembre 2012, n. 265.

(1) *Estratti della presente legge sono riportati anche sub III, 20.*

1 Disposizioni per la prevenzione e la repressione della corruzione e dell'illegalità nella pubblica amministrazione.

1. In attuazione dell'articolo 6 della Convenzione dell'Organizzazione delle Nazioni Unite contro la corruzione, adottata dalla Assemblea generale dell'ONU il 31 ottobre 2003 e ratificata ai sensi della legge 3 agosto 2009, n. 116, e degli articoli 20 e 21 della Convenzione penale sulla corruzione, fatta a Strasburgo il 27 gennaio 1999 e ratificata ai sensi della legge 28 giugno 2012, n.110, la presente legge individua, in ambito nazionale, l'Autorità nazionale anticorruzione e gli altri organi incaricati di svolgere, con modalità tali da assicurare azione coordinata, attività di controllo, di prevenzione e di contrasto della corruzione e dell'illegalità nella pubblica amministrazione.

2. La Commissione per la valutazione, la trasparenza e l'integrità delle amministrazioni pubbliche, di cui all'articolo 13 del decreto legislativo 27 ottobre 2009, n.150, e successive modificazioni, di seguito denominata « Commissione », opera quale Autorità nazionale anticorruzione, ai sensi del comma 1 del presente articolo. In particolare, la Commissione:

a) collabora con i paritetici organismi stranieri, con le organizzazioni regionali ed internazionali competenti;

b) adotta il Piano nazionale anticorruzione ai sensi del comma 2-*bis* (1);

c) analizza le cause e i fattori della corruzione e individua gli interventi che ne possono favorire la prevenzione e il contrasto;

d) esprime parere obbligatorio sugli atti di direttiva e di indirizzo, nonché sulle circolari del Ministro per la pubblica amministrazione e la semplificazione in materia di conformità di atti e comportamenti dei funzionari pubblici alla legge, ai codici di comportamento e ai contratti, collettivi e individuali, regolanti il rapporto di lavoro pubblico (2).

e) esprime pareri facoltativi in materia di autorizzazioni, di cui all'articolo 53 del decreto legislativo 30 marzo 2001, n.165, e successive modificazioni, allo svolgimento di incarichi esterni da parte dei dirigenti amministrativi dello Stato e degli enti pubblici nazionali, con particolare riferimento all'applicazione del comma 16-ter, introdotto dal comma 42, lettera *l*), del presente articolo;

f) esercita la vigilanza e il controllo sull'effettiva

applicazione e sull'efficacia delle misure adottate dalle pubbliche amministrazioni ai sensi dei commi 4 e 5 del presente articolo e sul rispetto delle regole sulla trasparenza dell'attività amministrativa previste dai commi da 15 a 36 del presente articolo e dalle altre disposizioni vigenti;

[*f-bis*) esercita la vigilanza e il controllo sui contratti di cui agli articoli 17 e seguenti del codice dei contratti pubblici relativi a lavori, servizi e forniture, di cui al decreto legislativo 12 aprile 2006, n. 163] (3).

g) riferisce al Parlamento, presentando una relazione entro il 31 dicembre di ciascun anno, sull'attività di contrasto della corruzione e dell'illegalità nella pubblica amministrazione e sull'efficacia delle disposizioni vigenti in materia.

2-*bis*. Il Piano nazionale anticorruzione è adottato sentiti il Comitato interministeriale di cui al comma 4 e la Conferenza unificata di cui all'articolo 8, comma 1, del decreto legislativo 28 agosto 1997, n. 281. Il Piano ha durata triennale ed è aggiornato annualmente. Esso costituisce atto di indirizzo per le pubbliche amministrazioni di cui all'articolo 1, comma 2, del decreto legislativo 30 marzo 2001, n. 165, ai fini dell'adozione dei propri piani triennali di prevenzione della corruzione, e per gli altri soggetti di cui all'articolo 2-bis, comma 2, del decreto legislativo 14 marzo 2013, n. 33, ai fini dell'adozione di misure di prevenzione della corruzione integrative di quelle adottate ai sensi del decreto legislativo 8 giugno 2001, n. 231, anche per assicurare l'attuazione dei compiti di cui al comma 4, lettera *a*). Esso, inoltre, anche in relazione alla dimensione e ai diversi settori di attività degli enti, individua i principali rischi di corruzione e i relativi rimedi e contiene l'indicazione di obiettivi, tempi e modalità di adozione e attuazione delle misure di contrasto alla corruzione (4).

3. Per l'esercizio delle funzioni di cui al comma 2, lettera *f*), l'Autorità nazionale anticorruzione esercita poteri ispettivi mediante richiesta di notizie, informazioni, atti e documenti alle pubbliche amministrazioni, e ordina l'adozione di atti o provvedimenti richiesti dai piani di cui ai commi 4 e 5 e dalle regole sulla trasparenza dell'attività amministrativa previste dalle disposizioni vigenti, ovvero la rimozione di comportamenti o atti contrastanti con i piani e le regole sulla trasparenza citati (5).

4. Il Dipartimento della funzione pubblica, anche secondo linee di indirizzo adottate dal Comitato interministeriale istituito e disciplinato con decreto del Presidente del Consiglio dei Ministri:

a) coordina l'attuazione delle strategie di prevenzione e contrasto della corruzione e dell'illegalità nella pubblica amministrazione elaborate a livello nazionale e internazionale;

b) promuove e definisce norme e metodologie comuni per la prevenzione della corruzione, coerenti con gli indirizzi, i programmi e i progetti internazionali;

[*c*) predispone il Piano nazionale anticorruzione, anche al fine di assicurare l'attuazione coordinata delle misure di cui alla lettera *a*);] (6)

d) definisce modelli standard delle informazioni e dei dati occorrenti per il conseguimento degli obiettivi previsti dalla presente legge, secondo modalità che consentano la loro gestione ed analisi informatizzata;

e) definisce criteri per assicurare la rotazione dei dirigenti nei settori particolarmente esposti alla corruzione e misure per evitare sovrapposizioni di funzioni e cumuli di incarichi nominativi in capo ai dirigenti pubblici, anche esterni (7).

5. Le pubbliche amministrazioni centrali definiscono e trasmettono al Dipartimento della funzione pubblica:

a) un piano di prevenzione della corruzione che fornisce una valutazione del diverso livello di esposizione degli uffici al rischio di corruzione e indica gli interventi organizzativi volti a prevenire il medesimo rischio;

b) procedure appropriate per selezionare e formare, in collaborazione con la Scuola superiore della pubblica amministrazione, i dipendenti chiamati ad operare in settori particolarmente esposti alla corruzione, prevedendo, negli stessi settori, la rotazione di dirigenti e funzionari.

6. I comuni con popolazione inferiore a 15.000 abitanti possono aggregarsi per definire in comune, tramite accordi ai sensi dell'articolo 15 della legge 7 agosto 1990, n. 241, il piano triennale per la prevenzione della corruzione, secondo le indicazioni contenute nel Piano nazionale anticorruzione di cui al comma 2-bis. Ai fini della predisposizione del piano triennale per la prevenzione della corruzione, il prefetto, su richiesta, fornisce il necessario supporto tecnico e informativo agli enti locali, anche al fine di assicurare che i piani siano formulati e adottati nel rispetto delle linee guida contenute nel Piano nazionale approvato dalla Commissione (8).

7. L'organo di indirizzo individua, di norma tra i dirigenti di ruolo in servizio, il Responsabile della prevenzione della corruzione e della trasparenza, disponendo le eventuali modifiche organizzative necessarie per assicurare funzioni e poteri idonei per lo svolgimento dell'incarico con piena autonomia ed effettività. Negli enti locali, il Responsabile della prevenzione della corruzione e della trasparenza è individuato, di norma, nel segretario o nel dirigente apicale, salva diversa e motivata determinazione. Nelle unioni di comuni, può essere nominato un unico responsabile della prevenzione della corruzione e della trasparenza. Il Responsabile della prevenzione della corruzione e della trasparenza segnala all'organo di indirizzo e all'organismo indipendente di valutazione le disfunzioni inerenti all'attuazione delle misure in materia di prevenzione della corruzione e di trasparenza e indica agli uffici competenti all'esercizio dell'azione disciplinare i nominativi dei dipendenti che non hanno attuato correttamente le misure in materia di prevenzione della corruzione e di trasparenza. Eventuali misure discriminatorie, dirette o indirette, nei confronti del Responsabile della prevenzione della corruzione e della trasparenza per motivi collegati, direttamente o indirettamente, allo svolgimento delle sue funzioni devono essere segnalate all'Autorità nazionale anticorruzione, che può chiedere informazioni all'organo di indirizzo e intervenire nelle forme di cui al comma 3, articolo 15, decreto legislativo 8 aprile 2013, n. 39 (9).

8. L'organo di indirizzo definisce gli obiettivi strategici in materia di prevenzione della corruzione e trasparenza, che costituiscono contenuto necessario dei documenti di programmazione strategico-gestionale e del Piano triennale per la prevenzione della corruzione. L'organo di indirizzo adotta il Piano triennale per la prevenzione della corruzione su proposta del Responsabile della prevenzione della corruzione e della trasparenza entro il 31 gennaio di ogni anno e ne cura la trasmissione all'Autorità nazionale anticorruzione. Negli enti locali il piano è approvato dalla giunta. L'attività di elaborazione del piano non può essere affidata a soggetti estranei all'amministrazione. Il responsabile della prevenzione della corruzione e della trasparenza, entro lo stesso termine, definisce procedure appropriate per selezionare e formare, ai sensi del comma 10, i dipendenti destinati ad operare in settori particolarmente esposti alla corruzione. Le attività a rischio di corruzione devono essere svolte, ove possibile, dal personale di cui al comma 11 (10).

8-*bis*. L'Organismo indipendente di valutazione verifica, anche ai fini della validazione della Relazione sulla performance, che i piani triennali per la prevenzione della corruzione siano coerenti con gli obiettivi stabiliti nei documenti di programmazione strategico-gestionale e che nella misurazione e valutazione delle performance si tenga conto degli obiettivi connessi all'anticorruzione e alla trasparenza. Esso verifica i contenuti della Relazione di cui al comma 14 in rapporto agli obiettivi inerenti alla prevenzione della corruzione e alla trasparenza. A tal fine, l'Organismo medesimo può chiedere al Responsabile della prevenzione della corruzione e della trasparenza le informazioni e i documenti necessari per lo svolgimento del controllo e può effettuare audizioni di dipendenti. L'Organismo medesimo riferisce all'Autorità nazionale anticorruzione sullo stato di attuazione delle misure di prevenzione della corruzione e di trasparenza (11).

9. Il piano di cui al comma 5 risponde alle seguenti esigenze:

a) individuare le attività, tra le quali quelle di cui al comma 16, anche ulteriori rispetto a quelle indicate nel Piano nazionale anticorruzione, nell'ambito delle quali è più elevato il rischio di corruzione, e le relative misure di contrasto, anche raccogliendo le proposte dei dirigenti, elaborate nell'esercizio delle competenze previste dall'articolo 16, comma 1, lettera a-bis), del decreto legislativo 30 marzo 2001, n. 165 (12);

b) prevedere, per le attività individuate ai sensi della lettera *a*), meccanismi di formazione, attuazione e controllo delle decisioni idonei a prevenire il rischio di corruzione;

c) prevedere, con particolare riguardo alle attività individuate ai sensi della lettera *a*), obblighi di informazione nei confronti del responsabile, individuato ai sensi del comma 7, chiamato a vigilare sul funzionamento e sull'osservanza del piano;

d) definire le modalità di monitoraggio del rispetto dei termini, previsti dalla legge o dai regolamenti, per la conclusione dei procedimenti (13);

e) definire le modalità di monitoraggio dei rapporti tra l'amministrazione e i soggetti che con la stessa stipulano contratti o che sono interessati a procedimenti di autorizzazione, concessione o erogazione di vantaggi economici di qualunque genere, anche verificando eventuali relazioni di parentela o affinità sussistenti tra i titolari, gli amministratori, i soci e i dipendenti degli stessi soggetti e i dirigenti e i dipendenti dell'amministrazione (14);

f) individuare specifici obblighi di trasparenza ulteriori rispetto a quelli previsti da disposizioni di legge.

10. Il responsabile individuato ai sensi del comma 7 provvede anche:

a) alla verifica dell'efficace attuazione del piano e della sua idoneità, nonché a proporre la modifica dello stesso quando sono accertate significative violazioni delle prescrizioni ovvero quando intervengono mutamenti nell'organizzazione o nell'attività dell'amministrazione;

b) alla verifica, d'intesa con il dirigente competente, dell'effettiva rotazione degli incarichi negli uffici preposti allo svolgimento delle attività nel cui ambito è più elevato il rischio che siano commessi reati di corruzione;

c) ad individuare il personale da inserire nei programmi di formazione di cui al comma 11.

11. La Scuola superiore della pubblica amministrazione, senza nuovi o maggiori oneri per la finanza pubblica e utilizzando le risorse umane, strumentali e finanziarie disponibili a legislazione vigente, predispone percorsi, anche specifici e settoriali, di formazione dei dipendenti delle pubbliche amministrazioni statali sui temi dell'etica e della legalità. Con cadenza periodica e d'intesa con le amministrazioni, provvede alla formazione dei dipendenti pubblici chiamati ad operare nei settori in cui è più elevato, sulla base dei piani adottati dalle singole amministrazioni, il rischio che siano commessi reati di corruzione.

12. In caso di commissione, all'interno dell'amministrazione, di un reato di corruzione accertato con sentenza passata in giudicato, il responsabile individuato ai sensi del comma 7 del presente articolo risponde ai sensi dell'articolo 21 del decreto legislativo 30 marzo 2001, n.165, e successive modificazioni, nonché sul piano disciplinare, oltre che per il danno erariale e all'immagine della pubblica amministrazione, salvo che provi tutte le seguenti circostanze:

a) di avere predisposto, prima della commissione del fatto, il piano di cui al comma 5 e di aver osservato le prescrizioni di cui ai commi 9 e 10 del presente articolo;

b) di aver vigilato sul funzionamento e sull'osservanza del piano.

13. La sanzione disciplinare a carico del responsabile individuato ai sensi del comma 7 non può essere inferiore alla sospensione dal servizio con privazione della retribuzione da un minimo di un mese ad un massimo di sei mesi.

14. In caso di ripetute violazioni delle misure di prevenzione previste dal Piano, il responsabile individuato ai sensi del comma 7 del presente articolo risponde ai sensi dell'articolo 21 del decreto legislativo 30 marzo 2001, n. 165, e successive modificazioni, nonché, per omesso controllo, sul piano disciplinare, salvo che provi di avere comunicato agli uffici le misure da adottare e le relative modalità e di avere vigilato sull'osservanza

del Piano. La violazione, da parte dei dipendenti dell'amministrazione, delle misure di prevenzione previste dal Piano costituisce illecito disciplinare. Entro il 15 dicembre di ogni anno, il dirigente individuato ai sensi del comma 7 del presente articolo trasmette all'organismo indipendente di valutazione e all'organo di indirizzo dell'amministrazione una relazione recante i risultati dell'attività svolta e la pubblica nel sito web dell'amministrazione. Nei casi in cui l'organo di indirizzo lo richieda o qualora il dirigente responsabile lo ritenga opportuno, quest'ultimo riferisce sull'attività (15).

15. Ai fini della presente legge, la trasparenza dell'attività amministrativa, che costituisce livello essenziale delle prestazioni concernenti i diritti sociali e civili ai sensi dell'articolo 117, secondo comma, lettera *m*), della Costituzione, secondo quanto previsto all'articolo 11 del decreto legislativo 27 ottobre 2009, n.150, è assicurata mediante la pubblicazione, nei siti web istituzionali delle pubbliche amministrazioni, delle informazioni relative ai procedimenti amministrativi, secondo criteri di facile accessibilità, completezza e semplicità di consultazione, nel rispetto delle disposizioni in materia di segreto di Stato, di segreto d'ufficio e di protezione dei dati personali. Nei siti web istituzionali delle amministrazioni pubbliche sono pubblicati anche i relativi bilanci e conti consuntivi, nonché i costi unitari di realizzazione delle opere pubbliche e di produzione dei servizi erogati ai cittadini. Le informazioni sui costi sono pubblicate sulla base di uno schema tipo redatto dall'Autorità per la vigilanza sui contratti pubblici di lavori, servizi e forniture, che ne cura altresì la raccolta e la pubblicazione nel proprio sito web istituzionale al fine di consentirne una agevole comparazione.

16. Fermo restando quanto stabilito nell'articolo 53 del decreto legislativo 30 marzo 2001, n. 165, come da ultimo modificato dal comma 42 del presente articolo, nell'articolo 54 del codice dell'amministrazione digitale, di cui al decreto legislativo 7 marzo 2005, n. 82, e successive modificazioni, nell'articolo 21 della legge 18 giugno 2009, n. 69, e successive modificazioni, e nell'articolo 11 del decreto legislativo 27 ottobre 2009, n. 150, le pubbliche amministrazioni assicurano i livelli essenziali di cui al comma 15 del presente articolo con particolare riferimento ai procedimenti di:

a) autorizzazione o concessione;

b) scelta del contraente per l'affidamento di lavori, forniture e servizi, anche con riferimento alla modalità di selezione prescelta ai sensi del codice dei contratti pubblici relativi a lavori, servizi e forniture, di cui al decreto legislativo 12 aprile 2006, n.163;

c) concessione ed erogazione di sovvenzioni, contributi, sussidi, ausili finanziari, nonché attribuzione di vantaggi economici di qualunque genere a persone ed enti pubblici e privati;

d) concorsi e prove selettive per l'assunzione del personale e progressioni di carriera di cui all'articolo 24 del citato decreto legislativo n. 150 del 2009.

17. Le stazioni appaltanti possono prevedere negli avvisi, bandi di gara o lettere di invito che il mancato rispetto delle clausole contenute nei protocolli di legalità o nei patti di integrità costituisce causa di esclusione dalla gara.

18. Ai magistrati ordinari, amministrativi, contabili e militari, agli avvocati e procuratori dello Stato e ai componenti delle commissioni tributarie è vietata, pena la decadenza dagli incarichi e la nullità degli atti compiuti, la partecipazione a collegi arbitrali o l'assunzione di incarico di arbitro unico (16).

[19-25] (17)

26. Le disposizioni di cui ai commi 15 e 16 si applicano anche ai procedimenti posti in essere in deroga alle procedure ordinarie. I soggetti che operano in deroga e che non dispongono di propri siti web istituzionali pubblicano le informazioni di cui ai citati commi 15 e 16 nei siti web istituzionali delle amministrazioni dalle quali sono nominati.

27. Le informazioni pubblicate ai sensi dei commi 15 e 16 sono trasmesse in via telematica alla Commissione.

28. Le amministrazioni provvedono altresì al monitoraggio periodico del rispetto dei tempi procedimentali attraverso la tempestiva eliminazione delle anomalie. I risultati del monitoraggio sono consultabili nel sito web istituzionale di ciascuna amministrazione.

29. Ogni amministrazione pubblica rende noto, tramite il proprio sito web istituzionale, almeno un indirizzo di posta elettronica certificata cui il cittadino possa rivolgersi per trasmettere istanze ai sensi dell'articolo 38 del testo unico delle disposizioni legislative e regolamentari in materia di documentazione amministrativa, di cui al decreto del Presidente della Repubblica 28 dicembre 2000, n.445, e successive modificazioni, e ricevere informazioni circa i provvedimenti e i procedimenti amministrativi che lo riguardano.

30. Le amministrazioni, nel rispetto della disciplina del diritto di accesso ai documenti amministrativi di cui al capo V della legge 7 agosto 1990, n.241, e successive modificazioni, in materia di procedimento amministrativo, hanno l'obbligo di rendere accessibili in ogni momento agli interessati, tramite strumenti di identificazione informatica di cui all'articolo 65, comma 1, del codice di cui al decreto legislativo 7 marzo 2005, n.82, e successive modificazioni, le informazioni relative ai provvedimenti e ai procedimenti amministrativi che li riguardano, ivi comprese quelle relative allo stato della procedura, ai relativi tempi e allo specifico ufficio competente in ogni singola fase.

[31. Con uno o più decreti del Ministro per la pubblica amministrazione e la semplificazione, di concerto con il Ministro delle infrastrutture e dei trasporti per le materie di competenza, sentita la Conferenza unificata di cui all'articolo 8 del decreto legislativo 28 agosto 1997, n. 281, e successive modificazioni, da adottare entro sei mesi dalla data di entrata in vigore della presente legge, sono individuate le informazioni rilevanti ai fini dell'applicazione dei commi 15 e 16 del presente articolo e le relative modalità di pubblicazione, nonché le indicazioni generali per l'applicazione dei commi 29 e 30. Restano ferme le disposizioni in materia di pubblicità previste dal codice di cui al decreto legislativo 12 aprile 2006, n.163.] (18)

32. Con riferimento ai procedimenti di cui al comma 16, lettera *b*), del presente articolo, le stazioni appal-

tanti sono in ogni caso tenute a pubblicare nei propri siti web istituzionali: la struttura proponente; l'oggetto del bando; l'elenco degli operatori invitati a presentare offerte; l'aggiudicatario; l'importo di aggiudicazione; i tempi di completamento dell'opera, servizio o fornitura; l'importo delle somme liquidate. Le stazioni appaltanti sono tenute altresì a trasmettere le predette informazioni ogni semestre alla commissione di cui al comma 2. Entro il 31 gennaio di ogni anno, tali informazioni, relativamente all'anno precedente, sono pubblicate in tabelle riassuntive rese liberamente scaricabili in un formato digitale standard aperto che consenta di analizzare e rielaborare, anche a fini statistici, i dati informatici. Le amministrazioni trasmettono in formato digitale tali informazioni all'Autorità per la vigilanza sui contratti pubblici di lavori, servizi e forniture, che le pubblica nel proprio sito web in una sezione liberamente consultabile da tutti i cittadini, catalogate in base alla tipologia di stazione appaltante e per regione. L'Autorità individua con propria deliberazione le informazioni rilevanti e le relative modalità di trasmissione. Entro il 30 aprile di ciascun anno, l'Autorità per la vigilanza sui contratti pubblici di lavori, servizi e forniture trasmette alla Corte dei conti l'elenco delle amministrazioni che hanno omesso di trasmettere e pubblicare, in tutto o in parte, le informazioni di cui al presente comma in formato digitale standard aperto. Si applica l'articolo 6, comma 11, del codice di cui al decreto legislativo 12 aprile 2006, n. 163 (19).

32-*bis*. Nelle controversie concernenti le materie di cui al comma 1, lettera *e*), dell'articolo 133 del codice di cui all'allegato 1 al decreto legislativo 2 luglio 2010, n. 104, il giudice amministrativo trasmette alla commissione ogni informazione o notizia rilevante emersa nel corso del giudizio che, anche in esito a una sommaria valutazione, ponga in evidenza condotte o atti contrastanti con le regole della trasparenza (20).

33. La mancata o incompleta pubblicazione, da parte delle pubbliche amministrazioni, delle informazioni di cui al comma 31 costituisce violazione degli standard qualitativi ed economici ai sensi dell'articolo 1, comma 1, del decreto legislativo 20 dicembre 2009, n. 198, ed è comunque valutata ai sensi dell'articolo 21 del decreto legislativo 30 marzo 2001, n. 165, e successive modificazioni.

Eventuali ritardi nell'aggiornamento dei contenuti sugli strumenti informatici sono sanzionati a carico dei responsabili del servizio.

34. Le disposizioni dei commi da 15 a 33 si applicano alle amministrazioni pubbliche di cui all'articolo 1, comma 2, del decreto legislativo 30 marzo 2001, n. 165, e successive modificazioni, agli enti pubblici nazionali, nonché alle società partecipate dalle amministrazioni pubbliche e dalle loro controllate, ai sensi dell'articolo 2359 del codice civile, limitatamente alla loro attività di pubblico interesse disciplinata dal diritto nazionale o dell'Unione europea.

35. Il Governo è delegato ad adottare, senza nuovi o maggiori oneri per la finanza pubblica, entro sei mesi dalla data di entrata in vigore della presente legge, un decreto legislativo per il riordino della disciplina riguardante gli obblighi di pubblicità, trasparenza e diffusione di informazioni da parte delle pubbliche amministrazioni, mediante la modifica o l'integrazione delle disposizioni vigenti, ovvero mediante la previsione di nuove forme di pubblicità, nel rispetto dei seguenti principi e criteri direttivi:

a) ricognizione e coordinamento delle disposizioni che prevedono obblighi di pubblicità a carico delle amministrazioni pubbliche;

b) previsione di forme di pubblicità sia in ordine all'uso delle risorse pubbliche sia in ordine allo svolgimento e ai risultati delle funzioni amministrative;

c) precisazione degli obblighi di pubblicità di dati relativi ai titolari di incarichi politici, di carattere elettivo o comunque di esercizio di poteri di indirizzo politico, di livello statale, regionale e locale. Le dichiarazioni oggetto di pubblicazione obbligatoria di cui alla lettera *a*) devono concernere almeno la situazione patrimoniale complessiva del titolare al momento dell'assunzione della carica, la titolarità di imprese, le partecipazioni azionarie proprie, del coniuge e dei parenti entro il secondo grado di parentela, nonché tutti i compensi cui dà diritto l'assunzione della carica;

d) ampliamento delle ipotesi di pubblicità, mediante pubblicazione nei siti web istituzionali, di informazioni relative ai titolari degli incarichi dirigenziali nelle pubbliche amministrazioni di cui all'articolo 1, comma 2, del decreto legislativo 30 marzo 2001, n. 165, e successive modificazioni, sia con riferimento a quelli che comportano funzioni di amministrazione e gestione, sia con riferimento agli incarichi di responsabilità degli uffici di diretta collaborazione;

e) definizione di categorie di informazioni che le amministrazioni devono pubblicare e delle modalità di elaborazione dei relativi formati;

f) obbligo di pubblicare tutti gli atti, i documenti e le informazioni di cui al presente comma anche in formato elettronico elaborabile e in formati di dati aperti. Per formati di dati aperti si devono intendere almeno i dati resi disponibili e fruibili on line in formati non proprietari, a condizioni tali da permetterne il più ampio riutilizzo anche a fini statistici e la ridistribuzione senza ulteriori restrizioni d'uso, di riuso o di diffusione diverse dall'obbligo di citare la fonte e di rispettarne l'integrità;

g) individuazione, anche mediante integrazione e coordinamento della disciplina vigente, della durata e dei termini di aggiornamento per ciascuna pubblicazione obbligatoria;

h) individuazione, anche mediante revisione e integrazione della disciplina vigente, delle responsabilità e delle sanzioni per il mancato, ritardato o inesatto adempimento degli obblighi di pubblicazione (A).

36. Le disposizioni di cui al decreto legislativo adottato ai sensi del comma 35 integrano l'individuazione del livello essenziale delle prestazioni erogate dalle amministrazioni pubbliche a fini di trasparenza, prevenzione, contrasto della corruzione e della cattiva amministrazione, a norma dell'articolo 117, secondo comma, lettera *m*), della Costituzione, e costituiscono altresì esercizio della funzione di coordinamento informativo statistico e informatico dei dati dell'amministrazione statale, regionale e locale, di cui all'articolo 117, secondo comma, lettera *r*), della Costituzione.

37. (*Omissis*).

38. (*Omissis*)

39. Al fine di garantire l'esercizio imparziale delle funzioni amministrative e di rafforzare la separazione e la reciproca autonomia tra organi di indirizzo politico e organi amministrativi, le amministrazioni pubbliche di cui all'articolo 1, comma 2, del decreto legislativo 30 marzo 2001, n. 165, nonché le aziende e le società partecipate dallo Stato e dagli altri enti pubblici, in occasione del monitoraggio posto in essere ai fini dell'articolo 36, comma 3, del medesimo decreto legislativo n. 165 del 2001, e successive modificazioni, comunicano al Dipartimento della funzione pubblica, per il tramite degli organismi indipendenti di valutazione, tutti i dati utili a rilevare le posizioni dirigenziali attribuite a persone, anche esterne alle pubbliche amministrazioni, individuate discrezionalmente dall'organo di indirizzo politico senza procedure pubbliche di selezione. I dati forniti confluiscono nella relazione annuale al Parlamento di cui al citato articolo 36, comma 3, del decreto legislativo n. 165 del 2001, e vengono trasmessi alla Commissione per le finalità di cui ai commi da 1 a 14 del presente articolo.

40-51. (*Omissis*).

52. Per le attività imprenditoriali di cui al comma 53 la comunicazione e l'informazione antimafia liberatoria da acquisire indipendentemente dalle soglie stabilite dal codice di cui al decreto legislativo 6 settembre 2011, n. 159, è obbligatoriamente acquisita dai soggetti di cui all'articolo 83, commi 1 e 2, del decreto legislativo 6 settembre 2011, n. 159, attraverso la consultazione, anche in via telematica, di apposito elenco di fornitori, prestatori di servizi ed esecutori di lavori non soggetti a tentativi di infiltrazione mafiosa operanti nei medesimi settori. Il suddetto elenco è istituito presso ogni prefettura. L'iscrizione nell'elenco è disposta dalla prefettura della provincia in cui il soggetto richiedente ha la propria sede. Si applica l'articolo 92, commi 2 e 3, del citato decreto legislativo n. 159 del 2011. La prefettura effettua verifiche periodiche circa la perdurante insussistenza dei tentativi di infiltrazione mafiosa e, in caso di esito negativo, dispone la cancellazione dell'impresa dall'elenco (21).

52-*bis*. L'iscrizione nell'elenco di cui al comma 52 tiene luogo della comunicazione e dell'informazione antimafia liberatoria anche ai fini della stipula, approvazione o autorizzazione di contratti o subcontratti relativi ad attività diverse da quelle per le quali essa è stata disposta (21).

53. Sono definite come maggiormente esposte a rischio di infiltrazione mafiosa le seguenti attività:

[*a*) trasporto di materiali a discarica per conto di terzi;] (22)

[*b*) trasporto, anche transfrontaliero, e smaltimento di rifiuti per conto di terzi;] (22)

c) estrazione, fornitura e trasporto di terra e materiali inerti;

d) confezionamento, fornitura e trasporto di calcestruzzo e di bitume;

e) noli a freddo di macchinari;

f) fornitura di ferro lavorato;

g) noli a caldo;

h) autotrasporti per conto di terzi;

i) guardiania dei cantieri.

i-bis) servizi funerari e cimiteriali (23);

i-ter) ristorazione, gestione delle mense e catering (23);

i-quater) servizi ambientali, comprese le attività di raccolta, di trasporto nazionale e transfrontaliero, anche per conto di terzi, di trattamento e di smaltimento dei rifiuti, nonché le attività di risanamento e di bonifica e gli altri servizi connessi alla gestione dei rifiuti (23).

54. L'indicazione delle attività di cui al comma 53 può essere aggiornata, entro il 31 dicembre di ogni anno, con apposito decreto del Ministro dell'interno, adottato di concerto con i Ministri della giustizia, delle infrastrutture e dei trasporti e dell'economia e delle finanze, previo parere delle Commissioni parlamentari competenti, da rendere entro trenta giorni dalla data di trasmissione del relativo schema alle Camere. Qualora le Commissioni non si pronuncino entro il termine, il decreto può essere comunque adottato.

55. L'impresa iscritta nell'elenco di cui al comma 52 comunica alla prefettura competente qualsiasi modifica dell'assetto proprietario e dei propri organi sociali, entro trenta giorni dalla data della modifica. Le società di capitali quotate in mercati regolamentati comunicano le variazioni rilevanti secondo quanto previsto dal testo unico di cui al decreto legislativo 24 febbraio 1998, n. 58. La mancata comunicazione comporta la cancellazione dell'iscrizione.

56-57. (*Omissis*)

[58.] (24)

59. Le disposizioni di prevenzione della corruzione di cui ai commi da 1 a 57 del presente articolo, di diretta attuazione del principio di imparzialità di cui all'articolo 97 della Costituzione, sono applicate in tutte le amministrazioni pubbliche di cui all'articolo 1, comma 2, del decreto legislativo 30 marzo 2001, n. 165, e successive modificazioni.

60-62. (*Omissis*).

63. Il Governo è delegato ad adottare, senza nuovi o maggiori oneri per la finanza pubblica, entro un anno dalla data di entrata in vigore della presente legge, un decreto legislativo recante un testo unico della normativa in materia di incandidabilità alla carica di membro del Parlamento europeo, di deputato e di senatore della Repubblica, di incandidabilità alle elezioni regionali, provinciali, comunali e circoscrizionali e di divieto di ricoprire le cariche di presidente e di componente del consiglio di amministrazione dei consorzi, di presidente e di componente dei consigli e delle giunte delle unioni di comuni, di consigliere di amministrazione e di presidente delle aziende speciali e delle istituzioni di cui all'articolo 114 del testo unico delle leggi sull'ordinamento degli enti locali, di cui al decreto legislativo 18 agosto 2000, n.267, e successive modificazioni, di presidente e di componente degli organi esecutivi delle comunità montane.

64-65. (*Omissis*).

66. Tutti gli incarichi presso istituzioni, organi ed enti pubblici, nazionali ed internazionali attribuiti in posizioni apicali o semiapicali, compresi quelli, comunque denominati, negli uffici di diretta collaborazione, ivi inclusi quelli di consulente giuridico, nonché

quelli di componente degli organismi indipendenti di valutazione, a magistrati ordinari, amministrativi, contabili e militari, avvocati e procuratori dello Stato, devono essere svolti con contestuale collocamento in posizione di fuori ruolo, che deve permanere per tutta la durata dell'incarico. È escluso il ricorso all'istituto dell'aspettativa. Gli incarichi in corso alla data di entrata in vigore della presente legge cessano di diritto se nei centottanta giorni successivi non viene adottato il provvedimento di collocamento in posizione di fuori ruolo (25).

67. Il Governo è delegato ad adottare, entro quattro mesi dalla data di entrata in vigore della presente legge, un decreto legislativo per l'individuazione di ulteriori incarichi, anche negli uffici di diretta collaborazione, che, in aggiunta a quelli di cui al comma 66, comportano l'obbligatorio collocamento in posizione di fuori ruolo, sulla base dei seguenti principi e criteri direttivi:

a) tener conto delle differenze e specificità dei regimi e delle funzioni connessi alla giurisdizione ordinaria, amministrativa, contabile e militare, nonché all'Avvocatura dello Stato;

b) durata dell'incarico;

c) continuatività e onerosità dell'impegno lavorativo connesso allo svolgimento dell'incarico;

d) possibili situazioni di conflitto di interesse tra le funzioni esercitate presso l'amministrazione di appartenenza e quelle esercitate in ragione dell'incarico ricoperto fuori ruolo.

68. Salvo quanto previsto dal comma 69, i magistrati ordinari, amministrativi, contabili e militari, gli avvocati e procuratori dello Stato non possono essere collocati in posizione di fuori ruolo per un tempo che, nell'arco del loro servizio, superi complessivamente dieci anni, anche continuativi. Il predetto collocamento non può comunque determinare alcun pregiudizio con riferimento alla posizione rivestita nei ruoli di appartenenza.

69. Salvo quanto previsto nei commi 70, 71 e 72 le disposizioni di cui al comma 68 si applicano anche agli incarichi in corso alla data di entrata in vigore della presente legge.

70. Le disposizioni di cui ai commi da 66 a 72 non si applicano ai membri di Governo, alle cariche elettive, anche presso gli organi di autogoverno, e ai componenti delle Corti internazionali comunque denominate.

71. Per gli incarichi previsti dal comma 4 dell'articolo 1-bis del decreto-legge 16 settembre 2008, n. 143, convertito, con modificazioni, dalla legge 13 novembre 2008, n. 181, anche se conferiti successivamente all'entrata in vigore della presente legge, il termine di cui al comma 68 decorre dalla data di entrata in vigore della presente legge.

72. I magistrati ordinari, amministrativi, contabili e militari, nonché gli avvocati e procuratori dello Stato che, alla data di entrata in vigore della presente legge, hanno già maturato o che, successivamente a tale data, maturino il periodo massimo di collocamento in posizione di fuori ruolo, di cui al comma 68, si intendono confermati nella posizione di fuori ruolo sino al termine dell'incarico, della legislatura, della consiliatura o del mandato relativo all'ente o soggetto presso cui è svolto l'incarico. Qualora l'incarico non preveda un termine, il collocamento in posizione di fuori ruolo si intende confermato per i dodici mesi successivi all'entrata in vigore della presente legge.

73. Lo schema del decreto legislativo di cui al comma 67 è trasmesso alle Camere ai fini dell'espressione dei pareri da parte delle Commissioni parlamentari competenti per materia, che sono resi entro trenta giorni dalla data di trasmissione del medesimo schema di decreto. Decorso il termine senza che le Commissioni abbiano espresso i pareri di rispettiva competenza il decreto legislativo può essere comunque adottato.

74. Entro un anno dalla data di entrata in vigore del decreto legislativo di cui al comma 67, nel rispetto dei principi e criteri direttivi ivi stabiliti, il Governo è autorizzato ad adottare disposizioni integrative o correttive del decreto legislativo stesso.

75-81. (*Omissis*).

82. Il provvedimento di revoca di cui all'articolo 100, comma 1, del testo unico di cui al decreto legislativo 18 agosto 2000, n. 267, è comunicato dal prefetto all'Autorità nazionale anticorruzione, di cui al comma 1 del presente articolo, che si esprime entro trenta giorni. Decorso tale termine, la revoca diventa efficace, salvo che l'Autorità rilevi che la stessa sia correlata alle attività svolte dal segretario in materia di prevenzione della corruzione.

83. All'articolo 3, comma 1, della legge 27 marzo 2001, n. 97, dopo le parole: « 319-*ter* » sono inserite le seguenti: «, 319-*quater* ».

(1) *Lettera sostituita dall'articolo 41, comma 1, lettera* a), *d.lgs. 25 maggio 2016, n. 97.*

(2) *Lettera sostituita dall'articolo 54-*bis, *comma 1, lettera* a), *d.l. 21 giugno 2013, n. 69, convertito, con modificazioni, in l. 9 agosto 2013, n. 98.*

(3) *Lettera inserita dall'articolo 8, comma 1, l. 27 maggio 2015, n. 69 e successivamente abrogata dall'art. 217, comma 1, lett. ii), d.lgs. 18 aprile 2016, n. 50, come modificato dall'art. 129, comma 1, lett. h), d.lgs. 19 aprile 2017, n. 56.*

(4) *Comma aggiunto dall'articolo 41, comma 1, lettera* b), *d.lgs. 25 maggio 2016, n. 97.*

(5) *Comma modificato dall'articolo 54-*bis, *comma 1, lettera* b), *d.l. 21 giugno 2013, n. 69, convertito, con modificazioni, in l. 9 agosto 2013, n. 98 e successivamente sostituito dall'articolo 41, comma 1, lettera* c), *d.lgs. 25 maggio 2016, n. 97.*

(6) *Lettera soppressa dall'articolo 41, comma 1, lettera* d), *d.lgs. 25 maggio 2016, n. 97.*

(7) *Vedi il D.P.C.M. 16 gennaio 2013.*

(8) *Comma sostituito dall'articolo 41, comma 1, lettera* e), *d.lgs. 25 maggio 2016, n. 97.*

(9) *Comma sostituito dall'articolo 41, comma 1, lettera* f), *d.lgs. 25 maggio 2016, n. 97.*

(10) *A norma dell'articolo 34-*bis, *comma 4, d.l.18 ottobre 2012, n. 179, conv., con modif., in l. 17 dicembre 2012, n. 221, il termine del 31 gennaio di cui al presente comma è differito al 31 marzo 2013. Successivamente il presente comma è stato sostituito dall'articolo 41, comma 1, lettera* g), *d.lgs. 25 maggio 2016, n. 97.*

(11) *Comma aggiunto dall'articolo 41, comma 1, lettera* h), *d.lgs. 25 maggio 2016, n. 97.*

(12) *Lettera modificata dall'articolo 41, comma 1, lettera* i), *d.lgs. 25 maggio 2016, n. 97.*

(13) *Lettera modificata dall'articolo 41, comma 1, lettera* j), *d.lgs. 25 maggio 2016, n. 97.*

(14) *Lettera modificata dall'articolo 41, comma 1, lettera* k), *d.lgs. 25 maggio 2016, n. 97.*

(15) *Comma sostituito dall'articolo 41, comma 1, lettera* l), *d.lgs. 25 maggio 2016, n. 97.*

(16) *Per l'interpretazione del presente comma, vedi la Determinazione dell'Autorità Nazionale Anticorruzione 10 dicembre 2015, n. 13.*

(17) *Comma abrogato dall'articolo 217, comma 1, lettera* ii) *d.lgs. 18 aprile 2016, n. 50.*

Per l'interpretazione del presente comma precedentemente all'abrogazione, vedi la Determinazione dell'Autorità Nazionale Anticorruzione 10 dicembre 2015, n. 13.

(18) *Comma abrogato dall'articolo 2, comma 1, d.lgs. 22 gennaio 2016, n. 10.*

(19) *A norma dell'articolo 1, comma 418, l. 24 dicembre 2012, n. 228, in sede di prima applicazione, al presente articolo, il termine di cui al secondo periodo è prorogato al 31 marzo 2013 ed il termine di cui al quarto periodo è prorogato al 30 giugno 2013. Comma successivamente modificato dall'articolo 8, comma 2, l. 27 maggio 2015, n. 69.*

(20) *Comma inserito dall'articolo 8, comma 3, l. 27 maggio 2015, n. 69.*

(21) *Comma sostituito dall'articolo 29, comma 1, d.l. 24 giugno 2014, n. 90, convertito con modificazioni in l. 11 agosto 2014, n. 114.*

(22) *Lettera abrogata, in sede di conversione, dall'art. 4-*bis*, comma 1, lett.* a) *d.l. 8 aprile 2020, n. 23, conv., con modif., in l. 5 giugno 2020, n. 40.*

(23) *Lettera aggiunta, in sede di conversione, dall'art. 4-*bis*, comma 1, lett.* b) *d.l. n. 23, cit.*

(24) *Comma abrogato dall'articolo 217, comma 1, lettera* ii) *d.lgs. 18 aprile 2016, n. 50.*

(25) *Comma modificato dall'articolo 8, comma 1, lettere* a) *e* b), *d.l. 24 giugno 2014, n. 90, convertito, con modificazioni, in l. 11 agosto 2014, n. 114. Vedi anche il comma 2 del medesimo articolo 8.*

(A) *In riferimento al presente comma vedi: Circolare Presidenza del Consiglio dei Ministri (vari dipartimenti) 19 luglio 2013, n. 33.*

67. Decreto legislativo 14 marzo 2013, n. 33. — Riordino della disciplina riguardante gli obblighi di pubblicità, trasparenza e diffusione di informazioni da parte delle pubbliche amministrazioni. (*rinvio*) (1).

Pubblicato nella Gazzetta Ufficiale n. 80 del 5 aprile 2013.

(1) Sub *III*, 21.

68. Decreto legislativo 8 aprile 2013, n. 39. — Disposizioni in materia di inconferibilità e incompatibilità di incarichi presso le pubbliche amministrazioni e presso gli enti privati in controllo pubblico, a norma dell'articolo 1, commi 49 e 50, della legge 6 novembre 2012, n. 190.

Pubblicato nella Gazzetta Ufficiale n. 92 del 19 aprile 2013.

CAPO I
Principi generali

1 Definizioni.

1. Ai fini del conferimento di incarichi dirigenziali e di responsabilità amministrativa di vertice nelle pubbliche amministrazioni, negli enti pubblici e negli enti di diritto privato in controllo pubblico si osservano le disposizioni contenute nel presente decreto, fermo restando quanto previsto dagli articoli 19 e 23-*bis* del decreto legislativo 30 marzo 2001, n. 165, nonché dalle altre disposizioni vigenti in materia di collocamento fuori ruolo o in aspettativa.

2. Ai fini del presente decreto si intende:

a) per « pubbliche amministrazioni », le pubbliche amministrazioni di cui all'articolo 1, comma 2, del decreto legislativo 30 marzo 2001, n. 165, ivi comprese le autorità amministrative indipendenti;

b) per « enti pubblici », gli enti di diritto pubblico non territoriali nazionali, regionali o locali, comunque denominati, istituiti, vigilati, finanziati dalla pubblica amministrazione che conferisce l'incarico, ovvero i cui amministratori siano da questa nominati;

c) per « enti di diritto privato in controllo pubblico », le società e gli altri enti di diritto privato che esercitano funzioni amministrative, attività di produzione di beni e servizi a favore delle amministrazioni pubbliche o di gestione di servizi pubblici, sottoposti a controllo ai sensi dell'articolo 2359 c.c. da parte di amministrazioni pubbliche, oppure gli enti nei quali siano riconosciuti alle pubbliche amministrazioni, anche in assenza di una partecipazione azionaria, poteri di nomina dei vertici o dei componenti degli organi;

d) per « enti di diritto privato regolati o finanziati », le società e gli altri enti di diritto privato, anche privi di personalità giuridica, nei confronti dei quali l'amministrazione che conferisce l'incarico:

1) svolga funzioni di regolazione dell'attività principale che comportino, anche attraverso il rilascio di autorizzazioni o concessioni, l'esercizio continuativo di poteri di vigilanza, di controllo o di certificazione;

2) abbia una partecipazione minoritaria nel capitale;

3) finanzi le attività attraverso rapporti convenzionali, quali contratti pubblici, contratti di servizio pubblico e di concessione di beni pubblici;

e) per « incarichi e cariche in enti di diritto privato regolati o finanziati », le cariche di presidente con deleghe gestionali dirette, amministratore delegato, le posizioni di dirigente, lo svolgimento stabile di attività di consulenza a favore dell'ente;

f) per « componenti di organi di indirizzo politico », le persone che partecipano, in via elettiva o di nomina, a organi di indirizzo politico delle amministrazioni statali, regionali e locali, quali Presidente del Consiglio dei ministri, Ministro, Vice Ministro, sottosegretario di Stato e commissario straordinario del Governo di cui all'articolo 11 della legge 23 agosto 1988, n. 400, parlamentare, Presidente della giunta o Sindaco, assessore o consigliere nelle regioni, nelle province, nei comuni e nelle forme associative tra enti locali, oppure a organi di indirizzo di enti pubblici, o di enti di diritto privato in controllo pubblico, nazionali, regionali e locali;

g) per « inconferibilità », la preclusione, permanente o temporanea, a conferire gli incarichi previsti dal presente decreto a coloro che abbiano riportato condanne penali per i reati previsti dal capo I del titolo II del libro secondo del codice penale, a coloro che abbiano svolto incarichi o ricoperto cariche in enti di diritto privato regolati o finanziati da pubbliche amministrazioni o svolto attività professionali a favore di questi ultimi, a coloro che siano stati componenti di organi di indirizzo politico;

h) per « incompatibilità », l'obbligo per il soggetto cui viene conferito l'incarico di scegliere, a pena di decadenza, entro il termine perentorio di quindici giorni, tra la permanenza nell'incarico e l'assunzione e lo svolgimento di incarichi e cariche in enti di diritto privato regolati o finanziati dalla pubblica amministrazione che conferisce l'incarico, lo svolgimento di attività professionali ovvero l'assunzione della carica di componente di organi di indirizzo politico;

i) per « incarichi amministrativi di vertice », gli incarichi di livello apicale, quali quelli di Segretario generale, capo Dipartimento, Direttore generale o posizioni assimilate nelle pubbliche amministrazioni e negli enti di diritto privato in controllo pubblico, conferiti a soggetti interni o esterni all'amministrazione o all'ente che conferisce l'incarico, che non comportano l'esercizio in via esclusiva delle competenze di amministrazione e gestione;

j) per « incarichi dirigenziali interni », gli incarichi di funzione dirigenziale, comunque denominati, che comportano l'esercizio in via esclusiva delle competenze di amministrazione e gestione, nonché gli incarichi di funzione dirigenziale nell'ambito degli uffici di diretta collaborazione, conferiti a dirigenti o ad altri dipendenti, ivi comprese le categorie di personale di cui all'articolo 3 del decreto legislativo 30 marzo 2001, n. 165, appartenenti ai ruoli dell'amministrazione che conferisce l'incarico ovvero al ruolo di altra pubblica amministrazione;

k) per « incarichi dirigenziali esterni », gli incarichi di funzione dirigenziale, comunque denominati, che comportano l'esercizio in via esclusiva delle competenze di amministrazione e gestione, nonché gli incarichi di funzione dirigenziale nell'ambito degli uffici di diretta collaborazione, conferiti a soggetti non muniti della qualifica di dirigente pubblico o comunque non dipendenti di pubbliche amministrazioni;

l) per « incarichi di amministratore di enti pubblici e di enti privati in controllo pubblico », gli incarichi di Presidente con deleghe gestionali dirette, amministratore delegato e assimilabili, di altro organo di indirizzo delle attività dell'ente, comunque denominato, negli enti pubblici e negli enti di diritto privato in controllo pubblico.

2 Ambito di applicazioni.

1. Le disposizioni del presente decreto si applicano agli incarichi conferiti nelle pubbliche amministrazioni di cui all'articolo 1, comma 2, del decreto legislativo 30 marzo 2001, n. 165, ivi compresi gli enti pubblici, nonché negli enti di diritto privato in controllo pubblico.

2. Ai fini del presente decreto al conferimento negli enti locali di incarichi dirigenziali è assimilato quello di funzioni dirigenziali a personale non dirigenziale, nonché di tali incarichi a soggetti con contratto a tempo determinato, ai sensi dell'articolo 110, comma 2, del testo unico delle leggi sull'ordinamento degli enti locali, di cui al decreto legislativo 18 agosto 2000, n. 267.

CAPO II
Inconferibilità di incarichi in caso di condanna per reati contro la pubblica amministrazione

3 Inconferibilità di incarichi in caso di condanna per reati contro la pubblica amministrazione.

1. A coloro che siano stati condannati, anche con sentenza non passata in giudicato, per uno dei reati previsti dal capo I del titolo II del libro secondo del codice penale, non possono essere attribuiti:

a) gli incarichi amministrativi di vertice nelle amministrazioni statali, regionali e locali;

b) gli incarichi di amministratore di ente pubblico, di livello nazionale, regionale e locale;

c) gli incarichi dirigenziali, interni e esterni, comunque denominati, nelle pubbliche amministrazioni, negli enti pubblici e negli enti di diritto privato in controllo pubblico di livello nazionale, regionale e locale;

d) gli incarichi di amministratore di ente di diritto privato in controllo pubblico, di livello nazionale, regionale e locale;

e) gli incarichi di direttore generale, direttore sanitario e direttore amministrativo nelle aziende sanitarie locali del servizio sanitario nazionale.

2. Ove la condanna riguardi uno dei reati di cui all'articolo 3, comma 1, della legge 27 marzo 2001, n. 97, l'inconferibilità di cui al comma 1 ha carattere permanente nei casi in cui sia stata inflitta la pena accessoria dell'interdizione perpetua dai pubblici uffici ovvero sia intervenuta la cessazione del rapporto di lavoro a seguito di procedimento disciplinare o la cessazione del rapporto di lavoro autonomo. Ove sia stata inflitta una interdizione temporanea, l'inconferibilità ha la stessa durata dell'interdizione. Negli altri casi l'inconferibilità degli incarichi ha la durata di 5 anni.

3. Ove la condanna riguardi uno degli altri reati previsti dal capo I del titolo II del libro II del codice penale, l'inconferibilità ha carattere permanente nei casi in cui sia stata inflitta la pena accessoria dell'interdizione perpetua dai pubblici uffici ovvero sia intervenuta la cessazione del rapporto di lavoro a seguito di procedimento disciplinare o la cessazione del rapporto di lavoro autonomo. Ove sia stata inflitta una interdizione temporanea, l'inconferibilità ha la stessa durata dell'interdizione. Negli altri casi l'inconferibilità ha una durata pari al doppio della pena inflitta, per un periodo comunque non superiore a 5 anni.

4. Nei casi di cui all'ultimo periodo dei commi 2 e 3, salve le ipotesi di sospensione o cessazione del rapporto, al dirigente di ruolo, per la durata del periodo di inconferibilità, possono essere conferiti incarichi diversi da quelli che comportino l'esercizio delle competenze di amministrazione e gestione. È in ogni caso

escluso il conferimento di incarichi relativi ad uffici preposti alla gestione delle risorse finanziarie, all'acquisizione di beni, servizi e forniture, nonché alla concessione o all'erogazione di sovvenzioni, contributi, sussidi, ausili finanziari o attribuzioni di vantaggi economici a soggetti pubblici e privati, di incarichi che comportano esercizio di vigilanza o controllo. Nel caso in cui l'amministrazione non sia in grado di conferire incarichi compatibili con le disposizioni del presente comma, il dirigente viene posto a disposizione del ruolo senza incarico per il periodo di inconferibilità dell'incarico.

5. La situazione di inconferibilità cessa di diritto ove venga pronunciata, per il medesimo reato, sentenza anche non definitiva, di proscioglimento.

6. Nel caso di condanna, anche non definitiva, per uno dei reati di cui ai commi 2 e 3 nei confronti di un soggetto esterno all'amministrazione, ente pubblico o ente di diritto privato in controllo pubblico cui è stato conferito uno degli incarichi di cui al comma 1, sono sospesi l'incarico e l'efficacia del contratto di lavoro subordinato o di lavoro autonomo, stipulato con l'amministrazione, l'ente pubblico o l'ente di diritto privato in controllo pubblico. Per tutto il periodo della sospensione non spetta alcun trattamento economico. In entrambi i casi la sospensione ha la stessa durata dell'inconferibilità stabilita nei commi 2 e 3. Fatto salvo il termine finale del contratto, all'esito della sospensione l'amministrazione valuta la persistenza dell'interesse all'esecuzione dell'incarico, anche in relazione al tempo trascorso.

7. Agli effetti della presente disposizione, la sentenza di applicazione della pena ai sensi dell'art. 444 c.p.p., è equiparata alla sentenza di condanna.

CAPO III

Inconferibilità di incarichi a soggetti provenienti da enti di diritto privato regolati o finanziati dalle pubbliche amministrazioni

4 Inconferibilità di incarichi nelle amministrazioni statali, regionali e locali a soggetti provenienti da enti di diritto privato regolati o finanziati.

1. A coloro che, nei due anni precedenti, abbiano svolto incarichi e ricoperto cariche in enti di diritto privato o finanziati dall'amministrazione o dall'ente pubblico che conferisce l'incarico ovvero abbiano svolto in proprio attività professionali, se queste sono regolate, finanziate o comunque retribuite dall'amministrazione o ente che conferisce l'incarico, non possono essere conferiti:

a) gli incarichi amministrativi di vertice nelle amministrazioni statali, regionali e locali;

b) gli incarichi di amministratore di ente pubblico, di livello nazionale, regionale e locale;

c) gli incarichi dirigenziali esterni, comunque denominati, nelle pubbliche amministrazioni, negli enti pubblici che siano relativi allo specifico settore o ufficio dell'amministrazione che esercita i poteri di regolazione e finanziamento.

5 Inconferibilità di incarichi di direzione nelle Aziende sanitarie locali a soggetti provenienti da enti di diritto privato regolati o finanziati.

1. Gli incarichi di direttore generale, direttore sanitario e direttore amministrativo nelle aziende sanitarie locali non possono essere conferiti a coloro che, nei due anni precedenti, abbiano svolto incarichi e ricoperto cariche in enti di diritto privato regolati o finanziati dal servizio sanitario regionale.

CAPO IV

Inconferibilità di incarichi a componenti di organi di indirizzo politico

6 Inconferibilità di incarichi a componenti di organo politico di livello nazionale

1. Per le cariche di Presidente del Consiglio dei ministri, Ministro, Vice Ministro, sottosegretario di Stato e di commissario straordinario del Governo di cui all'articolo 11 della legge 23 agosto 1988, n. 400, si applicano i divieti di cui alla legge 20 luglio 2004, n. 215.

2. La vigilanza sull'applicazione di quanto previsto dal comma 1 è esercitata dall'Autorità garante della concorrenza e del mercato e dall'Autorità per le garanzie nelle comunicazioni, ai sensi della medesima legge n. 215 del 2004.

7 Inconferibilità di incarichi a componenti di organo politico di livello regionale e locale.

1. A coloro che nei due anni precedenti siano stati componenti della giunta o del consiglio della regione che conferisce l'incarico, ovvero nell'anno precedente siano stati componenti della giunta o del consiglio di una provincia o di un comune con popolazione superiore ai 15.000 abitanti della medesima regione o di una forma associativa tra comuni avente la medesima popolazione della medesima regione, oppure siano stati presidente o amministratore delegato di un ente di diritto privato in controllo pubblico da parte della regione ovvero da parte di uno degli enti locali di cui al presente comma non possono essere conferiti:

a) gli incarichi amministrativi di vertice della regione;

b) gli incarichi dirigenziali nell'amministrazione regionale;

c) gli incarichi di amministratore di ente pubblico di livello regionale;

d) gli incarichi di amministratore di ente di diritto privato in controllo pubblico di livello regionale.

2. A coloro che nei due anni precedenti siano stati componenti della giunta o del consiglio della provincia, del comune o della forma associativa tra comuni che conferisce l'incarico, ovvero a coloro che nell'anno

precedente abbiano fatto parte della giunta o del consiglio di una provincia, di un comune con popolazione superiore ai 15.000 abitanti o di una forma associativa tra comuni avente la medesima popolazione, nella stessa regione dell'amministrazione locale che conferisce l'incarico, nonché a coloro che siano stati presidente o amministratore delegato di enti di diritto privato in controllo pubblico da parte di province, comuni e loro forme associative della stessa regione, non possono essere conferiti:

a) gli incarichi amministrativi di vertice nelle amministrazioni di una provincia, di un comune con popolazione superiore ai 15.000 abitanti o di una forma associativa tra comuni avente la medesima popolazione;

b) gli incarichi dirigenziali nelle medesime amministrazioni di cui alla lettera *a*);

c) gli incarichi di amministratore di ente pubblico di livello provinciale o comunale;

d) gli incarichi di amministratore di ente di diritto privato in controllo pubblico da parte di una provincia, di un comune con popolazione superiore a 15.000 abitanti o di una forma associativa tra comuni avente la medesima popolazione.

3. Le inconferibilità di cui al presente articolo non si applicano ai dipendenti della stessa amministrazione, ente pubblico o ente di diritto privato in controllo pubblico che, all'atto di assunzione della carica politica, erano titolari di incarichi.

8 Inconferibilità di incarichi di direzione nelle Aziende sanitarie locali.

1. Gli incarichi di direttore generale, direttore sanitario e direttore amministrativo nelle aziende sanitarie locali non possono essere conferiti a coloro che nei cinque anni precedenti siano stati candidati in elezioni europee, nazionali, regionali e locali, in collegi elettorali che comprendano il territorio della ASL.

2. Gli incarichi di direttore generale, direttore sanitario e direttore amministrativo nelle aziende sanitarie locali non possono essere conferiti a coloro che nei due anni precedenti abbiano esercitato la funzione di Presidente del Consiglio dei ministri o di Ministro, Viceministro o sottosegretario nel Ministero della salute o in altra amministrazione dello Stato o di amministratore di ente pubblico o ente di diritto privato in controllo pubblico nazionale che svolga funzioni di controllo, vigilanza o finanziamento del servizio sanitario nazionale.

3. Gli incarichi di direttore generale, direttore sanitario e direttore amministrativo nelle aziende sanitarie locali non possono essere conferiti a coloro che nell'anno precedente abbiano esercitato la funzione di parlamentare.

4. Gli incarichi di direttore generale, direttore sanitario e direttore amministrativo nelle aziende sanitarie locali non possono essere conferiti a coloro che nei tre anni precedenti abbiano fatto parte della giunta o del consiglio della regione interessata ovvero abbiano ricoperto la carica di amministratore di ente pubblico o ente di diritto privato in controllo pubblico regionale che svolga funzioni di controllo, vigilanza o finanziamento del servizio sanitario regionale.

5. Gli incarichi di direttore generale, direttore sanitario e direttore amministrativo nelle aziende sanitarie locali non possono essere conferiti a coloro che, nei due anni precedenti, abbiano fatto parte della giunta o del consiglio di una provincia, di un comune con popolazione superiore ai 15.000 o di una forma associativa tra comuni avente la medesima popolazione, il cui territorio è compreso nel territorio della ASL.

CAPO V
Incompatibilità tra incarichi nelle pubbliche amministrazioni e negli enti privati in controllo pubblico e cariche in enti di diritto privato regolati o finanziati dalle pubbliche amministrazioni nonché lo svolgimento di attività professionale

9 Incompatibilità tra incarichi e cariche in enti di diritto privato regolati o finanziati nonché tra gli stessi incarichi e le attività professionali.

1. Gli incarichi amministrativi di vertice e gli incarichi dirigenziali, comunque denominati, nelle pubbliche amministrazioni, che comportano poteri di vigilanza o controllo sulle attività svolte dagli enti di diritto privato regolati o finanziati dall'amministrazione che conferisce l'incarico, sono incompatibili con l'assunzione e il mantenimento, nel corso dell'incarico, di incarichi e cariche in enti di diritto privato regolati o finanziati dall'amministrazione o ente pubblico che conferisce l'incarico.

2. Gli incarichi amministrativi di vertice e gli incarichi dirigenziali, comunque denominati, nelle pubbliche amministrazioni, gli incarichi di amministratore negli enti pubblici e di presidente e amministratore delegato negli enti di diritto privato in controllo pubblico sono incompatibili con lo svolgimento in proprio, da parte del soggetto incaricato, di un'attività professionale, se questa è regolata, finanziata o comunque retribuita dall'amministrazione o ente che conferisce l'incarico.

10 Incompatibilità tra le cariche direttive nelle aziende sanitarie locali, le cariche in enti di diritto privato regolati o finanziati e lo svolgimento di attività professionali.

1. Gli incarichi di direttore generale, direttore sanitario e direttore amministrativo nelle aziende sanitarie locali di una medesima regione sono incompatibili:

a) con gli incarichi o le cariche in enti di diritto privato regolati o finanziati dal servizio sanitario regionale;

b) con lo svolgimento in proprio, da parte del soggetto incaricato, di attività professionale, se questa è regolata o finanziata dal servizio sanitario regionale.

2. L'incompatibilità sussiste altresì allorché gli incarichi, le cariche e le attività professionali indicate nel presente articolo siano assunte o mantenute dal coniuge e dal parente o affine entro il secondo grado.

CAPO VI
Incompatibilità tra incarichi nelle pubbliche amministrazioni e negli enti privati in controllo pubblico e cariche di componenti di organi di indirizzo politico

11 Incompatibilità tra incarichi amministrativi di vertice e di amministratore di ente pubblico e cariche di componenti degli organi di indirizzo nelle amministrazioni statali, regionali e locali.

1. Gli incarichi amministrativi di vertice nelle amministrazioni statali, regionali e locali e gli incarichi di amministratore di ente pubblico di livello nazionale, regionale e locale, sono incompatibili con la carica di Presidente del Consiglio dei ministri, Ministro, Vice Ministro, sottosegretario di Stato e commissario straordinario del Governo di cui all'articolo 11 della legge 23 agosto 1988, n. 400, o di parlamentare.

2. Gli incarichi amministrativi di vertice nelle amministrazioni regionali e gli incarichi di amministratore di ente pubblico di livello regionale sono incompatibili:

a) con la carica di componente della giunta o del consiglio della regione che ha conferito l'incarico;

b) con la carica di componente della giunta o del consiglio di una provincia, di un comune con popolazione superiore ai 15.000 abitanti o di una forma associativa tra comuni avente la medesima popolazione della medesima regione;

c) con la carica di presidente e amministratore delegato di un ente di diritto privato in controllo pubblico da parte della regione.

3. Gli incarichi amministrativi di vertice nelle amministrazioni di una provincia, di un comune con popolazione superiore ai 15.000 abitanti o di una forma associativa tra comuni avente la medesima popolazione nonché gli incarichi di amministratore di ente pubblico di livello provinciale o comunale sono incompatibili:

a) con la carica di componente della giunta o del consiglio della provincia, del comune o della forma associativa tra comuni che ha conferito l'incarico;

b) con la carica di componente della giunta o del consiglio della provincia, del comune con popolazione superiore ai 15.000 abitanti o di una forma associativa tra comuni avente la medesima popolazione, ricompresi nella stessa regione dell'amministrazione locale che ha conferito l'incarico;

c) con la carica di componente di organi di indirizzo negli enti di diritto privato in controllo pubblico da parte della regione, nonché di province, comuni con popolazione superiore ai 15.000 abitanti o di forme associative tra comuni aventi la medesima popolazione abitanti della stessa regione.

12 Incompatibilità tra incarichi dirigenziali interni e esterni e cariche di componenti degli organi di indirizzo nelle amministrazioni statali, regionali e locali.

1. Gli incarichi dirigenziali, interni e esterni, nelle pubbliche amministrazioni, negli enti pubblici e negli enti di diritto privato in controllo pubblico sono incompatibili con l'assunzione e il mantenimento, nel corso dell'incarico, della carica di componente dell'organo di indirizzo nella stessa amministrazione o nello stesso ente pubblico che ha conferito l'incarico, ovvero con l'assunzione e il mantenimento, nel corso dell'incarico, della carica di presidente e amministratore delegato nello stesso ente di diritto privato in controllo pubblico che ha conferito l'incarico.

2. Gli incarichi dirigenziali, interni e esterni, nelle pubbliche amministrazioni, negli enti pubblici e negli enti di diritto privato in controllo pubblico di livello nazionale, regionale e locale sono incompatibili con l'assunzione, nel corso dell'incarico, della carica di Presidente del Consiglio dei ministri, Ministro, Vice Ministro, sottosegretario di Stato e commissario straordinario del Governo di cui all'articolo 11 della legge 23 agosto 1988, n. 400, o di parlamentare.

3. Gli incarichi dirigenziali, interni e esterni, nelle pubbliche amministrazioni, negli enti pubblici e negli enti di diritto privato in controllo pubblico di livello regionale sono incompatibili:

a) con la carica di componente della giunta o del consiglio della regione interessata;

b) con la carica di componente della giunta o del consiglio di una provincia, di un comune con popolazione superiore ai 15.000 abitanti o di una forma associativa tra comuni avente la medesima popolazione della medesima regione;

c) con la carica di presidente e amministratore delegato di enti di diritto privato in controllo pubblico da parte della regione.

4. Gli incarichi dirigenziali, interni e esterni, nelle pubbliche amministrazioni, negli enti pubblici e negli enti di diritto privato in controllo pubblico di livello provinciale o comunale sono incompatibili:

a) con la carica di componente della giunta o del consiglio della regione;

b) con la carica di componente della giunta o del consiglio di una provincia, di un comune con popolazione superiore ai 15.000 abitanti o di una forma associativa tra comuni avente la medesima popolazione, ricompresi nella stessa regione dell'amministrazione locale che ha conferito l'incarico;

c) con la carica di componente di organi di indirizzo negli enti di diritto privato in controllo pubblico da parte della regione, nonché di province, comuni con popolazione superiore ai 15.000 abitanti o di forme associative tra comuni aventi la medesima popolazione della stessa regione.

13 Incompatibilità tra incarichi di amministratore di ente di diritto privato in controllo pubblico e cariche di componenti degli organi di indirizzo politico nelle amministrazioni statali, regionali e locali.

1. Gli incarichi di presidente e amministratore delegato di enti di diritto privato in controllo pubblico, di livello nazionale, regionale e locale, sono incompatibili con la carica di Presidente del Consiglio dei ministri, Ministro, Vice Ministro, sottosegretario di Stato e di commissario straordinario del Governo di cui all'articolo 11 della legge 23 agosto 1988, n. 400, o di parlamentare.

2. Gli incarichi di presidente e amministratore delegato di ente di diritto privato in controllo pubblico di livello regionale sono incompatibili:

a) con la carica di componente della giunta o del consiglio della regione interessata;

b) con la carica di componente della giunta o del consiglio di una provincia o di un comune con popolazione superiore ai 15.000 abitanti o di una forma associativa tra comuni avente la medesima popolazione della medesima regione;

c) con la carica di presidente e amministratore delegato di enti di diritto privato in controllo pubblico da parte della regione, nonché di province, comuni con popolazione superiore ai 15.000 abitanti o di forme associative tra comuni aventi la medesima popolazione della medesima regione.

3. Gli incarichi di presidente e amministratore delegato di ente di diritto privato in controllo pubblico di livello locale sono incompatibili con l'assunzione, nel corso dell'incarico, della carica di componente della giunta o del consiglio di una provincia o di un comune con popolazione superiore ai 15.000 abitanti o di una forma associativa tra comuni avente la medesima popolazione della medesima regione.

14 Incompatibilità tra incarichi di direzione nelle Aziende sanitarie locali e cariche di componenti degli organi di indirizzo politico nelle amministrazioni statali, regionali e locali.

1. Gli incarichi di direttore generale, direttore sanitario e direttore amministrativo nelle aziende sanitarie locali sono incompatibili con la carica di Presidente del Consiglio dei ministri, Ministro, Vice Ministro, sottosegretario di Stato e commissario straordinario del Governo di cui all'articolo 11 della legge 23 agosto 1988, n. 400, di amministratore di ente pubblico o ente di diritto privato in controllo pubblico nazionale che svolga funzioni di controllo, vigilanza o finanziamento del servizio sanitario nazionale o di parlamentare.

2. Gli incarichi di direttore generale, direttore sanitario e direttore amministrativo nelle aziende sanitarie locali di una regione sono incompatibili:

a) con la carica di componente della giunta o del consiglio della regione interessata ovvero con la carica di amministratore di ente pubblico o ente di diritto privato in controllo pubblico regionale che svolga funzioni di controllo, vigilanza o finanziamento del servizio sanitario regionale;

b) con la carica di componente della giunta o del consiglio di una provincia, di un comune con popolazione superiore ai 15.000 abitanti o di una forma associativa tra comuni avente la medesima popolazione della medesima regione;

c) con la carica di presidente e amministratore delegato di enti di diritto privato in controllo pubblico da parte della regione, nonché di province, comuni con popolazione superiore ai 15.000 abitanti o di forme associative tra comuni aventi la medesima popolazione della stessa regione.

CAPO VII
Vigilanza e sanzioni

15 Vigilanza sul rispetto delle disposizioni in materia di inconferibilità e incompatibilità nelle pubbliche amministrazioni e negli enti di diritto privato in controllo pubblico.

1. Il responsabile del piano anticorruzione di ciascuna amministrazione pubblica, ente pubblico e ente di diritto privato in controllo pubblico, di seguito denominato « responsabile », cura, anche attraverso le disposizioni del piano anticorruzione, che nell'amministrazione, ente pubblico e ente di diritto privato in controllo pubblico siano rispettate le disposizioni del presente decreto sulla inconferibilità e incompatibilità degli incarichi. A tale fine il responsabile contesta all'interessato l'esistenza o l'insorgere delle situazioni di inconferibilità o incompatibilità di cui al presente decreto.

2. Il responsabile segnala i casi di possibile violazione delle disposizioni del presente decreto all'Autorità nazionale anticorruzione, all'Autorità garante della concorrenza e del mercato ai fini dell'esercizio delle funzioni di cui alla legge 20 luglio 2004, n. 215, nonché alla Corte dei conti, per l'accertamento di eventuali responsabilità amministrative.

3. Il provvedimento di revoca dell'incarico amministrativo di vertice o dirigenziale conferito al soggetto cui sono state affidate le funzioni di responsabile, comunque motivato, è comunicato all'Autorità nazionale anticorruzione che, entro trenta giorni, può formulare una richiesta di riesame qualora rilevi che la revoca sia correlata alle attività svolte dal responsabile in materia di prevenzione della corruzione. Decorso tale termine, la revoca diventa efficace.

16 Vigilanza dell'Autorità nazionale anticorruzione.

1. L'Autorità nazionale anticorruzione vigila sul rispetto, da parte delle amministrazioni pubbliche, degli enti pubblici e degli enti di diritto privato in controllo pubblico, delle disposizioni di cui al presente decreto, anche con l'esercizio di poteri ispettivi e di accertamento di singole fattispecie di conferimento degli incarichi.

2. L'Autorità nazionale anticorruzione, a seguito di segnalazione della Presidenza del Consiglio dei ministri — Dipartimento della funzione pubblica o d'ufficio, può sospendere la procedura di conferimento dell'incarico con un proprio provvedimento che contiene osservazioni o rilievi sull'atto di conferimento dell'incarico, nonché segnalare il caso alla Corte dei conti per l'accertamento di eventuali responsabilità amministrative. L'amministrazione, ente pubblico o ente privato in controllo pubblico che intenda procedere al conferimento dell'incarico deve motivare l'atto tenendo conto delle osservazioni dell'Autorità (1).

3. L'Autorità nazionale anticorruzione esprime pareri obbligatori sulle direttive e le circolari ministeriali concernenti l'interpretazione delle disposizioni del presente decreto e la loro applicazione alle diverse fattispecie di inconferibilità degli incarichi e di incompatibilità (2).

(1) *Comma modificato dall'articolo* 54-ter, *comma 1, lettera* a), *del D.L. 21 giugno 2013, n. 69, conv., con modif., in l. 9 agosto 2013, n. 98.*

(2) *Comma sostituito dall'articolo* 54-ter, *comma 1, lettera* b), *del D.L. n. 69, cit.*

17 Nullità degli incarichi conferiti in violazione delle disposizioni del presente decreto.

1. Gli atti di conferimento di incarichi adottati in violazione delle disposizioni del presente decreto e i relativi contratti sono nulli.

18 Sanzioni.

1. I componenti degli organi che abbiano conferito incarichi dichiarati nulli sono responsabili per le conseguenze economiche degli atti adottati. Sono esenti da responsabilità i componenti che erano assenti al momento della votazione, nonché i dissenzienti e gli astenuti.

2. I componenti degli organi che abbiano conferito incarichi dichiarati nulli non possono per tre mesi conferire gli incarichi di loro competenza. Il relativo potere è esercitato, per i Ministeri dal Presidente del Consiglio dei ministri e per gli enti pubblici dall'amministrazione vigilante.

3. Le regioni, le province e i comuni provvedono entro tre mesi dall'entrata in vigore del presente decreto ad adeguare i propri ordinamenti individuando le procedure interne e gli organi che in via sostitutiva possono procedere al conferimento degli incarichi nel periodo di interdizione degli organi titolari.

4. Decorso inutilmente il termine di cui al comma 3 trova applicazione la procedura sostitutiva di cui all'articolo 8 della legge 5 giugno 2003, n. 131.

5. L'atto di accertamento della violazione delle disposizioni del presente decreto è pubblicato sul sito dell'amministrazione o ente che conferisce l'incarico.

19 Decadenza in caso di incompatibilità.

1. Lo svolgimento degli incarichi di cui al presente decreto in una delle situazioni di incompatibilità di cui ai capi V e VI comporta la decadenza dall'incarico e la risoluzione del relativo contratto, di lavoro subordinato o autonomo, decorso il termine perentorio di quindici giorni dalla contestazione all'interessato, da parte del responsabile di cui all'articolo 15, dell'insorgere della causa di incompatibilità.

2. Restano ferme le disposizioni che prevedono il collocamento in aspettativa dei dipendenti delle pubbliche amministrazioni in caso di incompatibilità.

CAPO VIII
Norme finali e transitorie

20 Dichiarazione sulla insussistenza di cause di inconferibilità o incompatibilità.

1. All'atto del conferimento dell'incarico l'interessato presenta una dichiarazione sulla insussistenza di una delle cause di inconferibilità di cui al presente decreto.

2. Nel corso dell'incarico l'interessato presenta annualmente una dichiarazione sulla insussistenza di una delle cause di incompatibilità di cui al presente decreto.

3. Le dichiarazioni di cui ai commi 1 e 2 sono pubblicate nel sito della pubblica amministrazione, ente pubblico o ente di diritto privato in controllo pubblico che ha conferito l'incarico.

4. La dichiarazione di cui al comma 1 è condizione per l'acquisizione dell'efficacia dell'incarico.

5. Ferma restando ogni altra responsabilità, la dichiarazione mendace, accertata dalla stessa amministrazione, nel rispetto del diritto di difesa e del contraddittorio dell'interessato, comporta la inconferibilità di qualsivoglia incarico di cui al presente decreto per un periodo di 5 anni.

21 Applicazione dell'articolo 53, comma 16-*ter*, del decreto legislativo n. 165 del 2001.

1. Ai soli fini dell'applicazione dei divieti di cui al comma 16-*ter* dell'articolo 53 del decreto legislativo 30 marzo 2001, n. 165, e successive modificazioni, sono considerati dipendenti delle pubbliche amministrazioni anche i soggetti titolari di uno degli incarichi di cui al presente decreto, ivi compresi i soggetti esterni con i quali l'amministrazione, l'ente pubblico o l'ente di diritto privato in controllo pubblico stabilisce un rapporto di lavoro, subordinato o autonomo. Tali divieti si applicano a far data dalla cessazione dell'incarico.

22 Prevalenza su diverse disposizioni in materia di inconferibilità e incompatibilità.

1. Le disposizioni del presente decreto recano norme di attuazione degli articoli 54 e 97 della Costituzione e prevalgono sulle diverse disposizioni di legge regionale, in materia di inconferibilità e incompatibilità di incarichi presso le pubbliche amministrazioni, gli enti pubblici e presso gli enti privati in controllo pubblico.

2. Sono in ogni caso fatte salve le disposizioni della legge 20 luglio 2004, n. 215.

3. Le disposizioni di cui agli articoli 9 e 12 del presente decreto non si applicano agli incarichi presso le società che emettono strumenti finanziari quotati in mercati regolamentati e agli incarichi presso le loro controllate.

23 Abrogazioni.

1. Il comma 9 dell'articolo 3 del decreto legislativo 30 dicembre 1992, n. 502, è abrogato.

69. Decreto del Presidente della Repubblica 16 aprile 2013, n. 62. — Regolamento recante codice di comportamento dei dipendenti pubblici, a norma dell'articolo 54 del decreto legislativo 30 marzo 2001, n. 165. (*rinvio*) (1).

Pubblicato nella Gazzetta Ufficiale n. 129 del 4 giugno 2013.

(1) Sub *II*, 95.

70. Decreto legge 24 giugno 2014, n. 90 convertito, con modificazioni, in legge 11 agosto 2014, n. 114. — Misure urgenti per la semplificazione e la trasparenza amministrativa e per l'efficienza degli uffici giudiziari. (*estratto*).

Pubblicato nella Gazzetta Ufficiale n. 144 del 24 giugno 2014, S.O.; la legge di conversione è stata pubblicata nella Gazzetta Ufficiale n. 190 del 18 agosto 2014.

32 Misure straordinarie di gestione, sostegno e monitoraggio di imprese nell'ambito della prevenzione della corruzione.

1. Nell'ipotesi in cui l'autorità giudiziaria proceda per i delitti di cui agli articoli 317 c.p., 318 c.p., 319 c.p., 319-*bis* c.p., 319-*ter* c.p., 319-*quater* c.p., 320 c.p., 322, c.p., 322-*bis*, c.p. 346-*bis*, c.p., 353 c.p. e 353-*bis* c.p., ovvero, in presenza di rilevate situazioni anomale e comunque sintomatiche di condotte illecite o eventi criminali attribuibili ad un'impresa aggiudicataria di un appalto per la realizzazione di opere pubbliche, servizi o forniture, nonché ad una impresa che esercita attività sanitaria per conto del Servizio sanitario nazionale in base agli accordi contrattuali di cui all'articolo 8-*quinquies* del decreto legislativo 30 dicembre 1992, n. 502 ovvero ad un concessionario di lavori pubblici o ad un contraente generale, il Presidente dell'ANAC ne informa il procuratore della Repubblica e, in presenza di fatti gravi e accertati anche ai sensi dell'articolo 19, comma 5, lett. *a*) del presente decreto, propone al Prefetto competente in relazione al luogo in cui ha sede la stazione appaltante, alternativamente (1):

a) di ordinare la rinnovazione degli organi sociali mediante la sostituzione del soggetto coinvolto e, ove l'impresa non si adegui nei termini stabiliti, di provvedere alla straordinaria e temporanea gestione dell'impresa [appaltatrice] limitatamente alla completa esecuzione del contratto d'appalto ovvero dell'accordo contrattuale o della concessione (2);

b) di provvedere direttamente alla straordinaria e temporanea gestione dell'impresa anche (3) [appaltatrice] limitatamente alla completa esecuzione del contratto di appalto ovvero dell'accordo contrattuale o della concessione (4);

b-bis) di ordinare alla stazione appaltante che i pagamenti all'operatore economico, anche nei casi di cui alla lettera *a*), siano disposti al netto dell'utile derivante dalla conclusione del contratto, quantificato nel 10 per cento del corrispettivo, da accantonare, ai sensi del comma 7, in un apposito fondo (5).

2. Il Prefetto, previo accertamento dei presupposti indicati al comma 1 e valutata la particolare gravità dei fatti oggetto dell'indagine, intima all'impresa di provvedere al rinnovo degli organi sociali sostituendo il soggetto coinvolto e ove l'impresa non si adegui nel termine di trenta giorni ovvero nei casi più gravi, provvede nei dieci giorni successivi con decreto alla nomina di uno o più amministratori, in numero comunque non superiore a tre, in possesso dei requisiti di professionalità e onorabilità di cui al regolamento adottato ai sensi dell'articolo 39, comma 1, del decreto legislativo 8 luglio 1999, n. 270. Il predetto decreto stabilisce la durata della misura in ragione delle esigenze funzionali alla realizzazione dell'opera pubblica, al servizio o alla fornitura oggetto del contratto e comunque non oltre il collaudo ovvero dell'accordo contrattuale (6).

2-*bis*. Nell'ipotesi di impresa che esercita attività sanitaria per conto del Servizio sanitario nazionale in base agli accordi contrattuali di cui all'articolo 8-*quinquies* del decreto legislativo 30 dicembre 1992, n. 502, il decreto del Prefetto di cui al comma 2, è adottato d'intesa con il Ministro della salute e la nomina è conferita a soggetti in possesso di curricula che evidenzino qualificate e comprovate professionalità ed esperienza di gestione sanitaria (7).

3. Per la durata della straordinaria e temporanea gestione dell'impresa, sono attribuiti agli amministratori tutti i poteri e le funzioni degli organi di amministrazione dell'impresa ed è sospeso l'esercizio dei poteri di disposizione e gestione dei titolari dell'impresa. Nel caso di impresa costituita in forma societaria, i poteri dell'assemblea sono sospesi. per l'intera durata della misura.

4. L'attività di temporanea e straordinaria gestione dell'impresa è considerata di pubblica utilità ad ogni effetto e gli amministratori rispondono delle eventuali diseconomie dei risultati solo nei casi di dolo o colpa grave.

5. Le misure di cui al comma 2 sono revocate e cessano comunque di produrre effetti in caso di provvedimento che dispone la confisca, il sequestro o l'amministrazione giudiziaria dell'impresa nell'ambito di procedimenti penali o per l'applicazione di misure di prevenzione ovvero dispone l'archiviazione del procedimento. L'autorità giudiziaria conferma, ove possibile, gli amministratori nominati dal Prefetto (8).

6. Agli amministratori di cui al comma 2 spetta un compenso quantificato con il decreto di nomina sulla base delle tabelle allegate al decreto di cui all'articolo 8 del decreto legislativo 4 febbraio 2010 n. 14. Gli oneri relativi al pagamento di tale compenso sono a carico dell'impresa.

7. Nel periodo di applicazione della misura di straordinaria e temporanea gestione di cui al comma 2, i pagamenti all'impresa sono corrisposti al netto del compenso riconosciuto agli amministratori di cui al comma 2 e l'utile d'impresa derivante dalla conclusione dei contratti d'appalto di cui al comma 1, determinato anche in via presuntiva dagli amministratori, o dalle stazioni appaltanti nei casi di cui al comma 1, lettera *b-bis*), (9) è accantonato in apposito fondo e non può essere distribuito né essere soggetto a pignoramento, sino all'esito dei giudizi in sede penale ovvero, nei casi di cui al comma 10, dei giudizi di impugnazione o cautelari riguardanti l'informazione antimafia interdittiva (8).

8. Nel caso in cui le indagini di cui al comma 1 riguardino componenti di organi societari diversi da quelli di cui al medesimo comma, anche laddove sia stato concluso e interamente eseguito il contratto di appalto (10) è disposta la misura di sostegno e monitoraggio dell'impresa. Il Prefetto provvede, con decreto, adottato secondo le modalità di cui al comma 2, alla nomina di uno o più esperti, in numero comunque non superiore a tre, in possesso dei requisiti di professionalità e onorabilità di cui di cui al regolamento adottato ai sensi dell'articolo 39, comma 1, del decreto legislativo 8 luglio 1999, n. 270, con il compito di svolgere funzioni dì sostegno e monitoraggio dell'impresa. A tal fine, gli esperti forniscono all'impresa, ovvero anche alle imprese che sulla medesima esercitano un controllo ai sensi dell'articolo 2359 del codice civile, ove coinvolte nelle indagini, nonché alle imprese dalle stesse controllate, (10) prescrizioni operative, elaborate secondo riconosciuti indicatori e modelli di trasparenza, riferite agli ambiti organizzativi, al sistema di controllo interno e agli organi amministrativi e di controllo.

9. Agli esperti di cui al comma 8 spetta un compenso, quantificato con il decreto di nomina, non superiore al cinquanta per cento di quello liquidabile sulla base delle tabelle allegate al decreto di cui all'articolo 8 del decreto legislativo 4 febbraio 2010 n. 14. Gli oneri relativi al pagamento di tale compenso sono a carico dell'impresa.

10. Le disposizioni di cui al presente articolo si applicano anche nei casi in cui sia stata emessa dal Prefetto un'informazione antimafia interdittiva e sussista l'urgente necessità di assicurare il completamento dell'esecuzione del contratto ovvero dell'accordo contrattuale, ovvero la sua prosecuzione al fine di garantire la continuità di funzioni e servizi indifferibili per la tutela di diritti fondamentali, nonché per la salvaguardia dei livelli occupazionali o dell'integrità dei bilanci pubblici, ancorché ricorrano i presupposti di cui all'articolo 94, comma 3, del decreto legislativo 6 settembre 2011, n. 159. In tal caso, le misure sono disposte di propria iniziativa dal Prefetto che ne informa il Presidente dell'ANAC. Nei casi di cui al comma 2-*bis*, le misure sono disposte con decreto del Prefetto, di intesa con il Ministro della salute. Le stesse misure sono revocate e cessano comunque di produrre effetti in caso di passaggio in giudicato di sentenza di annullamento dell'informazione antimafia interdittiva, di ordinanza che dispone, in via definitiva, l'accoglimento dell'istanza cautelare eventualmente proposta ovvero di aggiornamento dell'esito della predetta informazione ai sensi dell'articolo 91, comma 5, del decreto legislativo 6 settembre 2011, n. 159, e successive modificazioni, anche a seguito dell'adeguamento dell'impresa alle indicazioni degli esperti (11).

10-*bis*. Le misure di cui al presente articolo, nel caso di accordi contrattuali con il Servizio sanitario nazionale di cui all'articolo 8-*quinquies* del decreto legislativo 30 dicembre 1992, n. 502, si applicano ad ogni soggetto privato titolare dell'accordo, anche nei casi di soggetto diverso dall'impresa, e con riferimento a condotte illecite o eventi criminali posti in essere ai danni del Servizio sanitario nazionale (12) (13).

(1) *Alinea modificato in sede di conversione e successivamente dall'art. 3, comma 1, lett.* a), *d.l. 13 novembre 2015 n. 179, non convertito in legge. Successivamente l'art. 1, comma 704, lett.* a), *l. 28 dicembre 2015, n. 208 ha confermato tale modifica ed ha altresì abrogato, con il comma 705, del medesimo articolo 1 il d.l. n. 179, cit., facendo salvi gli effetti prodottisi ed i rapporti giuridici sorti sulla base del medesimo decreto-legge n. 179 del 2015.*

(2) *Lettera modificata in sede di conversione e successivamente dall'art. 3, comma 1, lett.* b), *d.l. n. 179, cit. V. nota 1 per quanto disposto dall'art. 1, comma 704, lett. b), l. 28 dicembre 2015, n. 208.*

(3) *La parola* « anche » *è stata aggiunta dall'art. 6-quater, comma 12-ter, lett.* a), *n. 1) d.l. 20 giugno 2017, n. 91, conv., con modif., in l. 3 agosto 2017, n. 123, come aggiunto dall'art. 12, comma 1, lett.* a) *d.l. 10 settembre 2021, n. 121, conv., con modif., in l. 9 novembre 2021, n. 156.*

(4) *Lettera modificata dapprima in sede di conversione e successivamente dall'art. 3, comma 1, lett.* c), *d.l. n. 179, cit. V. nota 1 per quanto disposto dall'art. 1, comma 704, lett. b), l. 28 dicembre 2015, n. 208.*

(5) *Lettera inserita dall'art. 6-quater, comma 12-ter, lett.* a), *n. 2) d.l. n. 91, cit., come aggiunto dall'art. 12, comma 1, lett.* a) *d.l. n. 121, cit.*

(6) *Comma modificato dapprima in sede di conversione e successivamente dall'art. 3, comma 1, lett.* d), *d.l. n. 179, cit. V. nota 1 per quanto disposto dall'art. 1, comma 704, lett. b), l. 28 dicembre 2015, n. 208.*

(7) *Comma inserito dall'art. 3, comma 1, lettera* e), *d.l. n. 179, cit. V. nota 1 per quanto disposto dall'art. 1, comma 704, lett. b), l. 28 dicembre 2015, n. 208.*

(8) *Comma modificato in sede di conversione.*

(9) *Le parole* « o dalle stazioni appaltanti nei casi di cui al comma 1, lettera *b-bis*), » *sono state inserite dall'art. 6-quater, comma 12-ter, lett.* b), *d.l. n. 91, cit., come aggiunto dall'art. 12, comma 1, lett.* a) *d.l. n. 121, cit.*

(10) *Le parole* «, anche laddove sia stato concluso e interamente eseguito il contratto di appalto » *e le parole* «, ovvero anche alle imprese che sulla medesima esercitano un controllo ai sensi dell'articolo 2359 del codice civile, ove coinvolte nelle indagini, nonché alle imprese dalle stesse controllate, » *sono state inserite dall'art. 6-quater, comma 12-ter, lett.* c), *d.l. n. 91, cit., come aggiunto dall'art. 12, comma 1, lett.* a) *d.l. n. 121, cit.*

(11) *Comma modificato dall'art. 3, comma 1, lett. f), d.l. n. 179, cit. V. nota 1 per quanto disposto dall'art. 1, comma 704, lett. b), l. 28 dicembre 2015, n. 208.*
(12) *Comma aggiunto dall'art. 3, comma 1, lett. g), d.l. n. 179, cit. V. nota 1 per quanto disposto dall'art. 1, comma 704, lett. b), l. 28 dicembre 2015, n. 208.*

(13) *Per le terze linee guida per la determinazione dell'importo dei compensi da liquidare ai commissari nominati dal Prefetto, ai sensi del presente articolo, nell'ambito della prevenzione anticorruzione e antimafia, vedi il Comunicato 2 febbraio 2016.*

71. Decreto legge 20 febbraio 2017, n. 14, convertito, con modificazioni, dalla legge 18 aprile 2017, n. 48. — Disposizioni urgenti in materia di sicurezza delle città (*estratto*).

Pubblicato nella Gazzetta Ufficiale n. 42 del 20 febbraio 2017; la legge di conversione è stata pubblicata nella Gazzetta Ufficiale n. 93 del 21 aprile 2017.

CAPO I
Collaborazione interistituzionale per la promozione della sicurezza integrata e della sicurezza urbana

SEZIONE I
Sicurezza integrata

1 Oggetto e definizione.

1. La presente Sezione disciplina, anche in attuazione dell'articolo 118, terzo comma, della Costituzione, modalità e strumenti di coordinamento tra Stato, Regioni e Province autonome di Trento e Bolzano ed enti locali in materia di politiche pubbliche per la promozione della sicurezza integrata.

2. Ai fini del presente decreto, si intende per sicurezza integrata l'insieme degli interventi assicurati dallo Stato, dalle Regioni, dalle Province autonome di Trento e Bolzano e dagli enti locali, nonché da altri soggetti istituzionali, al fine di concorrere, ciascuno nell'ambito delle proprie competenze e responsabilità, alla promozione e all'attuazione di un sistema unitario e integrato di sicurezza per il benessere delle comunità territoriali.

2-*bis*. Concorrono alla promozione della sicurezza integrata gli interventi per la riqualificazione urbana e per la sicurezza nelle periferie delle città metropolitane e dei comuni capoluogo di provincia finanziati con il fondo di cui all'articolo 1, comma 140, della legge 11 dicembre 2016, n. 232 (1).

(1) *Comma aggiunto in sede di conversione.*

2 Linee generali per la promozione della sicurezza integrata.

1. Ferme restando le competenze esclusive dello Stato in materia di ordine pubblico e sicurezza, le linee generali delle politiche pubbliche per la promozione della sicurezza integrata sono adottate, su proposta del Ministro dell'interno, con accordo sancito in sede di Conferenza Unificata e sono rivolte, prioritariamente, a coordinare, per lo svolgimento di attività di interesse comune, l'esercizio delle competenze dei soggetti istituzionali coinvolti, anche con riferimento alla collaborazione tra le forze di polizia e la polizia locale, nei seguenti settori d'intervento:

a) scambio informativo, per gli aspetti di interesse nell'ambito delle rispettive attribuzioni istituzionali, tra la polizia locale e le forze di polizia presenti sul territorio;

b) interconnessione, a livello territoriale, delle sale operative della polizia locale con le sale operative delle forze di polizia e regolamentazione dell'utilizzo in comune di sistemi di sicurezza tecnologica finalizzati al controllo delle aree e delle attività soggette a rischio;

c) aggiornamento professionale integrato per gli operatori della polizia locale e delle forze di polizia (1).

1-*bis*. Le linee generali di cui al comma 1 tengono conto della necessità di migliorare la qualità della vita e del territorio e di favorire l'inclusione sociale e la riqualificazione socio-culturale delle aree interessate (2).

(1) *Le parole da « nei seguenti settori d'intervento » fino alla fine del comma sono state inserite in sede di conversione.*
(2) *Comma aggiunto in sede di conversione.*

3 Strumenti di competenza dello Stato, delle Regioni e delle Province autonome di Trento e Bolzano.

1. In attuazione delle linee generali di cui all'articolo 2, lo Stato e le Regioni e Province autonome di Trento e Bolzano possono concludere specifici accordi per la promozione della sicurezza integrata, anche diretti a disciplinare gli interventi a sostegno della formazione e dell'aggiornamento professionale del personale della polizia locale.

2. Le Regioni e le Province autonome di Trento e Bolzano, anche sulla base degli accordi di cui al comma 1, possono sostenere, nell'ambito delle proprie competenze e funzioni, iniziative e progetti volti ad attuare interventi di promozione della sicurezza integrata nel territorio di riferimento, ivi inclusa l'adozione di misure di sostegno finanziario a favore dei comuni maggiormente interessati da fenomeni di criminalità diffusa.

3. Lo Stato, nelle attività di programmazione e predisposizione degli interventi di rimodulazione dei presidi di sicurezza territoriale, anche finalizzati al loro rafforzamento nelle zone di disagio e di maggiore criticità, tiene conto di quanto emerso in sede di applicazione degli accordi di cui al comma 1 (1).

4. Lo Stato e le Regioni e Province autonome di Trento e Bolzano individuano, anche in sede di Con-

ferenza Unificata, strumenti e modalità di monitoraggio dell'attuazione degli accordi di cui al comma 1.

(1) *Comma sostituito in sede di conversione.*

SEZIONE II
Sicurezza urbana

4 Definizione.

1. Ai fini del presente decreto, si intende per sicurezza urbana il bene pubblico che afferisce alla vivibilità e al decoro delle città, da perseguire anche attraverso interventi di riqualificazione, anche urbanistica, sociale e culturale, (1) e recupero delle aree o dei siti degradati, (2) l'eliminazione dei fattori di marginalità e di esclusione sociale, la prevenzione della criminalità, in particolare di tipo predatorio, la promozione della cultura (3) del rispetto della legalità e l'affermazione di più elevati livelli di coesione sociale e convivenza civile, cui concorrono prioritariamente, anche con interventi integrati, lo Stato, le Regioni e Province autonome di Trento e di Bolzano e gli enti locali, nel rispetto delle rispettive competenze e funzioni.

(1) *Le parole « anche urbanistica, sociale e culturale » sono state inserite in sede di conversione*

(2) *Le parole « siti degradati » sono state sostituite alle parole « siti più degradati » in sede di conversione.*

(3) *Le parole « della cultura » sono state inserite in sede di conversione.*

5 Patti per l'attuazione della sicurezza urbana.

1. In coerenza con le linee generali di cui all'articolo 2, con appositi patti sottoscritti tra il prefetto ed il sindaco, nel rispetto di linee guida adottate, su proposta del Ministro dell'interno, con accordo sancito in sede di Conferenza Stato-città e autonomie locali, possono essere individuati, in relazione alla specificità dei contesti, interventi per la sicurezza urbana, tenuto conto anche delle esigenze delle aree rurali confinanti con il territorio urbano.

2. I patti per la sicurezza urbana di cui al comma 1 perseguono, prioritariamente, i seguenti obiettivi:

a) prevenzione e contrasto (1) dei fenomeni di criminalità diffusa e predatoria, attraverso servizi e interventi di prossimità, in particolare a vantaggio delle zone maggiormente interessate da fenomeni di degrado, anche coinvolgendo, mediante appositi accordi, le reti territoriali di volontari per la tutela e la salvaguardia dell'arredo urbano, delle aree verdi e dei parchi cittadini e favorendo l'impiego delle forze di polizia per far fronte ad esigenze straordinarie di controllo del territorio, nonché attraverso l'installazione di sistemi di videosorveglianza (2);

b) promozione e tutela (3) della legalità, anche mediante mirate iniziative di dissuasione di ogni forma di condotta illecita, compresi (3) l'occupazione arbitraria di immobili e lo smercio di beni contraffatti o falsificati, nonché la prevenzione di altri fenomeni che comunque comportino turbativa del libero utilizzo degli spazi pubblici;

c) promozione del rispetto del decoro urbano, anche valorizzando forme di collaborazione interistituzionale tra le amministrazioni competenti, finalizzate a coadiuvare l'ente locale nell'individuazione di aree urbane su cui insistono plessi scolastici e sedi universitarie, (4) musei, aree e parchi archeologici, complessi monumentali o altri istituti e luoghi della cultura o comunque (4) interessati da consistenti flussi turistici, ovvero adibite a verde pubblico, da sottoporre a particolare tutela ai sensi dell'articolo 9, comma 3;

c-bis) promozione dell'inclusione, della protezione e della solidarietà sociale mediante azioni e progetti per l'eliminazione di fattori di marginalità, anche valorizzando la collaborazione con enti o associazioni operanti nel privato sociale, in coerenza con le finalità del Piano nazionale per la lotta alla povertà e all'esclusione sociale (5).

2-*bis*. I patti di cui al presente articolo sono sottoscritti tra il prefetto e il sindaco, anche tenendo conto di eventuali indicazioni o osservazioni acquisite da associazioni di categoria comparativamente più rappresentative (6).

2-*ter*. Ai fini dell'installazione di sistemi di videosorveglianza di cui al comma 2, lettera *a*), da parte dei comuni, è autorizzata la spesa di 7 milioni di euro per l'anno 2017 e di 15 milioni di euro per ciascuno degli anni 2018 e 2019. Al relativo onere si provvede mediante corrispondente riduzione dello stanziamento del fondo speciale di conto capitale iscritto, ai fini del bilancio triennale 2017-2019, nell'ambito del programma « Fondi di riserva e speciali » della missione « Fondi da ripartire » dello stato di previsione del Ministero dell'economia e delle finanze per l'anno 2017, allo scopo parzialmente utilizzando l'accantonamento relativo al medesimo Ministero (6) (7).

2-*quater*. Con decreto del Ministro dell'interno, di concerto con il Ministro dell'economia e delle finanze, da adottare entro novanta giorni dalla data di entrata in vigore della legge di conversione del presente decreto, sono definite le modalità di presentazione delle richieste da parte dei comuni interessati nonché i criteri di ripartizione delle risorse di cui al comma 2-*ter* sulla base delle medesime richieste (6).

2-*quinquies*. Il Ministro dell'economia e delle finanze è autorizzato ad apportare, con propri decreti, le occorrenti variazioni di bilancio (6).

(1) *Parola inserita in sede di conversione.*

(2) *Le parole da « anche coinvolgendo » è stato inserito in sede di conversione.*

(3) *Le parole « e tutela » sono state sostituite alle parole « del rispetto » e la parola « compresi » è stata sostituita alla parola « comprese » in sede di conversione.*

(4) *Le parole « plessi scolastici e sedi universitarie, » e la parola « o comunque » sono state inserite in sede di conversione.*

(5) *Lettera aggiunta in sede di conversione.*

(6) *Comma aggiunto, in sede di conversione.*

(7) *Si veda quanto disposto dall'art. 11-*bis*, comma 17, d.l. 14 dicembre 2018, n. 135, convertito con modificazioni in l. 11 febbraio 2019, n. 12, ai sensi del quale: "Al fine di potenziare ulteriormente gli interventi in materia di sicurezza urbana per la realizzazione degli obiettivi di cui all'articolo 5, comma 2, lettera a), del decreto-legge 20 febbraio 2017, n. 14, convertito, con modificazioni, dalla legge 18 aprile 2017, n. 48, con riferimento all'installazione, da parte dei comuni, di sistemi di videosorveglianza, l'autorizzazione di spesa di cui all'articolo 5, comma 2-ter, del citato decreto-legge n. 14 del 2017 è incrementata di 20 milioni di euro per l'anno 2019"*

6 Comitato metropolitano.

1. Fermo restando quanto previsto dall'articolo 20 della legge 1° aprile 1981, n. 121, per l'analisi, la valutazione e il confronto sulle tematiche di sicurezza urbana relative al territorio della città metropolitana, è istituito un comitato metropolitano, copresieduto dal prefetto e dal sindaco metropolitano, cui partecipano, oltre al sindaco del comune capoluogo, qualora non coincida con il sindaco metropolitano, i sindaci dei comuni interessati. Possono altresì essere invitati a partecipare alle riunioni del comitato metropolitano soggetti pubblici o privati dell'ambito territoriale interessato.

2. Per la partecipazione alle riunioni non sono dovuti compensi, gettoni di presenza, rimborsi di spese (1) o altri emolumenti comunque denominati.

(1) *Le parole « rimborsi di spese » sono state aggiunte in sede di conversione.*

7 Ulteriori strumenti e obiettivi per l'attuazione di iniziative congiunte.

1. Nell'ambito degli accordi di cui all'articolo 3 e dei patti di cui all'articolo 5, possono essere individuati specifici obiettivi per l'incremento dei servizi di controllo del territorio e per la sua valorizzazione. Alla realizzazione degli obiettivi di cui al primo periodo possono concorrere, sotto il profilo del sostegno strumentale, finanziario e logistico, ai sensi dell'articolo 6-*bis*, comma 1, (1) del decreto-legge 14 agosto 2013, n. 93, convertito, con modificazioni, dalla legge 15 ottobre 2013, n. 119, enti pubblici, anche non economici, e soggetti privati, ferma restando la finalità pubblica dell'intervento (2).

1-*bis*. Al fine di conseguire una maggiore diffusione delle iniziative di sicurezza urbana nel territorio, nonché per ulteriori finalità di interesse pubblico, gli accordi e i patti di cui al comma 1 possono riguardare progetti proposti da enti gestori di edilizia residenziale ovvero da amministratori di condomini, da imprese, anche individuali, dotate di almeno dieci impianti, da associazioni di categoria ovvero da consorzi o da comitati comunque denominati all'uopo costituiti fra imprese, professionisti o residenti per la messa in opera a carico di privati di sistemi di sorveglianza tecnologicamente avanzati, dotati di software di analisi video per il monitoraggio attivo con invio di allarmi automatici a centrali delle forze di polizia o di istituti di vigilanza privata convenzionati. A decorrere dall'anno 2018, i comuni possono deliberare detrazioni dall'imposta municipale propria (IMU) o dal tributo per i servizi indivisibili (TASI) in favore dei soggetti che assumono a proprio carico quote degli oneri di investimento, di manutenzione e di gestione dei sistemi tecnologicamente avanzati realizzati in base ad accordi o patti ai sensi del periodo precedente (3).

2. Nei casi di cui al comma 1, si applicano le disposizioni di cui all'articolo 1, comma 439, della legge 27 dicembre 2006, n. 296, nonché, ove possibile, le previsioni dell'articolo 119 del testo unico delle leggi sull'ordinamento degli enti locali, di cui al decreto legislativo 18 agosto 2000, n. 267 (4).

2-*bis*. Per il rafforzamento delle attività connesse al controllo del territorio e al fine di dare massima efficacia alle disposizioni in materia di sicurezza urbana contenute nel presente provvedimento, negli anni 2017 e 2018 i comuni che, nell'anno precedente, hanno rispettato gli obiettivi del pareggio di bilancio di cui all'articolo 9 della legge 24 dicembre 2012, n. 243, possono assumere a tempo indeterminato personale di polizia locale nel limite di spesa individuato applicando le percentuali stabilite dall'articolo 3, comma 5, del decreto-legge 24 giugno 2014, n. 90, convertito, con modificazioni, dalla legge 11 agosto 2014, n. 114, alla spesa relativa al personale della medesima tipologia cessato nell'anno precedente, fermo restando il rispetto degli obblighi di contenimento della spesa di personale di cui all'articolo 1, commi 557 e 562, della legge 27 dicembre 2006, n. 296. Le cessazioni di cui al periodo precedente non rilevano ai fini del calcolo delle facoltà assunzionali del restante personale secondo la percentuale di cui all'articolo 1, comma 228, della legge 28 dicembre 2015, n. 208 (5).

2-*ter*. Al personale della polizia locale si applicano gli istituti dell'equo indennizzo e del rimborso delle spese di degenza per causa di servizio. Agli oneri derivanti dal primo periodo del presente comma, valutati in 2.500.000 euro annui a decorrere dall'anno 2017, si provvede mediante corrispondente riduzione della dotazione del Fondo per interventi strutturali di politica economica di cui all'articolo 10, comma 5, del decreto-legge 29 novembre 2004, n. 282, convertito, con modificazioni, dalla legge 27 dicembre 2004, n. 307. Entro centoventi giorni dalla data di entrata in vigore della legge di conversione del presente decreto, con decreto del Ministro dell'interno, di concerto con il Ministro dell'economia e delle finanze, sentita la Conferenza Stato-città ed autonomie locali, vengono stabiliti i criteri e le modalità di rimborso delle spese sostenute dai comuni per la corresponsione dei benefici di cui al presente comma (5).

2-*quater*. Ai fini degli accertamenti di cui al comma 2-*ter*, si applicano le disposizioni del regolamento di cui al decreto del Presidente della Repubblica 29 ottobre 2001, n. 461. Le commissioni che svolgono i predetti accertamenti operano nell'ambito delle risorse umane, finanziarie e strumentali disponibili a legislazione vigente.

2-*quinquies*. Le disposizioni di cui al comma 2-ter si applicano a decorrere dalla data di entrata in vigore della legge di conversione del presente decreto (5).

2-*sexies*. Agli oneri valutati di cui al comma 2-ter del presente articolo si applica l'articolo 17, commi da 12 a 12-*quater*, della legge 31 dicembre 2009, n. 196; al verificarsi degli scostamenti di cui al citato comma 12, si provvede alla riduzione degli stanziamenti iscritti nello stato di previsione del Ministero dell'interno con le modalità previste dal comma 12-*bis*. Il Ministro dell'economia e delle finanze è autorizzato ad apportare, con propri decreti, le occorrenti variazioni di bilancio (3).

(1) *Parola insierita in sede di conversione.*

(2) *Le parole «, ferma restando la finalità pubblica dell'intervento » sono state inserite in sede di conversione.*

(3) *Comma aggiunto in sede di conversione.*

(4) *Le parole da «, nonché, ove possibile » fino alla fine sono state inserite in sede di conversione.*

8 (*Omissis*).

CAPO II
Disposizioni a tutela della sicurezza delle città e del decoro urbano

9 Misure a tutela del decoro di particolari luoghi.

1. Fatto salvo quanto previsto dalla vigente normativa a tutela delle aree interne delle infrastrutture, fisse e mobili, ferroviarie, aeroportuali, marittime e di trasporto pubblico locale, urbano ed extraurbano, e delle relative pertinenze, chiunque ponga in essere condotte che impediscono l'accessibilità e la (1) fruizione delle predette infrastrutture, in violazione dei divieti di stazionamento o di occupazione di spazi ivi previsti, è soggetto alla sanzione amministrativa del pagamento di una somma da euro 100 a euro 300. Contestualmente all'accertamento (1) della condotta illecita, al trasgressore viene ordinato, nelle forme e con le modalità di cui all'articolo 10, l'allontanamento dal luogo in cui è stato commesso il fatto.

2. Ferma restando l'applicazione delle sanzioni amministrative previste dagli articoli 688 e 726 del Codice penale e dall'articolo 29 del decreto legislativo 31 marzo 1998, n. 114, nonché dall'articolo 7, comma 15-bis, del codice della strada, di cui al decreto legislativo 30 aprile 1992, n. 285, (2) e dall'articolo 1-*sexies* del decreto-legge 24 febbraio 2003, n. 28, convertito, con modificazioni, dalla legge 24 aprile 2003, n. 88 (3), il provvedimento di allontanamento di cui al comma 1 del presente articolo è disposto altresì nei confronti di chi commette le violazioni previste dalle predette disposizioni nelle aree di cui al medesimo comma.

3. Fermo il disposto dell'articolo 52, comma 1-*ter*, del decreto legislativo 22 gennaio 2004, n. 42, e dell'articolo 1, comma 4, del decreto legislativo 25 novembre 2016, n. 222, i regolamenti di polizia urbana possono individuare aree urbane su cui insistono presidi sanitari, (4) scuole, plessi scolastici e siti universitari, (2) musei, aree e parchi archeologici, complessi monumentali o altri istituti e luoghi della cultura interessati da consistenti flussi turistici, aree destinate allo svolgimento di fiere, mercati, pubblici spettacoli (5), ovvero adibite a verde pubblico, alle quali si applicano le disposizioni di cui ai commi 1 e 2 del presente articolo (2).

4. Per le violazioni di cui al comma 1, fatti salvi i poteri delle autorità di settore aventi competenze a tutela di specifiche aree del territorio, (2) l'autorità competente è il sindaco del comune nel cui territorio le medesime sono state accertate, che provvede ai sensi degli articoli 17 e seguenti della legge 24 novembre 1981, n. 689. I proventi derivanti dal pagamento delle sanzioni amministrative irrogate sono devoluti al comune competente, che li destina all'attuazione di iniziative di miglioramento del decoro urbano.

(1) *Inciso modificato, in sede di conversione.*
(2) *Parole introdotte in sede di conversione.*
(3) *Le parole « e dall'articolo 1-*sexies *del decreto-legge 24 febbraio 2003, n. 28, convertito, con modificazioni, dalla legge 24 aprile 2003, n. 88 » sono state inserite dall'art. 16-bis d.l. 14 giugno 2019, n. 53, conv., con modif., in l. 8 agosto 2019, n. 77.*
(4) *Le parole « presidi sanitari, » sono state introdotte dall'art. 21, comma 1, lett.* a) *d.l. 4 ottobre 2018, n. 113, convertito con modificazioni in l. 1 dicembre 2018, n. 132. Successivamente la Corte costituzionale, con sentenza 24 luglio 2019, n. 195, ha dichiarato non fondata, nei sensi di cui in motivazione, una questione di legittimità sollevata in riferimento al predetto art. 21, comma 1, lett.* a) *d.l. n. 113, cit., per contrasto con gli artt. 3, 32 e 117, comma 3 Cost.*
(5) *Le parole « aree destinate allo svolgimento di fiere, mercati, pubblici spettacoli, » sono state introdotte dall'art. 21, d.l. n. 113, cit.*

10 Divieto di accesso.

1. L'ordine di allontanamento di cui all'articolo 9, comma 1, secondo periodo e comma 2, è rivolto per iscritto dall'organo accertatore, individuato ai sensi dell'articolo 13 della legge 24 novembre 1981, n. 689. In esso sono riportate le motivazioni sulla base delle quali è stato adottato ed (1) è specificato che ne cessa l'efficacia trascorse quarantotto ore dall'accertamento del fatto e che la sua violazione è soggetta alla sanzione amministrativa pecuniaria applicata ai sensi dell'articolo 9, comma 1, aumentata del doppio. Copia del provvedimento è trasmessa con immediatezza al questore competente per territorio con contestuale segnalazione ai competenti servizi socio-sanitari, ove ne ricorrano le condizioni.

2. Nei casi di reiterazione delle condotte di cui all'articolo 9, commi 1 e 2, il questore, qualora dalla condotta tenuta possa derivare pericolo per la sicurezza, può disporre, con provvedimento motivato, per un periodo non superiore a dodici mesi (2), il divieto di accesso ad una o più delle aree di cui all'articolo 9, espressamente specificate nel provvedimento, individuando, altresì, modalità applicative del divieto compatibili con le esigenze di mobilità, salute e lavoro del destinatario dell'atto. Il contravventore al divieto di cui al presente comma è punito con l'arresto da sei mesi ad un anno (3).

3. La durata del divieto di cui al comma 2 (1) non può comunque essere inferiore a dodici mesi (2), né superiore a due anni, qualora le condotte di cui all'articolo 9, commi 1 e 2, risultino commesse da soggetto condannato, con sentenza definitiva o confermata in grado di appello, nel corso degli ultimi cinque anni per reati contro la persona o il patrimonio. Il contravventore al divieto emesso in relazione ai casi di cui al presente comma è punito con l'arresto da uno a due anni (4). Qualora il responsabile sia soggetto minorenne, il questore ne dà notizia al procuratore della Repubblica presso il Tribunale per i minorenni.

4. In relazione al provvedimento di cui al comma 3 si applicano, in quanto compatibili, le disposizioni di cui all'articolo 6, commi 2-*bis*, 3 e 4, della legge 13 dicembre 1989, n. 401.

5. Nei casi di condanna (2) per reati contro la persona o il patrimonio commessi nei luoghi o nelle aree di cui all'articolo 9, la concessione della sospensione condizionale della pena può essere subordinata all'osservanza del divieto, imposto dal giudice, (2) di accedere a luoghi o aree specificamente individuati.

6. Ai fini dell'applicazione del presente articolo e dell'articolo 9, entro novanta giorni dalla data di entrata in vigore del presente decreto, il Ministro dell'inter-

no determina i criteri generali volti a favorire il rafforzamento della cooperazione, informativa ed operativa, e l'accesso alle banche dati, (1) tra le Forze di polizia, di cui all'articolo 16 della legge 1° aprile 1981, n. 121, e i Corpi e servizi di polizia municipale, nell'ambito delle risorse umane, strumentali e finanziarie disponibili a legislazione vigente.

6-*bis*. Con decreto del Ministro dell'interno, di concerto con il Ministro dell'economia e delle finanze, sono definiti i livelli di accesso alle banche dati di cui al comma 6, anche al fine di assicurare il rispetto della clausola di invarianza finanziaria di cui al medesimo comma 6 (5).

6-*ter*. Le disposizioni di cui ai commi 1-ter e 1-*quater* dell'articolo 8 della legge 13 dicembre 1989, n. 401, hanno efficacia a decorrere dalla data di entrata in vigore della legge di conversione del presente decreto [fino al 30 giugno 2020] (5) (6).

6-*quater*. Nel caso di reati commessi con violenza alle persone o alle cose, compiuti alla presenza di più persone anche in occasioni pubbliche, per i quali è obbligatorio l'arresto ai sensi dell'articolo 380 del codice di procedura penale, quando non è possibile procedere immediatamente all'arresto per ragioni di sicurezza o incolumità pubblica, si considera comunque in stato di flagranza ai sensi dell'articolo 382 del medesimo codice colui il quale, sulla base di documentazione video fotografica dalla quale emerga inequivocabilmente il fatto, ne risulta autore, sempre che l'arresto sia compiuto non oltre il tempo necessario alla sua identificazione e, comunque, entro le quarantotto ore dal fatto. [Le disposizioni del presente comma hanno efficacia dalla data di entrata in vigore della legge di conversione del presente decreto fino al 30 giugno 2020](5) (6).

(1) *Inciso inserito in sede di conversione.*
(2) *Le parole « dodici mesi, » sono state sostituite alle parole « dodici mesi, » dall'art. 21, comma 1-*bis*, d.l. 4 ottobre 2018, n. 113, convertito con modificazioni in l. 1 dicembre 2018, n.132.*
(3) *Periodo inserito dall'art. 21-*ter*, comma 1, lett.* a)*, d.l. n. 113, cit.*
(4) *Periodo inserito dall'art. 21-*ter*, comma 1, lett.* b)*, d.l. n. 113, cit., come modificato da Errata Corrige in G.U. 17 dicembre 2018, n. 292.*
(5) *Comma aggiunto in sede di conversione.*
(6) *Le parole « fino al 30 giugno 2020 » e il secondo periodo del comma 6-quater sono stati soppressi dall'art. 15 d.l. 14 giugno 2019, n. 53, conv., con modif., in l. 8 agosto 2019, n. 77.*

11 Disposizioni in materia di occupazioni arbitrarie di immobili.

1. Il prefetto, acquisito il parere del Comitato provinciale per l'ordine e la sicurezza pubblica in seduta allargata ai rappresentanti della regione, emana, ai sensi dell'articolo 13 della legge 1° aprile 1981, n. 121, direttive per la prevenzione delle occupazioni arbitrarie di immobili (1).

2. Quando è richiesto l'intervento della Forza pubblica per l'esecuzione di un provvedimento di rilascio di immobili occupati arbitrariamente da cui può derivare pericolo di turbative per l'ordine e la sicurezza pubblica, l'autorità o l'organo che vi provvede ne dà comunicazione al prefetto (1).

3. Il prefetto, ricevuta la comunicazione di cui al comma 2, convoca il Comitato provinciale per l'ordine e la sicurezza pubblica ai fini dell'emanazione delle direttive concernenti il concorso delle diverse componenti della Forza pubblica nell'esecuzione del provvedimento, estendendo la partecipazione ai rappresentanti della regione. Il prefetto comunica tempestivamente all'autorità giudiziaria che ha emesso il provvedimento di rilascio l'intervenuta esecuzione dello stesso (1) (2).

3.1. Il prefetto, qualora ravvisi la necessità di definire un piano delle misure emergenziali necessarie per la tutela dei soggetti in situazione di fragilità che non sono in grado di reperire autonomamente una sistemazione alloggiativa alternativa, sentito il Comitato provinciale per l'ordine e la sicurezza pubblica, istituisce una cabina di regia incaricata di provvedere nel termine di novanta giorni. Della cabina di regia fanno parte, oltre a rappresentanti della prefettura, anche rappresentanti della regione e degli enti locali interessati, nonché degli enti competenti in materia di edilizia residenziale pubblica. Ai rappresentanti della cabina di regia non spetta alcun compenso, indennità, gettone di presenza, rimborso di spese o altro emolumento comunque denominato (3) (2).

3.2. Alla scadenza del termine di novanta giorni di cui al comma 3.1, il prefetto riferisce all'autorità giudiziaria gli esiti dell'attività svolta dalla cabina di regia, indicando i tempi di esecuzione del provvedimento di rilascio ovvero le ragioni che ne rendono necessario il differimento. L'autorità giudiziaria competente per l'esecuzione, tenuto conto delle informazioni ricevute, adotta i provvedimenti necessari, ivi compreso quello di differimento dell'esecuzione. Ferma restando la responsabilità anche sotto il profilo risarcitorio degli autori del reato di occupazione abusiva, al proprietario o al titolare di altro diritto reale di godimento sull'immobile è liquidata dal prefetto un'indennità onnicomprensiva per il mancato godimento del bene, secondo criteri equitativi che tengono conto dello stato dell'immobile, della sua destinazione, della durata dell'occupazione, dell'eventuale fatto colposo del proprietario nel non avere impedito l'occupazione. L'indennità è riconosciuta a decorrere dalla scadenza del termine di novanta giorni di cui al comma 3.1 e non è dovuta se l'avente diritto ha dato causa o ha concorso a dare causa con dolo o colpa grave all'occupazione arbitraria. Avverso il provvedimento che ha disposto la liquidazione dell'indennità il proprietario dell'immobile può proporre ricorso dinanzi al tribunale del luogo ove l'immobile si trova. Il ricorso è proposto, a pena di inammissibilità, entro trenta giorni dalla comunicazione del provvedimento di liquidazione dell'indennità. Si applicano gli articoli 737 e seguenti del codice di procedura civile e il tribunale decide in composizione monocratica. Il reclamo si propone al tribunale e del collegio non può far parte il giudice che ha pronunciato il provvedimento (3) (2).

3.3. Il differimento dell'esecuzione del provvedimento di rilascio non può superare un anno decorrente dalla data di adozione del relativo provvedimento (3) (2).

3.4. Ai fini della corresponsione dell'indennità di cui al comma 3.2, nello stato di previsione del Ministero dell'interno è istituito un fondo con una dotazione iniziale di 2 milioni di euro annui a decorrere dal 2018. Agli oneri derivanti dal presente comma si provvede mediante corrispondente utilizzo di quota parte delle entrate di cui all'articolo 18, comma 1, lettera *a*), della legge 23 febbraio 1999, n. 44, affluite all'entrata del bilancio dello Stato, che restano acquisite all'erario. Il fondo potrà essere alimentato anche con le risorse provenienti dal Fondo unico giustizia di cui all'articolo 61, comma 23, del decreto-legge 25 giugno 2008, n. 112, convertito, con modificazioni, dalla legge 6 agosto 2008, n. 133, per la quota spettante al Ministero dell'interno (3) (2).

3.5. Qualora al prefetto sia richiesto l'ausilio della Forza pubblica per l'esecuzione di una pluralità di ordinanze di rilascio da cui può derivare pericolo di turbative per l'ordine e la sicurezza pubblica, convoca il Comitato provinciale per l'ordine e la sicurezza pubblica, allargato ai rappresentanti della regione, per la predisposizione del programma degli interventi. La determinazione del programma degli interventi avviene secondo criteri di priorità che tengono conto della situazione dell'ordine e della sicurezza pubblica negli ambiti territoriali interessati, dei possibili rischi per l'incolumità e la salute pubblica, dei diritti dei soggetti proprietari degli immobili, nonché dei livelli assistenziali che devono essere garantiti agli aventi diritto dalle regioni e dagli enti locali. Il programma degli interventi è comunicato all'autorità giudiziaria che ha adottato le ordinanze di rilascio nonché ai soggetti proprietari. Il termine di novanta giorni di cui al comma 3.1 inizia a decorrere, per ciascun intervento, dalla data individuata in base al programma degli interventi (3) (2).

3.6. Avverso il programma di cui al comma 3.5 è ammesso ricorso innanzi al giudice amministrativo, che decide con il rito di cui all'articolo 119 del decreto legislativo 2 luglio 2010, n. 104. L'eventuale annullamento del predetto provvedimento può dar luogo, salvi i casi di dolo o colpa grave, esclusivamente al risarcimento in forma specifica, consistente nell'obbligo per l'amministrazione di disporre gli interventi necessari ad assicurare la cessazione della situazione di occupazione arbitraria dell'immobile (2) (3) (4).

3-*bis*. All'articolo 5 del decreto-legge 28 marzo 2014, n. 47, convertito, con modificazioni, dalla legge 23 maggio 2014, n. 80, dopo il comma 1-*ter* è aggiunto il seguente:

"1-*quater*. Il sindaco, in presenza di persone minorenni o meritevoli di tutela, può dare disposizioni in deroga a quanto previsto ai commi 1 e 1-*bis*, a tutela delle condizioni igienico-sanitarie" (5).

(1) *I commi 1, 2 e 3 sono stati sostituiti dall'art. 31-*ter*, comma 1, d.l. 4 ottobre 2018, n. 113, convertito con modificazioni l. 1 dicembre 2018, n. 132. Il testo dei commi era il seguente:* « 1. Il prefetto, nella determinazione delle modalità esecutive di provvedimenti dell'Autorità Giudiziaria concernenti occupazioni arbitrarie di immobili, nell'esercizio delle funzioni di cui all'articolo 13 della legge 1° aprile 1981, n. 121, impartisce, sentito il comitato provinciale per l'ordine e la sicurezza pubblica, disposizioni per prevenire, in relazione al numero degli immobili da sgomberare, il pericolo di possibili turbative per l'ordine e la sicurezza pubblica e per assicurare il concorso della Forza pubblica all'esecuzione di provvedimenti dell'Autorità Giudiziaria concernenti i medesimi immobili. — 2. Le disposizioni di cui al comma 1 definiscono l'impiego della Forza pubblica per l'esecuzione dei necessari interventi, secondo criteri di priorità che, ferma restando la tutela dei nuclei familiari in situazioni di disagio economico e sociale, tengono conto della situazione dell'ordine e della sicurezza pubblica negli ambiti territoriali interessati, dei possibili rischi per l'incolumità e la salute pubblica, dei diritti dei soggetti proprietari degli immobili, nonché dei livelli assistenziali che devono essere in ogni caso garantiti agli aventi diritto dalle regioni e dagli enti locali. — 3. L'eventuale annullamento, in sede di giurisdizione amministrativa, dell'atto con il quale sono state emanate le disposizioni di cui al comma 1, può dar luogo, salvi i casi di dolo o colpa grave, esclusivamente al risarcimento in forma specifica, consistente nell'obbligo per l'amministrazione di disporre gli interventi necessari ad assicurare la cessazione della situazione di occupazione arbitraria dell'immobile ».

(2) *Si veda altresì l'art. 31-*ter*, comma 2, d.l. n. 113, cit. secondo cui « 2. Il rispetto della procedura di cui ai commi da 3 a 3.6 dell'articolo 11 del citato decreto-legge n. 14 del 2017, come modificato dal comma 1 del presente articolo, esonera il Ministero dell'interno ed i suoi organi periferici dalla responsabilità civile e amministrativa per la mancata esecuzione di provvedimenti di rilascio di immobili abusivamente occupati, qualora la stessa sia dipesa dall'impossibilità di individuare le misure emergenziali di cui al comma 3.1 del citato articolo 11, ovvero dalla necessità di assicurare la salvaguardia della pubblica e privata incolumità. Nei predetti casi è dovuta esclusivamente l'indennità di cui al comma 3.2 del citato articolo 11 ».*

(3) *Comma inserito dall'art. 31-*ter*, comma 1, d.l. n. 113, cit..*

(4) *Si veda l'art. 31-*ter*, comma 3, d.l. n. 113, cit., ai sensi del quale: « 3. Le disposizioni di cui all'articolo 11 del citato decreto-legge n. 14 del 2017, come modificato dal comma 1 del presente articolo, si applicano anche alle controversie per le quali non sia intervenuta sentenza alla data di entrata in vigore della legge di conversione del presente decreto ».*

(5) *Comma aggiunto in sede di conversione.*

12 Disposizioni in materia di pubblici esercizi.

1. Nei casi di reiterata inosservanza delle ordinanze emanate, nella stessa materia, ai sensi dell'articolo 50, commi 5 e 7, del decreto legislativo 18 agosto 2000, n. 267, come modificato dal presente decreto, può essere disposta dal questore l'applicazione della misura della sospensione dell'attività per un massimo di quindici giorni, ai sensi dell'articolo 100 del testo unico delle leggi di pubblica sicurezza, di cui al regio decreto 18 giugno 1931, n. 773 (1).

2. All'articolo 14-*ter*, comma 2, della legge 30 marzo 2001, n. 125, dopo la parola: « vende » sono inserite le seguenti: « o somministra » e le parole: "per tre mesi" sono sostituite dalle seguenti: "da quindici giorni a tre mesi" (2).

(1) *Inciso modificato in sede di conversione.*

(2) *Inciso inserito in sede di conversione.*

12-*bis* Modifica all'articolo 100 del testo unico delle leggi di pubblica sicurezza, di cui al regio decreto 18 giugno 1931, n. 773 (1).

1. All'articolo 100, primo comma, del testo unico delle leggi di pubblica sicurezza, di cui al regio decreto 18 giugno 1931, n. 773, dopo le parole: "di un esercizio" sono inserite le seguenti: ", anche di vicinato,".

(1) *Articolo aggiunto in sede di conversione.*

13 Ulteriori misure di contrasto dello spaccio di sostanze stupefacenti all'interno o in prossimità di locali pubblici o aperti al pubblico e di pubblici esercizi.

1. Nei confronti delle persone che abbiano riportato una o più denunzie o siano state condannate anche con sentenza non definitiva nel corso degli ultimi tre anni per la vendita o la cessione di sostanze stupefacenti o psicotrope, di cui all'articolo 73 del testo unico di cui al decreto del Presidente della Repubblica 9 ot-

tobre 1990, n. 309, per fatti commessi all'interno o nelle immediate vicinanze di scuole, plessi scolastici, sedi universitarie, locali pubblici o aperti al pubblico, ovvero in uno dei pubblici esercizi di cui all'articolo 5 della legge 25 agosto 1991, n. 287, il Questore, valutati gli elementi derivanti dai provvedimenti dell'Autorità giudiziaria e sulla base degli accertamenti di polizia, può disporre, per ragioni di sicurezza, il divieto di accesso agli stessi locali o a esercizi analoghi, specificamente indicati, ovvero di stazionamento nelle immediate vicinanze degli stessi (1).

2. Il divieto di cui al comma 1 non può avere durata inferiore ad un anno, né superiore a cinque. Il divieto è disposto individuando modalità applicative compatibili con le esigenze di mobilità, salute, lavoro e studio del destinatario dell'atto.

3. Nei casi di cui al comma 1, il questore, nei confronti dei soggetti già condannati negli ultimi tre anni con sentenza definitiva, può altresì disporre, per la durata massima di due anni, una o più delle seguenti misure:

a) obbligo di presentarsi almeno due volte a settimana presso il locale ufficio della Polizia di Stato o presso il comando dell'Arma dei carabinieri territorialmente competente; obbligo di rientrare nella propria abitazione, o in altro luogo di privata dimora, entro una determinata ora e di non uscirne prima di altra ora prefissata;

b) divieto di allontanarsi dal comune di residenza;

c) obbligo di comparire in un ufficio o comando di polizia specificamente indicato, negli orari di entrata ed uscita dagli istituti scolastici.

4. In relazione al provvedimento di cui al comma 3 si applicano, in quanto compatibili, le disposizioni di cui all'articolo 6, commi 2-bis, 3 e 4, della legge 13 dicembre 1989, n. 401.

5. I divieti di cui al comma 1 possono essere disposti anche nei confronti di soggetti minori di diciotto anni che hanno compiuto il quattordicesimo anno di età. Il provvedimento è notificato a coloro che esercitano la responsabilità genitoriale.

6. La violazione dei divieti e delle prescrizioni di cui ai commi 1 e 3 è punita con la reclusione da sei mesi a due anni e con la multa da 8.000 a 20.000 euro (2).

7. Nei casi di condanna per i reati di cui al comma 1 commessi all'interno o nelle immediate vicinanze di locali pubblici o aperti al pubblico, ovvero in uno dei pubblici esercizi di cui all'articolo 5 della legge 25 agosto 1991, n. 287, la concessione della sospensione condizionale della pena può essere subordinata all'imposizione del divieto di accedere in locali pubblici o pubblici esercizi specificamente individuati.

(1) *Comma così sostituito dall'art. 11, comma 1, lett.* a) *d.l. 21 ottobre 2020, n. 130, conv., con modif., in l. 18 dicembre 2020, n. 173. Il testo del comma era il seguente:* « 1. Nei confronti delle persone condannate con sentenza definitiva o confermata in grado di appello nel corso degli ultimi tre anni per la vendita o la cessione di sostanze stupefacenti o psicotrope, di cui all'articolo 73 del testo unico di cui al decreto del Presidente della Repubblica 9 ottobre 1990, n. 309, per fatti commessi all'interno o nelle immediate vicinanze di scuole, plessi scolastici, sedi universitarie, (2) locali pubblici o aperti al pubblico (1), ovvero in uno dei pubblici esercizi di cui all'articolo 5 della legge 25 agosto 1991, n. 287, il questore può disporre, per ragioni di sicurezza, il divieto di accesso agli stessi locali o a esercizi analoghi, specificamente indicati, ovvero di stazionamento nelle immediate vicinanze degli stessi ».

(2) *Comma così sostituito dall'art. 11, comma 1, lett.* b) *d.l. n. 130, cit. Il testo del comma era il seguente:* « 6. Salvo che il fatto costituisca reato, per la violazione dei divieti di cui ai commi 1 e 3 si applicano, con provvedimento del prefetto, ai sensi della legge 24 novembre 1981, n. 689, la sanzione amministrativa del pagamento di una somma da euro 10.000 a euro 40.000 e la sospensione della patente di guida da sei mesi a un anno ».

13-*bis* Disposizioni per la prevenzione di disordini negli esercizi pubblici e nei locali di pubblico trattenimento (1).

1. Fuori dei casi di cui all'articolo 13, nei confronti delle persone denunciate, negli ultimi tre anni, per reati commessi in occasione di gravi disordini avvenuti in pubblici esercizi o in locali di pubblico trattenimento ovvero nelle immediate vicinanze degli stessi, o per delitti non colposi contro la persona o il patrimonio ovvero aggravati ai sensi dell'articolo 604-*ter* del codice penale, qualora dalla condotta possa derivare un pericolo per la sicurezza, il Questore può disporre il divieto di accesso a pubblici esercizi o locali di pubblico trattenimento specificamente individuati in ragione dei luoghi in cui sono stati commessi i predetti reati ovvero delle persone con le quali l'interessato si associa, specificamente indicati. Il Questore può altresì disporre, per motivi di sicurezza, la misura di cui al presente comma anche nei confronti dei soggetti condannati, anche con sentenza non definitiva, per taluno dei predetti reati (2).

1-*bis*. Il Questore può disporre il divieto di accesso ai pubblici esercizi o ai locali di pubblico trattenimento presenti nel territorio dell'intera provincia nei confronti delle persone che, per i reati di cui al comma 1, sono state poste in stato di arresto o di fermo convalidato dall'autorità giudiziaria, ovvero condannate, anche con sentenza non definitiva (2).

1-*ter*. In ogni caso, la misura disposta dal Questore, ai sensi dei commi 1 e 1-*bis*, ricomprende anche il divieto di stazionamento nelle immediate vicinanze dei pubblici esercizi e dei locali di pubblico trattenimento ai quali è vietato l'accesso (2).

2. Il divieto di cui ai commi 1 e 1-*bis* (3) può essere limitato a specifiche fasce orarie e non può avere una durata inferiore a sei mesi né superiore a due anni. Il divieto è disposto, con provvedimento motivato, individuando comunque modalità applicative compatibili con le esigenze di mobilità, salute e lavoro del destinatario dell'atto.

3. Il divieto di cui ai commi 1 e 1-*bis* (4) al comma 1 può essere disposto anche nei confronti di soggetti minori di diciotto anni che hanno compiuto il quattordicesimo anno di età. Il provvedimento è notificato a coloro che esercitano la responsabilità genitoriale.

4. Il questore può prescrivere alle persone alle quali è notificato il divieto previsto dai commi 1 e 1-*bis* (5) dal comma 1 di comparire personalmente una o più volte, negli orari indicati, nell'ufficio o comando di polizia competente in relazione al luogo di residenza dell'obbligato o in quello specificamente indicato.

5. In relazione al provvedimento di cui al comma 4 si applicano, in quanto compatibili, le disposizioni di cui all'articolo 6, commi 3 e 4, della legge 13 dicembre 1989, n. 401.

6. La violazione dei divieti e delle prescrizioni (6) di cui al presente articolo è punita con la reclusione da sei mesi a due anni e con la multa da 8.000 a 20.000 euro (6).

(1) *Articolo inserito dall'art. 21, comma 1-*bis*, d.l. 4 ottobre 2018, n. 113, convertito con modificazioni in l. 1 dicembre 2018, n.132.*

(2) *I commi 1, 1-*bis *e 1-*ter *sono stati sostituiti all'originario comma 1 dall'art. 11, comma 1, lett.* b) *n. 1 d.l. 21 ottobre 2020, n. 130, conv., con modif., in l. 18 dicembre 2020, n. 173. Il testo del comma 1 era il seguente:* « 1. Fuori dei casi di cui all'articolo 13, il questore può disporre per ragioni di sicurezza, nei confronti delle persone condannate con sentenza definitiva o confermata in grado di appello nel corso degli ultimi tre anni per reati commessi in occasione di gravi disordini avvenuti in pubblici esercizi ovvero in locali di pubblico trattenimento, per delitti non colposi contro la persona e il patrimonio, nonché per i delitti previsti dall'articolo 73 del testo unico di cui al decreto del Presidente della Repubblica 9 ottobre 1990, n. 309, il divieto di accesso agli stessi locali o ad esercizi pubblici analoghi, specificamente indicati, ovvero di stazionamento nelle immediate vicinanze degli stessi ».

(3) *Le parole* « ai commi 1 e 1-*bis* » *sono state sostituite alle parole* « al comma 1 » *dall'art. 11, comma 1, lett.* b) *n. 2 d.l. n. 130, cit.*

(4) *Le parole* « ai commi 1 e 1-*bis* » *sono state sostituite alle parole* « al comma 1 » *dall'art. 11, comma 1, lett.* b) *n. 3 d.l. n. 130, cit.*

(5) *Le parole* « dai commi 1 e 1-*bis* » *sono state sostituite alle parole* « dal comma 1 » *dall'art. 11, comma 1, lett.* b) *n. 4 d.l. n. 130, cit.*

(6) *Le parole* « dei divieti e delle prescrizioni » *sono state sostituite alle parole* « del divieto » *e le parole* « da sei mesi a due anni e con la multa da 8.000 a 20.000 euro » *sono state sostituite alle parole* « da sei mesi ad un anno e con la multa da 5.000 a 20.000 euro » *dall'art. 11, comma 1, lett.* b) *n. 5 d.l. n. 130, cit.*

14 Numero Unico Europeo 112.

1. Per le attività connesse al numero unico europeo 112 e alle relative centrali operative realizzate in ambito regionale secondo le modalità definite con i protocolli d'intesa adottati ai sensi dell'articolo 75-*bis*, comma 3, del decreto legislativo 1° agosto 2003, n. 259, le Regioni che hanno rispettato gli obiettivi del pareggio di bilancio di cui all'articolo 9 della legge 24 dicembre 2012, n. 243, possono bandire, nell'anno successivo, procedure concorsuali finalizzate all'assunzione, con contratti di lavoro a tempo indeterminato, di un contingente massimo di personale determinato in proporzione alla popolazione residente in ciascuna Regione, sulla base di un rapporto pari ad un'unità di personale ogni trentamila residenti. A tal fine, le Regioni possono utilizzare integralmente i risparmi derivanti dalle cessazioni dal servizio per gli anni 2016, 2017, 2018 e 2019 finalizzate alle assunzioni, in deroga alle previsioni dell'articolo 1, comma 228, primo periodo, della legge 28 dicembre 2015, n. 208.

1-*bis*. Le procedure concorsuali finalizzate alle nuove assunzioni di cui al comma 1 sono subordinate alla verifica dell'assenza di personale in mobilità o in esubero nell'ambito della medesima amministrazione con caratteristiche professionali adeguate alle mansioni richieste (1).

(1) *Comma aggiunto in sede di conversione.*

15 Integrazione della disciplina sulle misure di prevenzione personali.

1. Al decreto legislativo 6 settembre 2011, n. 159, sono apportate le seguenti modificazioni:

a) all'articolo 1, comma 1, lettera *c*), dopo le parole: « sulla base di elementi di fatto », sono inserite le seguenti: «, comprese le reiterate violazioni del foglio di via obbligatorio di cui all'articolo 2, nonché dei divieti di frequentazione di determinati luoghi previsti dalla vigente normativa »;

b) all'articolo 6, dopo il comma 3, è aggiunto il seguente:

« 3-*bis*. Ai fini della tutela della sicurezza pubblica, gli obblighi e le prescrizioni inerenti alla sorveglianza speciale possono essere disposti, con il consenso dell'interessato ed accertata la disponibilità dei relativi dispositivi, anche con le modalità di controllo previste all'articolo 275-*bis* del codice di procedura penale. ».

16 Modifica (1) all'articolo 639 del codice penale.

1. All'articolo 639 del codice penale, dopo il quarto comma è aggiunto il seguente: « Con la sentenza di condanna per i reati di cui al secondo e terzo comma il giudice, ai fini di cui all'articolo 165, primo comma, può disporre l'obbligo di ripristino e di ripulitura dei luoghi ovvero, qualora ciò non sia possibile, l'obbligo di sostenerne le spese o di rimborsare (2) quelle a tal fine sostenute, ovvero, se il condannato non si oppone, la prestazione di attività non retribuita a favore della collettività per un tempo determinato comunque non superiore alla durata della pena sospesa, secondo le modalità indicate nella sentenza di condanna. ».

(1) *Rubrica modificata in sede di conversione.*

(2) *Inciso modificato in sede di conversione.*

16-*bis* Parcheggiatori abusivi (1).

1. Il comma 15-*bis* dell'articolo 7 del codice della strada, di cui al decreto legislativo 30 aprile 1992, n. 285, è sostituito dal seguente: "15-*bis*. Salvo che il fatto costituisca reato, coloro che esercitano abusivamente, anche avvalendosi di altre persone, ovvero determinano altri ad esercitare abusivamente l'attività di parcheggiatore o guardiamacchine sono puniti con la sanzione amministrativa pecuniaria del pagamento di una somma da euro 1.000 a euro 3.500. Se nell'attività sono impiegati minori, o nei casi di reiterazione, la sanzione amministrativa pecuniaria è aumentata del doppio. Si applica, in ogni caso, la sanzione accessoria della confisca delle somme percepite, secondo le modalità indicate al titolo VI, capo I, sezione II".

(1) *Articolo aggiunto in sede di conversione.*

17-18 (*Omissis*).

72. Decreto legislativo 19 agosto 2016, n. 177. — Disposizioni in materia di razionalizzazione delle funzioni di polizia e assorbimento del Corpo forestale dello Stato, ai sensi dell'articolo 8, comma 1, lettera *a*), della legge 7 agosto 2015, n. 124, in materia di riorganizzazione delle amministrazioni pubbliche. (*estratto*).

Pubblicato nella Gazzetta Ufficiale n. 213 del 12 settembre 2016.

CAPO I
Ambito di applicazione

1 Oggetto.

1. Il presente decreto disciplina, nell'ambito dell'unitaria attuazione dei principi di delega sulla riorganizzazione delle forze di polizia di cui all'articolo 8, comma 1, lettera *a*), della legge 7 agosto 2015, n. 124, di seguito denominata « legge »:

a) la razionalizzazione e il potenziamento dell'efficacia delle funzioni di polizia;

b) l'assorbimento del Corpo forestale dello Stato, l'attribuzione delle relative funzioni, risorse strumentali e finanziarie, nonché il conseguente transito del personale del medesimo Corpo.

CAPO II
Razionalizzazione delle funzioni di polizia e dei servizi strumentali

2 Comparti di specialità delle Forze di polizia.

1. La Polizia di Stato, l'Arma dei carabinieri e il Corpo della guardia di finanza esercitano, in via preminente o esclusiva, secondo le modalità stabilite con decreto del Ministro dell'interno ai sensi dell'articolo 1 della legge 1° aprile 1981, n. 121, compiti nei seguenti rispettivi comparti di specialità, ferme restando le funzioni rispettivamente attribuite dalla normativa vigente a ciascuna Forza di polizia, nonché le disposizioni di cui alla medesima legge:

a) Polizia di Stato:

1) sicurezza stradale;

2) sicurezza ferroviaria;

3) sicurezza delle frontiere;

4) sicurezza postale e delle comunicazioni;

b) Arma dei carabinieri:

1) sicurezza in materia di sanità, igiene e sofisticazioni alimentari;

2) sicurezza in materia forestale, ambientale e agroalimentare;

3) sicurezza in materia di lavoro e legislazione sociale;

4) sicurezza del patrimonio archeologico, storico, artistico e culturale nazionale;

c) Corpo della Guardia di finanza:

1) sicurezza del mare, in relazione ai compiti di polizia, attribuiti dal presente decreto, e alle altre funzioni già svolte, ai sensi della legislazione vigente e fatte salve le attribuzioni assegnate dalla legislazione vigente al Corpo delle Capitanerie di porto - Guardia costiera;

2) sicurezza in materia di circolazione dell'euro e degli altri mezzi di pagamento.

2. Per i comparti di specialità di cui al presente articolo, resta fermo quanto previsto dall'articolo 11 della legge 31 marzo 2000, n. 78.

3 Razionalizzazione dei presidi di polizia.

1. Ferma restando la coordinata presenza della Polizia di Stato e dell'Arma dei Carabinieri e la garanzia di adeguati livelli di sicurezza e di presidio del territorio, nonché l'articolo 177 del decreto legislativo 15 marzo 2010, n. 66, con decreto del Ministro dell'interno ai sensi dell'articolo 1 della legge 1° aprile 1981, n. 121, da adottare entro 90 giorni dalla pubblicazione del presente decreto, sono determinate misure volte a razionalizzare la dislocazione delle Forze di polizia sul territorio, privilegiando l'impiego della Polizia di Stato nei comuni capoluogo e dell'Arma dei carabinieri nel restante territorio, salvo specifiche deroghe per particolari esigenze di ordine e sicurezza pubblica, tenendo anche conto dei provvedimenti di riorganizzazione degli uffici delle Forze di polizia di livello provinciale in relazione a quanto previsto dall'articolo 7 del presente decreto, dell'articolo 1, comma 147, della legge 7 aprile 2014, n. 56, nonché della revisione delle articolazioni periferiche dell'Amministrazione della pubblica sicurezza, anche in attuazione dell'articolo 8, comma 1, lettera *e*), della legge.

2. Con proprie determinazioni, il Comandante generale della guardia di finanza ridefinisce la dislocazione territoriale dei comandi e reparti del Corpo della guardia di finanza ai sensi dell'articolo 2, comma 4, del decreto del Presidente della Repubblica 29 gennaio 1999, n. 34, tenendo conto delle esigenze connesse all'esercizio delle relative finalità istituzionali di polizia economico-finanziaria a competenza generale, nonché, ai sensi del comma 1, in relazione al concorso al mantenimento dell'ordine e della sicurezza pubblica. Al fine di assicurare maggiore economicità, speditezza e semplificazione dell'azione amministrativa, la linea gerarchica territoriale, speciale e addestrativa del Corpo della guardia di finanza, nonché le denominazioni dei comandi e reparti del medesimo Corpo, sono ridefinite, in deroga agli articoli 2, comma 3, 6 e 7 del citato decreto del Presidente della Repubblica 29 gennaio 1999, n. 34, con decreto del Ministro dell'economia e delle finanze, adottato su proposta del Comandante generale della guardia di finanza.

4 Razionalizzazione dei servizi navali.

1. Ai fini dell'esercizio da parte del Corpo della guardia di finanza delle funzioni in mare ai sensi dell'articolo 2, sono soppresse le squadre nautiche della Polizia di Stato e i siti navali dell'Arma dei carabinieri, fatto salvo il mantenimento delle moto d'acqua per la vigilanza dei litorali e delle unità navali impiegate nella laguna di Venezia, nelle acque interne e nelle isole minori ove per esigenze di ordine e sicurezza pubblica è già dislocata una unità navale, nonché i siti navali del Corpo di polizia penitenziaria, ad eccezione di quelli dislocati a Venezia e Livorno.

2. Sono trasferiti al Corpo della guardia di finanza i mezzi interessati dalle soppressioni di cui al comma 1, da individuare con decreto interdirettoriale dei Ministeri dell'interno, della difesa, dell'economia e delle finanze e della giustizia.

3. Ferme restando le funzioni e le responsabilità di ciascuna Forza di polizia, il Corpo della guardia di finanza assicura con i propri mezzi navali il supporto alla Polizia di Stato, all'Arma dei carabinieri e al Corpo della polizia penitenziaria per le attività connesse con l'assolvimento dei rispettivi compiti istituzionali, nonché al Corpo della polizia penitenziaria con i propri mezzi aerei il supporto per il servizio delle traduzioni, secondo modalità da stabilire con appositi protocolli d'intesa, adottati previo assenso del Ministero dell'economia e delle finanze.

4. Il Corpo della guardia di finanza provvede all'attuazione dei compiti di cui al comma 3 nell'ambito delle risorse umane, finanziarie e strumentali disponibili a legislazione vigente.

5. Per l'adattamento dei mezzi di cui al comma 2 alle esigenze d'impiego del Corpo della guardia di finanza nonché per la relativa manutenzione e gestione, è autorizzata la spesa di euro 708.502 per l'anno 2017 e di euro 568.202 a decorrere dall'anno 2018.

5 Gestione associata dei servizi strumentali delle Forze di polizia.

1. Al fine di favorire la gestione associata dei servizi strumentali e il perseguimento degli obiettivi di finanza pubblica anche attraverso la razionalizzazione delle spese per l'acquisto di beni e servizi, sono introdotti, nell'ambito di quanto previsto dalla legge 1° aprile 1981, n. 121, processi di centralizzazione degli acquisti riguardanti beni e servizi delle Forze di polizia.

2. Le Forze di polizia, ferma restando la normativa vigente in materia di acquisizione di beni e servizi, in particolare tramite Consip S.p.a., adottano, nell'ambito dell'ufficio per il coordinamento e la pianificazione di cui all'articolo 5, comma 1, lettera *a*), della legge 1° aprile 1981, n. 121, specifici protocolli nei seguenti settori tecnico-logistici:

a) strutture per l'addestramento al tiro;

b) mense di servizio;

c) pulizie e manutenzione;

d) procedure per l'acquisizione e l'addestramento di animali per reparti ippomontati e cinofili e acquisto dei relativi generi alimentari;

e) approvvigionamento di materiali, servizi e dotazioni per uso aereo;

f) programmi di formazione specialistica del personale;

g) adozione di programmi congiunti di razionalizzazione degli immobili, ai fini della riduzione dei fitti passivi sostenuti per la locazione di immobili privati da adibire a caserme;

h) approvvigionamento congiunto o condiviso dei servizi di erogazione di energia elettrica e di riscaldamento, con la prospettiva di unificazione dei programmi di risparmio energetico rispettivamente già avviati;

i) approvvigionamento di equipaggiamenti speciali;

l) approvvigionamento di veicoli.

3. Con appositi protocolli d'intesa tra i Ministeri interessati sono previsti programmi di centralizzazione di acquisti e gestione associata di beni e servizi tra le Forze di polizia e le Forze armate nei settori di cui al comma 2.

4. Ai fini dell'attuazione del presente articolo le Forze di polizia hanno facoltà di recedere dai contratti in corso relativi ai settori tecnico-logistici di cui al comma 2, anche in deroga alle eventuali clausole difformi previste contrattualmente.

6 Realizzazione sul territorio nazionale del servizio « Numero unico di emergenza europeo 112 ».

1. Ai fini della completa e uniforme realizzazione del numero unico di emergenza europeo 112 su tutto il territorio nazionale, attuata attraverso le modalità determinate dalla Commissione consultiva di cui all'articolo 75-*bis*, comma 2, del decreto legislativo 1° agosto 2003, n. 259, entro due anni dalla data di entrata in vigore del presente decreto, il Ministero dell'interno provvede a sottoscrivere con tutte le regioni interessate i protocolli d'intesa di cui al comma 3 del medesimo articolo 75-*bis*.

CAPO III
Assorbimento del Corpo forestale dello Stato

7 Assorbimento del Corpo forestale dello Stato nell'Arma dei carabinieri e attribuzione delle funzioni.

1. Il Corpo forestale dello Stato è assorbito nell'Arma dei carabinieri, la quale esercita le funzioni già svolte dal citato Corpo previste dalla legislazione vigente alla data di entrata in vigore del presente decreto, fermo restando quanto disposto dall'articolo 2, comma 1, e ad eccezione delle competenze in materia di lotta attiva contro gli incendi boschivi e spegnimento con mezzi aerei degli stessi, attribuite al Corpo nazionale dei vigili del fuoco ai sensi dell'articolo 9, nonché delle funzioni attribuite alla Polizia di Stato e al Corpo della guardia di finanza ai sensi dell'articolo 10 e delle attività cui provvede il Ministero delle politiche agricole alimentari e forestali, ai sensi dell'articolo 11.

2. In relazione a quanto previsto dal comma 1, l'Arma dei carabinieri esercita le seguenti funzioni:

a) prevenzione e repressione delle frodi in danno della qualità delle produzioni agroalimentari;

b) controlli derivanti dalla normativa comunitaria agroforestale e ambientale e concorso nelle attività volte al rispetto della normativa in materia di sicurezza alimentare del consumatore e di biosicurezza in genere;

c) vigilanza, prevenzione e repressione delle violazioni compiute in danno dell'ambiente, con specifico riferimento alla tutela del patrimonio faunistico e naturalistico nazionale e alla valutazione del danno ambientale, nonché collaborazione nell'esercizio delle funzioni di cui all'articolo 35 del decreto legislativo 30 luglio 1999, n. 300;

d) sorveglianza e accertamento degli illeciti commessi in violazione delle norme in materia di tutela delle acque dall'inquinamento e del relativo danno ambientale;

e) repressione dei traffici illeciti e degli smaltimenti illegali dei rifiuti;

f) concorso nella prevenzione e nella repressione delle violazioni compiute in danno degli animali;

g) prevenzione e repressione delle violazioni compiute in materia di incendi boschivi;

h) vigilanza e controllo dell'attuazione delle convenzioni internazionali in materia ambientale, con particolare riferimento alla tutela delle foreste e della biodiversità vegetale e animale;

i) sorveglianza sui territori delle aree naturali protette di rilevanza nazionale e internazionale, nonché delle altre aree protette secondo le modalità previste dalla legislazione vigente, ad eccezione delle acque marine confinanti con le predette aree;

l) tutela e salvaguardia delle riserve naturali statali riconosciute di importanza nazionale e internazionale, nonché degli altri beni destinati alla conservazione della biodiversità animale e vegetale;

m) contrasto al commercio illegale nonché controllo del commercio internazionale e della detenzione di esemplari di fauna e di flora minacciati di estinzione, tutelati ai sensi della Convenzione CITES, resa esecutiva con legge 19 dicembre 1975, n. 874, e della relativa normativa nazionale, comunitaria e internazionale ad eccezione di quanto previsto agli articoli 10, comma 1, lettera *b*) e 11;

n) concorso nel monitoraggio e nel controllo del territorio ai fini della prevenzione del dissesto idrogeologico, e collaborazione nello svolgimento dell'attività straordinaria di polizia idraulica;

o) controllo del manto nevoso e previsione del rischio valanghe, nonché attività consultive e statistiche ad essi relative;

p) attività di studio connesse alle competenze trasferite con particolare riferimento alla rilevazione qualitativa e quantitativa delle risorse forestali, anche al fine della costituzione dell'inventario forestale nazionale, al monitoraggio sullo stato fitosanitario delle foreste, ai controlli sul livello di inquinamento degli ecosistemi forestali, al monitoraggio del territorio in genere con raccolta, elaborazione, archiviazione e diffusione dei dati, anche relativi alle aree percorse dal fuoco;

q) adempimenti connessi alla gestione e allo sviluppo dei collegamenti di cui all'articolo 24 della legge 31 gennaio 1994, n. 97;

r) attività di supporto al Ministero delle politiche agricole alimentari e forestali nella rappresentanza e nella tutela degli interessi forestali nazionali in sede comunitaria e internazionale e raccordo con le politiche forestali regionali;

s) educazione ambientale;

t) concorso al pubblico soccorso e interventi di rilievo nazionale di protezione civile su tutto il territorio nazionale, ad eccezione del soccorso in montagna;

u) tutela del paesaggio e dell'ecosistema;

v) concorso nel controllo dell'osservanza delle disposizioni di cui alla legge 24 dicembre 2003, n. 363.

z) Ferme restando le attribuzioni del Corpo nazionale dei vigili del fuoco di cui all'articolo 9, commi 1 e 2, con protocollo di intesa tra l'Arma dei carabinieri ed il Corpo nazionale dei vigili del fuoco sono definite le operazioni di spegnimento a terra degli incendi boschivi nelle aree di cui all'articolo 7, comma 2, lettera *i*), svolte dalle unità specialistiche dell'Arma dei carabinieri (1).

3. Per le finalità del presente articolo è autorizzata la spesa di euro 1.450.000 per l'anno 2017.

(1) *Lettera introdotta dall'art. 4, d.lgs. 12 dicembre 2017, n. 228*

8 Riorganizzazione dell'Arma dei carabinieri in conseguenza dell'assorbimento del Corpo forestale dello Stato.

1. Ferme restando le disposizioni di cui all'articolo 18, comma 6, al fine di salvaguardare le professionalità esistenti, le specialità e l'unitarietà delle funzioni del Corpo forestale dello Stato, assorbito nell'Arma dei carabinieri, ai sensi dell'articolo 7:

a) le funzioni di direzione, di coordinamento, di controllo e di supporto generale svolte dall'Ispettorato generale del Corpo forestale dello Stato sono assolte dal Comando generale dell'Arma dei carabinieri, che si avvale della struttura organizzativa di cui al comma 2, dedicata all'espletamento delle funzioni di cui all'articolo 7;

b) l'organizzazione addestrativa e formativa del Corpo forestale dello Stato confluisce nell'organizzazione addestrativa dell'Arma dei carabinieri e assicura la formazione specialistica del personale dedicato all'assolvimento delle specifiche funzioni di cui all'articolo 7;

c) l'organizzazione aerea del Corpo forestale dello Stato confluisce nel servizio aereo dell'Arma dei carabinieri, ad eccezione delle componenti trasferite al Corpo nazionale dei vigili del fuoco ai sensi del successivo articolo 9;

d) il gruppo sportivo del Corpo forestale dello Stato confluisce in quello dell'Arma dei carabinieri;

e) l'organizzazione territoriale del Corpo forestale dello Stato, nonché le restanti componenti centrali e periferiche del medesimo Corpo confluiscono nelle strutture organizzative dell'Arma dei carabinieri per lo svolgimento delle attività dirette alla tutela dell'ambiente, del territorio e delle acque, alla sicurezza e ai controlli nel settore agroalimentare, ad eccezione di quelle trasferite al Corpo nazionale dei vigili del fuoco ai sensi del successivo articolo 9.

2. Al citato decreto legislativo 15 marzo 2010, n. 66, sono apportate le seguenti modificazioni:

a) all'articolo 169, comma 1, dopo la lettera *c*), è inserita la seguente:

« *c-bis*) organizzazione per la tutela forestale, ambientale e agroalimentare; »;

b) all'articolo 174, comma 2, lettera *b*), le parole « Comandi di divisione, retti da generale di divisione, » sono sostituite dalle seguenti: « Comandi, retti da generale di divisione o di brigata, »;

c) dopo l'articolo 174, è inserito il seguente:

« Art. 174-*bis*. (Organizzazione per la tutela forestale, ambientale e agroalimentare) - 1. L'organizzazione forestale, ambientale e agroalimentare comprende reparti dedicati, in via prioritaria o esclusiva, all'espletamento, nell'ambito delle competenze attribuite all'Arma dei carabinieri, di compiti particolari o che svolgono attività di elevata specializzazione in materia di tutela dell'ambiente, del territorio e delle acque, nonché nel campo della sicurezza e dei controlli nel settore agroalimentare, a sostegno o con il supporto dell'organizzazione territoriale.

2. L'organizzazione di cui al comma 1, si articola in:

a) Comando unità per la tutela forestale, ambientale e agroalimentare, che, ferme restando la dipendenza dell'Arma dei carabinieri dal Capo di Stato Maggiore della Difesa, tramite il comandante generale, per i compiti militari, e la dipendenza funzionale dal Ministro dell'interno, per i compiti di tutela dell'ordine e della sicurezza pubblica, ai sensi dell'articolo 162, comma 1, dipende funzionalmente dal Ministro delle politiche agricole alimentari e forestali per le materie afferenti alla sicurezza e tutela agroalimentare e forestale. Del Comando si avvale il Ministro dell'ambiente e della tutela del territorio e del mare, limitatamente allo svolgimento delle specifiche funzioni espressamente riconducibili alle attribuzioni del medesimo Ministero. Il Comando è retto da generale di corpo d'armata che esercita funzioni di alta direzione, di coordinamento e di controllo nei confronti dei comandi dipendenti. L'incarico di vice comandante del Comando unità per la tutela forestale, ambientale e agroalimentare è attribuito al Generale di divisione in servizio permanente effettivo del ruolo forestale;

b) Comandi, retti da generale di divisione o di brigata, che esercitano funzioni di direzione, di coordinamento e di controllo dei reparti dipendenti. ».[

3. In relazione alle funzioni specialistiche svolte, nell'organizzazione di cui all'articolo 174-*bis* del decreto legislativo 15 marzo 2010, n. 66, sono inquadrati i reparti istituiti con decreto del Ministro dell'ambiente dell'11 novembre 1986, registrato alla Corte dei conti in data 24 novembre 1986, registro n. 1, foglio n. 1, e con decreto del Ministro della difesa dell'8 giugno 2001, pubblicato nella Gazzetta Ufficiale 11 settembre 2001, n. 211, Supplemento Ordinario] (1).

(1) *Comma soppresso dall'art. 5, d.lgs. 12 dicembre 2017, n. 228.*

9 Attribuzione al Corpo nazionale dei vigili del fuoco di specifiche competenze del Corpo forestale dello Stato.

1. In relazione a quanto previsto all'articolo 7, comma 1, ferme restando le attribuzioni delle regioni e degli enti locali (1), al Corpo nazionale dei vigili del fuoco sono attribuite le seguenti competenze del Corpo forestale dello Stato in materia di lotta attiva contro gli incendi boschivi e spegnimento con mezzi aerei degli stessi:

a) concorso con le regioni nel contrasto degli incendi boschivi con l'ausilio di mezzi da terra e aerei nelle attività di cui all'articolo 7, comma 1, della legge 21 novembre 2000, n. 353, sulla base di accordi di programma (2);

b) coordinamento delle operazioni di spegnimento, d'intesa con le regioni, sulla base di accordi di programma (3), anche per quanto concerne l'impiego dei gruppi di volontariato antincendi (AIB);

c) partecipazione alla struttura di coordinamento nazionale e a quelle regionali.

c-bis) espressione, per la parte di competenza, dei pareri di cui all'articolo 8 della legge 21 novembre 2000, n. 353 (4).

2. Per l'espletamento delle competenze di cui al comma 1 ed in relazione al trasferimento delle risorse di cui al successivo articolo 13, con decreto del Ministro dell'interno, di concerto con il Ministro per la semplificazione e la pubblica amministrazione ed il Ministro dell'economia e finanze, da adottare entro novanta giorni dalla data di entrata in vigore del presente decreto, sono disciplinate:

a) l'individuazione, nell'ambito del Corpo nazionale dei vigili del fuoco, del servizio antincendio boschivo e la sua articolazione in strutture centrali e territoriali;

b) l'attività di coordinamento dei Nuclei operativi speciali e dei Centri operativi antincendio boschivo del Corpo forestale dello Stato, trasferita al Corpo nazionale dei vigili del fuoco, tramite le direzioni regionali.

3. Per le esigenze addestrative del personale impegnato nella lotta attiva contro gli incendi boschivi anche con mezzi aerei, con specifici protocolli d'intesa adottati tra l'Arma dei carabinieri e il Corpo nazionale dei vigili del fuoco sono individuate modalità di utilizzo congiunto dei relativi centri di formazione confluiti nell'Arma dei carabinieri.

(1) *Inciso inserito dall'art. 6, comma 1, lett. a), d.lgs. 12 dicembre 2017, n. 228.*

(2) *Le parole « nelle attività di cui all'articolo 7, comma 1, della legge 21 novembre 2000, n. 353, sulla base di accordi di programma » sono state inserite dall'art. 6, comma 1, lett. b), d.lgs. n. 228, cit.*

(3) *Inciso inserito dall'art. 6, comma 1, lett. c), d.lgs. n. 228, cit.*

(4) *Lettera inserita dall'art. 6, comma 1, lett. d), d.lgs. n. 228, cit.*

10 Attribuzione alla Polizia di Stato e al Corpo della guardia di finanza di specifiche funzioni del Corpo forestale dello Stato.

1. In relazione a quanto previsto all'articolo 7, comma 1, le seguenti funzioni svolte dal Corpo forestale dello Stato sono attribuite:

a) alla Polizia di Stato, in materia di ordine e sicurezza pubblica e di prevenzione e contrasto della criminalità organizzata in ambito interforze;

b) al Corpo della guardia di finanza, in materia di soccorso in montagna, sorveglianza delle acque marine confinanti con le aree naturali protette e controllo doganale in materia di commercio illegale della flora e della fauna in via di estinzione, ai sensi delle convenzioni internazionali vigenti e della relativa normativa nazionale e comunitaria, da esercitarsi, esclusivamente in relazione all'attività di cui al decreto del Ministero dell'ambiente e della tutela del territorio n. 176 dell'8 luglio 2005, anche tramite le unità specializzate dell'Arma dei carabinieri.

11 Disposizioni concernenti altre attività del Corpo forestale dello Stato.

1. In relazione al riordino delle funzioni di polizia di tutela dell'ambiente, del territorio e del mare, nonché nel campo della sicurezza e dei controlli nel settore agroalimentare e all'attribuzione delle funzioni di cui agli articoli 7, 9 e 10, il Ministero delle politiche agricole alimentari e forestali provvede alle seguenti attività:

a) rappresentanza e tutela degli interessi forestali nazionali in sede europea e internazionale e raccordo con le politiche forestali regionali;

b) certificazione in materia di commercio internazionale e di detenzione di esemplari di fauna e di flora minacciati di estinzione, di cui all'articolo 8-*quinquies*, comma 3-*quinquies*, della legge 7 febbraio 1992, n. 150, tramite le unità specializzate dell'Arma dei carabinieri;

c) tenuta dell'elenco degli alberi monumentali e rilascio del parere di cui all'articolo 7, commi 2 e 4, della legge 14 gennaio 2013, n. 10.

2. All'esercizio delle attività di cui al comma 1, il Ministero delle politiche agricole alimentari e forestali provvede con il personale trasferito ai sensi dell'articolo 12, comma 1, ultimo periodo e inquadrato secondo le corrispondenze indicate nella tabella di equiparazione allegata al decreto del Presidente del Consiglio dei ministri 21 novembre 2016, pubblicato nella Gazzetta Ufficiale n. 2 del 3 gennaio 2017 (1). A tal fine, con decreto del Presidente del Consiglio dei ministri da adottare ai sensi dell'articolo 2, comma 10-*ter*, del decreto-legge 6 luglio 2012, n. 95 convertito, con modificazioni, dalla legge 7 agosto 2012, n. 135, è adeguata la struttura organizzativa del predetto Ministero.

(1) *Le parole da « e inquadrato secondo le corrispondenze » fino alla fine del periodo sono state inserite dall'art. 7, d.lgs. 12 dicembre 2017, n. 228.*

12 Contingenti del personale del Corpo forestale dello Stato.

1. In conseguenza delle disposizioni di cui agli articoli 7, 8, 9 e 10 le dotazioni organiche dell'Arma dei carabinieri, del Corpo nazionale dei vigili del fuoco, della Polizia di Stato e del Corpo della guardia di finanza, rideterminate ai sensi dell'articolo 8, comma 1, lettera *a*), della legge, sono incrementate delle unità corrispondenti al numero complessivo, per ruolo di appartenenza, di cui alla tabella A allegata al presente decreto. Un contingente, indicato nella stessa tabella, è assegnato, con corrispondente incremento della dotazione organica, al Ministero delle politiche agricole alimentari e forestali per le esigenze connesse allo svolgimento delle attività di cui all'articolo 11, sulla base dei criteri di cui al comma 2.

2. Il Capo del Corpo forestale dello Stato, con propri provvedimenti adottati entro sessanta giorni dalla data di entrata in vigore del presente decreto e pubblicati sul Bollettino ufficiale del medesimo Corpo, individua, per ruolo di appartenenza, sulla base dello stato matricolare e della ulteriore documentazione attestante il servizio prestato, l'Amministrazione, tra quelle indicate al comma 1, presso la quale ciascuna unità di personale è assegnata:

a) tenendo conto dell'impiego, alla data di entrata in vigore del presente decreto, nelle unità dedicate all'assolvimento delle funzioni trasferite a ciascuna delle medesime Amministrazioni, e in particolare:

1) per le funzioni attribuite all'Arma dei carabinieri ai sensi dell'articolo 7:

tutto il personale assegnato negli uffici, nei reparti e negli enti attraverso i quali sono esercitate le funzioni trasferite, ivi compreso quello in servizio presso le sezioni di polizia giudiziaria delle Procure della Repubblica, il quale permane nelle medesime sezioni per l'assolvimento delle specifiche funzioni in materia di illeciti ambientali e agroalimentari;

2) per le competenze attribuite al Corpo nazionale dei vigili del fuoco ai sensi dell'articolo 9:

centri operativi antincendio boschivo (COAB);

nuclei operativi speciali e di protezione civile (NOS);

linee volo dedicate o impiegate per le specifiche attività, nella consistenza indicata nella tabella A di cui al comma 1;

centro operativo aereo unificato (COAU);

3) per le funzioni attribuite alla Polizia di Stato ai sensi dell'articolo 10, comma 1, lettera *a*):

aliquote in servizio presso la direzione investigativa antimafia (DIA);

4) per le funzioni attribuite al Corpo della Guardia di finanza ai sensi dell'articolo 10, comma 1, lettera *b*):

servizio di soccorso alpino-forestale (SAF);

squadre nautiche e marittime (SNEM);

5) per le attività a cui provvede il Ministero delle politiche agricole alimentari e forestali ai sensi dell'articolo 11:

servizio centrale certificazione CITES;

unità organizzative dirigenziali per i rapporti internazionali e raccordo nazionale e per i rapporti con le regioni e attività di monitoraggio, di cui al decreto ministeriale del 12 gennaio 2005;

b) tenendo altresì conto dei seguenti criteri:

1) per il personale dei ruoli direttivi e dirigenti, servizio svolto nelle unità dedicate di cui alla lettera *a*), numero 2), per almeno sei mesi nel quinquennio antecedente la data di entrata in vigore del presente

provvedimento, nonché specializzazioni possedute o particolari incarichi ricoperti;

2) per le competenze attribuite al Corpo nazionale dei vigili del fuoco ai sensi dell'articolo 9, l'anzianità nella specializzazione di direttore delle operazioni di spegnimento (DOS) e, a parità di anzianità nella specializzazione, la minore età anagrafica;

3) per le funzioni attribuite alla Polizia di Stato ai sensi dell'articolo 10, comma 1, lettera *a*), la frequenza dello specifico corso di formazione per lo svolgimento di attività di ordine pubblico in assetto e la minore età anagrafica;

4) per le esigenze connesse allo svolgimento delle attività a cui provvede il Ministero delle politiche agricole alimentari e forestali ai sensi dell'articolo 11, l'impiego presso unità amministrative, contabili e logistiche dell'Ispettorato generale del Corpo forestale dello Stato;

c) qualora, in base ai criteri sopra specificati, le unità assegnate alle Amministrazioni di cui al comma 1 siano in numero inferiore ai contingenti stabiliti nella tabella A, tenendo altresì conto, fino alla concorrenza dei medesimi contingenti, delle attività svolte in via prevalente negli ultimi cinque anni.

3. Nello stesso termine di cui al comma 2, ai fini della determinazione del contingente limitato di cui all'articolo 8, comma 1, lettera *a*), numero 2), della legge, con decreto del Presidente del Consiglio dei ministri, adottato su proposta del Ministro per la semplificazione e la pubblica amministrazione, di concerto con il Ministro dell'economia e delle finanze, previa ricognizione dei posti disponibili e tenuto conto del rispettivo fabbisogno, sono individuate, preferibilmente tra quelle che svolgono funzioni attinenti alle professionalità del personale da ricollocare, le Amministrazioni statali, verso le quali è consentito il transito di cui al comma 4, con conseguente attribuzione al personale interessato dell'assegno ad personam di cui allo stesso articolo 8, comma 1, lettera *a*), numero 2), ultimo periodo della legge. Con il medesimo decreto sono definiti i criteri da applicare alle procedure di mobilità e le tabelle di equiparazione. Con successivo decreto del Presidente del Consiglio dei ministri, adottato con le medesime modalità di cui al primo periodo, sono individuate le risorse finanziarie da trasferire alle amministrazioni destinatarie.

4. Il personale del Corpo forestale dello Stato, nei venti giorni successivi alla pubblicazione del decreto del Presidente del Consiglio dei ministri, di cui al comma 3, primo periodo, può presentare domanda per il transito in altra amministrazione statale tra quelle individuate dal decreto del Presidente del Consiglio dei ministri di cui al comma 3, primo periodo, e con le modalità ivi indicate. Nella medesima domanda può essere indicato se, in caso di mancato accoglimento della stessa, si intende rimanere assegnati all'Amministrazione di destinazione individuata con il provvedimento di cui al comma 2 e, in tal caso, il mancato accoglimento della domanda determina la definitività del provvedimento di assegnazione. In caso di mancata indicazione per rimanere assegnato all'Amministrazione di destinazione, il mancato accoglimento della domanda determina gli effetti di cui al comma 6.

5. Al personale assegnato al Corpo nazionale dei vigili del fuoco e al Ministero delle politiche agricole alimentari e forestali compete, a decorrere dall'effettivo transito, l'assegno ad personam di cui all'articolo 8, comma 1, lettera *a*), numero 2), ultimo periodo, della legge.

6. Nel caso in cui, alla data del 15 novembre 2016, il personale che ha presentato la domanda di cui al comma 4, non sia stato ricollocato in altra amministrazione statale tra quelle individuate dal decreto del Presidente del Consiglio dei ministri di cui al comma 3, primo periodo, e non abbia optato per la riassegnazione ai sensi del comma 4, secondo periodo, si procede, previo esame congiunto con le organizzazioni sindacali, a definire altre forme di ricollocazione. In caso di mancato ulteriore assorbimento entro il 31 dicembre 2016, il predetto personale cessa di appartenere al comparto sicurezza e difesa e nei suoi confronti si applicano le disposizioni dell'articolo 33, comma 8, del decreto legislativo 30 marzo 2001, n. 165. Al personale ricollocato ai sensi del presente comma è attribuito il trattamento economico previsto dall'articolo 30, comma 2-*quinquies*, del citato decreto legislativo n. 165 del 2001.

7. Qualora, successivamente ai provvedimenti di assegnazione di cui ai commi 2 e 4, secondo periodo, il numero delle unità di personale trasferito risulti inferiore alle dotazioni organiche determinate ai sensi del comma 1, si può ricorrere esclusivamente:

a) alle risorse finanziarie corrispondenti alle facoltà assunzionali del Corpo forestale dello Stato previste a legislazione vigente non esercitate, al netto di quelle indicate in nota alla tabella A di cui al comma 1. La ripartizione di tali facoltà assunzionali è effettuata con decreto del Presidente del Consiglio dei ministri, sentiti i ministri interessati;

b) ai risparmi di spesa corrispondenti al minor trattamento economico spettante al personale transitato ai sensi del comma 4, accertati mediante decreto del Ministro delle politiche agricole alimentari e forestali, di concerto con il Ministro dell'economia e delle finanze, versati all'entrata del bilancio dello Stato per essere destinati alle amministrazioni interessate sulla base della ripartizione prevista dal presente comma.

8. Le residue quote delle dotazioni organiche indicate nella tabella A di cui al comma 1, eventualmente non interessate dall'applicazione del comma 7, sono rese indisponibili sino al verificarsi della cessazione dal servizio del personale trasferito ai sensi dei commi 4 e 6.

9. Con decreto emanato annualmente dal Presidente del Consiglio dei ministri, di concerto con il Ministro dell'economia e delle finanze, sentiti i ministri interessati, sono accertate e assegnate alle amministrazioni di cui al comma 1, ai fini delle assunzioni previste a legislazione vigente in relazione alle quote di dotazioni organiche indisponibili di cui al comma 8, le risorse

finanziarie che si rendono disponibili all'atto delle cessazioni dal servizio previste al medesimo comma 8, nonché definite le modalità di attuazione dello stesso comma per l'individuazione delle dotazioni organiche da rendere indisponibili. Le restanti risorse finanziarie che si rendono disponibili all'atto delle cessazioni dal servizio previste al comma 8, sono destinate secondo le modalità previste dal successivo comma 10.

10. Fermo restando quanto previsto all'articolo 8, comma 1, lettera *a*), numero 3, della legge, le risorse finanziarie corrispondenti ai risparmi di spesa non utilizzati ai sensi del comma 7, lettera *b*), sono destinati, nella misura del 50 per cento, all'attuazione della revisione dei ruoli delle forze di polizia di cui all'articolo 8, comma 1, lettera *a*), numero 1, della legge (1).

11. In relazione alle eventuali modifiche che possono intervenire fino alla data del 1° gennaio 2017, la tabella A di cui al comma 1 è aggiornata con decreto del Presidente del Consiglio dei ministri.

(1) *Comma sostituito dall'art. 7, comma 1, d.l. 16 ottobre 2017, n. 148, convertito con modificazioni in l. 4 dicembre 2017, n. 172. Il testo del comma era il seguente:* « 10. Fermo restando quanto previsto dall'articolo 8, comma 1, lettera *a*), numero 3), della legge, le risorse finanziarie, corrispondenti alle facoltà assunzionali del Corpo forestale dello Stato non impiegate per le finalità di cui al comma 7, lettera *a*), nonché i risparmi di spesa non utilizzati ai sensi del medesimo comma 7, lettera *b*), sono destinati, nella misura del 50 per cento, all'attuazione della revisione dei ruoli delle forze di polizia di cui all'articolo 8, comma 1, lettera *a*), numero 1), della legge ».

13 Trasferimento di risorse logistiche, strumentali e finanziarie del Corpo forestale dello Stato.

1. Con uno o più decreti del Ministro delle politiche agricole alimentari e forestali, di concerto con il Ministro dell'economia e finanze e degli altri Ministri interessati, da adottarsi entro sessanta giorni dall'entrata in vigore del presente decreto, sono individuati le risorse finanziarie, i beni immobili in uso ascritti al demanio o al patrimonio indisponibile dello Stato, gli strumenti, i mezzi, gli animali, gli apparati, le infrastrutture e ogni altra pertinenza del Corpo forestale dello Stato che sono trasferiti all'Arma dei carabinieri, al Corpo nazionale dei vigili del fuoco, alla Polizia di Stato e al Corpo della guardia di finanza, e sono stabilite le relative modalità di trasferimento.

1-*bis*. Gli alloggi di servizio connessi all'incarico, ove esistenti nelle strutture in uso all'Arma dei carabinieri per le esigenze di cui all'articolo 7 del presente decreto, sono attribuiti al personale dell'Arma dei carabinieri impiegato in tali strutture per tali esigenze. Possono essere concessi temporaneamente, qualora disponibili, al personale assunto a tempo indeterminato di cui alla legge 5 aprile 1985, n. 124, addetto alle medesime strutture (1).

2. All'esito delle procedure di trasferimento del personale del Corpo forestale dello Stato, le pertinenti risorse finanziarie iscritte nello stato di previsione del Ministero delle politiche agricole alimentari e forestali destinate al trattamento economico del personale interessato sono trasferite ai relativi capitoli di bilancio delle amministrazioni statali competenti.

3. Al fine di garantire la continuità nel perseguimento dei compiti già svolti dal Corpo forestale dello Stato, il Ministro dell'economia e delle finanze è autorizzato, con propri decreti:

a) ad apportare le occorrenti variazioni di bilancio per trasferire le risorse finanziarie iscritte nello stato di previsione del Ministero delle politiche agricole, alimentari e forestali, ai relativi capitoli di bilancio delle Amministrazioni statali competenti ai fini di consentire lo svolgimento delle attività preliminari al trasferimento del Corpo forestale dello Stato;

b) a provvedere alla riassegnazione ai pertinenti programmi degli stati di previsione delle Amministrazioni di cui agli articoli 7, 9, 10 e 11 in relazione alle funzioni, ai compiti e alle attività alle stesse trasferiti, delle somme versate all'entrata del bilancio dello Stato da amministrazioni ed enti pubblici in virtù di accordi di programma, convenzioni e intese per il raggiungimento di finalità comuni in materia di lotta contro gli incendi boschivi, sicurezza pubblica, monitoraggio e protezione dell'ambiente, divulgazione ed educazione ambientale e tutela delle riserve naturali statali già affidate al Corpo medesimo, ivi compresa la salvaguardia della biodiversità anche attraverso la vivaistica sperimentale per la conservazione delle risorse genetiche forestali nazionali.

4. Il Ministro dell'economia e delle finanze è altresì autorizzato a provvedere, con propri decreti, alla riassegnazione ai pertinenti programmi dello stato di previsione del Ministero della difesa delle somme versate all'entrata del bilancio dello Stato:

a) dall'Agenzia per le erogazioni in agricoltura (AGEA) nonché dai corrispondenti organismi pagatori regionali a titolo di rimborso all'Arma dei carabinieri per i controlli effettuati ai sensi del Regolamento n. 907/2014/UE;

b) dalla Cassa depositi e prestiti s.p.a. a valere sulle somme già di pertinenza del Corpo forestale dello Stato e detenute dalla Cassa medesima, individuate d'intesa con il Ministero dell'economia e delle finanze.

5. Il Ministro delle politiche agricole alimentari e forestali, ha facoltà di stipulare, nelle materie oggetto delle funzioni già svolte dal Corpo forestale dello Stato e trasferite all'Arma dei carabinieri, specifiche convenzioni con le regioni per l'affidamento di compiti propri delle regioni stesse sulla base di un accordo quadro approvato dalla Conferenza permanente per i rapporti tra lo Stato, le regioni e le province autonome di Trento e di Bolzano, ai sensi dell'articolo 2, comma 1, lettera *l*), del decreto legislativo 28 agosto 1997, n. 281.

6. Il Ministro dell'economia e delle finanze è autorizzato ad apportare, con propri decreti, le occorrenti variazioni di bilancio.

(1) *Comma inserito dall'art. 7, comma 4-bis, lett. b), d.l. 16 ottobre 2017, n. 148, convertito con modificazioni in l. 4 dicembre 2017, n. 172.*

14-20 (*Omissis*).

CAPO II
LEGISLAZIONE ANTIMAFIA (1)

(1) *V. anche l'art. 3 (Verifiche antimafia e protocolli di legalità) del d.l. 16 luglio 2020 n. 76, conv., con modif., in l. 11 settembre 2020, n. 120, sub VIII, 1.*

73. Decreto legge 6 settembre 1982, n. 629, convertito, con modificazioni, in legge 12 ottobre 1982, n. 726. — Misure urgenti per il coordinamento della lotta contro la delinquenza mafiosa. (*estratto*).

Pubblicato nella Gazzetta Ufficiale n. 245 del 6 settembre 1982; la legge di conversione è stata pubblicata nella Gazzetta Ufficiale n. 281 del 12 ottobre 1982.

1 Con decreto del Presidente della Repubblica previa deliberazione del Consiglio dei ministri, su proposta del Ministro dell'interno, un prefetto della Repubblica può essere nominato Alto commissario per il coordinamento della lotta contro la delinquenza mafiosa. L'incarico ha durata non superiore a un triennio e può essere prorogato fino ad ulteriori tre anni (1).

Con proprio decreto, il Ministro dell'interno, ai fini della prevenzione e della lotta contro la delinquenza mafiosa, delega all'Alto commissario poteri di coordinamento tra gli organi amministrativi e di polizia, sul piano locale e sul piano nazionale, stabilendo modalità e limiti per l'esercizio della delega; detta specifiche disposizioni per l'organizzazione, oltre che degli uffici e servizi presso le prefetture, degli uffici posti alle dirette dipendenze dell'Alto commissario, assegnando a questi ultimi il relativo personale, anche in deroga alle norme vigenti, sentite le amministrazioni interessate (1).

L'Alto commissario trasmette periodicamente al Ministro dell'interno relazioni informative sull'atti vità svolta e valutazioni sull'andamento della criminalità di tipo mafioso (1).

Qualora sulla base di elementi comunque acquisiti vi sia necessità di verificare se ricorrano pericoli di infiltrazione da parte della delinquenza di tipo mafioso, all'Alto commissario sono attribuiti, anche in deroga alle disposizioni vigenti, poteri di accesso e di accertamento presso pubbliche amministrazioni, enti pubblici anche economici e i soggetti di cui al Titolo I, Capo I (2) del decreto legislativo 21 novembre 2007, n. 231 e successive modificazioni (2), con la possibilità di avvalersi degli organi di polizia tributaria (2).

A richiesta dell'Alto commissario, le imprese, sia individuali che costituite in forma di società aggiudicatarie o partecipanti a gare pubbliche di appalto o a trattativa privata, sono tenute a fornire allo stesso notizie di carattere organizzativo, finanziario e tecnico sulla propria attività, nonché ogni indicazione ritenuta utile ad individuare gli effettivi titolari dell'impresa ovvero delle azioni o delle quote sociali.

Nei confronti degli appaltatori che non ottemperino alla richiesta di cui al precedente comma ovvero forniscano notizie non corrispondenti al vero si applica la pena dell'arresto da sei mesi ad un anno. La condanna comporta la sospensione dall'albo degli appaltatori.

Le stazioni appaltanti opere pubbliche sono tenute a fornire all'Alto commissario, ove questi ne faccia richiesta, le documentazioni relative alle procedure di aggiudicazione e ai contratti di opere eseguite o da eseguire.

All'Alto commissario spetta ogni altro potere attribuito all'autorità di pubblica sicurezza ivi compreso il potere di intercettazione telefonica ai sensi dell'art. 226-*sexies* del codice di procedura penale.

L'Alto commissario è destinatario di tutte le comunicazioni provenienti dal Servizio per le informazioni e la sicurezza democratica (SISDE) ai sensi dell'articolo 6, ultimo comma, della legge 24 ottobre 1977, n. 801, e, altresì, di quelle provenienti dal Servizio per le informazioni e la sicurezza militare (SISMI) quando riguardino fatti comunque connessi ad attività di tipo mafioso. L'Alto commissario, d'intesa con il direttore del SISDE, può disporre, ai fini dell'esercizio delle sue funzioni, delle strutture e dei mezzi del Servizio, in base a modalità stabilite nel decreto di cui al precedente secondo comma (3) (4).

(1) *Gli attuali commi 1, 2 e 3 così sostituiscono gli originari commi 1 e 2 per effetto dell'art. 1, l. 15 novembre 1988, n. 486.*

(2) *Comma dapprima modificato in sede di conversione, successivamente sostituito dall'art. 1, l. 15 novembre 1988, n. 486e poi modificato dall'art. 3, comma 2,, l. 15 luglio 2009, n. 94. In seguito le parole: « di cui al Capo III » sono state sostituite dalle seguenti: « di cui al Titolo I, Capo I » e dopo le parole: « 21 novembre 2007, n. 231, » sono state inserite le seguenti: « e successive modificazioni » dall'articolo 8, comma 8, del d.lgs. 25 maggio 2017, n. 90.*

(3) *Comma così sostituito dall'art. 1, l. 15 novembre 1988, n. 486.*

(4) *L'art. 1, comma 3, d.l. 8 giugno 1992, n. 306, conv., con modif., in l. 7 agosto 1992, n. 356, ha soppresso la figura dell'Alto commissario per il coordinamento della lotta contro la delinquenza mafiosa, delegandone le funzioni al Ministro dell'interno e al Capo della polizia. Ora, comunque, un ruolo di coordinamento lo svolgono la Direzione nazionale e investigativa antimafia.*

1-*bis* 1. Nell'esercizio dei poteri di cui all'articolo

1, quarto comma, l'Alto commissario può richiedere ai funzionari responsabili degli uffici delle pubbliche amministrazioni, degli enti pubblici anche economici, delle banche, degli istituti di credito pubblici e privati, delle società fiduciarie e di ogni altro istituto o società che esercita la raccolta del risparmio o l'intermediazione finanziaria, nonché ai presidenti dei relativi organi di controllo, dati e informazioni su atti e documenti in loro possesso, ed ogni altra notizia ritenuta utile, ai fini dell'espletamento delle funzioni conferitegli.

2. Ai fini di cui al comma 1 si osservano le disposizioni dell'articolo 7, secondo comma, della legge 10 aprile 1981, n. 121, ed è comunque garantito l'anonimato sui trattamenti e accertamenti sanitari di cui all'articolo 95 della legge 22 dicembre 1975, n. 685.

3. I soggetti indicati nel comma 1 che non ottemperano alle richieste di dati e informazioni o forniscono all'Alto commissario dati e informazioni non veritieri sono puniti, se il fatto non costituisce più grave reato, con l'arresto da sei mesi ad un anno.

4. Ove sussistano le condizioni previste nell'articolo 1, quarto comma, l'Alto commissario può altresì richiedere ai soggetti indicati nel comma 1 di effettuare ispezioni nell'ambito di uffici e servizi posti alle loro dipendenze, verifiche sulle procedure amministrative e sull'esecuzione degli appalti di opere e forniture e delle concessioni di opere e servizi, nonché sull'erogazione e sull'impiego di finanziamenti pubblici, mutui agevolati e contributi comunitari, e di dargli comunicazione dei risultati, anche parziali. Alle verifiche predette può procedere lo stesso Alto commissario direttamente o a mezzo di funzionari appositamente incaricati.

5. Se dagli accertamenti effettuati ai sensi del presente articolo e dell'articolo 1 emergono illeciti amministrativi in materia fiscale, valutaria o previdenziale, l'Alto commissario dispone che ne siano informate le autorità amministrative competenti per i provvedimenti conseguenti (1) (2).

(1) *L'art. 1, comma 3, d.l. 8 giugno 1992, n. 306, conv., con modif., in l. 7 agosto 1992, n. 356, ha soppresso la figura dell'Alto commissario per il coordinamento della lotta contro la delinquenza mafiosa, delegandone le funzioni al Ministro dell'interno e al Capo della polizia. Ora, comunque, un ruolo di coordinamento lo svolgono la Direzione nazionale e investigativa antimafia.*

(2) *Articolo aggiunto dall'art. 2, l. 15 novembre 1988, n. 486.*

1-*ter* 1. (*Omissis*) (1).

2. (*Omissis*) (1).

3. L'Alto commissario potrà anche su segnalazione dell'autorità giudiziaria adottare o, previa intesa con il capo della polizia-direttore generale della pubblica sicurezza, fare adottare, dagli uffici competenti, tutte le misure che valgono ad assicurare, garantendone la riservatezza anche in atti della pubblica amministrazione, la incolumità delle persone esposte a grave pericolo per effetto della loro collaborazione nella lotta contro la mafia o di dichiarazioni da esse rese nel corso di indagini di polizia o di procedimenti penali, riguardanti fatti riferibili a organizzazioni e attività criminose di stampo mafioso. Tali misure potranno anche essere adottate per garantire l'incolumità dei prossimi congiunti.

4. La dotazione di personale, mezzi e strutture logistiche del nucleo di cui al comma 1 è stabilita con decreto del Ministro dell'interno, di concerto con il Ministro della difesa ove trattasi di personale proveniente dal SISMI, su proposta dell'Alto commissario (2) (3).

(1) *Comma abrogato dall'art. 2, d.l. 29 ottobre 1991, n. 345, conv., con modif., in l. 30 dicembre 1991, n. 410.*

(2) *L'art. 1, comma 3, d.l. 8 giugno 1992, n. 306, conv., con modif., in l. 7 agosto 1992, n. 356, ha soppresso la figura dell'Alto commissario per il coordinamento della lotta contro la delinquenza mafiosa, delegandone le funzioni al Ministro dell'interno e al Capo della polizia. Ora, comunque, un ruolo di coordinamento lo svolgono la Direzione nazionale e investigativa antimafia.*

(3) *Articolo aggiunto dall'art. 2, l. 15 novembre 1988, n. 486.*

1-*quater* 1. Per le esigenze informative specificatamente connesse alla lotta contro la delinquenza di tipo mafioso, il centro elaborazione dati di cui all'articolo 8 della legge 1° aprile 1981, n. 121, provvede a costruire un'apposita sezione per la classificazione, l'analisi, l'elaborazione di notizie, informazioni e dati specificamente attinenti ai fenomeni di tipo mafioso.

2. L'Alto commissario può accedere ai dati ed alle informazioni esistenti negli archivi magnetici del centro elaborazione dati di cui al comma 1; il personale posto alle sue dipendenze, fermo quanto previsto dalla vigente normativa, può accedere alle notizie, alle informazioni ed ai dati contenuti nella sezione speciale di cui al comma 1. Si osservano le modalità e le procedure stabilite nel decreto del Presidente della Repubblica 3 maggio 1982, n. 378 (1)(2).

(1) *L'art. 1, comma 3, d.l. 8 giugno 1992, n. 306, conv., con modif., in l. 7 agosto 1992, n. 356, ha soppresso la figura dell'Alto commissario per il coordinamento della lotta contro la delinquenza mafiosa, delegandone le funzioni al Ministro dell'interno e al Capo della polizia. Ora, comunque, un ruolo di coordinamento lo svolgono la Direzione nazionale e investigativa antimafia.*

(2) *Articolo aggiunto dall'art. 2, l. 15 novembre 1988, n. 486.*

1-*quinquies* 1. Per l'espletamento dei suoi compiti istituzionali l'Alto commissario può proporre al tribunale del luogo in cui la persona dimora l'applicazione delle misure di prevenzione ai sensi degli articoli 1 e 2 della legge 31 maggio 1965, n. 575, e successive modificazioni ed integrazioni; può altresì esercitare le altre facoltà attribuite dalla stessa legge alle autorità cui spetta di promuovere il procedimento di prevenzione. L'Alto commissario dispone che delle proposte inoltrate al tribunale sia data comunicazione alla questura territorialmente competente per gli adempimenti previsti nel quarto comma dell'articolo 10-*bis* della legge 31 maggio 1965, n. 575, e successive modificazioni ed integrazioni.

2. L'Alto commissario ha facoltà di convocare qualsiasi persona avvalendosi dei poteri di cui all'articolo 15 del testo unico delle leggi di pubblica sicurezza, approvato con regio decreto 18 giugno 1931, n. 773, e ne riferisce semestralmente al Ministro dell'interno.

3. Per l'espletamento dei suoi compiti L'Alto commissario può esercitare, su delega del Ministro dell'interno, la facoltà di cui all'articolo 165-*ter* del codice di procedura penale.

4. L'autorità giudiziaria competente, senza ritardo, trasmette ovvero autorizza gli organi di polizia giudiziaria a trasmettere all'Alto commissario copia dei rapporti, delle perizie tossicologiche in materia di stupefacenti e di ogni altro atto ritenuto utile, concernenti fatti comunque connessi a delitti di tipo mafioso; è altresì trasmessa all'Alto commissario copia delle perizie balistiche espletate in procedimenti penali. L'au-

torità giudiziaria, qualora ritenga di non poter derogare al segreto di cui all'articolo 307 del codice di procedura penale, dispone, con decreto motivato, che la trasmissione sia procrastinata per il tempo strettamente necessario. La documentazione trasmessa è coperta dal segreto di ufficio.

5. L'autorità giudiziaria, ove lo ritenga opportuno, può fornire all'Alto commissario, su sua richiesta, informazioni su iniziative di polizia giudiziaria concernenti la criminalità di tipo mafioso.

6. L'Alto commissario, per ragioni del proprio ufficio ha facoltà di visitare gli istituti penitenziari e può avere colloqui personali, con detenuti e internati, osservando le disposizioni dell'art. 18-*bis* della l. 26 luglio 1975, n. 354; nei casi di particolare urgenza di cui al comma 4 del medesimo articolo, all'attestazione ivi prevista provvede lo stesso Alto Commissario. Tali facoltà non sono delegabili. Di detti colloqui l'Alto commissario farà specifica menzione nelle relazioni di cui al terzo comma dell'articolo 1 (1).

7. Il procuratore della Repubblica del luogo dove le operazioni debbono essere eseguite può autorizzare le intercettazioni di cui all'articolo 16 della legge 13 settembre 1982, n. 646, anche a richiesta dell'Alto commissario (2)(3).

(1) *Comma così modificato dall'art. 16, d.l. 8 giugno 1992, n. 306, conv. con modif., in l. 7 agosto 1992, n. 356.*

(2) *L'art. 1, comma 3, d.l. 8 giugno 1992, n. 306, conv., con modif., in l. 7 agosto 1992, n. 356, ha soppresso la figura dell'Alto commissario per il coordinamento della lotta contro la delinquenza mafiosa, delegandone le funzioni al Ministro dell'interno e al Capo della polizia. Ora, comunque, un ruolo di coordinamento lo svolgono la Direzione nazionale e investigativa antimafia.*

(3) *Articolo aggiunto dall'art. 2, l. 15 novembre 1988, n. 486.*

1-*sexies* 1. Per l'esercizio delle funzioni di coordinamento attribuitegli, l'Alto commissario, previa autorizzazione del Ministro dell'interno e conseguenti intese con i prefetti delle provincie interessate ai problemi da trattare, può convocare apposite conferenze interprovinciali, anche allo scopo di concertare ogni utile iniziativa degli organi di polizia e delle altre amministrazioni pubbliche nel quadro della lotta alla criminalità organizzata di tipo mafioso.

2. Alle conferenze di cui al comma 1 partecipano le autorità provinciali di pubblica sicurezza, i comandanti dei reparti dell'Arma dei carabinieri e della Guardia di finanza, nonché i responsabili delle altre Forze di polizia; sono invitati a partecipare componenti dell'ordine giudiziario d'intesa con il procuratore generale presso la corte di appello e possono essere chiamati a partecipare i titolari di uffici periferici dello Stato, nonché i rappresentanti delle regioni e degli enti locali. Dei risultati delle conferenze viene data comunicazione al Ministero dell'interno (1)(2).

(1) *L'art. 1, comma 3, d.l. 8 giugno 1992, n. 306, conv., con modif., in l. 7 agosto 1992, n. 356, ha soppresso la figura dell'Alto commissario per il coordinamento della lotta contro la delinquenza mafiosa, delegandone le funzioni al Ministro dell'interno e al Capo della polizia. Ora, comunque, un ruolo di coordinamento lo svolgono la Direzione nazionale e investigativa antimafia.*

(2) *Articolo aggiunto dall'art. 2, l. 15 novembre 1988, n. 486.*

1-*septies* 1. L'Alto commissario può comunicare alle autorità competenti al rilascio di licenze, autorizzazioni, concessioni in materia di armi ed esplosivi e per lo svolgimento di attività economiche, nonché di titoli abilitativi alla conduzione di mezzi ed al trasporto di persone o cose, elementi di fatto ed altre indicazioni utili alla valutazione, nell'ambito della discrezionalità ammessa dalla legge, dei requisiti soggettivi richiesti per il rilascio, il rinnovo, la sospensione o la revoca delle licenze, autorizzazioni, concessioni e degli altri titoli menzionati (1) (2).

(1) *Articolo inserito dall'art. 2 l. 15 novembre 1988, n. 486, successivamente abrogato dall'art. 120, comma 2, lett.* a), *d.lgs. 6 settembre 2011, n. 159. Successivamente, l'abrogazione è venuta meno per effetto dell'art. 9, comma 1, lett.* b) *d.lgs. 15 novembre 2012, n. 218.*

(2) *A norma dell'art. 2, comma 2-*quater, *d.l. 29 ottobre 1991, n. 345, conv., con modif., in l. 30 dicembre 1991, n. 410 l'Alto commissario per il coordinamento della lotta contro la delinquenza mafiosa continua a svolgere le funzioni previste dalla normativa vigente fino al 31 dicembre 1992; a decorrere dal giorno successivo alla cessazione di dette funzioni, le competenze sono attribuite al Ministro dell'interno con facoltà di delega nei confronti dei prefetti e del Direttore della Direzione investigativa antimafia istituita dall'articolo 3 del medesimo d.l. 345/1991.*

1-*octies* 1. Per l'analisi degli aspetti finanziari, socio-economici, storici e culturali dei fenomeni di carattere mafioso, su proposta dell'Alto commissario, il Ministro dell'interno può conferire, con contratto di diritto privato, ad esperti anche estranei alla pubblica amministrazione, in numero non superiore a dieci, incarichi di studio e ricerca.

2. Il compenso agli esperti è determinato con decreto del Ministro dell'interno, di concerto con il Ministro del tesoro (1) (2).

(1) *L'art. 1, comma 3, d.l. 8 giugno 1992, n. 306, conv., con modif., in l. 7 agosto 1992, n. 356, ha soppresso la figura dell'Alto commissario per il coordinamento della lotta contro la delinquenza mafiosa, delegandone le funzioni al Ministro dell'interno e al Capo della polizia. Ora, comunque, un ruolo di coordinamento lo svolgono la Direzione nazionale e investigativa antimafia.*

(2) *Articolo aggiunto dall'art. 2, l. 15 novembre 1988, n. 486.*

2-3 (*Omissis*).

74. Legge 13 settembre 1982, n. 646. — Disposizioni in materia di misure di prevenzione di carattere patrimoniale ed integrazione alle leggi 27 dicembre 1956, n. 1423, 10 febbraio 1962, n. 57 e 31 maggio 1965, n. 575. Istituzione di una commissione parlamentare sul fenomeno della mafia. (*estratto*).

Pubblicata nella Gazzetta Ufficiale n. 253 del 14 settembre 1982.

21 Chiunque, avendo in appalto opere riguardanti la pubblica amministrazione, concede anche di fatto, in subappalto o a cottimo, in tutto o in parte le opere stesse, senza l'autorizzazione dell'autorità competente, è punito con la reclusione da uno a cinque anni e con la multa (1) non inferiore ad un terzo del valore dell'opera concessa in subappalto o a cottimo e non superiore ad un terzo del valore complessivo dell'opera ricevuta in appalto. Nei confronti del subappaltatore e dell'affidatario del cottimo si applica la pena della reclusione da uno a cinque anni e della multa (1) pari ad un terzo del valore dell'opera ricevuta in subappalto o in cottimo. È data all'amministrazione appaltante la facoltà di chiedere la risoluzione del contratto (2).

L'autorizzazione prevista dal precedente comma è rilasciata previo accertamento dei requisiti di idoneità tecnica del subappaltatore, nonché del possesso, da parte di quest'ultimo, dei requisiti soggettivi per l'iscrizione all'albo nazionale dei costruttori. L'autorizzazione non può essere rilasciata nei casi previsti dall'articolo 10-*quinquies* della l. 31 maggio 1965, n. 575.

Per i rapporti di subappalto e cottimo contemplati nel presente articolo, che siano in corso alla data di entrata in vigore della presente legge, l'autorizzazione deve intervenire entro 90 giorni dalla data anzidetta. L'ulteriore prosecuzione dei rapporti stessi, in carenza del titolo autorizzatorio, è punita con le pene stabilite nel primo comma, ferma restando la facoltà dell'amministrazione appaltante di chiedere la risoluzione del contratto (3).

(1) *Le parole « la reclusione da uno a cinque anni e con la multa » sono state sostituite alle previgenti « l'arresto da sei mesi ad un anno e con l'ammenda » dall'art. 25, d.l. 4 ottobre 2018, n. 113, conv., con modif., in l. 1 dicembre 2018, n. 132.*

(2) *Comma, da ultimo, così modificato dall'art. 2, d.l. 29 aprile 1995, n. 139, conv., con modif., in l. 28 giugno 1995, n. 246.*

(3) *Comma così modificato dall'art.* 2-quinquies, *d.l. 6 settembre 1982, n. 629, conv., con modif., in l. 12 ottobre 1982, n. 726.*

22 L'eventuale custodia dei cantieri installati per la realizzazione di opere pubbliche deve essere affidata a persone provviste della qualifica di guardia particolare giurata.

In caso di inosservanza della disposizione che precede, l'appaltatore e il direttore dei lavori sono puniti con l'arresto fino a tre mesi o con l'ammenda da lire centomila ad un milione.

75. Decreto legge 13 maggio 1991, n. 152, convertito, con modificazioni, in legge 12 luglio 1991, n. 203. — Provvedimenti urgenti in tema di lotta alla criminalità organizzata e di trasparenza e buon andamento dell'attività amministrativa. (*rinvio*) (1).

Pubblicato nella Gazzetta Ufficiale n. 110 del 13 maggio 1991.

(1) *Sub V, 64.*

76. Decreto legislativo 8 agosto 1994, n. 490. — Disposizioni attuative della legge 17 gennaio 1994, n. 47, in materia di comunicazioni e certificazioni previste dalla normativa antimafia nonché disposizioni concernenti i poteri del prefetto in materia di contrasto alla criminalità organizzata (1) (2) (3).

Pubblicato nella Gazzetta Ufficiale n. 186 del 10 agosto 1994.

(1) *Titolo così modificato dalla lettera* a) *del comma 2 dell'art. 2, l. 15 luglio 2009, n. 94.*

(2) *A decorrere dalla data di nomina del primo governo costituito a seguito delle prime elezioni politiche successive all'entrata in vigore del d.lgs. 30 luglio 1999, n. 300, le prefetture sono trasformate in uffici territoriali del governo; il prefetto preposto a tale ufficio nel capoluogo della regione assume anche le funzioni di commissario del governo (art. 11, d.lgs. n. 300/1999, cit.).*

(3) *Per l'abrogazione del presente provvedimento vedi il combinato disposto del comma 1 dell'art. 119 e della lettera* a) *del comma 2 dell'art. 120, d.lgs. 6 settembre 2011, n. 159, come sostituito dalla lettera* b) *del comma 1 dell'art. 9, d.lgs. 15 novembre 2012, n. 218. Vedi, inoltre, il comma 4 dell'art. 116 del medesimo d.lgs. n. 159/2011.*

Ai sensi del comma 1 dell'art. 119 d.lgs. 6 settembre 2011, n. 159, le disposizioni del libro II, capi I, II, III e IV, entrano in vigore decorsi 24 mesi dalla data di pubblicazione sulla Gazzetta Ufficiale del regolamento ovvero, quando più di uno, dell'ultimo dei regolamenti di cui all'articolo 99, comma 1.

1 Ambito di applicazione.

1. Le disposizioni del presente decreto legislativo si applicano alle pubbliche amministrazioni e agli enti pubblici, agli enti e alle aziende vigilati dallo Stato o da altro ente pubblico e alle società o imprese comunque controllate dallo Stato o da altro ente pubblico.

2 Ordinamento delle comunicazioni.

(*Omissis*) (1).

(1) *Articolo abrogato dall'art. 13, d.P.R. 3 giugno 1998, n. 252, a decorrere dal 30 settembre 1998.*

3 Autocertificazione.

(*Omissis*) (1).

(1) *Articolo abrogato dall'art. 13, d.P.R. 3 giugno 1998, n. 252, a decorrere dal 30 settembre 1998.*

4 Informazioni del prefetto.

1. Le pubbliche amministrazioni, gli enti pubblici e gli altri soggetti di cui all'art. 1, devono acquisire le informazioni di cui al comma 4 prima di stipulare, approvare o autorizzare i contratti e subcontratti, ovvero prima di rilasciare o consentire le concessioni o erogazioni indicati nell'allegato 3, il cui valore sia:

a) pari o superiore a quello determinato dalla legge in attuazione delle direttive comunitarie in materia di opere e lavori pubblici, servizi pubblici e pubbliche forniture, indipendentemente dai casi di esclusione ivi indicati;

b) superiore a 300 milioni di lire (€ 154.937) per le concessioni di acque pubbliche o di beni demaniali per lo svolgimento di attività imprenditoriali, ovvero per la concessione di contributi, finanziamenti e agevolazioni su mutuo o altre erogazioni dello stesso tipo per lo svolgimento di attività imprenditoriali;

c) superiore a 200 milioni di lire (€ 103.291) per l'autorizzazione di subcontratti, cessioni o cottimi, concernenti la realizzazione di opere o lavori pubblici o la prestazione di servizi o forniture pubbliche.

2. È vietato, a pena di nullità, il frazionamento dei contratti, delle concessioni o delle erogazioni compiuto allo scopo di eludere l'applicazione del presente articolo.

3. Ai fini di cui al comma 1, la richiesta di informazioni è inoltrata al prefetto della provincia nella quale hanno residenza o sede le persone fisiche, le imprese, le associazioni, le società o i consorzi interessati ai contratti e subcontratti di cui al comma 1, lettere *a*) e *c*), o che siano destinatari degli atti di concessione o erogazione di cui alla lettera *b*) dello stesso comma 1. Tale richiesta deve contenere gli elementi di cui all'allegato 4 (1).

4. Il prefetto trasmette alle amministrazioni richiedenti, nel termine massimo di quindici giorni dalla ricezione della richiesta, le informazioni concernenti la sussistenza o meno, a carico di uno dei soggetti indicati nelle lettere *d*) ed *e*) dell'allegato 4, delle cause di divieto o di sospensione dei procedimenti indicate nell'allegato 1, nonché le informazioni relative ad eventuali tentativi di infiltrazione mafiosa tendenti a condizionare le scelte e gli indirizzi delle società o imprese interessate. A tal fine il prefetto, anche avvalendosi dei poteri di accesso e di accertamento delegati dal Ministro dell'interno, dispone le necessarie verifiche nell'ambito della provincia e, ove occorra, richiede ai prefetti competenti che le stesse siano effettuate nelle rispettive province.

5. Quando le verifiche disposte a norma del comma 4 siano di particolare complessità, il prefetto ne dà comunicazione senza ritardo all'amministrazione interessata e fornisce le informazioni acquisite entro i successivi trenta giorni. Nel caso di lavori o forniture di somma urgenza, fatto salvo quanto previsto dal comma 6, le amministrazioni possono procedere dopo aver inoltrato al prefetto la richiesta di informazioni di cui al comma 3. Anche fuori del caso di lavori o forniture di somma urgenza, le amministrazioni possono procedere qualora le informazioni non pervengano nei termini previsti. In tal caso, i contributi, i finanziamenti, le agevolazioni e le altre erogazioni di cui al comma 1 sono corrisposti sotto condizione risolutiva (2).

6. Quando, a seguito delle verifiche disposte a norma del comma 4, emergono elementi relativi a tentativi di infiltrazione mafiosa nelle società o imprese interessate, le amministrazioni cui sono fornite le relative informazioni dal prefetto, non possono stipulare, approvare o autorizzare i contratti o subcontratti, né autorizzare, rilasciare o comunque consentire le concessioni e le erogazioni. Nel caso di lavori o forniture di somma urgenza di cui al comma 5, qualora la sussistenza di una causa di divieto indicata nell'allegato 1 o gli elementi relativi a tentativi di infiltrazione mafiosa siano accertati successivamente alla stipula del contratto, alla concessione dei lavori o all'autorizzazione del subcontratto, l'amministrazione interessata può revocare le autorizzazioni e le concessioni o recedere dai contratti, fatto salvo il pagamento del valore delle opere già eseguite e il rimborso delle spese sostenute per l'esecuzione del rimanente, nei limiti delle utilità conseguite.

(1) *Comma così modificato dall'art. 2, d.l. 31 gennaio 1995, n. 26, conv., con modif., in l. 29 marzo 1995, n. 95.*

(2) *Comma così modificato dall'art. 15, d.l. 25 marzo 1997, n. 67, conv., con modif., in l. 23 maggio 1997, n. 135.*

5 Imprese, società ed altre persone giuridiche.

(*Omissis*) (1).

(1) *Articolo abrogato dall'art. 13, d.P.R. 3 giugno 1998, n. 252, a decorrere dal 30 settembre 1998.*

5-*bis* Poteri di accesso e accertamento del prefetto (1).

1. Per l'espletamento delle funzioni volte a prevenire infiltrazioni mafiose nei pubblici appalti, il prefetto può disporre accessi ed accertamenti nei cantieri delle imprese interessate all'esecuzione di lavori pubblici, avvalendosi, a tal fine, dei gruppi interforze di cui all'articolo 5, comma 3, del decreto del Ministro dell'interno 14 marzo 2003, pubblicato nella Gazzetta Ufficiale n. 54 del 5 marzo 2004.

2. Con regolamento da emanare ai sensi dell'articolo 17, comma 2, della legge 23 agosto 1988, n. 400, entro tre mesi dalla data di entrata in vigore della presente disposizione, su proposta del Presidente del Consiglio dei ministri e del Ministro per la pubblica amministrazione e l'innovazione, di concerto con il Ministro dell'interno, il Ministro della giustizia, il Ministro dello sviluppo economico e il Ministro delle infrastrutture e dei trasporti, sono definite, nel quadro delle norme previste dal regolamento di cui al decreto del Presidente della Repubblica 3 giugno 1998, n. 252, le modalità di rilascio delle comunicazioni e delle informazioni riguardanti gli accessi e gli accertamenti effettuati presso i cantieri di cui al comma 1.

(1) *Articolo aggiunto dalla lettera* b) *del comma 2 dell'art. 2, l. 15 luglio 2009, n. 94.*

6 Entrata in vigore.

1. Il presente decreto entra in vigore il giorno stesso della sua pubblicazione nella Gazzetta Ufficiale della Repubblica italiana.

77. Decreto del Presidente della Repubblica 3 giugno 1998, n. 252. — Regolamento recante norme per la semplificazione dei procedimenti relativi al rilascio delle comunicazioni e delle informazioni antimafia (1) (2).

Pubblicato nella Gazzetta Ufficiale n. 176 del 20 luglio 1998.

(1) *A decorrere dalla data di nomina del primo governo costituito a seguito delle prime elezioni politiche successive all'entrata in vigore del d.lgs. 30 luglio 1999, n. 300, le prefetture sono trasformate in uffici territoriali del governo; il prefetto preposto a tale ufficio nel capoluogo della regione assume anche le funzioni di commissario del governo (art. 11, d.lgs. n. 300, cit.).*

(2) *Per l'abrogazione del presente provvedimento vedi il combinato disposto del comma 1 dell'art. 119 e della lettera* b) *del comma 2 dell'art. 120, d.lgs. 6 settembre 2011, n. 159, come sostituito dalla lettera* b) *del comma 1 dell'art. 9, d.lgs. 15 novembre 2012, n. 218. Vedi, inoltre, il comma 4 dell'art. 116 del medesimo d.lgs. n. 159/2011.*

Ai sensi del comma 1 dell'art. 119 d.lgs. 6 settembre 2011, n. 159, le disposizioni del libro II, capi I, II, III e IV, entrano in vigore decorsi 24 mesi dalla data di pubblicazione sulla Gazzetta Ufficiale del regolamento ovvero, quando più di uno, dell'ultimo dei regolamenti di cui all'articolo 99, comma 1.

1 Oggetto e ambito di applicazione.

1. Le disposizioni del presente regolamento disciplinano le modalità con le quali le pubbliche amministrazioni e gli enti pubblici, gli enti e le aziende vigilati dallo Stato o da altro ente pubblico e le società o imprese comunque controllate dallo Stato o da altro ente pubblico, nonché i concessionari di opere pubbliche possono acquisire la prescritta documentazione circa la sussistenza di una delle cause di decadenza, di divieto o di sospensione di cui all'articolo 10 della legge 31 maggio 1965, n. 575, e dei tentativi di infiltrazione mafiosa di cui all'articolo 4 del decreto legislativo 8 agosto 1994, n. 490.

2. La documentazione di cui al comma 1 non è comunque richiesta:

a) per i rapporti fra i soggetti pubblici di cui al comma 1;

b) per i rapporti fra i soggetti pubblici di cui alla lettera *a*) ed altri soggetti, anche privati, i cui organi rappresentativi e quelli aventi funzioni di amministrazione e di controllo sono sottoposti, per disposizione di legge o di regolamento, alla verifica di particolari requisiti di onorabilità tali da escludere la sussistenza di una delle cause di sospensione, di decadenza o di divieto previste dall'articolo 10 della legge 31 maggio 1965, n. 575;

c) per il rilascio o rinnovo delle autorizzazioni o licenze di polizia di competenza delle autorità nazionali e provinciali di pubblica sicurezza;

d) per la stipulazione o approvazione di contratti e per la concessione di erogazioni a favore di chi esercita attività agricole o professionali, non organizzate in forma di impresa, nonché a favore di chi esercita attività artigiana in forma di impresa individuale;

e) per i provvedimenti gli atti, i contratti e le erogazioni il cui valore complessivo non supera i 300 milioni di lire.

2 Validità e ambiti soggettivi della documentazione antimafia.

1. La documentazione prevista dal presente regolamento è utilizzabile per un periodo di sei mesi dalla data del rilascio, anche per altri procedimenti riguardanti i medesimi soggetti. È consentito all'interessato di utilizzare la comunicazione di cui all'articolo 3, in corso di validità conseguita per altro procedimento, anche in copia autentica.

2. I soggetti di cui all'articolo 1, comma 1, d'ora in avanti indicati come "amministrazioni", che acquisiscono la documentazione prevista dal presente regolamento, di data non anteriore a sei mesi, adottano il provvedimento richiesto e gli atti conseguenti o esecutivi, compresi i pagamenti, anche se il provvedimento o gli atti sono perfezionati o eseguiti in data successiva alla scadenza di validità della predetta documentazione.

3. Quando si tratta di associazioni, imprese, società e consorzi, la documentazione prevista dal presente regolamento deve riferirsi, oltre che all'interessato:

a) alle società;

b) per le società di capitali anche consortili ai sensi dell'articolo 2615-*ter* del codice civile, per le società cooperative, di consorzi cooperativi, per i consorzi di cui al libro V, titolo X, capo II, sezione II, del codice civile, al legale rappresentante e agli eventuali altri componenti l'organo di amministrazione, nonché a ciascuno dei consorziati che nei consorzi e nelle società consortili detenga una partecipazione superiore al 10 per cento, ed ai soci o consorziati per conto dei quali le società consortili o i consorzi operino in modo esclusivo nei confronti della pubblica amministrazione;

c) per i consorzi di cui all'articolo 2602 del codice civile, a chi ne ha la rappresentanza e agli imprenditori o società consorziate;

d) per le società in nome collettivo, a tutti i soci;

e) per le società in accomandita semplice, ai soci accomandatari;

f) per le società di cui all'articolo 2506 del codice civile, a coloro che le rappresentano stabilmente nel territorio dello Stato.

3-*bis*. Per le società di capitali di cui al comma 3, lettera *b*), concessionarie nel settore dei giochi pubblici, la documentazione prevista dal presente regolamento deve riferirsi, oltre ai soggetti indicati nello stesso comma 3, lett. *b*), anche ai soci persone fisiche che detengono, anche indirettamente, una partecipazione al capitale od al patrimonio superiore al 2 per cento, nonché ai direttori generali e ai soggetti responsabili delle sedi secondarie o delle stabili organizzazioni in Italia di soggetti non residenti. Nell'ipotesi in cui i soci persone fisiche detengano la partecipazione superiore alla predetta soglia mediante altre società di capitali, la documentazione deve riferirsi anche al legale rappresentante e agli eventuali componenti dell'organo di amministrazione della società socia, alle persone fisiche che, direttamente o indirettamente, controllano tale società, nonché ai direttori generali e ai soggetti responsabili delle sedi secondarie o delle stabili organizzazioni in Italia di soggetti non residenti (1).

(1) *Comma aggiunto dall'articolo 24, comma 24, del d.l. 6 luglio 2011, n. 98, conv., con modif., in l. 15 luglio 2011, n. 111.*

3 Comunicazioni per iscritto.

1. Salvo quanto previsto dall'articolo 1, la documentazione circa la sussistenza di una delle cause di decadenza, di sospensione o di divieto di cui all'articolo 10 della legge 31 maggio 1965, n. 575, su richiesta nominativa della stessa amministrazione, anche per elenchi, è effettuata mediante comunicazione scritta della prefettura della provincia in cui l'amministrazione ha sede, ovvero, se richiesta dai soggetti privati interessati, dalla prefettura della provincia in cui gli stessi risiedono o hanno sede, soltanto quando:

a) i collegamenti informatici o telematici di cui all'articolo 4 non sono attivati o non sono comunque operanti, ovvero l'attestazione risultante richiede la conferma scritta della prefettura;

b) il certificato rilasciato dalla camera di commercio, industria, artigianato e agricoltura, è privo della dicitura antimafia di cui all'articolo 9.2. La richiesta da parte dei soggetti privati interessati, corredata della documentazione di cui all'articolo 10, comma 3, ancorché priva della dicitura di cui all'articolo 9, ovvero della documentazione di cui all'articolo 10, comma 4, è ammessa previa informativa all'amministrazione procedente e può essere effettuata da persona delegata. La delega può indicare anche la persona incaricata del ritiro ed è sempre effettuata con atto recante sottoscrizione autenticata. La delega deve essere esibita, unitamente ad un documento di identificazione, sia all'atto della richiesta, che all'atto del ritiro. Nel caso di ritiro a mezzo di persona delegata, la comunicazione è rilasciata in busta chiusa a nome del richiedente.

3. La comunicazione è rilasciata entro quindici giorni dal ricevimento della richiesta.

4 Comunicazioni in via telematica.

1. La documentazione circa la sussistenza delle cause di sospensione, di divieto o di decadenza previste dall'articolo 10 della legge 31 maggio 1965, n. 575, può essere conseguita mediante l'utilizzazione di collegamenti informatici o telematici tra le amministrazioni interessate ed una o più prefetture dotate di specifico archivio automatizzato, attivati sulla base di convenzioni approvate dal Ministero dell'interno, in modo da:

a) attestare con strumenti automatizzati l'inesistenza delle predette cause interdittive, allo scopo di conseguire risultati equivalenti alle comunicazioni di cui all'articolo 3;

b) rendere accessibili alle prefetture competenti le segnalazioni relative alle attestazioni prodotte.

2. Nessun provvedimento di diniego o altrimenti sfavorevole all'interessato può essere adottato o eseguito sulla base delle segnalazioni trasmesse a norma del comma 1 senza specifica comunicazione di conferma da effettuarsi, a cura della prefettura competente, anche mediante elenchi cumulativi, entro quindici giorni dalla richiesta nominativa.

5 Autocertificazione.

1. Fuori dei casi previsti dall'articolo 10, i contratti e subcontratti relativi a lavori o forniture dichiarati urgenti ed i provvedimenti di rinnovo conseguenti a provvedimenti già disposti, sono stipulati, autorizzati o adottati previa acquisizione di apposita dichiarazione con la quale l'interessato attesti che nei propri confronti non sussistono le cause di divieto, di decadenza o di sospensione di cui all'articolo 10 della legge 31 maggio 1965, n. 575. La sottoscrizione della dichiarazione deve essere autenticata con le modalità dell'articolo 20 della legge 4 gennaio 1968, n. 15.

2. La predetta dichiarazione è resa dall'interessato anche quando gli atti e i provvedimenti della pubblica amministrazione riguardano:

a) attività private, sottoposte a regime autorizzatorio, che possono essere intraprese su denuncia di inizio da parte del privato alla pubblica amministrazione competente;

b) attività private sottoposte alla disciplina del silenzio-assenso, indicate nella tabella C annessa al regolamento approvato con decreto del Presidente della Repubblica 26 aprile 1992, n. 300, e successive modificazioni e integrazioni.

6 Certificazioni o attestazioni delle camere di commercio, industria e artigianato.

1. Le certificazioni o attestazioni delle camere di commercio, industria e artigianato, d'ora in avanti indicate come camere di commercio, recanti la dicitura di cui all'articolo 9, sono equiparate, a tutti gli effetti, alle comunicazioni delle prefetture che attestano l'insussistenza delle cause di decadenza, divieto o sospensione di cui all'articolo 10 della legge 31 maggio 1965, n. 575.

2. L'acquisizione agli atti dell'amministrazione interessata e degli altri soggetti di cui all'articolo 1 del presente regolamento, ovvero del concessionario di opere o servizi pubblici, delle certificazioni o attestazioni di cui al comma 1, munite della dicitura ivi prevista, rilasciate in data non anteriore a sei mesi, esonera dalla richiesta della comunicazione prevista dall'articolo 3 e dall'acquisizione dell'autocertificazione di cui all'articolo 5.

3. Le richieste delle certificazioni o attestazioni di cui al comma 1 devono essere presentate alle camere di commercio dalla persona interessata o da persona dalla stessa delegata a norma dell'articolo 3, comma 2.

4. Le attestazioni o certificazioni delle camere di commercio prive della dicitura di cui all'articolo 9 non implicano di per sé la sussistenza di una delle cause di decadenza, di divieto o di sospensione di cui all'articolo 10 della legge 31 maggio 1965, n. 575, ma in tal caso deve essere richiesta la comunicazione di cui all'articolo 3.

5. Le camere di commercio, nell'esercizio della loro attività amministrativa, utilizzano il collegamento tele-

matico disciplinato dal presente regolamento per acquisire, nei casi previsti dalla legge, le comunicazioni di cui all'articolo 3.

7 Collegamento telematico.

1. È attivato un collegamento telematico tra il sistema informativo delle camere di commercio e il sistema informativo del Ministero dell'interno messo a disposizione della prefettura di Roma.

2. Il sistema informativo delle camere di commercio è quello di cui agli articoli 21, comma 4, e 23, comma 2, del decreto del Presidente della Repubblica 7 dicembre 1995, n. 581, operante, tra l'altro, per il trattamento automatizzato degli elenchi, ruoli, albi e registri delle camere di commercio.

3. Per le finalità di cui al comma 1, il centro elaborazione dati di cui all'articolo 8 della legge 1° aprile 1981, n. 121, d'ora in avanti indicato come C.E.D., costituisce un apposito archivio informatico contenente l'elenco delle persone alle quali sono stati comminati i provvedimenti di cui all'articolo 10 della legge 31 maggio 1965, n. 575.

4. Per ciascuna persona sono inseriti nell'archivio informatico i seguenti dati:

a) cognome e nome;

b) sesso;

c) data e provincia di nascita;

d) cittadinanza;

e) comune di residenza.

5. Il C.E.D. garantisce la completezza e l'aggiornamento costante dell'archivio.

6. Il C.E.D. rende accessibile, con modalità telematica, l'archivio di cui al comma 3 al sistema informativo messo a disposizione della prefettura di Roma e, per il tramite di questo, a quello delle camere di commercio per l'effettuazione di interrogazioni nominative o per l'acquisizione delle comunicazioni previste dagli articoli 3 e 4.

8 Procedure per l'interrogazione dell'archivio.

1. L'interrogazione nominativa di cui all'articolo 7, comma 6, è effettuata da dipendenti delle camere di commercio addetti alle certificazioni e attestazioni previste dal presente regolamento, appositamente abilitati dal responsabile del procedimento individuato in base alle norme organizzative delle singole camere di commercio.

2. Il sistema di collegamento deve garantire la individuazione del dipendente che effettua ciascuna interrogazione.

3. Il sistema informativo delle camere di commercio garantisce che qualora l'interrogazione nominativa di cui all'articolo 7, comma 6, corrisponda ad una iscrizione presente nell'archivio informatico di cui all'articolo 7, comma 3:

a) sia sospeso il rilascio del certificato relativo alle iscrizioni di cui all'articolo 10, comma 1, lettere *d*) ed *e*), della legge 31 maggio 1965, n. 575;

b) sia consentito il rilascio del certificato relativo all'iscrizione nel registro delle imprese o ad altre iscrizioni diverse da quelle indicate nella lettera *a*), privo della dicitura di cui all'articolo 9.

4. Il sistema informativo delle camere di commercio garantisce, altresì, qualora l'interrogazione nominativa di cui all'articolo 7, comma 6, risulti negativa, che venga automaticamente inserita nel testo della certificazione o attestazione richiesta la appo sita dicitura di cui all'articolo 9. In ogni caso, le camere di commercio possono rilasciare le certificazioni e le attestazioni di cui al presente decreto prive della predetta dicitura quando l'interessato ne faccia espressa richiesta.

5. Nei casi previsti dal comma 3, il dipendente della camera di commercio informa l'interessato che occorre acquisire presso la competente prefettura la comunicazione di cui all'articolo 3, anche per i provvedimenti di competenza delle camere di commercio, quando deve disporsi la sospensione o cancellazione dell'iscrizione.

6. Gli elementi essenziali di ogni certificato rilasciato sono conservati in un apposito archivio informatico del sistema informativo delle camere di commercio accessibile telematicamente da parte delle prefetture interessate.

7. Il sistema informativo delle camere di commercio collabora con il C.E.D. per consentire l'abbinamento a ciascun nominativo, presente nell'archivio costituito a norma dell'articolo 7, del relativo codice fiscale.

9 Dicitura antimafia.

1. Le certificazioni delle camere di commercio sono equiparate alle comunicazioni qualora riportino in calce la seguente dicitura: "Nulla osta ai fini dell'articolo 10 della legge 31 maggio 1965, n. 575, e successive modificazioni. La presente certificazione è emessa dalla C.C.I.A.A. utilizzando il collegamento telematico con il sistema informativo utilizzato dalla prefettura di Roma".

2. Con apposito decreto del Ministro dell'industria, del commercio e dell'artigianato, emanato a norma dell'articolo 24, comma 1, del decreto del Presidente della Repubblica 7 dicembre 1995, n. 581, sono definiti i certificati di iscrizione nel registro delle imprese, recanti la dicitura di cui al comma 1, relativi ai soggetti di cui all'articolo 2, comma 3.

3. Con lo stesso decreto sono altresì stabiliti i modelli di certificazione previsti dal presente regolamento e relativi agli altri registri, albi, ruoli ed elenchi tenuti dalle camere di commercio.

10 Informazioni del prefetto.

1. Salvo quanto previsto dall'articolo 1, ed in deroga alle disposizioni dell'articolo 4 del decreto legislativo 8 agosto 1994, n. 490, fatto salvo il divieto di frazionamento di cui al comma 2 del predetto articolo, le pubbliche amministrazioni, gli enti pubblici e gli altri soggetti di cui all'articolo 1, devono acquisire le informazioni di cui al comma 2 del presente articolo, prima di stipulare, approvare o autorizzare i contratti e subcontratti, ovvero prima di rilasciare o consentire le concessioni o erogazioni indicati nell'articolo 10 della legge 31 maggio 1965, n. 575, il cui valore sia:

a) pari o superiore a quello determinato dalla legge in attuazione delle direttive comunitarie in materia di opere e lavori pubblici, servizi pubblici e pubbliche forniture, indipendentemente dai casi di esclusione ivi indicati;

b) superiore a 300 milioni di lire per le concessioni di acque pubbliche o di beni demaniali per lo svolgimento di attività imprenditoriali, ovvero per la concessione di contributi, finanziamenti e agevolazioni su mutuo o altre erogazioni dello stesso tipo per lo svolgimento di attività imprenditoriali;

c) superiore a 300 milioni di lire per l'autorizzazione di subcontratti, cessioni o cottimi, concernenti la realizzazione di opere o lavori pubblici o la prestazione di servizi o forniture pubbliche.

2. Quando, a seguito delle verifiche disposte dal prefetto, emergono elementi relativi a tentativi di infiltrazione mafiosa nelle società o imprese interessate, le amministrazioni cui sono fornite le relative informazioni, non possono stipulare, approvare o autorizzare i contratti o subcontratti, né autorizzare, rilasciare o comunque consentire le concessioni e le erogazioni.

3. Le informazioni del prefetto, sono richieste dall'amministrazione interessata, indicando l'oggetto e il valore del contratto, subcontratto, concessione o erogazione ed allegando, esclusivamente, copia del certificato di iscrizione dell'impresa presso la camera di commercio, industria, artigianato e agricoltura corredato della apposita dicitura antimafia. Nel caso di società consortili o di consorzi, il certificato è integrato con la indicazione dei consorziati che detengono una quota superiore al 10% del capitale o del fondo consortile, nonché dei consorziati per conto dei quali la società consortile o il consorzio opera in modo esclusivo nei confronti della pubblica amministrazione. Per le imprese di costruzioni il certificato è integrato con l'indicazione del direttore tecnico.

4. In luogo o ad integrazione del certificato di cui al comma 3 può essere allegata una dichiarazione del legale rappresentante recante le medesime indicazioni.

5. Ai fini di cui ai commi 1 e 2, la richiesta di informazioni è inoltrata al prefetto della provincia nella quale hanno residenza o sede le persone fisiche, le imprese, le associazioni, le società o i consorzi interessati ai contratti e subcontratti di cui al comma 1, lettere *a*) e *c*), o che siano destinatari degli atti di concessione o erogazione di cui alla lettera *b*) dello stesso comma 1.

6. La richiesta può essere effettuata anche dal soggetto privato interessato o da persona da questi specificamente delegata, previa comunicazione al l'amministrazione destinataria di voler procedere direttamente a tale adempimento. La delega deve risultare da atto recante sottoscrizione autenticata e deve essere esibita unitamente ad un documento di identificazione personale. In ogni caso la prefettura fa pervenire le informazioni direttamente all'amministrazione indicata dal richiedente.

7. Ai fini di cui al comma 2 le situazioni relative ai tentativi di infiltrazione mafiosa sono desunte:

a) dai provvedimenti che dispongono una misura cautelare o il giudizio, ovvero che recano una condanna anche non definitiva per taluno dei delitti di cui agli articoli 629, 644, 648-*bis*, e 648-*ter* del codice penale, o dall'articolo 51, comma 3-*bis*, del codice di procedura penale;

b) dalla proposta o dal provvedimento di applicazione di taluna delle misure di cui agli articoli 2-*bis*, 2-*ter*, 3-*bis* e 3-*quater* della legge 31 maggio 1965, n. 575;

c) dagli accertamenti disposti dal prefetto anche avvalendosi dei poteri di accesso e di accertamento delegati dal Ministro dell'interno, ovvero richiesti ai prefetti competenti per quelli da effettuarsi in altra provincia.

8. La prefettura competente estende gli accertamenti pure ai soggetti, residenti nel territorio dello Stato, che risultano poter determinare in qualsiasi modo le scelte o gli indirizzi dell'impresa e, anche sulla documentata richiesta dell'interessato, aggiorna l'esito delle informazioni al venir meno delle circostanze rilevanti ai fini dell'accertamento dei tentativi di infiltrazione mafiosa.

9. Le disposizioni dell'articolo 1-*septies* del decreto-legge 6 settembre 1982, n. 629, convertito, con modificazioni, dalla legge 12 ottobre 1982, n. 726, come successivamente integrato dalla legge 15 novembre 1988, n. 486, non si applicano alle informazioni previste dal presente articolo, salvo che gli elementi o le altre indicazioni fornite siano rilevanti ai fini delle valutazioni discrezionali ammesse dalla legge. Sono fatte salve le procedure di selezione previste dalle disposizioni in vigore in materia di appalti, comprese quelle di recepimento di direttive europee.

11 Termini per il rilascio delle informazioni.

1. Quando le verifiche disposte siano di particolare complessità, il prefetto ne dà comunicazione senza ritardo all'amministrazione interessata e fornisce le informazioni acquisite entro i successivi trenta giorni.

2. Decorso il termine di quarantacinque giorni dalla ricezione della richiesta, ovvero, nei casi d'urgenza, anche immediatamente dopo la richiesta, le amministrazioni procedono anche in assenza delle informazioni del prefetto. In tale caso, i contributi, i finanziamenti, le agevolazioni e le altre erogazioni di cui al comma 1 sono corrisposti sotto condizione risolutiva e l'amministrazione interessata può revocare le autorizzazioni e le concessioni o recedere dai contratti, fatto salvo il pagamento del valore delle opere già eseguite e il rimborso delle spese sostenute per l'esecuzione del rimanente, nei limiti delle utilità conseguite.

3. Le facoltà di revoca e di recesso di cui al comma 2 si applicano anche quando gli elementi relativi a tentativi di infiltrazione mafiosa siano accertati successivamente alla stipula del contratto, alla concessione dei lavori o all'autorizzazione del subcontratto.

4. Il versamento delle erogazioni di cui alla lettera *f*) dell'articolo 10 della legge 31 maggio 1965, n. 575, può essere in ogni caso sospeso fino a quando pervengono le informazioni che non sussistono le cause di divieto o di sospensione di cui all'articolo 10 della legge 31 maggio 1965, n. 575, né il divieto di cui all'articolo 4, comma 6, del decreto legislativo n. 490.

12 Disposizioni relative ai lavori pubblici.

1. Se taluna delle situazioni indicate nell'articolo 10, comma 7, interessa un'impresa diversa da quella mandataria che partecipa ad un'associazione o raggruppamento temporaneo di imprese, le cause di divieto o di sospensione di cui all'articolo 10 della legge 31 maggio 1965, n. 575, e quelle di divieto di cui all'articolo 4, comma 6, del decreto legislativo n. 490 del 1994, non operano nei confronti delle altre imprese partecipanti quando la predetta impresa sia estromessa o sostituita anteriormente alla stipulazione del contratto o alla concessione dei lavori. La sostituzione può essere effettuata entro trenta giorni dalla comunicazione delle informazioni del prefetto qualora esse pervengano successivamente alla stipulazione del contratto o alla concessione dei lavori.

2. Le disposizioni del comma 1 si applicano anche nel caso di consorzi non obbligatori.

3. Con decreto del Ministro dell'interno, adottato di concerto con il Ministro della giustizia e con il Ministro dei lavori pubblici, sentito il Garante per la protezione dei dati personali, sono individuate le modalità per l'interscambio dei dati di cui all'articolo 10, comma 7, allo scopo di raccordare le procedure di rilascio delle informazioni del prefetto e quelle relative alla tenuta dell'Albo nazionale dei costruttori, nel rispetto delle disposizioni di legge sul trattamento dei dati personali.

4. Il prefetto della provincia interessata all'esecuzione delle opere e dei lavori pubblici di cui all'articolo 4, comma 1, lettera *a*), del decreto legislativo n. 490 del 1994, è tempestivamente informato dalla sta zione appaltante della pubblicazione del bando di gara e svolge gli accertamenti preliminari sulle imprese locali per le quali il rischio di tentativi di infiltrazione mafiosa, nel caso di partecipazione ai lavori, è ritenuto maggiore. L'accertamento di una delle situazioni indicate dall'articolo 10, comma 7, comporta il divieto dell'appalto o della concessione dell'opera pubblica, nonché del subappalto, degli altri subcontratti, delle cessioni o dei cottimi, comunque denominati, indipendentemente dal valore delle opere o dei lavori.

13 Abrogazioni.

1. Ai sensi dell'articolo 20, comma 4, della legge 15 marzo 1997, n. 59, e dell'articolo 17, comma 94, della legge 15 maggio 1997, n. 127, dalla data di entrata in vigore del presente regolamento si intendono abrogati:

a) il decreto 16 dicembre 1997, n. 486, del Ministro dell'interno, di concerto con il Ministro della giustizia e con il Ministro dell'industria, del commercio e dell'artigianato;

b) gli articoli 2, 3 e 5 del decreto legislativo 8 agosto 1994, n. 490;

c) l'articolo 5 della legge 17 gennaio 1994, n. 47.

14 Entrata in vigore.

1. Il presente regolamento entra in vigore il sessantesimo giorno successivo a quello della sua pubblicazione nella Gazzetta Ufficiale della Repubblica italiana.

78. Legge 16 marzo 2006, n. 146. — Ratifica ed esecuzione della Convenzione e dei Protocolli delle Nazioni Unite contro il crimine organizzato transnazionale, adottati dall'Assemblea generale il 15 novembre 2000 ed il 31 maggio 2001. (*estratto*) (1).

Pubblicata nella Gazzetta Ufficiale n. 85 dell'11 aprile 2006, S.O.

(1) *A norma del Comunicato 20 gennaio 2007, essendosi verificate le condizioni di cui all'art. 17, comma 2 della Convenzione e 18, comma 2, del Protocollo, l'Atto internazionale di cui alla presente legge è entrato in vigore sul piano internazionale in data 1° settembre 2006.*

3 Definizione di reato transnazionale.

1. Ai fini della presente legge si considera reato transnazionale il reato punito con la pena della reclusione non inferiore nel massimo a quattro anni, qualora sia coinvolto un gruppo criminale organizzato, nonché:

a) sia commesso in più di uno Stato;

b) ovvero sia commesso in uno Stato, ma una parte sostanziale della sua preparazione, pianificazione, direzione o controllo avvenga in un altro Stato;

c) ovvero sia commesso in uno Stato, ma in esso sia implicato un gruppo criminale organizzato impegnato in attività criminali in più di uno Stato;

d) ovvero sia commesso in uno Stato ma abbia effetti sostanziali in un altro Stato.

9 Operazioni sotto copertura.

1. Fermo quanto disposto dall'articolo 51 del codice penale, non sono punibili:

a) gli ufficiali di polizia giudiziaria della Polizia di Stato, dell'Arma dei carabinieri e del Corpo della guardia di finanza, appartenenti alle strutture specializzate o alla Direzione investigativa antimafia, nei limiti delle proprie competenze, i quali, nel corso di specifiche operazioni di polizia e, comunque, al solo fine di acquisire elementi di prova in ordine ai delitti previsti dagli articoli 317, 318, 319, 319-*bis*, 319-*ter*, 319-*quater*, primo comma, 320, 321, 322, 322-*bis*, 346-*bis*, 353, 353-*bis*, 452-*quaterdecies*, 453, 454, 455, 460, 461, 473, 474, 629, 630, 644, 648-*bis* e 648-*ter*, nonché nel libro secondo, titolo XII, capo III, sezione I, del codice penale, ai delitti concernenti armi, munizioni, esplosivi, ai delitti previsti dall'articolo 12, commi 1, 3, 3-*bis* e 3-*ter*, del testo unico delle disposizioni concernenti la disciplina dell'immigrazione e norme sulla condizione dello straniero, di cui al decreto legislativo 25 luglio 1998, n. 286, nonché ai delitti previsti dal testo unico delle leggi in materia di disciplina degli stupefacenti e sostanze psicotrope, prevenzione, cura e riabilitazione dei relativi stati di tossicodipendenza, di cui al decreto del Presidente della Repubblica 9 ottobre 1990, n. 309, e dall'articolo 3 della legge 20 febbraio 1958, n. 75, anche per interposta persona, danno rifugio o comunque prestano assistenza agli associati, acquistano, ricevono, sostituiscono od occultano denaro o altra utilità, armi, documenti, sostanze stupefacenti o psicotrope, beni ovvero cose che sono oggetto, prodotto, profitto, prezzo o mezzo per commettere il reato o ne accettano l'offerta o la promessa o altrimenti ostacolano l'individuazione della loro provenienza o ne consentono l'impiego ovvero corrispondono denaro o altra utilità in esecuzione di un accordo illecito già concluso da altri, promettono o danno denaro o altra utilità richiesti da un pubblico ufficiale o da un incaricato di un pubblico servizio o sollecitati come prezzo della mediazione illecita verso un pubblico ufficiale o un incaricato di un pubblico servizio o per remunerarlo o compiono attività prodromiche e strumentali (1);

b) gli ufficiali di polizia giudiziaria appartenenti agli organismi investigativi della Polizia di Stato e dell'Arma dei carabinieri specializzati nell'attività di contrasto al terrorismo e all'eversione e del Corpo della guardia di finanza competenti nelle attività di contrasto al finanziamento del terrorismo, i quali, nel corso di specifiche operazioni di polizia e, comunque, al solo fine di acquisire elementi di prova in ordine ai delitti commessi con finalità di terrorismo o di eversione, anche per interposta persona, compiono le attività di cui alla lettera *a*) (2);

b-bis) gli ufficiali di polizia giudiziaria degli organismi specializzati nel settore dei beni culturali, nell'attività di contrasto dei delitti di cui agli articoli 518-sexies e 518-septies del codice penale, i quali nel corso di specifiche operazioni di polizia e, comunque, al solo fine di acquisire elementi di prova, anche per interposta persona, compiono le attività di cui alla lettera *a*) (3).

1-*bis*. La causa di giustificazione di cui al comma 1 si applica agli ufficiali e agenti di polizia giudiziaria e agli ausiliari che operano sotto copertura quando le attività sono condotte in attuazione di operazioni autorizzate e documentate ai sensi del presente articolo. La disposizione di cui al precedente periodo si applica anche alle interposte persone che compiono gli atti di cui al comma 1 (4).

2. Negli stessi casi previsti dal comma 1, gli ufficiali e gli agenti di polizia giudiziaria possono utilizzare documenti, identità o indicazioni di copertura, rilasciati dagli organismi competenti secondo le modalità stabilite dal decreto di cui al comma 5, anche per attivare o entrare in contatto con soggetti e siti nelle reti di comunicazione, informandone il pubblico ministero al più presto e comunque entro le quarantotto ore dall'inizio delle attività (5).

3. L'esecuzione delle operazioni di cui ai commi 1 e 2 è disposta dagli organi di vertice ovvero, per loro delega, dai rispettivi responsabili di livello almeno provinciale, secondo l'appartenenza del personale di polizia giudiziaria impiegato, d'intesa con la Direzione centrale dell'immigrazione e della polizia delle frontiere per i delitti previsti dall'articolo 12, commi 1, 3, 3-*bis* e 3-*ter*, del testo unico di cui al decreto legislativo 25 luglio 1998, n. 286, e successive modificazioni. L'esecuzione delle operazioni di cui ai commi 1 e 2 in relazione ai delitti previsti dal testo unico di cui al decreto del Presidente della Repubblica 9 ottobre 1990, n. 309, di seguito denominate "attività antidroga", è specificatamente disposta dalla Direzione centrale per i servizi antidroga o, sempre d'intesa con questa, dagli organi di vertice ovvero, per loro delega, dai rispettivi responsabili di livello almeno provinciale, secondo l'appartenenza del personale di polizia giudiziaria impiegato (6).

4. L'organo che dispone l'esecuzione delle operazioni di cui ai commi 1 e 2 deve dare preventiva comunicazione all'autorità giudiziaria competente per le indagini. Dell'esecuzione delle attività antidroga è data immediata e dettagliata comunicazione alla Direzione centrale per i servizi antidroga e al pubblico ministero competente per le indagini. Se necessario o se richiesto dal pubblico ministero e, per le attività antidroga, anche dalla Direzione centrale per i servizi antidroga, è indicato il nominativo dell'ufficiale di polizia giudiziaria responsabile dell'operazione, nonché quelli degli eventuali ausiliari e interposte persone impiegati. Il pubblico ministero deve comunque essere informato senza ritardo, a cura del medesimo organo, nel corso dell'operazione, delle modalità e dei soggetti che vi partecipano, nonché dei risultati della stessa (7).

5. Per l'esecuzione delle operazioni di cui ai commi 1 e 2, gli ufficiali di polizia giudiziaria possono avvalersi di agenti di polizia giudiziaria, di ausiliari e di interposte persone, ai quali si estende la causa di non punibilità prevista per i medesimi casi. Per l'esecuzione delle operazioni può essere autorizzata l'utilizzazione temporanea di beni mobili ed immobili, di documenti di copertura, l'attivazione di siti nelle reti, la realizzazione e la gestione di aree di comunicazione o scambio su reti o sistemi informatici, secondo le modalità stabilite con decreto del Ministro dell'interno, di concerto con il Ministro della giustizia e con gli altri Ministri interessati. Con il medesimo decreto sono stabilite altresì le forme e le modalità per il coordinamento, anche in ambito internazionale, a fini informativi e operativi tra gli organismi investigativi (8).

6. Quando è necessario per acquisire rilevanti elementi probatori ovvero per l'individuazione o la cattura dei responsabili dei delitti previsti dal comma 1, per i delitti di cui al decreto del Presidente della Repubblica 9 ottobre 1990, n. 309, limitatamente ai casi previsti agli articoli 70, commi 4, 6 e 10, 73 e 74, gli ufficiali di polizia giudiziaria, nell'ambito delle rispettive attribuzioni, e le autorità doganali, limitatamente ai citati articoli 70, commi 4, 6 e 10, 73 e 74 del testo unico di cui al decreto del Presidente della Repubblica n. 309 del 1990, e successive modificazioni, possono omettere o ritardare gli atti di propria competenza, dandone immediato avviso, anche oralmente, al pubblico ministero, che può disporre diversamente, e trasmettendo allo stesso pubblico ministeromotivato rapporto entro le successive quarantotto ore. Per le attività antidroga, il medesimo immediato avviso deve pervenire alla Direzione centrale per i servizi antidroga per il necessario coordinamento anche in ambito internazionale (9).

6-*bis*. Quando è necessario per acquisire rilevanti elementi probatori, ovvero per l'individuazione o la cattura dei responsabili dei delitti di cui all'articolo 630 del codice penale, il pubblico ministero può richiedere che sia autorizzata la disposizione di beni, denaro o altra utilità per l'esecuzione di operazioni controllate per il pagamento del riscatto, indicandone le modalità. Il giudice provvede con decreto motivato (10).

7. Per gli stessi motivi di cui al comma 6, il pubblico ministero può, con decreto motivato, ritardare l'esecuzione dei provvedimenti che applicano una misura cautelare, del fermo dell'indiziato di delitto, dell'ordine di esecuzione di pene detentive o del sequestro. Nei casi di urgenza, il ritardo dell'esecuzione dei predetti provvedimenti può essere disposto anche oralmente, ma il relativo decreto deve essere emesso entro le successive quarantotto ore. Il pubblico ministero impartisce alla polizia giudiziaria le disposizioni necessarie al controllo degli sviluppi dell'attività criminosa, comunicando i provvedimenti adottati all'autorità giudiziaria competente per il luogo in cui l'operazione deve concludersi ovvero attraverso il quale si prevede sia effettuato il transito in uscita dal territorio dello Stato ovvero in entrata nel territorio dello Stato delle cose che sono oggetto, prodotto, profitto o mezzo per commettere i delitti nonché delle sostanze stupefacenti o psicotrope e di quelle di cui all'articolo 70 del testo unico di cui al decreto del Presidente della Repubblica 9 ottobre 1990, n. 309, e successive modificazioni (11).

8. Le comunicazioni di cui ai commi 4, 6 e 6-*bis* e i provvedimenti adottati dal pubblico ministero ai sensi del comma 7 sono senza ritardo trasmessi, a cura del medesimo pubblico ministero, al procuratore generale presso la corte d'appello. Per i delitti indicati all'articolo 51, comma 3-*bis*, del codice di procedura penale, la comunicazione è trasmessa al procuratore nazionale antimafia e antiterrorismo (12).

9. L'autorità giudiziaria può affidare il materiale o i beni sequestrati in custodia giudiziale, con facoltà d'uso, agli organi di polizia giudiziaria che ne facciano richiesta per l'impiego nelle attività di contrasto di cui al presente articolo ovvero per lo svolgimento dei compiti d'istituto (13).

9-*bis*. I beni informatici o telematici confiscati in quanto utilizzati per la commissione dei delitti di cui al libro II, titolo XII, capo III, sezione I, del codice penale sono assegnati agli organi di polizia giudiziaria che ne abbiano avuto l'uso ai sensi del comma 9 (14).

10. Chiunque indebitamente rivela ovvero divulga i nomi degli ufficiali o agenti di polizia giudiziaria che effettuano le operazioni di cui al presente articolo è punito, salvo che il fatto costituisca più grave reato, con la reclusione da due a sei anni (15).

11. Sono abrogati:

a) l'articolo 10 del decreto-legge 31 dicembre 1991, n. 419, convertito, con modificazioni, dalla legge 18 febbraio 1992, n. 172, e successive modificazioni;

b) l'articolo 12-*quater* del decreto-legge 8 giugno 1992, n. 306, convertito, con modificazioni, dalla legge 7 agosto 1992, n. 356;

c) l'articolo 12, comma 3-*septies*, del testo unico di cui al decreto legislativo 25 luglio 1998, n. 286;

d) l'articolo 14, comma 4, della legge 3 agosto 1998, n. 269;

e) l'articolo 4 del decreto-legge 18 ottobre 2001, n. 374, convertito, con modificazioni, dalla legge 15 dicembre 2001, n. 438;

f) l'articolo 10 della legge 11 agosto 2003, n. 228.

f-bis) l'articolo 7 del decreto-legge 15 gennaio 1991, n. 8, convertito, con modificazioni, dalla legge 15 marzo 1991, n. 82, e successive modificazioni (16).

(1) *Lettera modificata dall'articolo 17, comma 1, l. 23 luglio 2009, n. 99, successivamente sostituita dall'articolo 8, comma 1, lettera* a), *punto 1), l. 13 agosto 2010, n. 136 e nuovamente modificata dall'articolo 1, comma 3, d.lgs. 21 giugno 2016, n. 125. Da ultimo è stata sostituita dall'art. 1, comma 8, l. 9 gennaio 2019, n. 3. Il testo previgente era il seguente:* "a) gli ufficiali di polizia giudiziaria della Polizia di Stato, dell'Arma dei carabinieri e del Corpo della guardia di finanza, appartenenti alle strutture specializzate o alla Direzione investigativa antimafia, nei limiti delle proprie competenze, i quali, nel corso di specifiche operazioni di polizia e, comunque, al solo fine di acquisire elementi di prova in ordine ai delitti previsti dagli articoli 453, 454, 455, 460, 461, 473, 474, 629, 630, 644, 648-*bis* e 648-*ter*, nonché nel libro II, titolo XII, capo III, sezione I, del codice penale, ai delitti concernenti armi, munizioni, esplosivi, ai delitti previsti dall'articolo 12, commi 1, 3, 3-*bis* e 3-*ter*, del testo unico delle disposizioni concernenti la disciplina dell'immigrazione e norme sulla condizione dello straniero, di cui al decreto legislativo 25 luglio 1998, n. 286, e successive modificazioni, nonché ai delitti previsti dal testo unico delle leggi in materia di disciplina degli stupefacenti e sostanze psicotrope, prevenzione, cura e riabilitazione dei relativi stati di tossicodipendenza, di cui al decreto del Presidente della Repubblica 9 ottobre 1990, n. 309, dall'articolo 260 del decreto legislativo 3 aprile 2006, n. 152, e dall'articolo 3 della legge 20 febbraio 1958, n. 75, anche per interposta persona, danno rifugio o comunque prestano assistenza agli associati, acquistano, ricevono, sostituiscono od occultano denaro, armi, documenti, sostanze stupefacenti o psicotrope, beni ovvero cose che sono oggetto, prodotto, profitto o mezzo per commettere il reato o altrimenti ostacolano l'individuazione della loro provenienza o ne consentono l'impiego o compiono attività prodromiche e strumentali"

(2) *Lettera modificata dall'articolo 8, comma 1, lettera* a), *punto 2), l. n.136, cit.*

(3) *Lettera aggiunta dall'art. 2, comma 1, l. 9 marzo 2022, n. 22.*

(4) *Comma inserito dall'articolo 8, comma 1, lettera* b), *l. n.136, cit.*

(5) *Comma modificato dall'articolo 8, comma 1, lettera* c), *l. n.136, cit.*

(6) *Comma sostituito dall'articolo 8, comma 1, lettera* d), *l. n. 136, cit.*

(7) *Comma sostituito dall'articolo 8, comma 1, lettera* e), *l. n. 136, cit.*

(8) *Comma modificato dall'articolo 8, comma 1, lettera* f), *l. n.136, cit.*

(9) *Comma sostituito dall'articolo 8, comma 1, lettera* g), *l. n. 136, cit e successivamente modificato dall'articolo 2, comma 1, d.lgs. 24 marzo 2011, n. 50.*

(10) *Comma inserito dall'articolo 8, comma 1, lettera* h), *l. n. 136, cit.*

(11) *Comma modificato dall'articolo 8, comma 1, lettera* i), *l. n.136, cit.*

(12) *Comma sostituito dall'articolo 8, comma 1, lettera* l), *l. n.136, cit. e successivamente modificato dall'articolo 20, comma 4, d.l. 18 febbraio 2015, n. 7, convertito, con modificazioni, in l. 17 aprile 2015, n. 43.*

(13) *Comma modificato dall'articolo 8, comma 1, lettera* m), *l. n.136, cit.*

(14) *Comma inserito dall'articolo 3, comma 1, l. 15 febbraio 2012, n. 12.*

(15) *Comma sostituito dall'articolo 8, comma 1, lettera* n), *l. n.136, cit.*

(16) *Lettera aggiunta dall'articolo 8, comma 1, lettera* o), *l. n. 136, cit.*

10 Responsabilità amministrativa degli enti.

1. In relazione alla responsabilità amministrativa degli enti per i reati previsti dall'articolo 3, si applicano le disposizioni di cui ai commi seguenti.

2. Nel caso di commissione dei delitti previsti dagli articoli 416 e 416-*bis* del codice penale, dall'articolo 291-*quater* del testo unico di cui al decreto del Presidente della Repubblica 23 gennaio 1973, n. 43, e dall'articolo 74 del testo unico di cui al decreto del Presidente della Repubblica 9 ottobre 1990, n. 309, si applica all'ente la sanzione amministrativa pecuniaria da quattrocento a mille quote.

3. Nei casi di condanna per uno dei delitti indicati nel comma 2, si applicano all'ente le sanzioni interdittive previste dall'articolo 9, comma 2, del decreto legislativo 8 giugno 2001, n. 231, per una durata non inferiore ad un anno.

4. Se l'ente o una sua unità organizzativa viene stabilmente utilizzato allo scopo unico o prevalente di consentire o agevolare la commissione dei reati indicati nel comma 2, si applica all'ente la sanzione amministrativa dell'interdizione definitiva dall'esercizio dell'attività ai sensi dell'articolo 16, comma 3, del decreto legislativo 8 giugno 2001, n. 231.

[5. Nel caso di reati concernenti il riciclaggio, per i delitti di cui agli articoli 648-*bis* e 648-*ter* del codice penale, si applica all'ente la sanzione amministrativa pecuniaria da duecento a ottocento quote] (1).

[6. Nei casi di condanna per i reati di cui al comma 5 del presente articolo si applicano all'ente le sanzioni interdittive previste dall'articolo 9, comma 2, del decreto legislativo 8 giugno 2001, n. 231, per una durata non superiore a due anni] (1).

7. Nel caso di reati concernenti il traffico di migranti, per i delitti di cui all'articolo 12, commi 3, 3-*bis*, 3-*ter* e 5, del testo unico di cui al decreto legislativo 25 luglio 1998, n. 286, e successive modificazioni, si applica all'ente la sanzione amministrativa pecuniaria da duecento a mille quote.

8. Nei casi di condanna per i reati di cui al comma 7 del presente articolo si applicano all'ente le sanzioni interdittive previste dall'articolo 9, comma 2, del decreto legislativo 8 giugno 2001, n. 231, per una durata non superiore a due anni.

9. Nel caso di reati concernenti intralcio alla giustizia, per i delitti di cui agli articoli 377-*bis* e 378 del codice penale, si applica all'ente la sanzione amministrativa pecuniaria fino a cinquecento quote.

10. Agli illeciti amministrativi previsti dal presente articolo si applicano le disposizioni di cui al decreto legislativo 8 giugno 2001, n. 231.

(1) *Comma abrogato dall'art. 64 d.lgs. 21 novembre 2007, n. 231.*

11-12 (*Omissis*).

13 Attribuzione di competenze al procuratore distrettuale antimafia.

1. In relazione ai reati di cui all'articolo 3 della presente legge sono attribuite anche al procuratore distrettuale antimafia le competenze attribuite al procuratore della Repubblica e al questore dall'articolo 2-*bis*, commi 1, 4 e 6, dall'articolo 2-*ter*, commi secondo, sesto e settimo, dall'articolo 3-*bis*, settimo comma, dall'articolo 3-*quater*, commi 1 e 5 e dall'articolo 10-*quater*, secondo comma, della legge 31 maggio 1965, n. 575.

CONVENZIONE

1 Scopo.

Lo scopo della presente Convenzione è di promuovere la cooperazione per prevenire e combattere il crimine transnazionale organizzato in maniera più efficace.

2 Terminologia.

Ai fini della presente Convenzione:

a) "Gruppo criminale organizzato" indica un gruppo strutturato, esistente per un periodo di tempo, composto da tre o più persone che agiscono di concerto al fine di commettere uno o più reati gravi o reati stabiliti dalla presente Convenzione, al fine di ottenere, direttamente o indirettamente, un vantaggio finanziario o un altro vantaggio materiale;

b) "Reato grave" indica la condotta che costituisce un reato sanzionabile con una pena privativa della libertà di almeno quattro anni nel massimo o con una pena più elevata;

c) "Gruppo strutturato" s'intende un gruppo che non si è costituito fortuitamente per la commissione estemporanea di un reato e che non deve necessariamente prevedere ruoli formalmente definiti per i suoi membri, continuità nella composizione o una struttura articolata;

d) "Beni" indicano ogni tipo di averi, corporali ed incorporali, mobili o immobili, tangibili o intangibili, nonché atti giuridici o documenti attestanti la proprietà di, o interessi in, tali averi;

e) "Provento del reato" indica qualunque bene derivato e ottenuto, direttamente o indirettamente, attraverso la commissione di un reato;

f) "Congelamento o sequestro" indicano l'interdizione temporanea del trasferimento della conversione, cessione o movimento dei beni, o la custodia o il controllo temporanei dei beni conformemente ad un provvedimento emesso da un tribunale o altra autorità competente.

g) "Confisca", che include — laddove applicabile — l'ipotesi di espropriazione, indica la definitiva ablazione di beni a seguito di decisione del tribunale o di altra autorità competente;

h) "Reato presupposto" indica qualunque reato a seguito del quale è generato un profitto passibile di divenire l'oggetto di un reato di cui all'art. 6 della presente Convenzione;

i) " Consegna controllata" indica la tecnica che consente il passaggio di carichi illeciti o sospetti fuori dal, attraverso il o nel territorio di uno o più Stati, con la conoscenza e sotto il controllo delle competenti autorità, al fine di indagare su un reato e di identificare le persone coinvolte nella commissione dello stesso;

j) "Organizzazione regionale d'integrazione economica " indica una organizzazione costituita da Stati sovrani di una data regione, a cui i suoi Stati membri hanno trasferito la competenza in relazione a questioni disciplinate dalla presente Convenzione e che è stata debitamente autorizzata, in conformità alle sue procedure interne, a firmare, ratificare, accettare, approvare o aderire ad essa; i riferimenti a " Stati Parte" nella presente Convenzione si applicano a tali organizzazioni nei limiti della loro competenza.

3 Ambito di applicazione.

1. La presente Convenzione si applica, salvo disposizione contraria, alla prevenzione, investigazione ed all'esercizio dell'azione penale per:

(a) I reati stabiliti ai sensi degli articoli 5,6, 8 e 23 della presente Convenzione; e

(b) I reati gravi, come da art. 2 della presente Convenzione; laddove i reati sono di natura transnazionale e vedono coinvolto un gruppo criminale organizzato.

2. Ai fini del paragrafo i del presente articolo, un reato è di natura transnazionale se:

(a) è commesso in più di uno Stato;

(b) è commesso in uno Stato, ma una parte sostanziale della sua preparazione, pianificazione, direzione o controllo avviene in un altro Stato;

(c) è commesso in uno Stato, ma in esso è implicato un gruppo criminale organizzato impegnato in attività criminali in più di uno Stato; o

(d) è commesso in uno Stato ma ha effetti sostanziali in un altro Stato.

4 *(Omissis)*.

5 Penalizzazione della partecipazione ad un gruppo criminale organizzato.

1. Ciascuno Stato Parte adotta le misure legislative e di altra natura necessarie a conferire il carattere di reato, laddove commesso intenzionalmente:

(a) ad una o a entrambi delle seguenti condotte quali reati distinti da quelli che comportano il tentativo o la consumazione di un'attività criminale:

(i) l'accordarsi con una o più persone per commettere un reato grave, per un fine concernente direttamente o indirettamente il raggiungimento di un vantaggio economico o altro vantaggio materiale, e, laddove richiesto dalla legislazione interna, riguardante un atto commesso da uno dei partecipanti in virtù di questa intesa o che coinvolge un gruppo criminale organizzato;

(ii) la condotta di una persona che, consapevole dello scopo e dell'attività criminale in generale di un gruppo criminale organizzato o della sua intenzione di commettere il reato in questione; partecipa attivamente

a. alle attività criminali del gruppo criminale organizzato;

b. ad altre attività del gruppo criminale organizzato, consapevole che la sua partecipazione contribuirà al raggiungimento del suddetto scopo criminoso;

(b) all'organizzare, dirigere, facilitare, incoraggiare, favorire o consigliare la perpetrazione di un reato grave che coinvolge un gruppo criminale organizzato.

2. La conoscenza, l'intenzione, lo scopo, l'obiettivo o l'accordo di cui al paragrafo 1 del presente articolo, possono essere dedotti da circostanze obiettive basate sui fatti.

3. Gli Stati Parti il cui diritto interno subordina la constatazione dei reati enunciati al paragrafo 1 *a*) (*i*) del presente articolo al fatto che sia coinvolto un gruppo criminale organizzato, si accertano che il loro diritto interno copra tutti i reati gravi commessi da gruppi criminali organizzati. Tali Stati Parte, nonché gli Stati Parte il cui diritto interno subordina la constatazione dei reati enunciati al paragrafo 1 *a*) (*i*) del presente articolo alla perpetrazione di un atto ai sensi dell'accordo, informano di ciò il Segretario Generale delle Nazioni Unite al momento della firma o del deposito del loro strumento di ratifica, accettazione o approvazione della presente Convenzione, o dell'adesione alla stessa.

6 Penalizzazione del riciclaggio dei proventi di reato.

1. Ogni Stato Parte adotterà, in conformità ai principi fondamentali della sua legislazione interna, le misure legislative e di altra natura, necessarie a conferire il carattere di reato, se commessi intenzionalmente:

a) (i) alla trasformazione o al trasferimento di beni, pur sapendo che tali beni costituiscono proventi di reato, al fine di occultare o dissimulare l'illecita origine di tali beni o di aiutare qualsiasi persona coinvolta nella perpetrazione del reato presupposto a sfuggire alle conseguenze giuridiche della sua azione;

(ii) all'occultamento o alla dissimulazione della vera natura, fonte, ubicazione, cessione, movimento o proprietà di beni o di diritti su questi beni, sapendo che tali beni sono provento di reato;

b) e, fatti salvi i concetti fondamentali del suo ordinamento giuridico:

(i) all'acquisizione, possesso, o utilizzo di beni, il cui possessore, detentore o utilizzatore è a conoscenza, nel momento in cui li riceve, che essi sono provento di reato;

(ii) alla partecipazione ad uno dei reati stabiliti nel presente articolo, o ad ogni altra associazione, intesa, tentativo o complicità mediante la fornitura di assistenza, aiuto o consulenza in vista della sua perpetrazione.

2. Ai fini dell'attuazione o applicazione del paragrafo 1 del presente articolo:

a) Ogni Stato Parte cerca di applicare il paragrafo 1 del presente articolo alla più vasta gamma di reati presupposti;

b) Ogni Stato Parte include nella categoria di reati presupposti tutti i reati gravi come definiti all'articolo 2 della presente Convenzione ed i reati determinati conformemente agli articoli 5,8 e 23 della presente Convenzione. Nel caso di Stati Parte la cui legislazione contiene una elencazione di reati presupposti specifici, essi includono, per lo meno, una gamma completa di reati connessi a gruppi criminali organizzati;

c) Ai fini del paragrafo *b*), i reati presupposti comprendono reati commessi sia all'interno che all'esterno della giurisdizione dello Stato Parte in questione. Tuttavia, i reati commessi fuori dal territorio sotto la giurisdizione di uno Stato Parte sono reati presupposti solo quando il relativo comportamento costituisce reato ai sensi del diritto interno dello Stato dove è commesso, e sarebbe reato in forza del diritto interno dello Stato Parte che applica il presente articolo se fosse stato commesso sul suo territorio.

d) Ogni Stato Parte fornisce al Segretario Generale delle Nazioni Unite copia delle sue leggi che danno efficacia al presente articolo, nonché di ogni successiva modifica apportata a tali leggi, o una descrizione di esse

e) Se richiesto dai principi fondamentali del diritto interno di uno Stato Parte, può essere disposto che i reati di cui al paragrafo 1 del presente articolo non si applichino alle persone che hanno commesso il reato presupposto.

f) La conoscenza, l'intenzione o la motivazione, in quanto elementi costitutivi di un reato enunciato al paragrafo 1 del presente articolo possono essere dedotte da circostanze obiettive basate sui fatti.

7 Misure per combattere il riciclaggio di denaro

1. Ogni Stato Parte:

a) istituisce un sistema interno completo di regolamentazione e di controllo delle banche e degli istituti finanziari non bancari e, se del caso, di altri enti particolarmente esposti al riciclaggio di denaro, per quanto di sua competenza, al fine di prevenire ed individuare ogni forma di riciclaggio di denaro, il quale sistema pone l'accento sulle esigenze in materia di identificazione dei clienti, registrazione delle operazioni e dichiarazione di transazioni sospette;

b) fatti salvi gli articoli 18 e 27 della presente Convenzione, si accerta che le autorità amministrative, di regolamentazione e di applicazione delle leggi e le altre autorità incaricate della lotta contro il riciclaggio di denaro (comprese, ove previsto dal diritto interno, le autorità giudiziarie) siano in grado di cooperare e scambiare informazioni a livello nazionale ed internazionale, alle condizioni previste dal suo diritto interno, e, a tal fine prevede la creazione di un servizio di informazioni finanziarie che funga da centro nazionale per la raccolta, l'analisi e la diffusione di informazioni riguardanti potenziali operazioni di riciclaggio di denaro.

2. Gli Stati Parte prevedono l'attuazione di misure effettive per rilevare e controllare il movimento transfrontaliero di denaro in contante et di titoli negoziabili, rispettando le garanzie che assicurano una corretta utilizzazione delle informazioni, senza ostacolare in alcun modo la circolazione di capitali lecitivi. In particolare, potrà essere stabilito l'obbligo, per i privati e le imprese, di segnalare i trasferimenti oltre frontiera di rilevanti somme in denaro contante e di titoli negoziabili.

3. Nell'istituire un sistema interno di regolamentazione e di controllo ai sensi del presente articolo, e fatto salvo ogni altro articolo della presente Convenzione, gli Stati Parte sono invitati ad utilizzare come lineeguida le iniziative pertinenti adottate dalle organizzazioni regionali, internazionali e multilaterali per lottare contro il riciclaggio di denaro.

4. Gli Stati Parte cercano di sviluppare e promuovere la cooperazione globale regionale, sub-regionale e bilaterale fra le autorità giudiziarie, gli organi incaricati dell'applicazione delle leggi e le autorità di regolamentazione finanziaria al fine di contrastare il riciclaggio di denaro.

8 Penalizzazione della corruzione.

1. Ciascuno Stato Parte adotterà le misure legislative e di altra natura necessarie a conferire carattere di reato ai seguenti atti, quando essi sono commessi intenzionalmente:

a) promettere, offrire o assicurare ad un pubblico ufficiale, direttamente o indirettamente, un vantaggio indebito per sé stesso o per altra persona o entità, affinché compia, o si astenga dal compiere un atto nell'esercizio delle sue funzioni ufficiali;

b) sollecitare o accettare, da parte di un pubblico ufficiale, direttamente o indirettamente, un vantaggio indebito per sé stesso o per altra persona o entità, affinché compia, o si astenga dal compiere un atto nell'esercizio delle sue funzioni ufficiali.

2. Ogni Stato Parte prende in considerazione l'adozione di misure legislative e di altre necessarie a conferire il carattere di reato agli atti di cui al paragrafo 1 del presente articolo, che coinvolgono un pubblico ufficiale straniero o un funzionario internazionale. Allo stesso modo, ciascuno Stato Parte prevede di conferire il carattere di reato ad altre forme di corruzione.

3. Ciascuno Stato Parte adotta altresì le misure necessarie a conferire il carattere di reato al fatto di rendersi complice di un reato stabilito in conformità al presente articolo.

4. Ai fini del paragrafo 1 del presente articolo e dell'articolo 9 della presente Convenzione, "pubblico ufficiale" indica un pubblico ufficiale o una persona che fornisce un servizio pubblico, nel modo in questa denominazione è definita nel diritto interno ed applicata nel diritto penale dello Stato Parte in cui la persona in questione esercita tale funzione.

9 Misure contro la corruzione.

1. Oltre alle misure di cui all'articolo 8 della presente Convenzione, ogni Stato Parte adotta, come opportuno e conformemente al suo ordinamento giuridico, misure effettive a carattere legislativo, amministrativo o di altra natura per promuovere l'integrità e prevenire, individuare e sanzionare la corruzione dei pubblici ufficiali.

2. Ogni Stato Parte adotta misure per accertarsi che le sue autorità operino efficacemente in materia di prevenzione, individuazione e repressione della corruzione dei pubblici ufficiali, e conferisce a tali autorità un'indipendenza sufficiente a scoraggiare l'esercizio d'influenza impropria sulle loro azioni.

10 Responsabilità delle persone giuridiche

1. Ogni Stato Parte adotta le misure necessarie,

conformemente ai suoi principi giuridici, per determinare la responsabilità delle persone giuridiche che partecipano a reati gravi implicanti un gruppo criminale organizzato, e che commettono i reati di cui agli articoli 5,6,8 e 23 della presente Convenzione.

2. Fatti salvi i principi giuridici dello Stato Parte, la responsabilità delle persone giuridiche può essere penale, civile o amministrativa.

3. Tale responsabilità non pregiudica la responsabilità penale delle persone fisiche che hanno commesso i reati.

4. Ciascuno Stato Parte si accerta, in particolare, che le persone giuridiche ritenute responsabili ai sensi del presente articolo siano soggette a sanzioni efficaci, proporzionate e deterrenti, di natura penale o non penale, comprese le sanzioni pecuniarie.

11-15 *(Omissis)*.

16 Estradizione.

1. Il presente articolo si applica ai reati previsti dalla presente Convenzione o nei casi in cui il reato di cui all'articolo 3, paragrafo 1 *a)* o *b)* implichi il coinvolgimento di un gruppo criminale organizzato, e la persona oggetto della richiesta di estradizione si trovi nello Stato Parte richiesto, a condizione che il reato per il quale si richiede l'estradizione sia punibile ai sensi della legge interna sia dello Stato Parte richiedente che dello Stato Parte richiesto.

2. Se la richiesta di estradizione riguarda diversi singoli reati gravi, alcuni dei quali non sono previsti dal presente articolo, lo Stato Parte richiesto può applicare il presente articolo anche a detti reati.

3. I reati contemplati dal presente articolo devono essere considerati come reati per i quali si può chiedere l'estradizione ai sensi dei trattati di estradizione vigenti tra gli Stati Parte. Gli Stati Parte s'impegnano ad inscrire tali reati come reati per i quali si può chiedere l'estradizione in tutti i trattati di estradizione che dovessero essere conclusi tra loro.

4. Se uno Stato Parte che subordina l'estradizione all'esistenza di un trattato riceve una richiesta di estradizione da un altro Stato Parte con il quale non esiste alcun trattato di estradizione, esso può considerare la presente Convenzione quale fondamento giuridico per l'estradizione in relazione ai reati previsti dal presente articolo.

5. Gli Stati Parte che subordinano l'estradizione all'esistenza di un trattato devono:

(a) al momento del deposito del loro strumento di ratifica, accettazione, approvazione o adesione alla Convenzione, informare il Segretario Generale delle Nazioni Unite circa la loro disponibilità ad accettare la Convenzione come fondamento giuridico per la cooperazione in materia di estradizione con altri Stati Parte della Convenzione; e *(b)* nel caso in cui non accettino la Convenzione come fondamento giuridico per la cooperazione in materia di estradizione, tentare eventualmente, di concludere trattati in materia di estradizione con altri Stati Parte della Convenzione ai fini dell'attuazione del presente articolo.

6. Gli Stati Parte che non subordinano l'estradizione all'esistenza di un trattato devono riconoscere i reati previsti al presente articolo come reati reciprocamente estradabili.

7. L'estradizione è soggetta alle condizioni previste dalla legge interna dello Stato Parte richiesto o dai trattati di estradizione applicabili, che comprendono, tra l'altro, le condizioni relative ai requisiti minimi di pena previsti per l'estradizione e i motivi in base alle quali lo Stato Parte richiesto può rifiutare l'estradizione.

8. Gli Stati Parti si adoperano, fatto salvo quanto previsto dalle proprie leggi interne, per accelerare le procedure di estradizione e semplificare i relativi requisiti probatori per i reati cui si applica il presente articolo.

9. Fatte salve le disposizioni delle rispettive leggi interne e dei rispettivi trattati di estradizione, lo Stato Parte richiesto può, a condizione che le circostanze lo richiedano e ve ne sia l'urgenza, nonché su richiesta dello Stato Parte richiedente, porre in stato di custodia la persona di cui si chiede l'estradizione e che si trova sul proprio territorio, oppure adottare le misure più idonee ad assicurare la sua presenza durante il procedimento di estradizione.

10. Uno Stato Parte sul cui territorio viene scoperto un presunto colpevole, nel caso in cui non proceda all'estradizione per un reato previsto dal presente articolo solo per il motivo che detta persona è un suo cittadino, è obbligato, su richiesta dello Stato Parte che richiede l'estradizione, a trasmettere senza indugio il caso alle proprie autorità competenti per procedere penalmente. Dette autorità dovranno decidere e condurre il procedimento con le stesse modalità con cui viene trattato qualsiasi altro grave reato dalla legge interna dello Stato Parte. Gli Stati Parti in questione collaborano, in particolare per ciò che riguarda gli aspetti procedurali e probatori al fine di assicurare l'efficienza dell'azione penale.

11. Quando uno Stato Parte è autorizzato, ai sensi della propria legge, ad estradare o altrimenti consegnare un proprio cittadino solamente a condizione che esso venga restituito allo Stato Parte per scontare l'eventuale condanna inflitta a seguito di un processo o procedimento per il quale è stata richiesta l'estradizione o la consegna della persona, e detto Stato Parte e lo Stato Parte che richiede l'estradizione della persona in questione concordano con questa opzione e con gli altri termini che essi riterranno opportuni, tale estradizione o consegna condizionata è sufficiente a liberare dall'obbligo stabilito al paragrafo 10 del presente articolo.

12. Qualora l'estradizione richiesta per l'esecuzione di una condanna, venisse rifiutata perché la persona interessata è cittadino dello Stato Parte richiesto, la Parte richiesta può, nel caso in cui il proprio ordinamento interno lo preveda e in conformità ai requisiti di detto ordinamento, su richiesta della Parte richiedente, prendere in considerazione l'esecuzione della condanna, o il residuo della stessa, imposta ai sensi dell'ordinamento dello Stato Parte nel cui territorio si trovi detta persona.

13. Alla persona contro la quale si procede penalmente per i reati previsti dal presente articolo è garantito un giusto ed equo trattamento durante tutte le fasi del procedimento, ivi compreso godimento di tutti i diritti e delle garanzie fornite dalla legislazione interna dello Stato Parte nel cui territorio si trovi detta persona.

14. Nulla della presente Convenzione deve essere interpretato come imposizione dell'obbligo di estradare se lo Stato Parte richiesto ha fondati motivi di ritenere che la richiesta sia stata fatta al fine di perseguire o punire una persona a causa del suo sesso, razza, religione, nazionalità, origine etnica o idee politiche e che l'accettazione della richiesta possa essere pregiudizievole alla posizione di detta persona a causa di uno qualunque dei motivi specificati.

15. Gli Stati Parti non possono rifiutare una richiesta di estradizione esclusivamente in considerazione del fatto che il reato implichi anche questioni di materia fiscale.

16. Prima di rifiutare una richiesta di estradizione, lo Stato Parte richiesto, se opportuno, si consulta con lo Stato Parte richiedente in modo da fornirgli ogni possibilità di presentare le proprie opinioni e di fornire informazioni relative alle sue affermazioni.

17. Gli Stati Parti devono cercare di concludere accordi o intese bilaterali e multilaterali allo scopo di accrescere l'efficacia dell'estradizione.

17-18 (*Omissis*).

19 Indagini comuni.

Gli Stati Parti valutano l'opportunità di stringere accordi o intese bilaterali o multilaterali per mezzo dei quali, rispetto a questioni oggetto d'indagini, azioni penali o procedimenti giudiziari in uno o più Stati, le autorità competenti interessate possono istituire organi investigativi comuni. In mancanza di tali accordi o intese, si possono intraprendere indagini comuni sulla base di accordi caso per caso. Gli Stati Parti coinvolti assicurano il pieno rispetto della sovranità dello Stato Parte nel cui territorio tale indagine ha luogo.

20 Tecniche speciali d'investigazione.

1. Se consentito dai principi fondamentali dell'ordinamento giuridico interno, ciascuno Stato Parte, nella misura delle proprie possibilità ed alle condizioni stabilite dal proprio diritto interno, adotta le misure necessarie a consentire l'appropriato impiego della consegna controllata, e, laddove ritenuto opportuno, l'impiego di altre tecniche speciali d'investigazione, quali la sorveglianza elettronica o di altro tipo e le operazioni sotto copertura da parte delle autorità competenti sul suo territorio allo scopo di combattere efficacemente la criminalità organizzata.

2. Allo scopo d'indagare i reati di cui alla presente Convenzione, si incoraggiano gli Stati Parti a stringere, laddove necessario, gli opportuni accordi o intese bilaterali o multilaterali per l'impiego di dette tecniche speciali di investigazione nel contesto della cooperazione internazionale. Tali accordi o intese vengono conclusi e attuati in piena ottemperanza osservanza del principio di sovrana uguaglianza degli Stati e vengono attuati in stretta conformità ai termini di tali accordi o intese.

3. In mancanza degli accordi o intese di cui al paragrafo 2 del presente articolo, le decisioni sull'impiego di tecniche speciali di investigazione a livello internazionale vengono prese caso per caso e, se necessario, possono tenere in considerazione le disposizioni e le intese di carattere economico riguardanti l'esercizio della giurisdizione da parte degli Stati Parte interessati.

4. La decisione d'impiegare la consegna controllata a livello internazionale, su consenso degli Stati Parte interessati, può includere metodi che permettono di intercettare la merce lasciandola proseguire integra oppure asportandola o sostituendola in tutto o in parte.

21-26 (*Omissis*).

27 Cooperazione di polizia.

1. Gli Stati Parte collaborano strettamente fra di loro, coerentemente con i rispettivi ordinamenti giuridici ed amministrativi nazionali, per rafforzare l'efficacia dell'azione delle strutture preposte al contrasto dei reati di cui alla presente Convenzione. Ciascuno Stato Parte adotta, in particolare, misure effettive:

(a) per rafforzare e, laddove necessario, istituire canali di comunicazione tra le rispettive autorità, istituzioni e servizi competenti al fine di rendere più semplice il sicuro e rapido scambio d'informazioni riguardanti tutti gli aspetti dei reati di cui alla presente Convenzione, compresi, se gli Stati Parte interessati lo ritengono opportuno, i collegamenti con altre attività criminali;

(b) per cooperare con altri Stati Parte nella conduzione d'indagini relative ai reati trattati dalla presente Convenzione e riguardanti:

(i) l'identità, collocazione e attività di persone sospette di partecipazione in detti reati o la localizzazione di altre persone coinvolte;

(ii) i movimenti di proventi del reato o beni derivanti dalla commissione di tali reati;

(iii) i movimenti di beni, attrezzature o altri mezzi utilizzati o che ci si propone di utilizzare per la commissione di tali reati;

(c) per fornire, ove opportuno, i necessari strumenti o quantitativi di sostanze per fini investigativi o di analisi:

(d) per facilitare l'effettivo coordinamento tra le proprie autorità, istituzioni e servizi competenti e per promuovere lo scambio del personale e degli esperti, compreso, nel rispetto delle intese e degli accordi bilaterali fra gli Stati Parte interessati, il dislocamento di ufficiali di collegamento;

(e) per lo scambio di informazioni con altri Stati Parte sui ezzi specifici e i metodi usati dai gruppi criminali organizzati, compresi, ove possibile, itinerari e veicoli e l'utilizzo di false identità, documenti falsi o alterati o altri mezzi atti a nascondere la natura delle attività illecite;

(*f*) per scambiare le informazioni e coordinare le misure amministrative e d'altro genere adottate opportunamente allo scopo di individuare precocemente i reati previsti dalla presente Convenzione.

2. Allo scopo di dare attuazione alla presente Convenzione, gli Stati Parte valutano l'opportunità di concludere intese o accordi bilaterali o multilaterali per la diretta collaborazione tra le proprie istituzioni preposte alla lotta al crimine e, laddove tali intese o accordi siano già esistenti, l'opportunità di emendarli.

In mancanza di tali accordi o intese fra gli Stati Parte interessati, le Parti possono considerare la presente Convenzione come base per la reciproca cooperazione di polizia i relazione ai reati trattati dalla Convenzione stessa. Qualora opportuno, le Parti utilizzano pienamente gli accordi e le intese, nonché le organizzazioni regionali o internazionali per incrementare la cooperazione tra le proprie strutture di polizia.

3. Gli Stati Parti si sforzano di cooperare con i propri mezzi per fronteggiare il crimine organizzato transnazionale perpetrato attraverso l'uso della moderna tecnologia.

28-41 (*Omissis*).

PROTOCOLLO

(*Omissis*).

79. Decreto legislativo 6 settembre 2011, n. 159. — Codice delle leggi antimafia e delle misure di prevenzione, nonché nuove disposizioni in materia di documentazione antimafia, a norma degli articoli 1 e 2 della legge 13 agosto 2010, n. 136. (*estratto*).

Pubblicato nella Gazzetta Ufficiale n. 226 del 28 settembre 2011, S.O. n. 214.

LIBRO I
Le misure di prevenzione

TITOLO I
Le misure di prevenzione personali

CAPO I
Le misure di prevenzione personali applicate dal questore

1 Soggetti destinatari.

1. I provvedimenti previsti dal presente capo si applicano a:

a) coloro che debbano ritenersi, sulla base di elementi di fatto, abitualmente dediti a traffici delittuosi;

b) coloro che per la condotta ed il tenore di vita debba ritenersi, sulla base di elementi di fatto, che vivono abitualmente, anche in parte, con i proventi di attività delittuose;

c) coloro che per il loro comportamento debba ritenersi, sulla base di elementi di fatto, comprese le reiterate violazioni del foglio di via obbligatorio di cui all'articolo 2, nonché dei divieti di frequentazione di determinati luoghi previsti dalla vigente normativa, (1) che sono dediti alla commissione di reati che offendono o mettono in pericolo l'integrità fisica o morale dei minorenni, la sanità, la sicurezza o la tranquillità pubblica.

(1) *Le parole* « comprese le reiterate violazioni del foglio di via obbligatorio di cui all'articolo 2, nonché dei divieti di frequentazione di determinati luoghi previsti dalla vigente normativa, » *sono state introdotte dall'articolo 15, comma 1, lettera* a), *del d.l. 20 febbraio 2017, n. 14, convertito con modificazioni, in Legge 18 aprile 2017, n. 48.*

2 Foglio di via obbligatorio.

1. Qualora le persone indicate nell'articolo 1 siano pericolose per la sicurezza pubblica e si trovino fuori dei luoghi di residenza, il questore può rimandarvele con provvedimento motivato e con foglio di via obbligatorio, inibendo loro di ritornare, senza preventiva autorizzazione ovvero per un periodo non superiore a tre anni, nel comune dal quale sono allontanate.

3 Avviso orale.

1. Il questore nella cui provincia la persona dimora può avvisare oralmente i soggetti di cui all'articolo 1 che esistono indizi a loro carico, indicando i motivi che li giustificano.

2. Il questore invita la persona a tenere una condotta conforme alla legge e redige il processo verbale dell'avviso al solo fine di dare allo stesso data certa.

3. La persona alla quale è stato fatto l'avviso può in qualsiasi momento chiederne la revoca al questore che provvede nei sessanta giorni successivi. Decorso detto termine senza che il questore abbia provveduto, la richiesta si intende accettata. Entro sessanta giorni dalla comunicazione del provvedimento di rigetto è ammesso ricorso gerarchico al prefetto.

4. Con l'avviso orale il questore, quando ricorrono le condizioni di cui al comma 3, può imporre alle persone che risultino definitivamente condannate per delitti non colposi il divieto di possedere o utilizzare, in tutto o in parte, qualsiasi apparato di comunicazione radiotrasmittente, radar e visori notturni, indumenti e accessori per la protezione balistica individuale, mezzi di trasporto blindati o modificati al fine di aumentarne la potenza o la capacità offensiva, ovvero comunque predisposti al fine di sottrarsi ai controlli di polizia, armi a modesta capacità offensiva, riproduzioni di armi di qualsiasi tipo, compresi i giocattoli riproducenti

armi, altre armi o strumenti, in libera vendita, in grado di nebulizzare liquidi o miscele irritanti non idonei ad arrecare offesa alle persone, prodotti pirotecnici di qualsiasi tipo, nonché sostanze infiammabili e altri mezzi comunque idonei a provocare lo sprigionarsi delle fiamme, nonché programmi informatici ed altri strumenti di cifratura o crittazione di conversazioni e messaggi.

5. Il questore può, altresì, imporre il divieto di cui al comma 4 ai soggetti sottoposti alla misura della sorveglianza speciale, quando la persona risulti definitivamente condannata per delitto non colposo.

6. Il divieto di cui ai commi 4 e 5 è opponibile davanti al tribunale in composizione monocratica.

CAPO II
Le misure di prevenzione personali applicate dall'autorità giudiziaria

SEZIONE I
Il procedimento applicativo

4 Soggetti destinatari.

1. I provvedimenti previsti dal presente capo si applicano:

a) agli indiziati di appartenere alle associazioni di cui all'articolo 416-*bis* c.p.;

b) ai soggetti indiziati di uno dei reati previsti dall'articolo 51, comma 3-*bis*, del codice di procedura penale ovvero del delitto di cui all'articolo 12-*quinquies*, comma 1, del decreto-legge 8 giugno 1992, n. 306, convertito, con modificazioni, dalla legge 7 agosto 1992, n. 356, o del delitto di cui all'articolo 418 del codice penale (1);

c) ai soggetti di cui all'articolo 1 (2);

d) agli indiziati di uno dei reati previsti dall'articolo 51, comma 3-*quater*, del codice di procedura penale e a coloro che, operanti in gruppi o isolatamente, pongano in essere atti preparatori, obiettivamente rilevanti, ovvero esecutivi diretti a sovvertire l'ordinamento dello Stato, con la commissione di uno dei reati previsti dal capo I del titolo VI del libro II del codice penale o dagli articoli 284, 285, 286, 306, 438, 439, 605 e 630 dello stesso codice, nonché alla commissione dei reati con finalità di terrorismo anche internazionale ovvero a prendere parte ad un conflitto in territorio estero a sostegno di un'organizzazione che persegue le finalità terroristiche di cui all'articolo 270-*sexies* del codice penale (3);

e) a coloro che abbiano fatto parte di associazioni politiche disciolte ai sensi della legge 20 giugno 1952, n. 645, e nei confronti dei quali debba ritenersi, per il comportamento successivo, che continuino a svolgere una attività analoga a quella precedente;

f) a coloro che compiano atti preparatori, obiettivamente rilevanti, ovvero esecutivi (4) diretti alla ricostituzione del partito fascista ai sensi dell'articolo 1 della legge n. 645 del 1952, in particolare con l'esaltazione o la pratica della violenza;

g) fuori dei casi indicati nelle lettere *d*), *e*) ed *f*), siano stati condannati per uno dei delitti previsti nella legge 2 ottobre 1967, n. 895, e negli articoli 8 e seguenti della legge 14 ottobre 1974, n. 497, e successive modificazioni, quando debba ritenersi, per il loro comportamento successivo, che siano proclivi a commettere un reato della stessa specie col fine indicato alla lettera *d*);

h) agli istigatori, ai mandanti e ai finanziatori dei reati indicati nelle lettere precedenti. È finanziatore colui il quale fornisce somme di denaro o altri beni, conoscendo lo scopo cui sono destinati;

i) alle persone indiziate di avere agevolato gruppi o persone che hanno preso parte attiva, in più occasioni, alle manifestazioni di violenza di cui all'articolo 6 della legge 13 dicembre 1989, n. 401, nonché alle persone che, per il loro comportamento, debba ritenersi, anche sulla base della partecipazione in più occasioni alle medesime manifestazioni, ovvero della reiterata applicazione nei loro confronti del divieto previsto dallo stesso articolo, che sono dediti alla commissione di reati che mettono in pericolo l'ordine e la sicurezza pubblica, ovvero l'incolumità delle persone in occasione o a causa dello svolgimento di manifestazioni sportive (5).

i-bis) ai soggetti indiziati del delitto di cui all'articolo 640-*bis* o del delitto di cui all'articolo 416 del codice penale, finalizzato alla commissione di taluno dei delitti di cui agli articoli 314, primo comma, 316, 316-*bis*, 316-*ter*, 317, 318, 319, 319-*ter*, 319-*quater*, 320, 321, 322 e 322-*bis* del medesimo codice (6);

i-ter) ai soggetti indiziati dei delitti di cui agli articoli 572 e 612-bis del codice penale (6) (7).

(1) *Inciso inserito dall'art. 1 l. 17 ottobre 2017, n. 161.*

(2) *La Corte costituzionale, con sentenza 27 febbraio 2019, n. 24, ha dichiarato "l'illegittimità costituzionale dell'art. 4, comma 1, lettera* c), *del d.lgs. n. 159 del 2011, nella parte in cui stabilisce che i provvedimenti previsti dal capo II si applichino anche ai soggetti indicati nell'art. 1, lettera* a)".

(3) *Comma dapprima modificato articolo 4, comma 1, lett.* a), *d.l. 18 febbraio 2015 n. 7 convertito, con modificazioni, in l. 17 aprile 2015, n. 43 e successivamente sostituito dall'art. 1 l. 17 ottobre 2017, n. 161. Il testo previgente era "d)* a coloro che, operanti in gruppi o isolatamente, pongano in essere atti preparatori, obiettivamente rilevanti, diretti a sovvertire l'ordinamento dello Stato, con la commissione di uno dei reati previsti dal capo I, titolo VI, del libro II del codice penale o dagli articoli 284, 285, 286, 306, 438, 439, 605 e 630 dello stesso codice nonché alla commissione dei reati con finalità di terrorismo anche internazionale ovvero a prendere parte ad un conflitto in territorio estero a sostegno di un'organizzazione che persegue le finalità terroristiche di cui all'articolo 270-sexies del codice penale".

(4) *Le parole* « ovvero esecutivi » *sono state inserite dall'art. 1 L. n. 161/2017.*

(5) *Comma modificato dall'art. 4, comma 2, d.l. 22 agosto 2014 n. 119, convertito, con modificazioni, in l. 17 ottobre 2014 n.146.*

(6) *Le parole* « dei delitti di cui agli articoli 572 e 612-bis del codice penale » *sono state sostituite alle parole* « del delitto di cui all'art. 612-bis del codice penale » *dall'articolo 9, comma 4, della legge 19 luglio 2019, n. 69.*

(7) *Lettera inserita dall'art. 1 l. n. 161/2017.*

5 Titolarità della proposta. Competenza.

1. Nei confronti delle persone indicate all'articolo 4 possono essere proposte dal questore, dal procuratore nazionale antimafia e antiterrorismo, dal procuratore della Repubblica presso il tribunale del capoluogo di distretto ove dimora la persona e dal direttore della Direzione investigativa antimafia le misure di prevenzione della sorveglianza speciale di pubblica sicurezza e dell'obbligo di soggiorno nel comune di residenza o di dimora abituale (1).

2. Nei casi previsti dall'articolo 4, comma 1, lettere *c*), *i*), *i-bis*) e *i-ter*), (2) le funzioni e le competenze spettanti al procuratore della Repubblica presso il tribunale del capoluogo del distretto sono attribuite anche (3) al procuratore della Repubblica presso il tribunale nel cui circondario dimora la persona previo coordinamento con il procuratore della Repubblica presso il tribunale del capoluogo del distretto (4); nei medesimi casi, nelle udienze relative ai procedimenti per l'applicazione delle misure di prevenzione le funzioni di pubblico ministero possono essere esercitate anche dal procuratore della Repubblica presso il tribunale competente.

3. Salvo quanto previsto al comma 2, nelle udienze relative ai procedimenti per l'applicazione delle misure di prevenzione richieste ai sensi del presente decreto, le funzioni di pubblico ministero sono esercitate dal procuratore della Repubblica di cui al comma 1.

4. La proposta di cui al comma 1 deve essere depositata presso la cancelleria delle sezioni o dei collegi del tribunale del capoluogo del distretto, nel territorio del quale la persona dimora, previsti dal comma 2-*sexies* dell'articolo 7-*bis* dell'ordinamento giudiziario, di cui al regio decreto 30 gennaio 1941, n. 12. Limitatamente ai tribunali di Trapani e Santa Maria Capua Vetere, la proposta di cui al comma 1 è depositata presso la cancelleria delle sezioni o dei collegi specializzati in materia di misure di prevenzione ivi istituiti ai sensi del citato comma 2-*sexies*, ove la persona dimori nel territorio, rispettivamente, delle province di Trapani e di Caserta (5).(6)

(1) *Comma modificato dall'art. 20, comma 4, d.l. 18 febbraio 2015, n. 7 convertito, con modificazioni, in Legge 17 aprile 2015, n. 43.*
(2) *Inciso modificato dall'art. 2 della L. 17 ottobre 2017, n. 161.*
(3) *Parola aggiunta dall'art. 2 della L. n. 161/2017.*
(4) *Inciso inserito dall'art. 2 della L. n. 161/2017.*
(5) *Le parole* « nel territorio, rispettivamente, delle province di Trapani e di Caserta » *sono state sostituite alle parole* « nel corrispondente circondario » *dall'art. 1, comma 458, L. 27 dicembre 2017, n. 205.*
(6) *Comma sostituito dall'art. 2 della L. n. 161/2017. Il testo previgente era:* "La proposta di cui al comma 1 è presentata al presidente del Tribunale del capoluogo della provincia in cui la persona dimora".

6 Tipologia delle misure e loro presupposti.

1. Alle persone indicate nell'articolo 4, quando siano pericolose per la sicurezza pubblica, può essere applicata, nei modi stabiliti negli articoli seguenti, la misura di prevenzione della sorveglianza speciale di pubblica sicurezza.

2. Salvi i casi di cui all'articolo 4, comma 1, lettere *a*) e *b*), alla sorveglianza speciale può essere aggiunto, ove le circostanze del caso lo richiedano, il divieto di soggiorno in uno o più comuni, diversi da quelli di residenza o di dimora abituale, o in una o più regioni (1).

3. Nei casi in cui le altre misure di prevenzione non sono ritenute idonee alla tutela della sicurezza pubblica può essere imposto l'obbligo di soggiorno nel comune di residenza o di dimora abituale.

3-*bis*. Ai fini della tutela della sicurezza pubblica, gli obblighi e le prescrizioni inerenti alla sorveglianza speciale possono essere disposti, con il consenso dell'interessato ed accertata la disponibilità dei relativi dispositivi, anche con le modalità di controllo previste all'articolo 275-*bis* del codice di procedura penale (2).

(1) *Comma sostituito dall'art. 2 della L. 17 ottobre 2017, n. 161. Il testo previgente era:* "Salvi i casi di cui all'articolo 4, comma 1, lettere *a*) e b), alla sorveglianza speciale può essere aggiunto, ove le circostanze del caso lo richiedano, il divieto di soggiorno in uno o più comuni, diversi da quelli di residenza o di dimora abituale o in una o più Province".
(2) *Comma aggiunto dall'articolo 15, comma 1, lettera* b), *del D.L. 20 febbraio 2017, n. 14, convertito con modificazioni, dalla Legge 18 aprile 2017, n. 48.*

7 Procedimento applicativo.

1. Il tribunale provvede, con decreto motivato, entro trenta giorni dal deposito della proposta. L'udienza si svolge senza la presenza del pubblico. Il presidente dispone che il procedimento si svolga in pubblica udienza quando l'interessato ne faccia richiesta (1).

2. Il presidente fissa la data dell'udienza e ne fa dare avviso alle parti, alle altre persone interessate e ai difensori. L'avviso è comunicato o notificato almeno dieci giorni prima della data predetta e contiene la concisa esposizione dei contenuti della proposta. Se l'interessato è privo di difensore, l'avviso è dato a quello di ufficio (2).

3. Fino a cinque giorni prima dell'udienza possono essere presentate memorie in cancelleria.

4. L'udienza si svolge con la partecipazione necessaria del difensore e del pubblico ministero. Gli altri destinatari dell'avviso sono sentiti se compaiono. Se l'interessato è detenuto o internato in luogo posto fuori della circoscrizione del giudice e ne fa tempestiva richiesta, la partecipazione all'udienza è assicurata a distanza mediante collegamento audiovisivo ai sensi dell'articolo 146-*bis*, commi 3, 4, 5, 6 e 7, delle norme di attuazione, di coordinamento e transitorie del codice di procedura penale, di cui al decreto legislativo 28 luglio 1989, n. 271, salvo che il collegio ritenga necessaria la presenza della parte. Il presidente dispone altresì la traduzione dell'interessato detenuto o internato in caso di indisponibilità di mezzi tecnici idonei (3).

4-*bis*. Il tribunale, dopo l'accertamento della regolare costituzione delle parti, ammette le prove rilevanti, escludendo quelle vietate dalla legge o superflue (4).

5. L'udienza è rinviata se sussiste un legittimo impedimento dell'interessato che ha chiesto di essere sentito personalmente e che non sia detenuto o internato in luogo diverso da quello in cui ha sede il giudice. L'udienza è rinviata anche se sussiste un legittimo impedimento del difensore (5).

6. Ove l'interessato non intervenga e occorra la sua presenza per essere sentito, il presidente lo invita a comparire, avvisandolo che avrà la facoltà di non rispondere (6).

7. Le disposizioni dei commi 2, 4, primo, secondo e terzo periodo, e 5, sono previste a pena di nullità.

8. Qualora il tribunale debba sentire soggetti informati su fatti rilevanti per il procedimento, il presidente del collegio può disporre l'esame a distanza nei casi e nei modi indicati all'articolo 147-*bis*, comma 2, delle norme di attuazione, di coordinamento e transitorie del codice di procedura penale, di cui al decreto legislativo 28 luglio 1989, n. 271 (7).

9. Per quanto non espressamente previsto dal presente decreto, si applicano, in quanto compatibili, le disposizioni contenute nell'articolo 666 del codice di procedura penale.

10. Le comunicazioni di cui al presente titolo possono essere effettuate con le modalità previste dal decreto legislativo 7 marzo 2005, n. 82.

10-*bis*. Le questioni concernenti la competenza per territorio devono essere rilevate o eccepite, a pena di decadenza, alla prima udienza e comunque subito dopo l'accertamento della regolare costituzione delle parti e il tribunale le decide immediatamente (4).

10-*ter*. Il tribunale, se ritiene la propria incompetenza, la dichiara con decreto e ordina la trasmissione degli atti al procuratore della Repubblica presso il tribunale competente; la declaratoria di incompetenza non produce l'inefficacia degli elementi già acquisiti. Le disposizioni del comma 10-*bis* si applicano anche qualora la proposta sia stata avanzata da soggetti non legittimati ai sensi dell'articolo 5 (4).

10-*quater*. Quando il tribunale dispone ai sensi del comma 10-*ter*, il sequestro perde efficacia se, entro venti giorni dal deposito del provvedimento che pronuncia l'incompetenza, il tribunale competente non provvede ai sensi dell'articolo 20. Il termine previsto dall'articolo 24, comma 2, decorre nuovamente dalla data del decreto di sequestro emesso dal tribunale competente (4).

10-*quinquies*. Il decreto di accoglimento, anche parziale, della proposta pone a carico del proposto il pagamento delle spese processuali (4).

10-*sexies*. Il decreto del tribunale è depositato in cancelleria entro quindici giorni dalla conclusione dell'udienza (4).

10-*septies*. Quando la stesura della motivazione è particolarmente complessa, il tribunale, se ritiene di non poter depositare il decreto nel termine previsto dal comma 10-*sexies*, dopo le conclusioni delle parti, può indicare un termine più lungo, comunque non superiore a novanta giorni (4).

10-*octies*. Al decreto del tribunale si applicano le disposizioni di cui all'articolo 154 delle norme di attuazione, di coordinamento e transitorie del codice di procedura penale, di cui al decreto legislativo 28 luglio 1989, n. 271 (4).

(1) *Comma sostituito dall'art. 2, comma 3 della L. 17 ottobre 2017, n. 161. Il testo previgente era:* "1. Il tribunale provvede, con decreto motivato, entro trenta giorni dalla proposta. L'udienza si svolge senza la presenza del pubblico. Il presidente dispone che il procedimento si svolga in pubblica udienza quando l'interessato ne faccia richiesta."

(2) *Comma sostituito dall'art. 2 della L. n. 161/2017. Il testo previgente era:* "2. Il presidente del collegio fissa la data dell'udienza e ne fa dare avviso alle parti, alle altre persone interessate e ai difensori. L'avviso è comunicato o notificato almeno dieci giorni prima della data predetta. Se l'interessato è privo di difensore, l'avviso è dato a quello di ufficio."

(3) *Comma sostituito dall'art. 2 della L. n. 161/2017. Il testo previgente era:* "L'udienza si svolge con la partecipazione necessaria del difensore e del pubblico ministero. Gli altri destinatari dell'avviso sono sentiti se compaiono. Se l'interessato è detenuto o internato in luogo posto fuori della circoscrizione del giudice e ne fa tempestiva richiesta, deve essere sentito prima del giorno dell'udienza, dal magistrato di sorveglianza del luogo. Ove siano disponibili strumenti tecnici idonei, il presidente del collegio può disporre che l'interessato sia sentito mediante collegamento audiovisivo ai sensi dell'articolo 146-bis, commi 3, 4, 5, 6 e 7 disp. att. c.p.p."

(4) *Comma inserito dall'art. 2 della L. n. 161/2017.*

(5) *Inciso inserito dall'art. 2 L. n. 161/2017.*

(6) *Comma sostituito dall'art. 2, comma 3 della L. n. 161/2017. Il testo previgente era:* "Ove l'interessato non intervenga ed occorra la sua presenza per essere interrogato, il presidente del tribunale lo invita a comparire e, se egli non ottempera all'invito, può ordinare l'accompagnamento a mezzo di forza pubblica."

(7) *Comma sostituito dall'art. 2, comma 3 della L. n. 161/2017. Il testo previgente era:* "Per l'esame dei testimoni si applicano le disposizioni degli articoli 146-*bis* e 147-*bis* delle norme di attuazione, di coordinamento e transitorie del codice di procedura penale". In precedenza era già stato sostituito dall'articolo 1, comma 80, della Legge 23 giugno 2017, n. 103, il cui testo previgente era il seguente: « 8. L'esame a distanza dei testimoni può essere disposto dal presidente del collegio nei casi e nei modi indicati all'articolo 147-*bis*, comma 2, disp. att. c.p.p ». *Per la sospensione dell'efficacia della presente disposizione v. art. 1 comma 80 della medesima legge 23 giugno 2017, n. 103, come da ultimo modificato dall'art. 2, comma 2, d.l. 25 luglio 2018, n. 91, conv., con modif., in l. 21 settembre 2018, n. 108*

8 Decisione.

1. Il provvedimento del tribunale stabilisce la durata della misura di prevenzione che non può essere inferiore ad un anno né superiore a cinque.

2. Qualora il tribunale disponga l'applicazione di una delle misure di prevenzione di cui all'articolo 6, nel provvedimento sono determinate le prescrizioni che la persona sottoposta a tale misura deve osservare.

3. A tale scopo, qualora la misura applicata sia quella della sorveglianza speciale di pubblica sicurezza e si tratti di persona indiziata di vivere con il provento di reati, il tribunale prescrive di darsi, entro un congruo termine, alla ricerca di un lavoro, di fissare la propria dimora, di farla conoscere nel termine stesso all'autorità di pubblica sicurezza e di non allontanarsene senza preventivo avviso all'autorità medesima.

4. In ogni caso, prescrive di vivere onestamente, di rispettare le leggi, e di non allontanarsi dalla dimora senza preventivo avviso all'autorità locale di pubblica sicurezza; prescrive, altresì, di non associarsi abitualmente alle persone che hanno subito condanne e sono sottoposte a misure di prevenzione o di sicurezza, di non accedere agli esercizi pubblici e ai locali di pubblico trattenimento, anche in determinate fasce orarie, (1) di non rincasare la sera più tardi e di non uscire la mattina più presto di una data ora e senza comprovata necessità e, comunque, senza averne data tempestiva notizia all'autorità locale di pubblica sicurezza, di non detenere e non portare armi, di non partecipare a pubbliche riunioni.

5. Inoltre, può imporre tutte le prescrizioni che ravvisi necessarie, avuto riguardo alle esigenze di difesa sociale, e, in particolare, il divieto di soggiorno in uno o più comuni o in una o più regioni, ovvero, con riferimento ai soggetti di cui agli articoli 1, comma 1, lettera *c*), e 4, comma 1, lettera *i-ter*), il divieto di avvicinarsi a determinati luoghi, frequentati abitualmente dalle persone cui occorre prestare protezione o da minori (2) (3).

6. Qualora sia applicata la misura dell'obbligo di soggiorno nel comune di residenza o di dimora abituale o del divieto di soggiorno, può essere inoltre prescritto:

1) di non andare lontano dall'abitazione scelta senza preventivo avviso all'autorità preposta alla sorveglianza;

2) di presentarsi all'autorità di pubblica sicurezza preposta alla sorveglianza nei giorni indicati ed a ogni chiamata di essa.

7. Alle persone di cui al comma 6 è consegnata una carta di permanenza da portare con sé e da esibire ad ogni richiesta degli ufficiali ed agenti di pubblica sicurezza.

8. Il provvedimento è comunicato al procuratore della Repubblica, al procuratore generale presso la Corte di appello ed all'interessato e al suo difensore (4).

(1) *Le parole* « di non accedere agli esercizi pubblici e ai locali di pubblico trattenimento, anche in determinate fasce orarie, » *sono state inserite dall'art. 21, comma 1-*quater, *d.l. 4 ottobre 2018, n. 113, convertito con modificazioni in l. 1 dicembre 2018, n. 132.*

(2) *Le parole da « di cui » alla fine del comma sono state sostituite alle parole « di cui all'articolo 1, comma 1, lettera c), il divieto di avvicinarsi a determinati luoghi, frequentati abitualmente da minori » dall'art. 9, comma 5 l. 19 luglio 2019, n. 69.*

(3) *Comma dapprima modificato dall'articolo 6, comma 1, l. 1° ottobre 2012, n. 17 e successivamente sostituito dall'art. 2, comma 4, l. 17 ottobre 2017, n. 161. Il testo previgente era:* "Inoltre, può imporre tutte quelle prescrizioni che ravvisi necessarie, avuto riguardo alle esigenze di difesa sociale; ed, in particolare, il divieto di soggiorno in uno o più Comuni, o in una o più Province, ovvero, con riferimento ai soggetti di cui all'articolo 1, lettera *c*), il divieto di avvicinarsi a determinati luoghi, frequentati abitualmente da minori".

(4) *Le parole* « e al suo difensore » *sono state inserite dall'art. 2, comma 4, l. n. 161, cit.*

9 Provvedimenti d'urgenza.

1. Se la proposta riguarda la misura della sorveglianza speciale con l'obbligo o il divieto di soggiorno, il presidente del tribunale, con decreto, nella pendenza del procedimento di cui all'articolo 7, può disporre il temporaneo ritiro del passaporto e la sospensione della validità ai fini dell'espatrio di ogni altro documento equipollente.

2. Nel caso in cui sussistano motivi di particolare gravità, può altresì disporre che alla persona denunciata sia imposto, in via provvisoria, l'obbligo o il divieto di soggiorno fino a quando non sia divenuta esecutiva la misura di prevenzione.

2-*bis*. Nei casi di necessità e urgenza, il Questore, all'atto della presentazione della proposta di applicazione delle misure di prevenzione della sorveglianza speciale e dell'obbligo di soggiorno nel comune di residenza o di dimora abituale nei confronti delle persone di cui all'articolo 4, comma 1, lettera *d*), può disporre il temporaneo ritiro del passaporto e la sospensione della validità ai fini dell'espatrio di ogni altro documento equipollente. Il temporaneo ritiro del passaporto e la sospensione della validità ai fini dell'espatrio di ogni altro documento equipollente sono comunicati immediatamente al procuratore della Repubblica presso il tribunale del capoluogo del distretto ove dimora la persona, il quale, se non ritiene di disporne la cessazione, ne richiede la convalida, entro quarantotto ore, al presidente del tribunale del capoluogo della provincia in cui la persona dimora che provvede nelle successive quarantotto ore con le modalità di cui al comma 1. Il ritiro del passaporto e la sospensione della validità ai fini dell'espatrio di ogni altro documento equipollente cessano di avere effetto se la convalida non interviene nelle novantasei ore successive alla loro adozione (1).

(1) *Comma aggiunto dall'art. 4, comma 1, lett.* b), *d.l. 18 febbraio 2015 n. 7 convertito, con modificazioni, in Legge 17 aprile 2015, n. 43.*

SEZIONE II
Le impugnazioni

10 Impugnazioni (1).

1. Il procuratore della Repubblica, il procuratore generale presso la corte di appello e l'interessato e il suo difensore (2) hanno facoltà di proporre ricorso alla corte d'appello, anche per il merito.

1-*bis*. Il procuratore della Repubblica, senza ritardo, trasmette il proprio fascicolo al procuratore generale presso la corte di appello competente per il giudizio di secondo grado. Al termine del procedimento di primo grado, il procuratore della Repubblica forma un fascicolo nel quale vengono raccolti tutti gli elementi investigativi e probatori eventualmente sopravvenuti dopo la decisione del tribunale. Gli atti inseriti nel predetto fascicolo sono portati immediatamente a conoscenza delle parti, mediante deposito nella segreteria del procuratore generale (3).

2. Il ricorso non ha effetto sospensivo e deve essere proposto entro dieci giorni dalla comunicazione del provvedimento. La corte d'appello provvede, con decreto motivato, entro trenta giorni dalla proposizione del ricorso. L'udienza si svolge senza la presenza del pubblico. Il presidente dispone che il procedimento si svolga in pubblica udienza quando l'interessato ne faccia richiesta.

2-*bis*. La corte di appello annulla il decreto di primo grado qualora riconosca che il tribunale era incompetente territorialmente e l'incompetenza sia stata riproposta nei motivi di impugnazione e ordina la trasmissione degli atti al procuratore della Repubblica competente; la declaratoria di incompetenza non produce l'inefficacia degli elementi già acquisiti. Si applica l'articolo 7, comma 10-*quater*, primo periodo (3).

2-*ter*. Le disposizioni del comma 2-*bis* si applicano anche qualora la proposta sia stata avanzata da soggetti non legittimati ai sensi dell'articolo 5 e l'eccezione sia stata riproposta nei motivi di impugnazione (3).

2-*quater*. In caso di conferma del decreto impugnato, la corte di appello pone a carico della parte privata che ha proposto l'impugnazione il pagamento delle spese processuali (4).

3. Avverso il decreto della corte d'appello, è ammesso ricorso in cassazione per violazione di legge, da parte del pubblico ministero e dell'interessato e del suo difensore (5), entro dieci giorni. La Corte di cassazione provvede, in camera di consiglio, entro trenta giorni dal ricorso. Il ricorso non ha effetto sospensivo.

3-*bis*. In caso di ricorso per cassazione si applicano le disposizioni dei commi 2-*bis* e 2-*ter*, ove ricorrano le ipotesi ivi previste (3).

4. Salvo quando è stabilito nel presente decreto, per la proposizione e la decisione dei ricorsi, si osservano in quanto applicabili, le norme del codice di procedura penale riguardanti la proposizione e la decisione dei ricorsi relativi all'applicazione delle misure di sicurezza.

(1) *In materia di decisione dei giudizi penali di appello nel periodo di emergenza epidemiologica da Covid-19, v. l'art. 23-*bis*, comma 7 d.l. 28 ottobre 2020, n. 137, conv., con modif., in l. 18 dicembre 2020, n. 176, la cui disciplina continua ad applicarsi fino al* **31 dicembre 2022**, *come*

da ultimo statuito dall'art. 16, comma 1 d.l. 30 dicembre 2021, n. 228, conv., con modif., in l. 25 febbraio 2022, n. 15.

(2) *Le parole* « e al suo difensore » *sono state inserite dall'art. 3 della L. 17 ottobre 2017, n. 161.*

(3) *Comma inserito dall'art. 3 della L. n. 161/2017.*

(4) *Comma inserito dall'art. 24 comma 1, lett. a), d.l. 4 ottobre 2018, n. 113, convertito con modificazioni in l. 1 dicembre 2018, n. 132.*

(5) *Le parole* « e del suo difensore » *sono state inserite dall'art. 3 della L. n. 161/2017.*

SEZIONE III
L'esecuzione

11 Esecuzione.

1. Il provvedimento di applicazione delle misure di prevenzione è comunicato al questore per l'esecuzione.

2. Il provvedimento stesso, su istanza dell'interessato e sentita l'autorità di pubblica sicurezza che lo propose, può essere revocato o modificato dall'organo dal quale fu emanato, quando sia cessata o mutata la causa che lo ha determinato. Il provvedimento può essere altresì modificato, anche per l'applicazione del divieto o dell'obbligo di soggiorno, su richiesta dell'autorità proponente, quando ricorrono gravi esigenze di ordine e sicurezza pubblica o quando la persona sottoposta alla sorveglianza speciale abbia ripetutamente violato gli obblighi inerenti alla misura.

3. Il ricorso contro il provvedimento di revoca o di modifica non ha effetto sospensivo.

4. Nel caso di modificazione del provvedimento o di taluna delle prescrizioni per gravi esigenze di ordine e sicurezza pubblica, ovvero per violazione degli obblighi inerenti alla sorveglianza speciale, il presidente del tribunale può, nella pendenza del procedimento, disporre con decreto l'applicazione provvisoria della misura, delle prescrizioni o degli obblighi richiesti con la proposta.

12 Autorizzazione ad allontanarsi dal comune di residenza o dimora abituale.

1. Quando ricorrono gravi e comprovati motivi di salute, le persone sottoposte all'obbligo di soggiorno possono essere autorizzate a recarsi in un luogo determinato fuori del comune di residenza o di dimora abituale, ai fini degli accertamenti sanitari e delle cure indispensabili, allontanandosi per un periodo non superiore ai dieci giorni, oltre al tempo necessario per il viaggio. L'autorizzazione può essere concessa, nel medesimo limite temporale, anche quando ricorrono gravi e comprovati motivi di famiglia che rendano assolutamente necessario ed urgente l'allontanamento dal luogo di soggiorno coatto.

2. La domanda dell'interessato deve essere proposta al presidente del tribunale competente ai sensi dell'articolo 5.

3. Il tribunale, dopo aver accertato la veridicità delle circostanze allegate dall'interessato, provvede in camera di consiglio con decreto motivato.

4. Nei casi di assoluta urgenza la richiesta può essere presentata al presidente del tribunale competente ai sensi dell'articolo 5, il quale può autorizzare il richiedente ad allontanarsi per un periodo non superiore a tre giorni, oltre al tempo necessario per il viaggio.

5. Il decreto previsto dai commi 3 e 4 è comunicato al procuratore della Repubblica ed all'interessato che possono proporre ricorso per cassazione per violazione di legge. Il ricorso non ha effetto sospensivo.

6. Del decreto è altresì data notizia all'autorità di pubblica sicurezza che esercita la vigilanza sul soggiornante obbligato, la quale provvede ad informare quella del luogo dove l'interessato deve recarsi e a disporre le modalità e l'itinerario del viaggio.

13 Rapporti della sorveglianza speciale con le misure di sicurezza e la libertà vigilata.

1. Quando sia stata applicata una misura di sicurezza detentiva o la libertà vigilata, durante la loro esecuzione non si può far luogo alla sorveglianza speciale; se questa sia stata pronunciata, ne cessano gli effetti.

14 Decorrenza e cessazione della sorveglianza speciale.

1. La sorveglianza speciale comincia a decorrere dal giorno in cui il decreto è comunicato all'interessato e cessa di diritto allo scadere del termine nel decreto stesso stabilito, se il sorvegliato speciale non abbia, nel frattempo, commesso un reato.

2. Se nel corso del termine stabilito il sorvegliato commette un reato per il quale riporti successivamente condanna e la sorveglianza speciale non debba cessare, il tribunale verifica d'ufficio se la commissione di tale reato possa costituire indice della persistente pericolosità dell'agente; in tale caso il termine ricomincia a decorrere dal giorno nel quale è scontata la pena.

2-*bis*. L'esecuzione della sorveglianza speciale resta sospesa durante il tempo in cui l'interessato è sottoposto alla misura della custodia cautelare. In tal caso, salvo quanto stabilito dal comma 2, il termine di durata della misura di prevenzione continua a decorrere dal giorno nel quale è cessata la misura cautelare, con redazione di verbale disottoposizione agli obblighi (1).

2-*ter*. L'esecuzione della sorveglianza speciale resta sospesa durante il tempo in cui l'interessato è sottoposto a detenzione per espiazione di pena. Dopo la cessazione dello stato di detenzione, se esso si è protratto per almeno due anni, il tribunale verifica, anche d'ufficio, sentito il pubblico ministero che ha esercitato le relative funzioni nel corso della trattazione camerale, la persistenza della pericolosità sociale dell'interessato, assumendo le necessarie informazioni presso l'amministrazione penitenziaria e l'autorità di pubblica sicurezza, nonché presso gli organi di polizia giudiziaria. Al relativo procedimento si applica, in quanto compatibile, il disposto dell'articolo 7. Se persiste la pericolosità sociale, il tribunale emette decreto con cui ordina l'esecuzione della misura di prevenzione, il cui termine di durata continua a decorrere dal giorno in cui il decreto stesso è comunicato all'interessato, salvo quanto stabilito dal comma 2 del presente articolo. Se invece la pericolosità sociale è cessata, il tribunale emette decreto con cui revoca il provvedimento di applicazione della misura di prevenzione (1).

(1) *Comma inserito dall'art. 4, comma 1, l. 17 ottobre 2017, n. 161.*

15 Rapporti dell'obbligo di soggiorno con la detenzione, le misure di sicurezza e la libertà vigilata (1).

1. Il tempo trascorso in custodia cautelare seguita da condanna o in espiazione di pena detentiva, anche se per effetto di conversione di pena pecuniaria, non è computato nella durata dell'obbligo del soggiorno.

2. L'obbligo del soggiorno cessa di diritto se la persona obbligata è sottoposta a misura di sicurezza detentiva. Se alla persona obbligata a soggiornare è applicata la libertà vigilata, la persona stessa vi è sottoposta dopo la cessazione dell'obbligo del soggiorno.

(1) *La Corte Costituzionale, con sentenza 6 dicembre 2013, n. 291 (in Gazz. Uff., 11 dicembre, n. 50), ha dichiarato, in applicazione dell'articolo 27 della legge 11 marzo 1953, n. 87, l'illegittimità costituzionale del presente articolo, nella parte in cui non prevede che, nel caso in cui l'esecuzione di una misura di prevenzione personale resti sospesa a causa dello stato di detenzione per espiazione di pena della persona ad essa sottoposta, l'organo che ha adottato il provvedimento di applicazione debba valutare, anche d'ufficio, la persistenza della pericolosità sociale dell'interessato nel momento dell'esecuzione della misura.*

TITOLO II
Le misure di prevenzione patrimoniali

CAPO I
Il procedimento applicativo

16 Soggetti destinatari.

1. Le disposizioni contenute nel presente titolo si applicano:

a) ai soggetti di cui all'articolo 4;

b) alle persone fisiche e giuridiche segnalate al Comitato per le sanzioni delle Nazioni Unite, o ad altro organismo internazionale competente per disporre il congelamento di fondi o di risorse economiche, quando vi sono fondati elementi per ritenere che i fondi o le risorse possano essere dispersi, occultati o utilizzati per il finanziamento di organizzazioni o attività terroristiche, anche internazionali.

2. Nei confronti dei soggetti di cui all'articolo 4, comma 1, lettera *i*), la misura di prevenzione patrimoniale della confisca può essere applicata relativamente ai beni, nella disponibilità dei medesimi soggetti, che possono agevolare, in qualsiasi modo, le attività di chi prende parte attiva a fatti di violenza in occasione o a causa di manifestazioni sportive. Il sequestro effettuato nel corso di operazioni di polizia dirette alla prevenzione delle predette manifestazioni di violenza è convalidato a norma dell'articolo 22, comma 2 (1).

(1) *La Corte Costituzionale, con sentenza 27 febbraio 2019, n. 24, ha dichiarato "l'illegittimità costituzionale dell'art. 16 del d.lgs. n. 159 del 2011, nella parte in cui stabilisce che le misure di prevenzione del sequestro e della confisca, disciplinate dagli articoli 20 e 24, si applichino anche ai soggetti indicati nell'art. 1, comma 1, lettera a)".*

17 Titolarità della proposta.

1. Nei confronti delle persone indicate all'articolo 16 possono essere proposte dal procuratore della Repubblica presso il tribunale del capoluogo del distretto ove dimora la persona, dal procuratore nazionale antimafia e antiterrorismo, dal questore o dal direttore della Direzione investigativa antimafia le misure di prevenzione patrimoniali di cui al presente titolo (1).

2. Nei casi previsti dall'articolo 4, comma 1, lettere *c*), *i*), *i-bis*) e *i-ter*), le funzioni e le competenze spettanti al procuratore della Repubblica presso il tribunale del capoluogo del distretto sono attribuite anche al procuratore della Repubblica presso il tribunale nel cui circondario dimora la persona, previo coordinamento con il procuratore della Repubblica presso il tribunale del capoluogo del distretto. Nei medesimi casi, nelle udienze relative ai procedimenti per l'applicazione delle misure di prevenzione, le funzioni di pubblico ministero possono essere esercitate anche dal procuratore della Repubblica presso il tribunale competente (2).

3. Salvo quanto previsto al comma 2, nelle udienze relative ai procedimenti per l'applicazione delle misure di prevenzione richieste ai sensi del presente decreto, le funzioni di pubblico ministero sono esercitate dal procuratore della Repubblica di cui al comma 1.

3-*bis*. Il procuratore della Repubblica presso il tribunale del capoluogo del distretto, attraverso il raccordo informativo con il questore e con il direttore della Direzione investigativa antimafia relativamente alle misure di prevenzione di cui al presente titolo, cura che non si arrechi pregiudizio alle attività di indagine condotte anche in altri procedimenti. A tal fine, il questore territorialmente competente e il direttore della Direzione investigativa antimafia sono tenuti a:

a) dare immediata comunicazione dei nominativi delle persone fisiche e giuridiche nei cui confronti sono disposti gli accertamenti personali o patrimoniali previsti dall'articolo 19;

b) tenere costantemente aggiornato e informato il procuratore della Repubblica presso il tribunale del capoluogo del distretto sullo svolgimento delle indagini;

c) dare comunicazione sintetica (3) per iscritto della proposta al procuratore della Repubblica presso il tribunale del capoluogo del distretto almeno dieci giorni prima della sua presentazione al tribunale. Il procuratore nei dieci giorni successivi comunica all'autorità proponente l'eventuale sussistenza di pregiudizi per le indagini preliminari in corso (4). In tali casi, il procuratore concorda con l'autorità proponente modalità per la presentazione congiunta della proposta (4);

[*d*) trasmettere al procuratore della Repubblica presso il tribunale del capoluogo del distretto, ove ritengano che non sussistano i presupposti per l'esercizio dell'azione di prevenzione, provvedimento motivato entro dieci giorni dall'adozione dello stesso] (5) (6).

(1) *Comma dapprima modificato dall'art. 4, comma 1, lettera* b-bis), *d.l. 18 febbraio 2015 n. 7 convertito, con modificazioni, dalla Legge 17 aprile 2015, n. 43 e successivamente sostituito dall'art. 5, della L. 17 ottobre 2017, n. 161. Il testo previgente era* "Nei confronti delle persone indicate all'articolo 16 possono essere proposte dal procuratore della Repubblica presso il tribunale del capoluogo di distretto ove dimora la persona, dal procuratore nazionale antimafia e antiterrorismo nell'esercizio delle funzioni previste dall'articolo 371-bis del codice di procedura penale, dal questore o dal direttore della Direzione investigativa antimafia le misure di prevenzione patrimoniali di cui al presente titolo".

(2) *Comma sostituito dall'art. 5, della L. n. 161/2017. Il testo previgente era* "Quando le misure di prevenzione patrimoniali sono richie-

ste nei confronti dei soggetti di cui all'articolo 4, comma 1, lettera c), le funzioni e le competenze spettanti al procuratore della Repubblica presso il tribunale del capoluogo del distretto sono attribuite al procuratore della Repubblica presso il tribunale nel cui circondario dimora la persona; nei medesimi casi, nelle udienze relative ai procedimenti per l'applicazione delle misure di prevenzione le funzioni di pubblico ministero possono essere esercitate anche dal procuratore della Repubblica presso il tribunale competente."

(3) *Parola inserita dall'art. 24 comma 1, lett.* b), *d.l. 4 ottobre 2018, n. 113, convertito con modificazioni in l. 1 dicembre 2018, n. 132.*

(4) *Le parole da* « Il procuratore » *a* « congiunta della proposta » *sono state sostituite alle parole* "La mancata comunicazione comporta l'inammissibilità della proposta" *dall'art. 24 comma 1, lett.* b), *n. 1 d.l. 4 ottobre 2018, n. 113, convertito con modificazioni in l. 1 dicembre 2018, n. 132.*

(5) *Lettera abrogata dall'art. 24 comma 1, lett.* b), *n. 2 d.l. 4 ottobre 2018, n. 113, convertito con modificazioni con l. 1 dicembre 2018, n. 132.*

(6) *Comma inserito dall'art. 5 della L. n. 161/2017.*

18 Applicazione delle misure di prevenzione patrimoniali. Morte del proposto.

1. Le misure di prevenzione personali e patrimoniali possono essere richieste e applicate disgiuntamente e, per le misure di prevenzione patrimoniali, indipendentemente dalla pericolosità sociale del soggetto proposto per la loro applicazione al momento della richiesta della misura di prevenzione.

2. Le misure di prevenzione patrimoniali possono essere disposte anche in caso di morte del soggetto proposto per la loro applicazione. In tal caso il procedimento prosegue nei confronti degli eredi o comunque degli aventi causa.

3. Il procedimento di prevenzione patrimoniale può essere iniziato anche in caso di morte del soggetto nei confronti del quale potrebbe essere disposta la confisca; in tal caso la richiesta di applicazione della misura di prevenzione può essere proposta nei riguardi dei successori a titolo universale o particolare entro il termine di cinque anni dal decesso.

4. Il procedimento di prevenzione patrimoniale può essere iniziato o proseguito anche in caso di assenza, residenza o dimora all'estero della persona alla quale potrebbe applicarsi la misura di prevenzione, su proposta dei soggetti di cui all'articolo 17 competenti per il luogo di ultima dimora dell'interessato, relativamente ai beni che si ha motivo di ritenere che siano il frutto di attività illecite o ne costituiscano il reimpiego.

5. Agli stessi fini il procedimento può essere iniziato o proseguito allorché la persona è sottoposta ad una misura di sicurezza detentiva o alla libertà vigilata.

19 Indagini patrimoniali.

1. I soggetti di cui all'articolo 17, commi 1 e 2, procedono, anche a mezzo della guardia di finanza o della polizia giudiziaria, ad indagini sul tenore di vita, sulle disponibilità finanziarie e sul patrimonio dei soggetti indicati all'articolo 16 nei cui confronti possa essere proposta la misura di prevenzione della sorveglianza speciale della pubblica sicurezza con o senza divieto od obbligo di soggiorno, nonché, avvalendosi della guardia di finanza o della polizia giudiziaria, ad indagini sull'attività economica facente capo agli stessi soggetti allo scopo anche di individuare le fonti di reddito.

2. I soggetti di cui al comma 1 accertano, in particolare, se dette persone siano titolari di licenze, di autorizzazioni, di concessioni o di abilitazioni all'esercizio di attività imprenditoriali e commerciali, comprese le iscrizioni ad albi professionali e pubblici registri, se beneficiano di contributi, finanziamenti o mutui agevolati ed altre erogazioni dello stesso tipo, comunque denominate, concesse o erogate da parte dello Stato, degli enti pubblici o dell'Unione europea.

3. Le indagini sono effettuate anche nei confronti del coniuge, dei figli e di coloro che nell'ultimo quinquennio hanno convissuto con i soggetti indicati al comma 1 nonché nei confronti delle persone fisiche o giuridiche, società, consorzi od associazioni, del cui patrimonio i soggetti medesimi risultano poter disporre in tutto o in parte, direttamente o indirettamente.

4. I soggetti di cui all'articolo 17, commi 1 e 2, possono richiedere, direttamente o a mezzo di ufficiali o agenti di polizia giudiziaria, ad ogni ufficio della pubblica amministrazione, ad ogni ente creditizio nonché alle imprese, società ed enti di ogni tipo informazioni e copia della documentazione ritenuta utile ai fini delle indagini nei confronti dei soggetti di cui ai commi 1, 2 e 3. Possono altresì accedere, senza nuovi o maggiori oneri, al Sistema per l'interscambiodi flussi dati (SID) dell'Agenzia delle entrate e richiedere quanto ritenuto utile ai fini delle indagini (1). Previa autorizzazione del procuratore della Repubblica o del giudice procedente, gli ufficiali di polizia giudiziaria possono procedere al sequestro della documentazione di cui al primo periodo (2) con le modalità di cui agli articoli 253, 254, e 255 del codice di procedura penale.

5. Nel corso del procedimento per l'applicazione di una delle misure di prevenzione iniziato nei confronti delle persone indicate nell'articolo 16, il tribunale, ove necessario, può procedere ad ulteriori indagini oltre quelle già compiute a norma dei commi che precedono.

(1) *Periodo inserito dall'art. 5, comma 2 della L. 17 ottobre 2017, n. 161. Ai sensi dell'art. 5 comma 3 dall'attuazione dell'art. 5 comma 2 non devono derivare nuovi o maggiori oneri per la finanza pubblica.*

(2) *Le parole* « di cui al primo periodo » *sono state inserite dall'art. 24 comma 1, lett.* c), *d.l. 4 ottobre 2018, n. 113, convertito con modificazioni in l. 1 dicembre 2018, n. 132.*

20 Sequestro.

1. Il tribunale, anche d'ufficio, con decreto motivato, ordina il sequestro dei beni dei quali la persona nei cui confronti è stata presentata la proposta risulta poter disporre, direttamente o indirettamente, quando il loro valore risulta sproporzionato al reddito dichiarato o all'attività economica svolta ovvero quando, sulla base di sufficienti indizi, si ha motivo di ritenere che gli stessi siano il frutto di attività illecite o ne costituiscano il reimpiego, ovvero dispone le misure di cui agli articoli 34 e 34-*bis* ove ricorrano i presupposti ivi previsti. Il tribunale, quando dispone il sequestro di partecipazioni sociali totalitarie, ordina il sequestro dei relativi beni costituiti in azienda ai sensi degli articoli 2555 e seguenti del codice civile, anche al fine di consentire gli adempimenti previsti dall'articolo 104 delle norme di attuazione, di coordinamento e transitorie del codice di procedura penale, di cui al decreto legislativo 28

luglio 1989, n. 271. In ogni caso il sequestro avente ad oggetto partecipazioni sociali totalitarie si estende di diritto a tutti i beni costituiti in azienda ai sensi degli articoli 2555 e seguenti del codice civile. Nel decreto di sequestro avente ad oggetto partecipazioni sociali il tribunale indica in modo specifico i conti correnti e i beni costituiti in azienda ai sensi degli articoli 2555 e seguenti del codice civile ai quali si estende il sequestro.

2. Prima di ordinare il sequestro o disporre le misure di cui agli articoli 34 e 34-*bis* e di fissare l'udienza, il tribunale restituisce gli atti all'organo proponente quando ritiene che le indagini non siano complete e indica gli ulteriori accertamenti patrimoniali indispensabili per valutare la sussistenza dei presupposti di cui al comma 1 per l'applicazione del sequestro o delle misure di cui agli articoli 34 e 34-*bis*.

3. Il sequestro è revocato dal tribunale quando risulta che esso ha per oggetto beni di legittima provenienza o dei quali l'indiziato non poteva disporre direttamente o indirettamente o in ogni altro caso in cui è respinta la proposta di applicazione della misura di prevenzione patrimoniale. Il tribunale ordina le trascrizioni e le annotazioni consequenziali nei pubblici registri, nei libri sociali e nel registro delle imprese.

4. L'eventuale revoca del provvedimento non preclude l'utilizzazione ai fini fiscali degli elementi acquisiti nel corso degli accertamenti svolti ai sensi dell'articolo 19.

5. Il decreto di sequestro e il provvedimento di revoca, anche parziale, del sequestro sono comunicati, anche in via telematica, all'Agenzia di cui all'articolo 110 subito dopo la loro esecuzione (1).

(1) *Articolo sostituito dall'art. 5, comma 4, della L. 17 ottobre 2017, n. 161. Il testo previgente era* "1. Il tribunale, anche d'ufficio, ordina con decreto motivato il sequestro dei beni dei quali la persona nei cui confronti è iniziato il procedimento risulta poter disporre, direttamente o indirettamente, quando il loro valore risulta sproporzionato al reddito dichiarato o all'attività economica svolta ovvero quando, sulla base di sufficienti indizi, si ha motivo di ritenere che gli stessi siano il frutto di attività illecite o ne costituiscano il reimpiego.

2. Il sequestro è revocato dal tribunale quando è respinta la proposta di applicazione della misura di prevenzione o quando risulta che esso ha per oggetto beni di legittima provenienza o dei quali l'indiziato non poteva disporre direttamente o indirettamente.

3. L'eventuale revoca del provvedimento non preclude l'utilizzazione ai fini fiscali degli elementi acquisiti nel corso degli accertamenti svolti ai sensi dell'articolo 19."

21 Esecuzione del sequestro.

1. Il sequestro è eseguito con le modalità previste dall'articolo 104 del decreto legislativo 28 luglio 1989, n. 271. La polizia giudiziaria (1), eseguite le formalità ivi previste, procede all'apprensione materiale dei beni e all'immissione dell'amministratore giudiziario nel possesso degli stessi, anche se gravati da diritti reali o personali di godimento, con l'assistenza, ove ritenuto opportuno, dell'ufficiale giudiziario (2).

2. Il giudice delegato alla procedura ai sensi dell'articolo 35, comma 1, sentito l'amministratore giudiziario, valutate le circostanze, ordina lo sgombero degli immobili occupati senza titolo ovvero sulla scorta di titolo privo di data certa anteriore al sequestro, mediante l'ausilio della forza pubblica (3).

3. Il rimborso delle spese postali e dell'indennità di trasferta spettante all'ufficiale giudiziario è regolato dalla legge 7 febbraio 1979, n. 59.

(1) *Le parole* « La polizia giudiziaria » *sono state sostituite alle parole* « L'ufficiale giudiziario » *dall'art. 5, comma 5 della L. 17 ottobre 2017, n. 161.*

(2) *Le parole* « ove ritenuto opportuno, dell'ufficiale giudiziario » *sono state sostituite alle parole* « obbligatoria della polizia giudiziaria » *dall'art. 5, comma 5 della L. n. 161/2017.*

(3) *Comma sostituito dall'art. 5, comma 5 della L. n. 161/2017. Il testo previgente era* "Il tribunale, ove gli occupanti non vi provvedano spontaneamente, ordina lo sgombero degli immobili occupati senza titolo ovvero sulla scorta di titolo privo di data certa anteriore al sequestro mediante l'ausilio della forza pubblica".

22 Provvedimenti d'urgenza.

1. Quando vi sia concreto pericolo che i beni di cui si prevede debba essere disposta la confisca vengano dispersi, sottratti od alienati, i soggetti di cui all'articolo 17, commi 1 e 2 possono, unitamente alla proposta, richiedere al presidente del tribunale competente per l'applicazione della misura di prevenzione di disporre anticipatamente il sequestro dei beni prima della fissazione dell'udienza. Il presidente del tribunale provvede con decreto motivato entro cinque giorni dalla richiesta. Il sequestro eventualmente disposto perde efficacia se non convalidato dal tribunale entro trenta giorni dalla proposta.

2. Nel corso del procedimento, a richiesta dei soggetti di cui al comma 1 o degli organi incaricati di svolgere ulteriori indagini a norma dell'articolo 19, comma 5, nei casi di particolare urgenza il sequestro è disposto dal presidente del tribunale con decreto motivato e perde efficacia se non è convalidato dal tribunale nei trenta giorni (1) successivi. Analogamente si procede se, nel corso del procedimento, anche su segnalazione dell'amministratore giudiziario, emerge l'esistenza di altri beni che potrebbero formare oggetto di confisca.

2-*bis*. Ai fini del computo del termine per la convalida si tiene conto delle cause di sospensione previste dall'articolo 24, comma 2 (2).

(1) *Le parole* « trenta giorni » *sono state sostituite alle parole* « dieci giorni » *dall'art. 5, comma 6 della L. 17 ottobre 2017, n. 161.*

(2) *Comma aggiunto dall'art. 5, comma 6 della L. n. 161/2017.*

23 Procedimento applicativo.

1. Salvo che sia diversamente disposto, al procedimento per l'applicazione di una misura di prevenzione patrimoniale si applicano, in quanto compatibili, le disposizioni dettate dal Titolo I, capo II, sezione I.

2. I terzi che risultino proprietari o comproprietari dei beni sequestrati, nei trenta giorni successivi all'esecuzione del sequestro, sono chiamati dal tribunale ad intervenire nel procedimento con decreto motivato che contiene la fissazione dell'udienza in camera di consiglio.

3. All'udienza gli interessati possono svolgere le loro deduzioni con l'assistenza di un difensore, nonché chiedere l'acquisizione di ogni elemento utile ai fini della decisione sulla confisca. Se non ricorre l'ipotesi di cui all'articolo 24 il tribunale ordina la restituzione dei beni ai proprietari.

4. Il comma 2 si applica anche nei confronti dei terzi che vantano diritti reali o personali di godimento nonché diritti reali di garanzia sui beni in sequestro. Se non ricorre l'ipotesi di cui all'articolo 26, per la liquidazione dei relativi diritti si applicano le disposizioni di cui al titolo IV del presente libro (1).

(1) *Comma sostituito dall'art. 5, comma 7 della legge del 27 settembre 2017. Il testo previgente era* "Il comma 2 si applica anche nei confronti dei terzi che vantano diritti reali o personali di godimento sui beni in sequestro. Se non ricorre l'ipotesi di cui all'articolo 26, per la liquidazione dei relativi diritti si applicano le disposizioni di cui al titolo IV."

24 Confisca.

1. Il tribunale dispone la confisca dei beni sequestrati di cui la persona nei cui confronti è instaurato il procedimento non possa giustificare la legittima provenienza e di cui, anche per interposta persona fisica o giuridica, risulti essere titolare o avere la disponibilità a qualsiasi titolo in valore sproporzionato al proprio reddito, dichiarato ai fini delle imposte sul reddito, o alla propria attività economica, nonché dei beni che risultino essere frutto di attività illecite o ne costituiscano il reimpiego. In ogni caso il proposto non può giustificare la legittima provenienza dei beni adducendo che il denaro utilizzato per acquistarli sia provento o reimpiego dell'evasione fiscale. Se il tribunale non dispone la confisca, può applicare anche d'ufficio le misure di cui agli articoli 34 e 34-*bis* ove ricorrano i presupposti ivi previsti (1).

1-*bis*. Il tribunale, quando dispone la confisca di partecipazioni sociali totalitarie, ordina la confisca anche dei relativi beni costituiti in azienda ai sensi degli articoli 2555 e seguenti del codice civile. Nel decreto di confisca avente ad oggetto partecipazioni sociali il tribunale indica in modo specifico i conti correnti e i beni costituiti in azienda ai sensi degli articoli 2555 e seguenti del codice civile ai quali si estende la confisca (2).

2. Il provvedimento di sequestro perde efficacia se il tribunale non deposita il decreto che pronuncia la confisca entro un anno e sei mesi dalla data di immissione in possesso dei beni da parte dell'amministratore giudiziario. Nel caso di indagini complesse o compendi patrimoniali rilevanti, il termine di cui al primo periodo può essere prorogato con decreto motivato del tribunale per sei mesi. Ai fini del computo dei termini suddetti, si tiene conto delle cause di sospensione dei termini di durata della custodia cautelare, previste dal codice di procedura penale, in quanto compatibili; il termine resta sospeso per un tempo non superiore a novanta giorni ove sia necessario procedere all'espletamento di accertamenti peritali sui beni dei quali la persona nei cui confronti è iniziato il procedimento risulta poter disporre, direttamente o indirettamente. Il termine resta altresì sospeso per il tempo necessario per la decisione definitiva sull'istanza di ricusazione presentata dal difensore e per il tempo decorrente dalla morte del proposto, intervenuta durante il procedimento, fino all'identificazione e alla citazione dei soggetti previsti dall'articolo 18, comma 2, nonché durante la pendenza dei termini previsti dai commi 10-*sexies*, 10-*septies* e 10-*octies* dell'articolo 7 (3) (4).

2-*bis*. Con il provvedimento di revoca o di annullamento definitivi del decreto diconfisca è ordinata la cancellazione di tutte le trascrizioni e le annotazioni (2).

3. Il sequestro e la confisca possono essere adottati, su richiesta dei soggetti di cui all'articolo 17, commi 1 e 2, quando ne ricorrano le condizioni, anche dopo l'applicazione di una misura di prevenzione personale. Sulla richiesta provvede lo stesso tribunale che ha disposto la misura di prevenzione personale, con le forme previste per il relativo procedimento e rispettando le disposizioni del presente titolo.

(1) *Comma sostituito dall'art. 5, comma 8 della legge del 27 settembre 2017. Il testo previgente era* "1. Il tribunale dispone la confosca dei beni sequestrati di cui la persona nei cui confronti è instaurato il procedimento non possa giustificare la legittima provenienza e di cui, anche per interposta persona fisica o giuridica, risulti essere ritolare o avere la disponibilità a qualsiasi titolo in valore sproporzionato al proprio reddito, dichiarato ai fini delle imposte sul reddito, o alla propria attività economica, nonché dei beni che risultino essere frutto di attività illecite o ne costituiscano il reimpiego.".

(2) *Comma inserito dall'art. 5, comma 8 della L. n. 161/2017.*

(3) *Comma sostituito dapprima dall'articolo 1, comma 189, lettera* a), *della legge 24 dicembre 2012, n. 228 e successivamente dall'art. 5, comma 8 della L. n. 161/2017. Il testo previgente era* "Il provvedimento di sequestro perde efficacia se il Tribunale non deposita il decreto che pronuncia la confisca entro un anno e sei mesi dalla data di immissione in possesso dei beni da parte dell'amministratore giudiziario. Nel caso di indagini complesse o compendi patrimoniali. rilevanti, tale termine può essere prorogato con decreto motivato del tribunale per periodi di sei mesi e per non più di due volte. Ai fini del computo dei termini suddetti e di quello previsto dall'articolo 22, comma 1, si tiene conto delle cause di sospensione dei termini di durata della custodia cautelare, previste dal codice di procedura penale, in quanto compatibili. Il termine resta sospeso per il tempo necessario per l'espletamento di accertamenti peritali sui beni dei quali la persona nei cui confronti è iniziato il procedimento risulta poter disporre, direttamente o indirettamente".

(4) *Per la sospensione dei termini di cui al presente comma, a seguito dell'emergenza epidemiologica da Covid-19, v. l'art. 83, comma 9 d.l. 17 marzo 2020, n. 18, conv., con modif., in l. 24 aprile 2020, n. 27. Ma v.* **C. cost.** *6 luglio 2021, n. 140 che ha dichiarato* l'illegittimità costituzionale *del predetto art. 83, comma 9 d.l. n. 18, cit., « nella parte in cui prevede la sospensione del corso della prescrizione per il tempo in cui i procedimenti penali sono rinviati ai sensi del precedente comma 7, lettera g), e in ogni caso, non oltre il 30 giugno 2020 ».*

25 Sequestro o confisca per equivalente.

1. Dopo la presentazione della proposta, se non è possibile procedere al sequestro dei beni di cui all'articolo 20, comma 1, perché il proposto non ne ha la disponibilità, diretta o indiretta, anche ove trasferiti legittimamente in qualunque epoca a terzi in buona fede, il sequestro e la confisca hanno ad oggetto altri beni di valore equivalente e di legittima provenienza dei quali il proposto ha la disponibilità, anche per interposta persona.

2. Nei casi di cui all'articolo 18, commi 2 e 3, si procede con le modalità di cui al comma 1 del presente articolo nei riguardi dei soggetti nei cui confronti prosegue o inizia il procedimento con riferimento a beni di legittima provenienza loro pervenuti dal proposto (1).

(1) *Articolo sostituito dall'art. 5, comma 9 della L. 17 ottobre 2017, n. 161. Il testo previgente era* "1. Se la persona nei cui confronti è proposta la misura di prevenzione disperde, distrae, occulta o svaluta i beni al fine di eludere l'esecuzione dei provvedimenti di sequestro o di confisca su di essi, il sequestro e la confisca hanno ad oggetto denaro o altri beni di valore equivalente. Analogamente si procede quando i beni non possono essere confiscati in quanto trasferiti legittimamente, prima dell'esecuzione del sequestro, a terzi in buona fede."

26 Intestazione fittizia.

1. Quando accerta che taluni beni sono stati fittiziamente intestati o trasferiti a terzi, con il decreto che dispone la confisca il giudice dichiara la nullità dei relativi atti di disposizione.

2. Ai fini di cui al comma 1, fino a prova contraria si presumono fittizi:

a) i trasferimenti e le intestazioni, anche a titolo oneroso, effettuati nei due anni antecedenti la proposta della misura di prevenzione nei confronti dell'ascendente, del discendente, del coniuge o della persona stabilmente convivente, nonché dei parenti entro il sesto grado e degli affini entro il quarto grado;

b) i trasferimenti e le intestazioni, a titolo gratuito o fiduciario, effettuati nei due anni antecedenti la proposta della misura di prevenzione.

CAPO II
Le impugnazioni

27 Comunicazioni e impugnazioni (1).

1. I provvedimenti con i quali il tribunale dispone la confisca dei beni sequestrati, l'applicazione, il diniego o la revoca del sequestro, il rigetto della richiesta di confisca anche qualora non sia stato precedentemente disposto il sequestro ovvero la restituzione della cauzione o la liberazione delle garanzie o la confisca della cauzione o l'esecuzione sui beni costituiti in garanzia sono comunicati senza indugio al procuratore generale presso la corte di appello, al procuratore della Repubblica e agli interessati (2).

2. Per le impugnazioni contro detti provvedimenti si applicano le disposizioni previste dall'articolo 10. I provvedimenti che dispongono la confisca dei beni sequestrati, la confisca della cauzione o l'esecuzione sui beni costituiti in garanzia diventano esecutivi con la definitività delle relative pronunce.

3. I provvedimenti del tribunale che dispongono la revoca del sequestro divengono esecutivi dieci giorni dopo la comunicazione alle parti, salvo che il pubblico ministero, entro tale termine, ne chieda la sospensione alla corte di appello. In tal caso, se la corte entro dieci giorni dalla sua presentazione non accoglie la richiesta, il provvedimento diventa esecutivo; altrimenti la esecutività resta sospesa fino a quando nel procedimento di prevenzione sia intervenuta pronuncia definitiva in ordine al sequestro. Il provvedimento che, accogliendo la richiesta del pubblico ministero, sospende l'esecutività può essere in ogni momento revocato dal giudice che procede.

3-*bis*. I provvedimenti della corte di appello che, in riforma del decreto di confisca emesso dal tribunale, dispongono la revoca del sequestro divengono esecutivi dieci giorni dopo la comunicazione alle parti, salvo che il procuratore generale, entro tale termine, ne chieda la sospensione alla medesima corte di appello. In tal caso, se la corte entro dieci giorni dalla sua presentazione non accoglie la richiesta, il provvedimento diventa esecutivo; altrimenti l'esecutività resta sospesa fino a quando nel procedimento di prevenzione sia intervenuta pronuncia definitiva (3).

4. In caso di impugnazione, il cancelliere presso il giudice investito del gravame dà immediata notizia al tribunale che ha emesso il provvedimento della definitività della pronuncia.

5. Dopo l'esercizio dell'azione di prevenzione, e comunque quando il pubblico ministero lo autorizza, gli esiti delle indagini patrimoniali sono trasmessi al competente nucleo di polizia tributaria della Guardia di Finanza a fini fiscali.

6. In caso di appello, il provvedimento di confisca perde efficacia se la corte d'appello non si pronuncia entro un anno e sei mesi dal deposito del ricorso. Si applica l'articolo 24, comma 2 (4).

6-*bis*. Nel caso di annullamento del decreto di confisca con rinvio al tribunale, anche ove disposto ai sensi dei commi 2-*bis* e 3-*bis* dell'articolo 10, il termine previsto dal comma 2 dell'articolo 24 decorre nuovamente dalla ricezione degli atti presso la cancelleria del tribunale stesso (3).

(1) *In materia di decisione dei giudizi penali di appello nel periodo di emergenza epidemiologica da Covid-19, v. l'art. 23-bis, comma 7 d.l. 28 ottobre 2020, n. 137, conv., con modif., in l. 18 dicembre 2020, n. 176, la cui disciplina continua ad applicarsi fino al* ***31 dicembre 2022****, come da ultimo statuito dall'art. 16, comma 1 d.l. 30 dicembre 2021, n. 228, conv., con modif., in l. 25 febbraio 2022, n. 15.*

(2) *Comma sostituito dall'art. 6 della L. 17 ottobre 2017, n. 161. Il testo previgente era* "I provvedimenti con i quali il tribunale dispone la confisca dei beni sequestrati, la revoca del sequestro ovvero la restituzione della cauzione o la liberazione delle garanzie o la confisca della cauzione o la esecuzione sui beni costituiti in garanzia sono comunicati senza indugio al procuratore generale presso la corte di appello, al procuratore della Repubblica e agli interessati".

(3) *Comma inserito dall'art. 6 della L. n. 161/2017.*

(4) *Per la sospensione dei termini di cui al presente comma, a seguito dell'emergenza epidemiologica da Covid-19, v. l'art. 83, comma 9 d.l. 17 marzo 2020, n. 18, conv., con modif., in l. 24 aprile 2020, n. 27. Ma v. C. cost. 6 luglio 2021, n. 140 che ha dichiarato* l'illegittimità costituzionale *del predetto art. 83, comma 9 d.l. n. 18, cit., « nella parte in cui prevede la sospensione del corso della prescrizione per il tempo in cui i procedimenti penali sono rinviati ai sensi del precedente comma 7, lettera g), e in ogni caso, non oltre il 30 giugno 2020 ».*

CAPO III
La revocazione della confisca

28 Revocazione della confisca.

1. La revocazione della decisione definitiva sulla confisca di prevenzione può essere richiesta, nelle forme previste dagli articoli 630 e seguenti del codice di procedura penale, in quanto compatibili, alla corte di appello individuata secondo i criteri di cui all'articolo 11 dello stesso codice (1):

a) in caso di scoperta di prove nuove decisive, sopravvenute alla conclusione del procedimento;

b) quando i fatti accertati con sentenze penali definitive, sopravvenute o conosciute in epoca successiva alla conclusione del procedimento di prevenzione, escludano in modo assoluto l'esistenza dei presupposti di applicazione della confisca;

c) quando la decisione sulla confisca sia stata motivata, unicamente o in modo determinante, sulla base di atti riconosciuti falsi, di falsità nel giudizio ovvero di un fatto previsto dalla legge come reato.

2. In ogni caso, la revocazione può essere richiesta solo al fine di dimostrare il difetto originario dei presupposti per l'applicazione della misura.

3. La richiesta di revocazione è proposta, a pena di inammissibilità, entro sei mesi dalla data in cui si verifica uno dei casi di cui al comma 1, salvo che l'interessato dimostri di non averne avuto conoscenza per causa a lui non imputabile.

4. Quando accoglie la richiesta di revocazione, la corte di appello provvede, ove del caso, ai sensi dell'articolo 46 (2).

(1) *Periodo sostituito dall'art. 7 della L. 17 ottobre 2017, n. 161. Il testo previgente era* "La revocazione della decisione definitiva sulla confisca di prevenzione può essere richiesta, nelle forme previste dall'articolo 630 del codice di procedura penale".

(2) *Comma sostituito dall'art. 7 della L. n. 161/2017. Il testo previgente era* "Quando accoglie la richiesta di revocazione, la corte d'appello trasmette gli atti al tribunale che ha disposto la confisca affinché provveda, ove del caso, ai sensi dell'articolo 46".

CAPO IV
Rapporti con i procedimenti penali

29 Indipendenza dall'esercizio dell'azione penale.

1. L'azione di prevenzione può essere esercitata anche indipendentemente dall'esercizio dell'azione penale.

30 Rapporti con sequestro e confisca disposti in seno a procedimenti penali.

1. Il sequestro e la confisca di prevenzione possono essere disposti anche in relazione a beni già sottoposti a sequestro in un procedimento penale. In tal caso la custodia giudiziale dei beni sequestrati nel processo penale viene affidata all'amministratore giudiziario, il quale provvede alla gestione dei beni stessi ai sensi del titolo III. Questi comunica al giudice del procedimento penale, previa autorizzazione del tribunale che ha disposto la misura di prevenzione, copia delle relazioni periodiche. In caso di revoca del sequestro o della confisca di prevenzione, il giudice del procedimento penale provvede alla nomina di un nuovo custode, salvo che ritenga di confermare quello già nominato nel procedimento di prevenzione (1). Nel caso previsto dall'articolo 104-*bis* disp. att. c.p.p., l'amministratore giudiziario nominato nel procedimento penale prosegue la propria attività nel procedimento di prevenzione, salvo che il tribunale, con decreto motivato e sentita l'Agenzia nazionale per l'amministrazione e la destinazione dei beni sequestrati e confiscati alla criminalità organizzata, di seguito denominata « Agenzia », non provveda alla sua revoca e sostituzione.

2. Nel caso previsto dal comma 1, primo periodo, se la confisca definitiva di prevenzione interviene prima della sentenza irrevocabile di condanna che dispone la confisca dei medesimi beni in sede penale, si procede in ogni caso alla gestione, vendita, assegnazione o destinazione ai sensi del titolo III. Il giudice, ove successivamente disponga la confisca in sede penale, dichiara la stessa già eseguita in sede di prevenzione.

3. Se la sentenza irrevocabile di condanna che dispone la confisca interviene prima della confisca definitiva di prevenzione, il tribunale, ove abbia disposto il sequestro e sia ancora in corso il procedimento di prevenzione, dichiara, con decreto, che la stessa è stata già eseguita in sede penale (2).

4. Nei casi previsti dai commi 2 e 3, in ogni caso la successiva confisca viene trascritta, iscritta o annotata ai sensi dell'articolo 21.

5. Le disposizioni di cui ai commi 1 e 2 si applicano anche nel caso in cui il sequestro disposto nel corso di un giudizio penale sopravvenga al sequestro o alla confisca di prevenzione.

(1) *Le parole* «, salvo che ritenga di confermare quello già nominato nel procedimento di prevenzione » *sono state sostituite alle parole* «, salvo che ritenga di confermare l'amministratore » *dall'art. 8 della L. 17 ottobre 2017, n. 161.*

(2) *Le parole da « il tribunale, » a « in sede penale » sono state sostituite alle parole « il tribunale, ove successivamente disponga la confisca di prevenzione, dichiara la stessa già eseguita in sede penale. » dall'art. della L. n. 161/2017.*

CAPO V
Le misure di prevenzione patrimoniali diverse dalla confisca

31 Cauzione. Garanzie reali.

1. Il tribunale, con l'applicazione della misura di prevenzione, dispone che la persona sottoposta a tale misura versi presso la cassa delle ammende una somma, a titolo di cauzione, di entità che, tenuto conto anche delle sue condizioni economiche e dei provvedimenti adottati a norma dell'articolo 22, costituisca un'efficace remora alla violazione delle prescrizioni imposte.

2. Fuori dei casi previsti dall'articolo 9, il tribunale può imporre alla persona denunciata, in via provvisoria e qualora ne ravvisi l'opportunità, le prescrizioni previste dall'articolo 8, commi 3 e 4. Con il provvedimento, il tribunale può imporre la cauzione di cui al comma 1.

3. Il deposito può essere sostituito, su istanza dell'interessato, dalla presentazione di idonee garanzie reali. Il tribunale provvede circa i modi di custodia dei beni dati in pegno e dispone, riguardo ai beni immobili, che il decreto con il quale accogliendo l'istanza dell'interessato è disposta l'ipoteca legale sia trascritto presso l'ufficio delle conservatorie dei registri immobiliari del luogo in cui i beni medesimi si trovano. Le spese relative alle garanzie reali previste dal presente comma sono anticipate dall'interessato secondo le modalità stabilite dal tribunale. Il tribunale può disporre, in relazione alle condizioni economiche della persona sottoposta alla misura di prevenzione, che la cauzione sia pagata in rate mensili (1).

4. Quando sia cessata l'esecuzione della misura di prevenzione o sia rigettata la proposta, il tribunale dispone con decreto la restituzione del deposito o la liberazione della garanzia.

5. Le misure patrimoniali cautelari previste dal presente articolo mantengono la loro efficacia per tutta la durata della misura di prevenzione e non possono es-

sere revocate, neppure in parte, se non per comprovate gravi necessità personali o familiari.

(1) *Le parole da "secondo le modalità" a "rate mensili" sono state sostituite alle parole* "ai sensi dell'articolo 39 delle disposizioni di attuazione del codice di procedura civile approvate con r.d. 18 dicembre 1941, n. 1368" *dall'art. 9 della L. n. 161/2017.*

32 Confisca della cauzione.

1. In caso di violazione degli obblighi o dei divieti derivanti dall'applicazione della misura di prevenzione, il tribunale dispone la confisca della cauzione oppure che si proceda ad esecuzione sui beni costituiti in garanzia, sino a concorrenza dell'ammontare della cauzione. Per l'esecuzione, a cura del cancelliere, si osservano le disposizioni dei primi due titoli del libro terzo del codice di procedura civile in quanto applicabili, ed escluse, riguardo ai beni costituiti in garanzia, le formalità del pignoramento.

2. Qualora, emesso il provvedimento di cui al comma 1, permangano le condizioni che giustificarono la cauzione, il tribunale, su richiesta del procuratore della Repubblica o del questore e con le forme previste per il procedimento di prevenzione, dispone che la cauzione sia rinnovata, anche per somma superiore a quella originaria.

3. Le spese relative all'esecuzione prevista dal comma 1 sono anticipate dallo Stato.

33 L'amministrazione giudiziaria dei beni personali.

1. Nei confronti dei soggetti indicati nell'articolo 4, comma 1, lettere *c*), *d*), *e*), *f*), *g*) ed *h*) il tribunale può aggiungere ad una delle misure di prevenzione previste dall'articolo 6, quella dell'amministrazione giudiziaria dei beni personali, esclusi quelli destinati all'attività professionale o produttiva, quando ricorrono sufficienti indizi che la libera disponibilità dei medesimi agevoli comunque la condotta, il comportamento o l'attività socialmente pericolosa.

2. Il tribunale può applicare soltanto l'amministrazione giudiziaria se ritiene che essa sia sufficiente ai fini della tutela della collettività.

3. L'amministrazione giudiziaria può essere imposta per un periodo non eccedente i 5 anni. Alla scadenza può essere rinnovata se permangono le condizioni in base alle quali è stata applicata.

4. Con il provvedimento con cui applica l'amministrazione giudiziaria dei beni il giudice nomina l'amministratore giudiziario di cui all'articolo 35.

34 L'amministrazione giudiziaria dei beni connessi ad attività economiche (1).

1. Quando, a seguito degli accertamenti di cui all'articolo 19 o di quelli compiuti per verificare i pericoli di infiltrazione mafiosa, previsti dall'articolo 92, ovvero di quelli compiuti ai sensi dell'articolo 213 del codice dei contratti pubblici, di cui al decreto legislativo 18 aprile 2016, n. 50, dall'Autorità nazionale anticorruzione, sussistono sufficienti indizi per ritenere che il libero esercizio di determinate attività economiche, comprese quelle di carattere imprenditoriale, sia direttamente o indirettamente sottoposto alle condizioni di intimidazione o di assoggettamento previste dall'articolo 416-*bis* del codice penale o possa comunque agevolare l'attività di persone nei confronti delle quali è stata proposta o applicata una delle misure di prevenzione personale o patrimoniale previste dagli articoli 6 e 24 del presente decreto, ovvero di persone sottoposte a procedimento penale per taluno dei delitti di cui all'articolo 4, comma 1, lettere *a*), *b*) e *i-bis*), del presente decreto, ovvero per i delitti di cui agli articoli 603-*bis*, 629, 644, 648-*bis* e 648-*ter* del codice penale, e non ricorrono i presupposti per l'applicazione delle misure di prevenzione patrimoniali di cui al capo I del presente titolo, il tribunale competente per l'applicazione delle misure di prevenzione nei confronti delle persone sopraindicate dispone l'amministrazione giudiziaria delle aziende o dei beni utilizzabili, direttamente o indirettamente, per lo svolgimento delle predette attività economiche, su proposta dei soggetti di cui al comma 1 dell'articolo 17 del presente decreto.

2. L'amministrazione giudiziaria dei beni è adottata per un periodo non superiore a un anno e può essere prorogata di ulteriori sei mesi per un periodo comunque non superiore complessivamente a due anni, a richiesta del pubblico ministero o d'ufficio, a seguito di relazione dell'amministratore giudiziario che evidenzi la necessità di completare il programma di sostegno e di aiuto alle imprese amministrate e la rimozione delle situazioni di fatto e di diritto che avevano determinato la misura.

3. Con il provvedimento di cui al comma 1, il tribunale nomina il giudice delegato e l'amministratore giudiziario, il quale esercita tutte le facoltà spettanti ai titolari dei diritti sui beni e sulle aziende oggetto della misura. Nel caso di imprese esercitate in forma societaria, l'amministratore giudiziario può esercitare i poteri spettanti agli organi di amministrazione e agli altri organi sociali secondo le modalità stabilite dal tribunale, tenuto conto delle esigenze di prosecuzione dell'attività d'impresa, senza percepire ulteriori emolumenti.

4. Il provvedimento di cui al comma 1 è eseguito sui beni aziendali con l'immissione dell'amministratore nel possesso e con l'iscrizione nel registro tenuto dalla camera di commercio, industria, artigianato e agricoltura nel quale è iscritta l'impresa. Qualora oggetto della misura siano beni immobili o altri beni soggetti a iscrizione in pubblici registri, il provvedimento di cui al comma 1 deve essere trascritto nei medesimi pubblici registri.

5. L'amministratore giudiziario adempie agli obblighi di relazione e segnalazione di cui all'articolo 36, comma 2, anche nei confronti del pubblico ministero. Si applicano, in quanto compatibili, le disposizioni di cui ai capi I e II del titolo III del presente libro.

6. Entro la data di scadenza dell'amministrazione giudiziaria dei beni o del sequestro di cui al comma 7, il tribunale, qualora non disponga il rinnovo del provvedimento, delibera in camera di consiglio la revoca della misura disposta ed eventualmente la contestuale applicazione del controllo giudiziario di cui all'articolo 34-*bis*, ovvero la confisca dei beni che si ha motivo di

ritenere che siano il frutto di attività illecite o ne costituiscano il reimpiego. Alla camera di consiglio partecipano il giudice delegato e il pubblico ministero. Al procedimento si applicano, in quanto compatibili, le disposizioni previste dal titolo I, capo II, sezione I, del presente libro. Per le impugnazioni contro i provvedimenti di revoca con controllo giudiziario e di confisca si applicano le disposizioni previste dall'articolo 27.

7. Quando vi sia concreto pericolo che i beni sottoposti al provvedimento di cui al comma 1 vengano dispersi, sottratti o alienati, nei casi in cui si ha motivo di ritenere che i beni siano frutto di attività illecite o ne costituiscano l'impiego, i soggetti di cui all'articolo 17 possono richiedere al tribunale di disporne il sequestro, osservate, in quanto applicabili, le disposizioni previste dal presente titolo. Il sequestro è disposto sino alla scadenza del termine stabilito a norma del comma 2.

(1) *Articolo sostituito dall'art. 10 della l. 17 ottobre 2017, n. 161. Il testo previgente era il seguente:* « 1. Quando, a seguito degli accertamenti di cui all'articolo 19 o di quelli compiuti per verificare i pericoli di infiltrazione da parte della delinquenza di tipo mafioso, ricorrono sufficienti indizi per ritenere che l'esercizio di determinate attività economiche, comprese quelle imprenditoriali, sia direttamente o indirettamente sottoposto alle condizioni di intimidazione o di assoggettamento previste dall'articolo 416-*bis* c.p. o che possa, comunque, agevolare l'attività delle persone nei confronti delle quali è stata proposta o applicata una misura di prevenzione, ovvero di persone sottoposte a procedimento penale per taluno dei delitti di cui all'articolo 4, comma 1, lettere *a*) e *b*), e non ricorrono i presupposti per l'applicazione delle misure di prevenzione, il procuratore della Repubblica presso il tribunale del capoluogo di distretto ove dimora la persona, il questore o il direttore della Direzione investigativa antimafia possono richiedere al tribunale competente per l'applicazione delle misure di prevenzione nei confronti delle persone sopraindicate, di disporre ulteriori indagini e verifiche, da compiersi anche a mezzo della Guardia di finanza o della polizia giudiziaria, sulle predette attività, nonché l'obbligo, nei confronti di chi ha la proprietà o la disponibilità, a qualsiasi titolo, di beni o altre utilità di valore non proporzionato al proprio reddito o alla propria capacità economica, di giustificarne la legittima provenienza.

2. Quando ricorrono sufficienti elementi per ritenere che il libero esercizio delle attività economiche di cui al comma 1 agevoli l'attività delle persone nei confronti delle quali è stata proposta o applicata una misura di prevenzione, ovvero di persone sottoposte a procedimento penale per taluno dei delitti previsti dagli articoli 416-*bis*, 629, 630, 644, 648-*bis* e 648-*ter* del codice penale, il tribunale dispone l'amministrazione giudiziaria dei beni utilizzabili, direttamente o indirettamente, per lo svolgimento delle predette attività.

3. L'amministrazione giudiziaria dei beni è adottata per un periodo non superiore a sei mesi e può essere rinnovata, per un periodo non superiore complessivamente a dodici mesi, a richiesta dell'autorità proponente, del pubblico ministero o del giudice delegato, se permangono le condizioni in base alle quali è stata applicata.

4. Con il provvedimento di cui al comma 2, il tribunale nomina il giudice delegato e l'amministratore giudiziario.

5. Qualora tra i beni siano compresi beni immobili o altri beni soggetti a pubblica registrazione, il provvedimento di cui al comma 2 deve essere trascritto presso i pubblici registri a cura dell'amministratore giudiziario nominato entro il termine di trenta giorni dall'adozione del provvedimento.

6. L'amministratore giudiziario adempie agli obblighi di relazione e segnalazione di cui all'articolo 36, comma 2, anche nei confronti del pubblico ministero.

7. Entro i quindici giorni antecedenti la data di scadenza dell'amministrazione giudiziaria dei beni o del sequestro, il tribunale, qualora non disponga il rinnovo del provvedimento, delibera in camera di consiglio, alla quale può essere chiamato a partecipare il giudice delegato, la revoca della misura disposta, ovvero la confisca dei beni che si ha motivo di ritenere siano il frutto di attività illecite o ne costituiscano il reimpiego. Per le impugnazioni contro i provvedimenti di revoca con controllo giudiziario e di confisca si applicano le disposizioni previste dall'articolo 27.

8. Con il provvedimento che dispone la revoca della misura, il tribunale può disporre il controllo giudiziario, con il quale stabilisce l'obbligo nei confronti di chi ha la proprietà, l'uso o l'amministrazione dei beni, o di parte di essi, di comunicare, per un periodo non inferiore a tre anni, al questore ed al nucleo di polizia tributaria del luogo di dimora abituale, ovvero del luogo in cui si trovano i beni se si tratta di residenti all'estero, gli atti di disposizione, di acquisto o di pagamento effettuati, gli atti di pagamento ricevuti, gli incarichi professionali, di amministrazione o di gestione fiduciaria ricevuti, e gli altri atti o contratti indicati dal tribunale, di valore non inferiore a euro 25.822,84 o del valore superiore stabilito dal tribunale in relazione al patrimonio e al reddito della persona. Detto obbligo va assolto entro dieci giorni dal compimento dell'atto e comunque entro il 31 gennaio di ogni anno per gli atti posti in essere nell'anno precedente.

9. Quando vi sia concreto pericolo che i beni sottoposti al provvedimento di cui al comma 2 vengano dispersi, sottratti o alienati, il procuratore della Repubblica, il Direttore della Direzione investigativa antimafia o il questore possono richiedere al tribunale di disporne il sequestro, osservate, in quanto applicabili, le disposizioni previste dal presente titolo. Il sequestro è disposto sino alla scadenza del termine stabilito a norma del comma 3 ».

34-*bis* Controllo giudiziario delle aziende (1).

1. Quando l'agevolazione prevista dal comma 1 dell'articolo 34 risulta occasionale, il tribunale dispone, anche d'ufficio, il controllo giudiziario delle attività economiche e delle aziende di cui al medesimo comma 1, se sussistono circostanze di fatto da cui si possa desumere il pericolo concreto di infiltrazioni mafiose idonee a condizionarne l'attività. Nel caso in cui risultino applicate le misure previste dall'articolo 94-*bis*, il tribunale valuta se adottare in loro sostituzione il provvedimento di cui al comma 2 lettera *b*) (2).

2. Il controllo giudiziario è adottato dal tribunale per un periodo non inferiore a un anno e non superiore a tre anni. Con il provvedimento che lo dispone, il tribunale può:

a) imporre nei confronti di chi ha la proprietà, l'uso o l'amministrazione dei beni e delle aziende di cui al comma 1 l'obbligo di comunicare al questore e al nucleo di polizia tributaria del luogo di dimora abituale, ovvero del luogo in cui si trovano i beni se si tratta di residenti all'estero, ovvero della sede legale se si tratta di un'impresa, gli atti di disposizione, di acquisto o di pagamento effettuati, gli atti di pagamento ricevuti, gli incarichi professionali, di amministrazione o di gestione fiduciaria ricevuti e gli altri atti o contratti indicati dal tribunale, di valore non inferiore a euro 7.000 o del valore superiore stabilito dal tribunale in relazione al reddito della persona o al patrimonio e al volume d'affari dell'impresa. Tale obbligo deve essere assolto entro dieci giorni dal compimento dell'atto e comunque entro il 31 gennaio di ogni anno per gli atti posti in essere nell'anno precedente;

b) nominare un giudice delegato e un amministratore giudiziario, il quale riferisce periodicamente, almeno bimestralmente, gli esiti dell'attività di controllo al giudice delegato e al pubblico ministero.

3. Con il provvedimento di cui alla lettera *b*) del comma 2, il tribunale stabilisce i compiti dell'amministratore giudiziario finalizzati alle attività di controllo e può imporre l'obbligo:

a) di non cambiare la sede, la denominazione e la ragione sociale, l'oggetto sociale e la composizione degli organi di amministrazione, direzione e vigilanza e di non compiere fusioni o altre trasformazioni, senza l'autorizzazione da parte del giudice delegato;

b) di adempiere ai doveri informativi di cui alla lettera *a*) del comma 2 nei confronti dell'amministratore giudiziario;

c) di informare preventivamente l'amministratore giudiziario circa eventuali forme di finanziamento della società da parte dei soci o di terzi;

d) di adottare ed efficacemente attuare misure organizzative, anche ai sensi degli articoli 6, 7 e 24-*ter* del decreto legislativo 8 giugno 2001, n. 231, e successive modificazioni;

e) di assumere qualsiasi altra iniziativa finalizzata a prevenire specificamente il rischio di tentativi di infiltrazione o condizionamento mafiosi.

4. Per verificare il corretto adempimento degli obblighi di cui al comma 3, il tribunale può autorizzare gli ufficiali e gli agenti di polizia giudiziaria ad accedere presso gli uffici dell'impresa nonché presso uffici pubblici, studi professionali, società, banche e intermediari mobiliari al fine di acquisire informazioni e copia della documentazione ritenute utili. Nel caso in cui venga accertata la violazione di una o più prescrizioni ovvero ricorrano i presupposti di cui al comma 1 dell'articolo 34, il tribunale può disporre l'amministrazione giudiziaria dell'impresa.

5. Il titolare dell'attività economica sottoposta al controllo giudiziario può proporre istanza di revoca. In tal caso il tribunale fissa l'udienza entro dieci giorni dal deposito dell'istanza e provvede nelle forme di cui all'articolo 127 del codice di procedura penale. All'udienza partecipano il giudice delegato, il pubblico ministero e, ove nominato, l'amministratore giudiziario.

6. Le imprese destinatarie di informazione antimafia interdittiva ai sensi dell'articolo 84, comma 4, che abbiano proposto l'impugnazione del relativo provvedimento del prefetto, possono richiedere al tribunale competente per le misure di prevenzione l'applicazione del controllo giudiziario di cui alla lettera *b*) del comma 2 del presente articolo. Il tribunale, sentiti il procuratore distrettuale competente, il prefetto che ha adottato l'informazione antimafia interdittiva nonché (3) gli altri soggetti interessati, nelle forme di cui all'articolo 127 del codice di procedura penale, accoglie la richiesta, ove ne ricorrano i presupposti; successivamente, anche sulla base della relazione dell'amministratore giudiziario, può revocare il controllo giudiziario e, ove ne ricorrano i presupposti, disporre altre misure di prevenzione patrimoniali.

7. Il provvedimento che dispone l'amministrazione giudiziaria prevista dall'articolo 34 o il controllo giudiziario ai sensi del presente articolo sospende il termine di cui all'articolo 92, comma 2, nonché gli effetti di cui all'articolo 94. Lo stesso provvedimento è comunicato dalla cancelleria del tribunale al prefetto dove della provincia in cui ha sede legale l'impresa, ai fini dell'aggiornamento della banca dati nazionale unica della documentazione antimafia di cui all'articolo 96, ed è valutato anche ai fini dell'applicazione delle misure di cui all'articolo 94-*bis* nei successivi cinque anni (4)

(1) *Articolo inserito dall'art. 11 della L. 17 ottobre 2017, n. 161.*

(2) *Periodo aggiunto dall'art. 47, comma 1, lett. a) d.l. 6 novembre 2021, n. 152, conv., con modif., in l. 29 dicembre 2021, n. 233.*

(3) *Le parole da* « il tribunale » *a* « nonché » *sono state sostituite alle parole* « Il tribunale, sentiti il procuratore distrettuale competente e » *dall'art. 47, comma 1, lett. b) d.l. n. 152, cit.*

(4) *Comma così sostituito dall'art. 47, comma 1, lett. c) d.l. n. 152, cit. Il testo del comma era il seguente:* « 7. Il provvedimento che dispone l'amministrazione giudiziaria prevista dall'articolo 34 o il controllo giudiziario ai sensi del comma 6 del presente articolo sospende gli effetti di cui all'articolo 94. ».

CAPO V-*BIS*
Trattazione prioritaria del procedimento (1)

(1) *Capo inserito dall'art. 12 della L. 17 ottobre 2017, n. 161.*

34-*ter* Trattazione prioritaria dei procedimenti di prevenzione patrimoniale (1).

1. È assicurata la priorità assoluta nella trattazione dei procedimenti previsti dagli articoli 16 e seguenti del presente decreto.

2. I dirigenti degli uffici giudicanti e requirenti adottano i provvedimenti organizzativi necessari per assicurare la trattazione e la definizione prioritaria dei procedimenti di cui al comma 1 e il rispetto dei termini previsti. I provvedimenti sono tempestivamente comunicati al consiglio giudiziario e al Consiglio superiore della magistratura. Il dirigente dell'ufficio comunica, sulla base delle indicazioni del Consiglio superiore della magistratura, con cadenza annuale, a tale organo e al Ministero della giustizia i dati sulla durata dei relativi procedimenti. Il Consiglio superiore della magistratura e il Ministero della giustizia valutano gli effetti dei provvedimenti adottati dai dirigenti degli uffici sulla trattazione prioritaria, sulla durata e sul rispetto dei termini dei procedimenti indicati al comma 1. In sede di comunicazioni sull'amministrazione della giustizia, ai sensi dell'articolo 86 dell'ordinamento giudiziario, di cui al regio decreto 30 gennaio 1941, n. 12, e successive modificazioni, il Ministro della giustizia riferisce alle Camere in merito alla trattazione dei procedimenti di cui al comma 1 del presente articolo.

(1) *Articolo inserito dall'art. 12 della L. 17 ottobre 2017, n. 161.*

TITOLO III
L'amministrazione, la gestione e la destinazione dei beni sequestrati e confiscati

CAPO I
L'amministrazione dei beni sequestrati e confiscati

35 Nomina e revoca dell'amministratore giudiziario.

1. Con il provvedimento con il quale dispone il sequestro previsto dal capo I del titolo II del presente libro il tribunale nomina il giudice delegato alla procedura e un amministratore giudiziario. Qualora la gestione dei beni in stato di sequestro sia particolarmente complessa, anche avuto riguardo al numero dei comuni ove sono situati i beni immobili o i complessi aziendali o alla natura dell'attività aziendale da proseguire o al valore ingente del patrimonio, il tribunale può nominare più amministratori giudiziari. In tal caso

il tribunale stabilisce se essi possano operare disgiuntamente (1).

2. L'amministratore giudiziario è scelto tra gli iscritti nell'Albo nazionale degli amministratori giudiziari secondo criteri di trasparenza che assicurano la rotazione degli incarichi tra gli amministratori, tenuto conto della natura e dell'entità dei beni in stato di sequestro, delle caratteristiche dell'attività aziendale da proseguire e delle specifiche competenze connesse alla gestione. Con decreto del Ministro della giustizia, di concerto con il Ministro dell'interno e con il Ministro dello sviluppo economico, sono individuati criteri di nomina degli amministratori giudiziari e dei coadiutori che tengano conto del numero degli incarichi aziendali in corso, comunque non superiore a tre, con esclusione degli incarichi già in corso quale coadiutore, (2) della natura monocratica o collegiale dell'incarico, della tipologia e del valore dei compendi da amministrare, avuto riguardo anche al numero dei lavoratori, della natura diretta o indiretta della gestione, dell'ubicazione dei beni sul territorio, delle pregresse esperienze professionali specifiche. Con lo stesso decreto sono altresì stabiliti i criteri per l'individuazione degli incarichi per i quali la particolare complessità dell'amministrazione o l'eccezionalità del valore del patrimonio da amministrare determinano il divieto di cumulo. L'amministratore giudiziario è nominato con decreto motivato. All'atto della nomina l'amministratore giudiziario comunica al tribunale se e quali incarichi analoghi egli abbia in corso, anche se conferiti da altra autorità giudiziaria o dall'Agenzia (1).

2-*bis*. L'amministratore giudiziario di aziende sequestrate è scelto tra gli iscritti nella sezione di esperti in gestione aziendale dell'Albo nazionale degli amministratori giudiziari (1).

2-*ter*. Fermo restando quanto previsto dall'articolo 41-*bis*, comma 7, l'amministratore giudiziario di cui ai commi 2 e 2-*bis* può altresì essere nominato tra il personale dipendente dell'Agenzia, di cui all'articolo 113-*bis*. In tal caso l'amministratore giudiziario dipendente dell'Agenzia, per lo svolgimento dell'incarico, non ha diritto ad emolumenti aggiuntivi rispetto al trattamento economico in godimento, ad eccezione del rimborso delle spese di cui al comma 9 (1).

3. Non possono essere nominate le persone nei cui confronti il provvedimento è stato disposto, il coniuge, i parenti, gli affini e le persone con esse conviventi, né le persone condannate a una pena che importi l'interdizione, anche temporanea, dai pubblici uffici o le pene accessorie previste dal regio decreto 16 marzo 1942, n. 267, o coloro cui sia stata irrogata una misura di prevenzione o nei confronti dei quali sia stato disposto il rinvio a giudizio per i reati di cui all'articolo 4 del presente decreto o per uno dei reati previsti dal libro II, titolo II, capo I, e titolo III, capo I, del codice penale. Non possono altresì essere nominate le persone che abbiano svolto attività lavorativa o professionale in favore del proposto o delle imprese a lui riconducibili. Le stesse persone non possono, altresì, svolgere le funzioni di coadiutore o di diretto collaboratore dell'amministratore giudiziario nell'attività di gestione. Non possono assumere l'ufficio di amministratore giudiziario, né quelli di coadiutore o diretto collaboratore dell'amministratore giudiziario, il coniuge, i parenti fino al quarto grado, gli affini entro il secondo grado, i conviventi o commensali abituali del magistrato che conferisce l'incarico. Non possono altresì assumere l'ufficio di amministratore giudiziario, né quelli di coadiutore o diretto collaboratore dell'amministratore giudiziario, i creditori o debitori del magistrato che conferisce l'incarico, del suo coniuge o dei suoi figli, né le persone legate da uno stabile rapporto di collaborazione professionale con il coniuge o i figli dello stesso magistrato, né i prossimi congiunti, i conviventi, i creditori o debitori del dirigente di cancelleria che assiste lo stesso magistrato (1).

4. L'amministratore giudiziario chiede al giudice delegato di essere autorizzato, ove necessario, a farsi coadiuvare, sotto la sua responsabilità, da tecnici o da altri soggetti qualificati. Ove la complessità della gestione lo richieda, anche successivamente al sequestro, l'amministratore giudiziario organizza, sotto la sua responsabilità, un proprio ufficio di coadiuzione, la cui composizione e il cui assetto interno devono essere comunicati al giudice delegato indicando altresì se e quali incarichi analoghi abbiano in corso i coadiutori, assicurando la presenza, nel caso in cui si tratti dei beni di cui all'articolo 10 del codice dei beni culturali e del paesaggio, di cui al decreto legislativo 22 gennaio 2004, n. 42, di uno dei soggetti indicati nell'articolo 9-*bis* del medesimo codice. Il giudice delegato ne autorizza l'istituzione tenuto conto della natura dei beni e delle aziende in stato di sequestro e degli oneri che ne conseguono (1).

4-*bis*. Non possono assumere l'ufficio di amministratore giudiziario, né quello di suo coadiutore, coloro i quali sono legati da rapporto di coniugio, unione civile o convivenza di fatto ai sensi della legge 20 maggio 2016, n. 76, parentela entro il terzo grado o affinità entro il secondo grado con magistrati addetti all'ufficio giudiziario al quale appartiene il magistrato che conferisce l'incarico, nonché coloro i quali hanno con tali magistrati un rapporto di assidua frequentazione. Si intende per frequentazione assidua quella derivante da una relazione sentimentale o da un rapporto di amicizia stabilmente protrattosi nel tempo e connotato da reciproca confidenza, nonché il rapporto di frequentazione tra commensali abituali (3).

5. L'amministratore giudiziario riveste la qualifica di ubblico ufficiale e deve adempiere con diligenza ai compiti del proprio ufficio. Egli ha il compito di provvedere alla gestione, alla custodia e alla conservazione dei beni sequestrati anche nel corso degli eventuali giudizi di impugnazione, sotto la direzione del giudice delegato, al fine di incrementare, se possibile, la redditività dei beni medesimi (1).

6. L'amministratore giudiziario deve segnalare al giudice delegato l'esistenza di altri beni che potrebbero formare oggetto di sequestro di cui sia venuto a conoscenza nel corso della sua gestione.

7. In caso di grave irregolarità o di incapacità il tribunale, su proposta del giudice delegato, dell'Agenzia o d'ufficio, può disporre in ogni tempo la revoca dell'amministratore giudiziario, previa audizione dello stesso. Nei confronti dei coadiutori dell'Agenzia la revoca è disposta dalla medesima Agenzia.

8. L'amministratore giudiziario che, anche nel corso della procedura, cessa dal suo incarico, deve rendere il conto della gestione ai sensi dell'articolo 43 (4).

9. Nel caso di trasferimento fuori della residenza, all'amministratore giudiziario spetta il trattamento previsto dalle disposizioni vigenti per i dirigenti di seconda fascia dello Stato.

(1) *I commi 1, 2, 3, 4 e 5 sono stati sostituiti dall'art. 13 della L. 17 ottobre 2017, n. 161. Il testo previgente era il seguente:* « 1. Con il provvedimento con il quale dispone il sequestro previsto dal capo I del titolo II il tribunale nomina il giudice delegato alla procedura e un amministratore giudiziario.

2. L'amministratore giudiziario è scelto tra gli iscritti nell'Albo nazionale degli amministratori giudiziari.

3. Non possono essere nominate le persone nei cui confronti il provvedimento è stato disposto, il coniuge, i parenti, gli affini e le persone con esse conviventi, né le persone condannate ad una pena che importi l'interdizione, anche temporanea, dai pubblici uffici o coloro cui sia stata irrogata una misura di prevenzione. Le stesse persone non possono, altresì, svolgere le funzioni di ausiliario o di collaboratore dell'amministratore giudiziario.

4. Il giudice delegato può autorizzare l'amministratore giudiziario a farsi coadiuvare, sotto la sua responsabilità, da tecnici o da altri soggetti qualificati. A costoro si applica il divieto di cui al comma 3.

5. L'amministratore giudiziario riveste la qualifica di pubblico ufficiale e deve adempiere con diligenza ai compiti del proprio ufficio. Egli ha il compito di provvedere alla custodia, alla conservazione e all'amministrazione dei beni sequestrati nel corso dell'intero procedimento, anche al fine di incrementare, se possibile, la redditività dei beni medesimi ».

(2) *Inciso inserito dall'art. 36, comma 1, d.l. 4 ottobre 2018, n. 113, convertito con modificazioni in l. 1 dicembre 2018, n. 132.*

(3) *Comma inserito dall'art. 1, comma 1, lett. a), D.Lgs. 18 maggio 2018, n. 54, a decorrere dal trentesimo giorno successivo a quello della pubblicazione del medesimo d.lgs. nella Gazzetta Ufficiale, ai sensi di quanto disposto dall'art. 6, comma 1, del medesimo D.Lgs. n. 54/2018.*

(4) *Comma sostituito dall'art. 13 della L. n. 161/2017. Il testo previgente era il seguente:* « L'amministratore giudiziario che, anche nel corso della procedura, cessa dal suo incarico, deve rendere il conto della gestione ».

35.1 Dichiarazione di incompatibilità (1).

1. L'amministratore giudiziario, al momento dell'accettazione dell'incarico e comunque entro due giorni dalla comunicazione della nomina, deposita presso la cancelleria dell'ufficio giudiziario conferente l'incarico una dichiarazione attestante l'insussistenza delle cause di incompatibilità di cui all'articolo 35, comma 4-*bis*. In caso di violazione della disposizione di cui al periodo precedente il tribunale provvede d'urgenza alla sostituzione del soggetto nominato. Il tribunale provvede allo stesso modo nel caso in cui, dalla dichiarazione depositata, emerga la sussistenza di una causa di incompatibilità. In caso di dichiarazione di circostanze non corrispondenti al vero effettuata da un soggetto iscritto ad un albo professionale, il tribunale lo segnala all'organo competente dell'ordine o del collegio professionale ai fini della valutazione di competenza in ordine all'esercizio dell'azione disciplinare e al presidente della Corte di appello affinché dia notizia della segnalazione a tutti i magistrati del distretto.

2. Nella dichiarazione il soggetto incaricato deve comunque indicare, ai fini di cui all'articolo 35.2, l'esistenza di rapporti di coniugio, unione civile o convivenza di fatto ai sensi della legge 20 maggio 2016, n. 76, parentela entro il terzo grado o affinità entro il secondo grado o frequentazione assidua con magistrati, giudicanti o requirenti, del distretto di Corte di appello nel quale ha sede l'ufficio giudiziario presso il quale è pendente il procedimento.

3. Il coadiutore nominato dall'amministratore giudiziario a norma dell'articolo 35, comma 4, redige la dichiarazione disciplinata ai commi 1 e 2 e la consegna all'amministratore giudiziario entro due giorni dal momento in cui ha avuto conoscenza della nomina e, in ogni caso, prima di dare inizio alla sua attività. L'amministratore giudiziario entro i due giorni successivi provvede a depositare in cancelleria la dichiarazione del coadiutore. Se il coadiutore non consegna la dichiarazione o se dalla dichiarazione emerge la sussistenza di una causa di incompatibilità, l'amministratore giudiziario non può avvalersi del coadiutore nominato.

4. A decorrere dal trentesimo giorno successivo alla pubblicazione nella Gazzetta Ufficiale del provvedimento con cui il responsabile dei sistemi informativi automatizzati del Ministero della giustizia attesta la piena funzionalità dei sistemi in relazione a quanto previsto dai commi 1, 2 e 3, il deposito della dichiarazione prevista dai predetti commi ha luogo esclusivamente con modalità telematiche, nel rispetto della normativa, anche regolamentare, concernente la sottoscrizione, la trasmissione e la ricezione dei documenti informatici.

(1) *Articolo inserito dall'art. 1, comma 1, lett. b), D.Lgs. 18 maggio 2018, n. 54, a decorrere dal trentesimo giorno successivo a quello della pubblicazione del medesimo d.lgs. nella Gazzetta Ufficiale, ai sensi di quanto disposto dall'art. 6, comma 1, del medesimo D.Lgs. n. 54/2018.*

35.2 Vigilanza (1).

1. I sistemi informativi automatizzati del Ministero della giustizia assicurano al presidente della Corte di appello la possibilità di estrarre, anche in forma massiva, le dichiarazioni depositate a norma dell'articolo 35.1, dalle quali deve essere possibile rilevare almeno i seguenti dati:

a) il nome del giudice che ha assegnato l'incarico e la sezione di appartenenza;

b) il nome dell'ausiliario e la tipologia dell'incarico conferitogli;

c) la data di conferimento dell'incarico;

d) il nome del magistrato del distretto con il quale il professionista incaricato ha dichiarato di essere legato da uno dei rapporti indicati all'articolo 35.1, comma 2;

e) la natura di tale rapporto.

2. Il presidente della Corte di appello tiene conto delle risultanze delle dichiarazioni ai fini dell'esercizio, su tutti gli incarichi conferiti, del potere di sorveglianza di cui al regio decreto 31 maggio 1946, n. 511.

(1) *Articolo inserito dall'art. 1, comma 1, lett.* b), *D.Lgs. 18 maggio 2018, n. 54, a decorrere dal trentesimo giorno successivo a quello della pubblicazione del medesimo d.lgs. nella Gazzetta Ufficiale, ai sensi di quanto disposto dall'art. 6, comma 1, del medesimo D.Lgs. n. 54/2018. Per l'efficacia delle disposizioni di cui al presente comma vedi l'art. 5, comma 2, D.Lgs. 18 maggio 2018, n. 54: « La disposizione di cui all'articolo 35.2, comma 1, del decreto legislativo 6 settembre 2011, n. 159, introdotto dall'articolo 1, comma 1, lettera* b), *acquista efficacia a decorrere dal trentesimo giorno successivo alla pubblicazione nella Gazzetta Ufficiale del provvedimento del responsabile dei sistemi informativi automatizzati del Ministero della giustizia, da adottarsi entro un anno dall'entrata in vigore del presente decreto, attestante la piena funzionalità dei sistemi di estrazione, con modalità informatiche ed in forma massiva, dei dati necessari all'esercizio della funzione di sorveglianza. »*

35-*bis* Responsabilità nella gestione e controlli della pubblica amministrazione (1).

1. Fatti salvi i casi di dolo o colpa grave, sono esenti da responsabilità civile l'amministratore giudiziario, il coadiutore nominato ai sensi dell'articolo 35, comma 4, e l'amministratore nominato ai sensi dell'articolo 41, comma 6, per gli atti di gestione compiuti nel periodo di efficacia del provvedimento di sequestro.

2. Dalla data del sequestro e sino all'approvazione del programma di cui all'articolo 41, comma 1, lettera *c*), gli accertamenti a qualsiasi titolo disposti sull'azienda sequestrata dalle pubbliche amministrazioni di cui all'articolo 1, comma 2, del decreto legislativo 30 marzo 2001, n. 165, e successive modificazioni, sono notificati all'amministratore giudiziario. Per un periodo di sei mesi dalla notificazione dell'accertamento èsospesa l'irrogazione delle sanzioni ed entrolo stesso termine l'amministratore giudiziarioprocede alla sanatoria delle violazioni eventualmente riscontrate, presentando appositaistanza alla pubblica amministrazioneinteressata, sentito il giudice delegato. Per la durata indicata nel periodo precedente rimangono sospesi i relativi termini di prescrizione.3.

Al fine di consentire la prosecuzione dell'attività dell'impresa sequestrata o confiscata, dalla data di nomina dell'amministratore giudiziario e fino all'eventuale provvedimento di dissequestro dell'azienda o di revoca della confisca della stessa, o fino alla data di destinazione dell'azienda, disposta ai sensi dell'articolo 48, sono sospesi gli effetti della pregressa documentazione antimafia interdittiva, nonché le procedure pendenti preordinate al conseguimento dei medesimi effetti" (2).

(1) *Articolo inserito dall'art. 13 comma 2 della L. 17 ottobre 2017, n. 161.*

(2) *Comma sostituito dall'art. 36, comma 1-*bis*, d.l. 4 ottobre 2018, n. 113, convertito, con modificazioni, in l. 1 dicembre 2018, n. 132. Il testo previgente era il seguente:* « 3. Al fine di consentire la prosecuzione dell'attività dell'impresa sequestrata o confiscata, il prefetto della provincia rilascia all'amministratore giudiziario la nuova documentazione antimafia di cui all'articolo 84. Tale documentazione ha validità per l'intero periodo di efficacia dei provvedimenti di sequestro e confisca dell'azienda e sino alla destinazione della stessa disposta ai sensi dell'articolo 48 ».

36 Relazione dell'amministratore giudiziario.

1. L'amministratore giudiziario presenta al giudice delegato, entro trenta giorni dalla nomina, una relazione particolareggiata dei beni sequestrati. La relazione contiene:

a) l'indicazione, lo stato e la consistenza dei singoli beni ovvero delle singole aziende, nonché i provvedimenti da adottare per la liberazione dei beni sequestrati;

b) il presumibile valore di mercato dei beni quale stimato dall'amministratore stesso;

c) gli eventuali diritti di terzi sui beni sequestrati;

d) in caso di sequestro di beni organizzati in azienda, l'indicazione della documentazione reperita e le eventuali difformità tra gli elementi dell'inventario e quelli delle scritture contabili;

e) l'indicazione delle forme di gestione più idonee e redditizie dei beni, anche ai fini delle determinazioni che saranno assunte dal tribunale ai sensi dell'articolo 41 (2).

2. La relazione di cui al comma 1 indica anche le eventuali difformità tra quanto oggetto della misura e quanto appreso, nonché l'esistenza di altri beni che potrebbero essere oggetto di sequestro, di cui l'amministratore giudiziario sia venuto a conoscenza.

3. Ove ricorrano giustificati motivi, il termine per il deposito della relazione può essere prorogato dal giudice delegato per non più di novanta giorni. Successivamente l'amministratore giudiziario redige, con la frequenza stabilita dal giudice, una relazione periodica sull'amministrazione, che trasmette anche all'Agenzia, esibendo, ove richiesto, i relativi documenti giustificativi.

4. La cancelleria dà avviso alle parti del deposito della relazione dell'amministratore giudiziario ed esse possono prenderne visione ed estrarne copia limitatamente ai contenuti di cui alla lettera *b*) del comma 1. Ove siano formulate contestazioni motivate sulla stima dei beni entro venti giorni dalla ricezione dell'avviso, il tribunale, se non le ritiene inammissibili, sentite le parti, procede all'accertamento del presumibile valore di mercato dei beni medesimi nelle forme della perizia ai sensi degli articoli 220 e seguenti del codice di procedura penale. Fino alla conclusione della perizia, la gestione prosegue con le modalità stabilite dal giudice delegato (3).

(1) *Lettera sostituita dall'art. 13 comma 3 della L. 17 ottobre 2017, n. 161. Il testo previgente era* "a) l'indicazione, lo stato e la consistenza dei singoli beni ovvero delle singole aziende".

(2) *Lettera sostituita dall'art. 13 comma 3 della L. n. 161/2017. Il testo previgente era il seguente: « e) l'indicazione delle forme di gestione più idonee e redditizie dei beni. In particolare, nel caso di sequestro di beni organizzati in azienda o di partecipazioni societarie che assicurino le maggioranze previste dall'articolo 2359 del codice civile, la relazione contiene una dettagliata analisi sulla sussistenza di concrete possibilità di prosecuzione o di ripresa dell'attività, tenuto conto del grado di caratterizzazione della stessa con il proposto ed i suoi familiari, della natura dell'attività esercitata, delle modalità e dell'ambiente in cui è svolta, della forza lavoro occupata, della capacità produttiva e del mercato di riferimento ».*

(3) *Comma sostituito dall'art. 13 comma 3 della L. n. 161/2017. Il testo previgente era il seguente:* « In caso di contestazioni sulla stima dei beni, il giudice delegato nomina un perito, che procede alla stima dei beni in contraddittorio. Si applicano, in quanto compatibili, le disposizioni dettate dal codice di procedura penale in materia di perizia ».

37 Compiti dell'amministratore giudiziario.

1. L'amministratore giudiziario, fermo restando quanto previsto dagli articoli 2214 e seguenti del codice civile, tiene un registro, preventivamente vidimato dal giudice delegato alla procedura, sul quale annota tempestivamente le operazioni relative alla sua amministrazione secondo i criteri stabiliti al comma 6. Con decreto emanato dal Ministro della giustizia, di concerto con il Ministro dell'economia e delle finanze, sono stabilite le norme per la tenuta del registro.

2. Nel caso di sequestro di azienda l'amministratore prende in consegna le scritture contabili e i libri sociali, sui quali devono essere annotati gli estremi del provvedimento di sequestro.

3. Le somme apprese, riscosse o ricevute a qualsiasi titolo dall'amministratore giudiziario in tale qualità, escluse quelle derivanti dalla gestione di aziende, affluiscono al Fondo unico giustizia di cui all'articolo 61, comma 23, del decreto-legge 25 giugno 2008, n. 112, convertito, con modificazioni, dalla legge 6 agosto 2008, n. 133. Con decreto emanato dal Ministro dell'economia e delle finanze, di concerto con il Ministro della giustizia e con il Ministro dell'interno, sono stabilite le norme per la gestione dei ricavi derivanti dall'amministrazione dei beni immobili (1).

4. Le somme di cui al comma 3 sono intestate alla procedura e i relativi prelievi possono essere effettuati nei limiti e con le modalità stabilite dal giudice delegato.

5. L'amministratore giudiziario tiene contabilità separata in relazione ai vari soggetti o enti proposti; tiene inoltre contabilità separata della gestione e delle eventuali vendite dei singoli beni immobili oggetto di privilegio speciale ed ipoteca e dei singoli beni mobili o gruppo di mobili oggetto di pegno e privilegio speciale. Egli annota analiticamente in ciascun conto le entrate e le uscite di carattere specifico e la quota di quelle di carattere generale imputabili a ciascun bene o gruppo di beni secondo un criterio proporzionale. Conserva altresì i documenti comprovanti le operazioni effettuate e riporta analiticamente le operazioni medesime nelle relazioni periodiche presentate ai sensi dell'articolo 36.

(1) *Periodo aggiunto dall'art. 13 comma 4 della L. 17 ottobre 2017, n. 161.*

38 Compiti dell'Agenzia.

1. Fino al decreto di confisca di secondo grado emesso dalla corte di appello nei procedimenti di prevenzione, l'Agenzia svolge attività di ausilio e di supporto all'autorità giudiziaria, con le modalità previste dagli articoli 110, 111 e 112, proponendo altresì al tribunale l'adozione di tutti i provvedimenti necessari per la migliore utilizzazione del bene in vista della sua destinazione o assegnazione (1).

2. All'Agenzia sono comunicati per via telematica i provvedimenti di modifica o revoca del sequestro (2) quelli di autorizzazione al compimento di atti di amministrazione straordinaria e i dati, individuati dal regolamento di attuazione previsto dall'articolo 113, comma 1, lettera *c*), indispensabili per lo svolgimento dei propri compiti istituzionali (3). L'Agenzia effettua le comunicazioni telematiche con l'autorità giudiziaria attraverso il proprio sistema informativo, aggiornando dalla data del provvedimento di confisca di secondo grado (4) i dati necessari per consentire quanto previsto dagli articoli 40, comma 3-*ter*, e 41, comma 2-ter. [La mancata pubblicazione comporta responsabilità dirigenziale ai sensi dell'articolo 46 del decreto legislativo 14 marzo 2013, n. 33] (5) (1).

3. Con il provvedimento di confisca emesso in giudizio di appello l'amministrazione dei beni è conferita all'Agenzia, che ne cura la gestione fino all'emissione del provvedimento di destinazione. L'Agenzia si avvale, per la gestione, di un coadiutore che può essere (6) individuato nell'amministratore giudiziario nominato dal tribunale, salvo che ricorrano le ipotesi di cui all'articolo 35, comma 7, o che sussistano altri giusti motivi. Qualora sia diverso dall'amministratore giudiziario, il coadiutore nominato dall'Agenzia deve essere scelto tra gli iscritti, rispettivamente, agli albi richiamati all'articolo 35, commi 2 e 2-*bis* (7) L'Agenzia comunica al tribunale il provvedimento di conferimento dell'incarico. L'incarico ha durata fino alla destinazione del bene, salvo che intervenga revoca espressa. All'attuazione del presente comma, si provvede con le risorse umane e finanziarie disponibili a legislazione vigente (7) (1).

4. L'amministratore giudiziario, dopo il decreto di confisca di secondo grado emesso dalla corte di appello, provvede agli adempimenti di cui all'articolo 42 e all'approvazione del rendiconto della gestione giudiziale dinanzi al giudice delegato. Per l'attività di amministrazione condotta sotto la direzione dell'Agenzia il coadiutore predispone separato conto di gestione. L'Agenzia provvede all'approvazione del nuovo rendiconto della gestione (1).

5. L'Agenzia, entro un mese dalla comunicazione del deposito del provvedimento di confisca di secondo grado, pubblica nel proprio sito internet l'elenco dei beni immobili oggetto di confisca al fine di facilitare la richiesta di utilizzo da parte degli aventi diritto (1).

6. L'Agenzia promuove le intese con l'autorità giudiziaria per assicurare, attraverso criteri di trasparenza, la rotazione degli incarichi degli amministratori, la corrispondenza tra i profili professionali e i beni sequestrati, nonché la pubblicità dei compensi percepiti, secondo modalità stabilite con decreto emanato dal Ministro dell'interno e dal Ministro della giustizia.

7. Salvo che sia diversamente stabilito, le disposizioni del presente decreto relative all'amministratore giudiziario si applicano anche all'Agenzia, nei limiti delle competenze alla stessa attribuite ai sensi del comma 3.

(1) *I commi 1,2,3,4 e 5 sono stati sostituiti dall'art. 13 comma 5 della L. 17 ottobre 2017, n. 161. Il testo previgente era il seguente:* « 1. Fino al decreto di confisca di primo grado l'Agenzia coadiuva l'amministratore giudiziario sotto la direzione del giudice delegato. A tal fine l'Agenzia propone al tribunale l'adozione di tutti i provvedimenti necessari per la migliore utilizzazione del bene in vista della sua destinazione o assegnazione. L'Agenzia può chiedere al tribunale la revoca o la modifica dei provvedimenti di amministrazione adottati dal giudice delegato quando ritenga che essi possono recare pregiudizio alla destinazione o all'assegnazione del bene.

2. All'Agenzia sono comunicati per via telematica i provvedimenti di modifica o revoca del sequestro e quelli di autorizzazione al compimento di atti di amministrazione straordinaria.

3. Dopo il decreto di confisca di primo grado, l'amministrazione dei beni è conferita all'Agenzia, la quale può farsi coadiuvare, sotto la propria responsabilità, da tecnici o da altri soggetti qualificati, retribuiti secondo le modalità previste per l'amministratore giudiziario. L'Agenzia comunica al tribunale il provvedimento di conferimento dell'incarico. L'incarico ha durata annuale, salvo che non intervenga revoca espressa, ed è rinnovabile tacitamente. L'incarico può essere conferito all'amministratore giudiziario già nominato dal tribunale.

4. In caso di mancato conferimento dell'incarico all'amministratore giudiziario già nominato, il tribunale provvede agli adempimenti di cui all'articolo 42 e all'approvazione del rendiconto della gestione.

5. Entro sei mesi dal decreto di confisca di primo grado, al fine di facilitare le richieste di utilizzo da parte degli aventi diritto, l'Agenzia pubblica nel proprio sito internet l'elenco dei beni immobili oggetto del provvedimento ».

(2) *La parola* « sequestro » *è stata sostituita alle parole* « sequestro e » *dall'art. 36, comma 2, lett. oa) n. 1) d.l. 4 ottobre 2018, n. 113, convertito con modificazioni in l. 1 dicembre 2018, n. 132.*

(3) *Le parole da* « e i dati, individuati » *fino alla fine del periodo sono stati inserite dall'art. 36, comma 2, lett.* oa*) n. 1) d.l. 4 ottobre 2018, n. 113, convertito con modificazioni in l. 1 dicembre 2018, n. 132.*

(4) *Le parole* « aggiornando dalla data del provvedimento di confisca di secondo grado » *sono state sostituite alle previgenti* « inserendo tutti » *dall'art. 36, comma 2, lett.* oa*) n. 2) d.l. 4 ottobre 2018, n. 113, convertito con modificazioni in l. 1 dicembre 2018, n. 132.*

(5) *Periodo soppresso dall'art. 36, comma 2, lett.* oa*) n. 3) d.l. 4 ottobre 2018, n. 113, convertito con modificazioni in l. 1 dicembre 2018, n. 132.*

(6) *Le parole* « che può essere » *sono state inserite dall'art. 36, comma 2, lett.* a*) n. 1) d.l. 4 ottobre 2018, n. 113, convertito con modificazioni in l. 1 dicembre 2018, n. 132.*

(7) *Periodo inserito dall'art. 36, comma 2, lett.* a*) n. 2) e n. 3) d.l. 4 ottobre 2018, n. 113, convertito con modificazioni in l. 1 dicembre 2018, n. 132.*

39 Assistenza legale alla procedura.

1. L'Avvocatura dello Stato assume la rappresentanza e la difesa dell'amministratore giudiziario nelle controversie, anche in corso, concernenti rapporti relativi a beni sequestrati, qualora l'Avvocato generale dello Stato ne riconosca l'opportunità (1).

1-*bis*. A tal fine, dopo che il giudice delegato lo ha autorizzato a stare in giudizio, l'amministratore giudiziario inoltra richiesta per via telematica all'Avvocatura dello Stato. Ove l'Avvocato generale dello Stato non si esprima entro cinque giorni, il giudice delegato può autorizzare la nomina di un libero professionista (2).

(1) *Comma sostituito dal d.lgs. 15 novembre 2012 n. 218.*

(2) *Comma inserito dall'art. 13 comma 6 della L. 17 ottobre 2017, n. 161.*

40-44 (*Omissis*).

CAPO III
La destinazione dei beni confiscati

45 Confisca definitiva. Devoluzione allo Stato.

1. A seguito della confisca definitiva di prevenzione i beni sono acquisiti al patrimonio dello Stato liberi da oneri e pesi. La tutela dei diritti dei terzi è garantita entro i limiti e nelle forme di cui al titolo IV.

2. Il provvedimento definitivo di confisca è comunicato, dalla cancelleria dell'ufficio giudiziario che ha emesso il provvedimento, all'Agenzia, nonché al prefetto e all'ufficio dell'Agenzia del demanio competenti per territorio in relazione al luogo ove si trovano i beni o ha sede l'azienda confiscata.

45-*bis* Liberazione degli immobili e delle aziende (1).

1. L'Agenzia, ricevuta la comunicazione del provvedimento definitivo di confisca, qualora l'immobile risulti ancora occupato, con provvedimento revocabile in ogni momento, può differire l'esecuzione dello sgombero o dell'allontanamento nel caso previsto dall'articolo 40, comma 3-*ter*, ovvero qualora lo ritenga opportuno in vista dei provvedimenti di destinazione da adottare.

(1) *Articolo inserito dall'art. 18 della L. 17 ottobre 2017, n. 161.*

46 Restituzione per equivalente.

1. La restituzione dei beni confiscati, ad eccezione dei beni culturali di cui all'articolo 10, comma 3, del codice dei beni culturali e del paesaggio, di cui al decreto legislativo 22 gennaio 2004, n. 42, e successive modificazioni, e degli immobili e delle aree dichiarati di notevole interesse pubblico ai sensi degli articoli 136 e seguenti del medesimo codice, e successive modificazioni, nell'ambito delle risorse disponibili a legislazione vigente, può avvenire anche per equivalente, al netto delle migliorie, quando i beni medesimi sono stati assegnati per finalità istituzionali o sociali, per fini di giustizia o di ordine pubblico o di protezione civile di cui alle lettere *a*), *b*) e *c*) dell'articolo 48, comma 3, del presente decreto e la restituzione possa pregiudicare l'interesse pubblico. In tal caso l'interessato nei cui confronti venga a qualunque titolo dichiarato il diritto alla restituzione del bene ha diritto alla restituzione di una somma equivalente al valore del bene confiscato come risultante dal rendiconto di gestione, al netto delle migliorie, rivalutato sulla base del tasso di inflazione annua. In caso di beni immobili, si tiene conto dell'eventuale rivalutazione delle rendite catastali (1).

2. Il comma 1 si applica altresì quando il bene sia stato venduto (1).

3. Nei casi di cui ai commi 1 e 2, il tribunale determina il valore del bene e ordina il pagamento della somma, ponendola a carico:

a) del Fondo Unico Giustizia, nel caso in cui il bene sia stato venduto;

b) dell'amministrazione assegnataria, in tutti gli altri casi.

(1) *I commi 1 e 2 sono stati sostituiti dall'art. 18 comma 2 della L. 17 ottobre 2017, n. 161. Il testo previgente era il seguente:* « 1. La restituzione dei beni confiscati, ad eccezione dei beni culturali di cui all'articolo 10, comma 3, del codice dei beni culturali e del paesaggio, di cui al decreto legislativo 22 gennaio 2004, n. 42, e successive modificazioni, e degli immobili e delle aree dichiarati di notevole interesse pubblico ai sensi degli articoli 136 e seguenti del medesimo codice, e successive modificazioni, nell'ambito delle risorse disponibili a legislazione vigente, può avvenire anche per equivalente, al netto delle migliorie, quando i beni medesimi sono stati assegnati per finalità istituzionali e la restituzione possa pregiudicare l'interesse pubblico. In tal caso l'interessato nei cui confronti venga a qualunque titolo dichiarato il diritto alla restituzione del bene ha diritto alla restituzione di una somma equivalente al valore del bene confiscato quale risultante dal rendiconto di gestione, al netto delle migliorie, rivalutato sulla base del tasso di inflazione annua. In caso di beni immobili, si tiene conto dell'eventuale rivalutazione delle rendite catastali.

2. Il comma 1 si applica altresì quando il bene sia stato venduto anche prima della confisca definitiva, nel caso in cui venga successivamente disposta la revoca della misura ».

47 Procedimento di destinazione.

1. La destinazione dei beni immobili e dei beni aziendali è effettuata con delibera del Consiglio direttivo dell'Agenzia, sulla base della stima del valore risultante dalla relazione di cui all'articolo 36, e da altri atti giudiziari, salvo che sia ritenuta necessaria dall'Agenzia una nuova stima.

2. L'Agenzia provvede all'adozione del provvedimento di destinazione entro novanta giorni dal ricevimento della comunicazione di cui all'articolo 45, comma 2, prorogabili di ulteriori novanta giorni in caso di operazioni particolarmente complesse. Nel caso di

applicazione delle disposizioni di cui al titolo IV, il provvedimento di destinazione è adottato entro trenta giorni dalla comunicazione del progetto di pagamento effettuata ai sensi dell'articolo 61, comma 4. Anche prima dell'adozione del provvedimento di destinazione, per la tutela dei beni confiscati si applica il secondo comma dell'articolo 823 del codice civile (1).

(1) *Comma sostituito dall'art. 18 comma 2 della L. 17 ottobre 2017, n. 161. Il testo previgente era il seguente:* « L'Agenzia provvede all'adozione del provvedimento di destinazione entro novanta giorni dal ricevimento della comunicazione di cui all'articolo 45, comma 2, prorogabili di ulteriori novanta giorni in caso di operazioni particolarmente complesse. Nel caso di applicazione delle disposizioni di cui al titolo IV, il provvedimento di destinazione è adottato entro 30 giorni dall'approvazione del progetto di riparto. Anche prima dell'adozione del provvedimento di destinazione, per la tutela dei beni confiscati si applica il secondo comma dell'articolo 823 del codice civile ».

48-49 (*Omissis*).

CAPO IV
Regime fiscale dei beni sequestrati o confiscati

50-51-*bis* (*Omissis*).

TITOLO IV
La tutela dei terzi e i rapporti con le procedure concorsuali

52-65 (*Omissis*).

TITOLO V
Effetti, sanzioni e disposizioni finali

CAPO I
Effetti delle misure di prevenzione

66 Principi generali.

1. L'applicazione delle misure di prevenzione di cui al libro I, titolo I, importa gli effetti previsti dal presente capo, nonché gli effetti dalla legge espressamente indicati.

2. L'applicazione delle misure di prevenzione di cui al libro I, titolo II, importa gli effetti dalla legge espressamente indicati.

67 Effetti delle misure di prevenzione.

1. Le persone alle quali sia stata applicata con provvedimento definitivo una delle misure di prevenzione previste dal libro I, titolo I, capo II non possono ottenere:

a) licenze o autorizzazioni di polizia e di commercio;

b) concessioni di acque pubbliche e diritti ad esse inerenti nonché concessioni di beni demaniali allorché siano richieste per l'esercizio di attività imprenditoriali;

c) concessioni di costruzione e gestione di opere riguardanti la pubblica amministrazione e concessioni di servizi pubblici;

d) iscrizioni negli elenchi di appaltatori o di fornitori di opere, beni e servizi riguardanti la pubblica amministrazione, nei registri della camera di commercio per l'esercizio del commercio all'ingrosso e nei registri di commissionari astatori presso i mercati annonari all'ingrosso;

e) attestazioni di qualificazione per eseguire lavori pubblici;

f) altre iscrizioni o provvedimenti a contenuto autorizzatorio, concessorio, o abilitativo per lo svolgimento di attività imprenditoriali, comunque denominati;

g) contributi, finanziamenti o mutui agevolati ed altre erogazioni dello stesso tipo, comunque denominate, concessi o erogati da parte dello Stato, di altri enti pubblici o delle Comunità europee, per lo svolgimento di attività imprenditoriali;

h) licenze per detenzione e porto d'armi, fabbricazione, deposito, vendita e trasporto di materie esplodenti.

2. Il provvedimento definitivo di applicazione della misura di prevenzione determina la decadenza di diritto dalle licenze, autorizzazioni, concessioni, iscrizioni, attestazioni, abilitazioni ed erogazioni di cui al comma 1, nonché il divieto di concludere contratti pubblici di lavori, servizi e forniture, di cottimo fiduciario e relativi subappalti e subcontratti, compresi i cottimi di qualsiasi tipo, i noli a caldo e le forniture con posa in opera. Le licenze, le autorizzazioni e le concessioni sono ritirate e le iscrizioni sono cancellate ed è disposta la decadenza delle attestazioni a cura degli organi competenti.

3. Nel corso del procedimento di prevenzione, il tribunale, se sussistono motivi di particolare gravità, può disporre in via provvisoria i divieti di cui ai commi 1 e 2 e sospendere l'efficacia delle iscrizioni, delle erogazioni e degli altri provvedimenti ed atti di cui ai medesimi commi. Il provvedimento del tribunale può essere in qualunque momento revocato dal giudice procedente e perde efficacia se non è confermato con il decreto che applica la misura di prevenzione.

4. Il tribunale, salvo quanto previsto all'articolo 68, dispone che i divieti e le decadenze previsti dai commi 1 e 2 operino anche nei confronti di chiunque conviva con la persona sottoposta alla misura di prevenzione nonché nei confronti di imprese, associazioni, società e consorzi di cui la persona sottoposta a misura di prevenzione sia amministratore o determini in qualsiasi modo scelte e indirizzi. In tal caso i divieti sono efficaci per un periodo di cinque anni.

5. Per le licenze ed autorizzazioni di polizia, ad eccezione di quelle relative alle armi, munizioni ed esplosivi, e per gli altri provvedimenti di cui al comma 1 le decadenze e i divieti previsti dal presente articolo possono essere esclusi dal giudice nel caso in cui per effetto degli stessi verrebbero a mancare i mezzi di sostentamento all'interessato e alla famiglia.

6. Salvo che si tratti di provvedimenti di rinnovo, attuativi o comunque conseguenti a provvedimenti già disposti, ovvero di contratti derivati da altri già stipu-

lati dalla pubblica amministrazione, le licenze, le autorizzazioni, le concessioni, le erogazioni, le abilitazioni e le iscrizioni indicate nel comma 1 non possono essere rilasciate o consentite e la conclusione dei contratti o subcontratti indicati nel comma 2 non può essere consentita a favore di persone nei cui confronti è in corso il procedimento di prevenzione senza che sia data preventiva comunicazione al giudice competente, il quale può disporre, ricorrendone i presupposti, i divieti e le sospensioni previsti a norma del comma 3. A tal fine, i relativi procedimenti amministrativi restano sospesi fino a quando il giudice non provvede e, comunque, per un periodo non superiore a venti giorni dalla data in cui la pubblica amministrazione ha proceduto alla comunicazione.

7. Dal termine stabilito per la presentazione delle liste e dei candidati e fino alla chiusura delle operazioni di voto, alle persone sottoposte, in forza di provvedimenti definitivi, alla misura della sorveglianza speciale di pubblica sicurezza è fatto divieto di svolgere le attività di propaganda elettorale previste dalla legge 4 aprile 1956, n. 212, in favore o in pregiudizio di candidati partecipanti a qualsiasi tipo di competizione elettorale.

8. Le disposizioni dei commi 1, 2 e 4 si applicano anche nei confronti delle persone condannate con sentenza definitiva o, ancorché non definitiva, confermata in grado di appello, per uno dei delitti di cui all'articolo 51, comma 3-*bis*, del codice di procedura penale nonché per i reati di cui all'articolo 640, secondo comma, n. 1), del codice penale, commesso a danno dello Stato o di un altro ente pubblico, e all'articolo 640-*bis* del codice penale (1).

(1) *Le parole da* « nonché per i reati di cui all'articolo 640, » *fino alla fine del comma sono state aggiunte dall'art. 24 comma 1, lett. d), d.l. 4 ottobre 2018, n. 113, convertito, con modificazioni, in l. 1 dicembre 2018, n. 132. Ma v. C. cost. 30 luglio 2021, n. 178 che ha dichiarato* l'illegittimità costituzionale *del predetto art. 24, comma 1, lett. d) d.l. n. 118, cit., limitatamente alle parole « e all'articolo 640-bis del codice penale », e, in via consequenziale, ai sensi dell'art. 27 l. 11 marzo 1953, n. 87, limitatamente alle parole « nonché per i reati di cui all'articolo 640, secondo comma, n. 1), del codice penale, commesso a danno dello Stato o di un altro ente pubblico ».*

68 Divieti e decadenze nei confronti dei conviventi.

1. Il tribunale, prima di adottare alcuno dei provvedimenti di cui al comma 4 dell'articolo 67, chiama, con decreto motivato, ad intervenire nel procedimento le parti interessate, le quali possono, anche con l'assistenza di un difensore, svolgere in camera di consiglio le loro deduzioni e chiedere l'acquisizione di ogni elemento utile ai fini della decisione. Ai fini dei relativi accertamenti si applicano le disposizioni dell'articolo 19.

2. I provvedimenti previsti dal comma 4 dell'articolo 67 possono essere adottati, su richiesta del procuratore della Repubblica di cui all'articolo 17, commi 1 e 2, del direttore della Direzione investigativa antimafia, o del questore, quando ne ricorrano le condizioni, anche dopo l'applicazione della misura di prevenzione. Sulla richiesta provvede lo stesso tribunale che ha disposto la misura di prevenzione, con le forme previste per il relativo procedimento e rispettando la disposizione di cui al precedente comma.

3. Si applicano le disposizioni di cui all'articolo 27, commi 1 e 2.

69 Elenco generale degli enti e delle amministrazioni.

1. Con decreto del Presidente del Consiglio dei Ministri, d'intesa con tutti i Ministri interessati, è costituito un elenco generale degli enti e delle amministrazioni legittimati a disporre le licenze, le concessioni e le iscrizioni e le attestazioni, nonché le autorizzazioni, le abilitazioni e le erogazioni indicate nell'articolo 67, comma 1. Con le stesse modalità saranno effettuati gli aggiornamenti eventualmente necessari.

2. Le cancellerie dei tribunali, delle corti d'appello e della Corte di cassazione debbono comunicare alla questura nella cui circoscrizione hanno sede, non oltre i cinque giorni dal deposito o, nel caso di atto impugnabile, non oltre i cinque giorni dalla scadenza del termine per l'impugnazione, copia dei provvedimenti emanati ai sensi degli articoli 7 e 10, nonché dei provvedimenti di cui ai commi 3, 4, 5 e 7 dell'articolo 67, e all'articolo 68, comma 2. Nella comunicazione deve essere specificato se il provvedimento sia divenuto definitivo.

3. I procuratori della Repubblica, nel presentare al tribunale le proposte per l'applicazione di una delle misure di prevenzione, provvedono a darne contestuale comunicazione, in copia, alla questura nella cui circoscrizione ha sede il tribunale stesso.

4. I questori dispongono l'immediata immissione nel centro elaborazione dati di cui all'articolo 8 della legge 1° aprile 1981, n. 121, sia delle comunicazioni previste nei commi 2 e 3, sia delle proposte che essi stessi abbiano presentato per l'applicazione di una delle misure di prevenzione indicate nel capoverso che precede. Le informazioni predette sono contestualmente trasmesse alle prefetture attraverso i terminali installati nei rispettivi centri telecomunicazione.

5. Le prefetture comunicano tempestivamente agli organi ed enti indicati dal decreto del Presidente del Consiglio dei ministri di cui al comma 1 e dai successivi decreti di aggiornamento, che abbiano sede nelle rispettive province, i provvedimenti esecutivi concernenti i divieti, le decadenze e le sospensioni previste nell'articolo 67. Per i provvedimenti di cui al comma 5 dell'articolo 67 la comunicazione, su motivata richiesta dell'interessato, può essere inviata anche ad organi o enti specificamente indicati nella medesima.

6. Ai fini dell'applicazione delle norme in materia di qualificazione degli esecutori dei lavori pubblici, la comunicazione va, comunque, fatta dalla prefettura di Roma al Ministero delle infrastrutture e dei trasporti e all'Autorità per la vigilanza sui contratti pubblici di lavori, servizi e forniture, entro e non oltre cinque giorni dalla ricezione del dato; dell'informativa debbono costituire oggetto anche le proposte indicate nei commi 3 e 4.

CAPO II
La riabilitazione

70 Riabilitazione.

1. Dopo tre anni dalla cessazione della misura di prevenzione personale, l'interessato può chiedere la riabilitazione. La riabilitazione è concessa, se il soggetto ha dato prova costante ed effettiva di buona condotta, dalla corte di appello nel cui distretto ha sede l'autorità giudiziaria che dispone l'applicazione della misura di prevenzione o dell'ultima misura di prevenzione.

2. La riabilitazione comporta la cessazione di tutti gli effetti pregiudizievoli riconnessi allo stato di persona sottoposta a misure di prevenzione nonché la cessazione dei divieti previsti dall'articolo 67.

3. Si osservano, in quanto compatibili, le disposizioni del codice di procedura penale riguardanti la riabilitazione.

4. Quando è stata applicata una misura di prevenzione personale nei confronti dei soggetti di cui all'articolo 4, comma 1, lettera *a*) e *b*), la riabilitazione può essere richiesta dopo cinque anni dalla cessazione della misura di prevenzione personale.

CAPO III
Le sanzioni

71-76 (*Omissis*).

CAPO IV
Disposizioni finali

77-81 (*Omissis*).

LIBRO II
Nuove disposizioni in materia di documentazione antimafia

CAPO I
Disposizioni di carattere generale

82 Oggetto.

1. Il presente Libro disciplina la documentazione antimafia ed i suoi effetti, istituisce la banca dati nazionale unica della documentazione antimafia, di seguito denominata « banca dati nazionale unica », e introduce disposizioni relative agli enti locali i cui organi sono stati sciolti ai sensi dell'articolo 143 del testo unico delle leggi sull'ordinamento degli enti locali, di cui al decreto legislativo 18 agosto 2000, n. 267 (1).

(1) *Comma modificato dall'art. 5, comma 1, lett.* b), *d.ls. 13 ottobre 2014, n. 153.*

83 Ambito di applicazione della documentazione antimafia.

1. Le pubbliche amministrazioni e gli enti pubblici, anche costituiti in stazioni uniche appaltanti, gli enti e le aziende vigilati dallo Stato o da altro ente pubblico e le società o imprese comunque controllate dallo Stato o da altro ente pubblico nonché i concessionari di lavori o di servizi pubblici (1), devono acquisire la documentazione antimafia di cui all'articolo 84 prima di stipulare, approvare o autorizzare i contratti e subcontratti relativi a lavori, servizi e forniture pubblici, ovvero prima di rilasciare o consentire i provvedimenti indicati nell'articolo 67.

2. La disposizione di cui al comma 1 si applica ai contraenti generali di cui all'articolo 176 del decreto legislativo 12 aprile 2006, n. 163, di seguito denominati « contraente generale ».

3. La documentazione di cui al comma 1 non è comunque richiesta:

a) per i rapporti fra i soggetti pubblici di cui al comma 1;

b) per i rapporti fra i soggetti pubblici di cui alla lettera *a*) ed altri soggetti, anche privati, i cui organi rappresentativi e quelli aventi funzioni di amministrazione e di controllo sono sottoposti, per disposizione di legge o di regolamento, alla verifica di particolari requisiti di onorabilità tali da escludere la sussistenza di una delle cause di sospensione, di decadenza o di divieto di cui all'articolo 67;

c) per il rilascio o rinnovo delle autorizzazioni o licenze di polizia di competenza delle autorità nazionali e provinciali di pubblica sicurezza;

d) per la stipulazione o approvazione di contratti e per la concessione di erogazioni a favore di chi esercita attività agricole o professionali, non organizzate in forma di impresa, nonché a favore di chi esercita attività artigiana in forma di impresa individuale e attività di lavoro autonomo anche intellettuale in forma individuale;

e) per i provvedimenti, ivi inclusi quelli di erogazione, (2) gli atti ed i contratti il cui valore complessivo non supera i 150.000 euro (3).

3-*bis*. La documentazione di cui al comma 1 è sempre prevista nelle ipotesi di concessione di terreni agricoli e zootecnici demaniali che ricadono nell'ambito dei regimi di sostegno previsti dalla politica agricola comune, a prescindere dal loro valore complessivo, nonché su tutti i terreni agricoli, a qualunque titolo acquisiti, che usufruiscono di fondi europei per un importo superiore a 25.000 euro o di fondi (4) o statali (5) per un importo superiore a 5.000 euro (6) (7).

(1) *Le parole* « i concessionari di lavori o di servizi pubblici » *sono stati sostituite alle parole* « i concessionari di opere pubbliche » *dall'art. 25 della L. 17 ottobre 2017, n. 161.*

(2) *Le parole* « ivi inclusi quelli di erogazione, » *sono state inserite, in sede di conversione, dall'art. 78, comma 3-*quinquies *d.l. 17 marzo 2020, n. 18, conv., con modif., in l. 24 aprile 2020, n. 27.*

(3) *Lettera sostituita dall'art. 25 della L. n. 161/2017. Il testo previgente era* « per i provvedimenti gli atti, i contratti e le erogazioni il cui valore complessivo non supera i 150.000 euro ».

(4) *Le parole* « europei per un importo superiore a 25.000 euro o di fondi » *sono state sostituite alle parole* « europei » *dall'art. 48-bis, comma 1, lett. a) d.l. 6 novembre 2021, n. 152, conv., con modif., in l. 29 dicembre 2021, n. 233.*

(5) *Le parole* « o statali » *sono state inserite, in sede di conversione, dall'art. 78, comma 2-*undecies *d.l. n. 18, cit.*

(6) *Le parole* « per un importo superiore a 5.000 euro » *sono state aggiunte dall'art. 19-terdecies, comma 1, lett. a), D.L. 16 ottobre 2017, n. 148, convertito, con modificazioni, dalla L. 4 dicembre 2017, n. 172. Sull'applicabilità delle disposizioni di cui al presente comma, vedi l'art. 1, comma 1142, L. 27 dicembre 2017, n. 205: « Le disposizioni degli articoli 83, comma 3-bis, e 91, comma 1-bis, del codice delle leggi antimafia e delle misure di prevenzione, di cui al decreto legislativo 6 settembre 2011, n. 159, in materia di acquisizione della documentazione e dell'informazione antimafia per i terreni agricoli, non si applicano alle erogazioni relative alle domande di fruizione di fondi europei presentate prima del 19 novembre 2017. Le predette disposizioni, limitatamente ai terreni agricoli che usufruiscono di fondi europei per importi non superiori a 25.000 euro, non si applicano fino al 31 dicembre 2018. ».*

*Si veda anche l'art. 24 comma 1-*bis*, d.l. 4 ottobre 2018, n. 113, convertito con l. 1 dicembre 2018, n. 132, come da ultimo modificato dall'art. 10, comma 4 d.l. 31 dicembre 2020, n. 183, conv., con modif., in l. 26 febbraio 2021, n. 21, ai sensi del quale: « 1-*bis*. Le disposizioni degli articoli 83, comma 3-bis, e 91, comma 1-*bis*, del decreto legislativo 6 settembre 2011, n. 159, limitatamente ai terreni agricoli che usufruiscono di fondi europei per importi non superiori a 25.000 euro, non si applicano fino al 31 dicembre 2021 ».*

(7) *Comma inserito dall'art. 25 della L. n. 161/2017.*

83-*bis* Protocolli di legalità (1).

1. Il Ministero dell'interno può sottoscrivere protocolli, o altre intese comunque denominate, per la prevenzione e il contrasto dei fenomeni di criminalità organizzata, anche allo scopo di estendere convenzionalmente il ricorso alla documentazione antimafia di cui all'articolo 84. I protocolli di cui al presente articolo possono essere sottoscritti anche con imprese di rilevanza strategica per l'economia nazionale nonché con associazioni maggiormente rappresentative a livello nazionale di categorie produttive, economiche o imprenditoriali e con le organizzazioni sindacali, e possono prevedere modalità per il rilascio della documentazione antimafia anche su richiesta di soggetti privati, nonché determinare le soglie di valore al di sopra delle quali è prevista l'attivazione degli obblighi previsti dai protocolli medesimi. I protocolli possono prevedere l'applicabilità delle previsioni del presente decreto anche nei rapporti tra contraenti, pubblici o privati, e terzi, nonché tra aderenti alle associazioni contraenti e terzi.

2. L'iscrizione nell'elenco dei fornitori, prestatori di servizi ed esecutori di lavori di cui all'articolo 1, commi 52 e seguenti, della legge 6 novembre 2012, n. 190, nonché l'iscrizione nell'anagrafe antimafia degli esecutori istituita dall'articolo 30 del decreto-legge 17 ottobre 2016, n. 189, convertito, con modificazioni, dalla legge 15 dicembre 2016, n. 229, equivale al rilascio dell'informazione antimafia.

3. Le stazioni appaltanti prevedono negli avvisi, bandi di gara o lettere di invito che il mancato rispetto dei protocolli di legalità costituisce causa di esclusione dalla gara o di risoluzione del contratto.

(1) *Articolo inserito dall'art. 3, comma 7 d.l. 16 luglio 2020, n. 76, in conv., con modif., in l. 11 settembre 2020, n. 120.*

CAPO II
Documentazione antimafia

84 Definizioni.

1. La documentazione antimafia è costituita dalla comunicazione antimafia e dall'informazione antimafia.

2. La comunicazione antimafia consiste nell'attestazione della sussistenza o meno di una delle cause di decadenza, di sospensione o di divieto di cui all'articolo 67.

3. L'informazione antimafia consiste nell'attestazione della sussistenza o meno di una delle cause di decadenza, di sospensione o di divieto di cui all'articolo 67, nonché, fatto salvo quanto previsto dall'articolo 91, comma 6, nell'attestazione della sussistenza o meno di eventuali tentativi di infiltrazione mafiosa tendenti a condizionare le scelte e gli indirizzi delle società o imprese interessate indicati nel comma 4 (1).

4. Le situazioni relative ai tentativi di infiltrazione mafiosa che danno luogo all'adozione dell'informazione antimafia interdittiva di cui al comma 3 sono desunte:

a) dai provvedimenti che dispongono una misura cautelare o il giudizio, ovvero che recano una condanna anche non definitiva per taluni dei delitti di cui agli articoli 353, 353-*bis*, 603-*bis*, (2) 629, 640-*bis*, 644, 648-*bis*, 648-*ter* del codice penale, dei delitti di cui all'articolo 51, comma 3-*bis*, del codice di procedura penale e di cui all'articolo 12-*quinquies* del decreto-legge 8 giugno 1992, n. 306 convertito, con modificazioni, dalla legge 7 agosto 1992, n. 356;

b) dalla proposta o dal provvedimento di applicazione di taluna delle misure di prevenzione;

c) salvo che ricorra l'esimente di cui all'articolo 4 della legge 24 novembre 1981, n. 689, dall'omessa denuncia all'autorità giudiziaria dei reati di cui agli articoli 317 e 629 del codice penale, aggravati ai sensi dell'articolo 7 del decreto-legge 13 maggio 1991, n. 152, convertito, con modificazioni, dalla legge 12 luglio 1991, n. 203, da parte dei soggetti indicati nella lettera *b*) dell'articolo 38 del decreto legislativo 12 aprile 2006, n. 163, anche in assenza nei loro confronti di un procedimento per l'applicazione di una misura di prevenzione o di una causa ostativa ivi previste;

d) dagli accertamenti disposti dal prefetto anche avvalendosi dei poteri di accesso e di accertamento delegati dal Ministro dell'interno ai sensi del decreto-legge 6 settembre 1982, n. 629, convertito, con modificazioni, dalla legge 12 ottobre 1982, n. 726, ovvero di quelli di cui all'articolo 93 del presente decreto;

e) dagli accertamenti da effettuarsi in altra provincia a cura dei prefetti competenti su richiesta del prefetto procedente ai sensi della lettera *d*);

f) dalle sostituzioni negli organi sociali, nella rappresentanza legale della società nonché nella titolarità delle imprese individuali ovvero delle quote societarie, effettuate da chiunque conviva stabilmente con i soggetti destinatari dei provvedimenti di cui alle lettere *a*) e *b*), con modalità che, per i tempi in cui vengono realizzati, il valore economico delle transazioni, il reddito dei soggetti coinvolti nonché le qualità professionali dei subentranti, denotino l'intento di eludere la normativa sulla documentazione antimafia.

4-*bis*. La circostanza di cui al comma 4, lettera *c*), deve emergere dagli indizi a base della richiesta di rinvio a giudizio formulata nei confronti dell'imputato e deve essere comunicata, unitamente alle generalità del soggetto che ha omesso la predetta denuncia, dal procuratore della Repubblica procedente alla prefettura della provincia in cui i soggetti richiedenti di cui all'articolo 83, commi 1 e 2, hanno sede ovvero in cui hanno residenza o sede le persone fisiche, le imprese, le associazioni, le società o i consorzi interessati ai contratti e subcontratti di cui all'articolo 91, comma 1, lettere *a*) e *c*) o che siano destinatari degli atti di concessione o erogazione di cui alla lettera *b*) dello stesso comma 1 (3).

(1) *Comma modificato dall'articolo 8, comma 1, lettera* a), *del d.lgs. 15 novembre 2012 n. 218.*

(2) *Articolo inserito dall'art. 26 della L. 17 ottobre 2017, n. 161.*

(3) *Comma aggiunto dall'articolo 2, comma 1, lettera* a), *del d.lgs. 15 novembre 2012 n. 218.*

85 Soggetti sottoposti alla verifica antimafia.

1. La documentazione antimafia, se si tratta di imprese individuali, deve riferirsi al titolare ed al direttore tecnico, ove previsto.

2. La documentazione antimafia, se si tratta di associazioni, imprese, società, consorzi e raggruppamenti temporanei di imprese, deve riferirsi, *oltre che al direttore tecnico, ove previsto:*

a) per le associazioni, a chi ne ha la legale rappresentanza;

b) per le società di capitali, anche consortili ai sensi dell'articolo 2615-*ter* del codice civile, per le società cooperative, per i consorzi di cooperative, per i consorzi di cui al libro quinto, titolo X, capo II, sezione II, del codice civile, al legale rappresentante e agli eventuali altri componenti l'organo di amministrazione nonché a ciascuno dei consorziati che nei consorzi e nelle società consortili detenga, anche indirettamente, una partecipazione pari almeno al 5 per cento (1);

c) per le società di capitali, anche al socio di maggioranza in caso di società con un numero di soci pari o inferiore a quattro, ovvero al socio in caso di società con socio unico;

d) per i consorzi di cui all'articolo 2602 del codice civile, e per i gruppi europei di interesse economico a chi ne ha la rappresentanza e agli imprenditori o società consorziate (2);

e) per le società semplice e in nome collettivo, a tutti i soci;

f) per le società in accomandita semplice, ai soci accomandatari;

g) per le società di cui all'articolo 2508 del codice civile, a coloro che le rappresentano stabilmente nel territorio dello Stato;

h) per i raggruppamenti temporanei di imprese, alle imprese costituenti il raggruppamento anche se aventi sede all'estero, secondo le modalità indicate nelle lettere precedenti;

i) per le società personali ai soci persone fisiche delle società personali o di capitali che ne siano socie.

2-*bis*. Oltre a quanto previsto dal precedente comma 2, per le associazioni e società di qualunque tipo, anche prive di personalità giuridica, la documentazione antimafia è riferita anche ai soggetti membri del collegio sindacale o, nei casi contemplati dall'articolo 2477 del codice civile, al sindaco, nonché ai soggetti che svolgono i compiti di vigilanza di cui all'articolo 6, comma 1, lettera *b*) del decreto legislativo 8 giugno 2001, n. 231 (3).

2-*ter*. Per le società costituite all'estero, prive di una sede secondaria con rappresentanza stabile nel territorio dello Stato, la documentazione antimafia deve riferirsi a coloro che esercitano poteri di amministrazione, di rappresentanza o di direzione dell'impresa (3).

2-*quater*. Per le società di capitali di cui alle lettere *b*) e *c*) del comma 2, concessionarie nel settore dei giochi pubblici, oltre a quanto previsto nelle medesime lettere, la documentazione antimafia deve riferirsi anche ai soci persone fisiche che detengono, anche indirettamente, una partecipazione al capitale o al patrimonio superiore al 2 per cento, nonché ai direttori generali e ai soggetti responsabili delle sedi secondarie o delle stabili organizzazioni in Italia di soggetti non residenti. Nell'ipotesi in cui i soci persone fisiche detengano la partecipazione superiore alla predetta soglia mediante altre società di capitali, la documentazione deve riferirsi anche al legale rappresentante e agli eventuali componenti dell'organo di amministrazione della società socia, alle persone fisiche che, direttamente o indirettamente, controllano tale società, nonché ai direttori generali e ai soggetti responsabili delle sedi secondarie o delle stabili organizzazioni in Italia di soggetti non residenti. La documentazione di cui al periodo precedente deve riferirsi anche al coniuge non separato (3).

3. L'informazione antimafia deve riferirsi anche ai familiari conviventi di maggiore età dei soggetti di cui ai commi 1, 2, 2-*bis*, 2-*ter* e 2-*quater* [che risiedono nel territorio dello Stato] (4).

(1) *Lettera sostituita da ultimo dall'art. 1, comma 244, L. 27 dicembre 2017, n. 205. In precedenza l'art. 27 della L. 17 ottobre 2017, n. 161 aveva sostituito la lettera con il seguente testo: « b)* per le società di capitali anche consortili ai sensi dell'articolo 2615-*ter* del codice civile, per le società cooperative, di consorzi cooperativi, per i consorzi di cui al libro V, titolo X, capo II, sezione II, del codice civile, al legale rappresentante e agli eventuali altri componenti l'organo di amministrazione e a ciascuno dei consorziati ». *Il testo previgente era il seguente "b) per le società di capitali anche consortili ai sensi dell'articolo 2615-ter del codice civile, per le società cooperative, di consorzi cooperativi, per i consorzi di cui al libro V, titolo X, capo II, sezione II, del codice civile, al legale rappresentante e agli eventuali altri componenti l'organo di amministrazione, nonché a ciascuno dei consorziati che nei consorzi e nelle società consortili detenga una partecipazione superiore al 10 per cento oppure detenga una partecipazione inferiore al 10 per cento e che abbia stipulato un patto parasociale riferibile a una partecipazione pari o superiore al 10 per cento, ed ai soci o consorziati per conto dei quali le società consortili o i consorzi operino in modo esclusivo nei confronti della pubblica amministrazione".*

(2) *Lettera modificata dall'art. 2, comma 1, lett.* b), *n. 1), d.lgs. 15 novembre 2012 n. 218.*

(3) *Comma inserito dall'art. 2, comma 1, lett.* b), *n. 2), d.lgs. 15 novembre 2012 n. 218.*

(4) *Comma modificato dall'art. 2, comma 1, lett.* b), *n. 3), d.lgs. 15 novembre 2012 n. 218, successivamente sostituito dall'art. 1, comma 1, lett.* a), *d.lgs. 13 ottobre 2014, n. 153 e da ultimo modificato dall'art. 1, comma 1, l. 6 agosto 2015, n. 121.*

86 Validità della documentazione antimafia.

1. La comunicazione antimafia, acquisita dai soggetti di cui all'articolo 83, commi 1 e 2, con le modalità di cui all'articolo 88, ha una validità di sei mesi dalla data dell'acquisizione (1).

2. L'informazione antimafia, acquisita dai soggetti di cui all'articolo 83, commi 1 e 2, con le modalità di cui all'articolo 92, ha una validità di dodici mesi dalla data dell'acquisizione, salvo che non ricorrano le modificazioni di cui al comma 3 (1).

2-*bis*. Fino all'attivazione della banca dati nazionale unica, la documentazione antimafia, nei termini di validità di cui ai commi 1 e 2, è utilizzabile e produce i suoi effetti anche in altri procedimenti, diversi da quello per il quale è stata acquisita, riguardanti i medesimi soggetti (2).

3. I legali rappresentanti degli organismi societari, nel termine di trenta giorni dall'intervenuta modificazione dell'assetto societario o gestionale dell'impresa, hanno l'obbligo di trasmettere al prefetto, che ha rilasciato l'informazione antimafia, copia degli atti dai quali risulta l'intervenuta modificazione relativamente ai soggetti destinatari di verifiche antimafia di cui all'articolo 85.

3-*bis*. I legali rappresentanti degli organismi societari hanno l'obbligo di comunicare al prefetto e ai soggetti di cui all'articolo 83, commi 1 e 2, nelle more dell'emanazione della documentazione antimafia, l'intervenuto cambiamento della sede dell'impresa, trasmettendo gli atti dai quali esso risulta (3).

4. La violazione degli obblighi di cui ai commi 3 e 3-*bis* (4) è punita con la sanzione amministrativa pecuniaria da 20.000 euro a 60.000 euro. Per il procedimento di accertamento e di contestazione dell'infrazione, nonché per quello di applicazione della relativa sanzione, si applicano, in quanto compatibili, le disposizioni della legge 24 novembre 1981, n. 689. La sanzione è irrogata dal prefetto.

5. I soggetti di cui all'articolo 83, commi 1 e 2, che acquisiscono la comunicazione antimafia, di data non anteriore a sei mesi, o l'informazione antimafia, di data non anteriore a dodici mesi, adottano il provvedimento richiesto e gli atti conseguenti o esecutivi, compresi i pagamenti, anche se il provvedimento o gli atti sono perfezionati o eseguiti in data successiva alla scadenza di validità della predetta documentazione antimafia.

(1) *Comma sostituito dall'art. 3, comma 1, d.lgs. 15 novembre 2012 n. 218.*

(2) *Comma inserito dall'art. 1, comma 1, lett.* b), *d.lgs. 13 ottobre 2014, n. 153.*

(3) *Comma inserito dall'art. 49-bis, comma 1, lett. a), n. 1) d.l. 6 novembre 2021, n. 152, conv., con modif., in l. 29 dicembre 2021, n. 233.*

(4) *Le parole* « degli obblighi di cui ai commi 3 e 3-*bis* » *sono state sostituite alle parole* « dell'obbligo di cui al comma 3 » *dall'art. 49-bis, comma 1, lett. a), n. 1) d.l. n. 152, cit.*

CAPO III
Comunicazioni antimafia

87 Competenza al rilascio della comunicazione antimafia.

1. La comunicazione antimafia è acquisita mediante consultazione della banca dati nazionale unica da parte dei soggetti di cui all'articolo 97, comma 1, debitamente autorizzati, salvo i casi di cui all'articolo 88, commi 2, 3 e 3-*bis* (1).

2. Nei casi di cui all'articolo 88, commi 2, 3 e 3-*bis*, la comunicazione antimafia è rilasciata:

a) dal prefetto della provincia in cui le persone fisiche, le imprese, le associazioni o i consorzi risiedono o hanno la sede legale ovvero dal prefetto della provincia in cui è stabilita una sede secondaria con rappresentanza stabile nel territorio dello Stato per le società di cui all'articolo 2508 del codice civile;

b) dal prefetto della provincia in cui i soggetti richiedenti di cui all'articolo 83, commi 1 e 2, hanno sede per le società costituite all'estero, prive di una sede secondaria con rappresentanza stabile nel territorio dello Stato (2).

2-*bis*. Il cambiamento della sede legale o della sede secondaria con rappresentanza del soggetto sottoposto a verifica, successivo alla richiesta della pubblica amministrazione interessata, non comporta il mutamento della competenza del prefetto cui spetta il rilascio della comunicazione antimafia, come determinata ai sensi del comma 2 (3).

3. Ai fini del rilascio della comunicazione antimafia le prefetture usufruiscono del collegamento alla banca dati nazionale unica di cui al successivo capo V (4).

(1) *Comma modificato dall'art. 4, comma 1, lett.* a), *d.ls. 15 novembre 2012 n. 218 e successivamente sostituito dall'art. 2, comma 1, lett.* a), *d.lgs. 13 ottobre 2014, n. 153.*

(2) *Comma sostituito dall'art. 2, comma 1, lett.* a), *d.lgs. 13 ottobre 2014, n. 153.*

(3) *Comma inserito dall'art. 49-bis, comma 1, lett. b), d.l. 6 novembre 2021, n. 152, conv., con modif., in l. 29 dicembre 2021, n. 233.*

(4) *Comma modificato dall'art. 2, comma 1, lett.* c), *d.lgs. 13 ottobre 2014, n. 153.*

88 Termini per il rilascio della comunicazione antimafia.

1. Il rilascio della comunicazione antimafia è immediatamente conseguente alla consultazione della banca dati quando non emerge, a carico dei soggetti ivi censiti, la sussistenza di cause di decadenza, di sospensione o di divieto di cui all'articolo 67. In tali casi, la comunicazione antimafia liberatoria attesta che la stessa è emessa utilizzando il collegamento alla banca dati nazionale unica (1).

2. Quando dalla consultazione della banca dati nazionale unica emerge la sussistenza di cause di decadenza, di sospensione o di divieto di cui all'articolo 67, il prefetto effettua le necessarie verifiche e accerta la corrispondenza dei motivi ostativi emersi dalla consultazione della banca dati alla situazione aggiornata del soggetto sottoposto agli accertamenti (2).

3. Qualora le verifiche effettuate ai sensi del comma 2 diano esito positivo, il prefetto rilascia la comunica-

zione antimafia interdittiva ovvero, nel caso in cui le verifiche medesime diano esito negativo, il prefetto rilascia la comunicazione antimafia liberatoria attestando che la stessa è emessa utilizzando il collegamento alla banca dati nazionale unica (2).

3-*bis*. Il prefetto procede alle stesse verifiche quando la consultazione della banca dati nazionale unica è eseguita per un soggetto che risulti non censito (3).

4. Nei casi previsti dai commi 2, 3 e 3-*bis*, il prefetto rilascia la comunicazione antimafia entro trenta giorni dalla data della consultazione di cui all'articolo 87, comma 1 (4).

4-*bis*. Decorso il termine di cui al comma 4, i soggetti di cui all'articolo 83, commi 1 e 2, procedono anche in assenza della comunicazione antimafia, previa acquisizione dell'autocertificazione di cui all'articolo 89. In tale caso, i contributi, i finanziamenti, le agevolazioni e le altre erogazioni di cui all'articolo 67 sono corrisposti sotto condizione risolutiva e i soggetti di cui all'articolo 83, commi 1 e 2, revocano le autorizzazioni e le concessioni o recedono dai contratti, fatto salvo il pagamento del valore delle opere già eseguite e il rimborso delle spese sostenute per l'esecuzione del rimanente, nei limiti delle utilità conseguite (5).

4-*ter*. La revoca e il recesso di cui al comma 4-*bis* si applicano anche quando la sussistenza delle cause di decadenza, di sospensione o di divieto di cui all'articolo 67 è accertata successivamente alla stipula del contratto, alla concessione di lavori o all'autorizzazione al subcontratto (5).

4-*quater*. Il versamento delle erogazioni di cui all'articolo 67, comma 1, lettera *g*) può essere in ogni caso sospeso fino alla ricezione da parte dei soggetti richiedenti di cui all'articolo 83, commi 1 e 2, della comunicazione antimafia liberatoria (5).

4-*quinquies*. La comunicazione antimafia interdittiva è comunicata dal prefetto, entro cinque giorni dalla sua adozione, all'impresa, società o associazione interessata, secondo le modalità previste dall'articolo 79, comma 5-*bis*, del decreto legislativo 12 aprile 2006, n. 163 (5).

(1) *Comma modificato dall'art. 4, comma 1, lett.* b), *n. 1), d.lgs. 15 novembre 2012 n. 218 e successivamente dall'art. 5, comma 1, lett.* c), *d.lgs. 13 ottobre 2014, n. 153.*

(2) *Comma modificato dall'art. 5, comma 1, lett.* c), *d.lgs. 13 ottobre 2014, n. 153.*

(3) *Comma inserito dall'art. 4, comma 1, lett.* b), *n. 2), d.lgs. 15 novembre 2012 n. 218 e successivamente dall'art. 5, comma 1, lett.* d), *d.lgs. 13 ottobre 2014, n. 153.*

(4) *Comma sostituito dall'art. 2, comma 1, lett.* b), *n. 1), d.lgs. 13 ottobre 2014, n. 153.*

(5) *Comma aggiunto dall'art. 2, comma 1, lett.* b), *n. 2), d.lgs. 13 ottobre 2014, n. 153.*

89 Autocertificazione.

1. Fuori dei casi in cui è richiesta l'informazione antimafia e salvo quanto previsto dall'articolo 88, comma 4-*bis*, i contratti e subcontratti relativi a lavori, servizi o forniture dichiarati urgenti ed i provvedimenti di rinnovo conseguenti a provvedimenti già disposti, sono stipulati, autorizzati o adottati previa acquisizione di apposita dichiarazione con la quale l'interessato attesti che nei propri confronti non sussistono le cause di divieto, di decadenza o di sospensione di cui all'articolo 67. La dichiarazione deve essere sottoscritta con le modalità di cui all'articolo 38 del decreto del Presidente della Repubblica 28 dicembre 2000, n. 445 (1).

2. La predetta dichiarazione è resa dall'interessato anche quando gli atti e i provvedimenti della pubblica amministrazione riguardano:

a) attività private, sottoposte a regime autorizzatorio, che possono essere intraprese su segnalazione certificata di inizio attività da parte del privato alla pubblica amministrazione competente;

b) attività private sottoposte alla disciplina del silenzio-assenso, indicate nella tabella C annessa al regolamento approvato con decreto del Presidente della Repubblica 26 aprile 1992, n. 300, e successive modificazioni.

(1) *Comma modificato dall'art. 2, comma 1, lett.* c), *d.ls. 13 ottobre 2014, n. 153.*

89-*bis* Accertamento di tentativi di infiltrazione mafiosa in esito alla richiesta di comunicazione antimafia (1).

1. Quando in esito alle verifiche di cui all'articolo 88, comma 2, venga accertata la sussistenza di tentativi di infiltrazione mafiosa, il prefetto adotta comunque un'informazione antimafia interdittiva e ne dà comunicazione ai soggetti richiedenti di cui all'articolo 83, commi 1 e 2, senza emettere la comunicazione antimafia.

2. L'informazione antimafia adottata ai sensi del comma 1 tiene luogo della comunicazione antimafia richiesta.

(1) *Articolo inserito dall'art. 2, comma 1, lett.* d), *d.ls. 13 ottobre 2014, n. 153.*

CAPO IV
Informazioni antimafia

90 Competenza al rilascio dell'informazione antimafia.

1. L'informazione antimafia è conseguita mediante consultazione della banca dati nazionale unica da parte dei soggetti di cui all'articolo 97, comma 1, debitamente autorizzati, salvo i casi di cui all'articolo 92, commi 2 e 3 (1).

2. Nei casi di cui all'articolo 92, commi 2 e 3, l'informazione antimafia è rilasciata:

a) dal prefetto della provincia in cui le persone fisiche, le imprese, le associazioni o i consorzi risiedono o hanno la sede legale ovvero dal prefetto della provincia in cui è stabilita una sede secondaria con rappresentanza stabile nel territorio dello Stato per le società di cui all'articolo 2508 del codice civile;

b) dal prefetto della provincia in cui i soggetti richiedenti di cui all'articolo 83, commi 1 e 2, hanno sede per le società costituite all'estero, prive di una sede secondaria con rappresentanza stabile nel territorio dello Stato (1).

3. Ai fini del rilascio dell'informazione antimafia le prefetture usufruiscono del collegamento alla banca dati nazionale unica di cui al capo V (2).

(1) *Comma sostituito dall'art. 3, comma 1, lett. a), d.lgs. 13 ottobre 2014, n. 153.*
(2) *Comma modificato dall'art. 5, comma 1, lett. c), d.lgs. 13 ottobre 2014, n. 153.*

91 Informazione antimafia.

1. I soggetti di cui all'articolo 83, commi 1 e 2, devono acquisire l'informazione di cui all'articolo 84, comma 3, prima di stipulare, approvare o autorizzare i contratti e subcontratti, ovvero prima di rilasciare o consentire i provvedimenti indicati nell'articolo 67, il cui valore sia:

a) pari o superiore a quello determinato dalla legge in attuazione delle direttive comunitarie in materia di opere e lavori pubblici, servizi pubblici e pubbliche forniture, indipendentemente dai casi di esclusione ivi indicati;

b) superiore a 150.000 euro per le concessioni di acque pubbliche o di beni demaniali per lo svolgimento di attività imprenditoriali, ovvero per la concessione di contributi, finanziamenti e agevolazioni su mutuo o altre erogazioni dello stesso tipo per lo svolgimento di attività imprenditoriali;

c) superiore a 150.000 euro per l'autorizzazione di subcontratti, cessioni, cottimi, concernenti la realizzazione di opere o lavori pubblici o la prestazione di servizi o forniture pubbliche.

1-*bis*. L'informazione antimafia è sempre richiesta nelle ipotesi di concessione di terreni agricoli demaniali che ricadono nell'ambito dei regimi di sostegno previsti dalla politica agricola comune, a prescindere dal loro valore complessivo, nonché su tutti i terreni agricoli, a qualunque titolo acquisiti, che usufruiscono di fondi europei per un importo superiore a 25.000 euro (1) (2).

2. È vietato, a pena di nullità, il frazionamento dei contratti, delle concessioni o delle erogazioni compiuto allo scopo di eludere l'applicazione del presente articolo.

3. La richiesta dell'informazione antimafia deve essere effettuata attraverso la banca dati nazionale unica al momento dell'aggiudicazione del contratto ovvero trenta giorni prima della stipula del subcontratto (3).

4. L'informazione antimafia è richiesta dai soggetti interessati di cui all'articolo 83, commi 1 e 2, che devono indicare:

a) la denominazione dell'amministrazione, ente, azienda, società o impresa che procede all'appalto, concessione o erogazione o che è tenuta ad autorizzare il subcontratto, la cessione o il cottimo;

b) l'oggetto e il valore del contratto, subcontratto, concessione o erogazione;

c) gli estremi della deliberazione dell'appalto o della concessione ovvero del titolo che legittima l'erogazione;

d) le complete generalità dell'interessato e, ove previsto, del direttore tecnico o, se trattasi di società, impresa, associazione o consorzio, la denominazione e la sede, nonché le complete generalità degli altri soggetti di cui all'articolo 85;

[*e*) nel caso di società consortili o di consorzi, le complete generalità dei consorziati che detengono una quota superiore al 10 per cento del capitale o del fondo consortile e quelli che detengono una partecipazione inferiore al 10 per cento e che hanno stipulato un patto parasociale riferibile a una partecipazione pari o superiore al 10 per cento, nonché dei consorziati per conto dei quali la società consortile o il consorzio opera nei confronti della pubblica amministrazione] (4).

5. Il prefetto competente estende gli accertamenti pure ai soggetti che risultano poter determinare in qualsiasi modo le scelte o gli indirizzi dell'impresa. Per le imprese costituite all'estero e prive di sede secondaria nel territorio dello Stato, il prefetto svolge accertamenti nei riguardi delle persone fisiche che esercitano poteri di amministrazione, di rappresentanza o di direzione. A tal fine, il prefetto verifica l'assenza delle cause di decadenza, di sospensione o di divieto, di cui all'articolo 67, e accerta se risultano elementi dai quali sia possibile desumere la sussistenza di tentativi di infiltrazione mafiosa, anche attraverso i collegamenti informatici di cui all'articolo 98, comma 3. Il prefetto, anche sulla documentata richiesta dell'interessato, aggiorna l'esito dell'informazione al venir meno delle circostanze rilevanti ai fini dell'accertamento dei tentativi di infiltrazione mafiosa (5).

6. Il prefetto può, altresì, desumere il tentativo di infiltrazione mafiosa da provvedimenti di condanna anche non definitiva per reati strumentali all'attività delle organizzazioni criminali unitamente a concreti elementi da cui risulti che l'attività d'impresa possa, anche in modo indiretto, agevolare le attività criminose o esserne in qualche modo condizionata, nonché dall'accertamento delle violazioni degli obblighi di tracciabilità dei flussi finanziari di cui all'articolo 3 della legge 13 agosto 2010, n. 136, commesse con la condizione della reiterazione prevista dall'articolo 8-*bis* della legge 24 novembre 1981, n. 689. In tali casi, entro il termine di cui all'articolo 92, rilascia l'informazione antimafia interdittiva (6).

7. Con regolamento, adottato con decreto del Ministro dell'interno, di concerto con il Ministro della giustizia, con il Ministro delle infrastrutture e dei trasporti e con il Ministro dello sviluppo economico, ai sensi dell'articolo 17, comma 3, della legge n. 400 del 1988, sono individuate le diverse tipologie di attività suscettibili di infiltrazione mafiosa nell'attività di impresa per le quali, in relazione allo specifico settore d'impiego e alle situazioni ambientali che determinano un maggiore rischio di infiltrazione mafiosa, è sempre obbligatoria l'acquisizione della documentazione indipendentemente dal valore del contratto, subcontratto, concessione, erogazione o provvedimento di cui all'articolo 67.

7-*bis*. Ai fini dell'adozione degli ulteriori provvedimenti di competenza di altre amministrazioni, l'informazione antimafia interdittiva, anche emessa in esito all'esercizio dei poteri di accesso, è tempestivamente comunicata anche in via telematica:

a) alla Direzione nazionale antimafia e antiterrorismo e ai soggetti di cui agli articoli 5, comma 1, e 17, comma 1;

b) al soggetto di cui all'articolo 83, commi 1 e 2, che ha richiesto il rilascio dell'informazione antimafia;

c) alla camera di commercio del luogo dove ha sede legale l'impresa oggetto di accertamento;

d) al prefetto che ha disposto l'accesso, ove sia diverso da quello che ha adottato l'informativa antimafia interdittiva;

e) all'osservatorio centrale appalti pubblici, presso la direzione investigativa antimafia;

f) all'osservatorio dei contratti pubblici relativi ai lavori, servizi e forniture istituito presso l'Autorità per la vigilanza sui contratti pubblici, ai fini dell'inserimento nel casellario informatico di cui all'articolo 7, comma 10, del decreto legislativo 12 aprile 2006, n. 163, e nella Banca dati nazionale dei contratti pubblici di cui all'articolo 62-*bis* del decreto legislativo 7 marzo 2005, n. 82;

g) all'Autorità garante della concorrenza e del mercato per le finalità previste dall'articolo 5-*ter* del decreto-legge 24 gennaio 2012, n. 1, convertito, con modificazioni, dalla legge 24 marzo 2012, n. 27;

h) al Ministero delle infrastrutture e trasporti;

i) al Ministero dello sviluppo economico;

l) agli uffici delle Agenzie delle entrate, competenti per il luogo dove ha sede legale l'impresa nei cui confronti è stato richiesto il rilascio dell'informazione antimafia (7) (8).

(1) *La parola « 25.000 » è stata sostituita alla parola « 5.000 » dall'art. 48-*bis, *comma 1, lett.* b) *d.l. 6 novembre 2021, n. 152, conv., con modif., in l. 29 dicembre 2021, n. 233. Precedentemente, le parole «* per un importo superiore a 5.000 euro *» erano state aggiunte dall'art. 19-terdecies, comma 1, lett.* a), *d.l. 16 ottobre 2017, n. 148, convertito, con modificazioni, in l. 4 dicembre 2017, n. 172. A norma dell'articolo 24 comma 1-*bis, *d.l. 4 ottobre 2018, n. 113, convertito con l. 1 dicembre 2018, n. 132, come da ultimo modificato dall'art. 10, comma 4 d.l. 31 dicembre 2020, n. 183, conv., con modif., in l. 26 febbraio 2021, n. 21, tale disposizione, limitatamente ai terreni agricoli che usufruiscono di fondi europei per importi non superiori a 25.000 euro, non si applicano fino al 31 dicembre 2021.*

(2) *Comma inserito dall'art. 28 della L. 17 ottobre 2017, n. 161.*

(3) *Comma modificato dall'art. 5, comma 1, lett.* c), *d.lgs. 13 ottobre 2014, n. 153.*

(4) *Lettera soppressa dall'art. 4, comma 1, lett.* c), *n. 1), d.lgs. 15 novembre 2012 n. 218.*

(5) *Comma modificato dall'art. 4, comma 1, lett.* c), *n. 2), d.lgs. n. 218, cit.*

(6) *Comma modificato dall'art. 4, comma 1, lett.* c), *n. 3), d.lgs. n. 218, cit.*

(7) *Comma aggiunto dall'art. 4, comma 1, lett.* c), *n. 4), d.lgs. n. 218, cit. e successivamente modificato dall'art. 20, comma 4, d.l. 18 febbraio 2015 n. 7 convertito, con modificazioni, in l. 17 aprile 2015, n. 43.*

(8) *Vedi il Comunicato 23 giugno 2015.*

92 Procedimento di rilascio delle informazioni antimafia (1).

1. Il rilascio dell'informazione antimafia è immediatamente conseguente alla consultazione della banca dati quando non emerge, a carico dei soggetti ivi censiti, la sussistenza di cause di decadenza, di sospensione o di divieto di cui all'articolo 67 o di un tentativo di infiltrazione mafiosa di cui all'articolo 84, comma 4. In tali casi l'informazione antimafia liberatoria attesta che la stessa è emessa utilizzando il collegamento alla banca dati nazionale unica (2).

2. Fermo restando quanto previsto dall'articolo 91, comma 6, quando dalla consultazione della banca dati nazionale unica emerge la sussistenza di cause di decadenza, di sospensione o di divieto di cui all'articolo 67 o di un tentativo di infiltrazione mafiosa di cui all'articolo 84, comma 4, il prefetto dispone le necessarie verifiche e rilascia l'informazione antimafia interdittiva entro trenta giorni dalla data della consultazione. Quando le verifiche disposte siano di particolare complessità, il prefetto ne dà comunicazione senza ritardo all'amministrazione interessata, e fornisce le informazioni acquisite nei successivi quarantacinque giorni. Il prefetto procede con le stesse modalità quando la consultazione della banca dati nazionale unica è eseguita per un soggetto che risulti non censito (3).

2-*bis*. Il prefetto, nel caso in cui, sulla base degli esiti delle verifiche disposte ai sensi del comma 2, ritenga sussistenti i presupposti per l'adozione dell'informazione antimafia interdittiva ovvero per procedere all'applicazione delle misure di cui all'articolo 94-*bis*, e non ricorrano particolari esigenze di celerità del procedimento, ne dà tempestiva comunicazione al soggetto interessato, indicando gli elementi sintomatici dei tentativi di infiltrazione mafiosa. Con tale comunicazione è assegnato un termine non superiore a venti giorni per presentare osservazioni scritte, eventualmente corredate da documenti, nonché per richiedere l'audizione, da effettuare secondo le modalità previste dall'articolo 93, commi 7, 8 e 9. In ogni caso, non possono formare oggetto della comunicazione di cui al presente comma elementi informativi il cui disvelamento sia idoneo a pregiudicare procedimenti amministrativi o attività processuali in corso, ovvero l'esito di altri accertamenti finalizzati alla prevenzione delle infiltrazioni mafiose. La predetta comunicazione sospende, con decorrenza dalla relativa data di invio, il termine di cui all'articolo 92, comma 2. La procedura del contraddittorio si conclude entro sessanta giorni dalla data di ricezione della predetta comunicazione (4).

2-*ter*. Al termine della procedura in contraddittorio di cui al comma 2-bis, il prefetto, ove non proceda al rilascio dell'informazione antimafia liberatoria:

a) dispone l'applicazione delle misure di cui all'articolo 94-*bis*, dandone comunicazione, entro cinque giorni, all'interessato secondo le modalità stabilite dall'articolo 76, comma 6, del decreto legislativo 18 aprile 2016, n. 50, qualora gli elementi sintomatici dei tentativi di infiltrazione mafiosa siano riconducibili a situazioni di agevolazione occasionale;

b) adotta l'informazione antimafia interdittiva, procedendo alla comunicazione all'interessato entro il termine e con le modalità di cui alla lettera *a*), nel caso di sussistenza di tentativi di infiltrazione mafiosa. Il prefetto, adottata l'informazione antimafia interdittiva ai sensi della presente lettera, verifica altresì la sussistenza dei presupposti per l'applicazione delle misure di cui all'articolo 32, comma 10, del decreto-legge 24 giugno 2014, n. 90, convertito, con modificazioni, dalla legge 11 agosto 2014, n. 114 e, in caso positivo, ne informa tempestivamente il Presidente dell'Autorità nazionale anticorruzione (4).

2-*quater*. Nel periodo tra la ricezione della comunicazione di cui al comma 2-*bis* e la conclusione della procedura in contraddittorio, il cambiamento di sede, di denominazione, della ragione o dell'oggetto sociale, della composizione degli organi di amministrazione, direzione e vigilanza, la sostituzione degli organi sociali, della rappresentanza legale della società nonché della titolarità delle imprese individuali ovvero delle quote societarie, il compimento di fusioni o altre trasformazioni o comunque qualsiasi variazione dell'assetto sociale, organizzativo, gestionale e patrimoniale delle società e imprese interessate dai tentativi di infiltrazione mafiosa possono essere oggetto di valutazione ai fini dell'adozione dell'informazione interdittiva antimafia (4).

3. Decorso il termine di cui al comma 2, primo periodo, ovvero, nei casi di urgenza, immediatamente, i soggetti di cui all'articolo 83, commi 1 e 2, procedono anche in assenza dell'informazione antimafia. I contributi, i finanziamenti, le agevolazioni e le altre erogazioni di cui all'articolo 67 sono corrisposti sotto condizione risolutiva e i soggetti di cui all'articolo 83, commi 1 e 2, revocano le autorizzazioni e le concessioni o recedono dai contratti, fatto salvo il pagamento del valore delle opere già eseguite e il rimborso delle spese sostenute per l'esecuzione del rimanente, nei limiti delle utilità conseguite (5).

4. La revoca e il recesso di cui al comma 3 si applicano anche quando gli elementi relativi a tentativi di infiltrazione mafiosa siano accertati successivamente alla stipula del contratto, alla concessione dei lavori o all'autorizzazione del subcontratto.

5. Il versamento delle erogazioni di cui all'articolo 67, comma 1, lettera *g*), può essere in ogni caso sospeso fino alla ricezione da parte dei soggetti richiedenti di cui all'articolo 83, commi 1 e 2, dell'informazione antimafia liberatoria (6).

(1) *Rubrica così sostituita dall'art. 48, comma 1, lett. a), n. 1) d.l. 6 novembre 2021, n. 152, conv., con modif., in l. 29 dicembre 2021, n. 233. Il testo della rubrica era il seguente:* « Termini per il rilascio delle informazioni ».

(2) *Comma modificato dall'art. 5, comma 1, lett.* a), *n. 1), d.lgs. 15 novembre 2012 n. 218 e successivamente dall'art. 5, comma 1, lett.* c), *d.lgs. 13 ottobre 2014, n. 153.*

(3) *Comma modificato dall'art. 5, comma 1, lett.* a), *n. 2), d.lgs. n. 218, cit. e, da ultimo sostituito dall'art. 3, comma 1, lett.* b), *n. 1), d.lgs. n. 153, cit.*

(4) *I commi* 2-bis, 2-ter *e* 2-quater *sono stati così sostituiti all'originario comma* 2-bis *dall'art. 48, comma 1, lett. a), n. 2) d.l. n. 152, cit. Il testo dell'originario comma 2-bis, inserito dall'art. 3, comma 1, lett.* b), *n. 2), d.lgs. n. 153, cit., era il seguente:* « 2-*bis*. L'informazione antimafia interdittiva è comunicata dal prefetto, entro cinque giorni dalla sua adozione, all'impresa, società o associazione interessata, secondo le modalità previste dall'articolo 79, comma 5-*bis*, del decreto legislativo 12 aprile 2006, n. 163. Il prefetto, adottata l'informazione antimafia interdittiva, verifica altresì la sussistenza dei presupposti per l'applicazione delle misure di cui all'articolo 32, comma 10, del decreto-legge 24 giugno 2014, n. 90, convertito, con modificazioni, dalla legge 11 agosto 2014, n. 114, e, in caso positivo, ne informa tempestivamente il Presidente dell'Autorità nazionale anticorruzione ».

(5) *Comma sostituito dall'art. 3, comma 1, lett.* b), *n. 3), d.lgs. n. 153, cit.*

(6) *Comma sostituito dall'art. 3, comma 1, lett.* b), *n. 4), d.lgs. n. 153, cit.*

93 Poteri di accesso e accertamento del prefetto.

1. Per l'espletamento delle funzioni volte a prevenire infiltrazioni mafiose nei pubblici appalti, il prefetto dispone accessi ed accertamenti nei cantieri delle imprese interessate all'esecuzione di lavori pubblici, avvalendosi, a tal fine, dei gruppi interforze di cui all'articolo 5, comma 3, del decreto del Ministro dell'interno 14 marzo 2003, pubblicato nella Gazzetta Ufficiale n. 54 del 5 marzo 2004.

2. Ai fini di cui al comma 1 sono imprese interessate all'esecuzione di lavori pubblici tutti i soggetti che intervengono a qualunque titolo nel ciclo di realizzazione dell'opera, anche con noli e forniture di beni e prestazioni di servizi, ivi compresi quelli di natura intellettuale, qualunque sia l'importo dei relativi contratti o dei subcontratti.

3. Al termine degli accessi ed accertamenti disposti dal prefetto, il gruppo interforze redige, entro trenta giorni, la relazione contenente i dati e le informazioni acquisite nello svolgimento dell'attività ispettiva, trasmettendola al prefetto che ha disposto l'accesso.

4. Il prefetto, acquisita la relazione di cui al comma 3, fatta salva l'ipotesi di cui al comma 5, valuta se dai dati raccolti possano desumersi, in relazione all'impresa oggetto di accertamento e nei confronti dei soggetti che risultano poter determinare in qualsiasi modo le scelte o gli indirizzi dell'impresa stessa, elementi relativi a tentativi di infiltrazione mafiosa di cui all'articolo 84, comma 4 ed all'articolo 91, comma 6. In tal caso, il prefetto emette, entro quindici giorni dall'acquisizione della relazione del gruppo interforze, l'informazione interdittiva, previa eventuale audizione dell'interessato secondo le modalità individuate dal successivo comma 7 (1).

5. Qualora si tratti di impresa avente sede in altra provincia, il prefetto che ha disposto l'accesso trasmette senza ritardo gli atti corredati dalla relativa documentazione al prefetto competente, che provvede secondo le modalità stabilite nel comma 4.

[6. Ai fini dell'adozione degli ulteriori provvedimenti di competenza di altre amministrazioni, dell'informazione è data tempestiva comunicazione, anche in via telematica, a cura del prefetto, ai seguenti soggetti:

a) stazione appaltante;

b) Camera di commercio del luogo ove ha sede l'impresa oggetto di accertamento;

c) prefetto che ha disposto l'accesso;

d) Osservatorio centrale appalti pubblici, presso la direzione investigativa antimafia;

e) Osservatorio dei contratti pubblici relativi a lavori, servizi e forniture istituito presso l'Autorità di vigilanza sui contratti pubblici, ai fini dell'inserimento nel casellario informatico di cui all'articolo 7, comma 10, del decreto legislativo 12 aprile 2006, n. 163;

f) Ministero delle infrastrutture e dei trasporti;

g) Ministero dello sviluppo economico.] (2)

7. Il prefetto competente all'adozione dell'informazione antimafia, sulla base della documentazione e delle informazioni acquisite nel corso dell'accesso, può invitare in sede di audizione personale i soggetti interessati a produrre ogni informazione ritenuta utile, anche allegando elementi documentali, qualora non ricorrano particolari esigenze di celerità del procedimento ovvero esigenze di tutela di informazioni che, se disvelate, siano suscettibili di pregiudicare procedimenti amministrativi o attività processuali in corso, ovvero l'esito di altri procedimenti amministrativi finalizzati alla prevenzione delle infiltrazione mafiose (3).

8. All'audizione di cui al comma 7, si provvede mediante comunicazione formale da inviarsi al responsabile legale dell'impresa, contenente l'indicazione della data e dell'ora e dell'Ufficio della prefettura ove dovrà

essere sentito l'interessato ovvero persona da lui delegata.

9. Dell'audizione viene redatto apposito verbale in duplice originale, di cui uno consegnato nelle mani dell'interessato.

10. I dati acquisiti nel corso degli accessi di cui al presente articolo devono essere inseriti a cura della Prefettura della provincia in cui è stato effettuato l'accesso, nel sistema informatico, costituito presso la Direzione investigativa antimafia, previsto dall'articolo 5, comma 4, del citato decreto del Ministro dell'interno in data 14 marzo 2003.

11. Al fine di rendere omogenea la raccolta dei dati di cui al precedente comma su tutto il territorio nazionale, il personale incaricato di effettuare le attività di accesso e accertamento nei cantieri si avvale di apposite schede informative predisposte dalla Direzione investigativa antimafia e da questa rese disponibili attraverso il collegamento telematico di interconnessione esistente con le Prefetture - Uffici Territoriali del Governo.

(1) *Comma modificato dall'articolo 8, comma 1, lettera* a), *del d.ls. 15 novembre 2012 n. 218.*

(2) *Comma abrogato dall'articolo 5, comma 1, lettera* b), *d.lgs. n. 218, cit.*

(3) *Comma così sostituito dall'art. 48, comma 1, lett. a), d.l. 6 novembre 2021, n. 152, conv., con modif., in l. 29 dicembre 2021, n. 233. Il testo del comma era il seguente:* « 7. Il prefetto competente al rilascio dell'informazione, ove lo ritenga utile, sulla base della documentazione e delle informazioni acquisite invita, in sede di audizione personale, i soggetti interessati a produrre, anche allegando elementi documentali, ogni informazione ritenuta utile ».

94 Effetti delle informazioni del prefetto.

1. Quando emerge la sussistenza di cause di decadenza, di sospensione o di divieto di cui all'articolo 67 o di un tentativo di infiltrazione mafiosa, di cui all'articolo 84, comma 4 ed all'articolo 91, comma 6, nelle società o imprese interessate, i soggetti di cui all'articolo 83, commi 1 e 2 cui sono fornite le informazioni antimafia, non possono stipulare, approvare o autorizzare i contratti o subcontratti, né autorizzare, rilasciare o comunque consentire le concessioni e le erogazioni (1).

2. Qualora il prefetto non rilasci l'informazione interdittiva entro i termini previsti, ovvero nel caso di lavori o forniture di somma urgenza di cui all'articolo 92, comma 3 qualora la sussistenza di una causa di divieto indicata nell'articolo 67 o gli elementi relativi a tentativi di infiltrazione mafiosa di cui all'articolo 84, comma 4, ed all'articolo 91 comma 6, siano accertati successivamente alla stipula del contratto, i soggetti di cui all'articolo 83, commi 1 e 2, salvo quanto previsto al comma 3, revocano le autorizzazioni e le concessioni o recedono dai contratti fatto salvo il pagamento del valore delle opere già eseguite e il rimborso delle spese sostenute per l'esecuzione del rimanente, nei limiti delle utilità conseguite (1).

3. I soggetti di cui all'articolo 83, commi 1 e 2, non procedono alle revoche o ai recessi di cui al comma precedente nel caso in cui l'opera sia in corso di ultimazione ovvero, in caso di fornitura di beni e servizi ritenuta essenziale per il perseguimento dell'interesse pubblico, qualora il soggetto che la fornisce non sia sostituibile in tempi rapidi.

4. Le disposizioni di cui ai commi 2 e 3 si applicano anche nel caso in cui emergano elementi relativi a tentativi di infiltrazione.

(1) *Comma modificato dall'articolo 8, comma 1, lettera* a), *d.lgs. 15 novembre 2012 n. 218.*

94-*bis* (1) Misure amministrative di prevenzione collaborativa applicabili in caso di agevolazione occasionale.

1. Il prefetto, quando accerta che i tentativi di infiltrazione mafiosa sono riconducibili a situazioni di agevolazione occasionale, prescrive all'impresa, società o associazione interessata, con provvedimento motivato, l'osservanza, per un periodo non inferiore a sei mesi e non superiore a dodici mesi, di una o più delle seguenti misure:

a) adottare ed efficacemente attuare misure organizzative, anche ai sensi degli articoli 6,7 e 24-*ter* del decreto legislativo 8 giugno 2001, n. 231, atte a rimuovere e prevenire le cause di agevolazione occasionale;

b) comunicare al gruppo interforze istituito presso la prefettura competente per il luogo di sede legale o di residenza, entro quindici giorni dal loro compimento, gli atti di disposizione, di acquisto o di pagamento effettuati, gli atti di pagamento ricevuti, gli incarichi professionali conferiti, di amministrazione o di gestione fiduciaria ricevuti, di valore non inferiore a 5.000 euro o di valore superiore stabilito dal prefetto, sentito il predetto gruppo interforze, in relazione al reddito della persona o al patrimonio e al volume di affari dell'impresa;

c) per le società di capitali o di persone, comunicare al gruppo interforze i finanziamenti, in qualsiasi forma, eventualmente erogati da parte dei soci o di terzi;

d) comunicare al gruppo interforze i contratti di associazione in partecipazione stipulati;

e) utilizzare un conto corrente dedicato, anche in via non esclusiva, per gli atti di pagamento e riscossione di cui alla lettera *b*), nonché per i finanziamenti di cui alla lettera *c*), osservando, per i pagamenti previsti dall'articolo 3, comma 2, della legge 13 agosto 2010, n. 136, le modalità indicate nella stessa norma.

2. Il prefetto, in aggiunta alle misure di cui al comma 1, può nominare, anche d'ufficio, uno o più esperti, in numero comunque non superiore a tre, individuati nell'albo di cui all'articolo 35, comma 2-bis, con il compito di svolgere funzioni di supporto finalizzate all'attuazione delle misure di prevenzione collaborativa. Agli esperti di cui al primo periodo spetta un compenso, determinato con il decreto di nomina, non superiore al 50 per cento di quello liquidabile sulla base dei criteri stabiliti dal decreto di cui all'articolo 8 del decreto legislativo 4 febbraio 2010, n. 14. Gli oneri relativi al pagamento di tale compenso sono a carico dell'impresa, società o associazione.

3. Le misure di cui al presente articolo cessano di essere applicate se il tribunale dispone il controllo giudiziario di cui all'articolo 34-*bis*, comma 2, lettera *b*). Del periodo di loro esecuzione può tenersi conto ai fini della determinazione della durata del controllo giudiziario.

4. Alla scadenza del termine di durata delle misure di cui al presente articolo, il prefetto, ove accerti, sulla base delle analisi formulate dal gruppo interforze, il venir meno dell'agevolazione occasionale e l'assenza di altri tentativi di infiltrazione mafiosa, rilascia un'informazione antimafia liberatoria ed effettua le conseguenti iscrizioni nella banca dati nazionale unica della documentazione antimafia.

5. Le misure di cui al presente articolo sono annotate in un'apposita sezione della banca dati di cui all'articolo 96, a cui è precluso l'accesso ai soggetti privati sottoscrittori di accordi conclusi ai sensi dell'articolo 83-*bis*, e sono comunicate dal prefetto alla cancelleria del tribunale competente per l'applicazione delle misure di prevenzione.

(1) *Articolo inserito dall'art. 49, comma 1, d.l. 6 novembre 2021, n. 152, conv., con modif., in l. 29 dicembre 2021, n. 233. Ai sensi del successivo comma 2, le disposizioni di cui al presente articolo « si applicano anche ai procedimenti amministrativi per i quali, alla data di entrata in vigore del presente decreto, è stato effettuato l'accesso alla banca dati nazionale unica della documentazione antimafia e non è stata ancora rilasciata l'informazione antimafia ».*

95 Disposizioni relative ai contratti pubblici.

1. Se taluna delle situazioni da cui emerge un tentativo di infiltrazione mafiosa, di cui all'articolo 84, comma 4, ed all'articolo 91, comma 6, interessa un'impresa diversa da quella mandataria che partecipa ad un'associazione o raggruppamento temporaneo di imprese, le cause di divieto o di sospensione di cui all'articolo 67 non operano nei confronti delle altre imprese partecipanti quando la predetta impresa sia estromessa o sostituita anteriormente alla stipulazione del contratto. La sostituzione può essere effettuata entro trenta giorni dalla comunicazione delle informazioni del prefetto qualora esse pervengano successivamente alla stipulazione del contratto (1).

2. Le disposizioni del comma 1 si applicano anche nel caso di consorzi non obbligatori.

3. Il prefetto della provincia interessata all'esecuzione dei contratti di cui all'articolo 91, comma 1, lettera *a*) è tempestivamente informato dalla stazione appaltante della pubblicazione del bando di gara e svolge gli accertamenti preliminari sulle imprese locali per le quali il rischio di tentativi di infiltrazione mafiosa, nel caso di partecipazione, è ritenuto maggiore. L'accertamento di una delle situazioni da cui emerge un tentativo di infiltrazione mafiosa, di cui all'articolo 84, comma 4, ed all'articolo 91, comma 6, comporta il divieto della stipula del contratto, nonché del subappalto, degli altri subcontratti, delle cessioni o dei cottimi, comunque denominati, indipendentemente dal valore (1).

(1) *Comma modificato dall'articolo 8, comma 1, lettera* a), *d.lgs. 15 novembre 2012 n. 218.*

CAPO V
Banca dati nazionale unica della documentazione antimafia

96 Istituzione della banca dati nazionale unica della documentazione antimafia.

1. Presso il Ministero dell'interno, Dipartimento per le politiche del personale dell'amministrazione civile e per le risorse strumentali e finanziarie è istituita la banca dati nazionale unica della documentazione antimafia, di seguito denominata « banca dati nazionale unica » (2).

2. Al fine di verificare la sussistenza di una delle cause di decadenza, di sospensione o di divieto di cui all'articolo 67 o di un tentativo di infiltrazione mafiosa di cui all'articolo 84, comma 4, la banca dati nazionale unica è collegata telematicamente con il Centro elaborazione dati di cui all'articolo 8 della legge 1° aprile 1981, n. 121 (3).

(1) *Vedi il D.P.C.M. 30 ottobre 2014, n. 193.*
(2) *Comma modificato dall'art. 5, comma 1, lett.* b), *d.lgs. n. 153, cit.*
(3) *Comma modificato dall'art. 5, comma 1, lett.* c), *d.lgs. n. 153, cit.*

97 Consultazione della banca dati (1).

1. Ai fini del rilascio della documentazione antimafia, la banca dati nazionale unica può essere consultata, secondo le modalità di cui al regolamento previsto dall'articolo 99, da (2):

a) i soggetti indicati dall'articolo 83, commi 1 e 2, del presente decreto;

b) le camere di commercio, industria, artigianato e agricoltura;

c) gli ordini professionali.

c-bis) l'Autorità per la vigilanza sui contratti pubblici di lavori, servizi e forniture, per le finalità di cui all'articolo 6-*bis* del codice di cui al decreto legislativo 12 aprile 2006, n. 163 (3).

(1) *Rubrica modificata dall'art. 5, comma 1, lett.* c), *d.lgs. 13 ottobre 2014, n. 153.*
(2) *Alinea modificato dall'art. 5, comma 1, lett.* c), *d.lgs. n. 153, cit.*
(3) *Lettera aggiunta dall'art. 2, comma 13-*ter, *d.l 31 agosto 2013, n. 101, convertito, con modificazioni, in l. 30 ottobre 2013, n. 125.*

98 Contenuto della banca dati.

1. Nella banca dati sono contenute le comunicazioni e le informazioni antimafia, liberatorie ed interdittive.

2. La banca dati, tramite il collegamento al sistema informatico costituito presso la Direzione investigativa antimafia di cui all'articolo 5, comma 4, del decreto del Ministro dell'interno in data 14 marzo 2003, consente la consultazione dei dati acquisiti nel corso degli accessi nei cantieri delle imprese interessate all'esecuzione di lavori pubblici disposti dal prefetto.

3. La banca dati, tramite il collegamento ad altre banche dati, può contenere ulteriori dati anche provenienti dall'estero.

99 Modalità di funzionamento della banca dati (1).

1. Con uno o più regolamenti ai sensi dell'articolo

17, comma 3, della legge 23 agosto 1988, n. 400, da adottarsi, entro sei mesi dalla data di entrata in vigore del presente decreto, su proposta del Ministro dell'interno, di concerto con i Ministri della pubblica amministrazione e dell'innovazione, della giustizia, dello sviluppo economico e delle infrastrutture e dei trasporti, sentito il Garante per la protezione dei dati personali, sono disciplinate le modalità:

a) di funzionamento della banca dati nazionale unica (2);

b) di autenticazione, autorizzazione e di registrazione degli accessi e delle operazioni effettuate sulla banca dati nazionale unica (2);

c) di accesso da parte del personale delle Forze di polizia e dell'Amministrazione civile dell'interno;

d) di accesso da parte della Direzione nazionale antimafia e antiterrorismo per lo svolgimento dei compiti previsti dall'articolo 371-*bis* del codice di procedura penale (3);

e) di consultazione da parte dei soggetti di cui all'articolo 97, comma 1;

f) di collegamento con il Centro Elaborazione Dati di cui all'articolo 96.

2. Il sistema informatico, comunque, garantisce l'individuazione del soggetto che effettua ciascuna interrogazione e conserva la traccia di ciascun accesso.

2-*bis*. Fino all'attivazione della banca dati nazionale unica, e comunque non oltre dodici mesi dalla data di pubblicazione nella Gazzetta Ufficiale del primo dei regolamenti di cui al comma 1, i soggetti di cui all'articolo 83, commi 1 e 2, acquisiscono d'ufficio tramite le prefetture la documentazione antimafia. A tali fini, le prefetture utilizzano il collegamento informatico al Centro elaborazione dati di cui all'articolo 8 della legge 1° aprile 1981, n. 121, al fine di verificare la sussistenza di una delle cause di decadenza, di sospensione o di divieto di cui all'articolo 67 o di un tentativo di infiltrazione mafiosa di cui all'articolo 84, comma 4, e all'articolo 91, comma 6, nonché i collegamenti informatici o telematici, attivati in attuazione del decreto del Presidente della Repubblica 3 giugno 1998, n. 252. In ogni caso, si osservano per il rilascio della documentazione antimafia i termini di cui agli articoli 88 e 92 (4).

2-*ter*. Con uno dei regolamenti di cui al comma 1 possono essere disciplinate le modalità con le quali la banca dati nazionale unica acquisisce, attraverso l'Anagrafe nazionale della popolazione residente di cui all'articolo 62 del decreto legislativo 7 marzo 2005, n. 82, i dati anagrafici dei soggetti di cui all'articolo 85, comma 3, e li raffronta con quelli del Centro elaborazione dati di cui all'articolo 8 della legge 1° aprile 1981, n. 121 (5).

(1) *Rubrica modificata dall'art. 5, comma 1, lett.* c), *d.lgs. 13 ottobre 2014, n. 153.*

(2) *Lettera modificata dall'art. 5, comma 1, lett.* c), *d.lgs. n. 153, cit.*

(3) *Lettera modificata dall'art. 20, comma 4, d.l. 18 febbraio 2015 n. 7 convertito, con modificazioni, in l. 17 aprile 2015, n. 43.*

(4) *Comma inserito dall'art. 6, comma 3-*bis, *d.l. 9 febbraio 2012, n. 5, convertito, con modificazioni, in l. 4 aprile 2012, n. 35 successivamente sostituito dall'art. 6, comma 1, d.lgs. 15 novembre 2012 n. 218 e, da ultimo, modificato dall'art. 5, comma 1, lett.* c), *d.lgs. n. 153, cit.*

(5) *Comma aggiunto dall'art. 4, comma 1, lett.* a), *d.lgs. n. 153, cit.*

99-*bis* Mancato funzionamento della banca dati nazionale unica della documentazione antimafia (1).

1. Qualora la banca dati nazionale unica non sia in grado di funzionare regolarmente a causa di eventi eccezionali, la comunicazione antimafia è sostituita dall'autocertificazione di cui all'articolo 89 e l'informazione antimafia è rilasciata secondo le modalità previste dall'articolo 92, commi 2 e 3. Nel caso in cui la comunicazione antimafia è sostituita dall'autocertificazione, i contributi, i finanziamenti, le agevolazioni e le altre erogazioni di cui all'articolo 67 sono corrisposti sotto condizione risolutiva e previa presentazione di una garanzia fideiussoria di un importo pari al valore del contributo, finanziamento, agevolazione o erogazione.

2. Il Ministero dell'interno, Dipartimento per le politiche del personale dell'amministrazione civile e per le risorse strumentali e finanziarie, pubblica immediatamente l'avviso del mancato funzionamento della banca dati nazionale unica sul proprio sito istituzionale, nonché sui siti delle Prefetture.

3. Con le modalità di cui al comma 2 viene data notizia del ripristino del funzionamento della banca dati nazionale unica. Il periodo di mancato funzionamento della banca dati nazionale unica è accertato con decreto del capo del predetto Dipartimento ovvero di altro dirigente appositamente delegato. Il decreto è pubblicato sul sito istituzionale del Ministero dell'interno nella sezione "Amministrazione trasparente".

(1) *Articolo inserito dall'art. 4, comma 1, lett.* b), *d.lgs. 13 ottobre 2014, n. 153.*

CAPO VI
Disposizioni concernenti gli enti locali sciolti ai sensi dell'articolo 143 del decreto legislativo 18 agosto 2000, n. 267

100 Obbligo di acquisizione della documentazione antimafia nel quinquennio successivo allo scioglimento ai sensi dell'articolo 143 del decreto legislativo 18 agosto 2000, n. 267.

1. L'ente locale, sciolto ai sensi dell'articolo 143 del decreto legislativo 18 agosto 2000, n. 267 e successive modificazioni, deve acquisire, nei cinque anni successivi allo scioglimento, l'informazione antimafia precedentemente alla stipulazione, all'approvazione o all'autorizzazione di qualsiasi contratto o subcontratto, ovvero precedentemente al rilascio di qualsiasi concessione o erogazione indicati nell'articolo 67 indipendentemente dal valore economico degli stessi.

101 Facoltà di avvalersi della Stazione unica appaltante.

1. Salvo che la legge disponga diversamente, l'ente locale, i cui organi sono stati sciolti ai sensi dell'articolo 143 del decreto legislativo 18 agosto 2000, n. 267, e successive modificazioni, può deliberare di avvalersi,

per un periodo determinato, comunque non superiore alla durata in carica della commissione straordinaria per la gestione dell'ente, della stazione unica appaltante per lo svolgimento delle procedure di evidenza pubblica di competenza del medesimo ente locale (1).

2. Gli organi eletti in seguito allo scioglimento di cui all'articolo 143 del decreto legislativo 18 agosto 2000, n. 267 e successive modificazioni, possono deliberare di avvalersi, per un periodo determinato, comunque non superiore alla durata in carica degli stessi organi elettivi, della stazione unica appaltante per lo svolgimento delle procedure di evidenza pubblica di competenza del medesimo ente locale.

(1) *Comma sostituito dall'articolo 8, comma 1, lettera* b), *d.lgs. 15 novembre 2012 n. 218.*

102-109 (*Omissis*).

TITOLO II

L'agenzia nazionale per l'amministrazione e la detsinazione dei beni sequestrati e confiscati alla criminalità organizzata

110 L'Agenzia nazionale per l'amministrazione e la destinazione dei beni sequestrati e confiscati alla criminalità organizzata (1).

1. L'Agenzia nazionale per l'amministrazione e la destinazione dei beni sequestrati e confiscati alla criminalità organizzata è posta sotto la vigilanza del Ministro dell'interno, ha personalità giuridica di diritto pubblico ed è dotata di autonomia organizzativa e contabile, ha la sede principale in Roma e fino a 4 sedi secondarie istituite con le modalità di cui all'articolo 112, nei limiti delle risorse ordinarie iscritte nel proprio bilancio (2). L'Agenzia dispone, compatibilmente con le sue esigenze di funzionalità, che le proprie sedi siano stabilite all'interno di un immobile confiscato ai sensi del presente decreto.

2. All'Agenzia sono attribuiti i seguenti compiti:

a) acquisizione, attraverso il proprio sistema informativo, dei flussi informativi necessari per l'esercizio dei propri compiti istituzionali: dati, documenti e informazioni oggetto di flusso di scambio, in modalità bidirezionale, con il sistema informativo del Ministero della giustizia, dell'autorità giudiziaria, con le banche dati e i sistemi informativi delle prefetture-uffici territoriali del Governo, degli enti territoriali, delle società Equitalia ed Equitalia Giustizia, delle agenzie fiscali e con gli amministratori giudiziari, con le modalità previste dagli articoli 1, 2 e 3 del regolamento di cui al decreto del Presidente della Repubblica 15 dicembre 2011, n. 233; acquisizione, in particolare, dei dati relativi ai beni sequestrati e confiscati alla criminalità organizzata nel corso dei procedimenti penali e di prevenzione; acquisizione delle informazioni relative allo stato dei procedimenti di sequestro e confisca; verifica dello stato dei beni nei medesimi procedimenti, accertamento della consistenza, della destinazione e dell'utilizzo dei beni; programmazione dell'assegnazione e della destinazione dei beni confiscati; analisi dei dati acquisiti, nonché delle criticità relative alla fase di assegnazione e destinazione. Per l'attuazione della presente lettera è autorizzata la spesa di 850.000 euro per ciascuno degli anni 2018, 2019 e 2020. Al relativo onere si provvede mediante corrispondente riduzione delle proiezioni, per i medesimi anni, dello stanziamento del fondo speciale di conto capitale iscritto, ai fini del bilancio triennale 2017-2019, nell'ambito del programma "Fondi di riserva e speciali" della missione "Fondi da ripartire" dello stato di previsione del Ministero dell'economia e delle finanze per l'anno 2017, allo scopo parzialmente utilizzando l'accantonamento relativo al Ministero dell'interno. Il Ministro dell'economia e delle finanze è autorizzato ad apportare, con propri decreti, le occorrenti variazioni di bilancio;

b) ausilio dell'autorità giudiziaria nell'amministrazione e custodia dei beni sequestrati nel corso del procedimento di prevenzione di cui al libro I, titolo III; ausilio finalizzato a rendere possibile, sin dalla fase del sequestro, l'assegnazione provvisoria dei beni immobili e delle aziende per fini istituzionali o sociali agli enti, alle associazioni e alle cooperative di cui all'articolo 48, comma 3, ferma restando la valutazione del giudice delegato sulla modalità dell'assegnazione;

c) ausilio dell'autorità giudiziaria nell'amministrazione e custodia dei beni sequestrati nel corso dei procedimenti penali per i delitti di cui agli articoli 51, comma 3-*bis*, del codice di procedura penale e 12-*sexies* del decreto-legge 8 giugno 1992, n. 306, convertito, con modificazioni, dalla legge 7 agosto 1992, n. 356, e successive modificazioni; ausilio svolto al fine di rendere possibile, sin dalla fase del sequestro, l'assegnazione provvisoria dei beni immobili e delle aziende per fini istituzionali o sociali agli enti, alle associazioni e alle cooperative di cui all'articolo 48, comma 3, del presente decreto, ferma restando la valutazione del giudice delegato sulla modalità dell'assegnazione;

d) amministrazione e destinazione, ai sensi dell'articolo 38, dei beni confiscati, dal provvedimento di confisca emesso dalla corte di appello, in esito del procedimento di prevenzione di cui al libro I, titolo III;

e) amministrazione, dal provvedimento di confisca emesso dalla corte di appello nonché di sequestro o confisca emesso dal giudice dell'esecuzione, e destinazione dei beni confiscati, per i delitti di cui agli articoli 51, comma 3-*bis*, del codice di procedura penale e 12-*sexies* del decreto-legge 8 giugno 1992, n. 306, convertito, con modificazioni, dalla legge 7 agosto 1992, n. 356, e successive modificazioni, nonché dei beni definitivamente confiscati dal giudice dell'esecuzione;

f) adozione di iniziative e di provvedimenti necessari per la tempestiva assegnazione e destinazione dei beni confiscati, anche attraverso la nomina, ove necessario, di commissari ad acta.

3. L'Agenzia è sottoposta al controllo della Corte dei conti ai sensi dell'articolo 3, comma 4, della legge 14 gennaio 1994, n. 20, e successive modificazioni.

(1) *Articolo sostituito dall'art. 29 l. 17 ottobre 2017, n. 161. Il testo dell'articolo era il seguente:* « 1. L'Agenzia nazionale per l'amministrazione e la destinazione dei beni sequestrati e confiscati alla criminalità organizzata ha personalità giuridica di diritto pubblico ed è dotata di autonomia organizzativa e contabile, ha la sede principale in Reggio Calabria ed è posta sotto la vigilanza del Ministro dell'interno.

2. All'Agenzia sono attribuiti i seguenti compiti:

a) acquisizione dei dati relativi ai beni sequestrati e confiscati alla criminalità organizzata nel corso dei procedimenti penali e di prevenzione; acquisizione delle informazioni relative allo stato dei procedimenti di sequestro e confisca; verifica dello stato dei beni nei medesimi procedimenti; accertamento della consistenza, della destinazione e dell'utilizzo dei beni; programmazione dell'assegnazione e della destinazione dei beni confiscati; analisi dei dati acquisiti, nonché delle criticità relative alla fase di assegnazione e destinazione;

b) ausilio dell'autorità giudiziaria nell'amministrazione e custodia dei beni sequestrati nel corso del procedimento di prevenzione di cui al libro I, titolo III;

c) ausilio dell'autorità giudiziaria nell'amministrazione e custodia dei beni sequestrati nel corso dei procedimenti penali per i delitti di cui agli articoli 51, comma 3-bis, del codice di procedura penale e 12-sexies del decreto-legge 8 giugno 1992, n. 306, convertito, con modificazioni, dalla legge 7 agosto 1992, n. 356, e successive modificazioni, e amministrazione dei predetti. beni a decorrere dalla data di conclusione dell'udienza preliminare;

d) amministrazione e destinazione dei beni confiscati in esito del procedimento di prevenzione di cui al libro I, titolo III;

e) amministrazione e destinazione dei beni confiscati in esito ai procedimenti penali per i delitti di cui agli articoli 51, comma 3-bis, del codice di procedura penale e 12-sexies del decreto-legge 8 giugno 1992, n. 306, convertito, con modificazioni, dalla legge 7 agosto 1992, n. 356, e successive modificazioni;

f) adozione di iniziative e di provvedimenti necessari per la tempestiva assegnazione e destinazione dei beni confiscati, anche attraverso la nomina, ove necessario, di commissari ad acta.

3. L'Agenzia è sottoposta al controllo della Corte dei conti ai sensi dell'articolo 3, comma 4, della legge 14 gennaio 1994, n. 20, e successive modificazioni".

(2) *Periodo sostituito dall'art. 37, comma 1, d.l. 4 ottobre 2018, n. 113, convertito con modificazioni in l. 1 dicembre 2018, n, 132. Il testo del periodo era il seguente:* "1. L'Agenzia nazionale per l'amministrazione e la destinazione dei beni sequestrati e confiscati alla criminalità organizzata ha personalità giuridica di diritto pubblico ed è dotata di autonomia organizzativa e contabile, ha la sede principale in Roma, la sede secondaria in Reggio Calabria ed è posta sotto la vigilanza del Ministro dell'interno ».

111-120 (*Omissis*).

CAPO III
STRANIERI E IMMIGRAZIONE

80. Decreto legislativo 25 luglio 1998, n. 286. — Testo unico delle disposizioni concernenti la disciplina dell'immigrazione e norme sulla condizione dello straniero. (*estratto*) (1) (2).

Pubblicato nella Gazzetta Ufficiale n. 191 del 18 agosto 1998, S.O. n. 139.

(1) *Ai sensi dell'art. 9 d.l. 23 maggio 2008, n. 92, conv., con modif., in l. 24 luglio 2008, n. 125, all'interno del presente decreto, come, in generale, in tutte le disposizioni di legge o di regolamento, le parole* « centro di permanenza temporanea » *ovvero* « centro di permanenza temporanea ed assistenza » *dovevano intendersi sostituite dalle seguenti:* « centro di identificazione ed espulsione », *quale nuova denominazione delle medesime strutture. Successivamente ai sensi dell'art. 19, comma 1, del d.l. 17 febbraio 2017, n. 13, conv., con modif., in l. 13 aprile 2017, n. 46, la denominazione:* « centro di identificazione ed espulsione » *è sostituita dalla seguente:* « centro di permanenza per i rimpatri ».

(2) *L'art. 2 comma 3 d.lgs. 8 gennaio 2007, n. 3, ha dapprima disposto che l'originario riferimento alla carta di soggiorno si intendesse al permesso di soggiorno CE per soggiornanti di lungo periodo, di cui all'art. 9 del presente decreto. Successivamente l'art. 3 d.lgs. 13 febbraio 2014, n. 12, ha previsto che la suddetta dizione* « permesso di soggiorno CE per soggiornanti di lungo periodo » *ricorrente nel presente decreto, nonché in qualsiasi altra disposizione normativa, si intende sostituita dalla dizione* « permesso di soggiorno UE per soggiornanti di lungo periodo ».

TITOLO I
Principi generali

1 Ambito di applicazione. (Legge 6 marzo 1998, n. 40, art. 1).

1. Il presente testo unico, in attuazione dell'articolo 10, secondo comma, della Costituzione, si applica, salvo che sia diversamente disposto, ai cittadini di Stati non appartenenti all'Unione europea e agli apolidi, di seguito indicati come stranieri.

2. Il presente testo unico non si applica ai cittadini degli Stati membri dell'Unione europea, salvo quanto previsto dalle norme di attuazione dell'ordinamento comunitario (1).

3. Quando altre disposizioni di legge fanno riferimento a istituti concernenti persone di cittadinanza diversa da quella italiana ovvero ad apolidi, il riferimento deve intendersi agli istituti previsti dal presente testo unico. Sono fatte salve le disposizioni interne, comunitarie e internazionali più favorevoli comunque vigenti nel territorio dello Stato.

4. Nelle materie di competenza legislativa delle regioni, le disposizioni del presente testo unico costituiscono princìpi fondamentali ai sensi dell'articolo 117 della Costituzione. Per le materie di competenza delle regioni a statuto speciale e delle province autonome, esse hanno il valore di norme fondamentali di riforma economico-sociale della Repubblica.

5. Le disposizioni del presente testo unico non si applicano qualora sia diversamente previsto dalle norme vigenti per lo stato di guerra.

6. Il regolamento di attuazione del presente testo unico, di seguito denominato regolamento di attuazione, è emanato ai sensi dell'articolo 17, comma 1, della legge 23 agosto 1988, n. 400, su proposta del Presidente del Consiglio dei Ministri, entro centottanta giorni dalla data di entrata in vigore della legge 6 marzo 1998, n. 40 (2).

6-*bis*. Il documento di viaggio europeo per il rimpatrio dei cittadini di Paesi terzi il cui soggiorno è irregolare, previsto dal regolamento (UE) 2016/1953 del Parlamento europeo e del Consiglio, del 26 ottobre 2016, è rilasciato dal questore sulla base del modello conforme approvato con decreto del Ministro dell'interno, di concerto con il Ministro degli affari esteri e della cooperazione internazionale, da adottare entro tre mesi dalla data di entrata in vigore della presente disposizione (3).

7. Prima dell'emanazione, lo schema di regolamento di cui al comma 6 è trasmesso al Parlamento per l'acquisizione del parere delle Commissioni competenti per materia, che si esprimono entro trenta giorni. Decorso tale termine, il regolamento è emanato anche in mancanza del parere.

(1) *Comma modificato dall'art. 37, comma 2, d.l. 25 giugno 2008, n. 112, conv., con modif., in l. 6 agosto 2008, n. 133.*

(2) *Il regolamento di attuazione di cui al presente comma è stato emanato con d.P.R. 31 agosto 1999, n. 394.*

(3) *Comma inserito dall'art. 17, comma 1 l. 23 dicembre 2021, n. 238 (legge europea 2021), in vigore dal 1° gennaio 2022.*

2 Diritti e doveri dello straniero. (Legge 6 marzo 1998, n. 40, art. 2; legge 30 dicembre 1986, n. 943, art. 1).

1. Allo straniero comunque presente alla frontiera o nel territorio dello Stato sono riconosciuti i diritti fondamentali della persona umana previsti dalle norme di diritto interno, dalle convenzioni internazionali in vigore e dai princìpi di diritto internazionale generalmente riconosciuti.

2. Lo straniero regolarmente soggiornante nel territorio dello Stato gode dei diritti in materia civile attribuiti al cittadino italiano, salvo che le convenzioni internazionali in vigore per l'Italia e il presente testo unico dispongano diversamente. Nei casi in cui il presente testo unico o le convenzioni internazionali prevedano la condizione di reciprocità, essa è accertata secondo i criteri e le modalità previste dal regolamento di attuazione.

3. La Repubblica italiana, in attuazione della convenzione dell'OIL n. 143 del 24 giugno 1975, ratificata con legge 10 aprile 1981, n. 158, garantisce a tutti i lavoratori stranieri regolarmente soggiornanti nel suo territorio e alle loro famiglie parità di trattamento e piena uguaglianza di diritti rispetto ai lavoratori italiani.

4. Lo straniero regolarmente soggiornante partecipa alla vita pubblica locale.

5. Allo straniero è riconosciuta parità di trattamento con il cittadino relativamente alla tutela giurisdizionale dei diritti e degli interessi legittimi, nei rapporti con la pubblica amministrazione e nell'accesso ai pubblici servizi, nei limiti e nei modi previsti dalla legge.

6. Ai fini della comunicazione allo straniero dei provvedimenti concernenti l'ingresso, il soggiorno e l'espulsione, gli atti sono tradotti, anche sinteticamente, in una lingua comprensibile al destinatario, ovvero, quando ciò non sia possibile, nelle lingue francese, inglese o spagnola, con preferenza per quella indicata dall'interessato.

7. La protezione diplomatica si esercita nei limiti e nelle forme previsti dalle norme di diritto internazionale. Salvo che vi ostino motivate e gravi ragioni attinenti alla amministrazione della giustizia e alla tutela dell'ordine pubblico e della sicurezza nazionale, ogni straniero presente in Italia ha diritto di prendere contatto con le autorità del Paese di cui è cittadino e di essere in ciò agevolato da ogni pubblico ufficiale interessato al procedimento. L'autorità giudiziaria, l'autorità di pubblica sicurezza e ogni altro pubblico ufficiale hanno l'obbligo di informare, nei modi e nei termini previsti dal regolamento di attuazione, la rappresentanza diplomatica o consolare più vicina del Paese a cui appartiene lo straniero in ogni caso in cui esse abbiano proceduto ad adottare nei confronti di costui provvedimenti in materia di libertà personale, di allontanamento dal territorio dello Stato, di tutela dei minori, di status personale ovvero in caso di decesso dello straniero o di ricovero ospedaliero urgente e hanno altresì l'obbligo di far pervenire a tale rappresentanza documenti e oggetti appartenenti allo straniero che non debbano essere trattenuti per motivi previsti dalla legge. Non si fa luogo alla predetta informazione quando si tratta di stranieri che abbiano presentato una domanda di asilo, di stranieri ai quali sia stato riconosciuto lo status di rifugiato, ovvero di stranieri nei cui confronti sono state adottate misure di protezione temporanea per motivi umanitari.

8. Gli accordi internazionali stipulati per le finalità di cui all'articolo 11, comma 4, possono stabilire situazioni giuridiche più favorevoli per i cittadini degli Stati interessati a speciali programmi di cooperazione per prevenire o limitare le immigrazioni clandestine.

9. Lo straniero presente nel territorio italiano è comunque tenuto all'osservanza degli obblighi previsti dalla normativa vigente.

2-bis Comitato per il coordinamento e il monitoraggio (1).

1. È istituito il Comitato per il coordinamento e il monitoraggio delle disposizioni del presente testo unico, di seguito denominato "Comitato".

2. Il Comitato è presieduto dal Presidente o dal Vice Presidente del Consiglio dei ministri o da un Ministro delegato dal Presidente del Consiglio dei ministri, ed è composto dai Ministri interessati ai temi trattati in ciascuna riunione in numero non inferiore a quattro e da un presidente di regione o di provincia autonoma designato dalla Conferenza dei presidenti delle regioni e delle province autonome.

3. Per l'istruttoria delle questioni di competenza del Comitato, è istituito un gruppo tecnico di lavoro presso il Ministero dell'interno, composto dai rappresentanti dei Dipartimenti per gli affari regionali, per le pari opportunità, per il coordinamento delle politiche comunitarie, per l'innovazione e le tecnologie, e dei Ministeri degli affari esteri, dell'interno, della giustizia, delle attività produttive, dell'istruzione, dell'università e della ricerca, del lavoro e delle politiche sociali, della difesa, dell'economia e delle finanze, della salute, delle politiche agricole e forestali, per i beni e le attività culturali, delle comunicazioni, oltre che da un rappresentante del Ministro per gli italiani nel mondo e da tre esperti designati dalla Conferenza unificata di cui all'articolo 8 del decreto legislativo 28 agosto 1997, n. 281. Alle riunioni, in relazione alle materie oggetto di esame, possono essere invitati anche rappresentanti di ogni altra pubblica amministrazione interessata all'attuazione delle disposizioni del presente testo unico, nonché degli enti e delle associazioni nazionali e delle organizzazioni dei lavoratori e dei datori di lavoro di cui all'articolo 3, comma 1.

4. Con regolamento, da emanare ai sensi dell'articolo 17, comma 1, della legge 23 agosto 1988, n. 400, e successive modificazioni, su proposta del Presidente del Consiglio dei ministri, di concerto con il Ministro degli affari esteri, con il Ministro dell'interno e con il Ministro per le politiche comunitarie, sono definite le modalità di coordinamento delle attività del gruppo tecnico con le strutture della Presidenza del Consiglio dei ministri (2).

(1) *Articolo inserito dall'art. 2, comma 1, l. 30 luglio 2002, n. 189.*

(2) *Per il regolamento sulle modalità di coordinamento delle attività del gruppo tecnico di cui al presente comma v. d.P.R. 6 febbraio 2004, n. 100.*

3 Politiche migratorie. (Legge 6 marzo 1998, n. 40, art. 3).

1. Il Presidente del Consiglio dei Ministri, sentiti i Ministri interessati, il Consiglio nazionale dell'economia e del lavoro, la Conferenza permanente per i rapporti tra lo Stato, le regioni e le province autonome di Trento e di Bolzano, la Conferenza Stato-città e autonomie locali, gli enti e le associazioni nazionali maggiormente attivi nell'assistenza e nell'integrazione degli immigrati e le organizzazioni dei lavoratori e dei datori di lavoro maggiormente rappresentative sul piano nazionale, predispone ogni tre anni salva la necessità di un termine più breve il documento programmatico relativo alla politica dell'immigrazione e degli stranieri nel territorio dello Stato, che è approvato dal Governo e trasmesso al Parlamento. Le competenti Commissioni parlamentari esprimono il loro parere entro trenta giorni dal ricevimento del documento programmatico. Il documento programmatico è emanato, tenendo conto dei pareri ricevuti, con decreto del Presidente della Repubblica ed è pubblicato nella Gazzetta Ufficiale della Repubblica italiana. Il Ministro dell'Interno presenta annualmente al Parlamento una relazione sui risultati raggiunti attraverso i provvedimenti attuativi del documento programmatico (1).

2. Il documento programmatico indica le azioni e gli interventi che lo Stato italiano, anche in cooperazione con gli Stati membri dell'Unione europea, con le organizzazioni internazionali, con le istituzioni comunitarie e con organizzazioni non governative, si propone di svolgere in materia di immigrazione, anche mediante la conclusione di accordi con i Paesi di origine. Esso indica altresì le misure di carattere economico e sociale nei confronti degli stranieri soggiornanti nel territorio dello Stato, nelle materie che non debbono essere disciplinate con legge.

3. Il documento individua inoltre i criteri generali per la definizione dei flussi di ingresso nel territorio dello Stato, delinea gli interventi pubblici volti a favorire le relazioni familiari, l'inserimento sociale e l'integrazione culturale degli stranieri residenti in Italia, nel rispetto delle diversità e delle identità culturali delle persone, purché non confliggenti con l'ordinamento giuridico, e prevede ogni possibile strumento per un positivo reinserimento nei Paesi di origine.

4. Con decreto del Presidente del Consiglio dei ministri, sentiti il Comitato di cui all'articolo 2-*bis*, comma 2, la Conferenza unificata di cui all'articolo 8 del decreto legislativo 28 agosto 1997, n. 281, e le competenti Commissioni parlamentari, sono annualmente definite, entro il termine del 30 novembre dell'anno precedente a quello di riferimento del decreto, sulla base dei criteri generali individuati nel documento programmatico, le quote massime di stranieri da ammettere nel territorio dello Stato per lavoro subordinato, anche per esigenze di carattere stagionale, e per lavoro autonomo, tenuto conto dei ricongiungimenti familiari e delle misure di protezione temporanea eventualmente disposte ai sensi dell'articolo 20. Qualora se ne ravvisi l'opportunità, ulteriori decreti possono essere emanati durante l'anno. I visti di ingresso ed i permessi di soggiorno per lavoro subordinato, anche per esigenze di carattere stagionale, e per lavoro autonomo, sono rilasciati entro il limite delle quote predette. In caso di mancata pubblicazione del decreto di programmazione annuale, il Presidente del Consiglio dei ministri può provvedere in via transitoria, con proprio decreto (2) (3).

5. Nell'ambito delle rispettive attribuzioni e dotazioni di bilancio, le regioni, le province, i comuni e gli altri enti locali adottano i provvedimenti concorrenti al perseguimento dell'obbiettivo di rimuovere gli ostacoli che di fatto impediscono il pieno riconoscimento dei diritti e degli interessi riconosciuti agli stranieri nel territorio dello Stato, con particolare riguardo a quelle inerenti all'alloggio, alla lingua, all'integrazione sociale, nel rispetto dei diritti fondamentali della persona umana.

6. Con decreto del Presidente del Consiglio dei Ministri, da adottare di concerto con il Ministro dell'interno, si provvede all'istituzione di Consigli territoriali per l'immigrazione, in cui siano rappresentati le competenti amministrazioni locali dello Stato, la Regione, gli enti locali, gli enti e le associazioni localmente attivi nel soccorso e nell'assistenza agli immigrati, le organizzazioni dei lavoratori e dei datori di lavoro, con compiti di analisi delle esigenze e di promozione degli interventi da attuare a livello locale.

6-*bis*. Fermi restando i trattamenti dei dati previsti per il perseguimento delle proprie finalità istituzionali, il Ministero dell'interno espleta, nell'ambito del Sistema statistico nazionale e senza oneri aggiuntivi a carico del bilancio dello Stato, le attività di raccolta di dati a fini statistici sul fenomeno dell'immigrazione extracomunitaria per tutte le pubbliche amministrazioni interessate alle politiche migratorie (4).

7. Nella prima applicazione delle disposizioni del presente articolo, il documento programmatico di cui al comma 1 è predisposto entro novanta giorni dalla data di entrata in vigore della legge 6 marzo 1998, n. 40. Lo stesso documento indica la data entro cui sono adottati i decreti di cui al comma 4.

8. Lo schema del documento programmatico di cui al comma 7 è trasmesso al Parlamento per l'acquisizione del parere delle Commissioni competenti per materia che si esprimono entro trenta giorni. Decorso tale termine, il decreto è emanato anche in mancanza del parere.

(1) *Comma modificato dall'art. 3, comma 1, l. 30 luglio 2002, n. 189.*

(2) *L'art. 1, comma 1, lett. oa) d.l. 21 ottobre 2020, n. 130, conv., con modif., in l. 18 dicembre 2020, n. 173, ha soppresso le parole* « entro il 30 novembre, nel limite delle quote stabilite nell'ultimo decreto emanato ».

(3) *Comma sostituito dall'art. 3, comma 2, l. n. 189, cit. e poi modificato dall'art. 10-*ter*, comma 1, d.l. 30 dicembre 2009, n. 194, conv., con modif., in l. 26 febbraio 2010, n. 25.*

(4) *Comma inserito dall'art. 1, comma 1, d.lgs. 13 aprile 1999, n. 113.*

TITOLO II

Disposizioni sull'ingresso, il soggiorno e l'allontanamento dal territorio dello Stato

CAPO I

Disposizioni sull'ingresso e il soggiorno

4 Ingresso nel territorio dello Stato. (Legge 6 marzo 1998, n. 40, art. 4).

1. L'ingresso nel territorio dello Stato è consentito allo straniero in possesso di passaporto valido o documento equipollente e del visto d'ingresso, salvi i casi di esenzione, e può avvenire, salvi i casi di forza maggiore, soltanto attraverso i valichi di frontiera appositamente istituiti.

2. Il visto di ingresso è rilasciato dalle rappresentanze diplomatiche o consolari italiane nello Stato di origine o di stabile residenza dello straniero. Per soggiorni non superiori a tre mesi sono equiparati ai visti rilasciati dalle rappresentanze diplomatiche e consolari italiane quelli emessi, sulla base di specifici accordi, dalle autorità diplomatiche o consolari di altri Stati. Contestualmente al rilascio del visto di ingresso l'autorità diplomatica o consolare italiana consegna allo straniero una comunicazione scritta in lingua a lui comprensibile o, in mancanza, in inglese, francese, spagnolo o arabo, che illustri i diritti e i doveri dello straniero relativi all'ingresso ed al soggiorno in Italia. Qualora non sussistano i requisiti previsti dalla normativa in vigore per procedere al rilascio del visto, l'autorità diplomatica o consolare comunica il diniego allo straniero in lingua a lui comprensibile, o, in mancanza, in inglese, francese, spagnolo o arabo. In deroga a quanto stabilito dalla legge 7 agosto 1990, n. 241, e successive modificazioni, per motivi di sicurezza o di ordine pubblico il diniego non deve essere motivato, salvo quando riguarda le domande di visto presentate ai sensi degli articoli 22, 24, 26, 27, 28, 29, 36 e 39. La presentazione di documentazione falsa o contraffatta o di false attestazioni a sostegno della domanda di visto comporta automaticamente, oltre alle relative responsabilità penali, l'inammissibilità della domanda. Per lo straniero in possesso di permesso di soggiorno è sufficiente, ai fini del reingresso nel territorio dello Stato, una preventiva comunicazione all'autorità di frontiera (1).

3. Ferme restando le disposizioni di cui all'art. 3, comma 4, l'Italia, in armonia con gli obblighi assunti con l'adesione a specifici accordi internazionali, consentirà l'ingresso nel proprio territorio allo straniero che dimostri di essere in possesso di idonea documentazione atta a confermare lo scopo e le condizioni del soggiorno, nonché la disponibilità di mezzi di sussistenza sufficienti per la durata del soggiorno e, fatta eccezione per i permessi di soggiorno per motivi di lavoro, anche per il ritorno nel Paese di provenienza. I mezzi di sussistenza sono definiti con apposita direttiva emanata dal Ministro dell'interno, sulla base dei criteri indicati nel documento di programmazione di cui all'art. 3, comma 1. Non è ammesso in Italia lo straniero che non soddisfi tali requisiti o che sia considerato una minaccia per l'ordine pubblico o la sicurezza dello Stato o di uno dei Paesi con i quali l'Italia abbia sottoscritto accordi per la soppressone dei controlli alle frontiere interne e la libera circolazione delle persone o che risulti condannato, anche con sentenza non definitiva, compresa quella adottata a seguito di applicazione della pena su richiesta ai sensi dell'articolo 444 del codice di procedura penale, per reati previsti dall'articolo 380, commi 1 e 2, del codice di procedura penale ovvero per reati inerenti gli stupefacenti, la libertà sessuale, il favoreggiamento dell'immigrazione clandestina verso l'Italia e dell'emigrazione clandestina dall'Italia verso altri Stati o per reati diretti al reclutamento di persone da destinare alla prostituzione o allo sfruttamento della prostituzione o di minori da impiegare in attività illecite. Impedisce l'ingresso dello straniero in Italia anche la condanna, con sentenza irrevocabile, per uno dei reati previsti dalle disposizioni del titolo III, capo III, sezione II, della legge 22 aprile 1941, n. 633, relativi alla tutela del diritto di autore, e degli articoli 473 e 474 del codice penale, nonché dall'articolo 1 del decreto legislativo 22 gennaio 1948, n. 66, e dall'articolo 24 del regio decreto 18 giugno 1931, n. 773 (2). Lo straniero per il quale è richiesto il ricongiungimento familiare, ai sensi dell'articolo 29, non è ammesso in Italia quando rappresenti una minaccia concreta e attuale per l'ordine pubblico o la sicurezza dello Stato o di uno dei Paesi con i quali l'Italia abbia sottoscritto accordi per la soppressione dei controlli alle frontiere interne e la libera circolazione delle persone (3).

4. L'ingresso in Italia può essere consentito con visti per soggiorni di breve durata, validi fino a 90 giorni e per soggiorni di lunga durata che comportano per il titolare la concessione di un permesso di soggiorno in Italia con motivazione identica a quella menzionata nel visto. Per soggiorni inferiori a tre mesi, saranno considerati validi anche i motivi esplicitamente indicati in visti rilasciati da autorità diplomatiche o consolari di altri Stati in base a specifici accordi internazionali sottoscritti e ratificati dall'Italia ovvero a norme comunitarie.

5. Il Ministero degli affari esteri adotta, dandone tempestiva comunicazione alle competenti Commissioni parlamentari, ogni opportuno provvedimento di revisione o modifica dell'elenco dei Paesi i cui cittadini siano soggetti ad obbligo di visto, anche in attuazione di obblighi derivanti da accordi internazionali in vigore.

6. Non possono fare ingresso nel territorio dello Stato e sono respinti dalla frontiera gli stranieri espulsi, salvo che abbiano ottenuto la speciale autorizzazione o che sia trascorso il periodo di divieto di ingresso, gli stranieri che debbono essere espulsi e quelli segnalati, anche in base ad accordi o convenzioni internazionali in vigore in Italia, ai fini del respingimento o della non ammissione per gravi motivi di ordine pubblico, di sicurezza nazionale e di tutela delle relazioni internazionali.

6-*bis*. Nei casi di cui all'articolo 24, paragrafo 2, lettera *b*), del regolamento (CE) n. 1987/2006 del Parlamento europeo e del Consiglio del 20 dicembre 2006, la decisione di inserimento della segnalazione nel sistema di informazione Schengen, ai fini del rifiuto di ingresso ai sensi dell'articolo 24, paragrafo 1, del predetto regolamento, è adottata dal direttore della Direzione centrale della Polizia di prevenzione del Ministero dell'interno, su parere del comitato di analisi strategica antiterrorismo di cui all'articolo 12, comma 3, della legge 3 agosto 2007, n. 124 (4).

7. L'ingresso è comunque subordinato al rispetto degli adempimenti e delle formalità prescritti con il regolamento di attuazione.

(1) *Comma sostituito dall'art. 4, comma 1, l. 30 luglio 2002, n. 189.*

(2) *Le parole* « , nonché dall'articolo 1 del decreto legislativo 22 gennaio 1948, n. 66, e dall'articolo 24 del regio decreto 18 giugno 1931, n. 773. » *sono state inserite dall'art. 23, comma 2, d.l. 4 ottobre 2018, n. 113, conv., con modif., in l. 1 dicembre 2018, n. 132.*

(3) *Comma modificato dall'art. 4, comma 1, l. 30 luglio 2002, n. 189, dall'art. 2, comma 1, del d.lgs. 8 gennaio 2007 n. 5 e dall'art. 1, comma 22, lettera* a), *l. 15 luglio 2009, n. 94.*

(4) *Comma aggiunto dall'art. 15, comma 1, del d.l. 17 febbraio 2017, n. 13, conv., con modif., in l. 13 aprile 2017, n. 46.*

4-*bis* Accordo di integrazione (1).

1. Ai fini di cui al presente testo unico, si intende con integrazione quel processo finalizzato a promuovere la convivenza dei cittadini italiani e di quelli stranieri, nel rispetto dei valori sanciti dalla Costituzione italiana, con il reciproco impegno a partecipare alla vita economica, sociale e culturale della società.

1-*bis*. Nell'ambito delle attività preordinate alla realizzazione del processo di integrazione di cui al comma 1, sono fornite le informazioni sui diritti conferiti allo straniero con il permesso di soggiorno di cui all'articolo 5, comma 8.1 (2).

2. Entro centottanta giorni dalla data di entrata in vigore del presente articolo, con regolamento, adottato ai sensi dell'articolo 17, comma 1, della legge 23 agosto 1988, n. 400, su proposta del Presidente del Consiglio dei ministri e del Ministro dell'interno, di concerto con il Ministro dell'istruzione, dell'università e della ricerca e il Ministro del lavoro, della salute e delle politiche sociali, sono stabiliti i criteri e le modalità per la sottoscrizione, da parte dello straniero, contestualmente alla presentazione della domanda di rilascio del permesso di soggiorno ai sensi dell'articolo 5, di un Accordo di integrazione, articolato per crediti, con l'impegno a sottoscrivere specifici obiettivi di integrazione, da conseguire nel periodo di validità del permesso di soggiorno. La stipula dell'Accordo di integrazione rappresenta condizione necessaria per il rilascio del permesso di soggiorno. La perdita integrale dei crediti determina la revoca del permesso di soggiorno e l'espulsione dello straniero dal territorio dello Stato, eseguita dal questore secondo le modalità di cui all'articolo 13, comma 4, ad eccezione dello straniero titolare di permesso di soggiorno per asilo, per protezione sussidiaria, per i motivi di cui all'articolo 32, comma 3, del decreto legislativo 28 gennaio 2008, n. 25, (3) per motivi familiari, di permesso di soggiorno UE per soggiornanti di lungo periodo, di carta di soggiorno per familiare straniero di cittadino dell'Unione europea, nonché dello straniero titolare di altro permesso di soggiorno che ha esercitato il diritto al ricongiungimento familiare (3) (4).

3. All'attuazione del presente articolo si provvede con le risorse umane, strumentali e finanziarie disponibili a legislazione vigente, senza nuovi o maggiori oneri per la finanza pubblica.

(1) *Articolo inserito dall'art. 1, comma 25, l. 15 luglio 2009, n. 94.*

(2) *Comma inserito dall'art. 1, comma 1, lett.* a), *d.lgs. 4 marzo 2014, n. 40.*

(3) *Le parole* « per protezione sussidiaria, per i motivi di cui all'articolo 32, comma 3, del decreto legislativo 28 gennaio 2008, n. 25, » *sono state sostituite alle previgenti* « per richiesta di asilo, per protezione sussidiaria, per motivi umanitari, » *dall'art.1, comma 1, lett.* a) *d.l. 4 ottobre 2018, n. 113, conv., con modif., in l. 1 dicembre 2018, n. 132.*

(3) *Per il Regolamento concernente la disciplina dell'accordo di integrazione tra lo straniero e lo Stato, a norma del presente comma, vedi il d.P.R. 14 settembre 2011, n. 179.*

(4) *Comma modificato dall'art. 3, comma 1, d.lgs. 13 febbraio 2014, n. 12.*

4-*ter* Proroga del visto (1).

1. Il questore della provincia in cui lo straniero si trova può prorogare il visto d'ingresso per soggiorni di breve durata fino alla durata massima consentita dalla normativa europea, ai sensi dell'articolo 33 del regolamento (CE) n. 810/2009 del Parlamento europeo e del Consiglio, del 13 luglio 2009, che istituisce un codice europeo dei visti.

2. Lo straniero che richiede la proroga del visto ai sensi del comma 1 è sottoposto a rilievi fotodattiloscopici.

3. La proroga del visto concessa dal questore consente il soggiorno dello straniero nel territorio nazionale senza la necessità di ulteriori adempimenti.

4. Le informazioni sulla proroga del visto, memorizzate nel sistema di informazione visti (VIS) conformemente all'articolo 14 del regolamento (CE) n. 767/2008 del Parlamento europeo e del Consiglio, del 9 luglio 2008, concernente il VIS e lo scambio di dati tra Stati membri sui visti per soggiorni di breve durata (regolamento VIS), sono registrate negli archivi del Centro elaborazione dati di cui all'articolo 8 della legge 1° aprile 1981, n. 121.

(1) *Articolo inserito dall'art. 16, comma 1, lett. a) l. 23 dicembre 2021, n. 238 (legge europea 2021), in vigore dal 1° gennaio 2022.*

5 Permesso di soggiorno. (Legge 6 marzo 1998, n. 40, art. 5).

1. Possono soggiornare nel territorio dello Stato gli stranieri entrati regolarmente ai sensi dell'articolo 4, che siano muniti di carta di soggiorno (1) o di permesso di soggiorno rilasciati, e in corso di validità, a norma del presente testo unico o che siano in pos sesso della proroga del visto ai sensi dell'articolo 4-*ter* o (2) di permesso di soggiorno o titolo equipollente rilasciato dalla competente autorità di uno Stato appartenente all'Unione europea, nei limiti ed alle condizioni previsti da specifici accordi (3).

1-*bis*. Nei casi di cui all'articolo 38-*bis*, possono soggiornare nel territorio dello Stato gli studenti stranieri che sono entrati secondo le modalità e alle condizioni previste dall'articolo 4 e che sono in possesso del visto per motivi di studio rilasciato per l'intera durata del corso di studio e della relativa dichiarazione di presenza (4).

2. Il permesso di soggiorno deve essere richiesto, secondo le modalità previste nel regolamento di attuazione, al questore della provincia in cui lo straniero si trova entro otto giorni lavorativi dal suo ingresso nel territorio dello Stato (5) ed è rilasciato per le attività previste dal visto d'ingresso o dalle disposizioni vigenti. Il regolamento di attuazione può prevedere speciali modalità di rilascio relativamente ai soggiorni brevi per motivi di turismo, di giustizia, di attesa di emigrazione in altro Stato e per l'esercizio delle funzioni di ministro di culto nonché ai soggiorni in case di cura, ospedali, istituti civili e religiosi e altre convivenze.

2-*bis*. Lo straniero che richiede il permesso di soggiorno è sottoposto a rilievi fotodattiloscopici (6).

2-*ter*. La richiesta di rilascio e di rinnovo del permesso di soggiorno è sottoposta al versamento di un contributo, il cui importo è fissato fra un minimo di 80 e un massimo di 200 euro con decreto del Ministro dell'economia e delle finanze, di concerto con il Ministro dell'interno, che stabilisce altresì le modalità del versamento nonché le modalità di attuazione della disposizione di cui all'articolo 14-*bis*, comma 2. Non è richiesto il versamento del contributo per il rilascio ed il rinnovo del permesso di soggiorno per asilo, per richiesta di asilo, per protezione sussidiaria, per cure mediche nonché dei permessi di soggiorno di cui agli articoli 18, 18-*bis*, 20-*bis*, 22, comma 12-*quater*, e 42-*bis*, e del permesso di soggiorno rilasciato ai sensi dell'articolo 32, comma 3, del decreto legislativo 28 gennaio 2008, n. 25 (7).

3. La durata del permesso di soggiorno non rilasciato per motivi di lavoro è quella prevista dal visto d'ingresso, nei limiti stabiliti dal presente testo unico o in attuazione degli accordi e delle convenzioni internazionali in vigore. La durata non può comunque essere (8):

a) superiore a tre mesi, per visite, affari e turismo;

b) (9);

c) inferiore al periodo di frequenza, anche pluriennale, di un corso di studio di istituzioni scolastiche, istituti tecnici superiori, istituzioni (10) universitarie e dell'alta formazione artistica, musicale e coreutica o per formazione debitamente certificata, fatta salva la verifica annuale di profitto; secondo le previsioni del regolamento di attuazione. Il permesso può essere prolungato per ulteriori dodici mesi oltre il termine del percorso formativo compiuto, secondo quanto disposto dall'articolo 39-*bis*.1 (10) (11);

d) (12);

e) superiore alle necessità specificamente documentate, negli altri casi consentiti dal presente testo unico o dal regolamento di attuazione (13).

3-*bis*. Il permesso di soggiorno per motivi di lavoro è rilasciato a seguito della stipula del contratto di soggiorno per lavoro di cui all'articolo 5-*bis*. La durata del relativo permesso di soggiorno per lavoro è quella prevista dal contratto di soggiorno e comunque non può superare:

a) in relazione ad uno o più contratti di lavoro stagionale, la durata complessiva di nove mesi;

b) in relazione ad un contratto di lavoro subordinato a tempo determinato, la durata di un anno (14);

c) in relazione ad un contratto di lavoro subordinato a tempo indeterminato, la durata di due anni (15).

3-*ter*. Allo straniero che dimostri di essere venuto in Italia almeno una volta nei cinque anni precedenti per prestare lavoro stagionale è rilasciato, qualora si tratti di impieghi ripetitivi, un permesso pluriennale, a tale titolo, fino a tre annualità, con indicazione del periodo di validità per ciascun anno. Il predetto permesso di soggiorno è revocato se lo straniero non si presenta all'ufficio di frontiera esterna al termine della validità annuale e alla data prevista dal visto di ingresso per il rientro nel territorio nazionale. Il relativo visto di ingresso è rilasciato sulla base del nulla osta rilasciato ai sensi dell'articolo 24, comma 11 (16).

3-*quater*. Possono inoltre soggiornare nel territorio dello Stato gli stranieri muniti di permesso di soggiorno per lavoro autonomo rilasciato sulla base della certificazione della competente rappresentanza diplomatica o consolare italiana della sussistenza dei requisiti previsti dall'articolo 26 del presente testo unico. Il permesso di soggiorno non può avere validità superiore ad un periodo di due anni (15).

3-*quinquies*. La rappresentanza diplomatica o consolare italiana che rilascia il visto di ingresso per motivi di lavoro, ai sensi dei commi 2 e 3 dell'articolo 4, ovvero il visto di ingresso per lavoro autonomo, ai sensi del comma 5 dell'articolo 26, ne dà comunicazione anche in via telematica al Ministero dell'interno e all'INPS nonché all'INAIL (17). per l'inserimento nell'archivio previsto dal comma 9 dell'articolo 22 entro trenta giorni dal ricevimento della documentazione. Uguale comunicazione è data al Ministero dell'interno per i visti di ingresso per ricongiungimento familiare di cui all'articolo 29 entro trenta giorni dal ricevimento della documentazione (14).

3-*sexies*. Nei casi di ricongiungimento familiare, ai sensi dell'articolo 29, la durata del permesso di soggiorno non può essere superiore a due anni (15).

4. Il rinnovo del permesso di soggiorno è richiesto dallo straniero al questore della provincia in cui dimora, almeno sessanta giorni prima della scadenza (5), ed è sottoposto alla verifica delle condizioni previste per il rilascio e delle diverse condizioni previste dal presente testo unico (18). Fatti salvi i diversi termini previsti dal presente testo unico e dal regolamento di attuazione, il permesso di soggiorno è rinnovato per una durata non superiore a quella stabilita con rilascio iniziale (19).

4-*bis*. Lo straniero che richiede il rinnovo del permesso di soggiorno è sottoposto a rilievi fotodattiloscopici (20).

5. Il permesso di soggiorno o il suo rinnovo sono rifiutati e, se il permesso di soggiorno è stato rilasciato, esso è revocato quando mancano o vengono a mancare i requisiti richiesti per l'ingresso e il soggiorno nel territorio dello Stato, fatto salvo quanto previsto dall'articolo 22, comma 9, e sempre che non siano sopraggiunti nuovi elementi che ne consenta no il rilascio e che non si tratti di irregolarità amministrative sanabili. Nell'adottare il provvedimento di rifiuto del rilascio, di revoca o di diniego di rinnovo del permesso di soggiorno dello straniero che ha esercitato il diritto al ricongiungimento familiare ovvero del familiare ricongiunto, ai sensi dell'articolo 29, si tiene anche conto della natura e della effettività dei vincoli familiari dell'interessato e dell'esistenza di legami familiari e sociali con il suo Paese d'origine, nonché, per lo straniero già presente sul territorio nazionale, anche della durata del suo soggiorno nel medesimo territorio nazionale (21).

5-*bis*. Nel valutare la pericolosità dello straniero per l'ordine pubblico e la sicurezza dello Stato o di uno dei Paesi con i quali l'Italia abbia sottoscritto accordi per la soppressione dei controlli alle frontiere interne e la libera circolazione delle persone ai fini dell'adozione del provvedimento di revoca o di diniego di rinnovo del permesso di soggiorno per motivi familiari, si tiene conto anche di eventuali condanne per i reati previsti dagli articoli 380, commi 1 e 2, e 407, comma 2, lettera *a*), del codice di procedura penale, ovvero per i reati di cui all'articolo 12, commi 1 e 3 (22).

5-*ter*. Il permesso di soggiorno è rifiutato o revocato quando si accerti la violazione del divieto di cui all'articolo 29, comma 1-*ter* (23).

6. Il rifiuto o la revoca del permesso di soggiorno possono essere altresì adottati sulla base di convenzioni o accordi internazionali, resi esecutivi in Italia, quando lo straniero non soddisfi le condizioni di soggiorno applicabili in uno degli Stati contraenti, fatto salvo il rispetto degli obblighi costituzionali o internazionali dello Stato italiano (24).

7. Gli stranieri muniti del permesso di soggiorno o di altra autorizzazione che conferisce il diritto a soggiornare, rilasciati dall'autorità di uno Stato membro dell'Unione europea e validi per il soggiorno in Italia, sono tenuti a dichiarare la loro presenza al questore entro il termine di cui al comma 2. Agli stessi è rilasciata idonea ricevuta della dichiarazione di soggiorno. Ai contravventori si applica la sanzione amministrativa del pagamento di una somma da euro 103 a euro 309 (25).

7-*bis*. Allo straniero di cui al comma 7, che si è trattenuto nel territorio nazionale oltre i tre mesi dall'ingresso, il questore intima di recarsi immediatamente, e comunque non oltre sette giorni dalla notifica dell'intimazione, nello Stato membro dell'Unione europea che ha rilasciato il permesso di soggiorno o altra autorizzazione che conferisce il diritto di soggiornare, in corso di validità (26).

7-*ter*. Nei confronti dello straniero che ha violato l'intimazione di cui al comma 7-*bis* è adottato il provvedimento di espulsione ai sensi dell'articolo 13, comma 2. In presenza di accordi o intese bilaterali con altri Stati membri dell'Unione europea entrati in vigore in data anteriore al 13 gennaio 2009, l'allontanamento è eseguito verso lo Stato membro che ha rilasciato il permesso di soggiorno o altra autorizzazione al soggiorno. Qualora sussistano i presupposti per l'adozione del provvedimento di espulsione ai sensi dell'articolo 13, comma 1, ovvero dell'articolo 3, comma 1, del decreto-legge 27 luglio 2005, n. 144, convertito, con modificazioni, dalla legge 31 luglio 2005, n. 155, il provvedimento di espulsione è adottato sentito lo Stato membro che ha rilasciato il permesso di soggiorno o altra autorizzazione e l'allontanamento è eseguito con destinazione fuori del territorio dell'Unione europea (26) (27).

7-*quater* È autorizzata la riammissione nel territorio nazionale dello straniero espulso da altro Stato membro dell'Unione europea, in possesso di un permesso di soggiorno o di altra autorizzazione che conferisca il diritto di soggiornare rilasciati dall'Italia e in corso di validità, a condizione che non costituisca un pericolo per l'ordine pubblico o la sicurezza dello Stato (26).

8. Il permesso di soggiorno e la carta di soggiorno (1) di cui all'articolo 9 sono rilasciati mediante utilizzo di mezzi a tecnologia avanzata con caratteristiche anticontraffazione conformi ai modelli da approvare con decreto del Ministro dell'interno, di concerto con il Ministro per l'innovazione e le tecnologie in attuazione del regolamento (CE) n. 1030/2002 del Consiglio, del 13 giugno 2002, riguardante l'adozione di un modello uniforme per i permessi di soggiorno rilasciati a cittadini di Paesi terzi. Il permesso di soggiorno e la carta di soggiorno (1) rilasciati in conformità ai predetti modelli recano inoltre i dati personali previsti, per la carta di identità e gli altri documenti elettronici, dall'articolo 36 del testo unico delle disposizioni legislative e regolamentari in materia di documentazione amministrativa, di cui al decreto del Presidente della Repubblica 28 dicembre 2000, n. 445 (28) (29).

8.1 Nel permesso di soggiorno che autorizza l'esercizio di attività lavorativa secondo le norme del presente testo unico e del regolamento di attuazione è inserita la dicitura: "perm. unico lavoro" (30).

8.2 La disposizione di cui al comma 8.1 non si applica:

a) agli stranieri di cui agli articoli 9 e 9-*ter*;

b) agli stranieri di cui all'articolo 24;

c) agli stranieri di cui all'articolo 26;

d) agli stranieri di cui all'articolo 27, comma 1, lettere *a*), *g*), *h*), *i*) e *r*);

e) agli stranieri che soggiornano a titolo di protezione temporanea e nei casi di cui agli articoli 18, 18-*bis*, 20-*bis*, 22, comma 12-*quater*, e del permesso di soggiorno rilasciato ai sensi dell'articolo 32, comma 3, del decreto legislativo 28 gennaio 2008, n. 25 (6), ovvero hanno richiesto il permesso di soggiorno a tale titolo e sono in attesa di una decisione su tale richiesta (31);

f) agli stranieri che soggiornano a titolo di protezione internazionale come definita dall'articolo 2, comma 1, lettera *a*), del decreto legislativo 19 novembre 2007, n. 251, ovvero hanno chiesto il riconoscimento della protezione e sono in attesa di una decisione su tale richiesta;

g) agli stranieri che soggiornano per motivi di studio o formazione (31).

g-bis) agli stranieri di cui all'articolo 42-*bis* (32).

8-*bis*. Chiunque contraffà o altera un visto di ingresso o reingresso, una proroga del visto, (33) un permesso di soggiorno, un contratto di soggiorno o una carta di soggiorno (1), ovvero contraffà o altera documenti al fine di determinare il rilascio di un visto di ingresso o di reingresso, della proroga del visto, (34) di un permesso di soggiorno, di un contratto di soggiorno o di una carta di soggiorno (1) oppure utilizza uno di tali documenti contraffatti o alterati, è punito con la reclusione da uno a sei anni. Se la falsità concerne un atto o parte di un atto che faccia fede fino a querela di falso la reclusione è da tre a dieci anni. La pena è aumentata se il fatto è commesso da un pubblico ufficiale (35).

9. Il permesso di soggiorno è rilasciato, rinnovato o convertito entro sessanta giorni dalla data in cui è stata presentata la domanda, se sussistono i requisiti e le condizioni previsti dal presente testo unico e dal regolamento di attuazione per il permesso di soggiorno richiesto (32) ovvero, in mancanza di questo, per altro tipo di permesso da rilasciare in applicazione del presente testo unico (36).

9-*bis*. In attesa del rilascio o del rinnovo del permesso di soggiorno, anche ove non venga rispettato il termine di sessanta giorni di cui al precedente comma, il lavoratore straniero può legittimamente soggiornare nel territorio dello Stato e svolgere temporaneamente l'attività lavorativa fino ad eventuale comunicazione dell'Autorità di pubblica sicurezza, da notificare anche al datore di lavoro, con l'indicazione dell'esistenza dei motivi ostativi al rilascio o al rinnovo del permesso di soggiorno. L'attività di lavoro di cui sopra può svolgersi alle seguenti condizioni (37):

a) che la richiesta del rilascio del permesso di soggiorno per motivi di lavoro sia stata effettuata dal lavoratore straniero all'atto della stipula del contratto di soggiorno, secondo le modalità previste nel regolamento d'attuazione, ovvero, nel caso di rinnovo, la richiesta sia stata presentata prima della scadenza del permesso, ai sensi del precedente comma 4, e dell'articolo 13 del decreto del Presidente della Repubblica del 31 agosto 1999, n. 394, o entro sessanta giorni dalla scadenza dello stesso;

b) che sia stata rilasciata dal competente ufficio la ricevuta attestante l'avvenuta presentazione della richiesta di rilascio o di rinnovo del permesso (38).

(1) *Ai sensi dell'art. 2 comma 3 d.lg. 8 gennaio 2007, n. 3 e dell'art. 3 d.lg. 13 febbraio 2014, n. 12, tutti i riferimenti alla carta di soggiorno si intendono al permesso di soggiorno UE per soggiornanti di lungo periodo, di cui al successivo art. 9.*

(2) *Le parole* « della proroga del visto ai sensi dell'articolo 4-*ter* o » *sono state inserite dall'art. 16, comma 1, lett. b), n. 1) l. 23 dicembre 2021, n. 238 (legge europea 2021), in vigore dal 1° gennaio 2022.*

(3) *Comma così modificato dall'art. 5 comma 1 lett.* a) *l. 30 luglio 2002, n. 189.*

(4) *Comma aggiunto dall'art. 1 comma 1 lett. a) d.l. 21 ottobre 2020, n. 130, conv., con modif., in l. 18 dicembre 2020, n. 173. L'art. 15 comma 1 del medesimo d.l. ha disposto che le presenti modifiche si applicano anche ai procedimenti pendentialla data di entrata in vigore del d.l. medesimo avanti alle commissioni territoriali, al questore e alle sezioni specializzate dei tribunali, con esclusione dell'ipotesi prevista dall'art. 384, comma 2, c.p.c.*

(5) *Tale termine era stato sospeso per la durata di trenta giorni dall'art. 9 comma 1 lett.* b) *d.l. 2 marzo 2020, n. 9, successivamente abrogato dall'art. 2 l. 24 aprile 2020, n. 27, di conversione del d.l. 17 marzo 2020, n. 18, disponendo che restano validi gli atti e i provvedimenti adottati e sono fatti salvi gli effetti prodottisi e i rapporti giuridici sorti sulla base del suddetto decreto. V. anche* infra *nota 13.*

(6) *Comma inserito dall'art. 5 comma 1 lett.* b) *l. n. 189, cit.*

(7) *Comma inserito dall'art. 1 comma 22 lett.* b) *l. 15 luglio 2009, n. 94, e da ultimo così modificato dall'art. 1 comma 1 lett.* b) *d.l. 4 ottobre 2018, n. 113, conv. con modif., in l. 1° dicembre 2018, n. 132, che ha sostituito le parole « per cure mediche nonché dei permessi di soggiorno di cui agli articoli 18, 18-*bis, *20-*bis, *22, comma 12-*quater, *e 42-*bis, *e del permesso di soggiorno rilasciato ai sensi dell'articolo 32, comma 3, del decreto legislativo 28 gennaio 2008, n. 25 » alle parole « per motivi umanitari ».*

(8) *Alinea così modificato dall'art. 5 comma 1 lett.* c) *l. n. 189, cit.*

(9) *Lettera abrogata dall'art. 5 comma 1 lett.* d) *l. n. 189, cit.*

(10) *Le parole « istituti tecnici superiori, istituzioni » sono state inserite e le parole « secondo quanto disposto dall'articolo 39-*bis.1 *» sono state sostituite alle parole « secondo quanto disposto dall'articolo 22, comma 11-*bis *» dall'art. 1 comma 1 lett.* a) *d.lg. 11 maggio 2018, n. 71.*

(11) *Lettera sostituita dall'art. 9 comma 1 d.l. 12 settembre 2013, n. 104, conv., con modif., in l. 8 novembre 2013, n. 128, che al successivo comma 2 ha così disposto: « Entro sei mesi dalla data di entrata in vigore della legge di conversione del presente decreto, si provvede all'adeguamento del regolamento di cui al decreto del Presidente della Repubblica 31 agosto 1999, n. 394, adottato ai sensi dell'articolo 1, comma 6, del testo unico di cui al decreto legislativo 25 luglio 1998, n. 286. La disposizione di cui al comma 1 si applica a decorrere dal quindicesimo giorno successivo all'entrata in vigore delle predette norme regolamentari di adeguamento ».*

(12) *Lettera abrogata dall'art. 5 comma 1 lett.* d) *l. n. 189, cit.*

(13) *V. l. 28 maggio 2007, n. 68, in materia di soggiorni di breve durata degli stranieri per visite, affari, turismo e studio.*

(14) *Per la proroga della validità al 31 dicembre 2020 dei permessi di soggiorno, in scadenza tra il 23 febbraio e il 31 maggio 2020, v. l'art. 78, comma 3-*sexies, *d.l. 17 marzo 2020, n. 18, conv., con modif., in l. 24 aprile 2020, n. 27.*

(15) *Comma inserito dall'art. 5 comma 1 lett.* e) *l. n. 189, cit.*

(16) *Comma inserito dall'art. 5 comma 1 lett.* e) *l. n. 189, cit. e così sostituito dall'art. 1 comma 1 lett.* a) *d.lg. 29 ottobre 2016, n. 203. Il testo del comma era il seguente: « 3-*ter. *Allo straniero che dimostri di essere venuto in Italia almeno due anni di seguito per prestare lavoro stagionale può essere rilasciato, qualora si tratti di impieghi ripetitivi, un permesso pluriennale, a tale titolo, fino a tre annualità, per la durata temporale annuale di cui ha usufruito nell'ultimo dei due anni precedenti con un solo provvedimento. Il relativo visto di ingresso è rilasciato ogni anno. Il permesso è revocato immediatamente nel caso in cui lo straniero violi le disposizioni del presente testo unico ».*

(17) *Periodo così modificato dall'art. 80 comma 10 l. 27 dicembre 2002, n. 289 (legge finanziaria 2003).*

(18) *Periodo così sostituito dall'art. 1 comma 22 lett.* c) *l. n. 94, cit.*

(19) *Comma sostituito dall'art. 5 comma 1 lett.* f) *l. n. 189, cit.*

(20) *Comma inserito dall'art. 5 comma 1 lett.* g) *l. n. 189, cit.*

(21) *Comma così modificato dall'art. 2 comma 1 lett.* b) *n. 1 d.lg. 8 gennaio 2007, n. 5, e dichiarato costituzionalmente illegittimo con C cost. 18 luglio 2013, n. 202 « nella parte in cui prevede che la valutazione discrezionale in esso stabilita si applichi solo allo straniero che "ha esercitato il diritto al ricongiungimento familiare" o al "familiare ricongiunto", e non anche allo straniero "che abbia legami familiari nel territorio dello Stato" ».*

(22) *Comma inserito dall'art. 2 comma 1 lett.* b) *n. 2 d.lg. n. 5, cit., e poi così modificato dall'art. 1 comma 22 lett.* d) *l. n. 94, cit.*

(23) *Comma inserito dall'art. 1 comma 22 lett.* e) *l. n. 94, cit.*

(24) *Comma modificato dall'art. 3 comma 1 lett.* a) *d.l. 23 giugno 2011, n. 89, conv., con modif., in l. 2 agosto 2011, n. 129, poi sostituito dall'art. 1 comma 1 lett.* b) *d.l. n. 113 del 2018, cit., e da ultimo così modificato dall'art. 1 comma 1 lett. a) d.l. n. 130 del 2020, cit., che ha inserito le parole « fatto salvo il rispetto degli obblighi costituzionali o internazionali dello Stato italiano ». V. la disciplina transitoria di cui all'art. 15 comma 1 d.l. n. 130 del 2020, cit.,* sub *nota 3.*

V., per i titolari dello status *di protezione sussidiaria, l'art. 34 comma 4 d.lg. 19 novembre 2007, n. 251.*

(25) *Comma sostituito dall'art. 3 comma 1 lett. a) l. 30 ottobre 2014, n. 161.*

*In relazione alle misure connesse all'emergenza epidemiologica da Covid-19, per la proroga dei termini per le autorizzazioni al soggiorno di cui al presente comma, v. l'art. 103 comma 2-*quater *lett.* b) *d.l. n. 18, del 2020, cit.; per un'ulteriore proroga v. l'art. 3-*bis *comma 3 d.l. 7 ottobre 2020, n. 125, conv., con modif. in l. 27 novembre 2020, n. 159, come modificato dall'art. 11-*ter, *comma 2 d.l. 22 aprile 2021, n. 52, conv., con modif., in l. 17 giugno 2021, n. 87.*

(26) *Comma inserito dall'art. 3 comma 1 lett. b) l. n. 161 del 2014, cit.*

(27) *Comma così modificato dall'art. 10 l. 29 luglio 2015, n. 115.*

(28) *Comma da ultimo così sostituito dall'art. 11 d.l. 27 luglio 2005, n. 144, conv., con modif., in l. 31 luglio 2005, n. 155.*

(29) *V. d.m. 3 agosto 2004.*

(30) *Comma inserito dall'art. 1 comma 1 lett. b) d.lg. 4 marzo 2014, n. 40.*

(31) *Lettera così modificata dall'art. 1 comma 1 lett.* b) *d.l. n. 113 del 2018, cit., che ha sostituito le parole « e nei casi di cui agli articoli 18, 18-*bis, *20-*bis, *22, comma 12-*quater, *e del permesso di soggiorno rilasciato ai sensi dell'articolo 32, comma 3, del decreto legislativo 28 gennaio 2008, n. 25, » alle parole « o per motivi umanitari ».*

(32) *Lettera aggiunta dall'art. 1 comma 1 lett.* b) *d.l. n. 113 del 2018, cit.*

(33) *Le parole* « una proroga del visto, » *sono state inserite dall'art. 16, comma 1, lett. b), n. 2), n. 2.1) l. n. 238, cit.*

(34) *Le parole* « della proroga del visto, » *sono state inserite dall'art. 16, comma 1, lett. b), n. 2), n. 2.1) l. n. 238, cit.*

(35) *Comma inserito dall'art. 5 comma 1 lett.* i) *l. n. 189, cit., e poi così modificato dall'art. 1 comma 22 lett.* f) *l. n. 94, cit.*

(36) *Comma così modificato dall'art. 1 comma 1 lett. c) d.lg. n. 40 del 2014, cit.*

(37) *Alinea così modificato dall'art. 1 comma 1 lett. d) d.lg. n. 40 del 2014, cit.*

(38) *Comma aggiunto dall'art. 40 comma 3 d.l. 6 dicembre 2011, n. 201, conv., con modif., in l. 22 dicembre 2011, n. 214.*

5-*bis* (*Omissis*).

6 Facoltà ed obblighi inerenti al soggiorno.

(Legge 6 marzo 1998, n. 40, art. 6; r.d. 18 giugno 1931, n. 773, articoli 144, comma 2, e 148).

1. Il permesso di soggiorno rilasciato per motivi di lavoro subordinato, lavoro autonomo e familiari può

essere utilizzato anche per le altre attività consentite. Quello rilasciato per motivi di studio e formazione può essere convertito, comunque prima della sua scadenza, e previa stipula del contratto di soggiorno per lavoro ovvero previo rilascio della certificazione attestante la sussistenza dei requisiti previsti dall'articolo 26, in permesso di soggiorno per motivi di lavoro nell'ambito delle quote stabilite a norma dell'articolo 3, comma 4, secondo le modalità previste dal regolamento di attuazione (1).

1-*bis*. Sono convertibili in permesso di soggiorno per motivi di lavoro, ove ne ricorrano i requisiti, i seguenti permessi di soggiorno:

a) permesso di soggiorno per protezione speciale, di cui all'articolo 32, comma 3, del decreto legislativo 28 gennaio 2008, n. 25, ad eccezione dei casi per i quali siano state applicate le cause di diniego ed esclusione della protezione internazionale, di cui agli articoli 10, comma 2, 12, comma 1, lettere *b*) e *c*), e 16 del decreto legislativo 19 novembre 2007, n. 251;

b) permesso di soggiorno per calamità, di cui all'articolo 20-*bis*;

c) permesso di soggiorno per residenza elettiva, di cui all'articolo 11, comma 1, lettera *c-quater*), del decreto del Presidente della Repubblica 31 agosto 1999, n. 394;

d) permesso di soggiorno per acquisto della cittadinanza o dello stato di apolide, di cui all'articolo 11, comma 1, lettera *c*), del decreto del Presidente della Repubblica 31 agosto 1999, n. 394, ad eccezione dei casi in cui lo straniero era precedentemente in possesso di un permesso per richiesta di asilo;

e) permesso di soggiorno per attività sportiva, di cui all'articolo 27, comma 1, lettera *p*);

f) permesso di soggiorno per lavoro di tipo artistico, di cui all'articolo 27, comma 1, lettere *m*), *n*) ed *o*);

g) permesso di soggiorno per motivi religiosi, di cui all'articolo 5, comma 2;

h) permesso di soggiorno per assistenza di minori, di cui all'articolo 31, comma 3;

h-bis) permesso di soggiorno per cure mediche, di cui all'articolo 19, comma 2, lettera *d-bis*) (2).

2. Fatta eccezione per i provvedimenti riguardanti attività sportive e ricreative a carattere temporaneo, per quelli inerenti all'accesso alle prestazioni sanitarie di cui all'articolo 35 e per quelli attinenti alle prestazioni scolastiche obbligatorie, i documenti inerenti al soggiorno di cui all'articolo 5, comma 8, devono essere esibiti agli uffici della pubblica amministrazione ai fini del rilascio di licenze, autorizzazioni, iscrizioni ed altri provvedimenti di interesse dello straniero comunque denominati (3).

3. Lo straniero che, a richiesta degli ufficiali e agenti di pubblica sicurezza, non ottempera, senza giustificato motivo, all'ordine di esibizione del passaporto o di altro documento di identificazione e del permesso di soggiorno o di altro documento attestante la regolare presenza nel territorio dello Stato è punito con l'arresto fino ad un anno e con l'ammenda fino ad euro 2.000 (4).

4. Qualora vi sia motivo di dubitare della identità personale dello straniero, questi è sottoposto a rilievi fotodattiloscopici e segnaletici (1).

5. Per le verifiche previste dal presente testo unico o dal regolamento di attuazione, l'autorità di pubblica sicurezza, quando vi siano fondate ragioni, richiede agli stranieri informazioni e atti comprovanti la disponibilità di un reddito da lavoro o da altra fonte legittima, sufficiente al sostentamento proprio e dei familiari conviventi nel territorio dello Stato.

6. Salvo quanto è stabilito nelle leggi militari, il Prefetto può vietare agli stranieri il soggiorno in comuni o in località che comunque interessano la difesa militare dello Stato. Tale divieto è comunicato agli stranieri per mezzo della autorità locale di pubblica sicurezza o col mezzo di pubblici avvisi. Gli stranieri, che trasgrediscono al divieto, possono essere allontanati per mezzo della forza pubblica.

7. Le iscrizioni e variazioni anagrafiche dello straniero regolarmente soggiornante sono effettuate alle medesime condizioni dei cittadini italiani con le modalità previste dal regolamento di attuazione. In ogni caso la dimora dello straniero si considera abituale anche in caso di documentata ospitalità da più di tre mesi presso un centro di accoglienza. Dell'avvenuta iscrizione o variazione l'ufficio dà comunicazione alla questura territorialmente competente.

8. Fuori dei casi di cui al comma 7, gli stranieri che soggiornano nel territorio dello Stato devono comunicare al questore competente per territorio, entro i quindici giorni successivi, le eventuali variazioni del proprio domicilio abituale.

9. Il documento di identificazione per stranieri è rilasciato su modello conforme al tipo approvato con decreto del Ministro dell'interno. Esso non è valido per l'espatrio, salvo che sia diversamente disposto dalle convenzioni o dagli accordi internazionali.

10. Contro i provvedimenti di cui agli articoli 4-*ter*, (5) 5 e al presente articolo è ammesso ricorso al tribunale amministrativo regionale competente.

(1) *Comma così modificato dall'art. 7 comma 1 l. 30 luglio 2002, n. 189.*

(2) *Comma aggiunto dall'art. 1 comma 1 lett.* b) *d.l. 21 ottobre 2020, n. 130, conv., con modif., in l. 18 dicembre 2020, n. 173. La lett.* h-bis) *è stata inserita in sede di conversione in legge.*

(3) *Comma così modificato dall'art. 1 comma 22 lett.* g) *l. 15 luglio 2009, n. 94.*

(4) *Comma così sostituito dall'art. 1 comma 22 lett.* h) *l. n. 94, cit.*

(5) *Le parole* « agli articoli 4-*ter*, » *sono state sostituite alle parole* « all'articolo » *dall'art. 16, comma 1, lett.* c) *l. 23 dicembre 2021, n. 238 (legge europea 2021), in vigore dal 1° gennaio 2022.*

7 Obblighi dell'ospitante e del datore di lavoro. (R.d. 18 giugno 1931, n. 773, art. 147) (1).

1. Chiunque, a qualsiasi titolo, dà alloggio ovvero ospita uno straniero o apolide, anche se parente o affine, [o lo assume per qualsiasi causa alle proprie dipendenze] ovvero cede allo stesso la proprietà o il godimento di beni immobili, rustici o urbani, posti nel territorio dello Stato, è tenuto a darne comunicazione scritta, entro quarantotto ore, all'autorità locale di pubblica sicurezza (2).

2. La comunicazione comprende, oltre alle generalità del denunciante, quelle dello straniero o apolide, gli estremi del passaporto o del documento di identificazione che lo riguardano, l'esatta ubicazione dell'immobile ceduto o in cui la persona è alloggiata, ospita o

presta servizio ed il titolo per il quale la comunicazione è dovuta.

2-*bis*. Le violazioni delle disposizioni di cui al presente articolo sono soggette alla sanzione amministrativa del pagamento di una somma da 160 a 1.100 euro (3).

(1) *V. art. 1 d.l. 9 settembre 2002, n. 195.*

(2) *Comma modificato dall'art. art. 4-*bis*, comma 6-*bis*, d.lgs. 21 aprile 2000, n. 181, come modificato dall'art. 1, comma 1184, l. 27 dicembre 2006, n. 296.*

(3) *Comma aggiunto dall'art. 8, comma 1, l. 30 luglio 2002, n. 189.*

8 Disposizioni particolari. (R.d. 18 giugno 1931, n. 773, art. 149).

1. Le disposizioni del presente capo non si applicano ai componenti del sacro collegio e del corpo diplomatico e consolare.

9 Permesso di soggiorno CE per soggiornanti di lungo periodo (1) (2) (3) (4) (5).

1. Lo straniero in possesso, da almeno cinque anni, di un permesso di soggiorno in corso di validità, che dimostra la disponibilità di un reddito non inferiore all'importo annuo dell'assegno sociale e, nel caso di richiesta relativa ai familiari, di un reddito sufficiente secondo i parametri indicati nell'articolo 29, comma 3, lettera *b*) e di un alloggio idoneo che rientri nei parametri minimi previsti dalla legge regionale per gli alloggi di edilizia residenziale pubblica ovvero che sia fornito dei requisiti di idoneità igienico-sanitaria accertati dall'Azienda unità sanitaria locale competente per territorio, può chiedere al questore il rilascio del permesso di soggiorno UE per soggiornanti di lungo periodo, per sé e per i familiari di cui all'articolo 29, comma 1 (6) (7).

1-*bis*. Il permesso di soggiorno UE per soggiornanti di lungo periodo rilasciato allo straniero titolare di protezione internazionale come definita dall'articolo 2, comma l, lettera *a*), del decreto legislativo 19 novembre 2007, n. 251, reca, nella rubrica "annotazioni", la dicitura "protezione internazionale riconosciuta da [nome dello Stato membro] il [data]". Se, successivamente al rilascio del permesso di soggiorno UE per soggiornante di lungo periodo allo straniero titolare di protezione internazionale, la responsabilità della protezione internazionale, secondo le norme internazionali e nazionali che ne disciplinano il trasferimento, è trasferita ad altro Stato membro prima del rilascio, da parte di tale Stato membro, del permesso di soggiorno UE per soggiornanti di lungo periodo, su richiesta dello stesso Stato, la dicitura "protezione internazionale riconosciuta da [nome dello Stato membro] il [data]" è aggiornata, entro tre mesi dalla richiesta, con l'indicazione dello Stato membro a cui la stessa è stata trasferita e la data del trasferimento. Se, successivamente al rilascio del permesso di soggiorno UE per soggiornante di lungo periodo, un altro Stato membro riconosce al soggiornante la protezione internazionale prima del rilascio, da parte di tale Stato membro, del permesso di soggiorno UE per soggiornanti di lungo periodo, su richiesta dello stesso Stato, entro tre mesi dalla richiesta, nella rubrica "annotazioni" è apposta la dicitura "protezione internazionale riconosciuta da [nome dello Stato membro] il [data]" (8).

1-*ter*. Ai fini del rilascio del permesso di soggiorno UE per soggiornanti di lungo periodo di cui al comma 1-*bis*, non è richiesta allo straniero titolare di protezione internazionale ed ai suoi familiari la documentazione relativa all'idoneità dell'alloggio di cui al comma 1, ferma restando la necessità di indicare un luogo di residenza ai sensi dell'articolo 16, comma 2, lettera *c*), del regolamento di attuazione. Per gli stranieri titolari di protezione internazionale che si trovano nelle condizioni di vulnerabilità di cui all'articolo 8, comma 1, del decreto legislativo 30 maggio 2005, n. 140, la disponibilità di un alloggio concesso a titolo gratuito, a fini assistenziali o caritatevoli, da parte di enti pubblici o privati riconosciuti, concorre figurativamente alla determinazione del reddito cui al comma 1 nella misura del quindici per cento del relativo importo (9).

2. Il permesso di soggiorno UE per soggiornanti di lungo periodo attesta il riconoscimento permanente del relativo status, fatto salvo quanto previsto dai commi 4-*bis*, 7, 10 e 10-*bis*. Il permesso di soggiorno UE per soggiornanti di lungo periodo è rilasciato entro novanta giorni dalla richiesta, è valido per dieci anni e, previa presentazione della relativa domanda corredata di nuove fotografie, è automaticamente rinnovato alla scadenza. Per gli stranieri di età inferiore agli anni diciotto la validità del permesso di soggiorno UE per soggiornanti di lungo periodo è di cinque anni. Il permesso di soggiorno UE per soggiornanti di lungo periodo in corso di validità costituisce documento di identificazione personale ai sensi dell'articolo 1, comma 1, lettera *d*), del testo unico delle disposizioni legislative e regolamentari in materia di documentazione amministrativa, di cui al decreto del Presidente della Repubblica 28 dicembre 2000, n. 445 (10).

2-*bis*. Il rilascio del permesso di soggiorno UE per soggiornanti di lungo periodo è subordinato al superamento, da parte del richiedente, di un test di conoscenza della lingua italiana, le cui modalità di svolgimento sono determinate con decreto del Ministro dell'interno, di concerto con il Ministro dell'istruzione, dell'università e della ricerca. Nel caso di permesso di soggiorno CE rilasciato per lo svolgimento di attività di ricerca presso le università e gli enti vigilati dal Ministero dell'istruzione, dell'università e della ricerca di cui al decreto legislativo 31 dicembre 2009, n. 213, non è richiesto il superamento del test di cui al primo periodo (11) (12).

2-*ter*. La disposizione di cui al comma 2-*bis* non si applica allo straniero titolare di protezione internazionale (13).

3. La disposizione di cui al comma 1 non si applica agli stranieri che:

a) soggiornano per motivi di studio o formazione professionale;

b) soggiornano a titolo di protezione temporanea, per cure mediche o sono titolari dei permessi di soggiorno di cui agli articoli 18, 18-*bis*, 20-*bis*, 22, comma 12-*quater*, e 42-*bis* nonché del permesso di soggiorno rilasciato ai sensi dell'articolo 32, comma 3, del decreto legislativo 28 gennaio 2008, n. 25 (14) ovvero hanno chiesto il permesso di soggiorno a tale titolo e sono in attesa di una decisione su tale richiesta;

c) hanno chiesto la protezione internazionale come definita dall'articolo 2, comma 1, lettera *a*), del decreto legislativo 19 novembre 2007, n. 251 e sono ancora in attesa di una decisione definitiva circa tale richiesta (15);

d) sono titolari di un permesso di soggiorno di breve durata previsto dal presente testo unico e dal regolamento di attuazione;

e) godono di uno status giuridico previsto dalla convenzione di Vienna del 1961 sulle relazioni diplomatiche, dalla convenzione di Vienna del 1963 sulle relazioni consolari, dalla convenzione del 1969 sulle missioni speciali o dalla convenzione di Vienna del 1975 sulla rappresentanza degli Stati nelle loro relazioni con organizzazioni internazionali di carattere universale.

4. Il permesso di soggiorno UE per soggiornanti di lungo periodo non può essere rilasciato agli stranieri pericolosi per l'ordine pubblico o la sicurezza dello Stato. Nel valutare la pericolosità si tiene conto anche dell'appartenenza dello straniero ad una delle categorie indicate nell'articolo 1 della legge 27 dicembre 1956, n. 1423, come sostituito dall'articolo 2 della legge 3 agosto 1988, n. 327, o nell'articolo 1 della legge 31 maggio 1965, n. 575, come sostituito dall'articolo 13 della legge 13 settembre 1982, n. 646, ovvero di eventuali condanne anche non definitive, per i reati previsti dall'articolo 380 del codice di procedura penale, nonché, limitatamente ai delitti non colposi, dall'articolo 381 del medesimo codice. Ai fini dell'adozione di un provvedimento di diniego di rilascio del permesso di soggiorno di cui al presente comma il questore tiene conto altresì della durata del soggiorno nel territorio nazionale e dell'inserimento sociale, familiare e lavorativo dello straniero (16).

4-*bis*. Salvo i casi di cui ai commi 4 e 7, il permesso di soggiorno UE per soggiornanti di lungo periodo di cui al comma 1-*bis* è rifiutato ovvero revocato nei casi di revoca o cessazione dello status di rifugiato o di protezione sussidiaria previsti dagli articoli 9, 13, 15 e 18 del decreto legislativo 19 novembre 2007, n. 251. Nei casi di cessazione di cui agli articoli 9 e 15 del medesimo decreto legislativo, allo straniero è rilasciato un permesso di soggiorno UE per soggiornanti di lungo periodo, aggiornato con la cancellazione dell'annotazione di cui al comma 1-*bis* ovvero un permesso di soggiorno ad altro titolo in presenza dei requisiti previsti dal presente testo unico (17).

5. Ai fini del calcolo del periodo di cui al comma 1, non si computano i periodi di soggiorno per i motivi indicati nelle lettere *d*) ed *e*) del comma 3.

5-*bis*. Il calcolo del periodo di soggiorno di cui al comma 1, per il rilascio del permesso di soggiorno UE per soggiornanti di lungo periodo di cui al comma 1 *bis*, è effettuato a partire dalla data di presentazione della domanda di protezione internazionale in base alla quale la protezione internazionale è stata riconosciuta (18).

6. Le assenze dello straniero dal territorio nazionale non interrompono la durata del periodo di cui al comma 1 e sono incluse nel computo del medesimo periodo quando sono inferiori a sei mesi consecutivi e non superano complessivamente dieci mesi nel quinquennio, salvo che detta interruzione sia dipesa dalla necessità di adempiere agli obblighi militari, da gravi e documentati motivi di salute ovvero da altri gravi e comprovati motivi.

7. Il permesso di soggiorno di cui al comma 1 è revocato:

a) se è stato acquisito fraudolentemente;

b) in caso di espulsione, di cui al comma 9;

c) quando mancano o vengano a mancare le condizioni per il rilascio, di cui al comma 4;

d) in caso di assenza dal territorio dell'Unione per un periodo di dodici mesi consecutivi;

e) in caso di conferimento di permesso di soggiorno di lungo periodo da parte di altro Stato membro dell'Unione europea, previa comunicazione da parte di quest'ultimo, e comunque in caso di assenza dal territorio dello Stato per un periodo superiore a sei anni.

8. Lo straniero al quale è stato revocato il permesso di soggiorno ai sensi delle lettere *d*) ed *e*) del comma 7, può riacquistarlo, con le stesse modalità di cui al presente articolo. In tal caso, il periodo di cui al comma 1, è ridotto a tre anni (16).

9. Allo straniero, cui sia stato revocato il permesso di soggiorno UE per soggiornanti di lungo periodo e nei cui confronti non debba essere disposta l'espulsione è rilasciato un permesso di soggiorno per altro tipo in applicazione del presente testo unico.

10. Nei confronti del titolare del permesso di soggiorno UE per soggiornanti di lungo periodo, l'espulsione può essere disposta (19):

a) per gravi motivi di ordine pubblico o sicurezza dello Stato;

b) nei casi di cui all'articolo 3, comma 1, del decreto-legge 27 luglio 2005, n. 144, convertito, con modificazioni, dalla legge 31 luglio 2005, n. 155;

c) quando lo straniero appartiene ad una delle categorie indicate all'articolo 1 della legge 27 dicembre 1956, n. 1423, ovvero all'articolo 1 della legge 31 maggio 1965, n. 575, sempre che sia stata applicata, anche in via cautelare, una delle misure di cui all'articolo 14 della legge 19 marzo 1990, n. 55.

10-*bis*. L'espulsione del rifugiato o dello straniero ammesso alla protezione sussidiaria e titolare del permesso di soggiorno UE per soggiornanti di lungo periodo di cui al comma 1-*bis*, è disciplinata dall'articolo 20 del decreto legislativo 19 novembre 2007, n. 251 (20).

11. Ai fini dell'adozione del provvedimento di espulsione di cui al comma 10, si tiene conto anche dell'età dell'interessato, della durata del soggiorno sul territorio nazionale, delle conseguenze dell'espulsione per l'interessato e i suoi familiari, dell'esistenza di legami familiari e sociali nel territorio nazionale e dell'assenza di tali vincoli con il Paese di origine.

11-*bis*. Nei confronti dello straniero, il cui permesso di soggiorno UE per soggiornanti di lungo periodo riporta l'annotazione relativa alla titolarità di protezione internazionale, e dei suoi familiari, l'allontanamento è effettuato verso lo Stato membro che ha riconosciuto la protezione internazionale, previa conferma da parte di tale Stato della attualità della protezione. Nel caso ricorrano i presupposti di cui all'articolo 20 del decreto legislativo 19 novembre 2007, n. 251, l'allontanamento può essere effettuato fuori dal territorio dell'Unione europea, sentito lo Stato membro che ha riconosciuto la protezione internazionale, fermo restando il rispetto del principio di cui all'articolo 19, comma 1 (21).

12. Oltre a quanto previsto per lo straniero regolarmente soggiornante nel territorio dello Stato, il titolare del permesso di soggiorno UE per soggiornanti di lungo periodo può (22):

a) fare ingresso nel territorio nazionale in esenzione di visto e circolare liberamente sul territorio nazionale salvo quanto previsto dall'articolo 6, comma 6;

b) svolgere nel territorio dello Stato ogni attività lavorativa subordinata o autonoma salvo quelle che la legge espressamente riserva al cittadino o vieta allo straniero. Per lo svolgimento di attività di lavoro subordinato non è richiesta la stipula del contratto di soggiorno di cui all'articolo 5-*bis*;

c) usufruire delle prestazioni di assistenza sociale, di previdenza sociale, di quelle relative ad erogazioni in materia sanitaria, scolastica e sociale, di quelle relative all'accesso a beni e servizi a disposizione del pubblico, compreso l'accesso alla procedura per l'ottenimento di alloggi di edilizia residenziale pubblica, salvo che sia diversamente disposto e sempre che sia dimostrata l'effettiva residenza dello straniero sul territorio nazionale;

d) partecipare alla vita pubblica locale, con le forme e nei limiti previsti dalla vigente normativa.

13. È autorizzata la riammissione sul territorio nazionale dello straniero espulso da altro Stato membro dell'Unione europea titolare del permesso di soggiorno UE per soggiornanti di lungo periodo di cui al comma 1 che non costituisce un pericolo per l'ordine pubblico e la sicurezza dello Stato (23).

13-*bis*. È autorizzata, altresì, la riammissione sul territorio nazionale dello straniero titolare del permesso di soggiorno UE per soggiornanti di lungo periodo titolare di protezione internazionale allontanato da altro Stato membro dell'Unione europea e dei suoi familiari, quando nella rubrica 'annotazioni del medesimo permesso è riportato che la protezione internazionale è stata riconosciuta dall'Italia. Entro trenta giorni dal ricevimento della relativa richiesta di informazione, si provvede a comunicare allo Stato membro richiedente se lo straniero beneficia ancora della protezione riconosciuta dall'Italia (24).

(1) *Articolo modificato dall'art. 9, comma 1, della legge 30 luglio 2002, n. 189 e successivamente sostituito dall'art. 1 del d.lgs.8 gennaio 2007, n. 3.*

(2) *Per le disposizioni circa l'emersione di rapporti di lavoro con cittadini stranieri durante l'emergenza epidemiologica da Covid-19, v. l'art. 103 d.l. 19 maggio 2020, n. 34, conv., con modif., in l. 17 luglio 2020, n. 77.*

(3) *Per le regole tecniche e di sicurezza relative al permesso ed alla carta di soggiorno v. d.m. 23 luglio 2013 (G.U. 6 novembre 2013, n. 260).*

(4) *Vedi l'art. 5, comma 1, del d.lgs.16 luglio 2012, n. 109.*

(5) *Rubrica modificata dall'art. 3, comma 1, del d.lgs.13 febbraio 2014, n. 12.*

(6) *La Corte Costituzionale, con sentenza 30 luglio 2008, n. 306 (G.U.6 agosto 2008, n. 33), ha dichiarato* l'illegittimità costituzionale *del presente comma, nella parte in cui esclude che l'indennità di accompagnamento, di cui all'art. 1 della legge 11 febbraio 1980, n. 18, possa essere attribuita agli stranieri extracomunitari soltanto perché essi non risultano in possesso dei requisiti di reddito già stabiliti per la carta di soggiorno ed ora previsti, per effetto del decreto legislativo 8 gennaio 2007, n. 3 (Attuazione della direttiva 2003/109/CE relativa allo status di cittadini di Paesi terzi soggiornanti di lungo periodo) per il permesso di soggiorno CE per soggiornanti di lungo periodo. Successivamente la Corte Costituzionale, con sentenza 23 gennaio 2009, n. 11 (G.U. 28 gennaio, n. 4), dichiara l'illegittimità costituzionale del presente comma, nella parte in cui esclude che la pensione di inabilità, di cui all'art. 12 della legge 30 marzo 1971, n. 118 (conversione in legge del d.l. 30 gennaio 1971, n. 5 e nuove norme in favore dei mutilati ed invalidi civili), possa essere attribuita agli stranieri extracomunitari soltanto perché essi non risultano in possesso dei requisiti di reddito già stabiliti per la carta di soggiorno ed ora previsti, per effetto del d.lgs. n. 3 del 2007, per il permesso di soggiorno CE per soggiornanti di lungo periodo.*

(7) *Comma modificato dall'art. 3, comma 1, del d.lgs. 13 febbraio 2014, n. 12.*

(8) *Comma inserito dall'art. 1, comma 1, lettera* a), *numero 1), del d.lgs. 13 febbraio 2014, n. 12 e successivamente sostituito dall'art. 9, comma 1, lettera* a), *numero 1), del d.l. 17 febbraio 2017, n. 13, convertito con modificazioni dalla l. 13 aprile 2017, n. 46..*

(9) *Comma inserito dall'art. 1, comma 1, lettera* a), *numero 1), del d.lgs.13 febbraio 2014, n. 12.*

(10) *Comma modificato dapprima dall'art. 3, comma 1, del d.lgs.13 febbraio 2014, n. 12 e da ultimo dall'art. 15, comma 1, lett. a) e b) l. 23 dicembre 2021, n. 238 (legge europea 2021), in vigore dal 1° gennaio 2022, che ha sostituito le parole* « attesta il riconoscimento permanente del relativo status, fatto salvo quanto previsto dai commi 4-*bis*, 7, 10 e 10-*bis* » *alle parole* « è a tempo indeterminato ed è rilasciato entro novanta giorni dalla richiesta » *ed ha inserito gli ultimi due periodi.*

(11) *Comma inserito dall'art. 1, comma 22, lettera* i), *della legge 15 luglio 2009, n. 94 e successivamente modificato dall'art. 5, comma 8, lettera* a), *del d.l. 23 dicembre 2013, n. 145convertito, con modificazioni dalla l. 21 febbraio 2014, n. 9 e, da ultimo, dall'art. 3, comma 1, del d.lgs.13 febbraio 2014, n. 12.*

(12) *Per le modalità di svolgimento del test di conoscenza della lingua italiana, previsto dal presente comma, vedi il D.M. 4 giugno 2010.*

(13) *Comma inserito dall'art. 1, comma 1, lettera* a), *numero 2), del d.lgs.13 febbraio 2014, n. 12.*

(14) *Le parole « per cure mediche o sono titolari dei permessi di soggiorno di cui agli articoli 18, 18-*bis, *20-*bis, *22, comma 12-*quater, *e 42-*bis *nonché del permesso di soggiorno rilasciato ai sensi dell'art. 32, comma 3, del decreto legislativo 28 gennaio 2008, n. 25 » sono state sostituite alle previgenti « o per motivi umanitari » dall'art. 1, comma 1, lettera* c), *d.l. 4 ottobre 2018, n. 113, conv., con modif., in l. 1 dicembre 2018, n. 132.*

(15) *Lettera modificata dall'art. 1, comma 1, lettera* a), *numero 3), del d.lgs.13 febbraio 2014, n. 12.*

(16) *Comma modificato dall'art. 3, comma 1, del d.lgs.13 febbraio 2014, n. 12.*

(17) *Comma inserito dall'art. 1, comma 1, lettera* a), *numero 4), del d.lgs.13 febbraio 2014, n. 12.*

(18) *Comma inserito dall'art. 1, comma 1, lettera* a), *numero 5), del d.lgs. 13 febbraio 2014, n. 12.*

(19) *Alinea modificato dall'art. 3, comma 1, del d.lgs.13 febbraio 2014, n. 12.*

(20) *Comma inserito dall'art. 1, comma 1, lettera* a), *numero 6), del d.lgs. 13 febbraio 2014, n. 12.*

(21) *Comma inserito dall'art. 9, comma 1, lettera* a), *numero 2), del d.l. 17 febbraio 2017, n. 13, convertito con modificazioni dalla l. 13 aprile 2017, n. 46..*

(22) *Alinea modificato dall'art. 3, comma 1, del d.lgs. 13 febbraio 2014, n. 12.*

(23) *Comma modificato dall'art. 3, comma 1, del d.lgs.13 febbraio 2014, n. 12.*

(24) *Comma inserito dall'art. 1, comma 1, lettera* a), *numero 7), del d.lgs. 13 febbraio 2014, n. 12.*

9-*bis* Stranieri in possesso di un permesso di soggiorno UE per soggiornanti di lungo periodo rilasciato da altro Stato membro (1) (2).

1. Lo straniero, titolare di un permesso di soggiorno UE per soggiornanti di lungo periodo rilasciato da altro Stato membro dell'Unione europea e in corso di validità, può chiedere di soggiornare sul territorio nazionale per un periodo superiore a tre mesi, al fine di (3):

a) esercitare un'attività economica in qualità di lavoratore subordinato o autonomo, ai sensi degli articoli 5, comma 3-*bis*, 22 e 26. Le certificazioni di cui all'articolo 26 sono rilasciate dallo Sportello unico per l'immigrazione;

b) frequentare corsi di studio o di formazione professionale, ai sensi della vigente normativa;

c) soggiornare per altro scopo lecito previa dimostrazione di essere in possesso di mezzi di sussistenza non occasionali, di importo superiore al doppio dell'importo minimo previsto dalla legge per l'esenzione dalla partecipazione alla spesa sanitaria e di una assicurazione sanitaria per il periodo del soggiorno.

2. Allo straniero di cui al comma 1 è rilasciato un permesso di soggiorno secondo le modalità previste dal presente testo unico e dal regolamento di attuazione.

3. Ai familiari dello straniero titolare del permesso di soggiorno UE per soggiornanti di lungo periodo e in possesso di un valido titolo di soggiorno rilasciato dallo Stato membro di provenienza, è rilasciato un permesso di soggiorno per motivi di famiglia, ai sensi dell'articolo 30, commi 2, 3 e 6, previa dimostrazione di aver risieduto in qualità di familiari del soggiornante di lungo periodo nel medesimo Stato membro e di essere in possesso dei requisiti di cui all'articolo 29, comma 3 (4).

4. Per soggiorni inferiori a tre mesi, allo straniero di cui ai commi 1 e 3 si applica l'articolo 5, comma 7, con esclusione del quarto periodo.

5. Agli stranieri di cui ai commi 1 e 3 è consentito l'ingresso nel territorio nazionale in esenzione di visto e si prescinde dal requisito dell'effettiva residenza all'estero per la procedura di rilascio del nulla osta di cui all'articolo 22.

6. Il permesso di soggiorno di cui ai commi 2 e 3 è rifiutato e, se rilasciato, è revocato, agli stranieri pericolosi per l'ordine pubblico o la sicurezza dello Stato. Nel valutare la pericolosità si tiene conto anche dell'appartenenza dello straniero ad una delle categorie indicate nell'articolo 1 della legge 27 dicembre 1956, n. 1423, come sostituito dall'articolo 2 della legge 3 agosto 1988, n. 327, o nell'articolo 1 della legge 31 maggio 1965, n. 575, come sostituito dall'articolo 13 della legge 13 settembre 1982, n. 646, ovvero di eventuali condanne, anche non definitive, per i reati previsti dall'articolo 380 del codice di procedura penale, nonché, limitatamente ai delitti non colposi, dall'articolo 381 del medesimo codice. Nell'adottare il provvedimento si tiene conto dell'età dell'interessato, della durata del soggiorno sul territorio nazionale, delle conseguenze dell'espulsione per l'interessato e i suoi familiari, dell'esistenza di legami familiari e sociali nel territorio nazionale e dell'assenza di tali vincoli con il Paese di origine.

7. Nei confronti degli stranieri di cui al comma 6 è adottato il provvedimento di espulsione ai sensi dell'articolo 13, comma 2, lettera *b*), e l'allontanamento è effettuato verso lo Stato membro dell'Unione europea che ha rilasciato il permesso di soggiorno. Nel caso sussistano i presupposti per l'adozione del provvedimento di espulsione ai sensi dell'articolo 13, comma 1, e dell'articolo 3, comma 1, del decreto-legge 27 luglio 2005, n. 144, convertito, con modificazioni, dalla legge 31 luglio 2005, n. 155, l'espulsione è adottata sentito lo Stato membro che ha rilasciato il permesso di soggiorno e l'allontanamento è effettuato fuori dal territorio dell'Unione europea. Nei confronti dello straniero il cui permesso di soggiorno UE per soggiornanti di lungo periodo rilasciato da un altro Stato membro dell'Unione europea riporta l'annotazione relativa alla titolarità di protezione internazionale, come definita dall'articolo 2, comma 1, lettera *a*), del decreto legislativo 19 novembre 2007, n. 251, e dei suoi familiari l'allontanamento è effettuato verso lo Stato membro che ha riconosciuto la protezione internazionale, previa conferma da parte di tale Stato della attualità della protezione. Nel caso ricorrano i presupposti di cui all'articolo 20 del decreto legislativo 19 novembre 2007, n. 251, l'allontanamento può essere effettuato fuori dal territorio dell'Unione europea, sentito lo Stato membro che ha riconosciuto la protezione internazionale, fermo restando il rispetto del principio di cui all'articolo 19, comma 1 (5).

8. Allo straniero di cui ai commi 1 e 3, in possesso dei requisiti di cui all'articolo 9, è rilasciato, entro novanta giorni dalla richiesta, un permesso di soggiorno UE per soggiornanti di lungo periodo. Dell'avvenuto rilascio è informato lo Stato membro che ha rilasciato il precedente permesso di soggiorno UE per soggiornanti di lungo periodo. Se il precedente permesso di soggiorno UE per soggiornanti di lungo periodo rilasciato da altro Stato membro riporta, nella rubrica 'annotazionì, la titolarità di protezione internazionale come definita dall'articolo 2, comma 1, lettera *a*), del decreto legislativo 19 novembre 2007, n. 251, il permesso di soggiorno UE per soggiornanti di lungo periodo rilasciato ai sensi del presente comma riporta la medesima annotazione precedentemente inserita. A tal fine, si richiede allo Stato membro che ha rilasciato il precedente permesso di soggiorno UE per soggiornanti di lungo periodo di confermare se lo straniero benefici ancora della protezione internazionale ovvero se tale protezione sia stata revocata con decisione definitiva. Se, successivamente al rilascio del permesso di soggiorno UE per soggiornante di lungo periodo, è trasferita all'Italia la responsabilità della protezione internazionale, secondo le norme internazionali e nazionali che ne disciplinano il trasferimento, la rubrica 'annotazionì del permesso di soggiorno UE per soggiornanti di lungo periodo è aggiornata entro tre mesi in conformità a tale trasferimento (6).

8-*bis*. Entro trenta giorni dalla relativa richiesta, sono fornite agli altri Stati membri dell'Unione europea le informazioni in merito allo status di protezione internazionale riconosciuta dall'Italia agli stranieri che hanno ottenuto un permesso di soggiorno UE per soggiornanti di lungo periodo in tali Stati membri (7).

8-*ter*. Entro trenta giorni dal riconoscimento della protezione internazionale ovvero dal trasferimento all'Italia della responsabilità della protezione internazionale di uno straniero titolare di un permesso di soggiorno UE per soggiornanti di lungo periodo rilasciato da altro Stato membro dell'Unione europea, si provvede a richiedere a tale Stato membro l'inserimento ovvero la modifica della relativa annotazione sul permesso di soggiorno UE per soggiornanti di lungo periodo (7).

(1) *Articolo inserito dall'art. 1 d.lgs. 8 gennaio 2007, n. 3.*

(2) *Rubrica modificata dall'arti. 3, comma 1, d.lgs. 13 febbraio 2014, n. 12.*

(3) *Alinea modificato dall'arti. 3, comma 1, d.lgs. 13 febbraio 2014, n. 12.*
(4) *Comma modificato dall'arti. 3, comma 1, d.lgs. 13 febbraio 2014, n. 12.*
(5) *Comma modificato dall'art. 1, comma 1, lett.* b), *n. 1), d.lgs. 13 febbraio 2013, n. 12.*
(6) *Comma modificato dall'art. 1, comma 1, lett.* b), *n. 2), d.lgs. 13 febbraio 2013, n. 12 e dall'art. 3, comma 1, d.lgs. 13 febbraio 2014, n. 12.*
(7) *Comma inserito dall'art. 1, comma 1, lett.* b), *n. 3), d.lgs. 13 febbraio 2013, n. 12.*

9-*ter* Status di soggiornante di lungo periodo-CE per i titolari di Carta blu UE (1).

1. Lo straniero titolare di Carta blu UE rilasciata da un altro Stato membro ed autorizzato al soggiorno in Italia alle condizioni previste dall'articolo 27-*quater*, può chiedere al Questore il rilascio del permesso di soggiorno UE per soggiornanti di lungo periodo, di cui all'articolo 9 (2).

2. La disposizione di cui al comma 1 si applica agli stranieri che dimostrino:

a) di aver soggiornato, legalmente ed ininterrottamente, per cinque anni nel territorio dell'Unione in quanto titolari di Carta blu UE;

b) di essere in possesso, da almeno due anni, di un permesso Carta blu UE ai sensi dell'articolo 27-*quater*. Le assenze dello straniero dal territorio dell'Unione non interrompono la durata del periodo di cui al presente comma e sono incluse nel computo del medesimo periodo quando sono inferiori a dodici mesi consecutivi e non superano complessivamente i diciotto mesi nel periodo di cui alla lettera *a*).

3. Ai titolari di Carta blu UE, in possesso dei requisiti previsti al comma 2, è rilasciato dal questore un permesso di soggiorno UE per soggiornanti di lungo periodo, recante la dicitura, nella rubrica 'annotazionì, 'Ex titolare di Carta blu UÈ (3).

4. Il permesso di soggiorno di cui al comma 1 è revocato nelle ipotesi previste all'articolo 9, comma 7, lettere *a*), *b*), *c*) ed *e*), nonché nel caso di assenza dal territorio dell'Unione per un periodo di ventiquattro mesi consecutivi.

5. Ai familiari dello straniero titolare di un permesso di soggiorno UE per soggiornanti di lungo periodo, concesso ai sensi del presente articolo, in possesso di un valido documento, è rilasciato un permesso di soggiorno per motivi di famiglia ai sensi degli articoli 5, comma 3-*sexies*, e 30, commi 2 e 6, previa dimostrazione di essere in possesso dei requisiti di cui all'articolo 29, comma 3 (3).

6. Ai familiari dello straniero titolare di un permesso di soggiorno UE per soggiornanti di lungo periodo concesso ai sensi del presente articolo, in possesso dei requisiti di cui all'articolo 9, comma 1, è rilasciato il permesso di soggiorno UE per soggiornanti di lungo periodo qualora abbiano soggiornato, legalmente ed ininterrottamente, per cinque anni nel territorio dell'Unione di cui gli ultimi due nel territorio nazionale (3).

(1) *Articolo inserito dall'art. 1, comma 1, lett.* b) *d.lgs. 28 giugno 2012, n. 108.*
(2) *Comma modificato dall'art. 3, comma 1, d.lgs. 13 febbraio 2014, n. 12.*
(3) *Comma modificato dall'art. 3, comma 1, d.lgs. 13 febbraio 2014, n. 12.*

CAPO II
Controllo delle frontiere, respingimento ed espulsione

10 Respingimento. (Legge 6 marzo 1998, n. 40, art. 8).

1. La polizia di frontiera respinge gli stranieri che si presentano ai valichi di frontiera senza avere i requisiti richiesti dal presente testo unico per l'ingresso nel territorio dello Stato.

2. Il respingimento con accompagnamento alla frontiera è altresì disposto dal questore nei confronti degli stranieri:

a) che entrando nel territorio dello Stato sottraendoli ai controlli di frontiera, sono fermati all'ingresso o subito dopo;

b) che, nelle circostanze di cui al comma 1, sono stati temporaneamente ammessi nel territorio per necessità di pubblico soccorso.

2-*bis*. Al provvedimento di respingimento di cui al comma 2 si applicano le procedure di convalida e le disposizioni previste dall'articolo 13, commi 5-*bis*, 5-*ter*, 7 e 8 (1).

2-*ter*. Lo straniero destinatario del provvedimento di respingimento di cui al comma 2 non può rientrare nel territorio dello Stato senza una speciale autorizzazione del Ministro dell'interno. In caso di trasgressione lo straniero è punito con la reclusione da uno a quattro anni ed è espulso con accompagnamento immediato alla frontiera. Si applicano altresì le disposizioni di cui all'articolo 13, comma 13, terzo periodo (1).

2-*quater*. Allo straniero che, già denunciato per il reato di cui al comma 2-*ter* ed espulso, abbia fatto reingresso nel territorio dello Stato si applica la pena della reclusione da uno a cinque anni (1).

2-*quinquies*. Per i reati previsti dai commi 2-*ter* e 2-*quater* è obbligatorio l'arresto dell'autore del fatto anche fuori dei casi di flagranza e si procede con rito direttissimo (1).

2-*sexies*. Il divieto di cui al comma 2-*ter* opera per un periodo non inferiore a tre anni e non superiore a cinque anni, la cui durata è determinata tenendo conto di tutte le circostanze concernenti il singolo caso (1).

3. Il vettore che ha condotto alla frontiera uno straniero privo dei documenti di cui all'articolo 4, o che deve essere comunque respinto a norma del presente articolo, è tenuto a prenderlo immediatamente a carico ed a ricondurlo nello Stato di provenienza, o in quello che ha rilasciato il documento di viaggio eventualmente in possesso dello straniero. Tale disposizione si applica anche quando l'ingresso è negato allo straniero in transito, qualora il vettore che avrebbe dovuto trasportarlo nel Paese di destinazione rifiuti di imbarcarlo o le autorità dello Stato di destinazione gli abbiano negato l'ingresso o lo abbiano rinviato nello Stato (2).

4. Le disposizioni dei commi 1, 2 e 3 e quelle dell'articolo 4, commi 3 e 6, non si applicano nei casi previsti dalle disposizioni vigenti che disciplinano l'asilo politico, il riconoscimento dello status di rifugia-

to ovvero l'adozione di misure di protezione temporanea per motivi umanitari.

5. Per lo straniero respinto è prevista l'assistenza necessaria presso i valichi di frontiera.

6. I respingimenti di cui al presente articolo sono registrati dall'autorità di pubblica sicurezza.

6-*bis*. Il divieto di cui al comma 2-*ter* è inserito, a cura dell'autorità di pubblica sicurezza, nel sistema di informazione Schengen di cui al regolamento (CE) n. 1987/2006 del Parlamento europeo e del Consiglio, del 20 dicembre 2006, e comporta il divieto di ingresso e soggiorno nel territorio degli Stati membri dell'Unione europea, nonché degli Stati non membri cui si applica l'acquis di Schengen (1).

(1) *Comma inserito dall'art.* 5-bis, *comma 1, d.l. 4 ottobre 2018, n. 113, conv., con modif., in l. 1 dicembre 2018, n. 132.*

(2) *Comma sostituito dall'art. 1, comma 1, del d.lgs. 7 aprile 2003, n. 87.*

10-*bis* Ingresso e soggiorno illegale nel territorio dello Stato (1).

1. Salvo che il fatto costituisca più grave reato, lo straniero che fa ingresso ovvero si trattiene nel territorio dello Stato, in violazione delle disposizioni del presente testo unico nonché di quelle di cui all'articolo 1 della legge 28 maggio 2007, n. 68, è punito con l'ammenda da 5.000 a 10.000 euro. Al reato di cui al presente comma non si applica l'articolo 162 del codice penale.

2. Le disposizioni di cui al comma 1 non si applicano allo straniero destinatario del provvedimento di respingimento ai sensi dell'articolo 10, comma 1 ovvero allo straniero identificato durante i controlli della polizia di frontiera, in uscita dal territorio nazionale (2).

3. Al procedimento penale per il reato di cui al comma 1 si applicano le disposizioni di cui agli articoli 20-*bis*, 20-*ter* e 32-*bis* del decreto legislativo 28 agosto 2000, n. 274.

4. Ai fini dell'esecuzione dell'espulsione dello straniero denunciato ai sensi del comma 1 non è richiesto il rilascio del nulla osta di cui all'articolo 13, comma 3, da parte dell'autorità giudiziaria competente all'accertamento del medesimo reato. Il questore comunica l'avvenuta esecuzione dell'espulsione ovvero del respingimento di cui all'articolo 10, comma 2, all'autorità giudiziaria competente all'accertamento del reato.

5. Il giudice, acquisita la notizia dell'esecuzione dell'espulsione o del respingimento ai sensi dell'articolo 10, comma 2, pronuncia sentenza di non luogo a procedere. Se lo straniero rientra illegalmente nel territorio dello Stato prima del termine previsto dall'articolo 13, comma 14, si applica l'articolo 345 del codice di procedura penale.

6. Nel caso di presentazione di una domanda di protezione internazionale di cui al decreto legislativo 19 novembre 2007, n. 251, il procedimento è sospeso. Acquisita la comunicazione del riconoscimento della protezione internazionale di cui al decreto legislativo 19 novembre 2007, n. 251, ovvero del rilascio del permesso di soggiorno nelle ipotesi di cui all'articolo 32, comma 3, del decreto legislativo 28 gennaio 2008, n. 25, nonché nelle ipotesi di cui agli articoli 18, 18-*bis*, 20-*bis*, 22, comma 12-*quater*, 42-*bis* del presente testo unico e nelle ipotesi di cui all'articolo 10 della legge 7 aprile 2017, n. 47, (3) il giudice pronuncia sentenza di non luogo a procedere (4).

(1) *Articolo inserito dall'art. 1, comma 16, lett.* a), *l. 15 luglio 2009, n. 94.*

(2) *Comma modificato dall'art. 3, comma 1, lett.* b), *d.l. 23 giugno 2011, n. 89, conv., con modif., in l. 2 agosto 2011, n. 129.*

(3) *Le parole* « di cui all'articolo 32, comma 3, del decreto legislativo 28 gennaio 2008, n. 25, nonché nelle ipotesi di cui agli articoli 18, 18-bis, 20-bis, 22, comma 12-quater, 42-bis del presente testo unico e nelle ipotesi di cui all'articolo 10 della legge 7 aprile 2017, n. 47, » *sono state sostituite alle previgenti* « di cui all'articolo 5, comma 6, del presente testo unico, » *dall'art. 1, comma 1, lettera* d), *d.l. 4 ottobre 2018, n. 113, conv., con modif., in l. 1 dicembre 2018, n. 132.*

(4) *Vedi inoltre, l'art. 2, comma 3, lett.* b), *l. 28 aprile 2014, n. 67.*

10-*ter* Disposizioni per l'identificazione dei cittadini stranieri rintracciati in posizione di irregolarità sul territorio nazionale o soccorsi nel corso di operazioni di salvataggio in mare (1).

1. Lo straniero rintracciato in occasione dell'attraversamento irregolare della frontiera interna o esterna ovvero giunto nel territorio nazionale a seguito di operazioni di salvataggio in mare è condotto per le esigenze di soccorso e di prima assistenza presso appositi punti di crisi allestiti nell'ambito delle strutture di cui al decreto-legge 30 ottobre 1995, n. 451, convertito, con modificazioni, dalla legge 29 dicembre 1995, n. 563, e delle strutture di cui all'articolo 9 del decreto legislativo 18 agosto 2015, n. 142. Presso i medesimi punti di crisi sono altresì effettuate le operazioni di rilevamento fotodattiloscopico e segnaletico, anche ai fini di cui agli articoli 9 e 14 del regolamento UE n. 603/2013 del Parlamento europeo e del Consiglio del 26 giugno 2013 ed è assicurata l'informazione sulla procedura di protezione internazionale, sul programma di ricollocazione in altri Stati membri dell'Unione europea e sulla possibilità di ricorso al rimpatrio volontario assistito.

2. Le operazioni di rilevamento fotodattiloscopico e segnaletico sono eseguite, in adempimento degli obblighi di cui agli articoli 9 e 14 del regolamento UE n. 603/2013 del Parlamento europeo e del Consiglio del 26 giugno 2013, anche nei confronti degli stranieri rintracciati in posizione di irregolarità sul territorio nazionale.

3. Il rifiuto reiterato dello straniero di sottoporsi ai rilievi di cui ai commi 1 e 2 configura rischio di fuga ai fini del trattenimento nei centri di cui all'articolo 14. Il trattenimento è disposto caso per caso, con provvedimento del questore, e conserva la sua efficacia per una durata massima di trenta giorni dalla sua adozione, salvo che non cessino prima le esigenze per le quali è stato disposto. Si applicano le disposizioni di cui al medesimo articolo 14, commi 2, 3 e 4. Se il trattenimento è disposto nei confronti di un richiedente protezione internazionale, come definita dall'articolo 2, comma 1, lettera *a*), del decreto legislativo 19 novembre 2007, n. 251, è competente alla convalida il Tribunale sede della sezione specializzata in materia di immigrazione, protezione internazionale e libera circolazione dei cittadini dell'Unione europea. Lo straniero è tempestivamente informato dei diritti e delle facoltà derivanti dal

procedimento di convalida del decreto di trattenimento in una lingua da lui conosciuta, ovvero, ove non sia possibile, in lingua francese, inglese o spagnola (2).

4. L'interessato è informato delle conseguenze del rifiuto di sottoporsi ai rilievi di cui ai commi 1 e 2.

(1) *Articolo aggiunto dall'art. 17, comma 1, del d.l. 17 febbraio 2017, n. 13, conv., con modif., in l. 13 aprile 2017, n. 46.*

(2) *Periodo aggiunto dall'art. 3 comma 1 lett. a) d.l. 21 ottobre 2020, n. 130, conv., con modif., in l. 18 dicembre 2020, n. 173.*

11 Potenziamento e coordinamento dei controlli di frontiera. (Legge 6 marzo 1998, n. 40, art. 9).

1. Il Ministro dell'interno e il Ministro degli affari esteri adottano il piano generale degli interventi per il potenziamento ed il perfezionamento, anche attraverso l'automazione delle procedure, delle misure di controllo di rispettiva competenza, nell'ambito delle compatibilità con i sistemi informativi di livello extranazionale previsti dagli accordi o convenzioni internazionali in vigore e delle disposizioni vigenti in materia di protezione dei dati personali.

1-*bis*. Il Ministro dell'interno, sentito, ove necessario, il Comitato nazionale per l'ordine e la sicurezza pubblica, emana le misure necessarie per il coordinamento unificato dei controlli sulla frontiera marittima e terrestre italiana. Il Ministro dell'interno promuove altresì apposite misure di coordinamento tra le autorità italiane competenti in materia di controlli sull'immigrazione e le autorità europee competenti in materia di controlli sull'immigrazione ai sensi dell'Accordo di Schengen, ratificato ai sensi della legge 30 settembre 1993, n. 388 (1).

[1-*ter*. Il Ministro dell'interno, Autoritàà nazionale di pubblica sicurezza ai sensi dell'articolo 1 della legge 1° aprile 1981, n. 121, nell'esercizio delle funzioni di coordinamento di cui al comma 1-*bis* e nel rispetto degli obblighi internazionali dell'Italia, puòò limitare o vietare l'ingresso, il transito o la sosta di navi nel mare territoriale, salvo che si tratti di naviglio militare o di navi in servizio governativo non commerciale, per motivi di ordine e sicurezza pubblica ovvero quando si concretizzano le condizioni di cui all'articolo 19, paragrafo 2, lettera *g*), limitatamente alle violazioni delle leggi di immigrazione vigenti, della Convenzione delle Nazioni Unite sul diritto del mare, con allegati e atto finale, fatta a Montego Bay il 10 dicembre 1982, resa esecutiva dalla legge 2 dicembre 1994, n. 689. Il provvedimento èè adottato di concerto con il Ministro della difesa e con il Ministro delle infrastrutture e dei trasporti, secondo le rispettive competenze, informandone il Presidente del Consiglio dei ministri] (2).

2. Delle parti di piano che riguardano sistemi informativi automatizzati e dei relativi contratti è data comunicazione all'Autorità per l'informatica nella pubblica amministrazione (3).

3. Nell'ambito e in attuazione delle direttive adottate dal Ministro dell'interno, i prefetti delle province di confine terrestre ed i prefetti dei capoluoghi delle regioni interessate alla frontiera marittima promuovono le misure occorrenti per il coordinamento dei controlli di frontiera e della vigilanza marittima e terrestre, d'intesa con i prefetti delle altre province interessate, sentiti i questori e i dirigenti delle zone di polizia di frontiera, nonché le autorità marittime e militari ed i responsabili degli organi di polizia, di livello non inferiore a quello provinciale, eventualmente interessati, e sovrintendendo all'attuazione delle direttive emanate in materia.

4. Il Ministero degli affari esteri e il Ministero dell'interno promuovono le iniziative occorrenti, d'intesa con i Paesi interessati, al fine di accelerare l'espletamento degli accertamenti ed il rilascio dei documenti eventualmente necessari per migliorare l'efficacia dei provvedimenti previsti dal presente testo unico, e per la reciproca collaborazione a fini di contrasto dell'immigrazione clandestina. A tale scopo, le intese di collaborazione possono prevedere la cessione a titolo gratuito alle autorità dei Paesi interessati di beni mobili ed apparecchiature specificamente individuate, nei limiti delle compatibilità funzionali e finanziarie definite dal Ministro dell'interno, di concerto con il Ministro del tesoro, del bilancio e della programmazione economica e, se si tratta di beni, apparecchiature o servizi accessori forniti da altre amministrazioni, con il Ministro competente (4).

5. Per le finalità di cui al comma 4, il Ministro dell'interno predispone uno o più programmi pluriennali di interventi straordinari per l'acquisizione degli impianti e mezzi tecnici e logistici necessari, per acquistare o ripristinare i beni mobili e le apparecchiature in sostituzione di quelli ceduti ai Paesi interessati, ovvero per fornire l'assistenza e altri servizi accessori. Se si tratta di beni, apparecchiature o servizi forniti da altre amministrazioni, i programmi sono adottati di concerto con il Ministro competente (4).

5-*bis*. Il Ministero dell'interno, nell'ambito degli interventi di sostegno alle politiche preventive di contrasto all'immigrazione clandestina dei Paesi di accertata provenienza, contribuisce, per gli anni 2004 e 2005, alla realizzazione, nel territorio dei Paesi interessati, di strutture, utili ai fini del contrasto di flussi irregolari di popolazione migratoria verso il territorio italiano (5).

6. Presso i valichi di frontiera sono previsti servizi di accoglienza al fine di fornire informazioni e assistenza agli stranieri che intendano presentare domanda di asilo o fare ingresso in Italia per un soggiorno di durata superiore a tre mesi. Tali servizi sono messi a disposizione, ove possibile, all'interno della zona di transito (6).

(1) *Comma aggiunto dall'art. 10, comma 1, l. 30 luglio 2002, n. 189.*

(2) *Comma dapprima inserito dall'art. 1 comma 1 d.l. 14 giugno 2019, n. 53, conv., con modif., in l. 8 agosto 2019, n. 77, come modificato in sede di conversione, e da ultimo abrogato dall'art. 1 comma 1 lett. c) d.l. 21 ottobre 2020, n. 130, conv., con modif., in l. 18 dicembre 2020, n. 173.*

(3) *Ai sensi dell'art. 176 d.lgs. 30 giugno 2003, n. 196 la denominazione:* « Autorità per l'informatica nella pubblica amministrazione » *doveva intendersi sostituita dalla denominazione:* « Centro nazionale per l'informatica nella pubblica amministrazione ». *Successivamente tale ultima denominazione era stata sostituita con la seguente:* « DigitPA », *ai sensi dell'art. 24 d.lgs. 1° dicembre 2009, n. 177. Da ultimo, i riferimenti a* « DigitPA » *sono da intendersi ora all'Agenzia per l'Italia Digitale, in base a quanto disposto dall'art. 22 d.l. 22 giugno 2012, n. 83, conv., con modif., in l. 7 agosto 2012, n. 134, che ha soppresso la suddetta DigitPA e trasferito le relative competenze alla citata Agenzia per l'Italia Digitale, istituita dall'art. 19 dello stesso decreto.*

(4) *Comma sostituito dall'art. 1, comma 1, d.lgs. 19 ottobre 1998, n. 380.*

(5) *Comma inserito dall'art. 1-bis d.l. 14 settembre 2004, n. 241.*

(6) *Comma inserito dall'art. 1, comma 1, d.lgs. n. 380, cit.*

12 Disposizioni contro le immigrazioni clandestine. (Legge 6 marzo 1998, n. 40, art. 10).

1. Salvo che il fatto costituisca più grave reato, chiunque, in violazione delle disposizioni del presente testo unico, promuove, dirige, organizza, finanzia o effettua il trasporto di stranieri nel territorio dello Stato ovvero compie altri atti diretti a procurarne illegalmente l'ingresso nel territorio dello Stato, ovvero di altro Stato del quale la persona non è cittadina o non ha titolo di residenza permanente, è punito con la reclusione da uno a cinque anni e con la multa di 15.000 euro per ogni persona (1).

2. Fermo restando quanto previsto dall'art. 54 del codice penale, non costituiscono reato le attività di soccorso e assistenza umanitaria prestate in Italia nei confronti degli stranieri in condizioni di bisogno comunque presenti nel territorio dello Stato.

3. Salvo che il fatto costituisca più grave reato, chiunque, in violazione delle disposizioni del presente testo unico, promuove, dirige, organizza, finanzia o effettua il trasporto di stranieri nel territorio dello Stato ovvero compie altri atti diretti a procurarne illegalmente l'ingresso nel territorio dello Stato, ovvero di altro Stato del quale la persona non è cittadina o non ha titolo di residenza permanente, è punito con la reclusione da cinque a quindici anni e con la multa di 15.000 euro per ogni persona nel caso in cui:

a) il fatto riguarda l'ingresso o la permanenza illegale nel territorio dello Stato di cinque o più persone;

b) la persona trasportata è stata esposta a pericolo per la sua vita o per la sua incolumità per procurarne l'ingresso o la permanenza illegale;

c) la persona trasportata è stata sottoposta a trattamento inumano o degradante per procurarne l'ingresso o la permanenza illegale;

d) il fatto è commesso da tre o più persone in concorso tra loro o utilizzando servizi internazionali di trasporto ovvero documenti contraffatti o alterati o comunque illegalmente ottenuti (2);

e) gli autori del fatto hanno la disponibilità di armi o materie esplodenti (3).

3-*bis*. Se i fatti di cui al comma 3 sono commessi ricorrendo due o più delle ipotesi di cui alle lettere *a*), *b*), *c*), *d*) ed *e*) del medesimo comma, la pena ivi prevista è aumentata (4).

3-*ter*. La pena detentiva è aumentata da un terzo alla metà e si applica la multa di 25.000 euro per ogni persona se i fatti di cui ai commi 1 e 3:

a) sono commessi al fine di reclutare persone da destinare alla prostituzione o comunque allo sfruttamento sessuale o lavorativo ovvero riguardano l'ingresso di minori da impiegare in attività illecite al fine di favorirne lo sfruttamento;

b) sono commessi al fine di trame profitto, anche indiretto (5).

3-*quater*. Le circostanze attenuanti, diverse da quelle previste dagli articoli 98 e 114 del codice penale, concorrenti con le aggravanti di cui ai commi 3-*bis* e 3-*ter*, non possono essere ritenute equivalenti o prevalenti rispetto a queste e le diminuzioni di pena si operano sulla quantità di pena risultante dall'aumento conseguente alle predette aggravanti (6).

3-quinquies. Per i delitti previsti dai commi precedenti le pene sono diminuite fino alla metà nei confronti dell'imputato che si adopera per evitare che l'attività delittuosa sia portata a conseguenze ulteriori, aiutando concretamente l'autorità di polizia o l'autorità giudiziaria nella raccolta di elementi di prova decisivi per la ricostruzione dei fatti, per l'individuazione o la cattura di uno o più autori di reati e per la sottrazione di risorse rilevanti alla consumazione dei delitti (7).

3-*sexies*. All'articolo 4-*bis*, comma 1, terzo periodo, della legge 26 luglio 1975, n. 354, e successive modificazioni, dopo le parole: "609-*octies* del codice penale" sono inserite le seguenti: "nonché dall'articolo 12, commi 3, 3-*bis* e 3-*ter*, del testo unico di cui al decreto legislativo 25 luglio 1998, n. 286," (8).

[3-*septies*. In relazione ai procedimenti per i delitti previsti dal comma 3, si applicano le disposizionì dell'articolo 10 della legge 11 agosto 2003, n. 228, e successive modificazioni. L'esecuzione delle operazioni è disposta d'intesa con la Direzione centrale dell'immigrazione e della polizia, delle frontiere (9).]

4. Nei casi previsti dai commi 1 e 3 è obbligatorio l'arresto in flagranza (10).

4-*bis*. Quando sussistono gravi indizi di colpevolezza in ordine ai reati previsti dal comma 3, è applicata la custodia cautelare in carcere, salvo che siano acquisiti elementi dai quali risulti che non sussistono esigenze cautelari (11).

4-*ter*. Nei casi previsti dai commi 1 e 3 è sempre disposta la confisca del mezzo di trasporto utilizzato per commettere il reato, anche nel caso di applicazione della pena su richiesta delle parti (12).

5. Fuori dei casi previsti dai commi precedenti, e salvo che il fatto non costituisca più grave reato, chiunque, al fine di trarre un ingiusto profitto dalla condizione di illegalità dello straniero o nell'ambito delle attività punite a norma del presente articolo, favorisce la permanenza di questi nel territorio dello Stato in violazione delle norme del presente testo unico è punito con la reclusione fino a quattro anni e con la multa fino a lire trenta milioni. Quando il fatto è commesso in concorso da due o più persone, ovvero riguarda la permanenza di cinque o più persone, la pena è aumentata da un terzo alla metà (13).

5-*bis*. Salvo che il fatto costituisca più grave reato, chiunque a titolo oneroso, al fine di trarre ingiusto profitto, dà alloggio ovvero cede, anche in locazione, un immobile ad uno straniero che sia privo di titolo di soggiorno al momento della stipula o del rinnovo del contratto di locazione, è punito con la reclusione da sei mesi a tre anni. La condanna con provvedimento irrevocabile ovvero l'applicazione della pena su richiesta delle parti a norma dell'articolo 444 del codice di procedura penale, anche se è stata concessa la sospensione condizionale della pena, comporta la confisca dell'immobile, salvo che appartenga a persona estranea al reato. Si osservano, in quanto applicabili, le disposizioni vigenti in materia di gestione e destinazione dei beni confiscati. Le somme di denaro ricavate dalla vendita, ove disposta, dei beni confiscati sono destinate al potenziamento delle attività di prevenzione e repressione dei reati in tema di immigrazione clandestina (14).

6. Il vettore aereo, marittimo o terrestre, è tenuto ad accertarsi che lo straniero trasportato sia in possesso dei documenti richiesti per l'ingresso nel territorio dello Stato, nonché a riferire all'organo di polizia di frontiera dell'eventuale presenza a bordo dei rispettivi mezzi di trasporto di stranieri in posizione irregolare. In caso di inosservanza anche di uno solo degli obblighi di cui al presente comma, si applica la sanzione amministrativa del pagamento di una somma da euro 3.500 a euro 5.500 per ciascuno degli stranieri trasportati. Nei casi più gravi è disposta la sospensione da uno a dodici mesi, ovvero la revoca della licenza, autorizzazione o concessione rilasciata dall'autorità amministrativa italiana inerenti all'attività professionale svolta e al mezzo di trasporto utilizzato. Si osservano le disposizioni di cui alla legge 24 novembre 1981, n. 689 (15).

[6-*bis*. Salvo che si tratti di naviglio militare o di navi in servizio governativo non commerciale, il comandante della nave è tenuto ad osservare la normativa internazionale e i divieti e le limitazioni eventualmente disposti ai sensi dell'articolo 11, comma 1-*ter*. In caso di violazione del divieto di ingresso, transito o sosta in acque territoriali italiane, salve le sanzioni penali quando il fatto costituisce reato, si applica al comandante della nave la sanzione amministrativa del pagamento di una somma da euro 150.000 a euro 1.000.000. La responsabilità solidale di cui all'articolo 6 della legge 24 novembre 1981, n. 689, si estende all'armatore della nave. È sempre disposta la confisca della nave utilizzata per commettere la violazione, procedendosi immediatamente a sequestro cautelare. A seguito di provvedimento definitivo di confisca, sono imputabili all'armatore e al proprietario della nave gli oneri di custodia delle imbarcazioni sottoposte a sequestro cautelare. All'irrogazione delle sanzioni, accertate dagli organi addetti al controllo, provvede il prefetto territorialmente competente. Si osservano le disposizioni di cui alla legge 24 novembre 1981, n. 689] (16).

[6-*ter*. Le navi sequestrate ai sensi del comma 6-*bis* possono essere affidate dal prefetto in custodia agli organi di polizia, alle Capitanerie di porto o alla Marina militare ovvero ad altre amministrazioni dello Stato che ne facciano richiesta per l'impiego in attivitàà istituzionali. Gli oneri relativi alla gestione dei beni sono posti a carico dell'amministrazione che ne ha l'uso, senza nuovi o maggiori oneri a carico della finanza pubblica] (16).

[6-*quater*. Quando il provvedimento che dispone la confisca diviene inoppugnabile, la nave è acquisita al patrimonio dello Stato e, a richiesta, assegnata all'amministrazione che ne ha avuto l'uso ai sensi del comma 6-*ter*. La nave per la quale non sia stata presentata istanza di affidamento o che non sia richiesta in assegnazione dall'amministrazione che ne ha avuto l'uso ai sensi del comma 6-*ter* è, a richiesta, assegnata a pubbliche amministrazioni per fini istituzionali ovvero venduta, anche per parti separate. Gli oneri relativi alla gestione delle navi sono posti a carico delle amministrazioni assegnatarie. Le navi non utilmente impiegabili e rimaste invendute nei due anni dal primo tentativo di vendita sono destinate alla distruzione. Si applicano le disposizioni dell'articolo 301-*bis*, comma 3, del testo unico delle disposizioni legislative in materia doganale, di cui al decreto del Presidente della Repubblica 23 gennaio 1973, n. 43] (16).

7. Nel corso di operazioni di polizia finalizzate al contrasto delle immigrazioni clandestine, disposte nell'ambito delle direttive di cui all'art. 11, comma 3, gli ufficiali e agenti di pubblica sicurezza operanti nelle province di confine e nelle acque territoriali possono procedere al controllo e alle ispezioni dei mezzi di trasporto e delle cose trasportate, ancorché soggetti a speciale regime doganale, quando, anche in relazione a specifiche circostante di luogo e di tempo sussistono fondati motivi di ritenere che possano essere utilizzati per uno dei reati previsti dal presente articolo. Dell'esito dei controlli e delle ispezioni è redatto processo verbale in appositi moduli, che è trasmesso entro quarantotto ore al procuratore della Repubblica il quale, se ne ricorrono i presupposti, lo convalida nelle successive quarantotto ore. Nelle medesime circostanze gli ufficiali di polizia giudiziaria possono altresì procedere a perquisizioni, con l'osservanza delle disposizioni di cui all'art. 352, commi 3 e 4, del codice di procedura penale.

8. I beni sequestrati nel corso di operazioni di polizia finalizzate alla prevenzione e repressione dei reati previsti dal presente articolo, sono affidati dall'autorità giudiziaria procedente in custodia giudiziale, salvo che vi ostino esigenze processuali, agli organi di polizia che ne facciano richiesta per l'impiego in attività di polizia ovvero ad altri organi dello Stato o ad altri enti pubblici per finalità di giustizia, di protezione civile o di tutela ambientaleo a enti del Terzo settore, disciplinati dal codice del Terzo settore, di cui al decreto legislativo 3 luglio 2017, n. 117, che ne abbiano fatto espressamente richiesta per fini di interesse generale o per finalità sociali o culturali, i quali provvedono con oneri a proprio carico allo smaltimento delle imbarcazioni eventualmente loro affidate, previa autorizzazione dell'autorità giudiziaria competente. Fino all'operatività del Registro unico nazionale del Terzo settore, istituito dall'articolo 45 del citato codice di cui al decreto legislativo n. 117 del 2017, si considerano enti del Terzo settore gli enti di cui all'articolo 104, comma 1, del medesimo codice. I mezzi di trasporto non possono essere in alcun caso alienati. Si applicano, in quanto compatibili, le disposizioni dell'articolo 100, commi 2 e 3, del testo unico delle leggi in materia di disciplina degli stupefacenti e sostanze psicotrope, approvato con decreto del Presidente della Repubblica 9 ottobre 1990, n. 309 (17).

8-*bis*. Nel caso che non siano state presentate istanze di affidamento per mezzi di trasporto sequestrati, si applicano le disposizioni dell'articolo 301-*bis*, comma 3, del testo unico delle disposizioni legislative in materia doganale, di cui al decreto del Presidente della Repubblica 23 gennaio 1973, n. 43, e successive modificazioni (18).

8-*ter*. La distruzione può essere direttamente disposta dal Presidente del Consiglio dei Ministri o dalla autorità da lui delegata, previo nullaosta dell'autorità giudiziaria procedente (19).

8-*quater*. Con il provvedimento che dispone la distruzione ai sensi del comma 8-*ter* sono altresì fissate le modalità di esecuzione (20).

8-*quinquies*. I beni acquisiti dallo Stato a seguito di provvedimento definitivo di confisca sono, a richiesta, assegnati in via prioritaria all'amministrazione o trasferiti all'ente o, in subordine, agli enti del Terzo settore di cui al comma 8 che ne abbiano avuto l'uso ai sensi del comma 8 ovvero sono alienati o distrutti. Resta fermo che gli enti del Terzo settore di cui al comma 8 provvedono con oneri a proprio carico allo smaltimento delle imbarcazioni eventualmente loro trasferite, previa autorizzazione dell'autorità giudiziaria competente. I mezzi di trasporto non assegnati, o trasferiti per le finalità di cui al comma 8, sono comunque distrutti. Si osservano, in quanto applicabili, le disposizioni vigenti in materia di gestione e destinazione dei beni confiscati. Ai fini della determinazione dell'eventuale indennità, si applica il comma 5 dell'articolo 301-*bis* del citato testo unico di cui al decreto del Presidente della Repubblica 23 gennaio 1973, n. 43, e successive modificazioni (21).

9. Le somme di denaro confiscate a seguito di condanna per uno dei reati previsti dal presente articolo, nonché le somme di denaro ricavate dalla vendita, ove disposta, dei beni confiscati, sono destinate al potenziamento delle attività di prevenzione e repressione dei medesimi reati, anche a livello internazionale mediante interventi finalizzati alla collaborazione e alla assistenza tecnico-operativa con le forze di polizia dei Paesi interessati. A tal fine, le somme affluiscono ad apposito capitolo dell'entrata del bilancio dello Stato per essere assegnate, sulla base di specifiche richieste, ai pertinenti capitoli dello stato di previsione del Ministero dell'interno, rubrica "Sicurezza pubblica".

9-*bis*. La nave italiana in servizio di polizia, che incontri nel mare territoriale o nella zona contigua, una nave, di cui si ha fondato motivo di ritenere che sia adibita o coinvolta nel trasporto illecito di migranti, può fermarla, sottoporla ad ispezione e, se vengono rinvenuti elementi che confermino il coinvolgimento della nave in un traffico di migranti, sequestrarla conducendo la stessa in un porto dello Stato (22).

9-*ter*. Le navi della Marina militare, ferme restando le competenze istituzionali in materia di difesa nazionale, possono essere utilizzate per concorrere alle attività di cui al comma 9-*bis* (23).

9-*quater*. I poteri di cui al comma 9-*bis* possono essere esercitati al di fuori delle acque territoriali, oltre che da parte delle navi della Marina militare, anche da parte delle navi in servizio di polizia, nei limiti consentiti dalla legge, dal diritto internazionale o da accordi bilaterali o multilaterali, se la nave batte la bandiera nazionale o anche quella di altro Stato, ovvero si tratti di una nave senza bandiera o con bandiera di convenienza (24)

9-*quinquies*. Le modalità di intervento delle navi della Marina militare nonché quelle di raccordo con le attività svolte dalle altre unità navali in servizio di polizia sono definite con decreto interministeriale dei Ministri dell'interno, della difesa, dell'economia e delle finanze e delle infrastrutture e dei trasporti (25) (26).

9-*sexies*. Le disposizioni di cui ai commi 9-*bis* e 9-quater si applicano, in quanto compatibili, anche per i controlli concernenti il traffico aereo (27).

9-*septies*. Il Dipartimento della pubblica sicurezza del Ministero dell'interno assicura, nell'ambito delle attività di contrasto dell'immigrazione irregolare, la gestione e il monitoraggio, con modalità informatiche, dei procedimenti amministrativi riguardanti le posizioni di ingresso e soggiorno irregolare anche attraverso il Sistema Informativo Automatizzato. A tal fine sono predisposte le necessarie interconnessioni con il Centro elaborazione dati interforze di cui all'articolo 8 della legge 1° aprile 1981, n. 121, con il Sistema informativo Schengen di cui al regolamento CE 1987/2006 del 20 dicembre 2006 nonché con il Sistema Automatizzato di Identificazione delle Impronte ed è assicurato il tempestivo scambio di informazioni con il Sistema gestione accoglienza del Dipartimento per le libertà civili e l'immigrazione del medesimo Ministero dell'interno (28).

(1) *Comma sostituito dall'art. 11, comma 1, lettera* a), *della l. 30 luglio 2002, n. 189 e, successivamente, modificato dall'art.* 1-ter, *comma 1, lettera* a), *del d.l. 14 settembre 2004, n. 241, convertito, con modificazioni, dalla l. 12 novembre 2004 n. 271, e da ultimo sostituito dall'art. 1, comma 26, lettera* a), *della l. 15 luglio 2009, n. 94.*

(2) *C. cost. 10 marzo 2022, n. 63 ha dichiarato* l'illegittimità costituzionale *della presente lettera, limitatamente alle parole «o utilizzando servizi internazionali di trasporto ovvero documenti contraffatti o alterati o comunque illegalmente ottenuti».*

(3) *Comma sostituito dall'art. 11, comma 1, lettera* b), *della l. 30 luglio 2002, n. 189 e, successivamente, modificato dall'art.* 1-ter, *comma 1, lettera* b), *del d.l. 14 settembre 2004, n. 241, convertito, con modificazioni, dalla l. 12 novembre 2004 n. 271, e da ultimo sostituito dall'art. 1, comma 26, lettera* b), *della l. 15 luglio 2009, n. 94.*

(4) *Comma aggiunto dall'art. 11, comma 1, lettera* c), *della l. 30 luglio 2002, n. 189; successivamente, modificato dall'art.* 1-ter, *comma 1, lettera* c), *del d.l. 14 settembre 2004, n. 241, convertito, con modificazioni, dalla l. 12 novembre 2004 n. 271 e da ultimo sostituito dall'art. 1, comma 26, lettera* c), *della l. 15 luglio 2009, n. 94.*

(5) *Comma aggiunto dall'art. 11, comma 1, lettera* c), *della l. 30 luglio 2002, n. 189 e, successivamente, modificato dall'art.* 1-ter, *comma 1, lettera* d), *del d.l. 14 settembre 2004, n. 241, convertito, con modificazioni, dalla l. 12 novembre 2004 n. 271, e da ultimo sostituito dall'art. 1, comma 26, lettera* e), *della l. 15 luglio 2009, n. 94.*

(6) *Comma aggiunto dall'art. 11, comma 1, lettera* c), *della l. 30 luglio 2002, n. 189 e, successivamente, modificato dall'art. 5, comma 2, della l. 14 febbraio 2003, n. 34.*

(7) *Comma aggiunto dall'art. 11, comma 1, lettera* c), *della l. 30 luglio 2002, n. 189.*

(8) *Comma aggiunto dall'art. 11, comma 1, lettera* c), *della l. 30 luglio 2002, n. 189.*

(9) *Comma aggiunto dall'art.* 1-ter, *comma 1, lettera* e), *del d.l. 14 settembre 2004, n. 241, convertito, con modificazioni, dalla l. 12 novembre 2004 n. 271 e, successivamente, abrogato dall'art. 9, comma 11, lettera* c), *della l. 16 marzo 2006, n. 146.*

(10) *Comma sostituito dall'art. 2, comma 1, del d.lgs.13 aprile 1999, n. 113 e, successivamente, dall'art. 1, comma 26, lettera* e), *della l. 15 luglio 2009, n. 94.*

(11) *Comma aggiunto dall'art. 1, comma 26, lettera* f), *della l. 15 luglio 2009, n. 94. La Corte Costituzionale, con sentenza 6 dicembre 2011, n. 331 (G.U. 1 dicembre, n. 53), ha dichiarato* l'illegittimità costituzionale *del presente comma, nella parte in cui - nel prevedere che, quando sussistono gravi indizi di colpevolezza in ordine ai reati previsti dal comma 3 del presente articolo, è applicata la custodia cautelare in carcere, salvo che siano acquisiti elementi dai quali risulti che non sussistono esigenze cautelari - non fa salva, altresì, l'ipotesi in cui siano acquisiti elementi specifici, in relazione al caso concreto, dai quali risulti che le esigenze cautelari possono essere soddisfatte con altre misure.*

(12) *Comma aggiunto dall'art. 1, comma 26, lettera* f), *della l. 15 luglio 2009, n. 94.*

(13) *Comma modificato dall'art. 5, comma 01, del d.l. l. 23 maggio 2008, n. 92, convertito, con modificazioni, dalla l. 24 luglio 2008, n. 125.*

(14) *Comma modificato dall'art. 5, comma 1, del d.l. 23 maggio 2008, n. 92, convertito, con modificazioni, dalla l. 24 luglio 2008, n. 125 e,*

successivamente, modificato dall'art. 1, comma 14, della l. 15 luglio 2009, n. 94.

(15) *Comma modificato dall'art. 1, comma 1, lettera* b), *del d.lgs.7 aprile 2003, n. 87.*

(16) *I commi 6-*bis, *6-*ter *e 6-*quater *sono stati dapprima inseriti dall'art. 2 comma 1 d.l. 14 giugno 2019, n. 53, conv., con modif., in l. 8 agosto 2019, n. 77 e da ultimo abrogati dall'art. 1 comma 1 lett.* d) *d.l. 21 ottobre 2020, n. 130, conv., con modif., in l. 18 dicembre 2020, n. 173.*

(17) *Comma dapprima sostituito dall'art. 2 comma 2 d.lg. n. 113 del 1999, cit. e da ultimo così modificato, in sede di conversione, dall'art. 1-*bis *comma 1 lett.* a) *d.l. n. 130 del 2020, cit., con l'aggiunta al primo periodo delle parole da « o a enti del Terzo settore » a « si considerano enti del Terzo settore gli enti di cui all'articolo 104, comma 1, del medesimo codice ».*

(18) *Comma aggiunto dall'art. 2, comma 3, del d.lgs.13 aprile 1999, n. 113 e, successivamente, sostituito dall'art. 1, comma 1, del d.l. 4 aprile 2002, n. 51, convertito, con modificazioni, dalla l. 7 giugno 2002, n. 106.*

(19) *Comma aggiunto dall'art. 1, comma 1, del d.l. 4 aprile 2002, n. 51, convertito, con modificazioni, dalla l. 7 giugno 2002, n. 106.*

(20) *Comma aggiunto dall'art. 1, comma 1, del d.l. 4 aprile 2002, n. 51, convertito, con modificazioni, dalla l. 7 giugno 2002, n. 106.*

(21) *Comma aggiunto dall'art. 1, comma 1, del d.l. 4 aprile 2002, n. 51, convertito, con modificazioni, dalla l. 7 giugno 2002, n. 106. L'art. 1-*bis *comma 1 lett.* b) *d.l. n. 130 del 2020, cit., ha inserito, in sede di conversione, le parole « in via prioritaria » e le parole: « o, in subordine, agli enti del Terzo settore di cui al comma 8 », nonché l'attuale secondo periodo del comma 8-*quinquies.

(22) *Comma aggiunto dall'art. 11, comma 1, lettera* d), *della l. 30 luglio 2002, n. 189.*

(23) *Comma aggiunto dall'art. 11, comma 1, lettera* d), *della l. 30 luglio 2002, n. 189.*

(24) *Comma aggiunto dall'art. 11, comma 1, lettera* d), *della l. 30 luglio 2002, n. 189.*

(25) *Comma aggiunto dall'art. 11, comma 1, lettera* d), *della l. 30 luglio 2002, n. 189.*

(26) *Vedi le disposizioni di cui al D.M. 14 luglio 2003.*

(27) *Comma aggiunto dall'art. 11, comma 1, lettera* d), *della l. 30 luglio 2002, n. 189.*

(28) *Comma aggiunto dall'art. 18, comma 1, d.l. 17 febbraio 2017, n. 13, conv., con modif., in l. 13 aprile 2017, n. 46.*

13 **Espulsione amministrativa.** (Legge 6 marzo 1998, n. 40, art. 11).

1. Per motivi di ordine pubblico o di sicurezza dello Stato, il Ministro dell'interno può disporre l'espulsione dello straniero anche non residente nel territorio dello Stato, dandone preventiva notizia al Presidente del Consiglio dei Ministri e al Ministro degli affari esteri.

2. L'espulsione è disposta dal prefetto, caso per caso, quando lo straniero (1):

a) è entrato nel territorio dello Stato sottraendosi ai controlli di frontiera e non è stato respinto ai sensi dell'art. 10;

b) si è trattenuto nel territorio dello Stato in assenza della comunicazione di cui all'articolo 27, comma 1-*bis*, o senza avere richiesto la proroga del visto o il permesso di soggiorno nel termine prescritto, salvo che il ritardo sia dipeso da forza maggiore, ovvero quando la proroga del visto o il permesso di soggiorno siano stati revocati o annullati o rifiutati ovvero quando il permesso di soggiorno sia scaduto da più di sessanta giorni e non ne è stato chiesto il rinnovo ovvero se lo straniero si è trattenuto sul territorio dello Stato in violazione dell'articolo 1, comma 3, della legge 28 maggio 2007, n. 68, o nel caso in cui sia scaduta la validità della proroga del visto (2) (3);

c) appartiene a taluna delle categorie indicate negli articoli 1, 4 e 16, del decreto legislativo 6 settembre 2011, n. 159 (4).

2-*bis*. Nell'adottare il provvedimento di espulsione ai sensi del comma 2, lettere *a*) e *b*), nei confronti dello straniero che ha esercitato il diritto al ricongiungimento familiare ovvero del familiare ricongiunto, ai sensi dell'articolo 29, si tiene anche conto della natura e della effettività dei vincoli familiari dell'interessato, della durata del suo soggiorno nel territorio nazionale nonché dell'esistenza di legami familiari, culturali o sociali con il suo Paese d'origine (5).

2-*ter*. L'espulsione non è disposta, né eseguita coattivamente qualora il provvedimento sia stato già adottato, nei confronti dello straniero identificato in uscita dal territorio nazionale durante i controlli di polizia alle frontiere esterne (6).

3. L'espulsione è disposta in ogni caso con decreto motivato immediatamente esecutivo, anche se sottoposto a gravame o impugnativa da parte dell'interessato. Quando lo straniero è sottoposto a procedimento penale e non si trova in stato di custodia cautelare in carcere, il questore, prima di eseguire l'espulsione, richiede il nulla osta all'autorità giudiziaria, che può negarlo solo in presenza di inderogabili esigenze processuali valutate in relazione all'accertamento della responsabilità di eventuali concorrenti nel reato o imputati in procedimenti per reati connessi, e all'interesse della persona offesa. In tal caso l'esecuzione del provvedimento è sospesa fino a quando l'autorità giudiziaria comunica la cessazione delle esigenze processuali. Il questore, ottenuto il nulla osta, provvede all'espulsione con le modalità di cui al comma 4. Il nulla osta si intende concesso qualora l'autorità giudiziaria non provveda entro sette giorni dalla data di ricevimento della richiesta. In attesa della decisione sulla richiesta di nulla osta, il questore può adottare la misura del trattenimento presso un centro di permanenza per i rimpatri, ai sensi dell'articolo 14 (7).

3-*bis*. Nel caso di arresto in flagranza o di fermo, il giudice rilascia il nulla osta all'atto della convalida, salvo che applichi la misura della custodia cautelare in carcere ai sensi dell'articolo 391, comma 5, del codice di procedura penale, o che ricorra una delle ragioni per le quali il nulla osta può essere negato ai sensi del comma 3 (8).

3-*ter*. Le disposizioni di cui al comma 3 si applicano anche allo straniero sottoposto a procedimento penale, dopo che sia stata revocata o dichiarata estinta per qualsiasi ragione la misura della custodia cautelare in carcere applicata nei suoi confronti. Il giudice, con lo stesso provvedimento con il quale revoca o dichiara l'estinzione della misura, decide sul rilascio del nulla osta all'esecuzione dell'espulsione. Il provvedimento è immediatamente comunicato al questore (9).

3-*quater*. Nei casi previsti dai commi 3, 3-*bis* e 3-*ter*, il giudice, acquisita la prova dell'avvenuta espulsione, se non è ancora stato emesso il provvedimento che dispone il giudizio, pronuncia sentenza di non luogo a procedere. È sempre disposta la confisca delle cose indicate nel secondo comma dell'articolo 240 del codice penale. Si applicano le disposizioni di cui ai commi 13, 13-*bis*, 13-*ter* e 14 (10).

3-*quinquies*. Se lo straniero espulso rientra illegalmente nel territorio dello Stato prima del termine previsto dal comma 14 ovvero, se di durata superiore, prima del termine di prescrizione del reato più grave per il quale si era proceduto nei suoi confronti, si applica l'articolo 345 del codice di procedura penale. Se lo straniero era stato scarcerato per decorrenza dei termini di durata massima della custodia cautelare, quest'ultima è ripristinata a norma dell'articolo 307 del codice di procedura penale (11).

[3-*sexies*. Il nulla osta all'espulsione non può essere concesso qualora si proceda per uno o più delitti previsti dall'articolo 407, comma 2, lettera *a*), del codice di procedura penale, nonché dall'articolo 12 del presente testo unico.] (12)

3-*septies*. Nei confronti dello straniero sottoposto alle pene della permanenza domiciliare o del lavoro di pubblica utilità per i reati di cui all'articolo 10-*bis* o all'articolo 14, commi 5-*ter* e 5-*quater*, l'espulsione prevista dal presente articolo è eseguita in ogni caso e i giorni residui di permanenza domiciliare o di lavoro di pubblica utilità non eseguiti si convertono nella corrispondente pena pecuniaria secondo i criteri di ragguaglio indicati nei commi 2 e 6 dell'articolo 55 del decreto legislativo 28 agosto 2000, n. 274 (13).

4. L'espulsione è eseguita dal questore con accompagnamento alla frontiera a mezzo della forza pubblica:

a) nelle ipotesi di cui ai commi 1 e 2, lettera *c*), del presente articolo ovvero all'articolo 3, comma 1, del decreto-legge 27 luglio 2005, n. 144, convertito, con modificazioni, dalla legge 31 luglio 2005, n. 155;

b) quando sussiste il rischio di fuga, di cui al comma 4-*bis*;

c) quando la domanda di permesso di soggiorno è stata respinta in quanto manifestamente infondata o fraudolenta;

d) qualora, senza un giustificato motivo, lo straniero non abbia osservato il termine concesso per la partenza volontaria, di cui al comma 5;

e) quando lo straniero abbia violato anche una delle misure di cui al comma 5.2 e di cui all'articolo 14, comma 1-*bis*;

f) nelle ipotesi di cui agli articoli 15 e 16 e nelle altre ipotesi in cui sia stata disposta l'espulsione dello straniero come sanzione penale o come conseguenza di una sanzione penale;

g) nell'ipotesi di cui al comma 5.1 (14).

4-*bis*. Si configura il rischio di fuga di cui al comma 4, lettera *b*), qualora ricorra almeno una delle seguenti circostanze da cui il prefetto accerti, caso per caso, il pericolo che lo straniero possa sottrarsi alla volontaria esecuzione del provvedimento di espulsione:

a) mancato possesso del passaporto o di altro documento equipollente, in corso di validità;

b) mancanza di idonea documentazione atta a dimostrare la disponibilità di un alloggio ove possa essere agevolmente rintracciato;

c) avere in precedenza dichiarato o attestato falsamente le proprie generalità;

d) non avere ottemperato ad uno dei provvedimenti emessi dalla competente autorità, in applicazione dei commi 5 e 13, nonché dell'articolo 14;

e) avere violato anche una delle misure di cui al comma 5.2 (15).

5. Lo straniero, destinatario di un provvedimento d'espulsione, qualora non ricorrano le condizioni per l'accompagnamento immediato alla frontiera di cui al comma 4, può chiedere al prefetto, ai fini dell'esecuzione dell'espulsione, la concessione di un periodo per la partenza volontaria, anche attraverso programmi di rimpatrio volontario ed assistito, di cui all'articolo 14-*ter*. Il prefetto, valutato il singolo caso, con lo stesso provvedimento di espulsione, intima lo straniero a lasciare volontariamente il territorio nazionale, entro un termine compreso tra 7 e 30 giorni. Tale termine può essere prorogato, ove necessario, per un periodo congruo, commisurato alle circostanze specifiche del caso individuale, quali la durata del soggiorno nel territorio nazionale, l'esistenza di minori che frequentano la scuola ovvero di altri legami familiari e sociali, nonché l'ammissione a programmi di rimpatrio volontario ed assistito, di cui all'articolo 14-*ter*. La questura, acquisita la prova dell'avvenuto rimpatrio dello straniero, avvisa l'autorità giudiziaria competente per l'accertamento del reato previsto dall'articolo 10-*bis*, ai fini di cui al comma 5 del medesimo articolo. Le disposizioni del presente comma non si applicano, comunque, allo straniero destinatario di un provvedimento di respingimento, di cui all'articolo 10 (16).

5.1. Ai fini dell'applicazione del comma 5, la questura provvede a dare adeguata informazione allo straniero della facoltà di richiedere un termine per la partenza volontaria, mediante schede informative plurilingue. In caso di mancata richiesta del termine, l'espulsione è eseguita ai sensi del comma 4 (17).

5.2. Laddove sia concesso un termine per la partenza volontaria, il questore chiede allo straniero di dimostrare la disponibilità di risorse economiche sufficienti derivanti da fonti lecite, per un importo proporzionato al termine concesso, compreso tra una e tre mensilità dell'assegno sociale annuo. Il questore dispone, altresì, una o più delle seguenti misure:

a) consegna del passaporto o altro documento equipollente in corso di validità, da restituire al momento della partenza;

b) obbligo di dimora in un luogo preventivamente individuato, dove possa essere agevolmente rintracciato;

c) obbligo di presentazione, in giorni ed orari stabiliti, presso un ufficio della forza pubblica territorialmente competente. Le misure di cui al secondo periodo sono adottate con provvedimento motivato, che ha effetto dalla notifica all'interessato, disposta ai sensi dell'articolo 3, commi 3 e 4 del regolamento, recante l'avviso che lo stesso ha facoltà di presentare personalmente o a mezzo di difensore memorie o deduzioni al giudice della convalida. Il provvedimento è comunicato entro 48 ore dalla notifica al giudice di pace competente per territorio. Il giudice, se ne ricorrono i presupposti, dispone con decreto la convalida nelle successive 48 ore. Le misure, su istanza dell'interessato, sentito il questore, possono essere modificate o revocate dal giudice di pace. Il contravventore anche solo ad una delle predette misure è punito con la multa da 3.000 a 18.000 euro. In tale ipotesi, ai fini dell'espulsione dello straniero, non è richiesto il rilascio del nulla osta di cui al comma 3 da parte dell'autorità giudiziaria competente all'accertamento del reato. Il questore esegue l'espulsione, disposta ai sensi del comma 4, anche mediante le modalità previste all'articolo 14 (17).

5-*bis*. Nei casi previsti al comma 4 il questore comunica immediatamente e, comunque, entro quarantotto ore dalla sua adozione, al giudice di pace territorialmente competente il provvedimento con il quale è disposto l'accompagnamento alla frontiera. L'esecuzione del provvedimento del questore di allontanamento dal territorio nazionale è sospesa fino alla decisione sulla convalida. L'udienza per la convalida si svolge in camera di consiglio con la partecipazione necessaria di un difensore tempestivamente avvertito. L'interessato è anch'esso tempestivamente informato e condotto nel luogo in cui il giudice tiene l'udienza. Lo straniero è ammesso all'assistenza legale da parte di un difensore di fiducia munito di procura speciale. Lo straniero è altresì ammesso al gratuito patrocinio a spese dello Stato, e, qualora sia sprovvisto di un difensore, è assistito da un difensore designato dal giudice nell'ambito dei soggetti iscritti nella tabella di cui all'articolo 29 delle norme di attuazione, di coordinamento e transitorie del codice di procedura penale, di cui al decreto legislativo 28 luglio 1989, n. 271, nonché, ove necessario, da un interprete. L'autorità che ha adottato il provvedimento può stare in giudizio personalmente anche avvalendosi di funzionari appositamente delegati. Il giudice provvede alla convalida, con decreto motivato, entro le quarantotto ore successive, verificata l'osservanza dei termini, la sussistenza dei requisiti previsti dal presente articolo e sentito l'interessato, se comparso. In attesa della definizione del procedimento di convalida, lo straniero espulso è trattenuto in uno dei centri di permanenza per i rimpatri, di cui all'articolo 14, salvo che il procedimento possa essere definito nel luogo in cui è stato adottato il provvedimento di allontanamento anche prima del trasferimento in uno dei centri disponibili, ovvero salvo nel caso in cui non vi sia disponibilità di posti nei Centri di cui all'articolo 14 ubicati nel circondario del Tribunale competente. In tale ultima ipotesi il giudice di pace, su richiesta del questore, con il decreto di fissazione dell'udienza di convalida, può autorizzare la temporanea permanenza dello straniero, sino alla definizione del procedimento di convalida in strutture diverse e idonee nella disponibilità dell'Autorità di pubblica sicurezza. Qualora le condizioni di cui al periodo precedente permangono anche dopo l'udienza di convalida, il giudice può autorizzare la permanenza, in locali idonei presso l'ufficio di frontiera interessato, sino all'esecuzione dell'effettivo allontanamento e comunque non oltre le quarantotto ore successive all'udienza di convalida. Le strutture ed i locali di cui ai periodi precedenti garantiscono condizioni di trattenimento che assicurino il rispetto della dignità della persona (18). Quando la convalida è concessa, il provvedimento di accompagnamento alla frontiera diventa esecutivo. Si applicano le disposizioni di cui all'articolo 14, comma 2. Se la convalida non è concessa ovvero non è osservato il termine per la decisione, il provvedimento del questore perde ogni effetto. Avverso il decreto di convalida è proponibile ricorso per cassazione. Il relativo ricorso non sospende l'esecuzione dell'allontanamento dal territorio nazionale. Il termine di quarantotto ore entro il quale il giudice di pace deve provvedere alla convalida decorre dal momento della comunicazione del provvedimento alla cancelleria (19) (20).

5-*ter*. Al fine di assicurare la tempestività del procedimento di convalida dei provvedimenti di cui ai commi 4 e 5, ed all'articolo 14, comma 1, le questure forniscono al giudice di pace, nei limiti delle risorse disponibili, il supporto occorrente e la disponibilità di un locale idoneo (21).

[6. Negli altri casi l'espulsione contiene l'intimazione a lasciare il territorio dello Stato entro il termine di quindici giorni, e ad osservare le prescrizioni per il viaggio e per la presentazione all'ufficio di polizia di frontiera. Quando l'espulsione è disposta ai sensi del comma 2, lettera *b*), il questore può adottare la misura di cui all'art. 14, comma 1, qualora il prefetto rilevi, tenuto conto di circostanze obiettive riguardanti l'inserimento sociale, familiare e lavorativo dello straniero, il concreto pericolo che quest'ultimo si sottragga all'esecuzione del provvedimento.] (22)

7. Il decreto di espulsione e il provvedimento di cui al comma 1 dell'art. 14, nonché ogni altro atto concernente l'ingresso, il soggiorno e l'espulsione, sono comunicati all'interessato unitamente all'indicazione delle modalità di impugnazione e ad una traduzione in una lingua da lui conosciuta, ovvero, ove non sia possibile, in lingua francese, inglese o spagnola.

8. Avverso il decreto di espulsione può essere presentato ricorso all'autorità giudiziaria ordinaria. Le controversie di cui al presente comma sono disciplinate dall'articolo 18 del decreto legislativo 1° settembre 2011, n. 150 (23) (24).

[9. Il ricorso, a cui deve essere allegato il provvedimento impugnato, è presentato al pretore del luogo in cui ha sede l'autorità che ha disposto l'espulsione. Nei casi di espulsione con accompagnamento immediato, sempreché sia disposta la misura di cui al comma 1 dell'articolo 14, provvede il pretore competente per la convalida di tale misura. Il pretore accoglie o rigetta il ricorso decidendo con unico provvedimento adottato, in ogni caso, entro dieci giorni dalla data di deposito del ricorso, sentito l'interessato, nei modi di cui agli articoli 737 e seguenti del codice di procedura civile.] (25)

[10. Il ricorso di cui ai commi 8, 9 e 11 può essere sottoscritto anche personalmente. Nel caso di espulsione con accompagnamento immediato il ricorso può essere presentato anche per il tramite della rappresentanza diplomatica o consolare italiana nello Stato di destinazione entro trenta giorni dalla comunicazione del provvedimento; in tali casi, il ricorso può essere sottoscritto anche personalmente dalla parte alla presenza dei funzionari delle rappresentanze diplomatiche o consolari, che provvedono a certificarne l'autenticità e ne curano l'inoltro all'autorità giudiziaria. Lo straniero [è ammesso al gratuito patrocinio a spese dello Stato e,] qualora sia sprovvisto di un difensore, è assistito da un difensore designato dal giudice nell'ambito dei soggetti iscritti nella tabella di cui all'art. 29 delle norme di attuazione, di coordinamento e transitorie del codice di procedura penale approvate con decreto legislativo 28 luglio 1989, n. 271 e successive modificazioni, nonché, ove necessario da un interprete.] (26)

11. Contro il decreto ministeriale di cui al comma 1 la tutela giurisdizionale davanti al giudice amministrativo è disciplinata dal codice del processo amministrativo (27).

12. Fatto salvo quanto previsto dall'art. 19, lo straniero espulso è rinviato allo Stato di appartenenza, ovvero, quando ciò non sia possibile, allo Stato di provenienza.

13. Lo straniero destinatario di un provvedimento di espulsione non può rientrare nel territorio dello Stato senza una speciale autorizzazione del Ministro dell'interno. In caso di trasgressione lo straniero è punito con la reclusione da uno a quattro anni ed è nuovamente espulso con accompagnamento immediato alla frontiera. La disposizione di cui al primo periodo del presente comma non si applica nei confronti dello straniero già espulso ai sensi dell'articolo 13, comma 2, lettere *a*) e *b*), per il quale è stato autorizzato il ricongiungimento, ai sensi dell'articolo 29 (28).

13-*bis*. Nel caso di espulsione disposta dal giudice, il trasgressore del divieto di reingresso è punito con la reclusione da uno a quattro anni. Allo straniero che, già denunciato per il reato di cui al comma 13 ed espulso, abbia fatto reingresso sul territorio nazionale si applica la pena della reclusione da uno a cinque anni (29) (30).

13-*ter*. Per i reati previsti dai commi 13 e 13-*bis* è obbligatorio l'arresto dell'autore del fatto anche fuori dei casi di flagranza e si procede con rito direttissimo (31).

14. Il divieto di cui al comma 13 opera per un periodo non inferiore a tre anni e non superiore a cinque anni, la cui durata è determinata tenendo conto di tutte le circostanze pertinenti il singolo caso. Nei casi di espulsione disposta ai sensi dei commi 1 e 2, lettera *c*), del presente articolo ovvero ai sensi dell'articolo 3, comma 1, del decreto-legge 27 luglio 2005, n. 144, convertito, con modificazioni, dalla legge 31 luglio 2005, n. 155, può essere previsto un termine superiore a cinque anni, la cui durata è determinata tenendo conto di tutte le circostanze pertinenti il singolo caso. Per i provvedimenti di espulsione di cui al comma 5, il divieto previsto al comma 13 decorre dalla scadenza del termine assegnato e può essere revocato, su istanza dell'interessato, a condizione che fornisca la prova di avere lasciato il territorio nazionale entro il termine di cui al comma 5 (32).

14-*bis*. Il divieto di cui al comma 13 è registrato dall'autorità di pubblica sicurezza e inserito nel sistema di informazione Schengen, di cui al regolamento (CE) n. 1987/2006 del Parlamento europeo e del Consiglio del 20 dicembre 2006 e comporta il divieto di ingresso e soggiorno nel territorio degli Stati membri della Unione europea, nonché degli Stati non membri cui si applica l'acquis di Schengen. (33) (34).

14-*ter*. In presenza di accordi o intese bilaterali con altri Stati membri dell'Unione europea entrati in vigore in data anteriore al 13 gennaio 2009, lo straniero che si trova nelle condizioni di cui al comma 2 può essere rinviato verso tali Stati (34).

15. Le disposizioni di cui al comma 5 non si applicano allo straniero che dimostri sulla base di elementi obiettivi di essere giunto nel territorio dello Stato prima della data di entrata in vigore della legge 6 marzo 1998, n. 40. In tal caso, il questore può adottare la misura di cui all'art. 14, comma 1.

16. L'onere derivante dal comma 10 del presente articolo è valutato in lire 4 miliardi per l'anno 1997 e in lire 8 miliardi annui a decorrere dall'anno 1998.

(1) *Alinea modificato dall'art. 3, comma 1, lettera* c), *numero 1), lett.* a), *del d.l. 23 giugno 2011 n. 89, convertito, con modificazioni, dalla l. 2 agosto 2011, n. 129.*

(2) *Lettera sostituita dapprima dall'art. 5, comma 1, lettera* a), *del d.l. 15 febbraio 2007, n. 10, convertito, con modificazioni, dalla l. 6 aprile 2007 n. 46, successivamente, dall'art. 3, comma 1, lettera* c), *numero 1), lett.* b), *del d.l. 23 giugno 2011 n. 89, convertito, con modificazioni, dalla l. 2 agosto 2011, n. 129 e da ultimo così modificata dall'art. 16, comma 1, lett. d) n. 1-4) l. 23 dicembre 2021, n. 238 (legge europea 2021), in vigore dal 1° gennaio 2022.*

(3) *L'art. 9, comma 1, lett.* b), *d.l. 2 marzo 2020, n. 9, al fine di consentire la piena utilizzazione del personale della Polizia di Stato per contrastare l'emergenza epidemiologica da Covid-19, aveva previsto che dalla data di entrata in vigore del predetto d.l. n. 9, cit., (2 febbraio 2020) fossero sospesi per la durata di 30 giorni « i termini per la presentazione della richiesta di primo rilascio e del rinnovo del permesso di soggiorno previsti, rispettivamente, in otto giorni lavorativi dall'ingresso dello straniero nel territorio dello Stato e in almeno sessanta giorni prima della scadenza o nei sessanta giorni successivi alla scadenza, ai sensi dell'articolo 5, commi 2 e 4, e dell'articolo 13, comma 2, lettera* b), *del decreto legislativo 25 luglio 1998, n. 286 ». Ma l'art. 1, comma 2 l. 24 aprile 2020, n. 27, di conversione del d.l. 17 marzo 2020, n. 18, ha* ***abrogato*** *il predetto d.l. n. 9, cit., facendo salvi gli atti ed i provvedimenti adottati nonché gli effetti prodottisi e i rapporti giuridici sorti sulla base del medesimo d.l.*

(4) *Lettera sostituita dall'art. 75-*bis, *comma 2, del d.lgs.6 settembre 2011, n. 159, come modificato dall'art. 4, comma 2, del d.l. 18 febbraio 2015 n. 7, convertito con modificazioni dalla l. 17 aprile 2015, n. 43.*

(5) *Comma aggiunto dall'art. 2, comma 1, lettera* c), *numero 1, del d.lgs.8 gennaio 2007, n. 5.*

(6) *Comma aggiunto dall'art. 3, comma 1, lettera* c), *numero 2), del d.l. 23 giugno 2011 n. 89, convertito, con modificazioni, dalla l. 2 agosto 2011, n. 129.*

(7) *Comma sostituito dall'art. 12, comma 1, lett. a), L. 30 luglio 2002, n. 189 e modificato dagli artt. 5, comma 1-*bis *e 9, comma 1, d.l. 23 maggio 2008, n. 92, convertito, con modificazioni, dalla L. 24 luglio 2008, n. 125. Successivamente, il presente comma è stato così modificato ai sensi di quanto disposto dall'art. 19, comma 1, d.l. 17 febbraio 2017, n. 13, conv., con modif., in l. 13 aprile 2017, n. 46.*

(8) *Comma aggiunto dall'art. 12, comma 1, lettera* b), *della l. 30 luglio 2002, n. 189.*

(9) *Comma aggiunto dall'art. 12, comma 1, lettera* b), *della l. 30 luglio 2002, n. 189.*

(10) *Comma aggiunto dall'art. 12, comma 1, lettera* b), *della l. 30 luglio 2002, n. 189. La Corte Costituzionale, con sentenza 13 dicembre 2019, n. 270 (in G.U. 18 dicembre 2019, n. 51), ha dichiarato l'illegittimità costituzionale del presente comma, nella parte in cui non prevede che, nei casi di decreto di citazione diretta a giudizio ai sensi dell'art. 550 del codice di procedura penale, il giudice possa rilevare, anche d'ufficio, che l'espulsione dell'imputato straniero èè stata eseguita prima che sia stato emesso il provvedimento che dispone il giudizio e che ricorrono tutte le condizioni per pronunciare sentenza di non luogo a procedere.*

(11) *Comma aggiunto dall'art. 12, comma 1, lettera* b), *della l. 30 luglio 2002, n. 189.*

(12) *Comma aggiunto dall'art. 12, comma 1, lettera* b), *della l. 30 luglio 2002, n. 189 e, successivamente, abrogato dall'art. 3, comma 7, del d.l. 27 luglio 2005, n. 144, convertito, con modificazioni, dalla l. 31 luglio 2005, n. 155.*

(13) *Comma aggiunto dall'art. 3, comma 1, lettera* c), *della l. 30 ottobre 2014, n. 161.*

(14) *Comma sostituito dall'art. 12, comma 1, lettera* c), *della l. 30 luglio 2002, n. 189 e, successivamente, art. 3, comma 1, lettera* c), *numero 3), del d.l. 23 giugno 2011 n. 89, convertito, con modificazioni, dalla l. 2 agosto 2011, n. 129.*

(15) *Comma aggiunto dall'art. 3, comma 1, lettera* c), *numero 4), del d.l. 23 giugno 2011 n. 89, convertito, con modificazioni, dalla l. 2 agosto 2011, n. 129.*

(16) *Comma sostituito dall'art. 12, comma 1, lettera* d), *della l. 30 luglio 2002, n. 189e, successivamente, art. 3, comma 1, lettera* c), *numero 5), del d.l. 23 giugno 2011 n. 89, convertito, con modificazioni, dalla l. 2 agosto 2011, n. 129.*

(17) *Comma aggiunto dall'art. 3, comma 1, lettera* c), *numero 6), del d.l. 23 giugno 2011 n. 89, convertito, con modificazioni, dalla l. 2 agosto 2011, n. 129.*

(18) *Le parole da* «, ovvero salvo nel caso in cui non vi sia disponibilità di posti nei Centri » *fino a* « rispetto della dignità della persona. » sono state inserite *dall'art. 4, comma 1, d.l. 4 ottobre 2018, n.113, conv., con modif., in l. 1 dicembre 2018, n. 132.*

(19) *Comma dapprima inserito dall'art. 2, comma 1, d.l. 4 aprile 2002 n. 51, convertito, con modificazioni, dalla l. 7 giugno 2002, n. 106; successivamente sostituito: dall'art. 1, comma 1, d.l. 14 settembre 2004, n. 241, convertito, con modificazioni, dalla l. 12 novembre 2004, n. 271; dall'art. 9, comma 1, d.l. 23 maggio 2008, n. 92, convertito, con modificazioni, dalla l. 24 luglio 2008, n. 125 e dall'art. 3, comma 1, lett. c), n. 7), d.l. 23 giugno 2011, n. 89, convertito, con modificazioni, dalla L. 2 agosto 2011, n. 129. Il presente comma è stato da ultimo sostituito dall'art. 34, comma 19, lett. a), d.lgs.1° settembre 2011, n. 150; per l'applicazione di tale ultima disposizione, vedi l'art. 36 del medesimo d.lgs.150/2011. Infine, il presente comma è stato così modificato ai sensi dell'art. 19, comma 1, d.l. 17 febbraio 2017, n. 13, conv., con modif., in l. 13 aprile 2017, n. 46.*

Da ultimo il comma è stato modificato dall'art. 3 comma 1 lett. b) *d.l. 21 ottobre 2020, n. 130, conv., con modif., in l. 18 dicembre 2020, n. 173, con l'aggiunta del tredicesimo periodo*

(20) *La Corte Costituzionale, con sentenza 15 luglio 2004, n. 222 (iG.U. 21 luglio 2004, n. 28), aveva dichiarato l'illegittimità costituzionale del presente comma, nel testooriginario, nella parte in cui non prevedeva che il giudizio di convalida debba svolgersi in contraddittorio prima dell'esecuzione del provvedimento di accompagnamento alla frontiera, con le garanzie della difesa.*

(21) *Comma aggiunto dall'art. 1, comma 1, del d.l. 14 settembre 2004, n. 241, convertito, con modificazioni, dalla l. 12 novembre 2004, n. 271.*

(22) *Comma abrogato dall'art. 12, comma 1, lettera* f), *della l. 30 luglio 2002, n. 189.*

(23) *Comma dapprima sostituito dall'art. 12, comma 1, lettera* e), *della l. 30 luglio 2002, n. 189, successivamente modificato dall'art. 1, comma 2, del d.l. 14 settembre 2004, n. 241, convertito, con modificazioni, dalla l. 12 novembre 2004, n. 271 e, da ultimo, sostituito dall'art. 34, comma 19, lettera* b) *d.lgs. 1 settembre 2011, n. 150.*

(24) *La Corte Costituzionale, con sentenza 16 luglio 2008, n. 278 (G.U. 23 luglio 2008, n. 31) ha dichiarato l'illegittimità costituzionale del presente comma, nel testo dapprima sostituito dall'art. 12, comma 1, l. 30 luglio 2002, n. 189, e poi modificato dall'art. 1, comma 2, del decreto-legge 14 settembre 2004, n. 241, convertito, con modificazioni, dalla legge 12 novembre 2004, n. 271, nella parte in cui non consente l'utilizzo del servizio postale per la proposizione diretta, da parte dello straniero, del ricorso avverso il decreto prefettizio di espulsione, quando sia stata accertata l'identità del ricorrente in applicazione della normativa vigente.*

(25) *Comma sostituito dall'art. 3, comma 1, del d.lgs. 13 aprile 1999, n. 113 e, successivamente, abrogato dall'art. 12, comma 1, lettera* f), *della l. 30 luglio 2002, n. 189.*

(26) *Comma modificato dall'art. 299, comma 1, d.P.R. 30 maggio 2002, n. 115 e, successivamente, abrogato dall'art. 12, comma 1, lettera* f), *della l. 30 luglio 2002, n. 189.*

(27) *Comma sostituito dall'art. 3, comma 7, dell'Allegato 4 al d.lgs. 2 luglio 2010, n. 104.*

(28) *Comma sostituito dall'art. 12, comma 1, lettera* g), *della l. 30 luglio 2002, n. 189 e successivamente modificato dall'art. 1, comma 2-*ter, *del d.l. 14 settembre 2004, n. 241, convertito, con modificazioni, dalla l. 12 novembre 2004, n. 271, dall'art. 2, comma 1, lettera* c), *numero 2, del d.lgs. 8 gennaio 2007, n. 5e, da ultimo dall'art. 3, comma 1, lettera* c), *numero 8), del d.l. 23 giugno 2011 n. 89, convertito, con modificazioni, dalla l. 2 agosto 2011, n. 129.*

(29) *Comma aggiunto dall'art. 12, comma 1, lettera* g), *della l. 30 luglio 2002, n. 189 e successivamente modificato dall'art. 1, comma 2-*ter, *del d.l. 14 settembre 2004, n. 241, convertito, con modificazioni, dalla l. 12 novembre 2004, n. 271, che ha sostituito il secondo periodo.*

(30) *La Corte costituzionale, con sentenza 28 dicembre 2005, n. 466, ha dichiarato l'illegittimità costituzionale del secondo periodo del presente comma, risultante dalle modifiche introdotte nel testo dall'art. 12 della l. 30 luglio 2002, n. 189.*

(31) *Comma aggiunto dall'art. 12, comma 1, lettera* g), *della l. 30 luglio 2002, n. 189 e successivamente sostituito dall'art. 1, comma 2-*ter, *del d.l. 14 settembre 2004, n. 241, convertito, con modificazioni, dalla l. 12 novembre 2004, n. 271.*

(32) *Comma sostituito dall'art. 3, comma 1, lettera* c), *numero 9), del d.l. 23 giugno 2011 n. 89, convertito, con modificazioni, dalla l. 2 agosto 2011, n. 129.*

(33) *Le parole* « di cui al regolamento (CE) n. 1987/2006 del Parlamento europeo e del Consiglio del 20 dicembre 2006 e comporta il divieto di ingresso e soggiorno nel territorio degli Stati membri della Unione europea, nonché degli Stati non membri cui si applica l'acquis di Schengen. » *sono state sostituite alle previgenti* « di cui alla Convenzione di applicazione dell'Accordo di Schengen, resa esecutiva con legge 30 settembre 1993, n. 388. » *dall'art.5 d.l. 4 ottobre 2018, n. 113, conv., con modif., in l. 1 dicembre 2018, n. 132.*

(34) *Comma aggiunto dall'art. 3, comma 1, lettera* d), *della l. 30 ottobre 2014, n. 161.*

[13-*bis*] (*Omissis*).

14 Esecuzione dell'espulsione. (Legge 6 marzo 1998, n. 40, art. 12).

1. Quando non è possibile eseguire con immediatezza l'espulsione mediante accompagnamento alla frontiera o il respingimento, a causa di situazioni transitorie che ostacolano la preparazione del rimpatrio o l'effettuazione dell'allontanamento, il questore dispone che lo straniero sia trattenuto per il tempo strettamente necessario presso il centro di permanenza per i rimpatri (1) più vicino, tra quelli individuati o costituiti con decreto del Ministro dell'interno, di concerto con il Ministro dell'economia e delle finanze. A tal fine effettua richiesta di assegnazione del posto alla Direzione centrale dell'immigrazione e della polizia delle frontiere del Dipartimento della pubblica sicurezza del Ministero dell'interno, di cui all'articolo 35 della legge 30 luglio 2002, n. 189. Tra le situazioni che legittimano il trattenimento rientrano, oltre a quelle indicate all'articolo 13, comma 4-*bis*, anche quelle riconducibili alla necessità di prestare soccorso allo straniero o di effettuare accertamenti supplementari in ordine alla sua identità o nazionalità ovvero di acquisire i documenti per il viaggio o la disponibilità di un mezzo di trasporto idoneo (2).

1.1. Il trattenimento dello straniero di cui non è possibile eseguire con immediatezza l'espulsione o il respingimento alla frontiera è disposto con priorità per coloro che siano considerati una minaccia per l'ordine e la sicurezza pubblica o che siano stati condannati, anche con sentenza non definitiva, per i reati di cui all'articolo 4, comma 3, terzo periodo, e all'articolo 5, comma 5-*bis*, nonché per coloro che siano cittadini di Paesi terzi con i quali sono vigenti accordi di cooperazione o altre intese in materia di rimpatrio, o che provengano da essi (3).

1-*bis*. Nei casi in cui lo straniero è in possesso di passaporto o altro documento equipollente in corso di validità e l'espulsione non è stata disposta ai sensi dell'articolo 13, commi 1 e 2, lettera *c*), del presente testo unico o ai sensi dell'articolo 3, comma 1, del decreto-legge 27 luglio 2005, n. 144, convertito, con modificazioni, dalla legge 31 luglio 2005, n. 155, il questore, in luogo del trattenimento di cui al comma 1, può disporre una o più delle seguenti misure: *a*) consegna del passaporto o altro documento equipollente in corso di validità, da restituire al momento della partenza; *b*) obbligo di dimora in un luogo preventivamente individuato, dove possa essere agevol mente rintracciato; *c*) obbligo di presentazione, in giorni ed orari stabiliti, presso un ufficio della forza pubblica territorialmente competente. Le misure di cui al primo periodo sono adottate con provvedimento motivato, che ha effetto dalla notifica all'interessato, disposta ai sensi dell'articolo 3, commi 3 e 4 del regolamento, recante l'avviso che lo stesso ha facoltà di presentare personalmente o a mezzo di difensore memorie o deduzioni al giudice della convalida. Il provvedimento è comunicato entro 48 ore dalla notifica al giudice di pace competente per territorio. Il giudice, se ne ricorrono i presupposti, dispone con decreto la convalida nelle successive 48 ore. Le misure, su istanza dell'interessato, sentito il questore, possono essere modificate o revocate dal giudice di pace. Il contravventore anche solo ad una delle predette misure è punito con la multa da 3.000 a 18.000 euro. In tale ipotesi, ai fini dell'espulsione dello straniero non è richiesto il rilascio del nulla osta di cui all'articolo 13, comma 3, da parte dell'autorità giudiziaria competente all'accertamento del reato. Qualora non sia possibile l'accompagnamento immediato alla frontiera, con le modalità di cui all'articolo 13, comma 3, il questore provvede ai sensi dei commi 1 o 5-*bis* del presente articolo (4).

2. Lo straniero è trattenuto nel centro, presso cui sono assicurati adeguati standard igienico-sanitari e abitativi, con modalità tali da assicurare la necessaria informazione relativa al suo *status*, l'assistenza e il pieno rispetto della sua dignità, secondo quanto disposto dall'articolo 21, comma 8, del decreto del Presidente della Repubblica 31 agosto 1999, n. 394. Oltre a quanto previsto dall'articolo 2, comma 6, è assicurata in ogni caso la libertà di corrispondenza anche telefonica con l'esterno (5).

2-*bis*. Lo straniero trattenuto può rivolgere istanze o reclamiorali o scritti, anche in busta chiusa, al Garante nazionale e ai garanti regionali o locali dei diritti delle persone private della libertà personale (6).

3. Il questore del luogo in cui si trova il centro trasmette copia degli atti al giudice di pace territorialmente competente, per la convalida (7), senza ritardo e comunque entro le quarantotto ore dall'adozione del provvedimento.

4. L'udienza per la convalida si svolge in camera di consiglio con la partecipazione necessaria di un difensore tempestivamente avvertito. L'interessato è anch'esso tempestivamente informato e condotto nel luogo in cui il giudice tiene l'udienza. Lo straniero è ammesso all'assistenza legale da parte di un difensore di fiducia munito di procura speciale. Lo straniero è altresì ammesso al gratuito patrocinio a spese dello Stato, e, qualora sia sprovvisto di un difensore, è assistito da un difensore designato dal giudice nell'ambito dei soggetti iscritti nella tabella di cui all'articolo 29 delle norme di attuazione, di coordinamento e transitorie del codice di procedura penale, di cui al decreto legislativo 28 luglio 1989, n. 271, nonché, ove necessario, da un interprete. L'autorità che ha adottato il provvedimento può stare in giudizio personalmente anche avvalendosi di funzionari appositamente delegati. Il giudice provvede alla convalida, con decreto motivato, entro le quarantotto ore successive, verificata l'osservanza dei termini, la sussistenza dei requisiti previsti dall'articolo 13 e dal presente articolo, escluso il requisito della vicinanza del centro di permanenza per i rimpatri (1) di cui al comma 1, e sentito l'interessato, se comparso. Il provvedimento cessa di avere ogni effetto qualora non sia osservato il termine per la decisione. La convalida può essere disposta anche in occasione della convalida del decreto di accompagnamento alla frontiera, nonché in sede di esame del ricorso avverso il provvedimento di espulsione (8).

5. La convalida comporta la permanenza nel centro per un periodo di complessivi trenta giorni. Qualora l'accertamento dell'identità e della nazionalità ovvero l'acquisizione di documenti per il viaggio presenti gravi difficoltà, il giudice, su richiesta del questore, può prorogare il termine di ulteriori trenta giorni. Anche prima di tale termine, il questore esegue l'espulsione o il respingimento, dandone comunicazione senza ritardo al giudice. Trascorso tale termine, il questore può chiedere al giudice di pace una o più proroghe qualora siano emersi elementi concreti che consentano di ritenere probabile l'identificazione ovvero sia necessario al fine di organizzare le operazioni di rimpatrio. In ogni caso il periodo massimo di trattenimento dello straniero all'interno del centro di permanenza per i rimpatri non può essere superiore a novanta giorni ed è prorogabile per altri trenta giorni qualora lo straniero sia cittadino di un Paese con cui l'Italia abbia sottoscritto accordi in materia di rimpatri (9). Lo straniero che sia già stato trattenuto presso le strutture carcerarie per un periodo pari a quello di novanta (10) giorni indicato al periodo precedente, può essere trattenuto presso il centro per un periodo massimo di trenta giorni, prorogabile per altri trenta giorni qualora lo straniero sia cittadino di un Paese con cui l'Italia abbia sottoscritto accordi in materia di rimpatri (9). Tale termine è prorogabile di ulteriori 15 giorni, previa convalida da parte del giudice di pace, nei casi di particolare complessità delle procedure di identificazione e di organizzazione del rimpatrio (10). Nei confronti dello straniero a qualsiasi titolo detenuto, la direzione della struttura penitenziaria richiede al questore del luogo le informazioni sull'identità e sulla nazionalità dello stesso. Nei medesimi casi il questore avvia la procedura di identificazione interessando le competenti autorità diplomatiche. Ai soli fini dell'identificazione, l'autorità giudiziaria, su richiesta del questore, dispone la traduzione del detenuto presso il più vicino posto di polizia per il tempo strettamente necessario al compimento di tali operazioni. A tal fine il Ministro dell'interno e il Ministro della giustizia adottano i necessari strumenti di coordinamento (11).

5-*bis*. Allo scopo di porre fine al soggiorno illegale dello straniero e di adottare le misure necessarie per eseguire immediatamente il provvedimento di espulsione o di respingimento, il questore ordina allo straniero di lasciare il territorio dello Stato entro il termine di sette giorni, qualora non sia stato possibile trattenerlo in un centro di permanenza per i rimpatri (1), ovvero la permanenza presso tale struttura non ne abbia consentito l'allontanamento dal territorio nazionale, ovvero dalle circostanze concrete non emerga più alcuna prospettiva ragionevole che l'allontanamento possa essere eseguito e che lo straniero possa essere riaccolto dallo Stato di origine o di provenienza. L'ordine è dato con provvedimento scritto, recante l'indicazione, in caso di violazione, delle conseguenze sanzionatorie. L'ordine del questore può essere accompagnato dalla consegna all'interessato, anche su sua richiesta, della documentazione necessaria per raggiungere gli uffici della rappresentanza diplomatica del suo Paese in Ita lia, anche se onoraria, nonché per rientrare nello Stato di appartenenza ovvero, quando ciò non sia possibile, nello Stato di provenienza, compreso il titolo di viaggio (12).

5-*ter*. La violazione dell'ordine di cui al comma 5-*bis* è punita, salvo che sussista il giustificato motivo, con la multa da 10.000 a 20.000 euro, in caso di respingimento o espulsione disposta ai sensi dell'articolo 13, comma 4, o se lo straniero, ammesso ai programmi di rimpatrio volontario ed assistito, di cui all'articolo 14-*ter*, vi si sia sottratto. Si applica la multa da 6.000 a 15.000 euro se l'espulsione è stata disposta in base all'articolo 13, comma 5. Valutato il singolo caso e tenuto conto dell'articolo 13, commi 4 e 5, salvo che lo straniero si trovi in stato di detenzione in carcere, si procede all'adozione di un nuovo provvedimento di espulsione per violazione all'ordine di allontanamento adottato dal questore ai sensi del comma 5-*bis* del presente articolo. Qualora non sia possibile procedere all'accompagnamento alla frontiera, si applicano le disposizioni di cui ai commi 1 e 5-*bis* del presente articolo, nonché, ricorrendone i presupposti, quelle di cui all'articolo 13, comma 3 (13).

5-*quater*. La violazione dell'ordine disposto ai sensi del comma 5-*ter*, terzo periodo, è punita, salvo giustificato motivo, con la multa da 15.000 a 30.000 euro. Si applicano, in ogni caso, le disposizioni di cui al comma 5-*ter*, quarto periodo (14).

5-*quater*.1. Nella valutazione della condotta tenuta dallo straniero destinatario dell'ordine del questore, di cui ai commi 5-*ter* e 5-*quater*, il giudice accerta anche l'eventuale consegna all'interessato della documentazione di cui al comma 5-*bis*, la cooperazione resa dallo stesso ai fini dell'esecuzione del provvedimento di allontanamento, in particolare attraverso l'esibizione d'idonea documentazione (5).

5-*quinquies*. Al procedimento penale per i reati di cui agli articoli 5-*ter* e 5-*quater* si applicano le disposizioni di cui agli articoli 20-*bis*, 20-*ter* e 32-*bis*, del decreto legislativo 28 agosto 2000, n. 274 (15).

5-*sexies*. Ai fini dell'esecuzione dell'espulsione dello straniero denunciato ai sensi dei commi 5-*ter* e 5-*quater*, non è richiesto il rilascio del nulla osta di cui all'articolo 13, comma 3, da parte dell'autorità giudiziaria competente all'accertamento del medesimo reato. Il questore comunica l'avvenuta esecuzione dell'espulsione all'autorità giudiziaria competente all'accertamento del reato (5).

5-*septies*. Il giudice, acquisita la notizia dell'esecuzione dell'espulsione, pronuncia sentenza di non luogo a procedere. Se lo straniero rientra illegalmente nel territorio dello Stato prima del termine previsto dall'articolo 13, comma 14, si applica l'articolo 345 del codice di procedura penale (5).

6. Contro i decreti di convalida e di proroga di cui al comma 5 è proponibile ricorso per cassazione. Il relativo ricorso non sospende l'esecuzione della misura.

7. Il questore, avvalendosi della forza pubblica, adotta efficaci misure di vigilanza affinché lo straniero non si allontani indebitamente dal centro e provvede, nel caso la misura sia violata, a ripristinare il trattenimento mediante l'adozione di un nuovo provvedimento di trattenimento. Il periodo di trattenimento disposto dal nuovo provvedimento è computato nel termine massimo per il trattenimento indicato dal comma 5 (16).

7-*bis*. Nei casi di delitti commessi con violenza alle persone o alle cose in occasione o a causa del trattenimento in uno dei centri di cui al presente articolo o durante la permanenza in una delle strutture di cui all'articolo 10-*ter*, per i quali è obbligatorio o facoltativo l'arresto ai sensi degli articoli 380 e 381 del codice di procedura penale, quando non è possibile procedere immediatamente all'arresto per ragioni di sicurezza o incolumità pubblica, si considera in stato di flagranza ai sensi dell'articolo 382 del codice di procedura penale colui il quale, anche sulla base di documentazione video o fotografica, risulta essere autore del fatto e l'arresto è consentito entro quarantotto ore dal fatto (17).

7-*ter*. Per i delitti indicati nel comma 7-*bis* si procede sempre con giudizio direttissimo, salvo che siano necessarie speciali indagini (17).

8. Ai fini dell'accompagnamento anche collettivo alla frontiera, possono essere stipulate convenzioni con soggetti che esercitano trasporti di linea o con organismi anche internazionali che svolgono attività di assistenza per stranieri.

9. Oltre a quanto previsto dal regolamento di attuazione e dalle norme in materia di giurisdizione, il Ministro dell'interno adotta i provvedimenti occorrenti per l'esecuzione di quanto disposto dal presente articolo, anche mediante convenzioni con altre amministrazioni dello Stato, con gli enti locali, con i proprietari o concessionari di aree, strutture e altre installazioni, nonché per la fornitura di beni e servizi. Eventuali deroghe alle disposizioni vigenti in materia finanziaria e di contabilità sono adottate di concerto con il Ministro del tesoro del bilancio e della programmazione economica. Il Ministro dell'interno promuove inoltre le intese occorrenti per gli interventi di competenza di altri Ministri.

(1) *La denominazione « centro di permanenza per i rimpatri » è stata sostituita alla denominazione « centro di identificazione ed espulsione » dall'art. 19 comma 1 d.l. 17 febbraio 2017, n. 13, conv., con modif., in l. 13 aprile 2017, n. 46.*

(2) *Comma dapprima modificato dall'art. 9 d.l. 23 maggio 2008, n. 92, conv., con modif., in l. 24 luglio 2008, n. 125 e successivamente sostituito dall'art. 3 comma 1 lett.* d) *d.l. 23 giugno 2011, n. 89, conv., con modif., in l. 2 agosto 2011, n. 129 e da ultimo così modificato dall'art. 3 comma 1 lett.* c) *d.l. 21 ottobre 2020, n. 130, conv., con modif., in l. 18 dicembre 2020, n. 173, con l'aggiunta dell'attuale secondo periodo.*

(3) *Comma aggiunto dall'art. 3 comma 1 lett.* c) *d.l. n. 130 del 2020, cit.*

(4) *Comma inserito dall'art. 3 comma 1 lett.* d) *d.l. n. 89 del 2011, cit.*

(5) *Comma così sostituito dall'art. 3 comma 4 lett.* a) *d.l. n. 130 del 2020, cit. Il testo del comma era il seguente:* « 2. Lo straniero è trattenuto nel centro con modalità tali da assicurare la necessaria assistenza e il pieno rispetto della sua dignità. Oltre a quanto previsto dall'articolo 2, comma 6, è assicurata in ogni caso la libertà di corrispondenza anche telefonica con l'esterno ».

(6) *Comma aggiunto dall'art. 3 comma 4 lett.* b) *d.l. n. 130 del 2020, cit.*

(7) *Le parole « al giudice di pace territorialmente competente, per la convalida » sono state sostituite alle parole « al tribunale in composizione monocratica » dall'art. 1 comma 4 d.l. 14 settembre 2004, n. 241, conv., con modif., in l. 12 novembre 2004, n. 271. Precedentemente il comma era stato modificato dall'art. 28 comma 3 l. 30 luglio 2002, n. 189. Inoltre l'art. 2 d.l. 29 dicembre 2007, n. 249, decaduto per mancata conversione in legge (G.U. 3 marzo 2008, n. 53), aveva sostituito le parole*

« tribunale in composizione monocratica » alle parole « giudice di pace ».

(8) *Comma dapprima sostituito dall'art. 1 comma 5 d.l. n. 241 del 2004, cit., poi modificato dall'art. 28 comma 3 l. n. 189 del 2002, cit., e da ultimo così sostituito dall'art. 34 comma 19 lett. d) d.lg. 1° settembre 2011, n. 150. V. per una disposizione transitoria l'art. 36 del medesimo d.lg.*

(9) *Le parole da « novanta giorni ed è prorogabile » alla fine del quinto periodo sono state sostituite alle parole « centottanta giorni », e nel sesto periodo la parola « novanta » è stata sostituita alla parola « centottanta » e le parole «, prorogabile per altri trenta giorni qualora lo straniero sia cittadino di un Paese con cui l'Italia abbia sottoscritto accordi in materia di rimpatri » sono state inserite dall'art. 3 comma 1 lett. c) d.l. n. 130 del 2020, cit.*

Precedentemente il periodo massimo di trattenimento dello straniero all'interno del centro di permanenza per i rimpatri era stato modificato dall'art. 2 comma 1 lett. a) *e* b) *d.l. 4 ottobre 2018, n. 113, conv., con modif., in l. 1° dicembre 2018, n. 132, che aveva sostituito la parola « centottanta » alla parola « novanta ».*

(10) *L'attuale settimo periodo è stato inserito dall'art. 19 comma 2 lett.* a) *d.l. n. 13 del 2017, cit.*

(11) *Comma dapprima sostituito dall'art. 13 comma 1 lett.* a) *l. n. 189 del 2002, cit., poi modificato, con l'aggiunta degli ultimi quattro periodi, dall'art. 1 comma 22 lett.* l) *l. 15 luglio 2009, n. 94, successivamente sostituito dall'art. 3 comma 1 lett.* d) *d.l. n. 89 del 2011, cit., e ulteriormente sostituito dall'art. 3 comma 1 lett. e) l. 30 ottobre 2014, n. 161.*

(12) *Comma inserito dall'art. 13 comma 1 lett.* b) *l. n. 189 del 2002, cit., poi sostituito dall'art. 1 comma 22 lett.* m) *l. n. 94 del 2009, cit., e da ultimo così sostituito dall'art. 3 comma 1 lett.* d) *d.l. n. 89 del 2011, cit., e da ultimo così modificato dall'art. 1 comma 1 lett. f) l. n. 161 del 2014, cit.*

(13) *Comma inserito dall'art. 13 comma 1 lett.* b) *l. n. 189 del 2002, cite da ultimo dall'art. 3 comma 1 lett.* d) *d.l. n. 89 del 2011, cit.*

(14) *Comma inserito dall'art. 13 comma 1 lett.* b) *l. n. 189 del 2002, cit., e successivamente sostituito, in sede di conversione, dall'art. 1 comma 5-*bis *d.l. n. 241 del 2004, cit., dall'art. 1 comma 22 lett.* m) *l. n. 94 del 2009, cit., e da ultimo dall'art. 3 comma 1 lett.* d) *d.l. n. 89 del 2011, cit. testo Precedentemente il comma era stato dichiarato costituzionalmente illegittimo con C cost. 17 dicembre 2010, n. 359 « nella parte in cui non disponeva che l'inottemperanza all'ordine di allontanamento, secondo quanto già previsto per la condotta di cui al precedente comma 5-*ter, *fosse punita nel solo caso che avesse luogo « senza giustificato motivo ».*

(15) *Comma inserito dall'art. 13 comma 1 lett.* b) *l. n. 189 del 2002, cit., e successivamente sostituito, in sede di conversione, dall'art. 1 comma 6 d.l. n. 241 del 2004, cit., dall'art. 1 comma 22 lett.* m) *l. n. 94 del 2009, cit., e da ultimo dall'art. 3 comma 1 lett.* d) *d.l. n. 89 del 2011, cit. Precedentemente C cost. 15 luglio 2004, n. 223, aveva dichiarato costituzionalmente illegittimo il comma « nella parte in cui stabiliva che per il reato previsto dal comma 5-*ter *del medesimo art. 14 era obbligatorio l'arresto dell'autore del fatto ». Inoltre C cost. 13 gennaio 2004, n. 5, nel dichiarare non fondate alcune questioni di legittimità costituzionale del comma, aveva affermato che la formula "senza giustificato motivo" possiede sufficiente determinatezza da escludere violazioni del diritto di difesa, alla luce « della finalità dell'incriminazione e del quadro normativo in cui si innesta ».*

(16) *Comma così modificato dall'art. 3 comma 1 lett.* d) *d.l. n. 89 del 2011, cit.*

(17) *Comma aggiunto dall'art. 6 comma 1 d.l. n. 130 del 2020, cit.*

14-*bis* Fondo rimpatri (1).

1. È istituito, presso il Ministero dell'interno, un Fondo rimpatri finalizzato a finanziare le spese per il rimpatrio degli stranieri verso i Paesi di origine ovvero di provenienza.

2. Nel Fondo di cui al comma 1 confluiscono la metà del gettito conseguito attraverso la riscossione del contributo di cui all'articolo 5, comma 2-*ter*, nonché i contributi eventualmente disposti dall'Unione europea per le finalità del Fondo medesimo. La quota residua del gettito del contributo di cui all'articolo 5, comma 2-*ter*, è assegnata allo stato di previsione del Ministero dell'interno, per gli oneri connessi alle attività istruttorie inerenti al rilascio e al rinnovo del permesso di soggiorno.

(1) *Articolo inserito dall'art. 1, comma 22, lett.* n), *l. 15 luglio 2009, n. 94.*

14-*ter* Programmi di rimpatrio assistito (1).

1. Il Ministero dell'interno, nei limiti delle risorse di cui al comma 7, attua, anche in collaborazione con le organizzazioni internazionali o intergovernative esperte nel settore dei rimpatri, con gli enti locali e con associazioni attive nell'assistenza agli immigrati, programmi di rimpatrio volontario ed assistito verso il Paese di origine o di provenienza di cittadini di Paesi terzi, salvo quanto previsto al comma 3.

2. Con decreto del Ministro dell'interno sono definite le linee guida per la realizzazione dei programmi di rimpatrio volontario ed assistito, fissando criteri di priorità che tengano conto innanzitutto delle condizioni di vulnerabilità dello straniero di cui all'articolo 19, comma 2-*bis*, nonché i criteri per l'individuazione delle organizzazioni, degli enti e delle associazioni di cui al comma 1 del presente articolo.

3. Nel caso in cui lo straniero irregolarmente presente nel territorio è ammesso ai programmi di rimpatrio di cui al comma 1, la prefettura del luogo ove egli si trova ne dà comunicazione, senza ritardo, alla competente questura, anche in via telematica. Fatto salvo quanto previsto al comma 6, è sospesa l'esecuzione dei provvedimenti emessi ai sensi degli articoli 10, comma 2, 13, comma 2 e 14, comma 5-*bis*. È sospesa l'efficacia delle misure eventualmente adottate dal questore ai sensi degli articoli 13, comma 5.2, e 14, comma 1-*bis*. La questura, dopo avere ricevuto dalla prefettura la comunicazione, anche in via telematica, dell'avvenuto rimpatrio dello straniero, avvisa l'autorità giudiziaria competente per l'accertamento del reato previsto dall'articolo 10-*bis*, ai fini di cui al comma 5 del medesimo articolo.

4. Nei confronti dello straniero che si sottrae al programma di rimpatrio, i provvedimenti di cui al comma 3 sono eseguiti dal questore con l'accompagnamento immediato alla frontiera, ai sensi dell'articolo 13, comma 4, anche con le modalità previste dall'articolo 14.

5. Le disposizioni del presente articolo non si applicano agli stranieri che:

a) hanno già beneficiato dei programmi di cui al comma 1;

b) si trovano nelle condizioni di cui all'articolo 13, comma 4, lettere *a*), *d*) e *f*) ovvero nelle condizioni di cui all'articolo 13, comma 4-*bis*, lettere *d*) ed *e*);

c) siano destinatari di un provvedimento di espulsione come sanzione penale o come conseguenza di una sanzione penale ovvero di un provvedimento di estradizione o di un mandato di arresto europeo o di un mandato di arresto da parte della Corte penale intenazionale.

6. Gli stranieri ammessi ai programmi di rimpatrio di cui al comma 1 trattenuti nei Centri di permanenza per i rimpatri rimangono nel Centro fino alla partenza, nei limiti della durata massima prevista dall'articolo 14, comma 5 (2).

7. Al finanziamento dei programmi di rimpatrio volontario assistito di cui al comma 1 si provvede nei limiti:

a) delle risorse disponibili del Fondo rimpatri, di cui all'articolo 14-*bis*, individuate annualmente con decreto del Ministro dell'interno;

b) delle risorse disponibili dei fondi europei destinati a tale scopo, secondo le relative modalità di gestione.

(1) *Articolo inserito dall'art. 3, comma 1, lettera* e), *del d.l. 23 giugno 2011, n. 89, conv., con modif., in l. 2 agosto 2011, n. 129.*

(2) *Comma così modificato ai sensi dell'art. 19, comma 1, d.l. 17 febbraio 2017, n. 13, conv., con modif., in l. 13 aprile 2017, n. 46.*

15 Espulsione a titolo di misura di sicurezza e disposizioni per l'esecuzione dell'espulsione. (Legge 6 marzo 1998, n. 40, art. 13) (1).

1. Fuori dei casi previsti dal codice penale, il giudice può ordinare l'espulsione dello straniero che sia condannato per taluno dei delitti previsti dagli articoli 380 e 381 del codice di procedura penale, sempre che risulti socialmente pericoloso.

1-*bis*. Della emissione del provvedimento di custodia cautelare o della definitiva sentenza di condanna ad una pena detentiva nei confronti di uno straniero proveniente da Paesi extracomunitari viene data tempestiva comunicazione al questore ed alla competente autorità consolare al fine di avviare la procedura di identificazione dello straniero e consentire, in presenza dei requisiti di legge, l'esecuzione della espulsione subito dopo la cessazione del periodo di custodia cautelare o di detenzione (2).

(1) *Rubrica sostituita dall'art. 14, comma 2, l. 30 luglio 2002, n. 189.*

(2) *Comma aggiunto dall'art. 14, comma 1, l. n. 189, cit.*

16 Espulsione a titolo di sanzione sostitutiva o alternativa alla detenzione. (Legge 6 marzo 1998, n. 40, art. 14) (1).

1. Il giudice, nel pronunciare sentenza di condanna per un reato non colposo o nell'applicare la pena su richiesta ai sensi dell'articolo 444 del codice di procedura penale nei confronti dello straniero che si trovi in taluna delle situazioni indicate nell'articolo 13, comma 2, quando ritiene di dovere irrogare la pena detentiva entro il limite di due anni e non ricorrono le condizioni per ordinare la sospensione condizionale della pena ai sensi dell'articolo 163 del codice penale ovvero nel pronunciare sentenza di condanna per il reato di cui all'articolo 10-*bis*, qualora non ricorrano le cause ostative indicate nell'articolo 14, comma 1, del presente testo unico, che impediscono l'esecuzione immediata dell'espulsione con accompagnamento alla frontiera a mezzo della forza pubblica, può sostituire la medesima pena con la misura dell'espulsione [per un periodo non inferiore a cinque anni]. Le disposizioni di cui al presente comma si applicano, in caso di sentenza di condanna, ai reati di cui all'articolo 14, commi 5-*ter* e 5-*quater* (2).

1-*bis*. In caso di sentenza di condanna per i reati di cui all'articolo 10-*bis* o all'articolo 14, commi 5-*ter* e 5-*quater*, la misura dell'espulsione di cui al comma 1 può essere disposta per la durata stabilita dall'articolo 13, comma 14. Negli altri casi di cui al comma 1, la misura dell'espulsione può essere disposta per un periodo non inferiore a cinque anni (3).

2. L'espulsione di cui al comma 1 è eseguita dal questore anche se la sentenza non è irrevocabile, secondo le modalità di cui all'articolo 13, comma 4.

3. L'espulsione di cui al comma 1 non può essere disposta nei casi in cui la condanna riguardi uno o più delitti previsti dall'articolo 407, comma 2, lettera *a)*, del codice di procedura penale, ovvero i delitti previsti dal presente testo unico, puniti con pena edittale superiore nel massimo a due anni.

4. Se lo straniero espulso a norma del comma 1 rientra illegalmente nel territorio dello Stato prima del termine previsto dall'articolo 13, comma 14, la sanzione sostitutiva è revocata dal giudice competente.

5. Nei confronti dello straniero, identificato, detenuto, che si trova in taluna delle situazioni indicate nell'articolo 13, comma 2, che deve scontare una pena detentiva, anche residua, non superiore a due anni, è disposta l'espulsione. Essa non può essere disposta nei casi di condanna per i delitti previsti dall'articolo 12, commi 1, 3, 3-*bis* e 3-*ter*, del presente testo unico, ovvero per uno o più delitti previsti dall'articolo 407, comma 2, lettera *a*) del codice di procedura penale, fatta eccezione per quelli consumati o tentati di cui agli articoli 628, terzo comma e 629, secondo comma, del codice penale. In caso di concorso di reati o di unificazione di pene concorrenti, l'espulsione è disposta anche quando sia stata espiata la parte di pena relativa alla condanna per reati che non la consentono (4).

5-*bis*. Nei casi di cui al comma 5, all'atto dell'ingresso in carcere di un cittadino straniero, la direzione dell'istituto penitenziario richiede al questore del luogo le informazioni sulla identità e nazionalità dello stesso. Nei medesimi casi, il questore avvia la procedura di identificazione interessando le competenti autorità diplomatiche e procede all'eventuale espulsione dei cittadini stranieri identificati. A tal fine, il Ministro della giustizia ed il Ministro dell'interno adottano i necessari strumenti di coordinamento (5).

5-*ter*. Le informazioni sulla identità e nazionalità del detenuto straniero sono inserite nella cartella personale dello stesso prevista dall'articolo 26 del decreto del Presidente della Repubblica 30 giugno 2000, n. 230 (6).

6. Salvo che il questore comunichi che non è stato possibile procedere all'identificazione dello straniero, la direzione dell'istituto penitenziario trasmette gli atti utili per l'adozione del provvedimento di espulsione al magistrato di sorveglianza competente in relazione al luogo di detenzione del condannato. Il magistrato decide con decreto motivato, senza formalità. Il decreto è comunicato al pubblico ministero, allo straniero e al suo difensore, i quali, entro il termine di dieci giorni, possono proporre opposizione dinanzi al tribunale di sorveglianza. Se lo straniero non è assistito da un difensore di fiducia, il magistrato provvede alla nomina di un difensore d'ufficio. Il tribunale decide nel termine di 20 giorni (7).

7. L'esecuzione del decreto di espulsione di cui al comma 6 è sospesa fino alla decorrenza dei termini di impugnazione o della decisione del tribunale di sorveglianza e, comunque, lo stato di detenzione permane

fino a quando non siano stati acquisiti i necessari documenti di viaggio. L'espulsione è eseguita dal questore competente per il luogo di detenzione dello straniero con la modalità dell'accompagnamento alla frontiera a mezzo della forza pubblica.

8. La pena è estinta alla scadenza del termine di dieci anni dall'esecuzione dell'espulsione di cui al comma 5, sempre che lo straniero non sia rientrato illegittimamente nel territorio dello Stato. In tale caso, lo stato di detenzione è ripristinato e riprende l'esecuzione della pena.

9. L'espulsione a titolo di sanzione sostitutiva o alternativa alla detenzione non si applica ai casi di cui all'articolo 19.

9-*bis*. Nei casi di cui ai commi 1 e 5, quando non è possibile effettuare il rimpatrio dello straniero per cause di forza maggiore, l'autorità giudiziaria dispone il ripristino dello stato di detenzione per il tempo strettamente necessario all'esecuzione del provvedimento di espulsione (8).

(1) *Articolo sostituito dall'art. 15, comma 1, della l. 30 luglio 2002, n. 189.*

(2) *Comma modificato dall'art. 1, comma 16, lettera* b), *della l. 15 luglio 2009, n. 94, dall'art. 3, comma 1, lettera* f), *del d.l. 23 giugno 2011, n. 89, convertito, con modificazioni, dalla l. 2 agosto 2011, n. 129 e, successivamente, dall'art. 3, comma 1, lettera* g), *della l. 30 ottobre 2014, n. 161.*

(3) *Comma aggiunto dall'art. 3, comma 1, lettera* h), *della l. 30 ottobre 2014, n. 161*

(4) *Comma modificato dall'art. 6, comma 1, lettere* a) *e* b), *del d.l. 23 dicembre 2013, n. 146, convertito, con modificazioni dalla l. 21 febbraio 2014 n. 10.*

(5) *Comma aggiunto dall'art. 6, comma 1, lettera* c), *del d.l. 23 dicembre 2013, n. 146, convertito, con modificazioni dalla l. 21 febbraio 2014 n. 10.*

(6) *Comma aggiunto dall'art. 6, comma 1, lettera* c), *del d.l. 23 dicembre 2013, n. 146, convertito, con modificazioni dalla l. 21 febbraio 2014 n. 10.*

(7) *Comma sostituito dall'art. 6, comma 1, lettera* d), *del d.l. 23 dicembre 2013, n. 146, convertito, con modificazioni dalla l. 21 febbraio 2014 n. 10.*

(8) *Comma aggiunto dall'art. 19, comma 2, lettera* b), *del d.l. 17 febbraio 2017, n. 13, convertito con modificazioni dalla l. 13 aprile 2017, n. 46..*

17 Diritto di difesa. (Legge 6 marzo 1998, n. 40, art. 15).

1. Lo straniero parte offesa ovvero sottoposto a procedimento penale è autorizzato a rientrare in Italia per il tempo strettamente necessario per l'esercizio del diritto di difesa, al solo fine di partecipare al giudizio o al compimento di atti per i quali è necessaria la sua presenza. L'autorizzazione è rilasciata dal questore anche per il tramite di una rappresentanza diplomatica o consolare su documentata richiesta della parte offesa o dell'imputato o del difensore (1).

(1) *Comma modificato dall'art. 16, comma 1, l. 30 luglio 2002, n. 189.*

CAPO III
Disposizioni di carattere umanitario

18 Soggiorno per motivi di protezione sociale. (Legge 6 marzo 1998, n. 40, art. 16).

1. Quando, nel corso di operazioni di polizia, di indagini o di un procedimento per taluno dei delitti di cui all'articolo 3 della legge 20 febbraio 1958, n. 75, o di quelli previsti dall'articolo 380 del codice di procedura penale, ovvero nel corso di interventi assistenziali dei servizi sociali degli enti locali, siano accertate situazioni di violenza o di grave sfruttamento nei confronti di uno straniero, ed emergano concreti pericoli per la sua incolumità, per effetto dei tentativi di sottrarsi ai condizionamenti di un'associazione dedita ad uno dei predetti delitti o delle dichiarazioni rese nel corso delle indagini preliminari o del giudizio, il questore, anche su proposta del Procuratore della Repubblica, o con il parere favorevole della stessa autorità, rilascia uno speciale permesso di soggiorno per consentire allo straniero di sottrarsi alla violenza ed ai condizionamenti dell'organizzazione criminale e di partecipare ad un programma di assistenza ed integrazione sociale.

2. Con la proposta o il parere di cui al comma 1, sono comunicati al questore gli elementi da cui risulti la sussistenza delle condizioni ivi indicate, con particolare riferimento alla gravità ed attualità del pericolo ed alla rilevanza del contributo offerto dallo straniero per l'efficace contrasto dell'organizzazione criminale ovvero per la individuazione o cattura dei responsabili dei delitti indicati nello stesso comma. Le modalità di partecipazione al programma di assistenza ed integrazione sociale sono comunicate al Sindaco.

3. Con il regolamento di attuazione sono stabilite le disposizioni occorrenti per l'affidamento della realizzazione del programma a soggetti diversi da quelli istituzionalmente preposti ai servizi sociali dell'ente locale, e per l'espletamento dei relativi controlli. Con lo stesso regolamento sono individuati i requisiti idonei a garantire la competenza e la capacità di favorire l'assistenza e l'integrazione sociale, nonché la disponibilità di adeguate strutture organizzative dei soggetti predetti.

3-*bis*. Per gli stranieri e per i cittadini di cui al comma 6-*bis* del presente articolo, vittime dei reati previsti dagli articoli 600 e 601 del codice penale, o che versano nelle ipotesi di cui al comma 1 del presente articolo si applica, sulla base del Piano nazionale d'azione contro la tratta e il grave sfruttamento degli esseri umani, di cui all'articolo 13, comma 2-*bis*, della legge 11 agosto 2003, n. 228, un programma unico di emersione, assistenza e integrazione sociale che garantisce, in via transitoria, adeguate condizioni di alloggio, di vitto e di assistenza sanitaria, ai sensi dell'articolo 13 della legge n. 228 del 2003 e, successivamente, la prosecuzione dell'assistenza e l'integrazione sociale, ai sensi del comma 1 di cui al presente articolo. Con decreto del Presidente del Consiglio dei ministri, di concerto con il Ministro dell'interno, il Ministro del lavoro e delle politiche sociali e il Ministro della salute, da adottarsi entro sei mesi dalla data di entrata in vigore della presente disposizione, previa intesa con la Conferenza Unificata, è definito il programma di emersione, assistenza e di protezione sociale di cui al presente comma e le relative modalità di attuazione e finanziamento (2).

4. Il permesso di soggiorno rilasciato a norma del presente articolo reca la dicitura casi speciali, (3) ha la durata di sei mesi e può essere rinnovato per un anno, o per il maggior periodo occorrente per motivi di giustizia. Esso è revocato in caso di interruzione del pro-

gramma o di condotta incompatibile con le finalità dello stesso, segnalate dal procuratore della Repubblica o, per quanto di competenza, dal servizio sociale dell'ente locale, o comunque accertate dal questore, ovvero quando vengono meno le altre condizioni che ne hanno giustificato il rilascio.

5. Il permesso di soggiorno previsto dal presente articolo consente l'accesso ai servizi assistenziali e allo studio, nonché l'iscrizione nelle liste di collocamento e lo svolgimento di lavoro subordinato, fatti salvi i requisiti minimi di età. Qualora, alla scadenza del permesso di soggiorno, l'interessato risulti avere in corso un rapporto di lavoro, il permesso può essere ulteriormente prorogato o rinnovato per la durata del rapporto medesimo o, se questo è a tempo indeterminato, con le modalità stabilite per tale motivo di soggiorno. Il permesso di soggiorno previsto dal presente articolo può essere altresì convertito in permesso di soggiorno per motivi di studio qualora il titolare sia iscritto ad un corso regolare di studi.

6. Il permesso di soggiorno previsto dal presente articolo può essere altresì rilasciato, all'atto delle dimissioni dall'istituto di pena, anche su proposta del procuratore della Repubblica o del giudice di sorveglianza presso il tribunale per i minorenni, allo straniero che ha terminato l'espiazione di una pena detentiva, inflitta per reati commessi durante la minore età, e già dato prova concreta di partecipazione a un programma di assistenza e integrazione sociale.

6-*bis*. Le disposizioni del presente articolo si applicano, in quanto compatibili, anche ai cittadini di Stati membri dell'Unione europea che si trovano in una situazione di gravità ed attualità di pericolo (4).

7. L'onere derivante dal presente articolo è valutato in lire 5 miliardi per l'anno 1997 e in lire 10 miliardi annui a decorrere dall'anno 1998.

(1) *Per l'attuazione del presente art. vedi il Comunicato della Presidenza del Consiglio dei ministri del: 3 ottobre 2002, i del 12 gennaio 2004, del 3 febbraio 2005, i del 23 gennaio 2006, del 27 febbraio 2007, del 11 febbraio 2008, i del 20 febbraio 2009, del 4 marzo 2010 e del 23 luglio 2012.*

(2) *Comma aggiunto dall'art. 8, comma 1, d.lgs. 4 marzo 2014, n. 24.*

(3) *Le parole* « reca la dicitura casi speciali, » *sono state aggiunte dall'art. 1, comma 1, lettera e), d.l. 4 ottobre 2018, n. 113, conv, con modif., in l. 1 dicembre 2018, n. 132.*

(4) *Comma inserito dall'art. 6, comma 4, d.l. 28 dicembre 2006 n. 300.*

18-*bis* Permesso di soggiorno per le vittime di violenza domestica (1).

1. Quando, nel corso di operazioni di polizia, di indagini o di un procedimento per taluno dei delitti previsti dagli articoli 572, 582, 583, 583-*bis*, 605, 609-*bis* e 612-*bis* del codice penale o per uno dei delitti previsti dall'articolo 380 del codice di procedura penale, commessi sul territorio nazionale in ambito di violenza domestica, siano accertate situazioni di violenza o abuso nei confronti di uno straniero ed emerga un concreto ed attuale pericolo per la sua incolumità, come conseguenza della scelta di sottrarsi alla medesima violenza o per effetto delle dichiarazioni rese nel corso delle indagini preliminari o del giudizio, il questore, con il parere favorevole dell'autorità giudiziaria procedente ovvero su proposta di quest'ultima, rilascia un permesso di soggiorno [ai sensi dell'articolo 5, comma 6,] (2) per consentire alla vittima di sottrarsi alla violenza. Ai fini del presente articolo, si intendono per violenza domestica uno o più atti, gravi ovvero non episodici, di violenza fisica, sessuale, psicologica o economica che si verificano all'interno della famiglia o del nucleo familiare o tra persone legate, attualmente o in passato, da un vincolo di matrimonio o da una relazione affettiva, indipendentemente dal fatto che l'autore di tali atti condivida o abbia condiviso la stessa residenza con la vittima.

1-*bis*. Il permesso di soggiorno rilasciato a norma del presente articolo reca la dicitura "casi speciali", ha la durata di un anno e consente l'accesso ai servizi assistenziali e allo studio nonché l'iscrizione nell'elenco anagrafico previsto dall'articolo 4 del regolamento di cui al decreto del Presidente della Repubblica 7 luglio 2000, n. 442, o lo svolgimento di lavoro subordinato e autonomo, fatti salvi i requisiti minimi di età. Alla scadenza, il permesso di soggiorno di cui al presente articolo può essere convertito in permesso di soggiorno per motivi di lavoro subordinato o autonomo, secondo le modalità stabilite per tale permesso di soggiorno ovvero in permesso di soggiorno per motivi di studio qualora il titolare sia iscritto ad un corso regolare di studi (3).

2. Con la proposta o il parere di cui al comma 1, sono comunicati al questore gli elementi da cui risulti la sussistenza delle condizioni ivi indicate, con particolare riferimento alla gravità ed attualità del pericolo per l'incolumità personale.

3. Il medesimo permesso di soggiorno può essere rilasciato dal questore quando le situazioni di violenza o abuso emergano nel corso di interventi assistenziali dei centri antiviolenza, dei servizi sociali territoriali o dei servizi sociali specializzati nell'assistenza delle vittime di violenza. In tal caso la sussistenza degli elementi e delle condizioni di cui al comma 2 è valutata dal questore sulla base della relazione redatta dai medesimi servizi sociali. Ai fini del rilascio del permesso di soggiorno è comunque richiesto il parere dell'autorità giudiziaria competente ai sensi del comma 1.

4. Il permesso di soggiorno di cui ai commi 1 e 3 è revocato in caso di condotta incompatibile con le finalità dello stesso, segnalata dal procuratore della Repubblica o, per quanto di competenza, dai servizi sociali di cui al coma 3, o comunque accertata dal questore, ovvero quando vengono meno le condizioni che ne hanno giustificato il rilascio.

4-*bis*. Nei confronti dello straniero condannato, anche con sentenza non definitiva, compresa quella adottata a seguito di applicazione della pena su richiesta ai sensi dell'articolo 444 del codice di procedura penale, per uno dei delitti di cui al comma 1 del presente articolo, commessi in ambito di violenza domestica, possono essere disposte la revoca del permesso di soggiorno e l'espulsione ai sensi dell'articolo 13 del presente testo unico.

5. Le disposizioni del presente articolo si applicano, in quanto compatibili, anche ai cittadini di Stati membri dell'Unione europea e ai loro familiari.

(1) *Articolo inserito dall'art. 4, comma 1, d.l. 14 agosto 2013, n. 93.*

(2) *Parole soppresse dall'art. 1, comma 1, lettera f), d.l. 4 ottobre 2018, n. 113, conv., con modif., in l. 1 dicembre 2018, n. 132.*
(3) *Comma inserito dall'art. 1, comma 1, lettera f), d.l. 4 ottobre 2018, n. 113, conv., con modif., in l. 1 dicembre 2018, n. 132.*

19 Divieti di espulsione e di respingimento. Disposizioni in materia di categorie vulnerabili. (1) (Legge 6 marzo 1998, n. 40, art. 17).

1. In nessun caso può disporsi l'espulsione o il respingimento verso uno Stato in cui lo straniero possa essere oggetto di persecuzione per motivi di razza, di sesso, di orientamento sessuale, di identità di genere, di lingua, di cittadinanza, di religione, di opinioni politiche, di condizioni personali o sociali, ovvero possa rischiare di essere rinviato verso un altro Stato nel quale non sia protetto dalla persecuzione (2).

1.1. Non sono ammessi il respingimento o l'espulsione o l'estradizione di una persona verso uno Stato qualora esistano fondati motivi di ritenere che essa rischi di essere sottoposta a tortura o a trattamenti inumani o degradanti o qualora ricorrano gli obblighi di cui all'articolo 5, comma 6. Nella valutazione di tali motivi si tiene conto anche dell'esistenza, in tale Stato, di violazioni sistematiche e gravi di diritti umani. Non sono altresì ammessi il respingimento o l'espulsione di una persona verso uno Stato qualora esistano fondati motivi di ritenere che l'allontanamento dal territorio nazionale comporti una violazione del diritto al rispetto della sua vita privata e familiare, a meno che esso sia necessario per ragioni di sicurezza nazionale,di ordine e sicurezza pubblica nonché di protezione della salute nel rispetto della Convenzione relativa allo statuto dei rifugiati, firmata a Ginevra il 28 luglio 1951, resa esecutiva dalla legge 24 luglio 1954, n. 722, e della Carta dei diritti fondamentali dell'Unione europea. Ai fini della valutazione del rischio di violazione di cui al periodo precedente, si tiene conto della natura e della effettività dei vincoli familiari dell'interessato, del suo effettivo inserimento sociale in Italia, della durata del suo soggiorno nel territorio nazionale nonché dell'esistenza di legami familiari, culturali o sociali con il suo Paese d'origine (3).

1.2. Nelle ipotesi di rigetto della domanda di protezione internazionale, ove ricorrano i requisiti di cui ai commi 1 e 1.1., la Commissione territoriale trasmette gli atti al Questore per il rilascio di un permesso di soggiorno per protezione speciale. Nel caso in cui sia presentata una domanda di rilascio di un permesso di soggiorno, ove ricorrano i requisiti di cui ai commi 1 e 1.1, il Questore, previo parere della Commissione territoriale per il riconoscimento della protezione internazionale, rilascia un permesso di soggiorno per protezione speciale (4).

1-*bis*. In nessun caso può disporsi il respingimento alla frontiera di minori stranieri non accompagnati (5).

2. Non è consentita l'espulsione, salvo che nei casi previsti dall'articolo 13, comma 1, nei confronti:

a) degli stranieri minori di anni diciotto, salvo il diritto a seguire il genitore o l'affidatario espulsi;

b) degli stranieri in possesso della carta di soggiorno (6), salvo il disposto dell'articolo 9;

c) degli stranieri conviventi con parenti entro il secondo grado o con il coniuge, di nazionalità italiana (7);

d) delle donne in stato di gravidanza o nei sei mesi successivi alla nascita del figlio cui provvedono (8);

d-bis) degli stranieri che versano in gravi condizioni psicofisiche o derivanti da gravi patologie, accertate mediante idonea documentazione rilasciata da una struttura sanitaria pubblica o da un medico convenzionato con il Servizio sanitario nazionale, tali da determinare un rilevante pregiudizio alla salute degli stessi, in caso di rientro nel Paese di origine o di provenienza. In tali ipotesi, il questore rilascia un permesso di soggiorno per cure mediche, per il tempo attestato dalla certificazione sanitaria, comunque non superiore ad un anno, rinnovabile finché persistono le condizioni di cui al periodo precedente debitamente certificate, valido solo nel territorio nazionale e convertibile in permesso di soggiorno per motivi di lavoro (9).

2-*bis*. Il respingimento o l'esecuzione dell'espulsione di persone affette da disabilità, degli anziani, dei minori, dei componenti di famiglie monoparentali con figli minori nonché dei minori, ovvero delle vittime di gravi violenze psicologiche, fisiche o sessuali sono effettuate con modalità compatibili con le singole situazioni personali, debitamente accertate (10).

(1) *Le parole « Disposizioni in materia di categorie vulnerabili » sono state aggiunte dall'art. 3 comma 1 lett. g) d.l. 23 giugno 2011, n. 89, conv., con modif., in l. 2 agosto 2011, n. 129.*

(2) *Le parole « di orientamento sessuale, di identità di genere » sono state aggiunte dall'art. 1 comma 1 lett. e) d.l. 21 ottobre 2020, n. 130, conv., con modif., in l. 18 dicembre 2020, n. 173. Ai sensi dell'art. 15, comma 1 d.l. n. 130 del 2020, cit., « le presenti modifiche si applicano anche ai procedimenti pendentialla data di entrata in vigore del d.l. medesimo avanti alle commissioni territoriali, al questore e alle sezioni specializzate dei tribunali, con esclusione dell'ipotesi prevista dall'articolo 384, secondo comma, del codice di procedura civile ».*

(3) *Comma inserito dall'art. 3 comma 1 l. 14 luglio 2017, n. 110 e poi così modificato dall'art. 1 comma 1 lett. e) d.l. n. 130 del 2020, cit. V. la disciplina transitoria di cui all'art. 15 comma 1 d.l. n. 130, cit.,* sub *nota 2. Il testo del comma era il seguente: « 1.1. Non sono ammessi il respingimento o l'espulsione o l'estradizione di una persona verso uno Stato qualora esistano fondati motivi di ritenere che essa rischi di essere sottoposta a tortura. Nella valutazione di tali motivi si tiene conto anche dell'esistenza, in tale Stato, di violazioni sistematiche e gravi di diritti umani ».*

(4) *Comma aggiunto dall'art. 1 comma 1 lett. e) d.l. n. 130 del 2020, cit. V. la disciplina transitoria di cui all'art. 15 comma 1 d.l. n. 130, cit.,* sub *nota 2.*

(5) *Comma inserito dall'art. 3 comma 1 lett. a) l. 7 aprile 2017, n. 47. Della medesima l. n. 47 del 2017 si veda altresì: « Art. 1.* - Ambito di applicazione. — *1. I minori stranieri non accompagnati sono titolari dei diritti in materia di protezione dei minori a parità di trattamento con i minori di cittadinanza italiana o dell'Unione europea. — 2. Le disposizioni di cui alla presente legge si applicano ai minori stranieri non accompagnati, in ragione della loro condizione di maggiore vulnerabilità. — Art. 2.* - Definizione. — *1. Ai fini di cui alla presente legge, per minore straniero non accompagnato presente nel territorio dello Stato si intende il minorenne non avente cittadinanza italiana o dell'Unione europea che si trova per qualsiasi causa nel territorio dello Stato o che è altrimenti sottoposto alla giurisdizione italiana, privo di assistenza e di rappresentanza da parte dei genitori o di altri adulti per lui legalmente responsabili in base alle leggi vigenti nell'ordinamento italiano. — Art. 3.* - Divieto di respingimento. — *1.* (Omissis). — *2. Il comma 1 dell'articolo 33 della legge 4 maggio 1983, n. 184, e successive modificazioni, è sostituito dal seguente: "1. Ai minori che non sono muniti di visto di ingresso rilasciato ai sensi dell'articolo 32 della presente legge e che non sono accompagnati da almeno un genitore o da parenti entro il quarto grado si applicano le disposizioni dell'articolo 19, comma 1-*bis*, del testo unico di cui al decreto legislativo 25 luglio 1998, n. 286" »; « Art. 6.* - Indagini familiari. — *1-2.* (Omissis). — *3. Sino alla nomina di un tutore, i compiti relativi alla richiesta di permesso di soggiorno o di protezione internazionale possono essere svolti dal responsabile della struttura di prima accoglienza. — 4. Dall'attuazione delle disposizioni del presente articolo non devono derivare nuovi o maggiori oneri per la finanza pubblica. —*

Art. 7. - Affidamento familiare. — *1. Dopo il comma 1 dell'articolo 2 della legge 4 maggio 1983, n. 184, e successive modificazioni, sono inseriti i seguenti: "1*-bis. *Gli enti locali possono promuovere la sensibilizzazione e la formazione di affidatari per favorire l'affidamento familiare dei minori stranieri non accompagnati, in via prioritaria rispetto al ricovero in una struttura di accoglienza.— 1*-ter. *Dall'attuazione delle disposizioni di cui al comma 1*-bis *non devono derivare nuovi o maggiori oneri per la finanza pubblica; gli enti locali provvedono nei limiti delle risorse disponibili nei propri bilanci"— Art. 8.* - Rimpatrio assistito e volontario. — *1. Il provvedimento di rimpatrio assistito e volontario di un minore straniero non accompagnato è adottato, ove il ricongiungimento con i suoi familiari nel Paese di origine o in un Paese terzo corrisponda al superiore interesse del minore, dal tribunale per i minorenni competente, sentiti il minore e il tutore e considerati i risultati delle indagini familiari nel Paese di origine o in un Paese terzo e la relazione dei servizi sociali competenti circa la situazione del minore in Italia »; « Art. 10.* - Permessi di soggiorno per minori stranieri per i quali sono vietati il respingimento o l'espulsione. — *1. Quando la legge dispone il divieto di respingimento o di espulsione, il questore rilascia il permesso di soggiorno:* a) *per minore età. In caso di minore straniero non accompagnato, rintracciato nel territorio nazionale e segnalato alle autorità competenti, il permesso di soggiorno per minore età è rilasciato, su richiesta dello stesso minore, direttamente o attraverso l'esercente la responsabilità genitoriale, anche prima della nomina del tutore ai sensi dell'articolo 346 del codice civile, ed è valido fino al compimento della maggiore età;* b) *per motivi familiari, per il minore di quattordici anni affidato, anche ai sensi dell'articolo 9, comma 4, della legge 4 maggio 1983, n. 184, e successive modificazioni, o sottoposto alla tutela di un cittadino italiano con lo stesso convivente, ovvero per il minore ultraquattordicenne affidato, anche ai sensi del medesimo articolo 9, comma 4, della legge n. 184 del 1983, e successive modificazioni, o sottoposto alla tutela di uno straniero regolarmente soggiornante nel territorio nazionale o di un cittadino italiano con lo stesso convivente. — Art. 11.* - Elenco dei tutori volontari. — *1. Entro novanta giorni dalla data di entrata in vigore della presente legge, presso ogni tribunale per i minorenni è istituito un elenco dei tutori volontari, a cui possono essere iscritti privati cittadini, selezionati e adeguatamente formati, da parte dei garanti regionali e delle province autonome di Trento e di Bolzano per l'infanzia e l'adolescenza, disponibili ad assumere la tutela di un minore straniero non accompagnato o di più minori, nel numero massimo di tre, salvo che sussistano specifiche e rilevanti ragioni. Appositi protocolli d'intesa tra i predetti garanti per l'infanzia e l'adolescenza e i presidenti dei tribunali per i minorenni sono stipulati per promuovere e facilitare la nomina dei tutori volontari. Nelle regioni e nelle province autonome di Trento e di Bolzano in cui il garante non è stato nominato, all'esercizio di tali funzioni provvede temporaneamente l'ufficio dell'Autorità garante per l'infanzia e l'adolescenza con il supporto di associazioni esperte nel settore delle migrazioni e dei minori, nonché degli enti locali, dei consigli degli ordini professionali e delle università. L'Autorità garante per l'infanzia e l'adolescenza monitora lo stato di attuazione delle disposizioni del presente articolo. A tal fine i garanti regionali e delle province autonome di Trento e di Bolzano collaborano costantemente con l'Autorità garante per l'infanzia e l'adolescenza alla quale presentano, con cadenza bimestrale, una relazione sulle attività realizzate. — 2. Si applicano le disposizioni del libro primo, titolo X, capo I, del codice civile ». [L'art. 11 citato è stato così modificato dall'art. 2, comma 3, lett.* b), *d.lgs. 22 dicembre 2017, n. 220]; « Art. 13.* - Misure di accompagnamento verso la maggiore età e misure di integrazione di lungo periodo. — *1.* (Omissis). — *2. Quando un minore straniero non accompagnato, al compimento della maggiore età, pur avendo intrapreso un percorso di inserimento sociale, necessita di un supporto prolungato volto al buon esito di tale percorso finalizzato all'autonomia, il tribunale per i minorenni può disporre, anche su richiesta dei servizi sociali, con decreto motivato, l'affidamento ai servizi sociali, comunque non oltre il compimento del ventunesimo anno di età. — Art. 14.* - Diritto alla salute e all'istruzione. — *1. Al comma 1 dell'articolo 34 del testo unico è aggiunta, in fine, la seguente lettera: «* b-bis) *i minori stranieri non accompagnati, anche nelle more del rilascio del permesso di soggiorno, a seguito delle segnalazioni di legge dopo il loro ritrovamento nel territorio nazionale ». — 2. In caso di minori non accompagnati, l'iscrizione al Servizio sanitario nazionale è richiesta dall'esercente, anche in via temporanea, la responsabilità genitoriale o dal responsabile della struttura di prima accoglienza. — 3. A decorrere dal momento dell'inserimento del minore nelle strutture di accoglienza, le istituzioni scolastiche di ogni ordine e grado e le istituzioni formative accreditate dalle regioni e dalle Province autonome di Trento e di Bolzano attivano le misure per favorire l'assolvimento dell'obbligo scolastico, ai sensi dell'articolo 21, comma 2, del decreto legislativo 18 agosto 2015, n. 142, e formativo da parte dei minori stranieri non accompagnati, anche attraverso la predisposizione di progetti specifici che prevedano, ove possibile, l'utilizzo o il coordinamento dei mediatori culturali, nonché di convenzioni volte a promuovere specifici programmi di apprendistato. Le amministrazioni interessate provvedono all'attuazione delle disposizioni del presente comma nei limiti delle risorse finanziarie, strumentali e umane disponibili a legislazione vigente e comunque senza nuovi o maggiori oneri per la finanza pubblica. — 4. In caso di minori stranieri non accompagnati, i titoli conclusivi dei corsi di studio delle istituzioni scolastiche di ogni ordine e grado sono rilasciati ai medesimi minori con i dati identificativi acquisiti al momento dell'iscrizione, anche quando gli stessi hanno compiuto la maggiore età nelle more del completamento del percorso di studi »; « Art. 16.* - Diritto all'assistenza legale. — *1. All'articolo 76 del testo unico delle disposizioni legislative e regolamentari in materia di spese di giustizia, di cui al decreto del Presidente della Repubblica 30 maggio 2002, n. 115, e successive modificazioni, è aggiunto, in fine, il seguente comma:* (Omissis) *»* (v. sub *VI, 21). — Art. 19.* - Intervento in giudizio delle associazioni di tutela. — *1. Le associazioni iscritte nel registro di cui all'articolo 42 del testo unico, e successive modificazioni, possono intervenire nei giudizi riguardanti i minori stranieri non accompagnati e ricorrere in sede di giurisdizione amministrativa per l'annullamento di atti illegittimi. — Art. 20.* - Cooperazione internazionale. — *1. L'Italia promuove la più stretta cooperazione internazionale, in particolare attraverso lo strumento degli accordi bilaterali e il finanziamento di programmi di cooperazione allo sviluppo nei Paesi di origine, al fine di armonizzare la regolamentazione giuridica, internazionale e nazionale, del sistema di protezione dei minori stranieri non accompagnati, favorendo un approccio integrato delle pratiche per garantire la piena tutela del superiore interesse dei minori ».*

(6) *V.* sub *art. 5.*

(7) *Lettera così modificata dall'art. 1 comma 22 lett.* p) *l. 15 luglio 2009, n. 94.*

(8) *Lettera dichiarata costituzionalmente illegittima con C cost. 27 luglio 2000, n. 376, « nella parte in cui non estende il divieto di espulsione al marito convivente della donna in stato di gravidanza o nei sei mesi successivi alla nascita del figlio ».*

(9) *Lettera inserita dall'art. 1 comma 1 lett.* g) *d.l. 4 ottobre 2018, n. 113, conv., con modif., in l. 1° dicembre 2018, n. 132, e da ultimo così modificata dall'art. 1 comma 1 lett.* e) *d.l. n. 130 del 2020, cit., che ha sostituito le parole « gravi condizioni psico-fisiche o derivanti da gravi patologie » alle parole « condizioni di salute di particolare gravità », nonché le parole « di cui al periodo precedente » alle parole « di salute di particolare gravità », e ha aggiunto le parole « e convertibile in permesso di soggiorno per motivi di lavoro ». V. la disciplina transitoria di cui all'art. 15 comma 1 d.l. n. 130, cit., sub nota 2.*

(10) *Comma aggiunto dall'art. 3 comma 1 lett.* g) *d.l. n. 89 del 2011, cit.*

20 Misure straordinarie di accoglienza per eventi eccezionali. (Legge 6 marzo 1998, n. 40, art. 18).

1. Con decreto del Presidente del Consiglio dei Ministri, adottato d'intesa con i Ministri degli affari esteri, dell'interno, per la solidarietà sociale, e con gli altri Ministri eventualmente interessati, sono stabilite, nei limiti delle risorse preordinate allo scopo nell'ambito del Fondo di cui all'articolo 45, le misure di protezione temporanea da adottarsi, anche in deroga a disposizioni del presente testo unico, per rilevanti esigenze umanitarie, in occasione di conflitti, disastri naturali o altri eventi di particolare gravità in Paesi non appartenenti all'Unione Europea (1).

2. Il Presidente del Consiglio dei Ministri o un Ministro da lui delegato riferiscono annualmente al Parlamento sull'attuazione delle misure adottate.

(1) *Per l'attuazione del presente comma relativamente alle persone provenienti dalle zone di guerra dell'area balcanica v. d.P.C.M. 12 maggio 1999.*

20-*bis* Permesso di soggiorno per calamità (1).

1. Fermo quanto previsto dall'articolo 20, quando il Paese verso il quale lo straniero dovrebbe fare ritorno versa in una situazione di grave calamità che non con-

sente il rientro e la permanenza in condizioni di sicurezza, il questore rilascia un permesso di soggiorno per calamità (2).

2. Il permesso di soggiorno rilasciato a norma del presente articolo ha la durata di sei mesi, ed è rinnovabile se permangono le condizioni di grave calamità di cui al comma 1; il permesso è valido solo nel territorio nazionale e consente di svolgere attività lavorativa (3).

(1) *Articolo inserito dall'art. 1 comma 1 lett.* h) *d.l. 4 ottobre 2018, n. 113, conv., con modif., in l. 1° dicembre 2018, n. 132, in* **Stranieri, 20**.

(2) *La parola « grave » è stata sostituita alle parole « contingente ed eccezionale » dall'art. 1 comma 1 lett.* f) *d.l. 21 ottobre 2020, n. 130, conv., con modif., in l. 18 dicembre 2020, n. 173. Ai sensi dell'art. 15, comma 1 d.l. n. 130 del 2020, cit., « le presenti modifiche si applicano anche ai procedimenti pendentialla data di entrata in vigore del d.l. medesimo avanti alle commissioni territoriali, al questore e alle sezioni specializzate dei tribunali, con esclusione dell'ipotesi prevista dall'articolo 384, secondo comma, del codice di procedura civile ».*

(3) *Comma così modificato dall'art. 1 comma 1 lett.* f) *d.l. n. 130 del 2020, cit. V. la disciplina transitoria di cui all'art. 15 comma 1 d.l. n. 130, cit.,* sub *nota 2. Il testo del comma era il seguente: « 2. Il permesso di soggiorno rilasciato a norma del presente articolo ha la durata di sei mesi, ed è rinnovabile per un periodo ulteriore di sei mesi se permangono le condizioni di eccezionale calamità di cui al comma 1: il permesso è valido solo nel territorio nazionale e consente di svolgere attività lavorativa, ma non può essere convertito in permesso di soggiorno per motivi di lavoro ».*

TITOLO III
Disciplina del lavoro

21 Determinazione dei flussi di ingresso.

(Legge 6 marzo 1998, n. 40, art. 19; legge 30 dicembre 1986, n. 943, art. 9, comma 3, e art. 10; legge 8 agosto 1995, n. 335, art. 3, comma 13).

1. L'ingresso nel territorio dello Stato per motivi di lavoro subordinato, anche stagionale e di lavoro autonomo, avviene nell'ambito delle quote di ingresso stabilite nei decreti di cui all'articolo 3, comma 4. Nello stabilire le quote i decreti prevedono restrizioni numeriche all'ingresso di lavoratori di Stati che non collaborano adeguatamente nel contrasto all'immigrazione clandestina o nella riammissione di propri cittadini destinatari di provvedimenti di rimpatrio. Con tali decreti sono altresì assegnate in via preferenziale quote riservate ai lavoratori di origine italiana per parte di almeno uno dei genitori fino al terzo grado in linea retta di ascendenza, residenti in Paesi non comunitari, che chiedano di essere inseriti in un apposito elenco, costituito presso le rappresen tanze diplomatiche o consolari, contenente le qualifiche professionali dei lavoratori stessi, nonché agli Stati non appartenenti all'Unione europea, con i quali il Ministro degli affari esteri, di concerto con il Ministro dell'interno e il Ministro del lavoro e della previdenza sociale, abbia concluso accordi finalizzati alla regolamentazione dei flussi d'ingresso e delle procedure di riammissione. Nell'ambito di tali intese possono essere definiti appositi accordi in materia di flussi per lavoro stagionale, con le corrispondenti autorità nazionali responsabili delle politiche del mercato del lavoro dei paesi di provenienza (1).

2. Le intese o accordi bilaterali di cui al comma 1 possono inoltre prevedere la utilizzazione in Italia, con contratto di lavoro subordinato, di gruppi di lavoratori per l'esercizio di determinate opere o servizi limitati nel tempo; al termine del rapporto di lavoro i lavoratori devono rientrare nel paese di provenienza.

3. Gli stessi accordi possono prevedere procedure e modalità per il rilascio delle autorizzazioni al lavoro.

4. I decreti annuali devono tenere conto delle indicazioni fornite, in modo articolato per qualifiche o mansioni, dal Ministero del lavoro e della previdenza sociale sull'andamento dell'occupazione e dei tassi di disoccupazione a livello nazionale e regionale, nonché sul numero dei cittadini stranieri non appartenenti all'Unione europea iscritti nelle liste di collocamento.

4-*bis*. Il decreto annuale ed i decreti infrannuali devono altresì essere predisposti in base ai dati sulla effettiva richiesta di lavoro suddivisi per regioni e per bacini provinciali di utenza, elaborati dall'anagrafe informatizzata, istituita presso il Ministero del lavoro e delle politiche sociali, di cui al comma 7. Il regolamento di attuazione prevede possibili forme di collaborazione con altre strutture pubbliche e private, nei limiti degli ordinari stanziamenti di bilancio (2).

4-*ter*. Le regioni possono trasmettere, entro il 30 novembre di ogni anno, alla Presidenza del Consiglio dei ministri, un rapporto sulla presenza e sulla condizione degli immigrati extracomunitari nel territorio regionale, contenente anche le indicazioni previsionali relative ai flussi sostenibili nel triennio successivo in rapporto alla capacità di assorbimento del tessuto sociale e produttivo (2).

5. Le intese o accordi bilaterali di cui al comma 1 possono prevedere che i lavoratori stranieri che intendono fare ingresso in Italia per motivi di lavoro subordinato, anche stagionale, si iscrivano in apposite liste, identificate dalle medesime intese, specificando le loro qualifiche o mansioni, nonché gli altri requisiti indicati dal regolamento di attuazione. Le predette intese possono inoltre prevedere le modalità di tenuta delle liste, per il successivo inoltro agli uffici del Ministero del lavoro e della previdenza sociale.

6. Nell'ambito delle intese o accordi di cui al presente testo unico, il Ministro degli affari esteri, d'intesa con il Ministro del lavoro e della previdenza sociale, può predisporre progetti integrati per il reinserimento di lavoratori extracomunitari nei Paesi di origine, laddove ne esistano le condizioni e siano fornite idonee garanzie dai governi dei Paesi di provenienza, ovvero l'approvazione di domande di enti pubblici e privati, che richiedano di predisporre analoghi progetti anche per altri Paesi.

7. Il regolamento di attuazione prevede forme di istituzione di un'anagrafe annuale informatizzata delle offerte e delle richieste di lavoro subordinato dei lavoratori stranieri e stabilisce le modalità di collegamento con l'archivio organizzato dall'Istituto nazionale della previdenza sociale (I.N.P.S.) e con le questure.

8. L'onere derivante dal presente articolo è valutato in lire 350 milioni annui a decorrere dall'anno 1998.

(1) *Comma modificato dall'art. 17, comma 1, l. 30 luglio 2002, n. 189.*

(2) *Comma aggiunto dall'art. 17, comma 1, l. n. 189, cit.*

22 Lavoro subordinato a tempo determinato e indeterminato. (Legge 6 marzo 1998, n. 40, art. 20; legge 30 dicembre 1986, n. 943, articoli 8, 9 e 11 legge 8 agosto 1995, n. 335, art. 3, comma 13) (1).

1. In ogni provincia è istituito presso la prefettura-ufficio territoriale del Governo uno sportello unico per l'immigrazione, responsabile dell'intero procedimento relativo all'assunzione di lavoratori subordinati stranieri a tempo determinato ed indeterminato.

2. Il datore di lavoro italiano o straniero regolarmente soggiornante in Italia che intende instaurare in Italia un rapporto di lavoro subordinato a tempo determinato o indeterminato con uno straniero residente all'estero deve presentare, previa verifica, presso il centro per l'impiego competente, della indisponibilità di un lavoratore presente sul territorio nazionale, idoneamente documentata, allo sportello unico per l'immigrazione della provincia di residenza ovvero di quella in cui ha sede legale l'impresa, ovvero di quella ove avrà luogo la prestazione lavorativa (2):

a) richiesta nominativa di nulla osta al lavoro;

b) idonea documentazione relativa alle modalità di sistemazione alloggiativa per il lavoratore straniero;

c) la proposta di contratto di soggiorno con specificazione delle relative condizioni, comprensiva dell'impegno al pagamento da parte dello stesso datore di lavoro delle spese di ritorno dello straniero nel Paese di provenienza;

d) dichiarazione di impegno a comunicare ogni variazione concernente il rapporto di lavoro.

3. Nei casi in cui non abbia una conoscenza diretta dello straniero, il datore di lavoro italiano o straniero regolarmente soggiornante in Italia può richiedere, presentando la documentazione di cui alle lettere *b*) e *c*) del comma 2, il nulla osta al lavoro di una o più persone iscritte nelle liste di cui all'articolo 21, comma 5, selezionate secondo criteri definiti nel regolamento di attuazione.

[4. Lo sportello unico per l'immigrazione comunica le richieste di cui ai commi 2 e 3 al centro per l'impiego di cui all'articolo 4 del decreto legislativo 23 dicembre 1997, n. 469, competente in relazione alla provincia di residenza, domicilio o sede legale. Il centro per l'impiego provvede a diffondere le offerte per via telematica agli altri centri ed a renderle disponibili su sito INTERNET o con ogni altro mezzo possibile ed attiva gli eventuali interventi previsti dall'articolo 2 del decreto legislativo 21 aprile 2000, n. 181. Decorsi venti giorni senza che sia stata presentata alcuna domanda da parte di lavoratore nazionale o comunitario, anche per via telematica, il centro trasmette allo sportello unico richiedente una certificazione negativa, ovvero le domande acquisite comunicandole altresì al datore di lavoro. Ove tale termine sia decorso senza che il centro per l'impiego abbia fornito riscontro, lo sportello unico procede ai sensi del comma 5] (3).

5. Lo sportello unico per l'immigrazione, nel complessivo termine massimo di sessanta giorni dalla presentazione della richiesta, a condizione che siano state rispettate le prescrizioni di cui al comma 2 e le prescrizioni del contratto collettivo di lavoro applicabile alla fattispecie, rilascia, in ogni caso, sentito il questore, il nulla osta nel rispetto dei limiti numerici, quantitativi e qualitativi determinati a norma dell'articolo 3, comma 4, e dell'articolo 21, e, a richiesta del datore di lavoro, trasmette la documentazione, ivi compreso il codice fiscale, agli uffici consolari, ove possibile in via telematica. Il nulla osta al lavoro subordinato ha validità per un periodo non superiore a sei mesi dalla data del rilascio (4).

5.1. Le istanze di nulla osta sono esaminate nei limiti numerici stabiliti con il decreto di cui all'articolo 3, comma 4. Le istanze eccedenti tali limiti possono essere esaminate nell'ambito delle quote che si rendono successivamente disponibili tra quelle stabilite con il medesimo decreto (5).

5-*bis*. Il nulla osta al lavoro è rifiutato se il datore di lavoro risulti condannato negli ultimi cinque anni, anche con sentenza non definitiva, compresa quella adottata a seguito di applicazione della pena su richiesta ai sensi dell'articolo 444 del codice di procedura penale, per:

a) favoreggiamento dell'immigrazione clandestina verso l'Italia e dell'emigrazione clandestina dall'Italia verso altri Stati o per reati diretti al reclutamento di persone da destinare alla prostituzione o allo sfruttamento della prostituzione o di minori da impiegare in attività illecite;

b) intermediazione illecita e sfruttamento del lavoro ai sensi dell'articolo 603-*bis* del codice penale;

c) reato previsto dal comma 12 (6).

5-*ter*. Il nulla osta al lavoro è, altresì, rifiutato ovvero, nel caso sia stato rilasciato, è revocato se i documenti presentati sono stati ottenuti mediante frode o sono stati falsificati o contraffatti ovvero qualora lo straniero non si rechi presso lo sportello unico per l'immigrazione per la firma del contratto di soggiorno entro il termine di cui al comma 6, salvo che il ritardo sia dipeso da cause di forza maggiore. La revoca del nulla osta è comunicata al Ministero degli affari esteri tramite i collegamenti telematici (6).

6. Gli uffici consolari del Paese di residenza o di origine dello straniero provvedono, dopo gli accertamenti di rito, a rilasciare il visto di ingresso con indicazione del codice fiscale, comunicato dallo sportello unico per l'immigrazione. Entro otto giorni dall'ingresso, lo straniero si reca presso lo sportello unico per l'immigrazione che ha rilasciato il nulla osta per la firma del contratto di soggiorno che resta ivi conservato e, a cura di quest'ultimo, trasmesso in copia all'autorità consolare competente ed al centro per l'impiego competente.

[7. Il datore di lavoro che omette di comunicare allo sportello unico per l'immigrazione qualunque variazione del rapporto di lavoro intervenuto con lo straniero, è punito con la sanzione amministrativa da 500 a 2.500 euro. Per l'accertamento e l'irrogazione della sanzione è competente il prefetto.] (7)

8. Salvo quanto previsto dall'articolo 23, ai fini dell'ingresso in Italia per motivi di lavoro, il lavoratore extracomunitario deve essere munito del visto rilasciato dal consolato italiano presso lo Stato di origine o di stabile residenza del lavoratore.

9. Le questure forniscono all'INPS e all'INAIL, tramite collegamenti telematici, le informazioni anagra-

fiche relative ai lavoratori extracomunitari ai quali è concesso il permesso di soggiorno per motivi di lavoro, o comunque idoneo per l'accesso al lavoro, e comunicano altresì il rilascio dei permessi concernenti i familiari ai sensi delle disposizioni di cui al titolo IV; l'INPS, sulla base delle informazioni ricevute, costituisce un "Archivio anagrafico dei lavoratori extracomunitari", da condividere con altre amministrazioni pubbliche; lo scambio delle informazioni avviene in base a convenzione tra le amministrazioni interessate. Le stesse informazioni sono trasmesse, in via telematica, a cura delle questure, all'ufficio finanziario competente che provvede all'attribuzione del codice fiscale (8).

10. Lo sportello unico per l'immigrazione fornisce al Ministero del lavoro e delle politiche sociali il numero ed il tipo di nulla osta rilasciati secondo le classificazioni adottate nei decreti di cui all'articolo 3, comma 4.

11. La perdita del posto di lavoro non costituisce motivo di revoca del permesso di soggiorno al lavoratore extracomunitario ed ai suoi familiari legalmente soggiornanti. Il lavoratore straniero in possesso del permesso di soggiorno per lavoro subordinato che perde il posto di lavoro, anche per dimissioni, può essere iscritto nelle liste di collocamento per il periodo di residua validità del permesso di soggiorno, e comunque, salvo che si tratti di permesso di soggiorno per lavoro stagionale, per un periodo non inferiore ad un anno ovvero per tutto il periodo di durata della prestazione di sostegno al reddito percepita dal lavoratore straniero, qualora superiore. Decorso il termine di cui al secondo periodo, trovano applicazione i requisiti reddituali di cui all'articolo 29, comma 3, lettera *b*). Il regolamento di attuazione stabilisce le modalità di comunicazione ai centri per l'impiego, anche ai fini dell'iscrizione del lavoratore straniero nelle liste di collocamento con priorità rispetto a nuovi lavoratori extracomunitari (9).

[11-*bis*. Lo straniero che ha conseguito in Italia il dottorato o il master universitario ovvero la laurea triennale o la laurea specialistica, alla scadenza del permesso di soggiorno per motivi di studio, può essere iscritto nell'elenco anagrafico previsto dall'articolo 4 del regolamento di cui al decreto del Presidente della Repubblica 7 luglio 2000, n. 442, per un periodo non superiore a dodici mesi, ovvero, in presenza dei requisiti previsti dal presente testo unico, può chiedere la conversione in permesso di soggiorno per motivi di lavoro] (10).

12. Il datore di lavoro che occupa alle proprie dipendenze lavoratori stranieri privi del permesso di soggiorno previsto dal presente articolo, ovvero il cui permesso sia scaduto e del quale non sia stato chiesto, nei termini di legge, il rinnovo, revocato o annullato, è punito con la reclusione da sei mesi a tre anni e con la multa di 5.000 euro per ogni lavoratore impiegato (11).

12-*bis*. Le pene per il fatto previsto dal comma 12 sono aumentate da un terzo alla metà:

a) se i lavoratori occupati sono in numero superiore a tre;

b) se i lavoratori occupati sono minori in età non lavorativa;

c) se i lavoratori occupati sono sottoposti alle altre condizioni lavorative di particolare sfruttamento di cui al terzo comma dell'articolo 603-*bis* del codice penale (12).

12-*ter*. Con la sentenza di condanna il giudice applica la sanzione amministrativa accessoria del pagamento del costo medio di rimpatrio del lavoratore straniero assunto illegalmente (12).

12-*quater*. Nelle ipotesi di particolare sfruttamento lavorativo di cui al comma 12-*bis*, è rilasciato dal questore, su proposta o con il parere favorevole del procuratore della Repubblica, allo straniero che abbia presentato denuncia e cooperi nel procedimento penale instaurato nei confronti del datore di lavoro, un permesso di soggiorno [ai sensi dell'articolo 5, comma 6] (13) (12).

12-*quinquies*. Il permesso di soggiorno di cui al comma 12-*quater* ha la durata di sei mesi e può essere rinnovato per un anno o per il maggior periodo occorrente alla definizione del procedimento penale. Il permesso di soggiorno è revocato in caso di condotta incompatibile con le finalità dello stesso, segnalata dal procuratore della Repubblica o accertata dal questore, ovvero qualora vengano meno le condizioni che ne hanno giustificato il rilascio (12).

12-*sexies*. Il permesso di soggiorno di cui ai commi 12-*quater* e 12-*quinquies* reca la dicitura "casi speciali", consente lo svolgimento di attività lavorativa e può essere convertito, alla scadenza, in permesso di soggiorno per lavoro subordinato o autonomo (14).

13. Salvo quanto previsto per i lavoratori stagionali dall'articolo 25, comma 5, in caso di rimpatrio il lavoratore extracomunitario conserva i diritti previdenziali e di sicurezza sociale maturati e può goderne indipendentemente dalla vigenza di un accordo di reciprocità al verificarsi della maturazione dei requisiti previsti dalla normativa vigente, al compimento del sessantacinquesimo anno di età, anche in deroga al requisito contributivo minimo previsto dall'articolo 1, comma 20, della legge 8 agosto 1995, n. 335.

14. Le attribuzioni degli istituti di patronato e di assistenza sociale, di cui alla legge 30 marzo 2001, n. 152, sono estese ai lavoratori extracomunitari che prestino regolare attività di lavoro in Italia.

15. I lavoratori italiani ed extracomunitari possono chiedere il riconoscimento di titoli di formazione professionale acquisiti all'estero; in assenza di accordi specifici, il Ministro del lavoro e delle politiche sociali, sentita la commissione centrale per l'impiego, dispone condizioni e modalità di riconoscimento delle qualifiche per singoli casi. Il lavoratore extracomunitario può inoltre partecipare, a norma del presente testo unico, a tutti i corsi di formazione e di riqualificazione programmati nel territorio della Repubblica.

16. Le disposizioni di cui al presente articolo si applicano alle regioni a statuto speciale e alle province autonome di Trento e di Bolzano ai sensi degli statuti e delle relative norme di attuazione.

(1) *Articolo sostituito dall'art. 18, comma 1, l. 30 luglio 2002, n. 189.*

(2) *Alinea modificato dall'art. 9, comma 7, lett.* a) *d.l. 28 giugno 2013, n. 76, conv., con modif., in l. 9 agosto 2013, n. 99.*

(3) *Comma abrogato dall'art. 9, comma 7, lett.* b) *d.l. n. 76, cit.*

(4) *Comma modificato dall'art. 1, comma 1, lett.* e), *d.lgs. 4 marzo 2014, n. 40.*

(5) *Comma inserito dall'art. 1, comma 1, lett. f), d.lgs. 4 marzo 2014, n. 40.*
(6) *Comma inserito dall'art. 1, comma 1, lett. a), d.lgs. 16 luglio 2012, n. 109.*
(7) *Comma abrogato dall'art. 1, comma 1, lett. c), d.lgs. 16 luglio 2012, n. 109.*
(8) *Comma modificato dall'art. 80, comma 11, l. 27 dicembre 2002, n. 289.*
(9) *Comma modificato dall'art. 4, comma 30, l. 28 giugno 2012, n. 92.*
(10) *Comma aggiunto dall'art. 1, comma 22, lett. q), l. 15 luglio 2009, n. 94 e successivamente abrogato dall'art. 1, comma 2, d.lgs. 11 maggio 2018, n. 71.*
(11) *Comma modificato dall'art. 5, comma 1-ter, d.l. 23 maggio 2008, n. 92, conv., con modif., in l. 24 luglio 2008, n. 125.*
(12) *Comma inserito dall'art. 1, comma 1, lett. b), d.lgs. 16 luglio 2012, n. 109.*
(13) *Parole soppresse dall'art. 1, comma 1, lettera i), d.l. 4 ottobre 2018, n. 113, conv., con modif., in l. 1 dicembre 2018, n. 132.*
(14) *Comma aggiunto dall'art. 1, comma 1, lettera i), d.l. 4 ottobre 2018, n. 113, conv., con modif., in l. 1 dicembre 2018, n. 132.*

23 Titoli di prelazione. (Legge 6 marzo 1998, n. 40, art. 21) (1).

1. Nell'ambito di programmi approvati, anche su proposta delle regioni e delle province autonome, dal Ministero del lavoro e delle politiche sociali e dal Ministero dell'istruzione, dell'università e della ricerca e realizzati anche in collaborazione con le regioni, le province autonome e altri enti locali, organizzazioni nazionali degli imprenditori e datori di lavoro e dei lavoratori, nonché organismi internazionali finalizzati al trasferimento dei lavoratori stranieri in Italia ed al loro inserimento nei settori produttivi del Paese, enti ed associazioni operanti nel settore dell'immigrazione da almeno tre anni, possono essere previste attività di istruzione e di formazione professionale nei Paesi di origine.

2. L'attività di cui al comma 1 è finalizzata:

a) all'inserimento lavorativo mirato nei settori produttivi italiani che operano all'interno dello Stato;

b) all'inserimento lavorativo mirato nei settori produttivi italiani che operano all'interno dei Paesi di origine;

c) allo sviluppo delle attività produttive o imprenditoriali autonome nei Paesi di origine.

3. Gli stranieri che abbiano partecipato alle attività di cui al comma 1 sono preferiti nei settori di impiego ai quali le attività si riferiscono ai fini della chiamata al lavoro di cui all'articolo 22, commi 3, 4 e 5, secondo le modalità previste nel regolamento di attuazione del presente testo unico.

4. Il regolamento di attuazione del presente testo unico prevede agevolazioni di impiego per i lavoratori autonomi stranieri che abbiano seguito i corsi di cui al comma 1.

(1) *Articolo sostituito dall'art. 19, comma 1, l. 30 luglio 2002, n. 189.*

24 Lavoro stagionale. (Legge 6 marzo 1998, n. 40, art. 22).

(*Omissis*).

25 Previdenza e assistenza per i lavoratori stagionali.

(*Omissis*).

26 Ingresso e soggiorno per lavoro autonomo. (Legge 6 marzo 1998, n. 40, art. 24).

1. L'ingresso in Italia dei lavoratori stranieri non appartenenti all'Unione europea che intendono esercitare nel territorio dello Stato un'attività non occasionale di lavoro autonomo può essere consentito a condizione che l'esercizio di tali attività non sia riservato dalla legge ai cittadini italiani, o a cittadini di uno degli Stati membri dell'Unione Europea.

2. In ogni caso lo straniero che intenda esercitare in Italia una attività industriale, professionale, artigianale o commerciale, ovvero costituire società di capitale o di persone o accedere a cariche societarie deve altresì dimostrare di disporre di risorse adeguate per l'esercizio dell'attività che intende intraprendere in Italia; di essere in possesso dei requisiti previsti dalla legge italiana per l'esercizio della singola attività, compresi, ove richiesti, i requisiti per l'iscrizione in albi e registri; di essere in possesso di una attestazione dell'autorità competente in data non anteriore a tre mesi che dichiari che non sussistono motivi ostativi al rilascio dell'autorizzazione o della licenza prevista per l'esercizio dell'attività che lo straniero intende svolgere.

3. Il lavoratore non appartenente all'Unione europea deve comunque dimostrare di disporre di idonea sistemazione alloggiativa e di un reddito annuo, proveniente da fonti lecite, di importo superiore al livello minimo previsto dalla legge per l'esenzione dalla partecipazione alla spesa sanitaria (1).

4. Sono fatte salve le norme più favorevoli previste da accordi internazionali in vigore per l'Italia.

5. La rappresentanza diplomatica o consolare, accertato il possesso dei requisiti indicati dal presente articolo ed acquisiti i nulla osta del Ministero degli affari esteri, del Ministero dell'interno e del Ministero eventualmente competente in relazione all'attività che lo straniero intende svolgere in Italia, rilascia il visto di ingresso per lavoro autonomo, con l'espressa indicazione dell'attività cui il visto si riferisce, nei limiti numerici stabiliti a norma dell'articolo 3, comma 4, e dell'articolo 21. La rappresentanza diplomatica o consolare rilascia, altresì, allo straniero la certificazione dell'esistenza dei requisiti previsti dal presente articolo ai fini degli adempimenti previsti dall'articolo 5, comma 3-*quater*, per la concessione del permesso di soggiorno per lavoro autonomo (2).

6. Le procedure di cui al comma 5 sono effettuate secondo le modalità previste dal regolamento di attuazione.

7. Il visto di ingresso per lavoro autonomo deve essere rilasciato o negato entro centoventi giorni dalla data di presentazione della domanda e della relativa documentazione e deve essere utilizzato entro centottanta giorni dalla data del rilascio.

7-*bis*. La condanna con provvedimento irrevocabile per alcuno dei reati previsti dalle disposizioni del Titolo III, Capo III, Sezione II, della legge 22 aprile 1941, n. 633, e successive modificazioni, relativi alla tutela del diritto di autore, e dagli articoli 473 e 474 del codice penale comporta la revoca del permesso di soggiorno rilasciato allo straniero e l'espulsione del medesimo con accompagnamento alla frontiera a mezzo della forza pubblica (3).

(1) *Comma modificato dall'art. 28, comma 3, della l. 30 luglio 2002, n. 189.*
(2) *Comma modificato dall'art. 18, comma 2, della l. 30 luglio 2002, n. 189.*
(3) *Comma aggiunto dall'art. 21, comma 1, della l. 30 luglio 2002, n. 189.*

26-*bis* Ingresso e soggiorno per investitori. (Legge 6 marzo 1998, n. 40, art. 24) (1).

1. L'ingresso e il soggiorno per periodi superiori a tre mesi sono consentiti, al di fuori delle quote di cui all'articolo 3, comma 4, agli stranieri che intendono effettuare, in nome proprio o per conto della persona giuridica che legalmente rappresentano (2):

a) un investimento di almeno euro 2.000.000 in titoli emessi dal Governo italiano e che vengano mantenuti per almeno due anni;

b) un investimento di almeno euro 500.000 in strumenti rappresentativi del capitale di una società costituita e operante in Italia mantenuto per almeno due anni ovvero di almeno euro 250.000 (3) nel caso tale società sia una start-up innovativa iscritta nella sezione speciale del registro delle imprese di cui all'articolo 25, comma 8, del decreto-legge 18 ottobre 2012, n. 179, convertito, con modificazioni, dalla legge 17 dicembre 2012, n. 221;

c) una donazione a carattere filantropico di almeno euro 1.000.000 a sostegno di un progetto di pubblico interesse, nei settori della cultura, istruzione, gestione dell'immigrazione, ricerca scientifica, recupero di beni culturali e paesaggistici e che:

1) dimostrano di essere titolari e beneficiari effettivi di un importo almeno pari a euro 2.000.000, nel caso di cui alla lettera *a*), o euro 1.000.000, nei casi di cui alla lettera *b*) e alla presente lettera, importo che deve essere in ciascun caso disponibile e trasferibile in Italia;

2) presentano una dichiarazione scritta in cui si impegnano a utilizzare i fondi di cui al numero 1) per effettuare un investimento o una donazione filantropica che rispettino i criteri di cui alle lettere *a*) e *b*) e alla presente lettera, entro tre mesi dalla data di ingresso in Italia;

3) dimostrano di avere risorse sufficienti, in aggiunta rispetto ai fondi di cui al numero 1) e in misura almeno superiore al livello minimo previsto dalla legge per l'esenzione dalla partecipazione alla spesa sanitaria, per il proprio mantenimento durante il soggiorno in Italia.

2. Per l'accertamento dei requisiti previsti dal comma 1, lo straniero richiedente deve presentare mediante procedura da definire con decreto del Ministro dello sviluppo economico, di concerto con il Ministro dell'interno e con il Ministro degli affari esteri e della cooperazione internazionale, da emanare entro novanta giorni dalla data di entrata in vigore della presente disposizione, i seguenti documenti:

a) copia del documento di viaggio in corso di validità con scadenza superiore di almeno tre mesi a quella del visto richiesto;

b) documentazione comprovante la disponibilità della somma minima prevista al comma 1, lettera *c*), numero 1), e che tale somma può essere trasferita in Italia;

c) certificazione della provenienza lecita dei fondi di cui al comma 1, lettera *c*), numero 1);

d) dichiarazione scritta di cui al comma 1, lettera *c*), numero 2), contenente una descrizione dettagliata delle caratteristiche e dei destinatari dell'investimento o della donazione.

3. L'autorità amministrativa individuata con il decreto di cui al comma 2, all'esito di una valutazione positiva della documentazione ricevuta, trasmette il nulla osta alla rappresentanza diplomatica o consolare competente per territorio che, compiuti gli accertamenti di rito, rilascia il visto di ingresso per investitori con l'espressa indicazione "visto investitori".

3-*bis*. Qualora la richiesta del nulla osta di cui al comma 3 sia presentata dal legale rappresentante della persona giuridica straniera, l'autorità amministrativa, individuata con il decreto di cui al comma 2, richiede al Ministero degli affari esteri e della cooperazione internazionale la preliminare verifica sulla sussistenza della condizione di reciprocità di cui all'articolo 16 delle disposizioni sulla legge in generale premesse al codice civile (4).

3-*ter*. Il rilascio del nulla osta ai sensi del comma 3-*bis* reca l'attestazione dell'avvenuta verifica della condizione di reciprocità di cui all'articolo 16 delle disposizioni sulla legge in generale premesse al codice civile (4).

[4. Ferma restando l'applicazione del decreto legislativo 21 novembre 2007, n. 231, ai fini della preliminare verifica sulla sussistenza delle condizioni per il rilascio del nulla osta di cui al comma 3, l'autorità amministrativa individuata con il decreto di cui al comma 2 del presente articolo trasmette tempestivamente all'Unità di informazione finanziaria le comunicazioni che attestano la provenienza lecita dei fondi unitamente ad ogni altra informazione, documento o atto disponibile sul soggetto che intende avvalersi della procedura di cui al medesimo comma 2, che siano ritenuti utili ai fini della verifica. Con il decreto di cui al comma 2 sono altresì disciplinate le forme e le modalità di attuazione delle predette verifiche preliminari, da concludere entro quindici giorni dalla trasmissione della documentazione di cui al primo periodo, del relativo scambio di informazioni e della partecipazione richiesta agli organi di cui all'articolo 8, comma 2, del medesimo decreto legislativo n. 231 del 2007] (5).

5. Al titolare del visto per investitori è rilasciato, in conformità alle disposizioni del presente testo unico, un permesso di soggiorno biennale recante la dicitura "per investitori", revocabile anche prima della scadenza quando l'autorità amministrativa individuata con il decreto di cui al comma 2 comunica alla questura che lo straniero non ha effettuato l'investimento o la donazione di cui al comma 1 entro tre mesi dalla data di ingresso in Italia o ha dismesso l'investimento prima della scadenza del termine di due anni di cui al comma 1, lettere *a*) e *b*).

5-*bis*. Il soggetto titolare del permesso di soggiorno per investitori esercita gli stessi diritti inerenti al permesso di soggiorno per lavoro autonomo di cui all'articolo 26, è esonerato dalla verifica della condizione di reciprocità di cui all'articolo 16 delle disposizioni sulla legge in generale premesse al codice civile e, per la durata complessiva di cinque anni a decorrere dal primo rilascio, è esonerato dall'obbligo della sottoscrizione dell'accordo di integrazione di cui all'articolo 4-*bis* e dagli obblighi inerenti alla continuità del soggiorno in Italia previsti dal regolamento di attuazione (6).

6. Il permesso di soggiorno per investitori è rinnovabile per periodi ulteriori di tre anni, previa valutazione positiva, da parte dell'autorità amministrativa individuata con il decreto di cui al comma 2, della documentazione comprovante che la somma di cui al comma 1 è stata interamente impiegata entro tre mesi dalla data di ingresso in Italia e che risulta ancora investita negli strumenti finanziari di cui al comma 1.

7. Ai fini del rinnovo del permesso di soggiorno, l'autorità amministrativa individuata con il decreto di cui al comma 2, all'esito di una valutazione positiva della documentazione ricevuta, trasmette il nulla osta alla questura della provincia in cui il richiedente dimora, che provvede al rinnovo del permesso di soggiorno.

8. Ai sensi dell'articolo 29, comma 4, è consentito l'ingresso, al seguito dello straniero detentore del visto per investitori, dei familiari con i quali è consentito il ricongiungimento ai sensi dello stesso articolo 29. Ai familiari è rilasciato un visto per motivi familiari ai sensi dell'articolo 30.

9. Chiunque, nell'ambito della procedura di cui al presente articolo, esibisce o trasmette atti o documenti falsi, in tutto o in parte, ovvero fornisce dati e notizie non rispondenti al vero è punito con la reclusione da un anno e sei mesi a sei anni. In relazione alla certificazione di cui al comma 2, lettera *c*), del presente articolo, resta ferma l'applicabilità degli articoli 648-*bis*, 648-*ter* e 648-*ter*.1 del codice penale e dell'articolo 12-quinquies del decreto-legge 8 giugno 1992, n. 306, convertito, con modificazioni, dalla legge 7 agosto 1992, n. 356.

(1) *Articolo inserito dall'art. 1, comma 148, della l. 11 dicembre 2016, n. 232. Per l'applicazione vedi il comma 159 dell'art. 1 della stessa legge.*

(2) *Le parole* «, in nome proprio o per conto della persona giuridica che legalmente rappresentano » *sono state aggiunte dall'art. 40*-quater, *comma 1, lett.* a) *d.l. 16 luglio 2020, n. 76, conv., con modif., in l. 11 settembre 2020, n. 120.*

(3) *Le parole* « di almeno euro 500.000 in strumenti rappresentativi del capitale di una società costituita e operante in Italia mantenuto per almeno due anni ovvero di almeno euro 250.000 » *sono state sostituite alle parole* « di almeno euro 1.000.000 in strumenti rappresentativi del capitale di una società costituita e operante in Italia mantenuto per almeno due anni ovvero di almeno euro 500.000 » *dall'art. 38, comma 10 d.l. 19 maggio 2020, n. 34, conv., con modif., in l. 17 luglio 2020, n. 77.*

(4) *Comma inserito dall'art. 40*-quater, *comma 1, lett.* b) *d.l. n. 76, cit.*

(5) *Comma abrogato dall'art. 8, comma 14, del d.lgs. 25 maggio 2017, n. 90.*

(6) *Comma aggiunto dall'art. 40*-quater, *comma 1, lett.* c) *d.l. n. 76, cit.*

26-*ter*-27-*sexies* (*Omissis*).

TITOLO IV
Diritto all'unità familiare e tutela dei minori

28 Diritto all'unità familiare. (Legge 6 marzo 1998, n. 40, art. 26).

1. Il diritto a mantenere o a riacquistare l'unità familiare nei confronti dei familiari stranieri è riconosciuto, alle condizioni previste dal presente testo unico, agli stranieri titolari di carta di soggiorno o di permesso di soggiorno di durata non inferiore a un anno rilasciato per motivi di lavoro subordinato o autonomo, ovvero per asilo, per studio, per motivi religiosi o per motivi familiari (1).

2. Ai familiari stranieri di cittadini italiani o di uno Stato membro dell'Unione Europea continuano ad applicarsi le disposizioni del decreto del Presidente della Repubblica 30 dicembre 1965, n. 1656, fatte salve quelle più favorevoli del presente testo unico o del regolamento di attuazione.

3. In tutti i procedimenti amministrativi e giurisdizionali finalizzati a dare attuazione al diritto all'unità familiare e riguardanti i minori, deve essere preso in considerazione con carattere di priorità il superiore interesse del fanciullo, conformemente a quanto previsto dall'articolo 3, comma 1, della Convenzione sui diritti del fanciullo del 20 novembre 1989, ratificata e resa esecutiva ai sensi della legge 27 maggio 1991, n. 176.

(1) *Comma sostituito dall'art. 2 d.lgs. 8 gennaio 2007, n. 5.*

29 Ricongiungimento familiare. (Legge 6 marzo 1998, n. 40, art. 27).

1. Lo straniero può chiedere il ricongiungimento per i seguenti familiari:

a) coniuge non legalmente separato e di età non inferiore ai diciotto anni;

b) figli minori, anche del coniuge o nati fuori del matrimonio, non coniugati, a condizione che l'altro genitore, qualora esistente, abbia dato il suo consenso;

c) figli maggiorenni a carico, qualora per ragioni oggettive non possano provvedere alle proprie indispensabili esigenze di vita in ragione del loro stato di salute che comporti invalidità totale;

d) genitori a carico, qualora non abbiano altri figli nel Paese di origine o di provenienza, ovvero genitori ultrasessantacinquenni, qualora gli altri figli siano impossibilitati al loro sostentamento per documentati, gravi motivi di salute (2).

1-*bis*. Ove gli stati di cui al comma 1, lettere *b*), *c*) e *d*), non possano essere documentati in modo certo mediante certificati o attestazioni rilasciati da competenti autorità straniere, in ragione della mancanza di una autorità riconosciuta o comunque quando sussistano fondati dubbi sulla autenticità della predetta documentazione, le rappresentanze diplomatiche o consolari provvedono al rilascio di certificazioni, ai sensi dell'articolo 49 del decreto del Presidente della Repubblica 5 gennaio 1967, n. 200, sulla base dell'esame del DNA (acido desossiribonucleico), effettuato a spese degli interessati (3).

1-*ter*. Non è consentito il ricongiungimento dei familiari di cui alle lettere *a*) e *d*) del comma 1, quando il familiare di cui si chiede il ricongiungimento è coniugato con un cittadino straniero regolarmente soggiornante con altro coniuge nel territorio nazionale (4).

2. Ai fini del ricongiungimento si considerano minori i figli di età inferiore a diciotto anni al momento

della presentazione dell'istanza di ricongiungimento. I minori adottati o affidati o sottoposti a tutela sono equiparati ai figli.

3. Salvo quanto previsto dall'articolo 29-*bis*, lo straniero che richiede il ricongiungimento deve dimostrare la disponibilità:

a) di un alloggio conforme ai requisiti igienico-sanitari, nonché di idoneità abitativa, accertati dai competenti uffici comunali. Nel caso di un figlio di età inferiore agli anni quattordici al seguito di uno dei genitori, è sufficiente il consenso del titolare dell'alloggio nel quale il minore effettivamente dimorerà (5);

b) di un reddito minimo annuo derivante da fonti lecite non inferiore all'importo annuo dell'assegno sociale aumentato della metà dell'importo dell'assegno sociale per ogni familiare da ricongiungere. Per il ricongiungimento di due o più figli di età inferiore agli anni quattordici [ovvero per il ricongiungimento di due o più familiari dei titolari dello status di protezione sussidiaria] è richiesto, in ogni caso, un reddito non inferiore al doppio dell'importo annuo dell'assegno sociale. Ai fini della determinazione del reddito si tiene conto anche del reddito annuo complessivo dei familiari conviventi con il richiedente (6).

b-bis) di una assicurazione sanitaria o di altro titolo idoneo, a garantire la copertura di tutti i rischi nel territorio nazionale a favore dell'ascendente ultrasessantacinquenne ovvero della sua iscrizione al Servizio sanitario nazionale, previo pagamento di un contributo il cui importo è da determinarsi con decreto del Ministro del lavoro, della salute e delle politiche sociali, di concerto con il Ministro dell'economia e delle finanze, da adottarsi entro il 30 ottobre 2008 e da aggiornarsi con cadenza biennale, sentita la Conferenza permanente per i rapporti tra lo Stato, le regioni e le province autonome di Trento e di Bolzano (7).

4. È consentito l'ingresso, al seguito dello straniero titolare di carta di soggiorno o di un visto di ingresso per lavoro subordinato relativo a contratto di durata non inferiore a un anno, o per lavoro autonomo non occasionale, ovvero per studio o per motivi religiosi, dei familiari con i quali è possibile attuare il ricongiungimento, a condizione che ricorrano i requisiti di disponibilità di alloggio e di reddito di cui al comma 3.

5. Salvo quanto disposto dall'articolo 4, comma 6, è consentito l'ingresso per ricongiungimento al figlio minore, già regolarmente soggiornante in Italia con l'altro genitore, del genitore naturale che dimostri il possesso dei requisiti di disponibilità di alloggio e di reddito di cui al comma 3. Ai fini della sussistenza di tali requisiti si tiene conto del possesso di tali requisiti da parte dell'altro genitore (8).

6. Al familiare autorizzato all'ingresso ovvero alla permanenza sul territorio nazionale ai sensi dell'articolo 31, comma 3, è rilasciato, in deroga a quanto previsto dall'articolo 5, comma 3-*bis*, un permesso per assistenza minore, rinnovabile, di durata corrispondente a quella stabilita dal Tribunale per i minorenni. Il permesso di soggiorno consente di svolgere attività lavorativa ma non può essere convertito in permesso per motivi di lavoro.

7. La domanda di nulla osta al ricongiungimento familiare, corredata della documentazione relativa ai requisiti di cui al comma 3, è inviata, con modalità informatiche, allo Sportello unico per l'immigrazione presso la prefettura-ufficio territoriale del Governo competente per il luogo di dimora del richiedente, il quale, con le stesse modalità, ne rilascia ricevuta. L'ufficio, acquisito dalla questura il parere sulla insussistenza dei motivi ostativi all'ingresso dello straniero nel territorio nazionale, di cui all'articolo 4, comma 3, ultimo periodo, e verificata l'esistenza dei requisiti di cui al comma 3, rilascia il nulla osta ovvero un provvedimento di diniego dello stesso. Il rilascio del visto nei confronti del familiare per il quale è stato rilasciato il predetto nulla osta è subordinato all'effettivo accertamento dell'autenticità, da parte dell'autorità consolare italiana, della documentazione comprovante i presupposti di parentela, coniugio, minore età o stato di salute (9).

8. Il nulla osta al ricongiungimento familiare è rilasciato entro novanta giorni dalla richiesta (10).

9. La richiesta di ricongiungimento familiare è respinta se è accertato che il matrimonio o l'adozione hanno avuto luogo allo scopo esclusivo di consentire all'interessato di entrare o soggiornare nel territorio dello Stato.

10. Le disposizioni di cui al presente articolo non si applicano:

a) quando il soggiornante chiede il riconoscimento dello status di rifugiato e la sua domanda non è ancora stata oggetto di una decisione definitiva;

b) agli stranieri destinatari delle misure di protezione temporanea, disposte ai sensi del decreto legislativo 7 aprile 2003, n. 85, ovvero delle misure di cui agli articoli 20 e 20-*bis* (11);

[*c*) nelle ipotesi di cui all'articolo 5, comma 6.] (12)

(1) *Articolo modificato dall'art. 23, comma 1, della legge 30 luglio 2002, n. 189, e successivamente sostituito dall'art. 2 del d.lgs. 8 gennaio 2007 n. 5.*

(2) *Comma sostituito dall'art. 1 del d.lgs. 3 ottobre 2008, n. 160.*

(3) *Comma aggiunto dall'art. 1 del d.lgs. 3 ottobre 2008, n. 160.*

(4) *Comma inserito dall'art. 1, comma 22, lettera* s), *della legge 15 luglio 2009, n. 94.*

(5) *Lettera sostituita dall'art. 1, comma 19, della legge 15 luglio 2009, n. 94.*

(6) *Lettera sostituita dall'art. 1 del d.lgs. 3 ottobre 2008, n. 160 e successivamente modificata dall'art. 2, comma 1, del d.lgs. 21 febbraio 2014, n. 18.*

(7) *Lettera aggiunta dall'art. 1 del d.lgs. 3 ottobre 2008, n. 160.*

(8) *Comma sostituito dall'art. 1, comma 22, lettera* t), *della legge 15 luglio 2009, n. 94.*

(9) *Comma modificato dall'art. 9, comma 1, lettera* b), *numero 1), del d.l. 17 febbraio 2017, n. 13, convertito con modificazioni dalla l. 13 aprile 2017, n. 46.*

(10) *Comma modificato dall'art. 1 del d.lgs. 3 ottobre 2008, n. 160, successivamente sostituito dall'art. 1, comma 22, lettera* u), *della legge 15 luglio 2009, n. 94 e da ultimo modificato dall'art. 9, comma 1, lettera* b), *numero 2), del d.l. 17 febbraio 2017, n. 13, convertito con modificazioni dalla l. 13 aprile 2017, n. 46.*

(11) *Le parole* « di cui agli articoli 20 e 20-*bis* » *sono state sostituite alle previgenti* « di cui all'articolo 20 » *dall'art. 1, comma 1, lettera* n), *d.l. 4 ottobre 2018, n. 113, conv., con modif., in l. 1 dicembre 2018, n. 132.*

(12) *Lettera abrogata dall'art. 1, comma 1, lettera* n), *d.l. 4 ottobre 2018, n. 113, conv., con modif., in l. 1 dicembre 2018, n. 132.*

29-*bis* Ricongiungimento familiare dei rifugiati (1).

1. Lo straniero al quale è stato riconosciuto lo status di rifugiato può richiedere il ricongiungimento familiare per le medesime categorie di familiari e con la stessa

procedura di cui all'articolo 29. Non si applicano, in tal caso, le disposizioni di cui all'articolo 29, comma 3.

2. Qualora un rifugiato non possa fornire documenti ufficiali che provino i suoi vincoli familiari, in ragione del suo status, ovvero della mancanza di un'autorità riconosciuta o della presunta inaffidabilità dei documenti rilasciati dall'autorità locale, rilevata anche in sede di cooperazione consolare Schengen locale, ai sensi della decisione del Consiglio europeo del 22 dicembre 2003, le rappresentanze diplomatiche o consolari provvedono al rilascio di certificazioni, ai sensi dell'articolo 49 del decreto del Presidente della Repubblica 5 gennaio 1967, n. 200, sulla base delle verifiche ritenute necessarie, effettuate a spese degli interessati. Può essere fatto ricorso, altresì, ad altri mezzi atti a provare l'esistenza del vincolo familiare, tra cui elementi tratti da documenti rilasciati dagli organismi internazionali ritenuti idonei dal Ministero degli affari esteri. Il rigetto della domanda non può essere motivato unicamente dall'assenza di documenti probatori.

3. Se il rifugiato è un minore non accompagnato, è consentito l'ingresso ed il soggiorno, ai fini del ricongiungimento, degli ascendenti diretti di primo grado.

(1) *Articolo inserito dall'art. 2 d.lgs. 8 gennaio 2007, n. 5.*

30 Permesso di soggiorno per motivi familiari. (Legge 6 marzo 1998, n. 40, art. 28).

1. Fatti salvi i casi di rilascio o di rinnovo della carta di soggiorno, il permesso di soggiorno per motivi familiari è rilasciato:

a) allo straniero che ha fatto ingresso in Italia con visto di ingresso per ricongiungimento familiare, ovvero con visto di ingresso al seguito del proprio familiare nei casi previsti dall'articolo 29, ovvero con visto di ingresso per ricongiungimento al figlio minore;

b) agli stranieri regolarmente soggiornanti ad altro titolo da almeno un anno che abbiano contratto matrimonio nel territorio dello Stato con cittadini italiani o di uno Stato membro dell'Unione europea, ovvero con cittadini stranieri regolarmente soggiornanti;

c) al familiare straniero regolarmente soggiornante, in possesso dei requisiti per il ricongiungimento con il cittadino italiano o di uno Stato membro dell'Unione europea residenti in Italia, ovvero con straniero regolarmente soggiornante in Italia. In tal caso il permesso del familiare è convertito in permesso di soggiorno per motivi familiari. La conversione può essere richiesta entro un anno dalla data di scadenza del titolo di soggiorno originariamente posseduto dal familiare. Qualora detto cittadino sia un rifugiato si prescinde dal possesso di un valido permesso di soggiorno da parte del familiare;

d) al genitore straniero, anche naturale, di minore italiano residente in Italia. In tal caso il permesso di soggiorno per motivi familiari è rilasciato anche a prescindere dal possesso di un valido titolo di soggiorno, a condizione che il genitore richiedente non sia stato privato della potestà genitoriale secondo la legge italiana.

1-*bis*. Il permesso di soggiorno nei casi di cui al comma 1, lettera *b*), è immediatamente revocato qualora sia accertato che al matrimonio non è seguita l'effettiva convivenza salvo che dal matrimonio sia nata prole. La richiesta di rilascio o di rinnovo del permesso di soggiorno dello straniero di cui al comma 1, lettera *a*), è rigettata e il permesso di soggiorno è revocato se è accertato che il matrimonio o l'adozione hanno avuto luogo allo scopo esclusivo di permettere all'interessato di soggiornare nel territorio dello Stato (1).

2. Il permesso di soggiorno per motivi familiari consente l'accesso ai servizi assistenziali, l'iscrizione a corsi di studio o di formazione professionale, l'iscrizione nelle liste di collocamento, lo svolgimento di lavoro subordinato o autonomo, fermi i requisiti minimi di età per lo svolgimento di attività di lavoro.

3. Il permesso di soggiorno per motivi familiari ha la stessa durata del permesso di soggiorno del familiare straniero in possesso dei requisiti per il ricongiungimento ai sensi dell'articolo 29 ed è rinnovabile insieme con quest'ultimo.

[4. Allo straniero che effettua il ricongiungimento con il cittadino italiano o di uno Stato membro dell'Unione europea è rilasciata una carta di soggiorno.] (2).

5. In caso di morte del familiare in possesso dei requisiti per il ricongiungimento e in caso di separazione legale o di scioglimento del matrimonio o, per il figlio che non possa ottenere la carta di soggiorno, al compimento del diciottesimo anno di età, il permesso di soggiorno può essere convertito in permesso per lavoro subordinato, per lavoro autonomo o per studio, fermi i requisiti minimi di età per lo svolgimento di attività di lavoro (3).

6. Contro il diniego del nulla osta al ricongiungimento familiare e del permesso di soggiorno per motivi familiari, nonché contro gli altri provvedimenti dell'autorità amministrativa in materia di diritto all'unità familiare, l'interessato può proporre opposizione all'autorità giudiziaria ordinaria. L'opposizione è disciplinata dall'articolo 20 del decreto legislativo 1° settembre 2011, n. 150 (4).

(1) *Comma aggiunto dall'art. 29, della legge 30 luglio 2002, n. 189, e successivamente modificato dall'art. 2 del d.lgs. 8 gennaio 2007, n. 5.*

(2) *Comma modificato dall'art. 1 del d.lgs. 8 gennaio 2007, n. 3, e successivamente abrogato dall'art. 25 del d.lgs. 6 febbraio 2007, n. 30.*

(3) *Comma modificato dall'art. 24, comma 1, della legge 30 luglio 2002, n. 189.*

(4) *Comma modificato dall'art. 28, comma 1, della legge 30 luglio 2002, n. 189 e successivamente sostituito dall'art. 34, comma 21, del d.lgs. 1° settembre 2011, n. 150.*

31 Disposizioni a favore dei minori. (Legge 6 marzo 1998, n. 40, art. 29).

1. Il figlio minore dello straniero con questo convivente e regolarmente soggiornante segue la condizione giuridica del genitore con il quale convive ovvero la più favorevole tra quelle dei genitori con cui convive. Il minore che risulta affidato ai sensi dell'articolo 4 della legge 4 maggio 1983, n. 184, segue la condizione giuridica dello straniero al quale è affidato, se più favorevole. Al minore è rilasciato un permesso di soggiorno per motivi familiari valido fino al compimento della maggiore età ovvero un permesso di soggiorno UE per soggiornanti di lungo periodo ai sensi dell'articolo 9. L'assenza occasionale e temporanea dal territorio dello Stato non esclude il requisito della convivenza (1) (2).

[2. Al compimento del quattordicesimo anno di età al minore iscritto nel permesso di soggiorno o nella carta di soggiorno del genitore ovvero dello straniero affidatario è rilasciato un permesso di soggiorno per motivi familiari valido fino al compimento della maggiore età, ovvero una carta di soggiorno.] (3)

3. Il Tribunale per i minorenni, per gravi motivi connessi con lo sviluppo psicofisico e tenuto conto dell'età e delle condizioni di salute del minore che si trova nel territorio italiano, può autorizzare l'ingresso o la permanenza del familiare, per un periodo di tempo determinato, anche in deroga alle altre disposizioni del presente testo unico. L'autorizzazione è revocata quando vengono a cessare i gravi motivi che ne giustificano il rilascio o per attività del familiare incompatibili con le esigenze del minore o con la permanenza in Italia. I provvedimenti sono comunicati alla rappresentanza diplomatica o consolare e al questore per gli adempimenti di rispettiva competenza.

4. Qualora ai sensi del presente testo unico debba essere disposta l'espulsione di un minore straniero il provvedimento è adottato, a condizione comunque che il provvedimento stesso non comporti un rischio di danni gravi per il minore (4), su richiesta del questore, dal Tribunale per i minorenni. Il Tribunale per i minorenni decide tempestivamente e comunque non oltre trenta giorni (5).

(1) *Comma sostituito dall'art. 10, comma 1, lettera* a), *della l. 7 luglio 2016, n. 122.*

(2) *A norma dell'art. 10, comma 3, della l. 7 luglio 2016, n. 122, al minore di anni quattordici, già iscritto nel permesso di soggiorno del genitore o dell'affidatario alla data di entrata in vigore della citata legge, il permesso di soggiorno di cui al presente comma, è rilasciato al momento del rinnovo del permesso di soggiorno del genitore o dell'affidatario.*

(3) *Comma abrogato dall'art. 10, comma 1, lettera* b), *della l. 7 luglio 2016, n. 122.*

(4) *Le parole «, a condizione comunque che il provvedimento stesso non comporti un rischio di danni gravi per il minore » sono state introdotte dall'art. 3, comma 1, lettera* b), *della l. 7 aprile 2017 n. 47.*

(5) *Periodo inserito dall'art. 3, comma 1, lettera* b), *della l. 7 aprile 2017 n. 47.*

32 Disposizioni concernenti minori affidati al compimento della maggiore età. (Legge 6 marzo 1998, n. 40, art. 30).

1. Al compimento della maggiore età, allo straniero nei cui confronti sono state applicate le disposizioni di cui all'articolo 31, comma 1, e, fermo restando quanto previsto dal comma 1-*bis*, ai minori che sono stati affidati ai sensi dell'articolo 2 della legge 4 maggio 1983, n. 184, può essere rilasciato un permesso di soggiorno per motivi di studio di accesso al lavoro, di lavoro subordinato o autonomo, per esigenze sanitarie o di cura. Il permesso di soggiorno per accesso al lavoro prescinde dal possesso dei requisiti di cui all'articolo 23 (1).

1-*bis*. Il permesso di soggiorno di cui al comma 1 può essere rilasciato per motivi di studio, di accesso al lavoro ovvero di lavoro subordinato o autonomo, al compimento della maggiore età, [semprechè non sia intervenuta una decisione del Comitato per i minori stranieri di cui all'articolo 33,] ai minori stranieri non accompagnati, affidati ai sensi dell'articolo 2 della legge 4 maggio 1983, n. 184, ovvero sottoposti a tutela, previo parere positivo del Comitato per i minori stranieri di cui all'articolo 33 del presente testo unico, ovvero ai minori stranieri non accompagnati che siano stati ammessi per un periodo non inferiore a due anni in un progetto di integrazione sociale e civile gestito da un ente pubblico o privato che abbia rappresentanza nazionale e che comunque sia iscritto nel registro istituito presso la Presidenza del Consiglio dei ministri ai sensi dell'articolo 52 del decreto del Presidente della Repubblica 31 agosto 1999, n. 394. Il mancato rilascio del parere richiesto non può legittimare il rifiuto del rinnovodel permesso di soggiorno. Si applica l'articolo 20, commi 1, 2 e 3, della legge 7 agosto 1990, n. 241 (2).

1-*ter*. L'ente gestore dei progetti deve garantire e provare con idonea documentazione, al momento del compimento della maggiore età del minore straniero di cui al comma 1-*bis*, che l'interessato si trova sul territorio nazionale da non meno di tre anni, che ha seguito il progetto per non meno di due anni, ha la disponibilità di un alloggio e frequenta corsi di studio ovvero svolge attività lavorativa retribuita nelle forme e con le modalità previste dalla legge italiana, ovvero è in possesso di contratto di lavoro anche se non ancora iniziato (3).

1-*quater*. Il numero dei permessi di soggiorno rilasciati ai sensi del presente articolo è portato in detrazione dalle quote di ingresso definite annualmente nei decreti di cui all'articolo 3, comma 4 (4).

(1) *Comma modificato dall'art. 1, comma 22, lettera* v), *della legge 15 luglio 2009, n. 94 e successivamente dall'art. 10, comma 1, lettera* c), *della l. 7 luglio 2016, n. 122.*

(2) *Comma modificato dapprima dall'art. 1 comma 22 lett.* v) *n. 2 l. n. 94 del 2009, cit., poi dall'art. 3 comma 1 lett.* g-bis) *d.l. 23 giugno 2011, n. 89, conv., con modif., in l. 2 agosto 2011, n. 129, dall'art. 13 comma 1 l. 7 aprile 2017, n. 47, dall'art. 1 comma 1 lett.* n-bis) *d.l. 4 ottobre 2018, n. 113, conv., con modif., in l. 1° dicembre 2018, n. 132, e infine dall'art. 1 comma 1 lett.* h) *d.l. 21 ottobre 2020, n. 130, conv., con modif., in l. 18 dicembre 2020, n. 173, che ha aggiunto gli ultimi due periodi.*

(3) *Comma aggiunto dall'art. 25, comma 1, della legge 30 luglio 2002, n. 189.*

(4) *Comma aggiunto dall'art. 25, comma 1, della legge 30 luglio 2002, n. 189.*

33 Comitato per i minori stranieri. (Legge 6 marzo 1998, n. 40, art. 31).

1. Al fine di vigilare sulle modalità di soggiorno dei minori stranieri temporaneamente ammessi sul territorio dello Stato e di coordinare le attività delle amministrazioni interessate è istituito, senza ulteriori oneri a carico del bilancio dello Stato, un Comitato presso la Presidenza del Consiglio dei ministri composto da rappresentanti dei Ministeri degli affari esteri, dell'interno e di grazia e giustizia, del Dipartimento per gli affari sociali della Presidenza del Consiglio dei ministri, nonché da due rappresentanti dell'Associazione nazionale dei comuni italiani (ANCI), da un rappresentante dell'Unione province d'Italia (UPI) e da due rappresentanti di organizzazioni maggiormente rappresentative operanti nel settore dei problemi della famiglia.

2. Con decreto del Presidente del Consiglio dei Ministri o del Ministro da lui delegato, sentiti i Ministri degli affari esteri, dell'interno e di grazia e giustizia, sono definiti i compiti del Comitato di cui al comma 1, concernenti la tutela dei diritti dei minori stranieri in conformità alle previsioni della Convenzione sui diritti

del fanciullo del 20 novembre 1989, ratificata e resa esecutiva ai sensi della legge 27 maggio 1991, n. 176. In particolare sono stabilite:

a) le regole e le modalità per l'ingresso ed il soggiorno nel territorio dello Stato dei minori stranieri in età superiore a sei anni, che entrano in Italia nell'ambito di programmi solidaristici di accoglienza temporanea promossi da enti, associazioni o famiglie italiane, nonché per l'affidamento temporaneo e per il rimpatrio dei medesimi;

b) le modalità di accoglienza dei minori stranieri non accompagnati presenti nel territorio dello Stato, nell'ambito delle attività dei servizi sociali degli enti locali e i compiti di impulso e di raccordo del Comitato di cui al comma 1 con le amministrazioni interessate ai fini dell'accoglienza, del rimpatrio assistito e del ricongiungimento del minore con la sua famiglia nel Paese d'origine o in un Paese terzo (1).

2-*bis*. Il provvedimento di rimpatrio del minore straniero non accompagnato per le finalità di cui al comma 2, è adottato dal tribunale per i minorenni competente (2). [Nel caso risulti instaurato nei confronti dello stesso minore un procedimento giurisdizionale, l'autorità giudiziaria rilascia il nulla osta, salvo che sussistano inderogabili esigenze processuali] (3)(4).

3. All'attuazione delle disposizioni contenute nel presente articolo si provvede nei limiti delle risorse umane, finanziarie e strumentali disponibili a legislazione vigente e comunque senza nuovi o maggiori oneri per la finanza pubblica (5).

(1) *Comma sostituito dall'art. 5, comma 1, d.lgs. 13 aprile 1999, n. 113. Per il regolamento concernente i compiti del Comitato per i minori stranieri v. d.P.C.M. 9 dicembre 1999, n. 535.*

(2) *Le parole « dal tribunale per i minorenni competente » sono state sostituite alle parole « dal Comitato di cui al comma 1 » dall'art. 8, comma 2, lettera* a), *della l. 7 aprile 2017 n. 47.*

(3) *Parole soppresse dall'art. 8, comma 2, lettera* a), *della l. 7 aprile 2017 n. 47.*

(4) *Comma aggiunto dall'art. 5, comma 1, d.lgs. n. 113, cit. Per il regolamento concernente i compiti del Comitato per i minori stranieri v. d.P.C.M. 9 dicembre 1999, n. 535.*

(5) *Periodo sostituito dall'art. 8, comma 2, lettera* b), *della l. 7 aprile 2017 n. 47. Il testo previgente era "Il Comitato si avvale, per l'espletamento delle attività di competenza, del personale e dei mezzi in dotazione al Dipartimento degli affari sociali della Presidenza del Consiglio dei Ministri ed ha sede presso il Dipartimento medesimo"*

TITOLO V

Disposizioni in materia sanitaria, nonché di istruzione, alloggio, partecipazione alla vita pubblica e integrazione sociale

CAPO I

Disposizioni in materia sanitaria

34-41 (*Omissis*).

CAPO IV

Disposizioni sull'integrazione sociale, sulle discriminazioni e istituzione del fondo per le politiche migratorie

42 **Misure di integrazione sociale.** (Legge 6 marzo 1998, n. 40, art. 40; legge 30 dicembre 1986, n. 943, art. 2).

1. Lo Stato, le regioni, le province e i comuni, nell'ambito delle proprie competenze, anche in collaborazione con le associazioni di stranieri e con le organizzazioni stabilmente operanti in loro favore, nonché in collaborazione con le autorità o con enti pubblici e privati dei Paesi di origine, favoriscono:

a) le attività intraprese in favore degli stranieri regolarmente soggiornanti in Italia, anche al fine di effettuare corsi della lingua e della cultura di origine, dalle scuole e dalle istituzioni culturali straniere legalmente funzionanti nella Repubblica ai sensi del decreto del Presidente della Repubblica 18 aprile 1994, n. 389, e successive modificazioni ed integrazioni;

b) la diffusione di ogni informazione utile al positivo inserimento degli stranieri nella società italiana in particolare riguardante i loro diritti e i loro doveri, le diverse opportunità di integrazione e crescita personale e comunitaria offerte dalle amministrazioni pubbliche e dall'associazionismo, nonché alle possibilità di un positivo reinserimento nel Paese di origine;

c) la conoscenza e la valorizzazione delle espressioni culturali, ricreative, sociali, economiche e religiose degli stranieri regolarmente soggiornanti in Italia e ogni iniziativa di informazione sulle cause dell'immigrazione e di prevenzione delle discriminazioni razziali o della xenofobia anche attraverso la raccolta presso le biblioteche scolastiche e universitarie, di libri, periodici e materiale audiovisivo prodotti nella lingua originale dei Paesi di origine degli stranieri residenti in Italia o provenienti da essi;

d) la realizzazione di convenzioni con associazioni regolarmente iscritte nel registro di cui al comma 2 per l'impiego all'interno delle proprie strutture di stranieri, titolari di carta di soggiorno o di permesso di soggiorno di durata non inferiore a due anni, in qualità di mediatori interculturali al fine di agevolare i rapporti tra le singole amministrazioni e gli stranieri appartenenti ai diversi gruppi etnici, nazionali, linguistici e religiosi;

e) l'organizzazione di corsi di formazione, ispirati a criteri di convivenza in una società multiculturale e di prevenzione di comportamenti discriminatori, xenofobi o razzisti, destinati agli operatori degli organi e uffici pubblici e degli enti privati che hanno rapporti abituali con stranieri o che esercitano competenze rilevanti in materia di immigrazione.

2. Per i fini indicati nel comma 1 è istituito presso la Presidenza del Consiglio dei Ministri - Dipartimento per gli affari sociali un registro delle associazioni selezionate secondo criteri e requisiti previsti nel regolamento di attuazione.

3. Ferme restando le iniziative promosse dalle regioni e dagli enti locali, allo scopo di individuare, con la partecipazione dei cittadini stranieri, le iniziative idonee alla rimozione degli ostacoli che impediscono l'effettivo esercizio dei diritti e dei doveri dello straniero, è istituito presso il Consiglio nazionale dell'economia e del lavoro, un organismo nazionale di coordinamento. Il Consiglio nazionale dell'economia e del lavoro, nell'ambito delle proprie attribuzioni, svolge inoltre compiti di studio e promozione di attività volte a favorire la partecipazione degli stranieri alla vita pubblica e la

circolazione delle informazioni sulla applicazione del presente testo unico.

4. Ai fini dell'acquisizione delle osservazioni degli enti e delle associazioni nazionali maggiormente attivi nell'assistenza e nell'integrazione degli immigrati di cui all'articolo 3, comma 1, e del collegamento con i Consigli territoriali di cui all'art. 3, comma 6, nonché dell'esame delle problematiche relative alla condizione degli stranieri immigrati, è istituita presso la Presidenza del Consiglio dei Ministri, la Consulta per i problemi degli stranieri immigrati e delle loro famiglie, presieduta dal Presidente del Consiglio dei Ministri o da un Ministro da lui delegato. Della Consulta sono chiamati a far parte, con decreto del Presidente del Consiglio dei Ministri:

a) rappresentanti delle associazioni e degli enti presenti nell'organismo di cui al comma 3 e rappresentanti delle associazioni che svolgono attività particolarmente significative nel settore dell'immigrazione in numero non inferiore a dieci (1);

b) rappresentanti degli stranieri extracomunitari designati dalle associazioni più rappresentative operanti in Italia, in numero non inferiore a sei (2);

c) rappresentanti designati dalle confederazioni sindacali nazionali dei lavoratori, in numero non inferiore a quattro;

d) rappresentanti designati dalle organizzazioni sindacali nazionali dei datori di lavoro dei diversi settori economici, in numero non inferiore a tre;

e) otto esperti designati rispettivamente dai Ministri del lavoro e della previdenza sociale, della pubblica istruzione, dell'interno, di grazia e giustizia, degli affari esteri, delle finanze e dai Dipartimenti della solidarietà sociale e delle pari opportunità (3);

f) otto rappresentanti delle autonomie locali, di cui due designati dalle regioni, uno dall'Associazione nazionale dei comuni italiani (ANCI), uno dall'Unione delle province italiane (UPI) e quattro dalla Conferenza unificata di cui al decreto legislativo 28 agosto 1997, n. 281 (4);

g) due rappresentanti del Consiglio nazionale dell'economia e del lavoro (CNEL);

g-bis) esperti dei problemi dell'immigrazione in numero non superiore a dieci (5).

5. Per ogni membro effettivo della Consulta è nominato un supplente.

6. Resta ferma la facoltà delle regioni di istituire, in analogia con quanto disposto al comma 4, lettere *a*), *b*), *c*), *d*) e *g*), con competenza nelle materie loro attribuite dalla Costituzione e dalle leggi dello Stato, consulte regionali per i problemi dei lavoratori extracomunitari e delle loro famiglie.

7. Il regolamento di attuazione stabilisce le modalità di costituzione e funzionamento della Consulta di cui al comma 4 e dei consigli territoriali.

8. La partecipazione alle Consulte di cui ai commi 4 e 6 dei membri di cui al presente articolo e dei supplenti è gratuita, con esclusione del rimborso delle eventuali spese di viaggio per coloro che non siano dipendenti dalla pubblica amministrazione e non risiedano nel comune nel quale hanno sede i predetti organi.

(1) *Lettera sostituita dall'art. 6, comma 1, d.lgs. 13 aprile 1999, n. 113.*
(2) *Lettera modificata dall'art. 6, comma 2, d.lgs. n. 113, cit.*
(3) *Lettera modificata dall'art. 6, comma 3, d.lgs. n. 113, cit.*
(4) *Lettera sostituita dall'art. 6, comma 4, d.lgs. n. 113, cit.*
(5) *Lettera aggiunta dall'art. 6, comma 5, d.lgs. n. 113, cit.*

42-*bis* Permesso di soggiorno per atti di particolare valore civile (1).

1. Qualora lo straniero abbia compiuto atti di particolare valore civile, nei casi di cui all'articolo 3, della legge 2 gennaio 1958, n. 13, il Ministro dell'interno, su proposta del prefetto competente, autorizza il rilascio di uno speciale permesso di soggiorno, salvo che ricorrano motivi per ritenere che lo straniero risulti pericoloso per l'ordine pubblico e la sicurezza dello Stato, ai sensi dell'articolo 5, comma 5-*bis*. In tali casi, il questore rilascia un permesso di soggiorno per atti di particolare valore civile della durata di due anni, rinnovabile, che consente l'accesso allo studio nonché di svolgere attività lavorativa e può essere convertito in permesso di soggiorno per motivi di lavoro autonomo o subordinato.

(1) *Articolo inserito dall'art. 1, comma 1, lettera q), d.l. 4 ottobre 2018, n. 113, conv., con modif., in l. 1 dicembre 2018, n. 132.*

43 Discriminazione per motivi razziali, etnici, nazionali o religiosi. (Legge 6 marzo 1998, n. 40, art. 41).

1. Ai fini del presente capo, costituisce discriminazione ogni comportamento che, direttamente o indirettamente, comporti una distinzione, esclusione, restrizione o preferenza basata sulla razza, il colore, l'ascendenza o l'origine nazionale o etnica, le convinzioni e le pratiche religiose, e che abbia lo scopo o l'effetto di distruggere o di compromettere il riconoscimento, il godimento o l'esercizio, in condizioni di parità, dei diritti umani e delle libertà fondamentali in campo politico, economico, sociale e culturale e in ogni altro settore della vita pubblica.

2. In ogni caso compie un atto di discriminazione:

a) il pubblico ufficiale o la persona incaricata di pubblico servizio o la persona esercente un servizio di pubblica necessità che nell'esercizio delle sue funzioni compia od ometta atti nei riguardi di un cittadino straniero che, soltanto a causa della sua condizione di straniero o di appartenente ad una determinata razza, religione, etnia o nazionali, lo discriminino ingiustamente;

b) chiunque imponga condizioni più svantaggiose o si rifiuti di fornire beni o servizi offerti al pubblico ad uno straniero soltanto a causa della sua condizione di straniero o di appartenente ad una determinata razza, religione, etnia o nazionalità;

c) chiunque illegittimamente imponga condizioni più svantaggiose o si rifiuti di fornire l'accesso all'occupazione, all'alloggio, all'istruzione, alla formazione e ai servizi sociali e socio-assistenziali allo straniero regolarmente soggiornante in Italia soltanto in ragione della sua condizione di straniero o di appartenente ad una determinata razza, religione, etnia o nazionalità;

d) chiunque impedisca, mediante azioni od omissioni, l'esercizio di un'attività economica legittimamente intrapresa da uno straniero regolarmente soggiornante in Italia, soltanto in ragione della sua condizione di straniero o di appartenente ad una determinata razza, confessione religiosa, etnia o nazionalità;

e) il datore di lavoro o i suoi preposti i quali, ai sensi dell'articolo 15 della legge 20 maggio 1970, n. 300, come modificata e integrata dalla legge 9 dicembre 1977, n. 903, e dalla legge 11 maggio 1990, n. 108, compiano qualsiasi atto o comportamento che produca un effetto pregiudizievole discriminando, anche indirettamente, i lavoratori in ragione della loro appartenenza ad una razza, ad un gruppo etnico o linguistico, ad una confessione religiosa, ad una cittadinanza. Costituisce discriminazione indiretta ogni trattamento pregiudizievole conseguente all'adozione di criteri che svantaggino in modo proporzionalmente maggiore i lavoratori appartenenti ad una determinata razza, ad un determinato gruppo etnico o linguistico, ad una determinata confessione religiosa o ad una cittadinanza e riguardino requisiti non essenziali allo svolgimento dell'attività lavorativa.

3. Il presente articolo e l'articolo 44 si applicano anche agli atti xenofobi, razzisti o discriminatori compiuti nei confronti dei cittadini italiani, di apolidi e di cittadini di altri Stati membri dell'Unione europea presenti in Italia.

44 Azione civile contro la discriminazione.

(Legge 6 marzo 1998, n. 40, art. 42).

1. Quando il comportamento di un privato o della pubblica amministrazione produce una discriminazione per motivi razziali, etnici, linguistici, nazionali, di provenienza geografica o religiosi, è possibile ricorrere all'autorità giudiziaria ordinaria per domandare la cessazione del comportamento pregiudizievole e la rimozione degli effetti della discriminazione (1).

2. Alle controversie previste dal presente articolo si applica l'articolo 28 del decreto legislativo 1° settembre 2011, n. 150 (2).

[3. Il tribunale in composizione monocratica, sentite le parti, omessa ogni formalità non essenziale al contraddittorio, procede nel modo che ritiene più opportuno agli atti di istruzione indispensabili in relazione ai presupposti e ai fini del provvedimento richiesto.] (3).

[4. Il tribunale in composizione monocratica provvede con ordinanza all'accoglimento o al rigetto della domanda. Se accoglie la domanda emette i provvedimenti richiesti che sono immediatamente esecutivi.] (4).

[5. Nei casi di urgenza il tribunale in composizione monocratica provvede con decreto motivato, assunte, ove occorre, sommarie informazioni. In tal caso fissa, con lo stesso decreto, l'udienza di comparizione delle parti davanti a sé entro un termine non superiore a quindici giorni, assegnando all'istante un termine non superiore a otto giorni per la notificazione del ricorso e del decreto. A tale udienza, il tribunale in composizione monocratica, con ordinanza, conferma, modifica o revoca i provvedimenti emanati nel decreto.] (5).

[6. Contro i provvedimenti del tribunale in composizione monocratica è ammesso reclamo al tribunale nei termini di cui all'articolo 739, secondo comma, del codice di procedura civile. Si applicano, in quanto compatibili, gli articoli 737, 738 e 739 del codice di procedura civile.] (6).

[7. Con la decisione che definisce il giudizio il giudice può altresì condannare il convenuto al risarcimento del danno, anche non patrimoniale.] (7).

8. Chiunque elude l'esecuzione di provvedimenti, diversi dalla condanna al risarcimento del danno, resi dal giudice nelle controversie previste dal presente articolo è punito ai sensi dell'articolo 388, primo comma, del codice penale (8).

[9. Il ricorrente, al fine di dimostrare la sussistenza a proprio danno del comportamento discriminatorio in ragione della razza, del gruppo etnico o linguistico, della provenienza geografica, della confessione religiosa o della cittadinanza può dedurre elementi di fatto anche a carattere statistico relativi alle assunzioni, ai regimi contributivi, all'assegnazione delle mansioni e qualifiche, ai trasferimenti, alla progressione in carriera e ai licenziamenti dell'azienda interessata. Il giudice valuta i fatti dedotti nei limiti di cui all'articolo 2729, primo comma, del codice civile.] (9).

10. Qualora il datore di lavoro ponga in essere un atto o una comportamento discriminatorio di carattere collettivo, anche in casi in cui non siano individuabili in modo immediato e diretto i lavoratori lesi dalle discriminazioni, il ricorso può essere presentato dalle rappresentanze locali delle organizzazioni sindacali maggiormente rappresentative a livello nazionale. [Il giudice, nella sentenza che accerta le discriminazioni sulla base del ricorso presentato ai sensi del presente articolo, ordina al datore di lavoro di definire, sentiti i predetti soggetti e organismi, un piano di rimozione delle discriminazioni accertate.] (10).

11. Ogni accertamento di atti o comportamenti discriminatori ai sensi dell'articolo 43 posti in essere da imprese alle quali siano stati accordati benefici ai sensi delle leggi vigenti dello Stato o delle regioni, ovvero che abbiano stipulato contratti di appalto attinenti all'esecuzione di opere pubbliche, di servizi o di forniture, è immediatamente comunicato dal tribunale in composizione monocratica, secondo le modalità previste dal regolamento di attuazione, alle amministrazioni pubbliche o enti pubblici che abbiano disposto la concessione del beneficio, incluse le agevolazioni finanziarie o creditizie, o dell'appalto. Tali amministrazioni, o enti revocano il beneficio e, nei casi più gravi, dispongono l'esclusione del responsabile per due anni da qualsiasi ulteriore concessione di agevolazioni finanziarie o creditizie, ovvero da qualsiasi appalto (11).

12. Le regioni, in collaborazione con le province e con i comuni, con le associazioni di immigrati e del volontariato sociale, ai fini dell'applicazione delle norme del presente articolo e dello studio del fenomeno, predispongono centri di osservazione, di informazione e di assistenza legale per gli stranieri, vittime delle discriminazioni per motivi razziali, etnici, nazionali o religiosi.

(1) *Comma sostituito dall'art. 34, comma 32, lettera* a), *del d.lgs. 1° settembre 2011, n. 150.*

(2) *Comma modificato dall'art. 28, comma 1, della legge 30 luglio 2002, n. 189 e successivamente sostituito dall'art. 34, comma 32, lettera* b), *del d.lgs. 1° settembre 2011, n. 150.*
(3) *Comma modificato dall'art. 28, comma 1, della legge 30 luglio 2002, n. 189 e successivamente abrogato dall'art. 34, comma 32, lettera* e), *del d.lgs. 1° settembre 2011, n. 150.*
(4) *Comma modificato dall'art. 28, comma 1, della legge 30 luglio 2002, n. 189 e successivamente abrogato dall'art. 34, comma 32, lettera* e), *del d.lgs. 1° settembre 2011, n. 150.*
(5) *Comma modificato dall'art. 28, comma 1, della legge 30 luglio 2002, n. 189 e successivamente abrogato dall'art. 34, comma 32, lettera* e), *del d.lgs. 1° settembre 2011, n. 150.*
(6) *Comma modificato dall'art. 28, comma 1, della legge 30 luglio 2002, n. 189 e successivamente abrogato dall'art. 34, comma 32, lettera* e), *del d.lgs. 1° settembre 2011, n. 150.*
(7) *Comma abrogato dall'art. 34, comma 32, lettera* e), *del d.lgs. 1° settembre 2011, n. 150.*
(8) *Comma modificato dall'art. 28, comma 1, della legge 30 luglio 2002, n. 189 e successivamente sostituito dall'art. 34, comma 32, lettera* c), *del d.lgs. 1° settembre 2011, n. 150.*
(9) *Comma abrogato dall'art. 34, comma 32, lettera* e), *del d.lgs. 1° settembre 2011, n. 150.*
(10) *Comma modificato dall'art. 34, comma 32, lettera* d), *del d.lgs. 1° settembre 2011, n. 150.*
(11) *Comma modificato dall'art. 28, comma 1, della legge 30 luglio 2002, n. 189.*

45 **Fondo nazionale per le politiche migratorie.** (Legge 6 marzo 1998, n. 40, art. 43).

1. Presso la Presidenza del Consiglio dei Ministri è istituito il Fondo nazionale per le politiche migratorie; destinato al finanziamento delle iniziative di cui agli articoli 20, 38, 40, 42 e 46, inserite nei programmi annuali o pluriennali dello Stato, delle regioni, delle province e dei comuni. La dotazione del Fondo, al netto delle somme derivanti dal contributo di cui al comma 3, è stabilito in lire 12.500 milioni per l'anno 1997, in lire 58.000 milioni per l'anno 1998 e in lire 68.000 milioni per l'anno 1999. Alla determinazione del Fondo per gli anni successivi si provvede ai sensi dell'articolo 11, comma 3, lett. *d*), della legge 5 agosto 1978, n. 468, e successive modificazioni ed integrazioni. Al Fondo affluiscono altresì le somme derivanti da contributi e donazioni eventualmente disposti da privati, enti, organizzazioni, anche internazionali, da organismi dell'Unione europea, che sono versati all'entrata del bilancio dello Stato per essere assegnati al predetto Fondo. Il Fondo è annualmente ripartito con decreto del Presidente del Consiglio dei Ministri, di concerto con i Ministri interessati. Il regolamento di attuazione disciplina le modalità per la presentazione, l'esame, l'erogazione, la verifica, la rendicontazione e la revoca del finanziamento del Fondo.

2. Lo Stato, le regioni, le province, i comuni adottano, nelle materie di propria competenza, programmi annuali o pluriennali relativi a proprie iniziative e attività concernenti l'immigrazione, con particolare riguardo all'effettiva e completa attuazione operativa del presente testo unico e del regolamento di attuazione, alle attività culturali, formative, informative, di integrazione e di promozione di pari opportunità. I programmi sono adottati secondo i criteri e le modalità indicati dal regolamento di attuazione e indicano le iniziative pubbliche e private prioritarie per il finanziamento da parte del Fondo, compresa l'erogazione di contributi agli enti locali per l'attuazione del programma.

3. Con effetto dal mese successivo alla data di entrata in vigore della legge 6 marzo 1998, n. 40, e comunque da data non successiva al 1° gennaio 1998, il 95 per cento delle somme derivanti dal gettito del contributo di cui all'articolo 13, comma 2, della legge 30 dicembre 1986, n. 943, è destinato al finanziamento delle politiche del Fondo di cui al comma 1. Con effetto dal mese successivo alla data di entrata in vigore del presente testo unico tale destinazione è disposta per l'intero ammontare delle predette somme. A tal fine le medesime somme sono versate dall'INPS all'entrata del bilancio dello Stato per essere assegnate al predetto Fondo. Il contributo di cui all'articolo 13, comma 2, della legge 30 dicembre 1986, n. 943, è soppresso a decorrere dal 1° gennaio 2000.

46 **Commissione per le politiche di integrazione.** (Legge 6 marzo 1998, n. 40, art. 44).

1. Presso la Presidenza del Consiglio dei ministri - Dipartimento per gli affari sociali è istituita la commissione per le politiche di integrazione.

2. La commissione ha i compiti di predisporre per il Governo, anche ai fini dell'obbligo di riferire al Parlamento, il rapporto annuale sullo stato di attuazione delle politiche per l'integrazione degli immigrati, di formulare proposte di interventi di adeguamento di tali politiche nonché di fornire risposta a quesiti posti dal Governo concernenti le politiche per l'immigrazione, interculturali, e gli interventi contro il razzismo.

3. La commissione è composta da rappresentanti del Dipartimento per gli affari sociali e del Dipartimento per le pari opportunità della Presidenza del Consiglio dei ministri e dei Ministeri degli affari esteri, dell'interno, di grazia e giustizia, del lavoro e della previdenza sociale, della sanità, della pubblica istruzione, nonché da un numero massimo di dieci esperti, con qualificata esperienza nel campo dell'analisi sociale, giuridica ed economica dei problemi dell'immigrazione, nominati con decreto del Presidente del Consiglio dei ministri, sentito il Ministro per la solidarietà sociale. Il presidente della commissione è scelto tra i professori universitari di ruolo esperti nelle materie suddette ed è collocato in posizione di fuori ruolo presso la Presidenza del Consiglio dei ministri. Possono essere invitati a partecipare alle sedute della commissione i rappresentanti della Conferenza permanente per i rapporti tra lo Stato, le regioni e le province autonome di Trento e di Bolzano, della Conferenza Stato-città ed autonomie locali di altre amministrazioni pubbliche interessate a singole questioni oggetto di esame (1).

4. Con il decreto di cui al comma 3 sono determinati l'organizzazione della segreteria della commissione istituita presso il Dipartimento per gli affari sociali della Presidenza del Consiglio dei ministri, nonché i rimborsi ed i compensi spettanti ai membri della commissione e ad esperti dei quali la commissione intenda avvalersi per lo svolgimento dei propri compiti.

5. Entro i limiti dello stanziamento annuale previsto per il funzionamento della commissione dal decreto di cui all'articolo 45, comma 1, la commissione può affi-

dare l'effettuazione di studi e ricerche ad istituzioni pubbliche e private, a gruppi o a singoli ricercatori mediante convenzioni deliberate dalla commissione e stipulate dal presidente della medesima, e provvedere all'acquisto di pubblicazioni o materiale necessario per lo svolgimento dei propri compiti.

6. Per l'adempimento dei propri compiti la commissione può avvalersi della collaborazione di tutte le amministrazioni dello Stato, anche ad ordinamento autonomo, degli enti pubblici, delle regioni e degli enti locali.

(1) *Comma modificato dall'art. 7, comma 1, d.lgs. 13 aprile 1999, n. 113.*

TITOLO VI
Norme finali

47-49 (*Omissis*).

81. Decreto legislativo 6 febbraio 2007, n. 30. — Attuazione della direttiva 2004/38/CE relativa al diritto dei cittadini dell'Unione e dei loro familiari di circolare (*estratto*).

Pubblicato nella Gazzetta Ufficiale n. 72 del 27 marzo 2007.

1 Finalità.

1. Il presente decreto legislativo disciplina:

a) le modalità d'esercizio del diritto di libera circolazione, ingresso e soggiorno nel territorio dello Stato da parte dei cittadini dell'Unione europea e dei familiari di cui all'articolo 2 che accompagnano o raggiungono i medesimi cittadini;

b) il diritto di soggiorno permanente nel territorio dello Stato dei cittadini dell'Unione europea e dei familiari di cui all'articolo 2 che accompagnano o raggiungono i medesimi cittadini;

c) le limitazioni ai diritti di cui alle lettere *a*) e *b*) per motivi di ordine pubblico e di pubblica sicurezza.

2 Definizioni.

1. Ai fini del presente decreto legislativo, si intende per:

a) cittadino dell'Unione: qualsiasi persona avente la cittadinanza di uno Stato membro;

b) familiare:

1) il coniuge;

2) il partner che abbia contratto con il cittadino dell'Unione un'unione registrata sulla base della legislazione di uno Stato membro, qualora la legislazione dello Stato membro ospitante equipari l'unione registrata al matrimonio e nel rispetto delle condizioni previste dalla pertinente legislazione dello Stato membro ospitante;

3) i discendenti diretti di età inferiore a 21 anni o a carico e quelli del coniuge o partner di cui alla lettera *b*);

4) gli ascendenti diretti a carico e quelli del coniuge o partner di cui alla lettera *b*);

c) Stato membro ospitante: lo Stato membro nel quale il cittadino dell'Unione si reca al fine di esercitare il diritto di libera circolazione o di soggiorno.

3 Aventi diritto.

1. Il presente decreto legislativo si applica a qualsiasi cittadino dell'Unione che si rechi o soggiorni in uno Stato membro diverso da quello di cui ha la cittadinanza, nonché ai suoi familiari ai sensi dell'articolo 2, comma 1, lettera *b*), che accompagnino o raggiungano il cittadino medesimo.

2. Senza pregiudizio del diritto personale di libera circolazione e di soggiorno dell'interessato, lo Stato membro ospitante, conformemente alla sua legislazione nazionale, agevola l'ingresso e il soggiorno delle seguenti persone:

a) ogni altro familiare, qualunque sia la sua cittadinanza, non definito all'articolo 2, comma 1, lettera *b*), se è a carico o convive, nel paese di provenienza, con il cittadino dell'Unione titolare del diritto di soggiorno a titolo principale o se gravi motivi di salute impongono che il cittadino dell'Unione lo assista personalmente;

b) il partner con cui il cittadino dell'Unione abbia una relazione stabile debitamente attestata con documentazione ufficiale (1).

3. Lo Stato membro ospitante effettua un esame approfondito della situazione personale e giustifica l'eventuale rifiuto del loro ingresso o soggiorno.

(1) *Lettera modificata dall'art. 1, comma 1, lett.* a), *l. 6 agosto 2013, n. 97.*

4 Diritto di circolazione nell'ambito dell'Unione europea.

1. Ferme le disposizioni relative ai controlli dei documenti di viaggio alla frontiera, il cittadino dell'Unione in possesso di documento d'identità valido per l'espatrio, secondo la legislazione dello Stato membro, ed i suoi familiari non aventi la cittadinanza di uno Stato membro, ma in possesso di un passaporto valido, hanno il diritto di lasciare il territorio nazionale per recarsi in un altro Stato dell'Unione.

2. Per i soggetti di cui al comma 1, minori degli anni diciotto, ovvero interdetti o inabilitati, il diritto di circolazione è esercitato secondo le modalità stabilite dalla legislazione dello Stato di cui hanno la cittadinanza.

5 Diritto di ingresso.

1. Ferme le disposizioni relative ai controlli dei documenti di viaggio alla frontiera, il cittadino dell'Unio-

ne in possesso di documento d'identità valido per l'espatrio, secondo la legislazione dello Stato membro, ed i suoi familiari non aventi la cittadinanza di uno Stato membro, ma in possesso di un passaporto valido, sono ammessi nel territorio nazionale.

2. I familiari non aventi la cittadinanza di uno Stato membro sono assoggettati all'obbligo del visto d'ingresso, nei casi in cui è richiesto. Il possesso della carta di soggiorno di cui all'articolo 10 in corso di validità esonera dall'obbligo di munirsi del visto.

3. I visti di cui al comma 2 sono rilasciati gratuitamente e con priorità rispetto alle altre richieste.

4. Nei casi in cui è esibita la carta di soggiorno di cui all'articolo 10 non sono apposti timbri di ingresso o di uscita nel passaporto del familiare non avente la cittadinanza di uno Stato membro dell'Unione europea.

5. Il respingimento nei confronti di un cittadino dell'Unione o di un suo familiare non avente la cittadinanza di uno Stato membro, sprovvisto dei documenti di viaggio o del visto di ingresso, non è disposto se l'interessato, entro ventiquattro ore dalla richiesta, fa pervenire i documenti necessari ovvero dimostra con altra idonea documentazione [, secondo la legge nazionale,] la qualifica di titolare del diritto di libera circolazione (1).

5-*bis*. In ragione della prevista durata del suo soggiorno, il cittadino dell'Unione o il suo familiare può presentarsi ad un ufficio di polizia per dichiarare la propria presenza nel territorio nazionale, secondo le modalità stabilite con decreto del Ministro dell'interno da adottare entro trenta giorni dalla data di entrata in vigore della presente disposizione. Qualora non sia stata effettuata tale dichiarazione di presenza, si presume, salvo prova contraria, che il soggiorno si sia protratto da oltre tre mesi (2).

(1) *Comma modificato dall'art. 1, comma 1, lett.* b), *l. 6 agosto 2013, n. 97.*

(2) *Comma aggiunto dall'art. 1 d.lgs. 28 febbraio 2008, n. 32.*

6 Diritto di soggiorno fino a tre mesi.

1. I cittadini dell'Unione hanno il diritto di soggiornare nel territorio nazionale per un periodo non superiore a tre mesi senza alcuna condizione o formalità, salvo il possesso di un documento d'identità valido per l'espatrio secondo la legislazione dello Stato di cui hanno la cittadinanza.

2. Le disposizioni del comma 1 si applicano anche ai familiari non aventi la cittadinanza di uno Stato membro che accompagnano o raggiungono il cittadino dell'Unione, in possesso di un passaporto in corso di validità (1).

3. Fatte salve le disposizioni di leggi speciali conformi ai Trattati dell'Unione europea ed alla normativa comunitaria in vigore, i cittadini di cui ai commi 1 e 2, nello svolgimento delle attività consentite, sono tenuti ai medesimi adempimenti richiesti ai cittadini italiani.

(1) *Comma così modificato dalla lettera* b) *del comma 1 dell'art. 1, d.l. 23 giugno 2011, n. 89, conv., con modif., in l. 2 agosto 2011, n. 129.*

7 Diritto di soggiorno per un periodo superiore a tre mesi.

1. Il cittadino dell'Unione ha diritto di soggiornare nel territorio nazionale per un periodo superiore a tre mesi quando:

a) è lavoratore subordinato o autonomo nello Stato;

b) dispone per sé stesso e per i propri familiari di risorse economiche sufficienti, per non diventare un onere a carico dell'assistenza sociale dello Stato durante il periodo di soggiorno, e di un'assicurazione sanitaria o di altro titolo idoneo comunque denominato che copra tutti i rischi nel territorio nazionale;

c) è iscritto presso un istituto pubblico o privato riconosciuto per seguirvi come attività principale un corso di studi o di formazione professionale e dispone, per sé stesso e per i propri familiari, di risorse economiche sufficienti, per non diventare un onere a carico dell'assistenza sociale dello Stato durante il suo periodo di soggiorno, da attestare attraverso una dichiarazione o con altra idonea documentazione, e di un'assicurazione sanitaria o di altro titolo idoneo che copra tutti i rischi nel territorio nazionale;

d) è familiare, come definito dall'articolo 2, che accompagna o raggiunge un cittadino dell'Unione che ha diritto di soggiornare ai sensi delle lettere *a*), *b*) o *c*).

2. Il diritto di soggiorno di cui al comma 1 è esteso ai familiari non aventi la cittadinanza di uno Stato membro quando accompagnano o raggiungono nel territorio nazionale il cittadino dell'Unione, purché questi risponda alle condizioni di cui al comma 1, lettere *a*), *b*) o *c*).

3. Il cittadino dell'Unione, già lavoratore subordinato o autonomo sul territorio nazionale, conserva il diritto al soggiorno di cui al comma 1, lettera *a*) quando:

a) è temporaneamente inabile al lavoro a seguito di una malattia o di un infortunio;

b) è in stato di disoccupazione involontaria debitamente comprovata dopo aver esercitato un'attività lavorativa per oltre un anno nel territorio nazionale ed è iscritto presso il Centro per l'impiego, ovvero ha reso la dichiarazione, di cui all'articolo 2, comma 1, del decreto legislativo 21 aprile 2000, n. 181, così come sostituito dall'articolo 3 del decreto legislativo 19 dicembre 2002, n. 297, che attesti l'immediata disponibilità allo svolgimento di attività lavorativa;

c) è in stato di disoccupazione involontaria debitamente comprovata al termine di un contratto di lavoro di durata determinata inferiore ad un anno, ovvero si è trovato in tale stato durante i primi dodici mesi di soggiorno nel territorio nazionale, è iscritto presso il Centro per l'impiego ovvero ha reso la dichiarazione, di cui all'articolo 2, comma 1, del decreto legislativo 21 aprile 2000, n. 181, così come sostituito dall'articolo 3 del decreto legislativo 19 dicembre 2002, n. 297, che attesti l'immediata disponibilità allo svolgimento di attività lavorativa. In tale caso, l'interessato conserva la qualità di lavoratore subordinato per un periodo di un anno;

d) segue un corso di formazione professionale. Salvo il caso di disoccupazione involontaria, la conservazione della qualità di lavoratore subordinato presuppone che esista un collegamento tra l'attività professionale precedentemente svolta e il corso di formazione seguito.

8 Ricorsi avverso il mancato riconoscimento del diritto di soggiorno.

1. Avverso il provvedimento di rifiuto e revoca del diritto di cui agli articoli 6 e 7, è ammesso ricorso all'autorità giudiziaria ordinaria. Le controversie previste dal presente articolo sono disciplinate dall'articolo 16 del decreto legislativo 1° settembre 2011, n. 150 (1).

(1) *Articolo così sostituito dalla lettera* a) *del comma 18 dell'art. 34, d.lgs. 1° settembre 2011, n. 150, con i limiti di applicabilità previsti dall'art. 36 dello stesso d.lgs. 1° settembre 2011, n. 150.*

9-20-*ter* (*Omissis*).

21 Allontanamento per cessazione delle condizioni che determinano il diritto di soggiorno.

1. Il provvedimento di allontanamento dei cittadini degli altri Stati membri dell'Unione europea o dei loro familiari, qualunque sia la loro cittadinanza, può altresì essere adottato quando vengono a mancare le condizioni che determinano il diritto di soggiorno dell'interessato ai sensi degli articoli 6, 7 e 13 e salvo quanto previsto dagli articoli 11 e 12. L'eventuale ricorso da parte di un cittadino dell'Unione o dei suoi familiari al sistema di assistenza sociale non costituisce automaticamente causa di allontanamento, ma deve essere valutato caso per caso (1).

2. Il provvedimento di cui al comma 1 è adottato dal prefetto, territorialmente competente secondo la residenza o dimora del destinatario, anche su segnalazione motivata del sindaco del luogo di residenza o dimora, con atto motivato e notificato all'interessato. Il provvedimento è adottato tenendo conto della durata del soggiorno dell'interessato, della sua età, della sua salute, della sua integrazione sociale e culturale e dei suoi legami con il Paese di origine. Il provvedimento riporta le modalità di impugnazione, nonché il termine per lasciare il territorio nazionale, che non può essere inferiore ad un mese. Se il destinatario non comprende la lingua italiana, si applicano le disposizioni di cui all'articolo 20, comma 10.

3. Unitamente al provvedimento di allontanamento è consegnata all'interessato una attestazione di obbligo di adempimento dell'allontanamento, secondo le modalità stabilite con decreto del Ministro dell'interno e del Ministro degli affari esteri, da pre sentare presso un consolato italiano. Il provvedimento di allontanamento di cui al comma 1 non può prevedere un divieto di reingresso sul territorio nazionale.

4. Nei confronti dei soggetti di cui al comma 1, che non hanno ottemperato al provvedimento di allontanamento di cui al comma 2 e sono stati individuati sul territorio dello Stato oltre il termine fissato, senza aver provveduto alla presentazione dell'attestazione di cui al comma 3, il prefetto può adottare un provvedimento di allontanamento coattivo per motivi di ordine pubblico, ai sensi dell'articolo 20, immediatamente eseguito dal questore (2) (3).

(1) *Comma così modificato dal n. 1) della lettera* h) *del comma 1 dell'art. 1, d.l. 23 giugno 2011, n. 89, conv., con modif., in l. 2 agosto 2011, n. 129.*

(2) *Articolo così sostituito dall'art. 1, d.lgs. 28 febbraio 2008, n. 32. Precedentemente il presente art. era stato modificato dall'art. 1, d.l. 1° novembre 2007, n. 181, non convertito in legge.*

(3) *Comma così sostituito dal n. 2) della lettera* h) *del comma 1 dell'art. 1, d.l. 23 giugno 2011, n. 89, conv., con modif., in l. 2 agosto 2011, n. 129.*

22 Ricorsi avverso i provvedimenti di allontanamento (1).

1. Avverso i provvedimenti di allontanamento per motivi di sicurezza dello Stato o per motivi di ordine pubblico di cui all'articolo 20, comma 1, la tutela giurisdizionale davanti al giudice amministrativo è disciplinata dal codice del processo amministrativo (2).

2. Avverso il provvedimento di allontanamento per motivi di pubblica sicurezza, per motivi imperativi di pubblica sicurezza e per i motivi di cui all'articolo 21 può essere presentato ricorso all'autorità giudiziaria ordinaria. Le controversie di cui al presente comma sono disciplinate dall'articolo 17 del decreto legislativo 1° settembre 2011, n. 150 (3).

3. I ricorsi di cui al comma 1, sottoscritti personalmente dall'interessato, possono essere presentati anche per il tramite di una rappresentanza diplomatica o consolare italiana; in tale caso l'autenticazione della sottoscrizione e l'inoltro all'autorità giudiziaria italiana sono effettuati dai funzionari della rappresentanza. La procura speciale al patrocinante legale è rilasciata avanti all'autorità consolare, presso cui sono eseguite le comunicazioni relative al procedimento (4).

4. I ricorsi di cui al comma 1 possono essere accompagnati da una istanza di sospensione dell'esecutorietà del provvedimento di allontanamento. Fino all'esito dell'istanza di cui al presente comma, l'efficacia del provvedimento impugnato resta sospesa, salvo che il provvedimento di allontanamento si basi su una precedente decisione giudiziale ovvero sia fondato su motivi di sicurezza dello Stato [o su motivi imperativi di pubblica sicurezza] (5).

[5. Sul ricorso di cui al comma 2, il tribunale decide a norma degli articoli 737, e seguenti, del codice di procedura civile. Qualora i tempi del procedimento dovessero superare il termine entro il quale l'interessato deve lasciare il territorio nazionale ed è stata presentata istanza di sospensione ai sensi del comma 4, il giudice decide con priorità sulla stessa prima della scadenza del termine fissato per l'allontanamento.] (6).

6. Al cittadino comunitario o al suo familiare, qualunque sia la sua cittadinanza, cui è stata negata la sospensione del provvedimento di allontanamento sono consentiti, a domanda, l'ingresso ed il soggiorno nel territorio nazionale per partecipare al procedimento di ricorso, salvo che la sua presenza possa procurare gravi turbative o grave pericolo all'ordine pubblico o alla sicurezza pubblica. L'autorizzazione è rilasciata dal questore anche per il tramite di una rappresentanza

diplomatica o consolare su documentata richiesta dell'interessato.

7. Nel caso in cui il ricorso è respinto, l'interessato presente sul territorio dello Stato deve lasciare immediatamente il territorio nazionale.

(1) *Articolo sostituito dall'art. 1 del d.lgs. 28 febbraio 2008, n. 32.*

(2) *Comma sostituito dall'art. 3, comma 20, dell'Allegato 4 al d.lgs.2 luglio 2010, n. 104.*

(3) *Comma sostituito dall'art. 34, comma 18, lettera* b), *del d.lgs. 1° settembre 2011, n. 150.*

(4) *Comma modificato dall'art. 34, comma 18, lettera* c), *del d.lgs. 1° settembre 2011, n. 150.*

(5) *Comma modificato dall'art. 34, comma 18, lettere* c) *e* d), *del d.lgs. 1° settembre 2011, n. 150.*

(6) *Comma abrogato dall'art. 34, comma 18, lettera* e), *del d.lgs. 1° settembre 2011, n. 150.*

23-25 (*Omissis*).

82. Decreto legislativo 19 novembre 2007, n. 251. — Attuazione della direttiva 2004/83/CE recante norme minime sull'attribuzione, a cittadini di Paesi terzi o apolidi, della qualifica del rifugiato o di persona altrimenti bisognosa di protezione internazionale, nonché norme minime sul contenuto della protezione riconosciuta (*estratto*).

Pubblicato nella Gazzetta Ufficiale n. 40 del 16 febbraio 2008.

1 Finalità.

1. Il presente decreto stabilisce le norme sull'attribuzione a cittadini di Paesi non appartenenti all'Unione europea o ad apolidi, di seguito denominati: "stranieri", della qualifica di beneficiario di protezione internazionale nonché norme sul contenuto dello status riconosciuto (1).

(1) *Comma modificato dall'art. 1, comma 1, lett.* a) *d.lgs. 21 febbraio 2014, n. 18.*

2 Definizioni.

1. Ai fini del presente decreto s'intende per:

a) "protezione internazionale": lo status di rifugiato e di protezione sussidiaria di cui alle lettere *f*) e *h*);

a-bis) 'beneficiario di protezione internazionalè: cittadino straniero cui è stato riconosciuto lo status di rifugiato o lo status di protezione sussidiaria come definito alle lettere *f*) e *h*) (1);

b) "Convenzione di Ginevra": la Convenzione relativa allo status dei rifugiati, firmata a Ginevra il 28 luglio 1951, ratificata con legge 24 luglio 1954, n. 722, e modificata dal Protocollo di New York del 31 gennaio 1967, ratificato con legge 14 febbraio 1970, n. 95;

c) "Carta delle Nazioni Unite": Statuto delle Nazioni Unite, firmato a S. Francisco il 26 giugno 1945 e ratificato con legge 17 agosto 1957, n. 848;

d) "Convenzione sui diritti dell'Uomo": la Convenzione europea di salvaguardia dei diritti dell'uomo e delle libertà fondamentali, ratificata con legge 4 agosto 1955, n. 848;

e) "rifugiato": cittadino straniero il quale, per il timore fondato di essere perseguitato per motivi di razza, religione, nazionalità, appartenenza ad un determinato gruppo sociale o opinione politica, si trova fuori dal territorio del Paese di cui ha la cittadinanza e non può o, a causa di tale timore, non vuole avvalersi della protezione di tale Paese, oppure apolide che si trova fuori dal territorio nel quale aveva precedentemente la dimora abituale per le stesse ragioni succitate e non può o, a causa di siffatto timore, non vuole farvi ritorno, ferme le cause di esclusione di cui all'articolo 10;

f) "status di rifugiato": il riconoscimento da parte dello Stato di un cittadino straniero quale rifugiato;

g) "persona ammissibile alla protezione sussidiaria": cittadino straniero che non possiede i requisiti per essere riconosciuto come rifugiato ma nei cui confronti sussistono fondati motivi di ritenere che, se ritornasse nel Paese di origine, o, nel caso di un apolide, se ritornasse nel Paese nel quale aveva precedentemente la dimora abituale, correrebbe un rischio effettivo di subire un grave danno come definito dal presente decreto e il quale non può o, a causa di tale rischio, non vuole avvalersi della protezione di detto Paese;

h) "status di protezione sussidiaria": il riconoscimento da parte dello Stato di uno straniero quale persona ammissibile alla protezione sussidiaria;

i) "domanda di protezione internazionale": la domanda di protezione presentata secondo le procedure previste dal decreto legislativo 28 gennaio 2008, n. 25, diretta ad ottenere lo status di rifugiato o lo status di protezione sussidiaria (2);

i-bis) "richiedente": lo straniero che ha presentato una domanda di protezione internazionale sulla quale non è ancora stata adottata una decisione definitiva (3);

l) "familiari": i seguenti soggetti appartenenti al nucleo familiare, già costituito prima dell'arrivo nel territorio nazionale, del beneficiario dello status di rifugiato o dello status di protezione sussidiaria, i quali si trovano nel territorio nazionale, in connessione alla domanda di protezione internazionale:

a) il coniuge del beneficiario dello status di rifugiato o dello status di protezione sussidiaria;

b) i figli minori del beneficiario dello status di rifugiato o dello status di protezione sussidiaria, anche adottati o nati fuori dal matrimonio, a condizione che non siano sposati. I minori affidati o sottoposti a tutela sono equiparati ai figli (4);

b-bis) il genitore o altro adulto legalmente responsabile, ai sensi degli articoli 343 e seguenti del codice civile, del minore beneficiario dello status di rifugiato o dello status di protezione sussidiaria (5);

m) "minore non accompagnato": lo straniero di età inferiore agli anni diciotto che si trova, per qualsiasi causa, nel territorio nazionale, privo di assistenza e di rappresentanza legale;

n) "Paese di origine": il Paese o i Paesi di cui il richiedente è cittadino o, per un apolide, il Paese in cui aveva precedentemente la dimora abituale.

(1) *Lettera inserita dall'art. 1, comma 1, lett.* b), *n. 1) d.lgs. 21 febbraio 2014, n. 18.*
(2) *Lettera sostituita dall'art. 1, comma 1, lett.* b), *n. 2) d.lgs. 21 febbraio 2014, n. 18.*
(3) *Lettera inserita dall'art. 1, comma 1, lett.* b), *n. 3) d.lgs. 21 febbraio 2014, n. 18.*
(4) *Punto sostituito dall'art. 1, comma 1, lett.* b), *n. 4) d.lgs. 21 febbraio 2014, n. 18.*
(5) *Punto inserito dall'art. 1, comma 1, lett.* b), *n. 5) d.lgs. 21 febbraio 2014, n. 18.*

3 Esame dei fatti e delle circostanze.

1. Il richiedente è tenuto a presentare, unitamente alla domanda di protezione internazionale o comunque appena disponibili, tutti gli elementi e la documentazione necessari a motivare la medesima domanda. L'esame è svolto in cooperazione con il richiedente e riguarda tutti gli elementi significativi della domanda.

2. Gli elementi di cui al comma 1 che il richiedente è tenuto a produrre comprendono le dichiarazioni e tutta la documentazione in possesso del richiedente in merito alla sua età, condizione sociale, anche dei congiunti, se rilevante ai fini del riconoscimento, identità, cittadinanza, paesi e luoghi in cui ha soggiornato in precedenza, domande d'asilo pregresse, itinerari di viaggio, documenti di identità e di viaggio, nonché i motivi della sua domanda di protezione internazionale.

3. L'esame della domanda di protezione internazionale è effettuato su base individuale e prevede la valutazione:

a) di tutti i fatti pertinenti che riguardano il Paese d'origine al momento dell'adozione della decisione in merito alla domanda, comprese, ove possibile, le disposizioni legislative e regolamentari del Paese d'origine e relative modalità di applicazione;

b) della dichiarazione e della documentazione pertinenti presentate dal richiedente, che deve anche rendere noto se ha già subito o rischia di subire persecuzioni o danni gravi;

c) della situazione individuale e delle circostanze personali del richiedente, in particolare la condizione sociale, il sesso e l'età, al fine di valutare se, in base alle circostanze personali del richiedente, gli atti a cui è stato o potrebbe essere esposto si configurino come persecuzione o danno grave;

d) dell'eventualità che le attività svolte dal richiedente, dopo aver lasciato il Paese d'origine, abbiano mirato, esclusivamente o principalmente, a creare le condizioni necessarie alla presentazione di una domanda di protezione internazionale, al fine di stabilire se dette attività espongano il richiedente a persecuzione o danno grave in caso di rientro nel Paese;

e) dell'eventualità che, in considerazione della documentazione prodotta o raccolta o delle dichiarazioni rese o, comunque, sulla base di altre circostanze, si possa presumere che il richiedente potrebbe far ricorso alla protezione di un altro Paese, di cui potrebbe dichiararsi cittadino.

4. Il fatto che il richiedente abbia già subito persecuzioni o danni gravi o minacce dirette di persecuzioni o danni costituisce un serio indizio della fondatezza del timore del richiedente di subire persecuzioni o del rischio effettivo di subire danni gravi, salvo che si individuino elementi o motivi per ritenere che le persecuzioni o i danni gravi non si ripeteranno e purché non sussistono gravi motivi umanitari che impediscono il ritorno nel Paese di origine.

5. Qualora taluni elementi o aspetti delle dichiarazioni del richiedente la protezione internazionale non siano suffragati da prove, essi sono considerati veritieri se l'autorità competente a decidere sulla domanda ritiene che:

a) il richiedente ha compiuto ogni ragionevole sforzo per circostanziare la domanda;

b) tutti gli elementi pertinenti in suo possesso sono stati prodotti ed è stata fornita una idonea motivazione dell'eventuale mancanza di altri elementi significativi;

c) le dichiarazioni del richiedente sono ritenute coerenti e plausibili e non sono in contraddizione con le informazioni generali e specifiche pertinenti al suo caso, di cui si dispone;

d) il richiedente ha presentato la domanda di protezione internazionale il prima possibile, a meno che egli non dimostri di aver avuto un giustificato motivo per ritardarla;

e) dai riscontri effettuati il richiedente è, in generale, attendibile. Nel valutare l'attendibilità del minore, si tiene conto anche del suo grado di maturità e di sviluppo personale (1).

(1) *Lettera modificata dall'art. 1, comma 1, lett.* c), *d.lgs. 21 febbraio 2014, n. 18.*

4 Bisogno di protezione internazionale sorto dopo aver lasciato il Paese d'origine.

1. La domanda di protezione internazionale può essere motivata da avvenimenti verificatisi dopo la partenza del richiedente dal suo Paese di origine ovvero da attività svolte dal richiedente dopo la sua partenza dal Paese d'origine, in particolare quando sia accertato che le attività addotte costituiscono l'espressione e la continuazione di convinzioni od orientamenti già manifestati nel Paese d'origine.

5 Responsabili della persecuzione o del danno grave.

1. Ai fini della valutazione della domanda di protezione internazionale, i responsabili della persecuzione o del danno grave sono:

a) lo Stato;

b) i partiti o le organizzazioni che controllano lo Stato o una parte consistente del suo territorio;

c) soggetti non statuali, se i responsabili di cui alle lettere *a*) e *b*), comprese le organizzazioni internazionali, non possono o non vogliono fornire protezione, ai sensi dell'articolo 6, comma 2, contro persecuzioni o danni gravi.

6 Soggetti che offrono protezione.

1. Ai fini dell'esame della domanda di protezione internazionale, è valutata la possibilità di protezione da parte:

a) dello Stato;

b) dei partiti o organizzazioni, comprese le organizzazioni internazionali, che controllano lo Stato o una parte consistente del suo territorio, a condizione che abbiano la volontà e la capacità di offrire protezione conformemente al comma 2 (1).

2. La protezione di cui al comma 1 è effettiva e non temporanea e consiste nell'adozione di adeguate misure per impedire che possano essere inflitti atti persecutori o danni gravi, avvalendosi tra l'altro di un sistema giuridico effettivo che permetta di individuare, di perseguire penalmente e di punire gli atti che costituiscono persecuzione o danno grave, e nell'accesso da parte del richiedente a tali misure (2).

3. Per stabilire se un'organizzazione internazionale controlla uno Stato o una parte consistente del suo territorio e se fornisce protezione, ai sensi del comma 2, si tiene conto degli eventuali orientamenti contenuti negli atti emanati dal Consiglio dell'Unione europea e, ove ritenuto opportuno, delle valutazioni di altre competenti organizzazioni internazionali e in particolare dell'Alto Commissariato delle Nazioni Unite per i rifugiati.

(1) *Lettera modificata dall'art. 1, comma 1, lett.* d), *n. 1) d.lgs. 21 febbraio 2014, n. 18.*

(2) *Comma modificato dall'art. 1, comma 1, lett.* d), *n. 2) d.lgs. 21 febbraio 2014, n. 18.*

7 Atti di persecuzione.

1. Ai fini della valutazione del riconoscimento dello status di rifugiato, gli atti di persecuzione, ai sensi dell'articolo 1 A della Convenzione di Ginevra, devono alternativamente:

a) essere sufficientemente gravi, per loro natura o frequenza, da rappresentare una violazione grave dei diritti umani fondamentali, in particolare dei diritti per cui qualsiasi deroga è esclusa, ai sensi dell'articolo 15, paragrafo 2, della Convenzione sui diritti dell'Uomo;

b) costituire la somma di diverse misure, tra cui violazioni dei diritti umani, il cui impatto sia sufficientemente grave da esercitare sulla persona un effetto analogo a quello di cui alla lettera *a*).

2. Gli atti di persecuzione di cui al comma 1 possono, tra l'altro, assumere la forma di:

a) atti di violenza fisica o psichica, compresa la violenza sessuale;

b) provvedimenti legislativi, amministrativi, di polizia o giudiziari, discriminatori per loro stessa natura o attuati in modo discriminatorio;

c) azioni giudiziarie o sanzioni penali sproporzionate o discriminatorie;

d) rifiuto di accesso ai mezzi di tutela giuridici e conseguente sanzione sproporzionata o discriminatoria;

e) azioni giudiziarie o sanzioni penali in conseguenza del rifiuto di prestare servizio militare in un conflitto, quando questo potrebbe comportare la commissione di crimini, reati o atti che rientrano nelle clausole di esclusione di cui all'articolo 10, comma 2;

e-bis) azioni giudiziarie o sanzioni penali sproporzionate o discriminatorie che comportano gravi violazioni di diritti umani fondamentali in conseguenza del rifiuto di prestare servizio militare per motivi di natura morale, religiosa, politica o di appartenenza etnica o nazionale (1);

f) atti specificamente diretti contro un genere sessuale o contro l'infanzia.

(1) *Lettera inserita dall'art. 1, comma 1, lett.* e), *d.lgs. 21 febbraio 2014, n. 18.*

8 Motivi di persecuzione.

1. Al fine del riconoscimento dello status di rifugiato, gli atti di persecuzione di cui all'articolo 7 o la mancanza di protezione contro tali atti devono essere riconducibili ai motivi, di seguito definiti (1):

a) "razza": si riferisce, in particolare, a considerazioni inerenti al colore della pelle, alla discendenza o all'appartenenza ad un determinato gruppo etnico;

b) "religione": include, in particolare, le convinzioni teiste, non teiste e ateiste, la partecipazione a, o l'astensione da, riti di culto celebrati in privato o in pubblico, sia singolarmente sia in comunità, altri atti religiosi o professioni di fede, nonché le forme di comportamento personale o sociale fondate su un credo religioso o da esso prescritte;

c) "nazionalità": non si riferisce esclusivamente alla cittadinanza, o all'assenza di cittadinanza, ma designa, in particolare, l'appartenenza ad un gruppo caratterizzato da un'identità culturale, etnica o linguistica, comuni origini geografiche o politiche o la sua affinità con la popolazione di un altro Stato;

d) "particolare gruppo sociale": è quello costituito da membri che condividono una caratteristica innata o una storia comune, che non può essere mutata oppure condividono una caratteristica o una fede che è così fondamentale per l'identità o la coscienza che una persona non dovrebbe essere costretta a rinunciarvi, ovvero quello che possiede un'identità distinta nel Paese di origine, perché vi è percepito come diverso dalla società circostante. In funzione della situazione nel Paese d'origine, un particolare gruppo sociale può essere individuato in base alla caratteristica comune dell'orientamento sessuale, fermo restando che tale orientamento non includa atti penalmente rilevanti ai sensi della legislazione italiana ai fini della determinazione dell'appartenenza a un determinato gruppo sociale o dell'individuazione delle caratteristiche proprie di tale gruppo, si tiene debito conto delle considerazioni di genere, compresa l'identità di genere (2);

e) "opinione politica": si riferisce, in particolare, alla professione di un'opinione, un pensiero o una convinzione su una questione inerente ai potenziali persecutori di cui all'articolo 5 e alle loro politiche o ai loro metodi, indipendentemente dal fatto che il richiedente abbia tradotto tale opinione, pensiero o convinzione in atti concreti.

2. Nell'esaminare se un richiedente abbia un timore fondato di essere perseguitato, è irrilevante che il richiedente possegga effettivamente le caratteristiche razziali, religiose, nazionali, sociali o politiche che provocano gli atti di persecuzione, purché una siffatta caratteristica gli venga attribuita dall'autore delle persecuzioni.

(1) *Alinea modificato dall'art. 1, comma 1, lett. f), n. 1), d.lgs. 21 febbraio 2014, n. 18.*

(2) *Lettera modificata dall'art. 1, comma 1, lett. f), n. 1), d.lgs. 21 febbraio 2014, n. 18.*

9 Cessazione.

1. Uno straniero cessa di essere rifugiato quando:

a) si sia volontariamente avvalso di nuovo della protezione del Paese di cui ha la cittadinanza;

b) avendo perso la cittadinanza, l'abbia volontariamente riacquistata;

c) abbia acquistato la cittadinanza italiana ovvero altra cittadinanza e goda della protezione del Paese di cui ha acquistato la cittadinanza;

d) si sia volontariamente ristabilito nel Paese che ha lasciato o in cui non ha fatto ritorno per timore di essere perseguitato;

e) non possa più rinunciare alla protezione del Paese di cui ha la cittadinanza, perché sono venute meno le circostanze che hanno determinato il riconoscimento dello status di rifugiato;

f) se trattasi di un apolide, sia in grado di tornare nel Paese nel quale aveva la dimora abituale, perché sono venute meno le circostanze che hanno determinato il riconoscimento dello status di rifugiato.

2. Per l'applicazione delle lettere *e*) ed *f*) del comma 1, il cambiamento delle circostanze deve avere una natura non temporanea e tale da eliminare il fondato timore di persecuzioni e non devono sussistere gravi motivi umanitari che impediscono il ritorno nel Paese di origine.

2-*bis*. Le disposizioni di cui alle lettere *e*) e *f*) del comma 1 non si applicano quando il rifugiato può addurre motivi imperativi derivanti da precedenti persecuzioni tali da rifiutare di avvalersi della protezione del Paese di cui ha la cittadinanza ovvero, se si tratta di apolide, del Paese nel quale aveva la dimora abituale (1).

2-*ter*. Per l'applicazione del comma 1, lettera *d*), è rilevante ogni rientro nel Paese di origine, ove non giustificato da gravi e comprovati motivi (2).

3. La cessazione è dichiarata sulla base di una valutazione individuale della situazione personale dello straniero.

(1) *Comma inserito dall'art. 1, comma 1, lett. g), d.lgs. 21 febbraio 2014, n. 18.*

(2) *Comma inserito dall'art. 8, comma 1, d.l. 4 ottobre 2018, n. 113, conv., con modif. in l. 1 dicembre 2018, n. 132.*

10 Esclusione.

1. Lo straniero è escluso dallo status di rifugiato se rientra nel campo d'applicazione dell'articolo 1 D della Convenzione di Ginevra, relativo alla protezione o assistenza di un organo o di un'agenzia delle Nazioni Unite diversi dall'Alto Commissariato delle Nazioni Unite per i rifugiati. Quando tale protezione o assistenza cessa per qualsiasi motivo, senza che la posizione di tali stranieri sia stata definitivamente stabilita in conformità delle pertinenti risoluzioni adottate dall'assemblea generale delle Nazioni Unite, essi hanno pieno accesso alle forme di protezione previste dal presente decreto.

2. Lo straniero è altresì escluso dallo status di rifugiato ove sussistono fondati motivi per ritenere:

a) che abbia commesso un crimine contro la pace, un crimine di guerra o un crimine contro l'umanità, quali definiti dagli strumenti internazionali relativi a tali crimini;

b) che abbia commesso al di fuori del territorio italiano, prima di esservi ammesso in qualità di richiedente, un reato grave ovvero che abbia commesso atti particolarmente crudeli, anche se perpetrati con un dichiarato obiettivo politico, che possano essere classificati quali reati gravi. La gravità del reato è valutata anche tenendo conto della pena prevista dalla legge italiana per il reato non inferiore nel minimo a quattro anni o nel massimo a dieci anni (1);

c) che si sia reso colpevole di atti contrari alle finalità e ai principi delle Nazioni Unite, quali stabiliti nel preambolo e negli articoli 1 e 2 della Carta delle Nazioni Unite.

3. Il comma 2 si applica anche alle persone che istigano o altrimenti concorrono alla commissione dei crimini, reati o atti in esso previsti.

(1) *Lettera modificata dall'art. 1, comma 1, lett. h), d.lgs.. 21 febbraio 2014, n. 18.*

11 Riconoscimento dello status di rifugiato.

1. La domanda di protezione internazionale ha come esito il riconoscimento dello status di rifugiato quando la relativa domanda è valutata positivamente in relazione a quanto stabilito negli articoli 3, 4, 5 e 6, in presenza dei presupposti di cui agli articoli 7 e 8, salvo che non sussistano le cause di cessazione e di esclusione di cui agli articoli 9 e 10.

12 Diniego dello status di rifugiato.

1. Sulla base di una valutazione individuale, lo status di rifugiato non è riconosciuto quando:

a) in conformità a quanto stabilito dagli articoli 3, 4, 5 e 6 non sussistono i presupposti di cui agli articoli 7 e 8 ovvero sussistono le cause di esclusione di cui all'articolo 10;

b) sussistono fondati motivi per ritenere che lo straniero costituisce un pericolo per la sicurezza dello Stato;

c) lo straniero costituisce un pericolo per l'ordine e la sicurezza pubblica, essendo stato condannato con sentenza definitiva per i reati previsti dall'articolo 407, comma 2, lettera *a*), del codice di procedura penale ovvero dagli articoli 336, 583, 583-*bis*, 583-*quater*, 624 nell'ipotesi aggravata di cui all'articolo 625, primo comma, numero 3), e 624-*bis*, primo comma, del codice penale. I reati di cui all'articolo 407, comma 2, lettera *a*), numeri 2), 6) e 7-*bis*), del codice di procedura penale, sono rilevanti anche nelle fattispecie non aggravate (1).

(1) *Le parole da* « del codice di procedura penale » *alla fine della lettera sono state inserite dall'art. 7, comma 1, d.l. 4 ottobre 2018, n. 113, conv., con modif., in l. 1 dicembre 2018, n. 132.*

13 Revoca dello status di rifugiato.

1. Fatto salvo l'obbligo del rifugiato di rivelare tutti i fatti pertinenti e di produrre tutta la pertinente documentazione in suo possesso, la revoca dello status di rifugiato di uno straniero è adottata su base individuale, qualora, successivamente al riconoscimento dello status di rifugiato, è accertato che:

a) sussistono le condizioni di cui all'articolo 12;

b) il riconoscimento dello status di rifugiato è stato determinato, in modo esclusivo, da fatti presentati in modo erroneo o dalla loro omissione, o dal ricorso ad una falsa documentazione dei medesimi fatti.

14 Danno grave.

1. Ai fini del riconoscimento della protezione sussidiaria, sono considerati danni gravi:

a) la condanna a morte o all'esecuzione della pena di morte;

b) la tortura o altra forma di pena o trattamento inumano o degradante ai danni del richiedente nel suo Paese di origine;

c) la minaccia grave e individuale alla vita o alla persona di un civile derivante dalla violenza indiscriminata in situazioni di conflitto armato interno o internazionale.

15 Cessazione.

1. La cessazione dello status di protezione sussidiaria è dichiarata su base individuale quando le circostanze che hanno indotto al riconoscimento sono venute meno o sono mutate in misura tale che la protezione non è più necessaria.

2. Per produrre gli effetti di cui al comma 1, è necessario che le mutate circostanze abbiano natura così significativa e non temporanea che la persona ammessa al beneficio della protezione sussidiaria non sia più esposta al rischio effettivo di danno grave di cui all'articolo 14 e non devono sussistere gravi motivi umanitari che impediscono il ritorno nel Paese di origine.

2-*bis*. La disposizione di cui al comma 1 non si applica quando il titolare di protezione sussidiaria può addurre motivi imperativi derivanti da precedenti persecuzioni tali da rifiutare di avvalersi della protezione del Paese di cui ha la cittadinanza ovvero, se si tratta di apolide, del Paese nel quale aveva la dimora abituale (1).

2-*ter*. Ai fini di cui al comma 2, è rilevante ogni rientro nel Paese di origine, ove non giustificato da gravi e comprovati motivi (2).

(1) *Comma aggiunto dall'art. 1, comma 1, lett.* i), *d.lgs. 21 febbraio 2014, n. 18.*

(2) *Comma inserito dall'art. 8, comma 1, d.l. 4 ottobre 2018, n. 113, conv., con modif., in l. 1 dicembre 2018, n. 132.*

16 Esclusione.

1. Lo status di protezione sussidiaria è escluso quando sussistono fondati motivi per ritenere che lo straniero:

a) abbia commesso un crimine contro la pace, un crimine di guerra o un crimine contro l'umanità, quali definiti *dagli strumenti internazionali relativi a tali crimini*;

b) abbia commesso, al di fuori del territorio nazionale, prima di esservi ammesso in qualità di richiedente, un reato grave. La gravità del reato è valutata anche tenendo conto della pena, non inferiore nel minimo a quattro anni o nel massimo a dieci anni, prevista dalla legge italiana per il reato (1);

c) si sia reso colpevole di atti contrari alle finalità e ai principi delle Nazioni Unite, quali stabiliti nel preambolo e negli articoli 1 e 2 della Carta delle Nazioni Unite;

d) costituisca un pericolo per la sicurezza dello Stato [o per l'ordine e la sicurezza pubblica] (2).

d-bis) costituisca un pericolo per l'ordine e la sicurezza pubblica, essendo stato condannato con sentenza definitiva per i reati previsti dall'articolo 407, comma 2, lettera *a*), del codice di procedura penale ovvero dagli articoli 336, 583, 583-*bis*, 583-*quater*, 624 nell'ipotesi aggravata di cui all'articolo 625, primo comma, numero 3), e 624-*bis*, primo comma, del codice penale. I reati di cui all'articolo 407, comma 2, lettera *a*), numeri 2), 6) e 7-*bis*), del codice di procedura penale, sono rilevanti anche nelle fattispecie non aggravate (3) (4).

2. Il comma 1 si applica anche alle persone che istigano o altrimenti concorrono alla commissione dei crimini, reati o atti in esso menzionati.

(1) *Lettera modificata dall'art. 1, comma 1, lett.* l), *n. 1) d.lgs. 21 febbraio 2014, n. 18.*

(2) *Lettera modificata dall'art. 1, comma 1, lett.* l), *n. 2) d.lgs. 21 febbraio 2014, n. 18.*

(3) *Le parole da* « del codice di procedura penale » *alla fine della lettera sono state inserite dall'art. 7, comma 1, d.l. 4 ottobre 2018, n. 113, conv., con modif., in l. 1 dicembre 2018, n. 132.*

(4) *Lettera aggiunta dall'art. 1, comma 1, lett.* l), *n. 2) d.lgs. 21 febbraio 2014, n. 18.*

17 Riconoscimento dello status di protezione sussidiaria.

1. La domanda di protezione internazionale ha come esito il riconoscimento dello status di protezione sussidiaria, in conformità a quanto stabilito dagli articoli 3, 4, 5 e 6, se ricorrono i presupposti di cui all'articolo 14 e non sussistono le cause di cessazione e di esclusione di cui agli articoli 15 e 16.

18 Revoca dello status di protezione sussidiaria.

1. La revoca dello status di protezione sussidiaria di uno straniero è adottata se, successivamente al riconoscimento dello status, è accertato che:

a) sussistono le cause di esclusione di cui all'articolo 16;

b) il riconoscimento dello status di protezione sussidiaria è stato determinato, in modo esclusivo, da fatti presentati in modo erroneo o dalla loro omissione, o dal ricorso ad una falsa documentazione dei medesimi fatti.

19 Disposizioni generali.

1. Le disposizioni del presente decreto non pregiudicano i diritti stabiliti dalla Convenzione di Ginevra.

2. Nell'attuazione delle disposizioni del presente capo, si tiene conto, sulla base di una valutazione individuale, della specifica situazione delle persone vulnerabili, quali i minori, i disabili, gli anziani, le donne in stato di gravidanza, i genitori singoli con figli minori, i minori non accompagnati, le vittime della tratta di esseri umani, le persone con disturbi psichici, le persone che hanno subito torture, stupri o altre forme gravi di violenza psicologica, fisica o sessuale (1).

2-*bis*. Nell'attuazione delle disposizioni del presente decreto è preso in considerazione con carattere di priorità il superiore interesse del minore (2).

(1) *Comma modificato dall'art. 1, comma 1, lett.* m), *n. 1) d.lgs. 21 febbraio 2014, n. 18.*

(2) *Comma aggiunto dall'art. 1, comma 1, lett.* m), *n. 2) d.lgs. 21 febbraio 2014, n. 18.*

20 Protezione dall'espulsione.

1. Fermo restando quanto previsto dall'articolo 19, comma 1, del testo unico delle disposizioni concernenti la disciplina dell'immigrazione e norme sulla condizione dello straniero, di cui al decreto legislativo 25 luglio 1998, n. 286, ed in conformità degli obblighi internazionali ratificati dall'Italia, il rifugiato o lo straniero ammesso alla protezione sussidiaria è espulso quando (1):

a) sussistono motivi per ritenere che rappresenti un pericolo per la sicurezza dello Stato;

b) rappresenta un pericolo per l'ordine e la sicurezza pubblica, essendo stato condannato con sentenza definitiva per un reato per il quale è prevista la pena della reclusione non inferiore nel minimo a quattro anni o nel massimo a dieci anni.

(1) *Alinea modificato dall'art. 1, comma 1, lett.* n), *d.lgs. 21 febbraio 2014, n. 18.*

21 Informazioni.

1. Unitamente alla decisione che riconosce la protezione internazionale è consegnato allo straniero interessato un opuscolo contenente informazioni sui diritti e gli obblighi connessi allo status di protezione riconosciuto, redatto in una lingua che si presume a lui comprensibile o comunque in lingua inglese, francese, spagnola o araba.

2. Per garantire la più ampia informazione sui diritti e doveri degli status riconosciuti, in sede di audizione del richiedente lo status di protezione internazionale è comunque fornita una informazione preliminare sui medesimi diritti e doveri.

22 Mantenimento del nucleo familiare.

1. È tutelata l'unità del nucleo familiare dei beneficiari dello status di rifugiato e dello status di protezione sussidiaria.

2. I familiari che non hanno individualmente diritto allo status di protezione internazionale hanno i medesimi diritti riconosciuti al familiare titolare dello status.

3. Ai familiari del titolare dello status di protezione internazionale presenti sul territorio nazionale che individualmente non hanno diritto a tale status è rilasciato il permesso di soggiorno per motivi familiari ai sensi dell'articolo 30 del testo unico delle disposizioni concernenti la disciplina dell'immigrazione e norme sulla condizione dello straniero, di cui al decreto legislativo 25 luglio 1998, n. 286 (1).

4. Lo straniero ammesso alla protezione sussidiaria ha diritto al ricongiungimento familiare ai sensi e alle condizioni previste dall'articolo 29-*bis* del decreto legislativo 25 luglio 1998, n. 286 (2).

5. Le disposizioni di cui al presente articolo non si applicano ai familiari che sono o sarebbero esclusi dallo status di rifugiato o dalla protezione sussidiaria ai sensi degli articoli 10, 12 e 16.

(1) *Comma modificato dall'art. 1, comma 1, lett.* o), *n. 1) del d.lgs. 21 febbraio 2014, n. 18.*

(2) *Comma sostituito dall'art. 1, comma 1, lett.* o), *n. 2) del d.lgs. 21 febbraio 2014, n. 18.*

23 Permesso di soggiorno.

1. Il permesso di soggiorno per asilo rilasciato ai titolari dello status di rifugiato ha validità quinquennale ed è rinnovabile.

2. Ai titolari dello status di protezione sussidiaria è rilasciato un permesso di soggiorno per protezione sussidiaria con validità quinquennale rinnovabile previa verifica della permanenza delle condizioni che hanno consentito il riconoscimento della protezione sussidiaria. Tale permesso di soggiorno consente l'accesso al lavoro e allo studio ed è convertibile per motivi di lavoro, sussistendone i requisiti (1).

(1) *Comma modificato dall'art. 1, comma 1, lett.* p), *d.lgs. 21 febbraio 2014, n. 18.*

24 Documenti di viaggio (1).

1. Per consentire i viaggi al di fuori del territorio nazionale, la competente questura rilascia ai titolari dello status di rifugiato un documento di viaggio di validità quinquennale rinnovabile secondo il modello allegato alla Convenzione di Ginevra.

2. Quando sussistono fondate ragioni che non consentono al titolare dello status di protezione sussidiaria di chiedere il passaporto alle autorità diplomatiche del Paese di cittadinanza, la questura competente rilascia allo straniero interessato il titolo di viaggio per stranieri. Qualora sussistano ragionevoli motivi per dubitare dell'identità del titolare della protezione sussidiaria, il documento è rifiutato o ritirato.

3. Il rilascio dei documenti di cui ai commi 1 e 2 è rifiutato ovvero, nel caso di rilascio, il documento è ritirato se sussistono gravissimi motivi attinenti la si-

curezza nazionale e l'ordine pubblico che ne impediscono il rilascio.

(1) *In relazione alle misure connesse all'emergenzia epidemiologica da Covid-19, per la proroga dei documenti di viaggio cui al presente articolo, v. l'art. 103 comma 2-*quater *lett.* c) *d.l. n. 18, del 2020, cit.; per un'ulteriore proroga v. l'art. 3-*bis *comma 3 d.l. 7 ottobre 2020, n. 125, conv., con modif. in l. 27 novembre 2020, n. 159, come modificato dall'art. 11-ter, comma 2 d.l. 22 aprile 2021, n. 52, conv., con modif., in l. 17 giugno 2021, n. 87.*

25 Accesso all'occupazione.

1. I titolari dello status di rifugiato e dello status di protezione sussidiaria hanno diritto di godere del medesimo trattamento previsto per il cittadino italiano in materia di lavoro subordinato, lavoro autonomo, per l'iscrizione agli albi professionali, per la formazione professionale, compresi i corsi di aggiornamento, per il tirocinio sul luogo di lavoro e per i servizi resi dai centri per l'impiego di cui all'articolo 4 del decreto legislativo 23 dicembre 1997, n. 469 (1).

2. È consentito al titolare dello status di rifugiato e dello status di protezione sussidiaria l'accesso al pubblico impiego, con le modalità e le limitazioni previste per i cittadini dell'Unione europea (2).

(1) *Comma modificato dall'art. 1, comma 1, lett.* q)*, d.lgs. 21 febbraio 2014, n. 18.*

(2) *Comma modificato dall'art. 7, comma 2, l. 6 agosto 2013, n. 97.*

26 Accesso all'istruzione.

1. I minori titolari dello status di rifugiato o dello status di protezione sussidiaria hanno accesso agli studi di ogni ordine e grado, secondo le modalità previste per il cittadino italiano.

2. I maggiorenni, titolari dello status di rifugiato o dello status di protezione sussidiaria, hanno diritto di accedere al sistema di istruzione generale e di aggiornamento e perfezionamento professionale nei limiti e nei modi stabiliti per gli stranieri regolarmente soggiornanti.

3. Si applicano ai titolari dello status di rifugiato o di protezione sussidiaria le disposizioni concernenti il riconoscimento di diplomi, certificati ed altri titoli stranieri per i cittadini italiani.

3-*bis*. Per il riconoscimento delle qualifiche professionali, dei diplomi, dei certificati e di altri titoli conseguiti all'estero dai titolari dello status di rifugiato o dello status di protezione sussidiaria, le amministrazioni competenti individuano sistemi appropriati di valutazione, convalida e accreditamento che consentono il riconoscimento dei titoli ai sensi dell'articolo 49 del decreto del Presidente della Repubblica 31 agosto 1999, n. 394, anche in assenza di certificazione da parte dello Stato in cui è stato ottenuto il titolo, ove l'interessato dimostra di non poter acquisire detta certificazione (1).

(1) *Comma aggiunto dall'art. 1, comma 1, lett.* r)*, d.lgs. 21 febbraio 2014, n. 18.*

27 Assistenza sanitaria e sociale.

1. I titolari dello status di rifugiato e dello status di protezione sussidiaria hanno diritto al medesimo trattamento riconosciuto al cittadino italiano in materia di assistenza sociale e sanitaria.

1-*bis*. Il Ministero della salute adotta linee guida per la programmazione degli interventi di assistenza e riabilitazione nonché per il trattamento dei disturbi psichici dei titolari dello status di rifugiato e dello status di protezione sussidiaria che hanno subito torture, stupri o altre forme gravi di violenza psicologica, fisica o sessuale, compresi eventuali programmi di formazione e aggiornamento specifici rivolti al personale sanitario da realizzarsi nell'ambito delle risorse finanziarie disponibili a legislazione vigente (1).

(1) *Comma aggiunto dall'art. 1, comma 1, lett.* s)*, d.lgs. 21 febbraio 2014, n. 18.*

28 Minori non accompagnati.

1. Quando è accertata la presenza sul territorio nazionale di minori non accompagnati richiedenti la protezione internazionale si applicano gli articoli 343, e seguenti, del codice civile. Nelle more dell'adozione dei provvedimenti conseguenti, il minore che abbia espresso la volontà di richiedere la protezione internazionale può anche beneficiare dei servizi erogati dall'ente locale nell'ambito del sistema di protezione per richiedenti asilo e rifugiati di cui all'articolo 1-*sexies* del decreto-legge 30 dicembre 1989, n. 416, convertito, con modificazioni, dalla legge 28 febbraio 1990, n. 39, nell'ambito delle risorse del Fondo nazionale per le politiche e i servizi dell'asilo, di cui all'articolo 1-*septies* del citato decreto-legge n. 416 del 30 dicembre 1989 (1).

2. Ferma la possibilità di beneficiare degli specifici programmi di accoglienza, riservati a categorie di soggetti vulnerabili ai sensi dell'articolo 8 del decreto legislativo 30 maggio 2005, n. 140, il minore non accompagnato richiedente la protezione internazionale è affidato dalla competente autorità giudiziaria a un familiare, adulto e regolarmente soggiornante, qualora questi sia stato rintracciato sul territorio nazionale; ove non sia possibile, si provvede ai sensi dell'articolo 2, commi 1 e 2, della legge 4 maggio 1983, n. 184, e successive modificazioni. I provvedimenti di cui al presente comma sono adottati nell'interesse prevalente del minore, avendo comunque cura di non separare il medesimo dai fratelli, eventualmente presenti sul territorio nazionale, e di limitarne al minimo gli spostamenti sul territorio stesso.

3. Le iniziative per l'individuazione dei familiari del minore non accompagnato, titolare dello status di protezione internazionale, sono assunte, quanto prima, a seguito del riconoscimento della protezione ove non avviate in precedenza, nell'ambito delle convenzioni di cui all'articolo 8 del decreto legislativo 30 maggio 2005, n. 140, da stipulare anche con organismi o associazioni umanitarie a carattere nazionale o internazionale. I relativi programmi sono attuati nel superiore interesse del minore e con l'obbligo della assoluta riservatezza in modo da tutelare la sicurezza del titolare della protezione internazionale e dei suoi familiari (2).

(1) *Ai sensi dell'art. 12, comma 4, d.l. 4 ottobre 2018, n. 113, conv., con modif., in l. 1° dicembre 2018, n. 132, le definizioni di « Sistema di protezione per richiedenti asilo e rifugiati » ovvero di « Sistema di pro-*

*tezione per richiedenti asilo, rifugiati e minori stranieri non accompagnati » di cui all'articolo 1-*sexies *del d.l. 30 dicembre 1989, n. 416, conv., con modif., in 28 febbraio 1990, n. 39, ovunque presenti, in disposizioni di legge o di regolamento, si intendono sostituite dalla seguente: « Sistema di protezione per titolari di protezione internazionale e per minori stranieri non accompagnati » di cui all'art. 1-*sexies *decreto-legge n. 416 del 1989, cit.*

(2) *Comma modificato dall'art. 1, comma 1, lett.* t), *d.lgs. 21 febbraio 2014, n. 18.*

29 Libera circolazione, integrazione e alloggio.

1. Fatto salvo quanto stabilito dall'articolo 6, comma 6, del testo unico delle disposizioni concernenti la disciplina dell'immigrazione e norme sulla condizione dello straniero, di cui al decreto legislativo 25 luglio 1998, n. 286, i titolari dello status di rifugiato e di protezione sussidiaria possono circolare liberamente sul territorio nazionale.

2. Nell'attuazione delle misure e dei servizi di cui all'articolo 1-*sexies* del decreto-legge 30 dicembre 1989, n. 416, convertito, con modificazioni, dalla legge 28 febbraio 1990, n. 39, all'articolo 5 del decreto legislativo 30 maggio 2005, n. 140, ed all'articolo 42 del decreto legislativo 25 luglio 1998, n. 286, si tiene conto anche delle esigenze di integrazione dei beneficiari di protezione internazionale, promuovendo, nei limiti delle risorse disponibili, ogni iniziativa adeguata a superare la condizione di svantaggio determinata dalla perdita della protezione del Paese di origine e a rimuovere gli ostacoli che di fatto ne impediscono la piena integrazione (1).

3. Ai fini della programmazione degli interventi e delle misure volte a favorire l'integrazione dei beneficiari di protezione internazionale, il Tavolo di coordinamento nazionale insediato presso il Ministero dell'interno - Dipartimento per le libertà civili e l'immigrazione con l'obiettivo di ottimizzare i sistemi di accoglienza dei richiedenti e/o titolari di protezione internazionale secondo gli indirizzi sanciti d'intesa con la Conferenza unificata di cui all'articolo 8 del decreto legislativo 28 agosto 1997, n. 281, predispone, altresì, ogni due anni, salva la necessità di un termine più breve, un Piano nazionale che individua le linee di intervento per realizzare l'effettiva integrazione dei beneficiari di protezione internazionale, con particolare riguardo all'inserimento socio-lavorativo, anche promuovendo specifici programmi di incontro tra domanda e offerta di lavoro, all'accesso all'assistenza sanitaria e sociale, all'alloggio, alla formazione linguistica e all'istruzione nonché al contrasto delle discriminazioni. Il Piano indica una stima dei destinatari delle misure di integrazione nonché specifiche misure attuative della programmazione dei pertinenti fondi europei predisposta dall'autorità responsabile. Il predetto Tavolo è composto da rappresentanti del Ministero dell'interno, dell'Ufficio del Ministro per l'integrazione, del Ministero del lavoro e delle politiche sociali, delle Regioni, dell'Unione delle province d'Italia (UPI) e dell'Associazione nazionale dei comuni italiani (ANCI), ed è integrato, in sede di programmazione delle misure di cui alla presente disposizione, con un rappresentante del Ministro delegato alle pari opportunità, un rappresentante dell'Alto Commissariato delle Nazioni Unite per i Rifugiati (UNHCR), un rappresentante, della Commissione nazionale per il diritto di asilo e, a seconda delle materie trattate, con rappresentanti delle altre amministrazioni o altri soggetti interessati (1).

3-*bis*. All'attuazione delle disposizioni di cui al comma 3, le Amministrazioni interessate provvedono con le risorse umane, strumentali e finanziarie disponibili a legislazione vigente. La partecipazione alle sedute del Tavolo non dà luogo alla corresponsione di compensi, gettoni, emolumenti, indennità o rimborsi spese comunque denominati (2).

3-*ter*. L'accesso ai benefici relativi all'alloggio previsti dall'articolo 40, comma 6, del decreto legislativo 25 luglio 1998, n. 286, è consentito ai titolari dello status di rifugiato e di protezione sussidiaria, in condizioni di parità con i cittadini italiani (2).

(1) *Comma sostituito dall'art. 1, comma 1, lett.* u), *d.lgs. 21 febbraio 2014, n. 18.*

(2) *Comma aggiunto dall'art. 1, comma 1, lettera* u), *del d.lgs. 21 febbraio 2014, n. 18.*

30 Rimpatrio.

1. L'assistenza al rimpatrio volontario dei titolari della protezione internazionale è disposta nell'ambito dei programmi attuati ai sensi dell'articolo 1-*sexies* del decreto-legge 30 dicembre 1989, n. 416, convertito, con modificazioni, dalla legge 8 febbraio 1990, n. 39, nei limiti dei relativi finanziamenti.

31 Punto di contatto.

1. Il Ministero dell'interno - Dipartimento per le libertà civili e l'immigrazione, in qualità di punto di contatto, adotta, nel limite delle risorse umane, strumentali e finanziarie disponibili sulla base della legislazione vigente, ogni misura idonea ad instaurare una cooperazione diretta e lo scambio di informazioni ai fini dell'applicazione del presente decreto con i competenti uffici degli Stati membri dell'Unione europea.

32 Personale.

1. Il personale componente delle Commissioni territoriali che provvede all'applicazione delle norme del presente decreto riceve una formazione di base per l'attuazione della disciplina secondo gli ordinamenti degli uffici e dei servizi in cui espleta la propria attività ed è soggetto all'obbligo di riservatezza in ordine alle informazioni sui rifugiati e sui titolari della protezione sussidiaria che apprende sulla base della attività svolta.

33-34 (*Omissis*).

83. Decreto legislativo 28 gennaio 2008, n. 25. — Attuazione della direttiva 2005/85/CE recante norme minime per le procedure applicate negli Stati membri ai fini del riconoscimento e della revoca dello status di rifugiato (*estratto*).

Pubblicato nella Gazzetta Ufficiale n. 40 del 16 febbraio 2008.

CAPO I
Disposizioni generali

1 Finalità.

1. Il presente decreto stabilisce le procedure per l'esame delle domande di protezione internazionale presentate nel territorio nazionale comprese le frontiere, e le relative zone di transito, nonché le acque territoriali da cittadini di Paesi non appartenenti alla Unione europea o da apolidi, di seguito denominati: « stranieri », e le procedure per la revoca e la cessazione degli status riconosciuti (1).

(1) *Comma modificato dall'art. 25, comma 1, lett.* a), *d.lgs. 18 agosto 2015, n. 142.*

2 Definizioni.

1. Ai fini del presente decreto s'intende per:

a) « Convenzione di Ginevra »: la Convenzione relativa allo status dei rifugiati, firmata a Ginevra il 28 luglio 1951, ratificata con legge 24 luglio 1954, n. 722, e modificata dal protocollo di New York del 31 gennaio 1967, ratificato con legge 14 febbraio 1970, n. 95;

b) « domanda di protezione internazionale o domanda di asilo o domanda »: la domanda presentata secondo le procedure previste dal presente decreto, diretta ad ottenere lo status di rifugiato o lo status di protezione sussidiaria;

b-bis) « domanda reiterata »: un'ulteriore domanda di protezione internazionale presentata dopo che è stata adottata una decisione definitiva su una domanda precedente, anche nel caso in cui il richiedente abbia esplicitamente ritirato la domanda ai sensi dell'articolo 23 e nel caso in cui la Commissione territoriale abbia adottato una decisione di estinzione del procedimento o di rigetto della domanda ai sensi dell'articolo 23-*bis*, comma 2 (1);

c) « richiedente »: il cittadino straniero che ha presentato la domanda di protezione internazionale sulla quale non è stata ancora adottata una decisione definitiva;

d) « rifugiato »: cittadino di un Paese non appartenente all'Unione europea il quale, per il timore fondato di essere perseguitato per motivi di razza, religione, nazionalità, appartenenza ad un determinato gruppo sociale o opinione politica, si trova fuori dal territorio del Paese di cui ha la cittadinanza e non può o, a causa di tale timore, non vuole avvalersi della protezione di tale Paese, oppure se apolide si trova fuori dal territorio nel quale aveva precedentemente la dimora abituale e per lo stesso timore sopra indicato non può o, a causa di siffatto timore, non vuole farvi ritorno, ferme le cause di esclusione previste dall'articolo 10 del decreto legislativo 19 novembre 2007, n. 251;

e) « status di rifugiato »: il riconoscimento da parte dello Stato di un cittadino straniero quale rifugiato, a seguito dell'accoglimento della domanda di protezione internazionale, secondo le procedure definite dal presente decreto;

f) « persona ammissibile alla protezione sussidiaria »: cittadino di un Paese non appartenente all'Unione europea o apolide che non possiede i requisiti per essere riconosciuto come rifugiato, ma nei cui confronti sussistono fondati motivi di ritenere che, se ritornasse nel Paese di origine, o, nel caso di un apolide, se ritornasse nel Paese nel quale aveva precedentemente la dimora abituale, correrebbe un rischio effettivo di subire un grave danno come definito dall'articolo 14 del decreto legislativo 19 novembre 2007, n. 251, e il quale non può o, a causa di tale rischio, non vuole avvalersi della protezione di detto Paese;

g) « status di protezione sussidiaria »: il riconoscimento da parte dello Stato di un cittadino straniero quale persona ammessa alla protezione sussidiaria, a seguito dell'accoglimento della domanda di protezione internazionale, secondo le procedure definite dal presente decreto;

h) « minore non accompagnato »: il cittadino straniero di età inferiore agli anni diciotto che si trova, per qualsiasi causa, nel territorio nazionale, privo di assistenza e di rappresentanza legale;

h-bis) « persone vulnerabili »: minori; minori non accompagnati; disabili, anziani, donne in stato di gravidanza, genitori singoli con figli minori, vittime della tratta di esseri umani, persone affette da gravi malattie o da disturbi mentali; persone per le quali è accertato che hanno subito torture, stupri o altre forme gravi di violenza psicologica, fisica o sessuale, vittime di mutilazioni genitali; (2)

i) UNHCR: l'Alto Commissariato delle Nazioni Unite per i rifugiati (3);

i-bis) « EASO »: european asylum support office/ufficio europeo di sostegno per l'asilo, istituito dal regolamento (UE) n. 439/2010 del Parlamento europeo e del Consiglio, del 19 maggio 2010 (4).

[*m*) « Paese di origine sicuro »: il Paese inserito nell'elenco comune minimo di cui all'articolo 29 della direttiva 2005/85/CE.] (5)

(1) *Lettera introdotta dall'art. 9, comma 1, lettera* 0a), *d.l. 4 ottobre, n. 113, conv., con modif., in l. 1 dicembre 2018, n.132.*

(2) *Lettera inserita dall'art. 25, comma 1, lett.* b), *n. 1), d.lgs. 18 agosto 2015, n. 142.*

(3) *Lettera modificata dall'art. 26, comma 2, d.lgs. 18 agosto 2015, n. 142.*

(4) *Lettera inserita dall'art. 25, comma 1, lett.* b), *n. 2), d.lgs. 18 agosto 2015, n. 142.*

(5) *Lettera soppressa dall'art. 25, comma 1, lett.* b), *n. 2), d.lgs. 18 agosto 2015, n. 142.*

2-*bis* Paesi di origine sicuri (1).

1. Con decreto del Ministro degli affari esteri e della cooperazione internazionale, di concerto con i Ministri dell'interno e della giustizia, è adottato l'elenco dei Paesi di origine sicuri sulla base dei criteri di cui al comma 2. L'elenco dei Paesi di origine sicuri è aggiornato periodicamente ed è notificato alla Commissione europea.

2. Uno Stato non appartenente all'Unione europea può essere considerato Paese di origine sicuro se, sulla base del suo ordinamento giuridico, dell'applicazione della legge all'interno di un sistema democratico e della situazione politica generale, si può dimostrare che, in via generale e costante, non sussistono atti di persecuzione quali definiti dall'articolo 7 del decreto legislativo 19 novembre 2007, n. 251, né tortura o altre forme di pena o trattamento inumano o degradante, né pericolo a causa di violenza indiscriminata in situazioni di conflitto armato interno o internazionale. La designazione di un Paese di origine sicuro può essere fatta con l'eccezione di parti del territorio o di categorie di persone.

3. Ai fini della valutazione di cui al comma 2 si tiene conto, tra l'altro, della misura in cui è offerta protezione contro le persecuzioni ed i maltrattamenti mediante:

a) le pertinenti disposizioni legislative e regolamentari del Paese ed il modo in cui sono applicate;

b) il rispetto dei diritti e delle libertà stabiliti nella Convenzione europea per la salvaguardia dei diritti dell'uomo e delle libertà fondamentali del 4 novembre 1950, ratificata ai sensi della legge 4 agosto 1955, n. 848, nel Patto internazionale relativo ai diritti civili e politici, aperto alla firma il 19 dicembre 1966, ratificato ai sensi della legge 25 ottobre 1977, n. 881, e nella Convenzione delle Nazioni Unite contro la tortura del 10 dicembre 1984, in particolare dei diritti ai quali non si può derogare a norma dell'articolo 15, paragrafo 2, della predetta Convenzione europea;

c) il rispetto del principio di cui all'articolo 33 della Convenzione di Ginevra;

d) un sistema di ricorsi effettivi contro le violazioni di tali diritti e libertà.

4. La valutazione volta ad accertare che uno Stato non appartenente all'Unione europea è un Paese di origine sicuro si basa sulle informazioni fornite dalla Commissione nazionale per il diritto di asilo, che si avvale anche delle notizie elaborate dal centro di documentazione di cui all'articolo 5, comma 1, nonché su altre fonti di informazione, comprese in particolare quelle fornite da altri Stati membri dell'Unione europea, dall'EASO, dall'UNHCR, dal Consiglio d'Europa e da altre organizzazioni internazionali competenti.

5. Un Paese designato di origine sicuro ai sensi del presente articolo può essere considerato Paese di origine sicuro per il richiedente solo se questi ha la cittadinanza di quel Paese o è un apolide che in precedenza soggiornava abitualmente in quel Paese e non ha invocato gravi motivi per ritenere che quel Paese non è sicuro per la situazione particolare in cui lo stesso richiedente si trova.

(1) *Articolo introdotto dall'art. 7-*bis*, comma 1, lettera* a), *d.l. 4 ottobre, n. 113, conv., con modif., in l. 1 dicembre 2018, n.132*

3 Autorità competenti.

1. Le autorità competenti all'esame delle domande di protezione internazionale sono le commissioni territoriali per il riconoscimento della protezione internazionale, di cui all'articolo 4.

2. L'ufficio di polizia di frontiera e la questura sono competenti a ricevere la domanda, secondo quanto previsto dall'articolo 26.

3. L'autorità preposta alla determinazione dello Stato competente all'esame della domanda di protezione internazionale in applicazione del regolamento (UE) n. 604//2013 del Parlamento europeo e del Consiglio, del 26 giugno 2013 è l'Unità Dublino, operante presso il Dipartimento per le libertà civili e l'immigrazione del Ministero dell'interno e le sue articolazioni territoriali operanti presso le prefetture individuate, fino ad un numero massimo di tre, con decreto del Ministro dell'interno, che provvedono nel limite delle risorse umane, strumentali e finanziarie disponibili a legislazione vigente. (1).

3-*bis*. Contro le decisioni di trasferimento adottate dall'autorità di cui al comma 3 è ammesso ricorso al tribunale sede della sezione specializzata in materia di immigrazione, protezione internazionale e libera circolazione dei cittadini dell'Unione europea e si applicano gli articoli 737 e seguenti del codice di procedura civile, ove non diversamente disposto dai commi seguenti (2).

3-*ter*. Il ricorso è proposto, a pena di inammissibilità, entro trenta giorni dalla notificazione della decisione di trasferimento (2).

3-*quater*. L'efficacia esecutiva del provvedimento impugnato può essere sospesa, su istanza di parte, quando ricorrono gravi e circostanziate ragioni, con decreto motivato, assunte, ove occorra, sommarie informazioni. Il decreto è pronunciato entro cinque giorni dalla presentazione dell'istanza di sospensione e senza la preventiva convocazione dell'autorità di cui al comma 3. L'istanza di sospensione deve essere proposta, a pena di inammissibilità, con il ricorso introduttivo. Il decreto con il quale è concessa o negata la sospensione del provvedimento impugnato è notificato a cura della cancelleria. Entro cinque giorni dalla notificazione le parti possono depositare note difensive. Entro i cinque giorni successivi alla scadenza del termine di cui al periodo precedente possono essere depositate note di replica. Qualora siano state depositate note ai sensi del quinto e sesto periodo del presente comma, il giudice, con nuovo decreto, da emettere entro i successivi cinque giorni, conferma, modifica o revoca i provvedimenti già emanati. Il decreto emesso a norma del presente comma non è impugnabile (2).

3-*quinquies*. Il ricorso è notificato all'autorità che ha adottato il provvedimento a cura della cancelleria. L'autorità può stare in giudizio avvalendosi direttamente di propri dipendenti e può depositare, entro quindici giorni dalla notificazione del ricorso, una nota difensiva. Entro lo stesso termine l'autorità deve depositare i documenti da cui risultino gli elementi di prova e le circostanze indiziarie posti a fondamento della decisione di trasferimento (2).

3-*sexies*. Il ricorrente può depositare una nota difensiva entro i dieci giorni successivi alla scadenza del termine di cui al comma 3-*quinquies*, secondo periodo (2).

3-*septies*. Il procedimento è trattato in camera di consiglio. L'udienza per la comparizione delle parti è fissata esclusivamente quando il giudice lo ritenga necessario ai fini della decisione. Il procedimento è definito, con decreto non reclamabile, entro sessanta giorni dalla presentazione del ricorso. Il termine per proporre ricorso per cassazione è di trenta giorni e decorre dalla comunicazione del decreto, da effettuare a cura della cancelleria anche nei confronti della parte non costituita. La procura alle liti per la proposizione del ricorso per cassazione deve essere conferita, a pena di inammissibilità del ricorso, in data successiva alla comunicazione del decreto impugnato; a tal fine il difensore certifica la data di rilascio in suo favore della procura medesima. In caso di rigetto, la Corte di cassazione decide sull'impugnazione entro due mesi dal deposito del ricorso (2).

3-*octies*. Quando con il ricorso di cui ai precedenti commi è proposta istanza di sospensione degli effetti della decisione di trasferimento, il trasferimento è sospeso automaticamente e il termine per il trasferimento del ricorrente previsto dall'articolo 29 del regolamento (UE) n. 604/2013 del Parlamento europeo e del Consiglio, del 26 giugno 2013, decorre dalla comunicazione del provvedimento di rigetto della medesima istanza di sospensione ovvero, in caso di accoglimento, dalla comunicazione del decreto con cui il ricorso è rigettato (2).

3-*novies*. La sospensione dei termini processuali nel periodo feriale non opera nel procedimento di cui ai commi precedenti (2).

3-*decies*. La controversia è trattata in ogni grado in via di urgenza (2).

3-*undecies*. A decorrere dal trentesimo giorno successivo alla pubblicazione nella Gazzetta Ufficiale del provvedimento con cui il responsabile dei sistemi informativi automatizzati del Ministero della giustizia attesta la piena funzionalità dei sistemi con riguardo ai procedimenti di cui ai commi precedenti, il deposito dei provvedimenti, degli atti di parte e dei documenti relativi ai medesimi procedimenti ha luogo esclusivamente con modalità telematiche, nel rispetto della normativa anche regolamentare concernente la sottoscrizione, la trasmissione e la ricezione dei documenti informatici. In ogni caso, il giudice può autorizzare il deposito con modalità non telematiche quando i sistemi informatici del dominio giustizia non sono funzionanti e sussiste una indifferibile urgenza (2).

(1) *Comma inizialmente modificato dall'art. 26, comma 1, d.lgs. 18 agosto 2015, n. 142. Successivamente le parole da* « del Ministero dell'interno » *fallà fine del comma sono state introdotte dall'art. 11, comma 1, d.l. 4 ottobre 2018, n. 113, conv., con modif., in l. 1 dicembre 2018, n. 132.*

(2) *Comma aggiunto dall'art. 6, comma 1, lettera* oa), *del d.l. 17 febbraio 2017, n. 13, convertito con modificazioni dalla l. 13 aprile 2017, n. 46.*

(3) *Vedi altresì l'art 21 comma 1 del d.l. 17 febbraio 2017, n. 13 convertito con modificazioni dalla l. 13 aprile 2017, n. 46: « Le disposizioni di cui agli articoli 3, 4, 6, comma 1, lettere* d), f) *e* g), *7, comma 1, lettere* a), b), d) *ed* e), *8, comma 1, lettere* a), b), *numeri 2), 3) e 4), e* c), *e 10 si applicano alle cause e ai procedimenti giudiziari sorti dopo il centottantesimo giorno dalla data di entrata in vigore del presente decreto. Alle cause e ai procedimenti giudiziari introdotti anteriormente alla scadenza del termine di cui al periodo precedente si continuano ad applicare le disposizioni vigenti prima dell'entrata in vigore del presente decreto ».*

4 Commissioni territoriali per il riconoscimento della protezione internazionale.

1. Le Commissioni territoriali per il riconoscimento della protezione internazionale, di seguito Commissioni territoriali, sono insediate presso le prefetture - uffici territoriali del Governo che forniscono il necessario supporto organizzativo e logistico, con il coordinamento del Dipartimento per le libertà civili e l'immigrazione del Ministero dell'interno (1).

1-*bis*. A ciascuna Commissione territoriale è assegnato un numero di funzionari amministrativi con compiti istruttori non inferiore a quattro individuati nell'ambito del contingente di personale altamente qualificato per l'esercizio di funzioni di carattere specialistico di cui all'articolo 12 del decreto-legge 17 febbraio 2017, n. 13, convertito, con modificazioni, dalla legge 13 aprile 2017, n. 46 (2).

2. Le Commissioni territoriali sono fissate nel numero massimo di venti. Con decreto del Ministro dell'interno, sentita la Commissione nazionale per il diritto di asilo, sono individuate le sedi e le circoscrizioni territoriali in cui operano le Commissioni, in modo da assicurarne la distribuzione sull'intero territorio nazionale (3).

2-*bis*. Con decreto del Ministro dell'interno, presso ciascuna Commissione territoriale possono essere istituite, al verificarsi di un eccezionale incremento delle domande di asilo connesso all'andamento dei flussi migratori e per il tempo strettamente necessario da determinare nello stesso decreto, una o più sezioni fino a un numero massimo complessivo di trenta per l'intero territorio nazionale. Alle sezioni si applicano le disposizioni concernenti le Commissioni territoriali (4).

3. Le Commissioni territoriali sono composte, nel rispetto del principio di equilibrio di genere, da un funzionario della carriera prefettizia, con funzioni di presidente, nominato con decreto del Ministro dell'interno, sentita la Commissione nazionale, da un esperto in materia di protezione internazionale e di tutela dei diritti umani designato dall'UNHCR e dai funzionari amministrativi con compiti istruttori assegnati alla medesima Commissione ai sensi del comma 1-*bis*, nominati con provvedimento del Capo Dipartimento per le libertà civili e l'immigrazione del Ministero dell'interno, sentita la Commissione nazionale. Il presidente della Commissione svolge l'incarico in via esclusiva. Il decreto di nomina può prevedere che la funzione di presidente delle sezioni o di alcune di esse sia svolta in via esclusiva. Il provvedimento di nomina dei componenti della Commissione territoriale è adottato previa valutazione dell'insussistenza di motivi di incompatibilità derivanti da situazioni di conflitto di interesse, diretto o indiretto, anche potenziale. Per ciascun componente con funzioni di presidente e per il componente designato dall'UNHCR sono nominati uno o più componenti supplenti. L'incarico ha durata triennale ed è rinnovabile. Alle sedute della Commissione partecipano il funzionario prefettizio con funzioni di pre-

sidente, l'esperto designato dall'UNHCR e due dei funzionari amministrativi con compiti istruttori assegnati alla medesima Commissione ai sensi del comma 1-*bis*, tra cui il funzionario che ha svolto il colloquio ai sensi dell'articolo 12, comma 1-*bis*. Il presidente della Commissione fissa i criteri per l'assegnazione delle istanze ai funzionari amministrativi con compiti istruttori e per la partecipazione dei medesimi funzionari alle sedute della Commissione. Le Commissioni territoriali possono essere integrate, su richiesta del presidente della Commissione nazionale per il diritto di asilo, da un funzionario del Ministero degli affari esteri e della cooperazione internazionale come componente a tutti gli effetti, quando, in relazione a particolari afflussi di richiedenti protezione internazionale, sia necessario acquisire specifiche valutazioni di competenza del predetto Ministero in merito alla situazione dei Paesi di provenienza. Ove necessario, le Commissioni possono essere presiedute anche da funzionari della carriera prefettizia in posizione di collocamento a riposo da non oltre due anni. Al presidente ed ai componenti effettivi o supplenti è corrisposto, per la partecipazione alle sedute della Commissione, un gettone giornaliero di presenza. L'ammontare del gettone di presenza è determinato con decreto del Ministro dell'interno, di concerto con il Ministro dell'economia e delle finanze (5).

3-*bis*. Ogni Commissione territoriale e ognuna delle sue sezioni opera con indipendenza di giudizio e di valutazione (6).

3-*ter*. La Commissione nazionale per il diritto di asilo cura la predisposizione di corsi di formazione per componente delle Commissioni territoriali, anche mediante convenzioni stipulate dal Ministero dell'interno con le Università degli studi. I componenti che hanno partecipato ai corsi di cui al presente comma non partecipano ai corsi di formazione iniziale di cui all'articolo 15, comma 1 (7).

4. Le Commissioni territoriali sono validamente costituite con la presenza della maggioranza dei componenti di cui al comma 3, settimo periodo, (8) e deliberano con il voto favorevole di almeno tre componenti. In caso di parità prevale il voto del presidente. Le medesime disposizioni si applicano nel caso di integrazione delle Commissioni territoriali ai sensi del comma 3, nono periodo (9).

5. La competenza delle Commissioni territoriali è determinata sulla base della circoscrizione territoriale in cui è presentata la domanda ai sensi dell'articolo 26, comma 1. Nel caso di richiedenti presenti in una struttura di accoglienza [governativa o in una struttura del sistema di protezione di cui all'articolo 1-*sexies* del decreto-legge 30 dicembre 1989, n. 416, convertito, con modificazioni, dalla legge 28 febbraio 1990, n. 39,] (10) ovvero trattenuti in un centro di cui all'articolo 14 del decreto legislativo 25 luglio 1998, n. 286, la competenza è determinata in base alla circoscrizione territoriale in cui sono collocati la struttura di accoglienza o il centro. Nel caso in cui nel corso della procedura si rende necessario il trasferimento del richiedente, la competenza all'esame della domanda è assunta dalla Commissione nella cui circoscrizione territoriale sono collocati la struttura ovvero il centro di nuova destinazione. Se prima del trasferimento il richiedente ha sostenuto il colloquio, la competenza rimane in capo alla commissione territoriale innanzi alla quale si è svolto il colloquio (11).

5-*bis*. Fermo restando in ogni caso la competenza della commissione territoriale innanzi alla quale si è svolto il colloquio, la competenza all'esame delle domande di protezione internazionale può essere individuata, con provvedimento del Presidente della Commissione nazionale per il diritto di asilo in deroga al comma 5, tenendo conto del numero dei procedimenti assegnati a ciascuna Commissione nonché dei mutamenti di residenza o domicilio comunicati dall'interessato ai sensi dell'articolo 11, comma 2 (12).

6. Le attività di supporto delle commissioni sono svolte dal personale in servizio appartenente ai ruoli dell'Amministrazione civile dell'interno.

(1) *Comma modificato dall'art. 5, comma 1, lett.* a), *n. 1), d.l. 22 agosto 2014, n. 119, conv., con modif., in l. 17 ottobre 2014, n. 146. Successivamente è stato così modificato dall'art. 1, comma 1, lett.* a), *n. 1), d.lgs. 22 dicembre 2017, n. 220, che ha sostituito l'originario comma 1 con gli attuali commi 1 e 1-*bis. *Il testo previgente era il seguente:* « Le Commissioni territoriali per il riconoscimento dello status di rifugiato, di cui all'articolo 1-*quater* del decreto-legge 30 dicembre 1989, n. 416, convertito, con modificazioni, dalla legge 28 febbraio 1990, n. 39, assumono la denominazione di: « Commissioni territoriali per il riconoscimento della protezione internazionale », di seguito: « Commissioni territoriali ». Le Commissioni territoriali sono insediate presso le prefetture che forniscono il necessario supporto organizzativo e logistico, con il coordinamento del Dipartimento per le libertà civili e l'immigrazione del Ministero dell'interno ».

(2) *Comma inserito dall'art. 1, comma 1, lett.* a), *n. 1), d.lgs. 22 dicembre 2017, n. 220.*

(3) *Comma dapprima modificato dall'art. 5, comma 1, lett.* a), *n. 2), d.l. n. 119, cit., e successivamente dall'art. 1, comma 1, lett.* a), *n. 2), d.lgs. 22 dicembre 2017, n. 220 che ha sostituito il secondo periodo. Il testo previgente era il seguente:* « Con decreto del Ministro dell'interno sono individuate le sedi e le circoscrizioni territoriali in cui operano le commissioni. »,

(4) *Comma inserito dall'art. 30, comma 1, l. 6 agosto 2013, n. 97, successivamente modificato dall'art. 5, comma 1, lett.* a), *n. 3), d.l. n. 119, cit., e da ultimo novellato dall'art. 1, comma 1, lett.* a), *n. 3), d.lgs. 22 dicembre 2017, n. 220.*

(5) *Comma da ultimo così sostituito dall'art. 1, comma 1, lett.* a), *n. 4), d.lgs. 22 dicembre 2017, n. 220. Il testo previgente, così come modificato dall'art. 1, comma 1, lett.* a), *d.lgs. 3 ottobre 2008, n. 159, dall'art. 5, comma 1, lett.* a), *n. 4), d.l. n. 119, cit., dall'art. 25, comma 1, lett.* c), *n. 1), e dall'art. 26, comma 2, d.lgs. 18 agosto 2015, n. 142, era il seguente:* « Le Commissioni territoriali sono nominate con decreto del Ministro dell'interno, e sono composte, nel rispetto del principio di equilibrio di genere, da un funzionario della carriera prefettizia, con funzioni di presidente, da un funzionario della Polizia di Stato, da un rappresentante di un ente territoriale designato dalla Conferenza Stato-città ed autonomie locali e da un rappresentante designato dall'UNHCR. In situazioni di urgenza, il Ministro dell'interno nomina il rappresentante dell'ente locale su indicazione dell'Associazione nazionale dei comuni italiani (ANCI) e ne dà tempestiva comunicazione alla Conferenza Stato-città ed autonomie locali. Il decreto di nomina dei componenti della Commissione è adottato previa valutazione dell'insussistenza di motivi di incompatibilità derivanti da situazioni di conflitto di interessi, diretto o indiretto, anche potenziale. Per ciascun componente sono nominati uno o più componenti supplenti. I componenti effettivi e i componenti supplenti sono designati in base alle esperienze o formazione acquisite nel settore dell'immigrazione e dell'asilo o in quello della tutela dei diritti umani. L'incarico ha durata triennale ed è rinnovabile. Le Commissioni territoriali possono essere integrate, su richiesta del presidente della Commissione nazionale per il diritto di asilo, da un funzionario del Ministero degli affari esteri con la qualifica di componente a tutti gli effetti, ogni volta che sia necessario, in relazione a particolari afflussi di richiedenti protezione internazionale, in ordine alle domande per le quali occorre disporre di particolari elementi di valutazione in merito alla situazione dei Paesi di provenienza di competenza del Ministero degli affari esteri. Ove necessario, le Commissioni possono essere composte anche da personale in posizione di collocamento a riposo da non oltre due anni appartenente alle amministrazioni o agli enti rappresentati nella Commis-

sione. Al presidente ed ai componenti effettivi o supplenti, per ogni partecipazione alle sedute della Commissione, è corrisposto un gettone di presenza. L'ammontare del gettone di presenza è determinato con decreto del Ministro dell'interno, di concerto con il Ministro dell'economia e delle finanze ».

(6) *Comma aggiunto dall'art. 5, comma 1, lett.* a), *n. 4*-bis), *d.l. n. 119, cit.*

(7) *Comma inserito dall'art. 25, comma 1, lett.* c), *n. 2), d.lgs. 18 agosto 2015, n. 142.*

(8) *Le parole « di cui al comma 3, settimo periodo, » sono state inserite dall'art. 1, comma 1, lett.* a), *n. 5), d.lgs. 22 dicembre 2017, n. 220.*

(9) *Periodo inserito dall'art. 1, comma 1, lett.* a), *n. 5), d.lgs. 22 dicembre 2017, n. 220.*

(10) *Parole soppresse dall'art. 12, comma 3, d.l. 4 ottobre 2018, n. 113, conv., con modif., in l. 1 dicembre 2018, n. 132.*

(11) *Comma modificato dall'art. 5, comma 1, lett.* a), *n. 5), d.l. n. 119, cit. e successivamente dall'art. 25, comma 1, lett.* c), *n. 3), d.lgs. 18 agosto 2015, n. 142.*

(12) *Comma aggiunto dall'art. 5, comma 1, lett.* a), *n. 6), d.l. n. 119, cit.*

5 Commissione nazionale per il diritto di asilo.

1. La Commissione nazionale per il diritto di asilo ha competenza in materia di revoca e cessazione degli status di protezione internazionale riconosciuti, nelle ipotesi previste dal decreto legislativo 19 novembre 2007, n. 251, oltre che compiti di indirizzo e coordinamento delle Commissioni territoriali, di formazione e aggiornamento dei componenti delle medesime Commissioni, di monitoraggio della qualità delle procedure e dell'attività delle Commissioni, (1) di costituzione e aggiornamento di una banca dati informatica contenente le informazioni utili al monitoraggio delle richieste di asilo, di costituzione e aggiornamento di un centro di documentazione sulla situazione socio-politico-economica dei Paesi di origine dei richiedenti, di monitoraggio dei flussi di richiedenti asilo, anche al fine di proporre l'istituzione di nuove Commissioni territoriali e di fornire, ove necessario, informazioni al Presidente del Consiglio dei Ministri per l'adozione del provvedimento di cui all'articolo 20 del decreto legislativo 25 luglio 1988, n. 286. La Commissione mantiene rapporti di collaborazione con il Ministero degli affari esteri ed i collegamenti di carattere internazionale relativi all'attività svolta. La Commissione costituisce punto nazionale di contatto per lo scambio di informazioni con la Commissione europea e con le competenti autorità degli altri Stati membri (2).

1-*bis*. Nell'esercizio dei compiti di indirizzo e coordinamento di cui al comma 1, la Commissione nazionale può individuare periodicamente i Paesi di provenienza dei richiedenti o parte di tali Paesi ai fini dell'articolo 12, commi 2 e 2-*bis* (3).

1-*ter*. La Commissione nazionale adotta un codice di condotta per i componenti delle Commissioni territoriali, per gli interpreti e per il personale di supporto delle medesime Commissioni e pubblica annualmente un rapporto sulle attività svolte dalla medesima Commissione e dalle Commissioni territoriali (3).

2. La Commissione nazionale è nominata, nel rispetto del principio di equilibrio di genere, con decreto del Presidente del Consiglio dei Ministri, su proposta congiunta dei Ministri dell'interno e degli affari esteri. La Commissione è presieduta da un prefetto ed è composta da un dirigente in servizio presso la Presidenza del Consiglio dei Ministri, da un funzionario della carriera diplomatica, da un funzionario della carriera prefettizia in servizio presso il Dipartimento per le libertà civili e l'immigrazione e da un dirigente del Dipartimento della pubblica sicurezza del Ministero dell'interno. Ciascuna amministrazione designa un supplente. L'incarico ha durata triennale ed è rinnovabile. La Commissione è validamente costituita con la presenza della maggioranza dei componenti e delibera con il voto favorevole di almeno tre componenti. Alle riunioni partecipa senza diritto di voto un rappresentante del delegato in Italia dell'UNHCR. La Commissione nazionale si avvale del supporto organizzativo e logistico del Dipartimento per le libertà civili e l'immigrazione del Ministero dell'interno (4).

3. Con decreto del Presidente del Consiglio dei Ministri, su proposta dei Ministri dell'interno e degli affari esteri, possono essere istituite una o più sezioni della Commissione nazionale. I componenti di ciascuna sezione sono individuati e nominati secondo quanto previsto al comma 2. Le sezioni della Commissione nazionale sono validamente costituite e deliberano con le medesime modalità previste per la Commissione nazionale.

(1) *Le parole* « di monitoraggio della qualità delle procedure e dell'attività delle Commissioni, » *sono state inserite dall'art. 1, comma 1, lett.* b), *d.lgs. 22 dicembre 2017, n. 220.*

(2) *Comma modificato dall'art. 25, comma 1, lett.* d), *n. 1), d.lgs. 18 agosto 2015, n. 142.*

(3) *Comma inserito dall'art. 25, comma 1, lett.* d), *n. 2), d.lgs. 18 agosto 2015, n. 142.*

(4) *Comma modificato dall'art. 26, comma 2, d.lgs. 18 agosto 2015, n. 142.*

CAPO II
Principi fondamentali e garanzie

6 Accesso alla procedura.

1. La domanda di protezione internazionale è presentata personalmente dal richiedente presso l'ufficio di polizia di frontiera all'atto dell'ingresso nel territorio nazionale o presso l'ufficio della questura competente in base al luogo di dimora del richiedente.

2. La domanda presentata da un genitore si intende estesa anche ai figli minori non coniugati presenti sul territorio nazionale con il genitore all'atto della presentazione della stessa. La domanda può essere presentata direttamente dal minore, tramite il genitore (1).

3. La domanda può essere presentata direttamente dal minore non accompagnato ai sensi dell'articolo 19. La domanda del minore non accompagnato può essere altresì presentata direttamente dal tutore sulla base di una valutazione individuale della situazione personale del minore (2).

(1) *Comma modificato dall'art. 25, comma 1, lett.* e), *n. 1), del D.lgs. 18 agosto 2015, n. 142.*

(2) *Comma modificato dall'art. 25, comma 1, lett.* e), *n. 2) del D.lgs. 18 agosto 2015, n. 142.*

7 Diritto di rimanere nel territorio dello Stato durante l'esame della domanda.

1. Il richiedente è autorizzato a rimanere nel terri-

torio dello Stato fino alla decisione della Commissione territoriale ai sensi dell'articolo 32 (1).

2. La previsione di cui al comma 1 non si applica a coloro che:

a) debbono essere estradati verso un altro Stato in virtù degli obblighi previsti da un mandato di arresto europeo;

b) debbono essere consegnati ad una Corte o ad un Tribunale penale internazionale;

c) debbano essere avviati verso un altro Stato dell'Unione competente per l'esame dell'istanza di protezione internazionale;

d) hanno presentato una prima domanda reiterata al solo scopo di ritardare o impedire l'esecuzione di una decisione che ne comporterebbe l'imminente allontanamento dal territorio nazionale;

e) manifestano la volontà di presentare un'altra domanda reiterata a seguito di una decisione definitiva che considera inammissibile una prima domanda reiterata ai sensi dell'articolo 29, comma 1, o dopo una decisione definitiva che respinge la prima domanda reiterata ai sensi dell'articolo 32, comma 1, lettere *b*) e *b-bis*) (2).

(1) *Comma modificato dall'art. 1, comma 1, lett.* b), *d.lgs. 3 ottobre 2008, n. 159 e successivamente sostituito dall'art. 25, comma 1, lett.* f), *n. 1), d.lgs. 18 agosto 2015, n. 142.*

(2) *Comma così sostituito dall'art. 9, comma 1, lettera* a), *d.l. 4 ottobre 2018, n. 113, conv., con modif., in l. 1 dicembre 2018, n. 132. Il testo previgente era il seguente:* « 2. La previsione di cui al comma 1 non si applica a coloro che debbano essere: *a*) estradati verso un altro Stato in virtù degli obblighi previsti da un mandato di arresto europeo; *b*) consegnati ad una Corte o ad un Tribunale penale internazionale; *c*) avviati verso un altro Stato dell'Unione competente per l'esame dell'istanza di protezione internazionale ».

8 Criteri applicabili all'esame delle domande.

1. Le domande di protezione internazionale non possono essere respinte, né escluse dall'esame per il solo fatto di non essere state presentate tempestivamente.

2. La decisione su ogni singola domanda deve essere assunta in modo individuale, obiettivo ed imparziale e sulla base di un congruo esame della domanda effettuato ai sensi del decreto legislativo 19 novembre 2007, n. 251. La Commissione territoriale accerta in primo luogo se sussistono le condizioni per il riconoscimento dello status di rifugiato ai sensi dell'articolo 11 del decreto legislativo 19 novembre 2007, n. 251, e successivamente se sussistono le condizioni per il riconoscimento dello status di protezione sussidiaria ai sensi dell'articolo 17 del medesimo decreto legislativo (1).

3. Ciascuna domanda è esaminata alla luce di informazioni precise e aggiornate circa la situazione generale esistente nel Paese di origine dei richiedenti asilo e, ove occorra, dei Paesi in cui questi sono transitati, elaborate dalla Commissione nazionale sulla base dei dati forniti dall'UNHCR, dall'EASO, dal Ministero degli affari esteri anche con la collaborazione di altre agenzie ed enti di tutela dei diritti umani operanti a livello internazionale, o comunque acquisite dalla Commissione stessa. La Commissione nazionale assicura che tali informazioni, costantemente aggiornate, siano messe a disposizione delle Commissioni territoriali, secondo le modalità indicate dal regolamento da emanare ai sensi dell'articolo 38 e siano altresì fornite agli organi giurisdizionali chiamati a pronunciarsi su impugnazioni di decisioni negative (2).

3-*bis*. Ove necessario ai fini dell'esame della domanda, la Commissione territoriale può consultare esperti su aspetti particolari come quelli di ordine sanitario, culturale, religioso, di genere o inerenti ai minori. La Commissione, sulla base degli elementi forniti dal richiedente, può altresì disporre, previo consenso del richiedente, visite mediche dirette ad accertare gli esiti di persecuzioni o danni gravi subiti effettuate secondo le linee guida di cui all'articolo 27, comma 1-*bis*, del decreto legislativo 19 novembre 2007, n. 251, e successive modificazioni. Se la Commissione non dispone una visita medica, il richiedente può effettuare la visita medica a proprie spese e sottoporne i risultati alla Commissione medesima ai fini dell'esame della domanda (3).

(1) *Comma modificato dall'art. 25, comma 1, lett.* g), *n. 1), d.lgs. 18 agosto 2015, n. 142.*

(2) *Comma modificato dall'art. 5, comma 1, lett.* a-bis), *d.l. 22 agosto 2014, n. 119 e successivamente dall'art. 25, comma 1, lett.* g), *n. 2), e dall'art. 26, comma 2, d.lgs. 18 agosto 2015, n. 142.*

(3) *Comma aggiunto dall'art. 25, comma 1, lett.* g), *n. 3), d.lgs. 18 agosto 2015, n. 142.*

9 Criteri applicabili alle decisioni dell'autorità accertante.

1. Le decisioni sulle domande di protezione internazionale sono comunicate per iscritto.

2. La decisione con cui viene respinta una domanda è corredata da motivazione di fatto e di diritto e deve recare le indicazioni sui mezzi di impugnazione ammissibili.

2-*bis*. La decisione con cui è rigettata la domanda presentata dal richiedente di cui all'articolo 2-*bis*, comma 5, è motivata dando atto esclusivamente che il richiedente non ha dimostrato la sussistenza di gravi motivi per ritenere non sicuro il Paese designato di origine sicuro in relazione alla situazione particolare del richiedente stesso (1).

(1) *Comma inserito dall'art. 7-*bis, *comma 1, lettera* b), *d.l. 4 ottobre, n. 113, conv., con kodif., in l. 1 dicembre 2018, n. 132.*

10 Garanzie per i richiedenti asilo.

1. All'atto della presentazione della domanda l'ufficio di polizia competente a riceverla informa il richiedente della procedura da seguire, dei suoi diritti e doveri durante il procedimento e dei tempi e mezzi a sua disposizione per corredare la domanda degli elementi utili all'esame; a tale fine consegna al richiedente l'opuscolo informativo di cui al comma 2. L'ufficio di polizia informa il richiedente che, ove proveniente da un Paese designato di origine sicuro ai sensi dell'articolo 2-*bis*, la domanda può essere rigettata ai sensi dell'articolo 9, comma 2-*bis* (1).

1-*bis*. Il personale dell'ufficio di polizia di cui al comma 1 riceve una formazione adeguata ai propri compiti e responsabilità (2).

2. La Commissione nazionale redige, secondo le modalità definite nel regolamento da adottare ai sensi dell'articolo 38 un opuscolo informativo che illustra:

a) le fasi della procedura per il riconoscimento della protezione internazionale, comprese le conseguenze dell'allontanamento ingiustificato dai centri (3);

b) i principali diritti e doveri del richiedente durante la sua permanenza in Italia;

c) le prestazioni sanitarie e di accoglienza e le modalità per riceverle;

d) l'indirizzo ed il recapito telefonico dell'UNHCR e delle principali organizzazioni di tutela dei richiedenti protezione internazionale, nonché informazioni sul servizio di cui al comma 2-*bis* (4).

d-bis) l'elenco dei Paesi designati di origine sicuri ai sensi dell'articolo 2-*bis* (5).

2-*bis*. Al fine di garantire al richiedente un servizio gratuito di informazione sulla procedura di esame della domanda da parte delle Commissioni territoriali, nonché sulle procedure di revoca e sulle modalità di impugnazione delle decisioni in sede giurisdizionale, il Ministero dell'interno stipula apposite convenzioni con l'UNHCR o con enti di tutela dei titolari di protezione internazionale con esperienza consolidata nel settore, anche ad integrazione dei servizi di informazione assicurati dal gestore nelle strutture di accoglienza previste dal presente decreto (6).

3. Al richiedente è garantita, in ogni fase della procedura, la possibilità di contattare l'UNHCR o altra organizzazione di sua fiducia competente in materia di asilo (7).

4. Il richiedente è tempestivamente informato della decisione. Tutte le comunicazioni concernenti il procedimento per il riconoscimento della protezione interna-zionale sono rese al richiedente nella prima lingua da lui indicata, o, se ciò non è possibile, in lingua inglese, francese, spagnola o araba, secondo la preferenza indicata dall'interessato. In tutte le fasi del procedimento connesse alla presentazione ed all'esame della domanda, al richiedente è garantita, se necessario, l'assistenza di un interprete della sua lingua o di altra lingua a lui comprensibile. Ove necessario, si provvede alla traduzione della documentazione prodotta dal richiedente in ogni fase della procedura (8).

5. In caso di impugnazione della decisione in sede giurisdizionale, allo straniero, durante lo svolgimento del relativo giudizio, sono assicurate le stesse garanzie di cui al presente articolo.

(1) *Periodo inserito dall'art. 7-*bis*, comma 1, lettera* c), *d.l. 4 ottobre, n. 113, conv., con modif., in l. 1 dicembre 2018, n.132.*
(2) *Comma inserito dall'art. 25, comma 1, lett.* h), *n. 1), d.lgs. 18 agosto 2015, n. 142.*
(3) *Lettera modificata dall'art. 25, comma 1, lett.* h), *n. 2), d.lgs. 18 agosto 2015, n. 142.*
(4) *Lettera modificata dall'art. 25, comma 1, lett.* h), *n. 3), d.lgs. 18 agosto 2015, n. 142 e dall'art. 26, comma 2, d.lgs. 18 agosto 2015, n. 142.*
(5) *Lettera inserita dall'art. 7-*bis*, comma 1, lettera* c), *d.l. 4 ottobre, n. 113, conv., con modif., in l. 1 dicembre 2018, n.132.*
(6) *Comma inserito dall'art. 25, comma 1, lett.* h), *n. 4), d.lgs. 18 agosto 2015, n. 142.*
(7) *Comma modificato dall'art. 26, comma 2, d.l. 18 agosto 2015, n. 142.*
(8) *Comma modificato dall'art. 25, comma 1, lett.* h), *n. 5), d.lgs. 18 agosto 2015, n. 142.*

10-*bis* Informazione e servizi di accoglienza ai valichi di frontiera (1).

1. Le informazioni di cui all'articolo 10, comma 1, sono fornite allo straniero che manifesta la volontà di chiedere protezione internazionale ai valichi di frontiera e nelle relative zone di transito nell'ambito dei servizi di accoglienza previsti dall'articolo 11, comma 6, del decreto legislativo 25 luglio 1998, n. 286.

2. È assicurato l'accesso ai valichi di frontiera dei rappresentanti dell'UNHCR e degli enti di tutela dei titolari di protezione internazionale con esperienza consolidata nel settore. Per motivi di sicurezza, ordine pubblico o comunque per ragioni connesse alla gestione amministrativa, l'accesso può essere limitato, purché non impedito completamente.

(1) *Articolo inserito dall'art. 25, comma 1, lett.* i), *d.lgs. 18 agosto 2015, n. 142.*

11-17 (*Omissis*).

18 Applicazione della legge 7 agosto 1990, n. 241.

1. Ai procedimenti per l'esame delle domande di protezione internazionale si applicano le disposizioni in materia di procedimento amministrativo e di accesso agli atti amministrativi, di cui ai capi I, ad esclusione dell'articolo 2, comma 2, II, IV-*bis* e V, nonché agli articoli 7, 8 e 10 del capo III della legge 7 agosto 1990, n. 241.

19-32 (*Omissis*).

CAPO IV
Revoca, cessazione e rinuncia della protezione internazionale

33 Revoca e cessazione della protezione internazionale riconosciuta.

1. Nel procedimento di revoca o di cessazione dello status di protezione internazionale, l'interessato deve godere delle seguenti garanzie:

a) essere informato per iscritto che la Commissione nazionale procede al nuovo esame del suo diritto al riconoscimento della protezione internazionale e dei motivi dell'esame;

b) avere la possibilità di esporre in un colloquio personale a norma degli articoli 10, 11 e 12 o in una dichiarazione scritta, i motivi per cui il suo status non dovrebbe essere revocato o cessato.

2. La Commissione nazionale, nell'ambito di tale procedura, applica in quanto compatibili i principi fondamentali e le garanzie di cui al capo II.

3. Nel caso di decisione di revoca o cessazione degli status di protezione internazionale si applicano le disposizioni di cui all'articolo 32, comma 3.

3-*bis*. La Commissione nazionale provvede alle notificazioni degli atti e dei provvedimenti del procedimento di revoca o cessazione della protezione internazionale con le modalità di cui all'articolo 11. Ove ricorrano motivi di ordine e sicurezza pubblica ovvero di sicurezza nazionale, le notificazioni possono essere eseguite a mezzo delle forze di polizia. (1)

(1) *Comma aggiunto dall'art. 6, comma 1, lett. e), d.l. 17 febbraio 2017, n. 13, conv., con modif., in l. 13 aprile 2017, n. 146, con la disciplina transitoria di cui all'art. 21, comma 3, del medesimo d.l. n. 13 del 2017.*

34 Rinuncia agli status riconosciuti.

1. La rinuncia espressa allo status di rifugiato o di soggetto ammesso alla protezione sussidiaria determina la decadenza dal medesimo *status*.

CAPO V
Procedure di impugnazione

35 Impugnazione.

1. Avverso la decisione della Commissione territoriale e la decisione della Commissione nazionale sulla revoca o sulla cessazione dello status di rifugiato o di persona cui è accordata la protezione sussidiaria è ammesso ricorso dinanzi all'autorità giudiziaria ordinaria. Il ricorso è ammesso anche nel caso in cui l'interessato abbia richiesto il riconoscimento dello *status* di rifugiato e sia stato ammesso esclusivamente alla protezione sussidiaria (1).

2. Le controversie di cui al comma 1 sono disciplinate dall'articolo 35-*bis* (2).

2-*bis*. I provvedimenti comunicati alla Commissione nazionale ovvero alle Commissioni territoriali ai sensi dell'articolo 35-*bis*, commi 4 e 13, sono tempestivamente trasmessi dalle medesime Commissioni territoriali o nazionali al questore del luogo di domicilio del ricorrente, risultante agli atti della Commissione, per gli adempimenti conseguenti (3).

[3. Tutte le comunicazioni e notificazioni si eseguono presso l'avvocato del ricorrente mediante avviso di deposto in cancelleria.] (4)

[4. Il procedimento si svolge dinanzi al tribunale in composizione monocratica con le modalità dei procedimenti in camera di consiglio.] (5).

[5. Entro cinque giorni dal deposito del ricorso, il tribunale, con decreto apposto in calce allo stesso, fissa l'udienza in camera di consiglio. Il ricorso e il decreto di fissazione dell'udienza sono notificati all'interessato e al Ministero dell'interno, presso la Commissione nazionale ovvero presso la competente Commissione territoriale, e sono comunicati al pubblico ministero.] (6)

[6. La proposizione del ricorso avverso il provvedimento che rigetta la domanda di riconoscimento dello status di rifugiato o di persona cui è accordata la protezione sussidiaria ai sensi dei commi 1 e 2 sospende l'efficacia del provvedimento impugnato.] (7)

[7. La proposizione del ricorso avverso il provvedimento che dichiara inammissibile la domanda di riconoscimento dello *status* di rifugiato o di persona cui è accordata la protezione sussidiaria ovvero avverso la decisione adottata dalla Commissione territoriale ai sensi dell'articolo 22, comma 2, e dell'articolo 32, comma 1, lettera *b-bis*), non sospende l'efficacia del provvedimento impugnato. Il ricorrente può tuttavia chiedere al tribunale, contestualmente al deposito del ricorso, la sospensione del provvedimento quando ricorrano gravi e fondati motivi. In tale caso il tribunale, nei cinque giorni successivi al deposito, decide con ordinanza non impugnabile, anche apposta in calce al decreto di fissazione dell'udienza. Nel caso di sospensione del provvedimento impugnato al richiedente è rilasciato un permesso di soggiorno per richiesta di asilo ed è disposta l'accoglienza nei centri di cui all'articolo 20.] (8)

[8. La procedura di cui al comma 7 si applica, in ogni caso, al ricorso presentato dal richiedente di cui agli articoli 20, comma 2, lettere *b*) e *c*), e 21. Il richiedente ospitato nei centri di accoglienza ai sensi dell'articolo 20, comma 2, lettere *b*) e *c*), o trattenuto ai sensi dell'articolo 21 permane nel centro in cui si trova fino alla adozione dell'ordinanza di cui al comma 7.] (9)

[9. Il Ministero dell'interno, limitatamente al giudizio di primo grado, può stare in giudizio avvalendosi direttamente di un rappresentante designato dalla Commissione nazionale o territoriale che ha adottato l'atto impugnato. La Commissione interessata può in ogni caso depositare alla prima udienza utile tutti gli atti e la documentazione che ritiene necessari ai fini dell'istruttoria. Si applica, in quanto compatibile, l'articolo 417-*bis*, secondo comma, del codice di procedura civile.] (10)

[10. Il tribunale, sentite le parti e assunti tutti i mezzi di prova necessari, entro tre mesi dalla presentazione del ricorso decide con sentenza con cui rigetta il ricorso ovvero riconosce al ricorrente lo *status* di rifugiato o di persona cui è accordata la protezione sussidiaria; la sentenza è notificata al ricorrente e al Ministero dell'interno, presso la Commissione nazionale ovvero presso la competente Commissione territoriale, ed è comunicata al pubblico ministero.] (11)

[11. Avverso la sentenza pronunciata ai sensi del comma 10 il ricorrente, il Ministero dell'interno e il pubblico ministero possono proporre reclamo alla corte d'appello, con ricorso da depositare presso la cancelleria della corte d'appello, a pena di decadenza, entro dieci giorni dalla notificazione o comunicazione della sentenza.] (12)

[12. Il reclamo non sospende gli effetti della sentenza impugnata; tuttavia la corte d'appello, su istanza del ricorrente, può disporre con ordinanza non impugnabile che l'esecuzione sia sospesa quando ricorrano gravi e fondati motivi.] (13)

[13. Nel procedimento dinanzi alla corte d'appello, che si svolge in camera di consiglio, si applicano i commi 5, 9 e 10.] (14)

[14. Avverso la sentenza pronunciata dalla corte d'appello può essere proposto ricorso per cassazione. Il ricorso deve essere proposto, a pena di decadenza, entro trenta giorni dalla notificazione della sentenza. Esso è notificato alle parti assieme al decreto di fissazione dell'udienza in camera di consiglio, a cura della cancelleria. La Corte di cassazione si pronuncia in camera di consiglio ai sensi dell'articolo 375 del codice di procedura civile.] (15)

(1) *Comma modificato dall'art. 1, comma 1, lettera* h), *del d.lgs. 3 ottobre 2008, n. 159 e successivamente sostituito dall'art. 34, comma 20, lettera* a), *del d.lgs. 1° settembre 2011 n. 150.*

(2) *Comma sostituito dall'art. 34, comma 20, lettera* b), *del d.lgs. 1° settembre 2011 n. 150 e successivamente modificato dall'art. 6, comma 1, lettera* f), *numero 1), del d.l. 17 febbraio 2017, n. 13, convertito con modificazioni dalla l. 13 aprile 2017, n. 46*

(3) *Comma aggiunto dall'art. 25, comma 1, lettera cc), del D.lgs. 18 agosto 2015, n. 142 e successivamente modificato dall'art. 6, comma 1, lettera* f), *numero 2), del d.l. 17 febbraio 2017, n. 13, convertito con modificazioni dalla l. 13 aprile 2017, n. 46*

(4) *Comma abrogato dall'art. 34, comma 20, lettera* c), *del d.lgs. 1° settembre 2011 n. 150.*
(5) *Comma abrogato dall'art. 34, comma 20, lettera* c), *del d.lgs. 1° settembre 2011 n. 150.*
(6) *Comma sostituito dall'art. 1, comma 13, lettera* a), *della legge 15 luglio 2009, n. 94 e successivamente abrogato dall'art. 34, comma 20, lettera* c), *del d.lgs. 1° settembre 2011 n. 150.*
(7) *Comma abrogato dall'art. 34, comma 20, lettera* c), *del d.lgs. 1° settembre 2011 n. 150.*
(8) *Comma modificato dall'art. 1, comma 1, lettera* i), *del d.lgs. 3 ottobre 2008, n. 159 e successivamente abrogato dall'art. 34, comma 20, lettera* c), *del d.lgs. 1° settembre 2011 n. 150.*
(9) *Comma modificato dall'art. 1, comma 1, lettera* l), *del d.lgs. 3 ottobre 2008, n. 159 e successivamente abrogato dall'art. 34, comma 20, lettera* c), *del d.lgs. 1° settembre 2011 n. 150.*
(10) *Comma sostituito dall'art. 1, comma 13, lettera* b), *della legge 15 luglio 2009, n. 94e successivamente abrogato dall'art. 34, comma 20, lettera* c), *del d.lgs. 1° settembre 2011 n. 150.*
(11) *Comma sostituito dall'art. 1, comma 13, lettera* b), *della legge 15 luglio 2009, n. 94 e successivamente abrogato dall'art. 34, comma 20, lettera* c), *del d.lgs. 1° settembre 2011 n. 150.*
(12) *Comma sostituito dall'art. 1, comma 13, lettera* b), *della legge 15 luglio 2009, n. 94 e successivamente abrogato dall'art. 34, comma 20, lettera* c), *del d.lgs. 1° settembre 2011 n. 150.*
(13) *Comma abrogato dall'art. 34, comma 20, lettera* c), *del d.lgs. 1° settembre 2011 n. 150.*
(14) *Comma abrogato dall'art. 34, comma 20, lettera* c), *del d.lgs. 1° settembre 2011 n. 150.*
(15) *Comma modificato dall'art. 1, comma 1, lettera* m), *del d.lgs. 3 ottobre 2008, n. 159, successivamente sostituito dall'art. 1, comma 13, lettera* c), *della legge 15 luglio 2009, n. 94 e da ultimo abrogato dall'art. 34, comma 20, lettera* c), *del d.lgs. 1° settembre 2011 n. 150.*

36-40 (*Omissis*).

84. Decreto legislativo 18 agosto 2015, n. 142. — Attuazione della direttiva 2013/33/UE recante norme relative all'accoglienza dei richiedenti protezione internazionale, nonché della direttiva 2013/32/UE, recante procedure comuni ai fini del riconoscimento e della revoca dello status di protezione internazionale. (*estratto*).

Pubblicato nella Gazzetta Ufficiale n. 241 del 15 settembre 2015.

CAPO I
Disposizioni di attuazione della direttiva 2013/33 del Parlamento europeo e del Consiglio del 26 giugno 2013, recante norme relative all'accoglienza dei richiedenti la protezione internazionale

1 Finalità e ambito applicativo.

1. Il presente decreto stabilisce le norme relative all'accoglienza dei cittadini di Paesi non appartenenti all'Unione europea e degli apolidi richiedenti protezione internazionale nel territorio nazionale, comprese le frontiere e le relative zone di transito, nonché le acque territoriali, e dei loro familiari inclusi nella domanda di protezione internazionale.

2. Le misure di accoglienza di cui al presente decreto si applicano dal momento della manifestazione della volontà di chiedere la protezione internazionale.

3. Le misure di accoglienza di cui al presente decreto si applicano anche ai richiedenti protezione internazionale soggetti al procedimento previsto dal regolamento (UE) n. 604/2013, del Parlamento europeo e del Consiglio, del 26 giugno 2013, che stabilisce i criteri e i meccanismi di determinazione dello Stato membro competente per l'esame di una domanda di protezione internazionale.

4. Il presente decreto non si applica nell'ipotesi in cui sono operative le misure di protezione temporanea, disposte ai sensi del decreto legislativo 7 aprile 2003, n. 85, recante attuazione della direttiva 2001/55/CE relativa alla concessione della protezione temporanea in caso di afflusso massiccio di sfollati ed alla cooperazione in ambito comunitario.

2 Definizioni.

1. Ai fini del presente decreto s'intende per:

a) richiedente protezione internazionale o richiedente: lo straniero che ha presentato domanda di protezione internazionale su cui non è stata ancora adottata una decisione definitiva ovvero ha manifestato la volontà di chiedere tale protezione;

b) straniero: il cittadino di Stati non appartenenti all'Unione europea e l'apolide;

c) domanda di protezione internazionale o domanda: la domanda presentata ai sensi del decreto legislativo 28 gennaio 2008, n. 25, e successive modificazioni, diretta ad ottenere il riconoscimento dello status di rifugiato o lo status di protezione sussidiaria;

d) Commissione territoriale: la Commissione territoriale per il riconoscimento della protezione internazionale;

e) minore non accompagnato: lo straniero di età inferiore agli anni diciotto, che si trova, per qualsiasi causa, nel territorio nazionale, privo di assistenza e rappresentanza legale;

f) familiari: i seguenti soggetti appartenenti al nucleo familiare del richiedente già costituito prima dell'arrivo nel territorio nazionale, che si trovano nel territorio nazionale in connessione alla domanda di protezione internazionale:

1) il coniuge del richiedente;

2) i figli minori del richiedente, anche adottati o nati fuori dal matrimonio, a condizione che non siano sposati. I minori affidati o sottoposti a tutela sono equiparati ai figli;

3) il genitore o altro adulto legalmente responsabile ai sensi degli articoli 343 e seguenti del codice civile del richiedente minore non coniugato;

g) centro o struttura di accoglienza: struttura destinata all'alloggiamento collettivo di richiedenti ai sensi del presente decreto;

h) richiedente con esigenze di accoglienza particolari: il richiedente che rientra nelle categorie vulnerabili indicate nell'articolo 17 e che necessita di forme di assistenza particolari nella prestazione delle misure di accoglienza;

i) UNHCR: Alto Commissariato delle Nazioni Unite per i rifugiati.

3 Informazione.

1. L'ufficio di polizia che riceve la domanda provvede ad informare il richiedente sulle condizioni di accoglienza, con la consegna all'interessato dell'opuscolo di cui all'articolo 10 del decreto legislativo 28 gennaio 2008, n. 25, e successive modificazioni.

2. L'opuscolo di cui al comma 1 è consegnato nella prima lingua indicata dal richiedente o, se ciò non è possibile, nella lingua che ragionevolmente si suppone che comprenda tra quelle indicate nell'articolo 10, comma 4, del decreto legislativo 25 gennaio 2008, n. 25, e successive modificazioni.

3. Le informazioni di cui al comma 1 sono fornite, ove necessario con l'ausilio di un interprete o di un mediatore culturale, anche presso i centri di accoglienza, entro un termine ragionevole, comunque non superiore a quindici giorni dalla presentazione della domanda.

4. Le informazioni di cui al presente articolo comprendono i riferimenti dell'UNHCR e delle principali organizzazioni di tutela dei richiedenti protezione internazionale.

4 Documentazione.

1. Al richiedente è rilasciato un permesso di soggiorno per richiesta asilo valido nel territorio nazionale per sei mesi, rinnovabile fino alla decisione della domanda o comunque per il tempo in cui è autorizzato a rimanere nel territorio nazionale ai sensi dell'articolo 35-*bis*, commi 3 e 4, del decreto legislativo 28 gennaio 2008, n. 25. Il permesso di soggiorno costituisce documento di riconoscimento ai sensi dell'articolo 1, comma 1, lettera *c*), del decreto del Presidente della Repubblica 28 dicembre 2000, n. 445 (1) (2).

1-*bis*. Il permesso di soggiorno di cui al comma 1 non costituisce titolo per l'iscrizione anagrafica ai sensi del decreto del Presidente della Repubblica 30 maggio 1989, n. 223, e dell'articolo 6, comma 7, del decreto legislativo 25 luglio 1998, n. 286 (3) (4).

2. In caso di trattenimento ai sensi dell'articolo 6, la questura rilascia al richiedente un attestato nominativo, che certifica la sua qualità di richiedente protezione internazionale. L'attestato non certifica l'identità del richiedente.

3. La ricevuta attestante la presentazione della richiesta di protezione internazionale rilasciata contestualmente alla verbalizzazione della domanda ai sensi dell'articolo 26, comma 2-*bis*, del decreto legislativo 28 gennaio 2008, n. 25, e successive modificazioni, come introdotto dal presente decreto, costituisce permesso di soggiorno provvisorio.

4. L'accesso alle misure di accoglienza e il rilascio del permesso di soggiorno di cui al comma 1, non sono subordinati alla sussistenza di requisiti ulteriori rispetto a quelli espressamente richiesti dal presente decreto.

5. La questura può fornire al richiedente un documento di viaggio ai sensi dell'articolo 21 della legge 21 novembre 1967, n. 1185, quando sussistono gravi ragioni umanitarie che ne rendono necessaria la presenza in un altro Stato.

(1) *Periodo aggiunto dall'art. 13, comma 1, d.l. 4 ottobre 2018, n. 113, conv., con modif., in l. 1 dicembre 2018, n. 132. Ma v. nota 4.*

(2) *Comma modificato dall'art. 8, comma 1, lettera* a), *del d.l. 17 febbraio 2017, n. 13, conv., con modif., in l. 13 aprile 2017, n. 46. Ma v. nota 4.*

(3) *Comma inserito dall'art. 13, comma 1, d.l. 4 ottobre 2018, n. 113, conv., con modif., in l. 1 dicembre 2018, n. 132. Ma v. nota 4.*

(4) *La Corte Costituzionale, con sentenza 31 luglio 2020, n. 186, ha dichiarato* l'illegittimità costituzionale *del presente comma, come introdotto dall'art. 13, comma 1, lett.* a), *n. 2), d.l. n. 113, cit.; e ha dichiarato, in via consequenziale, ai sensi dell'art. 27 l. 11 marzo 1953, n. 87, l'illegittimità costituzionale delle restanti disposizioni dell'art. 13 d.l. n. 113, cit.*

5 Domicilio.

1. Salvo quanto previsto al comma 2, l'obbligo di comunicare alla questura il proprio domicilio o residenza è assolto dal richiedente tramite dichiarazione da riportare nella domanda di protezione internazionale. Ogni eventuale successivo mutamento del domicilio o residenza è comunicato dal richiedente alla medesima questura e alla questura competente per il nuovo domicilio o residenza ai fini del rinnovo del permesso di soggiorno di cui all'articolo 4, comma 1.

2. Per il richiedente trattenuto o accolto nei centri o strutture di cui agli articoli 6, 9 e 11 (1), l'indirizzo del centro costituisce il luogo di domicilio valevole agli effetti della notifica e delle comunicazioni degli atti relativi al procedimento di esame della domanda, nonché di ogni altro atto relativo alle procedure di trattenimento o di accoglienza di cui al presente decreto. L'indirizzo del centro ovvero il diverso domicilio di cui al comma 1 è comunicato dalla questura alla Commissione territoriale.

3. L'accesso ai servizi previsti dal presente decreto e a quelli comunque erogati sul territorio ai sensi delle norme vigenti è assicurato nel luogo di domicilio individuato ai sensi dei commi 1 e 2 (2).

4. Il prefetto competente in base al luogo di presentazione della domanda ovvero alla sede della struttura di accoglienza può stabilire, con atto scritto e motivato, comunicato al richiedente con le modalità di cui all'articolo 6, comma 5, un luogo di domicilio (3) o un'area geografica ove il richiedente può circolare.

5. Ai fini dell'applicazione nei confronti del richiedente protezione internazionale dell'articolo 284 del codice di procedura penale e degli articoli 47-*ter*, 47-*quater* e 47-*quinquies* della legge 26 luglio 1975, n. 354, e successive modificazioni, l'autorità giudiziaria valuta preliminarmente, sentito il prefetto competente per territorio, l'idoneità a tal fine dei centri e delle strutture di cui agli articoli 6 e 9 (4).

(1) *Le parole* « agli articoli 6, 9 e 11 » *sono state sostituite alle previgenti* « agli articoli 6, 9, 11 e 14 » *dall'art. 12, comma 2, d.l. 4 ottobre 2018, n. 113, conv., con modif., in l. 1 dicembre 2018, n. 132.*

(2) *Periodo sostituito dall'art. 13, comma 1, lett.* b), *d.l. 4 ottobre 2018, n. 113, conv., con modif.,in l. 1 dicembre 2018, n. 132. Il testo previgente era il seguente:* « 3. Per il richiedente accolto nei centri o strutture di cui agli articoli 9, 11 e 14, a cui è stato rilasciato il permesso di soggiorno di cui all'articolo 4, comma 1, ovvero la ricevuta di cui all'articolo 4, comma 3, il centro o la struttura rappresenta luogo di dimora abituale ai fini della iscrizione anagrafica ai sensi del decreto del Presidente della Repubblica 30 maggio 1989, n. 223, e dell'articolo 6, comma 7, del decreto legislativo 25 luglio 1998, n. 286 ». *Ma v. nota 4 sub art. 4.*

(3) *Le parole* « un luogo di domicilio » *sono state sostituite alle previgenti* « un luogo di residenza » *dall'art. 13, comma 1, d.l. 4 ottobre 2018, n. 113, conv., con modif., in l. 1 dicembre 2018, n. 132. Ma v. nota 4 sub art. 4.*

(4) *Le parole* « agli articoli 6 e 9 » *sono state sostituite alle previgenti* « agli articoli 6, 9 e 14 » *dall'art. 12, comma 2, d.l. 4 ottobre 2018, n. 113, conv., con modif., in l. 1 dicembre 2018, n. 132.*

5-*bis* Iscrizione anagrafica (1).

1. Il richiedente protezione internazionale, a cui è stato rilasciato il permesso di soggiorno di cui all'articolo 4, comma 1, ovvero la ricevuta di cui all'articolo 4, comma 3, è iscritto nell'anagrafe della popolazione residente, a norma del regolamento di cui al decreto del Presidente della Repubblica 30 maggio 1989, n. 223, in particolare degli articoli 3, 5 e 7.

2. Per i richiedenti ospitati nei centri di cui agli articoli 9 e 11, l'iscrizione anagrafica è effettuata ai sensi dell'articolo 5 del decreto del Presidente della Repubblica 30 maggio 1989, n. 223. È fatto obbligo al responsabile di dare comunicazione delle variazioni della convivenza al competente ufficio di anagrafe entro venti giorni dalla data in cui si sono verificati i fatti.

3. La comunicazione, da parte del responsabile della convivenza anagrafica, della revoca delle misure di accoglienza o dell'allontanamento non giustificato del richiedente protezione internazionale, ospitato nei centri di cui agli articoli 9 e 11 del presente decreto, nonché nelle strutture del sistema di accoglienza e integrazione, di cui all'articolo 1-*sexies* del decreto-legge 30 dicembre 1989, n. 416, convertito, con modificazioni, dalla legge 28 febbraio 1990, n. 39, costituisce motivo di cancellazione anagrafica con effetto immediato.

4. Ai richiedenti protezione internazionale che hanno ottenuto l'iscrizione anagrafica, è rilasciata, sulla base delle norme vigenti, una carta d'identità, di validità limitata al territorio nazionale e della durata di tre anni.

(1) *Articolo così sostituito dall'art. 3, comma 2, lett.* a) *d.l. 21 ottobre 2020, n. 130, conv., con modif., in l. 18 dicembre 2020, n. 173. Il testo dell'articolo, come da ultimo abrogato dall'art. 13, comma 1, lett.* c), *d.l. 4 ottobre 2018, n. 113, conv., con modif., in l. 1 dicembre 2018, n. 132, era il seguente:* « Il richiedente protezione internazionale ospitato nei centri di cui agli articoli 9, 11 e 14 è iscritto nell'anagrafe della popolazione residente ai sensi dell'articolo 5 del regolamento di cui al decreto del Presidente della Repubblica 30 maggio 1989, n. 223, ove non iscritto individualmente. — 2. È fatto obbligo al responsabile della convivenza di dare comunicazione della variazione della convivenza al competente ufficio di anagrafe entro venti giorni dalla data in cui si sono verificati i fatti. — 3. La comunicazione, da parte del responsabile della convivenza anagrafica, della revoca delle misure di accoglienza o dell'allontanamento non giustificato del richiedente protezione internazionale costituisce motivo di cancellazione anagrafica con effetto immediato, fermo restando il diritto di essere nuovamente iscritto ai sensi del comma 1 ».

6 Trattenimento.

1. Il richiedente non può essere trattenuto al solo fine di esaminare la sua domanda.

2. Il richiedente è trattenuto, ove possibile in appositi spazi, nei centri di cui all'articolo 14 del decreto legislativo 25 luglio 1998, n. 286, sulla base di una valutazione caso per caso, quando:

a) si trova nelle condizioni previste dall'articolo 1, paragrafo F della Convenzione relativa allo status di rifugiato, firmata a Ginevra il 28 luglio 1951, ratificata con la legge 24 luglio 1954, n. 722, e modificata dal protocollo di New York del 31 gennaio 1967, ratificato con la legge 14 febbraio 1970, n. 95, o nelle condizioni di cui agli articoli 12, comma 1, lettere *b*) e *c*), e 16 del decreto legislativo 19 novembre 2007, n. 251 (1);

a-bis) si trova nelle condizioni di cui all'articolo 29-*bis* del decreto legislativo 28 gennaio 2008, n. 25 (2)

b) si trova nelle condizioni di cui all'articolo 13, commi 1 e 2, lettera *c*), del decreto legislativo 25 luglio 1998, n. 286, e nei casi di cui all'articolo 3, comma 1, del decreto-legge 27 luglio 2005, n. 144, convertito, con modificazioni, dalla legge 31 luglio 2005, n. 155;

c) costituisce un pericolo per l'ordine e la sicurezza pubblica.

Nella valutazione della pericolosità si tiene conto di eventuali condanne, anche con sentenza non definitiva, compresa quella adottata a seguito di applicazione della pena su richiesta ai sensi dell'articolo 444 del codice di procedura penale, per uno dei delitti indicati dall'articolo 380, commi 1 e 2, del codice di procedura penale ovvero per reati inerenti agli stupefacenti, alla libertà sessuale, al favoreggiamento dell'immigrazione clandestina o per reati diretti al reclutamento di persone da destinare alla prostituzione o allo sfruttamento della prostituzione o di minori da impiegare in attività illecite ovvero per i reati previsti dagli articoli 12, comma 1, lettera *c*), e 16, comma 1, lettera *d-bis*) del decreto legislativo 19 novembre 2007, n. 251 (3);

d) sussiste rischio di fuga del richiedente. La valutazione sulla sussistenza del rischio di fuga è effettuata, caso per caso, quando il richiedente ha in precedenza fatto ricorso sistematicamente a dichiarazioni o attestazioni false sulle proprie generalità al solo fine di evitare l'adozione o l'esecuzione di un provvedimento di espulsione ovvero non ha ottemperato ad uno dei provvedimenti di cui all'articolo 13, commi 5, 5.2 e 13, nonché all'articolo 14 del decreto legislativo 25 luglio 1998, n. 286.

3. Al di fuori delle ipotesi di cui al comma 2, il richiedente che si trova in un centro di cui all'articolo 14 del decreto legislativo 25 luglio 1998, n. 286, in attesa dell'esecuzione di un provvedimento di respingimento o di espulsione ai sensi degli articoli 10, 13 e 14 del medesimo decreto legislativo, rimane nel centro quando vi sono fondati motivi per ritenere che la domanda è stata presentata al solo scopo di ritardare o impedire l'esecuzione del respingimento o dell'espulsione (4).

3-*bis*. Salvo le ipotesi di cui ai commi 2 e 3, il richiedente può essere altresì trattenuto, per il tempo strettamente necessario, e comunque non superiore a trenta giorni, in appositi locali presso le strutture di cui all'articolo 10-*ter*, comma 1, del decreto legislativo 25 luglio 1998, n. 286, per la determinazione o la verifica dell'identità o della cittadinanza. Ove non sia stato possibile determinarne o verificarne l'identità o la cittadinanza, il richiedente può essere trattenuto nei centri di cui all'articolo 14 del decreto legislativo 25 luglio 1998, n. 286, con le modalità previste dal comma 5 del medesimo articolo 14, per un periodo massimo di novanta giorni (5) (6).

4. Lo straniero trattenuto nei centri di cui all'articolo 14 del decreto legislativo 25 luglio 1998, n. 286, riceve, a cura del gestore, le informazioni sulla possibilità di richiedere protezione internazionale. Al richiedente trattenuto nei medesimi centri sono fornite le informazioni di cui all'articolo 10, comma 1, del decreto legislativo 28 gennaio 2008, n. 25, con la consegna dell'opuscolo informativo previsto dal medesimo articolo 10.

5. Il provvedimento con il quale il questore dispone il trattenimento o la proroga del trattenimento è adottato per iscritto, corredato da motivazione e reca l'indicazione che il richiedente ha facoltà di presentare personalmente o a mezzo di difensore memorie o deduzioni al tribunale sede della sezione specializzata in materia di immigrazione protezione internazionale e libera circolazione dei cittadini dell'Unione europea competente alla convalida. Il provvedimento è comunicato al richiedente nella prima lingua indicata dal richiedente o in una lingua che ragionevolmente si suppone che comprenda ai sensi dell'articolo 10, comma 4, del decreto legislativo 28 gennaio 2008, n. 25, e successive modificazioni. Si applica, per quanto compatibile, l'articolo 14 del decreto legislativo 25 luglio 1998, n. 286, comprese le misure alternative di cui al comma 1-*bis* del medesimo articolo 14. La partecipazione del richiedente all'udienza per la convalida avviene, ove possibile, a distanza mediante un collegamento audiovisivo, tra l'aula d'udienza e il centro di cui all'articolo 14 del decreto legislativo 25 luglio 1998, n. 286 nel quale egli è trattenuto. Il collegamento audiovisivo si svolge in conformità alle specifiche tecniche stabilite con decreto direttoriale d'intesa tra i Ministeri della giustizia e dell'interno entro centottanta giorni dalla data di entrata in vigore della presente disposizione, e, in ogni caso, con modalità tali da assicurare la contestuale, effettiva e reciproca visibilità delle persone presenti in entrambi i luoghi e la possibilità di udire quanto vi viene detto. è sempre consentito al difensore, o a un suo sostituto, di essere presente nel luogo ove si trova il richiedente. Un operatore della polizia di Stato appartenente ai ruoli di cui all'articolo 39, secondo comma, della legge 1° aprile 1981, n.121, è presente nel luogo ove si trova il richiedente e ne attesta l'identità dando atto che non sono posti impedimenti o limitazioni all'esercizio dei diritti e delle facoltà a lui spettanti. Egli dà atto dell'osservanza delle disposizioni di cui al quinto periodo del presente comma nonché, se ha luogo l'audizione del richiedente, delle cautele adottate per assicurarne la regolarità con riferimento al luogo ove si trova. A tal fine interpella, ove occorra, il richiedente e il suo difensore. Delle operazioni svolte è redatto verbale a cura del medesimo operatore della polizia di Stato. Quando il trattenimento è già in corso al momento della presentazione della domanda, i termini previsti dall'articolo 14, comma 5, del decreto legislativo 25 luglio 1998, n. 286, si sospendono e il questore trasmette gli atti al tribunale sede della sezione specializzata in materia di immigrazione protezione internazionale e libera circolazione dei cittadini dell'Unione europea per la convalida del trattenimento per un periodo massimo di ulteriori sessanta giorni, per consentire l'espletamento della procedura di esame della domanda (7).

6. Il trattenimento o la proroga del trattenimento non possono protrarsi oltre il tempo strettamente necessario all'esame della domanda ai sensi dell'articolo 28-*bis*, commi 1 e 2 (8), del decreto legislativo 28 gennaio 2008, n. 25, e successive modificazioni, come introdotto dal presente decreto, salvo che sussistano ulteriori motivi di trattenimento ai sensi dell'articolo 14 del decreto legislativo 25 luglio 1998, n. 286. Eventuali ritardi nell'espletamento delle procedure amministrative preordinate all'esame della domanda, non imputabili al richiedente, non giustificano la proroga del trattenimento.

7. Il richiedente trattenuto ai sensi dei commi 2, 3 e 3-*bis*, secondo periodo (9) che presenta ricorso giurisdizionale avverso la decisione di rigetto della Commissione territoriale ai sensi dell'articolo 35-*bis* del decreto legislativo 28 gennaio 2008, n. 25, e successive modificazioni, rimane nel centro fino all'adozione del provvedimento di cui al comma 4 del medesimo articolo 35-*bis*, nonché per tutto il tempo in cui è autorizzato a rimanere nel territorio nazionale in conseguenza del ricorso giurisdizionale proposto (10).

8. Ai fini di cui al comma 7, il questore chiede la proroga del trattenimento in corso per periodi ulteriori non superiori a sessanta giorni di volta in volta prorogabili da parte del tribunale in composizione monocratica, finché permangono le condizioni di cui al comma 7. In ogni caso, la durata massima del trattenimento ai sensi dei commi 5 e 7 non può superare complessivamente dodici mesi.

9. Il trattenimento è mantenuto soltanto finché sussistono i motivi di cui ai commi 2, 3, 3-*bis* e 7 (11). In ogni caso, nei confronti del richiedente trattenuto che chiede di essere rimpatriato nel Paese di origine o provenienza è immediatamente adottato o eseguito il provvedimento di espulsione con accompagnamento alla frontiera ai sensi dell'articolo 13, commi 4 e 5-*bis*, del decreto legislativo 25 luglio 1998, n. 286. La richiesta di rimpatrio equivale a ritiro della domanda di protezione internazionale.

10. Nel caso in cui il richiedente è destinatario di un provvedimento di espulsione da eseguirsi con le modalità di cui all'articolo 13, commi 5 e 5.2, del decreto legislativo 25 luglio 1998, n. 286, il termine per la partenza volontaria fissato ai sensi del medesimo articolo 13, comma 5, è sospeso per il tempo occorrente all'esame della domanda. In tal caso il richiedente ha accesso alle misure di accoglienza previste dal presente decreto in presenza dei requisiti di cui all'articolo 14.

10-*bis*. Nel caso in cui sussistano fondati dubbi relativi all'età dichiarata da un minore si applicano le disposizioni dell'articolo 19-*bis*, comma 2 (12).

(1) *Le parole* « , o nelle condizioni di cui agli articoli 12, comma 1, lettere *b*) e *c*), e 16 del decreto legislativo 19 novembre 2007, n. 251 » *sono state aggiunte dall'art. 3, comma 2, lett. b) n. 1.1 d.l. 21 ottobre 2020, n. 130, conv., con modif., in l. 18 dicembre 2020, n. 173.*

(2) *Lettera inserita dall'art. 3, comma 2, lett.* b) *n. 1.2 d.l. n. 130, cit.*
(3) *Le parole* « ovvero per i reati previsti dagli articoli 12, comma 1, lettera c), e 16, comma 1, lettera *d-bis*) del decreto legislativo 19 novembre 2007, n. 251 » *sono state aggiunte dall'art. 3, comma 2, lett.* b) *n. 1.3 d.l. n. 130, cit.*
(4) *Comma modificato dall'art. 8, comma 1, lettera* b), *numero 1), del d.l. 17 febbraio 2017, n. 13, convertito con modificazioni dalla l. 13 aprile 2017, n. 46.*
(5) *Le parole* « novanta giorni » *sono state sostituite alle parole* « centottanta giorni » *dall'art. 3, comma 2, lett.* b) *n. 2 d.l. n. 130, cit.*
(6) *Comma aggiunto dall'art. 3, comma 1, d.l. 4 ottobre 2018, n. 113, conv., con modif., in l. 1 dicembre 2018, n. 132.*
(7) *Comma modificato dall'art. 8, comma 1, lettera* b), *numeri 2) e 3), del d.l. 17 febbraio 2017, n. 13, convertito con modificazioni dalla l. 13 aprile 2017, n. 46.*
(8) *Le parole* « commi 1 e 2 » *sono state sostituite alle parole* « commi 1 e 3 » *dall'art. 3, comma 2, lett.* b) *n. 3 d.l. n. 130, cit.*
(9) *Le parole* « 2, 3 e 3-*bis*, secondo periodo » *sono state sostituite alle previgenti* « 2 e 3 » *dall'art. 3, comma 1, d.l. 4 ottobre 2018, n. 113, conv., con modif., in l. 1 dicembre 2018, n. 132.*
(10) *Comma sostituito dall'art. 8, comma 1, lettera* b), *numero 4), del d.l. 17 febbraio 2017, n. 13, convertito con modificazioni dalla l. 13 aprile 2017, n. 46.*
(11) *Le parole* « 2, 3, 3-*bis* e 7 » *sono state sostituite alle previgenti* « 2, 3 e 7 » *dall'art. 3, comma 1, d.l. 4 ottobre 2018, n. 113, conv., con modif., in l. 1 dicembre 2018, n. 132.*
(12) *Comma aggiunto dall'art. 3, comma 2, lett.* b) *n. 3-*bis *d.l. n. 130, cit.*

7 Condizioni di trattenimento.

1. Il richiedente è trattenuto nei centri di cui all'articolo 6 con modalità che assicurano la necessaria assistenza e il pieno rispetto della sua dignità, secondo le disposizioni di cui agli articoli 14 del testo unico e 21 del decreto del Presidente della Repubblica 31 agosto 1999, n. 394, e successive modificazioni. è assicurata in ogni caso alle richiedenti una sistemazione separata, nonché il rispetto delle differenze di genere. Ove possibile, è preservata l'unità del nucleo familiare. è assicurata la fruibilità di spazi all'aria aperta.

2. È consentito l'accesso ai centri di cui all'articolo 6, nonché la libertà di colloquio con i richiedenti ai rappresentanti dell'UNHCR o alle organizzazioni che operano per conto dell'UNHCR in base ad accordi con la medesima organizzazione, ai familiari, agli avvocati dei richiedenti, ai rappresentanti degli enti di tutela dei titolari di protezione internazionale con esperienza consolidata nel settore, ai ministri di culto, nonché agli altri soggetti indicati nelle direttive del Ministro dell'interno adottate ai sensi dell'articolo 21, comma 8, del decreto del Presidente della Repubblica 31 agosto 1999, n. 394, con le modalità specificate con le medesime direttive.

3. Per motivi di sicurezza, ordine pubblico, o comunque per ragioni connesse alla corretta gestione amministrativa dei centri di cui all'articolo 6, l'accesso ai centri può essere limitato, purché non impedito completamente, secondo le direttive di cui al comma 2.

4. Il richiedente è informato delle regole vigenti nel centro nonché dei suoi diritti ed obblighi nella prima lingua da lui indicata o in una lingua che ragionevolmente si suppone che comprenda ai sensi dell'articolo 10, comma 4, del decreto legislativo 28 gennaio 2008, n. 25, e successive modificazioni.

5. Non possono essere trattenuti nei centri di cui all'articolo 6 i richiedenti le cui condizioni di salute o di vulnerabilità ai sensi dell'articolo 17, comma 1, (1) sono incompatibili con il trattenimento. Nell'ambito dei servizi socio-sanitari garantiti nei centri è assicurata anche la verifica periodica della sussistenza di condizioni di vulnerabilità che richiedono misure di assistenza particolari.

(1) *Comma modificato dall'art. 8, comma 1, lettera* b-bis), *del d.l. 17 febbraio 2017, n. 13, convertito con modificazioni dalla l. 13 aprile 2017, n. 46.*

8 Sistema di accoglienza (1).

1. Il sistema di accoglienza per richiedenti protezione internazionale si basa sulla leale collaborazione tra i livelli di governo interessati, secondo le forme di coordinamento nazionale e regionale previste dall'articolo 16.

2. Le funzioni di prima assistenza sono assicurate nei centri di cui agli articoli 9 e 11, fermo restando quanto previsto dall'articolo 10-*ter* del decreto legislativo 25 luglio 1998, n. 286, per le procedure di soccorso e di identificazione dei cittadini stranieri irregolarmente giunti nel territorio nazionale.

3. L'accoglienza dei richiedenti protezione internazionale è assicurata, nei limiti dei posti disponibili, nelle strutture del Sistema di accoglienza e integrazione, di cui all'articolo 1-*sexies* del decreto-legge 30 dicembre 1989, n. 416, convertito, con modificazioni, dalla legge 28 febbraio 1990, n. 39.

(1) *Articolo così sostituito dall'art. 4, comma 1, lett.* a) *n. 1.1 d.l. 21 ottobre 2020, n. 130, conv., con modif., in l. 18 dicembre 2020, n. 173. Il testo dell'articolo, come da ultimo modificato dall'art. 12, comma 2, lett.* b), *d.l. 4 ottobre 2018, n. 113, conv., con modif., in l. 1 dicembre 2018, n. 132, era il seguente:* « 1. Il sistema di accoglienza per richiedenti protezione internazionale si basa sulla leale collaborazione tra i livelli di governo interessati, secondo le forme di coordinamento nazionale e regionale di cui all'articolo 16. — 2. Le funzioni di soccorso e prima assistenza, nonché di identificazione continuano ad essere svolte nelle strutture allestite ai sensi del decreto-legge 30 ottobre 1995, n. 451, convertito, con modificazioni, dalla legge 29 dicembre 1995, n. 563 ».

9 Misure di prima accoglienza.

1. Per le esigenze di prima accoglienza e per l'espletamento delle operazioni necessarie alla definizione della posizione giuridica, lo straniero è accolto nei centri governativi di prima accoglienza istituiti con decreto del Ministro dell'interno, sentita la Conferenza unificata di cui all'articolo 8 del decreto legislativo 28 agosto 1997, n. 281, secondo la programmazione e i criteri individuati dal Tavolo di coordinamento nazionale e dai Tavoli di coordinamento regionale ai sensi dell'articolo 16, che tengono conto, ai fini della migliore gestione, delle esigenze di contenimento della capienza massima (1).

2. La gestione dei centri di cui al comma 1 può essere affidata ad enti locali, anche associati, alle unioni o consorzi di comuni, ad enti pubblici o privati che operano nel settore dell'assistenza ai richiedenti asilo o agli immigrati o nel settore dell'assistenza sociale, secondo le procedure di affidamento dei contratti pubblici.

3. Le strutture allestite ai sensi del decreto-legge 30 ottobre 1995, n. 451, convertito, con modificazioni, dalla legge 29 dicembre 1995, n. 563, possono essere destinate, con decreto del Ministro dell'interno, alle finalità di cui al presente articolo. I centri di accoglienza per richiedenti asilo già istituiti alla data di entrata in

vigore del presente decreto svolgono le funzioni di cui al presente articolo.

4. Il prefetto, informato il sindaco del comune nel cui territorio è situato il centro di prima accoglienza e (2) sentito il Dipartimento per le libertà civili e l'immigrazione del Ministero dell'interno, invia il richiedente nelle strutture di cui al comma 1. Il richiedente è accolto per il tempo necessario, all'espletamento delle operazioni di identificazione, ove non completate precedentemente, alla verbalizzazione della domanda ed all'avvio della procedura di esame della medesima domanda, nonché all'accertamento delle condizioni di salute diretto anche a verificare, fin dal momento dell'ingresso nelle strutture di accoglienza, la sussistenza di situazioni di vulnerabilità ai fini di cui all'articolo 17, comma 3.

4-*bis*. Espletati gli adempimenti di cui al comma 4, il richiedente è trasferito, nei limiti dei posti disponibili, nelle strutture del Sistema di accoglienza e integrazione di cui all'articolo 1-*sexies* del decreto-legge 30 dicembre 1989, n. 416, convertito, con modificazioni, dalla legge 28 febbraio 1990, n. 39, in conformità a quanto previsto dall'articolo 8, comma 3. Il richiedente che rientra nelle categorie di cui all'articolo 17, sulla base delle specifiche esigenze di vulnerabilità, è trasferito nelle strutture di cui al primo periodo in via prioritaria, del presente decreto (3).

4-*ter*. La verifica della sussistenza di esigenze particolari e di specifiche situazioni di vulnerabilità, anche ai fini del trasferimento prioritario del richiedente di cui al comma 4-*bis* e dell'adozione di idonee misure di accoglienza di cui all'articolo 10, è effettuata secondo le linee guida emanate dal Ministero della salute, d'intesa con il Ministero dell'interno e con le altre amministrazioni eventualmente interessate, da applicare nei centri di cui al presente articolo e all'articolo 11 (4).

[5.] (5).

(1) *Le parole* «, che tengono conto, ai fini della migliore gestione, delle esigenze di contenimento della capienza massima » *sono state aggiunte dall'art. 4, comma 1, lett.* b) *n. 1 d.l. 21 ottobre 2020, n. 130, conv., con modif., in l. 18 dicembre 2020, n. 173.*

(2) *Le parole* « informato il sindaco del comune nel cui territorio è situato il centro di prima accoglienza e » *sono state inserite dall'art. 4, comma 1, lett.* b) *n. 1*-bis *d.l. n. 130, cit.*

(3) *Comma inserito dall'art. 4, comma 1, lett.* b), *n. 2 d.l. n. 130, cit.*

(4) *Comma inserito dall'art. 3, comma 2, lett.* b-bis) *d.l. n. 130, cit.*

(5) *Comma abrogato dall'art. 12, comma 2, lett.* c), *d.l. 4 ottobre 2018, n. 113, conv., con modif., in l. 1 dicembre 2018, n. 132. Il testo previgente era il seguente:* « 5. Espletate le operazioni e gli adempimenti di cui al comma 4, il richiedente che ne faccia richiesta, anche in pendenza dell'esame della domanda, in presenza dei presupposti di cui all'articolo 15, è trasferito nelle strutture di cui all'articolo 14, individuate anche tenendo conto delle particolari esigenze del richiedente di cui all'articolo 17. In caso di temporanea indisponibilità di posti nelle strutture di cui all'articolo 14, il richiedente rimane nei centri di cui al presente articolo, per il tempo strettamente necessario al trasferimento. Il richiedente portatore delle particolari esigenze di cui all'articolo 17 è trasferito in via prioritaria nelle strutture di cui all'articolo 14 ».

10 Modalità di accoglienza.

1. Nei centri di cui all'articolo 9, comma 1, e nelle strutture di cui all'articolo 11, devono essere assicurati adeguati standard igienico-sanitari, abitativi e di sicurezza nonché idonee misure di prevenzione, controllo e vigilanza relativamente alla partecipazione o alla propaganda attiva a favore di organizzazioni terroristiche internazionali, secondo i criteri e le modalità stabiliti con decreto adottato dal Ministro dell'interno, di concerto con il Ministro della salute, sentita la Conferenza unificata di cui all'articolo 8 del decreto legislativo 28 agosto 1997, n. 281, che si esprime entro trenta giorni. Sono altresì erogati, anche con modalità di organizzazione su base territoriale, oltre alle prestazioni di accoglienza materiale, l'assistenza sanitaria, l'assistenza sociale e psicologica, la mediazione linguistico-culturale, la somministrazione di corsi di lingua italiana e i servizi di orientamento legale e al territorio, secondo le disposizioni analitiche contenute nel capitolato di gara di cui all'articolo 12. Sono inoltre assicurati il rispetto della sfera privata, comprese le differenze di genere, delle esigenze connesse all'età, la tutela della salute fisica e mentale dei richiedenti, l'unità dei nuclei familiari composti da coniugi e da parenti entro il primo grado, l'apprestamento delle misure necessarie per le persone portatrici di particolari esigenze ai sensi dell'articolo 17. Sono adottate misure idonee a prevenire ogni forma di violenza, anche di genere, e a garantire la sicurezza e la protezione dei richiedenti e del personale che opera presso i centri (1).

2. È consentita l'uscita dal centro nelle ore diurne secondo le modalità indicate nel regolamento di cui all'articolo 38 del decreto legislativo 28 gennaio 2008, n. 25, con obbligo di rientro nelle ore notturne. Il richiedente può chiedere al prefetto un permesso temporaneo di allontanamento dal centro per un periodo di tempo diverso o superiore a quello di uscita, per rilevanti motivi personali o per motivi attinenti all'esame della domanda. Il provvedimento di diniego sulla richiesta di autorizzazione all'allontanamento è motivato e comunicato all'interessato ai sensi dell'articolo 10, comma 4, del decreto legislativo 28 gennaio 2008, n. 25, e successive modificazioni.

3. È assicurata la facoltà di comunicare con i rappresentanti dell'UNHCR, degli enti di tutela dei titolari di protezione internazionale con esperienza consolidata nel settore, con i ministri di culto, nonché con gli avvocati e i familiari dei richiedenti.

4. È assicurato l'accesso ai centri dei soggetti di cui all'articolo 7, comma 2, nonché degli altri soggetti previsti dal regolamento di cui all'articolo 38 del decreto legislativo 28 gennaio 2008, n. 25, fatte salve le limitazioni giustificate dalla necessità di garantire la sicurezza dei locali e dei richiedenti presenti nel centro.

5. Il personale che opera nei centri è adeguatamente formato ed ha l'obbligo di riservatezza sui dati e sulle informazioni riguardanti i richiedenti presenti nel centro.

(1) *Comma così sostituito dall'art. 4, comma 1, lett.* c) *d.l. 21 ottobre 2020, n. 130, conv., con modif., in l. 18 dicembre 2020, n. 173. Il testo del comma, come da ultimo modificato dall'art. 2, comma 1, lett.* a), *d.lgs. 22 dicembre 2017, n. 220, era il seguente:* « 1. Nei centri di cui all'articolo 9, comma 1, sono assicurati il rispetto della sfera privata, comprese le differenze di genere, delle esigenze connesse all'età, la tutela della salute fisica e mentale dei richiedenti, l'unità dei nuclei familiari composti da coniugi e da parenti entro il primo grado, l'apprestamento delle misure necessarie per le persone portatrici di particolari esigenze ai sensi dell'articolo 17. Sono adottate misure idonee a prevenire ogni forma di violenza, anche di genere, e a garantire la sicurezza e la protezione dei richiedenti e del personale che opera presso i centri ».

11 Misure straordinarie di accoglienza.

1. Nel caso in cui è temporaneamente esaurita la disponibilità di posti all'interno dei centri di cui all'articolo 9, (1) a causa di arrivi consistenti e ravvicinati di richiedenti, l'accoglienza può essere disposta dal prefetto, sentito il Dipartimento per le libertà civili e l'immigrazione del Ministero dell'interno, in strutture temporanee, appositamente allestite, previa valutazione delle condizioni di salute del richiedente, anche al fine di accertare la sussistenza di esigenze particolari di accoglienza.

2. Le strutture di cui al comma 1 soddisfano le esigenze essenziali di accoglienza nel rispetto dei principi di cui all'articolo 10, comma 1, e sono individuate dalle prefetture-uffici territoriali del Governo, previo parere dell'ente (2) locale nel cui territorio è situata la struttura, secondo le procedure di affidamento dei contratti pubblici. è consentito, nei casi di estrema urgenza, il ricorso alle procedure di affidamento diretto ai sensi del decreto-legge 30 ottobre 1995, n. 451, convertito, con modificazioni, dalla legge 29 dicembre 1995, n. 563, e delle relative norme di attuazione.

3. L'accoglienza nelle strutture di cui al comma 1 è limitata al tempo strettamente necessario al trasferimento del richiedente nelle strutture del Sistema di accoglienza e integrazione, di cui all'articolo 1-*sexies* del decreto-legge 30 dicembre 1989, n. 416, convertito, con modificazioni, dalla legge 28 febbraio 1990, n. 39. Il trasferimento del richiedente che rientra nelle categorie di cui all'articolo 17 è effettuato in via prioritaria (3).

4. Le operazioni di identificazione e verbalizzazione della domanda sono espletate presso la questura più vicina al luogo di accoglienza.

(1) *Le parole* « dei centri di cui all'articolo 9, » *sono state sostituite alle previgenti* « delle strutture di cui agli articoli 9 e 14, » *dall'art. 12, comma 2, lett.* d), *d.l. 4 ottobre 2018, n. 113, conv., con modif., in l. 1 dicembre 2018, n. 132.*

(2) *Le parole* « previo parere dell'ente » *sono state sostituite alle previgenti* « sentito l'ente » *dall'art. 12, comma 2, lett.* d), *d.l. 4 ottobre 2018, n. 113, conv., con modif., in l. 1 dicembre 2018, n. 132.*

(3) *Le parole* « nelle strutture del Sistema di accoglienza e integrazione, di cui all'articolo 1-*sexies* del decreto-legge 30 dicembre 1989, n. 416, convertito, con modificazioni, dalla legge 28 febbraio 1990, n. 39. Il trasferimento del richiedente che rientra nelle categorie di cui all'articolo 17 è effettuato in via prioritaria » *sono state sostituite alle parole* « nei centri di cui all'articolo 9 » *dall'art. 4, comma 1, lett.* d) *d.l. 21 ottobre 2020, n. 130, conv., con modif., in l. 18 dicembre 2020, n. 173.*

12 Condizioni materiali di accoglienza.

1. Con decreto del Ministro dell'interno è adottato lo schema di capitolato di gara d'appalto per la fornitura dei beni e dei servizi relativi al funzionamento dei centri di cui agli articoli 6, 8, comma 2, 9 e 11, in modo da assicurare livelli di accoglienza uniformi nel territorio nazionale, in relazione alle peculiarità di ciascuna tipologia di centro.

2. Sullo schema di capitolato di cui al comma 1 sono acquisite le valutazioni del Tavolo di coordinamento nazionale di cui all'articolo 16.

3. Con il regolamento di cui all'articolo 30, sono individuate forme di partecipazione e di coinvolgimento dei richiedenti nello svolgimento della vita nelle strutture di cui agli articoli 9 e 11 (1).

(1) *Le parole* « strutture di cui agli articoli 9 e 11. » *sono state sostituite alle previgenti* « strutture di cui agli articoli 9, 11 e 14. » *dall'art. 12, comma 2, lett.* e), *d.l. 4 ottobre 2018, n. 113, conv., con modif., in l. 1 dicembre 2018, n. 132.*

13 Allontanamento ingiustificato dai centri.

1. L'allontanamento ingiustificato dalle strutture di cui agli articoli 9 e 11 comporta la revoca delle condizioni di accoglienza di cui al presente decreto, adottata con le modalità di cui all'articolo 23, comma 1, lettera *a*), con gli effetti di cui all'articolo 23-*bis* del decreto legislativo 28 gennaio 2008, n. 25, e successive modificazioni, come introdotto dal presente decreto.

14 Modalità di accesso al sistema di accoglienza (1).

1. Il richiedente che ha formalizzato la domanda e che risulta privo di mezzi sufficienti a garantire una qualità di vita adeguata per il sostentamento proprio e dei propri familiari, ha accesso, con i familiari, alle misure di accoglienza del presente decreto (2).

[2. Con decreto del Ministro dell'interno, sentita la Conferenza unificata di cui all'articolo 8 del decreto legislativo 28 agosto 1997, n. 281, che si esprime entro trenta giorni, sono fissate le modalità di presentazione da parte degli enti locali delle domande di contributo per la realizzazione dei progetti di accoglienza di cui al comma 1. Il medesimo decreto detta le linee guida per la predisposizione dei servizi da assicurare, compresi quelli destinati alle persone portatrici di esigenze particolari di cui all'articolo 17.] (3)

3. Al fine di accedere alle misure di accoglienza di cui al presente decreto, il richiedente, al momento della presentazione della domanda, dichiara di essere privo di mezzi sufficienti di sussistenza (4). La valutazione dell'insufficienza dei mezzi di sussistenza di cui al comma 1 è effettuata dalla prefettura - Ufficio territoriale del Governo con riferimento all'importo annuo dell'assegno sociale.

4. Le misure di accoglienza sono assicurate per la durata del procedimento di esame della domanda da parte della Commissione territoriale per il riconoscimento della protezione internazionale di cui all'articolo 4 del decreto legislativo 28 gennaio 2008, n. 25, e successive modificazioni, e, in caso di rigetto, fino alla scadenza del termine per l'impugnazione della decisione. Salvo quanto previsto dall'articolo 6, comma 7, in caso di ricorso giurisdizionale proposto ai sensi dell'articolo 35 del decreto legislativo 28 gennaio 2008, n. 25, e successive modificazioni, il ricorrente, privo di mezzi sufficienti [ai sensi del comma 1] (5), usufruisce delle misure di accoglienza di cui al presente decreto per il tempo in cui è autorizzato a rimanere nel territorio nazionale ai sensi dell'articolo 35-*bis*, commi 3 e 4, del decreto legislativo 28 gennaio 2008, n. 25. Nei casi di cui all'articolo 35-*bis*, comma 4, del decreto legislativo 28 gennaio 2008, n. 25, fino alla decisione sull'istanza di sospensione, il ricorrente rimane nella struttura o nel centro in cui si trova (6).

5. Quando vengono meno i presupposti per il trattenimento nei centri di cui all'articolo 6, il richiedente che ha ottenuto la sospensione del provvedimento impugnato, ai sensi dell'articolo 35-*bis*, comma 4, del decreto legislativo 28 gennaio 2008, n. 25, e successive modificazioni, ha accoglienza nei centri o strutture di cui all'articolo 9 (7).

6. Al richiedente di cui al comma 5, è prorogata la validità dell'attestato nominativo di cui all'articolo 4, comma 2. Quando ricorrono le condizioni di cui all'articolo 6, comma 2, lettere *a*), *b*) e *c*), al medesimo richiedente possono essere imposte le misure di cui all'articolo 14, comma 1-*bis*, del decreto legislativo 25 luglio 1998, n. 286. In tal caso competente alla convalida delle misure, se ne ricorrono i presupposti, è il tribunale sede della sezione specializzata in materia di immigrazione protezione internazionale e libera circolazione dei cittadini dell'Unione europea (8).

(1) *Rubrica così sostituita dall'art. 12, comma 2, lett.* f), *numero 5), d.l. 4 ottobre 2018, n. 113, conv., con modif., in l. 1 dicembre 2018, n. 132. Il testo della rubrica era il seguente:* « Sistema di accoglienza territoriale - Sistema di protezione per richiedenti asilo e rifugiati ».

(2) *Le parole* « presente decreto. » *sono state sostituite alle previgenti* « Sistema di protezione per richiedenti asilo e rifugiati (SPRAR) predisposte dagli enti locali ai sensi dell'articolo 1-*sexies* del decreto-legge 30 dicembre 1989, n. 416, convertito, con modificazioni, dalla legge 28 febbraio 1990, n. 39, e finanziate dal Fondo di cui all'articolo 1-septies del medesimo decreto anche in deroga al limite dell'80 per cento di cui al comma 2 del medesimo articolo 1-*sexies*. » *dall'art. 12, comma 2, lett.* f), *numero 1), d.l. 4 ottobre 2018, n. 113, conv., con modif., in l. 1 dicembre 2018, n. 132.*

(3) *Comma abrogato dall'art. 12, comma 2, lett.* f), *numero 2), d.l. 4 ottobre 2018, n. 113, conv., con modif., in l. 1 dicembre 2018, n. 132.*

(4) *Periodo aggiunto dall'art. 12, comma 2, lett.* f), *numero 3), d.l. 4 ottobre 2018, n. 113, conv., con modif., in l. 1 dicembre 2018, n. 132.*

(5) *Le parole* « ai sensi del comma 1 » *sono state soppresse dall'art. 12, comma 2, lett.* f), *numero 4), d.l. 4 ottobre 2018, n. 113, conv., con modif., in l. 1 dicembre 2018, n. 132.*

(6) *Comma modificato dall'art. 8, comma 1, lettera* c), *numeri 1) e 2), del d.l. 17 febbraio 2017, n. 13, conv., con modif., in l. 13 aprile 2017, n. 46..*

(7) *Comma modificato dall'art. 8, comma 1, lettera* c), *numero 3), del d.l. 17 febbraio 2017, n. 13, conv., con modif., in l. 13 aprile 2017, n. 46.*

(8) *Comma modificato dall'art. 8, comma 1, lettera* c), *numero 4), del d.l. 17 febbraio 2017, n. 13, conv., con modif., in l. 13 aprile 2017, n. 46.*

15 Individuazione della struttura di accoglienza (1).

[1. Nelle ipotesi di cui all'articolo 14, comma 1, il richiedente presenta richiesta di accesso all'accoglienza per sé e per i propri familiari, previa dichiarazione, al momento della presentazione della domanda, di essere privo di mezzi sufficienti di sussistenza.] (2)

[2. La prefettura-ufficio territoriale del Governo, cui viene trasmessa, da parte della questura, la documentazione di cui al comma 1, valutata l'insufficienza dei mezzi di sussistenza, accerta, secondo le modalità stabilite con provvedimento del Capo del Dipartimento per libertà civili e l'immigrazione del Ministero dell'interno, la disponibilità di posti all'interno del Sistema di protezione per richiedenti asilo e rifugiati di cui all'articolo 14.] (2)

3. La prefettura-ufficio territoriale del Governo provvede all'invio del richiedente nella struttura individuata, anche avvalendosi dei mezzi di trasporto messi a disposizione dal gestore.

4. L'accoglienza è disposta nella struttura individuata ed è subordinata all'effettiva permanenza del richiedente in quella struttura, salvo il trasferimento in altro centro, che può essere disposto, per motivate ragioni, dalla prefettura-ufficio territoriale del Governo in cui ha sede la struttura di accoglienza che ospita il richiedente. Il trasferimento in un centro collocato in una provincia diversa è disposto dal Dipartimento per le libertà civili e l'immigrazione del Ministero dell'interno.

5. L'indirizzo della struttura di accoglienza è comunicato, a cura della prefettura-ufficio territoriale del Governo, alla Questura, nonché alla Commissione territoriale per il riconoscimento della protezione internazionale, ai sensi e per gli effetti di cui all'articolo 5, comma 2. è nella facoltà del richiedente comunicare l'indirizzo della struttura al proprio difensore o consulente legale. è consentito l'accesso nelle medesime strutture dell'UNHCR, nonché dei rappresentanti degli enti di tutela dei titolari di protezione internazionale al fine di prestare assistenza ai richiedenti.

6. Avverso il provvedimento di diniego delle misure di accoglienza è ammesso ricorso al Tribunale amministrativo regionale territorialmente competente.

(1) *Rubrica così sostituita dall'art. 12, comma 2, lett.* g), *numero 2), d.l. 4 ottobre 2018, n. 113, conv., con modif., in l. 1 dicembre 2018, n. 132. Il testo della rubrica era il seguente:* « Modalità di accesso al sistema di accoglienza territoriale - Sistema di protezione per richiedenti asilo e rifugiati ».

(2) *Comma soppresso dall'art. 12, comma 2, lett.* g), *numero 1), d.l. 4 ottobre 2018, n. 113, conv., con modif., in l. 1 dicembre 2018, n. 132.*

16 Forme di coordinamento nazionale e regionale.

1. Il Tavolo di coordinamento nazionale, insediato presso il Ministero dell'interno - Dipartimento per le libertà civili e l'immigrazione, di cui all'articolo 29, comma 3, del decreto legislativo 19 novembre 2007, n. 251, e successive modificazioni, individua le linee di indirizzo e predispone la programmazione degli interventi diretti a ottimizzare il sistema di accoglienza previsto dal presente decreto, compresi i criteri di ripartizione regionale dei posti da destinare alle finalità di accoglienza di cui al presente decreto. I criteri di ripartizione regionale individuati dal Tavolo sono fissati d'intesa con la Conferenza unificata di cui all'articolo 8 del decreto legislativo 28 agosto 1997, n. 281.

2. Ai fini di cui al comma 1, il Tavolo predispone annualmente, salva la necessità di un termine più breve, un Piano nazionale per l'accoglienza che, sulla base delle previsioni di arrivo per il periodo considerato, individua il fabbisogno dei posti da destinare alle finalità di accoglienza di cui al presente decreto.

3. Le linee di indirizzo e la programmazione predisposti dal Tavolo di cui al comma 1 sono attuati a livello territoriale attraverso Tavoli di coordinamento regionale insediati presso le prefetture - uffici territoriali del Governo del capoluogo di Regione, che individuano, i criteri di localizzazione delle strutture di cui agli articoli 9 e 11, nonché i criteri di ripartizione, all'interno della Regione, dei posti da destinare alle finalità di accoglienza di cui al presente decreto, tenuto conto dei posti già attivati, nel territorio di riferimento, nel-

l'ambito del Sistema di protezione per richiedenti asilo e rifugiati di cui all'articolo 14.

4. Ai fini dello svolgimento delle funzioni di cui al presente articolo, la composizione e le modalità operative dei Tavoli di cui ai commi 1 e 3 sono stabilite con decreto del Ministro dell'interno.

5. La partecipazione alle sedute dei Tavoli di cui ai commi 1 e 3 non dà luogo alla corresponsione di compensi, gettoni, emolumenti, indennità o rimborsi spese comunque denominati.

17 Accoglienza di persone portatrici di esigenze particolari.

1. Le misure di accoglienza previste dal presente decreto tengono conto della specifica situazione delle persone vulnerabili, quali i minori, i minori non accompagnati, i disabili, gli anziani, le donne in stato di gravidanza, i genitori singoli con figli minori, le vittime della tratta di esseri umani, le persone affette da gravi malattie o da disturbi mentali, le persone per le quali è stato accertato che hanno subito torture, stupri o altre forme gravi di violenza psicologica, fisica o sessuale o legata all'orientamento sessuale o all'identità di genere, le vittime di mutilazioni genitali.

2. Ai richiedenti protezione internazionale identificati come vittime della tratta di esseri umani si applica il programma unico di emersione, assistenza e integrazione sociale di cui all'articolo 18, comma 3-*bis*, del decreto legislativo 25 luglio 1998, n. 286.

3. Nei centri di cui all'articolo 9 sono previsti servizi speciali di accoglienza delle persone vulnerabili portatrici di esigenze particolari, individuati con il decreto ministeriale di cui all'articolo 12, assicurati anche in collaborazione con la ASL competente per territorio. Tali servizi garantiscono misure assistenziali particolari ed un adeguato supporto psicologico.

[4. Nell'ambito del sistema di accoglienza territoriale di cui all'articolo 14, sono attivati servizi speciali di accoglienza per i richiedenti portatori di esigenze particolari, individuati con il decreto del Ministro dell'interno di cui all'articolo 14, comma 2, che tengono conto delle misure assistenziali da garantire alla persona in relazione alle sue specifiche esigenze.] (1)

5. Ove possibile, i richiedenti adulti portatori di esigenze particolari sono alloggiati insieme ai parenti adulti già presenti nelle strutture di accoglienza.

6. I servizi predisposti ai sensi del comma 3 (2) garantiscono una valutazione iniziale e una verifica periodica della sussistenza delle condizioni di cui al comma 1, da parte di personale qualificato.

7. La sussistenza di esigenze particolari è comunicata dal gestore del centro alla prefettura presso cui è insediata la Commissione territoriale competente, per l'eventuale apprestamento di garanzie procedurali particolari ai sensi dell'articolo 13, comma 2, del decreto legislativo 28 gennaio 2008, n. 25.

8. Le persone che hanno subito danni in conseguenza di torture, stupri o altri gravi atti di violenza accedono ad assistenza o cure mediche e psicologiche appropriate, secondo le linee guida di cui all'articolo 27, comma 1-*bis*, del decreto legislativo 19 novembre 2007, n. 251, e successive modificazioni. Il personale sanitario riceve una specifica formazione ai sensi del medesimo articolo 27, comma 1-*bis*, ed è tenuto all'obbligo di riservatezza.

(1) *Comma soppresso dall'art. 12, comma 2, lett.* h), *d.l. 4 ottobre 2018, n. 113, conv., con modif., in l. 1 dicembre 2018, n. 132.*

(2) *Le parole* « ai sensi del comma 3 » *sono state sostituite alle previgenti* « ai sensi del comma 3 e 4 » *dall'art. 12, comma 2, lett.* h), *d.l. 4 ottobre 2018, n. 113, conv., con modif., in l. 1 dicembre 2018, n. 132.*

18 Disposizioni sui minori.

1. Nell'applicazione delle misure di accoglienza previste dal presente decreto assume carattere di priorità il superiore interesse del minore in modo da assicurare condizioni di vita adeguate alla minore età, con riguardo alla protezione, al benessere ed allo sviluppo anche sociale del minore, conformemente a quanto previsto dall'articolo 3 della Convenzione sui diritti del fanciullo del 20 novembre 1989, ratificata dalla legge 27 maggio 1991, n. 176.

2. Per la valutazione dell'interesse superiore del minore occorre procedere all'ascolto del minore, tenendo conto della sua età, del suo grado di maturità e di sviluppo personale, anche al fine di conoscere le esperienze pregresse e valutare il rischio che il minore sia vittima di tratta di esseri umani, nonché a verificare la possibilità di ricongiungimento familiare ai sensi dell'articolo 8, paragrafo 2, del regolamento UE n. 604/2013 del Parlamento europeo e del Consiglio, del 26 giugno 2013, purché corrisponda all'interesse superiore del minore. (1).

2-*bis*. L'assistenza affettiva e psicologica dei minori stranieri non accompagnati è assicurata, in ogni stato e grado del procedimento, dalla presenza di persone idonee indicate dal minore, nonché di gruppi, fondazioni, associazioni od organizzazioni non governative di comprovata esperienza nel settore dell'assistenza ai minori stranieri e iscritti nel registro di cui all'articolo 42 del testo unico di cui al decreto legislativo 25 luglio 1998, n. 286, previo consenso del minore, e ammessi dall'autorità giudiziaria o amministrativa che procede. (2)

2-*ter*. Il minore straniero non accompagnato ha diritto di partecipare per mezzo di un suo rappresentante legale a tutti i procedimenti giurisdizionali e amministrativi che lo riguardano e di essere ascoltato nel merito. A tale fine è assicurata la presenza di un mediatore culturale (2).

3. I figli minori dei richiedenti e i richiedenti minori sono alloggiati con i genitori, i fratelli minori non coniugati o altro adulto legalmente responsabile ai sensi degli articoli 343 e seguenti del codice civile.

4. Nella predisposizione delle misure di accoglienza di cui al presente decreto sono assicurati servizi destinati alle esigenze della minore età, comprese quelle ricreative.

5. Gli operatori che si occupano dei minori sono in possesso di idonea qualifica o comunque ricevono una specifica formazione e sono soggetti all'obbligo di riservatezza sui dati e sulle informazioni riguardanti i minori.

(1) *Si veda anche art. 17 della legge 7 aprile 2017, n. 47. Art. 17. - Minori vittime di tratta. - 1. Al comma 2 dell'art. 13 della legge 11 agosto 2003, n. 228, è aggiunto, in fine, il seguente periodo: « Particolare tutela*

deve essere garantita nei confronti dei minori stranieri non accompagnati, predisponendo un programma specifico di assistenza che assicuri adeguate condizioni di accoglienza e di assistenza psico-sociale, sanitaria e legale, prevedendo soluzioni di lungo periodo, anche oltre il compimento della maggiore età ».

2. In caso di minori vittime di tratta si applicano, in ogni stato e grado del procedimento, le disposizioni dell'articolo 18, commi 2, 2-bis e 2-ter, del decreto legislativo 18 agosto 2015, n. 142, e dell'articolo 76, comma 4-quater, del testo unico di cui al decreto del Presidente della Repubblica 30 maggio 2002, n. 115, anche al fine di garantire al minore un'adeguata assistenza per il risarcimento del danno.

3. Per le finalità di cui al comma 2, è autorizzata la spesa di 154.080 euro annui a decorrere dall'anno 2017.

4. All'attuazione delle restanti disposizioni contenute nel presente articolo, si provvede nei limiti delle risorse umane, finanziarie e strumentali disponibili a legislazione vigente e comunque senza nuovi o maggiori oneri per la finanza pubblica.

(2) *Comma introdotto dall'art. 15 della legge 7 aprile 2017, n. 47.*

19 Accoglienza dei minori non accompagnati.

1. Per le esigenze di soccorso e di protezione immediata, i minori non accompagnati sono accolti in strutture governative di prima accoglienza a loro destinate (1), istituite con decreto del Ministro dell'interno, sentita la Conferenza unificata di cui all'articolo 8 del decreto legislativo 27 agosto 1997, n. 281, per il tempo strettamente necessario, comunque non superiore a trenta giorni, all'identificazione, che si deve concludere entro dieci giorni (1), e all'eventuale accertamento dell'età, nonché a ricevere, con modalità adeguate alla loro età, ogni informazione sui diritti riconosciuti al minore e sulle modalità di esercizio di tali diritti, compreso quello di chiedere la protezione internazionale. Le strutture di prima accoglienza sono attivate dal Ministero dell'interno, in accordo con l'ente locale nel cui territorio è situata la struttura, e gestite dal Ministero dell'interno anche in convenzione con gli enti locali. Con decreto del Ministro dell'interno, di concerto con il Ministro dell'economia e delle finanze per i profili finanziari, sono fissati le modalità di accoglienza, gli standard strutturali, in coerenza con la normativa regionale, e i servizi da erogare, in modo da assicurare un'accoglienza adeguata alla minore età, nel rispetto dei diritti fondamentali del minore e dei principi di cui all'articolo 18. Durante la permanenza nella struttura di prima accoglienza è garantito un colloquio con uno psicologo dell'età evolutiva, ove necessario in presenza di un mediatore culturale, per accertare la situazione personale del minore, i motivi e le circostanze della partenza dal suo Paese di origine e del viaggio effettuato, nonché le sue aspettative future. La prosecuzione dell'accoglienza del minore è assicurata ai sensi del comma 2.

2. I minori non accompagnati sono accolti nell'ambito del Sistema di protezione per richiedenti asilo, rifugiati e minori stranieri non accompagnati, di cui all'articolo 1-*sexies* del decreto-legge 30 dicembre 1989, n. 416, convertito, con modificazioni, dalla legge 28 febbraio 1990, n. 39, e in particolare nei progetti specificamente destinati a tale categoria di soggetti vulnerabili. La capienza del Sistema è commisurata alle effettive presenze dei minori non accompagnati nel territorio nazionale ed è, comunque, stabilita nei limiti delle risorse del Fondo nazionale per le politiche e i servizi dell'asilo, di cui all'articolo 1-*septies* del decreto-legge 30 dicembre 1989, n. 416, convertito, con modificazioni, dalla legge 28 febbraio 1990, n. 39, da riprogrammare annualmente (2). A tal fine gli enti locali che partecipano alla ripartizione del Fondo nazionale per le politiche e i servizi dell'asilo di cui all'articolo 1-septies del decreto-legge 30 dicembre 1989, n. 416, convertito, con modificazioni, dalla legge 28 febbraio 1990, n. 39, prevedono specifici programmi di accoglienza riservati ai minori non accompagnati.

2-*bis*. Nella scelta del posto, tra quelli disponibili, in cui collocare il minore, si deve tenere conto delle esigenze e delle caratteristiche dello stesso minore risultanti dal colloquio di cui all'articolo 19-*bis*, comma 1, in relazione alla tipologia dei servizi offerti dalla struttura di accoglienza. Le strutture nelle quali vengono accolti i minori stranieri non accompagnati devono soddisfare, nel rispetto dell'articolo 117, secondo comma, lettera *m*), della Costituzione, gli standard minimi dei servizi e dell'assistenza forniti dalle strutture residenziali per minorenni ed essere autorizzate o accreditate ai sensi della normativa nazionale e regionale in materia. La non conformità alle dichiarazioni rese ai fini dell'accreditamento comporta la cancellazione della struttura di accoglienza dal Sistema (3).

3. In caso di temporanea indisponibilità nelle strutture di cui ai commi 1 e 2, l'assistenza e l'accoglienza del minore sono temporaneamente assicurate dalla pubblica autorità del Comune in cui il minore si trova, fatta salva la possibilità di trasferimento del minore in un altro comune (4), secondo gli indirizzi fissati dal Tavolo di coordinamento di cui all'articolo 16. I Comuni che assicurano l'attività di accoglienza ai sensi del presente comma accedono ai contributi disposti dal Ministero dell'interno a valere sul Fondo nazionale per l'accoglienza dei minori stranieri non accompagnati di cui all'articolo 1, comma 181, della legge 23 dicembre 2014, n. 190, nel limite delle risorse del medesimo Fondo, tenendo in considerazione prioritariamente il superiore interesse del minore (4) [e comunque senza alcuna spesa o onere a carico del Comune interessato all'accoglienza dei minori stranieri non accompagnati] (5).

3-*bis*. In presenza di arrivi consistenti e ravvicinati di minori non accompagnati, qualora l'accoglienza non possa essere assicurata dai comuni ai sensi del comma 3, è disposta dal prefetto, ai sensi dell'articolo 11, l'attivazione di strutture ricettive temporanee esclusivamente dedicate ai minori non accompagnati, con una capienza massima di cinquanta posti per ciascuna struttura. Sono assicurati in ogni caso i servizi indicati nel decreto di cui al comma 1 del presente articolo. L'accoglienza nelle strutture ricettive temporanee non può essere disposta nei confronti del minore di età inferiore agli anni quattordici ed è limitata al tempo strettamente necessario al trasferimento nelle strutture di cui ai commi 2 e 3 del presente articolo. Dell'accoglienza del minore non accompagnato nelle strutture di cui al presente comma e al comma 1 del presente articolo è data notizia, a cura del gestore della struttura, al comune in cui si trova la struttura stessa, per il coordinamento con i servizi del territorio (6).

4. Il minore non accompagnato non può essere trattenuto o accolto presso i centri di cui agli articoli 6 e 9.

5. L'autorità di pubblica sicurezza dà immediata comunicazione della presenza di un minore non accompagnato al Procuratore della Repubblica presso il Tribunale per i minorenni e al Tribunale per i minorenni per l'apertura della tutela e la nomina del tutore ai sensi degli articoli 343 e seguenti del codice civile e delle relative disposizioni di attuazione del medesimo codice, in quanto compatibili, e per la ratifica delle misure di accoglienza predisposte, nonché al Ministero del lavoro e delle politiche sociali, con mezzi idonei a garantirne la riservatezza, al fine di assicurare il censimento e il monitoraggio della presenza dei minori non accompagnati. Il provvedimento di nomina del tutore e gli altri provvedimenti relativi alla tutela sono adottati dal presidente del tribunale per i minorenni o da un giudice da lui delegato. Il reclamo contro tali provvedimenti si propone al collegio a norma dell'articolo 739 del codice di procedura civile. Del collegio non può far parte il giudice che ha emesso il provvedimento reclamato (7) (8).

6. Il tutore possiede le competenze necessarie per l'esercizio delle proprie funzioni e svolge i propri compiti in conformità al principio dell'interesse superiore del minore. Non possono essere nominati tutori individui o organizzazioni i cui interessi sono in contrasto anche potenziale con quelli del minore. Il tutore può essere sostituito solo in caso di necessità.

7. Al fine di garantire il diritto all'unità familiare è tempestivamente avviata ogni iniziativa per l'individuazione dei familiari del minore non accompagnato richiedente protezione internazionale. Il Ministero dell'interno, sentiti il Ministero della giustizia e il Ministero degli affari esteri e della cooperazione internazionale, (9) stipula convenzioni, sulla base delle risorse disponibili del Fondo nazionale per le politiche e i servizi dell'asilo, con organizzazioni internazionali, intergovernative e associazioni umanitarie, per l'attuazione di programmi diretti a rintracciare i familiari dei minori non accompagnati. Le ricerche ed i programmi diretti a rintracciare i familiari sono svolti nel superiore interesse dei minori e con l'obbligo della assoluta riservatezza, in modo da tutelare la sicurezza del richiedente e dei familiari.

7-*bis*. Nei cinque giorni successivi al colloquio di cui all'articolo 19-*bis*, comma 1, se non sussiste un rischio per il minore straniero non accompagnato o per i suoi familiari, previo consenso informato dello stesso minore ed esclusivamente nel suo superiore interesse, l'esercente la responsabilità genitoriale, anche in via temporanea, invia una relazione all'ente convenzionato, che avvia immediatamente le indagini (10).

7-*ter*. Il risultato delle indagini di cui al comma 7 è trasmesso al Ministero dell'interno, che è tenuto ad informare tempestivamente il minore, l'esercente la responsabilità genitoriale nonché il personale qualificato che ha svolto il colloquio di cui all'articolo 19-*bis*, comma 1 (10).

7-*quater*. Qualora siano individuati familiari idonei a prendersi cura del minore straniero non accompagnato, tale soluzione deve essere preferita al collocamento in comunità (10).

(1) *Le parole* « a trenta giorni, all'identificazione, che si deve concludere entro dieci giorni, » *sono state sostituite alle parole* « a sessanta giorni, alla identificazione » *e le parole* « a loro destinate » *sono state inserite dall'art. 4, lett a) della l. 7 aprile 2017, n. 47.*

(2) *Periodo sostituito dall'art. 12, lett.* a) *della l. 7 aprile 2017, n. 47.*

(3) *Comma introdotto dall'art. 12, lett.* b) *della l. 7 aprile 2017, n. 47.*

(4) *Incisi inseriti dall'art. 12, lett.* c) *della legge 7 aprile 2017, n. 47.*

(5) *L'nciso* « e comunque senza alcuna spesa o onere a carico del Comune interessato all'accoglienza dei minori stranieri non accompagnati » *dapprima inserito dall'art. 12, comma 2, lettera* h-bis), *d.l. 4 ottobre 2018, n. 113, conv., con modif., in l. 1 dicembre 2018, n. 132, è stato successivamente abrogato dall'art. 1, comma 769, l. 30 dicembre 2018, n. 145, a decorrere dal 1° gennaio 2019.*

(6) *Comma aggiunto dall'art. 1-*ter, *comma 1, del d.l. 24 giugno 2016, n. 113, convertito con modificazioni dalla l. 7 agosto 2016, n. 160.*

(7) *Comma così sostituito dall'art. 2, comma 1, lett.* b), *d.lgs. 22 dicembre 2017, n. 220, in vigore dal 31 gennaio 2018. Ai sensi dell'art. 4, comma 2, dello stesso d.lgs., la presente disposizione si applica in relazione alle comunicazioni effettuate dopo il trentesimo giorno dalla data di entrata in vigore del presente decreto. Il testo del comma era il seguente:* « 5. L'autorità di pubblica sicurezza dà immediata comunicazione della presenza di un minore non accompagnato al giudice tutelare per l'apertura della tutela e per la nomina del tutore a norma degli articoli 343 e seguenti del codice civile, al Procuratore della Repubblica presso il Tribunale per i minorenni e al Tribunale per i minorenni per la ratifica delle misure di accoglienza predisposte, nonché al Ministero del lavoro e delle politiche sociali, con mezzi idonei a garantirne la riservatezza, al fine di assicurare il censimento e il monitoraggio della presenza dei minori non accompagnati ».

(8) *V. anche l'art. 9 della l. 7 aprile 2017, n. 47:*

« *Art. 9.* Sistema informativo nazionale dei minori stranieri non accompagnati. Cartella sociale.

1. In attuazione dell'articolo 19, comma 5, del decreto legislativo 18 agosto 2015, n. 142, presso il Ministero del lavoro e delle politiche sociali è istituito il Sistema informativo nazionale dei minori non accompagnati.

*2. In seguito al colloquio di cui all'articolo 19-*bis*, comma 1, del decreto legislativo 18 agosto 2015, n. 142, introdotto dalla presente legge, il personale qualificato della struttura di accoglienza compila un'apposita cartella sociale, evidenziando elementi utili alla determinazione della soluzione di lungo periodo migliore nel superiore interesse del minore straniero non accompagnato. La cartella sociale è trasmessa ai servizi sociali del comune di destinazione e alla procura della Repubblica presso il tribunale per i minorenni.*

3. La registrazione dei dati anagrafici e sociali dichiarati dal minore straniero non accompagnato è finalizzata a tutelare il suo superiore interesse e i suoi diritti e, in particolare, il suo diritto alla protezione.

4. Si applicano le disposizioni dell'articolo 7 del codice in materia di protezione dei dati personali, di cui al decreto legislativo 30 giugno 2003, n. 196.

5. All'attuazione delle disposizioni contenute nel presente articolo si provvede nei limiti delle risorse umane, finanziarie e strumentali disponibili a legislazione vigente e comunque senza nuovi o maggiori oneri per la finanza pubblica ».

(9) *Le parole* «, sentiti il Ministero della giustizia e il Ministero degli affari esteri e della cooperazione internazionale, » *sono state introdotte dall'art. 6, comma 1 della l. 7 aprile 2017,n.47.*

(10) *Comma aggiunto dall'art. 6, comma 2, della l. 7 aprile 2017, n. 47.*

19-*bis* Identificazione dei minori stranieri non accompagnati (1).

1. Nel momento in cui il minore straniero non accompagnato è entrato in contatto o è stato segnalato alle autorità di polizia, ai servizi sociali o ad altri rappresentanti dell'ente locale o all'autorità giudiziaria, il personale qualificato della struttura di prima accoglienza svolge, sotto la direzione dei servizi dell'ente locale competente e coadiuvato, ove possibile, da organizzazioni, enti o associazioni con comprovata e specifica esperienza nella tutela dei minori, un colloquio con il minore, volto ad approfondire la sua storia personale e familiare e a far emergere ogni altro elemento utile alla sua protezione, secondo la procedura stabilita con decreto del Presidente del Consiglio dei ministri da adottare entro centoventi giorni dalla data di entrata in vigore della presente disposizione. Al colloquio è garantita la presenza di un mediatore culturale.

2. Nei casi di dubbi fondati relativi all'età dichiarata dal minore si applicano le disposizioni dei commi 3 e seguenti. In ogni caso, nelle more dell'esito delle procedure di identificazione, l'accoglienza del minore è garantita dalle apposite strutture di prima accoglienza per minori previste dalla legge; si applicano, ove ne ricorrano i presupposti, le disposizioni dell'articolo 4 del decreto legislativo 4 marzo 2014, n. 24.

3. L'identità di un minore straniero non accompagnato è accertata dalle autorità di pubblica sicurezza, coadiuvate da mediatori culturali, alla presenza del tutore o del tutore provvisorio se già nominato, solo dopo che è stata garantita allo stesso minore un'immediata assistenza umanitaria. Qualora sussista un dubbio circa l'età dichiarata, questa è accertata in via principale attraverso un documento anagrafico, anche avvalendosi della collaborazione delle autorità diplomatico-consolari. L'intervento della rappresentanza diplomatico-consolare non deve essere richiesto nei casi in cui il presunto minore abbia espresso la volontà di chiedere protezione internazionale ovvero quando una possibile esigenza di protezione internazionale emerga a seguito del colloquio previsto dal comma 1. Tale intervento non è altresì esperibile qualora da esso possano derivare pericoli di persecuzione e nei casi in cui il minore dichiari di non volersi avvalere dell'intervento dell'autorità diplomatico-consolare. Il Ministero degli affari esteri e della cooperazione internazionale e il Ministero dell'interno promuovono le opportune iniziative, d'intesa con gli Stati interessati, al fine di accelerare il compimento degli accertamenti di cui al presente comma.

3-*bis*. Le autorità di pubblica sicurezza consultano, ai fini dell'accertamento dell'età dichiarata, il sistema informativo nazionale dei minori stranieri non accompagnati istituito presso il Ministero del lavoro e delle politiche sociali nonché le altre banche dati pubbliche che contengono dati pertinenti, secondo le modalità di accesso per esse previste (2).

4. Qualora permangano dubbi fondati in merito all'età dichiarata da un minore straniero non accompagnato, la Procura della Repubblica presso il tribunale per i minorenni può disporre esami socio-sanitari volti all'accertamento della stessa.

5. Lo straniero è informato, con l'ausilio di un mediatore culturale, in una lingua che possa capire e in conformità al suo grado di maturità e di alfabetizzazione, del fatto che la sua età può essere determinata mediante l'ausilio di esami socio-sanitari, del tipo di esami a cui deve essere sottoposto, dei possibili risultati attesi e delle eventuali conseguenze di tali risultati, nonché di quelle derivanti dal suo eventuale rifiuto di sottoporsi a tali esami. Tali informazioni devono essere fornite altresì alla persona che, anche temporaneamente, esercita i poteri tutelari nei confronti del presunto minore.

6. L'accertamento socio-sanitario dell'età deve essere svolto in un ambiente idoneo con un approccio multidisciplinare da professionisti adeguatamente formati e, ove necessario, in presenza di un mediatore culturale, utilizzando modalità meno invasive possibili e rispettose dell'età presunta, del sesso e dell'integrità fisica e psichica della persona. Non devono essere eseguiti esami socio-sanitari che possano compromettere lo stato psico-fisico della persona.

7. Il risultato dell'accertamento socio-sanitario è comunicato allo straniero, in modo congruente con la sua età, con la sua maturità e con il suo livello di alfabetizzazione, in una lingua che possa comprendere, all'esercente la responsabilità genitoriale e all'autorità giudiziaria che ha disposto l'accertamento. Nella relazione finale deve essere sempre indicato il margine di errore.

8. Qualora, anche dopo l'accertamento socio-sanitario, permangano dubbi sulla minore età, questa si presume ad ogni effetto di legge.

9. Il provvedimento di attribuzione dell'età è emesso dal tribunale per i minorenni ed (3) è notificato allo straniero e, contestualmente, all'esercente i poteri tutelari, ove nominato, e può essere impugnato in sede di reclamo ai sensi dell'articolo 739 (4) del codice di procedura civile. In caso di impugnazione, il giudice decide in via d'urgenza entro dieci giorni; ogni procedimento amministrativo e penale conseguente all'identificazione come maggiorenne è sospeso fino alla decisione. Il provvedimento è altresì comunicato alle autorità di polizia ai fini del completamento delle procedure di identificazione ed al Ministero del lavoro e delle politiche sociali ai fini dell'inserimento dei dati nel sistema informativo nazionale dei minori stranieri non accompagnati (5).

(1) *Articolo introdotto dall'art. 5, comma 1 della l. 7 aprile 2017, n. 47. Vedi anche* sub *art. 19.*

(2) *Comma aggiunto dall'art. 2, comma 1, lett.* c), *n. 1), d.lgs. 22 dicembre 2017, n. 220, in vigore dal 31 gennaio 2018.*

(3) *Le parole* « è emesso dal tribunale per i minorenni ed » *sono state inserite dall'art. 2, comma 1, lett.* c), *n. 2), d.lgs. 22 dicembre 2017, n. 220, in vigore dal 31 gennaio 2018. V. la disciplina transitoria di cui all'art. 4, comma 2, dello stesso d.lgs.,* sub *art. 19.*

(4) *Le parole* « dell'articolo 739 » *sono state sostituite alle precedenti* « degli articoli 737 e seguenti » *dall'art. 2, comma 1, lett.* c), *n. 2), d.lgs. 22 dicembre 2017, n. 220, in vigore dal 31 gennaio 2018. V. la disciplina transitoria di cui all'art. 4, comma 2, dello stesso d.lgs.,* sub *art. 19.*

(5) *Le parole da* « ed al Ministero » *fino a* « stranieri non accompagnati » *sono state inserite dall'art. 2, comma 1, lett.* c), *n. 2), d.lgs. 22 dicembre 2017, n. 220, in vigore dal 31 gennaio 2018. V. la disciplina transitoria di cui all'art. 4, comma 2, dello stesso d.lgs.,* sub *art. 19.*

20 Monitoraggio e controllo.

1. Il Dipartimento per le libertà civili (1) e l'immigrazione del Ministero dell'interno svolge, anche tramite le prefetture - uffici territoriali del Governo, attività di controllo e monitoraggio della gestione delle strutture di accoglienza previste dal presente decreto. Le prefetture possono a tal fine avvalersi anche dei servizi sociali del comune.

2. L'attività di cui al comma 1 ha per oggetto la verifica della qualità dei servizi erogati e il rispetto dei livelli di assistenza e accoglienza fissati con i decreti ministeriali di cui all'articolo 21, comma 8, del decreto del Presidente della Repubblica 31 agosto 1999, n. 394, e successive modificazioni, e all'articolo 12, (2) con particolare riguardo ai servizi destinati alle categorie vulnerabili e ai minori, nonché le modalità di affidamento dei servizi di accoglienza previsti dall'articolo 14 a soggetti attuatori da parte degli enti locali che partecipano alla ripartizione delle risorse del Fondo di cui all'articolo 1-*septies* del decreto-legge 30 dicembre 1989, n. 416, convertito, con modificazioni, dalla legge 28 febbraio 1990, n. 39.

3. Ai fini dello svolgimento delle attività di cui ai commi 1 e 2, il Dipartimento per le libertà civili e l'immigrazione del Ministero dell'interno può avvalersi di qualificate figure professionali, selezionate anche tra funzionari della pubblica amministrazione in posizione di collocamento a riposo, fermo restando quanto disposto dall'articolo 5, comma 9, del decreto-legge 6 luglio 2012, n. 95, convertito, con modificazioni, dalla legge 7 agosto 2012, n. 135, e successive modificazioni, ovvero di competenti organizzazioni internazionali o intergovernative. Ai relativi oneri si provvede con le risorse del medesimo Dipartimento per le libertà civili e l'immigrazione disponibili a legislazione vigente, comprese le risorse a tal fine destinate nell'ambito dei fondi europei.

4. Degli esiti dell'attività di cui ai commi 1 e 2, è dato atto nella relazione di cui all'articolo 6, comma 2-*bis*, del decreto-legge 22 agosto 2014, n. 119, convertito, con modificazioni, dalla legge 17 ottobre 2014, n. 146.

(1) *Le parole* « Il Dipartimento per le libertà civili » *sono state sostituite alle previgenti* « Ferme restando le attività svolte dal Servizio centrale di cui all'articolo 1-*sexies*, comma 4, del decreto-legge 30 dicembre 1989, n. 416, convertito, con modificazioni, dalla legge 28 febbraio 1990, n. 39, il Dipartimento per le libertà civili » *dall'art. 12, comma 2, lett.* i), *d.l. 4 ottobre 2018, n. 113, conv., con modif., in l. 1 dicembre 2018, n. 132.*

(2) *Le parole* « e all'articolo 12, » *sono state sostituite alle previgenti* « e agli articoli 12 e 14, comma 2, » *dall'art. 12, comma 2, lett.* i), *d.l. 4 ottobre 2018, n. 113, conv., con modif., in l. 1 dicembre 2018, n. 132.*

21 Assistenza sanitaria e istruzione dei minori.

1. I richiedenti hanno accesso all'assistenza sanitaria secondo quanto previsto dall'articolo 34 del decreto legislativo 25 luglio 1998, n. 286, fermo restando l'applicazione dell'articolo 35 del medesimo decreto legislativo nelle more dell'iscrizione al servizio sanitario nazionale.

2. I minori richiedenti protezione internazionale o i minori figli di richiedenti protezione internazionale sono soggetti all'obbligo scolastico, ai sensi dell'articolo 38 del decreto legislativo 25 luglio 1998, n. 286, e accedono ai corsi e alle iniziative per l'apprendimento della lingua italiana di cui al comma 2 del medesimo articolo.

22 Lavoro e formazione professionale.

1. Il permesso di soggiorno per richiesta asilo di cui all'articolo 4 consente di svolgere attività lavorativa, trascorsi sessanta giorni dalla presentazione della domanda, se il procedimento di esame della domanda non è concluso ed il ritardo non può essere attribuito al richiedente.

2. Il permesso di soggiorno di cui al comma 1 non può essere convertito in permesso di soggiorno per motivi di lavoro.

[3. I richiedenti, che usufruiscono delle misure di accoglienza erogate ai sensi dell'articolo 14, possono frequentare corsi di formazione professionale, eventualmente previsti dal programma dell'ente locale dedicato all'accoglienza del richiedente.] (1).

(1) *Comma abrogato dall'art. 12, comma 2, lett.* l), *d.l. 4 ottobre 2018, n. 113, conv., con modif., in l. 1 dicembre 2018, n. 132.*

22-*bis* Partecipazione dei richiedenti protezione internazionale ad attività di utilità sociale (1).

1. I prefetti promuovono, d'intesa con i Comuni e con le regioni e le province autonome, anche nell'ambito dell'attività dei Consigli territoriali per l'immigrazione di cui all'articolo 3, comma 6, del decreto legislativo 25 luglio 1998, n. 286, e successive modificazioni, ogni iniziativa utile all'implementazione dell'impiego di richiedenti protezione internazionale e (2) di titolari di (3) protezione internazionale, su base volontaria, in attività di utilità sociale in favore delle collettività locali, nel quadro delle disposizioni normative vigenti.

2. Ai fini di cui al comma 1, i prefetti promuovono la diffusione delle buone prassi e di strategie congiunte con i Comuni, con le regioni e le province autonome e le organizzazioni del terzo settore, anche attraverso la stipula di appositi protocolli di intesa.

3. Per il coinvolgimento dei richiedenti protezione internazionale e (4) dei titolari di (3) protezione internazionale nelle attività di cui al comma 1, i Comuni, le regioni e le province autonome possono predisporre, anche in collaborazione con le organizzazioni del terzo settore, appositi progetti da finanziare con risorse europee destinate al settore dell'immigrazione e dell'asilo. I progetti presentati dai Comuni, dalle regioni e dalle province autonome che prestano i servizi di accoglienza di cui all'articolo 1-*sexies* del decreto-legge 30 dicembre 1989, n. 416, convertito, con modificazioni, dalla legge 28 febbraio 1990, n. 39, sono esaminati con priorità ai fini dell'assegnazione delle risorse di cui al presente comma.

(1) *Articolo aggiunto dall'articolo 8, comma 1, lettera* d), *d.l. 17 febbraio 2017, n. 13, c conv., con modif., in l. 13 aprile 2017, n. 46.*

(2) *Le parole* « di richiedenti protezione internazionale e » *sono state inserite dall'art. 4, comma 1, lett.* e) *n. 1 d.l. 21 ottobre 2020, n. 130, conv., con modif., in l. 18 dicembre 2020, n. 173.*

(3) *Le parole* « titolari di » *sono state sostituite alla previgente* « richiedenti » *dall'art. 12, comma 2, lett.* m), *d.l. 4 ottobre 2018, n. 113, conv., con modif., in l. 1 dicembre 2018, n. 132.*

(4) *Le parole* « dei richiedenti protezione internazionale e » *sono state inserite dall'art. 4, comma 1, lett.* e) *n. 2 d.l. n. 130, cit.*

23 Revoca delle condizioni di accoglienza.

1. Il prefetto della provincia in cui hanno sede le strutture di cui agli articoli 9 e 11 (1), dispone, con proprio motivato decreto, la revoca delle misure d'accoglienza in caso di:

a) mancata presentazione presso la struttura individuata ovvero abbandono del centro di accoglienza da parte del richiedente, senza preventiva motivata comunicazione alla prefettura-ufficio territoriale del Governo competente;

b) mancata presentazione del richiedente all'audizione davanti all'organo di esame della domanda;

c) presentazione di una domanda reiterata ai sensi dell'articolo 29 del decreto legislativo 28 gennaio 2008, n. 25, e successive modificazioni;

d) accertamento della disponibilità da parte del richiedente di mezzi economici sufficienti;

e) violazione grave o ripetuta delle regole delle strutture in cui è accolto da parte del richiedente asilo, compreso il danneggiamento doloso di beni mobili o immobili, ovvero comportamenti gravemente violenti.

2. Nell'adozione del provvedimento di revoca si tiene conto della situazione del richiedente con particolare riferimento alle condizioni di cui all'articolo 17.

3. Nell'ipotesi di cui al comma 1, lettera *a*), il gestore del centro è tenuto a comunicare, immediatamente, alla prefettura-ufficio territoriale del Governo la mancata presentazione o l'abbandono della struttura da parte del richiedente. Se il richiedente asilo è rintracciato o si presenta volontariamente alle Forze dell'ordine o al centro di assegnazione, il prefetto territorialmente competente dispone, con provvedimento motivato, sulla base degli elementi addotti dal richiedente, l'eventuale ripristino delle misure di accoglienza. Il ripristino è disposto soltanto se la mancata presentazione o l'abbandono sono stati causati da forza maggiore o caso fortuito o comunque da gravi motivi personali.

4. Nell'ipotesi di cui al comma 1, lettera *e*), il gestore del centro trasmette alla prefettura-ufficio territoriale del Governo una relazione sui fatti che possono dare luogo all'eventuale revoca, entro tre giorni dal loro verificarsi.

5. Il provvedimento di revoca delle misure di accoglienza ha effetto dal momento della sua comunicazione, ai sensi dell'articolo 5, comma 2. Il provvedimento è comunicato altresì al gestore del centro. Avverso il provvedimento di revoca è ammesso ricorso al Tribunale amministrativo regionale competente.

6. Nell'ipotesi di revoca, disposta ai sensi del comma 1, lettera *d*), il richiedente è tenuto a rimborsare i costi sostenuti per le misure di cui ha indebitamente usufruito.

7. Quando la sussistenza dei presupposti per la valutazione di pericolosità del richiedente ai sensi dell'articolo 6, comma 2, emerge successivamente all'invio nelle strutture di cui agli articoli 9 e 11 (2), il prefetto dispone la revoca delle misure di accoglienza ai sensi del presente articolo e ne dà comunicazione al questore per l'adozione dei provvedimenti di cui all'articolo 6.

(1) *Le parole* « di cui agli articoli 9 e 11 » *sono state sostituite alle previgenti* « di cui all'articolo 14 » *dall'art. 12, comma 2, lett. n), d.l. 4 ottobre 2018, n. 113, conv., con modif., in l. 1 dicembre 2018, n. 132.*

(2) *Le parole* « di cui agli articoli 9 e 11 » *sono state sostituite alle previgenti* « di cui agli articoli 9, 11 e 14 » *dall'art. 12, comma 2, lett.* n), *d.l. 4 ottobre 2018, n. 113, conv., con modif., in l. 1 dicembre 2018, n. 132.*

24-30 *(Omissis)*.

CAPO IV
PROTEZIONE CIVILE

85. Legge 24 febbraio 1992, n. 225. – Istituzione del Servizio nazionale della protezione civile (1) (2) (3) (4) (*estratto*).

Pubblicata nella Gazzetta Ufficiale n. 64 del 17 marzo 1992, S.O.

(1) *Legge, da ultimo, abrogata dall'art. 48, comma 1, lettera* a), *d.lgs. 2 gennaio 2018, n. 1. Ai sensi dell'art. 47, comma 1, del d.lgs. n. 1 del 2018, ci., tutti i riferimenti alla presente legge contenuti in altre disposizioni, si intendono riferiti al Codice della protezione civile di cui allo stesso d.lgs., per cui v.* sub *V, 87.*

In precedenza l'art. 6 d.l. 7 settembre 2001, n. 343, conv., con modif., in l. 9 novembre 2001, n. 401, aveva disposto l'abrogazione delle disposizioni della presente legge incompatibili con lo stesso d.l. n. 343 del 2001.

(2) *Ai sensi dell'art. 5-*bis*, comma 7, d.l. 7 settembre 2001, n. 343, conv., con modif., in l. 9 novembre 2001, n. 401, tutti i riferimenti all'Agenzia di protezione civile, già prevista dall'art. 79 d.lgs. 30 luglio 1999, n. 300 9 (norma abrogata dall'art. 1 d.l. n. 343 del 2001, citato), contenuti nella presente legge, si intendono riferiti al Dipartimento della protezione civile.*

(3) *A decorrere dalla data di nomina del primo governo costituito a seguito delle prime elezioni politiche successive all'entrata in vigore del d.lgs. 30 luglio 1999, n. 300, le prefetture sono trasformate in uffici territoriali del governo; il prefetto preposto a tale ufficio nel capoluogo della regione assume anche le funzioni di commissario del governo (art. 11, d.lgs. 300/1999, cit.).*

(4) *Per la competenza europea in punto di protezione civile si veda l'art. 196 del Trattato sul Funzionamento dell'Unione Europea.*

[1-*bis* Servizio nazionale della protezione civile] (1).

[1. È istituito il Servizio nazionale della protezione civile al fine di tutelare l'integrità della vita, i beni, gli insediamenti e l'ambiente dai danni o dal pericolo di danni derivanti da calamità naturali, da catastrofi e da altri eventi calamitosi.

2. Il Presidente del Consiglio dei Ministri, ovvero, per sua delega, un Ministro con portafoglio o il Sottosegretario di Stato alla Presidenza del Consiglio dei Ministri segretario del Consiglio, per il conseguimento delle finalità del Servizio nazionale della protezione civile, promuove e coordina le attività delle amministrazioni dello Stato, centrali e periferiche, delle regioni, delle province, dei comuni, degli enti pubblici nazionali e territoriali e di ogni altra istituzione e organizzazione pubblica e privata presente sul territorio nazionale.

3. Per il conseguimento delle finalità di cui al comma 2, il Presidente del Consiglio dei Ministri, ovvero, per sua delega ai sensi del medesimo comma 2, un Ministro con portafoglio o il Sottosegretario di Stato alla Presidenza del Consiglio dei Ministri segretario del Consiglio, si avvale del Dipartimento della protezione civile della Presidenza del Consiglio dei Ministri.]

(1) *Articolo inserito dall'art. 1, comma 1, lett.* a), *d.l. 15 maggio 2012, n. 59, conv., con modif., in l. 12 luglio 2012, n. 100. Per l'abrogazione del presente articolo, v. nota 1 all'Epigrafe della presente legge.*

[2 Tipologia degli eventi ed ambiti di competenze] (1).

[1. Ai fini dell'attività di protezione civile gli eventi si distinguono in:

a) eventi naturali o connessi con l'attività dell'uomo che possono essere fronteggiati mediante interventi attuabili dai singoli enti e amministrazioni competenti in via ordinaria;

b) eventi naturali o connessi con l'attività dell'uomo che per loro natura ed estensione comportano l'intervento coordinato di più enti o amministrazioni competenti in via ordinaria;

c) calamità naturali o connesse con l'attività dell'uomo che in ragione della loro intensità ed estensione debbono, con immediatezza d'intervento, essere fronteggiate con mezzi e poteri straordinari da impiegare durante limitati e predefiniti periodi di tempo (2).]

(1) *Per l'abrogazione del presente articolo, v. nota 1 all'Epigrafe della presente legge.*

(2) *Lettera sostituita dall'art. 1, comma 1, lett.* b), *d.l. 15 maggio 2012, n. 59, conv., con modif., in l. 12 luglio 2012, n. 100.*

[3 Attività e compiti di protezione civile] (1).

[1. Sono attività di protezione civile quelle volte alla previsione e alla prevenzione dei rischi, al soccorso delle popolazioni sinistrate e ad ogni altra attività necessaria e indifferibile, diretta al contrasto e al superamento dell'emergenza e alla mitigazione del rischio, connessa agli eventi di cui all'articolo 2.

2. La previsione consiste nelle attività, svolte anche con il concorso di soggetti scientifici e tecnici competenti in materia, dirette all'identificazione degli scenari di rischio probabili e, ove possibile, al preannuncio, al monitoraggio, alla sorveglianza e alla vigilanza in tempo reale degli eventi e dei conseguenti livelli di rischio attesi.

3. La prevenzione consiste nelle attività volte a evitare o a ridurre al minimo la possibilità che si verifichino danni conseguenti agli eventi di cui all'articolo 2, anche sulla base delle conoscenze acquisite per effetto delle attività di previsione. La prevenzione dei diversi tipi di rischio si esplica in attività non strutturali concernenti l'allertamento, la pianificazione dell'emergenza, la formazione, la diffusione della conoscenza della protezione civile nonché l'informazione alla popolazione e l'applicazione della normativa tecnica, ove necessarie, e l'attività di esercitazione.

4. Il soccorso consiste nell'attuazione degli interventi integrati e coordinati diretti ad assicurare alle popolazioni colpite dagli eventi di cui all'articolo 2 ogni forma di prima assistenza.

5. Il superamento dell'emergenza consiste unicamente nell'attuazione, coordinata con gli organi istituzionali competenti, delle iniziative necessarie e indilazionabili volte a rimuovere gli ostacoli alla ripresa delle normali condizioni di vita.

6. I piani e i programmi di gestione, tutela e risanamento del territorio devono essere coordinati con i piani di emergenza di protezione civile, con particolare riferimento a quelli previsti all'articolo 15, comma 3-*bis*, e a quelli deliberati dalle regioni mediante il piano regionale di protezione civile.

7. Alle attività di cui al presente articolo le amministrazioni competenti provvedono nell'ambito delle risorse umane, strumentali e finanziarie disponibili a legislazione vigente.]

(1) *Articolo così sostituito dall'art. 1, comma 1, ettera* b-bis) *d.l. 15 maggio 2012, n. 59, conv., con modif., in l. 12 luglio 2012, n. 100. Per l'abrogazione del presente articolo, v. nota 1 all'Epigrafe della presente legge.*

[3-*bis*-4] (*Omissis*).

[5 Stato di emergenza e potere di ordinanza] (1) (2).

[1. Al verificarsi degli eventi di cui all'articolo 2, comma 1, lettera *c*), ovvero nella loro imminenza, il Consiglio dei ministri, su proposta del Presidente del Consiglio dei ministri, ovvero, su sua delega, di un Ministro con portafoglio o del Sottosegretario di Stato alla Presidenza del Consiglio dei ministri segretario del Consiglio, formulata anche su richiesta del Presidente della regione interessata e comunque acquisitane l'intesa, delibera lo stato d'emergenza, fissandone la durata e determinandone l'estensione territoriale con specifico riferimento alla natura e alla qualità degli eventi e disponendo in ordine all'esercizio del potere di ordinanza. La delibera individua le risorse finanziarie destinate ai primi interventi di emergenza nelle more della ricognizione in ordine agli effettivi ed indispensabili fabbisogni da parte del Commissario delegato e autorizza la spesa nell'ambito del Fondo per le emergenze nazionali istituito ai sensi del comma 5-*quinquies*, individuando nell'ambito dello stanziamento complessivo quelle finalizzate alle attività previste dalla lettera *a*) del comma 2. Ove il Capo del Dipartimento della protezione civile verifichi che le risorse finalizzate alla attività di cui alla lett. *a*) del comma 2, risultino o siano in procinto di risultare insufficienti rispetto agli interventi da porre in essere, presenta tempestivamente una relazione motivata al Consiglio dei Ministri, per la conseguente determinazione in ordine alla necessità di integrazione delle risorse medesime. La revoca dello stato d'emergenza per venir meno dei relativi presupposti è deliberata nel rispetto della procedura dettata per la delibera dello stato d'emergenza (3) (4).

1-*bis*. La durata della dichiarazione dello stato di emergenza non può superare i 180 giorni prorogabile per non più di ulteriori 180 giorni (5).

2. Per l'attuazione degli interventi da effettuare durante lo stato di emergenza dichiarato a seguito degli eventi di cui all'articolo 2, comma 1, lettera *c*), si provvede anche a mezzo di ordinanze in deroga ad ogni disposizione vigente, nei limiti e secondo i criteri indicati nel decreto di dichiarazione dello stato di emergenza e nel rispetto dei principi generali dell'ordinamento giuridico. Le ordinanze sono emanate, acquisita l'intesa delle regioni territorialmente interessate, dal Capo del Dipartimento della protezione civile, salvo che sia diversamente stabilito con la deliberazione dello stato di emergenza di cui al comma 1. L'attuazione delle ordinanze è curata in ogni caso dal Capo del Dipartimento della protezione civile. Fermo restando quanto previsto al comma 1, con le ordinanze si dispone, nel limite delle risorse disponibili, in ordine:

a) all'organizzazione ed all'effettuazione dei servizi di soccorso e di assistenza alla popolazione interessata dall'evento;

b) al ripristino della funzionalità dei servizi pubblici e delle infrastrutture di reti strategiche, entro i limiti delle risorse finanziarie disponibili;

c) alla realizzazione di interventi, anche strutturali, per la riduzione del rischio residuo strettamente connesso all'evento, entro i limiti delle risorse finanziarie disponibili e comunque finalizzate prioritariamente alla tutela della pubblica e privata incolumità;

d) alla ricognizione dei fabbisogni per il ripristino delle strutture e delle infrastrutture, pubbliche e private, danneggiate, nonché dei danni subiti dalle attività economiche e produttive, dai beni culturali e dal patrimonio edilizio, da porre in essere sulla base di procedure definite con la medesima o altra ordinanza;

e) all'avvio dell'attuazione delle prime misure per far fronte alle esigenze urgenti di cui alla lettera *d*), entro i limiti delle risorse finanziarie disponibili e secondo le direttive dettate con delibera del Consiglio dei ministri, sentita la Regione interessata (6).

2-*bis*. Le ordinanze di cui al comma 2 sono trasmesse per informazione al Ministro con portafoglio delegato ai sensi del comma 1 ovvero al Presidente del Consiglio dei Ministri. Le ordinanze emanate entro il trentesimo giorno dalla dichiarazione dello stato di emergenza sono immediatamente efficaci e sono altresì trasmesse al Ministero dell'economia e delle finanze perché comunichi gli esiti della loro verifica al Presidente del Consiglio dei Ministri. Successivamente al trentesimo giorno dalla dichiarazione dello stato di emergenza le ordinanze sono emanate previo concerto del Ministero dell'economia e delle finanze, limitatamente ai profili finanziari (7).

[3. Il Presidente del Consiglio dei Ministri, ovvero, per sua delega ai sensi dell'art. 1, comma 2, il Ministro per il coordinamento della protezione civile, può emanare altresì ordinanze finalizzate ad evitare situazioni di pericolo o maggiori danni a persone o a cose. Le predette ordinanze sono comunicate al Presidente del Consiglio dei Ministri, qualora non siano di diretta sua emanazione.] (8)

4. Il Capo del Dipartimento della protezione civile, per l'attuazione degli interventi previsti nelle ordinanze di cui al comma 2, si avvale delle componenti e delle strutture operative del Servizio nazionale della protezione civile, di cui agli articoli 6 e 11, coordinandone l'attività e impartendo specifiche disposizioni operative. Le ordinanze emanate ai sensi del comma 2 individuano i soggetti responsabili per l'attuazione degli interventi previsti ai quali affidare ambiti definiti di attività, identificati nel soggetto pubblico ordinariamente competente allo svolgimento delle predette attività in via prevalente, salvo motivate eccezioni. Qualora il Capo del Dipartimento si avvalga di commissari delegati, il relativo provvedimento di delega deve specificare il contenuto dell'incarico, i tempi e le modalità del suo esercizio. I commissari delegati sono scelti, tranne motivate eccezioni, tra i soggetti per cui la legge non prevede alcun compenso per lo svolgimento dell'incarico. Le funzioni del commissario delegato cessano con la scadenza dello stato di emergenza. I provvedimenti adottati in attuazione delle ordinanze sono soggetti ai controlli previsti dalla normativa vigente (9).

4-*bis*. Per l'esercizio delle funzioni loro attribuite ai sensi del comma 4, non è prevista la corresponsione di alcun compenso per il Capo del Dipartimento della protezione civile e per i commissari delegati, ove nominati tra i soggetti responsabili titolari di cariche elettive pubbliche. Ove si tratti di altri soggetti e ne ricorrano i requisiti, ai commissari delegati e ai soggetti che operano in attuazione delle ordinanze di cui al comma 2 si applica l'articolo 23-*ter* del decreto-legge 6 dicembre 2011, n. 201, convertito, con modificazioni, dalla legge 22 dicembre 2011, n. 214; il compenso è commisurato proporzionalmente alla durata dell'incarico, nel limite del parametro massimo costituito dal 70 per cento del trattamento economico previsto per il primo presidente della Corte di cassazione (10).

4-*ter*. Almeno dieci giorni prima della scadenza del termine di cui al comma 1-*bis*, il Capo del Dipartimento della protezione civile emana, di concerto con il Ministero dell'economia e delle finanze, apposita ordinanza volta a favorire e regolare il subentro dell'amministrazione pubblica competente in via ordinaria a coordinare gli interventi, conseguenti all'evento, che si rendono necessari successivamente alla scadenza del termine di durata dello stato di emergenza. Ferma in ogni caso l'inderogabilità dei vincoli di finanza pubblica, con tale ordinanza possono essere altresì emanate, per la durata massima di sei mesi non prorogabile e per i soli interventi connessi all'evento, disposizioni derogatorie a quelle in materia di affidamento di lavori pubblici e di acquisizione di beni e servizi (11).

4-*quater*. Con l'ordinanza di cui al comma 4-*ter* può essere individuato, nell'ambito dell'amministrazione pubblica competente a coordinare gli interventi, il soggetto cui viene intestata la contabilità speciale appositamente aperta per l'emergenza in questione, per la prosecuzione della gestione operativa della stessa, per un periodo di tempo determinato ai fini del completamento degli interventi previsti dalle ordinanze adottate ai sensi dei commi 2 e 4-*ter*, e comunque non superiore a 36 mesi. Per gli ulteriori interventi da realizzare secondo le ordinarie procedure di spesa con le disponibilità che residuano alla chiusura della contabilità speciale, le risorse ivi giacenti sono trasferite alla regione o all'ente locale ordinariamente competente ovvero, ove si tratti di altra amministrazione, sono versate all'entrata del bilancio dello Stato per la successiva riassegnazione. Le risorse di cui al periodo precedente, e le relative spese, non rilevano ai fini dei vincoli finanziari a cui sono soggetti le regioni e gli enti locali (11).

4-*quinquies*. Il Governo riferisce annualmente al Parlamento sulle attività di protezione civile riguardanti le attività di previsione, di prevenzione, di mitigazione del rischio e di pianificazione dell'emergenza, nonché sull'utilizzo del Fondo per la protezione civile e del Fondo per le emergenze nazionali (12).

5. Le ordinanze emanate in deroga alle leggi vigenti devono contenere l'indicazione delle principali norme a cui si intende derogare e devono essere motivate.

5-*bis*. Ai fini del rispetto dei vincoli di finanza pubblica, i Commissari delegati titolari di contabilità speciali, ai sensi degli articoli 60 e 61 del regio decreto 18 novembre 1923, n. 2440, e dell'art. 333 del regio decreto 23 maggio 1924, n. 827, rendicontano, entro il quarantesimo giorno dalla chiusura di ciascun esercizio e dal termine della gestione o del loro incarico, tutte le entrate e tutte le spese riguardanti l'intervento delegato, indicando la provenienza dei fondi, i soggetti beneficiari e la tipologia di spesa, secondo uno schema da stabilire con decreto del Ministro dell'economia e delle finanze, d'intesa con la Presidenza del Consiglio dei Ministri, da adottare entro trenta giorni dalla data di entrata in vigore del presente comma. Il rendiconto contiene anche una sezione dimostrativa della situazione analitica dei crediti, distinguendo quelli certi ed esigibili da quelli di difficile riscossione, e dei debiti derivanti da obbligazioni giuridicamente perfezionate assunte a qualsiasi titolo dai commissari delegati, con l'indicazione della relativa scadenza. Per l'anno 2008 va riportata anche la situazione dei crediti e dei debiti accertati al 31 dicembre 2007. Nei rendiconti vengono consolidati, con le stesse modalità di cui al presente comma, anche i dati relativi agli interventi delegati dal commissario ad uno o più soggetti attuatori. I rendiconti corredati della documentazione giustificativa, nonché degli eventuali rilievi sollevati dalla Corte dei conti, sono trasmessi al Ministero dell'economia e delle finanze-Dipartimento della Ragioneria generale dello Stato-Ragionerie territoriali competenti, all'Ufficio del bilancio per il riscontro di regolarità amministrativa e contabile presso la Presidenza del Consiglio dei Ministri, nonché, per conoscenza, al Dipartimento della protezione civile alle competenti Commissioni parlamentari e al Ministero dell'interno. I rendiconti sono altresì pubblicati nel sito internet del Dipartimento della protezione civile. Le ragionerie territoriali inoltrano i rendiconti, anche con modalità telematiche e senza la documentazione a corredo, alla Presidenza del Consiglio dei Ministri, all'ISTAT e alla competente sezione regionale della Corte dei conti. Per l'omissione o il ritardo nella rendicontazione si applica l'art. 337 del regio decreto 23 maggio 1924, n. 827. Al fine di garantire la trasparenza dei flussi finanziari e della rendicontazione di cui al presente comma sono vietati girofondi tra le contabilità speciali. Il presente comma si applica anche nei casi di cui al comma 4-*quater* (13).

5-*ter*. In relazione ad una dichiarazione dello stato di emergenza i soggetti interessati da eventi eccezionali e imprevedibili che subiscono danni riconducibili all'evento, compresi quelli relativi alle abitazioni e agli immobili sedi di attività produttive, possono fruire della sospensione o del differimento per un periodo fino a sei mesi dei termini per gli adempimenti e i versamenti dei tributi e dei contributi previdenziali e assistenziali e dei premi per l'assicurazione obbligatoria contro gli infortuni e le malattie professionali. La sospensione ovvero il differimento dei termini per gli adempimenti e per i versamenti tributari e contributivi sono disposti con legge, che deve assicurare piena corrispondenza, anche dal punto di vista temporale, tra l'onere e la relativa copertura finanziaria, e disciplinati con decreto del Ministro dell'economia e delle finanze sentita la Presidenza del Consiglio dei Ministri nonché, per quanto attiene ai versamenti contributivi, il Ministro del lavoro e delle politiche sociali. Il diritto è riconosciuto, esclusivamente in favore dei predetti soggetti, con decreto del Ministro dell'economia e delle finanze. La sospensione non si applica in ogni caso agli adempimenti e ai versamenti da porre in essere in qualità di sostituti d'imposta, salvi i casi nei quali i danni impediscono l'ordinaria effettuazione degli adempimenti. In ogni caso le ritenute effettuate sono versate. Gli adempimenti di cui al presente comma scaduti nel periodo di sospensione sono effettuati entro il mese successivo alla data di scadenza della sospensione; i versamenti sono effettuati a decorrere dallo stesso mese in un numero massimo di ventiquattro rate di pari importo (14).

5-*quater*. A seguito della dichiarazione dello stato di emergenza, la Regione può elevare la misura dell'imposta regionale di cui all'articolo 17, comma 1, del decreto legislativo 21 dicembre 1990, n. 398, fino a un massimo di cinque centesimi per litro, ulteriori rispetto alla misura massima consentita (15).

5-*quinquies*. Agli oneri connessi agli interventi conseguenti agli eventi di cui all'articolo 2, relativamente ai quali il Consiglio dei Ministri delibera la dichiarazione dello stato di emergenza, si provvede con l'utilizzo delle risorse del Fondo per le emergenze nazionali istituito presso la Presidenza del Consiglio dei Ministri - Dipartimento della Protezione civile. Per il finanziamento delle prime esigenze del suddetto Fondo è autorizzata la spesa di 5 milioni di euro per l'anno 2013. Al relativo onere si provvede mediante corrispondente riduzione delle risorse del Fondo nazionale di protezione civile di cui all'articolo 6, comma 1, del decreto-legge 3 maggio 1991, n. 142, convertito, con modificazioni, dalla legge 3 luglio 1991, n. 195, come determinate dalla tabella C della legge 24 dicembre 2012, n. 228. A decorrere dall'anno finanziario 2014, la dotazione del Fondo per le emergenze nazionali è determinata annualmente, ai sensi dell'articolo 11, comma 3, lett. *d)*, della legge 31 dicembre 2009, n. 196. Sul conto finanziario della Presidenza del Consiglio dei Ministri, al termine di ciascun anno, dovranno essere evidenziati, in apposito allegato, gli utilizzi delle risorse finanziarie del "Fondo per le emergenze nazionali". Qualora sia utilizzato il fondo di cui all'articolo 28 della legge 31 dicembre 2009, n. 196, il fondo è reintegrato in tutto o in parte, previa deliberazione del Consiglio dei Ministri, mediante riduzione delle voci di spesa rimodulabili indicate nell'elenco allegato alla presente legge. Con decreto del Presidente del Consiglio dei Ministri sono individuati l'ammontare complessivo delle riduzioni delle dotazioni finanziarie da operare e le voci di spesa interessate e le conseguenti modifiche degli obiettivi del patto di stabilità interno, tali da garantire la neutralità in termini di indebitamento netto delle pubbliche amministrazioni. Anche in combinazione con la predetta riduzione delle voci di spesa, il fondo di cui all'articolo 28 della legge n. 196 del 2009 è corrispondentemente reintegrato, in tutto o in parte, con le maggiori entrate derivanti dall'aumento, deliberato dal Consiglio dei Ministri, dell'aliquota dell'accisa sulla benzina e sulla benzina senza piombo, nonché dell'aliquota dell'accisa sul gasolio usato come carburante di cui all'allegato I del testo unico delle disposizioni legislative concernenti le imposte sulla produzione e sui consumi e relative sanzioni penali e amministrative, di cui al decreto legislativo 26 ottobre 1995, n. 504, e successive modificazioni. La misura dell'aumento, comunque non superiore a cinque centesimi al litro, è stabilita, sulla base della deliberazione del Consiglio dei Ministri, con provvedimento del direttore dell'Agenzia delle dogane in misura tale da determinare maggiori entrate corrispondenti, tenuto conto dell'eventuale ricorso alla modalità di reintegro di cui al secondo periodo, all'importo prelevato dal fondo di riserva. Per la copertura degli oneri derivanti dalle disposizioni di cui al successivo periodo, nonché dal differimento dei termini per i versamenti tributari e contributivi disposti ai sensi del comma 5-*ter*, si provvede mediante ulteriori riduzioni delle voci di spesa e aumenti dell'aliquota di accisa di cui al terzo, quarto e quinto periodo. In presenza di gravi difficoltà per il tessuto economico e sociale derivanti dagli eventi calamitosi che hanno colpito i soggetti residenti nei comuni interessati, ai soggetti titolari di mutui relativi agli immobili distrutti o inagibili, anche parzialmente, ovvero alla gestione di attività di natura commerciale ed economica svolta nei medesimi edifici o comunque compromessa dagli eventi calamitosi può essere concessa, su richiesta, la sospensione delle rate, per un periodo di tempo circoscritto, senza oneri aggiuntivi per il mutuatario. Con ordinanze del Capo del Dipartimento della protezione civile, di concerto con il Ministro dell'economia e delle finanze, le risorse di cui al primo periodo sono destinate, per gli interventi di rispettiva competenza, alla Protezione civile ovvero direttamente alle amministrazioni interessate. Lo schema del decreto di cui al terzo periodo, corredato della relazione tecnica di cui all'articolo 17, comma 3, della legge 31 dicembre 2009, n. 196, e successive modificazioni, è trasmesso alle Camere per l'espressione, entro venti giorni, del parere delle Commissioni competenti per i profili di carattere finanziario. Decorso inutilmente il termine per l'espressione del parere, il decreto può essere comunque adottato (16) .

5-*sexies*. Il Fondo di cui all'articolo 28 del decreto-legge 18 novembre 1966, n. 976, convertito, con modificazioni, dalla legge 23 dicembre 1966, n. 1142, può intervenire anche nei territori per i quali è stato deliberato lo stato di emergenza ai sensi del comma 1 del presente articolo. A tal fine sono conferite al predetto Fondo le disponibilità rivenienti dal Fondo di cui all'articolo 5 della legge 31 luglio 1997, n. 261. Con uno o più decreti di natura non regolamentare del Ministro dell'economia e delle finanze, sentita la Conferenza permanente per i rapporti tra lo Stato, le regioni e le province autonome di Trento e di Bolzano, nel rispetto della disciplina comunitaria, sono individuate le aree di intervento, stabilite le condizioni e le modalità per la concessione delle garanzie, nonché le misure per il contenimento dei termini per la determinazione della perdita finale e dei tassi di interesse da applicare ai procedimenti in corso (17).

5-*septies*. A decorrere dal 1° gennaio 2015, il pagamento degli oneri di ammortamento dei mutui e dei prestiti obbligazionari, attivati sulla base di specifiche disposizioni normative a seguito di calamità naturali, è effettuato direttamente dal Ministero dell'economia e delle finanze, che provvede, con la medesima decorrenza, al pagamento del residuo debito mediante utilizzo delle risorse iscritte, a legislazione vigente, nei pertinenti capitoli dello stato di previsione della spesa del Ministero dell'economia e delle finanze nonché di quelle versate all'entrata del bilancio dello Stato ai sensi del presente comma. Con decreto del Presidente del Consiglio dei ministri, di concerto con il Ministro dell'economia e delle finanze, da emanare entro trenta giorni dalla data di entrata in vigore della presente disposizione, si provvede all'individuazione dei mutui e dei prestiti obbligazionari di cui al primo periodo. Le risorse finanziarie iscritte nel bilancio autonomo della Presidenza del Consiglio dei ministri e destinate, nell'esercizio finanziario 2014, al pagamento di mutui e dei prestiti obbligazionari, al netto di quelle effettivamente necessarie per le predette finalità, affluiscono al Fondo per le emergenze nazionali di cui al comma 5-*quinquies* del presente articolo. Al Fondo per le emergenze nazionali affluiscono altresì le disponibilità per le medesime finalità non impegnate nell'esercizio finanziario 2013 e le risorse derivanti dal disimpegno di residui passivi, ancorché perenti, per la parte non più collegata a obbligazioni giuridiche vincolanti, relative a impegni di spesa assunti per il pagamento di mutui e di prestiti obbligazionari, iscritte nel bilancio autonomo della Presidenza del Consiglio dei ministri, al netto della quota da versare all'entrata del bilancio dello Stato necessaria al pagamento delle rate di mutuo attivate con ritardo rispetto alla decorrenza della relativa autorizzazione legislativa di spesa, da indicare nel decreto del Presidente del Consiglio dei ministri di cui al secondo periodo del presente comma. Il Ministro dell'economia e delle finanze è autorizzato ad apportare, con propri decreti, le occorrenti variazioni di bilancio. Dall'attuazione del presente articolo non devono derivare nuovi o maggiori oneri a carico della finanza pubblica (18).

6. Le ordinanze emanate ai sensi del presente articolo sono pubblicate nella Gazzetta Ufficiale della Repubblica italiana, nonché trasmesse ai sindaci interessati affinché vengano pubblicate ai sensi dell'art. 47, comma 1, della legge 8 giugno 1990, n. 142.

6-*bis*. La tutela giurisdizionale davanti al giudice amministrativo avverso le ordinanze adottate in tutte le situazioni di emergenza dichiarate ai sensi del comma 1 e avverso i consequenziali provvedimenti commissariali nonché avverso gli atti, i provvedimenti e le ordinanze emanati ai sensi dei commi 2 e 4 è disciplinata dal codice del processo amministrativo (19) (20).]

(1) *Per l'abrogazione del presente articolo, v. nota 1 all'Epigrafe della presente legge.*

(2) *Per l'interpretazione autentica delle disposizioni di cui al presente articolo, v. l'art. 14, comma 1, d.l. 23 maggio 2008, n. 90, conv., con modif., in l. 14 luglio 2008, n. 123.*

(3) *Comma così sostituito dall'art. 1, comma 1, lett.* c), *n. 1), d.l. 15 maggio 2012, n. 59, conv., con modif., in l. 12 luglio 2012, n. 100.*

La Corte costituzionale, con sentenza 14 aprile 1995, n. 127 (G.U. 19 aprile 1995, n. 16), ha dichiarato che spetta allo Stato, e per esso al Presidente del Consiglio dei ministri, ricorrere allo stato di emergenza a norma del presente comma 1, in ordine alla situazione socio-economico-ambientale determinatasi nella Regione Puglia, sulla base degli elementi evidenziati dai competenti organi statali e regionali.

(4) *Comma sostituito dall'art. 10, comma 1, lett.* a) *d.l. 14 agosto 2013, n. 93, conv., con modif., in l. 15 ottobre 2013, n. 119.*

(5) *Comma inserito dall'art. 1, comma 1, lett.* c), *n. 2), d.l. 15 maggio 2012, n. 59, e successivamente sostituito dall'art. 10, comma 1, lett.* b) *d.l. 14 agosto 2013, n. 93, cit.*

(6) *Comma modificato dall'art. 2, comma 2-*quinques*, lett.* a), *d.l. 29 dicembre 2010, n. 225, conv., con modif., in l. 26 febbraio 2011, e successivamente sostituito dall'art. 1, comma 1, lett.* c), *n. 3), d.l. 15 maggio 2012, n. 59, cit., e da ultimo, modificato dall'art. 10, comma 1, lett.* c) *d.l. 14 agosto 2013, n. 93, cit.*

(7) *Comma inserito dall'art. 1, comma 1, lett.* c), *n. 4), d.l. 15 maggio 2012, n. 59, cit.*

(8) *Comma abrogato dall'art. 1, comma 1, lett.* c), *n. 5), d.l. 15 maggio 2012, n. 59, cit.*

(9) *Comma sostituito dall'art. 1, comma 1, lett.* c), *n. 6), d.l. 15 maggio 2012, n. 59, cit.*

(10) *Comma inserito dall'art. 1, comma 1, lett.* c), *n. 7), d.l. 15 maggio 2012, n. 59, cit.*

(11) *Comma inserito dall'art. 1, comma 1, lett.* c), *n. 7), d.l. 15 maggio 2012, n. 59, cit., e successivamente così modificato dall'art. 7, comma 4, lett.* a) *e* b), *d.lgs. 12 maggio 2016, n. 90. In riferimento al presente comma, v. l'art. 1, comma 422, l. 27 dicembre 2013, n. 147.*

(12) *Comma inserito dall'art. 1, comma 1, lettera* c), *numero 7), del d.l. 15 maggio 2012, n. 59, cit. e successivamente modificato dall'art. 10, comma 1, lettera* c-bis) *del d.l. 14 agosto 2013, n. 93, cit.*

(13) *Comma aggiunto dall'articolo 60, comma 8-*quater*, del d.l. 25 giugno 2008, n. 112, successivamente sostituito dall'art. 8, comma 5, del d.l. 30 dicembre 2008, n. 208, modificato dall'art. 2, comma 2-*quinques*, lettera* b), *del d.l. 29 dicembre 2010, n. 225, cit. e, da ultimo, modificato dall'articolo 1, comma 1, lettera* c), *numero 8), del d.l. 15 maggio 2012, n. 59, cit.. Ai sensi dell'art. 2, comma 5, del d.l. 30 dicembre 2013, n. 150, conv., con modif., in l. 27 febbraio 2014, n. 15, il termine di cui al presente comma è prorogato al 31 marzo 2014.*

(14) *Comma aggiunto dall'art. 17, comma 2-*quater*, del d.l. 30 dicembre 2009, n. 195, conv., con modif., in l. 26 febbraio 2010, n. 26.*

(15) *Comma dapprima inserito dall'art. 2, comma 2-*quater*, del d.l. 29 dicembre 2010, n. 225, cit. Ma successivamente la Corte Costituzionale, con sentenza 16 febbraio 2012, n. 22 (G.U. 22 febbraio 2012, n. 8),*

*ha dichiarato l'illegittimità costituzionale dell'art. 2, comma 2-***quater***, del suddetto d.l. n. 225 del 2010 nella parte in cui introduce il presente comma. Da ultimo, il comma è stato così sostituito dall'art. 1, dall'art. 1, comma 1, lett.* c), *n. 9), d.l. 15 maggio 2012, n. 59, cit.*

(16) *Comma dapprima inserito dall'art. 2, comma 2-*quater*, del d.l. 29 dicembre 2010, n. 225, cit. Ma successivamente la Corte Costituzionale, con sentenza 16 febbraio 2012, n. 22, cit., ha dichiarato l'illegittimità costituzionale dell'art. 2, comma 2-*quater*, del suddetto d.l. n. n. 225 del 2010, nella parte in cui introduce il primo periodo del presente comma. Il presente comma è poi sostituito dall'art.o 1, comma 1, lett.* c), *n.10), del d.l. 15 maggio 2012, n. 59, cit., e, da ultimo, modificato dall'art. 10, comma 1, lett.* d), *del d.l. 14 agosto 2013, n. 93, cit.*

(17) *Comma aggiunto dall'art. 2, comma 2-*quater*, d.l. 29 dicembre 2010, n. 225, cit.*

(18) *Comma inserito dall'art. 1, comma 1, lett.* c), *n. 11), d.l. 15 maggio 2012, n. 59, cit. e, successivamente sostituito, dall'art. 2, comma 1-bis, d.l. 12 maggio 2014, n. 74, conv., con modif., in l. 26 giugno 2014, n. 93..*

(19) *Comma dapprima aggiunto, a decorrere dal 16 settembre 2010, dall'art. 3, comma 5, dell'Allegato 4 d.lgs. 2 luglio 2010, n. 104 e successivamente modificato dall'art. 3, comma 2, d.lgs. 14 settembre 2012, n. 160.*

(20) *Vedi anche l'art. 6-ter, comma 2, d.l. 20 giugno 2012, n. 79, conv., con modif., in l. 7 agosto 2012, n. 131.*

[6-8] (*Omissis*).

[9 Commissione nazionale per la previsione e la prevenzione dei grandi rischi] (1).

[1. La Commissione nazionale per la previsione e la prevenzione dei grandi rischi è organo consultivo e propositivo del Servizio nazionale della protezione civile su tutte le attività di protezione civile volte alla previsione e prevenzione delle varie ipotesi di rischio. La Commissione fornisce le indicazioni necessarie per la definizione delle esigenze di studio e ricerca in materia di protezione civile, procede all'esame dei dati forniti dalle istituzioni ed organizzazioni preposte alla vigilanza degli eventi previsti dalla presente legge ed alla valutazione dei rischi connessi e degli interventi conseguenti, nonché all'esame di ogni altra questione inerente alle attività di cui alla presente legge ad essa rimesse.

2. La Commissione è composta dal Ministro per il coordinamento della protezione civile, ovvero in mancanza da un delegato del Presidente del Consiglio dei ministri, che la presiede, da un docente universitario esperto in problemi di protezione civile, che sostituisce il presidente in caso di assenza o di impedimento, e da esperti nei vari settori del rischio.

3. Della Commissione fanno parte altresì tre esperti nominati dalla Conferenza permanente per i rapporti tra lo Stato, le regioni e le province autonome di Trento e di Bolzano.

4. La Commissione è costituita con decreto del Presidente del Consiglio dei Ministri, ovvero, per sua delega ai sensi dell'articolo 1, comma 2, del Ministro per il coordinamento della protezione civile, da emanarsi entro sei mesi dalla data di entrata in vigore della presente legge; con il medesimo decreto sono stabilite le modalità organizzative e di funzionamento della Commissione].

(1) *Per l'abrogazione del presente articolo, v. nota 1 all'Epigrafe della presente legge.*

10-21 (*Omissis*).

86. Decreto legislativo 31 marzo 1998, n. 112. — Conferimento di funzioni e compiti amministrativi dello Stato alle regioni ed agli enti locali, in attuazione del capo I della legge 15 marzo 1997, n. 59. (*estratto*).

Pubblicato nella Gazzetta Ufficiale n. 92 del 21 aprile 1998, S.O.

107 Funzioni mantenute allo Stato.

1. Ai sensi dell'articolo 1, comma 4, lettera *c*), della legge 15 marzo 1997, n.59, hanno rilievo nazionale i compiti relativi:

[*a*) all'indirizzo, promozione e coordinamento delle attività delle amministrazioni dello Stato, centrali e periferiche, delle regioni, delle province, dei comuni, delle comunità montane, degli enti pubblici nazionali e territoriali e di ogni altra istituzione ed organizzazione pubblica e privata presente sul territorio nazionale in materia di protezione civile;] (1)

[*b*) alla deliberazione e alla revoca, d'intesa con le regioni interessate, dello stato di emergenza al verificarsi degli eventi di cui all'art. 2, comma 1, lettera *c*), della legge 24 febbraio 1992, n. 225;] (1)

[*c*) alla emanazione, d'intesa con le regioni interessate, di ordinanze per l'attuazione di interventi di emergenza, per evitare situazioni di pericolo, o maggiori danni a persone o a cose, per favorire il ritorno alle normali condizioni di vita nelle aree colpite da eventi calamitosi e nelle quali è intervenuta la dichiarazione di stato di emergenza di cui alla lettera *b*);] (1)

[*d*) alla determinazione dei criteri di massima di cui all'articolo 8, comma 1, della legge 24 febbraio 1992, n. 225;] (1)

e) alla fissazione di norme generali di sicurezza per le attività industriali, civili e commerciali;

f) alle funzione operative riguardanti:

[1) gli indirizzi per la predisposizione e l'attuazione dei programmi di previsione e prevenzione in relazione alle varie ipotesi di rischio;] (1)

[2) la predisposizione, d'intesa con le regioni e gli enti locali interessati, dei piani di emergenza in caso di eventi calamitosi di cui all'articolo 2, comma 1, lettera *c*), della legge 24 febbraio 1992, n. 225 e la loro attuazione;] (1)

3) il soccorso tecnico urgente, la prevenzione e lo spegnimento degli incendi e lo spegnimento con mezzi aerei degli incendi boschivi;

[4) lo svolgimento di periodiche esercitazioni relative ai piani nazionali di emergenza;] (1)

[*g*) la promozione di studi sulla previsione e la prevenzione dei rischi naturali ed antropici;] (1)

[*h*) alla dichiarazione dell'esistenza di eccezionale calamità o avversità atmosferica, ivi compresa l'individuazione, sulla base di quella effettuata dalle regioni, dei territori danneggiati e delle provvidenze di cui alla legge 14 febbraio 1992, n. 185 (2).] (1)

[2. Le funzioni di cui alle lettere *a*), *d*), *e*), e al numero 1) della lettera *f*) del comma 1, sono esercitate attraverso intese nella Conferenza unificata.] (1)

(1) *L'art. 48, comma 1, lett.* c), *d.lgs 2 gennaio 2018. n. 1 ha disposto l'abrogazione del comma 1 lettere* a), b), c), d), f) *numeri 1), 2) e 4),* g) *e* h) *e del comma 2.*

(2) *Lettera aggiunta dall'art. 13, d.lgs. 29 ottobre 1999, n. 443.*

[108 Funzioni conferite alle regioni e agli enti locali (1).

[1. Tutte le funzioni amministrative non espressamente indicate nelle disposizioni dell'articolo 107 sono conferite alle regioni e agli enti locali e tra queste, in particolare:

a) sono attribuite alle regioni le funzioni relative:

1) alla predisposizione dei programmi di previsione e prevenzione dei rischi, sulla base degli indirizzi nazionali;

2) all'attuazione di interventi urgenti in caso di crisi determinata dal verificarsi o dall'imminenza di eventi di cui all'articolo 2, comma 1, lettera *b*), della legge 24 febbraio 1992, n. 225, avvalendosi anche del Corpo nazionale dei vigili del fuoco;

3) agli indirizzi per la predisposizione dei piani provinciali di emergenza in caso di eventi calamitosi di cui all'articolo 2, comma 1, lettera *b*), della legge n. 225 del 1992;

4) all'attuazione degli interventi necessari per favorire il ritorno alle normali condizioni di vita nelle aree colpite da eventi calamitosi;

5) allo spegnimento degli incendi boschivi, fatto salvo quanto stabilito al punto 3) della lettera *f*) del comma 1 dell'articolo 107;

[6) alla dichiarazione dell'esistenza di eccezionale calamità o avversità atmosferica, ivi compresa l'individuazione dei territori danneggiati e delle provvidenze di cui alla legge 14 febbraio 1992, n. 185; (2)]

7) agli interventi per l'organizzazione e l'utilizzo del volontariato;

b) sono attribuite alle province le funzioni relative:

1) all'attuazione, in ambito provinciale, delle attività di previsione e degli interventi di prevenzione dei rischi, stabilite dai programmi e piani regionali, con l'adozione dei connessi provvedimenti amministrativi;

2) alla predisposizione dei piani provinciali di emergenza sulla base degli indirizzi regionali;

3) alla vigilanza sulla predisposizione da parte delle strutture provinciali di protezione civile, dei servizi urgenti, anche di natura tecnica, da attivare in caso di eventi calamitosi di cui all'articolo 2, comma 1, lettera *b*) della legge 24 febbraio 1992, n. 225;

c) sono attribuite ai comuni le funzioni relative:

1) all'attuazione, in ambito comunale, delle attività di previsione e degli interventi di prevenzione dei rischi, stabilite dai programmi e piani regionali;

2) all'adozione di tutti i provvedimenti, compresi quelli relativi alla preparazione all'emergenza, necessari ad assicurare i primi soccorsi in caso di eventi calamitosi in ambito comunale;

3) alla predisposizione dei piani comunali e/o intercomunali di emergenza, anche nelle forme associative e di cooperazione previste dalla legge 8 giugno 1990, n. 142, e, in ambito montano, tramite le comunità montane, e alla cura della loro attuazione, sulla base degli indirizzi regionali;

4) all'attivazione dei primi soccorsi alla popolazione e degli interventi urgenti necessari a fronteggiare l'emergenza;

5) alla vigilanza sull'attuazione, da parte delle strutture locali di protezione civile, dei servizi urgenti;

6) all'utilizzo del volontariato di protezione civile a livello comunale e/o intercomunale, sulla base degli indirizzi nazionali e regionali.]

(1) *Articolo abrogato dall'art. 48, comma 1, lett. c), d.lgs. 2 gennaio 2018. n. 1.*

(2) *Numero abrogato dall'art. 14, d.lgs. 29 ottobre 1999, n. 443.*

159 Definizioni.

1. Le funzioni ed i compiti amministrativi relativi alla polizia amministrativa regionale e locale concernono le misure dirette ad evitare danni o pregiudizi che possono essere arrecati ai soggetti giuridici ed alle cose nello svolgimento di attività relative alle materie nelle quali vengono esercitate le competenze, anche delegate, delle regioni e degli enti locali, senza che ne risultino lesi o messi in pericolo i beni e gli interessi tutelati in funzione dell'ordine pubblico e della sicurezza pubblica.

2. Le funzioni ed i compiti amministrativi relativi all'ordine pubblico e sicurezza pubblica di cui all'articolo 1, comma 3, lettera *l*), della legge 15 marzo 1997, n. 59, concernono le misure preventive e repressive dirette al mantenimento dell'ordine pubblico, inteso come il complesso dei beni giuridici fondamentali e degli interessi pubblici primari sui quali si rhegge l'ordinata e civile convivenza nella comunità nazionale, nonché alla sicurezza delle istituzioni, dei cittadini e dei loro beni.

87. Decreto legislativo 2 gennaio 2018, n. 1. — Codice della protezione civile (1). (*estratto*).

Pubblicato nella Gazzetta Ufficiale n. 17 del 22 gennaio 2018.

(1) *Gli estremi del presente decreto sono stati così corretti dal Comunicato del 23 gennaio 2018, pubblicato nella G.U. 23 gennaio 2018, n. 18.*

CAPO I
Finalità, attività e composizione del servizio nazionale della protezione civile

1 Definizione e finalità del Servizio nazionale della protezione civile. (Articolo 1-*bis*, comma 1, legge 225/1992)

1. Il Servizio nazionale della protezione civile, di seguito Servizio nazionale, definito di pubblica utilità, è il sistema che esercita la funzione di protezione civile costituita dall'insieme delle competenze e delle attività volte a tutelare la vita, l'integrità fisica, i beni, gli insediamenti, gli animali e l'ambiente dai danni o dal pericolo di danni derivanti da eventi calamitosi di origine naturale o derivanti dall'attività dell'uomo.

2. Il Servizio nazionale concorre al perseguimento delle finalità previste dalla normativa dell'Unione europea in materia di protezione civile.

3. Le norme del presente decreto costituiscono principi fondamentali in materia di protezione civile ai fini dell'esercizio della potestà legislativa concorrente.

4. Le disposizioni del presente decreto si applicano anche alle Regioni a statuto speciale e alle Province autonome di Trento e di Bolzano, compatibilmente con i rispettivi statuti di autonomia e le relative norme di attuazione. Sono fatte salve, altresì, le forme e condizioni particolari di autonomia attribuite ai sensi dell'articolo 116, comma 3, della Costituzione.

2 Attività di protezione civile. (Articoli 3, 3-*bis*, commi 1 e 2, e 5, commi 2 e 4-*quinquies*, legge 225/1992; Articolo 93, comma 1, lettera *g*), decreto legislativo 112/1998; Articolo 5, comma 4-*ter*, decreto-legge 343/2001, conv. legge 401/2001)

1. Sono attività di protezione civile quelle volte alla previsione, prevenzione e mitigazione dei rischi, alla gestione delle emergenze e al loro superamento.

2. La previsione consiste nell'insieme delle attività, svolte anche con il concorso di soggetti dotati di competenza scientifica, tecnica e amministrativa, dirette all'identificazione e allo studio, anche dinamico, degli scenari di rischio possibili, per le esigenze di allertamento del Servizio nazionale, ove possibile, e di pianificazione di protezione civile.

3. La prevenzione consiste nell'insieme delle attività di natura strutturale e non strutturale, svolte anche in forma integrata, dirette a evitare o a ridurre la possibilità che si verifichino danni conseguenti a eventi calamitosi anche sulla base delle conoscenze acquisite per effetto delle attività di previsione.

4. Sono attività di prevenzione non strutturale di protezione civile quelle concernenti:

a) l'allertamento del Servizio nazionale, articolato in attività di preannuncio in termini probabilistici, ove possibile e sulla base delle conoscenze disponibili, di monitoraggio e di sorveglianza in tempo reale degli eventi e della conseguente evoluzione degli scenari di rischio;

b) la pianificazione di protezione civile, come disciplinata dall'articolo 18;

c) la formazione e l'acquisizione di ulteriori competenze professionali degli operatori del Servizio nazionale;

d) l'applicazione e l'aggiornamento della normativa tecnica di interesse;

e) la diffusione della conoscenza e della cultura della protezione civile, anche con il coinvolgimento delle istituzioni scolastiche, allo scopo di promuovere la resilienza delle comunità e l'adozione di comportamenti consapevoli e misure di autoprotezione da parte dei cittadini;

f) l'informazione alla popolazione sugli scenari di rischio e le relative norme di comportamento nonché sulla pianificazione di protezione civile;

g) la promozione e l'organizzazione di esercitazioni ed altre attività addestrative e formative, anche con il coinvolgimento delle comunità, sul territorio nazionale al fine di promuovere l'esercizio integrato e partecipato della funzione di protezione civile, che possono prevedere scambi di personale delle componenti territoriali e centrali per fini di aggiornamento, formazione e qualificazione del personale addetto ai servizi di protezione civile (1);

h) le attività di cui al presente comma svolte all'estero, in via bilaterale, o nel quadro della partecipazione dell'Italia all'Unione europea e ad organizzazioni internazionali, al fine di promuovere l'esercizio integrato e partecipato della funzione di protezione civile;

i) le attività volte ad assicurare il raccordo tra la pianificazione di protezione civile e la pianificazione territoriale e le procedure amministrative di gestione del territorio per gli aspetti di competenza delle diverse componenti.

5. Sono attività di prevenzione strutturale di protezione civile quelle concernenti:

a) la partecipazione all'elaborazione delle linee di indirizzo nazionali e regionali per la definizione delle politiche di prevenzione strutturale dei rischi naturali o derivanti dalle attività dell'uomo e per la loro attuazione;

b) la partecipazione alla programmazione degli interventi finalizzati alla mitigazione dei rischi naturali o derivanti dall'attività dell'uomo e alla relativa attuazione;

c) l'esecuzione di interventi strutturali di mitigazione del rischio in occasione di eventi calamitosi, in coerenza con gli strumenti di programmazione e pianificazione esistenti;

d) le azioni integrate di prevenzione strutturale e non strutturale per finalità di protezione civile di cui all'articolo 22.

6. La gestione dell'emergenza consiste nell'insieme, integrato e coordinato, delle misure e degli interventi diretti ad assicurare il soccorso e l'assistenza alle popolazioni colpite dagli eventi calamitosi e agli animali e la riduzione del relativo impatto, anche mediante la realizzazione di interventi indifferibili e urgenti ed il ricorso a procedure semplificate, e la relativa attività di informazione alla popolazione.

7. Il superamento dell'emergenza consiste nell'attuazione coordinata delle misure volte a rimuovere gli ostacoli alla ripresa delle normali condizioni di vita e di lavoro, per ripristinare i servizi essenziali e per

ridurre il rischio residuo nelle aree colpite dagli eventi calamitosi, oltre che alla ricognizione dei fabbisogni per il ripristino delle strutture e delle infrastrutture pubbliche e private danneggiate, nonché dei danni subiti dalle attività economiche e produttive, dai beni culturali e paesaggistici, dalle strutture e dalle infrastrutture pubbliche e private e (2) dal patrimonio edilizio e all'avvio dell'attuazione delle conseguenti prime misure per fronteggiarli.

(1) *Lettera così modificata dall'art. 1 del d.lgs. 6 febbraio 2020, n. 4.*
(2) *Comma modificato dall'art. 1 del d.lgs. 6 febbraio 2020, n. 4, che ha inserito le seguenti parole:* « paesaggistici, dalle strutture e dalle infrastrutture pubbliche e private e ».

3 Servizio nazionale della protezione civile. (Articolo 1-*bis*, commi 2 e 3, legge 225/1992; Articolo 5, commi 1 e 2, decreto-legge 343/2001, conv. legge 401/2001; Articolo 14, commi 27 e ss., decreto-legge 78/2010, conv. legge 122/2010)

1. Fanno parte del Servizio nazionale le autorità di protezione civile che, secondo il principio di sussidiarietà, differenziazione e adeguatezza, garantiscono l'unitarietà dell'ordinamento esercitando, in relazione ai rispettivi ambiti di governo, le funzioni di indirizzo politico in materia di protezione civile e che sono:

a) il Presidente del Consiglio dei ministri, in qualità di autorità nazionale di protezione civile e titolare delle politiche in materia;

b) i Presidenti delle Regioni e delle Province autonome di Trento e di Bolzano, in qualità di autorità territoriali di protezione civile e in base alla potestà legislativa attribuita, limitatamente alle articolazioni appartenenti o dipendenti dalle rispettive amministrazioni;

c) i Sindaci e i Sindaci metropolitani, in qualità di autorità territoriali di protezione civile limitatamente alle articolazioni appartenenti o dipendenti dalle rispettive amministrazioni.

2. Il Servizio nazionale si articola in componenti, strutture operative nazionali e regionali nonché soggetti concorrenti di cui all'articolo 13, comma 2. In coerenza con i rispettivi ordinamenti e nell'ambito di quanto stabilito dal presente decreto, operano con riferimento agli ambiti di governo delle rispettive autorità di cui al comma 1:

a) il Dipartimento della protezione civile, di cui si avvale il Presidente del Consiglio dei ministri nell'esercizio della funzione di indirizzo e coordinamento del Servizio nazionale e per assicurare l'unitaria rappresentanza nazionale presso l'Unione europea e gli organismi internazionali in materia di protezione civile, ferme restando le competenze del Ministero degli affari esteri e della cooperazione internazionale, nonché le Prefetture - Uffici Territoriali di Governo;

b) Le Regioni titolari della potestà legislativa concorrente in materia di protezione civile e le Province autonome di Trento e di Bolzano titolari della potestà legislativa esclusiva nelle materie previste dallo statuto speciale e dalle relative norme di attuazione;

c) i Comuni, anche in forma aggregata, le città metropolitane e le province in qualità di enti di area vasta di cui alla legge 7 aprile 2014, n. 56, secondo le modalità organizzative ivi disciplinate.

3. L'articolazione di base dell'esercizio della funzione di protezione civile a livello territoriale è organizzata nell'ambito della pianificazione di cui all'articolo 18, che, nel rispetto dei principi di sussidiarietà, differenziazione e adeguatezza, definisce gli ambiti territoriali e organizzativi ottimali individuati dalle Regioni, sulla base dei criteri generali fissati ai sensi dell'articolo 18, comma 4 (1) e costituiti da uno o più comuni, per assicurare l'effettivo svolgimento delle attività di cui all'articolo 2, anche in deroga alle previsioni di cui all'articolo 14, commi 27 e seguenti, del decreto-legge 31 maggio 2010, n. 78, convertito, con modificazioni, dalla legge 30 luglio 2010, n. 122, e successive modificazioni.

(1) *Comma modificato dall'art. 2 del d.lgs. 6 febbraio 2020, n. 4, che ha sostituito le parole* « comma 4 » *alle parole* « comma 3 ».

4 Componenti del Servizio nazionale della protezione civile. (Articoli 1-*bis*, comma 3, e 6 legge 225/1992)

1. Lo Stato, le Regioni e le Province autonome di Trento e di Bolzano e gli enti locali sono componenti del Servizio nazionale e provvedono all'attuazione delle attività di cui all'articolo 2, secondo i rispettivi ordinamenti e competenze.

2. Le componenti del Servizio nazionale possono stipulare convenzioni con le strutture operative e i soggetti concorrenti di cui all'articolo 13, comma 2 o con altri soggetti pubblici.

3. Le componenti del Servizio nazionale che detengono o gestiscono informazioni utili per le finalità del presente decreto, sono tenute ad assicurarne la circolazione e diffusione nell'ambito del Servizio stesso, nel rispetto delle vigenti disposizioni in materia di trasparenza e di protezione dei dati personali, ove non coperte da segreto di Stato, ovvero non attinenti all'ordine e alla sicurezza pubblica nonché alla prevenzione e repressione di reati.

5 Attribuzioni del Presidente del Consiglio dei ministri. (Articolo 1-*bis*, comma 2, legge 225/1992; Articolo 5, commi 1 e 2, decreto-legge 343/2001, conv. legge 401/2001)

1. Il Presidente del Consiglio dei ministri, per il conseguimento delle finalità del Servizio nazionale, detiene i poteri di ordinanza in materia di protezione civile, che può esercitare, salvo che sia diversamente stabilito con la deliberazione di cui all'articolo 24, per il tramite del Capo del Dipartimento della protezione civile, e determina le politiche di protezione civile per la promozione e il coordinamento delle attività delle amministrazioni dello Stato, centrali e periferiche, delle regioni, delle città metropolitane, delle province, dei comuni, degli enti pubblici nazionali e territoriali e di ogni altra istituzione e organizzazione pubblica o privata presente sul territorio nazionale.

2. Il Presidente del Consiglio dei ministri, con direttive da adottarsi ai sensi dell'articolo 15, predispone gli indirizzi per lo svolgimento, in forma coordinata, delle attività di protezione civile di cui all'articolo 2, al fine di

assicurarne l'unitarietà nel rispetto delle peculiarità dei territori.

3. Il Governo riferisce annualmente al Parlamento sulle attività di protezione civile nonché sull'utilizzo del Fondo nazionale per la protezione civile, del Fondo regionale di protezione civile e del Fondo per le emergenze nazionali di cui al Capo VI.

6 Attribuzioni delle autorità territoriali di protezione civile. (Articolo 1-*bis*, comma 2, legge 225/1992; Articolo 5, comma 5, decreto-legge 343/2001, conv. legge 401/2001)

1. Nel rispetto delle direttive adottate ai sensi dell'articolo 15 e di quanto previsto dalla legislazione regionale, i Sindaci, in conformità di quanto previsto dal decreto legislativo 18 agosto 2000, n. 267, i Sindaci metropolitani e i Presidenti delle Regioni, in qualità di autorità territoriali di protezione civile, esercitano le funzioni di vigilanza sullo svolgimento integrato e coordinato delle medesime attività da parte delle strutture afferenti alle rispettive amministrazioni. Le autorità territoriali di protezione civile sono responsabili, con riferimento agli ambiti di governo e alle funzioni di competenza e nel rispetto delle vigenti normative in materia:

a) del recepimento degli indirizzi nazionali in materia di protezione civile;

b) della promozione, dell'attuazione e del coordinamento delle attività di cui all'articolo 2 esercitate dalle strutture organizzative di propria competenza;

c) della destinazione delle risorse finanziarie finalizzate allo svolgimento delle attività di protezione civile, in coerenza con le esigenze di effettività delle funzioni da esercitare, come disciplinate nella pianificazione di cui all'articolo 18;

d) dell'articolazione delle strutture organizzative preposte all'esercizio delle funzioni di protezione civile di propria competenza (1) e dell'attribuzione, alle medesime strutture, di personale adeguato e munito di specifiche professionalità, anche con riferimento alle attività di presidio delle sale operative, della rete dei centri funzionali nonché allo svolgimento delle attività dei presidi territoriali;

e) della disciplina di procedure e modalità di organizzazione dell'azione amministrativa delle strutture e degli enti afferenti alle rispettive amministrazioni, peculiari e semplificate al fine di assicurarne la prontezza operativa e di risposta in occasione o in vista degli eventi di cui all'articolo 7 (2).

(1) *Lettera così modificata dall'art. 3 del d.lgs. 6 febbraio 2020, n. 4 che ha inserito le parole* « di propria competenza ».

(2) *Lettera così modificata dall'art. 3 del d.lgs. 6 febbraio 2020, n. 4 che ha sostituito le parole* « articolo 7 » *alle parole* « articolo 2 ».

CAPO II
Organizzazione del servizio nazionale della protezione civile

SEZIONE I
Eventi di protezione civile

7 Tipologia degli eventi emergenziali di protezione civile. (Articolo 2, legge 225/1992) (1)

1. Ai fini dello svolgimento delle attività di cui all'articolo 2, gli eventi emergenziali di protezione civile si distinguono in:

a) emergenze connesse con eventi calamitosi di origine naturale o derivanti dall'attività dell'uomo che possono essere fronteggiati mediante interventi attuabili, dai singoli enti e amministrazioni competenti in via ordinaria;

b) emergenze connesse con eventi calamitosi di origine naturale o derivanti dall'attività dell'uomo che per loro natura o estensione comportano l'intervento coordinato di più enti o amministrazioni, e debbono essere fronteggiati con mezzi e poteri straordinari da impiegare durante limitati e predefiniti periodi di tempo, disciplinati dalle Regioni e dalle Province autonome di Trento e di Bolzano nell'esercizio della rispettiva potestà legislativa;

c) emergenze di rilievo nazionale connesse con eventi calamitosi di origine naturale o derivanti dall'attività dell'uomo che in ragione della loro intensità o estensione debbono, con immediatezza d'intervento, essere fronteggiate con mezzi e poteri straordinari da impiegare durante limitati e predefiniti periodi di tempo ai sensi dell'articolo 24.

(1) *Si veda l'art. 1, comma 1021, l. 30 dicembre 2018, n. 145, che così dispone: « 1021. Al fine di garantire la continuità dei servizi di interesse generale a seguito di eventi emergenziali di cui all'articolo 7 del codice di cui al decreto legislativo 2 gennaio 2018, n. 1, i sindaci dei comuni interessati dai suddetti eventi indicano tempe stivamente ai concessionari di servizi pubblici, che ne abbiano fatto richiesta mediante apposita istanza di autorizzazione, le aree pubbliche nella loro disponibilità da destinare agli insediamenti di container, immediatamente rimuovibili al venir meno dell'esigenza, al fine di consentire il regolare svolgimento dei servizi, prima resi negli immobili, per i quali sia intervenuta dichiarazione d'inagibilità. L'assegnazione è effettuata a titolo gratuito e per un periodo di tempo predeterminato, eventualmente rinnovabile, mentre le spese per l'installazione e le utenze sono a carico dei concessionari. Sono fatti salvi i comportamenti tenuti dai concessionari di servizi pubblici per garantire la continuità del servizio in occasione di eventi emergenziali verificatisi prima della data di entrata in vigore della presente legge ».*

SEZIONE II
Organizzazione del servizio nazionale della protezione civile

8 Funzioni del Dipartimento della protezione civile della Presidenza del Consiglio dei ministri. (Articolo 1-*bis*, comma 3, legge 225/1992; Articolo 107 decreto legislativo 112/1998; Articolo 5, comma 4, 4-*ter*, 5 e 6, decreto-legge 343/2001, conv. legge 401/2001; Articolo 4, comma 2, decreto-legge 90/2005, conv. legge 152/2005)

1. Il Presidente del Consiglio dei ministri, si avvale del Dipartimento della protezione civile della Presidenza del Consiglio dei ministri, per lo svolgimento dei seguenti compiti che, nell'ambito delle attività di cui all'articolo 2, hanno rilievo nazionale:

a) l'indirizzo, la promozione e il coordinamento delle attività delle amministrazioni dello Stato, centrali e periferiche, delle regioni, dei comuni e delle relative forme di aggregazione o di esercizio aggregato di funzioni, delle città metropolitane, delle province in qualità di enti di area vasta di cui alla legge 7 aprile 2014, n. 56, secondo le modalità organizzative ivi disciplinate, degli enti pubblici nazionali e territoriali e di ogni altra istituzione ed organizzazione pubblica o privata presente sul territorio nazionale in materia di protezione civile, anche mediante l'attivazione di un osservatorio sulle buone pratiche nelle attività di protezione civile;

b) l'elaborazione dei provvedimenti finalizzati alla gestione delle situazioni di emergenza di rilievo nazionale previste o in atto;

c) l'elaborazione delle proposte delle direttive di cui all'articolo 15;

d) l'elaborazione e il coordinamento dell'attuazione dei piani nazionali riferiti a specifici scenari di rischio di rilevanza nazionale e dei programmi nazionali di soccorso, contenenti il modello di intervento per l'organizzazione della risposta operativa in caso o in vista di eventi calamitosi di rilievo nazionale;

e) il coordinamento dell'intervento del Servizio nazionale, al verificarsi di emergenze di rilievo nazionale, sulla base delle informazioni acquisite tramite una sala operativa nazionale e interforze operante con continuità presso il Dipartimento della protezione civile della Presidenza del Consiglio dei ministri (1), allo scopo di assicurare l'assistenza e il soccorso alle popolazioni colpite, effettuati in concorso con le Regioni e Province autonome di Trento e di Bolzano interessate e, da queste, in raccordo con i Prefetti". Detto coordinamento è garantito, in raccordo con le Amministrazioni interessate anche ai fini dell'impiego sul territorio di personale degli enti e delle strutture di cui all'articolo 4, comma 1, fatte salve le competenze delle Province autonome di Trento e Bolzano, nel limite previsto a legislazione vigente nei bilanci delle Amministrazioni coinvolte e, nel caso di dichiarazione dello stato di emergenza nazionale di cui all'articolo 24, nel limite delle risorse stanziate con delibera del Consiglio dei ministri (1);

f) gli indirizzi generali per le attività di formazione in materia di protezione civile, in raccordo con le Regioni e le Province autonome di Trento e di Bolzano;

g) la promozione di studi e ricerche sulla previsione e la prevenzione dei rischi naturali o connessi con l'attività dell'uomo;

h) la programmazione e lo svolgimento (2), per verificare i piani nazionali, di esercitazioni di protezione civile, di intesa con le regioni e gli enti locali interessati;

i) la definizione dei criteri generali per l'individuazione delle zone sismiche e la partecipazione al processo di elaborazione delle norme tecniche per le costruzioni nelle medesime zone di cui all'articolo 93, comma 1, lettera *g*) del decreto legislativo 31 marzo 1998, n. 112;

l) il coordinamento della partecipazione del Servizio nazionale alle politiche di protezione civile dell'Unione europea in qualità di autorità competente ai sensi dell'articolo 29 della decisione n. 1313/2013/UE del Parlamento Europeo e del Consiglio del 17 dicembre 2013, ed il coordinamento delle operazioni (3) del Servizio nazionale in occasione di emergenze all'estero, in via bilaterale o nel quadro dell'azione dell'Unione europea e degli organismi internazionali, per assicurare l'assistenza e il soccorso alle popolazioni colpite, con le modalità di cui all'articolo 29 e ferme restando le competenze in materia del Ministero degli affari esteri e della cooperazione internazionale e dell'Agenzia italiana per la cooperazione allo sviluppo;

m) la formulazione delle richieste di assistenza internazionale all'Unione europea o alla comunità internazionale per integrare l'intervento del Servizio nazionale;

n) il coordinamento del supporto in qualità di nazione ospitante, conformemente alla decisione n. 1313/2013/UE.

2. Il Dipartimento della protezione civile partecipa all'elaborazione delle linee di indirizzo nazionali per la definizione delle politiche di prevenzione strutturale dei rischi naturali o derivanti dalle attività dell'uomo e per la loro attuazione. A tal fine la rappresentanza del Dipartimento della protezione civile è integrata nelle commissioni, comitati od organismi competenti, comunque denominati, di rilevanza nazionale e deputati alla programmazione, all'indirizzo e al coordinamento di tali attività, sulla base di provvedimenti da adottarsi a cura delle autorità competenti entro 90 giorni dalla data di entrata in vigore del presente decreto. Il Dipartimento della protezione civile esprime pareri e proposte sugli atti e i documenti prodotti, in materia, dalle Amministrazioni preposte, ove previsto o su richiesta della medesima Amministrazione.

(1) *Lettera così modificata dall'art. 4, comma 1, del d.lgs. 6 febbraio 2020, n. 4 che ha sostituito le parole* « e interforze operante con continuità presso il Dipartimento della protezione civile della Presidenza del Consiglio dei ministri » *alle parole* « interforze operante con continuità » *e ha inserito l'ultimo periodo.*

(2) *Lettera così modificata dall'art. 4, comma 1, del d.lgs. 6 febbraio 2020, n. 4 che ha sostituito le parole* « la programmazione e lo svolgimento » *alle parole* « l'esecuzione ».

(3) *Lettera così modificata dall'art. 4, comma 1, del d.lgs. 6 febbraio 2020, n. 4 che ha sostituito le parole* « delle operazioni » *alle parole* « dell'intervento ».

9 Funzioni del Prefetto nell'ambito del Servizio nazionale della protezione civile. (Articoli 6 e 14, legge 225/1992; Articolo 1, comma 1, lettera *d*), punto 1), decreto-legge 59/2012, conv. legge 100/2012)

1. In occasione degli eventi emergenziali di cui all'articolo 7, comma 1, lettere *b*) e *c*), ovvero nella loro imminenza o nel caso in cui il verificarsi di tali eventi sia preannunciato con le modalità di cui all'articolo 2, comma 4, lettera *a*), il Prefetto, nel limite della propria competenza territoriale:

a) assicura un costante flusso e scambio informativo con il Dipartimento della protezione civile, la Regione, i Comuni, le Province ove delegate (1), secondo quanto previsto nella pianificazione di cui all'articolo 18, e il Dipartimento dei vigili del fuoco, del soccorso pubblico e della difesa civile del Ministero dell'interno;

b) assume, nell'immediatezza dell'evento in raccordo con il Presidente della giunta regionale e coordinandosi con la struttura regionale di protezione civile, la direzione unitaria di tutti i servizi di emergenza da attivare a livello provinciale, curando l'attuazione del piano provinciale di protezione civile, redatto in conformità agli articoli 11, comma 1, lettera *b*) e 18, coordinandoli con gli interventi messi in atto dai comuni interessati, sulla base del relativo piano di protezione civile, anche al fine di garantire l'immediata attivazione degli interventi di primo soccorso alla popolazione;

c) promuove e coordina l'adozione dei provvedimenti necessari per assicurare l'intervento delle strutture dello Stato presenti sul territorio provinciale;

d) vigila sull'attuazione dei servizi urgenti, anche di natura tecnica, a livello provinciale, segnalando, con le modalità di cui alla lettera *a*), eventuali esigenze di ulteriori concorsi d'intesa con il Presidente della Giunta regionale;

e) attiva gli enti e le amministrazioni dello Stato, anche ai sensi dell'articolo 13, comma 4, della legge 1°aprile 1981, n. 121, e assicura il loro concorso coordinato anche mediante idonee rappresentanze presso i centri operativi comunali.

2. Il Prefetto, ai fini dello svolgimento dei compiti di cui al comma 1 e per il coordinamento dei servizi di emergenza a livello provinciale, adotta tutti i provvedimenti di propria competenza necessari ad assicurare i primi soccorsi a livello provinciale, comunale o di ambito ai sensi dell'articolo 3, comma 3, nel quadro degli organismi di coordinamento provvisorio previsti nella direttiva di cui all'articolo 18, comma 4.

3. Continuano ad applicarsi le disposizioni vigenti nell'ordinamento giuridico della Regione autonoma Friuli Venezia Giulia, della Regione autonoma della Sardegna, della Regione autonoma Valle d'Aosta e delle Province autonome di Trento e di Bolzano.

(1) *Lettera così modificata dall'art. 5, comma 1, del d.lgs. 6 febbraio 2020, n. 4 che ha aggiunto le parole* « le Province ove delegate ».

10 Funzioni del Corpo nazionale dei vigili del fuoco nell'ambito del Servizio nazionale della protezione civile. (Articolo 11, comma 1, legge 225/1992)

1. In occasione degli eventi calamitosi di cui al presente decreto, il Corpo nazionale dei vigili del fuoco, quale componente fondamentale del Servizio nazionale della protezione civile, assicura, sino al loro compimento, gli interventi di soccorso tecnico indifferibili e urgenti, e di ricerca e salvataggio assumendone la direzione e la responsabilità nell'immediatezza degli eventi, attraverso il coordinamento tecnico-operativo e il raccordo con le altre componenti e strutture coinvolte.

2. Gli interventi di soccorso tecnico di cui al comma 1, nell'ambito delle attività di cui all'articolo 2, comma 6, del presente decreto, sono finalizzati ad assicurare la ricerca e il salvataggio delle persone, nonché le attività di messa in sicurezza, anche in concorso con altri soggetti, ai fini della salvaguardia della pubblica incolumità da pericoli imminenti, dei luoghi, delle strutture e degli impianti.

3. Il Corpo nazionale dei vigili del fuoco opera, altresì, quale struttura operativa del Servizio nazionale della protezione civile, secondo le modalità e i livelli di responsabilità previsti dal proprio ordinamento, anche ai fini delle attività di cui all'articolo 2, comma 7.

4. Nella direttiva di cui all'articolo 18, comma 4, sono individuati i contenuti tecnici minimi per l'efficace assolvimento, da parte del Corpo nazionale dei vigili del fuoco, delle attribuzioni di cui al presente articolo.

11 Funzioni delle Regioni e disciplina delle funzioni delle città metropolitane e delle province in qualità di enti di area vasta nell'ambito del Servizio nazionale della protezione civile. (Articoli 6, 12 e 13 legge 225/1992; Articolo 108 decreto legislativo 112/1998; Articolo 1-*bis* decreto-legge 59/2012, conv. legge 100/2012; Articolo 1, commi da 85 a 97, legge 56/2014)

1. Le Regioni e le Province autonome di Trento e di Bolzano, nell'esercizio delle rispettive potestà legislative ed amministrative, disciplinano l'organizzazione dei sistemi di protezione civile nell'ambito dei rispettivi territori, assicurando lo svolgimento delle attività di protezione civile di cui all'articolo 2 e, in particolare:

a) le modalità di predisposizione ed attuazione delle attività volte alla previsione e prevenzione dei rischi, articolate come previsto all'articolo 2, commi 2, 3, 4 e 5, nonché delle attività di cui ai commi 6 e 7 del medesimo articolo, ivi comprese le procedure finalizzate all'adozione e attuazione del piano regionale di protezione civile, che prevede criteri e modalità di intervento da seguire in caso di emergenza e che individua nel rispetto dei criteri generali definiti ai sensi dell'articolo 18, comma 4, gli ambiti territoriali ottimali e connessi criteri organizzativi;

b) gli indirizzi per la predisposizione dei piani provinciali, in coerenza con quanto previsto dalla lettera *o*), di ambito (1) e comunali di protezione civile, nonché per la revisione e valutazione periodica dei medesimi piani;

c) le modalità per assicurare il concorso dei rispettivi sistemi regionali di protezione civile alle attività di rilievo nazionale, anche avvalendosi, del Corpo nazionale dei vigili del fuoco mediante appositi atti convenzionali volti a disciplinarne il relativo sostegno funzionale;

d) la gestione della sala operativa regionale, volta anche ad assicurare il costante flusso di raccolta e scambio delle informazioni con il Dipartimento della protezione civile, le Prefetture, le Province ove delegate (2) e i Comuni;

e) l'ordinamento e l'organizzazione anche territoriale della propria struttura, nonché dei propri uffici al fine dell'esercizio delle attività di cui al comma 2 e la disciplina di procedure e modalità di organizzazione delle azioni tecniche, operative e amministrative peculiari e semplificate per provvedere all'approntamento delle strutture e dei mezzi necessari per l'espletamento delle relative attività, al fine di assicurarne la prontezza operativa e di risposta in occasione o in vista degli eventi di cui all'articolo 7 ai sensi dell'articolo 2, comma 2, del decreto legislativo 8 aprile 2003, n. 66 e successive modificazioni;

f) le modalità per la deliberazione dello stato di emergenza per i casi (3) di cui all'articolo 7, comma 1, lettera *b*) e per lo svolgimento delle conseguenti attività, ai sensi di quanto previsto dagli articoli 24, comma 9, e 25, comma 11;

g) le modalità di coordinamento, ferme restando le competenze del Prefetto di cui all'articolo 9 e del Corpo nazionale dei vigili del fuoco di cui all'articolo 10, dell'attuazione degli interventi urgenti e dello svolgimento dei servizi di emergenza in caso di emergenze di cui all'articolo 7, comma 1, lettera *b*), assicurandone l'integrazione con gli interventi messi in atto dai Comuni, sulla base del relativo piano di protezione civile;

h) la preparazione, gestione ed attivazione della colonna mobile regionale, composta anche dalle organizzazioni di volontariato di cui all'articolo 34, comma 3, lettera *a*), per gli interventi in occasione o in previsione degli eventi di cui all'articolo 7;

i) le modalità di organizzazione per realizzare gli interventi necessari per rimuovere gli ostacoli alla ripresa delle normali condizioni di vita nelle aree colpite da eventi calamitosi;

l) il concorso agli interventi all'estero mediante l'attivazione delle risorse regionali inserite nei moduli europei con le procedure previste dall'articolo 29;

m) lo spegnimento degli incendi boschivi, fatte salve le competenze statali in materia, in conformità a quanto previsto dalla legge 21 novembre 2000, n. 353, e successive modificazioni e dal decreto legislativo 19 agosto 2016, n. 177;

n) le misure per l'organizzazione e l'utilizzo del volontariato organizzato di protezione civile a livello territoriale, nonché delle relative forme di rappresentanza su base democratica;

o) l'attribuzione, con le modalità previste dalla legge 7 aprile 2014, n. 56 e ove non diversamente disciplinato nelle leggi regionali, alle province, in qualità di enti di area vasta, di funzioni in materia di protezione civile, ivi comprese le relative risorse, con particolare riguardo a quelle relative:

1) all'attuazione, in ambito provinciale, delle attività di previsione e prevenzione dei rischi, stabilite nella programmazione regionale, con l'adozione dei connessi provvedimenti amministrativi e, in particolare, i compiti relativi alla rilevazione, raccolta e elaborazione dei relativi dati sul territorio provinciale;

2) alla predisposizione dei piani provinciali e di ambito (4) di protezione civile sulla base degli indirizzi regionali di cui alla lettera *b*), in raccordo con le Prefetture;

3) alla vigilanza sulla predisposizione da parte delle proprie strutture di protezione civile, dei servizi urgenti, anche di natura tecnica, da attivare in caso di emergenze,

p) le modalità per favorire le attività formative in materia di previsione, prevenzione e gestione di situazioni di emergenza ed in generale di sensibilizzazione della materia di protezione civile con particolare riferimento agli amministratori e operatori locali ed agli enti ed istituzioni dei sistemi regionali di protezione civile.

2. Nell'ambito delle risorse disponibili a legislazione vigente, le Regioni, per l'attuazione del piano regionale di protezione civile di cui alla lettera *a*) del comma 1, possono prevedere l'istituzione di un fondo, iscritto nel bilancio regionale, per la messa in atto degli interventi previsti dal medesimo piano e dei servizi territoriali cui i Comuni fanno riferimento per fronteggiare le prime fasi dell'emergenza.

3. Le Regioni, sulla base dei criteri generali fissati ai sensi dell'articolo 18, comma 4, favoriscono l'individuazione del livello ottimale di organizzazione di strutture di protezione civile a livello territoriale [comunale o di ambito] (5) al fine di garantire l'effettività delle funzioni di protezione civile, individuando le forme, anche aggregate, per assicurarne la continuità sull'intero territorio, in conformità a quanto previsto dall'articolo 3, comma 2, lettera *b*), nonché l'organizzazione di modalità di supporto per gli interventi da porre in essere in occasione di emergenze di cui all'articolo 7, comma 1, lettera *a*), ivi inclusa l'organizzazione dei presidi territoriali (5).

4. Le funzioni di cui al comma 1 sono disciplinate dalle Regioni assicurandone l'aggiornamento e la coerenza generale con le direttive adottate ai sensi dell'articolo 15.

(1) *Lettera così modificata dall'art. 6, comma 1, lettera a), del d.lgs. 6 febbraio 2020, n. 4 che ha aggiunto le parole* « di ambito ».

(2) *Lettera così modificata dall'art. 6, comma 1, lettera a), del d.lgs. 6 febbraio 2020, n. 4 che ha aggiunto le parole* « le Province ove delegate ».

(3) *Lettera così modificata dall'art. 6, comma 1, lettera a), del d.lgs. 6 febbraio 2020, n. 4 che ha aggiunto le parole* « per i casi ».

(4) *Lettera così modificata dall'art. 6, comma 1, lettera a), del d.lgs. 6 febbraio 2020, n. 4 che ha aggiunto le parole* « e di ambito ».

(5) *Parole soppresse dall'art. 6, comma 1, lettera a), del d.lgs. 6 febbraio 2020, n. 4, che ha aggiunto infine le parole* « ivi inclusa l'organizzazione dei presidi territoriali ».

12 Funzioni dei Comuni ed esercizio della funzione associata nell'ambito del Servizio nazionale della protezione civile.

(Articoli 6 e 15 legge 225/1992; Articolo 108 decreto legislativo 112/1998; Articolo 12 legge 265/1999; Articolo 24, legge 42/2009 e relativi decreti legislativi di attuazione; Articolo 1, comma 1, lettera *e*), decreto-legge 59/2012, conv. legge 100/2012; Articolo19 decreto-legge 95/2012, conv. legge 135/2012)

1. Lo svolgimento, in ambito comunale, delle attività di pianificazione di protezione civile e di direzione dei soccorsi con riferimento alle strutture di appartenenza, è funzione fondamentale dei Comuni.

2. Per lo svolgimento della funzione di cui al comma 1, i Comuni, anche in forma associata, nonché in attuazione dell'articolo 1, comma 1, della legge 7 aprile 2014, n. 56, assicurano l'attuazione delle attività di protezione civile nei rispettivi territori, secondo quanto stabilito dalla pianificazione di cui all'articolo 18, nel rispetto delle disposizioni contenute nel presente decreto, delle attribuzioni di cui all'articolo 3, delle leggi regionali in materia di protezione civile, e in coerenza con quanto previsto dal decreto legislativo 18 agosto 2000, n. 267, e successive modificazioni e, in particolare, provvedono, con continuità:

a) all'attuazione, in ambito comunale delle attività di prevenzione dei rischi, in particolare, per quanto attiene alle attività di presidio territoriale, sulla base dei criteri fissati dalla direttiva di cui all'articolo 18, comma 4, come recepiti dai diversi ordinamenti regionali (1);

b) all'adozione di tutti i provvedimenti, compresi quelli relativi alla pianificazione dell'emergenza, necessari ad assicurare i primi soccorsi in caso di eventi calamitosi in ambito comunale;

c) all'ordinamento dei propri uffici e alla disciplina di procedure e modalità di organizzazione dell'azione amministrativa peculiari e semplificate per provvedere all'approntamento delle strutture e dei mezzi necessari per l'espletamento delle relative attività, al fine di assicurarne la prontezza operativa e di risposta in occasione o in vista degli eventi di cui all'articolo 7;

d) alla disciplina della modalità di impiego di personale qualificato da mobilitare, in occasione di eventi che si verificano nel territorio di altri comuni, a supporto delle amministrazioni locali colpite;

e) alla predisposizione dei piani comunali [o di ambito, ai sensi dell'articolo 3, comma 3,] (2) di protezione civile, anche nelle forme associative e di cooperazione previste e, sulla base degli indirizzi nazionali e regionali, alla cura della loro attuazione;

f) al verificarsi delle situazioni di emergenza a livello comunale (3) di cui all'articolo 7, all'attivazione e alla direzione dei primi soccorsi alla popolazione e degli interventi urgenti necessari a fronteggiare le emergenze;

g) alla vigilanza sull'attuazione da parte delle strutture locali di protezione civile dei servizi urgenti;

h) all'impiego del volontariato di protezione civile a livello comunale e (4) di ambito, ai sensi dell'articolo 3, comma 3, sulla base degli indirizzi nazionali e regionali.

3. L'organizzazione delle attività di cui al comma 2 nel territorio comunale è articolata secondo quanto previsto nella pianificazione di protezione civile di cui all'articolo 18 e negli indirizzi regionali, ove sono disciplinate le modalità di gestione dei servizi di emergenza che insistono sul territorio del comune, in conformità a quanto previsto dall'articolo 3, comma 2, lettere *b*) e *c*).

4. Il comune approva con deliberazione consiliare il piano di protezione civile comunale [o di ambito] (5), redatto secondo criteri e modalità da definire con direttive adottate ai sensi dell'articolo 15 e con gli indirizzi regionali di cui all'articolo 11, comma 1, lettera *b*); la deliberazione disciplina, altresì, meccanismi e procedure per la revisione periodica e l'aggiornamento del piano, eventualmente rinviandoli ad atti del Sindaco, della Giunta o della competente struttura amministrativa, nonché le modalità di diffusione ai cittadini.

5. Il Sindaco, in coerenza con quanto previsto dal decreto legislativo 18 agosto 2000, n. 267, e successive modificazioni, per finalità di protezione civile è responsabile, altresì:

a) dell'adozione di provvedimenti contingibili ed urgenti di cui all'articolo 54 del decreto legislativo 18 agosto 2000 n. 267, al fine di prevenire ed eliminare gravi pericoli per l'incolumità pubblica, anche sulla base delle valutazioni formulate dalla struttura di protezione civile costituita ai sensi di quanto previsto nell'ambito della pianificazione di cui all'articolo 18, comma 1, lettera *b*);

b) dello svolgimento, a cura del Comune, dell'attività di informazione alla popolazione sugli scenari di rischio, sulla pianificazione di protezione civile e sulle situazioni di pericolo determinate dai rischi naturali o derivanti dall'attività dell'uomo;

c) del coordinamento delle attività di assistenza alla popolazione colpita nel proprio territorio a cura del Comune, che provvede ai primi interventi necessari e dà attuazione a quanto previsto dalla pianificazione di protezione civile, assicurando il costante aggiornamento del flusso di informazioni con il Prefetto e il Presidente della Giunta Regionale in occasione di eventi di emergenza di cui all'articolo 7, comma 1, lettere *b*) o *c*).

6. Quando la calamità naturale o l'evento non possono essere fronteggiati con i mezzi a disposizione del comune o di quanto previsto nell'ambito della pianificazione di cui all'articolo 18, il Sindaco chiede l'intervento di altre forze e strutture operative regionali alla Regione e di forze e strutture operative nazionali al Prefetto, che adotta i provvedimenti di competenza, coordinando i propri interventi con quelli della Regione; a tali fini, il Sindaco assicura il costante aggiornamento del flusso di informazioni con il Prefetto e il Presidente della Giunta Regionale in occasione di eventi di emergenza, curando altresì l'attività di informazione alla popolazione.

7. Restano ferme le disposizioni specifiche riferite a Roma capitale di cui all'articolo 24 della legge 5 maggio 2009, n. 42, e successive modificazioni, ed ai relativi decreti legislativi di attuazione.

(1) *Lettera così modificata dall'art. 7, comma 1, lettera a), del d.lgs. 6 febbraio 2020, n. 4. Il testo previgente era il seguente:* « *a*) all'attuazione, in ambito comunale delle attività di prevenzione dei rischi di cui all'articolo 11, comma 1, lettera *a*); ».

(2) *Parole soppresse dall'art. 7, comma 1, lettera* a), *del d.lgs. 6 febbraio 2020, n. 4.*

(3) *Lettera così modificata dall'art. 7, comma 1, lettera a), del d.lgs. 6 febbraio 2020, n. 4 che ha aggiunto le parole* « a livello comunale ».

(4) *Lettera così modificata dall'art. 7, comma 1, lettera a), del d.lgs. 6 febbraio 2020, n. 4, che ha sostiutio la parola « e » alla parola « o ».*

(5) *Parole soppresse dall'art. 7, comma 1, lettera* b), *del d.lgs. 6 febbraio 2020, n. 4.*

13 Strutture operative del Servizio nazionale della protezione civile. (Articoli 1-*bis*, comma 3, e 11 legge 225/1992)

1. Oltre al Corpo nazionale dei vigili del fuoco, che opera quale componente fondamentale del Servizio nazionale della protezione civile, sono strutture operative nazionali:

a) le Forze armate;

b) le Forze di polizia;

c) gli enti e istituti di ricerca di rilievo nazionale con finalità di protezione civile, anche organizzati come centri di competenza, l'Istituto nazionale di geofisica e vulcanologia e il Consiglio nazionale delle ricerche;

d) le strutture del Servizio sanitario nazionale;

e) il volontariato organizzato di protezione civile iscritto nell'elenco nazionale del volontariato di protezione civile, l'Associazione della Croce rossa italiana e il Corpo nazionale del soccorso alpino e speleologico;

f) il Sistema nazionale per la protezione dell'ambiente;

g) le strutture preposte alla gestione dei servizi meteorologici a livello nazionale;

g-bis) le articolazioni centrali e periferiche del Ministero per i beni e le attività culturali e per il turismo appositamente organizzate per la gestione delle attività di messa in sicurezza e salvaguardia del patrimonio culturale in caso di emergenze derivanti da calamità naturali (1).

2. Concorrono, altresì, alle attività di protezione civile gli ordini e i collegi professionali e i rispettivi Consigli nazionali, anche mediante forme associative o di collaborazione o di cooperazione appositamente definite tra i rispettivi Consigli nazionali nell'ambito di aree omogenee, e gli enti, gli istituti e le agenzie nazionali che svolgono funzioni in materia di protezione civile e aziende, società e altre organizzazioni pubbliche o private che svolgono funzioni utili per le finalità di protezione civile.

2-*bis*. Il Dipartimento della protezione civile della Presidenza del Consiglio dei ministri, le regioni e le province autonome di Trento e di Bolzano, i comuni e i commissari delegati di cui all'articolo 25, comma 7, nell'ambito delle risorse disponibili a legislazione vigente e senza nuovi o maggiori oneri a carico della finanza pubblica, possono porre in essere attività connesse con la valutazione dell'impatto e il censimento dei danni alle strutture e alle infrastrutture pubbliche e private, ai beni culturali e paesaggistici in raccordo con il Ministero dei beni e delle attività culturali e del turismo, fatte salve le competenze delle Province autonome di Trento e Bolzano (2), in occasione degli eventi emergenziali di protezione civile di cui all'articolo 7, anche mediante accordi o convenzioni con i Consigli nazionali di cui al comma 2 del presente articolo, anche ove costituiti nelle forme associative o di collaborazione o di cooperazione di cui al medesimo comma 2, che vi provvedono avvalendosi dei professionisti iscritti agli ordini e collegi professionali ad essi afferenti (3).

3. Le Regioni, relativamente ai rispettivi ambiti territoriali, e nei limiti delle competenze loro attribuite, possono individuare proprie strutture operative regionali del Servizio nazionale, in ambiti operativi diversi da quelli di riferimento delle strutture di cui al comma 1.

4. Le strutture operative nazionali e regionali svolgono, nell'ambito delle rispettive competenze istituzionali, salvo quanto previsto dal comma 5, le attività previste dal presente decreto. Con le direttive di cui all'articolo 15, si provvede a disciplinare specifiche forme di partecipazione, integrazione e collaborazione delle strutture operative nel Servizio nazionale della protezione civile.

5. Le modalità e le procedure relative al concorso delle Forze armate alle attività previste dal presente decreto sono disciplinate, secondo quanto previsto in materia dagli articoli 15, 89, comma 3, 92 e 549-*bis* del decreto legislativo 15 marzo 2010, n. 66, con decreto del Presidente del Consiglio dei ministri, sulla proposta del Capo del Dipartimento della protezione civile, di concerto con il Ministro della difesa, adottato ai sensi dell'articolo 17, comma 3, della legge 23 agosto 1988, n. 400. Con il medesimo decreto si provvede alla definizione delle modalità, dei requisiti e delle condizioni con cui, su richiesta delle autorità di protezione civile, in occasione di eventi di cui all'articolo 7, comma 1, lettera c), limitatamente alla durata delle relative esigenze emergenziali, il personale militare può eseguire lavori e realizzare opere temporanee, anche avvalendosi delle deroghe, in materia di norme tecniche, autorizzazioni ovvero titoli e abilitazioni, eventualmente previste con le ordinanze di cui all'articolo 25 (4).

(1) *Lettera aggiunta dall'art. 8, comma 1, lettera* a), *del d.lgs. 6 febbraio 2020, n. 4.*

(2) *Le parole* «, ai beni culturali e paesaggistici in raccordo con il Ministero dei beni e delle attività culturali e del turismo, fatte salve le competenze delle Province autonome di Trento e Bolzano » *sono state aggiunte dall'art. 8, comma 1, lettera* b), *del d.lgs. 6 febbraio 2020, n. 4.*

(3) *Comma inserito dall'art. 44*-ter, *comma 1, d.l. 28 settembre 2018, n. 109, conv., con modif., in l. 16 novembre 2018, n. 130.*

(4) *Comma così modificato dall'art. 8, comma 1, lettera* c), *del d.lgs. 6 febbraio 2020, n. 4, che ha aggiunto l'ultimo periodo.*

SEZIONE III
Strumenti di coordinamento e integrazione del servizio nazionale della protezione civile

14 Comitato operativo nazionale della protezione civile. (Articolo 10 legge 225/1992; Articolo 5, commi 3 e 3-*ter* decreto-legge 343/2001, conv. legge 401/2001)

1. Al verificarsi delle emergenze di rilievo nazionale connesse con eventi calamitosi di origine naturale o derivanti dall'attività dell'uomo ovvero nella loro imminenza, al fine di assicurare il coordinamento degli interventi delle componenti e strutture operative del Servizio nazionale, il Capo del Dipartimento della protezione civile convoca il Comitato operativo nazionale della protezione civile, che opera nell'àmbito della Presidenza del Consiglio dei ministri e si riunisce presso il medesimo Dipartimento. Il Comitato può essere convocato, altresì, anche in occasione di esercitazioni di rilievo nazionale e per la condivisione delle strategie operative nell'ambito delle pianificazioni nazionali di protezione civile o in caso di interventi di emergenza e di primo soccorso all'estero ai sensi dell'articolo 29.

2. [Fermo restando quanto previsto dal comma 4, è componente del Comitato operativo il Capo del Corpo nazionale dei vigili del fuoco in rappresentanza del Corpo nazionale dei vigili del fuoco] (1).

3. Le modalità di funzionamento del Comitato operativo nazionale della protezione civile sono disciplinate con decreto del Presidente del Consiglio dei ministri.

4. Il Comitato operativo nazionale della protezione civile è presieduto dal Capo del Dipartimento della protezione civile ed è composto da tre rappresentanti del Dipartimento stesso, nonché da rappresentanti delle componenti di cui all'articolo 4, designati, per le Regioni e gli enti locali, dalla Conferenza unificata e delle strutture operative con valenza nazionale di cui all'articolo 13, che vengono individuate con il decreto di cui al comma 3. Nel caso in cui una struttura operativa sia anche componente, al Comitato operativo partecipa un rappresentante della componente di cui all'articolo 4. Tra i componenti del Comitato rientra inoltre il Capo del Corpo nazionale dei vigili del fuoco (2).

5. I rappresentanti di Amministrazioni dello Stato o delle strutture operative nazionali da esse dipendenti sono designati dai rispettivi Ministri e, su delega di questi ultimi, riassumono ed esplicano con poteri decisionali, ciascuno nell'ambito delle amministrazioni di appartenenza e nei confronti di enti, aziende auto-

nome e amministrazioni controllati o vigilati, tutte le facoltà e competenze in ordine all'azione da svolgere ai fini di protezione civile, rappresentando, in seno al Comitato, l'amministrazione o la struttura di appartenenza nel suo complesso. Alle riunioni del Comitato possono essere invitate autorità regionali e locali di protezione civile interessate a specifiche situazioni di emergenza, nonché soggetti concorrenti di cui al comma 2 dell'articolo 13 e rappresentanti di altri enti o amministrazioni.

6. Per svolgere le funzioni all'interno del Comitato operativo nazionale della protezione civile sono nominati un rappresentante effettivo e un sostituto per ciascun componente individuato.

(1) *Comma abrogato dall'art. 9, comma 1, lettera* a), *del d.lgs. 6 febbraio 2020, n. 4.*

(2) *Comma sostituito dall'art. 9, comma 1, lettera* b), *del d.lgs. 6 febbraio 2020, n. 4. Il previgente così disponeva:* « 4. Il Comitato operativo nazionale della protezione civile è presieduto dal Capo del Dipartimento della protezione civile ed è composto da tre rappresentanti del Dipartimento stesso, nonché da rappresentanti delle componenti di cui all'articolo 4, designati, per le Regioni e gli enti locali, dalla Conferenza unificata e delle strutture operative con valenza nazionale di cui all'articolo 13, che vengono individuate con il decreto di cui al comma 3, fatto salvo quanto previsto dal comma 2 ».

15 Direttive del Presidente del Consiglio dei ministri e conseguenti indicazioni operative. (Articolo 5, commi 2 e 5 decreto-legge 343/2001, conv. legge 401/2001; Articolo 8, comma 1, decreto-legge 90/2005, conv. legge 152/2005)

1. Ferme restando le competenze e le attribuzioni delle Regioni a statuto speciale e delle Province autonome di Trento e di Bolzano, le direttive del Presidente del Consiglio dei ministri assicurano, sul piano tecnico, l'indirizzo unitario, nel rispetto delle peculiarità dei territori, per l'esercizio della funzione e lo svolgimento delle attività di protezione civile e sono adottate su proposta del Capo Dipartimento della protezione civile e previa intesa da sancire, ai sensi di quanto previsto dal decreto legislativo 18 agosto 1997, n. 281, in sede di Conferenza unificata ovvero di Conferenza Stato-Regioni in ragione delle competenze interessate dalle disposizioni ivi contenute. Su specifiche materie, per la predisposizione delle proposte di direttiva di cui al presente comma, il Dipartimento della protezione civile può promuovere confronti in sede tecnica con le rappresentanze delle componenti del Servizio nazionale.

2. Le direttive di cui al comma 1 possono recare, in allegato, procedure operative riferite agli specifici ambiti disciplinati e sono pubblicate nella Gazzetta Ufficiale della Repubblica italiana.

3. Il Capo del Dipartimento della protezione civile, nell'ambito dei limiti e delle finalità eventualmente previsti nelle direttive di cui al comma 1, può adottare indicazioni operative finalizzate all'attuazione di specifiche disposizioni in esse contenute da parte del Servizio nazionale, consultando preventivamente le componenti e strutture operative nazionali interessate.

4. Le direttive adottate ai sensi del presente decreto, possono prevedere la decorrenza differita dell'efficacia di specifiche misure in esse contenute e le modalità per provvedere, a cura delle Regioni e delle Province autonome di Trento e di Bolzano, all'eventuale necessario aggiornamento delle rispettive disposizioni tecniche.

5. Fino alla pubblicazione delle direttive adottate ai sensi del presente decreto, o fino ai termini eventualmente in esse indicati, restano in vigore le direttive e gli altri provvedimenti adottati ai sensi della previgente normativa in materia di protezione civile.

CAPO III
Attività per la previsione e prevenzione dei rischi

16 Tipologia dei rischi di protezione civile. (Articolo 1-*bis*, 2 e 3-*bis* legge 225/1992)

1. L'azione del Servizio nazionale si esplica, in particolare, in relazione alle seguenti tipologie di rischi: sismico, vulcanico, da maremoto, idraulico, idrogeologico, da fenomeni meteorologici avversi, da deficit idrico e da incendi boschivi, fatte salve le competenze organizzative e di coordinamento previste dalla legge 21 novembre 2000, n. 353 (1).

2. Ferme restando le competenze dei soggetti ordinariamente individuati ai sensi della vigente normativa di settore e le conseguenti attività, l'azione del Servizio nazionale è suscettibile di esplicarsi, altresì, per le seguenti tipologie di rischi: chimico, nucleare, radiologico, tecnologico, industriale, da trasporti, ambientale, igienico-sanitario e da rientro incontrollato di oggetti e detriti spaziali.

3. Non rientrano nell'azione di protezione civile gli interventi e le opere per eventi programmati o programmabili in tempo utile che possono determinare criticità organizzative, in occasione dei quali le articolazioni territoriali delle componenti e strutture operative del Servizio nazionale possono assicurare il proprio supporto, limitatamente ad aspetti di natura organizzativa e di assistenza alla popolazione, su richiesta delle autorità di protezione civile competenti, anche ai fini dell'implementazione delle necessarie azioni in termini di tutela dei cittadini.

(1) *Comma così modificato dall'art. 10, comma 1, del d.lgs. 6 febbraio 2020, n. 4, che ha aggiunto infine le parole* «, fatte salve le competenze organizzative e di coordinamento previste dalla legge 21 novembre 2000, n. 353 ».

17 Sistemi di allertamento. (Articoli 3, 3-*bis*, comma 2, e 3-*ter* legge 225/1992)

1. L'allertamento del Servizio nazionale di protezione civile è articolato in un sistema statale e regionale costituito dagli strumenti, dai metodi e dalle modalità stabiliti per sviluppare e acquisire la conoscenza, le informazioni e le valutazioni, in tempo reale, relative, ove possibile, al preannuncio in termini probabilistici, al monitoraggio e alla sorveglianza in tempo reale degli eventi e della conseguente evoluzione degli scenari di rischio al fine di attivare il Servizio nazionale della protezione civile ai diversi livelli territoriali.

2. Il governo e la gestione del sistema di allerta sono assicurati dal Dipartimento della protezione civile e

dalle Regioni e Province autonome di Trento e Bolzano, che ne garantiscono il funzionamento e l'attività utilizzando:

a) per il rischio idraulico, idrogeologico e da fenomeni meteorologici avversi, la rete dei Centri funzionali già disciplinata dalla direttiva del Presidente del Consiglio dei ministri 27 febbraio 2004, pubblicata nel supplemento ordinario alla Gazzetta Ufficiale n. 59 dell'11 marzo 2004, le strutture preposte alla gestione dei servizi meteorologici a livello nazionale e regionale, le reti strumentali di monitoraggio e sorveglianza, nonché i Centri di competenza di cui all'articolo 21;

b) per le altre tipologie di rischio, i prodotti della rete dei Centri funzionali di cui alla lettera *a*), se utili alle specifiche esigenze, le reti strumentali di monitoraggio e sorveglianza, eventuali dati e strumenti elaborati e forniti, previa stipula di apposite convenzioni, dalle strutture tecniche delle Regioni (1), nonché i Centri di competenza di cui all'articolo 21.

2-*bis*. L'allertamento da parte del Servizio nazionale della protezione civile avviene anche avvalendosi del sistema di allarme pubblico di cui all'articolo 1, comma 1, lettera *ee-bis*) del decreto legislativo 1 agosto 2003, n. 259 (2).

3. Le modalità di organizzazione e svolgimento dell'at-tività di allertamento, ivi comprese quelle di cui al comma 2-*bis* (3), sono disciplinate con direttiva da adottarsi ai sensi dell'articolo 15, al fine di garantire un quadro coordinato in tutto il territorio nazionale e l'integrazione tra i sistemi di protezione civile dei diversi territori, nel rispetto dell'autonomia organizzativa delle Regioni e delle Province autonome di Trento e di Bolzano. La direttiva di cui al presente comma provvede, in particolare:

a) all'omogeneizzazione, su base nazionale, delle terminologie e dei codici convenzionali adottati per gestire le diverse fasi di attivazione e della risposta del Servizio nazionale;

b) alla disciplina degli aspetti relativi alla comunicazione del rischio, anche in relazione alla redazione dei piani di protezione civile di cui all'articolo 18, e all'informazione alla popolazione sulle misure in essi contenute;

c) alla definizione di modelli organizzativi che consentano di assicurare la necessaria continuità nello svolgimento delle diverse fasi di attività.

4. Al fine di consentire la prosecuzione, senza soluzione di continuità, dell'efficiente supporto dell'attività delle reti strumentali di monitoraggio al Sistema di allertamento di cui al comma 1, le Regioni e gli Enti o agenzie da esse costituite per l'esercizio delle relative competenze sono esentate, a far data dal relativo trasferimento delle funzioni di cui al preesistente servizio idrografico e mareografico nazionale (SIMN), dal pagamento dei diritti amministrativi e dei contributi per la concessione del diritto individuale d'uso delle frequenze utilizzate alla data del trasferimento delle funzioni o di frequenze di uso equivalente, per l'esercizio dell'attività radioelettrica per la gestione delle reti di monitoraggio e sorveglianza e dei radar meteorologici di cui all'articolo 1 del decreto del Presidente del Consiglio dei ministri 24 luglio 2002, pubblicato nella Gazzetta Ufficiale n. 239 dell'11 ottobre 2002. Con decreto del Presidente del Consiglio dei ministri, da adottarsi, su proposta del Capo del Dipartimento della protezione civile di concerto con il Ministro dello sviluppo economico e il Ministro dell'economia e delle finanze, entro sessanta giorni dalla data di entrata in vigore del presente decreto sono individuate le frequenze concesse a titolo gratuito e le relative modalità di concessione. Il Ministero dello sviluppo economico e il Dipartimento della protezione civile d'intesa con le altre amministrazioni centrali competenti e le Regioni e le Province autonome di Trento e Bolzano provvedono alla ricognizione delle frequenze effettivamente utilizzate necessarie per l'espletamento delle attività di cui al presente comma. Dall'applicazione del presente comma non devono derivare nuovi o maggiori oneri per la finanza pubblica.

5. I provvedimenti concernenti le autorizzazioni necessarie per l'installazione di stazioni delle reti di monitoraggio e sorveglianza facenti parte dei sistemi di allertamento di cui al comma 2, sono resi entro venti giorni dalla richiesta, decorsi i quali le autorizzazioni si intendono concesse. Ai provvedimenti di assegnazione dei diritti d'uso per l'esercizio delle frequenze si applica quanto previsto dall'articolo 107, comma 3, del decreto legislativo 1° agosto 2003, n. 259.

(1) *Lettera così modificata dall'art. 11, comma 1, lettera* a), *del d.lgs. 6 febbraio 2020, n. 4, che ha aggiunto le parole* « eventuali dati e strumenti elaborati e forniti, previa stipula di apposite convenzioni, dalle strutture tecniche delle Regioni, ».

(2) *Comma inserito dall'art. 11, comma 1, lettera* b), *del d.lgs. 6 febbraio 2020, n. 4.*

(3) *Alinea così modificato dall'art. 11, comma 1, lettera* c), *del d.lgs. 6 febbraio 2020, n. 4, che ha inserito le parole* «, ivi comprese quelle di cui al comma 2-*bis* ».

18 Pianificazione di protezione civile.

(Articolo 3, commi 3 e 6, 14, comma 1, e 15, commi 3-*bis* e 3-*ter*, 18, comma 3, lettera *b*) legge 225/1992; Articolo 108 decreto legislativo 112/1998; Articolo 4, comma 9-*bis*, decreto-legge 39/2009, conv. legge 77/2009; Articolo 1-*bis* decreto-legge 59/2012, conv. legge 100/2012)

1. La pianificazione di protezione civile ai diversi livelli territoriali è l'attività di prevenzione non strutturale, basata sulle attività di previsione e, in particolare, di identificazione degli scenari di cui all'articolo 2, comma 2, finalizzata:

a) alla definizione delle strategie operative e del modello di intervento contenente l'organizzazione delle strutture per lo svolgimento, in forma coordinata, delle attività di protezione civile e della risposta operativa per la gestione degli eventi calamitosi previsti o in atto, garantendo l'effettività delle funzioni da svolgere con particolare riguardo alle persone in condizioni di fragilità sociale e con disabilità, in relazione agli ambiti ottimali di cui all'articolo 11, comma 3, definiti su base provinciale (1);

b) ad assicurare il necessario raccordo informativo con le struhtture preposte all'allertamento del Servizio nazionale;

c) alla definizione dei flussi di comunicazione tra le componenti e strutture operative del Servizio nazionale interessate;

d) alla definizione dei meccanismi e delle procedure per la revisione e l'aggiornamento della pianificazione, per l'organizzazione di esercitazioni e per la relativa informazione alla popolazione, da assicurare anche in corso di evento;

2. È assicurata la partecipazione dei cittadini, singoli o associati, al processo di elaborazione della pianificazione di protezione civile, secondo forme e modalità individuate con la direttiva di cui al comma 4 che garantiscano, in particolare, la necessaria trasparenza.

3. I piani e i programmi di gestione e tutela e risanamento del territorio e gli altri ambiti di pianificazione strategica territoriale devono essere coordinati con i piani di protezione civile al fine di assicurarne la coerenza con gli scenari di rischio e le strategie operative ivi contenuti.

4. Le modalità di organizzazione e svolgimento dell'attività di pianificazione di protezione civile, e del relativo monitoraggio, aggiornamento e valutazione, sono disciplinate con direttiva da adottarsi ai sensi dell'articolo 15 al fine di garantire un quadro coordinato in tutto il territorio nazionale e l'integrazione tra i sistemi di protezione civile dei diversi territori, nel rispetto dell'autonomia organizzativa delle Regioni e delle Province autonome di Trento e di Bolzano.

4-*bis*. La direttiva di cui al comma 4 definisce anche le modalità di raccordo delle attività connesse all'assistenza alla popolazione, tra i piani di emergenza delle infrastrutture nazionali di trasporto con i piani dei diversi livelli territoriali (2).

(1) *L'art. 12, comma 1, lettera* a), *del d.lgs. 6 febbraio 2020, n. 4 ha soppresso le parole* « e comunale, quest'ultimo anche in forma aggregata ».

(2) *Comma inserito dall'art. 12, comma 1, lettera* b), *del d.lgs. 6 febbraio 2020, n. 4.*

19 Ruolo della comunità scientifica.

(Articoli 3-*bis*, comma 2, 9, 11 e 17, legge 225/1992; Articolo 5, commi 3-*bis* e 3-*quater*, decreto-legge 343/2001, conv. legge 410/2001)

1. La comunità scientifica partecipa al Servizio nazionale mediante l'integrazione nelle attività di protezione civile di cui all'articolo 2 di conoscenze e prodotti derivanti da attività di ricerca e innovazione, anche già disponibili, che abbiano raggiunto un livello di maturazione e consenso riconosciuto dalla comunità scientifica secondo le prassi in uso, anche frutto di iniziative promosse dall'Unione europea e dalle Organizzazioni internazionali anche nel campo della ricerca per la difesa dai disastri naturali.

2. La partecipazione di cui al comma 1 si realizza mediante le seguenti attività:

a) attività ordinarie e operative condotte in favore delle componenti del Servizio nazionale che includono, tra l'altro, il monitoraggio e la sorveglianza degli eventi, lo sviluppo di banche dati e ogni altra attività utile per la gestione delle emergenze e la previsione e prevenzione dei rischi che fornisca prodotti di immediato utilizzo;

b) attività di sperimentazione propedeutiche alle attività di cui alla lettera *a*), e di realizzazione di contributi scientifici e di sintesi di ricerche esistenti utili a tal fine;

c) ricerca finalizzata propedeutica alla realizzazione di prodotti utili alla gestione dei rischi di cui all'articolo 16 e allo studio dei relativi scenari;

d) collaborazione nelle attività di predisposizione della normativa tecnica di interesse.

20 Commissione Grandi Rischi.

(Articoli 3-*bis*, comma 2, 9, 11 e 17, legge 225/1992; Articolo 5, commi 3-*bis* e 3-*quater*, decreto-legge 343/2001, conv. legge 410/2001)

1. In coerenza con le tipologie dei rischi di cui all'articolo 16, la Commissione nazionale per la previsione e la prevenzione dei grandi rischi è organo di consulenza tecnico-scientifica del Dipartimento della protezione civile. Per la partecipazione alle riunioni della Commissione non spetta la corresponsione di compensi o di emolumenti a qualsiasi titolo riconosciuti. La composizione e le modalità di funzionamento della Commissione sono individuati con decreto del Presidente del Consiglio dei ministri, su proposta del Capo del Dipartimento della protezione civile.

21 Centri di competenza e collaborazione con gli organismi competenti in materia di ricerca.

(Articoli 3-*bis*, comma 2, 9, 11 e 17, legge 225/1992; Articolo 5, commi 3-*bis* e 3-*quater*, decreto-legge 343/2001, conv. legge 410/2001)

1. Nell'ambito della comunità scientifica e in coerenza con le tipologie dei rischi di cui all'articolo 16, con decreto del Capo del Dipartimento della protezione civile, emanato sulla base dei principi stabiliti con apposito decreto del Presidente del Consiglio dei ministri, gli enti e istituti di ricerca, consorzi e strutture universitarie che sono titolari e rendono disponibili conoscenze e forniscono prodotti derivanti da attività di ricerca e innovazione, che possono essere integrati nelle attività di protezione civile, possono essere individuati quali Centri di competenza.

2. Con le medesime modalità possono essere, altresì, individuati ulteriori Centri di competenza nell'ambito delle pubbliche amministrazioni, diverse da quelle di cui al comma 1, che sono titolari e rendono disponibili conoscenze e forniscono prodotti derivanti da attività di ricerca e innovazione che possono essere integrati nelle attività di protezione civile.

3. Le componenti del Servizio nazionale possono stipulare accordi e convenzioni con i Centri di competenza.

4. Il Dipartimento della protezione civile coordina l'attività per la costituzione di reti di Centri di competenza per lo sviluppo di specifici argomenti su temi integrati e in prospettiva multirischio.

5. Il Dipartimento della protezione civile promuove forme di collaborazione con i Ministeri che esercitano competenze di tipo tecnico-scientifico nell'ambito dei rischi di cui all'articolo 16, nonché con la Commissione dell'Unione europea e con gli altri organismi internazionali che trattano della medesima materia.

22 Azioni integrate di prevenzione strutturale e non strutturale per finalità di protezione civile. (Articolo 11, decreto-legge 39/2009, conv. legge 77/2009)

1. Il Dipartimento della protezione civile assicura il coordinamento e la gestione di piani di azioni integrate di prevenzione strutturale, limitate alle strutture e infrastrutture di proprietà pubblica, e non strutturale per finalità di protezione civile, previsti da apposite norme di legge, volti al complessivo miglioramento della gestione delle emergenze e, più in generale, alla riduzione dei rischi, alla cui attuazione possono provvedere le componenti e strutture operative del Servizio nazionale, fermo restando quanto previsto dall'articolo 18-*bis*, comma 1, del decreto-legge 9 febbraio 2017, n. 8, convertito, con modificazioni, dalla legge 7 aprile 2017, n. 45.

2. A tal fine il Dipartimento della protezione civile assicura, secondo forme e modalità da definire con direttive (1) da adottarsi ai sensi dell'articolo 15, opportune forme di coordinamento e monitoraggio (1) delle azioni di previsione e prevenzione e dei loro effetti (1), per individuare le priorità d'azione in relazione alle differenti tipologie di rischio.

3. Le Regioni, nei limiti della propria potestà legislativa, definiscono provvedimenti con finalità analoghe a quelle di cui ai comma 1, per assicurare il coordinamento e la gestione di piani di azioni integrate di prevenzione strutturale e non strutturale per finalità di protezione civile in relazione alle diverse tipologie di rischio, con oneri a carico dei propri bilanci.

(1) *Comma così modificato dall'art. 13, comma 1, del d.lgs. 6 febbraio 2020, n. 4, che ha sostituito la parola* « direttive » *alla parola* « direttiva », *ha soppresso le parole* « degli effetti » *che seguivano le parole* « coordinamento e monitoraggio » *ed ha aggiunto le parole* « e dei loro effetti ».

CAPO IV

Gestione delle emergenze di rilievo nazionale

23 Dichiarazione dello stato di mobilitazione del Servizio nazionale della protezione civile. (Articolo 5 legge 225/1992; Articoli 107 e 108 decreto legislativo 112/1998; Articolo 3 decreto-legge 245/2002, conv. legge 286/2002)

1. In occasione o in vista di eventi di cui all'articolo 7 che, per l'eccezionalità della situazione, possono manifestarsi con intensità tale da compromettere la vita, l'integrità fisica o beni di primaria importanza, il Presidente del Consiglio dei ministri, con proprio decreto da adottarsi su proposta del Capo del Dipartimento della protezione civile, su richiesta del Presidente della Regione o Provincia autonoma interessata che dichiara (1) il pieno dispiegamento delle risorse territoriali disponibili, dispone la mobilitazione straordinaria del Servizio nazionale a supporto dei sistemi regionali interessati mediante il coinvolgimento coordinato delle colonne mobili delle altre Regioni e Province autonome e del volontariato organizzato di protezione civile di cui all'articolo 32, (1) delle strutture operative nazionali di cui all'articolo 13, comma 1, nonché dei Comuni o loro forme associative per il supporto agli enti locali coinvolti (1). In ragione dell'evoluzione dell'evento e delle relative necessità, con ulteriore decreto viene disposta la cessazione dello stato di mobilitazione, ad esclusione dei casi in cui si proceda alla deliberazione dello stato di emergenza di rilievo nazionale ai sensi dell'articolo 24.

2. Sulla base della dichiarazione dello stato di mobilitazione del Servizio nazionale di cui al comma 1, il Dipartimento della protezione civile assicura il coordinamento dell'intervento del Servizio nazionale a supporto delle autorità regionali di protezione civile, allo scopo di concorrere ad assicurare l'assistenza e il soccorso alle popolazioni interessate in coerenza con quanto previsto dall'articolo 8, comma 1, lettera *d*), ovvero, sulla base dell'intensità dell'evento, ai sensi di quanto previsto dall'articolo 8, comma 1, lettera *e*), nonché, alla cessazione delle esigenze qualora non intervenga la deliberazione dello stato di emergenza di rilievo nazionale, cura la ricognizione delle attività di natura straordinaria poste in essere dalle componenti e strutture operative interessate nel periodo di vigenza della dichiarazione medesima, secondo procedure di rendicontazione definite con direttiva da adottarsi ai sensi dell'articolo 15.

3. Qualora non intervenga la deliberazione dello stato di emergenza di rilievo nazionale, sulla base delle ricognizioni effettuate ai sensi del comma 2, con provvedimento del Capo del Dipartimento della protezione civile, vengono assegnati contributi per il concorso alla copertura degli oneri finanziari sostenuti dalle componenti e strutture operative del Servizio nazionale mobilitate, ivi comprese quelle dei territori direttamente interessati, a valere sulle risorse finanziarie del Fondo per le emergenze nazionali di cui all'articolo 44.

4. Le Regioni possono definire, con propria legge, provvedimenti con analoga finalità in relazione ad eventi di cui all'articolo 7, comma 1, lettera *b*), con oneri a carico dei propri bilanci.

(1) *Comma così modificato dall'art. 14, comma 1, del d.lgs. 6 febbraio 2020, n. 4, che ha sostituito la parola* « dichiara » *alla parola* « attesti », *ha soppresso la parola* « nonché » *che seguivano le parole* « all'articolo 32, » *e ha inserito le parole* « nonché dei Comuni o loro forme associative per il supporto agli enti locali coinvolti ».

24 Deliberazione dello stato di emergenza di rilievo nazionale. (Articoli 5 legge 225/1992; Articoli 107 e 108 decreto legislativo 112/1998; Articolo 5-*bis*, comma 5, decreto-legge 343/2001, conv. legge 401/2001; Articolo 14 decreto-legge 90/2008, conv. legge 123/2008; Articolo 1, comma 422, legge 147/2013) (1).

1. Al verificarsi degli eventi che, a seguito di una valutazione speditiva svolta dal Dipartimento della protezione civile sulla base dei dati e delle informazioni disponibili e in raccordo con le Regioni e Province autonome interessate, presentano i requisiti di cui all'articolo 7, comma 1, lettera *c*), ovvero nella loro imminenza, il Consiglio dei ministri, su proposta del Presidente del Consiglio dei ministri, formulata anche su richiesta del Presidente della Regione o Provincia autonoma interessata e comunque acquisitane l'intesa,

delibera lo stato d'emergenza di rilievo nazionale, fissandone la durata e determinandone l'estensione territoriale con riferimento alla natura e alla qualità degli eventi e autorizza l'emanazione delle ordinanze di protezione civile di cui all'articolo 25. La delibera individua, secondo criteri omogenei definiti nella direttiva di cui al comma 7, le prime risorse finanziarie da destinare all'avvio delle attività di soccorso e assistenza alla popolazione e degli interventi più urgenti di cui all'articolo 25, comma 2, lettere *a*) e *b*), nelle more della ricognizione in ordine agli effettivi fabbisogni e autorizza la spesa nell'ambito del Fondo per le emergenze nazionali di cui all'articolo 44.

2. A seguito della valutazione dell'effettivo impatto dell'evento calamitoso, effettuata congiuntamente dal Dipartimento della protezione civile e dalle Regioni e Province autonome interessate, sulla base di una relazione del Capo del Dipartimento della protezione civile, il Consiglio dei ministri individua, con una o più deliberazioni (2), le ulteriori risorse finanziarie necessarie per il completamento delle attività di cui all'articolo 25, comma 2, lettere *a*), *b*) e *c*), e per l'avvio degli interventi più urgenti di cui alla lettera *d*) del medesimo comma 2, autorizzando la spesa nell'ambito del Fondo per le emergenze nazionali di cui all'articolo 44. Ove, in seguito, si verifichi, sulla base di apposita rendicontazione, che le risorse destinate alle attività di cui alla lettera *a*) risultino o siano in procinto di risultare insufficienti, il Consiglio dei ministri, sulla base di una relazione del Capo del Dipartimento della protezione civile, individua, con proprie ulteriori deliberazioni, le risorse finanziarie necessarie e autorizza la spesa nell'ambito del Fondo per le emergenze nazionali di cui all'articolo 44.

3. La durata dello stato di emergenza di rilievo nazionale non può superare i 12 mesi, ed è prorogabile per non più di ulteriori 12 mesi (3).

4. L'eventuale revoca anticipata dello stato d'emergenza di rilievo nazionale è deliberata nel rispetto della procedura dettata per la delibera dello stato d'emergenza medesimo.

5. Le deliberazioni dello stato di emergenza di rilievo nazionale non sono soggette al controllo preventivo di legittimità di cui all'articolo 3 della legge 14 gennaio 1994, n. 20, e successive modificazioni.

6. Alla scadenza dello stato di emergenza, le amministrazioni e gli enti ordinariamente competenti, individuati anche ai sensi dell'articolo 26, subentrano in tutti i rapporti attivi e passivi, nei procedimenti giurisdizionali pendenti, anche ai sensi dell'articolo 110 del codice di procedura civile, nonché in tutti quelli derivanti dalle dichiarazioni già emanate nella vigenza dell'articolo 5-*bis*, comma 5, del decreto-legge 7 settembre 2001, n. 343 convertito, con modificazioni, dalla legge 9 novembre 2001, n. 401, già facenti capo ai soggetti nominati ai sensi dell'articolo 25, comma 7. Le disposizioni di cui al presente comma trovano applicazione nelle sole ipotesi in cui i soggetti nominati ai sensi dell'articolo 25, comma 7, siano rappresentanti delle amministrazioni e degli enti ordinariamente competenti ovvero soggetti dagli stessi designati.

7. Con direttiva da adottarsi ai sensi dell'articolo 15 sono disciplinate le procedure istruttorie propedeutiche all'adozione della deliberazione dello stato di emergenza di rilievo nazionale e i relativi adempimenti di competenza dei Presidenti delle Regioni e Province autonome e del Capo del Dipartimento della protezione civile.

8. Per le emergenze prodotte da inquinamento marino, la proposta di dichiarazione dello stato di emergenza nazionale di cui al comma 1 viene effettuata, in conformità a quanto previsto dall'articolo 11 della legge 31 dicembre 1982, n. 979, e dal Piano di pronto intervento nazionale per la difesa da inquinamenti di idrocarburi o di altre sostanze nocive causati da incidenti marini, di concerto con il Ministro dell'ambiente e della tutela del territorio e del mare, sentito il Dipartimento della protezione civile.

9. Le Regioni, nei limiti della propria potestà legislativa, definiscono provvedimenti con finalità analoghe a quanto previsto dal presente articolo in relazione alle emergenze di cui all'articolo 7, comma 1, lettera *b*).

(1) *In tema di misure urgenti connesse all'emergenza epidemiologica da Covid-19, con particolare riferimento alla proroga dei termini previsti per la scadenza di stati di emergenza, v. l'art. 14, comma 4 d.l. 19 maggio 2020, n. 34, conv., con modif., in l. 17 luglio 2020, n. 77, secondo cui: « 4. I termini di scadenza degli stati di emergenza, diversi da quello dichiarato con delibera del Consiglio dei ministri 31 gennaio 2020 per il COVID-19, già dichiarati ai sensi dell'*articolo 24 del decreto legislativo 2 gennaio 2018, n. 1 *e delle contabilità speciali di cui all'*articolo 27 del medesimo decreto legislativo n. 1 del 2018, *in scadenza entro il 31 luglio 2020 e non più prorogabili ai sensi della vigente normativa, sono prorogati per ulteriori sei mesi. Alle attività connesse alle proroghe di cui al presente comma si provvede nell'ambito delle risorse già stanziate a legislazione vigente per i relativi stati di emergenza e conseguentemente dal presente comma non derivano nuovi o maggiori oneri per la finanza pubblica ».*

(2) *Comma così modificato dall'art. 15, comma 1, del d.lgs. 6 febbraio 2020, n. 4, che ha sostituito le parole* « con una o più deliberazioni » *alle parole* « con propria deliberazione ».

(3) *Per una deroga alle disposizioni di cui al presente comma v. l'art. 1, comma 4-*bis*, d.l. 17 ottobre 2016, n. 189, conv., con modif., in l. 15 dicembre 2016, n. 229, come modificato dall'art. 01, comma 1, d.l. 29 maggio 2018, n. 55, conv., con modif., in l. 24 luglio 2018, n. 89.*

V. anche l'articolo 15, comma 1, del d.l. 30 dicembre 2019, n. 162, come modificato in sede di conversione in l. 28 febbraio 2020, n. 8 secondo cui: « In deroga al limite di cui all'articolo 24, comma 3, del decreto legislativo 2 gennaio 2018, n. 1, lo stato di emergenza correlato agli eventi verificatisi il 14 agosto 2018 nel territorio del Comune di Genova a causa del crollo di un tratto del viadotto Polcevera, noto come Ponte Morandi, dichiarato con delibera del Consiglio dei ministri del 15 agosto 2018, pubblicata nella Gazzetta Ufficiale n. 189 del 16 agosto 2018, e prorogato con delibera del Consiglio dei ministri del 31 luglio 2019, pubblicata nella Gazzetta Ufficiale n. 183 del 6 agosto 2019, può essere prorogato fino ad una durata complessiva di tre anni secondo le modalità previste dal medesimo articolo 24, senza nuovi o maggiori oneri per la finanza pubblica, previa informativa semestrale al Dipartimento della protezione civile da parte del Commissario delegato sullo stato di avanzamento e sul programma di interventi da concludere e relativi tempi, nonché dimostrazione della disponibilità di risorse sulla contabilità speciale a lui intestata per far fronte alle connesse attività ».

V., da ultimo, l'art. 1, comma 4-duodevicies, d.l. 7 ottobre 2020, n. 125, conv., con modif., in l. 27 novembre 2020, n. 159

25 Ordinanze di protezione civile. (Articoli 5 e 20 legge 225/1992; Articoli 107 e 108 decreto legislativo 112/1998; Articolo 14 decreto-legge 90/2008, conv. legge 123/2008; Articolo 40, comma 2, lettera *p*), legge 196/2009)

1. Per il coordinamento dell'attuazione degli interventi da effettuare durante lo stato di emergenza di rilievo nazionale si provvede mediante ordinanze di protezione civile, da adottarsi in deroga ad ogni disposizione vigente, nei limiti e con le modalità indicati

nella deliberazione dello stato di emergenza e nel rispetto dei principi generali dell'ordinamento giuridico e delle norme dell'Unione europea. Le ordinanze sono emanate acquisita l'intesa delle Regioni e Province autonome territorialmente interessate e, ove rechino deroghe alle leggi vigenti, devono contenere l'indicazione delle principali norme a cui si intende derogare e devono essere specificamente motivate.

2. Fermo restando quanto previsto al comma 1, con le ordinanze di protezione civile si dispone, nel limite delle risorse disponibili, in ordine:

a) all'organizzazione ed all'effettuazione degli interventi di soccorso e assistenza alla popolazione interessata dall'evento;

b) al ripristino della funzionalità dei servizi pubblici e delle infrastrutture di reti strategiche, alle attività di gestione dei rifiuti, delle macerie, del materiale vegetale o alluvionale o delle terre e rocce da scavo prodotti dagli eventi e alle misure volte a garantire la continuità amministrativa nei comuni e territori interessati, anche mediante interventi di natura temporanea;

c) all'attivazione di prime misure economiche di immediato sostegno al tessuto economico e sociale nei confronti della popolazione e delle attività economiche e produttive direttamente interessate dall'evento, per fronteggiare le più urgenti necessità;

d) alla realizzazione di interventi, anche strutturali, per la riduzione del rischio residuo nelle aree colpite dagli eventi calamitosi, strettamente connesso all'evento e finalizzati prioritariamente alla tutela della pubblica e privata incolumità, in coerenza con gli strumenti di programmazione e pianificazione esistenti;

e) alla ricognizione dei fabbisogni per il ripristino delle strutture e delle infrastrutture, pubbliche e private, danneggiate, nonché dei danni subiti dalle attività economiche e produttive, dai beni culturali e paesaggistici e dal patrimonio edilizio, da porre in essere sulla base di procedure definite con la medesima o altra ordinanza;

f) all'attuazione delle misure per far fronte alle esigenze urgenti di cui alla lettera *e*), anche attraverso misure di delocalizzazione, laddove possibile temporanea, in altra localitàà del territorio regionale, entro i limiti delle risorse finanziarie individuate con delibera del Consiglio dei ministri, sentita la regione interessata, e secondo i criteri individuati con la delibera di cui all'articolo 28 (1).

3. Le ordinanze di protezione civile non sono soggette al controllo preventivo di legittimità di cui all'articolo 3 della legge 14 gennaio 1994, n. 20, e successive modificazioni.

4. Le ordinanze di protezione civile, la cui efficacia decorre dalla data di adozione e che sono pubblicate nella Gazzetta Ufficiale della Repubblica italiana, sono rese pubbliche ai sensi di quanto previsto dall'articolo 42 del decreto legislativo 14 marzo 2013, n. 33, e successive modificazioni e sono trasmesse, per informazione, al Presidente del Consiglio dei ministri, alle Regioni o Province autonome interessate e fino al trentesimo giorno dalla deliberazione dello stato di emergenza di rilievo nazionale, al Ministero dell'economia e delle finanze.

5. Oltre il trentesimo giorno dalla deliberazione dello stato di emergenza di rilievo nazionale le ordinanze sono emanate previo concerto con il Ministero dell'economia e delle finanze, limitatamente ai profili finanziari.

6. Il Capo del Dipartimento della protezione civile, per l'attuazione degli interventi previsti nelle ordinanze di cui al presente articolo si avvale delle componenti e strutture operative del Servizio nazionale, e i soggetti attuatori degli interventi previsti sono, di norma, identificati nei soggetti pubblici ordinariamente competenti allo svolgimento delle predette attività in via prevalente, salvo motivate eccezioni. I provvedimenti adottati in attuazione delle ordinanze di protezione civile sono soggetti ai controlli previsti dalla normativa vigente.

7. Per coordinare l'attuazione delle ordinanze di protezione civile, con i medesimi provvedimenti possono essere nominati commissari delegati che operano in regime straordinario fino alla scadenza dello stato di emergenza di rilievo nazionale (2). Qualora il Capo del Dipartimento si avvalga di commissari delegati, il relativo provvedimento di nomina deve specificare il contenuto dell'incarico, i tempi e le modalità del suo esercizio. I commissari delegati sono scelti, tranne motivate eccezioni, tra i soggetti per cui la legge non prevede alcun compenso per lo svolgimento dell'incarico.

8. Per l'esercizio delle funzioni attribuite con le ordinanze di protezione civile non è prevista la corresponsione di alcun compenso per il Capo del Dipartimento della protezione civile e per i commissari delegati, ove nominati tra i soggetti responsabili titolari di cariche elettive pubbliche. Ove si tratti di altri soggetti, ai commissari delegati si applica l'articolo 23-*ter* del decreto-legge 6 dicembre 2011, n. 201, convertito, con modificazioni, dalla legge 22 dicembre 2011, n. 214, e il compenso è commisurato proporzionalmente alla durata dell'incarico, nel limite del parametro massimo costituito dal 70 per cento del trattamento economico previsto per il primo presidente della Corte di cassazione.

9. La tutela giurisdizionale davanti al giudice amministrativo avverso le ordinanze di protezione civile e i consequenziali provvedimenti commissariali nonché avverso gli atti, i provvedimenti e le ordinanze emananti ai sensi del presente articolo è disciplinata dal codice del processo amministrativo.

10. Con direttiva da adottarsi ai sensi dell'articolo 15, si provvede, senza nuovi o maggiori oneri per la finanza pubblica, alla disciplina di un sistema di monitoraggio e di verifica dell'attuazione, anche sotto l'aspetto finanziario, delle misure contenute nelle ordinanze di protezione civile nonché dei provvedimenti adottati in attuazione delle medesime (3), anche in relazione alle ordinanze di protezione civile eventualmente non emanate dal Capo del Dipartimento della protezione civile.

11. Le Regioni e le Province autonome di Trento e di Bolzano, nell'esercizio della propria potestà legislativa, definiscono provvedimenti con finalità analoghe a quanto previsto dal presente articolo in relazione alle emergenze di cui all'articolo 7, comma 1, lettera *b*), da adottarsi in deroga alle disposizioni legislative regio-

nali vigenti, nei limiti e con le modalità indicati nei provvedimenti di cui all'articolo 24, comma 7.

(1) *Lettera sostituita dall'articolo 26, comma 1, lettera* a), *del d.l. 18 aprile 2019, n. 32, convertito con modificazioni dalla l. 14 giugno 2019, n. 55. Il testo della lettera era il seguente:* « *f*) all'avvio dell'attuazione delle prime misure per far fronte alle esigenze urgenti di cui alla lettera *e*), anche attraverso misure di delocalizzazione temporanea in altra località del territorio nazionale, entro i limiti delle risorse finanziarie e secondo le direttive dettate con apposita, ulteriore delibera del Consiglio dei ministri, sentita la Regione interessata ».

(2) *L'art. 16, comma 1, lettera* a), *del d.lgs. 6 febbraio 2020, n. 4, ha soppresso le parole* «, successivamente alla quale curano, fino alla chiusura della contabilità speciale di cui all'articolo 27, la prosecuzione delle attività in regime ordinario ».

(3) *L'art. 16, comma 1, lettera b), del d.lgs. 6 febbraio 2020, n. 4, ha soppresso le parole* « e delle ispezioni. Il sistema di cui al presente comma è tenuto ad assicurare la continuità dell'azione di monitoraggio e la periodicità delle ispezioni ».

26 Ordinanze volte a favorire il rientro nell'ordinario a seguito di emergenze di rilievo nazionale. (Articoli 5 legge 225/1992; Articoli 107 e 108 decreto legislativo 112/1998; Articolo 1, comma 422, legge 147/2013)

1. Almeno trenta giorni prima della scadenza dello stato di emergenza di rilievo nazionale, è adottata apposita ordinanza volta a favorire e regolare il proseguimento dell'esercizio delle funzioni commissariali in via ordinaria nel coordinamento degli interventi, conseguenti all'evento, pianificati e non ancora ultimati. Ferma in ogni caso l'inderogabilità dei vincoli di finanza pubblica, con tale ordinanza possono essere altresì emanate, per la durata massima di sei mesi non prorogabile e per i soli interventi connessi all'evento, disposizioni derogatorie, nel rispetto dei principi generali dell'ordinamento giuridico e delle norme dell'Unione europea, in materia di affidamento di lavori pubblici e di acquisizione di beni e servizi nonché per la riduzione di termini analiticamente individuati (1). Con la medesima ordinanza possono essere inoltre consentite eventuali rimodulazioni del piano degli interventi entro il termine della scadenza della contabilità speciale e nel limite delle risorse ancora disponibili, previa approvazione del Capo del Dipartimento della protezione civile (2).

2. Con l'ordinanza di cui al comma 1 è individuata l'autorità che, fino alla scadenza della proroga prevista ai sensi dell'articolo 27, comma 5, è autorizzata alla gestione della contabilità speciale. La medesima autorità può revocare gli interventi pianificati di cui al comma 1 che non sono stati aggiudicati entro sei mesi dalla data di scadenza dello stato di emergenza. Le somme che si rendono disponibili a seguito della revoca possono essere utilizzate per la realizzazione di nuovi interventi strettamente connessi al superamento dell'emergenza. La medesima ordinanza individua anche le modalità per la prosecuzione degli interventi senza soluzione di continuità, fino all'effettivo subentro dell'autorità competente in via ordinaria (3).

3. Per la prosecuzione degli interventi non ultimati e da realizzare secondo le ordinarie procedure di spesa con le disponibilità che residuano alla chiusura della contabilità speciale si provvede ai sensi di quanto previsto dall'articolo 27, comma 5.

(1) *L'art. 17, comma 1, lettera* a), *del d.lgs. 6 febbraio 2020, n. 4, ha soppresso le parole* « e disposizioni finalizzate all'eventuale rimodulazione del piano degli interventi nei limiti delle risorse disponibili ».

(2) *Periodo aggiunto dall'art. 17, comma 1, lettera* a), *del d.lgs. 6 febbraio 2020, n. 4.*

(3) *Comma così sostituito dall'art. 17, comma 1, lettera* b), *del d.lgs. 6 febbraio 2020, n. 4. Il previgente così disponeva:* « 2. Con l'ordinanza di cui al presente articolo il soggetto già titolare della contabilità speciale, appositamente aperta per l'emergenza in questione, può essere autorizzato alla gestione della medesima contabilità in qualità di autorità ordinariamente competente fino alla relativa scadenza stabilita ai sensi di quanto previsto dall'articolo 27, comma 5 ».

27 Contabilità speciali per la gestione delle emergenze di rilievo nazionale e altre disposizioni in materia amministrativa e procedimentale. (Articoli 5 legge 225/1992; Articoli 107 e 108 decreto legislativo 112/1998; Articolo 6, comma 1, decreto-legge 263/2006, conv. legge 290/2006)

1. Per l'attuazione delle ordinanze di protezione civile, ai sensi di quanto previsto dall'articolo 44-*ter*, comma 8, della legge 31 dicembre 2009, n. 196, può essere autorizzata l'apertura di apposite contabilità speciali, le quali possono essere mantenute per un periodo massimo di quarantotto mesi dalla data di deliberazione dei relativi stati di emergenza (1).

2. Le risorse stanziate a valere sul Fondo emergenze nazionali di cui alla delibera prevista dall'articolo 24, comma 1, sono trasferite integralmente a seguito della nomina del commissario delegato sulla contabilità speciale aperta ai sensi del comma 1. Le ulteriori somme previste dalla delibera di cui all'articolo 24, comma 2, vengono corrisposte nella misura del 50 per cento a seguito dell'emanazione della delibera medesima, mentre il restante 50 per cento all'attestazione dello stato di attuazione degli interventi finanziati.

3. Sulle contabilità speciali di cui al presente articolo può essere autorizzato il versamento di eventuali ulteriori risorse finanziarie finalizzate al superamento dello specifico contesto emergenziale, diverse da quelle stanziate a valere sul Fondo per le emergenze nazionali di cui all'articolo 44, e rese disponibili dalle Regioni e dagli enti locali interessati, da individuarsi con apposite ordinanze di protezione civile adottate di concerto con il Ministero dell'economia e delle finanze. Sulle medesime contabilità possono, altresì, confluire le risorse finanziarie eventualmente provenienti da donazioni, da altre amministrazioni, nonché (2) dal Fondo di solidarietà dell'Unione europea.

4. Ai sensi di quanto previsto dagli articoli 60 e 61 del regio decreto 18 novembre 1923, n. 2440, e dell'articolo 333 del regio decreto 23 maggio 1924, n. 827, e successive modificazioni, ai fini del rispetto dei vincoli di finanza pubblica, i Commissari delegati titolari di contabilità speciali, rendicontano, entro il quarantesimo giorno dalla chiusura di ciascun esercizio e dal termine della gestione o del loro incarico, tutte le entrate e tutte le spese riguardanti gli interventi di cui coordinano l'attuazione, indicando la provenienza dei fondi, i soggetti beneficiari e la tipologia di spesa, secondo uno schema da stabilire con decreto del Ministro dell'economia e delle finanze, sentito il Dipartimento della protezione civile, che contenga, altresì, l'indicazione dei crediti e dei debiti e delle relative scadenze, gli

interventi eventualmente affidati a soggetti attuatori all'uopo individuati, gli obblighi in materia di trasmissione e comunicazione dei rendiconti, anche ai fini di quanto previsto dall'articolo 42 del decreto legislativo 14 marzo 2013, n. 33, e successive modificazioni. Per l'omissione o il ritardo nella rendicontazione si applica l'articolo 337 del regio decreto 23 maggio 1924, n. 827. Al fine di garantire la trasparenza dei flussi finanziari e della rendicontazione di cui al presente comma sono vietati girofondi tra le contabilità speciali.

5. Per la prosecuzione e il completamento degli interventi e delle attività previste dalle ordinanze adottate ai sensi dell'articolo 25 ove non ultimati o conclusi alla scadenza dello stato di emergenza di rilievo nazionale la durata della contabilità speciale può essere prorogata per un periodo di tempo determinato fermo restando il limite di cui al comma 1 (3). Per gli ulteriori interventi ed attività da porre in essere secondo le ordinarie procedure di spesa con le disponibilità che residuano alla chiusura della contabilità speciale, le risorse ivi giacenti possono essere trasferite alla regione ovvero, ove esistenti, alle agenzie regionali preposte allo svolgimento della funzione di protezione civile o ai soggetti attuatori competenti. Per gli interventi e le attività di cui al presente comma di competenza di Amministrazioni dello Stato, le risorse finanziarie relative che residuano sono versate all'entrata del bilancio dello Stato per la successiva riassegnazione.

6. Le risorse derivanti dalla chiusura delle contabilità speciali di cui al presente codice (4) sono vincolate alla realizzazione degli interventi previsti nei piani di attuazione delle ordinanze adottate ai sensi dell'articolo 25 e sono utilizzate secondo le modalità e i termini previsti dalle ordinanze di cui all'articolo 26. Le eventuali somme residue sono versate all'entrata del bilancio dello Stato per la successiva riassegnazione al Fondo per le emergenze nazionali di cui all'articolo 44, ad eccezione di quelle derivanti da fondi di diversa provenienza, che vengono versate al bilancio delle Amministrazioni di provenienza (4). Al fine di favorire l'utilizzo delle risorse derivanti dalla chiusura delle contabilità speciali di cui al presente comma secondo le procedure ordinarie di spesa, si applica quanto previsto dall'articolo 1, commi 787, 788, 789 e 790 della legge 27 dicembre 2017, n. 205.

7. Fermo quanto previsto dall'articolo 1 del decreto-legge 25 maggio 1994, n. 313, convertito, con modificazioni, dalla legge 22 luglio 1994, n. 460, fino alla cessazione degli effetti delle ordinanze di protezione civile, resta sospesa ogni azione esecutiva, ivi comprese quelle di cui agli articoli 543 e seguenti del codice di procedura civile e quelle di cui agli articoli 91 e seguenti del decreto legislativo 2 luglio 2010, n. 104, e sono privi di effetto i pignoramenti comunque notificati.

8. Il comma 7, si applica alle risorse comunque dirette a finanziare le contabilità speciali istituite con ordinanze di protezione civile; tali risorse sono insuscettibili di pignoramento o sequestro fino alla definitiva chiusura delle pertinenti contabilità speciali.

9. Le controversie relative all'esecuzione di interventi ed attività realizzati in base alle ordinanze di cui all'articolo 25 o comprese in programmi di ricostruzione di territori colpiti da calamità naturali non possono essere devolute a collegi arbitrali.

10. Al fine di assicurare risparmi di spesa, i compromessi e le clausole compromissorie inserite nei contratti stipulati per la realizzazione d'interventi o per l'espletamento di attività connessi alle dichiarazioni di stato di emergenza ai sensi dell'articolo 24, sono nulli.

11. Per l'esecuzione dei provvedimenti giurisdizionali emessi a seguito delle controversie relative all'esecuzione di interventi ed attività derivanti dal presente decreto, il termine previsto dall'articolo 14, comma 1, del decreto-legge 31 dicembre 1996, n. 669, convertito, con modificazioni, dalla legge 28 febbraio 1997, n. 30, è fissato in centottanta giorni.

(1) *Le parole* «, le quali possono essere mantenute per un periodo massimo di quarantotto mesi dalla data di deliberazione dei relativi stati di emergenza » *sono state aggiunte dall'art. 18, comma 1, lettera* a), *del d.lgs. 6 febbraio 2020, n. 4.*

(2) *Le parole* « da donazioni, da altre amministrazioni, nonché » *sono state aggiunte dall'art. 18, comma 1, lettera* b), *del d.lgs. 6 febbraio 2020, n. 4.*

(3) *Le parole* « fermo restando il limite di cui al comma 1 » *sono state sostituite alle parole* « e comunque non superiore a 36 mesi dalla scadenza del primo termine individuato ai sensi dell'articolo 24, comma 3 » *dall'art. 18, comma 1, lettera* c), *del d.lgs. 6 febbraio 2020, n. 4.*

(4) *L'art. 18, comma 1, lettera* d), *del d.lgs. 6 febbraio 2020, n. 4, ha sostituito la parola* « codice » *alla parola* « articolo » *e ha inserito, infine, le parole da* « e sono utilizzate secondo le modalità » *a* « delle Amministrazioni di provenienza ».

28 Disciplina delle misure da adottare per rimuovere gli ostacoli alla ripresa delle normali condizioni di vita nelle aree colpite da eventi calamitosi.

(Articoli 5 legge 225/1992; Articolo 23-*sexies*, comma 4, decreto-legge 6/1998, conv. legge 61/1998; Articoli 107 e 108 decreto-legislativo 112/1998)

1. Con delibera del Consiglio dei ministri si provvede all'individuazione delle modalità di concessione di agevolazioni, contribuiti e forme di ristoro in favore dei soggetti pubblici, privati e attivitàà economiche e produttive, danneggiati nel rispetto dei seguenti criteri e nei limiti delle risorse disponibili allo scopo a legislazione vigente (1):

a) definizione di massimali, sulla base degli effetti determinati dalla tipologia degli eventi calamitosi commisurati alla loro intensità ed estensione;

b) definizione di metodologie omogenee per l'intero territorio nazionale;

c) per i danni subiti dai soggetti privati e dalle attivitàà economiche e produttive, in tutto o in parte indennizzati da compagnie assicuratrici, previsione che la corresponsione degli eventuali contributi pubblici per la delocalizzazione, ove possibile temporanea, in altra localitàà del territorio regionale, per la ricostruzione, la riparazione o il ripristino dei danni abbia luogo solo fino alla concorrenza dell'eventuale differenza, prevedendo, in tal caso, che il contributo cosìì determinato sia integrato con un'ulteriore somma pari ai premi assicurativi versati dai soggetti danneggiati nel quinquennio antecedente la data dell'evento (2);

d) l'esclusione degli edifici abusivi danneggiati o distrutti dalla fruizione delle misure volte a superare lo stato di emergenza.

[2. Con successive ordinanze di protezione civile adottate di concerto con il Ministro dell'economia e delle finanze, sono disciplinati le modalità e i termini per la presentazione delle istanze e la relativa istruttoria.] (3)

(1) *Alinea così modificato dall'*articolo 26, comma 1, lettera b), numero 1), del d.. 18 aprile 2019, n. 32, *convertito con modificazioni dalla* l 14 giugno 2019, n. 5, *che ha sostituito le parole* « Con delibera del Consiglio dei ministri » *alle parole* « Al fine di dare avvio all'attuazione delle prime misure per fare fronte ai danni occorsi al patrimonio pubblico, privato ed alle attività economiche e produttive, in attuazione della lettera *e*), del comma 2, dell'articolo 25, relativamente alle ricognizioni dei fabbisogni completate dai Commissari delegati e trasmesse al Dipartimento della protezione civile, con apposite deliberazioni del Consiglio dei ministri, da adottarsi in attuazione del disposto della lettera *f*), del citato articolo 25 ».

(2) *Lettera modificata dall'articolo 26, comma 1, lettera b), numero 2), del d.l. 18 aprile 2019, n. 32,convertito con modificazioni dalla legge 14 giugno 2019, n. 55, che ha sostituito le parole* « delocalizzazione, ove possibile temporanea, in altra località del territorio regionale » *alle parole* « delocalizzazione temporanea in altra località del territorio nazionale ».

(3) *Comma abrogato dall'articolo 26, comma 1, lettera* b), *numero 3), del d.l. 18 aprile 2019, n. 32,convertito, con modificazioni, dalla legge 14 giugno 2019, n. 55.*

29 Partecipazione del Servizio nazionale alle operazioni di emergenza in ambito internazionale e al meccanismo unionale di protezione civile (1). (Articoli 5 legge 225/1992; Articolo 4, comma 2, decreto-legge 90/2005, conv. legge 152/2005; Articolo 40, comma 2, lettera *p*), legge 196/2009; Articolo 10 legge 125/2014; Articolo 27 legge 115/2015)

1. Ferme le competenze del Ministero degli affari esteri e della cooperazione internazionale e dell'Agenzia italiana per la cooperazione allo sviluppo, in conformità a quanto disposto dall'articolo 10, della legge 11 agosto 2014, n. 125, la partecipazione del Servizio nazionale agli interventi di emergenza e di primo soccorso all'estero è disciplinata con i provvedimenti previsti dagli articoli 23, 24 e 25, da adottarsi, per quanto di competenza, su richiesta del il medesimo Ministero. In tale caso la dichiarazione di cui all'articolo 23 e la deliberazione di cui all'articolo 24 assumono rispettivamente la denominazione di « dichiarazione dello stato di mobilitazione del Servizio nazionale della protezione civile per intervento all'estero » e « deliberazione dello stato di emergenza per intervento all'estero ». Nel decreto del Presidente del Consiglio recante la deliberazione dello stato di mobilitazione del Servizio nazionale per intervento all'estero sono individuate le risorse finanziarie nei limiti degli stanziamenti del Fondo per le emergenze nazionali di cui all'articolo 44 e delle risorse stanziate per gli interventi di cui all'articolo 10 della legge 11 agosto 2014, n. 125. D'intesa con il Dipartimento della protezione civile e con il Ministero degli affari esteri e della cooperazione internazionale, le Regioni e le Province autonome di Trento e di Bolzano possono prestare soccorso ad enti territoriali esteri con i quali abbiano costituito, nel rispetto degli articoli 46, 47 e 48 della legge 7 luglio 2009, n. 88, un gruppo europeo di cooperazione territoriale, anche in assenza dei provvedimenti di cui agli articoli 24 e 25.

2. Ai sensi dell'articolo 8, comma 1, lettera *l*), per la partecipazione del Servizio nazionale al "Pool europeo di protezione civile" e a rescEU, istituiti rispettivamente, nell'ambito del meccanismo unionale di protezione civile, dagli articoli 11 e 12 della decisione n. 1313/2013/UE del Parlamento europeo e del Consiglio, del 17 dicembre 2013, è autorizzato, nel limite delle risorse di cui al comma 1, l'impiego di moduli, mezzi, attrezzature ed esperti qualificati, specificamente formati e registrati nel sistema comune di comunicazione e informazione in caso di emergenza (CECIS), su richiesta del Ministero degli affari esteri e della cooperazione internazionale nel caso di interventi in Paesi terzi (2).

3. Il Capo del Dipartimento della protezione civile se riceve una richiesta di assistenza tramite il Centro di coordinamento della risposta alle emergenze (ERCC), anche nelle more del decreto di dichiarazione dello stato di mobilitazione di cui all'articolo 23, comma 1, o della deliberazione dello stato di emergenza di cui all'articolo 24, comma 1, può attivare e coordinare le risorse del Servizio nazionale, ivi incluse quelle di cui al comma 2, previa informativa al Presidente del Consiglio dei ministri anche al fine della comunicazione alle Commissioni parlamentari competenti (3). Il Capo del Dipartimento della protezione civile può stabilire di non dispiegare le risorse del Pool europeo di protezione civile ove sussistano gli elementi ostativi di cui all'articolo 11, paragrafo 7, della decisione n. 1313/2013/UE e di ritirarle nei casi indicati all'articolo 11, paragrafo 8, della medesima decisione (3).

4. Il Dipartimento della protezione civile intraprende ogni iniziativa utile alla partecipazione del Servizio nazionale al Pool europeo di protezione civile e a rescEU all'EERC, inclusa la conclusione di accordi e convenzioni con amministrazioni e organizzazioni avvalendosi anche delle risorse finanziarie previste dalla decisione n. 1313/2013/UE.

(1) *Rubrica così modificata dall'art. 19, comma 1, lettera* a), *del d.lgs. 6 febbraio 2020, n. 4, che ha sostituito la parola* « alle operazioni » *alla precedente* « agli interventi ».

(2) *Comma sostituito dall'art. 19, comma 1, lettera b), del d.lgs. 6 febbraio 2020, n. 4. Il previgente disponeva:* « Fermo restando quanto previsto dall'articolo 8, comma 1, lettera l), per la partecipazione del Servizio nazionale alla « Capacità europea di risposta emergenziale (EERC) » istituita, nell'ambito del meccanismo unionale di protezione civile, dall'articolo 11 della decisione n. 1313/2013/UE del Parlamento europeo e del Consiglio del 17 dicembre 2013, è autorizzato, nel rispetto del comma 1, l'impiego di moduli, mezzi, attrezzature ed esperti qualificati, specificamente formati e registrati nel sistema comune di comunicazione e informazione in caso di emergenza (CECIS) ».

(3) *L'art. 19, comma 1, lettera* c), *del d.lgs. 6 febbraio 2020, n. 4, ha così sostituito il primo periodo, in cui testo era il seguente:* « Se riceve una richiesta di assistenza tramite il Centro di coordinamento della risposta alle emergenze (ERCC) e non sussistono gli elementi ostativi di cui all'articolo 11, paragrafo 7, della decisione n. 1313/2013/UE, il Capo del Dipartimento della protezione civile, nelle more della deliberazione di cui all'articolo 24, attiva e coordina le risorse di cui al comma 2 del presente articolo, previa informativa al Presidente del Consiglio dei ministri e dandone comunicazione alle Commissioni parlamentari competenti »; *e al secondo periodo ha sostituito le parole da* « stabilire di non dispiegare le risorse » *a* « indicati all'articolo 11, paragrafo 8, della medesima decisione » *alle parole* « ritirare tali risorse se ricorrono i gravi motivi di cui all'articolo 11, paragrafo 8, della decisione n. 1313/2013/ UE ».

(4) *Comma così modificato dall'art. 19, comma 1, lettera* d), *del d.lgs. 6 febbraio 2020, n. 4, che ha sostituito le parole* « al Pool europeo di protezione civile e a rescEU » *alle parole* « all'EERC ».

30 Altre disposizioni relative all'utilizzo dei segni distintivi del Dipartimento della protezione civile. (Articolo 15, commi 2 e 3, decreto-legge 39/2009, conv. legge 77/2009; Articolo 10-*bis* decreto-legge 93/2013, conv. legge 119/2013)

1. L'uso del logo, degli stemmi, degli emblemi, delle denominazioni e di ogni altro segno distintivo dell'immagine, riferiti alla Presidenza del Consiglio dei ministri - Dipartimento della protezione civile, è esclusivamente riservato agli operatori ad esso appartenenti.

2. Ferma la facoltà del Capo del Dipartimento della protezione civile di autorizzare, anche convenzionalmente, l'uso temporaneo delle denominazioni, degli stemmi, degli emblemi e dei segni distintivi, di cui al comma 1, ed in deroga al comma medesimo, anche nell'ambito di iniziative culturali ed editoriali in coerenza con le finalità istituzionali e dell'immagine attribuite al medesimo Dipartimento, chiunque ne faccia indebito utilizzo è punito con la multa da 1.000 euro a 5.000 euro, salvo che il fatto costituisca più grave reato.

3. Al fine di porre il personale in servizio presso il Dipartimento della protezione civile in grado di essere prontamente individuato nell'espletamento delle attività di protezione civile di cui all'articolo 2, comma 6, con decreto del Presidente del Consiglio dei ministri sono stabilite le norme riguardanti la disciplina delle uniformi e del loro uso.

4. Con il decreto di cui al comma 3 sono altresì determinate le caratteristiche della bandiera d'istituto del Dipartimento della protezione civile, nonché le relative modalità d'uso e custodia.

CAPO V
Partecipazione dei cittadini e volontariato organizzato di protezione civile

SEZIONE I
Cittadinanza attiva e partecipazione

31 Partecipazione dei cittadini alle attività di protezione civile. (Articolo 18 legge 225/1992; Articolo 4, comma 2, decreto legislativo 117/2017)

1. Il Servizio nazionale promuove iniziative volte ad accrescere la resilienza delle comunità, favorendo la partecipazione dei cittadini, singoli e associati, anche mediante formazioni di natura professionale, alla pianificazione di protezione civile come disciplinata dall'articolo 18, e la diffusione della conoscenza e della cultura di protezione civile.

2. Le componenti del Servizio nazionale, nell'ambito delle rispettive attribuzioni, forniscono ai cittadini informazioni sugli scenari di rischio e sull'organizzazione dei servizi di protezione civile del proprio territorio, anche al fine di consentire loro di adottare misure di autoprotezione nelle situazioni di emergenza di cui all'articolo 7, comma 1, lettere *a*), *b*) e *c*), in occasione delle quali essi hanno il dovere di ottemperare alle disposizioni impartite dalle autorità di protezione civile in coerenza con quanto previsto negli strumenti di pianificazione.

3. I cittadini possono concorrere allo svolgimento delle attività di protezione civile, acquisite le conoscenze necessarie per poter operare in modo efficace, integrato e consapevole, aderendo al volontariato organizzato operante nel settore, ai sensi di quanto previsto dall'articolo 32 e nella Sezione II del presente Capo, ovvero, in forma occasionale, ove possibile, in caso di situazioni di emergenza, agendo a titolo personale e responsabilmente per l'esecuzione di primi interventi immediati direttamente riferiti al proprio ambito personale, familiare o di prossimità, in concorso e coordinandosi con l'attività delle citate organizzazioni.

4. Le Regioni e le Province autonome possono disciplinare ulteriori forme di partecipazione dei cittadini in forma occasionale alle attività di soccorso non direttamente riferite al loro ambito personale, familiare o di prossimità.

32 Integrazione del volontariato organizzato nel Servizio nazionale della protezione civile. (Articolo 18 legge 225/1992; Articolo 8, comma 1, decreto-legge 90/2005, conv. legge 152/2005; Articolo 4, comma 2, 5, comma 1, lettera *y*), 17, 32, comma 4, e 41, comma 6, decreto legislativo 117/2017)

1. Il volontario di protezione civile è colui che, per sua libera scelta, svolge l'attività di volontariato in favore della comunità e del bene comune, nell'ambito delle attività di protezione civile di cui all'articolo 2, mettendo a disposizione il proprio tempo e le proprie capacità per acquisire, all'interno delle organizzazioni o delle altre forme di volontariato organizzato di cui al presente Capo, la formazione e la preparazione necessaria per concorrere alla promozione di efficaci risposte ai bisogni delle persone e delle comunità beneficiarie della sua azione in modo personale, spontaneo e gratuito, senza fini di lucro, neanche indiretti, ed esclusivamente per fini di solidarietà, partecipando, con passione e impegno ad una forza libera e organizzata che contribuisce a migliorare la vita di tutti.

2. Il Servizio nazionale della protezione civile promuove la più ampia partecipazione del volontariato organizzato alle attività di protezione civile di cui all'articolo 2, riconoscendone il valore e la funzione sociale ai fini dell'adempimento dei doveri inderogabili di solidarietà di cui all'articolo 2, secondo comma, della Costituzione e, in quanto espressione dei principi di libera partecipazione, solidarietà e pluralismo, ne riconosce e stimola le iniziative e ne assicura il coordinamento.

3. La partecipazione del volontariato al Servizio nazionale si realizza mediante enti del Terzo settore, ivi compresi i Gruppi comunali, che svolgono l'attività di protezione civile di cui all'articolo 5, comma 1, lettera *y*) del decreto legislativo 3 luglio 2017, n. 117, nonché mediante altre forme di volontariato organizzato appositamente costituite, per il perseguimento, senza scopo di lucro, delle finalità civiche, solidaristiche e di utilità sociale concorrenti all'esercizio della funzione di protezione civile di cui all'articolo 1.

4. In conformità a quanto previsto dagli articoli 3, 4, comma 2, 32, comma 4, e 41, comma 6, del decreto legislativo 3 luglio 2017, n. 117, le disposizioni del citato decreto legislativo si applicano al volontariato di cui al comma 2 in quanto compatibili con le disposizioni contenute nel presente Capo.

5. I modi e le forme di partecipazione del volontariato alle attività di protezione civile sono definiti dalle

disposizioni contenute nella Sezione II del presente Capo, che costituiscono principi della legislazione statale in materia e disciplinano, in particolare, strumenti, modalità e procedure per:

a) garantire l'integrazione del volontariato nell'organizzazione del Servizio nazionale, anche a livello territoriale, regolandone la preparazione, l'attivazione e l'impiego in forma coordinata;

b) la partecipazione del volontariato all'attività di predisposizione ed attuazione di piani di protezione civile ed alle attività di previsione, prevenzione, gestione e superamento delle situazioni di emergenza di cui all'articolo 7, comma 1, lettere *a*), *b*) e *c*), prevedendo il rimborso delle spese sostenute, il mantenimento del posto di lavoro e del relativo trattamento economico e previdenziale nei periodi di impiego riconosciuti ai sensi della lettera *a*), e la garanzia della copertura assicurativa degli interessati;

c) la concessione di contributi per il potenziamento della capacità operativa, il miglioramento della preparazione tecnica dei volontari e lo sviluppo della resilienza delle comunità.

6. Con direttive da adottarsi ai sensi dell'articolo 15, acquisito il parere del Comitato di cui all'articolo 42, sono impartiti indirizzi per assicurare, nel rispetto delle peculiarità dei territori, l'unitaria ed effettiva attuazione delle disposizioni di cui alla Sezione II del presente Capo.

SEZIONE II
Disciplina della partecipazione del volontariato organizzato alle attività di protezione civile

33 Disciplina delle organizzazioni di volontariato e delle reti associative operanti nel settore della protezione civile a norma degli articoli 4, comma 2, 32, comma 4, e 41, comma 6, del decreto legislativo 3 luglio 2017, n. 117. (Articolo 5, comma 1, lettera *a*), 4, comma 1,m lettera *m*) e 7, comma 1, legge 106/2016; Articolo 4, comma 2, 32, comma 4, 41, comma 6, e 53, decreto legislativo 117/2017; Articolo 1, decreto del Presidente della Repubblica 194/2001)

1. Per operare nel settore della protezione civile, al fine di salvaguardarne la specificità, le organizzazioni di volontariato, le reti associative e gli altri enti del Terzo settore iscritti nel Registro unico di cui all'articolo 46 del decreto legislativo 3 luglio 2017, n. 117, che annoverano la protezione civile tra le attività di interesse generale in cui operano ai sensi dell'articolo 5 del citato decreto legislativo, nonché le altre forme di volontariato organizzato di protezione civile, sono soggette all'obbligo di iscrizione nell'Elenco nazionale del volontariato di protezione civile di cui all'articolo 34. Con il provvedimento da adottarsi ai sensi dell'articolo 53 del decreto legislativo 3 luglio 2017, n. 117, sentito il Dipartimento della protezione civile, si provvede al necessario coordinamento della disciplina dell'iscrizione nel Registro unico di cui all'articolo 46 del citato decreto con quella dell'iscrizione nell'Elenco nazionale di cui all'articolo 34.

2. Il Dipartimento della protezione civile e le strutture di protezione civile delle Regioni e delle Province autonome di Trento e di Bolzano esercitano le funzioni relative alla predisposizione, tenuta, aggiornamento, conservazione e revisione periodica dell'Elenco nazionale di cui all'articolo 34.

3. Ai sensi di quanto previsto dall'articolo 41, comma 6, del decreto legislativo 3 luglio 2017, n. 117:

a) sono reti associative di cui al comma 1 del citato articolo 41, se operanti nel settore della protezione civile, quelle che associano un numero di enti del Terzo settore non inferiore a 20, le cui sedi legali o operative siano presenti in almeno due Regioni o Province autonome e che risultino iscritte nell'Elenco nazionale di cui all'articolo 34;

b) sono reti associative nazionali di cui al comma 2 del citato articolo 41, solo ai fini di quanto previsto dall'articolo 96 del citato decreto legislativo, anche quelle che associano un numero di enti del Terzo settore operanti nel settore della protezione civile non inferiore a 100, le cui sedi legali o operative siano presenti in almeno tre regioni o province autonome e che risultino iscritte nell'Elenco nazionale di cui all'articolo 34.

4. Le funzioni di vigilanza, monitoraggio e controllo pubblico sugli enti del Terzo settore operanti nello specifico settore della protezione civile e sulle loro attività, finalizzate a garantire l'uniforme e corretta osservanza della disciplina legislativa, statutaria e regolamentare ad essi applicabile, sono esercitate, ai sensi degli articoli 92 e seguenti del decreto legislativo 3 luglio 2017, n. 117, in collaborazione con il Dipartimento della protezione civile e con le strutture di protezione civile delle Regioni e delle Province autonome di Trento e di Bolzano. Alla relativa disciplina si provvede con specifiche disposizioni con il decreto di cui all'articolo 96 del citato decreto legislativo n. 117 del 2017, sulla base delle proposte tecniche formulate congiuntamente dal Dipartimento della protezione civile e dalle strutture di protezione civile delle Regioni e delle Province autonome di Trento e di Bolzano.

34 Elenco nazionale del volontariato di protezione civile. (Articolo 18 legge 225/1992; Articolo 5, comma 1, lettera *a*), 4, comma 1, lettera *m*), e 7, comma 1, legge 106/2016; Articolo 4, comma 2, 5, comma 1, lettera *y*), 32, comma 4 e 41, comma 6, decreto legislativo 117/2017; Articolo 1, decreto del Presidente della Repubblica 194/2001)

1. L'Elenco nazionale del volontariato di protezione civile costituisce lo strumento operativo mediante il quale viene assicurata la partecipazione del volontariato organizzato alle attività di cui all'articolo 2, garantendone l'indirizzo unitario, nel rispetto delle peculiarità dei territori, grazie a specifiche modalità di registrazione.

2. I soggetti di cui all'articolo 32, comma 2, che intendono partecipare alle attività di cui all'articolo 2, sul territorio nazionale o all'estero, nonché svolgere attività formative ed addestrative nelle medesime materie, devono essere iscritti nell'elenco nazionale del volontariato di protezione civile.

3. L'Elenco nazionale del volontariato di protezione civile è costituito dall'insieme:

a) degli elenchi territoriali del volontariato di protezione civile, istituiti presso le Regioni e le Province autonome di Trento e di Bolzano;

b) dell'elenco centrale del volontariato di protezione civile, istituito presso il Dipartimento della protezione civile.

4. Con apposita direttiva, da adottarsi ai sensi dell'articolo 32, comma 6, sono disciplinati i requisiti e le procedure per l'iscrizione all'Elenco nazionale del volontariato di protezione civile, fatte salve le peculiarità territoriali, con particolare riguardo all'individuazione di specifici requisiti strutturali e di caratteristiche di capacità tecnico-operativa ed alle relative verifiche e nel rispetto, per quanto concerne le reti associative, di quanto previsto dal comma 4 dell'articolo 33, nonché per la sospensione o cancellazione dal medesimo Elenco. Le province autonome di Trento e di Bolzano provvedono a disciplinare i requisiti e le modalità per richiedere l'iscrizione dei propri elenchi territoriali.

5. Fino all'entrata in vigore della direttiva di cui al comma 4, i soggetti iscritti nell'Elenco nazionale come disciplinato dall'articolo 1 del decreto del Presidente della Repubblica 8 febbraio 2001, n. 194, e dal paragrafo 1 della direttiva del Presidente del Consiglio dei ministri del 9 novembre 2012 recante « Indirizzi operativi per assicurare l'unitaria partecipazione delle organizzazioni di volontariato all'attività di protezione civile » pubblicata nella Gazzetta Ufficiale n. 27 del 1° febbraio 2013, continuano a beneficiare dei diritti derivanti dalla rispettiva qualifica.

6. La direttiva di cui al comma 4 prevede, altresì, indirizzi in tema di emblemi e loghi dei soggetti iscritti nell'Elenco di cui al comma 3, volti a facilitare l'individuazione dei volontari di protezione civile da parte dei cittadini sull'intero territorio nazionale.

35 Gruppi comunali di protezione civile. (Articolo 18 legge 225/1992; Articolo 5, comma 1, lettera *a*), 4, comma 1, lettera *m*) e 7, comma 1, legge 106/2016; Articolo 4, comma 2 decreto legislativo 117/2017; Articolo 1, decrto del Presidente della Repubblica 194/2001)

1. I Comuni possono promuovere la costituzione, con riferimento al proprio ambito territoriale, di un gruppo comunale di protezione civile composto esclusivamente da cittadini che scelgono di aderirvi volontariamente, quale ente del Terzo settore costituito in forma specifica, ai sensi di quanto previsto dall'articolo 4, comma 2, del decreto legislativo 3 luglio 2017, n. 117. La costituzione del Gruppo comunale di volontariato di protezione civile è deliberata dal Consiglio comunale, sulla base di uno schema-tipo approvato con apposita direttiva da adottarsi ai sensi dell'articolo 15, sentito il Ministero del lavoro e delle politiche sociali e acquisito il parere del Comitato di cui all'articolo 42 che prevede, in particolare:

a) che il Comune, mediante i propri uffici, cura la gestione amministrativa del Gruppo comunale e ne è responsabile;

b) che all'interno del Gruppo comunale è individuato, secondo i principi di democraticità, un coordinatore operativo dei volontari, referente delle attività di quest'ultimi, e sono altresì individuate la durata e le modalità di revoca del coordinatore.

2. Al fine di essere integrati nel Servizio nazionale, i Gruppi comunali si iscrivono negli elenchi territoriali gestiti dalle Regioni e dalle Province autonome.

3. Possono, altresì, essere costituiti, in coerenza con quanto previsto dal presente articolo, gruppi intercomunali o provinciali.

36 Altre forme di volontariato organizzato di protezione civile. (Articolo 18 legge 225/1992; Articolo 5, comma 1, lettera *a*), 4, comma 1, lettera *m*) e 7, comma 1, legge 106/2016; Articolo 4, comma 2 decreto legislativo 117/2017; Articolo 1, decreto del Presidente della Repubblica 194/2001)

1. Possono essere iscritti nell'Elenco nazionale di cui all'articolo 34 anche altre forme di volontariato organizzato operanti nel settore della protezione civile con sede operativa nel territorio nazionale, anche in attuazione di accordi internazionali in vigore per la Repubblica italiana in materia di assistenza in caso di gravi emergenze determinate da eventi naturali o derivanti dall'attività dell'uomo.

2. I soggetti di cui al comma 1 possono essere riconosciuti, in conformità a quanto previsto dal decreto legislativo 3 luglio 2017, n. 117, quali enti del Terzo settore costituiti in forma specifica, ai sensi di quanto previsto dall'articolo 4, comma 2, del medesimo decreto legislativo, secondo modalità previste nel provvedimento da adottarsi ai sensi dell'articolo 53.

37 Contributi finalizzati al potenziamento della capacità operativa, al miglioramento della preparazione tecnica, nonché allo sviluppo della resilienza delle comunità. (Articolo 18 legge 225/1992; Articolo 5, comma 1, lettera *a*), 4, comma 1, lettera *m*) e 7, comma 1, legge 106/2016; Articolo 4, comma 2, 5, comma 1, lettera *y*), 32, comma 4, e 41, comma 6, decreto legislativo 117/2017; Articoli 2, 3, 4, 5, 6 e 7, decreto del Presidente della Repubblica 194/2001)

1. Al fine di promuovere la crescita qualitativa del volontariato di protezione civile, nella prospettiva dell'intervento di livello nazionale, il Dipartimento della protezione civile può concedere al volontariato organizzato di cui all'articolo 32, nei limiti degli stanziamenti destinati allo scopo, contributi finalizzati alla realizzazione di progetti per il potenziamento della capacità operativa, per il miglioramento della preparazione tecnica e per lo sviluppo della resilienza delle comunità, intendendosi:

a) per potenziamento della capacità operativa, l'integrazione delle attrezzature, dei mezzi e delle dotazioni strumentali volta al raggiungimento di un livello di dotazione di apparati strumentali più elevato rispetto a quello di cui si dispone, sia mediante interventi sulle dotazioni già acquisite, sia mediante acquisizione di nuovi mezzi e attrezzature;

b) per miglioramento della preparazione tecnica, lo svolgimento delle pratiche di addestramento e di ogni altra attività, ivi inclusa quella di formazione, atta a conseguire un miglioramento qualitativo ed una maggiore efficacia dell'attività espletata;

c) per sviluppo della resilienza delle comunità, ogni attività volta alla diffusione della conoscenza e della cultura della protezione civile allo scopo di favorire l'adozione di comportamenti consapevoli e misure di autoprotezione da parte dei cittadini, utili a ridurre i rischi derivanti dagli eventi di cui all'articolo 7, e ad attenuarne le conseguenze, nel quadro delle campagne di informazione promosse dalle componenti del Servizio nazionale.

2. Le modalità per la presentazione dei progetti, la loro valutazione e la concessione dei relativi contributi sono stabilite, sulla base di criteri, con validità triennale, definiti dal Dipartimento della protezione civile previa intesa in seno alla Conferenza unificata di cui al decreto legislativo 28 agosto 1997, n. 281, e acquisito il parere del Comitato di cui all'articolo 42, con decreto del Capo del Dipartimento della protezione civile, da adottarsi entro il 31 maggio di ogni anno di validità dei citati criteri. I progetti devono essere conseguentemente presentati entro il 31 dicembre di ciascun anno e all'istruttoria, alla concessione e all'erogazione dei contributi si provvede nell'esercizio successivo, nei limiti delle risorse finanziarie disponibili.

3. Con il decreto di cui al comma 2 si dispone, in particolare, in relazione:

a) agli obblighi ai quali sono soggetti i beneficiari dei contributi;

b) ai termini per la realizzazione dei progetti ammessi a contributo;

c) allo svolgimento dei necessari accertamenti sulla corretta attuazione dei progetti ammessi a contributo, anche con il coinvolgimento di altri soggetti idonei appartenenti al Servizio nazionale;

d) alle modalità di revoca del contributo e alle conseguenti misure da adottarsi nei confronti dei soggetti beneficiari.

38 Partecipazione del volontariato organizzato alla pianificazione di protezione civile. (Articolo 18 legge 225/1992; Articolo 5, comma 1, lettera *a*), 4, comma 1, lettera *m*) e 7, comma 1, legge 106/2016; Articolo 4, comma 2, 5, comma 1, lettera *y*), 32, comma 4 e 41, comma 6, decreto legislativo 117/2017; Articolo 8, decreto del Presidente della Repubblica 194/2001)

1. Il volontariato organizzato di cui all'articolo 32 prende parte alle attività di predisposizione ed attuazione dei piani di protezione civile, secondo forme e modalità da concordare con l'autorità competente, e può richiedere copia degli studi e delle ricerche elaborati da soggetti pubblici in materia di protezione civile, con l'osservanza delle modalità e nei limiti stabiliti dalla legge 7 agosto 1990, n. 241 e dal decreto legislativo 14 marzo 2013, n. 33 e successive modificazioni.

2. Il Dipartimento della protezione civile dispone, d'intesa con le regioni e le province autonome interessate, anche mediante appositi corsi di formazione, iniziative dirette a favorire la partecipazione del volontariato organizzato di cui all'articolo 32 alle attività di cui all'articolo 2.

3. Nell'ambito delle attività di predisposizione e di aggiornamento dei piani di protezione civile di cui all'articolo 18, le autorità competenti possono avvalersi del volontariato organizzato di cui all'articolo 32, nei confronti dei quali e dei relativi aderenti, se espressamente a ciò autorizzati, si applicano i benefici di cui agli articoli 39 e 40.

39 Strumenti per consentire l'effettiva partecipazione dei volontari alle attività di protezione civile. (Articolo 18 legge 225/1992; Articolo 5, comma 1, lettera *a*), 4, comma 1, lettera *m*) e 7, comma 1, legge 106/2016; Articolo 4, comma 2, 5, comma 1, lettera *y*), 32, comma 4, e 41, comma 6, decreto legislativo 117/2017; Articoli 9 e 15, decreto del Presidente della Repubblica 194/2001)

1. Ai volontari aderenti a soggetti iscritti nell'Elenco nazionale di cui all'articolo 34, impiegati in attività di soccorso ed assistenza in vista o in occasione degli eventi di cui all'articolo 7, anche su richiesta del sindaco o di altre autorità amministrative di protezione civile, vengono garantiti, mediante l'autorizzazione da rendere con apposita comunicazione di attivazione del Dipartimento della protezione civile, per i soggetti iscritti nell'elenco centrale, ovvero delle Regioni e Province autonome di Trento e di Bolzano, per i soggetti iscritti nei rispettivi elenchi territoriali, relativamente al periodo di effettivo impiego che il datore di lavoro è tenuto a consentire, per un periodo non superiore a trenta giorni continuativi e fino a novanta giorni nell'anno:

a) il mantenimento del posto di lavoro pubblico o privato;

b) il mantenimento del trattamento economico e previdenziale da parte del datore di lavoro pubblico o privato;

c) la copertura assicurativa secondo le modalità previste dall'articolo 18 del decreto legislativo 3 luglio 2017, n. 117, anche mediante la stipula di ulteriori polizze integrative da parte del Dipartimento della protezione civile o delle Regioni e Province autonome di Trento e di Bolzano, nei limiti delle risorse finanziarie disponibili, da attivare in occasione della partecipazione del volontariato organizzato ad emergenze di rilievo nazionale di particolare durata o a interventi all'estero.

2. In occasione di situazioni di emergenza di rilievo nazionale e per tutta la durata dello stesso, su autorizzazione del Dipartimento della protezione civile, e per i casi di effettiva necessità singolarmente individuati, i limiti massimi previsti per l'utilizzo dei volontari nelle attività di soccorso ed assistenza possono essere elevati fino a sessanta giorni continuativi e fino a centottanta giorni nell'anno (1).

3. Ai volontari aderenti a soggetti iscritti nell'Elenco nazionale di cui all'articolo 34 impegnati in attività di pianificazione, di addestramento e formazione

teorico-pratica e di diffusione della cultura e della conoscenza della protezione civile, preventivamente promosse o autorizzate, con apposita comunicazione di attivazione, resa dal Dipartimento della protezione civile, per i soggetti iscritti nell'elenco centrale, ovvero dalle Regioni e Province autonome di Trento e di Bolzano, per i soggetti iscritti nei rispettivi elenchi territoriali, i benefici di cui al comma 1, lettere *a*) e *b*), si applicano per un periodo complessivo non superiore a dieci giorni continuativi e fino ad un massimo di trenta giorni nell'anno. Limitatamente agli organizzatori delle suddette iniziative, i benefici di cui al comma 1 si applicano anche alle fasi preparatorie e comunque connesse alla realizzazione delle medesime iniziative.

4. Ai datori di lavoro pubblici o privati dei volontari di cui ai commi 1, 2 e 3, che ne facciano richiesta, viene rimborsato, nei limiti delle risorse finanziarie all'uopo disponibili, l'equivalente degli emolumenti versati al lavoratore legittimamente impegnato come volontario, con le procedure indicate nell'articolo 40. I rimborsi di cui al presente comma possono essere alternativamente riconosciuti con le modalità del credito d'imposta ai sensi di quanto previsto dall'articolo 38 del decreto-legge 17 ottobre 2016, n. 189, convertito, con modificazioni, dalla legge 15 dicembre 2016, n. 229 (2).

5. Ai volontari lavoratori autonomi, aderenti a soggetti iscritti nell'Elenco nazionale di cui all'articolo 34, impiegati nelle attività previste dal presente articolo, e che ne fanno richiesta, è corrisposto il rimborso per il mancato guadagno giornaliero calcolato sulla base della dichiarazione del reddito presentata l'anno precedente a quello in cui è stata prestata l'opera di volontariato, nel limite di euro 103,30 giornalieri. Il limite di cui al presente comma è aggiornato, sulla base dell'inflazione, ogni 3 anni, con apposito decreto del Capo del Dipartimento della protezione civile da adottarsi di concerto con il Ministero dell'economia e delle finanze (3).

6. Le disposizioni di cui al presente articolo, nonché dell'articolo 40, si applicano anche nel caso di iniziative ed attività, svolte all'estero, purché preventivamente autorizzate dal Dipartimento della protezione civile.

(1) *Al fine di far fronte alle esigenze straordinarie ed urgenti connesse all'emergenza epidemiologica da Covid-19, l'art. 35-*bis *d.l. 17 marzo 2020, n. 18, conv., con modif., in l. 24 aprile 2020, n. 27 dispone che i periodi continuativi di cui al presente comma sono elevati a centottanta giorni, fermo restando il limite massimo di giorni nell'anno previsto nel medesimo comma 2.*

(2) *Per le condizioni, termini e modalità di applicazione delle disposizioni contenute nel presente comma, v. d.P.C.M. 26 ottobre 2018 (G.U. 22 gennaio 2019, n. 18).*

(3) *In tema di misure urgenti connesse all'emergenza epidemiologica da Covid-19, con riferimento alle disposizioni in materia di volontariato di protezione civile, v. l'art. 15, comma 3 d.l. 19 maggio 2020, n. 34, conv., con modif., in l. 17 luglio 2020, n. 77, ai sensi del quale: « 3. Per le attività di volontariato svolte in mesi per i quali sia percepita l'indennità di cui all'articolo 84, comma 1 o agli articoli 27, 28, 29 e 30 del decreto legge 17 marzo 2020, n. 18 convertito, con modificazioni, dalla legge 24 aprile 2020, n. 27, le disposizioni di cui all'articolo 39, comma 5 del decreto legislativo 2 gennaio 2018, n. 1, non si applicano ai volontari lavoratori autonomi che, in ottemperanza alle misure adottate allo scopo di contrastare la diffusione del virus Covid-19, dichiarano di non aver svolto attività lavorativa e percepiscono le suddette indennità ».*

40 Rimborso al volontariato organizzato di protezione civile delle spese autorizzate per attività di pianificazione, emergenza, addestramento e formazione teorico-pratica e diffusione della cultura e conoscenza della protezione civile. (Articolo 18 legge 225/1992; Articolo 5, comma 1, lettera *a*), 4, comma 1, lettera *m*) e 7, comma 1, legge 106/2016; Articolo 4, comma 2, 5, comma 1, lettera *y*), 32, comma 4 e 41, comma 6, decreto legislativo 117/2017; Articoli 10, 13 e 15 decreto del Presidente della Repubblica 194/2001)

1. Le istanze volte ad ottenere il rimborso, da parte dei datori di lavoro dei volontari, per le spese sostenute in occasione di attività e di interventi autorizzati e relative agli emolumenti versati ai propri dipendenti nonché, da parte del volontariato organizzato di cui all'articolo 32, per le spese sostenute in occasione di attività e di interventi autorizzati, come elencate al comma 2, devono essere presentate al soggetto che ha reso la comunicazione di attivazione, che, effettuate le necessarie verifiche istruttorie, provvede ad effettuare i rimborsi nei limiti delle rispettive disponibilità di bilancio. In occasione della partecipazione ad attività di lunga durata o a interventi all'estero, i rimborsi alle organizzazioni di volontariato possono anche essere oggetto di anticipazione da parte dell'autorità che ha autorizzato l'attività stessa, nei limiti previsti dalla programmazione o con le ordinanze di cui all'articolo 25 (1).

2. Possono essere ammesse a rimborso, anche parziale, sulla base di idonea documentazione giustificativa analitica le tipologie di spese sostenute in occasione di attività e di interventi autorizzati ed individuate nella direttiva di cui al comma 5.

3. Le richieste di rimborso da parte delle organizzazioni di volontariato e dei datori di lavoro devono pervenire entro i due anni successivi alla conclusione dell'intervento o dell'attività e sono presentate, ivi comprese quelle di cui al comma 1, secondo periodo, mediante apposita dichiarazione resa ai sensi dell'articolo 47 del decreto del Presidente della Repubblica 28 dicembre 2000, n. 445, che attesti l'attinenza delle spese sostenute con l'attività svolta in occasione dell'evento emergenziale (2).

4. I benefici previsti dagli articoli 39 e dal presente articolo possono essere estesi dal Dipartimento della protezione civile anche ad altri enti del Terzo settore che non operano nel campo della protezione civile, in caso di emergenze di rilievo nazionale e a condizione che l'intervento di tali soggetti sia ritenuto essenziale per la migliore riuscita delle attività di protezione civile in corso o in programma e limitato, nel tempo, alle più urgenti esigenze.

5. Con direttiva da adottare ai sensi dell'articolo 15, acquisito il parere del Comitato di cui all'articolo 42, sono definite le modalità e procedure per la presentazione delle istanze di rimborso, per la relativa istruttoria e la conseguente erogazione dei rimborsi spettanti. Fino all'entrata in vigore della direttiva di cui al presente comma, restano in vigore le procedure definite dal Dipartimento della protezione civile e, per quanto di competenza, dalle Regioni e Province autonome di

Trento e di Bolzano ai sensi di quanto previsto dagli articoli 9 e 10 del decreto del Presidente della Repubblica 8 febbraio 2001, n. 194 (3).

(1) *Comma così modificato dall'art. 20, comma 1, lett.* a), *del d.lgs. 6 febbraio 2020, n. 4, che ha sostituito l'ultimo periodo ai precedenti secondo e terzo periodo che così disponevano:* « In occasione della partecipazione ad emergenze di rilievo nazionale di particolare durata o a interventi all'estero. I rimborsi potranno anche essere oggetto di anticipazione da parte dell'autorità che ha autorizzato l'attività stessa ».

(2) *Comma così modificato dall'art. 20, comma 1, lett.* b), *del d.lgs. 6 febbraio 2020, n. 4, che ha inserito infine le parole da* « e sono presentate, » *a* « in occasione dell'evento emergenziale ».

(3) *L'art. 20, comma 1, lett. c), del d.lgs. 6 febbraio 2020, n. 4 ha soppresso le parole:* «, dal paragrafo 2 della direttiva del Presidente del Consiglio dei ministri del 9 novembre 2012 recante "Indirizzi operativi per assicurare l'unitaria partecipazione delle organizzazioni di volontariato all'attività di protezione civile" pubblicata nella Gazzetta Ufficiale n. 27 del 1° febbraio 2013 ».

41 Modalità di intervento del volontariato organizzato in occasione di situazioni di emergenza di protezione civile o nella loro imminenza. (Articolo 18 legge 225/1992; Articolo 5, comma 1, lettera *a*), 4, comma 1, lettera *m*) e 7, comma 1, legge 106/2016; Articolo 4, comma 2, 5, comma 1, lettera *y*), 32, comma 4, e 41, comma 6, decreto legislativo 117/2017; Articolo 11, decreto del Presidente della Repubblica 194/2001)

1. Il volontariato organizzato di cui all'articolo 32 presta la propria opera, in occasione di situazioni di emergenza di protezione civile, o nella loro imminenza, secondo quanto previsto nella pianificazione di protezione civile di cui all'articolo 18 e su richiesta dell'autorità amministrativa di protezione civile competente. Il coordinamento dell'intervento dei soggetti iscritti negli elenchi territoriali di cui all'articolo 34, comma 3, lettera *a*) in caso di emergenza è assicurato dalla struttura di protezione civile della Regione o Provincia autonoma di appartenenza. Il coordinamento dell'intervento dei soggetti iscritti nell'elenco centrale di cui all'articolo 34, comma 3, lettera *b*), è assicurato dal Dipartimento della protezione civile.

2. Ove volontari di protezione civile, al momento del verificarsi di un evento di cui al comma 1, si trovino sul luogo e siano nell'assoluta impossibilità di avvisare le competenti pubbliche autorità, possono prestare i primi interventi, fermo restando l'obbligo di dare immediata notizia dei fatti e dell'intervento alle autorità di protezione civile cui spettano il coordinamento e la direzione degli interventi di soccorso.

42 Comitato nazionale del volontariato di protezione civile. (Articolo 18 legge 225/1992; Articolo 5, comma 1, lettera *a*), 4, comma 1, lettera *m*) e 7, comma 1, legge 106/2016; Articolo 4, comma 2, 5, comma 1, lettera *y*), 32, comma 4 e 41, comma 6, decreto legislativo 117/2017; Articolo 12, decreto del Presidente della Repubblica 194/2001)

1. La partecipazione del volontariato organizzato di protezione civile al Servizio nazionale è realizzata anche attraverso la sua consultazione nell'àmbito del Comitato nazionale di volontariato di protezione civile, costituito con decreto del Presidente del Consiglio dei ministri adottato previa intesa in Conferenza unificata di cui al decreto legislativo 28 agosto 1997, n. 281.

2. Il Comitato, che dura in carica 3 anni e svolge la sua attività a titolo gratuito, è composto da due commissioni:

a) la Commissione nazionale, composta da un volontario rappresentante per ciascuno dei soggetti iscritti nell'elenco centrale di cui all'articolo 34, comma 3, lettera *b*), designato dal rispettivo legale rappresentante;

b) la Commissione territoriale, composta da un volontario rappresentante dei soggetti iscritti in ciascun elenco territoriale di cui all'articolo 34, comma 3, lettera *a*), designato per ciascuna Regione e Provincia autonoma secondo le forme di rappresentanza e consultazione rispettivamente disciplinate.

3. Il Comitato si riunisce mediante incontri dei rappresentanti delle due Commissioni che adottano gli specifici regolamenti di funzionamento e individuano, ciascuna fra i propri componenti, un proprio organismo direttivo ristretto formato da un uguale numero di membri, comunque non superiore a dieci, il quale ha il compito di stimolare e promuovere l'attività della singola Commissione (1).

4. Fino all'insediamento del Comitato di cui al comma 1, continua ad operare la Consulta Nazionale delle organizzazioni di volontariato di protezione civile costituita con decreto del Presidente del Consiglio dei ministri del 25 gennaio 2008, pubblicato nella Gazzetta Ufficiale n. 61 del 12 marzo 2008, nella composizione definita con il decreto del Capo del Dipartimento della protezione civile del 21 ottobre 2014.

(1) *Comma così sostituito dall'art. 21, comma 1, d.ls. 6 febbraio 2020, n. 4. Il testo del comma era il seguente:* « 3. Il Comitato, che si riunisce in forma plenaria mediante incontri dei rappresentanti delle due Commissioni, designati in egual misura dalle stesse, e le due Commissioni adottano i rispettivi regolamenti di funzionamento, individuando, in particolare, all'interno di ciascuna Commissione, un organismo direttivo ristretto composto da non più di 10 membri con il compito di stimolarne e promuoverne l'attività ».

CAPO VI

Misure e strumenti organizzativi e finanziari per la realizzazione delle attività di protezione civile

43 Fondo nazionale di protezione civile per le attività di previsione e prevenzione. (Articolo 19, legge 225/1992; Articolo 6-*bis*, decreto-legge 343/2001, conv. legge 401/2001)

1. Le risorse per lo svolgimento delle attività di previsione e prevenzione dei rischi assicurate dal Dipartimento della protezione civile iscritte nel bilancio della Presidenza del Consiglio dei ministri provenienti dallo stato di previsione del Ministero dell'economia e delle finanze, costituiscono il « Fondo nazionale di protezione civile per le attività di previsione e prevenzione ».

2. Le somme che il Dipartimento della protezione civile trasferisce ad altre amministrazioni dello Stato per la realizzazione di specifici piani, programmi e progetti sono versate all'entrata del bilancio dello Sta-

to per essere riassegnate nello stesso anno di riferimento con decreto del Ministro dell'economia e delle finanze alle pertinenti unità di voto dei relativi stati di previsione.

44 Fondo per le emergenze nazionali. (Articolo 5, legge 225/1992) (1)

1. Per gli interventi conseguenti agli eventi di cui all'articolo 7, comma 1, lettera *c*), relativamente ai quali il Consiglio dei ministri delibera la dichiarazione dello stato di emergenza di rilievo nazionale, si provvede con l'utilizzo delle risorse del Fondo per le emergenze nazionali, istituito presso la Presidenza del Consiglio dei ministri - Dipartimento della protezione civile.

2. Sul conto finanziario della Presidenza del Consiglio dei ministri, al termine di ciascun anno, dovranno essere evidenziati, in apposito allegato, gli utilizzi delle risorse finanziarie del « Fondo per le emergenze nazionali ».

(1) *V. l'art. 1, comma 4-*ter, *d.l. 17 ottobre 2016, n. 189, conv., con modif., in l. 15 dicembre 2016, n. 229, inserito dall'art. 1, comma 988, lett.* b), *l. 30 dicembre 2018, n. 145, che così dispone: « 4-*ter. *Lo stato di emergenza di cui al comma 4-*bis *è prorogato fino al 31 dicembre 2019; a tale fine il Fondo per le emergenze nazionali previsto dall'articolo 44 del codice della protezione civile, di cui al decreto legislativo 2 gennaio 2018, n. 1, è incrementato di 360 milioni di euro per l'anno 2019 ».*

V., da ultimo, l'articolo 57-quinques, comma 2, del d.l. 26 ottobre 2019, n. 124, convertito con modificazioni dalla legge 19 dicembre 2019, n. 157, per cui il fondo di cui al presente comma, è incrementato di 40 milioni di euro per l'anno 2019.

45 Fondo regionale di protezione civile. (Articolo 138, commi 16 e 17, legge 388/2000; Articolo 19-*sexies*, comma 1, decreto-legge 266/2004, n. 266, conv. legge 306/2004)

1. Il « Fondo regionale di protezione civile », iscritto nel bilancio autonomo della Presidenza del Consiglio dei ministri, contribuisce al potenziamento del sistema di protezione civile delle Regioni e degli Enti locali, e concorre agli interventi diretti a fronteggiare esigenze urgenti conseguenti alle emergenze di cui all'articolo 7, comma 1, lettera *b*).

2. Con apposito decreto del Presidente del Consiglio dei ministri, d'intesa con la Conferenza unificata, vengono disciplinati i criteri di riparto e le modalità di trasferimento delle risorse da destinare a ciascuna Regione, nonché le relative attività di monitoraggio.

46 Strumenti organizzativi per la realizzazione delle attività di protezione civile. (Articolo 3-*bis*, legge 225/1992)

1. Le componenti e strutture operative del Servizio nazionale promuovono la crescita professionale specialistica del personale e degli operatori del Servizio medesimo, con particolare riguardo all'esercizio delle funzioni di presidio delle sale operative e della rete dei centri funzionali.

47-50 (*Omissis*).

88. Decreto legge 8 settembre 2021, n. 120, convertito, con modificazioni, in legge 8 novembre 2021, n. 155. — Disposizioni per il contrasto degli incendi boschivi e altre misure urgenti di protezione civile. (*estratto*).

Pubblicato nella Gazzetta Ufficiale n. 216 del 9 settembre 2021; la legge di conversione è stata pubblicata nella Gazzetta Ufficiale n. 266 dell'8 novembre 2021.

1 Misure urgenti per il rafforzamento del coordinamento, l'aggiornamento tecnologico e l'accrescimento della capacità operativa nelle azioni di previsione, prevenzione e lotta attiva contro gli incendi boschivi nonché per promuovere gli investimenti di messa in sicurezza del territorio.

1. Il Dipartimento della protezione civile della Presidenza del Consiglio dei ministri provvede, con cadenza triennale, alla ricognizione e valutazione:

a) delle tecnologie, anche satellitari, idonee all'integrazione dei sistemi previsionali, nonché di sorveglianza, monitoraggio e rilevamento dell'ambiente, che possono essere utilmente impiegati per il miglioramento degli strumenti di previsione, prevenzione e lotta attiva contro gli incendi boschivi, in particolare per il bollettino di suscettività all'innesco degli incendi boschivi emanato dal Dipartimento, alla revisione della cui disciplina si provvede con apposita direttiva da adottare ai sensi di quanto previsto dall'articolo 15 del codice della protezione civile, di cui al decreto legislativo 2 gennaio 2018, n. 1, e sulla cui base il Dipartimento medesimo provvede alla rimodulazione del dispiegamento dei mezzi aerei della flotta statale, con facoltà per le Regioni e le Province autonome di Trento e di Bolzano, per il Corpo Nazionale dei Vigili del Fuoco e per il Comando unità forestali, ambientali e agroalimentari dell'Arma dei Carabinieri di rimodulare il dispiegamento preventivo dei propri mezzi e delle proprie squadre terrestri;

b) delle esigenze di potenziamento di mezzi aerei ad ala fissa e rotante e del connesso impiego di mezzi aerei a pilotaggio remoto, ai fini del consolidamento e rafforzamento della capacità di concorso statale alle attività di previsione, prevenzione e lotta attiva contro gli incendi boschivi, anche nel quadro di una possibile strategia comune dell'Unione europea;

b-bis) delle esigenze di potenziamento delle strutture di aviosuperfici, elisuperfici e idrosuperfici, ivi incluse misure di semplificazione del sistema autorizzativo per consentirne l'adeguato funzionamento, strettamente connesse al consolidamento delle attività di gestione, previsione, prevenzione e lotta attiva contro gli incendi boschivi, ivi comprese le strutture direttamente correlate, quali distributori di carburanti, hangar e officine, piste di decollo e atterraggio, impianti idrici incluse le vasche di raccolta dell'acqua, fatte salve le procedure di prevenzione degli incendi previste dal regolamento di cui al decreto del Presidente della Repubblica 1° agosto 2011, n. 151;

c) delle esigenze di potenziamento delle flotte aeree delle regioni e delle infrastrutture a loro supporto, di mezzi terrestri, attrezzature, strumentazioni e dispositivi di protezione individuale, ai fini del consolidamento e rafforzamento della capacità di lotta attiva contro gli incendi boschivi da parte del Corpo Nazionale dei Vigili del Fuoco, delle Regioni e delle province autonome di Trento e di Bolzano e del volontariato organizzato di protezione civile qualificato per le predette attività di lotta attiva;

d) delle esigenze di formazione del personale addetto alle attività contro gli incendi boschivi, comprese le attività di messa in salvo degli animali coinvolti.

2. Il Dipartimento della protezione civile della Presidenza del Consiglio dei ministri provvede alla ricognizione e valutazione di cui al comma 1 avvalendosi di un Comitato tecnico, costituito con decreto del Capo del Dipartimento medesimo, del quale fanno parte qualificati rappresentanti dei Ministeri dell'interno, della difesa, delle infrastrutture e della mobilità sostenibili, dell'economia e delle finanze, della transizione ecologica, delle politiche agricole alimentari e forestali e della cultura, del Dipartimento per la trasformazione digitale e del Dipartimento per gli affari regionali e le autonomie della Presidenza del Consiglio dei ministri, della struttura della Presidenza del Consiglio dei ministri che esercita le funzioni di cui all'articolo 18-bis, comma 1, del decreto-legge 9 febbraio 2017, n. 8, convertito, con modificazioni, dalla legge 7 aprile 2017, n. 45, del Corpo Nazionale dei Vigili del Fuoco, del Comando unità forestali, ambientali e agroalimentari dell'Arma dei Carabinieri, delle Regioni e Province autonome di Trento e di Bolzano e dei Comuni designati dalla Conferenza Unificata di cui all'articolo 8 del decreto legislativo 28 agosto 1997, n. 281. Per lo svolgimento delle attività di cui al comma 1, il Comitato tecnico può avvalersi, in qualità di esperti, ai quali non spettano compensi, indennità o emolumenti comunque denominati, anche dei rappresentanti dei centri di competenza di cui all'articolo 21 del codice di cui al decreto legislativo 2 gennaio 2018, n. 1, che dispongono di conoscenze utili alle predette attività, delle associazioni con finalità di protezione degli animali che hanno sottoscritto un protocollo d'intesa con il Dipartimento della protezione civile, del Sistema nazionale a rete per la protezione dell'ambiente, del Consiglio dell'Ordine nazionale dei dottori agronomi e dei dottori forestali, del Consiglio nazionale dell'Ordine dei geologi, degli enti no profit impegnati nell'attività di protezione civile e antincendio boschivo iscritti nel Registro unico nazionale del Terzo settore previsto dal codice di cui al decreto legislativo 3 luglio 2017, n. 117, e delle organizzazioni di rappresentanza delle imprese agricole. La partecipazione al Comitato tecnico è assicurata dai diversi componenti designati nell'ambito dei propri compiti istituzionali, senza nuovi o maggiori oneri per la finanza pubblica. Ai componenti del Comitato tecnico non sono corrisposti compensi, gettoni di presenza, rimborsi di spese o altri emolumenti comunque denominati.

3. Con decreto del Presidente del Consiglio dei ministri, da adottare di concerto con i Ministri dell'interno, della difesa, dell'economia e delle finanze, per l'innovazione tecnologica e la transizione digitale, per il Sud e la coesione territoriale, della transizione ecologica, dell'università e della ricerca, delle politiche agricole alimentari e forestali e per gli affari regionali e le autonomie, previa intesa in sede di Conferenza Unificata di cui all'articolo 8 del decreto legislativo 28 agosto 1997, n. 281, è approvato il Piano nazionale di coordinamento per l'aggiornamento tecnologico e l'accrescimento della capacità operativa nelle azioni di previsione, prevenzione e lotta attiva contro gli incendi boschivi, di seguito Piano nazionale, redatto sulla base degli esiti della ricognizione e valutazione di cui ai commi 1 e 2. Alla realizzazione del Piano nazionale si provvede nell'ambito delle risorse umane e finanziarie disponibili a legislazione vigente. Il Piano nazionale ha validità triennale e può essere aggiornato annualmente a seguito delle eventuali modifiche ai relativi stanziamenti. Il Ministro per gli affari regionali e le autonomie, entro il 30 aprile di ciascun anno, convoca la Conferenza unificata di cui all'articolo 8 del decreto legislativo 28 agosto 1997, n. 281, per il confronto sullo stato di aggiornamento dei piani regionali previsti dall'articolo 3 della legge 21 novembre 2000, n. 353, nonché dei connessi adempimenti dei Comuni. Nell'ambito delle risorse stanziate il Piano nazionale può prevedere altresì la destinazione di somme al fine di finanziare un sistema di incentivi premiali proporzionali ai risultati conseguiti da soggetti pubblici o privati qualora nei territori ad alto rischio individuati dal piano regionale ai sensi dell'articolo 3, comma 3, lettera *c*), della legge 21 novembre 2000, n. 353, sia accertata una diminuzione significativa delle aree percorse da incendi.

4. In fase di prima applicazione, ai fini dell'adozione di un primo Piano nazionale previa intesa in sede di Conferenza unificata di cui all'articolo 8 del decreto legislativo 28 agosto 1997, n. 281, entro il 10 ottobre 2021 il Dipartimento della protezione civile della Presidenza del Consiglio dei ministri provvede alla ricognizione delle più urgenti necessità di cui al comma 1 e, per l'attività prevista dal comma 2, si avvale del Tavolo tecnico interistituzionale per il monitoraggio del settore antincendio boschivo e la proposizione di soluzioni operative costituito con decreto del Capo del Dipartimento della protezione civile del 10 aprile 2018, integrandolo, ove necessario, con ulteriori esperti segnalati dalle Amministrazioni centrali componenti del Comitato tecnico. La partecipazione al Tavolo tecnico interistituzionale avviene senza nuovi o maggiori oneri per la finanza pubblica. Agli esperti segnalati dalle Amministrazioni centrali non sono corrisposti compensi, gettoni di presenza, rimborsi di spese o altri emolumenti comunque denominati.

4-*bis*. In attuazione del Piano nazionale di cui al comma 3, con direttiva adottata ai sensi dell'articolo 15 del codice di cui al decreto legislativo 2 gennaio 2018, n. 1, elaborata sulla base della proposta tecnica condivisa tra il Dipartimento della protezione civile della Presidenza del Consiglio dei ministri, il Ministero delle infrastrutture e della mobilità sostenibili e il Ministero dell'interno allo scopo di potenziare la capacità di risposta operativa nelle attività aeree di lotta attiva contro gli incendi boschivi a livello nazionale, sono emanati indirizzi e definite procedure operative e di coordinamento, denominate Sistema aereo di vigilanza antincendio (SAVA), volte ad agevolare l'integrazione nel dispositivo operativo nazionale degli aeroporti nazionali, delle aviosuperfici, delle elisuperfici e delle idrosuperfici. La direttiva tiene, altresì, conto degli esiti della ricognizione effettuata ai sensi della lettera *b-bis*) del comma 1, anche in relazione alle procedure autorizzative.

4-*ter*. Nell'ambito delle azioni individuate nei piani regionali per la programmazione delle attività di previsione, prevenzione e lotta attiva contro gli incendi boschivi ai sensi dell'articolo 3, comma 3, lettere *g*) e *h*), della legge 21 novembre 2000, n. 353, le regioni e le province autonome di Trento e di Bolzano possono stipulare convenzioni con gli Avio club e gli Aero club locali, allo scopo di integrare nei rispettivi dispositivi operativi gli apparecchi per il volo da diporto o sportivo (VDS) di cui alla legge 25 marzo 1985, n. 106, nell'ambito delle risorse finanziarie disponibili nei propri bilanci e destinate alle attività di previsione, prevenzione e lotta attiva contro gli incendi boschivi, attribuendo funzioni di concorso compatibili con le esigenze degli altri operatori.

4-*quater*. Con uno o più decreti del Presidente del Consiglio dei ministri, da adottare entro centottanta giorni dalla data di entrata in vigore della legge di conversione del presente decreto, di concerto con i Ministri dell'interno, della difesa, dell'economia e delle finanze e delle infrastrutture e della mobilità sostenibili, ai fini del potenziamento delle aviosuperfici, delle elisuperfici e delle idrosuperfici, sono individuate, fatti salvi le procedure di prevenzione degli incendi previste dal regolamento di cui al decreto del Presidente della Repubblica 1° agosto 2011, n. 151, e il rispetto delle norme dell'Unione europea e della normativa in materia ambientale e paesaggistica, misure di semplificazione, anche derogatorie ove applicabili, delle autorizzazioni relative alle strutture direttamente connesse, quali distributori di carburanti, hangar e officine, piste di decollo e atterraggio esistenti, esclusivamente ai fini dell'adeguamento di queste, nonché impianti idrici incluse le vasche di raccolta dell'acqua.

4-*quinquies*. Al fine di garantire la sicurezza e l'incolumità dei territori, promuovendo investimenti di messa in sicurezza delle aree a rischio idrogeologico, di strade, ponti e viadotti, nonché di messa in sicurezza ed efficientamento energetico degli edifici, il termine di cui al comma 140 dell'articolo 1 della legge 30 dicembre 2018, n. 145, è prorogato al 15 febbraio 2022, limitatamente ai contributi riferiti all'anno 2022. Conseguentemente, il termine di cui al comma 141 dell'articolo 1 della legge 30 dicembre 2018, n. 145, è prorogato al 28 febbraio 2022.

1-*bis* Misure per l'incremento dell'operatività e della funzionalità del Corpo nazionale dei vigili del fuoco.

1. Al fine di assicurare la pronta operatività, la funzionalità e l'efficienza del dispositivo di soccorso del Corpo nazionale dei vigili del fuoco anche in relazione all'esigenza di rafforzare il sistema di lotta attiva contro gli incendi boschivi, in deroga a quanto previsto dall'articolo 12, comma 1, del decreto legislativo 13 ottobre 2005, n. 217, la durata del corso di formazione della procedura concorsuale per l'accesso al ruolo dei capi squadra e capi reparto con decorrenza dal 1° gennaio 2020, per un numero di posti corrispondente a quelli vacanti al 31 dicembre 2019, è ridotta, in via eccezionale, a cinque settimane.

2. Agli oneri di cui al comma 1, pari a euro 230.718, si provvede a valere sulle disponibilità degli stanziamenti di bilancio del Ministero dell'interno a legislazione vigente.

1-*ter* Misure per le assunzioni previste per il Corpo nazionale dei vigili del fuoco.

1. In merito alle assunzioni previste per il Corpo nazionale dei vigili del fuoco, la validità della graduatoria del concorso pubblico a 250 posti nella qualifica di vigile del fuoco del Corpo nazionale dei vigili del fuoco, approvata con decreto del Ministero dell'interno n. 237 del 14 novembre 2018, è prorogata fino al 31 dicembre 2022

2 Misure urgenti per il rafforzamento della capacità operativa delle componenti statali nelle attività di prevenzione e lotta attiva contro gli incendi boschivi.

1. Per il rafforzamento urgente della capacità operativa delle componenti statali nelle attività di prevenzione e lotta attiva contro gli incendi boschivi, il Ministero dell'interno, per le esigenze del Corpo nazionale dei Vigili del fuoco, e il Ministero della difesa, per le esigenze delle Forze armate e, in particolare, del Comando unità forestali, ambientali e agroalimentari dell'Arma dei Carabinieri, sono autorizzati all'acquisizione di mezzi operativi, terrestri e aerei, e di attrezzature per la lotta attiva agli incendi boschivi, ulteriori rispetto alla vigente programmazione entro il limite complessivo di euro 40 milioni, quanto a euro 33.300.000,00 per le esigenze del Ministero dell'interno, a euro 2.100.000,00 per le esigenze del Ministero della difesa e a euro 4.600.000,00 per le esigenze del Comando unità forestali, ambientali e agroalimentari dell'Arma dei Carabinieri.

2. Le attività di cui al presente articolo sono realizzate mediante il pagamento delle relative spese entro il termine del 31 dicembre 2021.

3. Il Dipartimento della protezione civile della Presidenza del Consiglio dei ministri assicura il monitoraggio delle attività di cui al presente articolo anche ai fini del relativo coordinamento con le misure previste nel Piano nazionale di cui all'articolo 1.

4. Agli oneri derivanti dal presente articolo pari a 40 milioni di euro per l'anno 2021, si provvede mediante corrispondente riduzione dell'autorizzazione di spesa di cui all'articolo 120, comma 6, del decreto-legge 19 maggio 2020, n. 34, convertito, con modificazioni, dalla legge 17 luglio 2020, n. 77.

3 Misure per l'accelerazione dell'aggiornamento del catasto dei soprassuoli percorsi dal fuoco.

1. Il Comando unità forestali, ambientali e agroalimentari dell'Arma dei carabinieri e i Corpi forestali delle regioni a statuto speciale e delle province autonome di Trento e di Bolzano, entro quarantacinque giorni dall'estinzione dell'incendio, provvedono a rilevare le aree percorse dal fuoco e a rendere disponibili i conseguenti aggiornamenti non oltre il 1° aprile di ogni anno alle regioni e ai comuni interessati su apposito supporto digitale. Gli aggiornamenti sono contestualmente pubblicati in apposita sezione nei rispettivi siti internet istituzionali e comportano, limitatamente ai nuovi soprassuoli percorsi dal fuoco rilevati, l'immediata e provvisoria applicazione delle misure previste dall'articolo 10, comma 1, della legge 21 novembre 2000, n. 353, fino all'attuazione, da parte dei comuni interessati, degli adempimenti previsti dal comma 2 del citato articolo 10. Il termine di applicazione dei relativi divieti decorre dalla data di pubblicazione degli aggiornamenti nei siti internet istituzionali.

2. Nel periodo di provvisoria applicazione delle misure di cui all'articolo 10, comma 1, della legge 21 novembre 2000, n. 353, previsto dal comma 1 del presente articolo, si applicano le disposizioni e le sanzioni previste dai commi 3, 5, 6 e 7 del medesimo articolo 10.

3. Con legge regionale sono disposte le misure per l'attuazione delle azioni sostitutive in caso di inerzia dei comuni nella pubblicazione degli elenchi definitivi dei soprassuoli percorsi dal fuoco nel quinquennio precedente e delle relative perimetrazioni di cui all'articolo 10, comma 2, della legge 21 novembre 2000, n. 353. Fino all'entrata in vigore delle predette normative regionali, gli elenchi definitivi dei soprassuoli percorsi dal fuoco nel quinquennio precedente e delle relative perimetrazioni di cui all'articolo 10, comma 2, della legge 21 novembre 2000, n. 353, qualora non siano approvati dai comuni entro il termine di novanta giorni complessivamente previsti dalla data di approvazione della revisione annuale del piano regionale di previsione, prevenzione e lotta attiva contro gli incendi boschivi di cui all'articolo 3 della medesima legge n. 353 del 2000, sono adottati in via sostitutiva dalle Regioni. A tal fine la pubblicazione finalizzata all'acquisizione di eventuali osservazioni è effettuata nel sito internet istituzionale della Regione e si applicano i medesimi termini previsti dal quarto e dal quinto periodo del medesimo articolo 10, comma 2.

4. Il Comando unità forestali, ambientali e agroalimentari dell'Arma dei Carabinieri e i Corpi Forestali delle Regioni a statuto speciale e delle province autonome di Trento e di Bolzano assicurano il monitoraggio degli adempimenti previsti dall'articolo 10, comma 2, della legge 21 novembre 2000, n. 353, e ne comunicano gli esiti alle Regioni, ai fini della tempestiva attivazione dei poteri sostitutivi di cui al comma 3 del presente articolo, e ai Prefetti territorialmente competenti.

5. Le amministrazioni interessate provvedono all'attuazione del presente articolo con le risorse umane, finanziarie e strumentali disponibili a legislazione vigente, senza nuovi o maggiori oneri a carico della finanza pubblica.

4 Misure per il rafforzamento delle attività di previsione e prevenzione degli incendi boschivi.

1. Le revisioni annuali dei piani regionali previsti dall'articolo 3 della legge 21 novembre 2000, n. 353, sono trasmesse al Dipartimento della protezione civile della Presidenza del Consiglio dei ministri entro trenta giorni dalla approvazione adozione, ai fini della loro lettura sinottica da parte del Comitato tecnico di cui all'articolo 1, comma 2, del presente decreto che, al riguardo, si esprime in forma non vincolante ai fini del più efficace conseguimento degli obiettivi di prevenzione stabiliti dalla legislazione vigente, ferma restando la competenza delle regioni per l'approvazione dei piani come previsto dall'articolo 3 della legge 21 novembre 2000, n. 353, anche in relazione agli interventi e alle opere di prevenzione, alle convenzioni che le Regioni e le Province autonome di Trento e di Bolzano possono stipulare con il Corpo Nazionale dei Vigili del Fuoco ai sensi dell'accordo-quadro tra il Governo e le Regioni in materia di previsione, prevenzione e lotta attiva contro gli incendi boschivi del 4 maggio 2017, pubblicato nella Gazzetta Ufficiale della Repubblica Italiana n. 136 del 14 giugno 2017, e all'impiego del volontariato organizzato di protezione civile specificamente qualificato.

1-*bis*. Ai fini delle successive revisioni annuali dei piani regionali, le regioni possono adeguare i propri piani sulla base di quanto espresso dal Comitato tecnico di cui all'articolo 1, comma 2.

2. Nell'ambito della strategia nazionale per lo sviluppo delle aree interne del Paese (SNAI), una quota delle risorse non impegnate di cui all'articolo 1, comma 314, della legge 27 dicembre 2019, n. 160, a valere sul Fondo di rotazione di cui alla legge 16 aprile 1987, n. 183, pari a 20 milioni di euro per l'anno 2021 e a 40 milioni di euro per ciascuno degli anni 2022 e 2023, è destinata al finanziamento in favore degli enti territoriali di interventi volti a prevenire gli incendi boschivi nelle aree interne del Paese in cui il rischio di incendio è elevato, anche con riguardo alle aree naturali protette di cui all'articolo 8 della legge 21 novembre 2000, n. 353, tenendo conto di quanto previsto dalle classificazioni di carattere regionale elaborate nell'ambito dei piani contro gli incendi boschivi approvati dalle regioni, ai sensi dell'articolo 3 della legge 21 novembre 2000, n. 353, e nel rispetto delle competenze previste dall'articolo 4, comma 5, della medesima legge. Gli interventi di cui al presente comma sono realizzati anche al fine di dare concreta attuazione a quanto previsto dai piani contro gli incendi boschivi approvati dalle regioni, e sono informati al principio di valorizzazione e

tutela del patrimonio boschivo attraverso azioni e misure volte, tra l'altro, a contrastare l'abbandono di attività di cura del bosco, prevedere postazioni di atterraggio dei mezzi di soccorso, realizzare infrastrutture, quali vasche di rifornimento idrico, utili ad accelerare gli interventi di spegnimento degli incendi, vie di accesso e tracciati spartifuoco, atti, altresì, a consentire il passaggio dei mezzi di spegnimento, nonché attività di pulizia e manutenzione delle aree periurbane, finalizzate alla prevenzione degli incendi. Gli interventi di cui al presente comma sono orientati al principio fondamentale di tutela degli ecosistemi e degli habitat. Al fine della realizzazione delle opere, l'approvazione del progetto definitivo, corredato di una relazione geologica sulle probabili conseguenze in termini di tenuta idrogeologica del suolo interessato da incendi boschivi, equivale a dichiarazione di pubblica utilità, indifferibilità ed urgenza dei lavori. L'istruttoria finalizzata all'individuazione degli interventi è effettuata a mezzo del coinvolgimento delle Regioni interessate, nell'ambito della procedura prevista in via generale per l'attuazione della SNAI. All'istruttoria partecipano anche il Dipartimento della protezione civile della Presidenza del Consiglio dei ministri in conformità a quanto previsto dall'articolo 8, comma 2, codice di cui al del decreto legislativo 2 gennaio 2018, n. 1, il Ministero delle politiche agricole alimentari e forestali, nonché il Ministero dell'interno - Corpo nazionale dei vigili del fuoco, il Ministero della transizione ecologica, in conformità a quanto previsto dall'articolo 8, comma 2, della legge 21 novembre 2000, n. 353, e il Comando unità forestali, ambientali e agroalimentari dell'Arma dei carabinieri, ai sensi dell'articolo 7, comma 2, lettera *g*), del decreto legislativo 19 agosto 2016, n. 177. Agli interventi da realizzare si applicano le procedure di speciale accelerazione e semplificazione di cui all'articolo 48 del decreto-legge 31 maggio 2021, n. 77, convertito, con modificazioni, dalla legge 29 luglio 2021, n. 108.

3. Tra gli enti territoriali beneficiari delle risorse di cui al comma 2, sono ricompresi anche i Comuni localizzati nelle Isole minori.

4. I Piani operativi nazionali approvati nell'ambito della programmazione dei fondi strutturali 2021/2027, finalizzati alla sicurezza dei territori e all'incolumità delle persone e degli animali, tengono conto dell'esigenza di dotare il Corpo nazionale dei Vigili del fuoco, le Forze armate e le forze dell'ordine, impegnate nella prevenzione e nello spegnimento degli incendi boschivi, di dispositivi di videosorveglianza utili alla rilevazione dei focolai, in particolare di droni dotati di sensori, di videocamere ottiche e a infrarossi nonché di radar, tenuto conto di quanto previsto dal comma 2-*ter* dell'articolo 4 della legge 21 novembre 2000, n. 353.

5 Modifiche al codice penale.

1. Al codice penale sono apportate le seguenti modificazioni;

a) all'articolo 32-*quater*, dopo le parole "416, 416-*bis*" sono inserite le seguenti: "423-*bis*, primo comma,";

a-bis) all'articolo 423-*bis*, primo comma, dopo la parola: "Chiunque" sono inserite le seguenti: ", al di fuori dei casi di uso legittimo delle tecniche di controfuoco e di fuoco prescritto,";

a-ter) all'articolo 423-*bis*, terzo comma, le parole: "su aree protette" sono sostituite dalle seguenti: "su aree o specie animali o vegetali protette o su animali domestici o di allevamento";

b) all'articolo 423-bis, dopo il quarto comma, sono aggiunti i seguenti:

« le pene previste dal presente articolo sono diminuite dalla metà a due terzi nei confronti di colui che si adopera per evitare che l'attività delittuosa venga portata a conseguenze ulteriori, ovvero, prima della dichiarazione di apertura del dibattimento di primo grado, provvede concretamente alla messa in sicurezza e, ove possibile, al ripristino dello stato dei luoghi.

Le pene previste dal presente articolo sono diminuite da un terzo alla metà nei confronti di colui che aiuta concretamente l'autorità di polizia o l'autorità giudiziaria nella ricostruzione del fatto, nell'individuazione degli autori o nella sottrazione di risorse rilevanti per la commissione dei delitti. »;

c) dopo l'articolo 423-*bis* sono inseriti i seguenti:

« Art. 423-*ter* (Pene accessorie). - Fermo quanto previsto dal secondo comma e dagli articoli 29 e 31, la condanna alla reclusione per un tempo non inferiore a due anni per il delitto di cui all'articolo 423-*bis*, primo comma, importa l'estinzione del rapporto di lavoro o di impiego nei confronti del dipendente di amministrazioni od enti pubblici ovvero di enti a prevalente partecipazione pubblica.

La condanna per il reato di cui all'articolo 423-*bis*, primo comma, importa altresì l'interdizione da cinque a dieci anni dall'assunzione di incarichi o dallo svolgimento di servizi nell'ambito della lotta attiva contro gli incedi boschivi.

Art. 423-*quater* (Confisca). - Nel caso di condanna o di applicazione della pena su richiesta delle parti, a norma dell'articolo 444 del codice di procedura penale, per il delitto previsto dall'articolo 423-*bis*, primo comma, è sempre ordinata la confisca dei beni che costituiscono il prodotto o il profitto del reato e delle cose che servirono a commettere il reato, salvo che appartengano a persone estranee al reato.

Quando, a seguito di condanna per il delitto previsto dall'articolo 423-*bis*, primo comma, è stata disposta la confisca dei beni che costituiscono il prodotto o il profitto del reato ed essa non è possibile, il giudice individua beni di valore equivalente di cui il condannato abbia anche indirettamente o per interposta persona la disponibilità e ne ordina la confisca.

I beni confiscati e i loro eventuali proventi sono messi nella disponibilità della pubblica amministrazione competente e vincolati all'uso per il ripristino dei luoghi.

La confisca non si applica nel caso in cui l'imputato abbia efficacemente provveduto al ripristino dello stato dei luoghi. ».

c-bis) all'articolo 425, numero 2), dopo le parole: "industriali o cantieri," sono inserite le seguenti: "su aziende agricole,".

7-*ter* Interventi delle regioni per il rimboschimento compensativo delle superfici bruciate.

1. Fermi restando i divieti e le prescrizioni previsti dalla legge, le regioni possono individuare, nell'ambito dello stesso bacino idrografico e limitatamente ai terreni di proprietà del demanio regionale, superfici nude ovvero terreni saldi da sottoporre a rimboschimento compensativo delle superfici bruciate.

2. Al fine di individuare i siti più idonei, le regioni possono avvalersi del contributo scientifico di università ed enti di ricerca utilizzando tutti i sistemi di rilevazione e analisi a disposizione di questi ultimi.

3. Dall'attuazione del presente articolo non devono derivare nuovi o maggiori oneri a carico della finanza pubblica. Le amministrazioni interessate provvedono all'attuazione dei compiti derivanti dal presente articolo con le risorse umane, strumentali e finanziarie disponibili a legislazione vigente.

CAPO V
CYBERSICUREZZA E GOLDEN POWER

89. Decreto legge 15 marzo 2012, n. 21, convertito, con modificazioni, in legge 11 maggio 2012, n. 56. — Norme in materia di poteri speciali sugli assetti societari nei settori della difesa e della sicurezza nazionale, nonché per le attività di rilevanza strategica nei settori dell'energia, dei trasporti e delle comunicazioni. (*estratto*).

Pubblicato nella Gazzetta Ufficiale n. 63 del 15 marzo 2012; la legge di conversione è stata pubblicata nella Gazzetta Ufficiale n. 111 dell'11 maggio 2012.

1 (1) Poteri speciali nei settori della difesa e della sicurezza nazionale.

1. Con uno o più decreti del Presidente del Consiglio dei Ministri, adottati su proposta, per i rispettivi ambiti di competenza, del Ministro della difesa o del Ministro dell'interno, di concerto con il Ministro dell'economia e delle finanze, il Ministro degli affari esteri, il Ministro dello sviluppo economico e, rispettivamente, con il Ministro dell'interno o con il Ministro della difesa, previa comunicazione alle Commissioni parlamentari competenti, entro novanta giorni dalla data di entrata in vigore della legge di conversione del presente decreto, sono individuate le attività di rilevanza strategica per il sistema di difesa e sicurezza nazionale, ivi incluse le attività strategiche chiave, in relazione alle quali con decreto del Presidente del Consiglio dei Ministri, adottato su conforme deliberazione del Consiglio dei Ministri, da trasmettere tempestivamente e per estratto (2) alle Commissioni parlamentari competenti possono essere esercitati i seguenti poteri speciali in caso di minaccia di grave pregiudizio per gli interessi essenziali della difesa e della sicurezza nazionale:

a) imposizione di specifiche condizioni relative alla sicurezza degli approvvigionamenti, alla sicurezza delle informazioni, ai trasferimenti tecnologici, al controllo delle esportazioni nel caso di acquisto, a qualsiasi titolo, di partecipazioni in imprese che svolgono attività di rilevanza strategica per il sistema di difesa e sicurezza nazionale;

b) veto all'adozione di delibere, atti od operazioni (3) dell'assemblea o degli organi di amministrazione di un'impresa di cui alla lettera *a*), che abbiano per effetto modifiche della titolarità, del controllo o della disponibilità degli attivi medesimi, compresi quelli (4) aventi ad oggetto la fusione o la scissione della società, il trasferimento dell'azienda o di rami di essa o di società controllate, il trasferimento all'estero della sede sociale, la modifica (5) dell'oggetto sociale, lo scioglimento della società, la modifica di clausole statutarie eventualmente adottate ai sensi dell'articolo 2351, terzo comma, del codice civile ovvero introdotte ai sensi dell'articolo 3, comma 1, del decreto-legge 31 maggio 1994, n. 332, convertito, con modificazioni, dalla legge 30 luglio 1994, n. 474, come da ultimo modificato dall'articolo 3 del presente decreto, le cessioni di diritti reali o di utilizzo relative a beni materiali o immateriali, l'assegnazione degli stessi a titolo di garanzia (4) o l'assunzione di vincoli che ne condizionino l'impiego, anche in ragione della sottoposizione dell'impresa a procedure concorsuali (6);

c) opposizione all'acquisto, a qualsiasi titolo, di partecipazioni in un'impresa di cui alla lettera *a*) da parte di un soggetto diverso dallo Stato italiano, enti pubblici italiani o soggetti da questi controllati, qualora l'acquirente venga a detenere, direttamente o indirettamente, anche attraverso acquisizioni successive, per interposta persona o tramite soggetti altrimenti collegati, un livello della partecipazione al capitale con diritto di voto in grado di compromettere nel caso specifico gli interessi della difesa e della sicurezza nazionale. A tale fine si considera altresì ricompresa la partecipazione detenuta da terzi con i quali l'acquirente ha stipulato uno dei patti di cui all'articolo 122 del testo unico delle disposizioni in materia di intermediazione finanziaria, di cui al decreto legislativo 24 febbraio 1998, n. 58, e successive modificazioni, ovvero di quelli di cui all'articolo 2341-*bis* del codice civile.

1-*bis*. I decreti di cui al comma 1 volti ad individuare le attività di rilevanza strategica per il sistema di difesa e di sicurezza nazionale stabiliscono la tipologia di atti o operazioni all'interno di un medesimo gruppo ai quali non si applica la disciplina di cui al presente articolo.

2. Al fine di valutare la minaccia di grave pregiudizio agli interessi essenziali della difesa e della sicurezza nazionale derivante dalle delibere, dagli atti o dalle operazioni (7) di cui alla lettera *b*) del comma 1, il Governo considera, tenendo conto dell'oggetto della delibera, dell'atto o dell'operazione, (8) la rilevanza strategica dei beni o delle imprese oggetto di trasferimento, l'idoneità dell'assetto risultante dalla delibera, dall'atto (9) o dall'operazione a garantire l'integrità del sistema di difesa e sicurezza nazionale, la sicurezza delle informazioni relative alla difesa militare, gli interessi internazionali dello Stato, la protezione del territorio nazionale, delle infrastrutture critiche e strategiche e delle frontiere, nonché gli elementi di cui al comma 3.

3. Al fine di valutare la minaccia di grave pregiudizio per gli interessi essenziali della difesa e della sicurezza nazionale, derivante dall'acquisto delle partecipazioni di cui alle lettere *a*) e *c*) del comma 1, il Governo, nel rispetto dei principi di proporzionalità e ragionevolezza, considera, alla luce della potenziale influenza dell'acquirente sulla società, anche in ragione della entità della partecipazione acquisita:

a) l'adeguatezza, tenuto conto anche delle modalità di finanziamento dell'acquisizione, della capacità economica, finanziaria, tecnica e organizzativa dell'acquirente nonché del progetto industriale, rispetto alla regolare prosecuzione delle attività, al mantenimento del patrimonio tecnologico, anche con riferimento alle attività strategiche chiave, alla sicurezza e alla continuità degli approvvigionamenti, oltre che alla corretta e puntuale esecuzione degli obblighi contrattuali assunti nei confronti di pubbliche amministrazioni, direttamente o indirettamente, dalla società le cui partecipazioni sono oggetto di acquisizione, con specifico riguardo ai rapporti relativi alla difesa nazionale, all'ordine pubblico e alla sicurezza nazionale;

b) l'esistenza, tenuto conto anche delle posizioni ufficiali dell'Unione europea, di motivi oggettivi che facciano ritenere possibile la sussistenza di legami fra l'acquirente e paesi terzi che non riconoscono i principi di democrazia o dello Stato di diritto, che non rispettano le norme del diritto internazionale o che hanno assunto comportamenti a rischio nei confronti della comunità internazionale, desunti dalla natura delle loro alleanze, o hanno rapporti con organizzazioni criminali o terroristiche o con soggetti ad esse comunque collegati.

3-*bis*. Qualora l'acquisto delle partecipazioni di cui al comma 1, lettere *a*) e *c*), sia effettuato da un soggetto esterno all'Unione europea, di cui all'articolo 2, comma 5-*bis*, il Governo può considerare altresì le seguenti circostanze:

a) che l'acquirente sia direttamente o indirettamente controllato dall'amministrazione pubblica, compresi organismi statali o forze armate, di un Paese non appartenente all'Unione europea, anche attraverso l'assetto proprietario o finanziamenti consistenti;

b) che l'acquirente sia già stato coinvolto in attività che incidono sulla sicurezza o sull'ordine pubblico in uno Stato membro dell'Unione europea;

c) che vi sia un grave rischio che l'acquirente intraprenda attività illegali o criminali (10).

4. Ai fini dell'esercizio del potere di veto di cui al comma 1, lettera *b*), salvo che l'operazione non sia in corso di valutazione o sia già stata valutata ai sensi del comma 5, (11) l'impresa notifica alla Presidenza del Consiglio dei Ministri una informativa completa sulla delibera, sull'atto o sull'operazione (12) da adottare in modo da consentire il tempestivo esercizio del potere di veto. Dalla notifica non deriva per la Presidenza del Consiglio dei Ministri né per l'impresa l'obbligo di notifica al pubblico ai sensi dell'articolo 114 del testo unico di cui al decreto legislativo 24 febbraio 1998, n. 58, e successive modificazioni. Entro quarantacinque (13) giorni dalla notifica il Presidente del Consiglio dei Ministri comunica l'eventuale veto. Qualora si renda necessario richiedere informazioni all'impresa, tale termine è sospeso, per una sola volta, fino al ricevimento delle informazioni richieste, che sono rese entro il termine di dieci giorni. Qualora si renda necessario formulare richieste istruttorie a soggetti terzi, il predetto termine di quarantacinque giorni è sospeso, per una sola volta, fino al ricevimento delle informazioni richieste, che sono rese entro il termine di venti giorni (14). Le richieste di informazioni e le richieste istruttorie a soggetti terzi (15) successive alla prima non sospendono i termini. In caso di incompletezza della notifica, il termine di quarantacinque giorni previsto dal presente comma decorre dal ricevimento delle informazioni o degli elementi che la integrano (16). Decorsi i predetti termini l'operazione può essere effettuata. Il potere di cui al presente comma è esercitato nella forma di imposizione di specifiche prescrizioni o condizioni ogniqualvolta ciò sia sufficiente ad assicurare la tutela degli interessi essenziali della difesa e della sicurezza nazionale. Le delibere o gli atti adottati in violazione del presente comma sono nulli. Il Governo può altresì ingiungere alla società e all'eventuale controparte di ripristinare a proprie spese la situazione anteriore. Salvo che il fatto costituisca reato, chiunque non osservi gli obblighi di cui al presente comma, ivi compresi quelli derivanti dal provvedimento di esercizio del potere di cui al comma 1, lettera *b*), eventualmente esercitato nella forma dell'imposizione di specifiche prescrizioni o condizioni, (17) è soggetto a una sanzione amministrativa pecuniaria fino al doppio del valore dell'operazione e comunque non inferiore all'uno per cento del fatturato cumulato realizzato dalle imprese coinvolte nell'ultimo esercizio per il quale sia stato approvato il bilancio.

5. Ai fini dell'eventuale esercizio dei poteri di cui al comma 1, lettere *a*) e *c*), chiunque acquisisce una partecipazione in imprese che svolgono attività di rilevanza strategica per il sistema di difesa e sicurezza nazionale, ove possibile congiuntamente alla società le cui partecipazioni sono oggetto dell'acquisto, notifica la stessa acquisizione (18) entro dieci giorni alla Presidenza del Consiglio dei Ministri, trasmettendo nel contempo le informazioni necessarie, comprensive di descrizione generale del progetto di acquisizione, dell'acquirente e del suo ambito di operatività, per le valutazioni di cui al comma 3. Nei casi in cui la notifica non sia effettuata congiuntamente da tutte le parti del

procedimento indicate al primo periodo, la società notificante trasmette, contestualmente alla notifica, una informativa, contenente gli elementi essenziali dell'operazione e della stessa notifica, alla società le cui partecipazioni sono oggetto dell'acquisto, al fine di consentirne la partecipazione al procedimento, fornendo prova della relativa ricezione (19). Nel caso in cui l'acquisizione abbia a oggetto azioni di una società ammessa alla negoziazione nei mercati regolamentati, la notifica deve essere effettuata qualora l'acquirente venga a detenere, a seguito dell'acquisizione, una partecipazione superiore alla soglia del 3 per cento (20), e sono successivamente notificate le acquisizioni che determinano il superamento delle soglie del (21) 5 per cento, 10 per cento, 15 per cento, 20 per cento, 25 per cento e 50 per cento (22). Nel caso in cui l'acquisizione abbia ad oggetto azioni o quote di una società non ammessa alla negoziazione nei mercati regolamentati, la notifica deve essere effettuata qualora l'acquirente venga a detenere, a seguito dell'acquisizione, una partecipazione superiore alle soglie indicate nel secondo periodo (23). Il potere di imporre specifiche condizioni di cui al comma 1, lettera *a*), o di opporsi all'acquisto ai sensi del comma 1, lettera *c*), è esercitato entro quarantacinque (24) giorni dalla data della notifica. Entro quindici giorni dalla notifica, la società acquisita può presentare memorie e documenti alla Presidenza del Consiglio dei Ministri (25). Qualora si renda necessario richiedere informazioni alle parti del procedimento (26), tale termine è sospeso, per una sola volta, fino al ricevimento delle informazioni richieste, che sono rese entro il termine di dieci giorni. Qualora si renda necessario formulare richieste istruttorie a soggetti terzi, il predetto termine di quarantacinque giorni è sospeso, per una sola volta, fino al ricevimento delle informazioni richieste, che sono rese entro il termine di venti giorni (27). Eventuali richieste di informazioni e richieste istruttorie a soggetti terzi (28) successive alla prima non sospendono i termini, decorsi i quali l'acquisto può essere effettuato. In caso di incompletezza della notifica, il termine di quarantacinque giorni previsto dal presente comma decorre dal ricevimento delle informazioni o degli elementi che la integrano (29). Fino alla notifica e, successivamente, comunque fino al decorso del termine per l'imposizione di condizioni o per l'esercizio del potere di opposizione, i diritti di voto e comunque quelli aventi contenuto diverso da quello patrimoniale, connessi alle azioni o quote (30) che rappresentano la partecipazione rilevante, sono sospesi. Qualora il potere sia esercitato nella forma dell'imposizione di condizioni di cui al comma 1, lettera *a*), in caso di eventuale inadempimento o violazione delle condizioni imposte all'acquirente, per tutto il periodo in cui perdura l'inadempimento o la violazione, i diritti di voto, o comunque i diritti aventi contenuto diverso da quello patrimoniale, connessi alle azioni o quote che rappresentano la partecipazione rilevante, sono sospesi. Le delibere eventualmente adottate con il voto determinante di tali azioni o quote, nonché le delibere o gli atti adottati con violazione o inadempimento delle condizioni imposte, sono nulli. La società acquirente e la società le cui partecipazioni sono oggetto dell'acquisto che non osservino le condizioni imposte sono altresì soggette (31), salvo che il fatto costituisca reato, a una sanzione amministrativa pecuniaria pari al doppio del valore dell'operazione e comunque non inferiore all'1 per cento del fatturato realizzato nell'ultimo esercizio per il quale sia stato approvato il bilancio. In caso di esercizio del potere di opposizione il cessionario non può esercitare i diritti di voto e comunque quelli aventi contenuto diverso da quello patrimoniale, connessi alle azioni o quote (32) che rappresentano la partecipazione rilevante, e dovrà cedere le stesse azioni o quote (32) entro un anno. In caso di mancata ottemperanza il tribunale, su richiesta della Presidenza del Consiglio dei Ministri, ordina la vendita delle suddette azioni o quote (33) secondo le procedure di cui all'articolo 2359-*ter* del codice civile. Le deliberazioni assembleari eventualmente adottate con il voto determinante di tali azioni o quote (34) sono nulle.

6. Nel caso in cui le attività di rilevanza strategica per il sistema di difesa e sicurezza nazionale, individuate con i decreti del Presidente del Consiglio dei Ministri di cui al comma 1, si riferiscono a società partecipate, direttamente o indirettamente, dal Ministero dell'economia e delle finanze, il Consiglio dei Ministri delibera, ai fini dell'esercizio dei poteri speciali di cui al medesimo comma, su proposta del Ministro dell'economia e delle finanze. Le notifiche di cui ai commi 4 e 5 sono immediatamente trasmesse dalla Presidenza del Consiglio dei Ministri al Ministero dell'economia e delle finanze.

7. I decreti di individuazione delle attività di rilevanza strategica per il sistema di difesa e di sicurezza nazionale di cui al comma 1 sono aggiornati almeno ogni tre anni.

8. Con regolamento, adottato ai sensi dell'articolo 17, comma 1, della legge 23 agosto 1988, n. 400, e successive modificazioni, previo parere delle Commissioni parlamentari competenti, su proposta del Ministro dell'economia e delle finanze, di concerto con il Ministro degli affari esteri, il Ministro dell'interno, il Ministro della difesa e il Ministro dello sviluppo economico, sono emanate disposizioni di attuazione del presente articolo, anche con riferimento alla definizione, nell'ambito delle risorse umane, strumentali e finanziarie disponibili a legislazione vigente e senza nuovi o maggiori oneri a carico del bilancio dello Stato, delle modalità organizzative per lo svolgimento delle attività propedeutiche all'esercizio dei poteri speciali previsti dal presente articolo. Il parere di cui al primo periodo è espresso entro il termine di venti giorni dalla data di trasmissione dello schema di regolamento alle Camere. Decorso tale termine, il regolamento può essere comunque adottato. Fino all'adozione del medesimo regolamento, le competenze inerenti alle proposte per l'esercizio dei poteri speciali, di cui al comma 1, e le attività conseguenti, di cui ai commi 4 e 5, sono attribuite al Ministero dell'economia e delle finanze per le società da esso partecipate, ovvero, per le altre società, al Ministero della difesa o al Ministero dell'interno, secondo i rispettivi ambiti di competenza.

8-*bis*. Salvo che il fatto costituisca reato e ferme le invalidità previste dalla legge, chiunque non osservi gli obblighi di notifica di cui al presente articolo è soggetto a una sanzione amministrativa pecuniaria fino al doppio del valore dell'operazione e comunque non inferiore all'uno per cento del fatturato cumulato realizzato dalle imprese coinvolte nell'ultimo esercizio per il quale sia stato approvato il bilancio. Nei casi di violazione degli obblighi di notifica di cui al presente articolo, anche in assenza della notifica di cui ai commi 4 e 5, la Presidenza del Consiglio dei ministri può avviare il procedimento ai fini dell'eventuale esercizio dei poteri di cui al comma 1, lettere *a*), *b*) e *c*) (35). A tale scopo, trovano applicazione i termini e le norme procedurali previsti dal presente articolo, nonché dal regolamento di cui al comma 8 (35). Il termine di quarantacinque giorni di cui ai commi 4 e 5 decorre dalla conclusione del procedimento di accertamento della violazione dell'obbligo di notifica (35) (36).

(1) *Il presente articolo era stato modificato dal d.l. 11 luglio 2019, n. 64, non convertito in legge nel termine di 60 giorni.*

(2) *Le parole* « tempestivamente e per estratto » *sono state sostituite alla parola* « contestualmente » *dall'art.* 4-bis, *comma 1, lett.* a), *n. 1 d.l. 21 settembre 2019, n. 105, conv., con modif., in l. 18 novembre 2019, n. 133. Ai sensi del successivo comma 2 dell'art.* 4-bis *d.l. n. 105, cit., tale disposizione si applica anche ai procedimenti in corso alla data di entrata in vigore della legge di conversione del suddetto decreto; i termini non ancora trascorsi alla medesima data, ferma restando la data di inizio del loro decorso, sono prorogati fino al raggiungimento della durata stabilita dal suddetto articolo, se maggiore di quella anteriormente prevista.*

(3) *Le parole* «, atti od operazioni » *sono state inserite dall'art.* 4-bis, *comma 1, lett.* a), *n. 2.1 d.l. n. 105, cit., con le disposizioni di applicazione di cui* sub *nota 2.*

(4) *Le parole* « che abbiano per effetto modifiche della titolarità, del controllo o della disponibilità degli attivi medesimi, compresi quelli » *e le parole* «, l'assegnazione degli stessi a titolo di garanzia » *sono state inserite dall'art. 24, comma 1, lett.* a), *d.l. 21 marzo 2022, n. 21, in corso di conversione in legge.*

(5) *Le parole* « la modifica » *sono state sostituite alle parole* « il mutamento » *dall'art.* 4-bis, *comma 1, lett.* a), *n. 2.2 d.l. n. 105, cit., con le disposizioni di applicazione di cui* sub *nota 2.*

(6) *Le parole* «, anche in ragione della sottoposizione dell'impresa a procedure concorsuali » *sono state aggiunte dall'art.* 4-bis, *comma 1, lett.* a), *n. 2.3 d.l. n. 105, cit., con le disposizioni di applicazione di cui* sub *nota 2.*

(7) *Le parole* «, dagli atti o dalle operazioni » *sono state inserite dall'art.* 4-bis, *comma 1, lett.* a), *n. 3.1 d.l. n. 105, cit., con le disposizioni di applicazione di cui* sub *nota 2.*

(8) *Le parole* « dell'atto o dell'operazione, » *sono state inserite dall'art.* 4-bis, *comma 1, lett.* a), *n. 3.2 d.l. n. 105, cit., con le disposizioni di applicazione di cui* sub *nota 2.*

(9) *Le parole* «, dall'atto » *sono state inserite dall'art.* 4-bis, *comma 1, lett.* a), *n. 3.3 d.l. n. 105, cit., con le disposizioni di applicazione di cui* sub *nota 2.*

(10) *Comma inserito dall'art.* 4-bis, *comma 1, lett.* a), *n. 4 d.l. n. 105, cit., con le disposizioni di applicazione di cui* sub *nota 2.*

(11) *Le parole* « salvo che l'operazione non sia in corso di valutazione o sia già stata valutata ai sensi del comma 5, » *sono state inserite dall'art. 24, comma 1, lett.* b), *d.l. n. 21, cit.*

(12) *Le parole* «, sull'atto o sull'operazione » *sono state sostituite alle parole* « o sull'atto » *dall'art.* 4-bis, *comma 1, lett.* a), *n. 5.1 d.l. n. 105, cit., con le disposizioni di applicazione di cui* sub *nota 2.*

(13) *La parola* « quarantacinque » *è stata sostituita alla parola* « quindici » *dall'art.* 4-bis, *comma 1, lett.* a), *n. 5.2 d.l. n. 105, cit., con le disposizioni di applicazione di cui* sub *nota 2.*

(14) *Periodo inserito dall'art.* 4-bis, *comma 1, lett.* a), *n. 5.3 d.l. n. 105, cit., con le disposizioni di applicazione di cui* sub *nota 2.*

(15) *Le parole* « e le richieste istruttorie a soggetti terzi » *sono state inserite dall'art.* 4-bis, *comma 1, lett.* a), *n. 5.4 d.l. n. 105, cit., con le disposizioni di applicazione di cui* sub *nota 2.*

(16) *Periodo inserito dall'art.* 4-bis, *comma 1, lett.* a), *n. 5.5 d.l. n. 105, cit., con le disposizioni di applicazione di cui* sub *nota 2.*

(17) *Le parole da* « gli obblighi di cui al presente comma, » *a* « di specifiche prescrizioni o condizioni, » *sono state sostituite alle parole* « le disposizioni di cui al presente comma » *dall'art.* 4-bis, *comma 1, lett.* a), *n. 5.6 d.l. n. 105, cit., con le disposizioni di applicazione di cui* sub *nota 2.*

(18) *Le parole* «, ove possibile congiuntamente alla società le cui partecipazioni sono oggetto dell'acquisto, notifica la stessa acquisizione » *sono state sostituite alle parole* « notifica l'acquisizione » *dall'art. 24, comma 1, lett.* c), *n. 1 d.l. n. 21, cit.*

(19) *Periodo inserito dall'art. 24, comma 1, lett.* c), *n. 2 d.l. n. 21, cit.*

(20) *Le parole* « del 3 per cento » *sono state sostituite alle parole* « prevista dall'articolo 120, comma 2, del testo unico di cui al decreto legislativo 24 febbraio 1998, n. 58, e successive modificazioni » *dall'art.* 4-bis, *comma 1, lett.* a), *n. 6.1 d.l. n. 105, cit., con le disposizioni di applicazione di cui* sub *nota 2.*

(21) *Le parole* « 3 per cento, » *che seguivano le parole* « delle soglie del » *sono state soppresse dall'art.* 4-bis, *comma 1, lett.* a), *n. 6.2 d.l. n. 105, cit., con le disposizioni di applicazione di cui* sub *nota 2.*

(22) *Le parole* « 20 per cento, 25 per cento e 50 per cento » *sono state sostituite alle parole* « 20 per cento e 25 per cento » *dall'art.* 4-bis, *comma 1, lett.* a), *n. 6.3 d.l. n. 105, cit., con le disposizioni di applicazione di cui* sub *nota 2.*

(23) *Periodo inserito dall'art.* 4-bis, *comma 1, lett.* a), *n. 6.4 d.l. n. 105, cit., con le disposizioni di applicazione di cui* sub *nota 2.*

(24) *La parola* « quarantacinque » *è stata sostituita alla parola* « quindici » *dall'art.* 4-bis, *comma 1, lett.* a), *n. 6.5 d.l. n. 105, cit., con le disposizioni di applicazione di cui* sub *nota 2.*

(25) *Periodo inserito dall'art. 24, comma 1, lett.* c), *n. 3 d.l. n. 21, cit.*

(26) *Le parole* « alle parti del procedimento » *sono state sostituite alle parole* « all'acquirente » *dall'art. 24, comma 1, lett.* c), *n. 4 d.l. n. 21, cit.*

(27) *Periodo inserito dall'art.* 4-bis, *comma 1, lett.* a), *n. 6.6 d.l. n. 105, cit., con le disposizioni di applicazione di cui* sub *nota 2.*

(28) *Le parole* « e richieste istruttorie a soggetti terzi » *sono state inserite dall'art.* 4-bis, *comma 1, lett.* a), *n. 6.7 d.l. n. 105, cit., con le disposizioni di applicazione di cui* sub *nota 2.*

(29) *Periodo inserito dall'art.* 4-bis, *comma 1, lett.* a), *n. 6.8 d.l. n. 105, cit., con le disposizioni di applicazione di cui* sub *nota 2.*

(30) *Le parole* « o quote » *sono state inserite dall'art.* 4-bis, *comma 1, lett.* a), *n. 6.9 d.l. n. 105, cit., con le disposizioni di applicazione di cui* sub *nota 2.*

(31) *Le parole* « La società acquirente e la società le cui partecipazioni sono oggetto dell'acquisto che non osservino le condizioni imposte sono altresì soggette » *sono state sostituite alle parole* « L'acquirente che non osservi le condizioni imposte è altresì soggetto » *dall'art. 24, comma 1, lett.* c), *n. 5 d.l. n. 21, cit.*

(32) *Le parole* « o quote » *sono state inserite dall'art.* 4-bis, *comma 1, lett.* a), *n. 6.10 d.l. n. 105, cit., con le disposizioni di applicazione di cui* sub *nota 2.*

(33) *Le parole* « o quote » *sono state inserite dall'art.* 4-bis, *comma 1, lett.* a), *n. 6.11 d.l. n. 105, cit., con le disposizioni di applicazione di cui* sub *nota 2.*

(34) *Le parole* « o quote » *sono state inserite dall'art.* 4-bis, *comma 1, lett.* a), *n. 6.12 d.l. n. 105, cit., con le disposizioni di applicazione di cui* sub *nota 2.*

(35) *Periodi aggiunti dall'art. 16, comma 1, lett.* a) *d.l. 8 aprile 2020, n. 23, conv., con modif., in l. 5 giugno 2020, n. 40.*

(36) *Comma aggiunto dall'art. 14, comma 1, lett.* a), *d.l. 16 ottobre 2017, n. 148, conv., con modif., in l. 4 dicembre 2017, n. 172.*

1-*bis* (1) Poteri speciali inerenti alle reti di telecomunicazione elettronica a banda larga con tecnologia 5G, basati sulla tecnologia cloud e altri attivi.

1. Ai fini dell'esercizio dei poteri speciali di cui al presente articolo, costituiscono attività di rilevanza strategica per il sistema di difesa e sicurezza nazionale i servizi di comunicazione elettronica a banda larga basati sulla tecnologia 5G. Ai medesimi fini di cui al presente articolo, ulteriori servizi, beni, rapporti, attività e tecnologie rilevanti ai fini della sicurezza cibernetica, ivi inclusi quelli relativi alla tecnologia cloud, possono essere individuati con uno o più decreti del Presidente del Consiglio dei ministri, di concerto con il Ministro dello sviluppo economico, il Ministro dell'interno, il Ministro della difesa, il Ministro degli affari esteri della cooperazione internazionale, il Ministro per l'innovazione tecnologica e la transizione digitale, e con gli altri Ministri competenti per settore, e sentita l'Agenzia per la cybersicurezza nazionale, anche in

deroga all'articolo 17 della legge 23 agosto 1988, n. 400, previo parere delle Commissioni parlamentari competenti, che è reso entro trenta giorni dalla data di trasmissione degli schemi di decreto, decorsi i quali i decreti sono adottati anche in mancanza di parere.

2. Fermi gli obblighi previsti ai sensi del decreto-legge 21 settembre 2019, n. 105, convertito, con modificazioni, dalla legge 18 novembre 2019, n. 133, le imprese che, anche attraverso contratti o accordi, intendano acquisire, a qualsiasi titolo, beni o servizi relativi alla progettazione, alla realizzazione, alla manutenzione e alla gestione delle attività di cui al comma 1, ovvero componenti ad alta intensità tecnologica funzionali alla predetta realizzazione o gestione, notificano, prima di procedere alla predetta acquisizione, alla Presidenza del Consiglio dei ministri un piano annuale nel quale sono contenuti: il settore interessato dalla notifica; dettagliati dati identificativi del soggetto notificante; il programma di acquisti; dettagliati dati identificativi dei relativi, anche potenziali, fornitori; dettagliata descrizione, comprensiva delle specifiche tecniche, dei beni, dei servizi e delle componenti ad alta intensità tecnologica funzionali alla progettazione, alla realizzazione, alla manutenzione e alla gestione delle attività di cui al comma 1; un'informativa completa sui contratti in corso e sulle prospettive di sviluppo della rete 5G, ovvero degli ulteriori sistemi e attivi di cui al comma 1; ogni ulteriore informazione funzionale a fornire un dettagliato quadro delle modalità di sviluppo dei sistemi di digitalizzazione del notificante, nonché dell'esatto adempimento alle condizioni e alle prescrizioni imposte a seguito di precedenti notifiche; un'informativa completa relativa alle eventuali comunicazioni effettuate ai sensi dell'articolo 1, comma 6, lettera *a*), del decreto-legge n. 105 del 2019, convertito, con modificazioni, dalla legge n. 133 del 2019, ai fini dello svolgimento delle verifiche di sicurezza da parte del Centro di valutazione e certificazione nazionale (CVCN), inclusiva dell'esito della valutazione, ove disponibile, e delle relative prescrizioni, qualora imposte. Con uno dei decreti di cui al comma 1, possono altresì essere individuati ulteriori contenuti del piano annuale, eventuali ulteriori criteri e modalità con cui procedere alla notifica del medesimo piano, oltre ad eventuali tipologie di attività escluse dall'obbligo di notifica, anche in considerazione delle ridotte dimensioni dell'operazione (2).

3. La notifica di cui di cui al comma 2 è trasmessa annualmente, prima di procedere all'attuazione del piano, salva la possibilità di aggiornare, previa notifica ai sensi del medesimo comma 2 alla Presidenza del Consiglio dei ministri, il piano medesimo in corso di anno, con cadenza quadrimestrale. Entro trenta giorni dalla notifica, con decreto del Presidente del Consiglio dei ministri, adottato su conforme delibera del Consiglio dei ministri, è approvato il piano annuale di cui al comma 2, previa eventuale imposizione di prescrizioni o condizioni, ovvero ne è negata l'approvazione con l'esercizio del potere di veto. Salvo diversa previsione nel decreto di approvazione del piano, rimane ferma l'efficacia dei decreti del Presidente del Consiglio dei ministri già adottati alla data di entrata in vigore del presente articolo. Se è necessario svolgere approfondimenti riguardanti aspetti tecnici anche relativi alla valutazione di possibili fattori di vulnerabilità, che potrebbero compromettere l'integrità e la sicurezza delle reti, dei dati che vi transitano o dei sistemi, il termine di trenta giorni di cui al secondo periodo può essere prorogato fino a venti giorni, prorogabile per una sola volta, di ulteriori venti giorni, in casi di particolare complessità. Se nel corso dell'istruttoria si rende necessario richiedere informazioni al notificante, tale termine è sospeso, per una sola volta, fino al ricevimento delle informazioni richieste, che sono rese entro il termine di dieci giorni. Se si rende necessario formulare richieste istruttorie a soggetti terzi, il predetto termine di trenta giorni è sospeso, per una sola volta, fino al ricevimento delle informazioni richieste, che sono rese entro il termine di venti giorni. Le richieste di informazioni al notificante e le richieste istruttorie a soggetti terzi successive alla prima non sospendono i termini. In caso di incompletezza della notifica, il termine di trenta giorni di cui al secondo periodo decorre dal ricevimento delle informazioni o degli elementi che la integrano. Decorsi i predetti termini, il piano si intende approvato.

4. I poteri speciali sono esercitati nella forma dell'imposizione di specifiche prescrizioni o condizioni ogniqualvolta ciò sia sufficiente ad assicurare la tutela degli interessi essenziali della difesa e della sicurezza nazionale. A tal fine, sono oggetto di valutazione anche gli elementi indicanti la presenza di fattori di vulnerabilità che potrebbero compromettere l'integrità e la sicurezza delle reti e dei dati che vi transitano, compresi quelli individuati sulla base dei principi e delle linee guida elaborati a livello internazionale e dall'Unione europea. Se le prescrizioni o condizioni non risultano sufficienti ad assicurare la tutela dei citati interessi, il Governo, tenendo conto dei contenuti del piano notificato, dell'obsolescenza, del costo e dei tempi di sostituzione degli apparati e dell'esigenza di non rallentare lo sviluppo della tecnologia 5G o di altre tecnologie nel Paese, nel rispetto dei principi di proporzionalità e adeguatezza, approva, in tutto o in parte, il piano per un periodo temporale, anche limitato, indicando un termine per l'eventuale sostituzione di determinati beni o servizi ovvero non approva il piano esercitando il potere di veto.

5. Salvo quanto previsto dal presente comma, se il soggetto notificante inizia l'esecuzione di contratti o accordi, successivi all'entrata in vigore del presente articolo, compresi nella notifica prima che sia decorso il termine per l'approvazione del piano, il Governo può ingiungere all'impresa, stabilendo il relativo termine, di ripristinare a proprie spese la situazione anteriore all'esecuzione del predetto contratto o accordo. Salvo che il fatto costituisca reato, chiunque non osserva gli obblighi di notifica di cui al presente articolo ovvero le disposizioni contenute nel provvedimento di esercizio dei poteri speciali è soggetto alla sanzione amministrativa pecuniaria fino al tre per cento del fatturato del soggetto tenuto alla notifica. I contratti eventualmente stipulati in violazione delle prescrizioni o delle condizioni contenute nel provvedimento di esercizio dei poteri speciali sono nulli. Il Governo può altresì ingiungere all'impresa, stabilendo il relativo termine, di ri-

pristinare a proprie spese la situazione anteriore alla violazione, applicando una sanzione amministrativa pecuniaria sino a un dodicesimo di quella prevista al periodo precedente per ogni mese di ritardo nell'adempimento, commisurata al ritardo. Analoga sanzione può essere applicata per il ritardo nell'adempimento dell'ingiunzione di cui al primo periodo. Nei casi di violazione degli obblighi di notifica di cui al presente articolo, anche in assenza della notifica, la Presidenza del Consiglio dei ministri può avviare d'ufficio il procedimento ai fini dell'eventuale esercizio dei poteri speciali. A tale scopo, trovano applicazione i termini e le norme procedurali previsti dal presente articolo. Il termine di trenta giorni di cui al comma 3 decorre dalla conclusione del procedimento di accertamento della violazione dell'obbligo di notifica.

6. Per l'esercizio dei poteri speciali di cui al presente articolo il gruppo di coordinamento per l'esercizio dei poteri speciali è composto dai rappresentanti della Presidenza del Consiglio dei ministri, del Ministero dello sviluppo economico, del Ministero dell'economia e delle finanze, del Ministero dell'interno, del Ministero della difesa, del Ministero degli affari esteri e della cooperazione internazionale, dal Ministro per l'innovazione tecnologica e la transizione digitale, ove previsto, nonché dai rappresentanti dell'Agenzia per la cybersicurezza nazionale. Il gruppo di coordinamento si avvale anche del Centro di valutazione e certificazione nazionale (CVCN) e delle articolazioni tecniche dei Ministeri dell'interno e della difesa, per le valutazioni tecniche della documentazione relativa al piano annuale di cui al comma 2, e ai suoi eventuali aggiornamenti, propedeutiche all'esercizio dei poteri speciali e relative ai beni e alle componenti ad alta intensità tecnologica funzionali alla progettazione, alla realizzazione, alla manutenzione e alla gestione delle attività di cui al comma 1 nonché ad altri possibili fattori di vulnerabilità che potrebbero compromettere l'integrità e la sicurezza delle reti, dei dati che vi transitano o dei sistemi.

7. Le attività di monitoraggio, tese alla verifica dell'osservanza delle prescrizioni e delle condizioni impartite con il provvedimento di esercizio dei poteri speciali, alla analisi della relativa adeguatezza e alla verifica dell'adozione di adeguate misure, anche tecnologiche, attuative delle medesime prescrizioni o condizioni sono svolte da un comitato composto da uno o più rappresentanti della Presidenza del Consiglio dei ministri, del Ministero dello sviluppo economico, del Ministero della difesa, del Ministero per l'innovazione tecnologica e la transizione digitale, o, se non nominato, della struttura della Presidenza del Consiglio dei ministri competente per l'innovazione tecnologica e la digitalizzazione, dell'Agenzia per la cybersicurezza nazionale. Per le attività di monitoraggio, il comitato si avvale anche del Centro di valutazione e certificazione nazionale (CVCN), e delle articolazioni tecniche dei Ministeri dell'interno e della difesa. Ai lavori del comitato di monitoraggio possono essere chiamati a partecipare altri rappresentanti dei Ministeri di cui al comma 6. Al fine del concreto esercizio delle attività di monitoraggio il soggetto interessato comunica con la periodicità indicata con il provvedimento di esercizio dei poteri speciali, ogni attività esecutiva posta in essere, ivi inclusa la stipulazione dei contratti ad essa riferiti, fornendo ogni opportuno dettaglio tecnico ed evidenziando le ragioni idonee ad assicurare la conformità della medesima al piano approvato ai sensi del comma 3. Il soggetto interessato trasmette altresì, una relazione periodica semestrale sulle attività in corso. È fatta salva la possibilità per il comitato di monitoraggio di disporre ispezioni e verifiche tecniche, anche con le modalità di cui all'articolo 2-bis, relativamente ai beni e alle componenti ad alta intensità tecnologica funzionali alla progettazione, alla realizzazione, alla manutenzione e alla gestione delle attività di cui al comma 1 nonché ad altri possibili fattori di vulnerabilità che potrebbero compromettere l'integrità e la sicurezza delle reti, dei dati che vi transitano o dei sistemi, oggetto del provvedimento di esercizio dei poteri speciali. L'inosservanza delle prescrizioni o delle condizioni contenute nel provvedimento di approvazione ovvero qualsiasi altra circostanza idonea a incidere sul provvedimento approvativo è segnalata al gruppo di coordinamento dell'esercizio dei poteri speciali di cui al comma 6, il quale può proporre al Consiglio dei ministri l'applicazione delle sanzioni previste dal comma 5, la revoca o la modifica del provvedimento autorizzativo e il divieto di esercizio delle attività funzionali alla progettazione, alla realizzazione, alla manutenzione e alla gestione delle attività di cui al comma 1.

8. Per le attività previste dal presente articolo ai componenti del gruppo di coordinamento di cui al comma 6 e a quelli del Comitato di monitoraggio di cui al comma 7 non spettano compensi, gettoni di presenza, rimborsi spese o altri emolumenti comunque denominati.

9. Con decreto del Presidente del Consiglio dei ministri, sentito il Gruppo di coordinamento costituito ai sensi del comma 6, anche in deroga all'articolo 17 della legge 23 agosto 1988, n. 400, possono essere individuate misure di semplificazione delle modalità di notifica, dei termini e delle procedure relativi all'istruttoria ai fini dell'eventuale esercizio dei poteri di cui al presente articolo.

(1) *Articolo così sostituito dall'art. 28, comma 1 d.l. 22 marzo 2022, n. 21, in corso di conversione in legge. Il testo dell'articolo, come da ultimo modificato dall'art. 16 d.l. 14 giugno 2021, n. 82, conv., con modif., in l. 4 agosto 2021, n. 109, era il seguente:* « Art. 1-*bis (Poteri speciali inerenti le reti di telecomunicazione elettronica a banda larga con tecnologia 5G)*. Costituiscono, ai fini dell'esercizio dei poteri di cui al comma 2, attività di rilevanza strategica per il sistema di difesa e sicurezza nazionale i servizi di comunicazione elettronica a banda larga basati sulla tecnologia 5G.

2. La stipula di contratti o accordi aventi ad oggetto l'acquisizione, a qualsiasi titolo, di beni o servizi relativi alla progettazione, alla realizzazione, alla manutenzione e alla gestione delle reti inerenti i servizi di cui al comma 1, ovvero l'acquisizione, a qualsiasi titolo, di componenti ad alta intensità tecnologica funzionali alla predetta realizzazione o gestione, quando posti in essere con soggetti esterni all'Unione europea, è soggetta alla notifica di cui al comma 3-*bis*, al fine dell'eventuale esercizio del potere di veto o dell'imposizione di specifiche prescrizioni o condizioni. A tal fine, sono oggetto di valutazione anche gli elementi indicanti la presenza di fattori di vulnerabilità che potrebbero compromettere l'integrità e la sicurezza delle reti e dei dati che vi transitano, compresi quelli individuati sulla base dei principi e delle linee guida elaborati a livello internazionale e dall'Unione europea.

2-*bis*. In sede di prima applicazione delle disposizioni di cui al comma 2, l'impresa notificante fornisce un'informativa completa sui contratti o accordi di cui al primo periodo del medesimo comma 2, conclusi prima del 26 marzo 2019 e che non sono in corso di esecuzione.

3. Per le finalità di cui ai commi 2 e 2-bis, per soggetto esterno all'Unione europea si intende il soggetto di cui all'articolo 2, comma 5-*bis*.

3-*bis*. Entro dieci giorni dalla conclusione di un contratto o accordo di cui al comma 2, l'impresa che ha acquisito, a qualsiasi titolo, i beni o i servizi di cui allo stesso comma notifica alla Presidenza del Consiglio dei ministri un'informativa completa, contenente anche la comunicazione del Centro di valutazione e certificazione nazionale (CVCN), relativa all'esito della valutazione e alle eventuali prescrizioni, in modo da consentire l'eventuale esercizio del potere di veto o l'imposizione di specifiche prescrizioni o condizioni. Qualora il contratto sia stato stipulato antecedentemente alla conclusione dei test imposti dal CVCN, il termine di cui al primo periodo decorre dalla comunicazione di esito positivo della valutazione effettuata dal CVCN. Entro trenta giorni dalla notifica, il Presidente del Consiglio dei ministri comunica l'eventuale veto ovvero l'imposizione di specifiche prescrizioni o condizioni. I poteri speciali sono esercitati nella forma dell'imposizione di specifiche prescrizioni o condizioni ogniqualvolta ciò sia sufficiente ad assicurare la tutela degli interessi essenziali della difesa e della sicurezza nazionale. Decorsi i predetti termini, i poteri speciali si intendono non esercitati. Qualora si renda necessario richiedere informazioni all'acquirente, tale termine è sospeso, per una sola volta, fino al ricevimento delle informazioni richieste, che sono rese entro il termine di dieci giorni. Qualora si renda necessario formulare richieste istruttorie a soggetti terzi, il predetto termine di trenta giorni è sospeso, per una sola volta, fino al ricevimento delle informazioni richieste, che sono rese entro il termine di venti giorni. Le richieste di informazioni e le richieste istruttorie a soggetti terzi successive alla prima non sospendono i termini. In caso di incompletezza della notifica, il termine di trenta giorni previsto dal presente comma decorre dal ricevimento delle informazioni o degli elementi che la integrano. Fermo restando quanto previsto in materia di sanzioni al presente comma, nel caso in cui l'impresa notificante abbia iniziato l'esecuzione del contratto o dell'accordo oggetto della notifica prima che sia decorso il termine per l'esercizio dei poteri speciali, ovvero abbia eseguito il contratto o accordo in violazione del decreto di esercizio dei poteri speciali, il Governo può ingiungere all'impresa di ripristinare a proprie spese la situazione anteriore. Salvo che il fatto costituisca reato, chiunque non osservi gli obblighi di notifica di cui al presente articolo ovvero le disposizioni contenute nel provvedimento di esercizio dei poteri speciali è soggetto alla sanzione amministrativa pecuniaria del pagamento di una somma fino al 150 per cento del valore dell'operazione e comunque non inferiore al 25 per cento del medesimo valore. Nei casi di violazione degli obblighi di notifica di cui al presente articolo, anche in assenza della notifica, la Presidenza del Consiglio dei ministri può avviare il procedimento ai fini dell'eventuale esercizio dei poteri speciali. A tale scopo, trovano applicazione i termini e le norme procedurali previsti dal presente comma. Il termine di trenta giorni di cui al presente comma decorre dalla conclusione del procedimento di accertamento della violazione dell'obbligo di notifica.

4. Con decreto del Presidente del Consiglio dei ministri, sentito il Gruppo di coordinamento costituito ai sensi dell'articolo 3 del decreto del Presidente del Consiglio dei ministri del 6 agosto 2014, possono essere individuate misure di semplificazione delle modalità di notifica, dei termini e delle procedure relativi all'istruttoria ai fini dell'eventuale esercizio dei poteri di cui al comma 2 ».

(2) *Ai sensi dell'art. 28, comma 2 d.l. n. 21, cit., « 2. In sede di prima applicazione, il piano di cui al comma 2 dell'articolo 1-*bis*, del citato decreto-legge n. 21 del 2012, convertito, con modificazioni, dalla legge n. 56 del 2012, modificato dal comma 1 del presente articolo, include altresì l'informativa completa sui contratti o sugli accordi relativi ai servizi di comunicazione elettronica a banda larga basati sulla tecnologia 5G già autorizzati. Ferma l'efficacia dei decreti del Presidente del Consiglio dei ministri già adottati ai sensi dell'articolo 1-*bis* del decreto-legge n. 21 del 2012, convertito, con modificazioni, dalla legge n. 56 del 2012, i procedimenti in corso alla data di entrata in vigore del presente decreto sono dichiarati estinti dal predetto gruppo di coordinamento e il relativo esame è effettuato in sede di valutazione del piano annuale, fermo restando quanto previsto dall'articolo 1-*bis*, commi 3 e 5, del decreto-legge n. 21 del 2012, convertito, con modificazioni, dalla legge n. 56 del 2012 ».*

2 (1) Poteri speciali inerenti agli attivi strategici nei settori dell'energia, dei trasporti e delle comunicazioni.

1. Con uno o più decreti del Presidente del Consiglio dei ministri, su proposta del Ministro dell'economia e delle finanze, del Ministro dello sviluppo economico e del Ministro delle infrastrutture e dei trasporti, di concerto con il Ministro dell'interno, con il Ministro degli affari esteri e della cooperazione internazionale e con i Ministri competenti per settore, adottati, anche in deroga all'articolo 17 della legge 23 agosto 1988, n. 400, previo parere delle Commissioni parlamentari competenti, che è reso entro trenta giorni, decorsi i quali i decreti possono comunque essere adottati, sono individuati le reti e gli impianti, ivi compresi quelli necessari ad assicurare l'approvvigionamento minimo e l'operatività dei servizi pubblici essenziali, i beni e i rapporti di rilevanza strategica per l'interesse nazionale nei settori dell'energia, dei trasporti e delle comunicazioni, nonché la tipologia di atti od operazioni all'interno di un medesimo gruppo ai quali non si applica la disciplina di cui al presente articolo. I decreti di cui al primo periodo sono adottati entro centoventi giorni dalla data di entrata in vigore della presente disposizione e sono aggiornati almeno ogni tre anni (2).

[1-*bis*. I pareri di cui al comma 1 e, nel caso di operazione posta in essere da un soggetto esterno all'Unione europea, 1-*ter* sono espressi entro il termine di venti giorni dalla data di trasmissione degli schemi di regolamento alle Camere. Decorso tale termine, i regolamenti possono essere comunque adottati. Qualora i pareri espressi dalle Commissioni parlamentari competenti rechino identico contenuto, il Governo, ove non intenda conformarvisi, trasmette nuovamente alle Camere lo schema di regolamento, indicandone le ragioni in un'apposita relazione. I pareri definitivi delle Commissioni competenti sono espressi entro il termine di venti giorni dalla data di trasmissione. Decorso tale termine, il regolamento può essere comunque adottato] (3).

1-*ter*. Con uno o più decreti del Presidente del Consiglio dei ministri, su proposta del Ministro dell'economia e delle finanze, del Ministro dello sviluppo economico e del Ministro delle infrastrutture e dei trasporti, di concerto con il Ministro dell'interno, con il Ministro della difesa, con il Ministro degli affari esteri e della cooperazione internazionale e con i Ministri competenti per settore, adottati anche in deroga all'articolo 17 della legge 23 agosto 1988, n. 400, previo parere delle Commissioni parlamentari competenti, che è reso entro trenta giorni, decorsi i quali i decreti possono comunque essere adottati, sono individuati, ai fini della verifica in ordine alla sussistenza di un pericolo per la sicurezza e l'ordine pubblico, compreso il possibile pregiudizio alla sicurezza e al funzionamento delle reti e degli impianti e alla continuità degli approvvigionamenti, i beni e i rapporti di rilevanza strategica per l'interesse nazionale, ulteriori rispetto a quelli individuati nei decreti di cui all'articolo 1, comma 1, e al comma 1 del presente articolo, nei settori di cui all'articolo 4, paragrafo 1, del regolamento (UE) 2019/452 del Parlamento europeo e del Consiglio, del 19 marzo

2019, nonché la tipologia di atti od operazioni all'interno di un medesimo gruppo ai quali non si applica la disciplina di cui al presente articolo. I decreti di cui al primo periodo sono adottati entro centoventi giorni dalla data di entrata in vigore della presente disposizione e sono aggiornati almeno ogni tre anni (4).

2. Qualsiasi delibera, atto o operazione, adottato da un'impresa (5) che detiene uno o più degli attivi individuati ai sensi del comma 1 (6), che abbia per effetto modifiche della titolarità, del controllo o della disponibilità degli attivi medesimi o il cambiamento della loro destinazione, comprese le delibere dell'assemblea o degli organi di amministrazione aventi ad oggetto la fusione o la scissione della società, il trasferimento all'estero della sede sociale, la modifica dell'oggetto sociale (7), lo scioglimento della società, la modifica di clausole statutarie eventualmente adottate ai sensi dell'articolo 2351, terzo comma, del codice civile ovvero introdotte ai sensi dell'articolo 3, comma 1, del decreto-legge 31 maggio 1994, n. 332, convertito, con modificazioni, dalla legge 30 luglio 1994, n. 474, come da ultimo modificato dall'articolo 3 del presente decreto, il trasferimento dell'azienda o di rami di essa in cui siano compresi detti attivi o l'assegnazione degli stessi a titolo di garanzia, è notificato, salvo che l'operazione sia già stata in corso di valutazione ai sensi del comma 5, (8) entro dieci giorni e comunque prima che vi sia data attuazione, alla Presidenza del Consiglio dei Ministri dalla stessa impresa (9). Sono notificate nei medesimi termini le delibere dell'assemblea o degli organi di amministrazione concernenti il trasferimento di società controllate che detengono i predetti attivi (10).

2-*bis*. Qualsiasi delibera, atto od operazione, adottato da un'impresa che detiene uno o più degli attivi individuati ai sensi del comma 1-*ter*, che abbia per effetto modifiche della titolarità, del controllo o della disponibilità degli attivi medesimi a favore di un soggetto esterno all'Unione europea, di cui al comma 5-*bis*, ovvero, nei settori individuati nel secondo periodo del comma 5, anche a favore di un soggetto appartenente all'Unione europea, ivi compresi quelli stabiliti o residenti in Italia, (11) comprese le delibere dell'assemblea o degli organi di amministrazione aventi ad oggetto la fusione o la scissione della società, il trasferimento dell'azienda o di rami di essa in cui siano compresi detti attivi o l'assegnazione degli stessi a titolo di garanzia, il trasferimento di società controllate che detengono i predetti attivi, ovvero che abbia per effetto il trasferimento della sede sociale in un Paese non appartenente all'Unione europea, è notificato, salvo che l'operazione sia già stata in corso di valutazione ai sensi del comma 5, (11) entro dieci giorni e comunque prima che vi sia data attuazione, alla Presidenza del Consiglio dei ministri dalla stessa impresa. Sono notificati altresì nei medesimi termini qualsiasi delibera, atto od operazione, adottato da un'impresa che detiene uno o più degli attivi individuati ai sensi del comma 1-*ter*, che abbia per effetto il cambiamento della loro destinazione, nonché qualsiasi delibera che abbia ad oggetto la modifica dell'oggetto sociale, lo scioglimento della società o la modifica di clausole statutarie eventualmente adottate ai sensi dell'articolo 2351, terzo comma, del codice civile ovvero introdotte ai sensi dell'articolo 3, comma 1, del decreto-legge 31 maggio 1994, n. 332, convertito, con modificazioni, dalla legge 30 luglio 1994, n. 474, come da ultimo modificato dall'articolo 3 del presente decreto (12).

3. Con decreto del Presidente del Consiglio dei Ministri adottato su conforme deliberazione del Consiglio dei Ministri, da trasmettere tempestivamente e per estratto (13) alle Commissioni parlamentari competenti, può essere espresso il veto alle delibere, atti e operazioni di cui ai commi 2 e 2-*bis* (14), che diano luogo a una situazione eccezionale, non disciplinata dalla normativa nazionale ed europea di settore, di minaccia di grave pregiudizio per gli interessi pubblici relativi alla sicurezza e al funzionamento delle reti e degli impianti e alla continuità degli approvvigionamenti.

4. Con le notifiche di cui ai commi 2 e 2-*bis* (15), è fornita al Governo una informativa completa sulla delibera, atto o operazione in modo da consentire l'eventuale tempestivo esercizio del potere di veto. Dalla notifica non deriva per la Presidenza del Consiglio dei Ministri né per la società l'obbligo di comunicazione al pubblico ai sensi dell'articolo 114 del testo unico di cui al decreto legislativo 24 febbraio 1998, n. 58, e successive modificazioni. Entro quarantacinque (16) giorni dalla notifica, il Presidente del Consiglio dei Ministri comunica l'eventuale veto. Qualora si renda necessario richiedere informazioni alla società, tale termine è sospeso, per una sola volta, fino al ricevimento delle informazioni richieste, che sono rese entro il termine di dieci giorni. Qualora si renda necessario formulare richieste istruttorie a soggetti terzi, il predetto termine di quarantacinque giorni è sospeso, per una sola volta, fino al ricevimento delle informazioni richieste, che sono rese entro il termine di venti giorni (17). Le richieste di informazioni e le richieste istruttorie a soggetti terzi (18) successive alla prima non sospendono i termini. In caso di incompletezza della notifica, il termine di quarantacinque giorni previsto dal presente comma decorre dal ricevimento delle informazioni o degli elementi che la integrano (19). Fino alla notifica e comunque fino al decorso dei termini previsti dal presente comma è sospesa l'efficacia della delibera, dell'atto o dell'operazione rilevante. Decorsi i termini previsti dal presente comma l'operazione può essere effettuata. Il potere di veto di cui al comma 3 è espresso nella forma di imposizione di specifiche prescrizioni o condizioni ogniqualvolta ciò sia sufficiente ad assicurare la tutela degli interessi pubblici di cui al comma 3. Le delibere o gli atti o le operazioni adottati o attuati in violazione del presente comma sono nulli. Il Governo può altresì ingiungere alla società e all'eventuale controparte di ripristinare a proprie spese la situazione anteriore. Salvo che il fatto costituisca reato, chiunque non osservi le disposizioni di cui ai commi 2 e 2-*bis* e al presente comma (20) è soggetto a una sanzione amministrativa pecuniaria fino al doppio del valore dell'operazione e comunque non inferiore all'uno per cento del fatturato cumulato realizzato dalle imprese coinvolte nell'ultimo esercizio per il quale sia stato approvato il bilancio.

5. L'acquisto a qualsiasi titolo da parte di un soggetto esterno all'Unione europea di partecipazioni in società che detengono gli attivi individuati come strategici ai sensi del comma 1 nonché di quelli di cui al

comma 1-*ter*, di rilevanza tale da determinare l'insediamento stabile dell'acquirente in ragione dell'assunzione del controllo della società la cui partecipazione è oggetto dell'acquisto, ai sensi dell'articolo 2359 del codice civile e del testo unico di cui al decreto legislativo 24 febbraio 1998, n. 58, è notificato, ove possibile congiuntamente alla società le cui partecipazioni sono oggetto dell'acquisto (21) dall'acquirente entro dieci giorni alla Presidenza del Consiglio dei Ministri, unitamente ad ogni informazione utile alla descrizione generale del progetto di acquisizione, dell'acquirente e del suo ambito di operatività. Nei settori delle comunicazioni, dell'energia, dei trasporti, della salute, agroalimentare e finanziario, ivi incluso quello creditizio e assicurativo, sono soggetti all'obbligo di notifica di cui al primo periodo anche gli acquisti, a qualsiasi titolo, di partecipazioni da parte di soggetti appartenenti all'Unione europea ivi compresi quelli residenti in Italia, di rilevanza tale da determinare l'insediamento stabile dell'acquirente in ragione dell'assunzione del controllo della società la cui partecipazione è oggetto dell'acquisto, ai sensi dell'articolo 2359 del codice civile e del testo unico di cui al decreto legislativo 24 febbraio 1998, n. 58 (22). Nel computo della partecipazione rilevante si tiene conto della partecipazione detenuta da terzi con cui l'acquirente ha stipulato uno dei patti previsti dall'articolo 122 del testo unico di cui al decreto legislativo 24 febbraio 1998, n. 58, e successive modificazioni, o previsti dall'articolo 2341-*bis* del codice civile (23). Salvo che il fatto costituisca reato e ferme restando le invalidità previste dalla legge, chiunque non osservi gli obblighi di notifica di cui al presente comma è soggetto a una sanzione amministrativa pecuniaria fino al doppio del valore dell'operazione e comunque non inferiore all'1 per cento del fatturato cumulato realizzato dalle imprese coinvolte nell'ultimo esercizio per il quale sia stato approvato il bilancio (24). Nei casi in cui la notifica non sia effettuata congiuntamente da tutte le parti dell'operazione indicate al primo e al secondo periodo, la società notificante trasmette, contestualmente alla notifica una informativa, contenente gli elementi essenziali dell'operazione e della stessa notifica, alla società le cui partecipazioni sono oggetto dell'acquisto, al fine di consentirne la partecipazione al procedimento, fornendo prova della relativa ricezione (25). Sono soggetti all'obbligo di notifica di cui al presente articolo anche gli acquisti di partecipazioni, da parte di soggetti esteri non appartenenti all'Unione europea, in società che detengono gli attivi individuati come strategici ai sensi dei commi 1 e 1-*ter*, che attribuiscono una quota dei diritti di voto o del capitale almeno pari al 10 per cento, tenuto conto delle azioni o quote già direttamente o indirettamente possedute, quando il valore complessivo dell'investimento sia pari o superiore a un milione di euro, e sono altresì notificate le acquisizioni che determinano il superamento delle soglie del 15 per cento, 20 per cento, 25 per cento e 50 per cento del capitale (25) (26).

5-*bis*. Per le finalità di cui agli articoli 1, comma 3-*bis*, e 1-*bis*, commi 2 e 2-*bis*, nonché di cui ai commi 2-*bis*, 5 e 6 del presente articolo, per 'soggetto esterno all'Unione europea' si intende:

a) qualsiasi persona fisica o persona giuridica che non abbia la residenza, la dimora abituale, la sede legale o dell'amministrazione ovvero il centro di attività principale in uno Stato membro dell'Unione europea o dello Spazio economico europeo o che non sia comunque ivi stabilita;

b) qualsiasi persona giuridica che abbia stabilito la sede legale o dell'amministrazione o il centro di attività principale in uno Stato membro dell'Unione europea o dello Spazio economico europeo, o che sia comunque ivi stabilita, e che risulti controllata, direttamente o indirettamente, da una persona fisica o da una persona giuridica di cui alla lettera *a*);

c) qualsiasi persona fisica o persona giuridica che abbia stabilito la residenza, la dimora abituale, la sede legale o dell'amministrazione ovvero il centro di attività principale in uno Stato membro dell'Unione europea o dello Spazio economico europeo, o che sia comunque ivi stabilita, qualora sussistano elementi che indichino un comportamento elusivo rispetto all'applicazione della disciplina di cui al presente decreto (27).

6. Qualora l'acquisto di cui al comma 5 comporti una minaccia di grave pregiudizio agli interessi essenziali dello Stato di cui al comma 3 ovvero un pericolo per la sicurezza o per l'ordine pubblico, entro quarantacinque (28) giorni dalla notifica di cui al medesimo comma 5, con decreto del Presidente del Consiglio dei Ministri, adottato su conforme deliberazione del Consiglio dei ministri, da trasmettere tempestivamente e per estratto (28) alle Commissioni parlamentari competenti, l'efficacia dell'acquisto può essere condizionata all'assunzione, da parte dell'acquirente e della società le cui partecipazioni sono oggetto dell'acquisto, di impegni diretti a garantire la tutela dei predetti interessi. Entro quindici giorni dalla notifica, la società acquisita può presentare memorie e documenti alla Presidenza del Consiglio dei Ministri (29). Qualora si renda necessario richiedere informazioni all'acquirente e alla società le cui partecipazioni sono oggetto dell'acquisto (30), il termine di cui al primo periodo è sospeso, per una sola volta, fino al ricevimento delle informazioni richieste, che sono rese entro il termine di dieci giorni (31). Qualora si renda necessario formulare richieste istruttorie a soggetti terzi, il predetto termine di quarantacinque giorni è sospeso, per una sola volta, fino al ricevimento delle informazioni richieste, che sono rese entro il termine di venti giorni (31). Le richieste di informazioni e le richieste istruttorie a soggetti terzi successive alla prima non sospendono i termini, decorsi i quali i poteri speciali si intendono non esercitati (31). In caso di incompletezza della notifica, il termine di quarantacinque giorni previsto dal presente comma decorre dal ricevimento delle informazioni o degli elementi che la integrano (31). In casi eccezionali di rischio per la tutela dei predetti interessi, non eliminabili attraverso l'assunzione degli impegni di cui al primo periodo, il Governo può opporsi, sulla base della stessa procedura, all'acquisto. Fino alla notifica e, successivamente, fino al decorso del termine per l'eventuale esercizio del potere di opposizione o imposizione di impegni, i diritti di voto o comunque quelli aventi contenuto diverso da quello patrimoniale connessi alle

azioni o quote che rappresentano la partecipazione rilevante sono sospesi. Decorsi i predetti termini, l'operazione può essere effettuata. Qualora il potere sia esercitato nella forma dell'imposizione di impegni [all'acquirente] (32), in caso di inadempimento, per tutto il periodo in cui perdura l'inadempimento medesimo, i diritti di voto o comunque i diritti aventi contenuto diverso da quello patrimoniale, connessi alle azioni o quote che rappresentano la partecipazione rilevante, sono sospesi. Le delibere eventualmente adottate con il voto determinante di tali azioni o quote, o comunque le delibere o gli atti adottati con violazione o inadempimento delle condizioni imposte, sono nulli. La società acquirente e la società le cui partecipazioni sono oggetto dell'acquisto, che non adempiano agli impegni imposti sono altresì soggette, salvo che il fatto costituisca reato, (33) a una sanzione amministrativa pecuniaria pari al doppio del valore dell'operazione, e comunque non inferiore all'1 per cento del fatturato realizzato nell'ultimo esercizio per il quale sia stato approvato il bilancio. In caso di esercizio del potere di opposizione l'acquirente non può esercitare i diritti di voto e comunque quelli aventi contenuto diverso da quello patrimoniale, connessi alle azioni o quote (34) che rappresentano la partecipazione rilevante, e dovrà cedere le stesse azioni o quote (34) entro un anno. In caso di mancata ottemperanza il tribunale, su richiesta del Governo, ordina la vendita delle suddette azioni o quote (35) secondo le procedure di cui all'articolo 2359-*ter* del codice civile. Le deliberazioni assembleari eventualmente adottate con il voto determinante di tali azioni o quote (36) sono nulle. Per determinare se un investimento estero possa incidere sulla sicurezza o sull'ordine pubblico è possibile prendere in considerazione le seguenti circostanze:

a) che l'acquirente sia direttamente o indirettamente controllato dall'amministrazione pubblica, compresi organismi statali o forze armate, di un Paese non appartenente all'Unione europea, anche attraverso l'assetto proprietario o finanziamenti consistenti;

b) che l'acquirente sia già stato coinvolto in attività che incidono sulla sicurezza o sull'ordine pubblico in uno Stato membro dell'Unione europea;

c) che vi sia un grave rischio che l'acquirente intraprenda attività illegali o criminali (37) (38).

7. I poteri speciali di cui ai commi precedenti sono esercitati esclusivamente sulla base di criteri oggettivi e non discriminatori. A tale fine il Governo considera, avuto riguardo alla natura dell'operazione, i seguenti criteri (39):

a) l'esistenza, tenuto conto anche delle posizioni ufficiali dell'Unione europea, di motivi oggettivi che facciano ritenere possibile la sussistenza di legami fra l'acquirente e paesi terzi che non riconoscono i principi di democrazia o dello Stato di diritto, che non rispettano le norme del diritto internazionale o che hanno assunto comportamenti a rischio nei confronti della comunità internazionale,desunti dalla natura delle loro alleanze, o hanno rapporti con organizzazioni criminali o terroristiche o con soggetti ad esse comunque collegati;

b) l'idoneità dell'assetto risultante dall'atto giuridico o dall'operazione, tenuto conto anche delle modalità di finanziamento dell'acquisizione e della capacità economica, finanziaria, tecnica e organizzativa dell'acquirente, a garantire:

1) la sicurezza e la continuità degli approvvigionamenti;

2) il mantenimento, la sicurezza e l'operatività delle reti e degli impianti.

b-bis) per le operazioni di cui al comma 5 è valutata, oltre alla minaccia di grave pregiudizio agli interessi di cui al comma 3, anche il pericolo per la sicurezza o per l'ordine pubblico (40).

8. Nel caso in cui le attività di rilevanza strategica individuate con i decreti (41) di cui al comma 1 si riferiscono a società partecipate, direttamente o indirettamente, dal Ministero dell'economia e delle finanze, il Consiglio dei Ministri delibera, ai fini dell'esercizio dei poteri speciali di cui ai commi 3 e 6, su proposta del Ministro dell'economia e delle finanze, sentiti il Ministro dello sviluppo economico e il Ministro delle infrastrutture e dei trasporti, per i rispettivi ambiti di competenza. Le notifiche di cui ai commi 2 e 5 sono immediatamente trasmesse dalla Presidenza del Consiglio dei Ministri al Ministero dell'economia e delle finanze.

8-*bis*. Nei casi di violazione degli obblighi di notifica di cui al presente articolo, anche in assenza della notifica di cui ai commi 2, 2-*bis* e 5, la Presidenza del Consiglio dei ministri può avviare il procedimento ai fini dell'eventuale esercizio dei poteri speciali. A tale scopo, trovano applicazione i termini e le norme procedurali previsti dal presente articolo, nonché dal regolamento di cui al comma 9. Il termine di quarantacinque giorni di cui ai commi 4 e 6 decorre dalla conclusione del procedimento di accertamento della violazione dell'obbligo di notifica (42).

9. Con regolamento, adottato ai sensi dell'articolo 17, comma 1, della legge 23 agosto 1988, n. 400, e successive modificazioni, previo parere delle Commissioni parlamentari competenti, su proposta del Ministro dell'economia e delle finanze, di concerto con il Ministro degli affari esteri, il Ministro dell'interno, il Ministro dello sviluppo economico e il Ministro delle infrastrutture e dei trasporti, sentite le Autorità indipendenti di settore, ove esistenti, sono emanate disposizioni di attuazione del presente articolo, anche con riferimento alla definizione, nell'ambito delle risorse umane, strumentali e finanziarie disponibili a legislazione vigente e senza nuovi o maggiori oneri a carico del bilancio dello Stato, delle modalità organizzative per lo svolgimento delle attività propedeutiche all'esercizio dei poteri speciali previsti dal presente articolo. Il parere sullo schema di regolamento è espresso entro il termine di venti giorni dalla data della sua trasmissione alle Camere. Decorso tale termine, il regolamento può essere comunque adottato. Qualora i pareri espressi dalle Commisioni parlamentari competenti rechino identico contenuto, il Governo, ove non intenda conformarvisi, trasmette nuovamente alle Camere lo schema di regolamento, indicandone le ragioni in un'apposita relazione. I pareri definitivi delle Commissioni competenti sono espressi entro il termine di venti giorni dalla data di trasmissione. Decorso tale termine, il regolamento può essere comunque adottato. Fino all'adozione del medesimo regolamen-

to, le competenze inerenti alle proposte per l'esercizio dei poteri speciali, di cui ai commi 3 e 6, e le attività conseguenti, di cui ai commi 4 e 6, sono attribuite al Ministero dell'economia e delle finanze per le società da esso partecipate, ovvero, per le altre società, al Ministero dello sviluppo economico o al Ministero delle infrastrutture e dei trasporti, secondo i rispettivi ambiti di competenza.

(1) *Il presente articolo era stato modificato dal d.l. 11 luglio 2019, n. 64, non convertito in legge nel termine di 60 giorni.*

(2) *Comma così sostituito dall'art.* 4-bis, *comma 1, lett.* c), *n. 1 d.l. 21 settembre 2019, n. 105, conv., con modif., in l. 18 novembre 2019, n. 133. Ai sensi del successivo comma 2 dell'art.* 4-bis *d.l. n. 105, cit., tale disposizione si applica anche ai procedimenti in corso alla data di entrata in vigore della legge di conversione del suddetto decreto; i termini non ancora trascorsi alla medesima data, ferma restando la data di inizio del loro decorso, sono prorogati fino al raggiungimento della durata stabilita dal suddetto articolo, se maggiore di quella anteriormente prevista. Il testo del comma era il seguente:* « 1. Con uno o più regolamenti, adottati ai sensi dell'articolo 17, comma 1, della legge 23 agosto 1988, n. 400, e successive modificazioni, su proposta del Ministro dell'economia e delle finanze, del Ministro dello sviluppo economico e del Ministro delle infrastrutture e dei trasporti, di concerto con il Ministro dell'interno e con il Ministro degli affari esteri, oltre che con i Ministri competenti per settore, previo parere delle Commissioni parlamentari competenti, sono individuati le reti e gli impianti, ivi compresi quelli necessari ad assicurare l'approvvigionamento minimo e l'operatività dei servizi pubblici essenziali, i beni e i rapporti di rilevanza strategica per l'interesse nazionale nei settori dell'energia, dei trasporti e delle comunicazioni, nonché la tipologia di atti o operazioni all'interno di un medesimo gruppo ai quali non si applica la disciplina di cui al presente articolo. I regolamenti di cui al primo periodo sono adottati entro centoventi giorni dalla data di entrata in vigore della legge di conversione del presente decreto e sono aggiornati almeno ogni tre anni ».

V. ora il d.P.C.M. 23 dicembre 2020, n. 180 – Regolamento per l'individuazione degli attivi di rilevanza strategica nei settori dell'energia, dei trasporti e delle comunicazioni, a norma dell'art. 2, comma 1, d.l. 15 marzo 2012, n. 21, conv., con modif., in l. 11 maggio 2012, n. 56 (sub V, 89).

(3) *Comma abrogato dall'art.* 4-bis, *comma 1, lett.* c), *n. 2 d.l. n. 105, cit., con le disposizioni di applicazione di cui* sub *nota 2. Il comma era stato inserito dall'art. 14, comma 1, lett.* b), *n. 1), d.l. 16 ottobre 2017, n. 148, conv., con modif., in l. 4 dicembre 2017, n. 172.*

(4) *Comma così sostituito dall'art.* 4-bis, *comma 1, lett.* c), *n. 3 d.l. n. 105, cit., con le disposizioni di applicazione di cui* sub *nota 2. Il testo del comma, come inserito dall'art. 14, comma 1, lett.* b), *n. 2), d.l. n. 148, cit., era il seguente:* « Con uno o più regolamenti, adottati ai sensi dell'articolo 17, comma 1, della legge 23 agosto 1988, n. 400, su proposta del Ministro dell'economia e delle finanze e del Ministro dello sviluppo economico e del Ministro delle infrastrutture e dei trasporti, di concerto con il Ministro dell'interno, con il Ministro della difesa e con il Ministro degli affari esteri, oltre che con i Ministri competenti per settore, previo parere delle Commissioni parlamentari competenti, sono individuati ai fini della verifica in ordine alla sussistenza di un pericolo per la sicurezza e l'ordine pubblico, i settori ad alta intensità tecnologica tra cui:

a) le infrastrutture critiche o sensibili, tra cui immagazzinamento e gestione dati, infrastrutture finanziarie;

b) tecnologie critiche, compresa l'intelligenza artificiale, la robotica, i semiconduttori, le tecnologie con potenziali applicazioni a doppio uso, la sicurezza in rete, la tecnologia spaziale o nucleare;

c) sicurezza dell'approvvigionamento di input critici;

d) accesso a informazioni sensibili o capacità di controllare le informazioni sensibili. — Con i medesimi regolamenti sono individuati altresì la tipologia di atti o operazioni all'interno di un medesimo gruppo ai quali non si applica la disciplina di cui al presente articolo. I regolamenti di cui al primo periodo sono adottati entro centoventi giorni dalla data di entrata in vigore della presente disposizione e sono aggiornati almeno ogni tre anni ».

V. la disciplina transitoria di cui all'art. 4-bis, *comma 3, d.l. n. 105, cit., sub V, 92.*

Al presente comma è stata data attuazione con il d.P.C.M. 18 dicembre 2020, n. 179 – Regolamento per l'individuazione dei beni e dei rapporti di interesse nazionale nei settori di cui all'art. 4, par. 1, Reg. (UE) 2019/452 del Parlamento europeo e del Consiglio, del 19 marzo 2019, a norma dell'articolo 2, comma 1-ter, d.l. 15 marzo 2012, n. 21, conv., con modif., in l. 11 maggio 2012, n. 56.

Si riporta un estratto del Reg. (UE) 2019/452 che istituisce un quadro per il controllo degli investimenti esteri diretti nell'Unione (c.d. Reg. IDE):

Articolo 2 (Definizioni) « *Ai fini del presente regolamento si intende per: 1) «investimento estero diretto», un investimento di qualsiasi tipo da parte di un investitore estero inteso a stabilire o mantenere legami durevoli e diretti tra l'investitore estero e l'imprenditore o l'impresa cui è messo a disposizione il capitale al fine di esercitare un'attività economica in uno Stato membro, compresi gli investimenti che consentono una partecipazione effettiva alla gestione o al controllo di una società che esercita un'attività economica; 2) «investitore estero», una persona fisica di un paese terzo o un'impresa di un paese terzo che intende realizzare o ha realizzato un investimento estero diretto; .... Articolo 3 Meccanismi di controllo degli Stati membri 1. Conformemente al presente regolamento, gli Stati membri possono mantenere, modificare o adottare meccanismi per controllare gli investimenti esteri diretti nel loro territorio per motivi di sicurezza o di ordine pubblico. 2. Le norme e le procedure connesse ai meccanismi di controllo, compresi i termini temporali pertinenti, devono essere trasparenti e non operano discriminazioni tra paesi terzi. Gli Stati membri stabiliscono in particolare le circostanze che danno luogo al controllo, i motivi del controllo e le regole procedurali dettagliate applicabili* »

Articolo 6 (Meccanismo di cooperazione in relazione agli investimenti esteri diretti oggetto di un controllo in corso) « *1. Gli Stati membri notificano alla Commissione e agli altri Stati membri tutti gli investimenti esteri diretti nel loro territorio che sono oggetto di un controllo in corso fornendo il prima possibile le informazioni di cui all'articolo 9, paragrafo 2, del presente regolamento. La notifica può includere un elenco degli Stati membri in cui si ritiene che la sicurezza o l'ordine pubblico possano subire effetti negativi. Nel quadro della notifica, se del caso, lo Stato membro che procede al controllo si adopera per indicare se ritiene che l'investimento estero diretto oggetto di un controllo in corso possa rientrare nell'ambito di applicazione del regolamento (CE) n. 139/2004* ».

Si riporta di seguito il d.P.C.M. 18 dicembre 2020, n. 179: « Articolo 1 (Oggetto). *1. In attuazione del comma 1-ter dell'articolo 2 del decreto-legge 15 marzo 2012, n. 21, convertito, con modificazioni, dalla legge 11maggio 2012, n. 56, il presente decreto individua, anche ai sensi dell'articolo 15 del decreto-legge 8 aprile 2020, n. 23, convertito, con modificazioni, dalla legge 5 giugno 2020, n. 40, beni e rapporti di rilevanza strategica per l'interesse nazionale, ulteriori rispetto a quelli individuati nei decreti di cui all'articolo 1, comma 1, e all'articolo 2, comma 1, del medesimo decreto-legge n. 21 del 2012, nei settori di cui all'articolo 4, paragrafo 1, del regolamento (UE) n. 2019/452 del Parlamento europeo e del Consiglio, del 19 marzo 2019, nonché la tipologia di atti od operazioni all'interno di un medesimo gruppo ai quali non si applica la disciplina di cui all'articolo 2, comma 1*-ter.

Articolo 2 (Definizioni). *1. Ai fini del presente decreto:* a) *per "infrastrutture critiche" si intendono le infrastrutture essenziali per il mantenimento delle funzioni vitali della società, della salute, della sicurezza e del benessere economico e sociale della popolazione;* b) *per "tecnologie critiche" si intendono le tecnologie essenziali per il mantenimento delle funzioni vitali della società, della salute, della sicurezza, del benessere economico e sociale della popolazione, nonché per il progresso tecnologico;* c) *per "fattori produttivi critici" si intendono i beni e i rapporti essenziali per il mantenimento delle funzioni vitali della società, della salute, della sicurezza e del benessere economico e sociale della popolazione;* d) *per "informazioni critiche" si intendono le informazioni essenziali per il mantenimento delle funzioni vitali della società, della salute, della sicurezza e del benessere economico e sociale della popolazione;* e) *per "attività economiche di rilevanza strategica" si intendono le attività economiche essenziali per il mantenimento delle funzioni vitali della società, della salute, della sicurezza, del benessere economico e sociale della popolazione, nonché per il progresso tecnologico.*

Articolo 3 (Beni e rapporti nel settore dell'energia). *1. Nel settore dell'energia, i beni e i rapporti di cui all'articolo 1 sono i seguenti:* a) *le infrastrutture critiche presso cui sono collocati o da collocare combustibili, materiali nucleari o rifiuti radioattivi, nonché le tecnologie e le infrastrutture che realizzano il trattamento, la gestione e il trasporto dei medesimi combustibili, materiali e rifiuti;* b) *gli immobili fondamentali per l'utilizzo delle infrastrutture critiche di cui al presente articolo;* c) *i depositi costieri di greggio e prodotti petroliferi di capacità uguale o superiore a centomila metri cubi utilizzati per il mercato nazionale, le infrastrutture di stoccaggio di GNL di capacità uguale o superiore a diecimila metri cubi, gli oleodotti per l'approvvigionamento dall'estero, anche con destinazione verso altri Stati, e gli oleodotti per l'approvvigionamento agli aeroporti intercontinentali;* d) *le tecnologie critiche, incluse le piattaforme, di gestione dei mercati all'ingrosso del gas naturale e dell'energia elettrica;* e) *le attività economiche di rilevanza strategica svolte nel settore di cui al presente articolo, esercitate da imprese che realizzano un fatturato annuo netto non inferiore a 300 milioni di euro e aventi un numero medio annuale di dipendenti non inferiore a duecentocinquanta unità.*

Articolo 4 (Beni e rapporti nel settore dell'acqua). *1. Nel settore dell'acqua, i beni e i rapporti di cui all'articolo 1 sono i seguenti:* a) *le infrastrutture critiche, fisiche o virtuali, che garantiscono la continuità dei servizi di captazione, potabilizzazione, adduzione, distribuzione e fornitura all'ingrosso di acqua potabile destinata al consumo umano e di acque destinate all'uso irriguo, nonché di fognatura e di depurazione delle acque reflue;* b) *le tecnologie critiche impiegate nella gestione delle infrastrutture e dei servizi di cui alla lettera* a)*, ivi comprese quelle destinate a migliorare l'efficienza e la sostenibilità delle reti idriche, dell'approvvigionamento e del trattamento idrico e dei processi depurativi;* c) *le attività economiche di rilevanza strategica svolte nel settore di cui al presente articolo, esercitate da imprese che realizzano un fatturato annuo netto non inferiore a 300 milioni di euro e aventi un numero medio annuale di dipendenti non inferiore a duecentocinquanta unità.*

Articolo 5 (Beni e rapporti nel settore della salute). *1. Nel settore della salute, i beni e i rapporti di cui all'articolo 1, inclusi i relativi diritti di proprietà intellettuale, sono i seguenti:* a) *le tecnologie critiche digitali funzionali all'erogazione, anche da remoto, di servizi in sanità;* b) *le tecnologie critiche che hanno per scopo l'analisi dei dati e l'utilizzo delle conoscenze biologiche per la salute e la diagnostica, la prognostica, la terapia e il relativo follow-up;* c) *le tecnologie critiche bioingegneristiche e le nanotecnologie critiche utilizzate nel settore farmaceutico e dei dispositivi medici, in quello della diagnostica, prognostica e terapia, nonché nei settori chimico e agro-alimentare;* d) *le attività economiche di rilevanza strategica esercitate nel settore di cui al presente articolo, comprese quelle relative all'approvvigionamento di medicinali, dispositivi e apparecchiature sanitari e le attività di ricerca e sviluppo ad essi relativi, mediante la gestione, l'utilizzo o il godimento delle infrastrutture e delle tecnologie di cui alle lettere* a), b) *e* c)*, ovvero esercitate da imprese che realizzano un fatturato annuo netto non inferiore a 300 milioni di euro e aventi un numero medio annuale di dipendenti non inferiore a duecentocinquanta unità.*

Articolo 6 (Beni e rapporti nel trattamento, nell'archiviazione e in materia di accesso e controllo di dati e di informazioni sensibili). *1. Nel trattamento, nell'archiviazione e in materia di accesso e controllo di dati e di informazioni sensibili, i beni e rapporti di cui all'articolo 1 sono le seguenti informazioni, qualora critiche ai sensi dell'articolo 2, lettera* d)*:* a) *i dati relativi alle infrastrutture critiche di cui al decreto legislativo 11 aprile 2011, n. 61, di attuazione della direttiva 2008/114/CE, nonché alle infrastrutture critiche di cui al presente decreto;* b) *i dati relativi al censimento e al monitoraggio della sicurezza delle opere pubbliche di cui agli articoli 13 e 14 del decreto-legge 28 settembre 2018, n. 109, convertito, con modificazioni, dalla legge 16 novembre 2018, n. 130;* c) *i dati raccolti tramite sistemi di navigazione satellitare per la tracciatura di campi, di mari e di bacini idrici e per la realizzazione di mappe di produzione e di prescrizione;* d) *i dati raccolti tramite sensori per la rilevazione dello stato del suolo e delle acque, nonché i dati raccolti relativi alla composizione biochimica del suolo agricolo;* e) *i dati raccolti tramite sistemi di auto-guida per una lavorazione precisa, con l'utilizzo di tecniche e strumentazioni tecnologiche e informatiche per la gestione delle variabili spaziali e temporali delle colture, dell'allevamento, della pesca e dell'acquacoltura;* f) *i dati raccolti tramite i sistemi relativi alla gestione e al controllo del trasporto aereo, marittimo, ferroviario, rapido di massa e stradale, che garantiscono i profili di security e safety, nonché quelli riguardanti la gestione e il monitoraggio dei flussi dei passeggeri e delle merci, che attengono al controllo e all'assistenza delle movimentazioni dei mezzi di trasporto, anche di tipo intelligente, per i sistemi di logistica integrata ed intermodale;* g) *i dati relativi alle attività di gestione dei mercati all'ingrosso e del mercato finale del gas naturale dell'energia elettrica e degli idrocarburi;* h) *i dati raccolti e gestiti tramite i sistemi informativi degli uffici giudiziari. — 2. Nel trattamento, nell'archiviazione e in materia di accesso e controllo di dati e di informazioni sensibili, i beni e i rapporti di cui all'articolo 1 sono i dati personali, riferibili a specifiche persone fisiche ovvero enti giuridici, rientranti in una o più delle seguenti categorie:* a) *dati sensibili di cui all'articolo 9 del regolamento (UE) n. 2016/679* del Parlamento europeo e del Consiglio, *del 27 aprile 2016, relativo alla protezione delle persone fisiche con riguardo al trattamento dei dati personali, nonché alla libera circolazione di tali dati e che abroga la direttiva 95/46/CE;* b) *dati giudiziari civili e quelli di cui all'articolo 10 del regolamento (UE) n. 2016/679 del Parlamento europeo e del Consiglio, del 27 aprile 2016;* c) *dati raccolti tramite l'utilizzo di una o più delle seguenti infrastrutture e tecnologie e dei relativi sistemi di integrazione e interconnessione tra le stesse: 1) tecnologie di cui agli articoli 7, 8 e 9 del presente decreto; 2) tecnologie che consentono la geolocalizzazione e la ricostruzione degli spostamenti; 3) tecnologie relative a sistemi digitali che consentono telelettura e telegestione dei contatori di energia elettrica, gas e acqua (Smart Metering); 4) tecnologie relative a sistemi digitali per il miglioramento del confort, della sicurezza, dell'esperienza di guida e tecnologie relative a sistemi di guida autonoma (Smart Car); 5) tecnologie relative a costruzioni ed edifici dotati di funzionalità avanzate e sistemi interconnessi per il monitoraggio e la gestione degli impianti e consumi (Smart Building); 6) tecnologie digitali per l'ottimizzazione della qualità delle infrastrutture e dei servizi pubblici (Smart City); 7) tecnologie digitali per il miglioramento del confort e della sicurezza in ambito domestico (Smart Home), incluse le tecnologie digitali per i sistemi di sorveglianza e sicurezza; 8) tecnologie relative a sistemi che consentono la misurazione e trascrizione di informazioni a distanza (telemetria); 9) tecnologie nel campo della distribuzione di servizi su richiesta di calcolo (server), archiviazione (database) e analisi (software), configurabili e disponibili da remoto (Cloud Computing); 10) tecnologie digitali relative all'erogazione di servizi di assistenza sanitaria, prevenzione delle malattie e promozione della salute, anche da remoto, capaci di acquisire, elaborare, registrare, trasmettere e decodificare le informazioni e i dati clinici; 11) tecnologie atte a garantire profili di safety e di security dei sistemi, anche di tipo intelligente, deputati al controllo, alla gestione e all'assistenza alla movimentazione di persone e merci su terra, aria e vie d'acqua, nonché sistemi di logistica integrata e intermodale. — 3. I dati personali elencati al comma 2 hanno rilevanza strategica per l'interesse nazionale qualora il trattamento, l'archiviazione, l'accesso o il controllo abbiano ad oggetto una quantità degli stessi dati da ritenersi essenziale per il mantenimento delle funzioni vitali della società, della salute, della sicurezza e del benessere economico e sociale della popolazione, nonché della libertà e del pluralismo dei media. Si considerano in ogni caso essenziali per le finalità di cui al primo periodo, il trattamento, l'archiviazione, l'accesso o il controllo di dati riferibili almeno a trecentomila persone fisiche o enti.*

Articolo 7 (Beni e rapporti nel settore delle infrastrutture elettorali). *1. Rientra tra i beni e i rapporti di cui all'articolo 1 la piattaforma del Sistema Informativo Elettorale (SIEL) presso il Ministero dell'interno per la raccolta e la diffusione dei dati elettorali, a fini divulgativi, concernenti le elezioni dei membri del Parlamento europeo, della Camera dei Deputati e del Senato della Repubblica, degli organi elettivi delle regioni, e degli enti locali, nonché delle consultazioni referendarie disciplinate dalla Costituzione.*

Articolo 8 (Beni e rapporti nel settore finanziario, ivi compreso quello creditizio e assicurativo, e delle infrastrutture dei mercati finanziari). *1. Nel settore finanziario, i beni e i rapporti di cui all'articolo 1, sono i seguenti:* a) *le infrastrutture critiche, incluse le piattaforme, per la negoziazione multilaterale di strumenti finanziari o di depositi monetari, per l'offerta di servizi di base dei depositari centrali di titoli e di servizi di compensazione in qualità di controparte centrale nonché per la compensazione o il regolamento dei pagamenti;* b) *le tecnologie critiche: 1) quali l'intelligenza artificiale e i registri distribuiti, funzionali all'innovazione di servizi e di prodotti nei settori finanziario, creditizio, assicurativo e dei mercati regolamentati, di cui all'articolo 36, comma 2-*bis*, del decreto-legge 30 aprile 2019, n. 34, convertito, con modificazioni, dalla legge 28 giugno 2019, n. 58; 2) digitali relative a sistemi e servizi di pagamento, di moneta elettronica e di trasferimento di denaro, gestione della liquidità, attività di prestito, factoring, trading, gestione di investimenti; 3) digitali applicate in ambito assicurativo (Insurtech); 4) per lo sviluppo di software per la protezione dei dati relativi alla persona, alla negoziazione e allo scambio di dati e prodotti, nonché alla gestione documentale nell'ambito della gestione delle attività finanziarie; 5) "basate su registri distribuiti" (blochchain) di cui all'articolo 8-*ter *del decreto-legge 14 dicembre 2018, n. 135, convertito, con modificazioni, dalla legge 11 febbraio 2019, n. 12, su cui operano "smart contract" come definiti al secondo comma del medesimo articolo;* c) *le attività economiche di rilevanza strategica finanziarie, creditizie e assicurative, anche se svolte da intermediari, esercitate da imprese che realizzano un fatturato annuo netto non inferiore a 300 milioni di euro e aventi un numero medio annuale di dipendenti non inferiore a duecentocinquanta unità.*

Articolo 9 (Beni e rapporti nei settori dell'intelligenza artificiale, della robotica, dei semiconduttori, della cibersicurezza, delle nanotecnologie e delle biotecnologie). *1. Nel settore dell'intelligenza artificiale, della robotica, dei semiconduttori, della cibersicurezza, delle nanotecnologie e delle biotecnologie, i beni e i rapporti di cui all'articolo 1 sono le seguenti tecnologie, ivi inclusi i relativi diritti di proprietà intellettuale:* a) *le tecnologie critiche applicate nell'automazione industriale funzionali alla produzione di macchine automatiche, macchine utensili a controllo numerico, sistemi ciberfisici di fabbrica;* b) *le tecnologie critiche per la robotica collaborativa, la tecnologia Machine To Machine Communication (M2M), le tecnologie relative all'apprendimento automatico computerizzato (Machine Learning);* c) *le tecnologie critiche applicate alla manifattura avanzata, compresa la manifattura additiva, i nuovi materiali e le nanotecnologie, le tecnologie critiche applicate al settore nucleare e ai servizi di ingegneria industriale e le tecnologie che consentono la prototipazione rapida;* d) *le tecnologie critiche per l'intelligenza artificiale, la realtà virtuale e aumentata, la robotica, le tecnologie critiche afferenti ai semiconduttori, ai microprocessori e ai sistemi computazio-*

nali, alla microelettronica, alla sensoristica e agli attuatori; e) *le tecnologie critiche derivanti dagli studi e dalle applicazioni della meccanica quantistica, relative ai processi a elevato impatto computazionale, alle comunicazioni e alla sensoristica;* f) *le tecnologie critiche, inclusi i sistemi, per l'analisi di grandi volumi di dati al fine di estrarre informazioni (BigData &Analytics);* g) *le tecnologie critiche, inclusi i sistemi, per lo sviluppo di software critici o sensibili progettati per simulare conversazioni con esseri umani (Chatbot);* h) *le "tecnologie basate su registri distribuiti" (blochchain) di cui al citato articolo 8-*ter *del decreto-legge n. 135 del 2018;* i) *le tecnologie critiche in ambito biologico, incluse le tecnologie che hanno per scopo la decifrazione e l'utilizzo delle conoscenze biologiche per la produzione di beni e servizi in campo industriale e ambientale;* l) *le tecnologie critiche, inclusi i sistemi, ad uso non militare, di pilotaggio remoto o autonomo, compresi gli aspetti relativi ai sistemi di missione e sensoristica di bordo;* m) *le tecnologie critiche, inclusi i sistemi di navigazione satellitare per la tracciatura dei campi, dei mari e dei bacini idrici e per la realizzazione di mappe di produzione e di prescrizione; i sensori per la rilevazione dello stato del suolo e delle acque; le tecnologie critiche, inclusi i sistemi, di auto-guida per una lavorazione precisa, con l'utilizzo di tecniche e strumentazioni tecnologiche e informatiche per la gestione delle variabili spaziali e temporali delle colture, dell'allevamento, della pesca e dell'acquacoltura;* n) *le tecnologie critiche, inclusi i sistemi di sorveglianza del territorio per la mappatura e per la valutazione del rischio idrogeologico, anche mediante tecniche avanzate di interferometria radar satellitare;* o) *le tecnologie critiche atte a garantire profili di safety e di security dei sistemi, anche di tipo intelligente, deputati al controllo, alla gestione e all'assistenza alla movimentazione di persone e merci su terra, aria e vie d'acqua, nonché sistemi di logistica integrata e intermodale;* p) *le tecnologie critiche atte a consentire la geolocalizzazione, il tracciamento e la ricostruzione degli spostamenti di persone e merci, per quantificare dinamicamente la densità di popolazione a livello locale e ottimizzare le strategie mirate al monitoraggio e al contenimento di epidemie infettive.*

Articolo 10 (Beni e rapporti nei settori delle infrastrutture e delle tecnologie aerospaziali non militari). *1. Nel settore delle infrastrutture e delle tecnologie spaziali e aerospaziali, i beni e i rapporti di cui all'articolo 1 sono le tecnologie e le infrastrutture critiche funzionali alla progettazione, allo sviluppo, alla realizzazione e alla fornitura di prodotti e servizi spaziali e aerospaziali e delle correlate soluzioni applicative.*

Articolo 11 (Beni e rapporti in tema di approvvigionamento di fattori produttivi e nel settore agroalimentare). *1. Rientrano tra i beni e i rapporti di cui all'articolo 1:* a) *l'approvvigionamento di materie prime di cui alla comunicazione della Commissione al Parlamento europeo, al Consiglio, al Comitato economico e sociale europeo e al Comitato delle regioni concernente la revisione dell'elenco 2017 delle materie prime essenziali per l'UE e l'attuazione dell'iniziativa "materie prime", del 13 settembre 2017 COM (2017) 490;* b) *l'approvvigionamento di fattori produttivi critici utilizzati in ambito siderurgico;* c) *le attività economiche di rilevanza strategica e l'approvvigionamento di fattori produttivi critici della filiera agroalimentare;* d) *il Sistema Informativo Agricolo Nazionale (SIAN) e il sistema dei controlli agroalimentari, anche ai fini della sicurezza alimentare.*

Articolo 12 (Prodotti a duplice uso). *1. Rientrano tra i beni e i rapporti di cui all'articolo 1 le attività economiche di rilevanza strategica aventi ad oggetto i prodotti a duplice uso indicati all'articolo 3, paragrafo 1, del regolamento (CE) n. 428/2009 del Consiglio, del 5 maggio 2009, esercitate da imprese che realizzano un fatturato annuo netto non inferiore a 300 milioni di euro.*

Articolo 13 (Beni e rapporti nel settore della libertà e del pluralismo dei media). *1. Rientrano tra i beni e i rapporti di cui all'articolo 1 le attività economiche a carattere nazionale e di rilevanza strategicasvolte dai fornitori di servizi di media audiovisivi o radiofonici, dai fornitori di servizi interattivi associati o di servizi di accesso condizionato, dai soggetti esercenti l'attività di radiodiffusione, dalle agenzie di stampa, dagli editori di giornali quotidiani, periodici o riviste, dai soggetti esercenti l'editoria elettronica, per le quali il soggetto esercente è tenuto all'iscrizione al registro degli operatori di comunicazione di cui all'articolo 1, comma 6, lettera* a), *n. 5, della legge 31 luglio 1997, n. 249.*

Articolo 14 (Esclusioni). *1. Fermo restando l'obbligo di notifica di cui all'articolo 2, commi 2-*bis *e 5, del decreto-legge 15 marzo 2012, n. 21, convertito, con modificazioni, dalla legge 11 maggio 2012, n. 56, i poteri speciali di cui al medesimo articolo 2, relativi a imprese che detengono uno o più degli attivi individuati ai sensi del presente decreto, si applicano nella misura in cui la tutela della sicurezza e dell'ordine pubblico, compresa la protezione degli interessi essenziali dello Stato alla tutela della sicurezza e del funzionamento delle reti e degli impianti e della continuità degli approvvigionamenti, non sia adeguatamente garantita dalla sussistenza di una specifica regolamentazione di settore, anche di natura convenzionale, connessa a uno specifico rapporto concessorio. — 2. Fermo restando l'obbligo di notifica di cui all'articolo 2, commi 2-*bis *e 5 del citato decreto-legge n. 21 del 2012, l'esercizio dei poteri speciali di cui al medesimo articolo 2 non si applica alle tipologie di atti e operazioni posti in essere all'interno di un medesimo gruppo riguardanti fusioni, scissioni, incorporazioni, ovvero cessioni, anche di quote di partecipazione, quando le relative delibere dell'assemblea non comportano trasferimento della sede sociale in un Paese non appartenente all'Unione europea, mutamento dell'oggetto sociale, scioglimento della società o modifica di clausole statutarie adottate ai sensi dell'articolo 2351, terzo comma, del codice civile, ovvero introdotte ai sensi dell'articolo 3, comma 1, del decreto-legge 31 maggio 1994, n. 332, convertito, con modificazioni, dalla legge 30 luglio 1994, n. 474, o infine costituzione o cessione di diritti reali o di utilizzo relativi a beni materiali o immateriali o assunzione di vincoli che ne condizionano l'impiego, anche in ragione della sottoposizione dell'impresa a procedure concorsuali. — 3. Le esclusioni di cui al comma 2 non si applicano in presenza di elementi informativi circa la minaccia di un grave pregiudizio per gli interessi pubblici relativi alla sicurezza e al funzionamento delle reti e degli impianti e alla continuità degli approvvigionamenti ovvero di un pericolo per la sicurezza e l'ordine pubblico.*

Articolo 15 (Composizione del gruppo di coordinamento). *1. Il gruppo di coordinamento, istituito con decreto del Presidente del Consiglio dei ministri del 6 agosto 2014, recante disciplina delle attività di coordinamento della Presidenza del Consiglio dei ministri propedeutiche all'esercizio dei poteri speciali sugli assetti societari nei settori della difesa e della sicurezza nazionale, e sulle attività di rilevanza strategica nei settori dell'energia, dei trasporti e delle telecomunicazioni, è integrato dai rappresentanti dei Ministeri competenti in relazione alla specificità della materia o dell'operazione, ai quali non spettano compensi, gettoni di presenza, rimborsi spese o altri emolumenti comunque denominati, che possono svolgere, su designazione dello stesso gruppo di coordinamento, le funzioni di amministrazione responsabile dell'istruttoria e della proposta per l'esercizio dei poteri speciali. — 2. I Ministeri della salute, delle politiche agricole, alimentari e forestali, dell'ambiente e della tutela del territorio e del mare e il Dipartimento per l'innovazione tecnologica e la digitalizzazione comunicano entro quindici giorni dalla data di pubblicazione del presente decreto i nominativi del componente effettivo e dei due supplenti per ciascuna amministrazione al Dipartimento per il coordinamento amministrativo, nel rispetto delle previsioni di cui al citato decreto del Presidente del Consiglio dei ministri del 6 agosto 2014 ».*

(5) *Le parole* « adottato da un'impresa » *sono state sostituite alle parole* « adottato da una società » *dall'art. 4-*bis, *comma 1, lett.* c), *n. 4.1 d.l. n. 105, cit., con le disposizioni di applicazione di cui* sub *nota 2.*

(6) *Le parole* « o 1-*ter* » *sono state soppresse dall'art. 4-*bis, *comma 1, lett.* c), *n. 4.2 d.l. n. 105, cit., con le disposizioni di applicazione di cui* sub *nota 2.*

(7) *Le parole* « la modifica dell'oggetto sociale » *sono state sostituite alle parole* « il mutamento dell'oggetto sociale » *dall'art. 4-*bis, *comma 1, lett.* c), *n. 4.3 d.l. n. 105, cit., con le disposizioni di applicazione di cui* sub *nota 2.*

(8) *Le parole* « salvo che l'operazione sia già stata in corso di valutazione ai sensi del comma 5, » *sono state inserite dall'art. 25, comma 1, lett.* a) *d.l. 22 marzo 2022, n. 21, in corso di conversione in legge.*

(9) *Le parole* « dalla stessa impresa » *sono state sostituite alle parole* « dalla società stessa » *dall'art. 4-*bis, *comma 1, lett.* c), *n. 4.4 d.l. n. 105, cit., con le disposizioni di applicazione di cui* sub *nota 2.*

(10) *Comma modificato dall'art. 14, comma 1, lett.* b), *n. 3), d.l. n. 148, cit.*

(11) *Le parole* « ovvero, nei settori individuati nel secondo periodo del comma 5, anche a favore di un soggetto appartenente all'Unione europea, ivi compresi quelli stabiliti o residenti in Italia, » *e le parole* « salvo che l'operazione sia già stata in corso di valutazione ai sensi del comma 5, » *sono state inserite dall'art. 25, comma 1, lett.* b) *d.l. n. 21, cit.*

(12) *Comma inserito dall'art. 4-*bis, *comma 1, lett.* c), *n. 5 d.l. n. 105, cit., con le disposizioni di applicazione di cui* sub *nota 2.*

(13) *Le parole* « tempestivamente e per estratto » *sono state sostituite alle parole* « contestualmente » *dall'art. 4-*bis, *comma 1, lett.* c), *n. 6.1 d.l. n. 105, cit., con le disposizioni di applicazione di cui* sub *nota 2.*

(14) *Le parole* « di cui ai commi 2 e 2-*bis* » *sono state sostituite alle parole* « di cui al comma 2 » *dall'art. 4-*bis, *comma 1, lett.* c), *n. 6.2 d.l. n. 105, cit., con le disposizioni di applicazione di cui* sub *nota 2.*

(15) *Le parole* « le notifiche di cui ai commi 2 e 2-bis » *sono state sostituite alle parole* « la notifica di cui al comma 2 » *dall'art. 4-*bis, *comma 1, lett.* c), *n. 7.1 d.l. n. 105, cit., con le disposizioni di applicazione di cui* sub *nota 2.*

(16) *La parola* « quarantacinque » *è stata sostituita alla parola* « quindici » *dall'art. 4-*bis, *comma 1, lett.* c), *n. 7.2 d.l. n. 105, cit., con le disposizioni di applicazione di cui* sub *nota 2.*

(17) *Periodo inserito dall'art. 4-*bis, *comma 1, lett.* c), *n. 7.3 d.l. n. 105, cit., con le disposizioni di applicazione di cui* sub *nota 2.*

(18) *Le parole* « e le richieste istruttorie a soggetti terzi » *sono state inserite dall'art. 4*-bis, *comma 1, lett.* c), *n. 7.4 d.l. n. 105, cit., con le disposizioni di applicazione di cui* sub *nota 2.*

(19) *Periodo inserito dall'art. 4*-bis, *comma 1, lett.* c), *n. 7.5 d.l. n. 105, cit., con le disposizioni di applicazione di cui* sub *nota 2.*

(20) *Le parole* « di cui ai commi 2 e 2-bis e al presente comma » *sono state sostituite alle parole* « di cui al comma 2 e al presente comma » *dall'art. 4*-bis, *comma 1, lett.* c), *n. 7.6 d.l. n. 105, cit., con le disposizioni di applicazione di cui* sub *nota 2.*

(21) *Le parole* « ove possibile congiuntamente alla società le cui partecipazioni sono oggetto dell'acquisto » *sono state inserite dall'art. 25, comma 1, lett.* c), *n. 1 d.l. n. 21, cit.*

(22) *Periodo aggiunto dall'art. 25, comma 1, lett.* c), *n. 2 d.l. n. 21, cit. Ai sensi del successivo comma 2, le disposizioni di cui al presente periodo hanno effetto a decorrere dal* ***1° gennaio 2023****.*

(23) *Seguiva un periodo soppresso dall'art. 4*-bis, *comma 1, lett.* c), *n. 8.1 d.l. n. 105, cit., con le disposizioni di applicazione di cui* sub *nota 2. Il testo del periodo era il seguente:* « Per soggetto esterno all'Unione europea si intende qualsiasi persona fisica o giuridica, che non abbia la residenza, la dimora abituale, la sede legale o dell'amministrazione ovvero il centro di attività principale in uno Stato membro dell'Unione europea o dello Spazio economico europeo o che non sia comunque ivi stabilito ».

(24) *Periodo aggiunto dall'art. 4*-bis, *comma 1, lett.* c), *n. 8.2 d.l. n. 105, cit., con le disposizioni di applicazione di cui* sub *nota 2.*

(25) *Periodo aggiunto dall'art. 25, comma 1, lett.* c), *n. 3 d.l. n. 21, cit.*

(26) *Comma modificato dall'art. 14, comma 1, lett.* b), *n. 4), d.l. n. 148, cit.*

(27) *Comma inserito dall'art. 4*-bis, *comma 1, lett.* c), *n. 9 d.l. n. 105, cit., con le disposizioni di applicazione di cui* sub *nota 2.*

(28) *La parola* « quarantacinque » *è stata sostituita alla parola* « quindici » *e le parole* « tempestivamente e per estratto » *sono state sostituite alla parola* « contestualmente » *dall'art. 4*-bis, *comma 1, lett.* c), *n. 10.1 d.l. n. 105, cit., con le disposizioni di applicazione di cui* sub *nota 2.*

(29) *Le parole da* « l'efficacia » *a* « dei Ministri » *sono state sostituite alle parole* « l'efficacia dell'acquisto può essere condizionata all'assunzione da parte dell'acquirente di impegni diretti a garantire la tutela dei predetti interessi. » *dall'art. 25, comma 1, lett.* d), *n. 1 d.l. n. 21, cit.*

(30) *Le parole « e alla società le cui partecipazioni sono oggetto dell'acquisto » sono state inserite dall'art. 25, comma 1, lett.* d), *n. 2 d.l. n. 21, cit.*

(31) *Periodo inserito dall'art. 4*-bis, *comma 1, lett.* c), *n. 10.2 d.l. n. 105, cit., con le disposizioni di applicazione di cui* sub *nota 2.*

(32) *Le parole tra parentesi quadre sono state soppresse dall'art. 25, comma 1, lett.* d), *n. 3 d.l. n. 21, cit.*

(33) *Le parole da « La società » a « reato, » sono state sostituite alle parole « L'acquirente che non adempia agli impegni imposti è altresì soggetto, salvo che il fatto costituisca reato, » dall'art. 25, comma 1, lett.* d), *n. 4 d.l. n. 21, cit.*

(34) *Le parole* « o quote » *sono state inserite dall'art. 4*-bis, *comma 1, lett.* c), *n. 10.3 d.l. n. 105, cit., con le disposizioni di applicazione di cui* sub *nota 2.*

(35) *Le parole* « o quote » *sono state inserite dall'art. 4*-bis, *comma 1, lett.* c), *n. 10.4 d.l. n. 105, cit., con le disposizioni di applicazione di cui* sub *nota 2.*

(36) *Le parole* « o quote » *sono state inserite dall'art. 4*-bis, *comma 1, lett.* c), *n. 10.5 d.l. n. 105, cit., con le disposizioni di applicazione di cui* sub *nota 2.*

(37) *Le parole da* « le seguenti circostanze: » *a* « intraprenda attività illegali o criminali » *sono state sostituite alle parole* « la circostanza che l'investitore straniero è controllato dal governo di un paese terzo, non appartenente all'Unione europea, anche attraverso finanziamenti significativi » *dall'art. 4*-bis, *comma 1, lett.* c), *n. 10.6 d.l. n. 105, cit., con le disposizioni di applicazione di cui* sub *nota 2.*

(38) *Comma modificato dall'art. 14, comma 1, lett.* b), *n. 5), d.l. n. 148, cit.*

(39) *Alinea modificato dall'art. 14, comma 1, lett.* b), *n. 6), d.l. n. 148, cit.*

(40) *Lettera inserita dall'art. 14, comma 1, lett.* b), *n. 6), d.l. n. 148, cit.*

(41) *Le parole da* « individuate con i decreti » *sono state sostituite alle parole* « individuate con i regolamenti » *dall'art. 4*-bis, *comma 1, lett.* c), *n. 11 d.l. n. 105, cit., con le disposizioni di applicazione di cui* sub *nota 2.*

(42) *Comma aggiunto dall'art. 16, comma 1, lett.* d) *d.l. 8 aprile 2020, n. 23, conv., con modif., in l. 5 giugno 2020, n. 40.*

2-*bis* Collaborazione con autorità amministrative di settore (1).

1. La Banca d'Italia, la Commissione nazionale per le società e la borsa, la Commissione di vigilanza sui fondi pensione, l'Istituto per la vigilanza sulle assicurazioni, l'Autorità di regolazione dei trasporti, l'Autorità garante della concorrenza e del mercato, l'Autorità per le garanzie nelle comunicazioni, l'Autorità di regolazione per energia, reti e ambiente e il gruppo di coordinamento istituito ai sensi dell'articolo 3 del decreto del Presidente del Consiglio dei ministri 6 agosto 2014 collaborano tra loro, anche mediante scambio di informazioni, al fine di agevolare l'esercizio delle funzioni di cui al presente decreto. Le autorità indicate al primo periodo, esclusivamente per le finalità di cui al medesimo periodo, non possono opporre al gruppo di coordinamento il segreto d'ufficio (1).

2. Al fine di raccogliere elementi utili all'applicazione degli articoli 1, 1-*bis* e 2, il gruppo di coordinamento istituito ai sensi dell'articolo 3 del decreto del Presidente del Consiglio dei ministri 6 agosto 2014 e quello di cui all'articolo 1-*bis* (2), può richiedere a pubbliche amministrazioni, enti pubblici o privati, imprese o altri soggetti terzi che ne siano in possesso, di fornire informazioni e di esibire documenti (3).

2-*bis*. Nell'esercizio delle funzioni di cui al presente decreto, la Presidenza del Consiglio dei ministri può avvalersi, secondo modalità da definirsi mediante apposito protocollo d'intesa e senza nuovi o maggiori oneri a carico della finanza pubblica, della collaborazione della Guardia di finanza. Nell'espletamento delle attività di cui al primo periodo, fermo restando quanto previsto dall'articolo 2 del decreto legislativo 19 marzo 2001, n. 68, i militari della Guardia di finanza si avvalgono anche dei poteri e delle facoltà di cui all'articolo 9 del decreto legislativo 21 novembre 2007, n. 231 (4).

3. Ai medesimi fini di cui al comma 2, la Presidenza del Consiglio può stipulare, senza nuovi o maggiori oneri per la finanza pubblica, convenzioni o protocolli di intesa con istituti o enti di ricerca, nonché con altre amministrazioni (5) (3).

(1) *Il presente articolo era stato inserito dal d.l. 11 luglio 2019, n. 64, non convertito in legge nel termine di 60 giorni. Successivamente è stato reinserito dall'art. 4*-bis, *comma 1, lett.* d), *d.l. 21 settembre 2019, n. 105, conv., con modif., in l. 18 novembre 2019, n. 133.*

(2) *Le parole* « e quello di cui all'articolo 1-*bis* » *sono state inserite dall'art. 27, comma 2, lett.* a) *d.l. 22 marzo 2021, n. 21, in corso di conversione in legge.*

(3) *Comma aggiunto dall'art. 16, comma 1, lett.* e), *d.l. 8 aprile 2020, n. 23, conv., con modif., in l. 5 giugno 2020, n. 40.*

(4) *Comma aggiunto dall'art. 27, comma 2, lett.* b) *d.l. n. 21, cit. Ai sensi del medesimo art. 27, commi 1 e 3 d.l. n. 21, cit.,* « 1. Al fine di potenziare l'attività di coordinamento della Presidenza del Consiglio dei ministri per lo svolgimento delle attività propedeutiche all'esercizio dei poteri speciali, è istituito presso il Dipartimento per il coordinamento amministrativo della Presidenza del Consiglio dei ministri un nucleo di valutazione e analisi strategica in materia di esercizio dei poteri speciali, costituito da dieci componenti in possesso di specifica ed elevata competenza in materia giuridica, economica e nelle relazioni internazionali. Con decreto del Presidente del Consiglio dei ministri, sentito il Segretario Generale della Presidenza del Consiglio dei ministri, sono definiti i criteri per l'individuazione e la nomina dei componenti del nucleo, la durata degli incarichi, i compensi spettanti nel limite massimo di euro 50.000 per singolo incarico al netto degli oneri fiscali e contributivi a carico dell'amministrazione, le ulteriori disposizioni concernenti l'organizzazione ed il funzionamento dell'or-

ganismo. – 3. Con decreto del Presidente del Consiglio dei ministri sono definite le misure organizzative a supporto del nucleo di cui al comma 1 da svolgersi da parte del Dipartimento per il coordinamento amministrativo, nei limiti delle risorse umane disponibili a legislazione vigente ».

90. Decreto del Presidente del Consiglio dei ministri 23 dicembre 2020, n. 180. — Regolamento per l'individuazione degli attivi di rilevanza strategica nei settori dell'energia, dei trasporti e delle comunicazioni, a norma dell'articolo 2, comma 1, del decreto-legge 15 marzo 2012, n. 21, convertito, con modificazioni, dalla legge 11 maggio 2012, n. 56 (1).

Pubblicato nella Gazzetta Ufficiale n. 322 del 30 dicembre 2020

(1) *Ai sensi del comma 4 dell'art. 4-*bis *d.l. n. 105/2019* (sub V, 92)*, con l'entrata in vigore del presente decreto, adottato ai sensi del comma 1 dell'art. 2 d.l. 15 marzo 2012, n. 21, conv., con modif., in l. 11 maggio 2012, n. 56, come modificato dal predetto d.l. n. 105/2019, cessa di avere efficacia il d.P.R. 25 marzo 2014, n. 85. V. anche il d.P.C.M. 18 dicembre 2020, n. 179, Regolamento per l'individuazione dei beni e dei rapporti di interesse nazionale nei settori di cui all'articolo 4, paragrafo 1, del regolamento (UE) 2019/452 del Parlamento europeo e del Consiglio, del 19 marzo 2019, a norma dell'articolo 2, comma 1-*ter*, del decreto-legge 15 marzo 2012, n. 21, convertito, con modificazioni, dalla legge 11 maggio 2012, n. 56, in nota all'art. 2, comma 1-*ter*, d.l. n. 21/2012* (sub V, 89)*.*

1 Individuazione degli attivi di rilevanza strategica nel settore energetico.

1. Ai fini dell'esercizio dei poteri speciali di cui all'articolo 2 del decreto-legge 15 marzo 2012, n. 21, convertito, con modificazioni, dalla legge 11 maggio 2012, n. 56, di seguito denominato: « decreto-legge », gli attivi di rilevanza strategica nel sistema energetico nazionale sono individuati nelle reti energetiche di interesse nazionale, e nei relativi rapporti convenzionali, elencate al comma 2.

2. Sono inclusi negli attivi di cui al comma 1:

a) rete nazionale di trasporto del gas naturale e relative stazioni di compressione e centri di dispacciamento, come individuata ai sensi dell'articolo 9 del decreto legislativo 23 maggio 2000, n. 164, nonché gli impianti di stoccaggio del gas;

b) infrastrutture di approvvigionamento di energia elettrica e gas da altri Stati, compresi gli impianti di rigassificazione di GNL onshore e offshore;

c) rete nazionale di trasmissione dell'energia elettrica e relativi impianti di controllo e dispacciamento;

d) attività di gestione e immobili fondamentali connessi all'utilizzo delle reti e infrastrutture di cui alle precedenti lettere *a*), *b*) e *c*).

2 Individuazione degli attivi di rilevanza strategica nel settore trasporti.

1. Ai fini dell'esercizio dei poteri speciali di cui all'articolo 2 del decreto-legge, le reti e gli impianti di rilevanza strategica per il settore dei trasporti sono individuati nelle grandi reti e impianti di interesse nazionale, destinati anche a garantire i principali collegamenti transeuropei, e nei relativi rapporti convenzionali, come individuati dal comma 2.

2. Sono inclusi nelle reti e negli impianti di cui al comma 1:

a) porti di interesse nazionale;

b) aeroporti di interesse nazionale;

c) spazioporti nazionali;

d) rete ferroviaria nazionale di rilevanza per le reti trans-europee;

e) gli interporti di rilievo nazionale;

f) reti stradali e autostradali di interesse nazionale.

3 Individuazione degli attivi di rilevanza strategica nel settore comunicazioni.

1. Ai fini dell'esercizio dei poteri speciali di cui all'articolo 2del decreto-legge, gli attivi di rilevanza strategica nel settore delle comunicazioni sono individuati nelle reti dedicate e nella rete di accesso pubblica agli utenti finali in connessione con le reti metropolitane, i router di servizio e le reti a lunga distanza, nonché negli impianti utilizzati per la fornitura dell'accesso agli utenti finali dei servizi rientranti negli obblighi del servizio universale e dei servizi a banda larga e ultralarga, e nei relativi rapporti convenzionali, fatte salve le disposizioni della direttiva 2009/136/CE del Parlamento europeo e del Consiglio, del 25 novembre 2009, e del regolamento (UE) n. 2016/679 del Parlamento europeo e del Consiglio, del 27 aprile 2016.

2. Sono inclusi negli attivi di cui al comma 1 gli elementi dedicati, anche laddove l'uso non sia esclusivo, per la connettività (fonia, dati e video), la sicurezza, il controllo e la gestione relativi a reti di accesso di telecomunicazioni in postazione fissa.

4 Ambito di applicazione della disciplina dei poteri speciali.

1. Fermo restando l'obbligo di notifica, i poteri speciali di cui all'articolo 2 del decreto-legge e relativi al presente regolamento si applicano nella misura in cui la tutela degli interessi essenziali dello Stato previsti dal medesimo articolo 2, ivi compresi quelli connessi a un adeguato sviluppo infrastrutturale, non sia adeguatamente garantita dalla sussistenza di una specifica regolamentazione di settore, anche di natura convenzionale connessa a uno specifico rapporto concessorio.

2. L'esercizio dei poteri speciali di cui all'articolo 2 del decreto-legge non si applica alle tipologie di atti e operazioni, posti in essere all'interno di un medesimo gruppo, fermi restando, in ogni caso, gli obblighi di notifica e di comunicazione di cui all'articolo 2, commi

2 e 5 del decreto-legge, riguardanti fusioni, scissioni, incorporazioni, ovvero cessioni, anche di quote di partecipazione quando le relative delibere dell'assemblea o degli organi di amministrazione non comportano il trasferimento dell'azienda o di rami di essa o di società controllata, ovvero il trasferimento della sede sociale, il mutamento dell'oggetto sociale, lo scioglimento della società o la modifica di clausole statutarie adottate ai sensi dell'articolo 2351, comma 3, del codice civile, ovvero introdotte ai sensi dell'articolo 3, comma 1, del decreto-legge 31 maggio 1994, n. 332, convertito, con modificazioni, dalla legge 30 luglio 1994, n. 474, o infine la costituzione o la cessione di diritti reali o di utilizzo relativi a beni materiali o immateriali o l'assunzione di vincoli che ne condizionano l'impiego.

3. Le esclusioni di cui al comma 2 non si applicano in presenza di elementi informativi circa la minaccia di un grave pregiudizio per gli interessi pubblici relativi alla sicurezza e al funzionamento delle reti e degli impianti e alla continuità degli approvvigionamenti.

5 Entrata in vigore.

1. Il presente decreto entra in vigore il quindicesimo giorno successivo a quello della sua pubblicazione nella Gazzetta Ufficiale della Repubblica italiana.

91. Decreto del Presidente del Consiglio dei Ministri 6 giugno 2014, n. 108. — Regolamento per l'individuazione delle attività di rilevanza strategica per il sistema di difesa e sicurezza nazionale, a norma dell'articolo 1, comma 1, del decreto-legge 15 marzo 2012, n. 21, convertito, con modificazioni, dalla legge 11 maggio 2012, n. 56.

Pubblicato nella Gazzetta Ufficiale n. 176 del 31 luglio 2014.

1 Individuazione delle attività di rilevanza strategica e delle attività strategiche chiave nei settori della difesa e della sicurezza nazionale di competenza del Ministero della difesa.

1. Ai fini dell'esercizio dei poteri speciali di cui all'articolo 1 del decreto-legge 15 marzo 2012, n. 21, convertito, con modificazioni, dalla legge 11 maggio 2012, n. 56, le attività di rilevanza strategica per il sistema di difesa e sicurezza nazionale, ivi comprese le attività strategiche chiave, di competenza del Ministero della difesa, sono individuate nello studio, la ricerca, la progettazione, lo sviluppo, la produzione, l'integrazione e il sostegno al ciclo di vita, ivi compresa la catena logistica, dei seguenti sistemi e materiali:

a) sistemi di Comando, Controllo, Computer e Informazioni (C4I), con le relative misure per garantire la sicurezza delle informazioni; in quest'ambito, le attività si qualificano come strategiche chiave quando sono inerenti a:

1) capacità operative complesse netcentriche terrestri, navali ed aeronautiche e relative capacità di difesa cibernetica;

2) sistemi di guerra elettronica ed acustica ad alto livello di automazione ed in grado di coprire l'intera gamma delle minacce attuali e future;

3) sistemi per la gestione delle fasi di raccolta, elaborazione e disseminazione dei prodotti dell'attività informativa tecnico-militare;

4) sistemi crypto e i relativi algoritmi, per l'elaborazione, la protezione e la trasmissione sicura di informazioni classificate, comunicazioni telefoniche, informatiche e trasmissioni radio, includendo l'applicazione di nuove tecnologie e nuovi algoritmi di cifratura, decifratura e decriptazione, comprese tecnologie quantistiche e steganografiche;

b) sensori avanzati integrati nelle reti C4I; in quest'ambito, le attività si qualificano come strategiche chiave quando sono inerenti a:

1) sensori acustici attivi e passivi e sensori integrati elettroottici ad alta risoluzione di tipo tradizionale ed iperspettrale, nonché radar multi spettrali a scansione elettronica;

2) sistemi satellitari militari ad elevate prestazioni e protezione, sia nella componente terrestre sia in quella spaziale (inclusa l'attività gestionale dei relativi servizi), per l'osservazione terrestre (ottica, radar e multispettrale) e per le comunicazioni;

3) velivoli a pilotaggio remoto e relativi sistemi di missione, sia per sorveglianza, acquisizione obiettivi ed esplorazione idonei ad operare a media quota con lunga autonomia (UAV MALE), sia per combattimento (UCAV);

4) sistemi di esplorazione subacquea con connessi software per l'elaborazione di modelli e simulazioni, nonché sistemi per l'abbattimento delle segnature acustiche di mezzi navali;

c) sistemi con o senza equipaggio idonei a contrastare le molteplici forme di ordigni esplosivi improvvisati; in quest'ambito, le attività si qualificano come strategiche chiave quando sono inerenti a:

1) sistemi e sensori di scoperta, di protezione balistica attiva e passiva inclusi i sistemi di protezione di scafi e di torrette dei veicoli contro le minacce da ordigni esplosivi improvvisati (IED) e da mine, nonché i relativi sistemi di fusione delle informazioni;

2) sistemi individuali di protezione;

d) sistemi d'arma avanzati, integrati nelle reti C4I, indispensabili per garantire un margine di vantaggio sui possibili avversari e quindi finalizzati alla sicurezza ed efficacia in operazioni; in quest'ambito, le attività si qualificano come strategiche chiave quando sono inerenti a:

1) sistemi missilistici avanzati ad elevata affidabilità e precisione nei segmenti aria/aria, aria/superficie, superficie/aria e superficie/superficie, con particolare riferimento ai sistemi di guida;

2) munizionamento guidato di precisione a lunga gittata per artiglierie terrestri e navali;

3) sistemi subacquei avanzati ad elevata affidabilità e precisione (siluri pesanti e leggeri, contromisure);

4) navi da guerra e integrazione di sistemi d'arma, sensori operanti nelle varie bande elettroottiche o elettromagnetiche, nonché sistemi di sicurezza attivi e passivi, sistemi di piattaforma e sistemi propulsivi;

e) sistemi aeronautici avanzati, dotati di sensori avanzati integrati nelle reti C4I; in quest'ambito, le attività si qualificano come strategiche chiave quando sono inerenti a:

1) sistemi di addestramento aeronautico militare avanzato, sia nella componente aerea sia in quella terrestre, in grado di formare piloti per le nuove generazioni di velivoli militari;

2) velivoli militari ad ala rotante ad elevate prestazioni, con particolare riferimento alla velocità e ai sistemi di controllo missione;

f) sistemi di propulsione aerospaziali e navali militari ad elevate prestazioni e affidabilità; in quest'ambito, le attività si qualificano come strategiche chiave quando sono inerenti a:

1) trasmissioni di potenza e trasmissioni comando accessori dei motori aeronautici;

2) sistemi propulsivi a propellente solido e liquido per i lanciatori spaziali.

2. Le attività di studio, ricerca, progettazione, sviluppo, produzione, integrazione e sostegno al ciclo di vita, ivi compresa la catena logistica, si qualificano inoltre come attività strategiche chiave quando sono inerenti a:

a) tecnologie di riduzione della segnatura radar (stealthness); nanotecnologie; tecnologie dei materiali compositi ad alto grado termico; tecnologie per la progettazione e fabbricazione di meta materiali; tecnologie per la progettazione e fabbricazione di Superfici a Selezione di Frequenza (FSS);

b) Materiali Radar Assorbenti (RAM); materiali per radome FSS (aeronautici, navali, terrestri); materiali ad alto grado termico per motori spaziali, aeronautici, nucleari; materiali per fabbricazione di satelliti, scudi spaziali e parti di armamenti (affusti, lanciatori e canne); materiali per l'abbattimento della traccia infrarosso e della traccia acustica.

2 Attività di rilevanza strategica ed attività strategiche chiave nei settori della sicurezza nazionale di competenza del Ministero dell'interno

1. Ai fini dell'esercizio dei poteri speciali di cui all'articolo 1 del decreto-legge 15 marzo 2012, n. 21, convertito, con modificazioni, dalla legge 11 maggio 2012, n. 56, le attività di rilevanza strategica per la sicurezza nazionale di competenza del Ministero dell'interno, sono individuate nello studio, la ricerca, la progettazione, lo sviluppo, la produzione, l'integrazione e il sostegno al ciclo di vita, ivi compresa la catena logistica, dei seguenti sistemi e apparati:

a) sistemi e sensori destinati all'impiego in servizi di osservazione (ottica e radar), sorveglianza e controllo del territorio, nell'ambito dei compiti di tutela dell'ordine pubblico, della sicurezza, del soccorso pubblico e della difesa civile;

b) sistemi di osservazione (ottica e radar), sorveglianza e controllo del territorio installati su aeromobili ad ala fissa o rotante, unità navali, veicoli anfibi e terrestri che operano nell'ambito dei compiti di tutela dell'ordine pubblico, della pubblica sicurezza, del soccorso pubblico e della difesa civile;

c) sistemi propulsivi, trasmissioni di potenza e trasmissioni comando accessori dei motori aeronautici e navali ad elevate prestazioni e affidabilità relativi ai velivoli e alle unità navali destinati all'impiego in servizi di osservazione (ottica e radar), sorveglianza e controllo del territorio, nell'ambito dei compiti di tutela dell'ordine pubblico, della pubblica sicurezza, del soccorso pubblico e della difesa civile;

d) sistemi di protezione balistica impiegati nell'ambito dei compiti di tutela dell'ordine e della sicurezza pubblica, del soccorso pubblico e della difesa civile;

e) sistemi informativi e di comunicazione, anche satellitari, di raccolta, classificazione e di gestione di informazioni e di dati sviluppati e utilizzati per le attività di difesa civile.

2. Le attività di studio, ricerca, progettazione, sviluppo, produzione, integrazione, gestione e sostegno al ciclo di vita, ivi compresa la catena logistica, si qualificano inoltre come attività strategiche chiave quando sono inerenti a:

a) reti private virtuali, a parte i sistemi di cui al comma 1, in uso alle Amministrazioni dello Stato competenti in materia di ordine e sicurezza pubblica, sicurezza nazionale, soccorso pubblico e difesa civile, giustizia e relazioni internazionali;

b) reti di telecomunicazioni di proprietà del Ministero dell'interno, destinate ad essere impiegate nelle attività di tutela dell'ordine e sicurezza pubblica, nonché di difesa civile;

c) collegamenti dedicati esclusivamente alla realizzazione e al funzionamento della rete Interpolizia in uso alle Forze di polizia di cui all'articolo 16 della legge 1° aprile 1981, n. 121 e al Ministero della difesa;

d) sistemi, anche di carattere crypto, e i relativi algoritmi, per l'elaborazione, la protezione e la trasmissione sicura di informazioni classificate, salvo quanto previsto dall'articolo 1, comma 1, lettera *a*), numero 4);

e) sistema di monitoraggio in tempo reale della radioattività del Ministero dell'interno;

f) sistemi informativi di raccolta e classificazione e gestione di informazioni e di dati, anche fornite dalle Forze di polizia, per l'attuazione delle direttive impartite dal Ministro dell'interno nell'esercizio delle attribuzioni di Autorità nazionale di pubblica sicurezza, ovvero sviluppati e in uso ai fini di prevenzione e repressione dei reati di tutela dell'ordine e sicurezza pubblica, di controllo delle frontiere e di contrasto dell'immigrazione clandestina.

3 Attività di rilevanza strategica nei settori della sicurezza nazionale di competenza del Ministero dell'interno e del Ministero della difesa.

1. Ai fini dell'esercizio dei poteri speciali di cui all'articolo 1 del decreto-legge 15 marzo 2012, n. 21, convertito, con modificazioni, dalla legge 11 maggio 2012, n. 56, le attività di rilevanza strategica per il sistema di difesa e sicurezza nazionale relative agli ambiti di competenza dei Ministeri dell'interno e della difesa, sono individuate nello studio, la ricerca, la progettazione, lo sviluppo, la produzione, l'integrazione e il sostegno al ciclo di vita, ivi compresa la catena logistica concernenti:

a) sistemi di rilevazione e protezione NBCR, salvo quanto previsto dall'articolo 2, comma 2, lettera e);

b) sistemi di rilevazione - con e senza equipaggio - di ordigni esplosivi, sistemi di visione notturna, di sorveglianza e controllo del territorio, nell'ambito dei compiti istituzionali.

4 Operazioni infragruppo escluse dalla disciplina dei poteri speciali.

1. L'esercizio dei poteri speciali di cui all'articolo 1 del decreto-legge n. 21 del 2012, convertito, con modificazioni, dalla legge n. 56 del 2012, non si applica alle tipologie di atti e operazioni, posti in essere all'interno di un medesimo gruppo, fermi restando, in ogni caso, gli obblighi di notifica e comunicazione di cui ai commi 4 e 5 dell'articolo 1 del decreto-legge n. 21 del 2012, convertito, con modificazioni, dalla legge n. 56 del 2012, riguardanti fusioni, scissioni, incorporazioni, ovvero cessioni, anche di quote di partecipazione, quando le relative delibere dell'assemblea o degli organi di amministrazione non comportano il trasferimento dell'azienda o di rami di essa o di società controllata, ovvero il trasferimento della sede sociale, il mutamento dell'oggetto sociale, lo scioglimento della società o la modifica di clausole statutarie adottate ai sensi dell'articolo 2351, terzo comma, del codice civile, ovvero introdotte ai sensi dell'articolo 3, comma 1, del decreto-legge 30 luglio 1994, n. 332, convertito con modificazioni dalla legge 30 luglio 1994, n. 474 e successive modificazioni, o infine la costituzione o la cessione di diritti reali o di utilizzo relative a beni materiali o immateriali o l'assunzione di vincoli che ne condizionino l'impiego.

2. Le esclusioni di cui al comma 1 non si applicano in presenza di elementi informativi circa la minaccia di un grave pregiudizio per gli interessi essenziali della difesa e della sicurezza nazionale.

5 Abrogazioni.

1. È abrogato il decreto del Presidente del Consiglio dei ministri30 novembre 2012, n. 253, come modificato dal decreto del Presidente del Consiglio dei ministri 2 ottobre 2013, n. 129.

92. Decreto legge 21 settembre 2019, n. 105, convertito, con modificazioni, in legge 18 novembre 2019, n. 133. — Disposizioni urgenti in materia di perimetro di sicurezza nazionale cibernetica e di disciplina dei poteri speciali nei settori di rilevanza strategica. (*estratto*) (1).

Pubblicato nella Gazzetta Ufficiale n. 222 del 21 settembre 2019; la legge di conversione è stata pubblicata nella Gazzetta Ufficiale n. 272 del 20 novembre 2019.

(1) *Ai sensi dell'art. 16, comma 4 d.l. 14 giugno 2021, n. 82, conv., con modif., in l. 4 agosto 2021, n. 109, nel presente decreto le parole* « Comitato interministeriale per la sicurezza della Repubblica (CISR) » *e* « CISR », *ovunque ricorrano, sono rispettivamente sostituite dalle seguenti:* « Comitato interministeriale per la cybersicurezza (CIC) » *e* « CIC », *fatta eccezione per le disposizioni di cui all'articolo 5 del medesimo decreto-legge. Ai sensi del successivo comma 5, ogni riferimento al Dipartimento delle informazioni per la sicurezza, o al DIS, ovunque ricorra, è da intendersi riferito all'Agenzia per la cybersicurezza nazionale, fatta eccezione per le disposizioni dell'articolo 1, commi 2, lettera* b), *e 2-ter, del medesimo decreto-legge perimetro, e ogni riferimento al Nucleo per la sicurezza cibernetica è da intendersi riferito al Nucleo per la cybersicurezza. Infine, ai sensi del successivo comma 6, lett.* a) *ogni riferimento al Ministero dello sviluppo economico e alla Presidenza del Consiglio dei ministri, ovunque ricorra, è da intendersi riferito all'Agenzia per la cybersicurezza nazionale.*

1 Perimetro di sicurezza nazionale cibernetica (1).

1. Al fine di assicurare un livello elevato di sicurezza delle reti, dei sistemi informativi e dei servizi informatici delle amministrazioni pubbliche, degli enti e degli operatori pubblici e privati aventi una sede nel territorio nazionale, da cui dipende l'esercizio di una funzione essenziale dello Stato, ovvero la prestazione di un servizio essenziale per il mantenimento di attività civili, sociali o economiche fondamentali per gli interessi dello Stato e dal cui malfunzionamento, interruzione, anche parziali, ovvero utilizzo improprio, possa derivare un pregiudizio per la sicurezza nazionale, è istituito il perimetro di sicurezza nazionale cibernetica.

2. Entro quattro mesi dalla data di entrata in vigore della legge di conversione del presente decreto, con decreto del Presidente del Consiglio dei ministri, adottato su proposta del Comitato interministeriale per la sicurezza della Repubblica (CISR): (2)

a) sono definiti modalità e criteri procedurali di individuazione di amministrazioni pubbliche, enti e operatori pubblici e privati (3) di cui al comma 1 aventi una sede nel territorio nazionale inclusi nel perimetro di sicurezza nazionale cibernetica e tenuti al rispetto delle misure e degli obblighi previsti dal presente articolo; ai fini dell' (3) individuazione, fermo restando che per gli Organismi di informazione per la sicurezza si applicano le norme previste dalla legge 3 agosto 2007, n. 124, si procede sulla base dei seguenti criteri:

1) il soggetto esercita una funzione essenziale dello Stato, ovvero assicura un servizio essenziale per il mantenimento di attività civili, sociali o economiche fondamentali per gli interessi dello Stato;

2) l'esercizio di tale funzione o la prestazione di tale servizio dipende da reti, sistemi informativi e servizi informatici;

2-*bis*) l'individuazione avviene sulla base di un criterio di gradualità, tenendo conto dell'entità del pregiudizio per la sicurezza nazionale che, in relazione alle specificità dei diversi settori di attività, può derivare dal malfunzionamento, dall'interruzione, anche parziali, ovvero dall'utilizzo improprio delle reti, dei sistemi informativi e dei servizi informatici predetti;

b) sono definiti, sulla base di un'analisi del rischio e di un criterio di gradualità che tenga conto delle specificità dei diversi settori di attività, i criteri con i quali i soggetti di cui al comma 2-*bis* predispongono e aggiornano con cadenza almeno annuale un elenco delle reti, dei sistemi informativi e dei servizi informatici di cui al comma 1, di rispettiva pertinenza, comprensivo della relativa architettura e componentistica, fermo restando che, per le reti, i sistemi informativi e i servizi informatici attinenti alla gestione delle informazioni classificate, si applica quanto previsto dal regolamento adottato ai sensi dell'articolo 4, comma 3, lettera *l*), della legge 3 agosto 2007, n. 124; all'elaborazione di tali criteri provvede, adottando opportuni moduli organizzativi, il Tavolo interministeriale di cui all'articolo 6 del regolamento di cui al decreto del Presidente del Consiglio dei ministri 30 luglio 2020, n. 131; entro sei mesi dalla data della comunicazione, prevista dal comma 2-bis, a ciascuno dei soggetti iscritti nell'elenco di cui al medesimo comma, i soggetti pubblici e quelli di cui all'articolo 29 del codice dell'amministrazione digitale, di cui al decreto legislativo 7 marzo 2005, n. 82, nonché quelli privati, di cui al citato comma 2-*bis*, trasmettono tali elenchi all'Agenzia per la cybersicurezza nazionale, anche per le attività di prevenzione, preparazione e gestione di crisi cibernetiche affidate al Nucleo per la cybersicurezza; il Dipartimento delle informazioni per la sicurezza, l'Agenzia informazioni e sicurezza esterna (AISE) e l'Agenzia informazioni e sicurezza interna (AISI) ai fini dell'esercizio delle funzioni istituzionali previste dagli articoli 1, comma 3-*bis*, 4,6 e 7 della legge n. 124 del 2007, nonché l'organo del Ministero dell'interno per la sicurezza e per la regolarità dei servizi di telecomunicazione di cui all'articolo 7-*bis* del decreto-legge 27 luglio 2005, n. 144, convertito, con modificazioni, dalla legge 31 luglio 2005, n. 155, accedono a tali elenchi per il tramite della piattaforma digitale di cui all'articolo 9, comma 1, del regolamento di cui al decreto del Presidente del Consiglio dei ministri n. 131 del 2020, costituita presso l'Agenzia per la cybersicurezza nazionale (4).

2-*bis*. L'elencazione dei soggetti individuati ai sensi del comma 2, lettera *a*), è contenuta in un atto amministrativo, adottato dal Presidente del Consiglio dei ministri, su proposta del CISR, entro trenta giorni dalla data di entrata in vigore del decreto del Presidente del Consiglio dei ministri di cui al comma 2. Il predetto atto amministrativo, per il quale è escluso il diritto di accesso, non è soggetto a pubblicazione, fermo restando che a ciascun soggetto è data, separatamente, comunicazione senza ritardo dell'avvenuta iscrizione nell'elenco. L'aggiornamento del predetto atto amministrativo è effettuato con le medesime modalità di cui al presente comma (5).

2-*ter*. Gli elenchi dei soggetti di cui alla lettera *a*) del comma 2 del presente articolo sono trasmessi al Dipartimento delle informazioni per la sicurezza, che provvede anche a favore dell'AISE e dell'AISI ai fini dell'esercizio delle funzioni istituzionali previste dagli articoli 1, comma 3-bis, 4,6 e 7 della legge 3 agosto 2007, n. 124 (6).

3. Entro dieci mesi dalla data di entrata in vigore della legge di conversione del presente decreto, con decreto del Presidente del Consiglio dei ministri, che disciplina altresì i relativi termini e modalità attuative, adottato su proposta del CISR:

a) sono definite le procedure secondo cui i soggetti di cui al comma 2-*bis* (7) notificano gli incidenti aventi impatto su reti, sistemi informativi e servizi informatici di cui al comma 2, lettera *b*), al Gruppo di intervento per la sicurezza informatica in caso di incidente (CSIRT) italiano, che inoltra tali notifiche, tempestivamente, al Dipartimento delle informazioni per la sicurezza anche per le attività demandate al Nucleo per la sicurezza cibernetica; il Dipartimento delle informazioni per la sicurezza assicura la trasmissione delle notifiche così ricevute all'organo del Ministero dell'interno per la sicurezza e la regolarità dei servizi di telecomunicazione di cui all'articolo 7-*bis* del decreto-legge 27 luglio 2005, n. 144, convertito, con modificazioni, dalla legge 31 luglio 2005, n. 155, nonché alla Presidenza del Consiglio dei ministri, se provenienti da un soggetto pubblico o da un soggetto di cui all'articolo 29 del decreto legislativo 7 marzo 2005, n. 82, ovvero al Ministero dello sviluppo economico, se effettuate da un soggetto privato;

b) sono stabilite misure volte a garantire elevati livelli di sicurezza delle reti, dei sistemi informativi e dei servizi informatici di cui al comma 2, lettera *b*), tenendo conto degli standard definiti a livello internazionale e dell'Unione europea, relative:

1) alla struttura organizzativa preposta alla gestione della sicurezza;

1-*bis*) alle politiche di sicurezza e alla gestione del rischio;

2) alla mitigazione e gestione degli incidenti e alla loro prevenzione, anche attraverso interventi su apparati o prodotti che risultino gravemente inadeguati sul piano della sicurezza;

3) alla protezione fisica e logica e dei dati;

4) all'integrità delle reti e dei sistemi informativi;

5) alla gestione operativa, ivi compresa la continuità del servizio;

6) al monitoraggio, test e controllo;

7) alla formazione e consapevolezza;

8) all'affidamento di forniture di beni, sistemi e servizi di information and communication technology (ICT), anche mediante definizione di caratteristiche e requisiti di carattere generale, di standard e di eventuali limiti.

4. All'elaborazione delle misure di cui al comma 3, lettera *b*), provvedono, secondo gli ambiti di compe-

tenza delineati dal presente decreto, il Ministero dello sviluppo economico e la Presidenza del Consiglio dei ministri, d'intesa con il Ministero della difesa, il Ministero dell'interno, il Ministero dell'economia e delle finanze e il Dipartimento delle informazioni per la sicurezza.

4-*bis*. Gli schemi dei decreti di cui ai commi 2 e 3 sono trasmessi alla Camera dei deputati e al Senato della Repubblica per l'espressione del parere delle Commissioni parlamentari competenti per materia, che si pronunciano nel termine di trenta giorni, decorso il quale il decreto può essere comunque adottato. I medesimi schemi sono altresì trasmessi al Comitato parlamentare per la sicurezza della Repubblica (8).

4-*ter*. L'atto amministrativo di cui al comma 2-*bis* e i suoi aggiornamenti sono trasmessi, entro dieci giorni dall'adozione, al Comitato parlamentare per la sicurezza della Repubblica (9).

5. Per l'aggiornamento di quanto previsto dai decreti di cui ai commi 2 e 3 si procede secondo le medesime modalità di cui ai commi 2, 3, 4 e 4-*bis* con cadenza almeno biennale.

6. Con regolamento, adottato ai sensi dell'articolo 17, comma 1, della legge 23 agosto 1988, n. 400, entro dieci mesi dalla data di entrata in vigore della legge di conversione del presente decreto, sono disciplinati le procedure, le modalità e i termini con cui:

a) i soggetti di cui al comma 2-*bis* (10), che intendano procedere, anche per il tramite delle centrali di committenza alle quali essi sono tenuti a fare ricorso ai sensi dell'articolo 1, comma 512, della legge 28 dicembre 2015, n. 208, all'affidamento (11) di forniture di beni, sistemi e servizi ICT destinati a essere impiegati sulle reti, sui sistemi informativi e per l'espletamento dei servizi informatici di cui al comma 2, lettera *b*), appartenenti a categorie individuate, sulla base di criteri di natura tecnica, con decreto del Presidente del Consiglio dei ministri, da adottare entro dieci mesi dalla data di entrata in vigore della legge di conversione del presente decreto, ne danno comunicazione al Centro di valutazione e certificazione nazionale (CVCN), istituito presso il Ministero dello sviluppo economico; la comunicazione comprende anche la valutazione del rischio associato all'oggetto della fornitura, anche in relazione all'ambito di impiego. L'obbligo di comunicazione di cui alla presente lettera è efficace a decorrere dal trentesimo giorno successivo alla pubblicazione nella Gazzetta Ufficiale della Repubblica italiana del decreto del Presidente del Consiglio dei ministri che, sentita l'Agenzia per la cybersicurezza nazionale, attesta l'operatività del CVCN e comunque dal 30 giugno 2022. (12) Entro quarantacinque giorni dalla ricezione della comunicazione, prorogabili di quindici giorni, una sola volta, in caso di particolare complessità, il CVCN può effettuare verifiche preliminari ed imporre condizioni e test di hardware e software da compiere anche in collaborazione con i soggetti di cui al comma 2-*bis* (10), secondo un approccio gradualmente crescente nelle verifiche di sicurezza. Decorso il termine di cui al precedente periodo senza che il CVCN si sia pronunciato, i soggetti che hanno effettuato la comunicazione possono proseguire nella procedura di affidamento. In caso di imposizione di condizioni e test di hardware e software, i relativi bandi di gara e contratti sono integrati con clausole che condizionano, sospensivamente ovvero risolutivamente, il contratto al rispetto delle condizioni e all'esito favorevole dei test disposti dal CVCN. I test devono essere conclusi nel termine di sessanta giorni. Decorso il termine di cui al precedente periodo, i soggetti che hanno effettuato la comunicazione possono proseguire nella procedura di affidamento. In relazione alla specificità delle forniture di beni, sistemi e servizi ICT da impiegare su reti, sistemi informativi e servizi informatici del Ministero dell'interno e del Ministero della difesa, individuati ai sensi del comma 2, lettera *b*), i predetti Ministeri, nell'ambito delle risorse umane e finanziarie disponibili a legislazione vigente e senza nuovi o maggiori oneri a carico della finanza pubblica, in coerenza con quanto previsto dal presente decreto, possono procedere, con le medesime modalità e i medesimi termini previsti dai periodi precedenti, attraverso la comunicazione ai propri Centri di valutazione accreditati per le attività di cui al presente decreto, ai sensi del comma 7, lettera *b*), che impiegano le metodologie di verifica e di test definite dal CVCN. Per tali casi i predetti Centri informano il CVCN con le modalità stabilite con il decreto del Presidente del Consiglio dei ministri, di cui al comma 7, lettera *b*). Non sono oggetto di comunicazione gli affidamenti delle forniture di beni, sistemi e servizi ICT destinate alle reti, ai sistemi informativi e ai servizi informatici per lo svolgimento delle attività di prevenzione, accertamento e repressione dei reati e i casi di deroga stabiliti dal medesimo regolamento con riguardo alle forniture di beni, sistemi e servizi ICT per le quali sia indispensabile procedere in sede estera, fermo restando, in entrambi i casi, l'utilizzo di beni, sistemi e servizi ICT conformi ai livelli di sicurezza di cui al comma 3, lettera *b*), salvo motivate esigenze connesse agli specifici impieghi cui essi sono destinati;

b) i soggetti individuati quali fornitori di beni, sistemi e servizi destinati alle reti, ai sistemi informativi e ai servizi informatici di cui al comma 2, lettera *b*), assicurano al CVCN e, limitatamente agli ambiti di specifica competenza, ai Centri di valutazione operanti presso i Ministeri dell'interno e della difesa, di cui alla lettera *a*) del presente comma, la propria collaborazione per l'effettuazione delle attività di test di cui alla lettera *a*) del presente comma, sostenendone gli oneri; il CVCN segnala la mancata collaborazione al Ministero dello sviluppo economico, in caso di fornitura destinata a soggetti privati, o alla Presidenza del Consiglio dei ministri, in caso di fornitura destinata a soggetti pubblici ovvero a quelli di cui all'articolo 29 del codice di cui al decreto legislativo 7 marzo 2005, n. 82; sono inoltrate altresì alla Presidenza del Consiglio dei ministri le analoghe segnalazioni dei Centri di valutazione dei Ministeri dell'interno e della difesa, di cui alla lettera *a*);

c) la Presidenza del Consiglio dei ministri, per i profili di pertinenza dei soggetti pubblici e di quelli di cui all'articolo 29 del codice dell'Amministrazione digitale di cui al decreto legislativo 7 marzo 2005, n. 82, di cui al comma 2-*bis*, e il Ministero dello sviluppo economico, per i soggetti privati di cui al medesimo comma, svolgono attività di ispezione e verifica in relazione a quanto previsto dal comma 2, lettera *b*), dal comma 3, dal presente comma e dal comma 7, lettera *b*) (13), impartendo, se necessario, specifiche prescrizioni; nello svolgimento delle predette attività di ispezione e verifica l'accesso, se necessario, a dati o metadati personali e amministrativi è effettuato in conformità a quanto previsto dal regolamento (UE) 2016/679 del Parlamento europeo e del Consiglio, del 27 aprile 2016, e dal codice in materia di protezione dei dati personali, di cui al decreto legislativo 30 giugno 2003, n. 196 (13) per le reti, i sistemi informativi e i servizi informatici di cui al comma 2, lettera *b*), connessi alla funzione di prevenzione e repressione dei reati, alla tutela dell'ordine e della sicurezza pubblica, alla difesa civile e alla difesa e sicurezza militare dello Stato, le attività di ispezione e verifica sono svolte, nell'ambito delle risorse umane e finanziarie disponibili a legislazione vigente e senza nuovi o maggiori oneri a carico della finanza pubblica, dalle strutture specializzate in tema di protezione di reti e sistemi, nonché, nei casi in cui siano espressamente previste dalla legge, in tema di prevenzione e di contrasto del crimine informatico, delle amministrazioni da cui dipendono le Forze di polizia e le Forze armate, che ne comunicano gli esiti alla Presidenza del Consiglio dei ministri per i profili di competenza (14).

7. Nell'ambito dell'approvvigionamento di prodotti, processi, servizi ICT e associate infrastrutture destinati alle reti, ai sistemi informativi e per l'espletamento dei servizi informatici di cui al comma 2, lettera *b*), il CVCN assume i seguenti compiti:

a) contribuisce all'elaborazione delle misure di sicurezza di cui al comma 3, lettera *b*), per ciò che concerne l'affidamento di forniture di beni, sistemi e servizi ICT;

b) ai fini della verifica delle condizioni di sicurezza e dell'assenza di vulnerabilità note, anche in relazione all'ambito di impiego, definisce le metodologie di verifica e di test e svolge le attività di cui al comma 6, lettera *a*), dettando, se del caso, anche prescrizioni di utilizzo al committente; a tali fini il CVCN si avvale anche di laboratori dallo stesso accreditati secondo criteri stabiliti da un decreto del Presidente del Consiglio dei ministri, adottato entro dieci mesi dalla data di entrata in vigore della legge di conversione del presente decreto, su proposta del CISR, impiegando, per le esigenze delle amministrazioni centrali dello Stato, quelli eventualmente istituiti, senza nuovi o maggiori oneri a carico della finanza pubblica, presso le medesime amministrazioni. Con lo stesso decreto sono altresì stabiliti i raccordi, ivi compresi i contenuti, le modalità e i termini delle comunicazioni, tra il CVCN e i predetti laboratori, nonché tra il medesimo CVCN e i Centri di valutazione del Ministero dell'interno e del Ministero della difesa, di cui al comma 6, lettera *a*), anche la fine di assicurare il coordinamento delle rispettive attività e perseguire la convergenza e la non duplicazione delle valutazioni in presenza di medesimi condizioni e livelli di rischio;

c) elabora e adotta, previo conforme avviso del Tavolo interministeriale di cui all'articolo 6 del decreto del Presidente del Consiglio dei ministri 30 luglio 2020, n. 131 (15), schemi di certificazione cibernetica, tenendo conto degli standard definiti a livello internazionale e dell'Unione europea, laddove, per ragioni di sicurezza nazionale, gli schemi di certificazione esistenti non siano ritenuti adeguati alle esigenze di tutela del perimetro di sicurezza nazionale cibernetica.

8. I soggetti di cui agli articoli 12 e 14 del decreto legislativo 18 maggio 2018, n. 65, e quelli di cui all'articolo 16-*ter*, comma 2, del codice delle comunicazioni elettroniche di cui al decreto legislativo 1° agosto 2003, n. 259, inclusi nel perimetro di sicurezza nazionale cibernetica:

a) osservano le misure di sicurezza previste, rispettivamente, dai predetti decreti legislativi, ove di livello almeno equivalente a quelle adottate ai sensi del comma 3, lettera *b*), del presente articolo; le eventuali misure aggiuntive necessarie al fine di assicurare i livelli di sicurezza previsti dal presente decreto sono definite dall'Agenzia per la cybersicurezza nazionale (16), di cui al comma 2-*bis* (17), e dal Ministero dello sviluppo economico per i soggetti privati di cui al medesimo comma (17), avvalendosi anche del CVCN; il Ministero dello sviluppo economico e la Presidenza del Consiglio dei ministri si raccordano, ove necessario, con le autorità competenti di cui all'articolo 7 del decreto legislativo 18 maggio 2018, n. 65;

b) assolvono l'obbligo di notifica di cui al comma 3, lettera *a*), che costituisce anche adempimento, rispettivamente, dell'obbligo di notifica di cui agli articoli 12 e 14 del decreto legislativo 18 maggio 2018, n. 65, e dell'analogo obbligo previsto ai sensi dell'articolo 16-*ter* del codice di cui al decreto legislativo 1° agosto 2003, n. 259, e delle correlate disposizioni attuative; a tal fine, oltre a quanto previsto dal comma 3, lettera *a*), anche in relazione alle disposizioni di cui all'articolo 16-*ter* del codice di cui al decreto legislativo 1° agosto 2003, n. 259, il CSIRT italiano inoltra le notifiche ricevute ai sensi del predetto comma 3, lettera *a*), autorità nazionale competente NIS (18) di cui all'articolo 7 del decreto legislativo 18 maggio 2018, n. 65.

9. Salvo che il fatto costituisca reato:

a) il mancato adempimento degli obblighi di predisposizione, di aggiornamento e di trasmissione (19) dell'elenco delle reti, dei sistemi informativi e dei servizi informatici di cui al comma 2, lettera *b*), è punito con la sanzione amministrativa pecuniaria da euro 200.000 a euro 1.200.000;

b) il mancato adempimento dell'obbligo di notifica di cui al comma 3, lettera *a*), nei termini prescritti, è punito con la sanzione amministrativa pecuniaria da euro 250.000 a euro 1.500.000;

c) l'inosservanza delle misure di sicurezza di cui al comma 3, lettera *b*), è punita con la sanzione amministrativa pecuniaria da euro 250.000 a euro 1.500.000;

d) la mancata comunicazione di cui al comma 6, lettera *a*), nei termini prescritti, è punita con la sanzione amministrativa pecuniaria da euro 300.000 a euro 1.800.000;

e) l'impiego di prodotti e servizi sulle reti, sui sistemi informativi e per l'espletamento dei servizi informatici di cui al comma 2, lettera *b*), in violazione delle condizioni o in assenza del superamento dei test imposti dal CVCN ovvero dai Centri di valutazione di cui al comma 6, lettera *a*), è punito con la sanzione amministrativa pecuniaria da euro 300.000 a euro 1.800.000;

f) la mancata collaborazione per l'effettuazione delle attività di test di cui al comma 6, lettera *a*), da parte dei soggetti di cui al medesimo comma 6, lettera *b*), è punita con la sanzione amministrativa pecuniaria da euro 250.000 a euro 1.500.000;

g) il mancato adempimento delle prescrizioni indicate dal Ministero dello sviluppo economico o dalla Presidenza del Consiglio dei ministri in esito alle attività di ispezione e verifica svolte ai sensi del comma 6, lettera *c*), è punito con la sanzione amministrativa pecuniaria da euro 250.000 a euro 1.500.000;

h) il mancato rispetto delle prescrizioni di cui al comma 7, lettera *b*), è punito con la sanzione amministrativa pecuniaria da euro 250.000 a euro 1.500.000.

10. L'impiego di prodotti e di servizi sulle reti, sui sistemi informativi e per l'espletamento dei servizi informatici di cui al comma 2, lettera *b*), in assenza della comunicazione o del superamento dei test o in violazione delle condizioni di cui al comma 6, lettera *a*), comporta, oltre alle sanzioni di cui al comma 9, lettere *d*) ed *e*), l'applicazione della sanzione amministrativa accessoria della incapacità ad assumere incarichi di direzione, amministrazione e controllo nelle persone giuridiche e nelle imprese, per un periodo di tre anni a decorrere dalla data di accertamento della violazione.

11. Chiunque, allo scopo di ostacolare o condizionare l'espletamento dei procedimenti di cui al comma 2, lettera *b*), o al comma 6, lettera *a*), o delle attività ispettive e di vigilanza previste dal comma 6, lettera *c*), fornisce informazioni, dati o elementi di fatto non rispondenti al vero, rilevanti per la predisposizione o l'aggiornamento degli elenchi di cui al comma 2, lettera *b*), o ai fini delle comunicazioni di cui al comma 6, lettera *a*), o per lo svolgimento delle attività ispettive e di vigilanza di cui al comma 6), lettera *c*) od omette di comunicare entro i termini prescritti i predetti dati, informazioni o elementi di fatto, è punito con la reclusione da uno a tre anni.

11-*bis*. All'articolo 24-*bis*, comma 3, del decreto legislativo 8 giugno 2001, n. 231, dopo le parole: "di altro ente pubblico," sono inserite le seguenti: "e dei delitti di cui all'articolo 1, comma 11, del decreto-legge 21 settembre 2019, n. 105,".

12. Le autorità competenti per l'accertamento delle violazioni e per l'irrogazione delle sanzioni amministrative sono la Presidenza del Consiglio dei ministri, per i soggetti pubblici e per i soggetti di cui all'articolo 29 del codice di cui al decreto legislativo 7 marzo 2005, n. 82, di cui al comma 2-*bis* (20), e il Ministero dello sviluppo economico, per i soggetti privati di cui al medesimo comma (20).

13. Ai fini dell'accertamento e dell'irrogazione delle sanzioni amministrative di cui al comma 9, si osservano le disposizioni contenute nel capo I, sezioni I e II, della legge 24 novembre 1981, n. 689.

14. Per i dipendenti dei soggetti pubblici di cui al comma 2-*bis* (21), la violazione delle disposizioni di cui al presente articolo può costituire causa di responsabilità disciplinare e amministrativo-contabile.

15. Le autorità titolari delle attribuzioni di cui al presente decreto assicurano gli opportuni raccordi con il Dipartimento delle informazioni per la sicurezza e con l'organo del Ministero dell'interno per la sicurezza e la regolarità dei servizi di telecomunicazione, quale autorità di contrasto nell'esercizio delle attività di cui all'articolo 7-*bis* del decreto-legge 27 luglio 2005, n. 144, convertito, con modificazioni, dalla legge 31 luglio 2005, n. 155.

16. La Presidenza del Consiglio dei ministri, per lo svolgimento delle funzioni di cui al presente decreto può avvalersi dell'Agenzia per l'Italia Digitale (AgID) sulla base di apposite convenzioni, nell'ambito delle risorse finanziarie e umane disponibili a legislazione vigente, senza nuovi o maggiori oneri per la finanza pubblica.

17. Al decreto legislativo 18 maggio 2018, n. 65, sono apportate le seguenti modificazioni:

a) all'articolo 4, comma 5, dopo il primo periodo è aggiunto il seguente:

« Il Ministero dello sviluppo economico inoltra tale elenco al punto di contatto unico e all'organo del Ministero dell'interno per la sicurezza e la regolarità dei servizi di telecomunicazione, di cui all'articolo 7-*bis* del decreto-legge 27 luglio 2005, n. 144, convertito, con modificazioni, dalla legge 31 luglio 2005, n. 155. »;

b) all'articolo 9, comma 3, le parole « e il punto di contatto unico » sono sostituite dalle seguenti:

«, il punto di contatto unico e l'organo del Ministero dell'interno per la sicurezza e la regolarità dei servizi di telecomunicazione, di cui all'articolo 7-*bis* del decreto-legge 27 luglio 2005, n. 144, convertito, con modificazioni, dalla legge 31 luglio 2005, n. 155, ».

18. Gli eventuali adeguamenti alle prescrizioni di sicurezza definite ai sensi del presente articolo, delle reti, dei sistemi informativi e dei servizi informatici delle amministrazioni pubbliche, degli enti e degli operatori pubblici di cui al comma 2-*bis* (22), sono effettuati con le risorse finanziarie disponibili a legislazione vigente.

19. Per la realizzazione, l'allestimento e il funzionamento del CVCN di cui ai commi 6 e 7 è autorizzata la spesa di euro 3.200.000 per l'anno 2019 e di euro 2.850.000 per ciascuno degli anni dal 2020 al 2023 e di euro 750.000 annui a decorrere dall'anno 2024. Per la realizzazione, l'allestimento e il funzionamento del Centro di valutazione del Ministero dell'interno, di cui ai commi 6 e 7, è autorizzata la spesa di euro 200.000 per l'anno 2019 e di euro 1.500.000 per ciascuno degli anni 2020 e 2021.

19-*bis*. Il Presidente del Consiglio dei ministri coordina la coerente attuazione delle disposizioni del presente decreto che disciplinano il perimetro di sicurezza nazionale cibernetica, anche avvalendosi del Dipartimento delle informazioni per la sicurezza, che assicura gli opportuni raccordi con le autorità titolari delle attribuzioni di cui al presente decreto e con i soggetti di cui al comma 1 del presente articolo. Entro sessanta giorni dalla data di entrata in vigore del regolamento di cui al comma 6, il Presidente del Consiglio dei ministri trasmette alle Camere una relazione sulle attività svolte.

19-*ter*. Nei casi in cui sui decreti del Presidente del Consiglio dei ministri previsti dal presente articolo è acquisito, ai fini della loro adozione, il parere del Consiglio di Stato, i termini ordinatori stabiliti dal presente articolo sono sospesi per un periodo di quarantacinque giorni (23).

(1) *V. l'art. 16, commi 7 e 8 d.l. 24 giugno 2021, n. 82, conv., con modif., in l. 4 agosto 2021, n. 109, secondo cui « 7. Nei provvedimenti di*

natura regolamentare e amministrativa la cui adozione è prevista dall'articolo 1 del decreto-legge perimetro, ogni riferimento al CISR e al DIS deve intendersi rispettivamente riferito al CIC e all'Agenzia per la cybersicurezza nazionale. - 8. Nei provvedimenti di natura regolamentare e amministrativa la cui adozione è prevista dall'articolo 1 del decreto-legge perimetro, ogni riferimento al Ministero dello sviluppo economico e alla struttura della Presidenza del Consiglio dei ministri competente per la innovazione tecnologica e la digitalizzazione, ovunque ricorra, deve intendersi riferito all'Agenzia per la cybersicurezza nazionale, fatta eccezione per le disposizioni di cui all'articolo 3 del decreto del Presidente del Consiglio dei ministri 30 luglio 2020, n. 131 ».

V. anche nota 1 sub Epigrafe.

(2) *V. d.P.C.M. 30 luglio 2020, n. 131, Regolamento in materia di perimetro di sicurezza nazionale cibernetica, ai sensi dell'articolo 1, comma 2, del decreto-legge 21 settembre 2019, n. 105, convertito, con modificazioni, dalla legge 18 novembre 2019, n. 133 (in G.U. 21 ottobre 2020, n. 261).*

(3) *Le parole* « sono definiti modalità e criteri procedurali di individuazione di amministrazioni pubbliche, enti e operatori pubblici e privati » *sono state sostituite alle parole* « sono individuati le amministrazioni pubbliche, gli enti e gli operatori pubblici e privati » *e le parole* « ai fini dell' » *sono state sostituite alle parole* « alla predetta » *dall'art. 27, comma 1, lett.* a) *d.l. 30 dicembre 2019, n. 162, conv., con modif., in l. 28 febbraio 2020, n. 8.*

(4) *Lettera così sostituita dall'art. 16, comma 9, lett.* a-ter) *d.l. n. 82, cit. Il testo della lettera, come da ultimo modificato dall'art. 27, comma 1, lett.* c)-e) *d.l. n. 162, cit., era il seguente:* « b) sono definiti, sulla base di un'analisi del rischio e di un criterio di gradualità che tenga conto delle specificità dei diversi settori di attività, i criteri con i quali i soggetti di cui al comma 2-*bis* predispongono e aggiornano con cadenza almeno annuale un elenco delle reti, dei sistemi informativi e dei servizi informatici di cui al comma 1, di rispettiva pertinenza, comprensivo della relativa architettura e componentistica, fermo restando che, per le reti, i sistemi informativi e i servizi informatici attinenti alla gestione delle informazioni classificate, si applica quanto previsto dal regolamento adottato ai sensi dell'articolo 4, comma 3, lettera *l*), della legge 3 agosto 2007, n. 124; all'elaborazione di tali criteri provvede, adottando opportuni moduli organizzativi, l'organismo tecnico di supporto al CISR, integrato con un rappresentante della Presidenza del Consiglio dei ministri; entro sei mesi dalla data della comunicazione, prevista dal comma 2-*bis*, a ciascuno dei soggetti iscritti nell'elenco di cui al medesimo comma, i soggetti pubblici e quelli di cui all'articolo 29 del codice dell'amministrazione digitale, di cui al decreto legislativo 7 marzo 2005, n. 82, nonché quelli privati, di cui al comma 2-*bis* trasmettono tali elenchi, rispettivamente, alla Presidenza del Consiglio dei ministri e al Ministero dello sviluppo economico; la Presidenza del Consiglio dei ministri e il Ministero dello sviluppo economico inoltrano gli elenchi di rispettiva pertinenza al Dipartimento delle informazioni per la sicurezza, anche per le attività di prevenzione, preparazione e gestione di crisi cibernetiche affidate al Nucleo per la sicurezza cibernetica, nonché all'organo del Ministero dell'interno per la sicurezza e la regolarità dei servizi di telecomunicazione di cui all'articolo 7-*bis* del decreto-legge 27 luglio 2005, n. 144, convertito, con modificazioni, dalla legge 31 luglio 2005, n. 155 ».

(5) *Comma inserito dall'art. 27, comma 1, lett.* e) *d.l. n. 162, cit.*

(6) *Comma inserito dall'art. 16, comma 9, lett.* a-quater) *d.l. n. 82, cit.*

(7) *Le parole* « i soggetti di cui al comma 2-*bis* » *sono state sostituite alle parole* « i soggetti individuati ai sensi del comma 2, lettera *a*), » *dall'art. 27, comma 1, lett.* f) *d.l. n. 162, cit.*

(8) *Periodo aggiunto dall'art. 27, comma 1, lett.* f-bis) *d.l. n. 162, cit.*

(9) *Comma inserito dall'art. 27, comma 1, lett.* f-ter) *d.l. n. 162, cit.*

(10) *Le parole* « soggetti di cui al comma 2-*bis* » *sono state sostituite alle parole* « soggetti di cui al comma 2, lettera *a*) » *dall'art. 27, comma 1, lett.* g) *d.l. n. 162, cit.*

(11) *Le parole* « che intendano procedere, anche per il tramite delle centrali di committenza alle quali essi sono tenuti a fare ricorso ai sensi dell'articolo 1, comma 512, della legge 28 dicembre 2015, n. 208, all'affidamento » *sono state sostituite alle parole* « ovvero le centrali di committenza alle quali essi fanno ricorso ai sensi dell'articolo 1, comma 512, della legge 28 dicembre 2015, n. 208, che intendano procedere all'affidamento » *dall'art. 31, comma 2 d.l. 16 luglio 2020, n. 76, conv., con modif., in l. 11 settembre 2020, n. 120.*

(12) *Periodo aggiunto dall'art. 16, comma 9, lett.* a) *d.l. n. 82, cit.*

(13) *Le parole da* « di cui al comma 2-*bis* » *a* « dal comma 7, lettera *b*) » *sono state sostituite alle parole* « di cui al comma 2-*bis*, e il Ministero dello sviluppo economico, per i soggetti privati di cui al medesimo comma, svolgono attività di ispezione e verifica in relazione a quanto previsto dal comma 2, lettera *b*), dal comma 3 e dalla lettera *a*) del presente comma e senza che ciò comporti accesso a dati o metadati personali e amministrativi » *dall'art. 27, comma 1, lett.* h) *d.l. n. 162, cit., come modificato in sede di conversione.*

(14) *In attuazione del presente comma, v. il d.P.R. 5 febbraio 2021, n. 54.*

(15) *Le parole* « del Tavolo interministeriale di cui all'articolo 6 del decreto del Presidente del Consiglio dei ministri 30 luglio 2020, n. 131 » *sono state sostituite alle parole* « dell'organismo tecnico di supporto al CISR » *dall'art. 16, comma 9, lett.* a-bis) *d.l. n. 82, cit.*

(16) *Le parole* « definite dall'Agenzia per la cybersicurezza nazionale » *sono state sostituite alle parole* « definite dalla Presidenza del Consiglio dei ministri, per i soggetti pubblici e per quelli di cui all'articolo 29 del Codice di cui al decreto legislativo 18 maggio 2018, n. 65 » *dall'art. 16, comma 6, lett.* b) *d.l. n. 82, cit.*

(17) *Le parole* « di cui al comma 2-*bis* » *sono state sostituite alle parole* « individuati ai sensi del comma 2, lettera *a*) » *e le parole* « di cui al medesimo comma » *sono state sostituite alle parole* « di cui alla medesima lettera » *dall'art. 27, comma 1, lett.* i) *d.l. n. 162, cit.*

(18) *Le parole* « autorità nazionale competente NIS » *sono state sostituite alle parole* « all'autorità competente » *dall'art. 16, comma 6, lett.* c) *d.l. n. 82, cit.*

(19) *Le parole* «, di aggiornamento e di trasmissione » *sono state sostituite, in sede di conversione, alle parole* « e di aggiornamento » *dall'art. 27, comma 1, lett.* i-bis) *d.l. n. 162, cit.*

(20) *Le parole* « di cui al comma 2-*bis* » *sono state sostituite alle parole* « individuati ai sensi del comma 2, lettera *a*), del presente articolo » *e le parole* « di cui al medesimo comma » *sono state sostituite alle parole* « di cui alla medesima lettera » *dall'art. 27, comma 1, lett.* l) *d.l. n. 162, cit.*

(21) *Le parole* « soggetti pubblici di cui al comma 2-*bis* » *sono state sostituite alle parole* « soggetti pubblici individuati ai sensi del comma 2, lettera *a*) » *dall'art. 27, comma 1, lett.* m) *d.l. n. 162, cit.*

(22) *Le parole* « di cui al comma 2-*bis* » *sono state sostituite alle parole* « di cui al comma 2, lettera *a*) » *dall'art. 27, comma 1, lett.* n) *d.l. n. 162, cit.*

(23) *Comma aggiunto dall'art. 27, comma 1, lett.* n-bis) *d.l. n. 162, cit.*

3 Disposizioni in materia di reti di telecomunicazione elettronica a banda larga con tecnologia 5G (1).

1. I soggetti che intendono procedere all'acquisizione, a qualsiasi titolo, di beni, servizi e componenti di cui all'articolo 1-*bis*, comma 2, del decreto-legge 15 marzo 2012, n. 21, convertito, con modificazioni, dalla legge 11 maggio 2012, n. 56, sono obbligati ad effettuare la comunicazione di cui all'articolo 1, comma 6, lettera *a*), per lo svolgimento delle verifiche di sicurezza da parte del CVCN sulla base delle procedure, modalità e termini previsti dal regolamento di attuazione. Ai fornitori dei predetti beni, servizi e componenti si applica l'articolo 1, comma 6, lettera *b*) (2).

2. [Dalla data di entrata in vigore del regolamento previsto dall'articolo 1, comma 6, i poteri speciali di cui all'articolo 1-*bis* del decreto-legge 15 marzo 2012, n. 21, convertito, con modificazioni, dalla legge 11 maggio 2012, n. 56, sono esercitati previa valutazione degli elementi indicanti la presenza di fattori di vulnerabilità che potrebbero compromettere l'integrità e la sicurezza delle reti e dei dati che vi transitano, da parte dei centri di valutazione di cui all'articolo 1, comma 6, lettera *a*), sulla base della disciplina prevista in attuazione del predetto regolamento] (3).

3. [Entro sessanta giorni dalla data di entrata in vigore del regolamento di cui all'articolo 1, comma 6, le condizioni e le prescrizioni relative ai beni e servizi acquistati con contratti già autorizzati con decreti del Presidente del Consiglio dei ministri, adottati ai sensi dell'articolo 1-*bis* del decreto-legge 15 marzo 2012, n. 21, convertito, con modificazioni, dalla legge 11 maggio 2012, n. 56, in data anteriore alla data di entrata in

vigore del medesimo regolamento, qualora attinenti alle reti, ai sistemi informativi e ai servizi informatici inseriti negli elenchi di cui all'articolo 1, comma 2, lettera *b*), del presente decreto, possono essere modificate o integrate, con la procedura di cui al comma 2 del presente articolo, se, a seguito della valutazione svolta da parte dei centri di valutazione di cui all'articolo 1, comma 6, lettera *a*), emergono elementi indicanti la presenza di fattori di vulnerabilità che potrebbero compromettere l'integrità e la sicurezza delle reti e dei dati che vi transitano, con misure aggiuntive necessarie al fine di assicurare livelli di sicurezza equivalenti a quelli previsti dal presente decreto, anche prescrivendo la sostituzione di apparati o prodotti, ove indispensabile al fine di risolvere le vulnerabilità accertate] (4).

(1) *V. nota 1 sub Epigrafe.*

(2) *Comma così sostituito dall'art. 16, comma 9, lett.* c), *n. 1) d.l. 24 giugno 2021, n. 82, conv., con modif., in l. 4 agosto 2021, n. 109,* ***con effetto a decorrere dalla data in cui diviene efficace l'obbligo di comunicazione disciplinato dall'art. 1, comma 6, lettera a) del presente d.l. n. 105/2019.*** *Il testo del comma, come da ultimo modificato dall'art. 27, comma 1, lett. o) d.l. 30 dicembre 2019, n. 162, conv., con modif., in l. 28 febbraio 2020, n. 8, era il seguente:* « 1. Le disposizioni di cui al presente decreto, fatta eccezione per quanto previsto dall'articolo 1, comma 6, lettera a), si applicano ai soggetti di cui all'articolo 1, comma 2-bis (2), anche nei casi in cui sono tenuti alla notifica di cui all'articolo 1-bis del decreto-legge 15 marzo 2012, n. 21, convertito, con modificazioni, dalla legge 11 maggio 2012, n. 56 ».

(3) *Comma abrogato dall'art. 16, comma 9, lett. b) d.l. n. 82, cit.*

(4) *Comma abrogato dall'art. 16, comma 9, lett. c), n. 2) d.l. n. 82, cit.,* ***con effetto a decorrere dalla data in cui diviene efficace l'obbligo di comunicazione disciplinato dall'art. 1, comma 6, lettera a) del presente d.l. n. 105/2019.***

4-*bis* Modifiche alla disciplina dei poteri speciali nei settori di rilevanza strategica (1).

1.-2. (*omissis*).

3. Fino alla data di entrata in vigore del primo decreto del Presidente del Consiglio dei ministri di cui all'articolo 2, comma 1-*ter*, del decreto-legge 15 marzo 2012, n. 21, convertito, con modificazioni, dalla legge 11 maggio 2012, n. 56, come sostituito dal comma 1, lettera *c*), numero 3), del presente articolo,fatta salva l'applicazione degli articoli 1 e 2 del citato decretolegge, come modificati dal presente articolo, è soggetto alla notifica di cui al comma 5 dell'articolo 2 del medesimo decreto-legge n. 21 del 2012 l'acquisto a qualsiasi titolo di partecipazioni in società che detengono beni e rapporti nei settori di cui all'articolo 4, paragrafo 1, lettere *a*), *b*), *c*), *d*) ed *e*), del regolamento (UE) 2019/452 del Parlamento europeo e del Consiglio, del 19 marzo 2019, intendendosi compresi nel settore finanziario i settori creditizio e assicurativo, e, nel settore sanitario, la produzione, l'importazione e la distribuzione all'ingrosso di dispositivi medicali, medicochirurgici e di protezione individuale (2).

3-*bis*. Al fine di contrastare l'emergenza epidemiologica da COVID-19 e contenerne gli effetti negativi, fino al 31 dicembre 2022 (3):

a) sono soggetti all'obbligo di notifica di cui al comma 2 dell'articolo 2 del decreto-legge n. 21 del 2012, anche le delibere, gli atti o le operazioni, adottati da un'impresa che detiene beni e rapporti nei settori di cui all'articolo 4, paragrafo 1, lettere *a*), *b*), *c*), *d*) ed *e*) del regolamento (UE) 2019/452, intendendosi compresi nel settore finanziario i settori creditizio e assicurativo, nonché le delibere, gli atti o le operazioni individuati con decreto del Presidente del Consiglio dei ministri di cui al citato articolo 2, comma 1-*ter*, del decreto-legge n. 21 del 2012, che abbiano per effetto modifiche della titolarità, del controllo o della disponibilità di detti attivi o il cambiamento della loro destinazione;

b) sono soggetti all'obbligo di notifica di cui al comma 5 dell'articolo 2 del medesimo decretolegge n. 21 del 2012, in relazione ai beni e ai rapporti di cui al comma 1 dell'articolo 2, del medesimo decreto-legge n. 21 del 2012, nonché ai beni e rapporti nei settori indicati alla lettera *a*), ovvero individuati con decreto del Presidente del Consiglio dei ministri di cui al citato articolo 2, comma 1-*ter*, del decreto-legge n. 21 del 2012, anche gli acquisti a qualsiasi titolo di partecipazioni, da parte di soggetti esteri, anche appartenenti all'Unione europea, di rilevanza tale da determinare l'insediamento stabile dell'acquirente in ragione dell'assunzione del controllo della società la cui partecipazione è oggetto dell'acquisto, ai sensi dell'articolo 2359 del codice civile e del testo unico di cui al decreto legislativo 24 febbraio 1998, n. 58, [nonché gli acquisti di partecipazioni, da parte di soggetti esteri non appartenenti all'Unione europea, che attribuiscono una quota dei diritti di voto o del capitale almeno pari al 10 per cento, tenuto conto delle azioni o quote già direttamente o indirettamente possedute, quando il valore complessivo dell'investimento sia pari o superiore a un milione di euro, e sono altresì notificate le acquisizioni che determinano il superamento delle soglie del 15 per cento, 20 per cento, 25 per cento e 50 per cento del capitale] (4);

c) la disposizione di cui all'articolo 2, comma 6, lettera *a*), del decreto-legge n. 21 del 2012, si applica anche quando il controllo ivi previsto sia esercitato da un'amministrazione pubblica di uno Stato membro dell'Unione europea (2).

3-*ter*. Si applicano le disposizioni dell'articolo 2, commi 6 e 7, del citato decreto-legge n. 21 del 2012, come modificato dal presente articolo (2).

3-*quater*. Le disposizioni di cui ai commi 3 e 3-*bis* aventi vigenza fino al 31 dicembre 2022 (3) si applicano nei confronti di delibere, atti o operazioni, nonché di acquisti di partecipazioni, rilevanti ai fini degli obblighi di notifica di cui ai commi 2 e 5 dell'articolo 2 del decreto-legge n. 21 del 2012, per i quali tale obbligo sia sorto nel predetto arco temporale, ancorché la notifica sia intervenuta successivamente o sia stata omessa. Restano validi, anche successivamente al termine del 31 dicembre 2022 (5), gli atti e i provvedimenti adottati a seguito di esercizio dei poteri speciali in applicazione delle disposizioni dei commi 3 e 3-*bis*, e sono fatti salvi gli effetti prodottisi ed i rapporti giuridici sorti sulla base degli stessi atti e provvedimenti successivamente al decorso del predetto termine. Fermo restando l'obbligo di notifica, i poteri speciali di cui all'articolo 2 del decreto-legge n. 21 del 2012 relativi a società che detengono beni e rapporti nei settori di cui all'articolo 4, paragrafo 1, lettere *a*), *b*), *c*), *d*) e *e*) del regolamento (UE) 2019/452, intendendosi compresi nel settore finanziario i settori creditizio e assicurativo, si applicano nella misura in cui la tutela degli interessi essenziali dello Stato, ovvero la tutela della sicurezza e dell'ordine pubblico, previsti dal medesimo articolo 2, non sia adeguatamente garantita dalla sussistenza di una specifica regolamentazione di settore (2).

4. Fino alla data di entrata in vigore dei decreti di cui ai commi 1 e 1-*ter* dell'articolo 2 del decreto-legge 15 marzo 2012, n. 21, convertito, con modificazioni, dalla legge 11 maggio 2012, n. 56, come sostituiti dal presente articolo, continuano ad avere efficacia i regolamenti adottati in attuazione delle norme previgenti modificate dal presente articolo (6).

(1) *Articolo inserito in sede di conversione.*

(2) *I commi 3, 3-*bis*, 3-*ter *e 3-*quater *sono stati così sostituiti all'originario comma 3 dall'art. 15, comma 1 d.l. 8 aprile 2020, n. 23, conv., con modif., in l. 5 giugno 2020, n. 40. Il testo dell'originario del comma 3 era il seguente:* « 3. Fino alla data di entrata in vigore del primo decreto del Presidente del Consiglio dei ministri di cui all'articolo 2, comma 1-*ter*, del decreto-legge 15 marzo 2012, n. 21, convertito, con modificazioni, dalla legge 11 maggio 2012, n. 56, come sostituito dal comma 1, lettera *c*), numero 3), del presente articolo, fatta salva l'applicazione degli articoli 1 e 2 del citato decreto-legge, come modificati dal presente articolo, è soggetto alla notifica di cui al comma 5 dell'articolo 2 del medesimo decreto-legge n. 21 del 2012 l'acquisto a qualsiasi titolo, da parte di un soggetto esterno all'Unione europea, di partecipazioni in società che detengono beni e rapporti nei settori di cui all'articolo 4, paragrafo 1, lettere *a*) e *b*), del regolamento (UE) 2019/452 del Parlamento europeo e del Consiglio, del 19 marzo 2019, di rilevanza tale da determinare l'insediamento stabile dell'acquirente in ragione dell'assunzione del controllo della società la cui partecipazione è oggetto dell'acquisto, ai sensi dell'articolo 2359 del codice civile e del testo unico di cui al decreto legislativo 24 febbraio 1998, n. 58. Si applicano le disposizioni dell'articolo 2, commi 5-*bis*, 6 e 7, del citato decreto-legge n. 21 del 2012, come modificato dal presente articolo ».

(3) *Le parole* « fino al 31 dicembre 2022 » *sono state sostituite alle parole* « fino al 31 dicembre 2021 » *dall'art. 17, comma 1, lett. a) d.l. 30 dicembre 2021, n. 228, conv., con modif., in l. 25 febbraio 2022, n. 15.*

(4) *Le parole tra parentesi quadre sono state soppresse dall'art. 25, comma 3 d.l. 21 marzo 2022, n. 21, in corso di conversione in legge.*

(5) *Le parole* « 31 dicembre 2022 » *sono state sostituite alle parole* « 31 dicembre 2021 » *dall'art. 17, comma 1, lett. b) d.l. n. 228, cit.*

(6) *Efficacia cessata a seguito dell'entrata in vigore del d.P.C.M. 18 dicembre 2020, n. 179, Regolamento per l'individuazione dei beni e dei rapporti di interesse nazionale nei settori di cui all'articolo 4, paragrafo 1, del regolamento (UE) 2019/452 del Parlamento europeo e del Consiglio, del 19 marzo 2019, a norma dell'articolo 2, comma 1-ter, del decreto-legge 15 marzo 2012, n. 21, convertito, con modificazioni, dalla legge 11 maggio 2012, n. 56 (in nota all'art. 2, comma 1-ter, d.l. n. 21/2012,* **sub** *V, 89) e del d.P.C.M. 23 dicembre 2020, n. 180, Regolamento per l'individuazione degli attivi di rilevanza strategica nei settori dell'energia, dei trasporti e delle comunicazioni, a norma dell'articolo 2, comma 1, del decreto-legge 15 marzo 2012, n. 21, convertito, con modificazioni, dalla legge 11 maggio 2012, n. 56 (***sub** *V, 90).*

5 Determinazioni del Presidente del Consiglio dei ministri in caso di crisi di natura cibernetica.

1. Il Presidente del Consiglio dei ministri, in presenza di un rischio grave e imminente per la sicurezza nazionale connesso alla vulnerabilità di reti, sistemi informativi e servizi informatici, su deliberazione del Comitato interministeriale per la sicurezza della Repubblica, può comunque disporre, ove indispensabile e per il tempo strettamente necessario alla eliminazione dello specifico fattore di rischio o alla sua mitigazione, in deroga ad ogni disposizione vigente, nel rispetto dei principi generali dell'ordinamento giuridico e (1) secondo un criterio di proporzionalità, la disattivazione, totale o parziale, di uno o più apparati o prodotti impiegati nelle reti, nei sistemi o per l'espletamento dei servizi interessati. Laddove nelle determinazioni di cui al presente comma sia recata deroga alle leggi vigenti anche ai fini delle ulteriori necessarie misure correlate alla disattivazione o all'interruzione, le stesse determinazioni devono contenere l'indicazione delle principali norme a cui si intende derogare e tali deroghe devono essere specificamente motivate (2). Le determinazioni di cui al presente comma non sono soggetti al controllo preventivo di legittimità di cui all'articolo 3 della legge 14 gennaio 1994, n. 20 (2).

1-*bis*. Il Presidente del Consiglio dei ministri informa entro trenta giorni il Comitato parlamentare per la sicurezza della Repubblica delle misure disposte ai sensi del comma 1.

(1) *Le parole* « in deroga ad ogni disposizione vigente, nel rispetto dei principi generali dell'ordinamento giuridico e » *sono state inserite dall'art. 29, comma 5 d.l. 21 marzo 2022, n. 21, in corso di conversione in legge.*

(2) *Periodo inserito dall'art. 29, comma 5 d.l. n. 21, cit.*

93. Decreto legge 14 giugno 2021, n. 82, convertito, con modificazioni, in legge 4 agosto 2021, n. 109. — Disposizioni urgenti in materia di cybersicurezza, definizione dell'architettura nazionale di cybersicurezza e istituzione dell'Agenzia per la cybersicurezza nazionale. (*estratto*).

Pubblicato nella Gazzetta Ufficiale n. 140 del 14 giugno 2021; la legge di conversione è stata pubblicata nella Gazzetta Ufficiale n. 185 del 4 agosto 2021.

1 Definizioni.

1. Ai fini del presente decreto si intende per:

a) cybersicurezza, l'insieme delle attività, fermi restando le attribuzioni di cui alla legge 3 agosto 2007, n. 124, e gli obblighi derivanti da trattati internazionali, necessarie per proteggere dalle minacce informatiche reti, sistemi informativi, servizi informatici e comunicazioni elettroniche, assicurandone la disponibilità, la confidenzialità e l'integrità e garantendone la resilienza, anche ai fini della tutela della sicurezza nazionale e dell'interesse nazionale nello spazio cibernetico;

b) resilienza nazionale nello spazio cibernetico, le attività volte a prevenire un pregiudizio per la sicurezza nazionale come definito dall'articolo 1, comma 1, lettera *f*), del regolamento di cui al decreto del Presidente del Consiglio dei ministri 30 luglio 2020, n. 131;

c) decreto-legge perimetro, il decreto-legge 21 settembre 2019, n. 105, convertito, con modificazioni, dalla legge 18 novembre 2019, n. 133, recante disposizioni urgenti in materia di perimetro di sicurezza nazionale cibernetica e di disciplina dei poteri speciali nei settori di rilevanza strategica;

d) decreto legislativo NIS, il decreto legislativo 18 maggio 2018, n. 65, di attuazione della direttiva (UE) 2016/1148 del Parlamento europeo e del Consiglio, del 6 luglio 2016, recante misure per un livello comune elevato di sicurezza delle reti e dei sistemi informativi nell'Unione;

e) strategia nazionale di cybersicurezza, la strategia di cui all'articolo 6 del decreto legislativo NIS.

2 Competenze del Presidente del Consiglio dei ministri.

1. Al Presidente del Consiglio dei ministri sono attribuite in via esclusiva:

a) l'alta direzione e la responsabilità generale delle politiche di cybersicurezza;

b) l'adozione della strategia nazionale di cybersicurezza, sentito il Comitato interministeriale per la cybersicurezza (CIC) di cui all'articolo 4;

c) la nomina e la revoca del direttore generale e del vice direttore generale dell'Agenzia per la cybersicurezza nazionale di cui all'articolo 5, previa deliberazione del Consiglio dei ministri.

2. Ai fini dell'esercizio delle competenze di cui al comma 1, lettera *a*), e dell'attuazione della strategia nazionale di cybersicurezza, il Presidente del Consiglio dei ministri, sentito il CIC, impartisce le direttive per la cybersicurezza ed emana ogni disposizione necessaria per l'organizzazione e il funzionamento dell'Agenzia per la cybersicurezza nazionale.

3. Il Presidente del Consiglio dei ministri informa preventivamente il Comitato parlamentare per la sicurezza della Repubblica (COPASIR), di cui all'articolo 30 della legge 3 agosto 2007, n. 124, e le Commissioni parlamentari competenti circa le nomine di cui al comma 1, lettera *c*), del presente articolo.

3 Autorità delegata.

1. Il Presidente del Consiglio dei ministri, ove lo ritenga opportuno, può delegare all'Autorità di cui all'articolo 3 della legge 3 agosto 2007, n. 124, ove istituita, denominata di seguito: "Autorità delegata", le funzioni di cui al presente decreto che non sono ad esso attribuite in via esclusiva.

2. Il Presidente del Consiglio dei ministri è costantemente informato dall'Autorità delegata sulle modalità di esercizio delle funzioni delegate ai sensi del presente decreto e, fermo restando il potere di direttiva, può in qualsiasi momento avocare l'esercizio di tutte o di alcune di esse.

3. L'Autorità delegata, in relazione alle funzioni delegate ai sensi del presente decreto, partecipa alle riunioni del Comitato interministeriale per la transizione digitale di cui all'articolo 8 del decreto-legge 1° marzo 2021, n. 22, convertito, con modificazioni, dalla legge 22 aprile 2021, n. 55.

4 Comitato interministeriale per la cybersicurezza.

1. Presso la Presidenza del Consiglio dei ministri è istituito il Comitato interministeriale per la cybersicurezza (CIC), con funzioni di consulenza, proposta e vigilanza in materia di politiche di cybersicurezza.

2. Il Comitato:

a) propone al Presidente del Consiglio dei ministri gli indirizzi generali da perseguire nel quadro delle politiche di cybersicurezza nazionale;

b) esercita l'alta sorveglianza sull'attuazione della strategia nazionale di cybersicurezza;

c) promuove l'adozione delle iniziative necessarie per favorire l'efficace collaborazione, a livello nazionale e internazionale, tra i soggetti istituzionali e gli operatori privati interessati alla cybersicurezza, nonché per la condivisione delle informazioni e per l'adozione di migliori pratiche e di misure rivolte all'obiettivo della cybersicurezza e allo sviluppo industriale, tecnologico e scientifico in materia di cybersicurezza;

d) esprime il parere sul bilancio preventivo e sul bilancio consuntivo dell'Agenzia per la cybersicurezza nazionale.

3. Il Comitato è presieduto dal Presidente del Consiglio dei ministri ed è composto dall'Autorità delegata, ove istituita, dal Ministro degli affari esteri e della cooperazione internazionale, dal Ministro dell'interno, dal Ministro della giustizia, dal Ministro della difesa, dal Ministro dell'economia e delle finanze, dal Ministro dello sviluppo economico, dal Ministro della transizione ecologica, dal Ministro dell'università e della ricerca, dal Ministro delegato per l'innovazione tecnologica e la transizione digitale e dal Ministro delle infrastrutture e della mobilità sostenibili.

4. Il direttore generale dell'Agenzia per la cybersicurezza nazionale svolge le funzioni di segretario del Comitato.

5. Il Presidente del Consiglio dei ministri può chiamare a partecipare alle sedute del Comitato, anche a seguito di loro richiesta, senza diritto di voto, altri componenti del Consiglio dei ministri, nonché altre autorità civili e militari di cui, di volta in volta, ritenga necessaria la presenza in relazione alle questioni da trattare.

6. Il Comitato svolge altresì le funzioni già attribuite al Comitato interministeriale per la sicurezza della Repubblica (CISR), di cui all'articolo 5 della legge 3 agosto 2007, n. 124, dal decreto-legge perimetro e dai relativi provvedimenti attuativi, fatta eccezione per quelle previste dall'articolo 5 del medesimo decreto-legge perimetro.

5 Agenzia per la cybersicurezza nazionale.

1. È istituita, a tutela degli interessi nazionali nel campo della cybersicurezza, l'Agenzia per la cybersicurezza nazionale, denominata ai fini del presente decreto « Agenzia », con sede in Roma.

2. L'Agenzia ha personalità giuridica di diritto pubblico ed è dotata di autonomia regolamentare, amministrativa, patrimoniale, organizzativa, contabile e fi-

nanziaria, nei limiti di quanto previsto dal presente decreto. Il Presidente del Consiglio dei ministri e l'Autorità delegata, ove istituita, si avvalgono dell'Agenzia per l'esercizio delle competenze di cui al presente decreto.

3. Il direttore generale dell'Agenzia è nominato tra soggetti appartenenti a una delle categorie di cui all'articolo 18, comma 2, della legge 23 agosto 1988, n. 400, in possesso di una documentata esperienza di elevato livello nella gestione di processi di innovazione. Gli incarichi del direttore generale e del vice direttore generale hanno la durata massima di quattro anni e sono rinnovabili, con successivi provvedimenti, per una durata complessiva massima di ulteriori quattro anni. Il direttore generale ed il vice direttore generale, ove provenienti da pubbliche amministrazioni di cui all'articolo 1, comma 2, del decreto legislativo 30 marzo 2001, n. 165, sono collocati fuori ruolo o in posizione di comando o altra analoga posizione, secondo gli ordinamenti di appartenenza. Per quanto previsto dal presente decreto, il direttore generale dell'Agenzia è il diretto referente del Presidente del Consiglio dei ministri e dell'Autorità delegata, ove istituita, ed è gerarchicamente e funzionalmente sovraordinato al personale dell'Agenzia. Il direttore generale ha la rappresentanza legale dell'Agenzia.

4. L'attività dell'Agenzia è regolata dal presente decreto e dalle disposizioni la cui adozione è prevista dallo stesso.

5. L'Agenzia può richiedere, anche sulla base di apposite convenzioni e nel rispetto degli ambiti di precipua competenza, la collaborazione di altri organi dello Stato, di altre amministrazioni, delle Forze armate, delle forze di polizia o di enti pubblici per lo svolgimento dei suoi compiti istituzionali.

6. Il COPASIR, ai sensi di quanto previsto dall'articolo 31, comma 3, della legge 3 agosto 2007, n. 124, può chiedere l'audizione del direttore generale dell'Agenzia su questioni di propria competenza.

6 Organizzazione dell'Agenzia per la cybersicurezza nazionale.

1. L'organizzazione e il funzionamento dell'Agenzia sono definiti da un apposito regolamento che ne prevede, in particolare, l'articolazione fino ad un numero massimo di otto uffici di livello dirigenziale generale, nonché fino ad un numero massimo di trenta articolazioni di livello dirigenziale non generale nell'ambito delle risorse finanziarie destinate all'Agenzia ai sensi dell'articolo 18, comma 1.

2. Sono organi dell'Agenzia il direttore generale e il Collegio dei revisori dei conti. Con il regolamento di cui al comma 1 sono disciplinati altresì:

a) le funzioni del direttore generale e del vice direttore generale dell'Agenzia;

b) la composizione e il funzionamento del Collegio dei revisori dei conti;

c) l'istituzione di eventuali sedi secondarie.

3. Il regolamento di cui al comma 1 è adottato, entro centoventi giorni dalla data di entrata in vigore della legge di conversione del presente decreto, con decreto del Presidente del Consiglio dei ministri, di concerto con il Ministro dell'economia e delle finanze, anche in deroga all'articolo 17 della legge 23 agosto 1988, n. 400, previo parere delle Commissioni parlamentari competenti per materia e per i profili finanziari e, per i profili di competenza, del COPASIR, sentito il CIC.

7 Funzioni dell'Agenzia per la cybersicurezza nazionale.

1. L'Agenzia:

a) è Autorità nazionale per la cybersicurezza e, in relazione a tale ruolo, assicura, nel rispetto delle competenze attribuite dalla normativa vigente ad altre amministrazioni, ferme restando le attribuzioni del Ministro dell'interno in qualità di autorità nazionale di pubblica sicurezza, ai sensi della legge 1° aprile 1981, n. 121, il coordinamento tra i soggetti pubblici coinvolti in materia di cybersicurezza a livello nazionale e promuove la realizzazione di azioni comuni dirette ad assicurare la sicurezza e la resilienza cibernetiche per lo sviluppo della digitalizzazione del Paese, del sistema produttivo e delle pubbliche amministrazioni, nonché per il conseguimento dell'autonomia, nazionale ed europea, riguardo a prodotti e processi informatici di rilevanza strategica a tutela degli interessi nazionali nel settore. Per le reti, i sistemi informativi e i servizi informatici attinenti alla gestione delle informazioni classificate restano fermi sia quanto previsto dal regolamento adottato ai sensi dell'articolo 4, comma 3, lettera *l*), della legge n. 124 del 2007, sia le competenze dell'Ufficio centrale per la segretezza di cui all'articolo 9 della medesima legge n. 124 del 2007;

b) predispone la strategia nazionale di cybersicurezza;

c) svolge ogni necessaria attività di supporto al funzionamento del Nucleo per la cybersicurezza, di cui all'articolo 8;

d) è Autorità nazionale competente e punto di contatto unico in materia di sicurezza delle reti e dei sistemi informativi, per le finalità di cui al decreto legislativo NIS, a tutela dell'unità giuridica dell'ordinamento, ed è competente all'accertamento delle violazioni e all'irrogazione delle sanzioni amministrative previste dal medesimo decreto;

e) è Autorità nazionale di certificazione della cybersicurezza ai sensi dell'articolo 58 del regolamento (UE) 2019/881 del Parlamento europeo e del Consiglio, del 17 aprile 2019, e assume tutte le funzioni in materia di certificazione di sicurezza cibernetica già attribuite al Ministero dello sviluppo economico dall'ordinamento vigente, comprese quelle relative all'accertamento delle violazioni e all'irrogazione delle sanzioni; nello svolgimento dei compiti di cui alla presente lettera:

1) accredita, ai sensi dell'articolo 60, paragrafo 1, del regolamento (UE) 2019/881 del Parlamento europeo e del Consiglio, le strutture specializzate del Ministero della difesa e del Ministero dell'interno quali organismi di valutazione della conformità per i sistemi di rispettiva competenza;

2) delega, ai sensi dell'articolo 56,paragrafo 6, lettera *b*), del regolamento (UE) 2019/881 del Parlamento europeo e del Consiglio, il Ministero della difesa e il Ministero dell'interno, attraverso le rispettive strutture

accreditate di cui al numero 1) della presente lettera, al rilascio del certificato europeo di sicurezza cibernetica;

f) assume tutte le funzioni in materia di cybersicurezza già attribuite dalle disposizioni vigenti al Ministero dello sviluppo economico, ivi comprese quelle relative:

1) al perimetro di sicurezza nazionale cibernetica, di cui al decreto-legge perimetro e ai relativi provvedimenti attuativi, ivi incluse le funzioni attribuite al Centro di valutazione e certificazione nazionale ai sensi del decreto-legge perimetro, le attività di ispezione e verifica di cui all'articolo 1, comma 6, lettera *c*), del decreto-legge perimetro e quelle relative all'accertamento delle violazioni e all'irrogazione delle sanzioni amministrative previste dal medesimo decreto, fatte salve quelle di cui all'articolo 3 del regolamento adottato con decreto del Presidente del Consiglio dei ministri 30 luglio 2020, n. 131;

2) alla sicurezza e all'integrità delle comunicazioni elettroniche, di cui agli articoli 16-*bis* e 16-*ter* del decreto legislativo 1° agosto 2003, n. 259, e relative disposizioni attuative;

3) alla sicurezza delle reti e dei sistemi informativi, di cui al decreto legislativo NIS;

g) partecipa, per gli ambiti di competenza, al gruppo di coordinamento istituito ai sensi dei regolamenti di cui all'articolo 1, comma 8, del decreto-legge 15 marzo 2012, n. 21, convertito, con modificazioni, dalla legge 11 maggio 2012, n. 56;

h) assume tutte le funzioni attribuite alla Presidenza del Consiglio dei ministri in materia di perimetro di sicurezza nazionale cibernetica, di cui al decreto-legge perimetro e ai relativi provvedimenti attuativi, ivi incluse le attività di ispezione e verifica di cui all'articolo 1, comma 6, lettera *c*), del decreto-legge perimetro e quelle relative all'accertamento delle violazioni e all'irrogazione delle sanzioni amministrative previste dal medesimo decreto, fatte salve quelle di cui all'articolo 3 del regolamento adottato con decreto del Presidente del Consiglio dei ministri n. 131 del 2020;

i) assume tutte le funzioni già attribuite al Dipartimento delle informazioni per la sicurezza (DIS), di cui all'articolo 4 della legge 3 agosto 2007, n. 124, dal decreto-legge perimetro e dai relativi provvedimenti attuativi e supporta il Presidente del Consiglio dei ministri ai fini dell'articolo 1, comma 19-*bis*, del decreto-legge perimetro;

l) provvede, sulla base delle attività di competenza del Nucleo per la cybersicurezza di cui all'articolo 8, alle attività necessarie per l'attuazione e il controllo dell'esecuzione dei provvedimenti assunti dal Presidente del Consiglio dei ministri ai sensi dell'articolo 5 del decreto-legge perimetro;

m) assume tutte le funzioni in materia di cybersicurezza già attribuite all'Agenzia per l'Italia digitale dalle disposizioni vigenti e, in particolare, quelle di cui all'articolo 51 del decreto legislativo 7 marzo 2005, n. 82, nonché quelle in materia di adozione di linee guida contenenti regole tecniche di cybersicurezza ai sensi dell'articolo 71 del medesimo decreto legislativo. L'Agenzia assume, altresì, i compiti di cui all'articolo 33-*septies*, comma 4, del decreto-legge 18 ottobre 2012, n. 179, convertito, con modificazioni, dalla legge 17 dicembre 2012, n. 221, già attribuiti all'Agenzia per l'Italia digitale;

m-bis) assume le iniziative idonee a valorizzare la crittografia come strumento di cybersicurezza, anche attraverso un'apposita sezione dedicata nell'ambito della strategia di cui alla lettera *b*). In particolare, l'Agenzia attiva ogni iniziativa utile volta al rafforzamento dell'autonomia industriale e tecnologica dell'Italia, valorizzando lo sviluppo di algoritmi proprietari nonché la ricerca e il conseguimento di nuove capacità crittografiche nazionali;

m-ter) provvede alla qualificazione dei servizi cloud per la pubblica amministrazione nel rispetto della disciplina dell'Unione europea e del regolamento di cui all'articolo 33-*septies*, comma 4, del decreto-legge 18 ottobre 2012, n. 179, convertito, con modificazioni, dalla legge 17 dicembre 2012, n. 221;

n) sviluppa capacità nazionali di prevenzione, monitoraggio, rilevamento, analisi e risposta, per prevenire e gestire gli incidenti di sicurezza informatica e gli attacchi informatici, anche attraverso il CSIRT Italia di cui all'articolo 8 del decreto legislativo NIS. A tale fine, promuove iniziative di partenariato pubblico-privato per rendere effettive tali capacità;

o) partecipa alle esercitazioni nazionali e internazionali che riguardano la simulazione di eventi di natura cibernetica al fine di innalzare la resilienza del Paese;

p) cura e promuove la definizione ed il mantenimento di un quadro giuridico nazionale aggiornato e coerente nel dominio della cybersicurezza, tenendo anche conto degli orientamenti e degli sviluppi in ambito internazionale. A tal fine, l'Agenzia esprime pareri non vincolanti sulle iniziative legislative o regolamentari concernenti la cybersicurezza;

q) coordina, in raccordo con il Ministero degli affari esteri e della cooperazione internazionale, la cooperazione internazionale nella materia della cybersicurezza. Nell'ambito dell'Unione europea e a livello internazionale, l'Agenzia cura i rapporti con i competenti organismi, istituzioni ed enti, nonché segue nelle competenti sedi istituzionali le tematiche di cybersicurezza, fatta eccezione per gli ambiti in cui la legge attribuisce specifiche competenze ad altre amministrazioni. In tali casi, è comunque assicurato il raccordo con l'Agenzia al fine di garantire posizioni nazionali unitarie e coerenti con le politiche di cybersicurezza definite dal Presidente del Consiglio dei ministri;

r) perseguendo obiettivi di eccellenza, supporta negli ambiti di competenza, mediante il coinvolgimento del sistema dell'università e della ricerca nonché del sistema produttivo nazionali, lo sviluppo di competenze e capacità industriali, tecnologiche e scientifiche. A tali fini, l'Agenzia può promuovere, sviluppare e finanziare specifici progetti ed iniziative, volti anche a favorire il trasferimento tecnologico dei risultati della ricerca nel settore. L'Agenzia assicura il necessario raccordo con le altre amministrazioni a cui la legge attribuisce competenze in materia di cybersicurezza e, in particolare, con il Ministero della difesa per gli aspetti inerenti alla ricerca militare. L'Agenzia può altresì promuovere la costituzione di aree dedicate allo sviluppo dell'innovazione finalizzate a favorire la formazione e il reclutamento di personale nei settori avanzati dello sviluppo della cybersicurezza, nonché promuovere la realizzazione di studi di fattibilità e di analisi valutative finalizzati a tale scopo;

s) stipula accordi bilaterali e multilaterali, anche mediante il coinvolgimento del settore privato e industriale, con istituzioni, enti e organismi di altri Paesi per la partecipazione dell'Italia a programmi di cybersicurezza, assicurando il necessario raccordo con le altre amministrazioni a cui la legge attribuisce competenze in materia di cybersicurezza, ferme restando le competenze del Ministero degli affari esteri e della cooperazione internazionale;

t) promuove, sostiene e coordina la partecipazione italiana a progetti e iniziative dell'Unione europea e internazionali, anche mediante il coinvolgimento di soggetti pubblici e privati nazionali, nel campo della cybersicurezza e dei correlati servizi applicativi, ferme restando le competenze del Ministero degli affari esteri e della cooperazione internazionale. L'Agenzia assicura il necessario raccordo con le altre amministrazioni a cui la legge attribuisce competenze in materia di cybersicurezza e, in particolare, con il Ministero della difesa per gli aspetti inerenti a progetti e iniziative in collaborazione con la NATO e con l'Agenzia europea per la difesa;

u) svolge attività di comunicazione e promozione della consapevolezza in materia di cybersicurezza, al fine di contribuire allo sviluppo di una cultura nazionale in materia;

v) promuove la formazione, la crescita tecnico-professionale e la qualificazione delle risorse umane nel campo della cybersicurezza, in particolare favorendo l'attivazione di percorsi formativi universitari in materia, anche attraverso l'assegnazione di borse di studio, di dottorato e assegni di ricerca, sulla base di apposite convenzioni con soggetti pubblici e privati; nello svolgimento di tali compiti, l'Agenzia può avvalersi anche delle strutture formative e delle capacità della Presidenza del Consiglio dei ministri, del Ministero della difesa e del Ministero dell'interno, secondo termini e modalità da definire con apposito decreto del Presidente del Consiglio dei ministri, di concerto con i Ministri interessati;

v-bis) può predisporre attività di formazione specifica riservate ai giovani che aderiscono al servizio civile regolate sulla base di apposite convenzioni. In ogni caso, il servizio prestato è, a tutti gli effetti, riconosciuto come servizio civile;

z) per le finalità di cui al presente articolo, può costituire e partecipare a partenariati pubblico-privato sul territorio nazionale, nonché, previa autorizzazione del Presidente del Consiglio dei ministri, a consorzi, fondazioni o società con soggetti pubblici e privati, italiani e stranieri;

aa) è designata quale Centro nazionale di coordinamento ai sensi dell'articolo 6 del regolamento (UE) 2021/887 del Parlamento europeo e del Consiglio del 20 maggio 2021, che istituisce il Centro europeo di competenza per la cybersicurezza nell'ambito industriale, tecnologico e della ricerca e la rete dei centri nazionali di coordinamento.

1-*bis*. Anche ai fini dell'esercizio delle funzioni di cui al comma 1, lettere *r*), *s*), *t*), *u*), *v*), *z*) e *aa*), presso l'Agenzia è istituito, con funzioni di consulenza e di proposta, un Comitato tecnico-scientifico, presieduto dal direttore generale della medesima Agenzia, o da un dirigente da lui delegato, e composto da personale della stessa Agenzia e da qualificati rappresentanti dell'industria, degli enti di ricerca, dell'accademia e delle associazioni del settore della sicurezza, designati con decreto del Presidente del Consiglio dei ministri. La composizione e l'organizzazione del Comitato tecnico-scientifico sono disciplinate secondo le modalità e i criteri definiti dal regolamento di cui all'articolo 6, comma 1. Per la partecipazione al Comitato tecnico-scientifico non sono previsti gettoni di presenza, compensi o rimborsi di spese.

2. Nell'ambito dell'Agenzia sono nominati, con decreto del Presidente del Consiglio dei ministri, il rappresentante nazionale, e il suo sostituto, nel Consiglio di direzione del Centro europeo di competenza per la cybersicurezza nell'ambito industriale, tecnologico e della ricerca, ai sensi dell'articolo 12 del regolamento (UE) 2021/887.

3. Il CSIRT italiano di cui all'articolo 8 del decreto legislativo NIS è trasferito presso l'Agenzia e assume la denominazione di: « CSIRT Italia ».

4. Il Centro di valutazione e certificazione nazionale, istituito presso il Ministero dello sviluppo economico, è trasferito presso l'Agenzia.

5. Nel rispetto delle competenze del Garante per la protezione dei dati personali, l'Agenzia, per le finalità di cui al presente decreto, consulta il Garante e collabora con esso, anche in relazione agli incidenti che comportano violazioni di dati personali. L'Agenzia e il Garante possono stipulare appositi protocolli d'intenti che definiscono altresì le modalità della loro collaborazione nell'ambito delle risorse disponibili a legislazione vigente e senza nuovi o maggiori oneri per la finanza pubblica.

8 Nucleo per la cybersicurezza.

1. Presso l'Agenzia è costituito, in via permanente, il Nucleo per la cybersicurezza, a supporto del Presidente del Consiglio dei ministri nella materia della cybersicurezza, per gli aspetti relativi alla prevenzione e preparazione ad eventuali situazioni di crisi e per l'attivazione delle procedure di allertamento.

2. Il Nucleo per la cybersicurezza è presieduto dal direttore generale dell'Agenzia o, per sua delega, dal vice direttore generale ed è composto dal Consigliere militare del Presidente del Consiglio dei ministri, da un rappresentante, rispettivamente, del DIS, dell'Agenzia informazioni e sicurezza esterna (AISE), di cui all'articolo 6 della legge 3 agosto 2007, n. 124, dell'Agenzia informazioni e sicurezza interna (AISI), di cui all'articolo 7 della legge n. 124 del 2007, di ciascuno dei Ministeri rappresentati nel CIC e del Dipartimento della protezione civile della Presidenza del Consiglio dei ministri. Per gli aspetti relativi alla trattazione di informazioni classificate il Nucleo è integrato da un rappresentante dell'Ufficio centrale per la segretezza di cui all'articolo 9 della legge n. 124 del 2007.

3. I componenti del Nucleo possono farsi assistere alle riunioni da altri rappresentanti delle rispettive

amministrazioni in relazione alle materie oggetto di trattazione. In base agli argomenti delle riunioni possono anche essere chiamati a partecipare rappresentanti di altre amministrazioni, di università o di enti e istituti di ricerca, nonché di operatori privati interessati alla materia della cybersicurezza.

4. Il Nucleo può essere convocato in composizione ristretta con la partecipazione dei rappresentanti delle sole amministrazioni e soggetti interessati, anche relativamente ai compiti di gestione delle crisi di cui all'articolo 10.

4-*bis*. Ai componenti del Nucleo non spettano compensi, gettoni di presenza, rimborsi di spese o altri emolumenti comunque denominati.

9 Compiti del Nucleo per la cybersicurezza.

1. Per le finalità di cui all'articolo 8, il Nucleo per la cybersicurezza svolge i seguenti compiti:

a) può formulare proposte di iniziative in materia di cybersicurezza del Paese, anche nel quadro del contesto internazionale in materia;

b) promuove, sulla base delle direttive di cui all'articolo 2, comma 2, la programmazione e la pianificazione operativa della risposta a situazioni di crisi cibernetica da parte delle amministrazioni e degli operatori privati interessati e l'elaborazione delle necessarie procedure di coordinamento interministeriale, in raccordo con le pianificazioni di difesa civile e di protezione civile, anche nel quadro di quanto previsto dall'articolo 7-*bis*, comma 5, del decreto-legge 30 ottobre 2015, n. 174, convertito, con modificazioni, dalla legge 11 dicembre 2015, n. 198;

c) promuove e coordina lo svolgimento di esercitazioni interministeriali, ovvero la partecipazione nazionale a esercitazioni internazionali che riguardano la simulazione di eventi di natura cibernetica al fine di innalzare la resilienza del Paese;

d) valuta e promuove, in raccordo con le amministrazioni competenti per specifici profili della cybersicurezza, procedure di condivisione delle informazioni, anche con gli operatori privati interessati, ai fini della diffusione di allarmi relativi ad eventi cibernetici e per la gestione delle crisi;

e) acquisisce, anche per il tramite del CSIRT Italia, le comunicazioni circa i casi di violazioni o tentativi di violazione della sicurezza o di perdita dell'integrità significativi ai fini del corretto funzionamento delle reti e dei servizi dagli organismi di informazione di cui agli articoli 4, 6 e 7 della legge 3 agosto 2007, n. 124, dalle Forze di polizia e, in particolare, dall'organo del Ministero dell'interno di cui all'articolo 7-*bis* del decreto-legge 27 luglio 2005, n. 144, convertito, con modificazioni, dalla legge 31 luglio 2005, n. 155, dalle strutture del Ministero della difesa, nonché dalle altre amministrazioni che compongono il Nucleo e dai gruppi di intervento per le emergenze informatiche (Computer Emergency Response Team - CERT) istituiti ai sensi della normativa vigente;

f) riceve dal CSIRT Italia le notifiche di incidente ai sensi delle disposizioni vigenti;

g) valuta se gli eventi di cui alle lettere *e*) e *f*) assumono dimensioni, intensità o natura tali da non poter essere fronteggiati dalle singole amministrazioni competenti in via ordinaria, ma richiedono l'assunzione di decisioni coordinate in sede interministeriale, provvedendo in tal caso a informare tempestivamente il Presidente del Consiglio dei ministri, ovvero l'Autorità delegata, ove istituita, sulla situazione in atto e allo svolgimento delle attività di raccordo e coordinamento di cui all'articolo 10, nella composizione ivi prevista.

10 Gestione delle crisi che coinvolgono aspetti di cybersicurezza.

1. Nelle situazioni di crisi che coinvolgono aspetti di cybersicurezza, nei casi in cui il Presidente del Consiglio dei ministri convochi il CISR in materia di gestione delle predette situazioni di crisi, alle sedute del Comitato sono chiamati a partecipare il Ministro delegato per l'innovazione tecnologica e la transizione digitale e il direttore generale dell'Agenzia.

2. (1)

3. In situazioni di crisi di natura cibernetica il Nucleo è integrato, in ragione della necessità, con un rappresentante, rispettivamente, del Ministero della salute e del Ministero dell'interno-Dipartimento dei Vigili del fuoco, del soccorso pubblico e della difesa civile, in rappresentanza anche della Commissione interministeriale tecnica di difesa civile, autorizzati ad assumere decisioni che impegnano la propria amministrazione. Alle riunioni i componenti possono farsi accompagnare da altri funzionari della propria amministrazione. Alle stesse riunioni possono essere chiamati a partecipare rappresentanti di altre amministrazioni, anche locali, ed enti, anche essi autorizzati ad assumere decisioni, e di altri soggetti pubblici o privati eventualmente interessati. Per la partecipazione non sono previsti compensi, gettoni di presenza, rimborsi di spese o altri emolumenti comunque denominati.

4. È compito del Nucleo, nella composizione per la gestione delle crisi, di cui al comma 3, assicurare che le attività di reazione e stabilizzazione di competenza delle diverse amministrazioni ed enti rispetto a situazioni di crisi di natura cibernetica vengano espletate in maniera coordinata secondo quanto previsto dall'articolo 9, comma 1, lettera *b*).

5. Il Nucleo, per l'espletamento delle proprie funzioni e fermo restando quanto previsto ai sensi dell'articolo 7-*bis*, comma 5, del decreto-legge 30 ottobre 2015, n. 174, convertito, con modificazioni, dalla legge 11 dicembre 2015, n. 198:

a) mantiene costantemente informato il Presidente del Consiglio dei ministri, ovvero l'Autorità delegata, ove istituita, sulla crisi in atto, predisponendo punti aggiornati di situazione;

b) assicura il coordinamento per l'attuazione a livello interministeriale delle determinazioni del Presidente del Consiglio dei ministri per il superamento della crisi;

c) raccoglie tutti i dati relativi alla crisi;

d) elabora rapporti e fornisce informazioni sulla crisi e li trasmette ai soggetti pubblici e privati interessati;

e) partecipa ai meccanismi europei di gestione delle crisi cibernetiche, assicurando altresì i collegamenti finalizzati alla gestione della crisi con gli omologhi organismi di altri Stati, della NATO, dell'Unione europea o di organizzazioni internazionali di cui l'Italia fa parte.

(1) *Comma soppresso in sede di conversione.*

14 Relazioni annuali.

1. Entro il 30 aprile di ogni anno, il Presidente del Consiglio dei ministri trasmette al Parlamento una relazione sull'attività svolta dall'Agenzia nell'anno precedente, in materia di cybersicurezza nazionale.

2. Entro il 30 giugno di ogni anno, il Presidente del Consiglio dei ministri trasmette al COPASIR una relazione sulle attività svolte nell'anno precedente dall'Agenzia negli ambiti concernenti la tutela della sicurezza nazionale nello spazio cibernetico relativamente ai profili di competenza del Comitato.

SEZIONE SESTA
COMUNICAZIONI

CAPO I
RETI DI COMUNICAZIONE

94. Decreto legislativo 1° agosto 2003, n. 259. — Codice delle comunicazioni elettroniche. (*estratto*) (1).

Pubblicato nella Gazzetta Ufficiale n. 214 del 15 settembre 2003, S.O. n. 150.

(1) *V. Direttiva (UE) del Parlamento europeo e del Consiglio, dell'11 dicembre 2018, n. 1972, che istituisce il codice europeo delle comunicazioni elettroniche, il cui termine di recepimento è scaduto il 21 dicembre 2020.*

PARTE I
Norme generali di organizzazione del settore

TITOLO I
Ambito di applicazione, finalità e obiettivi, definizioni (1)

(1) *Il Titolo I, comprendente i Capi I-II, è stato così sostituito all'originario Titolo I dall'art. 1, comma 1 d.lgs. 8 novembre 2021, n. 207.*

CAPO I
Oggetto, finalità e definizioni (1)

(1) *V. nota 1 sub Titolo I.*

1 (1) Ambito di applicazione (art. 1 eecc; art. 2 Codice 2003).

1. Formano oggetto del presente decreto le disposizioni in materia di:

a) reti e servizi di comunicazione elettronica ad uso pubblico, ivi comprese le reti utilizzate per la diffusione circolare di programmi sonori e televisivi e le reti della televisione via cavo;

b) gruppi chiusi di utenti;

c) reti e servizi di comunicazione elettronica ad uso privato;

d) tutela degli impianti sottomarini di comunicazione elettronica;

e) servizi radioelettrici.

2. Non formano oggetto del decreto le disposizioni in materia di:

a) servizi che forniscono contenuti trasmessi utilizzando reti e servizi di comunicazione elettronica o che comportano un controllo editoriale su tali contenuti;

b) apparecchiature contemplate dal decreto legislativo 22 giugno 2016, n. 128 che attua la direttiva 2014/53/UE concernente l'armonizzazione delle legislazioni degli Stati membri relative alla messa a disposizione sul mercato di apparecchiature radio e che abroga la direttiva 1999/5/CE, fatte salve le apparecchiature utilizzate dagli utenti della radio e televisione digitale;

c) disciplina dei servizi della società dell'informazione, definiti dalla legge 21 giugno 1986, n. 317, disciplinati dal decreto legislativo 9 aprile 2003, n. 70.

3. Il presente decreto reca le specifiche norme in materia di tutela dei consumatori nel settore delle comunicazioni elettroniche, quali condizioni a corredo delle autorizzazioni generali per la fornitura di servizi di comunicazione elettronica. Rimangono ferme le disposizioni del Codice del consumo, di cui al decreto legislativo 6 settembre 2005, n. 206.

4. Rimangono ferme e prevalgono sulle disposizioni del decreto le norme speciali in materia di reti utilizzate per la diffusione circolare di programmi sonori e televisivi.

5. Le Amministrazioni competenti all'applicazione del presente decreto garantiscono la conformità del trattamento dei dati alle norme in materia di protezione dei dati.

6. Le disposizioni del presente decreto si applicano fatte salve le limitazioni derivanti da esigenze della difesa e della sicurezza dello Stato, della protezione civile, della salute pubblica e della tutela dell'ambiente e della riservatezza e protezione dei dati personali, poste da specifiche disposizioni di legge o da disposizioni regolamentari di attuazione.

7. Restano ferme le competenze e i poteri del Presidente del Consiglio dei Ministri di cui all'articolo 5, comma 3, lettera *b-bis*) della legge 23 agosto 1988, n. 400, nonché le competenze e i poteri del Comitato interministeriale per la transizione digitale di cui all'articolo 8 del decreto-legge 1° marzo 2021, n. 22.

(1) *Articolo così sostituito dall'art. 1, comma 1 d.lgs. 8 novembre 2021, n. 207.*

2 (1) Definizioni (ex art. 2 eecc e art. 1 Codice 2003).

1. Ai fini del presente decreto si intende per:

a) Codice: il "Codice delle comunicazioni elettroniche" per quanto concerne le reti e i servizi di comunicazione elettronica;

b) accesso: il fatto di rendere accessibili risorse o servizi a un'altra impresa a determinate condizioni, su base esclusiva o non esclusiva, al fine di fornire servizi di comunicazione elettronica anche quando sono utilizzati per la prestazione di servizi della società dell'informazione o di servizi di diffusione di contenuti radiotelevisivi; il concetto comprende, tra l'altro, l'accesso agli elementi della rete e alle risorse correlate, che può comportare la connessione di apparecchiature con mezzi fissi o non fissi (ivi compreso, in particolare, l'accesso alla rete locale nonché alle risorse e ai servizi necessari per fornire servizi tramite la rete locale); l'accesso all'infrastruttura fisica, tra cui edifici, condotti e piloni; l'accesso ai pertinenti sistemi software, tra cui i sistemi di supporto operativo; l'accesso a sistemi informativi o banche dati per l'effettuazione preventiva di ordini, la fornitura, l'effettuazione di ordini, la manutenzione, le richieste di riparazione e la fatturazione; l'accesso ai servizi di traduzione del numero o a sistemi che svolgono funzioni analoghe; l'accesso alle reti fisse e mobili, in particolare per il roaming; l'accesso ai sistemi di accesso condizionato per i servizi di televisione digitale e l'accesso ai servizi di rete virtuale;

c) Agenzia per la cybersicurezza nazionale: l'Agenzia per la cybersicurezza nazionale, istituita a tutela degli interessi nazionali nel campo della cybersicurezza, anche ai fini della tutela della sicurezza nazionale nello spazio cibernetico, con decreto-legge 14 giugno 2021, n. 82, recante disposizioni urgenti in materia di cybersicurezza, definizione dell'architettura nazionale di cybersicurezza e istituzione dell'Agenzia, di seguito denominata Agenzia;

d) apparato radio elettrico: un trasmettitore, un ricevitore o un ricetrasmettitore destinato ad essere applicato in una stazione radioelettrica. In alcuni casi l'apparato radioelettrico può coincidere con la stazione stessa;

e) apparecchiature digitali televisive avanzate: i sistemi di apparecchiature di decodifica destinati al collegamento con televisori o sistemi televisivi digitali integrati in grado di ricevere i servizi della televisione digitale interattiva;

f) Application Programming Interface (API): interfaccia software fra applicazioni rese disponibili da emittenti o fornitori di servizi e le risorse delle apparecchiature digitali televisive avanzate per la televisione e i servizi radiofonici digitali;

g) Autorità nazionale di regolamentazione: l'Autorità per le garanzie nelle comunicazioni, di seguito denominata Autorità;

h) apparecchiature terminali: apparecchiature terminali quali definite all'articolo 1, comma 1), del decreto legislativo 26 ottobre 2010 n. 198;

i) attribuzione di spettro radio: la designazione di una determinata banda di spettro radio destinata a essere utilizzata da parte di uno o più tipi di servizi di radiocomunicazione, se del caso, alle condizioni specificate;

l) autorizzazione generale: il regime giuridico che garantisce i diritti alla fornitura di reti o di servizi di comunicazione elettronica e stabilisce obblighi specifici per il settore applicabili a tutti i tipi o a tipi specifici di reti e servizi di comunicazione elettronica, conformemente al presente decreto;

m) BEREC: organismo dei regolatori europei delle comunicazioni elettroniche;

n) centro di raccolta delle chiamate di emergenza o "PSAP" (public safety answering point): un luogo fisico, sotto la responsabilità di un'autorità pubblica o di un organismo privato riconosciuto dallo Stato, in cui perviene inizialmente una comunicazione di emergenza;

o) centrale unica di risposta o CUR: il centro di raccolta delle chiamate di emergenza (PSAP) più idoneo per la ricezione delle comunicazioni di emergenza sul territorio nazionale con PSAP di primo livello definiti su base regionale secondo le modalità stabilite con appositi protocolli d'intesa tra le regioni ed il Ministero dell'interno;

p) chiamata: la connessione stabilita da un servizio di comunicazione interpersonale accessibile al pubblico che consente la comunicazione vocale bidirezionale;

q) comunicazione di emergenza: comunicazione mediante servizi di comunicazione interpersonale tra un utente finale e il PSAP con l'obiettivo di richiedere e ricevere aiuto d'urgenza dai servizi di emergenza;

r) consumatore: la persona fisica che utilizza o chiede di utilizzare un servizio di comunicazione elettronica accessibile al pubblico per scopi non riferibili all'attività lavorativa, commerciale, artigianale o professionale svolta;

s) fornitura di una rete di comunicazione elettronica: la realizzazione, la gestione, il controllo o la messa a disposizione di tale rete;

t) gruppo chiuso di utenti (CUG - Closed User Group): una pluralità di soggetti legati fra loro da uno stabile interesse professionale o d'utenza comune, tale da giustificare esigenze interne di comunicazione confinata, soddisfatta a mezzo di reti e servizi esclusivi e chiusi di comunicazione elettronica;

u) incidente di sicurezza: un evento con un reale effetto pregiudizievole per la sicurezza delle reti o dei servizi di comunicazione elettronica;

v) informazioni sulla localizzazione del chiamante: i dati trattati in una rete mobile pubblica, derivanti dall'infrastruttura di rete o dai dispositivi mobili, che indicano la posizione geografica delle apparecchiature terminali mobili di un utente finale e in una rete pubblica fissa i dati sull'indirizzo fisico del punto terminale di rete;

z) interconnessione: una particolare modalità di accesso messa in opera tra operatori della rete pubblica mediante il collegamento fisico e logico delle reti pubbliche di comunicazione elettronica utilizzate dalla medesima impresa o da un'altra impresa per consentire agli utenti di un'impresa di comunicare con gli utenti della medesima o di un'altra impresa o di accedere ai servizi offerti da un'altra impresa qualora tali servizi siano forniti dalle parti interessate o da altre parti che hanno accesso alla rete;

aa) interferenza dannosa: un'interferenza che pregiudica il funzionamento di un servizio di radionavigazione o di altri servizi di sicurezza o che deteriora gravemente, ostacola o interrompe ripetutamente un servizio di radiocomunicazione che opera conformemente alle normative internazionali, dell'Unione Europea o nazionali applicabili;

bb) larga banda: l'ambiente tecnologico costituito da applicazioni, contenuti, servizi ed infrastrutture, che consente l'utilizzo delle tecnologie digitali ad elevati livelli di interattività;

cc) libero uso: la facoltà di utilizzo di dispositivi o di apparecchiature terminali di comunicazione elettronica senza necessità di autorizzazione generale;

dd) mercati transnazionali: mercati individuati conformemente all'articolo 65 del codice europeo delle comunicazioni elettroniche, che coprono l'Unione o una parte considerevole di questa, situati in più di uno Stato membro;

ee) messaggio IT-Alert: messaggio riguardante gravi emergenze e catastrofi imminenti o in corso, inviato dal sistema di allarme pubblico IT-Alert;

ff) Ministero: il Ministero dello sviluppo economico;

gg) misure di autoprotezione: azioni da porre in essere utili a ridurre i rischi e ad attenuare le conseguenze derivanti da gravi emergenze e catastrofi imminenti o in corso;

hh) numero geografico: qualsiasi numero del piano di numerazione nazionale dei servizi di comunicazione elettronica nel quale alcune delle cifre hanno un indicativo geografico per instradare le chiamate verso l'ubicazione fisica del punto terminale di rete;

ii) numero non geografico: qualsiasi numero del piano di numerazione nazionale dei servizi di comunicazione elettronica che non sia un numero geografico, ad esempio i numeri di telefonia mobile, i numeri di chiamata gratuita e i numeri relativi ai servizi a sovrapprezzo;

ll) operatore: un'impresa che fornisce o è autorizzata a fornire una rete pubblica di comunicazione elettronica, o una risorsa correlata;

mm) PSAP più idoneo: uno PSAP istituito dalle autorità competenti per coprire le comunicazioni di emergenza da un dato luogo o per le comunicazioni di emergenza di un certo tipo;

nn) punto di accesso senza fili di portata limitata: apparecchiatura senza fili di accesso alla rete di piccole dimensioni, a bassa potenza, di portata limitata, che utilizza spettro radio soggetto a licenza o spettro radio esente da licenza oppure una combinazione dei due, che può essere utilizzata come parte di una rete pubblica di comunicazione elettronica ed essere dotata di una o più antenne a basso impatto visivo, che consente agli utenti un accesso senza fili alle reti di comunicazione elettronica indipendentemente dalla topologia di rete sottostante, che può essere mobile o fissa;

oo) punto terminale di rete: il punto fisico a partire dal quale l'utente finale ha accesso a una rete pubblica di comunicazione elettronica e che, in caso di reti in cui abbiano luogo la commutazione o l'instradamento, è definito mediante un indirizzo di rete specifico correlabile a un numero di utente finale o a un nome di utente finale; per il servizio di comunicazioni mobili e personali il punto terminale di rete è costituito dall'antenna fissa cui possono collegarsi via radio le apparecchiature terminali utilizzate dagli utenti del servizio;

pp) rete ad altissima capacità: una rete di comunicazione elettronica costituita interamente da elementi in fibra ottica almeno fino al punto di distribuzione nel luogo servito oppure una rete di comunicazione elettronica in grado di fornire prestazioni di rete analoghe in condizioni normali di picco in termini di larghezza di banda disponibile per downlink/uplink, resilienza, parametri di errore, latenza e relativa variazione; le prestazioni di rete possono essere considerate analoghe a prescindere da eventuali disparità di servizio per l'utente finale dovute alle caratteristiche intrinsecamente diverse del mezzo attraverso cui la rete si collega in ultima istanza al punto terminale di rete;

qq) rete locale in radiofrequenza o "RLAN" (radio local area network): un sistema di accesso senza fili a bassa potenza, di portata limitata, con un basso rischio di interferenze con altri sistemi di questo tipo installati in prossimità da altri utenti, che utilizza su base non esclusiva una porzione di spettro radio armonizzato;

rr) rete locale: il percorso fisico utilizzato dai segnali di comunicazione elettronica che collega il punto terminale della rete a un permutatore o a un impianto equivalente nella rete pubblica fissa di comunicazione elettronica;

ss) Rete privata o Rete di comunicazione elettronica ad uso privato: rete di comunicazione elettronica con la quale sono realizzati servizi di comunicazione elettronica ad uso esclusivo del titolare della relativa autorizzazione. Una rete privata può interconnettersi, su base commerciale, con la rete pubblica tramite uno o più punti terminali di rete, purché i servizi di comunicazione elettronica realizzati con la rete privata non siano accessibili al pubblico.

tt) rete pubblica di comunicazione elettronica: una rete di comunicazione elettronica, utilizzata interamente o prevalentemente per fornire servizi di comunicazione elettronica accessibili al pubblico, che supporta il trasferimento di informazioni tra i punti terminali di rete;

uu) rete televisiva via cavo: ogni infrastruttura prevalentemente cablata installata principalmente per la diffusione o la distribuzione di segnali radiofonici o televisivi al pubblico;

vv) reti di comunicazione elettronica: i sistemi di trasmissione, basati o meno su un'infrastruttura permanente o una capacità di amministrazione centralizzata e, se del caso, le apparecchiature di commutazione o di instradamento e altre risorse, inclusi gli elementi di rete non attivi, che consentono di trasmettere segnali via cavo, via radio, a mezzo di fibre ottiche o con altri mezzi elettromagnetici, comprese le reti satellitari, le reti mobili e fisse (a commutazione di circuito e a commutazione di pacchetto, compresa internet), i sistemi per il trasporto via cavo della corrente elettrica, nella misura in cui siano utilizzati per trasmettere i segnali, le reti utilizzate per la diffusione radiotelevisiva e le reti televisive via cavo, indipendentemente dal tipo di informazione trasportato;

zz) risorse correlate: servizi correlati, infrastrutture fisiche e altre risorse o elementi correlati a una rete di comunicazione elettronica o a un servizio di comunicazione elettronica che permettono o supportano la fornitura di servizi attraverso tale rete o servizio, o sono potenzialmente in grado di farlo, compresi gli edifici o gli accessi agli edifici, il cablaggio degli edifici, le antenne, le torri e le altre strutture di supporto, le condotte, le tubazioni, i piloni, i pozzetti e gli armadi di distribuzione;

aaa) RSPG: il gruppo "Politica dello spettro radio";

bbb) servizio CBS - Cell Broadcast Service: servizio che consente la comunicazione unidirezionale di brevi messaggi di testo ai dispositivi mobili presenti in una determinata area geografica coperta da una o più celle delle reti mobili pubbliche;

ccc) servizio correlato: un servizio correlato a una rete o a un servizio di comunicazione elettronica che permette o supporta la fornitura, l'auto fornitura o la fornitura automatizzata di servizi attraverso tale rete o servizio, o è potenzialmente in grado di farlo, e comprende i servizi di traduzione del numero o i sistemi che svolgono funzioni analoghe, i sistemi di accesso condizionato e le guide elettroniche ai programmi (electronic programme guides — EPG), nonché altri servizi quali quelli relativi all'identità, alla posizione e alla presenza;

ddd) servizio di comunicazione da macchina a macchina: servizio di comunicazione non interpersonale in cui le informazioni sono iniziate e trasferite in modo prevalentemente automatizzato tra dispositivi e applicazioni con nessuna o marginale interazione umana. Tale servizio può essere basato sul numero e non consente la realizzazione di un servizio interpersonale;

eee) servizio di comunicazione elettronica ad uso privato: servizio svolto in una rete privata senza l'utilizzo neanche parziale di elementi della rete pubblica. Il servizio è svolto esclusivamente nell'interesse e per traffico tra terminali del titolare di un'autorizzazione generale, ovvero beneficiario del servizio, ad uso privato. Qualora la rete privata nella quale il servizio ad uso privato è svolto sia interconnessa con la rete pubblica il traffico non attraversa il punto terminale di rete;

fff) servizio di comunicazione elettronica: i servizi, forniti di norma a pagamento su reti di comunicazioni elettroniche, che comprendono, con l'eccezione dei servizi che forniscono contenuti trasmessi utilizzando reti e servizi di comunicazione elettronica o che esercitano un controllo editoriale su tali contenuti, i tipi di servizi seguenti:

1) servizio di accesso a internet quale definito all'articolo 2, secondo comma, punto 2), del regolamento (UE) 2015/2120;

2) servizio di comunicazione interpersonale;

3) servizi consistenti esclusivamente o prevalentemente nella trasmissione di segnali come i servizi di trasmissione utilizzati per la fornitura di servizi da macchina a macchina e per la diffusione circolare radiotelevisiva;

ggg) servizio di comunicazione interpersonale basato sul numero: un servizio di comunicazione interpersonale che si connette a risorse di numerazione assegnate pubblicamente - ossia uno o più numeri che figurano in un piano di numerazione nazionale o internazionale - o consente la comunicazione con uno o più numeri che figurano in un piano di numerazione nazionale o internazionale;

hhh) servizio di comunicazione interpersonale indipendente dal numero: un servizio di comunicazione interpersonale che non si connette a risorse di numerazione assegnate pubblicamente, ossia uno o più numeri che figurano in un piano di numerazione nazionale o internazionale, o che non consente la comunicazione con uno o più numeri che figurano in un piano di numerazione nazionale o internazionale;

iii) servizio di comunicazione interpersonale: un servizio di norma a pagamento che consente lo scambio diretto interpersonale e interattivo di informazioni tramite reti di comunicazione elettronica tra un numero limitato di persone, mediante il quale le persone che avviano la comunicazione o che vi partecipano ne stabiliscono il destinatario o i destinatari e non comprende i servizi che consentono le comunicazioni interpersonali e interattive esclusivamente come elemento accessorio meno importante e intrinsecamente collegato a un altro servizio;

lll) servizio di comunicazione vocale: un servizio di comunicazione elettronica accessibile al pubblico che consente di effettuare e ricevere, direttamente o indirettamente, chiamate nazionali o nazionali e internazionali tramite uno o più numeri che figurano in un piano di numerazione nazionale o internazionale;

mmm) servizio di conversazione globale: un servizio di conversazione multimediale in tempo reale che consente il trasferimento bidirezionale simmetrico in tempo reale di immagini video in movimento, nonché comunicazioni testuali e vocali in tempo reale tra gli utenti in due o più località;

nnn) servizio di emergenza: un servizio, riconosciuto come tale, che fornisce assistenza immediata e rapida in situazioni in cui esiste, in particolare, un rischio immediato per la vita o l'incolumità fisica, la salute o la sicurezza individuale o pubblica, la proprietà privata o pubblica o l'ambiente;

ooo) sistema IT-Alert: piattaforma tecnologica con cui, in applicazione dello standard Europeo ETSI TS 102 900 V1.3.1 (2019-02) - Emergency Communications (EMTEL), European Public Warning System (EU-ALERT) using the Cell Broadcast Service, è realizzato in Italia il sistema di allarme pubblico;

ppp) servizio telefonico accessibile al pubblico: un servizio reso accessibile al pubblico che consente di effettuare e ricevere direttamente o indirettamente, chiamate nazionali o nazionali e internazionali tramite uno o più numeri che figurano in un piano di numerazione dei servizi di comunicazione elettronica nazionale o internazionale;

qqq) servizio televisivo in formato panoramico: un servizio televisivo che si compone esclusivamente o parzialmente di programmi prodotti ed editati per essere visualizzati su uno schermo a formato panoramico. Il rapporto d'immagine 16:9 è il formato di riferimento per i servizi televisivi in formato panoramico;

rrr) servizio universale: un insieme minimo di servizi di una qualità determinata, accessibili a tutti gli utenti a prescindere dalla loro ubicazione geografica e, tenuto conto delle condizioni nazionali specifiche, offerti ad un prezzo accessibile;

sss) sicurezza delle reti e dei servizi: la capacità delle reti e dei servizi di comunicazione elettronica di resistere, a un determinato livello di riservatezza, a qualsiasi azione che comprometta la disponibilità, l'autenticità, l'integrità o la riservatezza di tali reti e servizi, dei dati conservati, trasmessi o trattati oppure dei relativi servizi offerti o accessibili tramite tali reti o servizi di comunicazione;

ttt) sistema di accesso condizionato: qualsiasi misura tecnica, sistema di autenticazione o intesa secondo i quali l'accesso in forma intelligibile a un servizio protetto di diffusione radiotelevisiva è subordinato a un abbonamento o a un'altra forma di autorizzazione preliminare individuale;

uuu) sistema di allarme pubblico: sistema di diffusione di allarmi pubblici agli utenti finali interessati da gravi emergenze e catastrofi imminenti o in corso;

vvv) spettro radio armonizzato: uno spettro radio per il quale sono state definite condizioni armonizzate relative alla sua disponibilità e al suo uso efficiente mediante misure tecniche di attuazione conformemente all'articolo 4 della decisione n. 676/2002/CE;

zzz) stazione radioelettrica: uno o più apparati radioelettrici, ivi comprese le apparecchiature accessorie, necessari in una data postazione, anche mobile o portatile, per assicurare un servizio di radiocomunicazione o di radioastronomia ovvero per svolgere un'attività di comunicazione elettronica ad uso privato. Ogni stazione, in particolare, viene classificata sulla base del servizio o dell'attività alle quali partecipa in maniera permanente o temporanea;

aaaa) telefono pubblico a pagamento: qualsiasi apparecchio telefonico accessibile al pubblico, utilizzabile con mezzi di pagamento che possono includere monete o carte di credito o di addebito o schede prepagate, comprese le schede con codice di accesso;

bbbb) uso condiviso dello spettro radio: l'accesso da parte di due o più utenti per l'utilizzo delle stesse bande di spettro radio nell'ambito di un accordo di condivisione definito, autorizzato sulla base di un'autorizzazione generale, di diritti d'uso individuali dello spettro radio o di una combinazione dei due, che include approcci normativi come l'accesso condiviso soggetto a licenza volto a facilitare l'uso condiviso di una banda di spettro radio, previo accordo vincolante di tutte le parti interessate, conformemente alle norme di condivisione previste nei loro diritti d'uso dello spettro radio onde da garantire a tutti gli utenti accordi di condivisione prevedibili e affidabili, e fatta salva l'applicazione del diritto della concorrenza;

cccc) utente finale: un utente che non fornisce reti pubbliche di comunicazione elettronica o servizi di comunicazione elettronica accessibili al pubblico o a gruppi chiusi di utenti;

dddd) utente: la persona fisica o giuridica che utilizza o chiede di utilizzare un servizio di comunicazione elettronica accessibile al pubblico, ovvero a un insieme predefinito e chiuso di persone fisiche o giuridiche all'uopo autorizzate.

(1) *Articolo così sostituito dall'art. 1, comma 1 d.lgs. 8 novembre 2021, n. 207.*

3 (1) Principi generali (art. 3 eecc e art. 3 Codice 2003).

1. La disciplina delle reti e servizi di comunicazione elettronica di cui al presente decreto è volta a salvaguardare, nel rispetto del principio della libera circolazione delle persone e delle cose, i diritti costituzionalmente garantiti di:

a) libertà di comunicazione;

b) segretezza delle comunicazioni, anche attraverso il mantenimento dell'integrità e della sicurezza delle reti di comunicazione elettronica e l'adozione di misure preventive delle interferenze;

c) libertà di iniziativa economica e suo esercizio in regime di concorrenza, garantendo un accesso al mercato delle reti e servizi di comunicazione elettronica secondo criteri di obiettività, trasparenza, non discriminazione e proporzionalità.

2. La fornitura di reti e servizi di comunicazione elettronica, che è di preminente interesse generale, è libera e ad essa si applicano le disposizioni del decreto.

3. Il Ministero, l'Autorità, e le amministrazioni competenti contribuiscono nell'ambito della propria competenza a garantire l'attuazione delle politiche volte a promuovere la libertà di espressione e di informazione, la diversità culturale e linguistica e il pluralismo dei mezzi di comunicazione, nel rispetto dei diritti e delle libertà fondamentali delle persone fisiche, garantiti dalla Convenzione europea per la salvaguardia dei diritti dell'uomo e delle libertà fondamentali e dai principi generali del diritto dell'Unione europea.

4. Sono fatte salve le limitazioni derivanti da esigenze della difesa e della sicurezza dello Stato, della protezione civile, della salute pubblica e della tutela dell'ambiente e della riservatezza e protezione dei dati personali, poste da specifiche disposizioni di legge o da disposizioni regolamentari di attuazione.

(1) *Articolo così sostituito dall'art. 1, comma 1 d.lgs. 8 novembre 2021, n. 207.*

4 (1) Obiettivi generali della disciplina di reti e servizi di comunicazione elettronica (artt. 1 e 3 eecc; artt. 4 e 13 Codice 2003).

1. L'Autorità e il Ministero, ciascuno nell'ambito delle proprie competenze, e fermo quanto previsto all'articolo 6 comma 3, perseguono i seguenti obiettivi generali, che non sono elencati in ordine di priorità:

a) promuovere la connettività e l'accesso alle reti ad altissima capacità, comprese le reti fisse, mobili e senza fili, e il loro utilizzo da parte di tutti i cittadini e le imprese;

b) promuovere la concorrenza nella fornitura delle reti di comunicazione elettronica e delle risorse correlate, compresa un'efficace concorrenza basata sulle infrastrutture, e nella fornitura dei servizi di comunicazione elettronica e dei servizi correlati;

c) contribuire allo sviluppo del mercato interno rimuovendo gli ostacoli residui e promuovendo condizioni convergenti per gli investimenti e la fornitura di reti di comunicazione elettronica, servizi di comunicazione elettronica, risorse correlate e servizi correlati, sviluppando approcci normativi prevedibili e favorendo l'uso effettivo, efficiente e coordinato dello spettro radio, l'innovazione aperta, la creazione e lo sviluppo di reti transeuropee, la fornitura, la disponibilità e l'interoperabilità dei servizi paneuropei e la connettività da punto a punto (end-to-end);

d) promuovere gli interessi dei cittadini, garantendo la connettività e l'ampia disponibilità e utilizzo delle reti ad altissima capacità, comprese le reti fisse, mobili e senza fili, e dei servizi di comunicazione elettronica, garantendo i massimi vantaggi in termini di scelta, prezzo e qualità sulla base di una concorrenza efficace, preservando la sicurezza delle reti e dei servizi, garantendo un livello di protezione degli utenti finali elevato e uniforme tramite la necessaria normativa settoriale e rispondendo alle esigenze, ad esempio in termini di prezzi accessibili, di gruppi sociali specifici, in particolare utenti finali con disabilità, utenti finali anziani o utenti finali con esigenze sociali particolari, nonché la scelta e l'accesso equivalente degli utenti finali con disabilità.

2. La disciplina delle reti e servizi di comunicazione elettronica è volta altresì a:

a) promuovere la semplificazione dei procedimenti amministrativi e la partecipazione ad essi dei soggetti interessati, attraverso l'adozione di procedure tempestive, non discriminatorie e trasparenti nei confronti delle imprese che forniscono reti e servizi di comunicazione elettronica;

b) garantire la trasparenza, pubblicità e tempestività delle procedure per la concessione dei diritti di passaggio e di installazione delle reti di comunicazione elettronica sulle proprietà pubbliche e private;

c) [garantire l'osservanza degli obblighi derivanti dal regime di autorizzazione generale per l'offerta al pubblico di reti e servizi di comunicazione elettronica;] garantire l'osservanza degli obblighi derivanti dal regime di autorizzazione generale, sia essa per l'offerta al pubblico di reti e servizi di comunicazione elettronica ovvero per regolare la fornitura di reti e servizi per gruppi chiusi di utenti e le reti e servizi di comunicazione elettronica ad uso privato;

d) garantire la fornitura del servizio universale, limitando gli effetti distorsivi della concorrenza;

e) promuovere lo sviluppo in regime di concorrenza delle reti e servizi di comunicazione elettronica, ivi compresi quelli a larga banda e la loro diffusione sul territorio nazionale, dando impulso alla coesione sociale ed economica anche a livello locale;

f) garantire in modo flessibile l'accesso e l'interconnessione per le reti di comunicazione elettronica a larga banda, avendo riguardo alle singole tipologie di servizio, in modo da assicurare concorrenza sostenibile, innovazione e vantaggi per i consumatori;

g) garantire l'esercizio senza interruzioni od interferenze delle reti di comunicazione elettronica poste a presidio dell'ordine pubblico, nonché a salvaguardia della sicurezza ed a soccorso della vita umana (PPDR - Public Protection and Disaster Relief);

h) garantire la convergenza, la interoperabilità tra reti e servizi di comunicazione elettronica e l'utilizzo di standard aperti;

i) garantire il rispetto del principio di neutralità tecnologica, inteso come non discriminazione tra particolari tecnologie, non imposizione dell'uso di una particolare tecnologia rispetto alle altre e possibilità di adottare provvedimenti ragionevoli al fine di promuovere taluni servizi indipendentemente dalla tecnologia utilizzata;

l) promuovere e favorire, nell'imminenza o in caso di gravi emergenze e catastrofi imminenti o in corso, attraverso le tecnologie dell'informazione e della comunicazione, l'adozione di misure di autoprotezione da parte dei cittadini;

m) garantire un livello di protezione degli utenti finali elevato e uniforme tramite la necessaria normativa settoriale e rispondere alle esigenze, ad esempio in termine di prezzi accessibili, di gruppi sociali specifici, in particolare utenti finali con disabilità, utenti finali anziani o utenti finali con esigenze sociali particolari e assicurare la scelta e l'accesso equivalente degli utenti finali con disabilità.

3. A garanzia dei diritti di cui all'articolo 3 e per il perseguimento degli obiettivi di cui al comma 1, gli obblighi per le imprese che forniscono reti e servizi di comunicazione elettronica, disposti dal presente decreto, sono imposti secondo principi di imparzialità, obiettività, trasparenza, non distorsione della concorrenza, non discriminazione e proporzionalità.

4. La disciplina della fornitura di reti e servizi di comunicazione elettronica tiene conto delle norme e misure tecniche approvate in sede comunitaria, nonché dei piani e raccomandazioni approvati da organismi internazionali cui l'Italia aderisce in virtù di convenzioni e trattati.

5. Nel perseguire le finalità programmatiche specificate nel presente articolo, l'autorità nazionale di regolamentazione e le altre autorità competenti tra l'altro:

a) promuovono la prevedibilità regolamentare, garantendo un approccio regolatore coerente nell'arco di opportuni periodi di revisione e attraverso la cooperazione reciproca, con il BEREC, con il RSPG e con la Commissione europea;

b) garantiscono che, in circostanze analoghe, non vi siano discriminazioni nel trattamento dei fornitori di reti e servizi di comunicazione elettronica;

c) applicano il diritto dell'Unione europea secondo il principio della neutralità tecnologica, nella misura in cui ciò sia compatibile con il conseguimento degli obiettivi di cui al comma 3;

d) promuovono investimenti efficienti e innovazione in infrastrutture nuove e migliorate, anche garantendo che qualsiasi obbligo di accesso tenga debito conto del rischio sostenuto dalle imprese che investono e consentendo vari accordi di cooperazione tra gli investitori e le parti che richiedono accesso onde diversificare il rischio di investimento, assicurando nel contempo la salvaguardia della concorrenza nel mercato e del principio di non discriminazione;

e) tengono debito conto della varietà delle condizioni attinenti all'infrastruttura, della concorrenza, della situazione degli utenti finali e, in particolare, dei consumatori nelle diverse aree geografiche all'interno del territorio dello Stato, ivi compresa l'infrastruttura locale gestita da persone fisiche senza scopo di lucro;

f) impongono obblighi regolamentari ex ante unicamente nella misura necessaria a garantire una concorrenza effettiva e sostenibile nell'interesse dell'utente finale e li attenuano o revocano non appena sia soddisfatta tale condizione.

6. Il Ministero e l'Autorità, anche in collaborazione con la Commissione europea, l'RSPG e il BEREC, adottano, nello svolgimento dei compiti di regolamentazione indicati nel presente decreto, tutte le ragionevoli misure necessarie e proporzionate per conseguire gli obiettivi di cui al presente articolo.

(1) *Articolo così sostituito dall'art. 1, comma 1 d.lgs. 8 novembre 2021, n. 207.*

5 (1) Pianificazione strategica e coordinamento della politica in materia di spettro radio (art. 4 eecc; art. 13-*bis* Codice 2003).

1. Il Ministero, sentite l'Autorità e l'Agenzia per la cybersicurezza nazionale per i profili di competenza, coopera con i competenti organi degli altri Stati membri e con la Commissione europea nella pianificazione strategica, nel coordinamento e nell'armonizzazione dell'uso dello spettro radio nell'Unione europea per la realizzazione e il funzionamento del mercato interno delle comunicazioni elettroniche. A tal fine il Ministero prende in considerazione, tra l'altro, gli aspetti economici, inerenti alla sicurezza, alla salute, all'interesse pubblico, alla libertà di espressione, gli aspetti culturali, scientifici, sociali e tecnici delle politiche dell'Unione europea, come pure i vari interessi delle comunità di utenti dello spettro radio, allo scopo di ottimizzarne l'uso e di evitare interferenze dannose.

2. Il Ministero, cooperando con i competenti organi degli altri Stati membri e con la Commissione europea, d'intesa con l'Autorità nell'ambito delle competenze di quest'ultima, promuove il coordinamento delle politiche in materia di spettro radio nell'Unione europea e, ove opportuno, condizioni armonizzate per quanto concerne la disponibilità e l'uso efficiente dello spettro radio, che sono necessari per la realizzazione e il funzionamento del mercato interno delle comunicazioni elettroniche.

3. Il Ministero, nell'ambito del RSPG, d'intesa con l'Autorità nell'ambito delle competenze di quest'ultima, coopera con i competenti organi degli altri Stati membri e con la Commissione europea secondo quanto disposto al comma 1 e, su loro richiesta, con il Parlamento europeo e il Consiglio, per sostenere la pianificazione strategica e il coordinamento delle politiche in materia di spettro radio nell'Unione:

a) sviluppando le migliori prassi sulle questioni connesse allo spettro radio al fine di attuare il presente decreto;

b) agevolando il coordinamento tra gli Stati membri al fine di attuare il presente decreto e altra legislazione dell'Unione e di contribuire allo sviluppo del mercato interno;

c) coordinando i propri approcci all'assegnazione e all'autorizzazione all'uso dello spettro radio e pubblicando relazioni o pareri sulle questioni connesse allo spettro radio.

(1) *Articolo così sostituito dall'art. 1, comma 1 d.lgs. 8 novembre 2021, n. 207.*

CAPO I-*BIS*

Assetto istituzionale e governance (1)

(1) *V. nota 1 sub Titolo I.*

6 (1) Attribuzioni del Ministero, dell'Autorità per le garanzie nelle comunicazioni e delle altre Amministrazioni competenti (artt. 5, 6 e 11 eecc; artt. 7 e 8 Codice 2003).

1. Il Ministero esercita le competenze derivanti dal decreto legislativo 30 luglio 1999, n. 300, dalla legge 16 gennaio 2003, n. 3, nonché dal decreto-legge 16 maggio 2008, n. 85, convertito, con modificazioni, dalla legge 14 luglio 2008, n. 121. Fermo restando il puntuale riparto di competenze tra Autorità e Ministero, di cui al presente decreto, il Ministero svolge, in particolare, i seguenti compiti:

a) predispone e adotta lo schema del Piano nazionale di ripartizione delle frequenze;

b) effettua il coordinamento internazionale al fine di definire le frequenze pianificabili e assegnabili in Italia;

c) effettua l'assegnazione delle frequenze e il rilascio dei diritti di uso, e vigila sulla loro utilizzazione;

d) assegna le risorse di numerazione e il rilascio dei diritti di uso ad eccezione dell'assegnazione delle numerazioni per servizi di emergenza, e vigila sulla loro utilizzazione;

e) definisce il perimetro del servizio universale e gestisce il relativo fondo di compensazione degli oneri;

f) congiuntamente all'Autorità, vigila sulla effettiva erogazione e disponibilità del servizio universale;

g) effettua la mappatura geografica delle informazioni di previsione sulle installazioni di rete per come previsto dal presente decreto;

h) riceve le notifiche di inizio attività ai fini del conseguimento delle autorizzazioni generali, disponendo in mancanza dei presupposti e dei requisiti richiesti il divieto di prosecuzione dell'attività, acquisisce al bilancio i diritti amministrativi e i contributi dovuti. Trasmette le informazioni al BEREC e può definire, conformemente alle prescrizioni del presente decreto, regimi specifici per particolari categorie di reti o servizi;

i) vigila sull'osservanza degli obblighi derivanti dal regime di autorizzazione generale per l'offerta al pubblico di reti e servizi di comunicazione elettronica ed irroga le sanzioni di cui al presente decreto;

l) ogni altro compito conferito dal diritto nazionale nelle materie di cui al presente decreto, comprese le disposizioni nazionali di attuazione del diritto dell'Unione europea.

2. L'Autorità esercita le competenze derivanti dalla legge 14 novembre 1995, n. 481 nonché dalla legge 31 luglio 1997, n. 249. Fermo restando il puntuale riparto di competenze tra Autorità e Ministero, di cui al presente decreto, l'Autorità svolge, in particolare, i seguenti compiti:

a) regolamentazione ex ante del mercato, compresa l'imposizione di obblighi in materia di accesso e interconnessione;

b) risoluzione delle controversie tra le imprese, anche con riguardo alle controversie relative ai diritti e agli obblighi previsti dal decreto legislativo del 15 febbraio 2016, n. 33;

c) pianificazione per l'assegnazione delle frequenze e pareri in materia di spettro radio, ai sensi del presente decreto;

d) tutela dei diritti degli utenti finali nel settore della comunicazione elettronica mediante l'applicazione della normativa settoriale e l'irrogazione delle sanzioni di cui al presente decreto, nonché attraverso procedure per la risoluzione delle controversie tra utenti e operatori;

e) garanzia di un accesso aperto a internet ai sensi del regolamento europeo (UE) 2120/2015, mediante l'esercizio dei relativi poteri regolamentari, di vigilanza e sanzionatori;

f) valutazione dell'onere indebito e calcolo del costo netto della fornitura del servizio universale;

g) garanzia della portabilità del numero tra i fornitori;

h) esercizio dei poteri regolamentari, di vigilanza e sanzionatori in materia di roaming internazionale, ai sensi del regolamento europeo (UE) 2120/2015;

i) raccolta di dati e altre informazioni dai partecipanti al mercato, anche al fine di contribuire ai compiti del BEREC;

l) mappatura della copertura geografica delle reti a larga banda all'interno del territorio, ai sensi del presente decreto;

m) ogni altro compito conferito dal diritto nazionale, comprese le disposizioni nazionali di attuazione del diritto dell'Unione europea, nonché relativo a qualsiasi ruolo conferito al BEREC.

3. L'Agenzia per la cybersicurezza nazionale esercita le competenze derivanti dal Titolo V del presente Codice e dal decreto-legge 14 giugno 2021, n. 82. L'Agenzia svolge, in particolare, i compiti relativi alla sicurezza delle reti e dei servizi di comunicazione elettronica accessibili al pubblico e alla protezione dalle minacce informatiche delle comunicazioni elettroniche, assicurandone la disponibilità, la confidenzialità e l'integrità e garantendone altresì la resilienza.

4. Il Ministero e l'Autorità, per le parti di rispettiva competenza, adottano le misure espressamente previste dal presente decreto intese a conseguire gli obiettivi di cui all'articolo 4, nel rispetto dei principi di certezza, efficacia, ragionevolezza e proporzionalità delle regole. Le competenze del Ministero, così come quelle dell'Autorità, sono notificate alla Commissione europea e sono rese pubbliche sui rispettivi siti Internet istituzionali.

5. Il Ministero, l'Autorità, l'Agenzia e l'Autorità garante della concorrenza e del mercato, ai fini di una leale collaborazione e reciproca cooperazione nelle materie di interesse comune, si scambiano le informazioni necessarie all'applicazione del presente decreto e delle disposizioni del diritto dell'Unione europea relative alle reti ed i servizi di comunicazione elettronica. I soggetti che ricevono le informazioni sono tenuti a rispettare lo stesso grado di riservatezza cui sono vincolati i soggetti che le trasmettono.

6. Il Ministero, l'Autorità, l'Agenzia e l'Autorità garante della concorrenza e del mercato, entro centoventi giorni dalla data di entrata in vigore del presente decreto, mediante specifiche intese, adottano disposizioni sulle procedure di consultazione e di cooperazione nelle materie di interesse comune. Tali disposizioni sono rese pubbliche sui rispettivi siti internet istituzionali.

7. Il Ministero, l'Autorità, l'Agenzia e l'Autorità garante della concorrenza e del mercato, per le parti di rispettiva competenza, assicurano cooperazione e trasparenza tra loro e nei riguardi della Commissione europea al fine di garantire la piena applicazione delle disposizioni stabilite dal presente decreto.

8. Il Ministero e l'Autorità per le parti di rispettiva competenza ai sensi del presente decreto, esercitano i propri poteri in modo imparziale, trasparente e tempestivo, operano in indipendenza e sono giuridicamente distinte e funzionalmente autonome da qualsiasi persona fisica o giuridica che fornisca reti, apparecchiature o servizi di comunicazione elettronica. In caso di proprietà o di controllo pubblico delle imprese che forniscono reti o servizi di comunicazione elettronica, le funzioni e le attività di regolamentazione sono caratterizzata da una piena ed effettiva separazione strutturale dalle funzioni e attività inerenti alla proprietà o al controllo di tali imprese.

(1) *Articolo così sostituito dall'art. 1, comma 1 d.lgs. 8 novembre 2021, n. 207.*

7 (1) Autorità per le garanzie nelle comunicazioni) (ex art. 7 eecc).

1. Il Presidente e i Commissari dell'Autorità sono nominati e operano ai sensi dell'articolo 1 della legge 31 luglio 1997, n. 249.

2 L'Autorità esercita i propri poteri in modo imparziale, obiettivo, trasparente e tempestivo.

3 L'Autorità opera in indipendenza e non sollecita né accetta istruzioni da alcun altro organismo nell'esercizio dei compiti ad essa affidati, anche con riferimento allo sviluppo delle proprie procedure interne e all'organizzazione del personale.

4 L'Autorità dispone di risorse finanziarie e umane adeguate a svolgere i compiti ad essa assegnati; adotta e pubblica annualmente il proprio bilancio e gode di autonomia nella sua esecuzione. Il controllo sul bilancio dell'Autorità è esercitato in modo trasparente ed è reso pubblico.

5 L'Autorità dispone di risorse finanziarie e umane sufficienti affinché possa partecipare e contribuire attivamente al BEREC. Essa sostiene attivamente gli obiettivi del BEREC relativamente alla promozione di un coordinamento e di una coerenza normativi maggiori e, allorché adotta le proprie decisioni, tiene nella massima considerazione le linee guida, i pareri, le raccomandazioni, le posizioni comuni, le migliori prassi e le metodologie adottati dal BEREC.

6 L'Autorità riferisce annualmente al Parlamento sull'attività svolta e sui programmi di lavoro, ai sensi

dell'articolo 1, comma 6, lettera c) n. 12), della legge n. 249 del 1997. La relazione è resa pubblica.

(1) *Articolo così sostituito dall'art. 1, comma 1 d.lgs. 8 novembre 2021, n. 207.*

8 (1) Regioni ed Enti locali (art. 5 Codice 2003).

1. Lo Stato, le Regioni e gli Enti locali, ferme restando le competenze legislative e regolamentari delle Regioni e delle Province autonome, operano in base al principio di leale collaborazione, anche mediante intese ed accordi. Lo Stato, le Regioni e gli Enti locali concordano, in sede di Conferenza Unificata, di cui all'articolo 8 del decreto legislativo 28 agosto 1997, n. 281, le linee generali dello sviluppo del settore, anche per l'individuazione delle necessarie risorse finanziarie. A tal fine è istituito, nell'ambito della Conferenza Unificata, avvalendosi della propria organizzazione e senza oneri aggiuntivi per la finanza pubblica, un Comitato paritetico, con il compito di verificare il grado di attuazione delle iniziative intraprese, di acquisire e scambiare dati ed informazioni dettagliate sulla dinamica del settore e di elaborare le proposte da sottoporre alla Conferenza medesima.

2. In coerenza con i principi di tutela dell'unità economica, di tutela della concorrenza e di sussidiarietà, nell'ambito dei principi fondamentali di cui al presente decreto e comunque desumibili dall'ordinamento della comunicazione stabiliti dallo Stato, e in conformità con quanto previsto dal diritto dell'Unione europea ed al fine di rendere più efficace ed efficiente l'azione dei soggetti pubblici locali e di soddisfare le esigenze dei cittadini e degli operatori economici, le Regioni e gli Enti locali, nell'ambito delle rispettive competenze e nel rispetto dei principi di cui al primo comma dell'articolo 117 della Costituzione, dettano disposizioni in materia di:

a) individuazione di livelli avanzati di reti e servizi di comunicazione elettronica a larga banda, da offrire in aree locali predeterminate nell'ambito degli strumenti di pianificazione e di sviluppo, anche al fine di evitare fenomeni di urbanizzazione forzata ovvero di delocalizzazione di imprese;

b) agevolazioni per l'acquisto di apparecchiature terminali d'utente e per la fruizione di reti e servizi di comunicazione elettronica a larga banda;

c) promozione di livelli minimi di disponibilità di reti e servizi di comunicazione elettronica a larga banda, nelle strutture pubbliche localizzate sul territorio, ivi comprese quelle sanitarie e di formazione, negli insediamenti produttivi, nelle strutture commerciali ed in quelle ricettive, turistiche e alberghiere;

d) definizione di iniziative volte a fornire un sostegno alle persone anziane, persone con disabilità, ai consumatori di cui siano accertati un reddito modesto o particolari esigenze sociali ed a quelli che vivono in zone rurali o geograficamente isolate.

3. L'utilizzo di fondi pubblici, ivi compresi quelli previsti dalla normativa comunitaria, necessari per il conseguimento degli obiettivi indicati al comma 2, lettere *a*) e *b*), deve avvenire nel rispetto dei principi di trasparenza, non distorsione della concorrenza, non discriminazione e proporzionalità.

4. Le presenti disposizioni sono applicabili nelle Regioni a statuto speciale e nelle Province autonome di Trento e di Bolzano compatibilmente con i rispettivi statuti e norme di attuazione, anche con riferimento alle disposizioni del Titolo V, parte II, della Costituzione, per le parti in cui prevedono forme di autonomia più ampia rispetto a quelle già attribuite.

(1) *Articolo così sostituito dall'art. 1, comma 1 d.lgs. 8 novembre 2021, n. 207.*

9 (1) Misure di garanzia (art. 6 Codice 2003).

1. Lo Stato, le Regioni e gli Enti locali, o loro associazioni, non possono fornire reti o servizi di comunicazione elettronica accessibili al pubblico, se non attraverso società controllate o collegate.

2. Ai fini del presente articolo il controllo sussiste, anche con riferimento a soggetti diversi dalle società, nei casi previsti dall'articolo 2359, commi primo e secondo del Codice civile. Il controllo si considera esistente nella forma dell'influenza dominante, salvo prova contraria, allorché ricorra una delle situazioni previste dall'articolo 43 decreto legislativo 31 luglio 2005, n. 177.

3. Non sono consentite sovvenzioni o altre forme anche indirette di agevolazioni alle imprese, da parte dello Stato, delle Regioni, degli Enti locali e di altri Enti pubblici, tali da distorcere le condizioni di concorrenza e configurare aiuti di Stato ai sensi del titolo V del trattato sull'Unione europea, se non nei limiti e alle condizioni di cui al medesimo titolo V.

(1) *Articolo così sostituito dall'art. 1, comma 1 d.lgs. 8 novembre 2021, n. 207.*

10 (1) Protocolli d'intesa, convenzioni ed accordi.

1. Per la stipula di accordi internazionali e di intese tecniche con amministrazioni di altri Stati, restano ferme le competenze del Ministero degli affari esteri e della cooperazione internazionale.

2. Restano ferme le competenze dell'Agenzia per la cybersicurezza nazionale in materia di stipula di protocolli d'intesa, convenzioni ed accordi in materia di cybersicurezza.

(1) *Articolo così sostituito dall'art. 1, comma 1 d.lgs. 8 novembre 2021, n. 207.*

CAPO II
Autorizzazione generale (artt. 12 - 19 CCEE)

(1) *V. nota 1 sub Titolo I.*

SEZIONE I
Parte generale

11 (1) Autorizzazione generale per le reti e i servizi di comunicazione elettronica (ex art. 12 eecc - ex art. 25 d.lgs. n. 259/2003).

1. L'attività di fornitura di reti o servizi di comuni-

cazione elettronica è libera, fatte salve le condizioni stabilite nel presente decreto e le eventuali limitazioni introdotte da disposizioni legislative regolamentari e amministrative che prevedano un regime particolare per i cittadini o le imprese di Paesi non appartenenti all'Unione europea o allo Spazio economico europeo, o che siano giustificate da esigenze della difesa e della sicurezza dello Stato e della sanità pubblica, compatibilmente con le esigenze della tutela dell'ambiente e della protezione civile, poste da specifiche disposizioni, ivi comprese quelle vigenti alla data di entrata in vigore del presente decreto. Le disposizioni del presente articolo si applicano anche ai cittadini o imprese di Paesi non appartenenti all'Unione europea, nel caso in cui lo Stato di appartenenza applichi, nelle materie disciplinate dal presente decreto, condizioni di piena reciprocità. Rimane salvo quanto previsto da trattati internazionali cui l'Italia aderisce o da specifiche convenzioni.

2. La fornitura di reti o di servizi di comunicazione elettronica diversi dai servizi di comunicazione interpersonale indipendenti dal numero, fatti salvi gli obblighi specifici di cui all'articolo 13 o i diritti di uso di cui agli articoli 59 e 98-*septies*, è assoggettata ad un'autorizzazione generale, che consegue alla presentazione della dichiarazione di cui al comma 4. Il Ministero, sentita l'Autorità per i profili di competenza, può definire, pubblicandone i regolamenti, conformi alle prescrizioni del presente decreto, regimi specifici per l'autorizzazione generale per particolari categorie di reti o servizi, cui l'impresa che intende offrire le dette reti o servizi è tenuta ad ottemperare.

3. Le imprese che intendono avviare le attività di cui al comma 1, notificano tale intenzione al Ministero e possono esercitare i diritti che derivano dall'autorizzazione generale subito dopo la notifica, se del caso nel rispetto delle disposizioni sui diritti d'uso stabilite a norma del presente decreto, salva motivata opposizione da parte del Ministero.

4. La notifica di cui al comma 3 è composta dalla dichiarazione, resa dalla persona fisica titolare ovvero dal legale rappresentante della persona giuridica, o da soggetti da loro delegati, dell'intenzione di iniziare la fornitura di reti o di servizi di comunicazione elettronica, nonché dalla presentazione delle informazioni necessarie per consentire al Ministero la tenuta di un registro dei fornitori di reti e di servizi di comunicazione elettronica. Tale dichiarazione costituisce segnalazione certificata di inizio attività e deve essere conforme al modello di cui all'allegato n. 14.

5. Le informazioni di cui al comma 4 comprendono quanto segue:

a) il nome del fornitore;

b) lo status giuridico, la forma giuridica e il numero di registrazione del fornitore, qualora il fornitore sia registrato nel registro pubblico delle imprese o in un altro registro pubblico analogo nell'Unione;

c) l'eventuale indirizzo geografico della sede principale del fornitore nell'Unione e delle eventuali sedi secondarie in uno Stato membro;

d) l'indirizzo del sito web del fornitore, se applicabile, associato alla fornitura di reti o servizi di comunicazione elettronica;

e) una persona di contatto e suoi recapiti completi;

f) una breve descrizione delle reti o dei servizi che si intende fornire;

g) gli Stati membri interessati;

h) la data presunta di inizio dell'attività;

i) l'impegno a rispettare le norme del decreto e del regime previsto per l'autorizzazione generale;

l) l'ubicazione delle stazioni radioelettriche, se applicabile, unitamente al MAC Address, al Service Set Identifier (SSID) e alla frequenza utilizzata.

6. Al fine di consentire al BEREC la tenuta di una banca dati dell'Unione delle notifiche trasmesse, il Ministero inoltra senza indebito ritardo al BEREC, per via elettronica, ciascuna notifica ricevuta. Le notifiche trasmesse al Ministero prima del 21 dicembre 2020 sono inoltrate al BEREC entro il 21 dicembre 2021.

7. Ai sensi dell'articolo 19 della legge 7 agosto 1990, n. 241, il Ministero, entro e non oltre sessanta giorni dalla presentazione della dichiarazione di cui al comma 3, verifica d'ufficio la sussistenza dei presupposti e dei requisiti richiesti e dispone, se del caso, con provvedimento motivato da notificare agli interessati entro il medesimo termine, il divieto di prosecuzione dell'attività. Il Ministero pubblica le informazioni relative alle dichiarazioni presentate sul sito Internet. Le imprese titolari di autorizzazione sono tenute all'iscrizione nel registro degli operatori di comunicazione di cui all'articolo 1 della legge 31 luglio 1997, n. 249.

8. La cessazione dell'esercizio di un'attività di rete o dell'offerta di un servizio di comunicazione elettronica può aver luogo in ogni tempo. L'operatore informa gli utenti della cessazione, ai sensi dell'articolo 98-*septies decies*, comma 4, con un preavviso di almeno tre mesi, dandone comunicazione contestualmente al Ministero e all'Autorità. Tale termine è ridotto a un mese nel caso di cessazione dell'offerta di un profilo tariffario.

9. Le autorizzazioni generali hanno una durata pari alla durata richiesta nella notifica e comunque non superiore a venti anni, con scadenza che coincide con il 31 dicembre dell'ultimo anno di validità, termine elevabile alla durata di un diritto d'uso di frequenze radio o risorse di numerazione o posizioni orbitali, nel caso in cui al fine dell'esercizio dell'autorizzazione generale sia previsto tale utilizzo. Entro il termine di scadenza l'autorizzazione generale può essere rinnovata mediante nuova dichiarazione, alle condizioni vigenti, salvo quanto previsto per gli eventuali diritti d'uso associati ai sensi dell'articolo 63.

10. Fatto salvo quanto previsto all'articolo 64, una autorizzazione generale può essere ceduta a terzi, anche parzialmente e sotto qualsiasi forma, previa comunicazione al Ministero nella quale siano chiaramente indicati le frequenze radio ed i numeri oggetto di cessione. Il Ministero entro sessanta giorni dalla presentazione della relativa istanza da parte dell'impresa cedente può comunicare il proprio diniego fondato sulla non sussistenza in capo all'impresa cessionaria dei requisiti oggettivi e soggettivi per il rispetto delle condizioni di cui all'autorizzazione medesima. Il termine è interrotto per una sola volta se il Ministero richiede chiarimenti o documentazione ulteriore e decorre nuovamente dalla data in cui pervengono al Ministero stesso i richiesti chiarimenti o documenti.

(1) *Articolo così sostituito dall'art. 1, comma 1 d.lgs. 8 novembre 2021, n. 207.*

12 (1) Sperimentazione (art. 39 Codice 2003).

1. Fatti salvi i criteri e le procedure specifiche previsti da norme di legge e di regolamento in materia di sperimentazione della radiodiffusione sonora e televisiva terrestre in tecnica digitale, la sperimentazione di reti o servizi di comunicazione elettronica è subordinata a dichiarazione preventiva. L'impresa interessata presenta al Ministero una dichiarazione della persona fisica titolare o del legale rappresentante della persona giuridica o di soggetti da loro delegati, contenente l'intenzione di effettuare una sperimentazione di reti o servizi di comunicazione elettronica, conformemente al modello riportato nell'allegato 13. L'impresa è abilitata ad iniziare la sperimentazione a decorrere dall'avvenuta presentazione della dichiarazione. Ai sensi dell'articolo 19 della legge 7 agosto 1990, n. 241, il Ministero, entro e non oltre trenta giorni dalla presentazione della dichiarazione, verifica d'ufficio la sussistenza dei presupposti e dei requisiti richiesti e dispone, se del caso, con provvedimento motivato da notificare agli interessati entro il medesimo termine, il divieto di prosecuzione dell'attività.

2. La dichiarazione di cui al comma 1:

a) non costituisce titolo per il conseguimento di una successiva autorizzazione generale per l'offerta al pubblico, a fini commerciali, della rete o servizio di comunicazione elettronica oggetto di sperimentazione;

b) non riveste carattere di esclusività né in relazione al tipo di rete o servizio, né in relazione all'area o alla tipologia di utenza interessate;

c) può prevedere, a causa della limitatezza delle risorse di spettro radio disponibili per le reti o servizi di comunicazione elettronica, l'espletamento della sperimentazione in regime di condivisione di frequenze.

3. La dichiarazione di cui al comma 1 deve indicare:

a) l'eventuale richiesta di concessione di diritti individuali di uso delle frequenze radio e dei numeri necessari;

b) la durata della sperimentazione, limitata nel tempo e comunque non superiore a sei mesi, a partire dal giorno indicato per l'avvio della stessa;

c) l'estensione dell'area operativa, le modalità di esercizio, la tipologia, la consistenza dell'utenza ammessa che, comunque, non può superare le tremila unità, e il carattere sperimentale del servizio;

d) l'eventuale previsione di oneri economici per gli utenti che aderiscono alla sperimentazione;

e) l'obbligo di comunicare all'utente la natura sperimentale del servizio e l'eventuale sua qualità ridotta;

f) l'obbligo di comunicare al Ministero e, ove siano interessate reti o e servizi pubblici, all'Autorità i risultati della sperimentazione al termine della stessa.

4. Se la sperimentazione prevede la concessione di diritti individuali di uso delle frequenze radio o dei numeri, il Ministero li concede, entro due settimane dal ricevimento della dichiarazione nel caso di numeri assegnati per scopi specifici nell'ambito del piano nazionale di numerazione, ed entro quattro settimane nel caso delle frequenze radio assegnate per scopi specifici nell'ambito del piano nazionale di ripartizione delle frequenze. Se la dichiarazione risulta incompleta, il Ministero, entro i termini di cui al primo periodo, invita l'impresa interessata a integrarla. I termini vengono sospesi fino al recepimento delle integrazioni che debbono pervenire al Ministero entro e non oltre dieci giorni dalla richiesta. Il mancato ricevimento nei termini delle integrazioni richieste costituisce rinuncia alla sperimentazione.

5. Per il rinnovo della sperimentazione si applica la procedura di cui al comma 1 e la presentazione della richiesta deve avvenire entro sessanta giorni antecedenti la data di scadenza.

(1) *Articolo così sostituito dall'art. 1, comma 1 d.lgs. 8 novembre 2021, n. 207.*

13 (1) Condizioni apposte all'autorizzazione generale, ai diritti d'uso dello spettro radio e delle risorse di numerazione e obblighi specifici (art. 13 eecc- art. 28 d.lgs 2003).

1. L'autorizzazione generale per la fornitura di reti o servizi di comunicazione elettronica, per l'accesso a una rete pubblica di comunicazione elettronica attraverso le RLAN e i diritti di uso dello spettro radio e delle risorse di numerazione possono essere assoggettati esclusivamente alle condizioni elencate nell'allegato 1.Tali condizioni sono non discriminatorie, proporzionate e trasparenti. Nel caso dei diritti d'uso dello spettro radio, tali condizioni ne garantiscono l'uso effettivo ed efficiente e sono conformi agli articoli 58 e 64, mentre nel caso dei diritti d'uso delle risorse di numerazione, sono conformi all'articolo 98-septies. L'autorizzazione generale è sempre sottoposta alla condizione n. 4 della parte A dell'allegato 1.

2. Gli obblighi specifici prescritti alle imprese che forniscono reti e servizi di comunicazione elettronica ai sensi dell'articolo 72, commi 1 e 5, e degli articoli 73, 79 e 93 o a quelli designati per la fornitura del servizio universale ai sensi del presente decreto sono separati, sotto il profilo giuridico, dai diritti e dagli obblighi previsti dall'autorizzazione generale. Per garantire la trasparenza, nell'autorizzazione generale è fatta menzione dei criteri e delle procedure in base ai quali tali obblighi specifici sono prescritti alle singole imprese.

3. L'autorizzazione generale contiene solo le condizioni specifiche del settore e quelle indicate nelle sezioni A, B e C dell'allegato 1 e non riproduce le condizioni che sono imposte alle imprese in virtù di altra normativa nazionale.

4. Nel concedere i diritti di uso dello spettro radio o delle risorse di numerazione, il Ministero non ripete le condizioni previste nell'autorizzazione generale.

5. Nel definire eventuali condizioni all'autorizzazione generale, relative alla sicurezza delle reti e dei servizi di comunicazioni elettronica, che non riproducano condizioni già imposte alle imprese da altra normativa, il Ministero acquisisce il parere dell'Agenzia.

(1) *Articolo così sostituito dall'art. 1, comma 1 d.lgs. 8 novembre 2021, n. 207.*

14 (1) Dichiarazioni intese ad agevolare l'esercizio del diritto di installare infrastrutture e dei diritti di interconnessione (ex art. 14 eecc, art. 31 Codice 2003).

1. Su richiesta di un operatore, il Ministero, allo scopo di agevolare l'esercizio dei diritti di installare infrastrutture, di negoziare l'interconnessione o di ottenere l'accesso e l'interconnessione nei confronti di altre autorità o di altri operatori, rilascia entro sette giorni dal ricevimento della richiesta una dichiarazione da cui risulti che l'operatore stesso ha presentato una dichiarazione ai sensi dell'articolo 11 comma 3, indicando le condizioni alle quali una impresa che fornisce reti o servizi di comunicazione elettronica in forza di autorizzazione generale è legittimata a richiedere tali diritti.

(1) *Articolo così sostituito dall'art. 1, comma 1 d.lgs. 8 novembre 2021, n. 207.*

SEZIONE II
Diritti e obblighi derivanti dall'autorizzazione generale

15 (1) Elenco minimo dei diritti derivanti dall'autorizzazione generale (ex art. 15 eeccc, art. 26 Codice 2003).

1. Le imprese soggette all'autorizzazione generale ai sensi dell'articolo 11 hanno il diritto di:

a) fornire reti e servizi di comunicazione elettronica al pubblico;

b) che si esamini la loro domanda per la concessione dei necessari diritti di installare strutture in conformità dell'articolo 43;

c) utilizzare, fatti salvi gli articoli 13, 59 e 67, lo spettro radio in relazione alle reti e ai servizi di comunicazione elettronica;

d) che si esamini la loro domanda per la concessione dei necessari diritti d'uso delle risorse di numerazione conformemente all'articolo 98-*septies*;

e) fornire l'accesso a una rete pubblica di comunicazione elettronica attraverso le RLAN. 2. Allorché tali imprese intendano fornire al pubblico reti o servizi di comunicazione elettronica, l'autorizzazione generale dà loro inoltre il diritto di:

a) negoziare l'interconnessione con altri fornitori di reti e di servizi di comunicazione elettronica accessibili al pubblico titolare di un'autorizzazione generale, e ove applicabile ottenere l'accesso o l'interconnessione alle reti in qualunque luogo dell'Unione europea, alle condizioni del Capo II del presente Titolo;

b) poter essere designate quali fornitori di vari elementi del servizio universale o in diverse parti del territorio nazionale conformemente agli articoli 96 e 97.

(1) *Articolo così sostituito dall'art. 1, comma 1, d.lgs. 8 novembre 2021, n. 207.*

16 (1) Diritti amministrativi (ex art. 16 eecc, art. 34 Codice 2003)

1. Oltre ai contributi di cui all'articolo 42, sono imposti alle imprese che forniscono reti o servizi ai sensi dell'autorizzazione generale o alle quali sono stati concessi diritti di uso, diritti amministrativi che coprano complessivamente i soli costi amministrativi sostenuti per la gestione, il controllo e l'applicazione del regime di autorizzazione generale, dei diritti di uso e degli obblighi specifici di cui all'articolo 13 comma 2, ivi compresi i costi di cooperazione internazionale, di armonizzazione e di standardizzazione, di analisi di mercato, di sorveglianza del rispetto delle disposizioni e di altri controlli di mercato, nonché di preparazione e di applicazione del diritto derivato e delle decisioni amministrative, e in particolare di decisioni in materia di accesso e interconnessione. I diritti amministrativi sono imposti alle singole imprese in modo proporzionato, obiettivo e trasparente che minimizzi i costi amministrativi aggiuntivi e gli oneri accessori.

2. Per la copertura dei costi amministrativi sostenuti per le attività di competenza del Ministero, la misura dei diritti amministrativi di cui al comma 1 è individuata nell'allegato 12. Il Ministero nel determinare l'entità della contribuzione può definire eventuali soglie di esenzione.

3. Per la copertura dei costi amministrativi complessivamente sostenuti per l'esercizio delle funzioni di regolazione, di vigilanza, di composizione delle controversie e sanzionatorie attribuite dalla legge all'Autorità nelle materie di cui al comma 1, la misura dei diritti amministrativi di cui al medesimo comma 1 è determinata ai sensi dell'articolo 1, commi 65 e 66, della legge 23 dicembre 2005, n. 266, in proporzione ai ricavi maturati nel mercato delle comunicazioni elettroniche dalle imprese titolari di autorizzazione generale o di diritti d'uso. L'Autorità nel determinare l'entità della contribuzione può definire eventuali soglie di esenzione.

4. Il Ministero e l'Autorità pubblicano annualmente sui rispettivi siti internet i costi amministrativi sostenuti per le attività di cui al comma 1 e l'importo complessivo dei diritti riscossi ai sensi, rispettivamente, dei commi 2 e 3. In base alle eventuali differenze tra l'importo totale dei diritti e i costi amministrativi, vengono apportate opportune rettifiche. Per i diritti riscossi dal Ministero le modifiche sono apportate di concerto con il Ministero dell'economia e delle finanze.

(1) *Articolo così sostituito dall'art. 1, comma 1 d.lgs. 8 novembre 2021, n. 207, con applicazione a decorrere dal 1° gennaio 2022 ai sensi del comma 8. Fino a tale ultima data, continuano ad applicarsi i precedenti artt. 34, 35 e All. n. 10.*

17 (1) Separazione contabile e rendiconti finanziari (ex art. 17 eecc, artt. 16 e 48 Codice 2003).

1. Il Ministero o l'Autorità, ciascuno per quanto di propria competenza prescrivono alle imprese che forniscono reti pubbliche di comunicazione elettronica o servizi di comunicazione elettronica accessibili al pubblico e godono di diritti speciali o esclusivi per la fornitura di servizi in altri settori nello stesso Stato membro o in un altro Stato membro:

a) di tenere una contabilità separata per le attività attinenti alla fornitura di reti o servizi di comunicazione elettronica nella misura che sarebbe richiesta se dette attività fossero svolte da soggetti con personalità giuridica distinta, onde individuare tutti i fattori di costo e ricavo, congiuntamente alla base del loro calcolo e ai metodi dettagliati di imputazione utilizzati, relativi a tali attività, compresa una ripartizione suddivisa per voci delle immobilizzazioni e dei costi strutturali;

b) di provvedere, in alternativa, a una separazione strutturale per le attività attinenti alla fornitura di reti o servizi di comunicazione elettronica.

2. Le prescrizioni di cui al primo comma non si applicano alle imprese il cui fatturato annuo sia inferiore a 50 milioni di euro nelle attività attinenti alla fornitura di reti o servizi di comunicazione elettronica nell'Unione.

3. Se le imprese che forniscono reti pubbliche di comunicazione elettronica o servizi di comunicazione elettronica accessibili al pubblico non sono soggette ai requisiti del diritto delle società e non soddisfano i criteri relativi alle piccole e medie imprese previsti dalla vigente normativa nazionale e comunitaria, i loro rendiconti finanziari sono elaborati e presentati a una revisione contabile indipendente e successivamente pubblicati. La revisione è effettuata in conformità delle pertinenti norme dell'Unione europea e nazionali. Il presente comma si applica anche alla separazione contabile di cui al comma 1, lettera *a*).

(1) *Articolo così sostituito dall'art. 1, comma 1 d.lgs. 8 novembre 2021, n. 207.*

SEZIONE III
Modifica e revoca

18 (1) Modifica dei diritti e degli obblighi (art. 18 eecc, art. 36 Codice 2003).

1. I diritti, le condizioni e le procedure relativi alle autorizzazioni generali, ai diritti di uso dello spettro radio o delle risorse di numerazione o ai diritti di installazione delle strutture possono essere modificati solo in casi obiettivamente giustificati e in misura proporzionata, tenendo conto, se del caso, delle condizioni specifiche applicabili ai diritti d'uso trasferibili dello spettro radio o delle risorse di numerazione.

2. Salvo i casi in cui le modifiche proposte sono minime e sono state convenute con il titolare dei diritti o dell'autorizzazione generale, il Ministero, sentita l'Autorità per gli eventuali profili di competenza, comunica l'intenzione di procedere alle modifiche ai soggetti interessati, compresi gli utenti e i consumatori, ai quali è concesso un periodo di tempo sufficiente per esprimere la propria posizione al riguardo. Tale periodo, tranne casi eccezionali, non può essere inferiore a quattro settimane. Le modifiche sono pubblicate, unitamente ai relativi motivi, sul sito del Ministero.

(1) *Articolo così sostituito dall'art. 1, comma 1 d.lgs. 8 novembre 2021, n. 207.*

19 (1) Limitazione o revoca dei diritti (art. 18 e 19 eecc, art. 36 Codice 2003).

1. Fatto salvo l'articolo 32 commi 5 e 6, il Ministero non limita, né revoca i diritti di installare strutture o i diritti d'uso dello spettro radio o delle risorse di numerazione prima della scadenza del periodo per il quale sono stati concessi, salvo in casi motivati a norma del comma 2 del presente articolo e, ove applicabile, in conformità all'allegato 1, nel rispetto delle disposizioni di cui all'articolo 21-*quinquies* della legge 7 agosto 1990, n. 241.

2. Il Ministero e l'Autorità, nell'ambito delle rispettive competenze, possono consentire la limitazione o la revoca dei diritti d'uso dello spettro radio, compresi i diritti di cui all'articolo 62 del presente decreto, sulla base di procedure previamente disposte e chiaramente definite, nel rispetto dei principi di proporzionalità e non discriminazione. In conformità al diritto dell'Unione europea e alle pertinenti disposizioni nazionali, previo congruo indennizzo.

3. Una modifica nell'uso dello spettro radio conseguente all'applicazione dell'articolo 58 comma 4 o 5, non costituisce di per sé un motivo per giustificare la revoca di un diritto d'uso dello spettro radio.

4. L'intenzione di limitare o revocare i diritti a norma dell'autorizzazione generale o i diritti d'uso individuali dello spettro radio o delle risorse di numerazione senza il consenso del titolare dei diritti è soggetta a consultazione delle parti interessate in conformità dell'articolo 23.

(1) *Articolo così sostituito dall'art. 1, comma 1 d.lgs. 8 novembre 2021, n. 207.*

TITOLO II
Comunicazione di informazioni, indagini, meccanismi di consultazione (1)

(1) *Titolo, comprendente gli artt. 20-29, così sostituito dall'art. 1, comma 1 d.lgs. 8 novembre 2021, n. 207.*

20 (1) Richiesta di informazioni alle imprese (ex art. 20 eecc e art. 10 codice del 2003).

1. Le imprese che forniscono reti e servizi di comunicazione elettronica, risorse correlate o servizi correlati, trasmettono tutte le informazioni, anche di carattere finanziario, necessarie al Ministero o all'Autorità, al BEREC, per le materie di rispettiva competenza, al fine di assicurare la conformità con le decisioni o opinioni adottate ai sensi del presente decreto e del regolamento (UE) 2018/1971 del Parlamento europeo e del Consiglio o con le disposizioni contenute in tali atti. In particolare, il Ministero e l'Autorità hanno la facoltà di chiedere che tali imprese comunichino informazioni circa gli sviluppi previsti a livello di reti o di servizi che potrebbero avere ripercussioni sui servizi all'ingrosso da esse resi disponibili ai concorrenti, nonché informazioni sulle reti di comunicazione elettronica e sulle risorse correlate che siano disaggregate a livello locale e sufficientemente dettagliate da consentire la mappatura geografica e la designazione delle aree ai sensi dell'articolo 22. Qualora le informazioni raccolte in

conformità del primo comma non siano sufficienti a consentire al Ministero, all'Autorità e al BEREC di svolgere i propri compiti di regolamentazione ai sensi del diritto dell'Unione, tali informazioni possono essere richieste ad altre imprese competenti attive nel settore delle comunicazioni elettroniche o in settori strettamente collegati. Le imprese che dispongono di un significativo potere sui mercati all'ingrosso possono essere inoltre tenute a presentare dati contabili sui mercati al dettaglio collegati a tali mercati all'ingrosso. Le imprese che forniscono reti e servizi di comunicazione elettronica devono fornire tempestivamente le informazioni richieste, nel rispetto dei termini e del grado di dettaglio determinati, rispettivamente, dal Ministero e dall'Autorità. Le richieste di informazioni del Ministero e dell'Autorità sono proporzionate rispetto all'assolvimento dello specifico compito al quale la richiesta si riferisce e sono adeguatamente motivate. Il Ministero e l'Autorità trattano le informazioni conformemente al comma 3. Il Ministero e l'Autorità possono chiedere informazioni agli sportelli unici istituiti a norma della direttiva 2014/61/UE.

2. Il Ministero e l'Autorità forniscono alla Commissione europea, su richiesta motivata, le informazioni che sono necessarie a quest'ultima per assolvere i compiti che il Trattato le conferisce, proporzionate rispetto all'assolvimento di tali compiti. Su richiesta motivata, le informazioni fornite al Ministero e all'Autorità possono essere messe a disposizione di un'altra Autorità indipendente nazionale o di analoga Autorità di altro Stato membro dell'Unione europea e del BEREC, ove ciò sia necessario per consentire l'adempimento delle responsabilità loro derivanti in base al diritto comunitario. Se le informazioni trasmesse alla Commissione europea o ad altra analoga Autorità riguardano informazioni precedentemente fornite da un'impresa su richiesta del Ministero ovvero dell'Autorità, tale impresa deve esserne informata.

3. Qualora le informazioni raccolte a norma del comma 1, ivi comprese le informazioni raccolte nel contesto di una mappatura geografica, siano considerate riservate da un'autorità nazionale di regolamentazione o da un'altra autorità competente, in conformità con la normativa dell'Unione e nazionale sulla riservatezza commerciale, il Ministero e l'Autorità ne garantiscono la riservatezza commerciale. Tale riservatezza non impedisce la condivisione di informazioni tra l'Autorità, il Ministero, la Commissione europea, il BEREC e qualsiasi altra autorità competente interessata in tempo utile ai fini dell'esame, del controllo e della sorveglianza dell'applicazione del presente decreto.

4. Il Ministero e l'Autorità pubblicano le informazioni di cui al presente articolo nella misura in cui contribuiscano a creare un mercato libero e concorrenziale, nell'osservanza della legge 7 agosto 1990, n. 241 e nel rispetto della normativa comunitaria e nazionale in materia di riservatezza commerciale e protezione dei dati personali.

5. Il Ministero e l'Autorità pubblicano, entro e non oltre novanta giorni dalla data di entrata in vigore del decreto, le disposizioni relative all'accesso del pubblico alle informazioni di cui al presente articolo, comprese guide e procedure dettagliate per ottenere tale accesso. Ogni decisione di diniego dell'accesso alle informazioni deve essere esaurientemente motivata e tempestivamente comunicata alle parti interessate.

(1) *Articolo così sostituito, con applicazione a decorrere dal 1° gennaio 2022, dall'art. 1, comma 1, d.lgs. 8 novembre 2021, n. 207.*

21 (1) Informazioni richieste ai fini dell'autorizzazione generale, dei diritti di uso e degli obblighi specifici (art. 21 eecc e art. 33 codice del 2003).

1. Fatte salve eventuali informazioni richieste a norma dell'articolo 20 e fatti salvi gli obblighi di informazione e segnalazione periodica stabiliti dalla normativa nazionale diversa dall'autorizzazione generale, il Ministero e l'Autorità non possono imporre alle imprese di fornire informazioni in relazione all'autorizzazione generale, ai diritti d'uso o agli obblighi specifici di cui all'articolo 13 comma 2, che non siano proporzionate e oggettivamente giustificate, in particolare:

a) per verificare, sistematicamente o caso per caso, l'osservanza della condizione 1 della parte A, delle condizioni 2 e 6 della parte D e delle condizioni 2 e 7 della parte E dell'allegato 1 e l'osservanza degli obblighi specificati all'articolo 13 comma 2;

b) per verificare caso per caso l'osservanza delle condizioni specificate nell'allegato 1 a seguito di denuncia o in caso di verifica avviata di propria iniziativa dal Ministero e dall'Autorità nell'ambito delle rispettive competenze, o quando il Ministero o l'Autorità abbiano comunque motivo di ritenere che una data condizione non sia stata rispettata;

c) per predisporre procedure e valutare le richieste di concessione dei diritti d'uso;

d) per pubblicare prospetti comparativi sulla qualità e sui prezzi dei servizi a vantaggio dei consumatori;

e) per compilare statistiche, relazioni o studi chiaramente definiti;

f) per effettuare analisi del mercato ai sensi del presente decreto, compresi i dati sui mercati a valle o al dettaglio associati o connessi a quelli che sono oggetto dell'analisi di mercato;

g) per salvaguardare l'uso efficiente e garantire la gestione efficace dello spettro radio e delle risorse di numerazione;

h) per valutare sviluppi futuri a livello di reti e servizi che potrebbero avere ripercussioni sui servizi all'ingrosso resi disponibili ai concorrenti, sulla copertura territoriale, sulla connettività disponibile per gli utenti finali o sulla designazione di aree ai sensi dell'articolo 22;

i) per realizzare mappature geografiche;

l) per rispondere a richieste motivate di informazioni da parte del BEREC.

2. Nessuna delle informazioni di cui alle lettere *a*) e *b*), e da *d*) a *l*) del comma 1 è richiesta prima dell'accesso al mercato né come condizione necessaria per l'accesso al mercato.

3. Per quanto riguarda i diritti d'uso dello spettro radio, le informazioni di cui al comma 1 si riferiscono in particolare all'uso effettivo ed efficiente dello spettro radio nonché al rispetto degli eventuali obblighi di

copertura e di qualità del servizio connessi a tali diritti e alla loro verifica.

4. Quando il Ministero e l'Autorità richiedono informazioni alle imprese ai sensi del comma 1, gli stessi sono tenuti ad informare queste ultime circa l'uso che intendono farne.

5. Il Ministero, l'Autorità non ripetono le richieste di informazioni già presentate dal BEREC a norma dell'articolo 40 del regolamento (UE) 2018/1971 nei casi in cui il BEREC ha reso disponibili a tali autorità le informazioni ricevute.

(1) *Articolo così sostituito, con applicazione a decorrere dal 1° gennaio 2022, dall'art. 1, comma 1, d.lgs. 8 novembre 2021, n. 207.*

22 (1) Mappatura geografica delle installazioni di rete e dell'offerta di servizi di connettività (art. 22 eecc).

1. Entro il 21 dicembre 2023, il Ministero e l'Autorità realizzano, ciascuno per i propri ambiti di competenza e finalità istituzionali, una mappatura geografica della copertura delle reti di comunicazione elettronica in grado di fornire banda larga e successivamente provvedono ad aggiornare i dati periodicamente e comunque almeno ogni tre anni. Le informazioni raccolte nelle mappature geografiche presentano un livello di dettaglio locale appropriato, comprendono informazioni sufficienti sulla qualità del servizio e sui relativi parametri e sono trattate conformemente all'articolo 20 comma 3.

2. La mappatura dell'Autorità riporta la copertura geografica corrente delle reti a banda larga all'interno del territorio, secondo quanto necessario per lo svolgimento dei propri compiti, ai sensi del presente decreto.

3. Nell'attività di mappatura delle infrastrutture di rete di cui al comma 2 e coerentemente con il suo risultato, l'Autorità pubblica informazioni adeguate, aggiornate e sufficienti, in accordo con i criteri e le finalità definite dall'articolo 98-*quindecies* comma 2, per consentire agli utenti finali di analizzare lo stato di sviluppo dell'offerta di servizi di connettività al singolo indirizzo, anche al fine di effettuare valutazioni comparative sulle diverse offerte disponibili dei diversi operatori.

L'Autorità adotta con proprio regolamento le disposizioni attuative del presente comma.

4. Il Ministero, anche tenendo conto della mappatura geografica corrente dell'Autorità e delle relative informazioni, realizza una mappatura geografica che include le informazioni di previsione sulla copertura delle reti a banda larga, comprese le reti ad altissima capacità, all'interno del territorio nazionale, relative a un arco temporale predefinito dal Ministero medesimo, ai fini dell'accertamento degli elementi istruttori necessari per la definizione e adozione di interventi di politica industriale di settore, comprese le indagini richieste per l'applicazione delle norme in materia di aiuti di Stato. Tale mappatura di previsione contiene tutte le informazioni pertinenti, comprese le informazioni sulle installazioni pianificate, dalle imprese o dalle autorità pubbliche, di reti ad altissima capacità e di importanti aggiornamenti o estensioni delle reti a una velocità di download di almeno 100 Mbps. L'Autorità decide, in relazione ai compiti specificamente attribuitile ai sensi del presente decreto, la misura in cui è opportuno avvalersi, in tutto o in parte, delle informazioni raccolte nell'ambito di tale previsione.

5. Il Ministero può designare aree con confini territoriali definiti in cui, sulla base delle informazioni raccolte e dell'eventuale previsione acquisita a norma del comma 1, abbia accertato che, per la durata del periodo di riferimento delle previsioni, nessuna impresa o autorità pubblica ha installato o intende installare una rete ad altissima capacità o realizzare sulla sua rete importanti aggiornamenti o estensioni che garantiscano prestazioni pari a una velocità di download di almeno 100 Mbps. Il Ministero pubblica le aree designate.

6. Nell'ambito dell'area designata, il Ministero può invitare nuovamente le imprese e le autorità pubbliche a dichiarare l'intenzione di installare reti ad altissima capacità per la durata del periodo di riferimento delle previsioni. Qualora, a seguito di tale invito, un'impresa o un'autorità pubblica dichiari l'intenzione di agire in questo senso, il Ministero può chiedere ad altre imprese ed autorità pubbliche di dichiarare l'eventuale intenzione di installare reti ad altissima capacità o di realizzare sulla sua rete importanti aggiornamenti o estensioni che garantiscano prestazioni pari a una velocità di download di almeno 100 Mbps nella medesima area. Il Ministero specifica le informazioni da includere in tali comunicazioni, al fine di garantire almeno un livello di dettaglio analogo a quello preso in considerazione in un'eventuale previsione ai sensi del comma 1.Essa, inoltre, fa sapere alle imprese o alle autorità pubbliche che manifestano interesse se l'area designata è coperta o sarà presumibilmente coperta da una rete d'accesso di prossima generazione con velocità di download inferiore a 100 Mbps sulla base delle informazioni raccolte a norma del comma 1. Tali misure sono adottate secondo una procedura efficace, obiettiva, trasparente e non discriminatoria in cui nessuna impresa è esclusa a priori.

7 Se le informazioni pertinenti non sono disponibili sul mercato, il Ministero e l'Autorità, per quanto di rispettiva competenza, provvedono affinché i dati scaturiti dalle mappature geografiche e non soggetti alla riservatezza commerciale siano direttamente accessibili conformemente alla direttiva 2003/98/CE per consentirne il riutilizzo. Qualora tali strumenti non siano disponibili sul mercato, il Ministero e l'Autorità, per quanto di rispettiva competenza, mettono a disposizione anche strumenti di informazione che consentano agli utenti finali di determinare la disponibilità di connettività nelle diverse aree, con un livello di dettaglio utile a giustificare la loro scelta di operatore o fornitore del servizio.

8. Il Ministero e l'Autorità, definiscono, mediante protocollo d'intesa, le modalità di collaborazione ai fini dell'attuazione del presente articolo, con specifico riferimento allo scambio e condivisione di informazioni, le tempistiche e le metodologie di mappatura. In tale protocollo di intesa, il Ministero e l'Autorità concordano un approccio alla mappatura che consenta coerenza, uniformità ed accessibilità dei dati e delle informazioni e che minimizzi l'onere informativo per le imprese.

(1) *Articolo sostituito, con applicazione a decorrere dal 1° gennaio 2022, dall'art. 1, comma 1, d.lgs. 8 novembre 2021, n. 207.*

23 (1) Meccanismo di consultazione e di trasparenza (art. 23 eecc e art. 11 codice del 2003).

1. Fatti salvi i casi che rientrano nell'ambito di applicazione degli articoli 26, 27 o 31, comma 10, il Ministero e l'Autorità, quando intendono adottare misure in applicazione del presente decreto o quando intendono imporre limitazioni conformemente all'articolo 58, commi 4 e 5, che abbiano un impatto significativo sul mercato rilevante, danno alle parti interessate la possibilità di presentare le proprie osservazioni sul progetto di misura entro un termine ragionevole tenendo conto della complessità della questione e, salvo circostanze eccezionali, in ogni caso non inferiore a trenta giorni.

2. Ai fini dell'articolo 35, il Ministero e l'Autorità informano il RSPG al momento della pubblicazione di ogni progetto di misure che rientra nell'ambito della procedura di selezione competitiva o comparativa ai sensi dell'articolo 67 comma 2, e che riguarda l'uso dello spettro radio per cui sono state fissate le condizioni armonizzate mediante misure tecniche di attuazione adottate in conformità della decisione n. 676/2002/CE al fine di consentirne l'utilizzo per reti e servizi di comunicazione elettronica a banda larga senza fili.

3. Il Ministero e l'Autorità, entro e non oltre novanta giorni dalla data di entrata in vigore del presente decreto, nell'osservanza della legge 7 agosto 1990, n. 241, rendono pubbliche sui siti internet istituzionali la procedura che si applica, nell'ambito dei rispettivi ordinamenti, ai fini della consultazione. Se i documenti ricevuti contengono informazioni riservate di carattere personale, commerciale, industriale e finanziario, relative a persone ed imprese, il diritto di accesso è esercitato nei limiti di quanto necessario ad assicurare il contradditorio. Il Ministero e l'Autorità garantiscono la creazione di un punto informativo unico attraverso il quale si possa accedere a tutte le consultazioni in corso.

4. Il provvedimento di apertura della procedura di consultazione, la proposta di provvedimento e i risultati della procedura di consultazione, ad eccezione delle informazioni riservate ai sensi della normativa nazionale e comunitaria vigente, sono tempestivamente pubblicati sui siti internet istituzionali del Ministero e dell'Autorità.

(1) *Articolo così sostituito, con applicazione a decorrere dal 1° gennaio 2022, dall'art. 1, comma 1, d.lgs. 8 novembre 2021, n. 207.*

24 (1) Consultazione dei soggetti interessati (ex art. 24 eecc e art. 83 codice del 2003).

1. Fermo restando quanto disposto dall'articolo 23, il Ministero e l'Autorità, nell'ambito delle rispettive competenze, tengono conto, attraverso meccanismi di consultazione pubblica, del parere degli utenti finali, dei consumatori, delle associazioni dei consumatori e degli utenti inclusi in particolare gli utenti con disabilità, delle aziende manifatturiere e delle imprese che forniscono reti o servizi di comunicazione elettronica nelle questioni attinenti ai diritti degli utenti finali e dei consumatori in materia di servizi di comunicazione elettronica accessibili al pubblico, in particolare quando hanno un impatto significativo sul mercato. In particolare, il Ministero e l'Autorità, nell'ambito delle rispettive competenze, istituiscono un meccanismo di consultazione pubblica che garantisce che nell'ambito delle proprie decisioni sulle questioni attinenti a tutti i diritti degli utenti finali e dei consumatori in materia di servizi di comunicazione elettronica accessibili al pubblico, si tenga adeguatamente conto degli interessi dei consumatori nelle comunicazioni elettroniche.

2. Le parti interessate, sulla base di indirizzi formulati dal Ministero e dall'Autorità, nell'ambito delle rispettive competenze, possono mettere a punto meccanismi che associano consumatori, gruppi di utenti e fornitori di servizi per migliorare la qualità generale delle prestazioni, elaborando, fra l'altro, codici di condotta, nonché norme di funzionamento e controllandone l'applicazione.

3. Ai fini della promozione degli obiettivi della politica culturale e dei media, quali ad esempio la diversità culturale e linguistica e il pluralismo dei media, il Ministero e l'Autorità, nell'ambito delle rispettive competenze, promuovono la cooperazione fra le imprese fornitrici di reti o servizi di comunicazione elettronica e i settori interessati alla promozione di contenuti legittimi su tali reti e servizi. Tale cooperazione può includere il coordinamento delle informazioni di pubblico interesse da fornire a norma dell'articolo 98-quindecies comma 5.

(1) *Articolo così sostituito, con applicazione a decorrere dal 1° gennaio 2022, dall'art. 1, comma 1, d.lgs. 8 novembre 2021, n. 207.*

25 (1) Risoluzione delle controversie tra utenti finali e operatori (ex art. 25 eecc e art. 84 Codice 2003).

1. L'Autorità, ai sensi dell'articolo 1, commi 11, 12 e 13, della legge 31 luglio 1997, n. 249, prevede con propri regolamenti le procedure extragiudiziali trasparenti, non discriminatorie, semplici e poco onerose per l'esame delle controversie tra utenti finali e operatori, inerenti alle disposizioni di cui al presente Capo e relative all'esecuzione dei contratti e alle condizioni contrattuali. Tali procedure consentono una equa e tempestiva risoluzione delle controversie prevedendo, nei casi giustificati, un sistema di rimborso o di indennizzo, ferma restando la tutela giurisdizionale prevista dalla vigente normativa.

2. L'Autorità, anche per il tramite dei Comitati regionali per le comunicazioni, svolge la funzione di risoluzione delle controversie di cui al comma 1 ed è inserita nell'elenco degli organismi ADR deputati a gestire le controversie nazionali e transfrontaliere nel settore delle comunicazioni elettroniche e postali, di cui all'articolo 141-*decies* del Codice del consumo, di cui al decreto legislativo 6 settembre 2005, n. 206 (di seguito "Codice del consumo").

3. In alternativa alla procedura dinanzi all'Autorità le parti hanno la facoltà di rimettere la controversia

agli altri organismi ADR iscritti nel medesimo elenco di cui al comma 2.

4. L'Autorità, d'intesa con la Conferenza permanente per i rapporti tra lo Stato, le Regioni e le Province autonome di Trento e di Bolzano, anche ai sensi dell'articolo 1, comma 13, della legge 31 luglio 1997, n. 249, promuove la creazione, con l'attuale dotazione di personale e con i beni strumentali acquisibili con gli ordinari stanziamenti di bilancio e conseguente invarianza di spesa, di servizi on-line e di uffici a un adeguato livello territoriale, al fine di facilitare l'accesso dei consumatori e degli utenti finali alle strutture di composizione delle controversie.

5. L'Autorità stabilisce le modalità con le quali gli utenti possono segnalare le violazioni delle disposizioni normative nelle materie di competenza dell'Autorità e richiederne l'intervento al di fuori delle forme di tutela e delle procedure di cui ai commi 1, 2, 3 e 4.

6. Fatto salvo quanto previsto dal Codice del consumo, se in tali controversie sono coinvolti soggetti di Stati membri diversi, l'Autorità collabora con le Autorità competenti degli altri Stati membri al fine di pervenire a una risoluzione della controversia.

(1) *Articolo così sostituito dall'art. 1, comma 1 d.lgs. 8 novembre 2021, n. 207.*

26 (1) Risoluzione delle controversie tra imprese (ex art. 26 eecc e art. 23 Codice 2003).

1. Qualora sorga una controversia avente ad oggetto gli obblighi derivanti dal presente decreto, fra imprese che forniscono reti o servizi di comunicazione elettronica o tra tali imprese e altre imprese che beneficiano dell'imposizione di obblighi in materia di accesso o di interconnessione derivanti dal presente decreto, l'Autorità, a richiesta di una delle parti e fatte salve le disposizioni del comma 2, adotta quanto prima, e comunque, entro un termine di quattro mesi dal ricevimento della richiesta, una decisione vincolante che risolve la controversia. Tutte le parti coinvolte sono tenute a prestare piena cooperazione all'Autorità.

2. L'Autorità dichiara la propria incompetenza a risolvere una controversia con decisione vincolante, qualora entrambe le parti vi abbiano espressamente derogato prevedendo altri mezzi per la soluzione della controversia, conformemente a quanto disposto dall'articolo 3. L'Autorità comunica immediatamente alle parti la propria decisione. Se la controversia non è risolta dalle parti entro quattro mesi da tale comunicazione, e se la parte che si ritiene lesa non ha adito un organo giurisdizionale, l'Autorità adotta al più presto e comunque non oltre quattro mesi, su richiesta di una delle parti, una decisione vincolante diretta a dirimere la controversia.

3. Nella risoluzione delle controversie l'Autorità adotta decisioni al fine di perseguire gli obiettivi di cui all'articolo 4. Gli obblighi che possono essere imposti ad un'impresa dall'Autorità nel quadro della risoluzione di una controversia sono conformi alle presenti disposizioni.

4. La decisione dell'Autorità deve essere motivata, nonché pubblicata sul sito internet istituzionale dell'Autorità nel rispetto delle norme in materia di riservatezza ed ha efficacia dalla data di notifica alle parti interessate ed è ricorribile in via giurisdizionale.

5. La procedura di cui ai commi 1, 3 e 4 non preclude alle parti la possibilità di adire un organo giurisdizionale.

(1) *Articolo così sostituito, con applicazione a decorrere dal 1° gennaio 2022, dall'art. 1, comma 1, d.lgs. 8 novembre 2021, n. 207.*

27 (1) Risoluzione delle controversie transnazionali (ex art. 27 eecc e art. 24 Codice 2003).

1. Qualora sorga una controversia transnazionale tra parti, di cui almeno una stabilita in un altro Stato membro, relativamente all'applicazione del presente decreto, per la quale risulti competente anche una Autorità di regolamentazione di un altro Stato membro, si applicano le disposizioni di cui ai commi 2, 3 e 4. Tali disposizioni non si applicano alle controversie relative al coordinamento dello spettro radio di cui all'articolo 29.

2. Le parti possono investire della controversia le competenti autorità nazionali di regolamentazione. Se la disputa influenza gli scambi commerciali tra Stati membri, le autorità nazionali di regolamentazione coordinano i loro sforzi e hanno la facoltà di consultare il BEREC in modo da pervenire alla risoluzione coerente della controversia secondo gli obiettivi indicati dall'articolo 4. Qualsiasi obbligo imposto ad un'impresa da parte dell'Autorità al fine di risolvere una controversia è conforme alle presenti disposizioni.

3. L'Autorità può chiedere al BEREC di emettere un parere in merito all'azione da adottare conformemente alle presenti disposizioni, e in questo caso prima di concludere il procedimento è tenuta ad attendere che il BEREC renda il parere richiesto. L'Autorità può in ogni caso adottare provvedimenti provvisori, su richiesta delle parti o di propria iniziativa, ove vi sia l'urgente necessità di agire per salvaguardare la concorrenza o proteggere gli interessi degli utenti finali.

L'Autorità adotta il provvedimento finale entro un mese dal rilascio del parere del BEREC.

4. Ogni obbligo imposto a un'impresa dall'Autorità nella risoluzione di una controversia rispetta le presenti disposizioni e tiene conto del parere emesso dal BEREC.

5. La procedura di cui al comma 2 non preclude alle parti la possibilità di adire un organo giurisdizionale.

(1) *Articolo così sostituito, con applicazione a decorrere dal 1° gennaio 2022, dall'art. 1, comma 1, d.lgs. 8 novembre 2021, n. 207.*

28 (1) Ricorsi avverso provvedimenti del Ministero e dell'Autorità (art. 31 eecc, ex art. 9 Codice 2003).

1. Avverso i provvedimenti dell'Autorità e del Ministero è sempre ammessa la tutela giurisdizionale dei diritti e degli interessi legittimi. La tutela giurisdizionale davanti al giudice amministrativo è disciplinata dal codice del processo amministrativo.

2. Il Ministero e l'Autorità, ciascuno per le materie di propria competenza, raccolgono informazioni sul-

l'argomento generale dei ricorsi, sul numero di richieste di ricorso, sulla durata delle procedure di ricorso e sul numero di decisioni di concedere misure provvisorie. Il Ministero e l'Autorità, nell'ambito delle rispettive materie trattate, comunicano le informazioni previste dal presente comma alla Commissione europea e al BEREC, su richiesta motivata di uno di essi.

(1) *Articolo così sostituito, con applicazione a decorrere dal 1° gennaio 2022, dall'art. 1, comma 1, d.lgs. 8 novembre 2021, n. 207.*

29 (1) Coordinamento dello spettro radio tra gli Stati membri (ex art. 28 eecc, art. 13-*bis* Codice 2003).

1. Il Ministero, sentita l'Autorità per i profili di competenza, assicura che l'uso dello spettro radio sia organizzato sul territorio nazionale in modo che a nessun altro Stato membro sia impedito di autorizzare sul proprio territorio l'uso di spettro radio armonizzato, in conformità del diritto dell'Unione, soprattutto a causa di interferenze transfrontaliere dannose tra Stati membri. Il Ministero e l'Autorità, nell'ambito delle rispettive competenze, adottano tutte le misure necessarie a tal fine, fatti salvi gli obblighi che sono tenuti a rispettare in virtù del diritto internazionale e degli accordi internazionali pertinenti, come il regolamento delle radiocomunicazioni dell'UIT e gli accordi regionali in materia di radiocomunicazioni dell'UIT.

2. Il Ministero e l'Autorità cooperano con le Autorità degli altri Stati membri e, se del caso, nell'ambito del RSPG ai fini del coordinamento transfrontaliero dell'uso dello spettro radio per:

a) garantire l'osservanza del comma 1;

b) risolvere eventuali problemi o controversie in relazione al coordinamento transfrontaliero o alle interferenze dannose transfrontaliere tra Stati membri e con paesi terzi che impediscono agli Stati membri l'uso dello spettro radio armonizzato sul proprio territorio.

3. Al fine di garantire la conformità con il comma 1, il Ministero, sentita l'Autorità per i profili di competenza, può chiedere al RSPG di prestare attività di supporto per affrontare eventuali problemi o controversie in relazione al coordinamento transfrontaliero o alle interferenze dannose transfrontaliere.

4. Qualora le azioni di cui ai commi 2 e 3 non abbiano risolto i problemi o le controversie, il Ministero, sentita l'Autorità per i profili di competenza, può chiedere alla Commissione di adottare decisioni rivolte agli Stati membri interessati per risolvere il problema delle interferenze dannose transfrontaliere nel territorio italiano, secondo la procedura di cui all'articolo 118, paragrafo 4, della direttiva 2018/1972/UE.

(1) *Articolo così sostituito, con applicazione a decorrere dal 1° gennaio 2022, dall'art. 1, comma 1, d.lgs. 8 novembre 2021, n. 207.*

TITOLO III

Attuazione (1)

(1) *Titolo, comprendente gli artt. 30-32, così sostituito dall'art. 1, comma 1 d.lgs. 8 novembre 2021, n. 207.*

30 (1) Sanzioni (art. 29 eecc e art. 98 Codice 2003).

1. Le disposizioni del presente articolo si applicano alle reti e servizi di comunicazione elettronica a uso pubblico.

2. Ai soggetti che nell'ambito della procedura di cui all'articolo 22, comma 6, forniscono, deliberatamente o per negligenza grave, informazioni errate o incomplete, il Ministero o l'Autorità, in base alle rispettive competenze, comminano una sanzione amministrativa pecuniaria da euro 50.000 a euro 1.000.000,00 da stabilirsi in rapporto alla gravità del fatto e alle conseguenze che ne sono derivate.

3. In caso di installazione e fornitura di reti di comunicazione elettronica od offerta di servizi di comunicazione elettronica a uso pubblico senza la relativa autorizzazione generale, il Ministero commina, se il fatto non costituisce reato, una sanzione amministrativa pecuniaria da euro 30.000,00 a euro 2.500.000,00, da stabilirsi in equo rapporto alla gravità del fatto.

4. Se il fatto previsto al comma 3 riguarda l'installazione o l'esercizio di impianti radioelettrici ovvero impianti di radiodiffusione sonora o televisiva, si applica la sanzione amministrativa da euro 50.000 a euro 2.500.000,00.

5. Chiunque realizza trasmissioni, anche simultanee o parallele, contravvenendo ai limiti territoriali o temporali previsti dal titolo abilitativo è punito con la sanzione amministrativa da euro 50.000 a euro 2.500.000,00.

6. Oltre alla sanzione amministrativa di cui al comma 3, il trasgressore è tenuto, in ogni caso, al pagamento di una somma pari a venti volte i diritti amministrativi e contributi, di cui rispettivamente agli articoli 16 e 42, commisurati al periodo di esercizio abusivo accertato e comunque per un periodo non inferiore all'anno.

7. Indipendentemente dai provvedimenti assunti dall'Autorità giudiziaria e fermo restando quanto disposto dai commi 3 e 4, il Ministero, ove il trasgressore non provveda, può provvedere direttamente, a spese del possessore, a suggellare, rimuovere o sequestrare l'impianto ritenuto abusivo, avvalendosi anche dalla forza pubblica.

8. Nel caso di reiterazione degli illeciti di cui ai commi 3, 4 e 5 per più di due volte in un quinquennio, il Ministero commina la sanzione amministrativa pecuniaria nella misura massima stabilita dagli stessi commi.

9. In caso di installazione e fornitura di reti di comunicazione elettronica od offerta di servizi di comunicazione elettronica a uso pubblico in difformità a quanto dichiarato ai sensi dell'articolo 11 comma 4, il Ministero commina una sanzione amministrativa pecuniaria da euro 30.000,00 a euro 580.000,00.

10. Fermo restando quanto stabilito dall'articolo 32, ai soggetti che commettono violazioni gravi o reiterate più di due volte nel quinquennio delle condizioni poste dall'autorizzazione generale, il Ministero commina una sanzione amministrativa pecuniaria da euro 30.000,00 a euro 600.000,00; ai soggetti che non provvedono, nei termini e con le modalità prescritti, alla comunicazione dei documenti, dei dati e delle notizie

richiesti dal Ministero o dall'Autorità, gli stessi, secondo le rispettive competenze, comminano una sanzione amministrativa pecuniaria da euro 15.000,00 a euro 1.150.000,00.

11. Ai soggetti che nelle comunicazioni richieste dal Ministero e dall'Autorità, nell'ambito delle rispettive competenze, espongono dati contabili o fatti concernenti l'esercizio delle proprie attività non corrispondenti al vero, si applicano le pene previste dall'articolo 2621 del codice civile.

12. Ai soggetti che non ottemperano agli ordini e alle diffide, impartiti ai sensi del presente decreto dal Ministero o dall'Autorità, gli stessi, secondo le rispettive competenze, irrogano una sanzione amministrativa pecuniaria da euro 240.000,00 a euro 5.000.000,00, ordinando altresì all'operatore il rimborso delle eventuali somme ingiustificatamente addebitate agli utenti, indicando il termine entro cui adempiere, in ogni caso non inferiore a trenta giorni. Se l'inottemperanza riguarda provvedimenti adottati dall'Autorità in ordine alla violazione delle disposizioni relative a imprese aventi significativo potere di mercato, si applica a ciascun soggetto interessato una sanzione amministrativa pecuniaria non inferiore al 2 per cento e non superiore al 5 per cento del fatturato realizzato dallo stesso soggetto nell'ultimo bilancio approvato anteriormente alla notificazione della contestazione, relativo al mercato al quale l'inottemperanza si riferisce.

13. Nei confronti dei soggetti che offrono al pubblico i servizi di comunicazione elettronica in luoghi presidiati mediante apparecchiature terminali, quali telefoni, telefax o apparati per la connessione alla rete, in caso di accertamento delle violazioni previste dai commi 3, 9 e 10 del presente articolo si applica la sanzione amministrativa da euro 300,00 a euro 25.000,00.

14. Nei casi previsti dai commi 8,9,10 e 11, 12, 13 e 15 e nelle ipotesi di mancato pagamento dei diritti amministrativi e dei contributi di cui agli articoli 16 e 42, nei termini previsti dall'allegato n. 12, se la violazione è di particolare gravità, o reiterata per più di due volte in un quinquennio, il Ministero su segnalazione dell'Autorità, e previa contestazione, può disporre la sospensione dell'attività per un periodo non superiore a sei mesi, o la revoca dell'autorizzazione generale e degli eventuali diritti di uso. In caso di mancato, ritardato o incompleto pagamento dei diritti amministrativi di cui all'articolo 16. l'Autorità commina, previa contestazione, una sanzione amministrativa pecuniaria del 10% del contributo dovuto per ogni semestre di ritardato pagamento o, se la violazione è reiterata per più di due volte in un quinquennio, in misura non inferiore al 2 per cento e non superiore al 5 per cento del fatturato realizzato dallo stesso soggetto nell'ultimo bilancio approvato anteriormente alla notificazione della contestazione. Nei predetti casi, il Ministero o l'Autorità, rimangono esonerati da ogni altra responsabilità nei riguardi di terzi e non sono tenuti ad alcun indennizzo nei confronti dell'impresa.

15. In caso di violazione delle disposizioni contenute nel Titolo III della Parte III, nonché dell'articolo 98-octies decies, il Ministero o l'Autorità, secondo le rispettive competenze, comminano una sanzione amministrativa pecuniaria da euro 170.000,00 a euro 2.500.000,00.

16. In caso di violazione degli obblighi gravanti sugli operatori di cui all'articolo 57, comma 6, il Ministero commina una sanzione amministrativa pecuniaria da euro 170.000,00 a euro 2.500.000,00. Se la violazione degli anzidetti obblighi è di particolare gravità o reiterata per più di due volte in un quinquennio, il Ministero può disporre la sospensione dell'attività per un periodo non superiore a due mesi o la revoca dell'autorizzazione generale. In caso di integrale inosservanza della condizione n. 11 della parte A dell'allegato n. 1, il Ministero dispone la revoca dell'autorizzazione generale.

17. In caso di inosservanza delle disposizioni di cui ai commi 1, 5, 6, 8 e 9 dell'articolo 56, indipendentemente dalla sospensione dell'esercizio e salvo l'esercizio dell'azione penale per eventuali reati, il trasgressore è punito con la sanzione amministrativa da euro 3.000,00 a euro 15.000,00.

18. In caso di inosservanza delle disposizioni di cui all'articoli 94 comma 6, il trasgressore è punito con la sanzione amministrativa da euro 500,00 a euro 5.000,00.

19. In caso di inosservanza delle disposizioni di cui agli articoli 98, 98-*quindecies*, 98-*sedecies*, 98-*septies decies* e 98-*duodetricies* il Ministero o l'Autorità, secondo le rispettive competenze, comminano una sanzione amministrativa pecuniaria da euro 25.000,00 a euro 5.000.000,00 e, nei casi più gravi, fino al 5% del fatturato risultante dall'ultimo bilancio approvato al momento della notifica della contestazione. e ordinano l'immediata cessazione della violazione. L'Autorità ordina inoltre all'operatore il rimborso delle somme ingiustificatamente addebitate agli utenti, indicando il termine entro cui adempiere, in ogni caso non inferiore a trenta giorni. Nel caso di violazione di particolare gravità o reiterazione degli illeciti di cui agli articoli 98, 98-*quindecies*, 98-*sedecies*, 98-*septies decies* e 98-*duodetricies* per più di due volte in un quinquennio, l'Autorità irroga la sanzione amministrativa pecuniaria in misura non inferiore al 2 per cento e non superiore al 5 per cento del fatturato realizzato dallo stesso soggetto nell'ultimo bilancio approvato anteriormente alla notificazione della contestazione.

20. In caso di violazione dell'articolo 3, commi 1, 2, 5, 6 e 7, dell'articolo 4, commi 1, 2 e 3, dell'articolo 5, comma 1, dell'articolo 6-*bis*, dell'articolo 6-*ter*, comma 1, dell'articolo 6-*quater*, commi 1 e 2, dell'articolo 6-*sexies*, commi 1, 3 e 4, dell'articolo 7, commi l, 2 e 3, dell'articolo 9, dell'articolo 11, dell'articolo 12, dell'articolo 14, dell'articolo 15, commi 1, 2, 3, 5 e 6, o dell'articolo 16, comma 4, del regolamento (UE) n. 531/2012 del Parlamento europeo e del Consiglio, del 13 giugno 2012, relativo al roaming sulle reti pubbliche di comunicazioni mobili all'interno dell'Unione europea, come modificato dal regolamento (UE) 2015/2120 e dal regolamento (UE) 2017/920, l'Autorità irroga una sanzione amministrativa pecuniaria da euro 120.000 a euro 2.500.000 e ordina l'immediata cessazione della violazione. L'Autorità ordina inoltre all'operatore il rimborso delle somme ingiustificatamente addebitate agli utenti, indicando il termine entro cui adempiere, in

ogni caso non inferiore a trenta giorni. Qualora l'Autorità riscontri, a un sommario esame, la sussistenza di una violazione dell'articolo 3, commi 1, 2, 5 e 6, dell'articolo 4, commi 1, 2 e 3, dell'articolo 5, comma 1, dell'articolo 6-*bis*, dell'articolo 6-*ter*, comma 1, dell'articolo 6-*quater*, comma 1, dell'articolo 6-*sexies*, commi 1 e 3, dell'articolo 7, comma 1, dell'articolo 9, commi 1 e 4, dell'articolo 11, dell'articolo 12, comma 1, dell'articolo 14 o dell'articolo 15, commi 1, 2, 3, 5 e 6, del citato regolamento (UE) n. 531/2012 e ritenga sussistere motivi di urgenza dovuta al rischio di un danno di notevole gravità per il funzionamento del mercato o per la tutela degli utenti, può adottare, sentiti gli operatori interessati e nelle more dell'adozione del provvedimento definitivo, provvedimenti temporanei per far sospendere la condotta con effetto immediato.

21. In caso di violazione dell'articolo 3, dell'articolo 4, commi 1 e 2, o dell'articolo 5, comma 2, del regolamento (UE) 2015/2120 del Parlamento europeo e del Consiglio, del 25 novembre 2015, che stabilisce misure riguardanti l'accesso a un'internet aperta e che modifica la direttiva 2002/22/CE relativa al servizio universale e ai diritti degli utenti in materia di reti e di servizi di comunicazione elettronica e il regolamento (UE) n. 531/2012 relativo al roaming sulle reti pubbliche di comunicazioni mobili all'interno dell'Unione, l'Autorità irroga una sanzione amministrativa pecuniaria da euro 120.000 a euro 2.500.000 e ordina l'immediata cessazione della violazione. Qualora l'Autorità riscontri, a un sommario esame, la sussistenza di una violazione dell'articolo 3, commi 1, 2, 3 e 4, del citato regolamento (UE) 2015/2120 e ritenga sussistere motivi di urgenza dovuta al rischio di un danno di notevole gravità per il funzionamento del mercato o per la tutela degli utenti, può adottare, sentiti gli operatori interessati e nelle more dell'adozione del provvedimento definitivo, provvedimenti temporanei per far sospendere la condotta con effetto immediato.

22. L'Autorità può disporre la pubblicazione dei provvedimenti adottati ai sensi dei commi 13, 21, 22 e 23, a spese dell'operatore, sui mezzi di comunicazione ritenuti più idonei, anche con pubblicazione su uno o più quotidiani a diffusione nazionale.

23. Restano ferme, per le materie non disciplinate dal decreto, le sanzioni di cui all'articolo 1, commi 29, 30, 31 e 32 della legge 31 luglio 1997, n. 249.

24. Alle sanzioni amministrative irrogabili dall'Autorità per le garanzie nelle comunicazioni non si applicano le disposizioni sul pagamento in misura ridotta di cui all'articolo 16 della legge 24 novembre 1981, n. 689.

25. Se gli accertamenti delle violazioni delle disposizioni di cui ai commi 3, 4, 5, 7, 8, 9, 10, 13, 17 e 18 del presente articolo sono effettuati dagli Ispettorati del Ministero, gli stessi provvedono direttamente all'applicazione delle relative sanzioni amministrative.

26. Salvo che il fatto non costituisca reato, l'inosservanza delle disposizioni in materia di sicurezza informatica è punita, con una sanzione amministrativa pecuniaria:

a) da euro 250.000 a euro 1.500.000 per l'inosservanza delle misure di sicurezza di cui all'articolo 40, comma 3, lettera *a*);

b) da euro 300.000 ad euro 1.800.000 per la mancata comunicazione di ogni incidente significativo di cui all'articolo 40, comma 3, lettera *b*);

c) da euro 200.000 a euro 1.000.000 per la mancata fornitura delle informazioni necessarie per valutare la sicurezza di cui all'articolo 40, comma 3, lettera *a*).

27. Le sanzioni di cui al presente articolo possono essere ridotte fino ad un terzo, tenuto conto della minima entità della violazione; dell'opera svolta dall'agente per l'eventuale eliminazione o attenuazione delle conseguenze della violazione e delle dimensioni economiche dell'operatore.

(1) *Articolo così sostituito, con applicazione a decorrere dal 1° gennaio 2022, dall'art. 1, comma 1, d.lgs. 8 novembre 2021, n. 207, corretto con Avviso di Rettifica 9 febbraio 2022 (G.U., 9 febbraio 2022, n. 33).*

31 (1) Danneggiamenti e turbative (art. 97 Codice 2003).

1. Chiunque svolga attività che rechi, in qualsiasi modo, danno ai servizi di comunicazione elettronica o alle opere e agli oggetti ad essi inerenti è punito, salvo che il fatto non costituisca reato, con la sanzione amministrativa pecuniaria da euro 1.000,00 a euro 10.000,00.

2. Fermo restando quanto disposto dal comma 1, è vietato arrecare disturbi o causare interferenze ai servizi di comunicazione elettronica e alle opere a essi inerenti. La violazione del divieto comporta l'applicazione della sanzione amministrativa pecuniaria da euro 500,00 a euro 5.000,00.

3. Gli Ispettorati territoriali del Ministero provvedono direttamente ad applicare le predette sanzioni amministrative nei confronti dei trasgressori.

(1) *Articolo così sostituito, con applicazione a decorrere dal 1° gennaio 2022, dall'art. 1, comma 1, d.lgs.8 novembre 2021, n. 207.*

32 (1) Osservanza delle condizioni cui sono subordinati l'autorizzazione generale e i diritti d'uso dello spettro radio e delle risorse di numerazione e conformità a obblighi specifici (art. 30 eecc, e art. 32 Codice 2003).

1. Il Ministero e l'Autorità, per quanto di rispettiva competenza, vigilano e controllano il rispetto delle condizioni dell'autorizzazione generale o dei diritti d'uso dello spettro radio e delle risorse di numerazione, degli obblighi specifici di cui all'articolo 13 comma 2 e dell'obbligo di utilizzare lo spettro in modo effettivo ed efficiente in conformità a quanto disposto dagli articoli 4, 58, comma 1, e 60. Le imprese che forniscono le reti o i servizi di comunicazione elettronica contemplati dall'autorizzazione generale o che sono titolari dei diritti di uso di frequenze radio o di numeri, devono comunicare, secondo quanto disposto dall'articolo 21, rispettivamente, al Ministero, le informazioni necessarie per verificare l'effettiva osservanza delle condizioni dell'autorizzazione generale o dei diritti di uso, e all'Autorità le informazioni necessarie per l'effettiva osservanza degli obblighi specifici di cui all'articolo 13, comma 2, o all'articolo 60, nonché le informazioni necessarie per verificare il rispetto delle condizioni

apposte all'autorizzazione generale di cui alla lettera A), n. 1, e alla lettera C), n. 3, dell'Allegato 1 al presente decreto.

2. L'Autorità accerta l'inosservanza degli obblighi specifici di cui all'articolo 13, comma 2 e delle condizioni apposte all'autorizzazione generale di cui alla lettera A), n. 1, e lettera C), n. 3, dell'Allegato 1 al presente decreto e il Ministero accerta l'inosservanza da parte di un'impresa delle restanti condizioni poste dall'autorizzazione generale o relative ai diritti di uso, ovvero l'Autorità accerta l'inosservanza degli obblighi specifici di cui all'articolo 13, comma 2. La contestazione dell'infrazione accertata è notificata all'impresa, offrendole la possibilità di esprimere osservazioni entro trenta giorni dalla notifica.

3. Se entro il termine di cui al comma 2 l'impresa non pone rimedio all'infrazione accertata, ripristinando la situazione precedente, il Ministero e l'Autorità, nell'ambito delle rispettive competenze di cui allo stesso comma 2, adottano misure adeguate e proporzionate per assicurare l'osservanza delle condizioni di cui al comma 1 entro un termine ragionevole.

4. A tal fine, il Ministero e l'Autorità possono imporre:

a) se del caso, le sanzioni pecuniarie di cui all'articolo 30;

b) ingiunzioni di cessare o ritardare la fornitura di un servizio o di un pacchetto di servizi che, se continuasse, comporterebbe un notevole svantaggio concorrenziale, finché non siano soddisfatti gli obblighi in materia di accesso imposti in seguito a un'analisi di mercato effettuata ai sensi dell'articolo 78.

5. Le misure di cui al comma 3 e le relative motivazioni sono tempestivamente notificate all'impresa interessata e prevedono un termine ragionevole entro il quale l'impresa deve rispettare le misure stesse.

6. In deroga ai commi 2 e 3 del presente articolo, il Ministero autorizza l'Autorità a imporre, se del caso, sanzioni pecuniarie alle imprese che non forniscono le informazioni dovute ai sensi dell'articolo 21, comma 1, lettere *a*) o *b*), e dell'articolo 80 entro una scadenza ragionevole fissata dall'autorità competente.

7. In caso di violazione grave o reiterata più di due volte nel quinquennio delle condizioni dell'autorizzazione generale o dei diritti d'uso dello spettro radio e delle risorse di numerazione o degli obblighi specifici di cui all'articolo 13, comma 2, o all'articolo 59, commi 1 o 2, e le misure volte ad assicurare il loro rispetto, di cui al comma 3 del presente articolo, si siano rivelate inefficaci, il Ministero e l'Autorità, nell'ambito delle rispettive competenze di cui al comma 2, possono impedire a un'impresa di continuare a fornire reti o servizi di comunicazione elettronica, sospendendo o revocando i diritti di uso. Dette sanzioni possono essere applicate per coprire la durata di qualsiasi violazione di cui all'articolo 30 o revocando i diritti d'uso.

8. Ferme restando le disposizioni dei commi 2, 3 e 7, qualora il Ministero e l'Autorità, nell'ambito delle rispettive competenze di cui al comma 2, abbiano prova della violazione delle condizioni dell'autorizzazione generale, dei diritti di uso o degli obblighi specifici di cui all'articolo 13, comma 2, tale da comportare un rischio grave e immediato per la sicurezza pubblica, l'incolumità pubblica o la salute pubblica, o da ostacolare la prevenzione, la ricerca, l'accertamento e il perseguimento di reati o da creare gravi problemi economici od operativi ad altri fornitori o utenti di reti o di servizi di comunicazione elettronica o ad altri utenti dello spettro radio, possono adottare misure provvisorie urgenti per porre rimedio alla situazione prima di adottare una decisione definitiva, dando all'impresa interessata la possibilità di esprimere osservazioni e di proporre le soluzioni opportune. Ove necessario, il Ministero e l'Autorità, nell'ambito delle rispettive competenze, confermano le misure provvisorie, che sono valide per un termine massimo di tre mesi, ma che possono, nei casi in cui le procedure di attuazione non sono state completate, essere prolungate per un periodo di ulteriori tre mesi.

9. Le imprese hanno diritto di ricorrere contro le misure adottate ai sensi del presente articolo, secondo la procedura di cui all'articolo 28.

(1) *Articolo così sostituito, con applicazione a decorrere dal 1° gennaio 2022, dall'art. 1, comma 1, d.lgs. 8 novembre 2021, n. 207.*

TITOLO IV

Procedure relative al mercato interno (1)

(1) *Titolo, comprendente i Capi I-III, così sostituito dall'art. 1, comma 1 d.lgs. 8 novembre 2021, n. 207.*

CAPO I

33 (1) Consolidamento del mercato interno per le comunicazioni elettroniche (art. 32 eecc e art. 12 Codice 2003).

1. Il Ministero e l'Autorità, nello svolgimento dei compiti relativi al funzionamento del mercato interno indicati nel presente decreto, tengono nella massima considerazione gli obiettivi di cui all'articolo 4.

2. L'Autorità contribuisce allo sviluppo del mercato interno collaborando con le Autorità di regolamentazione degli altri Stati membri, con la Commissione europea e con il BEREC in modo trasparente al fine di assicurare la piena applicazione, in tutti gli Stati membri, delle disposizioni della direttiva (UE) 2018/1972. A tale scopo l'Autorità coopera in particolare con la Commissione e il BEREC per individuare i tipi di strumenti e le soluzioni più adeguate da utilizzare nell'affrontare determinati tipi di situazioni nel contesto del mercato.

3. Salvo che sia diversamente previsto nelle raccomandazioni o nelle linee guida adottate a norma dell'articolo 34 della direttiva (UE) 2018/1972, al termine della consultazione pubblica, se richiesta ai sensi dell'articolo 23, l'Autorità, qualora intenda adottare una misura che rientri nell'ambito di applicazione degli articoli 72, 75, 78, 79 o 93 e influenzi gli scambi tra Stati membri, rende accessibile, fornendone apposita documentazione, il progetto di misura, adeguatamente motivato, contemporaneamente alla Commissione, al BEREC e alle Autorità di regolamentazione di altri Stati membri, nel rispetto dell'articolo 20, comma 3. L'Autorità non può adottare la misura prima che sia decorso il termine di un mese dalla predetta informativa.

4. Il progetto di misura di cui al comma 3 non può essere adottato per ulteriori due mesi:

a) se tale misura mira a identificare un mercato rilevante differente da quelli previsti dalla raccomandazione della Commissione europea di cui all'art. 64, paragrafo 1, della direttiva (UE) 2018/1972 oppure a designare un'impresa come detentrice, individualmente o congiuntamente ad altre, di un significativo potere di mercato, ai sensi dell'articolo 78 comma 3 o 4;

b) se influenza gli scambi commerciali tra Stati membri e la Commissione europea ha indicato all'Autorità che il progetto di misura possa creare una barriera al mercato interno o dubita seriamente della sua compatibilità con il diritto dell'Unione e in particolare con gli obiettivi di cui all'articolo 4.

5. Qualora la Commissione adotti una decisione conformemente all'articolo 32, paragrafo 6, comma 1, lettera *a*) della direttiva (UE) 2018/1972, l'Autorità modifica o ritira il progetto di misura entro sei mesi dalla predetta decisione. Se il progetto di misura è modificato, l'Autorità avvia una consultazione pubblica secondo le procedure di cui all'articolo 23 e notifica il progetto di misura modificato alla Commissione europea conformemente al comma 3 del presente articolo.

6. L'Autorità tiene nella massima considerazione le osservazioni delle Autorità di regolamentazione degli altri Stati membri, della Commissione europea e del BEREC e, salvo nei casi di cui al comma 4 del presente articolo e al paragrafo 6, lettera a), dell'articolo 32 della direttiva (UE) 2018/1972, può adottare il provvedimento risultante; in tal caso lo comunica alla Commissione europea.

7. L'Autorità comunica alla Commissione europea e al BEREC tutte le misure definitive adottate che rientrano nel comma 3 del presente articolo.

8. In circostanze straordinarie l'Autorità, ove ritenga che sussistano motivi di urgenza per salvaguardare la concorrenza e tutelare gli interessi degli utenti, in deroga alla procedura di cui ai commi 3 e 4, può adottare adeguati provvedimenti temporanei cautelari aventi effetto immediato, in coerenza con le disposizioni del decreto. L'Autorità comunica immediatamente tali provvedimenti, esaurientemente motivati, alla Commissione europea, alle Autorità di regolamentazione degli altri Stati membri e al BEREC. La decisione dell'Autorità di estendere il periodo di efficacia dei provvedimenti così adottati o di renderli permanenti è soggetta alla procedura di cui ai commi 3 e 4.

9. L'Autorità può ritirare un progetto di misura in qualsiasi momento.

(1) *Articolo così sostituito, con applicazione a decorrere dal 1° gennaio 2022, dall'art. 1, comma 1, d.lgs. 8 novembre 2021, n. 207.*

34 (1) Procedura per la coerente applicazione delle misure correttive (art. 33 eecc e art. 12-*bis* Codice 2003).

1. Quando la misura prevista dall'articolo 33, comma 3, mira ad imporre, modificare o revocare un obbligo imposto a un'impresa in applicazione dell'articolo 72 o 78, in combinato disposto con gli articoli da 80 a 87 e l'articolo 93, e la Commissione europea entro il termine di un mese di cui all'articolo 32, paragrafo 3, della direttiva (UE) 2018/1972, notifica all'Autorità i motivi per cui ritiene che il progetto di misura crei un ostacolo al mercato interno o per cui dubita seriamente della sua compatibilità con il diritto dell'Unione, l'adozione del progetto di misura viene ulteriormente sospesa per i tre mesi successivi alla predetta notifica della Commissione medesima. In assenza di una notifica in tal senso, l'Autorità può adottare il progetto di misura, tenendo nella massima considerazione le osservazioni formulate dalla Commissione europea, dal BEREC o da un'altra autorità nazionale di regolamentazione.

2. Nel periodo di tre mesi di cui al comma 1, l'Autorità coopera strettamente con la Commissione europea e con il BEREC allo scopo di individuare la misura più idonea ed efficace alla luce degli obiettivi stabiliti dall'articolo 4, comma 1, tenendo debitamente conto del parere dei soggetti partecipanti al mercato e della necessità di garantire una pratica regolamentare coerente.

3. L'Autorità coopera strettamente con il BEREC allo scopo di individuare la misura più idonea ed efficace se il BEREC nel proprio parere di cui all'articolo 33, paragrafo 3, della direttiva (UE) 2018/1972, condivide i seri dubbi della Commissione europea.

4. Entro il termine di tre mesi di cui al comma 1, l'Autorità può, alternativamente:

a) modificare o ritirare il suo progetto di misura tenendo nella massima considerazione la notifica della Commissione europea di cui al comma 1, nonché il parere del BEREC;

b) mantenere il suo progetto di misura.

5. Entro un mese dalla data di formulazione della raccomandazione della Commissione europea ai sensi dell'articolo 33, paragrafo 5, lettera *a*), della direttiva (UE) 2018/1972, o di ritiro delle riserve a norma del paragrafo 5, lettera *b*), del medesimo articolo, l'Autorità comunica alla Commissione europea e al BEREC la misura finale adottata. Tale periodo può essere prorogato per consentire all'Autorità di avviare una consultazione pubblica ai sensi dell'articolo 23.

6. L'Autorità motiva la decisione di non modificare o ritirare il progetto di misura sulla base della raccomandazione di cui all'articolo 33, paragrafo 5, lettera *a*), della direttiva (UE) 2018/1972.

7. L'Autorità può ritirare il progetto di misura in qualsiasi fase della procedura.

(1) *Articolo così sostituito dall'art. 1, comma 1 d.lgs. 8 novembre 2021, n. 207.*

35-37 (*Omissis*).

CAPO III

Procedure di armonizzazione (1)

(1) *Capo sostituito dall'art. 1, comma 1, d.lgs. 8 novembre 2021, n. 207.*

38 (1) Procedure di armonizzazione (ex art. 38 eecc e art. 22 Codice 2003).

1. Il Ministero e l'Autorità, nell'assolvimento dei propri compiti, tengono in massima considerazione le raccomandazioni della Commissione europea di cui

all'articolo 38, paragrafo 1, della direttiva (UE) 2018/1972, concernenti l'armonizzazione dell'attuazione delle disposizioni ed il conseguimento degli obiettivi fissati dalla direttiva stessa. Qualora il Ministero o l'Autorità decidano di non conformarsi ad una raccomandazione, ne informano la Commissione europea motivando le proprie decisioni.

(1) *Articolo così sostituito, con applicazione a decorrere dal 1° gennaio 2022, dall'art. 1, comma 1, d.lgs. 8 novembre 2021, n. 207.*

39 (1) Normalizzazione (ex art. 39 eecc e art. 20 Codice 2003).

1. Il Ministero e l'Autorità, nell'ambito delle rispettive competenze, vigilano sull'uso delle norme e specifiche tecniche adottate dalla Commissione europea e pubblicate nella Gazzetta Ufficiale dell'Unione europea per la fornitura armonizzata di servizi, di interfacce tecniche o di funzioni di rete, nella misura strettamente necessaria per garantire l'interoperabilità dei servizi, la connettività da punto a punto, la facilitazione del passaggio a un altro fornitore e della portabilità dei numeri e degli identificatori, e per migliorare la libertà di scelta degli utenti.

2. In assenza di pubblicazione delle norme specifiche di cui al comma 1, il Ministero incoraggia l'applicazione delle norme o specifiche adottate dalle organizzazioni europee di normalizzazione e, in mancanza, promuove l'applicazione delle norme o raccomandazioni internazionali adottate dall'unione internazionale delle telecomunicazioni (UIT), dalla conferenza europea delle amministrazioni delle poste e delle telecomunicazioni (CEPT), dall'organizzazione internazionale per la standardizzazione (International Organisation for Standardisation - ISO) e dalla commissione elettrotecnica internazionale (International Electrotechnical Commission - IEC). Qualora già esistano norme internazionali, il Ministero esorta le organizzazioni europee di normalizzazione a usare dette norme o le loro parti pertinenti come fondamento delle norme che elaborano, tranne nei casi in cui tali norme internazionali o parti pertinenti siano inefficaci.

3. Qualsiasi norma o specifica al presente articolo non impedisce l'accesso eventualmente necessario in virtù del presente decreto, ove possibile.

(1) *Articolo sostituito, con applicazione a decorrere dal 1° gennaio 2022, dall'art. 1, comma 1, d.lgs. 8 novembre 2021, n. 207.*

TITOLO V

Sicurezza (1)

(1) *Titolo, comprendente gli artt. 40 e 41, così sostituito dall'art. 1, comma 1 d.lgs. 8 novembre 2021, n. 207.*

40 (1) Sicurezza delle reti e dei servizi (ex art. 40 eecc e art. 16-*bis* Codice 2003.

1. L'Agenzia, sentito il Ministero, per quanto di rispettiva competenza e tenuto conto delle misure tecniche e organizzative che possono essere adottate dalla Commissione europea, ai sensi dell'articolo 40, paragrafo 5, della direttiva (UE) 2018/1972, individua:

a) adeguate e proporzionate misure di natura tecnica e organizzativa per gestire i rischi per la sicurezza delle reti e dei servizi di comunicazione elettronica accessibili al pubblico, assicurando un livello di sicurezza adeguato al rischio esistente, tenuto conto delle attuali conoscenze in materia.

Tali misure, che possono comprendere, se del caso, il ricorso a tecniche di crittografia, sono anche finalizzate a prevenire e limitare le conseguenze per gli utenti, le reti interconnesse e gli altri servizi, degli incidenti che pregiudicano la sicurezza;

b) i casi in cui gli incidenti di sicurezza siano da considerarsi significativi ai fini del corretto funzionamento delle reti o dei servizi.

2. Nella determinazione dei casi di cui al comma 1, lettera *b*), l'Agenzia considera i seguenti parametri, se disponibili:

a) il numero di utenti interessati dall'incidente di sicurezza;

b) la durata dell'incidente di sicurezza;

c) la diffusione geografica della zona interessata dall'incidente di sicurezza;

d) la misura in cui è colpito il funzionamento della rete o del servizio;

e) la portata dell'incidenza sulle attività economiche e sociali.

3. Le imprese che forniscono reti pubbliche di comunicazioni o servizi di comunicazione elettronica accessibili al pubblico:

a) adottano le misure individuate dall'Agenzia di cui al comma 1, lettera *a*);

b) comunicano all'Agenzia e al Computer Security Incident Response Team (CSIRT), istituito ai sensi dell'articolo 8 del decreto legislativo 18 maggio 2018, n. 65, ogni significativo incidente di sicurezza secondo quanto previsto dal comma 1, lettera *b*).

4. L'Agenzia può informare il pubblico o imporre all'impresa di farlo, ove accerti che la divulgazione della notizia dell'incidente di sicurezza di cui al comma 1, lettera b), sia nell'interesse pubblico. Se del caso, l'Agenzia informa le Autorità competenti degli altri Stati membri e l'Agenzia dell'Unione europea per la sicurezza delle reti e dell'informazione (ENISA).

5. L'Agenzia, anche avvalendosi del CSIRT, provvede direttamente o per il tramite dei fornitori di reti e servizi di comunicazione elettronica ad informare gli utenti potenzialmente interessati da minaccia particolare e significativa di incidenti di sicurezza, riguardo a eventuali misure di protezione o rimedi cui possono ricorrere.

6. L'Agenzia trasmette ogni anno alla Commissione europea e all'Agenzia dell'Unione europea per la sicurezza delle reti e dell'informazione una relazione sintetica delle notifiche ricevute e delle azioni adottate conformemente al presente articolo.

7. L'Agenzia, nelle tematiche di cybersicurezza, fatta eccezione per gli ambiti in cui la legge attribuisce specifiche competenze ad altre amministrazioni, collabora con le autorità competenti degli altri Stati membri e con i competenti organismi internazionali e dell'Unione europea al fine di definire procedure e norme che garantiscano la sicurezza dei servizi.

8. In caso di notifica di incidente di sicurezza che determini anche una violazione di dati personali, l'Agenzia fornisce, senza ritardo, al Garante per la protezione dei dati personali le informazioni utili ai fini di cui all'articolo 33 del Regolamento UE 2016/679.

(1) *Articolo così sostituito dall'art. 1, comma 1 d.lgs. 8 novembre 2021, n. 207.*

41 (1) Attuazione e controllo (ex art. 41 eecc e art. 16-ter Codice 2003).

1. Le misure adottate ai fini dell'attuazione del presente articolo e dell'articolo 40 sono approvate con provvedimento dell'Agenzia.

2. I fornitori di reti pubbliche di comunicazione elettronica o di servizi di comunicazioni elettroniche accessibili al pubblico adottano le istruzioni vincolanti eventualmente impartite dall'Agenzia, anche con riferimento alle misure necessarie per porre rimedio a un incidente di sicurezza o per evitare che si verifichi nel caso in cui sia stata individuata una minaccia significativa.

3. Ai fini del controllo del rispetto dell'articolo 40 le imprese che forniscono reti pubbliche di comunicazioni o servizi di comunicazione elettronica accessibili al pubblico sono tenute a:

a) fornire all'Agenzia le informazioni necessarie per valutare la sicurezza delle loro reti e dei loro servizi, in particolare i documenti relativi alle politiche di sicurezza;

b) sottostare a verifiche di sicurezza effettuate dall'Agenzia o da un organismo qualificato indipendente designato dalla medesima Agenzia. L'impresa si assume l'onere finanziario della verifica.

4. L'Agenzia ha la facoltà di indagare i casi di mancata conformità nonché i loro effetti sulla sicurezza delle reti e dei servizi. I fornitori di reti pubbliche di comunicazione elettronica o di servizi di comunicazioni elettroniche accessibili al pubblico che indirizzano o raccolgono traffico per servizi offerti sul territorio nazionale sono tenuti a fornire le informazioni e i dati necessari alle indagini.

5. L'Agenzia, se del caso, consulta l'Autorità, le Autorità di contrasto nazionali, il Garante per la protezione dei dati personali, e coopera con esse.

6. Nel caso in cui l'Agenzia riscontri il mancato rispetto del presente articolo e dell'articolo 40 ovvero delle disposizioni attuative previste dai commi 1 e 2 da parte delle imprese che forniscono reti pubbliche di comunicazioni o servizi di comunicazione elettronica accessibili al pubblico, si applicano le sanzioni di cui all'articolo 30, commi da 2 a 21.

(1) *Articolo così sostituito dall'art. 1, comma 1 d.lgs. 8 novembre 2021, n. 207.*

PARTE II
Reti

TITOLO I
Ingresso nel mercato e diffusione (1)

(1) *Titolo, comprendente i Capi I-IV, così sostituito dall'art. 1, comma 1 d.lgs. 8 novembre 2021, n. 207.*

CAPO I
Contributi

42 (1) Contributi per la concessione di diritti di uso dello spettro radio e di diritti di installare strutture (art. 42 eecc; art. 35 Codice 2003.

1. I contributi per la concessione di diritti di uso dello spettro radio nelle bande armonizzate, che garantiscono l'uso ottimale di tali risorse, salvo quanto previsto dal comma 6, sono fissati dal Ministero sulla base dei criteri stabiliti dall'Autorità.

2. Si applicano i contributi nella misura prevista dall'allegato n. 12.

3. Per i contributi relativi alla concessione dei diritti per l'installazione di strutture su proprietà pubbliche o private, al di sopra o al di sotto di esse, usate per fornire reti o servizi di comunicazione elettronica e strutture collegate, che garantiscano l'impiego ottimale di tali risorse, si applicano le disposizioni di cui all'articolo 98-*octies decies*, comma 2.

4. I contributi di cui al presente articolo sono trasparenti, obiettivamente giustificati, proporzionati allo scopo, non discriminatori e tengono conto degli obiettivi generali di cui al presente decreto.

5. Per quanto concerne i diritti d'uso dello spettro radio, il Ministero e l'Autorità, nell'ambito delle rispettive competenze, mirano a garantire che i contributi applicabili siano fissati a un livello che assicuri un'assegnazione e un uso dello spettro radio efficienti, anche:

a) definendo prezzi di riserva quali contributi minimi per i diritti d'uso dello spettro radio, tenendo conto del valore di tali diritti nei loro possibili usi alternativi;

b) tenendo conto dei costi derivanti da condizioni associate a tali diritti;

c) applicando, al meglio possibile, modalità di pagamento legate all'effettiva disponibilità per l'uso dello spettro radio.

6. I contributi per la concessione di diritti di uso dello spettro radio per le imprese titolari di autorizzazione generale per l'attività di operatore di rete televisiva in tecnologia digitale terrestre sono fissati dal Ministero sulla base dei criteri stabiliti dall'articolo 1, commi da 172 a 176, della legge 28 dicembre 2015, n. 208.

(1) *Articolo così sostituito dall'art. 1, comma 1 d.lgs. 8 novembre 2021, n. 207.*

CAPO II
Accesso al suolo
(Disposizioni relative a reti ed impianti) (1)

(1) *V. nota 1 sub Titolo I.*

43 (1) Infrastrutture di comunicazione elettronica e diritti di passaggio (ex art. 43 eecc e art. 86 Codice 2003).

1. Le autorità competenti alla gestione del suolo pubblico adottano senza indugio e, in ogni caso, entro novanta giorni dalla richiesta, salvo per i casi di espro-

priazione, le occorrenti decisioni e rispettano procedure semplici, efficaci, trasparenti, pubbliche e non discriminatorie, ai sensi degli articoli 44, 49 e 50, nell'esaminare le domande per la concessione del diritto di installare infrastrutture:

a) su proprietà pubbliche o private, compresi i parchi e le riserve nazionali o regionali, nonché i territori di protezione esterna dei parchi, ovvero al di sopra o al di sotto di esse, ad un operatore autorizzato a fornire reti pubbliche di comunicazione elettronica;

b) su proprietà pubbliche ovvero al di sopra o al di sotto di esse, ad un operatore autorizzato a fornire reti di comunicazione elettronica diverse da quelle fornite al pubblico.

2. Le autorità competenti alla gestione del suolo pubblico rispettano i principi di trasparenza e non discriminazione nel prevedere condizioni per l'esercizio di tali diritti. Le procedure possono differire nei casi di cui alle lettere *a*) e *b*) in funzione del fatto che il richiedente fornisca reti pubbliche di comunicazione elettronica o meno.

3. Sono, in ogni caso, fatti salvi gli accordi stipulati tra gli Enti locali e gli operatori, per quanto attiene alla localizzazione, coubicazione e condivisione delle infrastrutture di comunicazione elettronica.

4. Le infrastrutture di reti pubbliche di comunicazione, di cui agli articoli 44 e 49, e le opere di infrastrutturazione per la realizzazione delle reti di comunicazione elettronica ad alta velocità in fibra ottica in grado di fornire servizi di accesso a banda ultra larga, effettuate anche all'interno degli edifici sono assimilate ad ogni effetto alle opere di urbanizzazione primaria di cui all'articolo 16, comma 7, del decreto del Presidente della Repubblica 6 giugno 2001, n. 380, pur restando di proprietà dei rispettivi operatori, e ad esse si applica la normativa vigente in materia, fatto salvo quanto previsto dagli articoli 44 e 49 con riferimento alle autorizzazioni per la realizzazione della rete di comunicazioni elettroniche e degli elementi ad essa collegati per le quali si attua il regime di semplificazione ivi previsto. Alla installazione di reti di comunicazione elettronica mediante posa di fibra ottica non si applica la disciplina edilizia e urbanistica. Gli elementi di reti di comunicazione elettronica ad alta velocità e le altre infrastrutture di reti pubbliche di comunicazione, di cui agli articoli 44 e 49, nonché le opere di infrastrutturazione per la realizzazione delle reti di comunicazione elettronica ad alta velocità in fibra ottica in grado di fornire servizi di accesso a banda ultra larga, effettuate anche all'interno di edifici, da chiunque posseduti, non costituiscono unità immobiliari ai sensi dell'articolo 2 del decreto del Ministro delle finanze 2 gennaio 1998, n. 28, e non rilevano ai fini della determinazione della rendita catastale.

5. Restano ferme le disposizioni a tutela dei beni ambientali e culturali contenute nel decreto legislativo 22 gennaio 2004, n. 42, nonché le disposizioni a tutela delle servitù militari di cui al titolo VI, del libro II, del codice dell'ordinamento militare, nel rispetto del procedimento autorizzatorio semplificato di cui agli articoli 44 e 49.

6. Si applicano, per la posa dei cavi sottomarini di comunicazione elettronica e dei relativi impianti, le disposizioni di cui al decreto-legge 4 marzo 1989, n. 77, convertito, con modificazioni, dalla legge 5 maggio 1989, n. 160, ed al regio decreto 30 marzo 1942, n. 327, recante il codice della navigazione.

7. L'Autorità vigila affinché, laddove le amministrazioni dello Stato, le Regioni, le Province, i Comuni o gli altri Enti locali, ai sensi dell'articolo 9, comma 1, mantengano la proprietà o il controllo di imprese che forniscono reti o servizi di comunicazione elettronica, vi sia un'effettiva separazione strutturale tra la funzione attinente alla concessione dei diritti di cui al comma 1 e le funzioni attinenti alla proprietà od al controllo.

8. Per i limiti di esposizione ai campi elettromagnetici, i valori di attenzione e gli obiettivi di qualità si applicano le disposizioni di attuazione di cui all'articolo 4, comma 2, lettera *a*), della legge 22 febbraio 2001, n. 36.

9. Gli operatori di reti radiomobili di comunicazione elettronica ad uso pubblico provvedono ad inviare ai Comuni ed ai competenti ispettorati territoriali del Ministero la descrizione di ciascun impianto installato.

10. Il Ministero può delegare un altro Ente la tenuta degli archivi telematici e di tutte le comunicazioni trasmettesse.

(1) *Articolo sostituito dall'art. 1, comma 1, d.lgs. 8 novembre 2021, n. 207.*

TITOLO I

Ingresso nel mercato e diffusione (1)

(1) *Titolo sostituito dall'art. 1, comma 1, d.lgs. 8 novembre 2021, n. 207.*

44 (1) Nuovi impianti -Procedimenti autorizzatori relativi alle infrastrutture di comunicazione elettronica per impianti radioelettrici (ex art. 87 Codice 2003).

1. L'installazione di infrastrutture per impianti radioelettrici e la modifica delle caratteristiche di emissione di questi ultimi e, in specie, l'installazione di torri, di tralicci destinati ad ospitare apparati radiotrasmittenti, ripetitori di servizi di comunicazione elettronica, stazioni radio base per reti di comunicazioni elettroniche mobili in qualunque tecnologia, per reti di diffusione, distribuzione e contribuzione dedicate alla televisione digitale terrestre, per reti a radiofrequenza dedicate alle emergenze sanitarie ed alla protezione civile, nonché per reti radio a larga banda punto-multipunto nelle bande di frequenza all'uopo assegnate, anche in coubicazione, viene autorizzata dagli Enti locali, previo accertamento, da parte dell'Organismo competente ad effettuare i controlli, di cui all'articolo 14 della legge 22 febbraio 2001, n. 36, della compatibilità del progetto con i limiti di esposizione, i valori di attenzione e gli obiettivi di qualità, stabiliti uniformemente a livello nazionale in relazione al disposto della citata legge 22 febbraio 2001, n. 36, e relativi provvedimenti di attuazione, ove previsto 2. L'istanza di autorizzazione alla installazione di infrastrutture di cui al comma 1 è presentata all'Ente locale dai titolari di autorizzazione generale rilasciata ai sensi dell'articolo 11. Al momento della presentazione della domanda,

l'ufficio abilitato a riceverla indica al richiedente il nome del responsabile del procedimento.

3. L'istanza, redatta al fine della sua acquisizione su supporti informatici, deve essere corredata della documentazione atta a comprovare, il rispetto dei limiti di esposizione, dei valori di attenzione e degli obiettivi di qualità, relativi alle emissioni elettromagnetiche, di cui alla legge 22 febbraio 2001, n. 36, e relativi provvedimenti di attuazione, attraverso l'utilizzo di modelli predittivi conformi alle prescrizioni della CEI. In caso di pluralità di domande, viene data precedenza a quelle presentate congiuntamente da più operatori. Nel caso di installazione di impianti, con potenza in singola antenna uguale od inferiore ai 20 Watt, fermo restando il rispetto dei limiti di esposizione, dei valori di attenzione e degli obiettivi di qualità sopra indicati, è sufficiente la segnalazione certificata di inizio attività.

4. Al fine di accelerare la realizzazione degli investimenti per il completamento della rete di telecomunicazione GSM-R dedicata esclusivamente alla sicurezza ed al controllo del traffico ferroviario, nonché al fine di contenere i costi di realizzazione della rete stessa, all'installazione sul sedime ferroviario ovvero in area immediatamente limitrofa dei relativi impianti ed apparati si procede con le modalità proprie degli impianti di sicurezza e segnalamento ferroviario, nel rispetto dei limiti di esposizione, dei valori di attenzione e degli obiettivi di qualità, stabiliti uniformemente a livello nazionale in relazione al disposto della legge 22 febbraio 2001, n. 36, e relativi provvedimenti di attuazione.

5. Copia dell'istanza ovvero della segnalazione viene inoltrata contestualmente all'Organismo di cui al comma 1, che si pronuncia entro trenta giorni dalla comunicazione. Lo sportello locale competente provvede a pubblicizzare l'istanza, pur senza diffondere i dati caratteristici dell'impianto. L'istanza ha valenza di istanza unica effettuata per tutti i profili connessi agli interventi e per tutte le amministrazioni o enti comunque coinvolti nel procedimento. Il soggetto richiedente dà notizia della presentazione dell'istanza a tutte le amministrazioni o enti coinvolti nel procedimento.

6. Il responsabile del procedimento può richiedere, per una sola volta, entro quindici giorni dalla data di ricezione dell'istanza, il rilascio di dichiarazioni e l'integrazione della documentazione prodotta. Il termine di cui al comma 10 riprende a decorrere dal momento dell'avvenuta integrazione documentale.

7. Quando l'installazione dell'infrastruttura è subordinata all'acquisizione di uno o più provvedimenti, determinazioni, pareri, intese, concerti, nulla osta o altri atti di concessione, autorizzazione o assenso, comunque denominati, ivi comprese le autorizzazioni previste dal decreto legislativo 22 gennaio 2004, n. 42, da adottare a conclusione di distinti procedimenti di competenza di diverse amministrazioni o enti, inclusi i gestori di beni o servizi pubblici, il responsabile del procedimento convoca, entro cinque giorni lavorativi dalla presentazione dell'istanza, una conferenza di servizi, alla quale prendono parte tutte le amministrazioni coinvolte nel procedimento, enti e gestori di beni o servizi pubblici interessati dall'installazione, nonché un rappresentante dei soggetti preposti ai controlli di cui all'articolo 14 della legge 22 febbraio 2001, n. 36.

8. La determinazione positiva della conferenza sostituisce ad ogni effetto tutti i provvedimenti, determinazioni, pareri, intese, concerti, nulla osta o altri atti di concessione, autorizzazione o assenso, comunque denominati, necessari per l'installazione delle infrastrutture di cui al comma 1, di competenza di tutte le amministrazioni. enti e gestori di beni o servizi pubblici interessati, e vale, altresì, come dichiarazione di pubblica utilità, indifferibilità ed urgenza dei lavori.

9. Alla predetta conferenza di servizi si applicano le disposizioni di cui agli articoli 14,14-*bis*, 14-*ter*, 14-*quater* e 14-*quinquies* della legge 7 agosto 1990, n. 241, con il dimezzamento dei termini ivi indicati, ad eccezione dei termini di cui al suddetto articolo 14-quinquies, e fermo restando l'obbligo di rispettare il termine perentorio finale di conclusione del presente procedimento indicato al comma 10.

10. Le istanze di autorizzazione si intendono accolte qualora, entro il termine perentorio di novanta giorni dalla presentazione del progetto e della relativa domanda, non sia stato comunicato un provvedimento di diniego o un parere negativo da parte dell'organismo competente ad effettuare i controlli, di cui all'articolo 14 della legge 22 febbraio 2001, n. 36, e non sia stato espresso un dissenso, congruamente motivato, da parte di un'Amministrazione preposta alla tutela ambientale, paesaggistico-territoriale o dei beni culturali. Nei già menzionati casi di dissenso congruamente motivato, ove non sia stata adottata la determinazione decisoria finale nel termine di cui al primo periodo, si applica l'articolo 2, comma 9-ter, della legge 7 agosto 1990 n. 241. Gli Enti locali possono prevedere termini più brevi per la conclusione dei relativi procedimenti ovvero ulteriori forme di semplificazione amministrativa, nel rispetto delle disposizioni stabilite dal presente comma. Decorso il suddetto termine, l'amministrazione procedente comunica, entro il termine perentorio di sette giorni, l'attestazione di avvenuta autorizzazione, scaduto il quale è sufficiente l'autocertificazione del richiedente. Sono fatti salvi i casi in cui disposizioni del diritto dell'Unione Europea richiedono l'adozione di provvedimenti espressi.

11. Le opere debbono essere realizzate, a pena di decadenza, nel termine perentorio di dodici mesi dalla ricezione del provvedimento autorizzatorio espresso, ovvero dalla formazione del silenzioassenso.

(1) *Articolo così sostituito dall'art. 1, comma 1, d.lgs. 8 novembre 2021, n. 207.*

45 (1) Procedure semplificate per determinate tipologie di impianti (ex art. 87-*bis* Codice 2003)

1. Al fine di accelerare la realizzazione degli investimenti per il completamento della rete di banda larga mobile, nel caso di installazione di apparati con tecnologia 4G, sue evoluzioni o altre tecnologie su infrastrutture per impianti radioelettrici preesistenti o di modifica delle caratteristiche trasmissive, l'interessato trasmette all'Ente locale una segnalazione certificata di inizio attività contenente la descrizione dimensio-

nale dell'impianto, fermo restando il rispetto dei limiti, dei valori e degli obiettivi di cui all'articolo 44 nonché di quanto disposto al comma 4 del medesimo articolo, indipendentemente dai Watt di potenza.

2. Contestualmente, copia della segnalazione viene trasmessa all'organismo di cui all'articolo 14 della legge 22 febbraio 2001, n. 36, per il rilascio del parere di competenza.

3. Qualora entro trenta giorni dalla trasmissione di cui al comma 2, l'organismo competente rilasci un parere negativo, l'ente locale, ai sensi della disciplina e alle tempistiche della SCIA di cui all'art. 19 della L. 241/1990,adotta motivati provvedimenti di divieto di prosecuzione dell'attività e di rimozione degli eventuali effetti dannosi.

4. Nel caso in cui gli interventi, oggetto della segnalazione certificata di inizio attività di cui al comma 1, siano rilevanti ai fini sismici, la segnalazione anzidetta è corredata dalla relativa asseverazione della struttura e delle opere inerente il rispetto delle norme tecniche per le costruzioni, redatta da professionista abilitato ed inviata al dipartimento del Genio Civile competente per territorio. Qualora entro trenta giorni dalla presentazione del progetto e della relativa domanda sia stato comunicato un provvedimento di diniego da parte dell'ente, la segnalazione è priva di effetti. Al termine dei lavori, viene inviata al suddetto ufficio competente la comunicazione di fine lavori e collaudo statico a firma del professionista incaricato.

5. Nel caso in cui gli interventi, oggetto della segnalazione certificata di inizio attività di cui al comma 1, siano interventi di minore rilevanza, è sufficiente il solo deposito del progetto redatto da professionista abilitato. Al termine dei lavori, viene inviata al suddetto ufficio competente la comunicazione di fine lavori e collaudo statico a firma del professionista incaricato. Sono escluse dalla presentazione delle suddette asseverazioni e depositi all'Ufficio di Genio Civile, gli interventi privi di rilevanza, quali: microcelle, impianti di copertura indoor e in galleria e le infrastrutture costituite da pali/paline di altezza inferiore o uguali a mt 4 il cui peso non sia superiore a 6,00 KN.

(1) *Articolo così sostituito dall'art. 1, comma 1, d.lgs. 8 novembre 2021, n. 207.*

46 (1) Variazioni non sostanziali degli impianti (ex art. 87-ter Codice 2003).

1. Al fine di accelerare la realizzazione degli investimenti per il completamento delle reti di comunicazione elettronica, nel caso di modifiche delle caratteristiche degli impianti già provvisti di titolo abilitativo, ivi incluse le modifiche relative al profilo radioelettrico, che comportino aumenti delle altezze non superiori a 1 metro e aumenti della superficie di sagoma non superiori a 1,5 metri quadrati, l'interessato trasmette all'Ente locale una comunicazione descrittiva della variazione dimensionale e del rispetto dei limiti, dei valori e degli obiettivi di cui all'articolo 44, da inviare ai medesimi enti che hanno rilasciato i titoli abilitativi per la verifica della rispondenza dell'impianto a quanto dichiarato.

(1) *Articolo così sostituito dall'art. 1, comma 1 d.lgs. 8 novembre 2021, n. 207.*

47 (1) Impianti temporanei di telefonia mobile) (ex art. 87-quater Codice 2003).

1. L'interessato all'installazione e all'attivazione di impianti temporanei di telefonia mobile, necessari per il potenziamento delle comunicazioni mobili in situazioni di emergenza, sicurezza, esigenze stagionali, manifestazioni, spettacoli o altri eventi, destinati ad essere rimossi al cessare delle anzidette necessità e comunque entro e non oltre centoventi giorni dalla loro collocazione, presenta all'Ente locale e, contestualmente, all'organismo competente ad effettuare i controlli di cui all'articolo 14 della legge 22 febbraio 2001, n. 36, una comunicazione a cui è allegata la relativa richiesta di attivazione. L'impianto è attivabile qualora, entro trenta giorni dalla presentazione, l'organismo competente di cui al primo periodo non si pronunci negativamente.

2. L'installazione di impianti di telefonia mobile, la cui permanenza in esercizio non superi i sette giorni, è soggetta a comunicazione, da inviare contestualmente alla realizzazione dell'intervento, all'Ente locale, agli organismi competenti a effettuare i controlli di cui all'articolo 14 della legge 22 febbraio 2001, n. 36, nonché ad ulteriori enti di competenza, fermo restando il rispetto dei vigenti limiti di campo elettromagnetico. La disposizione di cui al presente comma opera in deroga ai vincoli previsti dalla normativa vigente.

(1) *Articolo così sostituito dall'art. 1, comma 1 d.lgs. 8 novembre 2021, n. 207.*

48 (1) Ulteriori disposizioni in materia di installazione di impianti mobili di comunicazione elettronica (ex novo).

1. Per la realizzazione di nuove stazioni radio base e le modifiche delle medesime che non comportino variazioni plano-altimetriche per dimensioni o ingombro su infrastrutture dell'autorità aeronautica competente deve essere esclusivamente inviata una comunicazione all'Ente nazionale per l'aviazione civile, all'Aeronautica militare e alla società ENAV Spa per eventuali accertamenti, e acquisito il preventivo parere dell'aeronautica militare conformemente a quanto disciplinato dagli articoli 44 e 45.

2. Fuori dei casi di cui al comma 1, per le installazioni e le modifiche di stazioni radio base oggetto di valutazione di compatibilità per ostacoli e pericoli alla navigazione aerea, i termini di rilascio del nulla osta da parte dell'autorità aeronautica competente si intendono conformi a quanto disciplinato dagli articoli 44 e 45.

(1) *Articolo così sostituito dall'art. 1, comma 1 d.lgs. 8 novembre 2021, n. 207.*

49 (1) Opere civili, scavi ed occupazione di suolo pubblico (ex art. 88 Codice 2003).

1. Qualora l'installazione di infrastrutture di comunicazione elettronica presupponga la realizzazione di opere civili o, comunque, l'effettuazione di scavi e l'oc-

cupazione di suolo pubblico, i soggetti interessati sono tenuti a presentare apposita istanza all'Ente locale ovvero alla figura soggettiva pubblica proprietaria delle aree. L'istanza così presentata ha valenza di istanza unica effettuata per tutti i profili connessi agli interventi di cui al presente articolo. Il richiedente dà notizia della presentazione dell'istanza a tutte le amministrazioni o enti coinvolti nel procedimento.

2. Il responsabile del procedimento può richiedere, per una sola volta, entro dieci giorni dalla data di ricezione dell'istanza, il rilascio di dichiarazioni e la rettifica od integrazione della documentazione prodotta. Il termine di cui al comma 7 inizia nuovamente a decorrere dal momento dell'avvenuta integrazione documentale.

3. Quando l'installazione di infrastrutture di comunicazione elettronica è subordinata all'acquisizione di uno o più provvedimenti, determinazioni, pareri, intese, concerti, nulla osta o altri atti di concessione, autorizzazione o assenso, comunque denominati, ivi incluse le autorizzazioni previste dal decreto legislativo 22 gennaio 2004, n. 42, da adottare a conclusione di distinti procedimenti di competenza di diverse amministrazioni o enti, inclusi i gestori di beni o servizi pubblici, l'amministrazione procedente che ha ricevuto l'istanza convoca, entro cinque giorni lavorativi dalla presentazione dell'istanza, una conferenza di servizi, alla quale prendono parte tutte le amministrazioni coinvolte nel procedimento, enti e gestori di beni o servizi pubblici interessati dall'installazione.

4. La determinazione positiva della conferenza sostituisce ad ogni effetto tutti i provvedimenti, determinazioni, pareri, intese, concerti, nulla osta o altri atti di concessione, autorizzazione o assenso, comunque denominati, necessari per l'installazione dell'infrastruttura, di competenza di tutte le amministrazioni, degli enti e dei gestori di beni o servizi pubblici interessati e vale altresì come dichiarazione di pubblica utilità, indifferibilità ed urgenza dei lavori.

5. Alla già menzionata conferenza di servizi si applicano le disposizioni di cui agli articoli 14,14-*bis*, 14-*ter*, 14-*quater* e 14-*quinquies* della legge 7 agosto 1990, n. 241, con il dimezzamento dei termini ivi indicati, ad eccezione dei termini di cui all'articolo 14-*quinquies*, fermo restando quanto previsto dal comma 7 e l'obbligo di rispettare il termine perentorio finale di conclusione del procedimento indicato dal comma 9.

6. Il rilascio dell'autorizzazione comporta l'autorizzazione alla effettuazione degli scavi e delle eventuali opere civili indicati nel progetto, nonché la concessione del suolo o sottosuolo pubblico necessario all'installazione delle infrastrutture. Il comune può mettere a disposizione, direttamente o per il tramite di una società controllata, infrastrutture a condizioni eque, trasparenti e non discriminatorie.

7. Trascorso il termine di trenta giorni dalla presentazione della domanda, senza che l'amministrazione abbia concluso il procedimento con un provvedimento espresso ovvero abbia indetto un'apposita conferenza di servizi, la medesima si intende in ogni caso accolta. Nel caso di attraversamenti di strade e comunque di lavori di scavo di lunghezza inferiore ai duecento metri, il termine è ridotto a dieci giorni. Nel caso di apertura buche, apertura chiusini per infilaggio cavi o tubi, posa di cavi o tubi aerei o altri elementi di rete su infrastrutture e siti esistenti, allacciamento utenti il termine è ridotto a otto giorni. I predetti termini si applicano anche alle richieste di autorizzazione per l'esecuzione di attraversamenti e parallelismi su porti, interporti, aree del demanio idrico, marittimo, forestale e altri beni immobili appartenenti allo Stato, alle regioni, agli enti locali e agli altri enti pubblici, ivi compreso il sedime ferroviario e autostradale. Decorsi i suddetti termini, l'amministrazione procedente comunica, entro il termine perentorio di sette giorni, l'attestazione di avvenuta autorizzazione, scaduto il quale è sufficiente l'autocertificazione del richiedente.

8. Qualora l'installazione delle infrastrutture di comunicazione elettronica interessi aree di proprietà di più enti, pubblici o privati, l'istanza di autorizzazione è presentata allo sportello unico individuato nel comune di maggiore dimensione demografica. In tal caso, l'istanza è sempre valutata in una conferenza di servizi convocata dal comune di cui al primo periodo.

9. Fermo restando quanto previsto al comma 7, la conferenza di servizi deve concludersi entro il termine perentorio massimo di novanta giorni dalla data di presentazione dell'istanza. Fatti salvi i casi in cui disposizioni del diritto dell'Unione europea richiedono l'adozione di provvedimenti espressi, la mancata comunicazione della determinazione decisoria della conferenza entro il predetto termine perentorio equivale ad accoglimento dell'istanza, salvo che non sia stato espresso un dissenso, congruamente motivato, da parte di un'Amministrazione preposta alla tutela ambientale, paesaggistico-territoriale o dei beni culturali. Nei già menzionati casi di dissenso congruamente motivato, ove non sia stata adottata la determinazione decisoria finale nel termine di cui al primo periodo, si applica l'articolo 2, comma 9-*ter*, della legge 7 agosto 1990, n. 241.

L'accoglimento dell'istanza sostituisce ad ogni effetto gli atti di assenso, comunque denominati e necessari per l'effettuazione degli scavi e delle eventuali opere civili indicate nel progetto, di competenza delle amministrazioni coinvolte nel procedimento, i soggetti direttamente interessati all'installazione degli enti e dei gestori di beni o servizi pubblici interessati e vale, altresì, come dichiarazione di pubblica utilità, indifferibilità ed urgenza dei lavori, anche ai sensi degli articoli 12 e seguenti del decreto del Presidente della Repubblica 8 giugno 2001, n. 327. Decorso il termine di cui al primo periodo, l'amministrazione procedente comunica, entro il termine perentorio di sette giorni, l'attestazione di avvenuta autorizzazione, scaduto il quale è sufficiente l'autocertificazione del richiedente.

10. Per i progetti già autorizzati ai sensi del presente articolo, sia in presenza di un provvedimento espresso, sia in caso di accoglimento dell'istanza per decorrenza dei termini previsti dal comma 7 e dal comma 9, per i quali siano necessarie varianti in corso d'opera fino al dieci per cento delle infrastrutture e degli elementi accessori previsti nell'istanza unica, l'operatore comunica la variazione all'amministrazione procedente che ha ricevuto l'istanza originaria e a tutte le amministrazioni e gli enti coinvolti, con un preavviso

di almeno quindici giorni, allegando una documentazione cartografica dell'opera che dia conto delle modifiche. L'operatore avvia il lavoro se, entro quindici giorni dalla data di comunicazione della variazione, i soggetti e gli enti coinvolti non abbiano comunicato un provvedimento negativo. Gli enti locali possono prevedere termini più brevi per la conclusione dei relativi procedimenti ovvero ulteriori forme di semplificazione amministrativa nel rispetto delle disposizioni stabilite dal presente articolo.

11. Salve le disposizioni di cui all'articolo 54, nessuna altra indennità è dovuta ai soggetti esercenti pubblici servizi o proprietari, ovvero concessionari di aree pubbliche, in conseguenza di scavi ed occupazioni del suolo, pubblico o privato, effettuate al fine di installare le infrastrutture di comunicazione elettronica.

12. Le figure giuridiche soggettive alle quali è affidata la cura di interessi pubblici devono rendere noto, con cadenza semestrale, i programmi relativi a lavori di manutenzione ordinaria e straordinaria, al fine di consentire ai titolari di autorizzazione generale una corretta pianificazione delle rispettive attività strumentali e, in specie, delle attività di installazione delle infrastrutture di comunicazione elettronica. I programmi dei lavori di manutenzione dovranno essere notificati in formato elettronico al Ministero, ovvero ad altro ente all'uopo delegato, con le stesse modalità di cui all'articolo 50, comma 2, per consentirne l'inserimento in un apposito archivio telematico consultabile dai titolari dell'autorizzazione generale.

13. Le figure soggettive esercenti pubblici servizi o titolari di pubbliche funzioni hanno l'obbligo, sulla base di accordi commerciali a condizioni eque e non discriminatorie, di consentire l'accesso alle proprie infrastrutture civili disponibili, a condizione che non venga turbato l'esercizio delle rispettive attività istituzionali.

(1) *Articolo così sostituito dall'art. 1, comma 1 d.lgs. 8 novembre 2021, n. 207.*

50 (1) Coubicazione e condivisione di infrastrutture (ex art. 44 eecc e art. 89 Codice 2003.

1. Se un operatore ha esercitato il diritto, in forza del diritto nazionale, di installare strutture su proprietà pubbliche o private ovvero al di sopra o al di sotto di esse, oppure si è avvalso di una procedura per l'espropriazione o per l'uso di una proprietà, le autorità competenti hanno la facoltà di imporre la coubicazione o la condivisione degli elementi della rete e delle risorse correlate installati su tale base, al fine di tutelare l'ambiente, la salute pubblica e la pubblica sicurezza o di conseguire gli obiettivi della pianificazione urbana e rurale. La coubicazione o la condivisione degli elementi della rete e delle strutture installati e la condivisione di proprietà possono essere imposte solo previa consultazione pubblica di durata adeguata, durante la quale tutte le parti interessate abbiano l'opportunità di esprimere i loro punti di vista, e solo nelle aree specifiche in cui detta condivisione sia considerata necessaria ai fini del perseguimento degli obiettivi del presente comma. Le autorità competenti possono imporre la condivisione di tali strutture o proprietà, ivi compresi terreni, edifici, accessi a edifici, cablaggio degli edifici, piloni, antenne, torri e altre strutture di supporto, condotti, guaine, pozzetti, armadi di distribuzione o provvedimenti atti ad agevolare il coordinamento dei lavori pubblici. L'Autorità svolge i seguenti compiti:

a) coordina il processo previsto dal presente articolo anche mediante regolamenti o linee guida;

b) stabilisce norme sulla ripartizione dei costi della condivisione delle strutture o delle proprietà.

2. Qualora l'installazione delle infrastrutture di comunicazione elettronica comporti l'effettuazione di scavi, gli operatori interessati devono provvedere alla comunicazione del progetto in formato elettronico al SINFI, ai sensi di quanto stabilito dagli articoli 4 e 6 del decreto legislativo 15 febbraio 2016, n. 33.

3. Entro il termine perentorio di trenta giorni, a decorrere dalla data di presentazione e pubblicizzazione del progetto di cui al comma 2, gli operatori interessati alla condivisione dello scavo o alla coubicazione dei cavi di comunicazione elettronica, possono concordare, con l'operatore che ha già presentato il progetto, l'elaborazione di un piano comune degli scavi e delle opere, in accordo con quanto prescritto dall'articolo 5 del decreto legislativo n. 33 del 2016. In assenza di accordo tra gli operatori, l'ente pubblico competente rilascia i provvedimenti abilitativi richiesti, in base al criterio della priorità delle domande.

4. Nei casi di cui ai commi 2 e 3, si adottano le disposizioni e le procedure stabilite dall'articolo 49.

5. I provvedimenti adottati dall'Autorità o dal Ministero conformemente al presente articolo sono obiettivi, trasparenti, non discriminatori e proporzionati.

(1) *Articolo così sostituito dall'art. 1, comma 1 d.lgs. 8 novembre 2021, n. 207.*

51 (1) Pubblica utilità - Espropriazione e diritto di prelazione legale (ex art. 90 Codice 2003).

1. Gli impianti di reti di comunicazione elettronica ad uso pubblico, quelli esercitati dallo Stato e le opere accessorie occorrenti per la funzionalità di detti impianti hanno carattere di pubblica utilità, ai sensi degli articoli 12 e seguenti del decreto del Presidente della Repubblica 8 giugno 2001, n. 327.

2. Gli impianti di reti di comunicazioni elettronica e le opere accessorie di uso esclusivamente privato possono essere dichiarati di pubblica utilità con decreto del Ministro dello sviluppo economico, ove concorrano motivi di pubblico interesse.

3. Per l'acquisizione patrimoniale dei beni immobili necessari alla realizzazione degli impianti e delle opere di cui ai commi 1 e 2, può esperirsi la procedura di esproprio prevista dal decreto del Presidente della Repubblica 8 giugno 2001, n. 327. Tale procedura può essere esperita dopo che siano andati falliti, o non sia stato possibile effettuare, i tentativi di bonario componimento con i proprietari dei fondi sul prezzo di vendita offerto, da valutarsi da parte degli uffici tecnici erariali competenti.

4. In caso di locazione o concessione a diverso titolo, reale o personale, dei beni immobili, o di porzione di essi, destinati alla installazione ed all'esercizio degli

impianti di reti di comunicazione elettronica ad uso pubblico di cui al comma 1, si applicano gli articoli 38 e 39 della legge 27 luglio 1978, n. 392.

(1) *Articolo così sostituito dall'art. 1, comma 1 d.lgs. 8 novembre 2021, n. 207.*

52 (1) Limitazioni legali della proprietà (ex art. 91 Codice 2003).

1. Negli impianti di reti di comunicazione elettronica di cui all'articolo 51, commi 1 e 2, i fili o cavi senza appoggio possono passare, anche senza il consenso del proprietario, sia al di sopra delle proprietà pubbliche o private sia dinanzi a quei lati di edifici ove non vi siano finestre od altre aperture praticabili a prospetto.

2. Il proprietario od il condominio non può opporsi all'appoggio di antenne, di sostegni, nonché al passaggio di condutture, fili o qualsiasi altro impianto, nell'immobile di sua proprietà occorrente per soddisfare le richieste di utenza degli inquilini o dei condomini.

3. Il proprietario o l'inquilino, in qualità di utente finale di un servizio di comunicazione elettronica, deve consentire all'operatore di comunicazione di effettuare gli interventi di adeguamento tecnologico della rete di accesso, volti al miglioramento della connessione e dell'efficienza energetica. Tale adeguamento non si configura come attività avente carattere commerciale e non costituisce modifica delle condizioni contrattuali per l'utente finale, purché consenta a quest'ultimo di continuare a fruire di servizi funzionalmente equivalenti, alle medesime condizioni economiche già previste dal contratto in essere.

4. I fili, cavi ed ogni altra installazione sono collocati in guisa da non impedire il libero uso della cosa secondo la sua destinazione.

5. Il proprietario è tenuto a consentire il passaggio nell'immobile di sua proprietà del personale dell'operatore di comunicazione elettronica o di ditta da questo incaricata che dimostri la necessità di accedervi per l'installazione, riparazione e manutenzione degli impianti di cui sopra.

6. L'operatore di comunicazione elettronica, durante la fase di realizzazione e sviluppo della rete in fibra ottica può, in ogni caso, accedere a tutte le parti comuni degli edifici al fine di installare, collegare e manutenere gli elementi di rete, cavi, fili, riparti linee o simili apparati privi di emissioni elettromagnetiche a radiofrequenza. Il diritto di accesso è consentito anche nel caso di edifici non abitati e di nuova costruzione. L'operatore di comunicazione elettronica ha l'obbligo, d'intesa con le proprietà condominiali, di ripristinare a proprie spese le parti comuni degli immobili oggetto di intervento nello stato precedente i lavori e si accolla gli oneri per la riparazione di eventuali danni arrecati.

7. L'operatore di comunicazione elettronica, durante la fase di realizzazione e sviluppo della rete in fibra ottica, può installare a proprie spese gli elementi di rete, cavi, fili, riparti linee o simili, nei percorsi aerei di altri servizi di pubblica utilità sia esterni sia interni all'immobile e in appoggio ad essi, a condizione che sia garantito che l'installazione medesima non alteri l'aspetto esteriore dell'immobile, né provochi alcun danno o pregiudizio al medesimo. Si applica, in ogni caso, l'ultimo periodo del comma 6.

8. Nei casi previsti dal presente articolo, al proprietario dell'immobile non è dovuta alcuna indennità.

9. L'operatore incaricato del servizio può agire direttamente in giudizio per far cessare eventuali impedimenti e turbative al passaggio ed alla installazione delle infrastrutture.

(1) *Articolo così sostituito dall'art. 1, comma 1 d.lgs. 8 novembre 2021, n. 207.*

53 (1) Servitù (ex art. 92 Codice 2003).

1. Fuori dei casi previsti dall'articolo 52, le servitù occorrenti al passaggio con appoggio dei fili, cavi ed impianti connessi alle opere considerate dall'articolo 51, sul suolo, nel sottosuolo o sull'area soprastante, sono imposte, in mancanza del consenso del proprietario ed anche se costituite su beni demaniali, ai sensi del decreto del Presidente della Repubblica 8 giugno 2001, n. 327, e della legge 1° agosto 2002, n. 166.

2. Se trattasi di demanio statale, il passaggio deve essere consentito dall'autorità competente ed è subordinato all'osservanza delle norme e delle condizioni da stabilirsi in apposita convenzione.

3. L'occorrente procedura, corredata dal progetto degli impianti e del piano descrittivo dei luoghi, è promossa dall'Autorità espropriante che, ove ne ricorrano le condizioni, impone la servitù richiesta e determina l'indennità dovuta ai sensi dell'articolo 44 del d.P.R. 8 giugno 2001, n. 327.

4. La norma di cui al comma 3 è integrata dall'articolo 3, comma 3, della legge 1° agosto 2002, n. 166.

5. Contro il provvedimento di imposizione della servitù è ammesso ricorso ai sensi dell'articolo 53 del decreto del Presidente della Repubblica n. 327 del 2001.

6. Fermo restando quanto stabilito dal decreto del Presidente della Repubblica n. 327 del 2001, la servitù deve essere costituita in modo da riuscire la più conveniente allo scopo e la meno pregiudizievole al fondo servente, avuto riguardo alle condizioni delle proprietà vicine.

7. Il proprietario ha sempre facoltà di fare sul suo fondo qualunque innovazione, ancorché essa importi la rimozione od il diverso collocamento degli impianti, dei fili e dei cavi, né per questi deve alcuna indennità, salvo che sia diversamente stabilito nella autorizzazione o nel provvedimento amministrativo che costituisce la servitù.

8. Il proprietario che ha ricevuto una indennità per la servitù impostagli, nel momento in cui ottiene di essere liberato dalla medesima, è tenuto al rimborso della somma ricevuta, detratto l'equo compenso per l'onere già subito.

(1) *Articolo così sostituito dall'art. 1, comma 1 d.lgs. 8 novembre 2021, n. 207.*

54 (1) Divieto di imporre altri oneri (ex art. 93 Codice 2003).

1. Le Pubbliche Amministrazioni, le Regioni, le Province ed i Comuni, i consorzi, gli enti pubblici economici, i concessionari di pubblici servizi, di aree e beni

pubblici o demaniali, non possono imporre per l'impianto di reti o per l'esercizio dei servizi di comunicazione elettronica, oneri o canoni ulteriori a quelli stabiliti nel presente decreto, fatta salva l'applicazione del canone previsto dall'articolo 1, comma 816, della legge 27 dicembre 2019, n. 160, come modificato dalla legge 30 dicembre 2020 n.178. Resta escluso ogni altro tipo di onere finanziario, reale o contributo, comunque denominato, di qualsiasi natura e per qualsiasi ragione o titolo richiesto, come da art. 12 del decreto legislativo 15 febbraio 2016, n. 33, come integrato dall'art. 8-*bis*, comma 1, lettera *c*) del decreto-legge 14 dicembre 2018, n. 135, coordinato con la legge di conversione 11 febbraio 2019, n. 12.

2. Il soggetto che presenta l'istanza di autorizzazione per l'installazione di nuove infrastrutture per impianti radioelettrici ai sensi dell'articolo 44 è tenuto al versamento di un contributo alle spese relative al rilascio del parere ambientale da parte dell'organismo competente a effettuare i controlli di cui all'articolo 14 della legge 22 febbraio 2001, n. 36, purché questo sia reso nei termini previsti dal citato articolo 44, comma 5.

3. Il soggetto che presenta la segnalazione certicata di inizio attività di cui all'articolo 45, comma 1, è tenuto, all'atto del rilascio del motivato parere positivo o negativo da parte dell'organismo competente a effettuare i controlli di cui all'articolo 14 della legge 22 febbraio 2001, n. 36, purché questo sia reso nei termini previsti dall'articolo 45, al versamento di un contributo per le spese.

4. Il contributo previsto dal comma 2, per le attività che comprendono la stima del fondo ambientale e il contributo previsto al comma 3 sono calcolati in base a un tariffario nazionale di riferimento adottato con decreto del Ministro dell'ambiente e della tutela del territorio e del mare, di concerto con il Ministro dello sviluppo economico, sentita la Conferenza permanente per i rapporti tra lo Stato, le regioni e le province autonome di Trento e di Bolzano, da adottare entro sessanta giorni dalla data di entrata in vigore del presente decreto, anche sulla base del principio del miglioramento dell'efficienza della pubblica amministrazione tramite l'analisi degli altri oneri applicati dalle agenzie ambientali delle regioni e delle province autonome di Trento e di Bolzano. In via transitoria, fede alla data di entrata in vigore del decreto di cui al primo periodo, i contributi previsti ai commi 2 e 3 sono pari a 250 euro.

5. Le disposizioni dei commi 2, 3 e 4 non si applicano ai soggetti di cui all'articolo 14, comma 3, della legge 22 febbraio 2001, n. 36.

6. Gli operatori che forniscono reti di comunicazione elettronica hanno l'obbligo di tenere indenne la pubblica amministrazione, l'ente locale, ovvero l'ente proprietario o gestore, dalle spese necessarie per le opere di sistemazione delle aree pubbliche specificamente coinvolte dagli interventi di installazione e manutenzione e di ripristinare a regola d'arte le aree medesime nei tempi stabiliti dall'ente locale.

(1) *Articolo così sostituito dall'art. 1, comma 1 d.lgs. 8 novembre 2021, n. 207.*

55 (1) Occupazione di sedi autostradali da gestire in concessione e di proprietà dei concessionari (ex art. 94 Codice 2003).

1. Per la realizzazione e la manutenzione di reti di comunicazione elettronica ad uso pubblico può essere occupata una sede idonea, lungo il percorso delle autostrade, gestite in concessione e di proprietà del concessionario, all'interno delle reti di recinzione.

2. La servitù è imposta con decreto del Ministro dello sviluppo economico, sentito il Ministro delle infrastrutture e della mobilità sostenibili.

3. Prima della emanazione del decreto d'imposizione della servitù, il Ministero trasmette all'ufficio provinciale dell'Agenzia del territorio competente un piano di massima dei lavori da eseguire.

L'ufficio provinciale dell'Agenzia del territorio, sentite le parti, esprime il suo parere in merito e stabilisce la indennità da pagarsi al proprietario in base all'effettiva diminuzione del valore del fondo, all'onere che ad esso si impone ed al contenuto della servitù.

4. Il Ministro dello sviluppo economico emana il decreto d'imposizione della servitù, determinando le modalità di esercizio, dopo essersi accertato del pagamento o del deposito dell'indennità. Il decreto viene notificato alle parti interessate.

5. L'inizio del procedimento per l'imposizione della servitù deve essere preceduto da un tentativo di bonario componimento tra il fornitore del servizio di comunicazione elettronica ad uso pubblico ed il proprietario dell'autostrada, previo, in ogni caso, parere dell'ufficio provinciale dell'Agenzia del territorio competente sull'ammontare dell'indennità da corrispondere per la servitù stessa.

6. Qualora il concessionario proprietario dell'autostrada dovesse provvedere all'allargamento od a modifiche e spostamenti della sede autostradale per esigenze di viabilità, e l'esecuzione di tali lavori venisse ad interessare le infrastrutture di comunicazione elettronica, ne dà tempestiva comunicazione al proprietario di detti cavi e infrastrutture, avendo cura di inviare la descrizione particolareggiata delle opere da eseguire. In tali modifiche e spostamenti sono compresi anche quelli per frane, bonifiche, drenaggi ed altre cause di forza maggiore.

7. Il proprietario delle infrastrutture di comunicazione elettronica provvede a propria cura e spese alla modifica dei propri impianti ed al loro spostamento sulla nuova sede definitiva che il concessionario proprietario dell'autostrada è tenuto a mettere a disposizione.

8. Qualora l'esecuzione dei lavori di cui al comma 6 dovesse interessare le infrastrutture di comunicazione elettronica già realizzate al di fuori del sedime autostradale, le spese del loro spostamento sono a carico del concessionario proprietario dell'autostrada. In tali casi, se lo spostamento delle infrastrutture di comunicazione elettronica comporta una occupazione del sedime autostradale, il concessionario proprietario dell'autostrada riconosce all'Operatore di comunicazione elettronica il relativo diritto di passaggio.

(1) *Articolo così sostituito dall'art. 1, comma 1, d.lgs. 8 novembre 2021, n. 207.*

56 (1) Impianti e condutture di energia elettrica, tubazioni metalliche sotterrate - Interferenze (ex art. 95 Codice 2003).

1. Nessuna conduttura di energia elettrica, anche se subacquea, a qualunque uso destinata, può essere costruita, modificata o spostata senza che sul relativo progetto si sia preventivamente ottenuto il nulla osta del Ministero ai sensi delle norme che regolano la materia della trasmissione e distribuzione della energia elettrica.

2. Il nulla osta di cui al comma 1 è rilasciato dall'Ispettorato del Ministero, competente per territorio, qualunque sia la classe della linea elettrica, secondo le definizioni di classe adottate nel Decreto Ministeriale 21 marzo 1988, n. 449 recante "Approvazione delle norme tecniche per la progettazione, l'esecuzione e l'esercizio delle linee elettriche aeree esterne".

3. Per le condutture aeree o sotterranee di energia elettrica realizzate in cavi cordati ad elica visibile come da norme tecniche CEI, il nulla osta è sostituito da una attestazione di conformità del gestore trasmessa all'Ispettorato del Ministero, competente per territorio.

4. Per le infrastrutture di ricarica di veicoli elettrici, il nulla osta o l'attestazione di conformità sono sostituiti da una dichiarazione sottoscritta dai soggetti interessati, da comunicare all'Ispettorato del Ministero competente per territorio, da cui risulti l'assenza o la presenza di interferenze con linee di telecomunicazione e il rispetto delle norme che regolano la materia della trasmissione e distribuzione di energia elettrica. In tali casi i soggetti interessati non sono tenuti alla stipula degli atti di sottomissione previsti dalla normativa vigente.

5. Per l'esecuzione di qualsiasi lavoro sulle condutture subacquee di energia elettrica e sui relativi atterraggi, è necessario sempre il preventivo consenso dell'Ispettorato del Ministero, competente per territorio, che si riserva di esercitare la vigilanza e gli opportuni controlli ispettivi sulla esecuzione dei lavori stessi. Le relative spese sono a carico dell'esercente delle condutture.

6. Nessuna tubazione metallica sotterrata, a qualunque uso destinata, può essere costruita, modificata o spostata senza che sul relativo progetto sia stato preventivamente ottenuto il nulla osta dell'Ispettorato del Ministero, competente per territorio.

7. Per le tubazioni metalliche sotterrate prive di protezione catodica attiva, il nulla osta è sostituito da una dichiarazione del gestore trasmessa all'Ispettorato del Ministero, competente per territorio, da cui risulti l'assenza o la presenza di interferenze con linee di telecomunicazione.

8. I soggetti che presentano l'istanza di nulla osta ai sensi del presente articolo sono tenuti a consentire l'accesso ai fini ispettivi, presso i siti di realizzazione del progetto, del personale incaricato dell'Ispettorato del Ministero, competente per territorio, nonché a comunicare, nei termini e con le modalità prescritti, documenti, dati e notizie richiesti dall'Ispettorato del Ministero relativi al medesimo progetto.

9. Nelle interferenze tra cavi di comunicazione elettronica sotterrati e cavi di energia elettrica sotterrati devono essere osservate le norme generali per gli impianti elettrici del comitato elettrotecnico italiano del Consiglio nazionale delle ricerche. Le stesse norme generali, in quanto applicabili, devono essere osservate nelle interferenze tra cavi di comunicazione elettronica sotterrati e tubazioni metalliche sotterrate.

10. Qualora, a causa di impianti di energia elettrica, anche se debitamente approvati dalle autorità competenti, si abbia un turbamento del servizio di comunicazione elettronica, il Ministero promuove, sentite le predette Autorità, lo spostamento degli impianti od altri provvedimenti idonei ad eliminare i disturbi, a norma dell'articolo 127 del testo unico delle disposizioni di legge sulle acque e sugli impianti elettrici, approvato con regio decreto 11 dicembre 1933, n. 1775. Le relative spese sono a carico di chi le rende necessarie.

11. Per le attività di cui al presente articolo sono dovuti al Ministero i compensi per le prestazioni conto terzi stabiliti con decreto del Ministro dello sviluppo economico, di concerto con il Ministro dell'economia e delle finanze.

(1) *Articolo così sostituito dall'art. 1, comma 1, d.lgs. 8 novembre 2021, n. 207.*

57 (1) Prestazioni obbligatorie (ex art. 96 Codice 2003)

1. Sono obbligatorie per i soggetti autorizzati all'impianto ed esercizio di reti e servizi di comunicazione elettronica ad uso pubblico, nonché per gli operatori che erogano i servizi individuati dall'articolo 3 del Decreto Legislativo 30 maggio 2008, n.109, per gli operatori di transito internazionale di traffico, le prestazioni effettuate a fronte di richieste di informazioni da parte delle competenti autorità giudiziarie e delle agenzie preposte alla sicurezza nazionale. I tempi ed i modi sono concordati con le predette Autorità. Fatto salvo quanto disposto dal decreto di cui al comma 6 in ordine alle richieste avanzate dalle autorità giudiziarie.

2. Sono obbligatorie per i soggetti autorizzati all'impianto ed esercizio di reti e servizi di comunicazione elettronica ad uso pubblico le prestazioni a fini di giustizia e di prevenzione di gravi reati effettuate a fronte di richieste di intercettazione da parte delle competenti autorità giudiziarie. I tempi ed i modi sono stabiliti dal decreto di cui al comma 6.

3. Sono sottratti dagli obblighi di cui ai commi 1 e 2 i soggetti autorizzati per comunicazioni da macchina a macchina - IoT (Internet-of-Things) e per servizi di Edge Computing, limitatamente alla fornitura di tali servizi e con esclusione dei casi in cui l'uso di tali servizi possa contribuire a fornire servizi di comunicazione interpersonale.

4. È obbligatorio per i soggetti autorizzati all'impianto ed esercizio di reti e servizi di comunicazione elettronica ad uso pubblico, ivi compresi gli operatori di transito internazionale di traffico, predisporre strumenti per il monitoraggio e il contrasto, anche in tempo reale, delle minacce cibernetiche e la pronta collaborazione a fronte di richieste di informazioni ed intervento a tutela della sicurezza nazionale da parte delle competenti autorità dello Stato. I tempi ed i modi sono concordati con le predette autorità.

5. Quando si rilevano eventi che possono incidere sulla sicurezza dei sistemi di informazione, gli operatori delle comunicazioni elettroniche informano immediatamente l'Agenzia per la cybersicurezza nazionale. L'Agenzia, quando sia a conoscenza di una minaccia che potrebbe incidere sulla sicurezza dei sistemi di informazione, al fine di prevenire la minaccia, ordina agli operatori di comunicazioni elettroniche che hanno predisposto gli strumenti previsti dal comma 4, l'attivazione degli strumenti di contrasto utilizzando, se del caso, marcatori tecnici indicati dalla stessa.

6. Il canone annuo forfettario per le prestazioni obbligatorie di cui ai commi da 1 a 4 è individuato con decreto del Ministro della giustizia e del Ministro dello sviluppo economico, di concerto con il Ministro dell'economia e delle finanze. Il decreto:

a) disciplina le tipologie di prestazioni obbligatorie e ne determina le tariffe, tenendo conto dell'evoluzione dei costi e dei servizi, in modo da conseguire un risparmio di spesa di almeno il 50 per cento rispetto alle tariffe praticate. Nella tariffa sono ricompresi i costi per tutti i servizi contemporaneamente attivati o utilizzati da ogni identità di rete;

b) individua i soggetti tenuti alle prestazioni obbligatorie di intercettazione, anche tra i fornitori di servizi, le cui infrastrutture consentono l'accesso alla rete o la distribuzione dei contenuti informativi o comunicativi, e coloro che a qualunque titolo forniscono servizi di comunicazione elettronica o applicazioni, anche se utilizzabili attraverso reti di accesso o trasporto non proprie;

c) definisce gli obblighi dei soggetti tenuti alle prestazioni obbligatorie e le modalità di esecuzione delle stesse, tra cui l'osservanza di procedure informatiche omogenee nella trasmissione e gestione delle comunicazioni di natura amministrativa, anche con riguardo alle fasi preliminari al pagamento delle medesime prestazioni.

7. In caso di inosservanza degli obblighi contenuti nel decreto di cui al comma 6, si applica l'articolo 32, commi 2, 3, 4, 5 e 6 e l'articolo 30, comma 16.

8. Ai fini dell'erogazione delle prestazioni di cui al comma 6 gli operatori hanno l'obbligo di negoziare tra loro le modalità di interconnessione, allo scopo di garantire la fornitura e l'interoperabilità delle prestazioni stesse. Il Ministero può intervenire se necessario di propria iniziativa ovvero, in mancanza di accordo tra gli operatori, su richiesta di uno di essi.

9. Nelle more dell'adozione del decreto di cui al comma 6 continuano a trovare applicazione le disposizioni vigenti, anche di natura regolamentare.

(1) *Articolo così sostituito dall'art. 1, comma 1, d.lgs. 8 novembre 2021, n. 207.*

CAPO III
Accesso allo spettro radio (1)

(1) *Capo sostituito dall'art. 1, comma 1, d.lgs. 8 novembre 2021, n. 207.*

SEZIONE I
Autorizzazioni (1)

(1) *Sezione inserita dall'art. 1, comma 1, d.lgs. 8 novembre 2021, n. 207, corretto con Avviso di Rettifica 9 febbraio 2022 (G.U. 9 febbraio 2022, n. 33).*

58 (1) Gestione dello spettro radio (ex art. 45 eecc, art. 14 Codice 2003).

1. Tenendo debito conto del fatto che lo spettro radio è un bene pubblico dotato di un importante valore sociale, culturale ed economico, il Ministero e l'Autorità, nell'ambito delle rispettive competenze, provvedono alla sua gestione efficace per le reti e i servizi di comunicazione elettronica nel territorio nazionale ai sensi degli articoli 3 e 4. La predisposizione dei piani di ripartizione, a cura del Ministero, e dei piani di assegnazione dello spettro radio per sistemi di comunicazione elettronica, a cura dell'Autorità, è fondata su criteri obiettivi, trasparenti, proconcorrenziali, non discriminatori e proporzionati. Il rilascio di autorizzazioni generali per l'uso dello spettro radio o di diritti d'uso individuali in materia, a cura del Ministero, è fondato su criteri obiettivi, trasparenti, pro-concorrenziali, non discriminatori e proporzionati. Nell'applicare il presente articolo il Ministero e l'Autorità rispettano gli accordi internazionali pertinenti, fra cui il regolamento delle radiocomunicazioni dell'UIT e altri accordi adottati nel quadro dell'UIT applicabili allo spettro radio, tengono nel massimo conto la pertinente normativa CEPT e possono tener conto di considerazioni di interesse pubblico.

2. Il Ministero e l'Autorità, nell'ambito delle rispettive competenze, promuovono l'armonizzazione dell'uso dello spettro radio per le reti e i servizi di comunicazione elettronica nel territorio dell'Unione europea in modo coerente con l'esigenza di garantirne un utilizzo effettivo ed efficiente e di perseguire benefici per i consumatori, quali concorrenza, economie di scala e interoperabilità delle reti e dei servizi. Nel fare ciò agiscono ai sensi dell'articolo 4 e della decisione n. 676/2002/CE, tra l'altro:

a) perseguendo la copertura della banda larga senza fili sul territorio nazionale e della popolazione ad alta qualità e alta velocità, nonché la copertura delle principali direttrici di trasporto nazionali ed europee, fra cui la rete transeuropea di trasporto, di cui al regolamento (UE) n. 1315/2013 del Parlamento europeo e del Consiglio;

b) agevolando il rapido sviluppo nell'Unione di nuove tecnologie e applicazioni delle comunicazioni senza fili, anche, ove appropriato, mediante un approccio intersettoriale;

c) assicurando la prevedibilità e la coerenza in materia di rilascio, rinnovo, modifica, restrizione e revoca dei diritti d'uso dello spettro radio, al fine di promuovere gli investimenti a lungo termine;

d) assicurando la prevenzione delle interferenze dannose transfrontaliere o nazionali in conformità, rispettivamente, agli articoli 29 e 59 e adottando opportuni provvedimenti preventivi e correttivi a tal fine;

e) promuovendo l'uso condiviso dello spettro radio per impieghi simili o diversi dello spettro radio conformemente al diritto della concorrenza;

f) applicando il sistema di autorizzazione più adeguato e meno oneroso possibile in conformità all'articolo 59, in modo da massimizzare la flessibilità, la condivisione e l'efficienza nell'uso dello spettro radio;

g) applicando norme in materia di rilascio, trasferimento, rinnovo, modifica e revoca dei diritti d'uso dello spettro radio che siano stabilite in modo chiaro e trasparente, onde garantire la certezza, la coerenza e la prevedibilità della regolamentazione;

h) perseguendo la coerenza e la prevedibilità, in tutta l'Unione europea, delle modalità con cui l'uso dello spettro radio è autorizzato relativamente alla tutela della salute pubblica, tenendo conto della raccomandazione 1999/519/CE;

i) tenendo nella massima considerazione la raccomandazione adottata dalla Commissione europea ai sensi dell'articolo 45, paragrafo 2, commi 2 e 3 della direttiva (UE) 2018/1972, anche sulla base del parere eventualmente richiesto al RSPG, al fine di promuovere un approccio coerente nell'Unione relativamente ai regimi di autorizzazione per l'uso della banda.

3. In caso di mancanza di domanda del mercato a livello nazionale o regionale per l'uso di una banda nello spettro armonizzato, il Ministero e l'Autorità, nell'ambito delle rispettive competenze, possono consentire un uso alternativo integrale o parziale di tale banda, compreso l'uso esistente, conformemente ai commi 5, 6, 7 e 8, a condizione che:

a) la constatazione della mancanza di domanda del mercato per l'uso di tale banda si basi su una consultazione pubblica in conformità dell'articolo 23, ivi compresa una valutazione prospettica della domanda del mercato;

b) tale uso alternativo non impedisca od ostacoli la disponibilità o l'uso di tale banda in altri Stati membri;

c) siano tenuti in debito conto la disponibilità o l'uso a lungo termine di tale banda nell'Unione e le economie di scala per le apparecchiature risultanti dall'uso dello spettro radio armonizzato nell'Unione.

4. L'eventuale decisione di consentire l'uso alternativo in via eccezionale è soggetta a un riesame periodico ed è, in ogni caso, esaminata tempestivamente su richiesta debitamente giustificata di un potenziale utente al Ministero per l'uso della banda conformemente alla misura tecnica di attuazione. Il Ministero comunica alla Commissione europea e agli altri Stati membri le decisioni prese, insieme con le relative motivazioni, e i risultati degli eventuali riesami.

5. Fatto salvo quanto previsto dal comma 2, il Ministero e l'Autorità, nell'ambito delle rispettive competenze, assicurano che tutti i tipi di tecnologie usate per la fornitura di reti o servizi di comunicazione elettronica possano essere utilizzati nello spettro radio dichiarato disponibile per i servizi di comunicazione elettronica nel Piano nazionale di ripartizione delle frequenze e nei piani di assegnazione a norma del diritto dell'Unione. E' fatta salva la possibilità di prevedere limitazioni proporzionate e non discriminatorie dei tipi di rete radio o di tecnologia di accesso senza fili o rete radiofonica utilizzati per servizi di comunicazione elettronica, ove ciò sia necessario al fine di:

a) evitare interferenze dannose;

b) proteggere la salute pubblica dai campi elettromagnetici tenendo nella massima considerazione la raccomandazione 1999/519/CE;

c) assicurare la qualità tecnica del servizio;

d) assicurare la massima condivisione dello spettro radio;

e) salvaguardare l'uso efficiente dello spettro;

f) garantire il conseguimento di un obiettivo di interesse generale conformemente al comma 6.

6. Fatto salvo quanto previsto dal comma 2, il Ministero e l'Autorità, nell'ambito delle rispettive competenze, assicurano che tutti i tipi di servizi di comunicazione elettronica possano essere forniti nello spettro dichiarato disponibile per i servizi di comunicazione elettronica nel piano nazionale di ripartizione delle frequenze e nei piani di assegnazione a norma del diritto dell'Unione. È fatta salva la possibilità di prevedere limitazioni proporzionate e non discriminatorie dei tipi di servizi di comunicazione elettronica che è possibile fornire, anche, se necessario, al fine di soddisfare un requisito dei regolamenti delle radiocomunicazioni dell'UIT.

7. Le misure che impongono la fornitura di un servizio di comunicazione elettronica in una banda specifica disponibile per i servizi di comunicazione elettronica sono giustificate per garantire il conseguimento di un obiettivo di interesse generale conformemente al diritto dell'Unione, incluso, ma a titolo non esaustivo:

a) garantire la sicurezza della vita;

b) promuovere e favorire, nell'imminenza o in caso di gravi emergenze e catastrofi imminenti o in corso, attraverso le tecnologie dell'informazione e della comunicazione, l'adozione di misure di autoprotezione da parte dei cittadini;

c) promuovere la coesione sociale, regionale o territoriale;

d) evitare un uso inefficiente dello spettro radio;

e) promuovere la diversità culturale e linguistica e il pluralismo dei media, ad esempio la fornitura di servizi di diffusione televisiva e radiofonica.

8. Una misura che vieti la fornitura di qualsiasi altro servizio di comunicazione elettronica in una banda specifica può essere prevista esclusivamente ove sia giustificata dalla necessità di proteggere i servizi di sicurezza della vita. In via eccezionale, il Ministero e l'Autorità, nell'ambito delle rispettive competenze, possono anche estendere tale misura al fine di conseguire altri obiettivi di interesse generale quali stabiliti dal Ministero e dall'Autorità, nell'ambito delle rispettive competenze, a norma del diritto dell'Unione europea.

9. Il Ministero e l'Autorità, nell'ambito delle rispettive competenze, riesaminano periodicamente la necessità delle limitazioni di cui ai commi 5 e 6, che devono conformarsi a quanto previsto dall'articolo 45, paragrafo 7, della direttiva (UE) 2018/1972, e rendono pubblici i risultati di tali revisioni.

10. I commi 5, 6, 7 e 8 si applicano allo spettro radio attribuito ai servizi di comunicazione elettronica nonché alle autorizzazioni generali e ai diritti d'uso individuali delle radiofrequenze concessi a decorrere dal termine di cui all'articolo 4, comma 1, secondo periodo,

del decreto-legge 31 marzo 2011, n. 34, convertito, con modificazioni, dalla legge 26 maggio 2011, n. 75.

(1) *Articolo sostituito dall'art. 1, comma 1, d.lgs. 8 novembre 2021, n. 207.*

59 (1) Autorizzazione all'uso dello spettro (ex art. 46 eecc e art. 27 Codice 2003).

1. Il Ministero e l'Autorità, nell'ambito delle rispettive competenze, facilitano l'uso dello spettro radio, compreso l'uso condiviso, nel regime delle autorizzazioni generali e limitano la concessione di diritti d'uso individuali dello spettro radio alle situazioni in cui tali diritti sono necessari per massimizzare l'uso efficiente alla luce della domanda e tenendo conto dei criteri di cui al comma 3.

In tutti gli altri casi, il Ministero, sentita l'Autorità per gli eventuali profili di competenza, stabilisce le condizioni associate all'uso dello spettro radio in un'autorizzazione generale. A tal fine, il Ministero e l'Autorità scelgono il regime più adatto per autorizzare l'uso dello spettro radio, tenendo conto:

a) delle caratteristiche specifiche dello spettro radio interessato;

b) dell'esigenza di protezione dalle interferenze dannose;

c) dello sviluppo di condizioni affidabili di condivisione dello spettro radio, ove appropriato;

d) della necessità di assicurare la qualità tecnica delle comunicazioni o del servizio;

e) degli obiettivi di interesse generale stabiliti dal Ministero, conformemente al diritto dell'Unione;

f) della necessità di salvaguardare l'uso efficiente dello spettro radio.

2. Nel valutare se rilasciare autorizzazioni generali o concedere diritti d'uso individuali per lo spettro radio armonizzato, in considerazione delle misure tecniche di attuazione adottate in conformità dell'articolo 4 della decisione n. 676/2002/CE, il Ministero e l'Autorità, nell'ambito delle rispettive competenze, si adoperano per ridurre al minimo i problemi causati dalle interferenze dannose, anche nei casi di uso condiviso dello spettro radio sulla base di una combinazione di autorizzazione generale e diritti d'uso individuali. Se del caso, il Ministero e l'Autorità valutano la possibilità di autorizzare l'uso dello spettro radio sulla base di una combinazione di autorizzazione generale e diritti d'uso individuali, tenendo conto dei probabili effetti sulla concorrenza, sull'innovazione e sull'accesso al mercato di diverse combinazioni di autorizzazioni generali e diritti d'uso individuali e dei trasferimenti graduali da una categoria all'altra. Il Ministero e l'Autorità si adoperano per minimizzare le restrizioni all'uso dello spettro radio, tenendo in debita considerazione le soluzioni tecnologiche di gestione delle interferenze dannose allo scopo di imporre il regime di autorizzazione meno oneroso possibile.

3. Al momento di adottare una decisione a norma del comma 1 al fine di agevolare l'uso condiviso dello spettro radio, il Ministero e l'Autorità assicurano che le condizioni per l'uso condiviso dello spettro radio siano chiaramente definite. Tali condizioni sono poste al fine di agevolare l'uso efficiente dello spettro radio, la concorrenza e l'innovazione.

(1) *Articolo così sostituito dall'art. 1, comma 1, d.lgs. 8 novembre 2021, n. 207.*

60 (1) Condizioni associate ai diritti d'uso individuali dello spettro radio (ex art. 47 eecc, art. 28 Codice 2003)

1. Il Ministero e l'Autorità, nell'ambito delle rispettive competenze, stabiliscono condizioni associate ai diritti d'uso individuali dello spettro radio in conformità dell'articolo 13, comma 1, in modo da garantire l'uso ottimale e più efficace ed efficiente possibile dello spettro radio. Prima dell'assegnazione o del rinnovo di tali diritti, stabiliscono chiaramente tali condizioni, compreso il livello di uso obbligatorio e la possibilità di soddisfare tale prescrizione mediante trasferimento o affitto, al fine di garantire l'attuazione di dette condizioni in conformità dell'articolo 32. Le condizioni associate ai rinnovi dei diritti d'uso dello spettro radio non devono offrire vantaggi indebiti a coloro che sono già titolari di tali diritti. Tali condizioni specificano i parametri applicabili, incluso qualsiasi termine per l'esercizio dei diritti d'uso il cui mancato rispetto autorizzi il Ministero, sentita l'Autorità, a revocare i diritti d'uso o a imporre altre misure. Il Ministero e l'Autorità, nell'ambito delle rispettive competenze, consultano e informano le parti interessate tempestivamente e in modo trasparente circa le condizioni associate ai diritti d'uso individuali prima della loro imposizione. Stabiliscono in anticipo i criteri per la valutazione del rispetto di tali condizioni e ne informano le parti interessate in modo trasparente.

2. Nello stabilire le condizioni associate ai diritti d'uso individuali dello spettro radio, l'Autorità, in particolare al fine di garantire un uso effettivo ed efficiente dello spettro radio o di promuovere la copertura, possono prevedere le possibilità seguenti:

a) la condivisione delle infrastrutture passive o attive che utilizzano lo spettro radio o lo spettro radio stesso;

b) accordi commerciali di accesso in roaming o altre modalità tecniche;

c) il dispiegamento congiunto di infrastrutture per la fornitura di reti o servizi che si basano sull'uso dello spettro radio.

3. Il Ministero e l'Autorità non vietano la condivisione dello spettro radio nelle condizioni associate ai diritti d'uso dello spettro radio. L'attuazione, da parte delle imprese, delle condizioni stabilite a norma del presente comma resta soggetta al diritto della concorrenza.

(1) *Articolo così sostituito dall'art. 1, comma 1, d.lgs. 8 novembre 2021, n. 207.*

61 (1) Concessione di diritti d'uso individuali dello spettro radio (ex art. 48 eecc - art. 27 Codice 2003).

1. Qualora sia necessario concedere diritti d'uso individuali dello spettro radio, il Ministero li rilascia, a

richiesta, a ogni impresa per la fornitura di reti o servizi di comunicazione elettronica in forza di un'autorizzazione generale di cui all'articolo 11, nel rispetto dell'articolo 13, dell'articolo 21, comma 1, lettera *c*), dell'articolo 67 e di ogni altra disposizione che garantisca l'uso efficiente di tali risorse a norma del presente decreto.

2. Fatti salvi criteri specifici definiti dal Ministero e dall'Autorità, nell'ambito delle rispettive competenze, per concedere i diritti d'uso individuali dello spettro radio ai fornitori di servizi di diffusione di contenuti radiofonici o televisivi per il conseguimento di obiettivi d'interesse generale conformemente al diritto dell'Unione, i diritti d'uso individuali dello spettro radio sono concessi mediante procedure aperte, obiettive, trasparenti, non discriminatorie e proporzionate e conformemente all'articolo 58.

3. Una deroga ai requisiti per le procedure aperte può essere applicata quando la concessione di diritti d'uso individuali dello spettro radio ai fornitori di servizi di diffusione di contenuti radiofonici o televisivi è necessaria per conseguire un obiettivo di interesse generale stabilito dal Ministero, sentita l'Autorità per gli aspetti di competenza, conformemente al diritto dell'Unione europea.

4. Il Ministero esamina le domande di diritti d'uso individuali dello spettro radio nell'ambito di procedure di selezione improntate a criteri di ammissibilità oggettivi, trasparenti, proporzionati e non discriminatori, previamente definiti e conformi alle condizioni da associare a tali diritti. Il Ministero e l'Autorità, nell'ambito delle rispettive competenze, hanno la facoltà di esigere dai richiedenti tutte le informazioni necessarie a valutarne, sulla base di detti criteri, la capacità di soddisfare dette condizioni. Il Ministero, se conclude che il richiedente non possiede le capacità necessarie, emana una decisione debitamente motivata in tal senso.

5. Al momento della concessione dei diritti individuali d'uso per lo spettro radio, il Ministero, sentita l'Autorità per i profili di competenza, specifica se tali diritti possono essere trasferiti o affittati dal titolare dei diritti e a quali condizioni, in applicazione degli articoli 58 e 64.

6. Il Ministero adotta, comunica e rende pubbliche le decisioni in materia di concessione di diritti d'uso individuali dello spettro radio non appena possibile dopo il ricevimento della domanda completa ed entro sei settimane nel caso dello spettro radio dichiarato disponibile per servizi di comunicazione elettronica nel piano nazionale di ripartizione delle frequenze e ove applicabile e non diversamente disposto nei piani di assegnazione delle risorse. Detto termine non pregiudica l'articolo 67, comma 9, e l'eventuale applicabilità di accordi internazionali in materia di uso dello spettro radio o delle posizioni orbitali dei satelliti. Se la domanda risulta incompleta, il Ministero, entro i termini sopra indicati, invita l'impresa interessata ad integrarla. I termini vengono sospesi fino al recepimento delle integrazioni, che debbono pervenire al Ministero entro e non oltre dieci giorni dalla richiesta. Il mancato ricevimento nei termini delle integrazioni richieste costituisce rinuncia alla richiesta di uso delle frequenze radio.

(1) *Articolo così sostituito dall'art. 1, comma 1, d.lgs. 8 novembre 2021, n. 207.*

62 (1) Durata dei diritti (ex art. 49 eecc, art. 27, comma 4, cod. 2003).

1. Qualora autorizzino l'uso dello spettro radio mediante diritti d'uso individuali per un periodo limitato, il Ministero e l'Autorità, nell'ambito delle rispettive competenze, provvedono a che il diritto d'uso sia concesso per una durata adeguata tenuto conto degli obiettivi perseguiti in conformità dell'articolo 67 comma 2 e 3, e della necessità di assicurare la concorrenza nonché in particolare l'uso effettivo ed efficiente dello spettro radio e di promuovere l'innovazione e investimenti efficienti, anche prevedendo un periodo adeguato di ammortamento degli investimenti.

2. Qualora concedano per un periodo limitato diritti d'uso individuali dello spettro radio per cui sono state stabilite condizioni armonizzate mediante misure tecniche di attuazione adottate in conformità della decisione n. 676/2002/CE al fine di permetterne l'uso per i servizi di comunicazione elettronica a banda larga senza fili, il Ministero e l'Autorità, nell'ambito delle rispettive competenze, garantiscono per un periodo di almeno venti anni la prevedibilità regolamentare per i titolari dei diritti relativamente alle condizioni di investimento in infrastrutture che utilizzano detto spettro radio, tenendo conto dei requisiti di cui al comma 1. Il presente articolo è soggetto, se del caso, a qualsiasi modifica delle condizioni associate a tali diritti d'uso in conformità dell'articolo 18. A tal fine, il Ministero e l'Autorità garantiscono che detti diritti siano validi per almeno quindici anni e comprendano, qualora necessario per conformarsi al comma 1, un'adeguata proroga di tale durata, alle condizioni stabilite al presente comma. Il Ministero e l'Autorità mettono a disposizione di tutte le parti interessate i criteri generali per la proroga della durata dei diritti d'uso in modo trasparente prima di concedere diritti d'uso, nell'ambito delle condizioni stabilite all'articolo 67 commi 5 e 8. Tali criteri generali si riferiscono:

a) all'esigenza di garantire un uso effettivo ed efficiente dello spettro radio in questione, agli obiettivi perseguiti all'articolo 58 comma 2, lettere *a*) e *b*), o all'esigenza di conseguire obiettivi di interesse generale relativi alla tutela della sicurezza della vita, all'ordine pubblico, alla sicurezza pubblica o alla difesa;

b) all'esigenza di assicurare una concorrenza senza distorsioni.

3. Con decreto del Ministro dello sviluppo economico, di concerto con il Ministro dell'economia e delle finanze, le autorizzazioni sono essere prorogate, nel corso della loro durata, per un periodo non superiore a venti anni, previa presentazione di un dettagliato piano tecnico finanziario da parte degli operatori. La congruità del piano viene valutata d'intesa dal Ministero e dall'Autorità per le garanzie nelle comunicazioni, in relazione anche alle vigenti disposizioni comunitarie e all'esigenza di garantire l'omogeneità dei regimi autorizzatori.

4. Al più tardi due anni prima della scadenza della durata iniziale di un diritto d'uso individuale, l'Autori-

tà, d'intesa col Ministero, effettua una valutazione oggettiva e prospettica dei criteri generali stabiliti per la proroga della durata di detto diritto d'uso alla luce dell'articolo 58 comma 2 lettera c). A condizione di non aver avviato una procedura di contestazione per inadempimento delle condizioni associate ai diritti d'uso a norma dell'articolo 32, il Ministero, sentita l'Autorità, concede la proroga della durata del diritto d'uso, a meno che concluda che tale proroga non sarebbe conforme ai criteri generali stabiliti al comma 2, quarto e quinto periodo, lettere *a*) o *b*). Sulla base di tale valutazione, il Ministero notifica al titolare del diritto d'uso la possibilità di concedere la proroga della durata del diritto. Nel caso in cui tale proroga non sia concessa, il Ministero applica l'articolo 61 per la concessione di diritti d'uso per quella specifica banda di spettro radio. Tutte le misure di cui al presente comma devono essere proporzionate, non discriminatorie, trasparenti e motivate. In deroga all'articolo 23, le parti interessate hanno l'opportunità di presentare osservazioni in merito a qualsiasi progetto di misura ai sensi del comma 2, quarto e quinto periodo, lettere *a*) e *b*), e del presente comma, primo e secondo periodo, entro tre mesi dalla sua adozione. Il presente comma non pregiudica l'applicazione degli articoli 19 e 30. Nello stabilire i contributi per i diritti d'uso, il Ministero e l'Autorità tengono conto del meccanismo previsto al comma 2 e al presente comma.

5. Ove debitamente giustificato, il Ministero e l'Autorità possono derogare ai commi 2 e 4 nei seguenti casi:

a) in zone geografiche limitate in cui l'accesso alle reti ad alta velocità sia gravemente carente o assente e ciò sia necessario per garantire il raggiungimento degli obiettivi di cui all'articolo 58, comma 2;

b) per specifici progetti a breve termine;

c) per uso sperimentale;

d) per usi dello spettro radio che possano coesistere, in conformità all'articolo 58, commi 5 e 6, con servizi a banda larga senza fili;

e) per un uso alternativo dello spettro radio in conformità all'articolo 58, comma 3 e 4.

6. Il Ministero, sentita l'Autorità, può adeguare la durata dei diritti d'uso stabiliti al presente articolo al fine di garantire la simultaneità della scadenza della durata dei diritti in una o più bande.

(1) *Articolo sostituito dall'art. 1, comma 1, d.lgs. 8 novembre 2021, n. 207.*

63 (1) Rinnovo dei diritti d'uso individuali dello spettro radio armonizzato (art. 50 eecc).

1. Il Ministero, d'intesa con l'Autorità, decide sul rinnovo dei diritti d'uso individuali dello spettro radio armonizzato tempestivamente prima della scadenza della durata di tali diritti, salvo quando, al momento dell'assegnazione, è stata esplicitamente esclusa la possibilità di rinnovo. A tal fine, il Ministero valuta la necessità di tale rinnovo di propria iniziativa o su richiesta del titolare del diritto, in quest'ultimo caso non più di cinque anni prima della scadenza della durata dei diritti di cui trattasi. Ciò non pregiudica le clausole di rinnovo applicabili a diritti esistenti.

2. Nell'adottare una decisione ai sensi del comma 1, l'Autorità prende in considerazione, tra l'altro:

a) la realizzazione degli obiettivi di cui all'articolo 4, all'articolo 58 comma 2, e all'articolo 61 comma 2, nonché degli obiettivi di politica pubblica previsti dal diritto dell'Unione o nazionale;

b) l'attuazione di una misura tecnica di attuazione adottata a norma dell'articolo 4 della decisione n. 676/2002/CE;

c) l'esame dell'adeguatezza dell'attuazione delle condizioni associate al diritto di cui trattasi;

d) la necessità di promuovere la concorrenza o di evitarne qualsiasi distorsione, in linea con l'articolo 65;

e) la necessità di conseguire maggiore efficienza nell'uso dello spettro radio, alla luce dell'evoluzione tecnologica o del mercato;

f) la necessità di evitare una grave compromissione del servizio.

3. Nel prendere in considerazione l'eventuale rinnovo di diritti d'uso individuali dello spettro radio armonizzato per il quale il numero di diritti d'uso è limitato ai sensi del comma 2 del presente articolo, l'Autorità applica una procedura aperta, trasparente e non discriminatoria e tra l'altro:

a) offre a tutte le parti interessate l'opportunità di esprimere le loro opinioni attraverso una consultazione pubblica a norma dell'articolo 23;

b) indica chiaramente i motivi di tale eventuale rinnovo.

4. L'Autorità prende in considerazione eventuali indicazioni, emerse dalla consultazione a norma del comma 3, lettera *a*), di domanda del mercato da parte di imprese diverse da quelle titolari di diritti d'uso dello spettro radio per la banda in questione quando decide se rinnovare i diritti d'uso o di organizzare una nuova procedura di selezione volta a concedere i diritti d'uso ai sensi dell'articolo 67.

5. Una decisione di rinnovo di diritti individuali d'uso dello spettro radio armonizzato può essere accompagnata da un riesame dei contributi e degli altri termini e condizioni ad essi associati. Se del caso, il Ministero e l'Autorità, nell'ambito delle rispettive competenze, possono modificare i contributi relativi ai diritti d'uso in conformità dell'articolo 42.

(1) *Articolo sostituito dall'art. 1, comma 1, d.lgs. 8 novembre 2021, n. 207.*

64 (1) Trasferimento o affitto di diritti d'uso individuali dello spettro radio (art. 51 EEC e art .14-ter Codice 2003).

1. Le imprese titolari di diritti individuali di uso delle radiofrequenze possono trasferire o affittare ad altre imprese i propri diritti d'uso, con le modalità di cui ai commi 2 e 3. Resta fermo il potere del Ministero e dell'Autorità, nell'ambito delle rispettive competenze, di stabilire che la predetta facoltà non si applichi qualora il diritto d'uso in questione sia stato inizialmente concesso a titolo gratuito in termini di contributi per l'uso ottimale dello spettro o assegnato per la radiodiffusione televisiva.

2. Il trasferimento o l'affitto dei diritti di uso delle radiofrequenze è efficace previa autorizzazione rila-

sciata dal Ministero entro novanta giorni dalla notifica della relativa istanza da parte dell'impresa subentrante.

3. All'esito dell'istruttoria svolta dall'Autorità che, sentita l'Autorità garante della concorrenza e del mercato, accerta che non si verifichino distorsioni della concorrenza, il Ministero, in conformità dell'articolo 65, concede l'autorizzazione al trasferimento o affitto dei diritti d'uso dello spettro radio, o comunica i motivi che ne giustificano il diniego, se sono mantenute le condizioni originarie associate ai predetti diritti, e, fatta salva la predetta verifica:

a) sottopone i trasferimenti e gli affitti alla procedura meno onerosa possibile;

b) non rifiuta l'affitto di diritti d'uso dello spettro radio quando il locatore si impegna a rimanere responsabile per il rispetto delle condizioni originarie associate ai diritti d'uso;

c) non rifiuta il trasferimento di diritti d'uso dello spettro radio, salvo se vi è il rischio evidente che il nuovo titolare non sia in grado di soddisfare le condizioni originarie associate ai diritti d'uso.

4. Il Ministero, può apporre all'autorizzazione, se necessario, le specifiche condizioni proposte dall'Autorità. In caso di spettro radio armonizzato, i trasferimenti rispettano tale uso armonizzato. I diritti amministrativi imposti alle imprese in relazione al trattamento di una domanda di trasferimento o di affitto di diritti d'uso dello spettro radio devono essere conformi all'articolo 16.

Le lettere *a*), *b*) e *c*) del comma 3 lasciano impregiudicata la competenza del Ministero di garantire l'osservanza delle condizioni associate ai diritti d'uso dello spettro radio in qualsiasi momento, riguardo sia al locatore sia al locatario.

5. L'Autorità e il Ministero agevolano il trasferimento o l'affitto di diritti d'uso dello spettro radio prendendo in considerazione tempestivamente le eventuali richieste di adattare le condizioni associate ai diritti e assicurando che tali diritti o il relativo spettro radio possano essere suddivisi o disaggregati nel miglior grado possibile.

6. In vista del trasferimento o affitto di diritti d'uso dello spettro radio, il Ministero rende pubblico, in un formato elettronico standardizzato, i dettagli pertinenti relativi ai diritti individuali trasferibili al momento della creazione dei diritti e conserva tali informazioni fintantoché i diritti esistono.

7. Nel caso di affitto di frequenze ai sensi di una disciplina prevista nel regolamento di gara che ha condotto all'assegnazione dei diritti d'uso delle relative frequenze, e che riguarda un bacino territoriale non superiore a una regione italiana, il Ministero, d'intesa con l'Autorità, può stabilire una procedura semplificata.

8. Il Ministero per i diritti d'uso assegnati tramite una disciplina di gara, può disporre che il trasferimento o l'affitto di rami d'azienda o il trasferimento del controllo della società che detiene i diritti d'uso, valutato ai sensi degli articoli 51 e 52 delle disposizioni di attuazione della direttiva (UE) 2018/1808 del Parlamento Europeo e del Consiglio del 14 novembre 2018, salvi i casi delle società quotate in borsa soggetti alla relativa disciplina, siano considerati equivalenti al trasferimento o affitto dei diritti d'uso. In tali casi, il legale rappresentante della società che acquisisce il ramo d'azienda o il controllo sulla società che detiene i diritti, è tenuto a notificare al Ministero la nuova catena di controllo della società acquirente. Ove esso dichiari che il soggetto o i soggetti che congiuntamente detengono il controllo della società acquirente, o la società acquirente, non detengono, direttamente o indirettamente, altri diritti d'uso di frequenze per servizi di comunicazioni elettroniche in Italia, non è richiesto il parere dell'Autorità di cui al comma 3.

9. Salva la disciplina dei diritti d'uso stabilita nei regolamenti di gara che hanno condotto al rilascio degli stessi, sono assimilati all'affitto dei diritti d'uso di frequenze, e soggetti alla procedura di cui al presente articolo, gli accordi di condivisione di frequenze ove almeno un soggetto parte dell'accordo può utilizzare in maniera attiva frequenze rientranti nei diritti d'uso per servizi di comunicazione elettronica di un altro soggetto per la propria offerta commerciale.

(1) *Articolo sostituito dall'art. 1, comma 1, d.lgs. 8 novembre 2021, n. 207.*

65 (1) Concorrenza (ex art. 52 eecc).

1. Il Ministero e l'Autorità, nell'ambito delle rispettive competenze, promuovono una concorrenza effettiva ed evitano le distorsioni della concorrenza sul mercato interno al momento di decidere il rilascio, la modifica o il rinnovo dei diritti d'uso dello spettro radio per le reti e i servizi di comunicazione elettronica, conformemente al presente Codice.

2. Il Ministero e l'Autorità, nell'ambito delle rispettive competenze, allorché modificano o rinnovano diritti d'uso dello spettro radio, possono adottare misure appropriate quali:

a) limitare la quantità delle bande di spettro radio per cui concedono diritti d'uso a un'impresa, oppure, in casi giustificati, subordinare detti diritti d'uso a condizioni quali l'offerta di accesso all'ingrosso, di roaming nazionale o regionale, in talune bande o in taluni gruppi di bande aventi caratteristiche simili;

b) riservare, se appropriato e giustificato in considerazione di una situazione specifica sul mercato nazionale, una determinata parte di una banda di spettro radio o di un gruppo di bande per l'assegnazione a nuovi entranti;

c) rifiutare di concedere nuovi diritti d'uso dello spettro radio o di autorizzare nuovi usi dello spettro radio per talune bande o imporre determinate condizioni alla concessione di nuovi diritti d'uso dello spettro radio o all'autorizzazione di nuovi usi dello spettro radio per evitare distorsioni della concorrenza dovute ad assegnazioni, trasferimenti o accumuli dei diritti d'uso;

d) includere condizioni che vietino o imporre condizioni ai trasferimenti di diritti d'uso dello spettro radio, che non siano assoggettati al controllo delle operazioni di concentrazione dell'Unione o nazionali, quando tali trasferimenti possono pregiudicare in modo significativo la concorrenza;

e) modificare i diritti esistenti conformemente al presente decreto quando ciò si renda necessario per porre rimedio ex post a una distorsione della concorrenza dovuta a trasferimenti o accumuli di diritti d'uso dello spettro radio.

3. L'Autorità, tenendo conto delle condizioni di mercato e dei parametri di riferimento disponibili, fonda la propria decisione su una valutazione oggettiva e prospettica delle condizioni della concorrenza nel mercato, della necessità di tali misure per mantenere o conseguire una concorrenza effettiva e dei probabili effetti di tali misure sugli investimenti attuali e futuri da parte dei partecipanti al mercato, in particolare per il dispiegamento della rete. Nel far ciò, l'Autorità tiene conto dell'approccio all'analisi di mercato di cui all'articolo 78 comma 2.

4. Nell'applicare il comma 2 del presente articolo, l'Autorità agisce in conformità delle procedure di cui agli articoli 18, 19, 23 e 35.

(1) *Articolo sostituito dall'art. 1, comma 1, d.lgs. 8 novembre 2021, n. 207.*

SEZIONE III
Procedure (1)

(1) *Sezione inserita dall'art.1, comma 1, d.lgs. 8 novembre 2021, n. 207, corretto con Avviso di Rettifica 9 febbraio 2022 (G.U. 9 febbraio 2022, n. 33).*

66 (1) Tempistica coordinata delle assegnazioni (ex art. 53 eecc).

1. Il Ministero e l'Autorità, nell'ambito delle rispettive competenze, cooperano con le competenti autorità degli altri Stati membri al fine di coordinare l'uso dello spettro radio armonizzato per le reti e i servizi di comunicazione elettronica nell'Unione tenendo debito conto delle diverse situazioni del mercato a livello nazionale. Ciò può comportare l'individuazione di una o, se del caso, più date comuni entro le quali autorizzare l'uso di uno specifico spettro radio armonizzato.

2. Ove siano state stabilite condizioni armonizzate mediante misure tecniche di attuazione adottate in conformità della decisione n. 676/2002/CE al fine di consentire l'uso dello spettro radio per le reti e i servizi a banda larga senza fili, il Ministero, sentita l'Autorità per i profili di competenza, consente l'uso di tale spettro radio il prima possibile, al più tardi trenta mesi dopo l'adozione di tale misura, o appena possibile dopo la revoca dell'eventuale decisione di consentire l'uso alternativo in via eccezionale a norma dell'articolo 58, comma 3, del presente decreto. Ciò non pregiudica la decisione (UE) 2017/899 e il diritto di iniziativa della Commissione europea di proporre atti legislativi.

3. Il Ministero, sentita l'Autorità per i profili di competenza, può ritardare la scadenza di cui al comma 2 per una banda specifica nelle seguenti circostanze:

a) nella misura in cui ciò sia giustificato da una restrizione all'uso di detta banda sulla base dell'obiettivo di interesse generale di cui all'articolo 58, comma 5 lettera *a*) oppure *d*);

b) in caso di questioni irrisolte di coordinamento transfrontaliero che comportino interferenze dannose con paesi terzi, a condizione che lo Stato membro colpito abbia richiesto, se del caso, l'assistenza dell'Unione a norma dell'articolo 28 paragrafo 5 della direttiva (UE) 2018/1972;

c) tutela della sicurezza nazionale e della difesa;

d) forza maggiore.

4. Il Ministero riesamina il ritardo di cui al comma 3 almeno ogni due anni.

5. Il Ministero, sentita l'Autorità per i profili di competenza, può ritardare la scadenza di cui al comma 2 per una banda specifica nella misura in cui ciò sia necessario e fino a un massimo di trenta mesi in caso di:

a) questioni irrisolte di coordinamento transfrontaliero che comportino interferenze dannose tra gli Stati membri, a condizione che lo Stato membro colpito adotti tempestivamente tutte le misure necessarie a norma dell'articolo 29, commi 3 e 4;

b) la necessità e la complessità di assicurare la migrazione tecnica degli utenti esistenti di tale banda.

6. In caso di ritardo ai sensi del comma 3 o 5, il Ministero informa tempestivamente gli altri Stati membri e la Commissione, indicando le ragioni.

(1) *Articolo così sostituito dall'art. 1, comma 1 d.lgs. 8 novembre 2021, n. 207.*

67 (1) Procedura per limitare il numero dei diritti d'uso da concedere per lo spettro radio (ex art. 55 eecc- art. 29 Codice 2003).

1. Fatto salvo quanto previsto dall'articolo 66, per le bande di frequenza per le quali il Ministero ha determinato che i relativi diritti d'uso non possono essere soggetti ad autorizzazione generale, l'Autorità, nel valutare se limitare il numero dei diritti d'uso da concedere, tra l'altro:

a) motiva chiaramente le ragioni alla base della limitazione dei diritti d'uso, in particolare ponderando adeguatamente l'esigenza di massimizzare i benefici per gli utenti e di favorire lo sviluppo della concorrenza e, se del caso, riesamina la limitazione periodicamente o a ragionevole richiesta delle imprese interessate;

b) concede a tutte le parti interessate, compresi gli utenti e i consumatori, l'opportunità di esprimere le loro posizioni sulle eventuali limitazioni, mediante una consultazione pubblica conformemente all'articolo 23.

2. Quando l'Autorità determina che il numero di diritti d'uso debba essere limitato, stabilisce e motiva chiaramente gli obiettivi perseguiti mediante una procedura di selezione competitiva o comparativa ai sensi del presente articolo e, ove possibile, li quantifica, ponderando adeguatamente la necessità di raggiungere obiettivi nazionali del mercato interno.

3. In previsione di una procedura di selezione specifica, l'Autorità può fissare, in aggiunta all'obiettivo di promuovere la concorrenza, uno o più dei seguenti obiettivi:

a) promuovere la copertura;

b) assicurare la necessaria qualità del servizio;

c) promuovere l'uso efficiente dello spettro radio, anche tenendo conto delle condizioni associate ai diritti d'uso e del livello dei contributi;

d) promuovere l'innovazione e lo sviluppo dell'attività delle imprese.

4. L'Autorità definisce e motiva chiaramente la scelta della procedura di selezione, compresa l'eventuale fase preliminare di accesso alla procedura stessa. L'Autorità indica, inoltre, chiaramente i risultati della relativa valutazione della situazione concorrenziale, tecnica ed economica del mercato e motiva l'eventuale uso e scelta delle misure a norma dell'articolo 35.

5. Il Ministero e l'Autorità, nell'esercizio delle rispettive competenze, pubblicano qualsiasi decisione relativa alla procedura di selezione scelta e alle regole connesse, indicandone chiaramente le ragioni. Sono, altresì, pubblicate le condizioni che saranno associate ai diritti d'uso.

6. Il Ministero, competente per la realizzazione della procedura di selezione, invita a presentare domanda per i diritti d'uso, dopo la decisione sulla procedura di selezione da seguire.

7. Qualora l'Autorità decida che è possibile rilasciare ulteriori diritti d'uso dello spettro radio o una combinazione di autorizzazione generale e diritti d'uso individuali rende nota la decisione e il Ministero dà inizio al procedimento di concessione di tali diritti.

8. Qualora sia necessario limitare l'assegnazione di diritti d'uso dello spettro radio, il Ministero effettua il rilascio di tali diritti in base a procedure stabilite dall'Autorità, sulla base di criteri di selezione obiettivi, trasparenti, proporzionati e non discriminatori, che devono tenere in adeguata considerazione gli obiettivi e le prescrizioni di cui agli articoli 3, 4, 29 e 58.

9. Qualora sia necessario ricorrere a procedure di selezione competitive o comparative, il Ministero, su richiesta dell'Autorità, può prorogare il periodo massimo di sei settimane di cui all'articolo 61, comma 6, nella misura necessaria per garantire che tali procedure siano eque, ragionevoli, aperte e trasparenti per tutti i soggetti interessati, senza però superare il termine di otto mesi, fatta salva un'eventuale tempistica specifica stabilita a norma dell'articolo 66. I termini suddetti non pregiudicano l'eventuale applicabilità di accordi internazionali in materia di uso dello spettro radio e di coordinamento dei satelliti.

10. Il presente articolo non pregiudica il trasferimento dei diritti d'uso dello spettro radio in conformità dell'articolo 64.

(1) *Articolo così sostituito dall'art. 1, comma 1, d.lgs. 8 novembre 2021, n. 207.*

TITOLO II

Accesso (1)

(1) *Titolo, comprendente i Capi I-V, così sostituito dall'art. 1, comma 1 d.lgs. 8 novembre 2021, n. 207.*

CAPO I

Disposizioni generali, principi di accesso

70 (1) Quadro di riferimento generale per l'accesso e l'interconnessione (ex art. 59 eecc - art. 40 Codice 2003).

1. Gli operatori possono negoziare tra loro accordi sulle disposizioni tecniche e commerciali relative all'accesso e all'interconnessione. L'operatore costituito in un altro Stato membro che richiede l'accesso o l'interconnessione nel territorio nazionale non necessita di un'autorizzazione ad operare in Italia, qualora non vi fornisca servizi o non vi gestisca una rete. L'Autorità anche mediante l'adozione di specifici provvedimenti garantisce che non vi siano restrizioni che impediscano alle imprese accordi di interconnessione e di accesso. Il Ministero e l'Autorità, per quanto di rispettiva competenza, provvedono affinché non vi siano restrizioni che impediscano alle imprese di un medesimo Stato membro o di differenti Stati membri di negoziare tra loro, nel rispetto del diritto dell'Unione, accordi sulle disposizioni tecniche e commerciali relative all'accesso o all'interconnessione.

2. Fatto salvo l'articolo 98-vicies sexies, sono revocati i provvedimenti giuridici o amministrativi che richiedono alle imprese di concedere analoghi servizi d'accesso e di interconnessione a termini e condizioni differenti in funzione delle differenti imprese per servizi equivalenti o i provvedimenti che impongono obblighi che non dipendono dai servizi di accesso e di interconnessione effettivamente prestati, fatte salve le condizioni indicate all'allegato I.

(1) *Articolo così sostituito dall'art. 1, comma 1 d.lgs. 8 novembre 2021, n. 207.*

71 (1) Diritti ed obblighi degli operatori (ex art. 60 eecc - art. 41 Codice 2003).

1. Gli operatori di reti pubbliche di comunicazione elettronica hanno il diritto e, se richiesto da altre imprese titolari di un'autorizzazione ai sensi dell'articolo 15, l'obbligo di negoziare tra loro l'interconnessione ai fini della fornitura di servizi di comunicazione elettronica accessibili al pubblico, allo scopo di garantire la fornitura e l'interoperabilità dei servizi in tutta l'Unione. Gli operatori offrono l'accesso e l'interconnessione ad altre imprese nei termini e alle condizioni conformi agli obblighi imposti dall'Autorità ai sensi degli articoli 72, 73 e 79.

2. Fatto salvo l'articolo 21, le imprese che ottengono informazioni da un'altra impresa prima, durante o dopo il negoziato sugli accordi in materia di accesso o di interconnessione utilizzano tali informazioni esclusivamente per i fini per i quali sono state fornite e osservano in qualsiasi circostanza gli obblighi di riservatezza delle informazioni trasmesse o memorizzate. Tali imprese non comunicano le informazioni ricevute ad altre parti, in particolare ad altri servizi, società consociate o partner commerciali, per i quali esse potrebbero rappresentare un vantaggio concorrenziale.

3. I negoziati possono essere condotti mediante intermediari neutri laddove le condizioni di concorrenza lo richiedano.

(1) *Articolo così sostituito dall'art. 1, comma 1 d.lgs. 8 novembre 2021, n. 207.*

CAPO II
Accesso e interconnessione

72 (1) **Poteri e competenze dell'Autorità per le garanzie nelle comunicazioni in materia di accesso e di interconnessione (ex art. 61 eecc - art. 42 Codice 2003).**

1. Nel perseguire gli obiettivi stabiliti dall'articolo 4, l'Autorità per le garanzie nelle comunicazioni incoraggia e, se del caso, garantisce, in conformità con il presente decreto, un adeguato accesso, un'adeguata interconnessione e l'interoperabilità dei servizi, esercitando le proprie competenze in modo tale da promuovere l'efficienza, una concorrenza sostenibile, lo sviluppo di reti ad altissima capacità, investimenti efficienti e l'innovazione e recare il massimo vantaggio agli utenti finali.

L'Autorità fornisce orientamenti e rende disponibili al pubblico le procedure per ottenere l'accesso e l'interconnessione, garantendo che piccole e medie imprese e operatori aventi una portata geografica limitata possano trarre beneficio dagli obblighi imposti.

2. In particolare, fatte salve le misure che potrebbero essere adottate nei confronti di imprese designate come detentrici di un significativo potere di mercato ai sensi dell'articolo 79, l'Autorità può imporre:

a) nella misura necessaria a garantire la connettività da punto a punto, obblighi alle imprese soggette all'autorizzazione generale che controllano l'accesso agli utenti finali, compreso, in casi giustificati, l'obbligo di interconnessione delle rispettive reti qualora non sia già previsto;

b) in casi giustificati e nella misura necessaria, obblighi per le imprese soggette all'autorizzazione generale che controllano l'accesso agli utenti finali, onde rendere interoperabili i propri servizi;

c) in casi giustificati, se la connettività da punto a punto tra gli utenti finali è compromessa a causa della mancanza di interoperabilità tra i servizi di comunicazione interpersonale e nella misura necessaria a garantire la connettività da punto a punto tra utenti finali, obblighi per i fornitori di servizi di comunicazione interpersonale indipendenti dalla numerazione che abbiano un significativo livello di copertura e di diffusione tra gli utenti, onde rendere interoperabili i propri servizi;

d) nella misura necessaria a garantire l'accessibilità per gli utenti finali ai servizi di diffusione radiotelevisiva in digitale e servizi complementari correlati specificati dall'Autorità, l'obbligo agli operatori di garantire l'accesso alle altre risorse di cui all'allegato n. 2, parte 2, a condizioni eque, ragionevoli e non discriminatorie.

3. Gli obblighi di cui al comma 2, lettera *c*), sono imposti soltanto:

a) nella misura necessaria a garantire l'interoperabilità dei servizi di comunicazione interpersonale e possono comprendere obblighi proporzionati per i fornitori di tali servizi di pubblicare e autorizzare l'uso, la modifica e la ridistribuzione delle informazioni pertinenti da parte delle autorità e di altri fornitori o di impiegare o attuare le norme o specifiche di cui all'articolo 39 comma 1, o di altre pertinenti norme europee o internazionali;

b) qualora la Commissione europea, dopo aver consultato il BEREC e aver preso nella massima considerazione il suo parere, abbia riscontrato la presenza di una notevole minaccia alla connettività da punto a punto tra utenti finali in tutta l'Unione o in almeno tre Stati membri e abbia adottato misure di attuazione che specificano le caratteristiche e la portata degli obblighi che possono essere imposti. Tali misure di attuazione sono adottate secondo la procedura d'esame di cui all'articolo 118, paragrafo 4, della direttiva (UE) 2018/1972.

4. In particolare, fatti salvi i commi 1 e 2, l'Autorità può imporre, in base a una richiesta ragionevole, gli obblighi di concedere l'accesso al cablaggio e alle risorse correlate all'interno degli edifici o fino al primo punto di concentrazione o di distribuzione determinato dall'Autorità qualora tale punto sia situato al di fuori dell'edificio. Ove giustificato dal fatto che la duplicazione di tali elementi di rete sarebbe economicamente inefficiente o fisicamente impraticabile, tali obblighi possono essere imposti ai fornitori di reti di comunicazione elettronica o ai proprietari del cablaggio e delle risorse correlate se non sono fornitori di reti di comunicazione elettronica. Le condizioni di accesso imposte possono comprendere norme specifiche sull'accesso a tali elementi di rete e alle risorse e ai servizi correlati, su trasparenza e non discriminazione e sulla ripartizione dei costi di accesso, se del caso adattate per tener conto dei fattori di rischio. Qualora l'Autorità concluda relativamente, se applicabile, agli obblighi risultanti da eventuali pertinenti analisi di mercato, che l'obbligo imposto in conformità del comma 2 non è sufficiente a sormontare forti ostacoli fisici o economici non transitori alla duplicazione in base ad una situazione del mercato, esistente o emergente, che limita significativamente i risultati concorrenziali per gli utenti finali, può estendere, a condizioni eque e ragionevoli, l'imposizione di siffatti obblighi di accesso oltre il primo punto di concentrazione o di distribuzione fino a un punto che determina essere il più vicino agli utenti finali, in grado di ospitare un numero di connessioni degli utenti finali sufficiente per essere sostenibile sul piano commerciale per chi richiede accesso efficiente. Nel determinare la portata dell'estensione oltre il primo punto di concentrazione o di distribuzione, l'Autorità tiene nella massima considerazione le pertinenti linee guida del BEREC. L'Autorità può imporre obblighi di accesso attivo o virtuale, se giustificati da motivazioni tecniche o economiche. L'Autorità non impone a fornitori di reti di comunicazione elettronica obblighi a norma del comma 2 qualora stabilisca che:

a) il fornitore possiede le caratteristiche elencate dall'articolo 91 comma 1, e mette a disposizione di qualsiasi impresa, a condizioni eque, non discriminatorie e ragionevoli, un mezzo alternativo, analogo ed economicamente sostenibile per raggiungere gli utenti finali fornendo accesso a una rete ad altissima capacità; l'Autorità può estendere tale esenzione ad altri fornitori che offrono, a condizioni eque, non discriminatorie e ragionevoli, l'accesso a una rete ad altissima capacità;

b) l'imposizione di obblighi comprometterebbe la sostenibilità economica o finanziaria dell'installazione di una nuova rete, in particolare nell'ambito di progetti locali di dimensioni ridotte.

5. In deroga al comma 4, lettera *a*), l'Autorità può imporre obblighi ai fornitori di reti di comunicazione elettronica che soddisfano i criteri di cui a tale lettera se la rete interessata è finanziata con fondi pubblici.

6. Fatti salvi i commi 1 e 2, l'Autorità ha la facoltà di imporre, alle imprese che forniscono o sono autorizzate a fornire reti di comunicazione elettronica, obblighi in relazione alla condivisione delle infrastrutture passive o l'obbligo di concludere accordi di accesso in roaming localizzato, in entrambi i casi se direttamente necessari per la fornitura locale di servizi che comportano l'uso dello spettro radio, in conformità del diritto dell'Unione e purché non sia messo a disposizione delle imprese un mezzo alternativo di accesso agli utenti finali analogo e economicamente sostenibile, a condizioni eque e ragionevoli. L'Autorità può imporre tali obblighi solo ove tale possibilità sia stata chiaramente prevista in sede di assegnazione dei diritti d'uso dello spettro radio e se ciò è giustificato dal fatto che, nel settore soggetto a tali obblighi, la realizzazione basata sulle dinamiche del mercato delle infrastrutture per la fornitura di reti o servizi che comportano l'uso dello spettro radio incontra ostacoli economici o fisici insormontabili e pertanto l'accesso alle reti o ai servizi da parte degli utenti finali è gravemente carente o assente. Nei casi in cui l'accesso e la condivisione delle infrastrutture passive da soli non sono sufficienti ad affrontare la situazione, l'Autorità può imporre obblighi sulla condivisione delle infrastrutture attive. L'Autorità tiene conto dei seguenti fattori:

a) la necessità di massimizzare la connettività in tutta l'Unione, lungo le principali vie di trasporto e in particolare negli ambiti territoriali, e la possibilità di migliorare notevolmente la scelta e la qualità del servizio per gli utenti finali;

b) l'uso efficiente dello spettro radio;

c) la fattibilità tecnica della condivisione e le relative condizioni;

d) lo stato della concorrenza basata sulle infrastrutture e sui servizi;

e) l'innovazione tecnologica;

f) l'esigenza superiore di sostenere l'incentivo dell'operatore ospitante a dispiegare prima di tutto l'infrastruttura.

7. Nel quadro della risoluzione delle controversie, l'Autorità può tra l'altro imporre al beneficiario dell'obbligo di condivisione o di accesso l'obbligo di condividere lo spettro radio con l'operatore ospitante dell'infrastruttura nell'ambito territoriale interessato.

8. Gli obblighi e le condizioni imposti ai sensi dei commi da 1 a 6 devono essere obiettivi, trasparenti, proporzionati e non discriminatori e sono attuati secondo le procedure di cui agli articoli 23, 33 e 34. L'Autorità che ha imposto detti obblighi e condizioni ne valuta i risultati entro cinque anni dall'adozione della precedente misura adottata in relazione alle stesse imprese e valutano se sia opportuno revocarli o modificarli in funzione dell'evolvere della situazione. L'Autorità comunica l'esito della loro valutazione secondo le procedure di cui agli articoli 23, 33 e 34.

9. Ai fini dei commi 1 e 2, l'Autorità è autorizzata a intervenire di propria iniziativa ove giustificato per garantire il conseguimento degli obiettivi politici previsti dall'articolo 4, ai sensi del presente decreto e, in particolare, secondo le procedure di cui agli articoli 23 e 33.

10. L'Autorità tiene nella massima considerazione le linee guida del BEREC sulla definizione dell'ubicazione dei punti terminali di rete di cui all'articolo 73.

(1) *Articolo così sostituito dall'art. 1, comma 1 d.lgs. 8 novembre 2021, n. 207.*

73-73-*bis* (*Omissis*).

CAPO III
Analisi di mercato e significativo potere di mercato (1)

(1) *Capo sostituito dall'art. 1, comma 1, d.lgs. 8 novembre 2021, n. 207.*

74 (1) **Imprese che dispongono di un significativo potere di mercato (ex art. 63 eecc- art. 17 Codice 2003).**

1. L'Autorità nell'accertare, secondo la procedura di cui all'articolo 78, quali imprese dispongono di un significativo potere di mercato, applica le disposizioni di cui al comma 2.

2. Si presume che un'impresa disponga di un significativo potere di mercato se, individualmente o congiuntamente con altri, gode di una posizione equivalente a una posizione dominante, ossia una posizione di forza economica tale da consentirle di comportarsi in misura notevole in modo indipendente dai concorrenti, dai clienti e, in definitiva, dai consumatori.

3. L'Autorità, nel valutare se due o più imprese godono congiuntamente di una posizione dominante sul mercato, procede nel rispetto del diritto dell'Unione europea e tiene in massima considerazione le linee guida della Commissione europea per l'analisi del mercato e la valutazione del significativo potere di mercato, pubblicate ai sensi dell'articolo 64 della direttiva (UE) 2018/1972, di seguito denominate "linee guida SPM".

4. Se un'impresa dispone di un significativo potere in un mercato specifico, si presume che essa abbia un significativo potere in un mercato diverso e strettamente connesso, qualora le connessioni tra i due mercati consentano di far valere sul mercato strettamente connesso il potere detenuto nel mercato specifico, rafforzando in tal modo il potere di mercato complessivo dell'impresa. Pertanto, a norma degli articoli 80, 81, 82 e 85, possono essere applicate misure correttive volte a prevenire tale influenza sul mercato strettamente connesso.

(1) *Articolo sostituito dall'art. 1, comma 1, d.lgs. 8 novembre 2021, n. 207.*

75 (1) Procedura per l'individuazione e la definizione dei mercati (ex art. 64 eecc - art. 18 Codice 2003).

1. L'Autorità, tenendo nella massima considerazione la raccomandazione relativa ai mercati rilevanti di prodotti e servizi del settore delle comunicazioni elettroniche, e le linee guida SPM, definisce i mercati rilevanti corrispondenti alla situazione nazionale, in particolare i mercati geografici rilevanti nel territorio nazionale, tenendo conto, tra l'altro, del grado di concorrenza a livello delle infrastrutture in tali aree, conformemente ai principi del diritto della concorrenza.

L'Autorità, se del caso, tiene altresì conto dei risultati della mappatura geografica svolta in conformità dell'articolo 22, comma 1.Prima di definire i mercati diversi da quelli individuati nella raccomandazione, applica la procedura di cui agli articoli 23 e 33.

(1) *Articolo così sostituito dall'art. 1, comma 1, d.lgs. 8 novembre 2021, n. 207.*

76 (1) Procedura per l'individuazione dei mercati transnazionali (ex art. 65 eecc, art. 19, comma 7 cod 2003).

1. L'Autorità può presentare, unitamente ad almeno un'altra autorità nazionale di regolamentazione, appartenente ad altro Stato membro, una richiesta motivata e circostanziata al BEREC di svolgere un'analisi sulla possibile esistenza di un mercato transnazionale.

2. Qualora la Commissione europea abbia adottato decisioni relative alla individuazione di mercati transnazionali, sulla base dell'analisi svolta dal BEREC e a seguito della consultazione delle parti interessate, a norma dell'articolo 65, paragrafo 1, della direttiva (UE) 2018/1972, l'Autorità effettua l'analisi di mercato congiuntamente alle autorità di regolamentazione degli altri Stati membri interessate, tenendo in massima considerazione le linee guida SMP, e si pronuncia di concerto con queste in merito all'imposizione, al mantenimento, alla modifica o alla revoca di obblighi di regolamentazione di cui all'articolo 78 comma 4. L'Autorità e le altre autorità nazionali interessate comunicano congiuntamente alla Commissione europea i propri progetti di misure relative all'analisi di mercato e a ogni obbligo regolamentare in conformità degli articoli 33 e 34.

3. Anche in assenza di mercati transnazionali, l'Autorità può comunicare, congiuntamente a una o più autorità nazionali di regolamentazione di altri Stati membri, i propri progetti di misure relative all'analisi di mercato e agli obblighi regolamentari, qualora le condizioni di mercato nelle rispettive sfere di competenza siano ritenute sufficientemente omogenee.

(1) *Articolo così sostituito dall'art. 1, comma 1, d.lgs. 8 novembre 2021, n. 207.*

77 (*omissis*).

78 (1) Procedura per l'analisi del mercato (ex art. 67 eecc - art. 19 Codice 2003).

1. L'Autorità, determina se un mercato rilevante definito in conformità dell'articolo 64, paragrafo 3 della direttiva (UE) 2018/1972, sia tale da giustificare l'imposizione degli obblighi di regolamentazione di cui al presente decreto. Nello svolgere tale analisi l'Autorità tiene nella massima considerazione le linee guida SPM, segue le procedure di cui agli articoli 23 e 33, e acquisisce il parere dell'Autorità garante della concorrenza e del mercato.

2. Un mercato può essere considerato tale da giustificare l'imposizione di obblighi di regolamentazione stabiliti nel presente decreto se sono soddisfatti tutti i criteri seguenti:

a) presenza di forti ostacoli non transitori all'accesso, di carattere strutturale, giuridico o normativo;

b) esistenza di una struttura del mercato che non tende al raggiungimento della concorrenza effettiva entro l'arco di tempo preso in esame, in considerazione della situazione della concorrenza basata sulle infrastrutture e di altro tipo, al di là degli ostacoli all'accesso;

c) insufficienza del solo diritto della concorrenza per far fronte adeguatamente ai fallimenti del mercato individuati.

3. Se svolge un'analisi di un mercato incluso nella raccomandazione, l'Autorità considera soddisfatte le condizioni di cui al secondo comma, lettere *a*), *b*) e *c*), salvo se l'Autorità stessa constata che una o più di esse non è soddisfatta nelle specifiche circostanze nazionali.

4. Quando svolge l'analisi di cui ai commi da1 a 3, l'Autorità esamina gli sviluppi in una prospettiva futura di assenza della regolamentazione imposta a norma del presente articolo nel mercato rilevante e tiene conto di quanto segue:

a) gli sviluppi del mercato che incidono sulla tendenza del mercato rilevante al raggiungimento di una concorrenza effettiva;

b) tutti i pertinenti vincoli concorrenziali, a livello della vendita all'ingrosso e al dettaglio, indipendentemente dal fatto che le cause di tali vincoli siano individuate nelle reti di comunicazione elettronica, nei servizi di comunicazione elettronica o in altri tipi di servizi o applicazioni paragonabili dal punto di vista dell'utente finale, e a prescindere dal fatto che tali restrizioni siano parte del mercato rilevante;

c) altri tipi di regolamentazione o misure imposte che influiscono sul mercato rilevante o su mercati al dettaglio correlati per tutto il periodo in esame, tra cui, a titolo esemplificativo, gli obblighi imposti in conformità degli articoli 50, 71 e 72;

d) regolamentazioni imposte in altri mercati rilevanti sulla base del presente articolo.

5. Se conclude che un mercato rilevante non giustifica l'imposizione di obblighi di regolamentazione in conformità della procedura di cui ai commi da 1 a 4, oppure allorché le condizioni indicate al comma 6 non sono soddisfatte, l'Autorità non impone né mantiene nessun obbligo di regolamentazione specifico in conformità dell'articolo 79. Qualora obblighi di regola-

mentazione settoriali siano già stati imposti in conformità dell'articolo 79, li revoca per le imprese operanti in tale mercato rilevante. L'Autorità provvede che le parti interessate dalla revoca di tali obblighi ricevano un termine di preavviso appropriato, in modo da assicurare l'equilibrio tra la necessità di garantire una transizione sostenibile per i beneficiari degli obblighi e gli utenti finali, la scelta dell'utente finale e il fatto che la regolamentazione non si estenda oltre il necessario. Nel fissare tale termine di preavviso l'Autorità può stabilire condizioni specifiche e periodi di preavviso in relazione agli accordi di accesso esistenti.

6. Qualora accerti che, in un mercato rilevante è giustificata l'imposizione di obblighi di regolamentazione in conformità dei commi 1 a 4, l'Autorità individua le imprese che individualmente o congiuntamente dispongono di un significativo potere di mercato su tale mercato rilevante conformemente all'articolo 74. L'Autorità impone a tali imprese gli appropriati specifici obblighi di regolamentazione in conformità dell'articolo 79 ovvero mantiene in vigore o modifica tali obblighi laddove già esistano se ritiene che la situazione risultante per gli utenti finali non sarebbe effettivamente concorrenziale in loro assenza.

7. Le misure di cui ai commi 5 e 6 sono adottate secondo le procedure di cui agli articoli 23 e 33.

L'Autorità effettua un'analisi del mercato rilevante e notifica il corrispondente progetto di misura a norma dell'articolo 33:

a) entro cinque anni dall'adozione di una precedente misura se l'Autorità ha definito il mercato rilevante e stabilito quali imprese godono di un significativo potere di mercato; in via eccezionale, tale periodo di cinque anni può essere prorogato fino a un massimo di un anno, se l'Autorità ha notificato alla Commissione europea una proposta motivata di proroga non meno di quattro mesi prima del termine del periodo di cinque anni e la Commissione europea non ha formulato obiezioni entro un mese dalla notifica;

b) entro tre anni dall'adozione di una raccomandazione rivista sui mercati rilevanti per i mercati non notificati in precedenza alla Commissione europea;

c) entro tre anni dalla data di adesione all'Unione europea per gli Stati membri di nuova adesione.

8. Qualora l'Autorità ritenga di non poter completare l'analisi di un mercato rilevante individuato nella raccomandazione entro il termine fissato al comma 7, può chiedere al BEREC assistenza per completare l'analisi del mercato specifico e degli obblighi specifici da imporre. Con tale assistenza l'Autorità notifica, entro sei mesi dal termine stabilito al comma 7, il progetto di misura alla Commissione europea a norma dell'articolo 33.

(1) *Articolo così sostituito dall'art. 1, comma 1, d.lgs. 8 novembre 2021, n. 207.*

CAPO IV

Misure correttive di accesso imposte alle imprese detentrici di un significativo potere di mercato (1)

(1) *Capo sostituito dall'art. 1, comma 1, d.lgs. 8 novembre 2021, n. 207.*

79 (1) Imposizione, modifica o revoca degli obblighi (ex art. 68 eecc - art. 45 Codice 2003).

1. Qualora, in esito all'analisi del mercato realizzata a norma dell'articolo 78, un'impresa sia designata come detentrice di un significativo potere di mercato in un mercato specifico, l'Autorità impone, ove ritenuto opportuno, qualsiasi obbligo previsto agli articoli da 80 a 85 e gli articoli 87 e 91. Conformemente al principio di proporzionalità, l'Autorità sceglie il modo meno intrusivo di affrontare i problemi individuati nell'analisi del mercato.

2. L'Autorità impone gli obblighi di cui agli articoli da 80 a 85 e gli articoli 87 e 91 solo alle imprese che sono state designate come detentrici di un significativo potere di mercato in conformità del comma 1 del presente articolo, fatti salvi:

a) gli articoli 72 e 73;

b) gli articoli 50 e 17, la condizione 7 di cui alla parte D dell'allegato I quale applicata ai sensi dell'articolo 13, comma 1, gli articoli 98-decies e 98-octies decies e le disposizioni pertinenti della direttiva 2002/58/CE che contemplano obblighi per le imprese diverse da quelle che sono state designate come detentrici di un significativo potere di mercato;

c) l'esigenza di ottemperare a impegni internazionali.

3. In circostanze eccezionali l'Autorità, quando intende imporre alle imprese designate come detentrici di un significativo potere di mercato obblighi in materia di accesso o di interconnessione diversi da quelli di cui agli 80 a 85 e gli articoli 87 e 91, ne fa richiesta alla Commissione europea, la quale adotta, secondo la procedura consultiva di cui all'articolo 118, paragrafo 3, della direttiva (UE) 2018/1972 una decisione che autorizza o vieta l'adozione di tali misure.

4. Gli obblighi imposti ai sensi del presente articolo:

a) dipendono dal tipo di problema evidenziato dalla Autorità nella sua analisi del mercato, ove appropriato tenendo conto dell'individuazione della domanda transnazionale in conformità dell'articolo 77;

b) sono proporzionati, in considerazione, ove possibile, dei costi e dei benefici;

c) sono giustificati alla luce degli obiettivi di cui all'articolo 4;

d) sono imposti previa consultazione ai sensi degli articoli 23 e 33.

5. In relazione all'esigenza di ottemperare a impegni internazionali di cui al comma 4, l'Autorità notifica alla Commissione europea le proprie decisioni di imporre, modificare o revocare gli obblighi nei confronti delle imprese, conformemente alle procedure stabilite dall'articolo 33.

6. L'Autorità prende in considerazione l'impatto dei nuovi sviluppi del mercato, ad esempio in relazione agli accordi commerciali, compresi gli accordi di coinvestimento, che influenzano le dinamiche della concorrenza. Se tali sviluppi non sono sufficientemente importanti da richiedere una nuova analisi di mercato ai sensi dell'articolo 78, l'Autorità valuta senza indugio se sia necessario riesaminare gli obblighi imposti alle imprese designate come detentrici di un significativo potere di mercato e modifica eventuali decisioni pre-

cedenti, anche revocando obblighi o imponendone di nuovi, al fine di garantire che detti obblighi continuino a soddisfare le condizioni indicate al comma 4. Tali modifiche sono imposte solo previa consultazione ai sensi degli articoli 23 e 33.

(1) *Articolo così sostituito dall'articolo 1, comma 1, d.lgs. 8 novembre 2021, n. 207.*

80 (1) Obbligo di trasparenza (Ex art. 69 eecc - art. 46 Codice 2003).

1. L'Autorità può imporre, ai sensi dell'articolo 79, obblighi di trasparenza in relazione all'interconnessione o all'accesso, prescrivendo alle imprese di rendere pubbliche determinate informazioni, quali informazioni di carattere contabile, prezzi, specifiche tecniche, caratteristiche della rete e relativi sviluppi previsti, nonché termini e condizioni per la fornitura e per l'uso, comprese eventuali condizioni conformi al diritto europeo che modifichino l'accesso a ovvero l'uso di servizi e applicazioni, in particolare per quanto concerne la migrazione dalle infrastrutture preesistenti.

2. Quando un'impresa è assoggettata a obblighi di non discriminazione, l'Autorità può esigere che tale impresa pubblichi un'offerta di riferimento sufficientemente disaggregata per garantire che le imprese non debbano pagare per risorse non necessarie ai fini del servizio richiesto. Tale offerta di riferimento contiene una descrizione delle offerte suddivisa per componenti in funzione delle esigenze del mercato, corredata di relativi termini, condizioni e prezzi. L'Autorità, con provvedimento motivato, può imporre modifiche alle offerte di riferimento in attuazione degli obblighi previsti dal presente Capo.

3. L'Autorità può precisare quali informazioni pubblicare, il grado di dettaglio richiesto e le modalità di pubblicazione delle medesime.

4. Fermo restando quanto disposto dal comma 3, se un'impresa è soggetta agli obblighi di cui all'articolo 83 e 84 relativi all'accesso all'ingrosso all'infrastruttura della rete, l'Autorità assicura la pubblicazione di un'offerta di riferimento tenendo nella massima considerazione le linee guida del BEREC sui criteri minimi per un'offerta di riferimento di cui all'articolo 69 della direttiva (UE) 2018/1972, assicura, se pertinente, che siano specificati gli indicatori chiave di prestazione nonché i corrispondenti livelli dei servizi e monitorano accuratamente e ne garantiscono la conformità con essi.

(1) *Articolo così sostituito dall'articolo 1, comma 1, d.lgs. 8 novembre 2021, n. 207.*

81 (1) Obblighi di non discriminazione (ex art. 70 eecc - art. 47 Codice 2003).

1. Ai sensi dell'articolo 79, l'Autorità può imporre obblighi di non discriminazione in relazione all'interconnessione o all'accesso.

2. Gli obblighi di non discriminazione garantiscono, in particolare, che l'impresa applichi condizioni equivalenti in circostanze equivalenti nei confronti di altri fornitori di servizi equivalenti, e inoltre che essa fornisca a terzi servizi e informazioni garantendo condizioni e un livello di qualità identici a quelli che assicura per i propri servizi o per i servizi delle proprie società consociate o dei propri partner commerciali. L'Autorità può imporle l'obbligo di fornire prodotti e servizi di accesso a tutte le imprese, compresa la propria, negli stessi tempi, termini e condizioni, incluse quelle relative ai livelli di prezzi e servizi, e attraverso gli stessi sistemi e processi, al fine di garantire l'equivalenza dell'accesso.

(1) *Articolo così sostituito dall'articolo 1, comma 1, d.lgs. 8 novembre 2021, n. 207.*

82 Obbligo di separazione contabile (ex art. 71 eecc - art. 48 Codice 2003).

1. Ai sensi dell'articolo 79, l'Autorità può imporre obblighi di separazione contabile in relazione a particolari attività nell'ambito dell'interconnessione o dell'accesso., l'Autorità può obbligare un'impresa verticalmente integrata a rendere trasparenti i propri prezzi all'ingrosso e i prezzi di trasferimento interno, segnatamente per garantire l'osservanza di un obbligo di non discriminazione ai sensi dell'articolo 81 o, se del caso, per evitare sussidi incrociati abusivi. L'Autorità può specificare il formato e la metodologia contabile da usare.

2. Fatto salvo quanto disposto dall'articolo 20, per agevolare la verifica dell'osservanza degli obblighi di trasparenza e di non discriminazione, l'Autorità può richiedere che siano prodotte le scritture contabili, compresi i dati relativi alle entrate provenienti da terzi. L'Autorità può pubblicare informazioni che contribuiscano a un mercato aperto e concorrenziale, in conformità del diritto dell'Unione e nazionale sulla riservatezza commerciale.

(1) *Articolo così sostituito dall'articolo 1, comma 1, d.lgs. 8 novembre 2021, n. 207.*

83 (1) Accesso alle infrastrutture di ingegneria civile (ex art. 72 eecc).

1. L'Autorità può imporre alle imprese, conformemente all'articolo 79, l'obbligo di soddisfare le richieste ragionevoli di accesso e di uso di infrastrutture di ingegneria civile, compresi, ma non limitatamente a questi, edifici o accessi a edifici, cablaggio degli edifici, inclusi cavi, antenne, torri e altre strutture di supporto, pali, piloni, cavidotti, tubature, camere di ispezione, pozzetti e armadi di distribuzione, nei casi in cui, considerata l'analisi di mercato, l'Autorità concluda che il rifiuto di concedere l'accesso o l'imposizione di termini e condizioni non ragionevoli d'accesso o di condizioni di effetto equivalente ostacolerebbe l'emergere di una concorrenza sostenibile sul mercato e non sarebbe nell'interesse dell'utente finale.

2. L'Autorità può imporre a un'impresa l'obbligo di fornire l'accesso conformemente al presente articolo, indipendentemente dal fatto che le attività interessate dall'obbligo facciano parte del mercato rilevante conformemente all'analisi di mercato, a condizione che l'obbligo sia necessario e proporzionato a realizzare gli obiettivi di cui all'articolo 4.

(1) *Articolo così sostituito dall'articolo 1, comma 1, d.lgs. 8 novembre 2021, n. 207.*

84 (1) Obblighi in materia di accesso e di uso di determinati elementi di rete e risorse correlate (ex art. 73 eecc - art. 49 Codice 2003).

1. In conformità dell'articolo 79, l'Autorità può imporre alle imprese l'obbligo di soddisfare richieste ragionevoli di accesso e l'uso di determinati elementi di rete e risorse correlate, in particolare qualora reputi che il rifiuto di concedere l'accesso o termini e condizioni non ragionevoli di effetto equivalente ostacolerebbero l'emergere di una concorrenza sostenibile sul mercato al dettaglio e sarebbero contrarie agli interessi dell'utente finale. L'Autorità può imporre alle imprese:

a) di concedere a terzi l'accesso a specifici elementi fisici di rete e risorse correlate, nonché il relativo uso, secondo i casi, ivi compreso l'accesso disaggregato alla rete e alla sottorete locale;

b) di concedere a terzi l'accesso a specifici elementi e servizi di rete attivi o virtuali;

c) di negoziare in buona fede con le imprese che chiedono un accesso;

d) di non revocare l'accesso alle risorse concesso in precedenza;

e) di fornire specifici servizi all'ingrosso per la rivendita da parte di terzi;

f) di concedere un accesso aperto alle interfacce tecniche, ai protocolli o ad altre tecnologie d'importanza decisiva, indispensabili per l'interoperabilità dei servizi o dei servizi di reti virtuali;

g) di consentire la coubicazione o altre forme di condivisione associata degli impianti;

h) di fornire determinati servizi necessari per garantire agli utenti l'interoperabilità punto a punto dei servizi o servizi di roaming per le reti mobili;

i) di garantire l'accesso ai sistemi di supporto operativo o a sistemi software analoghi necessari per garantire eque condizioni di concorrenza nella fornitura dei servizi;

l) di interconnettere reti o risorse di rete;

m) di fornire l'accesso a servizi correlati come quelli relativi all'identità, alla posizione e alla presenza.

2. L'Autorità può assoggettare tali obblighi a condizioni di equità, ragionevolezza e tempestività.

Nel valutare l'opportunità di imporre qualsiasi fra i possibili obblighi specifici di cui al comma 1, e soprattutto le relative idoneità e modalità di imposizione conformemente al principio di proporzionalità, l'Autorità valuta se altre forme di accesso a input all'ingrosso, nello stesso mercato all'ingrosso o in un mercato all'ingrosso connesso, sarebbero sufficienti a dare soluzione al problema individuato nell'interesse dell'utente finale. Detta valutazione comprende offerte di accesso commerciale, l'accesso regolamentato a norma dell'articolo 72 o l'accesso regolamentato esistente o previsto ad altri input all'ingrosso a norma del presente articolo. L'Autorità tiene conto, in particolare, dei seguenti fattori:

a) fattibilità tecnica ed economica dell'uso o dell'installazione di risorse concorrenti, alla luce del ritmo di evoluzione del mercato, tenuto conto della natura e del tipo di interconnessione o di accesso in questione, fra cui la fattibilità di altri prodotti di accesso upstream quale l'accesso ai condotti;

b) evoluzione tecnologica prevista che incida sulla progettazione e sulla gestione della rete;

c) necessità di garantire la neutralità tecnologica che consenta alle parti di progettare e gestire le proprie reti;

d) fattibilità della fornitura dell'accesso offerto, in relazione alla capacità disponibile;

e) investimenti iniziali del proprietario delle risorse, tenendo conto di qualsiasi investimento pubblico effettuato e dei rischi connessi a tali investimenti, con particolare riguardo agli investimenti nelle reti ad altissima capacità e ai livelli di rischio connessi;

f) necessità di tutelare la concorrenza a lungo termine, con particolare attenzione a una concorrenza infrastrutturale economicamente efficace e a modelli di business innovativi che favoriscono la concorrenza sostenibile, come quelli basati sul coinvestimento nelle reti;

g) se del caso, eventuali diritti di proprietà intellettuale applicabili;

h) fornitura di servizi paneuropei.

3. Qualora l'Autorità prenda in considerazione, conformemente all'articolo 79, di imporre obblighi sulla base dell'articolo 83 o del presente articolo, valuta se l'imposizione di obblighi a norma del solo articolo 83 sarebbe uno strumento proporzionato con cui promuovere la concorrenza e gli interessi degli utenti finali.

4. L'Autorità, nell'imporre a un'impresa l'obbligo di concedere l'accesso ai sensi del presente articolo, può stabilire condizioni tecniche o operative che devono essere soddisfatte dal fornitore di servizi o dai beneficiari di tale accesso, ove necessario per garantire il funzionamento normale della rete. L'obbligo di rispettare determinate norme o specifiche tecniche è conforme alle norme e alle specifiche stabilite conformemente all'articolo 39.

(1) *Articolo così sostituito dall'articolo 1, comma 1, d.lgs. 8 novembre 2021, n. 207.*

85 (1) Obblighi in materia di controllo dei prezzi e di contabilità dei costi (ex art. 74 eecc - art. 50 Codice 2003).

1. Ai sensi dell'articolo 79, per determinati tipi di interconnessione o di accesso, l'Autorità può imporre obblighi in materia di recupero dei costi e controllo dei prezzi, tra cui l'obbligo che i prezzi siano orientati ai costi, nonché l'obbligo di disporre di un sistema di contabilità dei costi, qualora l'analisi del mercato riveli che l'assenza di un'effettiva concorrenza comporta che l'impresa interessata potrebbe mantenere prezzi a un livello eccessivamente elevato o comprimere i prezzi a scapito dell'utenza finale. Nel determinare l'opportunità di imporre obblighi di controllo dei prezzi, l'Autorità prende in considerazione la necessità di promuovere la concorrenza e gli interessi a lungo ter-

mine degli utenti finali relativi alla realizzazione e alla diffusione delle reti di prossima generazione, in particolare delle reti ad altissima capacità. In particolare, per incoraggiare gli investimenti effettuati dall'impresa anche nelle reti di prossima generazione, l'Autorità tiene conto degli investimenti effettuati dall'impresa. Se considera opportuni gli obblighi di controllo dei prezzi, l'Autorità consente all'impresa un ragionevole margine di profitto sul capitale investito, di volume congruo, in considerazione di eventuali rischi specifici di un nuovo progetto particolare di investimento nella rete. L'Autorità valuta la possibilità di non imporre né mantenere obblighi a norma del presente articolo se accerta l'esistenza di un vincolo dimostrabile sui prezzi al dettaglio e se constata che gli obblighi imposti in conformità degli articoli da 80 a 84, inclusi, in particolare, i test di replicabilità economica imposti a norma dell'articolo 81, garantiscono un accesso efficace e non discriminatorio. Se ritiene opportuno imporre obblighi di controllo dei prezzi per l'accesso a elementi di rete esistenti, l'Autorità tiene anche conto dei vantaggi derivanti dalla prevedibilità e dalla stabilità dei prezzi all'ingrosso per garantire un ingresso sul mercato efficiente e incentivi sufficienti per tutte le imprese alla realizzazione di reti nuove e migliorate.

2. L'Autorità provvede affinché tutti i meccanismi di recupero dei costi o metodi di determinazione dei prezzi resi obbligatori servano a promuovere la realizzazione di reti nuove e migliorate, l'efficienza e la concorrenza sostenibile e ottimizzino i vantaggi duraturi per gli utenti finali. Al riguardo l'Autorità può anche tener conto dei prezzi applicati in mercati concorrenziali comparabili.

3. Qualora un'impresa abbia l'obbligo di orientare i propri prezzi ai costi, ha l'onere della prova che il prezzo applicato si basa sui costi, maggiorati di un ragionevole margine di profitto sugli investimenti. Per determinare i costi di un'efficiente fornitura di servizi, l'Autorità può approntare una contabilità dei costi indipendente da quella usata dagli operatori. L'Autorità può esigere che un'impresa giustifichi pienamente i propri prezzi e, ove necessario, li adegui.

4. L'Autorità provvede affinché, qualora sia obbligatorio istituire un sistema di contabilità dei costi a sostegno di una misura di controllo dei prezzi, sia pubblicata una descrizione di tale sistema, che illustri quanto meno le categorie principali di costi e le regole di ripartizione degli stessi. Un organismo indipendente qualificato verifica la conformità al sistema di contabilità dei costi e pubblica annualmente una dichiarazione di conformità al sistema.

(1) *Articolo così sostituito dall'articolo 1, comma 1, d.lgs. 8 novembre 2021, n. 207.*

86 (1) Tariffe di terminazione) (ex art. 75 eecc).

1. L'Autorità monitora e garantisce il rispetto dell'applicazione delle tariffe di terminazione per le chiamate vocali a livello dell'Unione europea da parte dei fornitori di servizi di terminazione per le chiamate vocali, determinate con atto delegato della Commissione europea a norma dell'articolo 75, paragrafo 1, della direttiva (UE) 2018/1972.

2. L'Autorità può richiedere in qualsiasi momento che un fornitore di servizi di terminazione per le chiamate vocali modifichi la tariffa che applica ad altre imprese se non rispetta l'atto delegato di cui al comma 1.

3. Qualora la Commissione europea decida, a seguito della sua revisione dell'atto delegato, di cui al comma 1, di non imporre una tariffa massima di terminazione per le chiamate vocali su reti fisse, su reti mobili o su nessuna di queste, l'Autorità può condurre l'analisi dei mercati della terminazione di chiamate vocali conformemente all'articolo 78 per valutare se sia necessario imporre obblighi di regolamentazione. Qualora, in base all'analisi di mercato, imponga tariffe di terminazione orientate ai costi in un mercato rilevante, l'Autorità rispetta i principi, criteri e parametri indicati all'allegato 3 e il relativo progetto di misura è soggetto alle procedure di cui agli articoli 23, 33 e 34.

4. L' Autorità riferisce annualmente alla Commissione europea e al BEREC in merito all'applicazione del presente articolo.

(1) *Articolo così sostituito dall'art. 1, comma 1 d.lgs. 8 novembre 2021, n. 207.*

87 (1) Trattamento normativo dei nuovi elementi di rete ad altissima capacità) (ex art. 76 eecc).

1. Le imprese che sono state designante come detentrici di un significativo potere di mercato in uno o più mercati rilevanti ai sensi dell'articolo 78, possono offrire impegni in conformità della procedura di cui all'articolo 90 e fatto salvo quanto previsto dal comma 2, per aprire al coinvestimento la realizzazione di una nuova rete ad altissima capacità che consista di elementi in fibra ottica fino ai locali degli utenti finali o alla stazione di base, ad esempio proponendo la contitolarità o la condivisione del rischio a lungo termine attraverso cofinanziamento o accordi di acquisto che comportano diritti specifici di carattere strutturale da parte di altri fornitori di reti o servizi di comunicazione di comunicazione elettronica.

2. Quando valuta tali impegni, l'Autorità determina, acquisendo ove opportuno, il parere dell'Autorità garante della concorrenza e del mercato, se l'offerta di coinvestimento soddisfa tutte le condizioni seguenti:

a) è aperta in qualsiasi momento durante il periodo di vita della rete a qualsiasi fornitore di reti o servizi di comunicazione elettronica;

b) consentirebbe ad altri coinvestitori che sono fornitori di reti o servizi di comunicazione elettronica di competere efficacemente e in modo sostenibile sul lungo termine nei mercati a valle in cui l'impresa designata come detentrice di un significativo potere di mercato è attiva, secondo modalità che comprendono:

1) condizioni eque, ragionevoli e non discriminatorie che consentano l'accesso all'intera capacità della rete nella misura in cui essa sia soggetta al coinvestimento;

2) flessibilità in termini del valore e della tempistica della partecipazione di ciascun coinvestitore;

3) la possibilità di incrementare tale partecipazione in futuro;

4) la concessione di diritti reciproci fra i coinvestitori dopo la realizzazione dell'infrastruttura oggetto del coinvestimento;

c) è resa pubblica dall'impresa in modo tempestivo e, se l'impresa non possiede le caratteristiche elencate all'articolo 91, comma 1, almeno sei mesi prima dell'avvio della realizzazione della nuova rete.

d) i richiedenti l'accesso che non partecipano al coinvestimento possono beneficiare fin dall'inizio della stessa qualità e velocità, delle medesime condizioni e della stessa raggiungibilità degli utenti finali disponibili prima della realizzazione, accompagnate da un meccanismo di adeguamento nel corso del tempo, confermato dall'Autorità, alla luce degli sviluppi sui mercati al dettaglio correlati, che mantenga gli incentivi a partecipare al coinvestimento; tale meccanismo fa si che i richiedenti l'accesso abbiano accesso agli elementi ad altissima capacità della rete contemporaneamente e sulla base di condizioni trasparenti e non discriminatorie in modo da rispecchiare adeguatamente i gradi di rischio sostenuti dai rispettivi coinvestitori nelle diverse fasi della realizzazione e tengano conto della situazione concorrenziale sui mercati al dettaglio;

e) è conforme almeno ai criteri di cui all'allegato 5 ed è presentata secondo i canoni di diligenza, correttezza, completezza e veridicità delle informazioni fornite.

3. L'Autorità, se conclude, prendendo in considerazione i risultati del test del mercato condotto conformemente all'articolo 91, che l'impegno di coinvestimento offerto soddisfa le condizioni indicate al comma 2 del presente articolo, rende l'impegno vincolante ai sensi dell'articolo 90, comma 3, e in conformità con il principio di proporzionalità non impone obblighi supplementari a norma dell'articolo 79 per quanto concerne gli elementi della nuova rete ad altissima capacità oggetto degli impegni, se almeno un potenziale coinvestitore ha stipulato un accordo di coinvestimento con l'impresa designata come detentrice di un significativo potere di mercato.

4. Il comma 3 lascia impregiudicato il trattamento normativo delle circostanze che, tenendo conto dei risultati di eventuali test del mercato condotti conformemente all'articolo 90, comma 2, non soddisfano le condizioni indicate al comma 1 del presente articolo, ma incidono sulla concorrenza e sono prese in considerazione ai fini degli articoli 78 e 79. In deroga al comma 3, l'Autorità può, in casi debitamente giustificati, imporre, mantenere o adeguare misure correttive in conformità degli articoli da 79 a 85 per quanto concerne le nuove reti ad altissima capacità al fine di risolvere notevoli problemi di concorrenza in mercati specifici qualora stabilisce che, viste le caratteristiche specifiche di tali mercati, detti problemi di concorrenza non potrebbero essere risolti altrimenti.

5. L'Autorità monitora costantemente il rispetto delle condizioni di cui al comma 1 e può imporre all'impresa designata come detentrice di un significativo potere di mercato di fornire una propria dichiarazione annuale di conformità. Il presente articolo lascia impregiudicato il potere dell'Autorità di adottare decisioni a norma dell'articolo 26, comma 1, qualora insorga una controversia tra imprese nell'ambito di un accordo di coinvestimento che si ritiene rispetti le condizioni stabilite al comma 1 del presente articolo.

6. L'Autorità tiene conto delle linee guida del BEREC di cui all'articolo 76, paragrafo 4, della direttiva (UE) 2018/1972.

(1) *Articolo così sostituito dall'art. 1, comma 1 d.lgs. 8 novembre 2021, n. 207.*

88 (1) Separazione funzionale (ex art. 77 eecc- art. 50-*bis* Codice 2003).

1. L'Autorità, qualora accerti che gli obblighi appropriati imposti ai sensi degli articoli da 80 a 85 si sono rivelati inefficaci per conseguire un'effettiva concorrenza e che esistono importanti e persistenti problemi di concorrenza o fallimenti del mercato individuati in relazione alla fornitura all'ingrosso di taluni mercati di prodotti di accesso, può, in via eccezionale e conformemente all'articolo 79 comma 2, secondo paragrafo, imporre alle imprese verticalmente integrate l'obbligo di collocare le attività relative alla fornitura all'ingrosso di detti prodotti di accesso in un'entità commerciale operante in modo indipendente. Tale entità commerciale deve fornire prodotti e servizi di accesso a tutte le imprese, incluso alle altre entità commerciali all'interno della società madre, negli stessi tempi, agli stessi termini e condizioni, inclusi quelli relativi ai livelli di prezzi e servizi e attraverso gli stessi sistemi e le stesse procedure.

2. Ove intenda imporre un obbligo di separazione funzionale, l'Autorità presenta una richiesta alla Commissione europea fornendo:

a) le prove degli esiti degli accertamenti effettuati dall'Autorità descritti al comma 1;

b) una valutazione motivata dalla quale si deduca che le prospettive di una concorrenza effettiva e sostenibile basata sulle infrastrutture sono scarse o assenti;

c) un'analisi dell'impatto previsto dall'Autorità, sull'impresa, in particolare sulla forza lavoro dell'impresa separata, sul settore delle comunicazioni elettroniche nel suo insieme e sugli incentivi a investirvi, in particolare per quanto riguarda la necessità di garantire la coesione sociale e territoriale, nonché sugli altri soggetti interessati, compreso in particolare l'impatto previsto sulla concorrenza e ogni potenziale effetto risultante sui consumatori;

d) un'analisi delle ragioni per cui l'obbligo in questione sarebbe lo strumento più efficace per applicare le misure correttive volte a ovviare ai problemi di concorrenza o ai fallimenti del mercato individuati.

3. Il progetto di misura di separazione funzionale comprende i seguenti elementi:

a) la natura e il livello di separazione precisi, specificando, in particolare, lo status giuridico dell'entità commerciale separata;

b) l'individuazione dei beni dell'entità commerciale separata e i prodotti o servizi che tale entità deve fornire;

c) le disposizioni gestionali per assicurare l'indipendenza del personale dell'entità commerciale separata e gli incentivi corrispondenti;

d) le norme per garantire l'osservanza degli obblighi;

e) le norme per assicurare la trasparenza delle procedure operative, in particolare nei confronti delle altre parti interessate;

f) un programma di controllo per assicurare l'osservanza degli obblighi, inclusa la pubblicazione di una relazione annuale.

4. A seguito della decisione della Commissione europea sul progetto di misura adottato conformemente all'articolo 79, comma 3, l'Autorità effettua un'analisi coordinata dei diversi mercati collegati alla rete di accesso secondo la procedura di cui all'articolo 78. Sulla base di detta analisi, l'Autorità impone, mantiene, modifica o revoca gli obblighi conformemente alle procedure indicate gli articoli 23 e 33.

5. Un'impresa alla quale sia stata imposta la separazione funzionale può essere soggetta a uno qualsiasi degli obblighi di cui agli articoli 80 a 85 in ogni mercato specifico nel quale è stato stabilito che l'impresa dispone di un significativo potere di mercato ai sensi dell'articolo 78 oppure a qualsiasi altro obbligo autorizzato dalla Commissione europea conformemente all'articolo 79 comma 2.

(1) *Articolo così sostituito dall'art. 1, comma 1 d.lgs. 8 novembre 2021, n. 207.*

89 (1) Separazione volontaria da parte di un'impresa verticalmente integrata (ex art. 78 eecc - art. 50-ter Codice 2003.

1. Le imprese che siano state designate come aventi un significativo potere di mercato in uno o più mercati rilevanti ai sensi dell'articolo 78 informano l'Autorità almeno con un preavviso di novanta giorni prima di qualsiasi trasferimento delle loro attività nelle reti di accesso locale, o una parte significativa di queste, a un soggetto giuridico separato sotto controllo di terzi, o istituzione di un'entità commerciale separata per fornire a tutti i fornitori al dettaglio, comprese le proprie divisioni al dettaglio, prodotti di accesso pienamente equivalenti. Tali imprese informano inoltre l'Autorità in merito a eventuali cambiamenti di tale intenzione, nonché del risultato finale del processo di separazione. Tali imprese possono anche offrire impegni per quanto riguarda le condizioni di accesso che si applicheranno alla loro rete durante un periodo di attuazione dopo che la forma di separazione proposta è stata adottata al fine di assicurare un accesso effettivo e non discriminatorio da parte di terzi. L'offerta di impegni deve essere sufficientemente dettagliata, anche per quanto riguarda i tempi di attuazione e la durata, al fine di consentire all'Autorità di svolgere i propri compiti ai sensi del comma 2 del presente articolo. Tali impegni possono prorogarsi al di là del periodo massimo per le analisi di mercato fissato all'articolo 78, comma 7.

2. L'Autorità valuta l'effetto della transazione prevista, se del caso insieme agli impegni offerti, sugli obblighi normativi esistenti in base al presente decreto. A tal fine, l'Autorità conduce un'analisi dei vari mercati collegati alla rete d'accesso secondo la procedura di cui all'articolo 78. L'Autorità tiene conto degli impegni offerti dall'impresa, con particolare riguardo agli obiettivi indicati all'articolo 4. A tal fine l'Autorità consulta soggetti terzi conformemente all'articolo 23 e si rivolge, in particolare, ai terzi che sono direttamente interessati dalla transazione prevista. Sulla base della propria analisi, l'Autorità, acquisendo ove opportuno il parere dell'Autorità garante della concorrenza e del mercato, impone, mantiene, modifica o revoca obblighi conformemente alle procedure di cui agli articoli 23 e 33, applicando, se del caso, l'articolo 91. Nella sua decisione l'Autorità può rendere vincolanti gli impegni, totalmente o parzialmente. In deroga all'articolo 78, comma 5, l'Autorità può rendere vincolanti gli impegni, totalmente o parzialmente, per l'intero periodo per cui sono offerti.

3. Fatto salvo l'articolo 91, l'entità commerciale separata dal punto di vista giuridico o operativo che è stata designata come detentrice di un significativo potere di mercato in ogni mercato specifico ai sensi dell'articolo 78 può essere soggetta, se del caso, a uno qualsiasi degli obblighi di cui agli articoli da 80 a 85 oppure a qualsiasi altro obbligo autorizzato dalla Commissione europea conformemente all'articolo 79, comma 2, qualora gli impegni offerti siano insufficienti a conseguire gli obiettivi indicati all'articolo 4.

4. L'Autorità controlla l'attuazione degli impegni offerti dalle imprese che ha reso vincolanti ai sensi di quanto disposto dal comma 2 e valuta se prorogarli quando è scaduto il periodo per il quale sono inizialmente offerti.

(1) *Articolo così sostituito dall'art. 1, comma 1 d.lgs. 8 novembre 2021, n. 207.*

90 Procedura relativa agli impegni (ex art. 79 eecc).

1. Le imprese designate come detentrici di un significativo potere di mercato possono offrire all'Autorità impegni per quanto riguarda le condizioni di accesso o di coinvestimento, o entrambe, applicabili alle loro reti per quanto concerne, tra l'altro:

a) gli accordi di cooperazione rilevanti per la valutazione degli obblighi appropriati e proporzionati a norma dell'articolo 79;

b) il coinvestimento nelle reti ad altissima capacità ai sensi dell'articolo 87;

c) l'accesso effettivo e non discriminatorio da parte di terzi, a norma dell'articolo 67, sia durante un periodo di attuazione della separazione volontaria da parte di un'impresa verticalmente integrata sia dopo l'attuazione della forma di separazione proposta.

2. L'offerta di impegni è sufficientemente dettagliata, anche per quanto riguarda i tempi e l'ambito della loro applicazione, nonché la loro durata, per consentire all'Autorità di svolgere la propria valutazione ai sensi del comma 2 del presente articolo. Tali impegni possono prorogarsi al di là dei periodi di svolgimento delle analisi di mercato di cui all'articolo 78, comma 7.

3. Per valutare gli impegni offerti da un'impresa ai sensi del comma 1 del presente articolo, l'Autorità, salvo ove tali impegni non soddisfino chiaramente una o più condizioni o criteri pertinenti, esegue un test del

mercato, in particolare in merito alle condizioni offerte, conducendo una consultazione pubblica delle parti interessate, in particolare i terzi direttamente interessati. I potenziali coinvestitori o richiedenti l'accesso possono fornire pareri in merito alla conformità degli impegni offerti alle condizioni di cui agli articoli 79, 87 o 89, ove applicabili, e proporre cambiamenti.

4. Per quanto concerne gli impegni offerti a norma del presente articolo, nel valutare gli obblighi di cui all'articolo 79, comma 6, l'Autorità tiene conto, in particolare:

a) delle prove riguardanti la natura equa e ragionevole degli impegni offerti;

b) dell'apertura degli impegni a tutti i partecipanti al mercato;

c) della tempestiva disponibilità dell'accesso a condizioni eque, ragionevoli e non discriminatorie, anche alle reti ad altissima capacità, prima del lancio dei relativi servizi al dettaglio;

d) della capacità generale degli impegni offerti di consentire una concorrenza sostenibile nei mercati a valle e di agevolare l'introduzione e la diffusione cooperative di reti ad altissima capacità, nell'interesse degli utenti finali.

5. Tenendo conto di tutti i pareri espressi durante la consultazione, nonché della misura in cui tali pareri sono rappresentativi delle varie parti interessate, l'Autorità comunica all'impresa designata come detentrice di un significativo potere di mercato le sue conclusioni preliminari atte a determinare se gli impegni offerti siano conformi agli obiettivi, ai criteri e alle procedure di cui al presente articolo e, ove applicabili, all'articolo 79, 87 o 89 a quali condizioni potrebbe prendere in considerazione la possibilità di rendere detti impegni vincolanti. L'impresa può rivedere la sua offerta iniziale al fine di tenere conto delle conclusioni preliminari dell'autorità nazionale e di soddisfare i criteri di cui al presente articolo e, ove applicabili, all'articolo 79, 87 o 89.

6. Fatto salvo l'articolo 87 comma 3, l'Autorità può decidere di rendere gli impegni vincolanti, totalmente o parzialmente. In deroga all'articolo 78 comma 7, l'Autorità può rendere vincolanti alcuni o tutti gli impegni per uno specifico periodo, che può corrispondere all'intero periodo per cui sono offerti e, nel caso degli impegni di coinvestimento resi vincolanti ai sensi dell'articolo 87 comma 3, li rende vincolanti per almeno sette anni. Fatto salvo l'articolo 87, il presente articolo lascia impregiudicata l'applicazione della procedura per l'analisi del mercato ai sensi dell'articolo 78 e l'imposizione di obblighi ai sensi dell'articolo 78. Qualora renda gli impegni vincolanti a norma del presente articolo, l'Autorità valuta, ai sensi dell'articolo 79, le conseguenze di tale decisione per l'evoluzione del mercato e l'appropriatezza di qualsiasi obbligo che abbia imposto o che, in assenza di tali impegni, avrebbe considerato di imporre a norma di detto articolo o degli articoli da 80 a 85. Al momento della notifica del progetto di misura pertinente ai sensi dell'articolo 79 in conformità dell'articolo 33, l'Autorità accompagna il progetto di misura notificato con la decisione sugli impegni.

7. L'Autorità controlla, vigila e garantisce il rispetto degli impegni che essa ha reso vincolanti conformemente al comma 3 del presente articolo nello stesso modo in cui controlla, sorveglia e garantisce il rispetto degli obblighi imposti ai sensi dell'articolo 79 e valuta se prorogarli per il periodo per il quale sono stati resi vincolanti quando è scaduto il periodo di tempo iniziale. Se conclude che un'impresa non ha soddisfatto gli impegni che sono stati resi vincolanti conformemente al comma 3 del presente articolo, l'Autorità può comminare sanzioni in conformità dell'articolo 30. Fatta salva la procedura tesa a garantire l'osservanza di obblighi specifici ai sensi dell'articolo 32 l'Autorità può rivalutare gli obblighi imposti ai sensi dell'articolo 79 comma 6.

(1) *Articolo così sostituito dall'art. 1, comma 1 d.lgs. 8 novembre 2021, n. 207.*

91 Imprese attive esclusivamente sul mercato all'ingrosso (ex art. 80 eecc).

1. Quando l'Autorità designa un'impresa assente dai mercati al dettaglio dei servizi di comunicazione elettronica come avente un significativo potere di mercato in uno o più mercati all'ingrosso conformemente all'articolo 78, acquisendo ove opportuno il parere dell'Autorità garante della concorrenza e del mercato, valuta se l'impresa presenta le seguenti caratteristiche:

a) tutte le società e le unità commerciali all'interno dell'impresa, tutte le società che sono controllate, ma non necessariamente del tutto appartenenti allo stesso proprietario apicale, nonché qualsiasi azionista in grado di esercitare un controllo sull'impresa, svolgono attività, attuali e previste per il futuro, solo nei mercati all'ingrosso dei servizi di comunicazione elettronica e pertanto non svolgono attività in un mercato al dettaglio dei servizi di comunicazione elettronica forniti agli utenti finali;

b) l'impresa non è tenuta a trattare con un'unica impresa separata operante a valle che è attiva in un mercato al dettaglio dei servizi di comunicazione elettronica forniti a utenti finali in virtù di un contratto di esclusiva o un accordo che rappresenta di fatto un contratto di esclusiva.

2. L'Autorità, se ritiene che le condizioni di cui al comma 1 del presente articolo siano soddisfatte, e conformemente al principio di proporzionalità, può imporre a detta impresa designata di cui al comma 1, solo obblighi a norma degli articoli 81 a 84 o inerenti a prezzi equi e ragionevoli, se giustificato in base a un'analisi di mercato che comprenda una valutazione in prospettiva del probabile comportamento dell'impresa designata come detentrice di un significativo potere di mercato.

3. L'Autorità rivede in qualsiasi momento gli obblighi imposti all'impresa a norma del presente articolo se ritiene che le condizioni di cui al comma 1 non siano più rispettate e applica, a seconda dei casi, gli articoli da 78 a 85. Le imprese informano senza indebito ritardo l'Autorità di qualsiasi modifica delle circostanze di cui al comma 1, lettere *a*) e *b*), del presente articolo.

4. L'Autorità rivede altresì gli obblighi imposti all'impresa a norma del presente articolo se, sulla base

di prove dei termini e delle condizioni offerti dall'impresa ai clienti a valle, conclude che sono sorti o potrebbero sorgere problemi di concorrenza a scapito degli utenti finali che richiedono l'imposizione di uno o più obblighi di cui agli articoli 80, 82, 84 o 85, o la modifica degli obblighi imposti a norma del comma 2 del presente articolo.

5. L'imposizione di obblighi e la loro revisione a norma del presente articolo sono attuate in conformità delle procedure di cui agli articoli 23, 33 e 34.

(1) *Articolo così sostituito dall'art. 1, comma 1 d.lgs. 8 novembre 2021, n. 207.*

92 (1) Migrazione dalle infrastrutture preesistenti (ex art. 81 eecc).

1. Le imprese che sono state designate come aventi un significativo potere di mercato in uno o più mercati rilevanti ai sensi dell'articolo 78 comunicano anticipatamente e tempestivamente all'Autorità l'intenzione di disattivare o sostituire con nuove infrastrutture parti della rete, comprese le infrastrutture preesistenti necessarie per far funzionare una rete in rame, che sono soggette agli obblighi di cui agli articoli da 79 a 91.

2. L'Autorità provvede affinché il processo di disattivazione o sostituzione comprenda un calendario e condizioni trasparenti, compreso un idoneo periodo di preavviso per la transizione, e preveda la disponibilità di prodotti alternativi per l'accesso alle infrastrutture di rete aggiornate, di qualità almeno comparabile a quella degli elementi sostituiti, se necessario, per garantire la concorrenza e i diritti degli utenti finali. Per quanto riguarda le attività proposte per la disattivazione o la sostituzione, l'Autorità può revocare gli obblighi dopo aver accertato che il fornitore di accesso:

a) ha stabilito le condizioni adeguate per la migrazione, compresa la messa a disposizione di un prodotto di accesso alternativo di qualità almeno comparabile al prodotto disponibile nell'ambito delle infrastrutture preesistenti che consenta ai richiedenti l'accesso di raggiungere gli stessi utenti finali;

b) ha rispettato le condizioni e il processo comunicati all'Autorità conformemente al presente articolo.

3. La revoca è attuata secondo le procedure di cui agli articoli 23, 33 e 34.

4. Il presente articolo non pregiudica la disponibilità di prodotti regolamentati imposta dall'Autorità sull'infrastruttura di rete aggiornata, a norma delle procedure di cui agli articoli 78 e 79.

(1) *Articolo così sostituito dall'art. 1, comma 1 d.lgs. 8 novembre 2021, n. 207.*

CAPO V
Controllo normativo sui servizi al dettaglio

93 (1) Controllo normativo sui servizi al dettaglio (ex art. 83 eecc).

1. L'Autorità può imporre gli obblighi normativi adeguati alle imprese designate come detentrici di un significativo potere di mercato su un dato mercato al dettaglio ai sensi dell'articolo 74, quando:

a) a seguito di un'analisi di mercato realizzata conformemente all'articolo 78, l'Autorità stabilisce che un dato mercato al dettaglio, definito in conformità dell'articolo 75, non è effettivamente competitivo;

b) l'Autorità conclude che gli obblighi imposti conformemente agli articoli da 80 a 85 non permetterebbero il conseguimento degli obiettivi di cui all'articolo 4.

2. Gli obblighi normativi imposti ai sensi del comma 1 sono correlati al tipo di problema individuato e sono proporzionati e giustificati alla luce degli obiettivi di cui all'articolo 4. Tali obblighi possono prevedere che le imprese identificate non applichino prezzi eccessivi, non impediscano l'ingresso sul mercato né limitino la concorrenza fissando prezzi predatori, non privilegino ingiustamente determinati utenti finali e non accorpino in modo indebito i servizi offerti.

L'Autorità può prescrivere a tali imprese di rispettare determinati massimali per quanto riguarda i prezzi al dettaglio, di controllare le singole tariffe o di orientare le proprie tariffe ai costi o ai prezzi su mercati comparabili al fine di tutelare gli interessi degli utenti finali e promuovere nel contempo un'effettiva concorrenza.

3. L'Autorità provvede affinché ogni impresa soggetta a regolamentazione delle tariffe al dettaglio o ad altri pertinenti controlli al dettaglio applichi i necessari e adeguati sistemi di contabilità dei costi. L'Autorità può specificare il formato e la metodologia contabile da usare. La conformità al sistema di contabilità dei costi è verificata da un organismo indipendente qualificato. L'Autorità provvede affinché ogni anno sia pubblicata una dichiarazione di conformità.

4. Fatti salvi gli articoli 95 e 98, l'Autorità non applica i meccanismi di controllo al dettaglio di cui al comma 1 del presente articolo a mercati geografici o a mercati al dettaglio nei quali abbia accertato l'esistenza di una concorrenza effettiva.

(1) *Articolo così sostituito dall'art. 1, comma 1 d.lgs. 8 novembre 2021, n. 207.*

PARTE III
Servizi

TITOLO I
Obblighi di servizio universale (1)

(1) *Titolo, comprendente gli artt. 94-98-quinquies, così sostituito dall'art. 1, comma 1 d.lgs. 8 novembre 2021, n. 207*

94 (1) Servizio universale a prezzi accessibili (ex art. 84 eecc - art. 6 cod. 2003).

1. Su tutto il territorio nazionale i consumatori hanno diritto ad accedere a un prezzo accessibile, tenuto conto delle specifiche circostanze nazionali, a un adeguato servizio di accesso a internet a banda larga e a servizi di comunicazione vocale, che siano disponibili, al livello qualitativo specificato, ivi inclusa la connessione sottostante, in postazione fissa, da parte di almeno un operatore. Il Ministero e l'Autorità, nell'ambito delle rispettive competenze, vigilano sull'applicazione del presente comma.

2. L'Autorità può assicurare l'accessibilità economica dei servizi di cui al comma 1 non forniti in postazione fissa qualora lo ritenga necessario per garantire la piena partecipazione sociale ed economica dei consumatori alla società.

3. L'Autorità definisce, alla luce delle circostanze nazionali e della larghezza minima di banda di cui dispone la maggioranza dei consumatori nel territorio italiano, e tenendo conto della relazione del BEREC sulle migliori prassi, il servizio di accesso adeguato a internet a banda larga ai fini del comma 1 al fine di garantire la larghezza di banda necessaria per la partecipazione sociale ed economica alla società. Il servizio di accesso adeguato a internet a banda larga è in grado di fornire la larghezza di banda necessaria per supportare almeno l'insieme minimo di servizi di cui all'allegato 5.

4. Quando un consumatore lo richiede, la connessione di cui al comma 1 e, se del caso, al comma 2 può limitarsi a supportare i servizi di comunicazione vocale.

5. Il Ministero, sentita l'Autorità, può estendere l'ambito di applicazione del presente articolo agli utenti finali che sono microimprese, piccole e medie imprese e organizzazioni senza scopo di lucro.

6. Il Ministero, attraverso i suoi Ispettorati territoriali, verifica che l'operatore rispetti gli obblighi e le condizioni economiche fissate dall'Autorità. L'operatore è tenuto a consentire l'accesso, presso i propri siti, del personale incaricato dell'Ispettorato, ai fini del controllo ispettivo.

(1) *Articolo così sostituito dall'art. 1, comma 1 d.lgs. 8 novembre 2021, n. 207.*

95 Prestazioni di servizio universale a prezzi accessibili (ex art. 85 eecc - artt. 57 e 58 Codice 2003).

1. L'Autorità vigila sull'evoluzione e sul livello dei prezzi al dettaglio dei servizi di cui all'articolo 94 comma 1, praticati sul mercato, in particolare in relazione ai prezzi nazionali e ai redditi nazionali dei consumatori.

2. Se l'Autorità stabilisce che, alla luce delle circostanze nazionali, i prezzi al dettaglio dei servizi di cui all'articolo 94 comma 1, non sono accessibili in quanto i consumatori a basso reddito o con esigenze sociali particolari non possono accedere a tali servizi, adotta misure per garantire a tali consumatori l'accesso a prezzi accessibili a servizi adeguati di internet a banda larga e a servizi di comunicazione vocale almeno in una postazione fissa. A tale scopo, l'Autorità e il Ministero, nell'ambito delle rispettive competenze, possono assicurare sostegno a tali consumatori a fini di comunicazione o esigere che i fornitori di tali servizi offrano ai suddetti consumatori opzioni o formule tariffarie diverse da quelle proposte alle normali condizioni commerciali, o entrambi. A tal fine l'Autorità può esigere che i fornitori interessati applichino tariffe comuni, comprese le perequazioni tariffarie geografiche, su tutto il territorio. In circostanze eccezionali, in particolare nel caso in cui l'imposizione del su citato obbligo a tutti i fornitori porterebbe a un eccessivo onere amministrativo o finanziario dimostrato per i fornitori, l'Autorità può decidere in via eccezionale di imporre solo alle imprese designate l'obbligo di offrire tali opzioni o formule tariffarie specifiche.

L'articolo 96 si applica, se del caso, a tali designazioni. Ove l'Autorità designi delle imprese, garantisce che tutti i consumatori a basso reddito o con esigenze sociali particolari beneficino di una scelta di imprese che offrono opzioni tariffarie che rispondono alle loro esigenze, a meno che garantire tale scelta sia impossibile o crei un ulteriore ed eccessivo onere organizzativo o finanziario. L'Autorità provvede affinché i consumatori aventi diritto a tali opzioni o formule tariffarie abbiano il diritto di concludere un contratto con un fornitore dei servizi di cui all'articolo 94 comma 1, oppure con un'impresa designata ai sensi del presente comma, e che il loro numero rimanga disponibile per un adeguato periodo e si eviti una cessazione ingiustificata del servizio.

3. L'Autorità provvede affinché le imprese che forniscono opzioni o formule tariffarie a consumatori a basso reddito o con esigenze sociali particolari ai sensi del comma 2 tengano informate quest'ultima sui dettagli di tali offerte. L'Autorità provvede affinché le condizioni alle quali le imprese forniscono le opzioni o formule tariffarie di cui al comma 2 siano pienamente trasparenti e siano pubblicate ed applicate nel rispetto del principio di non discriminazione.

L'Autorità può esigere la modifica o la revoca di tali opzioni o formule tariffarie.

4. In funzione delle circostanze nazionali l'Autorità e il Ministero, nell'ambito delle rispettive competenze, provvedono affinché sia fornito un sostegno adeguato ai consumatori con disabilità e siano adottate misure specifiche, se del caso, al fine di assicurare che le relative apparecchiature terminali e le attrezzature e i servizi specifici che promuovono un accesso equivalente, inclusi, se necessario, servizi di conversazione globale e servizi di ritrasmissione, siano disponibili e abbiano prezzi accessibili.

5. Nell'applicare il presente articolo l'Autorità si adopera per ridurre al minimo le distorsioni di mercato.

6. Il Ministero, sentita l'Autorità, può estendere l'ambito di applicazione del presente articolo agli utenti finali che sono microimprese, piccole e medie imprese e organizzazioni senza scopo di lucro.

(1) *Articolo così sostituito dall'art. 1, comma 1 d.lgs. 8 novembre 2021, n. 207.*

96 (1) Disponibilità del servizio universale (ex art. 86 eecc; artt. 53- 54, 58 e 65 cod. 2003).

1. Se l'Autorità ha stabilito, tenendo conto dei risultati, ove disponibili, della mappatura geografica svolta ai sensi dell'articolo 22, comma 1, e se del caso, di eventuali ulteriori prove, che la disponibilità in postazione fissa di un servizio di accesso adeguato a internet a banda larga quale definito ai sensi dell'articolo 94 comma 2, e di servizi di comunicazione vocale non può essere garantita alle normali condizioni commerciali o mediante altri strumenti potenziali delle politiche pubbliche sul territorio nazionale o in diverse sue par-

ti, essa può imporre adeguati obblighi di servizio universale per soddisfare tutte le richieste ragionevoli di accesso a tali servizi da parte degli utenti finali nelle relative parti del suo territorio quanto meno da un operatore designato.

2. L'Autorità determina il metodo più efficace e adeguato per garantire la disponibilità in postazione fissa di un servizio di accesso adeguato a internet a banda larga, quale definito ai sensi dell'articolo 94, comma 3, e di servizi di comunicazione vocale nel rispetto dei principi di obiettività, trasparenza, non discriminazione e proporzionalità. L'Autorità si adopera per limitare al minimo le distorsioni del mercato, in particolare la fornitura di servizi a prezzi o ad altre condizioni che divergano dalle normali condizioni commerciali, tutelando nel contempo l'interesse pubblico.

3. In particolare, se l'Autorità decide di imporre obblighi per garantire agli utenti finali la disponibilità in postazione fissa di un servizio di accesso adeguato a internet a banda larga, quale definito ai sensi dell'articolo 94, comma 2 di servizi di comunicazione vocale, può designare una o più imprese perché garantiscano tale disponibilità di accesso internet in tutto il territorio nazionale. L'Autorità può designare più imprese o gruppi di imprese per la fornitura di un servizio di accesso adeguato a internet a banda larga e di servizi di comunicazione vocale in postazione fissa o per coprire differenti parti del territorio nazionale.

4. Nel designare le imprese che, in tutto il territorio nazionale o in parte di esso, garantiscano la disponibilità di servizi di accesso a internet in conformità al comma 3 del presente articolo, l'Autorità applica un meccanismo di designazione efficace, obiettivo, trasparente e non discriminatorio, in cui nessuna impresa sia esclusa a priori. Tale sistema di designazione garantisce che servizi di accesso adeguato a internet a banda larga e di comunicazione vocale in postazione fissa siano forniti secondo criteri di economicità e consentano di determinare il costo netto dell'obbligo di servizio universale conformemente all'articolo 98-*bis*.

5. Qualora intenda cedere tutte le sue attività nelle reti di accesso locale, o una parte significativa di queste, a un'entità giuridica separata appartenente a una proprietà diversa, l'impresa designata ai sensi del comma 3 del presente articolo informa preventivamente e tempestivamente l'Autorità per permetterle di valutare l'effetto della transazione prevista sulla fornitura in postazione fissa di un servizio di accesso adeguato a internet a banda larga, quale definito ai sensi dell'articolo 94, comma 2, e di servizi di comunicazione vocale. L'Autorità può imporre, modificare o revocare gli obblighi specifici conformemente all'articolo 13, comma 2.

(1) *Articolo così sostituito dall'art. 1, comma 1 d.lgs. 8 novembre 2021, n. 207.*

97 (1) Situazione dei servizi universali esistenti (ex art. 87 eecc).

1. L'Autorità e il Ministero, per quanto di rispettiva competenza, continuano a garantire la disponibilità o l'accessibilità economica dei servizi diversi dal servizio di accesso adeguato a internet a banda larga, quale definito ai sensi dell'articolo 94, comma 2, e dei servizi di comunicazione vocale in postazione fissa che erano in vigore il 20 dicembre 2018, ove la necessità di tali servizi sia determinata sulla base delle circostanze nazionali. Quando l'Autorità designa imprese per la fornitura di tali servizi in parte o nella totalità del territorio nazionale, si applica l'articolo 96. Il finanziamento di tali obblighi è conforme a quanto disposto dall'articolo 98-*ter*. Il Ministero sottopone a riesame gli obblighi imposti a norma del presente articolo entro il 21 dicembre 2022 e, successivamente, ogni tre anni.

(1) *Articolo così sostituito dall'art. 1, comma 1 d.lgs. 8 novembre 2021, n. 207.*

98 (1) Controllo delle spese (ex art. 88 eecc; art. 60 cod. 2003).

1. Nel fornire le prestazioni e i servizi aggiuntivi rispetto a quelli di cui all'articolo 94, i fornitori di un servizio di accesso adeguato a internet a banda larga e di servizi di comunicazione vocale in conformità degli articoli da 94 a 97 definiscono le condizioni e modalità in modo tale che l'utente finale non sia costretto a pagare prestazioni o servizi che non sono necessari o che non sono indispensabili per il servizio richiesto.

2. I fornitori di un servizio di accesso adeguato a internet a banda larga e di servizi di comunicazione vocale indicati all'articolo 94 che prestano servizi a norma dell'articolo 96 offrono le prestazioni e i servizi specifici di cui all'allegato 6, parte A, secondo quanto applicabile, di modo che i consumatori possano sorvegliare e controllare le proprie spese. Tali fornitori attuano un sistema per evitare una cessazione ingiustificata dei servizi di comunicazione vocale o di un servizio di accesso adeguato a internet a banda larga per i consumatori di cui all'articolo 95, comprendente un meccanismo adeguato per verificare il perdurare dell'interesse a fruire del servizio. Il presente comma si applica anche agli utenti finali che sono microimprese e organizzazioni senza scopo di lucro di cui al decreto legislativo del 3 luglio 2017 n. 117.

3. L'Autorità, se constata che le prestazioni sono ampiamente disponibili, può disapplicare le disposizioni del comma 2 in tutto il territorio nazionale o in parte di esso.

(1) *Articolo così sostituito dall'art. 1, comma 1 d.lgs. 8 novembre 2021, n. 207.*

98-*bis* (1) Costo degli obblighi di servizio universale (ex art. 89 eecc; art. 62 cod. 2003).

1. Allorché l'Autorità ritenga che la fornitura di un servizio di accesso adeguato a internet a banda larga, quale definito ai sensi dell'articolo 94, comma 3, e di servizi di comunicazione vocale di cui agli articoli 94, 95 e 96 o il mantenimento dei servizi universali esistenti di cui all'articolo 97 possano comportare un onere eccessivo per i fornitori dei suddetti servizi tale da richiedere una compensazione finanziaria, calcola i costi netti di tale fornitura. A tal fine, l'Autorità può alternativamente:

a) procedere al calcolo del costo netto degli obblighi di servizio universale, tenendo conto degli eventuali vantaggi commerciali derivanti a uno o più fornitori che forniscono un servizio di accesso adeguato a internet a banda larga, quali definiti ai sensi dell'articolo 94c, comma 2 nonché servizi di comunicazione vocale di cui agli articoli 95, 96 e 97, o il mantenimento dei servizi universali esistenti di cui all'articolo 97, in base alle modalità stabilite nell'allegato 7;

b) utilizzare i costi netti della fornitura del servizio universale individuati in base a un meccanismo di determinazione conforme all'articolo 96 comma 4.

2. I conti e le altre informazioni su cui si basa il calcolo del costo netto degli obblighi di servizio universale di cui al comma 1, lettera *a*), sono sottoposti alla verifica dell'Autorità o di un organismo indipendente dalle parti interessate e approvato dall'Autorità. I risultati del calcolo e le conclusioni finali della verifica sono messi a disposizione del pubblico.

(1) *Articolo inserito dall'art. 1, comma 1 d.lgs. 8 novembre 2021, n. 207.*

98-*ter* (1) Finanziamento degli obblighi di servizio universale (ex art. 90 eecc; art. 63 cod. 2003).

1. Qualora, sulla base del calcolo del costo netto di cui all'articolo 98-*bis*, l'Autorità riscontri che uno o più fornitori siano soggetti a un onere eccessivo, decide, previa richiesta del fornitore interessato, di procedere ripartendo il costo netto degli obblighi di servizio universale tra i fornitori di reti e di servizi di comunicazione elettronica.

2. L'Autorità istituisce un meccanismo di ripartizione dei costi, gestito dal Ministero, che rispetta i principi di trasparenza, minima distorsione del mercato, non discriminazione e proporzionalità, in conformità ai principi enunciati all'allegato 7 articolo 2 parte B. Può essere finanziato unicamente il costo netto degli obblighi di cui agli articoli da 94 a 97, calcolato ai sensi dell'articolo 98-*bis*.

3. L'Autorità può decidere di non chiedere contributi alle imprese il cui fatturato nazionale non raggiunga un determinato limite. Gli eventuali contributi relativi alla ripartizione del costo degli obblighi di servizio universale sono dissociati e definiti separatamente per ciascuna impresa. Tali contributi non sono imposti o prelevati presso imprese che non forniscono servizi nel territorio italiano.

(1) *Articolo inserito dall'art. 1, comma 1 d.lgs. 8 novembre 2021, n. 207.*

98-*quater* (1) Trasparenza (ex art. 91 eecc; art. 64 cod. 2003).

1. L'Autorità, qualora provveda a calcolare il costo netto degli obblighi di servizio universale ai sensi di quanto disposto dall'articolo 98-*bis*, pubblica i principi e i particolari del metodo di calcolo del costo netto.

2. Qualora sia istituito un sistema di ripartizione del costo netto degli obblighi di servizio universale, l'Autorità pubblica i principi e il metodo di ripartizione dei costi di cui all'articolo 98-ter e il sistema di compensazione del costo netto.

3. Ferme restando le normative dell'Unione europea e nazionali sulla riservatezza commerciale, l'Autorità pubblica una relazione annuale che presenta i dati del costo degli obblighi di servizio universale che risulta dai calcoli effettuati. In particolare, l'Autorità indica nella relazione i contributi di tutte le imprese interessate, compresi gli eventuali vantaggi commerciali di cui abbiano beneficiato le imprese in conseguenza degli obblighi di servizio universale di cui agli articoli da 94 a 97.

(1) *Articolo inserito dall'art. 1, comma 1 d.lgs. 8 novembre 2021, n. 207.*

98-*quinquies* (1) Servizi obbligatori supplementari (ex art. 92 eecc; art. 82 cod. 2003).

1. Il Ministero, sentita l'Autorità, può decidere di rendere accessibile al pubblico servizio supplementari rispetto ai servizi compresi negli obblighi di servizio universale di cui agli articoli da 94 a 97. In tali casi non è prescritto un meccanismo di indennizzo che preveda la partecipazione di specifiche imprese.

(1) *Articolo inserito dall'art. 1, comma 1 d.lgs. 8 novembre 2021, n. 207.*

98-*sexies*-98-*decies* (*omissis*)

TITOLO III
Diritti degli utenti finali

98-*undecies* (1) Deroga per alcune microimprese (ex art. 98 eecc).

1. A eccezione degli articoli 98-duodecies e 98-ter decies, il presente titolo non si applica alle microimprese che forniscono servizi di comunicazione interpersonale indipendenti dal numero, a meno che queste forniscano altri servizi di comunicazione elettronica.

2. L'Autorità provvede affinché gli utenti finali siano informati dell'esistenza di una deroga concessa ai sensi del primo comma prima di concludere un contratto con una microimpresa che benefici di tale deroga.

(1) *Articolo inserito dall'art. 1, comma 1 d.lgs. 8 novembre 2021, n. 207.*

98-*duodecies* (1) Non discriminazione (ex art. 99 eecc).

1. I fornitori di reti o servizi di comunicazione elettronica non applicano agli utenti finali requisiti o condizioni generali di accesso o di uso di reti o servizi che risultino differenti per ragioni connesse alla cittadinanza, al luogo di residenza o al luogo di stabilimento dell'utente finale, a meno che tale differenza di trattamento sia oggettivamente giustificata.

(1) *Articolo così sostituito dall'art. 1, comma 1 d.lgs. 8 novembre 2021, n. 207.*

98-*terdecies* (1) Tutela dei diritti fondamentali (ex art. 100 eecc).

1. Le misure nazionali in materia di accesso a servizi e applicazioni o di uso delle stesse attraverso reti di comunicazione elettronica da parte di utenti finali rispettano la Carta dei diritti fondamentali dell'Unione europea («Carta») e i principi generali del diritto dell'Unione.

2. Qualunque provvedimento riguardante l'accesso a servizi e applicazioni o l'uso degli stessi attraverso reti di comunicazione elettronica, da parte degli utenti finali, che possa limitare l'esercizio dei diritti o delle libertà fondamentali riconosciuti dalla Carta è imposto soltanto se è previsto dalla legge e rispetta detti diritti e libertà, è proporzionato e necessario e risponde effettivamente agli obiettivi di interesse generale riconosciuti dal diritto dell'Unione o all'esigenza di proteggere i diritti e le libertà altrui in conformità dell'articolo 65, comma 1, della Carta e dei principi generali del diritto dell'Unione, incluso il diritto a un ricorso effettivo e a un giusto processo. Di conseguenza, tali provvedimenti sono adottati soltanto nel rispetto del principio della presunzione d'innocenza e del diritto alla protezione dei dati personali, secondo quanto previsto dal Regolamento (UE)2016/679, dal decreto legislativo 30 giugno 2003, n. 196 nonché, ove applicabile, dal decreto legislativo 18 maggio 2018, n. 51. E' garantita una procedura preliminare equa ed imparziale, compresi il diritto della persona o delle persone interessate di essere ascoltate, fatta salva la necessità di presupposti e regimi procedurali appropriati in casi di urgenza debitamente accertata conformemente alla Carta.

(1) *Articolo inserito dall'art. 1, comma 1 d.lgs. 8 novembre 2021, n. 207.*

98-*quaterdecies* (1) Obblighi di informazione applicabili ai contratti (ex art. 102 eecc; art. 70 cod. 2003).

1. Prima che il consumatore sia vincolato da un contratto o da un'offerta corrispondente, i fornitori di servizi di comunicazione elettronica accessibili al pubblico diversi dai servizi di trasmissione utilizzati per la fornitura di servizi da macchina a macchina forniscono le informazioni necessarie di cui agli articoli 48 e 49 del Codice del consumo, nonché, in aggiunta, le informazioni elencate all'allegato 8, nella misura in cui tali informazioni riguardino un servizio da loro offerto. Le informazioni sono fornite in modo chiaro e comprensibile su un supporto durevole quale definito all'articolo 45, comma 1, lett. *l*), del Codice del consumo o, se non è fattibile fornire le informazioni su supporto durevole, sotto forma di documento facilmente scaricabile messo a disposizione dal fornitore, anche tramite modalità digitali. Il fornitore richiama esplicitamente l'attenzione del consumatore sulla disponibilità di tale documento e sull'importanza di scaricarlo a fini di documentazione, riferimento futuro e riproduzione identica. Le informazioni sono fornite in un formato accessibile per gli utenti finali con disabilità conformemente al diritto dell'Unione che armonizza i requisiti di accessibilità dei prodotti e dei servizi.

2. Le informazioni di cui ai commi 1, 3 e 5 sono fornite anche agli utenti finali che sono microimprese, piccole imprese o organizzazioni senza scopo di lucro, a meno che esse non abbiano espressamente acconsentito a non applicare la totalità o parti di tali disposizioni.

3. I fornitori di servizi di comunicazione elettronica accessibili al pubblico diversi dai servizi di trasmissione utilizzati per la fornitura di servizi da macchina a macchina forniscono ai consumatori una sintesi contrattuale concisa e facilmente leggibile. Tale sintesi individua i principali elementi degli obblighi di informazione in conformità del comma 1. Gli elementi principali comprendono almeno:

a) il nome, l'indirizzo e i recapiti del fornitore e, se diversi, i recapiti per eventuali reclami;

b) le principali caratteristiche di ciascun servizio fornito;

c) i rispettivi prezzi per attivare il servizio di comunicazione elettronica e per i costi ricorrenti o legati al consumo, qualora il servizio sia fornito a fronte di un pagamento diretto in denaro;

d) la durata del contratto e le condizioni di rinnovo e risoluzione;

e) la misura in cui i prodotti e i servizi sono progettati per gli utenti finali con disabilità;

f) con riguardo ai servizi di accesso a internet, una sintesi delle informazioni richieste a norma dell'articolo 4, paragrafo 1, lettere *d*) ed *e*), del regolamento (UE) 2015/2120.

4. I fornitori soggetti agli obblighi di cui al comma 1 forniscono, mediante il modello sintetico di cui al Regolamento di esecuzione (UE) 2019/2243 della Commissione, del 17 dicembre 2019, la sintesi contrattuale gratuitamente ai consumatori, prima della stipula del contratto, anche nel caso di contratti a distanza. Qualora sia impossibile in quel momento, per ragioni tecniche oggettive, fornire la sintesi contrattuale, essa è fornita in seguito senza indebito ritardo; il contratto diventa effettivo quando il consumatore ha confermato il proprio accordo in seguito alla ricezione della sintesi contrattuale.

5. Le informazioni di cui ai commi 1 e 4 diventano parte integrante del contratto e non sono modificate prima della scadenza del termine di cui all'articolo 98-*septies decies* comma 1, se non con l'accordo esplicito delle parti contrattuali.

6. Qualora i servizi di accesso a internet o di comunicazione interpersonale accessibili al pubblico siano fatturati sulla base del consumo in termini di tempo o volume, i fornitori offrono ai consumatori il mezzo per monitorare e controllare l'uso di ciascun servizio. Tale mezzo comprende l'accesso a informazioni tempestive sul livello di consumo dei servizi incluso nel piano tariffario. In particolare, i fornitori inviano ai consumatori una notifica prima che siano raggiunti eventuali limiti di consumo stabiliti con proprio provvedimento dall'Autorità, inclusi nel loro piano tariffario nonché quando sia stato pienamente consumato un servizio incluso nel piano tariffario.

7. L'Autorità può imporre ai fornitori di assicurare informazioni aggiuntive in merito al livello di consumo e impedire temporaneamente l'ulteriore utilizzo del servizio corrispondente qualora sia superato il limite finanziario o di volume determinato dall'Autorità.

(1) *Articolo inserito dall'art. 1, comma 1 d.lgs. 8 novembre 2021, n. 207.*

98-*quindecies* (1) Trasparenza, confronto delle offerte e pubblicazione delle informazioni (ex art. 103 eecc - art. 71 Codice 2003).

1. Qualora i fornitori di servizi di accesso a internet o di comunicazione interpersonale accessibili al pubblico assoggettino la fornitura di tali servizi a termini e condizioni, l'Autorità provvede affinché le informazioni di cui all'allegato 9 siano pubblicate da tutti i fornitori in questione o dalla stessa Autorità, in forma chiara, esaustiva, idonea alla lettura automatica e in un formato accessibile per i consumatori con disabilità, conformemente al diritto dell'Unione che armonizza i requisiti di accessibilità dei prodotti e dei servizi. Tali informazioni sono costantemente aggiornate. L'Autorità può precisare ulteriori prescrizioni relative alla forma in cui tali informazioni devono essere pubblicate. Tali informazioni sono comunicate, a richiesta, anche all'Autorità prima della pubblicazione.

2. L'Autorità provvede affinché gli utenti finali abbiano accesso gratuito ad almeno uno strumento indipendente di confronto che consenta loro di comparare e valutare diversi servizi di accesso a internet e servizi di comunicazione interpersonale basati sul numero accessibili al pubblico e, se del caso, di servizi di comunicazione interpersonale indipendenti dal numero accessibili al pubblico, per quanto riguarda:

a) prezzi e tariffe dei servizi forniti a fronte di pagamenti diretti in denaro ricorrenti o basati sul consumo; e

b) la qualità del servizio, laddove sia offerta una qualità minima del servizio o all'impresa sia richiesto di pubblicare tali informazioni ai sensi dell'articolo 98-*sedecies*.

3. Lo strumento di confronto di cui al comma 2:

a) è funzionalmente indipendente dai fornitori di tali servizi, e assicura pertanto che tali prestatori di servizi ricevano pari trattamento nei risultati di ricerca;

b) indica chiaramente i proprietari e gli operatori dello strumento di confronto;

c) definisce criteri chiari e obiettivi su cui si deve basare il confronto;

d) utilizza un linguaggio chiaro e privo di ambiguità;

e) fornisce informazioni corrette e aggiornate e indica la data dell'ultimo aggiornamento;

f) è aperto a qualsiasi fornitore di servizi di accesso a internet o servizi di comunicazione interpersonale accessibili al pubblico che metta a disposizione le informazioni pertinenti e comprende un'ampia gamma di offerte che copra una parte significativa del mercato e, se le informazioni presentate non forniscono un quadro completo del mercato, una chiara indicazione in tal senso prima di mostrare i risultati;

g) prevede una procedura efficace per segnalare le informazioni errate;

h) comprende la possibilità di comparare prezzi, tariffe e prestazioni in termini di qualità del servizio tra le offerte a disposizione dei consumatori e, qualora l'Autorità lo ritengo opportuno, le offerte standard accessibili pubblicamente agli utenti finali.

4. Gli strumenti di confronto che soddisfano i requisiti di cui alle lettere da *a*) a *h*) sono certificati, su richiesta del fornitore dello strumento, dall'Autorità. I terzi hanno il diritto di utilizzare gratuitamente e in formati di dati aperti, allo scopo di rendere disponibili tali strumenti indipendenti di confronto, le informazioni pubblicate dai fornitori dei servizi di accesso a internet o dei servizi di comunicazione interpersonale accessibili al pubblico.

5. L'Autorità può esigere che i fornitori di servizi di accesso a internet o di servizi di comunicazione interpersonale basati sul numero accessibili al pubblico, o entrambi, diffondano gratuitamente, all'occorrenza, informazioni di pubblico interesse agli utenti finali nuovi ed esistenti tramite i canali che utilizzano normalmente per le comunicazioni con gli utenti finali. In tal caso, dette informazioni di pubblico interesse sono fornite dalle competenti autorità pubbliche in forma standardizzata e riguardano fra l'altro:

a) gli utilizzi più comuni dei servizi di accesso a internet e dei servizi di comunicazione interpersonale basati sul numero accessibili al pubblico per attività illegali o per la diffusione di contenuti dannosi, in particolare quelli che possono attentare al rispetto degli altrui diritti e libertà, comprese le violazioni dei diritti di protezione dei dati, del diritto d'autore e dei diritti connessi, e le conseguenze giuridiche di tali atti; e

b) i mezzi di protezione contro i rischi per la sicurezza personale, per la vita privata e per i dati personali, anche ai fini di cui all'articolo 13 del Regolamento (UE) 2016/679 nella fruizione dei servizi di accesso a internet e dei servizi di comunicazione interpersonale basati sul numero accessibili al pubblico.

(1) *Articolo inserito dall'art. 1, comma 1 d.lgs. 8 novembre 2021, n. 207.*

98-*sexiesdecies* (1) Qualità dei servizi relativi all'accesso a internet e dei servizi di comunicazione interpersonale accessibili al pubblico (ex art. 104 eecc - art. 72 Codice 2003).

1. L'Autorità può prescrivere ai fornitori di servizi di accesso a internet e di servizi di comunicazione interpersonale accessibili al pubblico di pubblicare, a uso degli utenti finali, informazioni complete, comparabili, attendibili, di facile consultazione e aggiornate sulla qualità dei servizi offerti, nella misura in cui controllino almeno alcuni elementi della rete direttamente o in virtù di un accordo sul livello dei servizi a tal fine, e sulle misure adottate per assicurare un accesso equivalente per i consumatori con disabilità. L'Autorità può altresì richiedere che i fornitori di servizi di comunicazione interpersonale accessibili al pubblico informino i consumatori qualora la qualità dei servizi offerti dipenda da fattori esterni, quali il controllo della tra-

smissione dei segnali o la connettività della rete. Tali informazioni sono comunicate, a richiesta, all'Autorità prima della pubblicazione. Le misure intese a garantire la qualità del servizio devono essere conformi al regolamento (UE) 2015/2120.

2. L'Autorità precisa, tenendo nella massima considerazione le linee guida del BEREC, i parametri di qualità del servizio da misurare, i metodi di misura applicabili e il contenuto, la forma e le modalità della pubblicazione, compresi meccanismi di certificazione della qualità. Se del caso, sono utilizzati i parametri, le definizioni e i metodi di misura indicati nell'allegato 10.

(1) *Articolo inserito dall'art. 1, comma 1 d.lgs. 8 novembre 2021, n. 207.*

98-*septiesdecies* (1) Durata dei contratti e diritto di recesso (ex art. 105 eecc; art. 70 cod. 2003).

1. L'Autorità provvede affinché le condizioni e le procedure di recesso dei contratti non fungano da disincentivo al cambiamento di fornitore di servizi e affinché i contratti stipulati tra consumatori e fornitori di servizi di comunicazione elettronica accessibili al pubblico diversi dai servizi di comunicazione interpersonale indipendenti dal numero e dai servizi di trasmissione utilizzati per la fornitura di servizi da macchina a macchina non impongano un periodo di impegno superiore a 24 mesi con l'obbligo di prevedere che tra le offerte commerciali almeno una abbia una durata massima iniziale di 12 mesi.

2. Le disposizioni del comma 1 non si applicano alla durata di un contratto a rate se il consumatore ha convenuto in un contratto separato di rateizzare i pagamenti esclusivamente per l'installazione di una connessione fisica, in particolare a reti ad altissima capacità. Un contratto a rate per l'installazione di una connessione fisica non include l'apparecchiatura terminale, a esempio router o modem, e non impedisce ai consumatori di esercitare i loro diritti in virtù del presente articolo.

3. Le disposizioni di cui al comma 1 si applicano anche agli utenti finali che sono microimprese, piccole imprese o organizzazioni senza scopo di lucro, a meno che non abbiano espressamente acconsentito a non applicare tali disposizioni.

4. Se il contratto prevede la proroga automatica di un contratto a durata determinata per servizi di comunicazione elettronica diversi dai servizi di comunicazione interpersonale indipendenti dal numero e dai servizi di trasmissione utilizzati per la fornitura di servizi da macchina a macchina, dopo la proroga l'utente finale ha il diritto di recedere dal contratto in qualsiasi momento con un preavviso di massimo un mese e senza incorrere in alcuna penale nè costi di disattivazione, eccetto quelli addebitati per la ricezione del servizio durante il periodo di preavviso. Con almeno due mesi di anticipo rispetto alla proroga automatica del contratto, i fornitori informano l'utente finale, in modo chiaro e tempestivo e su un supporto durevole, circa la fine dell'impegno contrattuale e in merito alle modalità di recesso dal contratto e migliori tariffe relative ai loro servizi. I fornitori offrono agli utenti finali tali informazioni in merito alle migliori tariffe almeno una volta all'anno.

5. Gli utenti finali hanno il diritto di recedere dal contratto ovvero di cambiare operatore, senza incorrere in alcuna penale nè costi di disattivazione, al momento dell'avvenuta comunicazione di modifiche delle condizioni contrattuali proposte dal fornitore di servizi di comunicazione elettronica accessibili al pubblico diversi dai servizi di comunicazione interpersonale indipendenti dal numero, tranne nel caso in cui le modifiche proposte siano esclusivamente a vantaggio dell'utente finale, siano di carattere puramente amministrativo e non abbiano alcun effetto negativo sull'utente finale o siano imposte direttamente dal diritto dell'Unione o nazionale. I fornitori informano gli utenti finali, con preavviso non inferiore a trenta giorni, di qualsiasi modifica delle condizioni contrattuali e, al contempo, del loro diritto di recedere dal contratto senza incorrere in alcuna penale né ulteriore costo di disattivazione se non accettano le nuove condizioni. Il diritto di recedere dal contratto può essere esercitato entro sessanta giorni dall'avvenuta comunicazione di modifica delle condizioni contrattuali. L'Autorità provvede affinché la comunicazione sia effettuata in modo chiaro e comprensibile su un supporto durevole.

6. In caso di discrepanza significativa, continuativa o frequentemente ricorrente tra la prestazione effettiva di un servizio di comunicazione elettronica, diverso da un servizio di accesso a internet o da un servizio di comunicazione interpersonale indipendente dal numero, e la prestazione indicata nel contratto il consumatore ha il diritto di risolvere il contratto senza incorrere in alcun costo, fatto salvo il diritto agli indennizzi previsti dal contratto o dalla regolamentazione di settore per i disservizi subiti.

7. Ove un utente finale abbia il diritto di recedere da un contratto per la prestazione di servizi di comunicazione elettronica accessibili al pubblico, diversi da servizi di comunicazione interpersonale indipendenti dal numero, prima della scadenza contrattuale concordata, non è dovuto alcun corrispettivo, a qualsiasi titolo, a eccezione di quanto previsto per le apparecchiature terminali abbinate al contratto al momento della stipulata e fornite dall'operatore che l'utente sceglie di mantenere. In tale ipotesi gli importi eventualmente dovuti non superano il loro valore in proporzione al tempo, concordato al momento della conclusione del contratto o la quota rimanente della tariffa per i servizi prestati fino alla fine del contratto, a seconda di quale sia inferiore.

8. L'Autorità può stabilire altri metodi per il calcolo degli importi eventualmente dovuti a condizione che non comportino un livello eccedente quello calcolato in conformità al comma 7. Il fornitore elimina gratuitamente le eventuali condizioni associate all'utilizzo delle apparecchiature terminali su altre reti in un momento specificato dall'Autorità al più tardi al momento del pagamento di tali importi.

9. Per quanto riguarda i servizi di trasmissione utilizzati per servizi da macchina a macchina, del diritto di recesso di cui ai commi 5 e 7 beneficiano solo gli

utenti finali che sono consumatori, microimprese, piccole imprese o organizzazioni senza scopo di lucro.

10. Restano ferme le disposizioni di cui all'art. 1 del decreto legge 31 gennaio 2007 n. 7, convertito con modificazioni dalla legge 2 aprile 2007 n. 40.

(1) *Articolo inserito dall'art. 1, comma 1 d.lgs. 8 novembre 2021, n. 207.*

98-*octiesdecies*-98-*tricies* (*omissis*).

PARTE IV
Reti e servizi di comunicazione elettronica ad uso privato (1)

(1) *Parte inserita dall'art. 1, comma 1 d.lgs. 8 novembre 2021, n. 207.*

CAPO I
Disposizioni generali

99 Installazione ed esercizio di reti e servizi di comunicazione elettronica ad uso privato.

1. L'attività di installazione di reti ed esercizio di reti o servizi di comunicazioni elettroniche ad uso privato è libera ai sensi dell'articolo 3, fatte salve le condizioni stabilite nel presente Titolo e le eventuali limitazioni introdotte da disposizioni legislative regolamentari amministrative che prevedano un regime particolare per i cittadini o le imprese di Paesi non appartenenti all'Unione europea o allo Spazio Economico Europeo, o che siano giustificate da esigenze della difesa e della sicurezza dello Stato, della protezione civile, della sanità pubblica e della tutela dell'ambiente, poste da specifiche disposizioni, ivi comprese quelle vigenti alla data di entrata in vigore del Codice.

2. Le disposizioni del presente Titolo si applicano anche ai cittadini o imprese di Paesi non appartenenti all'Unione europea, nel caso in cui lo Stato di appartenenza applichi, nelle materie disciplinate dal presente Titolo, condizioni di piena reciprocità. Rimane salvo quanto previsto da trattati internazionali cui l'Italia aderisce o da specifiche convenzioni.

3. L'attività di installazione ed esercizio di reti o servizi di comunicazione elettronica ad uso privato, fatta eccezione di quanto previsto al comma 5, è assoggettata ad una autorizzazione generale che consegue alla presentazione della dichiarazione di cui al comma 4.

4. Il soggetto interessato presenta al Ministero una dichiarazione resa dalla persona fisica titolare ovvero dal legale rappresentante della persona giuridica, o da soggetti da loro delegati, contenente l'intenzione di installare o esercire una rete di comunicazione elettronica ad uso privato. La dichiarazione costituisce segnalazione certificata di inizio attività. Il soggetto interessato è abilitato ad iniziare la propria attività a decorrere dall'avvenuta presentazione. Ai sensi dell'articolo 19 della legge 7 agosto 1990, n. 241, e successive modificazioni, il Ministero, entro e non oltre sessanta giorni dalla presentazione della dichiarazione, verifica d'ufficio la sussistenza dei presupposti e dei requisiti richiesti e dispone, se del caso, con provvedimento motivato da notificare agli interessati entro il medesimo termine, il divieto di prosecuzione dell'attività. Sono fatte salve le disposizioni in materia di conferimento di diritto d'uso di frequenze (1).

5. Sono in ogni caso libere le attività di cui all'articolo 105, nonché la installazione, per proprio uso esclusivo, di reti di comunicazione elettronica per collegamenti nel proprio fondo o in più fondi dello stesso proprietario, possessore o detentore purché contigui, ovvero nell'ambito dello stesso edificio per collegare una parte di proprietà del privato con altra comune, purché non connessi alle reti di comunicazione elettronica ad uso pubblico. Parti dello stesso fondo o più fondi dello stesso proprietario, possessore o detentore si considerano contigui anche se separati, purché collegati da opere permanenti di uso esclusivo del proprietario, che consentano il passaggio pedonale o di mezzi.

(1) *Comma così modificato dall'art. 80, comma 1, lett. l), d.lgs. 28 maggio 2012, n. 70.*

100 Impianti di amministrazioni dello Stato.

1. Le Amministrazioni dello Stato possono provvedere, nell'interesse esclusivo dei propri servizi, alla costruzione ed all'esercizio di impianti di comunicazione elettronica. Nel caso di assegnazione di frequenze, è necessario il consenso del Ministero, relativamente alle caratteristiche tecniche dell'impianto ed alle modalità di svolgimento del servizio.

2. Il consenso di cui al comma 1 non è richiesto per le necessità di ordine militare e di ordine e sicurezza pubblica. Nei casi di interconnessione con altre reti è necessario il coordinamento tecnico con il Ministero.

3. La norma di cui al comma 2 si applica anche agli Organismi internazionali di cui lo Stato italiano fa parte, nonché ai Paesi membri degli stessi organismi, nei limiti in cui un accordo di Governo abbia previsto la possibilità di eseguire ed esercitare nel territorio italiano impianti di comunicazione elettronica.

101 (*Omissis*).

CAPO II
SISTEMA RADIO-TELEVISIVO

95. Legge 6 agosto 1990, n. 223. — Disciplina del sistema radiotelevisivo pubblico e privato (*estratto*).

Pubblicata nella Gazzetta Ufficiale n. 185 del 9 agosto 1990.

TITOLO I

Diffusione di programmi radiofonici e televisivi

1 Princìpi generali.

[1. La diffusione di programmi radiofonici o televisivi, realizzata con qualsiasi mezzo tecnico, ha carattere di preminente interesse generale.

2. Il pluralismo, l'obiettività, la completezza e l'imparzialità dell'informazione, l'apertura alle diverse opinioni, tendenze politiche, sociali, culturali e religiose, nel rispetto delle libertà e dei diritti garantiti dalla Costituzione, rappresentano i princìpi fondamentali del sistema radiotelevisivo che si realizza con il concorso di soggetti pubblici e privati ai sensi della presente legge] (1).

(1) *Articolo abrogato dall'articolo 28 della legge 3 maggio 2004, n. 112.*

TITOLO II

Norme per la radiodiffusione

CAPO I

Disposizioni generali

2 Servizio pubblico e radiodiffusione.

[1. La radiodiffusione di programmi radiofonici e televisivi è effettuata dalla società concessionaria del servizio pubblico radiotelevisivo. Può inoltre essere affidata mediante concessione, ai sensi della presente legge, ai soggetti di cui all'articolo 16, nonché mediante autorizzazione secondo le modalità di cui agli articoli 38 e seguenti della legge 14 aprile 1975, n. 103, e successive modificazioni.

2. Il servizio pubblico radiotelevisivo è affidato mediante concessione ad una società per azioni a totale partecipazione pubblica. La concessione importa di diritto l'attribuzione alla concessionaria della qualifica di società di interesse nazionale ai sensi dell'articolo 2461 del codice civile. Ai fini dell'osservanza dell'articolo 10 del decreto del Presidente della Repubblica 1° novembre 1973, n. 691, nella provincia di Bolzano riveste carattere di interesse nazionale il servizio pubblico radiotelevisivo in ambito provinciale e locale.

3. Nei titoli II, IV e V della presente legge la società di cui al comma 2 è definita « concessionaria pubblica », i titolari di concessione di cui all'articolo 16 per radiodiffusione sia sonora che televisiva ed in ambito sia nazionale che locale sono globalmente definiti « concessionari privati »; qualora negli stessi titoli ci si riferisca ad una specifica categoria dei titolari di concessione di cui all'articolo 16, l'espressione « concessionari privati » è completata con il riferimento alla radiodiffusione sonora o televisiva e all'ambito nazionale o locale.

4. Nei titoli II, IV e V della presente legge le espressioni « trasmissioni » e « programmi » riportate senza specificazioni si intendono riferite a trasmissioni o programmi sia radiofonici che televisivi] (1).

(1) *Articolo abrogato dall'articolo 54 del d.lgs. 31 luglio 2005, n. 177.*

3-5 (*Omissis*).

6 Garante per la radiodiffusione e l'editoria.

[1. È istituito il Garante per la radiodiffusione e l'editoria.

2. Il Garante è nominato con decreto del Presidente della Repubblica, su proposta formulata dai Presidenti del Senato della Repubblica e della Camera dei deputati, d'intesa tra loro, tra coloro che abbiano ricoperto la carica di giudice della Corte costituzionale ovvero che ricoprano o abbiano ricoperto la carica di presidente di sezione della Corte di cassazione o equiparati, tra i professori universitari ordinari nelle discipline giuridiche, aziendali od economiche, nonché tra

esperti di riconosciuta competenza nel settore delle comunicazioni di massa.

3. Il Garante dura in carica tre anni e non può essere confermato per più di una volta; per tutta la durata dell'incarico non può esercitare, a pena di decadenza, alcuna attività professionale, né essere amministratore di enti pubblici o privati, né ricoprire cariche elettive, né avere interessi diretti o indiretti in imprese operanti nel settore.

4. All'atto dell'accettazione della nomina il Garante, se dipendente dello Stato, è collocato fuori ruolo; se professore universitario, è collocato in aspettativa.

5. Al Garante compete una retribuzione pari a quella spettante ai giudici della Corte costituzionale.

6. Alle dipendenze del Garante è posto un ufficio composto di dipendenti dello Stato e di altre amministrazioni pubbliche, collocati fuori ruolo nelle forme previste dai rispettivi ordinamenti, il cui servizio presso l'ufficio del Garante è equiparato ad ogni effetto di legge a quello prestato nelle rispettive amministrazioni di provenienza ed il cui contingente è determinato, su proposta del Garante medesimo, con decreto del Presidente del Consiglio dei Ministri, di concerto con il Ministro del tesoro. Tale decreto è emanato entro e non oltre novanta giorni dalla pubblicazione della presente legge nella Gazzetta Ufficiale.

7. Le spese di funzionamento dell'ufficio del Garante sono poste a carico di un fondo stanziato a tale scopo nel bilancio dello Stato e iscritto ad apposito capitolo dello stato di previsione del Ministero del tesoro. Il rendiconto della gestione finanziaria è soggetto al controllo della Corte dei conti.

8. Le norme concernenti l'organizzazione e il funzionamento dell'ufficio del Garante, nonché quelle dirette a disciplinare la gestione delle spese, anche in deroga alle disposizioni sulla contabilità generale dello Stato, sono approvate con decreto del Presidente della Repubblica da emanarsi entro tre mesi dalla data di entrata in vigore della presente legge, previa deliberazione del Consiglio dei Ministri, su proposta del Presidente del Consiglio dei Ministri, di concerto con il Ministro del tesoro e su parere conforme del Garante stesso.

9. Nei casi in cui la natura tecnica o la delicatezza dei problemi lo richiedano, il Garante può avvalersi dell'opera di consulenti o di società di consulenti.

10. Il Garante, al fine dell'espletamento dei compiti assegnatigli dalla presente legge, provvede:

a) a tenere il registro nazionale delle imprese radiotelevisive di cui all'art. 12 della presente legge e il registro nazionale della stampa di cui all'art. 11 della legge 5 agosto 1981, n. 416 e successive modificazioni;

b) ad esaminare i bilanci e l'annessa documentazione dei concessionari privati, dei titolari di autorizzazione di cui all'art. 38 della legge 14 aprile 1975, n. 103, e della concessionaria pubblica, nonché, ove lo ritenga, bilanci e documentazioni delle imprese di produzione o di distribuzione di programmi o concessionarie di pubblicità;

c) a compiere l'attività istruttoria ed ispettiva necessaria per lo svolgimento delle funzioni di cui al presente comma, avvalendosi anche dei competenti organi dell'Amministrazione delle poste e delle telecomunicazioni, nonché dei servizi di controllo e vigilanza dell'Amministrazione finanziaria dello Stato ed altresì esercitando, con riferimento alle imprese di cui all'art. 12 della presente legge, i poteri previsti dall'art. 9, terzo e quarto comma, della legge 5 agosto 1981, n. 416 e successive modificazioni ed integrazioni, per il Garante dell'attuazione della legge sull'editoria;

d) a svolgere l'attività e ad adottare i provvedimenti previsti dall'art. 31;

e) a vigilare sulla rilevazione e pubblicazione degli indici di ascolto delle emittenti e reti radiofoniche e televisive pubbliche e private anche avvalendosi di organismi specializzati.

11. Sono trasferite al Garante le funzioni già attribuite dalla legge 5 agosto 1981, n. 416 e successive modificazioni ed integrazioni, al Garante dell'attuazione della legge sull'editoria. Sono abrogati i commi terzo e quarto dell'art. 8 della legge 5 agosto 1981, n. 416.

12. Il Garante si avvale dell'ufficio del Garante dell'attuazione della legge sull'editoria fino all'entrata in funzione dell'ufficio di cui al comma 6. Il decreto del Presidente della Repubblica di cui al comma 8 determina la data a decorrere dalla quale è soppresso l'ufficio del Garante dell'attuazione della legge sull'editoria e dalla quale sono abrogati i commi quinto, sesto, settimo e ottavo dell'art. 8 della legge 5 agosto 1981, n. 416.

13. Il Garante predispone annualmente una relazione sull'attività svolta e sullo stato di applicazione della presente legge, che è trasmessa al Parlamento, a cura del Presidente del Consiglio dei Ministri, entro il 31 marzo dell'anno successivo a quello cui si riferisce] (1).

(1) *Articolo abrogato, ad eccezione del comma 11, secondo periodo, dall'articolo 54 del d.lgs. 31 luglio 2005, n. 177.*

7 Comitati regionali per i servizi radiotelevisivi.

1. Ogni consiglio regionale elegge, con voto limitato almeno a due terzi dei membri da eleggere e da scegliersi fra esperti di comunicazione radiotelevisiva, un comitato regionale per i servizi radiotelevisivi. Il comitato regionale è organo di consulenza della regione in materia radiotelevisiva, in particolare per quanto riguarda i compiti assegnati alle Regioni dalla presente legge. Il comitato altresì formula proposte al consiglio di amministrazione della concessionaria pubblica in merito a programmazioni regionali che possano essere trasmesse sia in ambito nazionale che regionale; regola l'accesso alle trasmissioni regionali programmate dalla concessionaria pubblica.

2. (*Omissis*) (1).

3. Le Regioni disciplinano il funzionamento dei comitati regionali per i servizi radiotelevisivi.

4. Le province autonome di Trento e di Bolzano provvedono alla costituzione di comitati provinciali per i servizi radiotelevisivi, in conformità alle disposizioni del presente articolo.

5. (*Omissis*) (1).

6. (*Omissis*) (2).

(1) *Comma abrogato dall'articolo 54 del d.lgs. 31 luglio 2005, n. 177.*
(2) *Abroga l'art. 5, l. 14 aprile 1975, n. 103.*

8 Disposizioni sulla pubblicità.

(*Omissis*) (1).

15. Il Garante, entro centottanta giorni dalla data di entrata in vigore della presente legge, propone al Ministro delle comunicazioni, che provvede, entro novanta giorni, con decreto, una più dettagliata regolamentazione in materia di sponsorizzazioni, sia per la concessionaria pubblica sia per i concessionari privati (2).

(*Omissis*) (1).

(1) *Commi abrogati dall'articolo 54 del d.lgs. 31 luglio 2005, n. 177.*

(2) *Comma così modificato dall'art. 3, d.l. 19 ottobre 1992, n. 408, conv. in l. 17 dicembre 1992, n. 483.*

9-14 (*Omissis*) (1).

15 Divieto di posizioni dominanti nell'ambito dei mezzi di comunicazione di massa e obblighi dei concessionari.

[1. Al fine di evitare posizioni dominanti nell'ambito dei mezzi di comunicazione di massa è fatto divieto di essere titolare:

a) di una concessione per radiodiffusione televisiva in ambito nazionale, qualora si abbia il controllo di imprese editrici di quotidiani la cui tiratura annua abbia superato nell'anno solare precedente il 16 per cento della tiratura complessiva dei giornali quotidiani in Italia;

b) di più di una concessione per radiodiffusione televisiva in ambito nazionale, qualora si abbia il controllo di imprese editrici di quotidiani la cui tiratura superi l'8 per cento della tiratura complessiva dei giornali in Italia;

c) di più di due concessioni per radiodiffusione televisiva in ambito nazionale, qualora si abbia il controllo di imprese editrici di quotidiani la cui tiratura complessiva sia inferiore a quella prevista dalla lettera *b*).

2. Gli atti di cessione, i contratti di affitto o affidamento in gestione di imprese operanti nel settore delle comunicazioni di massa, nonché il trasferimento tra vivi di azioni, partecipazioni o quote di società operanti nel medesimo settore sono nulli ove, per loro effetto, uno stesso soggetto, anche attraverso soggetti controllati o collegati realizzi più del 20 per cento delle risorse complessive del settore delle comunicazioni di massa o più del 25 per cento delle predette risorse nel caso in cui il medesimo soggetto consegua entrate nel settore della comunicazione di massa per almeno due terzi dei propri introiti complessivi.

3. Ai fini dell'applicazione del comma 2, per risorse complessive del settore della comunicazione di massa si intendono i ricavi derivanti dalla vendita di quotidiani e periodici, da vendite o utilizzazione di prodotti audiovisivi, da abbonamenti a giornali, periodici o emittenti radiotelevisive, da pubblicità, da canone e altri contributi pubblici a carattere continuativo.

4. Le concessioni in ambito nazionale riguardanti sia la radiodiffusione televisiva che sonora, rilasciate complessivamente ad un medesimo soggetto, a soggetti controllati da o collegati a soggetti i quali a loro volta controllino altri titolari di concessioni, non possono superare il 25 per cento del numero di reti nazionali previste dal piano di assegnazione e comunque il numero di tre (1).

5. Ai fini dell'applicazione del presente articolo, alla titolarità della concessione è equiparato il controllo o collegamento, ai sensi dell'articolo 37 della presente legge, con società titolari di concessione, ovvero, per le persone fisiche o giuridiche non societarie, la titolarità di azioni o di quote nelle misure indicate dall'articolo 2359 del codice civile o l'esistenza dei vincoli contrattuali ivi previsti; inoltre ogni autorizzazione ad esercitare impianti ripetitori di programmi radiofonici o televisivi esteri di cui agli articoli 38 e seguenti della legge 14 aprile 1975, n. 103, e successive modificazioni, equivale a titolarità di una concessione per la radiodiffusione sonora o televisiva in ambito nazionale.

6. Le imprese concessionarie di pubblicità, di produzione o di distribuzione di programmi, che operano nel settore radiotelevisivo, devono presentare al Garante, entro il 31 luglio di ogni anno, i propri bilanci, corredati da un documento da cui risultino analiticamente gli elementi contabili relativi ai contratti stipulati con i concessionari privati, con la concessionaria pubblica e con i titolari di autorizzazione ai sensi dell'articolo 38 della legge 14 aprile 1975, n. 103. Tale documento è compilato sulla base di modelli, approvati con le modalità previste dal comma 1 dell'articolo 14, e deve contenere l'indicazione dei soggetti con i quali sono stati stipulati i contratti, le eventuali clausole di esclusiva, gli eventuali minimi garantiti pattuiti, i pagamenti eseguiti in favore di ogni soggetto ed ogni altro elemento ritenuto necessario ai fini dell'accertamento dell'osservanza delle disposizioni della presente legge.

7. Qualora i concessionari privati, la concessionaria pubblica o i titolari di autorizzazione ai sensi dell'articolo 38 della legge 14 aprile 1975, n. 103, si trovino in situazioni di controllo o di collegamento nei confronti di imprese concessionarie di pubblicità, queste ultime non possono raccogliere pubblicità per più di tre reti televisive nazionali, o due reti nazionali e tre reti locali o una rete nazionale e sei locali ivi comprese quelle di cui sono titolari i soggetti controllanti o collegati; eventuali ulteriori contratti stipulati dalle imprese concessionarie di pubblicità di cui al presente comma devono avere per oggetto pubblicità da diffondere con mezzi diversi da quello radiofonico e televisivo e comunque in misura non superiore al 2 per cento degli investimenti pubblicitari complessivi dell'anno precedente. Le stesse disposizioni si applicano alle società concessionarie di pubblicità che abbiano il controllo di imprese titolari di concessione per la radiodiffusione sonora e televisiva o che siano ad esse collegate. I contratti stipulati in difformità dalle norme di cui al presente comma sono nulli.

8. I concessionari privati e la concessionaria pubblica sono tenuti all'osservanza delle leggi e delle convenzioni internazionali in materia di telecomunicazioni e di utilizzazione delle opere dell'ingegno.

9. È vietata la trasmissione di messaggi cifrati o di carattere sublimale.

10. È vietata la trasmissione di programmi che possano nuocere allo sviluppo psichico o morale dei mi-

nori, che contengano scene di violenza gratuita o pornografiche, che inducano ad atteggiamenti di intolleranza basati su differenze di razza, sesso, religione o nazionalità.

11. È comunque vietata la trasmissione di film ai quali sia stato negato il nulla osta per la proiezione o la rappresentazione in pubblico oppure siano stati vietati ai minori di anni diciotto.

12. In caso di violazione del divieto di cui al comma 11 del presente articolo si applicano le sanzioni previste dall'articolo 15 della legge 21 aprile 1962, n. 161, intendendosi per chiusura del locale la disattivazione dell'impianto.

13. I film vietati ai minori di anni quattordici non possono essere trasmessi né integralmente ne parzialmente prima delle ore 22,30 e dopo le ore 7.

14. I concessionari privati e la concessionaria pubblica non possono trasmettere opere cinematografiche salvo accordo contrario tra gli aventi diritto e il concessionario, prima che sia trascorso un termine di due anni dall'inizio della programmazione di tale opera nelle sale cinematografiche in uno degli Stati appartenenti alla comunità economica europea; nel caso di opere cinematografiche coprodotte dal concessionario, tale termine è ridotto ad un anno.

15. I concessionari privati e la concessionaria pubblica sono tenuti a trasmettere il medesimo programma su tutto il territorio per il quale è rilasciata la concessione. Il regolamento di cui all'articolo 36 e la concessione di cui all'articolo 2, comma 2, determinano i casi in cui è ammessa deroga a tale obbligo.

16. Le disposizioni di cui al comma 3 dell'articolo 8 si applicano a decorrere dal 1° gennaio 1993 limitatamente alle opere ultimate per le quali i concessionari hanno acquisito i diritti alla utilizzazione antecedentemente al 30 giugno 1990] (2).

(1) *C. cost. 7 dicembre 1994 n. 420, ha dichiarato* l'illegittimità costituzionale *dell'art. 15, comma 4, nella parte relativa alla radiodiffusione televisiva.*

(2) *Articolo abrogato dall'articolo 54 del d.lgs. 31 luglio 2005, n. 177.*

16-31 (*Omissis*).

TITOLO V
Norme transitorie e finali

32 Autorizzazione alla prosecuzione nell'esercizio.

1. I privati, che alla data di entrata in vigore della presente legge esercìscono impianti per la radiodiffusione sonora o televisiva in ambito nazionale o locale e i connessi collegamenti di telecomunicazione, sono autorizzati a proseguire nell'esercizio degli impianti stessi, a condizione che abbiano inoltrato domanda per il rilascio della concessione di cui all'articolo 16 entro sessanta giorni dalla data di entrata in vigore della presente legge e fino al rilascio della concessione stessa ovvero fino alla reiezione della domanda e comunque non oltre settecentotrenta giorni dalla data di entrata in vigore della presente legge (1).

2. Nel tempo che intercorre tra la data di entrata in vigore della presente legge e il rilascio della concessione stessa ovvero fino alla reiezione della domanda ovvero ancora la scadenza dei settecentotrenta giorni dalla data di entrata in vigore della presente legge non è ammessa modificazione della funzionalità tecnico-operativa degli impianti di cui al comma 1, ad eccezione di interventi derivanti da provvedimenti di organi giurisdizionali o del Ministro delle comunicazioni con le procedure di cui alla legge 8 aprile 1983, n. 110, finalizzati al coordinamento e alla compatibilità elettromagnetica con impianti radioelettrici ed in particolare con impianti dei servizi pubblici nazionali ed esteri, dei servizi di navigazione aerea e di assistenza al volo e delle emittenti private già esistenti. Sono altresì ammessi interventi, autorizzati dal Ministro delle comunicazioni con le procedure di cui alla legge 8 aprile 1983, n. 110, che non modifichino i parametri radioelettrici degli impianti.

3. I privati di cui al comma 1 sono autorizzati a proseguire nell'esercizio degli impianti alla ulteriore condizione che rendano entro sessanta giorni dalla data di entrata in vigore della presente legge comunicazione contenente i dati e gli elementi previsti dall'articolo 4, comma 1, del decreto-legge 6 dicembre 1984, n. 807, convertito con modificazioni, dalla legge 4 febbraio 1985, n. 10, corredata dalle schede tecniche previste dal decreto del Ministro delle comunicazioni 13 dicembre 1984, pubblicato nella Gazzetta Ufficiale n. 346 del 18 dicembre 1984.

4. È vietata la detenzione da parte dei privati di cui al presente articolo di frequenze non indispensabili per l'illuminazione dell'area di servizio e del bacino.

5. L'inosservanza delle disposizioni di cui al presente, articolo ovvero la radiodiffusione di trasmissioni consistenti in immagini o segnali sonori fissi o ripetitivi, comporta la disattivazione degli impianti da parte del Ministero delle comunicazioni.

6. Le disposizioni di cui ai precedenti commi si applicano anche agli esercenti di impianti di ripetizione di segnali esteri.

(1) *Termine di cui al comma 1, vedi l'art. 2, d.l. 27 agosto 1993, n. 323, conv. in l. 27 ottobre 1993, n. 422.*

33 Norme per i soggetti autorizzati.

1. Le norme di cui agli articoli 10; 11; ai commi 1, 2, 3, 4, 6 e 7 dell'articolo 13, anche se non finalizzate all'iscrizione nel [registro nazionale delle imprese radiotelevisive] (1); all'articolo 14; ai commi 6 e da 8 a 15 dell'articolo 15; al comma 3 dell'articolo 20 nonché le connesse disposizioni sanzionatorie di cui agli articoli 30 e 31 riferentisi ai concessionari privati per la radiodiffusione sonora e televisiva in ambito rispettivamente nazionale e locale, si applicano ai soggetti di cui all'articolo 32 i quali esercìscano rispettivamente, alla data di entrata in vigore della presente legge, reti nazionali ovvero emittenti e reti locali, così come definite ai sensi del comma 11 dell'articolo 3 e del comma 3 dell'articolo 21.

2. Le norme di cui agli articoli 8 (fatto salvo quanto disposto dal comma 16 dell'articolo 15); 9; ai commi 7 e 15 dell'articolo 15; ai commi 1, 2, 4, 5 e 6 dell'articolo 20;

all'articolo 26, nonché le connesse disposizioni sanzionatorie di cui all'articolo 31, hanno efficacia a decorrere dal trecentosessantacinquesimo giorno dalla data di entrata in vigore della presente legge; per i concessionari privati esercenti attività di radiodiffusione sonora in ambito nazionale e locale hanno efficacia a decorrere dal settecentotrentesimo giorno dalla data di entrata in vigore della presente legge: a tal fine le norme riferentisi ai concessionari privati per la radiodiffusione sonora e televisiva rispettiva mente in ambito nazionale e locale si applicano ai soggetti di cui all'articolo 32 i quali eserciscano rispettivamente, alla data di entrata in vigore della presente legge, reti nazionali, ovvero emittenti e reti locali, così come definite ai sensi del comma 11 dell'articolo 3 e del comma 3 dell'articolo 21. Fino al 31 dicembre 1992 (2), la percentuale di cui al primo periodo del comma 7 dell'articolo 15 è fissata al 3 per cento e gli eventuali ulteriori contratti di cui al medesimo periodo possono riguardare anche emittenti televisive locali.

3. In sede di prima applicazione della presente legge le disposizioni di cui all'articolo 15 comma 1, si applicano a decorrere dal trecentosessantacinquesimo giorno successivo a quello del rilascio della concessione e comunque non oltre il settecentotrentesimo giorno dalla data di entrata in vigore della presente legge. Trascorso tale termine la concessione è revocata di diritto e gli impianti vengono disattivati qualora il titolare della concessione non abbia ottemperato alle disposizioni medesime.

4. I soggetti i quali, alla data di entrata in vigore della presente legge, abbiano già conseguito una posizione vietata ai sensi del comma 2 dell'articolo 15, sono obbligati ad adempiere al disposto di detto comma entro il termine massimo di settecentotrenta giorni. In caso di inadempienza il Garante dispone la disattivazione degli impianti televisivi ovvero, qualora la concentrazione sia realizzata senza l'apporto di reti televisive, la dismissione forzata di società o di partecipazioni o di quote, ovvero ancora lo scorporo e la vendita forzata di attività esercite da società controllate o collegate ai soggetti di cui al presente comma.

(1) *Vedi ora l'art. 1, comma 6, l. 31 luglio 1997, n. 249, istitutivo del Registro degli operatori di comunicazione.*

(2) *Termine prorogato al 1° ottobre 1994 dall'art. 4, d.l. 19 ottobre 1992, n. 408, conv. in l. 17 dicembre 1992, n. 483.*

34 Disposizioni transitorie.

1. Il primo piano di assegnazione viene definito sulla base del piano nazionale di ripartizione delle radiofrequenze vigente alla data di entrata in vigore della presente legge. Gli impianti censiti ai sensi dell'articolo 4 del decreto-legge 6 dicembre 1984, n. 807, convertito, con modificazioni, dalla legge 4 febbraio 1985, n. 10, costituiscono elementi per la definizione del piano stesso che è redatto entro centottanta giorni dalla data di entrata in vigore della presente legge dal Ministero delle comunicazioni, sentita l'apposita commissione nominata dal Ministro delle comunicazioni, che può avvalersi della collaborazione di enti, società ed esperti scelti con le modalità ed alle condizioni previste dall'articolo 380 del testo unico approvato con decreto del Presidente della Repubblica 10 gennaio 1957, n. 3.

2. Fino a quando non sarà emanato il decreto del Presidente della Repubblica di approvazione del piano nazionale di ripartizione delle radiofrequenze di cui all'articolo 3, la ripartizione delle radiofrequenze stesse è regolata dal decreto del Ministro delle comunicazioni 31 gennaio 1983, pubblicato nel supplemento ordinario alla Gazzetta Ufficiale n. 47 del 17 febbraio, 1983, e successive modificazioni ed integrazioni.

3. In sede di prima applicazione della presente legge costituisce, a parità di condizioni, titolo preferenziale per il rilascio della concessione di cui all'articolo 16 l'esercizio di impianti per la radiodiffusione sonora e televisiva ai sensi dell'articolo 32 qualora gli esercenti abbiano fatto domanda e rispettino le condizioni di cui allo stesso articolo 32 e ferma restando l'applicazione dei criteri di cui al comma 17 dell'articolo 16. Il suddetto titolo preferenziale comporta che i trasferimenti di cui al comma 1 dell'articolo 13 determinano la decadenza della concessione se effettuati entro quattro anni dal rilascio della concessione stessa qualora la vendita di azioni o di quote determini il passaggio del controllo delle società.

4. In sede di prima applicazione della presente legge, in deroga a quanto previsto dal comma 1 dell'articolo 19, possono essere assentite due concessioni per radiodiffusione sonora o televisiva ad un medesimo soggetto per un solo bacino di utenza qualora nello stesso bacino esercisca e abbia esercito continuativamente, a partire dalla data di entrata in vigore della legge 4 febbraio 1985, n. 10, impianti per i quali è stata inoltrata nei termini la comunicazione di cui all'articolo 4 del decreto-legge 6 dicembre 1984, n. 807, convertito, con modificazioni, dalla predetta legge n. 10 del 1985, e purché rispetti le condizioni di cui all'articolo 32 della presente legge.

5. Le concessioni previste nella presente legge possono essere rilasciate solo dopo l'approvazione del piano di assegnazione.

6. Il Ministro delle comunicazioni, in sede di prima applicazione della presente legge, è tenuto a rilasciare le concessioni di cui al presente articolo non oltre novanta giorni dalla data di emanazione del regolamento di cui all'articolo 36.

7. In sede di prima applicazione della presente legge i Presidenti del Senato della Repubblica e della Camera dei deputati nominano per un triennio il Garante dell'attuazione della legge sull'editoria in carica alla data di entrata in vigore della presente legge Garante per la radiodiffusione e l'editoria. È esclusa la facoltà di conferma di cui al comma 3 dell'articolo 6.

35-41 (*Omissis*).

96. Decreto legge 27 agosto 1993, n. 323, convertito, con modificazioni, in legge 27 ottobre 1993, n. 422. — Provvedimenti urgenti in materia radiotelevisiva. (*estratto*).

Pubblicato nella Gazzetta Ufficiale n. 202 del 28 agosto 1993; la legge di conversione è stata pubblicata nella Gazzetta Ufficiale n. 253 del 27 ottobre 1993.

1 1. Il Ministro delle poste e delle telecomunicazioni rilascia ai soggetti autorizzati a proseguire nell'esercizio di impianti per la radiodiffusione televisiva in ambito locale, ai sensi dell'art. 32 della legge 6 agosto 1990, n. 223, le relative concessioni con durata fino alla data di entrata in vigore della nuova disciplina del sistema radiotelevisivo e dell'editoria prevista dall'art. 2, comma 2, della legge 25 giugno 1993, n. 206, e comunque per un periodo non superiore a tre anni.

2. L'atto di concessione consente esclusivamente l'esercizio degli impianti e dei connessi collegamenti di telecomunicazioni censiti ai sensi dell'art. 32 della legge 6 agosto 1990, n. 223, ed eventualmente modificati ai sensi del comma 2 del medesimo articolo dallo stesso esercente o da un altro soggetto dal quale l'esercente li abbia acquisiti, nonché verificati dai competenti organi del Ministero delle poste e delle telecomunicazioni (1).

3. Fino alla scadenza del termine di durata delle concessioni di cui al comma 1, i titolari di concessioni ai sensi dell'art. 16 della legge 6 agosto 1990, n. 233, o di autorizzazione ai sensi dell'art. 38 della legge 14 aprile 1975, n. 103, proseguono l'esercizio della radiodiffusione televisiva in ambito nazionale con gli impianti e i connessi collegamenti di telecomunicazione censiti ai sensi dell'art. 32 della legge 6 agosto 1990, n. 223, ed eventualmente modificati ai sensi del comma 2 della medesima disposizione.

[4. Le concessioni di cui al presente articolo possono essere rilasciate esclusivamente a soggetti che alla data del 28 febbraio 1993 fossero in possesso dei requisiti previsti dall'art. 16, commi 7, 8, 10, 11, 12, 13, 14 e 15, della legge 6 agosto 1990, n. 223. All'art. 1, comma 3, del decreto-legge 19 ottobre 1992, n. 407, convertito, con modificazioni, dalla legge 17 dicembre 1992, n. 482, sono soppresse le parole: "e 18, e dall'art. 17, commi 1 e 2" (1).] (2).

[5. Sono, altresì, requisiti essenziali per il rilascio della concessione di cui al presente articolo, da possedere entro il 30 novembre 1993 e da attestare con idonea documentazione entro la medesima data (3):

a) l'esistenza di un rapporto continuativo di lavoro subordinato, in regola con le vigenti disposizioni di legge in materia previdenziale, per almeno tre dipendenti o tre soci lavoratori (4);

b) il capitale sociale interamente versato nella misura minima prevista dall'art. 16, comma 8, lettera *c*), della legge 6 agosto 1990, n. 223, ovvero, fermo restando quanto previsto dall'art. 2329, primo comma, n. 2), dall'art. 2438, e dall'art. 2439, primo comma, del codice civile, qualora non interamente versato, il rilascio di cauzione secondo le modalità stabilite dall'art. 28, comma 1, del decreto del Presidente della Repubblica 27 marzo 1992, n. 255, per l'importo corrispondente alla parte di capitale non versata [entro il 30 novembre 1993] (4);

c) il versamento della cauzione, secondo le modalità stabilite dall'art. 28, comma 1, del decreto del Presidente della Repubblica 27 marzo 1992, n. 255, nella misura prevista dall'art. 16, comma 8, lettere *a*) e *b*), della legge 6 agosto 1990, n. 223, [entro il 30 novembre 1993] (4);

d) l'adempimento degli obblighi di cui ai commi 1, 1-*bis* e 3 dell'art. 5 del presente decreto (4).] (5).

6. Le disposizioni di cui al comma 5, nonché quelle previste dall'art. 16, comma 8, della legge 6 agosto 1990, n. 223, non si applicano alle emittenti che all'atto della presentazione della documentazione necessaria al rilascio della concessione assumano l'irrevocabile impegno, per tutta la durata della concessione, di trasmettere pubblicità in qualunque forma non oltre i limiti previsti per le emittenti radiofoniche a carattere comunitario. Le stesse emittenti sono tenute al pagamento del canone di concessione nella misura indicata dal comma 2 dell'art. 22 della legge 6 agosto 1990, n. 223.

7. Qualora, nel periodo di durata della concessione, vengano meno i requisiti di cui ai commi 4 e 5, ovvero in caso di inosservanza della disposizione di cui al comma 6, il Ministro delle poste e delle telecomunicazioni, anche su segnalazione del Garante per la radiodiffusione e l'editoria, dispone l'immediata revoca della concessione.

7-*bis*. In attesa dell'attuazione del piano nazionale di assegnazione delle frequenze, può essere consentita, per il periodo di durata delle concessioni in ambito locale previsto dal presente articolo, la trasmissione in contemporanea dei programmi televisivi di cui all'accordo di collaborazione in materia radio-televisiva tra la Repubblica italiana e la Repubblica di San Marino del 23 ottobre 1987, ratificato ai sensi della legge 9 aprile 1990, n. 99, da parte dei concessionari privati per la radiodiffusione televisiva in ambito locale nei bacini limitrofi alla Repubblica di San Marino e secondo le procedure previste dall'art. 21 della legge 6 agosto 1990, n. 223 (6).

7-*ter*. L'impianto previsto dall'art. 3 dell'accordo di cui al comma 7-*bis* del presente articolo è attivato tenendo conto delle esigenze derivanti dall'applicazione della normativa italiana sulle radiodiffusioni. Le trasmissioni devono essere conformi alla normativa europea, comunitaria ed italiana (6).

7-*quater*. La concessione per la radiodiffusione televisiva in ambito locale di cui al comma 1 dell'art. 1 viene altresì rilasciata a società costituite entro il 31 dicembre 1993 in possesso dei requisiti di cui ai commi 4 e 5 dello stesso art. 1, nelle quali vengano conferite entro lo stesso termine almeno tre emittenti televisive in ambito locale, ciascuna delle quali sia in possesso dei requisiti previsti al comma 4 dell'art. 1 e al comma 3 dell'art. 5 del presente decreto, che abbiano fatturato nell'anno 1992 non più di 200 milioni di lire, già autorizzate ai sensi dell'art. 32 della legge 6 agosto 1990, n. 223 (6).

(1) *Comma sostituito in sede di conversione.*
(2) *Comma abrogato dall'articolo 1, comma 46, lettera f), del d.l. 23 ottobre 1996, n. 545, conv., con modif., in l. 23 dicembre 1996, n. 650 nella parte in cui prescrive, come requisiti essenziali per il rilascio e per la validità delle concessioni per la radiodiffusione, la presentazione dei bilanci e dei relativi allegati al Garante per la radiodiffusione e l'editoria.*
(3) *Alinea sostituito in sede di conversione.*
(4) *Lettera modificata in sede di conversione.*
(5) *Comma abrogato dall'articolo 1, comma 46, lettera f), del d.l. n. 545, cit. nella parte in cui prescrive, come requisiti essenziali per il rilascio e per la validità delle concessioni per la radiodiffusione, la presentazione dei bilanci e dei relativi allegati al Garante per la radiodiffusione e l'editoria.*
(6) *Comma aggiunto in sede di conversione.*

2 1. Il termine per la prosecuzione dell'esercizio degli impianti per la radiodiffusione televisiva in ambito locale e dei connessi collegamenti di telecomunicazione di cui all'art. 32, comma 1, della legge 6 agosto 1990, n. 223, è prorogato, per le emittenti autorizzate alla prosecuzione stessa, fino al rilascio della concessione, ovvero fino alla reiezione della domanda, e comunque non oltre il 28 febbraio 1994.

2. Il Ministro delle poste e delle telecomunicazioni rilascia le concessioni per la radiodiffusione televisiva entro il novantesimo giorno successivo al ricevimento della documentazione attestante i requisiti previsti dall'art. 1 del presente decreto.

3. La documentazione di cui al comma 2 deve essere inoltrata al Ministero delle poste e delle telecomunicazioni entro il 30 novembre 1993.

3-*bis*. Il Ministero delle poste e delle telecomunicazioni può richiedere ai soggetti interessati, oltre alla documentazione prevista dal comma 2 del presente articolo e dal comma 2 dell'art. 4, dichiarazioni sostitutive di atti di notorietà, rese ai sensi della legge 4 gennaio 1968, n. 15, per l'attestazione degli elementi istruttori necessari per il rilascio delle concessioni per la radiodiffusione sonora e televisiva. Il Ministero delle poste e delle telecomunicazioni, successivamente al rilascio delle concessioni, procede alla verifica di tali attestazioni e, in caso di dichiarazioni false, il Ministro delle poste e delle telecomunicazioni dispone la revoca della concessione, ferme restando le sanzioni previste dalle norme vigenti (1).

[4. Il Ministro delle poste e delle telecomunicazioni nomina una commissione coordinata da un esperto in materie radioelettriche e composta da un esperto designato da ciascuna delle associazioni più rappresentative delle emittenti, da un esperto designato dalla concessionaria pubblica, da un esperto designato da ogni regione e dalle province autonome di Trento e di Bolzano, da un esperto in materie giuridiche e da un rappresentante del Consiglio superiore tecnico delle poste, delle telecomunicazioni e dell'automazione. Tale commissione formula [eventuali] osservazioni e proposte sul procedimento istruttorio relativo al rilascio delle concessioni per l'esercizio della radiodiffusione ed opera quale organo consultivo del Ministro delle poste e delle telecomunicazioni per i problemi attinenti all'assetto del sistema radiotelevisivo. La partecipazione alla commissione è a titolo gratuito (2).] (3).

(1) *Comma aggiunto in sede di conversione.*
(2) *Comma modificato in sede di conversione.*
(3) *Comma abrogato dall'articolo 9, comma 2, lettera a), del d.P.R. 14 maggio 2007, n. 72.*

3 1. Entro dodici mesi dalla data di entrata in vigore della legge di conversione del presente decreto, il Ministro delle poste e delle telecomunicazioni procede alla revisione del piano nazionale di assegnazione delle radiofrequenze per la radiodiffusione televisiva, approvato con decreto del Presidente della Repubblica 20 gennaio 1992, di cui all'avviso pubblicato nella Gazzetta Ufficiale n. 53 del 4 marzo 1992, tenendo conto del quadro normativo vigente e della rapida evoluzione tecnologica del settore.

2. Anche al fine di garantire, fino all'entrata in vigore della nuova disciplina del sistema radiotelevisivo e dell'editoria di cui al comma 2 dell'art. 2 della legge 25 giugno 1993, n. 206, l'equilibrio tra i soggetti operanti nella radiodiffusione televisiva in ambito nazionale e quelli operanti in ambito locale, il Ministro delle poste e delle telecomunicazioni non rilascia le concessioni per la radiodiffusione televisiva in ambito nazionale, comprese le autorizzazioni a ripetere programmi esteri, a più di otto emittenti televisive nazionali private, sulla base dell'elenco di cui all'art. 1 del decreto del Ministro delle poste e delle telecomunicazioni del 13 agosto 1992.

[3. L'applicazione delle disposizioni di cui all'art. 4 della legge 6 agosto 1990, n. 223, è sospesa nel perio do di vigenza delle concessioni di cui all'art. 1 del presente decreto (1).] (2).

(1) *Articolo sostituito in sede di conversione.*
(2) *Comma abrogato dall'articolo 1, comma 22, del d.l. 23 ottobre 1996, n. 545, come modificato in sede di conversione in l. 23 dicembre 1996, n. 650.*

4 1. Il termine per la prosecuzione dell'esercizio degli impianti per la radiodiffusione sonora e dei connessi collegamenti di telecomunicazione, di cui all'art. 32, comma 1, della legge 6 agosto 1990, n. 223, è prorogato, per le emittenti autorizzate alla prosecuzione stessa, fino al rilascio della concessione, ovvero fino alla reiezione della domanda e comunque non oltre il 28 febbraio 1994.

2. Il Ministro delle poste e delle telecomunicazioni rilascia le concessioni per la radiodiffusione sonora entro il novantesimo giorno successivo al ricevimento della documentazione attestante i requisiti previsti dall'art. 1, comma 3, del decreto-legge 19 ottobre 1992, n. 407, convertito, con modificazioni, dalla legge 17 dicembre 1992, n. 482.

3. La documentazione di cui al comma 2 deve essere inoltrata al Ministero delle poste e delle telecomunicazioni entro il termine del 30 novembre 1993.

3-*bis*. Le imprese di radiodiffusione sonora operanti in ambito locale devono assumere entro il 30 novembre 1993 l'impegno di cui all'art. 16, comma 18, della legge 6 agosto 1990, n. 223, con riferimento all'orario minimo di programmazione settimanale di cui all'art. 20, comma 1, della stessa legge n. 223 del 1990. Tale impegno, che costituisce requisito essenziale per il rilascio della concessione di cui all'art. 1, comma 3, del decreto-legge 19 ottobre 1992, n. 407, convertito, con modificazioni, dalla legge 17 dicembre 1992, n. 482, qualora non specificatamente contenuto nella domanda di concessione deve essere inoltrato entro il suddetto termine al Ministero delle poste e delle telecomunicazioni con atto con firma autenticata (1).

(1) *Comma aggiunto in sede di conversione.*

5-12 (*Omissis*).

97. Decreto legge 23 ottobre 1996, n. 545, convertito, con modificazioni, in legge 23 dicembre 1996, n. 650. — Disposizioni urgenti per l'esercizio dell'attività radiotelevisiva e delle telecomunicazioni. (*estratto*).

Pubblicato nella Gazzetta Ufficiale n. 249 del 23 ottobre 1996; la legge di conversione è stata pubblicata nella Gazzetta Ufficiale n. 300 del 23 dicembre 1996.

1 Disposizioni urgenti per l'esercizio dell'attività radiotelevisiva e delle telecomunicazioni, interventi per il riordino della RAI S.p.a., nel settore dell'editoria e dello spettacolo, per l'emittenza televisiva e sonora in ambito locale nonché per le trasmissioni televisive in forma codificata (1).

1. In attesa della riforma complessiva del sistema radiotelevisivo e delle telecomunicazioni, da attuare nel rispetto delle indicazioni date dalla Corte costituzionale con sentenza 7 dicembre 1994, n. 420, ed al fine di consentire la predisposizione del nuovo piano nazionale di assegnazione delle frequenze, è consentita ai soggetti che legittimamente svolgono attività radiotelevisiva alla data del 27 agosto 1996 la prosecuzione dell'esercizio della radiodiffusione televisiva e sonora in ambito nazionale e locale fino al 31 maggio 1997. Qualora entro tale data la legge di riforma del sistema radiotelevisivo non sia entrata in vigore, ma abbia avuto l'approvazione di una Camera, il termine predetto è fissato al 31 luglio 1997.

2. Su proposta del Ministro delle poste e delle telecomunicazioni, secondo le procedure di cui all'art. 17, comma 2, della legge 23 agosto 1988, n. 400, e in applicazione dell'art. 4 della legge 9 marzo 1989, n. 86, sono adottati, entro novanta giorni dalla data di entrata in vigore del presente decreto, i regolamenti per l'attuazione: *a*) della direttiva 95/51/CE, riguardante l'uso di reti televisive via cavo per la fornitura di servizi di telecomunicazioni già liberalizzati; *b*) della direttiva 95/62/CE sull'applicazione del regime di fornitura di una rete aperta (ONP) alla telefonia vocale; *c*) della direttiva 96/19/CE, che modifica la direttiva 90/388/CEE, al fine della completa apertura alla concorrenza dei mercati delle telecomunicazioni. Con i regolamenti di cui al presente comma si riconosce: la soppressione dei diritti esclusivi e speciali, il diritto di ciascuna impresa di svolgere servizi di telecomunicazioni e di installare reti di telecomunicazioni, la sottoposizione delle imprese ad autorizzazione, salve le concessioni previste da legge. I regolamenti di cui al presente comma stabiliscono, secondo criteri di obiettività, trasparenza, non discriminazione e proporzionalità, condizioni, requisiti e procedure per il rilascio delle autorizzazioni o concessioni, la loro durata, onerosità, obblighi di interconnessione, di accesso e di fornitura del servizio universale. Gli schemi di regolamento sono trasmessi alla Camera dei deputati e al Senato della Repubblica perché su di essi sia espresso, entro venti giorni dalla data di assegnazione, il parere delle Commissioni competenti per materia. Decorso tale termine, i regolamenti sono emanati anche in mancanza del parere.

3. Per l'anno 1997 restano fissati nella misura prevista per l'anno 1996 il canone di concessione a carico della RAI - Radiotelevisione italiana S.p.a., il sovrapprezzo dovuto dagli abbonati ordinari alla televisione, il canone di abbonamento speciale per la detenzione fuori dall'ambito familiare di apparecchi radioriceventi o televisivi ed il canone complessivo dovuto per l'uso privato di apparecchi radiofonici o televisivi a bordo di automezzi o autoscafi. Le disponibilità in conto competenza del capitolo 1344 dello stato di previsione della Presidenza del Consiglio dei Ministri, non impegnate entro il 31 dicembre 1995, possono esserlo nell'anno in corso ed in quello successivo.

4. Tutti gli atti inerenti ai rapporti regolati dagli articoli 16, 17, 22 e 23 della convenzione tra il Ministero delle poste e delle telecomunicazioni e la RAI - Radiotelevisione italiana S.p.a., approvata con decreto del Presidente della Repubblica 28 marzo 1994, pubblicato nella Gazzetta Ufficiale n. 188 del 12 agosto 1994, sono resi noti dal Ministro delle poste e delle telecomunicazioni alla Commissione parlamentare per l'indirizzo generale e la vigilanza dei servizi radiotelevisivi che esercita, ove occorra, funzioni di indirizzo, entro venti giorni. Il Ministro delle poste e delle telecomunicazioni trasmette alla Commissione parlamentare per l'indirizzo generale e la vigilanza dei servizi radiotelevisivi gli atti relativi alle attività di cui all'art. 5, comma 3, della predetta convenzione tra il Ministero delle poste e delle telecomunicazioni e la RAI. La Commissione segnala, entro venti giorni, al Ministro delle poste e delle telecomunicazioni eventuali attività che possano arrecare pregiudizio allo svolgimento del pubblico servizio concesso. Il Ministro delle poste e delle telecomunicazioni entro trenta giorni dalla segnalazione riferisce alla Commissione e adotta gli eventuali provvedimenti.

5-7. (*Omissis*) (2).

8. Nel rispetto delle diverse tendenze politiche, culturali e sociali e al fine di valorizzare la lingua e la cultura italiana e promuovere l'innovazione tecnologica ed industriale, con particolare riguardo ai processi di convergenza multimediale, la concessionaria del servizio pubblico radiotelevisivo, previa autorizzazione del Ministro delle poste e delle telecomunicazioni, sentite le competenti Commissioni parlamentari, può

realizzare trasmissioni radiotelevisive tematiche in chiaro via satellite.

9. Quanto previsto dalla lettera *a*) dell'art. 19 della legge 14 aprile 1975, n. 103, secondo la convenzione stipulata tra Regione Valle d'Aosta e RAI, rientra negli obblighi derivanti alla RAI dalla legge 25 giugno 1993, n. 206, e dalla conseguente convenzione di cui al decreto del Presidente della Repubblica 28 marzo 1994.

(*Omissis*)

(1) *Articolo sostituito in sede di conversione.*

(2) *Commi abrogati dall'articolo 54, comma 1, lettera e), d.lgs. 31 luglio 2005, n. 177.*

2-4 (*Omissis*).

98. Legge 31 luglio 1997, n. 249. — Istituzione dell'Autorità per le garanzie nelle comunicazioni e norme sui sistemi delle telecomunicazioni e radiotelevisivo. (*rinvio*) (1).

Pubblicata nella Gazzetta Ufficiale n. 177 del 31 luglio 1997.

(1) Sub *II, 66.*

99. Legge 30 aprile 1998, n. 122. — Differimento di termini previsti dalla legge 31 luglio 1997, n. 249, relativi all'Autorità per le garanzie nelle comunicazioni, nonché norme in materia di programmazione e di interruzioni pubblicitarie televisive.

Pubblicata nella Gazzetta Ufficiale n. 99 del 30 aprile 1998.

1 Differimento di termini relativi alle concessioni televisive e ulteriori disposizioni sul piano nazionale delle frequenze.

1. Le date previste come termini nei commi 1 e 2 dell'articolo 3 della legge 31 luglio 1997, n. 249, nonché, limitatamente alla rete non eccedente, la data del 30 aprile 1998 di cui al comma 11 del medesimo articolo 3, sono posticipate di nove mesi.

2. Il parere delle regioni sul piano nazionale di assegnazione delle frequenze di cui all'articolo 2, comma 6, della legge 31 luglio 1997, n. 249, è reso da ciascuna regione nel termine di trenta giorni dalla data di ricezione dello schema di piano, decorso il quale il parere si intende reso favorevolmente.

3. L'Autorità per le garanzie nelle comunicazioni adotta il piano nazionale di assegnazione delle frequenze anche in assenza dell'intesa con le regioni Valle d'Aosta e Friuli Venezia-Giulia e con le province autonome di Trento e di Bolzano prevista dall'articolo 2, comma 6, della legge 31 luglio 1997, n. 249, qualora detta intesa non sia raggiunta entro il termine di sessanta giorni dalla data di ricezione dello schema di piano. L'Autorità per le garanzie nelle comunicazioni, allo scopo, promuove apposite iniziative finalizzate al raggiungimento dell'intesa. In sede di adozione del piano nazionale di assegnazione delle frequenze, l'Autorità per le garanzie nelle comunicazioni indica i motivi e le ragioni di interesse nazionale che hanno determinato la necessità di decidere unilateralmente.

4. (*Omissis*) (1).

5. Fermo restando quanto stabilito dal comma 4, il Ministero delle comunicazioni, attraverso i propri organi periferici, autorizza le modifiche degli impianti di radiodiffusione sonora e televisiva e dei connessi collegamenti di telecomunicazione, censiti ai sensi dell'articolo 32, comma 3, della legge 6 agosto 1990, n. 223, per la compatibilizzazione radioelettrica, nonché per l'ottimizzazione e la razionalizzazione delle aree servite da ciascuna emittente legittimamente operante alla data di entrata in vigore della legge 31 luglio 1997, n. 249. Tali modifiche devono essere attuate su base non interferenziale con altri utilizzatori dello spettro radio e possono consentire anche un limitato ampliamento delle aree servite.

6. Gli organi periferici del Ministero delle comunicazioni provvedono in ordine alle richieste di autorizzazione di cui ai commi 4 e 5 entro sessanta giorni dalla richiesta. Le autorizzazioni costituiscono titolo per la variazione dei provvedimenti concessori delle emittenti interessate.

7. In attesa della adozione del piano nazionale di assegnazione delle frequenze, gli impianti di radiodiffusione sonora e televisiva e i collegamenti di telecomunicazione, legittimamente operanti in virtù di provvedimento della magistratura che non siano oggetto di situazione interferenziale e non siano tra quelli risultanti inesistenti nelle verifiche dei competenti organi del Ministero delle comunicazioni, possono essere oggetto di cessione ai sensi dell'articolo 1, comma 13, del decreto-legge 23 ottobre 1996, n. 545, convertito, con modificazioni, dalla legge 23 dicembre 1996, n. 650. Ai soggetti di cui al medesimo articolo 1, comma 13, a cui sia stata rilasciata più di una concessione per la radiodiffusione sonora, è consentita la cessione di intere emittenti a società di capitali di nuova costituzione. Agli stessi soggetti è consentito inoltre di procedere allo scorporo mediante scissione delle emittenti oggetto di concessione.

8. (*Omissis*) (2).

(1) *Sostituisce il comma 2 dell'art. 6, d.l. 27 agosto 1993, n. 323, conv. in l. 27 ottobre 1993, n. 422.*

(2) *Sostituisce il comma 17 dell'art. 3, l. 31 luglio 1997, n. 249.*

2 Promozione della distribuzione e della produzione di opere europee.

1-6. (*Omissis*) (1).

7. Sono abrogati l'art. 26 della legge 6 agosto 1990, n. 223, e l'art. 55 della legge 4 novembre 1965, n. 1213, come sostituito dall'art. 12 del decreto-legge 14 gennaio 1994, n. 26, convertito, con modificazioni, dalla legge 1° marzo 1994, n. 153.

8. Con regolamento da emanarsi ai sensi dell'articolo 17, comma 2, della legge 23 agosto 1988, n. 400, su proposta dell'autorità di Governo competente in materia di spettacolo, fatte salve le competenze dell'Autorità per le garanzie nelle comunicazioni di cui all'articolo 1, comma 6, lettera *b*), numero 4), della legge 31 luglio 1997, n. 249, di concerto con il Ministro delle comunicazioni, sono disciplinate le modalità di sfruttamento dei film italiani e stranieri da parte delle emittenti televisive, anche in considerazione dell'intervento pubblico ai sensi della legge 4 novembre 1965, n. 1213, e della legge 14 agosto 1971, n. 819.

9-11. (*Omissis*) (1).

12. Le emittenti radiotelevisive private che hanno presentato ricorso in sede di giurisdizione amministrativa avverso i provvedimenti di diniego della domanda di concessione inoltrata ai sensi della legge 6 agosto 1990, n. 223, e successive modificazioni, definito con sentenza di rigetto in primo grado, possono esercitare l'attività radiotelevisiva privata fino al passaggio in giudicato della sentenza stessa e, comunque, non oltre i termini di cui all'articolo 1, comma 1, della presente legge, a condizione che alla data di entrata in vigore della legge 31 luglio 1997, n. 249, le emittenti stesse fossero legittimamente operanti in base ad un provvedimento giurisdizionale.

13. Le disposizioni del presente articolo non si applicano alle emittenti televisive che si rivolgono ad un pubblico locale e che non fanno parte di una rete nazionale.

(1) *Commi abrogato dall'articolo 54 del d.lgs. 31 luglio 2005,n. 177.*

3 Disposizioni in materia di pubblicità televisiva.

[1. Gli spot pubblicitari e di televendita isolati devono costituire eccezioni. La pubblicità e gli spot di televendita devono essere inseriti tra i programmi. Purché ricorrano le condizioni di cui ai commi da 2 a 5, la pubblicità e gli spot di televendita possono essere inseriti anche nel corso di un programma in modo tale che non ne siano pregiudicati l'integrità ed il valore, tenuto conto degli intervalli naturali dello stesso nonché della sua durata e natura, nonché i diritti dei titolari.

2. Nei programmi composti di parti autonome o nei programmi sportivi, nelle cronache e negli spettacoli di analoga struttura comprendenti degli intervalli, la pubblicità e gli spot di televendita possono essere inseriti soltanto tra le parti autonome o negli intervalli.

3. La trasmissione di opere audiovisive, ivi compresi i lungometraggi cinematografici ed i film prodotti per la televisione, fatta eccezione per le serie, i romanzi a puntate, i programmi ricreativi ed i documentari, di durata programmata superiore a quarantacinque minuti, può essere interrotta soltanto una volta per ogni periodo di quarantacinque minuti. È autorizzata un'altra interruzione se la durata programmata delle predette opere supera di almeno venti minuti due o più periodi completi di quarantacinque minuti. Le disposizioni di cui al presente comma e di cui al comma 2 non si applicano ai programmi i cui diritti di utilizzazione siano stati acquisiti prima del 28 febbraio 1998.

4. Quando programmi diversi da quelli di cui al comma 2 sono interrotti dalla pubblicità o da spot di televendita, in genere devono trascorrere almeno venti minuti tra ogni successiva interruzione all'interno del programma.

5. La pubblicità e la televendita non possono essere inserite durante la trasmissione di funzioni religiose. I notiziari e le rubriche di attualità, i documentari, i programmi religiosi e quelli per bambini, di durata programmata inferiore a trenta minuti, non possono essere interrotti dalla pubblicità o dalla televendita. Se la loro durata programmata è di almeno trenta minuti, si applicano le disposizioni di cui al presente articolo.

6. Fino alla data di entrata in vigore della disciplina complessiva del sistema delle comunicazioni, le disposizioni di cui ai commi da 2 a 5 non si applicano alle trasmissioni delle emittenti televisive locali destinate unicamente al territorio nazionale e che non possono essere ricevute, direttamente o indirettamente, in uno o più Stati membri dell'Unione europea] (1).

(1) *Articolo abrogato dall'articolo 54 d.lgs. 31 luglio 2005, n. 177.*

3-*bis* Televendita.

1. È vietata la televendita che vilipenda la dignità umana, comporti discriminazioni di razza, sesso o nazionalità, offenda convinzioni religiose e politiche, induca a comportamenti pregiudizievoli per la salute o la sicurezza o la protezione dell'ambiente. È vietata la televendita di sigarette o di altri prodotti a base di tabacco.

2. La televendita non deve esortare i minorenni a stipulare contratti di compravendita o di locazione di prodotti e di servizi. La televendita non deve arrecare pregiudizio morale o fisico ai minorenni e deve rispettare i seguenti criteri a loro tutela:

a) non esortare direttamente i minorenni ad acquistare un prodotto o un servizio, sfruttandone l'inesperienza o la credulità;

b) non esortare direttamente i minorenni a persuadere genitori o altri ad acquistare tali prodotti o servizi;

c) non sfruttare la particolare fiducia che i minorenni ripongono nei genitori, negli insegnanti o in altri;

d) non mostrare, senza motivo, minorenni in situazioni pericolose] (1).

(1) *Articolo abrogato dall'articolo 54 d.lgs. 31 luglio 2005, n. 177.*

4 Entrata in vigore.

1. La presente legge entra in vigore il giorno stesso della sua pubblicazione nella Gazzetta Ufficiale della Repubblica italiana.

100. Decreto legge 30 gennaio 1999, n. 15, convertito, con modificazioni, in legge 29 marzo 1999, n. 78. — Disposizioni urgenti per lo sviluppo equilibrato dell'emittenza televisiva e per evitare la costituzione o il mantenimento di posizioni dominanti nel settore radiotelevisivo.

Pubblicato nella Gazzetta Ufficiale n. 24 del 30 gennaio 1999; la legge di conversione è stata pubblicata nella Gazzetta Ufficiale n. 75 del 31 marzo 1999.

1 Prosecuzione nell'esercizio e differimento di termini.

1. È consentita ai soggetti legittimamente operanti alla data del 31 gennaio 1999, ai sensi della legge 30 aprile 1998, n. 122, la prosecuzione dell'esercizio della radiodiffusione televisiva in ambito nazionale fino al rilascio della concessione ovvero fino alla reiezione della domanda e, comunque, non oltre il 31 luglio 1999. Le domande di concessione devono essere presentate al Ministero delle comunicazioni entro il 31 maggio 1999. A tal fine il disciplinare previsto dall'articolo 1, comma 6, lettera *c*), n. 6), della legge 31 luglio 1997, n. 249, è adottato entro quindici giorni dalla data di entrata in vigore del presente decreto.

2. È consentita ai soggetti legittimamente operanti alla data del 31 gennaio 1999, ai sensi della legge 30 aprile 1998, n. 122, la prosecuzione dell'esercizio della radiodiffusione televisiva in ambito locale fino al rilascio della concessione ovvero fino alla reiezione della domanda e, comunque, non oltre sei mesi dall'integrazione del piano di assegnazione delle frequenze televisive di cui al comma 3. Le domande di concessione devono essere presentate al Ministero delle comunicazioni sulla base del disciplinare previsto dall'articolo 1, comma 6, lettera *c*), della legge 31 luglio 1997, n. 249, entro tre mesi dall'integrazione del predetto piano di assegnazione (1).

3. L'Autorità per le garanzie nelle comunicazioni integra, anche in riferimento alle ulteriori risorse da assegnare ai sensi dell'articolo 2, comma 6, della legge 31 luglio 1997, n. 249, entro il 30 giugno 1999, con l'indicazione del numero delle emittenti che possono operare in ciascun ambito locale, il piano nazionale di assegnazione delle frequenze televisive, approvato con deliberazione 30 ottobre 1998, n. 68, pubblicata nella Gazzetta Ufficiale n. 263 del 10 novembre 1998. Ai fini della predetta integrazione, i soggetti, compresi quelli legittimamente operanti alla data del 31 gennaio 1999, sulla base della legge 30 aprile 1998, n. 122, che intendono presentare domanda per svolgere attività televisiva in ambito locale, comunicano, con finalità ricognitive, all'Autorità per le garanzie nelle comunicazioni, entro trenta giorni dalla data di entrata in vigore del presente decreto, lo specifico ambito locale nel quale intendono operare.

3-*bis*. L'Autorità per le garanzie nelle comunicazioni, per lo svolgimento delle funzioni di propria competenza, continua ad avvalersi, in conformità agli accordi stipulati con il Ministero delle comunicazioni, delle strutture centrali e periferiche del Ministero stesso fino alla data di effettiva immissione in servizio del personale indicato nell'articolo 1, comma 17, della legge 31 luglio 1997, n. 249. Restano validi gli atti e i provvedimenti adottati, nonché le attività poste in essere, dal Ministero delle comunicazioni sulla base di intese e accordi di collaborazione stipulati anche ai sensi degli articoli 11 e 15 della legge 7 agosto 1990, n. 241, e successive modificazioni (2).

3-*ter*. È consentita ai soggetti legittimamente operanti ai sensi della legge 30 aprile 1998, n. 122, la prosecuzione dell'esercizio della radiodiffusione sonora in ambito nazionale e locale fino al rilascio della concessione ovvero fino alla reiezione della domanda e comunque non oltre sei mesi dall'approvazione del piano nazionale di assegnazione delle frequenze di radiodiffusione sonora che dovrà avvenire entro il 30 novembre 2000 (2).

(1) *Comma modificato in sede di conversione.*
(2) *Comma aggiunto in sede di conversione.*

2 Disciplina per evitare posizioni dominanti nel mercato televisivo.

[1. Ciascuna società di calcio di serie A e di serie B è titolare dei diritti di trasmissione televisiva in forma codificata. È fatto divieto a chiunque di acquisire, sotto qualsiasi forma e titolo, direttamente o indirettamente, anche attraverso soggetti controllati e collegati, più di sessanta per cento dei diritti di trasmissione in esclusiva in forma codificata di eventi sportivi del campionato di calcio di serie A o, comunque, del torneo o campionato di maggior valore che si svolge o viene organizzato in Italia. Nel caso in cui le condizioni dei relativi mercati determinano la presenza di un solo acquirente il limite indicato può essere superato ma i contratti di acquisizione dei diritti in esclusiva hanno durata non superiore a tre anni. L'Autorità garante della concorrenza e del mercato, sentita l'Autorità per le garanzie nelle comunicazioni, può derogare al limite del 60 per cento di cui al secondo periodo del presente comma o stabilirne altri, tenuto conto delle condizioni generali del mercato, della complessiva titolarità degli altri diritti sportivi, della durata dei relativi contratti, della necessità di assicurare l'effettiva concorrenzialità dello stesso mercato, evitando distorsioni con effetti pregiudizievoli per la contrattazione dei predetti diritti di trasmissione relativi a eventi considerati di minor valore commerciale. L'Autorità deve comunque pronunciarsi entro sessanta giorni in caso di superamento del predetto limite. Si applicano gli articoli 14 e 15 della legge 10 ottobre 1990, n. 287, e l'articolo 1, comma 6, lettera *c*), numero 11), della legge 31 luglio 1997, n. 249] (1).

[2. I decodificatori devono consentire la fruibilità delle diverse offerte di programmi digitali con accesso condizionato e la ricezione dei programmi radiotelevisivi digitali in chiaro mediante l'utilizzo di un unico apparato. Dal 1° gennaio 2000 la commercializzazione e la distribuzione di apparati non conformi alle predette caratteristiche sono vietate.] (2).

2-*bis*. Le emittenti radiotelevisive locali, comprese quelle che diffondono programmi in contemporanea o programmi comuni non possono utilizzare, né diffondere, un marchio, una denominazione o una testata identificativi che richiamino in tutto o in parte quelli di una emittente nazionale. Per le emittenti locali che alla data del 30 novembre 1993 hanno presentato domanda e successivamente hanno ottenuto il rilascio della concessione con un marchio, una denominazione o una testata identificativi che richiamino in tutto o in parte quelli di una emittente nazionale, il divieto di cui al presente comma si applica dopo un anno dalla data di entrata in vigore della legge di conversione del presente decreto. L'Autorità per le garanzie nelle comunicazioni vigila sul rispetto del predetto divieto e provvede ai sensi del comma 31 dell'articolo 1 della legge 31 luglio 1997, n. 249 (3) (4).

(1) *Comma modificato in sede di conversione e successivamente abrogato dall'articolo 1, comma 3, lettera* n) *l. 19 luglio 2007, n. 106 e dall'articolo 30, comma 1, d.lgs. 9 gennaio 2008, n. 9.*

(2) *Comma modificato in sede di conversione e successivamente abrogato dall'articolo 54 d.lgs. 31 luglio 2005, n. 177.*

(3) *Comma aggiunto in sede di conversione.*

(4) *La Corte Costituzionale, con sentenza 9 luglio 2009, n. 206 (in Gazz. Uff., 15 luglio, n. 28), ha dichiarato l'illegittimità* costituzionale *del presente comma, nella parte in cui vieta alle emittenti radiotelevisive locali di utilizzare o diffondere un marchio, una denominazione e una testata identificativi che richiamino in tutto o in parte quelli di una emittente nazionale, qualora le stesse abbiano iniziato ad usarli legittimamente prima dell'entrata in vigore della legge stessa.*

3 Interventi urgenti a sostegno.

[1. L'esercizio di emittenti televisive i cui impianti sono destinati esclusivamente alla ricezione e alla trasmissione via etere simultanea e integrale di segnali televisivi di emittenti estere in favore delle minoranze linguistiche riconosciute, è consentito previa autorizzazione del Ministero delle comunicazioni, che assegna le frequenze di funzionamento dei suddetti impianti. L'autorizzazione è rilasciata ai comuni, alle comunità montane e ad altri enti locali o consorzi di enti locali e ha estensione limitata al territorio in cui risiedono le minoranze linguistiche riconosciute, nell'ambito della riserva di frequenze prevista dall'art. 2, comma 6, lettera *g*), della legge 31 luglio 1997, n. 249. L'esercizio di emittenti televisive che trasmettono nelle lingue delle stesse minoranze è consentito alle medesime condizioni ai soggetti indicati all'art. 6, comma 4, del regolamento approvato dall'Autorità per le garanzie nelle comunicazioni con deliberazione 1° dicembre 1998, n. 78.] (1).

[1-*bis*. All'art. 43-*bis* della legge 14 aprile 1975, n. 103, le parole: "delle concessionarie televisive" sono sostituite dalle seguenti: "radiofonici e televisivi diffusi"] (2).

2. Le emittenti televisive le cui trasmissioni consistono esclusivamente in programmi di televendita, ai sensi della direttiva 89/552/CEE, come modificata dalla direttiva 97/36/CE, e non trasmettono pubblicità, possono presentare domanda di concessione, a condizione che si impegnino a trasferire entro tre anni dal rilascio della concessione l'irradiazione dei propri programmi esclusivamente da satellite o via cavo. Tali emittenti possono effettuare le proprie trasmissioni contemporaneamente su frequenze terrestri e da satellite o via cavo. L'Autorità per le garanzie nelle comunicazioni proroga, per una sola volta, tale termine, in relazione allo sviluppo dell'utenza dei programmi da satellite e via cavo e, comunque, non oltre il termine di durata della concessione (3).

[3. I soggetti titolari di emittenti televisive locali legittimamente operanti alla data del 31 gennaio 1999, che dismettano la propria attività e si impegnino a non acquisire partecipazioni di alcun genere per almeno cinque anni in società titolari di emittenti televisive o in società direttamente o indirettamente controllate o collegate alle stesse, presentano al Ministero delle comunicazioni, entro e non oltre il 31 luglio 1999, domanda documentata per ottenere un indennizzo, calcolato in base al bacino di utenza servito e al fatturato medio conseguito negli ultimi tre anni, nei limiti delle risorse disponibili, nelle seguenti misure massime:

a) lire cento milioni se emittente operante in ambito provinciale;

b) lire centottanta milioni se emittente operante in ambito interprovinciale.] (4).

[3-*bis*. Il Ministero delle comunicazioni, anche attraverso i propri organi periferici, può richiedere alle emittenti interessate la eventuale ulteriore documentazione necessaria all'esatta determinazione della misura dell'indennizzo. Entro centoventi giorni dalla ricezione della domanda, il Ministero, in contraddittorio con l'interessato, fissa la misura dell'indennizzo. La dismissione degli impianti, qualora l'indennizzo sia accettato entro il termine stabilito dal Ministero, è attuata entro trenta giorni dalla notifica del provvedimento che accorda l'indennizzo stesso.] (5).

[4. All'onere derivante dal comma 3, determinato in lire 16 miliardi per l'anno 1999, si provvede mediante corrispondente riduzione dello stanziamento iscritto nell'ambito dell'unità previsionale di base di parte corrente "Fondo speciale" dello stato di previsione del Ministero del tesoro, del bilancio e della programmazione economica per l'anno medesimo, allo scopo utilizzando parzialmente l'accantonamento relativo al alla Presidenza del Consiglio dei Ministri.] (4).

[5. Il Ministro del tesoro, del bilancio e della programmazione economica è autorizzato ad apportare, con propri decreti, le occorrenti variazioni di bilancio.] (6).

[5-*bis*. Per lo svolgimento delle funzioni di cui all'art. 1, comma 13, della legge 31 luglio 1997, n. 249, i comitati regionali per le comunicazioni si avvalgono degli ispettorati territoriali del Ministero delle comunicazioni".] (5).

[5-*ter*. All'art. 1, comma 6, lettera *a*), n. 15), della legge 31 luglio 1997, n. 249, dopo le parole: "non vengano superati" sono inserite le seguenti: ", anche avvalendosi degli organi periferici del Ministero delle comunicazioni".] (5).

[5-*quater*. All'art. 1, comma 6, lettera *b*), n. 13), della legge 31 luglio 1997, n. 249, dopo la parola: "radiotelevisive" sono inserite le seguenti: ", anche avvalendosi degli ispettorati territoriali del Ministero delle comunicazioni"] (5).

[5-*quinquies*. Presso le strutture periferiche del Ministero delle comunicazioni viene istituito con decreto del Ministro un osservatorio a supporto della struttura prevista dall'art. 1, comma 24, della legge 31 luglio 1997, n. 249. L'istituzione dell'osservatorio non deve comportare oneri finanziari aggiuntivi per lo Stato.] (5).

5-*sexies*. Su istanza degli interessati, presentata entro trenta giorni dalla data di entrata in vigore della legge di conversione del presente decreto, i canoni di concessione dovuti dalle emittenti radiotelevisive locali per gli anni 1994, 1995, 1996, 1997 e 1998 possono essere corrisposti anche attraverso un pagamento dilazionato fino a dodici mesi con un saggio di interesse pari al saggio ufficiale di sconto maggiorato dell'interesse legale. Il Ministero delle comunicazioni, previo accertamento delle somme dovute, comunica agli interessati le modalità e i termini di pagamento.

(1) *Comma abrogato dall'articolo 54 d.lgs. 31 luglio 2005, n. 177.*
(2) *Comma inserito in sede di conversione e successivamente abrogato dall'articolo 54 d.lgs. 31 luglio 2005, n. 177.*
(3) *Comma modificato in sede di conversione*
(4) *Comma modificato in sede di conversione e successivamente abrogato dall'articolo 54 d.lgs. n. 177, cit.*
(5) *Comma inserito in sede di conversione e successivamente abrogato dall'articolo 54 d.lgs. n. 177, cit.*
(6) *Comma abrogato dall'articolo 54 d.lgs. n. 177, cit.*

4 Entrata in vigore.

1. Il presente decreto entra in vigore il giorno stesso della sua pubblicazione nella Gazzetta Ufficiale della Repubblica italiana e sarà presentato alle Camere per la conversione in legge.

101. Decreto legge 24 dicembre 2003, n. 352, convertito, con modificazioni, in legge 24 febbraio 2004, n. 43. — Disposizioni urgenti concernenti modalità di definitiva cessazione del regime transitorio della legge 31 luglio 1997, n. 249 (1).

Pubblicato nella Gazzetta Ufficiale n. 300 del 29 dicembre 2003; la legge di conversione è stata pubblicata nella Gazzetta Ufficiale n. 47 del 26 febbraio 2004.

(1) *Per l'attuazione del presente decreto v. Deliberazione 14 gennaio 2004, n. 1.*

1 Modalità e tempi di definitiva cessazione del regime transitorio (1).

1. L'Autorità per le garanzie nelle comunicazioni, entro il 30 aprile 2004, svolge un esame della complessiva offerta dei programmi televisivi digitali terrestri allo scopo di accertare contestualmente, anche tenendo conto delle tendenze in atto nel mercato (2):

a) la quota di popolazione coperta dalle nuove reti digitali terrestri che non deve comunque essere inferiore al 50 per cento (3);

b) la presenza sul mercato nazionale di decoder a prezzi accessibili;

c) l'effettiva offerta al pubblico su tali reti anche di programmi diversi da quelli diffusi dalle reti analogiche.

2. Entro trenta giorni dal completamento dell'accertamento di cui al comma 1, l'Autorità invia una relazione al Governo ed alle competenti Commissioni parlamentari della Camera dei deputati e del Senato della Repubblica, nella quale dà conto dell'accertamento effettuato. Ove l'Autorità accerti che non si siano verificate le predette condizioni, adotta i provvedimenti indicati dal comma 7 dell'articolo 2 della legge 31 luglio 1997, n. 249.

3. Fino alla data di adozione delle deliberazioni dell'Autorità per le garanzie nelle comunicazioni, è consentito alle emittenti che superino i limiti di cui ai commi 6, 7 e 11 dell'articolo 3 della legge 31 luglio 1997, n. 249, di proseguire l'esercizio delle reti eccedenti tali limiti e alla società concessionaria del servizio pubblico radiotelevisivo di avvalersi di risorse pubblicitarie su tutte le proprie reti televisive analogiche e digitali.

(1) *Rubrica così modificata in sede di conversione.*
(2) *Alinea così modificato in sede di conversione.*
(3) *Lettera così modificata in sede di conversione.*

2 Entrata in vigore.

1. Il presente decreto entra in vigore il giorno stesso della sua pubblicazione nella Gazzetta Ufficiale della Repubblica italiana e sarà presentato alle Camere per la conversione in legge.

Il presente decreto, munito del sigillo dello Stato, sarà inserito nella Raccolta ufficiale degli atti normativi della Repubblica italiana. È fatto obbligo a chiunque spetti di osservarlo e di farlo osservare.

102. Legge 3 maggio 2004, n. 112. — Norme di principio in materia di assetto del sistema radiotelevisivo e della RAI - Radiotelevisione italiana S.p.a., nonché delega al Governo per l'emanazione del testo unico della radiotelevisione. (*estratto*).

Pubblicata nella Gazzetta Ufficiale n. 104 del 5 maggio 2004, S.O. n. 82.

CAPO I
Principi generali

1-9 (*Omissis*) (1).

(1) *Articoli abrogati dall'articolo 54 d.lgs. 31 luglio 2005, n. 177.*

10 Tutela dei minori nella programmazione televisiva.

1. Fermo restando il rispetto delle norme comunitarie e nazionali vigenti a tutela dei minori e in particolare delle norme contenute nell'articolo 8, comma 1, e nell'articolo 15, comma 10, della legge 6 agosto 1990, n. 223, le emittenti televisive devono osservare e promuovere le disposizioni per la tutela dei minori previste dal Codice di autoregolamentazione TV e minori approvato il 29 novembre 2002. Eventuali integrazioni, modifiche o adozione di nuovi documenti di autoregolamentazione sono recepiti con decreto del Ministro delle comunicazioni, emanato ai sensi dell'articolo 17, comma 3, della legge 23 agosto 1988, n. 400, previo parere della Commissione parlamentare di cui alla legge 23 dicembre 1997, n. 451 (1).

2. Le emittenti televisive sono altresì tenute a garantire, anche secondo quanto stabilito nel Codice di cui al comma 1, l'applicazione di specifiche misure a tutela dei minori nella fascia oraria di programmazione dalle ore 16,00 alle ore 19,00 e all'interno dei programmi direttamente rivolti ai minori, con particolare riguardo ai messaggi pubblicitari, alle promozioni e ad ogni altra forma di comunicazione commerciale e pubblicitaria. È comunque vietata ogni forma di comunicazione pubblicitaria avente come oggetto bevande contenenti alcool all'interno dei programmi direttamente rivolti ai minori e nelle interruzioni pubblicitarie immediatamente precedenti e successive. Specifiche misure devono essere osservate nelle trasmissioni di commento degli avvenimenti sportivi, in particolare calcistici, anche al fine di contribuire alla diffusione tra i giovani dei valori di una competizione sportiva leale e rispettosa dell'avversario, per prevenire fenomeni di violenza legati allo svolgimento di manifestazioni sportive (1).

3. L'impiego di minori di anni quattordici in programmi radiotelevisivi è disciplinato con regolamento adottato ai sensi dell'articolo 17, comma 3, della legge 23 agosto 1988, n. 400, dal Ministro delle comunicazioni, di concerto con il Ministro del lavoro e delle politiche sociali e con il Ministro per le pari opportunità, entro sessanta giorni dalla data di entrata in vigore della presente legge (1).

3-*bis*. Lo schema di regolamento di cui al comma 3 è trasmesso alle Camere per il parere delle competenti Commissioni parlamentari e della Commissione parlamentare per l'infanzia e l'adolescenza di cui alla legge 23 dicembre 1997, n. 451, che si esprimono entro sessanta giorni dall'assegnazione (2).

4. Alla verifica dell'osservanza delle disposizioni di cui al presente articolo, e di cui ai commi da 10 a 13 dell'articolo 15 della legge 6 agosto 1990, n. 223, provvede la Commissione per i servizi e i prodotti dell'Autorità per le garanzie nelle comunicazioni, in collaborazione con il Comitato di applicazione del Codice di autoregolamentazione TV e minori, anche sulla base delle segnalazioni effettuate dal medesimo Comitato. Conseguentemente, all'articolo 1, comma 6, lettera *b*), numero 6), della legge 31 luglio 1997, n. 249, sono aggiunti, in fine, i seguenti periodi: "In caso di inosservanza delle norme in materia di tutela dei minori, ivi comprese quelle previste dal Codice di autoregolamentazione TV e minori approvato il 29 novembre 2002, e successive modificazioni, la Commissione per i servizi e i prodotti dell'Autorità delibera l'irrogazione delle sanzioni previste dall'articolo 31 della legge 6 agosto 1990, n. 223. Le sanzioni si applicano anche se il fatto costituisce reato e indipendentemente dall'azione penale. Alle sanzioni inflitte sia dall'Autorità che dal Comitato di applicazione del Codice di autoregolamentazione TV e minori viene data adeguata pubblicità e la emittente sanzionata ne deve dare notizia nei notiziari diffusi in ore di massimo o di buon ascolto" (3).

5. In caso di violazione delle norme in materia di tutela dei minori, le sanzioni sono applicate direttamente secondo le procedure previste dal comma 3 dell'articolo 31 della legge 6 agosto 1990, n. 223, e non secondo quelle indicate dai commi 1 e 2 dell'articolo 31 della medesima legge n. 223 del 1990, e dalle sezioni I e II del Capo I della legge 24 novembre 1981, n. 689. In caso di violazione delle medesime norme non è comunque ammesso il pagamento in misura ridotta e non si applicano le disposizioni previste dal comma 5 dell'articolo 31 della legge n. 223 del 1990. Il Ministero delle comunicazioni fornisce supporto organizzativo e logistico all'attività del Comitato di applicazione del Codice di autoregolamentazione TV e minori mediante le proprie risorse strumentali e di personale, senza ulteriori oneri a carico del bilancio dello Stato (1) (3).

6. I limiti minimo e massimo della sanzione pecuniaria prevista al comma 3 dell'articolo 31 della legge 6 agosto 1990, n. 223, sono elevati, in caso di violazione di norme in materia di tutela dei minori, rispettivamente a 25.000 e 350.000 euro (3).

7. L'Autorità per le garanzie nelle comunicazioni presenta al Parlamento, entro il 31 marzo di ogni anno, una relazione in materia di tutela dei diritti dei minori, sui provvedimenti adottati e sulle eventuali sanzioni irrogate. Ogni sei mesi, l'Autorità per le garanzie nelle comunicazioni invia alla Commissione parlamentare per l'infanzia di cui alla legge 23 dicembre 1997, n. 451, una relazione informativa sullo svolgimento delle attività di sua competenza in materia di tutela dei diritti dei minori, con particolare riferimento a quelle previste dal presente articolo, corredata da eventuali segnalazioni, suggerimenti o osservazioni.

7-*bis*. Nella composizione del Consiglio nazionale degli utenti di cui al comma 28 dell'articolo 1 della legge 31 luglio 1997, n. 249, è in ogni caso assicurata un'adeguata partecipazione di esperti designati da associazioni qualificate nella tutela dei minori, nonché da associazioni rappresentative in campo fami liare ed educativo o impegnate nella protezione delle persone con disabilità (2).

8. All'articolo 114, comma 6, del codice di procedura penale, dopo il primo periodo, è inserito il seguente: "È altresì vietata la pubblicazione di elementi che anche

indirettamente possano comunque portare alla identificazione dei suddetti minorenni".

9. Il Ministro delle comunicazioni, d'intesa con il Ministro dell'istruzione, dell'università e della ricerca, con decreto da emanare entro novanta giorni dalla data di entrata in vigore della presente legge, dispone la realizzazione di campagne scolastiche per un uso corretto e consapevole del mezzo televisivo, nonché di trasmissioni con le stesse finalità rivolte ai genitori, utilizzando a tale fine anche la diffusione sugli stessi mezzi radiotelevisivi in orari di buon ascolto, con particolare riferimento alle trasmissioni effettuate dalla concessionaria del servizio pubblico radiotelevisivo.

10. Le quote di riserva per la trasmissione di opere europee, previste dall'articolo 2, comma 1, della legge 30 aprile 1998, n. 122, devono comprendere anche opere cinematografiche o per la televisione, comprese quelle di animazione, specificamente rivolte ai minori, nonché produzioni e programmi adatti ai minori ovvero idonei alla visione da parte dei minori e degli adulti. Il tempo minimo di trasmissione riservato a tali opere e programmi è determinato dall'Autorità per le garanzie nelle comunicazioni.

(1) *Comma modificato dall'articolo 1 della legge 6 febbraio 2006, n. 37.*

(2) *Comma inserito dall'articolo 1 della legge 6 febbraio 2006, n. 37.*

(3) *Per il Regolamento sulla disciplina dell'impiego di minori di anni quattordici in programmi televisivi vedi, anche, il d.m. 27 aprile 2006, n. 218.*

11 Principio di tutela della produzione audiovisiva europea.

1. I fornitori di contenuti televisivi favoriscono lo sviluppo e la diffusione della produzione audiovisiva europea anche secondo quanto previsto, con riferimento ai produttori indipendenti, dall'articolo 2 della legge 30 aprile 1998, n. 122, e riservano, comunque, ad opere europee la maggior parte del loro tempo di trasmissione in ambito nazionale su frequenze terrestri, escluso il tempo destinato a notiziari, a manifestazioni sportive, a giochi televisivi, alla pubblicità oppure a servizi di teletext, a dibattiti e a televendite. Deroghe possono essere richieste all'Autorità per le garanzie nelle comunicazioni secondo quanto disposto dall'articolo 5 del citato regolamento di cui alla deliberazione della stessa Autorità 16 marzo 1999, n. 9/1999.

12 Uso efficiente dello spettro elettromagnetico.

1. Lo spettro elettromagnetico costituisce risorsa essenziale ai fini dell'attività radiotelevisiva. I soggetti che svolgono attività di radiodiffusione sono tenuti ad assicurare un uso efficiente delle frequenze radio ad essi assegnate, ed in particolare a:

a) garantire l'integrità e l'efficienza della propria rete;

b) minimizzare l'impatto ambientale in conformità alla normativa urbanistica e ambientale nazionale, regionale, provinciale e locale;

c) evitare rischi per la salute umana, nel rispetto della normativa nazionale e internazionale;

d) garantire la qualità dei segnali irradiati, conformemente alle prescrizioni tecniche fissate dall'Autorità per le garanzie nelle comunicazioni e a quelle emanate in sede internazionale;

e) assicurare adeguata copertura del bacino di utenza assegnato e risultante dal titolo abilitativo;

f) assicurare che le proprie emissioni non provochino interferenze con altre emissioni lecite di radiofrequenze.

2. Il mancato rispetto dei principi di cui al comma 1 o, comunque, il mancato utilizzo delle radiofrequenze assegnate comporta la revoca ovvero la riduzione dell'assegnazione. Tali misure sono adottate dallo stesso organo che ha assegnato le radiofrequenze, qualora il soggetto interessato, avvisato dell'inizio del procedimento e invitato a regolarizzare la propria attività di trasmissione, non vi provveda nel termine di sei mesi dalla data di ricezione dell'ingiunzione.

3. L'Autorità per le garanzie nelle comunicazioni adotta e aggiorna il piano nazionale di assegnazione delle frequenze radiofoniche e televisive in tecnica digitale garantendo, su tutto il territorio dello Stato, un uso efficiente e pluralistico della risorsa radioelettrica, una uniforme copertura, una razionale di-stribuzione delle risorse fra soggetti operanti in ambito nazionale e locale, in conformità con i principi della presente legge, e una riserva in favore delle minoranze linguistiche riconosciute dalla legge.

4. L'assegnazione delle radiofrequenze avviene secondo criteri pubblici, obiettivi, trasparenti, non discriminatori e proporzionati.

5. Il piano di assegnazione e le successive modificazioni e integrazioni sono sottoposti al parere delle regioni in ordine all'ubicazione degli impianti e, al fine di tutelare le minoranze linguistiche, all'intesa con le regioni autonome Valle d'Aosta e Friuli Venezia Giulia e con le province autonome di Trento e di Bolzano. I pareri e le intese sono acquisiti secondo le procedure previste dall'articolo 1 della legge 30 aprile 1998, n. 122.

6. L'Autorità per le garanzie nelle comunicazioni, con proprio regolamento, nel rispetto e in attuazione della legislazione vigente, definisce i criteri generali per l'installazione di reti di comunicazione elettronica, garantendo che i relativi permessi siano rilasciati dalle amministrazioni competenti nel rispetto dei criteri di parità di accesso ai fondi e al sottosuolo, di equità, di proporzionalità e di non discriminazione.

7. Per i casi in cui non sia possibile rilasciare nuovi permessi di installazione oppure per finalità di tutela del pluralismo e di garanzia di una effettiva concorrenza, l'Autorità per le garanzie nelle comunicazioni stabilisce, con proprio regolamento, le modalità di condivisione di infrastrutture, di impianti di trasmissione e di apparati di rete.

13 Autorità per le garanzie nelle comunicazioni.

1. L'Autorità per le garanzie nelle comunicazioni, nell'esercizio dei compiti ad essa affidati dalla legge, assicura il rispetto dei diritti fondamentali della perso-

na nel settore delle comunicazioni, anche radiotelevisive.

2. Le funzioni di cui al comma 1 sono svolte anche attraverso i Comitati regionali per le comunicazioni (CORECOM) la cui disciplina, relativamente ad aspettative e permessi dei loro presidenti e componenti, è demandata, senza nuovi o maggiori oneri per la finanza pubblica, ad apposito regolamento dell'Autorità per le garanzie nelle comunicazioni da emanare entro sessanta giorni dalla data di entrata in vigore della presente legge.

3. Restano ferme le competenze attribuite dalla legge nel settore radiotelevisivo al Garante per la protezione dei dati personali e all'Autorità garante della concorrenza e del mercato.

CAPO II
Tutela della concorrenza e del mercato

14 Accertamento della sussistenza di posizioni dominanti nel sistema integrato delle comunicazioni.

1. I soggetti che operano nel sistema integrato delle comunicazioni sono tenuti a notificare all'Autorità per le garanzie nelle comunicazioni le intese e le operazioni di concentrazione al fine di consentire, secondo le procedure previste in apposito regolamento adottato dall'Autorità medesima, la verifica del rispetto dei principi enunciati dall'articolo 15.

2. L'Autorità per le garanzie nelle comunicazioni, su segnalazione di chi vi abbia interesse o, periodicamente, d'ufficio, individuato il mercato rilevante conformemente ai principi di cui agli articoli 15 e 16 della direttiva 2002/21/CE del Parlamento europeo e del Consiglio, del 7 marzo 2002, verifica che non si costituiscano, nel sistema integrato delle comunicazioni e nei mercati che lo compongono, posizioni dominanti e che siano rispettati i limiti di cui all'articolo 15 della presente legge, tenendo conto, fra l'altro, oltre che dei ricavi, del livello di concorrenza all'interno del sistema, delle barriere all'ingresso nello stesso, delle dimensioni di efficienza economica dell'impresa nonché degli indici quantitativi di diffusione dei programmi radiotelevisivi, dei prodotti editoriali e delle opere cinematografiche o fonografiche.

3. L'Autorità per le garanzie nelle comunicazioni qualora accerti che un'impresa, o un gruppo di imprese, operanti nel sistema integrato delle comunicazioni, si trovi nella condizione di potere superare, prevedibilmente, i limiti di cui all'articolo 15, adotta un atto di pubblico richiamo, segnalando la situazione di rischio e indicando l'impresa o il gruppo di imprese e il singolo mercato interessato. In caso di accertata violazione dei predetti limiti l'Autorità provvede ai sensi dell'articolo 2, comma 7, della legge 31 luglio 1997, n. 249.

4. Gli atti giuridici, le operazioni di concentrazione e le intese che contrastano con i divieti di cui al presente capo sono nulli.

5. All'articolo 2, comma 16, primo periodo, della legge 31 luglio 1997, n. 249, le parole: "dalla presente legge" sono sostituite dalle seguenti: "nel sistema integrato delle comunicazioni"; all'ultimo periodo del medesimo comma le parole: ", ai fini della presente legge," sono soppresse.

15 Limiti al cumulo dei programmi televisivi e radiofonici e alla raccolta di risorse nel sistema integrato delle comunicazioni. Disposizioni in materia pubblicitaria.

1. All'atto della completa attuazione del piano nazionale di assegnazione delle frequenze radiofoniche e televisive in tecnica digitale, uno stesso fornitore di contenuti, anche attraverso società qualificabili come controllate o collegate ai sensi dell'articolo 2, commi 17 e 18, della legge 31 luglio 1997, n. 249, non può essere titolare di autorizzazioni che consentano di diffondere più del 20 per cento del totale dei programmi televisivi o più del 20 per cento dei programmi radiofonici irradiabili su frequenze terrestri in ambito nazionale mediante le reti previste dal medesimo piano.

2. Fermo restando il divieto di costituzione di posizioni dominanti nei singoli mercati che compongono il sistema integrato delle comunicazioni, i soggetti tenuti all'iscrizione nel registro degli operatori di comunicazione costituito ai sensi dell'articolo 1, comma 6, lettera *a*), numero 5), della legge 31 luglio 1997, n. 249, non possono né direttamente, né attraverso soggetti controllati o collegati ai sensi dell'articolo 2, commi 17 e 18, della citata legge n. 249 del 1997, conseguire ricavi superiori al 20 per cento dei ricavi complessivi del sistema integrato delle comunicazioni.

3. I ricavi di cui al comma 2 sono quelli derivanti dal finanziamento del servizio pubblico radiotelevisivo al netto dei diritti dell'erario, da pubblicità nazionale e locale anche in forma diretta, da televendite, da sponsorizzazioni, da attività di diffusione del prodotto realizzata al punto vendita con esclusione di azioni sui prezzi, da convenzioni con soggetti pubblici a carattere continuativo e da provvidenze pubbliche erogate direttamente ai soggetti esercenti le attività indicate all'articolo 2, comma 1, lettera *g*), da offerte televisive a pagamento, dagli abbonamenti e dalla vendita di quotidiani e periodici inclusi i prodotti librari e fonografici commercializzati in allegato, nonché dalle agenzie di stampa a carattere nazionale, dall'editoria elettronica e annuaristica anche per il tramite di INTERNET e dalla utilizzazione delle opere cinematografiche nelle diverse forme di fruizione del pubblico.

4. Le imprese, anche attraverso società controllate o collegate, i cui ricavi nel settore delle telecomunicazioni, come definito ai sensi dell'articolo 18 del decreto legislativo 1° agosto 2003, n. 259, sono superiori al 40 per cento dei ricavi complessivi di quel settore, non possono conseguire nel sistema integrato delle comunicazioni ricavi superiori al 10 per cento del sistema medesimo.

5. All'articolo 2, comma 7, primo periodo, della legge 31 luglio 1997, n. 249, le parole: "ed avendo riguardo ai criteri indicati nei commi 1 e 8" sono soppresse.

6. I soggetti che esercitano l'attività televisiva in ambito nazionale attraverso più di una rete non possono, prima del 31 dicembre 2010, acquisire partecipazioni in imprese editrici di giornali quotidiani o parte-

cipare alla costituzione di nuove imprese editrici di giornali quotidiani. Il divieto si applica anche alle imprese controllate, controllanti o collegate ai sensi dell'articolo 2359 del codice civile.

7. Secondo le disposizioni dell'articolo 18, paragrafi 1 e 2, della direttiva 89/552/CEE del Consiglio, del 3 ottobre 1989, come sostituito dalla direttiva 97/36/CE del Parlamento europeo e del Consiglio, del 30 giugno 1997, e fermi restando i limiti orari e giornalieri di affollamento pubblicitario indicati nella legge 6 agosto 1990, n. 223, all'articolo 8 della medesima legge n. 223 del 1990, e successive modificazioni, sono apportate le seguenti modificazioni:

a) al comma 7, la parola: "messaggi" è sostituita dalla seguente: "spot";

b) al comma 9-*bis*, al primo periodo, dopo le parole: "se comprende forme di pubblicità" sono inserite le seguenti: "diverse dagli spot pubblicitari" e le parole: "le forme di pubblicità diverse dalle offerte di cui al presente comma" sono sostituite dalle seguenti: "gli spot pubblicitari" e, al secondo periodo, la parola: "offerte" è sostituita dalle seguenti: "pubblicità diverse dagli spot pubblicitari".

8. L'articolo 10 della legge 7 marzo 2001, n. 62, è sostituito dal seguente: "Art. 10. — (Messaggi pubblicitari di promozione del libro e della lettura). — 1. I messaggi pubblicitari facenti parte di iniziative, promosse da istituzioni, enti, associazioni di categoria, produttori editoriali e librai, volte a sensibilizzare l'opinione pubblica nei confronti del libro e della lettura, trasmessi gratuitamente o a condizioni di favore da emittenti televisive e radiofoniche pubbliche e private, non sono considerati ai fini del calcolo dei limiti massimi di cui all'articolo 8 della legge 6 agosto 1990, n. 223, e successive modificazioni".

CAPO III

Principi e criteri direttivi per l'emanazione del testo unico della radiotelevisione

16-20 (*Omissis*).

21 Dismissione della partecipazione dello Stato nella RAI-Radiotelevisione italiana Spa.

1. Entro sessanta giorni dalla data di entrata in vigore della presente legge è completata la fusione per incorporazione della RAI-Radiotelevisione italiana Spa nella società RAI-Holding Spa. Ai fini di tale operazione, i termini di cui agli articoli 2501-*ter*, ultimo comma, 2501-*septies*, primo comma, e 2503, primo comma, del codice civile, sono dimezzati. Le licenze, autorizzazioni e concessioni di cui è titolare la RAI-Radiotelevisione italiana Spa saranno, per effetto della presente legge, trasferite di pieno diritto alla società incorporante, senza necessità di ulteriori provvedimenti.

2. Per effetto dell'operazione di fusione di cui al comma 1, la società RAI-Holding Spa assume la denominazione sociale di "RAI-Radiotelevisione italiana Spa" e il consiglio di amministrazione della società incorporata assume le funzioni di consiglio di amministrazione della società risultante dalla fusione. Le disposizioni della presente legge relative alla RAI-Radiotelevisione italiana Spa si intenderanno riferite alla società risultante dall'operazione di fusione.

3. Entro quattro mesi dalla data di completamento della fusione per incorporazione di cui al comma 1 è avviato il procedimento per l'alienazione della partecipazione dello Stato nella RAI-Radiotelevisione italiana Spa come risultante dall'operazione di fusione di cui al comma 1. Tale alienazione avviene mediante offerta pubblica di vendita, in conformità al testo unico di cui al decreto legislativo 24 febbraio 1998, n. 58, e successive modificazioni, e relativi regolamenti attuativi, e al decreto-legge 31 maggio 1994, n. 332, convertito, con modificazioni, dalla legge 30 luglio 1994, n. 474, e successive modificazioni. Con una o più deliberazioni del Comitato interministeriale per la programmazione economica sono definiti i tempi, le modalità di presentazione, le condizioni e gli altri elementi dell'offerta o delle offerte pubbliche di vendita di cui al presente comma.

4. Una quota delle azioni alienate è riservata agli aderenti all'offerta che dimostrino di essere in regola da almeno un anno con il pagamento del canone di abbonamento di cui al regio decreto-legge 21 febbraio 1938, n. 246, convertito dalla legge 4 giugno 1938, n. 880, e successive modificazioni. Tali azioni non possono essere alienate prima di diciotto mesi dalla data di acquisto.

5. In considerazione dei rilevanti e imprescindibili motivi di interesse generale e di ordine pubblico connessi alla concessione del servizio pubblico generale radiotelevisivo affidata alla RAI-Radiotelevisione italiana Spa, è inserita nello statuto della società la clausola di limitazione del possesso azionario prevista dall'articolo 3, comma 1, del decreto-legge 31 maggio 1994, n. 332, convertito, con modificazioni, dalla legge 30 luglio 1994, n. 474, prevedendosi il limite massimo del possesso dell'uno per cento delle azioni aventi diritto di voto per tutti i soggetti indicati dal medesimo comma 1. Sono, inoltre, vietati i patti di sindacato di voto o di blocco, o comunque gli accordi relativi alla modalità di esercizio dei diritti inerenti alle azioni della RAI-Radiotelevisione italiana Spa, che intercorrano tra soggetti titolari, anche mediante soggetti controllati, controllanti o collegati, di una partecipazione complessiva superiore al limite di possesso azionario del 2 per cento, riferito alle azioni aventi diritto di voto, o la presentazione congiunta di liste da parte di soggetti in tale posizione. Tali clausole sono di diritto inserite nello statuto della società, non sono modificabili e restano efficaci senza limiti di tempo.

6. Fino al 31 dicembre 2005 è vietata la cessione da parte della RAI-Radiotelevisione italiana Spa di rami d'azienda.

7. I proventi derivanti dalle operazioni di collocamento sul mercato di azioni ordinarie della RAI-Radiotelevisione italiana Spa sono destinati per il 75 per cento al Fondo per l'ammortamento dei titoli di Stato, di cui alla legge 27 ottobre 1993, n. 432, e successive modificazioni. La restante quota è destinata al

finanziamento degli incentivi all'acquisto e alla locazione finanziaria di cui all'articolo 25, comma 7.

CAPO V
Disposizioni transitorie e finali abrogazioni

22 Attuazione del piano nazionale di assegnazione delle frequenze radiofoniche e televisive in tecnica digitale.

1. L'Autorità per le garanzie nelle comunicazioni definisce il programma di attuazione del piano nazionale di assegnazione delle frequenze radiofoniche e televisive in tecnica digitale, valorizzando la sperimentazione e osservando criteri di gradualità e di salvaguardia del servizio, a tutela dell'utenza.

2. Alle controversie in materia di applicazione di piani di frequenze e in materia di accesso alle infrastrutture si applica la disposizione dell'articolo 1, comma 11, della legge 31 luglio 1997, n. 249.

23-29 (*Omissis*).

103. Legge 28 dicembre 2015, n. 220. — Riforma della RAI e del servizio pubblico radiotelevisivo. (*estratto*).

Pubblicata nella Gazzetta Ufficiale n. 11 del 15 gennaio 2016.

4 Abrogazioni e delega al Governo per il riassetto normativo.

1. Sono abrogate le seguenti disposizioni:

a) articoli 17 e 20 della legge 3 maggio 2004, n. 112;

b) articolo 50 del citato testo unico di cui al decreto legislativo 31 luglio 2005, n. 177;

c) articolo 5 del decreto legislativo del Capo provvisorio dello Stato 3 aprile 1947, n. 428, ratificato dalla legge 17 aprile 1956, n. 561.

2. Il Governo è delegato ad adottare, entro dodici mesi dalla data di entrata in vigore della presente legge, un decreto legislativo per la modifica del citato testo unico di cui al decreto legislativo 31 luglio 2005, n. 177, nel rispetto dei principi e criteri direttivi di cui all'articolo 16 della legge 3 maggio 2004, n. 112, nonché sulla base dei seguenti principi e criteri direttivi:

a) riordino e semplificazione delle disposizioni vigenti anche ai fini dell'adeguamento dei compiti del servizio pubblico con riguardo alle diverse piattaforme tecnologiche e tenuto conto dei mutamenti intervenuti, senza nuovi o maggiori oneri per la finanza pubblica;

b) previsione di disposizioni volte a favorire la trasmissione di contenuti destinati specificamente ai minori, che tengano conto delle esigenze e della sensibilità della prima infanzia e dell'età evolutiva;

c) diffusione delle trasmissioni televisive e radiofoniche di pubblico servizio su tutto il territorio nazionale;

d) diffusione di trasmissioni radiofoniche e televisive anche in lingua tedesca e ladina per la provincia autonoma di Bolzano, in lingua ladina per la provincia autonoma di Trento, in lingua francese per la regione Valle d'Aosta e in lingua slovena per la regione Friuli Venezia Giulia;

e) indicazione espressa delle norme abrogate.

3. Il decreto legislativo di cui al comma 2 è adottato su proposta del Ministro dello sviluppo economico, di concerto con il Ministro dell'economia e delle finanze. Il relativo schema è trasmesso alle Camere per il parere delle Commissioni parlamentari competenti per materia e per i profili finanziari, che si esprimono entro sessanta giorni. Decorso il termine previsto per l'espressione dei pareri parlamentari, il decreto può essere comunque adottato. Il Governo, qualora non intenda conformarsi ai pareri parlamentari, trasmette nuovamente il testo alle Camere con le sue osservazioni e con eventuali modificazioni, corredate dei necessari elementi integrativi di informazione e motivazione, perché su di esso sia espresso il parere delle Commissioni parlamentari competenti per materia e per i profili finanziari entro trenta giorni dalla data della nuova trasmissione. Decorso tale termine, il decreto può comunque essere adottato in via definitiva.

4. In conformità all'articolo 17, comma 2, della legge 31 dicembre 2009, n. 196, qualora il decreto legislativo di cui al comma 2 del presente articolo determini nuovi o maggiori oneri non compensati al proprio interno, il medesimo decreto legislativo è emanato solo successivamente o contestualmente all'entrata in vigore dei provvedimenti legislativi che stanzino le occorrenti risorse finanziarie.

5 Disposizioni transitorie e finali.

1. Le disposizioni sulla composizione e la nomina del consiglio di amministrazione della RAI-Radiotelevisione italiana Spa, di cui all'articolo 49, commi 3, 4, 4-*bis*, 4-*ter*, 4-*quater*, 6, 6-*bis*, 6-*ter* e 8, del citato testo unico di cui al decreto legislativo 31 luglio 2005, n. 177, come modificato dall'articolo 2 della presente legge, si applicano a decorrere dal primo rinnovo del consiglio medesimo, successivo alla data di entrata in vigore della presente legge.

2. In caso di dimissioni o impedimento permanente ovvero di revoca del presidente o di uno o più membri del consiglio di amministrazione della RAI-Radiotelevisione italiana Spa, sino al primo rinnovo del consiglio medesimo successivo alla data di entrata in vigore della presente legge, si applicano le disposizioni dell'articolo 49 del citato testo unico di cui al decreto legislativo 31 luglio 2005, n. 177, nel testo vigente prima della data di entrata in vigore della presente legge.

3. In fase di prima applicazione e sino al primo rinnovo del consiglio di amministrazione successivo alla data di entrata in vigore della presente legge, il direttore

generale della RAI-Radiotelevisione italiana Spa esercita, oltre alle attribuzioni a esso spettanti in base allo statuto della società, anche i poteri e i compiti attribuiti all'amministratore delegato ai sensi dell'articolo 49, comma 10, del citato testo unico di cui al decreto legislativo 31 luglio 2005, n. 177, come modificato dall'articolo 2 della presente legge, ferma restando la facoltà del medesimo di partecipare, senza diritto di voto, alle riunioni del consiglio di amministrazione; al medesimo direttore generale, sino al predetto rinnovo del consiglio di amministrazione, si applicano altresì le disposizioni riferite all'amministratore delegato, di cui all'articolo 49-*bis* del medesimo testo unico, introdotto dall'articolo 3 della presente legge.

4. L'adeguamento dello statuto della RAI-Radiotelevisione italiana Spa, disposto ai sensi dell'articolo 2, comma 2, tiene conto di quanto previsto dal presente articolo.

5. Il Ministero dello sviluppo economico, in vista dell'affidamento della concessione del servizio pubblico radiofonico, televisivo e multimediale, avvia una consultazione pubblica sugli obblighi del servizio medesimo, garantendo la più ampia partecipazione.

6. Il Ministero dello sviluppo economico trasmette alla Commissione parlamentare per l'indirizzo generale e la vigilanza dei servizi radiotelevisivi per il prescritto parere lo schema di contratto di servizio con la società concessionaria del servizio pubblico radiofonico, televisivo e multimediale almeno sei mesi prima della scadenza del contratto vigente. In sede di prima applicazione, lo schema di contratto di servizio è trasmesso entro sei mesi dall'affidamento della concessione successivo alla scadenza di cui all'articolo 49, comma 1, del decreto legislativo 31 luglio 2005, n. 177.

La presente legge, munita del sigillo dello Stato, sarà inserita nella Raccolta ufficiale degli atti normativi della Repubblica italiana. È fatto obbligo a chiunque spetti di osservarla e di farla osservare come legge dello Stato.

104. Decreto legislativo 8 novembre 2021, n. 208. — Attuazione della direttiva (UE) 2018/1808 del Parlamento europeo e del Consiglio, del 14 novembre 2018, recante modifica della direttiva 2010/13/UE, relativa al coordinamento di determinate disposizioni legislative, regolamentari e amministrative degli Stati membri, concernente il testo unico per la fornitura di servizi di media audiovisivi in considerazione dell'evoluzione delle realtà del mercato. (*estratto*).

Pubblicato nella Gazzetta Ufficiale 10 dicembre 2021, n. 293, S.O. n. 41.

1 Oggetto.

Il testo unico dei servizi di media audiovisivi, di seguito denominato: «testo unico», contiene:

a) i principi generali per la prestazione di servizi di media digitali audiovisivi e radiofonici e dei servizi di piattaforma per la condivisione di video, tenendo conto del processo di convergenza fra le diverse forme di comunicazioni, quali le comunicazioni elettroniche, l'editoria, anche elettronica, e internet in tutte le sue applicazioni e dell'evoluzione tecnologica e di mercato;

b) le disposizioni in materia di servizi di media audiovisivi e radiofonici e di servizi di piattaforma per la condivisione di video, nel rispetto della Costituzione, delle norme di diritto internazionale vigenti nell'ordinamento interno e degli obblighi derivanti dall'appartenenza dell'Italia all'Unione europea.

2. Formano oggetto del testo unico le disposizioni in materia di servizi di media audiovisivi, quali la trasmissione di programmi televisivi, sia lineari che a richiesta, di programmi radiofonici e di programmi-dati, anche ad accesso condizionato, nonché la fornitura di servizi interattivi associati e di servizi di accesso condizionato su qualsiasi piattaforma di diffusione, comprese le comunicazioni commerciali audiovisive ed i servizi di piattaforma per la condivisione di video.

2 Ambito di applicazione del diritto nazionale per i servizi di media audiovisivi e radiofonici.

1. Sono soggetti alla giurisdizione italiana i fornitori di servizi di media audiovisivi e radiofonici e i concessionari radiofonici che operano in Italia conformemente a quanto previsto dai commi 2 e 3 o, altrimenti, nei casi in cui si applica il comma 4.

2. Ai sensi e per gli effetti di cui al presente testo unico il fornitore di servizi di media audiovisivi e radiofonici e i concessionari radiofonici opera in Italia:

a) quando ha la sua sede principale in Italia e le decisioni editoriali sul servizio di media audiovisivo sono prese nel territorio italiano;

b) quando ha la sede principale in Italia e le decisioni editoriali sul servizio di media audiovisivo fornito sono prese in un altro Stato membro o in un Paese terzo, se sul territorio italiano opera una parte significativa degli addetti allo svolgimento dell'attività di servizio di media audiovisivo o radiofonico collegata ai programmi;

c) quando, pur avendo la sede principale in un altro Stato membro o Paese terzo, le decisioni editoriali sul servizio di media audiovisivo fornito sono prese in Italia e sul territorio italiano opera una parte significativa degli addetti allo svolgimento dell'attività di servizio di media audiovisivo o radiofonico collegata ai programmi;

d) quando una parte significativa degli addetti allo svolgimento dell'attività di servizio di media audiovisivo collegata ai programmi opera sia in Italia sia nell'altro Stato membro, se la sua sede principale è in Italia;

e) in mancanza delle condizioni di cui alle lettere *b*), *c*) e *d*), se ha iniziato in Italia la sua attività nel rispetto dell'ordinamento giuridico nazionale, mantenendo nel tempo un legame stabile ed effettivo con l'economia italiana.

3. I fornitori di servizi di media cui non si applicano le disposizioni del comma 2 si considerano soggetti alla giurisdizione italiana nei casi seguenti:

a) se si avvalgono di un collegamento terra-satellite (up-link) situato in Italia;

b) se anche in assenza di un collegamento terra-satellite situato in Italia, si avvalgono di una capacità via satellite di competenza italiana.

4. Qualora non sia possibile determinare a quale Stato membro dell'Unione europea spetti la giurisdizione conformemente ai commi 2 e 3, si considera soggetto alla giurisdizione italiana il fornitore di servizi di media operante sul territorio nazionale ai sensi degli articoli da 49 a 55 del Trattato sul funzionamento dell'Unione europea.

5. I fornitori di servizi media audiovisivi e radiofonici, sottoposti alla giurisdizione italiana, pur avendo la propria sede legale in un diverso Stato membro dell'Unione europea sono tenuti al rispetto delle norme dell'ordinamento giuridico italiano relative ai fornitori di servizi di media audiovisivi.

6. I fornitori di servizi di media sono tenuti ad informare il Ministero dello sviluppo economico e l'Autorità per le garanzie nelle comunicazioni di qualsiasi modifica che possa influire sulla determinazione della giurisdizione di cui rispettivamente ai commi 2, 3 e 4.

7. L'Autorità, con proprio regolamento, istituisce, disciplina e aggiorna l'elenco dei fornitori di servizi di media soggetti alla giurisdizione italiana. In tale elenco devono essere riportati i criteri in base ai quali si determina la giurisdizione italiana.

L'Autorità comunica alla Commissione europea l'elenco e gli eventuali aggiornamenti.

8. L'Autorità, nell'assolvere alla funzione indicata dal comma 7, si conforma alle determinazioni assunte dalla Commissione europea ai sensi dell'articolo 2, paragrafo 5-*quater*, della direttiva 2010/13/UE del Parlamento europeo e del Consiglio, del 10 marzo 2010, circa l'individuazione dello Stato membro dotato di giurisdizione su un determinato fornitore di servizi dei media audiovisivi e radiofonici.

3 Definizioni.

1. Ai fini del presente testo unico si intende per:

a) «servizio di media audiovisivo»: un servizio quale definito dagli articoli 56 e 57 del Trattato sul funzionamento dell'Unione europea, ove l'obiettivo principale del servizio stesso o di una sua sezione distinguibile sia la fornitura di programmi al grande pubblico, sotto la responsabilità editoriale di un fornitore di servizi di media, al fine di informare, intrattenere o istruire, attraverso reti di comunicazioni elettroniche ai sensi dell'articolo 2, numero 1), della direttiva 2018/1972/UE del Parlamento europeo e del Consiglio, dell'11 dicembre 2018;

b) per servizio di media audiovisivo, ai sensi della lettera *a*), si intende o una trasmissione televisiva come definita alla lettera *p*) o un servizio di media audiovisivo a richiesta come definito alla lettera *q*) o una comunicazione commerciale audiovisiva;

c) «servizio di piattaforma per la condivisione di video»: un servizio, quale definito dagli articoli 56 e 57 del Trattato sul funzionamento dell'Unione europea, ove l'obiettivo principale del servizio stesso, di una sua sezione distinguibile o di una sua funzionalità essenziale sia la fornitura di programmi, video generati dagli utenti o entrambi destinati al grande pubblico, per i quali il fornitore della piattaforma per la condivisione di video non ha responsabilità editoriale, al fine di informare, intrattenere o istruire attraverso reti di comunicazioni elettroniche ai sensi dell'articolo 2, lettera *a*), della direttiva 2002/21/CE del Parlamento europeo e del Consiglio, del 12 luglio 2002, e la cui organizzazione è determinata dal fornitore della piattaforma per la condivisione di video, anche con mezzi automatici o algoritmi, in particolare mediante visualizzazione, attribuzione di tag e sequenziamento;

d) «fornitore di servizi di media»: la persona fisica o giuridica cui è riconducibile la responsabilità editoriale della scelta del contenuto audiovisivo del servizio di media audiovisivo e che ne determina le modalità di organizzazione, esclusi gli operatori di rete che si occupano unicamente della trasmissione di programmi per i quali la responsabilità editoriale incombe su terzi;

e) «reti di comunicazione elettronica»: i sistemi di trasmissione, basati o meno su un'infrastruttura permanente o una capacità di amministrazione centralizzata e, se del caso, le apparecchiature di commutazione o di instradamento e altre risorse, inclusi gli elementi di rete non attivi, che consentono di trasmettere segnali via cavo, via radio, a mezzo di fibre ottiche o con altri mezzi elettromagnetici, comprese le reti satellitari, le reti mobili e fisse (a commutazione di circuito e a commutazione di pacchetto, compresa internet), i sistemi per il trasporto via cavo della corrente elettrica, nella misura in cui siano utilizzati per trasmettere i segnali, le reti utilizzate per la diffusione radiotelevisiva, e le reti televisive via cavo, indipendentemente dal tipo di informazione trasportato;

f) «operatore di rete»: il soggetto titolare del diritto di installazione, esercizio e fornitura di una rete di comunicazione elettronica su frequenze terrestri in tecnica digitale, via cavo o via satellite, e di impianti di messa in onda, multiplazione, distribuzione e diffusione delle risorse frequenziali che consentono la trasmissione dei programmi agli utenti;

g) «programma»: una serie di immagini animate, sonore o non, escluse le cosiddette gif, che costituiscono un singolo elemento, indipendentemente dalla sua durata, nell'ambito di un palinsesto o di un catalogo stabilito da un fornitore di servizi di media, comprensivo di lungometraggi, videoclip, manifestazioni sportive, commedie di situazione (sitcom), documentari, programmi per bambini e fiction originali;

h) «video generato dall'utente»: una serie di immagini animate, sonore o non, che costituiscono un singolo elemento, indipendentemente dalla sua durata, creato da un utente e caricato su una piattaforma per la condivisione di video dal medesimo o da un qualunque altro utente;

i) «decisione editoriale»: una decisione presa periodicamente nell'esercizio della responsabilità editoriale e collegata al funzionamento quotidiano del servizio di media audiovisivo;

l) «fornitore della piattaforma per la condivisione di video»: la persona fisica o giuridica che fornisce un servizio di piattaforma per la condivisione di video;

m) «programmi-dati»: i servizi di informazione costituiti da prodotti editoriali elettronici, trasmessi da reti radiotelevisive e diversi dai programmi radiotelevisivi, non prestati su richiesta individuale, incluse le pagine informative teletext e le pagine di dati;

n) «palinsesto televisivo» e «palinsesto radiofonico»: l'insieme, predisposto da un'emittente televisiva o radiofonica, analogica o digitale, di una serie di programmi unificati da un medesimo marchio editoriale e destinato alla fruizione del pubblico, diverso dalla trasmissione differita dello stesso palinsesto, dalle trasmissioni meramente ripetitive, o dalla prestazione, a pagamento, di singoli programmi, o pacchetti di programmi, audiovisivi lineari, con possibilità di acquisto da parte dell'utente anche nei momenti immediatamente antecedenti all'inizio della trasmissione del singolo programma, o del primo programma, nel caso si tratti di un pacchetto di programmi;

o) «responsabilità editoriale»: l'esercizio di un controllo effettivo sia sulla selezione dei programmi, ivi inclusi i programmi-dati, sia sulla loro organizzazione in un palinsesto cronologico, nel caso delle radiodiffusioni televisive o radiofoniche, o in un catalogo, nel caso dei servizi di media audiovisivi a richiesta;

p) «servizio di media audiovisivo lineare» o «radiodiffusione televisiva»: un servizio di media audiovisivo fornito da un fornitore di servizi di media per la visione simultanea di programmi sulla base di un palinsesto di programmi;

q) «servizio di media audiovisivo non lineare», ovvero «servizio di media audiovisivo a richiesta»: un servizio di media audiovisivo fornito da un fornitore di servizi di media per la visione di programmi al momento scelto dall'utente e su sua richiesta sulla base di un catalogo di programmi selezionati dal fornitore di servizi di media;

r) «fornitore di servizi di media audiovisivi a carattere comunitario»: il soggetto che ha la responsabilità editoriale nella predisposizione dei programmi destinati alla radiodiffusione televisiva in ambito locale che si impegna: a non trasmettere più del 5 per cento di pubblicità per ogni ora di diffusione; a trasmettere programmi originali autoprodotti per almeno il 50 per cento dell'orario di programmazione giornaliero compreso dalle ore 7 alle ore 21;

s) «programmi originali autoprodotti»: i programmi realizzati in proprio dall'emittente, anche analogica, o dalla sua controllante o da sue controllate, o in coproduzione con altra emittente, anche analogica;

t) «produttori indipendenti», gli operatori della comunicazione europei che svolgono attività di produzioni audiovisive e che non sono controllati da, ovvero collegati a, fornitori di servizi media audiovisivi soggetti alla giurisdizione italiana e, alternativamente:

1) per un periodo di tre anni non destinano più del 90 per cento della propria produzione ad un solo fornitore di servizi media audiovisivi; ovvero

2) sono titolari di diritti secondari;

u) «fornitore di servizi interattivi associati o di servizi di accesso condizionato»: il soggetto che fornisce, al pubblico o a terzi operatori, servizi di accesso condizionato, mediante distribuzione di chiavi numeriche per l'abilitazione alla visione dei programmi, alla fatturazione dei servizi ed eventualmente alla fornitura di apparati, o che fornisce servizi della società dell'informazione ai sensi dall'articolo 2 del decreto legislativo 9 aprile 2003, n. 70, ovvero fornisce una guida elettronica ai programmi;

v) «accesso condizionato»: ogni misura e sistema tecnico in base ai quali l'accesso in forma intelligibile al servizio protetto sia subordinato a preventiva e individuale autorizzazione da parte del fornitore del servizio di accesso condizionato;

z) «sistema integrato delle comunicazioni»: il settore economico che comprende le attività di stampa quotidiana e periodica, delle agenzie di stampa, di editoria elettronica, anche per il tramite di Internet, di radio e servizi di media audiovisivi e radiofonici, cinema, pubblicità esterna, sponsorizzazioni e pubblicità online;

aa) «servizio pubblico radiofonico, televisivo e multimediale»:

il pubblico servizio consistente nell'attività di produzione e diffusione su tutte le piattaforme distributive di contenuti radiofonici, audiovisivi e multimediali, secondo le modalità e nei limiti indicati dal presente testo unico e dalle altre norme applicabili in materia;

bb) «ambito nazionale»: l'esercizio dell'attività di ra diodiffusione televisiva o sonora non limitata all'ambito locale;

cc) «ambito locale radiofonico»: l'esercizio dell'attività di radiodiffusione sonora, con irradiazione del segnale fino a una copertura massima del 50 per cento della popolazione nazionale;

dd) «ambito locale televisivo»: l'attività di fornitura di servizi di media audiovisivi veicolati in uno o più aree tecniche corrispondenti alle reti di I livello, comunque non superiori a dieci, anche non limitrofi, purché con copertura inferiore al 50 per cento della popolazione nazionale;

ee) «programmazione nazionale ex analogica»: canale già irradiato in ambito nazionale in tecnica analogica e in simulcast in tecnica digitale terrestre, indipendentemente dall'eventuale intervenuta modifica del marchio editoriale o del soggetto che detiene il titolo abilitativo;

ff) «programmazione generalista»: programmazione diffusa in ambito nazionale dedicata a più generi differenziati inclusa l'informazione, distribuiti in modo equilibrato nel corso della giornata di programmazione, nessuno dei quali raggiunge il 70 per cento della programmazione stessa;

gg) «programmazione tematica»: programmazione diffusa in ambito nazionale dedicata a un tema specifico in relazione ad un pubblico o a un target di utenza, a cui un fornitore di servizi di media audiovisivi dedica almeno il 70 per cento della programmazione diffusa;

hh) «emittente radiofonica»: il titolare di concessione o autorizzazione su frequenze terrestri in tecnica analogica, che ha la responsabilità editoriale dei palinsesti radiofonici e li trasmette secondo le seguenti tipologie:

1) «emittente radiofonica a carattere comunitario», nazionale o locale: l'emittente caratterizzata dall'assenza dello scopo di lucro, che trasmette programmi originali autoprodotti per almeno il 30 per cento dell'orario di trasmissione giornaliero compreso tra le ore 7 e le ore 21, può avvalersi di sponsorizzazioni e non trasmette più del 10 per cento di pubblicità per ogni ora di diffusione, escluse le trasmissioni di brani musicali intervallate da messaggi pubblicitari o da brevi commenti del conduttore della stessa trasmissione;

2) «emittente radiofonica a carattere commerciale locale»: l'emittente senza specifici obblighi di palinsesto, che comunque destina almeno il 20 per cento della programmazione settimanale all'informazione, di cui almeno il 50 per cento all'informazione locale, in notizie e servizi, e a programmi, nell'ambito di almeno sessantaquattro ore settimanali;

3) «emittente radiofonica nazionale»: l'emittente senza particolari obblighi, salvo la trasmissione quotidiana di giornali radio;

ii) «fornitore di servizi di media radiofonici»: il titolare di autorizzazione su frequenze terrestri in tecnica digitale, che ha la responsabilità dei palinsesti radiofonici;

ll) «trasmissione attraverso cavo coassiale»: le trasmissioni di contenuti televisivi e radiofonici attraverso il cavo e che non utilizzano il protocollo IP;

mm) «trasmissione attraverso altri mezzi di comunicazione elettronica»: le trasmissioni di contenuti televisivi e radiofonici su reti di comunicazione elettronica diverse da quelle via cavo coassiale, satellitare e terrestri;

nn) «opere europee»:

1) le opere che rientrano nelle seguenti tipologie:

1.1) le opere originarie di Stati membri;

1.2) le opere originarie di Stati terzi che sono parti della Convenzione europea sulla televisione transfrontaliera del Consiglio d'Europa, firmata a Strasburgo il 5 maggio 1989 e ratificata dalla legge 5 ottobre 1991, n. 327 rispondenti ai requisiti di cui al numero 2), a condizione che le opere originarie degli Stati membri non siano soggette a misure discriminatorie nel paese terzo interessato;

1.3) le opere co-prodotte nell'ambito di accordi conclusi nel settore audiovisivo tra l'Unione europea e paesi terzi e che rispettano le condizioni definite in ciascuno di tali accordi, a condizione che le opere originarie degli Stati membri non siano soggette a misure discriminatorie nel paese terzo interessato;

2) le opere di cui ai numeri 1.1) e 1.2) sono opere realizzate essenzialmente con il contributo di autori e lavoratori residenti in uno o più degli Stati di cui ai numeri 1.1) e 1.2) rispondenti a una delle tre condizioni seguenti:

2.1) esse sono realizzate da uno o più produttori stabiliti in uno o più di tali Stati;

2.2) la produzione delle opere avviene sotto la supervisione e il controllo effettivo di uno o più produttori stabiliti in uno o più di tali Stati;

2.3) il contributo dei co-produttori di tali Stati è prevalente nel costo totale della coproduzione e questa non è controllata da uno o più produttori stabiliti al di fuori di tali Stati;

3) le opere che non sono opere europee ai sensi del numero 1) e sono prodotte nel quadro di accordi bilaterali di coproduzione conclusi tra Stati membri e paesi terzi sono considerate opere europee a condizione che la quota a carico dei produttori dell'Unione europea nel costo complessivo della produzione sia maggioritaria e che la produzione non sia controllata da uno o più produttori stabiliti fuori del territorio degli Stati membri;

oo) «comunicazione commerciale audiovisiva»: immagini, siano esse sonore o non, destinate a promuovere, direttamente o indirettamente, i beni, i servizi o l'immagine di una persona fisica o giuridica che esercita un'attività economica e comprendenti, tra l'altro, la pubblicità televisiva, la sponsorizzazione, la telepromozione, la televendita e l'inserimento di prodotti, inserite o di accompagnamento in un programma o in un video generato dall'utente dietro pagamento o altro compenso o a fini di autopromozione;

pp) «pubblicità televisiva»: ogni forma di messaggio televisivo trasmesso dietro pagamento o altro compenso, ovvero a fini di autopromozione, da un'impresa pubblica o privata o da una persona fisica nell'ambito di un'attività commerciale, industriale, artigiana o di una libera professione, allo scopo di promuovere la fornitura, dietro pagamento, di beni o di servizi, compresi i beni immobili, i diritti e le obbligazioni;

qq) «spot pubblicitario»: una forma di pubblicità televisiva a contenuto predeterminato, trasmessa dalle emittenti radiofoniche e televisive, sia analogiche che digitali;

rr) «comunicazione commerciale audiovisiva occulta»: la presentazione orale o visiva di beni, di servizi, del nome, del marchio o delle attività di un produttore di beni o di un fornitore di servizi in un programma, quando tale presentazione è compiuta dal fornitore di servizi di media per scopi pubblicitari e può ingannare il pubblico circa la sua natura, con presunzione del suo carattere intenzionale, in particolare nei casi di svolgimento a pagamento o dietro altro compenso;

ss) «sponsorizzazione»: ogni contributo di imprese pubbliche o private o di persone fisiche non impegnate nella fornitura di servizi di media audiovisivi o di servizi di piattaforma per la condivisione di video o nella produzione di opere audiovisive al finanziamento di servizi di media audiovisivi, di servizi di piattaforma per la condivisione di video, di video generati dagli utenti o di programmi al fine di promuoverne il nome, il marchio, l'immagine, le attività o i prodotti;

tt) «televendita»: le offerte dirette trasmesse al pubblico allo scopo di fornire, dietro pagamento, beni o servizi, compresi i beni immobili, i diritti e le obbligazioni;

uu) «inserimento di prodotti»: ogni forma di comunicazione commerciale audiovisiva che consiste nell'inserire o nel fare riferimento a un prodotto, a un servizio o al relativo marchio così che appaia all'interno di un programma o di un video generato dall'utente dietro pagamento o altro compenso;

vv) «telepromozione»: ogni forma di pubblicità consistente nell'esibizione di prodotti, presentazione verbale e visiva di beni o servizi di un produttore di beni o di un fornitore di servizi, realizzata dal fornitore di servizi di media audiovisivi o dall'emittente di radiodiffusione nell'ambito di un programma, al fine di promuovere la fornitura, dietro compenso, dei beni o dei servizi presentati o esibiti;

zz) «Autorità»: l'Autorità per le garanzie nelle comunicazioni;

aaa) «Ministero»: il Ministero dello sviluppo economico;

bbb) «ERGA»: il Gruppo dei regolatori europei per i servizi di media audiovisivi;

ccc) «Codice delle comunicazioni elettroniche»: decreto legislativo 1° agosto 2003, n. 259;

ddd) «autorizzazione generale»: il regime giuridico che garantisce i diritti alla fornitura di reti o di servizi di comunicazione elettronica e stabilisce obblighi specifici per il settore applicabili a tutti i tipi o a tipi specifici di reti e servizi di comunicazione elettronica, conformemente al Codice delle comunicazioni elettroniche;

eee) «autopromozione»: gli annunci effettuati da emittenti e fornitori di servizi di media in relazione ai propri programmi e ai prodotti collaterali da questi direttamente derivati ovvero in relazione a programmi e servizi di media di altre entità appartenenti al medesimo gruppo di emittenti, ai sensi dell'articolo 51 e dell'articolo 2359 del codice civile.

2. Le definizioni di cui al comma 1 si applicano per analogia ai servizi radiofonici. Laddove non diversamente specificato, sponsorizzazione e televendita comprendono anche le attività svolte a mezzo della radiodiffusione sonora.

4 Principi generali del sistema dei servizi di media audiovisivi e della radiofonia, a garanzia degli utenti e in materia di servizi di media in ambito locale.

1. Sono principi generali del sistema dei servizi di media audiovisivi, della radiofonia e dei servizi di piattaforma per la condivisione di video la garanzia della libertà e del pluralismo dei mezzi di comunicazione radiotelevisiva, la tutela della libertà di espressione di ogni individuo, inclusa la libertà di opinione e quella di ricevere o di comunicare informazioni o idee senza limiti di frontiere, nel rispetto della dignità umana, del principio di non discriminazione e di contrasto ai discorsi d'odio, l'obiettività, la completezza, la lealtà e l'imparzialità dell'informazione, il contrasto alle strategie di disinformazione, la tutela dei diritti d'autore e di proprietà intellettuale, l'apertura alle diverse opinioni e tendenze politiche, sociali, culturali e religiose e la salvaguardia delle diversità etniche e del patrimonio culturale, artistico e ambientale, in ambito nazionale e locale, nel rispetto delle libertà e dei diritti, in particolare della dignità della persona e della protezione dei dati personali, della promozione e tutela del benessere, della salute e dell'armonico sviluppo fisico, psichico e morale del minore, garantiti dalla Costituzione, dal diritto dell'Unione europea, dalle norme internazionali vigenti nell'ordinamento italiano e dalle leggi statali e regionali.

2. La disciplina del sistema dei servizi di media audiovisivi e radiofonici, a tutela degli utenti, garantisce:

a) l'accesso dell'utente, secondo criteri di non discriminazione, ad un'ampia varietà di informazioni e di contenuti offerti da una pluralità di operatori nazionali, locali e di altri Stati membri dell'Unione europea, favorendo a tale fine la fruizione e lo sviluppo, in condizioni di pluralismo e concorrenza leale, delle opportunità offerte dall'evoluzione tecnologica da parte dei soggetti che svolgono o intendono svolgere attività nel sistema delle comunicazioni;

b) la diffusione di un congruo numero di programmi radiotelevisivi nazionali e locali in chiaro, garantendo l'adeguata copertura del territorio nazionale o locale;

c) adeguati livelli qualitativi dei servizi di media audiovisivi.

3. Lo sviluppo dell'alfabetizzazione mediatica e digitale da parte dei fornitori di servizi di media e dei fornitori di piattaforme di condivisione video è promosso dal Ministero, d'intesa con l'Autorità, sentito il Ministero della cultura, ferme restando le attività di sostegno dell'educazione all'immagine e dell'alfabetizzazione alle tecniche e ai media di produzione e diffusione delle immagini di cui agli articoli 3 e 27 della legge 14 novembre 2016, n. 220.

4. Il monitoraggio dell'attività di promozione dell'alfabetizzazione mediatica e digitale è svolto dall'Autorità. L'Autorità predispone relazioni periodiche sull'attuazione del comma 3 ai fini della relazione da presentare da parte del Ministero alla Commissione europea entro il 19 dicembre 2022 e, successivamente, almeno ogni tre anni.

5. Il trattamento dei dati personali delle persone fisiche e degli enti nel settore radiotelevisivo è effettuato nel rispetto dei diritti, delle libertà fondamentali, nonché della dignità umana, con particolare riferimento alla riservatezza e all'identità personale, in conformità alle norme vigenti in materia.

6. In ambito locale i servizi di media valorizzano e promuovono le culture regionali o locali, nel quadro dell'unità politica, culturale e linguistica del Paese. La tutela delle minoranze linguistiche avviene tramite riserva di una quota di capacità trasmissiva in ambito locale per servizi media audiovisivi espressione delle stesse minoranze linguistiche.

7. Alla diffusione dei servizi di media audiovisivi in ambito locale è riservata una quota della capacità trasmissiva determinata con l'adozione del piano di assegnazione delle frequenze coordinate in ambito internazionale per la diffusione televisiva su frequenze terrestri.

8. L'Autorità adotta il Piano nazionale di assegnazione delle frequenze da destinare al servizio televisi-

vo digitale terrestre, individuando, per la pianificazione in ambito locale, in ciascuna area tecnica, più frequenze in banda UHF per la realizzazione di reti, di cui almeno una con copertura non inferiore al 90 per cento della popolazione dell'area, finalizzate alla messa a disposizione di capacità trasmissiva ai fornitori di servizi di media audiovisivi in ambito locale.

5 Principi generali del sistema dei servizi di media audiovisivi e della radiofonia a salvaguardia del pluralismo e della concorrenza.

1. La disciplina del sistema dei servizi di media audiovisivi e della radiofonia a garanzia del pluralismo dei mezzi di comunicazione radiotelevisiva, si conforma ai seguenti principi:

a) promozione della concorrenza nel sistema dei servizi di media audiovisivi e della radiofonia e dei mezzi di comunicazione di massa e nel mercato della pubblicità e tutela del pluralismo, vietando a tale fine la costituzione o il mantenimento di posizioni di significativo potere fissati nel presente decreto, e assicurando la massima trasparenza degli assetti societari;

b) previsione di diversi titoli abilitativi per lo svolgimento delle attività di operatore di rete o di fornitore di servizi di media audiovisivi anche a richiesta o radiofonici oppure di fornitore di servizi interattivi associati o di servizi di accesso condizionato, con la previsione del regime dell'autorizzazione generale per le attività di operatore di rete oppure di fornitore di servizi interattivi associati o di servizi di accesso condizionato;

c) previsione di titoli abilitativi distinti per lo svolgimento, rispettivamente, su frequenze terrestri o via cavo coassiale o via satellite o su altre piattaforme, anche da parte dello stesso soggetto, delle attività di cui alla lettera *b*), nonché previsione di una sufficiente durata dei relativi titoli abilitativi, comunque non inferiore a dodici anni, per le attività su frequenze terrestri in tecnica digitale, con possibilità di rinnovo per eguali periodi;

d) previsione di titoli distinti per lo svolgimento delle attività di fornitura di cui alla lettera *b*), rispettivamente in ambito nazionale e in ambito locale, quando le stesse sono esercitate su frequenze terrestri, stabilendo, comunque, che uno stesso soggetto o soggetti tra di loro in rapporto di controllo o di collegamento non possono essere, contemporaneamente, titolari di autorizzazione per fornitore di servizi media radiofonici digitali in ambito nazionale e in ambito locale;

e) obbligo per gli operatori di rete:

1) di non effettuare discriminazioni nei confronti dei fornitori di servizi di media audiovisivi, anche a richiesta, o radiofonici non riconducibili a società collegate e controllate, rendendo disponibili a questi le stesse piattaforme e informazioni tecniche messe a disposizione dei fornitori di servizi di media audiovisivi, anche a richiesta, o radiofonici riconducibili a società collegate e controllate;

2) di non effettuare discriminazioni nello stabilire gli opportuni accordi tecnici in materia di qualità trasmissiva e condizioni di accesso alla rete fra fornitore di servizi di media audiovisivi, anche a richiesta, o radiofonici appartenenti a società controllanti, controllate o collegate e fornitori di servizi di media audiovisivi, anche a richiesta, o radiofonici e fornitore di servizi interattivi associati o di servizi di accesso condizionato indipendenti, prevedendo, comunque, che gli operatori di rete cedano la propria capacita trasmissiva a condizioni di mercato nel rispetto dei principi e dei criteri fissati dall'Autorità con proprio regolamento;

3) di utilizzare, sotto la propria responsabilità, le informazioni ottenute dalle emittenti, anche radiofoniche digitali, o dai fornitori di servizi di media a richiesta non riconducibili a società collegate e controllate, esclusivamente per il fine di concludere accordi tecnici e commerciali di accesso alla rete, con divieto di trasmettere a società controllate o collegate o a terzi le informazioni ottenute;

4) per le emittenti radiofoniche e per i fornitori di servizi di media audiovisivi, anche a richiesta, o radiofonici in caso di cessione dei diritti di sfruttamento di programmi, di osservare pratiche non discriminatorie tra le diverse piattaforme distributive, alle condizioni di mercato, nel rispetto dei diritti di esclusiva, delle norme in tema di diritto d'autore e della libera negoziazione tra le parti;

5) con esclusione dei soggetti operanti unicamente in ambito locale su frequenze terrestri, obbligo di separazione contabile per le imprese, diverse da quelle che trasmettono in tecnica analogica, operanti in almeno due settori dei servizi di media audiovisivi, della emittenza radiofonica e dei servizi interattivi associati o di servizi di accesso condizionato, al fine di consentire l'evidenziazione dei corrispettivi per l'accesso e l'interconnessione alle infrastrutture di comunicazione, l'evidenziazione degli oneri relativi al servizio pubblico generale, la valutazione dell'attività di installazione e gestione delle infrastrutture separata da quella di fornitura dei contenuti o dei servizi, ove svolte dallo stesso soggetto, e la verifica dell'insussistenza di sussidi incrociati e di pratiche discriminatorie, prevedendo, comunque, che:

5.1) per il fornitore di servizi di media audiovisivi, anche a richiesta, o radiofonici che sia anche fornitore di servizi, di adottare un sistema di contabilità separata per ciascuna autorizzazione;

5.2) per il fornitore di servizi di media audiovisivi, anche a richiesta, o radiofonici che sia anche operatore di rete in ambito nazionale, o fornitore di servizi interattivi associati o di servizi di accesso condizionato, di tenere la separazione societaria;

f) è fatto salvo il diritto dei fornitori di servizi di media audiovisivi, anche a richiesta, o radiofonici di effettuare collegamenti in diretta e di trasmettere dati e informazioni all'utenza sulle stesse frequenze messe a disposizione dall'operatore di rete;

g) resta fermo l'obbligo, per le emittenti radiofoniche, per fornitori di servizi di media audiovisivi, anche a richiesta, o radiofonici operanti in ambito nazionale e per la concessionaria del servizio pubblico radiofonico televisivo e multimediale, di diffondere il medesimo contenuto su tutto il territorio per il quale è stato rilasciato il titolo abilitativo, fatti salvi:

1) la deroga di cui all'articolo 26, comma 1, per le emittenti radiofoniche locali nonché l'articolazione,

anche locale, delle trasmissioni radiotelevisive della società concessionaria del servizio pubblico radiofonico, televisivo e multimediale;

2) quanto previsto dall'articolo 59 per la società concessionaria del servizio pubblico radiofonico, televisivo e multimediale;

3) la trasmissione di eventi di carattere occasionale ovvero eccezionale e non prevedibili;

h) previsione di specifiche forme di tutela dei servizi di media in favore delle minoranze linguistiche riconosciute dalla legge.

2. Ai fini del presente testo unico il controllo sussiste, anche con riferimento a soggetti diversi dalle società, nei casi previsti dall'articolo 2359, commi primo e secondo, del codice civile. Il controllo si considera esistente nella forma dell'influenza dominante, salvo prova contraria, quando ricorre una delle seguenti condizioni:

a) esistenza di un soggetto che, da solo o in base alla concertazione con altri soci, ha la possibilità di esercitare la maggioranza dei voti nell'assemblea ordinaria o di nominare o revocare la maggioranza degli amministratori;

b) sussistenza di rapporti, anche tra soci, di carattere finanziario o organizzativo o economico idonei a conseguire uno dei seguenti effetti:

1) la trasmissione degli utili e delle perdite;

2) il coordinamento della gestione dell'impresa con quella di altre imprese ai fini del perseguimento di uno scopo comune;

3) l'attribuzione di poteri maggiori rispetto a quelli derivanti dalle azioni o dalle quote possedute;

4) l'attribuzione a soggetti diversi da quelli legittimati in base all'assetto proprietario di poteri nella scelta degli amministratori e dei dirigenti delle imprese;

c) esistenza dell'assoggettamento a direzione comune, che può risultare anche in base alle caratteristiche della composizione degli organi amministrativi o per altri significativi e qualificati elementi.

3. L'autorizzazione generale di cui al comma 1, lettera *b*), non comporta l'assegnazione delle radiofrequenze, da conferire con distinto provvedimento. L'autorizzazione all'attività di fornitore di servizi di media audiovisivi anche a richiesta o radiofonici non può essere rilasciata a società che non hanno per oggetto sociale l'esercizio dell'attività radiotelevisiva, editoriale o comunque attinente all'informazione ed allo spettacolo. Fatto salvo quanto previsto per la società concessionaria del servizio pubblico generale radiotelevisivo, le amministrazioni pubbliche, gli enti pubblici, anche economici, le società a prevalente partecipazione pubblica e le aziende ed istituti di credito non possono, né direttamente né indirettamente, essere titolari di titoli abilitativi per lo svolgimento delle attività di operatore di rete o di fornitore di servizi di media anche a richiesta o radiofonici.

6 Principi generali in materia di informazione e di ulteriori compiti di pubblico servizio nel settore dei servizi di media audiovisivi e radiofonici.

1. L'attività di informazione mediante servizio di media audiovisivo o radiofonico, costituisce un servizio di interesse generale ed è svolta nel rispetto dei principi di cui al presente capo.

2. La disciplina dell'informazione radiotelevisiva, garantisce, comunque:

a) la presentazione veritiera dei fatti e degli avvenimenti, in modo tale da favorire la libera formazione delle opinioni;

b) la trasmissione quotidiana di telegiornali o giornali radio da parte dei soggetti abilitati a fornire servizi di media audiovisivi e radiofonici in ambito nazionale o locale su frequenze terrestri;

c) l'accesso di tutti i soggetti politici alle trasmissioni di informazione in condizioni di parità di trattamento e di imparzialità, nelle forme e secondo le modalità indicate dalla legge;

d) la trasmissione dei comunicati e delle dichiarazioni ufficiali degli organi costituzionali indicati dalla legge;

e) il divieto di utilizzare metodologie e tecniche capaci di manipolare in maniera non riconoscibile allo spettatore il contenuto delle informazioni.

3. L'Autorità stabilisce ulteriori regole per le emittenti radiofoniche, nonché per i fornitori di servizi di media audiovisivi, anche a richiesta, o radiofonici, diversi da quelli operanti in ambito locale per rendere effettiva l'osservanza nei programmi di informazione dei principi di cui al presente capo.

4. Il presente testo unico individua gli ulteriori e specifici compiti e obblighi di pubblico servizio che la società concessionaria del servizio pubblico generale radiotelevisivo è tenuta ad adempiere nell'ambito della sua complessiva programmazione, anche non informativa, ivi inclusa la produzione di opere audiovisive europee realizzate da produttori indipendenti, al fine di favorire l'istruzione, la crescita civile e il progresso sociale, di promuovere la lingua italiana e la cultura, di salvaguardare l'identità nazionale e di assicurare prestazioni di utilità sociale.

5. Il contributo pubblico percepito dalla società concessionaria del servizio pubblico generale radiotelevisivo, risultante dal canone di abbonamento alla radiotelevisione, è utilizzabile esclusivamente ai fini dell'adempimento dei compiti di servizio pubblico generale affidati alla stessa, con periodiche verifiche di risultato e senza turbare le condizioni degli scambi e della concorrenza nell'Unione europea. Fatta salva la possibilità per la società concessionaria di stipulare contratti o convenzioni a prestazioni corrispettive con pubbliche amministrazioni, sono escluse altre forme di finanziamento pubblico in suo favore.

7 Trasmissioni transfrontaliere.

1. Salvi i casi previsti dal presente articolo, è assicurata la libertà di ricezione e non viene ostacolata la

ritrasmissione sul territorio nazionale italiano di servizi di media audiovisivi provenienti da altri Stati membri dell'Unione europea, per ragioni attinenti ai settori coordinati dalla direttiva 2010/13/UE.

All'Autorità spetta il compito di adottare misure appropriate per l'attuazione delle disposizioni di cui al presente articolo. A tal fine l'Autorità stipula protocolli d'intesa con il Ministero della salute, il Ministero della difesa, il Ministero dell'interno e il Ministero della giustizia.

2. L'Autorità può disporre la sospensione provvisoria della ricezione o ritrasmissione dei servizi di media audiovisivi erogati da un fornitore sottoposto alla giurisdizione di un altro Stato membro nei seguenti casi:

a) violazione manifesta, seria e grave del divieto di trasmissione di programmi che possono nuocere gravemente allo sviluppo fisico, mentale o morale dei minori di anni diciotto, in particolare di programmi che contengono scene pornografiche o di violenza gratuita, a meno che la scelta dell'ora di trasmissione o qualsiasi altro accorgimento tecnico escludano che i minori che si trovano nell'area di diffusione assistano normalmente a tali programmi;

b) violazione manifesta, seria e grave del divieto di trasmissione di programmi che contengono incitamento alla violenza o all'odio nei confronti di un gruppo di persone o di un membro di un gruppo, per motivi di razza, sesso, religione o nazionalità;

c) erogazione di servizi di media audiovisivi tali da rappresentare un rischio serio e grave di pregiudizio per la salute pubblica;

d) violazione manifesta seria e grave del divieto di pubblica provocazione a commettere i reati di terrorismo di cui all'articolo 5 della direttiva 2017/541/UE del Parlamento europeo e del Consiglio, del 15 marzo 2017;

e) pregiudizio o rischio grave e serio di pregiudizio per la pubblica sicurezza, ivi compresa la salvaguardia della difesa e della sicurezza nazionali.

3. La sospensione di cui al comma 2 è subordinata alle condizioni seguenti:

a) nel corso dei dodici mesi precedenti il fornitore di servizi di media audiovisivi ha già tenuto, in almeno due occasioni, uno o più dei comportamenti indicati al comma 2, lettere *a*), *b*) e *c*) o ha tenuto, in almeno un'occasione, uno dei comportamenti di cui alle lettere *d*) ed *e*);

b) l'Autorità ha notificato per iscritto al fornitore di servizi di media audiovisivi, allo Stato membro avente giurisdizione su tale fornitore e alla Commissione europea le presunte violazioni e le misure proporzionate che intende adottare in caso di nuove violazioni;

c) al fornitore di servizi di media audiovisivi è stata assicurata la possibilità di rappresentare, in contraddittorio, le proprie osservazioni relative alle presunte violazioni notificate dall'Autorità, secondo le modalità indicate con regolamento dell'Autorità stessa;

d) le consultazioni con lo Stato membro dotato di giurisdizione sul fornitore di servizi di media audiovisivi e radiofonici e con la Commissione europea, svolte ai sensi della procedura disciplinata dall'art. 3 della direttiva (UE) 2018/1808, non hanno condotto a una soluzione amichevole entro un mese dalla ricezione, da parte della commissione, della notifica di cui alla lettera *b*) e l'Autorità ha comunicato al fornitore di servizi di media audiovisivi e radiofonici il mancato raggiungimento di una soluzione amichevole entro il predetto termine.

4. Le condizioni di cui al comma 3, lettere c) e d), non si applicano nei casi di violazione di cui al comma 2, lettera *d*).

5. L'Autorità si conforma alla decisione con la quale la Commissione europea accerta l'incompatibilità al diritto dell'Unione europea della sospensione temporanea della ricezione o della ritrasmissione sul territorio nazionale dei servizi dei media audiovisivi e radiofonici, ritirando prontamente l'atto emesso e rimuovendone gli effetti. L'Autorità fornisce alla commissione le informazioni eventualmente necessarie, entro un mese dal ricevimento della richiesta.

6. E' fatta salva l'applicazione di qualsiasi procedimento, rimedio giurisdizionale o misura sanzionatoria contro le violazioni di cui al presente articolo, nello Stato membro che esercita la propria giurisdizione sul fornitore di servizi di media interessato.

7. In casi urgenti, è possibile derogare alle condizioni di cui al comma 3, lettere *a*) e *b*), purché si intervenga entro un mese dalla presunta violazione. Le misure adottate sono notificate al più presto, a cura dell'Autorità, alla Commissione europea e allo Stato membro alla cui giurisdizione è soggetto il fornitore dei servizi di media, insieme ai motivi dell'urgenza.

8. I fornitori di servizi di media audiovisivi e radiofonici sottoposti alla giurisdizione italiana sono tenuti in ogni caso, a osservare la normativa nazionale, anche di carattere penale, vigente in materia.

9. Se un fornitore di servizi di media soggetto alla giurisdizione di un altro Stato membro fornisce un servizio di media audiovisivo in tutto o per la maggior parte destinato al territorio italiano, l'Autorità può chiedere a tale Stato di considerare eventuali questioni relative alle disposizioni del presente articolo, con particolare riguardo alle violazioni di cui al comma 2, secondo le procedure definite con apposito regolamento della stessa Autorità.

10. Quando all'applicazione delle misure di cui al comma 9 non seguono risultati soddisfacenti e vi sono elementi probatori idonei a far ritenere che il fornitore di servizi di media in questione si è stabilito nello Stato membro cui spetta la giurisdizione per eludere le norme più rigorose applicabili in caso di stabilimento nel territorio italiano, si applica la normativa nazionale, anche penale, vigente in materia, senza necessità di dimostrare l'intenzione del fornitore di servizi di media di eludere le norme più rigorose.

11. Le misure di cui al comma 10 possono essere adottate alle seguenti condizioni:

a) l'intenzione di adottare le misure in questione e i relativi motivi sono stati notificati alla Commissione europea e allo Stato membro interessato;

b) sono stati rispettati i diritti di difesa e al contraddittorio del fornitore interessato, assicurandogli, in particolare, la possibilità di presentare osservazioni;

c) la Commissione europea, previa richiesta di parere all'ERGA, ha accertato che le misure così disposte sono compatibili con il diritto dell'Unione europea.

12. L'Autorità può disporre la sospensione della ricezione o della ritrasmissione di servizi di media audiovisivi sulla base di richieste provenienti da altri Stati membri dell'Unione europea, qualora ritenga che tali provvedimenti sono:

a) necessari per una delle seguenti ragioni:

1) tutela dell'ordine pubblico, in particolare la prevenzione, l'investigazione, l'individuazione e il perseguimento di reati, anche in funzione della tutela dei minori e del contrasto all'incitamento all'odio fondato su motivi di razza, sesso, religione o nazionalità, nonché alle violazioni della dignità umana degli individui;

2) tutela della sanità pubblica;

3) tutela della pubblica sicurezza, compresa la salvaguardia della sicurezza e della difesa nazionali;

4) tutela dei consumatori, ivi compresi gli investitori, ai sensi del presente testo unico;

b) relativi a un servizio di media audiovisivi a richiesta lesivo degli obiettivi di cui alla lettera *a*) o che ponga un rischio serio e grave di pregiudizio a tali obiettivi;

c) proporzionati agli obiettivi perseguiti.

13. In ipotesi di violazione dei principi fondamentali del sistema dei servizi di media audiovisivi e radiofonici e di servizi di piattaforma per la condivisione di video, l'Autorità può disporre la sospensione della ricezione o ritrasmissione dei servizi sottoposti alla giurisdizione italiana ai sensi dell'articolo 2, comma 3, e dell'articolo 41, comma 7, o non soggetti alla giurisdizione di alcun o Stato membro dell'Unione europea, i cui contenuti o cataloghi sono ricevuti direttamente o indirettamente dal pubblico italiano. A tale fine, a seguito di un formale richiamo, l'Autorità può ordinare al fornitore di servizi interattivi associati o di servizi di accesso condizionato o all'operatore di rete o di servizi sulla cui piattaforma o infrastruttura sono veicolati programmi, di adottare ogni misura necessaria ad inibire la diffusione di tali programmi o cataloghi presso il pubblico italiano.

In caso di inosservanza dell'ordine, l'Autorità applica al fornitore di servizi interattivi associati o di servizi di accesso condizionato o all'operatore di rete o di servizi una sanzione amministrativa pecuniaria da euro 5.000 a euro 500.000.

14. Le disposizioni del presente articolo si applicano, con i necessari adattamenti, alle trasmissioni televisive provenienti da Stati terzi che siano parte della Convenzione europea sulla televisione transfrontaliera, firmata a Strasburgo il 5 maggio 1989 e ratificata ai sensi della legge 5 ottobre 1991, n. 327.

8 Funzioni del Ministero dello sviluppo economico.

1. Nelle materie di cui al presente testo unico il Ministero esercita le competenze stabilite nel presente decreto, quelle riferite alle funzioni e ai compiti di spettanza statale indicati dall'articolo 32 ter del decreto legislativo 30 luglio 1999, n. 300, nonché quelle comunque individuate dal proprio regolamento di organizzazione.

2. Presso il Ministero opera, nei settori dei servizi di media audiovisivi e della radiofonia, il Comitato di applicazione del Codice di autoregolamentazione media e minori.

9 Funzioni dell'Autorità per le garanzie nelle comunicazioni.

1. L'Autorità, nell'esercizio dei compiti ad essa affidati dalla legge, assicura il rispetto dei diritti fondamentali della persona nel settore delle comunicazioni, anche mediante servizi di media audiovisivi o radiofonici. L'Autorità esercita i propri poteri in modo imparziale e trasparente nonché in conformità agli obiettivi della direttiva 2018/1808/UE, in particolare per quanto attiene al pluralismo dei media, alla diversità culturale e linguistica, alla tutela dei consumatori, all'accessibilità, alla non discriminazione, al buon funzionamento del mercato interno e alla promozione della concorrenza.

2. L'Autorità, in materia di servizi di media audiovisivi e radiofonici e di servizi di piattaforma di condivisione di video, esercita le competenze previste dalle norme del presente testo unico, nonché quelle già attribuite dalle altre norme vigenti, anche se non incluse nel testo unico, e, in particolare le competenze di cui alle leggi 6 agosto 1990, n. 223, 14 novembre 1995, n. 481 e 31 luglio 1997, n. 249.

3. Il Presidente e i Commissari dell'Autorità sono nominati e operano ai sensi dell'articolo 1 della legge n. 249 del 1997.

4. L'Autorità opera in indipendenza da qualsiasi altro organismo pubblico o privato. Non chiede né riceve istruzioni da nessun altro organismo in merito all'espletamento dei propri compiti, anche con riferimento allo sviluppo delle proprie procedure interne e all'organizzazione del personale.

5. L'Autorità approva e pubblica annualmente il proprio bilancio e gode di autonomia nella sua esecuzione. Il controllo sul bilancio dell'Autorità è esercitato in modo trasparente ed è reso pubblico.

6. L'Autorità riferisce annualmente al Parlamento sull'attività svolta e sui programmi di lavoro, ai sensi dell'articolo 1, comma 6, lettera *c*), numero 12) della legge n. 249 del 1997. La relazione è resa pubblica.

7. L'Autorità, quando riceve da un fornitore di servizi di media soggetto alla giurisdizione italiana informazioni dalle quali possa evincersi l'intenzione del medesimo fornitore di offrire servizi destinati in tutto o in misura maggioritaria al pubblico ricompreso nel territorio di un altro Stato membro, ne dà tempestiva comunicazione all'autorità ovvero all'organismo nazionale di regolazione designato dallo stesso Stato membro.

8. L'Autorità, in caso di richiesta relativa alle attività di un fornitore di servizi di media sottoposto alla giurisdizione italiana proveniente dall'autorità ovvero dall'organismo nazionale di regolazione di un altro Stato membro, trasmette a quell'autorità o quell'organismo nazionale in discorso tutte le informazioni utili a soddisfare la richiesta entro un termine massimo di due mesi, salvo che il rispetto di tale termine sia impedito da ragioni ed esigenze debitamente motivate.

10 Altre competenze.

1. Restano ferme le competenze in materia di servizi di media audiovisivi e radiofonici attribuite dalle vigenti norme alla Presidenza del Consiglio dei ministri, alla Commissione parlamentare per l'indirizzo generale e la vigilanza dei servizi radiotelevisivi, al Ministero della cultura, al Garante per la protezione dei dati personali e all'Autorità garante della concorrenza e del mercato.

11 Competenze delle regioni.

1. Le regioni esercitano la potestà legislativa concorrente in materia di servizi di media in ambito locale, nel rispetto dei principi generali di cui agli articoli 4, 5 e 6 del presente testo unico e sulla base dei seguenti ulteriori principi:

a) trasmissione dei servizi di media audiovisivi e radiofonici in ambito locale nell'ambito delle bande di frequenza previste per tali servizi dal vigente regolamento delle radiocomunicazioni dell'Unione internazionale delle telecomunicazioni, nel rispetto degli accordi internazionali, della normativa dell'Unione europea e di quella nazionale, nonché dei piani nazionali di ripartizione e di assegnazione delle radiofrequenze;

b) attribuzione a organi della regione o degli enti locali territorialmente competenti delle competenze in ordine al rilascio dei provvedimenti abilitativi, autorizzatori e concessori necessari per l'accesso ai siti trasmissivi, in base alle vigenti disposizioni nazionali e regionali, per l'installazione di reti e di impianti, nel rispetto dei principi di non discriminazione, proporzionalità e obiettività, nonché nel rispetto delle disposizioni vigenti in materia di tutela della salute, di tutela del territorio, dell'ambiente e del patrimonio culturale e del paesaggio;

c) attribuzione a organi della regione o degli enti locali territorialmente competenti delle competenze in ordine al rilascio delle autorizzazioni per fornitore di servizi di media audiovisivi o radiofonici, o per fornitore di servizi interattivi associati o di servizi di accesso condizionato destinati alla diffusione in ambito locale;

d) previsione che il rilascio dei titoli abilitativi di cui alla lettera c) avvenga secondo criteri oggettivi, tenendo conto della potenzialità economica del soggetto richiedente, della qualità della programmazione prevista e dei progetti radioelettrici e tecnologici, e in caso di pregressa presenza sul mercato, degli investimenti operati nella realizzazione o nella manutenzione di infrastrutture o della produzione di opere originali, delle ore di trasmissione effettuate, della qualità dei programmi, delle quote percentuali di spettacoli e di servizi informativi autoprodotti, del personale dipendente, con particolare riguardo ai giornalisti iscritti all'albo professionale, e degli indici di ascolto rilevati.

2. Il titolare della autorizzazione di operatore di rete televisiva in tecnica digitale in ambito locale, qualora abbia richiesto una o più autorizzazioni per lo svolgimento dell'attività di fornitura di cui alla lettera *b*), ha diritto a ottenere almeno un'autorizzazione che consenta di irradiare nel blocco di programmi televisivi numerici di cui alla licenza rilasciata.

3. Nel rispetto dei principi fondamentali previsti dal presente testo unico ai sensi del presente articolo, la Regione autonoma Valle d'Aosta e le Province autonome di Trento e di Bolzano provvedono alle finalità di cui al medesimo testo unico nell'ambito delle rispettive, specifiche competenze, ai sensi degli statuti speciali e delle relative norme di attuazione.

12 Funzionamento dei Comitati regionali per le comunicazioni - Corecom.

1. Le funzioni di cui all'articolo 9, commi 1 e 2, sono svolte anche attraverso i Comitati regionali per le comunicazioni (Corecom), organi funzionali dell'Autorità, ai sensi dell'articolo 1, comma 13, della legge n. 249 del 1997.

2. Nello svolgimento di tali funzioni i Comitati regionali per le comunicazioni si avvalgono degli ispettorati territoriali del Ministero.

13 Autorizzazione dell'attività di operatore di rete.

1. L'attività di operatore di rete su frequenze terrestri in tecnica digitale, via cavo coassiale o via satellite è oggetto dell'autorizzazione generale, ai sensi dell'art. 11 del Codice delle comunicazioni elettroniche.

2. Il diritto di uso delle radiofrequenze per la diffusione televisiva, per la diffusione sonora in tecnica digitale e per la diffusione sonora in onde medie sono oggetto di distinti provvedimenti disciplinati dall'Autorità con propri regolamenti.

3. L'autorizzazione generale di cui al comma 1 ha durata non superiore a venti anni e non inferiore a dieci anni ed è rinnovabile. Il Ministero provvede a uniformare la durata delle autorizzazioni degli operatori di rete rilasciate ai sensi del presente decreto testo unico con quelle rilasciate ai sensi del Codice delle comunicazioni elettroniche.

4. L'operatore di rete televisiva su frequenze terrestri in tecnica digitale è tenuto al rispetto delle norme a garanzia dell'accesso dei fornitori di servizi di media audiovisivi di particolare valore alle reti per la televisione digitale terrestre stabilite dall'Autorità.

14 Autorizzazione per la fornitura di servizi di media audiovisivi su frequenze terrestri.

1. L'autorizzazione per la fornitura di servizi di media audiovisivi e di dati destinati alla diffusione in tecnica digitale su frequenze terrestri è rilasciata dal Ministero, sulla base delle norme previste dal regolamento adottato dall'Autorità.

2. I soggetti titolari di un'autorizzazione rilasciata ai sensi del comma 1 sono tenuti al rispetto degli obblighi previsti per i fornitori di servizi di media audiovisivi dal regolamento adottato dall'Autorità.

3 Per i fornitori di servizi media audiovisivi in ambito locale, il Ministero procede secondo quanto previsto

dall'articolo 1, commi 1033 e 1034, della legge 27 dicembre 2017, n. 205.

15 Autorizzazione dell'attività di operatore di rete su frequenze terrestri.

1. L'autorizzazione per l'attività di operatore di rete televisiva in tecnica digitale su frequenze terrestri in ambito sia nazionale che locale è rilasciata dal Ministero, sulla base delle norme previste dal regolamento adottato dall'Autorità.

2. I soggetti titolari di un'autorizzazione rilasciata ai sensi del comma 1 sono tenuti al rispetto degli obblighi previsti per gli operatori di rete dal regolamento adottato dall'Autorità.

3. Il rilascio dei diritti d'uso delle frequenze terrestri in tecnica digitale ad operatori di rete nazionali è effettuato ai sensi dell'articolo 1, commi 1031, 1031-*bis*, 1031-*ter*, 1031-*quater*, della legge 27 dicembre 2017, n. 205.

4. Il rilascio dei diritti d'uso delle frequenze terrestri in tecnica digitale ad operatori di rete, ai fini della messa a disposizione di capacità trasmissiva ai fornitori di servizi di media audiovisivi in ambito locale selezionati secondo quanto previsto dall'articolo 1, comma 1034, della legge 27 dicembre 2017, n. 205 e successive modifiche e integrazioni, è effettuato ai sensi dell'articolo 1, comma 1033, della citata legge 27 dicembre 2017, n. 205.

16 Autorizzazione per la fornitura di servizi media radiofonici su frequenze terrestri.

1. L'autorizzazione per la prestazione di servizi media radiofonici su frequenze terrestri in tecnica digitale è rilasciata dal Ministero sulla base della disciplina stabilita dall'Autorità con proprio regolamento.

17 Contributi.

1. L'Autorità adotta i criteri per la determinazione dei contributi dovuti per le autorizzazioni per la fornitura di programmi audiovisivi su frequenze terrestri in tecnica digitale, ai sensi dell'articolo 1, comma 6, lettera *c*), numero 5, della legge n. 249 del 1997.

18 Autorizzazioni per la fornitura di servizi di media audiovisivi o radiofonici via satellite, via cavo coassiale e su altri mezzi di comunicazione elettronica.

1. L'autorizzazione alla prestazione di servizi di media audiovisivi lineari o radiofonici via satellite è rilasciata dalla Autorità sulla base della disciplina stabilita con proprio regolamento.

2. L'autorizzazione alla prestazione di servizi di media audiovisivi lineari o radiofonici via cavo coassiale è rilasciata dal Ministero sulla base della disciplina stabilita dall'Autorità con proprio regolamento.

3. L'autorizzazione alla prestazione di servizi di media audiovisivi lineari o radiofonici su altri mezzi di comunicazione elettronica è rilasciata dall'Autorità sulla base della disciplina stabilita con proprio regolamento.

19 Autorizzazione alla fornitura di servizi di media audiovisivi a richiesta.

1. L'attività di fornitore di servizi di media audiovisivi a richiesta è soggetta al regime dell'autorizzazione generale. A tal fine, l'interessato presenta all'Autorità una segnalazione certificata di inizio attività nel rispetto della disciplina stabilita dalla Autorità stessa con proprio regolamento.

2. Il regolamento di cui al comma 1 individua gli elementi della predetta segnalazione, con riferimento a qualità e requisiti del soggetto, persona fisica o giuridica, che svolge l'attività, escluso ogni riferimento ai contenuti dei servizi oggetto dell'attività medesima e stabilisce i modelli per la relativa presentazione.

20 Trasmissioni simultanee.

1. Al fine di favorire la progressiva affermazione delle nuove tecnologie trasmissive, ai fornitori di servizi di media audiovisivi o radiofonici che diffondono in chiaro su frequenze terrestri è consentita, previa notifica al Ministero, la trasmissione simultanea di programmi per mezzo di ogni rete di comunicazione elettronica, sulla base della disciplina stabilita con regolamento dell'Autorità.

24 Trasferimenti di rami d'azienda e diritti d'uso.

1. Le imprese titolari di diritti individuali di uso delle radiofrequenze possono trasferire o affittare ad altre imprese i propri diritti d'uso.

2. Gli impianti di radiodiffusione sonora in tecnica analogica ed i collegamenti di comunicazioni elettroniche, legittimamente operanti, anche in virtù di provvedimenti dell'autorità giudiziaria, che non siano oggetto di situazione interferenziale e non siano tra quelli risultati inesistenti nelle verifiche dei competenti organi del Ministero, possono essere oggetto di trasferimento.

3. Durante il periodo di validità delle concessioni per la radiodiffusione sonora analogica in ambito locale e in ambito nazionale sono consentiti i trasferimenti di impianti o di rami di aziende, nonché di intere emittenti radiofoniche analogiche, anche da un concessionario ad un altro concessionario, nonché le acquisizioni, da parte di società di capitali, di concessionarie svolgenti attività radiofonica costituite in società cooperative a responsabilità limitata. Ai soggetti cui sia stata rilasciata più di una concessione per la radiodiffusione sonora è consentita la cessione di intere emittenti radiofoniche analogiche a società di capitali di nuova costituzione. Ai medesimi soggetti è, altresì, consentito di procedere allo scorporo mediante scissione delle emittenti oggetto di concessione.

4. Sono consentite le acquisizioni di emittenti analogiche concessionarie svolgenti attività di radiodiffusione sonora a carattere comunitario da parte di socie-

tà cooperative senza scopo di lucro, di associazioni riconosciute o non riconosciute o di fondazioni, a condizione che l'emittente mantenga il carattere comunitario. È inoltre consentito alle emittenti di radiodiffusione sonora operanti in ambito locale di ottenere che la concessione precedentemente conseguita a carattere commerciale sia trasferita ad un nuovo soggetto avente i requisiti di emittente comunitaria.

5. I trasferimenti di impianti di cui al presente articolo danno titolo ad utilizzare i collegamenti di comunicazione elettronica necessari per interconnettersi con gli impianti acquisiti.

6. La cessione anche di un singolo impianto radiofonico analogico, quando non ha per oggetto unicamente le attrezzature, si considera cessione di ramo d'azienda. Gli atti relativi ai trasferimenti di impianti e di rami d'azienda ai sensi del presente articolo, posti in essere dagli operatori del settore prima della data di entrata in vigore delle disposizioni di cui al presente comma, sono in ogni caso validi e non rettificabili ai fini tributari.

(*omissis*)

29 Disposizioni generali.

1. Allo scopo di assicurare il pluralismo, la libertà di espressione, la diversità culturale e l'effettività dell'informazione per la più ampia utenza possibile, è garantito adeguato rilievo ai servizi di media audiovisivi e radiofonici di interesse generale forniti mediante qualsiasi strumento di ricezione o accesso a tali servizi impiegato dagli utenti, qualunque sia la piattaforma utilizzata per la prestazione dei medesimi servizi.

2. L'Autorità, mediante linee guida, definisce i criteri di qualificazione di un servizio di media audiovisivo o radiofonico quale servizio di interesse generale. Mediante le medesime linee guida, l'Autorità definisce, altresì, le modalità e i criteri cui i produttori di apparecchi idonei alla ricezione di segnali radiotelevisivi o radiofonici, i prestatori di servizi di indicizzazione, aggregazione o reperimento di contenuti audiovisivi o sonori o i prestatori che determinano le modalità di presentazione dei servizi sulle interfacce degli utenti, dovranno attenersi allo scopo di assicurare l'osservanza di quanto previsto al comma 1.

3. I fornitori di servizi di media audiovisivi soggetti alla giurisdizione italiana offrono ai destinatari un accesso facile, diretto e permanente almeno alle seguenti informazioni:

a) il nome del fornitore;

b) l'indirizzo geografico di stabilimento;

c) le informazioni del fornitore, compresi l'indirizzo di posta elettronica o il sito internet, che permettono di contattarlo rapidamente, direttamente ed efficacemente;

d) lo Stato membro dotato di giurisdizione e l'Autorità titolari dei poteri di regolazione e vigilanza.

4. Fermo il diritto di ciascun utente di riordinare i canali offerti sulla televisione digitale nonché la possibilità per gli operatori di offerta televisiva a pagamento di introdurre ulteriori e aggiuntivi servizi di guida ai programmi e di ordinamento dei canali, l'Autorità, al fine di assicurare condizioni eque, trasparenti e non discriminatorie, adotta un apposito piano di numerazione automatica dei canali della televisione digitale terrestre, in chiaro e a pagamento, e stabilisce con proprio regolamento le modalità di attribuzione dei numeri ai fornitori di servizi di media audiovisivi autorizzati alla diffusione di contenuti audiovisivi in tecnica digitale terrestre, sulla base dei seguenti principi e criteri direttivi in ordine di priorità:

a) garanzia della semplicità d'uso del sistema di ordinamento automatico dei canali;

b) rispetto delle abitudini e preferenze degli utenti, con particolare riferimento alla programmazione nazionale ex analogica e alle emittenti locali;

c) suddivisione delle numerazioni dei canali a diffusione nazionale, sulla base del criterio della programmazione prevalente, in relazione alla natura generalista o tematica della programmazione. Nel primo arco di numeri devono prevedersi spazi adeguati a valorizzare la programmazione dei fornitori di servizi di media audiovisivi locali di qualità e legati al territorio. Nello stesso arco di numeri non dovranno essere irradiati programmi rivolti a un pubblico di soli adulti. Al fine di garantire il più ampio pluralismo in condizioni di parità tra i soggetti operanti nel mercato, dovrà essere riservata una serie di numeri a disposizione per i nuovi soggetti entranti;

d) definizione delle condizioni di utilizzo della numerazione, prevedendo la possibilità, sulla base di accordi, di scambi della numerazione all'interno di uno stesso genere, previa comunicazione all'Autorità;

e) revisione del piano di numerazione in base allo sviluppo del mercato, sentiti i soggetti interessati.

5. Il Ministero, nell'ambito del titolo abilitativo rilasciato per l'esercizio della radiodiffusione televisiva in tecnica digitale terrestre, attribuisce a ciascun canale la numerazione spettante sulla base del piano di numerazione e della regolamentazione adottata dall'Autorità ai sensi del comma 2 e stabilisce le condizioni di utilizzo del numero assegnato. L'attribuzione dei numeri ai soggetti già abilitati all'esercizio della radiodiffusione televisiva in tecnica digitale terrestre è effettuata con separato provvedimento integrativo dell'autorizzazione.

6. In caso di mancato rispetto della disciplina regolamentare adottata dall'Autorità o delle condizioni di utilizzo del numero assegnato ai sensi del comma 5, il Ministero dispone la sospensione dell'autorizzazione a trasmettere e dell'utilizzazione del numero assegnato per un periodo fino a due anni. La sospensione è adottata qualora il soggetto interessato, dopo aver ricevuto comunicazione dell'avvio del procedimento ed essere stato invitato a regolarizzare la propria posizione, non vi provvede entro il termine di sette giorni. In caso di reiterata violazione, nei tre anni successivi all'adozione di un provvedimento di sospensione, il Ministero dispone la revoca dell'autorizzazione a trasmettere e dell'utilizzazione del numero assegnato.

7. Tutti gli apparecchi idonei alla ricezione del segnale televisivo digitale terrestre, anche se abilitati alla connessione internet, devono avere installato il sistema di numerazione automatica dei canali della televisione digitale terrestre di cui ai commi da 4 a 6. Tale sistema deve essere agevolmente accessibile.

L'Autorità emana le prescrizioni regolamentari necessarie per l'attuazione del presente comma, ed emette, nei confronti dei soggetti che producono od importano gli apparecchi, i provvedimenti necessari a garantirne l'osservanza. In caso di mancata ottemperanza a tali provvedimenti, l'Autorità applica le sanzioni di cui all'articolo 1, comma 31, della legge 31 luglio 1997, n. 249.

30 Tutela dei diritti fondamentali.

1. I servizi di media audiovisivi prestati dai fornitori di servizi di media soggetti alla giurisdizione italiana non devono contenere alcuna istigazione a commettere reati ovvero apologia degli stessi, in particolare:

a) istigazione alla violenza o all'odio nei confronti di un gruppo di persone o un membro di un gruppo sulla base di uno dei motivi di cui all'articolo 21 della Carta dei diritti fondamentali dell'Unione europea o in violazione dell'art. 604-*bis* del codice penale;

b) alcuna pubblica provocazione a commettere reati di terrorismo di cui all'articolo 5 della direttiva (UE) 2017/541.

2. L'Autorità definisce, con un apposito regolamento, idonei criteri vincolanti al fine di indirizzare la programmazione dei fornitori dei servizi di media audiovisivi in modo da prevenire la violazione dei divieti di cui al comma 1.

3. Nei casi di inosservanza delle disposizioni di cui al comma 1 e di quelle stabilite nel regolamento di cui al comma 2 si applicano le sanzioni previste dall'articolo 67, comma 1, lettera *q*), e comma 2, lettera *g*).

31 Accessibilità agli utenti con disabilità.

1. L'Autorità, sentite le associazioni di categoria e ricorrendo anche a procedure di co-regolamentazione, adotta misure idonee e proporzionate volte ad assicurare che i fornitori dei media audiovisivi rendano i servizi di media progressivamente più accessibili alle persone con disabilità.

2. I fornitori sviluppano i piani d'azione finalizzati a rendere progressivamente più accessibili i loro servizi alle persone con disabilità. Essi riferiscono periodicamente all'Autorità in ordine all'attuazione delle misure assunte e comunicano i piani di azione con periodicità almeno triennale, a decorrere dal 30 settembre 2022.

3. L'Autorità, sentito il Ministero, predispone una relazione per la Commissione europea da trasmettersi entro il 19 dicembre 2022 e, successivamente, almeno ogni tre anni.

4. I servizi di media audiovisivi contenenti informazioni di emergenza, inclusi i comunicati e gli annunci pubblici in situazioni di catastrofi naturali, sono sempre forniti in maniera accessibile alle persone diversamente abili.

5. In caso di inosservanza delle disposizioni attuative di cui al comma 1 e delle disposizioni del presente articolo, l'Autorità, previa contestazione, diffida il fornitore responsabile ad adeguarsi entro un termine certo. In caso di inottemperanza alla diffida, si applica l'articolo 67, comma 1, lettera *q*) e comma 2, lettera *g*).

6. E' istituito presso l'Autorità un Punto di contatto unico online, disponibile al pubblico e facilmente accessibile anche per le persone diversamente abili, allo scopo di fornire informazioni e raccogliere reclami.

32 Protezione dei diritti d'autore.

1. Le disposizioni del presente testo unico non sono in pregiudizio dei principi e dei diritti di cui alla legge 22 aprile 1941, n. 633, in materia di protezione del diritto d'autore e di altri diritti connessi, nonché delle sanzioni previste al Capo III del Titolo III della medesima legge. I fornitori di servizi di media audiovisivi assicurano il pieno rispetto dei principi e dei diritti di cui alla citata legge 22 aprile 1941, n. 633, indipendentemente dalla piattaforma utilizzata per la trasmissione di contenuti audiovisivi.

2. I fornitori di servizi di media audiovisivi assicurano il pieno rispetto dei principi e dei diritti in materia dei diritti d'autore e dei diritti connessi, indipendentemente dalla piattaforma utilizzata per la trasmissione. In particolare:

a) trasmettono le opere cinematografiche, di cui all'articolo 2, comma 1, lettera *b*), della legge 14 novembre 2016, n. 220, nel rispetto dei termini temporali e delle condizioni concordate con i titolari dei diritti;

b) si astengono dal trasmettere o ritrasmettere, o mettere comunque a disposizione degli utenti, su qualsiasi piattaforma e qualunque sia la tipologia di servizio offerto, programmi oggetto di diritti di proprietà intellettuale di terzi, o parti di tali programmi, senza il consenso dei titolari dei diritti, e salve le disposizioni in materia di brevi estratti di cronaca.

3. L'Autorità emana le disposizioni regolamentari vincolanti, adeguate e necessarie per rendere effettiva l'osservanza dei limiti e divieti di cui al presente articolo.

33 Eventi di particolare rilevanza per la società ed eventi di interesse sociale o di grande interesse pubblico.

1. Il Ministero, sentita l'Autorità, compila una lista degli eventi, nazionali e non, considerati di particolare rilevanza per la società, dei quali i fornitori dei servizi di media assicurano la diffusione su palinsesti in chiaro, in diretta o in differita, in forma integrale oppure parziale. La lista è comunicata alla Commissione europea secondo quanto previsto dall'articolo 14, paragrafo 2, della direttiva 2010/13/UE.

2. L'Autorità, con propria deliberazione, individua le modalità idonee per assicurare che i fornitori dei servizi di media non esercitino i diritti esclusivi da loro acquistati, in relazione agli eventi di cui al comma 1, in modo da privare una parte consistente del pubblico di un altro Stato membro della possibilità di seguire gli eventi considerati da tale Stato di rilevanza per la società e per i quali il medesimo Stato assicura la diffusione su palinsesti in chiaro, in diretta integrale o parziale oppure in differita, in forma integrale o parziale.

3. Il Ministero con proprio decreto individua, inoltre, sentita l'Autorità, gli eventi di interesse sociale o di grande interesse pubblico, come anche definiti ai sensi dell'articolo 2, comma 1, lettera *b*), del decreto legislativo del 9 gennaio del 2008, n. 9, offerti, in diretta o in differita, in chiaro o a pagamento, al pubblico italiano, di cui deve essere garantita, a tutela dell'utenza, la fruizione nel rispetto di adeguati standard di regolarità, continuità del servizio e qualità delle immagini, come determinati dall'Autorità ai sensi del comma 4.

4. L'Autorità, d'intesa con il Ministero, determina le condizioni e i parametri di regolarità del servizio e qualità delle immagini, che devono essere assicurati dai fornitori di servizi media audiovisivi che trasmettono gli eventi di cui al comma 3, al fine di garantire l'integrità della rete e soluzioni di interconnessione e modalità di distribuzione del traffico volte ad evitare fenomeni di congestione della rete, secondo modalità eque, ragionevoli, non discriminatorie e proporzionali alla tipologia di servizio.

L'operatore predispone inoltre adeguati, efficaci e tempestivi strumenti di assistenza tecnica, nonché idonee procedure di gestione di reclami, istanze e segnalazioni degli utenti, singoli o associati, conformemente ai criteri e parametri fissati con la medesima delibera dell'Autorità di cui alla prima parte del presente comma.

5. L'Autorità vigila sull'attuazione delle disposizioni di cui ai commi 3 e 4, esercitando le connesse funzioni sanzionatorie di cui all'articolo 67 e di risoluzione extragiudiziali delle controversie ai sensi dell'articolo 40.

34 Brevi estratti di cronaca.

1. Con regolamento dell'Autorità sono individuate le modalità attraverso le quali ogni fornitore di servizi di media, anche se operante nel territorio di diverso Stato membro, può utilizzare brevi estratti di cronaca di eventi di grande interesse pubblico trasmessi in esclusiva da un fornitore soggetto alla giurisdizione italiana.

2. Il regolamento disciplina, in particolare:

a) la libertà di scelta dei brevi estratti a partire dal segnale di trasmissione;

b) l'indicazione della fonte del breve estratto, salvo che sia nella pratica impossibile;

c) l'accesso a condizioni eque, ragionevoli e non discriminatorie;

d) l'utilizzazione degli estratti esclusivamente per i notiziari di carattere generale;

e) l'utilizzazione degli estratti da parte dei fornitori dei servizi di media audiovisivi a richiesta solamente per la trasmissione in differita;

f) gli accordi tra gli operatori per individuare la lunghezza massima dei brevi estratti e i limiti di tempo per la loro trasmissione;

g) il compenso pattuito in modo che non superi i costi supplementari direttamente sostenuti per consentire l'accesso.

35 Telegiornali e giornali radio. Rettifica.

1. Ai telegiornali e ai giornali radio si applicano le norme sulla registrazione dei giornali e periodici, contenute negli articoli 5 e 6 della legge 8 febbraio 1948, n. 47. I direttori dei telegiornali e dei giornali radio sono considerati, ad ogni fine di legge, quali direttori responsabili.

2. Chiunque si ritenga leso nei suoi interessi morali, quali in particolare l'onore e la reputazione, o materiali da trasmissioni contrarie a verità ha diritto di chiedere al fornitore di servizi di media audiovisivi e radiofonici, ivi inclusa la concessionaria del servizio pubblico radiofonico, televisivo e multimediale, all'emittente radiofonica oppure alle persone da loro delegate al controllo della trasmissione, che sia trasmessa apposita rettifica, purché quest'ultima non abbia un contenuto che possa dar luogo a responsabilità penali.

3. La rettifica è effettuata entro quarantotto ore dalla data di ricevimento della relativa richiesta, in fascia oraria e con il rilievo corrispondenti a quelli della trasmissione che ha dato origine alla lesione degli interessi. Trascorso detto termine senza che la rettifica sia stata effettuata, l'interessato può trasmettere la richiesta all'Autorità.

4. Nel caso in cui il fornitore di servizi di media audiovisivi o radiofonici, l'emittente radiofonica, o la concessionaria del servizio pubblico radiofonico, televisivo e multimediale ritengono che non ricorrono le condizioni per la trasmissione della rettifica, sottopongono la questione all'Autorità entro il giorno successivo alla data di ricevimento della richiesta. L'Autorità si pronuncia nel termine di cinque giorni dalla ricezione della suddetta richiesta o di quella inviata dall'interessato ai sensi del comma 3. Se l'Autorità ritiene fondata la richiesta, provvede alla rettifica, la quale, preceduta dall'indicazione della pronuncia dell'Autorità, deve essere trasmessa entro le ventiquattro ore successive all'emissione della pronuncia.

36 Comunicati di organi pubblici.

1. Il Governo, le amministrazioni dello Stato, le regioni e gli enti pubblici territoriali, per soddisfare gravi ed eccezionali esigenze di pubblica necessità, possono chiedere ai fornitori dei servizi media audiovisivi e radiofonici, alle emittenti televisive e radiofoniche, o alla concessionaria del servizio pubblico radiofonico, televisivo e multimediale la trasmissione gratuita di brevi comunicati. I suddetti soggetti sono obbligati a trasmetterli.

Analoga richiesta può essere effettuata ai fornitori dei servizi di media a richiesta, che, in tal caso, sono obbligati a inserirli nel loro catalogo, dandone adeguato rilievo.

2. La società concessionaria del servizio pubblico radiofonico, televisivo e multimediale è obbligata a trasmettere i comunicati e le dichiarazioni ufficiali del Presidente della Repubblica, dei Presidenti del Senato della Repubblica e della Camera dei deputati, del Presidente del Consiglio dei ministri e del Presidente della Corte costituzionale, su richiesta degli stessi, facendo precedere e seguire le trasmissioni dall'esplicita menzione della provenienza dei comunicati e delle dichiarazioni.

3. Per gravi ed urgenti necessità pubbliche la richiesta del Presidente del Consiglio dei ministri, che è con-

temporaneamente comunicata alla Commissione parlamentare per l'indirizzo generale e la vigilanza dei servizi radiotelevisivi, ha effetto immediato.

37 Disposizioni a tutela dei minori nella programmazione audiovisiva.

1. Sono vietate le trasmissioni televisive gravemente nocive allo sviluppo fisico, psichico o morale dei minori, e, in particolare, i programmi che presentano scene di violenza gratuita o insistita o efferata ovvero scene pornografiche, nonché i film la cui proiezione o rappresentazione in pubblico ai minori di anni diciotto sia stata vietata dalle Autorità a ciò competenti, salve le previsioni di cui al comma 3 applicabili unicamente ai servizi a richiesta. Al fine di conformare la programmazione alla disposizione di cui al presente comma, i fornitori di servizi di media audiovisivi si attengono ai criteri fissati dall'Autorità con apposite procedure di co-regolamentazione.

2. Le trasmissioni dei servizi di media audiovisivi e delle emittenti radiofoniche non contengono programmi che possono nuocere allo sviluppo fisico, psichico o morale dei minori o film vietati ai minori di anni quattordici a meno che la scelta dell'ora di trasmissione, fra le ore 23 e le ore 7 o qualsiasi altro accorgimento tecnico escludano che i minori che si trovano nell'area di diffusione vedano o ascoltino normalmente tali programmi; qualora tali programmi siano trasmessi, sia in chiaro sia a pagamento, nel caso di trasmissioni radiofoniche devono essere preceduti da un'avvertenza acustica e, in caso di trasmissioni televisive, devono essere identificati, per l'intera durata della trasmissione, da un simbolo visivo chiaramente percepibile e riconoscibile dall'utente.

L'Autorità, ricorrendo a procedure di co-regolamentazione, può individuare misure tecniche diverse e aggiuntive rispetto a quelle indicate dal presente comma.

3. Le trasmissioni di cui al comma 1 possono essere rese disponibili dai fornitori di servizi di media audiovisivi a richiesta, in deroga ai divieti di cui al comma 1, solo in maniera tale da escludere che i minori vedano o ascoltino normalmente tali servizi e comunque con imposizione di un sistema di controllo specifico e selettivo che vincoli alla introduzione del sistema di protezione di cui al comma 5, alla disciplina del comma 11 ed alla segnaletica di cui al comma 2.

4. Le anteprime di opere cinematografiche destinate alla proiezione o distribuzione in pubblico sono soggette a tutte le limitazioni e ai vincoli comunque previsti per la trasmissione dell'opera cinematografica di cui costituiscono promozione.

5. L'Autorità, d'intesa con il Ministero, sentiti l'Autorità garante per l'infanzia e l'adolescenza e il Comitato di applicazione del Codice di autoregolamentazione media e minori, al fine di garantire un adeguato livello di tutela della dignità umana e dello sviluppo fisico, mentale e morale dei minori, adotta, con procedure di co-regolamentazione, la disciplina di dettaglio contenente l'indicazione degli accorgimenti tecnici idonei a escludere che i minori vedano o ascoltino normalmente i programmi di cui al comma 3, fra cui l'uso di numeri di identificazione personale e sistemi di filtraggio, di verifica dell'età o di identificazione, nel rispetto dei seguenti criteri generali:

a) il contenuto classificabile «a visione non libera» sulla base dei criteri fissati dall'Autorità è offerto con una funzione di controllo parentale che inibisce l'accesso al contenuto stesso, salva la possibilità per l'utente di disattivare la predetta funzione tramite la digitazione di uno specifico codice segreto che ne renda possibile la visione. L'effettiva imposizione della predetta funzione di controllo specifica e selettiva è condizione per l'applicazione del comma 3;

b) il codice segreto deve essere comunicato con modalità riservate, corredato dalle avvertenze in merito alla responsabilità nell'utilizzo e nella custodia del medesimo, al contraente maggiorenne che stipula il contratto relativo alla fornitura del contenuto o del servizio.

6. I fornitori di servizi di media diffusi tramite qualsiasi canale o piattaforma sono obbligati ad osservare le disposizioni a tutela dei minori previste dal Codice di autoregolamentazione media e minori. Il Codice e l'adozione di eventuali nuovi atti di autoregolamentazione sono recepiti con decreto del Ministro dello sviluppo economico, adottato ai sensi dell'articolo 17, comma 3, della legge 23 agosto 1988, n. 400, previo parere della Commissione parlamentare di cui alla legge 23 dicembre 1997, n. 451, e successive modificazioni.

7. I fornitori di servizi di media sono altresì obbligati a garantire, anche secondo quanto stabilito nel Codice di cui al comma 6, l'applicazione di specifiche misure a tutela dei minori nella fascia oraria di programmazione compresa tra le ore 16 e le ore 19 e all'interno dei programmi direttamente rivolti ai minori, con particolare riguardo ai messaggi pubblicitari, alle promozioni e ogni altra forma di comunicazione commerciale audiovisiva.

8. L'impiego di minori di anni quattordici in programmi radiotelevisivi è disciplinato con regolamento del Ministro dello sviluppo economico, emanato ai sensi dell'articolo 17, comma 3, della legge 23 agosto 1988, n. 400, di concerto con i Ministri del lavoro e delle politiche sociali e della salute.

9. I dati personali relativi a minori comunque raccolti dai fornitori di servizi di media audiovisivi in applicazione delle disposizioni del presente articolo non possono essere trattati a fini commerciali e, in particolare, a fini di marketing diretto, profilazione e pubblicità mirata sulla base dei comportamenti rilevati.

10. Il Ministro dello sviluppo economico, d'intesa con il Ministro dell'istruzione, con l'Autorità garante per l'infanzia e l'adolescenza e con il Presidente del Consiglio dei ministri ovvero, se nominata, con l'Autorità delegata all'editoria, dispone la realizzazione di iniziative scolastiche per un uso corretto e consapevole del mezzo televisivo, nonché di programmi con le stesse finalità rivolti ai genitori, utilizzando a tale fine anche gli stessi mezzi radiotelevisivi, in orari caratterizzati da ascolti medi elevati e soprattutto nella fascia oraria compresa tra le ore 19 e le ore 23, e in particolare i mezzi della società concessionaria del pubblico servizio radiofonico, televisivo e multimediale.

11. Le quote di riserva per la trasmissione di opere europee, previste dall'articolo 52 devono comprendere anche opere cinematografiche o per la televisione, comprese quelle di animazione, specificamente rivolte ai minori, nonché produzioni e programmi adatti ai minori ovvero idonei alla visione da parte dei minori oltre che degli adulti. Il tempo minimo di trasmissione riservato a tali opere e programmi delle emittenti radiotelevisive è determinato dall'Autorità con proprio regolamento.

12. L'Autorità stabilisce con propri regolamenti i criteri per l'individuazione dei programmi e servizi di cui ai commi 1 e 2. I fornitori di servizi di media audiovisivi e radiofonici e le emittenti radiofoniche si conformano ai menzionati criteri e alla disciplina di dettaglio entro trenta giorni dalla data di entrata in vigore dei regolamenti emessi dall'Autorità, garantendo il rispetto delle condizioni direttamente poste dal presente articolo, e assicurando che i contenuti classificati ai sensi del comma 1 siano ricevibili e fruibili unicamente nel rispetto delle condizioni fissate ai sensi del comma 5.

38 Vigilanza e sanzioni a tutela dei minori.

1. Alla verifica dell'osservanza delle disposizioni di cui all'articolo 37 provvede l'Autorità, sentito il Comitato di applicazione del Codice di autoregolamentazione media e minori, anche sulla base delle segnalazioni effettuate dal medesimo Comitato.

All'attività del Comitato il Ministero fornisce supporto organizzativo e logistico mediante le proprie risorse, umane, finanziarie e strumentali.

2. Nei casi di inosservanza dei divieti di cui all'articolo 37 nonché di violazione delle disposizioni a tutela dei minori contenute negli articoli 30, 31 e 43, l'Autorità, sentito il Comitato di applicazione del Codice di autoregolamentazione media e minori, previa contestazione della violazione agli interessati ed assegnazione di un termine non superiore a quindici giorni per la presentazione di documentazione e osservazioni, tenuto conto della gravità del fatto e delle conseguenze che ne sono derivate nonché della durata ed eventuale reiterazione delle violazioni, applica la sanzione amministrativa da euro 30.000 a euro 600.000. Nei casi di particolare gravità l'Autorità dispone la sospensione dell'efficacia del titolo abilitativo per un periodo non inferiore a sette e non superiore a centottanta giorni.

3. In caso di violazione del divieto di cui al comma 3 dell'articolo 37, si applica la sanzione amministrativa della disattivazione dell'impianto di trasmissione.

4. Le sanzioni amministrative previste dal presente articolo si applicano anche se il fatto costituisce reato e indipendentemente dall'avvio di un'azione penale. Alle sanzioni amministrative inflitte dall'Autorità e alle sanzioni previste dal Codice di autoregolamentazione media e minori applicate dal Comitato viene data adeguata pubblicità, anche mediante comunicazione da parte del soggetto sanzionato nei notiziari diffusi in ore di massimo ascolto.

Non si applicano le sezioni I e II del Capo I della legge 24 novembre 1981, n. 689.

5. L'Autorità, sentiti l'Autorità garante per l'infanzia e l'adolescenza e il Comitato di applicazione del Codice di autoregolamentazione media e minori, presenta al Parlamento, entro il 31 marzo di ogni anno, una relazione sulla tutela dei diritti dei minori, sulle misure adottate, sui procedimenti per la violazione dei codici di autoregolamentazione e sulle sanzioni irrogate. Ogni sei mesi, l'Autorità, sentiti l'Autorità garante per l'infanzia e l'adolescenza e il Comitato di applicazione del Codice di autoregolamentazione media e minori, invia alla Commissione parlamentare per l'infanzia e l'adolescenza di cui alla legge 23 dicembre 1997, n. 451, una relazione informativa sulle attività di sua competenza in materia di tutela dei diritti dei minori, corredata da eventuali segnalazioni, suggerimenti od osservazioni.

39 Valori dello sport.

1. I fornitori di servizi di media audiovisivi e radiofonici e le emittenti televisive e radiofoniche, nei programmi sportivi e nelle trasmissioni sportive, specialmente se riguardanti lo sport del calcio, sono tenute all'osservanza di specifiche regole, individuate con codice di autoregolamentazione recepito con decreto del Ministro dello sviluppo economico di concerto con il Presidente del Consiglio dei ministri ovvero, se nominata, con l'Autorità delegata allo sport e con il Ministro della giustizia, adottato ai sensi dell'articolo 17, comma 3, della legge 23 agosto 1988, n. 400, previo parere delle Commissioni parlamentari competenti, anche al fine di contribuire alla diffusione tra i giovani dei valori di una competizione sportiva leale e rispettosa dell'avversario, per prevenire fenomeni di violenza o di turbativa dell'ordine pubblico legati allo svolgimento di manifestazioni sportive.

40 Risoluzione extragiudiziale delle controversie.

1. L'Autorità definisce con proprio regolamento procedure trasparenti, non discriminatorie e facilmente accessibili per la risoluzione delle controversie tra utenti e fornitori di servizi di media audiovisivi che si rivolgono al pubblico italiano.

2. Tali procedure consentono una equa e tempestiva risoluzione delle controversie inerenti alle condizioni contrattuali o all'esecuzione dei contratti stipulati prevedendo altresì, in caso di disservizio, un sistema di indennizzo.

3. Resta ferma la facoltà di adire il giudice competente ai fini della definizione in sede giudiziale della controversia.

4. Alle controversie, tra gli operatori, e tra gli operatori e gli utenti, inerenti ai diritti e gli obblighi derivanti dall'attuazione dei piani di assegnazione delle frequenze e in materia di accesso alle infrastrutture, si applica la disposizione di cui all'articolo 1, comma 11, della legge 31 luglio 1997, n. 249.

5. L'Autorità svolge il monitoraggio delle procedure di risoluzione extragiudiziale delle controversie di cui al presente articolo e all'art. 42, comma 9. A tal fine presenta al Parlamento, entro il 31 marzo di ogni anno, una relazione sul numero delle procedure avviate e concluse, sui tempi di conclusione, sugli esiti, sulle

misure adottate e su quelle da adottare per incrementare il livello di soddisfazione dell'utenza.

41 Disposizioni generali.

1. I fornitori di servizi di piattaforma per la condivisione di video stabiliti sul territorio nazionale sono soggetti alla giurisdizione italiana.

2. Un fornitore di piattaforme per la condivisione di video che non è stabilito sul territorio nazionale a norma del comma 1 si considera stabilito sul territorio italiano se:

a) l'impresa che lo controlla o un'impresa controllata sia stabilita sul territorio italiano; oppure

b) fa parte di un gruppo e un'altra impresa di detto gruppo è stabilita sul territorio italiano.

3. Ai fini del presente articolo, il «gruppo» comprende l'impresa controllante, tutte le imprese da questa controllate e tutte le altre imprese aventi legami organizzativi, economici e giuridici con esse.

4. Ai fini dell'applicazione dei commi 2 e 3, nel caso in cui l'impresa controllante o la controllata o le altre imprese del gruppo sono stabilite in Stati membri diversi, il fornitore di piattaforme per la condivisione di video è considerato stabilito in Italia, se qui è stabilita l'impresa controllante o, in assenza di tale stabilimento, se è ivi stabilita una sua impresa controllata o, in assenza di tale stabilimento, se è ivi stabilita un'impresa del gruppo.

5. Ai fini dell'applicazione del comma 4, nel caso in cui vi siano varie imprese controllate da un'impresa e ciascuna di esse sia stabilita in uno Stato membro differente, il fornitore di piattaforme per la condivisione di video è considerato stabilito in Italia se una delle imprese controllate ha avviato per prima la propria attività in Italia, a condizione che mantenga un collegamento effettivo e stabile con l'economia italiana.

6. Ai fornitori di piattaforme per la condivisione di video stabiliti in Italia a norma dei commi precedenti si applicano gli articoli 3,4,5 e gli articoli da 14 a 17 del decreto legislativo 9 aprile 2003, n. 70.

7. Fatti salvi gli articoli da 14 a 17 del decreto legislativo 9 aprile 2003, n. 70, e fermo quanto previsto ai commi precedenti, la libera circolazione di programmi, video generati dagli utenti e comunicazioni commerciali audiovisive veicolati da una piattaforma per la condivisione di video il cui fornitore è stabilito in un altro Stato membro e diretti al pubblico italiano può essere limitata, con provvedimento dell'Autorità, secondo la procedura di cui all'articolo 5, commi 2, 3 e 4 del decreto legislativo n. 70 del 2003, per i seguenti fini:

a) la tutela dei minori da contenuti che possono nuocere al loro sviluppo fisico, psichico o morale a norma dell'articolo 38, comma 1;

b) la lotta contro l'incitamento all'odio razziale, sessuale, religioso o etnico, nonché contro la violazione della dignità umana;

c) la tutela dei consumatori, ivi compresi gli investitori, ai sensi del presente testo unico.

8. Al fine di stabilire se un programma, un video generato dagli utenti ovvero una comunicazione commerciale audiovisiva siano diretti al pubblico italiano valgono criteri quali, a titolo esemplificativo, la lingua utilizzata, il raggiungimento di un numero significativo di contatti presenti sul territorio italiano o il conseguimento di ricavi in Italia.

9. La procedura per l'adozione dei provvedimenti di cui al comma 7 è definita dall'Autorità con proprio regolamento.

10. L'Autorità compila e mantiene aggiornato un elenco dei fornitori di piattaforme per la condivisione di video stabiliti in Italia, curando la comunicazione alla Commissione europea dell'elenco e degli eventuali aggiornamenti, o che si considerano operanti sul territorio nazionale, indicando su quale dei criteri di cui ai commi precedenti si fonda l'intervento di cui al comma 7.

11. Nell'ipotesi in cui non concordi con l'affermazione della propria giurisdizione ad opera di un altro Stato membro, l'Autorità sottopone senza indugio la questione alla Commissione europea.

12. Qualora una impresa italiana sia controllata da o faccia parte dello stesso gruppo di un fornitore di piattaforme per la condivisione di video operante o che si consideri operante in un altro Stato membro, tale impresa è tenuta a:

a) rendere disponibile una versione in lingua italiana dei termini e delle condizioni del servizio di cui all'articolo 42, comma 7, lettera *a*);

b) rendere accessibili agli utenti italiani i meccanismi trasparenti e di facile uso di cui all'articolo 42, comma 7, lettera *d*);

c) garantire che gli utenti italiani ottengano le informazioni derivanti dai sistemi di cui all'articolo 42, comma 7, lettera *e*);

d) segnalare all'Autorità eventuali reclami presentati da utenti italiani ai sensi di quanto previsto dall'articolo 42, comma 7, lettera *i*).

13. In caso di violazioni degli articoli 41 e 42, poste in essere da un fornitore di piattaforme per la condivisione di video stabilito in altro Stato membro, l'Autorità può inviare opportuna segnalazione all'autorità nazionale di regolazione dello Stato membro in questione.

42 Misure di tutela.

1. Fatti salvi gli articoli da 14 a 17 del decreto legislativo 9 aprile 2003, n. 70, i fornitori di piattaforme per la condivisione di video soggetti alla giurisdizione italiana devono adottare misure adeguate a tutelare:

a) i minori da programmi, video generati dagli utenti e comunicazioni commerciali audiovisive che possano nuocere al loro sviluppo fisico, mentale o morale a norma dell'articolo 38, comma 3;

b) il grande pubblico da programmi, video generati dagli utenti e comunicazioni commerciali audiovisive che istighino alla violenza o all'odio nei confronti di un gruppo di persone o un membro di un gruppo sulla base di uno dei motivi di cui all'articolo 21 della Carta dei diritti fondamentali dell'Unione europea;

c) il grande pubblico da programmi, video generati dagli utenti e comunicazioni commerciali audiovisive che includano contenuti la cui diffusione costituisce reato ai sensi del diritto vigente negli Stati membri dell'Unione europea, con particolare riferimento alla pubblica provocazione a commettere reati di terrorismo ai sensi dell'articolo 5 della direttiva (UE) 2017/541, ai reati di pedopornografia ai sensi dell'articolo 5, paragrafo 4, della direttiva 2011/93/UE del Parlamento europeo e del Consiglio e ai reati di stampo razzista o xenofobo ai sensi dell'articolo 1 della decisione quadro 2008/913/GAI.

2. I fornitori di piattaforme per la condivisione di video soggetti alla giurisdizione italiana sono tenuti a conformarsi ai requisiti di cui all'articolo 43, relativamente alle comunicazioni commerciali audiovisive promosse commercialmente, vendute o organizzate.

L'Autorità vigila affinché i fornitori di piattaforme per la condivisione di video adottino misure adeguate a conformarsi ai requisiti di cui all'articolo 43 relativamente alle comunicazioni commerciali audiovisive non promosse commercialmente, vendute o organizzate dagli stessi. I fornitori di piattaforme per la condivisione di video soggetti alla giurisdizione italiana informano chiaramente gli utenti nel caso in cui i programmi e i video generati dagli utenti contengano comunicazioni commerciali audiovisive, a condizione che tali comunicazioni siano dichiarate a norma del comma 7, lettera *c*), o il fornitore sia comunque a conoscenza di tale fatto.

3. L'Autorità, sentito il Comitato di applicazione del Codice di autoregolamentazione media e minori, promuove forme di co-regolamentazione e di autoregolamentazione tramite codici di condotta, nel rispetto di quanto previsto dagli articoli 4-*bis* e 28-*ter* della direttiva 2010/13/UE del Parlamento europeo e del Consiglio del 10 marzo 2010, come da ultimo modificata dalla direttiva 2018/1808/UE del Parlamento europeo e del Consiglio del 14 novembre 2018. I codici sono comunicati senza indugio all'Autorità, che ne verifica la conformità alla legge e ai propri atti regolatori e attribuisce loro efficacia con propria delibera di approvazione, vigilando altresì sulla loro attuazione.

4. I codici di condotta di cui al comma 3 individuano altresì misure finalizzate a ridurre in maniera efficace l'esposizione dei minori di anni dodici alle comunicazioni commerciali audiovisive relative a prodotti alimentari, inclusi gli integratori, o bevande che contengono sostanze nutritive e sostanze con un effetto nutrizionale o fisiologico, quali in particolare i grassi, gli acidi grassi trans, gli zuccheri, il sodio e il sale, la cui assunzione eccessiva nella dieta generale non è raccomandata. I codici garantiscono inoltre che le comunicazioni audiovisive commerciali non accentuino la qualità positiva degli aspetti nutrizionali di tali alimenti e bevande.

5. L'Autorità, sentiti l'Autorità garante per l'infanzia e l'adolescenza e il Comitato di applicazione del Codice di autoregolamentazione media e minori, con proprio provvedimento, adotta apposite linee guida con cui indica i criteri specifici informatori dei codici di condotta di cui al comma 3, alla luce della natura e del contenuto del servizio offerto, del danno che questo può causare, delle caratteristiche della categoria di persone da tutelare nonché di tutti i diritti e gli interessi legittimi, compresi quelli dei fornitori della piattaforma per la condivisione di video e degli utenti che hanno creato o caricato contenuti, nonché dell'interesse pubblico generale. Le misure, n. 70 non mirano al controllo - preventivo e al filtraggio dei contenuti nel momento in cui vengono caricati, sono praticabili e proporzionate e tengono conto delle dimensioni della piattaforma per la condivisione di video e della natura del servizio offerto. L'Autorità stabilisce, inoltre, la procedura di vigilanza concernente il monitoraggio e la valutazione periodica di conformità, nel rispetto dei principi di trasparenza, non discriminazione e proporzionalità.

6. Ai fini della tutela dei minori di cui al comma 1, lettera *a*), i contenuti maggiormente nocivi sono soggetti alle più rigorose misure di controllo dell'accesso.

7. I fornitori di piattaforma per la condivisione di video sono in ogni caso tenuti a:

a) includere i requisiti di cui al comma 1, nei termini e nelle condizioni dei servizi di piattaforma per la condivisione di video, la cui accettazione da parte degli utenti costituisce condizione di accesso al servizio;

b) includere e applicare, nei termini e nelle condizioni dei servizi di piattaforme per la condivisione di video, i requisiti di cui all'articolo 9, paragrafo 1, della direttiva (UE)2018/1808 per le comunicazioni commerciali audiovisive non promosse commercialmente, vendute o organizzate dai fornitori di piattaforme per la condivisione di video;

c) avere una funzionalità che consente agli utenti che caricano video generati dagli utenti di dichiarare se tali video contengono comunicazioni commerciali audiovisive di cui sono a conoscenza o si possa ragionevolmente presumere che sono a conoscenza;

d) predisporre meccanismi trasparenti e di facile uso affinché gli utenti delle piattaforme per la condivisione di video possano segnalare o indicare al fornitore di piattaforme interessato i contenuti di cui al comma 1 caricati sulla sua piattaforma;

e) predisporre sistemi mediante i quali i fornitori di piattaforme per la condivisione di video spiegano agli utenti di tali piattaforme quale seguito sia stato dato alla segnalazione e all'indicazione di cui alla lettera *d*);

f) predisporre sistemi per verificare, nel rispetto della normativa in materia di protezione dei dati personali, l'età degli utenti delle piattaforme di condivisione di video per quanto attiene ai contenuti che possono nuocere allo sviluppo fisico, mentale o morale dei minori;

g) predisporre sistemi di facile uso che consentano agli utenti delle piattaforme per la condivisone di video di valutare i contenuti di cui al comma 1;

h) dotarsi di sistemi di controllo parentale sotto la vigilanza dell'utente finale per quanto attiene ai contenuti che possano nuocere allo sviluppo fisico, mentale o morale dei minori;

i) predisporre procedure trasparenti, di facile uso ed efficaci per la gestione e la risoluzione dei reclami degli utenti nei confronti dei fornitori di piattaforme per la condivisione di video in relazione all'attuazione delle misure di cui alle lettere da d) a h);

l) predisporre misure e strumenti efficaci di alfabetizzazione mediatica e sensibilizzare gli utenti in merito a tali misure e strumenti.

8. I dati personali dei minori raccolti o altrimenti generati dai fornitori di piattaforme per la condivisio-

ne di video a norma del comma 7, lettere f) ed h), non sono trattati a fini commerciali.

9. Ferma restando la possibilità di ricorrere all'Autorità giudiziaria, per la risoluzione delle controversie derivanti dall'applicazione del presente articolo, è ammesso il ricorso alle procedure alternative e stragiudiziali di risoluzione delle controversie fra utenti e fornitori di piattaforme per la condivisione di video dettate, nel rispetto del decreto legislativo 4 marzo 2010, n. 28, da un apposito regolamento emesso dall'Autorità entro centottanta giorni dall'entrata in vigore del presente testo unico.

10. In caso di violazione, ad opera del fornitore di servizi di piattaforma per la condivisione di video, delle disposizioni contenute nel presente articolo, si applicano le sanzioni amministrative di cui all'articolo 67, comma 9.

43 Principi generali in materia di comunicazioni commerciali audiovisive e radiofoniche.

1. Le comunicazioni commerciali audiovisive fornite dai fornitori di servizi di media soggetti alla giurisdizione italiana rispettano le seguenti disposizioni:

a) le comunicazioni commerciali audiovisive devono essere prontamente riconoscibili come tali e sono proibite le comunicazioni commerciali audiovisive occulte;

b) le comunicazioni commerciali audiovisive non utilizzano tecniche subliminali e devono mantenere un livello sonoro non superiore a quello ordinario dei programmi;

c) le comunicazioni commerciali audiovisive:

1) non pregiudicano il rispetto della dignità umana;

2) non comportano né promuovono discriminazioni fondate su sesso, razza o origine etnica, nazionalità, religione o convinzioni personali, disabilità, età o orientamento sessuale;

3) non incoraggiano comportamenti pregiudizievoli per la salute o la sicurezza;

4) non incoraggiano comportamenti gravemente pregiudizievoli per la protezione dell'ambiente;

d) è vietata qualsiasi forma di comunicazione commerciale audiovisiva per le sigarette e gli altri prodotti a base di tabacco o contenenti nicotina, comprese quelle per sigarette elettroniche e contenitori di liquido di ricarica. Tali comunicazioni sono vietate anche se effettuate in forma indiretta, mediante utilizzo di nomi, marchi, simboli o di altri elementi caratteristici di prodotti del tabacco o di aziende la cui attività principale consiste nella produzione o nella vendita di tali prodotti, quando per forme, modalità e mezzi impiegati ovvero in base a qualsiasi altro univoco elemento tale utilizzo sia idoneo a perseguire una finalità pubblicitaria dei prodotti stessi. Al fine di determinare quale sia l'attività principale dell'azienda deve farsi riferimento all'incidenza del fatturato delle singole attività, di modo che quella principale sia comunque prevalente rispetto a ciascuna delle altre attività di impresa nell'ambito del territorio nazionale;

e) le comunicazioni commerciali audiovisive per le bevande alcoliche non si rivolgono specificatamente ai minori né incoraggiano il consumo smodato di tali bevande;

f) sono vietate le comunicazioni commerciali audiovisive dei medicinali e delle cure mediche che, nel territorio italiano, si possono ottenere esclusivamente su prescrizione medica;

g) le comunicazioni commerciali audiovisive non arrecano pregiudizio fisico o morale ai minori. Non esortano pertanto i minori ad acquistare o locare un prodotto o un servizio sfruttando la loro inesperienza o credulità, né li incoraggiano a persuadere i loro genitori o altri ad acquistare i beni o i servizi pubblicizzati, né sfruttano la particolare fiducia che i minori ripongono nei genitori, negli insegnanti o in altre persone, né mostrano senza motivo minori che si trovano in situazioni pericolose;

h) sono vietate le comunicazioni commerciali audiovisive relative al gioco d'azzardo.

2. L'Autorità, sentito il Ministero e d'intesa con il Ministro per le pari opportunità e la famiglia, promuove forme di co-regolamentazione e di autoregolamentazione con i fornitori di servizi di media, attraverso codici di condotta volti a garantire il rispetto del divieto di cui al comma 1, lettera c. I codici, una volta adottati, sono trasmessi senza indugio all'Autorità, la quale ne verifica la conformità alla legge e ai propri atti regolatori e conferisce loro efficacia, con propria delibera di approvazione, vigilando sulla relativa attuazione.

3. Le comunicazioni commerciali audiovisive relative a bevande alcoliche, nei servizi di media audiovisivi a richiesta, fatta eccezione per la sponsorizzazione e per l'inserimento di prodotti, si conformano ai criteri dettati dall'articolo 44, comma 9.

4. L'Autorità, sentito il Ministero e d'intesa con il Ministero della salute, promuove forme di co-regolamentazione e di autoregolamentazione con i fornitori di servizi di media, attraverso codici di condotta concernenti le comunicazioni audiovisive commerciali relative a bevande alcoliche e le comunicazioni audiovisive commerciali non appropriate che accompagnano i programmi per bambini o vi sono incluse, relative a prodotti alimentari, inclusi gli integratori, o bevande che contengono sostanze nutritive e sostanze con un effetto nutrizionale o fisiologico, in particolare quelle come i grassi, gli acidi grassi trans, gli zuccheri, il sodio o il sale, la cui assunzione eccessiva nella dieta generale non è raccomandata. Tali codici sono intesi a ridurre l'esposizione dei minori alle comunicazioni commerciali audiovisive relative ai prodotti alimentari e alle bevande da ultimo indicati e, in ogni caso, non accentuano la qualità positiva degli aspetti nutrizionali di tali alimenti e bevande. I codici, una volta adottati, sono trasmessi senza indugio all'Autorità, la quale ne verifica la conformità alla legge e ai propri atti regolatori e conferisce loro efficacia, vigilando sulla relativa attuazione.

5. Le disposizioni del presente articolo si applicano altresì alle emittenti radiofoniche e ai servizi dalle stesse forniti, nonché ai fornitori di piattaforme video secondo specifiche modalità definite dall'Autorità.

44 Interruzioni pubblicitarie.

1. La pubblicità televisiva e le televendite devono essere chiaramente riconoscibili e distinguibili dal contenuto editoriale.

Senza pregiudicare l'uso di nuove tecniche pubblicitarie, la pubblicità televisiva e le televendite devono essere tenute nettamente distinte dal resto del programma con mezzi ottici acustici o spaziali. Il livello sonoro delle comunicazioni commerciali audiovisive non deve essere di potenza superiore a quella ordinaria dei programmi e deve essere contenuto entro i limiti fissati con delibera dell'Autorità.

2. Gli spot pubblicitari e di televendita isolati, fatta eccezione per il caso in cui siano inseriti in trasmissioni di eventi sportivi, costituiscono eccezioni. La pubblicità televisiva e gli spot di televendita possono essere inseriti anche nel corso di un programma in modo tale che non ne sia pregiudicata l'integrità, tenuto conto degli intervalli naturali dello stesso nonché della sua durata e natura, e dei diritti dei titolari.

3. L'inserimento di messaggi pubblicitari durante la trasmissione di opere teatrali, liriche e musicali è consentito nel rispetto dei principi di cui ai commi precedenti e comunque negli intervalli abitualmente effettuati nelle sale teatrali.

4. La trasmissione televisiva di notiziari, opere cinematografiche e film prodotti per la televisione, ad esclusione di serie, film a episodi e documentari, può essere interrotta da pubblicità televisiva ovvero televendite o entrambi soltanto una volta per ogni periodo programmato di almeno trenta minuti.

5. La pubblicità televisiva e le televendite non possono essere inserite durante la trasmissione di funzioni religiose. La trasmissione di programmi per bambini può essere interrotta da pubblicità televisiva soltanto una volta per ogni periodo programmato di almeno trenta minuti, purché la durata programmata della trasmissione sia complessivamente superiore a trenta minuti. La pubblicità televisiva e le televendite relative al gioco d'azzardo sono in ogni caso proibite durante la trasmissione di programmi per bambini. Resta fermo quanto disposto dall'art. 9 del decreto-legge 12 luglio 2018, n. 87, convertito, con modificazioni, dalla legge 9 agosto 2018, n. 96.

6. Alle emittenti televisive che operano in ambito locale e le cui trasmissioni sono destinate unicamente al territorio nazionale, ad eccezione delle trasmissioni effettuate in interconnessione, in deroga alle disposizioni di cui al presente articolo, sono consentite, durante la trasmissione di opere teatrali, cinematografiche, liriche e musicali, oltre a quelle inserite nelle pause naturali delle opere medesime, due interruzioni pubblicitarie per ogni atto o tempo indipendentemente dalla durata delle opere stesse. Per le opere di durata programmata non inferiore a centodieci minuti, sono consentite tre interruzioni pubblicitarie, più una interruzione supplementare ogni trenta minuti di durata programmata ulteriore rispetto ai centodieci minuti.

7. Ai fini del presente articolo, per durata programmata si intende il tempo di trasmissione compreso tra l'inizio della sigla di apertura e la fine della sigla di chiusura del programma, calcolato al lordo della pubblicità inserita, come previsto nella programmazione del palinsesto.

8. Fermo restando il divieto di televendita di cure mediche, la pubblicità radiofonica e televisiva di strutture sanitarie è regolata dalla apposita disciplina in materia di pubblicità sanitaria di cui alla legge 5 febbraio 1992, n. 175.

9. La pubblicità televisiva e la televendita delle bevande alcoliche devono conformarsi ai seguenti criteri:

a) non rivolgersi espressamente ai minori, né, in particolare, presentare minori intenti a consumare tali bevande;

b) non collegare il consumo di alcolici con prestazioni fisiche di particolare rilievo o con la guida di automobili;

c) non creare l'impressione che il consumo di alcolici contribuisca al successo sociale o sessuale;

d) non indurre a credere che le bevande alcoliche possiedano qualità terapeutiche stimolanti o calmanti o che contribuiscano a risolvere situazioni di conflitto psicologico;

e) non incoraggiare un uso eccessivo e incontrollato di bevande alcoliche e non presentare in una luce negativa l'astinenza dall'uso di alcol o la sobrietà;

f) non usare l'indicazione del rilevante grado alcolico come qualità positiva delle bevande.

10. La trasmissione di dati e di informazioni all'utenza di cui all'articolo 27, comma 3, può comprendere anche la diffusione di inserzioni pubblicitarie.

11. Le disposizioni del presente articolo si applicano altresì alla pubblicità ed alle televendite trasmesse dalle emittenti radiofoniche.

45 Limiti di affollamento.

1. La trasmissione di messaggi pubblicitari da parte della concessionaria del servizio pubblico radiofonico, televisivo e multimediale, riferito ad ogni singolo canale, non può eccedere il 7 per cento, e dal 1° gennaio 2023 il 6 per cento, nella fascia oraria compresa fra le ore 06:00 e le ore 18:00 e nella fascia compresa fra le 18:00 e le 24:00, ed il 12 per cento di ogni ora. Una eventuale eccedenza, comunque non superiore all'1 per cento nel corso di un'ora, deve essere recuperata nell'ora antecedente o successiva.

2. La conclusione dei contratti di diffusione pubblicitaria da parte della concessionaria del servizio pubblico radiofonico, televisivo e multimediale avviene sulla base dei principi di concorrenza, trasparenza e non discriminazione, per come dettagliati nel contratto di servizio pubblico, al fine di garantire un corretto assetto del mercato. L'Autorità verifica il rispetto dei suddetti principi, anche sulla base dei dati forniti dalla concessionaria relativi ai prezzi di vendita degli spazi pubblicitari effettivamente praticati al netto degli sconti rispetto ai listini. Qualora l'Autorità riscontri una possibile deviazione dai principi del presente comma, apre un'istruttoria nel rispetto del principio del contraddittorio, al termine della quale ove accerti una situazione di violazione, ne inibisce la prosecuzione e provvede alla rimozione degli effetti.

3. La trasmissione di spot pubblicitari televisivi, di telepromozione e di televendita da parte dei fornitori di servizi media audiovisivi in chiaro, in ambito nazionale, diversi dalla concessionaria del servizio pubblico, riferito ad ogni singolo canale, non può eccedere il 20 per cento nella fascia oraria compresa fra le ore 06:00 e le ore 18:00 e nella fascia compresa fra le 18:00 e le 24:00. Un identico limite è fissato per i soggetti autorizzati, ai sensi dell'articolo 29, a trasmettere in contemporanea su almeno dodici bacini di utenza, con riferimento al tempo di programmazione in contemporanea.

4. La trasmissione di spot pubblicitari televisivi, di telepromozione e di televendita da parte dei fornitori di servizi media audiovisivi a pagamento, riferito ad ogni singolo canale, non può eccedere il 15 per cento nella fascia oraria compresa fra le ore 06:00 e le ore 18:00 e nella fascia compresa fra le 18:00 e le 24:00.

5. Le disposizioni di cui ai commi 1, 3 e 4 non si applicano agli annunci di autopromozione, agli annunci di sponsorizzazione e agli inserimenti di prodotti, agli schermi neutri tra il contenuto editoriale e gli spot televisivi pubblicitari o di televendita, e tra i singoli spot.

6. La trasmissione di messaggi pubblicitari radiofonici da parte delle emittenti radiofoniche diverse dalla concessionaria del servizio pubblico radiofonico, televisivo e multimediale non può eccedere, nella fascia oraria compresa fra le ore 06:00 e le ore 18:00 e nella fascia compresa fra le 18:00 e le 24:00, rispettivamente il 20 per cento per la radiodiffusione sonora in ambito nazionalc, il 25 per cento per la radiodiffusione sonora in ambito locale, il 10 per cento per la radiodiffusione sonora nazionale o locale da parte di emittente radiofonica analogica a carattere comunitario.

7. Fermo restando il limite di affollamento orario di cui al comma 6, per le emittenti radiofoniche operanti in ambito locale il tempo massimo di trasmissione quotidiana dedicato alla pubblicità, ove siano comprese forme di pubblicità diverse dagli spot, è del 35 per cento.

8. La trasmissione di messaggi pubblicitari televisivi da parte delle emittenti, anche analogiche, operanti in ambito locale non può eccedere il 25 per cento nella fascia oraria compresa fra le ore 06:00 e le ore 18:00 e nella fascia compresa fra le 18:00 e le 24:00.

9. Sono nulle e si hanno per non apposte le clausole dei contratti di pubblicità che impongono alle emittenti, televisive o radiofoniche, sia analogiche che digitali, di trasmettere programmi diversi o aggiuntivi rispetto ai messaggi pubblicitari.

10. Non sono considerati ai fini del calcolo dei limiti massimi di cui al presente articolo i messaggi promozionali, facenti parte di iniziative promosse da istituzioni, enti, associazioni di categoria, produttori editoriali e librai, volte a sensibilizzare l'opinione pubblica nei confronti del libro e della lettura, trasmessi dalle emittenti radiofoniche e televisive pubbliche e private gratuitamente o a condizioni di favore, nonché, a condizione che abbiano autonoma collocazione nella programmazione e che non siano inseriti all'interno di un'interruzione pubblicitaria, i filmati promozionali o di presentazione di opere cinematografiche di nazionalità europea di prossima programmazione.

46 Disposizioni sui servizi di media audiovisivi e radiofonici e sulle sponsorizzazioni.

1. I servizi di media audiovisivi o i programmi sponsorizzati devono rispondere ai seguenti criteri:

a) il contenuto e, nel caso di trasmissioni radiotelevisive, la programmazione di una trasmissione sponsorizzata non possono in nessun caso essere influenzati dallo sponsor in maniera tale da ledere la responsabilità e l'autonomia editoriale dei fornitori di servizi di media audiovisivi o della concessionaria pubblica nei confronti delle trasmissioni;

b) devono essere chiaramente riconoscibili come programmi sponsorizzati e indicare il nome, il logotipo o qualsiasi altro simbolo o segno distintivo dello sponsor, all'inizio o alla fine del programma;

c) non devono stimolare all'acquisto o al noleggio dei prodotti o servizi dello sponsor o di un terzo, specialmente facendo riferimenti specifici di carattere promozionale a detti prodotti o servizi.

2. I servizi di media audiovisivi e i programmi non possono essere sponsorizzati da persone fisiche o giuridiche la cui attività principale consista nella produzione o vendita di sigarette, come pure di sigarette elettroniche, contenitori di liquido di ricarica, o di altri prodotti a base di tabacco o di nicotina.

3. La sponsorizzazione di servizi di media audiovisivi o di programmi da parte di imprese le cui attività comprendono la produzione o la vendita di medicinali e di cure mediche può riguardare la promozione del nome o dell'immagine dell'impresa, ma non può promuovere specifici medicinali, dispositivi medici di cui al regolamento (UE) n. 2017/745 o cure mediche che si possono ottenere esclusivamente su prescrizione medica.

4. Le sponsorizzazioni di emittenti, anche analogiche, in ambito locale possono esprimersi anche mediante segnali acustici e visivi, trasmessi in occasione delle interruzioni dei programmi, accompagnati dalla citazione del nome, del marchio o di qualsiasi altro simbolo o segno distintivo dello sponsor e in tutte le forme consentite dal presente articolo.

5. È vietata la sponsorizzazione di telegiornali, radiogiornali e notiziari di carattere politico.

6. È vietato mostrare il logo di una sponsorizzazione durante i programmi per bambini, i documentari e i programmi religiosi.

7. Le disposizioni del presente articolo si applicano altresì alle emittenti radiofoniche ed ai servizi dalle stesse forniti.

47 Disposizioni sulle televendite.

1. Sono vietate le televendite contenenti messaggi che vilipendono la dignità umana, comportano discriminazioni fondate su sesso, etnia o nazionalità, offendono convinzioni religiose e politiche, inducono a comportamenti pregiudizievoli per la salute o la sicurezza o per la tutela dell'ambiente. E' vietata la televendita di sigarette, sigarette elettroniche, contenitori

di liquido di ricarica o altri prodotti del tabacco o contenenti nicotina.

2. La televendita, fermo restando quanto previsto all'art. 44, comma 5, non deve esortare i minori a stipulare contratti di compravendita o di locazione di prodotti e di servizi. La televendita non deve arrecare pregiudizio morale o fisico ai minori e deve rispettare i seguenti criteri a loro tutela:

a) non esortare direttamente i minori ad acquistare un prodotto o un servizio, sfruttandone l'inesperienza o la credulità;

b) non esortare direttamente i minori a persuadere genitori o altri ad acquistare tali prodotti o servizi;

c) non sfruttare la particolare fiducia che i minori ripongono nei genitori, negli insegnanti o in altri;

d) non mostrare, senza motivo, minori in situazioni pericolose.

3. Le finestre di televendita sono chiaramente identificate come tali con mezzi ottici e acustici e hanno una durata minima ininterrotta di quindici minuti. Nel caso della radiofonia la durata minima è ridotta a tre minuti.

4. Ai palinsesti dedicati esclusivamente alla pubblicità, alle televendite, ovvero all'autopromozione non si applicano l'articolo 44, commi da 1 a 7, l'articolo 45, comma 2, e l'articolo 52.

48 Inserimento di prodotti.

1. Nei programmi prodotti fino al 19 dicembre 2009, l'inserimento di prodotti è consentito nelle opere cinematografiche, in film e serie prodotti per i servizi di media audiovisivi, in programmi sportivi e in programmi di intrattenimento leggero, con esclusione dei programmi per bambini. L'inserimento può avvenire sia dietro corrispettivo monetario ovvero dietro fornitura gratuita di determinati beni e servizi, quali aiuti alla produzione e premi, in vista della loro inclusione all'interno di un programma.

2. Nei programmi prodotti dopo il 19 dicembre 2009, l'inserimento di prodotti è consentito in tutti i servizi di media audiovisivi, fatta eccezione per i notiziari e i programmi di attualità, i programmi per i consumatori, i programmi religiosi e i programmi per bambini.

3. I programmi che contengono l'inserimento di prodotti devono rispettare le seguenti disposizioni:

a) il loro contenuto e l'organizzazione all'interno di un palinsesto, nel caso di trasmissioni televisive, o all'interno di un catalogo, nel caso di servizi di media audiovisivi a richiesta, non sono in alcun caso influenzati in modo da compromettere la responsabilità e l'indipendenza editoriale del fornitore di servizi di media;

b) non incoraggiano direttamente l'acquisto o la locazione di beni o servizi, in particolare facendo specifici riferimenti promozionali a tali beni o servizi;

c) non danno indebito rilievo ai prodotti in questione;

d) i telespettatori sono chiaramente informati dell'inserimento di prodotti tramite apposita identificazione all'inizio e alla fine della trasmissione e quando il programma riprende dopo un'interruzione pubblicitaria, per evitare ogni possibile confusione da parte del telespettatore.

4. È vietato l'inserimento di:

a) sigarette e altri prodotti a base di tabacco o contenenti nicotina, come pure le sigarette elettroniche e i contenitori di liquido di ricarica, o prodotti di imprese la cui attività principale è la produzione o la vendita di tali prodotti;

b) specifici medicinali, dispositivi medici di cui al regolamento (UE) n. 2017/745 o cure mediche che si possono ottenere esclusivamente su prescrizione nell'ambito del territorio italiano. Resta salva la previsione di cui all'art. 115, comma 5, decreto legislativo 24 aprile 2006, n. 219;

5. I produttori, le emittenti, le concessionarie di pubblicità e gli altri soggetti interessati, adottano, con procedure di auto-regolamentazione, la disciplina applicativa delle regole generali enunciate nei commi precedenti. Le procedure di autoregolamentazione sono comunicate all'Autorità che ne verifica l'attuazione.

49 Destinazione di risorse da parte di amministrazioni ed enti pubblici a scopi promozionali e di comunicazione istituzionale.

1. Le somme che le amministrazioni pubbliche o gli enti pubblici, anche economici destinano, a fini di comunicazione istituzionale e all'acquisto di spazi sui mezzi di comunicazione di massa, devono risultare complessivamente impegnate, nel bilancio di competenza di ciascun esercizio finanziario, per almeno il 15 per cento a favore dell'emittenza privata televisiva locale e radiofonica locale e per almeno il 50 per cento a favore dei giornali quotidiani e periodici.

2. Le somme di cui al comma 1 sono quelle destinate alle spese per acquisto di spazi pubblicitari, esclusi gli oneri relativi alla loro realizzazione.

3. Le amministrazioni pubbliche e gli enti pubblici anche economici sono tenuti a dare comunicazione all'Autorità delle somme impegnate per l'acquisto, ai fini di pubblicità istituzionale, di spazi sui mezzi di comunicazione di massa. L'Autorità, anche attraverso i Comitati regionali per le comunicazioni, vigila sulla diffusione della comunicazione pubblica a carattere pubblicitario sui diversi mezzi di comunicazione di massa. Ai fini dell'attuazione delle disposizioni di cui ai commi 1 e 2 nonché del presente comma, le amministrazioni pubbliche o gli enti pubblici anche economici nominano un responsabile del procedimento che, in caso di mancata osservanza delle disposizioni stesse e salvo il caso di mancata attuazione per motivi a sé non imputabili, è soggetto alla sanzione amministrativa da un minimo di euro 1.040 a un massimo di euro 5.200.

Competente all'accertamento, alla contestazione e all'applicazione della sanzione è l'Autorità. Si applicano le disposizioni contenute nel Capo I, sezioni I e II, della legge 24 novembre 1981, n. 689.

4. Le regioni, nell'ambito della propria autonomia finanziaria, possono prevedere quote diverse da quelle indicate al comma 1.

50 Gestione dello spettro elettromagnetico e pianificazione delle frequenze per il servizio di radiodiffusione terrestre.

1. Tenuto conto che lo spettro elettromagnetico costituisce una risorsa essenziale ai fini del servizio di radiodiffusione terrestre, i soggetti che svolgono attività di operatore di rete per detto servizio sono tenuti ad assicurare un uso efficiente delle frequenze radio ad essi assegnate, ed in particolare a:

a) garantire l'integrità e l'efficienza della propria rete;

b) minimizzare l'impatto ambientale in conformità alla normativa urbanistica e ambientale nazionale, regionale, dell'ente locale territorialmente competente;

c) evitare rischi per la salute umana, nel rispetto della normativa nazionale e internazionale;

d) garantire la qualità dei segnali irradiati, conformemente alle prescrizioni tecniche fissate dall'Autorità ed a quelle emanate in sede internazionale;

e) assicurare la prevista copertura del bacino di utenza assegnato e risultante dal titolo abilitativo;

f) assicurare che le proprie emissioni non provochino interferenze con altre emissioni lecite di radiofrequenze;

g) rispettare le norme concernenti la protezione delle radiocomunicazioni relative all'assistenza e alla sicurezza del volo di cui alla legge 8 aprile 1983, n. 110, estese, in quanto applicabili, alle bande di frequenze assegnate ai servizi di polizia ed agli altri servizi pubblici essenziali.

2. L'assegnazione delle radiofrequenze avviene secondo criteri pubblici, obiettivi, trasparenti, non discriminatori e proporzionati.

3. Il Ministero adotta il piano nazionale di ripartizione delle frequenze da approvare con decreto del Ministro, sentiti l'Autorità, i Ministeri dell'interno, della difesa, delle infrastrutture e della mobilità sostenibili, la concessionaria del servizio pubblico radiotelevisivo e gli operatori di comunicazione elettronica ad uso pubblico.

4. Il piano di ripartizione delle frequenze è aggiornato, con le modalità previste dal comma 3, ogni cinque anni e comunque ogni qual volta il Ministero ne ravvisi la necessità.

5. L'Autorità adotta e aggiorna i piani nazionali di assegnazione delle frequenze per il servizio di radiodiffusione terrestre considerando le codifiche o standard più avanzati per consentire un uso più efficiente dello spettro nonché garantendo su tutto il territorio nazionale un uso efficiente e pluralistico della risorsa radioelettrica, una uniforme copertura, una razionale distribuzione delle risorse fra soggetti operanti in ambito nazionale e locale, in conformità con i principi di cui all'articolo 11. Per la pianificazione delle frequenze in ambito locale è adottato il criterio delle aree tecniche.

6. Al fine di escludere interferenze nei confronti di Paesi radioelettricamente confinanti, in ciascuna area di coordinamento definita dagli accordi internazionali sottoscritti dal Ministero e dalle autorità degli Stati radioelettricamente confinanti, sono oggetto di pianificazione esclusivamente le frequenze attribuite all'Italia dagli accordi stessi. Le frequenze non attribuite internazionalmente all'Italia nelle aree di coordinamento definite dagli accordi internazionali di cui al presente comma, non possono essere pianificate dall'Autorità né assegnate dal Ministero. Nella predisposizione dei piani di assegnazione di cui al comma 5 l'Autorità adotta il criterio di utilizzazione efficiente e razionale dello spettro radioelettrico, suddividendo le risorse in relazione alla tipologia del servizio e prevedendo di norma reti isofrequenziali per macroaree di diffusione.

7. Nella banda 470-694 MHz l'Autorità pianifica le frequenze necessarie alla realizzazione di una rete con decomponibilità per macroaree destinata alla diffusione dell'informazione regionale da parte del concessionario del servizio pubblico radiofonico, televisivo e multimediale.

8. Le frequenze della banda 174-230 MHz sono pianificate per il servizio di radiodiffusione sonora terrestre in tecnica digitale e, ove necessario, per il servizio di radiodiffusione televisiva terrestre in tecnica digitale.

9. L'Autorità elabora i piani di assegnazione di cui al comma 5 tenendo conto delle decisioni assunte dalle regioni e dalle province autonome in ordine all'ubicazione dei siti trasmissivi nonché, ove esistenti, delle specifiche disposizioni adottate dalle Regioni autonome Valle d'Aosta e Friuli-Venezia Giulia e dalle Province autonome di Trento e di Bolzano al fine di tutelare le minoranze linguistiche.

10. L'Autorità adotta il piano nazionale di assegnazione delle frequenze radiofoniche in tecnica analogica, tenendo conto del grado di sviluppo della radiodiffusione sonora in tecnica digitale. Nelle more di una effettiva diffusione della radiodiffusione sonora in tecnica digitale e dello sviluppo del relativo mercato, il Ministero, in coordinamento con l'Autorità, può procedere ad attività di ricognizione e progressiva razionalizzazione dell'uso delle risorse frequenziali in tecnica analogica in particolare al fine di eliminare o minimizzare situazioni interferenziali con i paesi radio elettricamente confinanti, ed incoraggiare l'efficiente uso e gestione delle radiofrequenze, tutelando gli investimenti e promuovendo l'innovazione.

11. L'Autorità definisce il programma di attuazione dei piani di assegnazione delle frequenze radiofoniche e televisive in tecnica digitale, valorizzando la sperimentazione e osservando criteri di qualità, gradualità e di salvaguardia del servizio, a tutela dell'utenza che gli operatori sono tenuti a rispettare.

51 Posizioni di significativo potere di mercato lesive del pluralismo nel sistema integrato delle comunicazioni.

1. Nel sistema integrato delle comunicazioni e nei mercati che lo compongono è vietata la costituzione di posizioni di significativo potere di mercato lesive del pluralismo, nel mercato e nei servizi di informazione.

2. L'Autorità vigila sull'andamento e sull'evoluzione del sistema integrato delle comunicazioni e accerta, con cadenza almeno annuale, rendendone pubblici i risultati, il suo valore economico complessivo e quello

dei mercati che lo compongono, dando altresì evidenza delle posizioni di potere di mercato dei soggetti attivi in tali mercati e dei rischi potenziali per il pluralismo. Al fine delle quantificazioni di cui al presente comma si considerano i ricavi realizzati in Italia anche da imprese aventi sede all'estero, che derivano da finanziamento di servizio pubblico radiotelevisivo, al netto dei diritti dell'erario, da pubblicità nazionale e locale anche in forma diretta, da televendite, da sponsorizzazioni, da convenzioni con soggetti pubblici a carattere continuativo e da provvidenze pubbliche erogate direttamente ai soggetti esercenti le attività indicate all'articolo 3, comma 1, lettera z), da offerte di servizi di media audiovisivi e radiofonici a pagamento, dagli abbonamenti e dalla vendita di quotidiani e periodici inclusi i prodotti librari e fonografici commercializzati in allegato, nonché dalle agenzie di stampa a carattere nazionale, dall'editoria elettronica anche per il tramite di internet, da pubblicità on line e sulle diverse piattaforme anche in forma diretta, incluse le risorse raccolte da motori di ricerca, da piattaforme sociali e di condivisione, e dalla utilizzazione delle opere audiovisive e cinematografiche nelle diverse forme di fruizione del pubblico.

3. I soggetti che operano nel sistema integrato delle comunicazioni, con fatturato superiore ai valori di cui all'articolo 16 della legge 10 ottobre 1990, n. 287, sono tenuti a notificare all'Autorità le intese e le operazioni di concentrazione, ai fini del presente articolo. Devono inoltre procedere a formale notifica all'Autorità i soggetti, che, anche attraverso società controllate o società collegate ed anche a seguito di intese o di operazioni di concentrazione, versino nelle seguenti ipotesi, che costituiscono indici sintomatici di una posizione di significativo potere di mercato potenzialmente lesiva del pluralismo:

a) soggetti che conseguono ricavi superiori al 20 per cento dei ricavi complessivi del sistema integrato delle comunicazioni o ricavi superiori al 50 per cento in uno o più dei mercati che lo compongono;

b) soggetti che conseguano ricavi superiori al 20 per cento dei ricavi complessivi nei mercati della fornitura al dettaglio di servizi di comunicazioni elettroniche, per come definiti dal decreto legislativo 1° agosto 2003, n. 259, e che contestualmente conseguano più del 10 per cento dei ricavi complessivi del sistema integrato delle comunicazioni e più del 25 per cento dei ricavi in uno o più mercati che lo compongono;

c) soggetti che conseguano ricavi superiori all'8 per cento dei ricavi complessivi del sistema integrato delle comunicazioni e che contestualmente abbiano o acquisiscano partecipazioni in imprese editrici di giornali quotidiani, con l'eccezione delle imprese editrici di giornali quotidiani diffusi esclusivamente in modalità elettronica;

d) soggetti titolari di autorizzazioni che consentano di diffondere più del 20 per cento del totale dei programmi televisivi o più del 20 per cento dei programmi radiofonici irradiati su frequenze terrestri in ambito nazionale mediante le reti previste dal piano nazionale di assegnazione delle frequenze televisive in tecnica digitale.

4. Le procedure di notifica sono definite in apposito regolamento adottato dall'Autorità. Ai fini della quantificazione delle soglie indicate nel presente comma, si fa riferimento alle stime più recenti pubblicate dall'Autorità ai sensi del comma 2 e, per le società collegate, si considera esclusivamente la parte di ricavi, o di titolarità di diritti di autorizzazione, corrispondenti alla percentuale di partecipazione azionaria. In caso di imprese che non abbiano ottemperato agli obblighi di comunicazione preventiva di cui al comma 3, l'Autorità può infliggere alle imprese stesse sanzioni amministrative pecuniarie fino all'uno per cento del fatturato dell'anno precedente a quello in cui è effettuata la contestazione.

5. L'Autorità, a seguito delle notifiche di cui al comma 3, ovvero d'ufficio sulla base degli elementi derivanti dell'attività di accertamento di cui al comma 2 o su segnalazione di chi vi abbia interesse, procede ad istruttoria al fine di verificare l'esistenza di posizioni vietate ai sensi del comma 1, e adotta quando necessario i provvedimenti, secondo la procedura di cui ai commi 6 e 7, per eliminare o impedire il formarsi delle posizioni di significativo potere di mercato lesive del pluralismo. Al fine di stabilire se una imprese od un gruppo di imprese si trovino in una situazione di significativo potere di mercato lesiva del pluralismo, l'Autorità tiene conto, fra l'altro, oltre che dei ricavi, del livello di concorrenza statica e dinamica all'interno del sistema, delle barriere all'ingresso nello stesso, della convergenza fra i settori e mercati, delle sinergie derivanti dalle attività svolte in mercati differenti ma contigui, della integrazione verticale e conglomerale delle società, della disponibilità e del controllo di dati, del controllo diretto o indiretto di risorse scarse necessarie, quali le frequenze trasmissive, delle dimensioni di efficienza economica dell'impresa, anche in termini di economie di scala, gamma e rete, nonché degli indici quantitativi di diffusione dei programmi radiotelevisivi, anche con riferimento ai programmi di informazione, delle opere cinematografiche, dei prodotti e servizi editoriali e online. Sulla base di tali criteri, l'Autorità definisce la metodologia specifica per la verifica di cui al presente comma mediante linee guida, che sono oggetto di revisione periodica con cadenza almeno triennale.

6. Qualora l'Autorità, a seguito dell'istruttoria aperta ai sensi del comma 5, riscontri l'esistenza di posizioni di significativo potere di mercato lesive del pluralismo, interviene affinché esse vengano sollecitamente rimosse; qualora accerti il compimento di atti o di operazioni idonee a determinare una situazione vietata, ne inibisce la prosecuzione e ordina la rimozione degli effetti. Ove l'Autorità ritenga di dover disporre misure che incidano sulla struttura dell'impresa, imponendo dismissioni di aziende o di rami di azienda, è tenuta a determinare nel provvedimento stesso un congruo termine entro il quale provvedere alla dismissione; tale termine non può essere comunque superiore a dodici mesi. I soggetti oggetto di istruttoria da parte dell'Autorità possono presentare impegni comportamentali e strutturali, che, se ritenuti dall'Autorità sufficienti a eliminare o impedire il formarsi delle posizioni di

significativo potere di mercato lesive del pluralismo, vengono da quest'ultima resi vincolanti.

7. L'Autorità, con proprio regolamento adottato nel rispetto dei principi di contraddittorio, partecipazione e trasparenza, disciplina i provvedimenti di cui al comma 6, i relativi procedimenti e le modalità di comunicazione. In particolare, debbono essere assicurati la notifica dell'apertura dell'istruttoria ai soggetti interessati, la possibilità di questi di presentare proprie deduzioni in ogni stadio dell'istruttoria, il potere dell'Autorità di richiedere ai soggetti interessati e a terzi che ne siano in possesso di fornire informazioni e di esibire documenti utili all'istruttoria stessa.

L'Autorità è tenuta a rispettare gli obblighi di riservatezza inerenti alla tutela delle persone o delle imprese su notizie, informazioni e dati in conformità alla normativa in materia di tutela delle persone e di altri soggetti rispetto al trattamento di dati personali. Dell'avvio del procedimento e del provvedimento conclusivo è data notizia mediante pubblicazione sul sito dell'Autorità.

8. Ai fini del presente articolo, si considerano anche le partecipazioni al capitale acquisite o comunque possedute per il tramite di società anche indirettamente controllate, di società fiduciarie o per interposta persona. Si considerano acquisite le partecipazioni che vengono ad appartenere ad un soggetto diverso da quello cui appartenevano precedentemente anche in conseguenza o in connessione ad operazioni di fusione, scissione, scorporo, trasferimento d'azienda o simili che interessino tali soggetti.

Allorché tra i diversi soci esistano accordi, in qualsiasi forma conclusi, in ordine all'esercizio concertato del voto, o comunque alla gestione della società, diversi dalla mera consultazione tra soci, ciascuno dei soci è considerato come titolare della somma di azioni o quote detenute dai soci contraenti o da essi controllate.

9. Ai fini del presente testo unico il controllo sussiste, anche con riferimento a soggetti diversi dalle società, nei casi previsti dall'articolo 2359, commi primo e secondo, del codice civile.

10. Il controllo si considera esistente nella forma dell'influenza dominante, salvo prova contraria, allorché ricorra una delle seguenti situazioni:

a) esistenza di un soggetto che, da solo o in base alla concertazione con altri soci, abbia la possibilità di esercitare la maggioranza dei voti dell'assemblea ordinaria o di nominare o revocare la maggioranza degli amministratori;

b) sussistenza di rapporti, anche tra soci, di carattere finanziario o organizzativo o economico idonei a conseguire uno dei seguenti effetti:

1) la trasmissione degli utili e delle perdite;

2) il coordinamento della gestione dell'impresa con quella di altre imprese ai fini del perseguimento di uno scopo comune;

3) l'attribuzione di poteri maggiori rispetto a quelli derivanti dalle azioni o dalle quote possedute;

4) l'attribuzione a soggetti diversi da quelli legittimati in base all'assetto proprietario di poteri nella scelta degli amministratori e dei dirigenti delle imprese;

c) l'assoggettamento a direzione comune, che può risultare anche in base alle caratteristiche della composizione degli organi amministrativi o per altri significativi e qualificati elementi.

59 Definizione dei compiti del servizio pubblico radiofonico, televisivo e multimediale.

1. Il servizio pubblico radiofonico, televisivo e multimediale è affidato in concessione a una società per azioni, la RAI Radiotelevisione italiana S.p.a., che, nel rispetto dei principi di cui all'articolo 7, lo svolge sulla base di un contratto nazionale di servizio stipulato con il Ministero, previa delibera del Consiglio dei ministri, nonché sulla base di contratti di servizio regionali e, per le Province autonome di Trento e di Bolzano, provinciali, con i quali sono individuati i diritti e gli obblighi della società concessionaria. Tali contratti sono rinnovati ogni cinque anni.

2. Il servizio pubblico radiofonico, televisivo e multimediale, ai sensi dell'articolo 8, comma 4, in ogni caso garantisce:

a) la diffusione di tutte le trasmissioni televisive e radiofoniche di pubblico servizio con copertura integrale del territorio nazionale, per quanto consentito dallo stato della scienza e della tecnica;

b) un numero adeguato di ore di trasmissioni televisive e radiofoniche dedicate all'educazione, all'informazione, alla formazione, alla promozione culturale, con particolare riguardo alla valorizzazione delle opere teatrali, cinematografiche, televisive, anche in lingua originale, e musicali riconosciute di alto livello artistico o maggiormente innovative. Tale numero di ore è definito ogni tre anni con deliberazione dell'Autorità; e dal computo sono escluse le trasmissioni di intrattenimento per i minori;

c) la diffusione delle trasmissioni di cui alla lettera *b*), in modo proporzionato, in tutte le fasce orarie, anche di maggiore ascolto, e su tutti i programmi televisivi e radiofonici;

d) l'accesso alla programmazione, nei limiti e secondo le modalità indicati dalla legge, in favore dei partiti e dei gruppi rappresentati in Parlamento, e nei Consigli regionali, delle organizzazioni associative delle autonomie locali, dei sindacati nazionali, delle confessioni religiose, dei movimenti politici dotati di un sufficiente grado di rappresentatività, degli enti e delle associazioni politiche e culturali, delle associazioni nazionali del movimento cooperativo giuridicamente riconosciute, delle associazioni di promozione sociale iscritte nei registri nazionale e regionali, dei gruppi etnici e linguistici e degli altri gruppi di rilevante interesse sociale che ne facciano richiesta;

e) la produzione, la distribuzione e la trasmissione di programmi radiotelevisivi all'estero, finalizzati alla conoscenza e alla valorizzazione della lingua, della cultura e dell'impresa italiane attraverso l'utilizzazione dei programmi e la diffusione delle più significative produzioni del panorama audiovisivo nazionale;

f) la realizzazione di trasmissioni radiofoniche e televisive in lingua tedesca e ladina per la Provincia autonoma di Bolzano, in lingua ladina per la Provincia autonoma di Trento, in lingua francese per la Regione autonoma Valle d'Aosta e in lingua slovena per la Regione autonoma Friuli-Venezia Giulia;

g) la trasmissione gratuita dei messaggi di utilità sociale ovvero di interesse pubblico che siano richiesti dalla Presidenza del Consiglio dei ministri e la trasmissione di adeguate informazioni sulla viabilità delle strade e delle autostrade italiane;

h) la trasmissione, in orari appropriati, di contenuti destinati specificamente ai minori, che tengano conto delle esigenze e della sensibilità della prima infanzia e dell'età evolutiva;

i) la conservazione degli archivi storici radiofonici e televisivi, garantendo l'accesso del pubblico agli stessi;

l) la destinazione di una quota non inferiore al 15 per cento dei ricavi complessivi annui alla produzione di opere europee, ivi comprese quelle realizzate da produttori indipendenti; tale quota trova applicazione a partire dal contratto di servizio stipulato dopo il 6 maggio 2004;

m) la realizzazione nei termini previsti dalla legge 3 maggio 2004, n. 112, delle infrastrutture per la trasmissione radiotelevisiva su frequenze terrestri in tecnica digitale;

n) la realizzazione di servizi interattivi digitali di pubblica utilità;

o) il rispetto dei limiti di affollamento pubblicitario previsti dall'articolo 45;

p) l'informazione pubblica a livello nazionale e quella a livello regionale attraverso la presenza in ciascuna regione e provincia autonoma di proprie redazioni e strutture adeguate alle specifiche produzioni, nel rispetto di quanto previsto alla lettera f);

q) l'adozione di idonee misure di tutela delle persone portatrici di handicap sensoriali in attuazione dell'articolo 32, comma 7;

r) la valorizzazione e il potenziamento dei centri di produzione decentrati, in particolare per le finalità di cui alla lettera b) e per le esigenze di promozione delle culture e degli strumenti linguistici locali;

s) la realizzazione di attività di insegnamento a distanza.

3. Le sedi che garantiscono il servizio di cui al comma 2, lettera f), mantengono la loro autonomia finanziaria e contabile in relazione all'adempimento degli obblighi di pubblico servizio affidati alle stesse e fungono anche da centro di produzione decentrato per le esigenze di promozione delle culture e degli strumenti linguistici locali.

4. Con la convenzione stipulata tra la società concessionaria e la Provincia autonoma di Bolzano sono individuati i diritti e gli obblighi relativi, in particolare i tempi e gli orari delle trasmissioni radiofoniche e televisive. Per garantire la trasparenza e la responsabilità nell'utilizzo del finanziamento pubblico dell'ente locale territorialmente competente, i costi di esercizio per il servizio in lingua tedesca e ladina sono rappresentati in apposito centro di costo del bilancio della società concessionaria e gli oneri relativi sono assunti dalla Provincia autonoma di Bolzano nell'ambito delle risorse individuate ai sensi dell'articolo 79, comma 1, lettera c), del testo unico di cui al decreto del Presidente della Repubblica 31 agosto 1972, n. 670, nell'importo non superiore ad euro 10.313.000 annui. Gli eventuali ulteriori oneri derivanti dalla predetta convenzione rimangono esclusivamente a carico della Provincia autonoma di Bolzano.

5. L'importo di euro 10.313.000 di cui al comma 4 è incrementato di ulteriori euro 5.000.000 per l'anno 2015 e di euro 9.687.000 annui a decorrere dall'anno 2016. Al relativo onere si provvede, quanto a euro 5.000.000 per l'anno 2015, mediante corrispondente versamento di pari importo all'entrata del bilancio dello Stato, per il medesimo anno, da parte della Presidenza del Consiglio dei ministri, di risorse disponibili sul proprio bilancio autonomo, quanto a euro 9.687.000 per l'anno 2016, mediante corrispondente riduzione del Fondo per interventi strutturali di politica economica, di cui all'articolo 10, comma 5, del decreto-legge 29 novembre 2004, n. 282, convertito, con modificazioni, dalla legge 27 dicembre 2004, n. 307, e, quanto a euro 9.687.000 annui a decorrere dall'anno 2017, mediante corrispondente riduzione delle proiezioni dello stanziamento del fondo speciale di parte corrente iscritto, ai fini del bilancio triennale 2015-2017, nell'ambito del programma «Fondi di riserva e speciali» della missione «Fondi da ripartire» dello stato di previsione del Ministero dell'economia e delle finanze per l'anno 2015, allo scopo parzialmente utilizzando l'accantonamento relativo al medesimo Ministero.

6. Con deliberazione adottata d'intesa dall'Autorità e dal Ministro dello sviluppo economico prima di ciascun rinnovo quinquennale del contratto nazionale di servizio, sono fissate le linee-guida sul contenuto degli ulteriori obblighi del servizio pubblico radiofonico, televisivo e multimediale, definite in relazione allo sviluppo dei mercati, al progresso tecnologico e alle mutate esigenze culturali, nazionali e locali.

7. Con deliberazione del Consiglio dei ministri sono definiti gli indirizzi ai fini dell'intesa con l'Autorità, di cui al comma 4.

8. Alla società cui è affidato mediante concessione il servizio pubblico radiofonico, televisivo e multimediale è consentito lo svolgimento, direttamente o attraverso società collegate, di attività commerciali ed editoriali, connesse alla diffusione di immagini, suoni e dati, nonché di altre attività correlate, purché esse non risultino di pregiudizio al migliore svolgimento dei pubblici servizi concessi e concorrano alla equilibrata gestione aziendale.

60 Compiti di pubblico servizio in ambito regionale e relativo agli enti territoriali competenti.

1. Con leggi regionali, nel rispetto dei principi fondamentali contenuti nel titolo I e nel presente titolo e delle disposizioni, anche sanzionatorie, del presente testo unico in materia di tutela dell'utente, sono definiti gli specifici compiti di pubblico servizio che la società concessionaria del servizio pubblico radiofonico, televisivo e multimediale è tenuta ad adempiere nell'orario e nella rete di programmazione destinati alla diffusione di contenuti in ambito regionale o, per le Province autonome di Trento e di Bolzano, in ambito

di enti locali territorialmente competenti; è, comunque, garantito un adeguato servizio di informazione in ambito regionale o di enti locali territorialmente competenti.

2. Le regioni e le Province autonome di Trento e di Bolzano sono legittimate a stipulare, previa intesa con il Ministero, specifici contratti di servizio con la società concessionaria del servizio pubblico radiofonico, televisivo e multimediale per la definizione degli obblighi di cui al comma 1, nel rispetto della libertà di iniziativa economica della società concessionaria, anche con riguardo alla determinazione dell'organizzazione dell'impresa, nonché nel rispetto dell'unità giuridica ed economica dello Stato e assicurando la tutela dei livelli essenziali delle prestazioni concernenti i diritti civili e sociali e la tutela dell'incolumità e della sicurezza pubbliche.

3. Ai fini dell'osservanza dell'articolo 10 del decreto del Presidente della Repubblica 1° novembre 1973, n. 691, nella Provincia di Bolzano riveste carattere di interesse nazionale il servizio pubblico radiotelevisivo in ambito provinciale.

61 Finanziamento del servizio pubblico generale radiotelevisivo.

1. Al fine di consentire la determinazione del costo di fornitura del servizio pubblico generale radiotelevisivo, coperto dal canone di abbonamento di cui al regio decreto-legge 21 febbraio 1938, n. 246, convertito dalla legge 4 giugno 1938, n. 880, e di assicurare la trasparenza e la responsabilità nell'utilizzo del finanziamento pubblico, la società concessionaria predispone il bilancio di esercizio indicando in una contabilità separata i ricavi derivanti dal gettito del canone e gli oneri sostenuti nell'anno solare precedente per la fornitura del suddetto servizio, sulla base di uno schema approvato dall'Autorità, imputando o attribuendo i costi sulla base di principi di contabilità applicati in modo coerente e obiettivamente giustificati e definendo con chiarezza i principi di contabilità analitica secondo cui vengono tenuti conti separati.

Ogni qualvolta vengano utilizzate le stesse risorse di personale, apparecchiature o impianti fissi o risorse di altra natura, per assolvere i compiti di servizio pubblico generale e per altre attività, i costi relativi devono essere ripartiti sulla base della differenza tra i costi complessivi della società considerati includendo o escludendo le attività di servizio pubblico. Il bilancio, entro trenta giorni dalla data di approvazione, è trasmesso all'Autorità e al Ministero.

2. La contabilità separata tenuta ai sensi del comma 1 è soggetta a controllo da parte di una società di revisione, nominata dalla società concessionaria e scelta dall'Autorità tra quante risultano iscritte all'apposito albo tenuto presso la Commissione nazionale per le società e la borsa, ai sensi dell'articolo 161 del testo unico delle disposizioni in materia di intermediazione finanziaria, di cui al decreto legislativo 24 febbraio 1998, n. 58. All'attività della società di revisione si applicano le norme di cui alla Parte IV, titolo III, Capo II, sezione IV del citato testo unico di cui al decreto legislativo 24 febbraio 1998, n. 58.

3. Entro il mese di novembre di ciascun anno, il Ministro dello sviluppo economico, con proprio decreto, stabilisce l'ammontare del canone di abbonamento in vigore dal 1° gennaio dell'anno successivo, in misura tale da consentire alla società concessionaria della fornitura del servizio di coprire i costi che prevedibilmente verranno sostenuti in tale anno per adempiere gli specifici obblighi di servizio pubblico generale radiotelevisivo affidati a tale società, come desumibili dall'ultimo bilancio trasmesso, prendendo anche in considerazione il tasso di inflazione programmato e le esigenze di sviluppo tecnologico delle imprese. La ripartizione del gettito del canone dovrà essere operata con riferimento anche all'articolazione territoriale delle reti nazionali per assicurarne l'autonomia economica.

4. È fatto divieto alla società concessionaria della fornitura del servizio pubblico di cui al comma 3 di utilizzare, direttamente o indirettamente, i ricavi derivanti dal canone per finanziare attività non inerenti al servizio pubblico generale radiotelevisivo.

62 Verifica dell'adempimento dei compiti.

1. In conformità a quanto stabilito nella comunicazione della Commissione delle Comunità europee 2001/C 320/04, pubblicata nella Gazzetta Ufficiale delle Comunità europee C 320 del 15 novembre 2001, è affidato all'Autorità il compito di verificare che il servizio pubblico radiofonico, televisivo e multimediale venga effettivamente prestato ai sensi delle disposizioni di cui al presente testo unico, del contratto nazionale di servizio e degli specifici contratti di servizio conclusi con le regioni e con le Province autonome di Trento e di Bolzano, tenendo conto anche dei parametri di qualità del servizio e degli indici di soddisfazione degli utenti definiti nel contratto medesimo.

2. L'Autorità, nei casi di presunto inadempimento degli obblighi di cui al comma 1, d'ufficio o su impulso del Ministero per il contratto nazionale di servizio ovvero delle regioni e delle Province autonome di Trento e di Bolzano per i contratti da queste stipulati, notifica l'apertura dell'istruttoria al rappresentante legale della società concessionaria, che ha diritto di essere sentito, personalmente o a mezzo di procuratore speciale, nel termine fissato contestualmente alla notifica e ha facoltà di presentare deduzioni e pareri in ogni fase dell'istruttoria, nonché di essere nuovamente sentito prima della chiusura di questa.

3. L'Autorità può in ogni fase dell'istruttoria richiedere alle imprese, enti o persone che ne siano in possesso, di fornire informazioni e di esibire documenti utili ai fini dell'istruttoria.

Può altresì disporre ispezioni al fine di controllare i documenti aziendali e di prenderne copia, anche avvalendosi della collaborazione di altri organi dello Stato; disporre perizie e analisi economiche e statistiche, nonché la consultazione di esperti in ordine a qualsiasi elemento rilevante ai fini dell'istruttoria.

4. Tutte le notizie, le informazioni o i dati riguardanti le imprese oggetto di istruttoria da parte dell'Autorità sono tutelati dal segreto d'ufficio anche nei riguardi delle pubbliche amministrazioni.

5. I funzionari dell'Autorità nell'esercizio delle funzioni di cui al comma 3 sono pubblici ufficiali. Essi sono vincolati dal segreto d'ufficio.

6. Con provvedimento dell'Autorità, i soggetti richiesti di fornire gli elementi di cui al comma 3 sono sottoposti alla sanzione amministrativa pecuniaria fino a 25.000 euro se rifiutano od omettono, senza giustificato motivo, di fornire le informazioni o di esibire i documenti ovvero alla sanzione amministrativa pecuniaria fino a 50.000 euro se forniscono informazioni o esibiscono documenti non veritieri. Sono fatte salve le diverse sanzioni previste dall'ordinamento vigente.

7. Se, a seguito dell'istruttoria, l'Autorità ravvisa infrazioni agli obblighi di cui al comma 1, fissa alla società concessionaria il termine, comunque non superiore a trenta giorni, per l'eliminazione delle infrazioni stesse. Nei casi di infrazioni gravi, tenuto conto della gravità e della durata dell'infrazione, l'Autorità dispone, inoltre, l'applicazione di una sanzione amministrativa pecuniaria fino al 3 per cento del fatturato realizzato nell'ultimo esercizio chiuso anteriormente alla notificazione della diffida, fissando i termini, comunque non superiori a trenta giorni, entro i quali l'impresa deve procedere al pagamento della sanzione.

8. In caso di inottemperanza alla diffida di cui al comma 7, l'Autorità applica la sanzione amministrativa pecuniaria fino al 3 per cento del fatturato ovvero, nei casi in cui sia stata applicata la sanzione di cui al citato comma 7, una sanzione di importo minimo non inferiore al doppio della sanzione già applicata con un limite massimo del 3 per cento del fatturato come individuato al medesimo comma 7, fissando altresì il termine entro il quale il pagamento della sanzione deve essere effettuato. Nei casi di reiterata inottemperanza l'Autorità può disporre la sospensione dell'attività d'impresa fino a novanta giorni.

9. L'Autorità dà conto dei risultati del controllo ogni anno nella relazione annuale.

63 Disciplina della RAI-Radiotelevisione italiana S.p.a..

1. La concessione del servizio pubblico radiofonico, televisivo e multimediale è affidata, fino al 30 aprile 2027 alla RAI-Radiotelevisione italiana S.p.a.

2. L'affidamento in concessione del servizio pubblico radiofonico, televisivo e multimediale ha durata decennale ed è preceduto, ai sensi dell'articolo 5, comma 5, della legge 28 dicembre 2015, n. 220, da una consultazione pubblica sugli obblighi del servizio medesimo.

3. Il limite massimo retributivo di 240.000 euro annui, di cui all'articolo 13, comma 1, del decreto-legge 24 aprile 2014, n. 66, convertito, con modificazioni, dalla legge 23 giugno 2014, n. 89, si applica rispettivamente agli amministratori, al personale dipendente, ai collaboratori e ai consulenti del soggetto affidatario della concessione del servizio pubblico radiofonico, televisivo e multimediale, la cui prestazione professionale non sia stabilita da tariffe regolamentate.

4. Ai fini del rispetto del limite di cui al comma 3 non si applicano le esclusioni di cui all'articolo 23-*bis* del decreto-legge 6 dicembre 2011, n. 201, convertito, con modificazioni, dalla legge 22 dicembre 2011, n. 214.

5. Con decreto del Presidente del Consiglio dei ministri, da adottare previa deliberazione del Consiglio dei ministri, su proposta del Ministro dello sviluppo economico, di concerto con il Ministro dell'economia e delle finanze, è affidato in concessione il servizio pubblico radiofonico, televisivo e multimediale ed è approvato l'annesso schema di convenzione. Lo schema di decreto e l'annesso schema di convenzione sono trasmessi per il parere, unitamente ad una relazione del Ministro dello sviluppo economico sull'esito della consultazione di cui al comma 2, alla Commissione parlamentare per l'indirizzo generale e la vigilanza dei servizi radiotelevisivi. Il parere è reso entro trenta giorni dalla data di trasmissione, decorsi i quali il decreto può comunque essere adottato, con l'annesso schema di convenzione. Il decreto e l'annesso schema di convenzione sono sottoposti ai competenti organi di controllo e successivamente pubblicati nella Gazzetta Ufficiale.

6. Sino alla data di entrata in vigore del decreto che dispone il nuovo affidamento del servizio pubblico radiofonico, televisivo e multimediale, e comunque per un periodo non superiore a centottanta giorni dalla data di scadenza del rapporto concessorio, continuano a trovare applicazione, ad ogni effetto, la concessione e la relativa convenzione già in atto.

7. Il Ministero dello sviluppo economico provvede, sulla base dello schema di convenzione annesso al decreto di cui al comma 5, alla stipulazione della convenzione con la società concessionaria del servizio pubblico radiofonico, televisivo e multimediale.

8. Per quanto non sia diversamente previsto dal presente testo unico la RAI Radiotelevisione italiana S.p.a. è assoggettata alla disciplina generale delle società per azioni, anche per quanto concerne l'organizzazione e l'amministrazione. Fermo restando quanto disposto dal precedente periodo, la società ispira la propria azione a principi di trasparenza, efficacia, efficienza e competitività.

9. Il consiglio di amministrazione della RAI-Radiotelevisione italiana S.p.a. è composto da sette membri. Il consiglio, oltre ad essere organo di amministrazione della società, svolge anche funzioni di controllo e di garanzia circa il corretto adempimento delle finalità e degli obblighi del servizio pubblico generale radiotelevisivo.

10. Possono essere nominati membri del consiglio di amministrazione i soggetti aventi i requisiti per la nomina a giudice costituzionale ai sensi dell'articolo 135, secondo comma, della Costituzione o, comunque, persone di riconosciuta onorabilità, prestigio e competenza professionale e di notoria indipendenza di comportamenti, che si siano distinte in attività economiche, scientifiche, giuridiche, della cultura umanistica o della comunicazione sociale, maturandovi significative esperienze manageriali. Ove siano lavoratori dipendenti vengono, a richiesta, collocati in aspettativa non retribuita per la durata del mandato. Il mandato dei membri del consiglio di amministrazione dura tre anni e i membri sono rieleggibili una sola volta. Il rinnovo del consiglio di amministrazione è effettuato entro il termine di scadenza del precedente mandato.

11. La composizione del consiglio di amministrazione è definita favorendo la presenza di entrambi i sessi e un adeguato equilibrio tra componenti caratterizzati da elevata professionalità e comprovata esperienza in ambito giuridico, finanziario, industriale e culturale, nonché, tenendo conto dell'autorevolezza richiesta dall'incarico, l'assenza di conflitti di interesse o di titolarità di cariche in società concorrenti.

12. La carica di membro del consiglio di amministrazione non può essere ricoperta, a pena di ineleggibilità o decadenza, anche in corso di mandato, da coloro che ricoprano la carica di Ministro, vice Ministro o sottosegretario di Stato o che abbiano ricoperto tale carica nei dodici mesi precedenti alla data della nomina o che ricoprano la carica di cui all'articolo 7, primo comma, lettera c), del testo unico di cui al decreto del Presidente della Repubblica 30 marzo 1957, n. 361, la carica di cui all'articolo 1, comma 54, lettera a), della legge 7 aprile 2014, n. 56, o la carica di consigliere regionale.

13. Non possono essere nominati membri del consiglio di amministrazione e, se nominati, decadono dall'ufficio i soggetti che si trovino in una delle seguenti situazioni:

a) stato di interdizione perpetua o temporanea dai pubblici uffici;

b) stato di interdizione legale ovvero temporanea dagli uffici direttivi delle persone giuridiche e delle imprese, o comunque alcuna delle situazioni indicate nell'articolo 2382 del codice civile;

c) assoggettamento a misure di prevenzione disposte dall'autorità giudiziaria ai sensi del codice delle leggi antimafia e delle misure di prevenzione, di cui al decreto legislativo 6 settembre 2011, n. 159, salvi gli effetti della riabilitazione;

d) condanna con sentenza definitiva alla reclusione per uno dei delitti previsti nel titolo XI del libro quinto del codice civile, fatti salvi gli effetti della riabilitazione;

e) condanna con sentenza definitiva alla reclusione per un delitto contro la pubblica amministrazione, contro la fede pubblica, contro il patrimonio, contro l'ordine pubblico, contro l'economia pubblica ovvero per un delitto in materia tributaria;

f) condanna con sentenza definitiva alla reclusione per qualunque delitto non colposo per un tempo pari o superiore a due anni.

14. La nomina del presidente del consiglio di amministrazione è effettuata dal consiglio medesimo nell'ambito dei suoi membri e diviene efficace dopo l'acquisizione del parere favorevole, espresso a maggioranza dei due terzi dei suoi componenti, della Commissione parlamentare per l'indirizzo generale e la vigilanza dei servizi radiotelevisivi di cui all'articolo 4 della legge 14 aprile 1975, n. 103, e successive modificazioni. Al presidente possono essere affidate dal consiglio di amministrazione deleghe nelle aree delle relazioni esterne e istituzionali e di supervisione delle attività di controllo interno, previa delibera assembleare che ne autorizzi la delega.

15. I membri del consiglio di amministrazione sono così individuati:

a) due eletti dalla Camera dei deputati e due eletti dal Senato della Repubblica, con voto limitato a un solo candidato;

b) due designati dal Consiglio dei ministri, su proposta del Ministro dell'economia e delle finanze, conformemente ai criteri e alle modalità di nomina dei componenti degli organi di amministrazione delle società controllate direttamente o indirettamente dal Ministero dell'economia e delle finanze;

c) uno designato dall'assemblea dei dipendenti della RAI-Radiotelevisione italiana S.p.a., tra i dipendenti dell'azienda titolari di un rapporto di lavoro subordinato da almeno tre anni consecutivi, con modalità che garantiscano la trasparenza e la rappresentatività della designazione stessa.

16. I componenti del consiglio di amministrazione di designazione della Camera dei deputati e del Senato della Repubblica, di cui al comma 15, lettera a), devono essere eletti tra coloro che presentano la propria candidatura nell'ambito di una procedura di selezione il cui avviso deve essere pubblicato nei siti internet della Camera, del Senato e della RAI Radiotelevisione italiana S.p.a. almeno sessanta giorni prima della nomina. Le candidature devono pervenire almeno trenta giorni prima della nomina e i curricula devono essere pubblicati negli stessi siti internet.

17. Per l'elezione del componente espresso dall'assemblea dei dipendenti della RAI Radiotelevisione italiana S.p.a., di cui al comma 15, lettera *c*), la procedura di voto deve essere organizzata dal consiglio di amministrazione uscente della medesima azienda, con avviso pubblicato nel sito internet istituzionale della stessa almeno sessanta giorni prima della nomina, secondo i seguenti criteri: a) partecipazione al voto, garantendone la segretezza, anche via internet ovvero attraverso la rete intranet aziendale, di tutti i dipendenti titolari di un rapporto di lavoro subordinato; *b*) accesso alla candidatura dei soli soggetti che abbiano i requisiti fissati dal comma 4 al 15. Le singole candidature possono essere presentate da una delle organizzazioni sindacali firmatarie del contratto collettivo o integrativo della RAI-Radiotelevisione italiana S.p.a. o da almeno centocinquanta dipendenti e devono pervenire almeno trenta giorni prima della nomina.

18. La revoca dei componenti del consiglio di amministrazione è deliberata dall'assemblea ed acquista efficacia a seguito di parere favorevole della Commissione parlamentare per l'indirizzo generale e la vigilanza dei servizi radiotelevisivi.

19. In caso di dimissioni o impedimento permanente ovvero di revoca del presidente o di uno o più membri del consiglio di amministrazione, i nuovi componenti sono nominati con la medesima procedura di cui al comma 15 entro i novanta giorni successivi alla data di comunicazione formale delle dimissioni o di comunicazione formale della sussistenza della causa di impedimento permanente. Nel caso di revoca del presidente o di uno o più membri del consiglio di amministrazione, il termine sopra indicato decorre dalla data di comunicazione formale della valutazione favorevole alla delibera di revoca di cui al comma 18.

20. Il consiglio di amministrazione, oltre ai compiti allo stesso attribuiti dalla legge e dallo statuto della

società, approva il piano industriale e il piano editoriale, il preventivo di spesa annuale, nonché gli investimenti che, anche per effetto di una durata pluriennale, siano di importo superiore a 10 milioni di euro.

21. Il consiglio di amministrazione nomina l'amministratore delegato su proposta dell'assemblea. L'amministratore delegato:

a) risponde al consiglio di amministrazione in merito alla gestione aziendale e sovrintende all'organizzazione e al funzionamento dell'azienda nel quadro dei piani e delle direttive definiti dal consiglio di amministrazione;

b) assicura la coerenza della programmazione radiotelevisiva con le linee editoriali e le direttive formulate e adottate dal consiglio di amministrazione;

c) provvede alla gestione del personale dell'azienda e nomina i dirigenti di primo livello, acquisendo per i direttori di rete, di canale e di testata il parere obbligatorio del consiglio di amministrazione, che nel caso dei direttori di testata è vincolante se è espresso con la maggioranza dei due terzi; assume, nomina, promuove e stabilisce la collocazione aziendale degli altri dirigenti, nonché, su proposta dei direttori di testata e nel rispetto del contratto di lavoro giornalistico, degli altri giornalisti;

d) firma gli atti e i contratti aziendali attinenti alla gestione della società, fatto salvo l'obbligo di sottoporre all'approvazione del consiglio di amministrazione gli atti e i contratti aziendali aventi carattere strategico, ivi inclusi i piani annuali di trasmissione e di produzione e le variazioni rilevanti degli stessi, nonché gli atti e i contratti che, anche per effetto di una durata pluriennale, siano di importo superiore a 10 milioni di euro;

e) provvede all'attuazione del piano industriale, del preventivo di spesa annuale, delle politiche del personale e dei piani di ristrutturazione, nonché dei progetti specifici approvati dal consiglio di amministrazione in materia di linea editoriale, investimenti, organizzazione aziendale, politica finanziaria e politiche del personale;

f) definisce, sentito il parere del consiglio di amministrazione, i criteri e le modalità per il reclutamento del personale e quelli per il conferimento di incarichi a collaboratori esterni, in conformità con quanto indicato, per le società a partecipazione pubblica, individuando i profili professionali e gli incarichi per i quali, in relazione agli specifici compiti assegnati, può derogarsi ai suddetti criteri e modalità;

g) propone all'approvazione del consiglio di amministrazione il Piano per la trasparenza e la comunicazione aziendale, che prevede le forme più idonee per rendere conoscibili alla generalità degli utenti le informazioni sull'attività complessivamente svolta dal consiglio di amministrazione, salvi casi particolari di riservatezza adeguatamente motivati, nonché la pubblicazione nel sito internet della società:

1) dei dati relativi agli investimenti totali destinati ai prodotti audiovisivi nazionali e ai progetti di coproduzione internazionale;

2) dei curricula e dei compensi lordi, comunque denominati, percepiti dai componenti degli organi di amministrazione e controllo, nonché dai dirigenti di ogni livello, ivi compresi quelli non dipendenti della società, e comunque dai soggetti, diversi dai titolari di contratti di natura artistica, che ricevano un trattamento economico annuo omnicomprensivo a carico della società pari o superiore ad euro 200.000, con indicazione delle eventuali componenti variabili o legate alla valutazione del risultato, nonché delle informazioni relative allo svolgimento da parte dei medesimi di altri incarichi o attività professionali ovvero alla titolarità di cariche in enti di diritto privato regolati o finanziati dalle pubbliche amministrazioni di cui all'articolo 1, comma 2, del decreto legislativo 30 marzo 2001, n. 165, ivi comprese le autorità amministrative indipendenti;

3) dei criteri per il reclutamento del personale e per il conferimento di incarichi a collaboratori esterni, di cui alla lettera *f*);

4) dei dati concernenti il numero e la tipologia dei contratti di collaborazione o consulenza non artistica per i quali è previsto un compenso, conferiti a soggetti esterni alla società, e l'ammontare della relativa spesa, con indicazione, per i contratti aventi un valore su base annua superiore a una determinata soglia individuata nel Piano, dei nominativi e dei curricula dei soggetti percettori, della ragione dell'incarico e del relativo compenso;

5) dei criteri e delle procedure per le assegnazioni dei contratti di cui all'articolo 65;

6) dei dati risultanti dalla verifica del gradimento della programmazione generale e specifica della società, ai fini del perseguimento degli obiettivi di servizio pubblico.

22. L'amministratore delegato della RAI-Radiotelevisione italiana S.p.a. deve essere nominato tra coloro che si trovano in situazione di assenza di conflitti di interesse o di titolarità di cariche in società concorrenti della RAI-Radiotelevisione italiana S.p.a. e che sono in possesso di esperienza pregressa per un periodo congruo in incarichi di analoga responsabilità ovvero in ruoli dirigenziali apicali nel settore pubblico o privato.

23. L'amministratore delegato rimane in carica per tre anni dall'atto di nomina e comunque non oltre la scadenza del consiglio di amministrazione, salva la facoltà di revoca da parte del consiglio di amministrazione, sentito il parere dell'assemblea.

L'amministratore delegato, qualora dipendente della RAI-Radiotelevisione italiana S.p.a., all'atto della nomina è tenuto a dimettersi dalla società o a ottenere il collocamento in aspettativa non retribuita dalla società per la durata dell'incarico di amministratore delegato. Nell'anno successivo al termine del mandato di amministratore delegato, non può assumere incarichi o fornire consulenze presso società concorrenti della RAI Radiotelevisione italiana S.p.a.

24. Il consiglio di amministrazione, su indicazione dell'assemblea, determina il compenso spettante all'amministratore delegato e, in caso di revoca, l'indennità spettante al medesimo amministratore, di ammontare comunque non superiore a tre dodicesimi del compenso annuo.

25. Ai componenti degli organi di amministrazione e controllo della società RAI Radiotelevisione italiana

S.p.a., ad eccezione dell'amministratore delegato, si applica il limite massimo retributivo di cui all'articolo 23-*bis*, commi 5-*bis* e 5-*ter*, del decreto-legge 6 dicembre 2011, n. 201, convertito, con modificazioni, dalla legge 22 dicembre 2011, n. 214.

26. Restano ferme le funzioni di indirizzo generale e di vigilanza dei servizi pubblici radiotelevisivi della Commissione parlamentare per l'indirizzo generale e la vigilanza dei servizi radiotelevisivi. Il consiglio di amministrazione riferisce semestralmente, prima dell'approvazione del bilancio, alla medesima Commissione sulle attività svolte dalla RAI Radiotelevisione italiana S.p.a., consegnando l'elenco completo dei nominativi degli ospiti partecipanti alle trasmissioni.

27. La disciplina di nomina del presidente e dei membri del consiglio di amministrazione di cui ai commi 9, 10, 14, 15, 16, 17 e la relativa disciplina di revoca di cui ai commi 18 e 19 si applicano fino a che il numero delle azioni alienate ai sensi dell'articolo 21 della legge 3 maggio 2004, n. 112, non superi la quota del 10 per cento del capitale della RAI-Radiotelevisione italiana S.p.a., in considerazione dei rilevanti ed imprescindibili motivi di interesse generale connessi allo svolgimento del servizio.

28. La dismissione della partecipazione dello Stato nella RAI-Radiotelevisione italiana S.p.a. resta disciplinata dall'articolo 21 della legge 3 maggio 2004, n. 112.

64 Responsabilità dei componenti degli organi della RAI-Radiotelevisione italiana S.p.a..

1. L'amministratore delegato e i componenti degli organi di amministrazione e controllo della RAI-Radiotelevisione italiana S.p.a. sono soggetti alle azioni civili di responsabilità previste dalla disciplina ordinaria delle società di capitali.

2. L'amministratore delegato provvede, nel rispetto della disciplina vigente in materia di protezione dei dati personali, alla tempestiva pubblicazione e all'aggiornamento con cadenza almeno annuale dei dati e delle informazioni previsti nel Piano per la trasparenza e la comunicazione aziendale approvato dal consiglio di amministrazione ai sensi dell'articolo 63, comma 21, lettera g). L'inadempimento degli obblighi di pubblicazione di cui al precedente periodo costituisce eventuale causa di responsabilità per danno all'immagine della società ed è comunque valutato ai fini della corresponsione della retribuzione accessoria o di risultato, ove prevista. L'amministratore delegato non risponde dell'inadempimento qualora provi che lo stesso è dipeso da causa a lui non imputabile.

65 Contratti conclusi dalla RAI-Radiotelevisione italiana S.p.a. e dalle società partecipate.

1. I contratti conclusi dalla RAI-Radiotelevisione italiana S.p.a. e dalle società interamente partecipate dalla medesima aventi per oggetto l'acquisto, lo sviluppo, la produzione o la coproduzione e la commercializzazione di programmi radiotelevisivi e di opere audiovisive e le relative acquisizioni di tempo di trasmissione sono esclusi dall'applicazione della disciplina del codice dei contratti pubblici relativi a lavori, servizi e forniture, di cui agli articoli 4 e 17 del decreto legislativo 18 aprile 2016, n. 50.

2. I contratti conclusi dalla RAI-Radiotelevisione italiana S.p.a. e dalle società interamente partecipate dalla medesima aventi ad oggetto lavori, servizi e forniture collegati, connessi o funzionali ai contratti di cui al comma 1, di importo inferiore alle soglie di rilevanza comunitaria, non sono soggetti agli obblighi procedurali previsti per tale tipologia di contratti dal citato codice di cui al decreto legislativo 18 aprile 2016, n. 50. L'affidamento dei contratti di cui al presente comma avviene comunque nel rispetto dei principi di economicità, efficacia, imparzialità, parità di trattamento, trasparenza e proporzionalità.

66 Disposizioni in materia di incarichi dirigenziali esterni.

1. Nello statuto della RAI-Radiotelevisione italiana S.p.a. sono definiti i limiti massimi del numero dei dirigenti non dipendenti della predetta società che possono essere assunti con contratto a tempo determinato, subordinatamente al possesso da parte di questi ultimi di requisiti di particolare e comprovata qualificazione professionale e di specifiche competenze attinenti all'esercizio dell'incarico da conferire. Gli incarichi di cui al presente articolo cessano in ogni caso decorsi sessanta giorni dalla scadenza del mandato dell'amministratore delegato, fatta salva una durata inferiore.

(*omissis*)

69 Principio di specialità.

1. In considerazione degli obiettivi di tutela del pluralismo e degli altri obiettivi di interesse generale perseguiti, tenendo conto dell'esigenza di incoraggiare l'uso efficace e la gestione efficiente delle radiofrequenze, di adottare misure proporzionate agli obiettivi, di incoraggiare investimenti efficienti in materia di infrastrutture, promovendo innovazione, e di adottare misure rispettose e tali da non ostacolare lo sviluppo dei mercati emergenti, le disposizioni del presente testo unico in materia di reti utilizzate per la diffusione di servizi di media audiovisivi e radiofonici di cui all'articolo 1, comma 2, costituiscono disposizioni speciali, e prevalgono, ai sensi dell'art. 1, comma 4, del Codice delle comunicazioni elettroniche, su quelle dettate in materia dal medesimo.

70 (*omissis*)

71 Norme transitorie e di coordinamento.

1. Al fine di favorire il riassetto del sistema televisivo su piattaforma terrestre, l'esercizio degli impianti di diffusione e di collegamento legittimamente in funzione prosegue fino al termine della procedura di asse-

gnazione delle reti di primo e secondo livello in ambito locale nonché delle frequenze in ambito nazionale come pianificate da delibera dell'Autorità e comunque non oltre il termine della procedura di liberazione della banda 700 MHz, secondo quanto previsto dal decreto del Ministero dello sviluppo economico del 19 giugno 2019, pubblicato nella Gazzetta Ufficiale n. 176 del 29 luglio 2019. Il Ministero autorizza la messa in esercizio e le eventuali successive modifiche degli impianti di radiodiffusione televisiva e dei connessi collegamenti di comunicazioni elettroniche.

2. I procedimenti per l'irrogazione di sanzioni amministrative, i quali alla data di entrata in vigore del presente testo unico risultino non ancora definiti, proseguono con l'applicazione delle norme di cui al decreto legislativo 31 luglio 2005, n. 177.

3. Le disposizioni di cui all'articolo 3, comma 1, lettera *cc*), e all'articolo 21, comma 3, si applicano dalla data improrogabile del 1° gennaio 2023, onde favorire l'adeguamento all'evoluzione tecnologica e di mercato. Restano in vigore fino al 31 dicembre 2022 le disposizioni di cui all'articolo 2, comma 1, lettera *v*), e all'articolo 24, comma 3, del decreto legislativo n. 177 del 2005.

4. Le disposizioni di cui agli articoli 41, 42 e da 52 a 57 si applicano dalla data del 1° marzo 2022. Restano in vigore fino al 28 febbraio 2022 le disposizioni di cui agli articoli da 44 a 44-*sexies* del decreto legislativo n. 177 del 2005, ad eccezione del comma 1-*bis*, lettera *a*), dell'articolo 44-quater. Le disposizioni di cui agli articoli da 43 a 45 si applicano dalla data del 1° gennaio 2022.

Restano in vigore fino al 31 dicembre 2021 le disposizioni di cui agli articoli da 36-*bis* a 38 del decreto legislativo n. 177 del 2005.

SEZIONE SETTIMA
SANITÀ

105. Legge 23 dicembre 1978, n. 833. — Istituzione del servizio sanitario nazionale. (*estratto*) (1) (2) (3) (4) (5).

Pubblicata nella Gazzetta Ufficiale n. 360 del 28 dicembre 1978, S.O.

(1) *Il d.lgs. 29 aprile 1998, n. 124 ha riordinato il sistema di partecipazione al costo delle prestazioni sanitarie e del regime di esenzioni a norma dell'art. 59, comma 50, l. 27 dicembre 1997, n. 449, prevedendo l'abrogazione (art. 8) di tutte le precedenti norme in materia di partecipazione alla spesa sanitaria e di esenzione dalla stessa non esplicitamente confermate. Pertanto il presente provvedimento deve intendersi soppresso nella parte in cui disciplina tali forme di partecipazione ed esenzione a far data dal 1° maggio 1998.*

(2) *Con d.P.R. 10 dicembre 1997, nn. 483 e 484, sono stati approvati i regolamenti recanti, rispettivamente, la disciplina concorsuale per il reclutamento del personale dirigenziale del Servizio sanitario nazionale e la determinazione dei requisiti per l'accesso alla direzione sanitaria aziendale e dei requisiti e dei criteri per l'accesso al secondo livello dirigenziale per il personale del ruolo sanitario del Servizio sanitario nazionale.*

(3) *La denominazione "professione sanitaria ausiliaria" contenuta nel presente provvedimento nonché in ogni altra disposizione di legge, è sostituita dalla denominazione "professione sanitaria"* ex *art. 1, l. 26 febbraio 1999, n. 42.*

(4) *A decorrere dalla data di nomina del primo governo costituito a seguito delle prime elezioni politiche successive all'entrata in vigore del d.lgs. 30 luglio 1999, n. 300, le prefetture sono trasformate in uffici territoriali del governo; il prefetto preposto a tale ufficio nel capoluogo della regione assume anche le funzioni di commissario del governo (art. 11, d.lgs. n. 300, cit.).*

(5) *In luogo di Ministro/Ministero per le politiche agricole leggasi Ministro/Ministero delle politiche agricole e forestali, ex d.p.r. n. 300, cit.*

TITOLO I
Il servizio sanitario nazionale

CAPO I
Principi ed obiettivi

1 I princìpi.

La Repubblica tutela la salute come fondamentale diritto dell'individuo e interesse della collettività mediante il servizio sanitario nazionale.

La tutela della salute fisica e psichica deve avvenire nel rispetto della dignità e della libertà della persona umana.

Il servizio sanitario nazionale è costituito dal complesso delle funzioni, delle strutture, dei servizi e delle attività destinati alla promozione, al mantenimento ed al recupero della salute fisica e psichica di tutta la popolazione senza distinzione di condizioni individuali o sociali e secondo modalità che assicurino l'eguaglianza dei cittadini nei confronti del servizio. L'attuazione del servizio sanitario nazionale compete allo Stato, alle regioni e agli enti locali territoriali, garantendo la partecipazione dei cittadini.

Nel servizio sanitario nazionale è assicurato il collegamento ed il coordinamento con le attività e con gli interventi di tutti gli altri organi, centri, istituzioni e servizi, che svolgono nel settore sociale attività comunque incidenti sullo stato di salute degli individui e della collettività.

Le associazioni di volontariato possono concorrere ai fini istituzionali del servizio sanitario nazionale nei modi e nelle forme stabiliti dalla presente legge.

2 Gli obiettivi.

Il conseguimento delle finalità di cui al precedente articolo è assicurato mediante:

1) la formazione di una moderna coscienza sanitaria sulla base di un'adeguata educazione sanitaria del cittadino e delle comunità;

2) la prevenzione delle malattie e degli infortuni in ogni ambito di vita e di lavoro;

3) la diagnosi e la cura degli eventi morbosi quali che ne siano le cause, la fenomenologia e la durata;

4) la riabilitazione degli stati di invalidità e di inabilità somatica e psichica;

5) la promozione e la salvaguardia della salubrità e dell'igiene dell'ambiente naturale di vita e di lavoro;

6) l'igiene degli alimenti, delle bevande, dei prodotti e avanzi di origine animale per le implicazioni che attengono alla salute dell'uomo, nonché la prevenzione e la difesa sanitaria degli allevamenti animali ed il controllo della loro alimentazione integrata e medicata;

7) una disciplina della sperimentazione, produzione, immissione in commercio e distribuzione dei farmaci e dell'informazione scientifica sugli stessi diretta ad assicurare l'efficacia terapeutica, la non nocività e la economicità del prodotto;

8) la formazione professionale e permanente nonché l'aggiornamento scientifico culturale del personale del servizio sanitario nazionale.

Il servizio sanitario nazionale nell'ambito delle sue competenze persegue:

a) il superamento degli squilibri territoriali nelle condizioni socio-sanitarie del paese;

b) la sicurezza del lavoro, con la partecipazione dei lavoratori e delle loro organizzazioni, per prevenire ed eliminare condizioni pregiudizievoli alla salute e per garantire nelle fabbriche e negli altri luoghi di lavoro gli strumenti ed i servizi necessari;

c) le scelte responsabili e consapevoli di procreazione e la tutela della maternità e dell'infanzia, per assicurare la riduzione dei fattori di rischio connessi con la gravidanza e con il parto, le migliori condizioni di salute per la madre e la riduzione del tasso di patologia e di mortalità perinatale ed infantile;

d) la promozione della salute nell'età evolutiva, garantendo l'attuazione dei servizi medico-scolastici negli istituti di istruzione pubblica e privata di ogni ordine e grado, a partire dalla scuola materna, e favorendo con ogni mezzo l'integrazione dei soggetti handicappati;

e) la tutela sanitaria delle attività sportive;

f) la tutela della salute degli anziani, anche al fine di prevenire e di rimuovere le condizioni che possono concorrere alla loro emarginazione;

g) la tutela della salute mentale privilegiando il momento preventivo e inserendo i servizi psichiatrici nei servizi sanitari generali in modo da eliminare ogni forma di discriminazione e di segregazione pur nella specificità delle misure terapeutiche, e da favorire il recupero ed il reinserimento sociale dei disturbati psichici;

h) (*Omissis*) (1).

(1) *Lettera soppressa dal d.P.R. 5 giugno 1993, n. 177.*

CAPO II

Competenze e strutture

3 Programmazione di obiettivi e di prestazioni sanitarie.

Lo Stato, nell'ambito della programmazione economica nazionale, determina, con il concorso delle regioni, gli obiettivi della programmazione sanitaria nazionale.

La legge dello Stato, in sede di approvazione del piano sanitario nazionale di cui all'articolo 53, fissa i livelli delle prestazioni sanitarie che devono essere, comunque, garantite a tutti i cittadini.

4 Uniformità delle condizioni di salute sul territorio nazionale.

Con legge dello Stato sono dettate norme dirette ad assicurare condizioni e garanzie di salute uniformi per tutto il territorio nazionale e stabilite le relative sanzioni penali, particolarmente in materia di:

1) inquinamento dell'atmosfera, delle acque e del suolo;

2) igiene e sicurezza in ambienti di vita e di lavoro;

3) omologazione, per fini prevenzionali, di macchine, di impianti, di attrezzature e di mezzi personali di protezione;

4) tutela igienica degli alimenti e delle bevande;

5) ricerca e sperimentazione clinica e sperimentazione sugli animali;

6) raccolta, frazionamento, conservazione e distribuzione del sangue umano.

Con decreto del Presidente del Consiglio dei ministri, su proposta del Ministro della sanità, sentito il Consiglio sanitario nazionale (1), sono fissati e periodicamente sottoposti a revisione i limiti massimi di accettabilità delle concentrazioni e i limiti massimi di esposizione relativi ad inquinamenti di natura chimica, fisica e biologica e delle emissioni sonore negli ambienti di lavoro, abitativi e nell'ambiente esterno.

(1) *Ora Conferenza permanente per i rapporti fra lo Stato, le regioni e le province autonome.*

5 Indirizzo e coordinamento delle attività amministrative regionali.

La funzione di indirizzo e coordinamento delle attività amministrative delle regioni in materia sanitaria, attinente ad esigenze di carattere unitario, anche con riferimento agli obiettivi della programmazione economica nazionale, ad esigenze di rigore e di efficacia della spesa sanitaria nonché agli impegni derivanti dagli obblighi internazionali e comunitari, spetta allo Stato e viene esercitata, fuori dei casi in cui si provveda con legge o con atto avente forza di legge, mediante deliberazioni del Consiglio dei ministri, su proposta del Presidente del Consiglio, d'intesa con il Ministro della sanità, sentito il Consiglio sanitario nazionale (1).

Fuori dei casi in cui si provveda con legge o con atto avente forza di legge, l'esercizio della funzione di cui al precedente comma può essere delegato di volta in volta dal Consiglio dei Ministri al Comitato interministeriale per la programmazione economica (CIPE), per la determinazione dei criteri operativi nelle materie di sua competenza, oppure al Presidente del Consiglio dei ministri, d'intesa con il Ministro della sanità quando si tratti di affari particolari.

Il Ministro della sanità esercita le competenze attribuitegli dalla presente legge ed emana le direttive concernenti le attività delegate alle regioni.

In caso di persistente inattività degli organi regionali nell'esercizio delle funzioni delegate, qualora l'inattività relativa alle materie delegate riguardi adempimenti da svolgersi entro termini perentori previsti dalla legge o risultanti dalla natura degli interventi, il Consiglio dei ministri, su proposta del Ministro della sanità, dispone il compimento degli atti relativi in sostituzione dell'amministrazione regionale.

Il Ministro della sanità e le amministrazioni regionali sono tenuti a fornirsi reciprocamente ed a richiesta ogni notizia utile allo svolgimento delle proprie funzioni.

(1) *Ora Conferenza permanente per i rapporti fra lo Stato, le regioni e le province autonome.*

6 Competenze dello Stato.

Sono di competenza dello Stato le funzioni amministrative concernenti:

a) i rapporti internazionali e la profilassi internazionale, marittima, aerea e di frontiera, anche in materia veterinaria; l'assistenza sanitaria ai cittadini italiani all'estero e l'assistenza in Italia agli stranieri ed agli apolidi, nei limiti ed alle condizioni previste da impegni internazionali, avvalendosi dei presidi sanitari esistenti (1);

b) la profilassi delle malattie infettive e diffusive, per le quali siano imposte la vaccinazione obbligatoria o misure quarantenarie, nonché gli interventi contro le epidemie e le epizoozie;

c) la produzione, la registrazione, la ricerca, la sperimentazione, il commercio e l'informazione concernenti i prodotti chimici usati in medicina, i preparati farmaceutici, i preparati galenici, le specialità medicinali, i vaccini, gli immunomodulatori cellulari e virali, i sieri, le anatossine e i prodotti assimilati, gli emoderivati, i presidi sanitari e medico-chirurgici ed i prodotti assimilati anche per uso veterinario;

d) la coltivazione, la produzione, la fabbricazione, l'impiego, il commercio all'ingrosso, l'esportazione, l'importazione, il transito, l'acquisto, la vendita e la detenzione di sostanze stupefacenti o psicotrope, salvo che per le attribuzioni già conferite alle regioni dalla legge 22 dicembre 1975, n. 685;

e) la produzione, la registrazione e il commercio dei prodotti dietetici, degli alimenti per la prima infanzia e la cosmesi;

f) l'elencazione e la determinazione delle modalità di impiego degli additivi e dei coloranti permessi nella lavorazione degli alimenti e delle bevande e nella produzione degli oggetti d'uso personale e domestico; la determinazione delle caratteristiche igienico-sanitarie dei materiali e dei recipienti destinati a contenere e conservare sostanze alimentari e bevande, nonché degli oggetti destinati comunque a venire a contatto con sostanze alimentari;

g) gli standars dei prodotti industriali;

h) la determinazione di indici di qualità e di salubrità degli alimenti e delle bevande alimentari;

i) la produzione, la registrazione, il commercio e l'impiego delle sostanze chimiche e delle forme di energia capaci di alterare l'equilibrio biologico ed ecologico;

k) i controlli sanitari sulla produzione dell'energia termoelettrica e nucleare e sulla produzione, il commercio e l'impiego delle sostanze radioattive;

l) il prelievo di parti di cadavere, la loro utilizzazione e il trapianto di organi limitatamente alle funzioni di cui alla legge 2 dicembre 1975, n. 644;

m) la disciplina generale del lavoro e della produzione ai fini della prevenzione degli infortuni sul lavoro e delle malattie professionali;

n) l'omologazione di macchine, di impianti e di mezzi personali di protezione;

o) l'Istituto superiore di sanità, secondo le norme di cui alla legge 7 agosto 1973, n. 519, ed alla presente legge;

p) l'Istituto superiore per la prevenzione e la sicurezza del lavoro secondo le norme previste dalla presente legge;

q) la fissazione dei requisiti per la determinazione dei profili professionali degli operatori sanitari; le disposizioni generali per la durata e la conclusione dei corsi; la determinazione dei requisiti necessari per l'ammissione alle scuole, nonché dei requisiti per l'esercizio delle professioni mediche e sanitarie ausiliarie;

r) il riconoscimento e la equiparazione dei servizi sanitari prestati in Italia e all'estero dagli operatori sanitari ai fini dell'ammissione ai concorsi e come titolo nei concorsi stessi;

s) gli ordini e i collegi professionali;

t) il riconoscimento delle proprietà terapeutiche delle acque minerali e termali e la pubblicità relativa alla loro utilizzazione a scopo sanitario;

u) la individuazione delle malattie infettive e diffusive del bestiame per le quali, in tutto il territorio nazionale, sono disposti l'obbligo di abbattimento e, se del caso, la distruzione degli animali infetti o sospetti di infezione o di contaminazione; la determinazione degli interventi obbligatori in materia di zooprofilassi; le prescrizioni inerenti all'impiego dei principi attivi, degli additivi e delle sostanze minerali e chimico-industriali nei prodotti destinati all'alimentazione zootecnica, nonché quelle relative alla produzione e la commercializzazione di questi ultimi prodotti;

[*v*) l'organizzazione sanitaria militare;] (2)

z) i servizi sanitari istituiti per [le Forze armate ed] i Corpi di polizia, per il Corpo degli agenti di custodia e per il Corpo nazionale dei vigili del fuoco, nonché i servizi dell'Azienda autonoma delle ferrovie dello Stato relativi all'accertamento tecnico-sanitario delle condizioni del personale dipendente (3).

(1) *A norma dell'art. 1, comma 81, l. 24 dicembre 2012, n. 228, l'autorizzazione di spesa per le funzioni di cui al presente comma, è ridotta di 5.000.000 di euro a decorrere dall'anno 2013.*

(2) *Lettera abrogata dall'art. 2268, comma 1, d.lgs. 15 marzo 2010, n. 66.*

(3) *Comma modificato dall'art. 2268, comma 1, d.lgs. n. 66, cit.*

7 Funzioni delegate alle regioni.

È delegato alle regioni l'esercizio delle funzioni amministrative concernenti:

a) la profilassi delle malattie infettive e diffusive, di cui al precedente articolo 6 lettera *b*);

b) l'attuazione degli adempimenti disposti dall'autorità sanitaria statale ai sensi della lettera *u*) del precedente articolo 6;

c) i controlli della produzione, detenzione, commercio e impiego dei gas tossici e delle altre sostanze pericolose;

d) il controllo dell'idoneità dei locali ed attrezzature per il commercio e il deposito delle sostanze radioattive naturali ed artificiali e di apparecchi generatori di radiazioni ionizzanti; il controllo sulla radioattività ambientale;

e) i controlli sulla produzione e sul commercio dei prodotti dietetici, degli alimenti per la prima infanzia e la cosmesi.

Le regioni provvedono all'approvvigionamento di sieri e vaccini necessari per le vaccinazioni obbligato e in base ad un programma concordato con il Ministero della sanità.

Il Ministero della sanità provvede, se necessario, alla costituzione ed alla conservazione di scorte di sieri, di vaccini, di presidi profilattici e di medicinali di uso non ricorrente, da destinare alle regioni per esigenze particolari di profilassi e cura delle malattie infettive, diffusive e parassitarie.

Le regioni esercitano le funzioni delegate di cui al presente articolo mediante sub-delega ai comuni.

In relazione alle funzioni esercitate dagli uffici di sanità marittima, aerea e di frontiera e dagli uffici veterinari di confine, di porto e di aeroporto, il Governo è delegato ad emanare, entro un anno dall'entrata in vigore della presente legge, uno o più decreti per ristrutturare e potenziare i relativi uffici nel rispetto dei seguenti criteri:

a) si procederà ad una nuova distribuzione degli uffici nel territorio, anche attraverso la costituzione di nuovi uffici, in modo da attuare il più efficiente ed ampio decentramento delle funzioni;

b) in conseguenza, saranno rideterminate le dotazioni organiche dei posti previsti dalla Tabella XIX, quadri B, C e D, allegata al decreto del Presidente della Repubblica 30 giugno 1972, n. 748, nonché le dotazioni organiche dei ruoli delle carriere direttive, di concetto, esecutive, ausiliarie e degli operatori, prevedendo, per la copertura dei posti vacanti, concorsi a base regionale.

L'esercizio della delega alle regioni, per le funzioni indicate nel quarto comma, in deroga all'articolo 34 del decreto del Presidente della Repubblica 24 luglio 1977, n. 616, si attua a partire dal 1° gennaio 1981.

8 Consiglio sanitario nazionale (1).

È istituito il Consiglio sanitario nazionale con funzioni di consulenza e di proposta nei confronti del Governo per la determinazione delle linee generali della politica sanitaria nazionale e per l'elaborazione e l'attuazione del piano sanitario nazionale.

Il Consiglio è sentito obbligatoriamente in ordine ai programmi globali di prevenzione anche primaria, alla determinazione dei livelli di prestazioni sanitarie stabiliti con le modalità di cui al secondo comma dell'articolo 3 e alla ripartizione degli stanziamenti di cui all'articolo 51, nonché alle fasi di attuazione del servizio sanitario nazionale e alla programmazione del fabbisogno di personale sanitario necessaria alle esigenze del servizio sanitario nazionale.

Esso predispone una relazione annuale sullo stato sanitario del paese, sulla quale il Ministro della sanità riferisce al Parlamento entro il 31 marzo di ogni anno.

Il Consiglio sanitario nazionale, nominato con decreto del Presidente della Repubblica, su proposta del Ministro della sanità, per la durata di un quinquennio, è presieduto dal Ministro della sanità ed è composto:

a) da un rappresentante per ciascuna regione e, per quanto concerne la regione Trentino-Alto Adige, da un rappresentante della provincia di Trento e da un rappresentante della provincia di Bolzano;

b) da tre rappresentanti del Ministero della sanità e da un rappresentante per ciascuno dei seguenti Ministeri: lavoro e previdenza sociale; pubblica istruzione; interno; difesa; tesoro; bilancio e programmazione economica; agricoltura e foreste; industria, commercio e artigianato; marina mercantile; da un rappresentante designato dal Ministro per il coordinamento delle iniziative per la ricerca scientifica e tecnologica;

c) dal direttore dell'Istituto superiore di sanità, dal direttore dell'Istituto superiore per la prevenzione e la sicurezza del lavoro, da un rappresentante del Consiglio nazionale delle ricerche e da dieci esperti in materia sanitaria designati dal CNEL, tenendo presenti i criteri di rappresentatività e competenze funzionali al servizio sanitario nazionale.

Per ogni membro effettivo deve essere nominato, con le stesse modalità sopra previste, un membro supplente che subentra in caso di assistenza o impedimento del titolare.

Il Consiglio elegge tra i suoi componenti un vicepresidente.

L'articolazione in sezioni, le modalità di funzionamento e le funzioni di segreteria del Consiglio sono disciplinate con regolamento emanato dal Ministro della sanità, sentito il Consiglio stesso.

(1) *A norma dell'art. 3 d.lgs. 30 giugno 1993, n. 266 il Consiglio sanitario nazionale è soppresso, ed i compiti di cui al presente articolo sono attribuiti alla Conferenza permanente per i rapporti fra lo Stato, le regioni e le province autonome.*

9 Istituto superiore di sanità.

L'Istituto superiore di sanità è organo tecnico-scientifico del servizio sanitario nazionale dotato di strutture e ordinamenti particolari e di autonomia scientifica. Esso dipende dal Ministro della sanità e collabora con le unità sanitarie locali, tramite le regioni, e con le regioni stesse, su richiesta di queste ultime, fornendo nell'ambito dei propri compiti istituzionali le informazioni e le consulenze eventualmente necessarie. Esso esplica attività di consulenza nelle materie di competenza dello Stato, di cui al precedente articolo 6 della presente legge, ad eccezione di quelle previste dalle lettere *g*), *k*), *m*) e *n*). Le modalità della collaborazione delle regioni con l'Istituto superiore di sanità sono disciplinate nell'ambito dell'attività governativa di indirizzo e coordinamento di cui all'articolo 5.

L'Istituto per l'assolvimento dei propri compiti istituzionali, ha facoltà di accedere agli impianti produttivi nonché ai presidi e servizi sanitari per compiervi gli accertamenti e i controlli previsti dall'articolo 1 della legge 7 agosto 1973, n. 519. Tale facoltà è inoltre consentita all'Istituto su richiesta delle regioni.

L'Istituto, in attuazione di un programma predisposto dal Ministro della sanità, organizza, in collaborazione con le regioni, le università e le altre istituzioni pubbliche a carattere scientifico, corsi di specializzazione ed aggiornamento in materia di sanità pubblica per gli operatori sanitari con esclusione del personale tecnico-infermieristico; esso inoltre appronta ed aggiorna periodicamente l'Inventario nazionale delle sostanze chimiche corredato dalle caratteristiche chimico-fisiche e tossicologiche necessarie per la valutazione del rischio sanitario connesso alla loro presenza nell'ambiente; predispone i propri programmi di ricerca tenendo conto degli obiettivi della programmazione sanitaria nazionale e delle proposte avanzate dalle regioni. Tali programmi sono approvati dal Ministro della sanità, sentito il Consiglio sanitario nazionale (1).

L'Istituto svolge l'attività di ricerca avvalendosi degli istituti pubblici a carattere scientifico e delle altre istituzioni pubbliche operanti nel settore; possono inoltre esser chiamati a collaborare istituti privati di riconosciuto valore scientifico.

(*Omissis*) (2).

(*Omissis*) (3).

(*Omissis*) (4).

(1) *Ora Conferenza permanente per i rapporti fra lo Stato, le regioni e le province autonome.*

(2) *Comma abrogato dall'art.* 24-bis, *d.l. 30 dicembre 1979, n. 663, conv., con modif., in l. 29 febbraio 1980, n. 33.*

(3) *Sostituisce il secondo comma dell'art. 4, l. 7 agosto 1973, n. 519.*

(4) *Sostituisce la lett.* b) *comma 1 art. 13, l. n. 519, cit.*

10 L'organizzazione territoriale.

Alla gestione unitaria della tutela della salute si provvede in modo uniforme sull'intero territorio nazionale mediante una rete completa di unità sanitarie locali.

L'unità sanitaria locale è il complesso dei presidi, degli uffici e dei servizi dei comuni, singoli o associati, e delle comunità montane i quali in un ambito territoriale determinato assolvono ai compiti del servizio sanitario nazionale di cui alla presente legge.

Sulla base dei criteri stabiliti con legge regionale i comuni, singoli o associati, o le comunità montane articolano le unità sanitarie locali in distretti sanitari di base, quali strutture tecnico-funzionali per l'erogazione dei servizi di primo livello e di pronto intervento.

11 Competenze regionali.

Le regioni esercitano le funzioni legislative in materia di assistenza sanitaria ed ospedaliera nel rispetto dei principi fondamentali stabiliti dalle leggi dello Stato ed esercitano le funzioni amministrative proprie o loro delegate.

Le leggi regionali devono in particolare conformarsi ai seguenti principi:

a) coordinare l'intervento sanitario con gli interventi negli altri settori economici, sociali e di organizzazione del territorio di competenza delle regioni;

b) unificare l'organizzazione sanitaria su base territoriale e funzionale adeguando la normativa alle esigenze delle singole situazioni regionali;

c) assicurare la corrispondenza tra costi dei servizi e relativi benefici.

Le regioni svolgono la loro attività secondo il metodo della programmazione pluriennale e della più ampia partecipazione democratica, in armonia con le rispettive norme statutarie. A tal fine, nell'ambito dei programmi regionali di sviluppo, predispongono piani sanitari regionali, previa consultazione degli enti locali, delle università presenti nel territorio regionale, delle organizzazioni maggiormente rappresentative delle forze sociali e degli operatori della sanità, nonché degli organi della sanità militare territoriale competenti.

Con questi ultimi le regioni possono concordare:

a) l'uso delle strutture ospedaliere militari in favore delle popolazioni civili nei casi di calamità, epidemie e per altri scopi che si ritengano necessari;

b) l'uso dei servizi di prevenzione delle unità sanitarie locali al fine di contribuire al miglioramento delle condizioni igienico-sanitarie dei militari.

Le regioni, sentiti i comuni interessati, determinano gli ambiti territoriali delle unità sanitarie locali, che debbono coincidere con gli ambiti territoriali di gestione dei servizi sociali.

All'atto della determinazione degli ambiti di cui al comma precedente, le regioni provvedono altresì ad adeguare la delimitazione dei distretti scolastici e di altre unità di servizio in modo che essi, di regola, coincidano (1).

(1) *A decorrere dal 1° settembre 2001, le disposizioni di cui al presente articolo inerenti i distretti scolastici, sono da intendersi abrogate e sostituite, se incompatibili, con quelle di cui agli articoli da 1 a 7 d.lgs. 30 giugno 1999, n. 233 (art. 8, d.lgs. n. 233, cit.).*

12 Attribuzione delle province.

Fino all'entrata in vigore della legge di riforma delle autonomie locali spetta alle province approvare, nell'ambito dei piani sanitari regionali, la localizzazione dei presidi e servizi sanitari ed esprimere parere sulle delimitazioni territoriali di cui al quinto comma del precedente articolo 11.

13 Attribuzione dei comuni.

Sono attribuite ai comuni tutte le funzioni amministrative in materia di assistenza sanitaria ed ospedaliera che non siano espressamente riservate allo Stato ed alle regioni.

I comuni esercitano le funzioni di cui alla presente legge in forma singola o associata mediante le unità sanitarie locali, ferme restando le attribuzioni di ciascun sindaco quale autorità sanitaria locale.

I comuni, singoli o associati, assicurano, anche con riferimento alla legge 8 aprile 1976, n. 278, e alle leggi regionali, la più ampia partecipazione degli operatori della sanità, delle formazioni sociali esistenti sul territorio, dei rappresentanti degli interessi originari definiti ai sensi della legge 12 febbraio 1968, n. 132, e dei cittadini, a tutte le fasi della programmazione dell'attività delle unità sanitarie locali e alla gestione sociale dei servizi sanitari, nonché al controllo della loro funzionalità e rispondenza alle finalità del servizio sanitario nazionale agli obiettivi dei piani sanitari triennali delle regioni di cui all'art. 55. Disciplinano inoltre, anche ai fini dei compiti di educazione sanitaria propri dell'unità sanitaria locale, la partecipazione degli utenti direttamente interessati all'attuazione dei singoli servizi.

14 Unità sanitarie locali.

L'ambito territoriale di attività di ciascuna unità sanitaria locale è delimitato in base a gruppi di popolazione di regola compresi tra 50.000 e 200.000 abitanti, tenuto conto delle caratteristiche geomorfologiche e socio-economiche della zona.

Nel caso di aree a popolazione particolarmente concentrata o sparsa e anche al fine di consentire la coincidenza con un territorio comunale adeguato, sono consentiti limiti più elevati o, in casi particolari, più ristretti.

Nell'ambito delle proprie competenze, l'unità sanitaria locale provvede in particolare:

a) all'educazione sanitaria;

b) (*Omissis*) (1);

c) alla prevenzione individuale e collettiva delle malattie fisiche e psichiche;

d) alla protezione sanitaria materno-infantile, all'assistenza pediatrica e alla tutela del diritto alla procreazione cosciente e responsabile;

e) all'igiene e medicina scolastica negli istituti di istruzione pubblica e privata di ogni ordine e grado;

f) all'igiene e medicina del lavoro, nonché alla prevenzione degli infortuni sul lavoro e delle malattie professionali;

g) alla medicina dello sport e alla tutela sanitaria delle attività sportive;

h) all'assistenza medico-generica e infermieristica, domiciliare e ambulatoriale;

i) all'assistenza medico-specialistica e infermieristica, ambulatoriale e domiciliare, per le malattie fisiche e psichiche;

l) all'assistenza ospedaliera per le malattie fisiche e psichiche;

m) alla riabilitazione;

n) all'assistenza farmaceutica e alla vigilanza sulle farmacie;

o) all'igiene della produzione, lavorazione, distribuzione e commercio degli alimenti e delle bevande;

p) alla profilassi e alla polizia veterinaria; alla ispezione e alla vigilanza veterinaria sugli animali destinati ad alimentazione umana, sugli impianti di macellazione e di trasformazione, sugli alimenti di origine animale, sull'alimentazione zootecnica e sulle malattie trasmissibili dagli animali all'uomo, sulla riproduzione, allevamento e sanità animale, sui farmaci di uso veterinario;

q) agli accertamenti, alle certificazioni ed a ogni altra prestazione medico-legale spettanti al servizio sanitario nazionale, con esclusione di quelle relative ai servizi di cui alla lettera z) dell'articolo 6.

(1) *Lettera abrogata dal d.P.R. 5 giugno 1993, n. 177.*

15 Struttura e funzionamento delle unità sanitarie locali.

L'unità sanitaria locale, di cui all'articolo 10, secondo comma, della presente legge, è una struttura operativa dei comuni, singoli o associati, e delle comunità montane.

Organi della unità sanitaria locale sono:

1) l'assemblea generale (1);

2) il comitato di gestione e il suo presidente (1);

3) il collegio dei revisori, composto di tre membri, uno dei quali designato dal Ministro del tesoro e uno dalla regione (2).

La legge regionale disciplina i compiti e le modalità di funzionamento del collegio (3).

Il collegio dei revisori è tenuto a sottoscrivere i rendiconti di cui all'art. 50, secondo comma, e a redigere una relazione trimestrale sulla gestione amministrativo-contabile delle unità sanitarie locali da trasmettere alla regione e ai Ministeri della sanità e del tesoro (3).

L'assemblea generale è costituita:

a) dal consiglio comunale se l'ambito territoriale dell'unità sanitaria locale coincide con quello del comune o di parte di esso;

b) dall'assemblea generale dell'associazione dei comuni, costituita ai sensi dell'art. 25 del D.P.R. 27 luglio 1977, n. 616, se l'ambito territoriale dell'unità sanitaria locale corrisponde a quello complessivo dei comuni associati;

c) dall'assemblea generale della comunità montana se il suo ambito territoriale coincide con quello dell'unità sanitaria locale. Qualora il territorio dell'unità sanitaria locale comprenda anche comuni non facenti parte della comunità montana, l'assemblea sarà integrata da rappresentanti di tali comuni.

In armonia con la legge 8 aprile 1976, n. 278, il comune può stabilire forme di partecipazione dei consigli circoscrizionali dell'attività delle unità sanitarie locali e quando il territorio di queste coincide con quello delle circoscrizioni può attribuire ai consigli circoscrizionali poteri che gli sono conferiti dalla presente legge.

L'assemblea generale dell'associazione dei comuni di cui alla lettera *b*) del presente articolo è formata da rappresentanti dei comuni associati, eletti con criteri di proporzionalità. Il numero dei rappresentanti viene determinato con legge regionale.

La legge regionale detta norme per assicurare forme di preventiva consultazione dei singoli comuni sulle decisioni di particolare rilievo dell'associazione dei comuni.

L'assemblea generale elegge, con voto limitato, il comitato di gestione, il quale nomina il proprio presidente.

Il comitato di gestione compie tutti gli atti di amministrazione dell'unità sanitaria locale. Gli atti relativi all'approvazione dei bilanci e dei conti consuntivi, dei piani e programmi che impegnino più esercizi, della pianta organica del personale, dei regolamenti, delle convenzioni, sono predisposti dal comitato di gestione e vengono approvati dalle competenti assemblee generali.

Le competenze del comitato di gestione e del suo presidente sono attribuite rispettivamente, alla giunta e al presidente della comunità montana, quando il territorio di questa coincide con l'ambito territoriale dell'unità sanitaria locale. La legge regionale detta norme per l'organizzazione, la gestione e il funzionamento delle unità sanitarie locali e loro servizi e, in particolare per:

1) assicurare l'autonomia tecnico-funzionale dei servizi dell'unità sanitaria locale, il loro coordinamento e la partecipazione degli operatori, anche mediante l'istituzione di specifici organi di consultazione tecnica;

2) prevedere un ufficio di direzione dell'unità sanitaria locale, articolato distintamente per le responsabilità sanitaria ed amministrativa e collegiale preposto all'organizzazione, al coordinamento e al funzionamento di tutti i servizi e alla direzione del personale. Per il personale preposto all'ufficio di direzione dell'unità sanitaria locale le norme delegate di cui al terzo comma del successivo articolo 47, devono prevedere specifici requisiti di professionalità e di esperienza in materia di tutela della salute e di organizzazione sanitaria;

3) predisporre bilanci e conti consuntivi da parte delle unità sanitarie locali, secondo quanto previsto dal primo comma dell'articolo 50;

4) emanare il regolamento organico del personale dell'unità sanitaria locale e le piante organiche dei diversi presidi e servizi, anche con riferimento alle norme di cui all'articolo 47;

5) predisporre l'organizzazione e la gestione dei presidi e dei servizi multizonali di cui al successivo articolo 18, fermo il principio dell'intesa con i comuni interessati. Il segretario della comunità montana assolve anche alle funzioni di segretario per gli atti svolti dalla comunità montana in funzione di unità sanitaria locale ai sensi del terzo comma, punto *c*), del presente articolo (5).

La legge regionale stabilisce altresì norme per la gestione coordinata ed integrata dei servizi dell'unità sanitaria locale con i servizi sociali esistenti nel territorio (6).

(1) *Vedi la l. 15 gennaio 1986, n. 4 e, successivamente, d.lgs. 30 dicembre 1992, n. 502.*
(2) *Comma sostituito dall'art. 13, comma 5, l. 26 aprile 1982, n. 181.*
(3) *Comma aggiunto dall'art. 13, comma 5, l. n. 181, cit. per effetto della sostituzione dell'originario secondo comma.*
(5) *Comma modificato dall'articolo 8 l. 23 marzo 1981, n. 93.*
(6) *Vedi, ora, d.lgs. n. 502, cit.*

16 (*Omissis*).

17 Requisiti e struttura interna degli ospedali.

Gli stabilimenti ospedalieri sono strutture delle unità sanitarie locali, dotate dei requisiti minimi di cui all'articolo 19, primo comma, della legge 12 febbraio 1968, n. 132.

Le Regioni nell'ambito della programmazione sanitaria disciplinano con legge l'articolazione dell'ordinamento degli ospedali in dipartimenti, in base al principio dell'integrazione tra le divisioni, sezioni e servizi affini e complementari, a quello del collegamento tra servizi ospedalieri ed extra ospedalieri in rapporto alle esigenze di definiti ambiti territoriali, nonché a quello della gestione dei dipartimenti stessi sulla base della integrazione delle competenze in modo da valorizzare anche il lavoro di gruppo. Tale disciplina tiene conto di quanto previsto all'articolo 34 della presente legge (1).

(1) *V., ora, d.lgs. 30 dicembre 1992, n. 502.*

18 Presidi e servizi multizonali.

La legge regionale individua, nell'ambito della programmazione sanitaria, i presidi e i servizi sanitari ospedalieri ed extra-ospedalieri che, per le finalità specifiche perseguite e per le caratteristiche tecniche e specialistiche, svolgono attività prevalentemente rivolte a territori la cui estensione includa più di una unità sanitaria locale e ne disciplina l'organizzazione.

La stessa legge attribuisce la gestione dei presidi e dei servizi di cui al precedente comma alla unità sanitaria locale nel cui territorio sono ubicati e stabilisce norme particolari per definire:

a) il collocamento funzionale ed il coordinamento di tali presidi e servizi con quelli delle unità sanitarie locali interessate, attraverso idonee forme di consultazione dei rispettivi organi di gestione;

b) gli indirizzi di gestione dei predetti presidi e servizi e le procedure per l'acquisizione degli elementi idonei ad accertarne l'efficienza operativa;

c) la tenuta di uno specifico conto di gestione allegato al conto di gestione generale dell'unità sanitaria locale competente per territorio;

d) la composizione dell'organo di gestione dell'unità sanitaria locale competente per territorio e la sua eventuale articolazione in riferimento alle specifiche esigenze della gestione (1).

(1) *V., ora, d.lgs. 30 dicembre 1992, n. 502.*

CAPO III
Prestazioni e funzioni

19 Prestazioni delle unità sanitarie locali.

Le unità sanitarie locali provvedono ad erogare le prestazioni di prevenzione, di cura, di riabilitazione e di medicina legale, assicurando a tutta la popolazione i livelli di prestazioni sanitarie stabiliti ai sensi del secondo comma dell'art. 3.

Ai cittadini è assicurato il diritto alla libera scelta del medico e del luogo di cura nei limiti oggettivi dell'organizzazione dei servizi sanitari.

Gli utenti del servizio sanitario nazionale sono iscritti in appositi elenchi periodicamente aggiornati presso l'unità sanitaria locale nel cui territorio hanno la residenza.

Gli utenti hanno diritto di accedere, per motivate ragioni o in casi di urgenza o di temporanea dimora in luogo diverso da quello abituale, ai servizi di assistenza di qualsiasi unità sanitaria locale.

I militari hanno diritto di accedere ai servizi di assistenza delle località ove prestano servizio con le modalità stabilite nei regolamenti di sanità militare.

Gli emigrati, che rientrino temporaneamente in patria, hanno diritto di accedere ai servizi di assistenza della località in cui si trovano.

20 Attività di prevenzione.

Le attività di prevenzione comprendono:

a) la individuazione, l'accertamento ed il controllo dei fattori di nocività, di pericolosità e di deterioramento negli ambienti [di vita e] di lavoro, in applicazione delle norme di legge vigenti in materia e al fine di garantire il rispetto dei limiti massimi inderogabili di cui all'ultimo comma dell'articolo 4, nonché al fine della tenuta dei registri di cui al penultimo comma dell'articolo 27; i predetti compiti sono realizzati anche mediante collaudi e verifiche di macchine, impianti e mezzi di protezione prodotti, installati o utilizzati nel territorio dell'unità sanitaria locale in attuazione delle funzioni definite dall'articolo 14 (1);

b) la comunicazione dei dati accertati e la diffusione della loro conoscenza, anche a livello di luogo di lavoro e di ambiente di residenza, sia direttamente che tramite gli organi del decentramento comunale, ai fini anche di una corretta gestione degli strumenti informativi di cui al successivo articolo 27, e le rappresentanze sindacali;

c) l'indicazione delle misure idonee all'eliminazione dei fattori di rischio ed al risanamento di ambienti [di vita e] di lavoro, in applicazione delle norme di legge vigenti in materia, e l'esercizio delle attività delegate ai sensi del primo comma, lettere *a*), *b*), *c*), *d*) ed *e*) dell'articolo 7 (1);

d) la formulazione di mappe di rischio con l'obbligo per le aziende di comunicare le sostanze presenti nel ciclo produttivo e le loro caratteristiche tossicologiche ed i possibili effetti sull'uomo e sull'ambiente;

e) la profilassi degli eventi morbosi, attraverso l'adozione delle misure idonee a prevenirne l'insorgenza;

f) la verifica, secondo le modalità previste dalle leggi e dai regolamenti, della compatibilità dei piani urbanistici e dei progetti di insediamenti industriali e di attività produttive in genere con le esigenze di tutela dell'ambiente sotto il profilo igienico-sanitario e di difesa della salute della popolazione e dei lavoratori interessati.

Nell'esercizio delle funzioni ad esse attribuite per l'attività di prevenzione le unità sanitarie locali, garantendo per quanto alla lettera *d*) del precedente comma la tutela del segreto industriale, si avvalgono degli operatori sia dei propri servizi di igiene sia dei presidi specialistici multizonali di cui al successivo articolo 22, sia degli operatori che, nell'ambito delle loro competenze tecniche e funzionali, erogano le prestazioni di diagnosi, cura e riabilitazione.

Gli interventi di prevenzione all'interno degli ambienti di lavoro, concernenti la ricerca, l'elaborazione e l'attuazione di misure necessarie ed idonee a tutelare la salute e l'integrità fisica dei lavoratori, connesse alla particolarità del lavoro e non previste da specifiche norme di legge, sono effettuati sulla base di esigenze verificate congiuntamente con le rappresentanze sindacali ed il datore di lavoro, secondo le modalità previste dai contratti o accordi collettivi applicati nell'unità produttiva.

(1) *Le parole tra parentesi sono state soppresse dal d.P.R. 5 giugno 1993, n. 177.*

21 Organizzazione dei servizi di prevenzione.

In relazione agli standards fissati in sede nazionale, all'unità sanitaria locale sono attribuiti, con decorrenza 1° gennaio 1980, i compiti attualmente svolti dall'Ispettorato del lavoro in materia di prevenzione, di igiene e di controllo sullo stato di salute dei lavoratori, in applicazione di quanto disposto dall'art. 27, d.P.R. 24 luglio 1977, n. 616.

Per la tutela della salute dei lavoratori [e la salvaguardia dell'ambiente] le unità sanitarie locali organizzano propri servizi [di igiene ambientale e] di medicina del lavoro anche prevedendo, ove essi non esistano, presidi all'interno delle unità produttive (1).

In applicazione di quanto disposto nell'ultimo comma dell'art. 27, d.P.R. 24 luglio 1977, n. 616, spetta al prefetto stabilire su proposta del presidente della regione, quali addetti ai servizi di ciascuna unità sanitaria locale, nonché ai presidi e servizi di cui al successivo articolo 22 assumano ai sensi delle leggi vigenti la qualifica di ufficiale di polizia giudiziaria, in relazione alle funzioni ispettive e di controllo da essi esercitate relativamente all'applicazione della legislazione sulla sicurezza del lavoro.

Al personale di cui al comma precedente è esteso il potere d'accesso attribuito agli ispettori del lavoro dall'art. 8, secondo comma, nonché la facoltà di diffida prevista dall'art. 9, d.P.R. 19 marzo 1955, n. 520.

Contro i provvedimenti adottati dal personale ispettivo, nell'esercizio delle funzioni di cui al terzo comma, è ammesso ricorso al presidente della giunta regionale che decide, sentite le organizzazioni dei lavoratori e dei datori di lavoro.

Il presidente della giunta può sospendere l'esecuzione dell'atto impugnato.

(1) *Le parole tra parentesi sono state soppresse dal d.P.R. 5 giugno 1993, n. 177.*

22 Presidi e servizi multizonali di prevenzione.

La legge regionale, in relazione alla ubicazione ed alla consistenza degli impianti industriali ed alle peculiarità dei processi produttivi agricoli, artigianali e di lavoro a domicilio:

a) individua le unità sanitarie locali in cui sono istituiti presìdi e servizi multizonali per il controllo e la tutela dell'igiene ambientale e per la prevenzione degli infortuni sul lavoro e delle malattie professionali;

b) definisce le caratteristiche funzionali e interdisciplinari di tali presìdi e servizi multizonali;

c) prevede le forme di coordinamento degli stessi con i servizi di igiene ambientale e di igiene e medicina del lavoro di ciascuna unità sanitaria locale.

I presìdi e i servizi multizonali di cui al comma precedente sono gestiti dall'unità sanitaria locale nel territorio sono ubicati, secondo le modalità di cui all'articolo 18.

23-24 (*Omissis*).

25 Prestazioni di cura.

Le prestazioni curative comprendono l'assistenza medico-generica, specialistica, infermieristica, ospedaliera e farmaceutica.

Le prestazioni medico-generiche, pediatriche, specialistiche e infermieristiche vengono erogate sia in forma ambulatoriale che domiciliare.

L'assistenza medico-generica e pediatrica è prestata dal personale dipendente o convenzionato del servizio sanitario nazionale operante nelle unità sanitarie locali o nel comune di residenza del cittadino.

La scelta del medico di fiducia deve avvenire fra i sanitari di cui al comma precedente.

Il rapporto fiduciario può cessare in ogni momento a richiesta dell'assistito o del medico; in quest'ultimo caso la richiesta deve essere motivata.

L'assistenza medico-specialistica è prestata di norma presso gli ambulatori dell'unità sanitaria locale di cui l'utente fa parte o presso gli ambulatori convenzionati ai sensi della presente legge. Le prestazioni specialistiche possono essere erogate anche a domicilio dell'utente in forme che consentano la riduzione dei ricoveri ospedalieri.

Le prestazioni medico-specialistiche, ivi comprese quelle di diagnostica strumentale e di laboratorio, sono fornite, di norma, presso gli ambulatori e i presìdi delle unità sanitarie locali di cui l'utente fa parte, ivi compresi gli istituti di cui agli articoli 39, 41 e 42 della presente legge (1).

Le stesse prestazioni possono essere fornite da gabinetti specialistici, da ambulatori e da presìdi convenzionati ai sensi della presente legge (1).

L'utente può accedere agli ambulatori e strutture convenzionati per le prestazioni di diagnostica strumentale e di laboratorio per le quali, nel termine di tre giorni, le strutture pubbliche non siano in grado di soddisfare la richiesta di accesso alle prestazioni stesse. In tal caso l'unità sanitaria locale rilascia immediatamente l'autorizzazione con apposita annotazione sulla richiesta stessa. L'autorizzazione non è dovuta per le prescrizioni, relative a prestazioni il cui costo, in base alla normativa vigente, è a totale carico dell'assistito (2).

Nei casi di richiesta urgente motivata da parte del medico in relazione a particolari condizioni di salute del paziente, il mancato immediato soddisfacimento della richiesta presso le strutture di cui al sesto comma equivale ad autorizzazione ad accedere agli ambulatori o strutture convenzionati. In tal caso l'unità sanitaria locale appone sulla richiesta la relativa annotazione (3).

Le unità sanitarie locali attuano misure idonee a garantire che le prestazioni urgenti siano erogate con priorità nell'ambito delle loro strutture (3).

Le prestazioni specialistiche possono essere erogate anche al domicilio dell'utente in forme che consentano la riduzione dei ricoveri ospedalieri (3).

I presìdi di diagnostica strumentale e di laboratorio devono rispondere ai requisiti minimi di strutturazione, dotazione strumentale e qualificazione funzionale del personale, aventi caratteristiche uniformi per tutto il territorio nazionale secondo uno schema tipo emanato ai sensi del primo comma dell'art. 5 della presente legge (3).

Nell'osservanza del principio della libera scelta del cittadino al ricovero presso gli ospedali pubblici e gli altri istituti convenzionati, la legge regionale, in rapporto ai criteri di programmazione stabiliti nel piano sanitario nazionale, disciplina i casi in cui è ammesso il ricovero in ospedali pubblici, in istituti convenzionati o in strutture ospedaliere ad alta specializzazione ubicate fuori del proprio territorio, nonché i casi nei quali potranno essere consentite forme straordinarie di assistenza indiretta.

(1) *Comma sostituito dall'art. 3, comma 1 d.l. 26 novembre 1981, n. 678, conv., con modif., in l. 26 gennaio 1982, n. 12.*

(2) *Comma aggiunto dall'art. 3, comma 1 n. 678, cit. per effetto della sostituzione degli originari commi sesto e settimo. Successivamente integrato dall'art. 1, comma 5, d.l. 30 maggio 1994, n. 325, conv., con modif., in l. 19 luglio 1994, n. 467.*

(3) *Comma aggiunto dall'art. 3, comma 1 d.l. n. 678, cit. per effetto della sostituzione degli originari commi sesto e settimo.*

26 Prestazioni di riabilitazione.

Le prestazioni sanitarie dirette al recupero funzionale e sociale dei soggetti affetti da minorazioni fisiche, psichiche o sensoriali, dipendenti da qualunque causa, sono erogate dalle unità sanitarie locali attraverso i propri servizi. L'unità sanitaria locale, quando non sia in grado di fornire il servizio direttamente, vi provvede mediante convenzioni con istituti esistenti nella regione in cui abita l'utente o anche in altre regioni, aventi i requisiti indicati dalla legge, stipulate in conformità ad uno schema tipo approvato dal Ministro della sanità, sentito il Consiglio sanitario nazionale (1).

Sono altresì garantite le prestazioni protesiche nei limiti e nelle forme stabilite con le modalità di cui al secondo comma dell'art. 3.

Con decreto del Ministro della sanità, sentito il Consiglio sanitario nazionale (1), sono approvati un nomenclatore-tariffario delle protesi ed i criteri per la sua revisione periodica.

(1) *Ora Conferenza permanente per i rapporti fra lo Stato, le regioni e le province autonome.*

27 Strumenti informativi.

Le unità sanitarie locali forniscono gratuitamente i cittadini di un libretto sanitario personale. Il libretto sanitario riporta i dati caratteristici principali sulla salute dell'assistito esclusi i provvedimenti relativi a trattamenti sanitari obbligatori di cui al successivo articolo 33. L'unità sanitaria locale provvede alla compilazione ed all'aggiornamento del libretto sanitario personale, i cui dati sono rigorosamente coperti dal segreto professionale. Tali dati conservano valore ai fini dell'anamnesi richiesta dalla visita di leva. Nel libretto sanitario sono riportati a cura della sanità militare gli accertamenti e le cure praticate durante il servizio di leva.

Il libretto è custodito dall'interessato o da chi esercita la potestà o la tutela e può essere richiesto solo dal medico nell'esclusivo interesse della protezione della salute dell'intestatario.

Con decreto del Ministro della sanità, sentito il Consiglio sanitario nazionale (1) e il Garante per la protezione dei dati personali, è approvato il modello del libretto sanitario personale comprendente le indicazioni relative all'eventuale esposizione a rischi in relazione alle condizioni di vita e di lavoro (2).

Con lo stesso provvedimento sono determinate le modalità per la graduale distribuzione a tutti i cittadini del libretto sanitario, a partire dai nuovi nati.

Con decreto del Ministro della sanità, sentiti il Consiglio sanitario nazionale (1) e il Garante per la protezione dei dati personali, le organizzazioni sindacali dei lavoratori dipendenti ed autonomi maggiormente rappresentative e le associazioni dei datori di lavoro, vengono stabiliti i criteri in base ai quali, con le modalità di adozione e di gestione previste dalla contrattazione collettiva, saranno costituiti i registri dei dati ambientali e biostatistici, allo scopo di pervenire ai modelli uniformi per tutto il territorio nazionale (2).

I dati complessivi derivanti dai suindicati strumenti informativi, facendo comunque salvo il segreto professionale, vengono utilizzati a scopo epidemiologico dall'Istituto superiore di sanità oltre che per l'aggiornamento ed il miglioramento dell'attività sanitaria da parte delle unità sanitarie locali, delle regioni e del Ministero della sanità (3).

(1) *Ora Conferenza permanente per i rapporti fra lo Stato, le regioni e le province autonome.*

(2) *Comma così modificato dall'art. 178 d.lgs. 30 giugno 2003, n. 196.*

(3) *A norma dell'art. 62-*ter *d.lgs. 7 marzo 2005, n. 82, come modificato dall'art. 1, comma 231, l. 27 dicembre 2013, n. 147, con il subentro dell'ANA, l'azienda sanitaria locale cessa di fornire ai cittadini il libretto sanitario personale previsto dal presente articolo.*

28 Assistenza farmaceutica.

L'unità sanitaria locale eroga l'assistenza farmaceutica attraverso le farmacie di cui sono titolari enti pubblici e le farmacie di cui sono titolari i privati, tutte convenzionate secondo i criteri e le modalità di cui agli articoli 43 e 48.

Gli assistiti possono ottenere dalle farmacie di cui al precedente comma, su presentazione di ricetta compilata dal medico curante, la fornitura di preparati galenici e di specialità medicinali compresi nel prontuario terapeutico del servizio sanitario nazionale.

L'unità sanitaria locale, i suoi presidi e servizi, compresi quelli di cui all'articolo 18, e gli istituti ed enti convenzionati di cui ai successivi articoli 41, 42, 43, possono acquistare direttamente le preparazioni farmaceutiche di cui al secondo comma per la distribuzione agli assistiti nelle farmacie di cui sono titolari enti pubblici e per l'impiego negli ospedali, negli ambulatori e in tutti gli altri presidi sanitari. La legge regionale disciplina l'acquisto di detti medicinali e del restante materiale sanitario da parte delle unità sanitarie locali e dei loro presidi e servizi, nonché il coordinamento dell'attività delle farmacie comunali con i servizi dell'unità sanitaria locale.

29 Disciplina dei farmaci.

La produzione e la distribuzione dei farmaci devono essere regolate secondo criteri coerenti con gli obiettivi del servizio sanitario nazionale, con la funzione sociale del farmaco e con la prevalente finalità pubblica della produzione.

Con legge dello Stato sono dettate norme:

a) per la disciplina dell'autorizzazione alla produzione e alla immissione in commercio dei farmaci, per i controlli di qualità e per indirizzare la produzione farmaceutica alle finalità del servizio sanitario nazionale;

b) per la revisione programmata delle autorizzazioni già concesse per le specialità medicinali in armonia con le norme a tal fine previste dalle direttive della Comunità economica europea;

c) per la disciplina dei prezzi dei farmaci, mediante una corretta metodologia per la valutazione dei costi;

d) per la individuazione dei presidi autorizzati e per la definizione delle modalità della sperimentazione clinica precedente l'autorizzazione alla immissione in commercio;

e) per la brevettabilità dei farmaci;

f) per definire le caratteristiche e disciplinare la immissione in commercio dei farmaci da banco;

g) per la regolamentazione del servizio di informazione scientifica sui farmaci e dell'attività degli informatori scientifici;

h) per la revisione e la pubblicazione periodica della farmacopea ufficiale della Repubblica italiana, in armonia con le norme previste dalla farmacopea europea di cui alla legge del 22 ottobre 1973, n. 752.

30-31 (*Omissis*).

32 Funzioni di igiene e sanità pubblica e di polizia veterinaria.

Il Ministro della sanità può emettere ordinanze di carattere contingibile e urgente, in materia di igiene e sanità pubblica e di polizia veterinaria, con efficacia estesa all'intero territorio nazionale o a parte di esso comprendente più regioni.

La legge regionale stabilisce norme per l'esercizio delle funzioni in materia di igiene e sanità pubblica, di vigilanza sulle farmacie e di polizia veterinaria, ivi comprese quelle già esercitate dagli uffici del medico provinciale e del veterinario provinciale e dagli ufficiali sanitari e veterinari comunali o consortili, e disciplina il trasferimento dei beni e del personale relativi.

Nelle medesime materie sono emesse dal presidente della giunta regionale e dal sindaco ordinanze di carattere contingibile ed urgente, con efficacia estesa rispettivamente alla regione o a parte del suo territorio comprendente più comuni e al territorio comunale.

[Sono fatte salve in materia di ordinanze, di accertamenti preventivi, di istruttoria o di esecuzione dei relativi provvedimenti le attività di istituto delle forze armate che, nel quadro delle suddette misure sanitarie, ricadono sotto la responsabilità delle competenti autorità.] (1).

Sono altresì fatti salvi i poteri degli organi dello Stato preposti in base alle leggi vigenti alla tutela dell'ordine pubblico. (2)

(1) *Comma abrogato dall'articolo 2268, comma 1, del d.lgs. 15 marzo 2010, n. 66.*

(2) *V.. anche l'art. 117 del D. Lgs. 31 marzo 1998, n. 112, che così dispone:* « Art. 117 - Interventi d'urgenza. *1. In caso di emergenze sanitarie o di igiene pubblica a carattere esclusivamente locale le ordinanze contingibili e urgenti sono adottate dal sindaco, quale rappresen-*

tante della comunità locale. Negli altri casi l'adozione dei provvedimenti d'urgenza, ivi compresa la costituzione di centri e organismi di referenza o assistenza, spetta allo Stato o alle regioni in ragione della dimensione dell'emergenza e dell'eventuale interessamento di più ambiti territoriali regionali. - 2. In caso di emergenza che interessi il territorio di più comuni, ogni sindaco adotta le misure necessarie fino a quando non intervengano i soggetti competenti ai sensi del comma 1 ».

V. inoltre l'art. 50, commi 4, 5 e 6, del d. lgs. 18 agosto 2000, n. 267, sub II, 12, ai sensi del quale: « 4. Il sindaco esercita altresì le altre funzioni attribuitegli quale autorità locale nelle materie previste da specifiche disposizioni di legge. - 5. In particolare, in caso di emergenze sanitarie o di igiene pubblica a carattere esclusivamente locale le ordinanze contingibili e urgenti sono adottate dal sindaco, quale rappresentante della comunità locale. Le medesime ordinanze sono adottate dal sindaco, quale rappresentante della comunità locale, in relazione all'urgente necessità di interventi volti a superare situazioni di grave incuria o degrado del territorio, dell'ambiente e del patrimonio culturale o di pregiudizio del decoro e della vivibilità urbana, con particolare riferimento alle esigenze di tutela della tranquillità e del riposo dei residenti, anche intervenendo in materia di orari di vendita, anche per asporto, e di somministrazione di bevande alcoliche e superalcoliche. Negli altri casi l'adozione dei provvedimenti d'urgenza, ivi compresa la costituzione di centri e organismi di referenza o assistenza, spetta allo Stato o alle regioni in ragione della dimensione dell'emergenza e dell'eventuale interessamento di più ambiti territoriali regionali. - 6. In caso di emergenza che interessi il territorio di più comuni, ogni sindaco adotta le misure necessarie fino a quando non intervengano i soggetti competenti ai sensi del precedente comma ».

V. anche gli artt. 2 e 3 del d.l. 25 marzo 2020, n. 19, conv., con modif., in l. 22 maggio 2020, n. 35, che hanno sostituito l'art. 3 del d.l. 23 febbraio 2020, n. 6, conv., con modif., in l. 5 marzo 2020, n. 13, sub VII, 1 e 5. V. infine il d.l. n. 33/2020, sub *VII, 8.*

33 Norme per gli accertamenti ed i trattamenti sanitari volontari e obbligatori.

Gli accertamenti ed i trattamenti sanitari sono di norma volontari.

Nei casi di cui alla presente legge e in quelli espressamente previsti da leggi dello Stato possono essere disposti dall'autorità sanitaria accertamenti e trattamenti sanitari obbligatori, secondo l'articolo 32 della Costituzione, nel rispetto della dignità della persona e dei diritti civili e politici, compreso per quanto possibile il diritto alla libera scelta del medico e del luogo di cura.

Gli accertamenti ed i trattamenti sanitari obbligatori sono disposti con provvedimento del sindaco nella sua qualità di autorità sanitaria, su proposta motivata di un medico.

Gli accertamenti e i trattamenti sanitari obbligatori sono attuati dai presidi e servizi sanitari pubblici territoriali e, ove, necessiti la degenza, nelle strutture ospedaliere pubbliche o convenzionate.

Gli accertamenti e i trattamenti sanitari obbligatori di cui ai precedenti commi devono essere accompagnati da iniziative rivolte ad assicurare il consenso e la partecipazione da parte di chi vi è obbligato. L'unità sanitaria locale opera per ridurre il ricorso ai suddetti trattamenti sanitari obbligatori, sviluppando le iniziative di prevenzione e di educazione sanitaria ed i rapporti organici tra servizi e comunità.

Nel corso del trattamento sanitario obbligatorio, l'infermo ha diritto di comunicare con chi ritenga opportuno.

Chiunque può rivolgere al sindaco richiesta di revoca o di modifica del provvedimento con il quale è stato disposto o prolungato il trattamento sanitario obbligatorio.

Sulle richieste di revoca o di modifica il sindaco decide entro dieci giorni. I provvedimenti di revoca o di modifica sono adottati con lo stesso procedimento del provvedimento revocato o modificato.

34 Accertamenti e trattamenti sanitari volontari e obbligatori per malattia mentale.

La legge regionale, nell'ambito della unità sanitaria locale e nel complesso dei servizi generali per la tutela della salute, disciplina l'istituzione di servizi a struttura dipartimentale che svolgono funzioni preventive, curative e riabilitative relative alla salute mentale.

Le misure di cui al secondo comma dell'articolo precedente possono essere disposte nei confronti di persone affette da malattia mentale.

Gli interventi di prevenzione, cura e riabilitazione relativi alle malattie mentali sono attuati di norma dai servizi e presidi territoriali extraospedalieri di cui al primo comma.

Il trattamento sanitario obbligatorio per malattia mentale può prevedere che le cure vengano prestate in condizioni di degenza ospedaliera solo se esistano alterazioni psichiche tali da richiedere urgenti interventi terapeutici, se gli stessi non vengano accettati dall'infermo e se non vi siano le condizioni e le circostanze che consentano di adottare tempestive ed idonee misure sanitarie extraospedaliere. Il provvedimento che dispone il trattamento sanitario obbligatorio in condizioni di degenza ospedaliera deve essere preceduto dalla convalida della proposta di cui al terzo comma dell'articolo 33 da parte di un medico della unità sanitaria locale e deve essere motivato in relazione a quanto previsto nel presente comma.

Nei casi di cui al precedente comma il ricovero deve essere attuato presso gli ospedali generali, in specifici servizi psichiatrici di diagnosi e cura all'interno delle strutture dipartimentali per la salute mentale comprendenti anche i presidi e i servizi extraospedalieri, al fine di garantire la continuità terapeutica. I servizi ospedalieri di cui al presente comma sono dotati di posti letto nel numero fissato dal piano sanitario regionale.

35 Procedimento relativo agli accertamenti e trattamenti sanitari obbligatori in condizioni di degenza ospedaliera per malattia mentale e tutela giurisdizionale.

Il provvedimento con il quale il sindaco dispone il trattamento sanitario obbligatorio in condizioni di degenza ospedaliera, da emanarsi entro 48 ore dalla convalida di cui all'articolo 34, quarto comma, corredato dalla proposta medica motivata di cui all'articolo 33, terzo comma, e dalla suddetta convalida deve essere notificato, entro 48 ore dal ricovero, tramite messo comunale, al giudice tutelare nella cui circoscrizione rientra il comune.

Il giudice tutelare, entro le successive 48 ore, assunte le informazioni e disposti gli eventuali accertamenti, provvede con decreto motivato a convalidare o non convalidare il provvedimento e ne dà comunicazione al sindaco. In caso di mancata convalida il sindaco dispone la cessazione del trattamento sanitario obbligatorio in condizioni di degenza ospedaliera.

Se il provvedimento di cui al primo comma del presente articolo è disposto dal sindaco di un comune diverso da quello di residenza dell'infermo, ne va data comunicazione al sindaco di questo ultimo comune, nonché al giudice tutelare nella cui circoscrizione rientra il comune di residenza. Se il provvedimento di cui al primo comma del presente articolo è adottato nei confronti di cittadini stranieri o di apolidi, ne va data comunicazione al Ministero dell'interno, e al consolato competente, tramite il prefetto.

Nei casi in cui il trattamento sanitario obbligatorio debba protrarsi oltre il settimo giorno, ed in quelli di ulteriore prolungamento, il sanitario responsabile del servizio psichiatrico della unità sanitaria locale è tenuto a formulare, in tempo utile, una proposta motivata al sindaco che ha disposto il ricovero, il quale ne dà comunicazione al giudice tutelare, con le modalità e per gli adempimenti di cui al primo e secondo comma del presente articolo, indicando la ulteriore durata presumibile del trattamento stesso.

Il sanitario di cui al comma precedente è tenuto a comunicare al sindaco, sia in caso di dimissione del ricoverato che in continuità di degenza, la cessazione delle condizioni che richiedono l'obbligo del trattamento sanitario; comunica altresì la eventuale sopravvenuta impossibilità a proseguire il trattamento stesso. Il sindaco, entro 48 ore dal ricevimento della comunicazione del sanitario, ne dà notizia al giudice tutelare.

Qualora ne sussista la necessità il giudice tutelare adotta i provvedimenti urgenti che possono occorrere per conservare e per amministrare il patrimonio dell'infermo.

La omissione delle comunicazioni di cui al primo, quarto e quinto comma del presente articolo determina la cessazione di ogni effetto del provvedimento e configura, salvo che non sussistano gli estremi di un delitto più grave, il reato di omissione di atti di ufficio.

Chi è sottoposto a trattamento sanitario obbligatorio, e chiunque vi abbia interesse, può proporre al tribunale competente per territorio ricorso contro il provvedimento convalidato dal giudice tutelare.

Entro il termine di trenta giorni, decorrente dalla scadenza del termine di cui al secondo comma del presente articolo, il sindaco può proporre analogo ricorso avverso la mancata convalida del provvedimento che dispone il trattamento sanitario obbligatorio.

Nel processo davanti al tribunale le parti possono stare in giudizio senza ministero di difensore e farsi rappresentare da persona munita di mandato scritto in calce al ricorso o in atto separato. Il ricorso può essere presentato al tribunale mediante raccomandata con avviso di ricevimento.

Il presidente del tribunale fissa l'udienza di comparizione delle parti con decreto in calce al ricorso che, a cura del cancelliere, è notificato alle parti nonché al pubblico ministero.

Il presidente del tribunale, acquisito il provvedimento che ha disposto il trattamento sanitario obbligatorio e sentito il pubblico ministero, può sospendere il trattamento medesimo anche prima che sia tenuta l'udienza di comparizione.

Sulla richiesta di sospensiva il presidente del tribunale provvede entro dieci giorni.

Il tribunale provvede in camera di consiglio, sentito il pubblico ministero, dopo avere assunto le informazioni e raccolto le prove disposte di ufficio o richieste dalle parti.

I ricorsi ed i successivi provvedimenti sono esenti da imposta di bollo. La decisione del processo non è soggetta a registrazione.

36 Termalismo terapeutico.

Le prestazioni idrotermali, limitate al solo aspetto terapeutico, da erogarsi presso gli appositi presidi di servizi di cui al presente articolo, nonché presso aziende termali di enti pubblici e privati, riconosciute ai sensi dell'art. 6, lett. *t*), e convenzionate ai sensi dell'art. 44 sono garantite nei limiti previsti dal piano sanitario nazionale di cui all'art. 53 e nelle forme stabilite con le modalità di cui al secondo comma dell'art. 3.

La legge regionale promuove la integrazione e la qualificazione sanitaria degli stabilimenti termali pubblici, in particolare nel settore della riabilitazione, e favorisce altresì la valorizzazione sotto il profilo sanitario delle altre aziende termali.

(*Omissis*) (1).

Le aziende termali già facenti capo all'EAGT e che saranno assegnate alle regioni, per l'ulteriore destinazione agli enti locali, in base alla procedura prevista dall'art. 113 del d.P.R. 24 luglio 1977, n. 616, e dall'art. 1-*quinquies* della legge 21 ottobre 1978, n. 641, sono dichiarate presidi e servizi multizonali delle unità sanitarie locali nel cui territorio sono ubicate.

La destinazione agli enti locali delle attività, patrimoni, pertinenze e personale delle suddette aziende dovrà avvenire entro il 31 dicembre 1979, adottando, in quanto applicabili, le disposizioni di cui ai successivi articoli 65 e 67.

(1) *Comma abrogato dall'art. 15, l. 31 dicembre 1991, n. 412.*

37-38 (*Omissis*).

39 Cliniche universitarie e relative convenzioni.

Fino alla riforma dell'ordinamento universitario e della facoltà di medicina, per i rapporti tra regioni ed università relativamente alle attività del servizio sanitario nazionale, si applicano le disposizioni di cui ai successivi commi.

Al fine di realizzare un idoneo coordinamento delle rispettive funzioni istituzionali, le regioni e l'università stipulano convenzioni per disciplinare, anche sotto l'aspetto finanziario:

1) l'apporto nel settore assistenziale delle facoltà di medicina alla realizzazione degli obiettivi della programmazione sanitaria regionale;

2) l'utilizzazione da parte delle facoltà di medicina, per esigenze di ricerca e di insegnamento, di idonee strutture delle unità sanitarie locali e l'apporto di que-

ste ultime ai compiti didattici e di ricerca dell'università.

Tali convenzioni una volta definite fanno parte dei piani sanitari regionali di cui al terzo comma dell'articolo 11.

Con tali convenzioni:

a) saranno indicate le strutture delle unità sanitarie locali da utilizzare ai fini didattici e di ricerca, in quanto rispondano ai requisiti di idoneità fissati con decreto interministeriale adottato di concerto tra i Ministri della pubblica istruzione e della sanità;

b) al fine di assicurare il miglior funzionamento dell'attività didattica e di ricerca mediante la completa utilizzazione del personale docente delle facoltà di medicina e l'apporto all'insegnamento di personale ospedaliero laureato e di altro personale laureato e qualificato sul piano didattico, saranno indicate le strutture a direzione universitaria e quelle a direzione ospedaliera alle quali affidare funzioni didattiche integrative di quelle universitarie. Le strutture a direzione ospedaliera cui vengono affidate le suddette funzioni didattiche non possono superare il numero di quelle a direzione universitaria.

Le indicazioni previste nelle lettere *a*) e *b*) del precedente comma sono formulate previo parere espresso da una commissione di esperti composta da tre rappresentanti della università e tre rappresentanti della regione.

Le convenzioni devono altresì prevedere:

1) che le cliniche e gli istituti universitari di ricovero e cura che sono attualmente gestiti direttamente dall'università, fermo restando il loro autonomo ordinamento, rientrino, per quanto concerne l'attività di assistenza sanitaria, nei piani sanitari nazionali e regionali;

2) che l'istituzione di nuove divisioni, sezioni e servizi per sopravvenute esigenze didattiche e di ricerca che comportino nuovi oneri connessi all'assistenza a carico delle regioni debba essere attuata d'intesa tra regioni ed università.

In caso di mancato accordo tra regioni ed università in ordine alla stipula della convenzione o in ordine alla istituzione di nuove divisioni, sezioni e servizi di cui al comma precedente si applica la procedura di cui all'art. 50, legge 12 febbraio 1968, n. 132, sentiti il Consiglio sanitario nazionale (1) e la 1ª sezione del Consiglio superiore della pubblica istruzione.

Le convenzioni di cui al secondo comma vanno attuate, per quanto concerne la utilizzazione delle strutture assistenziali delle unità sanitarie locali, con specifiche convenzioni, da stipulare tra l'università e l'unità sanitaria locale, che disciplineranno sulla base della legislazione vigente le materie indicate nell'art. 4 del d.P.R. 27 marzo 1969, n. 129.

Le convenzioni previste dal presente articolo sono stipulate sulla base di schemi tipo da emanare entro sei mesi dall'entrata in vigore della presente legge, approvati di concerto tra i Ministri della pubblica istruzione e della sanità, sentite le regioni, il Consiglio sanitario nazionale (1) e la 1ª Sezione del Consiglio superiore della pubblica istruzione.

(1) *Ora Conferenza permanente per i rapporti fra lo Stato, le regioni e le province autonome.*

40 Enti di ricerca e relative convenzioni.

Convenzioni analoghe a quelle previste per le cliniche universitarie, e di cui all'articolo 39 della presente legge, potranno essere stipulate tra le regioni e gli enti di ricerca i cui organi svolgano attività finalizzata agli obiettivi del servizio sanitario nazionale, al fine di disciplinare la erogazione da parte di tali organi di prestazioni sanitarie a livello preventivo, assistenziale e riabilitativo, nonché la utilizzazione del personale degli enti di ricerca secondo i fini della presente legge.

41 Convenzioni con istituzioni sanitarie riconosciute che erogano assistenza pubblica.

Salva la vigilanza tecnico-sanitaria spettante all'unità sanitaria locale competente per territorio, nulla è innovato alle disposizioni vigenti per quanto concerne il regime giuridico-amministrativo degli istituti ed enti ecclesiastici civilmente riconosciuti che esercitano l'assistenza ospedaliera, nonché degli ospedali di cui all'art. 1, legge 26 novembre 1973, n. 817.

Salva la vigilanza tecnico-sanitaria spettante all'unità sanitaria locale competente per territorio, nulla è innovato alla disciplina vigente per quanto concerne l'ospedale Galliera di Genova. Con legge dello Stato entro il 31 dicembre 1979, si provvede al nuovo ordinamento dell'Ordine mauriziano, ai sensi della XIV Disposizione transitoria e finale della Costituzione ed in conformità, sentite le regioni interessate, per quanto attiene all'assistenza ospedaliera, ai principi di cui alla presente legge.

I rapporti delle unità sanitarie locali competenti per territorio con gli istituti, enti ed ospedali di cui al primo comma che abbiano ottenuto la classificazione ai sensi della legge 12 febbraio 1968, n. 132, nonché l'ospedale Galliera di Genova e con il Sovrano Ordine militare di Malta, sono regolati da apposite convenzioni.

Le convenzioni di cui al terzo comma del presente articolo devono essere stipulate in conformità a schemi tipo approvati dal Consiglio dei ministri, su proposta del Ministro della sanità, sentito il Consiglio sanitario nazionale.

Le regioni, nell'assicurare la dotazione finanziaria alle unità sanitarie locali, devono tener conto delle convenzioni di cui al presente articolo.

Ora Conferenza permanente per i rapporti fra lo Stato, le regioni e le province autonome.

42 Istituti di ricovero e di cura a carattere scientifico.

Le disposizioni del presente articolo si applicano agli istituti che insieme a prestazioni sanitarie di ricovero e cura svolgono specifiche attività di ricerca scientifica biomedica.

Il riconoscimento del carattere scientifico di detti istituti è effettuato con decreto del Ministro della sanità di intesa con il Ministro della pubblica istruzione, sentite le regioni interessate e il Consiglio sanitario nazionale.

Detti istituti per la parte assistenziale sono considerati presìdi ospedalieri multizonali delle unità sanitarie locali nel cui territorio sono ubicati.

Nei confronti di detti istituti, per la parte assistenziale, spettano alle regioni le funzioni che esse esercitano nei confronti dei presìdi ospedalieri delle unità sanitarie locali o delle case di cura private a seconda che si tratti di istituti aventi personalità giuridica di diritto pubblico o di istituti aventi personalità giuridica di diritto privato. Continuano ad essere esercitate dai competenti organi dello Stato le funzioni attinenti al regime giuridico-amministrativo degli istituti.

Per gli istituti aventi personalità giuridica di diritto privato sono stipulate dalle regioni convenzioni per assistenza sanitaria, sulla base di schemi tipo approvati dal Consiglio dei ministri, su proposta del Ministro della sanità, sentito il Consiglio sanitario nazionale, che tengano conto della particolarità di detti istituti.

I rapporti tra detti istituti e le regioni sono regolati secondo quanto previsto dagli articoli 41, 43 e 44 della presente legge.

43 Autorizzazione e vigilanza su istituzioni sanitarie.

La legge regionale disciplina l'autorizzazione e la vigilanza sulle istituzioni sanitarie di carattere privato, ivi comprese quelle di cui all'articolo 41, primo comma, che non hanno richiesto di essere classificate ai sensi della legge 12 febbraio 1968, n. 132, su quelle convenzionate di cui all'articolo 26, e sulle aziende termali e definisce le caratteristiche funzionali cui tali istituzioni e aziende devono corrispondere onde assicurare livelli di prestazioni sanitarie non inferiori a quelle erogate dai corrispondenti presidi e servizi delle unità sanitarie locali. Restano ferme le funzioni di indirizzo e coordinamento di cui all'articolo 5.

Gli istituti, enti ed ospedali di cui all'articolo 41, primo comma, che non abbiano ottenuto la classificazione ai sensi della legge 12 febbraio 1968, n. 132, e le istituzioni a carattere privato che abbiano un ordinamento dei servizi ospedalieri corrispondente a quello degli ospedali gestiti direttamente dalle unità sanitarie locali, possono ottenere dalla regione, su domanda da presentarsi entro i termini stabiliti con legge regionale, che i loro ospedali, a seconda delle caratteristiche tecniche e specialistiche, siano considerati, ai fini dell'erogazione dell'assistenza sanitaria, presidi dell'unità sanitaria locale nel cui territorio sono ubicati, sempre che il piano regionale sanitario preveda i detti presidi. I rapporti dei predetti istituti, enti ed ospedali con le unità sanitarie locali sono regolati da apposite convenzioni.

Le convenzioni di cui al comma precedente devono essere stipulate in conformità a schemi tipo approvati dal Consiglio dei ministri, su proposta del Ministro della sanità, sentito il Consiglio sanitario nazionale (1) e devono prevedere fra l'altro forme e modalità per assicurare l'integrazione dei relativi presidi con quelli delle unità sanitarie locali.

Sino all'emanazione della legge regionale di cui al primo comma rimangono in vigore gli artt. 51, 52 e 53, primo e secondo comma, della legge 12 febbraio 1968, n. 132, e il decreto del Ministro della sanità in data 5 agosto 1977, adottato ai sensi del predetto art. 51 e pubblicato nella Gazzetta Ufficiale della Repubblica del 31 agosto 1977, n. 236, nonché gli artt. 194, 195, 196, 197 e 198 del T.U. delle leggi sanitarie approvato con r.d. 27 luglio 1934, n. 1265, intendendosi sostituiti al Ministero della sanità la regione e al medico provinciale e al prefetto il presidente della giunta regionale.

(1) *Ora Conferenza permanente per i rapporti fra lo Stato, le regioni e le province autonome.*

44 Convenzioni con istituzioni sanitarie.

Il piano sanitario regionale di cui all'articolo 55 accerta la necessità di convenzionare le istituzioni private di cui all'articolo precedente, tenendo conto prioritariamente di quelle già convenzionate.

La legge regionale stabilisce norme per:

a) le convenzioni fra le unità sanitarie locali e le istituzioni private di cui all'articolo precedente, da stipularsi in armonia col piano sanitario regionale e garantendo la erogazione di prestazioni sanitarie non inferiori a quelle erogate dai corrispondenti presidi e servizi delle unità sanitarie locali;

b) le convenzioni fra le unità sanitarie locali e le aziende termali di cui all'articolo 36.

Dette convenzioni sono stipulate dalle unità sanitarie locali in conformità a schemi tipo approvati dal Ministro della sanità, sentito il Consiglio sanitario nazionale (1).

Le Convenzioni stipulate a norma del presente articolo dalle unità sanitarie locali competenti per territorio hanno efficacia anche per tutte le altre unità sanitarie locali del territorio nazionale.

(1) *Ora Conferenza permanente per i rapporti fra lo Stato, le regioni e le province autonome.*

45 Associazioni di volontariato.

È riconosciuta la funzione delle associazioni di volontariato liberamente costituite aventi la finalità di concorrere al conseguimento dei fini istituzionali del servizio sanitario nazionale.

Tra le associazioni di volontariato di cui al comma precedente sono ricomprese anche le istituzioni a carattere associativo, le cui attività si fondano, a norma di statuto, su prestazioni volontarie e personali dei soci. Dette istituzioni, se attualmente riconosciute come istituzioni pubbliche di assistenza e beneficenza (IPAB), sono escluse dal trasferimento di cui all'art. 25 del d.P.R. 24 luglio 1977, n. 616.

A tal fine le predette istituzioni avanzano documentata istanza al presidente della giunta regionale che con proprio decreto procede, sentito il consiglio comunale ove ha sede l'istituzione, a dichiarare l'esistenza delle condizioni previste nel comma precedente. Di tale decreto viene data notizia alla commissione di cui al sesto comma dell'art. 25 del d.P.R. 24 luglio 1977, n. 616.

Sino all'entrata in vigore della legge di riforma dell'assistenza pubblica dette istituzioni restano disciplinate dalla legge 17 luglio 1890, n. 6972, e successive modifiche e integrazioni.

I rapporti fra le unità sanitarie locali e le associazioni del volontariato ai fini del loro concorso alle attività sanitarie pubbliche sono regolati da apposite convenzioni nell'ambito della programmazione e della legislazione sanitaria regionale.

46 (*Omissis*).

CAPO IV
Personale

47 Personale dipendente.

Lo stato giuridico ed economico del personale delle unità sanitarie locali è disciplinato, salvo quanto previsto espressamente dal presente articolo, secondo i principi generali e comuni del rapporto di pubblico impiego.

In relazione a quanto disposto dal secondo comma dell'articolo 13, la gestione amministrativa del personale delle unità sanitarie locali è demandata all'organo di gestione delle stesse, dal quale il suddetto personale dipende sotto il profilo funzionale, disciplinare e retributivo.

Il Governo è delegato ad emanare, entro il 30 giugno 1979, su proposta del Presidente del Consiglio, di concerto con i Ministri della sanità e del lavoro e della previdenza sociale, previa consultazione delle associazioni sindacali delle categorie interessate uno o più decreti aventi valore di legge ordinaria per disciplinare, salvo quanto previsto dall'ottavo comma del presente articolo, lo stato giuridico del personale delle unità sanitarie locali nel rispetto dei seguenti principi e criteri direttivi:

1) assicurare un unico ordinamento del personale in tutto il territorio nazionale;

2) disciplinare i ruoli del personale sanitario, professionale, tecnico ed amministrativo;

3) definire le tabelle di equiparazione per il personale proveniente dagli enti e dalle amministrazioni le cui funzioni sono trasferite ai comuni per essere esercitate mediante le unità sanitarie locali e provvedere a regolare i trattamenti di previdenza e di quiescenza, compresi gli eventuali trattamenti integrativi di cui all'articolo 14 della legge 20 marzo 1975, n. 70;

4) garantire con criteri uniformi il diritto all'esercizio della libera attività professionale per i medici e veterinari dipendenti dalle unità sanitarie locali, degli istituti universitari e dei policlinici convenzionati e degli istituti scientifici di ricovero e cura di cui all'articolo 42. Con legge regionale sono stabiliti le modalità e i limiti per l'esercizio di tale attività;

5) prevedere misure rivolte a favorire particolarmente per i medici a tempo pieno l'esercizio delle attività didattiche e scientifiche e ad ottenere, su richiesta, il comando per ragioni di aggiornamento tecnico scientifico;

6) fissare le modalità per l'aggiornamento obbligatorio professionale del personale;

7) prevedere disposizioni per rendere omogeneo il trattamento economico complessivo e per equiparare gli istituti normativi aventi carattere economico del personale sanitario universitario operante nelle strutture convenzionate con quelli del personale delle unità sanitarie locali (1).

Ai fini di una efficace organizzazione dei servizi delle unità sanitarie locali, le norme delegate di cui al comma precedente, oltre a demandare alla regione il potere di emanare norme per la loro attuazione ai sensi dell'articolo 117, ultimo comma, della Costituzione, dovranno prevedere:

1) criteri generali per la istituzione e la gestione da parte di ogni regione di ruoli nominativi regionali del personale del servizio sanitario nazionale addetto ai presidi, servizi ed uffici delle unità sanitarie locali. Il personale in servizio presso le unità sanitarie locali sarà collocato nei diversi ruoli in rapporto a titoli e criteri fissati con decreto del Ministro della sanità. Tali ruoli hanno valore anche ai fini dei trasferimenti, delle promozioni e dei concorsi;

2) criteri generali per i comandi o per i trasferimenti nell'ambito del territorio regionale;

3) criteri generali per la regolamentazione, in sede di accordo nazionale unico, della mobilità del personale;

4) disposizioni per disciplinare i concorsi pubblici, che devono essere banditi dalla regione su richiesta delle unità sanitarie locali, e per la efficacia delle graduatorie da utilizzare anche ai fini del diritto di scelta i posti messi a concorso;

5) disposizioni volte a stabilire che nell'ambito delle singole unità sanitarie locali l'assunzione avviene nella qualifica funzionale e non nel posto.

I decreti delegati di cui al terzo comma del presente articolo prevedono altresì norme riguardanti:

a) i criteri per la valutazione, anche ai fini di pubblici concorsi, dei servizi e dei titoli di candidati che hanno svolto la loro attività o nelle strutture sanitarie degli enti di cui all'articolo 41 o in quelle convenzionate a norma dell'articolo 43 fatti salvi i diritti acquisiti ai sensi dell'articolo 129 del decreto del Presidente della Repubblica numero 130 del 26 marzo 1969;

b) la quota massima dei posti vacanti che le regioni possono riservare, per un tempo determinato, a personale in servizio a rapporto di impiego continuativo presso strutture convenzionate che cessino il rapporto convenzionale nonché le modalità ed i criteri per i relativi concorsi;

c) le modalità ed i criteri per l'immissione nei ruoli regionali di cui al n. 1) del precedente comma, previo concorso riservato, del personale non di ruolo addetto esclusivamente e, in modo continuativo, ai servizi sanitari in data non successiva al 30 giugno 1978 ed in servizio all'atto dell'entrata in vigore della presente legge presso regioni, comuni, province, loro consorzi e istituzioni ospedaliere pubbliche.

Le unità sanitarie locali, per l'attuazione del proprio programma di attività e in relazione a comprovate ed effettive esigenze assistenziali, didattiche e di ricerca, previa autorizzazione della regione, individuano le strutture, le divisioni ed i servizi cui devono essere addetti sanitari a tempo pieno e prescrivono, anche in carenza della specifica richiesta degli interessati, a singoli sanitari delle predette strutture, divisioni e servizi, la prestazione del servizio a tempo pieno.

In riferimento al comma precedente, i relativi bandi di concorso per posti vacanti prescrivono il rapporto di lavoro a tempo pieno.

Il trattamento economico e gli istituti normativi di carattere economico del rapporto di impiego di tutto il personale sono disciplinati mediante accordo nazionale unico, di durata triennale, stipulato tra il Governo, le regioni e l'Associazione nazionale dei comuni italiani (ANCI) e le organizzazioni sindacali maggiormente rappresentative in campo nazionale delle categorie interessate. La delegazione del Governo, delle regioni e dell'ANCI per la stipula degli accordi anzidetti, è costituita rispettivamente: da un rappresentante della Presidenza del Consiglio dei ministri e dai Ministri della sanità, del lavoro e della previdenza sociale e del tesoro; da cinque rappresentanti designati dalle regioni attraverso la commissione interregionale di cui all'articolo 13 della legge 16 maggio 1970, n. 281; da sei rappresentanti designati dall'ANCI.

L'accordo nazionale di cui al comma precedente è reso esecutivo con decreto del Presidente della Repubblica su proposta del Presidente del Consiglio dei Ministri. I competenti organi locali adottano entro 30 giorni dalla pubblicazione del suddetto decreto i necessari e dovuti atti deliberativi.

È fatto divieto di concedere al personale delle unità sanitarie locali compensi, indennità o assegni di qualsiasi genere e natura che modifichino direttamente o indirettamente il trattamento economico previsto dal decreto di cui al precedente comma. Allo scopo di garantire la parificazione delle lingue italiana e tedesca nel servizio sanitario, è fatta salva l'indennità di bilinguismo in provincia di Bolzano. Gli atti adottati in contrasto con la presente norma sono nulli di diritto e comportano la responsabilità personale degli amministratori.

[Il Ministero della difesa può stipulare convenzioni con le unità sanitarie locali per prestazioni professionali presso la organizzazione sanitaria militare da parte del personale delle unità sanitarie locali nei limiti di orario previsto per detto personale.] (2)

(1) *A norma dell'art. 1, comma 1, l. 22 ottobre 1979, n. 510, la delega conferita al Governo con il presente comma e scaduta il 30 giugno 1979, è rinnovata sino al 20 dicembre 1979.*

(2) *Comma abrogato dall'art. 2268, comma 1, d.lgs. 15 marzo 2010, n. 66.*

48 Personale a rapporto convenzionale.

L'uniformità del trattamento economico e normativo del personale sanitario a rapporto convenzionale è garantita sull'intero territorio nazionale da convenzioni, aventi durata triennale, del tutto conformi agli accordi collettivi nazionali stipulati tra il Governo, le regioni e l'Associazione nazionale dei comuni italiani (ANCI) e le organizzazioni sindacali maggiormente rappresentative in campo nazionale di ciascuna categoria. La delegazione del Governo, delle regioni e dell'ANCI per la stipula degli accordi anzidetti è costituita rispettivamente: dai Ministri della sanità, del lavoro e della previdenza sociale e del tesoro; da cinque rappresentanti designati dalle regioni attraverso la commissione interregionale di cui all'articolo 13 della legge 16 maggio 1970, n. 281; da sei rappresentanti designati dall'ANCI.

L'accordo nazionale di cui al comma precedente è reso esecutivo con decreto del Presidente della Repubblica, su proposta del Presidente del Consiglio dei ministri. I competenti organi locali adottano entro 30 giorni dalla pubblicazione del suddetto decreto i necessari e dovuti atti deliberativi.

Gli accordi collettivi nazionali di cui al primo comma devono prevedere:

1) il rapporto ottimale medico-assistibili per la medicina generale e quella pediatrica di libera scelta, al fine di determinare il numero dei medici generici e dei pediatri che hanno diritto di essere convenzionati di ogni unità sanitaria locale, fatto salvo il diritto di libera scelta del medico per ogni cittadino;

2) l'istituzione e i criteri di formazione di elenchi unici per i medici generici, per i pediatri, per gli specialisti, convenzionati esterni e per gli specialisti e generici ambulatoriali;

3) l'accesso alla convenzione, che è consentito ai medici con rapporto di impiego continuativo a tempo definito;

4) la disciplina delle incompatibilità e delle limitazioni del rapporto convenzionale rispetto ad altre attività mediche, al fine di favorire la migliore distribuzione del lavoro medico e la qualificazione delle prestazioni;

5) il numero massimo degli assistiti per ciascun medico generico e pediatra di libera scelta a ciclo di fiducia ed il massimo delle ore per i medici ambulatoriali specialisti e generici, da determinare in rapporto ad altri impegni di lavoro compatibili; la regolamentazione degli obblighi che derivano al medico in dipendenza del numero degli assistiti o delle ore; il divieto di esercizio della libera professione nei confronti dei propri convenzionati; le attività libero-professionali incompatibili con gli impegni assunti nella convenzione. Eventuali deroghe in aumento al numero massimo degli assistiti e delle ore di servizio ambulatoriale potranno essere autorizzate in relazione a particolari situazioni locali e per un tempo determinato dalle regioni, previa domanda motivata alla unità sanitaria locale;

6) l'incompatibilità con qualsiasi forma di cointeressenza diretta o indiretta e con qualsiasi rapporto di interesse con case di cura private e industrie farmaceutiche. Per quanto invece attiene al rapporto di lavoro si applicano le norme previste dal precedente punto 4);

7) la differenziazione del trattamento economico a seconda della quantità e qualità del lavoro prestato in relazione alle funzioni esercitate nei settori della prevenzione, cura e riabilitazione. Saranno fissate a tal fine tariffe socio-sanitarie costituite, per i medici generici e per i pediatri di libera scelta, da un compenso globale annuo per assistito; e, per gli specialisti e generici ambulatoriali, da distinti compensi commisurati alle ore di lavoro prestato negli ambulatori pubblici e al tipo e numero delle prestazioni effettuate presso gli ambulatori convenzionati esterni. Per i pediatri di libera scelta potranno essere previste nell'interesse dell'assistenza forme integrative di remunerazione;

8) le forme di controllo sull'attività dei medici convenzionati, nonché le ipotesi di infrazione da parte dei medici degli obblighi derivanti dalla convenzione, le conseguenti sanzioni, compresa la risoluzione del rapporto convenzionale e il procedimento per la loro irrogazione, salvaguardando il principio della contestazione degli addebiti e fissando la composizione di commissioni paritetiche di disciplina;

9) le forme di incentivazione in favore dei medici convenzionati residenti in zone particolarmente disagiate, anche allo scopo di realizzare una migliore distribuzione territoriale dei medici;

10) le modalità per assicurare l'aggiornamento obbligatorio professionale dei medici convenzionati;

11) le modalità per assicurare la continuità dell'assistenza anche in assenza o impedimento del medico tenuto alla prestazione;

12) le forme di collaborazione fra i medici, il lavoro medico di gruppo e integrato nelle strutture sanitarie e la partecipazione dei medici a programmi di prevenzione e di educazione sanitaria;

13) la collaborazione dei medici per la parte di loro competenza, alla compilazione di libretti sanitari personali di rischio.

I criteri di cui al comma precedente, in quanto applicabili, si estendono alle convenzioni con le altre categorie non mediche di operatori professionali, da stipularsi con le modalità di cui al primo e secondo comma del presente articolo.

Gli stessi criteri, per la parte compatibile, si estendono, altresì, ai sanitari che erogano le prestazioni specialistiche e di riabilitazione in ambulatori dipendenti da enti o istituti privati convenzionati con la regione.

Le disposizioni di cui al presente articolo si applicano anche alle convenzioni da stipulare da parte delle unità sanitarie locali con tutte le farmacie di cui all'articolo 28.

È nullo qualsiasi atto, anche avente carattere integrativo, stipulato con organizzazioni professionali o sindacali per la disciplina dei rapporti convenzionali. Resta la facoltà degli organi di gestione delle unità sanitarie locali di stipulare convenzioni con ordini religiosi per l'espletamento di servizi nelle rispettive strutture.

È altresì nulla qualsiasi convenzione con singoli appartenenti alle categorie di cui al presente articolo. Gli atti adottati in contrasto con la presente norma comportano la responsabilità personale degli amministratori.

Le federazioni degli ordini nazionali, nonché i collegi professionali, nel corso delle trattative per la stipula degli accordi nazionali collettivi riguardanti le rispettive categorie, partecipano in modo consultivo e limitatamente agli aspetti di carattere deontologico e agli adempimenti che saranno ad essi affidati dalle convenzioni uniche.

Gli ordini e collegi professionali sono tenuti a dare esecuzione ai compiti che saranno ad essi demandati dalle convenzioni uniche. Sono altresì tenuti a valutare sotto il profilo deontologico i comportamenti degli iscritti agli albi professionali che si siano resi inadempienti agli obblighi convenzionali, indipendentemente dalle sanzioni applicabili a norma di convenzione.

In caso di grave inosservanza delle disposizioni di cui al comma precedente, la regione interessata provvede a farne denuncia al Ministro della sanità e a darne informazione contemporaneamente alla competente federazione nazionale dell'ordine. Il Ministro della sanità, sentita la suddetta federazione, provvede alla nomina di un commissario, scelto tra gli iscritti nell'albo professionale della provincia, per il compimento degli atti di cui l'ordine provinciale non ha dato corso.

Sino a quando non sarà riordinato con legge il sistema previdenziale relativo alle categorie professionistiche convenzionate, le convenzioni di cui al presente articolo prevedono la determinazione della misura dei contributi previdenziali e le modalità del loro versamento a favore dei fondi di previdenza di cui al decreto del Ministro del lavoro e della previdenza sociale in data 15 ottobre 1976, pubblicato nel supplemento alla Gazzetta Ufficiale del 28 ottobre 1976, n. 289.

49-50 (*Omissis*).

51 Finanziamento del servizio sanitario nazionale.

Il fondo sanitario nazionale destinato al finanziamento del servizio sanitario nazionale è annualmente determinato con la legge di cui al successivo articolo 53. Gli importi relativi devono risultare stanziati in distinti capitoli della parte corrente e della parte in conto capitale da iscriversi, rispettivamente, negli stati di previsione della spesa del Ministero del tesoro, del Ministero del bilancio e della programmazione economica (1).

Le somme stanziate a norma del precedente comma vengono ripartite con delibera del Comitato interministeriale per la programmazione economica (CIPE) tra tutte le regioni, comprese quelle a statuto speciale, su proposta del Ministro della sanità, sentito il Consiglio sanitario nazionale (2), tenuto conto delle indicazioni contenute nei piani sanitari nazionali e regionali e sulla base di indici e di standards distintamente definiti per la spesa corrente e per la spesa in conto capitale. Tali indici e standards devono tendere a garantire i livelli di prestazioni sanitarie stabiliti con le modalità di cui al secondo comma dell'art. 3 in modo uniforme su tutto il territorio nazionale, eliminando progressivamente le differenze strutturali e di prestazioni tra le regioni. Per la ripartizione della spesa in conto capitale si applica quanto disposto dall'art. 43, d.P.R. 30 giugno 1967, n. 1523, prorogato dall'art. 7, legge 6 ottobre 1971, n. 853.

All'inizio di ciascun trimestre, il Ministro del tesoro ed il Ministro del bilancio e della programmazione economica, ciascuno per la parte di sua competenza, trasferiscono alle regioni le quote loro assegnate ai sensi del presente articolo.

In caso di mancato o ritardato invio ai Ministri della sanità e del tesoro, da parte della regione, dei dati di cui al terzo comma del precedente articolo 50, le quote di cui al precedente comma vengono trasferite alla regione in misura uguale alle corrispondenti quote dell'esercizio precedente (3).

Le regioni, sulla base di parametri numerici da determinarsi, sentiti i comuni, con legge regionale ed intesi ad unificare il livello delle prestazioni sanitarie, provvedono a ripartire tra le unità sanitarie locali la quota loro assegnata per il finanziamento delle spese correnti, riservandone un'aliquota non superiore al 5 per cento per interventi imprevisti. Tali parametri devono garantire gradualmente livelli di prestazioni uniformi nell'intero territorio regionale. Per il riparto della quota loro assegnata per il finanziamento delle spese in conto capitale, le regioni provvedono sulla base delle indicazioni formulate dal piano sanitario nazionale.

Con provvedimento regionale all'inizio di ciascun trimestre, è trasferita alle unità sanitarie locali, tenendo conto dei presidi e servizi di cui all'articolo 18, la quota ad esse spettante secondo il piano sanitario regionale.

Gli amministratori e i responsabili dell'ufficio di direzione dell'unità sanitaria locale sono responsabili in solido delle spese disposte od autorizzate in eccedenza alla quota di dotazione loro attribuita, salvo che esse non siano determinate da esigenze obiettive di carattere locale da collegare a fattori straordinari di morbilità accertati dagli organi sanitari della regione e finanziabili con la riserva di cui al quarto comma.

(1) *Comma così modificato dall'art. 1, l. 23 ottobre 1985, n. 595.*

(2) *Ora Conferenza permanente per i rapporti fra lo Stato, le regioni e le province autonome.*

(3) *Comma aggiunto dall'art. 6, l. 7 agosto 1982, n. 526.*

52 (*Omissis*).

TITOLO II
Procedure di programmazione e di attuazione del servizio sanitario nazionale

53 Piano sanitario nazionale.

Le linee generali di indirizzo e le modalità di svolgimento delle attività istituzionali del Servizio sanitario nazionale sono stabilite con il piano sanitario nazionale in conformità agli obiettivi della programmazione socio-economica nazionale e tenuta presente l'esigenza di superare le condizioni di arretratezza socio-sanitaria che esistono nel Paese, particolarmente nelle regioni meridionali (1).

Il piano sanitario nazionale viene predisposto dal Governo su proposta del Ministro della sanità, sentito il Consiglio sanitario nazionale (1).

Il piano sanitario nazionale è sottoposto dal Governo al Parlamento ai fini della sua approvazione con atto non legislativo (1).

Contestualmente alla trasmissione da parte del Governo al Parlamento del piano sanitario nazionale, il Governo presenta al Parlamento il disegno di legge contenente sia le disposizioni precettive ai fini dell'applicazione del piano sanitario nazionale, sia le norme per il finanziamento pluriennale del servizio sanitario nazionale, rapportate alla durata del piano stesso, con specifica indicazione degli importi da assegnare al fondo sanitario nazionale ai sensi dell'art. 51 della presente legge e dei criteri di ripartizione alle regioni (2).

Il Parlamento esamina ed approva contestualmente il piano sanitario nazionale, le norme precettive di applicazione e le norme di finanziamento pluriennale (3).

Il Governo adotta i conseguenti atti di indirizzo e coordinamento, sentito il Consiglio sanitario nazionale, il cui parere si intende positivo se non espresso entro sessanta giorni dalla richiesta.

Il piano sanitario nazionale ha di norma durata triennale e può essere modificato nel corso del triennio con il rispetto delle modalità di cui al presente articolo (3).

Il piano sanitario nazionale, le disposizioni precettive e le norme finanziarie pluriennali di cui al precedente quinto comma sono approvati e trasmessi dal Governo al Parlamento nel corso dell'ultimo anno di vigenza del piano precedente, in tempo utile per consentirne l'approvazione entro il 1° settembre dell'anno stesso (3).

Le regioni predispongono e approvano i propri piani sanitari regionali entro il successivo mese di novembre (3).

Il piano sanitario nazionale stabilisce per il periodo della sua durata:

a) gli obiettivi da realizzare nel triennio con riferimento a quanto disposto dall'art. 2;

[*b*) l'importo del fondo sanitario nazionale di cui all'art. 51, da iscrivere annualmente nel bilancio dello Stato;] (4)

c) gli indici e gli standards nazionali da assumere per la ripartizione del fondo sanitario nazionale tra le regioni, al fine di realizzare in tutto il territorio nazionale un'equilibrata organizzazione dei servizi, anche attraverso una destinazione delle risorse per settori fondamentali di intervento, con limiti differenziati per gruppi di spese correnti e per gli investimenti, prevedendo in particolare gli indici nazionali e regionali relativi ai posti letto e la ripartizione quantitativa degli stessi. Quanto agli investimenti il piano deve prevedere che essi siano destinati alle regioni nelle quali la dotazione di posti letto e di altri presìdi e strutture sanitarie risulti inferiore agli indici normali indicati dal piano stesso. Ai fini della valutazione della priorità di investimento il piano tiene conto anche delle disponibilità, nelle varie regioni, di posti letto, presìdi e strutture sanitarie di istituzioni convenzionate. Il piano prevede inoltre la sospensione di ogni investimento (se non per completamenti e ristrutturazioni dimostrate assolutamente urgenti ed indispensabili) nelle regioni la cui dotazione di posti letto e di altri presìdi e strutture sanitarie raggiunge o supera i suddetti indici;

d) gli indirizzi ai quali devono uniformarsi le regioni nella ripartizione della quota regionale ad esse assegnata fra le unità sanitarie locali;

e) i criteri e gli indirizzi ai quali deve riferirsi la legislazione regionale per la organizzazione dei servizi fondamentali previsti dalla presente legge e per gli organici del personale addetto al servizio sanitario nazionale;

f) le norme generali di erogazione delle prestazioni sanitarie, nonché le fasi o le modalità della graduale unificazione delle stesse e del corrispondente adeguamento, salvo provvedimenti di fiscalizzazione dei contributi assicurativi;

g) gli indirizzi ai quali devono riferirsi i piani regionali di cui al successivo art. 55, ai fini di una coordinata e uniforme realizzazione degli obiettivi di cui alla precedente lettera *a*);

h) gli obiettivi fondamentali relativi alla formazione e all'aggiornamento del personale addetto al servizio sanitario nazionale, con particolare riferimento alle funzioni tecnico-professionali, organizzative e gestionali e alle necessità quantitative dello stesso;

i) le procedure e le modalità per verifiche periodiche dello stato di attuazione del piano e della sua idoneità a perseguire gli obiettivi che sono stati previsti;

l) le esigenze prioritarie del servizio sanitario nazionale in ordine alla ricerca biomedica e ad altri settori attinenti alla tutela della salute.

[Ai fini della programmazione sanitaria, il Ministro della sanità è autorizzato ad avvalersi di un gruppo di persone particolarmente competenti in materia economica e sanitaria, per la formazione delle analisi tecniche, economiche e sanitarie necessarie alla predisposizione del piano sanitario nazionale.] (5)

[La remunerazione delle persone di cui al comma precedente è stabilita dal Ministro della sanità, di concerto con il Ministro del tesoro, con il decreto di conferimento dell'incarico. Agli oneri finanziari relativi si fa fronte con apposito capitolo da istituirsi nello stato di previsione della spesa del Ministero della sanità.] (5)

(1) *Comma sostituito dall'art. 20, comma 1, d.l. 12 settembre 1983, n. 463, conv., con modif., in l. 11 novembre 1983, n. 638 e, successivamente, dall'art. 1, comma 1, l. 23 ottobre 1985, n. 595.*

(2) *Comma aggiunto dall'art. 20, comma 1, d.l. n. 463, cit. per effetto della sostituzione degli originari comma primo, secondo e terzo e, successivamente, dall'art. 1, comma 1, l. n. 595, cit.*

(3) *Comma aggiunto dall'articolo 1, comma 1, l. n. 595, cit. per effetto della sostituzione dei precedenti quattro commi.*

(4) *Comma abrogato dall'art. 1, comma 2, l. n. 595, cit.*

(5) *Comma abrogato dall'art. 6, d.lgs. 30 giugno 1993, n. 266.*

54 (*Omissis*).

55 Piani sanitari regionali.

Le regioni provvedono all'attuazione del servizio sanitario nazionale in base ai piani sanitari triennali, coincidenti con il triennio del piano sanitario nazionale, finalizzati alla eliminazione degli squilibri esistenti nei servizi e nelle prestazioni nel territorio regionale.

I piani sanitari triennali delle regioni, che devono uniformarsi ai contenuti ed agli indirizzi del piano sanitario nazionale di cui all'articolo 53 e riferirsi agli obiettivi del programma regionale di sviluppo, sono predisposti dalla giunta regionale, secondo la procedura prevista nei rispettivi statuti per quanto attiene alla consultazione degli enti locali e delle altre istituzioni ed organizzazioni interessate. I piani sanitari triennali delle regioni sono approvati con legge regionale almeno 120 giorni prima della scadenza di ogni triennio.

Ai contenuti ed agli indirizzi del piano regionale debbono uniformarsi gli atti e provvedimenti emanati dalle regioni.

56 (*Omissis*).

57 Unificazione dei livelli delle prestazioni sanitarie.

Con decreti del Presidente della Repubblica, previa deliberazione del Consiglio dei ministri, su proposta del Ministro della sanità, di concerto con il Ministro del tesoro, sentito il Consiglio sanitario nazionale (1), da emanarsi in conformità a quanto previsto dal piano sanitario nazionale di cui all'articolo 53, sono gradualmente unificate, nei tempi e nei modi stabiliti dal piano stesso, le prestazioni sanitarie già erogate dai disciolti enti mutualistici, dalle mutue aziendali e dagli enti, casse, servizi e gestioni autonome degli enti previdenziali.

Con decreti del Presidente della Repubblica, previa deliberazione del Consiglio dei ministri, su proposta del Ministro del lavoro e della previdenza sociale, di concerto con i Ministri del tesoro e della sanità, ed anche in conformità a quanto previsto dalla lettera *f*), quarto comma dell'articolo 53, si provvede a disciplinare l'adeguamento della partecipazione contributiva degli assistiti nonché le modalità e i tempi di tale partecipazione in funzione della soppressione delle strutture mutualistiche di cui al primo comma del presente articolo.

Sono comunque fatte salve le prestazioni sanitarie specifiche, preventive, ortopediche e protesiche, erogate, ai sensi delle leggi e dei regolamenti vigenti, a favore degli invalidi per causa di guerra e di servizio dei ciechi, dei sordomuti e degli invalidi civili.

Nulla è innovato alle disposizioni del d.P.R. 30 giugno 1965, n. 1124, per quanto riguarda le prestazioni di assistenza sanitaria curativa e riabilitativa, che devono essere garantite, a prescindere dalla iscrizione di cui al terzo comma dell'articolo 19 della presente legge, agli invalidi del lavoro, ferma restando, altresì, l'esclusione di qualunque concorso di questi ultimi al pagamento delle prestazioni sanitarie. Con legge regionale è disciplinato il coordinamento, anche mediante convenzioni, fra l'erogazione delle anzidette prestazioni e gli interventi sanitari che gli enti previdenziali gestori dell'assicurazione contro gli infortuni sul lavoro e le malattie professionali pongono in essere, in favore degli infortunati e tecnopatici, per realizzare le finalità medico-legali di cui all'articolo 75 della presente legge.

(1) *Ora Conferenza permanente per i rapporti fra lo Stato, le regioni e le province autonome.*

58-60 (*Omissis*).

61 Costituzione delle unità sanitarie locali.

Le regioni, entro sei mesi dall'entrata in vigore della presente legge e secondo le norme di cui al precedente Titolo I, individuano gli ambiti territoriali delle unità sanitarie locali, ne disciplinato con legge i compiti, la struttura, la gestione, l'organizzazione, il funzionamento e stabiliscono i criteri per l'articolazione delle unità sanitarie locali in distretti sanitari di base.

Con provvedimento da adottare entro il 31 dicembre 1979 secondo le norme dei rispettivi statuti le regioni costituiscono le unità sanitarie locali.

Le regioni, con lo stesso provvedimento di cui al comma precedente, adottano disposizioni:

a) per il graduale trasferimento ai comuni, perché siano attribuiti alle unità sanitarie locali, delle funzioni, dei beni e delle attrezzature di cui sono attualmente titolari gli enti o gli uffici di cui, a norma della presente legge, vengano a cessare i compiti nelle materie proprie del servizio sanitario nazionale;

b) per l'utilizzazione presso i servizi delle unità sanitarie locali del personale già dipendente dagli enti od uffici di cui alla precedente lettera *a*) che a norma della presente legge, è destinato alle unità sanitarie locali, nonché per il trasferimento del personale medesimo dopo la definizione degli organici secondo quanto disposto nei provvedimenti assunti in attuazione di quanto previsto dal penultimo comma, punto 4 del precedente articolo 15;

c) per la gestione finanziaria dei servizi di cui alla precedente lettera *a*) a partire dalla data di costituzione delle unità sanitarie locali, con l'obbligo di fissare i limiti massimi di spesa consentiti per le attribuzioni del personale e per l'acquisto di beni e servizi e di prevedere periodici controlli della spesa e le responsabilità in ordine alla stessa.

Fino a quando non sarà stato emanato il provvedimento di cui al secondo comma del presente articolo, la tutela sanitaria delle attività sportive nelle regioni che non abbiano emanato proprie norme in materia, continuerà ad essere assicurata, con l'osservanza dei principi generali contenuti nella legge 26 ottobre 1971, n. 1099 e delle normative stabilite dalle singole federazioni sportive riconosciute dal CONI, secondo i propri regolamenti.

62-83 (*Omissis*).

106. Decreto legislativo 30 dicembre 1992, n. 502. — Riordino della disciplina in materia sanitaria, a norma dell'articolo 1 della legge 23 ottobre 1992, n. 421 (*estratto*) (1) (2).

Pubblicata nella Gazzetta Ufficiale n. 305 del 30 dicembre 1992, S.O.

(1) *Con d.P.R. 10 dicembre 1997, nn. 483 e 484, sono stati approvati i regolamenti recanti, rispettivamente, la disciplina concorsuale per il reclutamento del personale dirigenziale del Servizio sanitario nazionale e la determinazione dei requisiti per l'accesso alla direzione sanitaria aziendale e dei requisiti e dei criteri per l'accesso al secondo livello dirigenziale per il personale del ruolo sanitario del Servizio sanitario nazionale.*

(2) *In luogo di Ministro/Ministero di grazia e giustizia leggasi Ministro/Ministero della giustizia ex d.P.R. 13 settembre 1999, n. 300.*

TITOLO I
Ordinamento

1 Tutela del diritto alla salute, programmazione sanitaria e definizione dei livelli essenziali e uniformi di assistenza (1).

1. La tutela della salute come diritto fondamentale dell'individuo ed interesse della collettività è garantita, nel rispetto della dignità e della libertà della persona umana, attraverso il Servizio sanitario nazionale, quale complesso delle funzioni e delle attività assistenziali dei Servizi sanitari regionali e delle altre funzioni e attività svolte dagli enti ed istituzioni di rilievo nazionale, nell'ambito dei conferimenti previsti dal decreto legislativo 31 marzo 1998, n. 112, nonché delle funzioni conservate allo Stato dal medesimo decreto.

2. Il Servizio sanitario nazionale assicura, attraverso le risorse finanziarie pubbliche individuate ai sensi del comma 3 e in coerenza con i principi e gli obiettivi indicati dagli articoli 1 e 2 della legge 23 dicembre 1978, n. 833, i livelli essenziali e uniformi di assistenza definiti dal Piano sanitario nazionale nel rispetto dei principi della dignità della persona umana, del bisogno di salute, dell'equità nell'accesso all'assistenza, della qualità delle cure e della loro appropriatezza riguardo alle specifiche esigenze, nonché dell'economicità nell'impiego delle risorse (2).

3. L'individuazione dei livelli essenziali e uniformi di assistenza assicurati dal Servizio sanitario nazionale, per il periodo di validità del Piano sanitario nazionale, è effettuata contestualmente all'individuazione delle risorse finanziarie destinate al Servizio sanitario nazionale, nel rispetto delle compatibilità finanziarie definite per l'intero sistema di finanza pubblica nel Documento di programmazione economico-finanziaria. Le prestazioni sanitarie comprese nei livelli essenziali di assistenza sono garantite dal Servizio sanitario nazionale a titolo gratuito o con partecipazione alla spesa, nelle forme e secondo le modalità previste dalla legislazione vigente.

4. Le regioni, singolarmente o attraverso strumenti di autocoordinamento, elaborano proposte per la predisposizione del Piano sanitario nazionale, con riferimento alle esigenze del livello territoriale considerato e alle funzioni interregionali da assicurare prioritariamente, anche sulla base delle indicazioni del Piano vigente e dei livelli essenziali di assistenza individuati in esso o negli atti che ne costituiscono attuazione. Le regioni trasmettono al Ministro della sanità, entro il 31 marzo di ogni anno, la relazione annuale sullo stato di attuazione del piano sanitario regionale, sui risultati di gestione e sulla spesa prevista per l'anno successivo.

5. Il Governo, su proposta del Ministro della sanità, sentite le commissioni parlamentari competenti per la materia, le quali si esprimono entro trenta giorni dalla data di trasmissione dell'atto, nonché le confederazioni sindacali maggiormente rappresentative, le quali rendono il parere entro venti giorni, predispone il Piano sanitario nazionale, tenendo conto delle proposte trasmesse dalle regioni entro il 31 luglio dell'ultimo

anno di vigenza del piano precedente, nel rispetto di quanto stabilito dal comma 4. Il Governo, ove si discosti dal parere delle commissioni parlamentari, è tenuto a motivare. Il piano è adottato ai sensi dell'articolo 1 della legge 12 gennaio 1991, n. 13, d'intesa con la Conferenza unificata di cui all'articolo 8 del decreto legislativo 28 agosto 1997, n. 281.

6. I livelli essenziali di assistenza comprendono le tipologie di assistenza, i servizi e le prestazioni relativi alle aree di offerta individuate dal Piano sanitario nazionale. Tali livelli comprendono, per il 1998-2000:

a) l'assistenza sanitaria collettiva in ambiente di vita e di lavoro;

b) l'assistenza distrettuale;

c) l'assistenza ospedaliera.

7. Sono posti a carico del Servizio sanitario le tipologie di assistenza, i servizi e le prestazioni sanitarie che presentano, per specifiche condizioni cliniche o di rischio, evidenze scientifiche di un significativo beneficio in termini di salute, a livello individuale o collettivo, a fronte delle risorse impiegate. Sono esclusi dai livelli di assistenza erogati a carico del Servizio sanitario nazionale le tipologie di assistenza, i servizi e le prestazioni sanitarie che:

a) non rispondono a necessità assistenziali tutelate in base ai principi ispiratori del Servizio sanitario nazionale di cui al comma 2;

b) non soddisfano il principio dell'efficacia e dell'appropriatezza, ovvero la cui efficacia non è dimostrabile in base alle evidenze scientifiche disponibili o sono utilizzati per soggetti le cui condizioni cliniche non corrispondono alle indicazioni raccomandate;

c) in presenza di altre forme di assistenza volte a soddisfare le medesime esigenze, non soddisfano il principio dell'economicità nell'impiego delle risorse, ovvero non garantiscono un uso efficiente delle risorse quanto a modalità di organizzazione ed erogazione dell'assistenza (3).

8. Le prestazioni innovative per le quali non sono disponibili sufficienti e definitive evidenze scientifiche di efficacia possono essere erogate in strutture sanitarie accreditate dal Servizio sanitario nazionale esclusivamente nell'ambito di appositi programmi di sperimentazione autorizzati dal Ministero della Sanità.

9. Il Piano sanitario nazionale ha durata triennale ed è adottato dal Governo entro il 30 novembre dell'ultimo anno di vigenza del Piano precedente. Il Piano sanitario nazionale può essere modificato nel corso del triennio con la procedura di cui al comma 5.

10. Il Piano sanitario nazionale indica:

a) le aree prioritarie di intervento, anche ai fini di una progressiva riduzione delle diseguaglianze sociali e territoriali nei confronti della salute;

b) i livelli essenziali di assistenza sanitaria da assicurare per il triennio di validità del Piano;

c) la quota capitaria di finanziamento per ciascun anno di validità del Piano e la sua disaggregazione per livelli di assistenza;

d) gli indirizzi finalizzati a orientare il Servizio sanitario nazionale verso il miglioramento continuo della qualità dell'assistenza, anche attraverso la realizzazione di progetti di interesse sovraregionale;

e) i progetti-obiettivo, da realizzare anche mediante l'integrazione funzionale e operativa dei servizi sanitari e dei servizi socio-assistenziali degli enti locali;

f) le finalità generali e i settori principali della ricerca biomedica e sanitaria, prevedendo altresì il relativo programma di ricerca;

g) le esigenze relative alla formazione di base e gli indirizzi relativi alla formazione continua del personale, nonché al fabbisogno e alla valorizzazione delle risorse umane;

h) le linee guida e i relativi percorsi diagnostico-terapeutici allo scopo di favorire, all'interno di ciascuna struttura sanitaria, lo sviluppo di modalità sistematiche di revisione e valutazione della pratica clinica e assistenziale e di assicurare l'applicazione dei livelli essenziali di assistenza;

i) i criteri e gli indicatori per la verifica dei livelli di assistenza assicurati in rapporto a quelli previsti.

11. I progetti obiettivo previsti dal Piano sanitario nazionale sono adottati dal Ministro della sanità con decreto di natura non regolamentare, di concerto con il Ministro del tesoro, del bilancio e della programmazione economica e con gli altri Ministri competenti per materia, d'intesa con la Conferenza unificata di cui all'articolo 8 del decreto legislativo 28 agosto 1997, n. 281.

12. La Relazione sullo stato sanitario del Paese, predisposta annualmente dal Ministro della sanità:

a) illustra le condizioni di salute della popolazione presente sul territorio nazionale;

b) descrive le risorse impiegate e le attività svolte dal Servizio sanitario nazionale;

c) espone i risultati conseguiti rispetto agli obiettivi fissati dal Piano sanitario nazionale;

d) riferisce sui risultati conseguiti dalle regioni in riferimento all'attuazione dei piani sanitari regionali;

e) fornisce indicazioni per l'elaborazione delle politiche sanitarie e la programmazione degli interventi.

13. Il Piano sanitario regionale rappresenta il piano strategico degli interventi per gli obiettivi di salute e il funzionamento dei servizi per soddisfare le esigenze specifiche della popolazione regionale anche in riferimento agli obiettivi del Piano sanitario nazionale. Le regioni, entro centocinquanta giorni dalla data di entrata in vigore del Piano sanitario nazionale, adottano o adeguano i Piani sanitari regionali, prevedendo forme di partecipazione delle autonomie locali, ai sensi dell'articolo 2, comma 2-*bis*, nonché delle formazioni sociali private non aventi scopo di lucro impegnate nel campo dell'assistenza sociale e sanitaria, delle organizzazioni sindacali degli operatori sanitari pubblici e privati e delle strutture private accreditate dal Servizio sanitario nazionale.

14. Le regioni e le province autonome trasmettono al Ministro della sanità i relativi schemi o progetti di piani sanitari allo scopo di acquisire il parere dello stesso per quanto attiene alla coerenza dei medesimi con gli indirizzi del Piano sanitario nazionale. Il Ministro della sanità esprime il parere entro 30 giorni dalla data di trasmissione dell'atto, sentita l'Agenzia per i servizi sanitari regionali.

15. Il Ministro della sanità, avvalendosi dell'Agenzia per i servizi sanitari regionali, promuove forme di collaborazione e linee guida comuni in funzione dell'applicazione coordinata del Piano sanitario nazionale e della normativa di settore, salva l'autonoma determinazione regionale in ordine al loro recepimento.

16. La mancanza del Piano sanitario regionale non comporta l'inapplicabilità delle disposizioni del Piano sanitario nazionale.

17. Trascorso un anno dall'entrata in vigore del Piano sanitario nazionale senza che la regione abbia adottato il Piano sanitario regionale, alla regione non è consentito l'accreditamento di nuove strutture. Il Ministro della sanità, sentita la regione interessata, fissa un termine non inferiore a tre mesi per provvedervi. Decorso inutilmente tale termine, il Consiglio dei ministri, su proposta del Ministro della sanità, sentita l'Agenzia per i servizi sanitari regionali, d'intesa con la Conferenza permanente per i rapporti tra lo Stato, le regioni e le province autonome, adotta gli atti necessari per dare attuazione nella regione al Piano sanitario nazionale, anche mediante la nomina di commissari *ad acta*.

18. Le istituzioni e gli organismi a scopo non lucrativo concorrono, con le istituzioni pubbliche e quelle equiparate di cui all'articolo 4, comma 12, alla realizzazione dei doveri costituzionali di solidarietà, dando attuazione al pluralismo etico-culturale dei servizi alla persona. Esclusivamente ai fini del presente decreto sono da considerarsi a scopo non lucrativo le istituzioni che svolgono attività nel settore dell'assistenza sanitaria e socio-sanitaria, qualora ottemperino a quanto previsto dalle disposizioni di cui all'l articolo 10, comma 1, lettere *d*), *e*), *f*), *g*), e *h*), e comma 6 del decreto legislativo 4 dicembre 1997, n. 460; resta fermo quanto disposto dall'articolo 10, comma 7, del medesimo decreto. L'attribuzione della predetta qualifica non comporta il godimento dei benefici fiscali previsti in favore delle organizzazioni non lucrative di utilità sociale dal decreto legislativo 4 dicembre 1997, n. 460. Le attività e le funzioni assistenziali delle strutture equiparate di cui al citato articolo 4, comma 12, con oneri a carico del Servizio sanitario nazionale, sono esercitate esclusivamente nei limiti di quanto stabilito negli specifici accordi di cui all'articolo 8 -*quinquies* (3).

(1) *Articolo modificato dall'art. 2, comma 1, d.lgs. 7 dicembre 1993, n. 517 e successivamente sostituito dall'art. 1, comma 1, d.lgs. 19 giugno 1999, n. 229.*

(2) *Comma modificato dall'art. 1, comma 5, d.l. 18 settembre 2001, n. 347, conv., con modif., in l. 16 novembre 2001, n. 405.*

(3) *Comma modificato dall'art. 79, comma 1-*quinquies*, lett.* b), *d.l. 25 giugno 2008, n. 112, conv., con modif., in l. 6 agosto 2008, n. 133.*

2 Competenze regionali (1).

1. Spettano alle regioni e alle province autonome, nel rispetto dei principi stabiliti dalle leggi nazionali, le funzioni legislative ed amministrative in materia di assistenza sanitaria ed ospedaliera.

2. Spettano in particolare alle regioni la determinazione dei principi sull'organizzazione dei servizi e sull'attività destinata alla tutela della salute e dei criteri di finanziamento delle unità sanitarie locali e delle aziende ospedaliere, le attività di indirizzo tecnico, promozione e supporto nei confronti delle predette unità sanitarie locali ed aziende, anche in relazione al controllo di gestione e alla valutazione della qualità delle prestazioni sanitarie.

2-*bis*. La legge regionale istituisce e disciplina la Conferenza permanente per la programmazione sanitaria e socio-sanitaria regionale, assicurandone il raccordo o l'inserimento nell'organismo rappresentativo delle autonomie locali, ove istituito. Fanno, comunque, parte della Conferenza: il sindaco del comune nel caso in cui l'ambito territoriale dell'Azienda unità sanitaria locale coincida con quella del comune; il presidente della Conferenza dei sindaci, ovvero il sindaco o i presidenti di circoscrizione nei casi in cui l'ambito territoriale dell'unità sanitaria locale sia rispettivamente superiore o inferiore al territorio del Comune; rappresentanti delle associazioni regionali delle autonomie locali (2).

2-*ter*. Il progetto del Piano sanitario regionale è sottoposto alla Conferenza di cui al comma 2-*bis*, ed è approvato previo esame delle osservazioni eventualmente formulate dalla Conferenza. La Conferenza partecipa, altresì, nelle forme e con le modalità stabilite dalla legge regionale, alla verifica della realizzazione del Piano attuativo locale, da parte delle aziende ospedaliere di cui all'art. 4, e dei piani attuativi metropolitani (2).

2-*quater*. Le regioni, nell'ambito della loro autonomia, definiscono i criteri e le modalità anche operative per il coordinamento delle strutture sanitarie operanti nelle aree metropolitane di cui all'art. 17, comma 1, della legge 8 giugno 1990, n. 142, nonché l'eventuale costituzione di appositi organismi (2).

2-*quinquies*. La legge regionale disciplina il rapporto tra programmazione regionale e programmazione attuativa locale, definendo in particolare le procedure di proposta, adozione e approvazione del Piano attuativo locale e le modalità della partecipazione ad esse degli enti locali interessati. Nelle aree metropolitane il piano attuativo metropolitano è elaborato dall'organismo di cui al comma 2-*quater*, ove costituito (2).

2-*sexies*. La regione disciplina altresì:

a) l'articolazione del territorio regionale in unità sanitarie locali, le quali assicurano attraverso servizi direttamente gestiti l'assistenza sanitaria collettiva in ambiente di vita e di lavoro, l'assistenza distrettuale e l'assistenza ospedaliera, salvo quanto previsto dal presente decreto per quanto attiene alle aziende ospedaliere di rilievo nazionale e interregionale e alle altre strutture pubbliche e private accreditate;

b) i princìpi e criteri per l'adozione dell'atto aziendale di cui all'articolo 3, comma 1-*bis*;

c) la definizione dei criteri per l'articolazione delle unità sanitarie locali in distretti, da parte dell'atto di cui all'articolo 3, comma 1-*bis*, tenendo conto delle peculiarità delle zone montane e a bassa densità di popolazione;

d) il finanziamento delle unità sanitarie locali, sulla base di una quota capitaria corretta in relazione alle caratteristiche della popolazione residente con criteri coerenti con quelli indicati all'articolo 1, comma 34, della legge 23 dicembre 1996, n. 662;

e) le modalità di vigilanza e di controllo, da parte della regione medesima, sulle unità sanitarie locali, nonché di valutazione dei risultati delle stesse, prevedendo in quest'ultimo caso forme e modalità di partecipazione della Conferenza dei sindaci;

f) l'organizzazione e il funzionamento delle attività di cui all'articolo 19-*bis*, comma 3, in raccordo e cooperazione con la Commissione nazionale di cui al medesimo articolo;

g) fermo restando il generale divieto di indebitamento, la possibilità per le unità sanitarie locali di:

1) anticipazione, da parte del tesoriere, nella misura massima di un dodicesimo dell'ammontare annuo del valore dei ricavi, inclusi i trasferimenti, iscritti nel bilancio preventivo annuale;

2) contrazione di mutui e accensione di altre forme di credito, di durata non superiore a dieci anni, per il finanziamento di spese di investimento e previa autorizzazione regionale, fino a un ammontare complessivo delle relative rate, per capitale e interessi, non superiore al quindici per cento delle entrate proprie correnti, ad esclusione della quota di fondo sanitario nazionale di parte corrente attribuita alla regione;

h) le modalità con cui le unità sanitarie locali e le aziende ospedaliere assicurano le prestazioni e i servizi contemplati dai livelli aggiuntivi di assistenza finanziati dai comuni ai sensi dell'articolo 2 comma 1, lettera *l*), della legge 30 novembre 1998, n. 419 (2).

2-*septies*. Entro sessanta giorni dalla data di entrata in vigore del decreto legislativo 19 giugno 1999, n. 229, le regioni istituiscono l'elenco delle istituzioni e degli organismi a scopo non lucrativo di cui all'art. 1, comma 18 (3).

2-*octies*. Salvo quanto diversamente disposto, quando la regione non adotta i provvedimenti previsti dai commi 2-*bis* e 2-*quinquies*, il Ministro della sanità, sentite la regione interessata e l'Agenzia per i servizi sanitari regionali, fissa un congruo termine per provvedere; decorso tale termine, il Ministro della sanità, sentito il parere della medesima Agenzia e previa consultazione della Conferenza permanente per i rapporti tra lo Stato, le regioni e le province autonome di Trento e di Bolzano, propone al Consiglio dei Ministri l'intervento sostitutivo, anche sotto forma di nomina di un commissario *ad acta*. L'intervento adottato dal Governo non preclude l'esercizio delle funzioni regionali per le quali si è provveduto in via sostitutiva ed è efficace sino a quando i competenti organi regionali abbiano provveduto (2).

(1) *Articolo sostituito dall'art. 3, comma 1, d.lgs. 7 dicembre 1993, n. 517.*

(2) *Comma aggiunto dall'art. 2, comma 1, d.lgs. 19 giugno 1999, n. 229.*

(3) *Comma aggiunto dall'art. 2, comma 1, d.lgs. n. 229, cit. e successivamente modificato dall'art. 8, comma 3, lett.* b), *d.lgs. 28 luglio 2000, n. 254.*

3 Organizzazione delle unità sanitarie locali.

1. Le regioni, attraverso le unità sanitarie locali, assicurano i livelli essenziali di assistenza di cui all'art. 1, avvalendosi anche delle aziende di cui all'art. 4 (1).

1-*bis*. In funzione del perseguimento dei loro fini istituzionali, le unità sanitarie locali si costituiscono in aziende con personalità giuridica pubblica e autonomia imprenditoriale; la loro organizzazione ed il funzionamento sono disciplinati con atto aziendale di diritto privato, nel rispetto dei princìpi e criteri previsti da disposizioni regionali. L'atto aziendale individua le strutture operative dotate di autonomia gestionale o tecnico-professionale, soggette a rendicontazione analitica (2).

[1-*ter*. Le aziende di cui ai commi 1 e 1-*bis* informano la propria attività a criteri di efficacia, efficienza ed economicità e sono tenute al rispetto del vincolo di bilancio, attraverso l'equilibrio di costi e ricavi, compresi i trasferimenti di risorse finanziarie. Agiscono mediante atti di diritto privato. I contratti di fornitura di beni e servizi, il cui valore sia inferiore a quello stabilito dalla normativa comunitaria in materia, sono appaltati o contrattati direttamente secondo le norme di diritto privato indicate nell'atto aziendale di cui al comma 1-*bis*.] (3)

1-*quater*. Sono organi dell'azienda il direttore generale, il collegio di direzione e il collegio sindacale. Il direttore generale adotta l'atto aziendale di cui al comma 1-*bis*; è responsabile della gestione complessiva e nomina i responsabili delle strutture operative dell'azienda. Il direttore generale è coadiuvato, nell'esercizio delle proprie funzioni, dal direttore amministrativo e dal direttore sanitario. Le regioni disciplinano forme e modalità per la direzione e il coordinamento delle attività sociosanitarie a elevata integrazione sanitaria. Il direttore generale si avvale del Collegio di direzione di cui all'art. 17 per le attività ivi indicate (4).

1-*quinquies*. Il direttore amministrativo e il direttore sanitario sono nominati dal direttore generale. Essi partecipano, unitamente al direttore generale, che ne ha la responsabilità, alla direzione dell'azienda, assumono diretta responsabilità delle funzioni attribuite alla loro competenza e concorrono, con la formulazione di proposte e di pareri, alla formazione delle decisioni della direzione generale (5).

[2. L'unità sanitaria locale provvede ad assicurare i livelli di assistenza di cui all'art. 1 nel proprio ambito territoriale.] (6)

3. L'unità sanitaria locale può assumere la gestione di attività o servizi socio-assistenziali su delega dei singoli enti locali con oneri a totale carico degli stessi, ivi compresi quelli relativi al personale, e con specifica contabilizzazione. L'unità sanitaria locale procede alle erogazioni solo dopo l'effettiva acquisizione delle necessarie disponibilità finanziarie (7).

[4. Sono organi dell'unità sanitaria locale il direttore generale ed il collegio dei revisori. Il direttore generale è coadiuvato dal direttore amministrativo, dal direttore sanitario e dal consiglio dei sanitari nonché dal coordinatore dei servizi sociali, nel caso previsto dal comma 3 in conformità alla normativa regionale e con oneri a carico degli enti locali di cui allo stesso comma.] (8)

5. Le regioni disciplinano, entro il 31 marzo 1994, nell'ambito della propria competenza le modalità organizzative e di funzionamento delle unità sanitarie locali prevedendo tra l'altro:

[*a*) la riduzione, sentite le province interessate, delle unità sanitarie locali, prevedendo per ciascuna un ambito territoriale coincidente di norma con quello della provincia. In relazione a condizioni territoriali particolari, in specie delle aree montane, ed alla densità e distribuzione della popolazione, la regione prevede ambiti territoriali di estensione diversa;]

[*b*) l'articolazione delle unità sanitarie locali in distretti;]

[*c*) i criteri per la definizione dei rapporti attivi e passivi facenti capo alle preesistenti unità sanitarie locali e unità socio-sanitarie locali;]

[*d*) il finanziamento delle unità sanitarie locali che tenga conto della natura aziendale delle stesse nonché del bacino d'utenza da servire e delle prestazioni da erogare;]

[*e*) le modalità di vigilanza e controllo sulle unità sanitarie locali;]

[*f*) il divieto alle unità sanitarie locali ed alle aziende ospedaliere di cui all'art. 4 di ricorrere a qualsiasi forma di indebitamento, fatte salve:

1) l'anticipazione, da parte del tesoriere, nella misura massima di un dodicesimo dell'ammontare annuo delle entrate previste nel bilancio di competenza, al netto delle partite di giro;

2) la contrazione di mutui o l'accensione di altre forme di credito, di durata non superiore a dieci anni, per il finanziamento di spese di investimento e previa autorizzazione regionale, fino ad un ammontare complessivo delle relative rate, per capitale ed interessi, non superiore al 15 per cento delle entrate proprie correnti previste nel bilancio annuale di competenza, ad esclusione della quota di Fondo sanitario nazionale di parte corrente attribuita alla regione;]

g) i criteri per la definizione delle dotazioni organiche e degli uffici dirigenziali delle unità sanitarie locali e delle aziende ospedaliere nonché i criteri per l'attuazione della mobilità del personale risultato in esubero, ai sensi delle disposizioni di cui al decreto legislativo 3 febbraio 1993, n. 29, e successive modificazioni ed integrazioni (9).

6. Tutti i poteri di gestione, nonché la rappresentanza dell'unità sanitaria locale, sono riservati al direttore generale. Al direttore generale compete in particolare, anche attraverso l'istituzione dell'apposito servizio di controllo interno di cui all'art. 20 del decreto legislativo 3 febbraio 1993, n. 29 e successive modificazioni ed integrazioni, verificare, mediante valutazioni comparative dei costi, dei rendimenti e dei risultati, la corretta ed economica gestione delle risorse attribuite ed introitate nonché l'imparzialità ed il buon andamento dell'azione amministrativa. I provvedimenti di nomina dei direttori generali delle aziende unità sanitarie locali e delle aziende ospedaliere sono adottati esclusivamente con riferimento ai requisiti di cui all'art. 1 del decreto-legge 27 agosto 1994, n. 512, convertito dalla legge 17 ottobre 1994, n. 590, senza necessità di valutazioni comparative. [Il direttore generale è nominato, previo specifico avviso da pubblicare nella Gazzetta Ufficiale della Repubblica italiana, dalla regione, tra gli iscritti nell'apposito elenco nazionale istituito presso il Ministero della sanità di cui al comma 10.] [La nomina del direttore generale deve essere effettuata nel termine perentorio di sessanta giorni dalla data di vacanza dell'ufficio e, in sede di prima applicazione, dalla data di istituzione dell'unità sanitaria locale e comunque non oltre il 30 aprile 1994. Scaduto tale termine, qualora la regione non vi abbia provveduto, la nomina del direttore generale è effettuata previa diffida, dal Consiglio dei Ministri, su proposta del Ministro della sanità.] L'autonomia di cui al comma 1 diviene effettiva con la prima immissione nelle funzioni del direttore generale. [Il rapporto di lavoro del direttore generale, del direttore amministrativo e del direttore sanitario è a tempo pieno, regolato da contratto di diritto privato di durata quinquennale, rinnovabile, e non può comunque protrarsi oltre il settantesimo anno di età.] I contenuti di tale contratto, ivi compresi i criteri per la determinazione degli emolumenti, sono fissati entro centoventi giorni dalla data di entrata in vigore del presente decreto, con decreto del Presidente del Consiglio dei Ministri, su proposta dei Ministri della sanità, del tesoro, del lavoro e della previdenza sociale e per gli affari regionali sentita la Conferenza permanente per i rapporti tra lo Stato, le regioni e le province autonome. Il direttore generale è tenuto a motivare i provvedimenti assunti in difformità dal parere reso dal direttore sanitario, dal direttore amministrativo e dal consiglio dei sanitari. In caso di vacanza dell'ufficio o nei casi di assenza o di impedimento del direttore generale, le relative funzioni sono svolte dal direttore amministrativo o dal direttore sanitario su delega del direttore generale o, in mancanza di delega, dal direttore più anziano per età. Ove l'assenza o l'impedimento si protragga oltre sei mesi si procede alla sostituzione. [Nei casi in cui ricorrano gravi motivi o la gestione presenti una situazione di grave disavanzo o in caso di violazione di leggi o di princìpi di buon andamento e di imparzialità dell'amministrazione, la regione risolve il contratto dichiarandone la decadenza e provvede alla sostituzione del direttore generale. In caso di inerzia da parte delle regioni, previo invito ai predetti organi ad adottare le misure adeguate, provvede in via sostitutiva il Consiglio dei Ministri su proposta del Ministro della sanità. Le regioni determinano in via generale i parametri di valutazione dell'attività dei direttori generali delle aziende, avendo riguardo al raggiungimento degli obiettivi assegnati nel quadro della programmazione regionale, con particolare riferimento alla efficienza, efficacia e funzionalità dei servizi sanitari] (10).

7. [Il direttore amministrativo ed il direttore sanitario sono nominati con provvedimento motivato del direttore generale. Al rapporto di lavoro si applica la disciplina di cui al comma 6. Essi cessano dall'incarico entro tre mesi dalla data di nomina del nuovo direttore generale e possono essere riconfermati. Per gravi motivi, il direttore amministrativo ed il direttore sanitario possono essere sospesi o dichiarati decaduti dal direttore generale con provvedimento motivato.] Il direttore sanitario è un medico che, all'atto del conferimento dell'incarico, non abbia compiuto il sessantacinquesimo anno di età e che abbia svolto per almeno cinque anni qualificata attività di direzione tecnico-sanitaria in enti o strutture sanitarie, pubbliche o private, di media o grande dimensione (11). Il direttore sanitario

dirige i servizi sanitari ai fini organizzativi ed igienico-sanitari e fornisce parere obbligatorio al direttore generale sugli atti relativi alle materie di competenza. Il direttore amministrativo è un laureato in discipline giuridiche o economiche che, all'atto del conferimento dell'incarico, non abbia compiuto il sessantacinquesimo anno di età e che abbia svolto per almeno cinque anni una qualificata attività di direzione tecnica o amministrativa in enti o strutture sanitarie pubbliche o private di media o grande dimensione. Il direttore amministrativo dirige i servizi amministrativi dell'unità sanitaria locale. Nelle aziende ospedaliere, nelle aziende ospedaliero-universitarie di cui all'articolo 2 del decreto legislativo 21 dicembre 1999, n. 517, e negli istituti di ricovero e cura a carattere scientifico pubblici, costituiti da un unico presidio, le funzioni e i compiti del direttore sanitario di cui al presente articolo e del dirigente medico di cui all'articolo 4, comma 9, del presidio ospedaliero sono svolti da un unico soggetto avente i requisiti di legge. Sono soppresse le figure del coordinatore amministrativo, del coordinatore sanitario e del sovrintendente sanitario, nonché l'ufficio di direzione (12).

[8. Per i pubblici dipendenti la nomina a direttore generale, direttore amministrativo e direttore sanitario determina il collocamento in aspettativa senza assegni; il periodo di aspettativa è utile ai fini del trattamento di quiescenza e di previdenza e dell'anzianità di servizio. Le amministrazioni di appartenenza provvedono ad effettuare il versamento dei relativi contributi, comprensivi delle quote a carico del dipendente, nonché dei contributi assistenziali, calcolati sul trattamento stipendiale spettante al medesimo ed a richiedere il rimborso del correlativo onere alle unità sanitarie locali interessate, le quali procedono al recupero delle quote a carico dall'interessato. Qualora il direttore generale, il direttore sanitario ed il direttore amministrativo siano dipendenti privati sono collocati in aspettativa senza assegni con diritto al mantenimento del posto.] (13)

[9. Il direttore generale non è eleggibile a membro dei consigli comunali, dei consigli provinciali, dei consigli e assemblee delle regioni e del Parlamento, salvo che le funzioni esercitate non siano cessate almeno centottanta giorni prima della data di scadenza dei periodi di durata dei predetti organi. In caso di scioglimento anticipato dei medesimi, le cause di ineleggibilità non hanno effetto se le funzioni esercitate siano cessate entro i sette giorni successivi alla data del provvedimento di scioglimento. In ogni caso il direttore generale non è eleggibile nei collegi elettorali nei quali sia ricompreso, in tutto o in parte, il territorio dell'unità sanitaria locale presso la quale abbia esercitato le sue funzioni in un periodo compreso nei sei mesi antecedenti la data di accettazione della candidatura. Il direttore generale che sia stato candidato e non sia stato eletto non può esercitare per un periodo di cinque anni le sue funzioni in unità sanitarie locali comprese, in tutto o in parte, nel collegio elettorale nel cui ambito si sono svolte le elezioni. La carica di direttore generale è incompatibile con quella di membro del consiglio e delle assemblee delle regioni e delle province autonome, di consigliere provinciale, di sindaco, di assessore comunale, di presidente o di assessore di comunità montana, di membro del Parlamento, nonché con l'esistenza di rapporti anche in regime convenzionale con la unità sanitaria locale presso cui sono esercitate le funzioni o di rapporti economici o di consulenza con strutture che svolgono attività concorrenziali con la stessa. La predetta normativa si applica anche ai direttori amministrativi ed ai direttori sanitari. La carica di direttore generale è altresì incompatibile con la sussistenza di un rapporto di lavoro dipendente, ancorché in regime di aspettativa senza assegni, con l'unità sanitaria locale presso cui sono esercitate le funzioni (14).] (15)

[10. Il Ministero della sanità cura la tenuta e l'aggiornamento dell'elenco dei soggetti in possesso dei requisiti per lo svolgimento della funzione di direttore generale. L'elenco è predisposto, entro centottanta giorni dalla data di entrata in vigore del presente decreto, da una commissione nominata con decreto del Presidente del Consiglio dei Ministri, su proposta del Ministro della sanità, e composta da un magistrato del Consiglio di Stato con funzioni di presidente di sezione, che la presiede, dal direttore generale della Direzione generale del Ministero della sanità che cura la tenuta dell'elenco e da altri cinque membri, individuati tra soggetti estranei all'amministrazione statale e regionale in possesso di comprovate competenze ed esperienze nel settore dell'organizzazione e della gestione dei servizi sanitari, rispettivamente uno dal Presidente del Consiglio dei Ministri, uno dal CNEL, uno dal Ministro della sanità e due dal presidente della Conferenza permanente per i regionale, predisposto da una commissione nominata dal presidente della provincia autonoma di Bolzano e della regione Valle d'Aosta ed i cui membri sono nominati con le stesse modalità previste per la commissione nazionale. Gli elenchi sono predisposti nel rispetto delle vigenti disposizioni in materia di bilinguismo e, per la provincia autonoma di Bolzano, di riserva proporzionale dei posti nel pubblico impiego. I predetti elenchi provinciale e regionale sono costituiti con l'osservanza dei princìpi e dei criteri fissati per gli elenchi nazionali ed hanno validità limitata ai territori provinciale e regionale. La commissione provvede alla costituzione ed all'aggiornamento dell'elenco secondo princìpi direttivi resi pubblici ed improntati a criteri di verifica dei requisiti. All'elenco possono accedere, a domanda, i candidati che non abbiano compiuto il sessantacinquesimo anno di età, che siano in possesso del diploma di laurea e di specifici e documentati requisiti, coerenti rispetto alle funzioni da svolgere ed attestanti qualificata attività professionale di direzione tecnica o amministrativa in enti, strutture pubbliche o private di media o grande dimensione, con esperienza acquisita per almeno cinque anni e comunque non oltre i due anni precedenti a quello dell'iscrizione. Il predetto elenco deve essere altresì integrato ai sensi dell'art. 3 del decreto legislativo 30 giugno 1993, n. 270.] (16)

11. Non possono essere nominati direttori generali, direttori amministrativi o direttori sanitari delle unità sanitarie locali:

a) coloro che hanno riportato condanna, anche non definitiva, a pena detentiva non inferiore ad un anno per delitto non colposo ovvero a pena detentiva non inferiore a sei mesi per delitto non colposo commesso nella qualità di pubblico ufficiale o con abuso dei poteri o violazione dei doveri inerenti ad una pubblica funzione, salvo quanto disposto dal secondo comma dell'articolo 166 del codice penale;

b) coloro che sono sottoposti a procedimento penale per delitto per il quale è previsto l'arresto obbligatorio in flagranza;

c) coloro che sono stati sottoposti, anche con provvedimento non definitivo ad una misura di prevenzione, salvi gli effetti della riabilitazione prevista dall'articolo 15 della legge 3 agosto 1988, n. 327, e dall'articolo 14 della legge 19 marzo 1990, n. 55;

d) coloro che sono sottoposti a misura di sicurezza detentiva o a libertà vigilata.

12. Il consiglio dei sanitari è organismo elettivo dell'unità sanitaria locale con funzioni di consulenza tecnico-sanitaria ed è presieduto dal direttore sanitario. Fanno parte del consiglio medici in maggioranza ed altri operatori sanitari laureati — con presenza maggioritaria della componente ospedaliera medica se nell'unità sanitaria locale è presente un presidio ospedaliero — nonché una rappresentanza del personale infermieristico e del personale tecnico sanitario. Nella componente medica è assicurata la presenza del medico veterinario. Il consiglio dei sanitari fornisce parere obbligatorio al direttore generale per le attività tecnico-sanitarie, anche sotto il profilo organizzativo, e per gli investimenti ad esse attinenti. Il consiglio dei sanitari si esprime altresì sulle attività di assistenza sanitaria. Tale parere è da intendersi favorevole ove non formulato entro il termine fissato dalla regionale. La regione provvede a definire il numero dei componenti nonché a disciplinare le modalità di elezione e la composizione ed il funzionamento del consiglio (17).

13. [Il collegio dei revisori dura in carica cinque anni ed è composto da tre membri, di cui uno designato dalla regione, uno designato dal Ministro del tesoro, scelto tra i funzionari della Ragioneria generale dello Stato ed uno designato dal sindaco o dalla conferenza dei sindaci o dai presidenti dei consigli circoscrizionali. Il predetto collegio è integrato da altri due membri, dei quali uno designato dalla regione ed uno designato dal Ministro del tesoro scelto tra i funzionari della Ragioneria generale dello Stato, per le unità sanitarie locali il cui bilancio di previsione comporti un volume di spesa di parte corrente superiore a duecento miliardi. I revisori, ad eccezione della rappresentanza del Ministero del tesoro, sono scelti tra i revisori contabili iscritti nel registro previsto dall'art. 1 del decreto legislativo 27 gennaio 1992, n. 88.] Il direttore generale dell'unità sanitaria locale nomina i revisori con specifico provvedimento e li convoca per la prima seduta. Il presidente del collegio viene eletto dai revisori all'atto della prima seduta. Ove a seguito di decadenza, dimissioni o decessi il collegio risultasse mancante di uno o più componenti, il direttore generale provvede ad acquisire le nuove designazioni dalle amministrazioni competenti. In caso di mancanza di più di due componenti dovrà procedersi alla ricostituzione dell'intero collegio. Qualora il direttore generale non proceda alla ricostituzione del collegio entro trenta giorni, la regione provvede a costituirlo in via straordinaria con un funzionario della regione e due designati dal Ministro del tesoro. Il collegio straordinario cessa le proprie funzioni all'atto dell'insediamento del collegio ordinario. L'indennità annua lorda spettante ai componenti del collegio dei revisori è fissata in misura pari al 10 per cento degli emolumenti del direttore generale dell'unità sanitaria locale. Al presidente del collegio compete una maggiorazione pari al 20 per cento dell'indennità fissata per gli altri componenti. [Il collegio dei revisori vigila sull'osservanza delle leggi, verifica la regolare tenuta della contabilità e la corrispondenza del rendiconto generale alle risultanze delle scritture contabili, esamina il bilancio di previsione e le relative variazioni ed assestamento. Il collegio accerta almeno ogni trimestre la consistenza di cassa e può chiedere notizie al direttore generale sull'andamento dell'unità sanitaria locale. I revisori possono, in qualsiasi momento, procedere, anche individualmente, ad atti di ispezione e di controllo] (18).

14. Nelle unità sanitarie locali il cui ambito territoriale coincide con quello del comune, il sindaco, al fine di corrispondere alle esigenze sanitarie della popolazione, provvede alla definizione, nell'ambito della programmazione regionale, delle linee di indirizzo per l'impostazione programmatica dell'attività, esamina il bilancio pluriennale di previsione ed il bilancio di esercizio e rimette alla regione le relative osservazioni, verifica l'andamento generale dell'attività e contribuisce alla definizione dei piani programmatici trasmettendo le proprie valutazioni e proposte al direttore generale ed alla regione. Nelle unità sanitarie locali il cui ambito territoriale non coincide con il territorio del comune, le funzioni del sindaco sono svolte dalla conferenza dei sindaci o dei presidenti delle circoscrizioni di riferimento territoriale tramite una rappresentanza costituita nel suo seno da non più di cinque componenti nominati dalla stessa conferenza con modalità di esercizio delle funzioni dettate con normativa regionale (19).

(1) *Comma sostituito dall'art. 4, comma 1, lett.* a), *d.lgs. 7 dicembre 1993, n. 517 e successivamente dall'art. 3, comma 1, d.lgs. 19 giugno 1999, n. 229.*

(2) *Comma aggiunto dall'art. 3, comma 1, d.lgs. n. 229, cit. e successivamente modificato dall'art. 1, comma 1, d.lgs. 7 giugno 2000, n. 168.*

(3) *Comma aggiunto dall'art. 3, comma 1, d.lgs. n. 229, cit. e successivamente abrogato dall'art. 256, comma 1, d.lgs. 12 aprile 2006, n. 163.*

(4) *Comma aggiunto dall'art. 3, comma 1, d.lgs. n. 229, cit. e successivamente modificato dall'art. 4, comma 1, lett.* oa) *d.l. 13 settembre 2012, n. 158, conv., con modif., in l. 8 novembre 2012, n. 189.*

(5) *Comma aggiunto dall'art. 3, comma 1, d.lgs. n. 229, cit.*

(6) *Comma abrogato dall'art. 3, comma 2, d.lgs. n. 229, cit.*

(7) *Comma sostituito dall'art. 4, comma 1, lett.* b), *d.lgs. 7 dicembre 1993, n. 517.*

(8) *Comma abrogato dall'art. 3, comma 2, d.lgs. n. 229, cit.*

(9) *Comma sostituito dall'art. 4, comma 1, lett.* c), *d.lgs. 7 dicembre 1993, n. 517 e successivamente modificato dall'art. 3, comma 2, d.lgs. n. 229, cit.*

(10) *Comma sostituito dall'art. 4, comma 1, lett.* d), *del d.lgs. n. 517, cit. e successivamente modificato dall'art. 1, comma 1, d.l. 27 agosto 1994, n. 512, conv., con modif., in l. 17 ottobre 1994, n. 590, dall'art. 3, comma 1, l. 30 novembre 1998, n. 419 e dall'art. 3, comma 2, d.lgs. n. 229, cit. La Corte Costituzionale, con sentenza 11 giugno 1993, n. 355 (in Gazz. Uff., 4 agosto 1993, n. 32), ha dichiarato* l'illegittimità costituzionale *del presente comma.*

(11) *Primo e terzo periodo così sostituiti dall'art. 45, comma 1-quater, d.l. 26 ottobre 2019, n. 124, convertito, con modificazioni, in l. 19 dicembre 2019, n. 157. Il testo del primo periodo era il seguente:* « Il direttore sanitario è un medico [in possesso della idoneità nazionale di

cui all'art. 17] che non abbia compiuto il sessantacinquesimo anno di età e che abbia svolto per almeno cinque anni qualificata attività di direzione tecnico-sanitaria in enti o strutture sanitarie, pubbliche o private, di media o grande dimensione »; il testo del terzo periodo era il seguente: « Il direttore amministrativo è un laureato in discipline giuridiche o economiche che non abbia compiuto il sessantacinquesimo anno di età e che abbia svolto per almeno cinque anni una qualificata attività di direzione tecnica o amministrativa in enti o strutture sanitarie pubbliche o private di media o grande dimensione ».

(12) *Comma sostituito dall'art. 4, comma 1, lett.* e), *d.lgs. n. 517, cit. e, successivamente, modificato dall'art. 2, comma 1-*quinquies, *d.l. 18 novembre 1996, n. 583, conv., con modif., in l. 17 gennaio 1997, n. 4, dall'art. 3, comma 2, d.lgs. n. 229, cit. e, da ultimo, dall'art. 15, comma 13, lett.* f-bis, *d.l. 6 luglio 2012, n. 95, conv., con modif., in l. 7 agosto 2012, n. 135.*

(13) *Comma abrogato dall'art. 3, comma 2, d.lgs. n. 229, cit.*

(14) *Comma sostituito dall'art. 4, comma 1, lett.* f), *d.lgs. n. 517, cit.*

(15) *Comma abrogato, limitatamente a quanto riguarda le cariche di consigliere comunale, provinciale, sindaco, assessore comunale, presidente e assessore di Comunità montane, dall'art. 274, comma 1, lett.* x), *d.lgs. 18 agosto 2000, n. 267. Successivamente, il presente comma è stato interamente abrogato dall'art. 23, comma 1, d.lgs. 8 aprile 2013, n. 39.*

(16) *Comma sostituito dall'art. 4, comma 1, lett.* g), *d.lgs. n. 517, cit. e successivamente abrogato dall'art. 1, comma 1, d.l. n. 512, cit.*

(17) *Comma sostituito dall'art. 4, comma 1, lett.* h), *d.lgs. n. 517, cit. La Corte Costituzionale, con sentenza 11 giugno 1993, n. 355 (in Gazz. Uff., 4 agosto 1993, n. 32), ha dichiarato* l'illegittimità costituzionale *del presente comma.*

(18) *Comma sostituito dall'art. 4, comma 1, lett.* i), *d.lgs. n. 517, cit. e successivamente modificato dall'art. 3, comma 2, d.lgs. n. 229, cit.*

(19) *Comma sostituito dall'art. 4, comma 1, lett.* l), *d.lgs. n. 517, cit.*

3-*bis* Direttore generale, direttore amministrativo e direttore sanitario (1).

1. I provvedimenti di nomina dei direttori generali delle unità sanitarie locali e delle aziende ospedaliere sono adottati esclusivamente con riferimento ai requisiti di cui al comma 3.

2. La nomina del direttore generale deve essere effettuata nel termine perentorio di sessanta giorni dalla data di vacanza dell'ufficio. Scaduto tale termine, si applica l'art. 2, comma 2-*octies*.

3. La regione provvede alla nomina dei direttori generali delle aziende e degli enti del Servizio sanitario regionale, attingendo obbligatoriamente all'elenco regionale di idonei, ovvero agli analoghi elenchi delle altre regioni, costituiti previo avviso pubblico e selezione effettuata, secondo modalità e criteri individuati dalla regione, da parte di una commissione costituita dalla regione medesima in prevalenza tra esperti indicati da qualificate istituzioni scientifiche indipendenti, di cui uno designato dall'Agenzia nazionale per i servizi sanitari regionali, senza nuovi o maggiori oneri a carico della finanza pubblica. Gli elenchi sono aggiornati almeno ogni due anni. Alla selezione si accede con il possesso di laurea magistrale e di adeguata esperienza dirigenziale, almeno quinquennale, nel campo delle strutture sanitarie o settennale negli altri settori, con autonomia gestionale e con diretta responsabilità delle risorse umane, tecniche o finanziarie, nonché di eventuali ulteriori requisiti stabiliti dalla regione. La regione assicura, anche mediante il proprio sito internet, adeguata pubblicità e trasparenza ai bandi, alla procedura di selezione, alle nomine e ai curricula. Resta ferma l'intesa con il rettore per la nomina del direttore generale di aziende ospedaliero-universitarie (2).

4. I direttori generali nominati devono produrre, entro diciotto mesi dalla nomina, il certificato di frequenza del corso di formazione in materia di sanità pubblica e di organizzazione e gestione sanitaria. I predetti corsi sono organizzati ed attivati dalle regioni, anche in ambito interregionale ed in collaborazione con le università o altri soggetti pubblici o privati accreditati ai sensi dell'art. 16-*ter*, operanti nel campo della formazione manageriale, con periodicità almeno biennale. I contenuti, la metodologia delle attività didattiche, la durata dei corsi, non inferiore a centoventi ore programmate in un periodo non superiore a sei mesi, nonché le modalità di conseguimento della certificazione, sono stabiliti, entro centoventi giorni dall'entrata in vigore del decreto legislativo 19 giugno 1999, n. 229, con decreto del Ministro della sanità, previa intesa in sede di Conferenza permanente per i rapporti tra lo Stato, le regioni e le province autonome di Trento e di Bolzano. I direttori generali in carica alla data di entrata in vigore del decreto legislativo 19 giugno 1999, n. 229, producono il certificato di cui al presente comma entro diciotto mesi da tale data (3).

5. Al fine di assicurare una omogeneità nella valutazione dell'attività dei direttori generali, le regioni concordano, in sede di Conferenza delle regioni e delle province autonome, criteri e sistemi per valutare e verificare tale attività, sulla base di obiettivi di salute e di funzionamento dei servizi definiti nel quadro della programmazione regionale, con particolare riferimento all'efficienza, all'efficacia, alla sicurezza, all'ottimizzazione dei servizi sanitari e al rispetto degli equilibri economico-finanziari di bilancio concordati, avvalendosi dei dati e degli elementi forniti anche dall'Agenzia nazionale per i servizi sanitari regionali. All'atto della nomina di ciascun direttore generale, esse definiscono ed assegnano, aggiornandoli periodicamente, gli obiettivi di salute e di funzionamento dei servizi, con riferimento alle relative risorse, ferma restando la piena autonomia gestionale dei direttori stessi (4).

6. Trascorsi diciotto mesi dalla nomina di ciascun direttore generale, la regione verifica i risultati aziendali conseguiti e il raggiungimento degli obiettivi di cui al comma 5 e, sentito il parere del sindaco o della conferenza dei sindaci di cui all'art. 3, comma 14, ovvero, per le aziende ospedaliere, della Conferenza di cui all'art. 2, comma 2-*bis*, procede o meno alla conferma entro i tre mesi successivi alla scadenza del termine. La disposizione si applica in ogni altro procedimento di valutazione dell'operato del direttore generale, salvo quanto disposto dal comma 7.

7. Quando ricorrano gravi motivi o la gestione presenti una situazione di grave disavanzo o in caso di violazione di leggi o del principio di buon andamento e di imparzialità della amministrazione, la regione risolve il contratto dichiarando la decadenza del direttore generale e provvede alla sua sostituzione; in tali casi la regione provvede previo parere della Conferenza di cui all'art. 2, comma 2-*bis*, che si esprime nel termine di dieci giorni dalla richiesta, decorsi inutilmente i quali la risoluzione del contratto può avere comunque corso. Si prescinde dal parere nei casi di particolare gravità e urgenza. Il sindaco o la Conferenza dei sindaci di cui all'art. 3, comma 14, ovvero, per le aziende ospedaliere, la Conferenza di cui all'art. 2, comma 2-*bis*, nel caso di manifesta inattuazione nella realizzazione del Piano attuativo locale, possono chiedere

alla regione di revocare il direttore generale, o di non disporne la conferma, ove il contratto sia già scaduto. Quando i procedimenti di valutazione e di revoca di cui al comma 6 e al presente comma riguardano i direttori generali delle aziende ospedaliere, la Conferenza di cui all'art. 2, comma 2-*bis* è integrata con il sindaco del comune capoluogo della provincia in cui è situata l'azienda.

7-*bis*. L'accertamento da parte della regione del mancato conseguimento degli obiettivi di salute e assistenziali costituisce per il direttore generale grave inadempimento contrattuale e comporta la decadenza automatica dello stesso (5).

8. Il rapporto di lavoro del direttore generale, del direttore amministrativo e del direttore sanitario è esclusivo ed è regolato da contratto di diritto privato, di durata non inferiore a tre e non superiore a cinque anni, rinnovabile, stipulato in osservanza delle norme del titolo terzo del libro quinto del codice civile. La regione disciplina le cause di risoluzione del rapporto con il direttore amministrativo e il direttore sanitario. Il trattamento economico del direttore generale, del direttore sanitario e del direttore amministrativo è definito, in sede di revisione del decreto del Presidente del Consiglio dei Ministri 19 luglio 1995, n. 502, anche con riferimento ai trattamenti previsti dalla contrattazione collettiva nazionale per le posizioni apicali della dirigenza medica e amministrativa.

9. La regione può stabilire che il conferimento dell'incarico di direttore amministrativo sia subordinato, in analogia a quanto previsto per il direttore sanitario dall'articolo 1 del decreto del Presidente della Repubblica 10 dicembre 1997, n. 484, alla frequenza del corso di formazione programmato per il conferimento dell'incarico di direttore generale o del corso di formazione manageriale di cui all'articolo 7 del decreto del Presidente della Repubblica 10 dicembre 1997, n. 484 o di altro corso di formazione manageriale appositamente programmato.

10. La carica di direttore generale è incompatibile con la sussistenza di altro rapporto di lavoro, dipendente o autonomo.

11. La nomina a direttore generale, amministrativo e sanitario determina per i lavoratori dipendenti il collocamento in aspettativa senza assegni e il diritto al mantenimento del posto. L'aspettativa è concessa entro sessanta giorni dalla richiesta. Il periodo di aspettativa è utile ai fini del trattamento di quiescenza e di previdenza. Le amministrazioni di appartenenza provvedono ad effettuare il versamento dei contributi previdenziali ed assistenziali comprensivi delle quote a carico del dipendente, calcolati sul trattamento economico corrisposto per l'incarico conferito nei limiti dei massimali di cui all'articolo 3, comma 7, del decreto legislativo 24 aprile 1997, n. 181, e a richiedere il rimborso di tutto l'onere da esse complessivamente sostenuto all'unità sanitaria locale o all'azienda ospedaliera interessata, la quale procede al recupero della quota a carico dell'interessato (A).

12. Per i direttori generali e per coloro che, fuori dei casi di cui al comma 11, siano iscritti all'assicurazione generale obbligatoria ed alle forme sostitutive ed esclusive della medesima, la contribuzione dovuta sul trattamento economico corrisposto nei limiti dei massimali previsti dall'articolo 3, comma 7, del decreto legislativo 24 aprile 1997, n. 181, è versata dall'unità sanitaria locale o dall'azienda ospedaliera di appartenenza, con recupero della quota a carico dell'interessato.

13. In sede di revisione del decreto del Presidente del Consiglio dei ministri 19 luglio 1995, n. 502 si applica il comma 5 del presente articolo.

14. Il rapporto di lavoro del personale del Servizio sanitario nazionale è regolato dal decreto legislativo 3 febbraio 1993, n. 29, e successive modificazioni. Per la programmazione delle assunzioni si applica l'articolo 39 della legge 27 dicembre 1997, n. 449, e successive modificazioni.

15. In sede di prima applicazione, le regioni possono disporre la proroga dei contratti con i direttori generali in carica all'atto dell'entrata in vigore del presente decreto per un periodo massimo di dodici mesi.

(1) *Articolo aggiunto dall'articolo 3, comma 1, del d.lgs. 19 giugno 1999, n. 229.*

(2) *Comma modificato dall'articolo 2, comma 5, della legge 1° febbraio 2006, n. 43, dall'articolo 1, comma 24-*novies*, del d.l. 18 maggio 2006, n. 181, conv., con modif., in l. 17 luglio 2006, n. 233 e successivamente sostituito dall'articolo 4, comma 1, lettera* a) *del d.l. 13 settembre 2012, n. 158, conv., con modif., in l. 8 novembre 2012, n. 189.*

(3) *Comma modificato dall'articolo 8, comma 3, lettere* c) *e* d)*, del d.lgs. 28 luglio 2000, n. 254.*

(4) *Comma modificato dall'articolo 4, comma 1, lettera* b)*, del d.l. 13 settembre 2012, n. 158, cit.*

(5) *Comma inserito dall'articolo 1, comma 567, della Legge 23 dicembre 2014, n. 190.*

(6) *Si veda quanto disposto dall'art. 9, comma 1, d.lgs. 4 agosto 2016, n. 171: « 1. A decorrere dalla data di istituzione dell'elenco nazionale di cui all'articolo 1, sono abrogate le disposizioni del decreto legislativo 30 dicembre 1992, n. 502, e successive modificazioni, di cui all'articolo 3-*bis*, comma 1, commi da 3 a 7, e commi 13 e 15. Tutti i riferimenti normativi ai commi abrogati dell'articolo 3-*bis* devono, conseguentemente, intendersi come riferimenti alle disposizioni del presente decreto. 2. Restano altresì ferme, in ogni caso, le disposizioni recate dai commi 2, 7-*bis*, 8 per la parte compatibile con le disposizioni del presente decreto, e da 9 a 12 e 14 dell'articolo 3-*bis*, del decreto legislativo 30 dicembre 1992, n. 502, e successive modificazioni, non abrogate dal presente decreto ».*

(A) *In riferimento al presente comma vedi: Circolare Inps 10 gennaio 2013 n. 8.*

3-*ter* Collegio sindacale.

(*Omissis*)

3-*quater* Distretto (1).

1. La legge regionale disciplina l'articolazione in distretti dell'unità sanitaria locale. Il distretto è individuato, sulla base dei criteri di cui all'articolo 2, comma 2-*sexies*, lettera *c*), dall'atto aziendale di cui all'articolo 3, comma 1-*bis*, garantendo una popolazione minima di almeno sessantamila abitanti, salvo che la regione, in considerazione delle caratteristiche geomorfologiche del territorio o della bassa densità della popolazione residente, disponga diversamente.

2. Il distretto assicura i servizi di assistenza primaria relativi alle attività sanitarie e socio-sanitarie di cui al successivo articolo 3-*quinquies*, nonché il coordinamento delle proprie attività con quella dei dipartimenti e dei servizi aziendali, inclusi i presidi ospedalieri, inserendole organicamente nel Programma delle attività territoriali. Al distretto sono attribuite risorse definite

in rapporto agli obiettivi di salute della popolazione di riferimento. Nell'ambito delle risorse assegnate, il distretto è dotato di autonomia tecnico-gestionale ed economico-finanziaria, con contabilità separata all'interno del bilancio della unità sanitaria locale.

3. Il Programma delle attività territoriali, basato sul principio della intersettorialità degli interventi cui concorrono le diverse strutture operative:

a) prevede la localizzazione dei servizi di cui all'articolo 3-*quinquies* sulla base dell'analisi dei bisogni di salute della popolazione, garantita anche dalla piena accessibilità ai dati del Servizio sanitario regionale mediante la realizzazione di un sistema informativo integrato senza nuovi o maggiori oneri per la finanza pubblica (2);

b) determina le risorse per l'integrazione socio-sanitaria di cui all'articolo 3-*septies* e le quote rispettivamente a carico dell'unità sanitaria locale e dei comuni, nonché la localizzazione dei presidi per il territorio di competenza;

c) è proposto, sulla base delle risorse assegnate, dal Comitato dei sindaci di distretto e dal direttore di distretto ed è approvato dal direttore generale (3).

4. Il Comitato dei sindaci di distretto, la cui organizzazione e il cui funzionamento sono disciplinati dalla regione, concorre alla verifica del raggiungimento dei risultati di salute definiti dal Programma delle attività territoriali. Nei comuni la cui ampiezza territoriale coincide con quella dell'unità sanitaria locale o la supera il Comitato dei sindaci di distretto è sostituito dal Comitato dei presidenti di circoscrizione.

(1) *Articolo aggiunto dall'art. 3, comma 1, d.lgs. 19 giugno 1999, n. 229.*

(2) *Lettera così sostituita dall'art. 31-*quater*, comma 1, lett.* a) *d.l. 14 agosto 2020, n. 104, conv., con modif., in l. 13 ottobre 2020, n. 126. Il testo della lettera era il seguente:* « a) prevede la localizzazione dei servizi a gestione diretta di cui all'articolo 3-*quinquies* ».

(3) *Lettera così sostituita dall'art. 31-*quater*, comma 1, lett.* b) *d.l. n. 104, cit. Il testo della lettera era il seguente:* « c) è proposto, sulla base delle risorse assegnate e previo parere del Comitato dei sindaci di distretto, dal direttore di distretto ed è approvato dal direttore generale, d'intesa, limitatamente alle attività socio-sanitarie, con il Comitato medesimo e tenuto conto delle priorità stabilite a livello regionale ».

3-*quinquies* Funzioni e risorse del distretto (1).

1. Le regioni disciplinano l'organizzazione del distretto in modo da garantire:

a) l'assistenza primaria, ivi compresa la continuità assistenziale, attraverso il necessario coordinamento e l'approccio multidisciplinare, in ambulatorio e a domicilio, tra medici di medicina generale, pediatri di libera scelta, servizi di guardia medica notturna e festiva e i presidi specialistici ambulatoriali;

b) il coordinamento dei medici di medicina generale e dei pediatri di libera scelta con le strutture operative a gestione diretta, organizzate in base al modello dipartimentale, nonché con i servizi specialistici ambulatoriali e le strutture ospedaliere ed extraospedaliere accreditate;

c) l'erogazione delle prestazioni sanitarie a rilevanza sociale, connotate da specifica ed elevata integrazione, nonché delle prestazioni sociali di rilevanza sanitaria se delegate dai comuni.

2. Il distretto garantisce:

a) assistenza specialistica ambulatoriale;

b) attività o servizi per la prevenzione e la cura delle tossicodipendenze;

c) attività o servizi consultoriali per la tutela della salute dell'infanzia, della donna e della famiglia;

d) attività o servizi rivolti a disabili ed anziani;

e) attività o servizi di assistenza domiciliare integrata;

f) attività o servizi per le patologie da HIV e per le patologie in fase terminale.

3. Trovano inoltre collocazione funzionale nel distretto le articolazioni organizzative del dipartimento di salute mentale e del dipartimento di prevenzione, con particolare riferimento ai servizi alla persona.

(1) *Articolo aggiunto dall'art. 3, comma 1, d.lgs. 19 giugno 1999, n. 229.*

3-*sexies* Direttore di distretto (1).

1. Il direttore del distretto realizza le indicazioni della direzione aziendale, gestisce le risorse assegnate al distretto, in modo da garantire l'accesso della popolazione alle strutture e ai servizi, l'integrazione tra i servizi e la continuità assistenziale. Il direttore del distretto supporta la direzione generale nei rapporti con i sindaci del distretto.

2. Il direttore di distretto si avvale di un ufficio di coordinamento delle attività distrettuali, composto da rappresentanti delle figure professionali operanti nei servizi distrettuali. Sono membri di diritto di tale ufficio un rappresentante dei medici di medicina generale, uno dei pediatri di libera scelta ed uno degli specialisti ambulatoriali convenzionati operanti nel distretto.

3. L'incarico di direttore di distretto è attribuito dal direttore generale a un dirigente dell'azienda, che abbia maturato una specifica esperienza nei servizi territoriali e un'adeguata formazione nella loro organizzazione, oppure a un medico convenzionato, ai sensi dell'articolo 8, comma 1, da almeno dieci anni, con contestuale congelamento di un corrispondente posto di organico della dirigenza sanitaria.

4. La legge regionale disciplina gli oggetti di cui agli articoli 3-*quater*, comma 3 e 3-*quinquies*, commi 2 e 3, nonché al comma 3 del presente articolo, nel rispetto dei princìpi fondamentali desumibili dalle medesime disposizioni; ove la regione non disponga, si applicano le predette disposizioni.

(1) *Articolo aggiunto dall'art. 3, comma 1, d.lgs. 19 giugno 1999, n. 229.*

3-*septies* Integrazione socio-sanitaria (1).

1. Si definiscono prestazioni socio-sanitarie tutte le attività atte a soddisfare, mediante percorsi assistenziali integrati, bisogni di salute della persona che richiedono unitariamente prestazioni sanitarie e azioni di protezione sociale in grado di garantire, anche nel lungo periodo, la continuità tra le azioni di cura e quelle di riabilitazione.

2. Le prestazioni socio-sanitarie comprendono:

a) prestazioni sanitarie a rilevanza sociale, cioè le attività finalizzate alla promozione della salute, alla prevenzione, individuazione, rimozione e contenimento di esiti degenerativi o invalidanti di patologie congenite e acquisite;

b) prestazioni sociali a rilevanza sanitaria, cioè tutte le attività del sistema sociale che hanno l'obiettivo di supportare la persona in stato di bisogno, con problemi di disabilità o di emarginazione condizionanti lo stato di salute.

3. L'atto di indirizzo e coordinamento di cui all'articolo 2, comma 1, lettera *n*), della legge 30 novembre 1998, n. 419, da emanarsi, entro tre mesi dalla data di entrata in vigore del presente decreto, su proposta del Ministro della sanità e del Ministro per la solidarietà sociale, individua, sulla base dei princìpi e criteri direttivi di cui al presente articolo, le prestazioni da ricondurre alle tipologie di cui al comma 2, lettere *a*) e *b*), precisando i criteri di finanziamento delle stesse per quanto compete alle unità sanitarie locali e ai comuni. Con il medesimo atto sono individuate le prestazioni socio-sanitarie a elevata integrazione sanitaria di cui al comma 4 e alle quali si applica il comma 5, e definiti i livelli uniformi di assistenza per le prestazioni sociali a rilievo sanitario.

4. Le prestazioni socio-sanitarie ad elevata integrazione sanitaria sono caratterizzate da particolare rilevanza terapeutica e intensità della componente sanitaria e attengono prevalentemente alle aree materno-infantile, anziani, handicap, patologie psichiatriche e dipendenze da droga, alcool e farmaci, patologie per infezioni da HIV e patologie in fase terminale, inabilità o disabilità conseguenti a patologie cronico-degenerative.

5. Le prestazioni socio-sanitarie ad elevata integrazione sanitaria sono assicurate dalle aziende sanitarie e comprese nei livelli essenziali di assistenza sanitaria, secondo le modalità individuate dalla vigente normativa e dai piani nazionali e regionali, nonché dai progetti-obiettivo nazionali e regionali.

6. Le prestazioni sociali a rilevanza sanitaria sono di competenza dei Comuni che provvedono al loro finanziamento negli ambiti previsti dalla legge regionale ai sensi dell'articolo 3, comma 2, del decreto legislativo 31 marzo 1998, n. 112. La regione determina, sulla base dei criteri posti dall'atto di indirizzo e coordinamento di cui al comma 3, il finanziamento per le prestazioni sanitarie a rilevanza sociale, sulla base di quote capitarie correlate ai livelli essenziali di assistenza.

7. Con decreto interministeriale, di concerto tra il Ministro della sanità, il Ministro per la solidarietà sociale e il Ministro per la funzione pubblica, è individuata all'interno della Carta dei servizi una sezione dedicata agli interventi e ai servizi socio-sanitari.

8. Fermo restando quanto previsto dal comma 5 e dall'articolo 3-*quinquies*, comma 1, lettera *c*), le regioni disciplinano i criteri e le modalità mediante i quali comuni e aziende sanitarie garantiscono l'integrazione, su base distrettuale, delle prestazioni socio-sanitarie di rispettiva competenza, individuando gli strumenti e gli atti per garantire la gestione integrata dei processi assistenziali socio-sanitari.

(1) *Articolo aggiunto dall'art. 3, comma 1, d.lgs. 19 giugno 1999, n. 229.*

3-*octies* Area delle professioni socio-sanitarie (1).

1. Con decreto del Ministro della sanità, di concerto con il Ministro per la solidarietà sociale e con il Ministro del tesoro, del bilancio e della programmazione economica, sentito il Consiglio superiore di sanità e la Conferenza permanente per i rapporti fra lo Stato, le regioni e le province autonome di Trento e Bolzano, entro novanta giorni dalla data di entrata in vigore del decreto legislativo 19 giugno 1999, n. 229, è disciplinata l'istituzione all'interno del Servizio sanitario nazionale, dell'area sociosanitaria a elevata integrazione sanitaria e sono individuate le relative discipline della dirigenza sanitaria (2).

2. Con decreto del Ministro della sanità, di concerto con il Ministro per la solidarietà sociale, sentito il Ministro per l'università e la ricerca scientifica e tecnologica e acquisito il parere del Consiglio superiore di sanità, sono integrate le tabelle dei servizi e delle specializzazioni equipollenti previste per l'accesso alla dirigenza sanitaria del Servizio sanitario nazionale, in relazione all'istituzione dell'area sociosanitaria a elevata integrazione sanitaria.

3. Con decreto del Ministro della sanità, di concerto con il Ministro per la solidarietà sociale, sono individuati, sulla base di parametri e criteri generali definiti dalla Conferenza unificata di cui all'art. 8 del decreto legislativo 28 agosto 1997, n. 281, i profili professionali dell'area sociosanitaria a elevata integrazione sanitaria.

4. Le figure professionali di livello non dirigenziale operanti nell'area sociosanitaria a elevata integrazione sanitaria, da formare con corsi di diploma universitario, sono individuate con regolamento del Ministro della sanità, di concerto con i Ministri dell'università e della ricerca scientifica e tecnologica e per la solidarietà sociale, ai sensi dell'art. 17, comma 3, della legge 23 agosto 1988, n. 400; i relativi ordinamenti didattici sono definiti dagli atenei, ai sensi dell'art. 17, comma 95, della legge 15 maggio 1997, n. 127, sulla base di criteri generali determinati con decreto del Ministro dell'università e della ricerca scientifica e tecnologica, emanato di concerto con gli altri Ministri interessati, tenendo conto dell'esigenza di una formazione interdisciplinare, adeguata alle competenze delineate nei profili professionali e attuata con la collaborazione di più facoltà universitarie.

5. Le figure professionali operanti nell'area sociosanitaria a elevata integrazione sanitaria, da formare in corsi a cura delle regioni, sono individuate con regolamento del Ministro della sanità di concerto con il Ministro per la solidarietà sociale, sentita la Conferenza permanente per i rapporti fra lo Stato, le regioni e le province autonome di Trento e Bolzano, ai sensi dell'art. 17, comma 3, della legge 23 agosto 1988, n. 400; con lo stesso decreto sono definiti i relativi ordinamenti didattici.

(1) *Articolo aggiunto dall'art. 3, comma 1, d.lgs. 19 giugno 1999, n. 229.*

(2) *Comma modificato dall'art. 8, comma 3, lett.* e), *d.lgs. 28 luglio 2000, n. 254.*

4 Aziende ospedaliere e presidi ospedalieri.

1. Per specifiche esigenze assistenziali, di ricerca scientifica, nonché di didattica del Servizio sanitario nazionale, nel rispetto dei criteri e delle modalità di cui ai commi 1-*bis* e seguenti, possono essere costituiti o confermati in aziende, disciplinate dall'art. 3, gli istituti di ricovero e cura a carattere scientifico di diritto pubblico, con le particolarità procedurali e organizzative previste dalle disposizioni attuative dell'art. 11, comma 1, lettera *b*), della legge 15 marzo 1997, n. 59; le aziende di cui all'art. 6 della legge 30 novembre 1998, n. 419, secondo le specifiche disposizioni definite in sede di attuazione della delega ivi prevista; le aziende ospedaliere di rilievo nazionale o interregionale, alle quali si applicano, salvo che sia diversamente previsto, le disposizioni del presente decreto relative alle unità sanitarie locali. Sino all'emanazione delle disposizioni attuative sugli istituti di ricovero e cura a carattere scientifico, ad essi si applicano le disposizioni del presente decreto relative alla dirigenza sanitaria, ai dipartimenti, alla direzione sanitaria e amministrativa aziendale e al collegio di direzione. Le disposizioni del presente decreto, salvo quanto in esso diversamente disposto, non si applicano ai policlinici universitari e alle aziende ove insistono le facoltà di medicina e chirurgia prima della data indicata dalle disposizioni attuative della delega prevista dall'art. 6 della legge 30 novembre 1998, n. 419; ove tale data non sia prevista, dette disposizioni si applicano a partire dal 1° aprile 2000 (1).

1-*bis*. Nell'ambito della riorganizzazione della rete dei servizi conseguente al riordino del sistema delle aziende previsto dal presente decreto, le regioni possono proporre la costituzione o la conferma in aziende ospedaliere dei presidi ospedalieri in possesso di tutti i seguenti requisiti:

a) organizzazione dipartimentale di tutte le unità operative presenti nella struttura, disciplinata dall'atto di cui all'articolo 3, comma 1-*bis*, in coerenza con l'articolo 17-*bis*;

b) disponibilità di un sistema di contabilità economico patrimoniale e di una contabilità per centri di costo;

c) presenza di almeno tre unità operative di alta specialità secondo le specificazioni di cui al decreto del Ministro della sanità 29 gennaio 1992, pubblicato nella Gazzetta Ufficiale n. 26 del 1° febbraio 1992, e successive modificazioni;

d) dipartimento di emergenza di secondo livello, ai sensi dell'atto di indirizzo e coordinamento approvato con decreto del Presidente della Repubblica 27 marzo 1992, pubblicato nella Gazzetta Ufficiale n. 76 del 31 marzo 1992 e successive modificazioni, secondo le specificazioni contenute nell'Atto di intesa tra Stato e regioni di approvazione delle linee guida sul sistema di emergenza sanitaria pubblicate nella Gazzetta Ufficiale n. 114 del 17 maggio 1996;

e) ruolo di ospedale di riferimento in programmi integrati di assistenza su base regionale e interregionale, così come previsto dal Piano sanitario regionale ed in considerazione della mobilità infraregionale e della frequenza dei trasferimenti da presidi ospedalieri regionali di minore complessità;

f) attività di ricovero in degenza ordinaria, nel corso dell'ultimo triennio, per pazienti residenti in regioni diverse, superiore di almeno il dieci per cento rispetto al valore medio regionale, salvo che per le aziende ubicate in Sicilia e in Sardegna;

g) indice di complessità della casistica dei pazienti trattati in ricovero ordinario, nel corso dell'ultimo triennio, superiore ad almeno il venti per cento del valore medio regionale;

h) disponibilità di un proprio patrimonio immobiliare adeguato e sufficiente per consentire lo svolgimento delle attività istituzionali di tutela della salute e di erogazione di prestazioni sanitarie (2).

1-*ter*. I requisiti di cui alle lettere *c*) e *d*) del comma 1-*bis* non si applicano agli ospedali specializzati di cui al decreto ministeriale 31 gennaio 1995, pubblicato nella Gazzetta Ufficiale n. 127 del 2 giugno 1995. In ogni caso, non si procede alla costituzione o alla conferma in azienda ospedaliera qualora questa costituisca il solo presidio ospedaliero pubblico presente nella azienda unità sanitaria locale (2).

1-*quater*. Le regioni, entro sessanta giorni dalla data di entrata in vigore del presente decreto, trasmettono al Ministro della sanità le proprie indicazioni ai fini della individuazione degli ospedali di rilievo nazionale o interregionale da costituire in azienda ospedaliera avuto riguardo a quanto previsto dai commi 1-*bis* e 1-*ter*. Entro novanta giorni dalla data di entrata in vigore del decreto legislativo 19 giugno 1999, n. 229, il Ministro della sanità, attenendosi alle indicazioni pervenute dalle regioni previa verifica dei requisiti e, in mancanza, sulla base di proprie valutazioni, formula le proprie proposte al Consiglio dei Ministri, il quale individua gli ospedali da costituire in azienda ospedaliera. Entro sessanta giorni dalla data della deliberazione del Consiglio dei Ministri, le regioni costituiscono in azienda, ai sensi del comma 1, i predetti ospedali (3).

1-*quinqu*. Nel predisporre il Piano sanitario regionale, e comunque dopo tre anni dall'entrata in vigore del presente decreto, la regione procede a verificare la permanenza dei requisiti di cui al comma 1-*bis* e a valutare l'equilibrio economico delle aziende ospedaliere costituite nel suo ambito territoriale. In caso di grave disavanzo nel triennio considerato, oppure di perdita dei requisiti di cui al comma 1-*bis*, la costituzione in azienda viene revocata, secondo le procedure previste per la costituzione medesima, e la regione individua l'unità sanitaria locale subentrante nei relativi rapporti attivi e passivi (2).

1-*sexies*. I presidi attualmente costituiti in aziende ospedaliere, con esclusione dei presidi di cui al comma 6, per i quali viene richiesta la conferma e che non soddisfano i requisiti di cui al comma 1-*bis*, possono essere confermati per un periodo massimo di tre anni dalla data di entrata in vigore del decreto legislativo 19 giugno 1999, n. 229, sulla base di un progetto di adeguamento presentato dalla regione, con la procedura di cui al comma 1-*quater*. Alla scadenza del termine previsto nel provvedimento di conferma, ove permanga la carenza dei requisiti, le regioni e il ministero della sanità attivano la procedura di cui all'ultimo periodo del comma 1-*quinquies*; ove i requisiti sussistano, si procede ai sensi del comma 1-*quater* (3).

1-*septies*. Le regioni definiscono le modalità dell'integrazione dell'attività assistenziale delle aziende di cui al comma 1 nella programmazione regionale e le forme della collaborazione con le unità sanitarie locali in rapporto alle esigenze assistenziali dell'ambito territoriale in cui operano, anche ai sensi dell'art. 3-*septies* (2).

1-*octies*. Ai progetti elaborati dalle regioni e finanziati ai sensi dell'art. 1, comma 34-*bis*, della legge 23 dicembre 1996, n. 662 e successive modificazioni, hanno titolo a partecipare anche gli enti e gli istituti di cui al comma 12 (2).

2. Possono essere individuati come ospedali di rilievo nazionale e di alta specializzazione quelli che dispongono di tutte le seguenti caratteristiche:

a) [presenza di almeno tre strutture di alta specialità secondo le specificazioni fornite nel decreto del Ministro della sanità del 29 gennaio 1992, emanato ai sensi dell'art. 5 della legge 23 ottobre 1985, n. 595.] Il Consiglio dei Ministri, su proposta del Ministro della sanità, sentito il Consiglio superiore di sanità e la Conferenza permanente per i rapporti tra lo Stato, le regioni e le province autonome, provvede, sulla base dell'evoluzione scientifica e tecnologica, ad aggiornare periodicamente l'elenco delle attività di alta specialità e dei requisiti necessari per l'esercizio delle attività medesime (4);

[*b*) organizzazione funzionalmente accorpata ed unitaria di tipo dipartimentale di tutti i servizi che compongono una struttura di alta specialità.] (5)

3. Sono ospedali a rilievo nazionale e di alta specializzazione i policlinici universitari, che devono essere inseriti nel sistema di emergenza sanitaria di cui al decreto del Presidente della Repubblica 27 marzo 1992 (6).

[4. Le regioni possono altresì costituire in azienda i presidi ospedalieri in cui insiste la prevalenza del percorso formativo del triennio clinico delle facoltà di medicina e chirurgia, i presidi ospedalieri che operano in strutture di pertinenza dell'università nonché gli ospedali destinati a centro di riferimento della rete dei servizi di emergenza, dotati del dipartimento di emergenza come individuato ai sensi dell'art. 9 del decreto del Presidente della Repubblica del 27 marzo 1992, pubblicato nella Gazzetta Ufficiale n. 76 del 31 marzo 1992 e successive modificazioni ed integrazioni, e che siano, di norma, dotati anche di elisoccorso.] (7)

[5. I policlinici universitari sono aziende dell'università dotate di autonomia organizzativa, gestionale, patrimoniale e contabile. Lo statuto dell'università determina, su proposta della facoltà di medicina, le modalità organizzative e quelle gestionali, nel rispetto dei fini istituzionali, in analogia ai princìpi del presente decreto fissati per l'azienda ospedaliera. La gestione dei policlinici universitari è informata al principio dell'autonomia economico-finanziaria e dei preventivi e consuntivi per centri di costo, basati sulle prestazioni effettuate.] (8)

[6. I presidi ospedalieri in cui insiste la prevalenza del corso formativo del triennio clinico della facoltà di medicina, costituiti in aziende ospedaliere, si dotano del modello gestionale secondo quanto previsto dal presente decreto per le aziende ospedaliere; il direttore generale è nominato d'intesa con il rettore dell'università. La gestione dell'azienda deve essere informata anche all'esigenza di garantire le funzioni istituzionali delle strutture universitarie che vi operano. L'università e l'azienda stabiliscono i casi per i quali è necessaria l'acquisizione del parere della facoltà di medicina per le decisioni che si riflettono sulle strutture universitarie. Nella composizione del consiglio dei sanitari deve essere assicurata la presenza delle componenti universitarie in rapporto alla consistenza numerica delle stesse.] (8)

[7. Le regioni disciplinano entro il 31 gennaio 1995 le modalità di finanziamento delle aziende ospedaliere sulla base dei seguenti princìpi:

a) prevedere l'attribuzione da parte delle regioni per l'anno 1995 di una quota del fondo sanitario destinata alla copertura parziale delle spese necessarie per la gestione determinata nella misura dell'80 per cento dei costi complessivi dell'anno precedente, decurtati dell'eventuale disavanzo di gestione, compresi gli oneri passivi in ragione di quest'ultimo sostenuti;

b) le prestazioni, sia di degenza che ambulatoriali, da rendere a fronte del finanziamento erogato secondo le modalità di cui alla lettera *a*) devono formare oggetto di apposito piano annuale preventivo che, tenuto conto della tariffazione, ne stabilisca quantità presunte e tipologia in relazione alle necessità che più convenientemente possono essere soddisfatte nella sede pubblica. Tale preventivo forma oggetto di contrattazione fra regione e unità sanitarie locali, da una parte, e azienda ospedaliera e presìdi ospedalieri con autonomia economico-finanziaria, dall'altra. La verifica a consuntivo, da parte, rispettivamente, delle regioni e delle unità sanitarie locali dell'osservanza dello stesso preventivo, tenuto conto di eventuali motivati scostamenti, forma criterio di valutazione per la misura del finanziamento delle singole aziende ospedaliere o dei presìdi stessi da erogare nell'anno successivo;

c) prevedere le quote di partecipazione alla spesa eventualmente dovute da parte dei cittadini, gli introiti connessi all'esercizio dell'attività libero-professionale dei diversi operatori ed i corrispettivi relativi a servizi integrativi a pagamento;

d) prevedere i lasciti, le donazioni e le rendite derivanti dall'utilizzo del patrimonio dell'azienda, ed eventuali altre risorse acquisite per contratti e convenzioni.] (9)

[7-*bis*. La remunerazione a tariffa delle prestazioni effettuate rappresenta la base di calcolo ai fini del conguaglio in positivo o in negativo dell'acconto nella misura dell'80 per cento di cui al comma 7. Sulla base delle suddette tariffe sono altresì effettuate le compensazioni della mobilità sanitaria interregionale.] (10)

[7-*ter*. Il sistema di finanziamento di cui al comma 7, valido per l'anno 1995, dovrà essere progressivamente superato nell'arco di un triennio, al termine del quale si dovrà accedere esclusivamente al sistema della remunerazione a prestazione degli erogatori pubblici e privati.] (10)

8. Le aziende ospedaliere, incluse quelle di cui al comma 5, devono chiudere il proprio bilancio in pareg-

gio. L'eventuale avanzo di amministrazione è utilizzato per gli investimenti in conto capitale, per oneri di parte corrente e per eventuali forme di incentivazione al personale da definire in sede di contrattazione. Il verificarsi di ingiustificati disavanzi di gestione o la perdita delle caratteristiche strutturali e di attività prescritte, fatta salva l'autonomia dell'università, comportano rispettivamente il commissariamento da parte della regione e la revoca dell'autonomia aziendale (11).

9. Gli ospedali che non siano costituiti in azienda ospedaliera conservano la natura di presidi dell'unità sanitaria locale. Nelle unità sanitarie locali nelle quali sono presenti più ospedali, questi possono essere accorpati ai fini funzionali. Nei presidi ospedalieri dell'unità sanitaria locale è previsto un dirigente medico in possesso dell'idoneità di cui all'art. 17, come responsabile delle funzioni igienico-organizzative, ed un dirigente amministrativo per l'esercizio delle funzioni di coordinamento amministrativo. Il dirigente medico ed il dirigente amministrativo concorrono, secondo le rispettive competenze, al conseguimento degli obiettivi fissati dal direttore generale. A tutti i presidi di cui al presente comma è attribuita autonomia economico-finanziaria con contabilità separata all'interno del bilancio dell'unità sanitaria locale, con l'introduzione delle disposizioni previste per le aziende ospedaliere, in quanto applicabili (12).

10. Fermo restando quanto previsto dall'art. 3, comma 5, lettera *g*) in materia di personale in esubero, le regioni provvedono alla riorganizzazione di tutti i presidi ospedalieri sulla base delle disposizioni di cui all'art. 4, comma 3, della legge 30 dicembre 1991, n. 412, correlando gli standard ivi previsti con gli indici di degenza media, l'intervallo di turn-over e la rotazione degli assistiti, ed organizzando gli stessi presidi in dipartimenti. All'interno dei presidi ospedalieri e delle aziende di cui al presente articolo sono riservati spazi adeguati, da reperire entro centoventi giorni dalla data di entrata in vigore del decreto legislativo 7 dicembre 1993, n. 517, per l'esercizio della libera professione intramuraria ed una quota non inferiore al 5% e non superiore al 10% dei posti-letto per la istituzione di camere a pagamento. I direttori generali delle nuove unità sanitarie locali e delle aziende ospedaliere e, fino al loro insediamento, gli amministratori straordinari pro-tempore, nonché le autorità responsabili delle aziende di cui al comma 5, sono direttamente responsabili dell'attuazione di dette disposizioni. In caso di inosservanza la regione adotta i conseguenti provvedimenti sostitutivi. In caso di documentata impossibilità di assicurare gli spazi necessari alla libera professione all'interno delle proprie strutture, gli spazi stessi sono reperiti, previa autorizzazione della regione, anche mediante appositi contratti tra le unità sanitarie locali e case di cura o altre strutture sanitarie, pubbliche o private. Per l'attività libero-professionale presso le suddette strutture sanitarie i medici sono tenuti ad utilizzare i modulari delle strutture sanitarie pubbliche da cui dipendono. I contratti sono limitati al tempo strettamente necessario per l'approntamento degli spazi per la libera professione all'interno delle strutture pubbliche e comunque non possono avere durata superiore ad un anno e non possono essere rinnovati. Il ricovero in camere a pagamento comporta l'esborso da parte del ricoverato di una retta giornaliera stabilita in relazione al livello di qualità alberghiera delle stesse, nonché, se trattasi di ricovero richiesto in regime libero-professionale, di una somma forfettaria comprensiva di tutti gli interventi medici e chirurgici, delle prestazioni di diagnostica strumentale e di laboratorio strettamente connesse ai singoli interventi, differenziata in relazione al tipo di interventi stessi. In ciascuna regione, a decorrere dalla data di entrata in vigore della disciplina di riorganizzazione ospedaliera di cui al presente articolo, e comunque entro un triennio dall'entrata in vigore del decreto legislativo 7 dicembre 1993, n. 517, cessano di avere efficacia le disposizioni di cui alla legge 12 febbraio 1968, n. 132, e al decreto del Presidente della Repubblica 27 marzo 1969, n. 128, nonché le disposizioni del decreto del Presidente della Repubblica 27 marzo 1969, n. 129 (13).

11. I posti letto da riservare, ai sensi del comma 10 per la istituzione di camere a pagamento nonché quelli ascritti agli spazi riservati all'esercizio della libera professione intramuraria, non concorrono ai fini dello standard dei posti letto per mille abitanti previsto dall'art. 4, comma 3, della legge 30 dicembre 1991, n. 412.

11-*bis*. Al fine di consentire in condizione di compatibilità e di coerenza con le esigenze e le finalità assistenziali delle unità sanitarie locali e delle aziende ospedaliere, l'esercizio delle attività libero professionali in regime ambulatoriale all'interno delle strutture e dei servizi, le disposizioni di cui all'art. 35, comma 2, lettera *d*), del decreto del Presidente della Repubblica 20 dicembre 1979, n. 761, si applicano anche al restante personale della dirigenza del ruolo sanitario di cui all'art. 15 del presente decreto. Per le prestazioni di consulenza e per la ripartizione dei proventi derivanti dalle predette attività si applicano le vigenti disposizioni contrattuali (14).

12. Nulla è innovato alla vigente disciplina per quanto concerne l'ospedale Galliera di Genova, l'Ordine Mauriziano e gli istituti ed enti che esercitano l'assistenza ospedaliera di cui agli articoli 40, 41 e 43, secondo comma, della legge 23 dicembre 1978, n. 833, fermo restando che l'apporto dell'attività dei suddetti presidi ospedalieri al Servizio sanitario nazionale è regolamentato con le modalità previste dal presente articolo. Entro un anno dalla data di entrata in vigore del decreto legislativo 7 dicembre 1993, n. 517, i requisiti tecnico-organizzativi ed i regolamenti sulla dotazione organica e sull'organizzazione dei predetti presidi sono adeguati, per la parte compatibile, ai princìpi del presente decreto e a quelli di cui all'art. 4, comma 7, della legge 30 dicembre 1991, n. 412, e sono approvati con decreto del Ministro della sanità (15).

13. I rapporti tra l'ospedale Bambino Gesù, appartenente alla Santa Sede, le strutture del Sovrano Militare Ordine di Malta ed il Servizio sanitario nazionale relativamente all'attività assistenziale, sono disciplinati da appositi accordi da stipularsi rispettivamente tra la Santa Sede, il Sovrano Militare Ordine di Malta ed il Governo italiano.

(1) *Comma sostituito dall'art. 5, comma 1, lett.* a), *d.lgs. 7 dicembre 1993, n. 517 e successivamente dall'art. 4, comma 1, d.lgs. 19 giugno 1999, n. 229.*

(2) *Comma aggiunto dall'art. 4, comma 2, d.lgs. 19 giugno 1999, n. 229.*
(3) *Comma aggiunto dall'art. 4, comma 2, d.lgs. 19 giugno 1999, n. 229 e successivamente modificato dall'art. 8, comma 3, lett. f), d.lgs. 28 luglio 2000, n. 254.*
(4) *Lettera modificata dall'art. 4, comma 3, d.lgs. 19 giugno 1999, n. 229.*
(5) *Lettera abrogata dall'art. 4, comma 3, d.lgs. 19 giugno 1999, n. 229.*
(6) *Comma sostituito dall'art. 5, comma 1, lett. b), d.lgs. 7 dicembre 1993, n. 517. La Corte Costituzionale, con sentenza 11 giugno 1993, n. 355 (in Gazz. Uff., 4 agosto 1993, n. 32), aveva dichiarato l'illegittimità costituzionale del presente comma.*
(7) *Comma sostituito dall'art. 5, comma 1, lett. c), d.lgs. 7 dicembre 1993, n. 517 e successivamente abrogato dall'art. 4, comma 3, d.lgs. 19 giugno 1999, n. 229.*
(8) *Comma abrogato dall'art. 2, comma 10, d.lgs. 21 dicembre 1999, n. 517.*
(9) *Comma sostituito dall'art. 5, comma 1, lett. d), d.lgs. 7 dicembre 1993, n. 517 e dall'art. 6, comma 5, l. 23 dicembre 1994, n. 724 e successivamente abrogato dall'art. 4, comma 3, d.lgs. 19 giugno 1999, n. 229.*
(10) *Comma aggiunto dall'art. 6, comma 5, l. 23 dicembre 1994, n. 724 e successivamente abrogato dall'art. 4, comma 3, d.lgs. 19 giugno 1999, n. 229.*
(11) *Comma sostituito dall'art. 5, comma 1, lett. e), d.lgs. 7 dicembre 1993, n. 517. La Corte Costituzionale, con sentenza 11 giugno 1993, n. 355 (in Gazz. Uff., 4 agosto 1993, n. 32), aveva dichiarato l'illegittimità costituzionale del presente comma.*
(12) *Comma sostituito dall'art. 5, comma 1, lett. f), d.lgs. 7 dicembre 1993, n. 517.*
(13) *Comma sostituito dall'art. 5, comma 1, lett. g), d.lgs. 7 dicembre 1993, n. 517.*
(14) *Comma aggiunto dall'art. 5, comma 1, lett. h), d.lgs. 7 dicembre 1993, n. 517.*
(15) *Comma sostituito dall'art. 5, comma 1, lett. i), d.lgs. 7 dicembre 1993, n. 517.*

5-5-*bis* (*Omissis*).

6 Rapporti tra Servizio sanitario nazionale ed Università.

[1. Le regioni, nell'ambito della programmazione regionale, stipulano specifici protocolli d'intesa con le università per regolamentare l'apporto alle attività assistenziali del servizio sanitario delle facoltà di medicina, nel rispetto delle loro finalità istituzionali didattiche e scientifiche. Le università concordano con le regioni e le province autonome di Trento e di Bolzano, nell'ambito dei protocolli d'intesa di cui al presente comma, ogni eventuale utilizzazione di strutture assistenziali private, purché accreditate e qualora non siano disponibili strutture nell'azienda di riferimento e, in via subordinata, in altre strutture pubbliche. Le università contribuiscono, per quanto di competenza, all'elaborazione dei piani sanitari regionali. La programmazione sanitaria, ai fini dell'individuazione della dislocazione delle strutture sanitarie, deve tener conto della presenza programmata delle strutture universitarie. Le università e le regioni possono, d'intesa, costituire policlinici universitari, mediante scorporo e trasferimento da singoli stabilimenti ospedalieri di strutture universitarie od ospedaliere, accorpandole in stabilimenti omogenei tenendo conto delle esigenze della programmazione regionale. I rapporti in attuazione delle predette intese sono regolati, ove necessario, con appositi accordi tra le università, le aziende ospedaliere e le unità sanitarie locali interessate.] (1)

2. Per soddisfare le specifiche esigenze del Servizio sanitario nazionale, connesse alla formazione degli specializzandi e all'accesso ai ruoli dirigenziali del Servizio sanitario nazionale, le università e le regioni stipulano specifici protocolli di intesa per disciplinare le modalità della reciproca collaborazione. I rapporti in attuazione delle predette intese sono regolati con appositi accordi tra le università, le aziende ospedaliere, le unità sanitarie locali, gli istituti di ricovero e cura a carattere scientifico e gli istituti zooprofilattici sperimentali. Ferma restando la disciplina di cui al decreto legislativo 8 agosto 1991, n. 257, sulla formazione specialista, nelle scuole di specializzazione attivate presso le predette strutture sanitarie in possesso dei requisiti di idoneità di cui all'art. 7 del citato decreto legislativo n. 257/1991, la titolarità dei corsi di insegnamento previsti dall'ordinamento didattico universitario è affidata ai dirigenti delle strutture presso le quali si svolge la formazione stessa, in conformità ai protocolli d'intesa di cui al comma 1. Ai fini della programmazione del numero degli specialisti da formare, si applicano le disposizioni di cui all'art. 2 del decreto legislativo 8 agosto 1991, n. 257, tenendo anche conto delle esigenze conseguenti alle disposizioni sull'accesso alla dirigenza di cui all'art. 15 del presente decreto. Il diploma di specializzazione conseguito presso le predette scuole è rilasciato a firma del direttore della scuola e del rettore dell'università competente. Sulla base delle esigenze di formazione e di prestazioni rilevate dalla programmazione regionale, analoghe modalità per l'istituzione dei corsi di specializzazione possono essere previste per i presidi ospedalieri delle unità sanitarie locali, le cui strutture siano in possesso dei requisiti di idoneità previsti dall'art. 7 del decreto legislativo 8 agosto 1991, n. 257 (2).

3. A norma dell'art. 1, lettera *o*), della legge 23 ottobre 1992, n. 421, la formazione del personale sanitario infermieristico, tecnico e della riabilitazione avviene in sede ospedaliera ovvero presso altre strutture del Servizio sanitario nazionale e istituzioni private accreditate. I requisiti di idoneità e l'accreditamento delle strutture sono disciplinati con decreto del Ministro dell'università e della ricerca scientifica e tecnologica d'intesa con il Ministro della sanità. Il Ministro della sanità individua con proprio decreto le figure professionali da formare ed i relativi profili. Il relativo ordinamento didattico è definito, ai sensi dell'art. 9 della legge 19 novembre 1990, n. 341, con decreto del Ministro dell'università e della ricerca scientifica e tecnologica emanato di concerto con il Ministro della sanità. Per tali finalità le regioni e le università attivano appositi protocolli di intesa per l'espletamento dei corsi di cui all'art. 2 della legge 19 novembre 1990, n. 341. La titolarità dei corsi di insegnamento previsti dall'ordinamento didattico universitario è affidata di norma a personale del ruolo sanitario dipendente dalle strutture presso le quali si svolge la formazione stessa, in possesso dei requisiti previsti. I rapporti in attuazione delle predette intese sono regolati con appositi accordi tra le università, le aziende ospedaliere, le unità sanitarie locali, le istituzioni pubbliche e private accreditate e gli istituti di ricovero e cura a carattere scientifico. I diplomi conseguiti sono rilasciati a firma del responsabile del corso e del rettore dell'università competente. L'esame finale, che consiste in una prova scritta ed in una prova pratica, abilita all'esercizio professionale.

Nelle commissioni di esame è assicurata la presenza di rappresentanti dei collegi professionali, ove costituiti. I corsi di studio relativi alle figure professionali individuate ai sensi del presente articolo e previsti dal precedente ordinamento che non siano stati riordinati ai sensi del citato art. 9 della legge 19 novembre 1990, n. 341, sono soppressi entro due anni a decorrere dal 1° gennaio 1994, garantendo, comunque, il completamento degli studi agli studenti che si iscrivono entro il predetto termine al primo anno di corso. A decorrere dalla data di entrata in vigore del presente decreto, per l'accesso alle scuole ed ai corsi disciplinati dal precedente ordinamento è in ogni caso richiesto il possesso di un diploma di scuola secondaria superiore di secondo grado di durata quinquennale. Alle scuole ed ai corsi disciplinati dal precedente ordinamento e per il predetto periodo temporale possono accedere gli aspiranti che abbiano superato il primo biennio di scuola secondaria superiore per i posti che non dovessero essere coperti dai soggetti in possesso del diploma di scuola secondaria superiore di secondo grado (3).

4. In caso di mancata stipula dei protocolli di intesa di cui al presente articolo, entro centoventi giorni dalla costituzione delle nuove unità sanitarie locali e delle aziende ospedaliere, previa diffida, gli accordi sono approvati dal Presidente del Consiglio dei Ministri su proposta dei Ministri della sanità e dell'università e della ricerca scientifica e tecnologica (4).

5. Nelle strutture delle facoltà di medicina e chirurgia il personale laureato medico ed odontoiatra di ruolo, in servizio alla data del 31 ottobre 1992, dell'area tecnico-scientifica e socio-sanitaria, svolge anche le funzioni assistenziali. In tal senso è modificato il contenuto delle attribuzioni dei profili del collaboratore e del funzionario tecnico socio-sanitario in possesso del diploma di laurea in medicina e chirurgia ed in odontoiatria. é fatto divieto alle università di assumere nei profili indicati i laureati in medicina e chirurgia ed in odontoiatria (5).

(1) *Comma sostituito dall'art. 7, comma 1, lett.* a), *d.lgs. 7 dicembre 1993, n. 517, successivamente modificato dall'art. 3, comma 2, l. 30 novembre 1998, n. 419 e da ultimo abrogato dall'art. 1, comma 5, d.lgs. 21 dicembre 1999, n. 517.*

(2) *Comma sostituito dall'art. 7, comma 1, lett.* b), *d.lgs. 7 dicembre 1993, n. 517.*

(3) *Comma sostituito dall'art. 7, comma 1, lett.* c), *d.lgs. 7 dicembre 1993, n. 517.*

(4) *Comma sostituito dall'art. 7, comma 1, lett.* d), *d.lgs. 7 dicembre 1993, n. 517.*

(5) *Comma sostituito dall'art. 7, comma 1, lett.* e), *d.lgs. 7 dicembre 1993, n. 517.*

6-*bis* Protocolli d'intesa tra le regioni, le università e le strutture del Servizio sanitario nazionale (1).

[1. Con decreto del Ministro della sanità, di concerto con il Ministro dell'università e della ricerca scientifica e tecnologica, sentita la Conferenza permanente per i rapporti fra lo Stato, le regioni e le province autonome dì Trento e di Bolzano, sono elaborate ogni tre anni linee guida per la stipulazione di protocolli d'intesa tra le regioni, le università e le strutture del Servizio sanitario nazionale, determinando i parametri al fine di individuare le strutture universitarie per lo svolgimento delle attività assistenziali e le strutture per la formazione specialistica e i diplomi universitari.] (2)

2. Fino all'emanazione del decreto di cui al comma 1 si applicano le linee guida di cui al decreto dei Ministri della sanità e dell'università e della ricerca scientifica e tecnologica 31 luglio 1997, pubblicato nella Gazzetta Ufficiale n. 181 del 5 agosto 1997 (3).

3. Fino all'emanazione del decreto di cui al comma 1 le strutture sono individuate, per quanto concerne la formazione specialistica, in conformità al decreto del Ministro dell'università e della ricerca scientifica e tecnologica 17 dicembre 1997, pubblicato nella Gazzetta Ufficiale n. 17 del 21 gennaio 1997 e, per quanto concerne i diplomi universitari, in conformità al decreto del Ministro dell'università e della ricerca scientifica e tecnologica 24 settembre 1997, pubblicato nella Gazzetta Ufficiale n. 234 del 7 ottobre 1997 (3).

(1) *Articolo aggiunto dall'art. 6, comma 1, d.lgs. 19 giugno 1999, n. 229.*

(2) *Comma abrogato dall'art. 1, comma 5, d.lgs. 21 dicembre 1999, n. 517.*

(3) *Per il differimento del termine di cui al presente comma vedi l'art. 1, comma 5, d.lgs. 21 dicembre 1999, n. 517.*

6-*ter* Fabbisogno di personale sanitario (1).

1. Entro il 30 aprile di ciascun anno il Ministro della sanità, sentiti la Conferenza permanente per i rapporti fra lo Stato, le regioni e le province autonome di Trento e di Bolzano e la Federazione nazionale degli Ordini dei medici chirurghi e odontoiatri e degli altri Ordini e Collegi professionali interessati, determina con uno o più decreti il fabbisogno per il Servizio sanitario nazionale, anche suddiviso per regioni, in ordine ai medici chirurghi, veterinari, odontoiatri, farmacisti, biologi, chimici, fisici, psicologi, nonché al personale sanitario infermieristico, tecnico e della riabilitazione ai soli fini della programmazione da parte del Ministero dell'università e della ricerca scientifica e tecnologica degli accessi ai corsi di diploma di laurea, alle scuole di formazione specialistica e ai corsi di diploma universitario. Con la stessa procedura è determinato, altresì, il fabbisogno degli ottici, degli odontotecnici e del restante personale sanitario e socio-sanitario che opera nei servizi e nelle strutture del Servizio sanitario nazionale.

2. A tali fini i decreti di cui al comma 1 tengono conto di:

a) obiettivi e livelli essenziali di assistenza indicati dal Piano sanitario nazionale e da quelli regionali;

b) modelli organizzativi dei servizi;

c) offerta di lavoro;

d) domanda di lavoro, considerando il personale in corso di formazione e il personale già formato, non ancora immesso nell'attività lavorativa.

3. Gli enti pubblici e privati e gli ordini e collegi professionali sono tenuti a fornire al Ministero della sanità i dati e gli elementi di valutazione necessari per la determinazione dei fabbisogni riferiti alle diverse categorie professionali; in caso di inadempimento entro il termine prescritto il Ministero provvede all'acquisizione dei dati attraverso commissari ad acta ponendo a carico degli enti inadempienti gli oneri a tal fine sostenuti (2).

(1) *Articolo aggiunto dall'art. 6, comma 1, d.lgs. 19 giugno 1999, n. 229.*

(2) *Per la determinazione del fabbisogno delle professioni sanitarie per l'anno accademico 2003-2004 vedi la deliberazione 13 novembre 2003.*

7 (*Omissis*).

7-*bis* Dipartimento di prevenzione.

1. Le regioni disciplinano l'istituzione e l'organizzazione del dipartimento della prevenzione secondo i principi contenuti nelle disposizioni del presente articolo e degli articoli 7-*ter* e 7-*quater*. Il dipartimento di prevenzione è struttura operativa dell'unità sanitaria locale che garantisce la tutela della salute collettiva, perseguendo obiettivi di promozione della salute, prevenzione delle malattie e delle disabilità, miglioramento della qualità della vita.

2. A tal fine il dipartimento di prevenzione promuove azioni volte a individuare e rimuovere le cause di nocività e malattia di origine ambientale, umana e animale, mediante iniziative coordinate con i distretti, con i dipartimenti dell'azienda sanitaria locale e delle aziende ospedaliere, prevedendo il coinvolgimento di operatori di diverse discipline. Partecipa alla formulazione del programma di attività della unità sanitaria locale, formulando proposte d'intervento nelle materie di competenza e indicazioni in ordine alla loro copertura finanziaria (1).

(1) *Articolo aggiunto dall'art. 7, comma 1, d.lgs. 19 giugno 1999, n. 229.*

7-*ter* Funzioni del dipartimento di prevenzione (1).

1. In base alla definizione dei livelli essenziali di assistenza, il dipartimento di prevenzione garantisce le seguenti funzioni di prevenzione collettiva e sanità pubblica anche a supporto dell'autorità sanitaria locale:

a) profilassi delle malattie infettive e parassitarie;

b) tutela della collettività dai rischi sanitari degli ambienti di vita anche con riferimento agli effetti sanitari degli inquinanti ambientali;

c) tutela della collettività e dei singoli dai rischi infortunistici e sanitari connessi agli ambienti di lavoro;

d) sanità pubblica veterinaria, che comprende sorveglianza epidemiologica delle popolazioni animali e profilassi delle malattie infettive e parassitarie; farmacovigilanza veterinaria; igiene delle produzioni zootecniche; tutela igienico-sanitaria degli alimenti di origine animale;

e) tutela igienico-sanitaria degli alimenti;

f) sorveglianza e prevenzione nutrizionale;

f-bis) tutela della salute nelle attività sportive (2).

2. Il dipartimento di prevenzione contribuisce inoltre alle attività di promozione della salute e di prevenzione delle malattie cronico-degenerative in collaborazione con gli altri servizi e dipartimenti aziendali.

(1) *Articolo aggiunto dall'art. 7, comma 2, d.lgs. 19 giugno 1999, n. 229.*

(2) *Lettera aggiunta dall'art. 8, comma 3, lett.* s), *d.lgs. 28 luglio 2000, n. 254.*

7-*quater* Organizzazione del dipartimento di prevenzione (1).

1. Il dipartimento di prevenzione opera nell'ambito del Piano attuativo locale, ha autonomia organizzativa e contabile ed è organizzato in centri di costo e di responsabilità. Il direttore del dipartimento è scelto dal direttore generale tra i direttori di struttura complessa del dipartimento con almeno cinque anni di anzianità di funzione e risponde alla direzione aziendale del perseguimento degli obiettivi aziendali, dell'assetto organizzativo e della gestione, in relazione alle risorse assegnate (2).

2. Le regioni disciplinano l'articolazione delle aree dipartimentali di sanità pubblica, della tutela della salute negli ambienti di lavoro e della sanità pubblica veterinaria, prevedendo strutture organizzative specificamente dedicate a:

a) igiene e sanità pubblica;

b) igiene degli alimenti e della nutrizione;

c) prevenzione e sicurezza degli ambienti di lavoro;

d) sanità animale;

e) igiene della produzione, trasformazione, commercializzazione, conservazione e trasporto degli alimenti di origine animale e loro derivati;

f) igiene degli allevamenti e delle produzioni zootecniche.

3. Le strutture organizzative si distinguono in servizi o in unità operative, in rapporto all'omogeneità della disciplina di riferimento ed alle funzioni attribuite, nonché alle caratteristiche e alle dimensioni del bacino di utenza.

4. Le strutture organizzative dell'area di sanità pubblica veterinaria e sicurezza alimentare operano quali centri di responsabilità, dotati di autonomia tecnico-funzionale e organizzativa nell'ambito della struttura dipartimentale, e rispondono del perseguimento degli obiettivi dipartimentali e aziendali, dell'attuazione delle disposizioni normative e regolamentari regionali, nazionali e internazionali, nonché della gestione delle risorse economiche attribuite (3).

4-*bis*. L'articolazione delle aree dipartimentali nelle strutture organizzative di cui al comma 2 rappresenta il livello di organizzazione che le regioni assicurano per garantire l'esercizio delle funzioni comprese nei livelli essenziali di assistenza, nonché l'osservanza degli obblighi previsti dall'ordinamento dell'Unione europea (4).

4-*ter*. Le regioni assicurano che le strutture organizzative di cui alle lettere *b*), *d*), *e*) e *f*) del comma 2 siano dotate di personale adeguato, per numero e qualifica, a garantire le finalità di cui al comma 4-*bis*, nonché l'adempimento degli obblighi derivanti dall'ordinamento dell'Unione europea in materia di controlli ufficiali, previsti dal regolamento (CE) n. 882/2004 del Parlamento europeo e del Consiglio, del 29 aprile 2004 (4).

4-*quater*. Le strutture organizzative di cui al comma 2 sono possibilmente individuate quali strutture complesse (4).

5. Nella regolamentazione del dipartimento di prevenzione, le regioni possono prevedere, secondo le

articolazioni organizzative adottate, la disciplina delle funzioni di medicina legale e necroscopica ovvero di altre funzioni di prevenzione comprese nei livelli essenziali di assistenza (5).

(1) *Articolo aggiunto dall'art. 7, comma 2, d.lgs. 19 giugno 1999, n. 229.*
(2) *Comma modificato dall'art. 4, comma 1, lett.* b-bis), *n. 1) d.l. 13 settembre 2012, n. 158, conv., con modif., in l. 8 novembre 2012, n. 189.*
(3) *Comma sostituito dall'art. 4, comma 1, lett.* b-bis), *n. 2) d.l. 13 settembre 2012, n. 158, cit.*
(4) *Comma inserito dall'art. 1, comma 582, l. 23 dicembre 2014, n. 190.*
(5) *Comma modificato dall'art. 4, comma 1, lett.* b-bis), *n. 3) d.l. 13 settembre 2012, n. 158, cit.*

7-*quinquies*-7-*septies* (*Omissis*).

7-*octies* Coordinamento delle attività di prevenzione nei luoghi di lavoro (1).

1. Con atto di indirizzo e coordinamento, emanato ai sensi dell'articolo 8 della legge 15 marzo 1997, n. 59, sono definiti, sulla base dei princìpi e criteri di cui agli articolo 7-*bis* e 7-*ter*, gli indirizzi per un programma di azione nazionale per la prevenzione degli infortuni e la tutela della salute nei luoghi di lavoro, con particolare attenzione al coordinamento fra le competenze ispettive delle unità sanitarie locali, cui spetta la vigilanza sull'ambiente di lavoro, e quelle degli ispettorati del lavoro e dell'INAIL, nonché delle altre strutture di vigilanza, fermo restando quanto previsto in materia dal decreto legislativo 19 settembre 1994, n. 626, e in particolare gli articoli 25 e 27.

2. Il dipartimento di prevenzione assicura, nella programmazione della propria attività destinata alla tutela della salute e della sicurezza negli ambienti di lavoro, il raccordo con gli organismi paritetici previsti dall'articolo 20 del decreto legislativo 19 settembre 1994, n. 626, o, qualora non ancora costituiti, con le parti sociali.

(1) *Articolo aggiunto dall'art. 7, comma 2, d.lgs. 19 giugno 1999, n. 229.*

TITOLO II
Prestazioni

8 Disciplina dei rapporti per l'erogazione delle prestazioni assistenziali.

1. Il rapporto tra il Servizio sanitario nazionale, i medici di medicina generale ed i pediatri di libera scelta è disciplinato da apposite convenzioni di durata triennale conformi agli accordi collettivi nazionali stipulati, ai sensi dell'art. 4, comma 9, della legge 30 dicembre 1991, n. 412, con le organizzazioni sindacali di categoria maggiormente rappresentative in campo nazionale. La rappresentatività delle organizzazioni sindacali è basata sulla consistenza associativa. Detti accordi devono tenere conto dei seguenti princìpi:

oa) prevedere che le attività e le funzioni disciplinate dall'accordo collettivo nazionale siano individuate tra quelle previste nei livelli essenziali di assistenza di cui all'articolo 1, comma 2, nei limiti delle disponibilità finanziarie complessive del Servizio sanitario nazionale, fatto salvo quanto previsto dalle singole regioni con riguardo ai livelli di assistenza ed alla relativa copertura economica a carico del bilancio regionale (1);

a) prevedere che la scelta del medico è liberamente effettuata dall'assistito, nel rispetto di un limite massimo di assistiti per medico, ha validità annuale ed è tacitamente rinnovata;

b) regolamentare la possibilità di revoca della scelta da parte dell'assistito nel corso dell'anno nonché la ricusazione della scelta da parte del medico, qualora ricorrano eccezionali ed accertati motivi di incompatibilità;

b-bis) nell'ambito dell'organizzazione distrettuale del servizio, garantire l'attività assistenziale per l'intero arco della giornata e per tutti i giorni della settimana, nonché un'offerta integrata delle prestazioni dei medici di medicina generale, dei pediatri di libera scelta, della guardia medica, della medicina dei servizi e degli specialisti ambulatoriali, adottando forme organizzative monoprofessionali, denominate aggregazioni funzionali territoriali, che condividono, in forma strutturata, obiettivi e percorsi assistenziali, strumenti di valutazione della qualità assistenziale, linee guida, audit e strumenti analoghi, nonché forme organizzative multiprofessionali, denominate unità complesse di cure primarie, che erogano prestazioni assistenziali tramite il coordinamento e l'integrazione dei professionisti delle cure primarie e del sociale a rilevanza sanitaria tenuto conto della peculiarità delle aree territoriali quali aree metropolitane, aree a popolazione sparsa e isole minori (2);

b-ter) prevedere che per le forme organizzative multiprofessionali le aziende sanitarie possano adottare, anche per il tramite del distretto sanitario, forme di finanziamento a budget (2);

b-quater) definire i compiti, le funzioni ed i criteri di selezione del referente o del coordinatore delle forme organizzative previste alla lettera *b-bis*) (2);

b-quinquies) disciplinare le condizioni, i requisiti e le modalità con cui le regioni provvedono alla dotazione strutturale, strumentale e di servizi delle forme organizzative di cui alla lettera *b-bis*) sulla base di accordi regionali o aziendali, potendo prevedere un incremento del numero massimo di assistiti in carico ad ogni medico di medicina generale nell'ambito dei modelli organizzativi multi professionali nei quali è prevista la presenza oltre che del collaboratore di studio, anche di personale infermieristico e dello psicologo, senza ulteriori oneri a carico della finanza pubblica (2);

b-sexies) prevedere le modalità attraverso le quali le aziende sanitarie locali, sulla base della programmazione regionale e nell'ambito degli indirizzi nazionali, individuano gli obiettivi e concordano i programmi di attività delle forme aggregative di cui alla lettera *b-bis*) e definiscono i conseguenti livelli di spesa programmati, in coerenza con gli obiettivi e i programmi di attività del distretto, anche avvalendosi di quanto previsto nella lettera *b-ter*) (2);

b-septies) prevedere che le convenzioni nazionali definiscano standard relativi all'erogazione delle prestazioni assistenziali, all'accessibilità ed alla continuità delle cure, demandando agli accordi integrativi regionali la definizione di indicatori e di percorsi applicativi (2);

c) disciplinare gli ambiti e le modalità di esercizio della libera professione prevedendo che: il tempo complessivamente dedicato alle attività in libera professione non rechi pregiudizio al corretto e puntuale svolgimento degli obblighi del medico, nello studio medico e al domicilio del paziente; le prestazioni offerte in attività libero-professionale siano definite nell'ambito della convenzione, anche al fine di escludere la coincidenza tra queste e le prestazioni incentivanti di cui alla lettera d); il medico sia tenuto a comunicare all'azienda unità sanitaria locale l'avvio dell'attività in libera professione, indicandone sede ed orario di svolgimento, al fine di consentire gli opportuni controlli; sia prevista una preferenza nell'accesso a tutte le attività incentivate previste dagli accordi integrativi in favore del medici che non esercitano attività libero-professionale strutturata nei confronti dei propri assistiti. Fino alla stipula della nuova convenzione sono fatti salvi i rapporti professionali in atto con le aziende termali. In ogni caso, il non dovuto pagamento, anche parziale, di prestazioni da parte dell'assistito o l'esercizio di attività libero-professionale al di fuori delle modalità e dei limiti previsti dalla convenzione comportano l'immediata cessazione del rapporto convenzionale con il Servizio sanitario nazionale;

d) ridefinire la struttura del compenso spettante al medico, prevedendo una quota fissa per ciascun soggetto iscritto alla sua lista, corrisposta su base annuale in rapporto alle funzioni definite in convenzione; una quota variabile in considerazione del raggiungimento degli obiettivi previsti dai programmi di attività e del rispetto dei conseguenti livelli di spesa programmati di cui alla lettera f); una quota variabile in considerazione dei compensi per le prestazioni e le attività previste negli accordi nazionali e regionali, in quanto funzionali allo sviluppo dei programmi di cui alla lettera f);

[e) garantire l'attività assistenziale per l'intero arco della giornata e per tutti i giorni della settimana attraverso il coordinamento operativo e l'integrazione professionale, nel rispetto degli obblighi individuali derivanti dalle specifiche convenzioni, fra l'attività dei medici di medicina generale, dei pediatri di libera scelta, della guardia medica e della medicina dei servizi, attraverso lo sviluppo di forme di associazionismo professionale e la organizzazione distrettuale del servizio;] (3)

[f) prevedere le modalità attraverso le quali le unità sanitarie locali, sulla base della programmazione regionale e nell'ambito degli indirizzi nazionali, individuano gli obiettivi, concordano i programmi di attività e definiscono i conseguenti livelli di spesa programmati dei medici singoli od associati, in coerenza con gli obiettivi ed i programmi di attività del distretto;] (4)

f-bis) prevedere la possibilità per le aziende sanitarie di stipulare accordi per l'erogazione di specifiche attività assistenziali, con particolare riguardo ai pazienti affetti da patologia cronica, secondo modalità e in funzione di obiettivi definiti in ambito regionale (5);

g) disciplinare le modalità di partecipazione dei medici alla definizione degli obiettivi e dei programmi di attività del distretto e alla verifica del loro raggiungimento;

h) prevedere che l'accesso al ruolo unico per le funzioni di medico di medicina generale del Servizio sanitario nazionale avvenga attraverso una graduatoria unica per titoli, predisposta annualmente a livello regionale e secondo un rapporto ottimale definito nell'ambito degli accordi regionali, in modo che l'accesso medesimo sia consentito ai medici forniti dell'attestato o del diploma di cui all'articolo 21 del decreto legislativo 17 agosto 1999, n. 368, e a quelli in possesso di titolo equipollente, ai sensi dell'articolo 30 del medesimo decreto. Ai medici forniti dell'attestato o del diploma è comunque riservata una percentuale prevalente di posti in sede di copertura delle zone carenti, con l'attribuzione di un adeguato punteggio, che tenga conto anche dello specifico impegno richiesto per il conseguimento dell'attestato o del diploma (6);

h-bis) prevedere che l'accesso alle funzioni di pediatra di libera scelta del Servizio sanitario nazionale avvenga attraverso una graduatoria per titoli predisposta annualmente a livello regionale e secondo un rapporto ottimale definito nell'ambito degli accordi regionali (7);

h-ter) disciplinare l'accesso alle funzioni di specialista ambulatoriale del Servizio sanitario nazionale secondo graduatorie provinciali alle quali sia consentito l'accesso esclusivamente al professionista fornito del titolo di specializzazione inerente alla branca d'interesse (7);

i) regolare la partecipazione dei medici convenzionati a società, anche cooperative, anche al fine di prevenire l'emergere di conflitti di interesse con le funzioni attribuite agli stessi medici dai rapporti convenzionali in atto (8);

l) prevedere la possibilità di stabilire specifici accordi con i medici già titolari di convenzione operanti in forma associata, secondo modalità e in funzione di specifici obiettivi definiti in ambito convenzionale;

m) prevedere le modalità con cui la convenzione possa essere sospesa, qualora nell'ambito della integrazione dei medici di medicina generale e dei pediatri di libera scelta nella organizzazione distrettuale, le unità sanitarie locali attribuiscano a tali medici l'incarico di direttore di distretto o altri incarichi temporanei ritenuti inconciliabili con il mantenimento della convenzione;

m-bis) promuovere la collaborazione interprofessionale dei medici di medicina generale dei pediatri di libera scelta con i farmacisti delle farmacie pubbliche e private operanti in convenzione con il Servizio sanitario nazionale, in riferimento alle disposizioni di cui all'articolo 11 della legge 18 giugno 2009, n. 69, e al relativo decreto legislativo di attuazione (9);

m-ter) prevedere l'adesione obbligatoria dei medici all'assetto organizzativo e al sistema informativo definiti da ciascuna regione, al Sistema informativo nazionale, compresi gli aspetti relativi al sistema della tessera sanitaria, secondo quanto stabilito dall'articolo 50 del decreto-legge 30 settembre 2003, n. 269, convertito, con modificazioni, dalla legge 24 novembre 2003,

n. 326, e successive modificazioni, nonché la partecipazione attiva all'applicazione delle procedure di trasmissione telematica delle ricette mediche (10) (11);

m-quater) fermo restando quanto previsto dalla lettera oa), prevedere modalità e forme d'incentivo per i medici inseriti nelle graduatorie affinché sia garantito il servizio nelle zone carenti di personale medico nonché specifiche misure alternative volte a compensare l'eventuale rinuncia agli incarichi assegnati (12).

1-*bis*. Le aziende unità sanitarie locali e le aziende ospedaliere, in deroga a quanto previsto dal comma 1, utilizzano, ad esaurimento, nell'ambito del numero delle ore di incarico svolte alla data di entrata in vigore del decreto legislativo 7 dicembre 1993, n. 517, i medici addetti alla stessa data alle attività di guardia medica e di medicina dei servizi. Per costoro valgono le convenzioni stipulate ai sensi dell'art. 48 della legge 23 dicembre 1978, n. 833. Entro un anno dalla data di entrata in vigore del decreto legislativo 19 giugno 1999, n. 229, le regioni possono individuare aree di attività della emergenza territoriale e della medicina dei servizi, che, al fine del miglioramento dei servizi, richiedono l'instaurarsi di un rapporto d'impiego. A questi fini, i medici in servizio alla data di entrata in vigore del decreto legislativo 19 giugno 1999, n. 229, addetti a tali attività, i quali al 31 dicembre 1998 risultavano titolari di un incarico a tempo indeterminato da almeno cinque anni, o comunque al compimento del quinto anno di incarico a tempo indeterminato, sono inquadrati a domanda nel ruolo sanitario, nei limiti dei posti delle dotazioni organiche definite ed approvate nel rispetto dei princìpi di cui all'art. 6 del decreto legislativo 3 febbraio 1993, n. 29 e successive modificazioni, e previo giudizio di idoneità secondo le procedure di cui al decreto del Presidente del Consiglio dei Ministri 12 dicembre 1997, n. 502. Nelle more del passaggio alla dipendenza, le regioni possono prevedere adeguate forme di integrazione dei medici convenzionati addetti alla emergenza sanitaria territoriale con l'attività dei servizi del sistema di emergenza-urgenza secondo criteri di flessibilità operativa, incluse forme di mobilità interaziendale (13).

2. Il rapporto con le farmacie pubbliche e private è disciplinato da convenzioni di durata triennale conformi agli accordi collettivi nazionali stipulati a norma dell'art. 4, comma 9, della legge 30 dicembre 1991, n. 412, con le organizzazioni sindacali di categoria maggiormente rappresentative in campo nazionale. Detti accordi devono tener conto dei seguenti principi:

a) le farmacie pubbliche e private erogano l'assistenza farmaceutica per conto delle unità sanitarie locali del territorio regionale dispensando, su presentazione della ricetta del medico, specialità medicinali, preparati galenici, prodotti dietetici, presidi medico-chirurgici e altri prodotti sanitari erogabili dal Servizio sanitario nazionale e svolgendo, nel rispetto di quanto previsto dai Piani socio-sanitari regionali e previa adesione del titolare della farmacia, da esprimere secondo le modalità stabilite dalle singole Regioni e province autonome di Trento e di Bolzano, le ulteriori funzioni di cui alla lettera *b-bis*), fermo restando che l'adesione delle farmacie pubbliche è subordinata all'osservanza dei criteri fissati con decreto del Ministro del lavoro, della salute e delle politiche sociali, di concerto con il Ministro dell'economia e delle finanze, sentito il Ministro dell'interno, in base ai quali garantire il rispetto delle norme vigenti in materia di patto di stabilità dirette agli enti locali, senza maggiori oneri per la finanza pubblica e senza incrementi di personale nei limiti previsti dai livelli di assistenza;

b) per la dispensazione dei prodotti di cui alla lettera *a*) l'unità sanitaria locale corrisponde alla farmacia il prezzo del prodotto erogato, al netto della eventuale quota di partecipazione alla spesa dovuta dall'assistito. Ai fini della liquidazione la farmacia è tenuta alla presentazione della ricetta corredata del bollino o di altra documentazione comprovante l'avvenuta consegna all'assistito. Per il pagamento del dovuto oltre il termine fissato dagli accordi regionali di cui alla successiva lettera *c*) non possono essere riconosciuti interessi superiore a quelli legali;

b-bis) provvedere a disciplinare:

1) la partecipazione delle farmacie pubbliche e private operanti in convenzione con il Servizio sanitario nazionale, di seguito denominate farmacie, al servizio di assistenza domiciliare integrata a favore dei pazienti residenti o domiciliati nel territorio della sede di pertinenza di ciascuna farmacia, a supporto delle attività del medico di medicina generale o del pediatra di libera scelta. L'azienda unità sanitaria locale individua la farmacia competente all'erogazione del sevizio per i pazienti che risiedono o hanno il proprio domicilio nel territorio in cui sussiste condizione di promiscuità tra più sedi farmaceutiche, sulla base del criterio della farmacia più vicina, per la via pedonale, all'abitazione del paziente; nel caso in cui una farmacia decida di non partecipare all'erogazione del servizio di assistenza domiciliare integrata, per i pazienti residenti o domiciliati nella relativa sede, l'azienda unità sanitaria locale individua la farmacia competente sulla base del criterio di cui al precedente periodo. La partecipazione al servizio può prevedere:

1.1) la dispensazione e la consegna domiciliare di farmaci e dispositivi medici necessari;

1.2) la preparazione, nonché la dispensazione al domicilio delle miscele per la nutrizione artificiale e dei medicinali antidolorifici, nel rispetto delle relative norme di buona preparazione e di buona pratica di distribuzione dei medicinali e nel rispetto delle prescrizioni e delle limitazioni stabilite dalla vigente normativa;

1.3) la dispensazione per conto delle strutture sanitarie dei farmaci a distribuzione diretta;

1.4) la messa a disposizione di operatori socio-sanitari, di infermieri e di fisioterapisti, per la effettuazione, a domicilio, di specifiche prestazioni professionali richieste dal medico di famiglia o dal pediatra di libera scelta, fermo restando che le prestazioni infermieristiche o fisioterapiche che possono essere svolte presso la farmacia, sono limitate a quelle di cui al numero 4) e alle ulteriori prestazioni, necessarie allo svolgimento dei nuovi compiti delle farmacie, individuate con decreto del Ministro del lavoro, della salute e delle politiche sociali, sentita la Conferenza permanente per i rapporti tra lo Stato, le Regioni e le province autonome di Trento e di Bolzano;

2) la collaborazione delle farmacie alle iniziative finalizzate a garantire il corretto utilizzo dei medicinali prescritti e il relativo monitoraggio; a favorire l'aderenza dei malati alle terapie mediche, anche attraverso la partecipazione a specifici programmi di farmacovigilanza. Tale collaborazione avviene previa partecipazione dei farmacisti che vi operano ad appositi programmi di formazione;

3) la definizione di servizi di primo livello, attraverso i quali le farmacie partecipano alla realizzazione dei programmi di educazione sanitaria e di campagne di prevenzione delle principali patologie a forte impatto sociale, rivolti alla popolazione generale ed ai gruppi a rischio e realizzati a livello nazionale e regionale, ricorrendo a modalità di informazione adeguate al tipo di struttura e, ove necessario, previa formazione dei farmacisti che vi operano;

4) la definizione di servizi di secondo livello rivolti ai singoli assistiti, in coerenza con le linee guida ed i percorsi diagnostico-terapeutici previsti per le specifiche patologie, su prescrizione dei medici di medicina generale e dei pediatri di libera scelta, anche avvalendosi di personale infermieristico. Gli accordi regionali definiscono le condizioni e le modalità di partecipazione delle farmacie ai predetti servizi di secondo livello; la partecipazione alle campagne di prevenzione può prevedere l'inserimento delle farmacie tra i punti forniti di defibrillatori semiautomatici;

5) l'effettuazione, presso le farmacie, nell'ambito dei servizi di secondo livello di cui al numero 4, di prestazioni analitiche di prima istanza rientranti nell'ambito dell'autocontrollo, nei limiti e alle condizioni stabiliti con decreto, di natura non regolamentare, del Ministro del lavoro, della salute e delle politiche sociali, d'intesa con la Conferenza permanente per i rapporti tra lo Stato, le regioni e le province autonome di Trento e di Bolzano, restando in ogni caso esclusa l'attività di prescrizione e diagnosi, nonché il prelievo di sangue o di plasma mediante siringhe o dispositivi equivalenti;

6) le modalità con cui nelle farmacie gli assistiti possano prenotare prestazioni di assistenza specialistica ambulatoriale presso le strutture sanitarie pubbliche e private accreditate, e provvedere al pagamento delle relative quote di partecipazione alla spesa a carico del cittadino, nonché ritirare i referti relativi a prestazioni di assistenza specialistica ambulatoriale effettuate presso le strutture sanitarie pubbliche e private accreditate; le modalità per il ritiro dei referti sono fissate, nel rispetto delle previsioni contenute nel decreto legislativo 23 giugno 2003, n. 196, recante il codice in materia protezione dei dati personali e in base a modalità, regole tecniche e misure di sicurezza, con decreto, di natura non regolamentare, del Ministro del lavoro, della salute e delle politiche sociali, d'intesa con la Conferenza permanente per i rapporti tra lo Stato, le regioni e le province autonome di Trento e di Bolzano, sentito il Garante per la protezione dei dati personali;

7) i requisiti richiesti alle farmacie per la partecipazione alle attività di cui alla presente lettera;

8) la promozione della collaborazione interprofessionale dei farmacisti delle farmacie pubbliche e private operanti in convenzione con il Servizio sanitario nazionale con i medici di medicina generale e i pediatri di libera scelta, in riferimento alle attività di cui alla presente lettera (14);

c) demandare ad accordi di livello regionale la disciplina delle modalità di presentazione delle ricette e i tempi dei pagamenti dei corrispettivi nonché l'individuazione di modalità differenziate di erogazione delle prestazione finalizzate al miglioramento dell'assistenza definendo le relative condizioni economiche anche in deroga a quanto previsto alla precedente lettera *b*) [, e le modalità di collaborazione delle farmacie in programmi particolari nell'ambito delle attività di emergenza, di farmacovigilanza, di informazione e di educazione sanitaria] (15).

c-bis) l'accordo collettivo nazionale definisce i principi e i criteri per la remunerazione, da parte del Servizio sanitario nazionale, delle prestazioni e delle funzioni assistenziali di cui all'articolo 11 della legge 18 giugno 2009, n. 69, e al relativo decreto legislativo di attuazione, fissando il relativo tetto di spesa, a livello nazionale, entro il limite dell'accertata diminuzione degli oneri derivante, per il medesimo Servizio sanitario nazionale, per le regioni e per gli enti locali, dallo svolgimento delle suddette attività da parte delle farmacie, e comunque senza nuovi o maggiori oneri per la finanza pubblica; all'accertamento della predetta diminuzione degli oneri provvedono congiuntamente, sulla base di certificazioni prodotte dalle singole regioni, il Comitato e il Tavolo di cui agli articoli 9 e 12 dell'Intesa stipulata il 23 marzo 2005 in sede di Conferenza permanente per i rapporti tra lo Stato, le regioni e le province autonome di Trento e di Bolzano (16);

c-ter) fermi restando i limiti di spesa fissati dall'accordo nazionale ed entro un limite di spesa relativo alla singola regione di importo non superiore a quello accertato dai citati Comitato e Tavolo ai sensi della lettera *c-bis*), gli accordi di livello regionale disciplinano le modalità e i tempi dei pagamenti per la remunerazione delle prestazioni e delle funzioni assistenziali di cui alla lettera *c-bis*); gli accordi regionali definiscono, altresì, le caratteristiche strutturali e organizzative e le dotazioni tecnologiche minime in base alle quali individuare le farmacie con le quali stipulare accordi contrattuali finalizzati alla fornitura dei servizi di secondo livello, entro il medesimo limite di spesa; eventuali prestazioni e funzioni assistenziali al di fuori dei limiti di spesa indicati dagli accordi regionali sono a carico del cittadino che le ha richieste (16) (17).

2-*bis*. Con atto di indirizzo e coordinamento, emanato ai sensi dell'art. 8 della legge 15 marzo 1997 n. 59, sono individuati i criteri per la valutazione:

a) del servizio prestato in regime convenzionale dagli specialisti ambulatoriali medici e delle altre professionalità sanitarie, al fine dell'attribuzione del trattamento giuridico ed economico ai soggetti inquadrati in ruolo ai sensi dell'art. 34 della legge 27 dicembre 1997, n. 449;

b) per lo stesso fine, del servizio prestato in regime convenzionale dai medici della guardia medica, della emergenza territoriale e della medicina dei servizi nel caso le regioni abbiano proceduto o procedano ad instaurare il rapporto di impiego ai sensi del comma 1-*bis* del presente articolo sia nel testo modificato dal decreto legislativo 7 dicembre 1993, n. 517, sia nel testo introdotto dal decreto legislativo 19 giugno 1999 n. 229; a tali medici è data facoltà di optare per il mantenimento della posizione assicurativa già costituita presso l'Ente nazionale previdenza ed assistenza medici (ENPAM); tale opzione deve essere esercitata al momento dell'inquadramento in ruolo. Il servizio di cui al presente comma è valutato con riferimento all'orario settimanale svolto rapportato a quello dei medici e delle altre professionalità sanitarie dipendenti dalla azienda sanitaria (18).

2-*ter*. Con decreto del Ministro della sanità è istituita, senza oneri a carico dello Stato, una commissione composta da rappresentanti dei Ministeri della sanità, del tesoro, del bilancio e della programmazione economica e del lavoro e della previdenza sociale e da rappresentanti regionali designati dalla Conferenza permanente per i rapporti tra lo Stato, le regioni e le province autonome di Trento e di Bolzano, al fine di individuare modalità idonee ad assicurare che l'estensione al personale a rapporto convenzionale, di cui all'art. 8 del decreto legislativo 30 dicembre 1992, n. 502, come modificato dal decreto legislativo 19 giugno 1999, n. 229, dei limiti di età previsti dal comma 1 dell'art. 15-*nonies* dello stesso decreto avvenga senza oneri per il personale medesimo. L'efficacia della disposizione di cui all'art. 15-*nonies*, comma 3, del decreto legislativo 30 dicembre 1992, n. 502, come introdotto dall'art. 13 del decreto legislativo 19 giugno 1999, n. 229, è sospesa fino alla attuazione dei provvedimenti collegati alle determinazioni della Commissione di cui al presente comma (18).

3. Gli Ordini ed i Collegi professionali sono tenuti a valutare sotto il profilo deontologico i comportamenti degli iscritti agli Albi ed ai Collegi professionali che si siano resi inadempienti agli obblighi convenzionali. I ricorsi avverso le sanzioni comminate dagli Ordini o dai Collegi sono decisi dalla Commissione centrale per gli esercenti le professioni sanitarie.

4. Ferma restando la competenza delle regioni in materia di autorizzazione e vigilanza sulle istituzioni sanitarie private, a norma dell'art. 43 della legge 23 dicembre 1978, n. 833, con atto di indirizzo e coordinamento, emanato d'intesa con la Conferenza permanente per i rapporti tra lo Stato, le regioni e le province autonome, sentito il Consiglio superiore di sanità, sono definiti i requisiti strutturali, tecnologici e organizzativi minimi richiesti per l'esercizio delle attività sanitarie da parte delle strutture pubbliche e private e la periodicità dei controlli sulla permanenza dei requisiti stessi. L'atto di indirizzo e coordinamento è emanato entro il 31 dicembre 1993 nel rispetto dei seguenti criteri e princìpi direttivi:

a) garantire il perseguimento degli obiettivi fondamentali di prevenzione, cura e riabilitazione definiti dal Piano sanitario nazionale;

b) garantire il perseguimento degli obiettivi che ciascuna delle fondamentali funzioni assistenziali del Servizio sanitario nazionale deve conseguire, giusta quanto disposto dal decreto del Presidente della Repubblica 25 dicembre 1992, concernente la "Definizione dei livelli uniformi di assistenza sanitaria" ovvero dal Piano sanitario nazionale, ai sensi del precedente art. 1, comma 4, lettera *b*);

c) assicurare l'adeguamento delle strutture e delle attrezzature al progresso scientifico e tecnologico;

d) assicurare l'applicazione delle disposizioni comunitarie in materia;

e) garantire l'osservanza delle norme nazionali in materia di: protezione antisismica, protezione antincendio, protezione acustica, sicurezza elettrica, continuità elettrica, sicurezza antinfortunistica, igiene dei luoghi di lavoro, protezione dalle radiazioni ionizzanti, eliminazione delle barriere architettoniche, smaltimento dei rifiuti, condizioni microclimatiche, impianti di distribuzione dei gas, materiali esplodenti, anche al fine di assicurare condizioni di sicurezza agli operatori e agli utenti del servizio;

f) prevedere l'articolazione delle strutture sanitarie in classi differenziate in relazione alla tipologia delle prestazioni erogabili;

g) prevedere l'obbligo di controllo della qualità delle prestazioni erogate;

h) definire i termini per l'adeguamento delle strutture e dei presidi già autorizzati e per l'aggiornamento dei requisiti minimi, al fine di garantire un adeguato livello di qualità delle prestazioni compatibilmente con le risorse a disposizione (19).

5. L'unità sanitaria locale assicura ai cittadini la erogazione delle prestazioni specialistiche, ivi comprese quelle riabilitative, di diagnostica strumentale e di laboratorio ed ospedaliere contemplate dai livelli di assistenza secondo gli indirizzi della programmazione e le disposizioni regionali. Allo scopo si avvale dei propri presidi, nonché delle aziende e degli istituti ed enti di cui all'art. 4, delle istituzioni sanitarie pubbliche, ivi compresi gli ospedali militari, o private, [sulla base di criteri di integrazione con il servizio pubblico,] e dei professionisti. Con tali soggetti l'unità sanitaria locale intrattiene appositi rapporti fondati sulla corresponsione di un corrispettivo predeterminato a fronte della prestazione resa, con l'eccezione dei medici di medicina generale e dei pediatri di libera scelta. Ferma restando la facoltà di libera scelta delle suddette strutture o dei professionisti eroganti da parte dell'assistito, l'erogazione delle prestazioni di cui al presente comma è subordinata all'apposita prescrizione, proposta o richiesta compilata sul modulario del Servizio sanitario nazionale dal medico di fiducia dell'intestatario. Nell'attuazione delle previsioni di cui al presente comma sono tenute presenti le specificità degli organismi di volontario e di privato sociale non a scopo di lucro (20).

6. Entro centottanta giorni dalla data di entrata in vigore del presente decreto, con decreto del Ministro della sanità, sentita la Federazione nazionale degli ordini dei medici e degli odontoiatri e degli altri ordini e collegi competenti, d'intesa con la Conferenza permanente per i rapporti tra lo Stato, le regioni e le province autonome sono stabiliti i criteri generali per la fissazione delle tariffe delle prestazioni di cui al comma 5 erogate in forma diretta nonché di quelle erogate in forma indiretta, ai sensi dell'art. 25, ultimo comma, della legge 23 dicembre 1978, n. 833. Ove l'intesa con la Conferenza permanente per i rapporti tra lo Stato, le regioni e province autonome non intervenga entro

trenta giorni dal ricevimento della richiesta, il Ministro della sanità provvede direttamente con atto motivato (21).

7. Fermo restando quanto previsto dall'art. 4, comma 2, della legge 30 dicembre 1991, n. 412, da attuare secondo programmi coerenti con i principi di cui al comma 5, entro il 30 giugno 1994 le regioni e le unità sanitarie locali per quanto di propria competenza adottano i provvedimenti necessari per la instaurazione dei nuovi rapporti previsti dal presente decreto fondati sul criterio dell'accreditamento delle istituzioni, sulla modalità di pagamento a prestazione e sull'adozione del sistema di verifica e revisione della qualità delle attività svolte e delle prestazioni erogate. I rapporti vigenti secondo la disciplina di cui agli accordi convenzionali in atto, ivi compresi quelli operanti in regime di proroga, cessano comunque entro un triennio dalla data di entrata in vigore del presente decreto (22) (23).

8. Le unità sanitari locali, in deroga a quanto previsto dai precedenti commi 5 e 7, utilizzano il personale sanitario in servizio alla data di entrata in vigore del decreto legislativo 7 dicembre 1993, n. 517, ai sensi dei decreti del Presidente della Repubblica 28 settembre 1990, n. 316, 13 marzo 1992, n. 261, 13 marzo 1992, n. 262, e 18 giugno 1988, n. 255. Esclusivamente per il suddetto personale valgono le convenzioni stipulate ai sensi dell'art. 48 della legge 23 dicembre 1978, n. 833, e dell'art. 4, comma 9, della legge 30 dicembre 1991, n. 412. Entro il triennio indicato al comma 7 le regioni possono inoltre individuare aree di attività specialistica che, ai fini del miglioramento del servizio richiedano l'instaurarsi di un rapporto d'impiego. A questi fini i medici specialistici ambulatoriali di cui al decreto del Presidente della Repubblica 28 settembre 1990, n. 316, che alla data del 31 dicembre 1992 svolgevano esclusivamente attività ambulatoriale da almeno cinque anni con incarico orario non inferiore a ventinove ore settimanali e che alla medesima data non avevano altro tipo di rapporto convenzionale con il Servizio sanitario nazionale o con altre istituzioni pubbliche o private, sono inquadrati, a domanda, previo giudizio di idoneità, nel primo livello dirigenziale del ruolo medico in soprannumero. Con regolamento da adottarsi entro novanta giorno dalla data di entrata in vigore del decreto legislativo 7 dicembre 1993, n. 517, ai sensi dell'art. 17 della legge 23 agosto 1988, n. 400, dal Presidente del Consiglio dei Ministri, su proposta del Ministro della sanità di concerto con i Ministri del tesoro e della funzione pubblica sono determinati i tempi, le procedure e le modalità per lo svolgimento dei giudizi di idoneità. In sede di revisione dei rapporti convenzionali in atto, l'accordo collettivo nazionale disciplina l'adeguamento dei rapporti medesimi alle esigenze di flessibilità operativa, incluse la riorganizzazione degli orari e le forme di mobilità interaziendale, nonché i criteri di integrazione dello specialista ambulatoriale nella assistenza distrettuale. Resta fermo quanto previsto dall'art. 34 della legge 27 dicembre 1997, n. 449 (24).

8-*bis*. I medici che frequentano il secondo anno del corso biennale di formazione specifica in medicina generale possono presentare, nei termini stabiliti, domanda per l'inclusione nella graduatoria regionale dei medici aspiranti alla assegnazione degli incarichi di medicina generale, autocertificando la frequenza al corso, qualora il corso non sia concluso e il relativo attestato non sia stato rilasciato entro il 31 dicembre dell'anno stesso, a causa del ritardo degli adempimenti regionali. L'attestato di superamento del corso biennale è prodotto dall'interessato, durante il periodo di validità della graduatoria regionale, unitamente alla domanda di assegnazione delle zone carenti. Il mancato conseguimento dell'attestato comporta la cancellazione dalla graduatoria regionale (25).

9. Le disposizioni di cui all'art. 4, comma 7, della legge 30 dicembre 1991, n. 412, relativa al divieto di esercizio di attività libero-professionale comunque prestate in strutture private convenzionate con il Servizio sanitario nazionale, si estendono alle attività prestate nelle istituzioni e strutture private con le quali l'unità sanitaria locale intrattiene i rapporti di cui al precedente comma 5 (26).

(1) *Lettera premessa dall'art. 1, comma 4, lett.* a), *d.l. 13 settembre 2012, n. 158, conv., con modif., in l. 8 novembre 2012, n. 189.*

(2) *Lettera inserita dall'art. 1, comma 4, lett.* b), *d.l. n. 158, cit. e successivamente modificata dall'art. 12, comma 6, lett. a), d.l. 30 aprile 2019, n. 35, conv., con modif., in l. 25 giugno 2019, n. 60., che ha aggiunto, infine, le parole: « , potendo prevedere un incremento del numero massimo di assistiti in carico ad ogni medico di medicina generale nell'ambito dei modelli organizzativi multi professionali nei quali è prevista la presenza oltre che del collaboratore di studio, anche di personale infermieristico e dello psicologo, senza ulteriori oneri a carico della finanza pubblica ».*

(3) *Lettera abrogata dall'art. 1, comma 4, lett.* c), *d.l. n. 158, cit.*

(4) *Lettera abrogata dall'art. 1, comma 4, lett.* d), *d.l. n. 158, cit.*

(5) *Lettera inserita dall'art. 1, comma 4, lett.* e), *d.l. n. 158, cit.*

(6) *Lettera sostituita dall'art. 1, comma 4, lett.* f), *d.l. n. 158, cit.*

(7) *Lettera inserita dall'art. 1, comma 4, lett.* f), *d.l. n. 158, cit.*

(8) *Lettera modificata dall'art. 1, comma 4, lett.* g), *d.l. n. 158, cit.*

(9) *Lettera aggiunta dall'art. 2, comma 1, lett.* a), *d.lgs. 3 ottobre 2009, n. 153.*

(10) *Lettera modificata dall'art. 1, comma 4, lett.* h), *d.l. n. 158, cit.*

(11) *Comma sostituito dall'art. 9, comma 1, lett.* a), *d.lgs. 7 dicembre 1993, n. 517 e dall'art. 8, comma 1, d.lgs. 19 giugno 1999, n. 229 e successivamente modificato dall'art. 6 d.lgs. 28 luglio 2000, n. 254.*

(12) *Lettera aggiunta dall'art. 12, comma 6, lett. b), d.l. n. 35, cit.*

(13) *Comma aggiunto dall'art. 9, comma 1, lett.* b), *d.lgs. n. 517, cit., successivamente sostituito dall'art. 8, comma 1, d.lgs. n. 229, cit. e da ultimo modificato dall'art. 8, comma 3, lett.* h), *d.lgs. n. 254, cit.*

(14) *Lettera aggiunta dall'art. 2, comma 1, lett.* b), *d.lgs. n. 153, cit.*

(15) *Lettera modificata dall'art. 2, comma 1, lett.* b), *d.lgs. n. 153, cit.*

(16) *Lettera aggiunta dall'art. 2, comma 1, lett.* b), *d.lgs. n. 153, cit.*

(17) *Comma sostituito dall'art. 9, comma 1, lett.* c), *d.lgs. n. 517, cit.*

(18) *Comma aggiunto dall'art. 6, comma 4, d.lgs. 28 luglio 2000, n. 254.*

(19) *Comma sostituito dall'art. 9, comma 1, lett.* d), *d.lgs.. 517, cit. La Corte Costituzionale, con sentenza 11 giugno 1993, n. 355 (in Gazz. Uff., 4 agosto 1993, n. 32), ha dichiarato* l'illegittimità costituzionale *del presente comma.*

(20) *Comma sostituito dall'art. 9, comma 1, lett.* e), *d.lgs. n. 517, cit. e successivamente modificato dall'art. 6, comma 7, l. 23 dicembre 1994, n. 724.*

(21) *Comma sostituito dall'art. 9, comma 1, lett.* f), *d.lgs. n. 517, cit.*

(22) *Comma sostituito dall'art. 9, comma 1, lett.* g), *d.lgs. n. 517, cit.*

(23) *A norma dell'articolo 2, comma 7, l. 28 dicembre 1995, n. 549, il termine di cui all'ultimo periodo del presente comma, è prorogato a non oltre il 30 giugno 1996.*

(24) *Comma aggiunto dall'art. 9, comma 1, lett.* h), *d.lgs. n. 517, cit. e successivamente modificato dall'art. 8, comma 2, d.lgs. n. 229, cit.*

(25) *Comma aggiunto dall'art. 3, comma 1, d.lgs. 7 giugno 2000, n. 168.*

(26) *Comma aggiunto dall'art. 9, comma 1, lett.* h), *d.lgs.n. 517, cit.*

8-*bis* Autorizzazione, accreditamento e accordi contrattuali.

1. Le regioni assicurano i livelli essenziali e uniformi di assistenza di cui all'articolo 1 avvalendosi dei presidi direttamente gestiti dalle aziende unità sanitarie locali, delle aziende ospedaliere, delle aziende universitarie e degli istituti di ricovero e cura a carattere scientifico, nonché di soggetti accreditati ai sensi dell'articolo 8-*quater*, nel rispetto degli accordi contrattuali di cui all'articolo 8-*quinquies*.

2. I cittadini esercitano la libera scelta del luogo di cura e dei professionisti nell'ambito dei soggetti accreditati con cui siano stati definiti appositi accordi contrattuali. L'accesso ai servizi è subordinato all'apposita prescrizione, proposta o richiesta compilata sul modulario del Servizio sanitario nazionale.

3. La realizzazione di strutture sanitarie e l'esercizio di attività sanitarie, l'esercizio di attività sanitarie per conto del Servizio sanitario nazionale e l'esercizio di attività sanitarie a carico del Servizio sanitario nazionale sono subordinate, rispettivamente, al rilascio delle autorizzazioni di cui all'articolo 8-*ter*, dell'accreditamento istituzionale di cui all'articolo 8-*quater*, nonché alla stipulazione degli accordi contrattuali di cui all'articolo 8-*quinquies*. La presente disposizione vale anche per le strutture e le attività socio-sanitarie (1).

(1) *Articolo aggiunto dall'art. 8, comma 4, d.lgs. 19 giugno 1999, n. 229.*

8-*ter* Autorizzazioni alla realizzazione di strutture e all'esercizio di attività sanitarie e sociosanitarie (1).

1. La realizzazione di strutture e l'esercizio di attività sanitarie e socio-sanitarie sono subordinate ad autorizzazione. Tali autorizzazioni si applicano alla costruzione di nuove strutture, all'adattamento di strutture già esistenti e alla loro diversa utilizzazione, all'ampliamento o alla trasformazione nonché al trasferimento in altra sede di strutture già autorizzate, con riferimento alle seguenti tipologie:

a) strutture che erogano prestazioni in regime di ricovero ospedaliero a ciclo continuativo o diurno per acuti;

b) strutture che erogano prestazioni di assistenza specialistica in regime ambulatoriale, ivi comprese quelle riabilitative, di diagnostica strumentale e di laboratorio;

c) strutture sanitarie e socio-sanitarie che erogano prestazioni in regime residenziale, a ciclo continuativo o diurno.

2. L'autorizzazione all'esercizio di attività sanitarie è, altresì, richiesta per gli studi odontoiatrici, medici e di altre professioni sanitarie, ove attrezzati per erogare prestazioni di chirurgia ambulatoriale, ovvero procedure diagnostiche e terapeutiche di particolare complessità o che comportino un rischio per la sicurezza del paziente, individuati ai sensi del comma 4, nonché per le strutture esclusivamente dedicate ad attività diagnostiche, svolte anche a favore di soggetti terzi, e per l'erogazione di cure domiciliari (2).

3. Per la realizzazione di strutture sanitarie e sociosanitarie il comune acquisisce, nell'esercizio delle proprie competenze in materia di autorizzazioni e concessioni di cui all'art. 4 del decreto-legge 5 ottobre 1993, n. 398, convertito, con modificazioni, dalla legge 4 dicembre 1993, n. 493 e successive modificazioni, la verifica di compatibilità del progetto da parte della regione. Tale verifica è effettuata in rapporto al fabbisogno complessivo e alla localizzazione territoriale delle strutture presenti in ambito regionale, anche al fine di meglio garantire l'accessibilità ai servizi e valorizzare le aree di insediamento prioritario di nuove strutture.

4. L'esercizio delle attività sanitarie e sociosanitarie da parte di strutture pubbliche e private presuppone il possesso dei requisiti minimi, strutturali, tecnologici e organizzativi stabiliti con atto di indirizzo e coordinamento ai sensi dell'articolo 8 della legge 15 marzo 1997, n. 59, sulla base dei princìpi e criteri direttivi previsti dall'articolo 8, comma 4, del presente decreto. In sede di modificazione del medesimo atto di indirizzo e coordinamento si individuano gli studi odontoiatrici, medici e di altre professioni sanitarie di cui al comma 2, nonché i relativi requisiti minimi.

5. Entro sessanta giorni dalla data di entrata in vigore del decreto legislativo 19 giugno 1999, n. 229, le regioni determinano (3):

a) le modalità e i termini per la richiesta e l'eventuale rilascio della autorizzazione alla realizzazione di strutture e della autorizzazione all'esercizio di attività sanitaria e socio-sanitaria, prevedendo la possibilità del riesame dell'istanza, in caso di esito negativo o di prescrizioni contestate dal soggetto richiedente;

b) gli ambiti territoriali in cui si riscontrano carenze di strutture o di capacità produttiva, definendo idonee procedure per selezionare i nuovi soggetti eventualmente interessati.

(1) *Articolo aggiunto dall'art. 8, comma 4, d.lgs. 19 giugno 1999, n. 229.*

(2) *Le parole* « , e per l'erogazione di cure domiciliari » *sono state aggiunte dall'art. 1, comma 406, lett.* a), *l. 30 dicembre 2020, n. 178.*

(3) *Alinea modificato dall'art. 8, comma 3, lett.* i), *d.lgs. 28 luglio 2000, n. 254.*

8-*quater* Accreditamento istituzionale (1).

1. L'accreditamento istituzionale è rilasciato dalla regione alle strutture autorizzate, pubbliche o private ed ai professionisti che ne facciano richiesta, nonché alle organizzazioni pubbliche e private autorizzate per l'erogazione di cure domiciliari, (2) subordinatamente alla loro rispondenza ai requisiti ulteriori di qualificazione, alla loro funzionalità rispetto agli indirizzi di programmazione regionale e alla verifica positiva dell'attività svolta e dei risultati raggiunti. Al fine di individuare i criteri per la verifica della funzionalità rispetto alla programmazione nazionale e regionale, la regione definisce il fabbisogno di assistenza secondo le funzioni sanitarie individuate dal Piano sanitario regionale per garantire i livelli essenziali ed uniformi di assistenza, nonché gli eventuali livelli integrativi locali e le esigenze connesse all'assistenza integrativa di cui all'art. 9. La regione provvede al rilascio dell'accreditamento ai professionisti, nonché a tutte le strutture pubbliche ed equiparate che soddisfano le condizioni

di cui al primo periodo del presente comma, alle strutture private non lucrative di cui all'art. 1, comma 18, e alle strutture private lucrative.

2. La qualità di soggetto accreditato non costituisce vincolo per le aziende e gli enti del servizio sanitario nazionale a corrispondere la remunerazione delle prestazioni erogate, al di fuori degli accordi contrattuali di cui all'articolo 8-*quinquies*. I requisiti ulteriori costituiscono presupposto per l'accreditamento e vincolo per la definizione delle prestazioni previste nei programmi di attività delle strutture accreditate, così come definiti dall'articolo 8-*quinquies*.

3. Con atto di indirizzo e coordinamento emanato, ai sensi dell'art. 8 della legge 15 marzo 1997, n. 59, entro centottanta giorni dalla data di entrata in vigore del decreto legislativo 19 giugno 1999, n. 229, sentiti l'Agenzia per i servizi sanitari regionali, il Consiglio superiore di sanità, e, limitatamente all'accreditamento dei professionisti, la Federazione nazionale dell'ordine dei medici chirurghi e degli odontoiatri, sono definiti i criteri generali uniformi per (3):

a) la definizione dei requisiti ulteriori per l'esercizio delle attività sanitarie per conto del Servizio sanitario nazionale da parte delle strutture sanitarie e dei professionisti, nonché la verifica periodica di tali attività;

b) la valutazione della rispondenza delle strutture al fabbisogno, tenendo conto anche del criterio della soglia minima di efficienza che, compatibilmente con le risorse regionali disponibili, deve esser conseguita da parte delle singole strutture sanitarie, e alla funzionalità della programmazione regionale, inclusa la determinazione dei limiti entro i quali sia possibile accreditare quantità di prestazioni in eccesso rispetto al fabbisogno programmato, in modo da assicurare un'efficace competizione tra le strutture accreditate (4);

c) le procedure ed i termini per l'accreditamento delle strutture che ne facciano richiesta, ivi compresa la possibilità di un riesame dell'istanza, in caso di esito negativo e di prescrizioni contestate dal soggetto richiedente nonché la verifica periodica dei requisiti ulteriori e le procedure da adottarsi in caso di verifica negativa.

4. L'atto di indirizzo e coordinamento è emanato nel rispetto dei seguenti criteri e principi direttivi:

a) garantire l'eguaglianza fra tutte le strutture relativamente ai requisiti ulteriori richiesti per il rilascio dell'accreditamento e per la sua verifica periodica;

b) garantire il rispetto delle condizioni di incompatibilità previste dalla vigente normativa nel rapporto di lavoro con il personale comunque impegnato in tutte le strutture;

c) assicurare che tutte le strutture accreditate garantiscano dotazioni strumentali e tecnologiche appropriate per quantità, qualità e funzionalità in relazione alla tipologia delle prestazioni erogabili ed alle necessità assistenziali degli utilizzatori dei servizi;

d) garantire che tutte le strutture accreditate assicurino adeguate condizioni di organizzazione interna, con specifico riferimento alla dotazione quantitativa e alla qualificazione professionale del personale effettivamente impiegato;

e) prevedere la partecipazione della struttura a programmi di accreditamento professionale tra pari;

f) prevedere la partecipazione degli operatori a programmi di valutazione sistematica e continuativa dell'appropriatezza delle prestazioni erogate e della loro qualità, interni alla struttura e interaziendali;

g) prevedere l'accettazione del sistema di controlli esterni sulla appropriatezza e sulla qualità delle prestazioni erogate, definito dalla regione ai sensi dell'articolo 8-*octies*;

h) prevedere forme di partecipazione dei cittadini e degli utilizzatori dei servizi alla verifica dell'attività svolta e alla formulazione di proposte rispetto all'accessibilità dei servizi offerti, nonché l'adozione e l'utilizzazione sistematica della carta dei servizi per la comunicazione con i cittadini, inclusa la diffusione degli esiti dei programmi di valutazione di cui alle lettere *e*) ed *f*);

i) disciplinare l'esternalizzazione dei servizi sanitari direttamente connessi all'assistenza al paziente, prevedendola esclusivamente verso soggetti accreditati in applicazione dei medesimi criteri o di criteri comunque equivalenti a quelli adottati per i servizi interni alla struttura, secondo quanto previsto dal medesimo atto di indirizzo e coordinamento;

l) indicare i requisiti specifici per l'accreditamento di funzioni di particolare rilevanza, in relazione alla complessità organizzativa e funzionale della struttura, alla competenza e alla esperienza del personale richieste, alle dotazioni tecnologiche necessarie o in relazione all'attuazione degli obiettivi prioritari definiti dalla programmazione nazionale;

m) definire criteri per la selezione degli indicatori relativi all'attività svolta ed ai suoi risultati finali dalle strutture e dalle funzioni accreditate, in base alle evidenze scientifiche disponibili;

n) definire i termini per l'adozione dei provvedimenti attuativi regionali e per l'adeguamento organizzativo delle strutture già autorizzate;

o) indicare i requisiti per l'accreditamento istituzionale dei professionisti, anche in relazione alla specifica esperienza professionale maturata e ai crediti formativi acquisiti nell'ambito del programma di formazione continua di cui all'articolo 16-*ter*;

p) individuare l'organizzazione dipartimentale minima e le unità operative e le altre strutture complesse delle aziende di cui agli articoli 3 e 4, in base alla consistenza delle risorse umane, tecnologiche e finanziarie, al grado di autonomia finanziaria e alla complessità dell'organizzazione interna;

q) prevedere l'estensione delle norme di cui al presente comma alle attività e alle strutture socio-sanitarie, ove compatibili.

5. Entro sessanta giorni dalla data entrata in vigore dell'atto di indirizzo e coordinamento di cui al comma 3, le regioni definiscono, in conformità ai criteri generali uniformi ivi previsti, i requisiti per l'accreditamento, nonché il procedimento per la loro verifica, prevedendo, per quanto riguarda l'accreditamento dei professionisti, adeguate forme di partecipazione degli Ordini e dei Collegi professionali interessati.

6. Entro centoventi giorni dalla data di entrata in vigore dell'atto di indirizzo e coordinamento di cui al

comma 3, le regioni avviano il processo di accreditamento delle strutture temporaneamente accreditate ai sensi dell'articolo 6, comma 6, della legge 23 dicembre 1994, n. 724, e delle altre già operanti.

7. Nel caso di richiesta di accreditamento da parte di nuove strutture o per l'avvio di nuove attività in strutture preesistenti, l'accreditamento può essere concesso, in via provvisoria, per il tempo necessario alla verifica del volume di attività svolto e della qualità dei suoi risultati. L'eventuale verifica negativa comporta la sospensione automatica dell'accreditamento temporaneamente concesso (5).

8. In presenza di una capacità produttiva superiore al fabbisogno determinato in base ai criteri di cui al comma 3, lettera *b*), le regioni e le unità sanitarie locali attraverso gli accordi contrattuali di cui all'articolo 8-*quinquies*, sono tenute a porre a carico del Servizio sanitario nazionale un volume di attività comunque non superiore a quello previsto dagli indirizzi della programmazione nazionale. In caso di superamento di tale limite, ed in assenza di uno specifico e adeguato intervento integrativo ai sensi dell'articolo 13, si procede, con le modalità di cui all'articolo 28, commi 9 e seguenti della legge 23 dicembre 1998, n. 448, alla revoca dell'accreditamento della capacità produttiva in eccesso, in misura proporzionale al concorso a tale superamento apportato dalle strutture pubbliche ed equiparate, dalle strutture private non lucrative e dalle strutture private lucrative.

(1) *Articolo aggiunto dall'art. 8, comma 4, d.lgs. 19 giugno 1999, n. 229.*

(2) *Le parole* « nonché alle organizzazioni pubbliche e private autorizzate per l'erogazione di cure domiciliari, » *sono state aggiunte dall'art. 1, comma 406, lett.* b), *l. 30 dicembre 2020, n. 178.*

(3) *Alinea modificato dall'art. 8, comma 3, lett.* l), *d.lgs. 28 luglio 2000, n. 254.*

(4) *Lettera modificata dall'art. 79, comma 1-*quinquies*, lett.* c), *d.l. 25 giugno 2008, n. 112, conv., con modif., in l. 6 agosto 2008, n. 133.*

(5) *Vedi l'art. 1, comma 796, l. 27 dicembre 2006, n. 296.*

8-*quinquies* Accordi contrattuali (1).

1. Le regioni, entro sessanta giorni dalla data di entrata in vigore del decreto legislativo 19 giugno 1999, n. 229, e successive modificazioni, definiscono l'ambito di applicazione degli accordi contrattuali ed individuano i soggetti interessati, con specifico riferimento ai seguenti aspetti (2):

a) individuazione delle responsabilità riservate alla regione e di quelle attribuite alle unità sanitarie locali nella definizione degli accordi contrattuali e nella verifica del loro rispetto;

b) indirizzi per la formulazione dei programmi di attività delle strutture interessate, con l'indicazione delle funzioni e delle attività da potenziare e da depotenziare, secondo le linee della programmazione regionale e nel rispetto delle priorità indicate dal Piano sanitario nazionale;

c) determinazione del piano delle attività relative alle alte specialità ed alla rete dei servizi di emergenza;

d) criteri per la determinazione della remunerazione delle strutture ove queste abbiano erogato volumi di prestazioni eccedenti il programma preventivo concordato, tenuto conto del volume complessivo di attività e del concorso allo stesso da parte di ciascuna struttura.

2. In attuazione di quanto previsto dal comma 1, la regione e le unità sanitarie locali, anche attraverso valutazioni comparative della qualità e dei costi, definiscono accordi con le strutture pubbliche ed equiparate, comprese le aziende ospedaliero universitarie, e stipulano contratti con quelle private e con i professionisti accreditati, nonché con le organizzazioni pubbliche e private accreditate per l'erogazione di cure domiciliari, (3) anche mediante intese con le loro organizzazioni rappresentative a livello regionale, che indicano (4):

a) gli obiettivi di salute e i programmi di integrazione dei servizi;

b) il volume massimo di prestazioni che le strutture presenti nell'ambito territoriale della medesima unità sanitaria locale, si impegnano ad assicurare, distinto per tipologia e per modalità di assistenza. Le regioni possono individuare prestazioni o gruppi di prestazioni per i quali stabilire la preventiva autorizzazione, da parte dell'azienda sanitaria locale competente, alla fruizione presso le strutture o i professionisti accreditati (5);

c) i requisiti del servizio da rendere, con particolare riguardo ad accessibilità, appropriatezza clinica ed organizzativa, tempi di attesa e continuità assistenziale;

d) il corrispettivo preventivato a fronte delle attività concordate, globalmente risultante dalla applicazione dei valori tariffari e della remunerazione extratariffaria delle funzioni incluse nell'accordo, da verificare a consuntivo sulla base dei risultati raggiunti e delle attività effettivamente svolte secondo le indicazioni regionali di cui al comma 1, lettera *d*);

e) il debito informativo delle strutture erogatrici per il monitoraggio degli accordi pattuiti e le procedure che dovranno essere seguite per il controllo esterno della appropriatezza e della qualità della assistenza prestata e delle prestazioni rese, secondo quanto previsto dall'art. 8-*octies*;

e-bis) la modalità con cui viene comunque garantito il rispetto del limite di remunerazione delle strutture correlato ai volumi di prestazioni, concordato ai sensi della lettera *d*), prevedendo che in caso di incremento a seguito di modificazioni, comunque intervenute nel corso dell'anno, dei valori unitari dei tariffari regionali per la remunerazione delle prestazioni di assistenza ospedaliera, delle prestazioni di assistenza specialistica ambulatoriale, nonché delle altre prestazioni comunque remunerate a tariffa, il volume massimo di prestazioni remunerate, di cui alla lettera *b*), si intende rideterminato nella misura necessaria al mantenimento dei limiti indicati alla lettera *d*), fatta salva la possibile stipula di accordi integrativi, nel rispetto dell'equilibrio economico-finanziario programmato (6).

[2-*bis*. Con decreto del Ministro della sanità e del Ministro della difesa, ai fini di cui al comma 2-*ter*, sono individuate le categorie destinatarie e le tipologie delle prestazioni erogate dalle strutture sanitarie militari.] (7)

[2-*ter*. Con decreto del Ministro della sanità e del Ministro della difesa, d'intesa con la Conferenza permanente per i rapporti tra lo Stato, le regioni e le province autonome, sono individuate, nel rispetto delle indicazioni degli strumenti di programmazione regionale e tenendo conto della localizzazione e della disponibilità di risorse delle altre strutture sanitarie pubbliche esistenti, le strutture sanitarie militari accreditabili, nonché le specifiche categorie destinatarie e le prestazioni ai fini della stipula degli accordi contrattuali previsti dal presente articolo. Gli accordi contrattuali sono stipulati tra le predette strutture sanitarie militari e le regioni nel rispetto della reciproca autonomia.] (7)

2-*quater*. Le regioni stipulano accordi con le fondazioni istituti di ricovero e cura a carattere scientifico e con gli istituti di ricovero e cura a carattere scientifico pubblici e contratti con gli istituti di ricovero e cura a carattere scientifico privati, che sono definiti con le modalità di cui all'articolo 10 comma 2 del decreto legislativo 16 ottobre 2003, n. 288. Le regioni stipulano altresì accordi con gli istituti, enti ed ospedali di cui agli articoli 41 e 43, secondo comma, della legge 23 dicembre 1978, n. 833, e successive modificazioni, che prevedano che l'attività assistenziale, attuata in coerenza con la programmazione sanitaria regionale, sia finanziata a prestazione in base ai tetti di spesa ed ai volumi di attività predeterminati annualmente dalla programmazione regionale nel rispetto dei vincoli di bilancio, nonché sulla base di funzioni riconosciute dalle regioni, tenendo conto nella remunerazione di eventuali risorse già attribuite per spese di investimento, ai sensi dell'articolo 4, comma 15, della legge 30 dicembre 1991, n. 412, e successive modificazioni ed integrazioni. Ai predetti accordi e ai predetti contratti si applicano le disposizioni di cui al comma 2, lettere *a*), *b*), *c*), *e*) ed *e-bis*) (8).

2-*quinquies*. In caso di mancata stipula degli accordi di cui al presente articolo, l'accreditamento istituzionale di cui all'articolo 8-*quater* delle strutture e dei professionisti eroganti prestazioni per conto del Servizio sanitario nazionale interessati è sospeso (8).

(1) *Articolo aggiunto dall'art. 8, comma 4, d.lgs. 19 giugno 1999, n. 229.*

(2) *Alinea modificato dall'art. 8, comma 3, lett.* m), *d.lgs. 28 luglio 2000, n. 254.*

(3) *Le parole* « nonché con le organizzazioni pubbliche e private accreditate per l'erogazione di cure domiciliari, » *sono state aggiunte dall'art. 1, comma 406, lett.* c), *l. 30 dicembre 2020, n. 178.*

(4) *Alinea modificato dall'art. 79, comma 1-*quinquies, *lett.* d), *n. 1), d.l. 25 giugno 2008, n. 112, conv., con modif., in l. 6 agosto 2008, n. 133.*

(5) *Lettera modificata dall'art. 79, comma 1-*quinquies, *lett.* d), *n. 2), d.l. 25 giugno 2008, n. 112, cit.*

(6) *Lettera aggiunta dall'art. 8, comma 1, lett.* b), *d.l. 31 dicembre 2007, n. 248, conv., con modif., in l. 28 febbraio 2007, n. 31.*

(7) *Comma aggiunto dall'art. 7, comma 1, d.lgs. 28 luglio 2000, n. 254 e successivamente abrogato dall'art. 2268, comma 1, n. 896, d.lgs. 15 marzo 2010, n. 66.*

(8) *Comma aggiunto dall'art. 79, comma 1-*quinquies, *lett.* d), *n. 3), d.l. 25 giugno 2008, n. 112, cit.*

8-*sexies* Remunerazione (1).

1. Le strutture che erogano assistenza ospedaliera e ambulatoriale a carico del Servizio sanitario nazionale sono finanziate secondo un ammontare globale predefinito indicato negli accordi contrattuali di cui all'articolo 8-*quinquies* e determinato in base alle funzioni assistenziali e alle attività svolte nell'ambito e per conto della rete dei servizi di riferimento. Ai fini della determinazione del finanziamento globale delle singole strutture, le funzioni assistenziali di cui al comma 2 sono remunerate in base al costo standard di produzione del programma di assistenza, mentre le attività di cui al comma 4 sono remunerate in base a tariffe predefinite per prestazione.

1-*bis*. Il valore complessivo della remunerazione delle funzioni non può in ogni caso superare il 30 per cento del limite di remunerazione assegnato (2).

2. Le regioni definiscono le funzioni assistenziali nell'ambito delle attività che rispondono alle seguenti caratteristiche generali:

a) programmi a forte integrazione fra assistenza ospedaliera e territoriale, sanitaria e sociale, con particolare riferimento alla assistenza per patologie croniche di lunga durata o recidivanti;

b) programmi di assistenza ad elevato grado di personalizzazione della prestazione o del servizio reso alla persona;

c) attività svolte nell'ambito della partecipazione a programmi di prevenzione;

d) programmi di assistenza a malattie rare;

e) attività con rilevanti costi di attesa, ivi compreso il sistema di allarme sanitario e di trasporto in emergenza, nonché il funzionamento della centrale operativa, di cui all'atto di indirizzo e coordinamento approvato con decreto del Presidente della Repubblica 27 marzo 1992, pubblicato nella Gazzetta Ufficiale n. 76 del 21 marzo 1992;

f) programmi sperimentali di assistenza;

g) programmi di trapianto di organo, di midollo osseo e di tessuto, ivi compresi il mantenimento e monitoraggio del donatore, l'espianto degli organi da cadavere, le attività di trasporto, il coordinamento e l'organizzazione della rete di prelievi e di trapianti, gli accertamenti preventivi sui donatori.

3. I criteri generali per la definizione delle funzioni assistenziali e per la determinazione della loro remunerazione massima sono stabiliti con apposito decreto del Ministro della sanità, sentita l'Agenzia per i servizi sanitari regionali, d'intesa con la Conferenza permanente per i rapporti tra lo Stato, le regioni e le province autonome, sulla base di standard organizzativi e di costi unitari predefiniti dei fattori produttivi, tenendo conto, quando appropriato, del volume dell'attività svolta.

4. La remunerazione delle attività assistenziali diverse da quelle di cui al comma 2 è determinata in base a tariffe predefinite, limitatamente agli episodi di assistenza ospedaliera per acuti erogata in regime di degenza ordinaria e di day hospital, e alle prestazioni di assistenza specialistica ambulatoriale, fatta eccezione per le attività rientranti nelle funzioni di cui al comma 3.

5. Il Ministro della sanità, sentita l'Agenzia per i servizi sanitari regionali, d'intesa con la Conferenza permanente per i rapporti tra lo Stato, le regioni e le province autonome di Trento e di Bolzano, ai sensi dell'articolo 120, comma 1, lettera *g*), del decreto legislativo 31 marzo 1998, n. 112, con apposito decreto individua i sistemi di classificazione che definiscono l'unità di prestazione o di servizio da remunerare e determina le tariffe massime da corrispondere alle

strutture accreditate, tenuto conto, nel rispetto dei principi di efficienza e di economicità nell'uso delle risorse, anche in via alternativa, di:

a) costi standard delle prestazioni calcolati in riferimento a strutture preventivamente selezionate secondo criteri di efficienza, appropriatezza e qualità dell'assistenza come risultanti dai dati in possesso del Sistema informativo sanitario;

b) costi standard delle prestazioni già disponibili presso le regioni e le province autonome;

c) tariffari regionali e differenti modalità di remunerazione delle funzioni assistenziali attuate nelle regioni e nelle province autonome.

Lo stesso decreto stabilisce i criteri generali, nel rispetto del principio del perseguimento dell'efficienza e dei vincoli di bilancio derivanti dalle risorse programmate a livello nazionale e regionale, in base ai quali le regioni adottano il proprio sistema tariffario, articolando tali tariffe per classi di strutture secondo le loro caratteristiche organizzative e di attività, verificate in sede di accreditamento delle strutture stesse. Le tariffe massime di cui al presente comma sono assunte come riferimento per la valutazione della congruità delle risorse a carico del Servizio sanitario nazionale. Gli importi tariffari, fissati dalle singole regioni, superiori alle tariffe massime restano a carico dei bilanci regionali. A decorrere dalla data di entrata in vigore della presente disposizione è abrogato il decreto del Ministro della sanità 15 aprile 1994, recante « Determinazione dei criteri generali per la fissazione delle tariffe delle prestazioni di assistenza specialistica, riabilitativa ed ospedaliera », pubblicato nella Gazzetta Ufficiale n. 107 del 10 maggio 1994 (3) (4).

6. Con la procedura di cui al comma 5, sono effettuati periodicamente la revisione del sistema di classificazione delle prestazioni e l'aggiornamento delle relative tariffe, tenendo conto della definizione dei livelli essenziali ed uniformi di assistenza e delle relative previsioni di spesa, dell'innovazione tecnologica e organizzativa, nonché dell'andamento del costo dei principali fattori produttivi

7. Il Ministro della sanità, con proprio decreto, d'intesa con la Conferenza permanente per i rapporti tra lo Stato, le regioni e le province autonome di Trento e di Bolzano, disciplina le modalità di erogazione e di remunerazione dell'assistenza protesica, compresa nei livelli essenziali di assistenza di cui all'articolo 1, anche prevedendo il ricorso all'assistenza in forma indiretta.

8. Il Ministro della sanità, d'intesa con la Conferenza permanente per i rapporti tra lo Stato, le regioni e le province autonome di Trento e di Bolzano, sentita l'Agenzia per i servizi sanitari regionali, con apposito decreto, definisce i criteri generali per la compensazione dell'assistenza prestata a cittadini in regioni diverse da quelle di residenza. Nell'ambito di tali criteri, le regioni possono stabilire specifiche intese e concordare politiche tariffarie, anche al fine di favorire il pieno utilizzo delle strutture e l'autosufficienza di ciascuna regione, nonché l'impiego efficiente delle strutture che esercitano funzioni a valenza interregionale e nazionale.

(1) *Articolo aggiunto dall'art. 8, comma 4, d.lgs. 19 giugno 1999, n. 229.*

(2) *Comma aggiunto dall'art. 15, comma 13, lett. g), d.lgs. 6 luglio 2012, n. 95.*

(3) *Comma modificato dall'art. 79, comma 1-*quinques*, d.l. 25 giugno 2008, n. 112, conv., con modif., in l. 6 agosto 2008, n. 133.*

(4) *Per una deroga alle disposizioni di cui al presente comma vedi l'art. 15, comma 15, d.l. 6 luglio 2012, n. 95, conv., con modif., in l. 7 agosto 2012, n. 135.*

8-*septies* Prestazioni erogate in forma indiretta (1).

1. I rimborsi relativi alle prestazioni erogate in forma indiretta sono definiti dalle regioni e dalle province autonome in misura non superiore al cinquanta per cento delle corrispondenti tariffe regionali determinate ai sensi dell'art. 8-*sexies*. Entro diciotto mesi dalla data di entrata in vigore del decreto legislativo 19 giugno 1999, n. 229, è abolita l'assistenza in forma indiretta per le prestazioni di assistenza specialistica ambulatoriale e in regime di degenza. Resta ferma la normativa vigente in materia di assistenza sanitaria all'estero (2) (3).

(1) *Articolo aggiunto dall'art. 8, comma 4, d.lgs. 19 giugno 1999, n. 229.*

(2) *Comma modificato dall'art. 8, comma 3, lett. n), d.lgs. 28 luglio 2000, n. 254.*

(3) *A norma dell'art. 92, comma 16, l. 23 dicembre 2000, n. 388, il termine di cui al secondo periodo del presente comma, è prorogato al 31 dicembre 2001 con l'esclusione delle prestazioni assistenziali erogate in regime di attività libero-professionale extramuraria.*

8-*octies* Controlli (1).

1. La regione e le aziende unità sanitarie locali attivano un sistema di monitoraggio e controllo sulla definizione e sul rispetto degli accordi contrattuali da parte di tutti i soggetti interessati nonché sulla qualità della assistenza e sulla appropriatezza delle prestazioni rese.

2. Per quanto riguarda le strutture pubbliche del Servizio sanitario nazionale, la definizione degli accordi entro i termini stabiliti dalla regione e il rispetto dei programmi di attività previsti per ciascuna struttura rappresentano elemento di verifica per la conferma degli incarichi al direttore generale, ai direttori di dipartimento e del contratto previsto per i dirigenti responsabili di struttura complessa, nonché per la corresponsione degli incentivi di risultato al personale con funzioni dirigenziali dipendente dalle aziende interessate.

3. Con atto di indirizzo e coordinamento, emanato entro centottanta giorni dalla data di entrata in vigore del decreto legislativo 19 giugno 1999, n. 229, sentita l'Agenzia per i servizi sanitari regionali, d'intesa con la Conferenza permanente per i rapporti tra lo Stato, le regioni e le province autonome di Trento e di Bolzano, sono stabiliti, sulla base dei criteri di cui all'art. 8-*quinquies*, i princìpi in base ai quali la regione assicura la funzione di controllo esterno sulla appropriatezza e sulla qualità della assistenza prestata dalle strutture interessate. Le regioni, in attuazione dell'atto di indirizzo e coordinamento, entro sessanta giorni determinano (2):

a) le regole per l'esercizio della funzione di controllo esterno e per la risoluzione delle eventuali contestazioni, stabilendo le relative penalizzazioni;

b) il debito informativo delle strutture accreditate interessate agli accordi e le modalità per la verifica della adeguatezza del loro sistema informativo;

c) l'organizzazione per la verifica del comportamento delle singole strutture;

d) i programmi per promuovere la formazione e l'aggiornamento degli operatori-addetti alla gestione della documentazione clinica e alle attività di controllo.

4. L'atto di indirizzo e coordinamento di cui al comma 3 individua altresì i criteri per la verifica di:

a) validità della documentazione amministrativa attestante l'avvenuta erogazione delle prestazioni e la sua rispondenza alle attività effettivamente svolte;

b) necessità clinica e appropriatezza delle prestazioni e dei ricoveri effettuati, con particolare riguardo ai ricoveri di pazienti indirizzati o trasferiti ad altre strutture;

c) appropriatezza delle forme e delle modalità di erogazione della assistenza;

d) risultati finali della assistenza, incluso il gradimento degli utilizzatori dei servizi.

(1) *Articolo aggiunto dall'art. 8, comma 4, d.lgs. 19 giugno 1999, n. 229.*

(2) *Alinea modificato dall'art. 8, comma 3, lett. o), d.lgs. 28 luglio 2000, n. 254.*

9 Fondi integrativi del Servizio sanitario nazionale (1).

1. Al fine di favorire l'erogazione di forme di assistenza sanitaria integrative rispetto a quelle assicurate dal Servizio sanitario nazionale e, con queste comunque direttamente integrate, possono essere istituiti fondi integrativi finalizzati a potenziare l'erogazione di trattamenti e prestazioni non comprese livelli uniformi ed essenziali di assistenza di cui all'articolo 1, definiti dal Piano sanitario nazionale e dai relativi provvedimenti attuativi.

2. La denominazione dei fondi di cui al presente articolo deve contenere l'indicazione "fondo integrativo del Servizio sanitario nazionale". Tale denominazione non può essere utilizzata con riferimento a fondi istituiti per finalità diverse.

3. Tutti i soggetti pubblici e privati che istituiscono fondi integrativi del Servizio sanitario nazionale sono tenuti ad adottare politiche di non selezione dei rischi. Le fonti istitutive dei fondi integrativi del Servizio sanitario nazionale sono le seguenti:

a) contratti e accordi collettivi, anche aziendali;

b) accordi tra lavoratori autonomi o fra liberi professionisti, promossi dai loro sindacati o da associazioni di rilievo almeno provinciale;

c) regolamenti di regioni, enti territoriali ed enti locali;

d) deliberazioni assunte, nelle forme previste dai rispettivi ordinamenti, da organizzazioni non lucrative di cui all'articolo 1, comma 16 operanti nei settori dell'assistenza socio-sanitaria o dell'assistenza sanitaria;

e) deliberazioni assunte, nelle forme previste dai rispettivi ordinamenti, da società di mutuo soccorso riconosciute;

f) atti assunti da altri soggetti pubblici e privati, a condizione che contengano l'esplicita assunzione dell'obbligo di non adottare strategie e comportamenti di selezione dei rischi o di discriminazione nei confronti di particolari gruppi di soggetti.

4. L'ambito di applicazione dei fondi integrativi del Servizio sanitario nazionale è rappresentato da:

a) prestazioni aggiuntive, non comprese nei livelli essenziali ed uniformi di assistenza e con questi comunque integrate, erogate da professionisti e da strutture accreditati;

b) prestazioni erogate dal Servizio sanitario nazionale comprese nei livelli uniformi ed essenziali di assistenza, per la sola quota posta a carico dell'assistito, inclusi gli oneri per l'accesso alle prestazioni erogate in regime di libera professione intramuraria e per la fruizione dei servizi alberghieri su richiesta dell'assistito di cui all'articolo 1, comma 15, della legge 23 dicembre 1996, n. 662;

c) prestazioni socio-sanitarie erogate in strutture accreditate residenziali e semiresidenziali o in forma domiciliare, per la quota posta a carico dell'assistito.

5. Fra le prestazioni di cui al comma 4, lettera *a*), sono comprese:

a) le prestazioni di medicina non convenzionale, ancorché erogate da strutture non accreditate;

b) le cure termali, limitatamente alle prestazioni non a carico del Servizio sanitario nazionale;

c) l'assistenza odontoiatrica, limitatamente alle prestazioni non a carico del Servizio sanitario nazionale e comunque con l'esclusione dei programmi di tutela della salute odontoiatrica nell'età evolutiva e dell'assistenza odontoiatrica e protesica a determinate categorie di soggetti in condizioni di particolare vulnerabilità.

6. Con decreto del Ministro della sanità, previo parere della Conferenza unificata di cui all'articolo 8 del decreto legislativo 28 agosto 1997 n. 281, da adottare entro sessanta giorni dalla entrata in vigore della disciplina del trattamento fiscale ai sensi del comma 10, sono individuate le prestazioni relative alle lettere *a*), *b*) e *c*) del comma 5, nonché quelle ricomprese nella lettera *c*) del comma 4, le quali, in via di prima applicazione, possono essere poste a carico dei fondi integrativi del Servizio sanitario nazionale.

7. I fondi integrativi del Servizio sanitario nazionale sono autogestiti. Essi possono essere affidati in gestione mediante convenzione, da stipulare con istituzioni pubbliche e private che operano nel settore sanitario o socio-sanitario da almeno cinque anni, secondo le modalità stabilite con decreto del Ministro della sanità, da emanare entro novanta giorni dalla data di entrata in vigore del presente decreto. Le regioni, le province autonome e gli enti locali, in forma singola o associata, possono partecipare alla gestione dei fondi di cui al presente articolo.

8. Entro centoventi giorni dall'entrata in vigore della disciplina del trattamento fiscale ai sensi del comma 10, è emanato, su proposta del Ministro della sanità, ai sensi dell'articolo 17, comma 1, della legge 23 agosto 1988, n. 400, il regolamento contenente le disposizioni relative all'ordinamento dei fondi integrativi del Servizio sanitario nazionale. Detto regolamento disciplina:

a) le modalità di costituzione e di scioglimento;

b) la composizione degli organi di amministrazione e di controllo;

c) le forme e le modalità di contribuzione;

d) i soggetti destinatari dell'assistenza;

e) il trattamento e le garanzie riservate al singolo sottoscrittore e al suo nucleo familiare;

f) le cause di decadenza della qualificazione di fondo integrativo del Servizio sanitario nazionale.

9. La vigilanza sull'attività dei fondi integrativi del Servizio sanitario nazionale è disciplinata dall'articolo 122 del decreto legislativo 31 marzo 1998, n. 112. Presso il Ministero della sanità, senza oneri a carico dello Stato, sono istituiti: l'anagrafe dei fondi integrativi del servizio sanitario nazionale, alla quale debbono iscriversi sia i fondi vigilati dallo Stato che quelli sottoposti a vigilanza regionale; l'osservatorio dei fondi integrativi del Servizio sanitario nazionale, il cui funzionamento è disciplinato con il regolamento di cui al comma 8.

10. Le disposizioni del presente articolo acquistano efficacia al momento dell'entrata in vigore della disciplina del trattamento fiscale dei fondi ivi previsti, ai sensi dell'articolo 10, comma 1, della legge 13 maggio 1999, n. 133.

(1) *Articolo sostituito dall'art. 10, comma 1, d.lgs. 7 dicembre 1993, n. 517 e successivamente dall'art. 9, comma 1, d.lgs. 19 giugno 1999, n. 229.*

9-*bis* (*Omissis*).

10 Controllo di qualità.

1. Allo scopo di garantire la qualità dell'assistenza nei confronti della generalità dei cittadini, è adottato in via ordinaria il metodo della verifica e revisione della qualità e della quantità delle prestazioni, nonché del loro costo, al cui sviluppo devono risultare funzionali i modelli organizzativi ed i flussi informativi dei soggetti erogatori e gli istituti normativi regolanti il rapporto di lavoro del personale dipendente, nonché i rapporti tra soggetti erogatori, pubblici e privati, ed il Servizio sanitario nazionale (1).

2. Le regioni, nell'esercizio dei poteri di vigilanza di cui all'art. 8, comma 4, e avvalendosi dei propri servizi ispettivi, verificano il rispetto delle disposizioni in materia di requisiti minimi e classificazione delle strutture erogatrici, con particolare riguardo alla introduzione ed utilizzazione di sistemi di sorveglianza e di strumenti e metodologie per la verifica di qualità dei servizi e delle prestazioni. Il Ministro della sanità interviene nell'esercizio del potere di alta vigilanza (2).

3. Con decreto del Ministro della sanità, d'intesa con la Conferenza permanente per i rapporti tra lo Stato, le regioni e le province autonome e sentite la Federazione nazionale degli ordini dei medici e degli odontoiatri e degli altri Ordini e Collegi competenti, sono stabiliti i contenuti e le modalità di utilizzo degli indicatori di efficienza e di qualità. Il Ministro della sanità, in sede di presentazione della Relazione sullo stato sanitario del Paese, riferisce in merito alle verifiche dei risultati conseguiti, avvalendosi del predetto sistema di indicatori.

4. Il Ministro della sanità accerta lo stato di attuazione presso le regioni del sistema di controllo delle prescrizioni mediche e delle commissioni professionali di verifica. La rilevazione dei dati contenuti nelle prescrizioni mediche è attuata dalle regioni e dalle province autonome con gli strumenti ritenuti più idonei. Il Ministro della sanità acquisisce il parere della Conferenza permanente per i rapporti tra lo Stato, le regioni e le province autonome di Trento e di Bolzano in ordine alla eventuale attivazione dei poteri sostitutivi. Ove tale parere non sia espresso entro trenta giorni, il Ministro provvede direttamente (3).

(1) *Comma sostituito dall'art. 12, comma 1, lett.* a), *d.lgs. 7 dicembre 1993, n. 517.*

(2) *Comma sostituito dall'art. 12, comma 1, lett.* b), *d.lgs. 7 dicembre 1993, n. 517.*

(3) *Comma sostituito dall'art. 4, comma 2, d.l. 30 maggio 1994, n. 325, conv., con modif., in l. 19 luglio 1994, n. 467.*

TITOLO III
Finanziamento

11-13 (*Omissis*).

TITOLO IV
Partecipazione e tutela dei diritti dei cittadini

14 Diritti dei cittadini.

1. Al fine di garantire il costante adeguamento delle strutture e delle prestazioni sanitarie alle esigenze dei cittadini utenti del Servizio sanitario nazionale il Ministro della sanità definisce con proprio decreto, d'intesa con la Conferenza permanente per i rapporti tra lo Stato, le regioni e le province autonome i contenuti e le modalità di utilizzo degli indicatori di qualità dei servizi e delle prestazioni sanitarie relativamente alla personalizzazione ed umanizzazione dell'assistenza, al diritto all'informazione, alle prestazioni alberghiere, nonché dell'andamento delle attività di prevenzione delle malattie. A tal fine il Ministro della sanità, d'intesa con il Ministro dell'università e della ricerca scientifica e tecnologica e con il Ministro degli affari sociali, può avvalersi anche della collaborazione delle università, del Consiglio nazionale delle ricerche, delle organizzazioni rappresentative degli utenti e degli operatori del Servizio sanitario nazionale nonché delle organizzazioni di volontariato e di tutela dei diritti (1).

2. Le regioni utilizzano il suddetto sistema di indicatori per la verifica, anche sotto il profilo sociologico, dello stato di attuazione dei diritti dei cittadini, per la programmazione regionale, per la definizione degli investimenti di risorse umane, tecniche e finanziarie. Le regioni promuovono inoltre consultazioni con i cittadini e le loro organizzazioni anche sindacali ed in particolare con gli organismi di volontariato e di tutela dei diritti al fine di fornire e raccogliere informazioni sull'organizzazione dei servizi. Per le finalità del presente articolo, le regioni prevedono forme di partecipazione delle organizzazioni dei cittadini e del volontariato impegnato nella tutela del diritto alla salute nelle attività relative alla programmazione, al controllo e alla valu-

tazione dei servizi sanitari a livello regionale, aziendale e distrettuale. Tali soggetti dovranno comunque essere sentiti nelle fasi dell'impostazione della programmazione e verifica dei risultati conseguiti e ogniqualvolta siano in discussione provvedimenti su tali materie. Le regioni determinano altresì le modalità della presenza nelle strutture degli organismi di volontariato e di tutela dei diritti, anche attraverso la previsione di organismi di consultazione degli stessi presso le unità sanitarie locali e le aziende ospedaliere (2).

3. Il Ministro della sanità, in sede di presentazione della relazione sullo stato sanitario del Paese, riferisce in merito alla tutela dei diritti dei cittadini con riferimento all'attuazione degli indicatori di qualità.

4. Al fine di favorire l'orientamento dei cittadini nel Servizio sanitario nazionale, le unità sanitarie locali e le aziende ospedaliere provvedono ad attivare un efficace sistema di informazione sulle prestazioni erogate, sulle tariffe, sulle modalità di accesso ai servizi. Le aziende individuano inoltre modalità di raccolta ed analisi dei segnali di disservizio, in collaborazione con le organizzazioni rappresentative dei cittadini, con le organizzazioni di volontariato e di tutela dei diritti. Il direttore generale dell'unità sanitaria locale ed il direttore generale dell'azienda ospedaliera convocano, almeno una volta l'anno, apposita conferenza dei servizi quale strumento per verificare l'andamento dei servizi anche in relazione all'attuazione degli indicatori di qualità di cui al primo comma, e per individuare ulteriori interventi tesi al miglioramento delle prestazioni. Qualora il direttore generale non provveda, la conferenza viene convocata dalla regione.

5. Il direttore sanitario e il dirigente sanitario del servizio, a richiesta degli assistiti, adottano le misure necessarie per rimuovere i disservizi che incidono sulla qualità dell'assistenza. Al fine di garantire la tutela del cittadino avverso gli atti o comportamenti con i quali si nega o si limita la fruibilità delle prestazioni di assistenza sanitaria, sono ammesse osservazioni, opposizioni, denunce o reclami in via amministrativa, redatti in carta semplice, da presentarsi entro quindici giorni, dal momento in cui l'interessato abbia avuto conoscenza dell'atto o comportamento contro cui intende osservare od opporsi, da parte dell'interessato, dei suoi parenti o affini, degli organismi di volontariato o di tutela dei diritti accreditati presso la regione competente, al direttore generale dell'unità sanitaria locale o dell'azienda che decide in via definitiva o comunque provvede entro quindici giorni, sentito il direttore sanitario. La presentazione delle anzidette osservazioni ed opposizioni non impedisce ne preclude la proposizione di impugnative in via giurisdizionale.

6. Al fine di favorire l'esercizio del diritto di libera scelta del medico e del presidio di cura, il Ministero della sanità cura la pubblicazione dell'elenco di tutte le istituzioni pubbliche e private che erogano prestazioni di alta specialità, con l'indicazione delle apparecchiature di alta tecnologia in dotazione nonché delle tariffe praticate per le prestazioni più rilevanti. La prima pubblicazione è effettuata entro il 31 dicembre 1993 (3).

7. È favorita la presenza e l'attività, all'interno delle strutture sanitarie, degli organismi di volontariato e di tutela dei diritti. A tal fine le unità sanitarie locali e le aziende ospedaliere stipulano con tali organismi, senza oneri a carico del Fondo sanitario regionale, accordi o protocolli che stabiliscano gli ambiti e le modalità della collaborazione, fermo restando il diritto alla riservatezza comunque garantito al cittadino e la non interferenza nelle scelte professionali degli operatori sanitari; le aziende e gli organismi di volontariato e di tutela dei diritti concordano programmi comuni per favorire l'adeguamento delle strutture e delle prestazioni sanitarie alle esigenze dei cittadini. I rapporti tra aziende ed organismi di volontariato che esplicano funzioni di servizio o di assistenza gratuita all'interno delle strutture sono regolati sulla base di quanto previsto dalla legge n. 266/91 e dalle leggi regionali attuative (4).

8. Le regioni, le unità sanitarie locali e le aziende ospedaliere promuovono iniziative di formazione e di aggiornamento del personale adibito al contatto con il pubblico sui temi inerenti la tutela dei diritti dei cittadini, da realizzare anche con il concorso e la collaborazione delle rappresentanze professionali e sindacali.

(1) *Comma sostituito dall'art. 15, comma 1, lett.* a), *d.lgs. 7 dicembre 1993, n. 517.*

(2) *Comma modificato dall'art. 12, comma 1, d.lgs. 19 giugno 1999, n. 229.*

(3) *Comma sostituito dall'art. 15, comma 1, lett.* b), *d.lgs. 7 dicembre 1993, n. 517.*

(4) *Comma sostituito dall'art. 15, comma 1, lett.* c), *d.lgs. 7 dicembre 1993, n. 517.*

TITOLO V
Personale

15 Disciplina della dirigenza medica e delle professioni sanitarie (1).

1. Fermo restando il principio dell'invarianza della spesa, la dirigenza sanitaria è collocata in un unico ruolo, distinto per profili professionali, ed in un unico livello, articolato in relazione alle diverse responsabilità professionali e gestionali. In sede di contrattazione collettiva nazionale sono previste, in conformità ai principi e alle disposizioni del presente decreto, criteri generali per la graduazione delle funzioni dirigenziali nonché per l'assegnazione, valutazione e verifica degli incarichi dirigenziali e per l'attribuzione del relativo trattamento economico accessorio correlato alle funzioni attribuite ed alle connesse responsabilità del risultato.

2. La dirigenza sanitaria è disciplinata dal decreto legislativo 3 febbraio 1993, n. 29 e successive modificazioni, salvo quanto previsto dal presente decreto.

3. L'attività dei dirigenti sanitari è caratterizzata, nello svolgimento delle proprie mansioni e funzioni, dall'autonomia tecnico-professionale i cui ambiti di esercizio, attraverso obiettivi momenti di valutazione e verifica, sono progressivamente ampliati. L'autonomia tecnico-professionale, con le connesse responsabilità, si esercita nel rispetto della collaborazione multiprofessionale, nell'ambito di indirizzi operativi e programmi di attività promossi, valutati e verificati a livello dipartimentale ed aziendale, finalizzati all'efficace utilizzo delle risorse e all'erogazione di prestazioni

appropriate e di qualità. Il dirigente, in relazione all'attività svolta, ai programmi concordati da realizzare ed alle specifiche funzioni allo stesso attribuite, è responsabile del risultato anche se richiedente un impegno orario superiore a quello contrattualmente definito.

4. All'atto della prima assunzione, al dirigente sanitario sono affidati compiti professionali con precisi ambiti di autonomia da esercitare nel rispetto degli indirizzi del dirigente responsabile della struttura e sono attribuite funzioni di collaborazione e corresponsabilità nella gestione delle attività. A tali fini il dirigente responsabile della struttura predispone e assegna al dirigente un programma di attività finalizzato al raggiungimento degli obiettivi prefissati ed al perfezionamento delle competenze tecnico professionali e gestionali riferite alla struttura di appartenenza. In relazione alla natura e alle caratteristiche dei programmi da realizzare, alle attitudini e capacità professionali del singolo dirigente, accertate con le procedure valutative di verifica di cui al comma 5, al dirigente, con cinque anni di attività con valutazione positiva sono attribuite funzioni di natura professionale anche di alta specializzazione, di consulenza, studio e ricerca, ispettive, di verifica e di controllo, nonché incarichi di direzione di strutture semplici (2).

5. I dirigenti medici e sanitari sono sottoposti a una verifica annuale correlata alla retribuzione di risultato, secondo le modalità definite dalle regioni, le quali tengono conto anche dei principi del titolo II del decreto legislativo 27 ottobre 2009, n. 150, e successive modificazioni, nonché a una valutazione al termine dell'incarico, attinente alle attività professionali, ai risultati raggiunti e al livello di partecipazione ai programmi di formazione continua, effettuata dal Collegio tecnico, nominato dal direttore generale e presieduto dal direttore di dipartimento, con le modalità definite dalla contrattazione nazionale. Gli strumenti per la verifica annuale dei dirigenti medici e sanitari con incarico di responsabile di struttura semplice, di direzione di struttura complessa e dei direttori di dipartimento rilevano la quantità e la qualità delle prestazioni sanitarie erogate in relazione agli obiettivi assistenziali assegnati, concordati preventivamente in sede di discussione di budget, in base alle risorse professionali, tecnologiche e finanziarie messe a disposizione, registrano gli indici di soddisfazione degli utenti e provvedono alla valutazione delle strategie adottate per il contenimento dei costi tramite l'uso appropriato delle risorse. Degli esiti positivi di tali verifiche si tiene conto nella valutazione professionale allo scadere dell'incarico. L'esito positivo della valutazione professionale determina la conferma nell'incarico o il conferimento di altro incarico di pari rilievo, senza nuovi o maggiori oneri per l'azienda, fermo restando quanto previsto dall'articolo 9, comma 32, del decreto-legge 31 maggio 2010, n. 78, convertito, con modificazioni, dalla legge 30 luglio 2010, n. 122 (3).

6. Ai dirigenti con incarico di direzione di struttura complessa sono attribuite, oltre a quelle derivanti dalle specifiche competenze professionali, funzioni di direzione e organizzazione della struttura, da attuarsi, nell'ambito degli indirizzi operativi e gestionali del dipartimento di appartenenza, anche mediante direttive a tutto il personale operante nella stessa, e l'adozione delle relative decisioni necessarie per il corretto espletamento del servizio e per realizzare l'appropriatezza degli interventi con finalità preventive, diagnostiche, terapeutiche e riabilitative, attuati nella struttura loro affidata. Il dirigente è responsabile dell'efficace ed efficiente gestione delle risorse attribuite. I risultati della gestione sono sottoposti a verifica annuale tramite il nucleo di valutazione.

7. Alla dirigenza sanitaria si accede mediante concorso pubblico per titoli ed esami, disciplinato ai sensi del decreto del Presidente della Repubblica 10 dicembre 1997, n. 483 ivi compresa la possibilità di accesso con una specializzazione in disciplina affine. Gli incarichi di direzione di struttura complessa sono attribuiti a coloro che siano in possesso dei requisiti di cui al decreto del Presidente della Repubblica 10 dicembre 1997, n. 484, [e secondo le modalità dallo stesso stabilite, salvo quanto previsto dall'art. 15-*ter*, comma 2]. [Si applica quanto previsto dall'art. 28, comma 1, del decreto legislativo 3 febbraio 1993, n. 29 e successive modificazioni, come sostituito dall'art. 10 del decreto legislativo 29 ottobre 1998, n. 387] (4).

7-*bis*. Le regioni, nei limiti delle risorse finanziarie ordinarie, e nei limiti del numero delle strutture complesse previste dall'atto aziendale di cui all'articolo 3, comma 1-*bis*, tenuto conto delle norme in materia stabilite dalla contrattazione collettiva, disciplinano i criteri e le procedure per il conferimento degli incarichi di direzione di struttura complessa, previo avviso cui l'azienda è tenuta a dare adeguata pubblicità, sulla base dei seguenti principi:

a) la selezione viene effettuata da una commissione composta dal direttore sanitario dell'azienda interessata e da tre direttori di struttura complessa nella medesima disciplina dell'incarico da conferire, individuati tramite sorteggio da un elenco nazionale nominativo costituito dall'insieme degli elenchi regionali dei direttori di struttura complessa appartenenti ai ruoli regionali del Servizio sanitario nazionale. Qualora fossero sorteggiati tre direttori di struttura complessa della medesima regione ove ha sede l'azienda interessata alla copertura del posto, non si procede alla nomina del terzo sorteggiato e si prosegue nel sorteggio fino ad individuare almeno un componente della commissione direttore di struttura complessa in regione diversa da quella ove ha sede la predetta azienda. La commissione elegge un presidente tra i tre componenti sorteggiati; in caso di parità di voti è eletto il componente più anziano. In caso di parità nelle deliberazioni della commissione prevale il voto del presidente;

b) la commissione riceve dall'azienda il profilo professionale del dirigente da incaricare. Sulla base dell'analisi comparativa dei curricula, dei titoli professionali posseduti, avuto anche riguardo alle necessarie competenze organizzative e gestionali, dei volumi dell'attività svolta, dell'aderenza al profilo ricercato e degli esiti di un colloquio, la commissione presenta al direttore generale una terna di candidati idonei formata sulla base dei migliori punteggi attribuiti. Il direttore generale individua il candidato da nominare nell'ambito della terna predisposta dalla commissione; ove intenda nominare uno dei due candidati che non hanno conseguito il migliore punteggio, deve motivare analiticamente la scelta. L'azienda sanitaria interessata può preventivamente stabilire che, nei due anni successivi alla data del conferimento dell'incarico, nel caso in cui il dirigente a cui è stato conferito l'incarico dovesse dimettersi o decadere, si procede alla sostituzione conferendo l'incarico ad uno dei due professionisti facenti parte della terna iniziale;

c) la nomina dei responsabili di unità operativa complessa a direzione universitaria è effettuata dal direttore generale d'intesa con il rettore, sentito il dipartimento universitario competente, ovvero, laddove costituita, la competente struttura di raccordo interdipartimentale, sulla base del curriculum scientifico e professionale del responsabile da nominare;

d) il profilo professionale del dirigente da incaricare, i curricula dei candidati, la relazione della commissione sono pubblicati sul sito internet dell'azienda prima della nomina. Sono altresì pubblicate sul medesimo sito le motivazioni della scelta da parte del direttore generale di cui alla lettera *b*), terzo periodo. I curricula dei candidati e l'atto motivato di nomina sono pubblicati sul sito dell'ateneo e dell'azienda ospedaliero-universitaria interessati (5).

7-*ter*. L'incarico di direttore di struttura complessa è soggetto a conferma al termine di un periodo di prova di sei mesi, prorogabile di altri sei, a decorrere dalla data di nomina a detto incarico, sulla base della valutazione di cui al comma 5 (5).

7-*quater*. L'incarico di responsabile di struttura semplice, intesa come articolazione interna di una struttura complessa, è attribuito dal direttore generale, su proposta del direttore della struttura complessa di afferenza, a un dirigente con un'anzianità di servizio di almeno cinque anni nella disciplina oggetto dell'incarico. L'incarico di responsabile di struttura semplice, intesa come articolazione interna di un dipartimento, è attribuito dal direttore generale, sentiti i direttori delle strutture complesse di afferenza al dipartimento, su proposta del direttore di dipartimento, a un dirigente con un'anzianità di servizio di almeno cinque anni nella disciplina oggetto dell'incarico. Gli incarichi hanno durata non inferiore a tre anni e non superiore a cinque anni, con possibilità di rinnovo. L'oggetto, gli obiettivi da conseguire, la durata, salvo i casi di revoca, nonché il corrispondente trattamento economico degli incarichi sono definiti dalla contrattazione collettiva nazionale (5).

7-*quinquies*. Per il conferimento dell'incarico di struttura complessa non possono essere utilizzati contratti a tempo determinato di cui all'articolo 15-*septies* (5).

8. L'attestato di formazione manageriale di cui all'art. 5, comma 1, lettera *d*), del decreto del Presidente della Repubblica 10 dicembre 1997, n. 484, come modificato dall'art. 16-*quinquies*, deve essere conseguito dai dirigenti con incarico di direzione di struttura complessa entro un anno dall'inizio dell'incarico; il mancato superamento del primo corso, attivato dalla regione successivamente al conferimento dell'incarico, determina la decadenza dall'incarico stesso. I dirigenti sanitari con incarico quinquennale alla data di entrata in vigore del decreto legislativo 19 giugno 1999, n. 229, sono tenuti a partecipare al primo corso di formazione manageriale programmato dalla regione; i dirigenti [già] confermati nell'incarico sono esonerati dal possesso dell'attestato di formazione manageriale (6).

9. I contratti collettivi nazionali di lavoro disciplinano le modalità di salvaguardia del trattamento economico fisso dei dirigenti in godimento alla data di entrata in vigore del presente decreto, che modifica il decreto legislativo 30 dicembre 1992, n. 502 e successive modificazioni.

(1) *Articolo modificato dall'art. 16, comma 1, lett.* a), *d.lgs. 7 dicembre 1993, n. 517, dall'art. 2, comma 1-quinques, d.l. 18 novembre 1996, n. 583, conv., con modif., in l. 17 gennaio 1997, n. 4 e successivamente sostituito dall'art. 13, comma 1, d.lgs. 19 giugno 1999, n. 229.*

(2) *Comma modificato dall'art. 8, comma 1, lett.* d), *d.lgs. 28 luglio 2000, n. 254.*

(3) *Comma modificato dall'art. 8, comma 1, lett.* a) *ed* e), *d.lgs. 28 luglio 2000, n. 254 e successivamente sostituito dall'art. 4, comma 1, lett.* c), *del D.L. 13 settembre 2012, n. 158, conv., con modif., in l. 8 novembre 2012, n. 189.*

(4) *Comma modificato dall'art. 8, comma 1, lett.* b), *d.lgs. 28 luglio 2000, n. 254e successivamente dall'art. 4, comma 1, lett.* d), *d.lgs. 13 settembre 2012, n. 158, cit.*

(5) *Comma inserito dall'art.o 4, comma 1, lett.* d), *d.l. 13 settembre 2012, n. 158, cit.*

(6) *Comma modificato dall'art. 8, comma 1, lett.* c), *e comma 3, lett.* p), *d.lgs. 28 luglio 2000, n. 254.*

15-*bis* Funzioni dei dirigenti responsabili di struttura (1).

1. L'atto aziendale di cui all'art. 3, comma 1-*bis*, disciplina l'attribuzione al direttore amministrativo, al direttore sanitario, nonché ai direttori di presidio, di distretto, di dipartimento e ai dirigenti responsabili di struttura, dei compiti, comprese, per i dirigenti di strutture complesse, le decisioni che impegnano l'azienda verso l'esterno, per l'attuazione degli obiettivi definiti nel piano programmatico e finanziario aziendale.

2. La direzione delle strutture e degli uffici è affidata ai dirigenti secondo i criteri e le modalità stabiliti nell'atto di cui al comma 1, nel rispetto, per la dirigenza sanitaria, delle disposizioni di cui all'art. 15-*ter*. Il rapporto dei dirigenti è esclusivo, fatto salvo quanto previsto in via transitoria per la dirigenza sanitaria dall'art. 15-*sexies*.

3. A far data dal 31 dicembre 2002 sono soppressi i rapporti di lavoro a tempo definito per la dirigenza sanitaria. In conseguenza della maggiore disponibilità di ore di servizio sono resi indisponibili in organico un numero di posti della dirigenza per il corrispondente monte ore. I contratti collettivi nazionali di lavoro disciplinano le modalità di regolarizzazione dei rapporti soppressi (2) (3).

(1) *Articolo aggiunto dall'art. 13, comma 1, d.lgs. 19 giugno 1999, n. 229.*

(2) *Comma modificato dall'art. 2, comma 5-*bis, *d.l. 18 settembre 2001, n. 347, conv., con modif., in l. 16 novembre 2001, n. 405 e successivamente dall'art. 1, comma 1, d.l. 7 febbraio 2002, n. 8, conv., con modif., in l. 4 aprile 2002, n. 56.*

(3) *Per il differimento del termine di cui al presente comma, v. l'art. 2-*septies, *comma 2, d.l. 29 marzo 2004, n. 81, conv., con modif., in l. 26 maggio 2004, n. 138.*

15-*ter* Incarichi di natura professionale e di direzione di struttura (1).

1. Gli incarichi di cui all'art. 15, comma 4, sono attribuiti, a tempo determinato, dal direttore generale, secondo le modalità definite nella contrattazione collettiva nazionale, compatibilmente con le risorse finanziarie a tal fine disponibili e nei limiti del numero degli incarichi e delle strutture stabiliti nell'atto aziendale di cui all'art. 3, comma 1-*bis*, tenendo conto delle valutazioni triennali del collegio tecnico di cui all'art. 15, comma 5. Gli incarichi hanno durata non inferiore a tre anni e non superiore a sette, con facoltà di rinnovo. Ai predetti incarichi si applica l'art. 19, comma 1, del decreto legislativo n. 29 del 1993 e successive modificazioni. Sono definiti contrattualmente, nel rispetto dei parametri indicati dal contratto collettivo nazionale per ciascun incarico, l'oggetto, gli obiettivi da conseguire, la durata dell'incarico, salvo i casi di revoca, nonché il corrispondente trattamento economico (2).

2. Gli incarichi di struttura complessa hanno durata da cinque a sette anni, con facoltà di rinnovo per lo stesso periodo o per periodo più breve (3).

3. Gli incarichi di cui ai commi 1 e 2 sono revocati, secondo le procedure previste dalle disposizioni vigenti e dai contratti collettivi nazionali di lavoro, in caso di: inosservanza delle direttive impartite dalla direzione generale o dalla direzione del dipartimento; mancato raggiungimento degli obiettivi assegnati; responsabilità grave e reiterata; in tutti gli altri casi previsti dai contratti di lavoro. Nei casi di maggiore gravità, il direttore generale può recedere dal rapporto di lavoro, secondo le disposizioni del codice civile e dei contratti collettivi nazionali di lavoro. Il dirigente non confermato alla scadenza dell'incarico di direzione di struttura complessa è destinato ad altra funzione con il trattamento economico relativo alla funzione di destinazione previsto dal contratto collettivo nazionale di lavoro; contestualmente viene reso indisponibile un posto di organico del relativo profilo (4).

4. I dirigenti ai quali non sia stata affidata la direzione di strutture svolgono funzioni di natura professionale, anche di alta specializzazione, di consulenza, studio e ricerca nonché funzioni ispettive, di verifica e di controllo.

5. Il dirigente preposto ad una struttura complessa è sostituito, in caso di sua assenza o impedimento, da altro dirigente della struttura o del dipartimento individuato dal responsabile della struttura stessa; alle predette mansioni superiori non si applica l'art. 2103, primo comma, del codice civile.

(1) *Articolo aggiunto dall'art. 13, comma 1, d.lgs. 19 giugno 1999, n. 229.*

(2) *Comma modificato dall'art. 8, comma 2, lett.* a), *d.lgs. 28 luglio 2000, n. 254.*

(3) *Comma sostituito dall'art. 4, comma 1, lett.* e) *d.l. 13 settembre 2012, n. 158, conv., con modif., in l. 8 novembre 2012, n. 189.*

(4) *Comma modificato dall'art. 8, comma 2, lett.* b), *d.lgs. 28 luglio 2000, n. 254.*

15-*quater* Esclusività del rapporto di lavoro dei dirigenti del ruolo sanitario (1).

1. I dirigenti sanitari, con rapporto di lavoro a tempo indeterminato o a tempo determinato, con i quali sia stato stipulato il contratto di lavoro o un nuovo contratto di lavoro in data successiva al 31 dicembre 1998, nonché quelli che, alla data di entrata in vigore del decreto legislativo 19 giugno 1999, n. 229, abbiano optato per l'esercizio dell'attività libero professionale intramuraria, sono assoggettati al rapporto di lavoro esclusivo (2).

2. Salvo quanto previsto al comma 1, i dirigenti in servizio alla data del 31 dicembre 1998, che hanno optato per l'esercizio dell'attività libero professionale extramuraria, passano, a domanda, al rapporto di lavoro esclusivo.

3. Entro novanta giorni dalla data di entrata in vigore del decreto legislativo 19 giugno 1999, n. 229, tutti i dirigenti in servizio alla data del 31 dicembre 1998 sono tenuti a comunicare al direttore generale l'opzione in ordine al rapporto esclusivo. In assenza di comunicazione si presume che il dipendente abbia optato per il rapporto esclusivo (3) (2).

4. I soggetti di cui ai commi 1, 2 e 3 possono optare, su richiesta da presentare entro il 30 novembre di ciascun anno, per il rapporto di lavoro non esclusivo, con effetto dal 1° gennaio dell'anno successivo. Le regioni hanno la facoltà di stabilire una cadenza temporale pia breve. Il rapporto di lavoro. esclusivo può essere ripristinato secondo le di cui al comma 2. Coloro che mantengono l'esclusività del rapporto non perdono i benefici economici di cui al comma 5, trattandosi di indennità di esclusività e non di indennità di irreversibilità. La non esclusività del rapporto di lavoro non preclude la direzione di strutture semplici e complesse (4).

5. I contratti collettivi di lavoro stabiliscono il trattamento economico aggiuntivo da attribuire ai dirigenti sanitari con rapporto di lavoro esclusivo ai sensi dell'art. 1, comma 12, della legge 23 dicembre 1996, n. 662, nei limiti delle risorse destinate alla contrattazione collettiva.

(1) *Articolo aggiunto dall'art. 13, comma 1, d.lgs. 19 giugno 1999, n. 229.*

(2) *Comma modificato dall'art. 8, comma 3 lett.* q), *d.lgs. 28 luglio 2000, n. 254.*

(3) *A norma dell'art. 1, comma 1, d.lgs. 2 marzo 2000, n. 49, il termine di cui al presente comma, è fissato al 14 marzo 2000.*

(4) *Comma sostituito dall'art.* 2-septies, *comma 1, d.lgs. 29 marzo 2004, n. 81.*

15-*quinquies* Caratteristiche del rapporto di lavoro esclusivo dei dirigenti sanitari (1).

1. Il rapporto di lavoro esclusivo dei dirigenti sanitari comporta la totale disponibilità nello svolgimento delle funzioni dirigenziali attribuite dall'azienda, nell'ambito della posizione ricoperta e della competenza professionale posseduta e della disciplina di appartenenza, con impegno orario contrattualmente definito.

2. Il rapporto di lavoro esclusivo comporta l'esercizio dell'attività professionale nelle seguenti tipologie:

a) il diritto all'esercizio di attività libero professionale individuale, al di fuori dell'impegno di servizio, nell'ambito delle strutture aziendali individuate dal direttore generale d'intesa con il collegio di direzione; salvo quanto disposto dal comma 11 dell'art. 72 della legge 23 dicembre 1998, n. 448;

b) la possibilità di partecipazione ai proventi di attività a pagamento svolta in équipe, al di fuori dell'impegno di servizio, all'interno delle strutture aziendali;

c) la possibilità di partecipazione ai proventi di attività, richiesta a pagamento da singoli utenti e svolta individualmente o in équipe, al di fuori dell'impegno di servizio, in strutture di altra azienda del Servizio sanitario nazionale o di altra struttura sanitaria non accreditata, previa convenzione dell'azienda con le predette aziende e strutture;

d) la possibilità di partecipazione ai proventi di attività professionali, richieste a pagamento da terzi all'azienda, quando le predette attività siano svolte al di fuori dell'impegno di servizio e consentano la riduzione dei tempi di attesa, secondo programmi predisposti dall'azienda stessa, sentite le équipes dei servizi interessati. Le modalità di svolgimento delle attività di cui al presente comma e i criteri per l'attribuzione dei relativi proventi ai dirigenti sanitari interessati nonché al personale che presta la propria collaborazione sono stabiliti dal direttore generale in conformità alle previsioni dei contratti collettivi nazionali di lavoro. L'azienda disciplina i casi in cui l'assistito può chiedere all'azienda medesima che la prestazione sanitaria sia resa direttamente dal dirigente scelto dall'assistito ed erogata al domicilio dell'assistito medesimo, in relazione alle particolari prestazioni sanitarie richieste o al carattere occasionale o straordinario delle prestazioni stesse o al rapporto fiduciario già esistente fra il medico e l'assistito con riferimento all'attività libero-professionale intramuraria già svolta individualmente o in équipe nell'ambito dell'azienda, fuori dell'orario di lavoro (2).

3. Per assicurare un corretto ed equilibrato rapporto tra attività istituzionale e corrispondente attività libero professionale e al fine anche di concorrere alla riduzione progressiva delle liste di attesa, l'attività libero professionale non può comportare, per ciascun dipendente, un volume di prestazioni superiore a quella assicurato per i compiti istituzionali. La disciplina contrattuale nazionale definisce il corretto equilibrio fra attività istituzionale e attività libero professionale nel rispetto dei seguenti principi: l'attività istituzionale è prevalente rispetto a quella libero professionale, che viene esercitata nella salvaguardia delle esigenze del servizio e della prevalenza dei volumi orari di attività necessari per i compiti istituzionali; devono essere comunque rispettati i piani di attività previsti dalla programmazione regionale e aziendale e conseguentemente assicurati i relativi volumi prestazionali ed i tempi di attesa concordati con le équipe; l'attività libero professionale è soggetta a verifica da parte di appositi organismi e sono individuate penalizzazioni, consistenti anche nella sospensione del diritto all'attività stessa, in caso di violazione delle disposizioni di cui al presente comma o di quelle contrattuali.

4. Nello svolgimento dell'attività di cui al comma 2 non è consentito l'uso del ricettario del Servizio sanitario nazionale.

5. Gli incarichi di direzione di struttura, semplice o complessa, implicano il rapporto di lavoro esclusivo. Per struttura, ai fini del presente decreto, si intende l'articolazione organizzativa per la quale è prevista, dall'atto aziendale di cui all'art. 3, comma 1-*bis*, responsabilità di gestione di risorse umane, tecniche o finanziarie.

6. Ai fini del presente decreto, si considerano strutture complesse i dipartimenti e le unità operative individuate secondo i criteri di cui all'atto di indirizzo e coordinamento previsto dall'art. 8-*quater*, comma 3. Fino all'emanazione del predetto atto si considerano strutture complesse tutte le strutture già riservate dalla pregressa normativa ai dirigenti di secondo livello dirigenziale.

7. I dirigenti sanitari appartenenti a posizioni funzionali apicali alla data del 31 dicembre 1998, che non abbiano optato per il rapporto quinquennale ai sensi della pregressa normativa, conservano l'incarico di direzione di struttura complessa alla quale sono preposti. Essi sono sottoposti a verifica entro il 31 dicembre 1999, conservando fino a tale data il trattamento tabellare già previsto per il secondo livello dirigenziale. In caso di verifica positiva, il dirigente è confermato nell'incarico, con rapporto esclusivo, per ulteriori sette anni. In caso di verifica non positiva o di non accettazione dell'incarico con rapporto esclusivo, al dirigente è conferito un incarico professionale non comportante direzione di struttura in conformità con le previsioni del contratto collettivo nazionale di lavoro; contestualmente viene reso indisponibile un posto di organico di dirigente.

8. Il rapporto di lavoro esclusivo costituisce titolo di preferenza per gli incarichi didattici e di ricerca e per i comandi e i corsi di aggiornamento tecnico-scientifico e professionale.

9. Le disposizioni del presente articolo si applicano anche al personale di cui all'art. 102 del decreto del Presidente della Repubblica 17 luglio 1980, n. 382, con le specificazioni e gli adattamenti che saranno previsti in relazione ai modelli gestionali e funzionali di cui all'art. 6 della legge 30 novembre 1998, n. 419, dalle disposizioni di attuazione della delega stessa.

10. Fermo restando, per l'attività libero-professionale in regime di ricovero, quanto disposto dall'art. 72, comma 11, della legge 23 dicembre 1998, n. 448, è consentita, in caso di carenza di strutture e spazi idonei alle necessità connesse allo svolgimento delle attività libero-professionali in regime ambulatoriale, limitatamente alle medesime attività e fino alla data, certificata dalla regione o dalla provincia autonoma, del completamento da parte dell'azienda sanitaria di appartenenza degli interventi strutturali necessari ad assicurare l'esercizio dell'attività libero-professionale intramuraria e comunque entro il 31 luglio 2007, l'utilizzazione del proprio studio professionale con le modalità previste dall'atto di indirizzo e coordinamento di cui al decreto del Presidente del Consiglio dei Ministri 27 marzo 2000, pubblicato nella Gazzetta Ufficiale, serie generale n. 121, del 26 maggio 2000, fermo restando per l'azienda sanitaria la possibilità di vietare l'uso dello studio nel caso di possibile conflitto di interessi. Le regioni possono disciplinare in modo più restrittivo la materia in relazione alle esigenze locali (3).

(1) *Articolo aggiunto dall'art. 13, comma 1, d.lgs. 19 giugno 1999, n. 229.*

(2) *Lettera modificata dall'art. 4, comma 1, d.lgs. 28 luglio 2000, n. 254.*

(3) *Comma sostituito dall'art. 3, comma 1, d.lgs. 28 luglio 2000, n. 254 e successivamente modificato dall'art. 1, comma 1, d.lgs. 23 aprile 2003, n. 89, dall'art. 1-quinques, comma 1, d.l. 27 maggio 2005, n. 87, conv., con modif., in l. 26 luglio 2005, n. 149 e dall'art. 22-bis, comma 2, d.l. 4 luglio 2006, n. 223, conv., con modif., in l. 4 agosto 2006, n. 248.*

15-*sexies* Caratteristiche del rapporto di lavoro dei dirigenti sanitari che svolgono attività libero-professionale extramuraria (1).

1. Il rapporto di lavoro dei dirigenti sanitari in servizio al 31 dicembre 1998 i quali, ai sensi dell'articolo 1, comma 10, della legge 23 dicembre 1996, n. 662, abbiano comunicato al direttore generale l'opzione per l'esercizio della libera professione extramuraria e che non intendano revocare detta opzione, comporta la totale disponibilità nell'ambito dell'impegno di servizio, per la realizzazione dei risultati programmati e lo svolgimento delle attività professionali di competenza. Le aziende stabiliscono i volumi e le tipologie delle attività e delle prestazioni che i singoli dirigenti sono tenuti ad assicurare, nonché le sedi operative in cui le stesse devono essere effettuate.

(1) *Articolo aggiunto dall'art. 13, comma 1, d.lgs. 19 giugno 1999, n. 229.*

15-*septies* Contratti a tempo determinato (1).

1. I direttori generali possono conferire incarichi per l'espletamento di funzioni di particolare rilevanza e di interesse strategico mediante la stipula di contratti a tempo determinato e con rapporto di lavoro esclusivo, rispettivamente entro i limiti del due per cento della dotazione organica della dirigenza sanitaria e del due per cento della dotazione organica complessiva degli altri ruoli della dirigenza, fermo restando che, ove le predette percentuali determinino valori non interi, si applica in ogni caso il valore arrotondato per difetto, a laureati di particolare e comprovata qualificazione professionale che abbiano svolto attività in organismi ed enti pubblici o privati o aziende pubbliche o private con esperienza acquisita per almeno un quinquennio in funzioni dirigenziali apicali o che abbiano conseguito una particolare specializzazione professionale, culturale e scientifica desumibile dalla formazione universitaria e post-universitaria, da pubblicazioni scientifiche o da concrete esperienze di lavoro e che non godano del trattamento di quiescenza. I contratti hanno durata non inferiore a due anni e non superiore a cinque anni, con facoltà di rinnovo (2).

2. Le aziende unità sanitarie e le aziende ospedaliere possono stipulare, oltre a quelli previsti dal comma precedente, contratti a tempo determinato, in numero non superiore rispettivamente al cinque per cento della dotazione organica della dirigenza sanitaria, ad esclusione della dirigenza medica, nonché al cinque per cento della dotazione organica della dirigenza professionale, tecnica e amministrativa, fermo restando che, ove le predette percentuali determinino valori non interi, si applica in ogni caso il valore arrotondato per difetto, per l'attribuzione di incarichi di natura dirigenziale, relativi a profili diversi da quello medico, ad esperti di provata competenza che non godano del trattamento di quiescenza e che siano in possesso del diploma di laurea e di specifici requisiti coerenti con le esigenze che determinano il conferimento dell'incarico (3).

3. Il trattamento economico è determinato sulla base dei criteri stabiliti nei contratti collettivi della dirigenza del Servizio sanitario nazionale.

4. Per il periodo di durata del contratto di cui al comma 1 i dipendenti di pubbliche amministrazioni sono collocati in aspettativa senza assegni con riconoscimento dell'anzianità di servizio.

5. Gli incarichi di cui al presente articolo, conferiti sulla base di direttive regionali, comportano l'obbligo per l'azienda di rendere contestualmente indisponibili posti di organico della dirigenza per i corrispondenti oneri finanziari.

5-*bis*. Per soddisfare le esigenze connesse all'espletamento dell'attività libero professionale deve essere utilizzato il personale dipendente del servizio sanitario nazionale. Solo in caso di oggettiva e accertata impossibilità di far fronte con il personale dipendente alle esigenze connesse all'attivazione delle strutture e degli spazi per l'attività libero professionale, le aziende sanitarie possono acquisire personale, non dirigente, del ruolo sanitario e personale amministrativo di collaborazione, tramite contratti di diritto privato a tempo determinato anche con società cooperative di servizi. Per specifici progetti finalizzati ad assicurare l'attività libero professionale, le aziende sanitarie possono, altresì, assumere il personale medico necessario, con contratti di diritto privato a tempo determinato o a rapporto professionale. Gli oneri relativi al personale di cui al presente comma sono a totale carico della gestione di cui all'articolo 3, comma 6, della legge 23 dicembre 1994, n. 724. La validità dei contratti è subordinata, a pena di nullità, all'effettiva sussistenza delle risorse al momento della loro stipulazione. Il direttore generale provvede ad effettuare riscontri trimestrali al fine di evitare che la contabilità separata presenti disavanzi. Il personale assunto con rapporto a tempo determinato o a rapporto professionale è assoggettato al rapporto esclusivo, salvo espressa deroga da parte dell'azienda, sempre che il rapporto di lavoro non abbia durata superiore a sei mesi e cessi comunque a tale scadenza. La deroga può essere concessa una sola volta anche in caso di nuovo rapporto di lavoro con altra azienda (4).

(1) *Articolo aggiunto dall'art. 13, comma 1, d.lgs. 19 giugno 1999, n. 229.*

(2) *Comma modificato dall'art. 4, comma 1, lett.* e-bis) *d.l. 13 settembre 2012, n. 158.*

(3) *Comma modificato dall'art. 4, comma 1, lett.* e-ter) *d.l. 13 settembre 2012, n. 158, conv., con modif., in l. 8 novembre 2012, n. 189.*

(4) *Comma aggiunto dall'art. 2, comma 1, d.lgs. 28 luglio 2000, n. 254.*

15-*octies* Contratti per l'attuazione di progetti finalizzati (1).

1. Per l'attuazione di progetti finalizzati, non sostitutivi dell'attività ordinaria, le aziende unità sanitarie locali e le aziende ospedaliere possono, nei limiti delle

risorse di cui all'articolo 1, comma 34-*bis* della legge 23 dicembre 1996, n. 662, a tal fine disponibili, assumere con contratti di diritto privato a tempo determinato soggetti in possesso di diploma di laurea ovvero di diploma universitario, di diploma di scuola secondaria di secondo grado o di titolo di abilitazione professionale nonché di abilitazione all'esercizio della professione, ove prevista.

(1) *Articolo aggiunto dall'art. 13, comma 1, d.lgs. 19 giugno 1999, n. 229.*

15-*nonies* Limite massimo di età per il personale della dirigenza medica e per la cessazione dei rapporti convenzionali (1).

1. Il limite massimo di età per il collocamento a riposo dei dirigenti medici e del ruolo sanitario del Servizio sanitario nazionale, ivi compresi i responsabili di struttura complessa, è stabilito al compimento del sessantacinquesimo anno di età, ovvero, su istanza dell'interessato, al maturare del quarantesimo anno di servizio effettivo. In ogni caso il limite massimo di permanenza non può superare il settantesimo anno di età e la permanenza in servizio non può dar luogo ad un aumento del numero dei dirigenti. È abrogata la legge 19 febbraio 1991, n. 50, fatto salvo il diritto a rimanere in servizio per coloro i quali hanno già ottenuto il beneficio (2) (3) (4).

2. Il personale medico universitario di cui all'art. 102 del decreto del Presidente della Repubblica 11 luglio 1980, n. 382, cessa dallo svolgimento delle ordinarie attività assistenziali di cui all'art. 6, comma 1, nonché dalla direzione delle strutture assistenziali, al raggiungimento del limite massimo di età di sessantasette anni. Il personale già in servizio cessa dalle predette attività e direzione al compimento dell'età di settanta anni se alla data del 31 dicembre 1999 avrà compiuto sessantasei anni e all'età di sessantotto anni se alla predetta data avrà compiuto sessanta anni. I protocolli d'intesa tra le regioni e le università e gli accordi attuativi dei medesimi, stipulati tra le università e le aziende sanitarie ai sensi dell'art. 6, comma 1, disciplinano le modalità e i limiti per l'utilizzazione del suddetto personale universitario per specifiche attività assistenziali strettamente correlate all'attività didattica e di ricerca (5).

3. Le disposizioni di cui al precedente comma 1 si applicano anche nei confronti del personale a rapporto convenzionale di cui all'art. 8. In sede di rinnovo delle relative convenzioni nazionali sono stabiliti tempi e modalità di attuazione.

4. Restano confermati gli obblighi contributivi dovuti per l'attività svolta, in qualsiasi forma, dai medici e dagli altri professionisti di cui all'art. 8.

(1) *Articolo aggiunto dall'art. 13, comma 1, d.lgs. 19 giugno 1999, n. 229.*

(2) *Comma modificato dall'art. 22, l. 4 novembre 2010, n. 183.*

(3) *La Corte Costituzionale, con sentenza n. 33 del 6 marzo 2013 (in Gazz. Uff., 13 marzo, n. 11), ha dichiarato l'illegittimità costituzionale del combinato disposto del presente comma e dell'articolo 16, comma 1, primo periodo, del decreto legislativo 30 dicembre 1992, n. 503 — nel testo quale vigente fino all'entrata in vigore dell'art. 22 della legge 4 novembre 2010, n. 183 — nella parte in cui non consente al personale ivi contemplato che al raggiungimento del limite massimo di età per il collocamento a riposo non abbia compiuto il numero degli anni richiesti per ottenere il minimo della pensione, di rimanere, su richiesta, in servizio fino al conseguimento di tale anzianità minima e, comunque, non oltre il settantesimo anno di età.*

(4) *Per una deroga al presente comma in tema di misure urgenti per il rafforzamento del Sistema sanitario nazionale, v. art. 5-*bis*, comma 2, d.l. 30 dicembre 2019, n. 162, conv., con modif., in l. 28 febbraio 2020, n. 8, come modificato dall'art. 30-*bis* d.l. 14 agosto 2020, n. 104, conv., con modif., in l. 13 ottobre 2020 n. 126, nonché l'art. 7, comma 6-*bis*, d.l. 9 giugno 2021, n. 80, conv., con modif., in l. 6 agosto 2021, n. 113.*

(5) *La Corte Costituzionale, con sentenza 7 marzo 2001, n. 71 (in Gazz. Uff., 21 marzo, n. 12), ha dichiarato* l'illegittimità costituzionale *del presente comma, nella parte in cui dispone la cessazione del personale medico universitario di cui all'art. 102 del decreto del Presidente della Repubblica 11 luglio 1980, n. 382, dallo svolgimento delle ordinarie attività assistenziali, nonché dalla direzione delle strutture assistenziali, al raggiungimento dei limiti massimi di età ivi indicati, in assenza della stipula dei protocolli d'intesa tra università e regioni previsti dalla stessa norma ai fini della disciplina delle modalità e dei limiti per l'utilizzazione del suddetto personale universitario per specifiche attività assistenziali strettamente connesse all'attività didattica e di ricerca.*

15-*decies* Obbligo di appropriatezza (1).

1. I medici ospedalieri e delle altre strutture di ricovero e cura del Servizio sanitario nazionale, pubbliche o accreditate, quando prescrivono o consigliano medicinali o accertamenti diagnostici a pazienti all'atto della dimissione o in occasione di visite ambulatoriali, sono tenuti a specificare i farmaci e le prestazioni erogabili con onere a carico del Servizio sanitario nazionale. Il predetto obbligo si estende anche ai medici specialisti che abbiano comunque titolo per prescrivere medicinali e accertamenti diagnostici a carico del Servizio sanitario nazionale.

2. In ogni caso, si applicano anche ai sanitari di cui al comma 1 il divieto di impiego del ricettario del Servizio sanitario nazionale per la prescrizione di medicinali non rimborsabili dal Servizio, nonché le disposizioni che vietano al medico di prescrivere, a carico del Servizio medesimo, medicinali senza osservare le condizioni e le limitazioni previste dai provvedimenti della Commissione unica del farmaco e prevedono conseguenze in caso di infrazione.

3. Le attività delle aziende unità sanitarie locali previste dall'articolo 32, comma 9, della legge 27 dicembre 1997, n. 449, sono svolte anche nei confronti dei sanitari di cui al comma 1.

(1) *Articolo aggiunto dall'art. 13, comma 1, d.lgs. 19 giugno 1999, n. 229.*

15-*undecies* Applicabilità al personale di altri enti (1).

1. Gli enti e istituti di cui all'articolo 4, comma 12, nonché gli istituti di ricovero e cura a carattere scientifico di diritto privato adeguano i propri ordinamenti del personale alle disposizioni del presente decreto. A seguito di tale adeguamento, al personale dei predetti enti e istituti si applicano le disposizioni di cui all'articolo 25 del d.P.R. 20 dicembre 1979, n. 761, anche per quanto attiene ai trasferimenti da e verso le strutture pubbliche (2).

(1) *Articolo aggiunto dall'art. 13, comma 1, d.lgs. 19 giugno 1999, n. 229.*

(2) *Per l'interpretazione autentica delle disposizioni del presente articolo vedi l'art. 18, comma 2-*bis*, d.l. 16 ottobre 2017, n. 148, convertito, con modificazioni, dalla l. 4 dicembre 2017, n. 172: « L'articolo 15-*undecies* del decreto legislativo 30 dicembre 1992, n. 502, si interpre-*

ta nel senso che i servizi prestati e i titoli acquisiti dal personale degli enti e degli istituti ivi previsti, il quale, a seguito dell'adeguamento dei rispettivi ordinamenti del personale alle disposizioni del medesimo decreto legislativo, sia stato assunto a seguito di procedura concorsuale, sono equiparati ai servizi prestati e ai titoli acquisiti presso le strutture pubbliche del Servizio sanitario nazionale, anche per quel concerne la possibilità di ottenere la mobilità dai medesimi enti ed istituti verso le strutture pubbliche del Servizio sanitario nazionale e da queste verso gli enti e gli istituti stessi. ».

15-*duodecies* Strutture per l'attività libero-professionale (1).

1. Le regioni provvedono, entro il 31 dicembre 2000, alla definizione di un programma di realizzazione di strutture sanitarie per l'attività libero-professionale intramuraria.

2. Il Ministro della sanità, d'intesa con la Conferenza Stato-Regioni, determina, nel limite complessivo di lire 1.800 miliardi, l'ammontare dei fondi di cui all'articolo 20 della richiamata legge n. 67 del 1988, utilizzabili in ciascuna regione per gli interventi di cui al comma 1.

3. Fermo restando l'articolo 72, comma 11, della legge 23 dicembre 1998, n. 448, in caso di ritardo ingiustificato rispetto agli adempimenti fissati dalle regioni per la realizzazione delle nuove strutture e la acquisizione delle nuove attrezzature e di quanto necessario al loro funzionamento, la regione vi provvede tramite commissari *ad acta*.

(1) *Articolo aggiunto dall'art. 1, comma 1, d.lgs. 28 luglio 2000, n. 254.*

15-*terdecies* Denominazioni (1).

1. I dirigenti del ruolo sanitario assumono, ferme le disposizioni di cui all'articolo 15 e seguenti del decreto legislativo n. 502 del 1992 e successive modificazioni, nonché le disposizioni dei contratti collettivi nazionali di lavoro, le seguenti denominazioni, in relazione alla categoria professionale di appartenenza, all'attività svolta e alla struttura di appartenenza:

a) responsabile di struttura complessa: Direttore;

b) dirigente responsabile di struttura semplice: responsabile.

(1) *Articolo aggiunto dall'art. 1, comma 1, d.lgs. 28 luglio 2000, n. 254.*

15-*quaterdecies* Osservatorio per l'attività libero-professionale (1).

1. Con decreto del Ministro della sanità, da adottarsi entro il 10 ottobre 2000, d'intesa con la conferenza permanente per i rapporti tra lo Stato, le regioni e le province autonome, nel rispetto di quanto disposto dall'articolo 19-*quater*, è organizzato presso il Ministero della sanità l'Osservatorio per l'attività libero professionale con il compito di acquisire per il tramite delle regioni gli elementi di valutazione ed elaborare, in collaborazione con le regioni, proposte per la predisposizione della relazione da trasmettersi con cadenza annuale al Parlamento su:

a) la riduzione delle liste di attesa in relazione all'attivazione dell'attività libero professionale;

b) le disposizioni regionali, contrattuali e aziendali di attuazione degli istituti normativi concernenti l'attività libero professionale intramuraria;

c) lo stato di attivazione e realizzazione delle strutture e degli spazi destinati all'attività libero professionale intramuraria;

d) il rapporto fra attività istituzionale e attività libero professionale;

e) l'ammontare dei proventi per attività libero professionale, della partecipazione regionale, della quota a favore dell'azienda;

f) le iniziative ed i correttivi necessari per eliminare le disfunzioni ed assicurare il corretto equilibrio fra attività istituzionale e libero professionale (2) (3).

(1) *Articolo aggiunto dall'art. 1, comma 1, d.lgs. 28 luglio 2000, n. 254.*

(2) *Per la proroga dell'organismo di cui al presente articolo, vedi l'art. 1, comma 2, d.l. 28 giugno 2012, n. 89, conv., con modif., in l. 7 agosto 2012, n. 132.*

(3) *A norma dell'art. 2, comma 1, lett.* i) *d.P.R. 28 marzo 2013, n. 44, le funzioni in atto esercitate dall'organismo di cui al presente articolo sono trasferite ad un unico organo collegiale, denominato « Comitato tecnico sanitario ».*

16 Formazione.

1. La formazione medica di cui all'articolo 6, comma 2, implica la partecipazione guidata o diretta alla totalità delle attività mediche, ivi comprese la medicina preventiva, le guardie, l'attività di pronto soccorso, l'attività ambulatoriale, la ricerca clinica, la comunicazione al paziente (1) e l'attività operatoria per le discipline chirurgiche, nonché la graduale assunzione di compiti assistenziali e l'esecuzione di interventi con autonomia vincolata alle direttive ricevute dal medico responsabile della formazione. La formazione comporta l'assunzione delle responsabilità connesse all'attività svolta. Durante il periodo di formazione è obbligatoria la partecipazione attiva a riunioni periodiche, seminari e corsi teorico-pratici nella disciplina (2).

(1) *Le parole « , la ricerca clinica, la comunicazione al paziente » sono state inserite dall'art. 64-*quinquies*, comma 1 d.l. 31 maggio 2021, n. 77, conv., con modif., in l. 29 luglio 2021, n. 108.*

(2) *Comma sostituito dall'art. 17, d.lgs. 7 dicembre 1993, n. 517.*

16-*bis* Formazione continua (1).

1. Ai sensi del presente decreto, la formazione continua comprende l'aggiornamento professionale e la formazione permanente. L'aggiornamento professionale è l'attività successiva al corso di diploma, laurea, specializzazione, formazione complementare, formazione specifica in medicina generale, diretta ad adeguare per tutto l'arco della vita professionale le conoscenze professionali. La formazione permanente comprende le attività finalizzate a migliorare le competenze e le abilità cliniche, tecniche e manageriali ed i comportamenti degli operatori sanitari al progresso scientifico e tecnologico con l'obiettivo di garantire efficacia, appropriatezza, sicurezza ed efficienza alla assistenza prestata dal Servizio sanitario nazionale.

L'aggiornamento periodico del personale operante presso le strutture sanitarie e socio-sanitarie impegnato nella sperimentazione clinica dei medicinali è realizzato attraverso il conseguimento di appositi crediti formativi su percorsi assistenziali multidisciplinari, nei quali sia data rilevanza anche alla medicina di genere e all'età pediatrica, nonché alla comunicazione tra il medico e il paziente (2) e multiprofessionali nonché su percorsi formativi di partecipazione diretta a programmi di ricerca clinica multicentrici (3).

2. La formazione continua consiste in attività di qualificazione specifica per i diversi profili professionali, attraverso la partecipazione a corsi, convegni, seminari, organizzati da istituzioni pubbliche o private accreditate ai sensi del presente decreto, nonché soggiorni di studio e la partecipazione a studi clinici controllati e ad attività di ricerca, di sperimentazione e di sviluppo. La formazione continua di cui al comma 1 è sviluppata sia secondo percorsi formativi autogestiti sia, in misura prevalente, in programmi finalizzati agli obiettivi prioritari del Piano sanitario nazionale e del Piano sanitario regionale nelle forme e secondo le modalità indicate dalla Commissione di cui all'art. 16-*ter*.

2-*bis*. I laureati in medicina e chirurgia e gli altri operatori delle professioni sanitarie, obbligati ai programmi di formazione continua di cui ai commi 1 e 2, sono esonerati da tale attività formativa limitatamente al periodo di espletamento del mandato parlamentare di senatore o deputato della Repubblica nonché di consigliere regionale (4).

(1) *Articolo aggiunto dall'art. 14, comma 1, d.lgs. 19 giugno 1999, n. 229.*

(2) *Le parole* « nonché alla comunicazione tra il medico e il paziente » *sono state inserite dall'art. 64*-quinquies, *comma 2 d.l. 31 maggio 2021, n. 77, conv., con modif., in l. 29 luglio 2021, n. 108.*

(3) *Ultimo periodo aggiunto dall'art. 3, comma 1, lett.* a), *d.lgs. 14 maggio 2019, n. 52.*

(4) *Comma aggiunto dall'art. 2 l. 1° febbraio 2006, n. 43.*

16-*ter* Commissione nazionale per la formazione continua (1).

1. Con decreto del Ministro della sanità, da emanarsi entro novanta giorni dalla data di entrata in vigore del decreto legislativo 19 giugno 1999, n. 229, è nominata una Commissione nazionale per la formazione continua, da rinnovarsi ogni cinque anni. La Commissione è presieduta dal Ministro della salute ed è composta da quattro vicepresidenti, di cui uno nominato dal Ministro della salute, uno dal Ministro dell'istruzione, dell'università e della ricerca, uno dalla Conferenza permanente dei Presidenti delle regioni e delle province autonome di Trento e di Bolzano, uno rappresentato dal Presidente della federazione nazionale degli ordini dei medici chirurghi e degli odontoiatri, nonché da 25 membri, di cui due designati dal Ministro della salute, due dal Ministro dell'istruzione, dell'università e della ricerca, uno dal Ministro per la funzione pubblica, uno dal Ministro per le pari opportunità, uno dal Ministro per gli affari regionali, sei dalla Conferenza permanente per i rapporti tra lo Stato, le regioni e le province autonome di Trento e di Bolzano, su proposta della Conferenza permanente dei presidenti delle regioni e delle province autonome, due dalla Federazione nazionale degli ordini dei medici chirurghi e degli odontoiatri, uno dalla Federazione nazionale degli ordini dei farmacisti, uno dalla Federazione nazionale degli ordini dei medici veterinari, uno dalla Federazione nazionale dei collegi infermieri professionali, assistenti sanitari e vigilatrici d'infanzia, uno dalla Federazione nazionale dei collegi delle ostetriche, uno dalle associazioni delle professioni dell'area della riabilitazione di cui all'art. 2 della legge 10 agosto 2000, n. 251, uno dalle associazioni delle professioni dell'area tecnico-sanitaria di cui all'art. 3 della citata legge n. 251 del 2000, uno dalle associazioni delle professioni dell'area della prevenzione di cui all'art. 4 della medesima legge n. 251 del 2000, uno dalla Federazione nazionale degli ordini dei biologi, uno dalla Federazione nazionale degli ordini degli psicologi e uno dalla Federazione nazionale degli ordini dei chimici. Con il medesimo decreto sono disciplinate le modalità di consultazione delle categorie professionali interessate in ordine alle materie di competenza della Commissione (2).

2. La Commissione di cui al comma 1 definisce, con programmazione pluriennale, sentita la Conferenza per i rapporti tra lo Stato, le regioni e le province autonome di Trento e Bolzano nonché gli Ordini ed i Collegi professionali interessati, gli obiettivi formativi di interesse nazionale, con particolare riferimento alla elaborazione, diffusione e adozione delle linee guida e dei relativi percorsi diagnostico-terapeutici. La Commissione, in conformità agli accordi e alle intese sancite in sede di Conferenza permanente per i rapporti tra lo Stato, le regioni e le Province autonome di Trento e Bolzano in relazione alla durata della sperimentazione, individua i crediti formativi da riconoscere ai professionisti sanitari che presso le strutture sanitarie e socio-sanitarie sono impegnati nella sperimentazione clinica dei medicinali (3). La Commissione definisce i crediti formativi che devono essere complessivamente maturati dagli operatori in un determinato arco di tempo, gli indirizzi per la organizzazione dei programmi di formazione predisposti a livello regionale nonché i criteri e gli strumenti per il riconoscimento e la valutazione delle esperienze formative. La Commissione definisce altresì i requisiti per l'accreditamento delle società scientifiche, nonché dei soggetti pubblici e privati che svolgono attività formative e procede alla verifica della sussistenza dei requisiti stessi.

3. Le regioni, prevedendo appropriate forme di partecipazione degli ordini e dei collegi professionali, provvedono alla programmazione e alla organizzazione dei programmi regionali per la formazione continua, concorrono alla individuazione degli obiettivi formativi di interesse nazionale di cui al comma 2, elaborano gli obiettivi formativi di specifico interesse regionale, accreditano i progetti di formazione di rilievo regionale secondo i criteri di cui al comma 2. Le regioni predispongono una relazione annuale sulle attività formative svolte, trasmessa alla Commissione nazionale, anche al fine di garantire il monitoraggio dello stato di attuazione dei programmi regionali di formazione continua (4).

(1) *Articolo aggiunto dall'art. 1, comma 1, d.lgs. 28 luglio 2000, n. 254.*

(2) *Comma modificato dall'art. 8, comma 3, lett.* r), *d.lgs. n. 254, cit. e successivamente dall'art. 3, comma 1, d.l. 7 febbraio 2002, n. 8, conv., con modif., in l. 4 aprile 2002, n. 56.*

(3) *Periodo aggiunto dall'art. 3, comma 1, lett.* b), *d.lgs. 14 maggio 2019, n. 52.*

(4) *A norma dell'art. 2, comma 360, l. 24 dicembre 2007, n. 244 sono abrogate le disposizioni di cui al presente articolo incompatibili con i commi da 357 a 359 del medesimo articolo 2.*

16-*quater*-16-*sexies* (*Omissis*).

17 Collegio di direzione (1).

1. Le regioni prevedono l'istituzione, nelle aziende e negli enti del Servizio sanitario regionale, del collegio di direzione, quale organo dell'azienda, individuandone la composizione in modo da garantire la partecipazione di tutte le figure professionali presenti nella azienda o nell'ente e disciplinandone le competenze e i criteri di funzionamento, nonché le relazioni con gli altri organi aziendali. Il collegio di direzione, in particolare, concorre al governo delle attività cliniche, partecipa alla pianificazione delle attività, incluse la ricerca, la didattica, i programmi di formazione e le soluzioni organizzative per l'attuazione dell'attività liberoprofessionale intramuraria. Nelle aziende ospedaliero universitarie il collegio di direzione partecipa alla pianificazione delle attività di ricerca e didattica nell'ambito di quanto definito dall'università; concorre inoltre allo sviluppo organizzativo e gestionale delle aziende, con particolare riferimento all'individuazione di indicatori di risultato clinico-assistenziale e di efficienza, nonché dei requisiti di appropriatezza e di qualità delle prestazioni. Partecipa altresì alla valutazione interna dei risultati conseguiti in relazione agli obiettivi prefissati ed è consultato obbligatoriamente dal direttore generale su tutte le questioni attinenti al governo delle attività cliniche. Ai componenti del predetto collegio non è corrisposto alcun emolumento, compenso, indennità o rimborso spese.

(1) *Articolo modificato dall'art. 18, comma 1, d.lgs. 7 dicembre 1993, n. 517, successivamente abrogato dall'art. 2, comma 1-quinques, d.l. 18 novembre 1996, n. 583, conv., con modif., in l. 17 gennaio 1997, n. 4, sostituito dall'art. 15, comma 1, d.lgs. 19 giugno 1999, n. 229, modificato dall'art. 5, comma 1, d.lgs. 28 luglio 2000, n. 254 e, da ultimo, sostituito, dall'art. 4, comma 1, lett.* f) *d.l. 13 settembre 2012, n. 158, conv., con modif., in l. 8 novembre 2012, n. 189.*

17-*bis* Dipartimenti (1).

1. L'organizzazione dipartimentale è il modello ordinario di gestione operativa di tutte le attività delle Aziende sanitarie.

2. Il direttore di dipartimento è nominato dal direttore generale fra i dirigenti con incarico di direzione delle strutture complesse aggregate nel dipartimento; il direttore di dipartimento rimane titolare della struttura complessa cui è preposto. La preposizione ai dipartimenti strutturali, sia ospedalieri che territoriali e di prevenzione, comporta l'attribuzione sia di responsabilità professionali in materia clinico-organizzativa e della prevenzione sia di responsabilità di tipo gestionale in ordine alla razionale e corretta programmazione e gestione delle risorse assegnate per la realizzazione degli obiettivi attribuiti. A tal fine il direttore di dipartimento predispone annualmente il piano delle attività e dell'utilizzazione delle risorse disponibili, negoziato con la direzione generale nell'ambito della programmazione aziendale. La programmazione delle attività dipartimentali, la loro realizzazione e le funzioni di monitoraggio e di verifica sonno assicurate con la partecipazione attiva degli altri dirigenti e degli operatori assegnati al dipartimento.

3. La regione disciplina la composizione e le funzioni del Comitato di dipartimento nonché le modalità di partecipazione dello stesso alla individuazione dei direttori di dipartimento.

(1) *Articolo aggiunto dall'art. 15, comma 1, d.lgs. 19 giugno 1999, n. 229.*

18-19 (*Omissis*).

19-*bis* Commissione nazionale per l'accreditamento e la qualità dei servizi sanitari (1).

1. È istituita, presso l'Agenzia per i servizi sanitari regionali, la Commissione nazionale per l'accreditamento e la qualità dei servizi sanitari. Con regolamento adottato su proposta del Ministro della sanità, ai sensi dell'articolo 17, comma 1, della legge 23 agosto 1988, n. 400, sono disciplinate le modalità di organizzazione e funzionamento della Commissione, composta da dieci esperti di riconosciuta competenza a livello nazionale in materia di organizzazione e programmazione dei servizi, economia, edilizia e sicurezza nel settore della sanità.

2. La Commissione, in coerenza con gli obiettivi indicati dal Piano sanitario nazionale e avvalendosi del supporto tecnico dell'Agenzia per i servizi sanitari regionali, svolge i seguenti compiti:

a) definisce i requisiti in base ai quali le regioni individuano i soggetti abilitati alla verifica del possesso dei requisiti per l'accreditamento delle strutture pubbliche e private di cui all'art. 8-*quater*, comma 5;

b) valuta l'attuazione del modello di accreditamento per le strutture pubbliche e per le strutture private;

c) esamina i risultati delle attività di monitoraggio di cui al comma 3 e trasmette annualmente al Ministro della sanità e alla Conferenza permanente per i rapporti tra lo Stato, le regioni e le province autonome di Trento e di Bolzano una relazione sull'attività svolta.

3. Le regioni individuano le modalità e gli strumenti per la verifica della attuazione del modello di accreditamento, trasmettendo annualmente alla Commissione nazionale i risultati della attività di monitoraggio condotta sullo stato di attuazione delle procedure di accreditamento.

(1) *Articolo aggiunto dall'art. 15, comma 1, d.lgs. 19 giugno 1999, n. 229.*

19-*ter*-20 (*Omissis*).

107. Decreto legge 13 settembre 2012, n. 158, convertito, con modificazioni, in legge 8 novembre 2012, n. 189. — Disposizioni urgenti per promuovere lo sviluppo del Paese mediante un più alto livello di tutela della salute. (*estratto*).

Pubblicato nella Gazzetta Ufficiale n. 214 del 13 settembre 2012; la legge di conversione è stata pubblicata nella Gazzetta Ufficiale n. 263 del 10 novembre 2012.

1-2 (*Omissis*).

3 Responsabilità professionale dell'esercente le professioni sanitarie.

[1. L'esercente la professione sanitaria che nello svolgimento della propria attività si attiene a linee guida e buone pratiche accreditate dalla comunità scientifica non risponde penalmente per colpa lieve. In tali casi resta comunque fermo l'obbligo di cui all'articolo 2043 del codice civile. Il giudice, anche nella determinazione del risarcimento del danno, tiene debitamente conto della condotta di cui al primo periodo.] (1).

[2. Con decreto del Presidente della Repubblica, adottato ai sensi dell'articolo 17, comma 1, della legge 23 agosto 1988, n. 400, da emanare entro il 30 giugno 2013, su proposta del Ministro della salute, di concerto con i Ministri dello sviluppo economico e dell'economia e delle finanze, sentite l'Associazione nazionale fra le imprese assicuratrici (ANIA), la Federazione nazionale degli ordini dei medici chirurghi e degli odontoiatri, nonché le Federazioni nazionali degli ordini e dei collegi delle professioni sanitarie e le organizzazioni sindacali maggiormente rappresentative delle categorie professionali interessate, anche in attuazione dell'articolo 3, comma 5, lettera *e*), del decreto-legge 13 agosto 2011, n. 138, convertito, con modificazioni, dalla legge 14 settembre 2011, n. 148, al fine di agevolare l'accesso alla copertura assicurativa agli esercenti le professioni sanitarie, sono disciplinati le procedure e i requisiti minimi e uniformi per l'idoneità dei relativi contratti, in conformità ai seguenti criteri (2):

a) determinare i casi nei quali, sulla base di definite categorie di rischio professionale, prevedere l'obbligo, in capo ad un fondo appositamente costituito, di garantire idonea copertura assicurativa agli esercenti le professioni sanitarie, anche nell'esercizio dell'attività libero-professionale intramuraria, nei limiti delle risorse del fondo stesso. Il fondo viene finanziato dal contributo dei professionisti che ne facciano espressa richiesta, nella misura determinata dal soggetto gestore del fondo di cui alla lettera *b*), e da un ulteriore contributo a carico delle imprese autorizzate all'esercizio dell'assicurazione per danni derivanti dall'attività medico-professionale, determinato in misura percentuale ai premi incassati nel precedente esercizio, comunque non superiore al 4 per cento del premio stesso, con provvedimento adottato dal Ministro dello sviluppo economico, di concerto con il Ministro della salute e il Ministro dell'economia e delle finanze, sentite la Federazione nazionale degli ordini dei medici chirurghi e degli odontoiatri, nonché le Federazioni nazionali degli ordini e dei collegi delle professioni sanitarie (3);

b) determinare il soggetto gestore del Fondo di cui alla lettera *a*) e le sue competenze senza nuovi o maggiori oneri a carico della finanza pubblica;

c) prevedere che i contratti di assicurazione debbano essere stipulati anche in base a condizioni che dispongano alla scadenza la variazione in aumento o in diminuzione del premio in relazione al verificarsi o meno di sinistri e subordinare comunque la disdetta della polizza alla reiterazione di una condotta colposa da parte del sanitario accertata con sentenza definitiva (4) (5).]

3. Il danno biologico conseguente all'attività dell'esercente della professione sanitaria è risarcito sulla base delle tabelle di cui agli articoli 138 e 139 del decreto legislativo 7 settembre 2005, n. 209, eventualmente integrate con la procedura di cui al comma 1 del predetto articolo 138 e sulla base dei criteri di cui ai citati articoli, per tener conto delle fattispecie da esse non previste, afferenti all'attività di cui al presente articolo.

4. Nel rispetto dell'ambito applicativo dell'articolo 3, comma 5, lettera *e*) del decreto legge 13 agosto 2011, n. 138, convertito, con modificazioni, dalla legge 14 settembre 2011, n. 148, per i contenuti e le procedure inerenti ai contratti assicurativi per i rischi derivanti dall'esercizio dell'attività professionale resa nell'ambito del Servizio sanitario nazionale o in rapporto di convenzione, il decreto di cui al comma 2 viene adottato sentita altresì la Conferenza permanente per i rapporti tra lo Stato, le regioni e le province autonome di Trento e di Bolzano. Resta comunque esclusa a carico degli enti del Servizio sanitario nazionale ogni copertura assicurativa della responsabilità civile ulteriore rispetto a quella prevista, per il relativo personale, dalla normativa contrattuale vigente (6).

5. Gli albi dei consulenti tecnici d'ufficio di cui all'articolo 13 del regio decreto 18 dicembre 1941, n. 1368, recante disposizioni di attuazione del codice di procedura civile, devono essere aggiornati con cadenza almeno quinquennale, al fine di garantire, oltre a quella medico legale, una idonea e qualificata rappresentanza di esperti delle discipline specialistiche dell'area sanitaria, anche con il coinvolgimento delle società scientifiche tra i quali scegliere per la nomina tenendo conto della disciplina interessata nel procedimento (7).

6. Dall'applicazione del presente articolo non devono derivare nuovi o maggiori oneri a carico della finanza pubblica (7).

(1) *Comma sostituito in sede di conversione e successivamente abrogato dall'articolo 6, comma 2, l. 8 marzo 2017 n. 24.*

(2) *Alinea modificato in sede di conversione.*

(3) *Lettera modificata in sede di conversione e successivamente dall'articolo 27, comma 1, lettere* a) *e* b) *d.l. 24 giugno 2014, n. 90, convertito con modificazioni in l. 11 agosto 2014, n. 114.*

(4) *Lettera modificata in sede di conversione.*

(5) *Comma abrogato dall'art. 11 comma 2, l. 11 gennaio 2018, n. 3.*

(6) *Comma dapprima modificato dall'articolo 27, comma 1, lettera c) d.l. n. 90, cit., e successivamente abrogato dall'art. 11 comma 2, l. n. 3, cit.*

(7) *Comma modificato in sede di conversione.*

4-11 *(Omissis).*

12 Procedure concernenti i medicinali (1).

1. La domanda di classificazione di un medicinale fra i medicinali erogabili a carico del Servizio sanitario nazionale ai sensi dell'articolo 8, comma 10, della legge 24 dicembre 1993, n. 537, e successive modificazioni, è istruita dall'Agenzia italiana del farmaco (AIFA) contestualmente alla contrattazione del relativo prezzo, ai sensi dell'articolo 48, comma 33, del decreto-legge 30 settembre 2003, n. 269, convertito, conmodificazioni, dalla legge 24 novembre 2003, n. 326.

2. Fatto salvo il disposto del comma 3, l'azienda farmaceutica interessata può presentare all'AIFA la domanda di classificazione di cui al comma 1 e di avvio della procedura di contrattazione del prezzo soltanto dopo aver ottenuto l'autorizzazione all'immissione in commercio del medicinale prevista dall'articolo 6, comma 1, del decreto legislativo 24 aprile 2006, n. 219, e successive modificazioni.

3. In deroga al disposto del comma 2, la domanda riguardante farmaci orfani ai sensi del regolamento (CE) n. 141/2000 del Parlamento europeo e del Consiglio, del 16 dicembre 1999, o altri farmaci di eccezionale rilevanza terapeutica e sociale previsti in una specifica deliberazione dell'AIFA, adottata su proposta della Commissione consultiva tecnico-scientifica, o riguardante medicinali utilizzabili esclusivamente in ambiente ospedaliero o in strutture ad esso assimilabili, può essere presentata anteriormente al rilascio dell'autorizzazione all'immissione in commercio.

4. L'AIFA comunica all'interessato le proprie determinazioni entro centottanta giorni dal ricevimento della domanda. Il rigetto della domanda è comunicato al richiedente unitamente al parere della Commissione consultiva tecnico-scientifica o del Comitato prezzi e rimborso sul quale la decisione è fondata. Parimenti documentata è la comunicazione della determinazione di esclusione di un medicinale in precedenza classificato fra i farmaci erogabili dal Servizio sanitario nazionale.

5. I medicinali per i quali è rilasciata un'autorizzazione all'immissione in commercio comunitaria a norma del regolamento (CE) n. 726/2004 del Parlamento europeo e del Consiglio, del 31 marzo 2004, del regolamento (CE) n. 1901/2006 del Parlamento europeo e del Consiglio, del 12 dicembre 2006, o del regolamento (CE) n. 1394/2007 del Parlamento europeo e del Consiglio, del 13 novembre 2007, o un'autorizzazione all'immissione in commercio ai sensi del decreto legislativo 24 aprile 2006, n. 219, sono automaticamente collocati in apposita sezione, dedicata ai farmaci non ancora valutati ai fini della rimborsabilità, della classe di cui all'articolo 8, comma 10, lettera *c*), della legge 24 dicembre 1993, n. 537, e successive modificazioni, nelle more della presentazione, da parte dell'azienda interessata, di un'eventuale domanda di diversa classificazione ai sensi della citata disposizione legislativa. Entro sessanta giorni dalla data di pubblicazione nella Gazzetta Ufficiale dell'Unione europea della decisione della Commissione europea sulla domanda di autorizzazione all'immissione in commercio a norma del regolamento (CE) n. 726/2004, del regolamento (CE) n. 1901/2006 o del regolamento (CE) n. 1394/2007, l'AIFA pubblica nella Gazzetta Ufficiale un provvedimento recante la classificazione del medicinale ai sensi del primo periodo del presente comma e il suo regime di fornitura. Per i medicinali autorizzati ai sensi del decreto legislativo 24 aprile 2006, n. 219, le indicazioni della classificazione ai sensi del primo periodo del presente comma e del regime di fornitura sono incluse nel provvedimento di autorizzazione all'immissione in commercio. In ogni caso, prima dell'inizio della commercializzazione, il titolare dell'autorizzazione all'immissione in commercio è tenuto a comunicare all'AIFA il prezzo ex factory e il prezzo al pubblico del medicinale. Le disposizioni del presente comma si applicano anche ai medicinali oggetto di importazione parallela (2).

5-*bis*. L'AIFA valuta, ai fini della classificazione e della rimborsabilità da parte del Servizio sanitario nazionale, i farmaci di cui al comma 3, per i quali è stata presentata la relativa domanda di classificazione di cui al comma 1, corredata della necessaria documentazione, in via prioritaria e dando agli stessi precedenza rispetto ai procedimenti pendenti alla data di presentazione della domanda di classificazione di cui al presente comma, anche attraverso la fissazione di sedute straordinarie delle competenti Commissioni. In tal caso, il termine di cui al comma 4, primo periodo, è ridotto a cento giorni (3).

5-*ter*. In caso di mancata presentazione entro trenta giorni dal rilascio dell'autorizzazione all'immissione in commercio di un medicinale di cui al comma 3, l'ALFA sollecita l'azienda titolare della relativa autorizzazione all'immissione in commercio a presentare la domanda di classificazione di cui al comma 1 entro i successivi trenta giorni. Decorso inutilmente tale termine, viene data informativa nel sito istituzionale dell'AIFA e viene meno la collocazione nell'apposita sezione di cui al comma 5 (3).

6. Fatto in ogni caso salvo il disposto dell'ultimo periodo del comma 1 dell'articolo 11 del presente decreto, ciascun medicinale che abbia le caratteristiche di medicinale generico, di cui all'articolo 10, comma 5, lettera *b*), del decreto legislativo 24 aprile 2006, n. 219, o di medicinale biosimilare, di cui all'articolo 10, comma 7, dello stesso decreto, è automaticamente collocato, senza contrattazione del prezzo, nella classe di rimborso a cui appartiene il medicinale di riferimento qualora l'azienda titolare proponga un prezzo di vendita di evidente convenienza per il Servizio sanitario nazionale. È considerato tale il prezzo che, rispetto a quello del medicinale di riferimento, presenta un ribasso almeno pari a quello stabilito con decreto adottato dal Ministro della salute, su proposta dell'AIFA, in rapporto ai volumi di vendita previsti. Le disposizioni del presente comma si applicano anche ai medicinali oggetto di importazione parallela.

7. Quando è autorizzata un'estensione delle indicazioni terapeutiche di un medicinale autorizzato per l'immissione in commercio secondo la procedura prevista dai regolamenti comunitari di cui al comma 5 e

già classificato come farmaco erogabile dal Servizio sanitario nazionale, il medicinale non può essere prescritto per le nuove indicazioni con onere a carico del Servizio sanitario nazionale prima della conclusione della procedura di contrattazione del prezzo e della correlata conferma della rimborsabilità del medicinale medesimo, nonché della pubblicazione, da parte dell'AIFA, del nuovo prezzo ai sensi della normativa vigente. Quando è autorizzata un'estensione delle indicazioni terapeutiche di un medicinale autorizzato per l'immissione in commercio secondo le disposizioni del decreto legislativo 24 aprile 2006, n. 219, e già classificato come farmaco erogabile dal Servizio sanitario nazionale, il provvedimento che autorizza l'estensione delle indicazioni terapeutiche contiene, altresì, il prezzo concordato in seguito alla nuova procedura di contrattazione del prezzo e di conferma della rimborsabilità del medicinale.

8. All'articolo 15 della legge 21 ottobre 2005, n. 219, e successive modificazioni, è abrogato il comma 6.

9. Le competenze in materia di sperimentazione clinica dei medicinali attribuite dal decreto legislativo 24 giugno 2003, n. 211, all'Istituto superiore di sanità sono trasferite all'AIFA, la quale si avvale del predetto Istituto, senza nuovi o maggiori oneri a carico della finanza pubblica, ai fini dell'esercizio delle funzioni trasferite, secondo modalità stabilite con decreto del Ministro della salute, sentiti i due enti interessati. Fino all'adozione del decreto del Ministro della salute, l'Istituto superiore di sanità, raccordandosi con l'AIFA, svolge le competenze ad esso già attribuite, secondo le modalità previste dalle disposizioni previgenti. Sono altresì trasferite all'AIFA le competenze di cui all'articolo 2, comma 1, lettera *t*), numeri 1) e 1-*bis*), del decreto legislativo 24 giugno 2003, n. 211. Sono confermate in capo all'AIFA le competenze in materia di sperimentazione clinica di medicinali attribuite dal citato decreto legislativo n. 211 del 2003 al Ministero della salute e trasferite all'AIFA ai sensi dell'articolo 48 del decreto-legge 30 settembre 2003, n. 269, convertito, con modificazioni, dalla legge 24 novembre 2003, n. 326, e successive modificazioni.

10. Entro il 30 giugno 2013 ciascuna delle regioni e delle province autonome di Trento e di Bolzano provvede a riorganizzare i comitati etici istituiti nel proprio territorio, attenendosi ai seguenti criteri: *a*) a ciascun comitato etico è attribuita una competenza territoriale di una o più province, in modo che sia rispettato il parametro di un comitato per ogni milione di abitanti, fatta salva la possibilità di prevedere un ulteriore comitato etico, con competenza estesa a uno o più istituti di ricovero e cura a carattere scientifico; *b*) la scelta dei comitati da confermare tiene conto del numero dei pareri unici per sperimentazione clinica di medicinali emessi nel corso dell'ultimo triennio; *c*) la competenza di ciascun comitato può riguardare, oltre alle sperimentazioni cliniche dei medicinali, ogni altra questione sull'uso dei medicinali e dei dispositivi medici, sull'impiego di procedure chirurgiche e cliniche o relativa allo studio di prodotti alimentari sull'uomo generalmente rimessa, per prassi internazionale, alle valutazioni dei comitati; *d*) sono assicurate l'indipendenza di ciascun comitato e l'assenza di rapporti gerarchici tra diversi comitati. legge di conversione del presente decreto (4) (5).

11. Con decreto del Ministro della salute, su proposta dell'AIFA per i profili di sua competenza, d'intesa con la Conferenza permanente per i rapporti tra lo Stato, le regioni e le province autonome di Trento e di Bolzano, sono dettati criteri per la composizione dei comitati etici e per il loro funzionamento. Fino alla data di entrata in vigore del predetto decreto continuano ad applicarsi le norme vigenti alla data di entrata in vigore della legge di conversione del presente decreto (5).

12. A decorrere dal 1° luglio 2013, la documentazione riguardante studi clinici sui medicinali disciplinati dal decreto legislativo 24 giugno 2003, n. 211, è gestita esclusivamente con modalità telematiche, attraverso i modelli standard dell'Osservatorio nazionale sulla sperimentazione clinica dell'AIFA.

(1) *Articolo sostituito in sede di conversione.*

(2) *Comma modificato dall'art. 44, comma 4-*bis *d.l. 21 giugno 2013, n. 69, conv., con modif., in l. 9 agosto 2013, n. 98.*

(3) *Comma inserito dall'art. 44, comma 4-*ter *d.l. n. 69, cit.*

(5) *Per i criteri per la composizione e il funzionamento dei comitati etici, vedi il d.m. 8 febbraio 2013.*

(6) *La Corte Costituzionale, con sentenza n. 301 dell'11 dicembre 2013 (in Gazz. Uff., 18 dicembre, n. 51), ha dichiarato l'*illegittimità costituzionale *del presente comma, nella parte in cui non prevede che « nelle Regioni e nelle Province autonome di Trento e di Bolzano con una popolazione inferiore a un milione di abitanti deve essere comunque costituito un comitato etico ».*

13-16 (*Omissis*).

108. Decreto legislativo 4 agosto 2016, n. 171. — Attuazione della delega di cui all'articolo 11, comma 1, lettera *p*), della legge 7 agosto 2015, n. 124, in materia di dirigenza sanitaria.

Pubblicato nella Gazzetta Ufficiale n. 206 del 3 settembre 2016.

1 Elenco nazionale dei soggetti idonei alla nomina di direttore generale delle aziende sanitarie locali, delle aziende ospedaliere e degli altri enti del Servizio sanitario nazionale.

1. I provvedimenti di nomina dei direttori generali delle aziende sanitarie locali, delle aziende ospedaliere e degli altri enti del Servizio sanitario nazionale sono adottati nel rispetto di quanto previsto dal presente articolo.

2. È istituito, presso il Ministero della salute, l'elenco nazionale dei soggetti idonei alla nomina di direttore generale delle aziende sanitarie locali, delle aziende ospedaliere e degli altri enti del Servizio sanitario na-

zionale, aggiornato con cadenza biennale. Fermo restando l'aggiornamento biennale, l'iscrizione nell'elenco è valida per quattro anni, salvo quanto previsto dall'articolo 2, comma 7. L'elenco nazionale è alimentato con procedure informatizzate ed è pubblicato sul sito internet del Ministero della salute (1).

2-*bis*. Nell'elenco nazionale di cui al comma 2 è istituita un'apposita sezione dedicata ai soggetti idonei alla nomina di direttore generale presso gli Istituti zooprofilattici sperimentali, aventi i requisiti di cui all'articolo 11, comma 6, primo periodo, del decreto legislativo 28 giugno 2012, n. 106 (2).

3. Ai fini della formazione dell'elenco di cui al comma 2, con decreto del Ministro della salute è nominata ogni due anni, senza nuovi o maggiori oneri per la finanza pubblica, una commissione composta da cinque membri, di cui uno designato dal Ministro della salute con funzioni di presidente scelto tra magistrati ordinari, amministrativi, contabili e avvocati dello Stato, e quattro esperti di comprovata competenza ed esperienza, in particolare in materia di organizzazione sanitaria o di gestione aziendale, di cui uno designato dal Ministro della salute, uno designato dall'Agenzia nazionale per i servizi sanitari regionali, e due designati dalla Conferenza permanente per i rapporti tra lo Stato, le regioni e le province autonome di Trento e di Bolzano. I componenti della commissione possono essere nominati una sola volta e restano in carica per il tempo necessario alla formazione dell'elenco e all'espletamento delle attività connesse e conseguenziali. In fase di prima applicazione, la commissione è nominata entro trenta giorni dalla data di entrata in vigore del presente decreto.

4. La commissione di cui al comma 3 procede alla formazione dell'elenco nazionale di cui al comma 2, entro centoventi giorni dalla data di insediamento, previa pubblicazione nella Gazzetta Ufficiale della Repubblica italiana e sul sito internet del Ministero della salute di un avviso pubblico di selezione per titoli. Alla selezione sono ammessi i candidati che non abbiano compiuto sessantacinque anni di età in possesso di:

a) diploma di laurea di cui all'ordinamento previgente al decreto ministeriale 3 novembre 1999, n. 509, pubblicato nella Gazzetta Ufficiale 4 gennaio 2000, n. 2, ovvero laurea specialistica o magistrale;

b) comprovata esperienza dirigenziale, almeno quinquennale, nel settore sanitario o settennale in altri settori, con autonomia gestionale e diretta responsabilità delle risorse umane, tecniche e o finanziarie, maturata nel settore pubblico o nel settore privato;

c) attestato rilasciato all'esito del corso di formazione in materia di sanità pubblica e di organizzazione e gestione sanitaria.

I predetti corsi sono organizzati e attivati dalle regioni, anche in ambito interregionale, avvalendosi anche dell'Agenzia nazionale per i servizi sanitari regionali, e in collaborazione con le università o altri soggetti pubblici o privati accreditati ai sensi dell'articolo 16-*ter*, del decreto legislativo 30 dicembre 1992, n. 502, e successive modificazioni, operanti nel campo della formazione manageriale, con periodicità almeno biennale. Entro centoventi giorni dalla data di entrata in vigore del presente decreto, con Accordo in sede di Conferenza permanente per i rapporti tra lo Stato, le regioni e le province autonome di Trento e di Bolzano, sono definiti i contenuti, la metodologia delle attività didattiche tali da assicurare un più elevato livello della formazione, la durata dei corsi e il termine per l'attivazione degli stessi, nonché le modalità di conseguimento della certificazione. Sono fatti salvi gli attestati di formazione conseguiti alla data di entrata in vigore del presente decreto, ai sensi delle disposizioni previgenti e, in particolare dell'articolo 3-*bis*, comma 4, del decreto legislativo 30 dicembre 1992, n. 502, e successive modificazioni, nonché gli attestati in corso di conseguimento ai sensi di quanto previsto dal medesimo articolo 3-*bis*, comma 4, anche se conseguiti in data posteriore all'entrata in vigore del presente decreto, purché i corsi siano iniziati in data antecedente alla data di stipula dell'Accordo di cui al presente comma.

5. I requisiti indicati nel comma 4 devono essere posseduti alla data di scadenza del termine stabilito per la presentazione della domanda di ammissione. Alle domande dovranno essere allegati il curriculum formativo e professionale e l'elenco dei titoli valutabili ai sensi del comma 6. La partecipazione alla procedura di selezione è subordinata al versamento ad apposito capitolo di entrata del bilancio dello Stato di un contributo pari ad euro 30, non rimborsabile. I relativi introiti sono riassegnati ad apposito capitolo di spesa dello stato di previsione del Ministero della salute per essere destinati alle spese necessarie per assicurare il supporto allo svolgimento delle procedure selettive e per la gestione dell'elenco di idonei cui al presente articolo.

6. La commissione procede alla valutazione dei titoli formativi e professionali e della comprovata esperienza dirigenziale assegnando un punteggio secondo i parametri di cui ai commi da 7-*bis* a 7-*sexies* (3), e criteri specifici predefiniti nell'avviso pubblico di cui al comma 4, considerando [in modo paritario] (4):

a) relativamente alla comprovata esperienza dirigenziale, la tipologia e dimensione delle strutture nelle quali è stata maturata, anche in termini di risorse umane e finanziarie gestite, la posizione di coordinamento e responsabilità di strutture con incarichi di durata non inferiore a un anno, nonché eventuali provvedimenti di decadenza, o provvedimenti assimilabili;

b) relativamente ai titoli formativi e professionali che devono comunque avere attinenza con le materie del management e della direzione aziendale (5), l'attività di docenza svolta in corsi universitari e post universitari presso istituzioni pubbliche e private di riconosciuta rilevanza, delle pubblicazioni e delle produzioni scientifiche degli ultimi cinque anni, il possesso di diplomi di specializzazione, dottorati di ricerca, master, corsi di perfezionamento universitari di durata almeno annuale, abilitazioni professionali, ulteriori corsi di formazione di ambito manageriale e organizzativo svolti presso istituzioni pubbliche e private di riconosciuta rilevanza della durata di almeno 50 ore, con esclusione dei corsi già valutati quali requisito d'accesso (5).

7. Il punteggio massimo complessivamente attribuibile dalla commissione a ciascun candidato è di 100 punti e possono essere inseriti nell'elenco nazionale i

candidati che abbiano conseguito un punteggio minimo non inferiore a 70 punti (6). Il punteggio è assegnato ai fini dell'inserimento del candidato nell'elenco nazionale che è pubblicato secondo l'ordine alfabetico dei candidati senza l'indicazione del punteggio conseguito nella selezione (7).

7-*bis*. Ai fini della valutazione dell'esperienza dirigenziale maturata nel settore sanitario, pubblico o privato, di cui all'articolo 1, comma 4, lettera *b*), la Commissione fa riferimento all'esperienza acquisita nelle strutture autorizzate all'esercizio di attività sanitaria, del settore farmaceutico e dei dispositivi medici, nonché negli enti a carattere regolatorio e di ricerca in ambito sanitario (8).

7-*ter*. L'esperienza dirigenziale valutabile dalla Commissione, di cui al comma 6, lettera *a*), è esclusivamente l'attività di direzione dell'ente, dell'azienda, della struttura o dell'organismo ovvero di una delle sue articolazioni comunque contraddistinte, svolta, a seguito di formale conferimento di incarico, con autonomia organizzativa e gestionale, nonché diretta responsabilità di risorse umane, tecniche o finanziarie, maturata nel settore pubblico e privato. Non si considera esperienza dirigenziale valutabile ai sensi del presente comma l'attività svolta a seguito di incarico comportante funzioni di mero studio, consulenza e ricerca (8).

7-*quater*. La Commissione valuta esclusivamente le esperienze dirigenziali maturate dal candidato negli ultimi sette anni e, nelle regioni con popolazione inferiore a 500.000 abitanti, negli ultimi dieci anni (9), attribuendo un punteggio complessivo massimo non superiore a 60 punti, tenendo conto per ciascun incarico di quanto previsto dal comma 6, lettera *a*). In particolare:

a) individua range predefiniti relativi rispettivamente al numero di risorse umane e al valore economico delle risorse finanziarie gestite e per ciascun range attribuisce il relativo punteggio;

b) definisce il coefficiente da applicare al punteggio base ottenuto dal candidato in relazione alle diverse tipologie di strutture presso le quali l'esperienza dirigenziale è stata svolta;

c) definisce il coefficiente da applicare al punteggio base ottenuto dal candidato per l'esperienza dirigenziale che ha comportato il coordinamento e la responsabilità di più strutture dirigenziali (8).

7-*quinquies*. Eventuali provvedimenti di decadenza del candidato, o provvedimenti assimilabili, riportati negli ultimi sette anni e, nelle regioni con popolazione inferiore a 500.000 abitanti, negli ultimi dieci anni (10), sono valutati con una decurtazione del punteggio pari ad un massimo di 8 punti. Il punteggio per ciascuna esperienza dirigenziale valutata, per la frazione superiore all'anno, è attribuito assegnando per ciascun giorno di durata un trecentosessantacinquesimo del punteggio annuale previsto per quella specifica esperienza dirigenziale. Nel caso di sovrapposizioni temporali degli incarichi ricoperti, è valutata ai fini dell'idoneità esclusivamente una singola esperienza dirigenziale, scegliendo quella a cui può essere attribuito il maggior punteggio (8).

7-*sexies*. La Commissione valuta i titoli formativi e professionali posseduti dal candidato attribuendo un punteggio, complessivo massimo non superiore a 40 punti, ripartito in relazione ai titoli di cui al comma 6, lettera *b*) (8).

8. Non possono essere reinseriti nell'elenco nazionale coloro che siano stati dichiarati decaduti dal precedente incarico di direttore generale per violazione degli obblighi di trasparenza di cui al decreto legislativo 14 marzo 2013, n. 33, come modificato dal decreto legislativo 25 maggio 2016, n. 97.

(1) *Ai sensi dell'art. 4-*bis*, comma 1 d.l. 8 ottobre 2021, n. 139, conv., con modif., in l. 3 dicembre 2021, n. 205, in ragione del perdurare dell'emergenza dovuta alla situazione epidemiologica conseguente alla diffusione pandemica del virus SARS-CoV-2, al fine di non disperdere le competenze e le professionalità acquisite dal personale sanitario nel corso del servizio prestato presso le aziende sanitarie locali, le aziende ospedaliere e gli altri enti del Servizio sanitario nazionale, il limite anagrafico per l'accesso all'elenco nazionale di cui all'articolo 1, comma 2, del decreto legislativo 4 agosto 2016, n. 171, è elevato a sessantotto anni. Le disposizioni di cui al presente articolo si applicano fino al termine dello stato di emergenza connesso al COVID-19.*

Ai sensi, inoltre, dell'art. 4, comma 3 d.l. 30 dicembre 2021, n. 228, conv., con modif., in l. 25 febbraio 2022, n. 15, in ragione del perdurare dell'emergenza dovuta alla situazione epidemiologica conseguente alla diffusione pandemica del virus SARS-CoV2, nelle more dell'avvio delle procedure volte al prescritto aggiornamento biennale dell'elenco nazionale dei soggetti idonei alla nomina di direttore generale delle aziende sanitarie locali, delle aziende ospedaliere e degli altri enti del Servizio sanitario nazionale, il termine di validità dell'iscrizione di cui all'articolo 1, comma 2, del decreto legislativo 4 agosto 2016, n. 171, per i soggetti iscritti nell'elenco pubblicato sul sito internet del Ministero della salute in data 12 febbraio 2018, è prorogato fino alla pubblicazione, nell'anno 2022, dell'elenco nazionale aggiornato e comunque non oltre il 30 giugno 2022.

(2) *Comma inserito dall'art. 11, comma 4-*quater*, d.l. 30 aprile 2019, n. 35, convertito, con modificazioni, in l. 25 giugno 2019, n. 60.*

*V. anche i commi 5 e 5-*bis* del medesimo art. 11 d.l. n. 35, cit.: « 5. Nelle more della formazione della sezione dell'elenco di cui all'articolo 1, comma 2-*bis*, del decreto legislativo 4 agosto 2016, n. 171, introdotto dal comma 4-*quater* del presente articolo, e comunque entro diciotto mesi dalla data di entrata in vigore della legge di conversione del presente decreto, i direttori generali degli istituti zooprofilattici sperimentali sono nominati ai sensi dell'articolo 11, comma 5, del decreto legislativo 28 giugno 2012, n. 106, sulla base dei requisiti di cui al citato articolo 11, comma 6, primo periodo, del decreto legislativo n. 106 del 2012, come modificato dal comma 4-*quinquies* del presente articolo. - 5-*bis*. Nelle more della revisione dei criteri di selezione dei direttori generali degli enti del Servizio sanitario nazionale, fermo restando, per le regioni non sottoposte alla disciplina dei piani di rientro, quanto previsto dall'articolo 2 del decreto legislativo 4 agosto 2016, n. 171, nelle regioni commissariate ai sensi del decreto-legge 1° ottobre 2007, n. 159, convertito, con modificazioni, dalla legge 29 novembre 2007, n. 222, e della legge 23 dicembre 2009, n. 191, per diciotto mesi dalla data di entrata in vigore della legge di conversione del presente decreto, la rosa dei candidati è proposta secondo una graduatoria di merito, sulla base dei requisiti maggiormente coerenti con le caratteristiche dell'incarico da attribuire. Entro i medesimi limiti temporali, per le regioni sottoposte alla disciplina dei piani di rientro, il presidente della regione effettua la scelta, nell'ambito della predetta graduatoria di merito, anche prescindendo, previa adeguata motivazione, dal relativo ordine. Previo accordo sancito in sede di Conferenza permanente per i rapporti tra lo Stato, le regioni e le Province autonome di Trento e di Bolzano ai sensi dell'articolo 4 del decreto legislativo 28 agosto 1997, n. 281, la disciplina prevista dal primo periodo del presente comma per le regioni commissariate può essere estesa alle regioni sottoposte ai piani di rientro ».*

(3) *Le parole* « secondo i parametri di cui ai commi da 7-*bis* a 7-*sexies* » *sono state sostituite alle parole* « secondo parametri definiti con decreto del Ministro della salute, da emanare entro trenta giorni dalla data di entrata in vigore del presente decreto », *dall'articolo 3, comma 1, lettera* a), *del d.lgs. 26 luglio 2017 n. 126.*

(4) *Parole abrogate dall'articolo 3, comma 1, lettera* a), *del d.lgs. 26 luglio 2017 n. 126.*

(5) *Inciso inserito dall'articolo 3, comma 1, lettera* b), *del d.lgs. 26 luglio 2017 n. 126.*

(6) *Le parole* « 70 punti » *sono state sostituite dalle seguenti* « 75 punti » *dall'articolo 3, comma 1, lettera* c), *del d.lgs. 26 luglio 2017 n. 126.*

(7) *Inciso inserito dall'articolo 3, comma 1, lettera* c), *del d.lgs. 26 luglio 2017 n. 126.*

(8) *Comma inserito dall'articolo 3, comma 1, lettera* d), *del d.lgs. 26 luglio 2017 n. 126.*

(9) *Le parole* « e, nelle regioni con popolazione inferiore a 500.000 abitanti, negli ultimi dieci anni » *sono state inserite dall'art. 10-*quater, *comma 1 d.l. 1° aprile 2021, n. 44, conv., con modif., in l. 28 maggio 2021, n. 76.*

(10) *Le parole* « e, nelle regioni con popolazione inferiore a 500.000 abitanti, negli ultimi dieci anni » *sono state inserite dall'art. 10-*quater, *comma 2 d.l. n. 44, cit.*

2 Disposizioni relative al conferimento degli incarichi di direttore generale.

1. Le regioni nominano direttori generali esclusivamente gli iscritti all'elenco nazionale dei direttori generali di cui all'articolo 1. A tale fine, la regione rende noto, con apposito avviso pubblico, pubblicato sul sito internet istituzionale della regione l'incarico che intende attribuire, ai fini della manifestazione di interesse da parte dei soggetti iscritti nell'elenco nazionale. La valutazione dei candidati per titoli e colloquio è effettuata da una commissione regionale, anche tenendo conto di eventuali provvedimenti di accertamento della violazione degli obblighi in materia di trasparenza. La commissione, composta da esperti, indicati da qualificate istituzioni scientifiche indipendenti che non si trovino in situazioni di conflitto d'interessi, di cui uno designato dall'Agenzia nazionale per i servizi sanitari regionali, e uno dalla regione, nominata dal Presidente della Regione, secondo modalità e criteri definiti dalle Regioni, (1) senza nuovi o maggiori oneri a carico della finanza pubblica, propone al presidente della regione una rosa di candidati, [non inferiore a tre e non superiore a cinque,] (2) nell'ambito dei quali viene scelto quello che presenta requisiti maggiormente coerenti con le caratteristiche dell'incarico da attribuire. Nella rosa proposta non possono essere inseriti coloro che abbiano ricoperto l'incarico di direttore generale, per due volte consecutive, presso la medesima azienda sanitaria locale, la medesima azienda ospedaliera o il medesimo ente del Servizio sanitario nazionale.

2. Il provvedimento di nomina, di conferma o di revoca del direttore generale è motivato e pubblicato sul sito internet istituzionale della regione e delle aziende o degli enti interessati, unitamente al curriculum del nominato, nonché ai curricula degli altri candidati inclusi nella rosa. All'atto della nomina di ciascun direttore generale, le regioni definiscono e assegnano, aggiornandoli periodicamente, gli obiettivi di salute e di funzionamento dei servizi con riferimento alle relative risorse, gli obiettivi di trasparenza, finalizzati a rendere i dati pubblicati di immediata comprensione e consultazione per il cittadino, con particolare riferimento ai dati di bilancio sulle spese e ai costi del personale, da indicare sia in modo aggregato che analitico, tenendo conto dei canoni valutativi di cui al comma 3, e ferma restando la piena autonomia gestionale dei direttori stessi. La durata dell'incarico di direttore generale non può essere inferiore a tre anni e superiore a cinque anni. Alla scadenza dell'incarico, ovvero, nelle ipotesi di decadenza e di mancata conferma dell'incarico, le regioni procedono alla nuova nomina, previo espletamento delle procedure di cui presente articolo. La nuova nomina, in caso di decadenza e di mancata conferma, può essere effettuata anche mediante l'utilizzo degli altri nominativi inseriti nella rosa di candidati di cui al comma 1, relativa ad una selezione svolta in una data non antecedente agli ultimi tre anni e purché i candidati inclusi nella predetta rosa risultino ancora inseriti nell'elenco nazionale di cui all'articolo 1 (3). In caso di commissariamento delle aziende sanitarie locali, delle aziende ospedaliere e degli altri enti del Servizio sanitario nazionale, il commissario è scelto tra i soggetti inseriti nell'elenco nazionale.

3. Al fine di assicurare omogeneità nella valutazione dell'attività dei direttori generali, entro centoventi giorni dalla data di entrata in vigore del presente decreto, con Accordo sancito in sede di Conferenza permanente per i rapporti tra lo Stato, le regioni e le province autonome di Trento e di Bolzano, sono definiti i criteri e le procedure per valutare e verificare tale attività, tenendo conto:

a) del raggiungimento di obiettivi di salute e di funzionamento dei servizi definiti nel quadro della programmazione regionale, con particolare riferimento all'efficienza, all'efficacia, alla sicurezza, all'ottimizzazione dei servizi sanitari e al rispetto degli obiettivi economico-finanziari e di bilancio concordati, avvalendosi anche dei dati e degli elementi forniti dall'Agenzia nazionale per i servizi sanitari regionali;

b) della garanzia dei livelli essenziali di assistenza, anche attraverso la riduzione delle liste di attesa e la puntuale e corretta trasmissione dei flussi informativi ricompresi nel Nuovo Sistema Informativo Sanitario, dei risultati del programma nazionale valutazione esiti dell'Agenzia nazionale per i servizi sanitari regionali e dell'appropriatezza prescrittiva;

c) degli obblighi in materia di trasparenza, con particolare riferimento ai dati di bilancio sulle spese e ai costi del personale;

d) degli ulteriori adempimenti previsti dalla legislazione vigente.

4. Trascorsi ventiquattro mesi dalla nomina di ciascun direttore generale, la regione, entro novanta giorni (4), sentito il parere del sindaco o della Conferenza dei sindaci di cui all'articolo 3, comma 14, del decreto legislativo 30 dicembre 1992, n. 502, e successive modificazioni, ovvero, per le aziende ospedaliere, della Conferenza di cui all'articolo 2, comma 2-*bis*, del medesimo decreto legislativo, verifica i risultati aziendali conseguiti e il raggiungimento degli obiettivi di cui ai commi 2 e 3, e in caso di esito negativo dichiara, previa contestazione e nel rispetto del principio del contraddittorio, la decadenza immediata dall'incarico con risoluzione del relativo contratto, in caso di valutazione positiva la Regione procede alla conferma con provvedimento motivato. La disposizione si applica in ogni altro procedimento di valutazione dell'operato del direttore generale. A fini di monitoraggio, le regioni trasmettono all'Agenzia nazionale per i servizi sanitari regionali una relazione biennale sulle attività di valutazione dei direttori generali e sui relativi esiti.

5. La regione, previa contestazione e nel rispetto del principio del contraddittorio, provvede, entro trenta giorni dall'avvio del procedimento, a risolvere il contratto, dichiarando l'immediata decadenza del direttore generale con provvedimento motivato e provvede alla

sua sostituzione con le procedure di cui al presente articolo, se ricorrono gravi e comprovati motivi, o se la gestione presenta una situazione di grave disavanzo imputabile al mancato raggiungimento degli obiettivi di cui al comma 3, o in caso di manifesta violazione di legge o regolamenti o del principio di buon andamento e di imparzialità dell'amministrazione, nonché di violazione degli obblighi in materia di trasparenza di cui al decreto legislativo 14 marzo 2013, n. 33, come modificato dal decreto legislativo 25 maggio 2016, n. 97. In tali casi la regione provvede previo parere della Conferenza di cui all'articolo 2, comma 2-*bis*, del decreto legislativo 30 dicembre 1992, n. 502, e successive modificazioni, che si esprime nel termine di dieci giorni dalla richiesta, decorsi inutilmente i quali la risoluzione del contratto può avere comunque corso. Si prescinde dal parere nei casi di particolare gravità e urgenza. Il sindaco o la Conferenza dei sindaci di cui all'articolo 3, comma 14, del decreto legislativo 30 dicembre 1992, n. 502, e successive modificazioni, ovvero, per le aziende ospedaliere, la Conferenza di cui all'articolo 2, comma 2-*bis*, del medesimo decreto legislativo, nel caso di manifesta inattuazione nella realizzazione del Piano attuativo locale, possono chiedere alla regione di revocare l'incarico del direttore generale.

Quando i procedimenti di valutazione e di decadenza dall'incarico di cui al comma 4 e al presente comma riguardano i direttori generali delle aziende ospedaliere, la Conferenza di cui al medesimo articolo 2, comma 2-*bis*, è integrata con il sindaco del comune capoluogo della provincia in cui è situata l'azienda.

6. È fatto salvo quanto previsto dall'articolo 52, comma 4, lettera *d*), della legge 27 dicembre 2002, n. 289, e quanto previsto dall'articolo 3-*bis*, comma 7-*bis*, del decreto legislativo 30 dicembre 1992, n. 502, e successive modificazioni, e dall'articolo 1, commi 534 e 535, della legge 28 dicembre 2015, n. 208.

7. I provvedimenti di decadenza di cui ai commi 4 e 5 e di decadenza automatica di cui al comma 6 sono comunicati al Ministero della salute ai fini della cancellazione dall'elenco nazionale del soggetto decaduto dall'incarico. Fermo restando quanto disposto al comma 6, lettera *a*), dell'articolo 1, i direttori generali decaduti possono essere reinseriti nell'elenco esclusivamente previa nuova selezione.

(1) *Inciso inserito dall'articolo 4, comma 1, lettera* a), *d.lgs. 26 luglio 2017 n. 126.*

(2) *Parole soppresse dall'articolo 4, comma 1, lettera* a), *d.lgs. n. 126, cit.*

(3) *Periodo inserito dall'articolo 4, comma 1, lettera* b), *d.lgs. n. 126, cit.*

(4) *Le parole "novanta giorni" sono state sostitute alle previgenti* "sessanta giorni" *dall'articolo 4, comma 1, lettera* c), *d.lgs. n. 126, cit.*

3 Disposizioni per il conferimento dell'incarico di direttore sanitario, direttore amministrativo e, ove previsto dalle leggi regionali, di direttore dei servizi socio-sanitari delle aziende sanitarie locali, delle aziende ospedaliere e degli altri enti del Servizio sanitario nazionale.

1. Il direttore generale, nel rispetto dei principi di trasparenza di cui al decreto legislativo 14 marzo 2013, n. 33, come modificato dal decreto legislativo 25 maggio 2016, n. 97, e di cui all'articolo 1, comma 522, della legge 28 dicembre 2015, n. 208, nomina il direttore amministrativo, il direttore sanitario e, ove previsto dalle leggi regionali, il direttore dei servizi socio sanitari, attingendo obbligatoriamente agli elenchi regionali di idonei, anche di altre regioni, appositamente costituiti, previo avviso pubblico e selezione per titoli e colloquio, effettuati da una commissione nominata dalla regione, senza nuovi o maggiori oneri per la finanza pubblica, e composta da esperti di qualificate istituzioni scientifiche indipendenti che non si trovino in situazioni di conflitto d'interessi, di comprovata professionalità e competenza nelle materie oggetto degli incarichi, di cui uno designato dalla regione. La commissione valuta i titoli formativi e professionali, scientifici e di carriera presentati dai candidati, secondo specifici criteri indicati nell'avviso pubblico, definiti, entro centoventi giorni dalla data di entrata in vigore del presente decreto, con Accordo in sede di Conferenza permanente per i rapporti tra lo Stato, le regioni e le province autonome di Trento e di Bolzano, fermi restando i requisiti previsti per il direttore amministrativo e il direttore sanitario dall'articolo 3, comma 7, e dall'articolo 3-*bis*, comma 9, del decreto legislativo 30 dicembre 1992, n. 502, e successive modificazioni. L'elenco regionale è aggiornato con cadenza biennale. L'incarico di direttore amministrativo, di direttore sanitario e ove previsto dalle leggi regionali, di direttore dei servizi socio sanitari, non può avere durata inferiore a tre anni e superiore a cinque anni. In caso di manifesta violazione di leggi o regolamenti o del principio di buon andamento e di imparzialità della amministrazione, il direttore generale, previa contestazione e nel rispetto del principio del contradditorio, risolve il contratto, dichiarando la decadenza del direttore amministrativo e del direttore sanitario, e ove previsto dalle leggi regionali, di direttore dei servizi socio sanitari, con provvedimento motivato e provvede alla sua sostituzione con le procedure di cui al presente articolo.

4 Disposizioni in materia di inconferibilità e incompatibilità dell'incarico di direttore generale, di direttore sanitario, di direttore amministrativo e, ove previsto dalle leggi regionali, di direttore dei servizi socio-sanitari.

1. In materia di inconferibilità e di incompatibilità, si applicano all'incarico di direttore generale, di direttore amministrativo, di direttore sanitario e, ove previsto dalle leggi regionali, di direttore dei servizi sociosanitari, le disposizioni vigenti.

5 Disposizioni transitorie.

1. Fino alla costituzione dell'elenco nazionale e degli elenchi regionali di cui, rispettivamente, agli articoli 1 e 3, si applicano, per il conferimento degli incarichi di direttore generale, di direttore amministrativo, di direttore sanitario e, ove previsto dalle leggi regionali, di direttore dei servizi socio-sanitari, delle aziende sanitarie locali e delle aziende ospedaliere e degli altri enti del Servizio sanitario nazionale, e per la valutazione

degli stessi, le procedure vigenti alla data di entrata in vigore del presente decreto. Nel caso in cui non è stato costituito l'elenco regionale, per il conferimento degli incarichi di direttore amministrativo, di direttore sanitario e, ove previsto dalle leggi regionali, di direttore dei servizi socio-sanitari, le regioni attingono agli altri elenchi regionali già costituiti.

6 Aziende ospedaliero universitarie.

1. Le disposizioni di cui agli articoli 1, 2, 3, 4 e 5, si applicano anche alle aziende ospedaliero universitarie, ferma restando per la nomina del direttore generale l'intesa della regione con il rettore.

7 Competenze delle regioni a Statuto speciale e delle province autonome.

1. Le disposizioni del presente decreto sono applicabili nelle regioni a Statuto speciale e nelle province autonome di Trento e di Bolzano compatibilmente con i rispettivi statuti e le relative norme di attuazione, anche con riferimento alla legge costituzionale 18 ottobre 2001, n. 3.

8 Disposizioni finanziarie.

1. La partecipazione alla commissione nazionale di cui all'articolo 1 e alle commissioni regionali di cui agli articoli 2 e 3, è a titolo gratuito e ai componenti non sono corrisposti gettoni, compensi, rimborsi di spese o altri emolumenti comunque denominati.

2. Fermo restando quanto disposto dall'articolo 1, comma 5, all'attuazione delle disposizioni derivanti dal presente decreto si provvede nell'ambito delle risorse umane, finanziarie e strumentali disponibili a legislazione vigente e, comunque, senza nuovi o maggiori oneri per la finanza pubblica.

9 Abrogazioni e disposizioni finali.

1. A decorrere dalla data di istituzione dell'elenco nazionale di cui all'articolo 1, sono abrogate le disposizioni del decreto legislativo 30 dicembre 1992, n. 502, e successive modificazioni, di cui all'articolo 3-*bis*, comma 1, commi da 3 a 7, e commi 13 e 15. Tutti i riferimenti normativi ai commi abrogati dell'articolo 3-*bis* devono, conseguentemente, intendersi come riferimenti alle disposizioni del presente decreto.

2. Restano altresì ferme, in ogni caso, le disposizioni recate dai commi 2, 7-*bis*, 8 per la parte compatibile con le disposizioni del presente decreto, e da 9 a 12 e 14 dell'articolo 3-*bis*, del decreto legislativo 30 dicembre 1992, n. 502, e successive modificazioni, non abrogate dal presente decreto.

Il presente decreto, munito del sigillo dello Stato, sarà inserito nella Raccolta ufficiale degli atti normativi della Repubblica italiana. È fatto obbligo a chiunque spetti di osservarlo e di farlo osservare.

109. Legge 8 marzo 2017, n. 24. — Disposizioni in materia di sicurezza delle cure e della persona assistita, nonché in materia di responsabilità professionale degli esercenti le professioni sanitarie.

Pubblicata nella Gazzetta Ufficiale n. 64 del 17 marzo 2017.

1 Sicurezza delle cure in sanità.

1. La sicurezza delle cure è parte costitutiva del diritto alla salute ed è perseguita nell'interesse dell'individuo e della collettività.

2. La sicurezza delle cure si realizza anche mediante l'insieme di tutte le attività finalizzate alla prevenzione e alla gestione del rischio connesso all'erogazione di prestazioni sanitarie e l'utilizzo appropriato delle risorse strutturali, tecnologiche e organizzative.

3. Alle attività di prevenzione del rischio messe in atto dalle strutture sanitarie e sociosanitarie, pubbliche e private, è tenuto a concorrere tutto il personale, compresi i liberi professionisti che vi operano in regime di convenzione con il Servizio sanitario nazionale.

2 Attribuzione della funzione di garante per il diritto alla salute al Difensore civico regionale o provinciale e istituzione dei Centri regionali per la gestione del rischio sanitario e la sicurezza del paziente.

1. Le regioni e le province autonome di Trento e di Bolzano possono affidare all'ufficio del Difensore civico la funzione di garante per il diritto alla salute e disciplinarne la struttura organizzativa e il supporto tecnico.

2. Il Difensore civico, nella sua funzione di garante per il diritto alla salute, può essere adito gratuitamente da ciascun soggetto destinatario di prestazioni sanitarie, direttamente o mediante un proprio delegato, per la segnalazione di disfunzioni del sistema dell'assistenza sanitaria e sociosanitaria.

3. Il Difensore civico acquisisce, anche digitalmente, gli atti relativi alla segnalazione pervenuta e, qualora abbia verificato la fondatezza della segnalazione, interviene a tutela del diritto leso con i poteri e le modalità stabiliti dalla legislazione regionale.

4. In ogni regione è istituito, con le risorse umane, strumentali e finanziarie disponibili a legislazione vigente e comunque senza nuovi o maggiori oneri a carico della finanza pubblica, il Centro per la gestione del rischio sanitario e la sicurezza del paziente, che raccoglie dalle strutture sanitarie e sociosanitarie pubbliche e private i dati regionali sui rischi ed eventi avversi e sul contenzioso e li trasmette annualmente, mediante procedura telematica unificata a livello nazionale, al-

l'Osservatorio nazionale delle buone pratiche sulla sicurezza nella sanità, di cui all'articolo 3.

5. All'articolo 1, comma 539, della legge 28 dicembre 2015, n. 208, è aggiunta, in fine, la seguente lettera:

« d-*bis*) predisposizione di una relazione annuale consuntiva sugli eventi avversi verificatisi all'interno della struttura, sulle cause che hanno prodotto l'evento avverso e sulle conseguenti iniziative messe in atto. Detta relazione è pubblicata nel sito internet della struttura sanitaria ».

3 Osservatorio nazionale delle buone pratiche sulla sicurezza nella sanità.

1. Entro tre mesi dalla data di entrata in vigore della presente legge, con decreto del Ministro della salute, previa intesa in sede di Conferenza permanente per i rapporti tra lo Stato, le regioni e le province autonome di Trento e di Bolzano, è istituito, senza nuovi o maggiori oneri per la finanza pubblica, presso l'Agenzia nazionale per i servizi sanitari regionali (AGENAS), l'Osservatorio nazionale delle buone pratiche sulla sicurezza nella sanità, di seguito denominato « Osservatorio ».

2. L'Osservatorio acquisisce dai Centri per la gestione del rischio sanitario e la sicurezza del paziente, di cui all'articolo 2, i dati regionali relativi ai rischi ed eventi avversi nonché alle cause, all'entità, alla frequenza e all'onere finanziario del contenzioso e, anche mediante la predisposizione, con l'ausilio delle società scientifiche e delle associazioni tecnico-scientifiche delle professioni sanitarie di cui all'articolo 5, di linee di indirizzo, individua idonee misure per la prevenzione e la gestione del rischio sanitario e il monitoraggio delle buone pratiche per la sicurezza delle cure nonché per la formazione e l'aggiornamento del personale esercente le professioni sanitarie.

3. Il Ministro della salute trasmette annualmente alle Camere una relazione sull'attività svolta dall'Osservatorio.

4. L'Osservatorio, nell'esercizio delle sue funzioni, si avvale anche del Sistema informativo per il monitoraggio degli errori in sanità (SIMES), istituito con decreto del Ministro del lavoro, della salute e delle politiche sociali 11 dicembre 2009, pubblicato nella Gazzetta Ufficiale n. 8 del 12 gennaio 2010.

4 Trasparenza dei dati.

1. Le prestazioni sanitarie erogate dalle strutture pubbliche e private sono soggette all'obbligo di trasparenza, nel rispetto del codice in materia di protezione dei dati personali, di cui al decreto legislativo 30 giugno 2003, n. 196.

2. La direzione sanitaria della struttura pubblica o privata, entro sette giorni dalla presentazione della richiesta da parte degli interessati aventi diritto, in conformità alla disciplina sull'accesso ai documenti amministrativi e a quanto previsto dal codice in materia di protezione dei dati personali, di cui al decreto legislativo 30 giugno 2003, n. 196, fornisce la documentazione sanitaria disponibile relativa al paziente, preferibilmente in formato elettronico; le eventuali integrazioni sono fornite, in ogni caso, entro il termine massimo di trenta giorni dalla presentazione della suddetta richiesta. Entro novanta giorni dalla data di entrata in vigore della presente legge, le strutture sanitarie pubbliche e private adeguano i regolamenti interni adottati in attuazione della legge 7 agosto 1990, n. 241, alle disposizioni del presente comma.

4. Le strutture sanitarie pubbliche e private rendono disponibili, mediante pubblicazione nel proprio sito internet, i dati relativi a tutti i risarcimenti erogati nell'ultimo quinquennio, verificati nell'ambito dell'esercizio della funzione di monitoraggio, prevenzione e gestione del rischio sanitario (risk management) di cui all'articolo 1, comma 539, della legge 28 dicembre 2015, n. 208, come modificato dagli articoli 2 e 16 della presente legge.

4. All'articolo 37 del regolamento di polizia mortuaria, di cui al decreto del Presidente della Repubblica 10 settembre 1990, n. 285, dopo il comma 2 è inserito il seguente:

« 2-*bis*. I familiari o gli altri aventi titolo del deceduto possono concordare con il direttore sanitario o sociosanitario l'esecuzione del riscontro diagnostico, sia nel caso di decesso ospedaliero che in altro luogo, e possono disporre la presenza di un medico di loro fiducia ».

5 Buone pratiche clinico-assistenziali e raccomandazioni previste dalle linee guida.

1. Gli esercenti le professioni sanitarie, nell'esecuzione delle prestazioni sanitarie con finalità preventive, diagnostiche, terapeutiche, palliative, riabilitative e di medicina legale, si attengono, salve le specificità del caso concreto, alle raccomandazioni previste dalle linee guida pubblicate ai sensi del comma 3 ed elaborate da enti e istituzioni pubblici e privati nonché dalle società scientifiche e dalle associazioni tecnico-scientifiche delle professioni sanitarie iscritte in apposito elenco istituito e regolamentato con decreto del Ministro della salute, da emanare entro novanta giorni dalla data di entrata in vigore della presente legge, e da aggiornare con cadenza biennale. In mancanza delle suddette raccomandazioni, gli esercenti le professioni sanitarie si attengono alle buone pratiche clinico-assistenziali.

2. Nel regolamentare l'iscrizione in apposito elenco delle società scientifiche e delle associazioni tecnico-scientifiche di cui al comma 1, il decreto del Ministro della salute stabilisce:

a) i requisiti minimi di rappresentatività sul territorio nazionale;

b) la costituzione mediante atto pubblico e le garanzie da prevedere nello statuto in riferimento al libero accesso dei professionisti aventi titolo e alla loro partecipazione alle decisioni, all'autonomia e all'indipendenza, all'assenza di scopo di lucro, alla pubblicazione nel sito istituzionale dei bilanci preventivi, dei consuntivi e degli incarichi retribuiti, alla dichiarazione e regolazione dei conflitti di interesse e all'individuazione di sistemi di verifica e controllo della qualità della produzione tecnico-scientifica;

c) le procedure di iscrizione all'elenco nonché le verifiche sul mantenimento dei requisiti e le modalità di sospensione o cancellazione dallo stesso.

3. Le linee guida e gli aggiornamenti delle stesse elaborati dai soggetti di cui al comma 1 sono integrati nel Sistema nazionale per le linee guida (SNLG), il quale è disciplinato nei compiti e nelle funzioni con decreto del Ministro della salute, da emanare, previa intesa in sede di Conferenza permanente per i rapporti tra lo Stato, le regioni e le province autonome di Trento e di Bolzano, [con la procedura di cui all'articolo 1, comma 28, secondo periodo, della legge 23 dicembre 1996, n. 662, e successive modificazioni,] (1) entro centoventi giorni dalla data di entrata in vigore della presente legge. L'Istituto superiore di sanità pubblica nel proprio sito internet le linee guida e gli aggiornamenti delle stesse indicati dal SNLG, previa verifica della conformità della metodologia adottata a standard definiti e resi pubblici dallo stesso Istituto, nonché della rilevanza delle evidenze scientifiche dichiarate a supporto delle raccomandazioni.

4. Le attività di cui al comma 3 sono svolte nell'ambito delle risorse umane, finanziarie e strumentali già disponibili a legislazione vigente e comunque senza nuovi o maggiori oneri per la finanza pubblica.

(1) *Parole soppresse dall'art. 11, comma 1, lett.* a), *L. 11 gennaio 2018, n. 3.*

6 Responsabilità penale dell'esercente la professione sanitaria.

1. Dopo l'articolo 590-*quinquies* del codice penale è inserito il seguente:

« Art. 590-*sexies* (Responsabilità colposa per morte o lesioni personali in ambito sanitario). — Se i fatti di cui agli articoli 589 e 590 sono commessi nell'esercizio della professione sanitaria, si applicano le pene ivi previste salvo quanto disposto dal secondo comma.

Qualora l'evento si sia verificato a causa di imperizia, la punibilità è esclusa quando sono rispettate le raccomandazioni previste dalle linee guida come definite e pubblicate ai sensi di legge ovvero, in mancanza di queste, le buone pratiche clinico-assistenziali, sempre che le raccomandazioni previste dalle predette linee guida risultino adeguate alle specificità del caso concreto ».

2. All'articolo 3 del decreto-legge 13 settembre 2012, n. 158, convertito, con modificazioni, dalla legge 8 novembre 2012, n. 189, il comma 1 è abrogato.

7 Responsabilità civile della struttura e dell'esercente la professione sanitaria.

1. La struttura sanitaria o sociosanitaria pubblica o privata che, nell'adempimento della propria obbligazione, si avvalga dell'opera di esercenti la professione sanitaria, anche se scelti dal paziente e ancorché non dipendenti della struttura stessa, risponde, ai sensi degli articoli 1218 e 1228 del codice civile, delle loro condotte dolose o colpose.

2. La disposizione di cui al comma 1 si applica anche alle prestazioni sanitarie svolte in regime di libera professione intramuraria ovvero nell'ambito di attività di sperimentazione e di ricerca clinica ovvero in regime di convenzione con il Servizio sanitario nazionale nonché attraverso la telemedicina.

3. L'esercente la professione sanitaria di cui ai commi 1 e 2 risponde del proprio operato ai sensi dell'articolo 2043 del codice civile, salvo che abbia agito nell'adempimento di obbligazione contrattuale assunta con il paziente. Il giudice, nella determinazione del risarcimento del danno, tiene conto della condotta dell'esercente la professione sanitaria ai sensi dell'articolo 5 della presente legge e dell'articolo 590-*sexies* del codice penale, introdotto dall'articolo 6 della presente legge.

4. Il danno conseguente all'attività della struttura sanitaria o sociosanitaria, pubblica o privata, e dell'esercente la professione sanitaria è risarcito sulla base delle tabelle di cui agli articoli 138 e 139 del codice delle assicurazioni private, di cui al decreto legislativo 7 settembre 2005, n. 209, integrate, ove necessario, con la procedura di cui al comma 1 del predetto articolo 138 e sulla base dei criteri di cui ai citati articoli, per tener conto delle fattispecie da esse non previste, afferenti alle attività di cui al presente articolo.

5. Le disposizioni del presente articolo costituiscono norme imperative ai sensi del codice civile.

8 Tentativo obbligatorio di conciliazione.

1. Chi intende esercitare un'azione innanzi al giudice civile relativa a una controversia di risarcimento del danno derivante da responsabilità sanitaria è tenuto preliminarmente a proporre ricorso ai sensi dell'articolo 696-*bis* del codice di procedura civile dinanzi al giudice competente.

2. La presentazione del ricorso di cui al comma 1 costituisce condizione di procedibilità della domanda di risarcimento. È fatta salva la possibilità di esperire in alternativa il procedimento di mediazione ai sensi dell'articolo 5, comma 1-*bis*, del decreto legislativo 4 marzo 2010, n. 28. In tali casi non trova invece applicazione l'articolo 3 del decreto-legge 12 settembre 2014, n. 132, convertito, con modificazioni, dalla legge 10 novembre 2014, n. 162. L'improcedibilità deve essere eccepita dal convenuto, a pena di decadenza, o rilevata d'ufficio dal giudice, non oltre la prima udienza. Il giudice, ove rilevi che il procedimento di cui all'articolo 696-*bis* del codice di procedura civile non è stato espletato ovvero che è iniziato ma non si è concluso, assegna alle parti il termine di quindici giorni per la presentazione dinanzi a sé dell'istanza di consulenza tecnica in via preventiva ovvero di completamento del procedimento.

3. Ove la conciliazione non riesca o il procedimento non si concluda entro il termine perentorio di sei mesi dal deposito del ricorso, la domanda diviene procedibile e gli effetti della domanda sono salvi se, entro novanta giorni dal deposito della relazione o dalla scadenza del termine perentorio, è depositato, presso il giudice che ha trattato il procedimento di cui al comma 1, il ricorso di cui all'articolo 702-*bis* del codice di procedura civile. In tal caso il giudice fissa l'udienza di comparizione delle parti; si applicano gli articoli 702-bis e seguenti del codice di procedura civile.

4. La partecipazione al procedimento di consulenza tecnica preventiva di cui al presente articolo, effettuato secondo il disposto dell'articolo 15 della presente legge, è obbligatoria per tutte le parti, comprese le imprese di assicurazione di cui all'articolo 10, che hanno l'obbligo di formulare l'offerta di risarcimento del danno ovvero comunicare i motivi per cui ritengono di non formularla. In caso di sentenza a favore del danneggiato, quando l'impresa di assicurazione non ha formulato l'offerta di risarcimento nell'ambito del procedimento di consulenza tecnica preventiva di cui ai commi precedenti, il giudice trasmette copia della sentenza all'Istituto per la vigilanza sulle assicurazioni (IVASS) per gli adempimenti di propria competenza. In caso di mancata partecipazione, il giudice, con il provvedimento che definisce il giudizio, condanna le parti che non hanno partecipato al pagamento delle spese di consulenza e di lite, indipendentemente dall'esito del giudizio, oltre che ad una pena pecuniaria, determinata equitativamente, in favore della parte che è comparsa alla conciliazione.

9 Azione di rivalsa o di responsabilità amministrativa.

1. L'azione di rivalsa nei confronti dell'esercente la professione sanitaria può essere esercitata solo in caso di dolo o colpa grave.

2. Se l'esercente la professione sanitaria non è stato parte del giudizio o della procedura stragiudiziale di risarcimento del danno, l'azione di rivalsa nei suoi confronti può essere esercitata soltanto successivamente al risarcimento avvenuto sulla base di titolo giudiziale o stragiudiziale ed è esercitata, a pena di decadenza, entro un anno dall'avvenuto pagamento.

3. La decisione pronunciata nel giudizio promosso contro la struttura sanitaria o sociosanitaria o contro l'impresa di assicurazione non fa stato nel giudizio di rivalsa se l'esercente la professione sanitaria non è stato parte del giudizio.

4. In nessun caso la transazione è opponibile all'esercente la professione sanitaria nel giudizio di rivalsa.

5. In caso di accoglimento della domanda di risarcimento proposta dal danneggiato nei confronti della struttura sanitaria o sociosanitaria pubblica, ai sensi dei commi 1 e 2 dell'articolo 7, o dell'esercente la professione sanitaria, ai sensi del comma 3 del medesimo articolo 7, l'azione di responsabilità amministrativa, per dolo o colpa grave, nei confronti dell'esercente la professione sanitaria è esercitata dal pubblico ministero presso la Corte dei conti. Ai fini della quantificazione del danno, fermo restando quanto previsto dall'articolo 1, comma 1-*bis*, della legge 14 gennaio 1994, n. 20, e dall'articolo 52, secondo comma, del testo unico di cui al regio decreto 12 luglio 1934, n. 1214, si tiene conto delle situazioni di fatto di particolare difficoltà, anche di natura organizzativa, della struttura sanitaria o sociosanitaria pubblica, in cui l'esercente la professione sanitaria ha operato. L'importo della condanna per la responsabilità amministrativa e della surrogazione di cui all'articolo 1916, primo comma, del codice civile, per singolo evento, in caso di colpa grave, non può superare una somma pari al triplo del valore maggiore della retribuzione lorda o del corrispettivo convenzionale conseguiti nell'anno di inizio della condotta causa dell'evento o nell'anno immediatamente precedente o successivo (1). Per i tre anni successivi al passaggio in giudicato della decisione di accoglimento della domanda di risarcimento proposta dal danneggiato, l'esercente la professione sanitaria, nell'ambito delle strutture sanitarie o sociosanitarie pubbliche, non può essere preposto ad incarichi professionali superiori rispetto a quelli ricoperti e il giudicato costituisce oggetto di specifica valutazione da parte dei commissari nei pubblici concorsi per incarichi superiori.

6. In caso di accoglimento della domanda proposta dal danneggiato nei confronti della struttura sanitaria o sociosanitaria privata o nei confronti dell'impresa di assicurazione titolare di polizza con la medesima struttura, la misura della rivalsa e quella della surrogazione richiesta dall'impresa di assicurazione, ai sensi dell'articolo 1916, primo comma, del codice civile, per singolo evento, in caso di colpa grave, non possono superare una somma pari al triplo del valore maggiore del reddito professionale, ivi compresa la retribuzione lorda, conseguito nell'anno di inizio della condotta causa dell'evento o nell'anno immediatamente precedente o successivo (2). Il limite alla misura della rivalsa, di cui al periodo precedente, non si applica nei confronti degli esercenti la professione sanitaria di cui all'articolo 10, comma 2.

7. Nel giudizio di rivalsa e in quello di responsabilità amministrativa il giudice può desumere argomenti di prova dalle prove assunte nel giudizio instaurato dal danneggiato nei confronti della struttura sanitaria o sociosanitaria o dell'impresa di assicurazione se l'esercente la professione sanitaria ne è stato parte.

(1) *L'ultima parte del periodo è stata modificata dall'art. 11, comma 1, lett.* b), *l. 11 gennaio 2018, n. 3. Il testo previgente era:* « pari al valore maggiore della retribuzione lorda o del corrispettivo convenzionale conseguiti nell'anno di inizio della condotta causa dell'evento o nell'anno immediatamente precedente o successivo, moltiplicato per il triplo ».

(2) *L'ultima parte del periodo è stata modificata dall'art. 11, comma 1, lett.* c), *l. 11 gennaio 2018, n. 3. Il testo previgente era:* « pari al valore maggiore del reddito professionale, ivi compresa la retribuzione lorda, conseguito nell'anno di inizio della condotta causa dell'evento o nell'anno immediatamente precedente o successivo, moltiplicato per il triplo ».

10 Obbligo di assicurazione.

1. Le strutture sanitarie e sociosanitarie pubbliche e private devono essere provviste di copertura assicurativa o di altre analoghe misure per la responsabilità civile verso terzi e per la responsabilità civile verso prestatori d'opera, ai sensi dell'articolo 27, comma 1-*bis*, del decreto-legge 24 giugno 2014, n. 90, convertito, con modificazioni, dalla legge 11 agosto 2014, n. 114, anche per danni cagionati dal personale a qualunque titolo operante presso le strutture sanitarie o sociosanitarie pubbliche e private, compresi coloro che svolgono attività di formazione, aggiornamento nonché di sperimentazione e di ricerca clinica. La disposizione del primo periodo si applica anche alle prestazioni sanitarie svolte in regime di libera professione intramuraria ovvero in regime di convenzione con il Servizio sanitario nazionale nonché attraverso la tele-

medicina. Le strutture di cui al primo periodo stipulano, altresì, polizze assicurative o adottano altre analoghe misure per la copertura della responsabilità civile verso terzi degli esercenti le professioni sanitarie anche ai sensi e per gli effetti delle disposizioni di cui al comma 3 dell'articolo 7, fermo restando quanto previsto dall'articolo 9. Le disposizioni di cui al periodo precedente non si applicano in relazione agli esercenti la professione sanitaria di cui al comma 2.

2. Per l'esercente la professione sanitaria che svolga la propria attività al di fuori di una delle strutture di cui al comma 1 del presente articolo o che presti la sua opera all'interno della stessa in regime libero-professionale ovvero che si avvalga della stessa nell'adempimento della propria obbligazione contrattuale assunta con il paziente ai sensi dell'articolo 7, comma 3, resta fermo l'obbligo di cui all'articolo 3, comma 5, lettera *e*), del decreto-legge 13 agosto 2011, n. 138, convertito, con modificazioni, dalla legge 14 settembre 2011, n. 148, all'articolo 5 del regolamento di cui al decreto del Presidente della Repubblica 7 agosto 2012, n. 137, e all'articolo 3, comma 2, del decreto-legge 13 settembre 2012, n. 158, convertito, con modificazioni, dalla legge 8 novembre 2012, n. 189.

3. Al fine di garantire efficacia alle azioni di cui all'articolo 9 e all'articolo 12, comma 3, ciascun esercente la professione sanitaria operante a qualunque titolo in strutture sanitarie o sociosanitarie pubbliche o private provvede alla stipula, con oneri a proprio carico, di un'adeguata polizza di assicurazione per colpa grave.

4. Le strutture di cui al comma 1 rendono nota, mediante pubblicazione nel proprio sito internet, la denominazione dell'impresa che presta la copertura assicurativa della responsabilità civile verso i terzi e verso i prestatori d'opera di cui al comma 1, indicando per esteso i contratti, le clausole assicurative ovvero le altre analoghe misure che determinano la copertura assicurativa.

5. Con decreto da emanare entro novanta giorni dalla data di entrata in vigore della presente legge, il Ministro dello sviluppo economico, di concerto con il Ministro della salute, definisce i criteri e le modalità per lo svolgimento delle funzioni di vigilanza e controllo esercitate dall'IVASS sulle imprese di assicurazione che intendano stipulare polizze con le strutture di cui al comma 1 e con gli esercenti la professione sanitaria.

6. Con decreto del Ministro dello sviluppo economico, da emanare entro centoventi giorni dalla data di entrata in vigore della presente legge, di concerto con il Ministro della salute e con il Ministro dell'economia e delle finanze, previa intesa in sede di Conferenza permanente per i rapporti tra lo Stato, le regioni e le province autonome di Trento e di Bolzano, sentiti l'IVASS, l'Associazione nazionale fra le imprese assicuratrici (ANIA), le Associazioni nazionali rappresentative delle strutture private che erogano prestazioni sanitarie e sociosanitarie, la Federazione nazionale degli ordini dei medici chirurghi e degli odontoiatri, le Federazioni nazionali degli ordini e dei collegi delle professioni sanitarie e le organizzazioni sindacali maggiormente rappresentative delle categorie professionali interessate, nonché le associazioni di tutela dei cittadini e dei pazienti, sono determinati i requisiti minimi delle polizze assicurative per le strutture sanitarie e sociosanitarie pubbliche e private e per gli esercenti le professioni sanitarie, prevedendo l'individuazione di classi di rischio a cui far corrispondere massimali differenziati. Il medesimo decreto stabilisce i requisiti minimi di garanzia e le condizioni generali di operatività delle altre analoghe misure, anche di assunzione diretta del rischio, richiamate dal comma 1; disciplina altresì le regole per il trasferimento del rischio nel caso di subentro contrattuale di un'impresa di assicurazione nonché la previsione nel bilancio delle strutture di un fondo rischi e di un fondo costituito dalla messa a riserva per competenza dei risarcimenti relativi ai sinistri denunciati. A tali fondi si applicano le disposizioni di cui all'articolo 1, commi 5 e 5-*bis*, del decreto-legge 18 gennaio 1993, n. 9, convertito, con modificazioni, dalla legge 18 marzo 1993, n. 67.

7. Con decreto del Ministro dello sviluppo economico da emanare, di concerto con il Ministro della salute e sentito l'IVASS, entro centoventi giorni dalla data di entrata in vigore della presente legge, sono individuati i dati relativi alle polizze di assicurazione stipulate ai sensi dei commi 1 e 2, e alle altre analoghe misure adottate ai sensi dei commi 1 e 6 e sono stabiliti, altresì, le modalità e i termini per la comunicazione di tali dati da parte delle strutture sanitarie e sociosanitarie pubbliche e private e degli esercenti le professioni sanitarie all'Osservatorio. Il medesimo decreto stabilisce le modalità e i termini per l'accesso a tali dati.

11 Estensione della garanzia assicurativa.

1. La garanzia assicurativa deve prevedere una operatività temporale anche per gli eventi accaduti nei dieci anni antecedenti la conclusione del contratto assicurativo, purché denunciati all'impresa di assicurazione durante la vigenza temporale della polizza. In caso di cessazione definitiva dell'attività professionale per qualsiasi causa deve essere previsto un periodo di ultrattività della copertura per le richieste di risarcimento presentate per la prima volta entro i dieci anni successivi e riferite a fatti generatori della responsabilità verificatisi nel periodo di efficacia della polizza, incluso il periodo di retroattività della copertura. L'ultrattività è estesa agli eredi e non è assoggettabile alla clausola di disdetta.

12 Azione diretta del soggetto danneggiato.

1. Fatte salve le disposizioni dell'articolo 8, il soggetto danneggiato ha diritto di agire direttamente, entro i limiti delle somme per le quali è stato stipulato il contratto di assicurazione, nei confronti dell'impresa di assicurazione che presta la copertura assicurativa alle strutture sanitarie o sociosanitarie pubbliche o private di cui al comma 1 dell'articolo 10 e all'esercente la professione sanitaria di cui al comma 2 del medesimo articolo 10.

2. Non sono opponibili al danneggiato, per l'intero massimale di polizza, eccezioni derivanti dal contratto diverse da quelle stabilite dal decreto di cui all'articolo 10, comma 6, che definisce i requisiti minimi delle po-

lizze assicurative per le strutture sanitarie e sociosanitarie pubbliche e private e per gli esercenti le professioni sanitarie di cui all'articolo 10, comma 2.

3. L'impresa di assicurazione ha diritto di rivalsa verso l'assicurato nel rispetto dei requisiti minimi, non derogabili contrattualmente, stabiliti dal decreto di cui all'articolo 10, comma 6.

4. Nel giudizio promosso contro l'impresa di assicurazione della struttura sanitaria o sociosanitaria pubblica o privata a norma del comma 1 è litisconsorte necessario la struttura medesima; nel giudizio promosso contro l'impresa di assicurazione dell'esercente la professione sanitaria a norma del comma 1 è litisconsorte necessario l'esercente la professione sanitaria. L'impresa di assicurazione, l'esercente la professione sanitaria e il danneggiato hanno diritto di accesso alla documentazione della struttura relativa ai fatti dedotti in ogni fase della trattazione del sinistro.

5. L'azione diretta del danneggiato nei confronti dell'impresa di assicurazione è soggetta al termine di prescrizione pari a quello dell'azione verso la struttura sanitaria o sociosanitaria pubblica o privata o l'esercente la professione sanitaria.

6. Le disposizioni del presente articolo si applicano a decorrere dalla data di entrata in vigore del decreto di cui al comma 6 dell'articolo 10 con il quale sono determinati i requisiti minimi delle polizze assicurative per le strutture sanitarie e sociosanitarie e per gli esercenti le professioni sanitarie.

13 Obbligo di comunicazione all'esercente la professione sanitaria del giudizio basato sulla sua responsabilità.

1. Le strutture sanitarie e sociosanitarie di cui all'articolo 7, comma 1, e le imprese di assicurazione che prestano la copertura assicurativa nei confronti dei soggetti di cui all'articolo 10, commi 1 e 2, comunicano all'esercente la professione sanitaria l'instaurazione del giudizio promosso nei loro confronti dal danneggiato, entro quarantacinque giorni (1) dalla ricezione della notifica dell'atto introduttivo, mediante posta elettronica certificata o lettera raccomandata con avviso di ricevimento contenente copia dell'atto introduttivo del giudizio. Le strutture sanitarie e sociosanitarie e le imprese di assicurazione entro quarantacinque giorni (1) comunicano all'esercente la professione sanitaria, mediante posta elettronica certificata o lettera raccomandata con avviso di ricevimento, l'avvio di trattative stragiudiziali con il danneggiato, con invito a prendervi parte. L'omissione, la tardività o l'incompletezza delle comunicazioni di cui al presente comma preclude l'ammissibilità delle azioni di rivalsa o di responsabilità amministrativa di cui all'articolo 9.

(1) *Le parole* « entro quarantacinque giorni » *sono state sostituite alle parole* « entro dieci giorni » *dall'art. 11, comma 1, lett.* d)*, l. 11 gennaio 2018, n. 3.*

14 Fondo di garanzia per i danni derivanti da responsabilità sanitaria.

1. È istituito, nello stato di previsione del Ministero della salute, il Fondo di garanzia per i danni derivanti da responsabilità sanitaria. Il Fondo di garanzia è alimentato dal versamento di un contributo annuale dovuto dalle imprese autorizzate all'esercizio delle assicurazioni per la responsabilità civile per i danni causati da responsabilità sanitaria. A tal fine il predetto contributo è versato all'entrata del bilancio dello Stato per essere riassegnato al Fondo di garanzia. Il Ministero della salute con apposita convenzione affida alla Concessionaria servizi assicurativi pubblici (CONSAP) Spa la gestione delle risorse del Fondo di garanzia.

2. Con regolamento adottato con decreto del Ministro della salute, da emanare entro centoventi giorni dalla data di entrata in vigore della presente legge, di concerto con il Ministro dello sviluppo economico e con il Ministro e dell'economia e delle finanze, sentite la Conferenza permanente per i rapporti tra lo Stato, le regioni e le province autonome di Trento e di Bolzano e le rappresentanze delle imprese di assicurazione, sono definiti:

a) la misura del contributo dovuto dalle imprese autorizzate all'esercizio delle assicurazioni per la responsabilità civile per i danni causati da responsabilità sanitaria;

b) le modalità di versamento del contributo di cui alla lettera *a*);

c) i principi cui dovrà uniformarsi la convenzione tra il Ministero della salute e la CONSAP Spa;

d) le modalità di intervento, il funzionamento e il regresso del Fondo di garanzia nei confronti del responsabile del sinistro.

3. Il Fondo di garanzia di cui al comma 1 concorre al risarcimento del danno nei limiti delle effettive disponibilità finanziarie.

4. La misura del contributo di cui al comma 2, lettera a), è aggiornata annualmente con apposito decreto del Ministro della salute, da adottare di concerto con il Ministro dello sviluppo economico e con il Ministro dell'economia e delle finanze, in relazione alle effettive esigenze della gestione del Fondo di garanzia.

5. Ai fini della rideterminazione del contributo di cui al comma 2, lettera *a*), la CONSAP Spa trasmette ogni anno al Ministero della salute e al Ministero dello sviluppo economico un rendiconto della gestione del Fondo di garanzia di cui al comma 1, riferito all'anno precedente, secondo le disposizioni stabilite dal regolamento di cui al comma 2.

6. Gli oneri per l'istruttoria e la gestione delle richieste di risarcimento sono posti a carico del Fondo di garanzia di cui al comma 1.

7. Il Fondo di garanzia di cui al comma 1 risarcisce i danni cagionati da responsabilità sanitaria nei seguenti casi:

a) qualora il danno sia di importo eccedente rispetto ai massimali previsti dai contratti di assicurazione stipulati dalla struttura sanitaria o sociosanitaria pubblica o privata ovvero dall'esercente la professione sanitaria ai sensi del decreto di cui all'articolo 10, comma 6;

b) qualora la struttura sanitaria o sociosanitaria pubblica o privata ovvero l'esercente la professione sanitaria risultino assicurati presso un'impresa che al momento del sinistro si trovi in stato di insolvenza o di liquidazione coatta amministrativa o vi venga posta successivamente;

c) qualora la struttura sanitaria o sociosanitaria pubblica o privata ovvero l'esercente la professione sanitaria siano sprovvisti di copertura assicurativa per recesso unilaterale dell'impresa assicuratrice ovvero per la sopravvenuta inesistenza o cancellazione dall'albo dell'impresa assicuratrice stessa.

7-*bis*. Il Fondo di garanzia di cui al comma 1 assolve anche alla funzione di agevolare l'accesso alla copertura assicurativa da parte degli esercenti le professioni sanitarie che svolgono la propria attività in regime libero-professionale, ai sensi dell'articolo 10, comma 6 (1).

8. Il decreto di cui all'articolo 10, comma 6, prevede che il massimale minimo sia rideterminato in relazione all'andamento del Fondo per le ipotesi di cui alla lettera *a*) del comma 7 del presente articolo.

9. Le disposizioni di cui al presente articolo si applicano ai sinistri denunciati per la prima volta dopo la data di entrata in vigore della presente legge.

10. Il Ministro dell'economia e delle finanze è autorizzato ad apportare, con propri decreti, le occorrenti variazioni di bilancio.

(1) *Comma inserito dall'art. 11, comma 1, lett.* e), *l. 11 gennaio 2018, n. 3.*

15 Nomina dei consulenti tecnici d'ufficio e dei periti nei giudizi di responsabilità sanitaria.

1. Nei procedimenti civili e nei procedimenti penali aventi ad oggetto la responsabilità sanitaria, l'autorità giudiziaria affida l'espletamento della consulenza tecnica e della perizia a un medico specializzato in medicina legale e a uno o più specialisti nella disciplina che abbiano specifica e pratica conoscenza di quanto oggetto del procedimento, avendo cura che i soggetti da nominare, scelti tra gli iscritti negli albi di cui ai commi 2 e 3, non siano in posizione di conflitto di interessi nello specifico procedimento o in altri connessi e che i consulenti tecnici d'ufficio da nominare nell'ambito del procedimento di cui all'articolo 8, comma 1, siano in possesso di adeguate e comprovate competenze nell'ambito della conciliazione acquisite anche mediante specifici percorsi formativi.

2. Negli albi dei consulenti di cui all'articolo 13 delle disposizioni per l'attuazione del codice di procedura civile e disposizioni transitorie, di cui al regio decreto 18 dicembre 1941, n. 1368, e dei periti di cui all'articolo 67 delle norme di attuazione, di coordinamento e transitorie del codice di procedura penale, di cui al decreto legislativo 28 luglio 1989, n. 271, devono essere indicate e documentate le specializzazioni degli iscritti esperti in medicina. In sede di revisione degli albi è indicata, relativamente a ciascuno degli esperti di cui al periodo precedente, l'esperienza professionale maturata, con particolare riferimento al numero e alla tipologia degli incarichi conferiti e di quelli revocati.

3 Gli albi dei consulenti di cui all'articolo 13 delle disposizioni per l'attuazione del codice di procedura civile e disposizioni transitorie, di cui al regio decreto 18 dicembre 1941, n. 1368, e gli albi dei periti di cui all'articolo 67 delle norme di attuazione, di coordinamento e transitorie del codice di procedura penale, di cui al decreto legislativo 28 luglio 1989, n. 271, devono essere aggiornati con cadenza almeno quinquennale, al fine di garantire, oltre a quella medico-legale, un'idonea e adeguata rappresentanza di esperti delle discipline specialistiche riferite a tutte le professioni sanitarie, tra i quali scegliere per la nomina tenendo conto della disciplina interessata nel procedimento.

4. Nei casi di cui al comma 1, l'incarico è conferito al collegio e, nella determinazione del compenso globale, non si applica l'aumento del 40 per cento per ciascuno degli altri componenti del collegio previsto dall'articolo 53 del testo unico delle disposizioni legislative e regolamentari in materia di spese di giustizia, di cui al decreto del Presidente della Repubblica 30 maggio 2002, n. 115 (1).

(1) *C. cost. 20 maggio 2021, n. 131 ha dichiarato* l'illegittimità costituzionale *del presente comma limitatamente alle parole: « e, nella determinazione del compenso globale, non si applica l'aumento del 40 per cento per ciascuno degli altri componenti del collegio previsto dall'articolo 53 del testo unico delle disposizioni legislative e regolamentari in materia di spese di giustizia, di cui al decreto del Presidente della Repubblica 30 maggio 2002, n. 115 ».*

16 Modifiche alla legge 28 dicembre 2015, n. 208, in materia di responsabilità professionale del personale sanitario.

1. All'articolo 1, comma 539, lettera *a*), della legge 28 dicembre 2015, n. 208, il secondo periodo è sostituito dal seguente: « I verbali e gli atti conseguenti all'attività di gestione del rischio clinico non possono essere acquisiti o utilizzati nell'ambito di procedimenti giudiziari ».

2. All'articolo 1, comma 540, della legge 28 dicembre 2015, n. 208, le parole da: « ovvero » fino alla fine del comma sono sostituite dalle seguenti: « , in medicina legale ovvero da personale dipendente con adeguata formazione e comprovata esperienza almeno triennale nel settore ».

17 Clausola di salvaguardia.

1. Le disposizioni della presente legge sono applicabili nelle regioni a statuto speciale e nelle province autonome di Trento e di Bolzano compatibilmente con i rispettivi statuti e le relative norme di attuazione, anche con riferimento alla legge costituzionale 18 ottobre 2001, n. 3.

18 Clausola di invarianza finanziaria.

1. Le amministrazioni interessate provvedono all'attuazione delle disposizioni di cui alla presente legge nell'ambito delle risorse umane, strumentali e finanziarie disponibili a legislazione vigente e comunque senza nuovi o maggiori oneri per la finanza pubblica.

La presente legge, munita del sigillo dello Stato, sarà inserita nella Raccolta ufficiale degli atti normativi della Repubblica italiana. È fatto obbligo a chiunque spetti di osservarla e di farla osservare come legge dello Stato.

110. Decreto legge 7 giugno 2017, n. 73, convertito, con modificazioni, dalla legge 31 luglio 2017, n. 119. — Disposizioni urgenti in materia di prevenzione vaccinale, di malattie infettive e di controversie relative alla somministrazione di farmaci (1).

Pubblicato nella Gazzetta Ufficiale n. 130 del 7 giugno 2017; la legge di conversione è stata pubblicata nella Gazzetta Ufficiale n. 182 del 3 agosto 2017.

(1) *Titolo modificato in sede di conversione.*

1 Disposizioni in materia di vaccini (1).

1. Al fine di assicurare la tutela della salute pubblica e il mantenimento di adeguate condizioni di sicurezza epidemiologica in termini di profilassi e di copertura vaccinale, nonché di garantire il conseguimento degli obiettivi prioritari del Piano nazionale prevenzione vaccinale 2017/2019, di cui all'intesa sancita dalla Conferenza permanente per i rapporti tra lo Stato, le regioni e le province autonome di Trento e di Bolzano in data 19 gennaio 2017, pubblicato nella Gazzetta Ufficiale n. 41 del 18 febbraio 2017, ed il rispetto degli obblighi assunti a livello europeo ed internazionale, per i minori di età compresa tra zero e sedici anni e per tutti i minori stranieri non accompagnati sono obbligatorie e gratuite, in base alle specifiche indicazioni del Calendario vaccinale nazionale relativo a ciascuna coorte di nascita, le vaccinazioni di seguito indicate:

a) anti-poliomielitica;
b) anti-difterica;
c) anti-tetanica;
d) anti-epatite B;
e) anti-pertosse;
f) anti-Haemophilus influenzae tipo b (2).

1-*bis*. Agli stessi fini di cui al comma 1, per i minori di età compresa tra zero e sedici anni e per tutti i minori stranieri non accompagnati sono altresì obbligatorie e gratuite, in base alle specifiche indicazioni del Calendario vaccinale nazionale relativo a ciascuna coorte di nascita, le vaccinazioni di seguito indicate:

a) anti-morbillo;
b) anti-rosolia;
c) anti-parotite;
d) anti-varicella (3).

1-*ter*. Sulla base della verifica dei dati epidemiologici, delle eventuali reazioni avverse segnalate in attuazione delle vigenti disposizioni di legge e delle coperture vaccinali raggiunte nonché degli eventuali eventi avversi segnalati in attuazione delle vigenti disposizioni di legge, effettuata dalla Commissione per il monitoraggio dell'attuazione del decreto del Presidente del Consiglio dei ministri di definizione e aggiornamento dei livelli essenziali di assistenza, istituita con decreto del Ministro della salute 19 gennaio 2017, il Ministro della salute, con decreto da adottare decorsi tre anni dalla data di entrata in vigore della legge di conversione del presente decreto e successivamente con cadenza triennale, sentiti il Consiglio superiore di sanità, l'Agenzia italiana del farmaco (AIFA), l'Istituto superiore di sanità e la Conferenza permanente per i rapporti tra lo Stato, le regioni e le province autonome di Trento e di Bolzano e previo parere delle competenti Commissioni parlamentari, può disporre la cessazione dell'obbligatorietà per una o più delle vaccinazioni di cui al comma 1-*bis*. In caso di mancata presentazione alle Camere degli schemi di decreto, il Ministro della salute trasmette alle Camere una relazione recante le motivazioni della mancata presentazione nonché i dati epidemiologici e quelli sulle coperture vaccinali (3).

1-*quater*. Agli stessi fini di cui al comma 1, per i minori di età compresa tra zero e sedici anni, le regioni e le province autonome di Trento e di Bolzano assicurano l'offerta attiva e gratuita, in base alle specifiche indicazioni del Calendario vaccinale nazionale relativo a ciascuna coorte di nascita, delle vaccinazioni di seguito indicate:

a) anti-meningococcica B;
b) anti-meningococcica C;
c) anti-pneumococcica;
d) anti-rotavirus (3).

1-*quinquies*. Entro dieci giorni dalla data di entrata in vigore della legge di conversione del presente decreto e successivamente con cadenza semestrale, il Ministero della salute, sentito l'Istituto superiore di sanità, fornisce indicazioni operative per l'attuazione del comma 1-*quater*, anche sulla base della verifica dei dati epidemiologici e delle coperture vaccinali raggiunte, effettuata dalla Commissione per il monitoraggio dell'attuazione del decreto del Presidente del Consiglio dei ministri di definizione e aggiornamento dei livelli essenziali di assistenza, istituita con decreto del Ministro della salute 19 gennaio 2017 (3).

2. L'avvenuta immunizzazione a seguito di malattia naturale, comprovata dalla notifica effettuata dal medico curante, ai sensi dell'articolo 1 del decreto del Ministro della sanità 15 dicembre 1990, pubblicato nella Gazzetta Ufficiale n. 6 dell'8 gennaio 1991, ovvero dagli esiti dell'analisi sierologica, esonera dall'obbligo della relativa vaccinazione. Conseguentemente il soggetto immunizzato adempie all'obbligo vaccinale di cui al presente articolo, di norma e comunque nei limiti delle disponibilità del Servizio sanitario nazionale, con vaccini in formulazione monocomponente o combinata in cui sia assente l'antigene per la malattia infettiva per la quale sussiste immunizzazione (4).

2-*bis*. Al fine di cui al comma 2, le procedure accentrate di acquisto di cui all'articolo 9, comma 3, del decreto-legge 24 aprile 2014, n. 66, convertito, con modificazioni, dalla legge 23 giugno 2014, n. 89, e all'articolo 1, comma 548, della legge 28 dicembre 2015, n. 208, con riferimento all'acquisto dei vaccini obbligatori, riguardano anche i vaccini in formulazione monocomponente (3).

2-*ter*. Annualmente l'AIFA pubblica nel proprio sito internet i dati relativi alla disponibilità dei vaccini in formulazione monocomponente e parzialmente combinata (3).

3. Salvo quanto disposto dal comma 2, le vaccinazioni di cui al comma 1 e al comma 1-*bis* possono essere omesse o differite solo in caso di accertato pericolo per la salute, in relazione a specifiche condizioni cliniche documentate, attestate dal medico di medicina generale o dal pediatra di libera scelta (4).

3-*bis*. L'AIFA, senza nuovi o maggiori oneri per la finanza pubblica, provvede, avvalendosi della Commissione tecnico-scientifica, all'uopo integrata da esperti indipendenti e che non si trovino in situazioni di conflitto di interesse, e in collaborazione con l'Istituto superiore di sanità, a predisporre e a trasmettere al Ministero della salute una relazione annuale sui risultati del sistema di farmacovigilanza e sui dati degli eventi avversi per i quali è stata confermata un'associazione con la vaccinazione. Il Ministro della salute trasmette la predetta relazione alle Camere (3).

4. In caso di mancata osservanza dell'obbligo vaccinale di cui al presente articolo, i genitori esercenti la responsabilità genitoriale, i tutori o i soggetti affidatari sono convocati dall'azienda sanitaria locale territorialmente competente per un colloquio al fine di fornire ulteriori informazioni sulle vaccinazioni e di sollecitarne l'effettuazione. In caso di mancata effettuazione delle vaccinazioni di cui ai commi 1 e 1-*bis*, ai genitori esercenti la responsabilità genitoriale, ai tutori o ai soggetti affidatari ai sensi della legge 4 maggio 1983, n. 184, è comminata la sanzione amministrativa pecuniaria da euro cento a euro cinquecento. Non incorrono nella sanzione di cui al secondo periodo del presente comma i genitori esercenti la responsabilità genitoriale, i tutori e i soggetti affidatari che, a seguito di contestazione da parte dell'azienda sanitaria locale territorialmente competente, provvedano, nel termine indicato nell'atto di contestazione, a far somministrare al minore il vaccino ovvero la prima dose del ciclo vaccinale, a condizione che il completamento del ciclo previsto per ciascuna vaccinazione obbligatoria avvenga nel rispetto delle tempistiche stabilite dalla schedula vaccinale in relazione all'età. Per l'accertamento, la contestazione e l'irrogazione della sanzione amministrativa si applicano, in quanto compatibili, le disposizioni contenute nel capo I, sezioni I e II, della legge 24 novembre 1981, n. 689, e successive modificazioni. All'accertamento, alla contestazione e all'irrogazione di cui al periodo precedente provvedono gli organi competenti in base alla normativa delle regioni o delle province autonome (4).

[5. Decorso il termine di cui al comma 4, l'azienda sanitaria locale territorialmente competente provvede a segnalare l'inadempimento dell'obbligo vaccinale alla Procura della Repubblica presso il Tribunale per i Minorenni per gli eventuali adempimenti di competenza.] (5)

6. È, comunque, fatta salva l'adozione da parte dell'autorità sanitaria di interventi di urgenza ai sensi dell'articolo 117 del decreto legislativo 31 marzo 1998, n. 112, e successive modificazioni.

6-*bis*. I vaccini indicati nel Calendario vaccinale nazionale sono sottoposti alla negoziazione obbligatoria dell'AIFA, ai sensi dell'articolo 48, comma 33, del decreto-legge 30 settembre 2003, n. 269, convertito, con modificazioni, dalla legge 24 novembre 2003, n. 326 (3).

6-*ter*. La Commissione per il monitoraggio dell'attuazione del decreto del Presidente del Consiglio dei ministri di definizione e aggiornamento dei livelli essenziali di assistenza, istituita con decreto del Ministro della salute 19 gennaio 2017, verifica il rispetto degli obiettivi del Calendario vaccinale nazionale e avvia le misure di competenza atte a garantire la piena e uniforme erogazione dei livelli essenziali di assistenza previste per i casi di mancata, ritardata o non corretta applicazione. In presenza di specifiche condizioni di rischio elevato per la salute pubblica, il Governo esercita i poteri sostitutivi, ai sensi dell'articolo 120, secondo comma, della Costituzione e secondo le procedure di cui all'articolo 8 della legge 5 giugno 2003, n. 131 (3).

(1) *Rubrica sostituita in sede di conversione.*
(2) *Comma sostituito in sede di conversione.*
(3) *Comma aggiunto in sede di conversione.*
(4) *Comma modificato in sede di conversione.*
(5) *Comma soppresso in sede di conversione.*

2 Iniziative di comunicazione e informazione sulle vaccinazioni.

1. A decorrere dal 1° luglio 2017, il Ministero della salute promuove iniziative di comunicazione e informazione istituzionale per illustrare e favorire la conoscenza delle disposizioni di cui al presente decreto, ai sensi della legge 7 giugno 2000, n. 150, e per promuovere un'adesione volontaria e consapevole alle vaccinazioni previste dal Piano nazionale di prevenzione vaccinale, nonché per diffondere nella popolazione e tra gli esercenti le professioni sanitarie la cultura delle vaccinazioni, senza nuovi o maggiori oneri a carico della finanza pubblica, da svolgersi anche con la collaborazione dei medici di medicina generale, dei pediatri di libera scelta e dei farmacisti delle farmacie del territorio, sentite le rispettive rappresentanze ordinistiche e le associazioni di categoria (1).

1-*bis*. Ai consultori familiari di cui alla legge 29 luglio 1975, n. 405, è affidato il compito di diffondere le informazioni relative alle disposizioni di cui al presente decreto (2).

2. Il Ministero della salute e il Ministero dell'istruzione, dell'università e della ricerca, per l'anno scolastico 2017/2018, avviano altresì iniziative di formazione del personale docente ed educativo nonché di educazione delle alunne e degli alunni, delle studentesse e degli studenti sui temi della prevenzione sanitaria e in particolare delle vaccinazioni, anche con il coinvolgimento delle associazioni dei genitori e delle associazioni di categoria delle professioni sanitarie (1).

3. Ai fini di cui al comma 2, è autorizzata la spesa di euro duecentomila per l'anno 2017.

4. Le sanzioni amministrative pecuniarie di cui all'articolo 1, comma 4, sono versate ad apposito capitolo dell'entrata del bilancio dello Stato. Il cinquanta per cento dell'importo così acquisito è riassegnato, per gli anni 2017 e 2018, a ciascuno degli stati di previsione del Ministero della salute e del Ministero dell'istruzione, dell'università e della ricerca, per i fini di cui al comma 2.

(1) *Comma modificato in sede di conversione.*
(2) *Comma inserito in sede di conversione.*

3 Adempimenti vaccinali per l'iscrizione ai servizi educativi per l'infanzia, alle istituzioni del sistema nazionale di istruzione, ai centri di formazione professionale regionale e alle scuole private non paritarie.

1. I dirigenti scolastici delle istituzioni del sistema nazionale di istruzione ed i responsabili dei servizi educativi per l'infanzia, dei centri di formazione professionale regionale e delle scuole private non paritarie sono tenuti, all'atto dell'iscrizione del minore di età compresa tra zero e sedici anni e del minore straniero non accompagnato, a richiedere ai genitori esercenti la responsabilità genitoriale e ai tutori la presentazione di idonea documentazione comprovante l'effettuazione delle vaccinazioni indicate all'articolo 1, comma 1, ovvero l'esonero, l'omissione o il differimento delle stesse in relazione a quanto previsto dall'articolo 1, commi 2 e 3, o la presentazione della formale richiesta di vaccinazione all'azienda sanitaria locale territorialmente competente, che eseguirà le vaccinazioni obbligatorie secondo la schedula vaccinale prevista in relazione all'età, entro la fine dell'anno scolastico. La presentazione della documentazione di cui al primo periodo deve essere completata entro il termine di scadenza per l'iscrizione. La documentazione comprovante l'effettuazione delle vaccinazioni può essere sostituita dalla dichiarazione resa ai sensi del decreto del Presidente della Repubblica 28 dicembre 2000, n. 445; in tale caso, la documentazione comprovante l'effettuazione delle vaccinazioni deve essere presentata entro il 10 luglio di ogni anno. Fatto salvo quanto disposto dall'articolo 5, per i casi in cui la procedura di iscrizione avviene d'ufficio la documentazione di cui al primo periodo del presente comma deve essere presentata entro il 10 luglio di ciascun anno, senza preventiva presentazione di una dichiarazione resa ai sensi del citato decreto del Presidente della Repubblica n. 445 del 2000 (1).

2. La mancata presentazione della documentazione di cui al comma 1 nei termini previsti, è segnalata, entro i successivi dieci giorni, dai dirigenti scolastici delle istituzioni del sistema nazionale di istruzione e dai responsabili dei servizi educativi per l'infanzia, dei centri di formazione professionale regionale e delle scuole private non paritarie, all'azienda sanitaria locale che, qualora la medesima o altra azienda sanitaria non si sia già attivata in ordine alla violazione del medesimo obbligo vaccinale, provvede agli adempimenti di competenza e, ricorrendone i presupposti, a quelli di cui all'articolo 1, comma 4 (1).

3. Per i servizi educativi per l'infanzia e le scuole dell'infanzia, ivi incluse quelle private non paritarie, la presentazione della documentazione di cui al comma 1 costituisce requisito di accesso. Per gli altri gradi di istruzione e per i centri di formazione professionale regionale, la presentazione della documentazione di cui al comma 1 non costituisce requisito di accesso alla scuola o, al centro ovvero agli esami (1).

3-*bis*. Entro tre mesi dalla data di entrata in vigore della legge di conversione del presente decreto, gli operatori scolastici, sanitari e socio-sanitari presentano agli istituti scolastici e alle aziende sanitarie nei quali prestano servizio una dichiarazione, resa ai sensi del decreto del Presidente della Repubblica 28 dicembre 2000, n. 445, comprovante la propria situazione vaccinale (2).

(1) *Comma modificato in sede di conversione.*
(2) *Comma aggiunto in sede di conversione.*

3-*bis* Misure di semplificazione degli adempimenti vaccinali per l'iscrizione alle istituzioni del sistema nazionale di istruzione, ai servizi educativi per l'infanzia, ai centri di formazione professionale regionale e alle scuole private non paritarie, a decorrere dall'anno 2019 (1).

1. A decorrere dall'anno scolastico 2019/2020 nonché dall'inizio del calendario dei servizi educativi per l'infanzia e dei corsi per i centri di formazione professionale regionale 2019/2020, i dirigenti scolastici delle istituzioni del sistema nazionale di istruzione ed i responsabili dei servizi educativi per l'infanzia, dei centri di formazione professionale regionale e delle scuole private non paritarie sono tenuti a trasmettere alle aziende sanitarie locali territorialmente competenti, entro il 10 marzo, l'elenco degli iscritti per l'anno scolastico o per il calendario successivi di età compresa tra zero e sedici anni e minori stranieri non accompagnati.

2. Le aziende sanitarie locali territorialmente competenti provvedono a restituire, entro il 10 giugno, gli elenchi di cui al comma 1, completandoli con l'indicazione dei soggetti che risultano non in regola con gli obblighi vaccinali, che non ricadono nelle condizioni di esonero, omissione o differimento delle vaccinazioni in relazione a quanto previsto dall'articolo 1, commi 2 e 3, e che non abbiano presentato formale richiesta di vaccinazione all'azienda sanitaria locale competente.

3. Nei dieci giorni successivi all'acquisizione degli elenchi di cui al comma 2, i dirigenti delle istituzioni del sistema nazionale di istruzione e i responsabili dei servizi educativi per l'infanzia, dei centri di formazione professionale regionale e delle scuole private non paritarie invitano i genitori esercenti la responsabilità genitoriale, i tutori o i soggetti affidatari dei minori indicati nei suddetti elenchi a depositare, entro il 10 luglio, la documentazione comprovante l'effettuazione delle vaccinazioni ovvero l'esonero, l'omissione o il differimento delle stesse, in relazione a quanto previsto dall'articolo 1, commi 2 e 3, o la presentazione della formale richiesta di vaccinazione all'azienda sanitaria locale territorialmente competente.

4. Entro il 20 luglio i dirigenti scolastici delle istituzioni del sistema nazionale di istruzione e i responsabili dei servizi educativi per l'infanzia, dei centri di formazione professionale regionale e delle scuole private non paritarie trasmettono la documentazione di cui al comma 3 pervenuta, ovvero ne comunicano l'eventuale mancato deposito, alla azienda sanitaria locale che, qualora la medesima o altra azienda sanitaria

non si sia già attivata in ordine alla violazione del medesimo obbligo vaccinale, provvede agli adempimenti di competenza e, ricorrendone i presupposti, a quello di cui all'articolo 1, comma 4.

5. Per i servizi educativi per l'infanzia e le scuole dell'infanzia, ivi incluse quelle private non paritarie, la mancata presentazione della documentazione di cui al comma 3 nei termini previsti comporta la decadenza dall'iscrizione. Per gli altri gradi di istruzione e per i centri di formazione professionale regionale, la mancata presentazione della documentazione dì cui al comma 3 nei termini previsti non determina la decadenza dall'iscrizione né impedisce la partecipazione agli esami.

(1) *Articolo inserito in sede di conversione. Si veda anche l'art. 18-*ter*, comma 1, d.l. 16 ottobre 2017, n. 148, conv., con modif., in L. 4 dicembre 2017, n. 172 ai sensi del quale: « Nelle sole regioni e province autonome presso le quali sono già state istituite anagrafi vaccinali, le disposizioni di cui all'articolo 3-*bis*, commi da 1 a 4, del decreto-legge 7 giugno 2017, n. 73, convertito, con modificazioni, dalla legge 31 luglio 2017, n. 119, sono applicabili a decorrere dall'anno scolastico 2018/2019 e dall'inizio del calendario dei servizi educativi per l'infanzia e dei corsi per i centri di formazione professionale regionale 2018/2019, nel rispetto delle modalità operative congiuntamente definite dal Ministero della salute e dal Ministero dell'istruzione, dell'università e della ricerca, sentito il Garante per la protezione dei dati personali". Ha inoltre disposto (con l'art. 18-*ter*, comma 2) che "Nelle medesime regioni e province autonome, le disposizioni di cui al comma 1 sono applicabili giàper l'anno scolastico e il calendario dei servizi educativi per l'infanzia e dei corsi per i centri di formazione professionale regionale in corso alla data di entrata in vigore della legge di conversione del presente decreto, a condizione che il controllo sul rispetto degli adempimenti vaccinali si concluda entro il 10 marzo 2018 ».*

4 Ulteriori adempimenti delle istituzioni scolastiche e educative.

1. I minori che si trovano nelle condizioni di cui all'articolo 1, comma 3, sono inseriti, di norma, in classi nelle quali sono presenti solo minori vaccinati o immunizzati, fermi restando il numero delle classi determinato secondo le disposizioni vigenti e i limiti di cui all'articolo 1, comma 201, della legge 13 luglio 2015, n. 107, e all'articolo 19, comma 7, del decreto-legge 6 luglio 2011, n. 98, convertito, con modificazioni, dalla legge 15 luglio 2011, n. 111.

2. I dirigenti scolastici delle istituzioni del sistema nazionale di istruzione e i responsabili dei centri di formazione professionale regionale e delle scuole private non paritarie comunicano all'azienda sanitaria locale, entro il 31 ottobre di ogni anno, le classi nelle quali sono presenti più di due minori non vaccinati (1).

(1) *Comma modificato in sede di conversione.*

4-*bis* Anagrafe nazionale vaccini (1).

1. Al fine di monitorare l'attuazione dei programmi vaccinali sul territorio nazionale, con decreto del Ministro della salute, d'intesa con la Conferenza permanente per i rapporti tra lo Stato, le regioni e le province autonome di Trento e di Bolzano, è istituita presso il Ministero della salute, anche attraverso il riuso di sistemi informatici o di parte di essi già realizzati da altre amministrazioni sanitarie, l'anagrafe nazionale vaccini, nella quale sono registrati i soggetti vaccinati e da sottoporre a vaccinazione, i soggetti di cui all'articolo 1, commi 2 e 3, del presente decreto, nonché le dosi e i tempi di somministrazione delle vaccinazioni effettuate e gli eventuali effetti indesiderati.

2. L'anagrafe nazionale vaccini di cui al comma 1 raccoglie i dati delle anagrafi regionali esistenti, i dati relativi alle notifiche effettuate dal medico curante, ai sensi dell'articolo 1 del decreto del Ministro della sanità 15 dicembre 1990, pubblicato nella Gazzetta Ufficiale n. 6 dell'8 gennaio 1991, nonché i dati concernenti gli eventuali effetti indesiderati delle vaccinazioni che confluiscono nella rete nazionale di farmacovigilanza di cui al decreto del Ministro della salute 30 aprile 2015, pubblicato nella Gazzetta Ufficiale n. 143 del 23 giugno 2015, in attuazione dell'articolo 1, comma 344, della legge 24 dicembre 2012, n. 228.

3. Agli oneri derivanti dal presente articolo, quantificati in 300.000 euro per l'anno 2018 e 10.000 euro a decorrere dall'anno 2019, si provvede mediante corrispondente riduzione dell'autorizzazione di spesa recata dall'articolo 1, comma 1, lettera a), del decreto-legge 29 marzo 2004, n. 81, convertito, con modificazioni, dalla legge 26 maggio 2004, n. 138 (2).

4. Fatto salvo quanto previsto dal comma 3, alle attività di cui al presente articolo il Ministero della salute provvede con le risorse disponibili a legislazione vigente.

(1) *Articolo inserito in sede di conversione.*

(2) *Si veda l'art. 1, comma 585, l. 30 dicembre 2018, n. 145 che così dispone: « Per la completa realizzazione e la gestione evolutiva dell'Anagrafe nazionale vaccini, lo stanziamento di cui all'articolo 4-*bis*, comma 3, del decreto-legge 7 giugno 2017, n. 73, convertito, con modificazioni, dalla legge 31 luglio 2017, n. 119, è incrementato di euro 50.000 annui a decorrere dall'anno 2019 ».*

4-*ter* Unità di crisi (1).

1. Per il raggiungimento degli obiettivi di prevenzione e gestione delle emergenze sanitarie in materia di malattie infettive, entro tre mesi dalla data di entrata in vigore della legge di conversione del presente decreto, il Ministro della salute, con proprio decreto, senza nuovi o maggiori oneri per la finanza pubblica, integra gli obiettivi e la composizione dell'Unità di crisi permanente di cui al decreto del medesimo Ministro 27 marzo 2015 al fine di renderli funzionali alle esigenze di coordinamento tra tutti i soggetti istituzionali competenti in materia di prevenzione delle malattie infettive nonché di regia rispetto alle azioni da adottare in condizioni di rischio o allarme. La partecipazione all'Unità di crisi è a titolo gratuito e ai componenti non sono corrisposti gettoni, compensi o altri emolumenti, comunque denominati.

(1) *Articolo inserito in sede di conversione.*

5 Disposizioni transitorie e finali (1).

1. Per l'anno scolastico 2017/2018 e per il calendario dei servizi educativi per l'infanzia e dei corsi per i centri di formazione professionale regionale 2017/2018, la documentazione di cui all'articolo 3, comma 1, deve essere presentata entro il 10 settembre 2017 presso i servizi educativi e le scuole per l'infanzia, ivi incluse quelle private non paritarie, ed entro il 31 ottobre 2017 presso le istituzioni del sistema nazionale di istruzione e i centri di formazione professionale regionale, [an-

che ai fini degli adempimenti previsti dall'articolo 4]. La documentazione comprovante l'effettuazione delle vaccinazioni obbligatorie può essere sostituita dalla dichiarazione resa ai sensi del decreto del Presidente della Repubblica 28 dicembre 2000, n. 445; in tale caso, la documentazione comprovante l'effettuazione delle vaccinazioni obbligatorie deve essere presentata entro il 10 marzo 2018 (2).

1-*bis*. Al fine di agevolare gli adempimenti vaccinali introdotti dal presente decreto, le regioni e le province autonome di Trento e di Bolzano possono prevedere che la prenotazione gratuita delle vaccinazioni di cui all'articolo 1, senza nuovi o maggiori oneri per la finanza pubblica, possa avvenire presso le farmacie convenzionate aperte al pubblico attraverso il Centro Unificato di Prenotazione (Sistema CUP) di cui al decreto legislativo 3 ottobre 2009, n. 153, e al decreto attuativo del Ministro della salute 8 luglio 2011, pubblicato nella Gazzetta Ufficiale n. 229 del 1° ottobre 2011, nonché nell'ambito delle finalità di cui all'articolo 11 della legge 18 giugno 2009, n. 69 (3).

(1) *Rubrica modificata in sede di conversione.*

(2) *Comma modificato in sede di conversione. Si veda l'art. 6, comma 3-*quater*, d.l. 25 luglio 2018, n. 91, convertito con l. 21 settembre 2018, n. 108 ai sensi del quale: « L'applicazione della disposizione di cui all'articolo 5, comma 1, secondo periodo, del decreto-legge 7 giugno 2017, n. 73, convertito, con modificazioni, dalla legge 31 luglio 2017, n. 119, è prorogata all'anno scolastico 2018/2019 e al calendario dei servizi educativi per l'infanzia e dei corsi per i centri di formazione professionale regionale 2018/2019; in caso di presentazione della dichiarazione sostitutiva resa ai sensi del testo unico di cui al decreto del Presidente della Repubblica 28 dicembre 2000, n. 445, la documentazione comprovante l'effettuazione delle vaccinazioni obbligatorie deve essere presentata entro il 10 marzo 2019 ».*

(3) *Comma aggiunto in sede di conversione.*

5-*bis* Controversie in materia di riconoscimento del danno da vaccino e somministrazione di farmaci (1).

1. Nei procedimenti relativi a controversie aventi ad oggetto domande di riconoscimento di indennizzo da vaccinazione di cui alla legge 25 febbraio 1992, n. 210, e ad ogni altra controversia volta al riconoscimento del danno da vaccinazione, nonché nei procedimenti relativi a controversie aventi ad oggetto domande di autorizzazione alla somministrazione di presunti farmaci non oggetto di sperimentazione almeno di fase 3 e da porre economicamente a carico del Servizio sanitario nazionale o di enti o strutture sanitarie pubblici, è litisconsorte necessario l'AIFA.

2. Le disposizioni di cui al presente articolo trovano applicazione esclusivamente nei giudizi introdotti in primo grado a partire dal trentesimo giorno successivo a quello della pubblicazione della legge di conversione del presente decreto nella Gazzetta Ufficiale.

3. Dalle disposizioni di cui al presente articolo non devono derivare nuovi o maggiori oneri a carico della finanza pubblica.

(1) *Articolo inserito in sede di conversione.*

5-*ter* Definizione delle procedure di ristoro dei soggetti danneggiati da trasfusioni o da emoderivati infetti o da vaccinazioni obbligatorie (1).

1. Al fine di definire le procedure finalizzate al ristoro dei soggetti danneggiati da trasfusioni con sangue infetto, da somministrazione di emoderivati infetti o da vaccinazioni obbligatorie, il Ministero della salute, per le esigenze della Direzione generale della vigilanza sugli enti e della sicurezza delle cure, è autorizzato ad avvalersi di un contingente fino a venti unità di personale appartenente all'area III del comparto Ministeri in posizione di comando ai sensi dell'articolo 17, comma 14, della legge 15 maggio 1997, n. 127, da individuare prioritariamente tra quello in possesso di professionalità giuridico-amministrativa ed economico-contabile.

2. All'attuazione del comma 1, nel limite massimo di euro 359.000 per l'anno 2017 e di euro 1.076.000 per l'anno 2018, si provvede mediante corrispondente riduzione dell'autorizzazione di spesa di cui all'articolo 2, comma 361, della legge 24 dicembre 2007, n. 244. Il Ministro dell'economia e delle finanze è autorizzato ad apportare, con propri decreti, le occorrenti variazioni di bilancio.

(1) *Articolo inserito in sede di conversione.*

5-*quater* Indennizzi a favore dei soggetti danneggiati da complicanze irreversibili da vaccinazioni (1).

1. Le disposizioni di cui alla legge 25 febbraio 1992, n. 210, si applicano a tutti i soggetti che, a causa delle vaccinazioni indicate nell'articolo 1, abbiano riportato lesioni o infermità dalle quali sia derivata una menomazione permanente dell'integrità psico-fisica.

(1) *Articolo inserito in sede di conversione.*

6 Abrogazioni.

1. A decorrere dalla data di entrata in vigore del presente decreto, sono abrogati:

a) l'articolo 47 del decreto del Presidente della Repubblica 22 dicembre 1967, n. 1518, e successive modificazioni;

b) l'articolo 3, secondo comma, della legge 4 febbraio 1966, n. 51;

b-bis) l'articolo 3, secondo comma, della legge 20 marzo 1968, n. 419 (1);

c) l'articolo 7, comma 2, della legge 27 maggio 1991, n. 165.

(1) *Lettera inserita in sede di conversione.*

7 Disposizioni finanziarie.

1. Agli oneri derivanti dall'articolo 2, comma 3, pari a duecentomila euro per l'anno 2017, si provvede mediante corrispondente riduzione dell'autorizzazione di spesa di cui all'articolo 1 della legge 18 dicembre 1997, n. 440.

2. Dall'attuazione del presente decreto, a eccezione delle disposizioni di cui all'articolo 2, comma 3, non devono derivare nuovi o maggiori oneri a carico della finanza pubblica.

3. Il Ministro dell'economia e delle finanze è autorizzato ad apportare, con propri decreti, le occorrenti variazioni di bilancio.

7-*bis* Clausola di salvaguardia (1).

1. Le disposizioni del presente decreto sono applicabili nelle regioni a statuto speciale e nelle province autonome di Trento e di Bolzano compatibilmente con i rispettivi statuti e le relative norme di attuazione, anche con riferimento alla legge costituzionale 18 ottobre 2001, n. 3.

(1) *Articolo inserito in sede di conversione.*

8 Entrata in vigore.

1. Il presente decreto entra in vigore il giorno successivo a quello della sua pubblicazione nella Gazzetta Ufficiale della Repubblica italiana e sarà presentato alle Camere per la conversione in legge.

Il presente decreto, munito del sigillo dello Stato, sarà inserito nella Raccolta ufficiale degli atti normativi della Repubblica Italiana. È fatto obbligo a chiunque spetti di osservarlo e di farlo osservare.

111. Decreto legislativo 14 maggio 2019, n. 52. — Attuazione della delega per il riassetto e la riforma della normativa in materia di sperimentazione clinica dei medicinali ad uso umano, ai sensi dell'articolo 1, commi 1 e 2, della legge 11 gennaio 2018, n. 3. (*estratto*).

Pubblicata nella Gazzetta Ufficiale n. 136 del 12 giugno 2019.

(*Omissis*)

CAPO II
Disposizioni di coordinamento con il regolamento (UE) n. 536/2014

4 Definizioni.

1. Ai fini ed agli effetti delle disposizioni di cui al presente capo valgono le medesime definizioni stabilite all'articolo 2 del regolamento (UE) n. 536/2014 del Parlamento europeo e del Consiglio del 16 aprile 2014, sulla sperimentazione clinica di medicinali per uso umano e che abroga la direttiva 2001/20/CE (1).

(1) *Si riporta l'art. 1 l. 11 gennaio 2018, n. 3 (Delega al Governo in materia di sperimentazione clinica di medicinali nonché disposizioni per il riordino delle professioni sanitarie e per la dirigenza sanitaria del Ministero della salute):*

« 1. Il Governo è delegato ad adottare, entro dodici mesi dalla data di entrata in vigore della presente legge, uno o più decreti legislativi per il riassetto e la riforma delle disposizioni vigenti in materia di sperimentazione clinica dei medicinali per uso umano, introducendo specifico riferimento alla medicina di genere e all'età pediatrica.

2. I decreti legislativi di cui al comma 1 sono adottati, realizzando il necessario coordinamento con le disposizioni vigenti e con il regolamento (UE) n. 536/2014 del Parlamento europeo e del Consiglio, del 16 aprile 2014, sulla sperimentazione clinica di medicinali per uso umano, nel rispetto dei seguenti principi e criteri direttivi:

a) *riordino e coordinamento delle disposizioni vigenti, nel rispetto delle normative dell'Unione europea e delle convenzioni internazionali in materia, in ottemperanza a quanto disposto dall'articolo 117 della Costituzione, nonché nel rispetto degli standard internazionali per l'etica nella ricerca medica sugli esseri umani, in conformità a quanto previsto dalla Dichiarazione di Helsinki dell'Associazione medica mondiale del 1964, e sue successive revisioni;*

b) *individuazione dei requisiti dei centri autorizzati alla conduzione delle sperimentazioni cliniche dalla fase I alla fase IV, con preferenza per i centri che assicurino, nella fase IV, il coinvolgimento delle associazioni dei pazienti nella definizione dei protocolli di ricerca, in particolare per le malattie rare, prevedendo procedure di accreditamento ad evidenza pubblica, di monitoraggio annuale dei requisiti posseduti e di pubblicazione dell'elenco dei centri autorizzati nel sito internet dell'Agenzia italiana del farmaco (AIFA) con il collegamento al sito internet istituzionale del centro clinico, che deve essere dotato di un'apposita sezione dedicata alla trasparenza, in cui, in conformità ai principi di cui al decreto legislativo 14 marzo 2013, n. 33, siano resi pubblici i nominativi e i curricula di tutti i soggetti coinvolti nella sperimentazione e tutte le sperimentazioni attivate, in corso o concluse, e quelle autorizzate, nonché i correlati finanziamenti e programmi di spesa e i relativi contratti;*

c) *individuazione delle modalità per il sostegno all'attivazione e all'ottimizzazione di centri clinici dedicati agli studi clinici di fase I, sia su pazienti che su volontari sani, da condurre con un approccio metodologico di medicina di genere, prevedendo la definizione, con decreto del Ministro della salute, dei requisiti minimi per i medesimi centri anche al fine di una loro più omogenea presenza sul territorio nazionale, in conformità al citato regolamento (UE) n. 536/2014;*

d) *individuazione delle modalità idonee a tutelare l'indipendenza della sperimentazione clinica e a garantire l'assenza di conflitti d'interesse;*

e) *semplificazione degli adempimenti meramente formali in materia di modalità di presentazione della domanda per il parere del comitato etico e di conduzione e di valutazione degli studi clinici;*

f) *fatta salva la garanzia del mantenimento di standard qualitativi elevati, semplificazione delle procedure per l'utilizzo a scopi di ricerca clinica di materiale biologico o clinico residuo da precedenti attività diagnostiche o terapeutiche o a qualunque altro titolo detenuto, previa prestazione del consenso informato da parte del paziente sull'uso del materiale biologico che lo riguarda direttamente;*

g) *definizione delle procedure di valutazione e di autorizzazione di una sperimentazione clinica, garantendo il coinvolgimento delle associazioni dei pazienti, soprattutto nel caso delle malattie rare, attraverso:*

1) *l'individuazione e il ruolo del direttore generale o responsabile legale della struttura sanitaria in cui si intende eseguire la sperimentazione clinica;*

2) *l'individuazione dei compiti e delle finalità dei comitati etici territoriali;*

3) *la garanzia che gli incaricati della validazione e della valutazione della domanda siano privi di conflitti d'interesse personali e finanziari e assicurino la propria imparzialità mediante dichiarazione resa ai sensi degli articoli 46, 73 e 76 del testo unico di cui al decreto del Presidente della Repubblica 28 dicembre 2000, n. 445;*

4) *la costituzione, presso l'Istituto superiore di sanità, di un elenco nazionale di soggetti qualificati e con adeguata esperienza, selezionati mediante avvisi pubblici, sulla base di criteri e requisiti predefiniti;*

5) *la definizione dei contenuti minimi che devono presentare i contratti per le sperimentazioni cliniche che, per gli sperimentatori, ne attestino terzietà, imparzialità e indipendenza;*

6) *la previsione, mediante decreto del Ministro della salute, con riferimento ai contratti per le sperimentazioni cliniche, di meccanismi di compensazione o di partecipazione agli eventuali utili derivanti dalla commercializzazione dei risultati delle ricerche o delle sperimentazioni effettuate in centri pubblici di ricerca, attraverso l'individuazione di apposite percentuali e delle modalità di assegnazione delle stesse, da*

riconoscere per la parte prevalente ai medesimi centri di ricerca e per la restante parte ai fondi per la ricerca gestiti dal Ministero della salute, ove non sia prevista, nei predetti contratti, una diversa modalità di remunerazione o di compensazione;

7) la definizione delle procedure per la verifica dell'indipendenza dello sperimentatore;

h) *applicazione dei sistemi informativi di supporto alle sperimentazioni cliniche, prevedendo:*

1) meccanismi di valutazione dei risultati delle aziende sanitarie pubbliche nell'ambito delle sperimentazioni cliniche;

2) l'uso dell'Osservatorio nazionale sulla sperimentazione clinica dei medicinali per l'interscambio della documentazione concernente lo studio clinico dei medicinali tramite modelli predefiniti e disponibili nel sistema stesso;

3) che la sperimentazione clinica dei medicinali sia svolta attraverso un'adeguata rappresentatività di genere;

4) che la sperimentazione clinica dei medicinali si avvalga di professionalità specifiche nel campo della gestione dei dati e del coordinamento della ricerca;

i) *individuazione, ai sensi dell'articolo 17, comma 95, della legge 15 maggio 1997, n. 127, di criteri generali per la disciplina degli ordinamenti didattici di specifici percorsi formativi in materia di metodologia della ricerca clinica e conduzione e gestione degli studi clinici e sperimentazione dei farmaci;*

l) *previsione, in sede di attuazione dei programmi obbligatori di formazione continua in medicina di cui all'articolo 16-bis del decreto legislativo 30 dicembre 1992, n. 502, che la Commissione nazionale per la formazione continua, di cui all'articolo 2, comma 357, della legge 24 dicembre 2007, n. 244, disponga che l'aggiornamento periodico del personale operante presso le strutture sanitarie e socio-sanitarie impegnato nella sperimentazione clinica dei medicinali sia realizzato attraverso il conseguimento di crediti formativi su percorsi assistenziali multidisciplinari e multiprofessionali e su percorsi formativi di partecipazione diretta a programmi di ricerca clinica multicentrici;*

m) *riformulazione e razionalizzazione dell'apparato sanzionatorio amministrativo per la violazione delle norme vigenti e delle disposizioni contenute nei decreti legislativi emanati in attuazione del comma 1, tenendo conto della responsabilità e delle funzioni svolte da ciascun soggetto, con riguardo in particolare alla responsabilità dello sperimentatore e delle strutture coinvolte, nonché della natura sostanziale o formale della violazione, attraverso:*

1) conferma delle sanzioni amministrative pecuniarie già previste dal decreto legislativo 24 giugno 2003, n. 211, per le violazioni delle disposizioni ivi indicate;

2) previsione della destinazione degli introiti derivanti dalle sanzioni pecuniarie all'entrata del bilancio dello Stato per la riassegnazione a progetti di ricerca sanitaria presentati da ricercatori di età inferiore a quaranta anni;

3) previsione della sospensione dell'attività dei comitati etici territoriali che non rispettano i termini e le procedure previsti dal decreto legislativo 24 giugno 2003, n. 211, e le norme sulla trasparenza e sull'assenza di conflitti d'interesse previste dalla presente legge, nonché di meccanismi sanzionatori;

n) *revisione della normativa relativa agli studi clinici senza scopo di lucro e agli studi osservazionali, al fine di facilitarne e sostenerne la realizzazione, in particolare per le sperimentazioni cliniche a basso livello di intervento, anche prevedendo forme di coordinamento tra i promotori, con l'obiettivo di migliorare la pratica clinica e di acquisire informazioni rilevanti a seguito dell'immissione in commercio dei medicinali;*

o) *riordino della normativa di cui al decreto del Ministro della salute 17 dicembre 2004, pubblicato nella Gazzetta Ufficiale n. 43 del 22 febbraio 2005, in particolare modificando l'articolo 1, comma 2, lettera d), nel senso di prevedere la possibilità di cessione dei dati relativi alla sperimentazione all'azienda farmaceutica e la loro utilizzazione a fini di registrazione, per valorizzare l'uso sociale ed etico della ricerca, e di stabilire che l'azienda farmaceutica rimborsi le spese dirette e indirette connesse alla sperimentazione nonché le mancate entrate conseguenti alla qualificazione dello studio come attività senza fini di lucro.*

3. I decreti legislativi di cui al comma 1 sono adottati nel rispetto della procedura di cui all'articolo 14, commi da 1 a 3, della legge 23 agosto 1988, n. 400, su proposta del Ministro della salute, di concerto con il Ministro per gli affari europei, con il Ministro della giustizia, con il Ministro dell'economia e delle finanze, con il Ministro per la semplificazione e la pubblica amministrazione, con il Ministro dell'istruzione, dell'università e della ricerca e con il Ministro del lavoro e delle politiche sociali, previa intesa in sede di Conferenza permanente per i rapporti tra lo Stato, le regioni e le Province autonome di Trento e di Bolzano.

4. Gli schemi dei decreti legislativi di cui al comma 1, a seguito di deliberazione preliminare del Consiglio dei ministri, sono trasmessi alla Camera dei deputati e al Senato della Repubblica perché su di essi siano espressi, entro quaranta giorni dalla data di trasmissione, i pareri delle Commissioni parlamentari competenti per materia e per i profili finanziari. Decorso tale termine i decreti legislativi sono emanati anche in mancanza dei pareri. Qualora il termine per l'espressione dei pareri parlamentari di cui al presente comma scada nei trenta giorni che precedono la scadenza del termine previsto dal comma 1 o successivamente, quest'ultimo è prorogato di tre mesi.

5. Entro dodici mesi dalla data di entrata in vigore di ciascuno dei decreti legislativi di cui al comma 1, nel rispetto dei principi e criteri direttivi di cui al comma 2 e con le procedure di cui ai commi 3 e 4, il Governo può adottare disposizioni integrative e correttive dei decreti legislativi medesimi.

6. Dall'attuazione del presente articolo non devono derivare nuovi o maggiori oneri a carico della finanza pubblica. A tale fine, le amministrazioni competenti provvedono agli adempimenti previsti dai decreti legislativi attuativi della delega di cui al presente articolo attraverso una diversa allocazione delle risorse umane, finanziarie e strumentali disponibili a legislazione vigente ».

5 Individuazione dei requisiti dei centri autorizzati per le sperimentazioni dalla fase I alle fase IV.

1. Con decreto del Ministro della salute, adottato entro sessanta giorni dalla data di entrata in vigore del presente decreto, la disciplina in materia di idoneità delle strutture presso cui viene condotta la sperimentazione clinica viene adeguata a quanto previsto dalle disposizioni del regolamento (UE) n. 536/2014.

2. Entro novanta giorni dall'adozione del decreto ministeriale di cui al comma 1, l'Agenzia italiana del farmaco (AIFA), con propria determinazione, individua i requisiti per l'autorizzazione dei centri alla conduzione delle sperimentazioni cliniche dalla fase I alla fase IV, in conformità alle norme di buona pratica clinica, riconoscendo particolare valenza al coinvolgimento delle associazioni dei pazienti da parte del centro medesimo nella definizione dei protocolli di ricerca nelle diverse fasi di sperimentazione e, in particolare, nella fase IV. Con la medesima determinazione sono altresì definite le procedure di autorizzazione, monitoraggio e verifica del perdurante possesso dei requisiti d'idoneità dei centri autorizzati.

3. Nella definizione dei requisiti per l'autorizzazione di cui al presente articolo è valutata la possibilità di arruolare pazienti in base alla tipologia dei reparti presenti e delle attrezzature clinico-diagnostiche disponibili presso la struttura, nonché la possibilità di arruolare particolari tipologie di pazienti, quali quelli pediatrici o geriatrici, o affetti da specifiche patologie, con particolare riguardo alle malattie rare.

4. Con decreto del Ministro della salute, adottato entro novanta giorni dalla data di entrata in vigore del presente decreto, sono individuati i criteri e le linee guida per l'autorizzazione dei centri alla sperimentazione clinica di terapie avanzate, come definite dal regolamento (UE) n. 1394/2007 del Parlamento europeo e del Consiglio del 13 novembre 2007.

6 Indipendenza della sperimentazione clinica e garanzia di assenza di conflitti di interessi.

1. Con provvedimento dell'AIFA, adottato entro novanta giorni dalla data di entrata in vigore del presente decreto, sentito il Centro di coordinamento nazionale

dei comitati etici per le sperimentazioni cliniche sui medicinali per uso umano e sui dispositivi medici, sono individuate le modalità idonee a tutelare l'indipendenza della sperimentazione clinica e a garantire l'assenza di conflitti di interesse nella valutazione delle relative domande, in attuazione dell'articolo 9 del regolamento (UE) n. 536/2014.

2. I soggetti incaricati delle attività di validazione e di successiva valutazione della domanda di autorizzazione ad una sperimentazione clinica, per garantire terzietà e imparzialità, rendono una dichiarazione circa l'assenza di conflitti d'interesse personali e finanziari, da rendersi, con cadenza annuale, ai sensi degli articoli 46, 73 e 76 del testo unico di cui al decreto del Presidente della Repubblica 28 dicembre 2000, n. 445.

3. Il Ministro della salute, previa intesa in sede di Conferenza permanente per i rapporti tra lo Stato, le regioni e le Province autonome di Trento e di Bolzano, in caso di violazione dei termini e delle procedure relativi alla valutazione delle sperimentazioni cliniche e alla emissione del parere unico previsti dal decreto legislativo 24 giugno 2003, n. 211, nonché in caso d'inosservanza delle norme sulla trasparenza e sull'assenza di conflitti d'interesse, dispone la soppressione del Comitato etico territoriale inadempiente e segnala all'autorità competente le violazioni riscontrate.

4. Fatta salva ogni altra disposizione normativa in materia, lo sperimentatore, a tutela dell'indipendenza e dell'imparzialità della sperimentazione clinica, dichiara preventivamente alla struttura presso la quale si svolge lo studio clinico, gli interessi finanziari propri, del coniuge o del convivente o di parente entro il secondo grado rispetto allo studio proposto, nonché i rapporti di dipendenza, consulenza o collaborazione, a qualsiasi titolo, con il promotore, in qualunque fase dello studio vengano a costituirsi. Il comitato etico valuta tale dichiarazione nonché l'assenza, nel capitale dell'azienda farmaceutica titolare del farmaco oggetto di studi, di partecipazioni azionarie dello sperimentatore, del coniuge o del convivente, a tutela dell'indipendenza e dell'imparzialità della sperimentazione clinica, anche in momenti successivi all'inizio dello studio qualora intervengano nuovi conflitti di interessi (1).

(1) *Le parole* « gli interessi finanziari propri, del coniuge o del convivente o di parente entro il secondo grado rispetto allo studio proposto, nonché i rapporti di dipendenza, consulenza o collaborazione, a qualsiasi titolo, con il promotore, in qualunque fase dello studio vengano a costituirsi. Il comitato etico valuta tale dichiarazione nonché l'assenza, nel capitale dell'azienda farmaceutica titolare del farmaco oggetto di studi, di partecipazioni azionarie dello sperimentatore, del coniuge o del convivente, a tutela dell'indipendenza e dell'imparzialità della sperimentazione clinica, anche in momenti successivi all'inizio dello studio qualora intervengano nuovi conflitti di interessi » *sono state sostituite alle parole* « , l'assenza, rispetto allo studio proposto, d'interessi finanziari propri, del coniuge o del convivente o di parente entro il secondo grado, nel capitale dell'azienda farmaceutica titolare del farmaco oggetto di studio, nonché l'assenza di rapporti di dipendenza, consulenza o collaborazione, a qualsiasi titolo, con il promotore » *dall'art. 11-bis, comma 1 d.l. 19 maggio 2020, n. 34, conv., con modif., in l. 17 luglio 2020, n. 77.*

7 Disciplina delle procedure di valutazione e di autorizzazione delle sperimentazioni cliniche.

1. Con decreto del Ministro della salute, adottato entro novanta giorni dalla entrata in vigore del presente decreto, sono ridefinite le procedure di valutazione e di autorizzazione delle sperimentazioni cliniche, garantendo il coinvolgimento delle associazioni dei pazienti, con particolare riferimento al caso delle malattie rare.

8 Disciplina degli ordinamenti didattici di specifici percorsi formativi.

1. Con decreto del Ministro dell'istruzione, dell'università e della ricerca, adottato di concerto con il Ministro della salute entro centoventi giorni dalla entrata in vigore del presente decreto, sono definiti a livello nazionale i criteri generali sulla base dei quali gli Atenei possono attivare master, da frequentare con modalità per cui è richiesta la presenza fisica, finalizzati alla metodologia della ricerca e della sperimentazione clinica.

2. Con il decreto di cui al comma 1 sono altresì definiti la durata, i settori scientifico-disciplinari obbligatori nell'area medica, farmaceutica, chimica e statistica e le strutture universitarie presso le quali possono essere attivati i percorsi formativi.

3. Le regioni, le strutture sanitarie e gli Istituti di ricovero e cura a carattere scientifico possono promuovere le attività di formazione di cui al comma 1 anche attraverso l'organizzazione di corsi di educazione continua in medicina (ECM) destinati al personale operante presso le strutture impegnate nelle sperimentazioni cliniche.

CAPO III
Disposizioni transitorie e finali

9 Disposizioni transitorie.

1. Le disposizioni contenute nei decreti previsti dagli articoli 5, commi 1 e 4, e 7, comma 1, e i provvedimenti dell'AIFA di cui agli articoli 5, comma 2, e 6, comma 1, si applicano decorsi sei mesi dalla pubblicazione dell'avviso di cui all'articolo 82, paragrafo 3, del regolamento (UE) n. 536/2014.

112. Decreto legge 25 marzo 2020, n. 19, convertito, con modificazioni, in legge 22 maggio 2020, n. 35. — Misure urgenti per fronteggiare l'emergenza epidemiologica da COVID-19. (*rinvio*) (1).

Pubblicato nella Gazzetta Ufficiale n. 79 del 25 marzo 2020; la legge di conversione è stata pubblicata nella Gazzetta Ufficiale n. 132 del 23 maggio 2020.

(1) *Sub VII, 5. Si rinvia alla parte VII per tutti i provvedimenti legislativi relativi all'emergenza epidemiologica da COVID-19 (coronavirus).*

113. Decreto legge 16 maggio 2020, n. 33, convertito, con modificazioni, in legge 14 luglio 2020, n. 74. — Ulteriori misure urgenti per fronteggiare l'emergenza epidemiologica da COVID-19. (*rinvio*) (1).

Pubblicato nella Gazzetta Ufficiale 16 maggio 2020, n. 125.

(1) Sub *VII, 8. Si rinvia alla parte VII per tutti i provvedimenti legislativi relativi all'emergenza epidemiologica da COVID-19 (coronavirus).*

SEZIONE OTTAVA
ENERGIA

114. Decreto legislativo 16 marzo 1999, n. 79. — Attuazione della direttiva 96/92/CE recante norme comuni per il mercato interno dell'energia elettrica.

Pubblicato nella Gazzetta Ufficiale n. 74 del 31 marzo 1999.

TITOLO I
Liberalizzazione del mercato elettrico

1 Liberalizzazione e trasparenza societaria.

1. Le attività di produzione, importazione, esportazione, acquisto e vendita di energia elettrica sono libere nel rispetto degli obblighi di servizio pubblico contenuti nelle disposizioni del presente decreto. Le attività di trasmissione e dispacciamento sono riservate allo Stato ed attribuite in concessione al gestore della rete di trasmissione nazionale di cui all'articolo 3. L'attività di distribuzione dell'energia elettrica è svolta in regime di concessione rilasciata dal Ministro dell'industria, del commercio e dell'artigianato.

2. Il Ministero dell'industria, del commercio e dell'artigianato provvede alla sicurezza e all'economicità del sistema elettrico nazionale, e persegue tali obiettivi attraverso specifici indirizzi anche con la finalità di salvaguardare la continuità di fornitura e di ridurre la vulnerabilità del sistema stesso.

3. Ai fini della sicurezza del sistema, nella fase di transizione fino all'entrata in funzione del sistema di dispacciamento di merito economico di cui al comma 2 dell'articolo 5, il Ministro dell'industria, del commercio e dell'artigianato emana apposite direttive ed in particolare determina con propri provvedimenti l'assunzione di responsabilità da parte del gestore della rete di trasmissione nazionale, dell'acquirente unico e del gestore del mercato di cui agli articoli 3, 4 e 5.

4. Fatto salvo quanto disposto dall'articolo 9, comma 7, i soggetti che svolgono le attività di cui al comma 1 in base ad un titolo speciale od esclusivo possono svolgere attività diverse a condizione che sia almeno garantita la separazione contabile ed amministrativa, secondo le modalità stabilite dall'Autorità per l'energia elettrica ed il gas, ovvero assumere partecipazioni societarie o acquisizioni in altri comparti produttivi.

5. Sono fatte salve le funzioni di indirizzo nel settore spettanti al Governo, le attribuzioni dell'Autorità per l'energia elettrica e il gas, con particolare riferimento all'articolo 2, comma 12, della legge 14 novembre 1995, n. 481, e quelle riservate alle regioni e agli enti locali.

6. Al fine di individuare gli strumenti utili a governare gli effetti sociali della trasformazione, la progressiva armonizzazione dei trattamenti economici e normativi, il Ministro del lavoro e della previdenza sociale e il Ministro dell'industria, del commercio e dell'artigianato garantiscono, nella fase di avvio del processo di liberalizzazione, il coinvolgimento dei soggetti sociali anche a mezzo di opportune forme di concertazione.

7. La tariffa applicata ai clienti vincolati di cui al comma 7 dell'articolo 2 è unica sul territorio nazionale.

2 Definizioni.

1. Agli effetti del presente decreto si applicano le definizioni di cui ai seguenti commi.

2. Autoproduttore è la persona fisica o giuridica che produce energia elettrica e la utilizza in misura non inferiore al 70% annuo per uso proprio ovvero per uso delle società controllate, della società controllante e delle società controllate dalla medesima controllante, nonché per uso dei soci delle società cooperative di produzione e distribuzione dell'energia elettrica di cui all'articolo 4, numero 8, della legge 6 dicembre 1962, n. 1643, degli appartenenti ai consorzi o società consortili costituiti per la produzione di energia elettrica da fonti energetiche rinnovabili e per gli usi di fornitura autorizzati nei siti industriali anteriormente alla data di entrata in vigore del presente decreto.

3. Cliente: il cliente grossista e finale di energia elettrica (1).

4. Cliente grossista: qualsiasi persona fisica o giuridica che acquista energia elettrica a scopo di rivendita all'interno o all'esterno del sistema in cui è stabilita (1).

5. Cliente finale: il cliente che acquista energia elettrica per uso proprio (1).

6. Cliente idoneo: è la persona fisica o giuridica che ha la capacità di stipulare contratti di fornitura con

qualsiasi produttore, distributore o grossista, sia in Italia sia all'estero (1).

7. Cliente vincolato è il cliente finale che, non rientrando nella categoria dei clienti idonei, è legittimato a stipulare contratti di fornitura esclusivamente con il distributore che esercita il servizio nell'area territoriale dove è localizzata l'utenza.

8. Cogenerazione è la produzione combinata di energia elettrica e calore alle condizioni definite dall'Autorità per l'energia elettrica e il gas, che garantiscano un significativo risparmio di energia rispetto alle produzioni separate (2).

9. Contratto bilaterale è il contratto di fornitura di servizi elettrici tra due operatori del mercato.

10. Dispacciamento è l'attività diretta ad impartire disposizioni per l'utilizzazione e l'esercizio coordinati degli impianti di produzione, della rete di trasmissione e dei servizi ausiliari.

10. Dispacciamento di merito economico è l'attività di cui al comma 10, attuata secondo ordini di merito economico, salvo impedimenti o vincoli di rete.

12. Dispacciamento passante è l'attività di cui al comma 10, condizionata unicamente da eventuali impedimenti o vincoli di rete.

13. Dispositivo di interconnessione è l'apparecchiatura per collegare le reti elettriche.

14. Distribuzione è il trasporto e la trasformazione di energia elettrica su reti di distribuzione a media e bassa tensione per le consegne ai clienti finali.

15. Fonti energetiche rinnovabili sono il sole, il vento, le risorse idriche, le risorse geotermiche, le maree, il moto ondoso e la trasformazione in energia elettrica dei prodotti vegetali o dei rifiuti organici [e inorganici] (3).

16. Linea diretta è una linea elettrica che collega un sito di generazione isolato con un cliente isolato ovvero una linea elettrica che un produttore e un'impresa fornitrice di energia elettrica utilizzano per approvvigionare direttamente i propri siti, le società controllate ed i propri clienti (4).

17. Piccola rete isolata è ogni rete con un consumo inferiore a 2.500 GWh nel 1996, ove meno del 5 per cento è ottenuto dall'interconnessione con altre reti.

18. Produttore è la persona fisica o giuridica che produce energia elettrica indipendentemente dalla proprietà dell'impianto.

19. Produzione è la generazione di energia elettrica, comunque prodotta.

20. Rete di trasmissione nazionale è il complesso delle stazioni di trasformazione e delle linee elettriche di trasmissione ad alta tensione sul territorio nazionale gestite unitariamente.

21. Rete interconnessa è un complesso di reti di trasmissione e distribuzione collegate mediante più dispositivi di interconnessione.

22. Servizi ausiliari sono i servizi necessari per la gestione di una rete di trasmissione o distribuzione quali, esemplificativamente, i servizi di regolazione di frequenza, riserva, potenza reattiva, regolazione della tensione e riavviamento della rete.

22-*bis*. Il servizio ancillare non relativo alla frequenza è un servizio utilizzato da un Gestore del sistema di trasmissione o un da Gestore del sistema di distribuzione per la regolazione della tensione, per le immissioni e i prelievi di potenza reattiva, per il mantenimento dell'inerzia, per la stabilità della rete e la potenza di corto circuito, per la capacità di black start e per la capacità di funzionamento in isola (5).

23. Sistema elettrico nazionale: il complesso degli impianti di produzione, delle reti di trasmissione e di distribuzione nonché dei servizi ausiliari e dei dispositivi di interconnessione e dispacciamento ubicati nel territorio nazionale.

24. Trasmissione è l'attività di trasporto e trasformazione dell'energia elettrica sulla rete interconnessa ad alta tensione ai fini della consegna ai clienti, ai distributori e ai destinatari dell'energia autoprodotta ai sensi del comma 2.

25. Utente della rete è la persona fisica o giuridica che rifornisce o è rifornita da una rete di trasmissione o distribuzione.

25-*bis*. Gestore del sistema di trasmissione: qualsiasi persona fisica o giuridica responsabile della gestione, della manutenzione e dello sviluppo del sistema di trasmissione in una data zona e delle relative interconnessioni con altri sistemi, e di assicurare la capacità a lungo termine del sistema di soddisfare richieste ragionevoli di trasmissione di energia elettrica (6).

25-*ter*. Gestore del sistema di distribuzione: qualsiasi persona fisica o giuridica responsabile della gestione, della manutenzione e dello sviluppo del sistema di distribuzione in una data zona e delle relative interconnessioni con altri sistemi, e di assicurare la capacità a lungo termine del sistema di soddisfare richieste ragionevoli di distribuzione di energia elettrica (6).

25-*quater*. Cliente civile: il cliente che acquista energia elettrica per il proprio consumo domestico, escluse le attività commerciali e professionali (6).

25-*quinquies*. Cliente non civile: la persona fisica o giuridica che acquista energia elettrica non destinata al proprio consumo domestico, inclusi i produttori e i cliente grossisti (6).

25-*sexies*. Fornitura: la vendita, compresa la rivendita, di energia elettrica ai clienti (6).

25-*septies*. Impresa elettrica verticalmente integrata: un'impresa elettrica o un gruppo di imprese elettriche nelle quali la stessa persona o le stesse persone hanno, direttamente o indirettamente, il potere di esercitare un controllo, e in cui l'impresa o il gruppo di imprese esercita almeno una delle attività di trasmissione o distribuzione, e almeno una delle funzioni di produzione o fornitura di energia elettrica (6).

25-*octies*. Impresa orizzontalmente integrata: un'impresa che svolge almeno una delle funzioni di generazione per la vendita o di trasmissione o di distribuzione o di fornitura di energia elettrica, nonché un'altra attività che non rientra nel settore dell'energia elettrica (6).

25-*nonies*. Programmazione a lungo termine: programmazione, in un'ottica a lungo termine, del fabbisogno di investimenti nella capacità di generazione, di trasmissione e di distribuzione, al fine di soddisfare la domanda di energia elettrica del sistema ed assicurare la fornitura ai clienti (6).

25-*decies*. Contratto di fornitura di energia elettrica: un contratto di fornitura di energia elettrica ad esclusione degli strumenti derivati sull'energia elettrica (6).

25-*undecies*. Strumenti derivati sull'energia elettrica: uno strumento finanziario di cui ai punti 5, 6 o 7 della sezione C dell'allegato I della direttiva 2004/39/CE del Parlamento europeo e del Consiglio, del 21 aprile 2004, relativa agli strumenti finanziari, collegato all'energia elettrica (6).

25-*duodecies*. Controllo: diritti, contratti o altri mezzi che conferiscono, da soli o congiuntamente, e tenuto conto delle circostanze di fatto o di diritto, la possibilità di esercitare un'influenza determinante sull'attività di un'impresa, in particolare attraverso: diritti di proprietà o di godimento sulla totalità o su parti del patrimonio di un'impresa; diritti o contratti che conferiscono un'influenza determinante sulla composizione, sulle votazioni, sulle decisioni degli organi di un'impresa (6).

25-*terdecies*. Si definisce impresa elettrica ogni persona fisica o giuridica, esclusi i clienti finali, che svolge almeno una delle funzioni seguenti: generazione, trasmissione, distribuzione, aggregazione, gestione della domanda, stoccaggio, fornitura o acquisto di energia elettrica, che è responsabile per i compiti commerciali, tecnici o di manutenzione legati a queste funzioni (7).

(1) *Comma sostituito dall'art. 34, comma 1, d.lgs. 1° giugno 2011, n. 93.*

(2) *A norma dell'art. 3 d.lgs. 8 febbraio 2007, n. 20, fino al 31 dicembre 2010, è considerata cogenerazione ad alto rendimento la cogenerazione rispondente alla definizione di cui al presente comma.*

(3) *Comma modificato dall'art. 1, comma 1120 lett.* e), *l. 27 dicembre 2006, n. 296.*

(4) *Comma così sostituito dall'art. 2, comma 1, lett.* a) *d.lgs. 8 novembre 2021, n. 210. Il testo del comma era il seguente:* « 16. Linea diretta è la linea elettrica di trasporto che collega un centro di produzione ad un centro di consumo, indipendentemente dal sistema di trasmissione e distribuzione ».

(5) *Comma aggiunto dall'art. 2, comma 1, lett.* b) *d.lgs. n. 210, cit.*

(6) *Comma aggiunto dall'art. 34, comma 2, d.lgs. n. 93, cit.*

(7) *Comma così sostituito dall'art. 2, comma 1, lett.* c) *d.lgs. n. 210, cit. Il testo del comma, aggiunto dall'art. 34, comma 2, d.lgs. n. 93, cit., era il seguente:* « 25-*terdecies*. Impresa elettrica: ogni persona fisica o giuridica, esclusi tuttavia i clienti finali, che svolge almeno una delle funzioni seguenti: generazione, trasporto, distribuzione, fornitura o acquisto di energia elettrica, che è responsabile per i compiti commerciali, tecnici o di manutenzione legati a queste funzioni ».

TITOLO II
Disciplina del settore elettrico

3 Gestore della rete di trasmissione nazionale.

1. Il gestore della rete di trasmissione nazionale, di seguito "gestore", esercita le attività di trasmissione e dispacciamento dell'energia elettrica, ivi compresa la gestione unificata della rete di trasmissione nazionale. Il gestore ha l'obbligo di connettere alla rete di trasmissione nazionale tutti i soggetti che ne facciano richiesta, senza compromettere la continuità del servizio e purché siano rispettate le regole tecniche di cui al comma 6 del presente articolo e le condizioni tecnico-economiche di accesso e di interconnessione fissate dall'Autorità per l'energia elettrica e il gas. L'eventuale rifiuto di accesso alla rete deve essere debitamente motivato dal gestore. Il gestore della rete di trasmissione nazionale fornisce ai soggetti responsabili della gestione di ogni altra rete dell'Unione europea interconnessa con la rete di trasmissione nazionale informazioni sufficienti per garantire il funzionamento sicuro ed efficiente, lo sviluppo coordinato e l'interoperabilità delle reti interconnesse.

2. Il gestore della rete di trasmissione nazionale gestisce i flussi di energia, i relativi dispositivi di interconnessione ed i servizi ausiliari necessari; garantisce l'adempimento di ogni altro obbligo volto ad assicurare la sicurezza, l'affidabilità, l'efficienza e il minor costo del servizio e degli approvvigionamenti; gestisce la rete, di cui può essere proprietario, senza discriminazione di utenti o categorie di utenti; delibera gli interventi di manutenzione e di sviluppo della rete, a proprio carico, se proprietario della rete, o a carico delle società proprietarie, in modo da assicurare la sicurezza e la continuità degli approvvigionamenti, nonché lo sviluppo della rete medesima nel rispetto degli indirizzi del Ministero dell'industria, del commercio e dell'artigianato. Al gestore sono trasferiti competenze, diritti e poteri di soggetti privati e pubblici, anche ad ordinamento autonomo, previsti dalla normativa vigente con riferimento alle attività riservate al gestore stesso. Il gestore della rete di trasmissione nazionale mantiene il segreto sulle informazioni commerciali riservate acquisite nel corso dello svolgimento della sua attività e impedisce che le informazioni concernenti la propria attività commercialmente vantaggiose siano divulgate in modo discriminatorio. Le informazioni necessarie per una concorrenza effettiva e per l'efficiente funzionamento del mercato sono rese pubbliche, fermo restando l'obbligo di mantenere il segreto sulle informazioni commerciali riservate. Le imprese collegate al gestore della rete di trasmissione nazionale non possono abusare delle informazioni riservate nelle proprie operazioni di compravendita di energia elettrica o servizi connessi (1).

2-*bis*. Il gestore della rete di trasmissione nazionale fornisce ai gestori di altri sistemi interconnessi con il proprio le informazioni sufficienti a garantire il funzionamento sicuro ed efficiente, lo sviluppo coordinato e l'interoperabilità del sistema interconnesso, assicura che non vi siano discriminazioni tra utenti e categorie di utenti, specialmente a favore delle proprie società e imprese collegate, fornisce a tutti gli utenti, in condizioni di parità, le informazioni necessarie per un efficiente accesso al sistema, riscuote le rendite da congestione e i pagamenti dovuti nell'ambito del meccanismo di compensazione tra gestori dei sistemi di trasmissione, in conformità all'articolo 49 del regolamento (UE) 2019/943, acquista i servizi ancillari volti a garantire la sicurezza del sistema, partecipa alle valutazioni di adeguatezza del sistema, a livello nazionale ed europeo, assicura la digitalizzazione dei propri sistemi di trasmissione e provvede alla gestione dei dati, anche attraverso lo sviluppo di sistemi di gestione, alla cybersicurezza e alla protezione dei dati, sotto la vigilanza e il controllo dell'ARERA (2).

2-*ter*. Il gestore della rete di trasmissione nazionale acquisisce i servizi di bilanciamento nel rispetto delle seguenti condizioni:

a) stabilisce procedure trasparenti, non discriminatorie e fondate su criteri di mercato;

b) assicura la partecipazione di tutte le imprese elettriche qualificate e di tutti i partecipanti al mercato dell'energia elettrica e dei servizi connessi, inclusi i partecipanti al mercato che offrono energia elettrica prodotta da fonti rinnovabili, i partecipanti al mercato attivi nella gestione della domanda, i gestori di impianti di stoccaggio dell'energia elettrica e i partecipanti al mercato coinvolti in un'aggregazione;

c) definisce, d'intesa con l'ARERA e previa approvazione di quest'ultima, nonché in stretta collaborazione con tutti i partecipanti al mercato dell'energia elettrica, i requisiti tecnici per la fornitura dei servizi di bilanciamento necessari (2).

2-*quater*. Il gestore della rete di trasmissione, previa approvazione da parte dell'ARERA, stabilisce, con una procedura trasparente e partecipativa che coinvolge gli utenti e i gestori del sistema di distribuzione dell'energia elettrica, le specifiche tecniche per i servizi ancillari non relativi alla frequenza e gli standard dei prodotti di mercato necessari per la fornitura di tali servizi. Le specifiche tecniche e gli standard così definiti assicurano la partecipazione effettiva e discriminatoria di tutti i partecipanti al mercato dell'energia elettrica, con le stesse garanzie di cui al comma 2-*ter*, lettera *b*), del presente articolo (2).

2-*quinquies*. Il gestore della rete di trasmissione nazionale scambia le informazioni necessarie e si coordina con i gestori del sistema di distribuzione, al fine di assicurare l'uso ottimale delle risorse, il funzionamento sicuro ed efficiente del sistema e lo sviluppo del mercato dell'energia elettrica. Il gestore della rete di trasmissione nazionale ha diritto ad essere adeguatamente remunerato per l'acquisizione di servizi che consentono di recuperare i corrispondenti costi, determinati in misura ragionevole, ivi comprese le spese necessarie per le tecnologie dell'informazione e della comunicazione e i costi dell'infrastruttura (2).

2-*sexies*. L'obbligo di approvvigionamento dei servizi ancillari ai sensi del comma 2-*quater* del presente articolo non si applica alle componenti di rete pienamente integrate (2).

2-*septies*. Il gestore della rete di trasmissione nazionale stabilisce e pubblica sul proprio sito web, in un'apposita sezione, procedure trasparenti ed efficienti per la connessione di nuovi impianti di generazione e di nuovi impianti di stoccaggio di energia elettrica, senza discriminazioni. Le procedure, prima di essere pubblicate, devono essere comunicate all'ARERA e da questa approvate (2).

2-*octies*. Il gestore della rete di trasmissione nazionale non ha il diritto di rifiutare la connessione di un nuovo impianto di generazione ovvero di stoccaggio di energia elettrica in ragione di eventuali future limitazioni della capacità di rete disponibile e di congestioni in punti distanti del sistema. La connessione di nuovi impianti di generazione o di stoccaggio non può essere rifiutata neppure per i costi supplementari derivanti dalla necessità di aumentare la capacità degli elementi del sistema posti nelle immediate vicinanze del punto di connessione. La capacità di connessione garantita può essere limitata e possono essere offerte connessioni soggette a limitazioni operative, onde assicurare l'efficienza economica dei nuovi impianti di generazione o di stoccaggio. Le limitazioni di cui al presente comma devono essere trasmesse all'ARERA, prima della pubblicazione, e devono essere da questa approvate (2).

3. L'Autorità per l'energia elettrica e il gas fissa le condizioni atte a garantire a tutti gli utenti della rete la libertà di accesso a parità di condizioni, l'imparzialità e la neutralità del servizio di trasmissione e dispacciamento. Nell'esercizio di tale competenza l'Autorità persegue l'obiettivo della più efficiente utilizzazione dell'energia elettrica prodotta o comunque immessa nel sistema elettrico nazionale, compatibilmente con i vincoli tecnici della rete. L'Autorità prevede, inoltre, l'obbligo di utilizzazione prioritaria dell'energia elettrica prodotta a mezzo di fonti energetiche rinnovabili e di quella prodotta mediante cogenerazione.

4. Entro il termine di trenta giorni dalla data di entrata in vigore del presente decreto l'ENEL S.p.a. costituisce una società per azioni cui conferisce, entro i successivi sessanta giorni, tutti i beni, eccettuata la proprietà delle reti, i rapporti giuridici inerenti all'attività del gestore stesso, compresa la quota parte dei debiti afferenti al patrimonio conferito, e il personale necessario per le attività di competenza. Con propri decreti il Ministro dell'industria, del commercio e dell'artigianato, sentita l'Autorità dell'energia elettrica ed il gas, entro i trenta giorni successivi alla data dei suddetti conferimenti, dispone gli eventuali, ulteriori conferimenti necessari all'attività del gestore e approva i conferimenti stessi. Lo stesso Ministro determina con proprio provvedimento la data in cui la società assume la titolarità e le funzioni di gestore della rete di trasmissione nazionale; dalla medesima data le azioni della suddetta società sono assegnate a titolo gratuito al Ministero del tesoro, del bilancio e della programmazione economica. I diritti dell'azionista sono esercitati d'intesa tra il Ministro del tesoro, del bilancio e della programmazione economica e il Ministro dell'industria, del commercio e dell'artigianato. Gli indirizzi strategici ed operativi del gestore sono definiti dal Ministero dell'industria, del commercio e dell'artigianato. Fino alla stessa data l'ENEL S.p.a. è responsabile del corretto funzionamento della rete di trasmissione nazionale e delle attività di dispacciamento nonché di quanto previsto dal comma 12.

5. Il gestore della rete è concessionario delle attività di trasmissione e dispacciamento; la concessione è disciplinata, entro centottanta giorni dalla data di entrata in vigore del presente decreto, con decreto del Ministro dell'industria, del commercio e dell'artigianato. Con analogo decreto, si provvede ad integrare o modificare la concessione rilasciata in tutti i casi di modifiche nell'assetto e nelle funzioni del gestore e, comunque, ove il Ministro delle attività produttive lo ritenga necessario, per la migliore funzionalità della concessione medesima all'esercizio delle attività riservate al gestore (3).

6. Il gestore, con proprie delibere, stabilisce le regole per il dispacciamento nel rispetto delle condizioni di cui al comma 3 e degli indirizzi di cui al comma 2 dell'art. 1. Sulla base di direttive emanate dall'Autorità

per l'energia elettrica e il gas entro novanta giorni dalla data di entrata in vigore del presente decreto, il gestore della rete di trasmissione nazionale adotta regole tecniche, di carattere obiettivo e non discriminatorio, in materia di progettazione e funzionamento degli impianti di generazione, delle reti di distribuzione, delle apparecchiature direttamente connesse, dei circuiti di interconnessione e delle linee dirette, al fine di garantire la più idonea connessione alla rete di trasmissione nazionale nonché la sicurezza e la connessione operativa tra le reti. L'Autorità per l'energia elettrica e il gas verifica la conformità delle regole tecniche adottate dal gestore alle direttive dalla stessa emanate e si pronuncia, sentito il gestore, entro novanta giorni; qualora la pronuncia non intervenga entro tale termine, le regole si intendono approvate. In nessun caso possono essere riconosciuti ai proprietari di porzioni della rete di trasmissione nazionale, o a coloro che ne abbiano la disponibilità, fatta eccezione per il gestore della rete di trasmissione nazionale in relazione alle attività di trasmissione e dispacciamento, diritti di esclusiva o di priorità o condizioni di maggior favore di alcun tipo nell'utilizzo della stessa. L'utilizzazione della rete di trasmissione nazionale per scopi estranei al servizio elettrico non può comunque comportare vincoli o restrizioni all'utilizzo della rete stessa per le finalità disciplinate dal presente decreto. Le regole tecniche di cui al presente comma sono pubblicate nella Gazzetta Ufficiale della Repubblica italiana e sono notificate alla Commissione delle Comunità europee a norma dell'art. 8 della direttiva 83/189/CEE del Consiglio del 28 marzo 1983 (4).

7. Entro novanta giorni dalla data di entrata in vigore del presente decreto, il Ministro dell'industria, del commercio e dell'artigianato, sentiti l'Autorità per l'energia elettrica e il gas e i soggetti interessati, determina con proprio decreto l'ambito della rete di trasmissione nazionale, comprensiva delle reti di tensione uguale o superiore a 220 kV e delle parti di rete, aventi tensioni comprese tra 120 e 220 kV, da individuare secondo criteri funzionali. Successivamente alla emanazione di tale decreto il gestore può affidare a terzi, previa autorizzazione del Ministro dell'industria, del commercio e dell'artigianato e sulla base di convenzioni approvate dall'Autorità per l'energia elettrica e il gas, la gestione di limitate porzioni della rete di trasmissione nazionale non direttamente funzionali alla stessa. Entro trenta giorni dalla emanazione del decreto di determinazione della rete di trasmissione nazionale i proprietari di tale rete, o coloro che ne hanno comunque la disponibilità, costituiscono una o più società di capitali alle quali, entro i successivi novanta giorni, sono trasferiti esclusivamente i beni e i rapporti, le attività e le passività, relativi alla trasmissione di energia elettrica. Il Ministro dell'industria, del commercio e dell'artigianato e il Ministro del tesoro, del bilancio e della programmazione economica possono promuovere l'aggregazione delle suddette società, anche in forme consortili, favorendo la partecipazione di tutti gli operatori del mercato.

8. Il gestore stipula convenzioni, anche con le società che dispongono delle reti di trasmissione, per disciplinare gli interventi di manutenzione e di sviluppo della rete e dei dispositivi di interconnessione con altre reti nel caso in cui non ne sia proprietario; altrimenti, il gestore risponde direttamente nei confronti del Ministero delle attività produttive della tempestiva esecuzione degli interventi di manutenzione e sviluppo della rete deliberati. Le suddette convenzioni, sono stipulate in conformità ad una convenzione tipo definita, entro centoventi giorni dall'entrata in vigore del presente decreto legislativo, con decreto del Ministro dell'industria, del commercio e dell'artigianato, su proposta dell'Autorità dell'energia elettrica e del gas, a norma della legge n. 481 del 1995, sentita la Conferenza unificata, istituita ai sensi del decreto legislativo 28 agosto 1997, n. 281 (5).

Tale convenzione tipo prevede:

a) la competenza del gestore ad assumere le decisioni in materia di manutenzione, gestione e sviluppo della rete;

b) un'adeguata remunerazione delle attività e degli investimenti, tenuto conto degli obblighi normativi a carico degli operatori;

c) le modalità di accertamento di disfunzioni ed inadempimenti e la determinazione delle conseguenti sanzioni, della possibilità di interventi sostitutivi e di eventuali indennizzi alle parti lese;

d) le modalità di coinvolgimento delle regioni interessate in ordine agli aspetti di localizzazione, razionalizzazione e sviluppo delle reti.

9. In caso di mancata stipula, entro centoventi giorni dall'emanazione del decreto di determinazione della rete di trasmissione nazionale di cui al comma 7, delle convenzioni con le società che dispongono delle reti di trasmissione, le stesse sono definite e rese efficaci entro i successivi sessanta giorni con decreto del Ministro dell'industria, del commercio e dell'artigianato, su proposta dell'Autorità per l'energia elettrica ed il gas. Fino alla assunzione della titolarità da parte del gestore di cui al comma 4, i soggetti proprietari delle reti restano responsabili della corretta manutenzione e funzionamento delle reti e dei dispositivi di loro proprietà; i costi relativi possono essere riconosciuti dal gestore della rete di trasmissione nazionale nell'ambito della relativa convenzione. Eventuali inadempienze o disservizi sono sanzionati dall'Autorità per l'energia elettrica ed il gas. L'Autorità per l'energia elettrica e il gas controlla che i rapporti oggetto delle convenzioni si svolgano nel rispetto delle disposizioni in esse contenute, potendo irrogare le sanzioni previste dall'art. 2, comma 20, lettera *c*), della legge 14 novembre 1995, n. 481, nel caso in cui le violazioni accertate pregiudichino l'accesso e l'uso a condizioni paritetiche della rete di trasmissione nazionale. Dei provvedimenti e delle iniziative adottate ai sensi del presente comma viene data preventiva comunicazione al Ministro dell'industria, del commercio e dell'artigianato.

10. Per l'accesso e l'uso della rete di trasmissione nazionale è dovuto al gestore un corrispettivo determinato indipendentemente dalla localizzazione geografica degli impianti di produzione e dei clienti finali, e comunque sulla base di criteri non discriminatori. La misura del corrispettivo è determinata dall'Autorità per l'energia elettrica e il gas entro novanta giorni dal-

l'entrata in vigore del presente decreto, considerando anche gli oneri connessi ai compiti previsti al comma 12 ed è tale da incentivare il gestore allo svolgimento delle attività di propria competenza secondo criteri di efficienza economica. Con lo stesso provvedimento l'Autorità disciplina anche il periodo transitorio fino all'assunzione della titolarità da parte del gestore di cui al comma 4.

11. Entro centottanta giorni dall'entrata in vigore del presente decreto legislativo, con uno o più decreti del Ministro dell'industria, del commercio e dell'artigianato, di concerto con il Ministro del tesoro, del bilancio e della programmazione economica, su proposta dell'Autorità per l'energia elettrica e il gas, sono altresì individuati gli oneri generali afferenti al sistema elettrico, ivi inclusi gli oneri concernenti le attività di ricerca e le attività di cui all'art. 13, comma 2, lettera *e*). L'Autorità per l'energia elettrica e il gas provvede al conseguente adeguamento del corrispettivo di cui al comma 10. [La quota parte del corrispettivo a copertura dei suddetti oneri a carico dei clienti finali, in particolare per le attività ad alto consumo di energia, è definita in misura decrescente in rapporto ai consumi maggiori.] (6)

12. Il Ministro dell'industria, del commercio e dell'artigianato, con proprio provvedimento ai sensi del comma 3 dell'art. 1, determina la cessione dei diritti e delle obbligazioni relative all'acquisto di energia elettrica, comunque prodotta da altri operatori nazionali, da parte dell'ENEL S.p.a. al gestore della rete di trasmissione nazionale. Il gestore ritira altresì l'energia elettrica di cui al comma 3 dell'art. 22 della legge 9 gennaio 1991, n. 9, offerta dai produttori a prezzi determinati dall'Autorità per l'energia elettrica e il gas in applicazione del criterio del costo evitato. Con apposite convenzioni, previa autorizzazione del Ministro dell'industria, del commercio e dell'artigianato sentita l'Autorità per l'energia elettrica e il gas, sono altresì ceduti al gestore, da parte dell'imprese produttrici-distributrici, l'energia elettrica ed i relativi diritti di cui al titolo IV, lettera B), del provvedimento CIP n. 6/1992; la durata di tali convenzioni è fissata in otto anni a partire dalla data di messa in esercizio degli impianti ed il prezzo corrisposto include anche il costo evitato.

13. Dalla data di entrata in funzione del sistema di dispacciamento di merito economico il gestore, restando garante del rispetto delle clausole contrattuali, cede l'energia acquisita ai sensi del comma 12 al mercato. Ai fini di assicurare la copertura dei costi sostenuti dal gestore, l'Autorità per l'energia elettrica e il gas include negli oneri di sistema la differenza tra i costi di acquisto del gestore e la somma dei ricavi derivanti dalla vendita dell'energia sul mercato e dalla vendita dei diritti di cui al comma 3 dell'art. 11.

14. L'autorizzazione alla realizzazione delle linee dirette è rilasciata dalle competenti amministrazioni, previo parere del gestore per le linee di tensione superiore a 120 kV. Il rifiuto dell'autorizzazione deve essere debitamente motivato (7)

15. Il Ministro dell'industria, del commercio e dell'artigianato, per gli adempimenti relativi all'attuazione del presente decreto, può avvalersi, con opportune soluzioni organizzative, del supporto tecnico del gestore. [Per assicurare la continuità operativa, l'incarico previsto all'art. 22, comma 2, della legge 9 gennaio 1991, n. 10, è rinnovabile due volte.] (8)

(1) *Comma modificato dapprima dall'art. 1-ter, comma 3, lett. a), d.l. 29 agosto 2003 n. 239, conv., con modif., in l. 27 ottobre 2003, n. 290 e, da ultimo, dall'art. 22, comma 2 d.lgs. 8 novembre 2021, n. 210, che ha aggiunto le parole da* « e impedisce » *a* « servizi connessi ».
(2) *Comma aggiunto dall'art. 22, comma 1 d.lgs. n. 210, cit.*
(3) *Comma modificato dall'art. 1-ter, comma 3, lett. b), d.l. n. 239, cit.*
(4) *Comma modificato dall'art. 1-ter, comma 3, lett. c), d.l. n. 239, cit.*
(5) *Comma modificato dall'art. 1-ter, comma 3, lett. d), d.l. n. 239, cit.*
(6) *Comma modificato dall'art. 39, comma 3, d.l. 22 giugno 2012, n. 83, conv., con modif., in l. 7 agosto 2012, n. 134.*
(7) *Comma modificato dall'art. 1-sexies, comma 9, d.l. n. 239, cit.*
(8) *Comma modificato dall'art. 1, comma 114, l. 23 agosto 2004, n. 239.*

4 Acquirente unico a garanzia dei clienti vincolati.

1. Entro sei mesi dalla data di entrata in vigore del presente decreto, il gestore della rete di trasmissione nazionale costituisce una società per azioni denominata "acquirente unico". La società stipula e gestisce contratti di fornitura al fine di garantire ai clienti vincolati la disponibilità della capacità produttiva di energia elettrica necessaria e la fornitura di energia elettrica in condizioni di continuità, sicurezza ed efficienza del servizio nonché di parità del trattamento, anche tariffario.

2. Entro sei mesi dalla data di entrata in vigore del presente decreto, il Ministro dell'industria, del commercio e dell'artigianato, sentiti il Ministro del commercio con l'estero e l'Autorità per l'energia elettrica e il gas, adotta gli indirizzi ai quali si attiene l'acquirente unico al fine di salvaguardare la sicurezza e l'economicità degli approvvigionamenti per i clienti vincolati nonché di garantire la diversificazione delle fonti energetiche, anche con la utilizzazione delle energie rinnovabili e dell'energia prodotta mediante cogenerazione.

3. (*Omissis*) (1).

4. L'acquirente unico, entro il trenta giugno di ogni anno, elabora la previsione della domanda da soddisfare nel triennio successivo, comprensiva della riserva a garanzia delle forniture, dandone comunicazione al gestore e al Ministero dell'industria, del commercio e dell'artigianato; a tal fine gli operatori sono tenuti a fornire i dati concernenti la propria attività. In assenza di osservazioni entro i successivi trenta giorni la previsione si intende definita.

5. Sulla base della previsione definita a norma del comma 4 e della propria stima per un ulteriore quinquennio, l'acquirente unico stipula i contratti di fornitura, anche di lungo termine, con procedure di acquisto trasparenti e non discriminatorie. Nell'effettuare detta stima, l'acquirente unico tiene conto dell'evoluzione del mercato a norma degli articoli 5 e 14 e delle misure di cui al comma 1 dell'articolo 9.

6. L'acquirente unico, sulla base di direttive dell'Autorità per l'energia elettrica e il gas, stipula contratti di vendita con i distributori elettrici a condizioni

non discriminatorie, anche al fine di consentire l'applicazione della tariffa unica ai clienti vincolati, nel contempo assicurando l'equilibrio del proprio bilancio.

7. Il Ministro dell'industria, del commercio e dell'artigianato, sentita l'Autorità dell'energia elettrica e il gas, può autorizzare il gestore a cedere quote azionarie della società a soggetti che, in forma singola o associata, rappresentino componenti significative delle attività di distribuzione dell'energia elettrica. Nessuno di questi ultimi soggetti può controllare, direttamente o indirettamente, quote superiori al dieci per cento del capitale sociale. Il gestore mantiene in ogni caso la maggioranza di detto capitale.

8. La data di assunzione da parte dell'acquirente unico della funzione di garante della fornitura dei clienti vincolati è stabilita dal Ministro dell'industria, del commercio e dell'artigianato con proprio provvedimento ai sensi del comma 3 dell'articolo 1. Fino a tale data, l'ENEL S.p.a. assicura la fornitura ai distributori sulla base dei vigenti contratti e modalità.

9. La misura del corrispettivo per le attività svolte dall'acquirente unico è determinata dall'Autorità per l'energia elettrica e il gas ed è tale da incentivare la stessa società allo svolgimento delle attività di propria competenza secondo criteri di efficienza economica.

(1) *Comma abrogato dall'art. unico della l. 23 agosto 2004, n. 239.*

5 Funzioni di gestore del mercato (1).

1. La gestione economica del mercato elettrico è affidata ad un gestore del mercato. Il gestore del mercato è una società per azioni, costituita dal gestore della rete di trasmissione nazionale entro nove mesi dalla data di entrata in vigore del presente decreto. Esso organizza il mercato stesso secondo criteri di neutralità, trasparenza, obiettività, nonché di concorrenza tra produttori, assicurando altresì la gestione economica di un'adeguata disponibilità della riserva di potenza. La disciplina del mercato, predisposta dal gestore del mercato entro un anno dalla data della propria costituzione, è approvata con decreto del Ministro dell'industria, del commercio e dell'artigianato, sentita l'Autorità per l'energia elettrica e il gas. Essa, in particolare, prevede, nel rispetto dei predetti criteri, i compiti del gestore del mercato in ordine al bilanciamento della domanda e dell'offerta e gli obblighi di produttori e importatori di energia elettrica che non si avvalgono di quanto disposto dall'articolo 6 (2).

2. Dalla data di entrata in vigore del presente decreto si applica il dispacciamento passante. Entro il 1° gennaio 2001 l'ordine di entrata in funzione delle unità di produzione di energia elettrica nonché la selezione degli impianti di riserva e di tutti i servizi ausiliari offerti è determinato, salvo quanto previsto dall'articolo 11, secondo il dispacciamento di merito economico. Dalla data in cui questo viene applicato, il gestore del mercato assume la gestione delle offerte di acquisto e di vendita dell'energia elettrica e di tutti i servizi connessi (3).

3. L'Autorità per l'energia elettrica e il gas è competente, ai sensi dell'articolo 20, comma 4, della direttiva 96/92/CE, anche per le controversie in materia di accesso alle reti di interconnessione e di contratti d'importazione ed esportazione.

(1) *Ai sensi del d.m. 20 aprile 2005, la data di entrata a regime del mercato elettrico di cui al presente articolo ai soli fini del decreto legislativo 29 dicembre 2003, n. 387 è fissata al 30 giugno 2005.*

(2) *Vedi, anche, l'art. unico d.l. 23 agosto 2004, n. 239, conv., con modif., in l. 27 ottobre 2003, n. 290.*

(3) *Comma modificato dall'art. 1-quinquies d.l. n. 239, cit.*

6 Contrattazione bilaterale.

1. Con determinazione dell'Autorità per l'energia elettrica e il gas, da adottarsi entro sessanta giorni dalla data di entrata in vigore del presente decreto, sono stabilite, con riferimento ai contratti con i clienti idonei, le clausole negoziali e le regolamentazioni tecniche indispensabili al corretto funzionamento dell'intero sistema elettrico, da inserire nei contratti stessi (1).

2. Il Gestore della rete di trasmissione nazionale può modificare i profili di immissione e di prelievo dei contratti bilaterali per motivi di incompatibilità delle clausole contrattuali con quanto disposto dall'articolo 3, commi 1, 2 e 3, del presente decreto, e comunque quando tali contratti pregiudichino gravemente la sicurezza e l'efficienza del servizio elettrico. A tale scopo il Gestore della rete di trasmissione nazionale definisce, in relazione ai contratti bilaterali, i dati tecnici che devono essere trasmessi al medesimo Gestore al fine di garantire la gestione in sicurezza del sistema elettrico (2).

3. L'Autorità per l'energia elettrica e il gas, sentito il gestore della rete, determina, sulla base di criteri oggettivi, trasparenti e non discriminatori, che tengano conto anche dei conseguenti vincoli di rete e di mercato, uno specifico corrispettivo, aggiuntivo a quello di cui all'articolo 3, comma 10, che i produttori, i venditori e i fornitori di servizi sono tenuti a versare al gestore della rete medesimo ovvero ai distributori interessati, in misura proporzionale ai vincoli imposti alle reti di rispettiva competenza. Detto corrispettivo, dovrà essere corrisposto dal momento in cui viene applicato il dispacciamento di merito economico di cui all'articolo 5, comma 2 (3).

4. Fino all'attuazione del dispacciamento di merito economico, l'Autorità per l'energia elettrica ed il gas vigila sul corretto comportamento degli operatori del mercato ed in particolare adotta idonei rimedi, anche sanzionatori, in caso di accordi in contrasto con le disposizioni di cui al comma 1.

(1) *Comma modificato dall'art. 1 quinquies, comma 8, lett.* b)*, d.l. 29 agosto 2003, n. 239, conv., con modif., in l. 27 ottobre 2003, n. 290.*

(2) *Comma sostituito dall'art. 1 quinquies, comma 8, lett.* c)*, d.l. n. 239, cit.*

(3) *Comma modificato dall'art. 1-quinquies, comma 8, lett.* d)*, d.l. n. 239, cit. V. inoltre l'art. 35, l. 12 dicembre 2002, n. 273 ai sensi del quale « 1. Fatta salva la capacità impegnata per i contratti esistenti nonché per l'importazione dell'energia elettrica destinata al mercato vincolato, al fine di garantire la sicurezza del sistema elettrico nazionale, in presenza di capacità di trasporto disponibile insufficiente rispetto alla domanda, hanno diritto ad un'assegnazione prioritaria della medesima capacità, sulla base di bande di capacità di dimensione non inferiore a 10 MW, i clienti idonei direttamente connessi alla rete di trasmissione nazionale nonché i clienti idonei dotati, in ogni singolo sito, di apparecchiature di distacco del carico conformi alle specifiche tecniche definite dal gestore della rete di trasmissione nazionale, che siano in grado di assicurare il servizio di interrompibilità istantanea del carico per la potenza richiesta, ovvero i clienti idonei o finali ed i consorzi di clienti finali in grado di assicurare il completo utilizzo della capacità assegnata, sulla base anche*

di contratti pluriennali di fornitura, per almeno l'80 per cento delle ore annue. Il Ministro delle attività produttive definisce con propri provvedimenti le quote di capacità riservate per le assegnazioni prioritarie di cui al presente comma.

2. I contratti di fornitura stipulati dai clienti idonei aventi i requisiti indicati al comma 1 non sono soggetti all'autorizzazione prevista dall'articolo 6, comma 2, del decreto legislativo 16 marzo 1999, n. 79, e ad essi non si applica quanto previsto all'articolo 6, comma 3, del medesimo decreto ».

7 Piccole reti isolate.

1. Con regolamento del Ministro dell'industria, del commercio e dell'artigianato, adottato entro il 30 settembre 1999 su proposta dell'Autorità per l'energia elettrica e il gas ai sensi dell'articolo 17, comma 2, della legge 23 agosto 1988, n. 400, sentita la Conferenza unificata, istituita ai sensi del decreto legislativo 28 agosto 1997, n. 281, sono dettate le disposizioni relative al funzionamento delle piccole reti isolate. Il regolamento si attiene ai seguenti criteri ed obiettivi:

a) sicurezza, efficienza ed economicità del servizio;

b) sviluppo, ove possibile, dell'interconnessione con la rete di trasmissione nazionale;

c) (1) utilizzo prioritario delle fonti rinnovabili.

(1) *Così corretto in Gazz. Uff., 30 aprile 1999, n. 100.*

8 Attività di produzione.

1. A decorrere dal 1° gennaio 2003 a nessun soggetto è consentito produrre o importare, direttamente o indirettamente, più del 50 per cento del totale dell'energia elettrica prodotta e importata in Italia. Nel caso tale soglia, calcolata come media su base triennale, sia superata, l'Autorità garante della concorrenza e del mercato adotta i provvedimenti di cui all'articolo 15 della legge 10 ottobre 1990, n. 287. A tale scopo, entro la stessa data l'ENEL S.p.a. cede non meno di 15.000 MW della propria capacità produttiva. A tal fine l'ENEL S.p.a. predispone entro centoventi giorni dall'entrata in vigore del presente decreto un piano per le cessioni degli impianti; l'approvazione del suddetto piano, nonché la scelta delle modalità di alienazione sono determinate con decreto del Presidente del Consiglio dei Ministri, su proposta del Ministro del tesoro, del bilancio e della programmazione economica, di concerto con il Ministro dell'industria, del commercio e dell'artigianato. Il piano per le cessioni degli impianti deve consentire sia adeguate condizioni di mercato sia la necessaria attenzione alla presenza di piani industriali, al mantenimento della produzione nei siti e alle ricadute occupazionali e deve tener conto delle esigenze relative alle attività di sviluppo, di innovazione, di ricerca e di internazionalizzazione dell'ENEL S.p.a.

2. Ove il termine del 1° gennaio 2003 di cui al comma 1 non sia compatibile, per le condizioni del mercato, con il rispetto degli obblighi nello stesso comma previsti, l'Autorità garante della concorrenza e del mercato con proprio provvedimento, sentita l'Autorità per l'energia elettrica e il gas, può disporre, su richiesta del soggetto interessato, una proroga non superiore a un anno.

3. Fermi restando quanto previsto dal decreto legislativo 31 marzo 1998, n. 112, nonché la disciplina relativa alla valutazione di impatto ambientale, entro un anno dalla data di entrata in vigore del presente decreto sono emanati, ai sensi dell'articolo 17, comma 2, della legge 23 agosto 1988, n. 400, uno o più regolamenti per disciplinare l'autorizzazione alla costruzione e all'esercizio di nuovi impianti di produzione dell'energia elettrica o la modifica o il ripotenziamento di impianti esistenti, alimentati da fonti convenzionali.

4. I regolamenti si conformano ai seguenti principi:

a) i progetti sono autorizzati mediante lo svolgimento di una procedura unificata e semplificata, riferita a ciascuna categoria di impianto nonché mediante il rilascio, in tempi determinati, di un unico provvedimento riguardante sia l'impianto principale che le opere connesse e le infrastrutture indispensabili al suo esercizio;

b) i progetti di modifica o ripotenziamento sono valutati sotto il profilo urbanistico solo in caso di occupazione di aree esterne a quelle di pertinenza dell'impianto esistente.

5. Il diniego di autorizzazione, fondato in ogni caso su motivi obiettivi e non discriminatori, è comunicato, con la relativa motivazione, al richiedente. Del provvedimento è data informazione alla Commissione delle Comunità europee.

6. Sino alla data di entrata in vigore dei regolamenti di cui al comma 3 si applicano le norme e le procedure attualmente vigenti.

9 L'attività di distribuzione.

1. Le imprese distributrici hanno l'obbligo di connettere alle proprie reti tutti i soggetti che ne facciano richiesta, senza compromettere la continuità del servizio e purché siano rispettate le regole tecniche nonché le deliberazioni emanate dall'Autorità per l'energia elettrica e il gas in materia di tariffe, contributi ed oneri. Le imprese distributrici operanti alla data di entrata in vigore del presente decreto, ivi comprese, per la quota diversa dai propri soci, le società cooperative di produzione e distribuzione di cui all'articolo 4, numero 8, della legge 6 dicembre 1962, n. 1643, continuano a svolgere il servizio di distribuzione sulla base di concessioni rilasciate entro il 31 marzo 2001 dal Ministro dell'industria, del commercio e dell'artigianato e aventi scadenza il 31 dicembre 2030. Con gli stessi provvedimenti sono individuati i responsabili della gestione, della manutenzione e, se necessario, dello sviluppo delle reti di distribuzione e dei relativi dispositivi di interconnessione, che devono mantenere il segreto sulle informazioni commerciali riservate; le concessioni prevedono, tra l'altro, misure di incremento dell'efficienza energetica degli usi finali di energia secondo obiettivi quantitativi determinati con decreto del Ministro dell'industria, del commercio e dell'artigianato di concerto con il Ministro dell'ambiente entro novanta giorni dalla data di entrata in vigore del presente decreto.

2. Con regolamento del Ministro dell'industria, del commercio e dell'artigianato, adottato ai sensi dell'articolo 17, comma 3, della legge 23 agosto 1988, n. 400, sentite la Conferenza unificata, istituita ai sensi del decreto legislativo 28 agosto 1997, n. 281 e l'Auto-

rità dell'energia elettrica e il gas, sono stabiliti le modalità, le condizioni e i criteri, ivi inclusa la remunerazione degli investimenti realizzati dal precedente concessionario, per le nuove concessioni da rilasciare alla scadenza del 31 dicembre 2030, previa delimitazione dell'ambito, comunque non inferiore al territorio comunale e non superiore a un quarto di tutti i clienti finali. Detto servizio è affidato sulla base di gare da indire, nel rispetto della normativa nazionale e comunitaria in materia di appalti pubblici, non oltre il quinquennio precedente la medesima scadenza.

3. Al fine di razionalizzare la distribuzione dell'energia elettrica, è rilasciata una sola concessione di distribuzione per ambito comunale. Nei comuni ove, alla data di entrata in vigore del presente decreto, sono operanti più distributori, questi ultimi, attraverso le normali regole di mercato, adottano le opportune iniziative per la loro aggregazione e sottopongono per approvazione le relative proposte al Ministro dell'industria, del commercio e dell'artigianato entro il 31 marzo 2000; ove lo stesso Ministro non si esprima entro il termine di sessanta giorni le stesse proposte si intendono approvate. Il medesimo Ministro ed il Ministro del tesoro, del bilancio e della programmazione economica promuovono la predetta aggregazione, anche attraverso specifici accordi di programma.

4. Per la finalità di cui al comma 3 ed ai fini del mantenimento del pluralismo nell'offerta di servizi e del rafforzamento di soggetti imprenditoriali anche nella prospettiva dell'estensione del mercato della distribuzione, in assenza della proposta di cui al predetto comma 3 ovvero nel caso che essa sia motivatamente respinta dal Ministro dell'industria, del commercio e dell'artigianato, le società di distribuzione partecipate dagli enti locali possono chiedere all'ENEL S.p.a. la cessione dei rami d'azienda dedicati all'esercizio dell'attività di distribuzione nei comuni nei quali le predette società servono almeno il venti per cento delle utenze. Ai fini della suddetta cessione, che avviene entro il 31 marzo 2001, la consistenza dei beni, il loro valore e le unità di personale da trasferire sono determinati d'accordo tra le parti; in mancanza di accordo entro il 30 settembre 2000, si provvede alle relative determinazioni attraverso tre qualificati soggetti terzi di cui due indicati rispettivamente da ciascuna delle parti, che ne sopportano i relativi oneri, ed il terzo, i cui oneri sono a carico della parte che chiede la cessione, dal Presidente del tribunale territorialmente competente, che operano secondo sperimentate metodologie finanziarie che tengano conto dei valori di mercato. Salvo diverso accordo tra le parti la cessione avviene sulla base delle suddette determinazioni.

5. Allo stesso fine di cui al comma 3 relativamente ad ambiti territoriali contigui, entro un anno dalla data di entrata in vigore del presente decreto, le società degli enti locali aventi non meno di 100.000 clienti finali possono richiedere al Ministro dell'industria, del commercio e dell'artigianato di avvalersi delle procedure di cui al medesimo comma 3. Il Ministro dell'industria, del commercio e dell'artigianato si esprime motivatamente entro il termine di sessanta giorni dalla data di ricevimento della richiesta; ove il Ministro non si esprima entro tale termine, la richiesta si intende accolta. Le predette società sono in ogni caso ammesse alle procedure di cui al comma 3 qualora abbiano un numero di clienti finali non inferiore a un quarto del totale dei clienti finali compresi nel bacino territoriale oggetto della richiesta (1).

6. L'Autorità per l'energia elettrica e il gas stabilisce i criteri e i parametri economici per la determinazione del canone annuo da corrispondere agli eventuali proprietari di reti di distribuzione ai quali non sia assegnata la relativa concessione. Il Ministro dell'industria, del commercio e dell'artigianato può ripartire o modificare la concessione rilasciata, previo consenso del concessionario.

7. I soggetti titolari di concessioni di distribuzione possono costituire una o più società per azioni, di cui mantengono il controllo e a cui trasferiscono i beni e i rapporti in essere, le attività e le passività relativi alla distribuzione di energia elettrica e alla vendita ai clienti vincolati. L'Autorità per l'energia elettrica e il gas provvede ad emanare i criteri per le opportune modalità di separazione gestionale e amministrativa delle attività esercitate dalle predette società (2).

(1) *Comma modificato dall'art. 10, comma 3, l. 5 marzo 2001, n. 57.*
(2) *Comma sostituito dall'art. unico, comma 45, l. 23 agosto 2004, n. 239.*

10 Attività di importazione ed esportazione.

1. Entro sei mesi dalla data di entrata in vigore del presente decreto, e successivamente con frequenza almeno biennale, il gestore individua le linee elettriche della rete di trasmissione nazionale interconnesse con i sistemi elettrici di altri Stati, distinguendo quelli dell'Unione europea; comunica altresì al Ministero dell'industria, del commercio e dell'artigianato e all'Autorità per l'energia elettrica e il gas le rispettive capacità utilizzate per l'importazione e l'esportazione di energia elettrica nonché quelle disponibili per nuovi impegni contrattuali, riferite a un periodo non inferiore ai dieci anni, tenuto anche conto dei margini di sicurezza per il funzionamento della rete.

2. Con provvedimento del Ministro delle attività produttive e sentito il parere dell'Autorità per l'energia elettrica e il gas sono individuati modalità e condizioni delle importazioni nel caso che risultino insufficienti le capacità di trasporto disponibili, tenuto conto di una equa ripartizione complessiva tra mercato vincolato e mercato libero. Nel medesimo provvedimento sono stabilite le modalità e le procedure per consentire al gestore, sulla base degli indirizzi di cui al comma 2 dell'articolo 1, di rifiutare l'accesso alla rete per l'energia elettrica importata a beneficio di un cliente idoneo nel caso in cui nel Paese di produzione non sia riconosciuta la stessa qualifica alla stessa tipologia di clienti (1).

3. Con provvedimento dell'Autorità per l'energia elettrica e il gas sono emanate norme sulla compatibilità ambientale ed economica dell'energia elettrica importata da Paesi non appartenenti all'Unione europea tenuto conto delle condizioni di reciprocità.

(1) *Comma modificato dall'art. 1 quinquies, comma 5, d.l. 29 agosto 2003, n. 239, conv., con modif., in l. 27 ottobre 2003, n. 290.*

11 Energia elettrica da fonti rinnovabili.

[1. Al fine di incentivare l'uso delle energie rinnovabili, il risparmio energetico, la riduzione delle emissioni di anidride carbonica e l'utilizzo delle risorse energetiche nazionali, a decorrere dall'anno 2001 gli importatori e i soggetti responsabili degli impianti che, in ciascun anno, importano o producono energia elettrica da fonti non rinnovabili hanno l'obbligo di immettere nel sistema elettrico nazionale, nell'anno successivo, una quota prodotta da impianti da fonti rinnovabili entrati in esercizio o ripotenziati, limitatamente alla producibilità aggiuntiva, in data successiva a quella di entrata in vigore del presente decreto] (1).

[2. L'obbligo di cui al comma 1 si applica alle importazioni e alle produzioni di energia elettrica, al netto della cogenerazione, degli autoconsumi di centrale e delle esportazioni, eccedenti i 100 GWh, nonché al netto dell'energia elettrica prodotta da impianti di gassificazione che utilizzino anche carbone di origine nazionale, l'uso della quale fonte è altresì esentato dall'imposta di consumo e dall'accisa di cui all'articolo 8 della legge 23 dicembre 1998, n. 448; la quota di cui al comma 1 è inizialmente stabilita nel due per cento della suddetta energia eccedente i 100 GWh] (2) (1).

[3. Gli stessi soggetti possono adempiere al suddetto obbligo anche acquistando, in tutto o in parte, l'equivalente quota o i relativi diritti da altri produttori, purché immettano l'energia da fonti rinnovabili nel sistema elettrico nazionale, o dal gestore della rete di trasmissione nazionale. I diritti relativi agli impianti di cui all'articolo 3, comma 7, della legge 14 novembre 1995, n. 481 sono attribuiti al gestore della rete di trasmissione nazionale. Il gestore della rete di trasmissione nazionale, al fine di compensare le fluttuazioni produttive annuali o l'offerta insufficiente, può acquistare e vendere diritti di produzione da fonti rinnovabili, prescindendo dalla effettiva disponibilità, con l'obbligo di compensare su base triennale le eventuali emissioni di diritti in assenza di disponibilità] (1).

4. Il gestore della rete di trasmissione nazionale assicura la precedenza all'energia elettrica prodotta da impianti che utilizzano, nell'ordine, fonti energetiche rinnovabili, energia nucleare prodotta sul territorio nazionale, sistemi di cogenerazione, sulla base di specifici criteri definiti dall'Autorità per l'energia elettrica e il gas, e fonti nazionali di energia combustibile primaria, queste ultime per una quota massima annuale non superiore al quindici per cento di tutta l'energia primaria necessaria per generare l'energia elettrica consumata (3).

[5. Con decreto del Ministro dell'industria, del commercio e dell'artigianato, di concerto con il Ministro dell'ambiente, sono adottate le direttive per l'attuazione di quanto disposto dai commi 1, 2 e 3, nonché gli incrementi della percentuale di cui al comma 2 per gli anni successivi al 2002, tenendo conto delle variazioni connesse al rispetto delle norme volte al contenimento delle emissioni di gas inquinanti, con particolare riferimento agli impegni internazionali previsti dal protocollo di Kyoto] (1).

6. Al fine di promuovere l'uso delle diverse tipologie di fonti rinnovabili, con deliberazione del CIPE, adottata su proposta del Ministro dell'industria, del commercio e dell'artigianato, sentita la Conferenza unificata, istituita ai sensi del decreto legislativo 28 agosto 1997, n. 281, sono determinati per ciascuna fonte gli obiettivi pluriennali ed è effettuata la ripartizione tra le regioni e le province autonome delle risorse da destinare all'incentivazione. Le regioni e le province autonome, anche con proprie risorse, favoriscono il coinvolgimento delle comunità locali nelle iniziative e provvedono, attraverso procedure di gara, all'incentivazione delle fonti rinnovabili] (1).

(1) *Comma abrogato, con effetto a decorrere dal 1° gennaio 2016, dall'art. 25, comma 11, lett. c), n. 1), d.lgs. n. 28, cit.*

(2) *Comma modificato dall'art. 28, comma 11, l. 23 dicembre 2000, n. 388.*

(3) *Comma modificato dall'art. 25, comma 4, l. 23 luglio 2009, n. 99.*

12 Concessioni idroelettriche.

1. Alla scadenza delle concessioni di grandi derivazioni idroelettriche e nei casi di decadenza o rinuncia, le opere di cui all'articolo 25, primo comma, del testo unico di cui al regio decreto 11 dicembre 1933, n. 1775, passano, senza compenso, in proprietà delle regioni, in stato di regolare funzionamento. In caso di esecuzione da parte del concessionario, a proprie spese e nel periodo di validità della concessione, di investimenti sui beni di cui al primo periodo, purché previsti dall'atto di concessione o comunque autorizzati dal concedente, alla riassegnazione della concessione secondo le procedure di cui ai commi seguenti, è riconosciuto al concessionario uscente, per la parte di bene non ammortizzato, un indennizzo pari al valore non ammortizzato, fermo restando quanto previsto dall'articolo 26 del testo unico di cui al regio decreto n. 1775 del 1933. Per i beni diversi da quelli previsti dai periodi precedenti si applica la disciplina stabilita dall'articolo 25, commi secondo e seguenti, del testo unico di cui al regio decreto n. 1775 del 1933, con corresponsione del prezzo da quantificare al netto dei beni ammortizzati, sulla base del comma 1-*ter* del presente articolo, intendendosi sostituiti gli organi statali ivi indicati con i corrispondenti organi della regione (1).

1-*bis*. Le regioni, ove non ritengano sussistere un prevalente interesse pubblico ad un diverso uso delle acque, incompatibile con il mantenimento dell'uso a fine idroelettrico, possono assegnare le concessioni di grandi derivazioni idroelettriche, previa verifica dei requisiti di capacità tecnica, finanziaria e organizzativa di cui al comma 1-*ter*, lettera *d*):

a) ad operatori economici individuati attraverso l'espletamento di gare con procedure ad evidenza pubblica;

b) a società a capitale misto pubblico privato nelle quali il socio privato è scelto attraverso l'espletamento di gare con procedure ad evidenza pubblica;

c) mediante forme di partenariato ai sensi degli articoli 179 e seguenti del codice di cui al decreto legislativo 18 aprile 2016, n. 50. L'affidamento a società partecipate deve comunque avvenire nel rispetto delle disposizioni del testo unico di cui al decreto legislativo 19 agosto 2016, n. 175 (2).

1-*ter*. Nel rispetto dell'ordinamento dell'Unione europea e degli accordi internazionali, nonché dei principi fondamentali dell'ordinamento statale e delle disposizioni di cui al presente articolo, le regioni disciplinano con legge, entro un anno dalla data di entrata in vigore della presente disposizione e comunque non oltre il 31 marzo 2020, le modalità e le procedure di assegnazione delle concessioni di grandi derivazioni d'acqua a scopo idroelettrico, stabilendo in particolare:

a) le modalità per lo svolgimento delle procedure di assegnazione di cui al comma 1-*bis*;

b) i termini di avvio delle procedure di cui al comma 1-*bis*;

c) i criteri di ammissione e di assegnazione;

d) la previsione che l'eventuale indennizzo è posto a carico del concessionario subentrante;

e) i requisiti di capacità finanziaria, organizzativa e tecnica adeguata all'oggetto della concessione richiesti ai partecipanti e i criteri di valutazione delle proposte progettuali, prevedendo quali requisiti minimi:

1) ai fini della dimostrazione di adeguata capacità organizzativa e tecnica, l'attestazione di avvenuta gestione, per un periodo di almeno cinque anni, di impianti idroelettrici aventi una potenza nominale media pari ad almeno 3 MW;

2) ai fini della dimostrazione di adeguata capacità finanziaria, la referenza di due istituti di credito o società di servizi iscritti nell'elenco generale degli intermediari finanziari che attestino che il partecipante ha la possibilità di accedere al credito per un importo almeno pari a quello del progetto proposto nella procedura di assegnazione, ivi comprese le somme da corrispondere per i beni di cui alla lettera *n*);

f) i termini di durata delle nuove concessioni, comprese tra venti anni e quaranta anni; il termine massimo può essere incrementato fino ad un massimo di dieci anni, in relazione alla complessità della proposta progettuale presentata e all'importo dell'investimento;

g) gli obblighi o le limitazioni gestionali, subordinatamente ai quali sono ammissibili i progetti di sfruttamento e utilizzo delle opere e delle acque, compresa la possibilità di utilizzare l'acqua invasata per scopi idroelettrici per fronteggiare situazioni di crisi idrica o per la laminazione delle piene;

h) i miglioramenti minimi in termini energetici, di potenza di generazione e di producibilità da raggiungere nel complesso delle opere di derivazione, adduzione, regolazione e condotta dell'acqua e degli impianti di generazione, trasformazione e connessione elettrica con riferimento agli obiettivi strategici nazionali in materia di sicurezza energetica e fonti energetiche rinnovabili, compresa la possibilità di dotare le infrastrutture di accumulo idrico per favorire l'integrazione delle stesse energie rinnovabili nel mercato dell'energia e nel rispetto di quanto previsto dal codice di trasmissione, dispacciamento, sviluppo e sicurezza della rete elettrica di cui all'articolo 1, comma 4, del decreto del Presidente del Consiglio dei ministri 11 maggio 2004, pubblicato nella Gazzetta Ufficiale n. 115 del 18 maggio 2004, e dai suoi aggiornamenti;

i) i livelli minimi in termini di miglioramento e risanamento ambientale del bacino idrografico di pertinenza, in coerenza con gli strumenti di pianificazione a scala di distretto idrografico in attuazione della direttiva 2000/60/CE del Parlamento europeo e del Consiglio, del 23 ottobre 2000, determinando obbligatoriamente una quota degli introiti derivanti dall'assegnazione, da destinare al finanziamento delle misure dei piani di gestione distrettuali o dei piani di tutela finalizzate alla tutela e al ripristino ambientale dei corpi idrici interessati dalla derivazione;

l) le misure di compensazione ambientale e territoriale, anche a carattere finanziario, da destinare ai territori dei comuni interessati dalla presenza delle opere e della derivazione compresi tra i punti di presa e di restituzione delle acque garantendo l'equilibrio economico finanziario del progetto di concessione;

m) le modalità di valutazione, da parte dell'amministrazione competente, dei progetti presentati in esito alle procedure di assegnazione, che avviene nell'ambito di un procedimento unico ai fini della selezione delle proposte progettuali presentate, che tiene luogo della verifica o valutazione di impatto ambientale, della valutazione di incidenza nei confronti dei siti di importanza comunitaria interessati e dell'autorizzazione paesaggistica, nonché di ogni altro atto di assenso, concessione, permesso, licenza o autorizzazione, comunque denominato, previsto dalla normativa statale, regionale o locale; a tal fine, alla valutazione delle proposte progettuali partecipano, ove necessario, il Ministero dell'ambiente e della tutela del territorio e del mare, il Ministero dello sviluppo economico, il Ministero per i beni e le attività culturali e gli enti gestori delle aree naturali protette di cui alla legge 6 dicembre 1991, n. 394; per gli aspetti connessi alla sicurezza degli invasi di cui al decreto-legge 8 agosto 1994, n. 507, convertito, con modificazioni, dalla legge 21 ottobre 1994, n. 584, e all'articolo 6, comma 4-*bis*, della legge 1° agosto 2002, n. 166, al procedimento valutativo partecipa il Ministero delle infrastrutture e dei trasporti;

n) l'utilizzo dei beni di cui all'articolo 25, secondo comma, del testo unico di cui al regio decreto n. 1775 del 1933, nel rispetto del codice civile, secondo i seguenti criteri:

1) per i beni mobili di cui si prevede l'utilizzo nel progetto di concessione, l'assegnatario corrisponde agli aventi diritto, all'atto del subentro, un prezzo, in termini di valore residuo, determinato sulla base dei dati reperibili dagli atti contabili o mediante perizia asseverata; in caso di mancata previsione di utilizzo nel progetto di concessione, per tali beni si procede alla rimozione e allo smaltimento secondo le norme vigenti a cura ed onere del proponente;

2) per i beni immobili dei quali il progetto proposto prevede l'utilizzo, l'assegnatario corrisponde agli aventi diritto, all'atto del subentro, un prezzo il cui valore è determinato sulla base dei dati reperibili dagli atti contabili o mediante perizia asseverata sulla base di attività negoziale tra le parti;

3) i beni immobili dei quali il progetto proposto non prevede l'utilizzo restano di proprietà degli aventi diritto;

o) la previsione, nel rispetto dei principi dell'Unione europea, di specifiche clausole sociali volte a promuovere la stabilità occupazionale del personale impiegato;

p) le specifiche modalità procedimentali da seguire in caso di grandi derivazioni idroelettriche che interessano il territorio di due o più regioni, in termini di gestione delle derivazioni, vincoli amministrativi e ripartizione dei canoni, da definire d'intesa tra le regioni interessate; le funzioni amministrative per l'assegnazione della concessione sono di competenza della regione sul cui territorio insiste la maggior portata di derivazione d'acqua in concessione (3) (4).

1-*quater*. Le procedure di assegnazione delle concessioni di grandi derivazioni idroelettriche sono avviate entro due anni dalla data di entrata in vigore della legge regionale di cui al comma 1-*ter*. Con decreto del Ministro dello sviluppo economico, di concerto con il Ministro dell'ambiente e della tutela del territorio e del mare e con il Ministro delle infrastrutture e dei trasporti, previa intesa con la Conferenza unificata di cui all'articolo 8 del decreto legislativo 28 agosto 1997, n. 281, da adottare entro il 31 dicembre 2021 (5), sono individuate le modalità e le procedure di assegnazione applicabili nell'ipotesi di mancato rispetto del termine di avvio, da parte della regione interessata, delle procedure di cui al primo periodo; il Ministero delle infrastrutture e dei trasporti, in applicazione dell'articolo 8 della legge 5 giugno 2003, n. 131, procede in via sostitutiva, sulla base della predetta disciplina, all'assegnazione delle concessioni, prevedendo che il 10 per cento dell'importo dei canoni concessori, in deroga all'articolo 89, comma 1, lettera *i*), del decreto legislativo 31 marzo 1998, n. 112, resti acquisita al patrimonio statale. Restano in ogni caso ferme le competenze statali di cui al decreto-legge 8 agosto 1994, n. 507, convertito, con modificazioni, dalla legge 21 ottobre 1994, n. 584, e di cui alla legge 1° agosto 2002, n. 166 (3).

1-*quinquies*. I concessionari di grandi derivazioni idroelettriche corrispondono semestralmente alle regioni un canone, determinato con legge regionale, sentita l'Autorità di regolazione per energia, reti e ambiente (ARERA), articolato in una componente fissa, legata alla potenza nominale media di concessione, e in una componente variabile, calcolata come percentuale dei ricavi normalizzati, sulla base del rapporto tra la produzione dell'impianto, al netto dell'energia fornita alla regione ai sensi del presente comma, ed il prezzo zonale dell'energia elettrica. Il compenso unitario di cui al precedente periodo varia proporzionalmente alle variazioni, non inferiori al 5 per cento, dell'indice ISTAT relativo al prezzo industriale per la produzione, il trasporto e la distribuzione dell'energia elettrica. Il canone così determinato è destinato per almeno il 60 per cento alle province e alle città metropolitane il cui territorio è interessato dalle derivazioni. Nelle concessioni di grandi derivazioni a scopo idroelettrico, le regioni possono disporre con legge l'obbligo per i concessionari di fornire annualmente e gratuitamente alle stesse regioni 220 kWh per ogni kW di potenza nominale media di concessione, per almeno il 50 per cento destinata a servizi pubblici e categorie di utenti dei territori provinciali interessati dalle derivazioni (3).

1-*sexies*. Per le concessioni di grandi derivazioni idroelettriche che prevedono un termine di scadenza anteriore al 31 dicembre 2023 (6), ivi incluse quelle già scadute, le regioni che non abbiano già provveduto disciplinano con legge, entro un anno dalla data di entrata in vigore della presente disposizione e comunque non oltre il 31 marzo 2020 (7), le modalità, le condizioni, la quantificazione dei corrispettivi aggiuntivi e gli eventuali altri oneri conseguenti, a carico del concessionario uscente, per la prosecuzione, per conto delle regioni stesse, dell'esercizio delle derivazioni, delle opere e degli impianti oltre la scadenza della concessione e per il tempo necessario al completamento delle procedure di assegnazione e comunque non oltre il 31 dicembre 2023 (6) (3).

1-*septies*. Fino all'assegnazione della concessione, il concessionario scaduto è tenuto a fornire, su richiesta della regione, energia nella misura e con le modalità previste dal comma 1-*quinquies* e a riversare alla regione un canone aggiuntivo, rispetto al canone demaniale, da corrispondere per l'esercizio degli impianti nelle more dell'assegnazione; tale canone aggiuntivo è destinato per un importo non inferiore al 60 per cento alle province e alle città metropolitane il cui territorio è interessato dalle derivazioni. Con decreto del Ministro dello sviluppo economico, sentita l'ARERA e previo parere della Conferenza permanente per i rapporti tra lo Stato, le regioni e le province autonome di Trento e di Bolzano, sono determinati il valore minimo della componente fissa del canone di cui al comma 1-*quinquies* e il valore minimo del canone aggiuntivo di cui al precedente periodo; in caso di mancata adozione del decreto entro il termine di centottanta giorni dalla data di entrata in vigore della presente disposizione, fermi restando i criteri di ripartizione di cui al presente comma e al comma 1-*quinquies*, le regioni possono determinare l'importo dei canoni di cui al periodo precedente in misura non inferiore a 30 euro per la componente fissa del canone e a 20 euro per il canone aggiuntivo per ogni kW di potenza nominale media di concessione per ogni annualità (3).

1-*octies*. Sono fatte salve le competenze delle regioni a statuto speciale e delle province autonome di Trento e di Bolzano ai sensi dei rispettivi statuti e delle relative norme di attuazione (3).

[2. Il Ministero dello sviluppo economico, di concerto con il Ministero dell'ambiente e della tutela del territorio e del mare, previa intesa con la Conferenza unificata di cui all'articolo 8 del decreto legislativo 28 agosto 1997, n. 281, determina, con proprio provvedimento ed entro il 30 aprile 2012, i requisiti organizzativi e finanziari minimi, i parametri ed i termini concernenti la procedura di gara in conformità a quanto previsto al comma 1, tenendo conto dell'interesse strategico degli impianti alimentati da fonti rinnovabili e del contributo degli impianti idroelettrici alla copertura della domanda e dei picchi di consumo. Con lo stesso decreto sono stabiliti i criteri e i parametri per definire la durata della concessione in rapporto all'entità degli investimenti, nonché, con parere dell'Autorità per l'energia elettrica e il gas, i parametri tecnico-economici per la determinazione del corrispettivo e dell'importo spettanti al concessionario uscente, ed è determinata la percentuale dell'offerta economica di cui al comma 1, presentata dal soggetto risultato aggiudicatario, da destinare alla riduzione dei costi dell'energia elettrica a beneficio della generalità dei clienti finali, secondo modalità definite nel medesimo decreto (8).]

[3. L'amministrazione competente ove non ritenga sussistere un prevalente interesse pubblico ad un diverso uso delle acque, in tutto o in parte incompatibile con il mantenimento dell'uso a fine idroelettrico, rilascia la concessione, per un periodo trentennale, preferendo, a parità di condizioni, il precedente concessionario.] (9)

[4. In ogni caso, la nuova concessione deve essere compatibile con la presenza negli alvei sottesi del minimo deflusso costante vitale, individuato sentiti anche gli enti locali, e con le priorità di messa in sicurezza idraulica del bacino stesso ai sensi della legge n. 183/1989 e successive modifiche e integrazioni nonché con i deflussi ad uso idropotabile relativi alle concessioni che, in via prioritaria ai sensi dell'art. 2 della legge 36/1994, dovessero essere assentite sul medesimo corpo idrico.] (10)

[5. Nei casi diversi dal comma 1, compreso il caso di decadenza, rinuncia e revoca, e fermo restando quanto indicato ai commi 3 e 4, l'amministrazione competente indice gara pubblica per l'attribuzione a titolo oneroso della concessione. Nei casi diversi rispetto alla decadenza, rinuncia e revoca, la gara è indetta non oltre cinque anni antecedenti la scadenza. L'Autorità per l'energia elettrica e il gas, sentito il gestore della rete di trasmissione nazionale, determina, con proprio provvedimento, i requisiti organizzativi e finanziari, i parametri di aumento dell'energia prodotta e della potenza installata concernenti le procedure di cui al comma 1 e al presente comma.] (11)

6. Le concessioni rilasciate all'ENEL S.p.a. per le grandi derivazioni idroelettriche scadono al termine del trentesimo anno successivo alla data di entrata in vigore del presente decreto.

7. Le concessioni scadute o in scadenza entro il 31 dicembre 2010 sono prorogate a quest'ultima data e i titolari di concessione interessati, senza necessità di alcun atto amministrativo, proseguono l'attività dandone comunicazione all'amministrazione concedente entro novanta giorni dalla data di entrata in vigore del presente decreto fatto salvo quanto previsto al comma 2 del successivo art. 16.

8. In attuazione di quanto previsto dall'articolo 44, secondo comma, della Costituzione, e allo scopo di consentire la sperimentazione di forme di compartecipazione territoriale nella gestione, le concessioni di grande derivazione d'acqua per uso idroelettrico in vigore, anche per effetto del comma 7 del presente articolo, alla data del 31 dicembre 2010, ricadenti in tutto o in parte nei territori delle province individuate mediante i criteri di cui all'articolo 1, comma 153, della legge 27 dicembre 2006, n. 296, le quali siano conferite dai titolari, anteriormente alla pubblicazione del relativo bando di indizione della gara di cui al comma 1 del presente articolo, a società per azioni a composizione mista pubblico-privata partecipate nella misura complessiva minima del 30 per cento e massima del 40 per cento del capitale sociale dalle province individuate nel presente comma e/o da società controllate dalle medesime, fermo in tal caso l'obbligo di individuare gli eventuali soci delle società a controllo provinciale mediante procedure competitive, sono prorogate a condizioni immutate per un periodo di anni sette, decorrenti dal termine della concessione quale risultante dall'applicazione delle proroghe di cui al comma 1-*bis*. La partecipazione delle predette province nelle società a composizione mista previste dal presente comma non può comportare maggiori oneri per la finanza pubblica (12).

[8-*bis*. Qualora alla data di scadenza di una concessione non sia ancora concluso il procedimento per l'individuazione del nuovo concessionario, il concessionario uscente proseguirà la gestione della derivazione, fino al subentro dell'aggiudicatario della gara, alle stesse condizioni stabilite dalle normative e dal disciplinare di concessione vigenti. Nel caso in cui in tale periodo si rendano necessari interventi eccedenti l'ordinaria manutenzione, si applica il disposto di cui all'articolo 26 del testo unico di cui al regio decreto 11 dicembre 1933, n. 1775.] (13)

9. Le caratteristiche delle concessioni di derivazione di cui ai commi 6, 7 e 8 sono modificate in modo da garantire la presenza negli alvei sottesi del minimo deflusso costante vitale di cui alla legge 18 maggio 1989, n. 183 e successive modificazioni e integrazioni, da stabilirsi secondo i criteri generali di cui all'art. 88, comma 1, lettera *p*) del decreto legislativo 31 marzo 1998, n. 112. Qualora ciò comporti riduzione della potenza nominale media producibile il concessionario non ha diritto ad alcun indennizzo ma alla sola riduzione del canone demaniale di concessione.

10. Dalla data di entrata in vigore del presente decreto la competenza al rilascio delle concessioni di cui al presente articolo è conferita alle regioni e alle province autonome, con esclusione di quelle di cui all'art. 89, comma 2, del decreto legislativo 31 marzo 1998, n. 112, secondo quanto stabilito con decreto legislativo, da emanare in attuazione del combinato disposto di cui agli articoli 29, commi 1 e 3, e 88, comma 1, lettera *o*), del decreto legislativo 31 marzo 1998, n. 112. Con il medesimo decreto sono definiti gli obiettivi generali e i vincoli specifici per la pianificazione regionale e di bacino idrografico in materia di utilizzazione delle risorse idriche ai fini energetici e le modalità per una articolata programmazione energetica di settore a livello regionale. Per l'effettivo esercizio della funzione conferita alle regioni si applicano criteri, termini e procedure stabiliti dagli articoli 7, 10 e 89, commi 4 e 5, del decreto legislativo 31 marzo 1998, n. 112, nonché dall'art. 2, comma 12, lettere *b*) e *d*) della legge 14 novembre 1995, n. 481.

10-*bis*. Le concessioni di grande derivazione ad uso idroelettrico ed i relativi impianti, che sono disciplinati da convenzioni internazionali, rimangono soggetti esclusivamente alla legislazione dello Stato, anche ai fini della ratifica di ogni eventuale accordo internazionale integrativo o modificativo del regime di tali concessioni (14).

[11. Con il decreto legislativo di cui al comma 10 sono stabilite le modalità per la fissazione dei canoni demaniali di concessione.] (15)

12. I commi 1, 2, 3, 5 e 11 dell'art. 9 del decreto del Presidente della Repubblica 18 marzo 1965, n. 342, sono abrogati.

(1) *Comma sostituito dall'art. 1, comma 483, lett.* a), *l. 23 dicembre 2005, n. 266, modificato dall'art. 15, comma 6-*bis, *lett.* a), *d.l. 31 maggio 2010, n. 78, conv., con modif., in l. 30 luglio 2010, n. 122, sostituito dall'art. 37, comma 4, lett.* a), *d.l. 22 giugno 2012, n. 83, conv., con modif., in l. 7 agosto 2012, n. 134 e, da ultimo, sostituito dall'art. 11-quater, comma 1, lett.* a), *d.l. 14 dicembre 2018, n. 135, conv., con modif., l. 11 febbraio 2019, n. 12.*

(2) *Comma inserito dall'art. 15, comma 6-*bis, *lett.* b), *d.l. n. 78, cit. Successivamente la Corte Costituzionale, con sentenza 13 luglio 2011, n. 205 (in Gazz.Uff., 20 luglio, n. 31) ha dichiarato* l'illegittimità costituzionale *della suddetta lettera* b) *del comma 6-ter dell'articolo 15 del D.L. 78 del 2010. Da ultimo, il comma è stato sostituito dall'art. 11-quater, comma 1, lett.* a), *d.l. n. 135, cit.*

(3) *Comma aggiunto dall'art. 11-quater, comma 1, lett.* a), *d.l. n. 135, cit.*

Successivamente la Corte Costituzionale, con sentenza 21 luglio 2020, n. 155, ha dichiarato l'illegittimità costituzionale *dell'art.* 11-quater *succitato, che ha inserito i commi* 1-quinquies *ed* 1-septies *nel presente art. 12, « limitatamente, nel comma* 1-quinquies, *al periodo "Il canone così determinato è destinato per almeno il 60 per cento alle province e alle città metropolitane il cui territorio è interessato dalle derivazioni", e, nel comma* 1-septies, *al periodo "; tale canone aggiuntivo è destinato per un importo non inferiore al 60 per cento alle province e alle città metropolitane il cui territorio è interessato dalle derivazioni" ».*

(4) *In tema di misure urgenti connesse all'emergenza epidemiologica da Covid-19, con riferimento alla proroga del termine previsto dal presente comma, v. l'art.* 125-bis, *commi 1 e 2 d.l. 17 marzo 2020, n. 18, conv., con modif., in l. 24 aprile 2020, n. 27, ai sensi del quale: « 1. In relazione allo stato d'emergenza dichiarato a seguito della diffusione epidemiologica del virus COVID-19, il termine del 31 marzo 2020, previsto dall'articolo 12, comma* 1-ter, *del decreto legislativo 16 marzo 1999, n. 79, per l'emanazione da parte delle regioni della disciplina sulle modalità e le procedure di assegnazione delle concessioni di grandi derivazioni d'acqua a scopo idroelettrico, è prorogato al 31 ottobre 2020 e con esso gli effetti delle leggi approvate. - 2. Per le regioni interessate dalle elezioni regionali del 2020, il termine del 31 ottobre 2020 di cui al comma 1 è ulteriormente prorogato di sette mesi decorrenti dalla data di insediamento del nuovo Consiglio regionale. Sono fatte salve le competenze delle regioni a statuto speciale e delle Province autonome di Trento e di Bolzano ai sensi dei rispettivi statuti e delle relative norme di attuazione ».*

(5) *Ai sensi dell'art.* 125-bis, *comma 3, lett.* a) *d.l. n. 18, cit., il termine del 31 dicembre 2021 di cui al presente comma è prorogato al 31 luglio 2022, per effetto della proroga del termine di cui al precedente comma* 1-ter *per il quale v. nota 4.*

(6) *Ai sensi dell'art.* 125-bis, *comma 3, lett.* b) *d.l. n. 18, cit., i termini del 31 dicembre 2023 di cui al presente comma sono prorogati al 31 luglio 2024, per effetto della proroga del termine di cui al precedente comma* 1-ter *per il quale v. nota 4.*

(7) *Ai sensi dell'art.* 125-bis, *comma 3, lett.* c) *d.l. n. 18, cit., il termine del 31 marzo 2020 previsto dal presente comma è prorogato al 31 ottobre 2020, per effetto della proroga del termine di cui al precedente comma* 1-ter *per il quale v. nota 4.*

(8) *Comma sostituito dall'art. 1, comma 483, lett.* a), *l. n. 266, cit.; dall'art. 15, comma 6-*bis, *lett.* c), *d.l. n. 78, cit.; successivamente, modificato dall'art.* 24-ter, *comma 1, d.l. 24 gennaio 2012, n. 1, conv., con modif., in l. 24 marzo 2012, n. 27, modificato dall'art. 37, comma 4, lett.* b), *d.l. n. 83, cit. e, da ultimo, abrogato dall'art.* 11-quater, *comma 1, lett.* b), *d.l. n. 135, cit.*

(9) *Comma abrogato dall'art. 1, comma 483, lett.* b), *l. n. 266, cit. Successivamente il comma 483 della citata legge è stato dichiarato co*stituzionalmente illegittimo *con sentenza della Corte costituzionale 18 gennaio 2008, n. 1, nella parte in cui non prevede un adeguato coinvolgimento delle Regioni nel procedimento finalizzato all'adozione del provvedimento del Ministero delle attività produttive, di concerto con il Ministero dell'ambiente e della tutela del territorio, sentito il gestore della rete di trasmissione nazionale, che determina i requisiti organizzativi e finanziari minimi, i parametri di aumento dell'energia prodotta e della potenza installata concernenti la procedura di gara.*

(10) *Comma abrogato dall'art. 11-quater, comma 1, lett.* b), *d.l. n. 135, cit.*

(11) *Comma abrogato dall'art. 1, comma 483, lett.* b), *l. n. 266, cit. V. nota 5 per la declaratoria di incostituzionalità pronunciata da Corte cost. 18 gennaio 2008, n. 1.*

(12) *Comma sostituito dall'art. 15, comma 6-*bis, *lett.* d), *d.l. n. 78, cit. Successivamente la Corte Costituzionale, con sentenza 13 luglio 2011, n. 205 (in Gazz.Uff., 20 luglio, n. 31) ha dichiarato* l'illegittimità costituzionale *della suddetta lettera* d) *del comma 6-*bis *dell'articolo 15 del D.L. 78 del 2010.*

(13) *Comma inserito dall'art. 15, comma 6-*bis, *lett.* e), *d.l. n. 78, cit e successivamente abrogato dall'articolo 11-quater, comma 1, lett.* b), *d.l. n. 135, cit.*

(14) *Comma inserito dall'art. 15, comma 6-*bis, *lett.* f), *d.l. n. 78, cit.*

(15) *Comma abrogato dall'art.* 11-quater, *comma 1, lett.* b), *d.l. n. 135, cit.*

TITOLO III
Disposizioni per l'attuazione della nuova disciplina del mercato elettrico

13 Assetto societario dell'ENEL S.p.a.

1. L'ENEL S.p.a. assume le funzioni di indirizzo strategico e di coordinamento dell'assetto industriale e delle attività esercitate dalle società da essa controllate. Entro sessanta giorni dalla data di entrata in vigore del presente decreto l'assemblea dell'ENEL S.p.a. delibera le conseguenti modifiche statutarie.

2. L'ENEL S.p.a. costituisce società separate per lo svolgimento delle seguenti attività:

a) la produzione di energia elettrica;

b) la distribuzione di energia elettrica e la vendita ai clienti vincolati;

c) la vendita ai clienti idonei;

d) l'esercizio dei diritti di proprietà della rete di trasmissione comprensiva delle linee di trasporto e delle stazioni di trasformazione dell'energia elettrica e le connesse attività di manutenzione e sviluppo decise dal gestore ai sensi dell'articolo 3, comma 2;

e) lo smantellamento delle centrali elettronucleari dismesse, la chiusura del ciclo del combustibile e le attività connesse e conseguenti, anche in consorzio con altri enti pubblici o società che, se a presenza pubblica, possono anche acquisirne la titolarità (1).

3. Alle costituende società sono conferiti entro centottanta giorni dalla data di entrata in vigore del presente decreto tutti i beni e rapporti giuridici relativi all'oggetto della loro attività, ivi compresa una quota parte dei debiti afferenti al patrimonio conferito. Fino alla predetta data l'ENEL S.p.a. può transitoriamente continuare l'esercizio delle attività di cui al comma 2.

4. Le azioni della società di cui al comma 2, lettera *e*), sono assegnate al Ministero del tesoro, del bilancio e della programmazione economica; la medesima società si attiene agli indirizzi formulati dal Ministro dell'industria, del commercio e dell'artigianato.

5. L'atto di conferimento può stabilire che gli effetti del conferimento, anche ai fini delle imposte sul reddito, decorrano da una data non anteriore a quella in cui si chiude l'ultimo bilancio della società conferente.

(1) *A norma di quanto disposto dall'art. 1, comma 459, l. 27 dicembre 2006, n. 296, il numero dei membri del consiglio di amministrazione della Società di cui alla presente lettera è stato ridotto a tre.*

14 Clienti idonei.

1. Dalla data di entrata in vigore del presente decreto hanno diritto alla qualifica di clienti idonei:

a) i distributori, limitatamente all'energia elettrica destinata a clienti idonei connessi alla propria rete;

b) gli acquirenti grossisti, limitatamente all'energia consumata da clienti idonei con cui hanno stipulato contratti di vendita;

c) i soggetti cui è conferita da altri Stati la capacità giuridica di concludere contratti di acquisto o fornitura di energia elettrica scegliendo il venditore o il distributore, limitatamente all'energia consumata al di fuori del territorio nazionale;

d) l'azienda di cui all'articolo 10 del decreto del Presidente della Repubblica 26 marzo 1977, n. 235.

2. Con la medesima decorrenza di cui al comma 1 hanno altresì diritto alla qualifica di clienti idonei i soggetti di seguito specificati aventi consumi annuali di energia elettrica, comprensivi dell'eventuale energia autoprodotta, nella misura di seguito indicata:

a) ogni cliente finale il cui consumo, misurabile in un unico punto del territorio nazionale, sia risultato, nell'anno precedente, superiore a 30 GWh;

b) le imprese costituite in forma societaria, i gruppi di imprese, anche ai sensi dell'articolo 7 della legge 10 ottobre 1990, n. 287, i consorzi e le società consortili il cui consumo sia risultato nell'anno precedente, anche come somma dei consumi dei singoli componenti la persona giuridica interessata, superiore a 30 GWh, i cui consumi, ciascuno della dimensione minima di 2 GWh su base annua, siano ubicati, salvo aree individuate con specifici atti di programmazione regionale, esclusivamente nello stesso comune o in comuni contigui.

3. A decorrere dal 1° gennaio 2000 hanno diritto alla qualifica di clienti idonei:

a) i soggetti di cui al comma 2, lettera *a*), aventi consumi non inferiori a 20 GWh;

b) i soggetti di cui al comma 2, lettera *b*), aventi consumi non inferiori a 20 GWh, con dimensione minima di 1 GWh.

4. A decorrere dal 1° gennaio 2002 hanno diritto alla qualifica di clienti idonei:

a) i soggetti di cui al comma 2, lettera *a*), aventi consumi non inferiori a 9 GWh;

b) i soggetti di cui al comma 2, lettera *b*), aventi consumi non inferiori a 9 GWh, con dimensione minima di 1 GWh;

c) ogni cliente finale il cui consumo sia risultato nell'anno precedente superiore a 1 GWh in ciascun punto di misura considerato e superiore a 40 GWh come somma dei suddetti punti di misura.

5. Nel caso in cui il mercato dei clienti idonei, comprensivo degli autoconsumi, risulti inferiore al 30 per cento il 19 febbraio 1999, al 35 per cento il 1° gennaio 2000, al 40 per cento il 1° gennaio 2002, il Ministro dell'industria, del commercio e dell'artigianato, con proprio decreto, individua, anche su proposta delle Regioni, nuovi limiti per l'attribuzione della qualifica di cliente idoneo, tenuto anche conto del processo di riequilibrio del sistema tariffario.

5-*bis*. A decorrere dal novantesimo giorno dalla cessione, da parte dell'ENEL Spa, di non meno di 15.000 MW di capacità produttiva ai sensi dell'articolo 8, comma 1, è cliente idoneo ogni cliente finale, singolo o associato, il cui consumo, misurato in un unico punto del territorio nazionale, destinato alle attività esercitate da imprese individuali o costituite in forma societaria, nonché ai soggetti di cui all'articolo 1, comma 2, del decreto legislativo 3 febbraio 1993, n. 29, è risultato, nell'anno precedente, superiore a 0,1 GWh. Con la medesima decorrenza cessano di avere applicazione i commi 2, 3, 4 e 5 del presente articolo (1).

5-*ter*. A decorrere dalla data di entrata in vigore della presente disposizione, è cliente idoneo ogni cliente finale, singolo o associato, il cui consumo, misurato in un unico punto del territorio nazionale, destinato alle attività esercitate da imprese individuali o costituite in forma societaria, nonché ai soggetti di cui all'articolo 1, comma 2, del decreto legislativo 30 marzo 2001, n. 165, e successive modificazioni, è risultato, nell'anno precedente, uguale o superiore a 0,05 GWh (2).

5-*quater*. A decorrere dal 1° luglio 2004, è cliente idoneo ogni cliente finale non domestico (2).

5-*quinquies*. A decorrere dal 1° luglio 2007, è cliente idoneo ogni cliente finale (2).

5-*sexies*. I clienti vincolati che alle date di cui ai commi 5-*ter*, 5-*quater* e 5-*quinquies* diventano idonei hanno diritto di recedere dal preesistente contratto di fornitura, come clienti vincolati, con modalità stabilite dall'Autorità per l'energia elettrica e il gas. Qualora tale diritto non sia esercitato, la fornitura ai suddetti clienti idonei continua ad essere garantita dall'Acquirente unico Spa (2).

6. Il Ministro dell'industria, del commercio e dell'artigianato, sentita l'Autorità per l'energia elettrica e il gas, con proprio decreto, in presenza di aperture comparabili dei rispettivi mercati di altri Stati individua nuovi limiti per l'attribuzione della qualifica di cliente idoneo, al fine di una maggiore apertura del mercato.

7. Il Ministro dell'industria, del commercio e dell'artigianato, sentita l'Autorità per l'energia elettrica e il gas, con regolamento da emanare, entro tre anni dalla data di entrata in vigore del presente decreto, ai sensi dell'articolo 17, comma 3, della legge 23 agosto 1988, n. 400, individua gli ulteriori soggetti cui attribuire, anche negli anni successivi al 2002, la qualifica di clienti idonei al fine di una progressiva maggiore apertura del mercato.

8. Sulla base delle disposizioni del presente articolo, i clienti idonei autocertificano all'Autorità per l'energia elettrica e il gas la propria qualifica per l'anno 1999. La medesima Autorità entro novanta giorni dalla data di entrata in vigore del presente decreto, stabilisce con proprio provvedimento le modalità per riconoscere e verificare la qualifica di clienti idonei degli aventi diritto.

(1) *Comma aggiunto dall'art. 10, comma 4, l. 5 marzo 2001, n. 57.*

(2) *Comma inserito dall'art. unico, comma 30, l. 23 agosto 2004, n. 239.*

15 Norme transitorie in materia di fonti rinnovabili.

1. La decorrenza delle incentivazioni concernenti i provvedimenti di cui all'articolo 3, comma 7, della legge 14 novembre 1995, n. 481, è improrogabilmente stabilita nelle convenzioni stipulate con l'ENEL S.p.a. prima della data di entrata in vigore del presente decreto. I soggetti, diversi da quelli di cui al terzo periodo, che non rispettino la data di entrata in esercizio dell'impianto indicata nella convenzione, fatto salvo ogni onere ivi previsto, sono considerati rinunciatari. I soggetti destinatari di incentivi relativi alla realizzazione di impianti alimentati esclusivamente da fonti rinnovabili che non rispettino la data di entrata in esercizio dell'impianto indicata nella convenzione e nelle relative modifiche e integrazioni sono considerati rinunciatari qualora non abbiano fornito idonea prova all'Autorità per l'energia elettrica e il gas di avere con-

cretamente avviato la realizzazione dell'iniziativa mediante l'acquisizione della disponibilità delle aree destinate ad ospitare l'impianto, nonché l'accettazione del preventivo di allacciamento alla rete elettrica formulato dal gestore competente, ovvero l'indizione di gare di appalto o la stipulazione di contratti per l'acquisizione di macchinari o per la costruzione di opere relative all'impianto, ovvero la stipulazione di contratti di finanziamento dell'iniziativa o l'ottenimento in loro favore di misure di incentivazione previste da altre leggi a carico del bilancio dello Stato. I soggetti beneficiari che abbiano adempiuto l'onere di cui al terzo periodo non sono considerati rinunciatari e perdono il diritto alle previste incentivazioni nei limiti corrispondenti al ritardo accumulato. In caso di motivato ritardo rispetto alla data predetta il Ministro dell'industria, del commercio e dell'artigianato, ferma rimanendo la decorrenza delle incentivazioni, può concedere una proroga non superiore a due anni a fronte di un coerente piano di realizzazione (1).

2. Al fine di definire un quadro temporale certo delle realizzazioni, è fatto obbligo ai soggetti beneficiari delle suddette incentivazioni di presentare all'Autorità per l'energia elettrica e il gas, per gli impianti non ancora entrati in esercizio entro un anno dalla data di entrata in vigore del presente decreto, le autorizzazioni necessarie alla costruzione degli impianti medesimi, rilasciate entro la data suddetta. Fermo restando il termine ultimo di cui al primo periodo per l'ottenimento delle autorizzazioni, il mancato adempimento a tale obbligo entro il 31 dicembre 2002 comporta la decadenza da ogni diritto alle incentivazioni medesime (2).

3. Su motivata richiesta dei soggetti di cui al comma 1, con decreto del Ministro dell'industria, del commercio e dell'artigianato, previo parere favorevole degli enti locali competenti, la localizzazione degli impianti previsti nelle convenzioni di cui al medesimo comma può essere modificata a condizione che la funzionalità della rete elettrica nella nuova area interessata non risulti pregiudicata. La richiesta non sospende alcuno dei termini di cui ai commi 1 e 2 e, nel caso di rinuncia a ogni incentivo pubblico, è accolta, anche in assenza di motivazioni, e comunicata all'Autorità per l'energia elettrica e il gas, a condizione che siano stati espressi i pareri favorevoli dei predetti enti locali.

4. I soggetti di cui al comma 1 che, entro sei mesi dalla data di entrata in vigore del presente decreto, rinunciano espressamente alle facoltà e agli obblighi sottoscritti negli atti di convenzione non sono soggetti ad alcuna sanzione.

5. Fatte salve le disposizioni che disciplinano la localizzazione, la costruzione e l'esercizio di impianti di recupero di rifiuti, per gli stessi impianti la localizzazione prevista nelle convenzioni di cui al comma 1 può essere modificata previa comunicazione dei soggetti interessati al Ministero dell'industria, del commercio e dell'artigianato, e previo parere favorevole degli enti locali competenti per territorio. Con le stesse modalità i produttori che, per documentati motivi tecnici, non soddisfino i limiti di potenza dedicata stabiliti in tali convenzioni possono trasferire in altro sito le quote di potenza elettrica non producibili nel sito originario. La comunicazione non sospende alcuno dei termini di cui ai commi 1 e 2.

(1) *Comma modificato dall'art. unico, commi 74 e 75, l. 23 agosto 2004, n. 239.*

(2) *Comma modificato dall'art. 34, l. 12 dicembre 2002, n. 273.*

16 [Prerogative della regione autonoma della Valle d'Aosta e delle province autonome di Trento e Bolzano (1).

1. Sono fatte salve le prerogative statutarie della Regione autonoma Valle d'Aosta e delle province autonome di Trento e Bolzano, secondo quanto previsto ai commi 15 e 16 dell'art. 2 della legge 14 novembre 1995, n. 481. Il necessario coordinamento tra le norme del presente decreto ed i vigenti ordinamenti statutari della Regione Valle d'Aosta e delle province autonome di Trento e di Bolzano è demandato ad apposite norme di attuazione dei relativi statuti da emanare entro centoventi giorni dalla data di entrata in vigore del presente decreto, nonché al decreto legislativo da emanare ai sensi dell'art. 12, comma 10, del presente decreto.

2. Le norme di attuazione degli statuti di cui al comma 1 possono definire norme anche indipendentemente dalla disciplina di cui ai commi 3, 6 e 7 dell'art. 12].

(1) *Articolo abrogato dall'art. 1, comma 484, l. 23 dicembre 2005, n. 266.*

17 Entrata in vigore.

1. Il presente decreto entra in vigore il giorno successivo a quello della sua pubblicazione nella Gazzetta Ufficiale della Repubblica italiana.

115. Decreto legislativo 23 maggio 2000, n. 164. — Attuazione della direttiva n. 98/30/CE recante norme comuni per il mercato interno del gas naturale, a norma dell'art. 41 della legge 17 maggio 1999, n. 144. (*estratto*) (1).

Pubblicato nella Gazzetta Ufficiale del 20 giugno 2000, n. 142.

(1) *Per l'applicabilità delle disposizioni del presente provvedimento v. l'art. 216, comma 27-*quinquies*, d.lgs. 18 aprile 2016, n. 50, aggiunto dall'art. 128, comma 1, lett. g), d.lgs. 19 aprile 2017, n. 56 che così dispone: « 27-*quinquies*. Alle procedure di aggiudicazione dei contratti di concessione del servizio di distribuzione del gas naturale indette dalle amministrazioni aggiudicatrici continuano ad applicarsi le disposizioni di cui al decreto legislativo 23 maggio 2000, n. 164, in quanto compatibili con la presente Parte III, nonché di cui all'articolo 46-*bis*, commi 1, 2 e 3 del decreto-legge 1°ottobre 2007, n. 159, convertito, con modificazioni, dalla legge 29 novembre 2007, n. 222 e all'articolo 4 del decreto-legge 21 giugno 2013, n. 69, convertito, con modificazioni, dalla legge 9 agosto 2013, n. 98. Nelle ipotesi di cui al primo periodo, ferma restando la durata massima di dodici anni, il periodo di affidamento viene determinato ai sensi dei commi 1 e 2 dell'articolo 168 ».*

TITOLO I
Finalità e definizioni

1 Liberalizzazione del mercato interno del gas naturale.

1. Nei limiti delle disposizioni del presente decreto le attività di importazione, esportazione, trasporto e dispacciamento, distribuzione e vendita di gas naturale, in qualunque sua forma e comunque utilizzato, sono libere.

2. Resta in vigore la disciplina vigente per le attività di coltivazione e di stoccaggio di gas naturale, salvo quanto disposto dal presente decreto.

2-*bis*. Le norme del presente decreto relative al gas naturale, compreso il gas naturale liquefatto, si applicano in modo non discriminatorio anche al biogas e al gas derivante dalla biomassa o ad altri tipi di gas, nella misura in cui i suddetti gas possono essere iniettati nel sistema del gas naturale e trasportati attraverso tale sistema senza porre problemi di ordine tecnico o di sicurezza (1).

(1) *Comma aggiunto dall'art. 30, comma 1, d.lgs. 1° giugno 2011, n. 93.*

2 Definizioni (1).

1. Ai fini del presente decreto si intende per:

a) cliente finale: il cliente che acquista gas naturale per uso proprio, ivi compresi gli impianti di distribuzione di metano per autotrazione che sono considerati clienti finali (2);

b) cliente grossista: una persona fisica o giuridica, diversa dai gestori dei sistemi di trasporto e dai gestori dei sistemi di distribuzione, che acquista gas naturale a scopo di rivendita all'interno o all'esterno del sistema in cui è stabilita (2);

c) "cliente idoneo": la persona fisica o giuridica che ha la capacità, per effetto del presente decreto, di stipulare contratti di fornitura, acquisto e vendita con qualsiasi produttore, importatore, distributore o grossista, sia in Italia che all'estero, ed ha diritto di accesso al sistema;

d) "clienti": i clienti grossisti o finali di gas naturale e le imprese di gas naturale che acquistano gas naturale;

e) "codice di rete": codice contenente regole e modalità per la gestione e il funzionamento della rete;

f) "codice di stoccaggio": codice contenente regole e modalità per la gestione e il funzionamento di un sistema di stoccaggio;

g) "cogenerazione": la produzione combinata di energia elettrica e calore alle condizioni definite dall'Autorità per l'energia elettrica e il gas;

h) "coltivazione": l'estrazione di gas naturale da giacimenti;

i) "cushion gas": quantitativo minimo indispensabile di gas presente o inserito nei giacimenti in fase di stoccaggio che è necessario mantenere sempre nel giacimento e che ha la funzione di consentire l'erogazione dei restanti volumi senza pregiudicare nel tempo le caratteristiche minerarie dei giacimenti di stoccaggio;

j) "dispacciamento": l'attività diretta ad impartire disposizioni per l'utilizzazione e l'esercizio coordinato degli impianti di coltivazione, di stoccaggio, della rete di trasporto e di distribuzione e dei servizi accessori;

k) "dispacciamento passante": l'attività di cui alla lettera *j*), condizionata unicamente da eventuali impedimenti o vincoli di rete;

l) "disponibilità di punta giornaliera": quantità di gas naturale, espressa in Smc/g, erogabile da un sistema di stoccaggio nell'ambito di un giorno;

m) "disponibilità di punta oraria": quantità di gas naturale, espressa in Smc/g, erogabile da un sistema di stoccaggio nell'ambito di un'ora, moltiplicata per le 24 ore;

n) "distribuzione": il trasporto di gas naturale attraverso reti di gasdotti locali per la consegna ai clienti;

o) fornitura: la vendita, compresa la rivendita, di gas naturale, compreso il gas naturale liquefatto (GNL), ai clienti (3);

p) impianto di GNL: un terminale utilizzato per le operazioni di liquefazione del gas naturale o l'importazione, o lo scarico e la rigassificazione di GNL, e comprendente servizi ausiliari e uno stoccaggio provvisorio necessari per il processo di rigassificazione e successiva consegna al sistema di trasporto ma non comprendente eventuali serbatoi ubicati presso i terminali non funzionali al ciclo di rigassificazione e utilizzati per l'attività di stoccaggio (4);

q) impianto di stoccaggio: un impianto utilizzato per lo stoccaggio di gas naturale, di proprietà o gestito da un'impresa di gas naturale, compresi gli impianti GNL utilizzati per lo stoccaggio, ad esclusione della parte di impianto utilizzata per operazioni di produzione e degli impianti riservati esclusivamente ai gestori dei sistemi di trasporto nello svolgimento delle loro funzioni (4);

r) "impresa collegata": un'impresa collegata ai sensi dell'art. 2359, comma 3, del codice civile;

s) "impresa controllata": una impresa controllata ai sensi dell'art. 2359, commi 1 e 2, del codice civile;

t) impresa di gas naturale: ogni persona fisica o giuridica, ad esclusione dei clienti finali che svolge almeno una delle funzioni seguenti: produzione, trasporto, distribuzione, fornitura, acquisto o stoccaggio di gas naturale, compresa la rigassificazione di GNL e che è responsabile per i compiti commerciali, tecnici o di manutenzione legati a queste funzioni (5);

u) "impresa di gas naturale integrata orizzontalmente": un'impresa che svolge almeno una delle attività di importazione, esportazione, coltivazione, trasporto, distribuzione, stoccaggio o vendita di gas naturale ed una attività che non rientra nel settore del gas naturale;

v) impresa verticalmente integrata: un'impresa di gas naturale o un gruppo di imprese di gas naturale nelle quali la stessa persona o le stesse persone, fisiche o giuridiche hanno, direttamente o indirettamente, il potere di esercitare il controllo, e in cui l'impresa o il gruppo di imprese svolge almeno una delle funzioni di trasporto, distribuzione, rigassificazione di GNL o stoccaggio e almeno una delle funzioni di produzione o fornitura di gas naturale (6);

w) "linea diretta": un gasdotto che rifornisce un centro di consumo in modo complementare al sistema interconnesso;

x) "periodo di punta giornaliera": il periodo compreso tra le ore 7 e le ore 22 di ciascun giorno nel periodo di punta stagionale;

y) "periodo di punta stagionale": il periodo compreso tra il 15 novembre ed il 15 marzo di ciascun anno;

z) "programmazione a lungo termine": l'individuazione degli approvvigionamenti e della capacità di trasporto delle imprese di gas naturale necessarie al fine di soddisfare la domanda di gas naturale del sistema, diversificare le fonti e assicurare l'offerta ai clienti nel lungo termine;

aa) rete di gasdotti di coltivazione (gasdotti upstream): ogni gasdotto o rete di gasdotti gestiti o costruiti quale parte di un impianto di produzione di idrocarburi liquidi o di gas naturale, oppure utilizzati per trasportare gas naturale da uno o più di tali impianti fino ad un impianto o terminale di trattamento oppure ad un terminale costiero di approdo (7);

bb) "servizi accessori": i servizi necessari per la gestione di una rete di trasporto o distribuzione quali, esemplificativamente, i servizi di regolazione della pressione, il bilanciamento del carico, la miscelazione;

cc) "sicurezza": la sicurezza di approvvigionamento e di consegna ai clienti, nonché la sicurezza tecnica;

dd) "sistema interconnesso": un insieme di sistemi reciprocamente collegati;

ee) sistema: reti di trasporto, reti di distribuzione, impianti di GNL o impianti di stoccaggio di proprietà o gestiti da un'impresa di gas naturale, compresi il linepack e i relativi impianti che forniscono servizi ausiliari nonché quelli di imprese collegate necessari per dare accesso al trasporto, alla distribuzione e alla rigassificazione di GNL (8);

ff) "stoccaggio di modulazione": lo stoccaggio finalizzato a soddisfare la modulazione dell'andamento giornaliero, stagionale e di punta dei consumi;

gg) "stoccaggio minerario": lo stoccaggio necessario per motivi tecnici ed economici a consentire lo svolgimento ottimale della coltivazione di giacimenti di gas naturale nel territorio italiano;

hh) "stoccaggio strategico": lo stoccaggio finalizzato a sopperire a situazioni di mancanza o riduzione degli approvvigionamenti o di crisi del sistema del gas;

ii) trasporto: il trasporto di gas naturale finalizzato alla fornitura ai clienti, attraverso una rete che comprende soprattutto gasdotti ad alta pressione, diversa da una rete di gasdotti di coltivazione e diversa dalla parte dei gasdotti, anche ad alta pressione, utilizzati principalmente nell'ambito della distribuzione locale del gas naturale, ad esclusione della fornitura (9);

jj) "utente del sistema": la persona fisica o giuridica che rifornisce o è rifornita dal sistema;

kk) "working gas": quantitativo di gas presente nei giacimenti in fase di stoccaggio che può essere messo a disposizione e reintegrato, per essere utilizzato ai fini dello stoccaggio minerario, di modulazione e strategico, compresa la parte di gas producibile, ma in tempi più lunghi rispetto a quelli necessari al mercato, ma che risulta essenziale per assicurare le prestazioni di punta che possono essere richieste dalla variabilità della domanda in termini giornalieri ed orari (10).

kk-bis) i servizi ausiliari: tutti i servizi necessari per l'accesso e il funzionamento delle reti di trasporto, delle reti di distribuzione, degli impianti di GNL o degli impianti di stoccaggio, compresi il bilanciamento del carico, la miscelazione e l'iniezione di gas inerti, ad esclusione dei servizi resi dagli impianti usati solamente dai gestori dei sistemi di trasporto nello svolgimento delle loro funzioni (10);

kk-ter) impresa collegata: un'impresa collegata come definita all'articolo 41 della settima direttiva 83/349/CEE del Consiglio, del 13 giugno 1983, basata sull'articolo 44, paragrafo 2, lettera *g*) del trattato e relativa ai conti consolidati, o un'impresa associata come definita all'articolo 33, paragrafo 1 della medesima direttiva, o un'impresa appartenente agli stessi soci (10);

kk-quater) gestore del sistema di trasporto: qualsiasi persona fisica o giuridica che svolge l'attività di trasporto ed è responsabile della gestione, della manutenzione e, se necessario, dello sviluppo del sistema di trasporto in una data zona ed, eventualmente, delle relative interconnessioni con altri sistemi, nonché di assicurare la capacità a lungo termine del sistema di soddisfare richieste ragionevoli di trasporto di gas naturale (10);

kk-quinquies) impresa maggiore di trasporto: impresa che avendo la disponibilità della rete nazionale di gasdotti svolge l'attività di trasporto sulla maggior parte della medesima (10);

kk-sexies) gestore del sistema di distribuzione: qualsiasi persona fisica o giuridica che svolge la funzione di distribuzione ed è responsabile della gestione, della manutenzione e, se necessario, dello sviluppo del sistema di distribuzione in una data zona ed, eventualmente, delle relative interconnessioni con altri sistemi, nonché di assicurare la capacità a lungo termine del sistema di soddisfare richieste ragionevoli di distribuzione di gas naturale (10);

kk-septies) impresa fornitrice: ogni persona fisica o giuridica che svolge funzioni di fornitura (10);

kk-octies) programmazione a lungo termine: la programmazione, in un'ottica a lungo termine, della capacità di fornitura e di trasporto delle imprese di gas naturale al fine di soddisfare la domanda di gas naturale del sistema, garantire la diversificazione delle fonti ed assicurare la fornitura ai clienti (10);

kk-nonies) gestore dell'impianto di stoccaggio: qualsiasi persona fisica o giuridica che svolge l'attività di stoccaggio ed è responsabile della gestione di un impianto di stoccaggio di gas naturale (10);

kk-decies) gestore di un impianto di GNL: qualsiasi persona fisica o giuridica responsabile della liquefazione del gas naturale o dell'importazione, o dello scarico, e della rigassificazione di GNL, e responsabile della gestione di un impianto di GNL (10);

kk-undecies) linepack: lo stoccaggio di gas naturale mediante compressione nelle reti di trasporto e di distribuzione del gas naturale, ad esclusione degli impianti riservati ai gestori dei sistemi di trasporto nello svolgimento delle loro funzioni (10);

kk-duodecies) "interconnettore": un gasdotto di trasporto che attraversa o si estende oltre una frontiera tra Stati membri allo scopo di collegare i sistemi nazionali di trasporto di tali Stati membri o un gasdotto di trasporto tra uno Stato membro e un paese terzo fino al territorio degli Stati membri o alle acque territoriali di tale Stato membro (11);

kk-terdecies) cliente civile: un cliente che acquista gas naturale per il proprio consumo domestico (10);

kk-quaterdecies) cliente non civile: un cliente che acquista gas naturale non destinato al proprio uso domestico (10);

kk-quinquiesdecies) strumenti derivati sul gas naturale: uno strumento finanziario di cui ai punti 5, 6 o 7 della sezione C dell'allegato I della direttiva 2004/39/CE del Parlamento europeo e del Consiglio, del 21 aprile 2004, relativa ai mercati degli strumenti finanziari collegato al gas naturale (10);

kk-sexiesdecies) contratto di fornitura: un contratto di fornitura di gas naturale ad esclusione degli strumenti derivati sul gas naturale (10);

kk-septiesdecies) controllo: diritti, contratti, o altri mezzi che conferiscono, da soli o congiuntamente, e tenuto conto delle circostanze di fatto o di diritto, la possibilità di esercitare un'influenza determinante sull'attività di un'impresa, in particolare attraverso:

1) diritti di proprietà o di godimento sulla totalità o su parti del patrimonio di un'impresa;

2) diritti o contratti che conferiscono un'influenza determinante sulla composizione, sulle votazioni, sulle deliberazioni e decisioni degli organi di un'impresa (10).

(1) *Vedi, anche, l'art. 1 della deliberazione 3 marzo 2006, n. 50.*

(2) *Lettera sostituita dall'art. 6, comma 1, lett.* a), *d.lgs. 1° giugno 2011, n. 93.*

(3) *Lettera sostituita dall'art. 6, comma 1, lett.* b), *d.lgs. n. 93, cit.*

(4) *Lettera sostituita dall'art. 6, comma 1, lett.* c), *d.lgs. n. 93, cit.*

(5) *Lettera sostituita dall'art. 6, comma 1, lett.* d), *d.lgs. n. 93, cit.*

(6) *Lettera sostituita dall'art. 6, comma 1, lett.* e), *d.lgs. n. 93, cit.*

(7) *Lettera sostituita dall'art. 6, comma 1, lett.* f), *d.lgs. n. 93, cit.*

(8) *Lettera sostituita dall'art. 6, comma 1, lett.* g), *d.lgs. n. 93, cit. V. anche l'art. unico, comma 50, l. 23 agosto 2004, n. 239 ai sensi del quale « Le cessioni di gas effettuate nel sistema del gas naturale di cui all'articolo 2, comma 1, lettera* ee), *del decreto legislativo 23 maggio 2000, n. 164, si considerano effettuate, ai fini e per gli effetti di cui all'articolo 6 del decreto del Presidente della Repubblica 26 ottobre 1972, n. 633, e successive modificazioni, all'atto del pagamento del corrispettivo, salvo il disposto del quarto comma del medesimo articolo 6 ».*

(9) *Lettera sostituita dall'art. 6, comma 1, lett.* h), *d.lgs. n. 93, cit.*

(10) *Lettera aggiunta dall'art. 6, comma 2, d.lgs. n. 93, cit.*

(11) *Lettera così sostituita dall'art. 1, comma 1, lett.* a) *d.lgs. 1° giugno 2020, n. 46. Il testo della lettera, come aggiunta dall'art. 6, comma 2 d.lgs. n. 93, cit., era il seguente: « kk-duodecies*) interconnettore: un gasdotto di trasporto di gas naturale che attraversa o si estende oltre una frontiera tra Stati membri con l'unico scopo di collegare i sistemi nazionali di trasporto di tali Stati membri ».

TITOLO II
Approvvigionamento

CAPO I
Importazione

3 Norme per l'attività di importazione (1).

1. L'attività di importazione di gas naturale relativa a contratti di durata superiore ad un anno, effettuata attraverso i punti di entrata della rete nazionale dei gasdotti a mezzo di gasdotti o di terminali di rigassificazione di GNL, o a mezzo di carri bombolai o di autocisterne di gas naturale liquefatto, è soggetta ad autorizzazione del Ministero dello sviluppo economico, rilasciata in base a criteri obiettivi e non discriminatori pubblicati ai sensi dell'articolo 29 (2).

2. Il rilascio dell'autorizzazione di cui al comma 1 è subordinato al possesso, nei soggetti richiedenti, dei seguenti requisiti:

a) capacità tecniche e finanziarie adeguate al progetto di importazione;

b) idonee informazioni e garanzie circa la provenienza del gas naturale;

c) affidabilità dell'approvvigionamento, degli impianti di coltivazione e del sistema di trasporto;

[*d*) disponibilità di stoccaggio strategico ubicate nel territorio nazionale nella misura del 10% delle quantità di gas naturale importato in ciascun anno e con una disponibilità di punta giornaliera al termine del periodo di punta stagionale pari almeno al 50% dell'importazione media giornaliera prevista nello stesso periodo di punta, nel rispetto dei criteri stabiliti ai sensi dell'art. 28, comma 2, e delle disposizioni dell'art. 12;] (3)

[*e*) capacità, mediante opportuni piani di investimento, di contribuire allo sviluppo o alla sicurezza del sistema nazionale del gas attraverso infrastrutture di approvvigionamento, trasporto o distribuzione, o attraverso la diversificazione geografica dei Paesi produttori.] (3)

3. Nell'ambito della domanda di autorizzazione all'importazione o della comunicazione di cui al comma 7 devono essere indicati gli Stati dove il gas naturale è stato prodotto. Nel caso di acquisto presso un punto di scambio fisico ("hub") estero deve essere indicata la composizione media della provenienza del gas naturale dai vari Paesi di produzione (4).

4. L'attività di importazione si intende autorizzata ove il diniego, fondato su motivi obiettivi e non discriminatori, non sia stato espresso entro tre mesi dalla richiesta. Il diniego è comunicato, con la relativa motivazione al richiedente, all'Autorità per l'energia elettrica e il gas e all'Autorità garante della concorrenza e del mercato. Del provvedimento di diniego è data informazione alla Commissione delle Comunità europee. Il soggetto importatore, contestualmente alla richiesta di autorizzazione di cui al comma 1, trasmette all'Autorità per l'energia elettrica e il gas, gli elementi di cui al comma 5, lettere *a*), *b*), *c*) e *d*).

5. Le importazioni da Paesi di cui al comma 1 in corso o per le quali è stato già concluso il relativo contratto si intendono autorizzate dalla data di entrata in vigore del presente decreto. Gli importatori devono, a tal fine, adempiere, entro un anno dalla data di entrata in vigore del presente decreto, all'obbligo di cui al comma 2, lettera *d*), e comunicare al Ministero dell'industria, del commercio e dell'artigianato e all'Autorità per l'energia elettrica e il gas entro sessanta giorni dalla stessa data, per ciascun contratto, i seguenti elementi:

a) termini temporali e possibili estensioni previsti dal contratto;

b) quantità contrattuali, comprensive delle possibilità di modulazione annuali e stagionali;

c) indicazione del Paese dove il gas è stato prodotto e delle strutture di trasporto internazionali utilizzate;

d) obblighi comunque connessi al contratto e alla sua esecuzione, rilevanti ai fini della sicurezza del sistema.

[6. Per le importazioni di GNL, ai fini del rispetto dell'obbligo di cui all'articolo 12, comma 2, le imprese del gas naturale possono computare come stoccaggio strategico il 50 cento della capacità dei serbatoi di stoccaggio presenti nell'impianto di rigassificazione utilizzato, ridotta proporzionalmente al rapporto tra le importazioni effettuate nel corso dell'anno da ciascun soggetto e la capacità totale annuale di importazione dell'impianto] (5).

7. L'attività di importazione di gas naturale di cui al comma 1, relativa a contratti di durata non superiore a un anno, è soggetta a comunicazione, trenta giorni prima del suo inizio, al Ministero dello sviluppo economico e all'Autorità per l'energia elettrica e il gas, degli elementi di cui al comma 5 (6).

8. I contratti di importazione di gas naturale stipulati successivamente alla data di entrata in vigore del presente decreto devono consentire una modulazione stagionale tale da rendere possibile l'incremento delle quantità importate giornaliere nel periodo di punta stagionale in misura non inferiore al 10% rispetto al valore medio giornaliero su base annua. Il valore di cui sopra può essere ridotto o annullato, con decreto del Ministero dello sviluppo economico, in funzione delle esigenze di sicurezza del sistema del gas naturale (7).

9. Entro tre mesi dalla data di entrata in vigore del presente decreto e successivamente con cadenza annuale, le imprese del gas esercenti gasdotti della rete nazionale interconnessi con i sistemi di altri Stati, nonché le imprese esercenti impianti di GNL, comunicano al Ministero dell'industria, del commercio e dell'artigianato e all'Autorità per l'energia elettrica e il gas le rispettive capacità impegnate per l'importazione e l'esportazione di gas naturale, nonché quelle disponibili per nuovi impegni contrattuali, riferite a un periodo non inferiore ai dieci anni, tenuto anche conto dei margini di sicurezza per il funzionamento della rete.

10. I dati di cui al comma 9 sono pubblicati nel bollettino ufficiale degli idrocarburi e della geotermia.

10. Le imprese di gas naturale che svolgono attività di importazione sono tenute alla certificazione di bilancio a decorrere dal 1° gennaio 2002.

(1) *A norma dell'art. 11 d.l. 31 gennaio 2007, n. 7, conv., con modif., in l. 2 aprile 2007, n. 40 le autorizzazioni all'importazione di gas rilasciate dal Ministero dello sviluppo economico ai sensi del presente articolo, sono subordinate all'obbligo di offerta presso il mercato regolamentato di cui al comma 1 di una quota del gas importato, definita con decreto dello stesso Ministero in misura rapportata ai volumi complessivamente importati.*

(2) *Comma sostituito dall'art. 28, comma 1, d.lgs. 1° giugno 2011, n. 93.*

(3) *Lettera soppressa dall'art. 28, comma 2, d.lgs. n. 93, cit.*

(4) *Comma sostituito dall'art. 28, comma 7, d.lgs. n. 93, cit.*

(5) *Comma abrogato dall'art. 60, comma 7-*bis, *lett.* a) *d.l. 16 luglio 2020, n. 76, conv., con modif., in l. 11 settembre 2020, n. 120. Il comma era stato sostituito dall'art. 28, comma 6, d.lgs. n. 93, cit.*

(6) *Comma sostituito dall'art. 28, comma 4, d.lgs. n. 93, cit.*

(7) *Comma modificato dall'art. 28, comma 5, d.lgs. n. 93, cit.*

CAPO II
Coltivazione

4 Disposizioni per l'incremento delle riserve nazionali di gas.

1. L'attività di prospezione geofisica condotta da parte dei titolari di permessi di ricerca o di concessioni di coltivazione per idrocarburi, sia ai fini della ricerca tecnologica applicata che ai fini della ricerca e della coltivazione di riserve di idrocarburi, è libera.

2. L'esecuzione dei rilievi geofisici per l'attività di cui al comma 1 è soggetta ad autorizzazione da parte del Ministero dell'industria, del commercio e dell'artigianato, ai sensi del decreto legislativo 25 novembre 1996, n. 624, e delle autorità competenti alla tutela e salvaguardia del territorio e dell'ambiente.

3. L'attività di prospezione di cui al comma 1 può interessare anche aree coperte da titoli minerari di ricerca e coltivazione di idrocarburi, previo assenso dei relativi titolari.

4. I risultati dell'attività di prospezione sono messi a disposizione della regione interessata e del Servizio geologico nazionale entro un anno dalla loro esecuzione, per la loro consultazione da parte degli interessati, ai soli costi del servizio.

[5. A decorrere dal 1° gennaio 2000 il 5% delle entrate derivanti allo Stato dal versamento delle aliquote di prodotto della coltivazione da parte dei titolari di concessione di coltivazione è destinato ad un contributo, in misura non superiore al 40%, relativamente al costo per rilievi geofisici di cui al presente articolo condotti dai titolari di permessi di ricerca e concessioni di coltivazione. Sono esclusi dal contributo i rilievi geologici e il riprocessamento di dati geofisici.] (1)

[6. Alla copertura dell'onere di cui al comma 5, valutato in lire annue 7 miliardi a decorrere dall'anno 2000, si provvede a carico del Fondo di rotazione di cui agli articoli 5 e 21 della legge 16 aprile 1987, n. 183, ai sensi dell'art. 2, comma 1, lettera *d*), della legge 21 dicembre 1999, n. 526.] (2)

[7. Il decreto di cui all'art. 13, comma 5, da adottare sentita la Conferenza unificata, stabilisce criteri e modalità per la concessione, ad opera della regione interessata, del contributo di cui al comma 5.] (2).

(1) *Comma abrogato dall'art. 23, comma 7, d.l. 22 giugno 2012, n. 83, conv., con modif., in l. 7 agosto 2012, n. 134. Ai sensi dell'art. 23, comma 11, « i procedimenti avviati in data anteriore a quella di entrata in vigore del presente decreto-legge sono disciplinati, ai fini della concessione e dell'erogazione delle agevolazioni e comunque fino alla loro definizione, dalle disposizioni delle leggi di cui all'Allegato 1 e dalle norme di semplificazione recate dal presente decreto-legge ».*

(2) *Comma abrogato dall'art. 23, comma 7, d.l. n. 83, cit. V. nota 1 per la disciplina transitoria disposta dall'art. 23, comma 11.*

5 Incentivazionealla coltivazione di giacimenti marginali (1).

1. Ai fini del presente decreto sono definiti a marginalità economica i giacimenti per i quali, sulla base delle tecnologie disponibili e con riferimento al contesto economico, lo sviluppo per la messa in produzione, ovvero la coltivazione delle code di produzione risultino di economicità critica e fortemente dipendente dal-

le variabili tecnico-economiche e dal rischio minerario.

2. I titolari di concessioni di coltivazione di idrocarburi nelle quali sono presenti giacimenti marginali per i quali lo sviluppo, come previsto all'atto del conferimento della concessione, non risulta possibile per la loro intervenuta marginalità economica, o per i quali è possibile, con l'effettuazione di investimenti addizionali, ottenere un aumento delle riserve producibili, possono presentare al Ministero dell'industria, del commercio e dell'artigianato un'istanza tendente ad ottenere per detti giacimenti il riconoscimento di marginalità. L'istanza è corredata da una dettagliata relazione tecnico-economica contenente i seguenti elementi:

a) programma delle opere necessarie a rendere economicamente attuabile lo sviluppo o l'incremento della produzione, corredato dei relativi investimenti;

b) piano economico e finanziario degli investimenti, corredato dall'analisi della redditività della coltivazione e dall'indicazione delle aliquote di prodotto;

c) ulteriore quota percentuale degli investimenti deducibile ai fini fiscali, oltre a quella del loro ammortamento, che rende economico il progetto;

d) termine possibile per l'inizio dei lavori relativi.

3. Il Ministero dell'industria, del commercio e dell'artigianato, sentita la Commissione di cui all'art. 19 del decreto legislativo 25 novembre 1996, n. 625, e sentita la regione interessata, riconosce con atto motivato la qualifica di marginalità economica del giacimento, approva la ulteriore quota percentuale di cui al comma 2 in funzione del prezzo di vendita degli idrocarburi prodotti e stabilisce il termine per l'inizio dei lavori, il cui mancato rispetto fa decadere dal diritto ad applicare l'incremento degli ammortamenti.

4. Gli utili di esercizio, le riserve e gli altri fondi formati con gli utili corrispondenti all'ulteriore importo deducibile ai sensi del comma 2 rilevano agli effetti della determinazione dell'ammontare delle imposte di cui al comma 4 dell'art. 105 del testo unico delle imposte sui redditi, approvato con decreto del Presidente della Repubblica 22 dicembre 1986, n. 917, secondo i criteri previsti per i proventi di cui al n. 1) dello stesso comma.

5. I concessionari, a seguito del riconoscimento di cui al comma 3, applicano direttamente l'agevolazione di cui al presente articolo ai propri bilanci, secondo il piano approvato, ad eccezione degli anni nei quali il prezzo medio di vendita realizzato risulti superiore del 20% a quello posto a base del calcolo approvato.

6. Il Ministero delle finanze vigila sulla corretta applicazione dell'agevolazione da parte dei concessionari.

(1) *A norma dell'art. 8, comma 4, d.l. 25 giugno 2008, n. 112, come modificato in sede di conversione, in l. 6 agosto 2008, n. 133, è abrogata ogni incentivazione sancita dal presente articolo, per i giacimenti marginali.*

6 Criteri e disciplina dell'accesso alle infrastrutture minerarie per la coltivazione.

1. I titolari di concessione di coltivazione di idrocarburi danno accesso ai loro gasdotti di coltivazione, nonché alle relative infrastrutture minerarie e ai servizi connessi, sia in terraferma che nel mare territoriale e nella piattaforma continentale italiana, ad altri titolari di concessione di coltivazione di idrocarburi, o a imprese del gas naturale che ne facciano richiesta ai fini dell'importazione, esportazione o trasporto del gas naturale. L'accesso è dovuto ove risultino verificate le seguenti condizioni:

a) disponibilità della relativa capacità di trasporto, gestione, o trattamento, tenuto conto anche dei programmi di sviluppo futuro dei giacimenti connessi ai gasdotti di coltivazione, compresi quelli con redditività economica marginale;

b) rispetto delle norme tecniche e minerarie vigenti in Italia;

c) compatibilità della composizione chimica del gas naturale e dei composti associati, e delle caratteristiche fisico-chimiche;

d) compatibilità con le norme di sicurezza mineraria;

e) rispetto delle norme in materia fiscale e di aliquote di prodotto della coltivazione dovute allo Stato.

2. Con decreto del Ministro dell'industria, del commercio e dell'artigianato, da emanare entro sei mesi dalla data di entrata in vigore del presente decreto, sono stabiliti i limiti e le norme tecniche per disciplinare l'accesso alle infrastrutture minerarie di cui al comma 1.

3. Ai fini della tutela del giacimento e della sicurezza delle lavorazioni, l'accesso alle infrastrutture minerarie di cui al comma 1 è sottoposto ad autorizzazione rilasciata dal Ministero dell'industria, del commercio e dell'artigianato.

4. L'Autorità per l'energia elettrica e il gas è competente per risolvere in sede amministrativa le controversie, anche transfrontaliere, relative all'accesso alle infrastrutture minerarie del gas naturale. In caso di controversie transfrontaliere con gli altri Stati membri si applicano le disposizioni sulla risoluzione delle controversie relative allo Stato membro che ha giurisdizione sulla rete di gasdotti di coltivazione che nega l'accesso. Se, nelle controversie transfrontaliere, la rete interessata fa capo all'Italia e a più di uno Stato membro, le competenti autorità italiane si consultano con le competenti autorità degli altri Stati membri interessati al fine di garantire che le disposizioni della direttiva 2009/73/Ce siano correttamente applicate (1).

5. Nel caso di contitolarità della concessione, tutti gli effetti derivanti dall'accesso di cui al comma 1 si verificano direttamente in capo ai singoli contitolari in ragione delle diverse quote detenute, non realizzandosi nella specie, anche ai fini fiscali, un autonomo centro di imputazione di rapporti giuridici.

(1) *Comma modificato dall'art. 29, comma 1, d.lgs. 1° giugno 2011, n. 93.*

7 Razionalizzazione dell'uso delle infrastrutture minerarie per la coltivazione.

1. I titolari di concessioni di coltivazione di idrocarburi, al fine di razionalizzare ed ottimizzare lo sviluppo e la coltivazione dei rispettivi giacimenti, possono essere autorizzati a realizzare e gestire in comune tutte o parte delle infrastrutture necessarie allo svolgimento

delle attività di coltivazione. A tal fine i titolari delle diverse concessioni nominano un rappresentante unico scelto tra i rappresentanti unici delle diverse concessioni, responsabile per tutti i rapporti con l'Amministrazione ed i terzi attinenti la realizzazione e la gestione delle opere comuni, che richiede l'autorizzazione al Ministero dell'industria, del commercio e dell'artigianato, specificando tipologia delle opere da realizzare o gestire in comune; l'autorizzazione si intende concessa nel caso in cui, entro sessanta giorni dalla ricezione, non sia stato comunicato il diniego.

2. Ciascuno dei titolari delle diverse concessioni ha diritto ad acquisire direttamente la titolarità di una quota delle opere realizzate in comune secondo proporzioni determinate d'accordo tra i diversi titolari e con le modalità tra essi concordate e comunicate al Ministero dell'industria, del commercio e dell'artigianato. I costi, le spese e gli altri oneri relativi alla realizzazione delle opere comuni gravano direttamente, in ragione delle rispettive quote, sui partecipanti alla realizzazione stessa.

3. Il rappresentante unico di cui al comma 1 assume le funzioni di titolare ai sensi del decreto legislativo 25 novembre 1996, n. 624.

4. L'Autorità di regolazione per energia reti e ambiente è competente a risolvere le controversie, anche transfrontaliere, relative all'accesso alle infrastrutture di coltivazione del gas naturale. In caso di controversie transfrontaliere si applicano le disposizioni sulla risoluzione delle controversie relative allo Stato membro che ha giurisdizione sulla rete di gasdotti di coltivazione che nega l'accesso. Se, nelle controversie transfrontaliere, la rete interessata fa capo all'Italia e almeno ad un altro Stato membro, l'Autorità di regolazione per energia reti e ambiente si consulta con le competenti autorità degli altri Stati membri interessati al fine di garantire che le disposizioni della direttiva 2009/73/CE, come modificata dalla direttiva 2019/692/UE, siano coerentemente applicate. Se la rete di gasdotti di coltivazione ha origine in un paese terzo e si collega alla rete italiana, l'Autorità di regolazione per energia reti e ambiente si consulta con le Autorità di regolazione degli Stati membri interessati e, nel caso il primo punto di ingresso verso la rete degli Stati membri sia in Italia, consulta il paese terzo interessato in cui ha origine la rete di gasdotti di coltivazione al fine di garantire, per quanto concerne la rete interessata, che la direttiva 2009/73/CE, come modificata dalla direttiva 2019/692/UE, sia coerentemente applicata nel territorio degli Stati membri (1).

5. Gli effetti derivanti dalla realizzazione e dall'utilizzo delle opere comuni si verificano direttamente in capo ai singoli titolari delle concessioni in ragione delle quote delle opere stesse, non realizzandosi nella specie, anche ai fini fiscali, un autonomo centro di imputazione di rapporti giuridici.

6. Le opere realizzate in conformità al presente articolo sono considerate pertinenze minerarie delle diverse concessioni per le quali sono realizzate o gestite. Il vincolo pertinenziale cessa con la cessazione dell'ultima concessione a cui le opere stesse sono destinate.

(1) *Comma così sostituito dall'art. 1, comma 1, lett.* b) *d.lgs. 1° giugno 2020, n. 46. Il testo del comma era il seguente:* « 4. Fatto salvo quanto stabilito all'art. 6, le opere realizzate in comune possono essere utilizzate esclusivamente dai titolari delle diverse concessioni che hanno concorso a realizzarle e dai loro eventuali successori nella titolarità delle concessioni stesse. Le variazioni delle quote di titolarità delle opere sono comunicate al Ministero dell'industria, del commercio e dell'artigianato ».

TITOLO III
Trasporto e dispacciamento

8 Attività di trasporto e dispacciamento.

1. L'attività di trasporto e dispacciamento di gas naturale è attività di interesse pubblico.

2. Le imprese che svolgono attività di trasporto e dispacciamento sono tenute ad allacciare alla propria rete gli utenti che ne facciano richiesta ove il sistema di cui esse dispongono abbia idonea capacità, e purché le opere necessarie all'allacciamento dell'utente siano tecnicamente ed economicamente realizzabili in base a criteri stabiliti con delibera dell'Autorità per l'energia elettrica e il gas entro dodici mesi dalla data di entrata in vigore del presente decreto.

3. In caso di rifiuto l'utente ne informa l'Autorità per l'energia elettrica e il gas che, sentita l'impresa che ha espresso il rifiuto, e qualora verifichi una violazione del codice di rete, può imporre alla stessa impresa di procedere all'allacciamento. Sono fatti salvi i poteri e le attribuzioni dell'Autorità garante della concorrenza e del mercato.

4. L'Autorità per l'energia elettrica e il gas vigila affinché l'attività di trasporto e dispacciamento sia svolta in modo da non ostacolare la parità di condizioni di accesso al sistema, nonché sull'applicazione del codice di rete di cui al comma 5 dell'art. 24.

5. Le imprese di cui al comma 2 forniscono agli altri soggetti che effettuano attività di trasporto e dispacciamento, nonché alle imprese del gas di ogni altro sistema dell'Unione europea interconnesso con il sistema nazionale del gas naturale, informazioni sufficienti per garantire il funzionamento sicuro ed efficiente, lo sviluppo coordinato e l'interoperabilità dei sistemi interconnessi.

6. Le imprese di cui al comma 2 governano i flussi di gas naturale ed i servizi accessori necessari al funzionamento del sistema, compresa la modulazione; sono responsabili, sulla base di direttive del Ministero dell'industria, del commercio e dell'artigianato, dell'utilizzo in caso di necessità degli stoccaggi strategici di gas naturale direttamente connessi con la rispettiva rete, salvo la tempestiva reintegrazione degli stessi da parte dei soggetti responsabili, e garantiscono l'adempimento di ogni altro obbligo volto ad assicurare la sicurezza, l'affidabilità, l'efficienza e il minor costo del servizio e degli approvvigionamenti, anche garantendo il rispetto del codice di rete di cui al comma 5 dell'art. 24.

7. Con decreto del Ministro dell'industria, del commercio e dell'artigianato, da emanare entro cinque mesi dalla data di entrata in vigore del presente decreto, sono stabilite regole per il dispacciamento in condizioni di emergenza e definiti gli obblighi di sicurezza.

8. Le imprese di cui al comma 2 sono tenute alla certificazione di bilancio a decorrere dal 1° gennaio 2002.

9 Definizione di rete nazionale di gasdotti e di rete di trasporto regionale (1).

1. Si intende per rete nazionale di gasdotti, anche ai fini dell'applicazione dell'art. 29, comma 2, lettera *g*), del decreto legislativo 31 marzo 1998, n. 112, la rete costituita dai gasdotti ricadenti in mare, dai gasdotti di importazione ed esportazione e relative linee collegate necessarie al loro funzionamento, dai gasdotti interregionali, dai gasdotti collegati agli stoccaggi, nonché dai gasdotti funzionali direttamente e indirettamente al sistema nazionale del gas. La rete nazionale di gasdotti, inclusi i servizi accessori connessi, è individuata, sentita la Conferenza unificata e l'Autorità per l'energia elettrica e il gas, entro sei mesi dalla data di entrata in vigore del presente decreto, con decreto del Ministero dell'industria, del commercio e dell'artigianato, che provvede altresì al suo aggiornamento con cadenza annuale ovvero su richiesta di un'impresa che svolge attività di trasporto. Per le reti di trasporto non comprese nella rete nazionale di gasdotti l'applicazione degli articoli 30 e 31 è di competenza regionale.

1-*bis*. Possono essere classificati come reti facenti parte della Rete di Trasporto regionale, le reti o i gasdotti di nuova realizzazione o quelli esistenti che soddisfano i requisiti stabiliti con decreto del Ministro dello sviluppo economico (2).

1-*ter*. I clienti finali diversi dai clienti civili hanno diritto di richiedere l'allacciamento diretto a una rete di trasporto regionale nei casi stabiliti con decreto del Ministero dello sviluppo economico (2).

(1) *Rubrica sostituita dall'art. 31, comma 2, d.lgs. 1° giugno 2011, n. 93.*

(2) *Comma aggiunto dall'art. 31, comma 1, d.lgs. n. 93, cit.*

10 Linee dirette.

1. La fornitura di gas naturale tramite linee dirette è soggetta ad autorizzazione rilasciata dalla regione competente per territorio ad imprese del gas in base a criteri obiettivi e non discriminatori, sentito il comune interessato.

TITOLO V
Distribuzione e vendita

CAPO I
Distribuzione

14 Attività di distribuzione.

1. L'attività di distribuzione di gas naturale è attività di servizio pubblico. Il servizio è affidato esclusivamente mediante gara per periodi non superiori a dodici anni. Gli enti locali che affidano il servizio, anche in forma associata, svolgono attività di indirizzo, di vigilanza, di programmazione e di controllo sulle attività di distribuzione, ed i loro rapporti con il gestore del servizio sono regolati da appositi contratti di servizio, sulla base di un contratto tipo predisposto dall'Autorità per l'energia elettrica e il gas ed approvato dal Ministero dell'industria, del commercio e dell'artigianato entro sei mesi dalla data di entrata in vigore del presente decreto.

2. Ai fini del presente decreto, per enti locali si intendono comuni, unioni di comuni e comunità montane.

3. Nell'ambito dei contratti di servizio di cui al comma 1 sono stabiliti la durata, le modalità di espletamento del servizio, gli obiettivi qualitativi, l'equa distribuzione del servizio sul territorio, gli aspetti economici del rapporto, i diritti degli utenti, i poteri di verifica dell'ente che affida il servizio, le conseguenze degli inadempimenti, le condizioni del recesso anticipato dell'ente stesso per inadempimento del gestore del servizio.

4. Alla scadenza del periodo di affidamento del servizio, le reti, nonché gli impianti e le dotazioni dichiarati reversibili, rientrano nella piena disponibilità dell'ente locale. Gli stessi beni, se realizzati durante il periodo di affidamento, sono trasferiti all'ente locale alle condizioni stabilite nel bando di gara e nel contratto di servizio.

5. Alle gare di cui al comma 1 sono ammesse, senza limitazioni territoriali, società per azioni o a responsabilità limitata, anche a partecipazione pubblica, e società cooperative a responsabilità limitata, sulla base di requisiti oggettivi, proporzionati e non discriminatori, con la sola esclusione delle società, delle loro controllate, controllanti e controllate da una medesima controllante, che, in Italia e in altri Paesi dell'Unione europea, o in Paesi non appartenenti all'Unione europea, gestiscono di fatto, o per disposizioni di legge, di atto amministrativo o per contratto, servizi pubblici locali in virtù di affidamento diretto o di una procedura non ad evidenza pubblica. Alle gare sono ammessi inoltre i gruppi europei di interesse economico. La esclusione di cui al primo periodo non si applica alle società quotate in mercati regolamentati e alle società da queste direttamente o indirettamente controllate ai sensi dell'articolo 2359 del codice civile, nonché al socio selezionato ai sensi dell'articolo 4, comma 12, del decreto-legge 13 agosto 2011, n. 138, convertito nella legge 14 settembre 2011, n. 148, e alle società a partecipazione mista, pubblica e privata, costituite ai sensi del medesimo comma (1).

6. Nel rispetto degli standard qualitativi, quantitativi, ambientali, di equa distribuzione sul territorio e di sicurezza, la gara è aggiudicata sulla base delle migliori condizioni economiche e di prestazione del servizio, del livello di qualità e sicurezza, dei piani di investimento per lo sviluppo e il potenziamento delle reti e degli impianti, per il loro rinnovo e manutenzione, nonché dei contenuti di innovazione tecnologica e gestionale presentati dalle imprese concorrenti. Tali elementi fanno parte integrante del contratto di servizio.

7. Gli enti locali avviano la procedura di gara non oltre un anno prima della scadenza dell'affidamento, in modo da evitare soluzioni di continuità nella gestione del servizio. Il gestore uscente resta comunque ob-

bligato a proseguire la gestione del servizio, limitatamente all'ordinaria amministrazione, fino alla data di decorrenza del nuovo affidamento. Ove l'ente locale non provveda entro il termine indicato, la regione, anche attraverso la nomina di un commissario ad acta, avvia la procedura di gara (4).

8. Il nuovo gestore, con riferimento agli investimenti realizzati sugli impianti oggetto di trasferimento di proprietà nei precedenti affidamenti o concessioni, è tenuto a subentrare nelle garanzie e nelle obbligazioni relative ai contratti di finanziamento in essere o ad estinguere queste ultime e a corrispondere una somma al distributore uscente in misura pari al valore di rimborso per gli impianti la cui proprietà è trasferita dal distributore uscente al nuovo gestore. Nella situazione a regime, al termine della durata delle nuove concessioni di distribuzione del gas naturale affidate ai sensi del comma 1, il valore di rimborso al gestore uscente è pari al valore delle immobilizzazioni nette di località del servizio di distribuzione e misura, relativo agli impianti la cui proprietà viene trasferita dal distributore uscente al nuovo gestore, incluse le immobilizzazioni in corso di realizzazione, al netto dei contributi pubblici in conto capitale e dei contributi privati relativi ai cespiti di località, calcolato secondo la metodologia della regolazione tariffaria vigente e sulla base della consistenza degli impianti al momento del trasferimento della proprietà (2).

9. Gli oneri gravanti sul nuovo gestore ai sensi del comma 8 sono indicati nel bando di gara stimando il valore di rimborso delle immobilizzazioni previste dopo l'emissione del bando di gara. Il bando di gara riporta le modalità per regolare il valore di rimborso relativo a queste ultime immobilizzazioni. Il gestore subentrante acquisisce la disponibilità degli impianti dalla data del pagamento della somma corrispondente agli oneri suddetti, ovvero dalla data di offerta reale della stessa (3).

10. Le imprese di gas che svolgono l'attività di distribuzione sono tenute alla certificazione di bilancio a decorrere dal 1° gennaio 2002.

(1) *Comma modificato dall'art. 25, comma 3, lett.* a), *d.l. 24 gennaio 2012, n. 1, conv., con modif., in l. 24 marzo 2012, n. 27 e, successivamente, sostituito dall'art. 37, comma 1, lett.* a), *d.l. 22 giugno 2012, n. 83, conv., con modif., in l. 7 agosto 2012, n. 134.*

(2) *Comma sostituito dall'art. 24, comma 1, d.lgs. 1° giugno 2011, n. 93.*

(3) *Comma modificato dall'art. 24, comma 2, d.lgs. n. 93, cit.*

(4) *A norma dell'art. 1, comma 453, l. 11 dicembre 2016, n. 232, il presente comma si interpreta nel senso che il gestore uscente resta obbligato al pagamento del canone di concessione previsto dal contratto. Le risorse derivanti dall'applicazione della presente disposizione concorrono al raggiungimento degli obiettivi di finanza pubblica da parte degli enti locali.*

15 Regime di transizione nell'attività di distribuzione.

1. Entro il 1° gennaio 2003 sono adottate dagli enti locali le deliberazioni di adeguamento alle disposizioni del presente decreto. Tale adeguamento avviene mediante l'indizione di gare per l'affidamento del servizio ovvero attraverso la trasformazione delle gestioni in società di capitali o in società cooperative a responsabilità limitata, anche tra dipendenti. Detta trasformazione può anche comportare il frazionamento societario. Ove l'adeguamento di cui al presente comma non avvenga entro il termine indicato, provvede nei successivi tre mesi, anche attraverso la nomina di un proprio delegato, il rappresentante dell'ente titolare del servizio. Per gestioni associate o per ambiti a dimensione sovracomunale, in caso di inerzia, la regione procede all'affidamento immediato del servizio mediante gara, nominando a tal fine un commissario ad acta.

2. La trasformazione in società di capitali delle aziende che gestiscono il servizio di distribuzione gas avviene con le modalità di cui all'art. 17, commi 51, 52, 53, 56 e 57, della legge 15 maggio 1997, n. 127. Le stesse modalità si applicano anche alla trasformazione di aziende consortili, intendendosi sostituita al consiglio comunale l'assemblea consortile. In questo caso le deliberazioni sono adottate a maggioranza dei componenti; gli enti locali che non intendono partecipare alla società hanno diritto alla liquidazione sulla base del valore nominale iscritto a bilancio della relativa quota di capitale. L'ente titolare del servizio può restare socio unico delle società di cui al presente comma per un periodo non superiore a due anni dalla trasformazione.

3. Per la determinazione della quota di capitale sociale spettante a ciascun ente locale, socio della società risultante dalla trasformazione delle aziende consortili, si tiene conto esclusivamente dei criteri di ripartizione del patrimonio previsti per il caso di liquidazione dell'azienda consortile.

4. Con riferimento al servizio di distribuzione del gas, l'affidamento diretto a società controllate dall'ente titolare del servizio prosegue per i periodi indicati ai commi 5 e 6, anche nel caso in cui l'ente locale, per effetto di operazioni di privatizzazione, abbia perduto il controllo della società.

5. Per l'attività di distribuzione del gas, gli affidamenti e le concessioni in essere alla data di entrata in vigore del presente decreto, nonché quelli alle società derivate dalla trasformazione delle attuali gestioni, proseguono fino alla scadenza stabilita, se compresa entro i termini previsti dal comma 7 per il periodo transitorio. Gli affidamenti e le concessioni in essere per i quali non è previsto un termine di scadenza o è previsto un termine che supera il periodo transitorio, proseguono fino al completamento del periodo transitorio stesso. In quest'ultimo caso, ai titolari degli affidamenti e delle concessioni in essere è riconosciuto un rimborso, a carico del nuovo gestore ai sensi del comma 8 dell'art. 14, calcolato nel rispetto di quanto stabilito nelle convenzioni o nei contratti, purché stipulati prima della data di entrata in vigore del regolamento di cui al decreto del Ministro dello sviluppo economico e del Ministro per i rapporti con le regioni e la coesione territoriale 12 novembre 2011, n. 226, e, per quanto non desumibile dalla volontà delle parti nonché per gli aspetti non disciplinati dalle medesime convenzioni o contratti, in base alle linee guida su criteri e modalità operative per la valutazione del valore di rimborso di cui all'articolo 4, comma 6, del decreto-legge 21 giugno 2013, n. 69, convertito, con modificazioni, dalla legge 9 agosto 2013, n. 98. In ogni caso, dal rimborso di cui al

presente comma sono detratti i contributi privati relativi ai cespiti di località, valutati secondo la metodologia della regolazione tariffaria vigente. Qualora il valore di rimborso risulti maggiore del 10 per cento del valore delle immobilizzazioni nette di località calcolate nella regolazione tariffaria, al netto dei contributi pubblici in conto capitale e dei contributi privati relativi ai cespiti di località, l'ente locale concedente trasmette le relative valutazioni di dettaglio del valore di rimborso all'Autorità per l'energia elettrica, il gas ed il sistema idrico per la verifica prima della pubblicazione del bando di gara. Tale disposizione non si applica qualora l'ente locale concedente possa certificare anche tramite un idoneo soggetto terzo che il valore di rimborso è stato determinato applicando le disposizioni contenute nel decreto del Ministro dello sviluppo economico 22 maggio 2014, pubblicato nella Gazzetta Ufficiale n. 129 del 6 giugno 2014, recante approvazione delle "Linee Guida su criteri e modalità applicative per la valutazione del valore di rimborso degli impianti di distribuzione del gas naturale", e che lo scostamento del valore di rimborso e del valore delle immobilizzazioni nette, al netto dei contributi pubblici in conto capitale e dei contributi privati relativi ai cespiti di località, aggregato d'ambito, non risulti superiore alla percentuale dell'8 per cento, purché lo scostamento del singolo comune non superi il 20 per cento. Nel caso di valore delle immobilizzazioni nette disallineate rispetto alle medie di settore secondo le definizioni dell'Autorità per l'energia elettrica, il gas e il sistema idrico, il valore delle immobilizzazioni nette rilevante ai fini del calcolo dello scostamento è determinato applicando i criteri di valutazione parametrica definiti dall'Autorità per l'energia elettrica, il gas e il sistema idrico (1). La stazione appaltante tiene conto delle eventuali osservazioni dell'Autorità per l'energia elettrica, il gas ed il sistema idrico ai fini della determinazione del valore di rimborso da inserire nel bando di gara. I termini di scadenza previsti dal comma 3 dell'articolo 4 del decreto-legge 21 giugno 2013, n. 69, convertito, con modificazioni, dalla legge 9 agosto 2013, n. 98, sono prorogati di ulteriori quattro mesi. Le date limite di cui all'allegato 1 al regolamento di cui al decreto del Ministro dello sviluppo economico 12 novembre 2011, n. 226, relative agli ambiti ricadenti nel terzo raggruppamento dello stesso allegato 1, nonché i rispettivi termini di cui all'articolo 3 del medesimo regolamento, sono prorogati di quattro mesi. Resta sempre esclusa la valutazione del mancato profitto derivante dalla conclusione anticipata del rapporto di gestione (2).

6. Decorso il periodo transitorio, l'ente locale procede all'affidamento del servizio secondo le modalità previste dall'art. 14.

7. Il periodo transitorio di cui al comma 5 è fissato in cinque anni a decorrere dal 31 dicembre 2000. Tale periodo può essere incrementato, alle condizioni sotto indicate, in misura non superiore a:

a) un anno nel caso in cui, almeno un anno prima dello scadere dei cinque anni, si realizzi una fusione societaria che consenta di servire un'utenza complessivamente non inferiore a due volte quella originariamente servita dalla maggiore delle società oggetto di fusione;

b) due anni nel caso in cui, entro il termine di cui alla lettera *a*), l'utenza servita risulti superiore a centomila clienti finali, o il gas naturale distribuito superi i cento milioni di metri cubi all'anno, ovvero l'impresa operi in un ambito corrispondente almeno all'intero territorio provinciale;

c) due anni nel caso in cui, entro il termine di cui alla lettera *a*), il capitale privato costituisca almeno il 40% del capitale sociale.

8. (*Omissis*) (3).

9. Gli affidamenti e le concessioni in essere alla data di entrata in vigore del presente decreto sono mantenuti per la durata in essi stabilita ove questi siano stati attribuiti mediante gara, e comunque per un periodo non superiore a dodici anni a partire dal 31 dicembre 2000 (4).

10. I soggetti titolari degli affidamenti o delle concessioni di cui al comma 5 del presente articolo possono partecipare alle prime gare per ambiti territoriali, indette a norma dell'articolo 14, comma 1, successive al periodo transitorio, su tutto il territorio nazionale e senza limitazioni, anche se, in Italia o all'estero, tali soggetti o le loro controllate, controllanti o controllate da una medesima controllante gestiscono servizi pubblici locali, anche diversi dalla distribuzione di gas naturale, in virtù di affidamento diretto o di una procedura non ad evidenza pubblica. Per le prime gare di cui sopra non si applicano le disposizioni dell'articolo 4, comma 33, del decreto-legge 13 agosto 2011, n. 138, convertito con modificazioni, dalla legge 14 settembre 2011, n. 148, e successive modifiche e integrazioni. Per i soggetti che devono essere costituiti o trasformati ai sensi dei commi 1, 2, e 3 del presente articolo, la partecipazione alle prime gare successive al periodo transitorio, su tutto il territorio nazionale è consentita a partire dalla data dell'avvenuta costituzione o trasformazione (5).

10-*bis*. Per le concessioni e gli affidamenti in essere per la realizzazione delle reti e la gestione della distribuzione del gas metano ai sensi dell'articolo 11 della legge 28 novembre 1980, n. 784, e successive modificazioni, e dell'articolo 9 della legge 7 agosto 1997, n. 266, come modificato dall'articolo 28 della legge 17 maggio 1999, n. 144, il periodo transitorio disciplinato dal comma 7 e il periodo di cui al comma 9 del presente articolo decorrono, tenuto conto del tempo necessario alla costruzione delle reti, decorsi quattro anni dalla data di entrata in vigore del decreto del Ministero del tesoro, del bilancio e della programmazione economica di concessione del contributo (6).

(1) *Periodo inserito dall'art. 1, comma 93, l. 4 agosto 2017, n. 124.*

(2) *Comma modificato dall'art. 1, comma 16, d.l. 23 dicembre 2013, n. 145, conv., con modif., in l. 21 febbraio 2013, n. 9 e successivamente dall'art. 30-bis, comma 1, d.l. 24 giugno 2014, n. 91, conv., con modif., in l. 11 agosto 2014, n. 116.*

V. l'interpretazione di cui all'art. unico, comma 69, l. 23 agosto 2004, n. 239 ai sensi del quale « 69. La disposizione di cui all'articolo 15, comma 5, del decreto legislativo 23 maggio 2000, n. 164, relativa al regime transitorio degli affidamenti e delle concessioni in essere al 21 giugno 2000, data di entrata in vigore del medesimo decreto legislativo, va interpretata nel senso che è fatta salva la facoltà di riscatto anticipato, durante il periodo transitorio, se stabilita nei relativi atti di affidamento o di concessione. Tale facoltà va esercitata secondo le norme ivi stabilite. Le gare sono svolte in conformità all'articolo 14 del decreto legislativo 23 maggio 2000, n. 164. Il periodo transitorio di cui al citato articolo 15, comma 5, termina entro il 31 dicembre 2007, fatta salva la facoltà per l'ente locale affidante o concedente di prorogare, entro sei mesi dalla data di entrata in vigore della presente legge, per un anno la durata del periodo transitorio, qualora vengano ravvisate motivazioni di pubblico interesse. Nei casi previsti dall'articolo 15, comma 9, del decreto legislativo 23 maggio 2000, n. 164, il periodo transitorio non può comunque terminare oltre il 31 dicembre 2012. È abrogato il comma 8 dell'articolo 15 dello stesso decreto legislativo n. 164 del 2000 ».

(3) *Comma abrogato dall'art. unico, comma 69, l. n. 239, cit.*

(4) *V. l'art. unico, comma 69, l. n. 239, cit. sub nota 2.*

(5) *Comma modificato dall'art. 25, comma 3, lett.* b) *d.l. 24 gennaio 2012, n. 1, conv., con modif., in l. 24 marzo 2012, n. 27 e, successivamente, dall'art 37, comma 1, lett.* b), *d.l. 22 giugno 2012, n. 83, conv., con modif., in l. 7 agosto 2012, n. 134.*

(6) *Comma inserito dall'art. 145, comma 22, l. 23 dicembre 2000, n. 388 e successivamente modificato dall'art. unico l. n. 239, cit.*

16 Obblighi delle imprese di distribuzione.

1. Le imprese di distribuzione di gas naturale svolgono anche l'attività di dispacciamento sulla propria rete.

2. Le imprese di distribuzione di gas naturale hanno l'obbligo di allacciare i clienti, che ne facciano richiesta, che abbiano sede nell'ambito dell'area territoriale alla quale si riferisce l'affidamento sulla base del quale esse operano, purché esista la capacità del sistema di cui dispongono e le opere necessarie all'allacciamento del cliente siano tecnicamente ed economicamente realizzabili in base a criteri stabiliti con delibera dell'Autorità per l'energia elettrica e il gas entro sei mesi dalla data di entrata in vigore del presente decreto, nel rispetto degli obblighi di universalità del servizio pubblico.

3. In caso di rifiuto l'utente ne informa l'Autorità per l'energia elettrica e il gas che, sentita l'impresa che ha espresso il rifiuto, e qualora verifichi una violazione dei criteri di cui al comma 2, può imporre alla stessa impresa di procedere all'allacciamento. Sono fatti salvi i poteri e le attribuzioni dell'Autorità garante della concorrenza e del mercato.

4. Le imprese di distribuzione perseguono il risparmio energetico e lo sviluppo delle fonti rinnovabili. Gli obiettivi quantitativi nazionali, definiti in coerenza con gli impegni previsti dal protocollo di Kyoto, ed i princìpi di valutazione dell'ottenimento dei risultati sono individuati con decreto del Ministro dell'industria, del commercio e dell'artigianato, di concerto con il Ministro dell'ambiente, sentita la Conferenza unificata, da emanare entro tre mesi dalla data di entrata in vigore del presente decreto. Gli obiettivi regionali e le relative modalità di raggiungimento, utilizzando anche lo strumento della remunerazione delle iniziative di cui al comma 4 dell'art. 23, nel cui rispetto operano le imprese di distribuzione, sono determinati con provvedimenti di pianificazione energetica regionale, sentiti gli organismi di raccordo regione-autonomie locali. In sede di Conferenza unificata è verificata annualmente la coerenza degli obiettivi regionali con quelli nazionali.

5. (*Omissis*) (1).

6. Le imprese di distribuzione di gas naturale sospendono altresì la fornitura di gas agli impianti su richiesta dell'ente locale competente per i controlli ai sensi dell'art. 31, comma 3, della legge 9 gennaio 1991, n. 10, motivata dalla riscontrata non conformità dell'impianto alle norme o dal reiterato rifiuto del responsabile dell'impianto a consentire i controlli di cui alla citata legge n. 10 del 1991.

7. Per quanto non espressamente previsto dal presente decreto in materia di distribuzione si applicano le norme vigenti in materia di servizi pubblici locali.

(1) *Comma abrogato dall'art. unico, comma 51, l. 23 agosto 2004, n. 239.*

CAPO II
Vendita

17 Attività di vendita ai clienti finali.

1. A decorrere dall'1° gennaio 2012 è operativo presso il Ministero dello sviluppo economico un 'Elenco dei soggetti abilitati alla vendita di gas naturale a clienti finali, relativo anche alla vendita di gas naturale liquefatto attraverso autocisterne e di gas naturale a mezzo di carri bombolai, nonché di biogas (1).

2. I soggetti che alla data del presente decreto risultano autorizzati alla vendita di gas naturale a clienti finali, sono direttamente iscritti all'elenco di cui al comma 1 (1).

3. Le società interessate alla inclusione nell'elenco di cui al comma 1 presentano richiesta al Ministero dello sviluppo economico, in base a modalità e requisiti stabiliti, sentita l'Autorità per l'energia elettrica, il gas e il sistema idrico, con decreto dello stesso Ministero entro la data di cui al comma 1. Il Ministero dello sviluppo economico, entro trenta giorni dalla richiesta, qualora verifichi la non congruità di uno o più dei requisiti richiesti, può sospendere l'iscrizione nell'elenco di cui al comma 1 del soggetto interessato e richiedere allo stesso elementi integrativi (1).

4. L'Elenco dei soggetti abilitati alla vendita di gas naturale ai clienti finali è pubblicato sul sito internet del Ministero dello sviluppo economico e aggiornato mensilmente. La pubblicazione ha valore di pubblicità ai fini di legge per tutti i soggetti interessati (1).

5. Per motivi di continuità del servizio, o su segnalazione dell'Autorità per l'energia elettrica e il gas, con decreto del Ministero dell'industria, del commercio e dell'artigianato le imprese distributrici possono essere autorizzate in via eccezionale a svolgere transitoriamente l'attività di vendita ai clienti finali nell'area di loro operatività. Tale attività è esercitata a condizioni e modalità stabilite dall'Autorità per l'energia elettrica e il gas.

(1) *Comma sostituito dall'art. 30, comma 2, d.lgs. 1° giugno 2011, n. 93 e successivamente modificato dall'art. 1, comma 83, L. 4 agosto 2017, n. 124.*

18 Disciplina dell'attività di vendita.

1. A decorrere dalla data di entrata in vigore del presente decreto e fino al 31 dicembre 2002 i soggetti che svolgono l'attività di trasporto, nell'ambito della loro attività di dispacciamento sulla rete nazionale di gasdotti devono fornire ai clienti non idonei, direttamente o indirettamente connessi alla porzione di rete su cui svolgono la loro attività, la disponibilità del servizio di modulazione stagionale e di punta stagionale e

giornaliera adeguata alla domanda di un anno con inverno rigido con frequenza ventennale. L'Autorità per l'energia elettrica ed il gas vigila sull'espletamento dell'obbligo suddetto.

2. Il servizio di cui al comma 1 è fornito dai soggetti che svolgono l'attività di vendita. Il Ministero dello sviluppo economico determina i criteri per il calcolo degli obblighi di modulazione per il periodo di punta stagionale per aree di prelievo omogenee in funzione dei valori climatici, tenendo conto degli obblighi di garanzia delle forniture di gas naturale ai clienti protetti di cui all'articolo 6 del regolamento (UE) 2017/1938 del Parlamento europeo e del Consiglio, del 25 ottobre 2017, concernente misure volte a garantire la sicurezza dell'approvvigionamento di gas e che abroga il regolamento (UE) n. 994/2010, di seguito "regolamento (UE) 2017/1938" (1).

3. I soggetti che svolgono attività di vendita ai clienti civili, ivi comprese le utenze relative ad attività di servizio pubblico, tra cui ospedali, case di cura e di riposo, carceri, scuole, e altre strutture pubbliche o private che svolgono un'attività riconosciuta di assistenza, nonché a clienti non civili con consumi non superiori a 50.000 metri cubi annui, a decorrere dal 1° ottobre 2011 forniscono agli stessi clienti il servizio di modulazione di cui al comma 2, ovvero, ove abbiano installato misuratori multiorari di gas naturale, il servizio richiesto direttamente dai clienti stessi. L'Autorità per l'energia elettrica ed il gas vigila sulla trasparenza delle condizioni contrattuali e, con proprie deliberazioni, può stabilire un codice di condotta commerciale in cui sono determinate le modalità e i contenuti delle informazioni minime che i soggetti che svolgono l'attività di vendita devono fornire ai clienti stessi (2).

4. A decorrere dalla data di entrata in vigore del presente decreto i soggetti che svolgono l'attività di vendita a clienti idonei devono fornire contestualmente agli stessi clienti la disponibilità del servizio di modulazione stagionale e di punta stagionale, giornaliera e oraria richiesta dai clienti stessi. I criteri per la determinazione delle capacità di stoccaggio associate alla domanda degli stessi clienti sono stabiliti nell'ambito del codice di stoccaggio.

5. Per i clienti finali con consumo annuo superiore a 200.000 Smc la misurazione del gas è effettuata su base oraria a decorrere dal 1° luglio 2002; l'Autorità per l'energia elettrica ed il gas, con proprie deliberazioni, può prorogare, su specifica istanza di imprese di trasporto o di distribuzione, il suddetto termine temporale, e può estendere l'obbligo di misurazione su base oraria ad altre tipologie di clienti (3).

6. I soggetti che effettuano la vendita di gas naturale devono disporre di capacità di trasporto, modulazione e stoccaggio adeguate alle forniture ad essi richieste. Nel caso essi utilizzino, per sopperire a temporanee richieste dei clienti superiori a quanto concordato, ulteriori capacità di trasporto, stoccaggio e di modulazione oltre quanto impegnato, sono tenuti a versare ai soggetti che svolgono le connesse attività di trasporto e dispacciamento e di stoccaggio un corrispettivo, determinato dall'Autorità per l'energia elettrica ed il gas entro il 1° gennaio 2001, ai fini del bilanciamento del sistema o per la tempestiva reintegrazione degli stoccaggi.

7. Le imprese di gas che svolgono l'attività di vendita sono tenute alla certificazione di bilancio a decorrere dal 1° gennaio 2002.

(1) *Comma così sostituito dall'art. 1, comma 1, lett.* a), *d.lgs. 2 febbraio 2021, n. 14. Il testo del comma, come da ultimo modificato dall'art. 27, comma 3, d.lgs. 1° giugno 2011, n. 93, era il seguente:* « 2. A decorrere dal 30 giugno 2003 il servizio di cui al comma 1 è fornito dai soggetti che svolgono l'attività di vendita. Il Ministero dello sviluppo economico determina i criteri per il calcolo degli obblighi di modulazione per il periodo di punta stagionale per aree di prelievo omogenee in funzione dei valori climatici, tenendo conto degli obblighi di garanzia delle forniture di gas naturale ai clienti vulnerabili di cui all'articolo 8 del regolamento (CE) n. 994/2010 del Parlamento europeo e del Consiglio del 20 ottobre 2010 ».

(2) *Comma sostituito dall'art. 27, comma 4, d.lgs. n. 93, cit.*

(3) *A norma dell'art. 2 della Deliberazione 11 luglio 2002, n. 130, come modificato dall'art. 2 della Deliberazione 4 dicembre 2003, n. 139, il termine di cui al presente comma è differito al 1° luglio 2005.*

TITOLO VI
Norme per la tutela e lo sviluppo della concorrenza

19 Norme per la tutela e lo sviluppo della concorrenza.

1. Alle imprese di gas naturale si applicano le norme in materia di intese restrittive della libertà di concorrenza, di abuso di posizione dominante e di operazioni di concentrazione di cui alla legge 10 ottobre 1990, n. 287.

2. A decorrere dal 1° gennaio 2003 e fino al 31 dicembre 2010, nessuna impresa del gas può vendere, direttamente o a mezzo di società controllate, controllanti o controllate da una medesima controllante, ai clienti finali più del 50% dei consumi nazionali di gas naturale su base annuale.

3. A decorrere dal 1° gennaio 2002 e fino al 31 dicembre 2010, nessuna impresa del gas può immettere gas importato o prodotto in Italia, nella rete nazionale, al fine della vendita in Italia, direttamente o a mezzo di società controllate, controllanti o controllate da una medesima controllante, per quantitativi superiori al 75% dei consumi nazionali di gas naturale su base annuale. La suddetta percentuale è ridotta di due punti percentuali per ciascun anno successivo al 2002 fino a raggiungere il 61%.

4. La percentuale di cui al comma 2 è calcolata sottraendo sia dalle quantità vendute, sia dai consumi nazionali al netto delle perdite, le quantità di gas autoconsumato direttamente dall'impresa o a mezzo di società controllate, controllanti, o controllate da una medesima controllante. La percentuale di cui al comma 3 è calcolata sottraendo sia dalle quantità importate e prodotte, sia dai consumi nazionali, le quantità di gas autoconsumato direttamente dall'impresa o a mezzo di società controllate, controllanti, o controllate da una medesima controllante.

5. I limiti di cui ai commi 2 e 3 si intendono superati qualora la media delle percentuali effettivamente conseguite da un'impresa, calcolata ogni anno con riferimento al triennio precedente, risulti superiore alla

media delle percentuali consentite per il medesimo triennio.

6. A decorrere dalla data di entrata in vigore del presente decreto le norme in materia di metanizzazione del Mezzogiorno che riservino incentivi o contributi in qualunque forma a favore della società ENI, o di società da essa controllate o ad essa collegate, sono applicabili a qualunque impresa del gas, avente sede nell'Unione europea, operante nel settore del trasporto o della distribuzione di gas naturale.

6-*bis*. Per l'ammissibilità ai contributi di cui all'articolo 9 della legge 7 agosto 1997, n. 266, come modificato dall'articolo 28 della legge 17 maggio 1999, n. 144, i soggetti titolari di una concessione per la costruzione degli impianti e per la gestione del servizio di distribuzione del gas sono tenuti a dare conferma ai comuni dell'esecuzione della concessione stessa entro due mesi dalla data di pubblicazione delle nuove tariffe di distribuzione del gas determinate dall'Autorità per l'energia elettrica e il gas ai sensi dell'articolo 23, comma 2. Decorso tale termine, la concessione si intende risolta e i comuni possono procedere ad una gara per l'affidamento ad altro concessionario, fermi restando la validità delle domande di contributo presentate per l'ottenimento dei benefici di cui alle leggi citate e l'ammontare dei contributi eventualmente già determinati. Nel caso di bacini di utenza non sono ammissibili rinunce parziali da parte del concessionario. Il termine per la presentazione delle domande di contributo è prorogato al 30 giugno 2001 (1).

7. Nel caso di superamento dei limiti di cui ai commi 2 e 3, l'Autorità garante della concorrenza e del mercato adotta i provvedimenti di cui all'art. 15 della legge 10 ottobre 1990, n. 287.

(1) *Comma aggiunto dall'art. 145, comma 23, l. 23 dicembre 2000, n. 388.*

20 Obblighi di informazione delle imprese del gas.

1. É fatto obbligo alle imprese che svolgono attività di trasporto e dispacciamento di gas naturale, alle imprese che gestiscono impianti di liquefazione o rigassificazione di GNL, e alle imprese di distribuzione e di stoccaggio di gas naturale di fornire alle altre imprese esercenti le stesse attività informazioni sufficienti per garantire che le relative attività avvengano in modo compatibile con il funzionamento sicuro ed efficiente del sistema del gas.

2. Il contenuto minimo di informazioni di cui al comma 1 è stabilito con delibera dell'Autorità per l'energia elettrica e il gas da emanare entro sei mesi dalla data di entrata in vigore del presente decreto.

3. Fatti salvi i poteri di indagine dell'Autorità garante per la concorrenza e del mercato e dell'Autorità per l'energia elettrica e il gas e gli altri obblighi di divulgazione delle informazioni, le imprese di cui al comma 1 mantengono il segreto sulle informazioni commercialmente sensibili acquisite da altre imprese nel corso dello svolgimento delle loro attività.

4. Le imprese di cui al comma 1 non possono utilizzare a proprio vantaggio le informazioni commercialmente sensibili acquisite nel corso delle loro attività nell'ambito della vendita o dell'acquisto di gas naturale, anche da parte di imprese controllate, controllanti o collegate.

5. Le imprese di cui al comma 1 non operano discriminazioni tra gli utenti del sistema o categorie di utenti del sistema, in particolare a favore di imprese loro collegate.

5-*bis*. Le imprese di cui al comma 1 impediscono che le informazioni concernenti le proprie attività, che potrebbero essere commercialmente vantaggiose, siano divulgate in modo discriminatorio. In particolare, le informazioni commercialmente sensibili non sono divulgate ad altre parti dell'impresa salvo risulti necessario per effettuare una operazione commerciale. Il proprietario di una impresa di trasporto e la restante parte dell'impresa non devono utilizzare servizi comuni, quali servizi legali comuni, ad eccezione delle funzioni meramente amministrative o dei servizi informatici (1).

5-*ter*. Nel corso di operazioni di compravendita da parte di imprese collegate, alle imprese di cui al comma 1 è fatto divieto di abuso delle informazioni commercialmente sensibili acquisite da terzi nel negoziare o fornire l'accesso ai sistemi e agli impianti gestiti dalle stesse imprese (1).

(1) *Comma aggiunto dall'art. 22, comma 1, d.lgs. 1° giugno 2011, n. 93.*

21 Separazione contabile e societaria per le imprese del gas naturale.

1. A decorrere dal 1° gennaio 2002 l'attività di trasporto e dispacciamento di gas naturale è oggetto di separazione societaria da tutte le altre attività del settore del gas, ad eccezione dell'attività di stoccaggio, che è comunque oggetto di separazione contabile e gestionale dall'attività di trasporto e dispacciamento e di separazione societaria da tutte le altre attività del settore del gas.

2. Entro lo stesso termine di cui al comma 1 l'attività di distribuzione di gas naturale è oggetto di separazione societaria da tutte le altre attività del settore del gas.

3. Entro lo stesso termine di cui al comma 1 la vendita di gas naturale può essere effettuata unicamente da società che non svolgano alcuna altra attività nel settore del gas naturale, salvo l'importazione, l'esportazione, la coltivazione e l'attività di cliente grossista.

4. A decorrere dal 1° gennaio 2003 e in deroga a quanto previsto dai commi 2 e 3, le imprese di gas naturale che svolgono nel settore del gas unicamente attività di distribuzione e di vendita e che forniscono meno di centomila clienti finali separano societariamente le stesse attività di distribuzione e di vendita.

5. In deroga a quanto stabilito nei commi precedenti, è fatta salva la facoltà delle imprese del gas di svolgere attività di vendita di gas naturale, a clienti diversi da quelli finali, ai soli fini del bilanciamento del sistema del gas.

TITOLO VII
Accesso al sistema

22 Obblighi relativi al servizio pubblico e tutela dei consumatori (1).

1. Tutti i clienti sono idonei.

2. Sono considerati clienti protetti i clienti domestici, le utenze relative ad attività di servizio pubblico, tra cui ospedali, case di cura e di riposo, carceri, scuole, e altre strutture pubbliche e private che svolgono un'attività riconosciuta di assistenza nonché i clienti civili e non civili con consumo non superiore a 50.000 metri cubi annui. Per essi vige l'obbligo di assicurare, col più alto livello di sicurezza possibile, le forniture di gas naturale anche in momenti critici o in situazioni di emergenza del sistema del gas naturale. Per i soli clienti domestici, nell'ambito degli obblighi di servizio pubblico, l'Autorità per l'energia elettrica e il gas continua transitoriamente a determinare i prezzi di riferimento, ai sensi delle disposizioni di cui al decreto-legge 18 giugno 2007, n. 73, convertito, con modificazioni, dalla legge 3 agosto 2007, n. 125 (2).

2-*bis*. Sono considerati clienti vulnerabili ai sensi della direttiva 2009/73/CE i clienti domestici di cui all'articolo 1, comma 375, della legge 23 dicembre 2005, n. 266, come individuati dal decreto del Ministro dello sviluppo economico 28 dicembre 2007, pubblicato nella Gazzetta Ufficiale n. 41 del 18 febbraio 2008. Per essi vige l'obbligo di assicurare, col più alto livello di sicurezza possibile, le forniture di gas naturale anche in zone isolate, in momenti critici o in situazioni di emergenza del sistema del gas naturale (3).

2-*ter*. Sono considerati "clienti protetti nel quadro della solidarietà" ai sensi del regolamento (UE) 2017/1938, i clienti civili che sono connessi ad una rete di distribuzione del gas, inclusi i servizi sociali essenziali diversi dai servizi di istruzione e di pubblica amministrazione e gli impianti di teleriscaldamento che servono clienti civili o servizi sociali essenziali diversi dai servizi di istruzione e di pubblica amministrazione (4).

3. Tutti i clienti hanno il diritto di essere riforniti di gas naturale da un fornitore, ove questi lo accetti, a prescindere dallo Stato membro in cui il fornitore è registrato, a condizione che il fornitore rispetti le norme applicabili in materia di scambi e bilanciamento e fatti salvi i requisiti in materia di sicurezza degli approvvigionamenti.

4. L'Autorità per l'energia elettrica e il gas provvede affinché:

a) qualora un cliente, nel rispetto delle condizioni contrattuali, intenda cambiare fornitore, l'operatore o gli operatori interessati effettuino tale cambiamento entro tre settimane assicurando comunque che l'inizio della fornitura coincida con il primo giorno del mese;

b) i clienti ricevano tutti i pertinenti dati di consumo e a tal fine siano obbligate le società di distribuzione a rendere disponibili i dati di consumo dei clienti alle società di vendita, garantendo la qualità e la tempestività dell'informazione fornita;

c) qualora un cliente finale connesso alla rete di distribuzione si trovi senza un fornitore di gas naturale e non sussistano i requisiti per l'attivazione del fornitore di ultima istanza, l'impresa di distribuzione territorialmente competente garantisca il bilanciamento della propria rete in relazione al prelievo presso tale punto per il periodo in cui non sia possibile la sua disalimentazione fisica, secondo modalità e condizioni definite dall'Autorità per l'energia elettrica e il gas che deve altresì garantire all'impresa di distribuzione una adeguata remunerazione dell'attività svolta e la copertura dei costi sostenuti.

5. Allo scopo di promuovere l'efficienza energetica l'Autorità per l'energia elettrica e il gas stabilisce criteri in base ai quali le imprese di gas naturale ottimizzino l'utilizzo del gas naturale, anche fornendo servizi di gestione dell'energia, sviluppando formule tariffarie innovative, introducendo sistemi di misurazione intelligenti o, se del caso, reti intelligenti.

6. L'Autorità per l'energia elettrica e il gas, anche avvalendosi dell'Acquirente unico Spa, ai sensi dell'articolo 27, comma 2, della legge 23 luglio 2009, n. 99, provvede affinché siano istituiti sportelli unici al fine di mettere a disposizione dei clienti tutte le informazioni necessarie concernenti i loro diritti, la normativa in vigore e le modalità di risoluzione delle controversie di cui dispongono.

7. Con decreto del Ministero dello sviluppo economico, anche in base a quanto previsto all'articolo 30, commi 5 e 8, della legge 23 luglio 2009, n. 99, sono individuati e aggiornati i criteri e le modalità per la fornitura di gas naturale nell'ambito del servizio di ultima istanza, a condizioni che incentivino la ricerca di un nuovo fornitore sul mercato, per tutti i clienti civili e i clienti non civili con consumi pari o inferiori a 50.000 metri cubi all'anno nonché per le utenze relative ad attività di servizio pubblico, tra cui ospedali, case di cura e di riposo, carceri, scuole, e altre strutture pubbliche e private che svolgono un'attività riconosciuta di assistenza, nonché nelle aree geografiche nelle quali non si è ancora sviluppato un mercato concorrenziale nell'offerta di gas naturale, ai sensi dell'articolo 1, comma 46, della legge 23 agosto 2004, n. 239.

(1) *Articolo sostituito dall'art. 7, comma 1, d.lgs. 1° giugno 2011, n. 93.*

(2) *Comma modificato dall'art. 4, comma 1, d.l. 21 giugno 2013, n. 69, conv., con modif., in l. 9 agosto 2013, n. 98 e successivamente dall'art. 33, comma 2, lett.* a), *l. 7 luglio 2016, n. 122.*

A norma dell'articolo 1, comma 59, l. 4 agosto 2017, n. 124 (sub V, 9), come da ultimo modificato dall'art. 12, comma 9, lett. a) *d.l. 30 dicembre 2020, n. 183, conv., con modif., in l. 26 febbraio 2021, n. 21, il terzo periodo del presente comma, è soppresso a decorrere dal* **1° gennaio 2023**. *V. anche i commi 60-80 dell'art. 1 l. n. 124, cit. sub V, 9.*

(3) *Comma inserito dall'art. 33, comma 2, lett.* b), *l. 7 luglio 2016, n. 122.*

(4) *Comma inserito dall'art. 1, comma 1, lett.* b), *d.lgs. 2 febbraio 2021, n. 14.*

23 Tariffe.

1. Sono fatte salve le funzioni di indirizzo nel settore spettanti al Governo e le attribuzioni dell'Autorità per l'energia elettrica e il gas, con particolare riferimento all'art. 2, comma 12, della legge 14 novembre 1995, n. 481.

2. L'Autorità per l'energia elettrica e il gas determina le tariffe per la vendita ai clienti non idonei in modo

da realizzare una adeguata ripartizione dei benefici tra clienti ed imprese e da assicurare a queste ultime una congrua remunerazione del capitale investito. L'Autorità per l'energia elettrica e il gas determina inoltre, entro il 1° gennaio 2001, le tariffe per il trasporto e dispacciamento, per lo stoccaggio minerario, strategico e di modulazione, per l'utilizzo dei terminali di GNL e per la distribuzione, in modo da assicurare una congrua remunerazione del capitale investito.

3. Le tariffe per il trasporto e il dispacciamento e le tariffe per lo stoccaggio tengono conto della necessità di non penalizzare le aree del Paese con minori dotazioni infrastrutturali, ed in particolare le aree del Mezzogiorno. In particolare, le tariffe per lo stoccaggio e per l'utilizzo dei terminali di GNL devono permettere il loro sviluppo, incentivando gli investimenti per il potenziamento delle rispettive capacità, tenendo conto, relativamente allo stoccaggio, del particolare rischio associato alle attività minerarie e della immobilizzazione del gas necessario per assicurare le prestazioni di punta. Le tariffe di trasporto tengono conto in primo luogo della capacità impegnata e della distanza di trasporto, e in secondo luogo della quantità trasportata indipendentemente dalla distanza; le tariffe relative al trasporto sulla rete nazionale ai gasdotti sono determinate in relazione ai punti di entrata e di uscita da tale rete, tenendo conto della distanza di trasporto in misura equilibrata, al fine di attenuare le penalizzazioni territoriali.

4. Le tariffe per la distribuzione tengono conto della necessità di remunerare iniziative volte ad innalzare l'efficienza di utilizzo dell'energia e a promuovere l'uso delle fonti rinnovabili, la qualità, la ricerca e l'innovazione finalizzata al miglioramento del servizio, di non penalizzare le aree in corso di metanizzazione e quelle con elevati costi unitari; a tal fine dall'Autorità per l'energia elettrica e il gas può disporre, anche transitoriamente, appositi strumenti di perequazione.

4-*bis*. Le estensioni e i potenziamenti di reti e di impianti esistenti nei comuni già metanizzati e le nuove costruzioni di reti e di impianti in comuni da metanizzare appartenenti alla zona climatica F prevista dall'articolo 2 del regolamento di cui al decreto del Presidente della Repubblica 26 agosto 1993, n. 412, e classificati come territori montani ai sensi della legge 3 dicembre 1971, n. 1102, nonché nei comuni che hanno presentato nei termini previsti la domanda di contributo relativamente al completamento del programma di metanizzazione del Mezzogiorno ai sensi della deliberazione del Comitato interministeriale per la programmazione economica n. 5/2015 del 28 gennaio 2015, nei limiti delle risorse già assegnate, si considerano efficienti e già valutati positivamente ai fini dell'analisi dei costi e dei benefici per i consumatori. Il Comitato interministeriale per la programmazione economica aggiorna conseguentemente i tempi per le attività istruttorie sulle domande di cui alle deliberazioni adottate in materia. A tale fine l'Autorità di regolazione per energia, reti e ambiente ammette a integrale riconoscimento tariffario i relativi investimenti (1).

5. Fino al 31 dicembre 2000 le imprese che svolgono attività di trasporto e dispacciamento, di stoccaggio determinano transitoriamente e pubblicano le tariffe applicate. Successivamente alla pubblicazione delle tariffe determinate dall'Autorità per l'energia elettrica e il gas, esse procedono a compensazione nei confronti degli utenti interessati, con riferimento al periodo di applicazione della tariffa transitoria.

(1) *Comma inserito dall'art. 114-ter, comma 1 d.l. 19 maggio 2020, n. 34, conv., con modif., in l. 17 luglio 2020, n. 77.*

24 Disciplina dei casi di rifiuto di accesso per mancanza di capacità, per obblighi di servizio pubblico o per gravi difficoltà economiche dovute a contratti "take or pay".

1. Le imprese di gas naturale hanno l'obbligo di permettere l'accesso al sistema a coloro che ne facciano richiesta nel rispetto delle condizioni tecniche di accesso e di interconnessione di cui al presente decreto.

2. In deroga a quanto previsto al comma 1 le imprese di gas naturale possono rifiutare l'accesso al sistema del gas alle altre imprese o ai clienti idonei che ne facciano richiesta solo nel caso in cui esse non dispongano della capacità necessaria, o nel caso in cui l'accesso al sistema impedirebbe loro di svolgere gli obblighi di servizio pubblico cui sono soggette, ovvero nel caso in cui dall'accesso derivino gravi difficoltà economiche e finanziarie ad imprese del gas naturale operanti nel sistema, in relazione a contratti di tipo "take or pay" sottoscritti prima dell'entrata in vigore della direttiva 98/30/CE.

3. Il rifiuto è manifestato con dichiarazione motivata ed è comunicato immediatamente all'Autorità per l'energia elettrica e il gas e all'Autorità garante della concorrenza e del mercato, nonché al Ministero dell'industria, del commercio e dell'artigianato.

4. In nessun caso può essere rifiutato l'accesso alle imprese relativamente al gas naturale prodotto nel territorio nazionale, nel mare territoriale e nella piattaforma continentale italiana.

5. L'Autorità per l'energia elettrica e il gas, con delibera da emanare entro sei mesi dalla data di entrata in vigore del presente decreto, fissa i criteri atti a garantire a tutti gli utenti della rete la libertà di accesso a parità di condizioni, la massima imparzialità e la neutralità del trasporto e del dispacciamento e dell'utilizzo dei terminali di GNL in condizioni di normale esercizio e gli obblighi dei soggetti che svolgono le attività di trasporto e dispacciamento del gas e che detengono terminali di GNL. Entro tre mesi dalla pubblicazione della citata delibera i soggetti di cui al comma 1 adottano il proprio codice di rete, che è trasmesso all'Autorità per l'energia elettrica e il gas che ne verifica la conformità ai suddetti criteri. Trascorsi tre mesi dalla trasmissione senza comunicazioni da parte dell'Autorità per l'energia elettrica e il gas, il codice di rete si intende conforme.

25 Procedure di verifica in caso di rifiuto di accesso per mancanza di capacità, di connessione o per obblighi di servizio pubblico.

1. Nel caso in cui il rifiuto all'accesso derivi da mancanza di capacità o di connessione, o dall'impedimento

ad assolvere ad obblighi di servizio pubblico, l'Autorità per l'energia elettrica e il gas verifica che le opere necessarie per ovviare a tale mancanza o impedimento non risultino tecnicamente o economicamente fattibili in base ai criteri di cui agli articoli 8, comma 2, e 16, comma 2. L'accesso non può essere rifiutato ove il cliente sostenga il costo delle opere necessarie per ovviare alla mancanza di capacità o di connessione.

2. L'Autorità per l'energia elettrica e il gas si esprime con atto motivato entro tre mesi dalla comunicazione di cui all'art. 24, comma 3.

26 Procedure per richieste di deroga all'obbligo di accesso a seguito di contratti "take or pay".

1. Nel caso in cui il rifiuto all'accesso derivi da gravi difficoltà economiche e finanziarie in relazione a contatti di tipo "take or pay" sottoscritti prima dell'entrata in vigore della direttiva 98/30/CE, l'impresa di trasporto, sulla base di una specifica istanza dell'impresa titolare dei contratti di tipo "take or pay", chiede una deroga temporanea al Ministero dell'industria, del commercio e dell'artigianato, corredando la richiesta con le informazioni necessarie e con una relazione sulle misure intraprese al fine di risolvere il problema. Il Ministero dell'industria, del commercio e dell'artigianato provvede in merito alla richiesta entro il termine di tre mesi.

2. Il rifiuto all'accesso non può essere motivato da gravi difficoltà economiche e finanziarie nel caso in cui le vendite effettuate dall'impresa non scendano al di sotto del livello delle garanzie minime di ritiro contenute nei contratti di tipo "take or pay", o se i contratti medesimi possono essere adeguati o se l'impresa può trovare soluzioni alternative.

3. Il Ministero dell'industria, del commercio e dell'artigianato, acquisito il parere dell'Autorità per l'energia elettrica e il gas, ove ritenga di concedere la deroga richiesta, notifica tale decisione senza indugio alla Commissione delle Comunità europee, la quale procede ai sensi dell'art. 25 della direttiva 98/30/CEE.

4. In caso di rifiuto definitivo a concedere la deroga, l'impresa è obbligata a fornire l'accesso al sistema all'impresa richiedente.

27 Norme per garantire l'interconnessione e l'interoperabilità del sistema gas.

1. Con decreto del Ministero dell'industria, del commercio e dell'artigianato, da emanare entro sei mesi dalla data di entrata in vigore del presente decreto, sono emanate le norme tecniche sui requisiti minimi di progettazione, costruzione ed esercizio delle opere e impianti di trasporto, di distribuzione, di linee dirette, di stoccaggio di gas, e degli impianti di GNL, per la connessione al sistema del gas, nonché le norme tecniche sulle caratteristiche chimico-fisiche e del contenuto di altre sostanze del gas da vettoriare, al fine di garantire la possibilità di interconnessione e l'interoperabilità dei sistemi, in modo obiettivo e non discriminatorio, anche nei confronti degli scambi transfrontalieri con altri Paesi dell'Unione europea.

2. Le norme tecniche di cui al comma 1 sono notificate alla Commissione ai sensi dell'art. 8 della direttiva 98/34/CE del 28 marzo 1983, che prevede una procedura di informazione nel settore delle norme e delle regolamentazioni tecniche, e pubblicate nel bollettino ufficiale degli idrocarburi e geotermia.

TITOLO VIII
Organizzazione del settore

28 Compiti del Ministero dell'industria, del commercio e dell'artigianato.

1. Sono fatte salve le funzioni di indirizzo nel settore spettanti al Governo e i poteri dell'Autorità per l'energia elettrica e il gas e dell'Autorità garante della concorrenza e del mercato.

2. Il Ministero dello sviluppo economico provvede alla sicurezza, all'economicità e alla programmazione a lungo termine del sistema nazionale del gas, e persegue tali obiettivi anche mediante specifici indirizzi, inclusa la predisposizione e l'attivazione di misure legate ad eventuali accordi intergovernativi di solidarietà, come previsto dall'articolo 13 del regolamento (UE) 2017/1938, con la finalita' di salvaguardare la continuità e la sicurezza degli approvvigionamenti, il funzionamento coordinato del sistema degli stoccaggi, e di ridurre la vulnerabilità del sistema nazionale del gas (1).

3. In caso di crisi nel mercato dell'energia o di gravi rischi per la sicurezza della collettività, o dell'integrità delle apparecchiature e degli impianti del sistema, il Ministero dell'industria, del commercio e dell'artigianato può adottare le necessarie misure temporanee di salvaguardia.

4. Il Ministro dell'industria, del commercio e dell'artigianato può svolgere un ruolo di promozione delle iniziative del settore e può, entro il 31 dicembre 2002 e solo ai fini della sicurezza del sistema, intervenire con propri provvedimenti per garantire la tempestiva e funzionale attuazione degli adempimenti necessari alla fase di transizione del sistema (2).

5. Le misure di salvaguardia di cui al comma 3 devono essere limitate a quanto strettamente necessario per ovviare alle difficoltà insorte e devono perturbare il meno possibile il funzionamento del mercato interno. Esse sono comunicate tempestivamente alla Commissione delle Comunità europee.

6. Al fine di individuare gli strumenti utili a governare gli effetti sociali della trasformazione del sistema del gas e la progressiva armonizzazione dei trattamenti economici e normativi, il Ministro dell'industria, del commercio e dell'artigianato e il Ministro del lavoro e della previdenza sociale garantiscono, nella fase di avvio del processo di liberalizzazione, il coinvolgimento dei soggetti sociali anche a mezzo di opportune forme di concertazione. In particolare i suddetti Ministri entro tre mesi dalla data di entrata in vigore del presente decreto, definiscono, con proprio provvedimento, le condizioni minime al cui rispetto sono tenuti i nuovi gestori di reti di distribuzione per un'adeguata gestio-

ne degli effetti occupazionali connessi alle trasformazioni del settore del gas. Il Ministro dell'industria, del commercio e dell'artigianato provvede inoltre a porre in atto gli opportuni strumenti di monitoraggio, che coinvolgano i soggetti istituzionali, operativi e sociali, per seguire l'andamento del processo di liberalizzazione, del mercato del gas italiano ed europeo, con particolare riferimento al settore della distribuzione del gas.

(1) *Comma così sostituito dall'art. 1, comma 1, lett. c), d.lgs. 2 febbraio 2021, n. 14. Il testo del comma era il seguente:* « 2. Il Ministero dell'industria, del commercio e dell'artigianato provvede alla sicurezza, all'economicità e alla programmazione a lungo termine del sistema nazionale del gas, e persegue tali obiettivi anche mediante specifici indirizzi con la finalità di salvaguardare la continuità e la sicurezza degli approvvigionamenti, il funzionamento coordinato del sistema degli stoccaggi, e di ridurre la vulnerabilità del sistema nazionale del gas ».

(2) *A norma dell'art. unico, comma 49, l. 23 agosto 2004, n. 239 il termine di cui al presente comma è prorogato al 31 dicembre 2005.*

29 Criteri per il rilascio di autorizzazioni o concessioni da parte degli enti competenti.

1. Nel caso in cui per l'esercizio di una o più delle attività di importazione, esportazione, trasporto, dispacciamento, stoccaggio, distribuzione, acquisto o vendita di gas naturale, o per la costruzione e l'esercizio dei relativi impianti sia prevista una autorizzazione, una concessione, una licenza, o una approvazione comunque denominata da parte di qualunque organo o amministrazione dello Stato, centrale o periferico, o da regioni ed enti locali, essa è rilasciata in base a criteri e procedure obiettivi e non discriminatori.

2. In caso di rifiuto al rilascio l'Autorità competente di cui al comma 1 lo comunica immediatamente al Ministero dell'industria, del commercio e dell'artigianato, il quale ne dà informazione alla Commissione delle Comunità europee.

3. I criteri e le procedure di cui al comma 1, e le loro successive eventuali variazioni, sono resi pubblici dalle stesse Autorità competenti mediante pubblicazione nel bollettino ufficiale degli idrocarburi e geotermia o nelle corrispondenti pubblicazioni delle regioni e di enti locali.

30 Dichiarazione di pubblica utilità delle infrastrutture del sistema gas.

1. Le opere necessarie per l'importazione, il trasporto, lo stoccaggio di gas naturale, e per i terminali di GNL, compresi gli impianti di rigassificazione, con esclusione di quelle da realizzare nelle zone di demanio marittimo e nelle zone indicate nell'art. 55 del Codice della navigazione, sono dichiarate, con provvedimento del Ministero dell'industria, del commercio e dell'artigianato o, per gasdotti di distribuzione, della competente Autorità della regione interessata, ed a seguito dell'approvazione del relativo progetto, di pubblica utilità, nonché urgenti e indifferibili agli effetti della legge 25 giugno 1865, n. 2359 e successive modifiche e integrazioni.

2. (*Omissis*) (1).

3. (*Omissis*) (1).

4. Indipendentemente da quanto previsto dai commi precedenti, l'Autorità competente ai sensi del comma 1, su richiesta del proponente la realizzazione delle opere, può, con atto motivato, disporre l'occupazione di beni riconosciuti indispensabili per l'esecuzione di lavori direttamente connessi alle opere stesse, determinando provvisoriamente l'indennità di occupazione.

5. (*Omissis*) (1).

(1) *Comma abrogato dall'art. 58, n. 140-*bis, *d.P.R. 8 giugno 2001, n. 327.*

31 Dichiarazione di pubblica utilità di nuove infrastrutture di trasporto e distribuzione in presenza di capacità disponibile in quelle esistenti.

1. Per le opere necessarie al trasporto e alla distribuzione del gas la dichiarazione di pubblica utilità di cui all'art. 30 è disposta nel caso in cui non sia possibile effettuare l'attività di trasporto e distribuzione a mezzo delle reti di trasporto e distribuzione esistenti a causa di mancanza di capacità delle stesse o, nel caso l'opera sia necessaria per rifornire un cliente idoneo, a causa di intervenuto rifiuto di accesso al sistema. Negli altri casi il Ministero dell'industria, del commercio e dell'artigianato o, per gasdotti di distribuzione, la regione competente possono comunque disporre con atto motivato la dichiarazione di pubblica utilità ove ritengano la realizzazione delle opere necessaria alla sicurezza del sistema del gas.

2. Il proponente la realizzazione delle opere di trasporto e distribuzione, ai fini dell'approvazione del progetto di cui al comma 1 dell'art. 30, trasmette all'Autorità competente una dichiarazione, firmata dal legale rappresentante, attestante le condizioni di cui al comma 1, corredata da idonea documentazione.

32 Modifiche alle norme sulla pubblica utilità.

1. Le disposizioni dell'art. 31 della legge 21 luglio 1967, n. 613, si applicano a tutte le opere necessarie per la ricerca, la coltivazione, la raccolta ed il trasporto degli idrocarburi prodotti nel territorio nazionale, nel mare territoriale e nella piattaforma continentale italiana.

2. (*Omissis*) (1).

(1) *Comma abrogato dall'art. 58, n. 140-*bis, *d.P.R. 8 giugno 2001, n. 327.*

TITOLO IX
Condizioni di reciprocità

33 Clienti idonei di Stati membri dell'Unione europea.

1. Le imprese del gas aventi sede in Italia hanno il diritto ai sensi dell'art. 19 della direttiva 98/30/CE di accedere ai sistemi del gas e di concludere contratti di fornitura di gas con i clienti dichiarati idonei in altri

Paesi membri dell'Unione europea in base all'applicazione della stessa direttiva, ove tale tipologia di clienti sia stata dichiarata idonea in Italia ai sensi del presente decreto.

2. Le imprese del gas aventi sede in altri Paesi membri dell'Unione europea e le imprese del gas aventi sede in Italia ma controllate direttamente o indirettamente da imprese aventi sede in altri Paesi membri dell'Unione europea hanno diritto di concludere contratti di vendita con clienti dichiarati idonei ai sensi del presente decreto solo nel caso in cui la stessa tipologia di cliente sia stata dichiarata idonea nel Paese ove tali imprese, o le eventuali imprese che le controllano, hanno sede.

3. Nel caso in cui un cliente dichiarato idoneo ai sensi del presente decreto intenda concludere un contratto di fornitura di gas con una o più imprese stabilite in un Paese membro dell'Unione europea in cui tale tipologia di cliente non sia dichiarata idonea, e che per tale motivo l'impresa opponga un rifiuto ad effettuare la fornitura, o a dare accesso ai propri sistemi di trasporto, distribuzione, ivi inclusi i servizi accessori di stoccaggio e modulazione, il cliente idoneo ne informa il Ministero dell'industria, del commercio e dell'artigianato, il quale, valutate le condizioni del mercato e della particolare questione, potrà richiedere alla Commissione delle Comunità europee di obbligare l'impresa di quel Paese membro ad effettuare la fornitura richiesta.

34 Linee dirette tra imprese e clienti idonei di altri Stati membri dell'Unione europea.

1. Le imprese del gas aventi sede in Italia hanno il diritto di realizzare linee dirette per rifornire i clienti dichiarati idonei nel territorio nazionale, nonché in altri Paesi membri dell'Unione europea in base all'applicazione della direttiva 98/30/CE, a condizione che l'accesso al sistema del gas di quel Paese membro sia stato loro motivatamente rifiutato.

2. Le imprese del gas aventi sede in altri Paesi membri dell'Unione europea hanno diritto di realizzare linee dirette per rifornire clienti italiani dichiarati idonei ai sensi del presente decreto ed a condizione che l'accesso al sistema nazionale del gas sia stato loro motivatamente rifiutato.

35 Competenze in materia di controversie in materia di accesso.

1. L'Autorità per l'energia elettrica e il gas è l'autorità competente per risolvere in sede amministrativa le controversie, anche transfrontaliere, relative all'accesso al sistema del gas naturale.

TITOLO X
Norme transitorie e finali

36 Norme transitorie (1).

1. Ai fini della sicurezza del sistema nazionale del gas e dell'attuazione della transizione dello stesso ai nuovi assetti il Ministro dell'industria, del commercio e dell'artigianato, nella fase di transizione, entro due anni dalla data di entrata in vigore del presente decreto emana apposite direttive per garantire la tempestiva e funzionale attuazione degli adempimenti necessari.

(1) *A norma dell'art. unico, comma 49, l. 23 agosto 2004, n. 239 il termine di cui al presente comma è prorogato al 31 dicembre 2005.*

37 Prerogative delle regioni a statuto speciale e delle province autonome di Trento e Bolzano.

1. Sono fatte salve le prerogative statutarie delle regioni a statuto speciale e delle province autonome di Trento e Bolzano.

38 Abrogazioni di norme.

1. A decorrere dalla data di entrata in vigore del presente decreto sono abrogate le norme e disposizioni con esso incompatibili, e in particolare:

a) le parole: "di idrocarburi" al comma 1 dell'art. 1, l'art. 2, i commi 1, 2, 3 e 4 dell'art. 3, le parole: "di coltivazione e di quella", le parole: "contestualmente e" e le parole da: "di concerto" fino alla parola "statali" del comma 9 dell'art. 3, i commi 1 e 3 dell'art. 5, i commi 5 e 7 dell'art. 6, il comma 1 dell'art. 7, e l'art. 9 della legge 26 aprile 1974, n. 170;

b) l'art. 2, commi 4 e 5, e l'art. 23 della legge 10 febbraio 1953, n. 136.

39 Entrata in vigore.

1. Il presente decreto entra in vigore il giorno successivo a quello della sua pubblicazione nella Gazzetta Ufficiale della Repubblica italiana.

116. Decreto legislativo 4 luglio 2014, n. 102. — Attuazione della direttiva 2012/27/UE sull'efficienza energetica, che modifica le direttive 2009/125/CE e 2010/30/UE e abroga le direttive 2004/8/CE e 2006/32/CE. (*estratto*).

Pubblicato nella Gazzetta Ufficiale del 18 luglio 2014, n. 165.

TITOLO I
Finalità e obiettivi

1 Finalità.

1. Il presente decreto, in attuazione della direttiva 2012/27/UE, come modificata dalla direttiva (UE) 2018/2002, (1) e nel rispetto dei criteri fissati dalla legge 6 agosto 2013, n. 96, stabilisce un quadro di misure per la promozione e il miglioramento dell'efficienza energetica che concorrono al conseguimento dell'obiettivo nazionale di risparmio energetico indicato all'articolo 3 e che contribuiscono all'attuazione del principio europeo che pone l'efficienza energetica "al primo posto" (1). Il presente decreto, inoltre, detta norme finalizzate a rimuovere gli ostacoli sul mercato dell'energia e a superare le carenze del mercato che frenano l'efficienza nella fornitura e negli usi finali dell'energia.

(1) *Le parole* «, come modificata dalla direttiva (UE) 2018/2002, » *e le parole* « e che contribuiscono all'attuazione del principio europeo che pone l'efficienza energetica "al primo posto" » *sono state aggiunte dall'art. 1, comma 1 d.lgs. 14 luglio 2020, n. 73.*

2 Definizioni.

1. Ai fini del presente decreto, fatte salve le abrogazioni previste all'articolo 18, comma 1, lettera *a*), si applicano le definizioni di cui:

a) all'articolo 2 del decreto legislativo 30 maggio 2008, n. 115 e successive modificazioni;

b) all'articolo 2 del decreto legislativo 8 febbraio 2007, n. 20 e successive modificazioni;

c) all'articolo 2, commi 1 e 2, del decreto legislativo 19 agosto 2005, n. 192 e successive modificazioni;

d) al decreto legislativo 18 aprile 2016, n. 50; (1)

d-bis) al decreto legislativo 1° giugno 2011, n. 93 (2).

2. Si applicano inoltre le seguenti definizioni:

a) Accredia: organismo nazionale italiano di accreditamento, designato ai sensi del decreto del Ministro dello sviluppo economico 22 dicembre 2009, pubblicato nella Gazzetta Ufficiale n. 20 del 26 gennaio 2010;

a-bis) aggregatore: un fornitore di servizi che, su richiesta, accorpa una pluralità di unità di consumo, ovvero di unità di consumo e di unità di produzione, per venderli o metterli all'asta in mercati organizzati dell'energia (3);

b) ammodernamento sostanziale di un impianto: un ammodernamento il cui costo di investimento è superiore al 50% dei costi di investimento di una nuova analoga unità;

b-bis) audit energetico o diagnosi energetica: procedura sistematica finalizzata a ottenere un'adeguata conoscenza del profilo di consumo energetico di un edificio o gruppo di edifici, di una attività o impianto industriale o commerciale o di servizi pubblici o privati, a individuare e quantificare le opportunità di risparmio energetico sotto il profilo costi-benefici e a riferire in merito ai risultati (4);

c) esperto in Gestione dell'energia (EGE): persona fisica certificata secondo la norma UNI CEI 11339 rilasciata da organismo accreditato che, tra l'altro, esegue diagnosi energetiche conformi alle norme UNI CEI EN 16247 (5);

c-bis) auditor energetico: figura coincidente con quella dell'EGE per le attività previste dal presente decreto in relazione all'esecuzione di diagnosi energetiche (5);

d) CEI: comitato elettrotecnico italiano;

d-bis) cliente finale: cliente che acquista energia, anche sotto forma di vettore energetico, per uso proprio (6);

e) coefficiente di edificazione: rapporto tra la superficie lorda coperta degli immobili e la superficie del terreno di un determinato territorio;

f) condominio: edificio con almeno due unità immobiliari, di proprietà in via esclusiva di soggetti che sono anche comproprietari delle parti comuni;

g) consumo di energia finale: tutta l'energia fornita per l'industria, i trasporti, le famiglie, i servizi e l'agricoltura, con esclusione delle forniture al settore della trasformazione dell'energia e alle industrie energetiche stesse;

h) consumo di energia primaria: il consumo interno lordo di energia, ad esclusione degli usi non energetici;

i) contatore di fornitura: apparecchiatura di misura dell'energia consegnata. Il contatore di fornitura può essere individuale, nel caso in cui misuri il consumo di energia della singola unità immobiliare, o condominiale, nel caso in cui misuri l'energia, con l'esclusione di quella elettrica, consumata da una pluralità di unità immobiliari, come nel caso di un condominio o di un edificio polifunzionale (7);

[*l*) contatore divisionale o individuale: apparecchiatura di misura del consumo di energia del singolo cliente finale;] (8)

m) conto termico: sistema di incentivazione della produzione di energia termica da fonti rinnovabili ed interventi di efficienza energetica di piccole dimensioni di cui al decreto del Ministro dello sviluppo economico 28 dicembre 2012, di concerto con il Ministro dell'ambiente e della tutela del territorio e del mare e il Ministro delle politiche agricole alimentari e forestali, pubblicato nel supplemento ordinario alla Gazzetta Ufficiale n. 1 del 2 gennaio 2013;

n) contratto di rendimento energetico o di prestazione energetica (EPC): accordo contrattuale tra il beneficiario o chi per esso esercita il potere negoziale e il fornitore di una misura di miglioramento dell'efficienza energetica, verificata e monitorata durante l'intera durata del contratto, dove gli investimenti (lavori, forniture o servizi) realizzati sono pagati in funzione del livello di miglioramento dell'efficienza energetica stabilito contrattualmente o di altri criteri di prestazione energetica concordati, quali i risparmi finanziari;

o) criteri ambientali minimi (CAM): criteri ambientali minimi per categorie di prodotto, adottati con decreto del Ministro dell'ambiente ai sensi del PAN GPP;

p) edificio polifunzionale: edificio destinato a scopi diversi e occupato da almeno due soggetti che devono ripartire tra loro la fattura dell'energia acquistata;

q) ENEA: Agenzia nazionale per le nuove tecnologie, l'energia e lo sviluppo economico sostenibile;

r) energia termica: calore per riscaldamento e/o raffreddamento, sia per uso industriale che civile;

s) energia: tutte le forme di prodotti energetici, combustibili, energia termica, energia rinnovabile, energia elettrica o qualsiasi altra forma di energia, come definiti all'articolo 2, lettera *d*), del regolamento (CE) n. 1099/2008 del Parlamento e del Consiglio del 22 ottobre 2008;

t) esercente l'attività di misura del gas naturale: soggetto che eroga l'attività di misura di cui all'articolo 4, comma17 della deliberazione dell'Autorità per l'energia elettrica, il gas e il sistema idrico n. 11 del 2007, e successive modificazioni (9);

u) esercente l'attività di misura dell'energia elettrica: soggetto che eroga l'attività di misura di cui all'articolo 4, comma6 della deliberazione dell'Autorità per l'energia elettrica, il gas e il sistema idrico n. 11 del 2007, e successive modificazioni;

v) grande impresa: ogni entità, a prescindere dalla forma giuridica, che eserciti un'attività economica con più di 250 occupati e con un fatturato annuo che superi i 50 milioni di euro, oppure il cui totale di bilancio annuo superi i 43 milioni di euro, i cui effettivi e soglie finanziarie sono calcolabili secondo i criteri e i principi stabiliti dalla raccomandazione 2003/362/CE della Commissione europea del 6 maggio 2003; (10)

z) GSE: Gestore dei servizi energetici S.p.A.;

aa) immobili della pubblica amministrazione centrale: edifici o parti di edifici di proprietà della pubblica amministrazione centrale, e da essa occupati;

bb) interfaccia di comunicazione: dispositivo fisico o virtuale che permette la comunicazione fra due o più entità di tipo diverso;

cc) microimpresa, piccola impresa e media impresa o PMI: impresa che occupa meno di 250 persone, il cui fatturato annuo non supera i 50 milioni di euro o il cui totale di bilancio annuo non supera i 43 milioni di euro. Per le imprese per le quali non è stato approvato il primo bilancio ovvero, nel caso di imprese esonerate dalla tenuta della contabilità ordinaria o dalla redazione del bilancio, o per le quali non è stata presentata la prima dichiarazione dei redditi, sono considerati esclusivamente il numero degli occupati ed il totale dell'attivo patrimoniale risultanti alla stessa data;

dd) Piano d'azione nazionale per l'efficienza energetica (PAEE): documento redatto ai sensi dell'articolo 17 che individua gli orientamenti nazionali per il raggiungimento degli obiettivi di miglioramento dell'efficienza energetica e dei servizi energetici;

ee) Piano d'azione per la sostenibilità ambientale dei consumi nel settore della pubblica amministrazione (PAN GPP): Piano predisposto ai sensi dell'articolo 1, comma 1126, della legge 27 dicembre 2006 n. 296, e approvato con decreto del Ministro dell'ambiente e della tutela del territorio e del mare, di concerto con i Ministri dell'economia e delle finanze e dello sviluppo economico 11 aprile 2008, pubblicato nella Gazzetta Ufficiale n. 107 dell'8 maggio 2008, così come modificato dal decreto del Ministro dell'ambiente e della tutela del territorio e del mare, 10 aprile 2013, pubblicato nella Gazzetta Ufficiale n. 102 del 3 maggio 2013;

ee-bis) Piano nazionale integrato per l'energia e il clima (PNIEC): Piano predisposto dall'Italia ai sensi degli articoli 3 e da 7 a 12 del regolamento (UE) 2018/1999 e notificato alla Commissione europea (11);

ff) pubblica amministrazione centrale: le autorità governative centrali di cui all'allegato III del decreto legislativo 18 aprile 2016, n. 50, nonché gli organi costituzionali; (12)

gg) rete di teleriscaldamento e teleraffreddamento (o teleraffrescamento): qualsiasi infrastruttura di trasporto dell'energia termica da una o più fonti di produzione verso una pluralità di edifici o siti di utilizzazione, realizzata prevalentemente su suolo pubblico, finalizzata a consentire a chiunque interessato, nei limiti consentiti dall'estensione della rete, di collegarsi alla medesima per l'approvvigionamento di energia termica per il riscaldamento o il raffreddamento di spazi, per processi di lavorazione e per la copertura del fabbisogno di acqua calda sanitaria (13);

hh) ripartizione regionale della quota minima di energia da produrre mediante energie rinnovabili (BurdenSharing): suddivisione tra Regioni degli impegni per raggiungere una quota minima di energia rinnovabile di cui al decreto 15 marzo 2012 del Ministro dello sviluppo economico, di concerto con il Ministro dell'ambiente e della tutela del territorio e del mare, d'intesa con la Conferenza Unificata, pubblicato nella Gazzetta Ufficiale, n. 78 del 2 aprile 2012;

ii) riscaldamento e raffreddamento efficienti: un'opzione di riscaldamento e raffreddamento che, rispetto a uno scenario di riferimento che rispecchia le condizioni abituali, riduce in modo misurabile l'apporto di energia primaria necessaria per rifornire un'unità di energia erogata nell'ambito di una pertinente delimitazione di sistema in modo efficiente in termini di costi, come valutato nell'analisi costi-benefici di cui al presente decreto, tenendo conto dell'energia richiesta per l'estrazione, la conversione, il trasporto e la distribuzione;

ll) riscaldamento e raffreddamento individuali efficienti: un'opzione di fornitura individuale di riscaldamento e raffreddamento che, rispetto al teleriscaldamento e teleraffreddamento efficienti, riduce in modo misurabile l'apporto di energia primaria non rinnovabile necessaria per rifornire un'unità di energia erogata nell'ambito di una pertinente delimitazione di sistema o richiede lo stesso apporto di energia primaria non rinnovabile ma a costo inferiore, tenendo conto dell'energia richiesta per l'estrazione, la conversione, il trasporto e la distribuzione;

mm) servizio energetico: la prestazione materiale, l'utilità o il vantaggio derivante dalla combinazione di energia con tecnologie ovvero con operazioni che utilizzano efficacemente l'energia, che possono includere le attività di gestione, di manutenzione e di controllo necessarie alla prestazione del servizio, la cui fornitura è effettuata sulla base di un contratto e che in circostanze normali ha dimostrato di portare a miglioramenti dell'efficienza energetica e a risparmi energetici primari verificabili e misurabili o stimabili;

nn) sistema di contabilizzazione: sistema tecnico che consente la misurazione dell'energia termica o frigorifera fornita alle singole unità immobiliari (utenze) servite da un impianto termico centralizzato o da teleriscaldamento o teleraffreddamento, ai fini della proporzionale suddivisione delle relative spese. Sono ricompresi nei sistemi di contabilizzazione i dispositivi atti alla contabilizzazione indiretta del calore, quali i ripartitori dei costi di riscaldamento e i totalizzatori; (14)

oo) sistema di gestione dell'energia: insieme di elementi che interagiscono o sono intercorrelati all'interno di un piano che stabilisce un obiettivo di efficienza energetica e una strategia atta a conseguirlo;

pp) sistema di misurazione intelligente: un sistema elettronico in grado di misurare il consumo di energia fornendo maggiori informazioni rispetto ad un dispositivo convenzionale, e di trasmettere e ricevere dati utilizzando una forma di comunicazione elettronica;

qq) sistema di termoregolazione: sistema tecnico che consente all'utente di regolare la temperatura desiderata, entro i limiti previsti dalla normativa vigente, per ogni unità immobiliare, zona o ambiente;

qq-bis) sotto-contatore: contatore dell'energia, con l'esclusione di quella elettrica, che è posto a valle del contatore di fornitura di una pluralità di unità immobiliari per la misura dei consumi individuali o di edifici, a loro volta formati da una pluralità di unità immobiliari, ed è atto a misurare l'energia consumata dalla singola unità immobiliare o dal singolo edificio (15);

rr) Strategia energetica nazionale (SEN): documento di analisi e strategia energetica approvato con decreto 8 marzo 2013 del Ministro dello sviluppo economico e del Ministro dell'ambiente e della tutela del territorio e del mare, pubblicato nella Gazzetta Ufficiale, n. 73 del 27 marzo 2013;

ss) superficie coperta utile totale: la superficie coperta di un immobile o di parte di un immobile in cui l'energia è utilizzata per il condizionamento del clima degli ambienti interni;

tt) teleriscaldamento e teleraffreddamento efficienti: sistema di teleriscaldamento o teleraffreddamento che usa, in alternativa, almeno:

a) il 50 per cento di energia derivante da fonti rinnovabili;

b) il 50 per cento di calore di scarto;

c) il 75 per cento di calore cogenerato;

d) il 50 per cento di una combinazione delle precedenti (16)

uu) tonnellata equivalente di petrolio (Tep): unità di misura dell'energia pari all'energia rilasciata dalla combustione di una tonnellata di petrolio grezzo, il cui valore è fissato convenzionalmente pari a 41,86 GJ;

vv) UNI: Ente nazionale italiano di unificazione.

(1) *Lettera così sostituita dall'art. 2, comma 1, lett.* a) *d.lgs. 14 luglio 2020, n. 73. Il testo della lettera era il seguente:* « d) al decreto legislativo 12 aprile 2006, n. 163. ».

(2) *Lettera inserita dall'art. 1, comma 1, lett.* a), *d.lgs. 18 luglio 2016 n. 141.*

(3) *Lettera inserita dall'art. 1, comma 1, lett.* b), *d.lgs. n. 141, cit.*

(4) *Lettera inserita dall'art. 1, comma 1, lett.* c), *d.lgs. n. 141, cit.*

(5) *Le lettere* c) *e* c-bis) *sono state così sostituite all'originaria lett.* c) *dall'art. 2, comma 1, lett.* b) *d.lgs. n. 73, cit. Il testo della lettera* c) *era il seguente:* « c) auditor energetico: persona fisica o giuridica che esegue diagnosi energetiche; ».

(6) *Lettera inserita dall'art. 1, comma 1, lett.* d), *d.lgs. n. 141, cit.*

(7) *Lettera sostituita dall'art. 1, comma 1, lett.* e), *d.lgs. n. 141, cit.*

(8) *Lettera soppressa dall'art. 1, comma 1, lett.* f), *d.lgs. n. 141, cit.*

(9) *Lettera modificata dall'art. 1, comma 1, lett.* g), *d.lgs. n. 141, cit.*

(10) *Lettera così sostituita dall'art. 2, comma 1, lett.* c) *d.lgs. n. 73, cit. Il testo della lettera era il seguente:* « v) grande impresa: impresa che occupa più di 250 persone, il cui fatturato annuo supera i 50 milioni di euro o il cui totale di bilancio annuo supera i 43 milioni di euro; ».

(11) *Lettera inserita dall'art. 2, comma 1, lett.* d) *d.lgs. n. 73, cit.*

(12) *Lettera così sostituita dall'art. 2, comma 1, lett.* e) *d.lgs. n. 73, cit. Il testo della lettera era il seguente:* « *ff*) pubblica amministrazione centrale: autorità governative centrali di cui all'allegato IV del decreto legislativo 12 aprile 2006, n. 163; »

(13) *Lettera sostituita dall'art. 1, comma 1, lett.* i), *d.lgs. n. 141, cit.*

(14) *Lettera così sostituita dall'art. 2, comma 1, lett.* f) *d.lgs. n. 73, cit. Il testo della lettera era il seguente:* « *nn*) sistema di contabilizzazione: sistema tecnico che consente la misurazione dell'energia termica o frigorifera fornita alle singole unità immobiliari (utenze) servite da un impianto termico centralizzato o da teleriscaldamento o tele raffreddamento, ai fini della proporzionale suddivisione delle relative spese; ».

(15) *Lettera inserita dall'art. 1, comma 1, lett.* j), *d.lgs. n. 141, cit.*

(16) *Lettera sostituita dall'art. 39-*bis, *comma 1, d.l. 12 settembre 2014, n. 133, conv., con modif., in l. 11 novembre 2014, n. 164.*

3 Obiettivo nazionale di risparmio energetico.

1. L'obiettivo nazionale indicativo di risparmio energetico cui concorrono le misure del presente decreto, consiste:

a) nella riduzione, entro l'anno 2020, di 20 milioni di tonnellate equivalenti di petrolio dei consumi di energia primaria, pari a 15,5 milioni di tonnellate equivalenti di petrolio di energia finale, conteggiati a partire dal 2010, in coerenza con la Strategia energetica nazionale;

b) nel contributo nazionale minimo di efficienza energetica al 2030 notificato alla Commissione europea con il Piano nazionale integrato per l'energia e il clima (1).

2. Le Regioni, in attuazione dei propri strumenti di programmazione energetica possono concorrere, con il coinvolgimento degli Enti Locali, al raggiungimento dell'obiettivo nazionale di cui al comma 1.

(1) *Comma così sostituito dall'art. 3, comma 1 d.lgs. 14 luglio 2020, n. 73. Il testo del comma era il seguente:* « 1. L'obiettivo nazionale indicativo di risparmio energetico cui concorrono le misure del presente decreto, consiste nella riduzione, entro l'anno 2020, di 20 milioni di tonnellate equivalenti di petrolio dei consumi di energia primaria, pari a 15,5 milioni di tonnellate equivalenti di petrolio di energia finale, conteggiati a partire dal 2010, in coerenza con la Strategia energetica nazionale ».

TITOLO II

Efficienza nell'uso dell'energia

4 Promozione dell'efficienza energetica negli edifici.

[1. L'ENEA, nel quadro dei piani d'azione nazionali per l'efficienza energetica (PAEE) di cui all'articolo 17, comma 1 del presente decreto, elabora una proposta di interventi di medio-lungo termine per il miglioramento della prestazione energetica degli immobili e sottopone il documento all'approvazione del Ministro dello sviluppo economico e del Ministro dell'ambiente e della tutela del territorio e del mare, sentiti il Ministro delle infrastrutture e dei trasporti e il Ministro dell'istruzione, dell'università e della ricerca, d'intesa con la conferenza unificata] (1).

[2. La proposta di interventi di cui al comma 1 riguarda gli edifici, sia pubblici che privati, e comprende almeno:

a) una rassegna del parco immobiliare nazionale fondata, se del caso, su campionamenti statistici;

b) l'individuazione, sulla base della metodologia di cui all'articolo 5 della direttiva 2010/31/UE, degli interventi più efficaci in termini di costi, differenziati in base alla tipologia di edificio e la zona climatica;

c) un elenco aggiornato delle misure, esistenti e proposte, di incentivazione, di accompagnamento e di sostegno finanziario messe a disposizione da soggetti pubblici e privati per le riqualificazioni energetiche e le ristrutturazioni importanti degli edifici, corredate da esempi applicativi e dai risultati conseguiti;

d) un'analisi delle barriere tecniche, economiche e finanziarie che ostacolano la realizzazione di interventi di efficientamento energetico negli immobili e le misure di semplificazione e armonizzazione necessarie a ridurre costi e tempi degli interventi e attrarre nuovi investimenti;

e) una stima del risparmio energetico e degli ulteriori benefici conseguibili annualmente per mezzo del miglioramento dell'efficienza energetica del parco immobiliare nazionale basata sui dati storici e su previsioni del tasso di riqualificazione annuo] (1).

[3. Le proposte di cui al comma 1 tengono conto del Piano d'azione destinato ad aumentare il numero di edifici a energia quasi zero di cui al decreto legislativo 19 agosto 2005, n. 192, articolo 4-*bis*, comma 2, e del programma di miglioramento dell'efficienza energetica degli edifici della Pubblica Amministrazione centrale di cui all'articolo 5 del presente decreto] (1).

4. Per garantire un coordinamento ottimale degli interventi e delle misure per l'efficienza energetica anche degli edifici della pubblica amministrazione è istituita, avvalendosi delle risorse umane, strumentali e finanziarie già esistenti, senza nuovi o maggiori oneri per il bilancio dello Stato, una cabina di regia, composta dal Ministro dello sviluppo economico, che la presiede, dal Ministro dell'ambiente e della tutela del territorio e del mare, dal Ministro delle infrastrutture e dei trasporti e dal Ministro dell'economia e delle finanze. La cabina di regia assicura il coordinamento delle politiche e degli interventi attivati attraverso il Fondo di cui all'articolo 15 e attraverso il Fondo di cui all'articolo 1, comma 1110, della legge 27 dicembre 2006, n. 296. Con decreto del Ministro dello sviluppo economico e del Ministro dell'ambiente e della tutela del territorio e del mare, di concerto con il Ministro delle infrastrutture e dei trasporti e con il Ministro dell'economia e delle finanze, è disciplinato il funzionamento della cabina di regia, ivi inclusa la previsione di una relazione informativa annuale al Parlamento in merito alle attività svolte, nonché alla verifica del rispetto degli obiettivi previsti per gli strumenti di promozione dalla cabina di regia stessa gestiti. Ai componenti della cabina non spetta alcun compenso comunque denominato né rimborso spese, e all'attuazione del presente comma si provvede con le risorse umane, strumentali e finanziarie disponibili a legislazione vigente, senza nuovi o maggiori oneri per il bilancio dello Stato (2).

(1) *Comma abrogato dall'art. 17, comma 2 d.lgs. 10 giugno 2020, n. 48, in vigore dall'11 giugno 2020.*

(2) *Comma così sostituito dall'art. 4, comma 1 d.lgs. 14 luglio 2020, n. 73. Il testo del comma era il seguente:* « 4. Per garantire un coordinamento ottimale degli interventi e delle misure per l'efficienza energetica anche degli edifici della pubblica amministrazione è istituita, avvalendosi delle risorse umane, strumentali e finanziarie già esistenti, senza nuovi o maggiori oneri per il bilancio dello Stato, una cabina di regia, composta dal Ministero dello sviluppo economico, che la presiede, e dal Ministero dell'ambiente e della tutela del territorio e del mare. La cabina di regia assicura in particolare il coordinamento delle politiche e degli interventi attivati attraverso il Fondo di cui all'articolo 15 e attraverso il Fondo di cui all'articolo 1, comma 1110, della legge 27 dicembre 2006, n. 296. Con decreto del Ministro dello sviluppo economico e del Ministro dell'ambiente e della tutela del territorio e del mare è stabilito il funzionamento della cabina di regia, tenuto conto di quanto previsto ai commi 1 e 2. Ai componenti della cabina non spetta alcun compenso comunque denominato né rimborso spese, e all'attuazione del presente comma si provvede con le risorse umane, strumentali e finanziarie disponibili a legislazione vigente, senza nuovi o maggiori oneri per il bilancio dello Stato ».

5 Miglioramento della prestazione energetica degli immobili della Pubblica Amministrazione.

1. A partire dall'anno 2014 e fino al 2030 (1), e nell'ambito della cabina di regia di cui all'articolo 4 (1), sono realizzati attraverso le misure del presente articolo interventi sugli immobili della pubblica amministrazione centrale, inclusi gli immobili periferici, in grado di conseguire la riqualificazione energetica almeno pari al 3 per cento annuo della superficie coperta utile climatizzata [o che, in alternativa, comportino un risparmio energetico cumulato nel periodo 2014-2020 di almeno 0,04 Mtep] (1).

2. Il Ministero dello sviluppo economico di concerto con il Ministero dell'ambiente e della tutela del territorio e del mare, sentito il Ministero delle infrastrutture e dei trasporti e in collaborazione con l'Agenzia del demanio, predispone entro il 30 novembre di ogni anno, a decorrere dal 2014, un programma di interventi per il miglioramento della prestazione energetica degli immobili della pubblica amministrazione centrale co erente con la percentuale indicata al comma 1, e promuove (2), altresì, le attività di informazione e di assistenza tecnica eventualmente necessarie alle pubbliche amministrazioni interessate dal comma 1, anche tramite propri enti e società collegate. Le stesse Amministrazioni, con il supporto dell'ENEA e del GSE nel rispetto delle rispettive competenze, assicurano il coordinamento, la raccolta dei dati e il monitoraggio necessario per verificare lo stato di avanzamento del programma, promuovendo la massima partecipazione delle Amministrazioni interessate, e la pubblicità dei dati sui risultati raggiunti e sui risparmi conseguiti. Nella redazione del programma, si tiene, altresì, conto delle risultanze dell'inventario, predisposto in attuazione dell'articolo 5, paragrafo 5, della direttiva 2012/27/UE, e successive modificazioni (2), contenente informazioni sulle superfici e sui consumi energetici degli immobili della pubblica amministrazione centrale, dei dati sui consumi energetici rilevati nell'applicativo informatico IPer gestito dall'Agenzia del demanio, delle risultanze delle diagnosi energetiche nonché delle misure di cui al comma 10.

3. Al fine di elaborare il programma di cui al comma 2, le Pubbliche Amministrazioni centrali, entro il 30 settembre per l'anno 2014 e entro il 30 giugno di ciascun anno successivo, predispongono, anche in forma congiunta, proposte di intervento per la riqualificazione energetica dei immobili dalle stesse occupati, anche avvalendosi dei Provveditorati interregionali opere pubbliche del Ministero delle infrastrutture e trasporti ovvero dell'Agenzia del demanio, attraverso la Struttura per la progettazione di beni ed edifici pubblici di cui all'articolo 1, comma 162 della legge 30 dicembre 2018, n. 145 (3), e le trasmettono, entro i quindici giorni successivi, al Ministero dello sviluppo economico. Tali proposte devono essere formulate sulla base di appropriate diagnosi energetiche o fare riferimento agli interventi di miglioramento energetico previsti dall'Attestato di prestazione energetica di cui all'articolo 6 del decreto legislativo 19 agosto 2005, n. 192.

3-*bis*. La gestione delle proposte di intervento di cui al comma 3, nonché di tutta la documentazione e degli adempimenti ad esse inerenti, è assicurata tramite un apposito portale informatico istituito presso il Ministero dello sviluppo economico e da esso gestito (4).

3-*ter*. Per le spese per la realizzazione del portale di cui al comma 3-*bis*, pari a 100.000 euro per il 2021, si provvede mediante l'utilizzo delle risorse assegnate ai sensi del comma 232 dell'articolo 1 della legge 30 dicembre 2018, n. 145, destinate al Ministero dello sviluppo economico per il potenziamento del programma di riqualificazione energetica degli immobili della pubblica amministrazione centrale (4).

4. Per gli adempimenti di cui al comma 3, le Pubbliche Amministrazioni centrali individuano, al proprio interno, il responsabile del procedimento e ne comunicano il nominativo ai soggetti di cui al comma 2.

5. Le modalità per l'esecuzione del programma di cui al comma 2 sono definite con decreto del Ministro dello Sviluppo Economico e del Ministro dell'ambiente e della tutela del territorio e del mare, di concerto con il Ministro delle infrastrutture e trasporti e il Ministro dell'Economia e delle Finanze, da emanare entro trenta giorni dall'entrata in vigore del presente decreto.

6. Sono esclusi dal programma di cui al comma 2:

a) gli immobili con superficie coperta utile totale inferiore a 500 m^2. Tale soglia a partire dal 9 luglio 2015 è rimodulata a 250 m^2;

b) gli immobili tutelati ai sensi delle disposizioni del decreto legislativo 22 gennaio 2004, n. 42, nella misura in cui il rispetto di determinati requisiti minimi di prestazione energetica risulti incompatibile con il loro carattere, aspetto o contesto, o pregiudizievole alla loro conservazione; (5)

c) gli immobili destinati a scopi di difesa nazionale, ad eccezione degli edifici adibiti ad alloggi di servizio o ad uffici per le forze armate e altro personale dipendente dalle autorità preposte alla difesa nazionale; (6)

d) gli immobili adibiti a luoghi di culto e allo svolgimento di attività religiose.

7. Per la definizione del programma di cui al comma 2, sono applicati criteri di individuazione tra più interventi, basati su: ottimizzazione dei tempi di recupero dell'investimento, anche con riferimento agli edifici con peggiore indice di prestazione energetica; minori tempi previsti per l'avvio e il completamento dell'intervento; entità di eventuali forme di cofinanziamento anche mediante ricorso a finanziamenti tramite terzi.

8. La realizzazione degli interventi compresi nei programmi definiti ai sensi del comma 2 è gestita, senza nuovi o maggiori oneri per la finanza pubblica, dai Provveditorati interregionali per le opere pubbliche del Ministero delle infrastrutture e della mobilità sostenibili, dalle amministrazioni interessate e dall'Agenzia del demanio, in considerazione della tipologia di intervento e delle eventuali diverse forme di finanziamento che insistono sul medesimo immobile, al fine di promuovere forme di razionalizzazione e di coordinamento tra gli interventi, anche tra più amministrazioni, favorendo economie di scala e contribuendo al contenimento dei costi. I Provveditorati interregionali per le opere pubbliche del Ministero delle infrastrutture e della mobilità sostenibili realizzano gli interventi ricompresi nei programmi predisposti ai sensi del comma 2, secondo le modalità più innovative, efficienti ed economicamente più vantaggiose, nonché utilizzando metodi e strumenti elettronici di modellazione per l'edilizia e le infrastrutture. Su richiesta del Ministero della transizione ecologica, d'intesa con le strutture operative dei Provveditorati interregionali per le opere pubbliche, l'Agenzia del demanio può curare anche l'esecuzione degli interventi già oggetto di convenzionamento con le medesime strutture operative nell'ambito dell'attuazione dei programmi predisposti ai sensi del comma 2. I Provveditorati interregionali per le opere pubbliche, l'Agenzia del demanio e il Ministero della difesa o gli organi del genio del medesimo Ministero, possono fare ricorso agli strumenti di acquisto e negoziazione telematici, ivi inclusi il mercato elettronico della pubblica amministrazione (MEPA) e il sistema dinamico di acquisizione della pubblica amministrazione (SDAPA) (7).

8-*bis*. In deroga a quanto disposto dal comma 8, al fine di snellire la gestione amministrativa e preservare le esigenze di riservatezza, flessibilità e continuità operativa, la realizzazione degli interventi compresi nei programmi definiti ai sensi del comma 2 sugli immobili in uso al Ministero della difesa è di competenza degli organi del genio del medesimo Ministero, che li esegue con le risorse umane, finanziarie e strumentali disponibili a legislazione vigente, senza nuovi o maggiori oneri per la finanza pubblica. Per tali fini, sono stipulate una o più convenzioni tra il Ministero competente ad erogare il finanziamento e il Ministero della difesa (8).

9. Concorrono altresì al raggiungimento dell'obiettivo annuo di cui al comma 1, le misure organizzative e comportamentali degli occupanti volte a ridurre il consumo energetico, che le pubbliche amministrazioni centrali sono chiamate a promuovere ed applicare con le modalità di cui all'articolo 14 del decreto-legge 9 maggio 2012, n. 52.

10. Le pubbliche amministrazioni centrali, comprese quelle che hanno nella propria disponibilità gli immobili di cui al comma 6, che procedono alla realizzazione di interventi di efficienza energetica sul loro patrimonio edilizio o di sostituzione e razionalizzazione

degli spazi, al di fuori del programma di cui al presente articolo, ne danno comunicazione ai soggetti di cui al comma 2. Le stesse pubbliche amministrazioni comunicano, altresì, le misure in corso o programmate per il recupero e la valorizzazione del patrimonio immobiliare pubblico.

11. Per la realizzazione degli interventi rientranti nel programma di cui al comma 2, le pubbliche amministrazioni centrali di cui al comma 3 favoriscono il ricorso allo strumento del finanziamento tramite terzi e ai contratti di rendimento energetico e possono agire tramite l'intervento di una o più ESCO.

11-*bis*. Fermo restando l'obiettivo di cui al comma 1 e qualora le risorse dedicate ad assicurare il conseguimento dello stesso lo consentano, il Ministero dello sviluppo economico e il Ministero dell'ambiente e della tutela del territorio e del mare, di concerto con il Ministero delle infrastrutture e dei trasporti, possono predisporre programmi, anche congiunti, per il finanziamento di interventi di miglioramento della prestazione energetica degli immobili della pubblica amministrazione, con particolare riferimento agli immobili ospedalieri, scolastici e universitari, agli impianti sportivi e all'edilizia residenziale pubblica. Tali programmi consentono la cumulabilità delle relative risorse finanziarie con quelle rese disponibili da altri strumenti di promozione, fino alla copertura integrale della spesa complessivamente sostenuta da parte dell'Amministrazione proponente per gli interventi di efficientamento energetico. Per le finalità di cui al presente comma, e previa verifica dell'entità dei proventi disponibili annualmente, il Ministero dello sviluppo economico e il Ministero dell'ambiente e della tutela del territorio e del mare, avvalendosi del supporto di ENEA e GSE, possono emanare bandi pubblici, anche congiunti, che definiscono il perimetro, le risorse disponibili, le modalità di attuazione dei programmi suddetti e il monitoraggio dei risultati ottenuti. Resta fermo quanto previsto dal comma 6, lettera *b*) (9).

12. Le risorse del fondo di cui all'articolo 22, comma 4, del decreto legislativo 3 marzo 2011, n. 28, come modificato dall'articolo 4-*ter*, comma 2 del decreto legislativo 19 agosto 2005, n. 192, sono versate all'entrata del bilancio dello Stato, per l'importo di 5 milioni di euro nell'anno 2014 e di 25 milioni di euro nell'anno 2015, per essere riassegnate ad apposito capitolo dello stato di previsione del Ministero dello sviluppo economico nei medesimi esercizi per l'attuazione del programma di interventi di cui al comma 2. A tal fine, la Cassa per i servizi energetici e ambientali (10) provvede al versamento all'entrata del bilancio dello Stato degli importi indicati al primo periodo, a valere sulle disponibilità giacenti sul conto corrente bancario intestato al predetto Fondo, entro 30 giorni dall'entrata in vigore del presente decreto per l'importo relativo al 2014 ed entro il 31 marzo per il 2015. Lo stesso stanziamento può essere integrato:

a) fino a 25 milioni di euro annui per il periodo 2015-2030 (11), a valere sulle risorse annualmente confluite nel fondo di cui all'articolo 22, comma 4, del decreto legislativo 3 marzo 2011, n. 28, secondo le modalità di cui al presente comma, previa determinazione dell'importo da versare con decreto del Ministro dello sviluppo economico e del Ministro dell'ambiente e della tutela del territorio e del mare di concerto con il Ministro dell'economia e delle finanze;

b) fino a 20 milioni di euro per l'anno 2014, fino a 30 milioni di euro annui per il periodo 2015-2020 e fino a 50 milioni di euro annui per il periodo 2021-2030 (12) a valere sulla quota dei proventi annui delle aste delle quote di emissione di CO_2 di cui all'articolo 19 del decreto legislativo 13 marzo 2013, n. 30, destinata ai progetti energetico ambientali, con le modalità e nei limiti di cui ai commi 3 e 6 dello stesso articolo 19, previa verifica dell'entità dei proventi disponibili annualmente e nella misura del 50 per cento a carico del Ministero dello sviluppo economico e del restante 50 per cento a carico del Ministero dell'ambiente e della tutela del territorio e del mare. Il Ministro dell'economia e delle finanze è autorizzato ad apportare, con propri decreti, le conseguenti variazioni di bilancio.

13. Le risorse di cui al comma 12, eventualmente integrate con le risorse già derivanti dagli strumenti di incentivazione comunitari, nazionali e locali dedicati all'efficienza energetica nell'edilizia pubblica e con risorse dei Ministeri interessati, sono utilizzate anche per la copertura delle spese derivanti dalla realizzazione di diagnosi energetiche finalizzate all'esecuzione degli interventi di miglioramento dell'efficienza energetica di cui al presente articolo, eventualmente non eseguite dall'ENEA e dal GSE nell'ambito dell'attività d'istituto.

14. Le pubbliche amministrazioni centrali di cui al comma 3, anche avvalendosi del supporto dell'ENEA, entro il 31 dicembre di ogni anno a decorrere dal 2015, predispongono e comunicano al Ministero dell'ambiente e della tutela del territorio e del mare, al Ministero delle infrastrutture e trasporti, all'Agenzia del demanio e al Ministero dello sviluppo economico un rapporto sullo stato di conseguimento dell'obiettivo di cui al comma 1.

15. L'Acquirente Unico - Au S.p.A., anche tramite l'utilizzo del Sistema informatico integrato di cui di cui all'articolo 1-*bis* del decreto-legge 8 luglio 2010, n. 105, convertito, con modificazioni, dalla legge 13 agosto 2010, n. 129, entro il 31 gennaio di ciascun anno, comunica al Ministero dello sviluppo economico i consumi annuali, suddivisi per vettore energetico, di ognuna delle utenze di cui all'inventario redatto ai sensi del comma 2 e relativi all'anno precedente, collaborando con l'Agenzia del Demanio al fine di identificare le suddette utenze. Le informazioni di cui al presente comma confluiscono nel sistema IPer gestito dall'Agenzia del Demanio e nel Portale nazionale per l'efficienza energetica degli edifici di cui all'articolo 4-*quater* del decreto legislativo 19 agosto 2005, n. 192 e possono essere oggetto di scambio con i dati raccolti dalle regioni nel catasto degli impianti termici ai sensi del medesimo decreto legislativo (13).

16. Le Regioni e gli enti locali nell'ambito dei rispettivi strumenti di programmazione energetica, in maniera coordinata, concorrono al raggiungimento dell'obiettivo nazionale di cui all'articolo 3, comma 1 e alla riduzione della povertà energetica, attraverso l'approvazione:

a) di obiettivi e azioni specifici di risparmio energetico e di efficienza energetica, nell'intento di conformarsi al ruolo esemplare degli immobili di proprietà dello Stato di cui al presente articolo;

b) di provvedimenti volti a favorire l'introduzione di un sistema di gestione dell'energia, comprese le diagnosi energetiche, il ricorso alle ESCO e ai contratti di rendimento energetico per finanziare le riqualificazioni energetiche degli immobili di proprietà pubblica e migliorare l'efficienza energetica a lungo termine (14).

17. Le imprese che effettuano la fornitura di energia per utenze intestate a una pubblica amministrazione locale, su specifica richiesta della Regione o Provincia autonoma interessata, comunicano alla stessa, i consumi annuali, suddivisi per vettore energetico, delle utenze oggetto della richiesta. La suddetta richiesta contiene i riferimenti delle utenze e i relativi codici di fornitura. Le Regioni e le Province Autonome, rendono disponibili le informazioni di cui al presente comma sui propri siti istituzionali.

(1) *Le parole* « fino al 2030 » *sono state sostituite alle parole* « fino al 2020 », *le parole* « all'articolo 4 » *sono state sostituite alle parole* « all'articolo 4-*bis* non appena istituita » *e le parole tra parentesi quadre sono state soppresse dall'art. 5, comma 1, lett.* a) *d.lgs. 14 luglio 2020, n. 73.*

(2) *La parola* « promuove » *è stata sostituita alla parola* « promuovono » *e le parole* «, e successive modificazioni, » *sono state inserite dall'art. 5, comma 1, lett.* b) *d.lgs. n. 73, cit.*

(3) *Le parole* « *ovvero dell'Agenzia del demanio, attraverso la Struttura per la progettazione di beni ed edifici pubblici di cui all'articolo 1, comma 162 della legge 30 dicembre 2018, n. 145,* » *sono state inserite dall'art. 19, comma 1, lett.* a), *d.l. 1° marzo 2022, n. 17, in corso di conversione in legge.*

(4) *Comma inserito dall'art. 5, comma 1, lett.* c) *d.lgs. n. 73, cit.*

(5) *Lettera così sostituita dall'art. 5, comma 1, lett.* d), *n. 1) d.lgs. n. 73, cit. Il testo della lettera era il seguente:* « *b*) gli immobili vincolati ai sensi del decreto legislativo 22 gennaio 2004, n. 42, nella misura in cui il rispetto di determinati requisiti minimi di prestazione energetica modificherebbe in maniera inaccettabile il loro carattere o aspetto; ».

(6) *Lettera così sostituita dall'art. 5, comma 1, lett.* d), *n. 2) d.lgs. n. 73, cit. Il testo della lettera era il seguente:* « *c*) gli immobili destinati a scopi di difesa nazionale, ad eccezione degli alloggi individuali o degli edifici adibiti a uffici per le forze armate e altro personale dipendente dalle autorità preposte alla difesa nazionale; ».

(7) *Comma così sostituito dall'art. 19, comma 1, lett.* a), *d.l. n. 17, cit. Il testo del comma era il seguente:* « 8. La realizzazione degli interventi compresi nei programmi definiti ai sensi del comma 2 è gestita, senza nuovi o maggiori oneri per la finanza pubblica, dalle strutture operative dei Provveditorati interregionali opere pubbliche del Ministero delle infrastrutture e trasporti, ove occorra in avvalimento e con il supporto delle Amministrazioni interessate. L'Agenzia del Demanio promuove forme di razionalizzazione e di coordinamento tra gli interventi, anche tra più Amministrazioni, al fine di favorire economie di scala e di contribuire al contenimento dei costi ».

(8) *Comma inserito dall'art. 5, comma 1, lett.* e) *d.lgs. n. 73, cit.*

(9) *Comma inserito dall'art. 5, comma 1, lett.* f) *d.lgs. n. 73, cit.*

(10) *Le parole* « Cassa per i servizi energetici e ambientali » *sono state sostituite alle parole* « Cassa conguaglio per il settore elettrico » *dall'art. 5, comma 1, lett.* g), *n. 1) d.lgs. n. 73, cit.*

(11) *Le parole* « il periodo 2015-2030 » *sono state sostituite alle parole* « il periodo 2015-2020 » *dall'art. 5, comma 1, lett.* g), *n. 2) d.lgs. n. 73, cit.*

(12) *Le parole* «, fino a 30 milioni di euro annui per il periodo 2015-2020 e fino a 50 milioni di euro annui per il periodo 2021-2030 » *sono state sostituite alle parole* « e fino a 30 milioni di euro annui per il periodo 2015-2020 » *dall'art. 5, comma 1, lett.* g), *n. 3) d.lgs. n. 73, cit.*

(13) *Comma così sostituito dall'art. 5, comma 1, lett.* h) *d.lgs. n. 73, cit. Il testo del comma era il seguente:* « 15. Le imprese che effettuano la fornitura di energia per utenze intestate a una pubblica amministrazione centrale comunicano all'ENEA, a partire dal 31 gennaio 2015 e successivamente entro il 31 gennaio di ciascun anno, i consumi annuali, suddivisi per vettore energetico, di ognuna delle suddette utenze e relativi all'anno precedente. L'ENEA, entro novanta giorni dalla pubblicazione del presente decreto, senza nuovi o maggiori oneri per la finanza pubblica, rende disponibile un portale informatico per l'inserimento delle informazioni di cui al presente comma e ne da opportuna informazione sul suo sito istituzionale ».

(14) *Comma così sostituito dall'art. 5, comma 1, lett.* i) *d.lgs. n. 73, cit. Il testo del comma era il seguente:* « 16. Le Regioni e gli enti locali nell'ambito dei rispettivi strumenti di programmazione energetica, in maniera coordinata, concorrono al raggiungimento dell'obiettivo nazionale di cui all'articolo 3, comma 1, attraverso l'approvazione:

a) di obiettivi e azioni specifici di risparmio energetico e di efficienza energetica, nell'intento di conformarsi al ruolo esemplare degli immobili di proprietà dello Stato di cui al presente articolo;

b) di provvedimenti volti a favorire l'introduzione di un sistema di gestione dell'energia, comprese le diagnosi energetiche, il ricorso alle ESCO e ai contratti di rendimento energetico per finanziare le riqualificazioni energetiche degli immobili di proprietà pubblica e migliorare l'efficienza energetica a lungo termine. ».

6 Acquisti delle Pubbliche amministrazioni centrali.

1. Le pubbliche amministrazioni centrali si attengono al rispetto dei requisiti minimi di efficienza energetica di cui all'allegato 1, in occasione delle procedure per la stipula di contratti di acquisto o di nuova locazione di immobili ovvero di acquisto di prodotti e servizi, come indicato al comma 3, avviate a decorrere dalla data di entrata in vigore del presente decreto. I medesimi requisiti devono essere rispettati nell'ambito degli appalti di fornitura in regime di locazione finanziaria. I requisiti minimi di efficienza energetica sono inclusi tra i criteri di valutazione delle offerte; il bando di gara precisa che i fornitori del servizio sono tenuti ad utilizzare prodotti conformi ai requisiti minimi e individua le modalità con le quali gli offerenti dimostrano di avere soddisfatto i requisiti stessi.

1-*bis*. Il rispetto dei requisiti per gli immobili di cui al comma 1 è verificato attraverso la relazione tecnica di cui al comma 1 dell'articolo 8 del decreto legislativo 19 agosto 2005, n. 192 (1).

2. L'obbligo di cui al comma 1 si considera assolto qualora l'acquisto di prodotti, servizi ed immobili rispetti almeno le « specifiche tecniche » e le « clausole contrattuali » indicate nei « Criteri ambientali minimi » per le pertinenti categorie di prodotti indicate al punto 3.6 del « Piano d'azione per la sostenibilità ambientale dei consumi nel settore della Pubblica Amministrazione (PAN GPP) ».

3. L'obbligo di cui al comma 1 si applica agli appalti per gli acquisti di prodotti e servizi di importo pari o superiore alle soglie di cui all'articolo 28 del decreto legislativo 12 aprile 2006, n. 163. In relazione agli acquisti ovvero ai nuovi contratti di locazione di immobili, l'obbligo di cui al comma 1 si applica a tutti i contratti, indipendentemente dal relativo importo.

4. È ammessa deroga dal rispetto dell'obbligo di cui al comma 1 qualora tale previsione non sia coerente con le valutazioni di costo-efficacia, fattibilità economica e idoneità tecnica, ovvero nel caso in cui comporti una severa restrizione della concorrenza. Gli elementi tecnici ed economici a sostegno della deroga sono precisati e motivati nei documenti di gara. In materia di immobili, è ammessa deroga al rispetto dei requisiti minimi, qualora l'acquisto sia finalizzato a:

a) intraprendere una ristrutturazione importante o una demolizione;

b) salvaguardare l'immobile in quanto ufficialmente protetto in virtù dell'appartenenza a determinate aree ovvero del suo particolare valore architettonico o storico.

5. L'obbligo di cui al comma 1 si applica agli appalti delle forze armate solo se la sua applicazione non sia in contrasto con la natura e l'obiettivo primario delle attività delle forze armate. In ogni caso, l'obbligo non si applica agli appalti per la fornitura di materiale militare, ai sensi del decreto legislativo 15 novembre 2011, n. 208.

6. Nel caso in cui la fornitura preveda l'acquisto contestuale di un insieme di prodotti, la valutazione dell'efficienza energetica globale di tale insieme costituisce criterio di scelta prevalente rispetto alla valutazione dell'efficienza energetica dei singoli prodotti che costituiscono l'intera fornitura.

7. Le amministrazioni pubbliche centrali soggette agli obblighi di cui al comma 1 del presente articolo, individuano, al proprio interno, uno o più soggetti responsabili dell'attuazione degli obblighi suddetti.

8. La ConsipSpA adegua i criteri e le procedure per l'acquisto di beni e servizi alle disposizioni contenute nel presente articolo. Tutte le stazioni appaltanti dovranno applicare il criterio del presente articolo.

9. Le amministrazioni diverse da quelle di cui al comma 1, comprese le Regioni, le Province Autonome di Trento e Bolzano, gli Enti Locali, ciascuno nell'ambito delle proprie competenze, adeguano i propri ordinamenti ai principi contenuti nel presente articolo.

(1) *Comma così sostituito dall'art. 6, comma 1 d.lgs. 14 luglio 2020, n. 73. Il testo del comma, come inserito dall'art. 2, comma 1, lett.* a), *d.lgs. 18 luglio 2016 n. 141, era il seguente:* « 1-*bis*. Il rispetto dei requisiti per gli immobili di cui al comma 1 è verificato attraverso l'attestato di prestazione energetica di cui all'articolo 6 del decreto legislativo 19 agosto 2005, n. 192 ».

7 Obiettivo (1) obbligatorio di efficienza energetica.

1. L'obiettivo di risparmio nazionale cumulato di energia finale è determinato ai sensi dell'articolo 7 della direttiva 2012/27/UE, e successive modificazioni, sia per il periodo compreso tra il 1° gennaio 2014 e il 31 dicembre 2020, che per il periodo compreso tra il 1° gennaio 2021 e il 31 dicembre 2030 e i periodi successivi (2).

1-*bis*. Nel calcolo dell'obiettivo di risparmio di cui al comma 1, relativo al periodo compreso tra il 1° gennaio 2014 e il 31 dicembre 2020, (3) si applicano le specifiche modalità previste dall'articolo 7, paragrafo 4 (3), lettere *a*) e *d*), della direttiva 2012/27/UE e successive modificazioni (3), contabilizzando, per quanto riguarda la suddetta lettera *d*), esclusivamente i risparmi energetici che possono essere misurati e verificati, risultanti da azioni individuali la cui attuazione è avvenuta successivamente al 31 dicembre 2008 e che continuano ad avere un impatto nel 2020 (4).

1-*ter*. L'obiettivo di cui al comma 1 è conseguito tramite misure di promozione dell'efficienza energetica nel rispetto di quanto previsto dall'articolo 7, paragrafi da 7 a 12, nonché degli articoli 7-*bis* e 7-*ter* della direttiva 2012/27/UE, e successive modificazioni. A tal fine, al PNIEC è allegata una relazione elaborata dal Ministero dello sviluppo economico conformemente all'allegato III del regolamento (UE) 2018/1999, nella quale sono illustrati il calcolo del volume di risparmi energetici da realizzare nel corso del periodo dal 1° gennaio 2021 al 31 dicembre 2030, nonché l'elenco delle misure che contribuiscono al conseguimento del relativo obiettivo di cui al comma 1, corredato da tutte le informazioni previste dal citato allegato III, nonché dall'allegato V, paragrafo 5, della direttiva 2012/27/UE, e successive modificazioni. Gli aggiornamenti di tale relazione, comunicati alla Commissione europea secondo le periodicità previste dal suddetto regolamento, sono altresì trasmessi al Parlamento (5).

2. Al fine di conseguire l'obiettivo di cui al comma 1:

a) le misure indicate nella relazione di cui al comma 1-*ter* possono essere integrate, modificate o soppresse, anche a seguito del parere reso dalla Conferenza Unificata nell'ambito dell'osservatorio di cui al Piano nazionale integrato per l'energia e il clima, al fine di mantenere efficacia agli strumenti e conseguire l'obiettivo in modo efficiente. In tali casi il Ministero dello sviluppo economico predispone e trasmette alla Commissione europea un aggiornamento della predetta relazione, secondo quanto previsto dal comma 5;

b) i risparmi derivanti dalle misure di cui al comma 1-*ter* sono calcolati conformemente all'allegato V e all'articolo 7, paragrafi da 7 a 12, della direttiva 2012/27/UE, e successive modificazioni;

c) qualora siano introdotte nuove misure, o siano modificate quelle già previste, si tiene conto dell'esigenza di alleviare la povertà energetica secondo le disposizioni di cui all'articolo 7, paragrafo 11, della direttiva 2012/27/UE, e successive modificazioni (6).

3. I decreti concernenti la periodica determinazione degli obiettivi quantitativi nazionali di risparmio energetico per il meccanismo dei certificati bianchi, definiscono una traiettoria coerente con le previsioni del PNIEC e con le risultanze dell'attività di monitoraggio dell'attuazione delle misure ivi previste. Gli stessi decreti possono prevedere, anche su proposta o segnalazione dell'ARERA, modalità alternative o aggiuntive di conseguimento dei risultati e di attribuzione dei benefici, qualora ciò fosse funzionale al conseguimento dell'obiettivo di cui al comma 1, nonché sue eventuali dilazioni, un'estensione o una variazione dell'ambito dei soggetti obbligati, misure per l'incremento dei progetti presentati, ivi incluso l'incremento delle tipologie di progetti ammissibili, misure volte a favorire la semplificazione sia dell'accesso diretto da parte dei beneficiari agli incentivi concessi che delle procedure di valutazione, o per tener conto di nuovi strumenti concorrenti nel frattempo introdotti (7).

4. Entro il 30 giugno 2021, al fine di evitare frammentazioni e sovrapposizioni tra gli strumenti di promozione dell'efficienza energetica e incrementarne l'efficacia rispetto al conseguimento dell'obiettivo di cui al comma 1, è aggiornato il Conto Termico di cui al decreto del Ministro dello sviluppo economico 16 febbraio 2016 pubblicato nella Gazzetta Ufficiale 2 marzo 2016, n. 51, tenendo conto della necessità di adeguare in modo specialistico il meccanismo nel settore civile non residenziale, sia pubblico che privato, nonché dell'esigenza di semplificare l'accesso al meccanismo da parte della pubblica amministrazione e dei privati, an-

che attraverso la promozione e l'utilizzo di contratti di tipo EPC, e dell'opportunità di ampliare gli interventi ammissibili, quali, ad esempio, gli interventi di allaccio a sistemi di teleriscaldamento e teleraffrescamento efficiente e l'installazione di impianti di microcogenerazione. L'aggiornamento tiene inoltre conto delle disposizioni di cui al Piano d'azione per il miglioramento della qualità dell'aria istituito con protocollo di intesa tra Governo e regioni del 4 giugno 2019, nonché al Piano nazionale integrato per l'energia e il clima, con particolare riferimento alla necessità di:

a) prevedere l'inclusione degli interventi di riqualificazione degli edifici del settore terziario privato;

b) ampliare, garantendo l'invarianza dei costi in bolletta a carico degli utenti, il contingente di spesa messo a disposizione delle Pubbliche Amministrazioni;

c) rivedere le tempistiche relative alla realizzazione dei progetti da parte delle Pubbliche amministrazioni, al fine di renderle coerenti con le previsioni del decreto legislativo 18 aprile 2016, n. 50;

d) prevedere la possibilità, almeno nell'ambito degli interventi di riqualificazione profonda dell'edificio, di promuovere gli interventi di installazione di punti di ricarica per veicoli elettrici (8).

4-*bis*. Avvalendosi dei dati acquisiti ai sensi dell'articolo 13 del decreto del Ministro dello sviluppo economico 11 gennaio 2017, pubblicato nella Gazzetta Ufficiale 3 aprile 2017, n. 78, e successive modificazioni, il GSE, nell'ambito della relazione di cui al comma 1 del citato articolo 13, pubblica i risparmi energetici realizzati da ciascun soggetto obbligato nonché complessivamente nel quadro del meccanismo dei certificati bianchi (9).

4-*ter*. I soggetti obbligati di cui al meccanismo dei certificati bianchi, forniscono, su richiesta del Ministero dello sviluppo economico e comunque non più di una volta l'anno:

a) informazioni statistiche aggregate sui loro clienti finali qualora evidenzino cambiamenti significativi rispetto alle informazioni presentate in precedenza. Il Ministero dello sviluppo economico rende pubbliche tali informazioni in forma anonima e aggregata;

b) informazioni attuali sui consumi dei clienti finali, compresi, ove opportuno, profili di carico, segmentazione della clientela e ubicazione geografica dei clienti, tutelando, al contempo, l'integrità e la riservatezza delle informazioni conformemente alle disposizioni in materia di trattamento dei dati personali e delle informazioni commerciali di cui al decreto legislativo 30 giugno 2003, n. 196 (10).

4-*ter*.1. Il GSE, entro novanta giorni dalla data di entrata in vigore della presente disposizione, trasmette al Ministero dello sviluppo economico una stima dell'impatto dei costi diretti e indiretti del meccanismo dei certificati bianchi sulla competitività delle industrie esposte alla concorrenza internazionale, ivi comprese quelle a forte consumo di energia, al fine di favorire la promozione e l'adozione da parte dello stesso Ministero di misure volte a ridurre al minimo tale impatto. L'attività di cui al precedente periodo rientra nei compiti istituzionali del GSE ed è svolta con le risorse disponibili a legislazione vigente, senza nuovi oneri per la finanza pubblica (11).

5. Il Ministero dello sviluppo economico, nell'ambito delle relazioni intermedie sullo stato di attuazione del PNIEC previste dall'articolo 21 del regolamento (UE) 2018/1999, fornisce alla Commissione europea informazioni relative al conseguimento dell'obiettivo di cui al comma 1, e in particolare ai risparmi conseguiti dalle misure di cui al comma 1-*ter*, anche con specifico riferimento alle azioni volte ad alleviare la povertà energetica, nonché ogni eventuale aggiornamento riguardante le misure stesse (12).

6. Ai fini dell'accesso al Conto termico, i contratti che rispettano gli elementi minimi di cui all'allegato 8, del presente decreto sono considerati contratti di rendimento energetico. In deroga all'articolo 6, comma 1, del Conto termico, il GSE predispone specifiche modalità che consentano, alle Pubbliche Amministrazioni, di optare per l'erogazione dell'incentivo attraverso un acconto e successivi pagamenti per stato di avanzamento lavori. Al suddetto Conto termico, sono apportate le seguenti modificazioni:

a) all'articolo 3, comma 1, lettera *b*), le parole da: « intesi » ad: « agrario, » sono soppresse;

b) all'articolo 6, dopo il comma 1 è inserito il seguente: « 1-*bis*. L'incentivo erogato ai sensi del presente decreto non può eccedere, in nessun caso, il 65 per cento delle spese sostenute, come dichiarate ai sensi dell'articolo 7, comma 6, lettera *d*). »;

c) all'articolo 7, comma 3, dopo le parole: « immediatamente esecutivo » sono inserite le seguenti: « dal momento del riconoscimento della prenotazione dell'incentivo da parte del GSE ».

7. Le Regioni pubblicano in modalità open data entro il 1° giugno di ogni anno a partire dal 2015 i risparmi di energia conseguiti nell'anno precedente derivanti dalle misure di incentivazione promosse in ambito locale.

8. I risparmi di energia per i quali non siano stati riconosciuti titoli di efficienza energetica o altri incentivi, rispetto all'anno precedente e in condizioni normalizzate, riscontrabili dai bilanci energetici predisposti da imprese che attuano un sistema di gestione dell'energia conforme alla norma ISO 50001, e dagli audit previsti dal presente decreto, nonché dagli enti pubblici che abbiano aderito ad una convenzione CONSIP relativa a servizio energia, illuminazione o energy management sono comunicati dalle imprese all'ENEA e concorrono al raggiungimento degli obiettivi di cui al presente articolo (13).

(1) *Rubrica così modificata dall'art. 7, comma 1, lett.* a) *d.lgs. 14 luglio 2020, n. 73, che ha sostituito la parola* « Obiettivo » *alla parola* « Regime ».

(2) *Le parole da* « è determinato » *a* « i periodi successivi » *sono state sostituite alle parole* « da conseguire nel periodo compreso tra il 1° gennaio 2014 e il 31 dicembre 2020, è determinato secondo la metodologia di attuazione ai sensi dell'articolo 7 della direttiva 2012/27/UE » *dall'art. 7, comma 1, lett.* b) *d.lgs. n. 73, cit.*

(3) *Le parole* « relativo al periodo compreso tra il 1° gennaio 2014 e il 31 dicembre 2020, » *sono state inserite, le parole* « dall'articolo 7, paragrafo 4 » *sono state sostituite alle parole* « dall'articolo 7, comma 2 » *e le parole* « e successive modificazioni, » *sono state inserite dall'art. 7, comma 1, lett.* c) *d.lgs. n. 73, cit.*

(4) *Comma inserito dall'art. 3, comma 1, lett.* a), *d.lgs. 18 luglio 2016 n. 141.*

(5) *Comma inserito dall'art. 7, comma 1, lett.* d) *d.lgs. n. 73, cit.*

(6) *Comma così sostituito dall'art. 7, comma 1, lett.* e) *d.lgs. n. 73, cit. Il testo del comma era il seguente:* « 2. Il regime obbligatorio di efficienza energetica di cui all'articolo 7 della citata direttiva 2012/27/UE è costituito dal meccanismo dei certificati bianchi di cui ai decreti legislativi 16 marzo 1999 n. 79 e 23 maggio 2000 n. 164 e relativi provvedimenti di attuazione, secondo le condizioni di cui al presente articolo ».

(7) *Comma così sostituito dall'art. 7, comma 1, lett.* f) *d.lgs. n. 73, cit. Il testo del comma era il seguente:* « 3. Il meccanismo dei certificati bianchi di cui al comma 2 dovrà garantire il conseguimento di un risparmio energetico al 31 dicembre 2020 non inferiore al sessanta per cento dell'obiettivo di risparmio energetico nazionale cumulato di cui al comma 1. Il restante volume di risparmi di energia è ottenuto attraverso le misure di incentivazione degli interventi di incremento dell'efficienza energetica vigenti ».

(8) *Comma così sostituito dall'art. 7, comma 1, lett.* g) *d.lgs. n. 73, cit. Il testo del comma era il seguente:* « 4. I provvedimenti concernenti la determinazione degli obiettivi quantitativi nazionali di risparmio energetico per gli anni successivi al 2016, di cui all'articolo 4, comma 5, del decreto del Ministro dello sviluppo economico 28 dicembre 2012, definiscono una traiettoria coerente con l'obiettivo di risparmio di cui al comma 1 e la previsione del comma 3. Gli stessi provvedimenti possono prevedere un'estensione dell'ambito dei soggetti obbligati e modalità alternative o aggiuntive di assolvimento dell'obbligo, qualora ciò fosse necessario per il conseguimento dell'obiettivo di cui al comma 1. ».

(9) *Comma così sostituito dall'art. 7, comma 1, lett.* h) *d.lgs. n. 73, cit. Il testo del comma, inserito dall'art. 3, comma 1, lett.* b), *d.lgs. n. 141, cit. era il seguente:* « 4-*bis*. Avvalendosi dei dati acquisiti ai sensi dell'articolo 13 del decreto 28 dicembre 2012 del Ministro dello sviluppo economico di concerto con il Ministro dell'ambiente e della tutela del territorio e del mare, il GSE, entro il 30 giugno di ogni anno, pubblica i risparmi energetici realizzati da ciascun soggetto obbligato nonché complessivamente nel quadro del meccanismo dei certificati bianchi ».

(10) *Comma inserito dall'art. 3, comma 1, lett.* b), *d.lgs. n. 141, cit. e da ultimo modificato dall'art. 7, comma 1, lett.* i) *d.lgs. n. 73, cit., che ha sostituito la parola* « disposizioni » *alla parola* « disposizione ».

(11) *Comma inserito dall'art. 7, comma 1, lett.* l) *d.lgs. n. 73, cit.*

(12) *Comma così sostituito dall'art. 7, comma 1, lett.* m) *d.lgs. n. 73, cit. Il testo del comma era il seguente:* « 5. Entro il 31 dicembre 2016 e successivamente entro il 31 dicembre 2018, il Ministero dello sviluppo economico, con il supporto dell'ENEA e del GSE, redige un rapporto sullo stato di conseguimento dell'obbligo di cui al comma 1. Qualora da tali rapporti dovesse risultare un volume di risparmi ottenuti insufficiente rispetto all'obbligo previsto, il Ministero dello sviluppo economico, di concerto con il Ministero dell'ambiente e della tutela del territorio e del mare, introduce, anche su proposta dell'Autorità per l'energia elettrica il gas ed il sistema idrico, misure di potenziamento del sistema di sostegno basato sui certificati bianchi e nuove misure in grado di dare maggiore efficacia alle politiche di promozione dell'efficienza energetica, nel rispetto dei vincoli di bilancio pubblico. In ogni caso, gli stessi Ministeri provvedono, sentita l'Autorità per l'energia elettrica il gas ed il sistema idrico, entro 120 giorni dall'emanazione del presente decreto ad aggiornare le linee guida di cui all'articolo 6, comma 2, del decreto del Ministero dello sviluppo economico del 28 dicembre 2012 concernente la determinazione degli obiettivi quantitativi nazionali di risparmio energetico che devono essere perseguiti dalle imprese di distribuzione dell'energia elettrica e il gas per gli anni dal 2013 al 2016, per tener conto di quanto previsto agli articoli 5 e 15 del presente decreto. Lo stesso provvedimento contiene disposizioni per migliorare l'efficacia del meccanismo, anche con eventuali modifiche della soglia dimensionale richiesta, per valorizzare i risparmi energetici derivanti da misure volte al miglioramento comportamentale e per prevenire comportamenti speculativi. ».

(13) *Comma così sostituito dall'art. 7, comma 1, lett.* n) *d.lgs. n. 73, cit. Il testo del comma era il seguente:* « 8. I risparmi di energia per i quali non siano stati riconosciuti titoli di efficienza energetica, rispetto all'anno precedente e in condizioni normalizzate, riscontrabili dai bilanci energetici predisposti da imprese che attuano un sistema di gestione dell'energia conforme alla norma ISO 50001, e dagli audit previsti dal presente decreto sono comunicati dalle imprese all'ENEA e concorrono al raggiungimento degli obiettivi di cui al presente articolo ».

8 Diagnosi energetiche e sistemi di gestione dell'energia.

1. Le grandi imprese eseguono una diagnosi energetica, condotta da società di servizi energetici o esperti in gestione dell'energia, nei siti produttivi localizzati sul territorio nazionale, entro il 5 dicembre 2015 e, successivamente, ogni quattro anni, in conformità ai dettati di cui all'allegato 2. Tale obbligo di periodicità non si applica alle grandi imprese che hanno adottato sistemi di gestione conformi alla norma ISO 50001, a condizione che il sistema di gestione in questione includa una diagnosi energetica in conformità ai dettati di cui all'allegato 2. I risultati di tali diagnosi sono comunicati all'ENEA che ne cura la conservazione (1).

1-*bis*. Le diagnosi energetiche non includono clausole che impediscono il trasferimento dei risultati della diagnosi stessa a un fornitore di servizi energetici qualificato o accreditato, a condizione che il cliente non si opponga (2).

2. Decorsi 24 mesi dalla data di entrata in vigore del presente decreto, le diagnosi di cui al comma 1 sono eseguite da soggetti certificati da organismi accreditati ai sensi del regolamento comunitario n. 765 del 2008 o firmatari degli accordi internazionali di mutuo riconoscimento, in base alle norme UNI CEI 11352 e UNI CEI 11339 (3).

2-*bis*. L'accesso dei partecipanti al mercato che offre i servizi energetici è basato su criteri trasparenti e non discriminatori (4).

3. Le imprese a forte consumo di energia che ricadono nel campo di applicazione del decreto del Ministro dello sviluppo economico 21 dicembre 2017, recante disposizioni in materia di riduzione delle tariffe a copertura degli oneri generali di sistema per imprese energivore (5), sono tenute, ad eseguire le diagnosi di cui al comma 1, con le medesime scadenze, indipendentemente dalla loro dimensione e a dare attuazione ad almeno uno degli interventi di efficienza individuati dalle diagnosi stesse o, in alternativa, ad adottare sistemi di gestione conformi alle norme ISO 50001, nell'intervallo di tempo che intercorre tra una diagnosi e la successiva, dandone opportuna comunicazione nella diagnosi successiva l'attuazione dell'intervento stesso (5).

3-*bis*. Non sono soggette all'obbligo di cui al comma 1 le grandi imprese che presentino consumi energetici complessivi annui inferiori a 50 tep. A tal fine, con decreto del Ministero dello sviluppo economico, è definita la tipologia di documentazione che le grandi imprese devono trasmettere qualora le stesse presentino consumi annui inferiori a 50 tep (6).

4. Laddove l'impresa soggetta a diagnosi sia situata in prossimità di reti di teleriscaldamento o in prossimità di impianti cogenerativi ad alto rendimento, la diagnosi contiene anche una valutazione della fattibilità tecnica, della convenienza economica e del beneficio ambientale, derivante dall'utilizzo del calore cogenerato o dal collegamento alla rete locale di teleriscaldamento.

5. L'ENEA istituisce e gestisce una banca dati delle imprese soggette a diagnosi energetica nel quale sono riportate almeno l'anagrafica del soggetto obbligato e dell'auditor, la data di esecuzione della diagnosi e il rapporto di diagnosi.

6. L'ENEA svolge i controlli che dovranno accertare la conformità delle diagnosi alle prescrizioni del presente articolo, tramite una selezione annuale di una percentuale statisticamente significativa della popolazione delle imprese soggetta all'obbligo di cui ai commi 1 e 3, almeno pari al 3%. ENEA svolge il controllo sul

100 per cento delle diagnosi svolte da auditor interni all'impresa. L'attività di controllo potrà prevedere anche verifiche in situ.

7. In caso di inottemperanza riscontrata nei confronti dei soggetti obbligati, si applica la sanzione amministrativa di cui al comma 1 dell'articolo 16.

8. Entro il 30 giugno di ogni anno l'ENEA comunica al Ministero dello sviluppo economico e al Ministero dell'ambiente, della tutela del territorio e del mare, lo stato di attuazione dell'obbligo di cui ai commi 1 e 3, anche articolato territorialmente per Regioni e Province Autonome, e pubblica un rapporto di sintesi sulle attività diagnostiche complessivamente svolte e sui risultati raggiunti (7).

9. Entro il 31 dicembre 2014, e successivamente con cadenza annuale fino al 2020, il Ministero dello sviluppo economico, di concerto con il Ministero dell'ambiente, della tutela del territorio e del mare, pubblica un bando per il cofinanziamento di programmi presentati dalle Regioni finalizzati a sostenere la realizzazione di diagnosi energetiche nelle PMI o l'adozione nelle PMI di sistemi di gestione conformi alle norme ISO 50001. I programmi di sostegno presentati dalle Regioni prevedono che gli incentivi siano concessi alle imprese beneficiarie nel rispetto della normativa sugli aiuti di Stato e a seguito della effettiva realizzazione delle misure di efficientamento energetico identificate dalla diagnosi energetica o dell'ottenimento della certificazione ISO 50001 (8).

10. All'attuazione delle attività previste al comma 9 si provvede, nel limite massimo di 15 milioni di euro per ciascuno degli anni dal 2014 al 2020, a valere sulla quota spettante al Ministero dello sviluppo economico dei proventi annui delle aste delle quote di emissione di CO_2 di cui all'articolo 19 del decreto legislativo 13 marzo 2013, n. 30, destinati ai progetti energetico ambientali, con le modalità e nei limiti di cui ai commi 3 e 6 dello stesso articolo 19, previa verifica dell'entità dei proventi disponibili annualmente.

10-*bis*. Al fine di promuovere il miglioramento del livello di efficienza energetica nelle piccole e medie imprese, entro il 31 dicembre 2021 e, successivamente, con cadenza biennale fino al 2030, il Ministero dello sviluppo economico, con il supporto del GSE e sentita la Conferenza delle Regioni, emana bandi pubblici per il finanziamento dell'implementazione di sistemi di gestione dell'energia conformi alla norma ISO 50001. I bandi pubblici definiscono le risorse disponibili, le modalità di attuazione dei finanziamenti suddetti e il monitoraggio dei risultati ottenuti. All'attuazione delle attività previste dal presente comma si provvede, nel limite massimo di 15 milioni di euro per ciascuno degli anni dal 2021 al 2030, a valere sulla quota spettante al Ministero dello sviluppo economico dei proventi annui delle aste delle quote di emissione di CO_2 di cui all'articolo 19 del decreto legislativo 13 marzo 2013, n. 30, destinati ai progetti energetico- ambientali, con le modalità e nei limiti di cui ai commi 3 e 6 dello stesso articolo 19, previa verifica dell'entità dei proventi disponibili annualmente (9).

10-*ter*. L'ENEA, entro il 31 gennaio, per ciascuno degli anni dal 2021 al 2030, elabora e sottopone all'approvazione del Ministero dello sviluppo economico un programma annuale di sensibilizzazione e assistenza alle piccole e medie imprese per l'esecuzione delle diagnosi energetiche presso i propri siti produttivi e per la realizzazione degli interventi di efficientamento energetico proposti nelle diagnosi stesse (9).

11. All'attuazione delle attività previste dai commi 5, 6 e 10-*ter* (10) del presente articolo si provvede nel limite massimo di 0,3 milioni di euro per ciascuno degli anni dal 2014 al 2020 e di 0,4 milioni di euro per ciascuno degli anni dal 2021-2030 (10), a valere sulla quota spettante al Ministero dello sviluppo economico dei proventi annui delle aste delle quote di emissione di CO_2 di cui all'articolo 19 del decreto legislativo 13 marzo 2013, n. 30, destinati ai progetti energetico ambientali, con le modalità e nei limiti di cui ai commi 3 e 6 dello stesso articolo 19, previa verifica dell'entità dei proventi disponibili annualmente.

(1) *Comma così sostituito dall'art. 8, comma 1, lett.* a) *d.lgs. 14 luglio 2020, n. 73. Il testo del comma era il seguente:* « 1. Le grandi imprese eseguono una diagnosi energetica, condotta da società di servizi energetici, esperti in gestione dell'energia o auditor energetici e da ISPRA relativamente allo schema volontario EMAS, nei siti produttivi localizzati sul territorio nazionale entro il 5 dicembre 2015 e successivamente ogni 4 anni, in conformità ai dettati di cui all'allegato 2 al presente decreto. Tale obbligo non si applica alle grandi imprese che hanno adottato sistemi di gestione conformi EMAS e alle norme ISO 50001 o EN ISO 14001, a condizione che il sistema di gestione in questione includa un audit energetico realizzato in conformità ai dettati di cui all'allegato 2 al presente decreto. I risultati di tali diagnosi sono comunicati all'ENEA e all'ISPRA che ne cura la conservazione ».

(2) *Comma inserito dall'art. 4, comma 1, lett.* a), *d.lgs.18 luglio 2016 n. 141.*

(3) *Le parole* « UNI CEI 11352 e UNI CEI 11339 » *sono state sostituite alle parole* « UNI CEI 11352, UNI CEI 11339 o alle ulteriori norme di cui all'articolo 12, comma 3, relative agli auditor energetici, con l'esclusione degli installatori di elementi edilizi connessi al miglioramento delle prestazioni energetiche degli edifici. Per lo schema volontario EMAS l'organismo preposto è ISPRA » *dall'art. 8, comma 1, lett.* b) *d.lgs. n. 73, cit.*

(4) *Comma inserito dall'art. 4, comma 1, lett.* b), *d.lgs. n. 141, cit.*

(5) *Le parole* « del decreto del Ministro dello sviluppo economico 21 dicembre 2017, recante disposizioni in materia di riduzione delle tariffe a copertura degli oneri generali di sistema per imprese energivore » *sono state sostituite alle parole* « dell'articolo 39, comma 1 o comma 3, del decreto-legge 22 giugno 2012, n. 83, convertito, con modificazioni, dalla legge 7 agosto 2012, n. 134 » *e le parole* « indipendentemente dalla loro dimensione e a dare attuazione ad almeno uno degli interventi di efficienza individuati dalle diagnosi stesse o, in alternativa, ad adottare sistemi di gestione conformi alle norme ISO 50001, nell'intervallo di tempo che intercorre tra una diagnosi e la successiva, dandone opportuna comunicazione nella diagnosi successiva l'attuazione dell'intervento stesso » *sono state sostituite alle parole* « indipendentemente dalla loro dimensione e a dare progressiva attuazione, in tempi ragionevoli, agli interventi di efficienza individuati dalle diagnosi stesse o in alternativa ad adottare sistemi di gestione conformi alle norme ISO 50001 » *dall'art. 8, comma 1, lett.* c) *d.lgs. n. 73, cit.*

(6) *Comma inserito dall'art. 8, comma 1, lett.* d) *d.lgs. n. 73, cit.*

(7) *Comma così sostituito dall'art. 8, comma 1, lett.* e) *d.lgs. n. 73, cit. Il testo del comma era il seguente:* « 8. Entro il 30 giugno di ogni anno ENEA, a partire dall'anno 2016, comunica al Ministero dello sviluppo economico e al Ministero dell'ambiente, della tutela del territorio e del mare, lo stato di attuazione dell'obbligo di cui ai commi 1 e 3 e pubblica un rapporto di sintesi sulle attività diagnostiche complessivamente svolte e sui risultati raggiunti ».

(8) *Comma modificato dall'art. 4, comma 1, lett.* c), *d.lgs. n. 141, cit.*

(9) *Comma inserito dall'art. 8, comma 1, lett.* f) *d.lgs. n. 73, cit.*

(10) *Le parole* « All'attuazione delle attività previste dai commi 5, 6 e 10-*ter* » *sono state sostituite alle parole* « All'attuazione delle attività previste ai commi 5 e 6 » *e le parole* « e di 0,4 milioni di euro per ciascuno degli anni dal 2021-2030 » *sono state inserite dall'art. 8, comma 1, lett.* g) *d.lgs. n. 73, cit.*

9-20 (*Omissis*).

SEZIONE NONA
TRASPORTO FERROVIARIO, SERVIZIO POSTALE E PORTI

117. Decreto legislativo 22 luglio 1999, n. 261. — Attuazione della direttiva 97/67/CE concernente regole comuni per lo sviluppo del mercato interno dei servizi postali comunitari e per il miglioramento della qualità del servizio. (*estratto*).

Pubblicato nella Gazzetta Ufficiale n. 182 del 5 agosto 1999.

1 Definizioni.

1. La fornitura dei servizi relativi alla raccolta, allo smistamento, al trasporto ed alla distribuzione degli invii postali nonché la realizzazione e l'esercizio della rete postale pubblica costituiscono attività di preminente interesse generale.

2. Ai fini del presente decreto si intendono per:

a) "servizi postali": i servizi che includono la raccolta, lo smistamento, il trasporto e la distribuzione degli invii postali;

b) "rete postale [pubblica]": l'insieme dell'organizzazione e dei mezzi di ogni tipo utilizzati dal fornitore del servizio universale che consentono in particolare: *a*) la raccolta, dai punti di accesso sull'insieme del territorio, degli invii postali coperti dall'obbligo di servizio universale; *b*) il trasporto e il trattamento di tali invii dal punto di accesso alla rete postale fino al centro di distribuzione; *c*) la distribuzione all'indirizzo indicato sull'invio (1);

c) "punti di accesso": ubicazioni fisiche comprendenti in particolare gli uffici postali e le cassette postali messe a disposizione del pubblico, o sulla via pubblica o nei locali del fornitore del servizio universale o dei fornitori dei servizi postali dove gli invii postali possono essere depositati dai mittenti nella rete postale (2);

d) "raccolta": l'operazione di raccolta degli invii postali da parte di un fornitore di servizi postali (3);

e) "distribuzione": il processo che va dallo smistamento nel centro incaricato di organizzare la distribuzione alla consegna degli invii postali ai destinatari;

f) "invio postale": l'invio, nella forma definitiva al momento in cui viene preso in consegna dal fornitore di servizi postali; si tratta, oltre agli invii di corrispondenza, di libri, cataloghi, giornali, periodici e similari nonché di pacchi postali contenenti merci con o senza valore commerciale (4);

f-bis) "invio di posta prioritaria": servizio espresso di corrispondenza non massiva verso qualsiasi località del territorio nazionale ed estero per il quale sono fissati obiettivi medi per il recapito da effettuare entro il giorno lavorativo successivo a quello di inoltro nella rete pubblica postale (5);

f-ter) "invio di corrispondenza ordinaria": servizio base di corrispondenza non massiva verso qualsiasi località del territorio nazionale ed estero per il quale sono fissati obiettivi medi per il recapito da effettuare entro il quarto giorno lavorativo successivo a quello di inoltro nella rete pubblica postale (6);

g) "invio di corrispondenza": la comunicazione in forma scritta, anche generata mediante l'ausilio di mezzi telematici, su supporto materiale di qualunque natura che viene trasportato e consegnato all'indirizzo indicato dal mittente sull'oggetto stesso o sul suo involucro, con esclusione di libri, cataloghi, quotidiani, periodici e similari;

h) "pubblicità diretta per corrispondenza": comunicazione indirizzata ad un numero significativo di persone, [definito ai sensi dell'art. 2, comma 2, lettera *p*),] consistente unicamente in materiale pubblicitario o di marketing, contenente lo stesso messaggio ad eccezione del nome, dell'indirizzo e del numero di identificazione del destinatario nonché altre modifiche che non alterano la natura del messaggio, da inoltrare e consegnare all'indirizzo indicato dal mittente sull'invio stesso o sull'involucro. Avvisi, fatture, rendiconti finanziari e altre comunicazioni non identiche non sono considerati pubblicità diretta per corrispondenza. Una comunicazione contenente pubblicità e altro nello stesso involucro non è considerata pubblicità diretta per corrispondenza. Quest'ultima comprende la pubblicità transfrontaliera e quella interna (7);

i) "invio raccomandato": servizio che consiste nel garantire forfettariamente contro i rischi di smarrimento, furto o danneggiamento e che fornisce al mittente una prova dell'avvenuto deposito dell'invio postale e, a sua richiesta, della consegna al destinatario;

l) "invio assicurato": servizio che consiste nell'assicurare l'invio postale per il valore dichiarato dal mittente, in caso di smarrimento, furto o danneggiamento;

m) "posta transfrontaliera": posta da o verso un altro Stato membro o da o verso un paese terzo;

n) "scambio di documenti": la fornitura di mezzi, compresa la messa a disposizione di appositi locali e di mezzi di trasporto, da parte di un terzo per consentire la distribuzione da parte degli interessati stessi tramite il mutuo scambio di invii postali tra utenti abbonati al servizio;

o) "fornitore del servizio universale": il fornitore di un servizio postale, pubblico o privato, che fornisce un servizio postale universale sul territorio nazionale e la cui identità è stata notificata alla Commissione (8);

[*p*) "prestatori del servizio universale": i soggetti che forniscono prestazioni singole del servizio universale;] (9)

q) "autorizzazioni": ogni titolo abilitativo che stabilisce i diritti e gli obblighi specifici nel settore postale e che consente alle imprese di fornire servizi postali e, se del caso, creare ovvero gestire le proprie reti per la fornitura di tali servizi, sotto forma di "autorizzazione generale" oppure di "licenza individuale", definite come segue:

1) "autorizzazione generale": ogni autorizzazione che non richiede al fornitore di un servizio postale interessato di ottenere una esplicita decisione da parte dell'amministrazione competente prima dell'esercizio dei diritti derivanti dall'autorizzazione, indipendentemente dal fatto che questa sia regolata da una "licenza per categoria" o da norme di legge generali e che sia prevista o meno per essa una procedura di registrazione o di dichiarazione;

2) "licenza individuale": ogni autorizzazione concessa dall'amministrazione competente, la quale conferisce diritti specifici ad un fornitore di servizi postali ovvero che assoggetta le operazioni di tale impresa ad obblighi specifici che integrano l'autorizzazione generale, qualora detto fornitore non possa esercitare i diritti di cui trattasi in assenza di previa decisione dell'amministrazione competente (10);

r) "spese terminali": la remunerazione del fornitore del servizio universale incaricato della distribuzione della posta transfrontaliera in entrata costituita dagli invii postali provenienti da un altro Stato membro o da un paese terzo;

s) "mittente": la persona fisica o giuridica che è all'origine degli invii postali;

t) "utente": qualunque persona fisica o giuridica che usufruisce di una prestazione del servizio universale in qualità di mittente o di destinatario;

u) "esigenze essenziali": i motivi di interesse generale e di natura non economica che possono portare ad imporre condizioni in materia di fornitura di servizi postali, quali la riservatezza della corrispondenza, la sicurezza del funzionamento della rete in materia di trasporto di sostanze pericolose, il rispetto delle condizioni di lavoro e dei sistemi di sicurezza sociale previsti dalla legge, dai regolamenti o dalle disposizioni amministrative ovvero dagli accordi collettivi negoziati tra le parti sociali nazionali in conformità al diritto comunitario e nazionale e, nei casi in cui sia giustificato, la protezione dei dati, la tutela dell'ambiente e l'assetto territoriale; la protezione dei dati può comprendere la protezione dei dati personali, la riservatezza delle informazioni trasmesse o conservate, nonché la tutela della vita privata (11);

u-bis) "fornitore di un servizio postale": l'impresa che fornisce uno o più servizi postali (12);

u-ter) "invii di posta massiva": invii non raccomandati o assicurati diversi dalla pubblicità diretta per corrispondenza consegnati in grandi quantità ai fornitori di servizi postali presso i punti di accesso individuati dai fornitori stessi (12);

u-quater) "Autorità nazionale di regolamentazione": l'organismo designato a svolgere le funzioni di regolamentazione del settore postale di cui alla direttiva 2008/6/CE, di seguito anche "autorità di regolamentazione" (12);

u-quinquies) "servizi forniti a tariffa unitaria": servizi postali la cui tariffa è fissata per invii postali singoli (12).

(1) *Lettera modificata dall'art. 1, comma 1, lett.* a), *d.lgs. 31 marzo 2011, n. 58.*

(2) *Lettera sostituita dall'art. 1, comma 1, lett.* b), *d.lgs. 31 marzo 2011, n. 58.*

(3) *Lettera sostituita dall'art. 1, comma 1, lett.* c), *d.lgs. 31 marzo 2011, n. 58.*

(4) *Lettera sostituita dall'art. 1, comma 1, lett.* d), *d.lgs. 31 marzo 2011, n. 58.*

(5) *Lettera inserita dall'art. 1, comma 278, l. 23 dicembre 2014, n. 190.*

(6) *Lettera inserita dall'arti. 1, comma 278, l. 23 dicembre 2014, n. 190.*

(7) *Lettera modificata dall'articolo 1, comma 1, lettera* e), *d.lgs. 31 marzo 2011, n. 58.*

(8) *Lettera sostituita dall'art. 1, comma 1, lett.* f), *d.lgs. 31 marzo 2011, n. 58.*

(9) *Lettera soppressa dall'art. 1, comma 1, lett.* g), *d.lgs. 31 marzo 2011, n. 58.*

(10) *Lettera sostituita dall'art. 1, comma 1, lett.* h), *d.lgs. 31 marzo 2011, n. 58.*

(11) *Lettera sostituita dall'art. 1, comma 1, lett.* i), *d.lgs. 31 marzo 2011, n. 58.*

(12) *Lettera aggiunta dall'art. 1, comma 1, lett.* l), *d.lgs. 31 marzo 2011, n. 58.*

2 Autorità nazionale di regolamentazione del settore postale (1).

1. È istituita l'Agenzia nazionale di regolamentazione del settore postale, di seguito denominata "Agenzia", la quale è designata autorità nazionale di regolamentazione per il settore postale ai sensi dell'articolo 22 della direttiva 97/67/CEE e successive modificazioni.

2. L'Agenzia è soggetto giuridicamente distinto e funzionalmente indipendente rispetto agli operatori del settore postale.

3. L'Agenzia opera sulla base di principi di autonomia organizzativa, tecnico-operativa, gestionale, di trasparenza e di economicità. Per quanto non previsto dal presente articolo, all'Agenzia si applicano gli articoli 8 e 9 del decreto legislativo 30 luglio 1999, n. 300.

4. L'Agenzia svolge, con indipendenza di valutazione e di giudizio, le seguenti funzioni:

a) regolazione dei mercati postali;

b) partecipazione ai lavori e alle attività dell'Unione europea e internazionali entro i limiti delle competenze di attribuzione;

c) adozione di provvedimenti regolatori in materia di qualità e caratteristiche del servizio postale universale di cui all'articolo 12, anche con riferimento alla determinazione dei criteri di ragionevolezza funzionali alla individuazione dei punti del territorio nazionale necessari a garantire una regolare ed omogenea fornitura del servizio;

d) adozione di provvedimenti regolatori in materia di accesso alla rete postale e relativi servizi, determinazione delle tariffe dei settori regolamentati e promozione della concorrenza nei mercati postali;

e) svolgimento, anche attraverso soggetti terzi, dell'attività di monitoraggio, controllo e verifica del rispetto di standard di qualità del servizio postale universale;

f) vigilanza - anche avvalendosi degli organi territoriali del Ministero dello sviluppo economico - sull'assolvimento degli obblighi a carico del fornitore del servizio universale e su quelli derivanti da licenze ed autorizzazioni, con particolare riferimento alle condizioni generali della fornitura dei servizi postali;

g) analisi e monitoraggio dei mercati postali, con particolare riferimento ai prezzi dei servizi, anche mediante l'istituzione di un apposito osservatorio.

5. L'Agenzia è dotata di potere sanzionatorio, nel rispetto delle disposizioni dell'articolo 21, in caso di inosservanza dei propri provvedimenti o in caso di mancata ottemperanza anche parziale da parte dei soggetti esercenti i servizi postali alle richieste di informazioni, o a quelle connesse all'effettuazione dei controlli ovvero nel caso in cui le informazioni e i documenti acquisiti non siano veritieri.

[6. Le funzioni dell'Agenzia di programmazione, indirizzo, regolazione e controllo nelle materie di cui al comma 4 sono affidate ad un Collegio costituito da tre membri, di cui uno con funzioni di Presidente, nominati con decreto del Presidente della Repubblica, previa deliberazione del Consiglio dei Ministri, su proposta del Ministro dello sviluppo economico. Le designazioni effettuate dal Governo sono previamente sottoposte al parere delle competenti Commissioni parlamentari. In nessun caso le nomine possono essere effettuate in mancanza del parere favorevole espresso dalle predette Commissioni. Le medesime Commissioni possono procedere all'audizione delle persone designate. I membri del Collegio sono scelti tra persone dotate di indiscusse moralità e indipendenza, alta e riconosciuta professionalità e competenza nel settore. La carica di componente del Collegio è incompatibile con incarichi politici elettivi, né possono essere nominati componenti coloro che abbiano interessi di qualunque natura in conflitto con le funzioni dell'Agenzia. Il Collegio adotta le deliberazioni relative all'esercizio delle funzioni dell'Agenzia e irroga le sanzioni di cui al comma 5. Le funzioni di controllo di regolarità amministrativo contabile e di verifica sulla regolarità della gestione dell'Agenzia sono affidate al Collegio dei revisori al quale si applica l'articolo 8, comma 4, lettera *h*), del decreto legislativo 30 luglio 1999, n. 300. Il presidente del Collegio dei revisori è designato dal Ministro dell'economia e delle finanze.] (2)

[7. Il direttore generale svolge funzioni di direzione, coordinamento e controllo della struttura dell'Agenzia. Formula proposte al Collegio, dà attuazione alle deliberazioni e ai programmi da questo approvati e assicura gli adempimenti di carattere tecnico-amministrativo, relativi alle attività dell'Agenzia ed al perseguimento delle sue finalità istituzionali. Il direttore generale è nominato per un periodo di cinque anni, non rinnovabili, con la procedura prevista dall'articolo 8, comma 3, del decreto legislativo 30 luglio 1999, n. 300. Al direttore generale non si applica il comma 8 dell'articolo 19 del decreto legislativo 30 marzo 2001, n. 165.] (2)

[8. I compensi spettanti ai membri del Collegio sono determinati con decreto del Ministro dell'economia e delle finanze, di concerto con il Ministro dello sviluppo economico. Gli oneri derivanti dall'attuazione del presente comma sono coperti nell'ambito delle risorse di cui al comma 14] (3).

[9. I membri del Collegio dell'Agenzia durano in carica tre anni e possono essere confermati una sola volta. A pena di decadenza i membri del Collegio e il direttore generale non possono esercitare, direttamente o indirettamente, alcuna attività professionale o di consulenza, essere amministratori o dipendenti di soggetti pubblici o privati né ricoprire altri uffici pubblici di qualsiasi natura, ivi compresi gli incarichi elettivi o di rappresentanza nei partiti politici, né avere interessi diretti o indiretti nelle imprese operanti nel settore. I componenti del Collegio e il direttore generale, ove dipendenti di amministrazioni pubbliche, sono obbligatoriamente collocati fuori ruolo o in aspettativa senza assegni, per l'intera durata dell'incarico ed il relativo posto in organico è reso indisponibile per tutta la durata dell'incarico.] (2)

[10. Per almeno dodici mesi dalla cessazione dell'incarico, i membri del Collegio dell'Agenzia e il direttore generale non possono intrattenere, direttamente o indirettamente, rapporti di collaborazione, di consulenza o di impiego con le imprese operanti nel settore. La violazione di tale divieto è punita, salvo che il fatto costituisca reato, con una sanzione amministrativa pecuniaria pari ad un'annualità dell'importo del corrispettivo percepito.

All'imprenditore che abbia violato tale divieto si applica la sanzione amministrativa pecuniaria pari allo 0,5 per cento del fatturato e, comunque, non inferiore a euro 150.000 e non superiore a euro 10 milioni, e, nei casi più gravi o quando il comportamento illecito sia stato reiterato, la revoca dell'atto autorizzativo. I limiti massimo e minimo di tali sanzioni sono rivalutati secondo il tasso di variazione annuo dell'indice dei prezzi al consumo per le famiglie di operai e impiegati rilevato dall'ISTAT.] (2)

[11. Il Collegio dell'Agenzia può essere sciolto per gravi e motivate ragioni, inerenti al corretto funzionamento dell'Agenzia e al perseguimento dei suoi fini istituzionali, con decreto del Presidente della Repubblica, previa deliberazione del Consiglio dei Ministri, su proposta del Ministro dello sviluppo economico. Con il medesimo decreto è nominato un commissario straordinario, che esercita, per un periodo non superiore a sei mesi, le funzioni del Collegio dell'Agenzia. Entro il termine di cui al periodo precedente, si procede al rinnovo del Collegio dell'Agenzia, secondo quanto disposto dal comma 6.] (2)

[12. Sono trasferite all'Agenzia le funzioni di cui al comma 4, attualmente svolte dal Ministero dello sviluppo economico - Direzione generale per la regolamentazione del settore postale, di cui all'articolo 21 del decreto del Presidente della Repubblica 28 novembre 2008, n. 197, con le inerenti risorse umane, finanziarie e strumentali. Il personale trasferito dal Ministero dello sviluppo economico non potrà superare l'80 per cento della consistenza del personale assegnato alla data del 31 dicembre 2010 presso la stessa direzione generale.] (2)

[13. Al personale che accede al ruolo organico dell'Agenzia è riconosciuta una collocazione professionale equivalente a quella ricoperta nel precedente rapporto di lavoro e continua ad applicarsi la contrattazione collettiva del comparto di provenienza, nonché l'inquadramento previdenziale del comparto di provenienza, in riferimento sia al trattamento pensionistico che al trattamento di fine servizio o fine rapporto.] (2)

[14. Agli oneri derivanti dal funzionamento dell'Agenzia si provvede:

a) mediante apposito Fondo iscritto nello stato di previsione del Ministero dello sviluppo economico, al quale confluiscono le risorse finanziarie di cui al comma 12;

b) mediante un contributo di importo non superiore all'uno per mille dei ricavi dell'ultimo esercizio relativi al settore postale, versato da tutti gli operatori del settore medesimo, e al netto, per il fornitore del servizio universale, dell'onere relativo al servizio universale stesso(4). Il contributo è versato entro il 31 luglio di ogni anno e le relative somme affluiscono direttamente al bilancio dell'Agenzia. Fatto salvo quanto previsto dal comma 18, la misura del contributo e le modalità di versamento al bilancio dell'Agenzia sono determinate con decreto del Ministro dello sviluppo economico, di concerto con il Ministro dell'economia e delle finanze, sentita l'Agenzia] (2).

[15. Con decreto del Ministro dello sviluppo economico, da adottare, di concerto con il Ministro dell'economia e delle finanze e il Ministro per la pubblica amministrazione e l'innovazione, entro un mese dalla data di entrata in vigore del decreto legislativo di attuazione della direttiva 2008/6/CE, è approvato lo statuto dell'Agenzia, con cui sono definite, nel rispetto del presente decreto, le finalità e i compiti istituzionali, i criteri di organizzazione e funzionamento, le competenze degli organi e le modalità di esercizio delle funzioni.] (2)

[16. Con decreto del Ministro dello sviluppo economico, da adottare, di concerto con il Ministro dell'economia e delle finanze e il Ministro per la pubblica amministrazione e l'innovazione, entro un mese dalla data di adozione del decreto di cui al comma 15 e secondo i criteri da esso stabiliti, è approvato il regolamento che definisce l'organizzazione e il funzionamento interni dell'Agenzia e ne determina il ruolo organico, nel limite di 60 unità.] (2)

[17. Con decreto del Ministro dello sviluppo economico, da adottare entro quindici giorni dalla data di emanazione del decreto di cui al comma 16, sono individuate le risorse di personale e le risorse strumentali del Ministero da trasferire all'Agenzia ai sensi del comma 12 e ne è disposto il trasferimento.] (2)

[18. Con decreto del Ministro dell'economia e delle finanze, da adottare, di concerto con il Ministro dello sviluppo economico, entro quindici giorni dalla data di adozione del decreto di cui al comma 17, è stabilito l'ammontare delle risorse finanziarie di cui al comma 12, entro il limite dell'80 per cento delle risorse disponibili a legislazione vigente per il Ministero dello sviluppo economico - Direzione generale per la regolamentazione del settore postale, e sono conseguentemente rideterminate le relative dotazioni finanziarie del Ministero dello sviluppo economico. Con il medesimo decreto sono altresì determinate, in sede di prima applicazione, la misura del contributo, di cui alla lettera *b*) del comma 14, e le modalità di versamento al bilancio dell'Agenzia. A decorrere dal secondo anno di attività dell'Agenzia, la dotazione del Fondo di cui alla lettera *a*) del comma 14 può essere ridotta con decreto del Ministro dell'economia e delle finanze, di concerto con il Ministro dello sviluppo economico, sulla base del gettito effettivo del contributo di cui alla lettera *b*) del medesimo comma e dei costi complessivi dell'Agenzia.] (2)

[19. L'Agenzia adotta un proprio regolamento di contabilità, ispirato, ove richiesto dall'attività dell'Agenzia, a principi civilistici, anche in deroga alle disposizioni sulla contabilità pubblica. Il regolamento di cui al presente comma è sottoposto alla preventiva approvazione del Ministero dello sviluppo economico, di concerto con il Ministero dell'economia e delle finanze.] (2)

[20. L'Agenzia si avvale del patrocinio dell'Avvocatura dello Stato ai sensi dell'articolo 43 del regio decreto 30 ottobre 1933, n. 1611.] (2)

[21. Il Ministro dello sviluppo economico trasmette al Parlamento, entro il 31 marzo di ciascun anno, una relazione predisposta dall'Agenzia sull'attività da essa svolta nell'anno precedente.] (2)

22. Dall'attuazione del presente articolo non devono derivare nuovi o maggiori oneri a carico della finanza pubblica.

(1) *Articolo modificato dapprima dall'art. 1 d.lgs. 23 dicembre 2003, n. 384, poi dall'art. 16, commi 1, 2 e 3 l. 18 giugno 2009, n. 69, e infine sostituito dall'art. 1, comma 2, d.lgs. 31 marzo 2011, n. 58. Ai sensi dell'art. 21, comma 13, d.l. 6 dicembre 2011, n. 201, conv., con modif., in l. 22 dicembre 2011, n. 214, l'Autorità nazionale di regolamentazione del settore postale, di cui al presente articolo, è soppressa a decorrere dalla data di entrata in vigore del d.l. n. 201, cit., e i relativi organi decadono, fatti salvi gli adempimenti di cui al comma 15 dello stesso art. 21.*

(2) *Comma abrogato dall'art. 65, comma 1, d.l. 24 aprile 2017, n. 50, conv., con modif., in l. 21 giugno 2017, n. 96.*

(3) *Comma così rettificato con Comunicato 2 maggio 2011 in G.U. 2 maggio 2011, n. 100 e successivamente abrogato dall'art. 65, comma 1, d.l. 24 aprile 2017, n. 50, conv., con modif., in l. 21 giugno 2017, n. 96.*

(4) *Le parole: « e dei proventi per i servizi affidati in via esclusiva, di cui all'articolo 4 », che figuravano alla fine del periodo, sono state soppresse, a decorrere dal 10 settembre 2017 dall'art. 1, comma 57, lett.* a), *l. 4 agosto 2017, n. 124.*

3 Servizio universale (1).

1. È assicurata la fornitura del servizio universale e delle prestazioni in esso ricomprese, di qualità determinata, da fornire permanentemente in tutti i punti

del territorio nazionale, incluse le situazioni particolari delle isole minori e delle zone rurali e montane, a prezzi accessibili all'utenza.

2. Il servizio universale, incluso quello transfrontaliero, comprende:

a) la raccolta, il trasporto, lo smistamento e la distribuzione degli invii postali fino a 2 kg;

b) la raccolta, il trasporto, lo smistamento e la distribuzione dei pacchi postali fino a 20 kg;

c) i servizi relativi agli invii raccomandati ed agli invii assicurati.

3. Le dimensioni minime e massime degli invii postali considerati sono quelle fissate nelle disposizioni pertinenti adottate dall'Unione postale universale.

4. A decorrere dal 1° giugno 2012, la pubblicità diretta per corrispondenza è esclusa dall'ambito del servizio universale.

5. Il servizio universale è caratterizzato come segue:

a) la qualità è definita nell'ambito di ciascun servizio e trova riferimento nella normativa europea;

b) il servizio è prestato in via continuativa per tutta la durata dell'anno;

c) la dizione "tutti i punti del territorio nazionale" trova specificazione, secondo criteri di ragionevolezza, attraverso l'attivazione di un congruo numero di punti di accesso, al fine di tenere conto delle esigenze dell'utenza. Detti criteri sono individuati con provvedimento dell'autorità di regolamentazione;

d) la determinazione del "prezzo accessibile" deve prevedere l'orientamento ai costi in riferimento ad un'efficiente gestione aziendale.

6. Il fornitore del servizio universale garantisce per almeno 5 giorni a settimana:

a) una raccolta;

b) una distribuzione al domicilio di ogni persona fisica o giuridica o, in via di deroga, alle condizioni stabilite dall'autorità di regolamentazione in installazioni appropriate.

7. È fatta salva la fornitura a giorni alterni, che è autorizzata dall'autorità di regolamentazione, in presenza di particolari situazioni di natura infrastrutturale o geografica in ambiti territoriali con una densità inferiore a 200 abitanti/kmq e comunque fino ad un massimo di un quarto della popolazione nazionale. Ogni circostanza eccezionale ovvero ogni deroga concessa dall'autorità di regolamentazione ai sensi del presente comma è comunicata alla Commissione europea (2).

8. Il servizio universale risponde alle seguenti necessità:

a) offrire un servizio tale da garantire il rispetto delle esigenze essenziali;

b) offrire agli utenti, in condizioni analoghe, un trattamento identico;

c) fornire un servizio senza discriminazioni, soprattutto di ordine politico, religioso o ideologico;

d) fornire un servizio ininterrotto, salvo casi di forza maggiore;

e) evolvere in funzione del contesto tecnico, economico e sociale, nonché delle esigenze dell'utenza.

9. Restano impregiudicate le misure che le competenti autorità adottano per motivi di interesse pubblico riconosciuti nel Trattato sul funzionamento dell'Unione europea, segnatamente agli articoli 36 e 52, e che riguardano in particolare la moralità pubblica, la pubblica sicurezza, comprese le indagini criminali, e l'ordine pubblico.

10. Il fornitore del servizio universale è tenuto a informare gli utenti nonché i fornitori di servizi postali circa le caratteristiche del servizio universale offerto, in particolare per quanto riguarda le condizioni generali di accesso ai servizi, i prezzi e il livello di qualità. L'informativa, avente ad oggetto notizie precise ed aggiornate, ha cadenza regolare e, comunque, almeno annuale. L'informativa avviene a mezzo di adeguata pubblicazione. L'autorità di regolamentazione comunica alla Commissione europea le modalità con cui sono rese disponibili le informazioni di cui al presente comma.

11. Il fornitore del servizio universale è designato nel rispetto del principio di trasparenza, non discriminazione e proporzionalità.

La designazione è effettuata sulla base dell'analisi dei costi del servizio universale nonché dei seguenti criteri:

a) garanzia della continuità della fornitura del servizio universale in considerazione del ruolo da questo svolto nella coesione economica e sociale;

b) redditività degli investimenti;

c) struttura organizzativa dell'impresa;

d) stato economico dell'impresa nell'ultimo triennio;

e) esperienza di settore;

f) eventuali pregressi rapporti con la pubblica amministrazione nel settore specifico, con esito positivo.

12. L'onere per la fornitura del servizio universale è finanziato:

a) attraverso trasferimenti posti a carico del bilancio dello Stato. Gli importi dei trasferimenti sono quantificati nel contratto di programma fra il Ministero dello sviluppo economico e il fornitore del servizio universale, secondo le modalità previste dalla normativa vigente;

b) attraverso il fondo di compensazione di cui all'articolo 10 del presente decreto.

13. Il calcolo del costo netto del servizio universale è effettuato nel rispetto degli orientamenti di cui all'allegato I della direttiva 97/67/CE del Parlamento europeo e del Consiglio, del 15 dicembre 1997, inserito dalla direttiva 2008/6/CE del Parlamento europeo e del Consiglio, del 20 febbraio 2008.

14. L'autorità di regolamentazione rende pubblica annualmente la quantificazione dell'onere del servizio universale e le modalità di finanziamento dello stesso.

(1) *Articolo modificato dapprima dall'art. 2 d.lgs. 23 dicembre 2003, n. 384, successivamente dall'art. 16, comma 4, l. 18 giugno 2009, n. 69, e infine sostituito dall'art. 1, comma 3, d.lgs. 31 marzo 2011, n. 58.*

(2) *Comma modificato dall'art. 1, comma 276, l. 23 dicembre 2014, n. 190.*

4 [Servizi affidati in esclusiva] (1).

[1. Per esigenze di ordine pubblico, sono affidati in via esclusiva al fornitore del servizio universale:

a) i servizi inerenti le notificazioni di atti a mezzo posta e di comunicazioni a mezzo posta connesse con la notificazione di atti giudiziari di cui alla legge 20 novembre 1982, n. 890, e successive modificazioni;

b) i servizi inerenti le notificazioni a mezzo posta di cui all'articolo 201 del decreto legislativo 30 aprile 1992, n. 285.]

(1) *Articolo da ultimo abrogato dall'art. 1, comma 57, l. 4 agosto 2017, n. 124, a decorrere dal 10 settembre 2017. In precedente l'articolo era stato modificato dall'art. 4 d.lgs. 23 dicembre 2003, n. 384, dall'art. 2, comma 303, l. 24 dicembre 2007, n. 244, e sostituito dall'art. 1, comma 4, d.lgs. 31 marzo 2011, n. 58.*

5 Licenza individuale.

1. L'offerta al pubblico di singoli servizi non riservati, che rientrano nel campo di applicazione del servizio universale, è soggetta al rilascio di licenza individuale da parte del Ministero dello sviluppo economico (1).

2. Il rilascio della licenza individuale, tenuto conto della situazione del mercato e dell'organizzazione dei servizi postali, può essere subordinato a specifici obblighi del servizio universale con riguardo anche alla qualità, alla disponibilità ed all'esecuzione dei servizi in questione ovvero a obblighi di contribuzione finanziaria ai meccanismi di condivisione dei costi di cui all'articolo 10 del presente decreto. Il rilascio della licenza individuale per i servizi riguardanti le notificazioni di atti a mezzo della posta e di comunicazioni a mezzo della posta connesse con la notificazione di atti giudiziari di cui alla legge 20 novembre 1982, n. 890, nonché per i servizi riguardanti le notificazioni a mezzo della posta previste dall'articolo 201 del codice della strada, di cui al decreto legislativo 30 aprile 1992, n. 285, e successive modificazioni, deve essere subordinato a specifici obblighi del servizio universale con riguardo alla sicurezza, alla qualità, alla continuità, alla disponibilità e all'esecuzione dei servizi medesimi (2) (3).

3. Il termine per il rilascio della licenza individuale o per il rifiuto è di 90 giorni; in caso di richiesta di chiarimenti o di documenti, il termine è sospeso fino al ricevimento di questi ultimi.

4. Con provvedimento dell'autorità di regolamentazione da emanarsi entro centottanta giorni dalla data di entrata in vigore del presente decreto, sono determinati i requisiti per il rilascio delle licenze individuali, gli obblighi a carico dei titolari delle licenze stesse, compresi gli obblighi in materia di condizioni di lavoro di cui all'articolo 18-*bis*, le modalità dei controlli presso le sedi di attività ed, in caso di violazione degli obblighi, le procedure di diffida, nonché di sospensione e di revoca della licenza individuale. Le disposizioni di cui al predetto regolamento garantiscono il rispetto dei princìpi di obiettività, non discriminazione, proporzionalità e trasparenza (4) (5).

(1) *Comma modificato dall'art. 1, comma 5, lett.* a), *d.lgs. 31 marzo 2011, n. 58.*

(2) *Ultimo periodo inserito dall'art. 1, comma 57, l. 4 agosto 2017, n. 124.*

(3) *Comma modificato dall'art. 1, comma 5, lett.* b), *d.lgs. 31 marzo 2011, n. 58.*

(4) *Comma modificato dall'art. 1, comma 5, lett.* c), *n. 1) e 2), d.lgs. 31 marzo 2011, n. 58.*

(5) *Per l'attuazione del presente comma v. d.m. 4 febbraio 2000, n. 73.*

6 Autorizzazione generale.

1. L'offerta al pubblico di servizi non rientranti nel servizio universale, compreso l'esercizio di casellari privati per la distribuzione di invii di corrispondenza, è soggetta ad autorizzazione generale del Ministero dello sviluppo economico (1).

1-*bis*. Il rilascio dell'autorizzazione generale, anche per il fornitore del servizio universale, tenuto conto della situazione del mercato e dell'organizzazione dei servizi postali, può essere subordinato a specifici obblighi del servizio universale con riguardo anche alla qualità, alla disponibilità e all'esecuzione dei servizi in questione, ovvero a obblighi di contribuzione finanziaria ai meccanismi di condivisione dei costi di cui all'articolo 10 del presente decreto. Detti obblighi sono determinati con provvedimento dell'autorità di regolamentazione (2).

2. Con provvedimento dell'autorità di regolamentazione, da emanarsi entro centottanta giorni dalla data di entrata in vigore del decreto legislativo di attuazione della direttiva 2008/6/CE, sono individuati i casi in cui l'attività può essere avviata contestualmente all'invio al Ministero dello sviluppo economico, mediante posta elettronica certificata o raccomandata con avviso di ricevimento, della segnalazione certificata di inizio attività e i casi nei quali l'attività può avere inizio dopo quarantacinque giorni dal ricevimento della relativa comunicazione, salvo che sia comunicato il diniego da parte del Ministero; in caso di richiesta di chiarimenti o di documenti, il predetto termine è sospeso fino alla ricezione di questi ultimi. L'atto di assenso, se illegittimamente formato, è annullato, salvo che l'interessato provveda, ove possibile, a sanare il vizio entro il termine assegnatogli (3) (4).

3. Con il provvedimento di cui al comma 2 sono determinati i requisiti e gli obblighi dei soggetti che svolgono attività sottoposte ad autorizzazione generale, compresi gli obblighi in materia di condizioni di lavoro di cui all'articolo 18-bis, le modalità dei controlli presso le sedi di attività nonché le procedure di diffida, di sospensione e di interdizione dell'attività in caso di violazione degli obblighi (5).

(1) *Comma modificato dall'art. 1, comma 6, lett. a), d.lgs. 31 marzo 2011, n. 58.*

(2) *Comma inserito dall'art. 1, comma 6, lett. b), d.lgs. 31 marzo 2011, n. 58.*

(3) *In attuazione del presente comma v. d.m. 4 febbraio 2000, n. 75.*

(4) *Comma sostituito dall'art. 1, comma 6, lett. c), d.lgs. 31 marzo 2011, n. 58.*

(5) *Comma modificato dall'art. 1, comma 6, lett. d), n. 1) e 2), d.lgs. 31 marzo 2011, n. 58.*

7 Separazione contabile.

1. Il fornitore del servizio universale è tenuto ad istituire la separazione contabile sulla base di principi di contabilità dei costi applicati coerentemente e obiettivamente giustificabili, distinguendo chiaramente tra i singoli servizi ed i prodotti che fanno parte del servizio universale e quelli che ne sono esclusi (1).

2. I sistemi di contabilità imputano i costi a ciascuno dei servizi [riservati e non riservati] nel seguente modo (2):

a) imputazione diretta dei costi che possono essere direttamente attribuiti a un servizio o prodotto particolare (3);

b) imputazione dei costi comuni, intendendosi per tali quelli che non possono essere direttamente attribuiti a un servizio o prodotto particolare, come segue (2):

1) ove possibile, sulla base di un'analisi diretta dell'origine dei costi stessi;

2) se non è possibile un'analisi diretta, le categorie di costi comuni sono imputate per collegamento indiretto con un'altra categoria di costi o gruppo di categorie di costi per i quali è possibile l'imputazione o attribuzione diretta; il collegamento indiretto è basato su strutture di costi comparabili;

3) se non è possibile imputare la categoria dei costi né in modo diretto né in modo indiretto, la categoria dei costi viene attribuita applicando un parametro di assegnazione generale, determinato in base al rapporto fra tutte le spese direttamente o indirettamente attribuite o imputate a ciascuno dei servizi universali, da un lato, e agli altri servizi, dall'altro (4).

3-*bis*) I costi comuni necessari per la prestazione di servizi universali e di servizi non universali sono imputati in modo appropriato; ai servizi universali e ai servizi non universali devono essere applicati gli stessi fattori di costo (5).

3. La conformità del sistema di separazione contabile è verificata da un organismo competente indipendente dal fornitore del servizio universale ed incaricato di certificare il bilancio del fornitore del servizio universale. L'autorità di regolamentazione adotta i provvedimenti ritenuti necessari a seguito del riscontro effettuato ed assicura che sia pubblicata periodicamente una dichiarazione relativa alla conformità (6).

3-*bis*. L'autorità di regolamentazione può adottare altri sistemi di contabilità dei costi, compatibili con le previsioni di cui al comma 2. Di tale adozione l'autorità informa la Commissione europea prima della relativa applicazione (7)

3-*ter*. L'autorità di regolamentazione tiene a disposizione informazioni, sufficientemente dettagliate, circa i sistemi di contabilità dei costi applicati dal fornitore del servizio universale e trasmette dette informazioni alla Commissione europea, su richiesta (7).

3-*quater*. Su richiesta dell'autorità di regolamentazione e della Commissione europea, i fornitori di servizi postali mettono a disposizione, in via riservata, le informazioni dettagliate in materia di contabilità risultanti dai sistemi di cui al presente articolo (7).

3-*quinquies*. I fornitori di servizi postali che contribuiscono al fondo di compensazione di cui all'articolo 10 del presente decreto assicurano la separazione della contabilità al fine di garantire il funzionamento del fondo stesso (7).

(1) *Comma sostituito dall'art. 1, comma 7, lett. a), d.lgs. 31 marzo 2011, n. 58.*

(2) *Alinea modificato dall'art. 1, comma 7, lett. b), d.lgs. 31 marzo 2011, n. 58.*

(3) *Lettera modificata dall'art. 1, comma 7, lett. b), d.lgs. 31 marzo 2011, n. 58.*

(4) *Numero modificato dall'art. 1, comma 7, lett. b), n. 4), d.lgs. 31 marzo 2011, n. 58.*

(5) *Numero aggiunto dall'art. 1, comma 7, lett. b), n. 5), d.lgs. 31 marzo 2011, n. 58.*

(6) *Comma modificato dall'art. 1, comma 7, lett. c), d.lgs. 31 marzo 2011, n. 58.*

(7) *Comma aggiunto dall'art. 1, comma 7, lett. d), d.lgs. 31 marzo 2011, n. 58.*

8-9 (*Omissis*).

10 Fondo di compensazione.

1. È istituito il fondo di compensazione degli oneri del servizio universale. Detto fondo è amministrato dal Ministero delle comunicazioni ed è rivolto a garantire l'espletamento del servizio universale; esso è alimentato nel caso in cui il fornitore del predetto servizio non ricava dalla fornitura del servizio universale [e dai servizi in esclusiva di cui all'articolo 4] (1) entrate sufficienti a garantire l'adempimento degli obblighi gravanti sul fornitore stesso (2).

2. Sono tenuti a contribuire al fondo di cui al comma 1 i titolari di licenze individuali e di autorizzazione generale entro la misura massima del dieci per cento degli introiti lordi, relative a servizi sostitutivi di quelli compresi nel servizio universale, derivanti dall'attività autorizzata (3).

3. La determinazione del contributo, secondo princìpi di trasparenza, non discriminazione e proporzionalità, è effettuata dall'autorità di regolamentazione sulla base dei costi di una gestione efficiente del servizio universale [— con riferimento anche ai costi dei corrispondenti servizi di altri Stati membri dell'Unione europea — che non trovano compensazione con i proventi derivanti dalla gestione dei servizi riservati] (4).

4. Il versamento, da effettuare all'entrata del bilancio statale, deve essere assolto entro il 30 settembre dell'anno successivo al quale si riferiscono i dati contabili (5).

5. Il Ministero del tesoro, del bilancio e della programmazione economica provvede, con propri decreti, alla riassegnazione ad apposita unità previsionale dello stato di previsione del Ministero delle comunicazioni delle somme di cui al comma 4.

6. Con decreto del Ministro delle comunicazioni, di concerto con il Ministro del tesoro, del bilancio e della programmazione economica, sono disciplinate le modalità di funzionamento del fondo di compensazione (6).

(1) *Parole soppresse dall'arti. 1, comma 57, l. 4 agosto 2017, n. 124, a decorrere dal 10 settembre 2017.*

(2) *Comma modificato dall'art. 1, comma 8, lett.* a)*, n. 1) e 2), d.lgs. 31 marzo 2011, n. 58.*

(3) *Comma modificato dall'art. 1, comma 8, lett. b), d.lgs. 31 marzo 2011, n. 58.*

(4) *Parole soppresse dall'art. 1, comma 8, lett. c), d.lgs. 31 marzo 2011, n. 58.*

(5) *Comma così modificato dall'art. 5 d.lgs. 23 dicembre 2003, n. 384.*

(6) *In attuazione del presente comma v. d.m. 17 novembre 2000.*

11 (*Omissis*).

12 Qualità del servizio universale.

1. L'autorità di regolamentazione, al fine di garantire un servizio postale di buona qualità, stabilisce,

sentito il consiglio nazionale dei consumatori e degli utenti, gli standard qualitativi del servizio universale, adeguandoli a quelli realizzati a livello europeo, essenzialmente con riguardo ai tempi di istradamento e di recapito ed alla regolarità ed affidabilità dei servizi. Detti standard sono recepiti nella carta della qualità del servizio pubblico postale, ai sensi dell'art. 2 della legge 11 luglio 1995, n. 273, e della direttiva del Presidente del Consiglio dei Ministri del 27 gennaio 1994, pubblicata nella Gazzetta Ufficiale della Repubblica italiana n. 43 del 22 febbraio 1994.

2. La qualità per i servizi transfrontalieri intracomunitari è stabilita in conformità agli obiettivi indicati nell'allegato al presente decreto.

3. L'autorità di regolamentazione informa la Commissione europea circa le norme di qualità adottate. L'autorità, in presenza di particolari situazioni di natura infrastrutturale e geografica, può stabilire deroghe agli obiettivi di qualità, comunicandole alla Commissione predetta ed alle autorità di regolamentazione dei Paesi membri.

4. Il controllo della qualità è svolto dall'autorità di regolamentazione; sulla programmazione della relativa attività è sentito il consiglio nazionale dei consumatori e degli utenti. L'autorità di regolamentazione effettua verifiche su base campionaria delle prestazioni con regolarità avvalendosi di un organismo specializzato indipendente selezionato dall'autorità di regolamentazione nel rispetto della normativa in vigore. Gli oneri inerenti alla verifica ed alla pubblicazione dei risultati sono a carico del fornitore del servizio universale. I risultati sono pubblicati almeno una volta l'anno e, ove necessario, sono prese misure correttive.

13 Tariffe delle prestazioni rientranti nell'ambito del servizio universale (1) (2).

[1. Le tariffe dei servizi riservati sono determinate, nella misura massima, dall'autorità di regolamentazione, sentito il Nucleo di consulenza per la regolazione dei servizi di pubblica utilità (NARS) e in coerenza con le linee guida definite dal CIPE, tenuto conto dei costi del servizio e del recupero di efficienza.] (3)

2. Le tariffe delle prestazioni rientranti nel servizio universale sono determinate, nella misura massima, dall'autorità di regolamentazione, tenuto conto dei costi del servizio e del recupero di efficienza. In sede di prima applicazione si fa riferimento alle linee guida di cui alla deliberazione CIPE n. 77 del 29 settembre 2003 (4).

3. Le tariffe di cui al comma 2 sono fissate nel rispetto dei seguenti criteri (5):

a) essere ragionevoli e permettere di fornire servizi accessibili all'insieme degli utenti;

b) essere correlate ai costi (6);

c) essere fissate, ove opportuno o necessario, in misura unica per l'intero territorio nazionale (7);

d) non escludere la facoltà del fornitore del servizio universale di concludere con i clienti accordi individuali;

e) essere trasparenti e non discriminatorie (8).

3-*bis*. Qualora il fornitore del servizio universale applichi prezzi speciali, ad esempio per servizi prestati ad utenti che esercitano attività commerciali, utenti all'ingrosso o consolidatori postali per utenti diversi, si applicano i principi di trasparenza e non discriminazione per quanto riguarda sia i prezzi sia le condizioni associate. I prezzi, unitamente alle condizioni associate, si applicano sia fra i terzi sia fra i terzi e i fornitori del servizio universale che forniscono servizi equivalenti. Simili prezzi devono inoltre essere disponibili per gli utenti, in particolare singoli utenti e piccole e medie imprese, a condizioni simili (9).

3-*ter*. In caso di accordi sulle spese terminali per la posta transfrontaliera intracomunitaria, il fornitore del servizio universale rispetta i seguenti principi:

a) fissazione delle spese terminali in relazione ai costi di trattamento e di distribuzione della posta transfrontaliera in entrata;

b) collegamento dei livelli di remunerazione con la qualità di servizio fornita;

c) garanzia di spese terminali trasparenti e non discriminatorie (10).

(1) *Vedi D.M. 26 aprile 2001 e Deliberazione 23 dicembre 2003.*
(2) *Rubrica sostituita dall'art. 1, comma 10, lett. a), d.lgs. 31 marzo 2011, n. 58.*
(3) *Comma soppresso dall'art. 1, comma 10, lett. b), d.lgs. 31 marzo 2011, n. 58.*
(4) *Comma sostituito dall'art. 1, comma 10, lett. c), d.lgs. 31 marzo 2011, n. 58.*
(5) *Alinea modificato dall'art. 1, comma 10, lett. d), n. 1), d.lgs. 31 marzo 2011, n. 58.*
(6) *Lettera modificata dall'art. 1, comma 10, lett. d), n. 2), d.lgs. 31 marzo 2011, n. 58.*
(7) *Lettera modificata dall'art. 1, comma 10, lett. d), n. 3), d.lgs. 31 marzo 2011, n. 58.*
(8) *Lettera modificata dall'art. 1, comma 10, lett. d), n. 4), d.lgs. 31 marzo 2011, n. 58.*
(9) *Comma dapprima aggiunto dall'art. 6, d.l. 23 dicembre 2003, n. 384 e successivamente sostituito dall'art. 1, comma 10, lett. e), d.lgs. 31 marzo 2011, n. 58.*
(10) *Comma aggiunto dall'art. 1, comma 10, lett. f), d.lgs. 31 marzo 2011, n. 58.*

14-22 (*Omissis*).

118. Decreto legge 6 dicembre 2011, n. 201, convertito, con modificazioni, in legge 22 dicembre 2011, n. 214. — Disposizioni urgenti per la crescita, l'equità e il consolidamento dei conti pubblici. (*rinvio*).

V. sub *II*, 55.

119. Decreto legislativo 15 luglio 2015, n. 112. — Attuazione della direttiva 2012/34/UE del Parlamento europeo e del Consiglio, del 21 novembre 2012, che istituisce uno spazio ferroviario europeo unico (*estratto*).

Pubblicato nella Gazzetta Ufficiale n. 170 del 24 luglio 2015.

CAPO I
Disposizioni generali

1 Oggetto e ambito di applicazione.

1. Il presente decreto disciplina:

a) le regole relative all'utilizzo ed alla gestione dell'infrastruttura ferroviaria adibita a servizi ferroviari nazionali e internazionali ed alle attività di trasporto per ferrovia delle imprese ferroviarie operanti in Italia;

b) i criteri che disciplinano il rilascio, la proroga o la modifica delle licenze per la prestazione di servizi di trasporto ferroviario da parte delle imprese ferroviarie stabilite in Italia;

c) i principi e le procedure da applicare nella determinazione e nella riscossione dei canoni dovuti per l'utilizzo dell'infrastruttura ferroviaria ed anche nell'assegnazione della capacità di tale infrastruttura.

2. Il presente decreto non si applica:

a) alle reti ferroviarie locali e regionali isolate adibite al trasporto passeggeri ed alle imprese ferroviarie che esercitano unicamente servizi di trasporto urbano, extraurbano o regionale su tali reti;

b) alle reti ferroviarie adibite unicamente alla prestazione di servizi passeggeri urbani e suburbani ed alle imprese ferroviarie che esercitano unicamente servizi di trasporto urbano ed extraurbano su tali reti;

c) alle infrastrutture ferroviarie private adibite unicamente alle operazioni merci del proprietario delle stesse infrastrutture ed alle imprese ferroviarie che effettuano solo servizi di trasporto merci su tali infrastrutture.

3. In deroga al comma 2, lettere *a*) e *b*), se l'impresa ferroviaria è controllata, direttamente o indirettamente, da un'impresa o altra entità che effettua o integra servizi di trasporto ferroviario diversi dai servizi urbani, suburbani o regionali, a siffatta impresa ferroviaria si applica quanto previsto agli articoli 4, 5, 11 e 16.

4. Le reti ferroviarie rientranti nell'ambito di applicazione del presente decreto e per le quali sono attribuite alle regioni le funzioni e i compiti di programmazione e di amministrazione ai sensi del decreto legislativo 19 novembre 1997, n. 422, sono regolate, con particolare riferimento a quanto attiene all'utilizzo ed alla gestione di tali infrastrutture, all'attività di trasporto per ferrovia, al diritto di accesso all'infrastruttura ed alle attività di ripartizione ed assegnazione della capacità di infrastruttura, sulla base dei principi della direttiva 2012/34/UE del Parlamento europeo e del Consiglio, che istituisce un unico spazio ferroviario europeo e del presente decreto.

5. Per le reti di cui al comma 4, le funzioni dell'organismo di regolazione di cui all'articolo 37, sono svolte dall'Autorità di regolazione dei trasporti, di cui all'articolo 37 del decreto-legge 6 dicembre 2011, n. 201, convertito, con modificazioni, dalla legge 22 dicembre 2011, n. 214, sulla base dei principi stabiliti dalla direttiva 2012/34/UE e dal presente decreto.

6. Entro sei mesi dalla data di entrata in vigore del presente decreto, il Ministro delle infrastrutture e dei trasporti emana, previa intesa con la Conferenza permanente per i rapporti tra lo Stato, le regioni e le province autonome di Trento e di Bolzano, sentito l'organismo di regolazione di cui all'articolo 3, comma 1, lettera t) (1) un decreto ministeriale, con il quale sono individuate le reti ferroviarie di cui al comma 4. Nelle more dell'emanazione del decreto di cui al primo periodo, si applica il decreto del Ministro delle infrastrutture e dei trasporti del 5 agosto 2005. Il Ministro delle infrastrutture e dei trasporti provvede, altresì, con cadenza periodica, almeno quinquennale, ad apportare le necessarie modifiche al decreto di cui al primo periodo, per tener conto dell'evoluzione del mercato di settore. Le esclusioni di infrastrutture ferroviarie locali che non rivestono importanza strategica per il funzionamento del mercato ferroviario sono preventivamente notificate alla Commissione europea secondo le modalità di cui all'articolo 2, paragrafo 4 (2) della direttiva 2012/34/UE del Parlamento europeo e del Consiglio, nell'ambito dell'attività istruttoria di aggiornamento del decreto ministeriale.

7. Il Ministero delle infrastrutture e della mobilità sostenibili trasmette alle competenti Commissioni parlamentari e alla Conferenza Unificata di cui all'articolo 8 del decreto legislativo 28 agosto 1997, n. 281, entro il 31 marzo dell'anno di scadenza del contratto di programma di cui all'articolo 15, un documento strategico, con validità di norma quinquennale, recante l'illustrazione delle esigenze in materia di mobilità di passeggeri e merci per ferrovia, delle attività per la gestione e il rafforzamento del livello di presidio manutentivo della rete, nonché l'individuazione dei criteri di valutazione della sostenibilità ambientale, economica e sociale degli interventi e i necessari standard di sicurezza e di resilienza dell'infrastruttura ferroviaria nazionale anche con riferimento agli effetti dei cambiamenti climatici. Il documento strategico contiene, altresì, la descrizione degli assi strategici in materia di mobilità ferroviaria, con particolare riferimento a: programmi di sicurezza e di resilienza delle infrastrutture, anche in ottemperanza di specifici obblighi di legge; programmi di sviluppo tecnologico per aumentare la capacità e migliorare le prestazioni con riferimento alla rete del Sistema nazionale integrato dei trasporti (SNIT) di primo e secondo livello; interventi prioritari sulle direttrici, nonché interventi prioritari da sottoporre a revisione progettuale; attività relative al fondo per la progettazione degli interventi e le relative indicazioni di priorità strategica; individuazione delle priorità strategiche relative ai collegamenti di ultimo

miglio dei porti e degli aeroporti; localizzazione degli interventi, con la specifica indicazione di quelli da realizzarsi nelle regioni del Mezzogiorno in conformità agli obbiettivi di cui all'articolo 7-*bis*, comma 2, del decreto-legge 29 dicembre 2016, n. 243, convertito, con modificazioni, dalla legge 27 febbraio 2017, n. 18; le linee strategiche delle sperimentazioni relative alle innovazioni tecnologiche e ambientali; la ricognizione dei fabbisogni per la manutenzione e i servizi per l'infrastruttura ferroviaria; le metodologie di valutazione degli investimenti, con particolare riferimento alla sostenibilità ambientale e sociale e all'accessibilità per le persone con disabilità; i criteri di valutazione delle prestazioni rese dal gestore e delle relative penalità (3).

7-*bis*. Le Commissioni parlamentari e la Conferenza unificata di cui all'articolo 8 del decreto legislativo 28 agosto 1997, n. 281, si esprimono sul documento strategico nel termine di trenta giorni dalla sua ricezione, decorso il quale il Ministero delle infrastrutture e della mobilità sostenibili procede all'approvazione di detto documento con proprio decreto. Il documento strategico è sottoposto ad aggiornamento dopo tre anni o comunque in caso di mutamento degli scenari di carattere eccezionale, secondo le modalità indicate nel comma 7 e nel presente comma (4).

8. Le disposizioni del presente decreto non pregiudicano la direttiva 2014/25/UE del Parlamento europeo e del Consiglio del 26 febbraio 2014, sulle procedure d'appalto degli enti erogatori nei settori dell'acqua, dell'energia, dei trasporti e dei servizi postali e che abroga la direttiva 2004/17/CE, recepita dal codice dei contratti pubblici di cui al decreto legislativo 18 aprile 2016, n. 50 (5).

(1) *Le parole* « sentito l'organismo di regolazione di cui all'articolo 3, comma 1, lettera t), » *sono state inserite dall'art. 1, comma 1, d.lgs. 23 novembre 2018, n. 139, con effetto a decorrere dal 23 dicembre 2018, ai sensi dell'art. 20, comma 1, dello stesso d.lgs.*

(2) *Le parole* « paragrafo 4 », *sono state sostituite alle previgenti* « paragrafo 3 » *dall'art. 1, comma 1, d.lgs. 23 novembre 2018, n. 139, con effetto a decorrere dal 23 dicembre 2018, ai sensi dell'art. 20, comma 1, dello stesso d.lgs.*

(3) *Comma così sostituito dall'art. 5, comma 1, lett. a), n. 1) d.l. 6 novembre 2021, n. 152, conv., con modif., in l. 29 dicembre 2021, n. 233. Il testo del comma, come da ultimo sostituito dall'art. 15, comma 1-*ter, *d.l. 16 ottobre 2017, n. 148, conv., con modif., in l.4 dicembre 2017, n. 172, era il seguente:* « 7. Il Ministero delle infrastrutture e dei trasporti, previa consultazione delle parti interessate, definisce la strategia di sviluppo dell'infrastruttura ferroviaria sulla base di un finanziamento sostenibile del sistema ferroviario. In sede di prima applicazione, tale strategia è definita nel Documento di economia e finanza, nell'Allegato concernente fabbisogni e progetti di infrastrutture, sino all'approvazione del primo documento pluriennale di pianificazione di cui all'articolo 201 del codice dei contratti pubblici, di cui al decreto legislativo 18 aprile 2016, n. 50, e successive modificazioni, che definisce, tra l'altro, la strategia di sviluppo dell'infrastruttura ferroviaria ».

(4) *Comma aggiunto dall'art. 5, comma 1, lett. a), n. 2) d.l. n. 152, cit.*

(5) *Le parole da* « direttiva 2014/25/UE del Parlamento europeo e del Consiglio del 26 febbraio 2014 » *fino alla fine del comma sono stae sostituite alle parole* « direttiva 2014/25/UE del Parlamento europeo e del Consiglio del 26 febbraio 2014, sulle procedure d'appalto degli enti erogatori nei settori dell'acqua, dell'energia, dei trasporti e dei servizi postali e che abroga la direttiva 2004/17/CE, recepita dal codice dei contratti pubblici di cui al decreto legislativo 18 aprile 2016, n. 50 » *dall'art. 1, comma 1, d.lgs. 23 novembre 2018, n. 139, con effetto a decorrere dal 23 dicembre 2018, ai sensi dell'art. 20, comma 1, dello stesso d.lgs.*

2 Principi.

1. Le attività disciplinate dal presente decreto si uniformano ai seguenti principi:

a) autonomia e indipendenza gestionale, amministrativa e contabile delle imprese ferroviarie;

b) indipendenza delle funzioni essenziali del gestore dell'infrastruttura, separazione contabile o costituzione di strutture aziendali autonome e distinte, sotto il profilo patrimoniale e contabile, per la gestione dell'infrastruttura ferroviaria e per l'esercizio dell'attività di trasporto a mezzo ferrovia;

c) libertà di accesso al mercato dei trasporti di merci e di passeggeri per ferrovia da parte delle imprese ferroviarie, in conformità alle prescrizioni contenute nelle direttive dell'Unione europea e negli articoli 56 e seguenti del TFUE, a condizioni eque, non discriminatorie e trasparenti e tali da garantire lo sviluppo della concorrenza nel settore ferroviario;

d) possibilità di risanamento della struttura finanziaria delle imprese di proprietà pubblica o controllate di settore, nel rispetto di quanto previsto dall'articolo 9 della direttiva 2012/34/UE del Parlamento europeo e del Consiglio, fatta salva la normativa dell'Unione sugli aiuti di Stato e a norma degli articoli 93, 107 e 108 TFUE.

2. Dall'attuazione del presente articolo non devono derivare nuovi o maggiori oneri per la finanza pubblica.

3 Definizioni.

1. Ai fini del presente decreto si intende per:

a) impresa ferroviaria: qualsiasi impresa pubblica o privata titolare di una licenza, la cui attività principale consiste nella prestazione di servizi per il trasporto sia di merci sia di persone per ferrovia e che garantisce obbligatoriamente la trazione; sono comprese anche le imprese che forniscono solo la trazione;

b) gestore dell'infrastruttura: qualsiasi organismo o impresa responsabili dell'esercizio, della manutenzione e del rinnovo dell'infrastruttura ferroviaria di una rete nonché della partecipazione al suo sviluppo come stabilito dallo Stato nell'ambito della sua politica generale sullo sviluppo e sul finanziamento dell'infrastruttura; (1).

b-bis) sviluppo dell'infrastruttura ferroviaria: la programmazione di rete, la programmazione finanziaria e degli investimenti, nonché la costruzione e il potenziamento dell'infrastruttura (2);

b-ter) esercizio dell'infrastruttura ferroviaria: l'assegnazione delle tracce ferroviarie, la gestione del traffico e l'imposizione di canoni per l'utilizzo dell'infrastruttura (2);

b-quater) manutenzione dell'infrastruttura ferroviaria: i lavori destinati a mantenere le condizioni e la capacità dell'infrastruttura esistente (2);

b-quinquies) rinnovo dell'infrastruttura ferroviaria: i lavori di sostituzione di vasta portata sull'infrastruttura esistente che non ne modificano la prestazione globale (2);

b-sexies) potenziamento dell'infrastruttura ferroviaria: i lavori di modifica di vasta portata sull'infrastruttura esistente che ne migliorano la prestazione globale (2);

b-septies) funzioni essenziali del gestore dell'infrastruttura: l'adozione di decisioni relative all'assegnazione delle tracce ferroviarie, incluse sia la definizione e la valutazione della disponibilità che l'assegnazione delle singole tracce ferroviarie, e l'adozione di decisioni relative all'imposizione dei canoni per l'utilizzo dell'infrastruttura, comprendenti il calcolo e la riscossione dei canoni, in conformità ai criteri stabiliti dall'organismo di regolazione, ai sensi, in particolare, degli articoli 17 e 26 del presente decreto (2);

c) infrastruttura ferroviaria: gli elementi elencati nell'allegato I del presente decreto;

d) servizio di trasporto internazionale di merci: il servizio di trasporto nel quale il treno attraversa almeno una frontiera di uno Stato membro; il treno può essere unito o scomposto e le varie sezioni possono avere origini e destinazioni diverse, purché tutti i vagoni attraversino almeno una frontiera;

e) servizio di trasporto internazionale di passeggeri: il servizio di trasporto di passeggeri nel quale il treno attraversa almeno una frontiera di uno Stato membro e la cui finalità principale è trasportare passeggeri tra stazioni situate in Stati membri diversi; il treno può essere sia unito sia scomposto e le varie sezioni che lo compongono possono avere origini e destinazioni diverse, purché tutti i vagoni attraversino almeno una frontiera;

f) servizi urbani ed extraurbani: i servizi di trasporto la cui finalità principale è soddisfare le esigenze di un centro urbano o di un agglomerato, incluso un agglomerato transfrontaliero, insieme alle esigenze in materia di trasporto fra detto centro o agglomerato e le sue zone periferiche;

g) servizi regionali: i servizi di trasporto la cui finalità principale è soddisfare le esigenze in materia di trasporto di una o più regioni, inclusa una regione transfrontaliera;

h) transito: l'attraversamento del territorio dell'Unione che non prevede il carico o lo scarico di merci né la salita e la discesa di passeggeri nel territorio dell'Unione;

i) percorso alternativo: un diverso percorso tra la stessa origine e la stessa destinazione, fermo restando che tra i due percorsi vi è un rapporto di intercambiabilità ai fini della gestione, da parte dell'impresa ferroviaria, del servizio di trasporto merci o passeggeri in questione;

l) alternativa valida: l'accesso a un altro impianto di servizio, economicamente accettabile per l'impresa ferroviaria e tale da consentirle di effettuare il servizio di trasporto merci o passeggeri in questione;

m) impianto di servizio: l'impianto, inclusi i terreni, gli edifici e le attrezzature, appositamente attrezzato, totalmente o parzialmente, per consentire la prestazione di uno o più servizi di cui all'articolo 13 commi 2, 9 e 11;

n) operatore dell'impianto di servizio: un'entità pubblica o privata responsabile della gestione di uno o più impianti di servizio o della prestazione di uno o più servizi alle imprese ferroviarie di cui all'articolo 13, commi 2, 9 e 11;

o) accordo transfrontaliero: un accordo tra due o più Stati membri o tra Stati membri e paesi terzi, destinato a facilitare la prestazione di servizi ferroviari transfrontalieri;

p) licenza: autorizzazione valida su tutto il territorio dell'Unione europea, rilasciata dall'apposita autorità preposta al rilascio della licenza ad un'impresa, in virtù della quale ne è riconosciuta la capacità di fornire servizi di trasporto ferroviario come impresa ferroviaria; tale capacità può essere limitata alla prestazione di determinati tipi di servizi;

[*q*) licenza nazionale passeggeri: autorizzazione valida esclusivamente sul territorio nazionale, rilasciata nelle more della liberalizzazione del trasporto nazionale di passeggeri per ferrovia in ambito UE, sulla base dei medesimi requisiti previsti per il rilascio della licenza di cui alla lettera *p*) e nel rispetto delle disposizioni di cui al regolamento (CE) 1371/2007 del Parlamento europeo e del Consiglio del 23 ottobre 2007, ad un'impresa avente sede legale in Italia, con cui viene autorizzato lo svolgimento di servizi ferroviari passeggeri aventi esclusivamente origine e destinazione nel territorio nazionale; per le imprese ferroviarie controllate, ai sensi dell'articolo 7 della legge 10 ottobre 1990, n. 287, da imprese aventi sede all'estero, si applicano i medesimi principi di reciprocità previsti per il rilascio del titolo autorizzatorio, la cui sussistenza nei paesi in cui hanno sede le imprese controllanti è tenuto ad attestare il richiedente;] (3)

r) titolo autorizzatorio: il titolo rilasciato dal Ministro delle infrastrutture e dei trasporti, su richiesta delle imprese ferroviarie in possesso di licenza, che consente l'espletamento di servizi sul territorio nazionale a condizioni di reciprocità qualora si tratti di imprese ferroviarie aventi sede al di fuori dell'Unione europea o loro controllate ai sensi dell'articolo 7 della legge 10 ottobre 1990, n. 287 (4);

s) autorità preposta al rilascio della licenza: l'organismo nazionale incaricato di rilasciare le licenze alle imprese ferroviarie che hanno sede nel territorio italiano è il Ministero delle infrastrutture e dei trasporti;

t) organismo di regolazione: l'Autorità di regolazione dei trasporti istituita dall'articolo 37 del decreto-legge 6 dicembre 2011, n. 201, convertito, con modificazioni, dalla legge 22 dicembre 2011, n. 214, come modificato dall'articolo 36 del decreto-legge 24 gennaio 2012, n. 1, convertito, con modificazioni, dalla legge 24 marzo 2012, n. 27, che è anche l'organismo nazionale di regolazione di cui all'articolo 55 della direttiva 2012/34/UE del Parlamento europeo e del Consiglio;

u) trasporto ferroviario: svolgimento di un servizio di trasporto sia di merci che di passeggeri fra due distinte località, a fronte di un contratto di trasporto e di un contratto di utilizzo dell'infrastruttura;

v) contratto: un accordo concluso nel quadro di misure amministrative;

z) contratto di utilizzo dell'infrastruttura: accordo concluso tra il gestore dell'infrastruttura e l'impresa ferroviaria, in base al quale è concesso a quest'ultima l'utilizzo dell'infrastruttura in termini di tracce orarie, a fronte del pagamento dei canoni di cui all'articolo 17;

aa) profitto ragionevole: un tasso di rendimento del proprio capitale, che tiene conto del rischio, anche in termini di entrate, o della mancanza di siffatto rischio, assunto dall'operatore dell'impianto di servizio e che è in linea con il tasso medio per il settore interessato negli ultimi anni;

bb) assegnazione della capacità: processo attraverso il quale vengono esaminate le richieste e definita l'assegnazione della capacità di una determinata infrastruttura ferroviaria da parte del gestore dell'infrastruttura;

cc) richiedente: un'impresa ferroviaria o un gruppo internazionale di imprese ferroviarie o altre persone fisiche o giuridiche, quali le regioni e le provincie autonome e, più in generale, le autorità competenti di cui al regolamento (CE) n. 1370/2007 del Parlamento europeo e del Consiglio, nonché i caricatori, gli spedizionieri e gli operatori di trasporti combinati, con un interesse di pubblico servizio o commerciale ad acquisire capacità di infrastruttura ai fini dell'effettuazione di un servizio di trasporto ferroviario;

dd) infrastruttura saturata: elemento dell'infrastruttura dove, anche dopo il coordinamento delle diverse richieste di capacità, non è possibile soddisfare pienamente la domanda, anche se solo in determinati periodi;

ee) piano di potenziamento della capacità: una misura o una serie di misure con un calendario di attuazione volte a ridurre le limitazioni di capacità che portano a dichiarare un elemento dell'infrastruttura "infrastruttura saturata";

ff) coordinamento: la procedura in base alla quale il gestore dell'infrastruttura e i richiedenti cercano di risolvere situazioni in cui esistono richieste di capacità di infrastruttura confliggenti;

gg) accordo quadro: un accordo di carattere generale, giuridicamente vincolante, di diritto pubblico o privato, che definisce i diritti e gli obblighi di un richiedente e del gestore dell'infrastruttura in relazione alla capacità di infrastruttura da assegnare e ai canoni da riscuotere per un periodo superiore alla vigenza di un orario di servizio;

hh) capacità di infrastruttura: il potenziale di programmazione delle tracce ferroviarie richieste su un elemento dell'infrastruttura per un certo periodo;

ii) rete: l'intera infrastruttura ferroviaria gestita da un gestore dell'infrastruttura;

ll) prospetto informativo della rete: un documento in cui sono pubblicate in dettaglio le regole generali, le scadenze, le procedure e i criteri relativi ai sistemi di definizione e di riscossione del canone per l'accesso e l'utilizzo dell'infrastruttura ferroviaria e dei corrispettivi dovuti per i servizi, nonché quelli relativi all'assegnazione della capacità e che contiene anche ogni altra informazione necessaria per presentare richieste di capacità di infrastruttura;

mm) traccia oraria: la frazione di capacità di infrastruttura necessaria per far viaggiare un treno tra due località in un determinato periodo temporale;

nn) orario di servizio: i dati che definiscono tutti i movimenti programmati dei treni e del materiale rotabile sulla infrastruttura interessata durante il suo periodo di validità;

oo) aree di deposito: aree destinate specificatamente al deposito temporaneo di veicoli ferroviari tra un impiego e l'altro;

pp) manutenzione pesante: l'attività che non viene effettuata regolarmente nel quadro delle operazioni giornaliere e che richiede la rimozione del veicolo dal servizio;

qq) progetti di investimento specifici: progetti di investimento finanziati, integralmente o parzialmente, con capitale di debito o di rischio;

rr) raccordo: binario che si sviluppa dal deviatoio di allacciamento all'infrastruttura ferroviaria fino all'interno dell'impianto raccordato;

ss) impianto raccordato: l'impianto, di proprietà di soggetto diverso dal gestore dell'infrastruttura, ove si svolgono attività industriali o logistiche, ivi compresi i porti e le aree di sviluppo industriale, allacciato all'infrastruttura ferroviaria mediante un raccordo;

tt) contratto di raccordo: atto fra il gestore dell'infrastruttura e il titolare o gestore dell'impianto raccordato che regola la gestione della circolazione fra l'infrastruttura ferroviaria e l'impianto raccordato e le verifiche di sicurezza sullo stato del raccordo;

uu) costo totale: l'insieme dei costi operativi, degli ammortamenti e del costo di remunerazione del capitale investito, nelle sue componenti di capitale di debito o di rischio.

uu-bis) impresa a integrazione verticale: un'impresa per cui si verifica, ai sensi del regolamento (CE) n. 139/2004 del Consiglio, una delle situazioni seguenti:

1) un gestore dell'infrastruttura è controllato da un'impresa che contemporaneamente controlla una o più imprese ferroviarie che effettuano servizi ferroviari sulla rete del gestore dell'infrastruttura;

2) un gestore dell'infrastruttura è controllato da una o più imprese ferroviarie che effettuano servizi ferroviari sulla rete del gestore dell'infrastruttura;

3) una o più imprese ferroviarie che effettuano servizi ferroviari sulla rete del gestore dell'infrastruttura sono controllate da un gestore dell'infrastruttura;

4) un'impresa costituita da divisioni distinte, in cui vi sia un gestore dell'infrastruttura e una o più divisioni che forniscono servizi di trasporto non dotate di personalità giuridica distinta. Se sono pienamente indipendenti l'uno dell'altra, ma entrambi sono controllati direttamente dallo Stato senza un'entità intermedia, il gestore dell'infrastruttura e l'impresa ferroviaria non sono considerati un'impresa ad integrazione verticale ai fini del presente decreto (5);

uu-ter) biglietto cumulativo: uno o più biglietti che rappresentano un contratto di trasporto per servizi ferroviari consecutivi effettuati da una o più imprese ferroviarie (5);

uu-quater) servizi di trasporto passeggeri ad alta velocità: servizi di trasporto ferroviario di passeggeri effettuati su linee appositamente costruite per l'alta velocità attrezzate per velocità generalmente pari o superiori a 250 km/h (5).

(1) *Lettera sostituita dall'art. 2, comma 1, d.lgs. 23 novembre 2018, n. 139 », con effetto a decorrere dal 23 dicembre 2018, ai sensi dell'art. 20, comma 1, dello stesso d.lgs. Il testo previgente era il seguente:* « *b*) gestore dell'infrastruttura: soggetto incaricato, in particolare, della realizzazione, della gestione e della manutenzione dell'infra-

struttura ferroviaria, compresa la gestione del traffico, il controllo-comando e il segnalamento. I compiti del gestore dell'infrastruttura per una rete o parte di essa possono essere assegnati a diversi soggetti con i vincoli definiti nelle norme dell'Unione europea vigenti e nel presente decreto ».

(2) *Lettera aggiunta dall'art. 2, comma 1, lett. b), d.lgs. 23 novembre 2018, n. 139, con effetto a decorrere dal 23 dicembre 2018, ai sensi dell'art. 20, comma 1, dello stesso d.lgs.*

(3) *Lettera abrogata dall'art. 2, comma 1, lett. c), d.lgs. 23 novembre 2018, n. 139. Ai sensi del'art. 20, comma 2, d.lgs. 23 novembre 2018, n. 139 la modifica del comma 1, lettera q) del presente articolo si applica a decorrere dal 1° gennaio 2019.*

(4) *Lettera sostituita dall'art. 2, comma 1, lett. d), d.lgs. 23 novembre 2018, n. 139. Ai sensi del'art. 20, comma 2, d.lgs. 23 novembre 2018, n. 139 la modifica del comma 1, lettera r) del presente articolo si applica a decorrere dal 1° gennaio 2019.*

Il testo previgente era il seguente: « *r*) titolo autorizzatorio: il titolo di cui all'articolo 131, comma 1, della legge 23 dicembre 2000, n. 388, rilasciato dal Ministro delle infrastrutture e dei trasporti, su richiesta delle imprese ferroviarie in possesso di licenza, che consente l'espletamento di servizi di trasporto nazionale passeggeri a committenza pubblica, a condizioni di reciprocità qualora si tratti di imprese ferroviarie aventi sede all'estero o loro controllate ai sensi dell'articolo 7 della legge 10 ottobre 1990, n. 287 ».

(5) *Lettera aggiunta dall'art. 2, comma 1, lett. e), d.lgs. 23 novembre 2018, n. 139, con effetto a decorrere dal 23 dicembre 2018, ai sensi dell'art. 20, comma 1, dello stesso d.lgs.*

CAPO II
Imprese ferroviarie

4 Principi.

1. Le imprese ferroviarie stabilite in Italia sono indipendenti per quanto riguarda la gestione, l'amministrazione ed il controllo interno in materia amministrativa, economica e contabile. Il patrimonio, il bilancio e la contabilità delle imprese ferroviarie devono essere distinti da quelli dello Stato, delle regioni, delle province autonome e degli enti locali.

2. Le imprese ferroviarie sono gestite secondo i principi validi per le società commerciali, a prescindere dalla loro proprietà pubblica o privata, anche per quanto riguarda gli obblighi di servizio pubblico imposti dallo Stato all'impresa e i contratti di servizio pubblico conclusi dalla medesima con le autorità competenti.

3. Le imprese ferroviarie definiscono i loro programmi di attività, compresi i piani di investimento e di finanziamento. Detti programmi mirano al raggiungimento dell'equilibrio finanziario delle imprese e alla realizzazione degli altri obiettivi in materia di gestione tecnica, commerciale e finanziaria; essi inoltre indicano i mezzi per realizzare tali obiettivi.

4. Con riferimento agli orientamenti di politica generale e in considerazione dei piani o contratti nazionali, eventualmente pluriennali, compresi i piani di investimento e di finanziamento e, lasciato impregiudicato il regolamento (CE) n. 1370/2007 del Parlamento europeo e del Consiglio, le imprese ferroviarie sono in particolare libere di:

a) stabilire la propria organizzazione interna, fatte salve le disposizioni di cui agli articoli 11, 17 e 22;

b) disciplinare le modalità della fornitura e della commercializzazione dei servizi e stabilirne la tariffazione;

c) prendere le decisioni concernenti il personale, la gestione patrimoniale e gli acquisti propri;

d) aumentare la propria quota di mercato, elaborare nuove tecnologie, creare nuovi servizi e adottare tecniche di gestione innovative;

e) avviare nuove attività in settori associati all'attività ferroviaria.

5. In deroga a quanto previsto al comma 4, gli azionisti delle imprese ferroviarie detenute o controllate dallo Stato possono richiedere la loro approvazione preventiva per le principali decisioni relative alla gestione dell'impresa al pari degli azionisti di società per azioni private in virtù del diritto societario italiano. Le disposizioni del presente articolo fanno salve le competenze degli organi di vigilanza in relazione alla nomina dei membri del consiglio di amministrazione.

5 Contabilità e bilancio delle imprese ferroviarie.

1. Le imprese ferroviarie rendono pubblico il bilancio annuale.

2. Il bilancio, nelle componenti del conto economico e della situazione patrimoniale finanziaria, è tenuto separato ed è pubblicato, da un lato, per le attività connesse con la prestazione di servizi di trasporto di merci e, dall'altro, per le attività connesse con la prestazione di servizi di trasporto di passeggeri.

3. Qualora siano erogati fondi pubblici per le attività relative alla prestazione di servizi di trasporto per servizio pubblico, essi devono figurare separatamente nella pertinente contabilità, a norma dell'articolo 7 del regolamento (CE) n. 1370/2007 del Parlamento europeo e del Consiglio, e non possono essere trasferiti alle attività relative alla prestazione di altri servizi di trasporto o ad altre attività.

4. Qualora l'impresa ferroviaria svolga attività connesse alla gestione dell'infrastruttura ferroviaria, sono tenuti separati i bilanci, nelle componenti del conto economico e della situazione patrimoniale finanziaria, e sono pubblicati, da un lato, per le attività connesse alla prestazione di servizi di trasporto e, dall'altro, per quelle connesse alla gestione dell'infrastruttura ferroviaria. Il finanziamento pubblico concesso a uno di questi due settori di attività non può essere trasferito all'altro e deve avere apposita evidenza contabile.

5. I conti relativi ai diversi settori di attività di cui ai commi 2, 3 e 4 sono tenuti in modo da permettere di verificare che il divieto di trasferire i fondi pubblici percepiti da un settore di attività ad un altro, sia rispettato e di verificare l'utilizzo delle entrate derivanti dai canoni per l'utilizzo dell'infrastruttura e le eccedenze provenienti da altre attività commerciali.

6. È in ogni caso fatto salvo quanto previsto dall'articolo 37, comma 3, lettera *b*), del decreto-legge 6 dicembre 2011, n. 201, convertito, con modificazioni, dalla legge 22 dicembre 2011, n. 214.

6 Accesso ed utilizzo dell'infrastruttura ferroviaria.

1. L'accesso e l'utilizzo dell'infrastruttura ferroviaria, ai fini dell'esercizio del trasporto ferroviario, è con-

sentito a condizione che ciascuna impresa ferroviaria dimostri:

a) il possesso della licenza corrispondente al servizio da prestare;

b) il possesso del certificato di sicurezza, di cui all'articolo 10, rilasciato dall'Agenzia nazionale per la sicurezza delle ferrovie, di cui al decreto legislativo 10 agosto 2007, n. 162;

c) di aver concluso, in base al diritto pubblico o privato, la stipula del contratto di utilizzo dell'infrastruttura di cui all'articolo 25. Le condizioni alla base di tale contratto sono non discriminatorie e trasparenti e sono pubblicate nel prospetto informativo della rete.[

2. Le imprese che intendono effettuare servizi ferroviari passeggeri aventi esclusivamente origine e destinazione nel territorio nazionale, devono possedere, oltre a quanto riportato al comma 1, lettere *b*) e *c*), la licenza nazionale passeggeri di cui all'articolo 3, comma 1, lettera *q*).] (1).

3. Le imprese ferroviarie aventi sede al di fuori dell'Unione europea o loro controllate ai sensi dell'articolo 7 della legge 10 ottobre 1990, n. 287, devono possedere, in aggiunta a quanto previsto al comma 1, il titolo autorizzatorio di cui all'articolo 3, comma 1, lettera r) (2).

4. In sede di stipula dei contratti previsti al comma 1, lettera *c*), il gestore dell'infrastruttura ferroviaria accerta che l'impresa ferroviaria sia in possesso di una licenza rilasciata dallo Stato italiano o da altro Stato membro dell'Unione.

(1) *Comma abrogato dall'art. 3, comma 1, lett. a), d.lgs. 23 novembre 2018, n. 139. Ai sensi del'art. 20, comma 2, d.lgs. 23 novembre 2018, n. 139 la modifica si applica a decorrere dal 1° gennaio 2019.*

(2) *Comma sostituito dall'art. 3, comma 1, lett. b), d.lgs. 23 novembre 2018, n. 139. Ai sensi del'art. 20, comma 2, d.lgs. 23 novembre 2018, n. 139 la modifica si applica a decorrere dal 1° gennaio 2019.*

Il testo previgente era il seguente: « 3. Per il solo svolgimento di servizi di trasporto nazionale passeggeri a committenza pubblica, in alternativa a quanto disposto al comma 2, le imprese devono possedere, in aggiunta a quanto previsto al comma 1, il titolo autorizzatorio di cui all'articolo 3, comma 1, lettera *r*) ».

7-10 *(Omissis).*

CAPO III
Gestore dell'infrastruttura

11 Indipendenza del gestore dell'infrastruttura (1).

1. Il gestore dell'infrastruttura di cui all'articolo 3, comma 1, lettera b), è un'entità giuridicamente distinta da qualsiasi impresa ferroviaria e, nelle imprese a integrazione verticale, da qualsiasi altra entità giuridica all'interno dell'impresa.

2. Nel rispetto delle regole quadro e specifiche in materia di canoni e di assegnazione di capacità di infrastruttura, il gestore dell'infrastruttura è autonomo e responsabile della propria gestione, della propria amministrazione e del proprio controllo interno.

3. Il gestore dell'infrastruttura ferroviaria è responsabile dell'esercizio e dello sviluppo dell'infrastruttura ferroviaria nonché del controllo della circolazione in sicurezza dei convogli, della manutenzione e del rinnovo dell'infrastruttura ferroviaria, sul piano tecnico, commerciale e finanziario, assicurandone l'accessibilità, la funzionalità, nonché la diffusione delle informazioni relative all'accesso all'infrastruttura a tutte le imprese interessate a condizioni eque e non discriminatorie. Il gestore dell'infrastruttura deve, altresì, assicurare la manutenzione e la pulizia degli spazi pubblici delle stazioni passeggeri. Tale obbligo viene trasferito, con apposito accordo e senza ulteriori oneri per la finanza pubblica, in capo al gestore di stazione, qualora quest'ultimo non coincida con il gestore dell'infrastruttura, fatta eccezione per le aree funzionali alle attività proprie del gestore dell'infrastruttura.

4. Al gestore dell'infrastruttura ferroviaria, per la rete di propria attribuzione, sono affidate, in via esclusiva, entro i limiti di cui agli articoli 17 e 26 del presente decreto e fatto salvo quanto previsto dal comma 11 e le specifiche attribuzioni dell'organismo di regolazione, le decisioni relative alle funzioni essenziali. Nessuna entità giuridica all'interno dell'impresa a integrazione verticale può esercitare un'influenza determinante sulle decisioni del gestore dell'infrastruttura relative alle funzioni essenziali.

5. Le imprese ferroviarie, o qualsiasi soggetto avente personalità giuridica pubblica o privata, d'intesa con il gestore dell'infrastruttura possono, tuttavia, contribuire allo sviluppo dell'infrastruttura ferroviaria, anche mediante investimenti, manutenzione e finanziamento diretto o tramite il gestore medesimo, senza maggiori oneri a carico della finanza pubblica a legislazione vigente e a condizione che ne sia garantito l'accesso equo e non discriminatorio.

6. Un'impresa ferroviaria o qualsiasi altra entità giuridica all'interno dell'impresa a integrazione verticale non può esercitare un'influenza determinante sulle nomine e sulla rimozione dei responsabili dell'adozione di decisioni sulle funzioni essenziali.

7. I responsabili dell'adozione di decisioni sulle funzioni essenziali non possono ricoprire, per un periodo di ventiquattro mesi da quando cessano nelle proprie funzioni, alcun ruolo all'interno delle imprese ferroviarie operanti sulla relativa infrastruttura.

8. I membri del consiglio di amministrazione del gestore dell'infrastruttura, nonché i dirigenti del gestore che riferiscono loro direttamente, agiscono in maniera non discriminatoria e la loro imparzialità non deve essere compromessa da alcun conflitto di interesse. A tal fine i soggetti di cui al presente comma rilasciano, alla società di appartenenza, con cadenza annuale una dichiarazione relativa ad ogni eventuale interesse personale di tipo finanziario, economico o professionale legato, anche potenzialmente, a un'impresa ferroviaria.

9. I membri del consiglio di amministrazione del gestore dell'infrastruttura e i responsabili dell'adozione di decisioni sulle funzioni essenziali, o, qualora istituito, del consiglio di vigilanza non possono al contempo essere membri del consiglio di amministrazione, o, qualora istituito, del consiglio di vigilanza di un'impresa ferroviaria. Nelle imprese a integrazione verticale, i membri del consiglio di amministrazione del gestore dell'infrastruttura e i responsabili dell'adozione di decisioni sulle funzioni essenziali non ricevono alcuna

retribuzione basata sui risultati da altra entità giuridica all'interno dell'impresa a integrazione verticale né premi legati ai risultati economico-finanziari di specifiche imprese ferroviarie. Possono tuttavia ricevere incentivi connessi alla prestazione globale del sistema ferroviario.

10. Il gestore dell'infrastruttura ferroviaria è tenuto al rispetto della riservatezza delle informazioni commerciali in suo possesso. In presenza di sistemi informatici comuni a diverse entità all'interno di un'impresa a integrazione verticale, l'accesso alle informazioni sensibili relative alle funzioni essenziali è limitato espressamente al personale autorizzato dal gestore dell'infrastruttura per l'esercizio di tali funzioni e nei limiti di quanto necessario. Le informazioni sensibili non sono comunicate ad altre entità all'interno di un'impresa a integrazione verticale.

11. I gestori di infrastrutture ferroviarie regionali di cui all'articolo 1, comma 4, nel caso in cui entro trecentosessanta giorni dalla data di entrata in vigore del presente decreto non risultino entità giuridicamente distinte dall'impresa che svolge le prestazioni di servizio di trasporto sulla medesima rete, procedono, entro i successivi novanta giorni, ad affidare le funzioni essenziali di cui all'articolo 3, comma 1, lettera *b-septies*), ad un soggetto terzo, indipendente sul piano giuridico e decisionale dalle imprese ferroviarie. Tale affidamento è regolato da apposito accordo tra le parti. Ai gestori di tali reti che hanno proceduto al suddetto affidamento non si applicano le disposizioni di cui al comma 1. Per le finalità di cui all'articolo 5, i gestori di tali reti sono organizzati come divisione incaricata della gestione dell'infrastruttura, non dotata di personalità giuridica, distinta dalla divisione incaricata della prestazione dei servizi ferroviari. Ai capi di divisione incaricati della gestione dell'infrastruttura e della prestazione dei servizi ferroviari si applica il comma 9. Il rispetto dei requisiti di cui al presente comma è dimostrato nelle contabilità separate delle rispettive divisioni dell'impresa.

(1) *Articolo sostituito dall'art. 7 d.lgs. 23 novembre 2018, n. 139, con effetto a decorrere dal 23 dicembre 2018, ai sensi dell'art. 20, comma 1, dello stesso d.lgs.*

Il testo previgente era il seguente: « 11. (*Principi*). 1. Il gestore dell'infrastruttura ferroviaria è soggetto autonomo ed indipendente, sul piano giuridico, organizzativo o decisionale, e sotto il profilo contabile, dalle imprese operanti nel settore dei trasporti. - 2. Nel rispetto delle regole quadro e specifiche in materia di canoni e di assegnazione di capacità di infrastruttura, il gestore dell'infrastruttura è autonomo e responsabile della propria gestione, della propria amministrazione e del proprio controllo interno. - 3. Il gestore dell'infrastruttura ferroviaria è responsabile del controllo della circolazione in sicurezza dei convogli, della manutenzione e del rinnovo dell'infrastruttura ferroviaria, sul piano tecnico, commerciale e finanziario, assicurandone l'accessibilità, la funzionalità, nonché le informazioni. Il gestore dell'infrastruttura deve, altresì, assicurare la manutenzione e la pulizia degli spazi pubblici delle stazioni passeggeri. Tale obbligo viene trasferito, con apposito accordo e senza ulteriori oneri per la finanza pubblica, in capo al gestore di stazione, qualora quest'ultimo non coincida con il gestore dell'infrastruttura, fatta eccezione per le aree funzionali alle attività proprie del gestore dell'infrastruttura. - 4. Al gestore dell'infrastruttura ferroviaria, per la rete di propria attribuzione, sono affidati, in via esclusiva, le funzioni essenziali relative alla determinazione e riscossione dei canoni e all'assegnazione di capacità dell'infrastruttura, incluse sia la definizione e la valutazione che la disponibilità e l'assegnazione delle singole tracce orarie, sulla base rispettivamente delle disposizioni di cui agli articoli 17 e 26. 5. Le imprese ferroviarie, o qualsiasi soggetto avente personalità giuridica pubblica o privata, d'intesa con il gestore dell'infrastruttura, possono, tuttavia, contribuire allo sviluppo dell'infrastruttura ferroviaria, anche mediante investimenti, manutenzione e finanziamento diretto o tramite il gestore medesimo, senza maggiori oneri a carico della finanza pubblica a legislazione vigente. - 6. Per quanto riguarda i gestori di infrastrutture ferroviarie regionali e locali, rientranti nel campo di applicazione del presente decreto, nel caso in cui l'attività di gestione dell'infrastruttura della rete è svolta da impresa non distinta sul piano giuridico o decisionale dall'impresa che svolge le prestazioni di servizio di trasporto sulla medesima rete, le funzioni essenziali del gestore di cui al comma 4 sono svolte da un organismo incaricato della determinazione dei canoni e da un organismo incaricato dell'assegnazione di capacità di infrastruttura, individuati in ambito regionale o locale ed indipendenti sul piano giuridico e decisionale dalle imprese nel settore ferroviario. 7. Il gestore dell'infrastruttura ferroviaria è tenuto al rispetto della riservatezza delle informazioni commerciali in suo possesso."

11-*bis* Imparzialità del gestore dell'infrastruttura rispetto alla gestione del traffico e alla programmazione della manutenzione (1).

1. I responsabili dell'adozione di decisioni relative alle funzioni di gestione del traffico e pianificazione della manutenzione agiscono in maniera trasparente e non discriminatoria e la loro imparzialità non deve essere soggetta ad alcun conflitto di interesse. A tal fine i soggetti di cui al presente comma rilasciano, alla società di appartenenza, con cadenza annuale una dichiarazione relativa ad ogni eventuale interesse personale di tipo finanziario, economico o professionale legato, anche potenzialmente, a un'impresa ferroviaria.

2. Il gestore dell'infrastruttura è tenuto, in modo trasparente e non discriminatorio, a fornire tempestiva comunicazione alle imprese ferroviarie sia delle interruzioni programmate della circolazione, nell'ambito del prospetto informativo della rete, sia di quelle non programmate, tramite appositi e adeguati strumenti informativi. Qualora il gestore dell'infrastruttura conceda un ulteriore accesso al processo di gestione del traffico, tale accesso è concesso in modo trasparente e non discriminatorio alle imprese ferroviarie interessate.

3. La programmazione a lungo termine dei lavori di grande manutenzione o rinnovo è effettuata dal gestore dell'infrastruttura in modo non discriminatorio, e, a tal fine, il gestore dell'infrastruttura consulta i richiedenti e tiene conto, ove possibile, delle osservazioni da questi ultimi formulate.

(1) *Articolo inserito dall'art. 8, d.lgs. 23 novembre 2018, n. 139, con effetto a decorrere dal 23 dicembre 2018, ai sensi dell'art. 20, comma 1, dello stesso d.lgs.*

11-*ter*-11-*sexies* (*Omissis*).

12 Condizioni di accesso all'infrastruttura ferroviaria.

1. Alle imprese ferroviarie è concesso, a condizioni eque, non discriminatorie e trasparenti, il diritto di accesso alla infrastruttura ferroviaria, che rientra nell'ambito di applicazione del presente decreto, per l'esercizio del trasporto ferroviario di merci e dei servizi ad esso collegati. Tale diritto comprende l'accesso all'infrastruttura che collega i porti marittimi e di navigazione interna e altri impianti di servizio di cui all'articolo 13, comma 2, ed all'infrastruttura che serve o potrebbe servire più di un cliente finale.

2. Fatto salvo quanto previsto dal regolamento (CE) n. 1370/2007, alle imprese ferroviarie è concesso, a condizioni eque, non discriminatorie e trasparenti, il diritto di accesso alla infrastruttura ferroviaria, che rientra nell'ambito di applicazione del presente decreto, per l'esercizio dei servizi di trasporto ferroviario di passeggeri. Tale diritto comprende l'accesso alle infrastrutture di collegamento agli impianti di servizio di cui all'articolo 13, comma 2 (1).

[3. Durante lo svolgimento di un servizio di trasporto internazionale di passeggeri, le imprese ferroviarie hanno il diritto di far salire passeggeri in ogni stazione situata lungo il percorso internazionale e farli scendere in un'altra stazione, incluse le stazioni situate in uno stesso Stato membro.] (2)

[4. L'organismo di regolazione stabilisce, a seguito di una richiesta delle autorità competenti o delle imprese ferroviarie interessate, come individuate dall'articolo 5 del regolamento di esecuzione (UE) n. 869/2014 della Commissione europea dell'11 agosto 2014, se la finalità principale del servizio sia il trasporto di passeggeri tra stazioni situate in Stati membri diversi, sulla base di quanto disposto dagli articoli da 6 a 9 del citato regolamento di esecuzione (UE) n. 869/2014. La decisione dell'organismo di regolazione è debitamente giustificata e pubblicata tempestivamente sul suo sito web, nel rispetto della riservatezza da applicare alle informazioni sensibili dal punto di vista commerciale. Nei casi in cui venga accertato dall'organismo di regolazione che la finalità principale del servizio non è il trasporto di passeggeri tra stazioni situate in Stati membri diversi e fatta comunque salva la possibilità di limitazione di cui al comma 5, l'impresa ferroviaria deve possedere la licenza nazionale passeggeri per esercire il servizio.] (2).

5. Lo svolgimento di servizi ferroviari di trasporto passeggeri può essere soggetto a limitazioni, sulla base di quanto disposto ai commi 6 e 7, da parte dell'organismo di regolazione, tra un dato punto di partenza e una data destinazione quando uno o più contratti di servizio pubblico coprono lo stesso percorso o un percorso alternativo, se l'esercizio di tale diritto compromette l'equilibrio economico del contratto o dei contratti di servizio pubblico in questione (3).

6. Per stabilire se l'equilibrio economico di un contratto di servizio pubblico sia compromesso ai sensi del comma 5, l'organismo di regolazione procede ad un'analisi economica oggettiva, basando la propria decisione su criteri prestabiliti da definirsi con proprio provvedimento sentito il Ministero dell'economia e delle finanze, e previa richiesta della competente autorità di aggiudicazione del contratto di servizio pubblico, ovvero del gestore dell'infrastruttura, ovvero dell'impresa ferroviaria che adempie al contratto di servizio pubblico, presentata entro un mese dal ricevimento dell'informazione sul previsto servizio di trasporto di passeggeri di cui all'articolo 24, comma 2 (4).

Le autorità competenti e le imprese ferroviarie che prestano servizi pubblici forniscono all'organismo di regolazione competente le informazioni necessarie per addivenire a una decisione.

L'organismo di regolazione valuta le informazioni ricevute dalle parti sopra citate e, se del caso, richiede eventuali ulteriori informazioni pertinenti da tutte le parti interessate e avvia con esse consultazioni entro trenta giorni dal ricevimento della richiesta. L'organismo di regolazione si consulta adeguatamente con tutte le parti interessate e informa queste ultime della sua decisione motivata entro un termine ragionevole e prestabilito e, comunque, entro sei settimane dal ricevimento di tutte le informazioni necessarie.

7. L'organismo di regolazione motiva la propria decisione e precisa le condizioni alle quali l'autorità competente, il gestore dell'infrastruttura, l'impresa ferroviaria che adempie al contratto di servizio pubblico ovvero l'impresa ferroviaria che chiede l'accesso possono chiedere un riesame della decisione entro un mese dalla sua notifica (5).

[8. Salvo indicazione contraria dell'organismo di regolazione nella sua decisione, il riesame di una decisione non può essere richiesto nei primi tre anni successivi la pubblicazione della decisione, ad eccezione del caso di cui al comma 6, lettera *a)*.] (6)

9. Avverso le decisioni di cui ai commi 5, 6 e 7 (7) è possibile proporre ricorso giurisdizionale.

10. L'organismo di regolazione, tenuto anche conto delle pertinenti analisi economiche, accertata la compromissione dell'equilibrio economico del contratto di servizio pubblico, indica le eventuali limitazioni di cui al comma 5 che permettano di soddisfare le condizioni per la concessione del diritto di accesso al nuovo operatore. L'autorità competente può richiedere all'impresa ferroviaria oggetto della procedura di cui al comma 6 il pagamento di opportuni, trasparenti e non discriminatori diritti di compensazione, determinati, previo parere dell'organismo di regolazione, sulla base delle misure disposte dalla Commissione europea, ai sensi dell'articolo 11, paragrafo 4, secondo comma, della direttiva 2012/34/UE del Parlamento europeo e del Consiglio (8).

11. I proventi ottenuti da tali diritti devono essere utilizzati per compensare i servizi oggetto del contratto di servizio pubblico al fine di ristabilirne l'equilibrio economico e non eccedono quanto necessario per coprire tutti o parte dei costi originati dall'adempimento degli obblighi di servizio pubblico in questione, tenendo conto degli introiti relativi agli stessi nonché di un margine di utile ragionevole per l'adempimento di detti obblighi. La totalità dei diritti imposti ai sensi del presente comma non deve compromettere la redditività economica del servizio di trasporto di passeggeri al quale si applicano.

12. Al fine di consentire uno sviluppo dei processi concorrenziali nel settore dei trasporti ferroviari, in armonia con la necessità di assicurare la copertura degli oneri per i servizi universali di trasporto ferroviario di interesse nazionale oggetto di contratti di servizio pubblico, di cui all'articolo 38, commi 2 e 3, della legge 1° agosto 2002, n. 166, e successive modificazioni, può essere introdotto un sovrapprezzo al canone dovuto per l'esercizio dei servizi di trasporto di passeggeri a media e a lunga percorrenza, non forniti nell'ambito di contratti di servizio pubblico, per la parte espletata su linee appositamente costruite o adattate per l'alta velocità, attrezzate per velocità pari o superiori a 250 chilometri orari.

13. La determinazione del sovrapprezzo di cui al comma 12, conformemente al diritto dell'Unione europea e in particolare alla direttiva 2007/58/CE del Parlamento europeo e del Consiglio, del 23 ottobre 2007, nonché ai principi di equità, trasparenza, non discriminazione e proporzionalità, è effettuata con decreto del Ministro delle infrastrutture e dei trasporti, di concerto con il Ministro dell'economia e delle finanze, sentita l'Autorità di regolazione dei trasporti, sulla base dei costi dei servizi universali di trasporto ferroviario di interesse nazionale oggetto di contratti di servizio pubblico di cui al comma 12, senza compromettere la redditività economica del servizio di trasporto su rotaia al quale si applica, ed è soggetta ad aggiornamento triennale. I proventi ottenuti dal sovrapprezzo non possono eccedere quanto necessario per coprire tutto o parte dei costi originati dall'adempimento degli obblighi di servizio pubblico, tenendo conto degli introiti relativi agli stessi nonché di un margine di utile ragionevole per l'adempimento di detti obblighi. Gli introiti derivanti dal sovrapprezzo sono integralmente versati all'entrata del bilancio dello Stato per essere utilizzati per contribuire al finanziamento degli oneri del servizio universale del trasporto ferroviario di interesse nazionale oggetto dei contratti di servizio pubblico di cui al citato comma 12.

14. Le autorità competenti conservano le informazioni necessarie per poter risalire sia all'origine dei diritti di compensazione che all'utilizzo degli stessi e le forniscono, su richiesta, alla Commissione.

(1) *Comma sostituito dall'art. 9, comma 1 lett.* a) *d.lgs. 23 novembre 2018, n. 139, con effetto a decorrere dal 23 dicembre 2018, ai sensi dell'art. 20, comma 1, dello stesso d.lgs.*

Il testo previgente era il seguente: « 2. Alle imprese ferroviarie è concesso, a condizioni eque, non discriminatorie e trasparenti, il diritto di accesso alla infrastruttura ferroviaria, che rientra nell'ambito di applicazione del presente decreto, per l'esercizio del trasporto internazionale di passeggeri, nonché del trasporto nazionale passeggeri alle condizioni di cui all'articolo 6, commi 2 e 3. Tale diritto comprende l'accesso alle infrastrutture di collegamento agli impianti di servizio di cui all'articolo 13, comma 2 ».

(2) *Comma abrogato dall'art. 9, comma 1 lett.* b) *d.lgs. 23 novembre 2018, n. 139, con effetto a decorrere dal 23 dicembre 2018, ai sensi dell'art. 20, comma 1, dello stesso d.lgs.*

(3) *Comma sostituito dall'art. 9, comma 1 lett.* c) *d.lgs. 23 novembre 2018, n. 139, con effetto a decorrere dal 23 dicembre 2018, ai sensi dell'art. 20, comma 1, dello stesso d.lgs.*

Il testo previgente era il seguente: « 5. Lo svolgimento di servizi ferroviari passeggeri in ambito nazionale, ivi compresa la parte di servizi internazionali svolta sul territorio italiano, può essere soggetto a limitazioni, sulla base di quanto disposto ai commi 6 e 7, da parte dell'organismo di regolazione, nel diritto di far salire e scendere passeggeri in stazioni situate lungo il percorso del servizio, che sono oggetto di uno o più contratti di servizio pubblico conformi al diritto dell'Unione, nei casi in cui il loro esercizio comprometta l'equilibrio economico del contratto di servizio pubblico in questione ».

(4) *Periodo sostituito dall'art. 9, comma 1 lett.* d) *d.lgs. 23 novembre 2018, n. 139, con effetto a decorrere dal 23 dicembre 2018, ai sensi dell'art. 20, comma 1, dello stesso d.lgs.*

Il testo previgente era il seguente: « 6. L'organismo di regolazione stabilisce, entro sei settimane dal ricevimento di tutte le informazioni necessarie, se l'equilibrio economico di un contratto di servizio pubblico per il trasporto ferroviario risulta compromesso sulla base di quanto disposto dagli articoli da 11 a 17 del regolamento di esecuzione (UE) n. 869/2014 previa richiesta: *a*) delle autorità competenti che hanno concluso un contratto di servizio pubblico che copre una stazione di partenza e una di destinazione del nuovo servizio proposto; *b*) di qualsiasi altra autorità competente interessata e dotata del diritto di limitare l'accesso; c) del gestore dell'infrastruttura nell'area geografica coperta dal nuovo servizio proposto di trasporto internazionale di passeggeri; d) di qualsiasi impresa ferroviaria che adempie al contratto di servizio pubblico aggiudicato dall'autorità di cui alla lettera *a*) ».

(5) *Comma sostituito dall'art. 9, comma 1 lett.* e) *d.lgs. 23 novembre 2018, n. 139, con effetto a decorrere dal 23 dicembre 2018, ai sensi dell'art. 20, comma 1, dello stesso d.lgs.*

Il testo previgente era il seguente: « 7. L'organismo di regolazione motiva la sua decisione e precisa il termine entro cui i soggetti di cui al comma 4 possono chiedere il riesame della decisione derivante dall'esame dell'equilibrio economico alle condizioni definite dall'organismo di regolamentazione, fra cui: *a*) se il nuovo servizio di trasporto internazionale di passeggeri risulta profondamente modificato rispetto ai dati analizzati dall'organismo di regolamentazione; *b*) se esiste una differenza sostanziale fra l'impatto reale e quello stimato sui servizi nell'ambito del contratto di servizio pubblico; *c*) se il contratto di servizio pubblico è scaduto prima del termine iniziale ».

(6) *Comma abrogato dall'art. 9, comma 1 lett.* f) *d.lgs. 23 novembre 2018, n. 139, con effetto a decorrere dal 23 dicembre 2018, ai sensi dell'art. 20, comma 1, dello stesso d.lgs.*

(7) *Le parole* « commi 5, 6 e 7 » *sono state sostituite alle precedenti* « commi 4, 5, 6 e 7 » *dall'art. 9, comma 1 lett.* g) *d.lgs. 23 novembre 2018, n. 139, con effetto a decorrere dal 23 dicembre 2018, ai sensi dell'art. 20, comma 1, dello stesso d.lgs.*

(8) *Comma sostituito dall'art. 9, comma 1 lett.* h) *d.lgs. 23 novembre 2018, n. 139, con effetto a decorrere dal 23 dicembre 2018, ai sensi dell'art. 20, comma 1, dello stesso d.lgs.*

Il testo previgente era il seguente: « 10. L'autorità competente, accertata la compromissione dell'equilibrio economico del contratto di servizio pubblico, in alternativa alla limitazione di cui al comma 5, può richiedere all'impresa ferroviaria oggetto della procedura di cui al comma 6, il pagamento di opportuni, trasparenti e non discriminatori diritti di compensazione, determinati, previo parere dell'organismo di regolazione, sulla base delle misure disposte dalla Commissione europea ai sensi dell'articolo 12, paragrafo 5, della direttiva 2012/34/UE del Parlamento europeo e del Consiglio ».

12-*bis*-14 (*Omissis*).

15 Rapporti tra il gestore dell'infrastruttura ferroviaria nazionale e lo Stato.

1. I rapporti tra il gestore dell'infrastruttura ferroviaria nazionale e lo Stato sono disciplinati da un atto di concessione e da uno o più contratti di programma. I contratti di programma sono stipulati per un periodo minimo di cinque anni, per l'attuazione delle strategie di sviluppo sostenibile dell'infrastruttura ferroviaria nazionale come individuate nel documento di cui all'articolo 1, comma 7, e per definire altresì la programmazione degli investimenti, anche previsti da specifiche disposizioni di legge, relativi alla manutenzione, al rinnovo e alla sicurezza dell'infrastruttura ferroviaria, (1) nel rispetto dei principi e parametri fondamentali di cui all'allegato II del presente decreto. Le condizioni dei contratti di programma e la struttura dei pagamenti ai fini dell'erogazione di fondi al gestore dell'infrastruttura sono concordate in anticipo e coprono l'intera durata del contratto. Nelle more della stipula dei nuovi contratti di programma per il periodo 2016-2020 e sino all'efficacia degli stessi, il contratto di programma parte servizi 2012-2014, stipulato dal Ministero delle infrastrutture e dei trasporti con Rete Ferroviaria Italiana S.p.A., è prorogato, ai medesimi patti e condizioni già previsti, per il periodo necessario alla stipula del nuovo contratto e comunque non oltre il 31 dicembre 2016 con l'aggiornamento delle relative Tabelle (2).

2. Il Ministro delle infrastrutture e della mobilità sostenibili, di concerto con il Ministro dell'economia e delle finanze, per quanto attiene ai profili finanziari, entro il mese di giugno dell'anno precedente all'inizio di ciascun quinquennio programmatorio sottopone lo schema di contratto all'approvazione del Comitato in-

terministeriale per la programmazione economica e lo sviluppo sostenibile (CIPESS), che adotta la relativa delibera entro trenta giorni. Il Ministero delle infrastrutture e della mobilità sostenibili informa l'organismo di regolazione, che si esprime entro quindici giorni relativamente ai profili di competenza, e, mediante il gestore dell'infrastruttura, i richiedenti e, su loro richiesta, i richiedenti potenziali, sul contenuto dello schema di contratto di programma, al fine di consentire agli stessi di esprimersi al riguardo prima che esso sia sottoposto all'approvazione del CIPESS. La delibera del CIPESS è sottoposta al controllo di legittimità da parte della Corte dei conti ai sensi dell'articolo 41, comma 5, del decreto-legge 6 dicembre 2011, n. 201, convertito, con modificazioni, dalla legge 22 dicembre 2011, n. 214. Al fine di permettere una più celere realizzazione degli interventi ferroviari, è ammessa la registrazione anche parziale della delibera del CIPESS, che diviene efficace limitatamente a quanto oggetto di registrazione. In tal caso, il CIPESS può adottare, su richiesta del Ministro delle infrastrutture e della mobilità sostenibili, d'intesa con il Ministro dell'economia e delle finanze, una delibera integrativa o modificativa delle parti non registrate. Lo schema di contratto di programma è sottoscritto tra il Ministero delle infrastrutture e della mobilità sostenibili e il gestore dell'infrastruttura entro quindici giorni dalla registrazione da parte della Corte dei conti della delibera di approvazione del medesimo schema da parte del CIPESS. Il contratto di programma è trasmesso, entro cinque giorni dalla sottoscrizione, dal Ministero delle infrastrutture e della mobilità sostenibili alle Camere, al Ministero dell'economia e delle finanze e al CIPESS, con apposita informativa. Gli investimenti ferroviari autorizzati e finanziati da specifiche disposizioni di legge sono inseriti di diritto nel contratto di programma in corso alla data di entrata in vigore di dette disposizioni e ne costituiscono parte integrante. Gli aggiornamenti di cui al comma 2-*bis* danno evidenza di tali investimenti e dei relativi finanziamenti che vi rimangono vincolati ai sensi delle disposizioni di legge (3).

2-*bis*. Entro sessanta giorni dalla data di entrata in vigore della legge di bilancio, il Ministero delle infrastrutture e della mobilità sostenibili e il gestore dell'infrastruttura ferroviaria provvedono alla sottoscrizione degli aggiornamenti annuali del contratto di programma, in coerenza con quanto previsto dal documento strategico di cui all'articolo 1, comma 7. Gli aggiornamenti di importo pari o inferiore a 5 miliardi di euro complessivi sono approvati con decreto del Ministro delle infrastrutture e della mobilità sostenibili di concerto con il Ministro dell'economia e delle finanze, previa informativa al CIPESS. Per gli aggiornamenti di importo superiore a 5 miliardi di euro, al netto delle risorse finalizzate per legge a specifici interventi, si applica la procedura di cui al comma 2. Gli aggiornamenti, entro cinque giorni dall'emanazione del decreto di approvazione ovvero, nei casi previsti dal terzo periodo, dalla loro sottoscrizione, sono trasmessi alle Camere, corredati della relazione di cui al comma 2-*ter* (4).

2-*ter*. Il Ministro delle infrastrutture e della mobilità sostenibili riferisce annualmente alle Camere sullo stato di attuazione dei contratti di programma (4).

3. Nei contratti di programma di cui al comma 1, è disciplinata, nel rispetto degli articoli 93, 107 e 108 TFUE, separatamente, la concessione di finanziamenti per far fronte a nuovi investimenti ai fini del miglioramento della qualità dei servizi, dello sviluppo dell'infrastruttura stessa e del rispetto dei livelli di sicurezza compatibili con l'evoluzione tecnologica, e la concessione di finanziamenti destinati alla manutenzione ordinaria e a quella straordinaria finalizzata al rinnovo dell'infrastruttura ferroviaria. Il finanziamento può essere assicurato con mezzi diversi dai contributi statali diretti, incluso il finanziamento privato.

4. Nei contratti di programma di cui al comma 1, tenendo in debito conto la necessità di garantire il conseguimento di elevati livelli di sicurezza, l'effettuazione delle operazioni di manutenzione, nonché il miglioramento della qualità dell'infrastruttura e dei servizi ad essa connessi, sono previsti incentivi al gestore per ridurre i costi di fornitura dell'infrastruttura e l'entità dei diritti di accesso, fermo restando il rispetto dell'equilibrio economico e finanziario di cui all'articolo16.

5. Nell'ambito della politica generale di Governo e tenendo conto del documento strategico di cui all'articolo 1, comma 7, (5) e del finanziamento erogato di cui al comma 1, il gestore dell'infrastruttura ferroviaria è tenuto all'elaborazione ed all'aggiornamento di un piano commerciale comprendente i programmi di finanziamento e di investimento, da trasmettere al Ministero delle infrastrutture e dei trasporti ed all'organismo di regolazione. Il piano ha lo scopo di garantire l'uso, la fornitura e lo sviluppo ottimali ed efficienti dell'infrastruttura, assicurando al tempo stesso l'equilibrio economico e finanziario e prevedendo i mezzi per conseguire tali obiettivi.

6. Il gestore dell'infrastruttura assicura che i richiedenti noti e, su loro richiesta, i richiedenti potenziali, abbiano accesso alle informazioni pertinenti e la possibilità di esprimersi sul contenuto del piano commerciale riguardo alle condizioni di accesso e di uso e alla natura, fornitura e sviluppo dell'infrastruttura prima della sua approvazione da parte del gestore dell'infrastruttura. A tal fine il gestore dell'infrastruttura pubblica, sul proprio sito internet, il piano commerciale tre mesi prima della sua adozione, concedendo ai richiedenti trenta giorni per esprimere un parere non vincolante sulle tematiche suddette.

7. Il gestore dell'infrastruttura si accerta della coerenza tra le disposizioni del contratto e il piano commerciale.

8. Il gestore dell'infrastruttura entro un anno dall'entrata in vigore del presente decreto legislativo, mette a punto e aggiorna annualmente un registro dei propri beni e dei beni della cui gestione è responsabile, dandone adeguata informativa al Ministero delle infrastrutture e dei trasporti. Tale registro deve essere corredato delle spese dettagliate per il rinnovo e il potenziamento dell'infrastruttura ferroviaria e viene utilizzato per valutare il finanziamento necessario alla loro riparazione o sostituzione.

(1) *Le parole da* « per l'attuazione » *a* « infrastruttura ferroviaria, » *sono state inserite dall'art. 5, comma 1, lett. b), n. 1) d.l. 6 novembre 2021, n. 152, conv., con modif., in l. 29 dicembre 2021, n. 233.*

(2) *Comma modificato dall'art. 7, comma 9, d.l. 30 dicembre 2015, n. 210, conv., con modif., in l. 25 febbraio 2016, n. 21.*

(3) *Comma così sostituito dall'art. 5, comma 1, lett. b), n. 2) d.l. n. 152, cit. Il testo del comma era il seguente:* « 2. Il Ministero delle infrastrutture e dei trasporti informa l'organismo di regolazione e, mediante il gestore dell'infrastruttura, i richiedenti e, su loro richiesta, i richiedenti potenziali, sul contenuto del contratto di programma, al fine di consentire agli stessi di esprimersi al riguardo prima che esso sia sottoscritto, soprattutto in materia di interventi nei terminali e scali merci, nei nodi urbani, nelle stazioni e nei collegamento con i porti. Il contratto di programma è pubblicato entro un mese dalla sua approvazione ».

(4) *Comma aggiunto dall'art. 5, comma 1, lett. b), n. 3) d.l. n. 152, cit.*

(5) *Le parole* « del documento strategico di cui all'articolo 1, comma 7, » *sono state sostituite alle parole* « della Strategia di cui all'articolo 1, comma 7, » *dall'art. 5, comma 1, lett.* b), *n. 4) d.l. n. 152, cit.*

16-41 (*Omissis*).

120. Decreto legge 28 settembre 2018, n. 109, convertito, con modificazioni, dalla legge 16 novembre 2018, n. 130. — Disposizioni urgenti per la città di Genova, la sicurezza della rete nazionale delle infrastrutture e dei trasporti, gli eventi sismici del 2016 e 2017, il lavoro e le altre emergenze. (*estratto*).

Pubblicato nella Gazzetta Ufficiale n. 226 del 28settembre 2018; la legge di conversione è stata pubblicata nella Gazzetta Ufficiale n. 269 del 19 novembre 2018, S.O.

12 Agenzia nazionale per la sicurezza delle ferrovie.

1. È istituita, a decorrere dal 1° gennaio 2019, l'Agenzia nazionale per la sicurezza delle ferrovie e delle infrastrutture stradali e autostradali (ANSFISA), di seguito Agenzia, con sede in Roma presso il Ministero delle infrastrutture e dei trasporti, con possibilità di articolazioni territoriali, di cui una, con competenze riferite in particolare ai settori delle infrastrutture stradali e autostradali, avente sede a Genova. Fermi i compiti, gli obblighi e le responsabilità degli enti proprietari e dei soggetti gestori in materia di sicurezza, l'Agenzia promuove e assicura la vigilanza sulle condizioni di sicurezza del sistema ferroviario nazionale e delle infrastrutture stradali e autostradali, direttamente sulla base del programma annuale di attività di cui al comma 5-*bis*, nonché nelle forme e secondo le modalità indicate nei commi da 3 a 5 (1) (2).

2. A decorrere dalla data di cui al comma 19, quarto periodo, l'Agenzia nazionale per la sicurezza delle ferrovie (ANSF) di cui all'articolo 4 del decreto legislativo 10 agosto 2007, n. 162, è soppressa e l'esercizio delle relative funzioni è attribuito all'Agenzia, che succede a titolo universale in tutti i rapporti attivi e passivi al predetto ente e ne acquisisce le risorse umane, strumentali e finanziarie. L'Agenzia è dotata di personalità giuridica e ha autonomia regolamentare, amministrativa, patrimoniale, organizzativa, contabile e finanziaria. Il Ministro delle infrastrutture e dei trasporti ha poteri di indirizzo, e vigilanza, che esercita secondo le modalità previste nel presente decreto .

3. Con riferimento al settore ferroviario, l'Agenzia svolge i compiti e le funzioni, anche di regolamentazione tecnica, per essa previsti dai decreti legislativi recanti attuazione della direttiva (UE) 2016/798 del Parlamento europeo e del Consiglio dell'11 maggio 2016 sulla sicurezza delle ferrovie e della direttiva (UE) 2016/797 del Parlamento europeo e del Consiglio dell'11 maggio 2016 relativa all'interoperabilità del sistema ferroviario dell'Unione europea ed ha competenza per l'intero sistema ferroviario nazionale, secondo quanto previsto dai medesimi decreti. Per le infrastrutture transfrontaliere specializzate, i compiti di autorità nazionale preposta alla sicurezza di cui al Capo IV della direttiva (UE) 2016/798 sono affidati, a seguito di apposite convenzioni, all'Agenzia o all'Autorità per la sicurezza ferroviaria del Paese limitrofo (3).

4. Con riferimento alla sicurezza delle infrastrutture stradali e autostradali e fermi restando i compiti e le responsabilità dei soggetti gestori, l'Agenzia, anche avvalendosi degli altri soggetti pubblici che operano in materia di sicurezza delle infrastrutture:

a) esercita l'attività ispettiva finalizzata alla verifica dell'attività di manutenzione svolta dai gestori, dei relativi risultati e della corretta organizzazione dei processi di manutenzione, nonché l'attività ispettiva e di verifica a campione sulle infrastrutture, obbligando i gestori, in quanto responsabili dell'utilizzo sicuro delle stesse, a mettere in atto le necessarie misure di controllo del rischio, nonché all'esecuzione dei necessari interventi di messa in sicurezza, dandone comunicazione al Ministero delle infrastrutture e della mobilità sostenibili [ed alla Commissione di cui all'articolo 4 del decreto legislativo 5 ottobre 2006, n. 264] (4);

b) promuove l'adozione da parte dei gestori delle reti stradali ed autostradali di Sistemi di Gestione della Sicurezza per le attività di verifica e manutenzione delle infrastrutture certificati da organismi di parte terza riconosciuti dall'Agenzia;

c) propone al Ministro delle infrastrutture e della mobilità sostenibili l'adozione, sentito il Consiglio superiore dei lavori pubblici, del decreto previsto dall'articolo 1, comma 3, del decreto legislativo 15 marzo 2011, n. 35;

d) stabilisce, con proprio provvedimento, modalità, contenuti e documenti costituenti la valutazione di impatto sulla sicurezza stradale per i progetti di infrastruttura di cui all'articolo 3 del citato decreto legislativo n. 35 del 2011;

e) cura la tenuta dell'elenco dei soggetti che possono effettuare i controlli ai sensi dell'articolo 4 del citato decreto legislativo n.35 del 2011 nonché la relativa attività di formazione, nel rispetto di quanto previsto dall'articolo 9 del medesimo decreto;

f) provvede alla classificazione dei tratti ad elevata concentrazione di incidenti nonché alla classificazione della sicurezza della rete esistente, secondo quanto previsto dall'articolo 5 del citato decreto legislativo n. 35 del 2011, anche al fine di definire, con proprio provvedimento, criteri e modalità per l'applicazione delle misure di sicurezza previste dal medesimo decreto;

g) effettua, in attuazione del programma annuale di attività di cui al comma 5-*bis* e comunque ogni qual volta ne ravvisi l'opportunità anche sulla base delle segnalazioni effettuate dal Ministero delle infrastrutture e della mobilità sostenibili o di altre pubbliche amministrazioni, le ispezioni di sicurezza con le modalità (5) previste dall'articolo 6 del citato decreto legislativo n. 35 del 2011, anche compiendo verifiche sulle attività di controllo già svolte dai gestori eventualmente effettuando ulteriori verifiche in sito;

h) adotta le misure di sicurezza temporanee da applicare ai tratti di rete stradale interessati da lavori stradali, fissando le modalità di svolgimento delle ispezioni volte ad assicurare la corretta applicazione delle stesse;

i) sovraintende alla gestione dei dati secondo quanto previsto dall'articolo 7 del citato decreto legislativo n. 35 del 2011;

l) propone al Ministro delle infrastrutture e della mobilità sostenibili l'aggiornamento delle tariffe previste dall'articolo 10 del citato decreto legislativo n. 35 del 2011, da destinare all'Agenzia per lo svolgimento delle attività di cui agli articoli 5 e 6 del medesimo decreto legislativo (6);

m) svolge attività di studio, ricerca e sperimentazione in materia di sicurezza delle infrastrutture stradali e autostradali (7) (8).

4-*bis*. Fermi restando i compiti del Corpo nazionale dei vigili del fuoco disciplinati dall'articolo 19 del decreto legislativo 8 marzo 2006, n. 139, e dal regolamento di cui al decreto del Presidente della Repubblica 1° agosto 2011, n. 151, sono trasferiti all'Agenzia le funzioni ispettive e i poteri di cui agli articoli 11, commi 1 e 2, e 12 del decreto legislativo 5 ottobre 2006, n. 264, al fine di garantire la sicurezza delle gallerie situate sulle strade appartenenti alla rete stradale transeuropea. Le funzioni ispettive e i poteri di cui al periodo precedente sono esercitati dall'Agenzia anche per garantire la sicurezza delle gallerie situate sulle strade non appartenenti alla rete stradale transeuropea. Con decreto del Ministero delle infrastrutture e dei trasporti, di concerto con il Ministero dell'interno e con il Ministero dell'economia e delle finanze, da adottare entro sessanta giorni dalla data di entrata in vigore della legge di conversione del presente decreto, sono definiti i requisiti minimi di sicurezza delle gallerie situate sulle strade non appartenenti alla rete stradale transeuropea, gli obblighi dei soggetti gestori e le relative sanzioni in caso di inosservanza delle disposizioni impartite dall'Agenzia, nonché i profili tariffari a carico dei gestori stessi, determinati sulla base del costo effettivo del servizio (9).

4-*ter*. All'articolo 4, comma 5, del decreto legislativo 5 ottobre 2006, n. 264, le parole: "ed effettua le ispezioni, le valutazioni e le verifiche funzionali di cui all'articolo 11" sono soppresse (9).

4-*quater*. Sono trasferite all'Agenzia le funzioni esercitate dagli uffici speciali trasporti a impianti fissi (USTIF) del Ministero delle infrastrutture e della mobilità sostenibili ai sensi dell'articolo 9, commi 5 e 6, del decreto del Ministro delle infrastrutture e dei trasporti 4 agosto 2014, pubblicato nel supplemento ordinario alla Gazzetta Ufficiale n. 297 del 23 dicembre 2014, e del decreto del Ministro delle infrastrutture e dei trasporti 29 settembre 2003, pubblicato nella Gazzetta Ufficiale della Repubblica italiana n. 280 del 2 dicembre 2003. L'Agenzia, con proprio decreto, disciplina i requisiti per il rilascio dell'autorizzazione di sicurezza relativa al sistema di trasporto costituito dall'infrastruttura e dal materiale rotabile, con i contenuti di cui agli articoli 9 e 11 del decreto legislativo 14 maggio 2019, n. 50, per quanto applicabili, nonché, d'intesa con il Ministero delle infrastrutture e della mobilità sostenibili, le modalità per la realizzazione e l'apertura all'esercizio di nuovi sistemi di trasporto a impianti fissi (10).

4-*quinquies*. All'articolo 15 della legge 1° agosto 2002, n. 166, dopo il comma 6 è aggiunto il seguente:

"6-*bis*. A decorrere dal 1° giugno 2019, il Ministro delle infrastrutture e dei trasporti riferisce annualmente alle competenti Commissioni parlamentari sull'attuazione, da parte dei concessionari autostradali, degli interventi di verifica e di messa in sicurezza delle infrastrutture viarie oggetto di atti convenzionali" (9).

5. Ferme restando le sanzioni già previste dalla legge, da atti amministrativi e da clausole convenzionali, l'inosservanza da parte dei gestori delle prescrizioni adottate dall'Agenzia, nell'esercizio delle attività di cui al comma 4, lettere *a*) e *g*), (11) è punita con le sanzioni amministrative pecuniarie, anche progressive, accertate e irrogate dall'Agenzia secondo le disposizioni di cui al Capo I, Sezioni I e II, della legge 24 novembre 1981, n. 689. Per gli enti territoriali la misura della sanzione è compresa tra euro 5.000 e euro 200.000 ed è determinata anche in funzione del numero di abitanti. Nei confronti dei soggetti aventi natura imprenditoriale l'Agenzia dispone l'applicazione di una sanzione amministrativa pecuniaria fino al dieci per cento del fatturato realizzato nell'ultimo esercizio chiuso anteriormente alla contestazione della violazione. In caso di reiterazione delle violazioni, l'Agenzia può applicare un'ulteriore sanzione di importo fino al doppio della sanzione già applicata entro gli stessi limiti previsti per la prima. Qualora il comportamento sanzionabile possa arrecare pregiudizio alla sicurezza dell'infrastruttura o della circolazione stradale o autostradale, l'Agenzia può imporre al gestore l'adozione di misure cautelative, limitative o interdittive, della circolazione dei veicoli sino alla cessazione delle condizioni che hanno comportato l'applicazione della misura stessa e, in caso di inottemperanza, può irrogare una sanzione, rispettivamente per gli enti territoriali e i soggetti aventi natura imprenditoriale, non superiore a euro 100.000 ovvero al tre per cento del fatturato sopra indicato.

5-*bis*. L'Agenzia nazionale per la sicurezza delle ferrovie e delle infrastrutture stradali e autostradali adotta, entro il 31 dicembre di ciascun anno, il programma delle attività di vigilanza diretta dell'Agenzia sulle condizioni di sicurezza delle infrastrutture stradali e autostradali, da espletarsi nel corso dell'anno successivo, dandone comunicazione al Ministero delle infrastrutture e della mobilità sostenibili [ed alla Commissione di cui all'articolo 4 del decreto legislativo 5 ottobre

2006, n. 264] (12). Relativamente alle attività dell'anno 2021, il programma di cui al primo periodo è adottato entro il 31 agosto 2021. Entro il 31 gennaio di ciascun anno, l'Agenzia trasmette al Ministro delle infrastrutture e della mobilità sostenibili e alle competenti Commissioni parlamentari una relazione sulle attività previste dai commi da 3 a 5 e svolte nel corso dell'anno precedente (13).

6. Sono organi dell'Agenzia:

a) il direttore dell'agenzia, scelto in base a criteri di alta professionalità, di capacità manageriale e di qualificata esperienza nell'esercizio di funzioni attinenti al settore operativo dell'agenzia;

b) il comitato direttivo, composto da quattro membri e dal direttore dell'agenzia, che lo presiede;

c) il collegio dei revisori dei conti.

7. Il direttore è nominato con decreto del Presidente della Repubblica, previa deliberazione del Consiglio dei ministri, su proposta del Ministro delle infrastrutture e dei trasporti, ferma restando l'applicazione dell'articolo 19, comma 8, del decreto legislativo 30 marzo 2001, n. 165. L'incarico ha la durata massima di tre anni, è rinnovabile per una sola volta ed è incompatibile con altri rapporti di lavoro subordinato e con qualsiasi altra attività professionale privata anche occasionale. Il comitato direttivo è nominato per la durata di tre anni con decreto del Presidente del Consiglio dei ministri, su proposta del Ministro delle infrastrutture e dei trasporti. Metà dei componenti sono scelti tra i dipendenti di pubbliche amministrazioni ovvero tra soggetti ad esse esterni dotati di specifica competenza professionale attinente ai settori nei quali opera l'agenzia. I restanti componenti sono scelti tra i dirigenti dell'agenzia e non percepiscono alcun compenso aggiuntivo per lo svolgimento dell'incarico nel comitato direttivo. Il collegio dei revisori dei conti è composto dal presidente, da due membri effettivi e due supplenti iscritti al registro dei revisori legali, nominati con decreto del Ministro delle infrastrutture e dei trasporti. I revisori durano in carica tre anni e possono essere confermati una sola volta. Il collegio dei revisori dei conti esercita le funzioni di cui all'articolo 2403 del codice civile, in quanto applicabile. I componenti del comitato direttivo non possono svolgere attività professionale, né essere amministratori o dipendenti di società o imprese, nei settori di intervento dell'Agenzia. I compensi dei componenti degli organi collegiali sono stabiliti con decreto del Ministro delle infrastrutture e dei trasporti, di concerto con il Ministro dell'economia delle finanze secondo i criteri e parametri previsti per gli enti ed organismi pubblici e sono posti a carico del bilancio dell'Agenzia (14).

8. Lo statuto dell'Agenzia è deliberato dal comitato direttivo ed è approvato con le modalità di cui al comma 10. Lo Statuto disciplina le competenze degli organi di direzione dell'Agenzia e reca principi generali in ordine alla sua organizzazione ed al suo funzionamento (15).

9. Il regolamento di amministrazione dell'Agenzia è deliberato, su proposta del direttore, dal comitato direttivo ed è sottoposto al Ministro delle infrastrutture e dei trasporti che lo approva, di concerto con i Ministri per la pubblica amministrazione e dell'economia e delle finanze, ai sensi del comma 10. In particolare esso:

a) disciplina l'organizzazione e il funzionamento dell'Agenzia, attraverso la previsione di due distinte articolazioni competenti ad esercitare rispettivamente le funzioni già svolte dall'ANSF in materia di sicurezza ferroviaria e le nuove competenze in materia di sicurezza delle infrastrutture stradali e autostradali, cui sono preposte due posizioni di ufficio di livello dirigenziale generale;

b) fissa le dotazioni organiche complessive del personale di ruolo dipendente dall'Agenzia nel limite massimo di 668 unità, di cui 48 di livello dirigenziale non generale e 3 uffici di livello dirigenziale generale (16) (17);

c) determina le procedure per l'accesso alla dirigenza, nel rispetto del decreto legislativo 30 marzo 2001, n. 165.

10. Le deliberazioni del comitato direttivo relative allo statuto e ai regolamenti che disciplinano il funzionamento dell'Agenzia sono approvate dal Ministro delle infrastrutture e dei trasporti, di concerto con i Ministri per la pubblica amministrazione e dell'economia e delle finanze. L'approvazione può essere negata per ragioni di legittimità o di merito. Per l'approvazione dei bilanci e dei piani pluriennali di investimento si applicano le disposizioni del regolamento di cui al decreto del Presidente della Repubblica 9 novembre 1998, n. 439. Gli altri atti di gestione dell'Agenzia non sono sottoposti a controllo ministeriale preventivo (14).

11. I dipendenti dell'ANSF a tempo indeterminato sono inquadrati nel ruolo dell'Agenzia e mantengono il trattamento economico fondamentale e accessorio, limitatamente alle voci fisse e continuative, corrisposto al momento dell'inquadramento e in applicazione di quanto previsto dal contratto collettivo nazionale di lavoro di cui al comma 16. Per i restanti contratti di lavoro l'Agenzia subentra nella titolarità dei rispettivi rapporti, ivi comprese le collaborazioni in corso che restano in vigore sino a naturale scadenza (14).

12. In ragione dell'esercizio delle funzioni di cui al comma 4, in aggiunta all'intera dotazione organica del personale dell'ANSF, è assegnato all'Agenzia un contingente di personale di 250 unità, destinato all'esercizio delle funzioni in materia di sicurezza delle infrastrutture stradali e autostradali e di 15 posizioni di uffici di livello dirigenziale non generale (18).

13. Nell'organico dell'Agenzia sono presenti tre posizioni di uffici di livello dirigenziale generale (19).

14. In fase di prima attuazione e per garantire l'immediata operatività dell'ANSFISA, per lo svolgimento delle nuove competenze in materia di sicurezza delle infrastrutture stradali e autostradali, sino all'approvazione del regolamento di amministrazione di cui al comma 9, l'Agenzia provvede al reclutamento del personale di ruolo di cui al comma 12, nella misura massima di 61 unità, mediante apposita selezione nell'ambito del personale dipendente da pubbliche amministrazioni, con esclusione del personale docente educativo ed amministrativo tecnico ausiliario delle istituzioni scolastiche, in possesso delle competenze e dei requisiti di professionalità ed esperienza richiesti per l'espletamento delle singole funzioni, e tale da garantire la massima neutralità e imparzialità. Per tale

fase il personale selezionato dall'Agenzia è comandato dal Ministero delle infrastrutture e dei trasporti e da altre pubbliche amministrazioni, con oneri a carico delle amministrazioni di provenienza, per poi essere immesso nel ruolo dell'Agenzia con la qualifica assunta in sede di selezione e con il riconoscimento del trattamento economico equivalente a quello ricoperto nel precedente rapporto di lavoro e, se più favorevole, il mantenimento del trattamento economico di provenienza, limitatamente alle voci fisse e continuative, mediante assegno ad personam riassorbibile e non rivalutabile con i successivi miglioramenti economici a qualsiasi titolo conseguiti. L'inquadramento nei ruoli dell'Agenzia del personale proveniente dalle pubbliche amministrazioni comporta la riduzione, in misura corrispondente, della dotazione organica dell'amministrazione di provenienza con contestuale trasferimento delle relative risorse finanziarie.

15. L'Agenzia è autorizzata all'assunzione a tempo indeterminato di 205 unità di personale e 19 dirigenti nel corso dell'anno 2019 e di 134 unità di personale e 13 dirigenti nel corso dell'anno 2020 da inquadrare nelle aree iniziali stabilite nel regolamento di cui al comma 9 (20).

16. Al personale e alla dirigenza dell'Agenzia si applicano le disposizioni del decreto legislativo 30 marzo 2001, n. 165 e il contratto collettivo nazionale di lavoro del personale del comparto funzioni centrali, secondo le tabelle retributive dell'ENAC.

17. Al fine di assicurare il corretto svolgimento delle attività di cui al presente articolo, all'Agenzia è garantito l'accesso a tutti i dati riguardanti le opere pubbliche della banca dati di cui all'articolo 13, nonché ai dati ricavati dal sistema di monitoraggio dinamico per la sicurezza delle infrastrutture stradali e autostradali di cui all'articolo 14. Per le medesime finalità di cui al primo periodo, gli enti proprietari e i gestori delle infrastrutture stradali e autostradali sono tenuti a garantire al personale autorizzato dell'Agenzia l'accesso incondizionato alle infrastrutture, ai cantieri, alle sedi legali e operative, nonché a tutta la documentazione pertinente (21) (14).

18. Agli oneri del presente articolo, pari a complessivi 14.100.000 euro per l'anno 2019, e 22.300.000 euro a decorrere dall'anno 2020 si provvede ai sensi dell'articolo 45 (22).

19. In sede di prima applicazione, entro 90 giorni dalla data di cui al comma 1, lo Statuto e i regolamenti di cui ai commi 8 e 9 sono adottati con decreto del Ministro delle infrastrutture e dei trasporti di concerto con il Ministro dell'economia e delle finanze e con il Ministro per la pubblica amministrazione. Fino all'adozione dei nuovi regolamenti continuano ad applicarsi i regolamenti già emanati per l'ANSF. Gli organi dell'ANSF rimangono in carica fino alla nomina degli organi dell'Agenzia. Nelle more della piena operatività dell'Agenzia, la cui data è determinata con decreto del Ministro delle infrastrutture e dei trasporti, le funzioni e le competenze attribuite alla stessa ai sensi del presente articolo, ove già esistenti, continuano ad essere svolte dalle amministrazioni e dagli enti pubblici competenti nei diversi settori interessati (14).

20. La denominazione « Agenzia nazionale per la sicurezza delle ferrovie » è sostituita, ovunque ricorre, dalla denominazione « Agenzia nazionale per la sicurezza delle ferrovie e delle infrastrutture stradali e autostradali » (ANSFISA).

21. L'Agenzia si avvale del patrocinio dell'Avvocatura dello Stato ai sensi dell'articolo 1 del testo unico di cui al regio decreto 30 ottobre 1933, n. 1611 (14).

22. Tutti gli atti connessi con l'istituzione dell'Agenzia sono esenti da imposte e tasse.

23. L'articolo 4 del decreto legislativo 10 agosto 2007, n. 162 è abrogato.

(1) *Periodo così sostituito dall'art. 65, comma 1, lett. a) d.l. 31 maggio 2021, n. 77, conv., con modif., in l. 29 luglio 2021, n. 108. Il testo del periodo, come da ultimo sostituito dall'art. 4, comma 6-*bis*, lett. a), d.l. 21 settembre 2019, n. 104, conv., con modif., in l. 18 novembre 2019, n. 132, era il seguente:* « Fermi i compiti, gli obblighi e le responsabilità degli enti proprietari e dei soggetti gestori in materia di sicurezza, l'Agenzia promuove e assicura la vigilanza, nelle forme e secondo le modalità indicate nei commi da 3 a 5, sulle condizioni di sicurezza del sistema ferroviario nazionale e delle infrastrutture stradali e autostradali ».

(2) *V. anche l'art. 16 d.lgs. 14 maggio 2019, n. 50, recante « Attuazione della direttiva 2016/798 del Parlamento europeo e del Consiglio, dell'11 maggio 2016, sulla sicurezza delle ferrovie »: « 16.* (Compiti in ambito ferroviario dell'ANSFISA). – *1. L'ANSFISA, coerentemente con quanto previsto dall'articolo 12 del decreto-legge 28 settembre 2018, n. 109, convertito, con modificazioni, dalla legge 16 novembre 2018, n. 130, è preposta alla sicurezza del sistema ferroviario italiano, ha poteri di regolamentazione tecnica di settore e detta, in conformità con le disposizioni dell'Unione europea e con quelle assunte dall'ERA, i principi e i criteri per la sicurezza del sistema ferroviario, operando con indipendenza di giudizio e di valutazione, nel rispetto della normativa dell'Unione europea e nazionale in materia. L'ANSFISA è indipendente sul piano organizzativo, giuridico e decisionale da qualsiasi impresa ferroviaria, gestore dell'infrastruttura, soggetto richiedente o appaltante e qualsiasi soggetto che aggiudica appalti pubblici di servizi e promuove il miglioramento della sicurezza del sistema ferroviario tenendo conto in modo organico dell'integrazione di tutti i sottosistemi coinvolti nella realizzazione e nella gestione della sicurezza ferroviaria. – 2. Con specifico riferimento al settore ferroviario, l'ANSFISA, tenuto conto di quanto stabilito dall'articolo 7, comma 3, è incaricata di svolgere i seguenti compiti: a) promuovere il riordino e sovrintendere all'emanazione di norme tecniche e standard anche con riguardo al trasporto di merci e passeggeri, anche su proposta motivata dei soggetti di cui all'articolo 4, nonché vigilare sulla relativa applicazione; b) controllare, promuovere e, se necessario disporre, che i gestori delle infrastrutture e le imprese ferroviarie emanino disposizioni e prescrizioni di esercizio, in coerenza con il quadro normativo nazionale di cui alla lettera a); c) stabilire i principi e la ripartizione delle competenze degli operatori ferroviari in ordine all'emanazione delle disposizioni di cui alla lettera b); d) autorizzare la messa in servizio dei sottosistemi infrastruttura, energia e controllo-comando e segnalamento a terra, costitutivi del sistema ferroviario, a norma del decreto legislativo Interoperabilità ferroviaria; e) rilasciare, rinnovare, modificare e revocare le autorizzazioni d'immissione sul mercato del veicolo a norma del decreto legislativo Interoperabilità ferroviaria; f) coadiuvare l'ERA nel rilascio, nel rinnovo, nella modifica e nella revoca delle autorizzazioni d'immissione sul mercato del veicolo a norma dell'articolo 21, comma 5, della direttiva (UE) 2016/797 e delle autorizzazioni del tipo di veicoli a norma dell'articolo 24 della medesima direttiva; g) supervisionare che sul territorio nazionale i componenti di interoperabilità siano conformi ai requisiti essenziali fissati nel decreto legislativo Interoperabilità ferroviaria; h) assicurare che la numerazione dei veicoli sia stata assegnata a norma del decreto legislativo Interoperabilità ferroviaria; i) coadiuvare l'ERA nel rilascio, nel rinnovo, nella modifica e nella revoca dei certificati di sicurezza unici rilasciati a norma dell'articolo 10, comma 5, della direttiva (UE) 2016/798; l) rinnovare, modificare e revocare i certificati di sicurezza unici da essa rilasciati a norma dell'articolo 9, comma 8; m) rinnovare, modificare e revocare le autorizzazioni di sicurezza rilasciate a norma dell'articolo 11; n) garantire la supervisione delle imprese ferroviarie e dei gestori dell'infrastruttura a norma dell'articolo 17; o) rilasciare, rinnovare, modificare e revocare le licenze di conduzione treni a norma del decreto legislativo 30 dicembre 2010, n. 247; p) adottare senza ritardo le necessarie decisioni, qualora abbia un valido motivo per ritenere che un soggetto responsabile della manutenzione non soddisfi i requisiti previsti dalla normativa vigente, dandone comunicazione a tutti i soggetti interessati; q) verificare che l'applicazione delle disposizioni e delle prescrizioni tecniche relative al funzionamento e alla manutenzione dei sottosistemi costitutivi del sistema ferroviario avvenga conformemente*

ai pertinenti requisiti essenziali; r) rilasciare, su richiesta dell'interessato, l'autorizzazione all'utilizzo di un'applicazione generica dopo aver verificato le attività effettuate dall'organismo indipendente ferroviario prescelto dal fabbricante o dal suo mandatario stabilito nell'Unione europea, dall'ente appaltante, dall'impresa ferroviaria o dal gestore dell'infra-struttura interessato; s) verificare che i veicoli siano debitamente immatricolati e che le informazioni in materia di sicurezza contenute nei registri dei veicoli e dell'infrastruttura, istituiti a norma degli articoli 47 e 49 della direttiva (UE) 2016/797, siano complete e aggiornate; t) tenere e aggiornare il registro nazionale dei veicoli di cui al decreto legislativo Interoperabilità ferroviaria; u) compiere attività di studio, ricerca e approfondimento in materia di sicurezza del trasporto ferroviario, anche recependo indicazioni emergenti dalle indagini e dalle procedure svolte dall'organismo investigativo nazionale sugli incidenti e gli inconvenienti ferroviari per il miglioramento della sicurezza; svolgere attività di consultazione in materia di sicurezza ferroviaria a favore di pubbliche amministrazioni e attività propositiva anche nei confronti del Parlamento in vista della approvazione di norme di legge atte a promuovere livelli più elevati di sicurezza delle ferrovie; v) formulare proposte e osservazioni relative a problemi della sicurezza ferroviaria ad ogni soggetto o autorità competente; z) impartire, ai gestori delle infrastrutture, alle imprese ferroviarie, e se del caso agli altri soggetti di cui all'articolo 4, direttive e raccomandazioni in materia di sicurezza, nonché in ordine ad accorgimenti e procedure necessarie ovvero utili al perseguimento della sicurezza ferroviaria; aa) svolgere i compiti di cui alla legge 9 agosto 2017, n. 128, per le ferrovie turistiche e vigilare sulla sicurezza nel rispetto di quanto da essa stessa stabilito ai sensi degli articoli 6 e 7 della medesima legge e del presente decreto; bb) svolgere i compiti derivanti dall'articolo 15-ter del decreto-legge 16 ottobre 2017, n. 148, per le reti funzionalmente isolate e rilasciare i certificati e le autorizzazioni di cui al Capo VI. A tal fine, l'ANSFISA valuta le misure mitigative o compensative proposte dai richiedenti sulla base di una analisi del rischio che tenga conto delle caratteristiche della tratta ferroviaria, dei veicoli e del tipo di esercizio. Inoltre, con atti propri da emanare entro il 30 giugno 2019, l'ANSFISA disciplina per tali reti: 1) le modalità per ottenere da parte dei soggetti che operano sull'infrastruttura il necessario certificato di cui al Capo VI per lo svolgimento delle proprie funzioni; 2) le modalità applicative degli articoli 6, 8, 13 e 17, tenendo conto dei soggetti che vi operano, delle caratteristiche delle tratte ferroviarie, dei veicoli e del tipo di esercizio; 3) le modalità applicative dei pertinenti CSM di cui all'articolo 6 della direttiva (UE) 2016/798 del Parlamento europeo e del Consiglio, dell'11 maggio 2016; 4) tutti gli aspetti legati all'ottenimento dell'autorizzazione di messa in servizio dei sottosistemi strutturali e dei veicoli di cui al Capo VI; 5) le abilitazioni del personale con mansioni di sicurezza; 6) i principi di sicurezza e gli standard tecnici applicabili su tali reti; 7) le modalità di registrazione dei veicoli in un apposito registro informatico; cc) riconoscere gli Organismi indipendenti ferroviari (OIF) definiti all'articolo 3, lettera rr); dd) svolgere le attività di cui al decreto legislativo Interoperabilità ferroviaria con riguardo agli organismi di valutazione della conformità; ee) partecipare alle attività che si svolgono nell'ambito dell'Unione europea e internazionale, nelle materie di competenza, e fornire qualificato supporto tecnico alle strutture del Ministero delle infrastrutture e dei trasporti con competenze nei medesimi ambiti; ff) disciplinare le modalità di circolazione di particolari categorie di veicoli che circolano sull'infrastruttura ricadente nell'ambito di applicazione del presente decreto, compresi i veicoli storici. – 3. Per lo svolgimento dei compiti di cui al comma 2, che comunque non possono essere trasferiti o appaltati ad alcun gestore dell'infrastruttura, impresa ferroviaria o soggetto appaltante, l'ANSFISA può chiedere in qualsiasi momento l'assistenza tecnica di gestori delle infrastrutture e imprese ferroviarie o altri organismi qualificati. Gli eventuali costi derivanti rientrano nelle spese di funzionamento dell'ANSFISA.– 4. L'ANSFISA, per l'assolvimento dei propri compiti, può condurre le ispezioni, gli audit e le indagini che dovesse ritenere necessarie e accedere a tutta la documentazione pertinente, ai locali, agli impianti e alle attrezzature dei gestori dell'infrastruttura e delle imprese ferroviarie, nonché, ove necessario, dei soggetti di cui all'articolo 4. Tale attività può essere svolta congiuntamente al personale del Ministero delle infrastrutture e dei trasporti, all'uopo designato, ferme restando le rispettive competenze e responsabilità. Il Ministro delle infrastrutture e dei trasporti disciplina, con proprio decreto, le modalità di rilascio al personale dell'ANSFISA e del Ministero medesimo di un documento che garantisce l'accesso incondizionato all'infrastruttura, agli impianti e ai veicoli. Detto documento non costituisce titolo di viaggio ed è utilizzato durante le suddette attività. – 5. L'ANSFISA collabora con le istituzioni e le autorità pubbliche, comprese quelle preposte alla regolazione economica del settore ».

V. inoltre l'art. 4 (Istituzione della Struttura tecnica per il controllo interno del Ministero delle infrastrutture e dei trasporti), d.l. n. 104 del 2019, cit., in particolare, commi 1-2: « 1. Al fine di potenziare il sistema dei controlli interni di cui al decreto legislativo 30 luglio 1999, n. 286 in materia di regolarità amministrativa e contabile e di controllo di gestione, è istituita, ***fino al 31 dicembre 2020****, presso il Ministero delle infrastrutture e dei trasporti, una struttura tecnica, operante alle dirette dipendenze del Ministro e denominata Struttura tecnica per il controllo interno del Ministero delle infrastrutture e dei trasporti, retta da un dirigente appartenente esclusivamente all'amministrazione dello Stato. – 2. Fermo restando quanto previsto dall'articolo 5 del decreto legislativo 30 luglio 1999, n. 300, dagli articoli 14 e 30 del decreto legislativo 27 ottobre 2009, n. 150 e dall'articolo 12 del decreto-legge 28 settembre 2018, n. 109, convertito, con modificazioni, dalla legge 16 novembre 2018, n. 130, la Struttura di cui al comma 1 svolge le seguenti attività: a) stabilisce i criteri per assicurare la migliore e razionale utilizzazione delle risorse pubbliche mediante il controllo di gestione, nonché i parametri del controllo interno secondo i principi di efficienza, efficacia ed economicità anche al fine di misurare i risultati dell'attività amministrativa sotto il profilo della funzionalità organizzativa; b) sulla base di parametri definiti in raccordo con il Responsabile della prevenzione della corruzione e della trasparenza di cui all'articolo 1 della legge 6 novembre 2012, n. 190 e con l'Organismo indipendente di valutazione del Ministero delle infrastrutture e dei trasporti di cui all'articolo 14 del decreto legislativo 27 ottobre 2009, n. 150, vigila e svolge verifiche di audit interno, anche a campione, sulla conformità dell'azione amministrativa dei Provveditorati interregionali per le opere pubbliche e degli uffici centrali e periferici del Ministero delle infrastrutture e dei trasporti alle vigenti disposizioni e alle specifiche direttive del Ministro in materia di organizzazione, funzionamento, prevenzione della corruzione, trasparenza e digitalizzazione delle pubbliche amministrazioni, nonché ai princìpi di imparzialità, efficacia, efficienza ed economicità, anche ai fini dell'esercizio dei poteri ministeriali di cui all'articolo 14, comma 3, del decreto legislativo 30 marzo 2001, n. 165 ».*

(3) *Comma sostituito dall'art. 31, comma 8, d.lgs. 14 maggio 2019, n. 50. Il testo del comma era il seguente:* « 3. Con riferimento al settore ferroviario, l'Agenzia svolge i compiti e le funzioni per essa previsti dal decreto legislativo 10 agosto 2007, n. 162 ed ha competenza per l'intero sistema ferroviario nazionale, secondo quanto previsto agli articoli 2 e 3, comma 1, lettera *a*), del citato decreto legislativo, e fatto salvo quanto previsto all'articolo 2, comma 3, del medesimo decreto legislativo n. 162 del 2007. Per le infrastrutture transfrontaliere specializzate i compiti di Autorità preposta alla sicurezza di cui al Capo IV della direttiva 2004/49/CE del Parlamento europeo e del Consiglio, del 29 aprile 2004, sono affidati, a seguito di apposite convenzioni internazionali, all'Agenzia, all'Autorità per la sicurezza ferroviaria del Paese limitrofo o ad apposito organismo binazionale. L'Agenzia svolge anche i compiti di regolamentazione tecnica di cui all'articolo 6 del decreto legislativo 10 agosto 2007, n. 162 ». *Peraltro, l'art. 32, comma 1, lett. f) d.lgs. n. 50, cit.. dispone che siano abrogate a decorrere dall'entrata in vigore dello stesso decreto, le parole* « o ad apposito organismo binazionale », *che figurano nel testo previgente del comma 3.*

(4) *Le parole tra parentesi quadre sono state soppresse dall'art. 6, comma 1, lett. a), n. 1) d.l. 10 settembre 2021, n. 121, conv., con modif., in l. 9 novembre 2021, n. 156.*

(5) *Le parole* « con le modalità » *sono state inserite dall'art. 6, comma 1, lett. a), n. 2) d.l. n. 121, cit.*

(6) *Le parole* «, da destinare all'Agenzia per lo svolgimento delle attività di cui agli articoli 5 e 6 del medesimo decreto legislativo » *sono state inserite dall'art. 6, comma 1, lett. a), n. 3) d.l. n. 121, cit.*

(7) *Comma così sostituito dall'art. 65, comma 1, lett. b) d.l. n. 77, cit. Il testo del comma era il seguente:* « 4. Con riferimento alla sicurezza delle infrastrutture stradali e autostradali, oltre all'esercizio delle funzioni già disciplinate dal decreto legislativo 15 marzo 2011, n. 35 e fermi restando i compiti e le responsabilità dei soggetti gestori, l'Agenzia, anche avvalendosi degli altri soggetti pubblici che operano in materia di sicurezza delle infrastrutture:

a) esercita l'attività ispettiva finalizzata alla verifica della corretta organizzazione dei processi di manutenzione da parte dei gestori, nonché l'attività ispettiva e di verifica a campione sulle infrastrutture, obbligando i gestori a mettere in atto le necessarie misure di controllo del rischio in quanto responsabili dell'utilizzo sicuro delle infrastrutture;

b) promuove l'adozione da parte dei gestori delle reti stradali ed autostradali di Sistemi di Gestione della Sicurezza per le attività di verifica e manutenzione delle infrastrutture certificati da organismi di parte terza riconosciuti dall'Agenzia;

c) sovraintende alle ispezioni di sicurezza previste dall'articolo 6 del decreto legislativo 15 marzo 2011, n. 35 sulle infrastrutture stradali e autostradali, anche compiendo verifiche sulle attività di controllo già svolte dai gestori, eventualmente effettuando ulteriori verifiche in sito;

d) propone al Ministro delle infrastrutture e dei trasporti l'adozione del piano nazionale per l'adeguamento e lo sviluppo delle infrastrutture stradali e autostradali nazionali ai fini del miglioramento degli standard di sicurezza, da sviluppare anche attraverso il monitoraggio sullo stato di conservazione e sulle necessità di manutenzione delle infrastrutture stesse. Il Piano è aggiornato ogni due anni e di esso si tiene conto nella redazione ed approvazione degli strumenti di pianificazione e di programmazione previsti dalla legislazione vigente;

e) svolge attività di studio, ricerca e sperimentazione in materia di sicurezza delle infrastrutture stradali e autostradali ».

(8) *V. anche l'art. 31, comma 4, d.lgs. 14 maggio 2019, n. 50: « 4. Le competenze in materia di sicurezza ferroviaria del Ministero delle infrastrutture e dei trasporti, sulle reti di cui al comma 3 e sui soggetti che operano su di esse, che siano in contrasto o in sovrapposizione con le competenze attribuite all'ANSFISA* ***cessano a far data dal 1° luglio 2019*** ».

Ai sensi dell'art. 4 (Ruolo dei soggetti del sistema ferroviario nello sviluppo e miglioramento della sicurezza ferroviaria) del d.lgs. n. 50, cit.:: « 1. Il Ministero delle infrastrutture e dei trasporti e l'ANSFISA, nell'ambito delle rispettive competenze: a) garantiscono il generale mantenimento e, ove ragionevolmente praticabile, il costante miglioramento della sicurezza ferroviaria, tenendo conto dell'evoluzione del diritto dell'Unione europea e delle norme internazionali, del progresso tecnico e scientifico e dando la priorità alla prevenzione degli incidenti; b) provvedono affinché l'applicazione della normativa di riferimento avvenga in maniera trasparente e non discriminatoria, incoraggiando lo sviluppo di un sistema di trasporto ferroviario europeo unico. – 2. L'ANSFISA provvede: a) affinché le disposizioni relative allo sviluppo e al miglioramento della sicurezza ferroviaria tengano conto dell'esigenza di un approccio sistemico; b) affinché la responsabilità del funzionamento sicuro del sistema ferroviario e del controllo dei rischi che ne derivano, incomba sui gestori dell'infrastruttura e sulle imprese ferroviarie, ciascuno per la propria parte di sistema, inducendoli a: 1) mettere in atto le necessarie misure di controllo del rischio di cui all'articolo 6, comma 1, lettera a), della direttiva (UE) 2016/798, ove appropriato cooperando con i soggetti coinvolti; 2) applicare le norme dell'Unione europea e le norme nazionali; 3) istituire sistemi di gestione della sicurezza ai sensi dell'articolo 8; c) affinché ciascun gestore dell'infrastruttura e ciascuna impresa ferroviaria siano responsabili della propria parte di sistema e del relativo funzionamento in sicurezza, compresa la fornitura di materiali e l'appalto di servizi, nei confronti di utenti, clienti, lavoratori interessati e altri soggetti ai sensi del successivo comma 4, fatta salva la responsabilità civile ai sensi delle disposizioni giuridiche nazionali; d) a elaborare e pubblicare sul proprio sito istituzionale i piani annuali di sicurezza che stabiliscono le misure al fine di conseguire gli obiettivi comuni di sicurezza (CST), indicando inoltre le aree di miglioramento in materia di sicurezza ferroviaria che i gestori dell'infrastruttura e le imprese ferroviarie sono tenuti a conseguire; e) a supportare l'ERA nelle sue attività di monitoraggio dell'evoluzione della sicurezza ferroviaria a livello dell'Unione europea. – 3. Le imprese ferroviarie e i gestori dell'infrastruttura, ciascuno per la propria parte di sistema, sono responsabili del funzionamento sicuro del sistema ferroviario e del controllo dei rischi che ne derivano, compresa la fornitura di materiale e l'appalto di servizi nei confronti di utenti, clienti, lavoratori interessati e terzi, e a tale fine: a) mettono in atto le necessarie misure di controllo del rischio di cui all'articolo 6, comma 1, lettera a), della direttiva (UE) 2016/798, ove appropriato cooperando reciprocamente e con gli altri soggetti coinvolti; b) tengono conto, nei loro sistemi di gestione della sicurezza, dei rischi associati alle attività di altri soggetti e di terzi; c) obbligano per contratto, ove necessario, gli altri soggetti di cui al comma 4, che hanno un potenziale impatto sul funzionamento sicuro del sistema ferroviario, a mettere in atto misure di controllo del rischio; d) provvedono affinché le proprie imprese appaltatrici attuino misure di controllo del rischio attraverso l'applicazione dei CSM relativi ai processi di monitoraggio, definiti nel CSM per il monitoraggio di cui all'articolo 6, comma 1, lettera c), della direttiva (UE) 2016/798, ed affinché ciò sia stabilito in accordi contrattuali da fornire su richiesta dell'ERA o dell'ANSFISA; e) emettono prescrizioni e disposizioni di esercizio necessarie ai fini di cui alle lettere a) e b) del comma 2 dell'articolo 16. – 4. Fatte salve le responsabilità delle imprese ferroviarie e dei gestori dell'infrastruttura di cui al comma 3, i soggetti responsabili della manutenzione (ECM) e tutti gli altri soggetti la cui azione ha un potenziale impatto sul funzionamento sicuro del sistema ferroviario, tra cui fabbricanti, fornitori di servizi di manutenzione, detentori, fornitori di servizi, enti appaltanti, trasportatori, speditori, consegnatari, caricatori, scaricatori, riempitori e svuotatori:a) mettono in atto le necessarie misure di controllo del rischio, ove appropriato cooperando con altri soggetti; b) assicurano che i sottosistemi, gli accessori, i materiali, le attrezzature e i servizi da loro forniti siano conformi ai requisiti e alle condizioni di impiego richiesti, affinché possano essere utilizzati in modo sicuro dall'impresa ferroviaria e dal gestore dell'infrastruttura interessati. – 5. Le imprese ferroviarie, i gestori dell'infrastruttura e qualsiasi soggetto di cui al comma 4 che individui o sia informato di un rischio di sicurezza dovuto a difetti, non conformità nella costruzione o funzionamento difettoso di attrezzature tecniche, incluse quelle dei sottosistemi strutturali, nei limiti delle rispettive competenze:a) adottano le misure correttive necessarie per far fronte al rischio di sicurezza individuato; b) segnalano tali rischi alle pertinenti parti interessate, nonché all'ANSFISA e all'Organismo investigativo nazionale, per consentire loro di adottare le necessarie ulteriori misure correttive, in modo da garantire costantemente il funzionamento sicuro del sistema ferroviario. Lo scambio di informazioni tra i soggetti interessati, è attuato attraverso lo strumento informatico messo a disposizione dall'ERA a tale scopo, quando disponibile, oppure attraverso opportuni protocolli di relazione tra i vari soggetti interessati, stabiliti nei contratti o accordi tra le parti. – 6. Nel caso di scambio di veicoli tra imprese ferroviarie, i soggetti interessati condividono tutte le informazioni pertinenti per lo svolgimento sicuro dell'esercizio, compresi, almeno, la situazione e la storia del veicolo interessato, elementi dei dossier di manutenzione ai fini della tracciabilità, la tracciabilità delle operazioni di carico e le lettere di vettura. I protocolli di relazione per lo scambio di informazioni tra i vari soggetti interessati sono stabiliti nei contratti o accordi tra le parti ».

(9) *Comma inserito in sede di conversione in legge.*

(10) *Comma così sostituito dall'art. 6, comma 1, lett. b), d.l. n. 121, cit. Il testo del comma era il seguente: « 4-quater.* Sono trasferite all'Agenzia le funzioni ispettive e di vigilanza sui sistemi di trasporto rapido di massa esercitate dagli uffici speciali trasporti a impianti fissi (USTIF) del Ministero delle infrastrutture e dei trasporti ai sensi dell'articolo 9, commi 5 e 6, del decreto del Ministro delle infrastrutture e dei trasporti 4 agosto 2014, pubblicato nel supplemento ordinario alla Gazzetta Ufficiale n. 297 del 23 dicembre 2014. A tal fine l'Agenzia, con proprio decreto, disciplina i requisiti per il rilascio dell'autorizzazione di sicurezza relativa al sistema di trasporto costituito dall'infrastruttura e dal materiale rotabile, con i contenuti di cui agli articoli 14 e 15 del decreto legislativo 10 agosto 2007, n. 162, in quanto applicabili. Con decreto del Ministro delle infrastrutture e dei trasporti, da adottare entro novanta giorni dalla data di entrata in vigore della legge di conversione del presente decreto, sono disciplinate le modalità per l'autorizzazione all'apertura dell'esercizio dei sistemi di trasporto rapido di massa di nuova realizzazione, tenendo conto delle funzioni attribuite all'Agenzia ai sensi del presente comma ».

(11) *Le parole* « comma 4, lettere a) e g) » *sono state sostituite alle parole* « comma 4, lettere a) e c) » *dall'art. 6, comma 1, lett. c), d.l. n. 121, cit.*

(12) *Le parole tra parentesi quadre sono state soppresse dall'art. 6, comma 1, lett. d), d.l. n. 121, cit.*

(13) *Comma inserito dall'art. 65, comma 1, lett. c) d.l. n. 77, cit.*

(14) *Comma modificato in sede di conversione in legge.*

(15) *V. anche art. 18 (Principi che regolano le decisioni), d.lgs. 14 maggio 2019, n. 50: « 1. L'ANSFISA svolge i propri compiti in modo non discriminatorio e trasparente, acquisendo il parere delle parti interessate e motivando le proprie decisioni. – 2. L'ANSFISA risponde entro trenta giorni a tutte le richieste dei soggetti del sistema ferroviario, comunica le proprie richieste senza indugio ai medesimi soggetti e adotta tutte le proprie decisioni nei quattro mesi successivi alla trasmissione da parte del richiedente di tutte le informazioni pertinenti. – 3. L'ANSFISA consulta tutti i soggetti e le parti interessate, compresi i gestori dell'infrastruttura, le imprese ferroviarie, i fabbricanti, i fornitori di servizi di manutenzione, gli utenti e i rappresentanti del personale. – 4. Le decisioni dell'ANSFISA sono soggette a sindacato giurisdizionale di fronte all'autorità giudiziaria competente. 5. L'ANSFISA avvia e promuove attività di cooperazione con le omologhe autorità nazionali preposte alla sicurezza, in particolare nell'ambito della rete istituita dall'ERA, al fine di armonizzare i loro criteri decisionali in tutta l'Unione europea* ».

(16) *Le parole* « 668 unità, di cui 48 di livello dirigenziale non generale e 3 uffici di livello dirigenziale generale » *sono state sostituite alle parole* « 569 unità, di cui 42 di livello dirigenziale non generale e 2 uffici di livello dirigenziale generale » *dall'art. 6, comma 1, lett. e), d.l. n. 121, cit.*

(17) *Lettera modificata dall'art. 1, comma 330, lett. a), l. 30 dicembre 2018, n. 145, a decorrere dal 1° gennaio 2019.*

(18) *Comma modificato dall'art. 1, comma 330, lett. b), l. 30 dicembre 2018, n. 145, a decorrere dal 1° gennaio 2019.*

(19) *Le parole* « tre posizioni di uffici di livello dirigenziale generale » *sono state sostituite alle parole* « due posizioni di uffici di livello dirigenziale generale » *dall'art. 6, comma 1, lett. f), d.l. n. 121, cit.*

(20) *Comma modificato dall'art. 1, comma 330, lett. c), l. 30 dicembre 2018, n. 145, a decorrere dal 1° gennaio 2019.*

(21) *Ultimo periodo aggiunto dall'art. 4, comma 6-*bis*, lett. b), d.l. 21 settembre 2019, n. 104, conv. con modif., in l. 18 novembre 2019, n. 132.*

(22) *V. anche l'art. 47, comma 11-*quinquies*, d.l. 24 aprile 2017, n. 50, conv. con modif., in l. 21 giugno 2017, n. 96, come da ultimo modificato dall'art. 3, comma 5 d.l. n. 121, cit.: « 11-*quinquies*. - Al fine di incrementare la sicurezza del trasporto ferroviario è istituito, nello stato di previsione del Ministero delle infrastrutture e dei trasporti, un Fondo con una dotazione di 2 milioni di euro per ciascuno degli anni 2017, 2018, 2019, 2020 e 2021, destinato alla formazione di personale impiegato in*

attività della circolazione ferroviaria, con particolare riferimento alla figura professionale dei macchinisti del settore merci. La dotazione del Fondo è incrementata di 100.000 euro per l'anno 2020 e di 1 milione di euro per ciascuno degli anni 2021 e 2022, destinati alla formazione delle altre figure professionali addette alla circolazione ferroviaria. Le risorse di cui al presente comma sono attribuite alle imprese ferroviarie con decreto del Ministro delle infrastrutture e dei trasporti sulla base delle attività di formazione realizzate, a condizione che le stesse abbiano comportato l'assunzione di almeno il 70 per cento del personale formato. I corsi di formazione possono essere svolti anche utilizzando le risorse umane e strumentali del Ministero delle infrastrutture e dei trasporti, nonché avvalendosi di organismi riconosciuti dall'Agenzia nazionale per la sicurezza delle ferrovie di cui al capo II del decreto legislativo 10 agosto 2007, n. 162. In ogni caso, il finanziamento delle iniziative è assicurato unicamente alle attività formative per le quali non vi sia stato alcun esborso da parte del personale formato e possono altresì essere rimborsati gli oneri per eventuali borse di studio erogate per la frequenza dei corsi. Agli oneri derivanti dall'attuazione del presente comma si provvede mediante corrispondente riduzione dell'autorizzazione di spesa di cui all'articolo 26, comma 1, lettera a), del citato decreto legislativo n. 162 del 2007, per il funzionamento dell'Agenzia nazionale per la sicurezza delle ferrovie ».

121. Legge 28 gennaio 1994, n. 84. — Riordino della legislazione in materia portuale. (*estratto*) (1) (2).

Pubblicata nella Gazzetta Ufficiale n. 28 del 4 febbraio 1994, S.O.

(1) *Con d.lgs. 31 marzo 1998, n. 112 sono state devolute alle regioni e agli enti locali tutte le funzioni amministrative inerenti alla materia dei trasporti, ad eccezione di quelle espressamente mantenute allo Stato e alle autorità portuali di cui alla presente legge. Ai privati, invece, sono state affidate le funzioni inerenti all'accertamento medico dell'idoneità alla guida degli autoveicoli, e alla riscossione delle entrate per prestazioni rese da soggetti pubblici nel settore dei trasporti.*

(2) *Nel presente provvedimento le parole: « AdSP », « autorità portuali », « autorità portuale », « Autorità portuali », « Autorità portuale », « Autorità di Sistema Portuale », « Autorità di Sistema portuali » e « autorità di sistema portuali », ovunque ricorrenti, sono state sostituite dalle seguenti: « Autorità di sistema portuale », ai sensi dell'art. 15, comma 11, d.lgs. 13 dicembre 2017, n. 232.*

1 Finalità della legge.

1. La presente legge disciplina l'ordinamento e le attività portuali per adeguarli agli obiettivi del piano generale dei trasporti, dettando contestualmente princìpi direttivi in ordine all'aggiornamento e alla definizione degli strumenti attuativi del piano stesso, nonché all'adozione e modifica dei piani regionali dei trasporti. La presente legge disciplina, altresì, i compiti e le funzioni delle Autorità di sistema portuale (AdSP) (1), degli uffici territoriali portuali e dell'autorità marittima. Sono in ogni caso fatte salve le competenze delle Regioni a Statuto Speciale, ai sensi dei rispettivi statuti speciali e delle relative norme di attuazione (2).

2. Il comma 4 dell'articolo 1 del decreto-legge 17 dicembre 1986, n. 873, convertito, con modificazioni, dalla legge 13 febbraio 1987, n. 26, è abrogato.

(1) *V. nota 2 sub Epigrafe*

(2) *Comma modificato dall'art. 1, comma 1, d.lgs.. 4 agosto 2016, n. 169.*

2 Organizzazioni portuali, autorità di sistema portuale, uffici territoriali portuali e autorità marittime (1).

1. Ai fini della presente legge sono organizzazioni portuali:

a) il Provveditorato al porto di Venezia, di cui al regio decreto-legge 14 marzo 1929, n. 503, convertito dalla legge 8 luglio 1929, n. 1342, e successive modificazioni ed integrazioni;

b) il Consorzio autonomo del porto di Genova, di cui al testo unico approvato con regio decreto 16 gennaio 1936, n. 801, e successive modificazioni ed integrazioni;

c) l'Ente autonomo del porto di Palermo, di cui alla legge 14 novembre 1961, n. 1268;

d) il Consorzio per il porto di Civitavecchia, di cui alla legge 9 febbraio 1963, n. 223;

e) l'Ente autonomo del porto di Trieste, di cui alla legge 9 luglio 1967, n. 589, e successive modificazioni ed integrazioni;

f) l'Ente autonomo del porto di Savona, di cui alla legge 1° marzo 1968, n. 173, e successive modificazioni ed integrazioni;

g) il Consorzio autonomo del porto di Napoli, di cui al decreto-legge 11 gennaio 1974, n. 1, convertito, con modificazioni, dalla legge 11 marzo 1974, n. 46, e successive modificazioni ed integrazioni;

h) le aziende dei mezzi meccanici di cui alla legge 9 ottobre 1967, n. 961, e successive modificazioni ed integrazioni;

i) i consorzi costituitisi nei porti di Bari e di Brindisi.

2. Sono autorità di sistema portuale ai sensi della presente legge gli enti di cui all'articolo 6 (2).

2-*bis*. Sono uffici territoriali portuali ai sensi della presente legge le strutture di cui all'articolo 6-*bis* (3) (4).

3. Sono autorità marittime ai sensi della presente legge i soggetti di cui all'articolo 16 del codice della navigazione.

(1) *Rubrica sostituita dall'art. 2, comma 1, lett. a), d.lgs. 4 agosto 2016, n. 169.*

(2) *Comma modificato dall'art. 2, comma 1, lett. b), d.lgs.. 4 agosto 2016, n. 169.*

(3) *Comma aggiunto dall'art. 2, comma 1, lett. c), d.lgs. 4 agosto 2016, n. 169.*

(4) *V. nota 2 sub* Epigrafe.

3 Costituzione del comando generale del Corpo delle capitanerie.

1. L'Ispettorato generale delle capitanerie di porto è costituito in comando generale del Corpo delle capitanerie di porto- Guardia costiera, cui è preposto un ammiraglio ispettore capo appartenente allo stesso Corpo, senza aumento di organico né di spese complessive, dipende dal Ministero delle infrastrutture e dei trasporti nei limiti di quanto disponeil decreto del Presidente del Consiglio dei ministri 11 febbraio 2014, n. 72, e svolge le attribuzioni previste dalle disposizioni vigenti; esercita altresì le competenze in materia di sicurezza della navigazione attribuite al Ministero delle infrastrutture e dei trasporti. Le capitanerie di porto

dipendono funzionalmente dal Ministero dell'ambiente e della tutela del territorio e del mare e dal Ministero delle politiche agricole alimentari e forestali, per le materie di rispettiva competenza (1).

(1) *Comma modificato ddapprima dall'art. 2, comma 01, d.l. 21 ottobre 1996, n. 535, conv., con modif., in l. 23 dicembre 1996, n. 647successivamente dall'art. 3, comma 1, d.lgs. 4 agosto 2016, n. 169, e infine dall'art. 15, comma 1, d.lgs.13 dicembre 2017, n. 232..*

4 Classificazione dei porti.

1. I porti marittimi nazionali sono ripartiti nelle seguenti categorie e classi:

a) categoria I: porti, o specifiche aree portuali, finalizzati alla difesa militare e alla sicurezza dello Stato;

b) categoria II, classe I: porti, o specifiche aree portuali, di rilevanza economica internazionale;

c) categoria II, classe II: porti, o specifiche aree portuali, di rilevanza economica nazionale;

d) categoria II, classe III: porti, o specifiche aree portuali, di rilevanza economica regionale e interregionale.

1-*bis*. I porti sede di autorità di sistema portuale appartengono comunque ad una delle prime due classi della categoria II (1).

2. Il Ministro della difesa, con proprio decreto, emanato di concerto con il Ministro delle infrastrutture e dei trasporti, determina le caratteristiche e procede alla individuazione dei porti o delle specifiche aree portuali di cui alla categoria I; con lo stesso provvedimento sono disciplinate le attività nei porti di I categoria e relative baie, rade e golfi (2).

3. I porti, o le specifiche aree portuali di cui alla categoria II, classi I, II e III, hanno le seguenti funzioni:

a) commerciale e logistica (3);

b) industriale e petrolifera;

c) di servizio passeggeri, ivi compresi i crocieristi (3);

d) peschereccia;

e) turistica e da diporto.

4. Le caratteristiche dimensionali, tipologiche e funzionali dei porti di cui alla categoria II, classi I, II e III, e l'appartenenza di ogni scalo alle classi medesime sono determinate, sentite le autorità di sistema portuale o, laddove non istituite, le autorità marittime, con decreto del Ministro delle infrastrutture e dei trasporti, con particolare riferimento all'attuale e potenziale bacino di utenza internazionale o nazionale, tenendo conto dei seguenti criteri (4):

a) entità del traffico globale e delle rispettive componenti;

b) capacità operativa degli scali derivante dalle caratteristiche funzionali e dalle condizioni di sicurezza rispetto ai rischi ambientali degli impianti e delle attrezzature, sia per l'imbarco e lo sbarco dei passeggeri sia per il carico, lo scarico, la manutenzione e il deposito delle merci nonché delle attrezzature e dei servizi idonei al rifornimento, alla manutenzione, alla riparazione ed alla assistenza in genere delle navi e delle imbarcazioni;

c) livello ed efficienza dei servizi di collegamento con l'entroterra.

5. Ai fini di cui al comma 4 il Ministro delle infrastrutture e dei trasporti predispone, entro sessanta giorni dalla data di entrata in vigore della presente legge, uno schema di decreto, che è trasmesso alle regioni, le quali esprimono parere entro i successivi novanta giorni. Decorso inutilmente tale termine si intende che il parere sia reso in senso favorevole. Lo schema di decreto, con le eventuali modificazioni apportate a seguito del parere delle regioni, è successivamente trasmesso alla Camera dei deputati ed al Senato della Repubblica per l'espressione del parere, nei termini previsti dai rispettivi regolamenti, da parte delle Commissioni permanenti competenti per materia; decorsi i predetti termini il Ministro dei trasporti e della navigazione adotta il decreto in via definitiva (5).

6. La revisione delle caratteristiche dimensionali, tipologiche e funzionali di cui al comma 4, nonché della classificazione dei singoli scali, avviene su iniziativa delle autorità di sistema portuale o, laddove non istituite, delle autorità marittime, delle regioni o del Ministro delle infrastrutture e dei trasporti con la procedura di cui al comma 5 (5) (6).

(1) *Comma aggiunto dall'art. 8-bis, comma 1, lett. a), d.l. 30 dicembre 1997, n. 457, conv., con modif., in l. 27 febbraio 1998, n. 30, e successivamente modificato dall'art. 4, comma 1, lett. a), d.lgs. 4 agosto 2016, n. 169.*

(2) *Comma modificato dall'art. 2, comma 1, d.l. 21 ottobre 1996, n. 535, conv., con modif., in l. 23 dicembre 1996, n. 647, e successivamente dall'art. 4, comma 1, lett. b), d.lgs. 4 agosto 2016, n. 169.*

(3) *Lettera modificata dall'art. 4, comma 1, lett. c), d.lgs. 4 agosto 2016, n. 169.*

(4) *Alinea modificato dall'art. 4, comma 1, lett. d), d.lgs. 4 agosto 2016, n. 169.*

(5) *Comma modificato dall'art. 4, comma 1, lett. e), d.lgs. 4 agosto 2016, n. 169.*

(6) *V. nota 2 sub Epigrafe.*

4-*bis* Sostenibilità energetica (1).

1. La pianificazione del sistema portuale deve essere rispettosa dei criteri di sostenibilità energetica ed ambientale, in coerenza con le politiche promosse dalle vigenti direttive europee in materia.

2. A tale scopo, le Autorità di sistema portuale promuovono la redazione del documento di pianificazione energetica ed ambientale del sistema portuale con il fine di perseguire adeguati obiettivi, con particolare riferimento alla riduzione delle emissioni di CO_2.

3. Il documento di cui al comma 2, redatto sulla base delle linee guida adottate dal Ministero dell'ambiente e della tutela del territorio e del mare, di concerto con il Ministero delle infrastrutture e dei trasporti, definisce indirizzi strategici per la implementazione di specifiche misure al fine di migliorare l'efficienza energetica e di promuovere l'uso delle energie rinnovabili in ambito portuale. A tal fine, il documento di pianificazione energetica ed ambientale del sistema portuale individua:

a) all'interno di una prefissata cornice temporale, gli interventi e le misure da attuare per il perseguimento dei traguardati obiettivi, dando conto per ciascuno di essi della preventiva valutazione di fattibilità tecnico-economica, anche mediante analisi costi-benefici;

b) le modalità di coordinamento tra gli interventi e le misure ambientali con la programmazione degli interventi infrastrutturali nel sistema portuale;

c) adeguate misure di monitoraggio energetico ed ambientale degli interventi realizzati, al fine di consentire una valutazione della loro efficacia.

(1) *Articolo aggiunto dall'art. 5, comma 1, d.lgs. 4 agosto 2016, n. 169.*

5-5-*bis* (*Omissis*).

6 Autorità di sistema portuale (1) (2).

1. Sono istituite quindici Autorità di Sistema Portuale:

a) del Mare Ligure occidentale;
b) del Mare Ligure orientale;
c) del Mar Tirreno settentrionale;
d) del Mar Tirreno centro-settentrionale;
e) del Mar Tirreno centrale;
f) dei Mari Tirreno meridionale e Ionio [e dello Stretto] (3);
g) del Mare di Sardegna;
h) del Mare di Sicilia occidentale;
i) del Mare di Sicilia orientale;
l) del Mare Adriatico meridionale;
m) del Mare Ionio;
n) del Mare Adriatico centrale;
o) del Mare Adriatico centro-settentrionale;
p) del Mare Adriatico settentrionale;
q) del Mare Adriatico orientale.
q-bis) dello Stretto (4).

2. I porti rientranti nelle AdSP di cui al comma 1, sono indicati nell'Allegato A, che costituisce parte integrante della presente legge, fatto salvo quanto previsto dal comma 2-*bis* e dall'articolo 22, comma 2, del decreto legislativo 4 agosto 2016, n. 169 (5).

2-*bis*. Con regolamento, da adottare, su proposta del Ministro delle infrastrutture e dei trasporti, ai sensi dell'articolo 17, comma 2, della legge 23 agosto 1988, n. 400, possono essere apportate, su richiesta motivata del Presidente della Regione interessata, modifiche all'allegato A alla presente legge, al fine di consentire:

a) l'inserimento di un porto di rilevanza economica regionale o di un porto di rilevanza economica nazionale la cui gestione è stata trasferita alla regione all'interno del sistema dell'AdSP territorialmente competente;

b) il trasferimento di un porto a una diversa Autorità di sistema portuale, previa intesa con le regioni nel cui territorio hanno sede le Autorità di sistema portuale di destinazione e di provenienza (6).

3. Sede della AdSP è la sede del porto centrale, individuato nel Regolamento (UE) n. 1315/2013 del Parlamento europeo e del Consiglio, dell'11 dicembre 2013, ricadente nella stessa AdSP. In caso di due o più porti centrali ricadenti nella medesima AdSP il Ministro indica la sede della stessa. Il Ministro, su proposta motivata della regione o delle regioni il cui territorio è interessato dall'AdSP, ha facoltà di individuare in altra sede di soppressa Autorità Portuale aderente alla AdSP, la sede della stessa.

4. L'AdSP nel perseguimento degli obiettivi e delle finalità di cui all'articolo 1 svolge i seguenti compiti:

a) indirizzo, programmazione, coordinamento, regolazione, promozione e controllo, anche mediante gli uffici territoriali portuali secondo quanto previsto all'articolo 6-*bis*, comma 1, lettera *c*), delle operazioni e dei servizi portuali, delle attività autorizzatorie e concessorie di cui agli articoli 16, 17 e 18 e delle altre attività commerciali ed industriali esercitate nei porti e nelle circoscrizioni territoriali. All'autorità di sistema portuale sono, altresì, conferiti poteri di ordinanza, anche in riferimento alla sicurezza rispetto a rischi di incidenti connessi alle attività e alle condizioni di igiene sul lavoro ai sensi dell'articolo 24;

b) manutenzione ordinaria e straordinaria delle parti comuni nell'ambito portuale, ivi compresa quella per il mantenimento dei fondali;

c) affidamento e controllo delle attività dirette alla fornitura a titolo oneroso agli utenti portuali di servizi di interesse generale, non coincidenti né strettamente connessi alle operazioni portuali di cui all'articolo 16, comma 1, [individuati con decreto del Ministro delle infrastrutture e dei trasporti] (7);

d) coordinamento delle attività amministrative esercitate dagli enti e dagli organismi pubblici nell'ambito dei porti e nelle aree demaniali marittime comprese nella circoscrizione territoriale;

e) amministrazione in via esclusiva delle aree e dei beni del demanio marittimo ricompresi nella propria circoscrizione, in forza di quanto previsto dalla presente legge e dal codice della navigazione, fatte salve le eventuali competenze regionali e la legislazione speciale per la salvaguardia di Venezia e della sua laguna. Per la gestione delle attività inerenti le funzioni sul demanio marittimo le Autorità di sistema portuale si avvalgono del Sistema informativo del demanio marittimo (S.I.D.) (8);

f) promozione e coordinamento di (9) forme di raccordo con i sistemi logistici retro portuali e interportuali.

5. L'AdSP è ente pubblico non economico di rilevanza nazionale a ordinamento speciale ed è dotato di autonomia amministrativa, organizzativa, regolamentare, di bilancio e finanziaria. Ad essa non si applicano le disposizioni della legge 20 marzo 1975, n. 70, e successive modificazioni. Si applicano i principi di cui al titolo I del decreto legislativo 30 marzo 2001, n. 165. Le AdSP adeguano i propri ordinamenti ai predetti principi e adottano, con propri provvedimenti, criteri e modalità per il reclutamento del personale dirigenziale e non dirigenziale nel rispetto dei principi di cui all'articolo 35, comma 3, del medesimo decreto legislativo. I medesimi provvedimenti disciplinano, secondo criteri di trasparenza ed imparzialità, le procedure di conferimento degli incarichi dirigenziali e di ogni altro incarico. Gli atti adottati in attuazione del presente comma sono sottoposti all'approvazione del Ministero delle infrastrutture e dei trasporti. Per il Presidente dell'AdSP e il Segretario generale si applicano le disposizioni di cui agli articoli 8 e 10. Per il periodo di durata dell'incarico di Presidente dell'AdSP e di Segretario generale, i dipendenti delle pubbliche amministrazio-

ni sono collocati in aspettativa senza assegni, con riconoscimento dell'anzianità di servizio.

6. Il personale dirigenziale e non dirigenziale delle istituite AdSP è assunto mediante procedure selettive di natura comparativa, secondo principi di adeguata pubblicità, imparzialità, oggettività e trasparenza, in coerenza con quanto stabilito dall'articolo 10, comma 6.

7. L'AdSP è sottoposta ai poteri di indirizzo e vigilanza del Ministro delle infrastrutture e dei trasporti ai sensi dell'articolo 12. Ferma restando la facoltà di attribuire l'attività consultiva in materia legale e la rappresentanza a difesa dell'AdSP dinanzi a qualsiasi giurisdizione, nel rispetto della disciplina dell'ordinamento forense, agli avvocati dell'ufficio legale interno della stessa Autorità o ad avvocati del libero foro, le AdSP possono valersi del patrocinio dell'Avvocatura di Stato.

8. La gestione contabile e finanziaria di ciascuna AdSP è disciplinata da un regolamento proposto dal Presidente dell'AdSP, deliberato dal Comitato di gestione di cui all'articolo 9 e approvato dal Ministro delle infrastrutture e dei trasporti, di concerto con il Ministro dell'economia e delle finanze. Si applicano, altresì, le disposizioni attuative dell'articolo 2 della legge 31 dicembre 2009, n. 196, in materia di armonizzazione dei sistemi contabili di cui al decreto legislativo 31 maggio 2011, n. 91. Il conto consuntivo delle autorità di sistema portuale è allegato allo stato di previsione del Ministero delle infrastrutture e dei trasporti per l'esercizio successivo a quello di riferimento. Le AdSP assicurano il massimo livello di trasparenza sull'uso delle proprie risorse e sui risultati ottenuti, secondo le previsioni del decreto legislativo 14 marzo 2013, n. 33.

9. Il rendiconto della gestione finanziaria dell'autorità di sistema portuale è soggetto al controllo della Corte dei conti.

10. L'esecuzione delle attività di cui al comma 4, lettera *b*) e *c*) è affidata in concessione dall'AdSP mediante procedura di evidenza pubblica, secondo quanto previsto dal decreto legislativo 18 aprile 2016, n. 50.

11. Le AdSP non possono svolgere, né direttamente né tramite società partecipate, operazioni portuali e attività ad esse strettamente connesse. Con le modalità e le procedure di cui all'articolo 15 della legge 7 agosto 1990, n. 241 e successive modifiche ed integrazioni, l'AdSP può sempre disciplinare lo svolgimento di attività e servizi di interesse comune e utili per il più efficace compimento delle funzioni attribuite, in collaborazione con Regioni, enti locali e amministrazioni pubbliche. Essa può, inoltre, assumere partecipazioni, a carattere societario di minoranza, in iniziative finalizzate alla promozione di collegamenti logistici e intermodali, funzionali allo sviluppo del sistema portuale, ai sensi dell'articolo 46 del decreto-legge 6 dicembre 2011, n. 201, convertito, con modificazioni, dalla legge 22 dicembre 2011, n. 214.

12. È fatta salva la disciplina vigente per i punti franchi compresi nella zona del porto franco di Trieste. Sono fatte salve, altresì, le discipline vigenti per i punti franchi delle zone franche esistenti in altri ambiti portuali. Il Ministro delle infrastrutture e dei trasporti, di concerto con il Ministro dell'economia e delle finanze, sentita l'AdSP territorialmente competente, con proprio decreto stabilisce l'organizzazione amministrativa per la gestione di detti punti.

13. [All'interno delle circoscrizioni portuali, le AdSP amministrano, in via esclusiva, in forza di quanto previsto dalla presente legge e dal codice della navigazione, le aree e i beni del demanio marittimo, fatte salve le eventuali competenze regionali e la legislazione speciale per la salvaguardia di Venezia e della sua Laguna. Per la gestione delle attività inerenti le funzioni sul demanio marittimo le AdSP si avvalgono del Sistema informativo del demanio marittimo (S.I.D.).] (10).

14. Decorsi tre anni dalla data di entrata in vigore del decreto di cui all'articolo 8, comma 1, lettera *f*), della legge 7 agosto 2015, n. 124, con decreto del Presidente della Repubblica, su proposta del Ministro delle infrastrutture e dei trasporti, ai sensi dell'articolo 17, comma 2, della legge 23 agosto 1988, n. 400, valutate le interazioni fra le piattaforme logistiche e i volumi di traffico, può essere ulteriormente modificato (11) il numero delle AdSP; sullo schema di regolamento è, altresì, acquisito il parere della Conferenza unificata di cui all'articolo 8 del decreto legislativo 28 agosto 1997, n. 281. Con la medesima procedura sono individuati i volumi di traffico minimo al venir meno dei quali le autorità di sistema portuale sono soppresse e le relative funzioni sono accorpate.

15. Con decreto del Presidente della Repubblica, su proposta del Ministro delle infrastrutture e dei trasporti, ai sensi dell'articolo 17, comma 2, della legge 23 agosto 1988, n. 400, previo parere della Conferenza unificata di cui all'articolo 8 del decreto legislativo 28 agosto 1997, n. 281, possono essere modificati i limiti territoriali di ciascuna delle istituite autorità di sistema portuale.

(1) *Articolo sostituito dall'art. 7, comma 1, d.lgs. 4 agosto 2016, n. 169. In precedenza l'articolo era stato modificato dall'art. 2, comma 3-bis, d.l. 21 ottobre 1996, n. 535, conv., con modif., in l. 23 dicembre 1996, n. 647, dall'art. 8-*bis, *del d.l. 30 dicembre 1997, n. 457, conv., con modif., in l. 27 febbraio 1998, n. 30, dall'art. 145, comma 24, l. 23 dicembre 2000, n. 388, e dall'art. 4 l. 24 dicembre 2003, n. 350.*

(2) *La parola:* « portuale » *è stata sostituita alla previgente* « portuali » *dall'art. 2, comma 1, lett.* a), *d.lgs. 13 dicembre 2017, n. 232. V. nota* 2 sub *Epigrafe.*

(3) *La parola* « Ionio » *è stata sostituita alla previgente* « Jonio » *dall'art. 2, comma 1, lett.* b), *d.lgs. 13 dicembre 2017, n. 232. Le parole* « e dello Stretto » *sono state soppresse dall'art. 22-bis, d.l. 23 ottobre 2018, n. 119, conv., con modif., in l. 17 dicembre 2018, n. 136.*

(4) *Lettera aggiunta dall'art. 22-bis, d.l. 23 ottobre 2018, n. 119, conv., con modif., in l. 17 dicembre 2018, n. 136.*

(5) *Le parole* «, del decreto legislativo 4 agosto 2016, n. 169 » *sono state inserite dall'art. 2, comma 1, lett.* c), *d.lgs. 13 dicembre 2017, n. 232.*

(6) *Lettera sostituita dall'art. 2, comma 1, lett.* d), *d.lgs. 13 dicembre 2017, n. 232. Il testo previgente era:* « *b*) il trasferimento di un porto a una diversa AdSP, previa intesa con la Regione nel cui territorio ha sede l'AdSP di destinazione ».

(7) *Parole soppresse dall'art. 2, comma 1, lett.* e), *d.lgs. 13 dicembre 2017, n. 232.*

(8) *La parole* da « in forza » *alla fine della lettera sono state aggiunte dall'art. 2, comma 1, lett.* f), *13 dicembre 2017, n. 232.*

(9) *Le parole* « promozione e coordinamento di » *sono state sostituite alla parola* « promuove » *dall'art. 2, comma 1, lett.* g), *d.lgs. 13 dicembre 2017, n. 232.*

(10) *Comma soppresso dall'art. 2, comma 1, lett.* h), *d.lgs. 13 dicembre 2017, n. 232.*

(11) *La parola* « modificato » *è stata sostituita alla previgente* « ridotto » *dall'art. 22-bis, d.l. 23 ottobre 2018, n. 119, conv., con modif., in l. 17 dicembre 2018, n. 136.*

6-*bis*-17 (*Omissis*).

18 Concessione di aree e banchine (1).

1. L'Autorità portuale e, dove non istituita, ovvero prima del suo insediamento, l'organizzazione portuale o l'autorità marittima danno in concessione le aree demaniali e le banchine comprese nell'ambito portuale alle imprese di cui all'art. 16, comma 3, per l'espletamento delle operazioni portuali, fatta salva l'utilizzazione degli immobili da parte di amministrazioni pubbliche per lo svolgimento di funzioni attinenti ad attività marittime e portuali. È altresì sottoposta a concessione da parte dell'Autorità portuale, e laddove non istituita dall'autorità marittima, la realizzazione e la gestione di opere attinenti alle attività marittime e portuali collocate a mare nell'ambito degli specchi acquei esterni alle difese foranee anch'essi da considerarsi a tal fine ambito portuale, purché interessati dal traffico portuale e dalla prestazione dei servizi portuali anche per la realizzazione di impianti destinati ad operazioni di imbarco e sbarco rispondenti alle funzioni proprie dello scalo marittimo[, come individuati ai sensi dell'art. 4, comma 3] (2). Le concessioni sono affidate, previa determinazione dei relativi canoni, anche commisurati all'entità dei traffici portuali ivi svolti, sulla base di idonee forme di pubblicità, stabilite dal Ministro dei trasporti e della navigazione, di concerto con il Ministro delle finanze, con proprio decreto. Con il medesimo decreto sono altresì indicati:

a) la durata della concessione, i poteri di vigilanza e controllo delle Autorità concedenti, le modalità di rinnovo della concessione ovvero di cessione degli impianti a nuovo concessionario;

b) i limiti minimi dei canoni che i concessionari sono tenuti a versare (3).

1-*bis*. Sono fatti salvi, fino alla scadenza del titolo concessorio, i canoni stabiliti dalle autorità portuali relativi a concessioni già assentite alla data di entrata in vigore del decreto di cui al comma 1 (4).

2. Con il decreto di cui al comma 1 sono altresì indicati i criteri cui devono attenersi le autorità portuali o marittime nel rilascio delle concessioni al fine di riservare nell'ambito portuale spazi operativi allo svolgimento delle operazioni portuali da parte di altre imprese non concessionarie.

3. Con il decreto di cui al comma 1, il Ministro delle infrastrutture e dei trasporti (5) adegua la disciplina relativa alle concessioni di aree e banchine alle normative comunitarie.

4. Per le iniziative di maggiore rilevanza, il presidente dell'autorità portuale può concludere, previa delibera del comitato portuale, con le modalità di cui al comma 1, accordi sostitutivi della concessione demaniale ai sensi dell'art. 11 della legge 7 agosto 1990, n. 241.

4-*bis*. Le concessioni per l'impianto e l'esercizio dei depositi e stabilimenti di cui all'articolo 52 del codice della navigazione e delle opere necessarie per l'approvvigionamento degli stessi, dichiarati strategici ai sensi della legge 23 agosto 2004, n. 239, hanno durata almeno decennale (6).

5. Le concessioni o gli accordi sostitutivi di cui al comma 4 possono comprendere anche la realizzazione di opere infrastrutturali.

6. Ai fini del rilascio della concessione di cui al comma 1 è richiesto che i destinatari dell'atto concessorio:

a) presentino, all'atto della domanda, un programma di attività, assistito da idonee garanzie, anche di tipo fideiussorio, volto all'incremento dei traffici e alla produttività del porto;

b) possiedano adeguate attrezzature tecniche ed organizzative, idonee anche dal punto di vista della sicurezza a soddisfare le esigenze di un ciclo produttivo ed operativo a carattere continuativo ed integrato per conto proprio e di terzi;

c) prevedano un organico di lavoratori rapportato al programma di attività di cui alla lettera *a*).

7. In ciascun porto l'impresa concessionaria di un'area demaniale deve esercitare direttamente l'attività per la quale ha ottenuto la concessione, non può essere al tempo stesso concessionaria di altra area demaniale nello stesso porto, a meno che l'attività per la quale richiede una nuova concessione sia differente da quella di cui alle concessioni già esistenti nella stessa area demaniale, e non può svolgere attività portuali in spazi diversi da quelli che le sono stati assegnati in concessione. Su motivata richiesta dell'impresa concessionaria, l'autorità concedente può autorizzare l'affidamento ad altre imprese portuali, autorizzate ai sensi dell'articolo 16, dell'esercizio di alcune attività comprese nel ciclo operativo (7).

8. L'autorità portuale o, laddove non istituita, l'autorità marittima sono tenute ad effettuare accertamenti con cadenza annuale al fine di verificare il permanere dei requisiti in possesso al momento del rilascio della concessione e l'attuazione degli investimenti previsti nel programma di attività di cui al comma 6, lettera *a*).

9. In caso di mancata osservanza degli obblighi assunti da parte del concessionario, nonché di mancato raggiungimento degli obiettivi indicati nel programma di attività, di cui al comma 6, lettera *a*), senza giustificato motivo, l'autorità portuale o, laddove non istituita, l'autorità marittima revocano l'atto concessorio.

9-*bis*. Le disposizioni del presente articolo si applicano anche ai depositi e stabilimenti di prodotti petroliferi e chimici allo stato liquido, nonché di altri prodotti affini, siti in ambito portuale (8) (9).

(1) *In tema di misure urgenti connesse all'emergenza epidemiologica da Covid-19, con riferimento alle disposizioni in materia di trasporto marittimo di merci e di persone, nonché di circolazione di veicoli, v. l'art. 92, comma 2 d.l. 17 marzo 2020, n. 18, conv., con modif., in l. 24 aprile 2020, n. 27, che così dispone: « 2. Al fine di fronteggiare l'improvvisa riduzione dei traffici marittimi afferenti al trasporto di merci e di persone è sospeso il pagamento dei canoni di cui agli articoli 16, 17 e 18 della legge 28 gennaio 1994, n. 84 relativi al periodo compreso tra la data di entrata in vigore del presente decreto e quella del 31 luglio 2020. Al pagamento dei canoni sospesi ai sensi del primo periodo, da effettuarsi entro e non oltre il 31 dicembre 2020 anche mediante rateazione senza applicazione di interesse, si provvede secondo le modalità stabilite da ciascuna Autorità di Sistema Portuale. Le disposizioni di cui al presente comma si applicano altresì ai concessionari demaniali marittimi titolari di concessione rilasciata da Autorità portuale o Autorità di sistema portuale ai sensi dell'articolo 36 del codice della navigazione, i quali provvedono al pagamento dei canoni sospesi entro il 30 settembre 2020 senza applicazione di interesse ».*

(2) *Parole soppresse dall'art. 15, comma 4, d.lgs. 13 dicembre 2017, n.232*

(3) *Comma sostituito dall'articolo 2, comma 17, d.l. 21 ottobre 1996, n. 535, conv., con modif., in l. 23 dicembre 1996, n. 647. La lett. b) è stata sostituita dall'art. 19, comma 1, l. 7 dicembre 1999, n. 472.*

(4) *Comma inserito dall'art. 19, comma 2, l. 7 dicembre 1999, n. 472.*

(5) *Le parole* « Ministro delle infrastrutture e dei trasporti » *sono state sostituite alle previgenti* « Ministro dei trasporti e della navigazione » *dall'art. 15, comma 4, d.lgs. 13 dicembre 2017, n. 232.*

(6) *Comma inserito dall'art. 57, comma 5, d.l. 9 febbraio 2012, n. 5, conv., con modif., in 4 aprile 2012, n. 35. Ai sensi del comma 6 del medesimo art. 57, il presente comma non si applica alle concessioni già rilasciate alla data di entrata in vigore del suddetto decreto.*

(7) *Comma modificato dall'art. 13, comma 4, l. 8 luglio 2003, n. 172.*

(8) *Comma aggiunto dall'art. 2, comma 18, d.l. 21 ottobre 1996, n. 535, conv., con modif., in 23 dicembre 1996, n. 647.*

(9) *V. nota 2 sub Epigrafe.*

18-*bis*-29 (*Omissis*).

122. Legge 15 gennaio 1992, n. 21. — Legge quadro per il trasporto di persone mediante autoservizi pubblici non di linea. (*estratto*).

Pubblicata nella Gazzetta Ufficiale n. 18 del 23 gennaio 1992.

1 Autoservizi pubblici non di linea.

1. Sono definiti autoservizi pubblici non di linea quelli che provvedono al trasporto collettivo od individuale di persone, con funzione complementare e integrativa rispetto ai trasporti pubblici di linea ferroviari, automobilistici, marittimi, lacuali ed aerei, e che vengono effettuati, a richiesta dei trasportati o del trasportato, in modo non continuativo o periodico, su itinerari e secondo orari stabiliti di volta in volta.

2. Costituiscono autoservizi pubblici non di linea:

a) il servizio di taxi con autovettura, motocarrozzetta, natante e veicoli a trazione animale;

b) il servizio di noleggio con conducente e autovettura, motocarrozzetta, velocipede, natante e veicoli a trazione animale (1).

(1) *Lettera modificata dall'art. 1, comma 170, l. 4 agosto 2017, n. 124.*

2 Servizio di taxi.

1. Il servizio di taxi ha lo scopo di soddisfare le esigenze del trasporto individuale o di piccoli gruppi di persone; si rivolge ad una utenza indifferenziata; lo stazionamento avviene in luogo pubblico; le tariffe sono determinate amministrativamente dagli organi competenti, che stabiliscono anche le modalità del servizio; il prelevamento dell'utente ovvero l'inizio del servizio avvengono all'interno dell'area comunale o comprensoriale.

2. All'interno delle aree comunali o comprensoriali di cui al comma 1 la prestazione del servizio è obbligatoria. Le regioni stabiliscono idonee sanzioni amministrative per l'inosservanza di tale obbligo.

3. Il servizio pubblico di trasporto di persone espletato con natanti per il cui stanzionamento sono previste apposite aree e le cui tariffe sono soggette a disciplina comunale è assimilato, ove possibile, al servizio di taxi, per cui non si applicano le disposizioni di competenza dell'autorità marittima portuale o della navigazione interna, salvo che per esigenze di coordinamento dei traffici di acqua, per il rilascio delle patenti e per tutte le pro- cedure inerenti alla navigazione e alla sicurezza della stessa.

3-*bis*. È consentito ai comuni di prevedere che i titolari di licenza per il servizio taxi possano svolgere servizi integrativi quali il taxi ad uso collettivo o mediante altre forme di organizzazione del servizio (1).

(1) *Comma inserito dall'art. 36, comma 2, lett.* a), *d.l. 24 gennaio 2012, n. 1, conv., con modif., in l. 24 marzo 2012, n. 27.*

3 (1) Servizio di noleggio con conducente.

1. Il servizio di noleggio con conducente si rivolge all'utenza specifica che avanza, presso la sede o la rimessa (2), apposita richiesta per una determinata prestazione a tempo e/o viaggio anche mediante l'utilizzo di strumenti tecnologici (2).

2. Lo stazionamento dei mezzi deve avvenire all'interno delle rimesse o presso i pontili di attracco.

3. La sede operativa del vettore e almeno una rimessa devono essere situate nel territorio del comune che ha rilasciato l'autorizzazione. È possibile per il vettore disporre di ulteriori rimesse nel territorio di altri comuni della medesima provincia o area metropolitana in cui ricade il territorio del comune che ha rilasciato l'autorizzazione, previa comunicazione ai comuni predetti, salvo diversa intesa raggiunta in sede di Conferenza unificata entro il 28 febbraio 2019. In deroga a quanto previsto dal presente comma, in ragione delle specificità territoriali e delle carenze infrastrutturali, per le sole regioni Sicilia e Sardegna l'autorizzazione rilasciata in un comune della regione è valida sull'intero territorio regionale, entro il quale devono essere situate la sede operativa e almeno una rimessa (3).

(1) *Articolo sostituito dall'art. 29, comma 1-*quater, *lett.* a), *d.l. 30 dicembre 2008, n. 207, conv., con modif., in l. 27 febbraio 2009, n. 14. L'art. 7-*bis *d.l. 10 febbraio 2009, n. 5, conv., con modif., in l. 9 aprile 2009, n. 33, ora abrogato dall'l'art. 10-*bis, *comma 7, d.l. 14 dicembre 2018, n. 135, conv., con modif., in l. 11 febbraio 2019, n. 12, a decorrere dal 1° gennaio 2019, prevedeva: « Nelle more della ridefinizione della disciplina dettata dalla legge 15 gennaio 1992, n. 21, in materia di trasporto di persone mediante autoservizi non di linea, da effettuare nel rispetto delle competenze attribuite dal quadro costituzionale e ordinamentale alle regioni e agli enti locali, l'efficacia dell'articolo 29, comma 1-quater, del decreto-legge 30 dicembre 2008, n. 207, convertito, con modificazioni, dalla legge 27 febbraio 2009, n. 14, è sospesa fino al 31 marzo 2010 »; si precisa che la sospensione dell'efficacia prevista dall'abrogato art. 7-*bis *era stata, da ultimo, prorogata fino al 31 dicembre 2018, ai sensi dell'art. 1, comma 1136, lett.* b), *l, 27 dicembre 2017, n. 205.*

(2) *Le parole* « presso la sede o la rimessa » *sono state sostituite alle parole* « presso la rimessa » *e le parole* « anche mediante l'utilizzo di strumenti tecnologici » *sono state aggiunte, dall'art. 10-*bis, *comma 1, lett.* a), *d.l. 14 dicembre 2018, n. 135, conv., con modif., in l. 11 febbraio 2019, n. 12.*

(3) *Comma sostituito dall'art. 10-*bis, *comma 1, lett.* b), *d.l. 14 dicembre 2018, n. 135, conv., con modif., in 11 febbraio 2019, n. 12.*

4 Competenze regionali.

1. Le regioni esercitano le loro competenze in materia di trasporto di persone mediante autoservizi pubblici non di linea ai sensi del decreto del Presidente della Repubblica 24 luglio 1977, n. 616, e nel quadro dei principi fissati dalla presente legge.

2. Le regioni, stabiliti i criteri cui devono attenersi i comuni nel redigere i regolamenti sull'esercizio degli autoservizi pubblici non di linea, delegano agli enti locali l'esercizio delle funzioni amministrative attuative di cui al comma 1, al fine anche di realizzare una visione integrata del trasporto pubblico non di linea con gli altri modi di trasporto, nel quadro della programmazione economica e territoriale.

3. Nel rispetto delle norme regionali, gli enti locali delegati all'esercizio delle funzioni amministrative di cui al comma 1 disciplinano l'esercizio degli autoservizi pubblici non di linea a mezzo di specifici regolamenti, anche uniformati comprensorialmente per ottenere una maggiore razionalità ed efficienza.

4. Presso le regioni e i comuni sono costituite commissioni consultive che operano in riferimento all'esercizio del servizio e all'applicazione dei regolamenti. In dette commissioni è riconosciuto un ruolo adeguato ai rappresentanti delle organizzazioni di categoria maggiormente rappresentative a livello nazionale e alle associazioni degli utenti.

5. Per le zone caratterizzate da intensa conurbazione le regioni possono stabilire norme speciali atte ad assicurare una gestione uniforme e coordinata del servizio, nel rispetto delle competenze comunali.

6. Sono fatte salve le competenze proprie nella materia delle regioni a statuto speciale e delle province autonome di Trento e di Bolzano.

5 Competenze comunali.

1. I comuni, nel predisporre i regolamenti sull'esercizio degli autoservizi pubblici non di linea, stabiliscono:

a) il numero ed il tipo dei veicoli e dei natanti da adibire ad ogni singolo servizio;

b) le modalità per lo svolgimento del servizio;

c) i criteri per la determinazione delle tariffe per il servizio di taxi;

d) i requisiti e le condizioni per il rilascio della licenza per l'esercizio del servizio di taxi e della autorizzazione per l'esercizio del servizio di noleggio con conducente.

5-*bis* Accesso nel territorio di altri comuni (1).

1. Per il servizio di noleggio con conducente i comuni possono prevedere la regolamentazione dell'accesso nel loro territorio o, specificamente, all'interno delle aree a traffico limitato dello stesso, da parte dei titolari di autorizzazioni rilasciate da altri comuni, mediante la preventiva comunicazione contenente, con autocertificazione, l'osservanza e la titolarità dei requisiti di operatività della presente legge e dei dati relativi al singolo servizio per cui si inoltra la comunicazione e/o il pagamento di un importo di accesso.

1-*bis*. Per il servizio di taxi è consentito l'esercizio dell'attività anche al di fuori del territorio dei comuni che hanno rilasciato la licenza sulla base di accordi sottoscritti dai sindaci dei comuni interessati (2).

(1) *Articolo inserito dall'art. 29, comma 1-*quater, *lett. b), d.l. 30 dicembre 2008, n. 207, conv., con modif., in l. 27 febbraio 2009, n. 14. L'art. 7-*bis *d.l. 10 febbraio 2009, n. 5, conv., con modif., in l. 9 aprile 2009, n. 33, ora abrogato dall'l'art. 10-*bis, *comma 7, d.l. 14 dicembre 2018, n. 135, conv., con modif., in l. 11 febbraio 2019, n. 12, a decorrere dal 1° gennaio 2019, prevedeva: « Nelle more della ridefinizione della disciplina dettata dalla legge 15 gennaio 1992, n. 21, in materia di trasporto di persone mediante autoservizi non di linea, da effettuare nel rispetto delle competenze attribuite dal quadro costituzionale e ordinamentale alle regioni e agli enti locali, l'efficacia dell'articolo 29, comma 1-quater, del decreto-legge 30 dicembre 2008, n. 207, convertito, con modificazioni, dalla legge 27 febbraio 2009, n. 14, è sospesa fino al 31 marzo 2010 »; si precisa che la sospensione dell'efficacia prevista dall'abrogato art. 7-*bis *era stata, da ultimo, prorogata fino al 31 dicembre 2018, ai sensi dell'art. 1, comma 1136, lett. b), l, 27 dicembre 2017, n. 205.*

(2) *Comma aggiunto dall'art. 36, comma 2, lett. b), d.l. 24 gennaio 2012, n. 1, conv., con modif., in l. 24 marzo 2012, n. 27, e da ultimo modificato dall'art. 1, comma 1136, lett. b), l. 27 dicembre 2017, n. 205.*

6 Ruolo dei conducenti di veicoli o natanti adibiti ad autoservizi pubblici non di linea.

1. Presso le camere di commercio, industria, artigianato e agricoltura è istituito il ruolo dei conducenti di veicoli o natanti adibiti ad autoservizi pubblici non di linea.

2. È requisito indispensabile per l'iscrizione nel ruolo il possesso del certificato di abilitazione professionale previsto dall'ottavo e dal nono comma dell'articolo 80 del testo unico delle norme sulla disciplina della circolazione stradale, approvato con decreto del Presidente della Repubblica 15 giugno 1959, n. 393, come sostituito dall'articolo 2 della legge 14 febbraio 1974, n. 62, e successivamente modificato dall'articolo 2 della legge 18 marzo 1988, n. 111, e dall'articolo 1 della legge 24 marzo 1988, n. 112.

3. L'iscrizione nel ruolo avviene previo esame da parte di apposita commissione regionale che accerta i requisiti di idoneità all'esercizio del servizio, con particolare riferimento alla conoscenza geografica e toponomastica.

4. Il ruolo è istituito dalle regioni entro un anno dalla data di entrata in vigore della presente legge. Entro lo stesso termine le regioni costituiscono le commissioni di cui al comma 3 e definiscono i criteri per l'ammissione nel ruolo.

5. L'iscrizione nel ruolo costituisce requisito indispensabile per il rilascio della licenza per l'esercizio del servizio di taxi e dell'autorizzazione per l'esercizio del servizio di noleggio con conducente.

6. L'iscrizione nel ruolo è altresì necessaria per prestare attività di conducente di veicoli o natanti adibiti ad autoservizi pubblici non di linea in qualità di sostituto del titolare della licenza o dell'autorizzazione per un tempo definito e/o un viaggio determinato, o in qualità di dipendente di impresa autorizzata al servizio di noleggio con conducente o di sostituto a tempo determinato del dipendente medesimo.

7. I soggetti che, al momento dell'istituzione del ruolo, risultino già titolari di licenza per l'esercizio del servizio di taxi o di autorizzazione per l'esercizio del servizio di noleggio con conducente sono iscritti di diritto nel ruolo.

7 Figure giuridiche.

1. I titolari di licenza per l'esercizo del servizio di taxi o di autorizzazione per l'esercizio del servizio di noleg-

gio con conducente, al fine del libero esercizio della propria attività, possono:

a) essere iscritti, nella qualità di titolari di impresa artigiana di trasporto, all'albo delle imprese artigiane previsto dall'articolo 5 della legge 8 agosto 1985, n. 443;

b) associarsi in cooperative di produzione e lavoro, intendendo come tali quelle a proprietà collettiva, ovvero in cooperative di servizi, operanti in conformità alle norme vigenti sulla cooperazione;

c) associarsi in consorzio tra imprese artigiane ed in tutte le altre forme previste dalla legge;

d) essere imprenditori privati che svolgono esclusivamente le attività di cui alla lettera b) del comma 2 dell'articolo 1.

2. Nei casi di cui al comma 1 è consentito conferire la licenza o l'autorizzazione agli organismi ivi previsti e rientrare in possesso della licenza o dell'autorizzazione precedentemente conferita in caso di recesso, decadenza od esclusione dagli organismi medesimi.

3. In caso di recesso dagli organismi di cui al comma 1, la licenza o l'autorizzazione non potrà essere ritrasferita al socio conferente se non sia trascorso almeno un anno dal recesso.

8 Modalità per il rilascio delle licenze e delle autorizzazioni.

1. La licenza per l'esercizio del servizio di taxi e l'autorizzazione per l'esercizio del servizio di noleggio con conducente sono rilasciate dalle amministrazioni comunali, attraverso bando di pubblico concorso, ai singoli che abbiano la proprietà o la disponibilità in leasing o ad uso noleggio a lungo termine (1) del veicolo o natante, che possono gestirle in forma singola o associata.

2. La licenza e l'autorizzazione sono riferite ad un singolo veicolo o natante. Non è ammesso, in capo ad un medesimo soggetto, il cumulo di più licenze per l'esercizio del servizio di taxi ovvero il cumulo della licenza per l'esercizio del servizio di taxi e dell'autorizzazione per l'esercizio del servizio di noleggio con conducente. È invece ammesso il cumulo, in capo ad un medesimo soggetto, di più autorizzazioni per l'esercizio del servizio di noleggio con conducente. È inoltre ammesso, in capo ad un medesimo soggetto, il cumulo della licenza per l'esercizio del servizio di taxi e dell'autorizzazione per l'esercizio del servizio di noleggio con conducente, ove eserciti con natanti. Le situazioni difformi devono essere regolarizzate entro due anni dalla data di entrata in vigore della presente legge.

3. Per poter conseguire e mantenere l'autorizzazione per il servizio di noleggio con conducente è obbligatoria la disponibilità, in base a valido titolo giuridico, di una sede, di una rimessa o di un pontile di attracco situati nel territorio del comune che ha rilasciato l'autorizzazione (1).

4. L'avere esercito servizio di taxi in qualità di sostituto alla guida del titolare della licenza per un periodo di tempo complessivo di almeno sei mesi, ovvero essere stato dipendente di una impresa di noleggio con conducente per il medesimo periodo, costituisce titolo preferenziale ai fini del rilascio della licenza per l'esercizio del servizio di taxi o dell'autorizzazione per l'esercizio del servizio di noleggio con conducente.

(1) *Le parole* « che abbiano la proprietà o la disponibilità in leasing o ad uso noleggio a lungo termine » *sono state sostituite alle parole* « che abbiano la proprietà o la disponibilità in leasing » *dall'art. 49, comma 5-*bis *d.l. 16 luglio 2020, n. 76, conv., con modif., in l. 11 settembre 2020, n. 120.*

(2) *Comma sostituito dall'articolo 29, comma 1-*quater*, lett. c), d.l. 30 dicembre 2008, n. 207, conv., con modif., in l. 27 febbraio 2009, n. 14. L'art. 7-*bis *d.l. 10 febbraio 2009, n. 5, conv., con modif., in l. 9 aprile 2009, n. 33, ora abrogato dall'art. 10-*bis*, comma 7, d.l. 14 dicembre 2018, n. 135, conv., con modif., in l. 11 febbraio 2019, n. 12, a decorrere dal 1° gennaio 2019, prevedeva: « Nelle more della ridefinizione della disciplina dettata dalla legge 15 gennaio 1992, n. 21, in materia di trasporto di persone mediante autoservizi non di linea, da effettuare nel rispetto delle competenze attribuite dal quadro costituzionale e ordinamentale alle regioni e agli enti locali, l'efficacia dell'articolo 29, comma 1-quater, del decreto-legge 30 dicembre 2008, n. 207, convertito, con modificazioni, dalla legge 27 febbraio 2009, n. 14, è sospesa fino al 31 marzo 2010 »; si precisa che la sospensione dell'efficacia prevista dall'abrogato art. 7-*bis *era stata, da ultimo, prorogata fino al 31 dicembre 2018, ai sensi dell'art. 1, comma 1136, lett. b), l. 27 dicembre 2017, n. 205.*

9-10 (*Omissis*).

11 Obblighi dei titolari di licenza per l'esercizio del servizio di taxi e di autorizzazione per l'esercizio del servizio di noleggio con conducente.

1. I veicoli o natanti adibiti al servizio di taxi possono circolare e sostare liberamente secondo quanto stabilito dai regolamenti comunali.

2. Il prelevamento dell'utente ovvero l'inizio del servizio sono effettuati con partenza dal territorio del comune che ha rilasciato la licenza per qualunque destinazione, previo assenso del conducente per le destinazioni oltre il limite comunale o comprensoriale, fatto salvo quanto disposto dal comma 5 dell'articolo 4.

3. Nel servizio di noleggio con conducente, esercitato a mezzo di autovetture, è vietata la sosta in posteggio di stazionamento su suolo pubblico nei comuni ove sia esercito il servizio di taxi. In detti comuni i veicoli adibiti a servizio di noleggio con conducente possono sostare, a disposizione dell'utenza, esclusivamente all'interno della rimessa. I comuni in cui non è esercito il servizio taxi possono autorizzare i veicoli immatricolati per il servizio di noleggio con conducente allo stazionamento su aree pubbliche destinate al servizio di taxi. Ai veicoli adibiti a servizio di noleggio con conducente è consentito l'uso delle corsie preferenziali e delle altre facilitazioni alla circolazione previste per i taxi e gli altri servizi pubblici (1).

4. Le prenotazioni di trasporto per il servizio di noleggio con conducente sono effettuate presso la rimessa o la sede, anche mediante l'utilizzo di strumenti tecnologici. L'inizio ed il termine di ogni singolo servizio di noleggio con conducente devono avvenire presso le rimesse di cui all'articolo 3, comma 3, con ritorno alle stesse. Il prelevamento e l'arrivo a destinazione dell'utente possono avvenire anche al di fuori della provincia o dell'area metropolitana in cui ricade il territorio del comune che ha rilasciato l'autorizzazione. Nel servizio di noleggio con conducente è previsto l'obbligo di compilazione e tenuta da parte del conducente di un foglio di servizio in formato elettronico, le

cui specifiche sono stabilite dal Ministero delle infrastrutture e dei trasporti con proprio decreto, adottato di concerto con il Ministero dell'interno. Il foglio di servizio in formato elettronico deve riportare:

a) targa del veicolo;

b) nome del conducente;

c) data, luogo e chilometri di partenza e arrivo;

d) orario di inizio servizio, destinazione e orario di fine servizio;

e) dati del fruitore del servizio.

Fino all'adozione del decreto di cui al presente comma, il foglio di servizio elettronico è sostituito da una versione cartacea dello stesso, caratterizzata da numerazione progressiva delle singole pagine da compilare, avente i medesimi contenuti previsti per quello in formato elettronico, e da tenere in originale a bordo del veicolo per un periodo non inferiore a quindici giorni, per essere esibito agli organi di controllo, con copia conforme depositata in rimessa (2).

4-*bis*. In deroga a quanto previsto dal comma 4, l'inizio di un nuovo servizio può avvenire senza il rientro in rimessa, quando sul foglio di servizio sono registrate, sin dalla partenza dalla rimessa o dal pontile d'attracco, più prenotazioni di servizio oltre la prima, con partenza o destinazione all'interno della provincia o dell'area metropolitana in cui ricade il territorio del comune che ha rilasciato l'autorizzazione. Per quanto riguarda le regioni Sicilia e Sardegna, partenze e destinazioni possono ricadere entro l'intero territorio regionale (3).

4-*ter*. Fermo restando quanto previsto dal comma 3, è in ogni caso consentita la fermata su suolo pubblico durante l'attesa del cliente che ha effettuato la prenotazione del servizio e nel corso dell'effettiva prestazione del servizio stesso (3).

5. I comuni in cui non è esercito il servizio di taxi possono autorizzare i veicoli immatricolati per il servizio di noleggio con conducente allo stazionamento su aree pubbliche destinate al servizio di taxi.

6. I comuni, ferme restando le attribuzioni delle autorità competenti in materia di circolazione negli ambiti portuali, aeroportuali e ferroviari, ed in accordo con le organizzazioni sindacali di categoria dei comparti del trasporto di persone, possono, nei suddetti ambiti, derogare a quanto previsto dal comma 3, purché la sosta avvenga in aree diverse da quelle destinate al servizio di taxi e comunque da esse chiaramente distinte, delimitate e individuate come rimessa.

7. Il servizio di taxi, ove esercito, ha comunque la precedenza nei varchi prospicienti il transito dei passeggeri.

(1) *Comma sostituito dall'articolo 29, comma 1-*quater*, lett. d), d.l. 30 dicembre 2008, n. 207, conv., con modif., in l. 27 febbraio 2009, n. 14. L'art. 7-*bis *d.l. 10 febbraio 2009, n. 5, conv., con modif., in l. 9 aprile 2009, n. 33, ora abrogato dall'l'art. 10-*bis*, comma 7, d.l. 14 dicembre 2018, n. 135, conv., con modif., in l. 11 febbraio 2019, n. 12, a decorrere dal 1° gennaio 2019, prevedeva: « Nelle more della ridefinizione della disciplina dettata dalla legge 15 gennaio 1992, n. 21, in materia di trasporto di persone mediante autoservizi non di linea, da effettuare nel rispetto delle competenze attribuite dal quadro costituzionale e ordinamentale alle regioni e agli enti locali, l'efficacia dell'articolo 29, comma 1-quater, del decreto-legge 30 dicembre 2008, n. 207, convertito, con modificazioni, dalla legge 27 febbraio 2009, n. 14, è sospesa fino al 31 marzo 2010 »; si precisa che la sospensione dell'efficacia prevista dall'abrogato art. 7-*bis *era stata, da ultimo, prorogata fino al 31 dicembre 2018, ai sensi dell'art. 1, comma 1136, lett. b), l. 27 dicembre 2017, n. 205.*

(2) *Comma sostituito dall'art. 10-*bis*, comma 1, lett. e), d.l. 14 dicembre 2018, n. 135, conv., con modif., in l. 11 febbraio 2019, n. 12. Il testo previgente era il seguente:* « 4. Le prenotazioni di trasporto per il servizio di noleggio con conducente sono effettuate presso la rimessa. L'inizio ed il termine di ogni singolo servizio di noleggio con conducente devono avvenire alla rimessa, situata nel comune che ha rilasciato l'autorizzazione, con ritorno alla stessa, mentre il prelevamento e l'arrivo a destinazione dell'utente possono avvenire anche nel territorio di altri comuni. Nel servizio di noleggio con conducente è previsto l'obbligo di compilazione e tenuta da parte del conducente di un "foglio di servizio" completo dei seguenti dati: *a*) fogli vidimati e con progressione numerica; *b*) timbro dell'azienda e/o società titolare della licenza. La compilazione dovrà essere singola per ogni prestazione e prevedere l'indicazione di: 1) targa veicolo; 2) nome del conducente; 3) data, luogo e km. di partenza e arrivo; 4) orario di inizio servizio, destinazione e orario di fine servizio; 5) dati del committente. Tale documentazione dovrà essere tenuta a bordo del veicolo per un periodo di due settimane ». *Si veda anche l'art. 10-*bis*, comma 2 e 3, d.l. 14 dicembre 2018, n. 135 conv., con modif., in l. 11 febbraio 2019, n. 12, che così dispone: « 2. Il decreto del Ministero delle infrastrutture e dei trasporti, di concerto con il Ministero dell'interno, di cui all'articolo 11, comma 4, della legge 15 gennaio 1992, n. 21, come modificato dal comma 1, lettera e), del presente articolo, è adottato entro il 30 giugno 2019. – 3. Entro un anno dalla data di entrata in vigore del presente decreto, presso il Centro elaborazione dati del Ministero delle infrastrutture e dei trasporti è istituito un registro informatico pubblico nazionale delle imprese titolari di licenza per il servizio taxi effettuato con autovettura, motocarrozzetta e natante e di quelle di autorizzazione per il servizio di noleggio con conducente effettuato con autovettura, motocarrozzetta e natante. Con decreto del Ministero delle infrastrutture e dei trasporti sono individuate le specifiche tecniche di attuazione e le modalità con le quali le predette imprese dovranno registrarsi. Agli oneri derivanti dalle previsioni del presente comma, connessi all'implementazione e all'adeguamento dei sistemi informatici del Centro elaborazione dati del Ministero delle infrastrutture e dei trasporti, pari ad euro un milione per l'annualità 2019, si provvede mediante utilizzo dell'autorizzazione di spesa di cui all'articolo 1, comma 3, del decreto-legge 29 dicembre 2018, n. 143. Alla gestione dell'archivio il Ministero delle infrastrutture e dei trasporti provvede con le risorse umane, finanziarie e strumentali disponibili a legislazione vigente, senza nuovi o maggiori oneri per la finanza pubblica ».*

Da ultimo, la Corte costituzionale, con sentenza 26 marzo 2020, n. 56, ha dichiarato l'illegittimità costituzionale *dell'articolo 10-*bis*, comma 1, lett.* e), *del d.l. n. 135, cit., nella parte in cui sostituisce il secondo periodo del presente comma.*

(3) *Comma aggiunto dall'art. 10-*bis*, comma 1, lett. f), d.l. 14 dicembre 2018, n. 135, conv., con modif., in l. 11 febbraio 2019, n. 12.*

Successivamente, la Corte costituzionale, con sentenza 26 marzo 2020, n. 56, ha dichiarato l'illegittimità costituzionale *dell'articolo 10-*bis*, comma 1, lett. f), d.l. n. 135, cit., nella parte in cui aggiunge il presente comma 4-*bis.

11-*bis* Sanzioni (1) (2).

1. Fatto salvo quanto previsto dagli articoli 85 e 86 del decreto legislativo 30 aprile 1992, n. 285, e dalle rispettive leggi regionali, l'inosservanza da parte dei conducenti di taxi e degli esercenti il servizio di noleggio con conducente di quanto disposto dagli articoli 3 e 11 della presente legge è punita:

a) con un mese di sospensione dal ruolo di cui all'articolo 6 alla prima inosservanza;

b) con due mesi di sospensione dal ruolo di cui all'articolo 6 alla seconda inosservanza;

c) con tre mesi di sospensione dal ruolo di cui all'articolo 6 alla terza inosservanza;

d) con la cancellazione dal ruolo di cui all'articolo 6 alla quarta inosservanza.

(1) *Articolo inserito dall'art. 29, comma 1-*quater*, lett. e), d.l. 30 dicembre 2008, n. 207, conv., con modif., in l. 27 febbraio 2009, n. 14.*

(2) *Si veda l'art. 10-*bis*, comma 4, d.l. 14 dicembre 2018, n. 135, conv., con modif., in l. 11 febbraio 2019, n. 12, che prevede: « 4. Le sanzioni di cui all'articolo 11-*bis *della legge 15 gennaio 1992, n. 21, per l'inosservanza degli articoli 3 e 11 della medesima legge, come modificati dal comma 1 del presente articolo, si applicano a decorrere dal novantesimo giorno successivo alla data di entrata in vigore del presente decreto. Parimenti rimangono sospese per la stessa durata le sanzioni previste dall'articolo 85, commi 4 e 4-*bis*, del codice della strada, di cui al*

decreto legislativo 30 aprile 1992, n. 285, limitatamente ai soggetti titolari di autorizzazione per l'esercizio del servizio di noleggio con conducente ».

12 (*Omissis*).

13 Tariffe.

1. Il servizio di taxi si effettua a richiesta diretta del trasportato o dei trasportati dietro pagamento di un corrispettivo calcolato con tassametro omologato sulla base di tariffe determinate dalle competenti autorità amministrative.

2. La tariffa è a base multipla per il servizio urbano e a base chilometrica per il servizio extra urbano.

3. Il corrispettivo del trasporto per il servizio di noleggio con conducente è direttamente concordato tra l'utenza ed il vettore; il trasporto può essere effettuato senza limiti territoriali; la prestazione del servizio non è obbligatoria.

4. Il Ministro dei trasporti emana, entro un anno dalla data di entrata in vigore della presente legge, disposizioni concernenti i criteri per la determinazione di un tariffa chilometrica minima e massima per l'esercizio del servizio di noleggio con conducente.

14 Disposizioni particolari.

1. I servizi di taxi e di noleggio con conducente sono accessibili a tutti i soggetti portatori di handicap.

2. I comuni, nell'ambito dei regolamenti di cui all'articolo 5, dettano norme per stabilire specifiche condizioni di servizio per il trasporto di soggetti portatori di handicap, nonché il numero e il tipo di veicoli già esistenti da attrezzare anche al trasporto di soggetti portatori di handicap di particolare gravità, in attuazione della legge 30 marzo 1971, n. 118, e del regolamento approvato con decreto del Presidente della Repubblica 27 aprile 1978, n. 384.

3. Nei comuni di minori dimensioni, determinati per ogni provincia dalla camera di commercio, industria, artigianato e agricoltura, previo parere del competente ufficio compartimentale o provinciale della motorizzazione civile e dei trasporti in concessione, in base ai criteri della popolazione, della estensione territoriale e dell'intensità del movimento turistico, di cura o di soggiorno, le autovetture adibite al servizio di taxi sono esonerate dall'obbligo del tassametro. È inoltre consentito che le autovetture immatricolate per l'esercizio del servizio di noleggio con conducente siano utilizzate anche per l'esercizio del servizio di taxi.

4. Restano salve le agevolazioni fiscali previste dalla legislazione statale e le altre agevolazioni previste da provvedimenti adottati dalle regioni.

15 Abrogazione di norme.

1. Sono abrogate tutte le disposizioni incompatibili con la presente legge.

2. I regolamenti comunali in vigore devono essere resi conformi alle norme della presente legge entro due anni dalla data della sua entrata in vigore.

SEZIONE DECIMA
ISTRUZIONE, UNIVERSITÀ E RICERCA

123. Legge 9 maggio 1989, n. 168. — Istituzione del Ministero dell'università e della ricerca scientifica e tecnologica (*estratto*) (1) (2).

Pubblicata nella Gazzetta Ufficiale n. 108 dell'11 maggio 1989, S.O.

(1) *In luogo di Ragioneria/e centrale/i, leggasi Ufficio/i centrale/i di bilancio ex art. 7, d.lgs. 5 dicembre 1997, n. 430.*

(2) *In luogo di dirigente/i generale/i leggasi dirigente/i di ufficio/i dirigenziale/i generale/i (art. 45, comma 2, d.lgs. 31 marzo 1998, n. 80).*

La Camera dei deputati ed il Senato della Repubblica hanno approvato;

Il Presidente della Repubblica:

Promulga la seguente legge:

TITOLO I
Istituzione e funzioni del ministero

1 Istituzione.

1. È istituito il Ministero dell'università e della ricerca scientifica e tecnologica, di seguito denominato "Ministero", con il compito di promuovere, in attuazione dell'articolo 9 della Costituzione, la ricerca scientifica e tecnologica, nonché lo sviluppo delle università e degli istituti di istruzione superiore di grado universitario, di seguito compresi nella denominazione "università".

2. Il Ministro dell'università e della ricerca scientifica e tecnologica, di seguito denominato "Ministro", a tal fine, dà attuazione all'indirizzo ed al coordinamento nei confronti delle università e degli enti di ricerca, nel rispetto dei principi di autonomia stabiliti dall'articolo 33 della Costituzione e specificati dalla legge e dalle disposizioni di cui alla legge 23 agosto 1988, n. 400.

2 Funzioni.

1. Il Ministro:

a) elabora ogni tre anni il piano di sviluppo dell'università in base alle vigenti disposizioni e presenta al Parlamento, ogni triennio, un rapporto sullo stato dell'istruzione universitaria, formulato sulla base delle relazioni delle università, sentiti il Consiglio universitario nazionale (CUN) e la Conferenza permanente dei rettori delle università italiane;

b) valorizza e sostiene, anche con adeguato supporto finanziario, la ricerca libera nelle università e negli enti di ricerca, nel rispetto delle autonomie previste dalla presente legge e definite nei rispettivi ordinamenti, promuovendo opportune integrazioni e sinergie tra la ricerca pubblica e quella del settore privato, favorendone lo sviluppo nei settori di rilevanza strategica (1);

b-bis) sovrintende al monitoraggio del PNR, con riferimento anche alla verifica della coerenza tra esso e i piani e i programmi delle amministrazioni dello Stato e degli enti da esse vigilati; riferisce al CIPE sull'attuazione del PNR; redige ogni tre anni un rapporto sullo stato di attuazione del medesimo e sullo stato della ricerca nazionale (2);

b-ter) approva i programmi pluriennali degli enti di ricerca, con annesso finanziamento a carico dell'apposito Fondo istituito nel proprio stato di previsione, verifica il rispetto della programmazione triennale del fabbisogno di personale, approva statuti e regolamenti degli enti strumentali o agenzie da esso vigilate, esercita le funzioni di cui all'articolo 8 nei confronti degli enti non strumentali, con esclusione di ogni altro atto di controllo o di approvazione di determinazioni di enti o agenzie, i quali sono comunque tenuti a comunicare al Ministero i bilanci (3);

c) procede alla ripartizione degli stanziamenti iscritti nel bilancio del Ministero destinati alle università sulla base di criteri oggettivi definiti con suo decreto, volti anche ad assicurare un equilibrato sviluppo delle sedi universitarie, sentiti il CUN e la Conferenza permanente dei rettori delle università italiane, e agli enti di ricerca, nel rispetto delle previsioni delle leggi di settore (4);

d) riferisce al Parlamento ogni anno in apposita audizione sull'attuazione del PNR e sullo stato della ricerca nazionale (5);

e) coordina le attività connesse alla partecipazione italiana a programmi di istruzione universitaria e ricerca scientifica e tecnologica comunitari ed internazionali, nonché la rappresentanza italiana in materia di istruzione universitaria e di ricerca scientifica e tecnologica nelle sedi internazionali, d'intesa con il Ministro degli affari esteri e, in quelle comunitarie, anche con il Ministro per il coordinamento delle politiche comunitarie. Gli accordi internazionali in materia di istruzione universitaria e di ricerca scientifica e tecnologica, che riguardano le amministrazioni dello Stato, le università e gli enti pubblici di ricerca per programmi di rilevanza nazionale e internazionale, sono stipulati, fatti salvi i principi di autonomia di cui al titolo II, previa intesa con il Ministro dell'università e della ricerca scientifica e tecnologica (6);

f) propone al Comitato interministeriale per la programmazione economica (CIPE) programmi di incentivazione e sostegno della ricerca scientifica e tecnologica nel settore privato (7);

g) coordina le funzioni relative alla Anagrafe nazionale delle ricerche, istituita ai sensi dell'articolo 63 del decreto del Presidente della Repubblica 11 luglio 1980, n. 382, ridefinendone con apposito decreto ministeriale finalità ed organizzazione, ed esercita altresì, nell'ambito di attività di ricerca scientifica e tecnologica, funzioni di supporto al monitoraggio e alla valutazione della ricerca, nonché di previsione tecnologica e di analisi di impatto delle tecnologie (8);

h) assicura, con il Ministro della pubblica istruzione, il coordinamento fra l'istruzione universitaria e gli altri gradi di istruzione in Italia e nei rapporti comunitari, collabora alle iniziative di aggiornamento del personale della scuola, ai sensi dell'articolo 4, e favorisce la ricerca in campo educativo.

2. Al Ministro e al Ministero sono trasferite le funzioni in materia di istruzione universitaria, ivi comprese quelle relative ai ruoli organici del personale ad esse addetto, nonché quelle in materia di ricerca scientifica e tecnologica, attribuite:

a) al Presidente e alla Presidenza del Consiglio dei ministri;

b) al Ministro per il coordinamento delle iniziative per la ricerca scientifica e tecnologica;

c) al Ministro e al Ministero della pubblica istruzione.

[3. La relazione sullo stato della ricerca scientifica e tecnologica, di cui al comma 1, lettera d), è corredata da un programma pluriennale di sviluppo della ricerca, elaborato sulla base delle indicazioni espresse dal CNST e degli indirizzi formulati in materia dal CIPE. A tal fine il Ministro può avvalersi delle strutture del Consiglio nazionale delle ricerche (CNR). Le relazioni delle singole università e di ciascun ente di ricerca, previste al comma 1, lettere *a*) e *d*), sono trasmesse rispettivamente dal rettore e dal presidente al Ministro sei mesi prima dell'inizio di ciascun triennio.] (9)

(1) *Lettera sostituita dall'art. 7, d.lgs. 5 giugno 1998, n. 204.*
(2) *Lettera aggiunta dall'art. 7, d.lgs. n. 204, cit. per effetto della sostituzione dell'originaria lettera* b).
(3) *Lettera aggiunta dall'art. 7, d.lgs. n. 204, cit. per effetto della sostituzione dell'originaria lettera* b).
(4) *Lettera modificata dall'art. 7, d.lgs. n. 204, cit.*
(5) *Lettera sostituita dall'art. 7, d.lgs. n. 204, cit.*
(6) *Lettera modificata dall'art. 7, d.lgs. n. 204, cit.*
(7) *Lettera modificata dall'art. 7, d.lgs. n. 204, cit.*
(8) *Lettera sostituita dall'art. 7, d.lgs. n. 204, cit.*
(9) *Comma abrogato dall'art. 7, d.lgs. n. 204, cit.*

3-5 (*Omissis*).

TITOLO II
Autonomia delle università e degli enti di ricerca

6 Autonomia delle università.

1. Le università sono dotate di personalità giuridica e, in attuazione dell'articolo 33 della Costituzione, hanno autonomia didattica, scientifica, organizzativa, finanziaria e contabile; esse si danno ordinamenti autonomi con propri statuti e regolamenti.

2. Nel rispetto dei principi di autonomia stabiliti dall'articolo 33 della Costituzione e specificati dalla legge, le università sono disciplinate, oltre che dai rispettivi statuti e regolamenti, esclusivamente da norme legislative che vi operino espresso riferimento. È esclusa l'applicabilità di disposizioni emanate con circolare.

3. Le università svolgono attività didattica e organizzano le relative strutture nel rispetto della libertà di insegnamento dei docenti e dei principi generali fissati nella disciplina relativa agli ordinamenti didattici universitari. Nell'osservanza di questi principi gli statuti determinano i corsi di diploma, anche effettuati presso scuole dirette a fini speciali, di laurea e di specializzazione; definiscono e disciplinano i criteri per l'attivazione dei corsi di perfezionamento, di dottorato di ricerca e dei servizi didattici integrativi.

4. Le università sono sedi primarie della ricerca scientifica e operano, per la realizzazione delle proprie finalità istituzionali, nel rispetto della libertà di ricerca dei docenti e dei ricercatori nonché dell'autonomia di ricerca delle strutture scientifiche. I singoli docenti e ricercatori, secondo le norme del rispettivo stato giuridico, nonché le strutture di ricerca:

a) accedono ai fondi destinati alla ricerca universitaria, ai sensi dell'articolo 65 del decreto del Presidente della Repubblica 11 luglio 1980, n. 382;

b) possono partecipare a programmi di ricerca promossi da amministrazioni dello Stato, da enti pubblici o privati o da istituzioni internazionali, nel rispetto delle relative normative.

5. Le università, in osservanza delle norme di cui ai commi precedenti, provvedono all'istituzione, organizzazione e funzionamento delle strutture didattiche, di ricerca e di servizio, anche per quanto concerne i connessi aspetti amministrativi, finanziari e di gestione.

6. I regolamenti di ateneo e quelli interni di ciascuna struttura sono emanati con decreto del rettore nel rispetto dei principi e delle procedure stabiliti dallo statuto.

7. L'autonomia finanziaria e contabile delle università si esercita ai sensi dell'articolo 7.

8. La legge di attuazione dei principi di autonomia di cui al presente articolo stabilisce termini e limiti dell'autonomia delle università, quanto all'assunzione e alla gestione del personale non docente.

9. Gli statuti e i regolamenti di ateneo sono deliberati dagli organi competenti dell'università a maggioranza assoluta dei componenti. Essi sono trasmessi al Ministro che, entro il termine perentorio di sessanta

giorni, esercita il controllo di legittimità e di merito nella forma della richiesta motivata di riesame. In assenza di rilievi essi sono emanati dal rettore.

10. Il Ministro può per una sola volta, con proprio decreto, rinviare gli statuti e i regolamenti all'università, indicando le norme illegittime e quelle da riesaminare nel merito. Gli organi competenti dell'università possono non conformarsi ai rilievi di legittimità con deliberazione adottata dalla maggioranza dei tre quinti dei suoi componenti, ovvero ai rilievi di merito con deliberazione adottata dalla maggioranza assoluta. In tal caso il Ministro può ricorrere contro l'atto emanato dal rettore, in sede di giurisdizione amministrativa per i soli vizi di legittimità. Quando la maggioranza qualificata non sia stata raggiunta, le norme contestate non possono essere emanate.

11. Gli statuti delle università sono pubblicati nella Gazzetta Ufficiale, i regolamenti nel Bollettino Ufficiale del Ministero.

7 Autonomia finanziaria e contabile delle università.

1. Le entrate delle università sono costituite da:

a) trasferimenti dello Stato;

b) contributi obbligatori nei limiti della normativa vigente;

c) forme autonome di finanziamento, quali contributi volontari, proventi di attività, rendite, frutti e alienazioni del patrimonio, atti di liberalità e corrispettivi di contratti e convenzioni.

2. I mezzi finanziari destinati dallo Stato alle università e alle strutture interuniversitarie di ricerca e di servizio sono iscritti in tre distinti capitoli dello stato di previsione del Ministero relativi:

a) alle spese per il personale dovute in base a disposizioni di carattere generale;

b) ai contributi per il funzionamento, ivi comprese le spese per investimento e per l'edilizia universitaria;

c) ai contributi per la ricerca scientifica universitaria.

3. Le somme non impegnate da ciascuna università nel corso dell'esercizio finanziario vanno ad incrementare le disponibilità dell'esercizio successivo, nel rispetto dei vincoli di destinazione previsti nelle lettere *a*), *b*) e *c*) del comma 2.

[4. Gli statuti indicano le strutture didattiche, di ricerca e di servizio alle quali è attribuita autonomia finanziaria e di spesa.] (1)

[5. Le università possono contrarre mutui esclusivamente per le spese di investimento. In tale caso il relativo onere complessivo di ammortamento annuo non può comunque superare il 15 per cento dei finanziamenti a ciascuna università per contributi per il funzionamento, al netto delle spese per assegni fissi al personale di ruolo, ivi comprese le spese per investimento e per l'edilizia universitaria.] (2)

6. Per consentire l'analisi della spesa finale e il consolidamento dei conti del settore pubblico allargato il Ministro dell'università e della ricerca scientifica e tecnologica, con proprio decreto, emanato di concerto con il Ministro del tesoro, fissa i criteri per la omogenea redazione dei conti consuntivi delle università (3).

7. Le università adottano un regolamento di ateneo per l'amministrazione, la finanza e la contabilità, emanato con decreto del rettore, previa deliberazione del consiglio di amministrazione, sentito il senato accademico. Il controllo del Ministero è esercitato nelle forme di cui all'articolo 6, comma 9 (4).

8. Il regolamento disciplina i criteri della gestione, le relative procedure amministrative e finanziarie e le connesse responsabilità, in modo da assicurare la rapidità e l'efficienza nella erogazione della spesa e il rispetto dell'equilibrio finanziario del bilancio, consentendo anche la tenuta di conti di sola cassa. Il regolamento disciplina altresì le procedure contrattuali, le forme di controllo interno sull'efficienza e sui risultati di gestione complessiva dell'università, nonché dei singoli centri di spesa, e l'amministrazione del patrimonio.

[9. Il regolamento è emanato con decreto del rettore, previa deliberazione del consiglio di amministrazione, sentiti il senato accademico, le facoltà e i dipartimenti ed è pubblicato nel Bollettino Ufficiale del Ministero. Il controllo del Ministero è esercitato nelle forme di cui all'articolo 6, comma 9.] (5)

10. A decorrere dalla data di entrata in vigore della presente legge, sono soggetti al controllo preventivo di legittimità della Corte dei conti esclusivamente i provvedimenti di nomina, promozione e cessazione dal servizio del personale. Tali provvedimenti sono immediatamente esecutivi, fatta salva la sopravvenuta inefficacia a seguito di ricusazione del visto da parte della Corte dei conti. Dalla stessa data la gestione finanziaria delle università è soggetta, sulla base di consuntivi annuali, al controllo successivo della Corte stessa. La Corte dei conti riferisce al Parlamento con un'unica relazione annuale.

11. Fino alla emanazione del regolamento di cui al comma 7, per ciascuna università continuano ad applicarsi le norme ed i regolamenti vigenti in materia. Per ciascuna università, con l'emanazione del regolamento di ateneo, cessano di avere efficacia le disposizioni legislative e regolamentari con lo stesso incompatibili.

(1) *Comma abrogato dall'art. 11, comma 1, lett.* b), *d.lgs. 27 gennaio 2012, n. 18.*

(2) *Comma dapprima modificato dall'art. 11, comma 2, d.lgs. n. 18, cit. e successivamente abrogato dall'art. 11, comma 1, lett.* d), *d.lgs. 29 marzo 2012, n. 49.*

(3) *Con il d.m. 9 febbraio 1996 sono stati approvati i criteri per la redazione dei conti consuntivi delle università.*

(4) *Comma sostituito dall'art. 11, comma 3, d.lgs. n. 18, cit.*

(5) *Comma abrogato dall'art. 11, comma 1, lett.* b), *d.lgs. n. 18, cit.*

8-15 (*Omissis*).

16 Università.

1. Fino alla data di entrata in vigore della legge di attuazione dei principi di autonomia di cui all'articolo 6, gli statuti sono emanati con decreto del rettore, nel rispetto delle disposizioni e delle procedure previste dalla normativa vigente.

2. Decorso comunque un anno dalla data di entrata in vigore della presente legge, in mancanza della legge

di attuazione dei principi di autonomia, gli statuti delle università sono emanati con decreto del rettore nel rispetto delle norme che regolano il conferimento del valore legale ai titoli di studio e dei principi di autonomia di cui all'articolo 6, secondo le procedure e le modalità ivi previste. In tal caso gli statuti, sentito il consiglio di amministrazione, sono deliberati dal senato accademico, integrato:

a) da un egual numero di rappresentanti eletti dai membri di tutti i dipartimenti e gli istituti tra i direttori dei dipartimenti e i direttori degli istituti in modo da rispecchiare la entità delle afferenze ai dipartimenti e agli istituti stessi;

b) da due rappresentanti di cui un professore ordinario eletto dai professori ordinari e straordinari e un professore associato eletto dai professori associati per ciascuna delle aree scientifico-disciplinari rappresentate nell'ateneo e individuate, in numero non inferiore a quattro, dal regolamento elettorale di ateneo sulla base della ripartizione prevista dal decreto del Presidente del Consiglio dei ministri di cui all'articolo 11, comma 6;

c) da un rappresentante eletto per ogni area scientifico-disciplinare di cui alla lettera *b*) fra i ricercatori della stessa area e gli assistenti del ruolo ad esaurimento;

d) da rappresentanti degli studenti eletti in numero corrispondente a quello dei presidi di facoltà e comunque non inferiore a cinque;

e) da rappresentanti del personale tecnico-amministrativo, eletti in numero corrispondente alla metà di quello indicato alla lettera *a*), con arrotondamento alla unità superiore.

3. Il regolamento elettorale, ai fini di cui al precedente comma 2, è deliberato dal senato accademico sentito il consiglio di amministrazione.

4. Gli statuti devono comunque prevedere:

a) l'elettività del rettore;

b) una composizione del senato accademico rappresentativa delle facoltà istituite nell'ateneo (1);

c) criteri organizzativi che, in conformità all'articolo 97 della Costituzione, e delle norme che disciplinano le funzioni dirigenziali nelle amministrazioni dello Stato, anche ad ordinamento autonomo, assicurino l'individuazione delle responsabilità e l'efficienza dei servizi;

d) l'osservanza delle norme sullo stato giuridico del personale docente, ricercatore e non docente;

e) l'adozione di curricula didattici coerenti ed adeguati al valore legale dei titoli di studio rilasciati dall'università;

f) una composizione del consiglio di amministrazione che assicuri la rappresentanza delle diverse componenti previste dalla normativa vigente (1);

g) la compatibilità tra le soluzioni organizzative e le disponibilità finanziarie previste dall'articolo 7.

5. Per la Scuola normale superiore di Pisa, la Scuola superiore di studi universitari e di perfezionamento S. Anna di Pisa, l'Università italiana per stranieri di Perugia, la Scuola di lingua e cultura italiana per stranieri di Siena, la Scuola internazionale superiore di studi avanzati di Trieste e l'Istituto universitario europeo di Firenze, la composizione dei collegi ai quali spetta l'approvazione dello statuto è determinata con decreto del Ministro nell'osservanza dei principi di rappresentatività e di proporzionalità indicati al comma 2.

6. Fino alla data di entrata in vigore della legge di cui al comma 1, per il trasferimento alle università ed alle strutture interuniversitarie di ricerca e di servizio dei mezzi finanziari di cui all'articolo 7, comma 2, continua ad applicarsi la normativa vigente con i vincoli di destinazione ivi previsti.

7. A decorrere dalla data di entrata in vigore della presente legge sono devolute alle università e agli istituti di istruzione universitaria tutte le attribuzioni già spettanti all'Amministrazione centrale della pubblica istruzione per il personale appartenente alle qualifiche funzionali settima e superiori alla settima delle aree amministrativo-contabile, delle biblioteche, dei servizi generali tecnici e ausiliari.

8. I provvedimenti disciplinari da adottare nei confronti del personale tecnico ed amministrativo delle università e degli istituti di istruzione universitaria appartenente alle varie qualifiche funzionali sono di competenza rispettivamente del rettore e del direttore. A tal fine le università e gli istituti d'istruzione universitaria istituiscono apposite commissioni di disciplina.

(1) *A norma dell'art. 2, comma 13, lett.* a) *l. 30 dicembre 2010, n. 240, a decorrere dalla data di entrata in vigore delle modifiche statutarie, adottate dall'ateneo, le disposizioni di cui alla presente lettera perdono efficacia nei confronti dello stesso.*

17 Enti di ricerca.

1. Fino alla data di entrata in vigore della legge di attuazione dei princìpi di autonomia di cui all'articolo 8, comma 4, i regolamenti degli enti sono emanati nel rispetto delle disposizioni e delle procedure previste dalla normativa vigente.

2. Decorso comunque un anno dalla data di entrata in vigore della presente legge, in mancanza della legge predetta, i regolamenti degli enti sono emanati nel rispetto delle relative finalità istituzionali e dei principi di autonomia, di cui all'articolo 8, secondo le procedure e le modalità ivi previste. Con decreto del Ministro, [sentito il CNST,] (1) i collegi per l'emanazione dei regolamenti possono essere integrati con rappresentanze delle varie componenti che operano nell'ente.

3. Fino alla data di entrata in vigore della legge di attuazione dei principi di autonomia, per la ripartizione e il trasferimento dei mezzi finanziari destinati dallo Stato agli enti di ricerca di cui all'articolo 8, comma 1, continua ad applicarsi la normativa vigente.

(1) *Il CNST è stato soppresso dall'art. 7, d.lgs. 5 giugno 1998, n. 204.*

18-22 (*Omissis*).

124. Legge 30 dicembre 2010, n. 240. — Norme in materia di organizzazione delle università, di personale accademico e reclutamento, nonché delega al Governo per incentivare la qualità e l'efficienza del sistema universitario. (*estratto*).

Pubblicata nella Gazzetta Ufficiale n. 10 del 14 gennaio 2011, S.O.

TITOLO I
Organizzazione del sistema universitario

1 Principi ispiratori della riforma.

1. Le università sono sede primaria di libera ricerca e di libera formazione nell'ambito dei rispettivi ordinamenti e sono luogo di apprendimento ed elaborazione critica delle conoscenze; operano, combinando in modo organico ricerca e didattica, per il progresso culturale, civile ed economico della Repubblica.

2. In attuazione delle disposizioni di cui all'articolo 33 e al titolo V della parte II della Costituzione, ciascuna università opera ispirandosi a principi di autonomia e di responsabilità. Sulla base di accordi di programma con il Ministero dell'istruzione, dell'università e della ricerca, di seguito denominato « Ministero », le università [che hanno conseguito la stabilità e sostenibilità del bilancio, nonché risultati di elevato livello nel campo della didattica e della ricerca] (1), possono sperimentare propri modelli funzionali e organizzativi, ivi comprese modalità di composizione e costituzione degli organi di governo e forme sostenibili di organizzazione della didattica e della ricerca su base policentrica, diverse da quelle indicate nell'articolo 2. Con decreto del Ministero dell'università e della ricerca di concerto con il Ministero dell'economia e delle finanze sono definiti i criteri per l'ammissione alla sperimentazione e le modalità di verifica periodica dei risultati conseguiti, fermo restando il rispetto del limite massimo delle spese di personale, come previsto dall'articolo 5, comma 6, del decreto legislativo 29 marzo 2012, n. 49 (1).

3. Il Ministero, nel rispetto delle competenze delle regioni, provvede a valorizzare il merito, a rimuovere gli ostacoli all'istruzione universitaria e a garantire l'effettiva realizzazione del diritto allo studio. A tal fine, pone in essere specifici interventi per gli studenti capaci e meritevoli, anche se privi di mezzi, che intendano iscriversi al sistema universitario della Repubblica per portare a termine il loro percorso formativo.

4. Il Ministero, nel rispetto della libertà di insegnamento e dell'autonomia delle università, indica obiettivi e indirizzi strategici per il sistema e le sue componenti e, tramite l'Agenzia nazionale di valutazione del sistema universitario e della ricerca (ANVUR) per quanto di sua competenza, ne verifica e valuta i risultati secondo criteri di qualità, trasparenza e promozione del merito, anche sulla base delle migliori esperienze diffuse a livello internazionale, garantendo una distribuzione delle risorse pubbliche coerente con gli obiettivi, gli indirizzi e le attività svolte da ciascun ateneo, nel rispetto del principio della coesione nazionale, nonché con la valutazione dei risultati conseguiti.

5. La distribuzione delle risorse pubbliche deve essere garantita in maniera coerente con gli obiettivi e gli indirizzi strategici per il sistema e le sue componenti, definiti ai sensi del comma 4.

6. Sono possibili accordi di programma tra le singole università o aggregazioni delle stesse e il Ministero al fine di favorire la competitività delle università, migliorandone la qualità dei risultati, tenuto conto degli indicatori di contesto relativi alle condizioni di sviluppo regionale.

(1) *Le parole tra parentesi quadre sono state soppresse e l'ultimo periodo è stato così sostituito dall'art. 19, comma 1, lett.* a) *d.l. 16 luglio 2020, n. 76, conv., con modif., in l. 11 settembre 2020, n. 120.*

2-29 (*Omissis*).

125. Decreto legislativo 16 aprile 1994, n. 297. — Approvazione del testo unico delle disposizioni legislative vigenti in materia di istruzione, relative alle scuole di ogni ordine e grado. (*estratto*).

Pubblicato nella Gazzetta Ufficiale n. 115 del 19 maggio 1994.

PARTE III
Personale

TITOLO I
Personale docente, educativo, direttivo e ispettivo

CAPO II
Reclutamento

SEZIONE II
Reclutamento del personale docente ed educativo

399 Accesso ai ruoli (1).

1. L'accesso ai ruoli del personale docente della scuola dell'infanzia, primaria e secondaria, ivi compresi i licei artistici e gli istituti d'arte, ha luogo, per il 50 per cento dei posti a tal fine annualmente assegnabili, mediante concorsi per titoli ed esami e, per il restante 50 per cento, attingendo alle graduatorie permanenti di cui all'articolo 401.

2. Nel caso in cui la graduatoria di un concorso per titoli ed esami sia esaurita e rimangano posti ad esso assegnati, questi vanno ad aggiungersi a quelli assegnati alla corrispondente graduatoria permanente. Detti posti vanno reintegrati in occasione della procedura concorsuale successiva.

3. A decorrere dalle immissioni in ruolo disposte per l'anno scolastico 2020/2021, i docenti a qualunque titolo destinatari di nomina a tempo indeterminato possono chiedere il trasferimento, l'assegnazione provvisoria o l'utilizzazione in altra istituzione scolastica ovvero ricoprire incarichi di insegnamento a tempo determinato in altro ruolo o classe di concorso soltanto dopo tre anni scolastici (2) scolastici di effettivo servizio nell'istituzione scolastica di titolarità, fatte salve le situazioni sopravvenute di esubero o soprannumero. La disposizione del presente comma non si applica al personale di cui all'articolo 33, commi 3 e 6, della legge 5 febbraio 1992, n. 104, purché le condizioni ivi previste siano intervenute successivamente alla data di iscrizione ai rispettivi bandi concorsuali ovvero all'inserimento periodico nelle graduatorie di cui all'articolo 401 del presente testo unico (3).

3-*bis*. L'immissione in ruolo comporta, all'esito positivo del periodo di formazione e di prova, la decadenza da ogni graduatoria finalizzata alla stipulazione di contratti di lavoro a tempo determinato o indeterminato per il personale del comparto scuola, ad eccezione di graduatorie di concorsi ordinari, per titoli ed esami, di procedure concorsuali diverse da quella di immissione in ruolo (3).

(1) *Articolo così sostituito dall'articolo 1 della legge 3 maggio 1999, n. 124.*

(2) *Le parole* « tre anni scolastici » *sono state sostituite alle parole* « cinque anni scolastici » *dall'art. 58, comma 2, lett.* f) *d.l. 25 maggio 2021, n. 73, conv., con modif., in l. 23 luglio 2021, n. 106.*

(3) *I commi 3 e 3-*bis *sono stati sostituiti all'originario comma 3 dall'art. 1, comma 17-*octies, *d.l. 29 ottobre 2019, n. 126, conv., con modif., in l. 20 dicembre 2019, n. 159. Ai sensi dell'art. 1, comma 17-*novies *d.l. n. 126, cit.* « *Le disposizioni di cui ai commi 3 e 3-*bis *dell'articolo 399 del testo unico di cui al decreto legislativo 16 aprile 1994, n. 297, come modificato dal comma 17-*octies *del presente articolo, non sono derogabili dai contratti collettivi nazionali di lavoro. Sono fatti salvi i diversi regimi previsti per il personale immesso in ruolo con decorrenza precedente a quella indicata al comma 3 del medesimo articolo 399 del testo unico di cui al decreto legislativo n. 297 del 1994, come sostituito dal citato comma 17-*octies *del presente articolo* ». *Il testo del comma 3 era il seguente:* « *3. I docenti destinatari di nomina a tempo indeterminato possono chiedere il trasferimento, l'assegnazione provvisoria o l'utilizzazione in altra provincia dopo tre anni di effettivo servizio nella provincia di titolarità. La disposizione del presente comma non si applica al personale di cui all'articolo 21 della legge 5 febbraio 1992, n. 104 e al personale di cui all'articolo 33, comma 5, della medesima legge* ».

400 Concorsi per titoli ed esami.

01. I concorsi per titoli ed esami sono nazionali e sono indetti su base regionale, con cadenza triennale, per tutti i posti vacanti e disponibili, nei limiti delle risorse finanziarie disponibili, nonché per i posti che si rendano tali nel triennio. Le relative graduatorie hanno validità triennale a decorrere dall'anno scolastico successivo a quello di approvazione delle stesse e perdono efficacia con la pubblicazione delle graduatorie del concorso successivo e comunque alla scadenza del predetto triennio. L'indizione dei concorsi è subordinata alla previsione del verificarsi nell'ambito della regione, nel triennio di riferimento, di un'effettiva vacanza e disponibilità di cattedre o di posti di insegnamento, tenuto conto di quanto previsto dall'articolo 442 per le nuove nomine e dalle disposizioni in materia di mobilità professionale del personale docente recate dagli specifici contratti collettivi nazionali decentrati, nonché del numero dei passaggi di cattedra o di ruolo attuati a seguito dei corsi di riconversione professionale. Per la scuola secondaria resta fermo quanto disposto dall'articolo 40, comma 10, della legge 27 dicembre 1997, n. 449 (1).

02. All'indizione dei concorsi di cui al comma 01 provvede il Ministero della pubblica istruzione, che determina altresì l'ufficio dell'amministrazione scolastica periferica responsabile dello svolgimento dell'intera procedura concorsuale e della approvazione della relativa graduatoria regionale. Qualora, in ragione dell'esiguo numero dei posti conferibili, si ponga l'esigenza di contenere gli oneri relativi al funzionamento delle commissioni giudicatrici, il Ministero dispone l'aggregazione territoriale dei concorsi, indicando l'ufficio dell'amministrazione scolastica periferica che deve curare l'espletamento dei concorsi così accorpati. I vincitori del concorso scelgono, nell'ordine in cui sono inseriti nella graduatoria, il posto di ruolo fra quelli messi a concorso nella regione (2).

03. I bandi relativi al personale educativo, nonché quelli relativi al personale docente della scuola dell'infanzia e della scuola primaria, fissano, oltre ai posti di ruolo normale, i posti delle scuole e sezioni speciali da conferire agli aspiranti che, in possesso dei titoli di specializzazione richiesti, ne facciano domanda (3).

1. I concorsi constano di una o più prove scritte, grafiche o pratiche e di una prova orale e sono integrati dalla valutazione dei titoli di studio e degli eventuali titoli accademici, scientifici e professionali, nonché, per gli insegnamenti di natura artistico-professionale, anche dei titoli artistico-professionali [e, per le scuole e per le classi di concorso per le quali sia prescritto, del

titolo di abilitazione all'insegnamento, ove già posseduto] (4).

2. È stabilita più di una prova scritta, grafica o pratica soltanto quando si tratti di concorsi per l'accesso ai ruoli del personale docente della scuola secondaria, dei licei artistici e degli istituti d'arte e la classe di concorso comprenda più insegnamenti che richiedono tale forma di accertamento.

3. Nel concorso per esami e titoli per l'accesso all'insegnamento nella scuola primaria, oltre alle prove di cui al comma 1, i candidati possono sostenere una prova facoltativa, scritta e orale, di accertamento della conoscenza di una o più lingue straniere e della specifica capacità didattica in relazione alle capacità di apprendimento proprie della fascia di età dei discenti. Detta prova è integrata da una valutazione di titoli specifici; ad essa sono ammessi i candidati che abbiano conseguito la votazione di almeno ventotto quarantesimi sia nella prova scritta che nella prova orale.

4. Per la valutazione della prova facoltativa le commissioni giudicatrici dispongono di dieci punti, in aggiunta a quelli previsti dal comma 9.

5. Il Ministero della pubblica istruzione determina le lingue straniere oggetto della prova, nonché, sentito il Consiglio nazionale della pubblica istruzione, i relativi programmi, il punteggio minimo necessario per il superamento della prova facoltativa ed i criteri di ripartizione del punteggio aggiuntivo di cui al comma 4 tra prova d'esame e titoli. È attribuita specifica rilevanza al possesso della laurea in lingue e letterature straniere, per il cui conseguimento siano stati sostenuti almeno due esami in una delle lingue straniere come sopra determinate.

6. Fermo restando quanto previsto per la prova facoltativa di cui al comma 3, ciascuna prova scritta consiste nella trattazione articolata di argomenti culturali e professionali. La prova orale è finalizzata all'accertamento della preparazione sulle problematiche educative e didattiche, sui contenuti degli specifici programmi d'insegnamento e sugli ordinamenti.

7. Per il personale educativo le prove vertono su argomenti attinenti ai compiti di istituto.

8. Le prove di esame del concorso e i relativi programmi, nonché i criteri di ripartizione del punteggio dei titoli, sono stabiliti dal Ministero della pubblica istruzione, sentito il Consiglio nazionale della pubblica istruzione.

9. Le commissioni giudicatrici dispongono di cento punti di cui quaranta per le prove scritte, grafiche o pratiche, quaranta per la prova orale e venti per i titoli.

10. Superano le prove scritte, grafiche o pratiche e la prova orale i candidati che abbiano riportato una votazione non inferiore a ventotto quarantesimi.

11. La valutazione delle prove scritte e grafiche ha luogo congiuntamente secondo le modalità stabilite dal decreto del Presidente della Repubblica 10 marzo 1989, n. 116. Peraltro, l'attribuzione ad una prova di un punteggio che, riportato a decimi, sia inferiore a sei preclude la valutazione della prova successiva.

12. Fino al termine dell'ultimo anno dei corsi di studio universitari per il rilascio dei titoli previsti dagli articoli 3 e 4 della legge 19 novembre 1990, n. 341, i candidati che abbiano superato la prova e le prove scritte, grafiche o pratiche e la prova orale conseguono l'abilitazione all'insegnamento, qualora questa sia prescritta ed essi ne siano sprovvisti. I candidati che siano già abilitati possono avvalersi dell'eventuale migliore punteggio conseguito nelle predette prove per i concorsi successivi e per gli altri fini consentiti dalla legge.

13. Terminate la prova o le prove scritte, grafiche o pratiche e la prova orale si dà luogo alla valutazione dei titoli nei riguardi dei soli candidati che hanno superato dette prove.

14. Nei concorsi per titoli ed esami può essere attribuito un particolare punteggio anche all'inclusione nelle graduatorie di precedenti concorsi per titoli ed esami, relativi alla stessa classe di concorso o al medesimo posto (5).

15. La graduatoria di merito è compilata sulla base della somma dei punteggi riportati nella prova o nelle prove scritte, grafiche o pratiche, nella prova orale e nella valutazione dei titoli. La predetta graduatoria è composta da un numero di soggetti pari, al massimo, ai posti messi a concorso, maggiorati del 10 per cento (6).

15-*bis*. Nei concorsi per titoli ed esami per l'accesso ai ruoli del personale docente della scuola secondaria può essere attribuito un punteggio aggiuntivo per il superamento di una prova facoltativa sulle tecnologie informatiche (7).

16. L'ufficio che ha curato lo svolgimento delle procedure concorsuali provvede anche all'approvazione delle graduatorie.

[17. Le graduatorie relative ai concorsi per titoli ed esami restano valide fino all'entrata in vigore della graduatoria relativa al concorso successivo corrispondente (8).]

18. (*Omissis*) (9).

19. Conseguono la nomina i candidati dichiarati vincitori che si collocano in una posizione utile in relazione al numero delle cattedre o posti messi a concorso (10).

20. I provvedimenti di nomina sono adottati dal provveditore agli studi territorialmente competente. I titoli di abilitazione sono invece rilasciati dal sovrintendente scolastico regionale.

21. La rinuncia alla nomina [in ruolo] comporta la decadenza dalla graduatoria per la quale la nomina stessa è stata conferita (11) (12) (13).

(1) *Comma premesso dall'art. 1, l. 3 maggio 1999, n. 124 e, successivamente, modificato dall'art. 1, comma 113, lett.* a) *e* b)*, l. 13 luglio 2015, n. 107.*

(2) *Comma premesso dall'art. 1, l. 3 maggio 1999, n. 124.*

(3) *Comma premesso dall'art. 1, l. n. 124, cit. e, successivamente modificato dall'art. 1, comma 113, lett.* a) *e* b)*, l. n. 107, cit.*

(4) *Comma modificato dall'art. 1, comma 113, lett.* e)*, l. n. 107, ict.*

(5) *Comma modificato dall'art. 1, comma 113, lett.* f)*, l. n. 107, cit.*

(6) *Comma modificato dall'art. 1, comma 113, lett.* g)*, l. n. 107, cit.*

(7) *Comma aggiunto dall'art. 1, l. n. 124, cit.*

(8) *Comma sostituito dall'art. 1, l. n. 124, cit. e, successivamente, abrogato dall'art. 1, comma 113, lett.* h)*, l. n. 107, cit.*

(9) *Comma abrogato dall'art. 1, l. n. 124, cit.*

(10) *Comma modificato dall'art. 1, comma 113, lett.* i)*, l. n. 107, cit.*

(11) *Comma modificato dall'art. 1, comma 113, lett.* l)*, l. n. 107, cit.*

(12) *A decorrere dal 1° settembre 2001, le disposizioni di cui al presente articolo inerenti al Consiglio nazionale della pubblica istruzione, ovvero ai consigli scolastici provinciali e distrettuali, sono da intendersi abrogate e sostituite, se incompatibili, con quelle di cui agli articoli da 1 a 7 del d.lgs. 30 giugno 1999, n. 233 (art. 8 d.lgs. n. 233, cit.). Successivamente, l'art. 6, comma 1, d.l. 23 novembre 2001, n. 411, conv., con modificazioni, in l. 31 dicembre 2001, n. 463, ha sostituito la decorrenza stabilita dall'art. 8, d.lgs. n. 233, cit. con la seguente: « Con effetto*

dalla costituzione dei nuovi organi collegiali locali e regionali e del Consiglio superiore della pubblica istruzione ».

(13) *Si veda l'art. 21 d.lgs. 13 aprile 2017, n. 59 che così dispone: « 1. Non si applicano ai concorsi per il reclutamento del personale docente, inclusi gli insegnanti tecnico-pratici, della scuola secondaria di primo e di secondo grado regolati dal presente decreto e banditi successivamente alla sua entrata in vigore, fermo restando quanto previsto all'articolo 13 in tema di valutazione del terzo anno del percorso FIT, le seguenti disposizioni:* a) *articolo 1, commi 109, 110, 115, 117, 118 e 119, della legge 13 luglio 2015, n. 107;* b) *articoli 400, 402, 403, 404, 425, 426, 436 comma 1, 437, 438, 439, 440 del decreto legislativo 16 aprile 1994, n. 297. ».*

401 Graduatorie permanenti (1).

1. Le graduatorie relative ai concorsi per soli titoli del personale docente della scuola dell'infanzia, primaria e secondaria, ivi compresi i licei artistici e gli istituti d'arte, sono trasformate in graduatorie permanenti, da utilizzare per le assunzioni in ruolo di cui all'articolo 399, comma 1.

2. Le graduatorie permanenti di cui al comma 1 sono periodicamente integrate con l'inserimento dei docenti che hanno superato le prove dell'ultimo concorso regionale per titoli ed esami, per la medesima classe di concorso e il medesimo posto, e dei docenti che hanno chiesto il trasferimento dalla corrispondente graduatoria permanente di altra provincia. Contemporaneamente all'inserimento dei nuovi aspiranti è effettuato l'aggiornamento delle posizioni di graduatoria di coloro che sono già compresi nella graduatoria permanente.

3. (*Omissis*) (2).

4. La collocazione nella graduatoria permanente non costituisce elemento valutabile nei corrispondenti concorsi per titoli ed esami.

5. Le graduatorie permanenti sono utilizzabili soltanto dopo l'esaurimento delle corrispondenti graduatorie compilate ai sensi dell'articolo 17 del decreto-legge 3 maggio 1988, n. 140, convertito, con modificazioni, dalla legge 4 luglio 1988, n. 246, e trasformate in graduatorie nazionali dall'articolo 8-*bis* del decreto-legge 6 agosto 1988, n. 323, convertito, con modificazioni, dalla legge 6 ottobre 1988, n. 426, nonché delle graduatorie provinciali di cui agli articoli 43 e 44 della legge 20 maggio 1982, n. 270.

6. La nomina in ruolo è disposta dal dirigente dell'amministrazione scolastica territorialmente competente.

7. Le disposizioni concernenti l'anno di formazione di cui all'articolo 440 si applicano anche al personale docente assunto in ruolo ai sensi del presente articolo.

8. La rinuncia alla nomina in ruolo comporta la decadenza dalla graduatoria per la quale la nomina stessa è stata conferita.

9. Le norme di cui al presente articolo si applicano, con i necessari adattamenti, anche al personale educativo dei convitti nazionali, degli educandati femminili dello Stato e delle altre istituzioni educative (3).

(1) *Articolo così sostituito dall'art. 1, l. 3 maggio 1999, n. 124.*

(2) *Comma abrogato dall'art. 1 d.l. 7 aprile 2004, n. 97, conv., con modif., in l. 4 giugno 2004, n. 143.*

(3) *V. l'interpretazione resa sul presente articolo dell'art. 2, comma 3, d.l. 3 luglio 2001, n. 255, conv., con modificazioni, in l. 20 agosto 2001, n. 333 ai sensi del quale « L'articolo 401 del testo unico delle disposizioni legislative in materia di istruzione, di cui al decreto legislativo 16 aprile 1994, n. 297, come sostituito dall'articolo 1, comma 6, della legge 3 maggio 1999, n. 124, si interpreta nel senso che l'integrazione e l'aggiornamento delle graduatorie si realizza sulla base del punteggio spettante a ciascun candidato con la salvaguardia, in posizione di parità, dell'anzianità di iscrizione in graduatoria ».*

126. Legge 13 luglio 2015, n. 107. — Riforma del sistema nazionale di istruzione e formazione e delega per il riordino delle disposizioni legislative vigenti. (*estratto*).

Pubblicata nella Gazzetta Ufficiale n. 162 del 15 luglio 2015.

1 1. Per affermare il ruolo centrale della scuola nella società della conoscenza e innalzare i livelli di istruzione e le competenze delle studentesse e degli studenti, rispettandone i tempi e gli stili di apprendimento, per contrastare le diseguaglianze socio-culturali e territoriali, per prevenire e recuperare l'abbandono e la dispersione scolastica, in coerenza con il profilo educativo, culturale e professionale dei diversi gradi di istruzione, per realizzare una scuola aperta, quale laboratorio permanente di ricerca, sperimentazione e innovazione didattica, di partecipazione e di educazione alla cittadinanza attiva, per garantire il diritto allo studio, le pari opportunità di successo formativo e di istruzione permanente dei cittadini, la presente legge dà piena attuazione all'autonomia delle istituzioni scolastiche di cui all'articolo 21 della legge 15 marzo 1997, n. 59, e successive modificazioni, anche in relazione alla dotazione finanziaria.

2. Per i fini di cui al comma 1, le istituzioni scolastiche garantiscono la partecipazione alle decisioni degli organi collegiali e la loro organizzazione è orientata alla massima flessibilità, diversificazione, efficienza ed efficacia del servizio scolastico, nonché all'integrazione e al miglior utilizzo delle risorse e delle strutture, all'introduzione di tecnologie innovative e al coordinamento con il contesto territoriale. In tale ambito, l'istituzione scolastica effettua la programmazione triennale dell'offerta formativa per il potenziamento dei saperi e delle competenze delle studentesse e degli studenti e per l'apertura della comunità scolastica al territorio con il pieno coinvolgimento delle istituzioni e delle realtà locali.

3. La piena realizzazione del curricolo della scuola e il raggiungimento degli obiettivi di cui ai commi da 5 a 26, la valorizzazione delle potenzialità e degli stili di apprendimento nonché della comunità professionale scolastica con lo sviluppo del metodo cooperativo, nel rispetto della libertà di insegnamento, la collaborazione e la progettazione, l'interazione con le famiglie e il territorio sono perseguiti mediante le forme di flessibilità dell'autonomia didattica e organizzativa previste dal regolamento di cui al decreto del Presidente della Repubblica 8 marzo 1999, n. 275, e in particolare attraverso:

a) l'articolazione modulare del monte orario annuale di ciascuna disciplina, ivi compresi attività e insegnamenti interdisciplinari;

b) il potenziamento del tempo scolastico anche oltre i modelli e i quadri orari, nei limiti della dotazione organica dell'autonomia di cui al comma 5, tenuto conto delle scelte degli studenti e delle famiglie;

c) la programmazione plurisettimanale e flessibile dell'orario complessivo del curricolo e di quello destinato alle singole discipline, anche mediante l'articolazione del gruppo della classe.

4. All'attuazione delle disposizioni di cui ai commi da 1 a 3 si provvede nei limiti della dotazione organica dell'autonomia di cui al comma 201, nonché della dotazione organica di personale amministrativo, tecnico e ausiliario e delle risorse strumentali e finanziarie disponibili.

5. Al fine di dare piena attuazione al processo di realizzazione dell'autonomia e di riorganizzazione dell'intero sistema di istruzione, è istituito per l'intera istituzione scolastica, o istituto comprensivo, e per tutti gli indirizzi degli istituti secondari di secondo grado afferenti alla medesima istituzione scolastica l'organico dell'autonomia, funzionale alle esigenze didattiche, organizzative e progettuali delle istituzioni scolastiche come emergenti dal piano triennale dell'offerta formativa predisposto ai sensi del comma 14. I docenti dell'organico dell'autonomia concorrono alla realizzazione del piano triennale dell'offerta formativa con attività di insegnamento, di potenziamento, di sostegno, di organizzazione, di progettazione e di coordinamento.

6. Le istituzioni scolastiche effettuano le proprie scelte in merito agli insegnamenti e alle attività curricolari, extracurricolari, educative e organizzative e individuano il proprio fabbisogno di attrezzature e di infrastrutture materiali, nonché di posti dell'organico dell'autonomia di cui al comma 64.

(*Omissis*).

109. Fermo restando quanto previsto nei commi da 95 a 105, nel rispetto della procedura autorizzatoria di cui all'articolo 39, commi 3 e 3-*bis*, della legge 27 dicembre 1997, n. 449, e successive modificazioni, l'accesso ai ruoli a tempo indeterminato del personale docente ed educativo della scuola statale avviene con le seguenti modalità:

a) mediante concorsi pubblici nazionali su base regionale per titoli ed esami ai sensi dell'articolo 400 del testo unico di cui al decreto legislativo 16 aprile 1994, n. 297, come modificato dal comma 113 del presente articolo. La determinazione dei posti da mettere a concorso tiene conto del fabbisogno espresso dalle istituzioni scolastiche nei piani triennali dell'offerta formativa. I soggetti utilmente collocati nelle graduatorie di merito dei concorsi pubblici per titoli ed esami del personale docente sono assunti, nei limiti dei posti messi a concorso e ai sensi delle ordinarie facoltà assunzionali, nei ruoli di cui al comma 66, sono destinatari della proposta di incarico di cui ai commi da 79 a 82 ed esprimono, secondo l'ordine di graduatoria, la preferenza per l'ambito territoriale di assunzione, ricompreso fra quelli della regione per cui hanno concorso. La rinuncia all'assunzione nonché la mancata accettazione in assenza di una valida e motivata giustificazione comportano la cancellazione dalla graduatoria di merito;

b) i concorsi di cui alla lettera *a*) sono banditi anche per i posti di sostegno; a tal fine, in conformità con quanto previsto dall'articolo 400 del testo unico di cui al decreto legislativo 16 aprile 1994, n. 297, come modificato dal comma 113 del presente articolo, i bandi di concorso prevedono lo svolgimento di distinte prove concorsuali per titoli ed esami, suddivise per i posti di sostegno della scuola dell'infanzia, per i posti di sostegno della scuola primaria, per i posti di sostegno della scuola secondaria di primo grado e per quelli della scuola secondaria di secondo grado; il superamento delle rispettive prove e la valutazione dei relativi titoli dà luogo ad una distinta graduatoria di merito compilata per ciascun grado di istruzione. Conseguentemente, per i concorsi di cui alla lettera *a*) non possono essere predisposti elenchi finalizzati all'assunzione a tempo indeterminato sui posti di sostegno;

c) per l'assunzione del personale docente ed educativo, continua ad applicarsi l'articolo 399, comma 1, del testo unico di cui al decreto legislativo 16 aprile 1994, n. 297, fino a totale scorrimento delle relative graduatorie ad esaurimento; i soggetti iscritti nelle graduatorie ad esaurimento del personale docente sono assunti, ai sensi delle ordinarie facoltà assunzionali, nei ruoli di cui al comma 66, sono destinatari della proposta di incarico di cui ai commi da 79 a 82 ed esprimono, secondo l'ordine delle rispettive graduatorie, la preferenza per l'ambito territoriale di assunzione, ricompreso fra quelli della provincia in cui sono iscritti. Continua ad applicarsi, per le graduatorie ad esaurimento, l'articolo 1, comma 4-*quinquies*, del decreto-legge 25 settembre 2009, n. 134, convertito, con modificazioni, dalla legge 24 novembre 2009, n. 167.

(*Omissis*)

110. A decorrere dal concorso pubblico di cui al comma 114, per ciascuna classe di concorso o tipologia di posto possono accedere alle procedure concorsuali per titoli ed esami, di cui all'articolo 400 del testo unico di cui al decreto legislativo 16 aprile 1994, n. 297, come modificato dal comma 113 del presente articolo, esclusivamente i candidati in possesso del relativo titolo di abilitazione all'insegnamento e, per i posti di sostegno per la scuola dell'infanzia, per la scuola primaria e per la scuola secondaria di primo e di secondo grado, i candidati in possesso del relativo titolo di specializzazione per le attività di sostegno didattico agli alunni con disabilità. Per il personale educativo continuano ad applicarsi le specifiche disposizioni vigenti per l'accesso alle relative procedure concorsuali. Ai concorsi pubblici per titoli ed esami non può comunque partecipare il personale docente ed educativo già assunto su posti e cattedre con contratto individuale di lavoro a tempo indeterminato nelle scuole statali.(1)

(*Omissis*)

114. Il Ministero dell'istruzione, dell'università e della ricerca, ferma restando la procedura autorizzatoria, bandisce, entro il 1° dicembre 2015, un concorso per titoli ed esami per l'assunzione a tempo indeterminato di personale docente per le istituzioni scolastiche ed educative statali ai sensi dell'articolo 400 del testo unico di cui al decreto legislativo 16 aprile 1994, n. 297, come modificato dal comma 113 del presente articolo, per la copertura, nei limiti delle risorse finanziarie disponibili, di tutti i posti vacanti e disponibili nell'organico dell'autonomia, nonché per i posti che si rendano

tali nel triennio. Limitatamente al predetto bando sono valorizzati, fra i titoli valutabili in termini di maggiore punteggio:

a) il titolo di abilitazione all'insegnamento conseguito a seguito sia dell'accesso ai percorsi di abilitazione tramite procedure selettive pubbliche per titoli ed esami, sia del conseguimento di specifica laurea magistrale o a ciclo unico;

b) il servizio prestato a tempo determinato, per un periodo continuativo non inferiore a centottanta giorni, nelle istituzioni scolastiche ed educative di ogni ordine e grado (2).

115. Il personale docente ed educativo è sottoposto al periodo di formazione e di prova, il cui positivo superamento determina l'effettiva immissione in ruolo.

116. Il superamento del periodo di formazione e di prova è subordinato allo svolgimento del servizio effettivamente prestato per almeno centottanta giorni, dei quali almeno centoventi per le attività didattiche.

117. Il personale docente ed educativo in periodo di formazione e di prova è sottoposto a valutazione da parte del dirigente scolastico, sentito il comitato per la valutazione istituito ai sensi dell'articolo 11 del testo unico di cui al decreto legislativo 16 aprile 1994, n. 297, come sostituito dal comma 129 del presente articolo, sulla base dell'istruttoria di un docente al quale sono affidate dal dirigente scolastico le funzioni di tutor.

(*Omissis*)

(1) *La Corte costituzionale con sentenza 8 novembre 2017, n. 251 ha dichiarato* l'illegittimità costituzionale *dell'ultimo periodo del presente comma.*

(2) *V. anche l'art. 1, comma 18, d.l. 29 ottobre 2019, n. 126, conv., con modif., in l. 20 dicembre 2019, n. 159 ai sensi del quale: « 18. Le graduatorie di merito e gli elenchi aggiuntivi del concorso di cui all'articolo 1, comma 114, della legge 13 luglio 2015, n. 107, conservano la loro validità per un ulteriore anno, oltre al periodo di cui all'articolo 1, comma 603, della legge 27 dicembre 2017, n. 205 ».*

127. Decreto legge 29 marzo 2016, n. 42, convertito, con modificazioni dalla legge 26 maggio 2016, n. 89. — Disposizioni urgenti in materia di funzionalità del sistema scolastico e della ricerca (*estratto*).

Pubblicato nella Gazzetta Ufficiale n. 73 del 29 marzo 2016; la legge di conversione è stata pubblicata nella Gazzetta ufficiale n. 124 del 28 maggio 2016.

1 Disposizioni per il decoro degli edifici scolastici e per lo svolgimento dei servizi di pulizia e ausiliari nelle scuole.

1. Al fine di assicurare la prosecuzione dal 1° aprile 2016 al 31 agosto 2017 degli interventi di mantenimento del decoro e della funzionalità degli immobili adibiti a sede di istituzioni scolastiche ed educative statali di cui all'articolo 2, commi 2-*bis* e 2-*bis*.1, del decreto-legge 7 aprile 2014, n. 58, convertito, con modificazioni, dalla legge 5 giugno 2014, n. 87, è autorizzata la spesa di 64 milioni di euro per l'anno 2016 e di 128 milioni di euro per l'anno 2017 (1).

2. All'articolo 2 del decreto-legge 7 aprile 2014, n. 58, convertito, con modificazioni, dalla legge 5 giugno 2014, n. 87, sono apportate le seguenti modificazioni:

a) al comma 1, le parole: « nell'anno scolastico 2015/2016 » sono sostituite dalle seguenti: « nell'anno scolastico 2016/2017 »; dopo le parole: « ovvero sia stata sospesa » sono inserite le seguenti: « o sia scaduta » e le parole: « e comunque fino a non oltre il 31 luglio 2016 » sono sostituite dalle seguenti: « e comunque fino a non oltre il 31 dicembre 2016 »;

a-bis) al comma 2 è aggiunto, in fine, il seguente periodo: "Nei territori ove la convenzione Consip sia scaduta trovano applicazione in via provvisoria le condizioni tecniche ed economiche già previste nella medesima convenzione scaduta" (2).

b) al comma 2-*bis*.1 dopo le parole: « la convenzione-quadro Consip » sono inserite le seguenti: « ovvero la stessa sia scaduta ».

(1) *Comma modificato dall'art. 1, comma 379, l. 11 dicembre 2016, n. 232.*

(2) *Lettera aggiunta in sede di conversione.*

1-*bis* Disposizioni in materia di assegnazione provvisoria (1).

1. All'articolo 1, comma 108, della legge 13 luglio 2015, n. 107, sono apportate le seguenti modificazioni:

a) al quarto periodo, le parole: "Limitatamente all'anno scolastico 2015/2016" sono sostituite dalle seguenti: "Limitatamente agli anni scolastici 2015/2016 e 2016/2017" e le parole: "2014/2015" sono sostituite dalle seguenti: "2015/2016";

b) dopo il quinto periodo sono aggiunti i seguenti: "Per l'anno scolastico 2016/2017 l'assegnazione provvisoria di cui ai periodi precedenti può essere richiesta sui posti dell'organico dell'autonomia non sul contingente di posti di cui al comma 69 del presente articolo. Nel caso dovesse emergere una spesa complessiva superiore a quella prevista dalla presente legge, si applicano i commi 206 e 207 del presente articolo".

(1) *Articolo aggiunto in sede di conversione.*

1-*ter* Misure urgenti in materia di assunzioni del personale docente per l'anno scolastico 2016/2017 (1).

1. Per l'anno scolastico 2016/2017, le assunzioni a tempo indeterminato del personale docente della scuola statale sono effettuate entro il 15 settembre 2016. La decorrenza economica del contratto di lavoro consegue alla presa di servizio. Le funzioni connesse all'avvio dell'anno scolastico e alla nomina del personale docente attribuite ai dirigenti territorialmente competenti del Ministero dell'istruzione, dell'università e della ricerca sono conseguentemente prorogate al 15 settembre 2016.

2. Per il concorso di cui all'articolo 1, comma 114, della legge 13 luglio 2015, n. 107, il triennio di validità delle graduatorie, se approvate entro il 15 settembre 2016, decorre dall'anno scolastico 2016/2017, in deroga alle disposizioni di cui all'articolo 400, comma 01, del testo unico di cui al decreto legislativo 16 aprile 1994, n. 297, e successive modificazioni.

(1) *Articolo aggiunto in sede di conversione.*

1-*quater* Disposizioni riguardanti i docenti della scuola dell'infanzia (1).

1. Fino all'approvazione delle graduatorie della scuola dell'infanzia del concorso di cui all'articolo 1, comma 114, della legge 13 luglio 2015, n. 107, i soggetti inseriti a pieno titolo nelle graduatorie di merito della scuola dell'infanzia del concorso bandito con decreto direttoriale del Ministero dell'istruzione, dell'università e della ricerca n. 82 del 24 settembre 2012, pubblicato nella Gazzetta Ufficiale, 4ª serie speciale, n. 75 del 25 settembre 2012, che non sono stati assunti nei ruoli regionali per incapienza rispetto ai posti di cui all'articolo 399, comma 1, del testo unico di cui al decreto legislativo 16 aprile 1994, n. 297, e successive modificazioni, sono assunti, in deroga all'articolo 399, comma 2, del medesimo decreto legislativo n. 297 del 1994, in regioni diverse da quella per cui hanno concorso e nei ruoli di cui all'articolo 1, comma 66, della citata legge n. 107 del 2015, con le seguenti condizioni e modalità:

a) le assunzioni avvengono in subordine rispetto ai soggetti ancora inseriti nelle graduatorie di merito delle regioni indicate ai sensi della lettera *b*) e nel rispetto della percentuale massima per ciascuna regione del 50 per cento dei posti, riservata allo scorrimento delle graduatorie dei concorsi per titoli ed esami, e comunque nel limite massimo della percentuale non superiore al 15 per cento, rispetto ai posti disponibili per ciascuna regione, individuata con il decreto di cui al comma 2;

b) i soggetti di cui al presente comma, nei termini e con le modalità stabiliti con il decreto di cui al comma 2, possono presentare apposita istanza al Ministero dell'istruzione, dell'università e della ricerca, nella quale indicano l'ordine di preferenza tra tutte le regioni del sistema scolastico statale.

2. Con decreto del Ministro dell'istruzione, dell'università e della ricerca, da adottare entro trenta giorni dalla data di entrata in vigore della legge di conversione del presente decreto, sono definiti i termini e le modalità attuative del comma 1.

3. I soggetti che non accettano la proposta di assunzione di cui al comma 1 sono definitivamente espunti dalle rispettive graduatorie di merito e ad esaurimento.

4. All'esito delle procedure di cui ai commi precedenti, anche in caso di incompleto assorbimento dei soggetti di cui al comma 1, le graduatorie di merito del concorso bandito con decreto direttoriale del Ministero dell'istruzione, dell'università e della ricerca n. 82 del 24 settembre 2012, sono soppresse.

5. Le graduatorie di merito delle scuole dell'infanzia del concorso di cui all'articolo 1, comma 114, della legge 13 luglio 2015, n. 107, per il triennio 2016/2017, 2017/2018 e 2018/2019, in deroga all'articolo 400, comma 19, del testo unico di cui al decreto legislativo 16 aprile 1994, n. 297, e successive modificazioni, sono valide in ogni caso nell'ambito dei posti vacanti e disponibili, in luogo di quelli messi a concorso. All'assunzione dalle medesime graduatorie si provvede previa procedura autorizzatoria.

(1) *Articolo aggiunto in sede di conversione.*

1-*quinquies* Contribuzione alle scuole paritarie che accolgono alunni con disabilità (1).

1. A decorrere dall'anno 2017 è corrisposto un contributo alle scuole paritarie di cui alla legge 10 marzo 2000, n. 62, che accolgono alunni con disabilità, nel limite di spesa di 23,4 milioni di euro annui (2).

1-*bis*. Il contributo di cui al comma 1 è ripartito secondo modalità e criteri definiti con decreto del Ministro dell'istruzione, dell'università e della ricerca, da adottare entro trenta giorni dalla data di entrata in vigore della presente disposizione, tenendo conto, per ciascuna scuola paritaria, del numero degli alunni con disabilità accolti e della percentuale di alunni con disabilità rispetto al numero complessivo degli alunni frequentanti (3).

2. Ai fini della verifica del mantenimento della parità, il Ministero dell'istruzione, dell'università e della ricerca accerta annualmente, con le risorse umane, finanziarie e strumentali disponibili a legislazione vigente, il rispetto del requisito di cui all'articolo 1, comma 4, lettera *e*), della legge 10 marzo 2000, n. 62.

3. Agli oneri derivanti dal comma 1, pari a 12,2 milioni di euro annui a decorrere dal 2017, si provvede mediante corrispondente riduzione del fondo di cui all'articolo 1, comma 202, della legge 13 luglio 2015, n. 107.

(1) *Articolo aggiunto in sede di conversione.*

(2) *Comma sostituito dall'art. 1, comma 616, l. 11 dicembre 2016, n. 232.*

*V. l'art. 1, comma 514, l. 30 dicembre 2020, n. 178 ai sensi del quale: « 514. Per l'anno 2021, il contributo di cui all'articolo 1-*quinquies*, comma 1, del decreto-legge 29 marzo 2016, n. 42, convertito, con modificazioni, dalla legge 26 maggio 2016, n. 89, è incrementato di 70 milioni di euro ».*

(3) *Comma inserito dall'art. 1, comma 616, l. n. 232, cit.*

1-*sexies* Incarichi di supplenza breve e saltuaria (1).

1. Fermo restando quanto disposto dall'articolo 1, comma 129, della legge 30 dicembre 2004, n. 311, e dall'articolo 1, commi 79 e 85, della legge 13 luglio 2015, n. 107, le istituzioni scolastiche e le competenti articolazioni del Ministero dell'istruzione, dell'università e della ricerca e del Ministero dell'economia e delle finanze agiscono attivando ogni opportuna forma di cooperazione al fine di garantire, ciascuna per la parte di competenza, la tempestiva assegnazione delle risorse alle istituzioni scolastiche ed il pagamento mensile delle somme spettanti al personale a tempo determinato per le prestazioni di lavoro rese, con particolare riferimento agli incarichi di supplenza breve e saltuaria, nel rispetto dei termini previsti da apposito decreto del Presidente del Consiglio dei ministri, di concerto con il Ministro dell'istruzione, dell'università e della ricerca e con il Mi-

nistro dell'economia e delle finanze, da adottare entro sessanta giorni dalla data di entrata in vigore della legge di conversione del presente decreto. Il pagamento deve comunque avvenire entro il trentesimo giorno successivo all'ultimo giorno del mese di riferimento, ferma restando la disponibilità delle risorse iscritte in bilancio per il pagamento delle spese per i predetti incarichi di supplenza breve e saltuaria. Gli adempimenti e il rispetto dei termini previsti dal predetto decreto del Presidente del Consiglio dei ministri concorrono alla valutazione dei dirigenti scolastici e di quelli delle amministrazioni coinvolte e sono fonte di responsabilità dirigenziale ove le violazioni riscontrate siano riconducibili a cause imputabili al loro operato.

2. Al fine di assicurare un'efficiente e corretta gestione del personale supplente, è assegnato un codice identificativo univoco al personale docente e amministrativo, tecnico e ausiliario (ATA), individuato quale destinatario di incarichi di supplenza breve e saltuaria, che resta invariato per tutta la durata del contratto ed accompagna la vita lavorativa del supplente breve e saltuario fino all'eventuale immissione in ruolo del medesimo nel comparto scuola e conseguente ottenimento della partita di spesa fissa. È garantita la corrispondenza tra i codici univoci e le partite stipendiali del supplente breve e saltuario in modo da semplificare ed ottimizzare le procedure di gestione di stato giuridico del personale scolastico.

(1) *Articolo aggiunto in sede di conversione.*

1-*septies*-4 (*Omissis*).

128. Legge 20 agosto 2019, n. 92. — Introduzione dell'insegnamento scolastico dell'educazione civica.

Pubblicata nella Gazzetta Ufficiale n. 125 del 21 agosto 2019.

1 Princìpi.

1. L'educazione civica contribuisce a formare cittadini responsabili e attivi e a promuovere la partecipazione piena e consapevole alla vita civica, culturale e sociale delle comunità, nel rispetto delle regole, dei diritti e dei doveri.

2. L'educazione civica sviluppa nelle istituzioni scolastiche la conoscenza della Costituzione italiana e delle istituzioni dell'Unione europea per sostanziare, in particolare, la condivisione e la promozione dei princìpi di legalità, cittadinanza attiva e digitale, sostenibilità ambientale e diritto alla salute e al benessere della persona.

2 Istituzione dell'insegnamento dell'educazione civica.

1. Ai fini di cui all'articolo 1, a decorrere dal 1°(gradi) settembre del primo anno scolastico successivo all'entrata in vigore della presente legge, nel primo e nel secondo ciclo di istruzione è istituito l'insegnamento trasversale dell'educazione civica, che sviluppa la conoscenza e la comprensione delle strutture e dei profili sociali, economici, giuridici, civici e ambientali della società. Iniziative di sensibilizzazione alla cittadinanza responsabile sono avviate dalla scuola dell'infanzia.

2. Le istituzioni del sistema educativo di istruzione e formazione promuovono l'insegnamento di cui al comma 1. A tal fine, all'articolo 18, comma 1, lettera *b*), del decreto legislativo 17 ottobre 2005, n. 226, le parole: « di competenze linguistiche » sono sostituite dalle seguenti: « di competenze civiche, linguistiche ».

3. Le istituzioni scolastiche prevedono nel curricolo di istituto l'insegnamento trasversale dell'educazione civica, specificandone anche, per ciascun anno di corso, l'orario, che non può essere inferiore a 33 ore annue, da svolgersi nell'ambito del monte orario obbligatorio previsto dagli ordinamenti vigenti. Per raggiungere il predetto orario gli istituti scolastici possono avvalersi della quota di autonomia utile per modificare il curricolo.

4. Nelle scuole del primo ciclo, l'insegnamento trasversale dell'educazione civica è affidato, in contitolarità, a docenti sulla base del curricolo di cui al comma 3. Le istituzioni scolastiche utilizzano le risorse dell'organico dell'autonomia. Nelle scuole del secondo ciclo, l'insegnamento è affidato ai docenti abilitati all'insegnamento delle discipline giuridiche ed economiche, ove disponibili nell'ambito dell'organico dell'autonomia.

5. Per ciascuna classe è individuato, tra i docenti a cui è affidato l'insegnamento dell'educazione civica, un docente con compiti di coordinamento.

6. L'insegnamento trasversale dell'educazione civica è oggetto delle valutazioni periodiche e finali previste dal decreto legislativo 13 aprile 2017, n. 62, e dal regolamento di cui al decreto del Presidente della Repubblica 22 giugno 2009, n. 122. Il docente coordinatore di cui al comma 5 formula la proposta di voto espresso in decimi, acquisendo elementi conoscitivi dai docenti a cui è affidato l'insegnamento dell'educazione civica.

7. Il dirigente scolastico verifica la piena attuazione e la coerenza con il Piano triennale dell'offerta formativa.

8. Dall'attuazione del presente articolo non devono derivare incrementi o modifiche dell'organico del personale scolastico, né ore d'insegnamento eccedenti rispetto all'orario obbligatorio previsto dagli ordinamenti vigenti. Per lo svolgimento dei compiti di coordinamento di cui al comma 5 non sono dovuti compensi, indennità, rimborsi di spese o altri emolumenti comunque denominati, salvo che la contrattazione d'istituto stabilisca diversamente con oneri a carico del fondo per il miglioramento dell'offerta formativa.

9. A decorrere dal 1°(gradi) settembre del primo anno scolastico successivo all'entrata in vigore della pre-

sente legge, sono abrogati l'articolo 1 del decreto-legge 1°(gradi) settembre 2008, n. 137, convertito, con modificazioni, dalla legge 30 ottobre 2008, n. 169, nonché il comma 4 dell'articolo 2 e il comma 10 dell'articolo 17 del decreto legislativo 13 aprile 2017, n. 62.

9-*bis*. L'intervento previsto dal presente articolo non determina un incremento della dotazione organica complessiva e non determina l'adeguamento dell'organico dell'autonomia alle situazioni di fatto oltre i limiti del contingente previsto dall'articolo 1, comma 69, della legge 13 luglio 2015, n. 107. (1)

(1) *Comma aggiunto dall'art. 7, comma 1, d.l. 29 ottobre 2019, n. 126, conv., con modif., in l. 20 dicembre 2019, n. 159.*

3 Sviluppo delle competenze e obiettivi di apprendimento.

1. In attuazione dell'articolo 2, con decreto del Ministro dell'istruzione, dell'università e della ricerca sono definite linee guida per l'insegnamento dell'educazione civica che individuano, ove non già previsti, specifici traguardi per lo sviluppo delle competenze e obiettivi specifici di apprendimento, in coerenza con le Indicazioni nazionali per il curricolo delle scuole dell'infanzia e del primo ciclo di istruzione, nonché con il documento Indicazioni nazionali e nuovi scenari e con le Indicazioni nazionali per i licei e le linee guida per gli istituti tecnici e professionali vigenti, assumendo a riferimento le seguenti tematiche:

a) Costituzione, istituzioni dello Stato italiano, dell'Unione europea e degli organismi internazionali; storia della bandiera e dell'inno nazionale;

b) Agenda 2030 per lo sviluppo sostenibile, adottata dall'Assemblea generale delle Nazioni Unite il 25 settembre 2015;

c) educazione alla cittadinanza digitale, secondo le disposizioni dell'articolo 5;

d) elementi fondamentali di diritto, con particolare riguardo al diritto del lavoro;

e) educazione ambientale, sviluppo eco-sostenibile e tutela del patrimonio ambientale, delle identità, delle produzioni e delle eccellenze territoriali e agroalimentari;

f) educazione alla legalità e al contrasto delle mafie;

g) educazione al rispetto e alla valorizzazione del patrimonio culturale e dei beni pubblici comuni;

h) formazione di base in materia di protezione civile.

2. Nell'ambito dell'insegnamento trasversale dell'educazione civica sono altresì promosse l'educazione stradale, l'educazione alla salute e al benessere, l'educazione al volontariato e alla cittadinanza attiva. Tutte le azioni sono finalizzate ad alimentare e rafforzare il rispetto nei confronti delle persone, degli animali e della natura.

4 Costituzione e cittadinanza.

1. A fondamento dell'insegnamento dell'educazione civica è posta la conoscenza della Costituzione italiana. Gli alunni devono essere introdotti alla conoscenza dei contenuti della Carta costituzionale sia nella scuola dell'infanzia e del primo ciclo, sia in quella del secondo ciclo, per sviluppare competenze ispirate ai valori della responsabilità, della legalità, della partecipazione e della solidarietà.

2. Al fine di promuovere la conoscenza del pluralismo istituzionale, disciplinato dalla Carta costituzionale, sono adottate iniziative per lo studio degli statuti delle regioni ad autonomia ordinaria e speciale. Al fine di promuovere la cittadinanza attiva, possono essere attivate iniziative per lo studio dei diritti e degli istituti di partecipazione a livello statale, regionale e locale.

3. La conoscenza della Costituzione italiana rientra tra le competenze di cittadinanza che tutti gli studenti, di ogni percorso di istruzione e formazione, devono conseguire.

4. Con particolare riferimento agli articoli 1 e 4 della Costituzione possono essere promosse attività per sostenere l'avvicinamento responsabile e consapevole degli studenti al mondo del lavoro.

5 Educazione alla cittadinanza digitale.

1. Nell'ambito dell'insegnamento trasversale dell'educazione civica, di cui all'articolo 2, è prevista l'educazione alla cittadinanza digitale.

2. Nel rispetto dell'autonomia scolastica, l'offerta formativa erogata nell'ambito dell'insegnamento di cui al comma 1 prevede almeno le seguenti abilità e conoscenze digitali essenziali, da sviluppare con gradualità tenendo conto dell'età degli alunni e degli studenti:

a) analizzare, confrontare e valutare criticamente la credibilità e l'affidabilità delle fonti di dati, informazioni e contenuti digitali;

b) interagire attraverso varie tecnologie digitali e individuare i mezzi e le forme di comunicazione digitali appropriati per un determinato contesto;

c) informarsi e partecipare al dibattito pubblico attraverso l'utilizzo di servizi digitali pubblici e privati; ricercare opportunità di crescita personale e di cittadinanza partecipativa attraverso adeguate tecnologie digitali;

d) conoscere le norme comportamentali da osservare nell'ambito dell'utilizzo delle tecnologie digitali e dell'interazione in ambienti digitali, adattare le strategie di comunicazione al pubblico specifico ed essere consapevoli della diversità culturale e generazionale negli ambienti digitali;

e) creare e gestire l'identità digitale, essere in grado di proteggere la propria reputazione, gestire e tutelare i dati che si producono attraverso diversi strumenti digitali, ambienti e servizi, rispettare i dati e le identità altrui; utilizzare e condividere informazioni personali identificabili proteggendo se stessi e gli altri;

f) conoscere le politiche sulla tutela della riservatezza applicate dai servizi digitali relativamente all'uso dei dati personali;

g) essere in grado di evitare, usando tecnologie digitali, rischi per la salute e minacce al proprio benessere fisico e psicologico; essere in grado di proteggere sé e gli altri da eventuali pericoli in ambienti digitali; essere consapevoli di come le tecnologie digitali possono influire sul benessere psicofisico e sull'inclusione sociale, con particolare attenzione ai comportamenti riconducibili al bullismo e al cyberbullismo.

3. Al fine di verificare l'attuazione del presente articolo, di diffonderne la conoscenza tra i soggetti interessati e di valutare eventuali esigenze di aggiornamento, il Ministro dell'istruzione, dell'università e della ricerca convoca almeno ogni due anni la Consulta dei diritti e dei doveri del bambino e dell'adolescente digitale, istituita presso il Ministero dell'istruzione, dell'università e della ricerca ai sensi del decreto di cui al comma 4.

4. Con decreto del Ministro dell'istruzione, dell'università e della ricerca sono determinati i criteri di composizione e le modalità di funzionamento della Consulta di cui al comma 3, in modo da assicurare la rappresentanza degli studenti, degli insegnanti, delle famiglie e degli esperti del settore. L'Autorità garante per l'infanzia e l'adolescenza designa un componente della Consulta.

5. La Consulta di cui al comma 3 presenta periodicamente al Ministro dell'istruzione, dell'università e della ricerca una relazione sullo stato di attuazione del presente articolo e segnala eventuali iniziative di modificazione che ritenga opportune.

6. La Consulta di cui al comma 3 opera in coordinamento con il tavolo tecnico istituito ai sensi dell'articolo 3 della legge 29 maggio 2017, n. 71.

7. Per l'attività prestata nell'ambito della Consulta, ai suoi componenti non sono dovuti compensi, indennità, gettoni di presenza o altre utilità comunque denominate, né rimborsi di spese.

6 Formazione dei docenti.

1. Nell'ambito delle risorse di cui all'articolo 1, comma 125, della legge 13 luglio 2015, n. 107, una quota parte pari a 4 milioni di euro annui a decorrere dall'anno 2020 è destinata alla formazione dei docenti sulle tematiche afferenti all'insegnamento trasversale dell'educazione civica. Il Piano nazionale della formazione dei docenti, di cui all'articolo 1, comma 124, della legge 13 luglio 2015, n. 107, è aggiornato al fine di comprendervi le attività di cui al primo periodo.

2. Al fine di ottimizzare l'impiego delle risorse e di armonizzare gli adempimenti relativi alla formazione dei docenti di cui al comma 1, le istituzioni scolastiche effettuano una ricognizione dei loro bisogni formativi e possono promuovere accordi di rete nonché, in conformità al principio di sussidiarietà orizzontale, specifici accordi in ambito territoriale.

7 Scuola e famiglia

1. Al fine di valorizzare l'insegnamento trasversale dell'educazione civica e di sensibilizzare gli studenti alla cittadinanza responsabile, la scuola rafforza la collaborazione con le famiglie, anche integrando il Patto educativo di corresponsabilità di cui all'articolo 5-*bis* del regolamento di cui al decreto del Presidente della Repubblica 24 giugno 1998, n. 249, estendendolo alla scuola primaria. Gli articoli da 412 a 414 del regolamento di cui al regio decreto 26 aprile 1928, n. 1297, sono abrogati.

8 Scuola e territorio.

1. L'insegnamento trasversale dell'educazione civica è integrato con esperienze extra-scolastiche, a partire dalla costituzione di reti anche di durata pluriennale con altri soggetti istituzionali, con il mondo del volontariato e del Terzo settore, con particolare riguardo a quelli impegnati nella promozione della cittadinanza attiva. Con decreto del Ministro dell'istruzione, dell'università e della ricerca, da adottare entro novanta giorni dalla data di entrata in vigore della presente legge, sono definite le modalità attuative del presente comma e sono stabiliti i criteri e i requisiti, tra cui la comprovata e riconosciuta esperienza nelle aree tematiche di cui all'articolo 3, comma 1, per l'individuazione dei soggetti con cui le istituzioni scolastiche possono collaborare ai fini del primo periodo.

2. I comuni possono promuovere ulteriori iniziative in collaborazione con le scuole, con particolare riguardo alla conoscenza del funzionamento delle amministrazioni locali e dei loro organi, alla conoscenza storica del territorio e alla fruizione stabile di spazi verdi e spazi culturali.

9 Albo delle buone pratiche di educazione civica.

1. Il Ministero dell'istruzione, dell'università e della ricerca costituisce, senza nuovi o maggiori oneri per la finanza pubblica, l'Albo delle buone pratiche di educazione civica.

2. Nell'Albo sono raccolte le buone pratiche adottate dalle istituzioni scolastiche nonché accordi e protocolli sottoscritti dal Ministero dell'istruzione, dell'università e della ricerca per l'attuazione delle tematiche relative all'educazione civica e all'educazione alla cittadinanza digitale, al fine di condividere e diffondere soluzioni organizzative ed esperienze di eccellenza.

10 Valorizzazione delle migliori esperienze.

1. Il Ministero dell'istruzione, dell'università e della ricerca indìce annualmente, con proprio decreto, per ogni ordine e grado di istruzione, un concorso nazionale per la valorizzazione delle migliori esperienze in materia di educazione civica, al fine di promuoverne la diffusione nel sistema scolastico nazionale.

11 Relazione alle Camere.

1. Il Ministro dell'istruzione, dell'università e della ricerca presenta, con cadenza biennale, alle Camere una relazione sull'attuazione della presente legge, anche nella prospettiva dell'eventuale modifica dei quadri orari che aggiunga l'ora di insegnamento di educazione civica.

12 Clausola di salvaguardia.

1. Le disposizioni della presente legge sono applicabili nelle regioni a statuto speciale e nelle province

autonome di Trento e di Bolzano compatibilmente con i rispettivi statuti e le relative norme di attuazione.

13 **Clausola di invarianza finanziaria.**

1. Le amministrazioni interessate provvedono all'attuazione della presente legge nell'ambito delle risorse umane, strumentali e finanziarie disponibili a legislazione vigente e, comunque, senza nuovi o maggiori oneri a carico della finanza pubblica.

129. Legge 27 dicembre 2019, n. 160. — Bilancio di previsione dello Stato per l'anno finanziario 2020 e bilancio pluriennale per il triennio 2020-2022. (*estratto*).

Pubblicata nella Gazzetta Ufficiale n. 304 del 30 dicembre 2019.

1 1-239 (*Omissis*)

[240. Al fine di potenziare la ricerca svolta da università, enti e istituti di ricerca pubblici e privati, è autorizzata la spesa di 25 milioni di euro per l'anno 2020, di 200 milioni di euro per l'anno 2021 e di 300 milioni di euro annui a decorrere dall'anno 2022, da iscrivere su apposito fondo dello stato di previsione del Ministero dell'istruzione, dell'università e della ricerca, di cui 0,3 milioni di euro nell'anno 2020 e 4 milioni di euro annui a decorrere dall'anno 2021 per il funzionamento e per il personale dell'agenzia di cui al comma 241] (1).

[241. Per realizzare le finalità di cui al comma 240 è istituita un'apposita agenzia, denominata Agenzia nazionale per la ricerca (ANR), dotata di autonomia statutaria, organizzativa, tecnico-operativa e gestionale, sottoposta alla vigilanza della Presidenza del Consiglio dei ministri e del Ministero dell'istruzione, dell'università e della ricerca. L'ANR promuove il coordinamento delle attività di ricerca di università, enti e istituti di ricerca pubblici verso obiettivi di eccellenza, incrementando la sinergia e la cooperazione tra di essi e con il sistema economico-produttivo, pubblico e privato, in relazione agli obiettivi strategici della ricerca e dell'innovazione nonché agli obiettivi di politica economica del Governo funzionali alla produttività e alla competitività del Paese. L'ANR favorisce altresì l'internazionalizzazione delle attività di ricerca, promuovendo, sostenendo e coordinando la partecipazione italiana a progetti e iniziative europee e internazionali] (1).

[242. L'ANR, in particolare:

a) promuove e finanzia progetti di ricerca da realizzare in Italia ad opera di soggetti pubblici e privati, anche esteri, altamente strategici per lo sviluppo sostenibile e l'inclusione sociale, fortemente integrati, innovativi e capaci di aggregare iniziative promosse in contesti di svantaggio economico-sociale, selezionati secondo criteri e procedure conformi alle migliori pratiche internazionali;

b) [valuta l'impatto dell'attività di ricerca, tenendo conto dei risultati dell'attività dell'Agenzia nazionale di valutazione del sistema universitario e della ricerca (ANVUR) nell'ambito delle competenze previste dal regolamento di cui al decreto del Presidente della Repubblica 1° febbraio 2010, n. 76, specie al fine di incrementare l'economicità, l'efficacia e l'efficienza del finanziamento pubblico nel settore, ivi incluse le risorse pubbliche del Fondo nazionale per l'innovazione gestito dalla Cassa depositi e prestiti Spa, nonché per attrarre finanziamenti provenienti dal settore privato] (2);

c) definisce un piano di semplificazione delle procedure amministrative e contabili relative ai progetti di ricerca per l'adozione delle misure legislative e amministrative di attuazione] (1).

[243. Sono organi dell'Agenzia il direttore, il comitato direttivo, il comitato scientifico e il collegio dei revisori dei conti] (1).

[244. Il direttore è scelto dal Presidente del Consiglio dei ministri. Il comitato direttivo è composto da otto membri, scelti: uno dal Ministro dell'istruzione, dell'università e della ricerca, uno dal Ministro dello sviluppo economico, uno dal Ministro della salute, uno dal Ministro per l'innovazione tecnologica e la digitalizzazione, uno dalla Conferenza dei rettori delle università italiane, uno dal Consiglio universitario nazionale, uno dalla Consulta dei presidenti degli enti pubblici di ricerca e uno dall'Accademia nazionale dei Lincei. La composizione del comitato direttivo deve assicurare la parità di genere] (1).

[245. Il direttore e i membri del comitato direttivo sono nominati con decreto del Presidente del Consiglio dei ministri e restano in carica per quattro anni; sono selezionati tra studiosi, italiani o stranieri, di elevata qualificazione scientifica con una profonda conoscenza del sistema della ricerca in Italia e all'estero e con pluriennale esperienza in enti o organismi, pubblici o privati, operanti nel settore della ricerca, appartenenti a una pluralità di aree disciplinari, all'interno di una rosa di venticinque nominativi, preventivamente selezionati da una commissione di valutazione. La commissione di valutazione, istituita con decreto del Presidente del Consiglio dei ministri, è composta da cinque membri di alta qualificazione designati, uno ciascuno, dal Ministro dell'università e della ricerca, dal presidente del Consiglio direttivo dell'Agenzia nazionale di valutazione del sistema universitario e della ricerca (ANVUR), dal presidente dell'European Research Council, dal presidente dell'European Science Foundation e da un componente designato dal presidente della Conferenza dei rettori e delle università italiane (CRUI), d'intesa con il presidente della Consulta dei presidenti degli enti pubblici di ricerca (3). Costituisce requisito preferenziale l'avere esperienza nella gestione di progetti complessi o di infrastrutture strategiche di ricerca] (1).

[246. Il direttore presiede il comitato direttivo, è il legale rappresentante dell'Agenzia, la dirige e ne è responsabile e svolge gli altri compiti a lui attribuiti dallo statuto] (1).

[247. Il comitato scientifico è composto da cinque membri nominati dal direttore all'interno di una rosa di venticinque nominativi, preventivamente selezionati da parte di una commissione di valutazione sulla base di criteri di competenza e professionalità, specie con riferimento all'impatto delle ricerche dagli stessi effettuate sulla comunità scientifica nazionale e internazionale, nonché nel rispetto del criterio di adeguata rappresentatività e avvicendamento dei settori scientifici. Le procedure e le modalità per l'individuazione dei componenti della commissione di valutazione sono stabilite dallo statuto dell'Agenzia. La composizione del comitato scientifico deve assicurare la parità di genere garantendo una rappresentanza del genere meno rappresentato non inferiore al 45 per cento] (1).

[248. Il comitato scientifico vigila sul rispetto dei princìpi di libertà e autonomia della ricerca scientifica ed è sentito dal comitato direttivo sugli ambiti prioritari delle attività di ricerca dell'Agenzia nonché su ogni questione che ritenga di sottoporgli. Gli ulteriori compiti del comitato sono stabiliti dallo statuto dell'Agenzia] (1).

249. Le risorse iscritte nel fondo di cui all'articolo 1, comma 126, della legge 13 luglio 2015, n. 107, già confluite nel fondo per il miglioramento dell'offerta formativa, sono utilizzate dalla contrattazione integrativa in favore del personale scolastico, senza ulteriore vincolo di destinazione.

250. Il collegio dei revisori dei conti è composto da tre membri effettivi e due supplenti, nominati con decreto del Ministro dell'istruzione, dell'università e della ricerca. Un membro effettivo, che assume le funzioni di presidente, e un membro supplente sono designati dal Ministro dell'economia e delle finanze. Il collegio dei revisori dei conti svolge le funzioni di controllo amministrativo e contabile di cui all'articolo 20 del decreto legislativo 30 giugno 2011, n. 123. I componenti del collegio durano in carica tre anni e possono essere rinnovati una sola volta.

251. Con decreto del Presidente del Consiglio dei ministri, su proposta del Ministro dell'istruzione, dell'università e della ricerca, di concerto con il Ministro dell'economia e delle finanze, da emanare entro novanta giorni dalla data di entrata in vigore della presente legge, è approvato lo statuto dell'Agenzia che ne disciplina le attività e le regole di funzionamento. Il decreto di cui al presente comma definisce altresì la dotazione organica dell'Agenzia, nel limite massimo di trentaquattro unità complessive di cui tre dirigenti di seconda fascia, nonché i compensi spettanti ai componenti degli organi di amministrazione e controllo. Al personale dell'Agenzia si applicano le disposizioni del decreto legislativo 30 marzo 2001, n. 165, ed il contratto collettivo nazionale di lavoro del comparto Istruzione e Ricerca.

252. Con decreto del Presidente del Consiglio dei ministri, su proposta del Ministro dell'istruzione, dell'università e della ricerca, di concerto con il Ministro dell'economia e delle finanze, da emanare entro sessanta giorni dalla data di entrata in vigore della presente legge, sono definite le procedure di semplificazione alternative in materia amministrativo-contabile e le modalità di attuazione del presente comma. L'ANR, nella predisposizione del piano di cui al comma 242, lettera *c*), tiene conto dei risultati conseguiti per effetto della semplificazione derivante dall'applicazione del presente comma.

(1) *Comma abrogato dall'art. 1, comma 314, l. 30 dicembre 2021, n. 234.*

(2) *Lettera abrogata dall'art. 64, comma 5 d.l. 31 maggio 2021, n. 77, conv., con modif., in l. 29 luglio 2021, n. 108.*

(3) *Periodo così sostituito dall'art. 19, comma 6 d.l. 16 luglio 2020, n. 76, conv., con modif., in l. 11 settembre 2020, n. 120. Il testo del periodo era il seguente:* « La commissione di valutazione, istituita con decreto del Presidente del Consiglio dei ministri, è composta da cinque membri di alta qualificazione designati, uno ciascuno, dal Ministro dell'istruzione, dell'università e della ricerca, dal presidente del Consiglio direttivo dell'ANVUR, dal vicepresidente del Comitato di esperti per la politica della ricerca (CEPR), dal presidente dell'European Research Council e dal presidente dell'European Science Foundation ».

SEZIONE UNDICESIMA
ALTRI COMPITI: LO SPORT

130. Decreto legislativo 23 luglio 1999, n. 242. — Riordino del Comitato olimpico nazionale italiano - CONI, a norma dell'art. 11 della legge 15 marzo 1997, n. 59 (*estratto*).

Pubblicato nella Gazzetta Ufficiale n. 176 del 29 luglio 1999.

1 Comitato olimpico nazionale italiano.

1. Il Comitato olimpico nazionale italiano, di seguito denominato CONI, ha personalità giuridica di diritto pubblico, ha sede in Roma ed è posto sotto la vigilanza del Ministero per i beni e le attività culturali (1).

(1) *Con deliberazione n. 1538 del Consiglio nazionale del 9 novembre 2015 è stato adottato il Codice della giustizia sportiva, approvato con d.P.C.M. del 16 dicembre 2015.*

2 Statuto.

1. Il CONI è la Confederazione delle federazioni sportive nazionali e delle discipline sportive associate e si conforma ai principi dell'ordinamento sportivo internazionale, in armonia con le deliberazioni e gli indirizzi emanati dal Comitato olimpico internazionale, di seguito denominato CIO. L'ente cura l'organizzazione ed il potenziamento dello sport nazionale, ed in particolare la preparazione degli atleti e l'approntamento dei mezzi idonei per le Olimpiadi e per tutte le altre manifestazioni sportive nazionali o internazionali. Cura inoltre, nell'ambito dell'ordinamento sportivo, anche d'intesa con la commissione per la vigilanza ed il controllo sul doping e per la tutela della salute nelle attività sportive, istituita ai sensi dell'articolo 3, della legge 14 dicembre 2000, n. 376, l'adozione di misure di prevenzione e repressione dell'uso di sostanze che alterano le naturali prestazioni fisiche degli atleti nelle attività sportive, nonché la promozione della massima diffusione della pratica sportiva[, sia] (1) per i normodotati [che, di concerto con il Comitato italiano paraolimpico, per i disabili] (1), nei limiti di quanto stabilito dal decreto del Presidente della Repubblica 24 luglio 1977, n. 616. Il CONI, inoltre, assume e promuove le opportune iniziative contro ogni forma di discriminazione e di violenza nello sport (2).

2. Lo statuto è adottato a maggioranza dei componenti del consiglio nazionale, su proposta della giunta nazionale, ed è approvato, entro sessanta giorni dalla sua ricezione, dal Ministro per i beni e le attività culturali, di concerto con il Ministro del tesoro, del bilancio e della programmazione economica.

3. L'organizzazione periferica del CONI è disciplinata dallo statuto dell'ente.

4. Restano ferme le competenze riconosciute alle regioni a statuto speciale e quelle attribuite alle province autonome di Trento e Bolzano, in base al decreto del Presidente della Repubblica 28 marzo 1975, n. 475.

4-*bis*. Lo statuto disciplina le procedure per l'elezione del presidente e della giunta nazionale (3).

(1) *Parole soppresse dall'art. 21, d.lgs. 27 febbraio 2017, n. 43*

(2) *Comma dapprima modificato dall'art. 3 l. 15 luglio 2003, n. 189 e, successivamente, sostituito dall'art. 1 d.lgs. 8 gennaio 2004, n. 15, nei termini previsti dall'art. 2 d.lgs. n. 15, cit.*

(3) *Comma aggiunto dall'art. 1 d.lgs. n. 15, cit. nei termini previsti dall'articolo 2 del medesimo decreto legislativo.*

3 Organi.

1. Sono organi del CONI:
a) il consiglio nazionale;
b) la giunta nazionale;
c) il presidente;
d) il segretario generale;
e) (*Omissis*) (1);
f) il collegio dei revisori dei conti.

2. Gli organi del CONI restano in carica quattro anni. I componenti che assumono le funzioni nel corso del quadriennio restano in carica fino alla scadenza degli organi. Il presidente e gli altri componenti della giunta nazionale, ad eccezione di quelli di cui all'articolo 6, comma 1, lettera *b*), non possono svolgere più di tre mandati. Le previsioni di cui al presente comma si applicano anche ai presidenti e ai membri degli organi direttivi delle strutture territoriali del CONI (2).

2-*bis*. Il compenso spettante agli organi è determinato con decreto del Ministero per i beni e le attività culturali di concerto con il Ministero dell'economia e delle finanze, sulla base delle vigenti direttive in materia (3).

(1) *Lettera soppressa dall'art. 1 d.lgs. 8 gennaio 2004, n. 15, nei termini previsti dall'articolo 2 del medesimo decreto legislativo.*

(2) *Comma sostituito dall'art. 1 l. 11 gennaio 2018, n. 8. Il testo del comma era il seguente:* « 2. Gli organi del CONI restano in carica quattro anni. I componenti che assumono le funzioni nel corso del quadriennio restano in carica fino alla scadenza degli organi. Il presidente ed i componenti della giunta nazionale indicati nell'articolo 6, comma 1, lettere *c*), *c-bis*) e *c-ter*) non possono restare in carica oltre due mandati. È consentito un terzo mandato consecutivo se uno dei due mandati precedenti ha avuto durata inferiore a due anni e un giorno, per causa diversa dalle dimissioni volontarie ».

(3) *Comma aggiunto in sostituzione del secondo dall'art. 1 d.lgs. 8 gennaio 2004, n. 15, nei termini previsti dall'art. 2 del medesimo decreto legislativo.*

4 Consiglio nazionale.

1. Il consiglio nazionale è composto da:

a) il presidente del CONI, che lo presiede;

b) i presidenti delle federazioni sportive nazionali;

c) i membri italiani del CIO;

d) atleti e tecnici sportivi in rappresentanza delle federazioni sportive nazionali e delle discipline sportive associate a condizione che non abbiano subito sanzioni di sospensione dall'attività sportiva conseguente all'utilizzo di sostanze che alterano le naturali prestazioni fisiche nelle attività sportive;

e) tre membri in rappresentanza dei presidenti delle strutture territoriali di livello regionale e tre membri in rappresentanza delle strutture territoriali di livello provinciale del CONI;

f) cinque membri in rappresentanza degli enti di promozione sportiva riconosciuti dal CONI;

g) tre membri in rappresentanza delle discipline sportive associate;

h) un membro in rappresentanza delle Associazioni benemerite riconosciute dal CONI (1).

1-*bis*. Lo statuto regola il procedimento elettorale dei componenti di cui alle lettere *d*), *e*), *f*), *g*) ed *h*) del comma 1 (2).

2. I rappresentanti delle federazioni di cui alle lettere *b*) e *d*) del comma 1, individuati nell'ambito degli sport olimpici, devono costituire la maggioranza dei votanti nel Consiglio.

3. I componenti di cui al comma 1, lettera *d*), il cui numero deve essere non inferiore al trenta per cento dei componenti di cui al comma 1, lettera *b*), sono eletti dagli atleti e tecnici componenti degli organi di gestione delle federazioni sportive nazionali e delle discipline sportive associate, in attività o che siano stati tesserati per almeno due anni ad una federazione nazionale sportiva o ad una disciplina sportiva associata. Lo statuto garantisce l'equa rappresentanza di atlete e atleti (1).

4. Nell'ambito dei componenti di cui al comma 1, lettera *d*), sono eletti almeno due atleti, anche non in attività, che hanno preso parte ai giochi olimpici purché, alla data di svolgimento delle elezioni, non siano trascorsi più di otto anni dagli ultimi giochi olimpici cui gli stessi abbiano partecipato.

5. Lo statuto può prevedere la partecipazione a singole sedute di altri soggetti senza diritto di voto.

(1) *Comma sostituito dall'art. 1 d.lgs. 8 gennaio 2004, n. 15, nei termini previsti dall'art. 2 del medesimo decreto legislativo.*

(2) *Comma aggiunto in sostituzione del primo dall'art. 1 d.lgs. n. 15, cit. nei termini previsti dall'art. 2 del medesimo decreto legislativo.*

5 Compiti del consiglio nazionale.

1. Il Consiglio nazionale, nel rispetto delle deliberazioni e degli indirizzi emanati dal CIO, opera per la diffusione dell'idea olimpica e disciplina e coordina l'attività sportiva nazionale, armonizzando a tal fine l'azione delle federazioni sportive nazionali e delle discipline sportive nazionali (1).

1-*bis*. Il Consiglio nazionale elegge il presidente e i componenti della Giunta nazionale di cui all'articolo 6 (2).

2. Il consiglio nazionale svolge i seguenti compiti:

a) adotta lo statuto e gli altri atti normativi di competenza, nonché i relativi atti di indirizzo interpretativo ed applicativo;

b) stabilisce i princìpi fondamentali ai quali devono uniformarsi, allo scopo del riconoscimento ai fini sportivi, gli statuti delle federazioni sportive nazionali delle discipline sportive associate, degli enti di promozione sportiva e delle associazioni e società sportive (3);

c) delibera in ordine ai provvedimenti di riconoscimento, ai fini sportivi, delle federazioni sportive nazionali, delle società ed associazioni sportive, degli enti di promozione sportiva, delle associazioni benemerite e di altre discipline sportive associate al CONI e alle federazioni, sulla base dei requisiti fissati dallo statuto, tenendo conto a tal fine anche della rappresentanza e del carattere olimpico dello sport, dell'eventuale riconoscimento del CIO e della tradizione sportiva della disciplina;

d) stabilisce, in armonia con l'ordinamento sportivo internazionale e nell'ambito di ciascuna federazione sportiva nazionale o della disciplina sportiva associata, criteri per la distinzione dell'attività sportiva dilettantistica da quella professionistica (3);

e) stabilisce i criteri e le modalità per l'esercizio dei controlli sulle federazioni sportive nazionali, sulle discipline sportive associate e sugli enti di promozione sportiva riconosciuti (4);

e-bis) stabilisce i criteri e le modalità di esercizio dei controlli da parte delle federazioni sportive nazionali sulle società sportive di cui all'articolo 12 della legge 23 marzo 1981, n. 91. Allo scopo di garantire il regolare svolgimento dei campionati sportivi il controllo sulle società di cui alla citata legge n. 91 del 1981 può essere svolto in via sostitutiva dal CONI in caso di verificata inadeguatezza dei controlli da parte della federazione sportiva nazionale (5);

e-ter) delibera, su proposta della Giunta nazionale, il commissariamento delle federazioni sportive nazionali o delle discipline sportive associate, in caso di gravi irregolarità nella gestione o di gravi violazioni dell'ordinamento sportivo da parte degli organi direttivi, ovvero in caso di constatata impossibilità di funzionamento dei medesimi, o nel caso in cui non siano garantiti il regolare avvio e svolgimento delle competizioni sportive nazionali (5);

f) approva gli indirizzi generali sull'attività dell'ente, il bilancio preventivo e il bilancio consuntivo; ratifica le delibere della giunta nazionale relative alle variazioni di bilancio (4);

g) esprime parere sulle questioni ad esso sottoposte dalla giunta nazionale;

h) svolge gli altri compiti previsti dal presente decreto e dallo statuto.

(1) *Comma sostituito dall'art. 1 d.lgs. 8 gennaio 2004, n. 15, nei termini previsti dall'art. 2 del medesimo decreto legislativo.*

(2) *Comma aggiunto in sostituzione del primo dall'art. 1 d.lgs. n. 15, cit. nei termini previsti dall'art. 2 del medesimo decreto legislativo.*

(3) *Lettera così modificata dall'art. 1 d.lgs. n. 15, cit. nei termini previsti dall'art. 2 del medesimo decreto legislativo.*

(4) *Lettera sostituita dall'art. 1 d.lgs. n. 15, cit. nei termini previsti dall'art. 2 del medesimo decreto legislativo.*

(5) *Lettera aggiunta in sostituzione della precedente dall'art. 1 d.lgs. n. 15, cit. nei termini previsti dall'art. 2 del medesimo decreto legislativo.*

6 Giunta nazionale.

1. La giunta nazionale è composta da:

a) il presidente del CONI, che la presiede;

b) i membri italiani del CIO;

c) dieci rappresentanti delle federazioni sportive nazionali e delle discipline sportive associate (1);

c-bis) un rappresentante nazionale degli enti di promozione sportiva (2);

c-ter) due rappresentanti delle strutture territoriali del CONI (2).

1-*bis*. Tra i componenti di cui alla lettera *c*) del comma 1, almeno tre sono eletti tra gli atleti e i tecnici sportivi, i restanti sono eletti tra coloro che abbiano uno dei seguenti requisiti:

a) Presidenti di federazioni sportive nazionali o discipline sportive associate, in numero non superiore a cinque;

b) componenti in carica o ex componenti dell'organo direttivo del CONI, di una federazione sportiva nazionale o di una disciplina sportiva associata (3).

2. (*Omissis*) (4).

3. [Alle deliberazioni concernenti le attività della pratica sportiva dei disabili partecipa, con diritto di voto, un rappresentante del Comitato italiano paraolimpico] (5).

4. Alle riunioni della giunta nazionale partecipa, senza diritto di voto, il segretario generale.

5. (*Omissis*) (4).

6. (*Omissis*) (4).

(1) *Lettera sostituita dall'art. 1 d.lgs. n. 15, cit. nei termini previsti dall'art. 2 del medesimo decreto legislativo.*

(2) *Lettera aggiunta in sostituzione della precedente dall'art. 1 d.lgs. n. 15, cit. nei termini previsti dall'art. 2 del medesimo decreto legislativo.*

(3) *Comma aggiunto dall'art. 1 d.lgs. n. 15, cit. nei termini previsti dall'art. 2 del medesimo decreto legislativo.*

(4) *Comma soppresso dall'art. 1 d.lgs. n. 15, cit. nei termini previsti dall'art. 2 del medesimo decreto legislativo.*

(5) *Comma dapprima sostituito dall'art. 1 d.lgs. n. 15, cit. nei termini previsti dall'art. 2 del medesimo decreto legislativo e da ultimo abrogato dall'art. 21, comma 2, d.lgs. 27 febbraio 2017, n. 43.*

7 Compiti della giunta nazionale.

1. La giunta nazionale esercita le funzioni di indirizzo generale dell'attività amministrativa e gestionale del CONI, definendone gli obiettivi ed i programmi e verificando la rispondenza dei risultati agli indirizzi impartiti.

2. La giunta nazionale svolge i seguenti compiti:

a) formula la proposta di statuto dell'ente;

« *a-bis*) definisce annualmente i criteri e i parametri fondamentali cui deve attenersi il contratto di servizio di cui all'articolo 8, comma 8, del decreto-legge 8 luglio 2002, n. 138, convertito, con modificazioni, dalla legge 8 agosto 2002, n. 178; la delibera è trasmessa al Ministero vigilante per l'approvazione (1);

b) delibera sull'ordinamento e sull'organizzazione dei servizi e degli uffici e sulla consistenza degli organici;

c) esercita i poteri di controllo sull'organizzazione generale dei servizi e degli uffici dell'ente;

d) delibera lo schema di bilancio preventivo e di bilancio consuntivo da sottoporre all'approvazione del Consiglio nazionale, e approva le variazioni di bilancio da sottoporre alla ratifica del Consiglio nazionale (2);

e) esercita, sulla base dei criteri e modalità stabilite ai sensi dell'articolo 5, comma 2, lettera *e*), il potere di controllo sulle federazioni sportive nazionali, sulle discipline sportive associate e sugli enti di promozione sportiva riconosciuti in merito al regolare svolgimento delle competizioni, alla preparazione olimpica e all'attività sportiva di alto livello e all'utilizzo dei contributi finanziari di cui alla lettera *d*) del presente comma (2);

f) propone al Consiglio nazionale, il commissariamento delle federazioni sportive nazionali o delle discipline sportive associate, in caso di gravi irregolarità nella gestione o di gravi violazioni dell'ordinamento sportivo da parte degli organi direttivi, ovvero in caso di constatata impossibilità di funzionamento dei medesimi, o nel caso in cui non siano stati ottemperati gli adempimenti regolamentari al fine di garantire il regolare avvio e svolgimento delle competizioni sportive nazionali (2);

g) nomina il segretario generale;

h) svolge gli altri compiti previsti dal presente decreto e dallo statuto.

h-bis) individua, con delibera sottoposta all'approvazione del Ministero per i beni e le attività culturali, i criteri generali dei procedimenti di giustizia sportiva, secondo i seguenti principi:

1) obbligo degli affiliati e tesserati, per la risoluzione delle controversie attinenti lo svolgimento dell'attività sportiva, di rivolgersi agli organi di giustizia federale;

2) previsione che i procedimenti in materia di giustizia sportiva rispettino i principi del contraddittorio tra le parti, del diritto di difesa, della terzietà e imparzialità degli organi giudicanti, della ragionevole durata, della motivazione e della impugnabilità delle decisioni;

3) razionalizzazione dei rapporti tra procedimenti di giustizia sportiva di competenza del CONI con quelli delle singole federazioni sportive nazionali e delle discipline sportive associate (1).

(1) *Lettera aggiunta dall'art. 1 d.lgs. 8 gennaio 2004, n. 15, nei termini previsti dall'art. 2 del medesimo decreto legislativo.*

(2) *Lettera sostituita dall'art. 1 d.lgs. n. 15, cit. nei termini previsti dall'art. 2 del medesimo decreto legislativo.*

8 Presidente del CONI.

1. Il presidente ha la rappresentanza legale dell'ente, anche nell'ambito delle organizzazioni sportive internazionali, svolge i compiti previsti dall'ordinamento

sportivo ed esercita le altre attribuzioni previste dal presente decreto e dallo statuto.

2. Il presidente è eletto dal Consiglio nazionale (1).

3. Il presidente, eletto ai sensi del comma 2, è nominato con decreto del Presidente della Repubblica (1).

3-*bis*. La carica di presidente è incompatibile con altre cariche sportive in seno alle federazioni sportive nazionali e alle discipline sportive associate (2).

3-*ter*. Il presidente è eletto tra tesserati o ex tesserati alle federazioni sportive nazionali o alle discipline sportive associate per almeno quattro anni in possesso di uno dei seguenti requisiti:

a) aver ricoperto la carica di Presidente o vice presidente di una federazione sportiva nazionale o di una disciplina sportiva associata o di membro della Giunta nazionale del CONI o di una struttura territoriale del CONI;

b) essere stato atleta chiamato a far parte di rappresentative nazionali;

c) essere stato dirigente insignito dal CONI delle onorificenze del Collare o della Stella d'oro al merito sportivo (2).

(1) *Comma sostituito dall'art. 1 d.lgs. 8 gennaio 2004, n. 15, nei termini previsti dall'art. 2 del medesimo decreto legislativo.*

(2) *Comma aggiunto in sostituzione del terzo dall'art. 1 d.lgs. n. 15, cit. nei termini previsti dall'art. 2 del medesimo decreto legislativo.*

9-10 (*Omissis*).

11 Collegio dei revisori dei conti.

1. Il collegio dei revisori dei conti è nominato, ogni quattro anni, con decreto del Ministro per i beni e le attività culturali ed è composto di cinque membri, dei quali uno in rappresentanza del Ministero vigilante, uno in rappresentanza del Ministero dell'economia e delle finanze e gli altri designati dall'Ente tra iscritti al registro dei revisori contabili o tra persone in possesso di specifica professionalità. Il decreto di nomina del collegio dei revisori dei conti prevede altresì la nomina di due componenti supplenti (1).

2. I componenti del collegio dei revisori dei conti restano in carica sino alla nomina del nuovo collegio.

(1) *Comma sostituito dall'art. 1 d.lgs. 8 gennaio 2004, n. 15, nei termini previsti dall'art. 2 del medesimo decreto legislativo.*

12 Segretario generale.

1. Il segretario generale è nominato dalla giunta nazionale, tra soggetti in possesso di adeguati requisiti tecnico-professionali.

2. Il segretario generale svolge i seguenti compiti:

a) provvede alla gestione amministrativa dell'ente in base agli indirizzi generali della giunta nazionale e cura l'organizzazione generale dei servizi e degli uffici per la funzionalità dell'ente (1);

b) predispone il bilancio dell'ente;

c) espleta i compiti ad esso affidati dall'ordinamento sportivo internazionale ed esercita le altre attribuzioni previste dal presente decreto e dallo statuto.

3. La carica di segretario generale è incompatibile con quella di componente del consiglio nazionale e con quella di componente degli organi delle federazioni sportive nazionali delle discipline sportive associate e degli enti di promozione sportiva riconosciuti (2).

(1) *Lettera così modificata dall'art. 1 d.lgs. 8 gennaio 2004, n. 15, nei termini previsti dall'art. 2 del medesimo decreto legislativo.*

(2) *Comma così modificato dall'art. 1 d.lgs. n. 15, cit. nei termini previsti dall'art. 2 del medesimo decreto legislativo.*

[12-*bis* Promozione dello sport dei disabili.] (1)

(1) *Articolo dapprima inserito dall'art. 3 l. 15 luglio 2003, n. 189 e successivamente abrogato dall'art. 21, comma 2, d.lgs. 27 febbraio 2017, n. 43. Il testo era il seguente « Il CONI si impegna presso il CIO, presso ogni organo istituzionale competente in materia di sport e presso le federazioni sportive nazionali e le discipline sportive associate, affinché:*

a) *sia promosso e sviluppato, con risorse adeguate, nell'ambito di tali strutture, di concerto con il Comitato italiano paraolimpico, lo sport dei disabili;*

b) *alle Paraolimpiadi, sia riconosciuto agli atleti disabili lo stesso trattamento premiale ed economico che viene riconosciuto agli atleti normodotati alle Olimpiadi;*

c) *sia riconosciuto agli atleti guida di atleti disabili il diritto di accompagnarli sul podio in occasione delle premiazioni .*

c-bis) *sia riconosciuto uno specifico ambito ed uno specifico ruolo a Special Olympics Italia »*

13 Vigilanza.

1. Il Ministro per i beni e le attività culturali può disporre lo scioglimento della giunta nazionale e la revoca del presidente del CONI per grave e persistente inosservanza delle disposizioni di legge e di regolamento, per gravi irregolarità amministrative, per omissione nell'esercizio delle funzioni, per gravi deficienze amministrative tali da compromettere il normale funzionamento dell'ente, ovvero per impossibilità di funzionamento degli organi dell'ente.

2. Nei casi di cui al comma 1 è nominato un commissario straordinario fino alla ricostituzione degli organi dell'ente, da effettuarsi entro il termine di quattro mesi.

2-*bis*. I provvedimenti adottati dagli organi del CONI concernenti indirizzo e controllo, relativi all'attuazione dei compiti attribuiti al Comitato dalla normativa vigente e in particolare dall'articolo 2 del presente decreto legislativo e dall'articolo 12 della legge 23 marzo 1981, n. 91, diventano esecutivi qualora il Ministero per i beni e le attività culturali non formuli motivati rilievi entro venti giorni dalla ricezione degli atti. Restano ferme, per quanto compatibili, le disposizioni di cui all'articolo 1, della legge 31 gennaio 1992, n. 138 (1).

(1) *Comma aggiunto dall'art. 1 d.lgs. 8 gennaio 2004, n. 15, nei termini previsti dall'art. 2 del medesimo decreto legislativo.*

[14 Costituzione di società di capitali.]

1. (*Omissis*) (1).

(1) *Articolo soppresso dall'art. 1 d.lgs. 8 gennaio 2004, n. 15, nei termini previsti dall'art. 2 del medesimo decreto legislativo.*

15 Federazioni sportive nazionali e discipline sportive associate (1).

1. Le federazioni sportive nazionali e le discipline sportive associate svolgono l'attività sportiva in armonia con le deliberazioni e gli indirizzi del CIO, delle federazioni internazionali e del CONI, anche in consi-

derazione della valenza pubblicistica di specifiche tipologie di attività individuate nello statuto del CONI. Ad esse partecipano società ed associazioni sportive e, nei soli casi previsti dagli statuti delle federazioni sportive nazionali e delle discipline sportive associate in relazione alla particolare attività, anche singoli tesserati.

2. Le federazioni sportive nazionali e le discipline sportive associate hanno natura di associazione con personalità giuridica di diritto privato. Esse non perseguono fini di lucro e sono soggette, per quanto non espressamente previsto nel presente decreto, alla disciplina del codice civile e delle relative disposizioni di attuazione.

3. I bilanci delle federazioni sportive nazionali e delle discipline sportive associate sono approvati annualmente dall'organo di amministrazione federale e sono sottoposti alla approvazione della Giunta nazionale del CONI. Nel caso di parere negativo dei revisori dei conti della Federazione o Disciplina associata o nel caso di mancata approvazione da parte della Giunta nazionale del CONI, dovrà essere con vocata l'assemblea delle società e associazioni per deliberare sull'approvazione del bilancio.

4. L'assemblea elettiva degli organi direttivi provvede all'approvazione dei bilanci programmatici di indirizzo dell'organo di amministrazione che saranno sottoposti alla verifica assembleare alla fine di ogni quadriennio e del mandato per i quali sono stati approvati.

5. Le federazioni sportive nazionali e le discipline sportive associate sono riconosciute, ai fini sportivi, dal Consiglio nazionale.

6. Il riconoscimento della personalità giuridica di diritto privato alle nuove federazioni sportive nazionali e discipline sportive associate è concesso a norma del decreto del Presidente della Repubblica 10 febbraio 2000, n. 361 previo riconoscimento, ai fini sportivi, da parte del Consiglio nazionale.

7. Il CONI, le federazioni sportive nazionali e le discipline sportive associate restano rispettivamente titolari dei beni immobili e mobili registrati loro appartenenti. Il CONI può concedere in uso alle federazioni sportive nazionali e alle discipline sportive associate beni di sua proprietà.

(1) *Articolo sostituito dall'art. 1 d.lgs. 8 gennaio 2004, n. 15, nei termini previsti dall'art. 2 del medesimo decreto legislativo.*

16 Statuti delle federazioni sportive nazionali e delle discipline sportive associate (1).

1. Le federazioni sportive nazionali e le discipline sportive associate sono rette da norme statutarie e regolamentari sulla base del principio di democrazia interna, del principio di partecipazione all'attività sportiva da parte di chiunque in condizioni di parità e in armonia con l'ordinamento sportivo nazionale ed internazionale.

2. Gli statuti delle federazioni sportive nazionali e delle discipline sportive associate prevedono le procedure per l'elezione del presidente e dei membri degli organi direttivi, promuovendo le pari opportunità tra donne e uomini. Il presidente e i membri degli organi direttivi restano in carica quattro anni e non possono svolgere più di tre mandati. Qualora gli statuti prevedano la rappresentanza per delega, il CONI, al fine di garantire una più ampia partecipazione alle assemblee, stabilisce, con proprio provvedimento, i principi generali per l'esercizio del diritto di voto per delega in assemblea al fine, in particolare, di limitare le concentrazioni di deleghe di voto mediante una riduzione del numero delle deleghe medesime che possono essere rilasciate, in numero comunque non superiore a cinque. Qualora le federazioni sportive nazionali e le discipline sportive associate non adeguino i propri statuti alle predette disposizioni, il CONI, previa diffida, nomina un commissario ad acta che vi provvede entro sessanta giorni dalla data della nomina. Gli statuti delle federazioni sportive nazionali e delle discipline sportive associate possono prevedere un numero di mandati inferiore al limite di cui al presente comma, fatti salvi gli effetti delle disposizioni transitorie in vigore. La disciplina di cui al presente comma si applica anche agli enti di promozione sportiva, nonché ai presidenti e ai membri degli organi direttivi delle strutture territoriali delle federazioni sportive nazionali e delle discipline sportive associate (2).

[3. Chi ha ricoperto per due mandati consecutivi la carica di Presidente non è immediatamente rieleggibile alla medesima carica, salvo quanto disposto dal successivo comma 4. È consentito un terzo mandato consecutivo se uno dei due mandati precedenti ha avuto durata inferiore a due anni e un giorno, per causa diversa dalle dimissioni volontarie.] (3)

[4. Per l'elezione successiva a due o più mandati consecutivi, il Presidente uscente candidato è confermato qualora raggiunga una maggioranza non inferiore al cinquantacinque per cento dei voti validamente espressi. Gli statuti prevedono le modalità per lo svolgimento delle elezioni qualora il Presidente uscente candidato non raggiunga il quorum richiesto.] (3)

5. Negli organi direttivi nazionali deve essere garantita la presenza, in misura non inferiore al trenta per cento del totale dei loro componenti, di atleti e tecnici sportivi, dilettanti e professionisti, in attività o che siano stati tesserati per almeno due anni nell'ultimo decennio alla federazione o disciplina sportiva interessata, in possesso dei requisiti stabiliti dagli statuti delle singole federazioni e discipline associate. A tal fine lo statuto assicura forme di equa rappresentanza di atlete e atleti. Lo statuto può prevedere, altresì, la presenza degli ufficiali di gara negli organi direttivi.

6. Gli statuti definiscono i poteri di vigilanza e controllo esercitabili dalla federazione e dalla disciplina associata nei confronti delle articolazioni associative interne alla propria organizzazione.

(1) *Articolo sostituito dall'art. 1 d.lgs. 8 gennaio 2004, n. 15, nei termini previsti dall'art. 2 del medesimo decreto legislativo.*

(2) *Comma sostituito dall'art. 2, l. 11 gennaio 2018, n. 8. Il testo previgente era il seguente:* « 2. Gli statuti prevedono le procedure per l'elezione del Presidente e dei membri degli organi direttivi che restano in carica per un quadriennio e possono essere riconfermati ».

(3) *Comma abrogato dall'art. 5, comma 2, l. n. 8, cit.*

16-*bis* Enti di promozione sportiva (1).

1. Gli Enti di promozione sportiva sono tenuti a presentare ogni anno alla Giunta Nazionale il bilan-

cio di previsioneed il conto consuntivo, nonché una relazione documentata in ordine all'utilizzazione dei contributi ricevuti dal CONI, da tenere in considerazione per l'assegnazione relativa agli esercizi successivi.

2. La Giunta nazionale, qualora attraverso gli atti in suo possesso o gli accertamenti svolti, riscontri irregolarità relative all'utilizzazione dei finanziamenti per attività o spese non attinenti alle finalità degli enti adotta i provvedimenti necessari e può proporre al Consiglio nazionale la sospensione o la riduzione dei contributi e, nei casi più gravi, la revoca del riconoscimento sportivo.

(1) *Articolo inserito dall'art. 1 d.lgs. 8 gennaio 2004, n. 15, nei termini previsti dall'art. 2 del medesimo decreto legislativo.*

17 Personale.

1. (*Omissis*) (1).

(1) *Articolo soppresso dall'art. 1 d.lgs. 8 gennaio 2004, n. 15, nei termini previsti dall'art. 2 del medesimo decreto legislativo.*

18 Disposizioni transitorie.

(*Omissis*).

19 Abrogazioni.

1. Sono abrogati la legge 16 febbraio 1942, n. 426, e l'art. 14 della legge 23 marzo 1981, n. 91.

131. Legge 23 marzo 1981, n. 91. — Norme in materia di rapporti tra società e sportivi professionisti (1) (2). (*estratto*).

Pubblicata nella Gazzetta Ufficiale n. 86 del 27 marzo 1981.

(1) *Ai sensi dell'art. 52, comma 1, lett.* b) *d.lgs. 28 febbraio 2021, n. 36, come da ultimo modificato dall'art. 10, comma 13-quater, lett.* b) *d.l. 25 maggio 2021, n. 73, conv., con modif., in l. 23 luglio 2021, n. 106, a decorrere dal* ***1° gennaio 2023****, le disposizioni di cui alla presente legge sono* ***abrogate****.*

(2) *Con d.lgs. 31 marzo 1998, n. 112, sono state trasferite alle regioni ed agli enti locali, tra l'altro, le competenze in materia di turismo, sport e spettacolo.*

1 Attività sportiva.

L'esercizio dell'attività sportiva, sia essa svolta in forma individuale o collettiva, sia in forma professionistica o dilettantistica, è libero.

2 Professionismo sportivo.

Ai fini dell'applicazione della presente legge, sono sportivi professionisti gli atleti, gli allenatori, i direttori tecnico-sportivi ed i preparatori atletici, che esercitano l'attività sportiva a titolo oneroso con carattere di continuità nell'ambito delle discipline regolamentate dal CONI e che conseguono la qualificazione dalle federazioni sportive nazionali, secondo le norme emanate dalle federazioni stesse, con l'osservanza delle direttive stabilite dal CONI per la distinzione dell'attività dilettantistica da quella professionistica.

3 Prestazione sportiva dell'atleta.

La prestazione a titolo oneroso dell'atleta costituisce oggetto di contratto di lavoro subordinato regolato dalle norme contenute nella presente legge.

Essa costituisce, tuttavia, oggetto di contratto di lavoro autonomo quando ricorra almeno uno dei seguenti requisiti:

a) l'attività sia svolta nell'ambito di una singola manifestazione sportiva o di più manifestazioni tra loro collegate in un breve periodo di tempo;

b) l'atleta non sia contrattualmente vincolato per ciò che riguarda la frequenza a sedute di preparazione od allenamento;

c) la prestazione che è oggetto del contratto, pur avendo carattere continuativo, non superi otto ore settimanali oppure cinque giorni ogni mese ovvero trenta giorni ogni anno.

4 Disciplina del lavoro subordinato sportivo.

Il rapporto di prestazione sportiva a titolo oneroso si costituisce mediante assunzione diretta e con la stipulazione di un contratto in forma scritta, a pena di nullità, tra lo sportivo e la società destinataria delle prestazioni sportive, secondo il contratto tipo predisposto, conformemente all'accordo stipulato, ogni tre anni dalla federazione sportiva nazionale e dai rappresentanti delle categorie interessate.

La società ha l'obbligo di depositare il contratto presso la federazione sportiva nazionale per l'approvazione.

Le eventuali clausole contenenti deroghe peggiorative sono sostituite di diritto da quelle del contratto tipo.

Nel contratto individuale dovrà essere prevista la clausola contenente l'obbligo dello sportivo al rispetto delle istruzioni tecniche e delle prescrizioni impartite per il conseguimento degli scopi agonistici.

Nello stesso contratto potrà essere prevista una clausola compromissoria con la quale le controversie concernenti l'attuazione del contratto e insorte fra la società sportiva e lo sportivo sono deferite ad un collegio arbitrale. La stessa clausola dovrà contenere la nomina degli arbitri oppure stabilire il numero degli arbitri e il modo di nominarli.

Il contratto non può contenere clausole di non concorrenza o, comunque, limitative della libertà professionale dello sportivo per il periodo successivo alla risoluzione del contratto stesso né può essere integrato, durante lo svolgimento del rapporto, con tali pattuizioni.

Le federazioni sportive nazionali possono prevedere la costituzione di un fondo gestito da rappresentanti delle società e degli sportivi per la corresponsione della indennità di anzianità al termine dell'attività sportiva a norma dell'articolo 2123 del codice civile.

Ai contratti di cui al presente articolo non si applicano le norme contenute negli articoli 4, 5,13, 18, 33,34 della legge 20 maggio 1970, n. 300, e negli articoli 1, 2, 3, 5,6, 7, 8 della legge 15 luglio 1966, n. 604. Ai contratti di lavoro a termine non si applicano le norme della legge 18 aprile 1962, n. 230.

L'articolo 7 della legge 20 maggio 1970, n. 300, non si applica alle sanzioni disciplinari irrogate dalle federazioni sportive nazionali.

5 Cessione del contratto.

Il contratto di cui all'articolo precedente può contenere l'apposizione di un termine risolutivo, non superiore a cinque anni dalla data di inizio del rapporto. È ammessa la successione di contratto a termine fra gli stessi soggetti.

È ammessa la cessione del contratto, prima della scadenza, da una società sportiva ad una altra, purché vi consenta l'altra parte e siano osservate le modalità fissate dalle federazioni sportive nazionali.

6-9 (*Omissis*).

10 Costituzione e affiliazione.

Possono stipulare contratti con atleti professionisti solo società sportive costituite nella forma di società per azioni o di società a responsabilità limitata. In deroga all'articolo 2477 del codice civile è in ogni caso obbligatoria, per le società sportive professionistiche, la nomina del collegio sindacale (1).

L'atto costitutivo deve prevedere che la società possa svolgere esclusivamente attività sportive ed attività ad esse connesse o strumentali (2).

L'atto costitutivo deve provvedere che una quota parte degli utili, non inferiore al 10 per cento, sia destinata a scuole giovanili di addestramento e formazione tecnico-sportiva (3).

Prima di procedere al deposito dell'atto costitutivo, a norma dell'articolo 2330 del codice civile, la società deve ottenere l'affiliazione da una o da più federazioni sportive nazionali riconosciute dal CONI.

Gli effetti derivanti dall'affiliazione restano sospesi fino all'adempimento degli obblighi di cui all'articolo 11.

L'atto costitutivo può sottoporre a speciali condizioni l'alienazione delle azioni o delle quote.

Negli atti costitutivi delle società sportive di cui al primo comma è prevista la costituzione di un organo consultivo che provvede, con pareri obbligatori ma non vincolanti, alla tutela degli interessi specifici dei tifosi. L'organo è formato da non meno di tre e non più di cinque membri, eletti ogni tre anni dagli abbonati alla società sportiva, con sistema elettronico, secondo le disposizioni di un apposito regolamento approvato dal consiglio di amministrazione della stessa società, che deve stabilire regole in materia di riservatezza e indicare le cause di ineleggibilità e di decadenza, tra le quali, in ogni caso, l'emissione nei confronti del tifoso di uno dei provvedimenti previsti dall'articolo 6 della legge 13 dicembre 1989, n. 401, o dal codice delle leggi antimafia e delle misure di prevenzione, di cui al decreto legislativo 6 settembre 2011, n. 159, ovvero di un provvedimento di condanna, anche con sentenza non definitiva, per reati commessi in occasione o a causa di manifestazioni sportive. Sono fatti salvi gli effetti dell'eventuale riabilitazione o della dichiarazione di cessazione degli effetti pregiudizievoli ai sensi dell'articolo 6, comma 8-*bis*, della citata legge n. 401 del 1989. L'organo consultivo elegge tra i propri membri il presidente, che può assistere alle assemblee dei soci (4).

Le società sportive professionistiche adeguano il proprio assetto societario alle disposizioni di cui al settimo comma entro diciotto mesi (5) dalla data di entrata in vigore della presente disposizione (4).

L'affiliazione può essere revocata dalla federazione sportiva nazionale per gravi infrazioni all'ordinamento sportivo.

La revoca dell'affiliazione determina l'inibizione dello svolgimento dell'attività sportiva.

Avverso le decisioni della federazione sportiva nazionale è ammesso ricorso alla giunta esecutiva del CONI, che si pronuncia entro sessanta giorni dal ricevimento del ricorso.

(1) *Comma modificato dall'art. 4, comma 1, d.l. 20 settembre 1996, n. 485, conv., con modif., in l. 18 novembre 1996, n. 586 e, successivamente, dall'art. 8 d.lgs. 6 febbraio 2004, n. 37.*

(2) *Comma così sostituito dall'art. 4, comma 1, d.l. n. 485, cit.*

(3) *Comma aggiunto dall'art. 4, comma 1, del d.l. n. 485, cit.*

(4) *Comma inserito dall'art. 4, comma 1, l. 8 agosto 2019, n. 86.*

(5) *Le parole* « diciotto mesi » *sono state sostituite, in sede di conversione, alle parole* « sei mesi » *dall'art. 15-*bis*, comma 1, d.l. 30 dicembre 2019, n. 162, conv., con modif., in l. 28 febbraio 2020, n. 8.*

11 Deposito degli atti costitutivi (1).

Le società sportive, entro trenta giorni dall'iscrizione nel registro delle imprese a norma dell'art. 2330 del codice civile, devono depositare l'atto costitutivo presso la federazione sportiva nazionale alla quale sono affiliate. Devono, altresì, dare comunicazione alla federazione sportiva nazionale, entro venti giorni dalla deliberazione, di ogni avvenuta variazione dello statuto o delle modificazioni concernenti gli amministratori ed i revisori dei conti.

(1) *Articolo così modificato dall'art. 8 d.lgs. 6 febbraio 2004, n. 37.*

12 Garanzia per il regolare svolgimento dei campionati sportivi (1).

1. Al solo scopo di garantire il regolare svolgimento dei campionati sportivi, le società di cui all'articolo 10 sono sottoposte, al fine di verificarne l'equilibrio finanziario, ai controlli ed ai conseguenti provvedimenti stabiliti dalle federazioni sportive, per delega del CONI, secondo modalità e princìpi da questo approvati.

(1) *Articolo così sostituito dall'art. 4, comma 2, d.l. 20 settembre 1996, n. 485, conv., con modif., in l. 18 novembre 1996, n. 586.*

13 Controllo giudiziario (1).

Il procedimento di cui all'articolo 2409 del codice

civile si applica alle società di cui all'articolo 10, comprese quelle aventi forma di società a responsabilità limitata; il potere di denuncia spetta anche alle federazioni sportive nazionali.

(1) *Articolo prima sostituito dall'art. 4, comma 3, d.l. 20 settembre 1996, n. 485, conv., con modif., in l. 18 novembre 1996, n. 586, e successivamente dall'articolo 8, comma 1, d.lgs. 6 febbraio 2004, n. 37.*

14 Federazioni sportive nazionali (1).

[Le federazioni sportive nazionali sono costituite dalle società e dagli organismi ad esse affiliati e sono rette da norme statutarie e regolamentari sulla base del principio di democrazia interna.

Alle federazioni sportive nazionali è riconosciuta l'autonomia tecnica, organizzativa e di gestione, sotto la vigilanza del CONI.

Le federazioni sportive nazionali devono adeguare il loro ordinamento alle norme della presente legge entro sei mesi dall'entrata in vigore della legge stessa].

(1) *Articolo dapprima modificato dall'articolo 3, comma 1, l. 31 gennaio 1992, n. 381 e, successivamente, abrogato dall'art. 19, d.lgs. 23 luglio 1999, n. 242.*

15 Trattamento tributario.

(*Omissis*).

16 Abolizione del vincolo sportivo.

Le limitazioni alla libertà contrattuale dell'atleta professionista, individuate come "vincolo sportivo" nel vigente ordinamento sportivo, saranno gradualmente eliminate entro cinque anni dalla data di entrata in vigore della presente legge, secondo modalità e parametri stabiliti dalle federazioni sportive nazionali e approvati dal CONI, in relazione all'età degli atleti, alla durata ed al contenuto patrimoniale del rapporto con le società.

Le società sportive previste dalla presente legge possono iscrivere nel proprio bilancio tra le componenti attive, in apposito conto, un importo massimo pari al valore delle indennità di preparazione e promozione maturate alla data del 30 giugno 1996, in base ad una apposita certificazione rilasciata dalla Federazione sportiva competente conforme alla normativa in vigore (1).

Le società che si avvalgono della facoltà di cui al comma precedente debbono procedere ad ogni effetto all'ammortamento del valore iscritto entro tre anni a decorrere dalla data del 15 maggio 1996, fermo restando l'obbligo del controllo da parte di ciascuna federazione sportiva ai sensi dell'articolo 12 (1).

Le società appartenenti a federazioni sportive che abbiano introdotto nei rispettivi ordinamenti il settore professionistico in epoca successiva alla data di entrata in vigore della presente legge, oltre che avvalersi della facoltà prevista dal secondo comma, possono altresì provvedere ad un ammortamento delle immobilizzazioni, iscritte in sede di trasformazione o di prima applicazione del vincolo di cui al primo comma, entro un periodo non superiore a tre anni, a decorrere dalla data del 15 maggio 1996 (1).

(1) *Comma aggiunto dall'art. 3, d.l. 20 settembre 1996, n. 485, conv., con modif., in l. 18 novembre 1996, n. 586.*

17 Trasformazione delle società e decorrenza degli articoli 3, 4 e 5.

(*Omissis*).

18 Applicazione della legge 8 luglio 1977, n. 406, agli organi del CONI.

(*Omissis*).

18-*bis* Disposizioni in materia di bilanci (1).

(*Omissis*).

132. Decreto legge 19 agosto 2003, n. 220, convertito, con modificazioni, in legge 17 ottobre 2003, n. 280. — Disposizioni urgenti in materia di giustizia sportiva.

Pubblicato nella Gazzetta Ufficiale n. 192 del 20 agosto 2003; la legge di conversione è stata pubblicata nella Gazzetta Ufficiale n. 243 del 18 ottobre 2003.

1 Principi generali (1).

1. La Repubblica riconosce e favorisce l'autonomia dell'ordinamento sportivo nazionale, quale articolazione dell'ordinamento sportivo internazionale facente capo al Comitato Olimpico Internazionale.

2. I rapporti tra l'ordinamento sportivo e l'ordinamento della Repubblica sono regolati in base al principio di autonomia, salvi i casi di rilevanza per l'ordinamento giuridico della Repubblica di situazioni giuridiche soggettive connesse con l'ordinamento sportivo (2).

(1) *Il CONI ha approvato nel 2015 il Codice della giustizia sportiva.*
(2) *Comma così modificato in sede di conversione.*

2 Autonomia dell'ordinamento sportivo.

1. In applicazione dei principi di cui all'articolo 1, è riservata all'ordinamento sportivo la disciplina delle questioni aventi ad oggetto:

a) l'osservanza e l'applicazione delle norme regolamentari, organizzative e statutarie dell'ordinamento sportivo nazionale e delle sue articolazioni al fine di garantire il corretto svolgimento delle attività sportive (1);

b) i comportamenti rilevanti sul piano disciplinare e l'irrogazione ed applicazione delle relative sanzioni disciplinari sportive;

c) (2);

d) (2).

2. Nelle materie di cui al comma 1, le società, le associazioni, gli affiliati ed i tesserati hanno l'onere di adire, secondo le previsioni degli statuti e regolamenti del Comitato olimpico nazionale italiano e delle Federazioni sportive di cui gli articoli 15 e 16 del decreto legislativo 23 luglio 1999, n. 242, gli organi di giustizia dell'ordinamento sportivo.

2-*bis*. Ai fini di cui al comma 1, lettera *a*), e allo scopo di evitare l'insorgere di contenzioso sull'ordinato e regolare andamento delle competizioni sportive, sono escluse dalle scommesse e dai concorsi pronostici connessi al campionato italiano di calcio le società calcistiche, di cui all'articolo 10 della legge 23 marzo 1981, n. 91, che siano controllate, anche per interposta persona, da una persona fisica o giuridica che detenga una partecipazione di controllo in altra società calcistica. Ai fini di cui al presente comma, il controllo sussiste nei casi previsti dall'articolo 2359, commi primo e secondo, del codice civile (3).

(1) *Lettera sostituita in sede di conversione.*
(2) *Lettera soppressa in sede di conversione.*
(3) *Comma aggiunto in sede di conversione.*

3 Norme sulla giurisdizione e disciplina transitoria.

1. Esauriti i gradi della giustizia sportiva e ferma restando la giurisdizione del giudice ordinario sui rapporti patrimoniali tra società, associazioni e atleti, ogni altra controversia avente ad oggetto atti del Comitato olimpico nazionale italiano o delle Federazioni sportive non riservata agli organi di giustizia dell'ordinamento sportivo ai sensi dell'articolo 2, è disciplinata dal codice del processo amministrativo (1). In ogni caso è fatto salvo quanto eventualmente stabilito dalle clausole compromissorie previste dagli statuti e dai regolamenti del Comitato olimpico nazionale italiano e delle Federazioni sportive di cui all'articolo 2, comma 2, nonché quelle inserite nei contratti di cui all'articolo 4 della legge 23 marzo 1981, n. 91. Sono in ogni caso riservate alla giurisdizione esclusiva del giudice amministrativo ed alla competenza funzionale inderogabile del tribunale amministrativo regionale del Lazio, con sede in Roma, le controversie aventi ad oggetto i provvedimenti di ammissione ed esclusione dalle competizioni professionistiche delle società o associazioni sportive professionistiche, o comunque incidenti sulla partecipazione a competizioni professionistiche. Per le stesse controversie resta esclusa ogni competenza degli organi di giustizia sportiva, fatta salva la possibilità che lo statuto e i regolamenti del CONI e conseguentemente delle Federazioni sportive di cui gli articoli 15 e 16 del decreto legislativo 23 luglio 1999, n. 242, prevedano organi di giustizia dell'ordinamento sportivo che, ai sensi dell'articolo 2, comma 2, del presente decreto decidono tali questioni anche nel merito ed in unico grado e le cui statuizioni, impugnabili ai sensi del precedente periodo, siano rese in via definitiva entro il termine perentorio di trenta giorni dalla pubblicazione dell'atto impugnato. Con lo spirare di tale termine il ricorso all'organo di giustizia sportiva si ha per respinto, l'eventuale decisione sopravvenuta di detto organo è priva di effetto e i soggetti interessati possono proporre, nei successivi trenta giorni, ricorso dinanzi al tribunale amministrativo regionale del Lazio (2).

[2. La competenza di primo grado spetta in via esclusiva, anche per l'emanazione di misure cautelari, al tribunale amministrativo regionale del Lazio con sede in Roma. Le questioni di competenza di cui al presente comma sono rilevabili d'ufficio] (3).

[3. Davanti al giudice amministrativo il giudizio è definito con sentenza succintamente motivata ai sensi dell'articolo 26 della legge 6 dicembre 1971, n. 1034, e si applicano i commi 2 e seguenti dell'articolo 23-*bis* della stessa legge] (4).

[4. Le norme di cui ai commi 1, 2 e 3 si applicano anche ai processi in corso e l'efficacia delle misure cautelari emanate da un tribunale amministrativo diverso da quello di cui al comma 2 è sospesa fino alla loro conferma, modifica o revoca da parte del tribunale amministrativo regionale del Lazio con sede in Roma, cui la parte interessata può riproporre il ricorso e l'istanza cautelare entro il termine di cui all'articolo 31, comma undicesimo, della legge 6 dicembre 1971, n. 1034, decorrente dalla data di entrata in vigore del presente decreto e ridotto alla metà] (3).

[5. Alla luce del disposto di cui all'articolo 1, in applicazione dell'articolo 2, comma 1, tenuto conto dell'eccezionale situazione determinatasi per il contenzioso in essere, il Comitato olimpico nazionale italiano, su proposta della Federazione competente, adotta i provvedimenti di carattere straordinario transitorio, anche in deroga alle vigenti disposizioni dell'ordinamento sportivo, per assicurare l'avvio dei campionati 2003-2004] (5).

(1) *Le parole* « è disciplinata dal codice del processo amministrativo » *sono state sostituite alle parole* « è devoluta alla giurisdizione esclusiva del giudice amministrativo » *dall'art. 3, comma 13, dell'Allegato 4 d.lgs. 2 luglio 2010, n. 104, con effetto a decorrere dal 16 settembre 2010.*

(2) *Le parole da* « Sono in ogni caso riservate alla giurisdizione esclusiva del giudice amministrativo ed alla competenza funzionale inderogabile del tribunale » *fino alla fine del comma sono state introdotte dall'art. 1, comma 647, l. 30 dicembre 2018, n. 145. Si vedano anche i commi 648, 649, 650 dell'art. 1, l. n. 145, cit.: « 648. Il CONI e le Federazioni sportive adeguano i propri statuti ai principi stabiliti dai commi da 647 a 649. Fatto salvo quanto previsto dal comma 647, capoverso, secondo e terzo periodo, le controversie pendenti dinanzi agli organi di giustizia sportiva aventi ad oggetto i provvedimenti di ammissione ed esclusione dalle competizioni professionistiche delle società o associazioni sportive, o comunque incidenti sulla partecipazione a competizioni professionistiche, possono essere riproposte dinanzi al tribunale amministrativo regionale nel termine di trenta giorni decorrente dalla data di entrata in vigore della presente legge, con gli effetti previsti dall'articolo 11, comma 2, del codice del processo amministrativo, di cui all'allegato 1 al decreto legislativo 2 luglio 2010, n. 104. Decorso tale termine la domanda non è più proponibile. Entro lo stesso termine possono essere impugnate in sede giurisdizionale le decisioni degli organi di giustizia sportiva pubblicate anteriormente alla data di entrata in vigore della presente legge per le quali siano pendenti i termini di impugnazione. — 649. Al codice del processo amministrativo, di cui all'allegato 1 al decreto legislativo 2 luglio 2010, n. 104, sono apportate le seguenti modificazioni: a) all'articolo 119, comma 1, lettera a), dopo le parole: "servizi e forniture" sono inserite le seguenti: "nonché i provvedimenti di ammissione ed esclusione dalle competizioni professionistiche delle società o associazioni sportive professionistiche, o comunque incidenti sulla partecipazione a competizioni professionistiche,"; b) all'articolo*

133, comma 1, dopo la lettera z-sexies) *è aggiunta la seguente: "z-septies) le controversie relative ai provvedimenti di ammissione ed esclusione dalle competizioni professionistiche delle società o associazioni sportive professionistiche, o comunque incidenti sulla partecipazione a competizioni professionistiche";* c) *all'articolo 135, comma 1, dopo la lettera* q-quinquies) *è aggiunta la seguente: "*q-sexies) *le controversie relative ai provvedimenti di ammissione ed esclusione dalle competizioni professionistiche delle società o associazioni sportive professionistiche, o comunque incidenti sulla partecipazione a competizioni pr"fessionistiche". — 650. Le disposizioni di cui ai commi da 647 a 649 si applicano anche ai processi ed alle controversie in corso alla data di entrata in vigore della presente legge e dalla loro attuazione non devono derivare nuovi o maggiori oneri a carico della finanza pubblica. Le autorità interessate provvedono con le risorse umane, strumentali e finanziarie disponibili a legislazione vigente ». Sul medesimo comma era intervenuto anche il d.l. 5 ottobre 2018, n. 115, Disposizioni urgenti in materia di giustizia amministrativa, di difesa erariale e per il regolare svolgimento delle competizioni sportive, decaduto in seguito alla mancata coversione. Il testo era il seguente: « Art. 1. — 1. Al codice del processo amministrativo, di cui all'allegato 1 al decreto legislativo 2 luglio 2010, n. 104, sono apportate le seguenti modificazioni:* a) *all'articolo 119, comma 1, lettera* a), *dopo le parole « servizi e forniture », sono inserite le seguenti: « nonché i provvedimenti di ammissione ed esclusione dalle competizioni professionistiche delle società o associazioni sportive professionistiche, o comunque incidenti sulla partecipazione a competizioni professionistiche, »;* b) *all'articolo 133, comma 1, dopo la lettera* z-sexies) *è aggiunta la seguente: « z-septies) le controversie relative ai provvedimenti di ammissione ed esclusione dalle competizioni professionistiche delle società o associazioni sportive professionistiche, o comunque incidenti sulla partecipazione a competizioni professionistiche. »;* c) *all'articolo 135, comma 1, dopo la lettera* q-quinquies) *è aggiunta la seguente: «* q-sexies) *le controversie relative ai provvedimenti di ammissione ed esclusione dalle competizioni professionistiche delle società o associazioni sportive professionistiche, o comunque incidenti sulla partecipazione a competizioni professionistiche. »;* d) *all'articolo 62, dopo il comma 3 è inserito il seguente: « 3-bis. Nelle controversie di cui all'articolo 133, comma 1, lettera z-septies), contro i decreti di accoglimento che dispongono misure cautelari ai sensi dell'articolo 56, finché efficaci ai sensi del comma 4 del medesimo articolo, nonché contro quelli di cui all'articolo 61, finché efficaci ai sensi del comma 5 del medesimo articolo, è ammesso l'appello al Consiglio di Stato nei soli casi in cui l'esecuzione del decreto sia idonea a produrre pregiudizi gravissimi ovvero danni irreversibili prima della trattazione collegiale della domanda cautelare. Il Presidente, omessa ogni formalità, provvede con decreto sulla domanda solo se la ritiene ammissibile e fondata. Gli effetti della decisione di accoglimento cessano con la perdita di efficacia del decreto appellato ai sensi dei citati articoli 56, comma 4, e 61, comma 5. ». — 2. Il Comitato olimpico nazionale italiano (CONI) si può avvalere del patrocinio dell'Avvocatura dello Stato ai sensi dell'articolo 43 del regio decreto 30 ottobre 1933, n. 1611. — 3. All'articolo 3, comma 1, del decreto-legge 19 agosto 2003, n. 220, convertito, con modificazioni, dalla legge 17 ottobre 2003, n. 280, sono aggiunti, in fine, i seguenti periodi: « Sono in ogni caso riservate alla giurisdizione esclusiva del giudice amministrativo ed alla competenza funzionale inderogabile del Tribunale amministrativo regionale del Lazio, sede di Roma, le controversie aventi ad oggetto i provvedimenti di ammissione ed esclusione dalle competizioni professionistiche delle società o associazioni sportive professionistiche, o comunque incidenti sulla partecipazione a competizioni professionistiche. Per le stesse controversie resta esclusa ogni competenza degli organi di giustizia sportiva, fatta salva la possibilità che lo statuto e i regolamenti del CONI e conseguentemente delle Federazioni sportive di cui gli articoli 15 e 16 del decreto legislativo 23 luglio 1999, n. 242, prevedano organi di giustizia dell'ordinamento sportivo che, ai sensi dell'articolo 2 comma 2, decidono tali questioni anche nel merito ed in unico grado e le cui statuizioni, impugnabili ai sensi del precedente periodo, siano rese in via definitiva entro il termine perentorio di 30 giorni dalla pubblicazione dell'atto impugnato. Con lo spirare di tale termine il ricorso all'organo di giustizia sportiva si ha per respinto, l'eventuale decisione sopravvenuta di detto organo è priva di effetto e i soggetti interessati possono proporre, nei successivi 30 giorni, ricorso dinanzi al Tribunale amministrativo regionale del Lazio. — 4. Il CONI e le Federazioni sportive adeguano i propri statuti ai principi stabiliti dal presente articolo. Le norme di cui ai commi 1, 2 e 3 si applicano anche ai processi ed alle controversie in corso. Le controversie pendenti dinanzi agli organi di giustizia sportiva aventi ad oggetto i provvedimenti di ammissione ed esclusione dalle competizioni professionistiche delle società o associazioni sportive professionistiche, o comunque incidenti sulla partecipazione a competizioni professionistiche, possono essere riproposte dinanzi al Tribunale amministrativo regionale nel termine di trenta giorni decorrente dalla data di entrata in vigore del presente decreto e con gli effetti di cui all'articolo 11, comma 2, del codice del processo amministrativo, di cui al decreto legislativo n. 104 del 2010. Decorso tale termine la domanda non è più proponibile. Entro lo stesso termine possono essere impugnate in sede giurisdizionale le decisioni degli organi di giustizia sportiva pubblicate anteriormente all'entrata in vigore del presente decreto per le quali siano pendenti i termini di impugnazione. — 5. Dall'attuazione delle disposizioni di cui ai commi 1, 2, 3 e 4 non devono derivare nuovi o maggiori oneri a carico della finanza pubblica. Le autorità interessate provvedono con le risorse umane, strumentali e finanziarie disponibili a legislazione vigente ».*

(3) *Comma dapprima modificato in sede di conversione e successivamente abrogato dall'art. 4 dell'Allegato 4 d.lgs. n. 104, cit., con effetto a decorrere dal 16 settembre 2010.*

(4) *Comma abrogato dall'art. 4 dell'Allegato 4 d.lgs. n. 104, cit., con effetto a decorrere dal 16 settembre 2010.*

(5) *Comma soppresso in sede di conversione; restano, però, salvi gli effetti prodottisi fino alla data di entrata in vigore della citata legge di conversione, ai sensi dell'art. 1 della medesima legge di conversione.*

4 Entrata in vigore.

(*Omissis*).

133. Decreto legislativo 27 febbraio 2017, n. 43. — Riorganizzazione delle amministrazioni pubbliche, concernente il Comitato italiano paralimpico, ai sensi dell'articolo 8, comma 1, lettera *f*), della legge 7 agosto 2015, n. 124 (*estratto*).

Pubblicato nella Gazzetta Ufficiale n. 80 del 5 aprile 2017.

1 Comitato italiano paralimpico.

1. È costituito, senza nuovi o maggiori oneri per la finanza pubblica, il Comitato italiano paralimpico, con personalità giuridica di diritto pubblico e sede in Roma, di seguito denominato CIP, dotato di autonomia organizzativa, regolamentare, amministrativa, contabile e di bilancio, posto sotto la vigilanza della Presidenza del Consiglio dei ministri, ai sensi dell'articolo 1, comma 19, lettera *a*), del decreto-legge 18 maggio 2006, n. 181, di seguito denominata Autorità di vigilanza.

2. Il CIP è la Confederazione delle federazioni sportive paralimpiche, di seguito denominate FSP e delle discipline sportive paralimpiche, di seguito denominate DSP, da esso riconosciute.

Partecipano altresì al CIP, secondo le modalità di cui al presente decreto, le federazioni sportive nazionali e le discipline sportive associate riconosciute dal CONI, di seguito denominate rispettivamente FSNP e DSAP, le cui attività paralimpiche siano state già riconosciute dal CIP alla data di entrata in vigore della legge 7 agosto 2015, n. 124.

2 Finalità.

1. Il CIP promuove, disciplina, regola e gestisce le attività sportive agonistiche ed amatoriali per persone disabili sul territorio nazionale, secondo criteri volti ad assicurare il diritto di partecipazione all'attività sportiva in condizioni di uguaglianza e pari opportunità.

2. Il CIP si conforma ai principi dell'ordinamento sportivo paralimpico internazionale, in armonia con le deliberazioni e gli indirizzi emanati dal Comitato paralimpico internazionale, di seguito denominato IPC.

3. Ai fini del presente decreto per paralimpica deve intendersi qualsiasi attività sportiva praticata da persone disabili, a ogni livello e per olimpica qualsiasi attività sportiva praticata da atleti normodotati.

4. L'ente ha come missione istituzionale:

a) l'agonismo di alto livello e la preparazione degli atleti paralimpici delle diverse discipline e l'approntamento dei mezzi idonei per le Paralimpiadi e per tutte le altre manifestazioni sportive nazionali o competizioni internazionali paralimpiche;

b) la promozione della massima diffusione della pratica sportiva in condizioni di uguaglianza e pari opportunità al fine di rendere effettivo il diritto allo sport di tutti i soggetti, in ogni fascia di età e di popolazione, a qualunque livello e per qualsiasi tipologia di disabilità;

c) il sostegno a tutte le federazioni, discipline associate, enti di promozione e associazioni benemerite riconosciute dal CIP;

d) l'impulso a progetti di promozione e avviamento alla pratica sportiva delle persone con disabilità sull'intero territorio nazionale nel comparto socio-sanitario e della scuola, nel rispetto delle competenze delle regioni e delle province autonome;

e) l'adozione, anche d'intesa con la sezione per la vigilanza e il controllo sul doping e per la tutela della salute nelle attività sportive del comitato tecnico sanitario istituito ai sensi dell'articolo 2 del decreto del Presidente della Repubblica 28 marzo 2013, n. 44, di misure di prevenzione e repressione dell'uso di sostanze che alterano le naturali prestazioni fisiche degli atleti paralimpici nelle attività sportive paralimpiche;

f) l'adozione e la promozione di iniziative contro ogni forma di discriminazione e di violenza nello sport.

2-21 (*Omissis*).

134. Legge 8 agosto 2019, n. 86. — Deleghe al Governo e altre disposizioni in materia di ordinamento sportivo, di professioni sportive nonché di semplificazione (*estratto*).

Pubblicata nella Gazzetta Ufficiale n. 191 del 16 agosto 2019.

CAPO I
Disposizioni in materia di ordinamento sportivo

1 Delega al Governo per l'adozione di misure in materia di ordinamento sportivo

1. Il Governo è delegato ad adottare, entro dodici mesi dalla data di entrata in vigore della presente legge, uno o più decreti legislativi per il riordino del Comitato olimpico nazionale italiano (CONI) e della disciplina di settore, compresa quella di cui al decreto legislativo 23 luglio 1999, n. 242, secondo i seguenti princìpi e criteri direttivi:

a) organizzare le disposizioni per settori omogenei o per specifiche attività o gruppi di attività;

b) coordinare, sotto il profilo formale e sostanziale, il testo delle disposizioni legislative vigenti, anche apportando le opportune modifiche volte a garantire o migliorare la coerenza giuridica, logica e sistematica della normativa e ad adeguare, aggiornare e semplificare il linguaggio normativo, anche con la possibilità di adottare un testo unico delle disposizioni in materia di sport;

c) indicare esplicitamente le norme da abrogare, fatta salva comunque l'applicazione dell'articolo 15 delle disposizioni sulla legge in generale premesse al codice civile;

d) definire gli ambiti dell'attività del CONI, delle federazioni sportive nazionali, delle discipline sportive associate, degli enti di promozione sportiva, dei gruppi sportivi militari e dei corpi civili dello Stato e delle associazioni benemerite, coerentemente con quanto stabilito dall'articolo 1, comma 630, della legge 30 dicembre 2018, n. 145, e con il ruolo proprio del CONI di governo dell'attività olimpica;

e) confermare, in coerenza con quanto disposto dalla Carta olimpica, la missione del CONI di incoraggiare e divulgare i princìpi e i valori dell'olimpismo, in armonia con l'ordinamento sportivo internazionale;

f) prevedere limitazioni e vincoli, ivi compresa la possibilità di disporne il divieto, per le scommesse sulle partite di calcio delle società che giocano nei campionati della Lega nazionale dilettanti;

g) prevedere che il CONI eserciti poteri di vigilanza al fine di verificare che le attività sportive delle federazioni sportive nazionali, delle discipline sportive associate, degli enti di promozione sportiva e delle associazioni benemerite siano svolte in armonia con le deliberazioni e gli indirizzi del Comitato olimpico internazionale e del CONI medesimo e deliberi il commissariamento di federazioni sportive nazionali e discipline sportive associate qualora siano accertate gravi violazioni di norme degli statuti e dei regolamenti sportivi finalizzate al regolare avvio e svolgimento delle competizioni sportive o sia accertata l'impossibilità di funzionamento degli organi direttivi, ferme restando l'autonomia delle federazioni sportive e delle discipline sportive associate e la loro capacità di determinare la propria politica generale;

h) sostenere azioni volte a promuovere e accrescere la partecipazione e la rappresentanza delle donne nello sport in conformità ai princìpi del codice delle pari opportunità tra uomo e donna, di cui al decreto legislativo 11 aprile 2006, n. 198, garantendo la parità di genere nell'accesso alla pratica sportiva a tutti i livelli;

i) sostenere la piena autonomia gestionale, amministrativa e contabile delle federazioni sportive nazionali, delle discipline sportive associate, degli enti di promozione sportiva e delle associazioni benemerite rispetto al CONI, fermo restando l'esercizio del potere di controllo spettante all'autorità di Governo sulla gestione e sull'utilizzazione dei contributi pubblici previsto dal comma 4-*quater* dell'articolo 8 del decreto-legge 8 luglio 2002, n. 138, convertito, con modificazioni, dalla legge 8 agosto 2002, n. 178; modificare la composizione del collegio dei revisori al fine di tenere conto di quanto previsto dal medesimo comma 4-*quater* dell'articolo 8 del decreto-legge n. 138 del 2002, convertito, con modificazioni, dalla legge n. 178, del 2002;

l) prevedere che l'articolazione territoriale del CONI sia riferita esclusivamente a funzioni di rappresentanza istituzionale;

m) provvedere al riordino della disciplina in materia di limiti al rinnovo dei mandati degli organi del CONI e degli enti di cui alla legge 11 gennaio 2018, n. 8, garantendo l'omogeneità della disciplina in relazione al computo degli stessi e prevedendo limiti allo svolgimento di più mandati consecutivi da parte del medesimo soggetto, stabilendo altresì un sistema di incompatibilità tra gli organi al fine di prevenire situazioni di conflitto di interessi;

n) individuare forme e condizioni di azionariato e altri strumenti di partecipazione popolare per le società sportive professionistiche.

2. I decreti legislativi di cui al comma 1 sono adottati su proposta del Presidente del Consiglio dei ministri, di concerto con il Ministro dell'economia e delle finanze, previa intesa in sede di Conferenza permanente per i rapporti tra lo Stato, le regioni e le province autonome di Trento e di Bolzano. Gli schemi dei decreti legislativi sono trasmessi alle Camere per l'espressione del parere da parte delle Commissioni parlamentari competenti per materia e per i profili finanziari, che si pronunciano nel termine di quarantacinque giorni dalla data di trasmissione, decorso il quale i decreti legislativi possono essere comunque emanati. Se il termine per l'espressione del parere scade nei trenta giorni che precedono la scadenza del termine di cui al comma 1 o successivamente, quest'ultimo termine è prorogato di novanta giorni.

3. Entro ventiquattro mesi dalla data di entrata in vigore di ciascuno dei decreti legislativi di cui al comma 1, nel rispetto dei princìpi e criteri direttivi e con la procedura previsti dai commi 1 e 2, il Governo può adottare disposizioni integrative e correttive dei decreti medesimi.

4. Dall'attuazione della delega di cui al comma 1 non devono derivare nuovi o maggiori oneri a carico della finanza pubblica. In conformità all'articolo 17, comma 2, della legge 31 dicembre 2009, n. 196, qualora uno o più decreti legislativi determinino nuovi o maggiori oneri che non trovino compensazione al proprio interno, essi sono emanati solo successivamente o contestualmente all'entrata in vigore dei provvedimenti legislativi che stanzino le occorrenti risorse finanziarie.

2 Centri sportivi scolastici.

1. Al fine di organizzare e sviluppare la pratica dell'attività sportiva nelle istituzioni scolastiche, le scuole di ogni ordine e grado, nel rispetto delle prerogative degli organi collegiali, possono costituire un centro sportivo scolastico secondo le modalità e nelle forme previste dal codice del Terzo settore, di cui al decreto legislativo 3 luglio 2017, n. 117. Le scuole stabiliscono il regolamento del centro sportivo scolastico, che ne disciplina l'attività e le cariche associative. Il medesimo regolamento può stabilire che le attività sportive vengano rese in favore degli studenti della scuola, di norma, a titolo gratuito.

2. Le attività del centro sportivo scolastico sono programmate dal consiglio di istituto, che può sentire, ove esistenti, le associazioni sportive dilettantistiche riconosciute ai sensi dell'articolo 5, comma 2, lettera *c*), del decreto legislativo 23 luglio 1999, n. 242, che hanno la propria sede legale nel medesimo comune in cui è stabilita la sede legale del centro sportivo scolastico.

3. Possono far parte del centro sportivo scolastico il dirigente scolastico, i docenti, il personale amministrativo, tecnico e ausiliario, gli studenti frequentanti i corsi presso l'istituzione scolastica e i loro genitori.

4. Qualora, ai sensi del presente articolo, siano previste attività extracurricolari o l'utilizzazione di locali in orario extrascolastico, devono essere definiti appositi accordi con l'ente locale proprietario dell'immobile.

5. I centri sportivi scolastici possono affidare lo svolgimento delle discipline sportive esclusivamente a laureati in scienze motorie o a diplomati presso gli ex istituti superiori di educazione fisica. Con decreto del Ministro dell'istruzione, dell'università e della ricerca, da adottare entro novanta giorni dalla data di entrata in vigore della presente legge, sono stabiliti i requisiti di ulteriori profili professionali a cui può essere affidato dai centri sportivi scolastici lo svolgimento delle discipline sportive.

6. Mediante la contrattazione collettiva è stabilito il numero di ore a disposizione di ogni istituzione scolastica, da riconoscere in favore dei docenti ai quali sono assegnati compiti di supporto dell'attività del centro sportivo scolastico.

7. La somministrazione di cibi e bevande attraverso distributori automatici installati negli istituti scolastici di ogni ordine e grado nonché nei centri sportivi scolastici avviene nel rispetto di quanto previsto dall'articolo 4, comma 5-*bis*, del decreto-legge 12 settembre 2013, n. 104, convertito, con modificazioni, dalla legge 8 novembre 2013, n. 128.

8. Le amministrazioni pubbliche interessate provvedono all'attuazione del presente articolo nei limiti delle risorse umane, strumentali e finanziarie disponibili a legislazione vigente e senza nuovi o maggiori oneri per la finanza pubblica.

3 **Disciplina del titolo sportivo.**

1. La cessione, il trasferimento o l'attribuzione, a qualunque titolo, del titolo sportivo, definito quale insieme delle condizioni che consentono la partecipazione di una società sportiva a una determinata competizione nazionale, qualora ammessi dalle singole federazioni sportive nazionali o discipline sportive associate e nel rispetto dei regolamenti da esse emanati, sono effettuati solo previa valutazione del valore economico del titolo medesimo tramite perizia giurata di un esperto nominato dal presidente del tribunale nel cui circondario ha sede la società cedente. In caso di accertamento giudiziale dello stato di insolvenza di una società sportiva, la cessione, il trasferimento o l'attribuzione del titolo medesimo sono condizionati, oltre che al rispetto delle prescrizioni della competente federazione sportiva nazionale o disciplina sportiva associata, al versamento del valore economico del titolo, accertato ai sensi del primo periodo, ovvero alla prestazione di un'idonea garanzia approvata dall'autorità giudiziaria procedente.

2. Il CONI, le federazioni sportive nazionali e le discipline sportive associate adeguano i loro statuti ai princìpi di cui al comma 1.

4-10 (*Omissis*).

135. Decreto legge 11 marzo 2020, n. 16, convertito, con modificazioni, in legge 8 maggio 2020, n. 31. — Disposizioni urgenti per l'organizzazione e lo svolgimento dei Giochi olimpici e paralimpici invernali Milano Cortina 2026 e delle finali ATP Torino 2021-2025, nonché in materia di divieto di attività parassitarie (1). (*estratto*).

Pubblicato nella Gazzetta Ufficiale n. 66 del 13 marzo 2020; la legge di conversione è stata pubblicata nella Gazzetta Ufficiale n. 121 del 12 maggio 2020.

(1) *Titolo così modificato in sede di conversione.*

CAPO I
Disposizioni urgenti per l'organizzazione e lo svolgimento dei XXV giochi olimpici invernali e dei XIV giochi paralimpici invernali « Milano Cortina 2026 »

1 **Consiglio Olimpico Congiunto.**

1. È istituito, presso il Comitato Olimpico Nazionale Italiano (CONI), il « Consiglio Olimpico Congiunto Milano Cortina 2026 » composto da sedici (1) membri, dei quali un rappresentante del Comitato Olimpico Internazionale (CIO), uno del Comitato Paralimpico Internazionale, uno del Comitato Olimpico Nazionale Italiano, uno del Comitato Italiano Paralimpico, uno del Comitato Organizzatore di cui all'articolo 2, uno della Società di cui all'articolo 3, uno del Forum di cui all'articolo 3-*bis*, uno della Presidenza del Consiglio dei ministri - Ufficio per lo Sport, due della Presidenza del Consiglio dei ministri - Ufficio per lo Sport, uno del Ministero degli affari esteri e della cooperazione internazionale, uno del Ministero del turismo (1), uno della Regione Lombardia, uno della Regione Veneto, uno della Provincia autonoma di Trento, uno della Provincia autonoma di Bolzano, uno del Comune di Milano e uno del Comune di Cortina d'Ampezzo. Il Consiglio elegge al proprio interno un Presidente e due Vicepresidenti.

2. Il Consiglio Olimpico Congiunto ha funzioni di indirizzo generale [e di alta sorveglianza] sull'attuazione del programma di realizzazione dei Giochi, assicurando il confronto tra le istituzioni coinvolte, in ordine alle principali questioni organizzative. Il Consiglio Olimpico Congiunto predispone annualmente una relazione sulle attività svolte, che è trasmessa al Parlamento per il tramite dell'Autorità di Governo competente in materia di sport.

3. Con decreto del Presidente del Consiglio dei ministri ovvero del Ministro delegato in materia di sport, sono definite, d'intesa con le regioni e le province autonome interessate, le regole di funzionamento del Consiglio Olimpico Congiunto.

4. Dall'istituzione e dal funzionamento del Consiglio Olimpico Congiunto non devono derivare nuovi o maggiori oneri a carico della finanza pubblica. Ai componenti del Consiglio Olimpico Congiunto non spettano compensi, indennità o emolumenti comunque denominati. I rimborsi di eventuali spese sostenute dai predetti componenti rimangono invece a carico degli enti a cui essi fanno capo.

(1) *La parola* « sedici » *è stata sostituita alla parola* « quindici » *e le parole* « uno del Ministero del turismo » *sono state inserite dall'art.* 6-bis, *comma 1, lett.* a), *d.l. 27 gennaio 2022, n. 4, conv., con modif., in l. 28 marzo 2022, n. 25.*

2 **Comitato Organizzatore.**

1. La Fondazione « Milano-Cortina 2026 », costituita in data 9 dicembre 2019, ai sensi dell'articolo 14 del codice civile, dal Comitato Olimpico Nazionale Italiano, dal Comitato Italiano Paralimpico, dalla Regione Lombardia, dalla Regione Veneto, dal Comune di Milano e dal Comune di Cortina d'Ampezzo, assume le funzioni di Comitato Organizzatore dei Giochi.

2. La Fondazione di cui al comma 1, non avente scopo di lucro e operante in regime di diritto privato, svolge tutte le attività di gestione, organizzazione, promozione e comunicazione degli eventi sportivi relativi ai Giochi, tenuto conto degli indirizzi generali del Consiglio Olimpico Congiunto, in conformità agli impegni

assunti dall'Italia in sede internazionale, nel rispetto della Carta Olimpica.

3. Dall'istituzione e dal funzionamento del Comitato Organizzatore non derivano nuovi o maggiori oneri a carico della finanza pubblica.

3 **« Infrastrutture Milano Cortina 2020-2026 S.p.A. »** (1).

1. È autorizzata la costituzione della Società « Infrastrutture Milano Cortina 2020-2026 S.p.A. », con sede in Roma, il cui oggetto sociale è lo svolgimento delle attività indicate al comma 2. La Società è partecipata dai Ministeri dell'economia e delle finanze e delle infrastrutture e dei trasporti nella misura del 35 per cento ciascuno, dalla Regione Lombardia e dalla Regione Veneto nella misura del 10 per cento ciascuna, dalle Province autonome di Trento e di Bolzano nella misura del 5 per cento ciascuna. La Società è sottoposta alla vigilanza del Ministero delle infrastrutture e dei trasporti che, d'intesa con le Regioni Lombardia e Veneto e le Province autonome di Trento e di Bolzano, esercita il controllo analogo congiunto, ai sensi dell'articolo 5, comma 5, del decreto legislativo 18 aprile 2016, n. 50. La Società è iscritta di diritto nell'elenco di cui all'articolo 192, comma 1, del decreto legislativo 18 aprile 2016, n. 50. L'atto costitutivo e lo statuto sono predisposti nel rispetto della normativa in materia di società per azioni e del decreto legislativo 19 agosto 2016, n. 175, recante testo unico in materia di società a partecipazione pubblica.

2. Lo scopo statutario è la progettazione nonché (2) la realizzazione, quale centrale di committenza e stazione appaltante, anche stipulando convezioni con altre amministrazioni aggiudicatrici, delle opere individuate con decreto adottato ai sensi dell'articolo 1, comma 20, della legge 27 dicembre 2019, n. 160, recante bilancio di previsione dello Stato per l'anno finanziario 2020 e bilancio pluriennale per il triennio 2020-2022, nonché delle opere, anche connesse e di contesto, relative agli impianti sportivi olimpici, finanziate interamente sulla base di un piano degli interventi predisposto dalla società, d'intesa con il Ministero delle infrastrutture e della mobilità sostenibili e con le regioni interessate, e approvato con decreto del Presidente del Consiglio dei ministri o dell'autorità di Governo competente in materia di sport adottato entro il 31 ottobre 2021 (2). A tale fine, la Società opera in coerenza con le indicazioni del Comitato Organizzatore e con quanto previsto dal decreto di cui al primo periodo, relativamente alla predisposizione del piano degli interventi, al rispetto del cronoprogramma, alla localizzazione e alle caratteristiche tecnico-funzionali e sociali delle opere, all'ordine di priorità e ai tempi di ultimazione delle stesse, nonché alla quantificazione dell'onere economico di ciascuna opera e alla relativa copertura finanziaria. Al medesimo fine e ove ne ricorrano le condizioni, il Presidente del Consiglio dei ministri, su proposta del Ministro delle infrastrutture e dei trasporti, sentito il Ministro dell'economia e delle finanze, può nominare uno o più commissari straordinari dotati dei poteri e delle funzioni di cui all'articolo 4 del decreto-legge 18 aprile 2019, n. 32 (3), convertito, con modificazioni, dalla legge 14 giugno 2019, n. 55. Con il medesimo decreto sono stabiliti i compensi dei Commissari in misura non superiore a quella indicata all'articolo 15, comma 3, del decreto-legge 6 luglio 2011, n. 98, convertito, con modificazioni, dalla legge 15 luglio 2011, n. 111, i cui oneri sono posti a carico dei quadri economici degli interventi da realizzare o completare.

2-*bis*. Al fine di assicurare la tempestiva realizzazione delle opere di cui al comma 2, all'organo di amministrazione della Società, di cui al comma 5 del presente articolo, sono attribuiti i poteri e le facoltà previsti dall'articolo 61, commi 4, 5, 7 e 8, del decreto-legge 24 aprile 2017, n. 50 (4), convertito, con modificazioni, dalla legge 21 giugno 2017, n. 96 (5).

2-*ter*. Per la realizzazione degli interventi ricompresi nei piani approvati ai sensi del presente articolo, che incidono sulle zone di protezione speciale e sui siti di importanza comunitaria, si applicano i criteri e la disciplina previsti dalla direttiva 92/43/CEE del Consiglio, del 21 maggio 1992 (6).

3. La Società ha durata fino al 31 dicembre 2026. I rapporti attivi e passivi in essere alla data del 31 dicembre 2026 sono disciplinati secondo le disposizioni del codice civile.

4. Il capitale sociale è fissato in 1 milione di euro. Ai conferimenti dei Ministeri si provvede, nell'anno 2020, quanto alla quota del Ministero dell'economia e delle finanze, pari ad euro 350.000,00, mediante corrispondente riduzione dello stanziamento del fondo speciale di conto capitale iscritto, ai fini del bilancio triennale 2020-2022, nell'ambito del programma « Fondi di riserva e speciali » della missione « Fondi da ripartire » dello stato di previsione del Ministero dell'economia e delle finanze, allo scopo utilizzando l'accantonamento relativo al medesimo ministero, e, quanto alla quota del Ministero delle infrastrutture e dei trasporti, pari ad euro 350.000,00, mediante corrispondente riduzione dell'autorizzazione di spesa recata dall'articolo 145, comma 33, della legge 23 dicembre 2000, n. 388. Il Ministro dell'economia e delle finanze è autorizzato ad apportare, con propri decreti, le occorrenti variazioni di bilancio (5).

5. L'organo di amministrazione della Società è composto da cinque membri, dei quali tre nominati dal Ministro delle infrastrutture e dei trasporti, di concerto con il Ministro dell'economia e delle finanze e con l'Autorità di Governo competente in materia di sport, di cui uno con funzioni di Presidente e uno con funzioni di amministratore delegato, e due nominati congiuntamente dalle Regioni Lombardia e Veneto e dalle Province autonome di Trento e di Bolzano. Alle riunioni dell'organo di amministrazione, può partecipare, senza diritto di voto, l'amministratore delegato della Fondazione di cui all'articolo 2.

6. Il collegio sindacale della Società si compone di cinque membri, dei quali tre nominati dal Ministro delle infrastrutture e dei trasporti, di concerto con il Ministro dell'economia e delle finanze e con l'Autorità di Governo competente in materia di sport, di cui uno con funzioni di Presidente, e due nominati congiuntamente dalle Regioni Lombardia e Veneto e dalle Province autonome di Trento e di Bolzano. Non si appli-

cano le disposizioni di cui all'articolo 2397, primo comma, secondo periodo, del codice civile (7).

7. I componenti dell'organo di amministrazione e del collegio sindacale possono essere revocati soltanto dai soggetti che li hanno nominati.

8. La Società cura il monitoraggio costante dello stato di avanzamento delle attività di cui al comma 2, informandone periodicamente il Comitato Organizzatore.

9. Per le sue esigenze, la Società stipula contratti di lavoro autonomo e di lavoro subordinato. Alle assunzioni a tempo determinato negli anni 2020 e 2021 si applica l'articolo 1, comma 3, del decreto-legge 12 luglio 2018, n. 87, convertito, con modificazioni, dalla legge 9 agosto 2018, n. 96. Si applicano, in ogni caso, le disposizioni di cui all'articolo 23-*bis* del decreto legislativo 30 marzo 2001, n. 165 (8).

10. Alla Società si applicano le disposizioni del decreto legislativo 14 marzo 2013, n. 33, del decreto legislativo 8 aprile 2013, n. 39 e del decreto legislativo 19 agosto 2016, n. 175, ad eccezione dell'articolo 9, comma 1.

11. Per lo svolgimento delle sue funzioni, sono attribuite alla Società le somme previste alla voce « oneri di investimento » compresa nel quadro economico di ciascun progetto delle opere di cui al comma 2. Tale ammontare è commisurato sino al limite massimo del 3 per cento dell'importo complessivo lordo dei lavori e delle forniture ed è desunto dal Quadro Economico effettivo inserito nel sistema di monitoraggio di cui al comma 12. Le somme previste nei quadri economici destinate ai servizi di ingegneria e architettura restano nella disponibilità della Società, che può svolgere direttamente i suddetti servizi o affidarli a soggetti terzi, secondo le procedure previste dal codice dei contratti pubblici, di cui al decreto legislativo 18 aprile 2016, n. 50 (9).

11-*bis*. Con uno o più decreti del Presidente del Consiglio dei ministri, su proposta del Ministro delle infrastrutture e della mobilità sostenibili, di concerto con l'autorità di Governo competente in materia di sport, possono essere individuati gli interventi, tra quelli di cui al (10) comma 2, caratterizzati da elevata complessità progettuale o procedurale, sottoposti alla procedura di cui all'articolo 44 del decreto-legge 31 maggio 2021, n. 77, convertito, con modificazioni, dalla legge 29 luglio 2021, n. 108 (11).

12. Il monitoraggio degli interventi di cui al presente articolo è realizzato ai sensi del decreto legislativo 29 dicembre 2011, n. 229 e le opere sono classificate come « Olimpiadi Milano Cortina 2026 ».

12-*bis*. (*Omissis*) (12).

12-*ter*. Alle controversie relative all'approvazione dei piani approvati ai sensi del presente articolo, alle procedure di espropriazione, con esclusione di quelle relative alla determinazione delle indennità espropriative, e alle procedure di progettazione, approvazione e realizzazione degli interventi individuati negli stessi piani, si applica l'articolo 125 del codice del processo amministrativo, di cui all'allegato 1 al decreto legislativo 2 luglio 2010, n. 104, in ogni caso senza nuovi o maggiori oneri per la finanza pubblica (13).

(1) *Ai sensi dell'art. 16, comma 3-*bis *d.l. 10 settembre 2021, n. 121, conv., con modif., in l. 9 novembre 2021, n. 156, «* 3-bis. *Al fine di assicurare la tempestiva realizzazione, entro il 31 dicembre 2024, degli interventi di adeguamento della pista olimpica di bob e slittino "Eugenio Monti" di Cortina d'Ampezzo, l'amministratore delegato della società di cui all'articolo 3 del decreto-legge 11 marzo 2020, n. 16, convertito, con modificazioni, dalla legge 8 maggio 2020, n. 31, è nominato commissario straordinario ai sensi dell'articolo 4 del decreto-legge 18 aprile 2019, n. 32, convertito, con modificazioni, dalla legge 14 giugno 2019, n. 55. Fermo restando quanto previsto dai commi 2, 3, 3-bis e 4 del citato articolo 4 del decreto-legge n. 32 del 2019, al commissario straordinario sono altresì attribuiti i poteri e le facoltà di cui all'articolo 3, comma 2-bis, del predetto decreto-legge n. 16 del 2020. Per lo svolgimento delle attività di cui al presente comma, al commissario straordinario non spetta alcun compenso, gettone di presenza, indennità comunque denominata o rimborso di spese ».*

(2) *Le parole* « la progettazione nonché » *e le parole da* «, nonché » *a* « 31 ottobre 2021 » *sono state inserite dall'art. 17-*duodecies, *comma 1, lett.* a), *n. 1) d.l. 9 giugno 2021, n. 80, conv., con modif., in l. 6 agosto 2021, n. 113.*

(3) *Le parole* « commissari straordinari dotati dei poteri e delle funzioni di cui all'articolo 4 del decreto-legge 18 aprile 2019, n. 32 » *sono state sostituite alle parole* « commissari straordinari dotati dei poteri e delle funzioni di cui all'articolo 4, comma 3, del decreto-legge 18 aprile 2019, n. 32 » *dall'art. 17-*duodecies, *comma 1, lett.* a), *n. 2) d.l. n. 80, cit.*

(4) *Le parole* « sono attribuiti i poteri e le facoltà previsti dall'articolo 61, commi 4, 5, 7 e 8, del decreto-legge 24 aprile 2017, n. 50 » *sono state sostituite alle parole* « sono attribuiti i poteri e le facoltà previsti dall'articolo 61, commi 5 e 8, del decreto-legge 24 aprile 2017, n. 50 » *dall'art. 17-*duodecies, *comma 1, lett.* b), *d.l. n. 80, cit.*

(5) *Comma così modificato in sede di conversione.*

(6) *Comma inserito dall'art. 17-*duodecies, *comma 1, lett.* c), *d.l. n. 80, cit.*

(7) *Periodo inserito dall'art. 16, comma 3-*septies, *lett.* a) *d.l. n. 121, cit.*

(8) *Periodo così sostituito dall'art. 17-*duodecies, *comma 1, lett.* d), *d.l. n. 80, cit. Il testo del periodo era il seguente:* « La Società può inoltre avvalersi, sulla base di appositi protocolli d'intesa ai sensi dell'articolo 23-*bis*, comma 7, del decreto legislativo 30 marzo 2001, n. 165, con oneri a carico della Società stessa, di personale proveniente da pubbliche amministrazioni, anche non partecipanti alla Società ».

(9) *Periodo inserito dall'art. 16, comma 3-*septies, *lett.* b) *d.l. n. 121, cit.*

(10) *Le parole « di cui al » sono state sostituite alle parole « ricompresi nel piano predisposto dalla Società ai sensi del » dall'art. 24, comma 10-*ter, *d.l. 27 gennaio 2022, n. 4, conv., con modif., in l. 28 marzo 2022, n. 25.*

(11) *Comma inserito dall'art. 16, comma 3-*septies, *lett.* c) *d.l. n. 121, cit.*

(12) *Modifica l'art. 1, commi 18 e 20 l. 27 dicembre 2019, n. 160.*

(13) *Comma aggiunto dall'art. 17-*duodecies, *comma 1, lett.* e), *d.l. n. 80, cit.*

3-*bis*-9 (*Omissis*).

CAPO III
Disciplina del divieto di attività parassitarie

10 Divieto di attività parassitarie.

1. Sono vietate le attività di pubblicizzazione e commercializzazione parassitarie, fraudolente, ingannevoli o fuorviantiposte in essere in relazione all'organizzazione di eventi sportivi o fieristici di rilevanza nazionale o internazionale non autorizzate dai soggetti organizzatori e aventi la finalità di ricavare un vantaggio economico o concorrenziale.

2. Costituiscono attività di pubblicizzazione e commercializzazione parassitarie vietate ai sensi del comma 1:

a) la creazione di un collegamento anche indiretto fra un marchio o altro segno distintivo e uno degli eventi di cui al comma 1, idoneo a indurre in errore il pubblico sull'identitàdegli sponsor ufficiali;

b) la falsa rappresentazione o dichiarazione nella propria pubblicità di essere sponsor ufficiale di un evento di cui al comma 1;

c) la promozione del proprio marchio o altro segno distintivo tramite qualunque azione, non autorizzata dall'organizzatore, che sia idonea ad attirare l'attenzione del pubblico, posta in essere in occasione di uno degli eventi di cui al comma 1, e idonea a generare nel pubblico l'erronea impressione che l'autore della condotta sia sponsor dell'evento sportivo o fieristico medesimo;

d) la vendita e la pubblicizzazione di prodotti o di servizi abusivamente contraddistinti, anche soltanto in parte, con il logo di un evento sportivo o fieristico di cui al comma 1 ovvero con altri segni distintivi idonei a indurre in errore il pubblico circa il logo medesimo e a ingenerare l'erronea percezione di un qualsivoglia collegamento con l'evento ovvero con il suo organizzatore o con i soggetti da questo autorizzati.

3. Non costituiscono attività di pubblicizzazione parassitaria le condotte poste in essere in esecuzione di contratti di sponsorizzazione conclusi con singoli atleti, squadre, artisti o partecipanti autorizzati a uno degli eventi di cui al comma 1.

11 Ambito temporale di applicazione.

1. I divieti di cui all'articolo 10 operano a partire dalla data di registrazione dei loghi, brand o marchi ufficiali degli eventi di cui al comma 1 del medesimo articolo 10 fino al centottantesimo giorno successivo alla data ufficiale del termine degli stessi.

12 Sanzioni e tutela amministrativa e giurisdizionale.

1. Salvo che la condotta costituisca reato o più grave illecito amministrativo, chiunque violi i divieti di cui all'articolo 10 è punito con la sanzione amministrativa pecuniaria del pagamento di una somma da 100.000 euro a 2,5 milioni di euro.

2. All'accertamento delle violazioni e all'irrogazione delle sanzioni, provvede l'Autorità garante della concorrenza e del mercato, che procede nelle forme di cui all'articolo 8 del decreto legislativo 2 agosto 2007, n. 145 (1), in quanto compatibili, avvalendosi del Corpo della guardia di finanza, che agisce, anche d'iniziativa, con i poteri a esso attribuiti per l'accertamento dell'imposta sul valore aggiunto e dell'imposta sui redditi e provvede altresì al sequestro o alla descrizione, nel corso dell'evento sportivo o fieristico, di tutto quanto risulti prodotto, commercializzato, utilizzato o diffuso in violazione dei divieti di cui all'articolo 10 del presente decreto.

(1) *Il D. Lgs. n. 145/2007 è riportato sub II, 62.*

13 Tutela diretta dei soggetti danneggiati

1. Le previsioni del presente capo non escludono l'applicazione delle altre previsioni di legge a tutela dei soggetti che deducono la lesione di propri diritti o interessi per effetto delle condotte di cui all'articolo 10.

136. Decreto legge 19 maggio 2020, n. 34, convertito, con modificazioni in legge 17 luglio 2020, n. 77. — Misure urgenti in materia di salute, sostegno al lavoro e all'economia, nonché di politiche sociali connesse all'emergenza epidemiologica da COVID-19. (*estratto*).

Pubblicato nella Gazzetta Ufficiale n. 128 del 19 maggio 2020, S.O.; la legge di conversione è stata pubblicata nella Gazzetta Ufficiale n. 180 del 18 luglio 2020.

218 Disposizioni processuali eccezionali per i provvedimenti relativi all'annullamento, alla prosecuzione e alla conclusione delle competizioni e dei campionati, professionistici e dilettantistici.

1. In considerazione dell'eccezionale situazione determinatasi a causa della emergenza epidemiologica da COVID-19, le federazioni sportive nazionali, riconosciute dal Comitato Olimpico Nazionale Italiano (CONI) e dal Comitato Italiano Paralimpico (CIP), possono adottare, anche in deroga alle vigenti disposizioni dell'ordinamento sportivo, provvedimenti relativi all'annullamento, alla prosecuzione e alla conclusione delle competizioni e dei campionati, professionistici e dilettantistici, ivi compresa la definizione delle classifiche finali, per la stagione sportiva 2019/2020, nonché i conseguenti provvedimenti relativi all'organizzazione, alla composizione e alle modalità di svolgimento delle competizioni e dei campionati, professionistici e dilettantistici, per la successiva stagione sportiva 2020/2021.

2. Nelle more dell'adeguamento dello statuto e dei regolamenti del CONI, e conseguentemente delle federazioni sportive di cui gli articoli 15 e 16 del decreto legislativo 23 luglio 1999, n. 242, con specifiche norme di giustizia sportiva per la trattazione delle controversie aventi a oggetto i provvedimenti di cui al comma 1 secondo i criteri e i requisiti di cui al presente comma, la competenza degli organi di giustizia sportiva è concentrata, in unico grado e con cognizione estesa al merito, nel Collegio di garanzia dello sport. Il ricorso relativo a tali controversie, previamente notificato alle altre parti, è depositato presso il Collegio di garanzia dello Sport entro sette giorni dalla pubblicazione dell'atto impugnato a pena di decadenza. Il Collegio di garanzia dello Sport decide in via definitiva sul ricorso, omessa ogni formalità non essenziale al contraddittorio, entro il termine perentorio di quindici giorni dal deposito, decorso il quale il ricorso si ha per respinto e l'eventuale decisione sopravvenuta è priva di effetti. La decisione è impugnabile ai sensi del comma 3.

3. Le controversie sulla decisione degli organi di giustizia sportiva resa ai sensi del comma 2, ovvero sui provvedimenti di cui al comma 1 se la decisione non è

resa nei termini, sono devolute alla giurisdizione esclusiva del giudice amministrativo e alla competenza inderogabile del Tribunale Amministrativo Regionale del Lazio, sede di Roma. Il termine per ricorrere decorre dalla pubblicazione della decisione impugnata, ovvero dalla scadenza del termine relativo, ed è di quindici giorni. Entro tale termine il ricorso, a pena di decadenza, è notificato e depositato presso la segreteria del giudice adito. Si applicano i limiti dimensionali degli atti processuali previsti per il rito elettorale, di cui all'articolo 129 del codice del processo amministrativo, di cui all'allegato 1 al decreto legislativo 2 luglio 2010, n. 104, dal decreto del Presidente del Consiglio di Stato del 22 dicembre 2016. La causa è discussa nella prima udienza utile decorsi sette giorni dalla scadenza del termine per il deposito del ricorso, senza avvisi. A pena di decadenza, i ricorsi incidentali e i motivi aggiunti sono notificati e depositati, al pari di ogni altro atto di parte, prima dell'apertura dell'udienza e, ove ciò si renda necessario, la discussione della causa può essere rinviata per una sola volta e di non oltre sette giorni. Il giudizio è deciso all'esito dell'udienza con sentenza in forma semplificata, da pubblicarsi entro il giorno successivo a quello dell'udienza. La motivazione della sentenza può consistere anche in un mero richiamo delle argomentazioni contenute negli scritti delle parti che il giudice ha inteso accogliere e fare proprie. Se la complessità delle questioni non consente la pubblicazione della sentenza entro il giorno successivo a quello dell'udienza, entro lo stesso termine è pubblicato il dispositivo mediante deposito in segreteria e la motivazione è pubblicata entro i dieci giorni successivi.

4. Nei giudizi proposti ai sensi del comma 3 il giudice provvede sulle eventuali domande cautelari prima dell'udienza con decreto del presidente unicamente se ritiene che possa verificarsi un pregiudizio irreparabile nelle more della decisione di merito assunta nel rispetto dei termini fissati dallo stesso comma 3, altrimenti riserva la decisione su tali domande all'udienza collegiale e in tale sede provvede su di esse con ordinanza solo se entro il giorno successivo a quello dell'udienza non è pubblicata la sentenza in forma semplificata e se la pubblicazione del dispositivo non esaurisce le esigenze di tutela anche cautelare delle parti. Ai giudizi di cui al comma 3 non si applica l'articolo 54, comma 2, del codice del processo amministrativo, di cui all'Allegato I del Decreto legislativo 2 luglio 2010, n. 104.

5. L'appello al Consiglio di Stato è proposto, a pena di decadenza, entro quindici giorni decorrenti dal giorno successivo a quello dell'udienza, se entro tale data è stata pubblicata la sentenza in forma semplificata, e in ogni altro caso dalla data di pubblicazione della motivazione. Al relativo giudizio si applicano le disposizioni dei commi 3 e 4.

6. Le disposizioni del presente articolo si applicano esclusivamente ai provvedimenti, richiamati al comma 1, adottati tra la data di entrata in vigore del presente decreto e il sessantesimo giorno successivo a quella in cui ha termine lo stato di emergenza dichiarato con la delibera del Consiglio dei Ministri del 31 gennaio 2020, pubblicata nella Gazzetta Ufficiale 1° febbraio 2020, n. 26.

137. Decreto legge 29 gennaio 2021, n. 5 convertito, con modificazioni dalla legge 24 marzo 2021, n. 43. — Misure urgenti in materia di organizzazione e funzionamento del Comitato olimpico nazionale italiano (CONI).

Pubblicato nella Gazzetta Ufficiale n. 23 del 29 gennaio 2021; la legge di conversione è stata pubblicata nella Gazzetta Ufficiale n. 77 del 30 marzo 2021.

1 Organizzazione e funzionamento del Comitato olimpico nazionale italiano.

1. Fermo restando il livello di finanziamento di cui all'articolo 2, comma 1, al fine di assicurare la sua piena operatività e la sua autonomia e indipendenza quale componente del Comitato olimpico internazionale, il Comitato olimpico nazionale italiano, di seguito CONI, per l'espletamento dei compiti relativi al proprio funzionamento e alle proprie attività istituzionali, è munito di una propria dotazione organica nella misura di 165 unità di personale, delle quali 10 unità di personale dirigenziale di livello non generale.

2. [Il personale di Sport e Salute S.p.A. già dipendente del CONI alla data del 2 giugno 2002 che, alla data di entrata in vigore del presente decreto, presta servizio presso il CONI in regime di avvalimento, è trasferito nel ruolo del personale del CONI con qualifica corrispondente a quella attuale, determinata ai sensi del comma 4, fatto salvo il diritto di opzione per restare alle dipendenze di Sport e Salute S.p.A., da esercitarsi, a pena di decadenza, entro 60 giorni dall'entrata in vigore del presente decreto. Il personale trasferito conserva il trattamento economico complessivo attuale, ove più favorevole. L'eventuale differenza rispetto al nuovo inquadramento retributivo è riconosciuta dal CONI mediante assegno personale non riassorbibile] (1).

3. [All'esito della procedura di cui al comma 2, il completamento della pianta organica del CONI avviene mediante concorsi pubblici per titoli ed esami, ai sensi delle vigenti disposizioni in materia di assunzioni e ai sensi del comma 4 e il 50 per cento dei posti messi a concorso, suddivisi per le singole qualifiche funzionali dirigenziale e non dirigenziale, è riservato al personale dipendente a tempo indeterminato della società Sport e Salute S.p.A. che, alla data di entrata in vigore del presente decreto, si trova collocato in posizione di avvalimento presso il CONI e che non rientra nell'ipotesi di cui al comma 2. Il personale di cui al presente comma conserva il trattamento economico complessivo attuale ove più favorevole. L'eventuale differenza rispetto al nuovo inquadramento retributi-

vo è riconosciuta dal CONI mediante assegno personale non riassorbibile] (1).

4. [Il CONI, con proprio atto, nell'ambito dell'autonomia organizzativa e in coerenza agli standard di indipendenza e autonomia previsti dal Comitato olimpico internazionale nonché dalla legge 31 gennaio 1992, n. 138, e dal decreto-legge 19 agosto 2003, n. 220, convertito, con modificazioni, dalla legge 17 ottobre 2003, n. 280, determina l'articolazione della propria dotazione organica nel rispetto dei limiti di cui al comma 1. Il personale di Sport e Salute S.p.A. di cui al comma 2, incluso quello dirigenziale, è inquadrato tenuto conto delle attribuzioni previste dalle qualifiche e dai profili di provenienza, dei compiti svolti e della specificità delle relative professionalità. Con il medesimo atto sono stabiliti i criteri e le modalità per il reclutamento, attraverso una o più procedure concorsuali da concludersi entro il 31 dicembre 2021 del personale di cui al comma 3, per le singole qualifiche professionali, incluso il contingente di personale dirigenziale, nel rispetto dei principi di trasparenza, pubblicità e imparzialità e dei principi di cui all'articolo 35, comma 3, del decreto legislativo 30 marzo 2001, n. 165, e in deroga alle procedure di mobilità di cui all'articolo 30, comma 2-*bis*, del predetto decreto legislativo n. 165 del 2001, nonché a ogni altra procedura per l'assorbimento del personale in esubero. Le prove concorsuali possono svolgersi con modalità semplificata ai sensi dell'articolo 10 del decreto-legge 1° aprile 2021, n. 44, convertito, con modificazioni, dalla legge 28 maggio 2021, n. 76, e consistere in una valutazione per titoli coerenti alle professionalità di necessaria acquisizione e nell'espletamento di almeno una prova. Al personale si applica il contratto collettivo nazionale del personale, dirigenziale e non dirigenziale, del comparto funzioni centrali-sezione enti pubblici non economici] (1).

5. Nelle more dell'espletamento delle procedure di cui ai commi 2, 3 e 4 e comunque non oltre il 31 dicembre 2022, il personale dirigenziale e non dirigenziale di Sport e Salute S.p.A. che alla data di entrata in vigore del presente decreto si trova collocato in posizione di avvalimento presso il CONI è posto in via obbligatoria in posizione di comando alle dipendenze di quest'ultimo, che provvede al rimborso a Sport e Salute S.p.A. del trattamento economico di detto personale con le modalità e nei limiti stabiliti nel contratto di servizio in essere alla data di entrata in vigore del presente decreto.

6. Il CONI e Sport e Salute S.p.A. possono regolare con appositi contratti di servizio lo svolgimento di specifiche attività o servizi ulteriori a quelli propri del CONI.

(1) *Comma abrogato dall'art. 1, comma 921 l. 30 dicembre 2021, n. 234.*

2 Ulteriori disposizioni.

1. All'articolo 1, comma 630, della legge 30 dicembre 2018, n. 145, le parole « 40 milioni » e le parole « 368 milioni » sono sostituite, rispettivamente, dalle seguenti: « 45 milioni » e « 363 milioni ».

1-*bis* Nell'ambito del controllo sull'utilizzo delle risorse da parte degli organismi sportivi, di cui all'articolo 1, comma 630, della legge 30 dicembre 2018, n. 145, l'Autorità di Governo competente in materia di sport può avvalersi della società Sport e Salute S.p.A., nei limiti delle risorse disponibili a legislazione vigente. La medesima Autorità di Governo nomina uno dei componenti dei collegi dei revisori dei conti delle federazioni sportive nazionali e delle discipline sportive associate, fermo restando il potere di controllo del CONI sui contributi finanziari da esso erogati ai suddetti organismi, per il perseguimento delle sue finalità istituzionali, ai sensi dell'articolo 7, comma 2, lettera *e*), del decreto legislativo 23 luglio 1999, n. 242. Resta fermo il potere di commissariamento del CONI nel caso di gravi violazioni sull'utilizzo dei propri contributi finanziari erogati a federazioni sportive nazionali e discipline sportive associate o nel caso di gravi violazioni di norme degli statuti e dei regolamenti sportivi, come previsto all'articolo 5, comma 2, lettere *e*), *e-bis*) ed *e-ter*), del decreto legislativo 23 luglio 1999, n. 242 (1).

1-*ter*. Entro centoventi giorni dalla data di entrata in vigore della presente disposizione, il CONI adegua lo statuto, i princìpi fondamentali e i regolamenti sportivi alle disposizioni di cui al presente articolo. Entro ulteriori centottanta giorni dalla data di approvazione delle modifiche statutarie del CONI, le federazioni sportive nazionali e le discipline sportive associate adeguano conseguentemente i loro statuti e regolamenti. Decorsi rispettivamente i termini di cui al presente comma, l'Autorità di Governo competente in materia di sport, con proprio decreto da adottare entro i trenta giorni successivi, nomina un commissario ad acta per l'adeguamento alle disposizioni di legge (1).

2. A decorrere dall'entrata in vigore del presente decreto sono abrogati i commi 1, 8 e 11 dell'articolo 8, del decreto-legge 8 luglio 2002 n. 138, convertito, con modificazioni, dalla legge 8 agosto 2002, n. 178.

3. Al CONI si applica quanto previsto dall'articolo 4, comma 4, del decreto legislativo 30 marzo 2001, n. 165.

4. Ai fini del perseguimento delle finalità istituzionali del CONI, ad esso sono trasferiti i beni individuati nell'Allegato A. Con decreto del Presidente del Consiglio dei ministri o dell'Autorità di governo competente in materia di sport, su proposta del Ministro dell'economia e delle finanze, da adottarsi entro 90 giorni dalla data di entrata in vigore del presente decreto, sono determinate le modalità di attuazione del trasferimento. Entro sei mesi dall'entrata in vigore del presente decreto con i contratti di servizio di cui all'articolo 1, comma 6, sono disciplinate le modalità di utilizzazione in comune degli ulteriori beni individuati nell'Allegato B e le relative condizioni e, scaduto inutilmente il suddetto termine, si provvede con decreto del Presidente del Consiglio dei ministri o dell'Autorità di governo competente in materia di sport, su proposta del Ministro dell'economia e delle finanze, da adottarsi entro i successivi 60 giorni.

5. Entro 120 giorni dalla data di entrata in vigore del presente decreto, il CONI adegua il proprio statuto alle disposizioni di cui al presente decreto.

(1) *Comma inserito dall'art. 1, comma 970 l. 30 dicembre 2021, n. 234.*

3-4

(*Omissis*).

138. Decreto legislativo 28 febbraio 2021, n. 36. — Attuazione dell'articolo 5 della legge 8 agosto 2019, n. 86, recante riordino e riforma delle disposizioni in materia di enti sportivi professionistici e dilettantistici, nonché di lavoro sportivo. (*estratto*).

Pubblicato nella Gazzetta Ufficiale n. 67 del 18 marzo 2021.

1 Oggetto.

1. Il presente decreto, in attuazione della delega di cui all'articolo 5 della legge 8 agosto 2019, n. 86 e in conformità dei relativi principi e criteri direttivi, detta norme in materia di enti sportivi professionistici e dilettantistici, nonché del rapporto di lavoro sportivo.

2 Definizioni.

1. Ai fini del presente decreto, si intende:

a) associazione o società sportiva dilettantistica: il soggetto giuridico affiliato ad una Federazione Sportiva Nazionale, ad una Disciplina Sportiva Associata o ad un Ente di Promozione Sportiva che svolge, senza scopo di lucro, attività sportiva, nonché la formazione, la didattica, la preparazione e l'assistenza all'attività sportiva dilettantistica;

b) associazioni benemerite: gli organismi sportivi attivi che operano nel campo della promozione di iniziative di rilevanza sociale;

c) associazioni di atlete e atleti: le associazioni fra le atlete e gli atleti praticanti discipline sportive regolamentate dalla medesima Federazione, aventi lo scopo di tutelare gli interessi collettivi degli atleti e delle atlete che vi aderiscono;

d) associazioni di tecnici: le associazioni fra i tecnici di discipline sportive regolamentate dalla medesima Federazione, aventi lo scopo di tutelare gli interessi collettivi dei tecnici che vi aderiscono;

e) Attività Fisica Adattata (AFA): programmi di esercizi fisici, la cui tipologia e la cui intensità sono definite mediante l'integrazione professionale e organizzativa tra medici di medicina generale (MMG), pediatri di libera scelta (PLS) e medici specialisti e calibrate in ragione delle condizioni funzionali delle persone cui sono destinati, che hanno patologie croniche clinicamente controllate e stabilizzate o disabilità fisiche e che li eseguono in gruppo sotto la supervisione di un professionista dotato di specifiche competenze, in luoghi e in strutture di natura non sanitaria, come le « palestre della salute », al fine di migliorare il livello di attività fisica, il benessere e la qualità della vita e favorire la socializzazione;

f) attività fisica o attività motoria: qualunque movimento esercitato dal sistema muscolo-scheletrico che si traduce in un dispendio energetico superiore a quello richiesto in condizioni di riposo;

g) cavallo atleta: l'equide registrato, non destinato alla produzione alimentare, utilizzato per lo svolgimento dell'attività sportiva e la partecipazione alle competizioni sportive equestri;

h) Comitato Italiano Paralimpico (CIP): l'ente pubblico, riconosciuto dal Comitato Paralimpico Internazionale, che ha il compito di garantire la massima diffusione dell'idea paralimpica ed il più proficuo avviamento alla pratica sportiva delle persone disabili;

i) Comitato Olimpico Internazionale: l'organizzazione internazionale non governativa senza fini di lucro alla guida del movimento olimpico, preposta alla gestione e all'organizzazione dei Giochi Olimpici;

l) Comitato Olimpico Nazionale Italiano (CONI): l'ente pubblico, riconosciuto dal Comitato Olimpico Internazionale che, in conformità alla Carta olimpica, svolge il ruolo di Comitato olimpico sul territorio nazionale;

m) Comitato Paralimpico Internazionale: l'organizzazione internazionale non governativa senza fini di lucro alla guida del movimento paralimpico, preposta alla gestione e all'organizzazione dei Giochi Paralimpici;

n) Dipartimento per lo sport: la struttura amministrativa della Presidenza del Consiglio dei Ministri operante nell'area funzionale dello sport;

o) direttore di gara: il soggetto che, osservando i principi di terzietà, imparzialità e indipendenza di giudizio, svolge, per conto delle competenti Federazioni Sportive Nazionali, Discipline Sportive Associate ed Enti di Promozione Sportiva, attività volte a garantire la regolarità dello svolgimento delle competizioni sportive;

p) direttore sportivo: il soggetto che cura l'assetto organizzativo e amministrativo di una società sportiva, con particolare riferimento alla gestione dei rapporti fra società, atleti e allenatori, nonché la conduzione di trattative con altre società sportive aventi ad oggetto il trasferimento di atleti, la stipulazione delle cessioni dei contratti e il tesseramento;

q) direttore Tecnico: il soggetto che cura l'attività concernente l'individuazione degli indirizzi tecnici di una società sportiva, sovraintendendo alla loro attuazione e coordinando le attività degli allenatori a cui è affidata la conduzione tecnica delle squadre della società sportiva;

r) Disciplina Sportiva Associata: l'organizzazione sportiva nazionale, priva dei requisiti per il riconoscimento quale Federazione Sportiva Nazionale, che svolge attività sportiva sul territorio nazionale;

s) Enti di Promozione Sportiva: gli organismi sportivi che operano nel campo della promozione e nell'organizzazione di attività motorie e sportive con finalità ricreative e formative, anche a tutela delle minoranze linguistiche;

t) esercizio fisico strutturato: programmi di attività fisica pianificata e ripetitiva specificamente definiti attraverso l'integrazione professionale e organizzativa tra medici di medicina generale (MMG), pediatri di libera scelta (PLS) e medici specialisti, sulla base delle condizioni cliniche dei singoli soggetti cui sono destinati, che presentano patologie o fattori di rischio per la salute e che li eseguono individualmente sotto la supervisione di un professionista munito di specifiche competenze, in luoghi e in strutture di natura non sanitaria, come le « palestre della salute », al fine di migliorare o mantenere la forma fisica, le prestazioni fisiche e lo stato di salute;

u) Federazione Sportiva Internazionale: l'organizzazione internazionale non governativa senza scopi di lucro che governa uno o più sport a livello mondiale e che riconosce a fini sportivi le organizzazioni che governano i medesimi sport a livello nazionale;

v) Federazione Sportiva Nazionale: l'organizzazione sportiva nazionale, affiliata alla Federazione sportiva internazionale di appartenenza, posta al vertice di una disciplina sportiva o a un gruppo di discipline affini;

z) Federazioni Sportive Paralimpiche: l'organizzazione sportiva nazionale riconosciuta dal Comitato Italiano Paralimpico posta al vertice di una disciplina sportiva paralimpica o a un gruppo di discipline paralimpiche affini;

aa) Gruppi sportivi delle Forze di Polizia dello Stato e dei Vigili del Fuoco: le strutture tecnico-organizzative interne alle Forze di Polizia dello Stato e ai Vigili del Fuoco che promuovono l'esercizio dell'attività sportiva agonistica e non agonistica di tutto il personale in servizio, inclusi atleti con disabilità, e partecipano a competizioni nazionali e internazionali sulla base di protocolli d'intesa stipulati con il Comitato Olimpico Nazionale Italiano, per le competizioni multi sportive organizzate dal CIO, e con le Federazioni Sportive Nazionali e Discipline Sportive Associate per le altre competizioni;

bb) Gruppi sportivi militari della Difesa: le strutture tecnico-organizzative interne alle Forze Armate, ivi inclusa l'Arma dei Carabinieri, che promuovono l'esercizio dell'attività sportiva agonistica e non agonistica di tutto il personale in servizio, inclusi atleti con disabilità, e partecipano a competizioni nazionali e internazionali sulla base di protocolli d'intesa stipulati con il Comitato Olimpico Nazionale Italiano, per le competizioni multi sportive organizzate dal CIO, e con le Federazioni Sportive Nazionali e Discipline Sportive Associate per le altre competizioni;

cc) impianto sportivo: la struttura, all'aperto o al chiuso, preposta allo svolgimento di manifestazioni sportive, comprensiva di uno o più spazi di attività sportiva dello stesso tipo o di tipo diverso, nonché di eventuali zone spettatori, servizi accessori e di supporto;

dd) lavoratore sportivo: l'atleta, l'allenatore, l'istruttore, il direttore tecnico, il direttore sportivo, il preparatore atletico e il direttore di gara che, senza alcuna distinzione di genere e indipendentemente dal settore professionistico o dilettantistico, esercitano l'attività sportiva verso un corrispettivo;

ee) pratica sportiva per tutti: l'attività sportiva di base, organizzata o non organizzata, promossa dalla Repubblica in favore di tutte le fasce della popolazione al fine di consentire a ogni individuo la possibilità di migliorare la propria condizione fisica e psichica e di raggiungere il livello di prestazione sportiva corrispondente alle proprie capacità;

ff) palestra della salute: struttura di natura non sanitaria, sia pubblica che privata, dove sono svolti programmi di esercizio fisico strutturato e programmi di attività fisica adattata;

gg) Registro nazionale delle attività sportive dilettantistiche: il registro istituito presso il Dipartimento per lo sport al quale devono essere iscritte, per accedere a benefici e contributi pubblici di qualsiasi natura, tutte le società e associazioni sportive dilettantistiche che svolgono attività sportiva, compresa l'attività didattica e formativa, e che operano nell'ambito di una Federazione Sportiva Nazionale, una Disciplina Sportiva Associata, un Ente di Promozione Sportiva riconosciuti dal CONI;

hh) settore dilettantistico: il settore di una Federazione Sportiva Nazionale o Disciplina Sportiva Associata non qualificato come professionistico;

ll) settore professionistico: il settore qualificato come professionistico dalla rispettiva Federazione Sportiva Nazionale o Disciplina Sportiva Associata;

mm) settore sportivo giovanile: il settore organizzato da Federazioni Sportive Nazionali, da Discipline Sportive Associate o da altri organismi sportivi competenti, per finalità tecniche, didattiche e formative, formato da giovani minori di età, di ambo i sessi;

nn) sport: qualsiasi forma di attività fisica fondata sul rispetto di regole che, attraverso una partecipazione organizzata o non organizzata, ha per obiettivo l'espressione o il miglioramento della condizione fisica e psichica, lo sviluppo delle relazioni sociali o l'ottenimento di risultati in competizioni di tutti i livelli;

oo) sport di alto livello: l'attività sportiva svolta dagli atleti e dalle atlete riconosciuti di alto livello dalla Federazione Sportiva Nazionale, dalla Disciplina Sportiva Associata o dalla Lega di riferimento;

pp) sport olimpico: la disciplina sportiva ammessa a partecipare ai Giochi Olimpici;

qq) sport paralimpico: la disciplina sportiva ammessa a partecipare ai Giochi Paralimpici;

rr) Sport e salute S.p.A.: la società per azioni a controllo pubblico che svolge attività di produzione e fornitura servizi di interesse generale a favore dello sport, secondo le direttive e gli indirizzi del Presidente del Consiglio dei ministri o dell'Autorità politica da esso delegata in materia di sport.

3 Principi e obiettivi.

1. L'esercizio dell'attività sportiva, sia essa svolta in forma individuale o collettiva, sia in forma professionistica o dilettantistica, è libero.

2. Il presente decreto intende perseguire i seguenti obiettivi:

a) riconoscere il valore culturale, educativo e sociale dell'attività sportiva, quale strumento di miglioramento della qualità della vita e di tutela della salute, nonché quale mezzo di coesione territoriale;

b) promuovere l'attività motoria, l'esercizio fisico strutturato e l'attività fisica adattata quali strumenti idonei a facilitare l'acquisizione di stili di vita corretti e funzionali all'inclusione sociale, alla promozione della salute, nonché al miglioramento della qualità della vita e del benessere psico-fisico sia nelle persone sane sia nelle persone affette da patologie;

c) consentire ad ogni individuo di praticare sport in un ambiente sicuro e sano;

d) promuovere la pari opportunità delle donne nelle prestazioni di lavoro sportivo, tanto nel settore professionistico, quanto in quello dilettantistico;

e) riconoscere e garantire il diritto alla pratica sportiva dei minori, anche attraverso il potenziamento delle strutture e delle attività scolastiche;

f) incentivare la pratica sportiva dei cittadini con disabilità, garantendone l'accesso alle infrastrutture sportive, quale misura volta ad assicurarne il pieno inserimento nella società civile;

g) proteggere la salute e la sicurezza di coloro che partecipano ad attività sportive, in particolare modo i minori;

h) introdurre una disciplina organica del rapporto di lavoro sportivo, a tutela della dignità dei lavoratori e rispettosa della specificità dello sport;

i) valorizzare la formazione dei lavoratori sportivi, in particolare dei giovani atleti, al fine di garantire loro una crescita non solo sportiva, ma anche culturale ed educativa, nonché una preparazione professionale che favorisca l'accesso all'attività lavorativa anche alla fine della carriera sportiva;

l) sostenere e tutelare il volontariato sportivo;

m) valorizzare la figura del laureato in scienze motorie e dei soggetti forniti di titoli equipollenti.

4 Competenze legislative di Stato, regioni e province autonome.

1. Le disposizioni contenute nel presente decreto sono adottate, in attuazione degli articoli 2, 3, 35, 41, 117, primo, secondo e terzo comma della Costituzione, nell'esercizio della competenza legislativa esclusiva statale in materia di ordinamento e organizzazione amministrativa dello Stato e degli enti pubblici nazionali, di ordinamento civile, norme generali sull'istruzione, previdenza sociale, nonché nell'esercizio della competenza legislativa concorrente in materia di tutela e sicurezza del lavoro, ordinamento sportivo, istruzione, professioni, tutela della salute, coordinamento della finanza pubblica e del sistema tributario.

2. Le Regioni a statuto ordinario esercitano nelle materie disciplinate dal presente provvedimento le proprie competenze, ai sensi dell'articolo 117 della Costituzione, nel rispetto dei principi fondamentali stabiliti dalla legge 8 agosto 2019, n. 86, e dal presente decreto.

3. Le disposizioni del presente decreto sono applicabili nelle Regioni a statuto speciale e nelle Province autonome di Trento e di Bolzano compatibilmente con i rispettivi statuti e le relative norme di attuazione, anche con riferimento alla legge costituzionale 18 ottobre 2001, n. 3.

5 Invarianza finanziaria.

1. Dall'attuazione del presente decreto non devono derivare nuovi o maggiori oneri a carico della finanza pubblica. Le Amministrazioni interessate provvedono agli adempimenti del presente provvedimento con le risorse umane, strumentali e finanziarie disponibili a legislazione vigente.

TITOLO II
Enti sportivi dilettantistici e professionistici

CAPO I
Associazioni e società sportive dilettantistiche

6 Forma giuridica.

1. Gli enti sportivi dilettantistici indicano nella denominazione sociale la finalità sportiva e la ragione o la denominazione sociale dilettantistica e possono assumere una delle seguenti forme giuridiche:

a) associazione sportiva priva di personalità giuridica disciplinata dagli articoli 36 e seguenti del codice civile;

b) associazione sportiva con personalità giuridica di diritto privato;

c) società di cui al libro V, Titolo V, del codice civile.

2. Gli enti sportivi dilettantistici, ricorrendone i presupposti, possono assumere la qualifica di enti del terzo settore, ai sensi dell'articolo 5, comma 1, lettera *t*), del decreto legislativo 3 luglio 2017, n. 117, e di impresa sociale, ai sensi dell'articolo 2, comma 1, lettera *u*), del decreto legislativo 3 luglio 2017, n. 112.

In tal caso, le norme del presente decreto trovano applicazione solo in quanto compatibili.

3. Gli enti sportivi dilettantistici si affiliano annualmente alle Federazioni Sportive Nazionali, alle Discipline Sportive Associate e agli Enti di Promozione Sportiva. Essi possono affiliarsi contemporaneamente anche a più di un organismo sportivo affiliante.

7 Atto costitutivo e statuto.

1. Le società e le associazioni sportive dilettantistiche si costituiscono con atto scritto nel quale deve tra l'altro essere indicata la sede legale. Nello statuto devono essere espressamente previsti:

a) la denominazione;

b) l'oggetto sociale con specifico riferimento all'esercizio in via stabile e principale dell'organizzazione e gestione di attività sportive dilettantistiche, ivi comprese la formazione, la didattica, la preparazione e l'assistenza all'attività sportiva dilettantistica;

c) l'attribuzione della rappresentanza legale dell'associazione;

d) l'assenza di fini di lucro ai sensi dell'articolo 8;

e) le norme sull'ordinamento interno ispirato a principi di democrazia e di uguaglianza dei diritti di tutti gli associati, con la previsione dell'elettività delle cariche sociali, fatte salve le società sportive che assumono la forma societaria per le quali si applicano le disposizioni del codice civile;

f) l'obbligo di redazione di rendiconti economico-finanziari, nonché le modalità di approvazione degli stessi da parte degli organi statutari;

g) le modalità di scioglimento dell'associazione;
h) l'obbligo di devoluzione ai fini sportivi del patrimonio in caso di scioglimento delle società e delle associazioni.

8 Assenza di fine di lucro.

1. Le associazioni e le società sportive dilettantistiche destinano eventuali utili ed avanzi di gestione allo svolgimento dell'attività statutaria o all'incremento del proprio patrimonio.

2. Ai fini di cui al comma 1 e fatto salvo quanto previsto dal comma 3, è vietata la distribuzione, anche indiretta, di utili ed avanzi di gestione, fondi e riserve comunque denominati, a soci o associati, lavoratori e collaboratori, amministratori ed altri componenti degli organi sociali, anche nel caso di recesso o di qualsiasi altra ipotesi di scioglimento individuale del rapporto. Ai sensi e per gli effetti di cui al presente comma, si applica l'articolo 3, comma 2, ultimo periodo, e comma 2-*bis*, del decreto legislativo 3 luglio 2017, n. 112.

3. Se costituite nelle forme di cui al Libro V, Titolo V, del codice civile, gli enti dilettantistici possono destinare una quota inferiore al cinquanta per cento degli utili e degli avanzi di gestione annuali, dedotte eventuali perdite maturate negli esercizi precedenti, ad aumento gratuito del capitale sociale sottoscritto e versato dai soci, nei limiti delle variazioni dell'indice nazionale generale annuo dei prezzi al consumo per le famiglie di operai e di impiegati, calcolate dall'Istituto nazionale di statistica (ISTAT) per il periodo corrispondente a quello dell'esercizio sociale in cui gli utili e gli avanzi di gestione sono stati prodotti, oppure alla distribuzione, anche mediante aumento gratuito del capitale sociale o l'emissione di strumenti finanziari, di dividendi ai soci, in misura comunque non superiore all'interesse massimo dei buoni postali fruttiferi, aumentato di due punti e mezzo rispetto al capitale effettivamente versato.

4. Negli enti dilettantistici che assumono le forme di cui al Libro V del codice civile è ammesso il rimborso al socio del capitale effettivamente versato ed eventualmente rivalutato o aumentato nei limiti di cui al comma 3.

9 Attività secondarie e strumentali.

1. Le associazioni e le società sportive dilettantistiche possono esercitare attività diverse da quelle principali di cui all'articolo 7, comma 1, lettera *b*), a condizione che l'atto costitutivo o lo statuto lo consentano e che abbiano carattere secondario e strumentale rispetto alle attività istituzionali, secondo criteri e limiti definiti con decreto del Presidente del Consiglio dei ministri o dell'Autorità politica da esso delegata in materia di sport, di concerto con il Ministro dell'economia e delle finanze, da adottarsi ai sensi dell'articolo 17, comma 3, della legge 23 agosto 1988, n. 400.

10 Riconoscimento ai fini sportivi.

1. Le associazioni e le società sportive dilettantistiche sono riconosciute, ai fini sportivi, dalle Federazioni Sportive Nazionali, dalle Discipline Sportive Associate, dagli Enti di Promozione Sportiva.

2. La certificazione della effettiva natura dilettantistica dell'attività svolta da società e associazioni sportive, ai fini delle norme che l'ordinamento ricollega a tale qualifica, avviene mediante l'iscrizione del Registro nazionale delle attività sportive dilettantistiche, tenuto dal Dipartimento per lo sport, il quale trasmette annualmente al Ministero dell'economia e delle finanze - Agenzia delle entrate l'elenco delle società e delle associazioni sportive ivi iscritte.

3. Il Dipartimento per lo sport, avvalendosi della società Sport e salute S.p.A., esercita le funzioni ispettive, al fine di verificare il rispetto delle disposizioni del presente Capo. Con decreto del Presidente del Consiglio dei ministri o dell'Autorità politica da esso delegata in materia di sport, di concerto con il Ministro dell'economia e delle finanze, sono individuate le norme di coordinamento necessarie al fine di assicurare l'unicità, la completezza, la periodicità e l'efficacia dell'attività ispettiva.

4. In caso di violazione delle disposizioni di cui al presente Capo, il Dipartimento per lo sport diffida gli organi di amministrazione degli enti dilettantistici a regolarizzare i comportamenti illegittimi entro un congruo termine, comunque non inferiore a venti giorni. Nel caso di irregolarità non sanabili o non sanate entro i termini prescritti il Dipartimento per lo sport revoca la qualifica di ente dilettantistico.

11 Incompatibilità.

1. È fatto divieto agli amministratori delle associazioni e società sportive dilettantistiche di ricoprire qualsiasi carica in altre società o associazioni sportive dilettantistiche nell'ambito della medesima Federazione Sportiva Nazionale, disciplina sportiva associata o Ente di Promozione Sportiva riconosciuti dal CONI.

12 Disposizioni tributarie.

1. Sui contributi erogati dal CONI, dalle Federazioni Sportive Nazionali e dagli Enti di Promozione Sportiva riconosciuti dal CONI, alle società e associazioni sportive dilettantistiche non si applica la ritenuta del 4 per cento a titolo di acconto di cui all'articolo 28, secondo comma, del Decreto del Presidente della Repubblica 29 settembre 1973, n. 600.

2. Gli atti costitutivi e di trasformazione delle associazioni e società sportive dilettantistiche, nonché delle Federazioni Sportive Nazionali e degli Enti di Promozione Sportiva riconosciuti dal CONI direttamente connessi allo svolgimento dell'attività sportiva, sono soggetti all'imposta di registro in misura fissa.

3. Il corrispettivo in denaro o in natura in favore di società, associazioni sportive dilettantistiche e fondazioni costituite da istituzioni scolastiche, nonché di associazioni sportive scolastiche che svolgono attività nei settori giovanili riconosciuti dalle Federazioni Sportive Nazionali o da Enti di Promozione Sportiva costituisce, per il soggetto erogante, fino ad un importo annuo complessivamente non superiore a 200.000 eu-

ro, spesa di pubblicità, volta alla promozione dell'immagine o dei prodotti del soggetto erogante mediante una specifica attività del beneficiario, ai sensi dell'articolo 108, comma 1, del testo unico delle imposte sui redditi, di cui al decreto del Presidente della Repubblica 22 dicembre 1986, n. 917.

CAPO II
Società sportive professionistiche

13 Costituzione e affiliazione delle società sportive professionistiche.

1. Le società sportive professionistiche sono costituite nella forma di società per azioni o di società a responsabilità limitata. È obbligatoria la nomina del collegio sindacale.

2. L'atto costitutivo prevede che la società possa svolgere esclusivamente attività sportive ed attività ad esse connesse o strumentali.

3. L'atto costitutivo prevede altresì che una quota parte degli utili, non inferiore al 10 per cento, sia destinata a scuole giovanili di addestramento e formazione tecnico-sportiva.

4. Prima di procedere al deposito dell'atto costitutivo, a norma dell'articolo 2330 del codice civile, la società deve ottenere l'affiliazione da una o da più Federazioni Sportive Nazionali riconosciute dal Comitato Olimpico Nazionale Italiano, dal Comitato Italiano Paralimpico se svolge attività sportiva paralimpica.

5. Gli effetti derivanti dall'affiliazione restano sospesi fino all'adempimento degli obblighi di cui all'articolo 14.

6. L'atto costitutivo può sottoporre a speciali condizioni l'alienazione delle azioni o delle quote.

7. Negli atti costitutivi delle società sportive professionistiche è prevista la costituzione di un organo consultivo che provvede, con pareri obbligatori ma non vincolanti, alla tutela degli interessi specifici dei tifosi. L'organo è formato da non meno di tre e non più di cinque membri, eletti ogni tre anni dagli abbonati alla società sportiva, con sistema elettronico, secondo le disposizioni di un apposito regolamento approvato dal consiglio di amministrazione della stessa società, che deve stabilire regole in materia di riservatezza e indicare le cause di ineleggibilità e di decadenza, tra le quali, in ogni caso, l'emissione nei confronti del tifoso di uno dei provvedimenti previsti dall'articolo 6 della legge 13 dicembre 1989, n. 401, o dal codice delle leggi antimafia e delle misure di prevenzione, di cui al decreto legislativo 6 settembre 2011, n. 159, ovvero di un provvedimento di condanna, anche con sentenza non definitiva, per reati commessi in occasione o a causa di manifestazioni sportive. Sono fatti salvi gli effetti dell'eventuale riabilitazione o della dichiarazione di cessazione degli effetti pregiudizievoli ai sensi dell'articolo 6, comma 8-*bis*, della citata legge n. 401 del 1989. L'organo consultivo elegge tra i propri membri il presidente, che può assistere alle assemblee dei soci. Le società sportive professionistiche adeguano il proprio assetto societario alle disposizioni del presente comma entro sei mesi dalla data di entrata in vigore del presente decreto.

8. L'affiliazione può essere revocata dalla Federazione Sportiva Nazionale per gravi infrazioni all'ordinamento sportivo.

9. La revoca dell'affiliazione determina l'inibizione dello svolgimento dell'attività sportiva.

10. Avverso le decisioni della Federazione Sportiva Nazionale è ammesso ricorso alla Giunta del CONI, che si pronuncia entro sessanta giorni dal ricevimento del ricorso.

14 Deposito degli atti costitutivi.

1. Le società sportive, entro trenta giorni dall'iscrizione nel registro delle imprese a norma dell'articolo 2330 del codice civile, devono depositare l'atto costitutivo presso la Federazione Sportiva Nazionale alla quale sono affiliate. Devono, altresì, dare comunicazione alla Federazione Sportiva Nazionale, entro venti giorni dalla deliberazione, di ogni avvenuta variazione dello statuto o delle modificazioni concernenti gli amministratori ed i revisori dei conti.

15-52 (*Omissis*).

PARTE SESTA
LA TUTELA

SEZIONE PRIMA
NORME INTERNAZIONALI E COMUNITARIE E GIUSTIZIA COSTITUZIONALE

1. Dichiarazione universale dei diritti dell'uomo, adottata dall'Assemblea Generale delle Nazioni Unite a New York il 10 dicembre 1948. (*estratto*).

8 Ogni individuo ha diritto ad un'effettiva possibilità di ricorso a competenti tribunali nazionali contro atti che violino i diritti fondamentali a lui riconosciuti dalla costituzione o dalla legge.

2. Convenzione europea per la salvaguardia dei diritti dell'uomo e delle libertà fondamentali, firmata a Roma il 4 novembre 1950, ratificata e resa esecutiva dalla l. 4 agosto 1955, n. 848. (*rinvio*) (1).

(1) *Vedi* sub *I, 17 in particolare l'art. 6 (Diritto ad un processo equo).*

3. Carta dei diritti fondamentali dell'Unione Europea - Fondamentali dell'Unione Europea approvata il 7 dicembre 2000 a Nizza e pubblicata sulla GUCE n. 364 del 18 dicembre 2000. (*estratto*).

47 Diritto a un ricorso effettivo e a un giudice imparziale.

1. Ogni individuo i cui diritti e le cui libertà garantiti dal diritto dell'Unione siano stati violati ha diritto a un ricorso effettivo dinanzi a un giudice, nel rispetto delle condizioni previste nel presente articolo.

2. Ogni individuo ha diritto a che la sua causa sia esaminata equamente, pubblicamente ed entro un termine ragionevole da un giudice indipendente, imparziale, precostituito per legge. Ogni individuo ha facoltà di farsi consigliare, difendere e rappresentare.

3. A coloro che non dispongono di mezzi sufficienti è concesso il, patrocinio a spese dello Stato qualora ciò sia necessario per assicurare un accesso effettivo alla giustizia (1).

(1) *Vedi art. 6 Conv. Europea diritti dell'uomo, in questa stessa sezione.*

4. Legge 24 marzo 2001, n. 89. — Previsione di equa riparazione in caso di violazione del termine ragionevole del processo e modifica dell'articolo 375 del codice di procedura civile. (*rinvio*) (1).

Pubblicata nella Gazzetta Ufficiale n. 78 del 3 aprile 2001.

(1) *Riportata* sub *IV, 17; vedi anche art. 111 Cost. e la Convenzione europea per la salvaguardia dei diritti dell'uomo e delle libertà fondamentali, firmata a Roma il 4 novembre 1950* (sub *I, 17) e del Protocollo addizionale alla Convenzione stessa, firmato a Parigi il 20 marzo 1952.*

5. Legge costituzionale 9 febbraio 1948, n. 1. — Norme sui giudizi di legittimità costituzionale e sulle garanzie d'indipendenza della Corte costituzionale.

Pubblicata nella Gazzetta Ufficiale n. 43 del 20 febbraio 1948.

1 La questione d'illegittimità costituzionale di una legge o di un atto avente forza di legge della Repubblica, rilevata d'ufficio o sollevata da una delle parti nel corso di un giudizio e non ritenuta dal giudice manifestamente infondata, è rimessa alla Corte costituzionale per la sua decisione.

2 Quando una Regione ritenga che una legge od atto avente forza di legge della Repubblica invada la sfera della competenza ad essa assegnata dalla Costituzione, può, con deliberazione della Giunta regionale, promuovere l'azione di legittimità costituzionale davanti alla Corte, nel termine di 30 giorni dalla pubblicazione della legge o dell'atto avente forza di legge.

Una legge d'una Regione può essere impugnata per illegittimità costituzionale, oltre che nei casi e con le forme del precedente articolo e dell'art. 127 della Costituzione, anche da un'altra Regione, che ritenga lesa da tale legge la propria competenza. L'azione è proposta su deliberazione della Giunta regionale, entro 60 giorni dalla pubblicazione della legge.

3 (*Omissis*) (1).

I giudici della Corte costituzionale non possono essere rimossi, né sospesi dal loro ufficio se non con decisione della Corte, per sopravvenuta incapacità fisica o civile o per gravi mancanze nell'esercizio delle loro funzioni.

Finché durano in carica, i giudici della Corte costituzionale godono della immunità accordata nel secondo comma dell'art. 68 della Costituzione ai membri delle due Camere. L'autorizzazione ivi prevista è data dalla Corte costituzionale.

(1) *Comma abrogato dall'art. 7, l. cost. 22 novembre 1967, n. 2.*

4 La presente legge costituzionale entra in vigore il giorno successivo a quello della sua pubblicazione nella Gazzetta Ufficiale della Repubblica.

6. Legge costituzionale 11 marzo 1953, n. 1. — Norme integrative della Costituzione concernenti la Corte costituzionale.

Pubblicata nella Gazzetta Ufficiale n. 62 del 14 marzo 1953.

1 La Corte costituzionale esercita le sue funzioni nelle forme, nei limiti ed alle condizioni di cui alla Carta costituzionale, alla l. cost. 9 febbraio 1948, n. 1, ed alla legge ordinaria emanata per la prima attuazione delle predette norme costituzionali.

2 Spetta alla Corte costituzionale giudicare se le richieste di referendum abrogativo presentate a norma dell'art. 75 della Costituzione siano ammissibili ai sensi del secondo comma dell'articolo stesso.

Le modalità di tale giudizio saranno stabilite dalla legge che disciplinerà lo svolgimento del referendum popolare.

3 (*Omissis*) (1).

(1) *Articolo abrogato dall'art. 7, l. cost. 22 novembre 1967, n. 2.*

4 (*Omissis*) (1).

(1) *Articolo abrogato dall'art. 7, l. cost. 22 novembre 1967, n. 2.*

5 I giudici della Corte costituzionale non sono sindacabili, né possono essere perseguiti per le opinioni espresse e i voti dati nell'esercizio delle loro funzioni.

6 I giudici della Corte costituzionale hanno una retribuzione mensile che non può essere inferiore a quella del più alto magistrato della giurisdizione ordinaria ed è determinata con legge.

7 I giudici della Corte costituzionale possono essere rimossi o sospesi dal loro ufficio a norma dell'art. 2 (1) della l. cost. 9 febbraio 1948, n. 1, solo in seguito a deliberazione della Corte presa a maggioranza di due terzi dei componenti che partecipano all'adunanza.

(1) Rectius *art. 3.*

8 Il giudice della Corte costituzionale che per sei mesi non eserciti le sue funzioni decade dalla carica (1).

(1) *Vedi anche art. 16, l. 11 marzo 1953, n. 87.*

9 Il presidente della Corte, quando lo ritenga necessario, può con provvedimento motivato ridurre fino alla metà i termini dei procedimenti.

10 (*Omissis*) (1).

(1) *Articolo abrogato dall'art. 7, l. cost. 22 novembre 1967, n. 2.*

11 Le disposizioni degli artt. 5 e 6 si applicano anche ai cittadini eletti dal Parlamento ai sensi dell'ultimo comma dell'art. 135 della Costituzione, limitatamente al periodo in cui esercitano le loro funzioni presso la Corte.

12 1. La deliberazione sulla messa in istato di accusa del Presidente della Repubblica per i reati di alto tradimento e di attentato alla Costituzione è adottata dal Parlamento in seduta comune su relazione di un Comitato formato dai componenti della Giunta del Senato della Repubblica e da quelli della Giunta della Camera dei deputati competenti per le autorizzazioni a procedere in base ai rispettivi Regolamenti.

2. Il Comitato di cui al comma 1 è presieduto dal Presidente della Giunta del Senato della Repubblica o dal Presidente della Giunta della Camera dei deputati, che si alternano per ciascuna legislatura.

3. Le disposizioni di cui al comma 1 si applicano anche alle ipotesi di concorso del Presidente del Consiglio dei Ministri, di Ministri nonché di altri soggetti nei reati previsti dall'articolo 90 della Costituzione.

4. Quando sia deliberata la messa in stato di accusa del Presidente della Repubblica, la Corte costituzionale può disporre la sospensione della carica (1).

(1) *Articolo così sostituito dalla l. cost. 16 gennaio 1989, n. 1. Cfr. art. 17 l. 25 gennaio 1962, n. 20, riportato nel testo.*

13 (1) Il Parlamento in seduta comune, nel porre in istato di accusa il Presidente della Repubblica, il Presidente del Consiglio dei Ministri o i Ministri, elegge, anche tra i suoi componenti, uno o più commissari per sostenere l'accusa.

I commissari esercitano davanti alla Corte le funzioni di pubblico ministero e hanno facoltà di assistere a tutti gli atti istruttori.

(1) *Cfr. art. 18 l. 25 gennaio 1962, n. 20, riportato nel testo.*

14 L'atto di accusa contro il Presidente del Consiglio dei Ministri o i Ministri implica di pieno diritto la sospensione dalla carica.

15 Per i reati di attentato alla Costituzione e di alto tradimento commessi dal Presidente della Repubblica, la Corte costituzionale, nel pronunciare sentenza di condanna, determina le sanzioni penali nei limiti del massimo di pena previsto dalle leggi vigenti al momento del fatto, nonché le sanzioni costituzionali, amministrative e civili adeguate al fatto.

Le norme contenute nelle leggi penali relative alla sussistenza del reato, alla punibilità ed alla perseguibilità sono applicabili nei giudizi di accusa nei confronti del Presidente del Consiglio dei Ministri e dei Ministri, ma la Corte può aumentare la pena fino a un terzo anche oltre la misura stabilita, in caso di circostanze che rivelino l'eccezionale gravità del reato. La Corte può infliggere, altresì, le sanzioni costituzionali e amministrative adeguate al fatto.

7. Legge 11 marzo 1953, n. 87. — Norme sulla costituzione e sul funzionamento della Corte costituzionale.

Pubblicata nella Gazzetta Ufficiale n. 62 del 14 marzo 1953.

TITOLO I

Costituzione della Corte

1 La Corte costituzionale è composta di quindici giudici nominati, in ordine successivo, cinque dalle supreme magistrature ordinaria e amministrativa, cinque dal Parlamento in seduta comune, cinque dal Presidente della Repubblica.

2 I giudici della Corte la cui nomina spetta alle supreme magistrature ordinaria ed amministrativa, sono eletti:

a) tre da un collegio del quale fanno parte il presidente della Corte di cassazione, che lo presiede, il procuratore generale, i presidenti di sezione, gli avvocati generali, i consiglieri e i sostituti procuratori generali della Cassazione;

b) uno da un collegio del quale fanno parte il Presidente del Consiglio di Stato, che lo presiede, i presidenti di sezione ed i consiglieri del Consiglio di Stato;

c) uno da un collegio del quale fanno parte il presidente della Corte dei conti che lo presiede, i presidenti di sezione, i consiglieri, il procuratore generale ed i viceprocuratori generali della Corte dei conti.

I componenti di ciascun collegio possono votare per un numero di candidati pari a quello dei giudici che il collegio deve eleggere. Si considerano non iscritti i nomi eccedenti tale numero.

I nomi degli eletti vengono immediatamente comunicati, dal presidente di ciascun collegio, al Presidente della Corte costituzionale, ai Presidenti delle due Camere del Parlamento ed al Presidente della Repubblica.

3 (*Omissis*) (1).

Dopo ogni scrutinio saranno gradualmente proclamati eletti coloro che avranno riportato la maggioranza preveduta, rispettivamente, nei commi precedenti.

I nomi dei giudici eletti dal Parlamento vengono immediatamente comunicati dal Presidente della Camera dei deputati al Presidente della Repubblica e al Presidente della Corte costituzionale.

(1) *Comma abrogato dall'art. 7, l. cost. 22 novembre 1967, n. 2.*

4 I giudici della Corte costituzionale, la cui nomina spetta al Presidente della Repubblica, sono nominati con suo decreto.

Il decreto è controfirmato dal Presidente del Consiglio dei Ministri.

5 I giudici della Corte, prima di assumere le funzioni, prestano giuramento di osservare la Costituzione e le leggi, nelle mani del Presidente della Repubblica, alla presenza dei Presidenti delle due Camere del Parlamento.

6 La Corte elegge a maggioranza dei suoi componenti il Presidente. Nel caso che nessuno riporti la maggioranza si procede ad una nuova votazione e, dopo di questa, eventualmente, alla votazione di ballottaggio tra i candidati che hanno ottenuto il maggior numero di voti e si proclama eletto chi abbia riportato la maggioranza.

In caso di parità è proclamato eletto il più anziano di carica e, in mancanza, il più anziano di età.

Della nomina è data immediata comunicazione dallo stesso Presidente eletto al Presidente della Repubblica, ai Presidenti delle due Camere del Parlamento ed al Presidente del Consiglio dei Ministri.

Il Presidente, subito dopo l'insediamento nella carica, designa un giudice destinato a sostituirlo per il tempo necessario in caso di impedimento.

7 I giudici della Corte costituzionale non possono assumere o conservare altri uffici o impieghi pubblici o privati, né esercitare attività professionali, commerciali o industriali, funzioni di amministratore, o sindaco in società che abbiano fine di lucro.

Durante il periodo di appartenenza alla Corte costituzionale i giudici che siano magistrati in attività di servizio, o professori universitari, non potranno continuare nell'esercizio delle loro funzioni.

Essi saranno collocati fuori ruolo per tutto il periodo in cui restano in carica e fino a quando non raggiungano i limiti di età per essere collocati a riposo.

All'atto della cessazione dalla carica di giudici della Corte costituzionale i professori universitari ordinari vengono riammessi in ruolo in soprannumero, nella sede già occupata. Entro tre mesi dalla avvenuta riammissione in ruolo universitario possono, tuttavia, essere chiamati in soprannumero da altra Facoltà della medesima o di altra sede. In ogni caso le Facoltà possono chiedere, con il consenso degli interessati, che i professori stessi siano assegnati ad insegnamento di materia diversa ai sensi dell'art. 93, terzo e quarto comma, del testo unico sull'istruzione superiore approvato con regio decreto 31 agosto 1933, n. 1592. In tal caso il Ministero della pubblica istruzione è tenuto a sentire la sezione prima del Consiglio superiore della pubblica istruzione (1).

I giudici della Corte costituzionale non possono far parte di commissioni giudicatrici di concorso, né ricoprire cariche universitarie e non possono essere Candidati in elezioni amministrative o politiche.

(1) *Comma così sostituito dall'art. 27, l. 18 marzo 1958, n. 311.*

8 I giudici della Corte non possono svolgere attività inerente ad una associazione o partito politico.

9 Le domande dell'autorità competente per sottoporre a procedimento penale o procedere all'arresto di un giudice della Corte costituzionale sono trasmesse alla Corte stessa per il tramite del Ministero della giustizia.

10 La Corte, con il solo intervento dei giudici ordinari, pronuncia la decadenza dei cittadini eletti dal Parlamento ai sensi dell'ultimo comma dell'art. 135 della Costituzione qualora gli stessi, dopo la loro elezione, vengano a perdere i requisiti per l'eleggibilità o si rendano incompatibili.

La decisione della Corte è comunicata ai Presidenti delle due Camere del Parlamento per la sostituzione.

11 Tutti i provvedimenti che la Corte adotta nei confronti dei giudici ordinari e dei giudici aggregati sono deliberati in Camera di consiglio ed a maggio ranza dei suoi componenti. Essi devono essere motivati e sono resi pubblici nei modi disposti dall'art. 19.

12 I giudici della Corte costituzionale hanno tutti egualmente una retribuzione corrispondente al più elevato livello tabellare che sia stato raggiunto dal magistrato della giurisdizione ordinaria investito delle più alte funzioni, aumentato della metà. Al Presidente è inoltre attribuita una indennità di rappresentanza pari ad un quinto della retribuzione (1).

Tale trattamento sostituisce ed assorbe quello che ciascuno, nella sua qualità di funzionario di Stato o di altro ente pubblico, in servizio o a riposo, aveva prima della nomina a giudice della Corte.

Ai giudici eletti a norma dell'ultimo comma dell'art. 135 della Costituzione è assegnata una indennità giornaliera di presenza pari ad un trentesimo della retribuzione mensile spettante ai giudici ordinari.

(1) *Comma sostituito dall'articolo 37 della legge 27 dicembre 2002, n. 289 (legge finanziaria 2003).*

13 La Corte può disporre l'audizione di testimoni e, anche in deroga ai divieti stabiliti da altre leggi, il richiamo di atti o documenti.

14 (1) La Corte può disciplinare l'esercizio delle sue funzioni con regolamento approvato a maggioranza dei suoi componenti. Il regolamento è pubblicato nella Gazzetta Ufficiale (2).

La Corte, nei limiti di un fondo stanziato a tale scopo con legge del Parlamento, provvede alla gestione delle spese, dei servizi e degli uffici, e stabilisce, in apposita pianta organica, il numero, la qualità e gli assegni, nonché le attribuzioni, i diritti ed i doveri dei funzionari addetti a ciascun ufficio.

La Corte è competente in via esclusiva a giudicare sui ricorsi dei suoi dipendenti.

Nell'ambito dei propri ordinamenti la Corte determinerà, tenendo presenti le norme vigenti per le Amministrazioni dello Stato, la composizione del Gabinetto del Presidente e delle Segreterie dei giudici, ai quali potrà essere addetto anche personale appartenente alle Amministrazioni dello Stato.

(1) *Articolo così sostituito dall'art. 4, l. 18 marzo 1958, n. 265.*

(2) *Vedi le Norme integrative per i giudizi davanti alla Corte costituzionale, come da ultimo sostituite con Delibera della Corte costituzionale 22 luglio 2021 (in G.U. 3 novembre 2021, n. 262).*

In particolare, si riportano i seguenti articoli:

Art. 4. Interventi in giudizio. *1. L'intervento in giudizio del Presidente del Consiglio dei ministri ha luogo nel termine perentorio di venti giorni dalla pubblicazione dell'ordinanza nella Gazzetta Ufficiale, mediante deposito con modalità telematica delle deduzioni, comprensive delle conclusioni, sottoscritte dall'Avvocato generale dello Stato o da un suo sostituto. — 2. L'intervento in giudizio del Presidente della Giunta regionale ha luogo nel termine perentorio di venti giorni dalla pubblicazione dell'ordinanza nella Gazzetta Ufficiale, mediante deposito con modalità telematica delle deduzioni, comprensive delle conclusioni e della procura speciale al difensore. — 3. Gli interventi di altri soggetti hanno luogo con le modalità e nel termine di cui al comma precedente. Possono intervenire i titolari di un interesse qualificato, inerente in modo diretto e immediato al rapporto dedotto in giudizio. La Corte decide sull'ammissibilità degli interventi.*

Art. 5. Accesso degli intervenienti agli atti processuali *1. L'interveniente a norma dell'art. 4, comma 3, nel caso in cui intenda prendere visione degli atti processuali, deposita con modalità telematica, contestualmente all'atto di intervento, apposita istanza di fissazione anticipata e separata della sola questione concernente l'ammissibilità dello stesso. — 2. Il Presidente, sentito il giudice relatore, fissa con decreto la trattazione dell'istanza in camera di consiglio per la sola decisione sull'ammissibilità dell'intervento. — 3. Il cancelliere dà immediata comunicazione del decreto alle parti costituite e all'istante, i quali, entro dieci giorni dall'avvenuta comunicazione, hanno facoltà di depositare con modalità telematica sintetiche memorie concernenti esclusivamente la questione dell'ammissibilità dell'intervento. — 4. La Corte decide con ordinanza, a cui si applica il regime di pubblicità di cui all'art. 35.*

Art. 6 Amici curiae *1. Entro il termine perentorio di venti giorni dalla pubblicazione dell'ordinanza di rimessione nella Gazzetta Ufficiale, le formazioni sociali senza scopo di lucro e i soggetti istituzionali, portatori di interessi collettivi o diffusi attinenti alla questione di costituzionalità, possono depositare con modalità telematica un'opinione scritta. — 2. L'opinione non può superare la lunghezza di 25.000 caratteri, spazi inclusi, ed è inviata per posta elettronica alla cancelleria della Corte, che ne comunica l'avvenuta ricezione con posta elettronica. — 3. Con decreto del Presidente, sentito il giudice relatore, sono ammesse le opinioni che offrono elementi utili alla conoscenza e alla valutazione del caso, anche in ragione della sua complessità. — 4. Il decreto di cui al comma 3, unitamente alle opinioni dichiarate ammesse, è messo a disposizione a cura della cancelleria alle parti costituite almeno trenta giorni liberi prima dell'udienza o della camera di consiglio ed è pubblicato nel sito della Corte costituzionale. — 5. Le formazioni sociali e i soggetti istituzionali le cui opinioni sono state ammesse con il decreto di cui al comma 3 non assumono qualità di parte nel giudizio costituzionale, non possono ottenere copia degli atti e non partecipano all'udienza.*

Art. 17. Esperti. *1. La Corte, ove ritenga necessario acquisire informazioni attinenti a specifiche discipline, dispone con ordinanza che siano ascoltati esperti di chiara fama in apposita adunanza in camera di consiglio alla quale possono assistere le parti costituite. Con l'autorizzazione del Presidente, le parti possono formulare domande agli esperti. 2. Il cancelliere avverte le parti costituite con modalità telematica almeno dieci giorni prima di quello fissato per l'adunanza in Camera di consiglio. 3. La Corte può altresì disporre l'acquisizione da parte degli esperti ascoltati di documenti o di una relazione scritta, del cui deposito con modalità telematica viene data comunicazione alle parti costituite.*

TITOLO II
Funzionamento della Corte

CAPO I
Norme generali di procedura

15 Le udienze della Corte costituzionale sono pubbliche, ma il Presidente può disporre che si svolgano a porte chiuse quando la pubblicità può nuocere alla sicurezza dello Stato o all'ordine pubblico o alla morale, ovvero quando avvengono, da parte del pubblico, manifestazioni che possano turbare la serenità.

16 I membri della Corte hanno obbligo di intervenire alle udienze quando non siano legittimamente impediti.

La Corte funziona con l'intervento di almeno undici giudici.

Le decisioni sono deliberate in camera di consiglio dai giudici presenti a tutte le udienze in cui si è svolto il giudizio e vengono prese con la maggioranza assoluta dei votanti. Nel caso di parità di voto prevale quello del Presidente, salvo quanto è stabilito nel secondo comma dell'art. 49.

17 Il cancelliere assiste alle sedute della Corte e stende il processo verbale sotto la direzione del Presidente.

Il processo verbale è sottoscritto da chi presiede la udienza e dal cancelliere; di esso non si dà lettura, salvo espressa istanza di parte.

18 La corte giudica in via definitiva con sentenza. Tutti gli altri provvedimenti di sua competenza sono adottati con ordinanza.

I provvedimenti del Presidente sono adottati con decreto.

Le sentenze sono pronunciate in nome del popolo italiano e debbono contenere, oltre alla indicazione dei motivi di fatto e di diritto, il dispositivo, la data della decisione e la sottoscrizione dei giudici e del cancelliere.

Le ordinanze sono succintamente motivate.

19 Le decisioni della Corte costituzionale sono depositate nella Cancelleria della Corte e chiunque può prenderne visione ed ottenerne copia.

20 Nei procedimenti dinanzi alla Corte costituzionale la rappresentanza e la difesa delle parti può essere affidata soltanto ad avvocati abilitati al patrocinio innanzi alla Corte di cassazione.

Gli organi dello Stato e delle Regioni hanno diritto di intervenire in giudizio.

Il Governo, anche quando intervenga nella persona del Presidente del Consiglio dei ministri o di un Ministro a ciò delegato, è rappresentato e difeso dall'Avvocato generale dello Stato o da un suo sostituto.

21 Gli atti del procedimento davanti alla Corte costituzionale sono esenti da tasse di ogni specie.

22 Nel procedimento davanti alla Corte costituzionale, salvo che per i giudizi sulle accuse di cui agli artt. 43 e seguenti, si osservano, in quanto applicabili, anche le norme del regolamento per la procedura innanzi al Consiglio di Stato in sede giurisdizionale.

Norme integrative possono essere stabilite dalla Corte nel suo regolamento (1).

(1) *Vedi le Norme integrative per i giudizi davanti alla Corte costituzionale, come da ultimo sostituite con Delibera della Corte costituzionale 22 luglio 2021 (in G.U. 3 novembre 2021, n. 262), in nota* sub *art. 14.*

CAPO II
Questioni di legittimità costituzionale

23 Nel corso di un giudizio dinanzi ad una autorità giurisdizionale una delle parti o il Pubblico Ministero possono sollevare questione di legittimità costituzionale mediante apposita istanza, indicando:

a) le disposizioni della legge o dell'atto avente forza di legge dello Stato o di una Regione, viziate da illegittimità costituzionale;

b) le disposizioni della Costituzione o delle leggi costituzionali, che si assumono violate.

L'autorità giurisdizionale, qualora il giudizio non possa essere definito indipendentemente dalla risoluzione della questione di legittimità costituzionale o non ritenga che la questione sollevata sia manifestamente infondata, emette ordinanza con la quale, riferiti i termini ed i motivi della istanza con cui fu sollevata la questione, dispone l'immediata trasmissione degli atti alla Corte costituzionale e sospende il giudizio in corso.

La questione di legittimità costituzionale può essere sollevata, di ufficio, dall'autorità giurisdizionale davanti alla quale verte il giudizio con ordinanza contenente le indicazioni previste alle lettere *a*) e*b*) del primo comma e le disposizioni di cui al comma precedente.

L'autorità giurisdizionale ordina che a cura della Cancelleria l'ordinanza di trasmissione degli atti alla Corte costituzionale sia notificata, quando non se ne sia data lettura nel pubblico dibattimento, alle parti in causa ed al Pubblico Ministero quando il suo intervento sia obbligatorio, nonché al Presidente del Consiglio dei ministri od al Presidente della Giunta regionale a seconda che sia in questione una legge o un atto avente forza di legge dello Stato o di una Regione. L'ordinanza viene comunicata dal cancelliere anche ai Presidenti delle due Camere del Parlamento o al Presidente del Consiglio regionale interessato.

24 L'ordinanza che respinga la eccezione di illegittimità costituzionale per manifesta irrilevanza o infondatezza, deve essere adeguatamente motivata.

L'eccezione può essere riproposta all'inizio di ogni grado ulteriore del processo.

25 Il Presidente della Corte costituzionale, appena è pervenuta alla Corte l'ordinanza con la quale l'autorità giurisdizionale promuove il giudizio di legittimità costituzionale, ne dispone la pubblicazione nella Gazzetta Ufficiale e, quando occorra, nel "Bollettino Ufficiale" delle Regioni interessate.

Entro venti giorni dall'avvenuta notificazione della ordinanza, ai sensi dell'art. 23, le parti possono esaminare gli atti depositati nella Cancelleria e presentare le loro deduzioni.

Entro lo stesso termine, il Presidente del Consiglio dei ministri ed il Presidente della Giunta regionale possono intervenire in giudizio e presentare le loro deduzioni.

26 Trascorso il termine indicato nell'articolo precedente il Presidente della Corte nomina un giudice per la istruzione e la relazione e convoca entro i successivi venti giorni la Corte per la discussione.

Qualora non si costituisca alcuna parte o in caso di manifesta infondatezza la Corte può decidere in camera di consiglio.

Le sentenze devono essere depositate in Cancelleria nel termine di venti giorni dalla decisione.

27 La Corte costituzionale, quando accoglie una istanza o un ricorso relativo a questioni di legittimità costituzionale di una legge o di un atto avente forza di legge, dichiara, nei limiti dell'impugnazione, quali sono le disposizioni legislative illegittime. Essa dichiara altresì, quali sono le altre disposizioni legislative, la cui illegittimità deriva come conseguenza dalla decisione adottata.

28 Il controllo di legittimità della Corte costituzionale su una legge o un atto avente forza di legge esclude ogni valutazione di natura politica e ogni sindacato sull'uso del potere discrezionale del Parlamento.

29 La sentenza con la quale la Corte si pronunzia sulla questione di illegittimità costituzionale di una legge o di un atto avente forza di legge o l'ordinanza con la quale è dichiarata la manifesta infondatezza dell'eccezione di incostituzionalità, vengono trasmesse, entro due giorni dal loro deposito in Cancelleria, unitamente agli atti, all'autorità giurisdizionale, che ha promosso il giudizio, a cura del cancelliere della Corte.

30 La sentenza che dichiara l'illegittimità costituzionale di una legge o di un atto avente forza di legge dello Stato o di una Regione, entro due giorni dal suo deposito in Cancelleria, è trasmessa, di ufficio, al Ministro della giustizia od al Presidente della Giunta regionale affinché si proceda immediatamente e, comunque, non oltre il decimo giorno, alla pubblicazione del dispositivo della decisione nelle medesime forme stabilite per la pubblicazione dell'atto dichiarato costituzionalmente illegittimo.

La sentenza, entro due giorni dalla data del deposito viene, altresì, comunicata alle Camere e ai Consigli regionali interessati, affinché, ove lo ritengano necessario adottino i provvedimenti di loro competenza.

Le norme dichiarate incostituzionali non possono avere applicazione dal giorno successivo alla pubblicazione della decisione.

Quando in applicazione della norma dichiarata incostituzionale è stata pronunciata sentenza irrevocabile di condanna, ne cessano la esecuzione e tutti gli effetti penali (1).

(1) *La Corte Costituzionale, con sentenza 16 aprile 2021, n. 68, ha dichiarato l'illegittimità costituzionale del presente comma in quanto interpretato nel senso che la disposizione non si applica in relazione alla sanzione amministrativa accessoria della revoca della patente di guida, disposta con sentenza irrevocabile ai sensi dell'art. 222, comma 2, d.lgs. 30 aprile 1992, n. 285 (Nuovo codice della strada).*

31 1. La questione di legittimità costituzionale di uno statuto regionale può, a norma del secondo comma dell'articolo 123 della Costituzione, essere promossa entro il termine di trenta giorni dalla pubblicazione.

2. Ferma restando la particolare forma di controllo delle leggi prevista dallo statuto speciale della Regione siciliana, il Governo, quando ritenga che una legge regionale ecceda la competenza della Regione, può promuovere, ai sensi dell'articolo 127, primo comma, della Costituzione, la questione di legittimità costituzionale della legge regionale dinanzi alla Corte costituzionale entro sessanta giorni dalla pubblicazione (1).

3. La questione di legittimità costituzionale è sollevata, previa deliberazione del Consiglio dei ministri, anche su proposta della Conferenza Stato-Città e autonomie locali, dal Presidente del Consiglio dei ministri mediante ricorso diretto alla Corte costituzionale e notificato, entro i termini previsti dal presente articolo, al Presidente della Giunta regionale.

4. Il ricorso deve essere depositato nella cancelleria della Corte costituzionale entro il termine di dieci giorni dalla notificazione (2).

(1) *La Corte Costituzionale, con sentenza 13 novembre 2014, n. 255, ha dichiarato l'illegittimità costituzionale del presente comma limitatamente alle parole « Ferma restando la particolare forma di controllo delle leggi prevista dallo statuto speciale della Regione siciliana, ».*

(2) *Articolo sostituito dall'articolo 9 della legge 5 giugno 2003, n. 131.*

32 La questione della legittimità costituzionale di una legge o di un atto avente forza di legge dello Stato può essere promossa dalla Regione che ritiene dalla legge o dall'atto invasa la sfera della competenza assegnata alla Regione stessa dalla Costituzione e da leggi costituzionali.

La questione di legittimità costituzionale, previa deliberazione della Giunta regionale, anche su proposta del Consiglio delle autonomie locali, è promossa dal Presidente della Giunta mediante ricorso diretto alla Corte costituzionale e notificato al Presidente del Consiglio dei ministri entro il termine di sessanta giorni dalla pubblicazione della legge o dell'atto impugnati (1).

Si applica l'ultimo comma dell'articolo precedente (2).

(1) *Comma sostituito dall'articolo 9 della legge 5 giugno 2003, n. 131.*

(2) *Cfr. artt. 23, 24 Delib. 16 marzo 1956 (Norme integrative per i giudizi davanti alla Corte Costituzionale) e successive integrazioni. Ma v. ora le Norme integrative per i giudizi davanti alla Corte costituzionale, come da ultimo sostituite con Delibera della Corte costituzionale 22 luglio 2021 (in G.U. 3 novembre 2021, n. 262).*

33 La questione di legittimità costituzionale di una legge o di un atto avente forza di legge di una Regione può essere, a norma dell'articolo 127, secondo comma, della Costituzione, promossa da un'altra Regione che ritenga da quella legge invasa la sfera della sua competenza (1).

La questione, previa deliberazione della Giunta regionale, è promossa dal Presidente della Giunta mediante ricorso diretto alla Corte costituzionale e notificato, entro il termine di sessanta giorni dalla pubblicazione della legge, al Presidente della Giunta della Regione di cui si impugna la legge ed al Presidente del Consiglio dei ministri.

Il ricorso deve essere depositato nella Cancelleria della Corte costituzionale entro il termine di dieci giorni dall'ultima notificazione (2).

(1) *Comma così modificato dall'articolo 9 della legge 5 giugno 2003, n. 131.*

(2) *Cfr. artt. 23, 24 Delib. 16 marzo 1956 (Norme integrative per i giudizi davanti alla Corte Costituzionale) e successive integrazioni. Ma v. ora le Norme integrative per i giudizi davanti alla Corte costituzionale, come da ultimo sostituite con Delibera della Corte costituzionale 22 luglio 2021 (in G.U. 3 novembre 2021, n. 262).*

34 I ricorsi che promuovono le questioni di legittimità costituzionale, a norma degli artt. 31, 32 e 33 devono contenere le indicazioni di cui al primo comma dell'art. 23.

Si osservano, per quanto applicabili, le disposizioni contenute negli artt. 23, 25 e 26.

35 1. Quando è promossa una questione di legittimità costituzionale ai sensi degli articoli 31, 32 e 33, la Corte costituzionale fissa l'udienza di discussione del ricorso entro novanta giorni dal deposito dello stesso. Qualora la Corte ritenga che l'esecuzione dell'atto impugnato o di parti di esso possa comportare il rischio di un irreparabile pregiudizio all'interesse pubblico o all'ordinamento giuridico della Repubblica, ovvero il rischio di un pregiudizio grave ed irreparabile per i diritti dei cittadini, trascorso il termine di cui all'articolo 25, d'ufficio può adottare i provvedimenti di cui all'articolo 40. In tal caso l'udienza di discussione è fissata entro i successivi trenta giorni e il dispositivo della sentenza è depositato entro quindici giorni dall'udienza di discussione (1).

(1) *Articolo sostituito dall'articolo 9 della legge 5 giugno 2003, n. 131.*

36 Le disposizioni del presente capo, come pure quelle dell'art. 20, si osservano anche, per quanto applicabili nei casi di impugnazione previsti dagli artt. 82 e 83 della l. cost. 28 febbraio 1948, n. 5, concernente lo Statuto speciale per il Trentino-Alto Adige.

Quanto vi è disposto riguardo alla Regione ed ai suoi organi, vale analogamente per la Provincia ed i suoi organi quando sia interessata una delle due Province nella Regione.

CAPO III
Conflitti di attribuzione

SEZIONE I
Conflitti di attribuzione tra poteri dello Stato

37 Il conflitto tra poteri dello Stato è risoluto dalla Corte costituzionale se insorge tra organi competenti a dichiarare definitivamente la volontà del potere cui appartengono e per la delimitazione della sfera di attribuzioni determinata per i vari poteri da norme costituzionali.

Restano ferme le norme vigenti per le questioni di giurisdizione.

La Corte decide con ordinanza in camera di consiglio sulla ammissibilità del ricorso.

Se la Corte ritiene che esiste la materia di un conflitto la cui risoluzione spetti alla sua competenza dichiara ammissibile il ricorso e ne dispone la notifica agli organi interessati.

Si osservano in quanto applicabili le disposizioni degli artt. 23, 25 e 26.

Salvo il caso previsto nell'ultimo comma dell'art. 20, gli organi interessati, quando non compaiano personalmente, possono essere difesi e rappresentati da liberi professionisti abilitati al patrocinio davanti alle giurisdizioni superiori.

38 La Corte costituzionale risolve il conflitto sottoposto al suo esame dichiarando il potere al quale spettano le attribuzioni in contestazione e, ove sia stato emanato un atto viziato da incompetenza, lo annulla.

SEZIONE II
Conflitti di attribuzione fra Stato e Regioni e fra Regioni (1)

(1) *In materia di ricorsi per conflitti di attribuzione vedi art. 9, comma 6, della legge 5 giugno 2003, n. 131.*

39 Se la Regione invade con un suo atto la sfera di competenza assegnata dalla Costituzione allo Stato ovvero ad un'altra Regione, lo Stato o la Regione rispettivamente interessata possono proporre ricorso alla Corte costituzionale per il regolamento di competenza. Del pari può produrre ricorso la Regione la cui sfera di competenza costituzionale sia invasa da un atto dello Stato (1).

Il termine per produrre ricorso è di sessanta giorni a decorrere dalla notificazione o pubblicazione ovvero dall'avvenuta conoscenza dell'atto impugnato.

Il ricorso è proposto per lo Stato dal Presidente del Consiglio dei ministri o da un Ministro da lui delegato e per la Regione dal Presidente della Giunta regionale in seguito a deliberazione della Giunta stessa.

Il ricorso per regolamento di competenza deve indicare come sorge il conflitto di attribuzione e specificare l'atto dal quale sarebbe stata invasa la sfera di competenza, nonché le disposizioni della Costituzione e delle leggi costituzionali che si ritengono violate.

(1) *La Corte costituzionale, con sentenza 15 dicembre 1967, n. 154, ha stabilito che il termine per produrre ricorso per conflitto di attribuzione, decorre dalla comunicazione o conoscenza della richiesta governativa di riesame di una legge regionale.*

40 L'esecuzione degli atti che hanno dato luogo al conflitto di attribuzione fra Stato e Regione ovvero fra Regioni può essere in pendenza del giudizio, sospesa per gravi ragioni, con ordinanza motivata, dalla Corte.

41 Si osservano per i ricorsi per regolamento di competenza indicati nei precedenti articoli le disposizioni degli artt. 23, 25, 26 e 38, in quanto applicabili.

42 Le disposizioni di questa sezione che riguardano la Regione ed i suoi organi si osservano anche, in quanto applicabili, per le due Province della Regione Trentino-Alto Adige.

CAPO IV

Giudizi sulle accuse contro il Presidente della Repubblica, il Presidente del Consiglio dei Ministri ed i Ministri (1)

(1) *Il presente capo, contenente gli articoli da 43 a 53, è stato abrogato dall'art. 35 della l. 25 gennaio 1962, n. 20, riportata per articoli estratti nel testo. Vedi anche, per i giudizi d'accusa davanti alla Corte costituzionale, le norme integrative per i giudizi d'accusa da vanti alla Corte Costituzionale ed il regolamento parlamentare per i procedimenti d'accusa.*

43-53 (*Omissis*).

8. Legge 31 marzo 1877, n. 3761. — Norme sui conflitti di attribuzioni (1).

Pubblicata nella Gazzetta Ufficiale n. 82 del 7 aprile 1877.

(1) *In materia vedi anche artt. 37, 41, 362, 374 c.p.c. nonché artt. da 28 a 32 c.p.p.*

1 La pubblica amministrazione, oltre la facoltà ordinaria di opporre, in qualunque stato di causa, la incompetenza dell'autorità giudiziaria, quando sia parte nel giudizio od abbia diritto d'intervenirvi, può anche in tutti i casi usare del mezzo straordinario di promuovere direttamente sopra tale incompetenza la decisione della corte di cassazione, nel modo e cogli effetti determinati negli articoli seguenti.

Se l'amministrazione è parte in giudizio, è ammessa ad usare di quel mezzo straordinario finché la causa non sia definitivamente decisa in primo grado di giurisdizione. Se non è parte in causa, può usarne in ogni stato di essa, ma non mai dopo una dichiarazione di competenza dell'autorità giudiziaria passata in cosa giudicata.

2 La richiesta per la decisione diretta della corte di cassazione è fatta con decreto motivato dal prefetto. Il decreto è dal prefetto notificato con atto di usciere alle parti in causa e trasmesso al procuratore del Re nel circondario ove pende la lite davanti al pretore o al tribunale. Se la lite pende davanti alla corte di appello, il decreto è trasmesso al pubblico ministero presso la detta corte.

Comunicato il decreto del prefetto all'autorità giudiziaria dinanzi alla quale pende la lite, la medesima, riconoscendolo emanato nei casi e termini indicati nell'articolo precedente, sospenderà senz'altro ogni procedura con suo decreto, il quale dovrà notificarsi, alle parti a cura del pubblico ministero, fra quindici giorni dalla sua data, sotto pena di decadenza dalla richiesta anzidetta.

L'autorità giudiziaria non potrà più emettere, sino alla risoluzione della questione di competenza, fuorché provvedimenti conservatori.

3 Appartiene esclusivamente alle sezioni di cassazione istituite in Roma:

1) giudicare sulla competenza dell'autorità giudiziaria ogni qual volta la pubblica amministrazione usi del mezzo straordinario indicato negli articoli precedenti;

2) regolare la competenza tra l'autorità giudiziaria e l'autorità amministrativa quando l'una e l'altra siansi dichiarate incompetenti.

3) giudicare dei conflitti di giurisdizione positivi o negativi fra i tribunali ordinari ed altre giurisdizioni speciali, nonché della nullità delle sentenze di queste giurisdizioni per incompetenza od eccesso di potere.

Sopra ricorso documentato, alle sezioni medesime diretto dalla parte più diligente, la corte procede in via d'urgenza, osservate le norme stabilite per i regolamenti di competenza dagli articoli 110 e seguenti del codice di procedura civile. La discussione è contraddittoria e pubblica. La decisione è presa a sezioni unite e costituisce sulla competenza giudicato irrevocabile.

4 La decisione sulla competenza è determinata dall'oggetto della domanda e, quando prosegua il giudizio, non pregiudica le questioni sulla pertinenza del diritto, e sulla proponibilità dell'azione.

5 Sono altresì deferite esclusivamente alla cognizione delle sezioni di cassazione istituite in Roma, le sentenze in grado di appello sulla questione se sia competente l'autorità giudiziaria o l'autorità amministrativa.

Anche in questo caso la decisione è presa a sezioni unite, e costituisce giudicato irrevocabile sulla competenza, osservate nel resto le disposizioni del codice di procedura civile.

Se nel ricorso contro la sentenza pronunciata in grado di appello si contengono altri motivi oltre quello sulla competenza, giudicherà dei medesimi la corte di cassazione competente, dopo che le sezioni unite della cassazione di Roma avranno pronunciato sulla questione di competenza.

6 Sono abrogati l'articolo 10 n. 1 della legge sul consiglio di Stato, e l'articolo 13 della legge sul contenzioso amministrativo, allegato E alla legge 20 marzo 1865, nonché la legge sui conflitti del 20 novembre 1859, n. 3780, ed ogni altra disposizione sulla materia.

È del pari abrogato l'articolo 43 della legge del 14 agosto 1862, n. 800.

I ricorsi per annullamento, di che nel n. 3 dell'articolo 3, devono presentarsi nel termine di giorni novanta dalla notificazione della sentenza.

SEZIONE SECONDA
GIURISDIZIONE ORDINARIA E ALTRE GIURISDIZIONI

CAPO I
GIUDICE ORDINARIO

9. Legge 20 marzo 1865, n. 2248. — Per l'unificazione amministrativa del Regno d'Italia. Allegato *e*), legge sul contenzioso amministrativo.

Pubblicata nella Gazzetta Ufficiale del 27 aprile 1865.

1 I Tribunali speciali attualmente investiti della giurisdizione del contenzioso amministrativo, tanto in materia civile, quanto in materia penale, sono aboliti e le controversie ad essi attribuite dalle diverse leggi in vigore saranno d'ora in poi devolute alla giurisdizione ordinaria, od all'autorità amministrativa, secondo le norme dichiarate dalla presente legge.

2 Sono devolute alla giurisdizione ordinaria tutte le cause per contravvenzioni e tutte le materie nelle quali si faccia questione d'un diritto civile o politico, comunque vi possa essere interessata la pubblica amministrazione, e ancorché siano emanati provvedimenti del potere esecutivo o dell'autorità amministrativa [art. 31, legge 7 agosto 1990, n. 241] (1).

(1) *Per i casi di giurisdizione esclusiva del giudice amministrativo vedi art. 103 Cost.* (sub *I, 1) e l'art. 133 Cod. proc. amm.* (sub *VI, 37).*
Sulla giurisdizione del giudice ordinario in materia di pubblico impiego vedi art. 63 d.ls. n. 165/2001 (sub *II, 95).*

3 Gli affari non compresi nell'articolo precedente saranno attribuiti alle autorità amministrative, le quali, ammesse le deduzioni e le osservazioni in iscritto delle parti interessate, provvederanno con decreti motivati, previo parere dei consigli amministrativi che pei diversi casi siano dalla legge stabiliti.

Contro tali decreti, che saranno scritti in calce del parere egualmente motivato, è ammesso il ricorso in via gerarchica in conformità delle leggi amministrative (1).

(1) *Per i ricorsi amministrativi vedi articolo 16 del r.d. 26 giugno 1924, n. 1054,* sub *VI, 25, e il d.P.R. 24 novembre 1971, n. 1199* (sub *VI, 23).*

4 Quando la contestazione cade sopra un diritto che si pretende leso da un atto dell'autorità amministrativa, i tribunali si limiteranno a conoscere degli effetti dell'atto stesso in relazione all'oggetto dedotto in giudizio.

L'atto amministrativo non potrà essere revocato o modificato se non sovra ricorso alle competenti autorità amministrative, le quali si conformeranno al giudicato dei Tribunali in quanto riguarda il caso deciso (1).

(1) *In deroga al divieto di cui al presente articolo vedi articolo 152, comma 12 del d.ls. 30 giugno 2003, n. 196* (sub *II, 74).*

5 In questo, come in ogni altro caso, le autorità giudiziarie applicheranno gli atti amministrativi ed i regolamenti generali e locali in quanto siano conformi alle leggi (1).

(1) *Sulla cognizione del G.O. sui provvedimenti amministrativi nel pubblico impiego privatizzato vedi art. 63 del d.ls. n. 165/2001,* sub *II, 95.*
« Sono devolute al giudice ordinario, in funzione di giudice del lavoro, tutte le controversie relative ai rapporti di lavoro alle dipendenze delle pubbliche amministrazioni di cui all'articolo 1, comma 2, ad eccezione di quelle relative ai rapporti di lavoro di cui al comma 4, incluse le controversie concernenti l'assunzione al lavoro, il conferimento e la revoca degli incarichi dirigenziali e la responsabilità dirigenziale, nonché quelle concernenti le indennità di fine rapporto, comunque denominate e corrisposte, ancorché vengano in questione atti amministrativi presupposti. Quando questi ultimi siano rilevanti ai fini della decisione, il giudice li disapplica, se illegittimi. L'impugnazione davanti al giudice amministrativo dell'atto amministrativo rilevante nella controversia non è causa di sospensione del processo.
2. Il giudice adotta, nei confronti delle pubbliche amministrazioni, tutti i provvedimenti, di accertamento, costitutivi o di condanna, richiesti dalla natura dei diritti tutelati. Le sentenze con le quali riconosce il diritto all'assunzione, ovvero accerta che l'assunzione è avvenuta in violazione di norme sostanziali o procedurali, hanno anche effetto rispettivamente costitutivo o estintivo del rapporto di lavoro.
3. Sono devolute al giudice ordinario, in funzione di giudice del lavoro, le controversie relative a comportamenti antisindacali delle pubbliche amministrazioni ai sensi dell'articolo 28 della legge 20 maggio 1970, n. 300, e successive modificazioni ed integrazioni, e le controversie, promosse da organizzazioni sindacali, dall'ARAN o dalle pubbliche amministrazioni, relative alle procedure di contrattazione collettiva di cui all'articolo 40 e seguenti del presente decreto.
4. Restano devolute alla giurisdizione del giudice amministrativo le controversie in materia di procedure concorsuali per l'assunzione dei dipendenti delle pubbliche amministrazioni, nonché, in sede di giurisdizione esclusiva, le controversie relative ai rapporti di lavoro di cui all'articolo 3, ivi comprese quelle attinenti ai diritti patrimoniali connessi.
5. Nelle controversie di cui ai commi 1 e 3 e nel caso di cui all'articolo 64, comma 3, il ricorso per cassazione può essere proposto anche per violazione o falsa applicazione dei contratti e accordi collettivi nazionali di cui all'articolo 40 ».

6 Sono escluse dalla competenza delle autorità giudiziarie le questioni relative all'estimo catastale ed al riparto di quota e tutte le altre sulle imposte dirette sino a che non abbia avuto luogo la pubblicazione dei ruoli (1).

In ogni controversia d'imposte gli atti d'opposizione per essere ammissibili in giudizio dovranno accompagnarsi dal certificato di pagamento dell'imposta, eccetto il caso che si tratti di domanda di supplemento (2).

Nelle controversie relative alle imposte così dirette, come indirette, la giurisdizione ordinaria sarà sempre esercitata in prima istanza dai Tribunali di circondario, ed in seconda istanza dalle Corti d'appello.

(1) *La Corte costituzionale, con sentenza 11 luglio 1969, n. 125 ha dichiarato* l'illegittimità costituzionale *del presente comma limitatamente alla parte in cui condiziona l'esercizio dell'azione del contribuente dinanzi all'autorità giudiziaria ordinaria alla pubblicazione del ruolo e all'iscrizione a ruolo dell'imposta.*

(2) *La Corte costituzionale, con sentenza 24 marzo 1961, n. 21 ha dichiarato* l'illegittimità costituzionale *del presente comma in riferimento alle norme degli articoli 3, 24, e 113 della Costituzione.*

7 Allorché per grave necessità pubblica l'autorità amministrativa debba senza indugio disporre della proprietà privata, od in pendenza di un giudizio per la stessa ragione, procedere all'esecuzione dell'atto delle cui conseguenze giuridiche si disputa, essa provvederà con decreto motivato, sempre però senza pregiudizio dei diritti delle parti (1).

(1) *A norma dell'articolo unico della legge 30 novembre 1950, n. 996 i provvedimenti adottati dai Prefetti in attuazione del presente articolo sono provvedimenti definitivi.*

8 Nelle controversie intorno a contratti di lavoro o somministrazioni è riservata facoltà all'autorità amministrativa di provvedere anche ad economia, pendente il giudizio, ai lavori ed alle somministrazioni medesime, dichiarando l'urgenza con decreto motivato e senza pregiudizio dei diritti delle parti.

9 Sul prezzo dei contratti in corso non potrà avere effetto alcun sequestro, né convenirsi cessione, se non vi aderisca l'amministrazione interessata.

10 Nelle controversie che si agitano dinanzi alle autorità giudiziarie tra privati e pubbliche amministrazioni il giudizio sarà sempre trattato colle forme ad udienza fissa.

11 Il modo col quale saranno rappresentate ed assistite le amministrazioni nei giudizi civili, e così anche il luogo e il modo della citazione delle amministrazioni stesse, saranno determinati con regolamento da approvarsi con decreto reale (1).

(1) *Il regolamento di cui al presente articolo è stato emanato con r.d. 25 giugno 1865, n. 2361. Vedi, ora, t.u. 30 ottobre 1933, n. 1611, il r.d. 30 ottobre 1933, n. 1612 e il codice di procedura civile del 1942.*

Successivamente sono stati emanati, e sono attualmente in vigore il r.d. 30 ottobre 1933, n. 1611, testo unico sulla rappresentanza e difesa in giudizio dello Stato e sull'ordinamento dell'Avvocatura dello Stato, il r.d. 30 ottobre 1933, n. 1612, regolamento di esecuzione del suddetto testo unico.

12 Con la presente legge non viene fatta innovazione né alla giurisdizione della Corte dei conti e del Consiglio di Stato in materia di contabilità e di pensioni, né alle attribuzioni contenziose di altri corpi o collegi derivanti da leggi speciali e diverse da quelle fin qui esercitate dai giudici ordinari del contenzioso amministrativo.

13 [Fino ad ulteriori provvedimenti per la risoluzione uniforme dei conflitti tra le autorità giudiziarie e amministrative, la legge del 20 novembre 1859, n. 3780, sarà estesa a tutte le provincie del Regno, ferma la giurisdizione attribuita al Consiglio di Stato per pronunciare sui conflitti dell'art. 10 della legge sulla costituzione del Consiglio di Stato del Regno] (1).

(1) *Articolo abrogato dall'articolo 6 della legge 31 marzo 1877, n. 3761.*

14 Le controversie devolute in forza della presente legge ai Tribunali ordinari, le quali si trovino pendenti in primo grado di giurisdizione, saranno portate, mediante citazione, dalla parte più diligente avanti il Tribunale di circondario competente, e quelle che si trovino pendenti in secondo grado, avanti la Corte d'appello.

Le controversie, non ancora definitivamente decise, per le quali è esaurito il primo grado di giurisdizione, in qualunque stato esse si trovino, ed ancorché siano intervenuti gli avvisi che debbono precedere la sovrana provvisione, dove questa sia per legge richiesta, saranno portate con le medesime norme, al Tribunale o alla Corte di appello secondo le ordinarie regole di competenza, senza bisogno di nuova procura, ed ammesse in tutti i casi nuove produzioni e prove nel giudizio d'appello.

I conflitti di giurisdizione non ancora decisi fra le autorità giudiziarie e i tribunali del contenzioso amministrativo attualmente esistenti, per le materie devolute in forza della presente legge ai Tribunali ordinari, si avranno come non elevati; e le pronunziazioni anteriormente emanate sul merito dai Tribunali ordinari produrranno il loro effetto, salva l'ammissione e la discussione dei legittimi richiami.

Saranno date con decreto reale le norme necessarie alla esecuzione di questo articolo, avuto riguardo alle diverse legislazioni civili vigenti nelle varie Province del Regno.

15 La presente legge andrà in vigore col 1° luglio 1865, col quale giorno saranno soppresse sezioni del contenzioso amministrativo della Gran Corte dei conti di Napoli e di Palermo, ed il Tribunale del contenzioso di Parma.

16 Sono temporaneamente mantenuti nelle Province napoletane e siciliane i procedimenti riguardanti scioglimenti di promiscuità, divisione in massa e suddivisione dei demani comunali, e quelli di reintegra per occupazione o illegittima alienazione dei demani medesimi; ed i Prefetti continueranno ad esercitare in conformità delle relative leggi in vigore tutte le attribuzioni loro conferite per tali oggetti, udito soltanto l'avviso di funzionari aggiunti con le norme da stabilirsi mediante decreto reale, il quale avviso terrà luogo di quello del consiglio di Prefettura.

Il Governo avrà tuttavia facoltà di confidare tali attribuzioni a speciali commissari ripartitori nelle Province in cui ne riconosca il bisogno (1).

I richiami contro le ordinanze dei Prefetti e dei Commissari ripartitori, che prima portavansi alla Corte dei conti saranno di cognizione delle Corti d'appello con le forme del procedimento sommario.

Le Corti d'appello potranno in ogni caso ordinare la sospensione della esecuzione delle ordinanze impugnate.

Ai procedimenti vertenti saranno applicate le norme dell'art. 14.

(1) *Vedi la legge 16 giugno 1927, n. 1766, relativa al riordinamento degli usi civici nel Regno.*

10. Decreto legge 31 dicembre 1996, n. 669, convertito, con modificazioni, in legge 28 febbraio 1997, n. 30. — Disposizioni urgenti in materia tributaria, finanziaria e contabile a completamento della manovra di finanza pubblica per l'anno 1997. (*estratto*).

Pubblicato nella Gazzetta Ufficiale n. 305 del 31 dicembre 1996; la legge di conversione è stata pubblicata nella Gazzetta Ufficiale n. 50 del 1° marzo 1997.

14 Esecuzione forzata nei confronti di pubbliche amministrazioni.

1. Le amministrazioni dello Stato e gli enti pubblici non economici completano le procedure per l'esecuzione dei provvedimenti giurisdizionali e dei lodi arbitrali aventi efficacia esecutiva e comportanti l'obbligo di pagamento di somme di danaro entro il termine di centoventi giorni dalla notificazione del titolo esecutivo. Prima di tale termine il creditore non può procedere ad esecuzione forzata né alla notifica di atto di precetto (1) (2).

1-*bis*. Gli atti introduttivi del giudizio di cognizione, gli atti di precetto nonché gli atti di pignoramento e sequestro devono essere notificati a pena di nullità presso la struttura territoriale dell'Ente pubblico nella cui circoscrizione risiedono i soggetti privati interessati e contenere i dati anagrafici dell'interessato, il codice fiscale ed il domicilio. Il pignoramento di crediti di cui all'articolo 543 del codice di procedura civile promosso nei confronti di Enti ed Istituti esercenti forme di previdenza ed assistenza obbligatorie organizzati su base territoriale deve essere instaurato, a pena di improcedibilità rilevabile d'ufficio, esclusivamente innanzi al giudice dell'esecuzione della sede principale del Tribunale nella cui circoscrizione ha sede l'ufficio giudiziario che ha emesso il provvedimento in forza del quale la procedura esecutiva è promossa. Il pignoramento perde efficacia quando dal suo compimento è trascorso un anno senza che sia stata disposta l'assegnazione. L'ordinanza che dispone ai sensi dell'articolo 553 del codice di procedura civile l'assegnazione dei crediti in pagamento perde efficacia se il creditore procedente, entro il termine di un anno dalla data in cui è stata emessa, non provvede all'esazione delle somme assegnate (3).

1-*ter*. Le disposizioni di cui al comma 1-*bis* si applicano anche ai pignoramenti mobiliari di cui agli articoli 513 e seguenti del codice di procedura civile promossi nei confronti di enti ed istituti esercenti forme di previdenza ed assistenza obbligatorie organizzati su base territoriale (4).

2. Nell'ambito delle amministrazioni dello Stato, nei casi previsti dal comma 1, il dirigente responsabile della spesa, in assenza di disponibilità finanziarie nel pertinente capitolo, dispone il pagamento mediante emissione di uno speciale ordine di pagamento rivolto all'istituto tesoriere, da regolare in conto sospeso. La reintegrazione dei capitoli avviene a carico del fondo previsto dall'articolo 7 della legge 5 agosto 1978, n. 468, in deroga alle prescrizioni dell'ultimo comma. Con decreto del Ministro del tesoro, del bilancio e della programmazione economica sono determinate le modalità di emissione nonché le caratteristiche dello speciale ordine di pagamento previsto dal presente comma (5).

3. L'impignorabilità dei fondi di cui all'articolo 1 del decreto-legge 25 maggio 1994, n. 313, convertito, con modificazioni, dalla legge 22 luglio 1994, n. 460, è estesa, con decorrenza dall'esercizio finanziario 1993, anche alle somme destinate ai progetti finanziati con il fondo nazionale di intervento per la lotta alla droga, istituito con decreto del Presidente della Repubblica 9 ottobre 1990, n. 309, alle somme destinate alle spese di missione del Dipartimento della protezione civile, nonché a quelle destinate agli or gani istituiti dagli articoli 3, 4 e 6 della legge 24 ottobre 1977, n. 801.

4. (*Omissis*) (6).

(1) *Comma così modificato dall'art. 147, l. 23 dicembre 2000, n. 388 e successivamente dall'articolo 44 del d.l. 30 settembre 2003, n. 269, conv., con modif., in l. 24 novembre 2003, n. 326.*

(2) *Ai sensi dell'art. 27, comma 11, d.lgs. 2 gennaio 2018, n. 1, per l'esecuzione dei provvedimenti giurisdizionali emessi a seguito delle controversie relative all'esecuzione di interventi ed attività derivanti dal suddetto decreto legislativo, il termine previsto dal presente comma è fissato in centottanta giorni.*

(3) *Comma aggiunto dall'art. 147, l. 23 dicembre 2000, n. 388 e successivamente modificato dall'articolo 44 del d.l. 30 settembre 2003, n. 269, cit.*

(4) *Comma inserito dall'articolo 44, comma 1, della l. 4 novembre 2010, n. 183.*

(5) *Vedi il d.m. 2 aprile 1997.*

(6) *Modifica il comma 1 dell'art. 1, d.l. 25 maggio 1994, n. 313, conv., con modif., in l. 22 luglio 1994, n. 460.*

11. Decreto legislativo 18 agosto 2000, n. 267. – Testo unico delle leggi sull'ordinamento degli enti locali. (*rinvio*) (1).

Pubblicato nella Gazzetta Ufficiale n. 162/L del 28 settembre 2000.

(1) *Vedi sub* II, *12, l'art. 248 sulle conseguenze della dichiarazione di dissesto degli enti locali.*

12. Decreto legge 25 maggio 1994, n. 313, convertito, con modificazioni, in legge 22 luglio 1994, n. 460. – Disciplina dei pignoramenti sulle contabilità speciali delle prefetture, delle direzioni di amministrazione delle Forze armate e della Guardia di finanza. (*estratto*).

Pubblicato nella Gazzetta Ufficiale n. 120 del 25 maggio 1994; la legge di conversione è stata pubblicata nella Gazzetta Ufficiale n. 171 del 23 luglio 1994.

1 Pignoramenti sulle contabilità speciali delle prefetture, delle direzioni di amministrazione delle Forze armate e della Guardia di finanza.

1. I fondi di contabilità speciale a disposizione delle prefetture, delle direzioni di amministrazione delle Forze armate e della Guardia di finanza, nonché le aperture di credito a favore dei funzionari delegati degli enti militari, degli uffici o reparti della Polizia di Stato, della Polizia penitenziaria e del Corpo forestale dello Stato, del Dipartimento dell'Ispettorato centrale della tutela della qualità e repressione frodi dei prodotti agroalimentari e dei comandi del Corpo nazionale dei vigili del fuoco, o del Cassiere del Ministero dell'interno, comunque destinati a servizi e finalità di protezione civile, di difesa nazionale e di sicurezza pubblica nonché di vigilanza, prevenzione e repressione delle frodi nel settore agricolo, alimentare e forestale, al rimborso delle spese anticipate dai comuni per l'organizzazione delle consultazioni elettorali, nonché al pagamento di emolumenti e pensioni a qualsiasi titoli dovuti al personale amministrato, non sono soggetti ad esecuzione forzata, salvo che per i casi previsti dal capo V del titolo VI del libro I del codice civile, nonché dal testo unico delle leggi concernenti il sequestro, il pignoramento e la cessione degli stipendi, salari e pensioni dei dipendenti delle pubbliche amministrazioni, approvato con decreto del Presidente della Repubblica 5 gennaio 1950, n. 180 (1).

2. I pignoramenti ed i sequestri aventi per oggetto le somme affluite nelle contabilità speciali delle prefetture e delle direzioni di amministrazione ed a favore dei funzionari delegati di cui al comma 1, si eseguono esclusivamente, a pena di nullità rilevabile d'ufficio, secondo le disposizioni del libro III – titolo II – capo II del codice di procedura civile con atto notificato al direttore di ragioneria responsabile presso le prefetture o al direttore di amministrazione od al funzionario delegato [dell'ente militare] nella cui circoscrizione risiedono soggetti privati interessati, con l'effetto di sospendere ogni emissione di ordinativi di pagamento relativamente alle somme pignorate. Il funzionario di prefettura, o il direttore di amministrazione o funzionario delegato [militare] cui sia stato notificato atto di pignoramento o di sequestro, è tenuto a vincolare l'ammontare, sempreché esistano sulla contabilità speciale fondi la cui destinazione sia diversa da quelle indicate al comma 1, per cui si procede con annotazione nel libro giornale; la notifica rimane priva di effetti riguardo agli ordini di pagamento che risultino già emessi.

3. Non sono ammessi atti di sequestro o di pignoramento ai sensi del presente articolo presso le sezioni di tesoreria dello Stato a pena di nullità rilevabile anche d'ufficio. Gli atti di sequestro o di pignoramento eventualmente notificati non determinano obbligo di accantonamento da parte delle sezioni medesime né sospendono l'accreditamento di somme nelle contabilità speciali intestate alle prefetture ed alle direzioni di amministrazione ed in quel le a favore dei funzionari delegati di cui al comma 1.

4. Viene effettuata secondo le stesse modalità stabilite nel comma 2 la notifica di ogni altro atto consequenziale nei procedimenti relativi agli atti di pignoramento o di sequestro.

(1) *Comma modificato in sede di conversione, dall'articolo 13, comma 2, del d.l. 8 gennaio 1996, n. 6, convertito in legge 6 marzo 1996, n. 110, dall'articolo 14, comma 4, del d.l. 31 dicembre 1996, n. 669, convertito in legge 28 febbraio 1997, n. 30, dall'articolo 35, comma 1, della legge 16 gennaio 2003, n. 3 ed infine dall'articolo 3 della legge 3 febbraio 2011, n. 4.*

CAPO II
CORTE DEI CONTI

13. Regio decreto 12 luglio 1934, n. 1214. — Approvazione del testo unico delle leggi sulla Corte dei conti. (*estratto*).

Pubblicato nella Gazzetta Ufficiale n. 179 del 1° agosto 1934.

TITOLO I
Composizione della Corte dei Conti

2 (art. 1, secondo comma, Regio Decreto 5 febbraio 1930, n. 21; art. 2, primo comma, legge 3 aprile 1933, n. 255).

Il presidente della Corte riferisce al capo del Governo, primo ministro segretario di Stato, sull'andamento dei lavori della Corte stessa.

7 (art. 15, regio decreto 30 dicembre 1923, n. 3084; art. 3, legge 3 aprile 1933, n. 255).

Il presidente della Corte, i presidenti di sezione, i consiglieri ed il procuratore generale sono nominati per decreto reale su proposta del capo del Governo, primo ministro segretario di Stato, previa deliberazione del Consiglio dei ministri.

I presidenti di sezione ed il procuratore generale vengono scelti fra i magistrati della Corte dei conti, appartenenti al grado immediatamente inferiore. Il grado di consigliere è conferito, per la metà dei posti, ai funzionari di grado quinto della Corte stessa.

Per i posti di consigliere di spettanza ad estranei alla Corte, ove la scelta cada su funzionari dello Stato questi devono essere già di grado 4°, ovvero di grado 5° che abbiano non meno di tre anni di anzianità in quest'ultimo grado (1) (2).

L'incarico di segretario generale viene conferito con decreto del presidente della Corte.

Oltre i casi tassativamente stabiliti per legge o regolamento i consiglieri della Corte dei conti possono ricevere od accettare incarichi o missioni estranee alle normali loro attribuzioni solo quando non siano in contrasto con le norme vigenti ed in seguito ad ordinanza presidenziale, sentito il Consiglio di presidenza.

Previa determinazione del Consiglio dei ministri per il collocamento fuori ruolo e fino al limite massimo di due, si applica ai consiglieri della Corte dei conti il disposto dell'art. 2 del regio decreto-legge 15 ottobre 1925, n. 1791.

(1) *Comma inserito dall'articolo 2, comma 1, del d.lgs. lgt. 14 luglio 1945, n. 430.*

(2) *Per le norme d'attuazione del presente comma vedi l'articolo unico, del d.P.R. 8 luglio 1977, n. 385.*

8 (art. 4, legge 14 agosto 1862, n. 800).

I presidenti e consiglieri della Corte non possono essere revocati né collocati d'ufficio a riposo, né allontanati in qualsiasi altro modo, se non per decreto reale, col parere conforme di una commissione composta dei presidenti e vice presidenti del Senato e della Camera dei deputati.

La commissione è presieduta dal presidente del Senato, e conserva il suo ufficio nell'intervallo delle sessioni e delle legislature.

Il parere della commissione può essere provocato dal presidente della Corte o dal Governo (1).

(1) *Disposizione estesa anche al procuratore generale e ai vice procuratori generali ai sensi dell'articolo 4, comma 3, del d.lgs. 5 maggio 1948, n. 589.*

TITOLO II
Attribuzioni della Corte dei Conti

CAPO I
Attribuzioni in generale

13 (art. 10 sostituito dall'art. 1, regio decreto 18 novembre 1923, n. 2441 e articoli 13 e 34, legge 14 agosto 1862, n. 800; art. 1, legge 11 luglio 1897, n. 256 modificato dall'art. 7, regio decreto-legge 18 giugno 1931, n. 788, art. 90, comma ottavo, regio decreto 17 ottobre 1922, n. 1401; articoli 63, 81 e seguenti regio decreto 18 novembre 1923, n. 2440; articoli 11, 18 e 19 legge 3 aprile 1933, n. 255).

La Corte in conformità delle leggi e dei regolamenti:

fa il riscontro dei decreti presidenziali;
fa il riscontro delle spese dello Stato;
vigila la riscossione delle pubbliche entrate;
fa il riscontro sui magazzini e depositi di materie e di merci di proprietà dello Stato, e sulle altre gestioni patrimoniali indicate dalle leggi;
fa il riscontro delle cauzioni degli agenti dello Stato che sono obbligati a prestarle e vigila perché sia assicurata la regolarità della gestione degli agenti dello Stato, in denaro e in materia;
parifica il rendiconto generale consuntivo dell'amministrazione dello Stato e quelli delle aziende a gestione autonoma soggette al suo riscontro, prima che siano presentati al Parlamento;
giudica i conti che debbono rendere tutti coloro che hanno maneggio di denaro o di valori dello Stato e di altre pubbliche amministrazioni designate dalla legge;
giudica sulle responsabilità per danni arrecati all'erario da pubblici funzionari, retribuiti dallo Stato, nell'esercizio delle loro funzioni;
giudica sui ricorsi contro i provvedimenti amministrativi in materia di conti e di responsabilità, giusta le disposizioni delle leggi speciali;
giudica sugli appelli dalle decisioni dei Consigli di Prefettura sui conti dei Comuni, delle Province, delle istituzioni di pubblica beneficenza;
giudica sui ricorsi per rimborso di quote inesigibili di imposte dirette, ai termini della legge di riscossione;
giudica sui ricorsi in materia di pensione in tutto o in parte a carico dello Stato o di altri enti designati dalla legge e sulle istanze tendenti a conseguire la sentenza che tiene luogo del decreto di collocamento a riposo, ai termini dell'art. 174 del testo unico 21 febbraio 1895, n. 70;
giudica su tutti i reclami dei suoi impiegati;
fa le sue proposte e dà parere nella formazione degli atti e provvedimenti amministrativi indicati dalla legge (1).

(1) *Per l'abrogazione parziale del presente articolo vedi l'articolo 12 della legge 6 agosto 1984, n. 425.*

14 (art. 12, legge 14 agosto 1862, n. 800).

Oltre le attribuzioni conferite dal presente testo unico, la Corte dei conti esercita tutte quelle altre che le sono conferite dalla legge sull'amministrazione del patrimonio e sulla contabilità generale dello Stato e da leggi speciali.

15 (art. 17, legge 14 agosto 1862, n. 800).

La Corte prende nota e dà avviso ai Ministri di tutte le infrazioni alle leggi ed ai regolamenti che le occorre di rilevare nell'esercizio delle sue attribuzioni.

16 (art. 16, legge 14 agosto 1862, n. 800).

La Corte ha diritto di chiedere ai Ministri, alle amministrazioni ed agli agenti che da esse dipendono, le informazioni e i documenti che si riferiscono alle riscossioni e alle spese, e tutte le notizie e i documenti necessari all'esercizio delle sue attribuzioni.

CAPO II
Attribuzioni di controllo

17 (art. 13, legge 14 agosto 1862, n. 800; art. 11, 3 aprile 1933, n. 255).

I decreti, qualunque sia il Ministero da cui emanano e qualunque ne sia l'oggetto, sono presentati alla Corte perché, esercitato il controllo di legittimità, vi si apponga il visto e ne sia fatta registrazione.

Potrà il regolamento stabilire quali decreti presidenziali siano eccezionalmente esenti dal visto e dalla registrazione.

18 (art. 19 legge 14 agosto 1862, n. 800, sostituito dall'art. 1 del regio decreto 18 novembre 1923, n. 2441 e art. 12, primo, secondo e terzo comma, regio decreto 27 giugno 1933, n. 703).

Sono presentati alla Corte per il visto e la registrazione tutti i decreti con i quali si approvano contratti per importo superiore a euro 10.329,13 e quelli con i quali si autorizzano altre spese per un importo superiore a euro 5.164,56 quando l'autorizzazione non sia contemporanea all'emissione dell'ordine di pagamento. Sono pure presentati alla Corte tutti gli atti di nomina, promozione o cessazione dal servizio degli impiegati ed agenti e quelli con i quali si conferiscono stipendi ed altri assegni continuativi a carico dello Stato (1).

Sui decreti relativi alla liquidazione definitiva delle pensioni, assegni e indennità di quiescenza, la Corte esercita il riscontro di legittimità, accertando che sussistano le condizioni stabilite dalle leggi, sia per l'acquisto del diritto che per la natura e la misura dell'assegno liquidato e per il relativo godimento e pagamento.

Sono anche sottoposti al riscontro di legittimità i decreti con i quali si provvede al riscatto dei servizi ai fini di quiescenza.

L'apprezzamento circa la causa di servizio, e, se del caso, circa le condizioni economiche richieste per il diritto a pensione privilegiata, è insindacabile in sede di riscontro di legittimità.

(1) *Le somme di cui al presente comma sono state aumentate mediante elevazione degli originari importi prima di 60 volte dalla legge 10 dicembre 1953, n. 936, poi, di 240 volte dal d.P.R. 30 giugno 1972, n. 422, e, da ultimo, di 1000 volte dall'articolo 20 del d.P.R. 20 aprile 1994, n. 367, entrato in vigore il 1° novembre 1995, in virtù dell'articolo 2 del d.l. 28 agosto 1995, n. 359, conv., con modif., in l. 27 ottobre 1995, n. 436. Sono fatte salve le disposizioni legislative e regolamentari che abbiano aumentato gli originari limiti di somma in misura superiore a quella indicata dallo stesso articolo.*

19 (art. 20, legge 14 agosto 1862, n. 800, sostituito dall'art. 1, regio decreto 18 novembre 1923, n. 2441).

I mandati per il pagamento delle spese dello Stato, gli ordini di accreditamento a favore dei funzionari delegati alla esecuzione di spese e di altri titoli di pagamento debbono, con i documenti giustificativi, essere sottoposti al riscontro della Corte.

La legge determina i casi nei quali il riscontro deve precedere il pagamento e i casi nei quali può a quello succedere.

Sono pure trasmessi alla Corte per il riscontro i rendiconti presentati dai funzionari delegati all'esecuzione di spese, muniti dei documenti giustificativi.

20 **(art. 21, legge 14 agosto 1862, n. 800).**

La Corte vigila perché le spese non superino le somme stanziate nel bilancio e queste si applichino alle spese prescritte, perché non si faccia trasporto di somme non consentito per legge, e perché la liquidazione e il pagamento delle spese siano conformi alle leggi e ai regolamenti.

21 **(art. 12, legge 3 aprile 1933, n. 255).**

La Corte tiene le scritture che le sono strettamente necessarie per l'esercizio della sua funzione.

Può valersi delle scritture tenute dalle ragionerie e può altresì far proprie le risultanze contabili degli atti sottoposti a riscontro già accertate dai funzionari delle ragionerie stesse o di altri uffici dipendenti dall'amministrazione, i quali risponderanno della esattezza del proprio operato.

Quando vengano constatate irregolarità, la Corte ne dà comunicazione al ministro competente per i suoi provvedimenti, salvo l'eventuale giudizio di responsabilità a norma delle vigenti disposizioni.

22 **(art. 7, legge 3 aprile 1933, n. 255).**

Al controllo degli atti di ogni singolo ministero, è delegato un consigliere coadiuvato da primi referendari o referendari preposti ad uffici costituiti da un congruo numero di funzionari ed impiegati. Un presidente di sezione ne coordina l'azione.

Il controllo si svolge presso la Corte; tuttavia con decreto reale a relazione del Capo del governo, primo ministro segretario di Stato, di concerto con il Ministro delle finanze, su proposta della Corte dei conti a sezioni riunite, potranno in via eccezionale essere istituiti uffici di riscontro presso le amministrazioni centrali, oltre quelli già contemplati da leggi speciali, quando ciò sia giudicato conveniente per un più rapido svolgimento del controllo.

23 **(art. 10, legge 3 aprile 1933, n. 255; art. 8, regio decreto-legge 5 agosto 1927, n. 1414).**

Al riscontro sugli atti concernenti gli assegni di quiescenza, sui pagamenti del debito vitalizio e delle spese fisse, qualunque sia il bilancio cui facciano carico, nonché al riscontro sui magazzini dello Stato, qualunque sia il ministero al quale appartengano, e sulla cassa per l'ammortamento del debito pubblico interno è rispettivamente delegato uno dei consiglieri di cui al primo comma del precedente articolo.

Ai servizi relativi al riscontro sul debito vitalizio, sulle spese fisse e sui magazzini può essere adibito anche personale non di ruolo, da assumersi mediante contratto a termine, con le norme stabilite nel regolamento.

24 **(art. 8, primo, secondo, terzo e quarto comma, legge 3 aprile 1933, n. 255).**

Qualora il consigliere delegato al controllo, dopo che sia stata sentita l'Amministrazione interessata, ritenga che un atto o decreto non debba essere ammesso al visto o alla registrazione, lo trasmette al Presidente della Corte, informandone nel tempo stesso il competente presidente di Sezione addetto al coordinamento. Il Presidente della Corte, udito il consigliere, promuove, nel più breve termine, una pronunzia motivata della Sezione di controllo costituita dal Presidente della Corte, che la presiede, dai presidenti di Sezione addetti al coordinamento del controllo e dai consiglieri di cui al primo comma dell'art. 22.

Al di fuori dell'ipotesi prevista dal comma precedente, il Presidente della Corte può, su segnalazione del consigliere delegato al controllo o del presidente di Sezione addetto al coordinamento o dell'Amministrazione interessata o di ufficio, deferire alla Sezione come sopra costituita la pronunzia sul visto e la registrazione degli atti o decreti ove si renda necessaria la risoluzione di questioni di massima di particolare importanza.

Nei casi di cui ai precedenti comma, del deferimento alla Sezione di controllo è data comunicazione scritta alla Amministrazione interessata e a quella del Tesoro per quanto la riguardi. Queste possono presentare deduzioni e farsi rappresentare avanti la Sezione stessa da funzionari di grado non inferiore a quello di direttore capo divisione o equiparato.

Le stesse norme si applicano per gli atti o decreti di competenza delle Delegazioni della Corte dei conti per la Regione sarda e per la Regione Trentino-Alto Adige e degli uffici distaccati della Corte stessa presso il Magistrato delle acque in Venezia e i Provveditorati regionali alle opere pubbliche.

Per gli atti o decreti di competenza della Sezione di controllo per la Regione siciliana spetta al Presidente di essa il deferimento alla Sezione regionale nei casi previsti dal primo comma del presente articolo e al Presidente della Corte dei conti il deferimento alla Sezione centrale di controllo nei casi di cui al secondo comma (1).

(1) *Articolo così sostituito dall'articolo 1, comma 1, della legge 21 marzo 1953, n. 161.*

25 **(art. 14, legge 14 agosto 1862, n. 800, sostituito dall'art. 1 del Regio Decreto 18 novembre 1923, n. 2441; art. 8, quinto comma, e art. 9, legge 3 aprile 1933, n. 255).**

Ove il consigliere delegato o la sezione di controllo abbia ricusato il visto sugli atti o decreti presentati alla Corte, la relativa deliberazione sarà trasmessa al ministro cui spetta, e, quando questi lo ritenga necessario, sarà presa in esame dal Consiglio dei ministri.

Se esso risolve che l'atto o decreto debba aver corso, la Corte è chiamata a deliberare a sezioni riunite, e qualora non riconosca cessata la causa del rifiuto, ne ordina la registrazione e vi appone il visto con riserva.

Il rifiuto di registrazione è assoluto ed annulla il provvedimento quando trattisi:

a) di impegno od ordine di pagamento riferentesi a spesa che ecceda la somma stanziata nel relativo capitolo del bilancio od, a giudizio della Corte, imputabile ai residui piuttosto che alla competenza e viceversa, ovvero ad un capitolo diverso da quello indicato nell'atto del ministero che lo ha emesso;

b) di decreti per nomine e promozioni di personale di qualsiasi ordine e grado, disposte oltre i limiti dei rispettivi organici;

c) di ordini di accreditamento a favore di funzionari delegati al pagamento di spese, emessi per un importo eccedente i limiti stabiliti dalle leggi.

26 (art. 18, legge 14 agosto 1862, n. 800, sostituito dall'articolo unico della legge 15 agosto 1867, n. 3853).

La Corte dei conti ogni quindici giorni comunica direttamente agli uffici di presidenza del Senato e della Camera dei deputati l'elenco delle registrazioni eseguite con riserva, accompagnato dalle deliberazioni relative.

27 (art. 15, legge 14 agosto 1862, n. 800).

La responsabilità dei ministri non viene mai meno in qualsiasi caso per effetto della registrazione e del visto della Corte.

28 (art. 20, secondo comma, legge 14 agosto 1862, n. 800, sostituito dall'art. 1, regio decreto 18 novembre 1923, n. 2441; art. 26, legge 7 luglio 1907, n. 429, modificato dall'art. 1, regio decreto 28 giugno 1912, n. 728; art. 71, primo comma, regio decreto 8 maggio 1933, n. 841; art. 33, regio decreto-legge 14 giugno 1925, n. 884; art. 6, regio decreto-legge 8 dicembre 1927, n. 2258; art. 11, regio decreto-legge 24 settembre 1931, n. 1277; art. 191 e seguenti regio decreto 26 giugno 1925, n. 1271; art. 29, legge 6 giugno 1933, n. 999; art. 1 regio decreto 2 gennaio 1913, n. 453; art. 32, legge 17 maggio 1928, n. 1094; art. 16, legge 5 gennaio 1933, n. 30; art. 4 regio decreto 17 marzo 1927, n. 401; art. 1, regio decreto-legge 4 settembre 1925, n. 1627; art. 235, regio decreto 23 dicembre 1920, n. 1921, sostituito dall'articolo unico regio decreto 7 luglio 1932, n. 1404; art. 97, legge 16 febbraio 1913, n. 89; art. 8 e 11, regio decreto-legge 5 agosto 1927, n. 1414).

Per le amministrazioni autonome e speciali aziende statali delle ferrovie, delle poste e telegrafi, dei servizi telefonici, dei monopoli industriali, degli uffici per i lavori portuali, delle colonie, della cassa dei depositi e prestiti con le gestioni annesse, della azienda della strada, delle foreste demaniali, del fondo speciale per le corporazioni, del fondo di massa della [regia] guardia di finanza, del fondo generale del corpo degli agenti di custodia delle carceri, degli archivi notarili e della cassa per l'ammortamento del debito pubblico interno, la Corte esercita la vigilanza ed il riscontro a norma delle rispettive disposizioni speciali.

29 (art. 59 e 273, regio decreto 31 agosto 1933, n. 1592).

Il rendiconto consuntivo e i conti di tutte le gestioni speciali delle regie università e dei regi istituti superiori sono dal presidente del Consiglio di amministrazione trasmessi direttamente alla Corte dei conti per l'esame amministrativo e la dichiarazione di regolarità.

Le disposizioni di cui al presente articolo si estendono a tutti gli istituti superiori ai quali sono corrisposti assegni annui sul bilancio del Ministero dell'educazione nazionale.

30 (art. 59 e 273, regio decreto 31 agosto 1933, n. 1592).

I provveditori agli studi, pel tramite del Ministero della educazione nazionale, entro il mese di luglio rendono alla Corte i conti amministrativi delle contabilità speciali delle amministrazioni scolastiche riguardanti l'esercizio scaduto al 30 giugno precedente.

31 (art. 5, secondo comma, regio decreto 30 dicembre 1023, n. 3203, sostituito dall'art. 1 del regio decreto-legge 15 ottobre 1925, n. 1928).

I conti consuntivi delle regie stazioni agrarie a cominciare dal 1° gennaio 1926, muniti del visto del ministro e direttore capo della ragioneria e corredati dai necessari documenti giustificativi, sono trasmessi alla Corte dei conti per la dichiarazione di regolarità.

32 (art. 20, regio decreto 18 novembre 1923, n. 2440; art. 2, terzo comma, legge 3 aprile 1933, n. 2440; art. 2, terzo comma, legge 3 aprile 1933, n. 255).

La Corte alla fine di ogni anno comunica al capo del Governo, primo ministro segretario di Stato, ed al Parlamento l'elenco dei contratti da essa registrati e per i quali l'amministrazione non abbia seguito il parere del consiglio di Stato, indicando le ragioni all'uopo addotte dall'amministrazione.

33 (art. 13, legge 3 aprile 1933, n. 255).

Ad integrazione delle normali funzioni di riscontro la sezione del controllo ha facoltà di disporre eventuali accertamenti diretti presso funzionari ed agenti che abbiano maneggio di denaro o di materie di proprietà dello Stato.

Con provvedimento non suscettibile di alcun gravame ha anche facoltà di applicare penalità ai funzionari nei confronti dei quali risulti accertato che, senza giustificato motivo, abbiano lasciato trascorrere i termini stabiliti per la presentazione dei rendiconti, salvo regolare giudizio di responsabilità quando dal ritardo sia derivato un danno per lo Stato.

La stessa facoltà le spetta contro i funzionari cui sia fatto obbligo di trasmettere, dopo la prescritta revisione di loro competenza, i rendiconti predetti e che non abbiano a ciò adempiuto nel termine fissato.

Con decreto reale a relazione del capo del Governo, primo ministro segretario di Stato, di concerto col Ministro per le finanze, sentita la Corte dei conti, sono determinati i funzionari ai quali debba far carico la responsabilità di cui ai precedenti commi, i termini per la trasmissione degli atti, le penalità e le modalità per l'applicazione di esse.

CAPO IV
Parificazione del rendiconto generale dello stato e dei rendiconti annessi

38 (art. 10, quarto comma, legge 14 agosto 1862, n. 800, sostituito dall'art. 1 del regio decreto 19 novembre 1923, n. 2441; art. 28, legge 14 agosto 1862, n. 800; art. 77, regio decreto 18 novembre 1923, n. 2440; art. 6, legge 9 dicembre 1928, n. 2783).

Il rendiconto generale dello Stato che il Ministro delle finanze deve rendere alla fine di ogni esercizio finanziario, è dal ministro trasmesso alla Corte dei conti nei termini di legge, prima che sia presentato all'approvazione delle Camere.

39 (art. 29, legge 14 agosto 1862, n. 800).

La Corte verifica il rendiconto generale dello Stato e ne confronta i risultati tanto per le entrate, quanto per le spese ponendoli a riscontro con le leggi del bilancio.

A tale effetto verifica se le entrate riscosse e versate ed i resti da riscuotere e da versare risultanti dal rendiconto, siano conformi ai dati esposti nei conti periodici e nei riassunti generali trasmessi alla Corte dai singoli ministeri; se le spese ordinate e pagate durante l'esercizio concordino con le scritture tenute o controllate dalla Corte ed accerta i residui passivi in base alle dimostrazioni allegate ai decreti ministeriali di impegno ed alle proprie scritture.

La Corte con eguali accertamenti verifica i rendiconti, allegati al rendiconto generale, delle aziende, gestioni ed amministrazioni statali con ordinamento autonomo soggette al suo riscontro.

40 (art. 32, legge 14 agosto 1862, n. 800).

La Corte delibera sul rendiconto generale dello Stato a sezioni riunite e con le formalità della sua giurisdizione contenziosa.

41 (art. 31, legge 14 agosto 1862, n. 800).

Alla deliberazione di cui al precedente articolo è unita una relazione fatta dalla Corte a sezioni riunite nella quale questa deve esporre:

le ragioni per le quali ha apposto con riserva il suo visto a mandati o ad altri atti o decreti;

le sue osservazioni intorno al modo col quale le varie amministrazioni si sono conformate alle discipline di ordine amministrativo o finanziario;

le variazioni o le riforme che crede opportune per il perfezionamento delle leggi e dei regolamenti sull'amministrazione e sui conti del pubblico denaro.

42 (art. 2, secondo comma, legge 3 aprile 1933, n. 255).

La deliberazione e la relazione di cui agli articoli precedenti sono presentate da una delegazione della Corte al capo del Governo, prima ministro segretario di Stato, e, con modalità che questi determinerà con suo decreto, trasmesse al gran consiglio del fascismo.

43 (art. 30 e 31, legge 14 agosto 1862, n. 800).

Il rendiconto e relativi allegati con la deliberazione e la relazione predette sono dalla Corte trasmessi al Ministro delle finanze che ne cura la presentazione al Parlamento.

CAPO V
Attribuzioni giurisdizionali

SEZIONE I
Dei giudizi di conto e di responsabilità

44 (art. 33, primo e secondo comma, legge 14 agosto 1862, n. 800, sostituito dall'art. 1 del regio decreto 18 novembre 1923, n. 2441; art. 74, regio decreto 18 novembre 1923, 2440).

La Corte giudica, con giurisdizione contenziosa, sui conti dei tesorieri, dei ricevitori, dei cassieri e degli agenti incaricati di riscuotere, di pagare, di conservare e di maneggiare denaro pubblico o di tenere in custodia valori e materie di proprietà dello Stato, e di coloro che si ingeriscono anche senza legale autorizzazione negli incarichi attribuiti ai detti agenti.

La Corte giudica pure sui conti dei tesorieri edagenti di altre pubbliche amministrazioni per quanto le spetti a termini di leggi speciali.

45 (art. 35, legge 14 agosto 1862, n. 800).

La presentazione del conto costituisce l'agente dell'amministrazione in giudizio.

Il giudizio può essere iniziato dietro istanza del pubblico ministero per decreto della competente sezione, da notificarsi dall'agente, con la fissazione di un termine a presentare il conto nei casi:

a) di cessazione degli agenti dell'amministrazione del loro ufficio;

b) di deficienze accertate dall'amministrazione;

c) di ritardo a presentare i conti nei termini stabiliti per legge o per regolamento.

46 (art. 36, legge 14 agosto 1862, n. 800).

Spirato il termine stabilito dalla Corte, questa, citato l'agente dell'amministrazione ad istanza del pubblico ministero, può condannarlo a ragione della mora, ad una pena pecuniaria non maggiore della metà degli stipendi, degli aggi e delle indennità al medesimo dovute, e quando esso non goda di stipendi, di aggi e di indennità può condannarlo al pagamento di una somma non maggiore di euro 1032,91 (1). Può anche, secondo la gravità dei casi, proporne al Ministro da cui dipende la sospensione ed anche la destituzione.

Queste disposizioni si intendono applicabili senza pregiudizio dei provvedimenti d'ordine, di vigilanza e di cautela, i quali competono ai capi delle rispettive amministrazioni.

Nel caso che l'agente persista nella sua renitenza a dare il conto, questo, per decreto della Corte, ad istanza del pubblico ministero, sarà fatto compilare a spese dell'agente.

(1) *I limiti di somma di cui al presente comma sono stati aumentati mediante elevazione degli originari importi prima di 60 volte dalla legge 10 dicembre 1953, n. 936, poi, di 240 volte dal d.P.R. 30 giugno 1972, n. 422, e, da ultimo, di 1000 volte dall'articolo 20 del d.P.R. 20 aprile 1994, n. 367, entrato in vigore il 1° novembre 1995, in virtù dell'articolo 2 del d.l. 28 agosto 1995, n. 359, conv., con modif., in l. 27 ottobre 1995, n. 436. Sono fatte salve le disposizioni legislative e regolamentari che abbiano aumentato gli originari limiti di somma in misura superiore a quella indicata dallo stesso articolo.*

47 (art. 23, terzo comma, legge 14 agosto 1862, n. 800, sostituito dall'art. 1, regio decreto 18 novembre 1923, n. 2441).

Quando i conti di cui all'art. 44 sono regolarmente pareggiati ed il relatore non trovi irregolarità a carico dei contabili, la loro approvazione è data mediante decreti di scarico o dichiarazioni di regolarità, anche collettivi, emessi dal presidente della sezione, su re lazione scritta dallo stesso relatore, previa comunicazione di essa al Procuratore generale.

48 (art. 40, legge 14 agosto 1862, n. 800).

Ove debba aver luogo il giudizio della Sezione, questa, se riconosce che i conti furono saldati o si bilanciano in favore dell'agente dell'amministrazione, pronuncia il discarico del medesimo e la liberazione ove occorra, della cauzione e la cancellazione delle ipoteche. Nel caso opposto liquida il debito dell'agente, e pronuncia, ove occorra, la condanna al pagamento e l'alienazione della cauzione comunque prestata anche da terzi purché citati o intervenuti in giudizio.

49 (art. 37, legge 14 agosto 1862, n. 800).

Le decisioni interlocutorie della Corte contenenti osservazioni sul conto sono notificate all'agente per mezzo dell'amministrazione da cui dipende. L'agente può presentare le sue giustificazioni nel modo e nei termini stabiliti dal regolamento di procedura.

50 (art. 38, legge 14 agosto 1862, n. 800).

Se nell'esame del conto la Corte osservi che siano ad alcuno imputabili delitti contro la pubblica amministrazione o contro la fede pubblica, ne riferisce, per mezzo del procuratore generale, al Ministro della giustizia ed a quello da cui dipende l'agente, affinché si proceda secondo le leggi, per la punizione del reo.

51 (art. 41, legge 14 agosto 1862, n. 800).

L'agente può opporsi alle decisioni della Corte nel termine di trenta giorni dalla notificazione da eseguirsi per mezzo dell'amministrazione da cui dipende.

Non si ammettono opposizioni allorché la condanna riguarda partite del conto, alle quali si riferiscono le interlocutorie notificate all'agente nel modo indicato all'art. 49.

52 (art. 14, 25 terzo comma e 37, legge 7 luglio 1907, n. 429; art. 1 regio decreto 28 giugno 1912, n. 728; art. 81, 82, 83, primo comma, regio decreto 18 novembre 1923, n. 2440; art. 2, regio decreto-legge 15 ottobre 1925, n. 1928; art. 9, regio decreto 2 febbraio 1928, n. 263; art. 3, regio decreto 14 novembre 1929, n. 2166; art. 27, regio decreto 18 giugno 1931, n. 807 1 art. 1, legge 22 dicembre 1932, n. 1958).

I funzionari impiegati ed agenti, civili e militari, compresi quelli dell'ordine giudiziario e quelli retribuiti da amministrazioni, aziende e gestioni statali a ordinamento, autonomo, che nell'esercizio delle loro funzioni per azione od omissione imputabili anche a sola colpa o negligenza cagionino danno allo Stato e ad altra amministrazione dalla quale dipendono sono sottoposti alla giurisdizione della Corte nei casi e modi previsti dalla legge sull'amministrazione del patrimonio e sulla contabilità generale dello Stato e da leggi speciali.

La Corte, valutate le singole responsabilità, può porre a carico dei responsabili tutto o parte del danno accertato o del valore perduto.

53 (art. 83, secondo e terzo comma, regio decreto 18 novembre 1923, n. 2440 e art. 16, primo comma, legge 3 aprile 1933, n. 255).

I direttori generali e i capi servizio, i quali, nell'esercizio delle loro funzioni, vengono a conoscenza di un fatto, che possa dar luogo a responsabilità a norma del precedente articolo, debbono farne denuncia al Procuratore generale presso la Corte dei conti.

La denunzia deve essere immediata.

Quando nel giudizio di responsabilità la Corte accerti che per dolo o colpa grave, fu omessa la denuncia, a carico di personale dipendente può condannare al risarcimento, oltre gli autori del danno, anche coloro che omisero la denuncia.

54 (art. 85, regio decreto 18 novembre 1923, n. 2440).

Nei casi di deficenza accertata dall'amministrazione o di danni arrecati all'erario per fatto o per omissione, imputabili a colpa o negligenza dei contabili e dei funzionari od agenti contemplati dalla legge sull'amministrazione del patrimonio e sulla contabilità generale dello Stato, la Corte può pronunciarsi tanto contro di essi quanto contro i loro fideiussori o cauzionanti anche prima del giudizio sul conto.

55 (art. 17, legge 3 aprile 1933, n. 255).

Quando dall'esame dei conti sottoposti al giudizio della Corte emergano addebiti d'importo non superiore ad euro 5.000 (1), il presidente della competente sezione giurisdizionale o un consigliere da lui delegato, sentito il pubblico ministero sull'importo dell'addebito, possono determinare la somma da pagare all'erario, salvo il giudizio della Corte nel caso di mancata accettazione da parte del contabile.

Tale disposizione si applica anche nei giudizi di responsabilità, purché il valore della causa non ecceda la detta somma.

(1) *Limite di somma da ultimo così elevato dall'articolo 5 del d.l. 15 novembre 1993, n. 453, conv., con modif., in l. 14 gennaio 1994, n. 19, come modificato dall'articolo 10-*bis*, comma 9, del d.l. 30 settembre 2005, n. 203, conv., con modif., in l. 2 dicembre 2005, n. 248.*

SEZIONE II
Degli altri giudizi in materia contabile

56 (art. 90, ottavo comma, regio decreto 17 ottobre 1922, n. 1401).

Gli esattori comunali ed i ricevitori provinciali possono ricorrere alla Corte dei conti nel termine di novanta giorni dalla notificazione del provvedimento definitivo dell'intendenza di finanza, col quale sia stato rifiutato il rimborso di quote d'imposta o sovraimposta inesigibili.

57 (art. 25, legge 7 luglio 1907, n. 429, modificato dall'art. 1 del regio decreto 28 giugno 1912, n. 728).

I funzionari ed agenti delle ferrovie dello Stato, che rispondano direttamente all'amministrazione dei danni ad essa arrecati anche solo per colpa o negligenza, possono ricorrere alla Corte nel termine di trenta giorni da quello in cui hanno avuto comunicazione del relativo provvedimento amministrativo.

Qualora l'amministrazione delle ferrovie non possa integralmente rivalersi del danno cagionato dai propri funzionari ed agenti, mediante la ritenuta sui loro stipendi o paghe, nei limiti consentiti dalle leggi vigenti, ed occorra provvedere all'esecuzione coattiva anche su altri beni dei predetti funzionari od agenti, costoro sono deferiti al giudizio della Corte ad istanza del Procuratore generale (1).

(1) *La Corte cost., con sent. 28 luglio 1976, n. 201, ha dichiarato l'*illegittimità costituzionale *del presente articolo in collegamento con l'articolo 25, comma 2, della legge 7 luglio 1907, n. 429, nella parte in cui tali norme dispongono che i funzionari ed agenti delle ferrovie dello Stato non compresi nel terzo comma dell'art. 25, l. n. 429/1907 citata, rispondono direttamente all'amministrazione dei danni ad essa arrecati per loro colpa o negligenza, e che le autorità competenti a pronunciarsi al riguardo possono, valutate le circostanze, ridurre ovvero non applicare, l'addebito per il danno subìto dall'amministrazione.*

58 (art. 73, secondo comma, regio decreto 18 novembre 1923, n. 2440).

Gli impiegati di cui agli artt. 44 e 52 possono ricorrere alla Corte avverso il provvedimento di ritenuta sugli stipendi ed altri emolumenti disposta dall'amministrazione ai termini della legge sulla contabilità generale dello Stato.

59 (art. 40, 41, 42, 43, 48 e 53, regio decreto-legge 12 ottobre 1933, n. 1339).

Nei casi previsti dagli artt. 40, 41, 42 e 43 del regio decreto-legge 12 ottobre 1933, n. 1399, la declaratoria di danno pronunciata dal Ministro per le corporazioni è sottoposta all'omologazione della Sezione del contenzioso contabile, in Camera di consiglio, quando debba valere come titolo per prendere iscrizione ipotecaria di garanzia sui beni delle persone indicate come responsabili. Il Ministro per le corporazioni fissa congrui termini all'associazione che si presume danneggiata sia per promuovere la predetta omologazione, sia per iniziare l'azione di responsabilità avanti la sezione del contenzioso contabile, e trascorsi infruttuosamente tali termini, provvede d'ufficio in sostituzione dell'associazione inadempiente.

Le disposizioni del precedente comma si applicano anche agli istituti costituiti per gli scopi di cui all'art. 4, ultimo comma, della legge 3 aprile 1926, n. 563.

L'azione per far valere le responsabilità avanti la Corte si prescrive in cinque anni dal giorno nel quale avvenne il fatto dannoso.

60 (art. 386, 387 e 402, regio decreto 3 marzo 1934, n. 383).

Contro il decreto del Ministro per l'interno, emesso ai sensi degli articoli 386, 387 e 402 del testo unico della legge comunale e provinciale approvato con regio decreto 3 marzo 1934, n. 383, è ammesso ricorso alla Corte, nei modi e termini di cui all'art. 66, da parte degli interessati, del Governatore di Roma e di qualsiasi contribuente, ancorché non abbia previamente reclamato.

61 I ricorsi alla Corte dei conti ammessi da leggi speciali contro i provvedimenti amministrativi sui conti consuntivi e sulle responsabilità connesse, riguardanti enti non contemplati dagli articoli precedenti, debbono essere presentati nei termini stabiliti dalle leggi stesse e, in mancanza, entro 30 giorni da quello in cui il ricorrente ha avuto comunicazione del provvedimento.

SEZIONE III
Dei giudizi in materia di pensione

62 (art. 174, regio decreto 21 febbraio 1895, n. 70; art. 19, legge 3 aprile 1933, n. 255 e art. 14, terzo comma, regio decreto 27 giugno 1933, n. 703).

Contro i provvedimenti definitivi di liquidazione di pensione a carico totale o parziale dello Stato è ammesso il ricorso alla competente sezione della Corte, la quale giudica con le norme di cui agli articoli seguenti.

Alla medesima sezione sono devoluti anche tutti gli altri ricorsi in materia di pensione, che leggi speciali attribuiscono alla Corte dei conti, nonché le istanze dirette ad ottenere la sentenza che tenga luogo del decreto di collocamento a riposo o in riforma e dichiari essersi verificate nell'impiegato dello Stato o nel militare le condizioni dalle quali secondo le leggi vigenti, sorge il diritto a pensione, assegno o indennità.

In materia di riscatto di servizi il ricorso è ammesso soltanto contro il decreto concernente la liquidazione del trattamento di quiescenza nel termine stabilito dal primo comma dell'articolo seguente.

63 (art. 14, primo e secondo comma, regio decreto 27 giugno 1933, n. 703).

Il termine per la presentazione alla Corte dei conti dei ricorsi di cui al precedente articolo è di novanta giorni decorrenti dalla data della comunicazione o notificazione del provvedimento di concessione o di rifiuto della pensione, dell'assegno o dell'indennità.

Quando l'ente, cui incombe il pagamento delle pensioni od indennità, ricorra, secondo la facoltà conferita dalla rispettiva legge, contro le liquidazioni disposte dai propri organi deliberanti, il termine per il deposito del ricorso decorre dalla data del provvedimento impugnato.

Per il Procuratore generale presso la Corte il termine decorre dalla data di registrazione del decreto di liquidazione.

L'istanza diretta a conseguire la sentenza di cui al comma secondo del precedente articolo deve essere depositata nella segreteria entro il termine di giorni novanta dalla data in cui il ricorrente ha avuto la comunicazione del rifiuto del Ministero ad emanare il provvedimento di cessazione dal servizio. Nel silenzio dell'amministrazione, tale termine decorre dal compimento del periodo di sessanta giorni dopo la notificazione all'amministrazione stessa di un legale atto di diffida a provvedere (1).

(1) *La Corte cost., con sent. 8 luglio 1971, n. 170, ha dichiarato* l'illegittimità costituzionale *del presente articolo, nella parte in cui esclude che il termine stabilito per la presentazione dei ricorsi di cui al precedente art. 62 possa essere osservato anche con la spedizione dei ricorsi stessi mediante raccomandata, e che, in questo caso, della data di spedizione faccia fede il bollo dell'ufficio postale mittente e, qualora il bollo sia illeggibile, la ricevuta della raccomandata. La stessa Corte, con sentenza 15 gennaio 1976, n. 8, ha dichiarato l'illegittimità costituzionale del presente articolo, nella parte in cui prescrive, per la proposizione dei ricorsi in materia di pensione da parte degli aventi diritto al trattamento di quiescenza, il termine perentorio di novanta giorni dalla data di comunicazione e notificazione del provvedimento impugnato.*

64 (art. 14, quarto comma, e art. 15, primo comma, regio decreto 27 giugno 1933, n. 703).

Il ricorso non è ammesso contro la liquidazione provvisoria della pensione, né contro la liquidazione dell'indennità, per chi abbia fatto riscossione di questa prima della scadenza del termine di cui al precedente articolo (1).

(1) *La Corte cost., con sent. 1° marzo 1972, n. 38, ha dichiarato* l'illegittimità costituzionale *del presente articolo.*

14. Decreto legge 15 novembre 1993, n. 453, convertito, con modificazioni, in legge 14 gennaio 1994, n. 19. — Disposizioni in materia di giurisdizione e controllo della Corte dei conti. (*estratto*).

Pubblicato nella Gazzetta Ufficiale n. 268 del 15 novembre 1993; la legge di conversione è stata pubblicata nella Gazzetta Ufficiale n. 10 del 14 gennaio 1994.

1 Sezioni regionali della Corte dei conti.

1. In tutte le regioni sono istituite ove non già esistenti sezioni giurisdizionali della Corte dei conti con circoscrizione estesa al territorio regionale e con sede nel capoluogo di regione.

2. Nella Regione Trentino-Alto Adige sono istituite due sezioni giurisdizionali con sede in Trento e in Bolzano nel rispetto della normativa vigente in materia di tutela delle minoranze linguistiche e con circoscrizione estesa al rispettivo territorio provinciale.

3. A tutte le sezioni, comprese quelle già istituite si applicano le disposizioni di cui agli articoli 2, 3, 5, 6 e 11 della legge 8 ottobre 1984, n. 658 (1).

4. Le sezioni regionali previste al comma 1 e al comma 2, ove non già costituite, vengono insediate entro sette mesi dalla data di entrata in vigore del presente decreto. Entro venti giorni dall'insediamento, sono trasmessi a ciascuna sezione regionale i fascicoli dei processi sui quali le singole sezioni sono chiamate a giudicare, fatta eccezione per i giudizi per i quali risulti già fissata l'udienza.

4-*bis*. Della ricezione dei fascicoli è data comunicazione alle parti interessate e ai difensori costituiti, a cura della segreteria della sezione.

5. Avverso le sentenze delle sezioni giurisdizionali regionali, salvo quanto disposto in attuazione dell'articolo 23 dello statuto della regione Sicilia, è ammesso l'appello alle sezioni giurisdizionali centrali che giudicano con cinque magistrati e con competenza in tutte

le materie attribuite alla giurisdizione della Corte dei conti. Nei giudizi in materia di pensioni, l'appello è consentito per soli motivi di diritto; costituiscono questioni di fatto quelle relative alla dipendenza di infermità, lesioni o morte da causa di servizio o di guerra e quelle relative alla classifica o all'aggravamento di infermità o lesioni (2).

5-*bis*. L'appello è proponibile dalle parti, dal procuratore regionale competente per territorio o dal procuratore generale, entro sessanta giorni dalla notificazione o, comunque, entro un anno dalla pubblicazione. Entro i trenta giorni successivi esso deve essere depositato nella segreteria del giudice di appello con la prova delle avvenute notifiche, unitamente alla copia della sentenza appellata. Agli appelli si applicano le disposizioni di cui all'articolo 3 della legge 21 marzo 1953, n. 161. La facoltà attribuita all'amministrazione dell'articolo 6, comma 4, si applica anche ai giudizi di appello in materia pensionistica e comprende il potere di proposizione del gravame (3).

5-*ter*. Il ricorso alle sezioni giurisdizionali centrali sospende l'esecuzione della sentenza impugnata. La sezione giurisdizionale centrale, tuttavia, su istanza del procuratore regionale territorialmente competente o del procuratore generale, quando vi siano ragioni fondate ed esplicitamente motivate può disporre, con ordinanza motivata, sentite le parti, che la sentenza sia provvisoriamente esecutiva. I procedimenti pendenti presso le sezioni giurisdizionali centrali, non ancora definiti in prima istanza, sono rimessi alle sezioni giurisdizionali competenti per territorio. Nei giudizi dinanzi alle sezioni giurisdizionali regionali il patrocinio legale è esercitato da avvocati o procuratori legali iscritti nei relativi albi professionali (3).

5-*quater*. Sono abrogati gli articoli 3, secondo comma, e 4, secondo comma, del decreto legislativo 6 maggio 1948, n. 655. I giudizi avverso le sentenze emesse dalla sezione giurisdizionale per la regione siciliana pendenti innanzi alle sezioni riunite della Corte dei conti sono devoluti, nello stato in cui si trovano e fino all'istituzione della competente sezione giurisdizionale centrale d'appello per la regione siciliana, alla prima sezione giurisdizionale centrale d'appello (3).

6. Tutti i giudizi relativi ai residenti all'estero sono di competenza della sezione regionale del Lazio.

7. Le sezioni riunite della Corte dei conti decidono sui conflitti di competenza e sulle questioni di massima deferite dalle sezioni giurisdizionali centrali o regionali, ovvero a richiesta del procuratore generale. Esse sono presiedute dal presidente della Corte dei conti o da un presidente di sezione e giudicano con cinque magistrati. Ad esse sono assegnati due presidenti di sezione e un numero di consiglieri determinato dal consiglio di presidenza della Corte dei conti all'inizio dell'anno giudiziario. Il presidente della Corte può disporre che le sezioni riunite si pronuncino sui giudizi che presentano una questione di diritto già decisa in senso difforme dalle sezioni giurisdizionali, centrali o regionali, e su quelli che presentano una questione di massima di particolare importanza. Se la sezione giurisdizionale, centrale o regionale, ritiene di non condividere il principio di diritto enunciato dalle sezioni riunite, rimette a queste ultime, con ordinanza motivata, la decisione del giudizio (4) (5).

8. Dalla data di insediamento dell'ultima delle sezioni giurisdizionali regionali, sono soppresse la sezione III ordinaria per le pensioni civili, la sezione IV ordinaria per le pensioni militari, le cinque sezioni giurisdizionali speciali per le pensioni di guerra. Tali sezioni continuano a funzionare ai sensi dell'art. 11 della legge 8 ottobre 1984, n. 658. In ogni caso a decorrere dal 1 ° gennaio 1995 le predette sezioni sono soppresse e i giudizi di competenza di sezioni giurisdizionali regionali non ancora insediate sono attribuiti alla sezione giurisdizionale regionale del Lazio.

8-*bis*. È istituita una terza sezione giurisdizionale centrale. Per il rafforzamento del presidio di legalità a tutela dell'intero sistema di finanza pubblica, alle sezioni della Corte dei conti, secondo la consistenza del rispettivo carico di lavoro, possono essere assegnati, con deliberazione del Consiglio di presidenza, presidenti aggiunti o di coordinamento (6). A tal fine, il ruolo organico della magistratura contabile è incrementato di venticinque unità ed è rideterminato nel numero di seicentotrentasei unità, di cui cinquecentotrentadue fra consiglieri, primi referendari e referendari, e cento presidenti di sezione, oltre al presidente, al presidente aggiunto della Corte, nonché al procuratore generale e al procuratore generale aggiunto (6). Il Consiglio di presidenza dell'Istituto, in sede di approvazione delle piante organiche relative agli uffici centrali e territoriali, determina l'attribuzione delle singole qualifiche ai vari posti di funzione (6). Le tabelle B) e C) allegate alla legge 20 dicembre 1961, n. 1345 sono abrogate (6) (7) (8).

9. Alle esigenze di magistrati per le sezioni giurisdizionali regionali e per gli uffici del procuratore regionale provvede il consiglio di presidenza della Corte dei conti a mezzo di assegnazione su domanda degli interessati. Altri magistrati potranno essere assegnati, anche senza il loro consenso, per un periodo non superiore a due anni. Nel primo impianto e per un periodo non inferiore a due anni, alle occorrenze delle sezioni e delle procure regionali si provvede provvisoriamente, con magistrati assegnati anche d'ufficio.

10. L'art. 42 della legge 10 febbraio 1953, n. 62, è sostituito dal seguente:

"Art. 42 (Posizione dei funzionari membri della commissione). — I membri effettivi della commissione di controllo di cui alla lettera *c*) del precedente articolo sono esonerati da ogni obbligo di servizio presso l'amministrazione cui appartengono.".

11. Alle segreterie delle sezioni giurisdizionali regionali e delle procedure regionali sono preposti funzionari di cui all'art. 17 del decreto legislativo 3 febbraio 1993, n. 29.

(1) *Comma modificato dall'articolo 299, comma 1, del d.lgs. 30 maggio 2002, n. 113.*

(2) *Comma modificato sostituito dall'articolo 1, comma 1, del d.l. 23 ottobre 1996, n. 543, come modificato dalla legge 20 dicembre 1996, n. 639, in sede di conversione.*

(3) *Comma aggiunto dall'articolo 1, comma 1, del d.l. 23 ottobre 1996, n. 543, come modificato dalla legge 20 dicembre 1996, n. 639, in sede di conversione.*

(4) *Comma modificato dall'articolo 42, comma 2, della legge 18 giugno 2009, n. 69.*

(5) *A norma dell'articolo 1, comma 2, del d.l. 23 ottobre 1996, n. 543, come modificato dalla legge 20 dicembre 1996, n. 639, in sede di conversione le sezioni riunite, di cui al presente comma, giudicano con sette magistrati.*

(6) *I periodi secondo, terzo, quarto e quinto sono stati sostituiti all'originario secondo periodo dall'articolo 23, comma 1, del d.l. 30 dicembre 2019, n. 162, conv., con modif., in l. 28 febbraio 2020, n. 8. Il testo del secondo periodo era il seguente:* « Per le esigenze delle funzioni giurisdizionali, di controllo e referenti al Parlamento, alle sezioni della Corte, il cui carico di lavoro sia ritenuto particolarmente consistente, possono essere assegnati, con delibera del consiglio di presidenza, presidenti aggiunti o di coordinamento; il numero totale dei presidenti aggiunti e di coordinamento non può essere superiore a dieci unità ».

(7) *Comma aggiunto dall'articolo 1, comma 3, del d.l. 23 ottobre 1996, n. 543, come modificato dalla legge 20 dicembre 1996, n. 639, in sede di conversione.*

(8) *A norma dell'articolo 6-bis, comma 3, del d.l. 24 dicembre 2003, n. 354, convertito in legge 26 febbraio 2004, n. 45, sono soppressi due posti di presidente di sezione della Corte dei conti di cui al presente comma.*

2 Pubblico ministero presso la Corte dei conti.

1. Le funzioni di pubblico ministero innanzi alle sezioni riunite ed alle sezioni giurisdizionali centrali della Corte dei conti sono esercitate dal procuratore generale o da un vice procuratore generale.

2. Presso le sezioni giurisdizionali regionali le funzioni del pubblico ministero sono esercitate da un procuratore regionale.

3. Il procuratore generale coordina l'attività dei procuratori regionali e, questi ultimi, quella dei magistrati assegnati ai loro uffici.

4. Fermo restando quanto stabilito dall'art. 16, comma 3, del decreto-legge 13 maggio 1991, n. 152, convertito, con modificazioni, dalla legge 12 luglio 1991, n. 203, e dall'art. 74 del testo unico delle leggi sulla Corte dei conti, approvato con regio decreto 12 luglio 1934, n. 1214, la Corte dei conti, per l'esercizio delle sue attribuzioni, può altresì delegare adempimenti istruttori a funzionari delle pubbliche amministrazioni e avvalersi di consulenti tecnici, nel rispetto delle disposizioni di cui all'art. 73 del decreto legislativo 28 luglio 1989, n. 271.

4-*bis*. La delega di adempimenti istruttori a funzionari regionali è disposta d'intesa con il presidente della regione o della provincia autonoma (1).

(1) *Comma aggiunto dall'articolo 1, comma 3-ter, del d.l. 23 ottobre 1996, n. 543, come modificato dalla legge 20 dicembre 1996, n. 639, in sede di conversione.*

7 (1) Norme in materia di controlli della Corte dei conti.

1. Il controllo preventivo di legittimità della Corte dei conti si esercita esclusivamente sui seguenti atti non aventi forza di legge:

a) provvedimenti emanati a seguito di deliberazione del Consiglio dei Ministri;

b) provvedimenti dei comitati interministeriali di riparto o assegnazione di fondi;

c) atti normativi a rilevanza esterna, atti generali di indirizzo, atti di programmazione comportanti spese;

d) provvedimenti di disposizione del demanio e patrimonio immobiliare eccedenti l'ordinaria amministrazione;

e) atti generali attuativi di norme comunitarie;

f) autorizzazioni alla sottoscrizione dei contratti collettivi, secondo quanto previsto dall'art. 51 del decreto legislativo 3 febbraio 1993, n. 29;

g) provvedimenti che disciplinano l'esercizio di funzioni pubbliche autoritative relative ai dipendenti delle pubbliche amministrazioni;

h) decreti che approvano contratti dei Ministeri, attivi, di qualunque importo, o passivi, se di importo superiore al valore in ECU stabilito dalla normativa comunitaria per l'applicazione delle procedure di aggiudicazione degli appalti d'opera, ovvero al maggior valore stabilito con successivo regolamento governativo, anche per singole categorie o tipologie di contratti;

i) decreti ministeriali di variazione del bilancio, di accertamento dei residui e di assenso preventivo del Ministero del tesoro all'impegno di spese correnti a carico di esercizi successivi;

l) atti di notevole rilievo finanziario che il Presidente del Consiglio dei Ministri richieda alla Corte dei conti di sottoporre temporaneamente a controllo preventivo nel caso di carenze settoriali dei controlli interni segnalate dalla Corte dei conti nelle relazioni di cui al comma 7.

2. I provvedimenti sottoposti al controllo preventivo divengono esecutivi se la Corte non ne dichiara la non conformità a legge nel termine di trenta giorni dal ricevimento. L'esecutività è sospesa se nel termine suddetto la Corte richiede chiarimenti o elementi integrativi del giudizio; in tal caso il provvedimento diventa esecutivo se la Corte non ne dichiara la non conformità a legge entro trenta giorni dal ricevimento delle controdeduzioni dell'Amministrazione.

3. Gli atti e i provvedimenti di cui al comma 1, ammessi a visto di legittimità dalla Corte dei conti, sono pubblicati per estratto nella Gazzetta Ufficiale della Repubblica italiana, ove di essi non sia prevista la pubblicazione per esteso.

4. Le sezioni riunite della Corte dei conti possono, con deliberazione motivata, stabilire che singoli atti di notevole rilievo finanziario, individuati per categorie ed amministrazioni statali, siano sottoposti all'esame della Corte per un periodo determinato. La Corte può chiedere il riesame degli atti entro quindici giorni dalla loro ricezione, ferma rimanendone l'esecutività. Le amministrazioni trasmettono gli atti adottati a seguito del riesame alla Corte dei conti, che, ove rilevi illegittimità, ne dà avviso al Ministro.

5. La Corte dei conti esercita il controllo successivo sulla gestione del bilancio e del patrimonio delle amministrazioni pubbliche, nonché sulle gestioni fuori bilancio, verificando la legittimità e la regolarità dei conti, nonché il funzionamento dei controlli interni a ciascuna amministrazione. Accerta, anche in base all'esito di altri controlli, la rispondenza dei risultati dell'attività amministrativa agli obiettivi stabiliti dalla legge, valutando comparativamente costi, modi e tempi dello svolgimento dell'azione amministrativa. La Corte

definisce annualmente i criteri di riferimento del controllo.

6. Nei confronti delle amministrazioni regionali, il controllo sulla gestione concerne il perseguimento degli obiettivi stabiliti dalle leggi statali di principio e di programma.

7. La Corte dei conti riferisce, almeno annualmente, al Parlamento ed ai consigli regionali sull'esito del controllo eseguito. Le relazioni della Corte sono altresì inviate alle amministrazioni interessate, alle quali la Corte formula, in qualsiasi altro momento, le proprie osservazioni. Le amministrazioni comunicano alla Corte ed agli organi elettivi le misure conseguenzialmente adottate.

8. Restano ferme, relativamente agli enti locali, le disposizioni di cui al decreto-legge 22 dicembre 1981, n. 786, convertito, con modificazioni, dalla legge 26 febbraio 1982, n. 51 e successive modificazioni ed integrazioni, nonché, relativamente agli enti cui lo Stato contribuisce in via ordinaria, le disposizioni della legge 21 marzo 1958, n. 259. Le relazioni della Corte contengono anche valutazioni sul funzionamento dei controlli interni.

9. Nell'esercizio delle attribuzioni di cui al presente articolo, la Corte dei conti può richiedere alle amministrazioni pubbliche ed agli organi di controllo interno qualsiasi atto o notizia e può effettuare e disporre ispezioni e accertamenti diretti. Può richiedere alle amministrazioni pubbliche non territoriali il riesame di atti ritenuti non conformi a legge. Le amministrazioni trasmettono gli atti adottati a seguito del riesame alla Corte dei conti, che, ove rilevi illegittimità ne dà avviso all'organo generale di direzione. è fatta salva la disciplina in materia di controlli successivi previsti dall'art. 65 del decreto legislativo 3 febbraio 1993, n. 29, e dal decreto legislativo 12 febbraio 1993, n. 39.

10. Le disposizioni del presente articolo non si applicano agli atti ed ai provvedimenti emanati nelle materie monetaria, creditizia, mobiliare e valutaria.].

(1) *Articolo soppresso in sede di conversione.*

15. Legge 14 gennaio 1994, n. 20. — Disposizioni in materia di giurisdizione e controllo della Corte dei conti.

Pubblicata nella Gazzetta Ufficiale n. 10 del 14 gennaio 1994.

1 Azione di responsabilità (1).

1. La responsabilità dei soggetti sottoposti alla giurisdizione della Corte dei conti in materia di contabilità pubblica è personale e limitata ai fatti ed alle omissioni commessi con dolo o con colpa grave, ferma restando l'insindacabilità nel merito delle scelte discrezionali. La prova del dolo richiede la dimostrazione della volontà dell'evento dannoso (2). In ogni caso è esclusa la gravità della colpa quando il fatto dannoso tragga origine dall'emanazione di un atto vistato e registrato in sede di controllo preventivo di legittimità, limitatamente ai profili presi in considerazione nell'esercizio del controllo. La gravità della colpa e ogni conseguente responsabilità sono in ogni caso escluse per ogni profilo se il fatto dannoso trae origine da decreti che determinano la cessazione anticipata, per qualsiasi ragione, di rapporti di concessione autostradale, allorché detti decreti siano stati vistati e registrati dalla Corte dei conti in sede di controllo preventivo di legittimità svolto su richiesta dell'amministrazione procedente (3). Il relativo debito si trasmette agli eredi secondo le leggi vigenti nei casi di illecito arricchimento del dante causa e di conseguente indebito arricchimento degli eredi stessi (4).

1-*bis.* Nel giudizio di responsabilità, fermo restando il potere di riduzione, deve tenersi conto dei vantaggi comunque conseguiti dall'amministrazione di appartenenza, o da altra amministrazione, o dalla comunità amministrata in relazione al comportamento degli amministratori o dei dipendenti pubblici soggetti al giudizio di responsabilità (5).

1-*ter.* Nel caso di deliberazioni di organi collegiali la responsabilità si imputa esclusivamente a coloro che hanno espresso voto favorevole. Nel caso di atti che rientrano nella competenza propria degli uffici tecnici o amministrativi la responsabilità non si estende ai titolari degli organi politici che in buona fede li abbiano approvati ovvero ne abbiano autorizzato o consentito l'esecuzione (6).

1-*quater.* Se il fatto dannoso è causato da più persone, la Corte dei conti, valutate le singole responsabilità, condanna ciascuno per la parte che vi ha preso (6).

1-*quinquies.* Nel caso di cui al comma 1-*quater* i soli concorrenti che abbiano conseguito un illecito arricchimento o abbiano agito con dolo sono responsabili solidalmente. La disposizione di cui al presente comma si applica anche per i fatti accertati con sentenza passata in giudicato pronunciata in giudizio pendente alla data di entrata in vigore del decreto-legge 28 giugno 1995, n. 248. In tali casi l'individuazione dei soggetti ai quali non si estende la responsabilità solidale è effettuata in sede di ricorso per revocazione (6).

1-*sexies.* Nel giudizio di responsabilità, l'entità del danno all'immagine della pubblica amministrazione derivante dalla commissione di un reato contro la stessa pubblica amministrazione accertato con sentenza passata in giudicato si presume, salva prova contraria, pari al doppio della somma di denaro o del valore patrimoniale di altra utilità illecitamente percepita dal dipendente (7).

1-*septies.* Nei giudizi di responsabilità aventi ad oggetto atti o fatti di cui al comma 1-*sexies*, il sequestro conservativo è concesso in tutti i casi di fondato timore di attenuazione della garanzia del credito erariale (8).

2. Il diritto al risarcimento del danno si prescrive in ogni caso in cinque anni, decorrenti dalla data in cui si è verificato il fatto dannoso, ovvero, in caso di occultamento doloso del danno, dalla data della sua scoperta (9).

2-*bis*. Per i fatti che rientrano nell'ambito di applicazione dell'articolo 1, comma 7, del decreto-legge 27 agosto 1993, n. 324, convertito, con modificazioni, dalla legge 27 ottobre 1993, n. 423, la prescrizione si compie entro cinque anni ai sensi del comma 2 e comunque non prima del 31 dicembre 1996 (10).

2-*ter*. Per i fatti verificatisi anteriormente alla data del 15 novembre 1993 e per i quali stia decorrendo un termine di prescrizione decennale, la prescrizione si compie entro il 31 dicembre 1998, ovvero nel più breve termine dato dal compiersi del decennio (11).

3. Qualora la prescrizione del diritto al risarcimento sia maturata a causa di omissione o ritardo della denuncia del fatto, rispondono del danno erariale i soggetti che hanno omesso o ritardato la denuncia. In tali casi, l'azione è proponibile entro cinque anni dalla data in cui la prescrizione è maturata.

4. La Corte dei conti giudica sulla responsabilità amministrativa degli amministratori e dipendenti pubblici anche quanto il danno sia stato cagionato ad amministrazioni o enti pubblici diversi da quelli di appartenenza, per i fatti commessi successivamente alla data di entrata in vigore della presente legge (12).

(1) *L'art. 21, comma 2, d.l. 16 luglio 2020, n. 76, conv., con modif., in l. 11 settembre 2020, n. 120, come da ultimo modificato dall'art. 51, lett.* h) *d.l. 31 maggio 2021, n. 77, conv., con modif., in l. 29 luglio 2021, n. 108, prevede che: « Limitatamente ai fatti commessi dalla data di entrata in vigore del presente decreto e fino al 30 giugno 2023, la responsabilità dei soggetti sottoposti alla giurisdizione della Corte dei conti in materia di contabilità pubblica per l'azione di responsabilità di cui all'*articolo 1 della legge 14 gennaio 1994, n. 20, *è limitata ai casi in cui la produzione del danno conseguente alla condotta del soggetto agente è da lui dolosamente voluta. La limitazione di responsabilità prevista dal primo periodo non si applica per i danni cagionati da omissione o inerzia del soggetto agente ».*

(2) *Le parole « La prova del dolo richiede la dimostrazione della volontà dell'evento dannoso » sono state inserite dall'art. 21, comma 1, d.l. 16 luglio 2020, n. 76, conv., con modif., in l. 11 settembre 2020, n. 120.*

(3) *Periodo inserito dall'articolo 4, comma 12-*ter*, del d.l. 18 aprile 2019, n. 32, convertito, con modificazioni, dalla Legge 14 giugno 2019, n. 55.*

(4) *Comma sostituito dall'articolo 3 del d.l. 23 ottobre 1996, n. 543, conv., con modif., in l. 20 dicembre 1996, n. 639 e successivamente modificato dall'articolo 17, comma 30-*quater*, lettera* a)*, del d.l. 1° luglio 2009, n. 78, conv., con modif., in l. 3 agosto 2009, n. 102 come modificato dall'articolo 1, comma 1, lettera* c)*, punto 1), del d.l. 3 agosto 2009, n. 103, conv., con modif., in l. 3 ottobre 2009, n. 141.*

(5) *Comma inserito dall'articolo 3 del d.l. 23 ottobre 1996, n. 543, cit. e successivamente modificato dall'articolo 17, comma 30-*quater*, lettera* b)*, del d.l. 1° luglio 2009, n. 78, cit.*

(6) *Comma inserito dall'articolo 3 del d.l. 23 ottobre 1996, n. 543, cit..*

(7) *Comma inserito dall'articolo 1, comma 62, della l. 6 novembre 2012, n. 190.*

(8) *Comma inserito dall'articolo 1, comma 62, della l. 6 novembre 2012, n. 190 e successivamente modificato dall'articolo 4, comma 1, lettera* e)*, del D.Lgs. 26 agosto 2016, n. 174.*

(8) *Comma sostituito dall'articolo 3 del d.l. 23 ottobre 1996, n. 543, cit.*

Con l'art. 1, comma 1343 della l. 27 dicembre 2006, n. 296 (Disposizioni per la formazione del bilancio annuale e pluriennale dello Stato (legge finanziaria 2007), erano state apportate le seguenti modifiche al comma 2: « [Al comma 2 dell'articolo 1 della legge 14 gennaio 1994, n. 20, le parole: « si è verificato il fatto dannoso » sono sostituite dalle seguenti: « è stata realizzata la condotta produttiva di danno »]. Il comma 1343, e quindi le modifiche, sono state abrogate dal d.l. 27 dicembre 2006, n. 299 (Abrogazione del comma 1343 dell'articolo 1 della l. 27 dicembre 2006, n. 296, recante disposizioni in materia di decorrenza del termine di prescrizione per la responsabilità amministrativa), convertito in legge dall'art. 1, l. 23 febbraio 2007, n. 16 (Gazz. Uff. 26 febbraio 2007, n. 47).

(10) *Comma inserito dall'articolo 3 del d.l. 23 ottobre 1996, n. 543, cit.*

(11) *Comma sostituito dall'articolo 3 del d.l. 23 ottobre 1996, n. 543, cit.*

2 Giudizi di conto.

[1. Decorsi cinque anni dal deposito del conto effettuato a norma dell'articolo 27 del regio decreto 13 agosto 1933, n. 1038, senza che sia stata depositata presso la segreteria della sezione la relazione prevista dall'articolo 29 dello stesso decreto o siano state elevate contestazioni a carico del tesoriere o del contabile da parte dell'amministrazione, degli organi di controllo o del procuratore regionale, il giudizio sul conto si estingue, ferma restando l'eventuale responsabilità amministrativa e contabile a carico dell'agente contabile; il conto stesso e la relativa documentazione vengono restituiti alla competente amministrazione] (1).

(1) *Articolo abrogato dall'articolo 4, comma 1, lettera* e)*, del D.Lgs. 26 agosto 2016, n. 174.*

3 Norme in materia di controllo della Corte dei conti.

1. Il controllo preventivo di legittimità della Corte dei conti si esercita esclusivamente sui seguenti atti non aventi forza di legge:

a) provvedimenti emanati a seguito di deliberazione del Consiglio dei Ministri;

b) atti del Presidente del Consiglio dei Ministri e atti dei Ministri aventi ad oggetto la definizione delle piante organiche, il conferimento di incarichi di funzioni dirigenziali e le direttive generali per l'indirizzo e per lo svolgimento dell'azione amministrativa;

c) atti normativi a rilevanza esterna, atti di programmazione comportanti spese ed atti generali attuativi di norme comunitarie;

c-bis) i provvedimenti commissariali adottati in attuazione delle ordinanze del Presidente del Consiglio dei ministri emanate ai sensi dell'articolo 5, comma 2, della legge 24 febbraio 1992, n. 225 (1);

d) provvedimenti dei comitati interministeriali di riparto o assegnazione di fondi ed altre deliberazioni emanate nelle materie di cui alle lettere *b*) e *c*);

[*e*) autorizzazioni alla sottoscrizione dei contratti collettivi, secondo quanto previsto dall'art. 51 del decreto legislativo 3 febbraio 1993, n. 29;] (2)

f) provvedimenti di disposizione del demanio e del patrimonio immobiliare;

f-bis) atti e contratti di cui all'articolo 7, comma 6, del decreto legislativo 30 marzo 2001, n. 165, e successive modificazioni (3);

f-ter) atti e contratti concernenti studi e consulenze di cui all'articolo 1, comma 9, della legge 23 dicembre 2005, n. 266 (4);

g) decreti che approvano contratti delle amministrazioni dello Stato, escluse le aziende autonome: attivi, di qualunque importo, ad eccezione di quelli per i quali ricorra l'ipotesi prevista dall'ultimo comma dell'articolo 19 del regio decreto 18 novembre 1923, n. 2440; di appalto d'opera, se di importo superiore al valore in ECU stabilito dalla normativa comunitaria per l'applicazione delle procedure di aggiudicazione dei contratti stessi; altri contratti passivi, se di importo superiore ad un decimo del valore suindicato (5);

h) decreti di variazione del bilancio dello Stato, di accertamento dei residui e di assenso preventivo del

Ministero del tesoro all'impegno di spese correnti a carico di esercizi successivi;

i) atti per il cui corso sia stato impartito l'ordine scritto del Ministro;

l) atti che il Presidente del Consiglio dei Ministri richieda di sottoporre temporaneamente a controllo preventivo o che la Corte dei conti deliberi di assoggettare, per un periodo determinato, a controllo preventivo in relazione a situazioni di diffusa e ripetuta irregolarità rilevate in sede di controllo successivo.

1-*bis*. Per i controlli previsti dalle lettere *f-bis*) e *f-ter*) del comma 1 è competente in ogni caso la sezione centrale del controllo di legittimità (6).

2. I provvedimenti sottoposti al controllo preventivo acquistano efficacia se il competente ufficio di controllo non ne rimetta l'esame alla sezione del controllo nel termine di trenta giorni dal ricevimento. Il termine è interrotto se l'ufficio richiede chiarimenti o elementi integrativi di giudizio. Decorsi trenta giorni dal ricevimento delle controdeduzioni dell'amministrazione, il provvedimento acquista efficacia se l'ufficio non ne rimetta l'esame alla sezione del controllo. La sezione del controllo si pronuncia sulla conformità a legge entro trenta giorni dalla data di deferimento dei provvedimenti o dalla data di arrivo degli elementi richiesti con ordinanza istruttoria. Decorso questo termine i provvedimenti divengono esecutivi. [Si applicano le disposizioni di cui all'art. 1 della legge 7 ottobre 1969, n. 742.] (7).

3. Le sezioni riunite della Corte dei conti possono, con deliberazione motivata, stabilire che singoli atti di notevole rilievo finanziario, individuati per categorie ed amministrazioni statali, siano sottoposti all'esame della Corte per un periodo determinato. La Corte può chiedere il riesame degli atti entro quindici giorni dalla loro ricezione, ferma rimanendone l'esecutività. Le amministrazioni trasmettono gli atti adottati a seguito del riesame alla Corte dei conti, che ove rilevi illegittimità, ne dà avviso al Ministro.

4. La Corte dei conti svolge, anche in corso di esercizio, il controllo successivo sulla gestione del bilancio e del patrimonio delle amministrazioni pubbliche, nonché sulle gestioni fuori bilancio e sui fondi di provenienza comunitaria, verificando la legittimità e la regolarità delle gestioni, nonché il funzionamento dei controlli interni a ciascuna amministrazione. Accerta, anche in base all'esito di altri controlli, la rispondenza dei risultati dell'attività amministrativa agli obiettivi stabiliti dalla legge, valutando comparativamente costi, modi e tempi dello svolgimento dell'azione amministrativa. La Corte definisce annualmente i programmi e i criteri di riferimento del controllo sulla base delle priorità previamente deliberate dalle competenti Commissioni parlamentari a norma dei rispettivi regolamenti, anche tenendo conto, ai fini di referto per il coordinamento del sistema di finanza pubblica, delle relazioni redatte dagli organi, collegiali o monocratici, che esercitano funzioni di controllo o vigilanza su amministrazioni, enti pubblici, autorità amministrative indipendenti o società a prevalente capitale pubblico (8) (9).

5. Nei confronti delle amministrazioni regionali, il controllo della gestione concerne il perseguimento degli obiettivi stabiliti dalle leggi di principio e di programma.

6. La Corte dei conti riferisce, almeno annualmente, al Parlamento ed ai consigli regionali sull'esito del controllo eseguito. Le relazioni della Corte sono altresì inviate alle amministrazioni interessate, alle quali la Corte formula, in qualsiasi altro momento, le proprie osservazioni. Le amministrazioni comunicano alla Corte ed agli organi elettivi, entro sei mesi dalla data di ricevimento della relazione, le misure conseguenzialmente adottate (10) (9).

7. Restano ferme, relativamente agli enti locali, le disposizioni di cui al decreto-legge 22 dicembre 1981, n. 786, convertito, con modificazioni, dalla legge 26 febbraio 1982, n. 51, e successive modificazioni ed integrazioni, nonché, relativamente agli enti cui lo Stato contribuisce in via ordinaria, le disposizioni della legge 21 marzo 1958, n. 259. Le relazioni della Corte contengono anche valutazioni sul funzionamento dei controlli interni.

8. Nell'esercizio delle attribuzioni di cui al presente articolo, la Corte dei conti può richiedere alle amministrazioni pubbliche ed agli organi di controllo interno qualsiasi atto o notizia e può effettuare e disporre ispezioni e accertamenti diretti. Si applica il comma 4 dell'articolo 2 del decreto-legge 15 novembre 1993, n. 453. Può richiedere alle amministrazioni pubbliche non territoriali il riesame di atti ritenuti non conformi a legge. Le amministrazioni trasmettono gli atti adottati a seguito del riesame alla Corte dei conti, che, ove rilevi illegittimità, ne dà avviso all'organo generale di direzione. È fatta salva, in quanto compatibile con le disposizioni della presente legge, la disciplina in materia di controlli successivi previsti dal decreto legislativo 3 febbraio 1993, n. 29, e successive modificazioni, e dal decreto legislativo 12 febbraio 1993, n. 39, nonché dall'articolo 166 della legge 11 luglio 1980, n. 312 (11).

9. Per l'esercizio delle attribuzioni di controllo, si applicano, in quanto compatibili con le disposizioni della presente legge, le norme procedurali di cui al testo unico delle leggi sulla Corte dei conti, approvato con regio decreto 12 luglio 1934, n. 1214, e successive modificazioni.

10. La sezione del controllo è composta dal presidente della Corte dei conti che la presiede, dai presidenti di sezione preposti al coordinamento e da tutti i magistrati assegnati a funzioni di controllo. La sezione è ripartita annualmente in quattro collegi, dei quali fanno parte, in ogni caso, il presidente della Corte dei conti e i presidenti di sezione preposti al coordinamento. I collegi hanno distinta competenza per tipologia di controllo o per materia e deliberano con un numero minimo di undici votanti. L'adunanza plenaria è presieduta dal presidente della Corte dei conti ed è composta dai presidenti di sezione preposti al coordinamento e da trentacinque magistrati assegnati a funzioni di controllo, individuati annualmente dal Consiglio di presidenza in ragione di almeno tre per ciascun collegio della sezione e uno per ciascuna delle sezioni di controllo sulle amministrazioni delle regioni a statuto speciale e delle province autonome di Trento e di Bolzano. L'adunanza plenaria delibera con un numero minimo di ventuno votanti (12).

10-*bis*. La sezione del controllo in adunanza plenaria stabilisce annualmente i programmi di attività e le materie di competenza dei collegi, nonché i criteri per la loro composizione da parte del presidente della Corte dei conti (13).

11. Ferme restando le ipotesi di deferimento previste dall'articolo 24 del citato testo unico delle leggi sulla Corte dei conti come sostituito dall'articolo 1 della legge 21 marzo 1953, n. 161, la sezione del controllo si pronuncia in ogni caso in cui insorge il dissenso tra i competenti magistrati circa la legittimità di atti. Del collegio viene chiamato a far parte in qualità di relatore il magistrato che deferisce la questione alla sezione.

12. I magistrati addetti al controllo successivo di cui al comma 4 operano secondo i previsti programmi annuali, ma da questi possono temporaneamente discostarsi, per motivate ragioni, in relazione a situazioni e provvedimenti che richiedono tempestivi accertamenti e verifiche, dandone notizia alla sezione del controllo.

13. Le disposizioni del comma 1 non si applicano agli atti ed ai provvedimenti emanati nelle materie monetaria, creditizia, mobiliare e valutaria.

(1) *Lettera inserita dall'articolo 2, comma 2-*sexies*, del d.l. 29 dicembre 2010, n. 225, conv., con modif., in l. 26 febbraio 2011, n. 10.*

(2) *Lettera abrogata dall'articolo 43 del d.lgs. 31 marzo 1998, n. 80, e successivamente dall'articolo 72 del d.lgs. 30 marzo 2001, n. 165.*

(3) *Lettera inserita dall'articolo 17, comma 30, del d.l. 1° luglio 2009, n. 78, conv., con modif., in l. 3 agosto 2009, n. 102.*

(4) *Lettera inserita dall'articolo 17, comma 30, del d.l. 1° luglio 2009, n. 78, cit.*

(5) *Lettera modificata dall'articolo 49 della legge 23 dicembre 2000, n. 388.*

(6) *Comma inserito dall'articolo 17, comma 30-*bis*, del d.l. 1° luglio 2009, n. 78, cit.*

(7) *Comma sostituito dall'articolo 2 del d.l. 23 ottobre 1996, n. 543, conv., con modif., in l. 20 dicembre 1996, n. 639 e successivamente modificato dall'articolo 27 della legge 24 novembre 2000, n. 340, che ha soppresso l'ultimo periodo del presente comma. In riferimento alle delibere assunte dal CIPE relativamente ai progetti di opere pubbliche, sottoposte al controllo preventivo della Corte dei Conti, i termini previsti dal presente comma sono ridotti di un terzo, a norma dell'articolo 41, comma 5, del d.l. 6 dicembre 2011, n. 201.*

(8) *Comma modificato dall'articolo 2 del d.l. 23 ottobre 1996, n. 543, cit., dall'articolo 1, comma 473, della legge 27 dicembre 2006, n. 296 e dall'articolo 3, comma 65, della legge 24 dicembre 2007, n. 244.*

(9) *Ai sensi del'art. 7, comma 7, d.l. 31 maggio 2021, n. 77, conv., con modif., in l. 29 luglio 2021, n. 108, la Corte dei conti esercita il controllo sulla gestione di cui al comma 4 del presente articolo, svolgendo in particolare valutazioni di economicità, efficienza ed efficacia circa l'acquisizione e l'impiego delle risorse finanziarie provenienti dai fondi di cui al PNRR. Tale controllo si informa a criteri di cooperazione e di coordinamento con la Corte dei conti europea, secondo quanto previsto dall'art. 287, par. 3 del Trattato sul funzionamento dell'Unione europea. La Corte dei conti riferisce, almeno semestralmente, al Parlamento sullo stato di attuazione del PNRR, in deroga a quanto previsto dal comma 6 del presente articolo.*

(10) *Comma modificato dall'articolo 1, comma 172, della legge 23 dicembre 2005, n. 266.*

(11) *Vedi articolo 11, comma 6, della legge 4 marzo 2009, n. 15.*

(12) *Comma sostituito dall'articolo 5 del d.l. 23 ottobre 1996, n. 543, cit.*

(13) *Comma inserito dall'articolo 5 del d.l. 23 ottobre 1996, n. 543, cit.*

4 Autonomia finanziaria.

1. La Corte dei conti delibera con regolamento le norme concernenti l'organizzazione, il funzionamento, la struttura dei bilanci e la gestione delle spese (1).

2. A decorrere dall'anno 1995, la Corte dei conti provvede all'autonoma gestione delle spese nei limiti di un fondo iscritto in un unico capitolo dello stato di previsione della spesa della Presidenza del Consiglio dei Ministri. Il bilancio preventivo e il rendiconto della gestione finanziaria sono trasmessi ai Presidenti della Camera dei deputati e del Senato della Repubblica e sono pubblicati nella Gazzetta Ufficiale della Repubblica italiana.

(1) *Per il regolamento relativo alla disciplina dell'autonomia finanziaria vedi deliberazione della Corte dei conti 13 gennaio 1998, n. 4. Per il regolamento relativo all'organizzazione delle funzioni di controllo vedi deliberazione della Corte dei conti 16 giugno 2000, n. 14.*

5 Segreterie delle sezioni riunite e della procura generale.

1. Alla segreteria delle sezioni riunite e della procura generale è preposto rispettivamente un dirigente generale di livello C.

6 Applicazione alle regioni a statuto speciale ed alle province autonome.

1. Le disposizioni della presente legge costituiscono princìpi fondamentali ai sensi dell'articolo 117 della Costituzione. I princìpi da esse desumibili costituiscono altresì, per le regioni a statuto speciale e per le province autonome di Trento e di Bolzano, norme fondamentali di riforma economico-sociale della Repubblica.

7 Consiglio di presidenza.

1. I componenti del consiglio di presidenza della Corte dei conti nominati dai Presidenti delle Camere decadono dal loro mandato alla scadenza prevista dalla legge e non possono essere né prorogati, né confermati.

8 Sanatoria ed entrata in vigore.

1. Restano validi gli atti ed i provvedimenti adottati, nonché le attività poste in essere e le pronunce giurisdizionali rese, e sono fatti salvi gli effetti prodottisi ed i rapporti giuridici sorti sulla base dei decreti-legge 8 marzo 1993, n. 54, 15 maggio 1993, n. 143, 17 luglio 1993, n. 232, 14 settembre 1993, n. 359, e 15 novembre 1993, n. 453.

16. Legge 7 agosto 2015, n. 124. — Deleghe al Governo in materia di riorganizzazione delle amministrazioni pubbliche. (*estratto*).

Pubblicata nella Gazzetta Ufficiale n. 187 del 13 agosto 2015.

20 Riordino della procedura dei giudizi innanzi la Corte dei conti (1) (2).

1. Il Governo è delegato ad adottare, entro un anno dalla data di entrata in vigore della presente legge, un decreto legislativo recante il riordino e la ridefinizione della disciplina processuale concernente tutte le tipologie di giudizi che si svolgono innanzi la Corte dei conti, compresi i giudizi pensionistici, i giudizi di conto e i giudizi a istanza di parte.

2. Il decreto legislativo di cui al comma 1, oltre che ai principi e criteri direttivi di cui all'articolo 20, comma 3, della legge 15 marzo 1997, n. 59, e successive modificazioni, in quanto compatibili, si attiene ai seguenti principi e criteri direttivi:

a) adeguare le norme vigenti, anche tramite disposizioni innovative, alla giurisprudenza della Corte costituzionale e delle giurisdizioni superiori, coordinandole con le norme del codice di procedura civile espressione di principi generali e assicurando la concentrazione delle tutele spettanti alla cognizione della giurisdizione contabile;

b) disciplinare lo svolgimento dei giudizi tenendo conto della peculiarità degli interessi pubblici oggetto di tutela e dei diritti soggettivi coinvolti, in base ai principi della concentrazione e dell'effettività della tutela e nel rispetto del principio della ragionevole durata del processo anche mediante il ricorso a procedure informatiche e telematiche;

c) disciplinare le azioni del pubblico ministero, nonché le funzioni e le attività del giudice e delle parti, attraverso disposizioni di semplificazione e razionalizzazione dei principi vigenti in materia di giurisdizione del giudice contabile e di riparto delle competenze rispetto alle altre giurisdizioni;

d) prevedere l'interruzione del termine quinquennale di prescrizione delle azioni esperibili dal pubblico ministero per una sola volta e per un periodo massimo di due anni tramite formale atto di costituzione in mora e la sospensione del termine per il periodo di durata del processo;

e) procedere all'elevazione del limite di somma per il rito monitorio di cui all'articolo 55 del testo unico di cui al regio decreto 12 luglio 1934, n. 1214, concernente fatti dannosi di lieve entità patrimonialmente lesiva, prevedendo che esso sia periodicamente aggiornabile in base alle variazioni dell'indice ISTAT dei prezzi al consumo per le famiglie degli operai e degli impiegati;

f) prevedere l'introduzione, in alternativa al rito ordinario, con funzione deflativa e anche per garantire l'incameramento certo e immediato di somme risarcitorie all'Erario, di un rito abbreviato per la responsabilità amministrativa che, esclusi i casi di doloso arricchimento del danneggiante, su previo e concorde parere del pubblico ministero consenta la definizione del giudizio di primo grado per somma non superiore al 50 per cento del danno economico imputato, con immediata esecutività della sentenza, non appellabile; prevedere che, in caso di richiesta del rito abbreviato formulata in appello, il giudice emetta sentenza per somma non inferiore al 70 per cento del quantum della pretesa risarcitoria azionata in citazione, restando in ogni caso precluso l'esercizio del potere di riduzione;

g) riordinare la fase dell'istruttoria e dell'emissione di eventuale invito a dedurre in conformità ai seguenti principi:

1) specificità e concretezza della notizia di danno;

2) dopo l'avvenuta emissione dell'invito a dedurre, nel quale devono essere esplicitati gli elementi essenziali del fatto, pieno accesso agli atti e ai documenti messi a base della contestazione;

3) obbligatorio svolgimento, a pena di inammissibilità dell'azione, dell'audizione personale eventualmente richiesta dal presunto responsabile, con facoltà di assistenza difensiva;

4) specificazione delle modalità di esercizio dei poteri istruttori del pubblico ministero, anche attraverso l'impiego delle forze di polizia, anche locali;

5) formalizzazione del provvedimento di archiviazione;

6) preclusione in sede di giudizio di chiamata in causa su ordine del giudice e in assenza di nuovi elementi e motivate ragioni di soggetto già destinatario di formalizzata archiviazione;

h) unificare le disposizioni di legge vigenti in materia di obbligo di denuncia del danno erariale e di tutela del dipendente pubblico denunciante, anche al fine di favorire l'adozione di misure cautelari;

i) disciplinare le procedure per l'affidamento di consulenze tecniche prevedendo l'istituzione di specifici albi regionali, con indicazione delle modalità di liquidazione dei compensi, ovvero l'utilizzo di albi già in uso presso le altre giurisdizioni o l'avvalimento di strutture e organismi tecnici di amministrazioni pubbliche;

l) riordinare le disposizioni processuali vigenti integrandole e coordinandole con le norme e i principi del codice di procedura civile relativamente ai seguenti aspetti:

1) i termini processuali, il regime delle notificazioni, delle domande ed eccezioni, delle preclusioni e decadenze, dell'ammissione ed esperimento di prove, dell'integrazione del contraddittorio e dell'intervento di terzi, delle riassunzioni anche a seguito di translatio, in conformità ai principi della speditezza procedurale, della concentrazione, della ragionevole durata del processo, della salvaguardia del contraddittorio tra le parti, dell'imparzialità e terzietà del giudice;

2) gli istituti processuali in tema di tutela cautelare anche ante causam e di tutela delle ragioni del credito erariale tramite le azioni previste dal codice di procedura civile, nonché i mezzi di conservazione della garanzia patrimoniale di cui al libro VI, titolo III, capo V, del codice civile;

m) ridefinire le disposizioni applicabili alle impugnazioni mediante rinvio, ove possibile, a quelle del processo di primo grado, nonché riordinare e ridefinire le norme concernenti le decisioni impugnabili, l'effetto devolutivo dell'appello, la sospensione dell'esecuzione della decisione di primo grado ove impugnata, il regime delle eccezioni e delle prove esperibili in appello, la disciplina dei termini per la revocazione in conformità a quella prevista dal codice di procedura civile in ossequio ai principi del giusto processo e della durata ragionevole dello stesso;

n) ridefinire e riordinare le norme concernenti il deferimento di questioni di massima e di particolare importanza, i conflitti di competenza territoriale e il regolamento di competenza avverso ordinanze che dispongano la sospensione necessaria del processo, proponibili alle sezioni riunite della Corte dei conti in sede giurisdizionale, in conformità alle disposizioni dell'articolo 374 del codice di procedura civile, in quanto compatibili, e in ossequio ai principi della nomofilachia e della certezza del diritto;

o) ridefinire e riordinare le disposizioni concernenti l'esecuzione delle decisioni definitive di condanna al risarcimento del danno, attribuendo al pubblico ministero contabile la titolarità di agire e di resistere innanzi al giudice civile dell'esecuzione mobiliare o immobiliare, nonché prevedere l'inclusione del credito erariale tra i crediti assistiti da privilegio ai sensi del libro VI, titolo III, capo II, del codice civile;

p) disciplinare esplicitamente le connessioni tra risultanze ed esiti accertativi raggiunti in sede di controllo e documentazione ed elementi probatori producibili in giudizio, assicurando altresì il rispetto del principio secondo cui i pareri resi dalla Corte dei conti in via consultiva, in sede di controllo e in favore degli enti locali nel rispetto dei presupposti generali per il rilascio dei medesimi, siano idoneamente considerati, nell'ambito di un eventuale procedimento per responsabilità amministrativa, anche in sede istruttoria, ai fini della valutazione dell'effettiva sussistenza dell'elemento soggettivo della responsabilità e del nesso di causalità.

3. Il decreto legislativo di cui al comma 1 provvede altresì a:

a) confermare e ridefinire, quale norma di chiusura, il rinvio alla disciplina del processo civile, con l'individuazione esplicita delle norme e degli istituti del rito processuale civile compatibili e applicabili al rito contabile;

b) abrogare esplicitamente le disposizioni normative oggetto del riordino e quelle con esso incompatibili, fatta salva l'applicazione dell'articolo 15 delle disposizioni sulla legge in generale premesse al codice civile;

c) dettare le opportune disposizioni di coordinamento in relazione alle norme non abrogate;

d) fissare una disciplina transitoria applicabile ai giudizi già in corso alla data di entrata in vigore della nuova disciplina processuale.

4. Per la stesura dello schema di decreto legislativo di cui al comma 1 è istituita presso il Dipartimento per gli affari giuridici e legislativi della Presidenza del Consiglio dei ministri una commissione, presieduta dal capo del medesimo Dipartimento e composta da magistrati della Corte dei conti, esperti esterni e rappresentanti del libero foro e dell'Avvocatura generale dello Stato, i quali prestano la propria attività a titolo gratuito e senza diritto al rimborso delle spese.

5. Il decreto legislativo di cui al comma 1 è adottato su proposta del Presidente del Consiglio dei ministri. Sullo schema di decreto sono acquisiti il parere delle sezioni riunite della Corte dei conti ai sensi dell'articolo 1 del regio decreto-legge 9 febbraio 1939, n. 273, convertito dalla legge 2 giugno 1939, n. 739, e, successivamente, il parere delle competenti Commissioni parlamentari. I pareri sono resi entro trenta giorni dalla data di trasmissione dello schema. Decorso il termine, il decreto può essere comunque adottato, anche senza i predetti pareri, su deliberazione del Consiglio dei ministri.

6. Entro tre anni dalla data di entrata in vigore del decreto legislativo di cui al comma 1, il Governo può adottare uno o più decreti legislativi recanti le disposizioni integrative e correttive che l'applicazione pratica renda necessarie od opportune, nel rispetto dei principi e criteri direttivi e della procedura di cui al presente articolo (3).

7. Dall'attuazione del presente articolo non devono derivare nuovi o maggiori oneri per la finanza pubblica.

(1) *Per l'informatizzazione del processo contabile, v. l'art. 43 del d.l 24 giugno 2014, n. 90,* sub *VI, 42.*

(2) *Per l'attuazione di tale articolo, vedi il D.Lgs. 26 agosto 2016, n. 174.). - Codice di giustizia contabile, adottato ai sensi dell'articolo 20 della legge 7 agosto 2015, n. 124, riportato infra* sub *VI, 17.*

(3) *Comma modificato dall'art. 1, comma 1, L. 9 novembre 2018, n. 128.*

17. Decreto legislativo 26 agosto 2016, n. 174. — Codice di giustizia contabile, adottato ai sensi dell'articolo 20 della legge 7 agosto 2015, n. 124 (1).

Pubblicato nella Gazzetta Ufficiale 7 settembre 2016, n. 209 (S.O. n. 209).

(1) *Per le misure di contrasto all'emergenza epidemiologica da Covid-19, adottate allo scopo di contenerne gli effetti negativi in materia di giustizia contabile di cui al presente decreto, v. l'art. 85 d.l. 17 marzo 2020, n. 18, conv., con modif., in l. 24 aprile 2020, n. 27, l'art. 36 d.l. 8 aprile 2020, n. 23, conv., con modif., in l. 5 giugno 2020, n. 40 nonché l'art. 5 d.l. 30 aprile 2020, n. 28, conv., con modif., in l. 25 giugno 2020, n. 70, l'art. 26 d.l. 28 ottobre 2020, n. 137, conv., con modif., in l. 18 dicembre 2020, n. 176,* sub *VII, 4, 6, 7, 10.*

1 Approvazione del codice e delle disposizioni connesse.

1. È approvato il codice della giustizia contabile di cui all'allegato 1 al presente decreto.

2. Sono altresì approvate le norme di attuazione di cui all'allegato 2 nonché le norme transitorie e le abrogazioni di cui all'allegato 3.

2 Entrata in vigore.

1. Il presente decreto entra in vigore il trentesimo giorno successivo a quello della sua pubblicazione nella Gazzetta Ufficiale della Repubblica italiana.

Il presente decreto, munito del sigillo dello Stato sarà inserito nella Raccolta ufficiale degli atti normativi della Repubblica italiana. È fatto obbligo a chiunque spetti di osservarlo e di farlo osservare.

All. 1
Codice della giustizia contabile (1).

(1) *Allegato 1 al d.ls. 26 agosto 2016, n. 174*

PARTE PRIMA
DISPOSIZIONI GENERALI

TITOLO I
PRINCIPI GENERALI E ORGANI DELLA GIURISDIZIONE

CAPO I
Principi generali

Articolo 1
(*Ambiti della giurisdizione contabile*)

La Corte dei conti ha giurisdizione nei giudizi di conto, di responsabilità amministrativa per danno all'erario e negli altri giudizi in materia di contabilità pubblica.

2. Sono devoluti alla giurisdizione della Corte dei conti i giudizi in materia pensionistica, i giudizi aventi per oggetto l'irrogazione di sanzioni pecuniarie e gli altri giudizi nelle materie specificate dalla legge.

3. La giurisdizione della Corte dei conti è esercitata dai giudici contabili secondo le norme del presente codice.

Articolo 2
(*Principio di effettività*)

1. La giurisdizione contabile assicura una tutela piena ed effettiva secondo i principi della Costituzione e del diritto europeo.

Articolo 3
(*Principio di concentrazione*)

1. Nell'ambito della giurisdizione contabile, il principio di effettività è realizzato attraverso la concentrazione davanti al giudice contabile di ogni forma di tutela degli interessi pubblici e dei diritti soggettivi coinvolti, a garanzia della ragionevole durata del processo contabile.

Articolo 4
(*Giusto processo*)

1. Il processo contabile attua i principi della parità delle parti, del contraddittorio e del giusto processo previsto dall'articolo 111, primo comma, della Costituzione.

2. Il giudice contabile e le parti cooperano per la realizzazione della ragionevole durata del processo.

Articolo 5
(*Dovere di motivazione e sinteticità degli atti*)

1. Ogni provvedimento decisorio del giudice e ogni provvedimento del pubblico ministero sono motivati.

2. Il giudice, il pubblico ministero e le parti redigono gli atti in maniera chiara e sintetica.

Articolo 6
(*Digitalizzazione degli atti e informatizzazione delle attività*)

1. I giudizi dinanzi alla Corte dei conti sono svolti mediante le tecnologie dell'informazione e della comunicazione.

2. Gli atti processuali, i registri, i provvedimenti del giudice, dei suoi ausiliari, del personale degli uffici giudiziari, dei difensori, delle parti e dei terzi sono previsti quali documenti informatici e sono validi e rilevanti a tutti gli effetti di legge, purché sia garantita la riferibilità soggettiva e l'integrità dei contenuti, in conformità ai principi stabiliti nel decreto legislativo 7 marzo 2005, n. 82.

3. I decreti di cui all'articolo 20-*bis* del decreto-legge 18 ottobre 2012, n. 179, convertito, con modificazioni, dalla legge 17 dicembre 2012, n. 221 e successive modificazioni, che stabiliscono indicazioni tecniche, operative e temporali, disciplinano, in particolare, le modalità per la tenuta informatica dei registri, per l'effettuazione delle comunicazioni e notificazioni mediante posta elettronica certificata o altri strumenti di comunicazione telematica, le modalità di autenticazione degli utenti e di accesso al fascicolo processuale informatico, nonché le specifiche per la sottoscrizione in forma digitale degli atti e dei provvedimenti del giudice e (1) per la formazione, il deposito, lo scambio e l'estrazione di copia di atti processuali digitali, con garanzia di riferibilità soggettiva, integrità dei contenuti e riservatezza dei dati personali.

4. Il pubblico ministero contabile e le parti possono (2) effettuare, in conformità ai decreti di cui al comma 3, le notificazioni degli atti direttamente agli indirizzi di posta elettronica certificata contenuti in pubblici elenchi o registri.

5. Si applicano, ove non previsto diversamente, le disposizioni di legge e le regole tecniche relative al processo civile telematico.

(1) *Le parole* « per la sottoscrizione in forma digitale degli atti e dei provvedimenti del giudice e » *sono state inserite dall'art. 1, comma 1, lett.* a), *d.ls. 7 ottobre 2019, n. 114.*

(2) *Le parole* « Il pubblico ministero contabile e le parti possono » *sono state sostituite alle parole* « Il pubblico ministero contabile può » *dall'art. 1, comma 1, lett.* b) *d.ls. n. 114, cit.*

Articolo 7
(*Disposizioni di rinvio*)

1. Il processo contabile si svolge secondo le disposizioni della Parte II, Titolo III, del presente codice, le quali (1), se non espressamente derogate, si applicano anche al giudizio pensionistico, (1) alle impugnazioni e ai riti speciali.

2. Per quanto non disciplinato dal presente codice si applicano gli articoli 99, 100, 101, 110 e 111 del codice di procedura civile e le altre disposizioni del medesimo codice, in quanto espressione di principi generali.

(1) *Le parole* «, del presente codice, le quali » *sono state sostituite alle parole* « del presente codice che » *e le parole* « al giudizio pensionistico, » *sono state inserite dall'art. 2, comma 1, d.ls. 7 ottobre 2019, n. 114.*

CAPO II
Organi

Articolo 8
(Organi della giurisdizione contabile)

1. La giurisdizione contabile è esercitata dalle sezioni giurisdizionali regionali, dalle sezioni giurisdizionali di appello (1), dalle sezioni riunite in sede giurisdizionale e dalle sezioni riunite in speciale composizione della Corte dei conti.

(1) *Le parole* « dalle sezioni giurisdizionali di appello » *sono state sostituite alle parole* « dalle sezioni di appello » *dall'art. 98, comma 1, d.ls. 7 ottobre 2019, n. 114.*

Articolo 9
(Sezioni (1) giurisdizionali regionali)

1. Sono organi di giurisdizione contabile di primo grado le sezioni giurisdizionali regionali, con sede nel capoluogo di regione, con competenza estesa al territorio regionale. Nella regione Trentino-Alto Adige sono organi di giurisdizione contabile di primo grado la sezione giurisdizionale con sede in Trento e la sezione giurisdizionale con sede in Bolzano, con competenza estesa al rispettivo territorio provinciale.

2. Le sezioni giurisdizionali regionali e le sezioni giurisdizionali di Trento e di Bolzano decidono con l'intervento di tre magistrati, compreso il presidente. In caso di assenza o impedimento del presidente, titolare e di quello aggiunto (2) il collegio è presieduto dal magistrato con maggiore anzianità di ruolo (2). Nei giudizi (3) pensionistici e negli altri casi espressamente previsti, la Corte dei conti, in primo grado, giudica in composizione monocratica, attraverso un magistrato assegnato alla sezione giurisdizionale regionale competente per territorio, [in funzione di giudice unico] (3).

3. Le sezioni giurisdizionali di Trento e di Bolzano restano disciplinate dallo statuto speciale per il Trentino-Alto Adige (4) e dalle relative norme di attuazione nel rispetto della normativa vigente in materia di tutela delle minoranze linguistiche.

(1) *La parola* « Sezioni » *è stata sostituita alla parola* « sezioni » *dall'art. 98, comma 1, lett.* b) *d.ls. 7 ottobre 2019, n. 114.*

(2) *Le parole* « titolare e di quello aggiunto » *sono state aggiunte e le parole* « di ruolo » *sono state sostituite alle parole* « del ruolo » *dall'art. 3, comma 1, lett.* a) *d.ls. n. 114, cit.*

(3) *Le parole* « nei giudizi » *sono state sostituite alle parole* « In materia di ricorsi » *e le parole* « in funzione di giudice unico » *sono state soppresse dall'art. 3, comma 1, lett.* b) *d.ls. n. 114, cit.*

(4) *Le parole* « per il Trentino-Alto Adige » *sono state inserite dall'art. 3, comma 1, lett.* c) *d.ls. n. 114, cit.*

Articolo 10
(Sezioni giurisdizionali di appello)

1. Sono organi di giurisdizione contabile di secondo grado le sezioni giurisdizionali centrali di appello, con sede in Roma, con competenza estesa al territorio nazionale e la sezione giurisdizionale di appello per la Regione siciliana, con sede a Palermo, con competenza estesa al territorio regionale. Le sezioni giurisdizionali di appello decidono con l'intervento di cinque magistrati compreso un presidente. Il collegio è presieduto dal presidente o dal presidente aggiunto, o, in caso di loro assenza o impedimento, dal magistrato con maggiore anzianità nel ruolo (1).

2. All'inizio di ogni anno, il Presidente della Corte dei conti, con proprio decreto, fissa i criteri di distribuzione dei giudizi tra le sezioni giurisdizionali centrali di appello (2), nel rispetto del principio di rotazione.

(1) *Terzo periodo così sostituito dall'art. 4, comma 1, d.ls. 7 ottobre 2019, n. 114. Il testo del periodo era il seguente:* « Il collegio è presieduto da un presidente o dal magistrato con maggiore anzianità nel ruolo ».

(2) *Le parole* « tra le sezioni giurisdizionali centrali di appello » *sono state sostituite alle parole* « tra le sezioni centrali di appello » *dall'art. 98, comma 1, lett.* c) *d.ls. n. 114, cit.*

Articolo 11
(Sezioni riunite)

1. Le sezioni riunite in sede giurisdizionale della Corte dei conti, quali articolazione interna della medesima Corte in sede d'appello, sono l'organo che assicura l'uniforme interpretazione e la corretta applicazione delle norme di contabilità pubblica e nelle altre materie sottoposte alla giurisdizione contabile.

2. Esse sono presiedute dal Presidente della Corte dei conti o da uno dei presidenti di sezione di coordinamento. Ad esse è assegnato un numero di magistrati (1) determinato all'inizio di ogni anno dal Presidente della Corte dei conti, sentito il consiglio di presidenza.

3. Le sezioni riunite in sede giurisdizionale decidono sui conflitti di competenza e sulle questioni di massima deferiti dalle sezioni giurisdizionali d'appello, dal Presidente della Corte dei conti, ovvero a richiesta del procuratore generale.

4. Le sezioni riunite in sede giurisdizionale decidono altresì sui regolamenti di competenza avverso le ordinanze che, pronunciando sulla competenza, non decidono il merito del giudizio e avverso i provvedimenti che dichiarino la sospensione del processo.

5. Il collegio delle sezioni riunite in sede giurisdizionale è composto, oltre che dal presidente, da sei magistrati, individuati all'inizio di ogni anno, preferibilmente tra quelli in servizio presso le sezioni giurisdizionali di appello, sulla base di criteri predeterminati, mediante interpello (2).

6. Le sezioni riunite in speciale composizione, nell'esercizio della propria giurisdizione esclusiva in tema di contabilità pubblica, decidono in unico grado sui giudizi:

a) in materia di piani di riequilibrio degli enti territoriali e ammissione al Fondo di rotazione per assicurare la stabilità finanziaria degli enti locali;

b) in materia di ricognizione delle amministrazioni pubbliche operata dall'ISTAT, ai soli fini dell'applicazione della normativa nazionale sul contenimento della spesa pubblica (3);

c) in materia di certificazione dei costi dell'accordo di lavoro presso le fondazioni lirico-sinfoniche;

d) in materia di rendiconti dei gruppi consiliari dei consigli regionali;

e) nelle materie di contabilità pubblica, nel caso di impugnazioni conseguenti alle deliberazioni delle sezioni regionali di controllo;

f) nelle materie ulteriori, ad esse attribuite dalla legge.

7. Il collegio delle sezioni riunite in speciale composizione è composto, oltre che dal presidente, da sei magistrati, in pari numero tra quelli assegnati alle sezioni giu-

risdizionali e quelli assegnati alle sezioni di controllo, centrali e regionali, individuati sulla base di criteri predeterminati, mediante interpello (4).

(1) *Le parole* « Ad esse è assegnato un numero di magistrati » *sono state sostituite alle parole* « Ad esse è assegnato un numero di consiglieri » *dall'art. 5, comma 1, lett.* a) *d.ls. 7 ottobre 2019, n. 114.*

(2) *Comma così sostituito dall'art. 5, comma 1, lett.* b) *d.ls. n. 114, cit. Il testo del comma era il seguente*: « 5. Il collegio delle sezioni riunite in sede giurisdizionale è composto, oltre che dal presidente, da sei magistrati, individuati all'inizio di ogni anno preferibilmente tra quelli in servizio presso le sezioni giurisdizionali di appello, sulla base di criteri predeterminati, predisposti dal Presidente della Corte dei conti sentito il consiglio di presidenza e tenendo conto del principio di rotazione ».

(3) *Le parole* «, ai soli fini dell'applicazione della normativa nazionale sul contenimento della spesa pubblica » *sono state aggiunte dall'art. 23-*quater, *comma 2, d.l. 28 ottobre 2020, n. 137, conv., con modif., in l. 18 dicembre 2020, n. 176.*

(4) *Comma così sostituito dall'art. 5, comma 1, lett.* c) *d.ls. n. 114, cit. Il testo del comma era il seguente*: « 7. Il collegio delle sezioni riunite in speciale composizione è composto, oltre che dal presidente, da sei magistrati, in pari numero tra i consiglieri componenti il collegio delle sezioni riunite in sede giurisdizionale e in sede di controllo individuati, sulla base di criteri predeterminati, sentito il consiglio di presidenza e tenendo conto del principio di rotazione con decreto presidenziale all'inizio di ogni anno ».

Articolo 12
(Ufficio del pubblico ministero)

1. Le funzioni del pubblico ministero innanzi alle sezioni giurisdizionali regionali sono esercitate dal procuratore regionale o da altro magistrato assegnato all'ufficio.

1-*bis*. Le funzioni di procuratore regionale comportano l'esercizio di funzioni direttive e sono conferite esclusivamente ai magistrati che hanno conseguito la qualifica di presidente di sezione (1).

2. Le funzioni di pubblico ministero innanzi alle sezioni riunite e alle sezioni giurisdizionali d'appello della Corte dei conti sono esercitate dal procuratore generale o da altro magistrato assegnato all'ufficio.

3. Il procuratore generale coordina, anche dirimendo eventuali conflitti di competenza, l'attività dei procuratori regionali e questi ultimi quella dei magistrati assegnati ai loro uffici.

(1) *Comma inserito dall'art. 6, comma 1, d.ls. 7 ottobre 2019, n. 114.*

CAPO III
Giurisdizione

Articolo 13
(Momento determinante della giurisdizione (1))

1. La giurisdizione si determina con riguardo alla legge vigente e allo stato di fatto esistente al momento della proposizione della domanda, e non hanno rilevanza rispetto ad essa i successivi mutamenti della legge o dello stato medesimo.

(1) *Rubrica così sostituita dall'art. 98, comma 1, lett.* d) *d.ls. 7 ottobre 2019, n. 114. Il testo della rubrica era il seguente:* « Momento determinante la giurisdizione ».

Articolo 14
(Questioni riguardanti lo stato e la capacità delle persone)

1. Sono riservate all'autorità giudiziaria ordinaria le questioni pregiudiziali concernenti lo stato e la capacità delle persone, salvo che si tratti della capacità di stare in giudizio, e la risoluzione dell'incidente di falso.

Articolo 15
(Difetto di giurisdizione)

1. Il difetto di giurisdizione è rilevato in primo grado anche d'ufficio.

2. Nei giudizi di impugnazione, il difetto di giurisdizione è rilevato se dedotto con specifico motivo avverso il capo della pronuncia impugnata che, in modo implicito o esplicito, ha statuito sulla giurisdizione.

Articolo 16
(Regolamento preventivo)

1. Nel giudizio davanti alle sezioni giurisdizionali regionali è ammesso il ricorso per regolamento preventivo di giurisdizione previsto dall'articolo 41 del codice di procedura civile. Si applica il primo comma dell'articolo 367 dello stesso codice.

2. Nel giudizio sospeso possono essere chieste dal pubblico ministero le misure cautelari di cui al Titolo II della Parte II.

Articolo 17
(Decisione su questioni di giurisdizione)

1. Il giudice contabile, quando declina la propria giurisdizione, indica, se esistente, il giudice che ne è fornito.

2. Quando la giurisdizione è declinata dal giudice contabile in favore di altro giudice, o viceversa, ferme restando le preclusioni e le decadenze intervenute, sono fatti salvi gli effetti processuali e sostanziali della domanda se la medesima è riproposta (1) innanzi al giudice indicato nella pronuncia che declina la giurisdizione, entro il termine perentorio di tre mesi dal passaggio in giudicato della sentenza (1).

3. Quando il giudizio è tempestivamente riproposto davanti al giudice contabile, quest'ultimo, alla prima udienza, può sollevare anche d'ufficio il conflitto di giurisdizione.

4. Se in una controversia introdotta davanti ad altro giudice le sezioni unite della Corte di cassazione, investite della questione di giurisdizione, attribuiscono quest'ultima al giudice contabile, [ferme restando le preclusioni e le decadenze intervenute, sono fatti salvi gli effetti processuali e sostanziali della domanda] (2), se il giudizio è riproposto dalla parte che vi ha interesse nel termine di tre mesi dalla pubblicazione della decisione delle sezioni unite e ferme restando le preclusioni e le decadenze intervenute, sono fatti salvi gli effetti sostanziali e processuali che la domanda avrebbe prodotto se proposta fin dall'instaurazione del primo giudizio (2).

5. Nei giudizi riproposti, il giudice, con riguardo alle preclusioni e decadenze intervenute, può concedere la rimessione in termini per errore scusabile ove ne ricorrano i presupposti.

6. Nel giudizio riproposto davanti al giudice contabile, le prove raccolte nel processo davanti al giudice privo di giurisdizione possono essere valutate come argomenti di prova.

7. Le misure cautelari perdono la loro efficacia trenta giorni dopo la pubblicazione del provvedimento che dichiara il difetto di giurisdizione del giudice che le ha emanate. Nel caso di difetto di giurisdizione del giudice contabile, per la dichiarazione di inefficacia della misura cautelare su ricorso della parte interessata si applica la disposizione di cui al comma 2 dell'articolo 78 (3). Le parti possono riproporre le domande cautelari al giudice munito di giurisdizione.

8. Nei giudizi di responsabilità amministrativa per danno all'erario (4), quando la giurisdizione è declinata dal giudice contabile, ovvero quando le sezioni unite della Corte di cassazione, investite della questione di giurisdizione, statuiscono il difetto di giurisdizione del giudice contabile, l'amministrazione danneggiata ripropone la causa dinanzi al giudice che è munito di giurisdizione entro tre mesi dal passaggio in giudicato della pronuncia (4). In tal caso, ferme restando le preclusioni e le decadenze intervenute, sono fatti salvi gli effetti sostanziali e processuali che la domanda avrebbe prodotto se proposta fin dall'instaurazione del primo giudizio (5). Nel giudizio riproposto davanti al giudice munito di giurisdizione, le prove raccolte nel processo davanti al giudice privo di giurisdizione possono essere valutate come argomenti di prova.

8-*bis*. Nei giudizi nei quali si controverte su una pretesa per danno all'erario, quando la giurisdizione è declinata in favore del giudice contabile, i soggetti indicati dall'articolo 52, comma 1, trasmettono la relativa sentenza senza ritardo, e comunque entro un mese dalla pubblicazione, al procuratore regionale della Corte dei conti. Resta fermo quanto previsto dall'articolo 52, comma 6 (6).

8-*ter*. Fuori dai casi di cui al comma 2, se il pubblico ministero notifica l'invito a dedurre di cui all'articolo 67 entro tre mesi dal passaggio in giudicato della pronuncia e ferme restando le preclusioni e le decadenze intervenute, sono comunque fatti salvi gli effetti sostanziali e processuali della domanda (6).

(1) *Le parole* « sono fatti salvi gli effetti processuali e sostanziali della domanda se la medesima è riproposta » *sono state sostituite alle parole* « sono fatti salvi gli effetti processuali e sostanziali della domanda se il processo è riassunto » *e le parole* « entro il termine perentorio di tre mesi dal passaggio in giudicato della sentenza » *sono state sostituite alle parole* « entro il termine perentorio di tre mesi dalla comunicazione del passaggio in giudicato della sentenza » *dall'art. 7, comma 1, lett.* a) *d.ls. 7 ottobre 2019, n. 114.*

(2) *Le parole da* « ferme restando » *a* « della domanda » *sono state soppresse e le parole da* « e ferme restando » *a* « primo giudizio » *sono state inserite dall'art. 7, comma 1, lett.* b) *d.ls. n. 114, cit.*

(3) *Secondo periodo aggiunto dall'art. 7, comma 1, lett.* c) *d.ls. n. 114, cit.*

(4) *Le parole* « Nei giudizi di responsabilità amministrativa per danno all'erario, » *sono state sostituite alle parole* « Nei giudizi di responsabilità patrimoniale amministrativa di danno, » *e le parole* « entro tre mesi dal passaggio in giudicato della pronuncia » *sono state sostituite alle parole* « entro sei mesi dal passaggio in giudicato della sentenza » *dall'art. 7, comma 1, lett.* d) *d.ls. n. 114, cit.*

(5) *Secondo periodo inserito dall'art. 7, comma 1, lett.* d) *d.ls. n. 114, cit.*

(6) *Comma aggiunto dall'art. 7, comma 1, lett.* e) *d.ls. n. 114, cit.*

CAPO IV
Competenza

Articolo 18
(*Competenza territoriale*)

1. Sono attribuiti alla sezione giurisdizionale regionale territorialmente competente:

a) i giudizi di conto e di responsabilità e i giudizi a istanza di parte in materia di contabilità pubblica riguardanti i tesorieri e gli altri agenti contabili, gli amministratori, i funzionari e gli agenti della regione, delle città metropolitane, delle province, dei comuni e degli altri enti locali nonché degli enti regionali;

b) i giudizi di conto e di responsabilità e i giudizi a istanza di parte riguardanti gli agenti contabili, gli amministratori, i funzionari, gli impiegati e gli agenti di uffici e organi dello Stato e di enti pubblici aventi sede o uffici nella regione, quando l'attività di gestione di beni pubblici si sia svolta nell'ambito del territorio regionale, ovvero il fatto dannoso si sia verificato nel territorio della regione; [quando il danno è conseguenza di una pluralità di condotte poste in essere in più ambiti regionali la sezione giurisdizionale competente si individua in ragione del luogo della condotta causalmente prevalente] (1).

c) i giudizi sui ricorsi e sulle istanze in materia di pensioni, assegni o indennità civili, militari e di guerra a carico totale o parziale dello Stato o degli enti pubblici previsti dalla legge, quando il ricorrente, all'atto della presentazione del ricorso o dell'istanza, abbia la residenza anagrafica in un comune della regione;

d) altri giudizi interessanti la regione in materia contabile e pensionistica, attribuiti dalla legge alla giurisdizione della Corte dei conti.

2. Le disposizioni di cui al comma 1, lettere *a*) e *b*) e all'articolo 19, si applicano anche ai giudizi relativi all'applicazione di sanzioni pecuniarie.

3. La competenza territoriale relativa alle istruttorie e ai giudizi contabili di qualsiasi natura, nei quali un magistrato della Corte dei conti assume comunque la qualità di parte, che a norma del comma 1 sarebbe attribuita alla sezione giurisdizionale nell'ambito della cui competenza territoriale il magistrato esercita le proprie funzioni, o le esercitava al momento dei fatti o della domanda, è attribuita alla sezione giurisdizionale che ha sede nel capoluogo di regione determinato in base alla tabella A allegata al presente codice.

4. I procedimenti connessi a quelli in cui un magistrato della Corte dei conti assume la qualità di parte in un giudizio contabile sono di competenza della sezione giurisdizionale territoriale individuata a norma del comma 3.

5. Nei casi di cui al comma 1, lettere *a*) e *b*), in presenza di una pluralità di condotte poste in essere in più ambiti regionali, il criterio della individuazione della sezione giurisdizionale competente è quello della condotta causalmente prevalente.

(1) *Le parole da* « quando il danno » *a* « causalmente prevalente » *sono state soppresse dall'art. 8, comma 1, d.ls. 7 ottobre 2019, n. 114.*

Articolo 19
(*Competenza funzionale*)

1. Sono devoluti alla competenza della sezione giurisdizionale regionale del Lazio i giudizi di responsabilità relativi a fatti dannosi verificatisi all'estero.

2. Tutti i giudizi pensionistici relativi ai residenti all'estero sono di competenza della sezione giurisdizionale regionale del Lazio.

3. Restano ferme le disposizioni in materia di competenza territoriale delle sezioni giurisdizionali delle province autonome di Trento e di Bolzano.

Articolo 20
(*Rilievo dell'incompetenza*)

1. Il difetto di competenza, salvo quanto previsto dall'articolo 151, comma 2, è rilevato d'ufficio finché la causa non è decisa in primo grado (1), ovvero può essere eccepito dalla parte, entro il termine assegnato per il deposito della comparsa di costituzione e risposta. Nei giudizi di impugnazione, esso è rilevato se dedotto con specifico motivo avverso il capo della pronuncia impugnata che abbia statuito sulla competenza.

2. Il giudice decide sulla competenza prima di provvedere sulla eventuale richiesta di misure cautelari.

3. Il giudice, se dichiara la propria incompetenza, indica con ordinanza il giudice ritenuto [territorialmente] (2) competente. Quando la causa è riassunta nei termini di cui all'articolo 118 davanti al giudice indicato come competente, questi, (2) se ritiene di essere a sua volta incompetente, richiede d'ufficio il regolamento di competenza alle sezioni riunite (2).

4. In pendenza del regolamento di competenza, la richiesta di eventuali misure cautelari si propone al giudice [territoriale] (3) indicato come competente nell'ordinanza di cui al comma 3, che decide in ogni caso; esse perdono la loro efficacia trenta giorni dopo la pubblicazione del provvedimento che dichiara il difetto di competenza del giudice che le ha emanate. Le parti possono riproporre le domande cautelari al giudice competente (3).

(1) *Le parole* « finché la causa non è decisa in primo grado » *sono state sostituite alle parole* « finché la causa non è decisa » *dall'art. 9, comma 1, lett.* a) *d.ls. 7 ottobre 2019, n. 114.*

(2) *La parola* « territorialmente » *è stata soppressa, le parole* « davanti al giudice indicato come competente, questi, » *sono state sostituite alle parole* « davanti al giudice indicato, questo, » *e le parole* « alle sezioni riunite » *sono state inserite dall'art. 9, comma 1, lett.* b) *d.ls. n. 114, cit.*

(3) *La parola* « territoriale » *è stata soppressa e le parole da* « esse perdono » *a* « giudice competente » *sono state sostituite alle parole* « si applica l'articolo 17, comma 7, con riferimento al giudice dichiarato competente » *dall'art. 9, comma 1, lett.* c) *d.ls. n. 114, cit.*

CAPO V
Astensione e ricusazione del giudice

Articolo 21
(*Astensione*)

1. Al giudice contabile [e al pubblico ministero] (1) si applicano le cause e le modalità di astensione previste dall'articolo 51 del codice di procedura civile. L'astensione non ha effetto sugli atti anteriori.

(1) *Le parole* « e al pubblico ministero » *sono state soppresse dall'art. 10, comma 1 d.ls. 7 ottobre 2019, n. 114.*

Articolo 22
(*Ricusazione*)

1. Al giudice contabile si applicano le cause di ricusazione previste dall'articolo 52 del codice di procedura civile.

2. La ricusazione si propone, almeno tre giorni prima dell'udienza, con ricorso, quando sono noti i magistrati che prendono parte all'udienza; in caso contrario può proporsi oralmente prima della discussione.

3. Il ricorso indica i motivi specifici e i mezzi di prova ed è sottoscritto dalla parte o dal difensore.

4. La decisione è pronunciata, in Camera di consiglio, previa sostituzione del giudice nei cui confronti sia stata proposta la ricusazione (1) che deve essere udito, con ordinanza non impugnabile, entro trenta giorni dalla proposizione del ricorso, assunte, quando occorre, le prove offerte.

5. Il giudice chiamato a decidere sulla ricusazione non è ricusabile.

6. Sulla ricusazione decide il presidente della sezione, se è ricusato il giudice monocratico; decide il collegio se è ricusato uno dei componenti del collegio. Sulla ricusazione del presidente di una sezione giurisdizionale di primo o di secondo grado decide il collegio di una delle sezioni centrali o della sezione di appello siciliana, secondo criteri predeterminati all'inizio di ciascun anno dal Presidente della Corte dei conti (2).

7. Il giudice, con l'ordinanza che definisce il ricorso per ricusazione, provvede sulle spese e può condannare la parte che l'ha proposta ad una sanzione pecuniaria non superiore a 250 euro.

8. In caso di manifesta inammissibilità o infondatezza, la sanzione pecuniaria è stabilita tra un minimo di 500 e un massimo di 1.500 euro.

(1) *Le parole* « in Camera di consiglio, previa sostituzione del giudice nei cui confronti sia stata proposta la ricusazione » *sono state sostituite alle parole* « previa sostituzione del giudice ricusato » *dall'art. 11, comma 1, lett.* a) *d.ls. 7 ottobre 2019, n. 114.*

(2) *Secondo periodo aggiunto dall'art. 11, comma 1, lett.* b) *d.ls. n. 114, cit.*

CAPO VI
Ausiliari del giudice

Articolo 23
(*Consulente tecnico*)

1. Il giudice può farsi assistere, per il compimento di singoli atti o per tutto il processo, quando è necessario, da uno o più consulenti.

2. Il consulente ha l'obbligo di prestare il proprio ufficio tranne che il giudice riconosca l'esistenza di un giustificato impedimento.

3. L'incarico di consulenza può essere affidato a professionisti iscritti negli albi di cui all'articolo 13 delle disposizioni per l'attuazione del codice di procedura civile. Possono altresì essere incaricati di svolgere consulenza tecnica gli appartenenti alle strutture e agli organismi di pubbliche amministrazioni. Non possono essere nominati coloro che prestano attività in favore delle parti del giudizio.

4. Il consulente, all'esito del suo incarico, riferisce per iscritto in merito ai quesiti e alle questioni richiestegli ai sensi dell'articolo 97 e può essere chiamato a fornire anche in pubblica udienza chiarimenti e osservazioni. Il compenso del consulente è stabilito dal giudice che l'ha nominato nel rispetto delle disposizioni di cui all'articolo 27, comma 1.

Articolo 24
(*Astensione e ricusazione del consulente*)

1. Si applicano al consulente le cause di astensione e di ricusazione previste dagli articoli 51 e 52 del codice di

procedura civile. Della ricusazione conosce il giudice che l'ha nominato.

Articolo 25
(*Commissario ad acta*)

1. Per l'esecuzione delle decisioni in materia pensionistica, in caso di inadempimento dell'amministrazione, il giudice contabile può nominare un commissario ad acta.

1-*bis*. Nei giudizi di conto, il collegio può nominare un commissario ad acta in ipotesi di inadempimento dell'amministrazione a fornire i documenti o gli elementi di giudizio necessari al fine di decidere, stabilendone il compenso (1).

(1) *Comma aggiunto dall'art. 12, comma 1 d.ls. 7 ottobre 2019, n. 114.*

Articolo 26
(Custode)

1. La conservazione e l'amministrazione dei beni sequestrati sono affidate ad un custode, quando la legge non dispone diversamente. Il compenso del custode è stabilito dal giudice che l'ha nominato, nel rispetto delle disposizioni di cui all'articolo 27, comma 1. Si applicano gli articoli 66 e 67 del codice di procedura civile.

Articolo 27
(*Liquidazione compensi*)

1. La disciplina della liquidazione dei compensi del consulente e del custode nominati dal pubblico ministero è regolata dall'articolo 63.

TITOLO II
PARTI E DIFENSORI

CAPO I
Parti e difensori

Articolo 28
(*Patrocinio*)

1. Nei giudizi davanti alla Corte dei conti è obbligatorio il patrocinio di un avvocato, ove non diversamente previsto dalla legge.

2. Per i giudizi davanti alle sezioni giurisdizionali di appello e alle sezioni riunite è obbligatorio il ministero di avvocato ammesso al patrocinio innanzi alle giurisdizioni superiori. Nei ricorsi, negli appelli e nelle comparse di costituzione e risposta deve essere fatta elezione di domicilio nel comune in cui ha sede il giudice adito, ovvero indicato un indirizzo di posta elettronica certificata presso il quale effettuare le comunicazioni e le notificazioni; in mancanza, la parte si intende domiciliata, ad ogni effetto, presso la segreteria del giudice adito (1).

3. L'avvocato può compiere e ricevere, nell'interesse della parte, tutti gli atti del processo che dalla legge non sono ad essa espressamente riservati.

4. In ogni caso non può compiere atti che importano disposizione del diritto controverso, se non ne ha ricevuto espressamente il potere.

5. La procura può essere sempre revocata e l'avvocato può sempre rinunciarvi, ma la revoca e la rinuncia non hanno effetto nei confronti dell'altra parte, finché non sia avvenuta la sostituzione dell'avvocato.

6. La parte può farsi assistere da uno o più avvocati, e anche da un consulente tecnico nei casi e con i modi stabiliti nel presente codice.

7. La parte o la persona che la rappresenta, quando ha la qualità necessaria per esercitare l'ufficio di avvocato con procura presso il giudice adito, può stare in giudizio senza il ministero di altro difensore.

(1) *Comma così sostituito dall'art. 13, comma 1 d.ls. 7 ottobre 2019, n. 114. Il testo del comma era il seguente:* « Per i giudizi dinanzi alle sezioni di appello e alle sezioni riunite è obbligatorio il ministero di avvocato ammesso al patrocinio innanzi alle giurisdizioni superiori. Nei ricorsi, negli appelli e nelle comparse di risposta deve essere fatta elezione di domicilio nel luogo in cui ha sede il giudice adito, ovvero indicato un indirizzo di posta elettronica certificata presso il quale effettuare le comunicazione e le notificazioni; in mancanza, l'elezione si presume fatta presso la segreteria del giudice adito ».

Articolo 29
(Procura alle liti)

1. Per la procura alle liti si applicano le disposizioni di cui agli articoli 83 e 182 del codice di procedura civile.

1-*bis*. La procura alle liti, contenente comunque l'elezione di domicilio, nella fase preprocessuale si rilascia in calce o a margine dell'invito o delle deduzioni di cui al comma 1 dell'articolo 67 e ha effetto anche per la fase del giudizio instaurato con atto di citazione di cui all'articolo 86 (1).

(1) *Comma aggiunto dall'art. 14, comma 1 d.ls. 7 ottobre 2019, n. 114.*

Articolo 30
(*Doveri delle parti*)

1. Il pubblico ministero, le parti e i loro difensori hanno il dovere di comportarsi con lealtà e probità. In caso di inosservanza di tale dovere il presidente della sezione ne riferisce alle autorità che esercitano il potere disciplinare su di essi.

2. Il pubblico ministero, le parti e i loro difensori non devono usare espressioni sconvenienti od offensive negli scritti e negli interventi orali pronunciati davanti al giudice. Si applicano le disposizioni dell'articolo 89 del codice di procedura civile.

Articolo 31
(*Regolazione delle spese processuali*)

1. Il giudice, con la sentenza che chiude il processo davanti a lui, condanna la parte soccombente al rimborso delle spese a favore dell'altra parte e ne liquida l'ammontare insieme con gli onorari di difesa.

2. Con la sentenza che esclude definitivamente la responsabilità amministrativa per accertata insussistenza del danno, ovvero, della violazione di obblighi di servizio, del nesso di causalità, del dolo o della colpa grave, il giudice non può disporre la compensazione delle spese del giudizio e liquida, a carico dell'amministrazione di appartenenza, l'ammontare degli onorari e dei diritti spettanti alla difesa.

3. Il giudice può compensare le spese tra le parti, parzialmente o per intero, quando vi è soccombenza recipro-

ca ovvero nel caso di assoluta novità della questione trattata o mutamento della giurisprudenza rispetto alle questioni dirimenti, ovvero quando definisce il giudizio decidendo soltanto questioni pregiudiziali o preliminari.

4. Il giudice, quando pronuncia sulle spese, può altresì condannare la parte soccombente al pagamento in favore dell'altra parte, o se del caso dello Stato, di una somma equitativamente determinata, quando la decisione è fondata su ragioni manifeste o orientamenti giurisprudenziali consolidati.

5. Le spese della sentenza sono liquidate dal funzionario di segreteria con nota in margine alla stessa.

6. Per quanto non espressamente disciplinato dai commi da 1 a 5, il giudice nel regolare le spese applica gli articoli 92, 93, 94, 96 e 97 del codice di procedura civile.

TITOLO III
ATTI PROCESSUALI

CAPO I
Atti del processo

Articolo 32
(*Libertà di forme*)

1. Gli atti del processo, per i quali la legge non richiede forme determinate, possono essere compiuti nella forma più idonea al raggiungimento del loro scopo.

Articolo 33
(*Uso della lingua italiana. Nomina dell'interprete*)

1. In tutto il processo è prescritto l'uso della lingua italiana, fatta salva la tutela delle minoranze linguistiche.

2. Quando deve essere sentito chi non conosce la lingua italiana, il giudice può nominare un interprete. Questi, prima di esercitare le sue funzioni, presta giuramento davanti al giudice di adempiere fedelmente il suo ufficio.

Articolo 34
(*Nomina del traduttore*)

1. Quando occorre procedere all'esame di documenti che non sono scritti in lingua italiana, il giudice può nominare un traduttore, il quale presta giuramento a norma dell'articolo 33, comma 2.

Articolo 35
(*Interrogazione della persona sorda o muta*)

1. Se nel procedimento deve essere sentita una persona sorda o muta, le interrogazioni e le risposte possono essere fatte per iscritto.

2. Quando occorre, il giudice nomina un interprete, il quale presta giuramento a norma dell'articolo 33, comma 2.

Articolo 36
(*Contenuto e sottoscrizione degli atti di parte*)

1. Salvo che la legge disponga altrimenti, la citazione, il ricorso e la comparsa (1) indicano il giudice adito, le parti, l'oggetto, le ragioni della domanda e le conclusioni o l'istanza; l'originale è sottoscritto (1) dalla parte, se essa sta in giudizio personalmente, oppure dal difensore che indica il proprio codice fiscale e l'indirizzo di posta elettronica certificata.

2. La procura al difensore dell'attore può essere rilasciata in data posteriore alla notificazione dell'atto, purché anteriormente alla costituzione della parte rappresentata.

3. La disposizione del comma 2 non si applica quando la legge richiede che la citazione sia sottoscritta dal difensore munito di mandato speciale.

(1) *Le parole* « la citazione, il ricorso e la comparsa » *sono state sostituite alle parole* « la citazione, il ricorso, la comparsa, il controricorso e il precetto » *e le parole* « l'originale è sottoscritto » *sono state sostituite alle parole* « l'originale e le copie da notificare, sono sottoscritti » *dall'art. 15, comma 1 d.ls. 7 ottobre 2019, n. 114.*

Articolo 37
(Contenuto del processo verbale)

1. Il processo verbale deve contenere l'indicazione delle persone intervenute e delle circostanze di luogo e di tempo nelle quali gli atti che documenta sono compiuti; deve inoltre contenere la descrizione delle attività svolte e delle rilevazioni fatte, nonché le dichiarazioni ricevute.

2. Il processo verbale è sottoscritto da chi presiede l'udienza e dal segretario (1). Se vi sono altri intervenuti, il segretario, quando la legge non dispone altrimenti, dà loro lettura del processo verbale.

(1) *Le parole* « da chi presiede l'udienza e dal segretario » *sono state sostituite alle parole* « dal segretario e dal presidente » *dall'art. 16, comma 1 d.ls. 7 ottobre 2019, n. 114.*

TITOLO IV
DEI PROVVEDIMENTI

CAPO I
Dei provvedimenti

Articolo 38
(*Forma dei provvedimenti in generale*)

1. La legge prescrive in quali casi il giudice pronuncia sentenza, ordinanza o decreto.

2. In mancanza di tali prescrizioni, i provvedimenti sono dati in qualsiasi forma idonea al raggiungimento del loro scopo.

3. Dei provvedimenti collegiali può, se uno dei componenti l'organo collegiale lo richiede, essere compilato sommario processo verbale, il quale deve contenere la menzione della unanimità della decisione o del dissenso, succintamente motivato, che uno o più dei componenti del collegio, da indicarsi nominativamente, abbia eventualmente espresso su ciascuna delle questioni decise. Il verbale, redatto dal meno anziano dei componenti del collegio e sottoscritto da tutti i componenti del collegio stesso, è conservato a cura del presidente in plico sigillato presso la segreteria dell'ufficio.

Articolo 39
(Contenuto della sentenza)

1. Le sentenze della Corte dei conti sono pronunciate

"In nome del popolo italiano" e recano l'intestazione "Repubblica italiana" (1).

2. Esse, definitive o non definitive, devono contenere:

a) l'indicazione del giudice che ha pronunciato;

b) il nome e cognome delle parti e dei difensori quando nominati;

c) la concisa esposizione delle conclusioni del pubblico ministero e delle parti;

d) la concisa esposizione delle ragioni di fatto e di diritto della decisione, anche con rinvio a precedenti cui si intende conformare;

e) il dispositivo;

f) la data della pronuncia;

g) la sottoscrizione del presidente del collegio e dell'estensore o del giudice monocratico (2).

3. La decisione è nulla se mancano gli elementi di cui alle lettere *e*) e *g*) del comma 2, nonché se mancano, e non risultano dal verbale di udienza, gli elementi di cui alle lettere *a*), *b*), *d*) e *f*) del comma 2 e l'indicazione che è stato sentito il pubblico ministero (3).

4. Se, dopo la pronuncia della sentenza, il presidente non la può sottoscrivere per morte o altro impedimento, essa è sottoscritta dal componente più anziano del collegio, purché prima della sottoscrizione sia menzionato l'impedimento; se l'estensore non può sottoscrivere la sentenza per morte o altro impedimento, è sufficiente la sottoscrizione del presidente, purché prima della sottoscrizione sia menzionato l'impedimento (4).

(1) *Le parole* « e recano l'intestazione "Repubblica italiana" » *sono state aggiunte dall'art. 17, comma 1, lett.* a) *d.ls. 7 ottobre 2019, n. 114.*

(2) *Le parole* « o del giudice monocratico » *sono state aggiunte dall'art. 17, comma 1, lett.* b) *d.ls. n. 114, cit.*

(3) *Comma così sostituito dall'art. 17, comma 1, lett.* c) *d.ls. n. 114 cit. Il testo del comma era il seguente:* « 3.La decisione è nulla se mancano le indicazioni di cui alle lettere *e*) e *g*),del comma 2, nonché se mancano, e non risultano dal verbale di udienza, le indicazioni di cui alle lettere *a*), *b*), *d*) ed *f*) del comma 2 e l'indicazione che è stato sentito il pubblico ministero ».

(4) *Comma così sostituito dall'art. 17, comma 1, lett.* d) *d.ls. n. 114, cit. Il testo del comma era il seguente:* « 4. Qualora, dopo la pronuncia della sentenza, si verifichi l'impossibilità assoluta a firmarla da parte di alcuna delle persone che debbono sottoscriverla, alla firma mancante si supplisce con dichiarazione apposta in calce alla sentenza, firmata dal presidente del collegio o, in mancanza di questi, dal magistrato con maggiore anzianità nel ruolo ».

Articolo 40
(*Forma, contenuto e comunicazione dell'ordinanza*)

1. L'ordinanza è succintamente motivata. Se è pronunciata in udienza, è inserita nel processo verbale; se è pronunciata fuori dell'udienza, è scritta in calce al processo verbale oppure in foglio separato, munito della data e della sottoscrizione del giudice o, quando questo è collegiale, del presidente.

2. Il segretario comunica alle parti l'ordinanza pronunciata fuori dell'udienza, salvo che la legge ne prescriva la notificazione.

Articolo 41
(*Forma e contenuto del decreto*)

1. Il decreto è pronunciato d'ufficio o su istanza, anche verbale, della parte.

2. Se è pronunciato su ricorso, il decreto è scritto in calce al medesimo.

3. Quando l'istanza è proposta verbalmente, se ne redige processo verbale e il decreto è inserito nello stesso.

4. Il decreto non è motivato, salvo che per quelli a carattere decisorio o per i quali la motivazione sia prescritta espressamente dalla legge; è datato ed è sottoscritto dal giudice o, quando questo è collegiale, dal presidente.

Articolo 42
(*Notificazioni e comunicazioni*)

1. Le notificazioni e le comunicazioni degli atti del processo contabile, comprese quelle effettuate nel corso del procedimento, sono disciplinate dal codice di procedura civile e dalle leggi speciali concernenti la notificazione degli atti giudiziari in materia civile e contabile, ove non previsto diversamente dal presente codice. Il Presidente della sezione può autorizzare, su motivata richiesta del pubblico ministero, la notifica a mezzo delle forze di polizia (1).

(1) *Le parole* « delle forze di polizia » *sono state sostituite alle parole* « delle forza di polizia » *dall'art. 98, comma 1, lett.* e) *d.ls. 7 ottobre 2019, n. 114.*

Articolo 43
(*Termini e preclusioni*)

1. I termini per il compimento degli atti del processo contabile sono stabiliti dalla legge; possono essere stabiliti dal giudice, anche a pena di decadenza, soltanto se la legge lo permette espressamente.

2. I termini stabiliti dalla legge sono ordinatori, tranne che la legge stessa li dichiari espressamente perentori.

3. I termini stabiliti per la proposizione di gravami sono perentori; le decadenze hanno luogo di diritto e devono essere pronunciate d'ufficio.

4. Il giudice, prima della scadenza, può abbreviare, o prorogare anche d'ufficio, il termine che non sia stabilito a pena di decadenza. La proroga non può avere una durata superiore al termine originario. Non può essere consentita proroga ulteriore, se non per motivi particolarmente gravi e con provvedimento motivato.

5. I termini perentori non possono essere abbreviati o prorogati, nemmeno in base ad accordo tra le parti.

6. La parte che dimostra di essere incorsa in decadenze (1) per causa ad essa non imputabile può chiedere al giudice di essere rimessa in termini; il giudice provvede ai sensi dell'articolo 93, commi 12 e 13 (1).

7. Per il computo dei termini si applicano le disposizioni dell'articolo 155 del codice di procedura civile.

(1) *Le parole* « di essere incorsa in decadenze » *sono state sostituite alle parole* « di essere incorsa in decadenza » *e le parole* « commi 12 e 13 » *sono state sostituite alle parole* « commi 11 e 12 » *dall'art. 98, comma 1, lett.* f) *d.ls. 7 ottobre 2019, n. 114.*

Articolo 44
(*Rilevanza della nullità*)

1. Non può essere pronunciata la nullità per inosservanza di forme di alcun atto del processo, se la nullità non è comminata dalla legge.

2. Può tuttavia essere pronunciata quando l'atto manca dei requisiti formali indispensabili per il raggiungimento dello scopo.

3. La nullità non può mai essere pronunciata se l'atto ha raggiunto lo scopo a cui è destinato.

Articolo 45
(Rilevabilità e sanatoria della nullità)

1. Non può pronunciarsi la nullità senza istanza di parte se la legge non dispone che sia pronunciata d'ufficio.

2. Soltanto la parte nel cui interesse è stabilito un requisito può opporre la nullità dell'atto per la mancanza del requisito stesso, ma deve farlo nella prima istanza o difesa successiva all'atto o alla notizia di esso.

3. La nullità non può essere opposta dalla parte che vi ha dato causa, né da quella che vi ha rinunciato anche tacitamente.

Articolo 46
(Nullità derivante dalla costituzione del giudice)

1. La nullità derivante da vizi relativi alla costituzione del giudice o all'intervento del pubblico ministero è insanabile e deve essere rilevata d'ufficio, salvo quanto previsto dall'articolo 49.

Articolo 47
(Estensione della nullità)

1. La nullità di un atto non importa quella degli atti precedenti, né di quelli successivi che ne sono indipendenti.

2. La nullità di una parte dell'atto non colpisce le altre parti che ne sono indipendenti.

3. Se il vizio impedisce un determinato effetto, l'atto può tuttavia produrre gli altri effetti ai quali è idoneo.

Articolo 48
(Nullità della notificazione)

1. La notificazione è nulla se non sono osservate le disposizioni circa la persona alla quale deve essere consegnata la copia, o se vi è incertezza assoluta sulla persona a cui è fatta o sulla data, salva l'applicazione degli articoli 44 e 45.

Articolo 49
(Nullità della sentenza)

1. La nullità delle sentenze soggette ad appello può essere fatta valere soltanto nei limiti e secondo le regole proprie di questo mezzo di impugnazione.

2. La disposizione di cui al comma 1 non si applica quando la sentenza manca della sottoscrizione del giudice.

Articolo 50
(Pronuncia sulla nullità)

1. Il giudice che pronuncia la nullità deve disporre, quando sia possibile, la rinnovazione degli atti ai quali la nullità si estende.

2. Se la nullità degli atti del processo è imputabile al segretario, all'ufficiale giudiziario o alle parti il giudice, con il provvedimento con il quale la pronuncia, pone le spese della rinnovazione a carico del responsabile (1).

(1) *Le parole* « del responsabile » *sono state sostituite alle parole* « della parte che ha dato luogo alla nullità » *dall'art. 18, comma 1 d.ls. 7 ottobre 2019, n. 114.*

PARTE II
GIUDIZI DI RESPONSABILITÀ

TITOLO I
FASE PREPROCESSUALE

CAPO I
Denuncia di danno

Articolo 51
(Notizia di danno erariale)

1. Il pubblico ministero inizia l'attività istruttoria, ai fini dell'adozione delle determinazioni inerenti l'esercizio dell'azione erariale, sulla base di specifica e concreta notizia di danno, fatte salve le fattispecie direttamente sanzionate dalla legge.

2. La notizia di danno, comunque acquisita, è specifica e concreta quando consiste in informazioni circostanziate e non riferibili a fatti ipotetici o indifferenziati.

3. Qualsiasi (1) atto istruttorio o processuale posto in essere in violazione delle disposizioni di cui al presente articolo è nullo e la relativa nullità può essere fatta valere in ogni momento, da chi (1) vi abbia interesse, innanzi alla competente sezione giurisdizionale della Corte dei conti.

4. Se la nullità di cui al comma 3 è fatta valere con istanza proposta prima della pendenza del giudizio, sono comunque tenute riservate le generalità del denunciante. La sezione (2) decide, in camera di consiglio, entro il termine di trenta giorni dal deposito dell'istanza e sentite le parti, con sentenza.

5. Diversamente, la sezione decide sull'eccezione di nullità con la sentenza che definisce il giudizio di primo grado.

6. La nullità per violazione delle norme sui presupposti di proponibilità dell'azione per danno all'immagine è rilevabile anche d'ufficio.

7. La sentenza irrevocabile di condanna pronunciata nei confronti dei dipendenti delle pubbliche amministrazioni di cui all'articolo 1, comma 2, del decreto legislativo 30 marzo 2001, n. 165, nonché degli organismi e degli enti da esse controllati, per i delitti commessi a danno delle stesse, è comunicata al competente procuratore regionale della Corte dei conti affinché promuova l'eventuale procedimento di responsabilità per danno erariale nei confronti del condannato.

Resta salvo quanto disposto dall'articolo 129 delle norme di attuazione, di coordinamento e transitorie del codice di procedura penale, approvate con decreto legislativo 28 luglio 1989, n. 271.

(1) *La parola* « Qualsiasi » *è stata sostituita alla parola* « Qualunque » *e la parola* « chi » *è stata sostituita alla parola* « chiunque » *dall'art. 98, comma 1, lett.* g) *d.ls. 7 ottobre 2019, n. 114*

(2) *Le parole* « prima della pendenza del giudizio, sono comunque tenute riservate le generalità del denunciante. La sezione » *sono state sostituite alle parole* « prima della pendenza del giudizio, la sezione » *dall'art. 19, comma 1 d.ls. n. 114, cit.*

Articolo 52
(Obbligo di denuncia di danno e onere di segnalazione)

1. Ferme restando le disposizioni delle singole leggi di settore in materia di denuncia di danno erariale, i responsabili delle strutture burocratiche di vertice delle amministrazioni, comunque denominate, ovvero i dirigenti o responsabili di servizi, in relazione al settore cui sono preposti, che nell'esercizio delle loro funzioni vengono a conoscenza, direttamente o a seguito di segnalazione di soggetti dipendenti, di fatti che possono dare luogo a responsabilità erariali, devono presentarne tempestiva denuncia alla procura della Corte dei conti territorialmente competente. Le generalità del pubblico dipendente denunziante sono tenute riservate; sono comunque riservate le generalità dei soggetti pubblici o privati che segnalano al procuratore regionale eventi di danno, anche se non sottoposti all'obbligo di cui al presente comma (1).

2. Gli organi di controllo e di revisione delle pubbliche amministrazioni, [nonché] (2) i dipendenti incaricati di funzioni ispettive, ciascuno secondo la normativa di settore, nonché gli incaricati della liquidazione di società a partecipazione pubblica, (2) sono tenuti a fare immediata denuncia di danno direttamente al procuratore regionale competente, informandone i responsabili delle strutture di vertice delle amministrazioni interessate.

3. L'obbligo di denuncia riguarda anche i fatti dai quali, a norma di legge, può derivare l'applicazione, da parte delle sezioni giurisdizionali territoriali, di sanzioni pecuniarie.

4. I magistrati della Corte dei conti assegnati alle sezioni e agli uffici di controllo segnalano alle competenti procure regionali i fatti dai quali possano derivare responsabilità erariali che emergano nell'esercizio delle loro funzioni.

5. Resta fermo quanto previsto dall'articolo 129, comma 3, delle norme di attuazione di coordinamento e transitorie del codice di procedura penale.

6. Resta fermo l'obbligo per la pubblica amministrazione denunciante di porre in essere tutte le iniziative necessarie a evitare l'aggravamento del danno, intervenendo ove possibile in via di autotutela o comunque adottando gli atti amministrativi necessari a evitare la continuazione dell'illecito e a determinarne la cessazione.

(1) *Le parole da* «; sono comunque riservate » *a* « di cui al presente comma » *sono state aggiunte dall'art. 20, comma 1, lett.* a) *d.ls. 7 ottobre 2019, n. 114.*

(2) *La parola* « nonché » *è stata soppressa e le parole* « secondo la normativa di settore, nonché gli incaricati della liquidazione di società a partecipazione pubblica, » *sono state sostituite alle parole* « secondo le singole leggi di settore » *dall'art. 20, comma 1, lett.* b) *d.ls. n. 114, cit.*

Articolo 53
(Contenuto della denuncia di danno)

1. La denuncia di danno contiene una precisa e documentata esposizione dei fatti e delle violazioni commesse, l'indicazione ed eventualmente la quantificazione del danno, nonché, ove possibile, l'individuazione dei presunti responsabili, l'indicazione delle loro generalità e del loro domicilio.

Articolo 54
(Apertura del procedimento istruttorio)

1. Il procuratore regionale, a seguito di notizia di danno, comunque acquisita, ove non ritenga di provvedere alla sua immediata archiviazione per difetto dei requisiti di specificità e concretezza o per manifesta infondatezza, dispone l'apertura di un procedimento istruttorio ed assegna, secondo criteri oggettivi e predeterminati, la trattazione del relativo fascicolo.

1-*bis*. Fermo restando quanto previsto dall'articolo 57, il procuratore regionale non comunica al soggetto denunciante le proprie determinazioni in ordine all'eventuale apertura del procedimento istruttorio (1).

(1) *Comma aggiunto dall'art. 21, comma 1 d.ls. 7 ottobre 2019, n. 114.*

Articolo 54-*bis*. (1)
(Astensione e sostituzione del pubblico ministero contabile)

1. Ai magistrati del pubblico ministero si applicano le disposizioni del presente codice relative all'astensione dei giudici, ma non quelle relative alla ricusazione.

2. Sulla dichiarazione di astensione decidono, nell'ambito degli uffici di rispettiva competenza, il procuratore regionale ed il procuratore generale, il quale è competente anche in ipotesi di astensione del procuratore regionale.

3. Con il provvedimento che accoglie la dichiarazione di astensione, il magistrato del pubblico ministero astenuto è sostituito con un altro magistrato del pubblico ministero appartenente al medesimo ufficio ovvero indicato dal procuratore generale nell'ipotesi di astensione di un procuratore regionale.

(1) *Articolo inserito dall'art. 21, comma 2 d.ls. 7 ottobre 2019, n. 114.*

CAPO II
Attività istruttoria del pubblico ministero presso la Corte dei conti

Articolo 55
(Richieste istruttorie)

1. Il pubblico ministero compie ogni attività utile per l'acquisizione degli elementi necessari all'esercizio dell'azione erariale e svolge, altresì, accertamenti su fatti e circostanze a favore della persona individuata quale presunto responsabile.

2. Il pubblico ministero può richiedere documenti e informazioni e, altresì, disporre:

a) l'esibizione di documenti;

b) audizioni personali;

c) ispezioni e accertamenti diretti presso le pubbliche amministrazioni e i terzi contraenti o beneficiari di provvidenze finanziarie a carico dei bilanci pubblici;

d) il sequestro di documenti;

e) consulenze tecniche.

Articolo 56
(Deleghe istruttorie)

1. Il pubblico ministero può, [motivatamente] (1), svol-

gere attività istruttoria direttamente, ovvero può delegare gli adempimenti istruttori alla Guardia di Finanza o ad altre Forze di polizia, anche locale, agli uffici territoriali del Governo, nonché, per specifiche esigenze (1), ai dirigenti o funzionari di qualsiasi pubblica amministrazione individuati in base a criteri di professionalità e, ove possibile, di (1) territorialità; può, altresì, avvalersi di consulenti tecnici.

(1) *La parola* « motivatamente » *è stata soppressa, le parole* «, nonché, per specifiche esigenze » *sono state sostituite alle parole* « e, in casi eccezionali e motivati, salvo quanto disposto dall'articolo 61, comma 7 » *e le parole* «, ove possibile, di » *sono state inserite dall'art. 22, comma 1 d.ls. 7 ottobre 2019, n. 114.*

Articolo 57
(Riservatezza della fase istruttoria)

1. Le attività di indagine del pubblico ministero, anche se delegate agli organi di cui all'articolo 56, comma 1, sono riservate fino alla notificazione dell'invito a dedurre.

2. Quando è necessario per la prosecuzione delle indagini, il pubblico ministero può consentire, con decreto motivato, la visione di singoli atti o parti di essi.

3. Nei casi di cui all'articolo 58, comma 1, anche dopo la notificazione dell'invito a dedurre, il pubblico ministero contabile dispone il differimento della visione e dell'estrazione di copia di singoli atti dell'indagine preliminare penale, fino a che non sia rilasciato nulla osta dal pubblico ministero penale. Durante il periodo di differimento, il termine per la presentazione delle deduzioni ai sensi dell'articolo 67 è interrotto e inizia nuovamente a decorrere dal perfezionarsi della notificazione dell'atto con cui il pubblico ministero revoca il decreto di differimento. Il termine non è interrotto qualora il pubblico ministero contabile ritenga inutilizzabili, ai fini dell'invito a dedurre, gli atti dell'indagine preliminare penale. La valutazione di inutilizzabilità non è rivedibile, salvo che ne faccia richiesta la parte interessata.

Articolo 58
(Richieste di documenti e informazioni)

1. Il pubblico ministero può chiedere alla autorità giudiziaria l'invio degli atti e dei documenti da essa detenuti. Gli atti e i documenti restano coperti da segreto investigativo, anche nei confronti dei destinatari di richieste istruttorie del pubblico ministero contabile, salvo nulla osta del pubblico ministero penale.

2. Il pubblico ministero dispone, con decreto motivato contenente anche i termini e le modalità di trasmissione, che le pubbliche amministrazioni, gli enti pubblici ovvero gli enti a prevalente partecipazione pubblica, nonché i soggetti con essi contraenti o beneficiari di provvidenze finanziarie a carico di bilanci pubblici, provvedono ad inviare atti e documenti da essi detenuti in originale o in copia autentica, nonché informazioni, notizie e relazioni documentate.

2-*bis*. Il pubblico ministero può accedere, anche mediante collegamento telematico diretto, alla sezione dell'anagrafe tributaria di cui all'articolo 7, comma 6, del decreto del Presidente della Repubblica 29 settembre 1973, n. 605 (1).

(1) *Comma aggiunto dall'art. 23, comma 1 d.ls. 7 ottobre 2019, n. 114.*

Articolo 59
(Esibizione di documenti)

1. Il pubblico ministero può, con decreto motivato, disporre l'esibizione di atti e documenti detenuti dalle pubbliche amministrazioni e dai soggetti di cui all'articolo 58, comma 2, ai fini della loro presa visione, dell'estrazione di copia o del loro eventuale sequestro. Si applicano gli articoli 256, 256-*bis* e 256-*ter* del codice di procedura penale.

2. I soggetti di cui al comma 1 dell'articolo 56, provvedono ad acquisire gli atti e la documentazione contestualmente alla notificazione del decreto d'esibizione al titolare dell'ufficio che li detiene; in caso di giustificati motivi, la consegna può essere differita, previa autorizzazione, anche orale, del pubblico ministero contabile.

3. In caso di mancata esibizione, il pubblico ministero dispone, con decreto reclamabile ai sensi dell'articolo 62, il sequestro degli atti e dei documenti (1) non esibiti.

4. Gli atti e i documenti pubblicati su siti Internet delle pubbliche amministrazioni sono acquisiti mediante accesso ai medesimi siti.

(1) *Le parole* « e dei documenti » *sono state inserite dall'art. 24, comma 1 d.ls. 7 ottobre 2019, n. 114.*

Articolo 60
(Audizioni personali di soggetti informati (1))

1. Il pubblico ministero può disporre o delegare con decreto motivato l'individuazione e (2) l'audizione di soggetti informati, al fine di acquisire elementi utili alla ricostruzione dei fatti e alla emersione delle personali responsabilità (2).

2. Il decreto è notificato unitamente all'invito a presentarsi nel luogo in cui sarà esperita l'audizione personale, con l'avvertenza della facoltà di farsi assistere da un difensore di fiducia. Si applica l'articolo 249 del codice di procedura civile.

3. Le audizioni personali sono sempre verbalizzate a cura di un funzionario della Corte dei conti o di un appartenente agli organi di cui al comma 1 dell'articolo 56.

4. Il soggetto sottoposto ad audizione ha l'obbligo di presentarsi al pubblico ministero o all'organo delegato e di riferire sui fatti e di rispondere alle domande che gli sono rivolte. Egli non può essere obbligato a deporre su fatti dai quali potrebbe emergere una sua responsabilità; in tal caso, deve essere avvertito che se intende rispondere ha facoltà di essere assistito da un difensore di fiducia, la cui assenza impedisce la prosecuzione dell'audizione che è rinviata a nuova data.

5. Ai soggetti che non aderiscono senza giustificato motivo alla convocazione del pubblico ministero è applicata una sanzione pecuniaria inflitta dalla sezione su richiesta del pubblico ministero non inferiore a 100 euro e non superiore a 1.000 euro.

(1) *Le parole* « di soggetti informati » *sono state aggiunte dall'art. 25, comma 1, lett.* a) *d.ls. 7 ottobre 2019, n. 114.*

(2) *Le parole* « può disporre o delegare con decreto motivato l'individuazione e » *sono state sostituite alle parole* « può disporre con decreto motivato » *e le parole* « alla emersione delle personali responsabilità » *sono state sostituite alle parole* « alla individuazione delle personali responsabilità » *dall'art. 25, comma 1, lett.* b) *d.ls. n. 114, cit.*

Articolo 61
(*Ispezioni e accertamenti*)

1. L'ispezione consiste nell'accesso, anche senza preavviso, a sedi o uffici dei soggetti di cui all'articolo 58, comma 2, per reperire, prendere visione, estrarre copia di documenti e assumere informazioni da soggetti a conoscenza dei fatti oggetto dell'indagine, nei limiti previsti dagli articoli 58, comma 1, e 59, allo scopo di ricostruire storicamente e documentalmente i fatti oggetto di istruttoria. Si applica l'articolo 103 del codice di procedura penale.

2. Nel corso dell'ispezione possono essere disposti esibizione di atti e documenti, audizioni personali, rilievi fotografici e accertamenti diretti.

3. L'accertamento diretto consiste nell'accesso a luoghi specifici o a cose individuate, al fine di acquisire elementi informativi e fonti di prova utili alle indagini.

4. L'ispezione e l'accertamento diretto sono disposti con decreto motivato; copia del decreto è consegnata al soggetto che ha l'attuale disponibilità del luogo o della cosa ispezionati.

5. Delle operazioni compiute e delle risultanze dell'ispezione e dell'accertamento viene redatto processo verbale sottoscritto dal personale operante; copia del verbale è rilasciata al soggetto di cui al comma 4.

6. Il pubblico ministero può altresì delegare le attività di cui ai commi 1, 2 e 3 ai soggetti di cui all'articolo 56, comma 1.

7. Per le ispezioni e gli accertamenti delegati a dirigenti o funzionari regionali occorre la previa intesa con il presidente della regione.

Articolo 62
(*Sequestro documentale*)

1. Il pubblico ministero, con decreto motivato, può disporre il sequestro di atti o documenti necessari all'accertamento dei fatti, anche su supporto informatico, nei limiti previsti dagli articoli 58, comma 1, e 59, presso i soggetti di cui all'articolo 58, comma 2, qualora vi sia pericolo per l'acquisizione o per la genuinità e integrità degli stessi.

2. Copia del decreto motivato è consegnata al responsabile dell'ufficio o al soggetto che ha l'attuale disponibilità della documentazione oggetto di sequestro, se presenti. Alle operazioni ha facoltà di assistere, ove presente, senza diritto di essere avvisato, il responsabile dell'area legale dei soggetti presso i quali si compie il sequestro, purché prontamente reperibile.

3. Per lo svolgimento delle operazioni di cui al presente articolo, il pubblico ministero si avvale della Guardia di Finanza, ovvero di altre Forze di polizia, anche locale, che ricercano e acquisiscono immediatamente gli atti o documenti da sequestrare, e redigono processo verbale delle operazioni compiute. Copia del verbale e copia dei documenti sequestrati sono consegnati ai soggetti di cui al comma 2, se presenti. Qualora, in ragione del volume degli atti, non sia possibile la contestuale consegna dei documenti sequestrati, questa avviene in un momento successivo, su richiesta della pubblica amministrazione.

4. In caso di delega, quando sono oggetto di sequestro lettere, pieghi, pacchi, valori, telegrammi e altri oggetti di corrispondenza, anche se inoltrati per via telematica, tali documenti devono essere consegnati al pubblico ministero senza aprirli o alterarli e senza prendere altrimenti conoscenza del loro contenuto.

5. I documenti sequestrati sono affidati in custodia alla segreteria della procura regionale, ovvero ad altro soggetto se la custodia deve avvenire in luogo diverso e con le modalità determinate dal pubblico ministero. All'atto della consegna, il custode è avvertito dell'obbligo di conservare le cose e tenerle a disposizione del pubblico ministero, nonché delle pene previste dalla legge penale per chi trasgredisce ai doveri della custodia.

6. Cessate le esigenze sottese al provvedimento di sequestro, anche su istanza dell'amministrazione interessata, il pubblico ministero dispone il dissequestro della documentazione, restituendola all'amministrazione.

7. Contro il decreto del pubblico ministero, chi ha interesse può proporre reclamo con ricorso alla sezione, nel termine perentorio di dieci giorni dalla conoscenza dell'avvenuto sequestro (1).

8. La sezione decide in camera di consiglio, entro dieci giorni dal deposito del reclamo, con ordinanza non impugnabile; della camera di consiglio è dato avviso alle parti almeno tre giorni prima, affinché possano parteciparvi svolgendo difese orali. Quando l'atto o il documento sequestrato risulta manifestamente estraneo all'oggetto dell'istruttoria, la sezione annulla, in tutto o in parte, il decreto e dispone l'immediato dissequestro degli atti e documenti.

(1) *Le parole* « conoscenza dell'avvenuto sequestro » *sono state sostituite alle parole* « consegna del decreto » *dall'art. 26, comma 1 d.ls. 7 ottobre 2019, n. 114.*

Articolo 63
(*Consulenze tecniche*)

1. Il pubblico ministero, quando deve procedere ad accertamenti per cui sono necessarie specifiche competenze, può nominare e avvalersi di consulenti tecnici.

2. La nomina del consulente tecnico avviene nel rispetto delle disposizioni di cui all'articolo 73 delle norme di attuazione, di coordinamento e transitorie del codice di procedura penale, approvate con il decreto legislativo 28 luglio 1989, n. 271.

3. Con provvedimento del Segretario generale della Corte dei conti, nella qualità di responsabile del centro di spesa, sono dettate le disposizioni di carattere generale per la liquidazione dei compensi del consulente e del custode.

Articolo 64
(*Procedimenti d'istruzione preventiva*)

1. Qualora vi sia fondato motivo di temere che venga meno la possibilità di fare assumere in giudizio uno dei mezzi di prova, o in caso di eccezionale urgenza, il presidente della sezione o il giudice da lui delegato (1), su istanza di parte, provvede all'assunzione preventiva del mezzo richiesto.

2. L'assunzione preventiva dei mezzi di prova non pregiudica le questioni relative alla loro ammissibilità e rilevanza, né impedisce la loro rinnovazione nel giudizio di merito.

3. I processi verbali delle prove non possono essere prodotti, né richiamati, né riprodotti in copia nel giudizio

di merito, prima che i mezzi di prova siano stati dichiarati ammissibili nel giudizio stesso.

(1) *Le parole* « il presidente della sezione o il giudice da lui delegato » *sono state sostituite alla parola* « il giudice » *dall'art. 27, comma 1 d.ls. 7 ottobre 2019, n. 114.*

Articolo 65
(Nullità degli atti istruttori del pubblico ministero)

1. La omessa o apparente motivazione dei provvedimenti istruttori del pubblico ministero, ove espressamente prevista, (1) ovvero l'audizione assunta in violazione dell'articolo 60, comma 4, secondo periodo, (1) costituiscono causa di nullità dell'atto istruttorio e delle operazioni conseguenti.

(1) *Le parole* «, ove espressamente prevista, » *e le parole* « secondo periodo, » *sono state inserite dall'art. 28, comma 1 d.ls. 7 ottobre 2019, n. 114.*

CAPO III
Conclusione della fase istruttoria

Articolo 66
(Atti interruttivi della prescrizione)

1. Con l'invito a dedurre ai sensi dell'articolo 67, comma 8, ovvero con formale atto di costituzione in mora ai sensi degli articoli 1219 e 2943 del codice civile, il termine quinquennale di prescrizione può essere interrotto per una sola volta.

2. A seguito dell'interruzione di cui al comma 1, al tempo residuo per raggiungere l'ordinario termine di prescrizione quinquennale si aggiunge un periodo massimo di due anni; il termine complessivo di prescrizione non può comunque eccedere i sette anni dall'esordio dello stesso.

3. Il termine di prescrizione è sospeso per il periodo di durata del processo.

Articolo 67
(Invito a fornire deduzioni)

1. Prima di emettere l'atto di citazione in giudizio, il pubblico ministero notifica al presunto responsabile un atto di invito a dedurre, nel quale sono esplicitati gli elementi essenziali del fatto, di ciascuna condotta contestata e del suo contributo causale alla realizzazione del danno contestato, fissando un termine non inferiore a quarantacinque giorni, che decorre dal perfezionamento dell'ultima notificazione dell'invito, entro il quale il presunto responsabile può esaminare tutte le fonti di prova indicate a base della contestazione formulata e depositare le proprie deduzioni ed eventuali documenti.

2. Nello stesso termine il presunto responsabile, con istanza da formulare in calce alle deduzioni di cui al comma 1, ovvero in separato atto, da depositare nella segreteria del pubblico ministero, può chiedere di essere sentito personalmente; in tal caso l'omessa audizione personale, determina l'inammissibilità della citazione.

3. Il pubblico ministero fissa il luogo e il giorno dell'audizione che, ad istanza del presunto responsabile, per motivate e comprovate ragioni, può essere differito comunque entro il termine di cui al comma 1.

4. Le audizioni personali, alle quali il presunto responsabile ha la facoltà di farsi assistere dal difensore, sono sempre verbalizzate a cura di un funzionario della Corte dei conti o da un appartenente agli organi di cui al comma 1, dell'articolo 56.

5. Il procuratore regionale deposita l'atto di citazione in giudizio, a pena di inammissibilità dello stesso, entro centoventi giorni dalla scadenza del termine per la presentazione delle deduzioni da parte del presunto responsabile del danno, salvo quanto disposto dall'articolo 68 (1).

6. Nel caso l'invito a dedurre sia stato emesso contestualmente nei confronti di una pluralità di soggetti, il termine di cui al comma 5 decorre dal momento del perfezionamento della notificazione per l'ultimo invitato; in tutti gli altri casi, decorre autonomamente per ciascun invitato dal momento del perfezionamento della notificazione nei suoi confronti.

7. Successivamente all'invito a dedurre, il pubblico ministero non può svolgere attività istruttorie, salva la necessità di compiere accertamenti sugli ulteriori elementi di fatto emersi a seguito delle controdeduzioni ovvero nel caso che ricorrano situazioni obiettivamente nuove rispetto alla fase istruttoria precedente, che non richiedono l'emissione di un nuovo invito a dedurre e salva la comunicazione dei nuovi elementi istruttori ai soggetti invitati (2).

8. Nell'invito a dedurre, il pubblico ministero può costituire in mora il presunto responsabile, ai sensi e per gli effetti degli articoli 1219 e 2943 del codice civile.

9. I termini di cui al presente articolo sono sospesi dal primo agosto al trentuno agosto e riprendono a decorrere dalla fine del periodo di sospensione. Ove il decorso abbia inizio durante il periodo di sospensione, l'inizio dello stesso è differito alla fine di detto periodo.

(1) *Le parole* « dall'articolo 68 » *sono state sostituite alle parole* « dall'articolo 86 » *dall'art. 29, comma 1, lett.* a) *d.ls. 7 ottobre 2019, n. 114.*

(2) *Le parole da* « ovvero nel caso » *a* « ai soggetti invitati » *sono state aggiunte dall'art. 29, comma 1, lett.* b) *d.ls. n. 114, cit.*

Articolo 68
(Istanza di proroga)

1. Il pubblico ministero, con istanza motivata, può chiedere alla sezione la concessione di eventuali proroghe del termine di cui all'articolo 67, comma 5; l'istanza non può essere presentata per più di due volte.

2. Le proroghe sono autorizzate dal giudice all'uopo designato dal presidente della sezione, nella camera di consiglio a tal fine convocata.

3. La mancata autorizzazione obbliga il pubblico ministero ad emettere l'atto di citazione ovvero a disporre l'archiviazione entro i successivi quarantacinque giorni.

4. Quando accoglie l'istanza di proroga, il giudice fissa il termine finale della proroga e quello di comunicazione dell'ordinanza ai destinatari di invito a dedurre.

5. Avverso l'ordinanza che consente o nega la proroga è ammesso reclamo alla sezione, nel termine perentorio di dieci giorni dalla comunicazione dell'ordinanza a cura della segreteria della stessa (1).

6. La sezione decide in camera di consiglio con ordinanza non impugnabile; in caso di accoglimento del reclamo presentato dal pubblico ministero, l'ordinanza fissa un nuovo termine per il deposito dell'atto di citazione; in caso di accoglimento del reclamo presentato dal presunto re-

sponsabile, fissa un termine non superiore a quarantacinque giorni al pubblico ministero per emettere l'atto di citazione ovvero disporre l'archiviazione.

(1) *Le parole* « a cura della segreteria della stessa » *sono state aggiunte dall'art. 30, comma 1 d.ls. 7 ottobre 2019, n. 114.*

Articolo 69
(*Archiviazione*)

1. Quando, anche a seguito di invito a dedurre, la notizia di danno risulta infondata o non vi sono (1) elementi sufficienti a sostenere in giudizio la contestazione di responsabilità, il pubblico ministero dispone l'archiviazione del fascicolo istruttorio.

2. Il pubblico ministero dispone altresì l'archiviazione per assenza di colpa grave ove valuti che l'azione amministrativa si sia (2) conformata al parere reso dalla Corte dei conti in via consultiva, in sede di controllo e in favore degli enti locali nel rispetto dei presupposti generali per il rilascio dei medesimi.

3. Il decreto di archiviazione, debitamente motivato, è sottoposto al visto del procuratore regionale.

4. Il decreto di archiviazione, vistato dal procuratore regionale tempestivamente (3), è comunicato al destinatario dell'invito a dedurre.

5. Qualora il procuratore regionale non condivida le motivazioni dell'archiviazione, formula per iscritto le proprie motivate osservazioni, comunicandole al pubblico ministero assegnatario del fascicolo.

6. Nel caso permanga il dissenso, il procuratore regionale avoca il fascicolo istruttorio, adottando personalmente le determinazioni inerenti l'esercizio dell'azione erariale.

(1) *Le parole* « vi sono » *sono state sostituite alle parole* « vi siano » *dall'art. 98, comma 1, lett.* h) *d.ls. 7 ottobre 2019, n. 114.*

(2) *Le parole* « ove valuti che l'azione amministrativa si sia » *sono state sostituite alle parole* « quando l'azione amministrativa si è » *dall'art. 31, comma 1, lett.* a) *d.ls. n. 114, cit.*

(3) *La parola* « tempestivamente » *è stata inserita dall'art. 31, comma 1, lett.* b) *d.ls. n. 114, cit.*

Articolo 70
(*Riapertura del fascicolo istruttorio archiviato*)

1. I fascicoli istruttori archiviati possono essere riaperti, con decreto motivato del procuratore regionale, se dopo l'emanazione del formale provvedimento di archiviazione emergono elementi nuovi consistenti in fatti sopravvenuti, ovvero preesistenti ma dolosamente occultati (1).

1-*bis*. Della riapertura del fascicolo è data notizia ai soggetti ai quali sia stata precedentemente comunicata l'archiviazione (2).

(1) *Le parole* « dopo l'emanazione del formale provvedimento di archiviazione emergono elementi nuovi consistenti in fatti sopravvenuti, ovvero preesistenti ma dolosamente occultati » *sono state sostituite alle parole* « sopravvengano fatti nuovi e diversi successivi al provvedimento di archiviazione » *dall'art. 32, comma 1, lett.* a) *d.ls. 7 ottobre 2019, n. 114.*

(2) *Comma aggiunto dall'art. 32, comma 1, lett.* b) *d.ls. n. 114, cit.*

CAPO IV
Attività preprocessuali di parte

Articolo 71
(*Accesso al fascicolo istruttorio*)

1. Il destinatario dell'invito a dedurre e, se nominato, il difensore dotato di procura alle liti hanno (1) il diritto di visionare e di estrarre copia di tutti documenti inseriti nel fascicolo istruttorio depositato presso la segreteria della procura regionale, previa presentazione di apposita istanza (1), salva la tutela della riservatezza di cui all'articolo 52, comma 1.

2. La visione dei documenti è consentita, ove possibile, al momento della presentazione della domanda.

3. Il destinatario dell'invito a dedurre ha il diritto di accedere ai documenti ritenuti rilevanti per difendersi e detenuti dalle pubbliche amministrazioni, dagli enti sottoposti alla giurisdizione della Corte dei conti e dai terzi contraenti o beneficiari di provvidenze finanziarie a carico di bilanci pubblici. L'ente che non detiene i documenti richiesti deve indicare il diverso ente o soggetto che li detiene e comunque deve collaborare con il destinatario dell'invito a dedurre al fine del loro reperimento.

4. In deroga alla disciplina vigente, nelle ipotesi di cui al precedente comma tutti i termini dei procedimenti di diritto di accesso ai documenti amministrativi e di diritto di accesso civico, compresi quelli per l'opposizione dei controinteressati, sono ridotti della metà.

5. Fatti salvi i mezzi di tutela previsti dalla disciplina di settore, in caso di provvedimento di diniego all'accesso o decorsi inutilmente i termini per l'adozione del provvedimento espresso, il destinatario dell'invito a dedurre può chiedere al pubblico ministero che provveda ai sensi degli articoli 58 e 62, motivando in ordine alla rilevanza dei documenti non già acquisiti al fascicolo istruttorio, (2) specificamente individuati per la sua difesa. Quando ne viene in possesso, il pubblico ministero dà immediata comunicazione al destinatario dell'invito a dedurre che i documenti richiesti sono disponibili presso la segreteria della procura regionale. Se il pubblico ministero non ritiene di accogliere la richiesta è tenuto a trasmetterla entro tre giorni e dandone comunicazione al richiedente al presidente della sezione giurisdizionale competente, che decide entro cinque giorni. A decorrere dalla richiesta al pubblico ministero il termine per la presentazione delle deduzioni e dei documenti è sospeso fino alla comunicazione di disponibilità dei documenti o del decreto del presidente della sezione giurisdizionale.

(1) *Le parole* « Il destinatario dell'invito a dedurre e, se nominato, il difensore dotato di procura alle liti hanno » *sono state sostituite alle parole* « Il destinatario dell'invito a dedurre ha » *e le parole* « previa presentazione di apposita istanza » *sono state sostituite alle parole* « previa presentazione di domanda scritta » *dall'art. 33, comma 1, lett.* a) *d.ls. 7 ottobre 2019, n. 114.*

(2) *Le parole* « non già acquisiti al fascicolo istruttorio, » *sono state inserite dall'art. 33, comma 1, lett.* b) *d.ls. n. 114, cit.*

Articolo 72
(*Deduzioni scritte e documentazione*)

1. Entro il termine perentorio di quarantacinque giorni o il maggior termine indicato dal pubblico ministero, il destinatario dell'invito a dedurre può presentare, anche

senza l'assistenza di un difensore, deduzioni scritte, corredate dai documenti e dalle fonti di prova poste a base delle deduzioni, mediante deposito presso la segreteria della procura regionale.

2. Il destinatario dell'invito a dedurre può presentare al pubblico ministero, non oltre quindici giorni prima della scadenza del termine di cui al comma 1, istanza motivata di proroga del termine stesso (1). L'istanza di proroga è depositata presso la segreteria del pubblico ministero ed è decisa entro tre giorni con decreto motivato; l'istanza non può essere presentata per più di due volte.

3. In caso di accoglimento della richiesta di proroga, il procuratore regionale fissa un nuovo termine per il deposito delle deduzioni e dei documenti; in caso di diniego, fissa un termine non inferiore a quello fissato nell'invito a dedurre.

4. Contro il decreto di diniego dell'istanza di proroga può essere proposto reclamo motivato entro il termine perentorio di cinque giorni dalla sua comunicazione. Il reclamo è presentato alla sezione giurisdizionale competente mediante deposito in segreteria, che deve darne immediatamente avviso al pubblico ministero, che può presentare memorie e documenti entro i cinque giorni successivi. Nel termine di quindici giorni dalla comunicazione, il presidente della sezione o il giudice delegato decide con decreto che è comunicato al destinatario dell'invito a dedurre e al pubblico ministero.

5. In caso di accoglimento della richiesta di proroga, il presidente o il giudice delegato fissa un nuovo termine per il deposito delle deduzioni e dei documenti; in caso di diniego, fissa un termine non inferiore a quaranta giorni.

5-*bis*. In caso di pluralità di destinatari di invito a dedurre il nuovo termine di cui ai commi 3 e 5 è ad essi comunicato ai soli effetti della proroga della scadenza per il deposito dell'atto di citazione (2).

(1) *Primo periodo così sostituito dall'art. 34, comma 1, lett.* a) *d.ls. 7 ottobre 2019, n. 114. Il testo del periodo era il seguente:* « Entro cinque giorni dalla notificazione dell'invito a dedurre, il destinatario può presentare al pubblico ministero istanza motivata di proroga dei termini di cui al comma 1. ».

(2) *Comma aggiunto dall'art. 34, comma 1, lett.* b) *d.ls. n. 114, cit.*

TITOLO II
AZIONI A TUTELA DELLE RAGIONI DEL CREDITO ERARIALE

CAPO I
Azioni a tutela delle ragioni del credito erariale

Articolo 73
(Mezzi di conservazione della garanzia patrimoniale e altre azioni)

1. Il pubblico ministero, al fine di realizzare la tutela dei crediti erariali, può esercitare tutte le azioni a tutela delle ragioni del creditore previste dalla procedura civile, ivi compresi i mezzi di conservazione della garanzia patrimoniale di cui al libro VI, Titolo III, Capo V, del codice civile.

Articolo 74
(Sequestro conservativo prima della causa)

1. Quando ricorrono le condizioni, anche contestualmente all'invito a dedurre, il pubblico ministero può chiedere, al presidente della sezione competente a conoscere del merito del giudizio, il sequestro conservativo di beni mobili e immobili del presunto responsabile, comprese somme e cose allo stesso dovute, nei limiti di legge.

2. Sulla domanda il presidente della sezione giurisdizionale regionale provvede con decreto motivato e procede contestualmente a:

a) fissare l'udienza di comparizione delle parti innanzi al giudice designato, entro un termine non superiore a quarantacinque giorni;

b) assegnare al procuratore regionale un termine perentorio non superiore a trenta giorni per la notificazione della domanda e del decreto.

3. Nel caso in cui la notificazione debba effettuarsi all'estero, i termini di cui al comma 2 sono quadruplicati.

4. All'udienza di cui alla lettera *a*) del comma 2, il giudice, omessa ogni formalità non necessaria al contraddittorio e svolti gli atti di istruzione ritenuti indispensabili in relazione ai presupposti e alle finalità del sequestro, con ordinanza, conferma, modifica o revoca il decreto presidenziale.

4-*bis*. Il terzo può sempre opporsi al provvedimento di sequestro, che assume essere lesivo nei suoi confronti, intervenendo all'udienza di cui alla lettera *a*) del comma 2 (1).

5. Con l'ordinanza di accoglimento, ove la domanda sia stata proposta prima dell'inizio della causa di merito, viene fissato un termine non superiore a sessanta giorni per il deposito, presso la segreteria della sezione giurisdizionale regionale, dell'atto di citazione per il relativo giudizio di merito. Il termine decorre dalla data di comunicazione del provvedimento al pubblico ministero.

(1) *Comma inserito dall'art. 35, comma 1 d.ls. 7 ottobre 2019, n. 114.*

Articolo 75
(Sequestro conservativo in corso di causa e durante la pendenza dei termini per l'impugnazione)

1. Il sequestro conservativo può essere richiesto contestualmente all'atto di citazione, ovvero, in corso di causa, con separato ricorso, al presidente della sezione che decide del merito del giudizio; in pendenza dei termini per l'impugnazione, la domanda si propone al presidente della sezione che ha pronunciato la sentenza.

2. Si applica l'articolo 74, commi 2, 3 e 4.

3. Salvo che sia stato proposto reclamo [ai sensi dell'articolo 76] (1), nel corso del giudizio il collegio può, su istanza di parte o del terzo che, venuto a conoscenza del provvedimento cautelare in un momento successivo alla scadenza del termine di cui all'articolo 76, comma 1, assume di esserne pregiudicato (1), modificare o revocare con ordinanza il provvedimento cautelare, anche se emesso anteriormente alla causa, se si verificano mutamenti nelle circostanze o se si allegano fatti anteriori di cui si è acquisita conoscenza successivamente al provvedimento cautelare. In tale caso, l'istante deve fornire la prova del momento in cui ne è venuto a conoscenza.

(1) *Le parole* « ai sensi dell'articolo 76 » *sono state soppresse e le parole da* « o del terzo » *a* « di esserne pregiudicato » *sono state inserite dall'art. 36, comma 1 d.ls. 7 ottobre 2019, n. 114.*

Articolo 76
(*Reclamo contro i provvedimenti cautelari*)

1. L'ordinanza di cui agli articoli 74, comma 4, e 75, è reclamabile davanti al collegio dalle parti e dal terzo che assume di essere pregiudicato dal provvedimento cautelare, (1) nel termine perentorio di venti giorni dalla comunicazione della stessa, o dalla notificazione se anteriore (1). Il giudice designato ai sensi dell'articolo 74, comma 2, lettera *a*), non fa parte del collegio che decide sul reclamo.

2. Le circostanze e i motivi sopravvenuti al momento della proposizione del reclamo debbono essere proposti, nel rispetto del principio del contraddittorio, nel relativo procedimento. Il collegio può sempre assumere informazioni e acquisire nuovi documenti.

3. Il collegio, convocate le parti, omessa ogni formalità non necessaria al contraddittorio e svolti gli atti di istruzione ritenuti indispensabili in relazione ai presupposti e alle finalità del sequestro, decide in camera di consiglio non oltre venti giorni dal deposito del reclamo (2), pronunciando ordinanza non impugnabile con la quale conferma, modifica o revoca l'ordinanza del giudice designato.

4. Il reclamo non sospende il provvedimento tuttavia il collegio, quando per motivi sopravvenuti il provvedimento arrechi grave danno, può disporre con ordinanza non impugnabile la sospensione dell'esecuzione o subordinarla alla prestazione di congrua cauzione.

(1) *Le parole da* « davanti al collegio » *a* « provvedimento cautelare » *sono state inserite e le parole* « o dalla notificazione se anteriore » *sono state sostituite alle parole* « o della notificazione se anteriore davanti al collegio » *dall'art. 37, comma 1, lett.* a) *d.ls. 7 ottobre 2019, n. 114.*

(2) *Le parole* « non oltre venti giorni dal deposito del reclamo » *sono state sostituite alle parole* « non oltre venti giorni dal deposito del ricorso » *dall'art. 37, comma 1, lett.* b) *d.ls. n. 114, cit.*

Articolo 77
(*Sequestro conservativo in appello*)

1. Quando vi sia il fondato timore che nelle more della decisione di appello le garanzie patrimoniali del credito vengano meno, il pubblico ministero, contestualmente alla proposizione del gravame, o con separato atto, può chiedere alla sezione d'appello davanti alla quale pende il giudizio il sequestro conservativo dei beni mobili e immobili della controparte (1), comprese somme e cose alla stessa dovute, nei limiti di legge.

2. Quando la convocazione della controparte potrebbe pregiudicare l'attuazione del provvedimento, sulla domanda provvede il presidente della sezione d'appello, con decreto motivato, procedendo contestualmente a fissare l'udienza di comparizione delle parti innanzi al giudice monocratico designato entro un termine non superiore a quarantacinque giorni, nonché ad assegnare al procuratore generale un termine perentorio non superiore a trenta giorni per la notificazione della domanda e del decreto. Si applicano i termini e le modalità di cui all'articolo 74, commi 3 e 4 (2).

3. L'ordinanza del giudice designato è reclamabile al collegio secondo le modalità e i termini previsti dall'articolo 76 (2)..

(1) *Le parole* « della controparte » *sono state inserite dall'art. 38, comma 1, lett.* a) *d.ls. 7 ottobre 2019, n. 114.*

(2) *I commi 2 e 3 sono stati così sostituiti dall'art. 38, comma 1, lett.* b) *d.ls. n. 114, cit. Il testo del comma 2 era il seguente:* « 2. Sulla domanda decide il presidente o un suo delegato con decreto reclamabile al collegio, secondo le modalità previste dall'articolo 76, comma 3 ». *Il testo del comma 3 era il seguente:* « 3. Si applica l'articolo 76, comma 4 ».

Articolo 78
(*Inefficacia del sequestro*)

1. Se il giudizio di merito non è iniziato nel termine perentorio di cui all'articolo 74, comma 5, ovvero si estingue successivamente al suo inizio, il provvedimento cautelare perde efficacia.

2. In entrambi i casi, il presidente della sezione, su ricorso della parte interessata, convocate le parti con decreto in calce al ricorso, dichiara, se non c'è contestazione non manifestamente infondata (1), con ordinanza non impugnabile, che il provvedimento è divenuto inefficace e dà le disposizioni necessarie per ripristinare la situazione precedente. In caso di contestazione, il presidente della sezione deferisce l'esame della questione al collegio, che decide con ordinanza.

3. Il provvedimento cautelare perde altresì efficacia se con sentenza, anche non passata in giudicato, è dichiarato inesistente il diritto a cautela del quale era stato concesso, ovvero se con la sentenza che definisce il giudizio è stata respinta la domanda risarcitoria riguardante la parte nei cui confronti è stato eseguito il sequestro conservativo.

4. I provvedimenti di cui al comma 3 sono pronunciati con la sentenza che definisce il giudizio o, in mancanza, con ordinanza a seguito di ricorso al giudice che ha emesso il provvedimento.

(1) *Le parole* « non manifestamente infondata » *sono state inserite dall'art. 39, comma 1 d.ls. 7 ottobre 2019, n. 114.*

Articolo 79
(*Esecuzione del sequestro e gestione di beni sequestrati e nomina di custode*)

1. Per l'attuazione, l'esecuzione del sequestro conservativo e la gestione dei beni sequestrati si applicano gli articoli 669-*duodecies*, 675, 678, 679, [684] (1) e 685 del codice di procedura civile.

(1) *Il riferimento all'art. 684 è stato soppresso dall'art. 40, comma 1 d.ls. 7 ottobre 2019, n. 114.*

Articolo 80
(*Conversione del sequestro conservativo in pignoramento*)

1. Il sequestro conservativo si converte in pignoramento, ai sensi e per gli effetti dell'articolo 686 del codice di procedura civile.

Articolo 81
(*Cauzione o fideiussione in luogo del sequestro*)

1. Nel caso in cui sia stato già disposto il sequestro conservativo, la parte può chiedere, in luogo del sequestro, di versare una cauzione in denaro, ovvero offrire una fideiussione bancaria, per l'importo che è stabilito, in camera di consiglio, dal giudice designato o dal collegio, in misura non superiore alla richiesta risarcitoria formulata nell'invito a dedurre o nell'atto introduttivo del giudizio.

2. Se la richiesta è accolta, viene fissato un termine perentorio all'istante per depositare idonea prova del contratto di fideiussione stipulato nell'interesse dell'amministrazione (1) in favore della quale il giudizio è stato promosso, ovvero dell'avvenuto versamento della cauzione effettuato in un apposito conto corrente infruttifero intestato al Ministero dell'economia e delle finanze, che provvede al successivo versamento al bilancio dello Stato o alla diversa amministrazione in favore della quale il giudizio è stato promosso.

3. L'efficacia del sequestro è temporaneamente sospesa con decreto del giudice designato dal momento del deposito dei documenti di cui al comma 2.

4. Nel caso in cui la fideiussione non sia rinnovata alla scadenza, torna ad essere efficace il provvedimento di sequestro.

(1) *Le parole* « nell'interesse dell'amministrazione » *sono state sostituite alle parole* « in favore del Ministero dell'economia e delle finanze o alla diversa amministrazione » *dall'art. 41, comma 1 d.ls. 7 ottobre 2019, n. 114.*

Articolo 82
(*Ritenuta cautelare*)

1. Qualora l'amministrazione o l'ente danneggiati abbiano, in virtù di sentenza di condanna passata in giudicato per responsabilità amministrativa (1), ragione di credito verso aventi diritto a somme dovute da altre amministrazioni o enti, possono richiedere la sospensione del pagamento; questa deve essere eseguita in attesa del provvedimento definitivo.

2. Avverso il provvedimento di ritenuta è ammesso ricorso nelle forme e nei termini previsti dalla Parte V.

(1) *Le parole da* « in virtù di » *a* « responsabilità amministrativa » *sono state sostituite alle parole* « in virtù di sentenza definitiva di condanna passata in giudicato per responsabilità erariale » *dall'art. 42, comma 1 d.ls. 7 ottobre 2019, n. 114.*

TITOLO III
RITO ORDINARIO

CAPO I
Disposizioni generali (1)

(1) *Rubrica così sostituita dall'art. 43, comma 1 d.ls. 7 ottobre 2019, n. 114. Il testo della rubrica era il seguente:* « Generalità ».

Articolo 83
(*Pluralità di parti* (1))

1. Nel giudizio per responsabilità amministrativa è preclusa la chiamata in causa per ordine del giudice (2).

2. Quando il fatto dannoso è causato da più persone ed alcune di esse non sono state convenute nello stesso processo, se si tratta di responsabilità parziaria (3), il giudice tiene conto di tale circostanza ai fini della determinazione della minor somma da porre a carico dei condebitori nei confronti dei quali pronuncia sentenza.

3. Soltanto qualora nel corso del processo emergano fatti nuovi rispetto a quelli posti a base dell'atto introduttivo del giudizio, il giudice ordina la trasmissione degli atti al pubblico ministero per le valutazioni di competenza, senza sospendere il processo. Il pubblico ministero non può comunque procedere nei confronti di soggetto già destinatario di formale provvedimento di archiviazione, ovvero di soggetto per il quale, nel corso dell'attività istruttoria precedente l'adozione dell'invito a dedurre, sia stata valutata l'infondatezza del contributo causale della condotta al fatto dannoso, salvo che l'elemento nuovo segnalatogli consista in un fatto sopravvenuto, ovvero preesistente, ma dolosamente occultato, e ne sussistano motivate ragioni.

4. Nei casi di cui all'ultimo periodo del comma 3, il pubblico ministero non può comunque disporre la citazione a giudizio, se non previa notifica dell'invito a dedurre di cui all'articolo 67.

(1) *Rubrica così sostituita dall'art. 44, comma 1, lett.* a) *d.ls. 7 ottobre 2019, n. 114. Il testo della rubrica era il seguente:* « Chiamata in giudizio su ordine del giudice ».

(2) *Comma così sostituito dall'art. 44, comma 1, lett.* b) *d.ls. n. 114, cit. Il testo del comma era il seguente:* « È vietata la chiamata in giudizio su ordine del giudice ».

(3) *Le parole da* « quando il fatto » *a* « responsabilità parziaria » *sono state sostituite alle parole* « Quando il fatto dannoso costituisce ipotesi di litisconsorzio necessario sostanziale, tutte le parti nei cui confronti deve essere assunta la decisione devono essere convenute nello stesso processo. Qualora alcune di esse non siano state convenute » *dall'art. 44, comma 1, lett.* c) *d.ls. n. 114, cit.*

Articolo 84
(*Riunione delle cause*)

1. Quando più giudizi relativi alla stessa causa ovvero relativi a cause connesse per l'oggetto o per il titolo pendono davanti ad una stessa sezione, (1) il presidente, anche d'ufficio, con decreto ne può ordinare la trattazione nella medesima udienza.

2. Il collegio decide sulla riunione dei giudizi.

(1) *Le parole da* « Quando più giudizi » *a* « una stessa sezione, » *sono state sostituite alle parole* « Quando più giudizi relativi alla stessa causa pendono davanti ad una stessa sezione, ovvero nel caso di cause connesse per l'oggetto o per il titolo, » *dall'art. 98, comma 1, lett.* i) *d.ls. 7 ottobre 2019, n. 114.*

Articolo 85
(*Intervento di terzi in giudizio*)

1. Chiunque intenda sostenere le ragioni del pubblico ministero può intervenire in causa, quando vi ha un interesse qualificato (1) meritevole di tutela, con atto notificato alle parti e depositato nella segreteria della sezione.

(1) *La parola* « qualificato » *è stata inserita dall'art. 45, comma 1 d.ls. 7 ottobre 2019, n. 114.*

CAPO II
Introduzione del giudizio

Articolo 86
(*Citazione*)

1. Il pubblico ministero, salvo proroga disposta ai sensi dell'articolo 68, deposita nella segreteria della sezione giurisdizionale territorialmente competente l'atto di citazione in giudizio entro i termini di cui all'articolo 67, commi 5 e 6.

2. L'atto di citazione contiene:

a) l'indicazione della sezione territoriale davanti alla quale la domanda è proposta;

b) le generalità, il codice fiscale e la residenza o il domicilio o la dimora del convenuto; se convenuto è una persona giuridica, la denominazione, con l'indicazione dell'organo o ufficio che ne ha la rappresentanza in giudizio;

c) l'individuazione e la quantificazione del danno o l'indicazione dei criteri per la sua determinazione;

d) l'individuazione del soggetto cui andranno corrisposte le somme a titolo di risarcimento del danno erariale;

e) l'esposizione dei fatti, della qualità nella quale sono stati compiuti e degli elementi di diritto costituenti le ragioni della domanda, con le relative conclusioni;

f) l'indicazione degli elementi di prova che supportano la domanda e l'elenco dei documenti offerti in comunicazione;

g) l'invito al convenuto a comparire all'udienza che verrà fissata dal presidente della sezione e a costituirsi nel termine da quest'ultimo indicato, con l'avvertimento che la costituzione oltre il suddetto termine implica le decadenze di cui all'articolo 90;

h) l'istanza al presidente della sezione di fissare la data della prima udienza;

i) la data e la sottoscrizione del pubblico ministero.

3. La citazione è nulla se è omessa o risulta assolutamente incerta l'identificazione del convenuto ai sensi della lettera *b*) del comma 2 o la sottoscrizione del pubblico ministero.

4. Se il convenuto non si costituisce in giudizio, il giudice, rilevata la nullità della citazione ai sensi del comma 3, dispone d'ufficio la rinnovazione della citazione entro un termine perentorio. Questa sana i vizi e gli effetti sostanziali e processuali della domanda si producono sin dal momento dell'originario deposito, che determina la pendenza del processo.

5. Se la rinnovazione non viene eseguita, il giudice ordina la cancellazione della causa dal ruolo e il processo si estingue.

5-*bis*. La costituzione del convenuto sana i vizi della citazione e restano salvi gli effetti sostanziali e processuali della domanda secondo quanto disposto al comma 4 (1).

6. La citazione è altresì nulla se è omesso o risulta assolutamente incerto il requisito stabilito dal comma 2, lettera *c*), ovvero se manca l'esposizione dei fatti di cui al comma 2, lettera *e*).

7. Il giudice, rilevata la nullità ai sensi del comma 6, fissa al pubblico ministero un termine perentorio per rinnovare la citazione o, se il convenuto si è costituito, per integrare la domanda.

Restano ferme le decadenze maturate e salvi i diritti quesiti anteriormente alla rinnovazione o alla integrazione.

8. Nel caso di integrazione della domanda, il giudice fissa nuova udienza e si applica l'articolo 90, commi 2 e 3.

9. (2).

10. Il mancato rispetto del termine di comparizione di cui all'articolo 88, comma 3, rilevato d'ufficio dal giudice se il convenuto non si costituisce in giudizio, ovvero eccepito dal convenuto con la comparsa di costituzione, comporta la fissazione di una nuova udienza nel rispetto dei termini.

(1) *Comma inserito dall'art. 46, comma 1, lett.* a) *d.ls. 7 ottobre 2019, n. 114.*

(2) *Comma abrogato dall'art. 46, comma 1, lett.* b) *d.ls. n. 114, cit. Il testo del comma era il seguente:* « 9. La costituzione del convenuto sana i vizi della citazione e restano salvi gli effetti sostanziali e processuali della domanda secondo quanto disposto al comma 4 ».

Articolo 87
(*Rapporti tra invito a dedurre e citazione*)

1. La citazione è altresì nulla, qualora non sussista corrispondenza tra i fatti di cui all'articolo 86 comma 2, lettera *e*), e gli elementi essenziali del fatto esplicitati nell'invito a dedurre, tenuto conto degli ulteriori elementi di conoscenza acquisiti a seguito delle controdeduzioni.

Articolo 88
(*Fissazione dell'udienza*)

1. Il presidente della sezione, con decreto da emanarsi entro dieci giorni dal deposito dell'atto di citazione, fissa l'udienza e contestualmente assegna un termine non inferiore a venti giorni prima della medesima per la costituzione del convenuto e per il deposito di memorie e documenti, con l'avvertimento che la costituzione oltre i suddetti termini implica le decadenze di cui all'articolo 90.

2. Con il medesimo decreto, il presidente assegna al pubblico ministero un termine ordinatorio non inferiore a trenta giorni per la notificazione dell'atto di citazione.

3. Tra il giorno della notificazione della citazione e quello della udienza devono intercorrere termini liberi non minori di novanta giorni se il luogo della notificazione si trova in Italia e di centocinquanta giorni se si trova all'estero.

4. Con separato provvedimento il presidente nomina il relatore della causa almeno trenta giorni prima dell'udienza di merito.

5. Il decreto di fissazione dell'udienza di discussione, a cura del pubblico ministero, unitamente all'atto di citazione introduttivo del giudizio, è notificato al presunto responsabile nel domicilio eventualmente eletto in fase di istruttoria o, in assenza, alla residenza anagrafica.

6. La notificazione, ove risulti un valido indirizzo di posta elettronica certificata del presunto responsabile, può essere effettuata a mezzo PEC ai sensi dell'articolo 6.

Articolo 89
(*Abbreviazione dei termini e istanza di accelerazione*)

1. Il presidente, su motivata istanza di parte e nei casi di urgenza, con decreto può abbreviare fino alla metà i termini previsti per la fissazione di udienza. Sono proporzionalmente ridotti i termini per le difese.

2. Il decreto di abbreviazione, ove redatto in calce ad autonoma istanza, a cura della parte che lo ha richiesto è notificato alle altre parti, anche a mezzo PEC. Il termine abbreviato inizia a decorrere dall'avvenuta notificazione del decreto.

3. Il convenuto ha diritto di depositare presso la sezione giurisdizionale giudicante, personalmente o a mezzo di procuratore speciale, istanza di accelerazione ai sensi dell'articolo 1-*ter* della legge 24 marzo 2001, n. 89, almeno sei mesi prima che siano trascorsi i termini di cui all'articolo 2, comma 2-*bis*, della stessa legge.

Articolo 90
(*Costituzione del convenuto e comparsa di risposta*)

1. Il convenuto deve costituirsi a mezzo del procuratore, o personalmente nei casi consentiti dalla legge, almeno

venti giorni prima dell'udienza fissata in calce all'atto di citazione, o almeno dieci giorni prima nel caso di abbreviazione di termini a norma dell'articolo 89, depositando in cancelleria il proprio fascicolo contenente comparsa di risposta, con la copia della citazione notificata, la procura e l'elenco dei documenti che offre in comunicazione.

2. Nella comparsa di risposta il convenuto deve proporre tutte le sue difese prendendo posizione sui fatti posti a fondamento della domanda, indicare le proprie generalità e il codice fiscale, i mezzi di prova di cui intende valersi, specificare i documenti che offre in comunicazione e formulare le conclusioni.

3. A pena di decadenza, il convenuto deve proporre le eccezioni processuali e di merito che non siano rilevabili d'ufficio tra cui la non corrispondenza tra invito a dedurre e citazione di cui all'articolo 87.

CAPO III
Trattazione

Articolo 91
(Udienza pubblica)

1. L'udienza di discussione della causa è pubblica, a pena di nullità.

2. Il presidente o il giudice monocratico può disporre che essa si svolga a porte chiuse, se ricorrono ragioni di sicurezza dello Stato, di ordine pubblico o di buon costume; esercita i poteri di polizia per il mantenimento dell'ordine e del decoro; può avvalersi della collaborazione del pubblico ministero e delle forze di polizia se presenti, per fare o prescrivere quanto occorre affinché la trattazione avvenga in modo ordinato e proficuo.

3. All'udienza, verificata d'ufficio la regolarità del contraddittorio, anche ai sensi dell'articolo 29, dell'articolo 86, commi 4, 7 e 10 e dell'articolo 93, si fissa, se del caso, una nuova udienza.

4. All'udienza, il presidente o il giudice monocratico, regola la discussione, determina i punti sui quali essa deve svolgersi e l'ordine degli interventi orali e di eventuali repliche; dichiara chiusa la discussione quando la ritiene sufficiente.

5. Si applica l'articolo 101 del codice di procedura civile.

6. Salvo che non sia diversamente previsto, nelle udienze interviene il pubblico ministero, che è sempre udito nelle sue conclusioni.

7. Dopo la relazione della causa, il pubblico ministero e i difensori delle parti (1), enunciano le rispettive conclusioni svolgendone i motivi.

8. Assiste all'udienza il segretario del collegio, che redige il processo verbale, sul medesimo trascrivendo le dichiarazioni espressamente richieste dal pubblico ministero e dalle altre parti.

9. Il processo verbale è sottoscritto da chi presiede l'udienza e dal segretario.

10. Del verbale non si dà lettura, salvo espressa e motivata istanza di parte.

(1) *Le parole* « il pubblico ministero e i difensori delle parti » *sono state sostituite alle parole* « i rappresentanti delle parti presenti e il pubblico ministero » *dall'art. 47, comma 1 d.ls. 7 ottobre 2019, n. 114.*

Articolo 92
(Rinvii dell'udienza)

1. L'udienza di discussione della causa ha luogo in un unico giorno e, se necessario, è aggiornata ad una udienza immediatamente successiva.

2. Il presidente, di ufficio in caso di impedimento organizzativo, ovvero su motivata istanza di parte e sentito il pubblico ministero, può rinviarla ad altra data.

3. Il rinvio è disposto con ordinanza a verbale o con decreto.

4. Se il rinvio è disposto d'ufficio prima della data di udienza, di esso è data comunque preventiva comunicazione al pubblico ministero e alle parti, a cura della segreteria della sezione.

5. Il rinvio deliberato a verbale è considerato noto alle parti presenti e a quelle che dovevano comparire.

Articolo 93
(Contumacia del convenuto)

1. Se il convenuto non si costituisce, il collegio che rileva, anche d'ufficio, un vizio che importi la nullità della notificazione della citazione fissa al pubblico ministero, con ordinanza, un termine perentorio per rinnovarla e una nuova udienza.

2. Il pubblico ministero notifica copia autentica dell'atto di citazione unitamente all'ordinanza.

3. La rinnovazione impedisce ogni decadenza.

4. Se l'ordine di rinnovazione non è eseguito, il giudice ordina la cancellazione della causa dal ruolo e il processo si estingue.

5. Se il convenuto non si costituisce neppure all'udienza fissata ai sensi del comma 1, il collegio ne dichiara la contumacia e ne dà espressamente atto nei provvedimenti successivi e nella sentenza che definisce il giudizio.

6. Le comparse si considerano comunicate al contumace con il deposito in segreteria della sezione e con l'apposizione del visto del segretario sull'originale.

7. Tutti gli altri atti non sono soggetti a notificazione o comunicazione.

8. Le sentenze sono notificate alla parte personalmente.

9. La parte che è stata dichiarata contumace può costituirsi, fino all'udienza di discussione, mediante deposito di una comparsa, della procura e dei documenti che offre in comunicazione in segreteria o mediante comparizione all'udienza.

10. In ogni caso il contumace che si costituisce può disconoscere, a pena di decadenza nella comparsa di costituzione, le scritture contro di lui prodotte.

11. Il contumace che si costituisce può chiedere al collegio di essere ammesso a compiere attività che gli sarebbero precluse, se dimostra che la nullità della citazione o della sua notificazione gli ha impedito di avere conoscenza del processo o che la costituzione è stata impedita da causa a lui non imputabile.

12. Il collegio, se ritiene verosimili i fatti allegati, ammette, quando occorre, la prova dell'impedimento, e quindi provvede sulla rimessione in termini.

13. I provvedimenti previsti nel comma 12 sono pronunciati con ordinanza.

CAPO IV
Ammissione e assunzione di mezzi di prova

Articolo 94
(*Mezzi di prova*)

1. Fermo restando a carico delle parti l'onere di fornire le prove che siano nella loro disponibilità concernenti i fatti posti a fondamento delle domande e delle eccezioni, il giudice anche d'ufficio può disporre consulenze tecniche, nonché ordinare alle parti di produrre gli atti e i documenti che ritiene necessari alla decisione.
2. Il giudice può richiedere d'ufficio alla pubblica amministrazione le informazioni scritte relative ad atti e documenti che siano nella disponibilità dell'amministrazione stessa, che ritiene necessario acquisire al processo.
3. Il giudice può procedere in qualunque stato e grado del processo all'interrogatorio non formale del convenuto, assistito dal difensore se costituito.
4. Il giudice può ammettere i mezzi di prova previsti dal codice di procedura civile, esclusi l'interrogatorio formale e il giuramento.

Articolo 95
(*Disponibilità e valutazione della prova*)

1. Nel decidere sulla causa il giudice pronuncia secondo diritto e, quando la legge lo consente, secondo equità e pone a fondamento della decisione le prove dedotte dalle parti o dal pubblico ministero, nonché i fatti non specificatamente contestati dalle parti costituite.
2. Il giudice può tuttavia, senza bisogno di prova, porre a fondamento della decisione le nozioni di fatto che rientrano nella comune esperienza.
3. Il giudice valuta le prove secondo il suo prudente apprezzamento e può desumere argomenti di prova dal comportamento tenuto dalle parti nel corso del processo.
4. Il giudice, ai fini della valutazione dell'effettiva sussistenza dell'elemento soggettivo della responsabilità e del nesso di causalità, considera, ove prodotti in causa, anche i pareri resi dalla Corte dei conti in via consultiva, in sede di controllo e in favore degli enti locali, nel rispetto dei presupposti generali per il rilascio dei medesimi.

Articolo 96
(*Istruttoria collegiale e giudice delegato*)

1. All'udienza di discussione, il collegio provvede sulle richieste istruttorie, disponendo l'immediata assunzione dei mezzi di prova ritenuti ammissibili e rilevanti; i modi di assunzione sono regolati secondo il codice di procedura civile e le relative disposizioni di attuazione.
2. Se non può assumerli nella stessa udienza, il collegio fissa il termine entro il quale essi devono essere assunti e delega per la loro esecuzione uno dei componenti il collegio il quale procede con l'assistenza del segretario che redige i relativi verbali.
3. In caso di assunzione del mezzo istruttorio fuori dal territorio della regione, il collegio delega il presidente della sezione giurisdizionale regionale competente per territorio, con facoltà di subdelega ad altro giudice della sezione medesima.
4. Se il luogo ove si deve eseguire il mezzo istruttorio è fuori dal territorio della Repubblica, la richiesta viene fatta nelle forme diplomatiche ai sensi dell'articolo 204 codice di procedura civile ovvero in quelle previste dalle convenzioni internazionali.

Articolo 97
(*Consulenza tecnica d'ufficio*)

1. Con l'ordinanza con cui dispone la consulenza tecnica d'ufficio, il collegio nomina il consulente con le modalità di cui all'articolo 23, comma 3, o si avvale di strutture e organismi tecnici di amministrazioni pubbliche.
2. Con la medesima ordinanza, il collegio formula i quesiti e fissa il termine entro cui il consulente incaricato deve comparire dinanzi al giudice, a tal fine delegato, per assumere l'incarico e prestare giuramento ai sensi dell'articolo 193 del codice di procedura civile.
3. L'ordinanza è comunicata al consulente tecnico e alle parti a cura della segreteria.
4. Le eventuali istanze di astensione e ricusazione del consulente sono proposte, a pena di decadenza, entro il termine di cui al comma 2.
5. Il collegio, con la stessa ordinanza di cui al comma 1, assegna termini successivi, prorogabili ai sensi dell'articolo 154 del codice di procedura civile, per:
a) la corresponsione al consulente tecnico di un anticipo sul suo compenso;
b) l'eventuale nomina, con dichiarazione ricevuta dal segretario, di consulenti tecnici delle parti, i quali, oltre a poter assistere alle operazioni del consulente del giudice e a interloquire con questo, possono partecipare all'udienza e alla camera di consiglio ogni volta che è presente il consulente del giudice per chiarire e svolgere, con l'autorizzazione del presidente, le loro osservazioni sui risultati delle indagini tecniche;
c) la trasmissione, ad opera del consulente tecnico d'ufficio, di uno schema della propria relazione alle parti ovvero, se nominati, ai loro consulenti tecnici;
e) il deposito in segreteria della relazione finale, in cui il consulente tecnico d'ufficio dà altresì conto delle osservazioni e delle conclusioni dei consulenti di parte e prende specificamente posizione su di esse.
6. Il compenso complessivamente spettante al consulente d'ufficio è liquidato, al termine delle operazioni, dal presidente con decreto, ponendolo provvisoriamente a carico di una delle parti. Con la sentenza che definisce il giudizio il collegio regola definitivamente il relativo onere.

Articolo 98
(*Prova per testimoni*)

1. La prova testimoniale è assunta ai sensi del codice di procedura civile e delle relative disposizioni di attuazione.
2. Durante l'escussione del teste, le parti, per il tramite del presidente, possono formulare domande per ulteriormente chiarire gli articoli di prova.

Articolo 99
(*Termini e modalità di istruttoria in corso di giudizio*)

1. Il giudice che procede all'assunzione dei mezzi di

prova, anche se delegato, pronuncia con ordinanza su tutte le questioni che sorgono nel corso della stessa.

2. Su istanza di parte il giudice delegato fissa il giorno, l'ora e il luogo dell'assunzione con ordinanza, che è comunicata dalla segreteria alle altre parti e al pubblico ministero almeno cinque giorni prima dell'inizio delle operazioni.

3. Le parti possono assistere personalmente all'assunzione dei mezzi di prova.

4. Dell'assunzione dei mezzi di prova si redige processo verbale sotto la direzione del giudice.

5. Le dichiarazioni delle parti e dei testimoni sono riportate in prima persona e sono lette al dichiarante.

6. Il giudice, quando lo ritiene opportuno, nel riportare le dichiarazioni descrive il contegno della parte e del testimone.

7. Decorso il termine prefisso per l'assunzione ovvero se la parte su istanza della quale deve iniziarsi o proseguirsi la prova non si presenta, il giudice dichiara la parte istante decaduta dal diritto di fare assumere la prova, salvo che l'altra parte presente non ne chieda l'assunzione.

8. La parte interessata può chiedere al giudice, nell'udienza successiva, la revoca dell'ordinanza che ha pronunciato la sua decadenza dal diritto di assumere la prova. Il giudice dispone la revoca con ordinanza quando riconosce che la mancata comparizione è stata cagionata da causa non imputabile alla stessa parte.

9. Il giudice dichiara chiusa l'assunzione quando sono eseguiti i mezzi ammessi o quando, dichiarata la decadenza di cui al comma 8, non vi sono altri mezzi da assumere.

10. Eseguita l'istruttoria, ad istanza della parte più diligente il presidente fissa la nuova udienza per la discussione della causa con decreto comunicato dalla segreteria alle parti.

11. I provvedimenti istruttori, che non contengono la fissazione dell'udienza successiva o del termine entro il quale le parti debbono compiere gli atti processuali, possono essere integrati, su istanza di parte o d'ufficio, entro il termine perentorio di sei mesi dall'udienza in cui i provvedimenti furono pronunciati, oppure dalla loro notificazione o comunicazione se prescritte.

12. L'integrazione è disposta dal presidente con decreto che è comunicato a tutte le parti a cura della segreteria della sezione.

CAPO V
Decisione della causa

Articolo 100
(Decisione del collegio)

1. Terminata l'udienza di discussione il collegio giudicante, in camera di consiglio, pronuncia la sentenza.

2. La sentenza è depositata in segreteria entro sessanta giorni dalla conclusione della camera di consiglio nella quale è stata deliberata.

Articolo 101
(Deliberazione)

1. La decisione è deliberata in segreto nella camera di consiglio. Ad essa possono partecipare soltanto i giudici che hanno assistito alla discussione.

2. Il collegio, sotto la direzione del presidente, decide gradatamente le questioni pregiudiziali proposte dalle parti o rilevabili d'ufficio e quindi il merito della causa.

3. Il collegio, nel deliberare sul merito, decide su tutte le domande proposte e non oltre i limiti di esse e sulle relative eccezioni; non può pronunciare d'ufficio su eccezioni che possono essere proposte soltanto dalle parti.

4. La decisione è presa a maggioranza dei voti. Il primo a votare è il relatore, quindi l'altro o gli altri giudici e infine il presidente.

5. Quando su una questione si prospettano più soluzioni e non si forma la maggioranza alla prima votazione, il presidente mette ai voti due delle soluzioni per escluderne una, quindi mette ai voti la non esclusa e quella eventualmente restante, e così successivamente finché le soluzioni siano ridotte a due, sulle quali avviene la votazione definitiva.

6. Chiusa la votazione, il presidente scrive e sottoscrive il dispositivo. La motivazione è quindi stesa dal relatore, a meno che il presidente non creda di stenderla egli stesso o affidarla all'altro giudice.

Articolo 102
(Forma dei provvedimenti del collegio)

1. Il collegio pronuncia ordinanza quando provvede soltanto su questioni relative all'istruzione della causa, senza definire il giudizio.

2. I provvedimenti del collegio, che hanno forma di ordinanza, comunque succintamente motivati, non possono mai pregiudicare la decisione della causa; essi sono modificabili e revocabili dallo stesso collegio, e non sono soggetti ai mezzi di impugnazione previsti per le sentenze.

3. L'ordinanza se pronunciata in udienza è inserita nel processo verbale e si intende per conosciuta dalle parti presenti e da quelle che dovevano comparirvi; se pronunciata fuori dell'udienza, è comunicata alle parti costituite a cura della segreteria della sezione.

4. Il collegio pronuncia, altresì, ordinanza quando decide soltanto questioni di competenza. In tal caso, se non definisce il giudizio, impartisce con la stessa i provvedimenti per l'ulteriore istruzione della causa.

5. L'ordinanza che, decidendo soltanto questioni di competenza, definisce il giudizio è appellabile.

6. Il collegio pronuncia sentenza:

a) quando definisce il giudizio, decidendo questioni di giurisdizione;

b) quando definisce il giudizio decidendo questioni pregiudiziali attinenti al processo o questioni preliminari di merito;

c) quando definisce il giudizio, decidendo totalmente il merito;

d) quando, decidendo alcune delle questioni di cui alle lettere *a*), *b*) e *c*), non definisce il giudizio e impartisce con separata ordinanza distinti provvedimenti per l'ulteriore istruzione della causa.

7. Le ordinanze del collegio sono immediatamente esecutive.

Tuttavia, quando sia stato proposto appello immediato contro una delle sentenze previste dalla lettera *d*) del comma 6, il collegio, su istanza concorde delle parti, qualora ritenga che i provvedimenti dell'ordinanza siano dipendenti da quelli contenuti nella sentenza impugnata, può disporre con ordinanza non impugnabile che l'esecuzione o la prosecuzione dell'ulteriore istruttoria sia sospesa sino alla definizione del giudizio di appello.

Articolo 103
(*Pubblicazione e comunicazione della sentenza*)

1. (1).

2. La sentenza è resa pubblica mediante deposito nella segreteria del giudice che l'ha pronunciata.

3. Il segretario dà atto del deposito in calce alla sentenza e vi appone la data e la firma, ed entro cinque giorni, mediante biglietto contenente il testo integrale della sentenza, ne dà notizia alle parti che si sono costituite. La comunicazione non è idonea a far decorrere i termini per le impugnazioni di cui all'articolo 178.

(1) *Comma abrogato dall'art. 48, comma 1 d.ls. 7 ottobre 2019, n. 114. Il testo del comma era il seguente:* « 1. La sentenza deve essere redatta non oltre il quarantacinquesimo giorno da quello della decisione della causa ».

CAPO VI
Incidenti nel processo

Articolo 104
(*Incidenti formali in udienza*)

1. Se una delle parti propone in udienza un formale incidente processuale, questo viene risolto dal collegio con ordinanza.

2. Ove sia stata sospesa l'udienza, l'ordinanza è letta dal presidente alla riapertura dell'udienza stessa.

Articolo 105
(*Incidente di falso*)

1. Chi deduce in giudizio la falsità di un documento deve provare che sia stata già proposta la querela di falso o domandare la prefissione di un termine entro cui possa proporla innanzi al tribunale ordinario competente.

2. Qualora il giudizio possa essere deciso indipendentemente dal documento del quale è dedotta la falsità, il collegio pronuncia sulla controversia principale.

3. La prova dell'avvenuta proposizione della querela di falso è depositata presso la segreteria della sezione entro trenta giorni dalla scadenza del termine fissato ai sensi del comma 1. In mancanza, il presidente fissa l'udienza di discussione.

4. Proposta la querela, il collegio sospende la decisione fino alla definizione del giudizio di falso.

5. La sentenza che ha definito il giudizio di falso è depositata in copia autentica presso la segreteria della sezione, dalla parte che ha dedotto la falsità, unitamente all'istanza di fissazione di udienza (1).

6. Se nessuna parte deposita la copia della sentenza nel termine di tre mesi dal suo passaggio in giudicato, il giudizio è dichiarato estinto anche d'ufficio (2).

(1) *Le parole* «, unitamente all'istanza di fissazione di udienza » *sono state inserite dall'art. 49, comma 1, lett.* a) *d.ls. 7 ottobre 2019, n. 114.*

(2) *Comma così sostituito dall'art. 49, comma 1, lett.* b) *d.ls. n. 114, cit. Il testo del comma era il seguente:* « Se la sentenza non è depositata nel termine di novanta giorni dal suo passaggio in giudicato, il presidente fissa l'udienza di discussione ».

Articolo 106
(*Sospensione del processo* (1))

1. Il giudice ordina la sospensione del processo quando la previa definizione di altra controversia [civile, penale o amministrativa] (2), pendente davanti a sé o ad altro giudice, costituisca, per il suo carattere pregiudiziale, il necessario antecedente dal quale dipenda la decisione della causa pregiudicata ed il cui accertamento sia richiesto con efficacia di giudicato.

2. La sospensione può essere altresì disposta, su istanza concorde di tutte le parti e ove sussistano giustificati motivi, per una sola volta e per un periodo non superiore a tre mesi. L'ordinanza, in questo caso fissa l'udienza per la prosecuzione del giudizio ed è comunicata alle parti a cura della segreteria della sezione.

3. Avverso la sospensione disposta ai sensi del comma 1 è ammesso il regolamento di competenza di cui all'articolo 119.

(1) *Rubrica così sostituita dall'art. 50, comma 1, lett.* a) *d.ls. 7 ottobre 2019, n. 114. Il testo della rubrica era il seguente:* « Sospensione del giudizio ».

(2) *Le parole* « civile, penale o amministrativa » *sono state soppresse dall'art. 50, comma 1, lett.* b) *d.ls. n. 114, cit.*

Articolo 107
(*Prosecuzione o riassunzione di processo sospeso*)

1. Salva l'ipotesi di regolamento di competenza proposto ai sensi dell'articolo 119, se con il provvedimento di sospensione non è stata fissata l'udienza in cui il processo deve proseguire, entro il termine perentorio di tre mesi dalla conoscenza della (1) cessazione della causa di sospensione o dal passaggio in giudicato della sentenza che definisce la controversia di cui all'articolo 106, comma 1, le parti debbono chiedere al giudice, che provvede con decreto, la fissazione d'udienza in prosecuzione.

2. Durante la sospensione non possono essere compiuti atti del procedimento.

3. È fatta salva l'autorizzazione da parte del giudice del compimento di atti urgenti e la proposizione di domande cautelari.

4. La sospensione del giudizio interrompe i termini in corso, i quali ricominciano a decorrere dal giorno della nuova udienza fissata nel provvedimento di sospensione o nel decreto di fissazione udienza di cui al comma 1.

(1) *Le parole* « conoscenza della » *sono state inserite dall'art. 51, comma 1 d.ls. 7 ottobre 2019, n. 114.*

Articolo 108
(*Interruzione del processo* (1))

1. Se prima della costituzione o all'udienza, sopravviene la morte oppure la perdita della capacità di stare in giudizio di una delle parti o del suo rappresentante legale o la cessazione di tale rappresentanza, il processo è interrotto, salvo che coloro ai quali spetta di proseguirlo si costituiscano volontariamente, oppure l'altra parte provveda a citarli in riassunzione.

2. Se alcuno degli eventi interruttivi di cui al comma 1 si avvera nei riguardi della parte che si è costituita a mezzo di procuratore, questi lo dichiara in udienza o lo notifica alle altre parti.

3. Dal momento di tale dichiarazione o notificazione il processo è interrotto, salvo che avvenga la costituzione volontaria o la riassunzione.

4. Se la parte è costituita personalmente, il processo è interrotto al momento dell'evento.

5. Se l'evento riguarda la parte dichiarata contumace, il processo è interrotto dal momento in cui il fatto interruttivo è documentato dall'altra parte, o è notificato ovvero è certificato dall'ufficiale giudiziario nella relazione di notificazione di uno dei provvedimenti di cui all'articolo 93, comma 5.

6. Nell'udienza di discussione, il pubblico ministero, (2) se ritiene non sussistere i presupposti per la riassunzione nei confronti degli eredi, [ovvero di successori di persona giuridica] (3), può chiedere l'immediata declaratoria di estinzione del processo nei confronti della parte colpita dall'evento interruttivo.

7. Se la parte è costituita a mezzo di procuratore, il processo è interrotto dal giorno della morte, radiazione o sospensione del procuratore stesso. In tal caso si applica la disposizione del comma 1. Non sono cause d'interruzione la revoca della procura o la rinuncia ad essa.

8. Se alcuno degli eventi interruttivi si avvera o è notificato dopo la chiusura della discussione davanti al collegio, esso non produce effetto se non nel caso di nuova udienza di discussione.

(1) *Rubrica così sostituita dall'art. 52, comma 1, lett.* a) *d.ls. 7 ottobre 2019, n. 114. Il testo della rubrica era il seguente:* « Interruzione del giudizio ».

(2) *Le parole* « il pubblico ministero, » *sono state sostituite alle parole* « il pubblico ministero » *dall'art. 98, comma 1, lett.* l) *d.ls. n. 114, cit.*

(3) *Le parole* « ovvero di successori di persona giuridica » *sono state soppresse dall'art. 52, comma 1, lett.* b) *d.ls. n. 114.*

Articolo 109
(*Prosecuzione o riassunzione di processo interrotto*)

1. La prosecuzione del giudizio può avvenire all'udienza o mediante deposito in segreteria di una comparsa contenente l'istanza di fissazione d'udienza in prosecuzione.

2. Il giudice, con decreto da emanarsi entro dieci giorni dal deposito della comparsa, fissa la data della udienza e contestualmente assegna un termine per la notificazione e per il deposito di memorie e documenti.

3. La comparsa, unitamente al decreto di fissazione dell'udienza, è notificata alle altre parti a cura dell'istante.

4. Se non avviene la prosecuzione del processo a norma dei commi precedenti, l'altra parte può riassumere il processo ai sensi e con le modalità di cui all'articolo 303 del codice di procedura civile.

5. In caso d'interruzione del processo si applicano le disposizioni dei commi 2, 3 e 4 dell'articolo 107.

6. Il processo deve essere proseguito o riassunto entro il termine perentorio di tre mesi dall'interruzione, altrimenti si estingue.

Articolo 110
(*Rinunzia agli atti del processo*)

1. La rinunzia agli atti del processo può essere fatta dalle parti in qualunque stato e grado della causa.

2. Il pubblico ministero può, anche mediante dichiarazione in udienza, rinunziare motivatamente agli atti del processo.

3. La rinunzia produce i suoi effetti solo dopo l'accettazione fatta dalla controparte nelle debite forme.

4. L'accettazione non è efficace se contiene riserve o condizioni.

5. Le dichiarazioni di accettazione sono fatte dalle parti o da loro procuratori speciali, verbalmente all'udienza o con atti sottoscritti e notificati alle altre parti.

6. Il giudice, se la rinuncia e l'accettazione sono regolari, dichiara l'estinzione del processo.

7. La declaratoria di estinzione del processo non dà luogo a pronuncia sulle spese.

Articolo 111
(*Estinzione del processo*)

1. Oltre che nei casi previsti dall'articolo 110, e salvo diverse disposizioni di legge, il processo si estingue qualora le parti alle quali spetta di rinnovare la citazione, o di proseguire, riassumere o integrare il giudizio, non vi abbiano provveduto entro il termine perentorio stabilito dalla legge, o dal giudice che dalla legge sia autorizzato a fissarlo.

2. Quando la legge autorizza il giudice a fissare il termine, questo non può essere inferiore ad un mese né superiore a tre.

3. Il processo si estingue, altresì, se per un anno non si sia presentata domanda di fissazione udienza o non si sia fatto alcun altro atto di procedura.

4. L'estinzione opera di diritto ed è dichiarata, anche d'ufficio, con sentenza.

5. L'estinzione del processo non estingue l'azione.

6. L'estinzione rende inefficaci gli atti compiuti, ma non le sentenze di merito pronunciate nel corso del processo e le pronunce che regolano la competenza.

7. Dalle prove raccolte il giudice può desumere argomenti di prova ai sensi dell'articolo 95, comma 3.

8. Le spese del giudizio estinto restano a carico delle parti che le hanno sostenute.

CAPO VII
Correzione di errore materiale dei provvedimenti del giudice

Articolo 112
(*Casi di correzione di errori materiali*)

1. Le sentenze e le ordinanze non revocabili possono essere corrette, su ricorso di parte, dallo stesso giudice che le ha pronunciate, qualora egli sia incorso in omissioni o in errori materiali o di calcolo.

2. L'ordinanza di correzione è notificata alle altre parti a cura del ricorrente. A seguito della notifica la sentenza è ordinariamente impugnabile relativamente alle parti corrette.

3. Nel caso di sentenze che siano state impugnate in appello, la correzione può essere devoluta in gravame ed effettuata dal giudice dell'appello.

Articolo 113
(*Procedimento di correzione*)

1. Il procedimento di correzione ha natura amministrativa e non costituisce giudizio autonomo.

2. Se tutte le parti concordano nel chiedere la stessa correzione, il giudice provvede con decreto.

3. Se la correzione è chiesta da una delle parti, il giudice, con decreto da notificarsi, insieme con il ricorso e a cura del richiedente, al procuratore costituito delle altre parti oppure alla residenza dichiarata o al domicilio eletto nel caso di parti costituite personalmente, fissa l'udienza nella quale le parti debbono comparire davanti a lui.

4. Se la correzione di una sentenza è chiesta dopo un anno dalla pubblicazione, il ricorso e il decreto debbono essere notificati alle altre parti personalmente.

5. Sull'istanza il giudice, all'esito dell'udienza, provvede con ordinanza, che è annotata sull'originale del provvedimento.

TITOLO IV
GIUDIZI INNANZI LE SEZIONI RIUNITE

CAPO I
Questioni di massima e questioni di particolare importanza

Articolo 114
(*Deferimento della questione*)

1. Le sezioni giurisdizionali d'appello possono deferire alle sezioni riunite in sede giurisdizionale la soluzione di questioni di massima, d'ufficio o anche a seguito di istanza formulata da ciascuna delle parti (1) del giudizio d'impugnazione.

2. La sezione, con l'ordinanza di deferimento, dispone la rimessione del fascicolo d'ufficio alla segreteria delle sezioni riunite.

3. Il presidente della Corte dei conti e il procuratore generale possono deferire alle sezioni riunite in sede giurisdizionale la risoluzione di questioni di massima oppure di questioni di diritto che abbiano dato luogo, già in primo grado, ad indirizzi interpretativi o applicativi difformi.

(1) *Le parole* « a seguito di istanza formulata da ciascuna delle parti » *sono state sostituite alle parole* « a seguito di istanza formulata dal procuratore generale o da ciascuna delle parti » *dall'art. 53, comma 1, d.ls. 7 ottobre 2019, n. 114.*

Articolo 115
(*Fissazione dell'udienza*)

1. L'udienza è fissata con decreto presidenziale da emanarsi entro dieci giorni dalla comunicazione dell'ordinanza o dal deposito dell'atto di deferimento alla segreteria delle sezioni riunite.

2. Almeno venti giorni prima dell'udienza, il decreto è comunicato, a cura della segreteria delle sezioni riunite, al procuratore generale e alle parti costituite nella causa in relazione alla quale la questione è sollevata.

3. L'atto di deferimento del presidente della Corte dei conti è comunicato, a cura della segreteria delle sezioni riunite, unitamente al decreto di fissazione d'udienza, al procuratore generale e agli avvocati delle parti costituite.

4. L'atto di deferimento del procuratore generale è notificato a cura di quest'ultimo, unitamente al decreto di fissazione d'udienza, agli avvocati delle parti costituite.

5. Il procuratore generale e le parti hanno facoltà di presentare memorie non oltre cinque giorni prima dell'udienza.

6. L'atto di deferimento è comunicato, altresì, al giudice della causa in relazione alla quale la questione è sollevata; il giudice sospende il giudizio e trasmette, su richiesta della segreteria delle sezioni riunite, il fascicolo processuale.

Articolo 116
(*Risoluzione della questione e prosecuzione della causa*)

1. Le modalità di svolgimento dell'udienza, della decisione e della deliberazione sono disciplinate dalle disposizioni previste per l'appello, in quanto applicabili.

2. La sentenza che risolve la questione deferita è depositata in segreteria entro sessanta giorni dalla conclusione della camera di consiglio nella quale è stata deliberata.

3. La segreteria comunica la sentenza al procuratore generale e agli avvocati delle parti costituite, nonché al giudice della causa in relazione alla quale la questione è sollevata il quale, con decreto da emanarsi entro dieci giorni dalla comunicazione della sentenza delle sezioni riunite, fissa la data dell'udienza di discussione e contestualmente assegna alle parti un termine non inferiore a venti giorni per il deposito di memorie e documenti.

Articolo 117
(*Riproposizione di questione in caso di motivato dissenso*)

1. La sezione giurisdizionale di appello che ritenga di non condividere un principio di diritto di cui debba fare applicazione, già enunciato dalle sezioni riunite, rimette a queste ultime, con ordinanza motivata, la decisione dell'impugnazione.

CAPO II
Regolamenti di competenza

Articolo 118
(*Conflitto di competenza territoriale*)

1. Quando, in seguito alla ordinanza che dichiara la incompetenza territoriale del giudice adito, la causa è riassunta nei termini fissati dal giudice nell'ordinanza medesima o, in mancanza, in quello di tre mesi dalla comunicazione, davanti al giudice dichiarato competente, questi, se ritiene di essere a sua volta incompetente, richiede d'ufficio il regolamento di competenza dinanzi alle sezioni riunite (1).

(1) *Le parole* « dinanzi alle sezioni riunite » *sono state sostituite alle parole* « dinanzi alla sezioni riunite » *dall'art. 98, comma 1, lett.* m) *d.ls. 7 ottobre 2019, n. 114.*

Articolo 119
(*Regolamento di competenza in caso di sospensione del processo*)

1. Il pubblico ministero e le parti costituite in giudizio,

nel quale sia stata disposta ordinanza di sospensione del processo ai sensi dell'articolo 106, possono proporre alle sezioni riunite istanza di regolamento di competenza.

2. L'istanza si propone con ricorso sottoscritto dal pubblico ministero ovvero dal difensore che assiste la parte o dalla parte se questa è costituita personalmente.

3. Il giudice del processo sospeso può autorizzare il compimento di atti che ritiene urgenti ed adottare misure cautelari.

Articolo 120
(Procedimento del regolamento di competenza)

1. L'ordinanza che propone d'ufficio il regolamento di competenza territoriale dispone la rimessione del fascicolo d'ufficio alla segreteria delle sezioni riunite ed è comunicata alle parti costituite che possono, nei venti giorni successivi, depositare nella segreteria delle sezioni riunite memorie e documenti.

2. Il ricorso per regolamento di competenza concernente l'ordinanza di sospensione del giudizio deve essere notificato, a cura della parte che lo propone, entro il termine perentorio di trenta giorni dalla comunicazione dell'ordinanza che ha sospeso il processo.

3. La parte che propone l'istanza, nei venti giorni successivi alla notificazione, che nel caso di pluralità di parti decorre dall'ultima notificazione, provvede al deposito del ricorso.

4. La segreteria della sezione giurisdizionale davanti alla quale pende il processo sospeso trasmette il relativo fascicolo alla segreteria delle sezioni riunite.

5. Il presidente, con decreto da emanarsi entro dieci giorni dal deposito, fissa la data dell'udienza di discussione e contestualmente assegna alle parti un termine non inferiore a venti giorni per il deposito di memorie e documenti.

6. Il decreto di fissazione dell'udienza di discussione è comunicato alle parti a cura della segreteria delle sezioni riunite.

Articolo 121
(Ordinanza di regolamento della competenza)

1. Le sezioni riunite pronunciano il regolamento di competenza con ordinanza.

2. L'ordinanza di regolamento è pubblicata entro sessanta giorni dalla conclusione della camera di consiglio nella quale è stata deliberata ed è comunicata alle parti a cura della segreteria delle sezioni riunite.

Articolo 122
(Riassunzione della causa)

1. La causa che ha dato origine a regolamento di competenza è riassunta, a cura della parte più diligente, innanzi al giudice dichiarato territorialmente competente ovvero, nel caso di regolamento che abbia pronunciato su ordinanza di sospensione necessaria, innanzi al giudice del giudizio sospeso, entro il termine perentorio di tre mesi dalla comunicazione dell'ordinanza di regolamento.

2. La mancata riassunzione in termini comporta, in ogni caso, l'estinzione del processo.

CAPO III
Giudizi in unico grado

Articolo 123
(Ricorso)

1. I giudizi elencati nell'articolo 11, comma 6, promuovibili ad istanza di parte, in unico grado e innanzi alle sezioni riunite in speciale composizione, sono introdotti mediante ricorso.

2. Il ricorso deve contenere:

a) gli elementi identificativi del ricorrente, del suo difensore e delle parti nei cui confronti il ricorso è proposto;

b) l'indicazione dell'oggetto della domanda, ivi compreso l'atto o il provvedimento impugnato e la data della sua notificazione, comunicazione o comunque della sua conoscenza;

c) l'esposizione sommaria dei fatti;

d) i motivi specifici su cui si fonda il ricorso;

e) l'indicazione dei provvedimenti chiesti al giudice;

f) la sottoscrizione del difensore, con indicazione della procura speciale rilasciata dal ricorrente nelle forme previste dal rispettivo ordinamento.

3. I motivi proposti in violazione del comma 2, lettera *d*), sono inammissibili.

Articolo 124
(Notificazione del ricorso)

1. Il ricorso avverso la deliberazione della sezione regionale di controllo è proposto, a pena di inammissibilità, entro trenta giorni dalla conoscenza legale della delibera impugnata ed è notificato, nelle forme della citazione in ogni caso al procuratore generale della Corte dei conti e, ai fini conoscitivi, alla sezione del controllo che ha emesso la delibera impugnata nonché:

a) nei giudizi sui piani di riequilibrio:

1) alla Commissione per la stabilità finanziaria degli enti locali (1) presso il Ministero dell'interno che sia intervenuta nel procedimento conclusosi con la deliberazione della sezione di controllo della Corte dei conti oggetto del giudizio;

2) al prefetto ovvero alla autorità territoriale istituzionalmente competente, nell'ipotesi in cui dalla deliberazione di controllo derivino effetti incidenti su atti consequenziali di spettanza delle prefetture o di altra autorità istituzionale (2);

b) nei giudizi sui rendiconti consiliari, ai Presidenti della Giunta regionale e del Consiglio regionale;

c) in ogni caso, agli eventuali ulteriori controinteressati.

2. Gli altri tipi di ricorso sono proponibili finché l'atto oggetto del giudizio produce effetti giuridici e sussista interesse all'impugnativa.

(1) *Le parole* « Commissione per la stabilità finanziaria degli enti locali » *sono state sostituite alle parole* « Commissione per la finanza e gli organi degli enti locali » *dall'art. 54, comma 1, lett.* a) *d.ls. 7 ottobre 2019, n. 114.*

(2) *Numero così sostituito dall'art. 54, comma 1, lett.* b) *d.ls. n. 114, cit. Il testo del numero era il seguente:* « 2) al prefetto territorialmente competente, nel caso in cui dalla deliberazione di controllo derivino effetti incidenti su atti consequenziali di competenza delle prefetture; ».

Articolo 125
(*Deposito del ricorso*)

1. Il ricorso, con la relativa documentazione e con la prova delle avvenute notificazioni, è depositato nella segreteria delle sezioni riunite entro dieci giorni decorrenti dall'ultima notificazione, a pena di inammissibilità.

2. È fatta salva la facoltà della parte di effettuare il deposito dell'atto, anche se non ancora pervenuto al destinatario, sin dal momento in cui la notificazione dell'atto si perfeziona per il notificante.

3. La parte che si avvale della facoltà di cui al comma 2 è tenuta a depositare la documentazione comprovante la data in cui la notificazione si è perfezionata anche per il destinatario. In assenza di tale prova l'impugnazione è inammissibile.

Articolo 126
(*Fissazione dell'udienza di trattazione*)

1. Il presidente, con decreto emesso non oltre dieci giorni dall'avvenuto deposito del ricorso, fissa l'udienza di discussione, dispone l'acquisizione a cura della segreteria delle sezioni riunite del fascicolo d'ufficio della sezione regionale di controllo e assegna alle parti il termine di dieci giorni prima dell'udienza per il deposito di memorie, atti e documenti. Il decreto è comunicato alle parti a cura della segreteria delle sezioni riunite.

2. La segreteria delle sezioni riunite, contestualmente al decreto di fissazione dell'udienza, comunica all'ente che ha emesso l'atto impugnato e al procuratore generale copia digitalizzata del ricorso e della documentazione allegata e richiede alla segreteria della sezione regionale di controllo la trasmissione del fascicolo d'ufficio.

Articolo 127
(*Costituzione delle parti*)

1. Le parti intimate possono costituirsi mediante comparsa di risposta, nonché fare istanze e produrre documenti entro il termine di cui all'articolo 126, comma 1.

2. Il procuratore generale, quale parte necessaria interveniente nel giudizio, entro lo stesso termine di cui al comma 1 può presentare memorie conclusionali; in mancanza, conclude oralmente all'udienza di discussione.

Articolo 128
(*Decisione*)

1. Le sezioni riunite, entro trenta giorni dal deposito del ricorso, decidono in camera di consiglio, al termine dell'udienza di discussione.

2. Ove, ai fini della decisione, si renda necessario un supplemento istruttorio, le sezioni riunite adottano ordinanza e fissano, con la stessa, la parte onerata, il termine per l'espletamento degli incombenti e la data di udienza in prosecuzione.

3. Il dispositivo della sentenza, oppure dell'ordinanza istruttoria, è letto al termine della camera di consiglio e si considera reso noto alle parti costituite.

4. La sentenza che definisce il giudizio, regola le spese di giustizia e se del caso quelle di difesa sostenute dalle parti ai sensi dell'articolo 31. La sentenza è pubblicata entro quarantacinque giorni dalla camera di consiglio nella quale è stata deliberata.

5. La segreteria dà comunicazione dell'avvenuta pubblicazione della sentenza a tutte le parti legittimate al giudizio o comunque intervenute nello stesso.

Articolo 129
(*Rinvio*)

1. Per quanto non diversamente disciplinato nel presente Capo, si applicano le disposizioni di cui alla Parte VI relativa alle impugnazioni.

TITOLO V
RITI SPECIALI

CAPO I
Rito abbreviato

Articolo 130
(*Ambito di applicazione e procedimento*)

1. In alternativa al rito ordinario, con funzione deflattiva della giurisdizione di responsabilità e allo scopo di garantire l'incameramento certo e immediato di somme risarcitorie all'erario, il convenuto in primo grado, acquisito il previo e concorde parere del pubblico ministero, può presentare, a pena di decadenza nella comparsa di risposta, richiesta di rito abbreviato alla sezione giurisdizionale per la definizione alternativa del giudizio mediante il pagamento di una somma non superiore al 50 per cento della pretesa risarcitoria azionata in citazione.

2. I soggetti nei cui confronti sia stata pronunciata sentenza di condanna possono chiedere alla competente sezione di appello, acquisito il previo e concorde parere del pubblico ministero, che il procedimento venga definito mediante il pagamento di una somma non inferiore al 70 per cento del danno contestato in citazione.

3. La richiesta di rito abbreviato può essere formulata anche per la prima volta in appello, a pena di decadenza contestualmente al gravame principale, incidentale o con la comparsa di costituzione e risposta nel giudizio di appello proposto dal pubblico ministero.

4. La richiesta di rito abbreviato è comunque inammissibile nei casi di doloso arricchimento del danneggiante.

5. Il presidente fissa l'udienza in camera di consiglio con decreto che viene comunicato a cura della segreteria alle parti costituite. Egualmente procede se il convenuto, nell'atto di parte, prospetta come ingiustificato il dissenso espresso dalla procura competente sulla richiesta di rito abbreviato presentata ai sensi dei commi 1 e 2, e tale prospettazione non appare manifestamente infondata.

6. Il collegio, con decreto in camera di consiglio, sentite le parti, delibera in merito alla richiesta, motivando in ordine alla congruità della somma proposta, in ragione della gravità della condotta tenuta dal convenuto e della entità del danno. In appello è comunque escluso l'esercizio del potere riduttivo.

7. In caso di accoglimento della richiesta, il collegio determina la somma dovuta e stabilisce un termine perentorio non superiore a trenta giorni per il versamento. Ove non già fissata, stabilisce l'udienza in camera di consiglio

nella quale, sentite le parti, accerta l'avvenuto tempestivo e regolare versamento, in unica soluzione, della somma determinata.

8. Il collegio definisce il giudizio con sentenza, provvedendo sulle spese.

9. La sentenza pronunciata in primo grado non è impugnabile.

10. In caso di non accoglimento della richiesta, ovvero in caso di omesso pagamento della somma fissata ai sensi del comma 7, il giudizio prosegue con il rito ordinario.

11. Quando si procede con rito ordinario a seguito di mancato concorde parere del pubblico ministero e la sentenza che definisce il giudizio condanna ad una somma pari o inferiore a quella proposta ai sensi dei commi 1 e 2, il collegio ne tiene conto nel provvedere sulle spese.

CAPO II
Rito monitorio

Articolo 131
(Ambito di applicazione)

1. Nei giudizi di responsabilità amministrativa e di conto, qualora emergano fatti dannosi di lieve entità patrimonialmente lesiva, ovvero addebiti d'importo non superiore a 10.000 euro, il presidente della competente sezione giurisdizionale o un consigliere da lui delegato, sentito il pubblico ministero, può determinare con decreto la somma da pagare all'erario.

2. Con decreto del Presidente del Consiglio dei ministri, su proposta del Presidente della Corte dei conti il limite di somma di cui al comma 1 è aggiornato ogni tre anni in relazione alla variazione, accertata dall'ISTAT, dell'indice dei prezzi al consumo per le famiglie degli operai e degli impiegati.

Articolo 132
(Procedimento)

1. Il decreto di cui all'articolo 131, comma 1, stabilisce il termine per l'accettazione della determinazione presidenziale e l'udienza di discussione del giudizio, nel caso di mancata accettazione. Con il decreto si assegna, altresì, il termine per la costituzione in giudizio e per la notifica dell'atto di citazione in conformità a quanto previsto dall'articolo 88, commi 1 e 2 (1).

2. Il decreto è notificato alle parti, a cura della procura regionale, congiuntamente all'atto di citazione. La dichiarazione di accettazione deve essere sottoscritta, con firma autenticata, anche in forma amministrativa, e deve essere depositata presso la segreteria della sezione entro il termine assegnato, che decorre dalla data di legale conoscenza del decreto (2).

3. In caso di accettazione, il presidente dispone la cancellazione della causa dal ruolo e traduce in ordinanza, avente forza di titolo esecutivo, la precedente determinazione. Copia in forma esecutiva dell'ordinanza è trasmessa all'amministrazione interessata a cura del pubblico ministero.

4. Quando vi sia esplicita dichiarazione di non accettazione o sia infruttuosamente decorso il termine assegnato, ovvero in caso di irreperibilità della parte, il giudizio viene discusso nel rito ordinario all'udienza fissata.

5. Nei giudizi di responsabilità amministrativa, nel caso di più convenuti e di responsabilità ripartita, se l'accettazione non è data da tutti, il giudizio prosegue soltanto nei confronti dei non accettanti. Qualora invece si tratti di responsabilità solidale, la causa prosegue anche nei confronti degli accettanti. A cura della segreteria questi saranno avvertiti della prosecuzione del giudizio.

(1) *Secondo periodo aggiunto dall'art. 55, comma 1, lett.* a) *d.ls. 7 ottobre 2019, n. 114.*

(2) *Comma così sostituito dall'art. 55, comma 1, lett.* b) *d.ls. n. 114, cit. Il testo del comma era il seguente:* « 2. Copia del decreto, a cura della segreteria, è comunicata alle parti, con invito a sottoscriverla, con firma autenticata anche in forma amministrativa, in segno di accettazione e a restituirla entro il termine assegnato che decorre dalla data di legale conoscenza del decreto ».

CAPO III
Rito relativo a fattispecie di responsabilità sanzionatoria pecuniaria

Articolo 133
(Giudizio per l'applicazione di sanzioni pecuniarie)

1. Ferma restando la responsabilità di cui all'articolo 1 della legge 14 gennaio 1994 n. 20, e successive modificazioni, quando la legge prevede che la Corte di conti irroga, ai responsabili della violazione di specifiche disposizioni normative, una sanzione pecuniaria, stabilita tra un minimo ed un massimo edittale, il pubblico ministero d'ufficio, o su segnalazione della Corte nell'esercizio delle sue attribuzioni contenziose o di controllo, promuove il giudizio per l'applicazione della sanzione pecuniaria.

2. Il giudizio è promosso con ricorso al giudice monocratico, previamente designato dal presidente della sezione giurisdizionale regionale, territorialmente competente.

3. Copia del ricorso, unitamente al decreto di fissazione dell'udienza camerale, (1) è notificata alla parte a cura del pubblico ministero.

4. Il pubblico ministero deposita presso la segreteria della sezione il ricorso, unitamente ai documenti in esso richiamati, e il decreto di fissazione dell'udienza camerale, (2) entro dieci giorni dalla notificazione dei medesimi (2).

5. La parte può costituirsi in giudizio depositando il proprio fascicolo, contenente la comparsa di risposta, la copia del ricorso notificato, la procura e i documenti che offre in comunicazione, entro trenta giorni dalla notificazione del ricorso.

(1) *Le parole* «, unitamente al decreto di fissazione dell'udienza camerale, » *sono state inserite dall'art. 56, comma 1, lett.* a) *d.ls. 7 ottobre 2019, n. 114.*

(2) *Le parole* « e il decreto di fissazione dell'udienza camerale, » *sono state inserite e le parole* « dei medesimi » *sono state sostituite alle parole* « del medesimo » *dall'art. 56, comma 1, lett.* b) *d.ls. n. 114, cit.*

Articolo 134
(Decisione del ricorso)

1. Il giudice decide con decreto motivato, sentite le parti presenti, da emettersi entro sessanta giorni dal deposito del ricorso.

2. Quando accoglie il ricorso, il giudice emette decreto di condanna al pagamento della sanzione. Nella determinazione della sanzione, si ha riguardo alla gravità della violazione e all'opera svolta dall'agente per l'eliminazione, o

l'attenuazione, delle conseguenze della violazione. Contestualmente alla determinazione della sanzione, il giudice fissa altresì una sanzione in misura ridotta, pari al trenta per cento, per il caso di pagamento immediato della stessa, e assegna al responsabile un termine non inferiore a trenta giorni, per procedere al versamento della somma, indicando l'amministrazione destinataria dei proventi. Con il medesimo decreto, il giudice liquida le spese.

3. Avverso il decreto, può essere fatta opposizione al collegio, a norma dell'articolo 135.

4. La decisione del giudice monocratico, se non opposta, e quella dal collegio, sono esecutive e hanno forza di titolo esecutivo.

Articolo 135
(*Opposizione*)

1. Le parti possono proporre opposizione al collegio, con ricorso da depositarsi nella segreteria della competente sezione giurisdizionale regionale, nel termine di trenta giorni dalla notificazione del decreto.

2. Il deposito del ricorso sospende l'esecuzione del decreto.

3. Il presidente, entro dieci giorni dal deposito, fissa l'udienza di discussione. Tra il giorno del deposito del ricorso e l'udienza di discussione non devono decorrere più di quaranta giorni.

4. Entro dieci giorni dalla emanazione del decreto di fissazione dell'udienza quest'ultimo, unitamente al ricorso in opposizione, deve essere notificato al resistente, a cura dell'opponente.

5. Tra la data di notificazione e quella dell'udienza di discussione deve intercorrere un termine non minore di venti giorni.

Articolo 136
(*Decisione*)

1. Il collegio, sentite le parti presenti, e omessa ogni formalità non essenziale al contraddittorio, procede ad eventuale ulteriore attività istruttoria, e definisce il giudizio con sentenza.

PARTE III
GIUDIZIO SUI CONTI

TITOLO
GIUDIZIO SUI CONTI

CAPO I
Disposizioni generali (1)

(1) *Rubrica così sostituita dall'art. 57, comma 1 d.ls. 7 ottobre 2019, n. 114. Il testo della rubrica era il seguente: « Generalità ».*

Articolo 137
(*Ambito del giudizio di conto*)

1. La Corte dei conti giudica sui conti degli agenti contabili dello Stato e delle altre pubbliche amministrazioni secondo quanto previsto a termini di legge.

Articolo 138
(*Anagrafe degli agenti contabili*)

1. Le amministrazioni comunicano alla sezione giurisdizionale territorialmente competente i dati identificativi relativi ai soggetti nominati agenti contabili e tenuti alla resa di conto giudiziale.

2. Presso la Corte dei conti è istituita e tenuta in apposito sistema informativo una anagrafe degli agenti contabili, nella quale confluiscono i dati costantemente comunicati dalle amministrazioni e le variazioni che intervengono con riferimento a ciascun agente e a ciascuna gestione.

3. Ai fini del deposito dei conti e dei relativi atti e documenti, è consentito l'utilizzo delle modalità stabilite con i decreti di cui all'articolo 6 comma 3.

4. I conti giudiziali e i relativi atti o documenti sono trasmessi alla Corte dei conti mediante tecnologie dell'informazione e della comunicazione. I relativi fascicoli cartacei possono essere formati a cura delle segreterie delle sezioni senza addebito di spese, esclusivamente nel caso di iscrizione a ruolo d'udienza.

5. All'anagrafe di cui al comma 2 possono accedere le amministrazioni interessate, le sezioni giurisdizionali e le procure territorialmente competenti, secondo modalità stabilite ai sensi dell'articolo 6, comma 3.

Articolo 139
(*Presentazione del conto*)

1. Gli agenti che vi sono tenuti, entro il termine di sessanta giorni, salvo il diverso termine previsto dalla legge, dalla chiusura dell'esercizio finanziario, o comunque dalla cessazione della gestione, presentano il conto giudiziale all'amministrazione di appartenenza.

2. L'amministrazione individua un responsabile del procedimento che, espletata la fase di verifica o controllo amministrativo previsti dalla vigente normativa, entro trenta giorni dalla approvazione, previa parificazione del conto, lo deposita, unitamente alla relazione degli organi di controllo interno, presso la sezione giurisdizionale territorialmente competente.

3. Le modalità di presentazione dei conti possono essere adeguate con legge statale o regionale alle esigenze specifiche delle singole amministrazioni, comunque nel rispetto dei principi e delle disposizioni in tema di contabilità generale dello Stato. Restano ferme le disposizioni legislative e regolamentari che, per le rispettive amministrazioni, prevedono ulteriori adempimenti in materia.

Articolo 140
(*Deposito del conto*)

1. Il conto, munito dell'attestazione di parifica, è depositato nella segreteria della sezione giurisdizionale competente, che lo trasmette al giudice designato quale relatore dal presidente. Di tale deposito la competente procura regionale acquisisce notizia mediante accesso all'apposito sistema informativo relativo ai conti degli agenti contabili. I conti giudiziali dei contabili di gestioni della stessa specie possono essere riuniti in uno o più conti riassuntivi a cura dell'amministrazione interessata.

2. Il conto, idoneo per forma e contenuto a rappresentare i risultati della gestione contabile propria dell'agente,

può essere compilato e depositato anche mediante modalità telematiche.

3. Il deposito del conto costituisce l'agente dell'amministrazione in giudizio.

4. La segreteria della sezione verifica annualmente, anche su segnalazione degli organi di controllo di ciascuna amministrazione, il tempestivo deposito del conto e, nei casi di mancato deposito, tramite elenco anche riepilogativo, comunica l'omissione al pubblico ministero, ai fini della formulazione di istanza per resa di conto.

5. Gli allegati e la correlata documentazione giustificativa della gestione non sono trasmessi alla Corte dei conti unitamente al conto, salvo che la Corte stessa lo richieda. La documentazione è tenuta presso gli uffici dell'amministrazione a disposizione delle competenti sezioni giurisdizionali territoriali nei limiti di tempo necessari ai fini dell'estinzione del giudizio di conto.

CAPO II
Giudizio per la resa del conto

Articolo 141
(*Ricorso*)

1. Il pubblico ministero, di sua iniziativa o su richiesta che gli venga fatta dalla Corte dei conti nell'esercizio delle sue attribuzioni contenziose o di controllo, o su segnalazione dei competenti uffici o degli organi di controllo interno dell'amministrazione interessata, promuove il giudizio per la resa del conto nei casi di:

a) cessazione dell'agente contabile dal proprio ufficio senza aver presentato il conto della sua gestione;

b) deficienze accertate dall'amministrazione in corso di gestione o comunque prima della scadenza del termine di presentazione del conto;

c) ritardo a presentare i conti nei termini stabiliti per legge o per regolamento e il conto non sia stato compilato d'ufficio.

d) omissione del deposito del conto rilevata dalle risultanze dell'anagrafe di cui all'articolo 138 o [a] (1) anche a seguito di comunicazione [d'ufficio] (2) della segreteria della sezione.

2. Il giudizio per la resa del conto si propone con ricorso al giudice monocratico, designato previamente dal presidente della sezione.

3. Il ricorso contiene l'individuazione dell'agente contabile, della natura della gestione e il relativo periodo, l'amministrazione interessata, gli elementi in fatto e in diritto su cui si fonda l'obbligo di resa del conto, la richiesta di applicazione di una sanzione pecuniaria in caso di grave e ingiustificato omesso deposito del conto entro il termine fissato nel decreto di cui al comma 4.

4. Il giudice monocratico decide [in camera di consiglio] (3) con decreto motivato entro trenta giorni dal deposito del ricorso; in caso di accoglimento, assegna al contabile un termine perentorio, non inferiore a trenta giorni, decorrente dalla legale conoscenza del decreto, per la presentazione del conto all'amministrazione dandone notizia alla sezione giurisdizionale; assegna, altresì, un termine all'amministrazione per il rispetto di tutti gli altri adempimenti e per il conseguente deposito del conto presso la segreteria della sezione (3).

5. Copia del ricorso e del decreto, a cura del pubblico ministero, è notificata all'agente contabile per il tramite dell'amministrazione da cui dipende.

6. Decorso inutilmente il termine fissato per il deposito del conto, il giudice dispone con decreto immediatamente esecutivo la compilazione d'ufficio del conto, a spese dell'agente contabile e, salvo che non ravvisi gravi e giustificati motivi, determina l'importo della sanzione pecuniaria a carico di quest'ultimo, non superiore alla metà degli stipendi, aggi o indennità al medesimo dovuti in relazione al periodo cui il conto si riferisce, ovvero, qualora l'agente contabile non goda di stipendio, aggio o indennità, non superiore a 1.000 euro, importo aggiornato ai sensi dell'articolo 131, comma 2 (4).

7. Se risulta che l'agente contabile ha presentato il conto alla propria amministrazione e quest'ultima non lo ha trasmesso e depositato presso la sezione giurisdizionale, il conto è acquisito d'ufficio dal giudice monocratico, che commina la sanzione pecuniaria di cui al comma 6 al responsabile del procedimento individuato ai sensi dell'articolo 139, comma 2.

(1) *La parola* « a » *è stata soppressa dall'art. 98, comma 1, lett.* n) *d.ls. 7 ottobre 2019, n. 114.*

(2) *Le parole* « d'ufficio » *sono state soppresse dall'art. 58, comma 1, lett.* a) *d.ls. n. 114, cit.*

(3) *Le parole* « in camera di consiglio » *sono state soppresse e le parole da* « per la presentazione » *a* « segreteria della direzione » *sono state sostituite alle parole* « per il deposito del conto » *dall'art. 58, cmma 1, lett.* b) *d.ls. n. 114, cit.*

(4) *Le parole* «, importo aggiornato ai sensi dell'articolo 131, comma 2 » *sono state inserite dall'art. 58, comma 1, lett.* c) *d.ls. n. 114, cit.*

Articolo 142
(*Opposizione*)

1. Avverso i decreti emessi ai sensi dell'articolo 141, commi 4, 6 e 7, (1) si può proporre opposizione al collegio con ricorso da depositarsi nella segreteria della sezione nel termine di trenta giorni decorrente dalla relativa comunicazione alle parti (1).

2. Il deposito del ricorso sospende l'esecuzione del decreto.

3. Il presidente, entro dieci giorni dal deposito del ricorso, fissa l'udienza di discussione e assegna alle parti un termine per il deposito di memorie e documenti.

4. Tra il giorno del deposito del ricorso e l'udienza di discussione non devono decorrere più di quaranta giorni.

5. La segreteria della sezione comunica il decreto di fissazione dell'udienza all'opponente e, unitamente al ricorso, alle parti (2).

(1) *Le parole* « Avverso i decreti emessi ai sensi dell'articolo 141, commi 4, 6 e 7, » *sono state sostituite alle parole* « Avverso il decreto del giudice monocratico » *e le parole* « nel termine di trenta giorni decorrente dalla relativa comunicazione alle parti » *sono state sostituite alle parole* « nel termine fissato per il deposito del conto » *dall'art. 59, comma 1, lett.* a) *d.ls. 7 ottobre 2019, n. 114.*

(2) *Le parole* « alle parti » *sono state sostituite alle parole* « al pubblico ministero » *dall'art. 59, comma 1, lett.* b) *d.ls. n. 114, cit.*

Articolo 143
(*Udienza*)

1. All'udienza, il collegio sente le parti presenti e, omessa ogni formalità non essenziale al contraddittorio, procede nel modo che ritiene più opportuno ad eventuale ulteriore attività istruttoria.

Articolo 144
(*Decisione*)

1. Il giudizio per resa di conto è definito con sentenza non appellabile, immediatamente esecutiva.

2. La sentenza, a cura della segreteria della sezione è comunicata all'agente tenuto alla resa del conto, all'amministrazione da cui lo stesso dipende, al responsabile del procedimento (1) e al pubblico ministero.

(1) *Le parole* «, al responsabile del procedimento » *sono state inserite dall'art. 60, comma 1 d.ls. 7 ottobre 2019, n. 114.*

CAPO III
Giudizio sul conto

Articolo 145
(*Istruzione e relazione*)

1. Il conto depositato presso la sezione giurisdizionale è tempestivamente assegnato, con provvedimento presidenziale, ad un giudice designato previamente quale relatore.

2. Il presidente della sezione giurisdizionale con proprio decreto stabilisce all'inizio di ciascun anno, sulla base di criteri oggettivi e predeterminati, le priorità cui i magistrati relatori dovranno attenersi nella pianificazione dell'esame dei conti.

3. Il giudice relatore dopo aver accertato la parificazione da parte dell'amministrazione, procede all'esame del conto, dei documenti ad esso allegati e degli altri atti [e notizie] (1) che possa avere comunque acquisito, anche a mezzo di strumenti telematici, attraverso apposita richiesta interlocutoria all'amministrazione o al contabile, se del caso volta alla correzione di eventuali errori materiali. Può inoltre procedere ad ispezioni, accertamenti diretti e nomine di consulenti tecnici, per questi ultimi previa autorizzazione del collegio da assumersi in Camera di consiglio. (1)

4. La relazione sul conto conclude, allo stato degli atti, (2) o per il discarico del contabile, qualora il conto chiuda in pareggio e risulti regolare, o per la condanna del medesimo a pagare la somma di cui il relatore lo ritenga debitore, ovvero per la rettifica dei resti da riprendersi nel conto successivo, per la declaratoria di irregolarità della gestione contabile, ovvero per gli altri provvedimenti interlocutori o definitivi che il relatore giudichi opportuni.

(1) *Le parole* « e notizie » *sono state soppresse e le parole da* « può inoltre » *a* « camera di consiglio » *sono state sostituite alle parole* «, e all'effettuazione di ispezioni, accertamenti diretti e nomine di consulenti tecnici, previa autorizzazione del collegio in camera di consiglio » *dall'art. 61, comma 1, lett.* a) *d.ls. 7 ottobre 2019, n. 114.*

(2) *Le parole* «, allo stato degli atti, » *sono state inserite dall'art. 61, comma 1, lett.* b) *d.ls. n. 114, cit.*

Articolo 146
(*Decreto di discarico*)

1. Qualora il conto chiuda in pareggio e risulti regolare, il giudice designato deposita la relazione nella quale propone il discarico del contabile.

2. Il presidente, ove non dissenta, ordina la trasmissione della relazione al pubblico ministero, che esprime il proprio avviso entro il termine perentorio di trenta giorni.

3. Se non è espresso avviso contrario entro il termine di cui al comma 2, l'approvazione del conto è data dal presidente, con decreto di discarico.

4. Il decreto può essere anche collettivo e riferirsi tanto a conti successivi resi dallo stesso agente, quanto a conti prodotti da più contabili della stessa amministrazione o riguardanti gestioni contabili omogenee.

5. Il decreto di discarico, a cura della segreteria della sezione, è comunicato all'agente contabile per il tramite dell'amministrazione da cui esso dipende ed al pubblico ministero.

Articolo 147
(*Iscrizione a ruolo d'udienza*)

1. Il giudice designato per l'esame del conto deposita la relazione presso la segreteria della sezione.

2. Nei casi in cui non possa provvedersi a norma dell'articolo 146, entro il termine di trenta giorni dal deposito della relazione, il presidente fissa, con decreto, l'udienza per la discussione del giudizio ed assegna un termine per il deposito di memorie e documenti e delle conclusioni del pubblico ministero.

3. È sempre fissata l'udienza, oltre che a seguito di scadenza del termine fissato dal magistrato relatore per la presentazione dei documenti essenziali per l'esame della gestione, per:

a) i conti compilati d'ufficio quando al termine della gestione non siano stati depositati;

b) i conti relativi all'ultima gestione degli agenti contabili, quando comprendano partite attinenti a precedenti gestioni degli stessi agenti e non occorra procedere alla revocazione delle decisioni sui conti precedenti;

c) i deconti compilati nei casi di deficienza accertata dall'amministrazione a carico del contabile e prodotti alla Corte dei conti anteriormente al giudizio sul conto;

d) i conti complementari, compilati per responsabilità amministrativa a carico di contabili, i cui conti siano stati già decisi;

e) i conti speciali di quegli agenti e di quelle gestioni, per cui non sussista in via normale l'obbligo della resa periodica del conto.

4. Il decreto di fissazione dell'udienza e la relazione del giudice designato per l'esame del conto, a cura della segreteria della sezione, sono comunicati all'amministrazione interessata e, per il tramite di quest'ultima, all'agente contabile nonché al pubblico ministero (1).

(1) *Comma così sostituito dall'art. 62, comma 1 d.ls. 7 ottobre 2019, n. 114. Il testo del comma era il seguente:* « 4. Il decreto di fissazione dell'udienza, a cura della segreteria, è comunicato all'agente contabile per il tramite dell'amministrazione da cui dipende, e al pubblico ministero ».

Articolo 148
(*Udienza di discussione*)

1. All'udienza possono comparire l'agente contabile e l'amministrazione interessata. Si applica l'articolo 91.

2. L'agente contabile può chiedere di essere ascoltato dal Collegio per fornire chiarimenti e svolgere difese direttamente o con il patrocinio di un legale; l'amministrazione può comparire in udienza a mezzo di un funzionario appositamente delegato (1).

2-*bis*. Il magistrato che ha sottoscritto la relazione sul conto di cui al comma 4 dell'articolo 145 non fa parte del collegio giudicante (2).

3. Nei giudizi di conto il pubblico ministero esprime il proprio avviso e rassegna le proprie conclusioni nell'interesse della legge e dell'erario, secondo le norme della presente Parte, nonché adotta ogni provvedimento di sua competenza, anche d'urgenza, a tutela delle ragioni erariali.

4. Durante l'esame giudiziale, il pubblico ministero non può disporre ulteriori accertamenti istruttori finalizzati a riscontrare la regolarità del conto, salvo che sussistano gravi ed urgenti motivi, di cui dà pronta e motivata comunicazione alla sezione giurisdizionale.

5. Quando con la responsabilità di colui che ha reso il conto giudiziale concorra la responsabilità di altri funzionari non tenuti a presentare il conto, si riunisce il giudizio di conto con quello di responsabilità.

6. Nel caso sussistano speciali circostanze, si può procedere contro i responsabili del danno anche prima del giudizio di conto.

(1) *Comma così sostituito dall'art. 63, comma 1, lett.* a) *d.ls. 7 ottobre 2019, n. 114. I ltesto del comma era il seguente:* « 2. L'agente contabile, ove presente in udienza, può essere anche ascoltato direttamente dal Collegio per fornire chiarimenti, ma non può svolgere difese orali senza il patrocinio di un legale o, nel caso di comparizione dell'amministrazione, di un funzionario appositamente delegato ».

(2) *Comma inserito dall'art. 63, comma 1, lett.* b) *d.ls. n. 114, cit.*

Articolo 149
(*Decisione*)

1. Quando pronuncia sentenza parziale od altro provvedimento interlocutorio, il collegio può trattenere il giudizio sul conto, oppure disporre la restituzione degli atti al giudice designato come relatore, affinché prosegua l'istruttoria.

2. Quando il collegio riconosce che i conti furono saldati o si bilanciano in favore dell'agente dell'amministrazione, pronuncia il discarico del medesimo e la liberazione, ove occorra, della cauzione e la cancellazione delle ipoteche. Ove non si sia provveduto, l'interessato ha facoltà di richiedere i provvedimenti del caso nell'ambito di separato giudizio ad istanza di parte.

3. Quando non pronuncia discarico, il collegio liquida il debito dell'agente e dispone, ove occorra, la rettifica dei resti da riprendersi nel conto successivo, ovvero dichiara l'irregolarità della gestione contabile (1).

4. In ipotesi di ammanco o di perdita accertata il collegio pronuncia condanna alla restituzione delle somme mancanti e alla alienazione della cauzione versata dal contabile o comunque prestata anche da terzi, purché citati o intervenuti in giudizio.

5. Quando l'alienazione non è autorizzata con la decisione sul conto il pubblico ministero promuove un giudizio mediante citazione notificata agli interessati. Il giudizio segue le forme dei giudizi ad istanza di parte.

(1) *Le parole* «, ovvero dichiara l'irregolarità della gestione contabile » *sono state aggiunte dall'art. 64, comma 1, d.ls. 7 ottobre 2019, n. 114.*

Articolo 150
(*Estinzione*)

1. Il giudizio sul conto si estingue decorsi cinque anni dal deposito del conto presso la segreteria della sezione senza che sia stata depositata la relazione prevista dall'articolo 145, comma 4, o siano state elevate contestazioni a carico del contabile da parte dell'amministrazione, degli organi di controllo o del pubblico ministero che chieda con contestuale istanza la fissazione d'udienza.

2. L'estinzione opera di diritto e, ove sia necessario, è dichiarata anche d'ufficio.

3. La segreteria della sezione dà comunicazione dell'estinzione all'amministrazione interessata e al pubblico ministero, anche cumulativa in caso di estinzione di plurimi giudizi.

4. Il conto e la relativa documentazione, se depositati in originale analogico, sono restituiti alla competente amministrazione che ne faccia espressa richiesta.

5. L'estinzione del giudizio non estingue l'azione di responsabilità.

PARTE IV
GIUDIZI PENSIONISTICI

TITOLO I
Giudizi pensionistici

CAPO I
Disposizioni generali e fase istruttoria (1)

(1) *Rubrica così sostituita dall'art. 65, comma 1 d.ls. 7 ottobre 2019, n. 114. Il testo della rubrica era il seguente:* « Generalità e fase introduttiva ».

Articolo 151
(*Giudice competente*)

1. In materia di ricorsi pensionistici civili, militari e di guerra la sezione giurisdizionale regionale competente per territorio, in primo grado, giudica in composizione monocratica[, in funzione di giudice unico] (1).

2. Il difetto della competenza per territorio, come definita dall'articolo 18, comma 1, lettera *c*), non è rilevabile d'ufficio ed è eccepito a pena di decadenza nella comparsa di risposta tempestivamente depositata. L'eccezione si ha per non proposta se non contiene l'indicazione del giudice che la parte ritiene competente.

(1) *Le parole* «, in funzione di giudice unico » *sono state soppresse dall'art. 66, comma 1 d.ls. 7 ottobre 2019, n. 114.*

Articolo 152
(*Forma della domanda*)

1. La domanda si propone con ricorso, il quale deve contenere:

a) l'indicazione del giudice;

b) gli elementi identificativi del ricorrente, del convenuto e delle parti nei cui confronti il ricorso è proposto;

c) la determinazione dell'oggetto della domanda;

d) l'esposizione succinta dei fatti e la specificazione degli elementi di diritto sui quali si fonda la domanda;

e) l'indicazione specifica dei mezzi di prova di cui il ricorrente intende avvalersi e in particolare dei documenti che si offrono in comunicazione;

f) la formulazione delle conclusioni;

g) la sottoscrizione del ricorrente, se esso sta in giudizio personalmente, oppure del difensore, con indicazione, in questo caso, della procura speciale.

Articolo 153
(*Inammissibilità del ricorso*)

1. I ricorsi sono inammissibili, oltre che nei casi di mancanza dei requisiti di cui all'articolo 152, lettere *a*), *b*), *c*), *d*), *f*) e *g*), quando:

a) si impugni soltanto la parte del provvedimento per la quale fu fatta espressa riserva di ulteriore pronuncia;

b) si propongano domande sulle quali non si sia provveduto in sede amministrativa, ovvero per le quali non sia trascorso il termine di legge dalla notificazione all'amministrazione di un formale atto di diffida a provvedere;

c) si ricorra avverso provvedimenti che definiscono domande di aggravamento in conformità a giudizi delle commissioni mediche pensionistiche di guerra accettati dall'interessato, ovvero confermati dalla commissione medica superiore, e il ricorso non risulti documentato da perizia medica o certificazione rilasciata da strutture sanitarie pubbliche successivamente alla domanda di aggravamento o nei sei mesi antecedenti.

Articolo 154
(*Deposito del ricorso*)

1. Il ricorso è depositato nella segreteria della sezione giurisdizionale territorialmente competente insieme con i documenti in esso indicati.

2. Il ricorso in materia di pensioni [di guerra e di pensioni privilegiate ordinarie] (1) può essere depositato anche (1) mediante spedizione di plico raccomandato alla segreteria della sezione. In questo caso, della data di spedizione fa fede il bollo dell'ufficio postale mittente e, qualora questo sia illeggibile, la ricevuta della raccomandata.

3. (2).

4. Il presidente procede, al momento del deposito del ricorso e secondo criteri oggettivi e predeterminati, alla sua assegnazione ad uno dei giudici unici delle pensioni in servizio presso la sezione.

(1) *Le parole* « di guerra e di pensioni privilegiate ordinarie » *sono state soppresse e la parola* « anche » *è stata aggiunta dall'art. 67, comma 1, lett.* a) *d.ls. 7 ottobre 2019, n. 114.*

(2) *Comma abrogato dall'art. 67, comma 1, lett.* b) *d.ls. n. 114, cit. Il testo del comma era il seguente:* « 3. Effettuato il deposito del ricorso, l'amministrazione competente, entro trenta giorni dalla richiesta dell'ufficio di segreteria, deve depositare i documenti in base ai quali è stato emesso il provvedimento impugnato e, nei casi di silenzio dell'amministrazione, indicare i motivi del rifiuto a provvedere ».

Articolo 155
(*Fissazione dell'udienza e notificazione del ricorso*)

1. Il giudice monocratico (1) fissa ogni semestre il proprio calendario di udienze e, con proprio decreto, fissa la trattazione dei relativi giudizi.

2. Le parti hanno diritto di depositare presso la sezione giurisdizionale giudicante, personalmente o a mezzo di procuratore speciale, istanza di accelerazione ai sensi dell'articolo 89.

3. Il giudice, entro dieci giorni dal deposito del ricorso, fissa l'udienza di discussione con decreto, con il quale dispone anche la trasmissione del fascicolo amministrativo da parte dell'amministrazione. Il decreto di fissazione di udienza viene notificato all'amministrazione a cura del ricorrente, unitamente al ricorso depositato in segreteria, entro dieci giorni dalla data di comunicazione del decreto stesso (2).

4. Tra il giorno del deposito del ricorso e l'udienza di discussione intercorrono non meno di centoventi giorni (3).

5. (4).

5-*bis*. Il ricorrente deve altresì depositare nella segreteria della sezione le prove dell'avvenuta notifica entro il decimo giorno che precede la data di udienza (5).

6. Tra la data di notificazione al convenuto e quella dell'udienza di discussione intercorre un termine non minore di novanta giorni (6).

7. Il termine di cui al comma 6 è elevato a centoventi (7) giorni e quello di cui al comma 4 è elevato a centocinquanta (7) giorni nel caso in cui la notificazione prevista dal comma 3 (7) debba effettuarsi all'estero.

8. Se la parte contro la quale è stato proposto il ricorso non si costituisce e il giudice (8) rileva un vizio che importi nullità della notificazione, fissa con decreto una nuova udienza e un termine perentorio per rinnovare la notificazione. La rinnovazione impedisce ogni decadenza.

9. Se la parte contro la quale è stato proposto il ricorso non si costituisce neppure all'udienza fissata a norma del comma 8, il giudice provvede a norma dell'articolo 93.

10. Se l'ordine di rinnovazione della notificazione non è eseguito, il giudice (9) ordina la cancellazione della causa dal ruolo e il processo si estingue a norma dell'articolo 111.

(1) *Le parole* « Il giudice monocratico » *sono state sostituite alle parole* « Il giudice unico » *dall'art. 68, comma 1, lett.* a) *d.ls. 7 ottobre 2019, n. 114.*

(2) *Le parole da* « con il quale » *a* « del decreto stesso » *sono state sostituite alle parole* « che viene comunicato al ricorrente dalla segreteria della sezione » *dall'art. 68, comma 1, lett.* b) *d.ls. n. 114, cit.*

(3) *Le parole* « intercorrono non meno di centoventi giorni » *sono state sostituite alle parole* « non intercorrono più di sessanta giorni » *dall'art. 68, comma 1, lett.* c) *d.ls. n. 114, cit.*

(4) *Comma abrogato dall'art. 68, comma 1, lett.* d) *d.ls. n. 114, cit. Il testo del comma era il seguente:* « 5. Il ricorso, unitamente al decreto di fissazione dell'udienza, è notificato al convenuto, a cura dell'attore, entro dieci giorni dalla data di comunicazione del decreto ».

(5) *Comma inserito dall'art. 68, comma 1, lett.* e) *d.ls. n. 114, cit.*

(6) *Le parole* « intercorre un termine non minore di novanta giorni » *sono state sostituite alle parole* « deve intercorrere un termine non minore di trenta giorni » *dall'art. 68, comma 1, lett.* f) *d.ls. n. 114, cit.*

(7) *Le parole* « centoventi giorni » *sono state sostituite alle parole* « quaranta giorni », *le parole* « centocinquanta giorni » *sono state sostituite alle parole* « ottanta giorni » *e le parole* « comma 3 » *sono state sostituite alle parole* « comma 5 » *dall'art. 68, comma 1, lett.* g) *d.ls. n. 114, cit.*

(8) *La parola* « giudice » *è stata sostituita alla parola* « collegio » *dall'art. 68, comma 1, lett.* h) *d.ls. n. 114, cit.*

(9) *La parola* « giudice » *è stata sostituita alla parola* « collegio » *dall'art. 68, comma 1, lett.* i) *d.ls. n. 114, cit.*

Articolo 156
(*Costituzione del convenuto*)

1. Il convenuto deve costituirsi almeno dieci giorni prima dell'udienza, dichiarando la residenza o eleggendo domicilio nel comune in cui ha sede il giudice adito, ovvero

indicando un indirizzo di posta elettronica certificata secondo le modalità di cui all'articolo 28, comma 2 (1).

2. La costituzione del convenuto si effettua mediante deposito in segreteria (2) di una memoria difensiva, nella quale sono proposte, a pena di decadenza, le eccezioni processuali e di merito che non siano rilevabili d'ufficio e le eventuali domande in via riconvenzionale.

3. Nella stessa memoria il convenuto deve prendere posizione, in maniera precisa e non limitata ad una generica contestazione, circa i fatti affermati dal ricorrente (3) a fondamento della domanda, proporre tutte le sue difese in fatto e in diritto e indicare specificamente, a pena di decadenza, i mezzi di prova dei quali intende avvalersi e in particolare i documenti, che deve contestualmente depositare.

(1) *Le parole da* «, ovvero » *a* « comma 2 » *sono state aggiunte dall'art. 69, comma 1, lett.* a) *d.ls. 7 ottobre 2019, n. 114.*

(2) *La parola* « segreteria » *è stata sostituita alla parola* « cancelleria » *dall'art. 69, comma 1, lett.* b) *d.ls. n. 114, cit.*

(3) *Le parole* « dal ricorrente » *sono state sostituite alle parole* « dall'attore » *dall'art. 69, comma 1, lett.* c) *d.ls. n. 114, cit.*

Articolo 157
(*Costituzione e difesa personale* (1) delle parti)

1. Il ricorso può essere proposto anche senza patrocinio legale, ma il ricorrente non può svolgere oralmente, in udienza, le proprie difese. L'assistenza legale può essere svolta da professionisti iscritti all'albo degli avvocati.

2. Qualora il ricorrente non sia reperibile nella residenza dichiarata o nel domicilio eletto e non abbia indicato un valido indirizzo di posta elettronica certificata le notificazioni e le comunicazioni nei suoi confronti sono effettuate mediante deposito nella segreteria della sezione.

(1) *La parola* « personale » *è stata sostituita alla parola* « personali » *dall'art. 98, comma 1, lett.* o) *d.ls. 7 ottobre 2019, n. 114.*

Articolo 158
(*Difesa delle pubbliche amministrazioni*)

1. L'amministrazione può farsi rappresentare in giudizio da un proprio dirigente o da un funzionario appositamente delegato.

2. Per le amministrazioni statali e equiparate si applica, anche in grado di appello, la disposizione dell'articolo 417-*bis* del codice di procedura civile, nonché quella dell'articolo 152-*bis* delle disposizioni di attuazione al codice di procedura civile (1).

(1) *Le parole da* «, nonché » *a* « civile » *sono state aggiunte dall'art. 70, comma 1 d.ls. 7 ottobre 2019, n. 114.*

Articolo 159
(*Domanda riconvenzionale*)

1. Qualora il convenuto proponga domanda in via riconvenzionale, si applica l'articolo 418 del codice di procedura civile.

Articolo 160
(*Intervento*)

1. L'intervento di coloro i quali abbiano interesse nella domanda proposta con il ricorso è ammesso in ogni fase della causa.

2. (1).

3. L'intervento si effettua con comparsa notificata alle altre parti (2) e depositata in segreteria.

(1) *Comma abrogato dall'art. 71, comma 1, lett.* a) *d.ls. 7 ottobre 2019, n. 114. Il testo del comma era il seguente:* « 2. Il giudice, quando ritenga che vi siano persone interessate ad opporsi al ricorso, ordina che il giudizio venga integrato con il loro intervento ».

(2) *Le parole* « alle altre parti » *sono state sostituite alle parole* « alle parti avverse » *dall'art. 71, comma 1, lett.* b) *d.ls. n. 114, cit.*

Articolo 160-*bis*. (1)
(*Integrazione del cotraddittorio per ordine del giudice*).

1. Il giudice, quando ritiene che vi siano persone interessate ad opporsi al ricorso, ordina l'integrazione del contraddittorio.

2. Il giudice fissa una nuova udienza e dispone che, entro cinque giorni, siano notificati al terzo il provvedimento nonché il ricorso introduttivo e l'atto di costituzione del convenuto, osservati i termini di cui ai commi 4, 6 e 7 dell'articolo 155. Il termine massimo entro il quale deve tenersi la nuova udienza decorre dalla pronuncia del provvedimento di fissazione.

3. Il terzo chiamato deve costituirsi non meno di dieci giorni prima dell'udienza fissata, depositando la propria memoria a norma dell'articolo 156.

4. A tutte le notificazioni e comunicazioni occorrenti provvede la segreteria del giudice.

(1) *Articolo inserito dall'art. 71, comma 2 d.ls. 7 ottobre 2019, n. 114.*

CAPO II
Procedimento cautelare

Articolo 161
(*Istanza di provvedimenti cautelari* (1))

1. Nel ricorso introduttivo del giudizio il ricorrente, allegando un pregiudizio grave e irreparabile derivante dall'esecuzione dell'atto impugnato durante il tempo necessario a giungere ad una decisione, può chiederne la sospensione.

2. Il giudice fissa la data dell'udienza in Camera di consiglio per la discussione dell'istanza cautelare, con decreto che viene comunicato, a cura della segreteria, al ricorrente, il quale notifica alle parti il decreto, unitamente al ricorso, almeno dieci giorni prima della data fissata per la Camera di consiglio; le parti possono depositare in segreteria memorie e documenti sino a cinque giorni prima della data di udienza (2).

3. Nell'udienza, il giudice, sentite le parti, omessa ogni formalità non essenziale al contraddittorio, procede nel modo che ritiene più opportuno agli atti di istruzione indispensabili in relazione ai presupposti e ai fini del provvedimento richiesto, e provvede con ordinanza emessa in camera di consiglio all'accoglimento o al rigetto della domanda.

4. La domanda di revoca o modificazione delle misure cautelari concesse e la riproposizione della domanda cautelare respinta sono ammissibili solo se motivate con riferimento a nuove ragioni di diritto o a fatti sopravvenuti.

(1) *Rubrica così sostituita dall'art. 98, comma 1, lett.* p) *d.ls. 7 ottobre 2019, n. 114. Il testo della rubrica era il seguente:* « Istanza provvedimenti cautelari ».

(2) *Comma così sostituito dall'art. 72, comma 1 d.ls. n. 114, cit. Il testo del comma era il seguente:* « Il giudice fissa la data dell'udienza in camera di consiglio per la discussione dell'istanza cautelare, che viene comunicata, a cura della segreteria, con un preavviso di almeno dieci giorni alle parti, le quali possono depositare in segreteria memorie e documenti sino al quinto giorno precedente la data di udienza ».

Articolo 162
(*Reclamo*)

1. Contro l'ordinanza con la quale è stata concessa o negata la sospensione dell'atto è ammesso reclamo da proporsi con ricorso al collegio, da depositarsi nel termine perentorio di quindici giorni dalla comunicazione dell'ordinanza a cura della segreteria (1) o dalla notificazione, se anteriore.

2. Il presidente, entro dieci giorni dal deposito, fissa l'udienza camerale (2) di discussione con decreto comunicato alle parti a cura della segreteria unitamente al ricorso per reclamo. Le parti possono presentare memorie e documenti fino al quinto giorno precedente la data fissata per la Camera di consiglio. Il magistrato che ha emesso il provvedimento reclamato non fa parte del collegio che decide sul ricorso (2).

3. Le circostanze e i motivi sopravvenuti al momento della proposizione del reclamo debbono essere proposti, nel rispetto del principio del contraddittorio, nel relativo procedimento. Il collegio può sempre assumere informazioni e acquisire nuovi documenti.

4. Non è consentita la rimessione al primo giudice.

5. Il collegio, convocate le parti, pronuncia, non oltre venti giorni dal deposito del ricorso, ordinanza non impugnabile con la quale conferma, modifica o revoca il provvedimento cautelare.

(1) *Le parole* « nel termine perentorio di quindici giorni dalla comunicazione dell'ordinanza a cura della segreteria » *sono state sostituite alle parole* « nel termine perentorio di quindici giorni dalla pronuncia in udienza ovvero dalla comunicazione » *dall'art. 73, comma 1, lett.* a) *d.ls. 7 ottobre 2019, n. 114.*

(2) *La parola* « camerale » *è stata inserita e le parole da* « unitamente al ricorso » *a* « decide sul ricorso » *sono state aggiunte dall'art. 73, comma 1, lett.* b) *d.ls. n. 114, cit.*

Articolo 163
(*Esecuzione dei provvedimenti cautelari*)

1. L'esecuzione dell'ordinanza cautelare avviene sotto il controllo del giudice che l'ha emanata, il quale ne determina anche le modalità di attuazione e, ove sorgano difficoltà o contestazioni, dà con ordinanza i provvedimenti opportuni, sentite le parti.

2. Nel caso in cui l'amministrazione non abbia prestato ottemperanza alle misure cautelari concesse, o vi abbia adempiuto solo parzialmente, la parte interessata può, con istanza motivata e notificata alle altre parti, chiedere al giudice le opportune disposizioni attuative. Il giudice adito esercita i poteri inerenti al giudizio di ottemperanza al giudicato di cui agli articoli 217 e 218.

CAPO III
Trattazione della causa

Articolo 164
(*Udienza di discussione*)

1. Nell'udienza fissata per la discussione della causa il giudice interroga liberamente le parti presenti, tenta la conciliazione della lite e formula alle parti una proposta transattiva o conciliativa. La mancata comparizione personale delle parti, o il rifiuto della proposta transattiva o conciliativa del giudice, senza giustificato motivo, costituiscono comportamento valutabile dal giudice ai fini del giudizio. Le parti possono, se ricorrono gravi motivi, modificare le domande, le eccezioni e le conclusioni già formulate previa autorizzazione del giudice.

2. Le parti hanno facoltà di farsi rappresentare da un procuratore generale o speciale, il quale deve essere a conoscenza dei fatti della causa. La procura deve essere conferita con atto pubblico o scrittura privata autenticata e deve attribuire al procuratore il potere di conciliare o transigere la controversia. La mancata conoscenza, senza gravi ragioni, dei fatti della causa da parte del procuratore è valutata dal giudice ai fini della decisione.

3. Il verbale di conciliazione ha efficacia di titolo esecutivo.

4. Se la conciliazione non riesce e il giudice ritiene la causa matura per la decisione, o se sorgono questioni attinenti alla giurisdizione o alla competenza o ad altre pregiudiziali la cui decisione può definire il giudizio, il giudice invita le parti alla discussione e pronuncia sentenza, anche non definitiva, dando lettura del dispositivo.

5. Nella stessa udienza ammette i mezzi di prova già proposti dalle parti e quelli che le parti non abbiano potuto proporre prima, se ritiene che siano rilevanti, disponendo, con ordinanza resa nell'udienza, per la loro immediata assunzione.

6. Qualora ciò non sia possibile, fissa altra udienza, non oltre trenta giorni (1) dalla prima, concedendo alle parti, ove ricorrano giusti motivi, un termine perentorio non superiore a cinque giorni prima dell'udienza di rinvio per il deposito in segreteria (1) di note difensive.

7. Nel caso in cui vengano ammessi nuovi mezzi di prova, a norma del comma 5, la controparte può dedurre i mezzi di prova che si rendano necessari in relazione a quelli ammessi, con assegnazione di un termine perentorio di cinque giorni. Nell'udienza fissata a norma del comma 6 il giudice ammette, se rilevanti, i nuovi mezzi di prova dedotti dalla controparte e provvede alla loro assunzione.

8. L'assunzione delle prove deve essere esaurita nella stessa udienza o, in caso di necessità, in udienza da tenersi nei giorni feriali immediatamente successivi.

9. Nei casi previsti dall'articolo 160-*bis* (2), il giudice fissa una nuova udienza e dispone che, entro cinque giorni, siano notificati al terzo il provvedimento nonché il ricorso introduttivo e l'atto di costituzione del convenuto, osservati i termini di cui all'articolo 155. Il termine massimo entro il quale deve tenersi la nuova udienza decorre dalla pronuncia del provvedimento di fissazione.

10. Il terzo chiamato si costituisce non meno di dieci giorni prima dell'udienza fissata, depositando la propria memoria a norma dell'articolo 156.

11. A tutte le notificazioni e comunicazioni occorrenti provvede la segreteria.
12. Le udienze di mero rinvio sono vietate.

(1) *Le parole* « non oltre trenta giorni » *sono state sostituite alle parole* « non oltre dieci giorni » *dall'art. 74, comma 1, lett.* a) *d.ls. 7 ottobre 2019, n. 114.*
(2) *Le parole* « Nei casi previsti dall'articolo 160-*bis* » *sono state sostituite alle parole* « Nei casi previsti dall'articolo 165 » *dall'art. 74, comma 1, lett.* b) *d.ls. n. 114, cit.*

Articolo 165
(*Poteri istruttori del giudice*)

1. Il giudice indica alle parti, in ogni momento, le irregolarità degli atti e dei documenti che possono essere sanate assegnando un termine per provvedervi, salvi gli eventuali diritti quesiti.
2. Il giudice può altresì disporre d'ufficio in qualsiasi momento l'ammissione di ogni mezzo di prova, anche fuori dei limiti stabiliti dal codice civile, ad eccezione del giuramento decisorio. Si osserva la disposizione del comma 6 dell'articolo 164.
3. Il giudice, ove lo ritenga necessario, può ordinare la comparizione, per interrogarle liberamente sui fatti della causa, anche di quelle persone per le quali valga l'incapacità o il divieto di testimoniare previsti dal codice di procedura civile.

Articolo 166
(*Consulente tecnico*)

1. Se la natura della controversia lo richiede, il giudice, in qualsiasi momento, nomina uno o più consulenti tecnici ai sensi dell'articolo 97.
2. Il consulente può essere autorizzato a riferire verbalmente e in tal caso le sue dichiarazioni sono integralmente raccolte a verbale.

CAPO IV
Decisione

Articolo 167
(*Pronuncia della sentenza*)

1. Nell'udienza il giudice, esaurita la discussione orale e udite le conclusioni delle parti, pronuncia sentenza con cui definisce il giudizio, dando lettura del dispositivo e della esposizione delle ragioni di fatto e di diritto della decisione. In caso di particolare complessità della controversia, il giudice fissa nel dispositivo un termine, non superiore a sessanta giorni, per il deposito della sentenza.
2. Se il giudice lo ritiene necessario, su richiesta delle parti, concede alle stesse un termine non superiore a trenta giorni (1) per il deposito di note difensive, rinviando la causa all'udienza immediatamente successiva alla scadenza del termine suddetto, per la discussione e la pronuncia della sentenza.
3. Il giudice, quando pronuncia sentenza di condanna al pagamento di somme di denaro per crediti pensionistici, determina, oltre gli interessi nella misura legale, il maggior danno eventualmente subito dal ricorrente per la diminuzione di valore del suo credito secondo le vigenti disposizioni, condannando al pagamento della somma relativa con decorrenza dal giorno della maturazione del diritto.
4. Nel caso in cui ravvisi la manifesta fondatezza ovvero la manifesta irricevibilità, inammissibilità, improcedibilità o infondatezza del ricorso, il giudice decide con sentenza in forma semplificata. La motivazione della sentenza può consistere in un sintetico riferimento al punto di fatto o di diritto ritenuto risolutivo, ovvero, se del caso, ad un precedente conforme. In ogni caso, il giudice provvede anche sulle spese di giudizio.
5. La decisione in forma semplificata è assunta, nel rispetto della completezza del contraddittorio, nella camera di consiglio fissata per l'esame dell'istanza cautelare, ovvero fissata ai sensi dell'articolo 155, comma 3.
6. La decisione in forma semplificata è soggetta alle medesime forme di impugnazione previste per le sentenze.

(1) *Le parole* « un termine non superiore a trenta giorni » *sono state sostituite alle parole* « un termine non superiore a dieci giorni » *dall'art. 75, comma 1 d.ls. 7 ottobre 2019, n. 114.*

Articolo 168
(*Deposito della sentenza*)

1. La sentenza è depositata in segreteria (1) entro quindici giorni dalla pronuncia, salvo quanto previsto dall'articolo 167, comma 1. La segreteria ne dà immediata comunicazione alle parti.

(1) *La parola* « segreteria » *è stata sostituita alla parola* « cancelleria » *dall'art. 76, comma 1 d.ls. 7 ottobre 2019, n. 114.*

Articolo 169
(*Esecutorietà della sentenza*)

1. Le sentenze che pronunciano condanna a favore del pensionato per crediti derivanti dai rapporti di cui all'articolo 151 sono provvisoriamente esecutive.
2. All'esecuzione si può procedere con la sola copia del dispositivo, in pendenza del termine per il deposito della sentenza.
3. Il giudice di appello può disporre, con ordinanza non impugnabile, che l'esecuzione sia sospesa quando dalla stessa possa derivare all'altra parte gravissimo danno. La sospensione può essere anche parziale.
4. Le sentenze che pronunciano condanna a favore dell'amministrazione sono provvisoriamente esecutive.
5. Il giudice di appello può disporre con ordinanza non impugnabile che l'esecuzione sia sospesa in tutto o in parte quando ricorrono gravi motivi.
6. Se l'istanza per la sospensione di cui ai commi 3 e 5 è inammissibile o manifestamente infondata il giudice, con ordinanza non impugnabile, può condannare la parte che l'ha proposta ad una pena pecuniaria non inferiore a 250 euro e non superiore a 10.000 Euro. L'ordinanza è revocabile con la sentenza che definisce il giudizio.

CAPO V
Appello

Articolo 170
(*Appello in materia pensionistica*)

1. Nei giudizi in materia di pensioni, l'appello è consen-

tito per i soli motivi di diritto. Costituiscono questioni di fatto quelle relative alla dipendenza di infermità, lesioni o morte da causa di servizio o di guerra e quelle relative alla classifica o all'aggravamento di infermità o lesioni.

2. Negli appelli e nelle comparse di risposta è fatta elezione di domicilio nel comune dove ha sede la sezione d'appello adita; in mancanza, si presume eletto domicilio presso la segreteria della sezione d'appello adita.

3. Il giudizio è disciplinato dai Capi I e II della Parte VI del presente codice.

4. Il giudice d'appello, quando annulla la sentenza del giudice monocratico delle pensioni (1) per omessa o apparente motivazione su un punto dirimente della controversia costituente questione di fatto, rimette gli atti al primo giudice per il giudizio sul merito e la pronuncia sulle spese del grado d'appello.

(1) *Le parole* « la sentenza del giudice monocratico delle pensioni » *sono state sostituite alle parole* « la sentenza del giudice unico delle pensioni » *dall'art. 77, comma 1 d.ls. 7 ottobre 2019, n. 114.*

Articolo 171
(*Ricorso nell'interesse della legge*)

1. In materia pensionistica il pubblico ministero può ricorrere in via principale innanzi alle sezioni giurisdizionali d'appello al fine di tutelare l'interesse oggettivo alla realizzazione dell'ordinamento giuridico, impedire la violazione della legge nell'applicazione di principi di diritto e ottenerne l'interpretazione uniforme.

PARTE V
ALTRI GIUDIZI AD ISTANZA DI PARTE

TITOLO I
ALTRI GIUDIZI AD ISTANZA DI PARTE

CAPO I
Disciplina degli altri giudizi ad istanza di parte

Articolo 172
(*Tipologie di giudizio*)

1. La Corte dei conti giudica:

a) sui ricorsi contro i provvedimenti definitivi dell'amministrazione finanziaria, o ente impositore, in materia di rimborso di quote d'imposta inesigibili e di quote inesigibili degli altri proventi erariali;

b) sui ricorsi contro ritenute, a titolo cautelativo, su stipendi e altri emolumenti di funzionari e agenti statali;

c) sui ricorsi per interpretazione del titolo giudiziale di cui all'articolo 211;

d) su altri giudizi ad istanza di parte, previsti dalla legge e comunque nelle materie di contabilità pubblica, nei quali siano interessati anche persone o enti diversi dallo Stato.

Articolo 173
(*Forma della domanda*)

1. Il ricorso, contenente le indicazioni prescritte dall'articolo 36, è depositato, nel termine di legge, nella segreteria della sezione giurisdizionale territorialmente competente, insieme al provvedimento.

2. Il presidente, entro dieci giorni dal deposito del ricorso, fissa l'udienza di discussione con decreto, che viene comunicato al ricorrente dalla segreteria della sezione. Con separato provvedimento il presidente nomina il relatore del giudizio almeno trenta giorni prima dell'udienza di merito.

3. Tra il giorno del deposito del ricorso e l'udienza di discussione non devono decorrere più di novanta giorni (1).

(1) *Le parole* « novanta giorni » *sono state sostituite alle parole* « sessanta giorni » *dall'art. 78, comma 1 d.ls. 7 ottobre 2019, n. 114.*

Articolo 174
(*Comunicazioni e notificazioni*)

1. Il ricorso, unitamente al decreto di fissazione dell'udienza, deve essere notificato all'amministrazione, o all'ente impositore, che ha adottato l'atto impugnato e alla procura regionale (1), a cura del ricorrente, entro dieci giorni dalla comunicazione del decreto. Il ricorrente deve altresì depositare nella segreteria della sezione le relazioni di notificazione entro il decimo giorno che precede la data di udienza (1).

2. Tra la data di notificazione al convenuto e quella dell'udienza di discussione intercorre un termine non minore di trenta giorni.

3. Il termine di cui al comma 2 è elevato a quaranta giorni e quello di cui all'articolo 173, comma 3, è elevato a centoventi giorni (2) nel caso in cui la notificazione prevista dal comma 1 debba effettuarsi all'estero.

4. Se la parte contro la quale è stato proposto il ricorso non si costituisce e il collegio rileva un vizio che importa nullità della notificazione, lo stesso collegio fissa con decreto una nuova udienza e un termine perentorio per rinnovare la notificazione. La rinnovazione impedisce ogni decadenza.

5. Se la parte contro la quale è stato proposto il ricorso non si costituisce neppure all'udienza fissata a norma del comma 4, il giudice provvede a norma dell'articolo 93.

6. Se l'ordine di rinnovazione della notificazione non è eseguito, il collegio ordina la cancellazione della causa dal ruolo e il processo si estingue a norma dell'articolo 111.

(1) *Le parole* « e alla procura regionale » *sono state inserite e il secondo periodo è stato aggiunto dall'art. 79, comma 1, lett.* a) *d.ls. 7 ottobre 2019, n. 114.*

(2) *Le parole* « centoventi giorni » *sono state sostituite alle parole* « ottanta giorni » *dall'art. 79, comma 1, lett.* b) *d.ls. n. 114, cit.*

Articolo 175
(*Intervento del pubblico ministero*)

1. Nei giudizi di cui all'articolo 172, [lettera a),] (1) il pubblico ministero, compiute le istruttorie che ravvisi necessarie, formula le sue conclusioni e le deposita nella segreteria della sezione venti giorni prima dell'udienza fissata o nel diverso termine stabilito dal presidente della sezione (1).

2. (2).

3. (2).

(1) *Le parole* « lettera *a*), » *sono state soppresse e le parole* « venti giorni prima dell'udienza fissata o nel diverso termine stabilito dal presidente della sezione » *sono state sostituite alle parole* « trenta giorni prima dell'udienza fissata » *dall'art. 80, comma 1, lett.* a) *d.ls. 7 ottobre 2019, n. 114.*

(2) *I commi 2 e 3 sono stati abrogati dall'art. 80, comma 1, lett.* b) *d.ls. n. 114, cit. Il testo del comma 2 era il seguente:* « 2. Le parti sono avvertite di tale deposito a cura della segreteria mediante comunicazione al domicilio eletto e possono, nella segreteria stessa, prendere visione degli atti depositati e ritirarne copia ». *Il testo del comma 3 era il seguente:* « 3. Nei giudizi di cui all'articolo 172, lettera *b*) il pubblico ministero conclude unicamente all'udienza; nei giudizi di cui all'articolo 172, lettera *c*), quando lo Stato non abbia interesse in tali giudizi, il pubblico ministero conclude solamente all'udienza; in caso diverso, il pubblico ministero formula le sue conclusioni e le deposita in segreteria nei trenta giorni antecedenti all'udienza fissata ».

Articolo 176
(Rinvio)

1. Per quanto non espressamente disciplinato nella presente parte, si applicano le disposizioni previste per il rito ordinario, rispettivamente, nei giudizi di primo grado e di appello.

PARTE VI
IMPUGNAZIONI

TITOLO I
RIMEDI CONTRO LE DECISIONI

CAPO I
Rimedi contro le decisioni - disposizioni generali

Articolo 177
(Mezzi di impugnazione e cosa giudicata formale)

1. I mezzi di impugnazione delle sentenze sono l'appello, l'opposizione di terzo, la revocazione e il ricorso per cassazione per i soli motivi inerenti alla giurisdizione.

2. S'intende passata in giudicato la sentenza che non è più soggetta ad appello, né a revocazione per i motivi di cui all'articolo 202, comma 1, lettere *f*) e *g*), né a ricorso per cassazione.

3. Salvi i casi previsti dall'articolo 202, comma 1, lettere *a*), *b*), *c*), *d*) ed *e*), l'acquiescenza risultante da accettazione espressa o da atti incompatibili con la volontà di avvalersi delle impugnazioni esclude la proponibilità di queste ultime.

4. L'impugnazione parziale importa acquiescenza alle parti della decisione non impugnate.

Articolo 178
(Termini per le impugnazioni e decorrenza)

1. Il termine per proporre l'appello, la revocazione, l'opposizione di terzo di cui all'articolo 200, comma 2, e il ricorso per cassazione è di sessanta giorni. È anche di sessanta giorni il termine per proporre la revocazione e l'opposizione di terzo di cui al primo periodo contro la sentenza delle sezioni di appello.

2. I termini stabiliti al comma 1 sono perentori e decorrono dalla notificazione della sentenza, effettuata con le modalità di cui agli articoli 285 e 286 del codice di procedura civile, tranne per i casi previsti dall'articolo 200, comma 2, e 202, comma 1, lettere *a*), *b*), *c*), *d*) ed *e*), e comma 2, riguardo ai quali il termine decorre dal giorno in cui sono stati scoperti il dolo o la falsità o la collusione o è stato recuperato il documento, o sono stati riconosciuti l'omissione o il doppio impiego ovvero è passata in giudicato la sentenza di cui all'articolo 202, comma 1, lettera *b*) (1), o il pubblico ministero ha avuto conoscenza della sentenza di cui all'articolo 202, comma 2.

3. L'impugnazione proposta contro una parte fa decorrere nei confronti dello stesso impugnante i termini di cui al comma 1 per proporla contro le altre parti (2).

4. Indipendentemente dalla notificazione della sentenza, fatto salvo il caso in cui la parte contumace dimostra di non aver avuto conoscenza del processo per nullità della citazione o della notificazione di essa o per nullità della notificazione degli atti di cui all'articolo 93, l'appello e (3) la revocazione per i motivi di cui all'articolo 202, comma 1, lettere *f*) e *g*), devono essere proposti (3), a pena di decadenza, entro un anno dalla pubblicazione della sentenza (4).

5. Indipendentemente dalla notificazione della sentenza, il ricorso per cassazione (5) deve essere notificato entro sei mesi dalla pubblicazione della sentenza.

6. Quando, durante la decorrenza dei termini di cui al comma 1 o 4 (6), sopravviene alcuno degli eventi previsti nell'articolo 108, commi 1 e 7, si applica l'articolo 328 del codice di procedura civile.

(1) *Le parole* « di cui all'articolo 202, comma 1, lettera *b*) » *sono state sostituite alle parole* « di cui all'articolo 202, comma 1, lettera *g*) » *dall'art. 81, comma 1, lett.* a) *d.ls. 7 ottobre 2019, n. 114.*

(2) *Le parole* « contro le altre parti » *son ostate sostituite alle parole* « contro le altri parti » *dall'art. 98, comma 1, lett.* q) *d.ls. n. 114, cit.*

(3) *Le parole* « l'appello e » *sono state inserite, e le parole* « devono essere proposti » *sono state sostituite alle parole* « deve essere depositata » *dall'art. 6, comma 3, lett.* a) *d.l. 1° aprile 2021, n. 44, conv., con modif., in l. 28 maggio 2021, n. 76.*

(4) *Comma così sostituito dall'art. 81, comma 1, lett. b) d.ls. n. 114, cit. Il testo del comma era il seguente:* « 4. In difetto della notificazione della sentenza, l'appello e la revocazione per i motivi di cui all'articolo 202, comma 1, lettere *f*) e *g*), devono essere notificati, a pena di decadenza, entro un anno dalla pubblicazione della sentenza, eccetto il caso in cui la parte contumace dimostra di non aver avuto conoscenza del processo per nullità della citazione o della notificazione di essa, o per nullità degli atti di cui all'articolo 93 ».

(5) *Le parole* « Indipendentemente dalla notificazione della sentenza, il ricorso per cassazione » *sono state sostituite alle parole* « Il ricorso per Cassazione » *dall'art. 81, comma 1, lett.* c) *d.ls. n. 114, cit.*

(6) *Le parole* « o 4 » *sono state inserite dall'art. 81, comma 1, lett.* d) *d.ls. n. 114, cit.*

Articolo 179
(Luogo di notificazione dell'impugnazione)

1. Quando nell'atto di notificazione della sentenza oggetto di impugnazione la parte ha dichiarato la sua residenza o eletto domicilio, l'impugnazione è notificata nel luogo indicato; altrimenti si notifica, ai sensi dell'articolo 170 del codice di procedura civile, presso il procuratore costituito o nella residenza dichiarata o nel domicilio eletto per il giudizio.

2. L'impugnazione può essere notificata nei luoghi sopra menzionati collettivamente e impersonalmente agli eredi della parte defunta dopo la notificazione della sentenza.

3. Quando manca la dichiarazione di residenza o l'elezione di domicilio e, in ogni caso, dopo un anno dalla pubblicazione della sentenza, l'impugnazione, se è ancora ammessa dalla legge, si notifica personalmente a norma degli articoli 137 e seguenti del codice di procedura civile.

Articolo 180
(Deposito dell'atto di impugnazione)

1. L'atto (1) di impugnazione notificato deve essere depositato nella segreteria del giudice adito, a pena di decadenza, entro trenta giorni dall'ultima notificazione, unitamente ad una copia della sentenza impugnata e alla prova delle eseguite notificazioni.

2. È fatta salva la facoltà della parte di effettuare il deposito dell'atto, anche se non ancora pervenuto al destinatario, sin dal momento in cui la notificazione dell'atto si perfeziona per il notificante.

3. La parte che si avvale della facoltà di cui al comma 2 è tenuta a depositare la documentazione comprovante la data in cui la notificazione si è perfezionata anche per il destinatario. In assenza di tale prova l'impugnazione è inammissibile.

(1) *Le parole* « L'atto » *sono state sostituite alle parole* « Nei giudizi di appello l'atto » *dall'art. 6, comma 3, lett.* b) *d.l. 1° aprile 2021, n. 44, conv., con modif., in l. 28 maggio 2021, n. 76.*

Articolo 181
(Istanza di fissazione dell'udienza)

1. Salvo che l'istanza di fissazione dell'udienza non sia già formulata nell'atto di impugnazione, il presidente della sezione, su richiesta della parte più diligente, fissa con proprio decreto il giorno dell'udienza e i termini entro cui provvedere alla notificazione del decreto e al deposito di documenti e memorie difensive.

Articolo 182
(Notificazione del decreto di fissazione dell'udienza)

1. La parte che abbia ottenuto il decreto di fissazione dell'udienza deve notificarlo alle altre parti (1) entro il termine stabilito; nel caso di impugnazione concernente una sentenza relativa a un giudizio di conto, il decreto di fissazione dell'udienza va in ogni caso notificato, dalla parte che lo abbia ottenuto, all'amministrazione di appartenenza dell'agente contabile (1).

2. La notificazione si effettua nei luoghi previsti dall'articolo 179, comma 1 e 2, ovvero presso il procuratore costituitosi in appello.

3. Se la parte contro la quale è stata proposta l'impugnazione non si costituisce e il collegio rileva un vizio che importi nullità della notificazione del decreto di fissazione dell'udienza, fissa un termine perentorio per rinnovarla.

4. La rinnovazione impedisce ogni decadenza.

5. Se la parte contro la quale è stata proposta l'impugnazione non si costituisce neppure all'udienza fissata a norma del comma 3, il giudice provvede a norma dell'articolo 93 (2).

6. Se l'ordine di rinnovazione della notificazione del decreto di fissazione dell'udienza non è eseguito, il collegio ordina la cancellazione della causa dal ruolo e il processo si estingue a norma dell'articolo 111.

(1) *Le parole* « alle altre parti » *sono state sostituite alle parole* « all'altra parte » *e le parole da* «; nel caso di » *a* « dell'agente contabile » *sono state aggiunte dall'art. 83, comma 1, lett.* a) *d.ls. 7 ottobre 2019, n. 114.*

(2) *Le parole* « a norma dell'articolo 93 » *sono state sostituite alle parole* « a norma dell'articolo 88 » *dall'art. 83, comma 1, lett.* b) *d.ls. n. 114, cit.*

Articolo 183
(Pluralità di parti nel giudizio d'impugnazione)

1. Se la sentenza pronunciata tra più parti in causa inscindibile o in cause tra loro dipendenti non è stata impugnata nei confronti di tutte, il giudice ordina l'integrazione del contraddittorio, fissando il termine entro cui l'integrazione deve essere eseguita, nonché la successiva udienza di discussione.

2. L'impugnazione è dichiarata improcedibile se nessuna delle parti provvede all'integrazione del contraddittorio nel termine fissato dal giudice.

3. Se l'impugnazione di una sentenza pronunciata in cause scindibili è stata proposta soltanto da alcuna delle parti o nei confronti di alcuna di esse, il giudice ne ordina la notificazione alle altre, in confronto delle quali l'impugnazione non è preclusa o esclusa, fissando il termine nel quale la notificazione deve essere fatta e, se è necessario, l'udienza di discussione.

4. Se la notificazione ordinata dal giudice non avviene, il processo rimane sospeso fino a che non sono decorsi i termini previsti nell'articolo 178.

5. Il giudice, se riconosce che l'impugnazione è inammissibile o improcedibile, può non ordinare la notificazione, quando l'impugnazione di altre parti è preclusa o esclusa.

Articolo 184
(Impugnazioni avverso la medesima sentenza)

1. Tutte le impugnazioni proposte separatamente contro la stessa sentenza devono essere riunite, anche d'ufficio, in un solo processo.

2. In caso di mancata riunione di più impugnazioni ritualmente proposte contro la stessa sentenza, la decisione di una delle impugnazioni non determina l'improcedibilità delle altre.

3. Le parti alle quali sono state fatte le notificazioni previste negli articoli 182 e 183 debbono proporre, a pena di decadenza, le loro impugnazioni in via incidentale nello stesso processo.

4. L'impugnazione incidentale può essere rivolta contro qualsiasi capo di sentenza e deve essere proposta dalla parte, a pena di decadenza, entro sessanta giorni dalla notificazione della sentenza o, se anteriore, entro sessanta giorni dalla prima notificazione nei suoi confronti di altra impugnazione.

5. Le parti contro le quali è stata proposta impugnazione e quelle chiamate ad integrare il contraddittorio a norma dell'articolo 183 comma 1, possono proporre impugnazione incidentale anche quando per esse è decorso il termine o hanno fatto acquiescenza alla sentenza.

6. Con l'impugnazione tardiva possono essere impugnati anche capi autonomi della sentenza; tuttavia, se l'impugnazione principale è dichiarata inammissibile, l'impugnazione incidentale perde ogni efficacia.

7. L'impugnazione incidentale tardiva è proposta dalla parte entro sessanta giorni dalla data in cui si è perfezionata nei suoi confronti la notificazione dell'impugnazione incidentale che fa sorgere l'interesse all'impugnazione ed è depositata, unitamente alla prova dell'avvenuta notificazione, nel termine di cui all'articolo 180, comma 1.

Articolo 185
(*Intervento*)

1. Nel giudizio di impugnazione è ammesso l'intervento di coloro che potrebbero fare opposizione ai sensi dell'articolo 200.

Articolo 186
(*Effetti della riforma o dell'annullamento della decisione*)

1. La riforma o l'annullamento parziale della decisione ha effetto anche sulle parti della sentenza dipendenti dalla parte riformata o annullata.

2. La riforma o l'annullamento della decisione estende i suoi effetti ai provvedimenti e agli atti dipendenti dalla sentenza riformata o annullata.

Articolo 187
(*Sospensione del procedimento d'impugnazione*)

1. Quando l'autorità di una sentenza è invocata in un diverso processo, questo può essere sospeso se tale sentenza è impugnata.

Articolo 188
(*Effetti dell'estinzione del procedimento d'impugnazione*)

1. L'estinzione del procedimento di appello o di revocazione per i motivi di cui all'articolo 202, comma 1, lettere *f*) e *g*) fa passare in giudicato la sentenza impugnata, salvo che ne siano stati modificati gli effetti con provvedimenti pronunciati nel procedimento estinto e ferma la disciplina dei limiti della trasmissibilità agli eredi del debito risarcitorio.

CAPO II
Appello

Articolo 189
(*Legittimazione a proporre l'appello*)

1. L'appello è proponibile dalle parti fra le quali è stata pronunciata la sentenza di primo grado e, relativamente all'impugnazione del pubblico ministero, dal procuratore regionale competente o dal procuratore generale.

Articolo 190
(*Forma e contenuto dell'appello*)

1. L'appello si propone con citazione contenente le indicazioni prescritte dall'articolo 86 e deve essere motivato.

2. L'appello deve contenere (1), a pena d'inammissibilità, la specificazione delle ragioni in fatto e in diritto sulle quali si fonda il gravame con l'indicazione:

a) dei capi della decisione che si intende appellare e delle modifiche che vengono richieste alla ricostruzione dei fatti compiuta dal giudice di primo grado;

b) delle circostanze da cui deriva la violazione della legge e della loro rilevanza ai fini della decisione impugnata.

3. L'atto di appello deve contenere l'istanza di fissazione dell'udienza di cui all'articolo 181; esso va sottoscritto, a pena di inammissibilità, da un avvocato ammesso al patrocinio innanzi la Corte di cassazione.

4. La proposizione dell'appello sospende l'esecuzione della sentenza impugnata salvo quanto previsto dall'articolo 169 per i giudizi pensionistici.

5. Il giudice d'appello, tuttavia, su istanza di parte, quando vi siano ragioni fondate ed esplicitamente motivate, può disporre, con ordinanza motivata, sentite le parti, che la sentenza sia provvisoriamente esecutiva.

6. L'istanza si propone con ricorso al presidente della sezione, il quale, con decreto in calce al ricorso, ordina la comparizione delle parti in camera di consiglio. Copia del ricorso e del decreto sono notificate, a cura dell'istante, all'altra parte.

(1) *Le parole* « L'appello deve contenere » *sono state sostituite alle parole* « La motivazione dell'appello deve contenere » *dall'art. 84, comma 1 d.ls. 7 ottobre 2019, n. 114.*

Articolo 191
(*Costituzione in appello*)

1. La costituzione in appello avviene secondo le forme ed i termini previsti per i procedimenti in primo grado.

Articolo 192
(*Riserva facoltativa di appello*)

1. Contro le sentenze previste dall'articolo 102, comma 6, lettera *d*), l'appello può essere differito qualora la parte soccombente ne faccia riserva, a pena di decadenza, entro il termine per appellare.

2. Quando sia stata fatta la riserva di cui al comma 1, l'appello è proposto unitamente a quello contro la sentenza che definisce il giudizio o con quello che venga proposto, dalla stessa o da altra parte, contro altra sentenza successiva che non definisca il giudizio.

3. La riserva non può più farsi, e se già fatta rimane priva di effetto, quando contro la stessa sentenza da alcuna delle altre parti sia proposto immediatamente appello.

4. Quando sia stato proposto appello immediato contro una delle sentenze previste dall'articolo 102, comma 6, lettera *d*), il giudice d'appello non può disporre nuove prove riguardo alle domande e alle questioni, rispetto alle quali il giudice di primo grado, non definendo il giudizio, abbia disposto, con ordinanza, la prosecuzione dell'istruzione.

Articolo 193
(*Nuove domande ed eccezioni*)

1. Nel giudizio di appello non possono essere proposte nuove domande, né nuove eccezioni non rilevabili d'ufficio e, se proposte, sono dichiarate inammissibili d'ufficio.

2. Possono tuttavia essere chiesti gli interessi e gli accessori maturati dopo la sentenza impugnata, nonché il risarcimento dei danni subiti dopo la sentenza stessa.

Articolo 194
(*Nuovi documenti e nuove prove*)

1. Nel giudizio d'appello non sono ammessi nuovi mezzi di prova e non possono essere prodotti nuovi documenti, salvo che la parte dimostri di non aver potuto proporli o

produrli nel giudizio di primo grado per causa ad essa non imputabile.

Articolo 195
(*Decadenza dalle domande e dalle eccezioni non riproposte*)

1. Le domande e le eccezioni non accolte nella sentenza di primo grado, che non sono espressamente riproposte in appello, si intendono rinunciate.

Articolo 196
(*Improcedibilità dell'appello*)

1. Se l'appellante non compare all'udienza di discussione [, benché si sia anteriormente costituito,] (1) il collegio rinvia la causa ad una successiva udienza della quale la segreteria dà comunicazione all'appellante. Se anche alla nuova udienza l'appellante non compare, l'appello è dichiarato improcedibile anche d'ufficio.

(1) *Le parole* « benché si sia anteriormente costituito » *sono state soppresse dall'art. 85, comma 1 d.ls. 7 ottobre 2019, n. 114.*

Articolo 197
(*Trattazione e decisione*)

1. Per la trattazione e la decisione del giudizio in appello si osservano le norme di cui al Titolo III della Parte II in quanto applicabili.

2. Il giudice d'appello, se dispone l'assunzione di una prova oppure la rinnovazione totale o parziale dell'assunzione già avvenuta in primo grado o comunque dà disposizioni per effetto delle quali il procedimento deve continuare, pronuncia ordinanza e provvede a norma dell'articolo 99.

Articolo 198
(*Non riproponibilità di appello dichiarato improcedibile o inammissibile*)

1. L'appello dichiarato inammissibile o improcedibile non può essere riproposto, anche se non è decorso il termine fissato dalla legge.

Articolo 199
(*Rinvio al primo giudice*)

1. Il giudice di appello dispone il rinvio al giudice di primo grado:

a) quando riforma la sentenza di primo grado dichiarando la giurisdizione della Corte dei conti negata dal primo giudice;

b) quando dichiara nulla la notificazione della citazione introduttiva oppure riconosce che nel giudizio di primo grado doveva essere integrato il contraddittorio o non doveva essere estromessa una parte ovvero dichiara la nullità della sentenza di primo grado per mancanza di sottoscrizione del giudice;

c) quando riforma una sentenza che ha pronunciato l'estinzione del processo per inattività delle parti.

2. In ogni caso, quando, senza conoscere del merito del giudizio, il giudice di primo grado ha definito il processo decidendo soltanto altre questioni pregiudiziali o preliminari, su queste esclusivamente si pronuncia il giudice di appello. In caso di accoglimento del gravame proposto, rimette gli atti al primo giudice per la prosecuzione del giudizio sul merito e la pronuncia anche sulle spese del grado d'appello.

3. Le parti devono riassumere il processo nel termine perentorio di tre mesi (1) dalla notificazione o, se anteriore, dalla comunicazione della sentenza.

4. Se il giudice d'appello dichiara la nullità di altri atti compiuti in primo grado, ne ordina, in quanto possibile, la rinnovazione a norma dell'articolo 50.

(1) *Le parole* « tre mesi » *sono state sostituite alle parole* « novanta giorni » *dall'art. 86, comma 1 d.ls. 7 ottobre 2019, n. 114.*

CAPO III
Opposizione del terzo

Articolo 200
(*Casi di opposizione*)

1. Un terzo può fare opposizione contro la sentenza passata in giudicato o comunque esecutiva pronunciata tra altre persone quando essa pregiudica i suoi diritti.

2. Gli aventi causa e i creditori di una delle parti possono fare opposizione alla sentenza, quando la stessa è l'effetto di dolo o collusione a loro danno.

Articolo 201
(*Forma della domanda e procedimento*)

1. L'opposizione si propone con ricorso allo stesso giudice che ha pronunciato la sentenza impugnata.

2. Il ricorso deve contenere, oltre agli elementi di cui all'articolo 86, anche l'indicazione della sentenza impugnata e, nel caso dell'articolo 200, comma 2, l'indicazione del giorno in cui il terzo è venuto a conoscenza del dolo o della collusione, e della relativa prova.

3. L'opposizione deve essere proposta, entro il termine stabilito dall'articolo 178, commi 1 e 2, mediante deposito (1) nella segreteria del giudice competente, insieme con la copia della sentenza impugnata.

4. Il giudice adito, con decreto da emanarsi entro dieci giorni dal deposito del ricorso, fissa l'udienza e contestualmente assegna un termine non inferiore a venti giorni prima della medesima per la costituzione delle altre parti e per il deposito di memorie e documenti. Con il medesimo decreto, assegna al ricorrente un termine non inferiore a trenta giorni per la notificazione.

5. Il ricorrente notifica alle altre parti il ricorso e il decreto presidenziale.

6. Le altre parti, entro trenta giorni dal perfezionamento della notificazione di cui al comma 5, si costituiscono mediante deposito in cancelleria di una comparsa contenente le loro conclusioni.

7. L'opposizione non sospende l'esecuzione della sentenza impugnata. Tuttavia, su istanza di parte inserita nel ricorso (2) e qualora dall'esecuzione possa derivare grave e irreparabile danno, il giudice dell'opposizione può disporre in camera di consiglio, sentite le parti, con ordinanza non impugnabile che la esecuzione sia sospesa o che sia prestata congrua cauzione.

8. Per il procedimento si applica il comma 6 dell'articolo 190.

9. Il giudice, se dichiara inammissibile o improcedibile la domanda o la rigetta per infondatezza dei motivi, può condannare l'opponente al pagamento di una pena pecuniaria equitativamente determinata.

(1) *Le parole* « L'opposizione deve essere proposta, entro il termine stabilito dall'articolo 178, commi 1 e 2, mediante deposito » *sono state sostituite alle parole* « Il ricorso deve essere depositato, entro il termine stabilito dall'articolo 178, commi 1 e 2, » *dall'art. 87, comma 1, lett.* a) *d.ls. 7 ottobre 2019, n. 114.*

(2) *Le parole « nel ricorso » sono state sostituite alle parole « nell'atto di citazione » dall'art. 87, comma 1, lett.* b) *d.ls. n. 114, cit.*

CAPO IV
Revocazione

Articolo 202
(Casi di revocazione)

1. Le sentenze pronunciate in grado di appello o in unico grado possono essere impugnate per revocazione quando:

a) sono l'effetto del dolo di una delle parti in danno dell'altra;

b) la sentenza è effetto del dolo del giudice accertato con sentenza passata in giudicato;

c) si è giudicato in base a prove riconosciute o comunque dichiarate false dopo la sentenza oppure che la parte soccombente ignorava essere state riconosciute o dichiarate tali prima della sentenza;

d) dopo la sentenza siano stati rinvenuti uno o più documenti decisivi che la parte non aveva potuto produrre in giudizio per causa di forza maggiore o per fatto dell'avversario;

e) per l'esame di altri conti o per altro modo si sia riconosciuta omissione o doppio impiego ovvero errore di calcolo;

f) la sentenza è l'effetto di un errore di fatto risultante dagli atti o documenti della causa; l'errore di fatto ricorre quando la decisione è fondata sulla supposizione di un fatto la cui verità è incontrastabilmente esclusa, oppure quando è supposta l'inesistenza di un fatto la cui verità è positivamente stabilita, e tanto nell'uno quanto nell'altro caso se il fatto non costituì un punto controverso sul quale la sentenza ebbe a pronunciare;

g) la sentenza è contraria ad altra precedente avente tra le parti autorità di cosa giudicata purché la stessa non abbia pronunciato sulla relativa eccezione.

2. Il pubblico ministero può, altresì, impugnare per revocazione la sentenza pronunciata senza che egli sia stato sentito, ovvero, quando la sentenza è l'effetto della collusione posta in opera dalle parti per frodare la legge.

3. Le sentenze per le quali è scaduto il termine per l'appello possono essere impugnate per revocazione nei casi di cui al comma 1, lettere *a*), *b*), *c*), *d*) ed *e*) (1), purché la scoperta del dolo o della falsità, o il recupero dei documenti o la pronuncia della sentenza che accerta il dolo del giudice o la riconosciuta omissione o il doppio impiego di somme o l'errore di calcolo (1) siano avvenuti dopo la scadenza del termine suddetto.

4. Se i fatti menzionati al comma 3 avvengono durante il corso del termine per l'appello, il medesimo termine inizia nuovamente a decorrere dal giorno dell'avvenimento.

(1) *Le parole* « di cui al comma 1, lettere *a*), *b*), *c*), *d*) ed *e*) » *sono state sostituite alle parole* « di cui al comma 1, lettere *a*), *b*), *c*) e *d*) » *e le parole* « che accerta il dolo del giudice o la riconosciuta omissione o il doppio impiego di somme o l'errore di calcolo » *sono state inserite dall'art. 88, comma 1 d.ls. 7 ottobre 2019, n. 114.*

Articolo 203
(Proposizione e termini per la domanda)

1. La domanda di revocazione si propone con ricorso allo stesso giudice che ha pronunciato la sentenza impugnata.

2. Il ricorso, oltre agli elementi di cui all'articolo 86, deve contenere la precisa indicazione dei motivi richiesti dalla legge per la sua ammissibilità e deve essere proposto mediante deposito (1) nella segreteria del giudice competente, insieme con la copia della sentenza impugnata e con i documenti sui quali il ricorso si fonda.

3. Il deposito deve essere effettuato nei termini di cui all'articolo 178 [, decorrenti dall'irrevocabilità nei casi di cui all'articolo 202, comma 1, lettere *e*), *f*) e *g*), e, negli altri casi, dalla scoperta del dolo, della falsità, della collusione o dal rinvenimento dei documenti] (2).

4. Il giudice adito, con decreto da emanarsi entro dieci giorni dal deposito del ricorso, fissa l'udienza e contestualmente assegna un termine non inferiore a venti giorni prima della medesima per la costituzione delle altre parti e per il deposito di memorie e documenti. Con il medesimo decreto, assegna al ricorrente un termine ordinatorio non inferiore a trenta giorni per la notificazione.

5. Il ricorrente notifica alle altre parti il ricorso e il decreto presidenziale.

6. Le altre parti, entro trenta giorni dal perfezionamento della notificazione di cui al comma 5, devono costituirsi mediante deposito in cancelleria di una comparsa contenente le rispettive conclusioni.

(1) *Le parole* « deve essere proposto mediante deposito » *sono state sostituite alle parole* « deve essere depositate » *dall'art. 89, comma 1, lett.* a) *d.ls. 7 ottobre 2019, n. 114.*

(2) *Le parole da* «, decorrenti » *a* « dei documenti » *sono state soppresse dall'art. 89, comma 1, lett.* b) *d.ls. n. 114, cit.*

Articolo 204
(Procedimento)

1. La decisione sulla domanda di revocazione è pronunciata dal giudice adito che, in caso di composizione collegiale, può essere costituito dagli stessi giudici che hanno partecipato alla deliberazione della sentenza impugnata.

2. Si osservano, per il resto, le norme stabilite per il procedimento davanti al giudice adito in revocazione, in quanto non espressamente derogate da quelle del presente Capo.

Articolo 205
(Sospensione dell'esecuzione di sentenza impugnata per revocazione)

1. Il ricorso per revocazione non sospende l'esecuzione della sentenza impugnata. Tuttavia, su istanza di parte e qualora dall'esecuzione possa derivare grave e irrepara-

bile danno, il collegio può disporre in camera di consiglio, sentite le parti, con ordinanza non impugnabile, che la esecuzione sia sospesa o che sia prestata congrua cauzione.

2. Per il procedimento si applica l'articolo 190, comma 6.

Articolo 206
(*Impugnazione di sentenza emessa nel giudizio di revocazione*)

1. Con la sentenza che pronuncia la revocazione il collegio decide il merito della causa e dispone la restituzione di quanto sia stato eventualmente pagato in esecuzione della sentenza impugnata.

2. Non può essere impugnata per revocazione, per i medesimi motivi, la sentenza pronunciata in sede di giudizio di revocazione.

3. Contro la sentenza pronunciata in sede di revocazione sono ammessi i mezzi di impugnazione ai quali era originariamente soggetta la sentenza impugnata per revocazione.

CAPO V
Ricorso per cassazione

Articolo 207
(*Motivi di ricorso*)

1. Le decisioni della Corte dei conti in grado d'appello o in unico grado, e quelle di cui all'articolo 144, possono essere impugnate innanzi alla Corte di cassazione, ai sensi degli articoli 362 del codice di procedura civile e 111, ottavo comma, della Costituzione, per i soli motivi inerenti alla giurisdizione.

Articolo 208
(*Sospensione della sentenza impugnata*)

1. La proposizione del ricorso per cassazione non sospende l'esecutività della sentenza impugnata, salvo quanto disposto dell'articolo 209.

Articolo 209
(*Rapporti tra revocazione e ricorso per cassazione*)

1. Quando avverso una decisione definitiva della Corte dei conti, emessa in unico grado o in appello, sia stato proposto ricorso per cassazione nel termine di cui all'articolo 327 del codice di procedura civile, la parte che ha proposto domanda di revocazione può fare istanza di sospensione ai sensi dell'articolo 205 dimostrando di avere già depositato il ricorso per cassazione contro la sentenza medesima.

Articolo 210
(*Riassunzione*)

1. Quando la Corte di cassazione dichiara la giurisdizione della Corte dei conti, ciascuna delle parti può riassumere la causa non oltre tre mesi dalla comunicazione della sentenza della Corte di cassazione effettuata, ai sensi dell'articolo 133 del codice di procedura civile, ovvero, per il pubblico ministero, dal momento in cui ne ha avuto conoscenza.

2. Il giudice si uniforma a quanto statuito dalla Corte di cassazione sulla giurisdizione.

3. Se la riassunzione non avviene entro il termine di cui al comma 1 o si avvera successivamente a essa una causa di estinzione del giudizio, l'intero processo si estingue; la sentenza della Corte di cassazione conserva il suo effetto vincolante anche nel nuovo processo che sia instaurato con la riproposizione della domanda.

PARTE VII
INTERPRETAZIONE DEL TITOLO GIUDIZIALE ED ESECUZIONE

TITOLO I
INTERPRETAZIONE DEL TITOLO GIUDIZIALE ED ESECUZIONE

CAPO I
Interpretazione del titolo giudiziale

Articolo 211
(*Giudizio di interpretazione del titolo giudiziale*)

1. Qualora ai fini della relativa esecuzione sorga questione sull'interpretazione di una decisione della Corte dei conti, le parti, l'amministrazione o l'ente interessato possono promuovere il giudizio d'interpretazione del titolo giudiziale.

2. L'atto introduttivo si propone davanti al giudice che ha emesso la decisone. Il procedimento è regolato dalle disposizioni che disciplinano il giudizio ad istanza di parte.

CAPO II
Esecuzione delle sentenze di condanna

Articolo 212
(*Titolo esecutivo*)

1. Le decisioni definitive di condanna, l'ordinanza esecutiva emessa ai sensi dell'articolo 132, comma 3, e i provvedimenti emessi ai sensi dell'articolo 134, comma 4, per valere come titolo per l'esecuzione forzata, sono muniti della formula esecutiva.

2. La spedizione in forma esecutiva consiste nell'intestazione "Repubblica italiana - In nome della legge" e nell'apposizione da parte del dirigente della segreteria della sezione giurisdizionale, o del funzionario all'uopo delegato, sulla copia del provvedimento della formula (1): "Comandiamo a tutti gli ufficiali giudiziari che ne siano richiesti e a chiunque spetti, di mettere a esecuzione il presente titolo, al pubblico ministero di darvi assistenza, e a tutti gli ufficiali della forza pubblica di concorrervi, quando ne siano legalmente richiesti".

3. La spedizione del titolo in forma esecutiva può farsi soltanto a ciascuna delle parti a favore delle quali è stato pronunciato il provvedimento. Il rilascio della copia in forma esecutiva alle amministrazioni interessate avviene d'ufficio, da parte della segreteria della sezione giurisdizionale, per il tramite del pubblico ministero, al quale le

stesse si rivolgono indicando il numero di copie conformi necessarie all'esecuzione del provvedimento (2).

4. Non può spedirsi senza giusto motivo più di una copia in forma esecutiva a favore dell'ufficio del pubblico ministero. Le ulteriori copie sono chieste dalla parte interessata con motivata istanza al presidente della sezione, che provvede con decreto; la richiesta nell'interesse dell'amministrazione è fatta per il tramite del pubblico ministero (3).

5. Il dirigente della segreteria della sezione o il funzionario delegato (4) che contravviene alle disposizioni del presente articolo è condannato a una pena pecuniaria da 1.000 a 5.000 euro, con decreto del presidente della sezione.

(1) *Le parole* « o del funzionario all'uopo delegato, sulla copia del provvedimento della formula » *sono state sostituite alle parole* « sull'originale o sulla copia, della seguente formula » *dall'art. 90, comma 1, lett.* a) *d.ls. 7 ottobre 2019, n. 114*.

(2) *Comma così sostituito dall'art. 90, comma 1, lett.* b) *d.ls. n. 114, cit. Il testo del comma era il seguente:* « 3. Non può spedirsi senza giusto motivo più di una copia in forma esecutiva a favore dell'ufficio del pubblico ministero ».

(3) *Comma così sostituito dall'art. 90, comma 1, lett.* c) *d.ls. n. 114, cit. Il testo del comma era il seguente:* « 4. Nel caso di pluralità di amministrazioni interessate all'esecuzione o di esecuzione nei confronti di più parti, le ulteriori copie, su motivata istanza del pubblico ministero, sono chieste al presidente della sezione che ha pronunciato la decisione da eseguire, che provvede con decreto ».

(4) *Le parole* « o il funzionario delegato » *sono state inserite dall'art. 90, comma 1, lett.* d) *d.ls. n. 114, cit.*

Articolo 213
(*Potere di iniziativa e attività del pubblico ministero*)

1. Il pubblico ministero territorialmente competente, ottenuta copia della sentenza munita della formula esecutiva, la comunica all'amministrazione o all'ente titolare del credito erariale.

2. Nel caso in cui il credito di cui alla sentenza di condanna sia assistito da misura cautelare di sequestro, dalla data di ricezione della comunicazione effettuata ai sensi del comma 1 decorre il termine perentorio di sessanta giorni di cui all'articolo 156 delle disposizioni di attuazione del codice di procedura civile per procedere ad esecuzione su beni sequestrati.

3. L'amministrazione o l'ente notifica la sentenza con la formula esecutiva al condannato personalmente, ai sensi degli articoli 137 e seguenti del codice di procedura civile, al fine di dare avvio alla esecuzione.

4. Il pubblico ministero esercita i poteri di cui agli articoli 214, 215 e 216.

Articolo 214
(*Attività esecutiva dell'amministrazione o dell'ente danneggiato*)

1. Alla riscossione dei crediti liquidati dalla Corte dei conti, con decisione esecutiva a carico dei responsabili per danno erariale, provvede l'amministrazione o l'ente titolare del credito, attraverso l'ufficio designato con decreto del Ministro competente emanato ai sensi dell'articolo 17, comma 4-*bis*, lettera *e*), della legge 23 agosto 1988, n. 400, ovvero con provvedimento (1) dell'organo di governo dell'amministrazione o dell'ente.

1-*bis*. Nel caso di pluralità di amministrazioni o enti interessati, la riscossione delle spese di giustizia deve essere curata dal titolare del maggior credito o, in caso di più crediti della stessa entità, da ciascuna amministrazione in parti uguali (2).

2. Il titolare dell'ufficio designato comunica tempestivamente al procuratore regionale territorialmente competente l'inizio della procedura di riscossione e il nominativo del responsabile del procedimento.

3. L'amministrazione o l'ente titolare del credito erariale, a seguito della comunicazione del titolo giudiziale esecutivo, ha l'obbligo di avviare immediatamente l'azione di recupero del credito, secondo le modalità di cui al comma 5 ed effettuando la scelta attuativa ritenuta più proficua in ragione dell'entità del credito, della situazione patrimoniale del debitore e di ogni altro elemento o circostanza a tale fine rilevante. L'amministrazione può richiedere al procuratore regionale di conoscere gli esiti degli accertamenti patrimoniali volti a verificare le condizioni di solvibilità del debitore (3).

4. Resta ferma ogni ipotesi di responsabilità per danno erariale, disciplinare, dirigenziale e penale configurabile in ragione della mancata attuazione del recupero.

5. La riscossione del credito erariale è effettuata:

a) mediante recupero in via amministrativa;

b) mediante esecuzione forzata di cui al Libro III del codice di procedura civile;

c) mediante iscrizione a ruolo ai sensi della normativa concernente, rispettivamente, la riscossione dei crediti dello Stato e degli enti locali e territoriali.

6. Il pubblico ministero, titolare del potere di esercitare la vigilanza sulle attività volte al recupero del credito erariale, può indirizzare all'amministrazione o ente esecutante, anche a richiesta, apposite istruzioni circa il tempestivo e corretto svolgimento dell'azione di recupero in sede amministrativa o giurisdizionale.

7. Le amministrazioni statali o ad esse equiparate, per l'esecuzione delle sentenze di condanna, si avvalgono, in luogo dell'attività di indirizzo prevista dal comma 6, della consulenza e, per le esecuzioni dinanzi al giudice ordinario, del patrocinio dell'Avvocatura dello Stato, ai sensi del regio decreto 30 ottobre 1933, n. 1611, e delle altre leggi speciali in materia.

8. Decorsi tre mesi dalla chiusura dell'esercizio di ciascun anno finanziario, il responsabile del procedimento trasmette al pubblico ministero territorialmente competente un prospetto informativo che, in relazione alle decisioni di condanna pronunciate dalla Corte dei conti, indica analiticamente le partite riscosse e le disposizioni prese per quelle che restano da riscuotere, distintamente tra quelle per le quali è in corso il recupero in via amministrativa, quelle per le quali sia stata avviata procedura di esecuzione forzata e quelle iscritte a ruolo di riscossione. Al prospetto informativo sono allegati i documenti giustificativi dell'attività svolta.

(1) *Le parole* « ovvero con provvedimento » *sono state sostituite alle parole* « o con provvedimento » *dall'art. 98, comma 1, lett.* r) *d.ls. 7 ottobre 2019, n. 114*.

(2) *Comma inserito dall'art. 91, comma 1, lett.* a) *d.ls. n. 114, cit.*

(3) *Secondo periodo aggiunto dall'art. 91, comma 1, lett.* b) *d.ls. n. 114, cit.*

Articolo 215
(*Recupero del credito erariale in via amministrativa*)

1. Il recupero in via amministrativa del credito erariale

derivante da condanna è effettuato mediante ritenuta, nei limiti consentiti dalla normativa in vigore, su tutte le somme a qualsiasi titolo dovute all'agente pubblico in base al rapporto di lavoro, di impiego o di servizio, compresi il trattamento di fine rapporto e quello di quiescenza, comunque denominati.

2. Il recupero è effettuato su tempestiva richiesta dell'ufficio che ha in carico il credito, alla quale l'ufficio o l'ente erogatore dà esecuzione immediata.

3. Nell'ambito della procedura amministrativa di recupero, l'ufficio che ha in carico il credito erariale può chiedere l'iscrizione di ipoteca sui beni del debitore per un importo pari a quello liquidato nella decisione della Corte dei conti, nonché alle spese di iscrizione di ipoteca e con l'espressa indicazione della misura degli interessi legali, ai sensi dell'articolo 2855, secondo comma, del codice civile.

4. Il debitore può chiedere di procedere al versamento diretto in Tesoreria delle somme da lui dovute, con imputazione all'apposita voce di entrata del bilancio indicata dall'ufficio di cui all'articolo 214, comma 1.

5. A richiesta del debitore, il pagamento o il recupero possono essere effettuati a mezzo di un piano di rateizzazione. Il piano di rateizzazione è determinato dall'ufficio designato di cui all'articolo 214, comma 1, tenuto conto dell'ammontare del credito e delle condizioni economiche e patrimoniali del debitore ed è sottoposto alla previa approvazione del pubblico ministero territorialmente competente.

6. Il mancato versamento di cinque rate anche non consecutive determina la decadenza dal beneficio della rateizzazione.

Articolo 216
(*Esecuzione forzata innanzi al giudice ordinario*)

1. Nel caso in cui l'amministrazione o l'ente titolare del credito erariale proceda al recupero mediante l'esecuzione forzata innanzi al giudice ordinario ai sensi del Libro III del codice di procedura civile, il pubblico ministero contabile, svolti, se necessario, accertamenti patrimoniali finalizzati a verificare le condizioni di solvibilità del debitore e la proficuità dell'esecuzione, nell'ambito dell'esercizio dei poteri di vigilanza di cui all'articolo 214, comma 6, e fermo restando quanto previsto dall'articolo 214, comma 7, a richiesta dell'amministrazione o ente esecutante può fornire istruzioni finalizzate al tempestivo e regolare svolgimento delle attività esperibili innanzi al giudice dell'esecuzione.

2. L'amministrazione o ente che esercita l'azione tiene informato il pubblico ministero dell'andamento della procedura esecutiva, sottoponendo alla sua valutazione le problematiche eventualmente insorgenti al riguardo.

3. Il credito erariale è assistito da privilegio ai sensi dell'articolo 2750 del codice civile. Ai fini del grado di preferenza, il privilegio per il credito erariale derivante da condanna della Corte dei conti sui beni mobili e sui beni immobili segue, nell'ordine, quelli per i crediti indicati, rispettivamente, negli articoli 2778 e 2780 del codice civile.

CAPO III
Giudizio di ottemperanza

Articolo 217
(*Giudice dell'ottemperanza*)

1. Il ricorso per ottenere l'esecuzione in materia pensionistica e nei giudizi ad istanza di parte si propone al giudice che ha emesso la sentenza di cui è chiesta l'ottemperanza.

2. Il giudice monocratico (1) esercita i poteri inerenti al giudizio di ottemperanza per l'esecuzione delle sentenze emesse dalle sezioni giurisdizionali regionali e non sospese dalle sezioni giurisdizionali d'appello, nonché per le sentenze confermate in appello con motivazione che abbia lo stesso contenuto dispositivo e conformativo delle sentenze di primo grado.

3. Negli altri casi, per l'esecuzione delle sentenze emesse dalle sezioni giurisdizionali d'appello provvedono queste ultime.

(1) *Le parole* « Il giudice monocratico » *sono state sostituite alle parole* « Il giudice unico » *dall'art. 92, comma 1 d.ls. 7 ottobre 2019, n. 114.*

Articolo 218
(*Procedimento*)

1. L'azione si propone, previa diffida, con ricorso notificato alla pubblica amministrazione e a tutte le altre parti del giudizio definito dalla sentenza della cui ottemperanza si tratta.

2. Unitamente al ricorso è depositata in copia autentica la sentenza di cui si chiede l'ottemperanza, con l'eventuale prova del suo passaggio in giudicato.

3. Il giudice decide con sentenza in forma semplificata.

4. Il giudice, in caso di accoglimento del ricorso:

a) ordina l'ottemperanza, prescrivendo le relative modalità;

b) nel caso di ottemperanza di sentenze non passate in giudicato, determina le modalità esecutive, considerando inefficaci gli atti emessi in violazione o elusione e provvede di conseguenza, tenendo conto degli effetti che ne derivano;

c) nomina, ove occorra, un commissario ad acta;

d) salvo che ciò sia manifestamente iniquo, e se non sussistono altre ragioni ostative, fissa, su richiesta di parte, la somma di denaro dovuta dal resistente per ogni violazione o inosservanza successiva, ovvero per ogni ritardo nell'esecuzione del giudicato;

tale statuizione costituisce titolo esecutivo.

5. Se è chiesta l'esecuzione di un'ordinanza, il giudice provvede con ordinanza.

6. Il giudice conosce di tutte le questioni relative all'esatta ottemperanza, ivi comprese quelle inerenti agli atti del commissario.

7. Il giudice fornisce chiarimenti in ordine alle modalità di ottemperanza, anche su richiesta del commissario.

8. I provvedimenti giurisdizionali adottati dal giudice dell'ottemperanza sono impugnabili secondo quanto previsto dalla Parte VI del presente codice.

PARTE VIII
DISPOSIZIONI FINALI

TITOLO I
DISPOSIZIONI FINALI

CAPO I
Norma finanziaria

Articolo 219
(*Norma finanziaria*)

1. Le amministrazioni competenti provvedono all'attuazione del presente codice nell'ambito delle risorse umane, strumentali e finanziarie disponibili a legislazione vigente e, comunque, senza nuovi o maggiori oneri per la finanza pubblica.

ALLEGATO 2
Norme di attuazione (*omissis*) (1)

(1) *Allegato 2 al d.ls. 26 agosto 2016, n. 174 Codice di giustizia contabile, adottato ai sensi dell'articolo 20 della legge 7 agosto 2015, n. 124.*

ALLEGATO 3
Norme transitorie e abrogazioni (1)

(1) *Allegato 3 al d.ls. 26 agosto 2016, n. 174 Codice di giustizia contabile, adottato ai sensi dell'articolo 20 della legge 7 agosto 2015, n. 124.*

Articolo 1
(*Ultrattività della disciplina previgente*)

1. Per i termini processuali, anche se sospesi o interrotti, di giudizi che siano in corso alla data di entrata in vigore del codice della giustizia contabile di cui all'Allegato 1 (di seguito codice), continuano a trovare applicazione le norme previgenti.

Articolo 2
(*Disposizioni particolari*)

1. Le disposizioni di cui alla Parte II, Titolo I, Capi I, II e III del codice, che disciplinano l'istruttoria del pubblico ministero, si applicano alle istruttorie in corso alla data di entrata in vigore del codice, fatti salvi gli atti già compiuti secondo il regime previgente. Le disposizioni di cui alla Parte II, Titoli II, III, IV e V si applicano anche ai giudizi in corso.

2. Le disposizioni di cui all'articolo 66 del codice si applicano ai fatti commessi e alle omissioni avvenute a decorrere dalla data di entrata in vigore del codice.

3. Le disposizioni di cui alla Parte III del codice si applicano ai conti giudiziali da presentarsi (1) presso l'amministrazione di competenza a decorrere dalla data di entrata in vigore del codice, qualunque sia l'esercizio di riferimento (1).

4. Le disposizioni della Parte VI del codice, che disciplina i procedimenti di impugnazione, si applicano ai giudizi instaurati con atto di cui sia stata richiesta la notificazione a decorrere dalla data di entrata in vigore del codice.

5. Ai fini dell'impugnazione, ai giudizi avverso le sentenze per le quali stia decorrendo il termine per l'impugnazione alla data di entrata in vigore del codice, si applicano gli articoli 193, 194 e 199 del codice.

6. Le disposizioni di cui agli articoli 212, 213, 214, 215 e 216 del codice, che disciplinano l'esecuzione della sentenza, si applicano relativamente alle sentenze pubblicate a decorrere dalla data di entrata in vigore del codice.

6-*bis*. La disposizione di cui all'articolo 12, comma 1-*bis*, del codice, non si applica agli incarichi già conferiti alla data di entrata in vigore della medesima disposizione, i quali proseguono sino alla relativa scadenza (2).

(1) *Le parole* « da presentarsi » *sono state sostituite alle parole* « da presentare » *e le parole* « , qualunque sia l'esercizio di riferimento » *sono state aggiunte dall'art. 96, comma 1, lett.* a) *d.ls. 7 ottobre 2019, n. 114.*
(2) *Comma aggiunto dall'art. 96, comma 1, lett.* b) *d.ls. n. 114, cit.*

Articolo 3

1. Le disposizioni di cui alla Parte IV del codice, che disciplinano il giudizio pensionistico, si applicano ai giudizi instaurati in primo grado con ricorso depositato a decorrere dalla data di entrata in vigore del codice.

2. Le disposizioni di cui all'articolo 170 del codice, sull'appello in materia pensionistica, si applicano ai giudizi instaurati con atto di cui sia stata richiesta la notificazione a decorrere dalla data di entrata in vigore del codice.

3. Ai fini dell'impugnazione, ai giudizi avverso le sentenze per le quali stia decorrendo il termine per l'impugnazione alla data di entrata in vigore del codice, si applicano gli articoli 170, comma 4, 193 e 194 del medesimo codice.

4. Per i giudizi in materia pensionistica pendenti, in primo grado ed in appello, alla data di entrata in vigore del codice, le parti, entro il termine perentorio di centottanta giorni dalla stessa data, presentano una nuova istanza di fissazione di udienza, sottoscritta dalla parte, relativamente ai ricorsi pendenti da oltre cinque anni e per i quali non è stata ancora fissata l'udienza di discussione. In difetto, il ricorso è dichiarato perento con decreto del presidente.

Il decreto è depositato in segreteria, che ne dà formale comunicazione alle parti costituite.

5. Nel termine di sessanta giorni dalla comunicazione ciascuna delle parti costituite può proporre opposizione al collegio, con atto notificato a tutte le altre parti e depositato presso la segreteria del giudice adito entro dieci giorni dall'ultima notifica.

Nei trenta giorni successivi il collegio decide sulla opposizione in camera di consiglio, sentite le parti che ne facciano richiesta, con ordinanza che, in caso di accoglimento della opposizione, dispone la reiscrizione del ricorso nel ruolo ordinario. Nel caso di rigetto, le spese sono poste a carico dell'opponente e vengono liquidate dal collegio nella stessa ordinanza, esclusa la possibilità di compensazione anche parziale. L'ordinanza è depositata in segreteria, che ne dà comunicazione alle parti costituite. Avverso l'ordinanza che decide sulla opposizione può essere proposto ricorso in appello. Il giudizio di appello procede secondo le regole ordinarie, ridotti alla metà tutti i termini processuali.

6. Se, nel termine di centottanta giorni dalla comunicazione del decreto di cui al comma 4, la parte deposita un atto, sottoscritto personalmente e dal difensore e notificato alle altre parti, in cui dichiara di avere ancora interesse alla trattazione della causa, il presidente revoca il decreto e dispone ai sensi degli articoli 155, comma 4, e 181 del codice.

Articolo 4

(Abrogazioni) *(omissis)*

CAPO III
TRIBUNALI DELLE ACQUE

18. Regio decreto 11 dicembre 1933, n. 1775. — Testo unico delle disposizioni di legge sulle acque e impianti elettrici. (*estratto*).

Pubblicato nella Gazzetta Ufficiale n. 5 dell'8 gennaio 1934.

TITOLO IV
Contenzioso

CAPO I
Giurisdizione

138 Presso ciascuna delle sottoindicate sedi di Corte di Appello è istituito un Tribunale regionale delle acque pubbliche:

1) Torino: per le circoscrizioni delle Corti di Appello di Torino e Genova;

2) Milano: per le circoscrizioni delle Corti di Appello di Milano e Brescia;

3) Venezia: per le circoscrizioni delle Corti di Appello di Venezia e Trieste;

4) Firenze: per le circoscrizioni delle Corti di Appello di Bologna e Firenze;

5) Roma: per le circoscrizioni delle Corti di Appello di Roma, Aquila ed Ancona;

6) Napoli: per le circoscrizioni delle Corti di Appello di Napoli, Bari e Catanzaro;

7) Palermo: per le circoscrizioni delle Corti di Appello di Palermo, Catania e Messina;

8) Cagliari: per la circoscrizione della Corte di Appello di Cagliari.

Il Tribunale regionale è costituito da una sezione ordinaria della Corte di appello designata dal presidente, integrata con tre esperti, iscritti nell'albo degli ingegneri e nominati con decreto del Ministro della giustizia in conformità alla deliberazione del Consiglio superiore della magistratura adottata su proposta del presidente della Corte di appello (1).

Essi durano in carica cinque anni e possono essere riconfermati.

(*Omissis*) (2).

Il Tribunale regionale decide con l'intervento di tre votanti, tra i quali uno degli esperti di cui al secondo comma (1) (2) (3) (4).

(1) *Comma sostituito dall'articolo 1 del d.l. 24 dicembre 2003, n. 354, conv., con modif., in l. 26 febbraio 2004, n. 45, con la decorrenza indicata dall'articolo 9 del medesimo decreto legge.*

(2) *Comma abrogato dall'articolo 1 della legge 18 gennaio 1949, n. 18.*

(3) *La Corte costituzionale, con sentenza 17 luglio 2002, n. 353, ha dichiarato l'*illegittimità costituzionale *del presente articolo, nella parte in cui prevede che siano aggregati al Tribunale regionale delle acque pubbliche tre funzionari dell'*ex *Genio civile, uno dei quali deve intervenire nel collegio giudicante.*

(4) *Vedi il d.l. 11 novembre 2002, n. 251, come modificato dalla legge di conversione 10 gennaio 2003, n. 1.*

139 È istituito in Roma, con sede nel palazzo di Giustizia, il Tribunale superiore delle acque pubbliche.

Esso è composto di:

a) un presidente, nominato con decreto del Capo dello Stato su proposta del Ministro Guardasigilli, sentito il Consiglio dei Ministri, avente grado 2° corrispondente a quello di procuratore generale della Corte Suprema di Cassazione (1);

b) quattro consiglieri di Stato;

c) quattro magistrati scelti fra i consiglieri di Cassazione;

d) tre esperti, iscritti nell'albo degli ingegneri (2).

In assenza del presidente, presiede il più anziano di grado fra i membri indicati nelle lettere *b*) e *c*).

I giudici del Tribunale superiore sono nominati con decreto del Presidente della Repubblica su proposta del Ministro Guardasigilli e designati: i consiglieri di Stato dal presidente del Consiglio stesso; i consiglieri di Cassazione dal primo presidente della Corte di cassazione; « gli esperti sono nominati con decreto del Ministro della giustizia in conformità alla deliberazione del Consiglio superiore della magistratura adottata su proposta del presidente del Tribunale superiore (3).

Tutti i componenti del Tribunale superiore durano in carica cinque anni e possono essere riconfermati.

Il presidente del Tribunale superiore può essere collocato temporaneamente fuori del ruolo organico della magistratura.

(*Omissis*) (4).

Le somme necessarie saranno inscritte nel bilancio del Ministero della giustizia.

Il Tribunale superiore delle acque pubbliche ha un proprio ufficio di cancelleria.

Il cancelliere è nominato con decreto del Ministro della giustizia tra i funzionari delle cancellerie e segreterie giudiziarie aventi grado non inferiore al settimo.

Su richiesta del Tribunale superiore, il primo presidente della Corte di cassazione, per necessità di servizio, può applicare temporaneamente a detto ufficio cancellieri o aggiunti addetti ad altre autorità giudiziarie di Roma (5) (6).

(1) *Lettera modificata dal d.l. del Capo Provvisorio dello Stato 1° ottobre 1947, n. 1696.*

(2) *Lettera sostituita dall'articolo 1 del d.l. 24 dicembre 2003, n. 354, conv., con modif., in l. 26 febbraio 2004, n. 45, con la decorrenza indicata dall'articolo 9 del medesimo decreto legge.*

(3) *Comma modificato dall'articolo 1 del d.l. 24 dicembre 2003, n. 354, cit., con la decorrenza indicata dall'articolo 9 del medesimo decreto legge.*

(4) *Comma abrogato dall'art. 1 l. 18 gennaio 1949, n. 18. Vedi, ora, l. 1° agosto 1959, n. 704.*

(5) *Si veda la pronuncia di incostituzionalità emessa dalla Corte costituzionale, sentenza n. 305/2002, sul combinato disposto del presente articolo e il terzo comma dell'art. 143 (cfr. nota all'art. citato).*

(6) *Vedi il d.l. 11 novembre 2002, n. 251, come modificato dalla legge di conversione 10 gennaio 2003, n. 1.*

139-*bis* Nelle stesse forme previste per i titolari sono nominati in pari numero componenti supplenti del Tribunale superiore, i quali sono retribuiti, per il servizio effettivamente prestato, nella misura prevista dall'articolo 1, primo e secondo comma, della legge 1 ° agosto 1959, n. 704 (1).

(1) *Articolo inserito dall'articolo 1 del d.l. 24 dicembre 2003, n. 354 conv., con modif., in l. 26 febbraio 2004, n. 45.*

140 Appartengono in primo grado alla cognizione dei Tribunali delle acque pubbliche:

a) le controversie intorno alla demanialità delle acque;

b) le controversie circa i limiti dei corsi o bacini, loro alvei e sponde;

c) le controversie, aventi ad oggetto qualunque diritto relativo alle derivazioni e utilizzazioni di acqua pubblica;

d) le controversie di qualunque natura, riguardanti la occupazione totale o parziale, permanente o temporanea di fondi e le indennità previste dall'art. 46 della l. 25 giugno 1865, n. 2359, in conseguenza dell'esecuzione o manutenzione di opere idrauliche, di bonifica e derivazione utilizzazione delle acque.

Per quanto riguarda la determinazione peritale dell'indennità prima dell'emissione del decreto della espropriazione resta fermo il disposto dell'art. 33 della presente legge;

e) le controversie per risarcimenti di danni dipendenti da qualunque opera eseguita dalla pubblica amministrazione e da qualunque provvedimento emesso dall'autorità amministrativa a termini dell'art. 2 del T.U. 25 luglio 1904, n. 523, modificato con l'art. 22 della l. 13 luglio 1911, n. 774;

f) i ricorsi previsti dagli artt. 25 e 29 del testo unico delle leggi sulla pesca approvato con r.d. 8 ottobre 1931, n. 1604 (1).

(1) *Vedi d.l. 11 novembre 2002, n. 251, come modificato dalla legge di conversione 10 gennaio 2003, n. 1.*

141 Le azioni possessorie e quelle di denuncia di nuova opera e di danno temuto nelle materie di cui all'articolo precedente non sono proponibili avverso provvedimenti e atti dell'autorità amministrativa.

In ogni altro caso esse sono proposte dinanzi al pretore competente per territorio.

Ove sia luogo ad appello, esso è proposto al rispettivo Tribunale delle acque pubbliche (1).

(1) *Vedi d.l. 11 novembre 2002, n. 251, come modificato dalla legge di conversione 10 gennaio 2003, n. 1.*

142 Al Tribunale superiore delle acque pubbliche appartiene la cognizione in grado di appello di tutte le cause decise in primo grado dal Tribunale delle acque pubbliche.

Il Tribunale decide con intervento di cinque votanti, dei quali tre magistrati, un consigliere di Stato ed un tecnico (1).

(1) *Vedi d.l. 11 novembre 2002, n. 251, come modificato dalla legge di conversione 10 gennaio 2003, n. 1.*

143 Appartengono alla cognizione diretta del Tribunale superiore delle acque pubbliche:

a) i ricorsi per incompetenza, per eccesso di potere e per violazione di legge avverso i provvedimenti definitivi presi dall'amministrazione in materia di acque pubbliche (1);

b) i ricorsi, anche per il merito, contro i provvedimenti definitivi dell'autorità amministrativa adottata ai sensi degli artt. 217 e 221 della presente legge; nonché contro i provvedimenti definitivi adottati dall'autorità amministrativa in materia di regime delle acque pubbliche ai sensi dell'art. 2 del testo unico delle leggi sulle opere idrauliche approvato con r.d. 25 luglio 1904, n. 523, modificato con l'art. 22 della l. 13 luglio 1911, n. 774, del r.d. 19 novembre 1921, n. 1688, e degli artt. 378 e 379 della l. 20 marzo 1865, n. 2248, all. F (1);

c) i ricorsi la cui cognizione è attribuita al Tribunale superiore delle acque dalla presente legge e dagli artt. 23, 24, 26 e 28 del testo unico delle leggi sulla pesca, approvato con r.d. 8 ottobre 1931, n. 1604.

Il termine per ricorrere nei casi indicati nel presente articolo è di giorni sessanta dalla data in cui la decisione amministrativa sia stata notificata nelle forme e nei modi stabiliti (1).

Nelle materie indicate nel presente articolo, il Tribunale superiore decide con sette votanti, cioè con tre magistrati, con tre consiglieri di Stato e con un tecnico (2) (3).

(1) *La Corte costituzionale, con sentenza 31 gennaio 1991, n. 42, ha dichiarato* l'illegittimità costituzionale *delle lettere* a) *e* b) *del presente articolo, limitatamente alle parole "definitivi"; ha dichiarato, poi, in applicazione dell'art. 27, l. 11 marzo 1953, n. 87, l'illegittimità costituzionale del secondo comma del presente articolo, nella parte in cui non prevede che il ricorso giurisdizionale possa anche esperirsi contro il provvedimento amministrativo, impugnato con il ricorso in via gerarchica, nel termine di sessanta giorni dalla scadenza di quello di novanta giorni decorrente dalla proposizione del rimedio amministrativo, qualora entro quest'ultimo termine la pubblica amministrazione non abbia comunicato e notificato la decisione all'interessato.*

(2) *La Corte costituzionale, con sentenza 3 luglio 2002, n. 305, ha dichiarato* l'illegittimità costituzionale *del presente comma, nella parte in cui non*

prevede meccanismi di sostituzione del componente astenuto, ricusato o legittimamente impedito del Tribunale superiore delle acque pubbliche.

(3) *Vedi d.l. 11 novembre 2002, n. 251, come modificato dalla legge di conversione 10 gennaio 2003, n. 1.*

144 La competenza dei Tribunali delle acque pubbliche determinata dagli articoli 140 e 143 sussiste altresì per le controversie relative alle acque pubbliche sotterranee e per quelle concernenti la ricerca, l'estrazione e l'utilizzazione delle acque sotterranee nei comprensori soggetti a tutela sempre che le controversie interessino la pubblica amministrazione (1).

(1) *Vedi d.l. 11 novembre 2002, n. 251, come modificato dalla legge di conversione 10 gennaio 2003, n. 1.*

CAPO IV
GIUDICE TRIBUTARIO

19. Decreto legislativo 31 dicembre 1992, n. 546. — Disposizioni sul processo tributario in attuazione della delega al Governo contenuta nell'articolo 30 della legge 30 dicembre 1991, n. 413. (*estratto*) (1) (2).

Pubblicato nella Gazzetta Ufficiale n. 9 del 13 gennaio 1993, S.O.

(1) *Tutti i rinvii al d.P.R. 28 gennaio 1988, n. 43, soppresso dall'art. 68, d.ls. 13 aprile 1999, n. 112, contenuti nel presente provvedimento, si intendono riferiti alle corrispondenti disposizioni del citato d.ls. n. 112/1999.*

(2) *Per le misure urgenti relative allo svolgimento delle udienze da remoto nel processo tributario, connesse all'emergenza epidemiologica da COVID-19, v. art. 27 d.l. 28 ottobre 2020, n. 137, conv., con modif., in l. 18 dicembre 2020, n. 176.*

TITOLO I
Disposizioni generali

CAPO I
Del giudice tributario e suoi ausiliari

1 Gli organi della giurisdizione tributaria.

1. La giurisdizione tributaria è esercitata dalle commissioni tributarie provinciali e dalle commissioni tributarie regionali di cui all'art. 1 del decreto del Presidente della Repubblica 31 dicembre 1992, n. 545.

2. I giudici tributari applicano le norme del presente decreto e, per quanto da esse non disposto e con esse compatibili, le norme del codice di procedura civile.

2 Oggetto della giurisdizione tributaria (1)

1. Appartengono alla giurisdizione tributaria tutte le controversie aventi ad oggetto i tributi di ogni genere e specie comunque denominati, compresi quelli regionali, provinciali e comunali e il contributo per il Servizio sanitario nazionale, le sovrimposte e le addizionali, le relative sanzioni nonché gli interessi e ogni altro accessorio. Restano escluse dalla giurisdizione tributaria soltanto le controversie riguardanti gli atti della esecuzione forzata tributaria successivi alla notifica della cartella di pagamento e, ove previsto, dell'avviso di cui all'articolo 50 del decreto del Presidente della Repubblica 29 settembre 1973, n. 602, per le quali continuano ad applicarsi le disposizioni del medesimo decreto del Presidente della Repubblica (2) (3).

2. Appartengono altresì alla giurisdizione tributaria le controversie promosse dai singoli possessori concernenti l'intestazione, la delimitazione, la figura, l'estensione, il classamento dei terreni e la ripartizione dell'estimo fra i compossessori a titolo di promiscuità di una stessa particella, nonché le controversie concernenti la consistenza, il classamento delle singole unità immobiliari urbane e l'attribuzione della rendita catastale. Appartengono alla giurisdizione tributaria anche le controversie attinenti l'imposta o il canone comunale sulla pubblicità e il diritto sulle pubbliche affissioni (4) (5).

3. Il giudice tributario risolve in via incidentale ogni questione da cui dipende la decisione delle controversie rientranti nella propria giurisdizione, fatta eccezione per le questioni in materia di querela di falso e sullo stato o la capacità delle persone, diversa dalla capacità di stare in giudizio.

(1) *Articolo modificato dall'art. 3, comma 37, l. 28 dicembre 1995, n. 549 e successivamente sostituito dall'art. 3, comma 37, l. 28 dicembre 2001, n. 448.*

(2) *Comma modificato dall'art. 3-*bis*, comma 1, lett.* a)*, d.l. 30 settembre 2005, n. 203, conv., con modif., in l. 2 dicembre 2005, n. 248 e successivamente dall'art. 9, comma 1, lett.* a)*, n. 1), d.ls. 24 settembre 2015, n. 156, a decorrere dal 1° gennaio 2016.*

(3) *La Corte Costituzionale, con sentenza 5 maggio 2008, n. 130 (in Gazz. Uff., 21 maggio 2008, n. 22), ha dichiarato l'illegittimità costituzionale del presente comma, nella parte in cui attribuisce alla giurisdizione tributaria le controversie relative alle sanzioni comunque irrogate da uffici finanziari, anche laddove esse conseguano alla violazione di disposizioni non aventi natura tributaria.*

(4) *Comma modificato dall'art. 3-*bis*, comma 1, lett.* b)*, d.l. 30 settembre 2005, n. 203, cit. e successivamente dall'art. 9, comma 1, lett.* a)*, n. 2), d.ls. 24 settembre 2015, n. 156, a decorrere dal 1° gennaio 2016.*

(5) *La Corte Costituzionale, con sentenza 10 marzo 2008, n. 64 (in Gazz. Uff., 19 marzo 2008, n. 13), ha dichiarato l'illegittimità costituzionale del secondo periodo del presente comma, nella parte in cui stabilisce che « Appartengono alla giurisdizione tributaria anche le controversie relative alla debenza del canone per l'occupazione di spazi ed aree pubbliche previsto dall'articolo 63 del decreto legislativo 15 dicembre 1997, n. 446, e successive modificazioni ». Successivamente la stessa Corte Costituzionale, con sentenza 8 febbraio 2010, n. 39 (in Gazz. Uff., 17 febbraio 2010, n. 7), ha dichiarato l'illegittimità del presente comma, nella parte in cui attribuisce alla giurisdizione del giudice tributario le*

controversie relative alla debenza, a partire dal 3 ottobre 2000, del canone per lo scarico e la depurazione delle acque reflue, quale disciplinato dagli artt. 13 e 14 della legge 5 gennaio 1994, n. 36.

3 Difetto di giurisdizione.

1. Il difetto di giurisdizione delle commissioni tributarie è rilevato, anche d'ufficio, in ogni stato e grado del processo.

2. È ammesso il regolamento preventivo di giurisdizione previsto dall'art. 41, primo comma, del codice di procedura civile.

4-80 (*Omissis*).

SEZIONE TERZA
RAPPRESENTANZA IN GIUDIZIO, SPESE DI GIUSTIZIA E GRATUITO PATROCINIO

CAPO I
AVVOCATURA DELLO STATO E DIFESA DELLE AMMINISTRAZIONI

20. Regio decreto 30 ottobre 1933, n. 1611. — Approvazione del testo unico delle leggi e delle norme giuridiche sulla rappresentanza e difesa in giudizio dello Stato e sull'ordinamento dell'Avvocatura dello Stato (1) (2) (3) (4).

Pubblicato nella Gazzetta Ufficiale n. 286 del 12 dicembre 1933.

(1) *Il d.lgs. 19 febbraio 1998, n. 51, ha soppresso l'ufficio del pretore e, fuori dai casi espressamente previsti dal citato decreto, le relative competenze sono da intendersi trasferite al tribunale ordinario. Lo stesso decreto ha soppresso l'ufficio del pubblico ministero presso la pretura circondariale e ha provveduto a trasferirne le relative funzioni all'ufficio del pubblico ministero presso il tribunale ordinario. Inoltre, qualora il presente provvedimento attribuisca funzioni amministrative alternativamente al pretore e ad organi della P.A., le attribuzioni pretorili si intendono soppresse; sono altresì soppresse le funzioni amministrative di altre autorità giurisdizionali, eccezion fatta per il giudice di pace, se attribuite in via alternativa tanto al pretore che ad organi della P.A.*

(2) *La l. 24 febbraio 1997, n. 27 ha soppresso l'albo dei procuratori legali, pertanto il termine "procuratore legale" contenuto nel presente provvedimento è stato sostituito con il termine "avvocato".*

(3) *Il riferimento a soprattasse e/o a pene pecuniarie, nonché ad ogni altra sanzione amministrativa, ancorché diversamente denominata, contenuto nel presente provvedimento, è sostituito con il riferimento alla sanzione pecuniaria di uguale importo (art. 26, comma 1, d.lgs. 18 dicembre 1997, n. 472). I riferimenti eventualmente contenuti nelle singole leggi di imposta a disposizioni abrogate si intendono effettuati agli istituti e alle previsioni corrispondenti risultanti dal citato d.lgs. n. 472, cit.. Salvo diversa espressa previsione, i procedimenti di irrogazione delle sanzioni disciplinati dal citato d.lgs. n. 472, cit., si applicano all'irrogazione di tutte le sanzioni tributarie non penali (art. 26, comma 1, d.lgs. n. 472, cit.).*

(4) *A partire dal 1° gennaio 1999 ogni sanzione pecuniaria penale o amministrativa espressa in lire nel presente provvedimento si intende espressa anche in Euro secondo il tasso di conversione irrevocabilmente fissato ai sensi del Trattato CE. A decorrere dal 1° gennaio 2002 ogni sanzione penale o amministrativa espressa in lire nel presente provvedimento è tradotta in Euro secondo il tasso di conversione irrevocabilmente fissato ai sensi del Trattato CE. Se tale operazione di conversione produce un risultato espresso anche in decimali, la cifra è arrotondata eliminando i decimali (art. 51, d.lgs. 24 giugno 1998, n. 213).*

TITOLO I
Rappresentanza, citazione in giudizio e foro dello Stato

CAPO I
Rappresentanza e difesa in giudizio dello Stato (1)

(1) *Ai sensi dell'art. 9, comma 1 l. 3 aprile 1979, n. 103 « L'Avvocatura generale dello Stato provvede alla rappresentanza e difesa delle amministrazioni nei giudizi davanti alla Corte costituzionale, alla Corte di cassazione, al Tribunale superiore delle acque pubbliche, alle altre supreme giurisdizioni, anche amministrative, ed ai collegi arbitrali con sede in Roma, nonché nei procedimenti innanzi a collegi internazionali o comunitari ».*

Ai sensi dell'art. 15, comma 01, del d.l. 4 ottobre 2018, n. 113, conv., con modif., in l. 1° dicembre 2018, n. 132, « 01. Le funzioni di agente del Governo a difesa dello Stato italiano dinanzi alla Corte europea dei diritti dell'uomo sono svolte dall'Avvocato generale dello Stato, che può delegare un avvocato dello Stato ».

1 (art. 1 primo comma e 15 secondo comma testo unico approvato con Regio Decreto 24 novembre 1913, n. 1303; art. 1 Regio Decreto 20 novembre 1930, n. 1483).

La rappresentanza, il patrocinio e l'assistenza in giudizio delle Amministrazioni dello Stato, anche se organizzate ad ordinamento autonomo, spettano alla Avvocatura dello Stato.

Gli avvocati dello Stato, esercitano le loro funzioni innanzi a tutte le giurisdizioni ed in qualunque sede e non hanno bisogno di mandato, neppure nei casi nei quali le norme ordinarie richiedono il mandato speciale, bastando che consti della loro qualità.

2 (art. 21 Regio Decreto 30 dicembre 1923, n. 2828).

Per la rappresentanza delle Amministrazioni dello Stato nei giudizi che si svolgono fuori della sede degli uffici dell'Avvocatura dello Stato, questa ha facoltà di delegare funzionari dell'Amministrazione interessata, esclusi i magistrati dell'Ordine giudiziario, ed in casi eccezionali anche avvocati, esercenti nel circondario dove si svolge il giudizio.

L'Avvocatura dello Stato ha facoltà di conferire — in relazione a particolari, accertate esigenze — la delega di cui al primo comma del presente articolo ad avvocati per quanto concerne lo svolgimento di incombenze di rappresentanza nei giudizi, civili e amministrativi che si svolgono nelle sedi degli uffici dell'Avvocatura generale dello Stato o delle avvocature distrettuali, relativi a materie riguardanti enti soppressi (1).

(1) *Comma aggiunto dall'art. 1, comma 1, l. 10 maggio 1982, n. 271.*

3 **(art. 4 ultimo comma e 15 terzo comma testo unico approvato con Regio Decreto 24 novembre 1913, n. 1303).**

Innanzi ai tribunali ordinari ed ai giudici di pace le Amministrazioni dello Stato possono, intesa l'Avvocatura dello Stato, essere rappresentate dai propri funzionari che siano per tali riconosciuti.

4 **(art. 1 quarto e quinto comma Regio Decreto-legge 5 aprile 1925, n. 397, convertito in legge con la legge 21 marzo 1926, n. 597).**

Nelle cause relative al contratto di trasporto innanzi ai tribunali ordinari e ai giudici di pace l'Amministrazione delle Ferrovie dello Stato è rappresentata e difesa dai propri agenti i quali siano muniti di mandato generale o speciale per ciascun giudizio.

Il Direttore generale delle ferrovie dello Stato ha facoltà di richiedere per la trattazione di dette cause l'Avvocatura dello Stato, la quale potrà delegare, per la rappresentanza, i capi stazione od altri agenti amministrativi ferroviari.

5 **(art. 1 secondo e terzo comma testo unico approvato con Regio Decreto 24 novembre 1913, n. 1303; Regio Decreto 3 gennaio 1931, n. 2).**

Nessuna Amministrazione dello Stato può richiedere la assistenza di avvocati del libero foro se non per ragioni assolutamente eccezionali, inteso il parere dell'Avvocato generale dello Stato e secondo norme che saranno stabilite dal Consiglio dei ministri.

L'incarico nei singoli casi dovrà essere conferito con decreto del Capo del Governo di concerto col Ministro dal quale dipende l'Amministrazione interessata e col Ministro delle finanze.

CAPO II
Foro dello Stato

6 **(art. 19 Regio Decreto 30 dicembre 1923, n. 2828).**

Salva la disposizione dell'articolo seguente, la competenza per cause nelle quali è parte una Amministrazione dello Stato, anche nel caso di più convenuti ai sensi dell'art. 98 del codice di procedura civile, spetta al Tribunale o alla Corte di appello del luogo dove ha sede l'ufficio dell'Avvocatura dello Stato nel cui distretto si trova il Tribunale o la Corte d'appello che sarebbe competente secondo le norme ordinarie.

Quando un'Amministrazione dello Stato è chiamata in garanzia, la cognizione così della causa principale come della azione in garanzia è devoluta, sulla semplice richiesta dell'Amministrazione, con ordinanza del Presidente, all'Autorità giudiziaria competente a norma del comma precedente.

7 **(art. 20 Regio Decreto 30 dicembre 1923, n. 2828; art. 1 secondo comma Regio Decreto-legge 5 aprile 1925, n. 397, convertito in legge con la legge 21 marzo 1926, n. 597).**

Le norme ordinarie di competenza rimangono ferme, anche quando sia in causa un'Amministrazione dello Stato, per i giudizi innanzi ai pretori ed ai conciliatori, nonché per i giudizi relativi ai procedimenti esecutivi e fallimentari e a quelli di cui agli artt. 873 del codice di commercio e 94 del codice di procedura civile. Rimangono ferme inoltre nei casi di volontario intervento in causa di una Amministrazione dello Stato e nei giudizi di opposizione di terzo.

L'appello dalle sentenze dei Tribunali pronunciate nei giudizi suddetti, è proposto rispettivamente innanzi al Tribunale ed alla Corte d'appello del luogo dove ha sede l'Avvocatura dello Stato nel cui distretto le sentenze furono pronunciate.

8 **(art. 1 Regio Decreto-legge 10 novembre 1924, n. 2107, convertito in legge con la legge 3 aprile 1926, n. 607).**

La decisione delle controversie giudiziali riguardanti le tasse e sanzioni pecuniarie, anche se insorte in sede di esecuzione, spetta in prima istanza, quando sia parte l'Amministrazione dello Stato, al Tribunale civile del luogo dove risiede l'ufficio dell'Avvocatura dello Stato, nel cui distretto trovasi l'ufficio che ha liquidato la tassa o la sanzione pecuniaria controversa.

9 **(art. 22 Regio Decreto 30 dicembre 1923, n. 2828).**

La incompetenza in rapporto agli articoli 6, primo comma, 7, secondo comma, e 8, può essere eccepita in qualunque stato e grado della causa. L'Autorità giudiziaria deve pronunciarla anche di Ufficio.

10 **(art. 23 Regio Decreto 30 dicembre 1923, n. 2828).**

Nei giudizi nei quali è parte un'Amministrazione dello Stato la Corte di cassazione, nel disporre il rinvio a senso del primo capoverso dell'art. 544 del cod. di proc. civile, rimanda la causa ad altra Autorità giudiziaria con sede in luogo ove ha pure sede un ufficio dell'Avvocatura dello Stato.

CAPO III
Citazione in giudizio delle amministrazioni dello Stato ed altre notificazioni alle stesse

11 **(art. 138 codice procedura civile; art. 25 Regio Decreto 30 dicembre 1923, n. 2828; art. 1 secondo comma Regio Decreto-legge 10 novembre 1924, n. 2107, convertito in legge con la legge 3 aprile 1926, n. 607).**

Tutte le citazioni, i ricorsi e qualsiasi altro atto di

opposizione giudiziale, nonché le opposizioni ad ingiunzione e gli atti istitutivi di giudizi che si svolgono innanzi alle giurisdizioni amministrative o speciali, od innanzi agli arbitri, devono essere notificati alle Amministrazioni dello Stato presso l'ufficio dell'Avvocatura dello Stato nel cui distretto ha sede l'Autorità giudiziaria innanzi alla quale è portata la causa, nella persona del Ministro competente (1).

Ogni altro atto giudiziale e le sentenze devono essere notificati presso l'ufficio dell'Avvocatura dello Stato nel cui distretto ha sede l'Autorità giudiziaria presso cui pende la causa o che ha pronunciato la sentenza.

Le notificazioni di cui ai comma precedenti devono essere fatte presso la competente Avvocatura dello Stato a pena di nullità da pronunciarsi anche d'ufficio (2).

(1) *Comma sostituito dall'art. 1, comma 1, l. 25 marzo 1958, n. 260.*
(2) *La Corte costituzionale, con sentenza 26 giugno 1967, n. 97, ha dichiarato* l'illegittimità costituzionale *del presente comma, nei limiti in cui esclude la sanatoria della nullità della notificazione.*

12 (*Omissis*).

TITOLO II
Avvocatura dello Stato

CAPO I
Funzioni dell'avvocatura dello Stato

13 L'Avvocatura dello Stato provvede alla tutela legale dei diritti e degli interessi dello Stato; alle consultazioni legali richieste dalle Amministrazioni ed inoltre a consigliarle e dirigerle quando si tratti di promuovere, contestare o abbandonare giudizi: esamina progetti di legge, di regolamenti, di capitolati redatti dalle Amministrazioni, qualora ne sia richiesta; predispone transazioni d'accordo con le Amministrazioni interessate o esprime parere sugli atti di transazione redatti dalle Amministrazioni: prepara contratti o suggerisce provvedimenti intorno a reclami o questioni mossi amministrativamente che possano dar materia di litigio.

Le disposizioni e i provvedimenti anzidetti debbono essere promossi di concerto coi ministri per la grazia e giustizia e per le finanze (1).

(1) *Comma aggiunto dall'art. 1, comma 1, l. 16 novembre 1939, n. 1889.*

14 **(art. 14 testo unico approvato con Regio Decreto 24 novembre 1913, n. 1303).**

L'Avvocatura dello Stato corrisponde direttamente con le Amministrazioni dello Stato, alle quali richiede tutti gli schiarimenti, le notizie e i documenti necessari per l'adempimento delle sue attribuzioni.

15 **(art. 13 testo unico approvato con Regio Decreto 24 novembre 1913, n. 1303; Regio Decreto 16 maggio 1872, n. 826; Regio Decreto 3 gennaio 1931, n. 2).**

L'avvocato generale dello Stato:
determina le direttive inerenti alla trattazione degli affari contenziosi e consultivi;
presiede e convoca il consiglio degli avvocati e procuratori dello Stato ed il comitato consultivo;
vigila su tutti gli uffici, i servizi e il personale dell'Avvocatura dello Stato e soprintende alla loro organizzazione, dando le opportune disposizioni ed istruzioni generali;
risolve, sentito il comitato consultivo, le divergenze di parere sia tra gli uffici distrettuali dell'Avvocatura dello Stato, sia tra questi e le singole amministrazioni;
assegna agli avvocati e procuratori in servizio presso l'Avvocatura generale dello Stato gli affari contenziosi e consultivi, in base ai criteri stabiliti dal comitato consultivo;
riferisce periodicamente al Presidente del Consiglio dei Ministri sull'attività svolta dall'Avvocatura dello Stato, presentando apposite relazioni, e segnala anche prontamente le eventuali carenze legislative ed i problemi interpretativi che emergono nel corso dell'attività di istituto;
fa le proposte e adotta i provvedimenti espressamente attribuiti alla sua competenza, nonché ogni altro provvedimento riguardante gli uffici ed il personale dell'Avvocatura dello Stato che non sia attribuito ad altra autorità.

In caso di impedimento o di assenza l'avvocato generale è sostituito dal vice avvocato generale con maggiore anzianità nell'incarico (1).

(1) *Articolo sostituito dall'art. 15, comma 1, l. 3 aprile 1979, n. 103.*

16 Il Vice avvocato generale dello Stato coadiuva l'Avvocato generale e lo supplisce in caso di impedimento od assenza.

CAPO II
Uffici dell'avvocatura dello Stato

17-60 (*Omissis*).

CAPO II
SPESE DI GIUSTIZIA E GRATUITO PATROCINIO

21. Decreto del Presidente della Repubblica 30 maggio 2002, n. 115. — Testo unico delle disposizioni legislative e regolamentari in materia di spese di giustizia. (Testo A) (*estratto*) (1).

Pubblicato nella Gazzetta Ufficiale n. 139 del 15 giugno 2002, S.O. n. 126.

(1) *Ai sensi dell'art. 37-bis, comma 1 d.l. 16 luglio 2020, n. 76, conv., con modif., in l. 11 settembre 2020, n. 120, « 1. Al fine di favorire una celere evasione delle richieste di liquidazione dei compensi spettanti al difensore della parte ammessa al patrocinio a spese dello Stato e al difensore d'ufficio ai sensi del testo unico di cui al decreto del Presidente della Repubblica 30 maggio 2002, n. 115, le istanze prodotte dal giorno successivo a quello di entrata in vigore della legge di conversione del presente decreto sono depositate presso la cancelleria del magistrato competente esclusivamente mediante modalità telematica individuata e regolata con provvedimento del direttore generale per i sistemi informativi automatizzati del Ministero della giustizia ».*

PARTE I
Disposizioni generali

TITOLO I
Oggetto e definizioni

1 (L) Oggetto.

1. Le norme del presente testo unico disciplinano le voci e le procedure di spesa dei processi: il pagamento da parte dell'erario, il pagamento da parte dei privati, l'annotazione e la riscossione. Disciplinano, inoltre, il patrocinio a spese dello Stato, la riscossione delle spese di mantenimento, delle pene pecuniarie, delle sanzioni amministrative pecuniarie e delle sanzioni pecuniarie processuali.

2 (L) Ambito di applicazione.

1. Le norme del presente testo unico si applicano al processo penale, civile, amministrativo, contabile e tributario, con l'eccezione di quelle espressamente riferite dal presente testo unico ad uno o più degli stessi processi.

2. Le spese del processo amministrativo, contabile e tributario sono, inoltre, regolate dalle norme speciali della parte VIII del presente testo unico.

3 (R) Definizioni.

1. Ai fini del presente testo unico, se non diversamente ed espressamente indicato:

a) "magistrato" è il giudice o il pubblico ministero, anche onorario, preposto alla funzione giurisdizionale sulla base di norme di legge e delle disposizioni dei codici di procedura penale e civile;

b) "magistrato professionale" è il magistrato che ha uno stabile rapporto di servizio con l'amministrazione;

c) "magistrato onorario" è il giudice di pace, il giudice onorario di tribunale, il vice procuratore onorario, il giudice onorario aggregato;

d) "giudice popolare" è il componente non togato nei collegi di assise;

e) "esperto" è il componente privato dell'ufficio giudiziario minorile, dell'ufficio giudiziario di sorveglianza, dell'ufficio giudiziario agrario;

f) "ufficio giudiziario" è l'ufficio del magistrato competente secondo le norme di legge e le disposizioni dei codici di procedura penale e civile;

g) "ufficio" è l'apparato della pubblica amministrazione strumentale all'ufficio giudiziario, con esclusione in ogni caso dell'ufficio finanziario;

h) "ufficio finanziario" è l'ufficio dell'amministrazione finanziaria competente secondo l'organizzazione interna;

i) "funzionario addetto all'ufficio" è la persona che svolge la funzione amministrativa secondo l'organizzazione interna;

l) "ufficiale giudiziario" è la persona che svolge la funzione secondo l'organizzazione interna degli uffici notificazioni e protesti (UNEP);

m) "notificazione da parte dell'ufficiale giudiziario", ai fini delle spettanze degli ufficiali giudiziari, è la trasmissione della notizia di un atto o la trasmissione di copia di un atto;

n) "ausiliario del magistrato" è il perito, il consulente tecnico, l'interprete, il traduttore e qualunque altro soggetto competente, in una determinata arte o professione o comunque idoneo al compimento di atti, che il magistrato o il funzionario addetto all'ufficio può nominare a norma di legge;

o) "processo" è qualunque procedimento contenzioso o non contenzioso di natura giurisdizionale;

p) "processo penale" è il procedimento o processo penale e penale militare;

q) "amministrazione pubblica ammessa alla prenotazione a debito" è l'amministrazione dello Stato, o altra amministrazione pubblica, ammessa da norme di legge alla prenotazione a debito di imposte o di spese a suo carico;

r) "annotazione" è l'attività su supporto cartaceo o informatico per riportare il dato nei registri;

s) "prenotazione a debito" è l'annotazione a futura memoria di una voce di spesa, per la quale non vi è pagamento, ai fini dell'eventuale successivo recupero;

t) "anticipazione" è il pagamento di una voce di spesa che, ricorrendo i presupposti previsti dalla legge, è recuperabile;

u) "sanzione pecuniaria processuale" è la somma dovuta sulla base delle norme del codice di procedura civile e del codice di procedura penale, recuperabile nelle forme previste per le spese;

v) "sanzione amministrativa pecuniaria" è la sanzione pecuniaria, anche derivante da conversione della sanzione interdittiva, dovuta dalle persone giuridiche, dalle società e dalle associazioni anche prive di personalità giuridica, ai sensi del decreto legislativo 8 giugno 2001, n. 231;

z) "concessionario" è il soggetto incaricato ai sensi dell'articolo 4, del decreto legislativo 9 luglio 1997, n. 237.

4-7 (*Omissis*).

TITOLO III
Disposizioni generali relative al processo civile, amministrativo, contabile e tributario

8 (L) Onere delle spese.

1. Ciascuna parte provvede alle spese degli atti processuali che compie e di quelli che chiede e le anticipa per gli atti necessari al processo quando l'anticipazione è posta a suo carico dalla legge o dal magistrato.

2. Se la parte è ammessa al patrocinio a spese dello Stato, le spese sono anticipate dall'erario o prenotate a debito, secondo le previsioni della parte III del presente testo unico.

PARTE II
Voci di spesa

TITOLO I
Contributo unificato nel processo civile e amministrativo

9 (L) Contributo unificato.

1. È dovuto il contributo unificato di iscrizione a ruolo, per ciascun grado di giudizio, nel processo civile, compresa la procedura concorsuale e di volontaria giurisdizione, [e] nel processo amministrativo e nel processo tributario, secondo gli importi previsti dall'articolo 13 e salvo quanto previsto dall'articolo 10 (1) (2).

1-*bis*. Nei processi per controversie di previdenza ed assistenza obbligatorie, nonché per quelle individuali di lavoro o concernenti rapporti di pubblico impiego le parti che sono titolari di un reddito imponibile ai fini dell'imposta personale sul reddito, risultante dall'ultima dichiarazione, superiore a tre volte l'importo previsto dall'articolo 76, sono soggette, rispettivamente, al contributo unificato di iscrizione a ruolo nella misura di cui all'articolo 13, comma 1, lettera *a*), e comma 3, salvo che per i processi dinanzi alla Corte di cassazione in cui il contributo è dovuto nella misura di cui all'articolo 13, comma 1 (2).

(1) *Comma modificato dall'art. 2, comma 212, lett.* a), *l. 23 dicembre 2009, n. 191 e successivamente dall'art. 37, comma 6, lett.* b), *n. 1), d.l. 6 luglio 2011, n. 98, conv., con modif., in l. 15 luglio 2011, n. 111.*

(2) *Comma inserito dall'art. 37, comma 6, lett.* b), *n. 2), d.l. n. 98, cit.*

10 (L) Esenzioni.

1. Non è soggetto al contributo unificato il processo già esente, secondo previsione legislativa e senza limiti di competenza o di valore, dall'imposta di bollo o da ogni spesa, tassa o diritto di qualsiasi specie e natura, nonché il processo di rettificazione di stato civile, il processo in materia tavolare, [il processo esecutivo per consegna e rilascio], il processo di cui all'articolo 3, della legge 24 marzo 2001, n. 89 (1).

2. Non è soggetto al contributo unificato il processo, anche esecutivo, di opposizione e cautelare, in materia di assegni per il mantenimento della prole, e quello comunque riguardante la stessa.

3. Non sono soggetti al contributo unificato i processi di cui al libro IV, titolo II, capi II, III, IV e V, del codice di procedura civile (2).

[4. Non è soggetto al contributo unificato il processo esecutivo mobiliare di valore inferiore a euro 2.500 (3).] (4).

[5. Il contributo unificato non è dovuto per il processo cautelare attivato in corso di causa e per il pro cesso di regolamento di competenza e di giurisdizione.] (5).

6. La ragione dell'esenzione deve risultare da apposita dichiarazione resa dalla parte nelle conclusioni dell'atto introduttivo.

6-*bis*. Nei procedimenti di cui all'articolo 23 della legge 24 novembre 1981, n. 689, e successive modificazioni, gli atti del processo sono soggetti soltanto al pagamento del contributo unificato, nonché delle spese forfetizzate secondo l'importo fissato all'articolo 30 del presente testo unico. Nelle controversie di cui all'articolo unico della legge 2 aprile 1958, n. 319, e successive modificazioni, e in quelle in cui si applica lo stesso articolo, è in ogni caso dovuto il contributo unificato [per i processi dinanzi alla Corte di cassazione] (6).

(1) *Comma modificato dall'art. 37, comma 6, lett.* c), *d.l. 6 luglio 2011, n. 98, conv., con modif., in l. 15 luglio 2011, n. 111.*
(2) *Comma modificato dall'art. 37, comma 6, lett.* d), *d.l. n. 98, cit.*
(3) *Comma modificato dall'art. 1-*ter *d.l. 8 febbraio 2003, n. 18, conv., con modif., in l. 7 aprile 2003, n. 63 e successivamente dall'art. 1, comma 306, l. 30 dicembre 2004, n. 311.*
(4) *Comma abrogato dall'art. 212, lett.* b), *punto 1), comma 12, l. 23 dicembre 2009, n. 191.*
(5) *Comma abrogato dall'art. 212, lett.* b), *punto 1), comma 12, l. n. 191, cit.*
(6) *Comma aggiunto dall'art. 212, lett.* b), *punto 2), comma 12, l. n. 191, cit. e successivamente modificato dall'art. 37, comma 6, lett.* e), *d.l. n. 98, cit. V. anche l'art. 2, comma 4-*quinquiesdecies, *d.l. 29 dicembre 2010, n. 225, conv., con modif., in l. 26 febbraio 2011, n. 10.*

11 (L) Prenotazione a debito del contributo unificato.

1. Il contributo unificato è prenotato a debito nei confronti dell'amministrazione pubblica ammessa da norme di legge alla prenotazione a debito di altre imposte e spese a suo carico, nei confronti della parte ammessa al patrocinio a spese dello Stato e, nell'ipotesi di cui all'articolo 12, comma 2, nei confronti della parte obbligata al risarcimento del danno.

12 (L) Azione civile nel processo penale.

1. L'esercizio dell'azione civile nel processo penale non è soggetto al pagamento del contributo unificato, se è chiesta solo la condanna generica del responsabile.

2. Se è chiesta, anche in via provvisionale, la condanna al pagamento di una somma a titolo di risarcimento del danno, il contributo è dovuto, in caso di accoglimento della domanda, in base al valore dell'importo liquidato e secondo gli scaglioni di valore di cui all'articolo 13.

13 (L) Importi.

1. Il contributo unificato è dovuto nei seguenti importi:

a) euro 43 per i processi di valore fino a 1.100 euro, nonché per i processi per controversie di previdenza e assistenza obbligatorie, salvo quanto previsto dall'articolo 9, comma 1-*bis*, per i procedimenti di cui all'articolo 711 del codice di procedura civile, e per i procedimenti di cui all'articolo 4, comma 16, della legge 1° dicembre 1970, n. 898 (1);

b) euro 98 per i processi di valore superiore a euro 1.100 e fino a euro 5.200 e per i processi di volontaria giurisdizione, nonché per i processi speciali di cui al libro IV, titolo II, capo I e capo VI, del codice di procedura civile, e per i processi contenziosi di cui all'articolo 4 della legge 1 dicembre 1970, n. 898 (2),

c) euro 237 per i processi di valore superiore a euro 5.200 e fino a euro 26.000 e per i processi contenziosi di valore indeterminabile di competenza esclusiva del giudice di pace (3);

d) euro 518 per i processi di valore superiore a euro 26.000 e fino a euro 52.000 e per i processi civili [e amministrativi] di valore indeterminabile (4);

e) euro 759 per i processi di valore superiore a euro 52.000 e fino a euro 260.000 (5);

f) euro 1.214 per i processi di valore superiore a euro 260.000 e fino a euro 520.000 (6);

g) euro 1.686 per i processi di valore superiore a euro 520.000 (7) (8).

1-*bis*. Il contributo di cui al comma 1 è aumentato della metà per i giudizi di impugnazione ed è raddoppiato per i processi dinanzi alla Corte di cassazione (9).

1-*ter*. Per i processi di competenza delle sezioni specializzate di cui al decreto legislativo 27 giugno 2003, n. 168, e successive modificazioni, il contributo unificato di cui al comma 1 è raddoppiato. Si applica il comma 1-*bis* (10).

1-*quater*. Quando l'impugnazione, anche incidentale, è respinta integralmente o è dichiarata inammissibile o improcedibile, la parte che l'ha proposta è tenuta a versare un ulteriore importo a titolo di contributo unificato pari a quello dovuto per la stessa impugnazione, principale o incidentale, a norma del comma 1-*bis*. Il giudice dà atto nel provvedimento della sussistenza dei presupposti di cui al periodo precedente e l'obbligo di pagamento sorge al momento del deposito dello stesso (11).

1-*quinquies*. Per il procedimento introdotto con l'istanza di cui all'articolo 492-*bis*, primo comma, del codice di procedura civile il contributo dovuto è pari ad euro 43 e non si applica l'articolo 30 (12)

2. Per i processi di esecuzione immobiliare il contributo dovuto è pari a euro 278. Per gli altri processi esecutivi lo stesso importo è ridotto della metà. Per i processi esecutivi mobiliari di valore inferiore a 2.500 euro il contributo dovuto è pari a euro 43. Per i processi di opposizione agli atti esecutivi il contributo dovuto è pari a euro 168 (13).

2-*bis*. Fuori dei casi previsti dall'articolo 10, comma 6-*bis*, per i processi dinanzi alla Corte di cassazione, oltre al contributo unificato, è dovuto un importo pari all'imposta fissa di registrazione dei provvedimenti giudiziari (14).

3. Il contributo è ridotto alla metà per i processi speciali previsti nel libro IV, titolo I, del codice di procedura civile, compreso il giudizio di opposizione a decreto ingiuntivo e di opposizione alla sentenza dichiarativa di fallimento e per le controversie individuali di lavoro o concernenti rapporti di pubblico impiego, salvo quanto previsto dall'articolo 9, comma 1-*bis*. Ai fini del contributo dovuto, il valore dei processi di sfratto per morosità si determina in base all'importo dei canoni non corrisposti alla data di notifica dell'atto di citazione per la convalida e quello dei processi di finita locazione si determina in base all'ammontare del canone per ogni anno (15).

3-*bis*. Ove il difensore non indichi il proprio numero di fax ai sensi dell'articolo 125, primo comma, del codice di procedura civile e il proprio indirizzo di posta elettronica certificata ai sensi dell'articolo 16, comma 1-*bis*, del decreto legislativo 31 dicembre 1992, n. 546, ovvero qualora la parte ometta di indicare il codice fiscale nell'atto introduttivo del giudizio o, per il processo tributario, nel ricorso il contributo unificato è aumentato della metà (16).

4. (17)

5. Per la procedura fallimentare, che è la procedura dalla sentenza dichiarativa di fallimento alla chiusura, il contributo dovuto è pari a euro 851 (18).

6. Se manca la dichiarazione di cui all'articolo 14, il processo si presume del valore indicato al comma 1, lettera *g*). Se manca la dichiarazione di cui al comma 3-*bis* dell'articolo 14, il processo si presume del valore indicato al comma 6-*quater*, lettera *f*) (19).

6-*bis*. Il contributo unificato per i ricorsi proposti davanti ai Tribunali amministrativi regionali e al Consiglio di Stato è dovuto nei seguenti importi:

a) per i ricorsi previsti dagli articoli 116 e 117del decreto legislativo 2 luglio 2010, n. 104, per quelli aventi ad oggetto il diritto di cittadinanza, di residenza, di soggiorno e di ingresso nel territorio dello Stato e per i ricorsi di esecuzione nella sentenza o di ottemperanza del giudicato il contributo dovuto è di euro 300. Non è dovuto alcun contributo per i ricorsi previsti dall'articolo 25 della citata legge n. 241 del 1990 avverso il diniego di accesso alle informazioni di cui al decreto legislativo 19 agosto 2005, n. 195, di attuazione della direttiva 2003/4/CE sull'accesso del pubblico all'informazione ambientale;

b) per le controversie concernenti rapporti di pubblico impiego, si applica il comma 3;

c) per i ricorsi cui si applica il rito abbreviato comune a determinate materie previsto dal libro IV, titolo V, del decreto legislativo 2 luglio 2010, n. 104, nonché da altre disposizioni che richiamino il citato rito, il contributo dovuto è di euro 1.800;

d) per i ricorsi di cui all'articolo 119, comma 1, lettere *a)* e *b)*, del codice di cui all'allegato 1 al decreto legislativo 2 luglio 2010, n. 104, il contributo dovuto è di euro 2.000 quando il valore della controversia è pari o inferiore ad euro 200.000; per quelle di importo compreso tra euro 200.000 e 1.000.000 il contributo dovuto è di euro 4.000 mentre per quelle di valore superiore a 1.000.000 di euro è pari ad euro 6.000. Se manca la dichiarazione di cui al comma 3-*bis* dell'articolo 14, il contributo dovuto è di euro 6.000;

e) in tutti gli altri casi non previsti dalle lettere precedenti e per il ricorso straordinario al Presidente della Repubblica nei casi ammessi dalla normativa vigente, il contributo dovuto è di euro 650. [I predetti importi sono aumentati della metà ove il difensore non indichi il proprio indirizzo di posta elettronica certificata e il proprio recapito fax, ai sensi dell'articolo 136 del codice del processo amministrativo di cui al decreto legislativo 2 luglio 2010, n. 104. Ai fini del presente comma, per ricorsi si intendono quello principale, quello incidentale e i motivi aggiunti che introducono domande nuove] (20) (21) (22).

6-*bis*.1. Gli importi di cui alle lettere *a*), *b*), *c*), *d*) ed *e*) del comma 6-*bis* sono aumentati della metà ove il difensore non indichi il proprio indirizzo di posta elettronica certificata e il proprio recapito fax, ai sensi dell'articolo 136 del codice del processo amministrativo di cui al decreto legislativo 2 luglio 2010, n. 104, ovvero qualora la parte ometta di indicare il codice fiscale nel ricorso. L'onere relativo al pagamento dei suddetti contributi è dovuto in ogni caso dalla parte soccombente, anche nel caso di compensazione giudiziale delle spese e anche se essa non si è costituita in giudizio. Ai fini predetti, la soccombenza si determina con il passaggio in giudicato della sentenza. Ai fini del presente comma, per ricorsi si intendono quello principale, quello incidentale e i motivi aggiunti che introducono domande nuove (23).

[6-*ter*. Il maggior gettito derivante dall'applicazione delle disposizioni di cui al comma 6-*bis* è versato al bilancio dello Stato, per essere riassegnato allo stato di previsione del Ministero dell'economia e delle finanze, per le spese riguardanti il funzionamento del Consiglio di Stato e dei Tribunali amministrativi regionali.] (24)

6-*quater*. Per i ricorsi principale ed incidentale proposti avanti le Commissioni tributarie provinciali e regionali è dovuto il contributo unificato nei seguenti importi:

a) euro 30 per controversie di valore fino a euro 2.582,28;

b) euro 60 per controversie di valore superiore a euro 2.582,28 e fino a euro 5.000;

c) euro 120 per controversie di valore superiore a euro 5.000 e fino a euro 25.000 e per le controversie tributarie di valore indeterminabile (25);

d) euro 250 per controversie di valore superiore a euro 25.000 e fino a euro 75.000;

e) euro 500 per controversie di valore superiore a euro 75.000 e fino a euro 200.000;

f) euro 1.500 per controversie di valore superiore a euro 200.000 (26).

6-*quinquies*. Per le controversie di cui al regolamento (UE) n. 655/2014 del Parlamento europeo e del Consiglio, del 15 maggio 2014, che istituisce una procedura per l'ordinanza europea di sequestro conservativo su conti bancari al fine di facilitare il recupero transfrontaliero dei crediti in materia civile e commerciale, si applicano:

a) gli importi stabiliti dall'articolo 13, commi 1, lettera *b*), e 1-*bis*, per i procedimenti previsti dagli articoli 21 e 37 del regolamento (UE) n. 655/2014;

b) gli importi stabiliti dall'articolo 13, comma 3, per i procedimenti previsti dagli articoli 8,33 e 35 del regolamento (UE) n. 655/2014;

c) gli importi stabiliti dall'articolo 13, comma 1, per i procedimenti previsti dall'articolo 34 del regolamento (UE) n. 655/2014;

d) gli importi stabiliti dall'articolo 13, comma 1-*quinquies*, per i procedimenti previsti dall'articolo 14 del regolamento (UE) n. 655/2014 (27).

(1) *Lettera sostituita dall'art. 37, comma 6, lett.* f), *d.l. 6 luglio 2011, n. 98, conv., con modif., in l. 15 luglio 2011, n. 111 e successivamente modificata dall'art. 53, comma 1, lett.* a) *d.l. 24 giugno 2014, n 90, conv., con modif., in l. 11 agosto 2014, n. 114.*

(2) *Lettera sostituita dall'art. 37, comma 6, lett.* g), *d.l. n. 98, cit. e successivamente modificata dall'art. 53, comma 1, lett.* b) *d.l. n 90, cit.*

(3) *Lettera modificata dall'art. 37, comma 6, lett.* h), *d.l. n. 98, cit. e successivamente modificata dall'art. 53, comma 1, lett.* c) *d.l. n 90, cit.*

(4) *Lettera modificata dall'art. 37, comma 6, lett.* i), *d.l. n. 98, cit. e dall'art. 2, comma 35-*bis, *lett.* a) *d.l 13 agosto 2011, n. 138, conv., con modif., in l. 14 settembre 2011, n. 148 e, da ultimo, dall'art. 53, comma 1, lett.* d) *d.l. n 90, cit.*

(5) *Lettera modificata dall'art. 37, comma 6, lett.* l), *d.l. n. 98, cit. e successivamente modificata dall'art. 53, comma 1, lett.* e) *d.l. n 90, cit.*

(6) *Lettera modificata dall'art. 37, comma 6, lett.* m), *d.l. n. 98, cit. e successivamente modificata dall'art. 53, comma 1, lett.* f) *d.l. n 90, cit.*

(7) *Comma modificato dall'art. 1-ter d.l. 8 febbraio 2003, n. 18, conv., con modif., in l. 7 aprile 2003, n. 63, successivamente sostituito dall'art. 1, comma 307, l. 30 dicembre 2004, n. 311 e ancora sostituito dall'art. 48-bis, comma 2, d.l. 31 maggio 2010, n. 78, conv., con modif., in l. 30 luglio 2010, n. 122.*

(8) *Lettera modificata modificata dall'art. 37, comma 6, lett. n), d.l. n. 98, cit. e successivamente modificata dall'art. 53, comma 1, lett. g) d.l. n 90, cit.*

(9) *Comma inserito dall'art. 28, comma 1, lett. a), l. 12 novembre 2011, n. 183, a decorrere dal 1° gennaio 2012, ai sensi dell'art. 36, comma 1, l. n. 183, cit.*

(10) *Comma aggiunto dall'art. 2, comma 3, d.l. 24 gennaio 2012, n. 1, conv., con modif., in l. 24 marzo 2012, n. 27. Ai sensi del comma 6 del medesimo art. 2, « Le disposizioni di cui al presente articolo si applicano ai giudizi instaurati dopo il centottantesimo giorno dalla data di entrata in vigore della legge di conversione del presente decreto ».*

(11) *Comma inserito dall'art. 1, comma 17, l. 24 dicembre 2012, n. 228. Ai sensi del successivo comma 18, « Le disposizioni di cui al comma 17 si applicano ai procedimenti iniziati dal trentesimo giorno successivo alla data di entrata in vigore della presente legge ».*

(12) *Comma inserito dall'art. 19, comma 3, lett. a), d.l. 12 settembre 2014 n. 132, conv., con modif., in l. 10 novembre 2014, n. 162; ai sensi del comma 6-bis del medesimo art. 19, le disposizioni di cui al medesimo art. 19 « si applicano ai procedimenti iniziati a decorrere dal trentesimo giorno successivo alla data di entrata in vigore della legge di conversione del presente decreto ».*

(13) *Comma sostituito dall'art. 1, comma 307, l. 30 dicembre 2004, n. 311, dall'art. 2, comma 212, lett. c), punto 1), l. 23 dicembre 2009, n. 191, dall'art. 48-bis, comma 2, d.l. n. 78, cit., dall'art. 37, comma 6, lett. o), d.l. n. 98, cit. e, da ultimo, dall'art. 53, comma 1, lett. h) d.l. n 90, cit.*

(14) *Comma inserito dall'art. 67, comma 3, lett. a), l. 18 giugno 2009, n. 69 e, successivamente, modificato dall'art. 2, comma 212, lett. c), punto 2), l. n. 191, cit.*

(15) *Comma modificato dall'art. 37, comma 6, lett. p), d.l. n. 98, cit.*

(16) *Comma inserito dall'art. 37, comma 6, lett. q), d.l. n. 98, cit. e successivamente modificato dall'art. 2, comma 35-bis, lett. b) d.l. 13 agosto 2011, n. 138, conv., con modif., in l. 14 settembre 2011, n. 148 e, da ultimo, dall'art. 45-bis, comma 4, d.l. n. 90, cit.*

(17) *Comma abrogato dall'art. 2, comma 212,, lett. c), punto 3), l. n. 191, cit.*

(18) *Comma modificato dall'art. 37, comma 6, lett. r), d.l. n. 98, cit. e successivamente modificata dall'art. 53, comma 1, lett. i) d.l. n 90, cit.*

(19) *Comma così sostituito dall'art. 9-bis d.l. 30 giugno 2005, n. 115, conv., con modif., in l. 17 agosto 2005, n. 168 e successivamente modificato dall'art. 2, comma 35-bis, lett. c) d.l. n. 138, cit.*

(20) *Comma aggiunto dall'art. 21 d.l. 4 luglio 2006, n. 223, conv., con modif., in l. 4 agosto 2006, n. 248. Successivamente il presente comma è stato modificato dall'art. 3, comma 11, dell'Allegato 4 al d.lgs. 2 luglio 2010, n. 104.*

(21) *Comma modificato dall'art. 1, comma 1307, l. 27 dicembre 2006, n. 296, dall'art. 15 d.lgs. 20 marzo 2010, n.53, successivamente sostituito dall'art. 37, comma 6, lett. s), d.l. n. 98, cit. come modificato dall'art. 1, comma 25, l. 24 dicembre 2012, n. 228, ed infine modificato dall'art. 2, comma 35-bis, lett. d) d.l.. n. 138, cit.*

(22) *A norma dell'art. 1, comma 27, l. 24 dicembre 2012, n. 228, il contributo di cui al presente comma è aumentato della metà per i giudizi di impugnazione.*

(23) *Comma inserito dall'art. 2, comma 35-bis, lett. e) d.l. n. 138, cit.*

(24) *Comma abrogato dall'articolo 37, comma 14, del d.l. n. 98, cit.*

(25) *Lettera modificata dall'articolo 2, comma 35-bis, lett. f) d.l. n. 138, cit.*

(26) *Comma aggiunto dall'articolo 37, comma 6, lettera t), del d.l. n. 98, cit.*

(27) *Comma aggiunto dall'articolo 10, comma 1, del d.lgs. 26 ottobre 2020, n. 152.*

14 (L) Obbligo di pagamento (1).

1. La parte che per prima si costituisce in giudizio, che deposita il ricorso introduttivo, ovvero che, nei processi esecutivi di espropriazione forzata, fa istanza per l'assegnazione o la vendita dei beni pignorati, è tenuta al pagamento contestuale del contributo unificato.

2. Il valore dei processi, determinato ai sensi del codice di procedura civile senza tener conto degli interessi, deve risultare da apposita dichiarazione resa dalla parte nelle conclusioni dell'atto introduttivo, anche nell'ipotesi di prenotazione a debito (2).

3. La parte di cui al comma 1, quando modifica la domanda o propone domanda riconvenzionale o formula chiamata in causa, cui consegue l'aumento del valore della causa, è tenuta a farne espressa dichiarazione e a procedere al contestuale pagamento integrativo. Le altre parti, quando modificano la domanda o propongono domanda riconvenzionale o formulano chiamata in causa o svolgono intervento autonomo, sono tenute a farne espressa dichiarazione e a procedere al contestuale pagamento di un autonomo contributo unificato, determinato in base al valore della domanda proposta (3).

3-*bis*. Nei processi tributari, il valore della lite, determinato ai sensi del comma 5 dell'articolo 12 del decreto legislativo 31 dicembre 1992, n. 546, e successive modificazioni, deve risultare da apposita dichiarazione resa dalla parte nelle conclusioni del ricorso, anche nell'ipotesi di prenotazione a debito (4).

(1) *L'art. 2, comma 6, d.l. 8 marzo 2020, n. 11 (poi* **abrogato** *dall'art. 1, comma 2 l. 24 aprile 2020, n. 27, di conversione del d.l. 17 marzo 2020, n. 18, fatti salvi gli atti ed i provvedimenti nonché gli effetti prodottisi e i rapporti giuridici sorti sulla base del medesimo decreto), a proposito delle misure urgenti per contrastare l'emergenza epidemiologica da Covid-19, così disponeva: « Gli obblighi di pagamento del contributo unificato di cui all'articolo 14 del decreto del Presidente della Repubblica 30 maggio 2002, n. 115, nonché l'anticipazione forfettaria di cui all'articolo 30 del medesimo decreto, connessi al deposito degli atti con le modalità previste dal periodo precedente, sono assolti con sistemi telematici di pagamento anche tramite la piattaforma tecnologica di cui all'articolo 5, comma 2, del decreto legislativo 7 marzo 2005, n. 82 ».*

(2) *Comma così modificato dall'art. 9-bis del d.l. 30 giugno 2005, n. 115, conv., con modif., in l. 17 agosto 2005, n. 168.*

(3) *Comma sostituito dall'art. 28, comma 1, lett. b), l. 12 novembre 2011, n. 183, a decorrere dal 1° gennaio 2012, ai sensi dell'art. 36, comma 1, l. n. 183, cit.*

(4) *Comma aggiunto dall'art. 37, comma 6, lett. u), d.l. 6 luglio 2011, n. 98, conv., con modif., in l. 15 luglio 2011, n. 111.*

15-73-*ter* (*Omissis*).

PARTE III

Patrocinio a spese dello stato

TITOLO I

Disposizioni generali sul patrocinio a spese dello Stato nel processo penale, civile, amministrativo, contabile e tributario

CAPO I

Istituzione del patrocinio

74 (L) Istituzione del patrocinio.

1. È assicurato il patrocinio nel processo penale per la difesa del cittadino non abbiente, indagato, imputato, condannato, persona offesa da reato, danneggiato che intenda costituirsi parte civile, responsabile civile ovvero civilmente obbligato per la pena pecuniaria.

2. È, altresì, assicurato il patrocinio nel processo civile, amministrativo, contabile, tributario e negli affari di volontaria giurisdizione, per la difesa del cittadino

non abbiente quando le sue ragioni risultino non manifestamente infondate (1).

(1) *La Corte costituzionale, con sentenza 20 gennaio 2022, n. 10, ha dichiarato* l'illegittimità costituzionale *del presente comma e del comma 1 dell'art. 75, nella parte in cui non prevedono che il patrocinio a spese dello Stato sia applicabile anche all'attività difensiva svolta nell'ambito dei procedimenti di mediazione di cui all'art. 5, comma 1-*bis, *d.lgs. 4 marzo 2010, n. 28, quando nel corso degli stessi è stato raggiunto un accordo.*

75 (L) Àmbito di applicabilità.

1. L'ammissione al patrocinio è valida per ogni grado e per ogni fase del processo e per tutte le eventuali procedure, derivate ed accidentali, comunque connesse (1).

2. La disciplina del patrocinio si applica, in quanto compatibile, anche nella fase dell'esecuzione, nel processo di revisione, nei processi di revocazione e opposizione di terzo, nonché nei processi relativi all'applicazione di misure di sicurezza, di prevenzione e nei processi di competenza del tribunale di sorveglianza, sempre che l'interessato debba o possa essere assistito da un difensore o da un consulente tecnico.

2-*bis*. La disciplina del patrocinio si applica, inoltre, nelle procedure passive di consegna, di cui alla legge 22 aprile 2005, n. 69, dal momento dell'arresto eseguito in conformità del mandato d'arresto europeo fino alla consegna o fino al momento in cui la decisione sulla mancata consegna diventi definitiva, nonché nelle procedure attive di consegna, di cui alla citata legge n. 69 del 2005, in favore della persona ricercata oggetto di un procedimento di esecuzione del mandato d'arresto europeo ai fini dell'esercizio di un'azione penale e che ha esercitato il diritto di nominare un difensore sul territorio nazionale affinché assista il difensore nello Stato membro di esecuzione (2).

(1) *La Corte costituzionale, con sentenza 20 gennaio 2022, n. 10, ha dichiarato* l'illegittimità costituzionale *del presente comma e del comma 2 dell'art. 74, nella parte in cui non prevedono che il patrocinio a spese dello Stato sia applicabile anche all'attività difensiva svolta nell'ambito dei procedimenti di mediazione di cui all'art. 5, comma 1-*bis, *d.lgs. 4 marzo 2010, n. 28, quando nel corso degli stessi è stato raggiunto un accordo.*

(2) *Comma aggiunto dall'art. 1, comma 1, d.lgs. 7 marzo 2019, n. 24.*

CAPO II

Condizioni per l'ammissione del patrocinio

76 (L) Condizioni per l'ammissione.

1. Può essere ammesso al patrocinio chi è titolare di un reddito imponibile ai fini dell'imposta personale sul reddito, risultante dall'ultima dichiarazione, non superiore a euro 11.746,68 (1).

2. Salvo quanto previsto dall'articolo 92, se l'interessato convive con il coniuge o con altri familiari, il reddito è costituito dalla somma dei redditi conseguiti nel medesimo periodo da ogni componente della famiglia, compreso l'istante.

3. Ai fini della determinazione dei limiti di reddito, si tiene conto anche dei redditi che per legge sono esenti dall'imposta sul reddito delle persone fisiche (IRPEF) o che sono soggetti a ritenuta alla fonte a titolo d'imposta, ovvero ad imposta sostitutiva.

4. Si tiene conto del solo reddito personale quando sono oggetto della causa diritti della personalità, ovvero nei processi in cui gli interessi del richiedente sono in conflitto con quelli degli altri componenti il nucleo familiare con lui conviventi.

4-*bis*. Per i soggetti già condannati con sentenza definitiva per i reati di cui agli articoli 416-*bis* del codice penale, 291-*quater* del testo unico di cui al decreto del Presidente della Repubblica 23 gennaio 1973, n. 43, 73, limitatamente alle ipotesi aggravate ai sensi dell'articolo 80, e 74, comma 1, del testo unico di cui al decreto del Presidente della Repubblica 9 ottobre 1990, n. 309, nonché per i reati commessi avvalendosi delle condizioni previste dal predetto articolo 416-*bis* ovvero al fine di agevolare l'attività delle associazioni previste dallo stesso articolo, e per i reati commessi in violazione delle norme per la repressione dell'evasione in materia di imposte sui redditi e sul valore aggiunto (2), ai soli fini del presente decreto, il reddito si ritiene superiore ai limiti previsti (3) (4).

4-*ter*. La persona offesa dai reati di cui agli articoli 572, 583-*bis*, 609-*bis*, 609-*quater*, 609-*octies* e 612-*bis*, nonché, ove commessi in danno di minori, dai reati di cui agli articoli 600, 600-*bis*, 600-*ter*, 600-*quinquies*, 601, 602, 609-*quinquies* e 609-*undecies* del codice penale, può essere ammessa al patrocinio anche in deroga ai limiti di reddito previsti dal presente decreto (5) (6).

4-*quater*. Il minore straniero non accompagnato coinvolto a qualsiasi titolo in un procedimento giurisdizionale ha diritto di essere informato dell'opportunità di nominare un legale di fiducia, anche attraverso il tutore nominato o l'esercente la responsabilità genitoriale ai sensi dell'articolo 3, comma 1, della legge 4 maggio 1983, n. 184, e successive modificazioni, e di avvalersi, in base alla normativa vigente, del gratuito patrocinio a spese dello Stato in ogni stato e grado del procedimento. Per l'attuazione delle disposizioni contenute nel presente comma è autorizzata la spesa di 771.470 euro annui a decorrere dall'anno 2017 (7).

4-*quater*1. I figli minori o i figli maggiorenni economicamente non autosufficienti rimasti orfani di un genitore a seguito di omicidio commesso in danno dello stesso genitore dal coniuge, anche legalmente separato o divorziato, dall'altra parte dell'unione civile, anche se l'unione civile è cessata, o dalla persona che è o è stata legata da relazione affettiva e stabile convivenza possono essere ammessi al patrocinio a spese dello Stato, anche in deroga ai limiti di reddito previsti, applicando l'ammissibilità in deroga al relativo procedimento penale e a tutti i procedimenti civili derivanti dal reato, compresi quelli di esecuzione forzata (8).

(1) *Importo da ultimo così aggiornato dall'articolo unico d.m. 23 luglio 2020 (in G.U. 30 gennaio 2021, n. 24).*

(2) *Le parole da* «, e per i reati commessi in violazione » *a* « sul valore aggiunto » *sono state inserite dall'art. 3, comma 1, d.lgs. 7 marzo 2019, n. 24.*

(3) *Comma aggiunto dall'art.* 12-ter *d.l. 23 maggio 2008, n. 92, conv., con modif., in l. 24 luglio 2008, n. 125.*

(4) *La Corte Costituzionale, con sentenza 16 aprile 2010, n. 139 (in Gazz. Uff., 21 aprile, n. 16), ha dichiarato* l'illegittimità costituzionale *del presente comma, nella parte in cui, stabilendo che per i soggetti già condannati con sentenza definitiva per i reati indicati nella stessa norma il reddito si ritiene superiore ai limiti previsti per l'ammissione al patrocino a spese dello Stato, non ammette la prova contraria.*

(5) *Comma inserito dall'art. 4, comma 1, d.l. 23 febbraio 2009, n. 11, conv., con modif., in l. 23 aprile 2009, n. 38 e successivamente sostituito dall'art. 9, comma 1, l. 1° ottobre 2012, n. 172.*

(6) *Comma modificato dall'art. 2, comma 3 d.l. 14 agosto 2013, n. 93, conv., con modif., in l. 15 ottobre 2013, n. 119.*
(7) *Comma aggiunto dall'art. 16, comma 1, l. 7 aprile 2017, n. 47.*
(8) *Comma inserito dall'articolo 1, comma 1, l. 11 gennaio 2018, n. 4.*

77 (L) Adeguamento dei limiti di reddito per l'ammissione.

1. I limiti di reddito sono adeguati ogni due anni in relazione alla variazione, accertata dall'ISTAT, dell'indice dei prezzi al consumo per le famiglie di operai e impiegati, verificatasi nel biennio precedente, con decreto dirigenziale del Ministero della giustizia, di concerto con il Ministero dell'economia e delle finanze.

CAPO III
Istanza per l'ammissione al patrocinio

78 (L) Istanza per l'ammissione.

1. L'interessato che si trova nelle condizioni indicate nell'articolo 76 può chiedere di essere ammesso al patrocinio in ogni stato e grado del processo.

2. L'istanza è sottoscritta dall'interessato a pena di inammissibilità. La sottoscrizione è autenticata dal difensore, ovvero con le modalità di cui all'articolo 38, comma 3, del decreto del Presidente della Repubblica 28 dicembre 2000, n. 445.

79 (L) Contenuto dell'istanza.

1. L'istanza è redatta in carta semplice e, a pena di inammissibilità, contiene:

a) la richiesta di ammissione al patrocinio e l'indicazione del processo cui si riferisce, se già pendente;

b) le generalità dell'interessato e dei componenti la famiglia anagrafica, unitamente ai rispettivi codici fiscali;

c) una dichiarazione sostitutiva di certificazione da parte dell'interessato, ai sensi dell'articolo 46, comma 1, lettera *o*), del decreto del Presidente della Repubblica 28 dicembre 2000, n. 445, attestante la sussistenza delle condizioni di reddito previste per l'ammissione, con specifica determinazione del reddito complessivo valutabile a tali fini, determinato secondo le modalità indicate nell'articolo 76;

d) l'impegno a comunicare, fino a che il processo non sia definito, le variazioni rilevanti dei limiti di reddito, verificatesi nell'anno precedente, entro trenta giorni dalla scadenza del termine di un anno, dalla data di presentazione dell'istanza o della eventuale precedente comunicazione di variazione.

2. Per i redditi prodotti all'estero, il cittadino di Stati non appartenenti all'Unione europea correda l'istanza con una certificazione dell'autorità consolare competente, che attesta la veridicità di quanto in essa indicato (1).

3. Gli interessati, se il giudice procedente o il consiglio dell'ordine degli avvocati competente a provvedere in via anticipata lo richiedono, sono tenuti, a pena di inammissibilità dell'istanza, a produrre la documentazione necessaria ad accertare la veridicità di quanto in essa indicato.

(1) *La Corte costituzionale, con sentenza 20 luglio 2021, n. 157, ha dichiarato* l'illegittimità costituzionale *del presente comma, nella parte in cui non consente al cittadino di Stati non appartenenti all'Unione europea, in caso di impossibilità a presentare la documentazione richiesta ai sensi del presente comma 2 di produrre, a pena di inammissibilità, una dichiarazione sostitutiva di tale documentazione.*

80-130 (*Omissis*).

130-*bis* (L) (Esclusione dalla liquidazione dei compensi al difensore e al consulente tecnico di parte)

1. Quando l'impugnazione, anche incidentale, è dichiarata inammissibile, al difensore non è liquidato alcun compenso.

2. Non possono essere altresì liquidate le spese sostenute per le consulenze tecniche di parte che, all'atto del conferimento dell'incarico, apparivano irrilevanti o superflue ai fini della prova (1).

(1) *Articolo inserito dall'art. 15, comma 1, d.l. 4 ottobre 2018, n. 113, conv., con modif., in l. 1° dicembre 2018, n. 132.*

131-302 (*Omissis*).

22. Decreto legislativo 27 maggio 2005, n. 116. — Attuazione della direttiva 2003/8/CE intesa a migliorare l'accesso alla giustizia nelle controversie transfrontaliere attraverso la definizione di norme minime comuni relative al patrocinio a spese dello Stato in tali controversie. (*estratto*).

Pubblicato nella Gazzetta Ufficiale n. 151 del 1° luglio 2005.

CAPO I
Istituzione del patrocinio a spese dello Stato

1 Finalità e ambito di applicazione.

1. Il presente decreto reca le disposizioni relative al miglioramento dell'accesso alla giustizia nelle controversie transfrontaliere, disponendo le misure necessarie affinché sia assicurato il patrocinio a spese dello Stato nei processi civili, anche per controversie di natura commerciale.

2. Le disposizioni del presente decreto non trovano applicazione nei processi amministrativi, contabili e tributari.

2 Definizioni.

1. Ai fini del presente decreto, per controversia transfrontaliera si intende una controversia in cui la parte che chiede il patrocinio è domiciliata o regolarmente soggiornante sul territorio di uno Stato appartenente all'Unione europea diverso da quello ove pende il processo o in cui la sentenza deve essere eseguita.

2. Lo Stato dell'Unione europea in cui una parte è domiciliata è determinato conformemente all'articolo 59 del regolamento (CE) n. 44/2001 del Consiglio, del 22 dicembre 2000, concernente la competenza giurisdizionale, il riconoscimento e l'esecuzione delle decisioni in materia civile e commerciale.

3. La data di riferimento per stabilire se esiste controversia transfrontaliera è la data di presentazione della domanda, in conformità del presente decreto.

4. Nel presente decreto, per Stato dell'Unione europea si intendono gli Stati dell'Unione europea ad esclusione della Danimarca.

3 Non discriminazione.

1. Le disposizioni del presente decreto si applicano ai cittadini dell'Unione europea ed ai cittadini di paesi terzi legalmente soggiornanti in uno degli Stati dell'Unione.

CAPO II
Condizioni per l'ammissione al patrocinio

4 Condizioni di reddito.

1. Può essere ammesso al patrocinio chi è titolare di un reddito complessivo annuo lordo dichiarato ai fini fiscali non superiore a euro 9.296,22.

2. Se l'interessato convive con il coniuge o con altri familiari, il reddito è costituito dalla somma dei redditi conseguiti nel medesimo periodo da ogni componente della famiglia, compreso l'istante. In tale caso, i limiti di reddito sono elevati di euro 1.032,91 per ognuno dei familiari conviventi.

3. Si tiene conto del solo reddito personale quando sono oggetto della causa diritti della personalità, ovvero nei processi in cui gli interessi del richiedente sono in conflitto con quelli degli altri componenti il nucleo familiare con lui conviventi.

4. I limiti fissati dai commi 1 e 2 non ostano a che il patrocinio a spese dello Stato sia accordato al richiedente che supera il limite se egli dimostra di non poter sostenere le spese processuali di cui all'articolo 6, comma 2, a causa della differenza del costo della vita tra lo Stato membro del domicilio o della dimora abituale e quello del foro.

5. Il patrocinio non è concesso al richiedente che può, nella fattispecie, disporre di un accesso effettivo ad altri meccanismi che coprono le spese processuali di cui all'articolo 3.

6. Si applica l'articolo 77 del decreto del Presidente della Repubblica 30 maggio 2002, n. 115.

5 Condizioni legate al merito della controversia.

1. La domanda di patrocinio relativa ad un'azione giudiziaria che appaia manifestamente infondata è respinta.

2. Ai fini del comma 1, quando il richiedente chiede il risarcimento dei danni alla sua reputazione senza aver sofferto perdite materiali o finanziarie o quando la domanda riguarda una pretesa derivante direttamente dall'attività autonoma o commerciale del richiedente sono valutate l'importanza del caso specifico per il richiedente e la natura della causa.

CAPO III
Effetti dell'ammissione al patrocinio

6 Effetti dell'ammissione al patrocinio.

1. La persona fisica, che sia parte in un processo ai sensi dell'articolo 1, ha diritto al patrocinio a spese dello Stato che le garantisca un accesso effettivo alla giustizia in conformità delle condizioni stabilite dal presente decreto.

2. Il patrocinio a spese dello Stato garantisce:

a) la consulenza legale nella fase precontenziosa al fine di giungere a una soluzione prima di intentare un'azione legale;

b) l'assistenza legale e la rappresentanza in sede di giudizio, nonché l'esonero dalle spese processuali, comprese le spese previste all'articolo 7 e gli onorari delle persone incaricate dal giudice di compiere atti durante il procedimento.

3. Il patrocinio a spese dello Stato non copre le spese sostenute dalla parte avversa qualora il beneficiario perda la causa ed il giudice pronunci sentenza di condanna della parte soccombente al rimborso delle spese a favore dell'altra parte.

4. Si applicano gli articoli 133, 134 e 136 del decreto del Presidente della Repubblica 30 maggio 2002, n. 115.

7 Spese derivanti dal carattere transfrontaliero della controversia.

1. Il patrocinio concesso dallo Stato ove pende il processo copre le seguenti spese direttamente collegate al carattere transfrontaliero della controversia:

a) spese di interpretazione;

b) spese di traduzione dei documenti necessari per la soluzione della controversia richiesti dal giudice o dall'autorità competente e presentati dal beneficiario;

c) spese di viaggio a carico del richiedente, quando la presenza fisica in aula delle persone che debbono espone il caso è richiesta a norma di legge o dal giudice di detto Stato membro e il giudice decide che non esiste un'altra possibilità per sentire tali persone in modo appropriato.

8 Costi assunti dallo Stato membro in cui il richiedente è domiciliato o dimora abitualmente.

1. Lo Stato dell'Unione europea in cui il richiedente il patrocinio è domiciliato o regolarmente soggiornante concede il patrocinio necessario a coprire:

a) le spese per l'assistenza di un avvocato locale o di qualsiasi altra persona abilitata dalla legge a fornire consulenza legale, sostenute in tale Stato finché la domanda di patrocinio a spese dello Stato non sia pervenuta, ai sensi del presente decreto, nello Stato ove pende il processo;

b) la traduzione della domanda e dei necessari documenti giustificativi al momento della presentazione della domanda alle autorità di tale Stato dell'Unione europea.

9 Continuità del patrocinio a spese dello Stato.

1. L'ammissione al patrocinio è valida per ogni grado e per ogni fase del processo e per tutte le even tuali procedure, derivate ed accidentali, comunque connesse.

2. La disciplina del patrocinio si applica, in quanto compatibile, anche nella fase dell'esecuzione, nel processo di revisione, nei processi di revocazione e opposizione di terzo, sempre che l'interessato debba o possa essere assistito da un difensore o da un consulente tecnico.

3. Le disposizioni del presente decreto si applicano, altresì, quando il beneficiario del patrocinio chiede che la sentenza di un giudice straniero sia eseguita o dichiarata esecutiva in Italia.

10 Procedimenti stragiudiziali.

1. Il patrocinio è, altresì, esteso ai procedimenti stragiudiziali, alle condizioni previste dal presente decreto, qualora l'uso di tali mezzi sia previsto come obbligatorio dalla legge ovvero qualora il giudice vi abbia rinviato le parti in causa.

11 Atti autentici.

1. Il patrocinio è concesso per l'esecuzione di atti autentici alle condizioni definite nel presente decreto.

CAPO V
Disposizioni finali

17 Norme applicabili.

1. Nei rapporti tra gli Stati dell'Unione europea e in relazione alle disposizioni in esso contenute, il presente decreto prevale sulle disposizioni contenute in accordi bilaterali o multilaterali conclusi dagli Stati membri, compresi:

a) l'accordo europeo sulla trasmissione delle richieste d'assistenza giudiziaria firmato a Strasburgo il 27 gennaio 1977, modificato dal protocollo addizionale all'accordo europeo sulla trasmissione delle richieste di assistenza giudiziaria, firmato a Mosca nel 2001;

b) la convenzione dell'Aja del 25 ottobre 1980 intesa a facilitare l'accesso internazionale alla giustizia.

2. Si applicano, in quanto compatibili, le disposizioni dei Titoli I e IV, della Parte III, del decreto del Presidente della Repubblica 30 maggio 2002, n. 115.

SEZIONE QUARTA
I RICORSI AMMINISTRATIVI

CAPO I
NORME GENERALI

23. Decreto del Presidente della Repubblica 24 novembre 1971, n. 1199. — Semplificazione dei procedimenti in materia di ricorsi amministrativi.

Pubblicato nella Gazzetta Ufficiale n. 1199 del 24 novembre 1971.

CAPO I
Ricorso gerarchico (1)

(1) *In materia militare v. l'art. 1363 d.lgs. 15 marzo 2010, n. 66 (Codice dell'ordinamento militare) – nel quale è stato sostanzialmente trasfuso l'art. 16 l. 11 luglio 1978, n. 382 (Norme di principio sulla disciplina militare), di cui l'art. 2268, comma 1, n. 744, d.lgs. 15 marzo 2010, n. 66 (Codice dell'ordinamento militare), abrogato dall'art. 2268, comma 1, n. 744, d.lgs. n. 66, cit., con effetto a decorrere dal 9 ottobre 2010 - dispone che: « L'organo sovraordinato di cui all'art. 1 del d.P.R. 24 novembre 1971, n. 1199, è rappresentato dall'organo gerarchicamente superiore a quello che ha emesso il provvedimento. – Avverso le sanzioni disciplinari di corpo non è ammesso ricorso giurisdizionale o ricorso straordinario al Presidente della Repubblica se prima non è stato esperito ricorso gerarchico o siano trascorsi novanta giorni dalla data di presentazione del ricorso. – È comunque in facoltà del militare presentare, con le modalità che saranno indicate nel regolamento di disciplina militare, istanze tendenti ad ottenere il riesame di sanzioni disciplinari di corpo ».*

1 Ricorso.

Contro gli atti amministrativi non definitivi è ammesso ricorso in unica istanza all'organo sovraordinato, per motivi di legittimità e di merito, da parte di chi vi abbia interesse.

Contro gli atti amministrativi dei Ministri, di enti pubblici o di organi collegiali è ammesso ricorso da parte di chi vi abbia interesse nei casi, nei limiti e con le modalità previsti dalla legge o dagli ordinamenti dei singoli enti.

La comunicazione degli atti soggetti a ricorso ai sensi del presente articolo deve recare l'indicazione del termine e dell'organo cui il ricorso deve essere presentato.

2 Termine - Presentazione.

Il ricorso deve essere proposto nel termine di tren-ta giorni dalla data della notificazione o della comunicazione in via amministrativa dell'atto impugnato e da quando l'interessato ne abbia avuto piena conoscenza.

Il ricorso è presentato all'organo indicato nella comunicazione o a quello che ha emanato l'atto impugnato direttamente o mediante lettera raccomandata con avviso di ricevimento. Nel primo caso, l'ufficio ne rilascia ricevuta. Quando il ricorso è inviato a mezzo posta, la data di spedizione vale quale data di presentazione.

I ricorsi rivolti, nel termine prescritto, a organi diversi da quello competente, ma appartenenti alla medesima amministrazione, non sono soggetti a dichiarazione di irricevibilità e i ricorsi stessi sono trasmessi d'ufficio all'organo competente.

3 Sospensione dell'esecuzione.

D'ufficio o su domanda del ricorrente proposta nello stesso ricorso o in successiva istanza da presentarsi nei modi previsti dall'art. 2, secondo comma, l'organo decidente può sospendere per gravi motivi l'esecuzione dell'atto impugnato.

4 Istruttoria.

L'organo decidente, qualora non vi abbia già provveduto il ricorrente, comunica il ricorso agli altri soggetti direttamente interessati ed individuabili sulla base dell'atto impugnato.

Entro venti giorni dalla comunicazione del ricorso gli interessati possono presentare all'organo cui è diretto deduzioni e documenti.

L'organo decidente può disporre gli accertamenti che ritiene utili ai fini della decisione del ricorso.

5 Decisione.

L'organo decidente, se riconosce che il ricorso non poteva essere proposto, lo dichiara inammissibile. Se ravvisa una irregolarità sanabile, assegna al ricorrente un termine per la regolarizzazione e, se questi non vi provvede, dichiara il ricorso improcedibile. Se riconosce infondato il ricorso, lo respinge. Se lo accoglie per incompetenza, annulla l'atto e rimette l'affare all'organo competente. Se lo accoglie per altri motivi di legittimità o per motivi di merito, annulla o riforma l'atto salvo, ove occorra, il rinvio dell'affare all'organo che lo ha emanato.

La decisione deve essere motivata e deve essere emessa e comunicata all'organo o all'ente che ha emanato l'atto impugnato, al ricorrente e agli altri interessati, ai quali sia stato comunicato il ricorso, in via amministrativa o mediante notificazione o mediante lettera raccomandata con avviso di ricevimento.

6 Silenzio.

Decorso il termine di novanta giorni dalla data di presentazione del ricorso senza che l'organo adito abbia comunicato la decisione, il ricorso si intende respinto a tutti gli effetti, e contro il provvedimento impugnato è esperibile il ricorso all'autorità giurisdizionale competente, o quello straordinario al Presidente della Repubblica.

CAPO II
Ricorso in opposizione

7 Procedimento.

Nei casi previsti dalla legge, il ricorso in opposizione è presentato all'organo che ha emanato l'atto impugnato.

Per quanto non espressamente previsto dalla legge, valgono, in quanto applicabili, le norme contenute nel capo I del presente decreto.

CAPO III
Ricorso straordinario al Presidente della Repubblica

8 Ricorso.

Contro gli atti amministrativi definitivi è ammesso ricorso straordinario al Presidente della Repubblica per motivi di legittimità da parte di chi vi abbia interesse.

Quando l'atto sia stato impugnato con ricorso giurisdizionale, non è ammesso il ricorso straordinario da parte dello stesso interessato.

9 Termine - Presentazione.

Il ricorso deve essere proposto nel termine di centoventi giorni dalla data della notificazione o della comunicazione dell'atto impugnato o da quando l'interessato ne abbia avuto piena conoscenza.

Nel detto termine, il ricorso deve essere notificato nei modi e con le forme prescritti per i ricorsi giurisdizionali ad uno almeno dei controinteressati e presentato con la prova dell'eseguita notificazione all'organo che ha emanato l'atto o al Ministero competente, direttamente o mediante notificazione o mediante lettera raccomandata con avviso di ricevimento. Nel primo caso l'ufficio ne rilascia ricevuta. Quando il ricorso è inviato a mezzo posta, la data di spedizione vale quale data di presentazione.

L'organo, che ha ricevuto il ricorso, lo trasmette immediatamente al Ministero competente, al quale riferisce.

Ai controinteressati è assegnato un termine di sessanta giorni dalla notificazione del ricorso per presentare al Ministero che istruisce l'affare deduzioni e documenti ed eventualmente per proporre ricorso incidentale.

Quando il ricorso sia stato notificato ad alcuni soltanto dei controinteressati, il Ministero ordina l'integrazione del procedimento, determinando i soggetti cui il ricorso stesso deve essere notificato e le modalità e i termini entro i quali il ricorrente deve provvedere all'integrazione.

10 Opposizione dei controinteressati.

I controinteressati, entro il termine di sessanta giorni dalla notificazione del ricorso, possono richiedere, con atto notificato al ricorrente e all'organo che ha emanato l'atto impugnato, che il ricorso sia deciso in sede giurisdizionale. In tal caso, il ricorrente, qualora intenda insistere nel ricorso, deve depositare nella segreteria del giudice amministrativo competente, nel termine di sessanta giorni dal ricevimento dell'atto di opposizione, l'atto di costituzione in giudizio, dandone avviso mediante notificazione all'organo che ha emanato l'atto impugnato ed ai controinteressati e il giudizio segue in sede giurisdizionale secondo le norme del titolo III del testo unico delle leggi sul Consiglio di Stato, approvato con regio decreto 26 giugno 1924, n. 1054, e del regolamento di procedura, approvato con regio decreto 17 agosto 1907, n. 642 (1).

Il collegio giudicante, qualora riconosca che il ricorso è inammissibile in sede giurisdizionale, ma può essere deciso in sede straordinaria dispone la rimessione degli atti al Ministero competente per l'istruzione dell'affare.

Il mancato esercizio della facoltà di scelta, prevista dal primo comma del presente articolo, preclude ai controinteressati, ai quali sia stato notificato il ricorso straordinario, l'impugnazione dinanzi al Consiglio di Stato in sede giurisdizionale della decisione di accoglimento del Presidente della Repubblica, salvo che per vizi di forma o di procedimento propri del medesimo (2).

(1) *C. cost. 29 luglio 1982, n. 148 ha dichiarato l'*illegittimità costituzionale *del presente comma, nella parte in cui, ai fini dell'esercizio della facoltà di scelta ivi prevista, non equipara ai controinteressati l'ente pubblico, diverso dallo Stato, che ha emanato l'atto impugnato con ricorso straordinario al Presidente della Repubblica.*

(2) *C. cost. 29 luglio 1982, n. 148 ha dichiarato in applicazione dell'articolo 27 della legge 11 marzo 1953, n. 87, l'*illegittimità costituzionale *del presente comma, nella parte in cui, ai fini della preclusione dell'impugnazione contro la decisione di accoglimento del ricorso straordinario, per effetto del mancato esercizio della facoltà di scelta, prevista dal primo comma dello stesso articolo, non equipara ai controinteressati l'ente pubblico, diverso dallo Stato, che ha emanato l'atto impugnato, al quale sia stato notificato il ricorso medesimo.*

11 Istruttoria del ricorso - Richiesta di parere.

Entro centoventi giorni dalla scadenza del termine previsto dall'art. 9, quarto comma, il ricorso, istruito dal Ministero competente, è trasmesso, insieme con gli atti e i documenti che vi si riferiscono, al Consiglio di Stato per il parere.

Trascorso il detto termine, il ricorrente può richiedere, con atto notificato al Ministero competente, se il ricorso sia stato trasmesso al Consiglio di Stato. In caso di risposta negativa o di mancata risposta entro trenta giorni, lo stesso ricorrente può depositare direttamente copia del ricorso presso il Consiglio di Stato.

I ricorsi con i quali si impugnano atti di enti pubblici in materie per le quali manchi uno specifico collegamento con le competenze di un determinato Ministero devono essere presentati alla Presidenza del Consiglio dei Ministri che ne cura la relativa istruttoria.

12 Organo competente ad esprimere il parere sul ricorso straordinario.

Il parere sul ricorso straordinario è espresso dalla sezione o dalla commissione speciale, alla quale il ricorso è assegnato.

La sezione o la commissione speciale, se rileva che il punto di diritto sottoposto al loro esame ha dato luogo o possa dar luogo a contrasti giurisprudenziali, può rimettere il ricorso all'Adunanza generale.

Prima dell'espressione del parere il presidente del Consiglio di Stato può deferire alla Adunanza generale qualunque ricorso che renda necessaria la risoluzione di questioni di massima di particolare importanza.

Nei casi previsti nei due commi precedenti l'Adunanza generale esprime il parere su preavviso della sezione o della commissione speciale, alla quale il ricorso è assegnato.

13 Parere su ricorso straordinario.

L'organo al quale è assegnato il ricorso, se riconosce che l'istruttoria è incompleta o che i fatti affermati nell'atto impugnato sono in contraddizione con i documenti, può richiedere al Ministero competente nuovi chiarimenti o documenti ovvero ordinare al Ministero medesimo di disporre nuove verificazioni, autorizzando le parti ad assistervi ed a produrre nuovi documenti. Se il ricorso sia stato notificato ad alcuni soltanto dei controinteressati, manda allo stesso Ministero di ordinare l'integrazione del contraddittorio nei confronti degli altri secondo le modalità previste nell'art. 9, quinto comma. Se ritiene che il ricorso non possa essere deciso indipendentemente dalla risoluzione di una questione di legittimità costituzionale che non risulti manifestamente infondata, sospende l'espressione del parere e, riferendo i termini e i motivi della questione, ordina alla segreteria l'immediata trasmissione degli atti alla Corte costituzionale, ai sensi e per gli effetti di cui agli articoli 23 e seguenti della legge 11 marzo 1953, n. 87, nonché la notifica del provvedimento ai soggetti ivi indicati. Se l'istruttoria è completa e il contraddittorio è regolare, esprime parere (1):

a) per la dichiarazione di inammissibilità, se riconosce che il ricorso non poteva essere proposto, salva la facoltà dell'assegnazione di un breve termine per presentare all'organo competente il ricorso proposto, per errore ritenuto scusabile, contro atti non definitivi;

b) per l'assegnazione al ricorrente di un termine per la regolarizzazione, se ravvisa una irregolarità sanabile, e, se questi non vi provvede, per la dichiarazione di improcedibilità del ricorso;

c) per la reiezione, se riconosce infondato il ricorso;

d) per accoglimento e la rimessione degli atti all'organo competente, se riconosce fondato il ricorso per il motivo di incompetenza;

e) per l'accoglimento, salvo gli ulteriori provvedimenti dell'amministrazione, se riconosce fondato il ricorso per altri motivi di legittimità.

(1) *Alinea modificato dall'art. 69, comma 1, l. 18 giugno 2009, n. 69.*

14 Decisione del ricorso straordinario.

La decisione del ricorso straordinario è adottata con decreto del Presidente della Repubblica su proposta del Ministero competente, conforme al parere del Consiglio di Stato. [Questi, ove intenda proporre una decisione difforme dal parere del Consiglio di Stato, deve sottoporre l'affare alla deliberazione del Consiglio dei Ministri] (1).

[Qualora il Ministro competente per l'istruttoria del ricorso non intenda proporre al Consiglio dei Ministri una decisione difforme dal parere del Consiglio di Stato, la decisione del ricorso deve essere conforme al parere predetto] (2).

Qualora il decreto di decisione del ricorso straordinario pronunci l'annullamento di atti amministrativi generali a contenuto normativo, del decreto stesso deve essere data, a cura dell'Amministrazione interessata, nel termine di trenta giorni dalla emanazione, pubblicità nelle medesime forme di pubblicazione degli atti annullati.

Nel caso di omissione da parte dell'amministrazione, può provvedervi la parte interessata, ma le spese sono a carico dell'amministrazione stessa.

(1) *Comma modificato dall'art. 69, comma 2, lett.* a), *punti 1) e 2), l. 18 giugno 2009, n. 69.*

(2) *Comma abrogato dall'art. 69, comma 2, lett.* b), *l. n. 69, cit.*

15 Revocazione.

I decreti del Presidente della Repubblica che decidono i ricorsi straordinari possono essere impugnati per revocazione nei casi previsti dall'art. 395 del codice di procedura civile.

Nei casi previsti nei numeri 4 e 5 dell'art. 395 del codice di procedura civile il ricorso per revocazione deve essere proposto nel termine di sessanta giorni dalla data della notificazione o della comunicazione in via amministrativa o della pubblicazione del decreto impugnato nei modi stabiliti dai regolamenti particolari delle singole amministrazioni; negli altri casi il termine di sessanta giorni decorre dal giorno della scoperta o dell'accertamento del dolo o della falsità o del recupero dei documenti.

Al ricorso per revocazione sono applicabili, le norme contenute nel presente capo.

CAPO IV
Disposizioni finali e transitorie

16 Norme transitorie.

I ricorsi previsti dall'art. 1, primo comma, già esperibili in più gradi, continuano ad essere ammessi secondo le norme anteriori, qualora siano stati proposti o il relativo termine di proposizione sia ancora in corso alla data di entrata in vigore del presente decreto.

I termini per la proposizione dei ricorsi previsti nei capi I e II, in corso alla data di entrata in vigore del presente decreto, continuano a decorrere fino alla scadenza originariamente prevista, se superiori ai trenta giorni sono prorogati fino ai trenta giorni se inferiori.

La norma dell'art. 12, primo comma, si applica ai ricorsi straordinari trasmessi al Consiglio di Stato e sui quali l'Adunanza generale non abbia ancora espresso il parere alla data di entrata in vigore del presente decreto.

17 Norma finale.

Sono abrogate tutte le disposizioni contrarie al presente decreto o con esso incompatibili.

SEZIONE QUINTA
GIUSTIZIA AMMINISTRATIVA

CAPO I
ORDINAMENTO DELLA GIUSTIZIA AMMINISTRATIVA

24. Regio decreto legge 9 febbraio 1939, n. 273, convertito in legge 2 giugno 1939, n. 739. — Provvedimenti legislativi riguardanti l'ordinamento e le funzioni del Consiglio di Stato o della Corte dei conti.

Pubblicato nella Gazzetta Ufficiale n. 47 del 25 febbraio 1939.

1 I provvedimenti legislativi che importino il conferimento di nuove attribuzioni al Consiglio di Stato oppure alla Corte dei conti, nonché la soppressione o la modificazione di quelle esistenti o che comunque riguardino l'ordinamento e le funzioni dei predetti Consessi in sede consultiva o di controllo, ovvero giurisdizionale, sono adottati previo parere rispettivamente del Consiglio di Stato in adunanza generale o della Corte dei conti a Sezioni riunite.

2 Il presente decreto entrerà in vigore il giorno della sua pubblicazione nella Gazzetta Ufficiale della Repubblica italiana e sarà presentato al Parlamento per la conversione in legge.

25. Regio decreto 26 giugno 1924, n. 1054. — Approvazione del testo unico delle leggi sul Consiglio di Stato (1).

Pubblicato nella Gazzetta Ufficiale n. 158 del 7 luglio 1924.

(1) *Si omettono gli articoli abrogati dall'art. 4 dell'Allegato 4 d.lgs. 2 luglio 2010, n. 104, con effetto a decorrere dal 16 settembre 2010. Per le disposizioni abrogate v. le note del Codice del processo amministrativo (sub VI, 37).*

TITOLO I
Della composizione del Consiglio di Stato

1-4 (1) (*Omissis*).

(1) *Articoli abrogati dall'art. 4 dell'Allegato 4 d.lgs. 2 luglio 2010, n. 104, con effetto a decorrere dal 16 settembre 2010.*

5 **Art. 4 del testo unico 17 agosto 1907, n. 638, art. 205 del r.d. 11 novembre 1923, n. 2395.**

I presidenti e i consiglieri di Stato non possono essere rimossi, né sospesi, né collocati a riposo d'ufficio, né allontanati in qualsivoglia altro modo, se non nei casi e con l'adempimento delle condizioni seguenti:

1) non possono essere destinati ad altro pubblico ufficio, se non con loro consenso;

2) non possono essere collocati a riposo di ufficio, se non quando, per infermità o per debolezza di mente, non siano più in grado di adempiere convenientemente ai doveri della carica;

3) non possono essere sospesi, se non per negligenza nell'adempimento dei loro doveri o per irregolare e censurabile condotta;

4) non possono essere rimossi dall'ufficio, se non quando abbiano ricusato di adempiere ad un dovere del proprio ufficio imposto dalle leggi o dai regolamenti; quando abbiano dato prova di abituale negligenza, ovvero, con fatti gravi, abbiano compromessa la loro riputazione personale o la dignità del collegio al quale appartengono.

I provvedimenti preveduti nei paragrafi 2, 3 e 4 di questo articolo debbono essere emanati per decreto [reale], sopra proposta motivata del Ministro per l'interno, udito il parere del Consiglio di Stato in adunanza generale e dopo deliberazione del Consiglio dei Ministri.

Il limite di età per il collocamento a riposo per il Presidente, dei presidenti di sezione, dei consiglieri del Consiglio di Stato, è fissato al compimento degli anni settanta.

6-10 (*Omissis*) (1).

(1) *Articoli abrogati dall'art. 4 dell'Allegato 4 d.lgs. 2 luglio 2010, n. 104, con effetto a decorrere dal 16 settembre 2010.*

11 **Art. 7 del testo unico 17 agosto 1907, n. 638.**

I primi referendari, i referendari e i segretari sono assegnati a ciascuna sezione con ordinanza del Presidente del Consiglio di Stato.

A ciascuna delle sezioni giurisdizionali potranno essere destinati, quando occorre, anche più di uno fra primi referendari e referendari.

Tanto nelle sezioni consultive, quanto nelle giurisdizionali, i primi referendari e i referendari istruiscono gli affari che sono solo commessi, e ne riferiscono alla sezione, e, quando ne sia il caso, al Consiglio in adunanza generale. Ed hanno voto deliberativo, se siano relatori o vengano chiamati a supplire consiglieri assenti o impediti.

12 **Art. 8 del testo unico 17 agosto 1907, n. 638; art. 3 del r.d. 30 dicembre 1923, n. 2840.**

Al principio di ogni anno sono designati, con decreto reale, il presidente e i consiglieri di ogni sezione, in modo però che in ciascuna sezione giurisdizionale almeno due e non più di quattro consiglieri siano mutati dalla composizione dell'anno precedente (1).

Ove manchi in qualche sezione il numero dei consiglieri necessario per deliberare, il Presidente del Consiglio supplisce con consiglieri appartenenti ad altre sezioni.

(1) *Comma sostituito dall'art. 1 r.d.l. 23 ottobre 1924, n. 1672.*

13 **Art. 9 del testo unico 17 agosto 1907 n. 638.**

La direzione del personale e del servizio interno nonché la corrispondenza col Ministero, spettano al Presidente.

TITOLO II

CAPO I
Delle attribuzioni consultive del Consiglio di Stato

14 **Art. 10 del testo unico 17 agosto 1907, n. 638.**

Il Consiglio di Stato:

1) dà parere sopra le proposte di legge e sugli affari di ogni natura, pei quali sia interrogato dai Ministri;

2) formula quei progetti di legge ed i regolamenti che gli vengono commessi dal Governo.

15 **Art. 11 del testo unico 17 agosto 1907, n. 638.**

Quando il parere del Consiglio di Stato è richiesto per legge il decreto del Presidente della Repubblica o ministeriale che ne consegue deve avere la formula "udito il parere del Consiglio di Stato".

16 **Art. 12 del testo unico 17 agosto 1907, n. 638; art. 4 del r.d. 30 dicembre 1923, n. 2840 (1).**

Il voto del Consiglio di Stato è richiesto:

1) sopra tutte le proposte di regolamenti che per l'art. 1, n. 7, del r.d. 14 novembre 1901, n. 466, sono soggetti all'approvazione del Consiglio dei Ministri (1).

2) sulla esecuzione delle provvisioni ecclesiastiche, per le quali occorre il decreto del Presidente della Repubblica;

3) sopra tutti i coordinamenti in testi unici di leggi o di regolamenti, salvo che non sia diversamente stabilito per legge;

4) sui ricorsi fatti al Presidente della Repubblica contro la legittimità dei provvedimenti amministrativi, sui quali siano esaurite o non possano proporsi domande di riparazione in via gerarchica (2);

5) sulle convenzioni o sui contratti da approvarsi per legge, o che importino impegni finanziari che non trovano riscontro in impegni regolarmente assunti per legge;

6) in tutti gli altri casi in cui sia richiesto per legge.

Nei casi previsti al n. 4 di questo articolo, quando il provvedimento sia contrario al parere del Consiglio di Stato, deve farsi constare dal decreto del Presidente della Repubblica che è stato pure udito il Consiglio dei ministri.

I ricorsi indicati al n. 4 del comma primo, non sono più ammessi dopo 180 giorni da quello in cui il ricorrente ebbe comunicazione del provvedimento: e devono essere notificati all'autorità che abbia emesso il provvedimento e a chi vi abbia interesse diretto nei modi stabiliti dal regolamento (3) (4).

(1) *Sulle funzioni consultive del Consiglio di Stato v. anche l'art. 17, commi 25 ss. l. 15 maggio 1997, n. 127 (Misure urgenti per lo snellimento dell'attività amministrativa e dei procedimenti di decisione e di controllo):*

« 25. Il parere del Consiglio di Stato è richiesto in via obbligatoria:

a) per l'emanazione degli atti normativi del Governo e dei singoli ministri, ai sensi dell'articolo 17 della legge 23 agosto 1988, n. 400, nonché per l'emanazione di testi unici;

b) per la decisione dei ricorsi straordinari al Presidente della Repubblica;

c) sugli schemi generali di contratti-tipo, accordi e convenzioni predisposti da uno o più ministri.

25-bis. Le disposizioni della lett. c) del comma 25 non si applicano alle fattispecie previste dall'articolo 2, comma 203, della legge 23 dicembre 1996, n. 662.

26. È abrogata ogni diversa disposizione di legge che preveda il parere del Consiglio di Stato in via obbligatoria. Resta fermo il combinato disposto dell'articolo 2, comma 3, della l. 23 agosto 1988, n. 400, e dell'articolo 33 del testo unico delle leggi sul Consiglio di Stato, approvato con r.d. 26 giugno 1924, n. 1054.

27. Fatti salvi i termini più brevi previsti per legge, il parere del Consiglio di Stato è reso nel termine di quarantacinque giorni dal ricevimento della richiesta; decorso il termine, l'amministrazione può procedere indipendentemente dall'acquisizione del parere. Qualora, per esigenze istruttorie, non possa essere rispettato il termine di cui al presente comma, tale termine può essere interrotto per una sola volta e il parere deve essere reso definitivamente entro venti giorni dal ricevimento degli elementi istruttori da parte delle amministrazioni interessate.

28. È istituita una sezione consultiva del Consiglio di Stato per l'esame degli schemi di atti normativi per i quali il parere del Consiglio di Stato è prescritto per legge o è comunque richiesto dall'amministrazione.

La sezione esamina altresì, se richiesto dal Presidente del Consiglio dei ministri, gli schemi di atti normativi dell'Unione europea. Il parere del Consiglio di Stato è sempre reso in adunanza generale per gli schemi di atti legislativi e di regolamenti devoluti dalla sezione o dal presidente del Consiglio di Stato ».

(2) *V. ora, per i regolamenti governativi e ministeriali, art. 17 l. 23 agosto 1988, n. 400.*

(3) *V., ora, per la nuova disciplina del ricorso straordinario al Capo dello Stato, il d.P.R. 24 novembre 1971, n. 1199.*

(4) *V., anche, gli artt. 47, 60 e 61, r.d. 21 aprile 1942, n. 444, Regolamento per l'esecuzione della legge sul Consiglio di Stato.*

CAPO II
Del modo di procedere nella trattazione degli affari consultivi

17 Art. 13 del testo unico 17 agosto 1907, n. 638.

Il Consiglio di Stato, per l'esame degli affari sui quali è richiesto il suo parere, delibera in adunanza generale di tutti i suoi componenti o diviso per sezioni.

18 Art. 14 del testo unico 17 agosto 1907, n. 638.

Le adunanze generali sono convocate e presiedute dal Presidente del Consiglio e vi assiste il segretario generale.

19 Art. 15 del testo unico 17 agosto 1907, n. 638.

A render valide le deliberazioni, tanto nelle adunanze generali, quanto nelle adunanze di sezione, è necessaria la presenza almeno della metà del numero dei consiglieri che compongono il Consiglio o la sezione.

20 Art. 16 del testo unico 17 agosto 1907, n. 638.

Le deliberazioni si prendono a maggioranza assoluta di voti. In caso di parità, il voto del Presidente ha la preponderanza.

21 Art. 17 del testo unico 17 agosto 1907, n. 638.

I Ministri possono intervenire, per gli affari consultivi, alle adunanze generali del Consiglio ed a quelle delle sezioni; o delegare Commissari per dare speciali informazioni sugli affari da trattarsi, o per manifestare gli intendimenti del Ministro sopra nuove leggi e regolamenti, dei quali sia commessa al Consiglio la compilazione.

22 Art. 18 del testo unico 17 agosto 1907, n. 638.

È in facoltà del Presidente, quando il Consiglio sia chiamato a dar parere sopra affari di natura mista o indeterminata, di formare Commissioni speciali, scegliendone i consiglieri nelle sezioni.

Potrà anche aggiungere alla sezione incaricata di esaminare determinati affari alcuni membri di altre sezioni, i quali, però, in questi casi, non hanno che voto consultivo.

In caso di assenza o d'impedimento di membri di una sezione il Presidente può provvisoriamente destinare a supplirli quelli di un'altra sezione.

23 Art. 19 del testo unico 17 agosto 1907, n. 638.

Dal regolamento del servizio interno sono determinati gli affari che debbono essere trattati dalle sezioni, cui spettano, e quelli in adunanza generale.

È sempre in facoltà del Ministro di esigere che dati affari siano trattati in adunanza generale, salvo il disposto dell'art. 33.

24 Art. 20 del testo unico 17 agosto 1907, n. 638.

Le proposte di leggi e di regolamenti, dopo essere state studiate e preparate nella sezione alla quale per loro natura appartengono, o nelle Commissioni speciali, sono esaminate e discusse in adunanza generale.

25 Art. 21 del testo unico 17 agosto 1907 n. 638.

Avuto il parere di una sezione, il Ministro può, salve le disposizioni dell'art. 33, richiedere al Presidente che l'affare sia riproposto all'esame dell'intero Consiglio e discusso in adunanza generale.

TITOLO III

CAPO I
Delle attribuzioni del Consiglio di Stato in sede giurisdizionale

26-32 (*Omissis*) (1).

(1) *Articoli abrogati dall'art. 4 dell'Allegato 4 d.lgs. 2 luglio 2010, n. 104, con effetto a decorrere dal 16 settembre 2010.*

33 Art. 25 del testo unico 17 agosto 1907, n. 638; art. 12 del r.d. 30 dicembre 1923, n. 2840.

Negli affari che, a norma della presente legge, possono formare oggetto di ricorso al Consiglio di Stato in sede giurisdizionale, il Governo, avuto il parere della sezione competente, non può richiedere, in via amministrativa, l'esame del Consiglio di Stato in adunanza generale (1).

[Col preventivo assenso scritto di coloro ai quali il provvedimento direttamente si riferisce, può invece provocare la decisione del Consiglio di Stato in sede giurisdizionale. Ma se essi si rifiutino, si intenderà che vi abbiano rinunziato] (2).

(1) *V. anche art. 17, comma 26, l. 15 maggio 1997, n. 127.*
(2) *Comma abrogato dall'art. 4 dell'Allegato 4 d.lgs. 2 luglio 2010, n. 104, con effetto a decorrere dal 16 settembre 2010.*

34 **Art. 26 del testo unico 17 agosto 1907, n. 638; art. 12 del r.d. 30 dicembre 1923, n. 2840** (1).

(1) *Articolo abrogato dall'art. 4 dell'Allegato 4 d.lgs. 2 luglio 2010, n. 104, con effetto a decorrere dal 16 settembre 2010.*

CAPO II
Del procedimento davanti al Consiglio di Stato in sede giurisdizionale

35-47 (1).

(1) *Articoli abrogati dall'art. 4 dell'Allegato 4 d.lgs. 2 luglio 2010, n. 104, con effetto a decorrere dal 16 settembre 2010.*

48 **Art. 40 del testo unico 17 agosto 1907, n. 638.**

Le decisioni pronunziate in sede giurisdizionale possono, agli effetti della l. 31 marzo 1877, n. 3761, essere impugnate con ricorso per cassazione. Tale ricorso tuttavia è proponibile soltanto per assoluto difetto di giurisdizione del Consiglio di Stato (1).

(1) *V. art. 111 Cost. sul sindacato della Cassazione sulle decisioni del Consiglio di Stato per soli profili inerenti alla giurisdizione.*

49 **Art. 26 del r.d. 30 dicembre 1923, n. 2840** (1).

(1) *Articolo abrogato dall'art. 4 dell'Allegato 4 d.lgs. 2 luglio 2010, n. 104, con effetto a decorrere dal 16 settembre 2010.*

DISPOSIZIONI TRANSITORIE E FINALI

50-56 (1).

(1) *Articoli abrogati dall'art. 4 dell'Allegato 4 d.lgs. 2 luglio 2010, n. 104, con effetto a decorrere dal 16 settembre 2010.*

26. Legge 6 dicembre 1971, n. 1034. — Istituzione dei Tribunali Amministrativi Regionali (1).

Pubblicata nella Gazzetta Ufficiale n. 314 del 13 dicembre 1971.

(1) *Si omettono gli articoli abrogati dall'art. 4 dell'Allegato 4 d.lgs. 2 luglio 2010, n. 104, con effetto a decorrere dal 16 settembre 2010. Per le disposizioni abrogate v. le note al Codice del processo amm.* (sub *VI, 37).*

TITOLO I
Istituzione e competenze dei Tribunali Amministrativi Regionali

1 Sono istituiti tribunali amministrativi regionali, quali organi di giustizia amministrativa di primo grado.

Le loro circoscrizioni sono regionali e comprendono le province facenti parte delle singole regioni. Essi hanno sede nei capoluoghi di regione.

Nelle regioni Lombardia, Emilia-Romagna, Lazio, Abruzzi, Campania, Puglia, Calabria, Sicilia sono istituite sezioni staccate, le cui sedi e le cui circoscrizioni saranno stabilite nelle norme di attuazione della presente legge previste nell'articolo 52 (1).

Una sezione staccata con ordinamento speciale è pure istituita nella regione Trentino-Alto Adige. Essa ha sede a Bolzano e alla sua disciplina si provvede con altra legge.

Il tribunale amministrativo regionale del Lazio, oltre una sezione staccata, ha cinque (2) sezioni con sede a Roma (3).

(1) *L'art. 18, comma 2, lett.* a) *d.l. 24 giugno 2014, n. 90, conv., con modif., in l. 11 agosto 2014, n. 114, a decorrere dal 1° luglio 2015, aveva soppresso le parole* « Emilia-Romagna, Lazio, Abruzzi, », *ma il citato comma 2 del suddetto art.. 18 è stato abrogato dall'art. 20, comma 1, lett.* a), *d.l. 27 giugno 2015 n. 83, conv., con modif., in l. 6 agosto 2015, n. 132.*
(2) *La parola* « cinque » *è stata sostituita alla parola* « tre » *dall'art. 1, comma 320-bis, l. 30 dicembre 2018, n. 145, come inserito dall'art. 22, comma 1, d.l. 30 dicembre 2019, n. 162, conv., con modif., in l. 28 febbraio 2020, n. 8.*
(3) *L'art. 18, comma 2, lett.* b) *d.l. n. 90, cit., a decorrere dal 1° luglio 2015, aveva soppresso le parole* « oltre una sezione staccata, », *ma successivamente il citato comma 2 del suddetto art. 18 è stato abrogato dall'art. 20, comma 1, lett.* **a**), *d.l. n. 83, cit.*

2-8 (1).

(1) *Articoli abrogati dall'art. 4 dell'Allegato 4 d.lgs. 2 luglio 2010, n. 104, con effetto a decorrere dal 16 settembre 2010.*

TITOLO II
Composizione dei Tribunali Amministrativi Regionali

9 Con decreto del Presidente della Repubblica, su proposta del Presidente del Consiglio dei Ministri, sentito il Consiglio di Presidenza dei tribunali amministrativi regionali, è nominato per ciascun tribunale amministrativo regionale, all'inizio di ogni anno, il presidente, da scegliere tra i presidenti di sezione del Consiglio di Stato o tra i consiglieri di Stato.

Con lo stesso decreto e con le medesime modalità sono nominati presso ciascun tribunale amministrativo regionale non meno di cinque magistrati amministrativi regionali appartenenti al ruolo previsto dall'articolo 12.

Per i tribunali amministrativi regionali formati di più sezioni, nonché per le sezioni istituite nel tribunale amministrativo regionale del Lazio deve essere sempre nominato un presidente di sezione del Consiglio di Stato.

10 (*Omissis*) (1).

(1) *Articolo abrogato dall'art. 4 dell'Allegato 4 d.lgs. 2 luglio 2010, n. 104, con effetto a decorrere dal 16 settembre 2010.*

11 I presidenti di sezione del Consiglio di Stato sono destinati alla presidenza dei tribunali amministrativi regionali con il loro consenso, ovvero all'atto del conseguimento della nomina.

I presidenti di sezione del Consiglio di Stato destinati a presiedere i tribunali amministrativi regionali cessano, a domanda, da tale destinazione, secondo l'ordine di anzianità, e riassumono le loro funzioni in seno al Consiglio di Stato, quando presso il Consiglio stesso si verificano vacanze nei posti di presidente di sezione. Per la relativa sostituzione si procede nei modi previsti dal comma precedente.

I consiglieri di Stato possono essere destinati alla presidenza dei tribunali amministrativi regionali solo se abbiano almeno due anni di anzianità e col loro consenso. Per le sedi che rimangono scoperte la destinazione potrà avvenire d'ufficio, seguendo il criterio della minore anzianità di qualifica, tra i consiglieri che abbiano almeno due anni di anzianità.

I consiglieri di Stato, a domanda, possono riassumere le loro funzioni presso il Consiglio di Stato non prima di tre anni dalla loro destinazione. Possono continuare nella destinazione alla presidenza di un tribunale amministrativo regionale anche se siano nominati presidenti di sezione del Consiglio di Stato.

12 Per l'assolvimento delle funzioni previste dalla presente legge:

a) i posti di presidente di sezione di cui alla tabella A allegata alla legge 21 dicembre 1950, n. 1018, sono aumentati di dieci unità;

b) i posti di consigliere di Stato della tabella medesima sono parimenti aumentati di quattordici unità;

c) è istituito il ruolo dei magistrati amministrativi regionali, secondo la tabella allegata alla presente legge.

13 I magistrati amministrativi regionali si distinguono in consiglieri, primi referendari e referendari.

Per quanto non diversamente disposto dalla presente legge, ad essi sono estese le norme sullo stato giuridico e sul trattamento economico del personale di corrispondente qualifica della magistratura del Consiglio di Stato, nelle qualifiche corrispondenti di consigliere, primo referendario e referendario.

Per i magistrati amministrativi regionali il trasferimento ad altra sede può essere disposto, nelle forme indicate dall'articolo 9 e su parere del Consiglio di Presidenza dei tribunali amministrativi regionali per una delle seguenti ragioni:

a) su domanda;

b) in seguito ad avanzamento;

c) in seguito all'insorgere di una situazione di incompatibilità prevista dalla legge;

d) per variazione nel numero dei magistrati da assegnare ai vari tribunali.

I magistrati amministrativi regionali non possono essere in alcun caso chiamati ad esercitare funzioni o ad espletare compiti diversi da quelli istituzionali.

Ad essi si estendono le altre cause di incompatibilità e le cause di ineleggibilità previste per i magistrati ordinari.

14-54 (*Omissis*) (1).

27. Decreto del Presidente della Repubblica 21 aprile 1973, n. 214. — Regolamento di esecuzione della l. 6 dicembre 1971, n. 1034, istitutiva dei tribunali amministrativi regionali (1).

Pubblicato nella Gazzetta Ufficiale n. 131 del 22 maggio 1973.

(1) *Si omettono gli articoli abrogati dall'art. 4 dell'Allegato 4 d.lgs. 2 luglio 2010, n. 104, con effetto a decorrere dal 16 settembre 2010. Per le disposizioni abrogate v. le note al Codice del processo amministrativo* (sub *VI, 37*).

1 Definizione.

Nel presente decreto con il termine "legge" è indicata la legge 6 dicembre 1971, n. 1034, istitutiva dei tribunali amministrativi regionali.

TITOLO I
Tribunali amministrativi regionali, sezioni distaccate

2 Sedi e circoscrizioni delle sezioni staccate.

Le sedi e le circoscrizioni delle sezioni staccate dei tribunali amministrativi istituiti nelle regioni Lombardia, Emilia Romagna, Lazio, Abruzzi, Campania, Puglia, Calabria e Sicilia saranno indicate con successivo provvedimento.

3-40 (*Omissis*).

28. Legge 27 aprile 1982, n. 186. — Ordinamento della giurisdizione amministrativa e del personale di segreteria ed ausiliario del Consiglio di Stato e dei tribunali amministrativi regionali.

Pubblicata nella Gazzetta Ufficiale n. 117 del 29 aprile 1982, S.O.

TITOLO I
Ordinamento della giurisdizione amministrativa

CAPO I
Consiglio di Stato

1 Composizione.

Il Consiglio di Stato è composto dal presidente del Consiglio di Stato, da presidenti di sezione e da consiglieri di Stato, secondo la tabella A allegata alla presente legge.

Il Consiglio di Stato si divide in sette (1) sezioni con funzioni consultive o giurisdizionali, oltre alla sezione normativa istituita dall'articolo 17, comma 28, della legge 15 maggio 1997, n. 127 (2).

Ciascuna sezione giurisdizionale è composta da tre presidenti (3), di cui uno titolare, e da almeno nove consiglieri; ciascuna sezione giurisdizionale è composta da due presidenti, di cui uno titolare, e da almeno dodici consiglieri.

Per le sezioni consultive del Consiglio di Stato le deliberazioni sono valide se adottate con la presenza di almeno quattro consiglieri (4) (5).

Il Presidente del Consiglio di Stato, con proprio provvedimento, all'inizio di ogni anno, sentito il Consiglio di Presidenza, individua le sezioni che svolgono funzioni giurisdizionali e consultive, determina le rispettive materie di competenza e la composizione, nonché la composizione della Adunanza Plenaria ai sensi dell'articolo 5, primo comma (6).

(1) *La parola* « sette » *sono state sostituite alla parola* « sei » *dall'art. 1, comma 320-bis, l. 30 dicembre 2018, n. 145, come inserito dall'art. 22, comma 1, d.l. 30 dicembre 2019, n. 162, conv., con modif., in l. 28 febbraio 2020, n. 8.*

(2) *Comma modificato dall'art. 54, comma 3, lett.* a), *d.l. 25 giugno 2008, n. 112, conv., con modif., in l. 6 agosto 2008, n. 133.*

(3) *Le parole* « ciascuna sezione giurisdizionale è composta da tre presidenti » *sono state sostituite alle parole* « ciascuna sezione giurisdizionale è composta da due presidenti » *dall'art. 1, comma 320-bis, l. 30 dicembre 2018, n. 145, come inserito dall'art. 22, comma 1, d.l. n. 162, cit.*

(4) *Le parole « le sezioni giurisdizionali del Consiglio di Stato pronunciano con l'intervento di uno dei presidenti e di quattro consiglieri » che figuravano alla fine del comma sono state soppresse dall'art. 4 dell'Allegato 4 d.lgs. 2 luglio 2010, n. 104, con effetto a decorrere dal 16 settembre 2010.*

(5) *V., anche, d.P.R. 25 novembre 1995, n. 580.*

(6) *Comma aggiunto dall'art. 54, comma 3, lett.* b), *d.l. n. 112, cit.,*

2 Passaggio dalle sezioni consultive alle sezioni giurisdizionali.

Il presidente del Consiglio di Stato, all'inizio di ogni anno, stabilisce la composizione delle sezioni consultive e delle sezioni giurisdizionali sulla base dei criteri fissati dal consiglio di presidenza anche per consentire l'avvicendamento dei magistrati fra le sezioni consultive e le sezioni giurisdizionali, nonché l'avvicendamento nell'ambito delle sezioni consultive e delle sezioni giurisdizionali.

I presidenti delle sezioni giurisdizionali determinano, all'inizio di ogni anno, il calendario delle udienze e, all'inizio di ogni trimestre, la composizione dei collegi giudicanti, sulla base dei criteri fissati dal consiglio di presidenza.

Qualora manchi in una sezione consultiva o in una sezione giurisdizionale il numero dei consiglieri necessario per deliberare, il presidente del Consiglio di Stato provvede alla supplenza con consiglieri appartenenti rispettivamente ad altre sezioni consultive o giurisdizionali.

3 Adunanza generale.

L'adunanza generale del Consiglio di Stato è convocata dal presidente del Consiglio di Stato, che la presiede, ed è composta da tutti i magistrati in servizio presso il Consiglio di Stato.

Le funzioni di segretario sono svolte dal segretario generale del Consiglio di Stato o, in caso di sua assenza o impedimento, dal consigliere di Stato meno anziano nella qualifica fra i presenti.

4 Ufficio del segretariato generale della giustizia amministrativa.

1. L'ufficio del segretariato generale è composto dal segretario generale nonché, con competenza per i rispettivi istituti, dal segretario delegato per il Consiglio di Stato e dal segretario delegato per i tribunali amministrativi regionali.

2. Il segretario generale e i segretari delegati assistono il presidente del Consiglio di Stato nell'esercizio delle sue funzioni e svolgono, ciascuno per le proprie competenze, gli altri compiti previsti dalle norme vigenti per il segretario generale del Consiglio di Stato.

3. L'incarico di segretario generale è conferito ad un consigliere di Stato, con decreto del Presidente del Consiglio dei ministri, su proposta del presidente del Consiglio di Stato, sentito il consiglio di presidenza.

4. Gli incarichi di segretario delegato sono conferiti dal presidente del Consiglio di Stato, sentito il consiglio di presidenza, rispettivamente ad un consigliere di Stato e ad un consigliere di tribunale amministrativo regionale.

5. Gli incarichi, salvo provvedimento motivato di revoca, cessano al compimento di cinque anni dal conferimento e non sono rinnovabili.

6. In caso di assenza o di impedimento, i segretari sono sostituiti, con provvedimento del presidente del Consiglio di Stato, da altro magistrato incaricato di esercitarne temporaneamente le funzioni.

7. Agli oneri derivanti dall'attuazione del presente articolo si provvede nei limiti degli ordinari stanziamenti di bilancio (1).

(1) *Articolo così sostituito dall'art. 17, l. 21 luglio 2000, n. 205.*

5 (*Omissis*).

CAPO II
Tribunali amministrativi regionali

6 Composizione dei tribunali amministrativi regionali (1).

I tribunali amministrativi regionali sono composti da: presidenti di tribunale, consiglieri, primi referendari e referendari, secondo la tabella A allegata alla presente legge.

Ai consiglieri di tribunale amministrativo regionale possono essere conferite le funzioni di presidente di sezione secondo quanto previsto al successivo comma quinto.

I tribunali amministrativi regionali possono essere divisi in più sezioni, ciascuna composta da non meno di cinque magistrati.

Per l'istituzione di nuove sezioni staccate, in aggiunta a quelle previste dall'articolo 1, commi terzo, quarto e quinto, della legge 6 dicembre 1971, n. 1034, si provvede mediante legge.

Nei tribunali divisi in sezioni, il presidente del tribunale presiede la prima sezione; le altre sezioni, ivi comprese quelle staccate, sono presiedute da un consigliere di tribunale amministrativo regionale, al quale le funzioni di presidente di sezione sono conferite, con il consenso, dal consiglio di presidenza, tenuto conto anche dell'ordine risultante dal ruolo di anzianità. Tali funzioni cessano con il trasferimento ad altra sede o a domanda. Le sezioni istituite nel tribunale amministrativo regionale del Lazio sono presiedute da presidenti di tribunale amministrativo regionale.

I tribunali amministrativi regionali e le sezioni pronunciano con l'intervento del presidente e di due componenti.

Il presidente del tribunale amministrativo regionale, all'inizio di ogni anno, stabilisce il calendario delle udienze e, all'inizio di ogni trimestre, la composizione dei collegi giudicanti, in base ai criteri di massima stabiliti dal consiglio di presidenza.

Nei tribunali amministrativi regionali divisi in sezioni, il presidente del tribunale, all'inizio di ogni anno, stabilisce la composizione di ciascuna sezione in base a criteri fissati dal consiglio di presidenza per assicurare l'avvicendamento dei magistrati tra le sezioni stesse.

Il presidente di ciascuna sezione, all'inizio di ogni anno, stabilisce il calendario delle udienze e, all'inizio di ogni trimestre, la composizione dei collegi giudicanti in base ai criteri di massima stabiliti dal consiglio di presidenza.

In caso di assenza o di impedimento di magistrati, si applica l'articolo 7 del decreto del Presidente della Repubblica 21 aprile 1973, n. 214.

In caso di assenza o di impedimento del presidente del tribunale amministrativo regionale o del presidente della sezione del tribunale amministrativo regionale, ovvero in caso di vacanza temporanea, le funzioni di presidente sono esercitate dal magistrato che ricopre la più elevata qualifica e, in caso di parità, dal più anziano nella qualifica.

(1) *Ai sensi dell'art. 1, comma 320-bis, l. 30 dicembre 2018, n. 145, come inserito dall'art. 22, comma 1, d.l. 30 dicembre 2019 n. 162, conv., con modif., in l. 28 febbraio 2020, n. 8 « Al giudizio di idoneità di cui all'articolo 21, comma 1, della legge 27 aprile 1982, n. 186, e al giudizio per il conferimento delle funzioni di cui all'articolo 6, commi secondo e quinto, della medesima legge n. 186 del 1982, si applicano, in quanto compatibili, le disposizioni di cui all'articolo 11, comma 16, e all'articolo 50, comma 1, del decreto legislativo 5 aprile 2006, n. 160, e, in ogni caso di promozione a qualifica superiore ai sensi di detto articolo 21, il ricollocamento in ruolo avviene a richiesta dell'interessato, da presentare entro 15 giorni dalla conoscenza del provvedimento di promozione a pena di decadenza dalla stessa, e deve obbligatoriamente perdurare per tutto il periodo di cui al quinto comma dello stesso articolo 21 ».*

CAPO III
Consiglio di Presidenza

7 Composizione del consiglio di presidenza (1).

1. In attesa del generale riordino dell'ordinamento della giustizia amministrativa sulla base della unicità di accesso e di carriera, con esclusione di automatismi collegati all'anzianità di servizio, il consiglio di presidenza è costituito con decreto del Presidente della Repubblica su proposta del Presidente del Consiglio dei ministri. Esso ha sede in Roma, presso il Consiglio di Stato, ed è composto:

a) dal presidente del Consiglio di Stato, che lo presiede;

b) da quattro magistrati in servizio presso il Consiglio di Stato;

c) da sei magistrati in servizio presso i tribunali amministrativi regionali;

d) da quattro cittadini eletti, due dalla Camera dei deputati e due dal Senato della Repubblica a maggioranza assoluta dei rispettivi componenti, tra i professori ordinari di università in materie giuridiche o gli avvocati con venti anni di esercizio professionale;

e) da due magistrati in servizio presso il Consiglio di Stato con funzioni di supplenti dei componenti di cui alla lettera *b*);

f) da due magistrati in servizio presso i tribunali amministrativi regionali, con funzioni di supplenti dei componenti di cui alla lettera *c*).

2. All'elezione dei componenti di cui alle lettere *b*) ed *e*) del comma 1, nonché di quelli di cui alle lettere *c*) e *f*) del medesimo comma, partecipano, rispettivamente, i magistrati in servizio presso il Consiglio di Stato e presso i tribunali amministrativi regionali, senza distinzione di categoria, con voto personale, segreto e diretto.

3. I componenti elettivi durano in carica quattro anni e non sono immediatamente rieleggibili.

4. [I membri eletti che nel corso del quadriennio perdono i requisiti di eleggibilità o si dimettono, o cessano per qualsiasi causa dal servizio oppure passano dal Consiglio di Stato ai tribunali amministrativi regionali o viceversa, sono sostituiti, per il restante periodo, dai magistrati appartenenti al corrispondente gruppo elettorale che seguono gli eletti per il numero dei suffragi ottenuti] (2).

5. I componenti di cui al comma 1, lettera *d*), non possono esercitare alcuna attività suscettibile di interferire con le funzioni del Consiglio di Stato e dei tribu-

nali amministrativi regionali. Ad essi si applica il disposto dell'articolo 12 della legge 13 aprile 1988, n. 117.

6. I membri supplenti partecipano alle sedute del consiglio di presidenza in caso di assenza o impedimento dei componenti effettivi.

7. Il vice presidente, eletto dal consiglio tra i componenti di cui al comma 1, lettera *d*), sostituisce il presidente ove questi sia assente o impedito.

8. In caso di parità prevale il voto del presidente.

(1) *Articolo sostituito dall'art. 18 l. 21 luglio 2000, n. 205.*

(2) *Comma abrogato dall'art. 1, comma 2, d.lgs. 7 febbraio 2006, n. 62, che ha recepito le disposizioni di cui all'art. 2, comma 17 l. 25 luglio 2005, n. 150.*

Successivamente la Corte costituzionale, con sentenza 30 gennaio 2018, n. 10, ha dichiarato l'illegittimità costituzionale *del suddetto comma 2, nella parte in cui ha modificato l'art. 9, terzo comma, della prsente legge 27 aprile 1982, n. 186, prevedendo che « in caso di dimissioni o di cessazione di uno o più membri elettivi dall'incarico per qualsiasi causa nel corso del quadriennio, sono indette elezioni suppletive tra i magistrati appartenenti al corrispondente gruppo elettorale per designare, per il restante periodo, il sostituto del membro decaduto o dimessosi », e nella parte in cui ha disposto l'abrogazione del comma 4 dell'art. 7 della presente legge.*

8 Ineleggibilità.

Non sono eleggibili al consiglio di presidenza i magistrati che, al momento della indizione delle elezioni, non esercitano funzioni istituzionali.

Non possono essere eletti componenti del consiglio di presidenza, e sono altresì esclusi dal voto, i magistrati ai quali sia stata inflitta, a seguito di giudizio disciplinare, una sanzione più grave dell'ammonimento.

Sono tuttavia eleggibili, ed hanno altresì diritto al voto, i magistrati sottoposti a censura, quando dalla data del relativo provvedimento siano trascorsi almeno tre anni e non sia intervenuta altra sanzione disciplinare.

9 Elezione del consiglio di presidenza e proclamazione degli eletti.

Per l'elezione dei componenti elettivi del consiglio di presidenza è istituito presso il Consiglio di Stato l'ufficio elettorale nominato dal presidente del Consiglio di Stato e composto da un presidente di sezione del Consiglio stesso o da un presidente di tribunale amministrativo regionale, che lo presiede, nonché dai due consiglieri più anziani nella qualifica in servizio presso il Consiglio di Stato.

Le elezioni hanno luogo entro tre mesi dallo scadere del precedente consiglio e sono indette con decreto del presidente del Consiglio di Stato, da pubblicarsi nella Gazzetta Ufficiale almeno trenta giorni prima della data stabilita. Esse si svolgono in un giorno festivo dalle ore 9 alle ore 21.

Ciascun elettore può votare per un solo componente titolare e per un solo componente supplente; i voti eventualmente espressi oltre tale numero sono nulli. Ai componenti elettivi si applica il comma 2-*bis* dell'articolo 10 della legge 13 aprile 1988, n. 117. In caso di dimissioni o di cessazione di uno o più membri elettivi dall'incarico per qualsiasi causa nel corso del quadriennio, sono indette elezioni suppletive tra i magistrati appartenenti al corrispondente gruppo elettorale per designare, per il restante periodo, il sostituto del membro decaduto o dimessosi (1).

Le schede — distinte per ciascun gruppo elettorale — devono essere preventivamente controfirmate dai componenti dell'ufficio elettorale, e devono essere riconsegnate chiuse dall'elettore.

Ultimate le votazioni, l'ufficio elettorale procede immediatamente allo spoglio delle schede e proclama eletti i magistrati che nell'ambito di ciascun gruppo elettorale hanno riportato il maggior numero di voti. A parità di voti, è eletto il più anziano di età.

(1) *Comma modificato dall'art. 1, comma 2, d.lgs. 7 febbraio 2006, n. 62, che ha recepito le disposizioni di cui all'art. 2, comma 17, l. 25 luglio 2005, n. 150. Successivamente la Corte costituzionale, con sentenza 30 gennaio 2018, n. 10, ha dichiarato* l'illegittimità costituzionale *del suddetto comma 2, dell'art. 1 d.lgs. n. 62, cit., nella parte in cui ha modificato il presente terzo comma dell'art. 9, prevedendo che « in caso di dimissioni o di cessazione di uno o più membri elettivi dall'incarico per qualsiasi causa nel corso del quadriennio, sono indette elezioni suppletive tra i magistrati appartenenti al corrispondente gruppo elettorale per designare, per il restante periodo, il sostituto del membro decaduto o dimessosi », e nella parte in cui ha disposto l'abrogazione del comma 4 dell'art. 7 della presente legge n. 186 del 1982.*

10 Contestazioni e reclami.

L'ufficio elettorale decide a maggioranza sulle contestazioni sorte durante le operazioni di voto, nonché su quelle relative alla validità delle schede, dandone atto nel verbale delle operazioni elettorali.

I reclami relativi alla eleggibilità e alle operazioni elettorali vanno indirizzati al consiglio di presidenza e debbono pervenire alla segreteria di quest'ultimo entro il quindicesimo giorno successivo alla proclamazione dei risultati. Essi non hanno effetto sospensivo.

Il consiglio di presidenza decide sui reclami nella sua prima adunanza.

11 Scioglimento del consiglio di presidenza.

Il consiglio di presidenza, qualora ne sia impossibile il funzionamento, è sciolto con decreto del Presidente della Repubblica, su proposta del Presidente del Consiglio dei ministri, previa deliberazione del Consiglio dei ministri.

Le nuove elezioni sono indette entro un mese dalla data di scioglimento.

12 Validità delle deliberazioni e convocazioni.

Per la validità delle deliberazioni del consiglio di presidenza è necessaria la presenza di almeno nove componenti.

Le deliberazioni sono prese a maggioranza e a voto palese; in caso di parità, prevale il voto del presidente.

Il consiglio delibera a scrutinio segreto sui provvedimenti riguardanti persone e lo stato giuridico dei magistrati. Delibera altresì a scrutinio segreto su richiesta di almeno quattro componenti presenti.

Il consiglio di presidenza è convocato dal presidente o, in sua assenza, dal vice presidente, anche su richiesta di almeno un terzo dei suoi componenti.

13 Attribuzioni del consiglio di presidenza.

Il consiglio di presidenza:

1) verifica i titoli di ammissione dei componenti eletti dai magistrati e decide sui reclami attinenti alle elezioni;

2) disciplina con regolamento interno il funzionamento del consiglio;

3) formula proposte per l'adeguamento e l'ammodernamento delle strutture e dei servizi, sentiti i presidenti dei tribunali amministrativi regionali;

4) predispone elementi per la redazione della relazione del Presidente del Consiglio dei ministri di cui al successivo articolo 31;

5) stabilisce i criteri di massima per la ripartizione degli affari consultivi e dei ricorsi rispettivamente tra le sezioni consultive e tra quelle giurisdizionali del Consiglio di Stato;

6) stabilisce i criteri di massima per la ripartizione dei ricorsi nell'ambito dei tribunali divisi in sezioni;

6-*bis*) determina i criteri e le modalità per la fissazione dei carichi di lavoro dei magistrati (1).

Esso inoltre delibera:

1) sulle assunzioni, assegnazioni di sedi e di funzioni, trasferimenti, promozioni, conferimento di uffici direttivi e su ogni altro provvedimento riguardante lo stato giuridico dei magistrati;

2) sui provvedimenti disciplinari riguardanti i magistrati;

3) sul conferimento ai magistrati stessi di incarichi estranei alle loro funzioni, in modo da assicurare un'equa ripartizione sia degli incarichi, sia dei relativi compensi;

4) sulle piante organiche del personale di magistratura dei tribunali amministrativi regionali e sulla eventuale divisione in sezioni dei tribunali stessi;

5) sulla dispensa, in casi eccezionali e per motivate ragioni, dalla osservanza dell'obbligo di cui al successivo articolo 26, sempre che la assegnazione di sede non sia avvenuta a domanda;

6) sulle piante organiche del personale di segreteria ed ausiliario del Consiglio di Stato e dei tribunali amministrativi regionali, sentito il consiglio di amministrazione;

7) sui criteri per la formazione delle commissioni speciali;

8) sul collocamento fuori ruolo;

9) su ogni altra materia ad esso attribuita dalla legge.

I provvedimenti riguardanti lo stato giuridico dei magistrati sono adottati con decreto del Presidente della Repubblica, su proposta del Presidente del Consiglio dei ministri. I provvedimenti di cui ai numeri 3), 5) e 7) sono adottati con decreto del presidente del Consiglio di Stato; quelli di cui ai numeri 6) e 8) con decreto del Presidente del Consiglio dei ministri; quelli di cui al n. 4), nonché quelli di cui all'articolo 20, con decreto del Presidente della Repubblica, su proposta del Presidente del Consiglio dei ministri.

Ai magistrati di cui alla presente legge si applica l'articolo 5 del testo unico 26 giugno 1924, n. 1054. Il parere del Consiglio di Stato in adunanza generale è richiesto dal consiglio di presidenza.

Il consiglio di presidenza può disporre ispezioni sui servizi di segreteria del Consiglio di Stato e dei tribunali amministrativi regionali, affidandone l'incarico ad uno dei suoi componenti.

(1) *Numero aggiunto dall'art. 19, l. 21 luglio 2000, n. 205.*

TITOLO II
Personale di magistratura

CAPO I
Distinzione per funzioni e qualifiche

14 Qualifiche.

I magistrati di cui alla presente legge si distinguono in:

1) presidente del Consiglio di Stato;

2) presidenti di sezione del Consiglio di Stato; presidenti di tribunale amministrativo regionale;

3) consiglieri di Stato;

4) consiglieri di tribunale amministrativo regionale, primi referendari e referendari.

15 Funzioni dei magistrati amministrativi.

Sono magistrati con funzioni direttive quelli di cui ai numeri 1) e 2) dell'articolo precedente.

I magistrati di cui al n. 2) dell'articolo precedente escrcitano le loro funzioni presso il Consiglio di Stato o presso i tribunali amministrativi regionali.

I magistrati di cui al n. 3) dell'articolo precedente esercitano funzioni giurisdizionali o consultive presso il Consiglio di Stato.

I magistrati di cui al n. 4) dell'articolo precedente esercitano funzioni giurisdizionali presso i tribunali amministrativi regionali.

I consiglieri di tribunale amministrativo regionale esercitano, altresì, le funzioni di presidente delle sezioni staccate e di quelle previste dall'articolo 6, secondo e quinto comma, della presente legge.

CAPO II
Ammissione in servizio, progressione e ruoli organici

16 Ammissione alla magistratura amministrativa.

I posti di referendario del ruolo dei magistrati amministrativi sono conferiti in base a pubblico concorso per titoli ed esami, al quale possono partecipare gli appartenenti alle categorie indicate nel primo comma dell'articolo 14 della legge 6 dicembre 1971, n. 1034, che non abbiano superato il quarantacinquesimo anno di età.

Il concorso è disciplinato dall'articolo 14 della legge 6 dicembre 1971, n. 1034, e dal decreto del Presidente della Repubblica 21 aprile 1973, n. 214.

La commissione esaminatrice è nominata con decreto del Presidente del Consiglio dei ministri, sentito il consiglio di presidenza, ed è composta da un presidente di sezione del Consiglio di Stato o qualifica equiparata, che la presiede, da un consigliere di Stato, da un consigliere di tribunale amministrativo regionale e da due professori universitari ordinari di materie giuridiche.

Le funzioni di segretario sono svolte da un funzionario dirigente del ruolo del personale di segreteria in servizio presso il Consiglio di Stato.

17 Nomina a primo referendario.

Le qualifiche di consigliere di tribunale amministrativo regionale, di primo referendario e di referendario sono rese cumulative in un'unica dotazione organica.

I referendari, al compimento di quattro anni di anzianità nella qualifica, conseguono la nomina a primo referendario, previo giudizio di non demerito espresso dal consiglio di presidenza e secondo l'ordine di precedenza risultante dal ruolo di anzianità.

Alla nomina si provvede con decreto del Presidente della Repubblica, su proposta del Presidente del Consiglio dei ministri.

La nomina produce effetti giuridici ed economici dal giorno in cui il magistrato ha maturato l'anzianità prescritta.

18 Nomina a consigliere di tribunale amministrativo regionale.

I primi referendari, al compimento di quattro anni di anzianità nella qualifica, conseguono la nomina a consigliere di tribunale amministrativo regionale.

La nomina ha luogo previo giudizio di non deme-rito espresso dal consiglio di presidenza, e secondo l'ordine di precedenza risultante dal ruolo di anzianità.

Alla nomina si provvede con decreto del Presidente della Repubblica, su proposta del Presidente del Consiglio dei ministri.

La nomina produce effetti giuridici ed economici dal giorno in cui il magistrato ha maturato l'anzianità prescritta.

19 Nomina a consigliere di Stato.

I posti che si rendono vacanti nella qualifica di consigliere di Stato sono conferiti:

1) in ragione della metà, ai consiglieri di tribunale amministrativo regionale che ne facciano domanda e che abbiano almeno quattro anni di effettivo servizio nella qualifica. La nomina ha luogo previo giudizio favorevole espresso dal consiglio di presidenza a maggioranza dei suoi componenti, fermo restando il disposto di cui all'articolo 12, primo comma, su proposta di una commissione formata dai componenti di cui al n. 2) dell'articolo 7 e, tra i componenti di cui al n. 4) dello stesso articolo, da quello avente qualifica più elevata o, a parità di qualifica, maggiore anzianità, in base alla valutazione dell'attività giurisdizionale svolta e dei titoli, anche di carattere scientifico, presentati nonché dell'anzianità di servizio. I magistrati dichiarati idonei sono nominati consiglieri di Stato, conservando, agli effetti del quarto comma dell'articolo 21, l'anzianità maturata nella qualifica di consigliere di tribunale amministrativo regionale;

2) in ragione di un quarto, a professori universitari ordinari di materie giuridiche o ad avvocati che abbiano almeno quindici anni di esercizio professionale e siano iscritti negli albi speciali per le giurisdizioni superiori, o a dirigenti generali od equiparati dei Ministeri, degli organi costituzionali e delle altre amministrazioni pubbliche nonché a magistrati con qualifica non inferiore a quella di magistrato di Corte d'appello o equiparata. La nomina ha luogo con decreto del Presidente della Repubblica, su deliberazione del Consiglio dei ministri, previo parere del consiglio di presidenza espresso come al precedente n. 1), contenente valutazioni di piena idoneità all'esercizio delle funzioni di consigliere di Stato sulla base dell'attività e degli studi giuridico-amministrativi compiuti e delle doti attitudinali e di carattere;

3) in ragione di un quarto, mediante concorso pubblico per titoli ed esami teorico-pratici, al quale possono partecipare i magistrati dei tribunali amministrativi regionali con almeno un anno di anzianità, i magistrati ordinari e militari con almeno quattro anni di anzianità, i magistrati della Corte dei conti, nonché gli avvocati dello Stato con almeno un anno di anzianità, i funzionari della carriera direttiva del Senato della Repubblica e della Camera dei deputati con almeno quattro anni di anzianità, nonché i funzionari delle Amministrazioni dello Stato, anche ad ordinamento autonomo, e degli enti pubblici, con qualifica dirigenziale, appartenenti a carriere per l'accesso alle quali sia richiesta la laurea in giurisprudenza. Il concorso è indetto dal presidente del Consiglio di Stato nei primi quattro mesi dell'anno. I vincitori del concorso conseguono la nomina con decorrenza dal 31 dicembre dell'anno precedente a quello in cui è indetto il concorso stesso (1).

Con regolamento approvato dal Consiglio dei ministri, sentito il consiglio di presidenza, saranno stabilite le norme di attuazione e le modalità di svolgimento del concorso. Nelle more dell'entrata in vigore del nuovo regolamento, si continuano ad applicare gli articoli 3, 4, 5, 6 e 7 del regolamento 21 aprile 1942, n. 444 (2).

(1) *Comma modificato dall'art. 18 d.l. 30 dicembre 2005, n. 273, conv. in l. 23 febbraio 2006, n. 51.*

(2) *V., ora, d.P.R. 17 gennaio 1983, n. 68.*

20 Posti vacanti.

I posti vacanti, che non siano coperti mediante le quote previste dall'articolo 19, possono essere portati in aumento alle altre categorie, previa proposta del consiglio di presidenza, salvo riassorbimento negli anni successivi.

21 Nomina a presidente di sezione del Consiglio di Stato ed a presidente di tribunale amministrativo regionale (1).

I consiglieri di Stato e i consiglieri di tribunale

amministrativo regionale, al compimento di otto anni di anzianità nelle rispettive qualifiche, conseguono la nomina alle qualifiche di cui al n. 2) del precedente articolo 14, nei limiti dei posti disponibili, previo giudizio di idoneità espresso dal consiglio di presidenza sulla base di criteri predeterminati che tengano conto in ogni caso dell'attitudine all'ufficio direttivo e dell'anzianità di servizio.

Sul conferimento delle funzioni e sull'assegnazione degli uffici di cui al comma precedente provvede il consiglio di presidenza con il consenso degli interessati. Per i posti rimasti scoperti si provvede d'ufficio.

Limitatamente ai posti di presidente di sezione del Consiglio di Stato la nomina è riservata a coloro che hanno prestato servizio per almeno due anni presso il Consiglio di Stato.

Limitatamente al conferimento della qualifica di presidente di tribunale amministrativo regionale viene computata l'anzianità maturata nella qualificadi consigliere di tribunale amministrativo regionale.

La nomina a presidente di sezione del Consiglio di Stato e quella a presidente di tribunale amministrativo regionale comportano l'obbligo, per il nominato, di permanere nella sede di assegnazione per un periodo non inferiore a tre anni, salvo il caso di trasferimento d'ufficio disposto in applicazione delle norme in materia. Per lo stesso periodo non è consentito il collocamento fuori ruolo del magistrato. La nomina può non essere disposta nei confronti di magistrati il cui periodo di permanenza in servizio, fino al collocamento a riposo per raggiunti limiti di età, sia inferiore a tre anni dalla data di conferimento dell'incarico (2).

I consiglieri di Stato e i consiglieri di tribunale amministrativo regionale, al compimento dell'anzianità di otto anni nella qualifica, conseguono il trattamento economico inerente alla qualifica di magistrato di cassazione con funzioni direttive superiori.

Nei confronti dei consiglieri di Stato in servizio alla data di entrata in vigore della presente legge, resta fermo, ai fini della nomina alle qualifiche direttive, l'ordine di collocamento in ruolo esistente, anche in applicazione dell'articolo 50, terzo comma, della legge 6 dicembre 1971, n. 1034, alla data medesima. I consiglieri di Stato, che non siano in possesso dell'anzianità prescritta dal primo comma, sono valutati, indipendentemente dall'anzianità predetta, prima dei consiglieri che li seguono nel ruolo.

I magistrati del Consiglio di Stato e i magistrati dei tribunali amministrativi regionali possono rinunciare al turno di conferimento delle funzioni direttive previste dal secondo comma del presente articolo; il conferimento delle funzioni può essere disposto nei turni successivi, fermo il limite dei posti disponibili, con il consenso degli interessati e con collocamento in ruolo nella stessa posizione che avrebbero occupato in mancanza di rinuncia.

(1) *Ai sensi dell'art. 1, comma 320-*bis*, l. 30 dicembre 2018, n. 145, come inserito dall'art. 22, comma 1, d.l. 30 dicembre 2019 n. 162, conv., con modif., in l. 28 febbraio 2020, n. 8: « Al giudizio di idoneità di cui all'articolo 21, comma 1, della legge 21 aprile 1982, n. 186, e al giudizio per il conferimento delle funzioni di cui all'articolo 6, commi 2 e 5, della medesima legge n. 186 del 1982, si applicano, in quanto compatibili, le disposizioni di cui all'articolo 11, comma 16, e all'articolo 50, comma 1, del decreto legislativo 5 aprile 2006, n. 160, e, in ogni caso di promozione a qualifica superiore ai sensi di detto articolo 21, il ricollocamento in ruolo avviene a richiesta dell'interessato, da presentare entro 15 giorni dalla conoscenza del provvedimento di promozione a pena di decadenza dalla stessa, e deve obbligatoriamente perdurare per tutto il periodo di cui al quinto comma dello stesso articolo 21 ».*

(2) *Comma aggiunto dall'art. 13, l. 21 luglio 2000, n. 205.*

22 Nomina del presidente del Consiglio di Stato.

Il presidente del Consiglio di Stato è nominato tra i magistrati che abbiano effettivamente esercitato per almeno cinque anni funzioni direttive, con decreto del Presidente della Repubblica, su proposta del Presidente del Consiglio dei ministri previa deliberazione del Consiglio dei ministri, sentito il parere del consiglio di presidenza.

In caso di vacanza del posto le funzioni del presidente del Consiglio di Stato sono esercitate dal presidente di sezione del Consiglio di Stato più anziano nella qualifica.

La nomina del presidente del Consiglio di Stato ha luogo entro e non oltre trenta giorni dalla vacanza del posto.

23 Ruolo dei magistrati amministrativi.

La tabella A allegata alla presente legge sostituisce la tabella organica del personale di magistratura del Consiglio di Stato, allegata alla legge 21 dicembre 1950, n. 1018, e modificata dalla legge 6 dicembre 1971, n. 1034, nonché quella di cui all'articolo 12, lettera *c*), della suddetta legge n. 1034.

Nel ruolo del personale di magistratura sono collocati, secondo l'ordine seguente:

1) nella qualifica di presidente del Consiglio di Stato, il presidente del Consiglio di Stato;

2) nelle qualifiche di presidente di sezione del Consiglio di Stato ed equiparate, i magistrati del Consiglio di Stato con qualifica di presidente di sezione;

3) nella qualifica di consigliere di Stato, anche in soprannumero, i consiglieri, i primi referendari e i referendari del Consiglio di Stato. I predetti primi referendari e referendari sono nominati consiglieri di Stato a decorrere dalla data di entrata in vigore della presente legge;

4) nella qualifica di consigliere di tribunale amministrativo regionale, i consiglieri di tribunale amministrativo regionale;

5) nelle qualifiche di primo referendario e di referendario, i primi referendari e i referendari dei tribunali amministrativi regionali.

I collocamenti in ruolo di cui al comma precedente sono effettuati sulla base dell'ordine di iscrizione nei ruoli di provenienza e col riconoscimento delle anzianità di carriera e di qualifica acquisite.

Ai magistrati dei tribunali amministrativi regionali che alla data di entrata in vigore della presente legge abbiano già conseguito la qualifica di consigliere di tribunale amministrativo regionale continua ad applicarsi la disposizione di cui all'articolo 17 della legge 6 dicembre 1971, n. 1034.

Salvo quanto previsto nel quarto comma del precedente articolo 21 i primi referendari e i referendari dei tribunali amministrativi regionali in servizio alla data di entrata in vigore della presente legge conservano all'atto della nomina a consigliere di Stato l'anzianità acquisita nella qualifica di consigliere di tribunale amministrativo regionale, nel limite di cinque anni, fatta salva la valutazione degli effetti economici, e prendono posto nel ruolo secondo la predetta anzianità.

Ai primi referendari, ai referendari del Consiglio di Stato ed ai consiglieri di Stato in possesso di tale qualifica alla data dell'entrata in vigore della presente legge, che sarebbero superati nel ruolo dai primi referendari e dai referendari dei tribunali amministrativi regionali per effetto dell'abbreviazione del periodo di anzianità prevista dagli articoli 17, 18 e 50 della presente legge, è riconosciuta l'anticipazione della data della nomina, ai soli effetti giuridici, sufficiente e necessaria ad evitare il predetto superamento. In nessun caso, però, i referendari e i primi referendari del Consiglio di Stato, nominati consiglieri ai sensi del secondo comma, n. 3), del presente articolo, possono conseguire la nomina alle qualifiche direttive se non abbiano effettivamente svolto funzioni di istituto per almeno otto anni complessivi. Tale anticipazione della nomina non comporta il superamento in ruolo dei consiglieri di tribunale amministrativo regionale in possesso di tale qualifica alla data di entrata in vigore della presente legge.

Per i consiglieri di tribunale amministrativo regionale pervenuti a tale qualifica a norma dell'articolo 16, secondo comma, della legge 6 dicembre 1971, n. 1034, la retrodatazione della nomina prevista dall'articolo 51, primo comma, della presente legge non comporta anteposizione in ruolo rispetto ai consiglieri di Stato che alla data di entrata in vigore della presente legge godevano di una maggiore anzianità nella qualifica. A tal fine la data della nomina di questi ultimi è anticipata, ai soli effetti giuridici, nella misura necessaria e sufficiente ad evitare che i predetti consiglieri di tribunale amministrativo regionale li superino nel ruolo.

CAPO III
Garanzie, incompatibilità, trattamento economico

24 Garanzie.

I magistrati amministrativi non possono essere dispensati o sospesi dal servizio né destinati ad altra sede o funzione se non a seguito di deliberazione del consiglio di presidenza, adottata o con il loro consenso o per i motivi stabiliti dalla legge.

25 Trasferimento d'ufficio.

I trasferimenti d'ufficio possono essere disposti esclusivamente nelle ipotesi e con i criteri stabiliti dalla legge.

Qualora un tribunale amministrativo regionale non possa funzionare per mancanza del numero di magistrati necessari a formare il collegio giudicante, il consiglio di presidenza provvede mediante invio in missione, con il loro consenso, di magistrati che prestano servizio presso altro tribunale. In difetto si provvede d'ufficio nell'ambito dei tribunali più vicini, seguendo il criterio della minore anzianità nella qualifica.

I magistrati di cui al precedente comma continuano a prestare servizio presso il tribunale di prove-nienza ed hanno diritto per tutta la durata dell'incarico alla indennità di missione intera.

26 Obbligo di residenza.

I magistrati amministrativi hanno l'obbligo di risiedere stabilmente in un comune della regione ove ha sede l'ufficio presso il quale esercitano le loro funzioni.

27 Collocamento a riposo per limiti di età.

Si applicano ai magistrati amministrativi le disposizioni previste per i magistrati ordinari in materia di collocamento a riposo per raggiunti limiti di età.

28 Incompatibilità di funzioni.

Ai magistrati amministrativi si applicano, anche per quanto riguarda l'esercizio di compiti diversi da quelli istituzionali e l'accettazione di incarichi di qualsiasi specie, le cause di incompatibilità e di ineleggibilità previste per i magistrati ordinari.

È abrogato l'articolo 6 del regio decreto 26 giugno 1924, n. 1054, e successive modificazioni.

29 Collocamento fuori ruolo.

Il collocamento fuori ruolo può essere disposto soltanto per i magistrati che abbiano svolto funzioni di istituto per almeno quattro anni.

Fermo restando il disposto di cui al quinto comma dell'articolo 2 della legge 21 dicembre 1950, n. 1018, la permanenza fuori ruolo non può avere durata superiore a tre anni consecutivi e non è consentito, dopo il triennio, un nuovo collocamento fuori ruolo se non dopo due anni di effettivo esercizio delle funzioni di istituto.

È consentito il collocamento fuori ruolo solo per lo svolgimento di funzioni giuridico-amministrative presso le amministrazioni dello Stato, ovvero enti od organismi internazionali ai sensi della legge 27 luglio 1962. n. 1114.

In nessun caso è consentito il collocamento fuori ruolo dei magistrati oltre le 20 unità.

30 Trattamento economico.

Si applicano ai magistrati amministrativi le norme di legge previste per i magistrati ordinari in materia di trattamento economico onnicomprensivo, di prima sistemazione e di trasferimento, nonché di indennità di missione.

CAPO IV
Sorveglianza e disciplina

31 Sorveglianza.

Il Presidente del Consiglio dei ministri esercita l'alta sorveglianza su tutti gli uffici e su tutti i magistrati e riferisce annualmente al Parlamento con una relazione sullo stato della giustizia amministrativa e sugli incarichi conferiti a norma del terzo comma del precedente articolo 29.

Il presidente del Consiglio di Stato esercita la vigilanza su tutti gli uffici e su tutti i magistrati.

I magistrati con funzioni direttive esercitano la vigilanza sugli uffici cui sono preposti e sui magistrati che ne fanno parte.

32 Disciplina.

Per quanto non diversamente disposto dalla presente legge si applicano ai magistrati le norme previste per i magistrati ordinari in materia di sanzioni disciplinari e del relativo procedimento.

33 Titolarità dell'azione disciplinare ed istruttoria del procedimento.

Il procedimento disciplinare è promosso dal Presidente del Consiglio dei ministri o dal presidente del Consiglio di Stato.

Il consiglio di presidenza, nel termine di 10 giorni dal ricevimento della richiesta di apertura di procedimento disciplinare, affida ad una commissione, composta da tre dei suoi componenti, l'incarico di procedere agli accertamenti preliminari da svolgersi entro 30 giorni.

Sulla base delle risultanze emerse, il consiglio di presidenza provvede a contestare i fatti al magistrato con invito a presentare entro 30 giorni le sue giustificazioni, a seguito delle quali, ove non ritenga di archiviare gli atti, incarica la commissione prevista dal secondo comma di procedere alla istruttoria, che deve essere conclusa entro 90 giorni con deposito dei relativi atti presso la segreteria del consiglio di presidenza. Di tali deliberazioni deve essere data immediata comunicazione all'interessato.

34 Decisione del procedimento disciplinare.

Il presidente del Consiglio di Stato, trascorso comunque il termine di cui all'ultimo comma dell'articolo precedente, fissa la data della discussione dinanzi al consiglio di presidenza con decreto da notificarsi almeno quaranta giorni prima all'interessato, il quale può prendere visione ed estrarre copia degli atti e depositare le sue difese non oltre dieci giorni prima della discussione.

Nella seduta fissata per la trattazione, il componente della commissione di cui al secondo comma dell'articolo precedente, più anziano nella qualifica, svolge la relazione. Il magistrato inquisito ha per ultimo la parola ed ha facoltà di farsi assistere da altro magistrato (1).

(1) *La Corte Costituzionale, con sentenza 27 marzo 2009, n. 87 (in Gazz. Uff. 1° aprile, n. 13), ha dichiarato l'*illegittimità costituzionale *del presente comma, nella parte in cui esclude che il magistrato amministrativo o contabile, sottoposto a procedimento disciplinare, possa farsi assistere da un avvocato.*

TITOLO III
Ordinamento del personale di segreteria del Consiglio di Stato e dei tribunali amministrativi regionali

CAPO I
Ordinamento

35-53 *(Omissis)*.

53-*ter* Ufficio per il processo (1).

1. A supporto dell'attività dei magistrati amministrativi sono costituite strutture organizzative interne degli uffici di segreteria del Consiglio di Stato, del Consiglio di giustizia amministrativa per la regione siciliana, dei tribunali amministrativi regionali, denominate: "ufficio per il processo", mediante l'utilizzo, nell'ambito della dotazione organica di cui alla tabella A allegata al decreto-legge 31 agosto 2016, n. 168, e di cui agli articoli 19-*ter* e 19-*quater* del decreto del Presidente della Repubblica 6 aprile 1984, n. 426, del personale di segreteria di area funzionale III. Alla suddetta attività possono, altresì, concorrere coloro che svolgono, presso i predetti uffici, il tirocinio formativo a norma dell'articolo 73 del decreto-legge 21 giugno 2013, n. 69, convertito, con modificazioni, dalla legge 9 agosto 2013, n. 98, o la formazione professionale a norma dell'articolo 37, comma 5, del decreto-legge 6 luglio 2011, n. 98, convertito, con modificazioni, dalla legge 15 luglio 2011, n. 111, o il tirocinio disciplinato dal regolamento di cui al decreto del Ministro della giustizia 17 marzo 2016, n. 70, recante la disciplina per lo svolgimento del tirocinio per l'accesso alla professione forense ai sensi dell'articolo 41, comma 13, della legge 31 dicembre 2012, n. 247. Con il regolamento di organizzazione di cui all'articolo 53-*bis*, sono individuati i compiti e l'organizzazione dell'ufficio per il processo, anche, se del caso, prevedendo un unico ufficio per una pluralità di sezioni dell'ufficio giudiziario, nonché eventualmente fissando il limite dimensionale minimo dell'ufficio giudiziario, necessario per l'attivazione dell'ufficio per il processo.

(1) *Articolo inserito dall'art. 8, comma 1 d.l. 31 agosto 2016, n. 168, conv., con modif., in l. 25 ottobre 2016, n. 197.*

54-58 *(Omissis)*.

29. Legge 21 luglio 2000, n. 205. — Disposizioni in materia di giustizia amministrativa (*estratto*).

Pubblicata nella Gazzetta Ufficiale n. 173 del 26 luglio 2000.

(1) *Si omettono gli articoli abrogati dall'art. 4 dell'Allegato 4 d.lgs. 2 luglio 2010, n. 104, con effetto a decorrere dal 16 settembre 2010.*

3 Disposizioni generali sul processo cautelare.

[1. (*Omissis*) (1)] (2).
[2. (*Omissis*) (3)] (2).
[3. Per l'impugnazione delle ordinanze già emanate alla data di entrata in vigore della presente legge il termine di centoventi giorni decorre da quest'ultima data, sempre che ciò non comporti riapertura o prolungamento del termine previsto dalla normativa anteriore] (2).

4. Nell'ambito del ricorso straordinario al Presidente della Repubblica può essere concessa, a richiesta del ricorrente, ove siano allegati danni gravi e irreparabili derivanti dall'esecuzione dell'atto, la sospensione dell'atto medesimo. La sospensione è disposta con atto motivato del Ministero competente ai sensi dell'art. 8 del decreto del Presidente della Repubblica 24 novembre 1971, n. 1199, su conforme parere del Consiglio di Stato.

(1) *Sostituisce il settimo comma dell'art. 21 l. 6 dicembre 1971, n. 1034.*
(2) *Comma abrogato dall'art. 4 dell'Allegato 4 d.lgs. 2 luglio 2010, n. 104, con effetto a decorrere dal 16 settembre 2010. Il suddetto articolo ha disposto la contestuale abrogazione delle norme modificate dal presente articolo, per cui v. nota precedente e successiva.*
(3) *Aggiunge un comma 2 dopo il comma 1 dell'art. 28, l. 6 dicembre 1971, n. 1034. Sulla tutela cautelare in sede processuale v. art. 21, commi 7 e segg., l. n. 1034/1971 in questo stesso capo.*

[5 (1) Giudice unico delle pensioni].

(*Omissis*).

(1) *Articolo abrogato dall'art. 4, comma 1, lett.* f-bis), *d.lgs. 26 agosto 2016, n. 174, come modificato dall'art. 97, comma 1, d.lgs. 7 ottobre 2019, n. 114.*

6 Disposizioni in materia di giurisdizione.

[1. Sono devolute alla giurisdizione esclusiva del giudice amministrativo tutte le controversie relative a procedure di affidamento di lavori, servizi o forniture svolte da soggetti comunque tenuti, nella scelta del contraente o del socio, all'applicazione della normativa comunitaria ovvero al rispetto dei procedimenti di evidenza pubblica previsti dalla normativa statale o regionale] (1).

[2. Le controversie concernenti diritti soggettivi devolute alla giurisdizione del giudice amministrativo possono essere risolte mediante arbitrato rituale di diritto (2)] (3).

(1) *Comma abrogato dall'articolo 256, d.lgs. 12 aprile 2006, n. 163, con decorrenza 1° luglio 2006, ai sensi di quanto disposto dall'articolo 257 del medesimo decreto. La norma è ora sostanzialmente riprodotta dall'art. 244 del codice dei contratti medesimo. V. però l'art. 217, comma 1, lett. e), d.lgs. 18 aprile 2016, n. 50, che ha disposto l'abrogazione del d.lgs. n. 163, cit.*
(2) *Per l'accordo bonario e l'arbitrato v. gli artt. 240 e da 241 a 243 dello stesso codice.*
(3) *Comma abrogato dall'art. 4 dell'Allegato 4 d.lgs. 2 luglio 2010, n. 104, con effetto a decorrere dal 16 settembre 2010.*

9 Decisioni in forma semplificata e perenzione dei ricorsi ultradecennali.

1. All'art. 26 della legge 6 dicembre 1971, n. 1034, l'ultimo comma è sostituito dai seguenti:

"Nel caso in cui ravvisino la manifesta fondatezza ovvero la manifesta irricevibilità, inammissibilità, improcedibilità o infondatezza del ricorso, il tribunale amministrativo regionale e il Consiglio di Stato decidono con sentenza succintamente motivata. La motivazione della sentenza può consistere in un sintetico riferimento al punto di fatto o di diritto ritenuto risolutivo, ovvero, se del caso, ad un precedente conforme. In ogni caso, il giudice provvede anche sulle spese di giudizio, applicando le norme del codice di procedura civile.

La decisione in forma semplificata è assunta, nel rispetto della completezza del contraddittorio, nella camera di consiglio fissata per l'esame dell'istanza cautelare ovvero fissata d'ufficio a seguito dell'esame istruttorio previsto dal secondo comma dell'art. 44 del testo unico delle leggi sul Consiglio di Stato, approvato con regio decreto 26 giugno 1924, n. 1054 e successive modificazioni.

Le decisioni in forma semplificata sono soggette alle medesime forme di impugnazione previste per le sentenze.

La rinuncia al ricorso, la cessazione della materia del contendere, l'estinzione del giudizio e la perenzione sono pronunciate, con decreto, dal presidente della sezione competente o da un magistrato da lui delegato. Il decreto è depositato in segreteria, che ne dà formale comunicazione alle parti costituite. Nel termine di sessanta giorni dalla comunicazione ciascuna delle parti costituite può proporre opposizione al collegio, con atto notificato a tutte le altre parti e depositato presso la segreteria del giudice adito entro dieci giorni dall'ultima notifica. Nei trenta giorni successivi il collegio decide sulla opposizione in camera di consiglio, sentite le parti che ne facciano richiesta, con ordinanza che, in caso di accoglimento della opposizione, dispone le reiscrizione del ricorso nel ruolo ordinario. Nel caso di rigetto, le spese sono poste a carico dell'opponente e vengono liquidate dal collegio nella stessa ordinanza, esclusa la possibilità di compensazione anche parziale. L'ordinanza è depositata in segreteria, che ne dà comunicazione alle parti costituite. Avverso l'ordinanza che decide sulla opposizione può essere proposto ricorso in appello. Il giudizio di appello procede secondo le regole ordinarie, ridotti alla metà tutti i termini processuali".

2. A cura della segreteria è notificato alle parti costituite, dopo il decorso di cinque anni dalla data di deposito dei ricorsi, apposito avviso in virtù del quale è fatto onere alle parti ricorrenti di presentare nuova istanza di fissazione dell'udienza con la firma delle parti entro sei mesi dalla data di notifica dell'avviso medesimo. I ricorsi per i quali non sia stata presentata nuova domanda di fissazione vengono, dopo il decorso infruttuoso del termine assegnato, dichiarati perenti con le modalità di cui all'ultimo comma dell'art. 26 della legge 6 dicembre 1971, n. 1034, introdotto dal comma 1 del presente articolo. Se, in assenza dell'avviso di cui al primo periodo, è comunicato alle parti l'avviso di fissazione dell'udienza di discussione nel merito, i ricorsi sono decisi qualora almeno una parte costituita dichiari, anche in udienza a mezzo del proprio difensore, di avere interesse alla decisione; altri-

menti sono dichiarati perenti dal presidente del collegio con decreto, ai sensi dell'articolo 26, ultimo comma, della legge 6 dicembre 1971, n. 1034 (1).

3. Le disposizioni concernenti le decisioni in forma semplificata e la perenzione dei ricorsi ultradecennali, previste nei commi 1 e 2, si applicano anche ai giudizi innanzi alla Corte dei conti in materia di ricorsi pensionistici, civili, militari e di guerra.

4. Il quinto comma dell'art. 31 della legge 6 dicembre 1971, n. 1034, è sostituito dal seguente:

"Negli altri casi il presidente fissa immediatamente la camera di consiglio per la sommaria delibazione del regolamento di competenza proposto. Qualora il collegio, sentiti i difensori delle parti, rilevi, con decisione semplificata, la manifesta infondatezza del regolamento di competenza, respinge l'istanza e provvede sulle spese di giudizio; in caso contrario dispone che gli atti siano immediatamente trasmessi al Consiglio di Stato".

(1) *Comma modificato dall'art. 54, comma 1 d.l. 25 giugno 2008, n. 112, conv., con modif., in l. 6 agosto 2008, n. 133, e successivamente dall'art. 57, comma 1, l. 18 giugno 2009, n. 69.*

10 Esecuzione di sentenze non sospese dal Consiglio di Stato e dalla Corte dei conti.

1. (*Omissis*) (1).

2. La disposizione di cui al comma 1 si applica anche nel giudizio innanzi alle sezioni giurisdizionali regionali della Corte dei conti per l'esecuzione delle sentenze emesse dalle sezioni medesime e non sospese dalle sezioni giurisdizionali centrali d'appello della Corte dei conti; per l'esecuzione delle sentenze emesse da queste ultime provvedono le stesse sezioni giurisdizionali centrali d'appello della Corte dei conti.

3. Ad eccezione di quanto disposto dall'art. 105, primo comma, del regolamento di procedura per i giudizi innanzi alla Corte dei conti, approvato con regio decreto 13 agosto 1933, n. 1038, la disposizione di cui al comma 1 si applica anche nei giudizi innanzi alle sezioni giurisdizionali centrali d'appello della Corte dei conti. È abrogato l'art. 105, secondo comma, del citato regolamento approvato con regio decreto n. 1038 del 1933.

(1) *Aggiunge un ultimo comma all'art. 33, l. 6 dicembre 1971, n. 1034.*

30. Decreto legislativo 24 dicembre 2003, n. 373. — Norme di attuazione dello Statuto speciale della Regione siciliana concernenti l'esercizio nella regione delle funzioni spettanti al Consiglio di Stato.

Pubblicato nella Gazzetta Ufficiale n. 10 del 14 gennaio 2003.

1 1. Il Consiglio di giustizia amministrativa per la Regione siciliana, di seguito denominato: « Consiglio di giustizia amministrativa », esercita funzioni consultive e giurisdizionali nella Regione siciliana, ai sensi dall'articolo 23 dello Statuto speciale.

2. Il Consiglio di giustizia amministrativa ha sede in Palermo ed è composto da due Sezioni, con funzioni, rispettivamente, consultive e giurisdizionali, che costituiscono Sezioni staccate del Consiglio di Stato.

2 1. Il Consiglio di giustizia amministrativa è presieduto da un Presidente di Sezione del Consiglio di Stato. Al Consiglio sono destinati altri due presidenti di Sezione del Consiglio di Stato, di cui uno, con funzioni di presidente aggiunto del Consiglio di giustizia amministrativa, preposto alla Sezione consultiva e l'altro assegnato alla Sezione giurisdizionale. Il Presidente aggiunto del Consiglio di giustizia amministrativa sostituisce il Presidente nello svolgimento dei compiti organizzativi e di gestione dell'ufficio a lui spettanti in caso di sua assenza, impedimento o delega; ove delegato, lo sostituisce altresì nella presidenza di una o più adunanze o udienze delle Sezioni riunite o della Sezione giurisdizionale.

2. Al Consiglio di giustizia amministrativa sono, altresì, assegnati sei magistrati appartenenti al Consiglio di Stato.

3. In relazione all'assegnazione di sede e al collocamento fuori ruolo dei magistrati di cui ai commi 1 e 2 si provvede ai sensi dell'articolo 13 della legge 27 aprile 1982, n. 186.

4. Il Presidente del Consiglio di giustizia amministrativa, all'inizio di ciascun anno, assegna quattro consiglieri di Stato alla Sezione giurisdizionale e due alla Sezione consultiva. Ove manchi in una Sezione per un'udienza o adunanza il numero di consiglieri o di componenti necessario per deliberare, il Presidente del Consiglio di giustizia amministrativa provvede ai sensi dell'articolo 12, secondo comma, del regio decreto 26 giugno 1924, n. 1054.

5. Su richiesta del Presidente del Consiglio di giustizia amministrativa, il presidente del Consiglio di Stato, qualora ne riscontri l'esigenza in esito a una valutazione comparativa delle esigenze del Consiglio di Stato e del Consiglio di giustizia amministrativa, può disporre l'applicazione presso quest'ultimo, per non oltre un anno rinnovabile una volta, di un ulteriore consigliere di Stato, che è collocato fuori ruolo ai sensi del comma 3 per la durata dell'applicazione e senza ricopertura del posto lasciato libero al Consiglio di Stato. (1)

(1) *Articolo sostituito dall'articolo unico d.lgs. 24 luglio 2019, n. 70. Il testo dell'articolo era il seguente:* « 1. Il Consiglio di giustizia amministrativa è presieduto da un presidente di Sezione del Consiglio di Stato. Al Consiglio sono destinati altri due presidenti di Sezione del Consiglio di Stato, di cui uno, con funzioni di presidente aggiunto del Consiglio di giustizia amministrativa, preposto alla Sezione consultiva e l'altro assegnato alla Sezione giurisdizionale. Il presidente aggiunto del Consiglio di giustizia amministrativa sostituisce il presidente nello svolgimento dei compiti organizzativi e di gestione dell'ufficio a lui spettanti in caso di sua assenza, impedimento o delega.

2. Al Consiglio di giustizia amministrativa sono, altresì, assegnati sei magistrati appartenenti al Consiglio di Stato.

3. In relazione all'assegnazione di sede e al collocamento fuori ruolo dei magistrati di cui ai commi 1 e 2 si provvede ai sensi dell'articolo 13 della legge 27 aprile 1982, n. 186.

4. Il presidente del Consiglio di giustizia amministrativa, all'inizio di ciascun anno, assegna quattro consiglieri di Stato alla Sezione giurisdizionale e due alla Sezione consultiva. Ove manchi in una Sezione il numero di consiglieri necessario per deliberare, il presidente del Consiglio di giustizia amministrativa provvede ai sensi dell'articolo 12, secondo comma, del regio decreto 26 giugno 1924, n. 1054 ».

3 1. La Sezione consultiva del Consiglio di giustizia amministrativa è composta da:

a) il presidente preposto alla Sezione consultiva, che la presiede;

b) due consiglieri di Stato;

c) un prefetto della Repubblica;

d) cinque componenti in possesso dei requisiti di cui all'articolo 106, terzo comma, della Costituzione per la nomina a consigliere di Cassazione ovvero di cui all'articolo 19, primo comma, numero 2), della legge 27 aprile 1982, n. 186.

2. Per la validità delle deliberazioni della Sezione consultiva occorre il voto di non meno di quattro membri della Sezione, tra cui almeno un magistrato del Consiglio di Stato. Le deliberazioni sono adottate a maggioranza. In caso di parità, prevale il voto espresso dal presidente.

4 1. La Sezione giurisdizionale del Consiglio di giustizia amministrativa è composta da:

a) il presidente del Consiglio di giustizia amministrativa, che la presiede;

b) il presidente assegnato alla Sezione giurisdizionale;

c) quattro consiglieri di Stato;

d) quattro componenti in possesso dei requisiti di cui all'articolo 106, terzo comma, della Costituzione per la nomina a consigliere di Cassazione ovvero di cui all'articolo 19, primo comma, numero 2), della legge 27 aprile 1982, n. 186.

2. Il collegio giudicante è composto da uno dei due presidenti della Sezione, da due consiglieri di Stato e da due dei membri indicati nella lettera *d)* del comma 1.

3. In sede giurisdizionale il Consiglio di giustizia amministrativa esercita le funzioni di giudice di appello contro le pronunce del Tribunale amministrativo regionale per la Sicilia.

5 1. In caso di contemporanea assenza o impedimento dei presidenti della Sezione giurisdizionale, essi sono sostituiti dal consigliere di Stato più anziano assegnato alla Sezione.

2. In caso di assenza o impedimento del presidente della Sezione consultiva, questi è sostituito dal consigliere di Stato più anziano tra i due assegnati alla Sezione.

6 1. Il prefetto è designato dal Ministro dell'interno, di concerto con il Ministro per gli affari regionali.

2. Alla designazione dei componenti di cui all'articolo 3, comma 1, lettera *d)*, e all'articolo 4, comma 1, lettera *d)*, provvede il Presidente della Regione siciliana.

3. I componenti del Consiglio di giustizia amministrativa di cui ai commi 1 e 2 sono nominati con decreto del Presidente della Repubblica, su proposta del Presidente del Consiglio dei Ministri, sentito il Consiglio di presidenza della giustizia amministrativa, previa deliberazione del Consiglio dei Ministri, cui partecipa il Presidente delle Regione siciliana ai sensi dell'articolo 21, terzo comma, dello Statuto.

4. I componenti designati dalla Regione e il prefetto durano in carica sei anni, decorrenti per ciascuno di essi dalla data del rispettivo giuramento, e non possono essere confermati.

5. Alla scadenza del sessennio i componenti del Consiglio di giustizia amministrativa designati dal Presidente della Regione e il prefetto cessano dalla carica e dall'esercizio delle funzioni.

7 1. Ai componenti del Consiglio di giustizia amministrativa designati dal Presidente della Regione ed al prefetto, durante il periodo di durata in carica, si applicano le norme concernenti lo stato giuridico e il regime disciplinare dei magistrati del Consiglio di Stato. Ad essi è corrisposto, all'inizio del sessennio, il trattamento economico corrispondente al trattamento iniziale spettante ai magistrati del Consiglio di Stato, ove più favorevole del loro trattamento economico originario.

2. I componenti designati dal Presidente della Regione, che siano titolari di un rapporto di lavoro subordinato, hanno diritto alla conservazione del posto, senza assegni.

3. Le disposizioni dell'articolo 31, secondo e terzo comma, della legge 27 aprile 1982, n. 186, riguardanti i poteri di vigilanza, si applicano nei confronti di tutti i membri del Consiglio di giustizia amministrativa e dei relativi uffici.

8 1. I magistrati del Consiglio di stato e il prefetto componenti del Consiglio di giustizia amministrativa sono collocati fuori ruolo.

2. I magistrati di cui al comma 1 sono collocati in posizione eccedente i posti di fuori ruolo previsti per i magistrati del Consiglio di Stato.

9 1. Il Consiglio di giustizia amministrativa, nella sua composizione consultiva, è organo di consulenza giuridico-amministrativa del Governo regionale.

2. La legge regionale, ferma restando l'obbligatorietà del parere sugli atti regolamentari del Governo della Regione, determina gli altri casi in cui è richiesto il parere obbligatorio del Consiglio di giustizia amministrativa. È in facoltà del Governo regionale di chiedere il parere del Consiglio in ogni altra ipotesi.

3. Quando il parere riguarda materie che incidano notevolmente sugli interessi generali dello Stato o di altre Regioni, il Consiglio può deferirne l'esame al l'Adunanza generale del Consiglio di Stato, sentita sul punto la Regione. In tale caso l'Adunanza generale esamina gli affari su preavviso del Consiglio di giustizie amministrativa e con l'intervento di almeno due magistrati di quest'ultimo.

4. Sui ricorsi straordinari di cui all'articolo 23 dello Statuto il parere è obbligatorio ed è reso dalla adunanza delle Sezioni riunite del Consiglio di giustizia ammi-

nistrativa. Per la validità dell'adunanza è richiesta la presenza di almeno nove membri.

5. Qualora il Presidente della Regione non intenda decidere il ricorso in maniera conforme al parere del Consiglio di giustizia amministrativa, con motivata richiesta deve sottoporre l'affare alla deliberazione della Giunta regionale.

6. All'Adunanza generale del Consiglio di Stato, composta ai sensi del comma 3, è altresì devoluta la cognizione dei conflitti di competenza, in sede consultiva, tra il Consiglio di giustizia amministrativa e il Consiglio di Stato.

10 1. Le questioni inerenti alla competenza del Consiglio di giustizia amministrativa in sede giurisdizionale sono rilevabili anche d'ufficio.

2. Avverso le decisioni del Consiglio di giustizia amministrativa è ammesso ricorso alle Sezioni unite della Corte di Cassazione per motivi inerenti la giurisdizione.

3. Si osservano le disposizioni processuali previste per il Consiglio di Stato.

4. Ove il punto di diritto sottoposto all'esame del Consiglio di giustizia amministrativa abbia dato luogo o possa dar luogo a contrasti giurisprudenziali con le Sezioni giurisdizionali del Consiglio di Stato, la Sezione giurisdizionale del Consiglio di giustizia amministrativa può, in qualunque stadio del processo, deferire la cognizione del ricorso all'Adunanza plenaria delle Sezioni giurisdizionali del Consiglio di Stato. In tale caso, l'Adunanza plenaria è integrata da due magistrati della Sezione medesima.

5. All'Adunanza plenaria, composta ai sensi del comma 4, è altresì devoluta la cognizione dei conflitti di competenza, in sede giurisdizionale, tra il Consiglio di giustizia amministrativa ed il Consiglio di Stato.

11 1. Presso l'ufficio di segreteria del Consiglio di giustizia amministrativa è applicato un dirigente, secondo quanto previsto della legge 27 aprile 1982, n. 186, e successive modificazioni, nonché dalla tabella A annessa al decreto del Presidente del Consiglio dei Ministri in data 28 aprile 1997 e successive modificazioni, pubblicato nel supplemento ordinario alla Gazzetta Ufficiale n. 149 del 28 giugno 1997.

2. L'ufficio di segreteria del Consiglio medesimo è costituito da personale di segreteria del Consiglio di Stato e da personale delle Amministrazioni dello Stato e della Regione, assegnato in posizione di comando.

3. Il contingente del personale applicato al Consiglio di giustizia amministrativa viene stabilito con decreto del Presidente del Consiglio dei Ministri, di concerto con i Ministri dell'economia e delle finanze, per gli affari regionali e per la funzione pubblica, sentito il Presidente della Regione siciliana ed il Consiglio di presidenza della giustizia amministrativa.

4. L'assegnazione del personale al Consiglio di giustizia amministrativa è fatta con decreto del presidente del Consiglio di giustizia amministrativa, previa intesa con le Amministrazioni interessate.

12 1. Per l'organizzazione e il funzionamento del Consiglio di giustizia amministrativa in sede consultiva e in sede giurisdizionale si osservano, in quanto applicabili, le disposizioni vigenti per il Consiglio di Stato.

2. Il Consiglio di giustizia amministrativa si avvale del sistema informativo della giustizia amministrativa. L'utilizzo del software, dell'hardware e delle reti informatiche di proprietà o in uso del Consiglio di Stato e dei Tribunali amministrativi regionali è disciplinato da apposite convenzioni.

13 1. Tutte le spese per il personale designato dalla Regione, per i locali adibiti a sede ed uffici del Consiglio di giustizia amministrativa e per la loro manutenzione sono a carico della Regione siciliana.

2. Le altre spese per il funzionamento del Consiglio medesimo sono a carico dello Stato.

3. Gli oneri di spesa per i componenti designati dal Presidente della Regione sono ripartiti in ragione del cinquanta per cento a carico dello Stato e del restante cinquanta per cento a carico della Regione, che vi fanno fronte con le ordinarie disponibilità di bilancio. Gli emolumenti vengono mensilmente corrisposti a tali componenti dalla Regione, salvo conguagli da effettuarsi trimestralmente a carico dello Stato nei confronti della Regione.

4. Le spese a carico dello Stato gravano su apposito capitolo dello stato di previsione della spesa della Presidenza del Consiglio dei Ministri.

14 1. Dalla data di entrata in vigore del presente decreto legislativo di attuazione sono abrogati il decreto legislativo 6 maggio 1948, n. 654, e il decreto del Presidente della Repubblica 5 aprile 1978, n. 204.

15 1. I giuristi e gli esperti componenti del Consiglio di giustizia amministrativa alla data di entrata in vigore del presente decreto e non scaduti restano in carica fino alla scadenza del sessennio a decorrere dal rispettivo giuramento, se entro sessanta giorni della data suddetta attestino, con autodichiarazione, ai sensi degli articoli 46 e seguenti del testo unico approvato con decreto del Presidente della Repubblica 28 dicembre 2000, n. 445, l'insussistenza o l'intervenuta cessazione di condizioni di incompatibilità previste per l'ufficio di consigliere di Stato, fermo l'obbligo di richiedere la prescritta autorizzazione al Consiglio di presidenza della giustizia amministrativa per gli altri eventuali incarichi in corso.

La disciplina di cui al presente comma si applica anche al prefetto componente della Sezione consultiva del Consiglio di giustizia amministrativa.

2. I giuristi e gli esperti di cui al comma 1 che non abbiano reso la dichiarazione prevista dal medesimo comma o versino in situazioni di incompatibilità, nonché i giuristi ed esperti comunque scaduti, cessano dalla carica e dall'esercizio delle funzioni con il decorso del sessantesimo giorno dalla data di entrata in vigore del presente decreto legislativo di attuazione.

Il presente decreto, munito del sigillo dello Stato, sarà inserito nella Raccolta ufficiale degli atti normativi della Repubblica italiana. È fatto obbligo a chiunque spetti di osservarlo e farlo osservare.

CAPO II
PROCESSO AMMINISTRATIVO

31. Legge 18 giugno 2009, n. 69. — Disposizioni per lo sviluppo economico, la semplificazione, la competitività nonché in materia di processo civile (*estratto*).

Pubblicata nella Gazzetta Ufficiale n. 140 del 19 giugno 2009, S.O. n. 95.

44 Delega al Governo per il riassetto della disciplina del processo amministrativo.

1. Il Governo è delegato ad adottare, entro un anno dalla data di entrata in vigore della presente legge, uno o più decreti legislativi per il riassetto del processo avanti ai tribunali amministrativi regionali e al Consiglio di Stato, al fine di adeguare le norme vigenti alla giurisprudenza della Corte costituzionale e delle giurisdizioni superiori, di coordinarle con le norme del codice di procedura civile in quanto espressione di princìpi generali e di assicurare la concentrazione delle tutele.

2. I decreti legislativi di cui al comma 1, oltre che ai princìpi e criteri direttivi di cui all'articolo 20, comma 3, della legge 15 marzo 1997, n. 59, in quanto applicabili, si attengono ai seguenti princìpi e criteri direttivi:

a) assicurare la snellezza, concentrazione ed effettività della tutela, anche al fine di garantire la ragionevole durata del processo, anche mediante il ricorso a procedure informatiche e telematiche, nonché la razionalizzazione dei termini processuali, l'estensione delle funzioni istruttorie esercitate in forma monocratica e l'individuazione di misure, anche transitorie, di eliminazione dell'arretrato;

b) disciplinare le azioni e le funzioni del giudice:

1) riordinando le norme vigenti sulla giurisdizione del giudice amministrativo, anche rispetto alle altre giurisdizioni;

2) riordinando i casi di giurisdizione estesa al merito, anche mediante soppressione delle fattispecie non più coerenti con l'ordinamento vigente;

3) disciplinando, ed eventualmente riducendo, i termini di decadenza o prescrizione delle azioni esperibili e la tipologia dei provvedimenti del giudice;

4) prevedendo le pronunce dichiarative, costitutive e di condanna idonee a soddisfare la pretesa della parte vittoriosa;

c) procedere alla revisione e razionalizzazione dei riti speciali, e delle materie cui essi si applicano, fatti salvi quelli previsti dalle norme di attuazione dello statuto speciale della regione Trentino-Alto Adige;

d) razionalizzare e unificare le norme vigenti per il processo amministrativo sul contenzioso elettorale, prevedendo il dimezzamento, rispetto a quelli ordinari, di tutti i termini processuali, il deposito preventivo del ricorso e la successiva notificazione in entrambi i gradi e introducendo la giurisdizione esclusiva del giudice amministrativo nelle controversie concernenti atti del procedimento elettorale preparatorio per le elezioni per il rinnovo della Camera dei deputati e del Senato della Repubblica, mediante la previsione di un rito abbreviato in camera di consiglio che consenta la risoluzione del contenzioso in tempi compatibili con gli adempimenti organizzativi del procedimento elettorale e con la data di svolgimento delle elezioni;

e) razionalizzare e unificare la disciplina della riassunzione del processo e dei relativi termini, anche a seguito di sentenze di altri ordini giurisdizionali, nonché di sentenze dei tribunali amministrativi regionali o del Consiglio di Stato che dichiarano l'incompetenza funzionale;

f) riordinare la tutela cautelare, anche generalizzando quella ante causam, nonché il procedimento cautelare innanzi al giudice amministrativo in caso di ricorso per cassazione avverso le sentenze del Consiglio di Stato, prevedendo che:

1) la domanda di tutela interinale non può essere trattata fino a quando il ricorrente non presenta istanza di fissazione di udienza per la trattazione del merito;

2) in caso di istanza cautelare ante causam, il ricorso introduttivo del giudizio è notificato e depositato, unitamente alla relativa istanza di fissazione di udienza per la trattazione del merito, entro i termini di decadenza previsti dalla legge o, in difetto di essi, nei sessanta giorni dalla istanza cautelare, perdendo altrimenti ogni effetto la concessa tutela interinale;

3) nel caso di accoglimento della domanda cautelare, l'istanza di fissazione di udienza non può essere

revocata e l'udienza di merito è celebrata entro il termine di un anno;

g) riordinare il sistema delle impugnazioni, individuando le disposizioni applicabili, mediante rinvio a quelle del processo di primo grado, e disciplinando la concentrazione delle impugnazioni, l'effetto devolutivo dell'appello, la proposizione di nuove domande, prove ed eccezioni.

3. I decreti legislativi di cui al comma 1 abrogano espressamente tutte le disposizioni riordinate o con essi incompatibili, fatta salva l'applicazione dell'articolo 15 delle disposizioni sulla legge in generale premesse al codice civile, e dettano le opportune disposizioni di coordinamento in relazione alle disposizioni non abrogate.

4. I decreti legislativi di cui al comma 1 sono adottati su proposta del Presidente del Consiglio dei ministri. Sugli schemi di decreto legislativo è acquisito il parere del Consiglio di Stato e delle competenti Commissioni parlamentari. I pareri sono resi entro quarantacinque giorni dalla richiesta. Decorso tale termine, i decreti possono essere emanati anche senza i predetti pareri. Ove il Governo, nell'attuazione della delega di cui al presente articolo, intenda avvalersi della facoltà di cui all'articolo 14, numero 20, del testo unico sul Consiglio di Stato, di cui al regio decreto 26 giugno 1924, n. 1054, il Consiglio di Stato può utilizzare, al fine della stesura dell'articolato normativo, magistrati di tribunale amministrativo regionale, esperti esterni e rappresentanti del libero foro e dell'Avvocatura generale dello Stato, i quali prestano la propria attività a titolo gratuito e senza diritto al rimborso delle spese. Sugli schemi redatti dal Consiglio di Stato non è acquisito il parere dello stesso. Entro due anni dalla data di entrata in vigore dei decreti legislativi di cui al comma 1, possono ad essi essere apportate le correzioni e integrazioni che l'applicazione pratica renda necessarie od opportune, con lo stesso procedimento e in base ai medesimi princìpi e criteri direttivi previsti per l'emanazione degli originari decreti.

5. Dall'attuazione del presente articolo non devono derivare nuovi o maggiori oneri per la finanza pubblica.

6. All'articolo 1, comma 309, della legge 30 dicembre 2004, n. 311, dopo le parole: « tribunali amministrativi regionali » sono aggiunte le seguenti: « , ivi comprese quelle occorrenti per incentivare progetti speciali per lo smaltimento dell'arretrato e per il miglior funzionamento del processo amministrativo ».

46 Modifiche al libro secondo del codice di procedura civile.

24. Il primo comma dell'articolo 291 del codice di procedura civile si applica anche nei giudizi davanti ai giudici [amministrativi e] (1) contabili.

(1) *Le parole « amministrativi e » sono state abrogate dall'art. 4 dell'Allegato 4, d.lgs. 2 luglio 2010, n. 104, con effetto a decorrere dal 16* settembre 2010.

59 Decisione delle questioni di giurisdizione.

1. Il giudice che, in materia civile, amministrativa, contabile, tributaria o di giudici speciali, dichiara il proprio difetto di giurisdizione indica altresì, se esistente, il giudice nazionale che ritiene munito di giurisdizione. La pronuncia sulla giurisdizione resa dalle sezioni unite della Corte di cassazione è vincolante per ogni giudice e per le parti anche in altro processo.

2. Se, entro il termine perentorio di tre mesi dal passaggio in giudicato della pronuncia di cui al comma 1, la domanda è riproposta al giudice ivi indicato, nel successivo processo le parti restano vincolate a tale indicazione e sono fatti salvi gli effetti sostanziali e processuali che la domanda avrebbe prodotto se il giudice di cui è stata dichiarata la giurisdizione fosse stato adito fin dall'instaurazione del primo giudizio, ferme restando le preclusioni e le decadenze intervenute. Ai fini del presente comma la domanda si ripropone con le modalità e secondo le forme previste per il giudizio davanti al giudice adito in relazione al rito applicabile.

3. Se sulla questione di giurisdizione non si sono già pronunciate, nel processo, le sezioni unite della Corte di cassazione, il giudice davanti al quale la causa è riassunta può sollevare d'ufficio, con ordinanza, tale questione davanti alle medesime sezioni unite della Corte di cassazione, fino alla prima udienza fissata per la trattazione del merito. Restano ferme le disposizioni sul regolamento preventivo di giurisdizione.

4. L'inosservanza dei termini fissati ai sensi del presente articolo per la riassunzione o per la prose cuzione del giudizio comporta l'estinzione del processo, che è dichiarata anche d'ufficio alla prima udienza, e impedisce la conservazione degli effetti sostanziali e processuali della domanda.

5. In ogni caso di riproposizione della domanda davanti al giudice di cui al comma 1, le prove raccolte nel processo davanti al giudice privo di giurisdizione possono essere valutate come argomenti di prova.

69 Rimedi giustiziali contro la pubblica amministrazione.

1. All'articolo 13, primo comma, alinea, del decreto del Presidente della Repubblica 24 novembre 1971, n. 1199, dopo il secondo periodo è inserito il seguente: « Se ritiene che il ricorso non possa essere deciso indipendentemente dalla risoluzione di una questione di legittimità costituzionale che non risulti manifestamente infondata, sospende l'espressione del parere e, riferendo i termini e i motivi della questione, ordina alla segreteria l'immediata trasmissione degli atti alla Corte costituzionale, ai sensi e per gli effetti di cui agli articoli 23 e seguenti della legge 11 marzo 1953, n. 87, nonché la notifica del provvedimento ai soggetti ivi indicati ».

2. All'articolo 14 del decreto del Presidente della Repubblica 24 novembre 1971, n. 1199, sono apportate le seguenti modificazioni:

a) al primo comma:

1) al primo periodo sono aggiunte, in fine, le seguenti parole: « , conforme al parere del Consiglio di Stato »;

2) il secondo periodo è soppresso;

b) il secondo comma è abrogato.

32. Legge 7 luglio 2009, n. 88. — Disposizioni per l'adempimento di obblighi derivanti dall'appartenenza dell'Italia alle Comunità europee - Legge comunitaria 2008. (*estratto*).

Pubblicata nella Gazzetta Ufficiale n. 161 del 14 luglio 2009, S.O. n. 110.

44 Delega al Governo per l'attuazione della direttiva 2007/66/CE del Parlamento europeo e del Consiglio, dell'11 dicembre 2007, che modifica le direttive 89/665/CEE e 92/13/CEE del Consiglio per quanto riguarda il miglioramento dell'efficacia delle procedure di ricorso in materia di aggiudicazione degli appalti pubblici.

1. Il Governo è delegato ad adottare, entro il termine e con le modalità di cui all'articolo 1, uno o più decreti legislativi volti a recepire la direttiva 2007/66/CE del Parlamento europeo e del Consiglio, dell'11 dicembre 2007, che modifica le direttive 89/665/CEE e 92/13/CEE del Consiglio per quanto riguarda il miglioramento dell'efficacia delle procedure di ricorso in materia di aggiudicazione degli appalti pubblici. Sugli schemi dei decreti legislativi è acquisito il parere del Consiglio di Stato. Decorsi quarantacinque giorni dalla data di trasmissione, i decreti sono emanati anche in mancanza del parere.

2. Entro due anni dalla data di entrata in vigore dei decreti legislativi previsti dal comma 1, possono essere emanate disposizioni correttive e integrative nel rispetto delle medesime procedure di cui al citato comma 1.

3. Ai fini della delega di cui al presente articolo, per stazione appaltante si intendono i soggetti di cui agli articoli 32 e 207 del codice dei contratti pubblici relativi a lavori, servizi e forniture, di cui al decreto legislativo 12 aprile 2006, n. 163, e successive modificazioni, e ogni altro soggetto tenuto, secondo il diritto comunitario o nazionale, al rispetto di procedure o principi di evidenza pubblica nell'affidamento di contratti relativi a lavori, servizi o forniture. I decreti legislativi di cui al comma 1 sono adottati nel rispetto dei principi e criteri direttivi generali di cui all'articolo 2, nonché dei seguenti principi e criteri direttivi specifici:

a) circoscrivere il recepimento alle disposizioni elencate nel presente articolo e comunque a quanto necessario per rendere il quadro normativo vigente in tema di tutela giurisdizionale conforme alle direttive 89/665/CEE e 92/13/CEE, come modificate dalla direttiva 2007/66/CE, previa verifica della coerenza con tali direttive degli istituti processuali già vigenti e già adeguati, anche alla luce della giurisprudenza comunitaria e nazionale, e inserendo coerentemente i nuovi istituti nel vigente sistema processuale, nel rispetto del diritto di difesa e dei principi di effettività della tutela giurisdizionale e di ragionevole durata del processo;

b) assicurare un quadro processuale omogeneo per tutti i contratti contemplati dal citato codice di cui al decreto legislativo 12 aprile 2006, n. 163, ancorché non rientranti nell'ambito di applicazione delle direttive 2004/17/CE e 2004/18/CE, e operare un recepimento unitario delle direttive 89/665/CEE e 92/13/CEE, come modificate dalla direttiva 2007/66/CE;

c) assicurare il coordinamento con il vigente sistema processuale, prevedendo le abrogazioni necessarie;

d) recepire integralmente l'articolo 1, paragrafo 4, della direttiva 89/665/CEE e l'articolo 1, paragrafo 4, della direttiva 92/ 13/CEE, come modificati dalla direttiva 2007/66/CE, prevedendo, inoltre, che la stazione appaltante, tempestivamente informata dell'imminente proposizione di un ricorso giurisdizionale, con una indicazione sommaria dei relativi motivi, si pronunci valutando se intervenire o meno in autotutela;

e) recepire gli articoli 2-*bis* e 2-*ter*, lettera *b*), della direttiva 89/665/CEE e gli articoli 2-*bis* e 2-*ter*, lettera *b*), della direttiva 92/13/CEE, come modificati dalla direttiva 2007/66/CE, fissando un termine dilatorio per la stipula del contratto e prevedendo termini e mezzi certi per la comunicazione a tutti gli interessati del provvedimento di aggiudicazione e degli altri provvedimenti adottati in corso di procedura;

f) recepire l'articolo 2, paragrafo 6, e l'articolo 2-*quater* della direttiva 89/665/ CEE, nonché l'articolo 2, paragrafo 1, ultimo capoverso, e l'articolo 2-*quater* della direttiva 92/13/CEE, come modificati dalla direttiva 2007/66/CE, prevedendo:

1) che i provvedimenti delle procedure di affidamento sono impugnati entro un termine non superiore a trenta giorni dalla ricezione e i bandi entro un termine non superiore a trenta giorni dalla pubblicazione;

2) che i bandi, ove immediatamente lesivi, e le esclusioni sono impugnati autonomamente e non possono essere contestati con l'impugnazione dell'aggiudicazione definitiva, mentre tutti gli altri atti delle procedure di affidamento sono impugnati con l'aggiudicazione definitiva, fatta comunque salva l'eventuale riunione dei procedimenti;

3) che il rito processuale davanti al giudice amministrativo si svolge con la massima celerità e immediatezza nel rispetto del contraddittorio e della prova, con razionalizzazione e abbreviazione dei vigenti termini di deposito del ricorso, costituzione delle altre parti, motivi aggiunti, ricorsi incidentali;

4) che tutti i ricorsi e scritti di parte e provvedimenti del giudice hanno forma sintetica;

5) che tutti i ricorsi relativi alla medesima procedura di affidamento sono concentrati nel medesimo giudizio ovvero riuniti, se ciò non ostacoli le esigenze di celere definizione;

g) recepire l'articolo 2, paragrafi 3 e 4, della direttiva 89/665/CEE e l'articolo 2, paragrafi 3 e 3-*bis*, della direttiva 92/13/CEE, come modificati dalla direttiva 2007/66/CE, prevedendo la sospensione della stipulazione del contratto in caso di proposizione di ricorso giurisdizionale avverso un provvedimento di aggiudicazione definitiva, accompagnato da contestuale domanda cautelare e rivolto al giudice competente, con i seguenti criteri:

1) la competenza, sia territoriale che per materia, è inderogabile e rilevabile d'ufficio prima di ogni altra questione;

2) la preclusione alla stipulazione del contratto opera fino alla pubblicazione del provvedimento cautelare definitivo, ovvero fino alla pubblicazione del dispositivo della sentenza di primo grado, in udienza o entro i successivi sette giorni, se la causa può essere decisa nel merito nella camera di consiglio fissata per l'esame della domanda cautelare;

3) il termine per l'impugnazione del provvedimento cautelare è di quindici giorni dalla sua comunicazione o dall'eventuale notifica, se anteriore;

h) recepire gli articoli 2, paragrafo 7, 2-*quinquies*, 2-*sexies* e 3-*bis* della direttiva 89/ 665/CEE e gli articoli 2, paragrafo 6, 2-*quinquies*, 2-*sexies* e 3-*bis* della direttiva 92/13/ CEE, come modificati dalla direttiva 2007/ 66/CE, nell'ambito di una giurisdizione esclusiva e di merito, con i seguenti criteri:

1) prevedere la privazione di effetti del contratto nei casi di cui all'articolo 2-*quinquies*, paragrafo 1, lettere *a*) e *b*), della direttiva 89/665/CEE e all'articolo 2-*quinquies*, paragrafo 1, lettere *a*) e *b*), della direttiva 92/13/CEE, con le deroghe e i temperamenti ivi previsti, lasciando al giudice che annulla l'aggiudicazione la scelta, in funzione del bilanciamento degli interessi coinvolti nei casi concreti, tra privazione di effetti retroattiva o limitata alle prestazioni da eseguire;

2) nel caso di cui all'articolo 2-*sexies*, paragrafo 1, della direttiva 89/665/CEE e all'articolo 2-*sexies*, paragrafo 1, della direttiva 92/13/CEE, lasciare al giudice che annulla l'aggiudicazione la scelta, in funzione del bilanciamento degli interessi coinvolti nei casi concreti, tra privazione di effetti del contratto e relativa decorrenza, e sanzioni alternative;

3) fuori dei casi di cui ai numeri 1) e 2), lasciare al giudice che annulla l'aggiudicazione la scelta, in funzione del bilanciamento degli interessi coinvolti nei casi concreti, tra privazione di effetti del contratto e relativa decorrenza, ovvero risarcimento per equivalente del danno subito e comprovato;

4) disciplinare le sanzioni alternative fissando i limiti minimi e massimi delle stesse;

i) recepire l'articolo 2-*septies* della direttiva 89/ 665/CEE e l'articolo 2-*septies* della direttiva 92/13/ CEE, come modificati dalla direttiva 2007/66/CE, prevedendo i termini minimi di ricorso di cui al paragrafo 1, lettere *a*) e *b*), dei citati articoli 2-*septies*, e il termine di trenta giorni nel caso di cui al paragrafo 2 dei citati articoli 2-*septies*;

l) recepire gli articoli 3 e 4 della direttiva 89/665/ CEE e gli articoli 8 e 12 della direttiva 92/13/CEE, come modificati dalla direttiva 2007/66/CE, individuando il Ministero competente e il procedimento;

m) dettare disposizioni razionalizzatrici dell'arbitrato, secondo i seguenti criteri:

1) incentivare l'accordo bonario;

2) prevedere l'arbitrato come ordinario rimedio alternativo al giudizio civile;

3) prevedere che le stazioni appaltanti indichino fin dal bando o avviso di indizione della gara se il contratto conterrà o meno la clausola arbitrale, proibendo contestualmente il ricorso al negozio compromissorio successivamente alla stipula del contratto;

4) contenere i costi del giudizio arbitrale;

5) prevedere misure acceleratorie del giudizio di impugnazione del lodo arbitrale.

4. Resta ferma la disciplina di cui all'articolo 20, comma 8, del decreto-legge 29 novembre 2008, n. 185, convertito, con modificazioni, dalla legge 28 gennaio 2009, n. 2, nei limiti temporali ivi previsti.

5. Dall'attuazione del presente articolo non devono derivare nuovi o maggiori oneri per la finanza pubblica.

6. Le amministrazioni provvedono agli adempimenti previsti dall'attuazione del presente articolo con le risorse umane, strumentali e finanziarie previste a legislazione vigente.

33. Direttiva del Parlamento Europeo e del Consiglio 11 dicembre 2007, n. 2007/66/CE, che modifica le direttive 89/665/CEE e 92/13/CEE del Consiglio per quanto riguarda il miglioramento dell'efficacia delle procedure di ricorso in materia d'aggiudicazione degli appalti pubblici.

Pubblicata nella G.U.U.E. 20 dicembre 2007, n. L 335. Termine di recepimento: 20 dicembre 2009. V. l'art. 44 l. 7 luglio 2009, n. 88 (sub *VI, 32*).

IL CONSIGLIO DELL'UNIONE EUROPEA, visto il trattato che istituisce la Comunità europea, in particolare l'articolo 95, vista la proposta della Commissione, visto il parere del Comitato economico e sociale europeo, visto il parere del Comitato delle regioni, deliberando secondo la procedura di cui all'articolo 251 del trattato, considerando quanto segue:

(1) La direttiva 89/665/CEE del Consiglio, del 21 dicembre 1989, che coordina le disposizioni legislative, regolamentari e amministrative relative all'applicazione delle procedure di ricorso in materia di aggiudicazione degli appalti pubblici di forniture e di lavori, e la direttiva 92/13/CEE del Consiglio, del 25 febbraio 1992, che coordina le disposizioni legislative, regolamentari e amministrative relative all'applicazione delle norme comunitarie in materia di procedure di appalto degli

enti erogatori di acqua e di energia e degli enti che forniscono servizi di trasporto nonché degli enti che operano nel settore delle telecomunicazioni, riguardano le procedure di ricorso in materia di appalti aggiudicati rispettivamente dalle amministrazioni aggiudicatrici di cui all'articolo 1, paragrafo 9, della direttiva 2004/18/CE del Parlamento europeo e del Consiglio, del 31 marzo 2004, relativa al coordinamento delle procedure di aggiudicazione degli appalti pubblici di lavori, di forniture e di servizi, e dagli enti aggiudicatori di cui all'articolo 2 della direttiva 2004/17/CE del Parlamento europeo e del Consiglio, del 31 marzo 2004, che coordina le procedure di appalto degli enti erogatori di acqua e di energia, degli enti che forniscono servizi di trasporto e servizi postali. Le direttive 89/665/CEE e 92/13/CEE mirano a garantire l'effettiva applicazione delle direttive 2004/18/CE e 2004/17/CE.

(2) Le direttive 89/665/CEE e 92/13/CEE pertanto si applicano unicamente alle procedure di aggiudicazione degli appalti disciplinate dalle direttive 2004/18/CE e 2004/17/CE, come interpretate dalla Corte di giustizia delle Comunità europee a prescindere dalla procedura di evidenza pubblica utilizzata e dai mezzi con cui si indice una gara, compresi i concorsi di progettazione, i sistemi di qualificazione e i sistemi dinamici di acquisizione. Secondo la giurisprudenza della Corte di giustizia, gli Stati membri dovrebbero garantire che siano accessibili mezzi di ricorso efficaci e rapidi avverso le decisioni prese dalle amministrazioni aggiudicatrici e dagli enti aggiudicatori relativamente alla questione se un determinato appalto rientri o meno nel campo di applicazione ratione personae e ratione materiae delle direttive 2004/18/CE e 2004/17/CE.

(3) Le consultazioni delle parti interessate e la giurisprudenza della Corte di giustizia hanno evidenziato una serie di lacune nei meccanismi di ricorso esistenti negli Stati membri. A causa di tali carenze i meccanismi di cui alle direttive 89/665/CEE e 92/13/CEE non permettono sempre di garantire il rispetto delle disposizioni comunitarie, soprattutto in una fase in cui le violazioni possono ancora essere corrette. Di conseguenza le garanzie di trasparenza e di non discriminazione che costituiscono l'obiettivo di tali direttive dovrebbero essere rafforzate per garantire che la Comunità nel suo complesso benefici pienamente degli effetti positivi dovuti alla modernizzazione e alla semplificazione delle norme sull'aggiudicazione degli appalti pubblici, operate dalle direttive 2004/18/CE e 2004/17/CE. È opportuno quindi modificare le direttive 89/665/CEE e 92/13/CEE aggiungendo le precisazioni indispensabili per raggiungere i risultati perseguiti dal legislatore comunitario.

(4) Fra le carenze constatate figura in particolare l'assenza di un termine che consenta un ricorso efficace tra la decisione d'aggiudicazione di un appalto e la stipula del relativo contratto. Ciò induce talvolta le amministrazioni aggiudicatrici e gli enti aggiudicatori desiderosi di rendere irreversibili le conseguenze di una decisione d'aggiudicazione contestata a procedere molto rapidamente alla firma del contratto. Per rimediare a questa carenza, che costituisce un serio ostacolo ad un'effettiva tutela giurisdizionale degli offerenti interessati, vale a dire coloro che non sono stati ancora definitivamente esclusi, è opportuno prevedere un termine sospensivo minimo, durante il quale la stipula del contratto in questione è sospesa, indipendentemente dal fatto che quest'ultima avvenga o meno al momento della firma del contratto.

(5) Per la durata del termine sospensivo si dovrebbe tener conto dei diversi mezzi di comunicazione dell'aggiudicazione. Se si fa ricorso a mezzi di comunicazione rapidi può essere previsto un termine più breve che nel caso in cui ci si avvalga di altri mezzi di comunicazione. La presente direttiva prevede soltanto termini sospensivi minimi. Gli Stati membri sono liberi di introdurre o mantenere termini superiori al termine minimo. Gli Stati membri sono altresì liberi di decidere quale termine si debba applicare se sono utilizzati congiuntamente vari mezzi di comunicazione.

(6) Il termine sospensivo dovrebbe concedere agli offerenti interessati sufficiente tempo per esaminare la decisione d'aggiudicazione dell'appalto e valutare se sia opportuno avviare una procedura di ricorso. Quando la decisione di aggiudicazione è loro notificata, gli offerenti interessati dovrebbero ricevere le informazioni pertinenti, che sono loro indispensabili per presentare un ricorso efficace. Lo stesso vale di conseguenza per i candidati se l'amministrazione aggiudicatrice o l'ente aggiudicatore non hanno messo tempestivamente a disposizione informazioni circa il rigetto della loro domanda.

(7) Tali informazioni pertinenti comprendono in particolare una relazione sintetica dei motivi pertinenti, come disposto all'articolo 41 della direttiva 2004/18/CE e all'articolo 49 della direttiva 2004/17/CE. Dato che il termine sospensivo varia da uno Stato membro all'altro, è inoltre importante che gli offerenti e i candidati interessati siano informati del termine effettivo a loro disposizione per esperire la procedura di ricorso.

(8) Questo tipo di termine sospensivo minimo non deve essere applicato se la direttiva 2004/18/CE o la direttiva 2004/17/CE non esigono la previa pubblicazione di un bando di gara nella Gazzetta ufficiale dell'Unione europea, in particolare in tutti i casi di urgenza estrema di cui all'articolo 31, paragrafo 1, lettera *c*), della direttiva 2004/18/CE o all'articolo 40, paragrafo 3, lettera *d*), della direttiva 2004/17/CE. In tali casi è sufficiente prevedere procedure efficaci di ricorso dopo la conclusione del contratto. Analogamente, un termine sospensivo non è necessario se l'unico offerente interessato è quello cui è aggiudicato l'appalto e non vi sono candidati interessati. In questo caso non vi sono altri partecipanti alla procedura d'appalto che abbiano interesse a ricevere la notifica e a beneficiare del termine sospensivo che consente loro di presentare un ricorso efficace.

(9) Infine, nel caso di contratti basati su un accordo quadro o su un sistema dinamico di acquisizione, un termine sospensivo obbligatorio potrebbe minare i vantaggi in termini di efficacia che si è inteso conseguire con queste procedure d'appalto. Pertanto gli Stati membri, anziché introdurre un termine sospensivo obbligatorio, dovrebbero poter prevedere la privazione di effetti quale sanzione effettiva a norma dell'articolo 2-*quinquies* di entrambe le direttive 89/665/CEE e 92/13/CEE, per la violazione dell'articolo 32, paragrafo

4, secondo comma, secondo trattino, e dell'articolo 33, paragrafi 5 e 6, della direttiva 2004/18/CE e dell'articolo 15, paragrafi 5 e 6, della direttiva 2004/17/CE.

(10) Nei casi di cui all'articolo 40, paragrafo 3, lettera *i*), della direttiva 2004/17/CE, gli appalti basati su un accordo quadro non esigono la pubblicazione preliminare di un bando di gara nella Gazzetta ufficiale dell'Unione europea. In tali casi il termine sospensivo non dovrebbe essere obbligatorio.

(11) Qualora uno Stato membro faccia obbligo ad una persona che intende avviare una procedura di ricorso di informarne l'amministrazione aggiudicatrice o l'ente aggiudicatore, è necessario rendere chiaro che ciò non dovrebbe pregiudicare il termine sospensivo o qualsiasi altro termine da applicare ai fini del ricorso. Inoltre, qualora uno Stato membro faccia obbligo alla persona interessata di presentare innanzitutto un ricorso presso l'amministrazione aggiudicatrice o l'ente aggiudicatore, occorre che questa persona disponga di un termine minimo ragionevole per adire l'organo responsabile delle procedure di ricorso prima della conclusione del contratto nel caso in cui intenda contestare la risposta o la mancata risposta dell'amministrazione aggiudicatrice o dell'ente aggiudicatore.

(12) La proposizione di un ricorso poco prima dello scadere del termine sospensivo minimo non dovrebbe privare l'organo responsabile delle procedure di ricorso del tempo minimo indispensabile per intervenire, in particolare per prorogare il termine di sospensione per la conclusione del contratto. È pertanto necessario prevedere un termine sospensivo minimo autonomo, che non dovrebbe scadere prima che l'organo di ricorso si sia pronunciato sulla domanda. Ciò non dovrebbe impedire all'organo di ricorso di formulare una valutazione preliminare circa la ricevibilità del ricorso come tale. Gli Stati membri possono decidere che tale termine scada quando l'organo di ricorso abbia preso una decisione circa la domanda di provvedimenti cautelari, anche riguardo a un'ulteriore sospensione della stipula del contratto, o quando l'organo di ricorso abbia preso una decisione sul merito della questione, in particolare sulla domanda di annullamento delle decisioni illegittime.

(13) Per contrastare l'aggiudicazione di appalti mediante affidamenti diretti illegittimi, che secondo la Corte di giustizia rappresenta la violazione più grave del diritto comunitario degli appalti pubblici da parte di un'amministrazione aggiudicatrice o di un ente aggiudicatore, è opportuno prevedere sanzioni effettive, proporzionate e dissuasive. Pertanto, un contratto risultante da un'aggiudicazione mediante affidamenti diretti illegittimi dovrebbe essere considerato in linea di principio privo di effetto. La carenza di effetti non dovrebbe essere automatica ma dovrebbe essere accertata da un organo di ricorso indipendente o dovrebbe essere il risultato di una decisione di quest'ultimo.

(14) La privazione di effetti è il modo più sicuro per ripristinare la concorrenza e creare nuove opportunità commerciali per gli operatori economici che sono stati illegittimamente privati delle possibilità di competere. Le aggiudicazioni mediante affidamenti diretti illegittimi ai sensi della presente direttiva dovrebbero includere tutte le aggiudicazioni di appalti avvenute senza pubblicazione preliminare di un bando di gara nella Gazzetta ufficiale dell'Unione europea ai sensi della direttiva 2004/18/CE. Ciò corrisponde a una procedura senza previa indizione di una gara ai sensi della direttiva 2004/17/CE.

(15) Le possibili motivazioni per l'aggiudicazione mediante affidamento diretto ai sensi della presente direttiva possono includere le deroghe di cui agli articoli da 10 a 18 della direttiva 2004/18/CE, l'applicazione dell'articolo 31, dell'articolo 61 o dell'articolo 68 della direttiva 2004/18/CE, l'aggiudicazione di appalti di servizi a norma dell'articolo 21 della direttiva 2004/18/CE o la legittima aggiudicazione di un appalto interno (« in house ») secondo l'interpretazione della Corte di giustizia.

(16) Lo stesso dicasi per gli appalti che rispettano le condizioni per una esclusione o un regime speciale a norma dell'articolo 5, paragrafo 2, degli articoli da 18 a 26, degli articoli 29 e 30 o dell'articolo 62 della direttiva 2004/17/CE, per i casi che comportano l'applicazione dell'articolo 40, paragrafo 3, della direttiva 2004/17/CE o per l'aggiudicazione di appalti di servizi a norma dell'articolo 32 della direttiva 2004/17/CE.

(17) Una procedura di ricorso dovrebbe essere accessibile almeno a chiunque abbia o abbia avuto interesse ad ottenere l'aggiudicazione di un determinato appalto e sia stato o rischi di essere leso a causa di una presunta violazione.

(18) Per impedire violazioni gravi del termine sospensivo obbligatorio e della sospensione automatica, che sono presupposti essenziali per ricorsi efficaci, si dovrebbero applicare sanzioni effettive. Gli appalti conclusi in violazione del termine sospensivo e della sospensione automatica dovrebbero pertanto essere considerati in linea di principio privi di effetti se in presenza di violazioni della direttiva 2004/18/CE o della direttiva 2004/17/CE nella misura in cui tali violazioni abbiano influito sulle opportunità dell'offerente che presenta ricorso di ottenere l'appalto.

(19) In caso di altre violazioni di requisiti formali, gli Stati membri potrebbero considerare inadeguato il principio della privazione di effetti. In questi casi gli Stati membri dovrebbero avere la possibilità di prevedere sanzioni alternative. Queste ultime dovrebbero consistere soltanto nell'irrogazione di sanzioni pecuniarie da pagare ad un organismo indipendente dall'amministrazione aggiudicatrice o dall'ente aggiudicatore o nella riduzione della durata del contratto. Spetta agli Stati membri definire le disposizioni particolari concernenti le sanzioni alternative e le relative modalità di applicazione.

(20) La presente direttiva non dovrebbe escludere l'applicazione di sanzioni più rigorose a norma del diritto nazionale.

(21) Nel prevedere che gli Stati membri fissino le norme atte a garantire che un appalto sia considerato privo di effetti si mira a far sì che i diritti e gli obblighi dei contraenti derivanti dal contratto cessino di essere esercitati ed eseguiti. Le conseguenze che derivano dalla privazione di effetti di un contratto dovrebbero essere determinate dal diritto nazionale. Pertanto il diritto nazionale può, ad esempio, prevedere la sop-

pressione con effetto retroattivo di tutti gli obblighi contrattuali (*ex tunc*) o viceversa limitare la portata della soppressione agli obblighi che rimangono da adempiere (*ex nunc*). Ciò non dovrebbe condurre a una mancanza di forti sanzioni se gli obblighi derivanti da un contratto sono già stati adempiuti interamente o quasi interamente. In tali casi gli Stati membri dovrebbero prevedere sanzioni alternative che tengano conto in che misura il contratto rimane in vigore conformemente al diritto nazionale. Il diritto nazionale dovrà determinare inoltre le conseguenze riguardanti il possibile recupero delle som me eventualmente versate nonché ogni altra forma di possibile restituzione, compresa la restituzione in valore qualora la restituzione in natura non sia possibile.

(22) Per garantire la proporzionalità delle sanzioni applicate, gli Stati membri possono tuttavia consentire all'organo responsabile delle procedure di ricorso di non rimettere in discussione il contratto o di riconoscerne in parte o in toto gli effetti nel tempo quando, nelle circostanze eccezionali della fattispecie, ciò sia reso necessario per rispettare alcune esigenze imperative legate ad un interesse generale. In tali casi dovrebbero invece applicarsi sanzioni alternative. L'organo di ricorso indipendente dall'amministrazione aggiudicatrice o dall'ente aggiudicatore dovrebbe esaminare tutti gli aspetti pertinenti per stabilire se esigenze imperative legate ad un interesse generale impongano che gli effetti del contratto siano mantenuti.

(23) In casi eccezionali l'utilizzazione della procedura negoziata senza pubblicazione di un bando di gara ai sensi dell'articolo 31 della direttiva 2004/18/CE o dell'articolo 40, paragrafo 3, della direttiva 2004/17/CE è permessa immediatamente dopo l'annullamento dell'appalto. Se in questi casi, per esigenze imprescindibili di carattere tecnico o di altro tipo, i restanti obblighi contrattuali possono in tale fase essere rispettati soltanto dall'operatore economico al quale è stato aggiudicato il contratto, potrebbe essere giustificato invocare delle esigenze imperative.

(24) Per quanto concerne l'efficacia di un contratto, gli interessi economici possono essere presi in considerazione quali esigenze imperative soltanto se in circostanze eccezionali la privazione di effetti conduce a conseguenze sproporzionate. Tuttavia, gli interessi economici legati direttamente all'appalto in questione non dovrebbero costituire un'esigenza imperativa.

(25) Inoltre, la necessità di garantire nel tempo la certezza giuridica delle decisioni prese dalle amministrazioni aggiudicatrici e dagli enti aggiudicatori impone di fissare un termine minimo ragionevole di prescrizione o decadenza dei ricorsi allo scopo di far stabilire che il contratto è privo di effetti.

(26) Per evitare l'incertezza giuridica che può derivare dalla privazione di effetti, gli Stati membri dovrebbero prevedere una deroga diretta ad escludere ogni profilo di privazione di effetti anche nei casi in cui l'amministrazione aggiudicatrice o l'ente aggiudicatore considerano che l'aggiudicazione mediante affidamento diretto di un qualsiasi contratto senza pubblicazione preliminare di un bando di gara nella Gazzetta ufficiale dell'Unione europea sia consentita conformemente alla direttiva 2004/18/CE e alla direttiva 2004/17/CE e hanno applicato un termine sospensivo minimo che consente mezzi di ricorso efficaci. La pubblicazione volontaria che dà avvio al termine sospensivo non implica alcuna estensione degli obblighi derivanti dalla direttiva 2004/18/CE o dalla direttiva 2004/17/CE.

(27) Dato che la presente direttiva rafforza le procedure di ricorso nazionali, specie nei casi di aggiudicazione mediante affidamento diretto illegittimo, gli operatori economici dovrebbero essere incoraggiati ad avvalersi di questi nuovi meccanismi. Per motivi di certezza giuridica, la possibilità di far valere la privazione di effetti di un contratto è limitata ad un determinato periodo. L'effettività di tali termini dovrebbe essere rispettata.

(28) Il rafforzamento dell'efficacia dei ricorsi nazionali dovrebbe incoraggiare gli interessati ad avvalersi maggiormente delle possibilità di ricorso con procedura d'urgenza, prima della conclusione del contratto. In tali circostanze occorre riorientare il meccanismo correttore sui casi gravi di violazione della legislazione comunitaria in materia di appalti pubblici.

(29) Il sistema volontario di attestazione stabilito dalla direttiva 92/13/CEE, che permette agli enti aggiudicatori di far constatare la conformità delle loro procedure d'aggiudicazione degli appalti in occasione di esami periodici, è rimasto praticamente inutilizzato. Esso non può dunque realizzare l'obiettivo di prevenire un numero considerevole di violazioni del diritto comunitario degli appalti pubblici. D'altro canto, l'obbligo di garantire la disponibilità permanente di organismi accreditati a tal fine, imposto agli Stati membri dalla direttiva 92/13/CEE, può comportare costi amministrativi di gestione che non sono più giustificati vista l'assenza di domanda reale da parte degli enti aggiudicatori. Per tali motivi è opportuno abolire questo sistema di attestazione.

(30) Analogamente, il meccanismo di conciliazione di cui alla direttiva 92/13/CEE non ha suscitato un reale interesse da parte degli operatori economici. Ciò è dovuto non solo al fatto che non permette di per se stesso di ottenere provvedimenti provvisori vincolanti tali da impedire tempestivamente la conclusione illegittima di un contratto, ma anche alla sua natura difficilmente compatibile con il rispetto dei termini particolarmente brevi dei ricorsi diretti ad ottenere i provvedimenti provvisori e di annullamento delle decisioni illegittime. La potenziale efficacia del meccanismo di conciliazione è stata inoltre ulteriormente indebolita dalle difficoltà incontrate nella compilazione di un elenco completo e sufficientemente esteso di conciliatori indipendenti di ogni Stato membro, disponibili in qualsiasi momento e in grado di trattare le domande di conciliazione a brevissima scadenza. Per tali motivi è opportuno abolire questo meccanismo di conciliazione.

(31) La Commissione dovrebbe essere autorizzata a chiedere agli Stati membri di fornirle informazioni sul funzionamento delle procedure nazionali di ricorso, adeguate rispetto all'obiettivo perseguito, coinvolgendo il comitato consultivo per gli appalti pubblici nella determinazione della portata e della natura di tali informazioni. Solo la diffusione di tali informazioni può infatti permettere di valutare correttamente gli effetti

delle modifiche introdotte dalla presente direttiva dopo che sarà trascorso un periodo di tempo significativo dall'attuazione di quest'ultima.

(32) La Commissione dovrebbe esaminare i progressi compiuti negli Stati membri e presentare al Parlamento europeo e al Consiglio una relazione sull'efficacia della presente direttiva entro i tre anni successivi al termine per la sua attuazione.

(33) Le misure necessarie per l'attuazione delle direttive 89/665/CEE e 92/13/CEE sono adottate secondo la decisione 1999/468/CE del Consiglio, del 28 giugno 1999, recante modalità per l'esercizio delle competenze di esecuzione conferite alla Commissione.

(34) Poiché, per le ragioni esposte, l'obiettivo della presente direttiva, vale a dire migliorare l'efficacia delle procedure di ricorso concernenti l'aggiudicazione di appalti pubblici che rientrano nell'ambito di applicazione delle direttive 2004/18/CE e 2004/17/CE, non può essere realizzato in misura sufficiente dagli Stati membri e può dunque essere realizzato meglio a livello comunitario, la Comunità può intervenire in base al principio di sussidiarietà sancito dall'articolo 5 del trattato. La presente direttiva si limita a quanto è necessario per conseguire tale obiettivo, rispettando in particolare il principio dell'autonomia procedurale degli Stati membri, in ottemperanza al principio di proporzionalità enunciato nello stesso articolo.

(35) Conformemente al punto 34 dell'accordo interistituzionale « Legiferare meglio », gli Stati membri dovrebbero redigere e rendere pubblici, nell'interesse proprio e della Comunità, tavole di concordanza tra la presente direttiva e i provvedimenti di recepimento.

(36) La presente direttiva rispetta i diritti fondamentali e osserva i principi riconosciuti segnatamente nella Carta dei diritti fondamentali dell'Unione europea. La presente direttiva mira in particolare a garantire il pieno rispetto del diritto ad un ricorso effettivo e a un giudice imparziale, conformemente all'articolo 47, primo e secondo comma, di detta Carta.

(37) È opportuno pertanto modificare di conseguenza le direttive 89/665/CEE e 92/13/CEE,

HANNO ADOTTATO LA PRESENTE DIRETTIVA:

1 Modifiche della direttiva 89/665/CEE.

La *direttiva 89/665/CEE* è modificata come segue:

1) gli articoli 1 e 2 sono sostituiti dai seguenti:

« Art. 1. (Ambito di applicazione e accessibilità delle procedure di ricorso). — [1. La presente direttiva si applica agli appalti di cui alla [*direttiva 2004/18/CE* del Parlamento europeo e del Consiglio, del 31 marzo 2004, relativa al coordinamento delle procedure di aggiudicazione degli appalti pubblici di lavori, di forniture e di servizi, a meno che tali appalti siano esclusi a norma degli articoli da 10 a 18 di tale direttiva.

Gli appalti di cui alla presente direttiva comprendono gli appalti pubblici, gli accordi quadro, le concessioni di lavori pubblici e i sistemi dinamici di acquisizione.

Gli Stati membri adottano i provvedimenti necessari per garantire che, per quanto riguarda gli appalti disciplinati dalla *direttiva 2004/18/CE*, le decisioni prese dalle amministrazioni aggiudicatrici possano essere oggetto di un ricorso efficace e, in particolare, quanto più rapido possibile, secondo le condizioni previste negli articoli da 2 a 2 *septies* della presente direttiva, sulla base del fatto che hanno violato il diritto comunitario in materia di aggiudicazione degli appalti pubblici o le norme nazionali che lo recepiscono] (1).

2. Gli Stati membri garantiscono che non vi sia alcuna discriminazione tra le imprese suscettibili di far valere un pregiudizio nell'ambito di una procedura di aggiudicazione di un appalto, a motivo della distinzione effettuata dalla presente direttiva tra le norme nazionali che recepiscono il diritto comunitario e le altre norme nazionali.

3. Gli Stati membri provvedono a rendere accessibili le procedure di ricorso, secondo modalità che gli Stati membri possono determinare, a chiunque abbia o abbia avuto interesse a ottenere l'aggiudicazione di un determinato appalto e sia stato o rischi di essere leso a causa di una presunta violazione.

4. Gli Stati membri possono esigere che il soggetto che desidera avvalersi di una procedura di ricorso abbia informato l'amministrazione aggiudicatrice della presunta violazione e della propria intenzione di proporre un ricorso, a condizione che ciò non influisca sul termine sospensivo a norma dell'articolo 2-*bis*, paragrafo 2, o su qualsiasi altro termine per la proposizione di un ricorso a norma dell'articolo 2-*quater*.

5. Gli Stati membri possono esigere che il soggetto interessato proponga in primo luogo un ricorso presso l'amministrazione aggiudicatrice. In questo caso gli Stati membri provvedono affinché la proposizione del suddetto ricorso comporti la sospensione immediata della possibilità di concludere il contratto.

Gli Stati membri decidono i mezzi di comunicazione appropriati, fra cui il fax o mezzi elettronici, da utilizzare per la proposizione del ricorso di cui al primo comma.

La sospensione di cui al primo comma cessa non prima dello scadere di un termine di almeno dieci giorni civili a decorrere dal giorno successivo alla data in cui l'amministrazione aggiudicatrice ha inviato una risposta, se la spedizione è avvenuta per fax o per via elettronica, oppure, se la spedizione è avvenuta con altri mezzi di comunicazione, di almeno quindici giorni civili a decorrere dal giorno successivo alla data in cui l'amministrazione aggiudicatrice ha inviato una risposta o di almeno dieci giorni civili a decorrere dal giorno successivo alla data di ricezione della risposta.

Art. 2. (Requisiti per le procedure di ricorso). — 1. Gli Stati membri provvedono affinché i provvedimenti presi in merito alle procedure di ricorso di cui all'articolo 1 prevedano i poteri che consentono di:

a) prendere con la massima sollecitudine e con procedura d'urgenza provvedimenti cautelari intesi a riparare la violazione denunciata o ad impedire che altri danni siano causati agli interessi coinvolti, compresi i provvedimenti intesi a sospendere o a far sospendere la procedura di aggiudicazione di un appalto pubblico o l'esecuzione di qualsiasi decisione presa dall'amministrazione aggiudicatrice;

b) annullare o far annullare le decisioni illegittime, compresa la soppressione delle specifiche tecniche, economiche o finanziarie discriminatorie figuranti nell'invito a presentare l'offerta, nei capitolati d'oneri o in ogni altro documento connesso con la procedura di aggiudicazione dell'appalto in questione;

c) accordare un risarcimento danni ai soggetti lesi dalla violazione.

2. I poteri di cui al paragrafo 1 e agli articoli 2-*quinquies* e 2-*sexies* possono essere conferiti ad organi distinti responsabili di aspetti differenti della procedura di ricorso.

3. Qualora un organo di prima istanza, che è indipendente dall'amministrazione aggiudicatrice, riceva un ricorso relativo ad una decisione di aggiudicazione di un appalto, gli Stati membri assicurano che l'amministrazione aggiudicatrice non possa stipulare il contratto prima che l'organo di ricorso abbia preso una decisione sulla domanda di provvedimenti cautelari o sul merito del ricorso. La sospensione cessa non prima dello scadere del termine sospensivo di cui all'articolo 2-*bis*, paragrafo 2, e all'articolo 2 *quinquies*, paragrafi 4 e 5.

4. Eccetto nei casi di cui al paragrafo 3 e all'articolo 1, paragrafo 5, le procedure di ricorso non devono necessariamente avere effetti sospensivi automatici sulle procedure di aggiudicazione alle quali si riferiscono.

5. Gli Stati membri possono prevedere che l'organo responsabile delle procedure di ricorso possa tener conto delle probabili conseguenze dei provvedimenti cautelari per tutti gli interessi che possono essere lesi, nonché per l'interesse pubblico e decidere di non accordare tali provvedimenti qualora le conseguenze negative possano superare quelle positive.

La decisione di non accordare provvedimenti cautelari non pregiudica gli altri diritti rivendicati dal soggetto che chiede tali provvedimenti.

6. Gli Stati membri possono prevedere che, se un risarcimento danni viene domandato a causa di una decisione presa illegittimamente, per prima cosa l'organo che ha la competenza necessaria a tal fine annulli la decisione contestata.

7. Eccetto nei casi di cui agli articoli da 2-*quinquies* a 2-*septies*, gli effetti dell'esercizio dei poteri di cui al paragrafo 1 del presente articolo sul contratto stipulato in seguito all'aggiudicazione di un appalto sono determinati dal diritto nazionale.

Inoltre, tranne che nei casi in cui una decisione debba essere annullata prima della concessione di un risarcimento danni, uno Stato membro può prevedere che, dopo la conclusione di un contratto a norma dell'articolo 1, paragrafo 5, del paragrafo 3 del presente articolo o degli articoli da 2-*bis* a 2-*septies*, i poteri dell'organo responsabile delle procedure di ricorso si limitino alla concessione di un risarcimento danni a qualsiasi persona lesa da una violazione.

8. Gli Stati membri fanno sì che le decisioni prese dagli organi responsabili delle procedure di ricorso possano essere attuate in maniera efficace.

9. Se gli organi responsabili delle procedure di ricorso non sono organi giudiziari, le loro decisioni sono sempre motivate per iscritto. In questo caso inoltre devono essere adottate disposizioni mediante cui ogni misura presunta illegittima presa dall'organo di ricorso competente oppure ogni presunta infrazione nell'esercizio dei poteri che gli sono conferiti possa essere oggetto di un ricorso giurisdizionale o di un ricorso presso un altro organo che sia una giurisdizione ai sensi dell'articolo 234 del trattato e che sia indipendente dall'amministrazione aggiudicatrice e dall'organo di ricorso.

La nomina dei membri di tale organo indipendente e la cessazione del loro mandato sono soggetti a condizioni uguali a quelle applicabili ai giudici, per quanto concerne l'autorità responsabile della nomina, la durata del loro mandato e la loro revocabilità. Per lo meno il presidente di tale organo indipendente deve avere le stesse qualifiche giuridiche e professionali di un giudice. L'organo indipendente prende le proprie decisioni previa procedura in contraddittorio e tali decisioni producono, tramite i mezzi determinati da ciascuno Stato membro, effetti giuridici vincolanti.

2) sono inseriti gli articoli seguenti:

« Art. 2-*bis*. (Termine sospensivo). — 1. Gli Stati membri provvedono affinché i soggetti di cui all'articolo 1, paragrafo 3, dispongano di termini tali da garantire ricorsi efficaci avverso le decisioni di aggiudicazione di un appalto prese dalle amministrazioni aggiudicatrici adottando le disposizioni necessarie nel rispetto delle condizioni minime di cui al paragrafo 2 del presente articolo e all'articolo 2-*quater*.

[2. La conclusione di un contratto in seguito alla decisione di aggiudicazione di un appalto disciplinato dalla *direttiva 2004/18/CE* non può avvenire prima dello scadere di un termine di almeno dieci giorni civili a decorrere dal giorno successivo alla data in cui la decisione di aggiudicazione dell'appalto è stata inviata agli offerenti e ai candidati interessati, se la spedizione è avvenuta per fax o per via elettronica, oppure se la spedizione è avvenuta con altri mezzi di comunicazione prima dello scadere di un termine di almeno quindici giorni civili a decorrere dal giorno successivo alla data in cui è stata inviata la decisione di aggiudicazione dell'appalto agli offerenti e ai candidati interessati, o di almeno dieci giorni civili a decorrere dal giorno successivo alla data di ricezione della decisione di aggiudicazione dell'appalto.] (2)

Gli offerenti sono considerati interessati se non sono già stati definitivamente esclusi. L'esclusione è definitiva se è stata comunicata agli offerenti interessati e se è stata ritenuta legittima da un organo di ricorso indipendente o se non può più essere oggetto di una procedura di ricorso.

I candidati sono considerati interessati se l'amministrazione aggiudicatrice non ha messo a disposizione informazioni circa il rigetto della loro domanda prima della notifica della decisione di aggiudicazione dell'appalto agli offerenti interessati.

La comunicazione della decisione di aggiudicazione ad ogni offerente e candidato interessato è accompagnata da:

— una relazione sintetica dei motivi pertinenti di cui [all'articolo 55, paragrafo 2, della direttiva 2014/24/UE, fatto salvo l'articolo 55, paragrafo 3, della medesima, o all'articolo 40, paragrafo 1, secondo comma, della direttiva 2014/23/UE, fatto salvo l'articolo 40, paragrafo 2, della medesima direttiva,] (3), e

— una precisa indicazione del termine sospensivo esatto applicabile conformemente alle disposizioni della legislazione nazionale di trasposizione del presente paragrafo.

Art. 2-*ter*. (Deroghe al termine sospensivo). — Gli Stati membri possono prevedere che i termini di cui all'articolo 2-*bis*, paragrafo 2, della presente direttiva non si applichino nei seguenti casi:

a) se la *direttiva [*2014/24/UE o, se del caso, la direttiva 2014/23/UE non prescrivono] (3) non prescrive la previa pubblicazione di un bando nella *Gazzetta ufficiale dell'Unione europea*;

b) se l'unico offerente interessato ai sensi dell'articolo 2-*bis*, paragrafo 2, della presente direttiva è colui al quale è stato aggiudicato l'appalto e non vi sono candidati interessati;

c) nel caso di un appalto basato su un accordo quadro di cui all'*articolo [33 della direttiva 2014/24/UE]* e in caso di appalti specifici basati su un sistema dinamico di acquisizione di cui all'articolo [34] di tale direttiva (3).

Ove si ricorra a tale deroga, gli Stati membri provvedono affinché il contratto sia privo di effetti conformemente agli articoli 2-*quinquies* e 2-*septies* della presente direttiva, se:

— è violato l'articolo [33, paragrafo 4, lettera *c*), o l'articolo 34, paragrafo 6, della direttiva 2014/24/UE,], e

— il valore stimato dell'appalto è pari o superiore alle soglie di cui all'articolo [4 della direttiva 2014/24/UE] (3).

Art. 2-*quater*. (Termini per la proposizione del ricorso). — Quando uno Stato membro stabilisce che qualsiasi ricorso avverso una decisione presa da un'amministrazione aggiudicatrice nel quadro di o in relazione ad una procedura di aggiudicazione di un appalto disciplinata dalla *direttiva [2014/24/UE o direttiva 2014/23/UE]* debba essere presentato prima dello scadere di un determinato termine, quest'ultimo è di almeno dieci giorni civili a decorrere dal giorno successivo alla data in cui la decisione dell'amministrazione aggiudicatrice è stata inviata all'offerente o al candidato, se la spedizione è avvenuta per fax o per via elettronica, oppure, se la spedizione è avvenuta con altri mezzi di comunicazione, di almeno quindici giorni civili a decorrere dal giorno successivo alla data in cui la decisione dell'amministrazione aggiudicatrice è stata inviata all'offerente o al candidato o di almeno dieci giorni civili a decorrere dal giorno successivo alla data di ricezione della decisione dell'amministrazione aggiudicatrice. La comunicazione della decisione dell'amministrazione aggiudicatrice ad ogni offerente o candidato è accompagnata da una relazione sintetica dei motivi pertinenti. In caso di presentazione di un ricorso relativo alle decisioni di cui all'articolo 2, paragrafo 1, lettera *b*), della presente direttiva che non sono soggette ad una notifica specifica, il termine è di almeno dieci giorni civili dalla data della pubblicazione della decisione di cui trattasi.

Art. 2-*quinquies*. (Privazione di effetti). — 1. Gli Stati membri assicurano che un contratto sia considerato privo di effetti da un organo di ricorso indipendente dall'amministrazione aggiudicatrice o che la sua privazione di effetti sia la conseguenza di una decisione di detto organo di ricorso nei casi seguenti:

a) se l'amministrazione aggiudicatrice ha aggiudicato un appalto senza previa pubblicazione del bando nella *Gazzetta ufficiale dell'Unione europea* senza che ciò sia consentito [ai sensi della direttiva 2014/24/UE o della direttiva 2014/23/UE] (3);

b) in caso di violazione dell'articolo 1, paragrafo 5, dell'articolo 2, paragrafo 3, o dell'articolo 2 bis, paragrafo 2, della presente direttiva qualora tale violazione abbia privato l'offerente che presenta ricorso della possibilità di avvalersi di mezzi di ricorso prima della stipula del contratto quando tale violazione si aggiunge ad una violazione della [direttiva 2014/24/UE » o « direttiva 2014/23/UE[, se quest'ultima violazione ha influito sulle opportunità dell'offerente che presenta ricorso di ottenere l'appalto (3);

c) nei casi di cui all'articolo 2-*ter*, lettera *c*), secondo comma della presente direttiva qualora gli Stati membri abbiano previsto la deroga al termine sospensivo per appalti basati su un accordo quadro e su un sistema dinamico di acquisizione.

2. Le conseguenze di un contratto considerato privo di effetti sono previste dal diritto nazionale.

Pertanto, il diritto nazionale può prevedere la soppressione con effetto retroattivo di tutti gli obblighi contrattuali o viceversa limitare la portata della soppressione di quegli obblighi che rimangono da adempiere. In quest'ultimo caso gli Stati membri prevedono l'applicazione di altre sanzioni ai sensi dell'articolo 2-*sexies*, paragrafo 2.

3. Gli Stati membri possono prevedere che l'organo di ricorso indipendente dall'amministrazione aggiudicatrice abbia la facoltà di non considerare un contratto privo di effetti, sebbene lo stesso sia stato aggiudicato illegittimamente per le ragioni di cui al paragrafo 1, se l'organo di ricorso, dopo aver esaminato tutti gli aspetti pertinenti, rileva che il rispetto di esigenze imperative connesse ad un interesse generale impone che gli effetti del contratto siano mantenuti. In tal caso gli Stati membri prevedono invece l'applicazione di sanzioni alternative a norma dell'articolo 2-*sexies*, paragrafo 2.

Per quanto concerne la produzione di effetti del contratto, gli interessi economici possono essere presi in considerazione come esigenze imperative soltanto se in circostanze eccezionali la privazione di effetti conduce a conseguenze sproporzionate.

Tuttavia, gli interessi economici legati direttamente al contratto in questione non costituiscono esigenze imperative legate ad un interesse generale. Gli interessi economici legati direttamente al contratto comprendono, tra l'altro, i costi derivanti dal ritardo nell'esecuzione del contratto, i costi derivanti dalla necessità di indire una nuova procedura di aggiudicazione, i costi derivanti dal cambio dell'operatore economico che esegue il contratto e i costi degli obblighi di legge risultanti dalla privazione di effetti.

4. Gli Stati membri prevedono che il paragrafo 1, lettera *a*), del presente articolo, non si applichi quando:

— l'amministrazione aggiudicatrice ritiene che l'aggiudicazione di un appalto senza previa pubblicazione del bando nella *Gazzetta ufficiale dell'Unione europea* sia consentita [ai sensi della direttiva 2014/24/UE o della direttiva 2014/23/UE] (3),

— l'amministrazione aggiudicatrice ha pubblicato nella Gazzetta ufficiale dell'Unione europea un avviso di cui all'articolo 3-*bis* della presente direttiva in cui manifesta l'intenzione di concludere il contratto, e

— il contratto non è stato concluso prima dello scadere di un termine di almeno dieci giorni civili a decorrere dal giorno successivo alla data di pubblicazione di tale avviso.

5. Gli Stati membri prevedono che il paragrafo 1, lettera *c*), del presente articolo, non si applichi quando:

— l'amministrazione aggiudicatrice ritiene che l'aggiudicazione di un appalto sia conforme all'articolo [33, paragrafo 4, lettera b), o all'articolo 34, paragrafo 6, della direttiva 2014/24/UE] (3);

— l'amministrazione aggiudicatrice ha inviato agli offerenti interessati una decisione di aggiudicazione dell'appalto unitamente ad una relazione sintetica dei motivi di cui all'articolo 2-*bis*, paragrafo 2, quarto comma, primo trattino, della presente direttiva, e

— il contratto non è stato concluso prima dello scadere di un periodo di almeno dieci giorni civili a decorrere dal giorno successivo alla data in cui la decisione di aggiudicazione dell'appalto è inviata agli offerenti interessati, se la spedizione è avvenuta per fax o per via elettronica, oppure, se la spedizione è avvenuta con altri mezzi di comunicazione, prima dello scadere di un periodo di almeno quindici giorni civili a decorrere dal giorno successivo alla data in cui la decisione di aggiudicazione dell'appalto è inviata agli offerenti interessati o di almeno dieci giorni civili a decorrere dal giorno successivo alla data di ricezione della decisione di aggiudicazione dell'appalto.

Art. 2-*sexies*. (Violazioni della presente direttiva e sanzioni alternative). — 1. In caso di violazione dell'articolo 1, paragrafo 5, dell'articolo 2, paragrafo 3, o dell'articolo 2 bis, paragrafo 2, che non è contemplata dall'articolo 2-*quinquies*, paragrafo 1, lettera *b*), gli Stati membri prevedono la privazione di effetti a norma dell'articolo 2-*quinquies*, paragrafi 1, 2 e 3, ovvero sanzioni alternative. Gli Stati membri possono prevedere che l'organo di ricorso indipendente dall'amministrazione aggiudicatrice decida, dopo aver valutato tutti gli aspetti pertinenti, se il contratto debba essere considerato privo di effetti o se debbano essere irrogate sanzioni alternative.

2. Le sanzioni alternative devono essere effettive, proporzionate e dissuasive. Dette sanzioni alternative sono:

— l'irrogazione di sanzioni pecuniarie all'amministrazione aggiudicatrice, oppure

— la riduzione della durata del contratto.

Gli Stati membri possono conferire all'organo di ricorso un'ampia discrezionalità al fine di tenere conto di tutti i fattori rilevanti, compresi la gravità della violazione, il comportamento dell'amministrazione aggiudicatrice e, nei casi di cui all'articolo 2-*quinquies*, paragrafo 2, la misura in cui il contratto resta in vigore.

La concessione del risarcimento danni non rappresenta una sanzione adeguata ai fini del presente paragrafo.

Art. 2-*septies*. (Termini). — 1. Gli Stati membri possono stabilire che la proposizione di un ricorso a norma dell'articolo 2 *quinquies*, paragrafo 1, debba avvenire:

[*a*) prima dello scadere di un termine di almeno trenta giorni civili a decorrere dal giorno successivo alla data in cui:

— l'amministrazione aggiudicatrice ha pubblicato l'avviso di aggiudicazione a norma dell'articolo 35, paragrafo 4, e degli *articoli 36 e 37 della direttiva 2004/18/CE*, a condizione che tale avviso contenga la motivazione della decisione dell'amministrazione aggiudicatrice di affidare il contratto senza previa pubblicazione di un bando nella *Gazzetta ufficiale dell'Unione europea*, oppure

— l'amministrazione aggiudicatrice ha informato gli offerenti e i candidati interessati della stipula del contratto, a condizione che tali informazioni contengano una relazione sintetica dei motivi pertinenti di cui all'articolo 41, paragrafo 2, della direttiva 2004/18/CE, fatte salve le disposizioni dell'articolo 41, paragrafo 3, di detta direttiva. Quest'ultima opzione si applica anche ai casi di cui all'articolo 2-*ter*, lettera *c*), della presente direttiva;] (4)

b) e in ogni caso prima dello scadere di un periodo di almeno sei mesi a decorrere dal giorno successivo alla data di stipula del contratto.

2. In tutti gli altri casi, compresi i ricorsi proposti a norma dell'articolo 2-*sexies*, paragrafo 1, i termini per la proposizione del ricorso sono determinati dal diritto nazionale, fatto salvo l'articolo 2-*quater*. »;

3) l'articolo 3 è sostituito dal seguente:

« Art. 3. (Meccanismo correttore). — [1. La Commissione può avvalersi della procedura di cui ai paragrafi da 2 a 5 se, prima della stipula di un contratto, essa ritiene che sia stata commessa una grave violazione del diritto comunitario in materia di appalti pubblici in una procedura di aggiudicazione di un appalto disciplinata dalla direttiva 2004/18/CE (5).

2. La Commissione notifica allo Stato membro interessato i motivi per cui ritiene che sia stata commessa una grave violazione e ne chiede la correzione con provvedimenti appropriati.

3. Entro ventuno giorni civili dalla ricezione della notifica di cui al paragrafo 2, lo Stato membro interessato comunica alla Commissione:

a) la conferma che la violazione è stata riparata;

b) una conclusione motivata per spiegare perché non vi sia stata riparazione; o

c) una notifica che la procedura di aggiudicazione dell'appalto in questione è stata sospesa dall'amministrazione aggiudicatrice di propria iniziativa oppure nell'ambito dell'esercizio dei poteri previsti all'articolo 2, paragrafo 1, lettera *a*).

4. Una conclusione motivata comunicata a norma del paragrafo 3, lettera *b*), può tra l'altro fondarsi sul fatto che la violazione denunciata costituisce già l'oggetto di un ricorso giurisdizionale o di altro tipo o di un ricorso quale quello di cui all'articolo 2, paragrafo 9. In tal caso lo Stato membro informa la Commissione del risultato di tali procedure non appena ne viene a conoscenza.

5. In caso di notifica che una procedura di aggiudicazione di appalto è stata sospesa conformemente al paragrafo 3, lettera *c*), lo Stato membro notifica alla

Commissione la cessazione della sospensione o l'avvio di un'altra procedura di aggiudicazione di appalto in parte o del tutto collegata alla procedura precedente. Questa notifica deve confermare che la violazione presunta è stata riparata o includere una conclusione motivata per spiegare perché non vi sia stata riparazione. »;

4) sono inseriti gli articoli seguenti:

« Art. 3-*bis*. (Contenuto dell'avviso volontario per la trasparenza *ex ante*). — L'avviso di cui all'articolo 2-*quinquies*, paragrafo 4, secondo trattino, il cui formato è stabilito dalla Commissione secondo la procedura di consultazione di cui all'articolo 3-*ter*, paragrafo 2, contiene le informazioni seguenti:

a) denominazione e recapito dell'amministrazione aggiudicatrice;

b) descrizione dell'oggetto dell'appalto;

c) motivazione della decisione dell'autorità aggiudicatrice di affidare il contratto senza la previa pubblicazione di un bando di gara nella *Gazzetta ufficiale dell'Unione europea*;

d) denominazione e recapito dell'operatore economico a favore del quale è stata presa la decisione di aggiudicazione dell'appalto; e

e) se del caso, qualsiasi altra informazione ritenuta utile dall'autorità aggiudicatrice.

Art. 3-*ter*. (Procedura di comitato). — 1. La Commissione è assistita dal comitato consultivo per gli appalti pubblici istituito dall'*articolo 1 della decisione 71/306/CEE* del Consiglio del 26 luglio 1971 (di seguito "il comitato").

2. Nei casi in cui è fatto riferimento al presente paragrafo, si applicano gli *articoli 3 e 7 della decisione 1999/468/CE* del Consiglio, del 28 giugno 1999, recante modalità per l'esercizio delle competenze di esecuzione conferite alla Commissione, tenendo conto delle disposizioni dell'articolo 8 della stessa.

5) l'articolo 4 è sostituito dal seguente:

« Art. 4. (Attuazione). — 1. La Commissione può chiedere agli Stati membri, in consultazione con il comitato, di fornire informazioni sul funzionamento delle procedure nazionali di ricorso.

2. Gli Stati membri comunicano ogni anno alla Commissione il testo di tutte le decisioni, con le relative motivazioni, adottate dai propri organi di ricorso conformemente all'articolo 2-*quinquies*, paragrafo 3. »;

6) è inserito l'articolo seguente:

« Art. 4-*bis*. (Riesame). — Entro il 20 dicembre 2012 la Commissione riesamina l'attuazione della presente direttiva e riferisce al Parlamento europeo e al Consiglio in merito alla sua efficacia, in particolare per quanto riguarda le sanzioni alternative e i termini.

(1) *Ai sensi dell'art. 46 della direttiva 2014/23/UE del Parlamento europeo e del Consiglio, del 26 febbraio 2014, sull'aggiudicazione dei contratti di concessione, l'art. 1, par. 1 della direttiva 89/665/CEE è così modificato: « 1. La presente direttiva si applica agli appalti di cui alla direttiva 2014/24/UE del Parlamento europeo e del Consiglio (35), a meno che tali appalti siano esclusi a norma degli articoli 7, 8, 9, 10, 11, 12, 15, 16, 17 e 37 di tale direttiva.*

La presente direttiva si applica anche alle concessioni aggiudicate dalle amministrazioni aggiudicatrici, di cui alla direttiva 2014/23/UE del Parlamento europeo e del Consiglio (36), a meno che tali concessioni siano escluse a norma degli articoli 10, 11, 12, 17 e 25 di tale direttiva.

Gli appalti di cui alla presente direttiva comprendono gli appalti pubblici, gli accordi quadro, le concessioni di lavori e di servizi e i sistemi dinamici di acquisizione.

Gli Stati membri adottano i provvedimenti necessari per garantire che, per quanto riguarda gli appalti disciplinati dalla direttiva 2014/24/UE o dalla direttiva 2014/23/UE, le decisioni prese dalle amministrazioni aggiudicatrici possano essere oggetto di un ricorso efficace e, in particolare, quanto più rapido possibile, secondo le condizioni previste negli articoli da 2 a 2 septies *della presente direttiva, sulla base del fatto che tali decisioni hanno violato il diritto dell'Unione in materia di aggiudicazione degli appalti pubblici o le norme nazionali di recepimento."*

(2) *Ai sensi dell'art. 46 della direttiva 2014/23/UE, cit., l'art. 2 bis, par. 2, della direttiva 89/665/CEE è così modificato: "La conclusione di un contratto in seguito alla decisione di aggiudicazione di un appalto disciplinato dalla direttiva 2014/24/UE o dalla direttiva 2014/23/UE non può avvenire prima dello scadere di un termine di almeno dieci giorni civili a decorrere dal giorno successivo a quello in cui la decisione di aggiudicazione dell'appalto è stata inviata agli offerenti e ai candidati interessati, se la spedizione è avvenuta per fax o per via elettronica oppure, se la spedizione è avvenuta con altri mezzi di comunicazione, prima dello scadere di almeno quindici giorni civili a decorrere dal giorno successivo alla data in cui è stata inviata la decisione di aggiudicazione dell'appalto agli offerenti e ai candidati interessati o di almeno dieci giorni civili a decorrere dal giorno successivo alla data di ricezione della decisione di aggiudicazione dell'appalto".*

(3) *Comma così modificato dall'art. 46 della direttiva 2014/23/UE, cit.*

(4) *Ai sensi dell'art. 46 della direttiva 2014/23/UE, cit., l'art. 2* septies, par. 1, lett. a) *della direttiva 89/665/CEE è sostituito dal seguente: "a) prima dello scadere di un termine di almeno trenta giorni civili a decorrere dal giorno successivo alla data in cui:*

- l'amministrazione aggiudicatrice ha pubblicato l'avviso di aggiudicazione ai sensi degli articoli 50 e 51 della direttiva 2014/24/UE o degli articoli 31 e 32 della direttiva 2014/23/UE, a condizione che tale avviso contenga la motivazione della decisione dell'amministrazione aggiudicatrice di affidare il contratto senza previa pubblicazione di un bando nella Gazzetta ufficiale dell'Unione europea, oppure

- l'amministrazione aggiudicatrice ha informato gli offerenti e i candidati interessati della stipula del contratto, a condizione che tali informazioni contengano una relazione sintetica dei motivi pertinenti di cui all'articolo 55, paragrafo 2, della direttiva 2014/24/UE, fatto salvo l'articolo 55, paragrafo 3, di detta direttiva o all'articolo 40, paragrafo 1, secondo comma, della direttiva 2014/23/UE, fatto salvo l'articolo 40, paragrafo 2, di detta direttiva. Quest'ultima opzione si applica anche ai casi di cui all'articolo 2 ter, primo comma, lettera c), *della presente direttiva;".*

(5) *Ai sensi dell'art. 46 della direttiva 2014/23/UE, cit., l'art. 3, par. 1, della direttiva 89/665/CEE è sostituito dal seguente: "1. La Commissione può avvalersi della procedura di cui ai paragrafi da 2 a 5 se, prima della stipula di un contratto, essa ritiene che sia stata commessa una grave violazione del diritto dell'Unione in materia di appalti pubblici in una procedura di aggiudicazione di un appalto disciplinata dalla direttiva 2014/24/UE o dalla direttiva 2014/23/UE".*

2 (*Omissis*).

3 Trasposizione.

1. Gli Stati membri mettono in vigore le disposizioni legislative, regolamentari e amministrative necessarie per conformarsi alla presente direttiva entro il 20 dicembre 2009. Essi ne informano immediatamente la Commissione.

Quando gli Stati membri adottano tali disposizioni, queste contengono un riferimento alla presente direttiva o sono corredate da un siffatto riferimento all'atto della pubblicazione ufficiale. Le modalità di tale riferimento sono decise dagli Stati membri.

2. Gli Stati membri comunicano alla Com-missione il testo delle disposizioni essenziali di diritto interno che essi adottano nel settore disciplinato dalla presente direttiva.

4 Entrata in vigore.

La presente direttiva entra in vigore il ventesimo giorno successivo alla pubblicazione nella *Gazzetta ufficiale dell'Unione europea*.

5 Destinatari.

Gli Stati membri sono destinatari della presente direttiva.

34. Decreto legislativo 20 dicembre 2009, n. 198. — Attuazione dell'articolo 4 della legge 4 marzo 2009, n. 15, in materia di ricorso per l'efficienza delle amministrazioni e dei concessionari di servizi pubblici.

Pubblicato nella Gazzetta Ufficiale n. 303 del 31 dicembre 2009.

1 Presupposti dell'azione e legittimazione ad agire.

1. Al fine di ripristinare il corretto svolgimento della funzione o la corretta erogazione di un servizio, i titolari di interessi giuridicamente rilevanti ed omogenei per una pluralità di utenti e consumatori possono agire in giudizio, con le modalità stabilite nel presente decreto, nei confronti delle amministrazioni pubbliche e dei concessionari di servizi pubblici, se derivi una lesione diretta, concreta ed attuale dei propri interessi, dalla violazione di termini o dalla mancata emanazione di atti amministrativi generali obbligatori e non aventi contenuto normativo da emanarsi obbligatoriamente entro e non oltre un termine fissato da una legge o da un regolamento, dalla violazione degli obblighi contenuti nelle carte di servizi ovvero dalla violazione di standard qualitativi ed economici stabiliti, per i concessionari di servizi pubblici, dalle autorità preposte alla regolazione ed al controllo del settore e, per le pubbliche amministrazioni, definiti dalle stesse in conformità alle disposi zioni in materia di performance contenute nel decreto legislativo 27 ottobre 2009, n. 150, coerentemente con le linee guida definite dalla Commissione per la valutazione, la trasparenza e l'integrità delle amministrazioni pubbliche di cui all'articolo 13 del medesimo decreto e secondo le scadenze temporali definite dal decreto legislativo 27 ottobre 2009, n. 150 (1).

1-*bis*. Nel giudizio di sussistenza della lesione di cui al comma 1 il giudice tiene conto delle risorse strumentali, finanziarie, e umane concretamente a disposizione delle parti intimate.

1-*ter*. Sono escluse dall'applicazione del presente decreto le autorità amministrative indipendenti, gli organi giurisdizionali, le assemblee legislative e gli altri organi costituzionali nonché la Presidenza del Consiglio dei Ministri.

2. Del ricorso è data immediatamente notizia sul sito istituzionale dell'amministrazione o del concessionario intimati; il ricorso è altresì comunicato al Ministro per la pubblica amministrazione e l'innovazione.

3. I soggetti che si trovano nella medesima situazione giuridica del ricorrente possono intervenire nel termine di venti giorni liberi prima dell'udienza di discussione del ricorso che viene fissata d'ufficio, in una data compresa tra il novantesimo ed il centoventesimo giorno dal deposito del ricorso.

4. Ricorrendo i presupposti di cui al comma 1, il ricorso può essere proposto anche da associazioni o comitati a tutela degli interessi dei propri associati, appartenenti alla pluralità di utenti e consumatori di cui al comma 1.

5. Il ricorso è proposto nei confronti degli enti i cui organi sono competenti a esercitare le funzioni o a gestire i servizi cui sono riferite le violazioni e le omissioni di cui al comma 1. Gli enti intimati informano immediatamente della proposizione del ricorso il dirigente responsabile di ciascun ufficio coinvolto, il quale può intervenire nel giudizio. Il giudice, nella prima udienza, se ritiene che le violazioni o le omissioni sono ascrivibili ad enti ulteriori o diversi da quelli intimati, ordina l'integrazione del contraddittorio.

6. Il ricorso non consente di ottenere il risarcimento del danno cagionato dagli atti e dai comportamenti di cui al comma 1; a tal fine, restano fermi i rimedi ordinari.

7. Il ricorso è devoluto alla giurisdizione esclusiva del giudice amministrativo e le questioni di competenza sono rilevabili anche d'ufficio.

(1) *Ai sensi dell'art 19, comma 9, del d.l. 24 giugno 2014, n. 90, conv., con modif., in l. 11 agosto 2014, n. 114 i compiti della Commissione per la valutazione, la trasparenza e l'integrità delle amministrazioni pubbliche, già attribuiti all'Anac, sono stati assegnati al Dipartimento della funzione pubblica della Presidenza del Consiglio dei ministri (« Al fine di concentrare l'attività dell'Autorità nazionale anticorruzione sui compiti di trasparenza e di prevenzione della corruzione nelle pubbliche amministrazioni, le funzioni della predetta Autorità in materia di misurazione e valutazione della performance, di cui agli articoli 7, 8, 9, 10, 12, 13 e 14 del decreto legislativo 27 ottobre 2009, n. 150, sono trasferite al Dipartimento della funzione pubblica della Presidenza del Consiglio dei ministri, a decorrere dalla data di entrata in vigore della legge di conversione del presente decreto. Con riguardo al solo trasferimento delle funzioni di cui all'articolo 13, comma 6, lettere* m) *e* p)*, del decreto legislativo n. 150 del 2009, relativamente ai progetti sperimentali e al Portale della trasparenza, detto trasferimento di funzioni deve avvenire previo accordo tra il Dipartimento della funzione pubblica e l'Autorità nazionale anticorruzione, anche al fine di individuare i progetti che possono più opportunamente rimanere nell'ambito della medesima Autorità nazionale anticorruzione »).*

2 Rapporti con le competenze di regolazione e controllo e con i giudizi instaurati ai sensi degli articoli 139, 140 e 140-*bis* del codice del consumo, di cui al decreto legislativo 6 settembre 2005, n. 206 (1).

1. Il ricorso di cui all'articolo 1 non può essere proposto se un organismo con funzione di regolazione e di controllo istituito con legge statale o regionale e pre-

posto al settore interessato ha instaurato e non ancora definito un procedimento volto ad accertare le medesime condotte oggetto dell'azione di cui all'articolo 1, né se, in relazione alle medesime condotte, sia stato instaurato un giudizio ai sensi degli articoli 139, 140 e 140-*bis* del codice del consumo, di cui al decreto legislativo 6 settembre 2005, n. 206.

2. Nell'ipotesi in cui il procedimento di cui al comma 1 o un giudizio instaurato ai sensi degli articoli 139 e 140 del codice del consumo, di cui al decreto legislativo 6 settembre 2005, n. 206, sono iniziati dopo la proposizione del ricorso di cui all'articolo 1, il giudice di quest'ultimo ne dispone la sospensione fino alla definizione dei predetti procedimenti o giudizi. A seguito del passaggio in giudicato della sentenza che definisce nel merito il giudizio instaurato ai sensi dei citati articoli 139 e 140, il ricorso di cui all'articolo 1 diviene improcedibile. In ogni altro caso, quest'ultimo deve essere riassunto entro centoventi giorni dalla definizione del procedimento di cui al comma 1, ovvero dalla definizione con pronuncia non di merito sui giudizi instaurati ai sensi degli stessi articoli 139 e 140, altrimenti è perento.

3. Il soggetto contro cui è stato proposto il ricorso giurisdizionale di cui all'articolo 1 comunica immediatamente al giudice l'eventuale pendenza o la successiva instaurazione del procedimento di cui ai commi 1 e 2, ovvero di alcuno dei giudizi ivi indicati, per l'adozione dei conseguenti provvedimenti rispettivamente previsti dagli stessi commi 1 e 2.

(1) *Gli artt. 139, 140, 140-*bis *del Codice del consumo di cui al d.lgs. 6 settembre 2005, n. 206 sono stati abrogati dall'art. 5 l. 12 aprile 2019, n. 31. Ai sensi dell'art. 7 l. n. 31, cit., come da ultimo modificato dall'art. 31-*ter *d.l. 28 ottobre 2020, n. 137, conv., con modif., in l. 18 dicembre 2020, n. 176, « 1. Al fine di consentire al Ministero della giustizia di predisporre le necessarie modifiche dei sistemi informativi per permettere il compimento delle attività processuali con modalità telematiche, le disposizioni di cui alla presente legge entrano in vigore decorsi venticinque mesi dalla pubblicazione della medesima legge nella Gazzetta Ufficiale. – 2. Le disposizioni della presente legge si applicano alle condotte illecite poste in essere successivamente alla data della sua entrata in vigore. Alle condotte illecite poste in essere precedentemente continuano ad applicarsi le disposizioni vigenti prima della medesima data di entrata in vigore ». Si riporta di seguito il testo degli articoli vigente sino alla data suindicata: « Art. 139. Legittimazione ad agire. 1. — Le associazioni dei consumatori e degli utenti inserite nell'elenco di cui all'articolo 137 sono legittimate ad agire, ai sensi dell'articolo 140, a tutela degli interessi collettivi dei consumatori e degli utenti. Oltre a quanto disposto dall'articolo 2, le dette associazioni sono legittimate ad agire nelle ipotesi di violazione degli interessi collettivi dei consumatori contemplati nelle materie disciplinate dal presente codice, nonché dalle seguenti disposizioni legislative: *a) *legge 6 agosto 1990, n. 223, e successive modificazioni, ivi comprese quelle di cui al testo unico della radiotelevisione, di cui al decreto legislativo 31 luglio 2005, n. 177, e legge 30 aprile 1998, n. 122, concernenti l'esercizio delle attività televisive; *b) *decreto legislativo 30 dicembre 1992, n. 541, come modificato dal decreto legislativo 18 febbraio 1997, n. 44, e legge 14 ottobre 1999, n. 362, concernente la pubblicità dei medicinali per uso umano; *b-bis) *decreto legislativo 26 marzo 2010, n. 59, recante attuazione della direttiva 2006/123/CE relativa ai servizi nel mercato interno; *b-ter) *regolamento (UE) n. 524/2013 del Parlamento europeo e del Consiglio, del 21 maggio 2013, sulla risoluzione delle controversie online per i consumatori (regolamento sull'ODR per i consumatori). — 2. Gli organismi pubblici indipendenti nazionali e le organizzazioni riconosciuti in altro Stato dell'Unione europea ed inseriti nell'elenco degli enti legittimati a proporre azioni inibitorie a tutela degli interessi collettivi dei consumatori, pubblicato nella Gazzetta Ufficiale delle Comunità europee, possono agire, ai sensi del presente articolo e secondo le modalità di cui all'articolo 140, nei confronti di atti o comportamenti lesivi per i consumatori del proprio Paese, posti in essere in tutto o in parte sul territorio dello Stato. — Art. 140. Procedura. — 1. I soggetti di cui all'articolo 139 sono legittimati nei casi ivi previsti ad agire a tutela degli interessi collettivi dei consumatori e degli utenti richiedendo al tribunale: *a) *di inibire gli atti e i comportamenti lesivi degli interessi dei consumatori e degli utenti; *b) *di adottare le misure idonee a correggere o eliminare gli effetti dannosi delle violazioni accertate; *c) *di ordinare la pubblicazione del provvedimento su uno o più quotidiani a diffusione nazionale oppure locale nei casi in cui la pubblicità del provvedimento può contribuire a correggere o eliminare gli effetti delle violazioni accertate. — 2. Le associazioni di cui al comma 1, nonché i soggetti di cui all'articolo 139, comma 2, possono attivare, prima del ricorso al giudice, la procedura di conciliazione dinanzi alla camera di commercio, industria, artigianato e agricoltura competente per territorio, a norma dell'articolo 2, comma 4, lettera *a), *della legge 29 dicembre 1993, n. 580, nonché agli altri organismi di composizione extragiudiziale per la composizione delle controversie in materia di consumo a norma dell'articolo 141. La procedura è, in ogni caso, definita entro sessanta giorni. — 3. Il processo verbale di conciliazione, sottoscritto dalle parti e dal rappresentante dell'organismo di composizione extragiudiziale adito, è depositato per l'omologazione nella cancelleria del tribunale del luogo nel quale si è svolto il procedimento di conciliazione. — 4. Il tribunale, in composizione monocratica, accertata la regolarità formale del processo verbale, lo dichiara esecutivo con decreto. Il verbale di conciliazione omologato costituisce titolo esecutivo. — 5. In ogni caso l'azione di cui al comma 1 può essere proposta solo dopo che siano decorsi quindici giorni dalla data in cui le associazioni abbiano richiesto al soggetto da esse ritenuto responsabile, a mezzo lettera raccomandata con avviso di ricevimento, la cessazione del comportamento lesivo degli interessi dei consumatori e degli utenti. — 6. Il soggetto al quale viene chiesta la cessazione del comportamento lesivo ai sensi del comma 5, o che sia stato chiamato in giudizio ai sensi del comma 1, può attivare la procedura di conciliazione di cui al comma 2 senza alcun pregiudizio per l'azione giudiziale da avviarsi o già avviata. La favorevole conclusione, anche nella fase esecutiva, del procedimento di conciliazione viene valutata ai fini della cessazione della materia del contendere. — 7. Con il provvedimento che definisce il giudizio di cui al comma 1 il giudice fissa un termine per l'adempimento degli obblighi stabiliti e, anche su domanda della parte che ha agito in giudizio, dispone, in caso di inadempimento, il pagamento di una somma di denaro da 516 euro a 1.032 euro, per ogni inadempimento ovvero giorno di ritardo rapportati alla gravità del fatto. In caso di inadempimento degli obblighi risultanti dal verbale di conciliazione di cui al comma 3 le parti possono adire il tribunale con procedimento in camera di consiglio affinché, accertato l'inadempimento, disponga il pagamento delle dette somme di denaro. Tali somme di denaro sono versate all'entrata del bilancio dello Stato per essere riassegnate con decreto del Ministro dell'economia e delle finanze al fondo da istituire nell'ambito di apposita unità previsionale di base dello stato di previsione del Ministero dello sviluppo economico, per finanziare iniziative a vantaggio dei consumatori. — 8. Nei casi in cui ricorrano giusti motivi di urgenza, l'azione inibitoria si svolge a norma degli articoli da 669-*bis *a 669-*quaterdecies *del codice di procedura civile. — 9. Fatte salve le norme sulla litispendenza, sulla continenza, sulla connessione e sulla riunione dei procedimenti, le disposizioni di cui al presente articolo non precludono il diritto ad azioni individuali dei consumatori che siano danneggiati dalle medesime violazioni. — 10. Per le associazioni di cui all'articolo 139 l'azione inibitoria prevista dall'articolo 37 in materia di clausole vessatorie nei contratti stipulati con i consumatori, si esercita ai sensi del presente articolo. — 11. Resta ferma la giurisdizione esclusiva del giudice amministrativo in materia di servizi pubblici ai sensi dell'articolo 133, comma 1, lettera *c) *del codice del processo amministrativo. — 12. Restano salve le procedure conciliative di competenza dell'Autorità per le garanzie nelle comunicazioni di cui all'articolo 1, comma 11, della legge 31 luglio 1997, n. 249. — Art. 140-*bis. *Azione di classe. — 1. I diritti individuali omogenei dei consumatori e degli utenti di cui al comma 2 nonché gli interessi collettivi sono tutelabili anche attraverso l'azione di classe, secondo le previsioni del presente articolo. A tal fine ciascun componente della classe, anche mediante associazioni cui dà mandato o comitati cui partecipa, può agire per l'accertamento della responsabilità e per la condanna al risarcimento del danno e alle restituzioni. — 2. L'azione di classe ha per oggetto l'accertamento della responsabilità e la condanna al risarcimento del danno e alle restituzioni in favore degli utenti consumatori. L'azione tutela: *a) *i diritti contrattuali di una pluralità di consumatori e utenti che versano nei confronti di una stessa impresa in situazione omogenea, inclusi i diritti relativi a contratti stipulati ai sensi degli articoli 1341 e 1342 del codice civile; *b) *i diritti omogenei spettanti ai consumatori finali di un determinato prodotto o servizio nei confronti del relativo produttore, anche a prescindere da un diretto rapporto contrattuale; *c) *i diritti omogenei al ristoro del pregiudizio derivante agli stessi consumatori e utenti da pratiche commerciali scorrette o da comportamenti anticoncorrenziali.. 3. I consumatori e utenti che intendono avvalersi della tutela di cui al presente articolo aderiscono all'azione di classe, senza ministero di difensore anche tramite posta elettronica certificata e fax. L'adesione comporta rinuncia a ogni azione restitutoria o risarcitoria individuale*

fondata sul medesimo titolo, salvo quanto previsto dal comma 15. L'atto di adesione, contenente, oltre all'elezione di domicilio, l'indicazione degli elementi costitutivi del diritto fatto valere con la relativa documentazione probatoria, è depositato in cancelleria, anche tramite l'attore, nel termine di cui al comma 9, lettera b). *Gli effetti sulla prescrizione ai sensi degli articoli 2943 e 2945 del codice civile decorrono dalla notificazione della domanda e, per coloro che hanno aderito successivamente, dal deposito dell'atto di adesione. — 4. La domanda è proposta al tribunale ordinario avente sede nel capoluogo della regione in cui ha sede l'impresa, ma per la Valle d'Aosta è competente il tribunale di Torino, per il Trentino-Alto Adige e il Friuli-Venezia Giulia è competente il tribunale di Venezia, per le Marche, l'Umbria, l'Abruzzo e il Molise è competente il tribunale di Roma e per la Basilicata e la Calabria è competente il tribunale di Napoli. Il tribunale tratta la causa in composizione collegiale. — 5. La domanda si propone con atto di citazione notificato anche all'ufficio del pubblico ministero presso il tribunale adìto, il quale può intervenire limitatamente al giudizio di ammissibilità. — 6. All'esito della prima udienza il tribunale decide con ordinanza sull'ammissibilità della domanda, ma può sospendere il giudizio quando sui fatti rilevanti ai fini del decidere è in corso un'istruttoria davanti a un'autorità indipendente ovvero un giudizio davanti al giudice amministrativo. La domanda è dichiarata inammissibile quando è manifestamente infondata, quando sussiste un conflitto di interessi ovvero quando il giudice non ravvisa l'omogeneità dei diritti individuali tutelabili ai sensi del comma 2, nonché quando il proponente non appare in grado di curare adeguatamente l'interesse della classe. — 7. L'ordinanza che decide sulla ammissibilità è reclamabile davanti alla corte d'appello nel termine perentorio di trenta giorni dalla sua comunicazione o notificazione se anteriore. Sul reclamo la corte d'appello decide con ordinanza in camera di consiglio non oltre quaranta giorni dal deposito del ricorso. Il reclamo dell'ordinanza ammissiva non sospende il procedimento davanti al tribunale. — 8. Con l'ordinanza di inammissibilità, il giudice regola le spese, anche ai sensi dell'articolo 96 del codice di procedura civile, e ordina la più opportuna pubblicità a cura e spese del soccombente. — 9. Con l'ordinanza con cui ammette l'azione il tribunale fissa termini e modalità della più opportuna pubblicità, ai fini della tempestiva adesione degli appartenenti alla classe. L'esecuzione della pubblicità è condizione di procedibilità della domanda. Con la stessa ordinanza il tribunale:* a) *definisce i caratteri dei diritti individuali oggetto del giudizio, specificando i criteri in base ai quali i soggetti che chiedono di aderire sono inclusi nella classe o devono ritenersi esclusi dall'azione;* b) *fissa un termine perentorio, non superiore a centoventi giorni dalla scadenza di quello per l'esecuzione della pubblicità, entro il quale gli atti di adesione, anche a mezzo dell'attore, sono depositati in cancelleria. Copia dell'ordinanza è trasmessa, a cura della cancelleria, al Ministero dello sviluppo economico che ne cura ulteriori forme di pubblicità, anche mediante la pubblicazione sul relativo sito internet. — 10. È escluso l'intervento di terzi ai sensi dell'articolo 105 del codice di procedura civile. — 11. Con l'ordinanza con cui ammette l'azione il tribunale determina altresì il corso della procedura assicurando, nel rispetto del contraddittorio, l'equa, efficace e sollecita gestione del processo. Con la stessa o con successiva ordinanza, modificabile o revocabile in ogni tempo, il tribunale prescrive le misure atte a evitare indebite ripetizioni o complicazioni nella presentazione di prove o argomenti; onera le parti della pubblicità ritenuta necessaria a tutela degli aderenti; regola nel modo che ritiene più opportuno l'istruzione probatoria e disciplina ogni altra questione di rito, omessa ogni formalità non essenziale al contraddittorio. — 12. Se accoglie la domanda, il tribunale pronuncia sentenza di condanna con cui liquida, ai sensi dell'articolo 1226 del codice civile, le somme definitive dovute a coloro che hanno aderito all'azione o stabilisce il criterio omogeneo di calcolo per la liquidazione di dette somme. In questo ultimo caso il giudice assegna alle parti un termine, non superiore a novanta giorni, per addivenire ad un accordo sulla liquidazione del danno. Il processo verbale dell'accordo, sottoscritto dalle parti e dal giudice, costituisce titolo esecutivo. Scaduto il termine senza che l'accordo sia stato raggiunto, il giudice, su istanza di almeno una delle parti, liquida le somme dovute ai singoli aderenti. In caso di accoglimento di un'azione di classe proposta nei confronti di gestori di servizi pubblici o di pubblica utilità, il tribunale tiene conto di quanto riconosciuto in favore degli utenti e dei consumatori danneggiati nelle relative carte dei servizi eventualmente emanate. La sentenza diviene esecutiva decorsi centottanta giorni dalla pubblicazione. I pagamenti delle somme dovute effettuati durante tale periodo sono esenti da ogni diritto e incremento, anche per gli accessori di legge maturati dopo la pubblicazione della sentenza. — 13. La corte d'appello, richiesta dei provvedimenti di cui all'articolo 283 del codice di procedura civile, tiene altresì conto dell'entità complessiva della somma gravante sul debitore, del numero dei creditori, nonché delle connesse difficoltà di ripetizione in caso di accoglimento del gravame. La corte può comunque disporre che, fino al passaggio in giudicato della sentenza, la somma complessivamente dovuta dal debitore sia depositata e resti vincolata nelle forme ritenute più opportune. — 14. La sentenza che definisce il giudizio fà stato anche nei confronti degli aderenti. È fatta salva l'azione individuale dei soggetti che non aderiscono all'azione collettiva. Non sono proponibili ulteriori azioni di classe per i medesimi fatti e nei confronti della stessa impresa dopo la scadenza del termine per l'adesione assegnato dal giudice ai sensi del comma 9. Quelle proposte entro detto termine sono riunite d'ufficio se pendenti davanti allo stesso tribunale; altrimenti il giudice successivamente adìto ordina la cancellazione della causa dal ruolo, assegnando un termine perentorio non superiore a sessanta giorni per la riassunzione davanti al primo giudice. — 15. Le rinunce e le transazioni intervenute tra le parti non pregiudicano i diritti degli aderenti che non vi hanno espressamente consentito. Gli stessi diritti sono fatti salvi anche nei casi di estinzione del giudizio o di chiusura anticipata del processo ». Si riporta anche l'originario testo dell'art. 140-*bis*, *inserito dall'art. 2, comma 446, L. 24 dicembre 2007, n. 244: « Art. 140-bis Azione collettiva risarcitoria. 1. Le associazioni di cui al comma 1 dell'articolo 139 e gli altri soggetti di cui al comma 2 del presente articolo sono legittimati ad agire a tutela degli interessi collettivi dei consumatori e degli utenti richiedendo al tribunale del luogo in cui ha sede l'impresa l'accertamento del diritto al risarcimento del danno e alla restituzione delle somme spettanti ai singoli consumatori o utenti nell'ambito di rapporti giuridici relativi a contratti stipulati ai sensi dell'articolo 1342 del codice civile, ovvero in conseguenza di atti illeciti extracontrattuali, di pratiche commerciali scorrette o di comportamenti anticoncorrenziali, quando sono lesi i diritti di una pluralità di consumatori o di utenti. 2. Sono legittimati ad agire ai sensi del comma 1 anche associazioni e comitati che sono adeguatamente rappresentativi degli interessi collettivi fatti valere. I consumatori o utenti che intendono avvalersi della tutela prevista dal presente articolo devono comunicare per iscritto al proponente la propria adesione all'azione collettiva. L'adesione può essere comunicata, anche nel giudizio di appello, fino all'udienza di precisazione delle conclusioni. Nel giudizio promosso ai sensi del comma 1 è sempre ammesso l'intervento dei singoli consumatori o utenti per proporre domande aventi il medesimo oggetto. L'esercizio dell'azione collettiva di cui al comma 1 o, se successiva, l'adesione all'azione collettiva, produce gli effetti interruttivi della prescrizione ai sensi dell'articolo 2945 del codice civile. 3. Alla prima udienza il tribunale, sentite le parti, e assunte quando occorre sommarie informazioni, pronuncia sull'ammissibilità della domanda, con ordinanza reclamabile davanti alla corte di appello, che pronuncia in camera di consiglio. La domanda è dichiarata inammissibile quando è manifestamente infondata, quando sussiste un conflitto di interessi, ovvero quando il giudice non ravvisa l'esistenza di un interesse collettivo suscettibile di adeguata tutela ai sensi del presente articolo. Il giudice può differire la pronuncia sull'ammissibilità della domanda quando sul medesimo oggetto è in corso un'istruttoria davanti ad un'autorità indipendente. Se ritiene ammissibile la domanda il giudice dispone, a cura di chi ha proposto l'azione collettiva, che venga data idonea pubblicità dei contenuti dell'azione proposta e dà i provvedimenti per la prosecuzione del giudizio. 4. Se accoglie la domanda, il giudice determina i criteri in base ai quali liquidare la somma da corrispondere o da restituire ai singoli consumatori o utenti che hanno aderito all'azione collettiva o che sono intervenuti nel giudizio. Se possibile allo stato degli atti, il giudice determina la somma minima da corrispondere a ciascun consumatore o utente. Nei sessanta giorni successivi alla notificazione della sentenza, l'impresa propone il pagamento di una somma, con atto sottoscritto, comunicato a ciascun avente diritto e depositato in cancelleria. La proposta in qualsiasi forma accettata dal consumatore o utente costituisce titolo esecutivo. 5. La sentenza che definisce il giudizio promosso ai sensi del comma 1 fa stato anche nei confronti dei consumatori e utenti che hanno aderito all'azione collettiva. È fatta salva l'azione individuale dei consumatori o utenti che non aderiscono all'azione collettiva, o non intervengono nel giudizio promosso ai sensi del comma 1. 6. Se l'impresa non comunica la proposta entro il termine di cui al comma 4 o non vi è stata accettazione nel termine di sessanta giorni dalla comunicazione della stessa, il presidente del tribunale competente ai sensi del comma 1 costituisce un'unica camera di conciliazione per la determinazione delle somme da corrispondere o da restituire ai consumatori o utenti che hanno aderito all'azione collettiva o sono intervenuti ai sensi del comma 2 e che ne fanno domanda. La camera di conciliazione è composta da un avvocato indicato dai soggetti che hanno proposto l'azione collettiva e da un avvocato indicato dall'impresa convenuta ed è presieduta da un avvocato nominato dal presidente del tribunale tra gli iscritti all'albo speciale per le giurisdizioni superiori. La camera di conciliazione quantifica, con verbale sottoscritto dal presidente, i modi, i termini e l'ammontare da corrispondere ai singoli consumatori o utenti. Il verbale di conciliazione costituisce titolo esecutivo. In alternativa, su concorde richiesta del promotore dell'azione collettiva e dell'impresa convenuta, il presidente del tribunale dispone che la composizione non contenziosa abbia luogo presso uno degli organismi di conciliazione di cui all'articolo 38 del decreto legislativo 17 gennaio 2003, n. 5, e successive modificazioni, operante presso il comune in cui ha sede il tribunale. Si applicano, in quanto compatibili, le* *disposizioni degli articoli 39 e 40 del citato decreto legislativo 17 gennaio 2003, n. 5, e successive modificazioni." Successivamente l'art. 6 del d.l. 24 gennaio 2012 n. 1 ha apportato le seguenti modifiche, già riportate nel sopra riportato testo vigente: "a) al comma 1, dopo le parole: « di cui al comma 2 » sono inserite le seguenti: « nonché gli interessi collettivi »; b) al comma 2, alinea, sono premesse le seguenti parole: « L'azione di classe ha per oggetto l'accertamento della responsabilità e la condanna al risarcimento del danno e alle restituzioni in favore degli utenti consumatori. »; c) al comma 2, lettera a), la parola: « identica » è sostituita dalla seguente: « omogenea »; d) al comma 2, lettera b), la parola: « identici » è sostituita dalla seguente: « omogenei » e dopo la parola: « prodotto » sono inserite le seguenti: « o servizio »; e) al comma 2, lettera c), la parola: « identici » è sostituita dalla seguente: « omogenei »; f) al comma 3, primo periodo, dopo le parole: « di difensore » sono inserite le seguenti: « anche tramite posta elettronica certificata e fax »; g) al comma 6, secondo periodo, le parole: « l'identità dei diritti individuali » sono sostituite dalle seguenti: « l'omogeneità dei diritti individuali »; h) al comma 12, dopo il primo periodo sono inseriti i seguenti: « In questo ultimo caso il giudice assegna alle parti un termine, non superiore a novanta giorni, per addivenire ad un accordo sulla liquidazione del danno. Il processo verbale dell'accordo, sottoscritto dalle parti e dal giudice, costituisce titolo esecutivo. Scaduto il termine senza che l'accordo sia stato raggiunto, il giudice, su istanza di almeno una delle parti, liquida le somme dovute ai singoli aderenti ».*

3 Procedimento.

1. Il ricorrente notifica preventivamente, anche con le modalità di cui all'articolo 48 del decreto legislativo 7 marzo 2005, n. 82 una diffida all'amministrazione o al concessionario ad effettuare, entro il termine di novanta giorni, gli interventi utili alla soddisfazione degli interessati. La diffida è notificata all'organo di vertice dell'amministrazione o del concessionario, che assume senza ritardo le iniziative ritenute opportune, individua il settore in cui si è verificata la violazione, l'omissione o il mancato adempimento di cui all'articolo 1, comma 1, e cura che il dirigente competente provveda a rimuoverne le cause. Tutte le iniziative assunte sono comunicate all'autore della diffida. Le pubbliche amministrazioni determinano, per ciascun settore di propria competenza, il procedimento da seguire a seguito di una diffida notificata ai sensi del presente comma. La diffida è altresì comunicata dall'amministrazione pubblica o dal concessionario di servizi pubblici interessati al Ministro per la pubblica amministrazione e l'innovazione (1).

L'amministrazione o il concessionario destinatari della diffida, se ritengono che la violazione, l'omissione o il mancato adempimento sono imputabili altresì ad altre amministrazioni o concessionari, invitano il privato a notificare la diffida anche a questi ultimi.

2. Il ricorso è proponibile se, decorso il termine di cui al primo periodo del comma 1, l'amministrazione o il concessionario non ha provveduto, o ha provveduto in modo parziale, ad eliminare la situazione denunciata. Il ricorso può essere proposto entro il termine perentorio di un anno dalla scadenza del termine di cui al primo periodo del comma 1. Il ricorrente ha l'onere di comprovare la notifica della diffida di cui al comma 1 e la scadenza del termine assegnato per provvedere, nonché di dichiarare nel ricorso la persistenza, totale o parziale, della situazione denunciata.

3. In luogo della diffida di cui al comma 1, il ricorrente, se ne ricorrono i presupposti, può promuovere la risoluzione non giurisdizionale della controversia ai sensi dell'articolo 30 della legge 18 giugno 2009, n. 69; in tal caso, se non si raggiunge la conciliazione delle parti, il ricorso è proponibile entro un anno dall'esito di tali procedure.

(1) *Comma così modificato dall'art. 33 d.lgs. 30 dicembre 2010, n. 235.*

4 Sentenza.

1. Il giudice accoglie la domanda se accerta la violazione, l'omissione o l'inadempimento di cui all'articolo 1, comma 1, ordinando alla pubblica amministrazione o al concessionario di porvi rimedio entro un congruo termine, nei limiti delle risorse strumentali, finanziarie ed umane già assegnate in via ordinaria e senza nuovi o maggiori oneri per la finanza pubblica.

2. Della sentenza che definisce il giudizio è data notizia con le stesse modalità previste per il ricorso dall'articolo 1, comma 2.

3. La sentenza che accoglie la domanda nei confronti di una pubblica amministrazione è comunicata, dopo il passaggio in giudicato, agli organismi con funzione di regolazione e di controllo preposti al settore interessato, alla Commissione e all'Organismo di cui agli articoli 13 e 14 del decreto legislativo 27 ottobre 2009, n. 150, alla procura regionale della Corte dei conti per i casi in cui emergono profili di responsabilità erariale, nonché agli organi preposti all'avvio del giudizio disciplinare e a quelli deputati alla valutazione dei dirigenti coinvolti, per l'eventuale adozione dei provvedimenti di rispettiva competenza.

4. La sentenza che accoglie la domanda nei confronti di un concessionario di pubblici servizi è comunicata all'amministrazione vigilante per le valutazioni di competenza in ordine all'esatto adempimento degli obblighi scaturenti dalla concessione e dalla convenzione che la disciplina.

5. L'amministrazione individua i soggetti che hanno concorso a cagionare le situazioni di cui all'articolo 1, comma 1, e adotta i conseguenti provvedimenti di propria competenza.

6. Le misure adottate in ottemperanza alla sentenza sono pubblicate sul sito istituzionale del Ministro per la pubblica amministrazione e l'innovazione e sul sito istituzionale dell'amministrazione o del concessionario soccombente in giudizio.

5 Ottemperanza.

1. Nei casi di perdurante inottemperanza di una pubblica amministrazione si applicano le disposizioni di cui all'articolo 27, comma 1, n. 4, del regio decreto 26 giugno 1924, n. 1054.

2. La sentenza di accoglimento del ricorso di cui al comma 1 è comunicata alla Commissione e all'Organismo di cui agli articoli 13 e 14 del decreto legislativo 27 ottobre 2009, n. 150, nonché alla procura regionale della Corte dei conti per i casi in cui emergono profili di responsabilità erariale.

6 Monitoraggio.

1. La Presidenza del Consiglio dei Ministri provvede al monitoraggio dell'attuazione delle disposizioni di cui al presente decreto, anche ai fini degli eventuali

interventi correttivi di cui all'articolo 2, comma 3, della legge 4 marzo 2009, n. 15.

7 Norma transitoria.

1. In ragione della necessità di definire in via preventiva gli obblighi contenuti nelle carte di servizi e gli standard qualitativi ed economici di cui all'articolo 1, comma 1, e di valutare l'impatto finanziario e amministrativo degli stessi nei rispettivi settori, la concreta applicazione del presente decreto alle amministrazioni ed ai concessionari di servizi pubblici è determinata, fatto salvo quanto stabilito dal comma 2, anche progressivamente, con uno o più decreti del Presidente del Consiglio dei Ministri, su proposta del Ministro per la pubblica amministrazione e l'innovazione, di concerto con il Ministro dell'economia e delle finanze e di concerto, per quanto di competenza, con gli altri Ministri interessati.

2. In ragione della necessità di definire in via preventiva gli obblighi contenuti nelle carte di servizi e gli standard qualitativi ed economici di cui all'artico lo 1, comma 1, e di valutare l'impatto finanziario e amministrativo degli stessi nei rispettivi settori, la concreta applicazione del presente decreto alle regioni ed agli enti locali è determinata, anche progressivamente, con uno o più decreti del Presidente del Consiglio dei Ministri, su proposta del Ministro per la pubblica amministrazione e l'innovazione, di concerto con il Ministro dell'economia e delle finanze, su conforme parere della Conferenza unificata di cui all'articolo 8 del decreto legislativo 28 agosto 1997, n. 281.

8 Invarianza finanziaria.

1. Dall'attuazione del presente provvedimento non devono derivare nuovi o maggiori oneri a carico della finanza pubblica.

35. Decreto legislativo 20 marzo 2010, n. 53. — Attuazione della direttiva 2007/66/CE dell'11 dicembre 2007, del parlamento europeo e del consiglio, che modifica le direttive 89/665/CEE e 92/13/CEE del consiglio, per quanto riguarda il miglioramento dell'efficacia delle procedure di ricorso in materia d'aggiudicazione degli appalti pubblici (1).

Pubblicato nella Gazzetta Ufficiale n. 84 del 12 aprile 2010.

(1) *La direttiva comunitaria 2007/66/CE è riportata* sub *VI, 33 e la norma di delega (art. 44 l. 7 luglio 2009, n. 88)* sub *VI, 32.*

1-14 *(Omissis)* (1).

(1) *Gli artt. 1-14 apportano modifiche al d.lgs. 12 aprile 2006, n. 163 e sono stati abrogati dall'art. 217, comma 1, lett. t), d.lgs. 18 aprile 2016, n. 50.*

15 Abrogazioni, norme di coordinamento e norme transitorie. (art. 44, co. 3, lett. *c*), e co. 4, l. n. 88/2009).

1. Salvo quanto previsto dal comma 4, è abrogato l'articolo 20, commi 8 e 8-*bis*, del decreto-legge 29 novembre 2008, n. 185, convertito, con modificazioni, dalla legge 28 gennaio 2009, n. 2; l'articolo 11, commi 10, 10-*bis* e 10-*ter*, del decreto legislativo n. 163 del 2006, così come modificati dall'articolo 1 del presente decreto, si applicano anche ai contratti di cui all'articolo 20 del citato decreto-legge n. 185 del 2008, se l'aggiudicazione definitiva sia successiva all'entrata in vigore del presente decreto.

2. Nell'articolo 23-*bis* della legge 6 dicembre 1971, n. 1034, e successive modificazioni, sono apportate le seguenti modifiche e abrogazioni:

a) sono soppresse le lettere *a*) e *c*) del comma 1;

b) la lettera *b*) del comma 1 è sostituita dalla seguente: "*b*) i provvedimenti relativi alle procedure di occupazione e di espropriazione delle aree destinate alla realizzazione di opere pubbliche o di pubblica utilità;".

3. Nell'articolo 13, comma 6-*bis*, del decreto del Presidente della Repubblica 30 maggio 2002, n. 115, le parole: "per i predetti ricorsi in materia di affidamento di lavori, servizi e forniture" sono sostituite dalle seguenti: "per i ricorsi in materia di procedure di affidamento di lavori, servizi e forniture, ivi compresi quelli per motivi aggiunti e quelli incidentali contenenti domande nuove".

4. Resta ferma la disciplina di cui all'articolo 20, comma 8, del decreto-legge 29 novembre 2008, n. 185, convertito, con modificazioni, dalla legge 28 gennaio 2009, n. 2, limitatamente agli interventi previsti nel citato articolo 20, per i quali siano già stati nominati i relativi commissari o vengano nominati entro novanta giorni dalla data di entrata in vigore del presente decreto.

5. È abrogato l'articolo 3, commi 19, 20 e 21, della legge 24 dicembre 2007, n. 244.

[6. La disciplina introdotta dagli articoli 4 e 5 si applica ai bandi, avvisi di gara e inviti pubblicati successivamente alla entrata in vigore del presente decreto, nonché ai contratti aggiudicati sulla base di essi e ai relativi giudizi arbitrali.] (1).

(1) *Comma abrogato dall'art. 4, comma 7, d.l. 25 marzo 2010, n. 40, convertito, con modificazioni, dalla l. 22 maggio 2010, n. 73.*

16 Norma finanziaria.

1. Dall'attuazione del presente decreto non devono derivare nuovi o maggiori oneri a carico della finanza pubblica.

2. Le amministrazioni interessate provvedono ai compiti di cui al presente decreto con le risorse umane, strumentali e finanziarie disponibili a legislazione vigente.

36. Decreto legislativo 2 luglio 2010, n. 104. – Attuazione dell'articolo 44 della legge 18 giugno 2009, n. 69, recante delega al Governo per il riordino del processo amministrativo (Codice del processo amministrativo) (1).

Pubblicato nella Gazzetta Ufficiale n. 156 del 7 luglio 2010, S.O. n. 148.

(1) *Con riferimento alle misure straordinarie ed urgenti per contrastare l'emergenza epidemiologica da COVID-19, v. dapprima l'art. 10, comma 17, lett.* b), *d.l. 2 marzo 2020, n. 9* (sub VII, 2), *per la sospensione dei termini e il rinvio delle udienze processuali dal 3 al 31 marzo 2020 nei comuni colpiti da tale emergenza epidemiologica, indicati nell'Allegato 1 al d.P.C.M. 1° marzo 2020, nonché l'art. 3 d.l. 8 marzo 2020, n. 11* (sub VII, 3), *per la sospensione dei termini e il rinvio delle udienze nel periodo compreso tra l'8 e il 22 marzo 2020 in tutto il territorio nazionale; si precisa, però, che sia il d.l. n. 9, cit., sia il d.l. n. 11, cit., sono stati* **abrogati** *dall'art. 1, comma 2, l. 24 aprile 2020, n. 27, di conversione del d.l. 17 marzo 2020, n. 18* (sub VII, 4), *e che, ai sensi del medesimo art. 1, comma 2, l. n. 27, cit., restano validi gli atti e i provvedimenti adottati e sono fatti salvi gli effetti prodottisi e i rapporti giuridici sorti sulla base dei predetti d.l.*

Da ultimo, in funzione di contrasto della stessa emergenza epidemiologica e per contenerne gli effetti negativi in materia di giustizia amministrativa, v. l'art. 84, comma 1, d.l. 17 marzo 2020, n. 18, come modificato in sede di conversione in l. 24 aprile 2020, n. 27 (sub VII, 4). *V. altresì l'art. 36, comma 3, d.l. 8 aprile 2020, n. 23, conv., con modif., in l. 5 giugno 2020, n. 40* (sub VII, 6), *l'art. 4, comma 1, d.l. 30 aprile 2020, n. 28, conv., con modif., in l. 25 giugno 2020, n. 70* (sub VII, 7), *e l'art. 25 d.l. 28 ottobre 2020, n. 137, conv., con modif., in l. 18 dicembre 2020, n. 176* (sub VII, 10), *come da ultimo modificato dall'art. 6, comma 1, lett.* e) *d.l. 1° aprile 2021, n. 44, conv., con modif., in l. 28 maggio 2021, n. 76.*

1 Approvazione del codice e delle disposizioni connesse.

1. È approvato il codice del processo amministrativo di cui all'allegato 1 al presente decreto.

2. Sono altresì approvate le norme di attuazione di cui all'allegato 2, le norme transitorie di cui all'allegato 3 e le norme di coordinamento e le abrogazioni di cui all'allegato 4.

2 Entrata in vigore.

1. Il presente decreto entra in vigore il 16 settembre 2010.

37. Codice del processo amministrativo (1).

(1) *Allegato 1 al d.lgs. 2 luglio 2010, n. 104.*

LIBRO PRIMO
Disposizioni generali

TITOLO I
Principi e organi della giurisdizione amministrativa

CAPO I
Principi generali

1 Effettività.

1. La giurisdizione amministrativa assicura una tutela piena ed effettiva secondo i principi della Costituzione e del diritto europeo.

2 Giusto processo.

1. Il processo amministrativo attua i principi della parità delle parti, del contraddittorio e del giusto processo previsto dall'articolo 111, primo comma, della Costituzione.

2. Il giudice amministrativo e le parti cooperano per la realizzazione della ragionevole durata del processo.

3 Dovere di motivazione e sinteticità degli atti.

1. Ogni provvedimento decisorio del giudice è motivato.

2. Il giudice e le parti redigono gli atti in maniera chiara e sintetica, secondo quanto disposto dalle norme di attuazione (1).

(1) *Le parole* « , secondo quanto disposto dalle norme di attuazione » *sono state aggiunte dall'art. 7-*bis*, comma 1, lett.* a), *d.l. 31 agosto 2016, n. 168, conv., con modif., in l. 25 ottobre 2016, n. 197.*

CAPO II
Organi della giurisdizione amministrativa

4 Giurisdizione dei giudici amministrativi.

1. La giurisdizione amministrativa è esercitata dai tribunali amministrativi regionali e dal Consiglio di Stato secondo le norme del presente codice.

5 Tribunali amministrativi regionali.

1. Sono organi di giurisdizione amministrativa di primo grado i tribunali amministrativi regionali e il Tribunale regionale di giustizia amministrativa per la regione autonoma del Trentino-Alto Adige (1).

2. Il tribunale amministrativo regionale decide con l'intervento di tre magistrati, compreso il presidente. In mancanza del presidente, il collegio è presieduto dal magistrato con maggiore anzianità nel ruolo (2).

3. Il Tribunale regionale di giustizia amministrativa per la regione autonoma del Trentino-Alto Adige resta disciplinato dallo statuto speciale e dalle relative norme di attuazione (3).

(1) *L'art. 1 l. Tar prevede che:* « Sono istituiti tribunali amministrativi regionali, quali organi di giustizia amministrativa di primo

grado. – Le loro circoscrizioni sono regionali e comprendono le province facenti parte delle singole regioni. Essi hanno sede nei capoluoghi di regione. – Nelle regioni Lombardia, Emilia-Romagna, Lazio, Abruzzi, Campania, Puglia, Calabria, Sicilia sono istituite sezioni staccate, le cui sedi e le cui circoscrizioni saranno stabilite nelle norme di attuazione della presente legge previste nell'articolo 52. – Una sezione staccata con ordinamento speciale è pure istituita nella regione Trentino-Alto Adige. Essa ha sede a Bolzano e alla sua disciplina si provvede con altra legge. – Il tribunale amministrativo regionale del Lazio, oltre una sezione staccata, ha tre sezioni con sede a Roma ».

(2) *L'art. 10 l. Tar, ora abrogato da coord. c.p.a. (v.* infra*), prevedeva che:* « Il tribunale amministrativo regionale decide con l'intervento del presidente e di due magistrati amministrativi regionali. – In mancanza del presidente, il collegio è presieduto dal magistrato amministrativo più anziano ».

(3) *Per la Regione Sicilia, v. il d.lgs. 24 dicembre 2003, n. 373 (Norme di attuazione dello Statuto speciale della Regione siciliana concernenti l'esercizio nella regione delle funzioni spettanti al Consiglio di Stato) e per il Trentino Alto Adige, v. l'art. 90 dello Statuto (d.P.R. 31 agosto 1972, n. 670), che prevede che nel Trentino-Alto Adige è istituito un tribunale regionale di giustizia amministrativa con una autonoma sezione per la provincia di Bolzano, e il d.P.R. 6 aprile 1984, n. 426 (Norme di attuazione dello statuto speciale per la regione Trentino-Alto Adige concernenti istituzione del tribunale amministrativo regionale di Trento e della sezione autonoma di Bolzano).*

6 Consiglio di Stato.

1. Il Consiglio di Stato è organo di ultimo grado della giurisdizione amministrativa.

2. Il Consiglio di Stato in sede giurisdizionale decide con l'intervento di cinque magistrati, di cui un presidente di sezione e quattro consiglieri. In caso di impedimento del presidente, il collegio è presieduto dal consigliere più anziano nella qualifica (1).

3. Salvo quanto previsto dalle norme di attuazione richiamate al comma 6, l'adunanza plenaria è composta dal presidente del Consiglio di Stato che la presiede e da dodici magistrati del Consiglio di Stato, assegnati alle sezioni giurisdizionali (2).

4. In caso di impedimento, il presidente del Consiglio di Stato è sostituito dal presidente di sezione giurisdizionale più anziano nel ruolo; gli altri componenti dell'adunanza plenaria, in caso di assenza o di impedimento, sono sostituiti dal magistrato più anziano nella stessa qualifica della rispettiva sezione (2).

5. Per gli appelli avverso le pronunce della sezione autonoma di Bolzano del Tribunale regionale di giustizia amministrativa si applicano anche le disposizioni dello statuto speciale e delle relative norme di attuazione (3).

6. Gli appelli avverso le pronunce del Tribunale amministrativo regionale della Sicilia sono proposti al Consiglio di giustizia amministrativa per la Regione siciliana, nel rispetto delle disposizioni dello statuto speciale e delle relative norme di attuazione (3).

(1) *L'art. 1 l. 27 aprile 1982, n. 186 prevede che:* « Il Consiglio di Stato è composto dal presidente del Consiglio di Stato, da presidenti di sezione e da consiglieri di Stato, secondo la tabella A allegata alla presente legge. – Il Consiglio di Stato si divide in sei sezioni con funzioni consultive o giurisdizionali, oltre alla sezione normativa istituita dall'articolo 17, comma 28, della legge 15 maggio 1997, n. 127. – Ciascuna sezione consultiva è composta da due presidenti, di cui uno titolare, e da almeno nove consiglieri; ciascuna sezione giurisdizionale è composta da due presidenti, di cui uno titolare, e da almeno dodici consiglieri. – Per le sezioni consultive del Consiglio di Stato le deliberazioni sono valide se adottate con la presenza di almeno quattro consiglieri; [le sezioni giurisdizionali del Consiglio di Stato pronunciano con l'intervento di uno dei presidenti e di quattro consiglieri] [parole abrogate dall'art. 4 dell'Allegato 4 del presente Codice]. – Il Presidente del Consiglio di Stato, con proprio provvedimento, all'inizio di ogni anno, sentito il Consiglio di Presidenza, individua le sezioni che svolgono funzioni giurisdizionali e consultive, determina le rispettive materie di competenza e la composizione, nonché la composizione della Adunanza Plenaria ai sensi dell'articolo 5, primo comma ».

(2) *L'art. 5 l. n. 186, cit., ora abrogato da coord. c.p.a. (v.* infra*), prevedeva che:* « L'adunanza plenaria è presieduta dal presidente del Consiglio di Stato ed è composta da dodici magistrati del Consiglio di Stato scelti dal Presidente del Consiglio di Stato, sentito il Consiglio di Presidenza. – Con le medesime modalità sono designati i membri supplenti. – In caso di assenza e di impedimento, il presidente del Consiglio di Stato è sostituito dal presidente di sezione giurisdizionale più anziano nella qualifica; gli altri componenti dell'adunanza plenaria, in caso di assenza o di impedimento, sono sostituiti dal magistrato più anziano nella qualifica della rispettiva sezione ».

(3) *V. nota 3 sub art. 5.*

CAPO III
Giurisdizione amministrativa

7 Giurisdizione amministrativa.

1. Sono devolute alla giurisdizione amministrativa le controversie, nelle quali si faccia questione di interessi legittimi e, nelle particolari materie indicate dalla legge, di diritti soggettivi, concernenti l'esercizio o il mancato esercizio del potere amministrativo, riguardanti provvedimenti, atti, accordi o comportamenti riconducibili anche mediatamente all'esercizio di tale potere, posti in essere da pubbliche amministrazioni. Non sono impugnabili gli atti o provve dimenti emanati dal Governo nell'esercizio del potere politico (1).

2. Per pubbliche amministrazioni, ai fini del presente codice, si intendono anche i soggetti ad esse equiparati o comunque tenuti al rispetto dei principi del procedimento amministrativo.

3. La giurisdizione amministrativa si articola in giurisdizione generale di legittimità, esclusiva ed estesa al merito.

4. Sono attribuite alla giurisdizione generale di legittimità del giudice amministrativo le controversie relative ad atti, provvedimenti o omissioni delle pubbliche amministrazioni, comprese quelle relative al risarcimento del danno per lesione di interessi legittimi e agli altri diritti patrimoniali consequenziali, pure se introdotte in via autonoma (2).

5. Nelle materie di giurisdizione esclusiva, indicate dalla legge e dall'articolo 133, il giudice amministrativo conosce, pure ai fini risarcitori, anche delle controversie nelle quali si faccia questione di diritti soggettivi (3).

6. Il giudice amministrativo esercita giurisdizione con cognizione estesa al merito nelle controversie indicate dalla legge e dall'articolo 134. Nell'esercizio di tale giurisdizione il giudice amministrativo può sostituirsi all'amministrazione (4).

7. Il principio di effettività è realizzato attraverso la concentrazione davanti al giudice amministrativo di ogni forma di tutela degli interessi legittimi e, nelle particolari materie indicate dalla legge, dei diritti soggettivi.

8. Il ricorso straordinario è ammesso unicamente per le controversie devolute alla giurisdizione amministrativa.

(1) *L'art. 31 t.u. Cons. Stato, ora abrogato da coord. c.p.a. (v.* infra*), prevedeva che:* « Il ricorso al Consiglio di Stato in sede giurisdizionale non è ammesso se trattasi di atti o provvedimenti emanati dal Governo nell'esercizio del potere politico ».

(2) *L'art. 7, comma 3, l. l. Tar, ora abrogato da coord. c.p.a. (v.* infra*), prevedeva che:* « Il tribunale amministrativo regionale, nell'ambito della sua giurisdizione, conosce anche di tutte le questioni relative all'eventuale risarcimento del danno, anche attraverso la reintegrazione in forma specifica, e agli altri diritti patrimoniali consequenziali [...] ».

(3) *L'art. 35 d.lgs. 31 marzo 1998, n. 98, ora abrogato da coord. c.p.a. (v.* infra*), prevedeva che:* « 1. Il giudice amministrativo, nelle controversie devolute alla sua giurisdizione esclusiva, dispone, anche attraverso la reintegrazione in forma specifica, il risarcimento del danno ingiusto. [...] – 5. Sono abrogati l'articolo 13 della legge 19 febbraio 1992, n. 142, e ogni altra disposizione che prevede la devoluzione al giudice ordinario delle controversie sul risarcimento del danno conseguente all'annullamento di atti amministrativi ».

(4) *L'art. 26, comma 2, l. Tar, ora abrogato da coord. c.p.a. (v.* infra*), prevedeva che:* « Se accoglie il ricorso per motivi di incompetenza, annulla l'atto e rimette l'affare all'autorità competente. Se accoglie per altri motivi annulla in tutto o in parte l'atto impugnato, e quando è investito di giurisdizione di merito, può anche riformare l'atto o sostituirlo, salvi gli ulteriori provvedimenti dell'autorità amministrativa ».

8 Cognizione incidentale e questioni pregiudiziali.

1. Il giudice amministrativo nelle materie in cui non ha giurisdizione esclusiva conosce, senza efficacia di giudicato, di tutte le questioni pregiudiziali o incidentali relative a diritti, la cui risoluzione sia necessaria per pronunciare sulla questione principale (1).

2. Restano riservate all'autorità giudiziaria ordinaria le questioni pregiudiziali concernenti lo stato e la capacità delle persone, salvo che si tratti della capacità di stare in giudizio, e la risoluzione dell'incidente di falso (2).

(1) *L'art. 8 l. l. Tar, ora abrogato da coord. c.p.a. (v.* infra*), prevedeva che:* « Il tribunale amministrativo regionale, nelle materie in cui non ha competenza esclusiva, decide con efficacia limitata di tutte le questioni pregiudiziali o incidentali relative a diritti, la cui risoluzione sia necessaria per pronunciare sulla questione principale ».

(2) *L'art. 7, comma 3, l. Tar, ora abrogato da coord. c.p.a. (v.* infra*), prevedeva che:* « Restano riservate all'autorità giudiziaria ordinaria le questioni pregiudiziali concernenti lo stato e la capacità dei privati individui, salvo che si tratti della capacità di stare in giudizio, e la risoluzione dell'incidente di falso ».

L'art. 8, comma 2, l. Tar, ora abrogato da coord. c.p.a. (v. infra*), prevedeva che:* « La risoluzione dell'incidente di falso e le questioni concernenti lo stato e la capacità dei privati individui restano di esclusiva competenza dell'autorità giudiziaria ordinaria, salvo che si tratti della capacità di stare in giudizio ».

9 Difetto di giurisdizione.

1. Il difetto di giurisdizione è rilevato in primo grado anche d'ufficio. Nei giudizi di impugnazione è rilevato se dedotto con specifico motivo avverso il capo della pronuncia impugnata che, in modo implicito o esplicito, ha statuito sulla giurisdizione (1).

(1) *L'art. 30, commi 1 e 2, l. Tar, ora abrogato da coord. c.p.a. (v.* infra*), prevedeva che:* « Il difetto di giurisdizione deve essere rilevato anche d'ufficio. – Avverso le sentenze dei tribunali amministrativi regionali, che affermano o negano la giurisdizione del giudice amministrativo è ammesso il ricorso al Consiglio di Stato previsto dall'articolo 28 ». C. cost. 12 marzo 2007, n. 77 aveva dichiarato l'illegittimità costituzionale del citato art. 30, nella parte in cui non prevedeva che gli effetti, sostanziali e processuali, prodotti dalla domanda proposta a giudice privo di giurisdizione si conservino, a seguito di declinatoria di giurisdizione, nel processo proseguito davanti al giudice munito di giurisdizione.

10 Regolamento preventivo di giurisdizione.

1. Nel giudizio davanti ai tribunali amministrativi regionali è ammesso il ricorso per regolamento preventivo di giurisdizione previsto dall'articolo 41 del codice di procedura civile. Si applica il primo comma dell'articolo 367 dello stesso codice (1).

2. Nel giudizio sospeso possono essere chieste misure cautelari, ma il giudice non può disporle se non ritiene sussistente la propria giurisdizione (1).

(1) *L'art. 30, comma 3, l. Tar, ora abrogato da coord. c.p.a. (v.* infra*), prevedeva che:* « Nei giudizi innanzi ai tribunali amministrativi è ammessa domanda di regolamento preventivo di giurisdizione a norma dell'articolo 41 del codice di procedura civile. La proposizione di tale istanza non preclude l'esame della domanda di sospensione del provvedimento impugnato ».

11 Decisione sulle questioni di giurisdizione (1).

1. Il giudice amministrativo, quando declina la propria giurisdizione, indica, se esistente, il giudice nazionale che ne è fornito.

2. Quando la giurisdizione è declinata dal giudice amministrativo in favore di altro giudice nazionale o viceversa, ferme restando le preclusioni e le decadenze intervenute, sono fatti salvi gli effetti processuali e sostanziali della domanda se il processo è riproposto innanzi al giudice indicato nella pronuncia che declina la giurisdizione, entro il termine perentorio di tre mesi dal suo passaggio in giudicato.

3. Quando il giudizio è tempestivamente riproposto davanti al giudice amministrativo, quest'ultimo, alla prima udienza, può sollevare anche d'ufficio il conflitto di giurisdizione.

4. Se in una controversia introdotta davanti ad altro giudice le sezioni unite della Corte di cassazione, investite della questione di giurisdizione, attribuiscono quest'ultima al giudice amministrativo, ferme restando le preclusioni e le decadenze intervenute, sono fatti salvi gli effetti processuali e sostanziali della domanda, se il giudizio è riproposto dalla parte che vi ha interesse nel termine di tre mesi dalla pubblicazione della decisione delle sezioni unite.

5. Nei giudizi riproposti, il giudice, con riguardo alle preclusioni e decadenze intervenute, può concedere la rimessione in termini per errore scusabile ove ne ricorrano i presupposti.

6. Nel giudizio riproposto davanti al giudice amministrativo, le prove raccolte nel processo davanti al giudice privo di giurisdizione possono essere valutate come argomenti di prova.

7. Le misure cautelari perdono la loro efficacia trenta giorni dopo la pubblicazione del provvedimento che dichiara il difetto di giurisdizione del giudice che le ha emanate. Le parti possono riproporre le domande cautelari al giudice munito di giurisdizione.

(1) *L'art. 59 l. 18 giugno 2009, n. 69, rubricato « Decisione delle questioni di giurisdizione », stabilisce che: « 1. Il giudice che, in materia civile, amministrativa, contabile, tributaria o di giudici speciali, dichiara il proprio difetto di giurisdizione indica altresì, se esistente, il giudice nazionale che ritiene munito di giurisdizione. La pronuncia sulla giurisdizione resa dalle sezioni unite della Corte di cassazione è vincolante per ogni giudice e per le parti anche in altro processo. – 2. Se, entro il*

termine perentorio di tre mesi dal passaggio in giudicato della pronuncia di cui al comma 1, la domanda è riproposta al giudice ivi indicato, nel successivo processo le parti restano vincolate a tale indicazione e sono fatti salvi gli effetti sostanziali e processuali che la domanda avrebbe prodotto se il giudice di cui è stata dichiarata la giurisdizione fosse stato adito fin dall'instaurazione del primo giudizio, ferme restando le preclusioni e le decadenze intervenute. Ai fini del presente comma la domanda si ripropone con le modalità e secondo le forme previste per il giudizio davanti al giudice adito in relazione al rito applicabile. – 3. Se sulla questione di giurisdizione non si sono già pronunciate, nel processo, le sezioni unite della Corte di cassazione, il giudice davanti al quale la causa è riassunta può sollevare d'ufficio, con ordinanza, tale questione davanti alle medesime sezioni unite della Corte di cassazione, fino alla prima udienza fissata per la trattazione del merito. Restano ferme le disposizioni sul regolamento preventivo di giurisdizione. – 4. L'inosservanza dei termini fissati ai sensi del presente articolo per la riassunzione o per la prosecuzione del giudizio comporta l'estinzione del processo, che è dichiarata anche d'ufficio alla prima udienza, e impedisce la conservazione degli effetti sostanziali e processuali della domanda. – 5. In ogni caso di riproposizione della domanda davanti al giudice di cui al comma 1, le prove raccolte nel processo davanti al giudice privo di giurisdizione possono essere valutate come argomenti di prova ».

12 Rapporti con l'arbitrato.

1. Le controversie concernenti diritti soggettivi devolute alla giurisdizione del giudice amministrativo possono essere risolte mediante arbitrato rituale di diritto ai sensi degli articoli 806 e seguenti del codice di procedura civile (1) (2).

(1) *Le parole* « ai sensi degli articoli 806 e seguenti del codice di procedura civile » *sono state aggiunte dall'art. 1, comma 1, lett.* a), *d.ls. 15 novembre 2011, n. 195.*

(2) *L'art. 6, comma 2, l. 21 luglio 2000, n. 205, ora abrogato da coord. c.p.a. (v.* infra*), prevedeva che:* « 2. Le controversie concernenti diritti soggettivi devolute alla giurisdizione del giudice amministrativo possono essere risolte mediante arbitrato rituale di diritto ».

CAPO IV
Competenza

13 Competenza territoriale inderogabile.

1. Sulle controversie riguardanti provvedimenti, atti, accordi o comportamenti di pubbliche amministrazioni è inderogabilmente competente il tribunale amministrativo regionale nella cui circoscrizione territoriale esse hanno sede. Il tribunale amministrativo regionale è comunque inderogabilmente competente sulle controversie riguardanti provvedimenti, atti, accordi o comportamenti di pubbliche amministrazioni i cui effetti diretti sono limitati all'ambito territoriale della regione in cui il tribunale ha sede.

2. Per le controversie riguardanti pubblici dipendenti è inderogabilmente competente il tribunale nella cui circoscrizione territoriale è situata la sede di servizio.

3. Negli altri casi è inderogabilmente competente, per gli atti statali, il Tribunale amministrativo regionale del Lazio, sede di Roma e, per gli atti dei soggetti pubblici a carattere ultra regionale, il tribunale amministrativo regionale nella cui circoscrizione ha sede il soggetto.

4. La competenza di cui al presente articolo e all'articolo 14 è inderogabile anche in ordine alle misure cautelari (1).

4-*bis*. La competenza territoriale relativa al provvedimento da cui deriva l'interesse a ricorrere attrae a sé anche quella relativa agli atti presupposti dallo stesso provvedimento tranne che si tratti di atti normativi o generali, per la cui impugnazione restano fermi gli ordinari criteri di attribuzione della competenza (2) (3).

(1) *Comma sostituito dall'art. 1, comma 1, lett.* a), *n. 1), d.lgs. 14 settembre 2012, n. 160. Il testo del comma era il seguente:* « La competenza territoriale del tribunale amministrativo regionale non è derogabile ».

(2) *Comma aggiunto dall'art. 1, comma 1, lett.* a), *n. 2), d.lgs. n. 160, cit.*

(3) *L'art. 2 l. Tar, ora abrogato da coord. c.p.a. (v.* infra*), prevedeva che:* « Il tribunale amministrativo regionale decide: *a*) sui ricorsi già attribuiti dagli articoli 1 e 4 del testo unico approvato con regio decreto 26 giugno 1924, n. 1058, e successive modificazioni, alla giunta provinciale amministrativa in sede giurisdizionale; *b*) sui ricorsi per incompetenza, per eccesso di potere o per violazione di legge contro atti e provvedimenti emessi: 1) dagli organi periferici dello Stato e degli enti pubblici a carattere ultraregionale, aventi sede nella circoscrizione del tribunale amministrativo regionale; 2) dagli enti pubblici non territoriali aventi sede nella circoscrizione del tribunale amministrativo regionale e che esclusivamente nei limiti della medesima esercitano la loro attività; 3) dagli enti pubblici territoriali compresi nella circoscrizione del tribunale amministrativo regionale ».

Il successivo art. 3 l. Tar, ora abrogato da coord. c.p.a. (v. infra*), prevedeva che:* « Sono devoluti alla competenza dei tribunali amministrativi regionali i ricorsi per incompetenza, eccesso di potere o violazione di legge contro atti e provvedimenti emessi dagli organi centrali dello Stato e degli enti pubblici a carattere ultraregionale. – Per gli atti emessi da organi centrali dello Stato o di enti pubblici a carattere ultraregionale, la cui efficacia è limitata territorialmente alla circoscrizione del tribunale amministrativo regionale, e per quelli relativi a pubblici dipendenti in servizio, alla data di emissione dell'atto, presso uffici aventi sede nella circoscrizione del tribunale amministrativo regionale la competenza è del tribunale amministrativo regionale medesimo. – Negli altri casi, la competenza, per gli atti statali, è del tribunale amministrativo regionale con sede a Roma; per gli atti degli enti pubblici a carattere ultraregionale è del tribunale amministrativo regionale nella cui circoscrizione ha sede l'ente ».

14 Competenza funzionale inderogabile.

1. Sono devolute funzionalmente alla competenza inderogabile del Tribunale amministrativo regionale del Lazio, sede di Roma, le controversie indicate dall'articolo 135 e dalla legge.

2. Sono devolute funzionalmente alla competenza inderogabile del Tribunale amministrativo regionale della Lombardia, sede di Milano, le controversie relative ai poteri esercitati dall'Autorità per l'energia elettrica e il gas (1) (2).

3. La competenza è funzionalmente inderogabile altresì per i giudizi di cui agli articoli 113 e 119, nonché per ogni altro giudizio per il quale la legge o il presente codice individuino il giudice competente con criteri diversi da quelli di cui all'articolo 13 (3).

(1) *L'art. 2, comma 25, l. 14 novembre 1995, n. 481, precedentemente alla sostituzione operata da coord. c.p.a. (v.* infra*) (v. in Parte seconda, Autorità indipendenti), prevedeva che:* « 25. I ricorsi avverso gli atti e i provvedimenti delle Autorità rientrano nella giurisdizione esclusiva del giudice amministrativo e sono proposti avanti il tribunale amministrativo regionale ove ha sede l'Autorità ».

(2) *Il presente comma era stato abrogato dall'art. 22, comma 12, d.l. 24 giugno 2014, n. 90; successivamente, tale modifica non è stata confermata dalla legge di conversione (l. 11 agosto 2014, n. 114).*

(3) *L'art. 37, commi primo e secondo, l. Tar, ora abrogato da coord. c.p.a. (v.* infra*), prevedeva che:* « I ricorsi diretti ad ottenere l'adempimento dell'obbligo dell'autorità amministrativa di conformarsi, in quanto riguarda il caso deciso, al giudicato dell'autorità giudiziaria ordinaria, che abbia riconosciuto la lesione di un diritto civile o politico, sono di competenza dei tribunali amministrativi regionali quando l'autorità amministrativa chiamata a conformarsi sia un ente che eserciti la sua attività esclusivamente nei limiti della circoscrizione del tribunale amministrativo regionale. – Resta ferma, negli altri casi, la competenza del Consiglio di Stato in sede giurisdizionale ».

15 Rilievo dell'incompetenza e regolamento preventivo di competenza.

1. Il difetto di competenza è rilevato d'ufficio finché la causa non è decisa in primo grado. Nei giudizi di impugnazione esso è rilevato se dedotto con specifico motivo avverso il capo della pronuncia impugnata che, in modo implicito o esplicito, ha statuito sulla competenza.

2. In ogni caso il giudice decide sulla competenza prima di provvedere sulla domanda cautelare e, se non riconosce la propria competenza ai sensi degli articoli 13 e 14, non decide sulla stessa.

3. In mancanza di domanda cautelare, il difetto di competenza può essere eccepito entro il termine previsto per la costituzione in giudizio. Il presidente fissa la camera di consiglio per la pronuncia immediata sulla questione di competenza. Si osserva il procedimento di cui all'articolo 87, comma 3.

4. Il giudice provvede con ordinanza, nei casi di cui ai commi 2 e 3. Se dichiara la propria incompetenza, indica il giudice ritenuto competente. Se, nel termine perentorio di trenta giorni dalla comunicazione di tale ordinanza, la causa è riassunta davanti al giudice dichiarato competente, il processo continua davanti al nuovo giudice. Salvo quanto previsto al comma 6, la riassunzione preclude alla parte che l'ha effettuata la proposizione del regolamento di competenza.

5. L'ordinanza che pronuncia sulla competenza senza decidere sulla domanda cautelare è impugnabile esclusivamente con il regolamento di competenza di cui all'articolo 16. Il giudice dinanzi al quale la causa è riassunta, se ritiene di essere a sua volta incompetente, richiede d'ufficio il regolamento di competenza.

L'ordinanza che pronuncia sulla competenza e sulla domanda cautelare può essere impugnata col regolamento di competenza, oppure nei modi ordinari quando insieme con la pronuncia sulla competenza si impugna quella sulla domanda cautelare.

6. In pendenza del regolamento di competenza la domanda cautelare si propone al giudice indicato come competente nell'ordinanza di cui al comma 4, che decide in ogni caso, fermo restando quanto disposto dal comma 7.

7. I provvedimenti cautelari pronunciati dal giudice dichiarato incompetente perdono efficacia alla scadenza del termine di trenta giorni dalla data di pubblicazione dell'ordinanza che regola la competenza.

8. La domanda cautelare può essere riproposta al giudice dichiarato competente.

9. Le disposizioni di cui ai commi 7 e 8 si applicano anche ai provvedimenti cautelari pronunciati dal giudice privato del potere di decidere il ricorso dall'ordinanza presidenziale di cui all'articolo 47, comma 2 (1) (2).

(1) *Articolo sostituito dall'art. 1, comma 1, lett.* b), *d.lgs. 14 settembre 2012, n. 160. Il testo dell'articolo era il seguente:* « 1. Il difetto di competenza è rilevato in primo grado anche d'ufficio. Nei giudizi di impugnazione esso è rilevato se dedotto con specifico motivo avverso il capo della pronuncia impugnata che, in modo implicito o esplicito, ha statuito sulla competenza. — 2. Finché la causa non è decisa in primo grado, ciascuna parte può chiedere al Consiglio di Stato di regolare la competenza. Non rilevano, a tal fine, le pronunce istruttorie o interlocutorie di cui all'articolo 36, comma 1, né quelle che respingono l'istanza cautelare senza riferimento espresso alla questione di competenza. Il regolamento è proposto con istanza notificata alle altre parti e depositata, unitamente a copia degli atti utili al fine del decidere, entro quindici giorni dall'ultima notificazione presso la segreteria del Consiglio di Stato. — 3. Il Consiglio di Stato decide in camera di consiglio con ordinanza, con la quale provvede anche sulle spese del regolamento. La pronuncia sulle spese conserva efficacia anche dopo la sentenza che definisce il giudizio, salvo diversa statuizione espressa nella sentenza. Al procedimento si applicano i termini di cui all'articolo 55, commi da 5 a 8. — 4. La pronuncia del Consiglio di Stato vincola i tribunali amministrativi regionali. Se viene indicato come competente un tribunale diverso da quello adito, il giudizio deve essere riassunto nel termine perentorio di trenta giorni dalla notificazione dell'ordinanza che pronuncia sul regolamento, ovvero entro sessanta giorni dalla sua pubblicazione. — 5. Quando è proposta domanda cautelare il tribunale adito, ove non riconosca la propria competenza ai sensi degli articoli 13 e 14, non decide su tale domanda e, se non ritiene di provvedere ai sensi dell'articolo 16, comma 2, richiede d'ufficio, con ordinanza, il regolamento di competenza, indicando il tribunale che reputa competente. — 6. L'ordinanza con cui è richiesto il regolamento è immediatamente trasmessa d'ufficio al Consiglio di Stato a cura della segreteria. Della camera di consiglio fissata per regolare la competenza ai sensi del comma 4 è dato avviso, almeno dieci giorni prima, ai difensori che si siano costituiti davanti al Consiglio di Stato. Fino a due giorni liberi prima è ammesso il deposito di memorie e documenti e sono sentiti in camera di consiglio i difensori che ne facciano richiesta. — 7. Nelle more del procedimento di cui al comma 6, il ricorrente può riproporre le istanze cautelari al tribunale amministrativo regionale indicato nell'ordinanza di cui al comma 5 il quale decide in ogni caso sulla domanda cautelare, fermo quanto previsto dal comma 8. — 8. Le pronunce sull'istanza cautelare rese dal giudice dichiarato incompetente perdono comunque efficacia dopo trenta giorni dalla data di pubblicazione dell'ordinanza che regola la competenza. — 9. Le parti possono sempre riproporre le istanze cautelari al giudice dichiarato competente. — 10. La disciplina dei commi 8 e 9 si applica anche alle pronunce sull'istanza cautelare rese dal giudice privato del potere di decidere il ricorso dall'ordinanza presidenziale di cui all'articolo 47, comma 2 ».

(2) *L'art. 31 l. Tar, ora abrogato da coord. c.p.a. (v. infra), prevedeva che:* « Il resistente o qualsiasi interveniente nel giudizio innanzi al tribunale amministrativo regionale possono eccepire l'incompetenza per territorio del tribunale adito indicando quello competente e chiedendo che la relativa questione sia preventivamente decisa dal Consiglio di Stato. L'incompetenza per territorio non è rilevabile d'ufficio. – L'istanza deve essere proposta, a pena di decadenza, entro venti giorni dalla data di costituzione in giudizio. Può essere proposta successivamente quando l'incompetenza territoriale del tribunale amministrativo regionale risulti da atti depositati in giudizio, dei quali la parte che propone l'istanza non avesse prima conoscenza; in tal caso l'istanza va proposta entro venti giorni dal deposito degli atti. L'istanza non è più ammessa quando il ricorso sia passato in decisione. – L'istanza di regolamento di competenza si propone con ricorso notificato a tutte le parti in causa, che non vi abbiano aderito. – Se tutte le parti siano d'accordo sulla remissione del ricorso ad altro tribunale amministrativo regionale, il presidente cura, su loro istanza, la trasmissione d'ufficio degli atti del ricorso a tale tribunale regionale e ne dà notizia alle parti, che debbono costituirsi davanti allo stesso entro venti giorni dalla comunicazione. – Negli altri casi il presidente fissa immediatamente la camera di consiglio per la sommaria delibazione del regolamento di competenza proposto. Qualora il collegio, sentiti i difensori delle parti, rilevi, con decisione semplificata, la manifesta infondatezza del regolamento di competenza, respinge l'istanza e provvede sulle spese di giudizio; in caso contrario dispone che gli atti siano immediatamente trasmessi al Consiglio di Stato. – Le parti alle quali è notificato il ricorso per regolamento di competenza possono, nei venti giorno successivi, depositare nella segreteria del Consiglio di Stato memorie e documenti. – Sull'istanza il Consiglio di Stato provvede in camera di consiglio, sentiti i difensori delle parti, che ne abbiano fatto richiesta, nella prima udienza successiva alla scadenza del termine di cui al precedente comma. – La decisione del Consiglio di Stato sulla competenza è vincolante per i tribunali amministrativi regionali. – L'incompetenza per territorio non costituisce motivo di impugnazione della decisione emessa dal tribunale amministrativo regionale. – Quando l'istanza per il regolamento di competenza venga respinta, il Consiglio di Stato condanna alle spese colui che ha presentato l'istanza. – Quando l'istanza di regolamento di competenza sia accolta, il ricorrente può riproporre l'istanza al tribunale territorialmente competente entro trenta giorni dalla notifica della decisione di accoglimento ».

16 Regolamento di competenza.

1. Il regolamento di competenza è proposto con istanza notificata alle altre parti nel termine, perentorio e non soggetto a dimezzamento, di trenta giorni dalla notificazione ovvero di sessanta giorni dalla pubblicazione dell'ordinanza che pronuncia sulla competenza ed è depositato, unitamente a copia degli atti utili al fine del decidere, entro il termine di cui all'articolo 45 ridotto alla metà presso la segreteria del Consiglio di Stato. Nel caso di regolamento richiesto di ufficio, ai sensi dell'articolo 15, comma 5, l'ordinanza è immediatamente trasmessa al Consiglio di Stato a cura della segreteria e comunicata alle parti.

2. Il Consiglio di Stato decide con ordinanza in camera di consiglio, previo avviso della fissazione della medesima, inviato almeno dieci giorni prima ai difensori che si siano costituiti.

L'ordinanza provvede anche sulle spese del regolamento salvo il caso di regolamento richiesto d'ufficio. La pronuncia sulle spese conserva efficacia anche dopo la sentenza che definisce il giudizio, salvo diversa statuizione espressa nella sentenza. Al procedimento si applicano le disposizioni di cui all'articolo 55, commi da 5 a 8.

3. La pronuncia sulla competenza resa dal Consiglio di Stato, in sede di regolamento o di appello ai sensi dell'articolo 62, comma 4, vincola i tribunali amministrativi regionali. Se viene indicato come competente un tribunale diverso da quello adito, il giudizio deve essere riassunto nel termine perentorio di trenta giorni dalla notificazione dell'ordinanza che pronuncia sul regolamento, ovvero entro sessanta giorni dalla sua pubblicazione (1) (2).

(1) *Articolo sostituito dall'art. 1, comma 1, lett. c), d.lgs. 14 settembre 2012, n. 160. Il testo dell'articolo era il seguente:* « Art. 16. (*Regime della competenza*). — La competenza di cui agli articoli 13 e 14 è inderogabile anche in ordine alle misure cautelari. — 2. Il difetto di competenza è rilevato, anche d'ufficio, con ordinanza che indica il giudice competente. Se, nel termine perentorio di trenta giorni dalla comunicazione di tale ordinanza, la causa è riassunta davanti al giudice dichiarato competente, il processo segue davanti al nuovo giudice. — 3. L'ordinanza con cui il giudice adito dichiara la propria competenza o incompetenza è impugnabile nel termine di trenta giorni dalla notificazione, ovvero di sessanta giorni dalla sua pubblicazione, con il regolamento di competenza di cui all'articolo 15. Il regolamento può essere altresì richiesto d'ufficio, con ordinanza, dal giudice dinanzi al quale il giudizio è stato riassunto ai sensi del comma 2; in tale caso si procede ai sensi dell'articolo 15, comma 6. — 4. Durante la pendenza del regolamento di competenza, il ricorrente può sempre proporre l'istanza cautelare al tribunale amministrativo regionale indicato nell'ordinanza di cui al comma 2 o in quella di cui all'articolo 15, comma 5, il quale decide in ogni caso sulla domanda cautelare, fermo restando quanto previsto dall'articolo 15, comma 8 ».

(2) *L'art. 47 t.u. Cons. Stato, ora abrogato da coord. c.p.a. (v.* infra*), prevedeva che*: « L'incompetenza per ragioni di materia può essere opposta e dichiarata in qualunque stato della causa. La sezione, avanti la quale pende il ricorso, può dichiararla anche di ufficio ».

CAPO V
Astensione e ricusazione

17 Astensione.

1. Al giudice amministrativo si applicano le cause e le modalità di astensione previste dal codice di procedura civile. L'astensione non ha effetto sugli atti anteriori (1) (2).

(1) *Periodo aggiunto dall'art. 1, comma 1, lett.* b), *d.lgs. 15 novembre 2011, n. 195.*

(2) *L'art. 47 r.d. 17 agosto 1907, n. 642, ora abrogato da coord. c.p.a. (v.* infra*), prevedeva che:* « Le cause che danno luogo alla ricusazione dei giudici od alla loro astensione, secondo il codice di procedura civile, sono applicabili ai componenti delle sezioni giurisdizionali e dell'adunanza plenaria ».

L'art. 43. t.u. Cons. Stato, ora abrogato da coord. c.p.a. (v. infra*), prevedeva che:* « Le decisioni in sede giurisdizionale, salvo il disposto dell'art. 45, sono prese con l'intervento di sette votanti a maggioranza assoluta di voti. — Non possono prendere parte alle decisioni i consiglieri che avessero concorso a dar parere, nella sezione consultiva, sull'affare che forma oggetto di ricorso ».

18 Ricusazione.

1. Al giudice amministrativo si applicano le cause di ricusazione previste dal codice di procedura civile (1).

2. La ricusazione si propone, almeno tre giorni prima dell'udienza designata, con domanda diretta al presidente, quando sono noti i magistrati che devono prendere parte all'udienza; in caso contrario, può proporsi oralmente all'udienza medesima prima della discussione (2).

3. La domanda deve indicare i motivi ed i mezzi di prova ed essere firmata dalla parte o dall'avvocato munito di procura speciale (3).

4. Proposta la ricusazione, il collegio investito della controversia può disporre la prosecuzione del giudizio, se ad un sommario esame ritiene l'istanza inammissibile o manifestamente infondata (4).

5. In ogni caso la decisione definitiva sull'istanza è adottata, entro trenta giorni dalla sua proposizione, dal collegio previa sostituzione del magistrato ricusato, che deve essere sentito.

6. I componenti del collegio chiamato a decidere sulla ricusazione non sono ricusabili.

7. Il giudice, con l'ordinanza con cui dichiara inammissibile o respinge l'istanza di ricusazione, provvede sulle spese e può condannare la parte che l'ha proposta ad una sanzione pecuniaria non superiore ad euro cinquecento (5).

8. La ricusazione non ha effetto sugli atti anteriori. L'accoglimento dell'istanza di ricusazione rende nulli gli atti compiuti ai sensi del comma 4 con la partecipazione del giudice ricusato (6) (7).

(1) *L'art. 47 r.d. 17 agosto 1907, n. 642, ora abrogato da coord. c.p.a. (v.* infra*), prevedeva che:* « Le cause che danno luogo alla ricusazione dei giudici od alla loro astensione, secondo il codice di procedura civile, sono applicabili ai componenti delle sezioni giurisdizionali e dell'adunanza plenaria ».

(2) *L'art. 48, comma 1, r.d. n. 642, cit., ora abrogato da coord. c.p.a. (v.* infra*), prevedeva che:* « La ricusazione si propone, almeno tre giorni prima dell'udienza designata, con domanda diretta al Presidente della sezione adita o dell'adunanza plenaria, quando sono noti i consiglieri o referendari che devono prendere parte all'udienza; in caso contrario, può proporsi oralmente all'udienza medesima prima della discussione ».

(3) *L'art. 48, comma 2, r.d. n. 642, cit., ora abrogato da coord. c.p.a. (v.* infra*), prevedeva che:* « La domanda deve indicare i motivi ed i mezzi di prova ed essere firmata dalla parte o dall'avvocato munito di mandato speciale ».

(4) *L'art. 50, comma 1, r.d. n. 642, cit., ora abrogato da coord. c.p.a. (v.* infra*), prevedeva che:* « La sezione o l'adunanza plenaria, in camera di consiglio decide sulla domanda ».

(5) *L'art. 50, commi 2 e 3, r.d. n. 642, cit., ora abrogato da coord. c.p.a. (v.* infra*), prevedeva che:* « Se la domanda è rigettata, la parte che l'ha proposta è condannata con la stessa decisione a una sanzione amministrativa, che può estendersi fino a 15 euro. La sanzione amministrativa non è applicabile se la domanda è proposta dall'amministrazione ».

(6) *L'art. 50, comma 4, r.d. n. 642, ora abrogato da coord. c.p.a. (v.* infra*), prevedeva che:* « La ricusazione o l'astensione non hanno effetto sugli atti anteriori ».

(7) *Le parole* « La ricusazione non ha » *sono state sostituite alle parole* « La ricusazione o l'astensione non hanno » *dall'art. 1, comma 1, lett.* c)*, d.ls. 15 novembre 2011, n. 195.*

CAPO VI
Ausiliari del giudice

19 Verificatore e consulente tecnico.

1. Il giudice può farsi assistere, per il compimento di singoli atti o per tutto il processo, da uno o più verificatori, ovvero, se indispensabile, da uno o più consulenti (1).

2. L'incarico di consulenza può essere affidato a dipendenti pubblici, professionisti iscritti negli albi di cui all'articolo 13 delle disposizioni per l'attuazione del codice di procedura civile, o altri soggetti aventi particolare competenza tecnica. Non possono essere nominati coloro che prestano attività in favore delle parti del giudizio. La verificazione è affidata a un organismo pubblico, estraneo alle parti del giudizio, munito di specifiche competenze tecniche (1).

3. Il verificatore e il consulente compiono le indagini che sono loro affidate dal giudice e forniscono anche oralmente i chiarimenti richiesti (2).

(1) *V. art. 61 c.p.c., che così dispone:* « (Consulente tecnico). – *Quando è necessario, il giudice può farsi assistere, per il compimento di singoli atti o per tutto il processo, da uno o più consulenti di particolare competenza tecnica. – La scelta dei consulenti tecnici deve essere normalmente fatta tra le persone iscritte in albi speciali formati a norma delle disposizioni di attuazione al presente codice* ».

(2) *V. art. 62 c.p.c., che così dispone:* « (Attività del consulente). – *Il consulente compie le indagini che gli sono commesse dal giudice e fornisce, in udienza e in camera di consiglio, i chiarimenti che il giudice gli richiede a norma degli articoli 194 e seguenti, e degli articoli 441 e 463* ».

20 Obbligo di assumere l'incarico e ricusazione (1).

1. Il verificatore e il consulente, se scelto tra i dipendenti pubblici o tra gli iscritti negli albi di cui all'articolo 13 delle disposizioni per l'attuazione del codice di procedura civile, hanno l'obbligo di prestare il loro ufficio, tranne che il giudice riconosca l'esistenza di un giustificato motivo (2).

2. Il consulente, o il verificatore, può essere ricusato dalle parti per i motivi indicati nell'articolo 51 del codice di procedura civile. Della ricusazione conosce il giudice che l'ha nominato (3).

(1) *Le parole* « del consulente », *che figuravano alla fine della rubrica, sono state soppresse dall'art. 1, comma 1, lett.* d)*, d.ls. 15 novembre 2011, n. 195.*

(2) *V. art. 63 c.p.c., che così dispone:* « (Obbligo di assumere l'incarico e ricusazione del consulente). – *Il consulente scelto tra gli iscritti in un albo ha l'obbligo di prestare il suo ufficio, tranne che il giudice riconosca che ricorre un giusto motivo di astensione. – Il consulente può essere ricusato dalle parti per i motivi indicati nell'articolo 51. – Della ricusazione del consulente conosce il giudice che l'ha nominato* ».

(3) *L'art. 48, comma 3, r.d. 17 agosto 1907, n. 642, ora abrogato da coord. c.p.a. (v.* infra*), prevedeva che:* « Quando si tratti di ricusare il funzionario delegato per l'esecuzione di un mezzo istrut torio, la ricusazione deve farsi entro tre giorni da quello in cui fu pubblicata la decisione o il provvedimento di delegazione. In caso di urgenza, il Presidente può provvedere alla surrogazione con altro funzionario."

L'art. 49 r.d. n. 642, cit., ora abrogato da coord. c.p.a. (v. infra*), prevedeva che:* « Il segretario dà immediata comunicazione della domanda al funzionario ricusato, il quale, in fine di essa, deve fare la risposta sulla sussistenza dei motivi ».

21 Commissario *ad acta*.

1. Nell'ambito della propria giurisdizione, il giudice amministrativo, se deve sostituirsi all'amministrazione, può nominare come proprio ausiliario un commissario *ad acta*. Si applica l'articolo 20, comma 2.

TITOLO II
Parti e difensori

22 Patrocinio.

1. Salvo quanto previsto dall'articolo 23, nei giudizi davanti ai tribunali amministrativi regionali è obbligatorio il patrocinio di avvocato (1).

2. Per i giudizi davanti al Consiglio di Stato è obbligatorio il ministero di avvocato ammesso al patrocinio innanzi alle giurisdizioni superiori (2).

3. La parte o la persona che la rappresenta, quando ha la qualità necessaria per esercitare l'ufficio di difensore con procura presso il giudice adito, può stare in giudizio senza il ministero di altro difensore (3).

(1) *L'art. 19, commi 1 e 2, l. Tar, ora abrogato da coord. c.p.a. (v.* infra*), prevedeva che:* « Nei giudizi davanti ai tribunali amministrativi regionali, fino a quando non verrà emanata apposita legge sulla procedura, si osservano le norme di procedura dinanzi alle sezioni giurisdizionali del Consiglio di Stato, in quanto non contrastanti con la presente legge. – Per i giudizi davanti ai tribunali amministrativi regionali è obbligatorio il patrocinio di avvocato [o di procuratore legale] ».

(2) *L'art. 35, commi 1 e 2, t.u. Cons. Stato, ora abrogato da coord. c.p.a. (v.* infra*), prevedeva che:* « I ricorsi presentati al Consiglio di Stato in sede giurisdizionale sono sottoscritti dalle parti ricorrenti o da una di esse e firmati da un avvocato ammesso al patrocinio in Corte di cassazione. – Se la parte non ha sottoscritto, l'avvocato che firma in suo nome deve essere munito di mandato speciale ».

(3) *V. art. 86 c.p.c., che così dispone:* « (Difesa personale della parte). – *La parte o la persona che la rappresenta o assiste, quando ha la qualità necessaria per esercitare l'ufficio di difensore con procura presso il giudice adito, può stare in giudizio senza il ministero di altro difensore* ».

23 Difesa personale delle parti.

1. Le parti possono stare in giudizio personalmente senza l'assistenza del difensore nei giudizi in materia di accesso e trasparenza amministrativa, in materia elettorale e nei giudizi relativi al diritto dei cittadini dell'Unione europea e dei loro familiari di circolare e di soggiornare liberamente nel territorio degli Stati membri (1) (2).

(1) *Le parole* « e trasparenza amministrativa » *sono state inserite dall'art. 52, comma 4, lett.* a)*, d.lgs. 14 marzo 2013, n. 33.*

(2) *L'art. 19, comma 4, l. TAR, ora abrogato da coord. c.p.a. (v. infra), prevedeva che:* « *Per i giudizi in materia di operazioni elettorali, previsti dall'articolo 6, rimangono ferme le norme procedurali contenute nella legge 23 dicembre 1966, n. 1147. Per essi non è necessario il ministero di procuratore o di avvocato. Gli atti relativi sono redatti in carta libera e sono esenti dalla tassa di registro e dalle spese di cancelleria* ».

Il comma 5-bis dell'art. 25 l. 7 agosto 1990, n. 241, ora abrogato da coord. c.p.a. (v. infra*), disponeva che:* « 5-*bis*. Nei giudizi in materia di accesso, le parti possono stare in giudizio personalmente senza l'assistenza del difensore. L'amministrazione può essere rappresentata e difesa da un proprio dipendente, purché in possesso della qualifica di dirigente, autorizzato dal rappresentante legale dell'ente ».

L'art. 22, comma 3, d.lgs. 6 febbraio 2007, n. 30, recante « Attuazione della direttiva 2004/38/CE relativa al diritto dei cittadini dell'Unione e dei loro familiari di circolare e di soggiornare liberamente nel territorio degli Stati membri », prevede che: « 3. I ricorsi di cui ai commi 1 e 2, sottoscritti personalmente dall'interessato, possono essere presentati anche per il tramite di una rappresentanza diplomatica o consolare italiana; in tale caso l'autenticazione della sottoscrizione e l'inoltro all'autorità giudiziaria italiana sono effettuati dai funzionari della rappresentanza. La procura speciale al patrocinante legale è rilasciata avanti all'autorità consolare, presso cui sono eseguite le comunicazioni relative al procedimento ».

24 Procura alle liti.

1. La procura rilasciata per agire e contraddire davanti al giudice si intende conferita anche per proporre motivi aggiunti e ricorso incidentale, salvo che in essa sia diversamente disposto.

25 Domicilio.

1. Fermo quanto previsto, con riferimento alle comunicazioni di segreteria, dall'articolo 136, comma 1:

a) nei giudizi davanti ai tribunali amministrativi regionali, la parte, se non elegge domicilio nel comune sede del tribunale amministrativo regionale o della sezione staccata dove pende il ricorso, si intende domiciliata, ad ogni effetto, presso la segreteria del tribunale amministrativo regionale o della sezione staccata;

b) nei giudizi davanti al Consiglio di Stato, la parte, se non elegge domicilio in Roma, si intende domiciliata, ad ogni effetto, presso la segreteria del Consiglio di Stato (1) (2).

1-*bis* Al processo amministrativo telematico si applica, in quanto compatibile, l'articolo 16-sexies del decreto-legge 18 ottobre 2012, n. 179, convertito, con modificazioni, dalla legge 17 dicembre 2012, n. 221 (3).

1-*ter* A decorrere dal 1° gennaio 2018 il comma 1 non si applica per i ricorsi soggetti alla disciplina del processo amministrativo telematico (3).

(1) *Articolo sostituito dall'articolo 1, comma 1, lettera* e), *del d.lgs. 15 novembre 2011, n. 195. Il testo dell'articolo era il seguente*: « 1. Nei giudizi davanti ai tribunali amministrativi regionali, la parte, se non elegge domicilio nel comune sede del tribunale amministrativo regionale o della sezione staccata dove pende il ricorso, si intende domiciliata, ad ogni effetto, presso la segreteria del tribunale amministrativo regionale o della sezione staccata. — 2. Nei giudizi davanti al Consiglio di Stato, la parte, se non elegge domicilio in Roma, si intende domiciliata, ad ogni effetto, presso la segreteria del Consiglio di Stato ».

(2) *L'art. 35, secondo comma, t.u. Cons. Stato, ora abrogato da coord. c.p.a. (v.* infra*), prevedeva che*: « Il ricorrente, che non abbia eletto, nel ricorso, domicilio in Roma, si intenderà averlo eletto, per gli atti e gli effetti del ricorso, presso la segreteria del Consiglio di Stato ».

(3) *Comma aggiunto, a decorrere dal 1° gennaio 2017, dall'art. 7, comma 1, lett.* a), *d.l. 31 agosto 2016, n. 168, conv., con modif., in l. 25 ottobre 2016, n. 197. Ai sensi dell'art. 7, comma 3, d.l. n. 168, cit., tale modifica ha efficacia « con riguardo ai giudizi introdotti con i ricorsi depositati, in primo o in secondo grado, a far data dal 1° gennaio 2017; ai ricorsi depositati anteriormente a tale data, continuano ad applicarsi, fino all'esaurimento del grado di giudizio nel quale sono pendenti alla data stessa e comunque non oltre il 1° gennaio 2018, le norme vigenti alla data di entrata in vigore del [suddetto] decreto ».*

26 Spese di giudizio.

1. Quando emette una decisione, il giudice provvede anche sulle spese del giudizio, secondo gli articoli 91, 92, 93, 94, 96 e 97 del codice di procedura civile, tenendo anche conto del rispetto dei principi di chiarezza e sinteticità di cui all'articolo 3, comma 2 (1). In ogni caso, il giudice, anche d'ufficio, può altresì condannare la parte soccombente al pagamento, in favore della controparte, di una somma equitativamente determinata, comunque non superiore al doppio delle spese liquidate, in presenza di motivi manifestamente infondati (2) (3).

2. Il giudice condanna d'ufficio la parte soccombente al pagamento di una sanzione pecuniaria, in misura non inferiore al doppio e non superiore al quintuplo del contributo unificato dovuto per il ricorso introduttivo del giudizio, quando la parte soccombente ha agito o resistito temerariamente in giudizio. Nelle controversie in materia di appalti di cui agli articoli 119, lettera *a*), e 120 l'importo della sanzione pecuniaria può essere elevato fino all'uno per cento del valore del contratto, ove superiore al suddetto limite (4). Al gettito delle sanzioni previste dal presente comma si applica l'articolo 15 delle norme di attuazione (5) (6).

(1) *Le parole da* « , tenendo » *fino alla fine del comma sono state aggiunte dall'art. 1, comma 1, lett.* d), *d.lgs. 14 settembre 2012, n. 160.*

(2) *Periodo aggiunto dall'art. 41, comma 1, lett.* a) *d.l. 24 giugno 2014, n. 90, conv., con modif., in l. 11 agosto 2014, n. 114.*

(3) *Si riportano le norme del c.p.c. richiamate dal presente comma:*

« *Art. 91.* (Condanna alle spese). — *Il giudice, con la sentenza che chiude il processo davanti a lui [277 c.p.c.], condanna la parte soccombente al rimborso delle spese a favore dell'altra parte [97, 306, 385, 391, 449, 633, n. 2, c.p.c.] e ne liquida l'ammontare insieme con gli onorari di difesa [54 c.p.c.]. Se accoglie la domanda in misura non superiore all'eventuale proposta conciliativa, condanna la parte che ha rifiutato senza giustificato motivo la proposta al pagamento delle spese del processo maturate dopo la formulazione della proposta, salvo quanto disposto dal secondo comma dell'articolo 92. — Le spese della sentenza sono liquidate dal cancelliere con nota in margine alla stessa; quelle della notificazione della sentenza, del titolo esecutivo [474 c.p.c.] e del precetto [480 c.p.c.] sono liquidate dall'ufficiale giudiziario con nota in margine all'originale e alla copia notificata. — I reclami contro le liquidazioni di cui al comma precedente sono decisi con le forme previste negli articoli 287 e 288 dal capo dell'ufficio a cui appartiene il cancelliere o l'ufficiale giudiziario — Nelle cause previste dall'articolo 82, primo comma, le spese, competenze ed onorari liquidati dal giudice non possono superare il valore della domanda ». Il secondo periodo del primo comma del citato art. 91 è stato così sostituito dall'art. 45, comma 10, l. 18 giugno 2009, n. 69, con la decorrenza e la relativa disciplina transitoria previste dall'art. 58, comma 1, l. n. 69, cit. Il testo del periodo era il seguente:* « Eguale provvedimento emette nella sua sentenza il giudice che regola la competenza »; *il quarto comma del suddetto art. 91 è stato aggiunto dall'art. 13 d.l. 22 dicembre 2011, n. 212, conv., con modif., in l. 17 febbraio 2012, n. 10.*

« *Art. 92.* (Condanna alle spese per singoli atti. Compensazione delle spese). — *Il giudice, nel pronunciare la condanna di cui all'articolo precedente, può escludere la ripetizione delle spese sostenute dalla parte vincitrice, se le ritiene eccessive o superflue; e può, indipendentemente dalla soccombenza, condannare una parte al rimborso delle spese, anche non ripetibili, che, per trasgressione al dovere di cui all'articolo 88, essa ha causato all'altra parte. — Se vi è soccombenza reciproca o concorrono altre gravi ed eccezionali ragioni, esplicitamente indicate nella motivazione, il giudice può compensare, parzialmente o per intero, le spese tra le parti [216, 449 c.p.c.; 2877 c.c.]. — Se le parti si sono conciliate, le spese si intendono compensate, salvo che le parti stesse abbiano diversamente convenuto nel processo verbale di conciliazione [185, 199 c.p.c.] ». Il secondo comma del citato art. 92 è stato dapprima sostituito dall'art. 2, comma 1, l. 28 dicembre 2005, n. 263, con effetto dal 1° marzo 2006, ai sensi del comma 4 del suddetto art. 2 e successivamente così modificato dall'art. 45, comma 11, l. 18 giugno 2009, n. 69 (con la decorrenza e la relativa disciplina transitoria previste dall'art. 58, comma 1, l. n. 69, cit.), che ha sostituito le parole « o concorrono altre gravi ed eccezionali ragioni, esplicitamente indicate nella motivazione, » alle parole « o concorrono altri giusti motivi, esplicitamente indicati nella motivazione, ». Il testo del originario del comma, era il seguente:* « Se vi è soccombenza reciproca o concorrono altri giusti motivi, il giudice può compensare, parzialmente o per intero, le spese tra le parti ».

« *Art. 93.* (Distrazione delle spese). — *Il difensore con procura [83 c.p.c.] può chiedere che il giudice, nella stessa sentenza in cui condanna alle spese, distragga in favore suo e degli altri difensori gli onorari non riscossi e le spese che dichiara di avere anticipate. — Finché il difensore non abbia conseguito il rimborso che gli è stato attribuito, la parte può chiedere al giudice, con le forme stabilite per la correzione delle sentenze [287, 288 c.p.c.], la revoca del provvedimento, qualora dimostri di aver soddisfatto il credito del difensore per gli onorari e le spese [75 disp. att. c.p.c.]* ».

« *Art. 94.* (Condanna di rappresentanti o curatori). — *Gli eredi beneficiati [484 c.c.], i tutori, i curatori e in generale coloro che rappresentano o assistono la parte in giudizio possono essere condannati personalmente, per motivi gravi che il giudice deve specificare nella sentenza, alle spese dell'intero processo o di singoli atti, anche in solido con la parte rappresentata o assistita* ».

« *Art. 96.* (Responsabilità aggravata). — *Se risulta che la parte soccombente ha agito o resistito in giudizio con mala fede o colpa grave [220 c.p.c.], il giudice, su istanza dell'altra parte, la condanna, oltre che alle spese, al risarcimento dei danni, che liquida, anche d'ufficio, nella sentenza. — Il giudice che accerta l'inesistenza del diritto per cui è stato eseguito un provvedimento cautelare [669-*bis *c.p.c.], o trascritta domanda giudiziale [2652, 2818 c.c.], o iscritta ipoteca giudiziale, oppure iniziata o compiuta l'esecuzione forzata [2920, 2927 c.c.; 483 c.p.], su istanza della parte danneggiata condanna al risarcimento dei danni [97 c.p.c.] l'attore o il creditore procedente, che ha agito senza la normale prudenza. La liquidazione dei danni è fatta a norma del comma precedente. — In ogni caso, quando pronuncia sulle spese ai sensi dell'articolo 91, il giudice, anche d'ufficio, può altresì condannare la parte soccombente al pagamento, a favore della controparte, di una somma equitativamente determinata* ». *Il terzo comma del citato art. 96 è stato aggiunto dall'art. 45, comma 12, l. 18 giugno 2009, n. 69, con la decorrenza e la relativa disciplina transitoria previste dall'art. 58, comma 1, l. n. 69, cit.*

« *Art. 97.* (Responsabilità di più soccombenti). — *Se le parti soccombenti sono più, il giudice condanna ciascuna di esse alle spese [91 c.p.c.] e ai danni [96 c.p.c.] in proporzione del rispettivo interesse nella causa. Può anche pronunciare condanna solidale di tutte o di alcune tra esse, quando hanno interesse comune. — Se la sentenza non statuisce sulla ripartizione delle spese e dei danni, questa si fa per quote uguali* ».

(4) *Periodo inserito dall'art. 41, comma 1, lett.* b) *d.l. n. 90, cit.*

(5) *Comma così sostituito dall'art. 1, comma 1, lett.* f), *d.ls. 15 novembre 2011, n. 195. Il testo del comma era il seguente:* « 2. Il giudice, nel pronunciare sulle spese, può altresì condannare, anche d'ufficio, la parte soccombente al pagamento in favore dell'altra parte di una somma di denaro equitativamente determinata, quando la decisione è fondata su ragioni manifeste o orientamenti giurisprudenziali consolidati ».

(6) *V. art. 96, terzo comma, c.p.c., citato alla nota 2.*

TITOLO III
Azioni e domande

CAPO I
Contraddittorio e intervento

27 Contraddittorio.

1. Il contraddittorio è integralmente costituito quando l'atto introduttivo è notificato all'amministrazione resistente e, ove esistenti, ai controinteressati (1).

2. Se il giudizio è promosso solo contro alcune delle parti e non si è verificata alcuna decadenza, il giudice ordina l'integrazione del contraddittorio nei confronti delle altre entro un termine perentorio. Nelle more dell'integrazione del contraddittorio il giudice può pronunciare provvedimenti cautelari interinali (2).

(1) *V. l'art. 101 c.p.c., che così dispone:* « (Principio del contraddittorio). – *Il giudice, salvo che la legge disponga altrimenti, non può statuire sopra alcuna domanda, se la parte contro la quale è proposta non è stata regolarmente citata e non è comparsa – Se ritiene di porre a fondamento della decisione una questione rilevata d'ufficio, il giudice riserva la decisione, assegnando alle parti, a pena di nullità, un termine, non inferiore a venti e non superiore a quaranta giorni dalla comunicazione, per il deposito in cancelleria di memorie contenenti osservazioni sulla medesima questione* ». *Il secondo comma del citato art. 101 è stato aggiunto dall'art. 45, comma 13, l. 18 giugno 2009, n. 69, con la decorrenza e la relativa disciplina transitoria previste dall'art. 58, comma 1, l. n. 69, cit.*

(2) *V. l'art. 102 c.p.c., che così dispone:* « (Litisconsorzio necessario). – *Se la decisione non può pronunciarsi che in confronto di più parti, queste debbono agire o essere convenute nello stesso processo. – Se questo è promosso da alcune o contro alcune soltanto di esse, il giudice ordina l'integrazione del contraddittorio in un termine perentorio da lui stabilito* ».

28 Intervento.

1. Se il giudizio non è stato promosso contro alcuna delle parti nei cui confronti la sentenza deve essere pronunciata, queste possono intervenirvi, senza pregiudizio del diritto di difesa (1).

2. Chiunque non sia parte del giudizio e non sia decaduto dall'esercizio delle relative azioni, ma vi abbia interesse, può intervenire accettando lo stato e il grado in cui il giudizio si trova (2).

3. Il giudice, anche su istanza di parte, quando ritiene opportuno che il processo si svolga nei confronti di un terzo, ne ordina l'intervento (3).

(1) *V. anche gli artt. 50 e 51 c.p.a.*

V. art. 105 c.p.c., che così dispone: « (Intervento volontario). – *Ciascuno può intervenire in un processo tra altre persone per far valere, in confronto di tutte le parti o di alcune di esse, un diritto relativo all'oggetto o dipendente dal titolo dedotto nel processo medesimo. – Può altresì intervenire per sostenere le ragioni di alcuna delle parti, quando vi ha un proprio interesse* ».

(2) *L'art. 22, secondo comma, l. Tar, ora abrogato da coord. c.p.a. (v.* infra*), prevedeva che:* « Chi ha interesse nella contestazione può intervenire con l'osservanza delle norme di cui agli articoli 37 e seguenti del regolamento di procedura avanti alle sezioni giurisdizionali del Consiglio di Stato, in quanto non contrastanti con la presente legge. La domanda di intervento è notificata alle parti nel rispettivo domicilio di elezione ed all'organo che ha emanato l'atto impugnato e deve essere depositata in segreteria entro venti giorni dalla data della notificazione ».

L'art. 40 r.d. 17 agosto 1907, n. 642, ora abrogato da coord. c.p.a. (v. infra*), prevedeva che:* « L'intervento ha luogo nello stato in cui si trova la contestazione ».

(3) *V. art. 107 c.p.c., che così dispone:* « (Intervento per ordine del giudice). – *Il giudice, quando ritiene opportuno che il processo si svolga in confronto di un terzo al quale la causa è comune, ne ordina l'intervento* ».

CAPO II
Azioni di cognizione

29 Azione di annullamento (1).

1. L'azione di annullamento per violazione di legge, incompetenza ed eccesso di potere si propone nel termine di decadenza di sessanta giorni.

(1) *L'art. 26, primo comma, t.u. Cons. Stato, ora abrogato da coord. c.p.a. (v.* infra*), prevedeva che:* « Spetta al Consiglio di Stato in sede giurisdizionale di decidere sui ricorsi per incompetenza, per eccesso di potere o per violazione di legge, contro atti e provvedimenti di un'autorità amministrativa o di un corpo amministrativo deliberante, che abbiano per oggetto un interesse d'individui o di enti morali giuridici; quando i ricorsi medesimi non siano di competenza dell'autorità giudiziaria, né si tratti di materia spettante alla giurisdizione od alle attribuzioni contenziose di corpi o collegi speciali ».

L'art. 2 l. Tar, ora abrogato da coord. c.p.a. (v. infra*), prevedeva che:* « Il tribunale amministrativo regionale decide: [...] *b*) sui ricorsi per incompetenza, per eccesso di potere o per violazione di legge contro atti e provvedimenti emessi; [...] ». *Il successivo art. 3, primo comma, l. Tar, ora abrogato da coord. c.p.a. (v.* infra*), prevedeva che:* « Sono devoluti alla competenza dei tribunali amministrativi regionali i ricorsi per incompetenza, eccesso di potere o violazione di legge contro atti e provvedimenti emessi dagli organi centrali dello Stato e degli enti pubblici a carattere ultraregionale ».

*L'art. 21-*octies*, comma 1, l. 7 agosto 1990, n. 241, dispone che: « È annullabile il provvedimento amministrativo adottato in violazione di legge o viziato da eccesso di potere o da incompetenza ».*

30 Azione di condanna.

1. L'azione di condanna può essere proposta contestualmente ad altra azione o, nei soli casi di giurisdizione esclusiva e nei casi di cui al presente articolo, anche in via autonoma.

2. Può essere chiesta la condanna al risarcimento del danno ingiusto derivante dall'illegittimo esercizio dell'attività amministrativa o dal mancato esercizio di quella obbligatoria. Nei casi di giurisdizione esclusiva può altresì essere chiesto il risarcimento del danno da lesione di diritti soggettivi. Sussistendo i presupposti previsti dall'articolo 2058 del codice civile, può essere chiesto il risarcimento del danno in forma specifica (1).

3. La domanda di risarcimento per lesione di interessi legittimi è proposta entro il termine di decadenza di centoventi giorni decorrente dal giorno in cui il fatto si è verificato ovvero dalla conoscenza del provvedimento se il danno deriva direttamente da questo. Nel determinare il risarcimento il giudice valuta tutte le circostanze di fatto e il comportamento complessivo delle parti e, comunque, esclude il risarcimento dei danni che si sarebbero potuti evitare usando l'ordinaria diligenza, anche attraverso l'esperimento degli strumenti di tutela previsti.

4. Per il risarcimento dell'eventuale danno che il ricorrente comprovi di aver subito in conseguenza dell'inosservanza dolosa o colposa del termine di conclusione del procedimento, il termine di cui al comma 3 non decorre fintanto che perdura l'inadempimento. Il termine di cui al comma 3 inizia comunque a decorrere dopo un anno dalla scadenza del termine per provvedere (2).

5. Nel caso in cui sia stata proposta azione di annullamento la domanda risarcitoria può essere formulata nel corso del giudizio o, comunque, sino a centoventi giorni dal passaggio in giudicato della relativa sentenza.

6. Di ogni domanda di condanna al risarcimento di danni per lesioni di interessi legittimi o, nelle materie di giurisdizione esclusiva, di diritti soggettivi conosce esclusivamente il giudice amministrativo (3).

(1) *L'art. 35, comma 1, d.lgs. 31 marzo 1998, n. 80, ora abrogato da coord. c.p.a. (v.* infra*), prevedeva che:* « 1. Il giudice amministrativo, nelle controversie devolute alla sua giurisdizione esclusiva, dispone, anche attraverso la reintegrazione in forma specifica, il risarcimento del danno ingiusto ».

(2) *V art.* 2-bis *l. 7 agosto 1990, n. 241, così dispone:* « (Conseguenze per il ritardo dell'amministrazione nella conclusione del procedimento) – *1. Le pubbliche amministrazioni e i soggetti di cui all'articolo 1, comma 1-*ter*, sono tenuti al risarcimento del danno ingiusto cagionato in conseguenza dell'inosservanza dolosa o colposa del termine di conclusione del procedimento ». Il comma 2 del citato art. 2, ora abrogato da coord. c.p.a. (v.* infra*), prevedeva che*: « 2. Le controversie relative all'applicazione del presente articolo sono attribuite alla giurisdizione esclusiva del giudice amministrativo. Il diritto al risarcimento del danno si prescrive in cinque anni ».

(3) *L'art. 7, terzo comma, primo periodo, l. Tar, ora abrogato da coord. c.p.a. (v.* infra*), prevedeva che:* « Il tribunale amministrativo regionale, nell'àmbito della sua giurisdizione, conosce anche di tutte le questioni relative all'eventuale risarcimento del danno, anche attraverso la reintegrazione in forma specifica, e agli altri diritti patrimoniali consequenziali ».

31 Azione avverso il silenzio e declaratoria di nullità.

1. Decorsi i termini per la conclusione del procedimento amministrativo e negli altri casi previsti dalla legge (1), chi vi ha interesse può chiedere l'accertamento dell'obbligo dell'amministrazione di provvedere.

2. L'azione può essere proposta fintanto che perdura l'inadempimento e, comunque, non oltre un anno dalla scadenza del termine di conclusione del procedimento. È fatta salva la riproponibilità dell'istanza di avvio del procedimento ove ne ricorrano i presupposti (2).

3. Il giudice può pronunciare sulla fondatezza della pretesa dedotta in giudizio solo quando si tratta di attività vincolata o quando risulta che non residuano ulteriori margini di esercizio della discrezionalità e non sono necessari adempimenti istruttori che debbano essere compiuti dall'amministrazione (2).

4. La domanda volta all'accertamento delle nullità previste dalla legge si propone entro il termine di decadenza di centottanta giorni. La nullità dell'atto può sempre essere opposta dalla parte resistente o essere rilevata d'ufficio dal giudice. Le disposizioni del presente comma non si applicano alle nullità di cui all'articolo 114, comma 4, lettera *b*), per le quali restano ferme le disposizioni del Titolo I del Libro IV.

(1) *Le parole* « e negli altri casi previsti dalla legge » *sono state inserite dall'art. 1, comma 1, lett.* g), *d.ls. 15 novembre 2011, n. 195.*

(2) *L'art. 2, comma 8, l. 7 agosto 1990, n. 241, nel testo precedente alla sostituzione operata dal presente Codice, prevedeva che:* « 8. Salvi i casi di silenzio assenso, decorsi i termini per la conclusione del procedimento, il ricorso avverso il silenzio dell'amministrazione, ai sensi dell'articolo 21-*bis* della legge 6 dicembre 1971, n. 1034, può essere proposto anche senza necessità di diffida all'amministrazione inadempiente, fintanto che perdura l'inadempimento e comunque non oltre un anno dalla scadenza dei termini di cui ai commi 2 o 3 del presente articolo. Il giudice amministrativo può conoscere della fondatezza dell'istanza. È fatta salva la riproponibilità dell'istanza di avvio del procedimento ove ne ricorrano i presupposti ».

32 Pluralità delle domande e conversione delle azioni.

1. È sempre possibile nello stesso giudizio il cumulo di domande connesse proposte in via principale o incidentale. Se le azioni sono soggette a riti diversi, si applica quello ordinario, salvo quanto previsto dal (1) Titolo V del Libro IV.

2. Il giudice qualifica l'azione proposta in base ai suoi elementi sostanziali. Sussistendone i presupposti il giudice può sempre disporre la conversione delle azioni.

(1) *La parola* « dal » *è stata sostituita alle parole* « dai Capi I e II del » *dall'art. 1, comma 1, lett.* h), *d.ls. 15 novembre 2011, n. 195.*

V. l'art. 104, c.p.c., « Pluralità di domande contro la stessa parte », che al comma 1 così dispone: « Contro la stessa parte possono proporsi nel medesimo processo più domande anche non altrimenti connesse, purché sia osservata la norma dell'articolo 10, secondo comma ».

TITOLO IV

Pronunce giurisdizionali

33 Provvedimenti (1).

1. Il giudice pronuncia:

a) sentenza quando definisce in tutto o in parte il giudizio;

b) ordinanza quando assume misure cautelari o interlocutorie, ovvero decide sulla competenza;

c) decreto nei casi previsti dalla legge.

2. Le sentenze di primo grado sono esecutive.

3. Le ordinanze e i decreti, se non pronunciati in udienza o in camera di consiglio e inseriti nel relativo verbale, sono comunicati alle parti dalla segreteria nel termine di cui all'articolo 89, comma 3.

4. L'ordinanza che dichiara l'incompetenza indica in ogni caso il giudice competente (2).

(1) *Le parole* « del giudice », *che figuravano alla fine della rubrica, sono state soppresse dall'art. 1, comma 1, lett.* i), *d.ls. 15 novembre 2011, n. 195.*

(2) *L'art. 26, commi primo e secondo, l. Tar, ora abrogato da coord. c.p.a. (v.* infra*), prevedeva che:* « Il tribunale amministrativo regionale, ove ritenga irricevibile o inammissibile il ricorso, lo dichiara con sentenza; se riconosce che il ricorso è infondato, lo rigetta con sentenza. – Se accoglie il ricorso per motivi di incompetenza, annulla l'atto e rimette l'affare all'autorità competente. Se accoglie per altri motivi annulla in tutto o in parte l'atto impugnato, e quando è investito di giurisdizione di merito, può anche riformare l'atto o sostituirlo, salvi gli ulteriori provvedimenti dell'autorità amministrativa ».

L'art. 4, primo comma, t.u. Cons. Stato, ora abrogato da coord. c.p.a. (v. infra*), prevedeva che:* « Se il Consiglio di Stato in sede giurisdizionale riconosce infondato il ricorso, lo rigetta. Se accoglie il ricorso per motivi di incompetenza annulla l'atto e rimette l'affare all'autorità competente. Se accoglie il ricorso per altri motivi, nei casi previsti dall'art. 26 e dai nn. 1, 6 e 7, dell'art. 29, annulla l'atto o provvedimento, salvo gli ulteriori provvedimenti dell'autorità amministrativa; e negli altri casi, ove non dichiari inammissibile il ricorso, decide anche nel merito ».

34 Sentenze di merito.

1. In caso di accoglimento del ricorso il giudice, nei limiti della domanda:

a) annulla in tutto o in parte il provvedimento impugnato (1);

b) ordina all'amministrazione, rimasta inerte, di provvedere entro un termine (2);

c) condanna al pagamento di una somma di denaro, anche a titolo di risarcimento del danno, all'adozione delle misure idonee a tutelare la situazione giuridica soggettiva dedotta in giudizio e dispone misure di risarcimento in forma specifica ai sensi dell'articolo 2058 del codice civile. L'azione di condanna al rilascio di un provvedimento richiesto è esercitata, nei limiti di cui all'articolo 31, comma 3, contestualmente all'azione di annullamento del provvedimento di diniego o all'azione avverso il silenzio (3) (4);

d) nei casi di giurisdizione di merito, adotta un nuovo atto, ovvero modifica o riforma quello impugnato (5);

e) dispone le misure idonee ad assicurare l'attuazione del giudicato e delle pronunce non sospese, compresa la nomina di un commissario *ad acta*, che può avvenire anche in sede di cognizione con effetto dalla scadenza di un termine assegnato per l'ottemperanza.

2. In nessun caso il giudice può pronunciare con riferimento a poteri amministrativi non ancora esercitati. Salvo quanto previsto dal comma 3 e dall'articolo 30, comma 3, il giudice non può conoscere della legittimità degli atti che il ricorrente avrebbe dovuto impugnare con l'azione di annullamento di cui all'articolo 29.

3. Quando, nel corso del giudizio, l'annullamento del provvedimento impugnato non risulta più utile per il ricorrente, il giudice accerta l'illegittimità dell'atto se sussiste l'interesse ai fini risarcitori.

4. In caso di condanna pecuniaria, il giudice può, in mancanza di opposizione delle parti, stabilire i criteri in base ai quali il debitore deve proporre a favore del creditore il pagamento di una somma entro un congruo termine. Se le parti non giungono ad un accordo, ovvero non adempiono agli obblighi derivanti dall'accordo concluso, con il ricorso previsto dal Titolo I del Libro IV, possono essere chiesti la determinazione della somma dovuta ovvero l'adempimento degli obblighi ineseguiti (6).

5. Qualora nel corso del giudizio la pretesa del ricorrente risulti pienamente soddisfatta, il giudice dichiara cessata la materia del contendere (7).

(1) *L'art. 26, secondo comma, l. Tar, ora abrogato da coord. c.p.a. (v.* infra*), prevedeva che:* « Se accoglie il ricorso per motivi di incompetenza, annulla l'atto e rimette l'affare all'autorità competente. Se accoglie per altri motivi annulla in tutto o in parte l'atto impugnato, e quando è investito di giurisdizione di merito, può anche riformare l'atto o sostituirlo, salvi gli ulteriori provvedimenti dell'autorità amministrativa ».

(2) *L'art. 21-*bis*, comma 2, primo periodo, l. Tar, ora abrogato da coord. c.p.a. (v.* infra*), prevedeva che:* « In caso di totale o parziale accoglimento del ricorso di primo grado, il giudice amministrativo ordina all'amministrazione di provvedere di norma entro un termine non superiore a trenta giorni ».

(3) *Le parole da* « . L'azione di condanna » *alla fine della lettera sono state inserite dall'art. 1, comma 1, lett.* e), *d.ls. 14 settembre 2012, n. 160.*

(4) *L'art. 26, terzo comma, l. Tar, ora abrogato da coord. c.p.a. (v.* infra*), prevedeva che:* « Il tribunale amministrativo regionale nella materia relativa a diritti attribuiti alla sua competenza esclusiva e di merito può condannare l'amministrazione al pagamento delle somme di cui risulti debitrice ».

(5) *V. l'abrogato art. 26, secondo comma, secondo periodo, l. Tar, cit., alla nota 1.*

(6) *L'art. 35, comma 2, d.ls. 31 marzo 1998, n. 80, ora abrogato da coord. c.p.a. (v.* infra*), prevedeva che:* « 2. Nei casi previsti dal comma 1, il giudice amministrativo può stabilire i criteri in base ai quali l'amministrazione pubblica o il gestore del pubblico servizio devono proporre a favore dell'avente titolo il pagamento di una somma entro un congruo termine. Se le parti non giungono ad un accordo, con il ricorso previsto dall'articolo 27, primo comma, numero 4), del testo unico approvato con regio decreto 26 giugno 1924, n. 1054, può essere chiesta la determinazione della somma dovuta ».

(7) *L'art. 23, settimo comma, l. Tar, ora abrogato da coord. c.p.a. (v.* infra*), prevedeva che:* « Se entro il termine per la fissazione dell'udienza l'amministrazione annulla o riforma l'atto impugnato in modo conforme alla istanza del ricorrente, il tribunale amministrativo regionale dà atto della cessata materia del contendere e provvede sulle spese ».

35 Pronunce di rito.

1. Il giudice dichiara, anche d'ufficio, il ricorso:

a) irricevibile se accerta la tardività della notificazione o del deposito;

b) inammissibile quando è carente l'interesse o sussistono altre ragioni ostative ad una pronuncia sul merito;

c) improcedibile quando nel corso del giudizio sopravviene il difetto di interesse delle parti alla decisione, o non sia stato integrato il contraddittorio nel termine assegnato, ovvero sopravvengono altre ragioni ostative ad una pronuncia sul merito (1).

2. Il giudice dichiara estinto il giudizio:

a) se, nei casi previsti dal presente codice, non viene proseguito o riassunto nel termine perentorio fissato dalla legge o assegnato dal giudice;

b) per perenzione (2);
c) per rinuncia (3).

(1) *L'art. 26, primo comma, primo periodo, l. Tar, ora abrogato da coord. c.p.a. (v.* infra*), prevedeva che:* « Il tribunale amministrativo regionale, ove ritenga irricevibile o inammissibile il ricorso, lo dichiara con sentenza ».
(2) *L'art. 25 l. Tar, ora abrogato da coord. c.p.a. (v.* infra*), prevedeva che:* « I ricorsi si considerano abbandonati se nel corso di due anni non sia compiuto alcun atto di procedura ».
(3) *L'art. 46, primo comma, r.d. 17 agosto 1907, n. 642, ora abrogato da coord. c.p.a. (v.* infra*), prevedeva che:* « In qualunque stadio della controversia si può rinunciare al ricorso mediante dichiara zione sottoscritta dalla parte o dall'avvocato, munito di mandato speciale e depositato nella segreteria, o mediante dichiarazione verbale, di cui è steso processo ».

36 Pronunce interlocutorie.

1. Salvo che il presente codice disponga diversamente, il giudice provvede con ordinanza in tutti i casi in cui non definisce nemmeno in parte il giudizio.

2. Il giudice pronuncia sentenza non definitiva quando decide solo su alcune delle questioni, anche se adotta provvedimenti istruttori per l'ulteriore trattazione della causa.

37 Errore scusabile (1).

1. Il giudice può disporre, anche d'ufficio, la rimessione in termini per errore scusabile in presenza di oggettive ragioni di incertezza su questioni di diritto o di gravi impedimenti di fatto.

(1) *L'art. 34, primo comma, t.u. Cons. Stato, ora abrogato da coord. c.p.a. (v.* infra*), prevedeva che:* « Quando la legge non prescrive altrimenti, il ricorso al Consiglio di Stato in sede giurisdizionale non è ammesso se non contro il provvedimento definitivo, emanato in sede amministrativa, sul ricorso presentato in via gerarchica, salva la facoltà dell'assegnazione di un breve termine per riprodurre all'autorità gerarchica competente il ricorso proposto, per errore ritenuto scusabile contro provvedimenti non definitivi ».
L'art. 36, secondo comma, t.u. Cons. Stato, ora abrogato da coord. c.p.a. (v. infra*), prevedeva che:* « Il ricorso è diretto al Consiglio di Stato in sede giurisdizionale e deve essere, nei termini suddetti, notificato tanto all'autorità dalla quale è emanato l'atto o il provvedimento impugnato, quanto alle persone, alle quali l'atto o il provvedimento direttamente si riferisce, salvo la possibilità di rinnovare o integrare la notificazione, secondo le norme da stabilirsi col regolamento, nei casi di errore che dalla sezione sia ritenuto scusabile ».
L'art. 34, secondo comma, l. Tar, ora abrogato da coord. c.p.a. (v. infra*), prevedeva che:* « In caso di errore scusabile il Consiglio di Stato può rimettere in termini il ricorrente per proporre l'impugnativa al giudice competente, che deve essere indicato nella sentenza del Consiglio di Stato, o per rinnovare la notificazione del ricorso ».

TITOLO V
Disposizioni di rinvio

38 Rinvio interno.

1. Il processo amministrativo si svolge secondo le disposizioni del Libro II che, se non espressamente derogate, si applicano anche alle impugnazioni e ai riti speciali.

39 Rinvio esterno.

1. Per quanto non disciplinato dal presente codice si applicano le disposizioni del codice di procedura civile, in quanto compatibili o espressione di principi generali.

2. Le notificazioni degli atti del processo amministrativo sono comunque disciplinate dal codice di procedura civile e dalle leggi speciali concernenti la notificazione degli atti giudiziari in materia civile.

LIBRO SECONDO
Processo amministrativo di primo grado

TITOLO I
Disposizioni generali

CAPO I
Ricorso

SEZIONE I
Ricorso e costituzione delle parti

40 Contenuto del ricorso (1).

1. Il ricorso deve contenere distintamente:
a) gli elementi identificativi del ricorrente, del suo difensore e delle parti nei cui confronti il ricorso è proposto;
b) l'indicazione dell'oggetto della domanda, ivi compreso l'atto o il provvedimento eventualmente impugnato, e la data della sua notificazione, comunicazione o comunque della sua conoscenza;
c) l'esposizione sommaria dei fatti;
d) i motivi specifici su cui si fonda il ricorso;
e) l'indicazione dei mezzi di prova;
f) l'indicazione dei provvedimenti chiesti al giudice;
g) la sottoscrizione del ricorrente, se esso sta in giudizio personalmente, oppure del difensore, con indicazione, in questo caso, della procura speciale.

2. I motivi proposti in violazione del comma 1, lettera *d*), sono inammissibili.

(1) *Articolo sostituito dall'art. 1, comma 1, lett.* f), *d.lgs. 14 settembre 2012, n. 160. Il testo dell'articolo era il seguente:* « Il ricorso deve contenere: a) gli elementi identificativi del ricorrente, del suo difensore e delle parti nei cui confronti il ricorso è proposto; b) l'indicazione dell'oggetto della domanda, ivi compreso l'atto o il provvedimento eventualmente impugnato, e la data della sua notificazione, comunicazione o comunque della sua conoscenza; c) l'esposizione sommaria dei fatti, i motivi specifici su cui si fonda il ricorso, l'indicazione dei mezzi di prova e dei provvedimenti chiesti al giudice; d) la sottoscrizione del ricorrente, se esso sta in giudizio personalmente, oppure del difensore, con indicazione, in questo caso, della procura speciale ».

41 Notificazione del ricorso e suoi destinatari.

1. Le domande si introducono con ricorso al tribunale amministrativo regionale competente.

2. Qualora sia proposta azione di annullamento il ricorso deve essere notificato, a pena di decadenza, alla pubblica amministrazione che ha emesso l'atto impugnato e ad almeno uno dei controinteressati che sia individuato nell'atto stesso entro il termine previsto dalla legge, decorrente dalla notificazione, co munica-

zione o piena conoscenza, ovvero, per gli atti di cui non sia richiesta la notificazione individuale, dal giorno in cui sia scaduto il termine della pubblicazione se questa sia prevista dalla legge o in base alla legge. Qualora sia proposta azione di condanna, anche in via autonoma, il ricorso è notificato altresì agli eventuali beneficiari dell'atto illegittimo, ai sensi dell'articolo 102 del codice di procedura civile; altrimenti il giudice provvede ai sensi dell'articolo 49 (1).

3. La notificazione dei ricorsi nei confronti delle amministrazioni dello Stato è effettuata secondo le norme vigenti per la difesa in giudizio delle stesse.

4. Quando la notificazione del ricorso nei modi ordinari sia particolarmente difficile per il numero delle persone da chiamare in giudizio il presidente del tribunale o della sezione cui è assegnato il ricorso può disporre, su richiesta di parte, che la notificazione sia effettuata per pubblici proclami prescrivendone le modalità (2).

5. Il termine per la notificazione del ricorso è aumentato di trenta giorni, se le parti o alcune di esse risiedono in altro Stato d'Europa, o di novanta giorni se risiedono fuori d'Europa (3).

(1) *L'art. 21, primo comma, primo periodo, l. Tar, ora abrogato da coord. c.p.a. (v.* infra*), prevedeva che:* « Il ricorso deve essere notificato tanto all'organo che ha emesso l'atto impugnato quanto ai controinteressati ai quali l'atto direttamente si riferisce, o almeno ad alcuno tra essi, entro il termine di sessanta giorni da quello in cui l'interessato ne abbia ricevuta la notifica, o ne abbia comunque avuta piena conoscenza, o, per gli atti di cui non sia richiesta la notifica individuale, dal giorno in cui sia scaduto il termine della pubblicazione, se questa sia prevista da disposizioni di legge o di regolamento, salvo l'obbligo di integrare le notifiche con le ulteriori notifiche agli altri controinteressati, che siano ordinate dal tribunale amministrativo regionale ».

L'art. 1 r.d. 17 agosto 1907, n. 642, ora abrogato da coord. c.p.a. (v. infra*), prevedeva che:* « I termini stabiliti dall'art. 28 della legge, testo unico approvato con r.d. 17 agosto 1907, n. 638, per ricorsi alle sezioni giurisdizionali del Consiglio di Stato, decorrono dal giorno della notificazione dell'atto o provvedimento amministrativo, ovvero dal giorno della dichiarazione che, a norma dell'art. 25 della legge, sia stata fatta dagli interessati, d'intendere che si provochi la decisione della sezione giurisdizionale competente » *L'art. 7 r.d. n. 642, cit., abrogato dal presente Codice, prevedeva che:* « Il ricorso dev'essere notificato tanto all'autorità dalla quale è emanato l'atto o provvedimento impugnato, quanto alle persone alle quali l'atto o provvedimento medesimo direttamente si riferisce ».

(2) *L'art. 14 r.d. n. 642, cit., ora abrogato da coord. c.p.a. (v.* infra*), prevedeva che:* « Quando la notificazione del ricorso nei modi ordinari sia sommamente difficile per il numero delle persone da chiamarsi in giudizio, il Presidente della sezione adita può disporre che sia fatta per pubblici proclami autorizzando il ricorrente a far inserire, nel foglio degli annunzi della Provincia ove ha sede l'autorità che emise il provvedimento e nella Gazzetta Ufficiale del Regno, un sunto del ricorso e le sue conclusioni, con le cautele consigliate dalle circostanze, e designando, se sia possibile, alcuni fra gli interessati ai quali la notificazione debba farsi nei modi ordinari ». *L'art. 16 r.d. n. 642, cit., ora abrogato da coord. c.p.a. (v.* infra*), prevedeva che:* « La sezione nell'ordinare l'integrazione del giudizio, indica le persone a cui il ricorso deve notificarsi, e, ove ne sia il caso, autorizza la notificazione per pubblici proclami. Stabilisce inoltre un termine entro cui deve effettuarsi la notificazione del ricorso e il deposito del medesimo nella segreteria, insieme con la prova dell'eseguita notificazione ».

(3) *L'art. 36, terzo comma, t.u. Cons. Stato, ora abrogato da coord. c.p.a. (v.* infra*), prevedeva che:* « I termini per ricorrere e per controricorrere sono aumentati di 30 giorni, se le parti o alcune di esse, risiedono in altro Stato d'Europa, e di 90, se risiedono fuori d'Europa ».

42 Ricorso incidentale e domanda riconvenzionale.

1. Le parti resistenti e i controinteressati possono proporre domande il cui interesse sorge in dipendenza della domanda proposta in via principale, a mezzo di ricorso incidentale. Il ricorso si propone nel termine di sessanta giorni decorrente dalla ricevuta notificazione del ricorso principale. Per i soggetti intervenuti il termine decorre dall'effettiva conoscenza della proposizione del ricorso principale (1).

2. Il ricorso incidentale, notificato ai sensi dell'articolo 41 alle controparti personalmente o, se costituite, ai sensi dell'articolo 170 del codice di procedura civile, ha i contenuti di cui all'articolo 40 ed è depositato nei termini e secondo le modalità previste dall'articolo 45 (2).

3. Le altre parti possono presentare memorie e produrre documenti nei termini e secondo le modalità previsti dall'articolo 46 (3).

4. La cognizione del ricorso incidentale è attribuita al giudice competente per quello principale, salvo che la domanda introdotta con il ricorso incidentale sia devoluta alla competenza del Tribunale amministrativo regionale del Lazio, sede di Roma, ovvero alla competenza funzionale di un tribunale amministrativo regionale, ai sensi dell'articolo 14; in tal caso la competenza a conoscere dell'intero giudizio spetta al Tribunale amministrativo regionale del Lazio, sede di Roma, ovvero al tribunale amministrativo regionale avente competenza funzionale ai sensi dell'articolo 14.

5. Nelle controversie in cui si faccia questione di diritti soggettivi le domande riconvenzionali dipendenti da titoli già dedotti in giudizio sono proposte nei termini e con le modalità di cui al presente articolo.

(1) *L'art. 22, primo comma, l. Tar, ora abrogato da coord. c.p.a. (v.* infra*), prevedeva che:* « Nel termine di venti giorni successivi a quelli stabiliti per il deposito del ricorso, l'organo che ha emesso l'atto impugnato e le altre parti interessate possono presentare memorie, fare istanze e produrre documenti. Può essere anche proposto ricorso incidentale secondo le norme degli articoli 37 del testo unico approvato con regio decreto 26 giugno 1924, n. 1054, e 44 del regolamento di procedura avanti alle sezioni giurisdizionali del Consiglio di Stato, approvato con regio decreto 17 agosto 1907, n. 642 ».

(2) *L'art. 37, t.u. Cons. Stato, ora abrogato da coord. c.p.a. (v.* infra*), prevedeva che:* « Nel termine di 30 giorni successivi a quello assegnato per il deposito del ricorso, l'autorità e le parti, alle quali il ricorso fosse stato notificato, possono presentare memorie, fare istanze, produrre documenti, e anche un ricorso incidentale, con le stesse forme prescritte per il ricorso. - La notificazione del ricorso incidentale sarà fatta nei modi prescritti per il ricorso principale, presso il domicilio eletto, all'avvocato che ha firmato il ricorso stesso. — L'originale del ricorso incidentale, con la prova delle eseguite notificazioni e coi documenti, deve essere depositato in segreteria nel termine di giorni 10. — Se colui che vuole produrre il ricorso incidentale risiede all'estero, il termine per la notificazione è aumentato nella misura indicata al capoverso secondo dell'art. 36. - I termini e i modi prescritti nel presente articolo per la notificazione e il deposito del ricorso incidentale debbono osservarsi a pena di decadenza. - Il ricorso incidentale non è efficace, se venga prodotto dopo che siasi rinunziato al ricorso principale, o se questo venga dichiarato inammissibile, per essere stato proposto fuori termine ».

(3) *L'art. 44 r.d. 17 agosto 1907, n. 642, ora abrogato da coord. c.p.a. (v.* infra*), prevedeva che:* « Nel termine di dieci giorni successivi a quello assegnato pel deposito del ricorso incidentale, l'autorità e il ricorrente principale possono presentare memorie, fare istanze e produrre i documenti che ritengono opportuni ».

43 Motivi aggiunti.

1. I ricorrenti, principale e incidentale, possono introdurre con motivi aggiunti nuove ragioni a sostegno delle domande già proposte, ovvero domande nuove purché connesse a quelle già proposte. Ai motivi

aggiunti si applica la disciplina prevista per il ricorso, ivi compresa quella relativa ai termini (1).

2. Le notifiche alle controparti costituite avvengono ai sensi dell'articolo 170 del codice di procedura civile.

3. Se la domanda nuova di cui al comma 1 è stata proposta con ricorso separato davanti allo stesso tribunale, il giudice provvede alla riunione dei ricorsi ai sensi dell'articolo 70.

(1) *L'art. 21, primo comma, secondo periodo, l. Tar, ora abrogato da coord. c.p.a. (v.* infra*), prevedeva che:* « Tutti i provvedimenti adottati in pendenza del ricorso tra le stesse parti, connessi all'oggetto del ricorso stesso, sono impugnati mediante proposizione di motivi aggiunti ».

44 Vizi del ricorso e della notificazione.

1. Il ricorso è nullo:

a) se manca la sottoscrizione;

b) se, per l'inosservanza delle altre norme prescritte nell'articolo 40, vi è incertezza assoluta sulle persone o sull'oggetto della domanda (1).

2. Se il ricorso contiene irregolarità, il collegio può ordinare che sia rinnovato entro un termine a tal fine fissato (1).

3. La costituzione degli intimati sana la nullità della notificazione del ricorso, salvi i diritti acquisiti anteriormente alla comparizione, nonché le irregolarità di cui al comma 2 (1) (2).

4. Nei casi in cui sia nulla la notificazione e il destinatario non si costituisca in giudizio, il giudice, se ritiene che l'esito negativo della notificazione dipenda da causa non imputabile al notificante, fissa al ricorrente un termine perentorio per rinnovarla. La rinnovazione impedisce ogni decadenza (3) (4).

4-*bis*. Fermo quanto previsto dall'articolo 39, comma 2, la nullità degli atti è rilevabile d'ufficio (5).

(1) *L'art. 17 r.d. 17 agosto 1907, n. 642, ora abrogato da coord. c.p.a. (v.* infra*), prevedeva che:* « Il ricorso è nullo: 1) se manchi la sottoscrizione richiesta dall'art. 6; 2) se, per la inosservanza delle altre norme prescritte nel suddetto articolo, vi sia incertezza assoluta sulle persone o sull'oggetto della domanda. – Se il ricorso contenga altre irregolarità, la sezione può ordinare che sia rinnovato entro un termine che stabilirà nella sua ordinanza. – La comparizione dell'intimato sana la nullità e la irregolarità dell'atto, salvo i diritti acquisiti anteriormente alla comparizione ».

(2) *La Corte costituzionale, con sentenza 26 giugno 2018, n. 132, ha dichiarato* l'illegittimità costituzionale *del presente comma limitatamente alle parole « salvi i diritti acquisiti anteriormente alla comparizione, ».*

(3) *La Corte costituzionale, con sentenza 9 luglio 2021, n. 148, ha dichiarato* l'illegittimità costituzionale *del presente comma limitatamente alle parole « , se ritiene che l'esito negativo della notificazione dipenda da causa non imputabile al notificante, ».*

(4) *L'art. 36, secondo comma, t.u. Cons. Stato ora abrogato da coord. c.p.a. (v.* infra*), prevedeva che:* « Il ricorso è diretto al Consiglio di Stato in sede giurisdizionale e deve essere, nei termini suddetti, notificato tanto all'autorità dalla quale è emanato l'atto o il provvedimento impugnato, quanto alle persone, alle quali l'atto o il provvedimento direttamente si riferisce, salvo la possibilità di rinnovare o integrare la notificazione, secondo le norme da stabilirsi col regolamento, nei casi di errore che dalla sezione sia ritenuto scusabile ».

L'art. 291 c.p.c., « Contumacia del convenuto », dispone che: « Se il convenuto non si costituisce e il giudice istruttore rileva un vizio che importi nullità nella notificazione della citazione [160, 307 c.p.c.] fissa all'attore un termine perentorio [153 c.p.c.] per rinnovarla. La rinnovazione impedisce ogni decadenza ». L'originario 49, comma 24, l. 18 giugno 2009, n. 69, aveva previsto che « Il primo comma dell'articolo 291 del codice di procedura civile si applica anche nei giudizi davanti ai giudici [amministrativi e] contabili ». Le parole « amministrativi e » *sono state ora soppresse dal presente Codice.*

(5) *Comma aggiunto dall'art. 1, comma 1, lett.* l)*, d.lgs. 15 novembre 2011, n. 195.*

45 Deposito del ricorso e degli altri atti processuali.

1. Il ricorso e gli altri atti processuali soggetti a preventiva notificazione sono depositati nella segreteria del giudice nel termine perentorio di trenta giorni, decorrente dal momento in cui l'ultima notificazione dell'atto stesso si è perfezionata anche per il destinatario. I termini di cui al presente comma sono aumentati nei casi e nella misura di cui all'articolo 41, comma 5 (1).

2. È fatta salva la facoltà della parte di effettuare il deposito dell'atto, anche se non ancora pervenuto al destinatario, sin dal momento in cui la notificazione del ricorso si perfeziona per il notificante.

3. La parte che si avvale della facoltà di cui al comma 2 è tenuta a depositare la documentazione comprovante la data in cui la notificazione si è perfezionata anche per il destinatario. In assenza di tale prova le domande introdotte con l'atto non possono essere esaminate.

4. La mancata produzione, da parte del ricorrente, della copia del provvedimento impugnato e della documentazione a sostegno del ricorso non implica decadenza (2).

(1) *L'art. 21, secondo comma, l. Tar, ora abrogato da coord. c.p.a. (v.* infra*), prevedeva che:* « Il ricorso, con la prova delle avvenute notifiche, e con copia del provvedimento impugnato, ove in possesso del ricorrente, deve essere depositato nella segreteria del tribu nale amministrativo regionale, entro trenta giorni dall'ultima notifica. Nel termine stesso deve essere depositata copia del provvedimento impugnato, ove non depositata con il ricorso, ovvero ove notificato o comunicato al ricorrente, e dei documenti di cui il ricorrente intenda avvalersi in giudizio ».

L'art. 36, quarto comma, t.u. Cons. Stato, ora abrogato da coord. c.p.a. (v. infra*), prevedeva che:* « L'originale ricorso, con la prova delle eseguite notificazioni e coi documenti sui quali si fonda, deve essere dal ricorrente, entro 30 giorni successivi alle notificazioni medesime, depositato, insieme all'atto o provvedimento impugnato, nella segreteria del Consiglio di Stato ».

L'art. 18, commi primo e quinto, r.d. 17 agosto 1907, n. 642, ora abrogato da coord. c.p.a. (v. infra*), prevedeva che:* « L'originale ricorso con la prova della eseguita notificazione, con l'atto di notificazione della decisione amministrativa, con il mandato speciale nel caso previsto dall'art. 27 della legge e con i documenti sui quali il ricorso si fonda, deve essere depositato nella segreteria della sezione competente nelle ore in cui, secondo il regolamento, deve stare aperta. – [...] Quando le persone cui fu notificato il ricorso siano più, il termine per fare il deposito comincia a decorrere dal giorno in cui fu eseguita l'ultima notificazione ».

(2) *L'art. 21, terzo comma, l. Tar, ora abrogato da coord. c.p.a. (v.* infra*), prevedeva che:* « La mancata produzione della copia del provvedimento impugnato e della documentazione a sostegno del ricorso non implica decadenza ».

L'art. 19, r.d. 17 agosto 1907, n. 642, ora abrogato da coord. c.p.a. (v. infra*), prevedeva che:* « La mancanza del deposito del provvedimento impugnato non importa decadenza se dipenda dall'impossibilità di produrlo a causa del rifiuto dell'amministrazione alla domanda di rilascio della copia di esso. Il rifiuto dell'amministrazione dev'essere fatto constare con verbale di ufficiale giudiziario, da depositarsi insieme col ricorso, nei modi e nel termine indicati nell'articolo precedente ».

46 Costituzione delle parti intimate.

1. Nel termine di sessanta giorni dal perfezionamento nei propri confronti della notificazione del ricorso, le parti intimate possono costituirsi, presentare

memorie, fare istanze, indicare i mezzi di prova di cui intendono valersi e produrre documenti (1).

2. L'amministrazione, nel termine di cui al comma 1, deve produrre l'eventuale provvedimento impugnato, nonché gli atti e i documenti in base ai quali l'atto è stato emanato, quelli in esso citati e quelli che l'amministrazione ritiene utili al giudizio (2).

3. Della produzione di cui al comma 2 è data comunicazione alle parti costituite a cura della segreteria (2).

4. I termini di cui al presente articolo sono aumentati nei casi e nella misura di cui all'articolo 41, comma 5.

(1) *L'art. 22, primo comma, prima parte, l. Tar, ora abrogato da coord. c.p.a. (v.* infra*), prevedeva che:* « Nel termine di venti giorni successivi a quelli stabiliti per il deposito del ricorso, l'organo che ha emesso l'atto impugnato e le altre parti interessate possono presentare memorie, fare istanze e produrre documenti ».

(2) *L'art. 21, commi quarto e quinto, l. Tar, ora abrogato da coord. c.p.a. (v.* infra*), prevedeva che:* « L'amministrazione, entro sessanta giorni dalla scadenza del termine di deposito del ricorso, deve produrre l'eventuale provvedimento impugnato nonché gli atti e i documenti in base ai quali l'atto è stato emanato, quelli in esso citati, e quelli che l'amministrazione ritiene utili al giudizio. – Dell'avvenuta produzione del provvedimento impugnato, nonché degli atti e dei documenti in base ai quali l'atto è stato emanato, deve darsi comunicazione alle parti costituite ».

47 Ripartizione delle controversie tra tribunali amministrativi regionali e sezioni staccate.

1. Nei ricorsi devoluti alle sezioni staccate in base ai criteri di cui all'articolo 13, il deposito del ricorso è effettuato presso la segreteria della sezione staccata. Fuori dei casi di cui all'articolo 14, non è considerata questione di competenza la ripartizione delle controversie tra tribunale amministrativo regionale con sede nel capoluogo e sezione staccata (1).

2. Se una parte, diversa dal ricorrente, ritiene che il ricorso debba essere deciso dal tribunale amministrativo regionale con sede nel capoluogo anziché dalla sezione staccata, o viceversa, deve eccepirlo nell'atto di costituzione o, comunque, con atto depositato non oltre trenta giorni dalla scadenza del termine di cui articolo 46, comma 1. Il presidente del tribunale amministrativo regionale provvede sulla eccezione con ordinanza motivata non impugnabile, udite le parti che ne facciano richiesta. Se sono state disposte misure cautelari, si applica l'articolo 15, commi 8 e 9 (1).

3. Salvo quanto previsto dall'ultimo periodo del comma 2, alla ripartizione di cui al presente articolo non si applica l'articolo 15.

(1) *L'art. 32 l. Tar, ora abrogato da coord. c.p.a. (v.* infra*), prevedeva che:* « Nei ricorsi da devolversi alle sezioni staccate previste dall'articolo 1, il deposito del ricorso con le modalità indicate nell'articolo 21 e le operazioni successive vengono effettuate presso gli uffici della sezione staccata. – Le parti, che reputino che il ricorso debba essere deciso dal tribunale amministrativo regionale sedente nel capoluogo, debbono eccepirlo all'atto della costituzione e comunque non oltre quarantacinque giorni dalla notifica del ricorso. Il presidente del tribunale amministrativo regionale provvede sulla eccezione con ordinanza motivata non impugnabile, udite le parti che ne facciano richiesta. – La decisione del ricorso da parte del tribunale amministrativo regionale sedente nel capoluogo anziché dalla sezione staccata, o viceversa, non costituisce vizio di incompetenza della decisione. – Il disposto del secondo comma si applica anche nel caso in cui vengano proposti al tribunale regionale amministrativo sedente nel capoluogo ricorsi che si reputano abbiano ad essere decisi dalla sezione staccata ».

48 Giudizio conseguente alla trasposizione del ricorso straordinario.

1. Qualora la parte nei cui confronti sia stato proposto ricorso straordinario ai sensi degli articoli 8 e seguenti del decreto del Presidente della Repubblica 24 novembre 1971, n. 1199, proponga opposizione, il giudizio segue dinanzi al tribunale amministrativo regionale se il ricorrente, entro il termine perentorio di sessanta giorni dal ricevimento dell'atto di opposizione, deposita nella relativa segreteria l'atto di co stituzione in giudizio, dandone avviso mediante notificazione alle altre parti (1).

2. Le pronunce sull'istanza cautelare rese in sede straordinaria perdono efficacia alla scadenza del sessantesimo giorno successivo alla data di deposito dell'atto di costituzione in giudizio previsto dal comma 1. Il ricorrente può comunque riproporre l'istanza cautelare al tribunale amministrativo regionale.

3. Qualora l'opposizione sia inammissibile, il tribunale amministrativo regionale dispone la restituzione del fascicolo per la prosecuzione del giudizio in sede straordinaria (1).

(1) *In tema di opposizione dei controinteressati, v. art. 10 d.P.R. 24 novembre 1971, n. 1199 (sub VI, 23).*

49 Integrazione del contraddittorio.

1. Quando il ricorso sia stato proposto solo contro taluno dei controinteressati, il presidente o il collegio ordina l'integrazione del contraddittorio nei confronti degli altri (1).

2. L'integrazione del contraddittorio non è ordinata nel caso in cui il ricorso sia manifestamente irricevibile, inammissibile, improcedibile o infondato; in tali casi il collegio provvede con sentenza in forma semplificata ai sensi dell'articolo 74 (1).

3. Il giudice, nell'ordinare l'integrazione del contraddittorio, fissa il relativo termine, indicando le parti cui il ricorso deve essere notificato. Può autorizzare, se ne ricorrono i presupposti, la notificazione per pubblici proclami prescrivendone le modalità. Se l'atto di integrazione del contraddittorio non è tempestivamente notificato e depositato, il giudice provvede ai sensi dell'articolo 35 (2).

4. I soggetti nei cui confronti è integrato il contraddittorio ai sensi del comma 1 non sono pregiudicati dagli atti processuali anteriormente compiuti.

(1) *L'art. 15 r.d. 17 agosto 1907, n. 642, ora abrogato da coord. c.p.a. (v.* infra*), prevedeva che:* « Quando le parti che abbiano interesse ad opporsi al ricorso siano più, la domanda si deve proporre contro tutte. Se la domanda sia proposta contro alcune soltanto delle parti interessate ad opporsi, il giudizio si deve integrare con la notificazione del ricorso alle altre. – L'integrazione del giudizio non è applicabile nel caso in cui, per omessa notificazione del ricorso all'autorità dalla quale emana l'atto o il provvedimento impugnato o per altro motivo, il ricorso debba essere dichiarato senz'altro irricevibile ».

(2) *L'art. 16 r.d. n. 642, cit., ora abrogato da coord. c.p.a. (v.* infra*), prevedeva che:* « La sezione nell'ordinare l'integrazione del giudizio, indica le persone a cui il ricorso deve notificarsi, e, ove ne sia il caso, autorizza la notificazione per pubblici proclami. Stabilisce inoltre un termine entro cui deve effettuarsi la notificazione del ricorso e il deposito del medesimo nella segreteria, insieme con la prova dell'eseguita notificazione ».

50 Intervento volontario in causa.

1. L'intervento è proposto con atto diretto al giudice adito, recante l'indicazione delle generalità dell'interveniente. L'atto deve contenere le ragioni su cui si fonda, con la produzione dei documenti giustificativi, e deve essere sottoscritto ai sensi dell'articolo 40, comma 1, lettera *d*) (1).

2. L'atto di intervento è notificato alle altre parti ed è depositato nei termini di cui all'articolo 45; nei confronti di quelle costituite è notificato ai sensi dell'articolo 170 del codice di procedura civile (2).

3. Il deposito dell'atto di intervento di cui all'articolo 28, comma 2, è ammesso fino a trenta giorni prima dell'udienza.

(1) *V. anche l'art. 28 c.p.a.*

L'art. 22, commi secondo e terzo, l. Tar, ora abrogato da coord. c.p.a. (v. infra*), prevedeva che:* « Chi ha interesse nella contestazione può intervenire con l'osservanza delle norme di cui agli articoli 37 e seguenti del regolamento di procedura avanti alle sezioni giurisdizionali del Consiglio di Stato, in quanto non contrastanti con la presente legge. La domanda di intervento è notificata alle parti nel rispettivo domicilio di elezione ed all'organo che ha emanato l'atto impugnato e deve essere depositata in segreteria entro venti giorni dalla data della notificazione. – Entro i successivi venti giorni le parti interessate e l'amministrazione possono presentare memorie, istanze e documenti ».

(2) *L'art. 37, secondo comma, r.d. n. 17 agosto 1907, n. 642, ora abrogato da coord. c.p.a. (v.* infra*), prevedeva che:* « L'intervento è proposto con domanda diretta alla sezione adita. La domanda deve contenere le ragioni, con la produzione dei documenti giustificativi, e dev'essere sottoscritta dalle parti e dall'avvocato, o dal solo avvocato munito di mandato speciale ».

L'art. 38 r.d. n. 642, cit., ora abrogato da coord. c.p.a. (v. infra*), prevedeva che:* « La domanda d'intervento è notificata alle parti nel rispettivo domicilio di elezione ed all'autorità che ha emanato l'atto impugnato, e deve essere depositata in segreteria entro dieci giorni successivi a quello della notificazione ».

L'art. 39 r.d. n. 642, cit., ora abrogato da coord. c.p.a. (v. infra*), prevedeva che:* « Nel termine di dieci giorni dalla notificazione dell'intervento gli interessati e l'amministrazione possono presentare e trasmettere memorie e documenti ».

L'art. 40 r.d. n. 642, cit., ora abrogato da coord. c.p.a. (v. infra*), prevedeva che:* « L'intervento ha luogo nello stato in cui si trova la contestazione ».

51 Intervento per ordine del giudice.

1. Il giudice, ove disponga l'intervento di cui all'articolo 28, comma 3, ordina alla parte di chiamare il terzo in giudizio, indicando gli atti da notificare e il termine della notificazione (1).

2. La costituzione dell'interventore avviene secondo le modalità di cui all'articolo 46. Si applica l'articolo 49, comma 3, terzo periodo.

(1) *V. anche l'art. 28 c.p.a.*

SEZIONE II
Abbreviazione, proroga e sospensione dei termini

52 Termini e forme speciali di notificazione.

1. I termini assegnati dal giudice, salva diversa previsione, sono perentori.

2. Il presidente può autorizzare la notificazione del ricorso o di provvedimenti anche direttamente dal difensore con qualunque mezzo idoneo, compresi quelli per via telematica o fax, ai sensi dell'articolo 151 del codice di procedura civile (1).

3. Se il giorno di scadenza è festivo il termine fissato dalla legge o dal giudice per l'adempimento è prorogato di diritto al primo giorno seguente non festivo (2).

4. Per i termini computati a ritroso, la scadenza è anticipata al giorno antecedente non festivo.

5. La proroga di cui al comma 3 si applica anche ai termini che scadono nella giornata del sabato (2).

(1) *L'art. 12 l. 21 luglio 2000, n. 205, « Mezzi per l'effettuazione delle notifiche », ora abrogato da coord. c.p.a. (v.* infra*), prevedeva che:* « Il presidente del tribunale può disporre che la notifica del ricorso o di provvedimenti sia effettuata con qualunque mezzo idoneo, compresi quelli per via telematica o telefax, ai sensi dell'articolo 151 del codice di procedura civile ».

(2) *V. art. 155 c.p.c., che così dispone:* « (Computo dei termini). – *Nel computo dei termini a giorni o ad ore, si escludono il giorno o l'ora iniziali. – Per il computo dei termini a mesi o ad anni, si osserva il calendario comune. – I giorni festivi si computano nel termine. – Se il giorno di scadenza è festivo, la scadenza è prorogata di diritto al primo giorno seguente non festivo. – La proroga prevista dal quarto comma si applica altresì ai termini per il compimento degli atti processuali svolti fuori dell'udienza che scadono nella giornata del sabato. – Resta fermo il regolare svolgimento delle udienze e di ogni altra attività giudiziaria, anche svolta da ausiliari, nella giornata del sabato, che ad ogni effetto è considerata lavorativa* ».

53 Abbreviazione dei termini.

1. Nei casi d'urgenza, il presidente del tribunale può, su istanza di parte, abbreviare fino alla metà i termini previsti dal presente codice per la fissazione di udienze o di camere di consiglio. Conseguentemente sono ridotti proporzionalmente i termini per le difese della relativa fase (1).

2. Il decreto di abbreviazione del termine, redatto in calce alla domanda, è notificato, a cura della parte che lo ha richiesto, all'amministrazione intimata e ai controinteressati; il termine abbreviato comincia a decorrere dall'avvenuta notificazione del decreto (2).

(1) *L'art. 38 t.u. Cons. Stato, ora abrogato da coord. c.p.a. (v.* infra*), prevedeva che:* « Nei casi di urgenza, il Presidente del Consiglio di Stato può abbreviare i termini prescritti per il deposito del ricorso stesso, per la presentazione e il deposito del ricorso incidentale. – Per gravi motivi può anche prorogarli. – Nell'uno e nell'altro caso, dovrà essere abbreviato o prorogato, in eguale misura, il termine per la presentazione delle memorie e la produzione dei documenti relativi al ricorso principale e a quello incidentale ».

(2) *L'art. 20 r.d. 17 agosto 1907, n. 642, ora abrogato da coord. c.p.a. (v.* infra*), prevedeva che:* « Il decreto di abbreviazione o di proroga del termine, nei sensi dell'art. 30 della legge, è fatto in fine della domanda, e deve essere notificato all'autorità e agli interessati ».

54 Deposito tardivo di memorie e documenti e sospensione dei termini.

1. La presentazione tardiva di memorie o documenti può essere eccezionalmente autorizzata, su richiesta di parte, dal collegio, assicurando comunque il pieno rispetto del diritto delle controparti al contraddittorio su tali atti, qualora la produzione nel termine di legge sia risultata estremamente difficile (1) (2).

2. I termini processuali sono sospesi dal 1° agosto al 31 agosto (3) di ciascun anno (4) (5).

3. La sospensione dei termini prevista dal comma 2 non si applica al procedimento cautelare (5) (6).

(1) *Comma così sostituito dall'art. 1, comma 1, lett.* m), *d.lgs. 15 novembre 2011, n. 195. Il testo del comma era il seguente:* « 1. La presentazione tardiva di memorie o documenti, su richiesta di parte, può

essere eccezionalmente autorizzata dal collegio, assicurando comunque il pieno rispetto del diritto delle controparti al contraddittorio su tali atti, quando la produzione nel termine di legge risulta estremamente difficile ».

(2) *L'art. 22, r.d. 17 agosto 1907, n. 642, ora abrogato da coord. c.p.a. (v.* infra*), prevedeva che:* « Il termine fissato nella prima parte dell'art. 29 della legge per la presentazione di memorie od istanze, e per la produzione di documenti, può essere prorogato, sopra domanda delle parti, dal Presidente della sezione adita nei casi di necessità o di pubblico interesse ».

(3) *A decorrere dall'entrata in vigore dell'art. 16 d.l. 12 settembre 2014, n. 132, conv., con modif., in l. 10 novembre 2014, n. 162, le parole* « 31 agosto » *sono sostituite alle parole* « 15 settembre » *dall'art. 20, comma 1-*ter*, d.l. 27 giugno 2015, n. 83, conv., con modif., in l. 6 agosto 2015, n. 132.*

(4) *V. art. 1, primo comma, l. 7 ottobre 1969, n. 742, che così dispone: « Il decorso dei termini processuali relativi alle giurisdizioni ordinarie ed a quelle amministrative è sospeso di diritto dal 1° agosto al 15 settembre di ciascun anno, e riprende a decorrere dalla fine del periodo di sospensione. Ove il decorso abbia inizio durante il periodo di sospensione, l'inizio stesso è differito alla fine di detto periodo ».*

(5) *V. quanto disposto dall'art. 84, comma 1, d.l. 17 marzo 2020, n. 18, conv., con modif., in l. 24 aprile 2020, n. 27,* sub *VII, 4, con riferimento alle misure adottate in relazione all'emergenza epidemiologica Covid-19.*

(6) *V. art. 5, l. n. 742, cit., che così dispone: « In materia amministrativa, l'articolo 1 non si applica nel procedimento per la sospensione della esecuzione del provvedimento impugnato ».*

TITOLO II
Procedimento cautelare

55 Misure cautelari collegiali (1).

1. Se il ricorrente, allegando di subire un pregiudizio grave e irreparabile durante il tempo necessario a giungere alla decisione sul ricorso, chiede l'emanazione di misure cautelari, compresa l'ingiunzione a pagare una somma in via provvisoria, che appaiono, secondo le circostanze, più idonee ad assicurare interinalmente gli effetti della decisione sul ricorso, il collegio si pronuncia con ordinanza emessa in camera di consiglio (2).

2. Qualora dalla decisione sulla domanda cautelare derivino effetti irreversibili, il collegio può disporre la prestazione di una cauzione, anche mediante fideiussione, cui subordinare la concessione o il diniego della misura cautelare. La concessione o il diniego della misura cautelare non può essere subordinata a cauzione quando la domanda cautelare attenga a diritti fondamentali della persona o ad altri beni di primario rilievo costituzionale. Il provvedimento che impone la cauzione ne indica l'oggetto, il modo di prestarla e il termine entro cui la prestazione va eseguita (2).

3. La domanda cautelare può essere proposta con il ricorso di merito o con distinto ricorso notificato alle altre parti (3).

4. La domanda cautelare è improcedibile finché non è presentata l'istanza di fissazione dell'udienza di merito, salvo che essa debba essere fissata d'ufficio (4).

5. Sulla domanda cautelare il collegio pronuncia nella prima camera di consiglio successiva al ventesimo giorno dal perfezionamento, anche per il destinatario, dell'ultima notificazione e, altresì, al decimo giorno dal deposito del ricorso. Le parti possono depositare memorie e documenti fino a due giorni liberi prima della camera di consiglio (5) (6).

6. Ai fini del giudizio cautelare, se la notificazione è effettuata a mezzo del servizio postale, il ricorrente, se non è ancora in possesso dell'avviso di ricevimento, può provare la data di perfezionamento della notificazione producendo copia dell'attestazione di consegna del servizio di monitoraggio della corrispondenza nel sito internet delle poste. È fatta salva la prova contraria.

7. Nella camera di consiglio le parti possono costituirsi e i difensori sono sentiti ove ne facciano richiesta. La trattazione si svolge oralmente e in modo sintetico (7).

8. Il collegio, per gravi ed eccezionali ragioni, può autorizzare la produzione in camera di consiglio di documenti, con consegna di copia alle altre parti fino all'inizio della discussione (8).

9. L'ordinanza cautelare motiva in ordine alla valutazione del pregiudizio allegato e indica i profili che, ad un sommario esame, inducono ad una ragionevole previsione sull'esito del ricorso (7).

10. Il tribunale amministrativo regionale, in sede cautelare, se ritiene che le esigenze del ricorrente siano apprezzabili favorevolmente e tutelabili adeguatamente con la sollecita definizione del giudizio nel merito, fissa con ordinanza collegiale la data della discussione (8) del ricorso nel merito. Nello stesso senso può provvedere il Consiglio di Stato, motivando sulle ragioni per cui ritiene di riformare l'ordinanza cautelare di primo grado; in tal caso, la pronuncia di appello è trasmessa al tribunale amministrativo regionale per la sollecita fissazione dell'udienza di merito.

11. L'ordinanza con cui è disposta una misura cautelare fissa la data di discussione del ricorso nel merito. In caso di mancata fissazione dell'udienza, il Consiglio di Stato, se conferma in appello la misura cautelare, dispone che il tribunale amministrativo regionale provveda alla fissazione della stessa con priorità. A tal fine l'ordinanza è trasmessa a cura della segreteria al primo giudice.

12. In sede di esame della domanda cautelare il collegio adotta, su istanza di parte, i provvedimenti necessari per assicurare la completezza dell'istruttoria e l'integrità del contraddittorio.

13. Il giudice adito può disporre misure cautelari solo se ritiene sussistente la propria competenza ai sensi degli articoli 13 e 14; altrimenti provvede ai sensi dell'articolo 15, comma 4 (9).

(1) *Per particolari disposizioni applicabili alle misure cautelari vedi gli artt. 120, comma 8-*bis *e 125 del presente Codice.*

Vedi anche l'art. 9 (Interventi di estrema urgenza in materia di vincolo idrogeologico, di normativa antisismica e di messa in sicurezza degli edifici scolastici e dell'Alta formazione artistica, musicale e coreutica -AFAM) del decreto legge 12 settembre 2014, n. 133, convertito, con modificazioni, dalla Legge 11 novembre 2014 n. 164. - Misure urgenti per l'apertura dei cantieri, la realizzazione delle opere pubbliche, la digitalizzazione del Paese, la semplificazione burocratica, l'emergenza del dissesto idrogeologico e per la ripresa delle attività produttive (SBLOCCA ITALIA), che, al comma 2-sexies, ha previsto che "2-sexies. Costituiscono esigenze imperative connesse a un interesse generale ai sensi dell'articolo 121, comma 2, del codice del processo amministrativo, di cui all'allegato 1 al decreto legislativo 2 luglio 2010, n. 104, quelle funzionali alla tutela dell'incolumità pubblica. Nei casi di procedure ad evidenza pubblica avviate o da avviarsi, in quelli conseguenti alla redazione di verbale di somma urgenza per interventi conseguenti alla dichiarazione dello stato di emergenza, nonché nei casi di cui al comma 1 del presente articolo, il tribunale amministrativo regionale, nel valutare l'istanza cautelare, può accoglierla unicamente nel caso in cui i requisiti di estre-

ma gravità e urgenza previsti dall'articolo 119, comma 4, del citato codice di cui all'allegato 1 al decreto legislativo n. 104 del 2010 siano ritenuti prevalenti rispetto alle esigenze di incolumità pubblica evidenziate dalla stazione appaltante. Nei casi di cui al presente comma, il tribunale amministrativo regionale fissa la data di discussione del merito del giudizio ai sensi del medesimo articolo 119, comma 3, del codice di cui all'allegato 1 al decreto legislativo n. 104 del 2010".

Vedi anche l'art. 95 (Tutela giurisdizionale) del D. Lgs. 16 novembre 2015 n.180 - Attuazione della direttiva 2014/59/UE del Parlamento europeo e del Consiglio, del 15 maggio 2014, che istituisce un quadro di risanamento e risoluzione degli enti creditizi e delle imprese di investimento e che modifica la direttiva 82/891/CEE del Consiglio, e le direttive 2001/24/CE, 2002/47/CE, 2004/25/CE, 2005/56/CE, 2007/36/CE, 2011/35/UE, 2012/30/UE e 2013/36/UE e i regolamenti (UE), n. 1093/2010 e (UE) n. 648/2012, del Parlamento europeo e del Consiglio, che prevede che "1. La tutela giurisdizionale davanti al giudice amministrativo è disciplinata dal Codice del processo amministrativo. Alle controversie aventi ad oggetto i provvedimenti adottati ai sensi del presente decreto si applicano gli articoli 119, 128, 133 e 135 del medesimo Codice. 2. Nei giudizi avverso le misure di gestione della crisi si presume fino a prova contraria che la sospensione dei provvedimenti della Banca d'Italia o del Ministro dell'economia e delle finanze sarebbe contraria all'interesse pubblico; nei medesimi giudizi non si applicano gli articoli 19 e 63, comma 4, del Codice del processo amministrativo. 3. Quando il giudice lo ritiene necessario per tutelare gli interessi dei terzi in buona fede che hanno acquistato azioni, altre partecipazioni, diritti, attività o passività di un ente sottoposto a risoluzione a seguito del ricorso agli strumenti di risoluzione o dell'esercizio dei poteri di risoluzione, l'annullamento del provvedimento lascia impregiudicati gli atti amministrativi adottati o i negozi posti in essere dalla Banca d'Italia o dai commissari speciali, sulla base del provvedimento annullato. Resta fermo il diritto al risarcimento del danno subito e provato, nei limiti stabiliti dalle norme vigenti. 4. Fermo restando il potere di cui all'articolo 67, il giudice presso il quale pende un qualsiasi giudizio del quale sia parte un ente sottoposto a risoluzione ne dispone la sospensione su istanza della Banca d'Italia per un periodo congruo al perseguimento degli obiettivi di cui all'articolo 21.".

(2) *L'art. 21, ottavo comma, primo periodo, l. Tar, ora abrogato da coord. c.p.a. (v.* infra*), prevedeva che:* « Se il ricorrente, allegando un pregiudizio grave e irreparabile derivante dall'esecuzione dell'atto impugnato, ovvero dal comportamento inerte dell'amministrazione, durante il tempo necessario a giungere ad una decisione sul ricorso, chiede l'emanazione di misure cautelari, compresa l'ingiunzione a pagare una somma, che appaiono, secondo le circostanze, più idonee ad assicurare interinalmente gli effetti della decisione sul ricorso, il tribunale amministrativo regionale si pronuncia sull'istanza con ordinanza emessa in camera di consiglio ».

L'art. 39 t.u. Cons. Stato, ora abrogato da coord. c.p.a. (v. infra*), prevedeva che:* « I ricorsi in via contenziosa non hanno effetto sospensivo. Tuttavia la esecuzione dell'atto o del provvedimento può essere sospesa per gravi ragioni, con decreto motivato dalla sezione sopra istanza del ricorrente ».

(2) *L'art. 21, ottavo comma, periodi secondo e terzo, l. Tar, ora abrogato da coord. c.p.a. (v.* infra*), prevedeva che:* « Nel caso in cui dall'esecuzione del provvedimento cautelare derivino effetti irreversibili il giudice amministrativo può altresì disporre la prestazione di una cauzione, anche mediante fideiussione, cui subordinare la concessione o il diniego della misura cautelare. La concessione o il diniego della misura cautelare non può essere subordinata a cauzione quando la richiesta cautelare attenga ad interessi essenziali della persona quali il diritto alla salute, alla integrità dell'ambiente, ovvero ad altri beni di primario rilievo costituzionale ».

(3) *L'art. 36, primo comma, r.d. 17 agosto 1907, n. 642, ora abrogato da coord. c.p.a. (v.* infra*), prevedeva che:* « Le domande di sospensione della esecuzione dell'atto amministrativo, qualora non siano proposte nel ricorso, devono farsi mediante istanza diretta alla sezione giurisdizionale, a cui fu presentato il ricorso, notificata agli interessati ed all'amministrazione e depositata nella segreteria ».

(4) *L'art. 21, dodicesimo comma, l. Tar, ora abrogato da coord. c.p.a. (v.* infra*), prevedeva che:* « L'ordinanza del tribunale amministrativo regionale di accoglimento della richiesta cautelare comporta priorità nella fissazione della data di trattazione del ricorso nel merito ».

(5) *L'art. 36, commi secondo, terzo e quarto, r.d. n. 642, cit., ora abrogato da coord. c.p.a. (v.* infra*), prevedeva che:* « L'amministrazione e le parti interessate possono, entro dieci giorni dalla notifica, depositare e trasmettere memorie od istanze alla segreteria. – Il Presidente può abbreviare il termine. – Su tali domande la sezione pronuncia nella prima udienza dopo spirato il termine ».

(6) *V. quanto disposto dall'art. 84, comma 1, d.l. 17 marzo 2020, n. 18, conv., con modif., in l. 24 aprile 2020, n. 27, sub VII, 4, con riferimento alle misure adottate in relazione all'emergenza epidemiologica Covid-19.*

(7) *L'art. 21, ottavo comma, periodi quarto e quinto, l. Tar, ora abrogato da coord. c.p.a. (v.* infra*), prevedeva che:* « L'ordinanza cautelare motiva in ordine alla valutazione del pregiudizio allegato, ed indica i profili che, ad un sommario esame, inducono a una ragionevole previsione sull'esito del ricorso. I difensori delle parti sono sentiti in camera di consiglio, ove ne facciano richiesta ».

(8) *Le parole* « della discussione » *sono state sostituite alle parole* « di discussione » *dall'art. 1, comma 1, lett.* n)*, d.lgs. 15 novembre 2011, n. 195.*

(9) *Le parole* « comma 4 » *sono state sostituite alle parole* « commi 5 e 6 » *dall'art. 1, comma 1, lett.* g)*, d.lgs. 14 settembre 2012, n. 160.*

56 Misure cautelari monocratiche.

1. Prima della trattazione della domanda cautelare da parte del collegio, in caso di estrema gravità ed urgenza, tale da non consentire neppure la dilazione fino alla data della camera di consiglio, il ricorrente può, con la domanda cautelare o con distinto ricorso notificato alle controparti, chiedere al presidente del tribunale amministrativo regionale, o della sezione cui il ricorso è assegnato, di disporre misure cautelari provvisorie. La domanda cautelare è improcedibile finché non è presentata l'istanza di fissazione d'udienza per il merito, salvo che essa debba essere fissata d'ufficio. Il presidente provvede sulla domanda solo se ritiene la competenza del tribunale amministrativo regionale, altrimenti rimette le parti al collegio per i provvedimenti di cui all'articolo 55, comma 13 (1).

2. Il presidente o un magistrato da lui delegato verifica che la notificazione del ricorso si sia perfezionata nei confronti dei destinatari o almeno della parte pubblica e di uno dei controinteressati e provvede con decreto motivato non impugnabile. La notificazione può avvenire da parte del difensore anche a mezzo fax. Si applica l'articolo 55, comma 6. Qualora l'esigenza cautelare non consenta l'accertamento del perfezionamento delle notificazioni, per cause non imputabili al ricorrente, il presidente può comunque provvedere, fatto salvo il potere di revoca. Ove ritenuto necessario il presidente, fuori udienza e senza formalità, sente, anche separatamente, le parti che si siano rese disponibili prima dell'emanazione del decreto.

3. Qualora dalla decisione sulla domanda cautelare derivino effetti irreversibili, il presidente può subordinare la concessione o il diniego della misura cautelare alla prestazione di una cauzione, anche mediante fideiussione, determinata con riguardo all'entità degli effetti irreversibili che possono prodursi per le parti e i terzi.

4. Il decreto, nel quale deve essere comunque indicata la camera di consiglio di cui all'articolo 55, comma 5, in caso di accoglimento è efficace sino a detta camera di consiglio. Il decreto perde efficacia se il collegio non provvede sulla domanda cautelare nella camera di consiglio di cui al periodo precedente. Fino a quando conserva efficacia, il decreto è sempre revocabile o modificabile su istanza di parte notificata. A quest'ultima si applica il comma 2.

5. Se la parte si avvale della facoltà di cui al secondo periodo del comma 2 le misure cautelari perdono efficacia se il ricorso non viene notificato per via ordinaria entro cinque giorni dalla richiesta delle misure cautelari provvisorie (2).

(1) *L'art. 21, nona comma, l. Tar, ora abrogato da coord. c.p.a. (v.* infra*), prevedeva che:* « Prima della trattazione della domanda cautelare, in caso di estrema gravità ed urgenza, tale da non consentire neppure la dilazione fino alla data della camera di consiglio, il ricorrente può, contestualmente alla domanda cautelare o con separata istanza notificata alle controparti, chiedere al presidente del tribunale amministrativo regionale, o della sezione cui il ricorso è assegnato, di disporre misure cautelari provvisorie. Il presidente provvede con decreto motivato, anche in assenza di contraddittorio. Il decreto è efficace sino alla pronuncia del collegio, cui l'istanza cautelare è sottoposta nella prima camera di consiglio utile. Le predette disposizioni si applicano anche dinanzi al Consiglio di Stato, in caso di appello contro un'ordinanza cautelare e in caso di domanda di sospensione della sentenza appellata ».

(2) *V. quanto disposto dall'art. 84, commi 1 e 2, d.l. 17 marzo 2020, n. 18, conv., con modif., in l. 24 aprile 2020, n. 27,* sub *VII, 4, con riferimento alle misure adottate in relazione all'emergenza epidemiologica Covid-19.*

57 Spese del procedimento cautelare.

1. Con l'ordinanza che decide sulla domanda il giudice provvede sulle spese della fase cautelare. La pronuncia sulle spese conserva efficacia anche dopo il provvedimento (1) che definisce il giudizio, salvo diversa statuizione espressa nella sentenza di merito (2).

(1) *Le parole* « il provvedimento » *sono state sostituite alle parole* « la sentenza » *e le parole* « di merito » *sono state aggiunte dall'art. 1, comma 1, lett.* o), *d.lgs. 15 novembre 2011, n. 195.*

(2) *L'art. 21, undicesimo comma, l. Tar, ora abrogato da coord. c.p.a. (v.* infra*), prevedeva che:* « Con l'ordinanza che rigetta la domanda cautelare o l'appello contro un'ordinanza cautelare ovvero li dichiara inammissibili o irricevibili, il giudice può provvedere in via provvisoria sulle spese del procedimento cautelare ».

58 Revoca o modifica delle misure cautelari collegiali e riproposizione della domanda cautelare respinta.

1. Le parti possono riproporre la domanda cautelare al collegio o chiedere la revoca o la modifica del provvedimento cautelare collegiale se si verificano mutamenti nelle circostanze o se allegano fatti anteriori di cui si è acquisita conoscenza successivamente al provvedimento cautelare. In tale caso, l'istante deve fornire la prova del momento in cui ne è venuto a conoscenza (1).

2. La revoca può essere altresì richiesta nei casi di cui all'articolo 395 del codice di procedura civile.

(1) *L'art. 21, tredicesimo comma, l. Tar, ora abrogato da coord. c.p.a. (v.* infra*), prevedeva che:* « La domanda di revoca o modificazione delle misure cautelari concesse e la riproposizione della domanda cautelare respinta sono ammissibili solo se motivate con riferimento a fatti sopravvenuti ».

59 Esecuzione delle misure cautelari.

1. Qualora i provvedimenti cautelari non siano eseguiti, in tutto o in parte, l'interessato, con istanza motivata e notificata alle altre parti, può chiedere al tribunale amministrativo regionale le opportune misure attuative. Il tribunale esercita i poteri inerenti al giudizio di ottemperanza di cui al Titolo I del Libro IV e provvede sulle spese. La liquidazione delle spese operata ai sensi del presente comma prescinde da quella conseguente al giudizio di merito, salvo diversa statuizione espressa nella sentenza (1).

(1) *L'art. 21, quattordicesimo comma, l. Tar, ora abrogato da coord. c.p.a. (v.* infra*), prevedeva che:* « Nel caso in cui l'amministrazione non abbia prestato ottemperanza alle misure cautelari concesse, o vi abbia adempiuto solo parzialmente, la parte interessata può, con istanza motivata e notificata alle altre parti, chiedere al tribunale amministrativo regionale le opportune disposizioni attua tive. Il tribunale amministrativo regionale esercita i poteri inerenti al giudizio di ottemperanza al giudicato, di cui all'articolo 27, primo comma, numero 4), del testo unico delle leggi sul Consiglio di Stato, approvato con regio decreto 26 giugno 1924, n. 1054, e successive modificazioni, e dispone l'esecuzione dell'ordinanza cautelare indicandone le modalità e, ove occorra, il soggetto che deve provvedere ».

60 Definizione del giudizio in esito all'udienza cautelare.

1. In sede di decisione della domanda cautelare, purché siano trascorsi almeno venti giorni dall'ultima notificazione del ricorso, il collegio, accertata la completezza del contraddittorio e dell'istruttoria, sentite sul punto le parti costituite, può definire, in camera di consiglio, il giudizio con sentenza in forma semplificata, salvo che una delle parti dichiari che intende proporre motivi aggiunti, ricorso incidentale o regolamento di competenza, ovvero regolamento di giurisdizione. Se la parte dichiara che intende proporre regolamento di competenza o di giurisdizione, il giudice assegna un termine non superiore a trenta giorni. Ove ne ricorrano i presupposti, il collegio dispone l'integrazione del contraddittorio o il rinvio per consentire la proposizione di motivi aggiunti, ricorso incidentale, regolamento di competenza o di giurisdizione e fissa contestualmente la data per il prosieguo della trattazione (1) (2).

(1) *L'art. 21, decimo comma, l. Tar, ora abrogato da coord. c.p.a. (v.* infra*), prevedeva che:* « In sede di decisione della domanda cautelare, il tribunale amministrativo regionale, accertata la completezza del contraddittorio e dell'istruttoria ed ove ne ricorrano i presupposti, sentite sul punto le parti costituite, può definire il giudizio nel merito a norma dell'articolo 26. Ove necessario, il tribunale amministrativo regionale dispone l'integrazione del contraddittorio e fissa contestualmente la data della successiva trattazione del ricorso a norma del comma undicesimo; adotta, ove ne sia il caso, le misure cautelari interinali ».

L'art. 26, commi quarto, quinto e sesto, l. Tar, ora abrogato da coord. c.p.a. (v. infra*), prevedeva che:* « Nel caso in cui ravvisino la manifesta fondatezza ovvero la manifesta irricevibilità, inammissibilità, improcedibilità o infondatezza del ricorso, il tribunale amministrativo regionale e il Consiglio di Stato decidono con sentenza succintamente motivata. La motivazione della sentenza può consistere in un sintetico riferimento al punto di fatto o di diritto ritenuto risolutivo, ovvero, se del caso, ad un precedente conforme. In ogni caso, il giudice provvede anche sulle spese di giudizio, applicando le norme del codice di procedura civile. – La decisione in forma semplificata è assunta, nel rispetto della completezza del contraddittorio, nella camera di consiglio fissata per l'esame dell'istanza cautelare ovvero fissata d'ufficio a seguito dell'esame istruttorio previsto dal secondo comma dell'articolo 44 del testo unico delle leggi sul Consiglio di Stato, approvato con regio decreto 26 giugno 1924, n. 1054, e successive modificazioni. – Le decisioni in forma semplificata sono soggette alle medesime forme di impugnazione previste per le sentenze ».

(2) *V. quanto disposto dall'art. 84, comma 5, d.l. 17 marzo 2020, n. 18, conv., con modif., in l. 24 aprile 2020, n. 27* (sub *VII, 4*)*, come da ultimo modificato dall'art. 4, comma 1, d.l. 30 aprile 2020, n. 28, conv., con modif., in l. 25 giugno 2020, n. 70* (sub *VII, 7*)*, con riferimento alle misure adottate in relazione all'emergenza epidemiologica Covid-19.*

61 Misure cautelari anteriori alla causa.

1. In caso di eccezionale gravità e urgenza, tale da non consentire neppure la previa notificazione del ricorso e la domanda di misure cautelari provvisorie con

decreto presidenziale, il soggetto legittimato al ricorso può proporre istanza per l'adozione delle misure interinali e provvisorie che appaiono indispensabili durante il tempo occorrente per la proposizione del ricorso di merito e della domanda cautelare in corso di causa (1).

2. L'istanza, notificata con le forme prescritte per la notificazione del ricorso, si propone al presidente del tribunale amministrativo regionale competente per il giudizio. Il presidente o un magistrato da lui delegato, accertato il perfezionamento della notificazione per i destinatari, provvede sull'istanza, sentite, ove necessario, le parti e omessa ogni altra formalità. La notificazione può essere effettuata dal difensore a mezzo fax. Qualora l'esigenza cautelare non consenta l'accertamento del perfezionamento delle notificazioni, per cause non imputabili al ricorrente, il presidente può comunque provvedere, fatto salvo il potere di revoca da esercitare nelle forme di cui all'articolo 56, comma 4, terzo e quarto periodo (1).

3. L'incompetenza del giudice è rilevabile d'ufficio.

4. Il decreto che rigetta l'istanza non è impugnabile; tuttavia la stessa può essere riproposta dopo l'inizio del giudizio di merito con le forme delle domande cautelari in corso di causa (1).

5. Il provvedimento di accoglimento è notificato dal richiedente alle altre parti entro il termine perentorio fissato dal giudice, non superiore a cinque giorni. Qualora dall'esecuzione del provvedimento cautelare emanato ai sensi del presente articolo derivino effetti irreversibili il presidente può disporre la prestazione di una cauzione, anche mediante fideiussione, cui subordinare la concessione della misura cautelare. Il provvedimento di accoglimento perde comunque effetto ove entro quindici giorni dalla sua emanazione non venga notificato il ricorso con la domanda cautelare ed esso non sia depositato nei successivi cinque giorni corredato da istanza di fissazione di udienza; in ogni caso la misura concessa ai sensi del presente articolo perde effetto con il decorso di sessanta giorni dalla sua emissione, dopo di che restano efficaci le sole misure cautelari che siano confermate o disposte in corso di causa. Il provvedimento di accoglimento non è appellabile ma, fino a quando conserva efficacia, è sempre revocabile o modificabile su istanza di parte previamente notificata. A quest'ultima si applica il comma 2 (1).

6. Per l'attuazione del provvedimento cautelare e per la pronuncia in ordine alle spese si applicano le disposizioni sui provvedimenti cautelari in corso di causa (1).

7. Le disposizioni del presente articolo non si applicano ai giudizi in grado di appello (1).

(1) *L'art. 245, commi 3-8, d.lgs. 12 aprile 2006, n. 163, dapprima modificato dall'art. 8 d.lgs. 20 marzo 2010, n. 53 ed ora abrogato da coord. c.p.a. (v.* infra*), per la sola materia degli appalti, prevedeva che:* « 3. In caso di eccezionale gravità e urgenza, tale da non consentire neppure la previa notifica del ricorso e la richiesta di misure cautelari provvisorie di cui all'articolo 21, comma 9, della legge 6 dicembre 1971, n. 1034, il soggetto legittimato al ricorso può proporre istanza per l'adozione delle misure interinali e provvisorie che appaiono indispensabili durante il tempo occorrente per la proposizione del ricorso di merito e della domanda cautelare di cui ai commi 8 e 9 del citato articolo 21. – 4. L'istanza, previamente notificata ai sensi dell'articolo 21, comma 1, della legge 6 dicembre 1971, n. 1034, si propone al Presidente del Tribunale amministrativo regionale competente per il merito. Il Presidente, o il giudice da lui delegato, provvede sull'istanza, sentite, ove possibile, le parti, e omessa ogni altra formalità. Le questioni di competenza di cui al presente comma sono rilevabili d'ufficio. – 5. Il provvedimento negativo non è impugnabile, ma la domanda cautelare può essere riproposta dopo l'inizio del giudizio di merito ai sensi dell'articolo 21, commi 8 e 9, della legge 6 dicembre 1971, n. 1034. – 6. L'efficacia del provvedimento di accoglimento può essere subordinata alla prestazione di una adeguata cauzione per i danni alle parti e ai terzi. Esso è notificato dal richiedente alle altre parti entro un termine perentorio fissato dal giudice, non superiore a cinque giorni. Il provvedimento di accoglimento perde comunque effetto con il decorso di sessanta giorni dalla sua prima emissione, dopo di che restano efficaci le sole misure cautelari che siano confermate o concesse ai sensi dell'articolo 21, commi 8 e 9, della legge 6 dicembre 1971, n. 1034. Il provvedimento di accoglimento non è appellabile, ma, fino a quando conserva efficacia, è sempre revocabile o modificabile senza formalità dal Presidente, d'ufficio o su istanza o reclamo di ogni interessato, nonché dal Collegio dopo l'inizio del giudizio di merito. – 7. Per l'attuazione del provvedimento cautelare e per la pronuncia in ordine alle spese si applica l'articolo 21 della legge 6 dicembre 1971, n. 1034. – 8. Le disposizioni recate dai commi da 3 a 7 non si applicano ai giudizi davanti al Consiglio di Stato, per i quali le istanze cautelari restano disciplinate dai restanti commi del presente articolo e dalle vigenti disposizioni relative al giudizio cautelare nel processo amministrativo ordinario in quanto da detti commi richiamate ».

62 Appello cautelare.

1. Contro le ordinanze cautelari è ammesso appello al Consiglio di Stato, da proporre nel termine di trenta giorni dalla notificazione dell'ordinanza, ovvero di sessanta giorni dalla sua pubblicazione (1).

2. L'appello, depositato nel termine di cui all'articolo 45, è deciso in camera di consiglio con ordinanza. Al giudizio si applicano gli articoli 55, comma 2 e commi da 5 a 10, 56 e 57.

3. L'ordinanza di accoglimento che dispone misure cautelari è trasmessa a cura della segreteria al primo giudice, anche agli effetti dell'articolo 55, comma 11 (2).

4. Nel giudizio di cui al presente articolo è rilevata anche d'ufficio la violazione, in primo grado, degli articoli 10, comma 2, 13, 14, 15, comma 2, 42, comma 4, e 55, comma 13. Se rileva la violazione degli articoli 13, 14, 15, comma 2, 42, comma 4 e 55, comma 13, il giudice competente per l'appello cautelare sottopone la questione al contraddittorio delle parti ai sensi dell'articolo 73, comma 3, e regola d'ufficio la competenza ai sensi dell'articolo 16, comma 3. Quando dichiara l'incompetenza del tribunale amministrativo regionale adito, con la stessa ordinanza annulla le misure cautelari emanate da un giudice diverso da quello di cui all'articolo 15, comma 6. Per la definizione della fase cautelare si applica l'articolo 15, comma 8 (3).

(1) *L'art. 28, terzo comma, l. Tar, ora abrogato da coord. c.p.a. (v.* infra*), prevedeva che:* « Contro le ordinanze dei tribunali amministrativi regionali di cui all'articolo 21, commi settimo e seguenti, è ammesso ricorso in appello, da proporre nel termine di sessanta giorni dalla notificazione dell'ordinanza, ovvero di centoventi giorni dalla comunicazione del deposito dell'ordinanza stessa nella segreteria ».

(2) *L'art. 1, comma 1, lett.* d) *d.l. 5 ottobre 2018, n. 115, non convertito in legge, aveva aggiunto, dopo il comma 3, il seguente comma:* « 3-*bis*. Nelle controversie di cui all'articolo 133, comma 1, lettera z -*septies*), contro i decreti di accoglimento che dispongono misure cautelari ai sensi dell'articolo 56, finché efficaci ai sensi del comma 4 del medesimo articolo, nonché contro quelli di cui all'articolo 61, finché efficaci ai sensi del comma 5 del medesimo articolo, è ammesso l'appello al Consiglio di Stato nei soli casi in cui l'esecuzione del decreto sia idonea a produrre pregiudizi gravissimi ovvero danni irreversibili prima della trattazione collegiale della domanda cautelare. Il Presidente, omessa ogni formalità, provvede con decreto sulla domanda solo se la ritiene ammissibile e fondata. Gli effetti della decisione di accoglimento cessano con la perdita di efficacia del decreto appellato ai sensi dei citati articoli 56, comma 4, e 61, comma 5 ». *Ai*

sensi dell'art. 4 d.l. n. 115, cit., tale disposizione doveva applicarsi anche ai processi e alle controversie in corso.

(3) *Comma così sostituito dall'art. 1, comma 1, lett.* h), *d.ls. 14 settembre 2012, n. 160. Il testo del comma era il seguente:* « 4. Nel giudizio di cui al presente articolo è rilevata anche d'ufficio la violazione, in primo grado, degli articoli 10, comma 2, 13, 14, 15, comma 5, 42, comma 4, e 55, comma 13. Se rileva la violazione degli articoli 13, 14, 15, comma 5, 42, comma 4, e 55, comma 13, il giudice competente per l'appello cautelare sottopone la questione al contraddittorio delle parti ai sensi dell'articolo 73, comma 3, e regola d'ufficio la competenza ai sensi dell'articolo 15, comma 4. Quando dichiara l'incompetenza del tribunale amministrativo regionale adito, con la stessa ordinanza annulla le misure cautelari emanate da un giudice diverso da quello di cui all'articolo 15, comma 7. Per la definizione della fase cautelare si applica l'articolo 15, comma 9 ».

TITOLO III
Mezzi di prova e attività istruttoria

CAPO I
Mezzi di prova

63 Mezzi di prova (1).

1. Fermo restando l'onere della prova a loro carico, il giudice può chiedere alle parti anche d'ufficio chiarimenti o documenti.

2. Il giudice, anche d'ufficio, può ordinare anche a terzi di esibire in giudizio i documenti o quanto altro ritenga necessario, secondo il disposto degli articoli 210 e seguenti del codice di procedura civile; può altresì disporre l'ispezione ai sensi dell'articolo 118 dello stesso codice.

3. Su istanza di parte il giudice può ammettere la prova testimoniale, che è sempre assunta in forma scritta ai sensi del codice di procedura civile.

4. Qualora reputi necessario l'accertamento di fatti o l'acquisizione di valutazioni che richiedono particolari competenze tecniche, il giudice può ordinare l'esecuzione di una verificazione ovvero, se indispensabile, può disporre una consulenza tecnica.

5. Il giudice può disporre anche l'assunzione degli altri mezzi di prova previsti dal codice di procedura civile, esclusi l'interrogatorio formale e il giuramento.

(1) *L'art. 44, commi primo e secondo, t.u. Cons. Stato, ora abrogato da coord. c.p.a. (v.* infra*), prevedeva che:* « Se la sezione, a cui è stato rimesso il ricorso riconosce che l'istruzione dell'affare è incompleta, o che i fatti affermati nell'atto o provvedimento impugnato sono in contraddizione coi documenti, può richiedere all'amministrazione interessata nuovi schiarimenti o documenti: ovvero ordinare all'amministrazione medesima di fare nuove verificazioni, autorizzando le parti ad assistervi ed anche a produrre determinati documenti, ovvero disporre consulenza tecnica. – Nei giudizi di merito il Consiglio di Stato può inoltre ordinare qualunque altro mezzo istruttorio, nei modi determinati dal regolamento di procedura ».

L'art. 26, r.d. 17 agosto 1907, n. 642, ora abrogato da coord. c.p.a. (v. infra*), prevedeva che:* « Le sezioni giurisdizionali possono richiedere all'amministrazione e ordinare alle parti di produrre quegli atti e documenti che credono necessari per la decisione della controver sia. – Possono pure richiedere che l'amministrazione faccia eseguire nuove verificazioni, fissando il termine entro cui dev'essere depositata la relazione. – Le parti sono, a cura dell'amministrazione, avvisate, almeno cinque giorni prima, del luogo, del giorno e dell'ora in cui si eseguiranno le verificazioni ».

L'art. 27, r.d. n. 642, cit., ora abrogato da coord. c.p.a. (v. infra*), prevedeva che:* « La sezione quinta può assumere testimoni, eseguire ispezioni, ordinare perizie e fare tutte le altre indagini che possono condurre alla scoperta della verità, coi poteri attribuiti al magistrato dal codice di procedura civile e con le relative sanzioni ».

L'art. 35, comma 3, d.lgs. 31 marzo 1998, n. 80, ora abrogato da coord. c.p.a. (v. infra*), prevedeva che:* « Il giudice amministrativo, nelle controversie di cui al comma 1, può disporre l'assunzione dei mezzi di prova previsti dal codice di procedura civile, nonché della consulenza tecnica d'ufficio, esclusi l'interrogatorio formale e il giuramento. L'assunzione dei mezzi di prova e l'espletamento della consulenza tecnica d'ufficio sono disciplinati, ove occorra, nel regolamento di cui al regio decreto 17 agosto 1907, n. 642, tenendo conto della specificità del processo amministrativo in relazione alle esigenze di celerità e concentrazione del giudizio ».

CAPO II
Ammissione e assunzione delle prove

64 Disponibilità, onere e valutazione della prova.

1. Spetta alle parti l'onere di fornire gli elementi di prova che siano nella loro disponibilità riguardanti i fatti posti a fondamento delle domande e delle eccezioni.

2. Salvi i casi previsti dalla legge, il giudice deve porre a fondamento della decisione le prove proposte dalle parti nonché i fatti non specificatamente contestati dalle parti costituite.

3. Il giudice amministrativo può disporre, anche d'ufficio, l'acquisizione di informazioni e documenti utili ai fini del decidere che siano nella disponibilità della pubblica amministrazione.

4. Il giudice deve valutare le prove secondo il suo prudente apprezzamento e può desumere argomenti di prova dal comportamento tenuto dalle parti nel corso del processo.

65 Istruttoria presidenziale e collegiale (1).

1. Il presidente della sezione o un magistrato da lui delegato adotta, su istanza motivata di parte, i provvedimenti necessari per assicurare la completezza dell'istruttoria.

2. Quando l'istruttoria è disposta dal collegio, questo provvede con ordinanza con la quale è contestualmente fissata la data della successiva udienza di trattazione del ricorso. La decisione sulla consulenza tecnica e sulla verificazione è sempre adottata dal collegio.

3. Ove l'amministrazione non provveda al deposito del provvedimento impugnato e degli altri atti ai sensi dell'articolo 46, il presidente o un magistrato da lui delegato ovvero il collegio ordina, anche su istanza di parte, l'esibizione degli atti e dei documenti nel termine e nei modi opportuni.

(1) *L'art. 44, terzo comma, t.u. Cons. Stato, ora abrogato da coord. c.p.a. (v.* infra*), prevedeva che:* « La decisione sui mezzi istruttori, compresa la consulenza tecnica, è adottata dal presidente della sezione o da un magistrato da lui delegato ovvero dal collegio mediante ordinanza con la quale è contestualmente fissata la data della successiva udienza di trattazione del ricorso ».

L'art. 21, commi sesto e settimo, l. Tar, ora abrogato da coord. c.p.a. (v. infra*), prevedeva che:* « Ove l'amministrazione non provveda all'adempimento, il presidente, ovvero un magistrato da lui delegato, ordina, anche su istanza di parte, l'esibizione degli atti e dei documenti nel termine e nei modi opportuni.

Analogo provvedimento il Presidente ha il potere di adottare nei confronti di soggetti diversi dall'amministrazione intimata per atti e documenti di cui ritenga necessaria l'esibizione in giudizio. In ogni caso, qualora l'esibizione importi una spesa, essa deve essere anticipata dalla parte che ha proposto istanza per l'acquisizione dei documenti ».

L'art. 23, quinto comma, l. Tar, ora abrogato da coord. c.p.a. (v. infra*), prevedeva che:* « Il Presidente dispone, ove occorra, gli incombenti istruttori ».

L'art. 28, primo comma, r.d. 17 agosto 1907, n. 642, ora abrogato da coord. c.p.a. (v. infra*), prevedeva che:* « Se una delle parti domanda l'assunzione di un mezzo istruttorio e le altre aderiscono, il Presidente, qualora ne riconosca l'opportunità, dà atto alle parti della domanda ed emette le disposizioni che occorrono per la esecuzione ».

66 Verificazione.

1. Il collegio, quando dispone la verificazione, con ordinanza individua l'organismo che deve provvedervi, formula i quesiti e fissa un termine per il suo compimento e per il deposito della relazione conclusiva. Il capo dell'organismo verificatore, o il suo delegato se il giudice ha autorizzato la delega, è responsabile del compimento di tutte le operazioni (1).

2. L'ordinanza è comunicata dalla segreteria all'organismo verificatore.

3. Con l'ordinanza di cui al comma 1 il collegio può disporre che venga corrisposto all'organismo verificatore, o al suo delegato, un anticipo sul compenso.

4. Terminata la verificazione, su istanza dell'organismo o del suo delegato, il presidente liquida con decreto il compenso complessivamente spettante al verificatore, ponendolo provvisoriamente a carico di una delle parti. Si applicano le tariffe stabilite dalle disposizioni in materia di spese di giustizia, ovvero, se inferiori, quelle eventualmente stabilite per i servizi resi dall'organismo verificatore. Con la sentenza che definisce il giudizio il Collegio regola definitivamente il relativo onere.

(1) *L'art. 44, primo comma, t.u. Cons. Stato, ora abrogato da coord. c.p.a. (v.* infra*), prevedeva che:* « Se la sezione, a cui è stato rimesso il ricorso riconosce che l'istruzione dell'affare è incompleta, o che i fatti affermati nell'atto o provvedimento impugnato sono in contraddizione coi documenti, può richiedere all'amministrazione interessata nuovi schiarimenti o documenti: ovvero ordinare al l'amministrazione medesima di fare nuove verificazioni, autorizzando le parti ad assistervi ed anche a produrre determinati documenti, ovvero disporre consulenza tecnica ».

67 Consulenza tecnica d'ufficio.

1. Con l'ordinanza con cui dispone la consulenza tecnica d'ufficio, il collegio nomina il consulente, formula i quesiti e fissa il termine entro cui il consulente incaricato deve comparire dinanzi al magistrato a tal fine delegato per assumere l'incarico e prestare giuramento ai sensi del comma 4. L'ordinanza è comunicata al consulente tecnico a cura della segreteria (1).

2. Le eventuali istanze di astensione e ricusazione del consulente sono proposte, a pena di decadenza, entro il termine di cui al comma 1 [e sono decise dal presidente o dal magistrato delegato con decreto non impugnabile] (2).

3. Il collegio, con la stessa ordinanza di cui al comma 1, assegna termini successivi, prorogabili ai sensi dell'articolo 154 del codice di procedura civile, per:

a) la corresponsione al consulente tecnico di un anticipo sul suo compenso;

b) l'eventuale nomina, con dichiarazione ricevuta dal segretario, di consulenti tecnici delle parti, i quali, oltre a poter assistere alle operazioni del consulente del giudice e a interloquire con questo, possono partecipare all'udienza e alla camera di consiglio ogni volta che è presente il consulente del giudice per chiarire e svolgere, con l'autorizzazione del presidente, le loro osservazioni sui risultati delle indagini tecniche;

c) la trasmissione, ad opera del consulente tecnico d'ufficio, di uno schema della propria relazione alle parti ovvero, se nominati, ai loro consulenti tecnici;

d) la trasmissione al consulente tecnico d'ufficio delle eventuali osservazioni e conclusioni dei consulenti tecnici di parte;

e) il deposito in segreteria della relazione finale, in cui il consulente tecnico d'ufficio dà altresì conto delle osservazioni e delle conclusioni dei consulenti di parte e prende specificamente posizione su di esse.

4. Il giuramento del consulente è reso davanti al magistrato a tal fine delegato, secondo le modalità stabilite dall'articolo 193 del codice di procedura civile.

5. Il compenso complessivamente spettante al consulente d'ufficio è liquidato, al termine delle operazioni, ai sensi dell'articolo 66, comma 4, primo e terzo periodo.

(1) *V. l'art. 44, primo comma, t.u. Cons. Stato, ora abrogato da coord. c.p.a. (v.* infra*), citato* sub *art. 66.*

(2) *Le parole tra parentesi quadre sono state soppresse dall'art. 1, comma 1, lett.* p*), d.lgs. 15 novembre 2011, n. 195.*

68 Termini e modalità dell'istruttoria (1).

1. Il presidente o il magistrato delegato, ovvero il collegio, nell'ammettere i mezzi istruttori stabiliscono i termini da osservare e ne determinano il luogo e il modo dell'assunzione applicando, in quanto compatibili, le disposizioni del codice di procedura civile.

2. Per l'assunzione fuori udienza dei mezzi di prova è delegato uno dei componenti del collegio, il quale procede con l'assistenza del segretario che redige i relativi verbali. Il segretario comunica alle parti almeno cinque giorni prima il giorno, l'ora e il luogo delle operazioni.

3. Se il mezzo istruttorio deve essere eseguito fuori dal territorio della Repubblica, la richiesta è formulata mediante rogatoria o per delega al console competente, ai sensi dell'articolo 204 del codice di procedura civile.

4. Il segretario comunica alle parti l'avviso che l'istruttoria disposta è stata eseguita e che i relativi atti sono presso la segreteria a loro disposizione.

(1) *L'art. 29 r.d. 17 agosto 1907, n. 642, ora abrogato da coord. c.p.a. (v.* infra*), prevedeva che:* « Il Presidente o la sezione, nell'ammettere i mezzi istruttori, stabilisce i termini da osservare ed i modi con cui debbono seguire, applicando, per quanto è possibile, le disposizioni del codice di procedura civile ».

L'art. 30, r.d. n. 642, cit., ora abrogato da coord. c.p.a. (v. infra*), prevedeva che:* « Per l'esecuzione dei mezzi istruttori di cui nel capoverso dell'art. 36 della legge, è delegato uno dei componenti della sezione, il quale procede con l'assistenza del segretario, che redige i relativi verbali.

Se il luogo in cui devesi eseguire il mezzo istruttorio è fuori della capitale, la sezione può delegare uno dei consiglieri di Prefettura, o un magistrato il quale è assistito da un segretario di quell'ufficio. – Se il mezzo istruttorio debba eseguirsi fuori del Regno, la richiesta deve farsi nelle forme diplomatiche ».

L'art. 32 r.d. n. 642, cit., ora abrogato da coord. c.p.a. (v. infra*), prevedeva che:* « Il consigliere a cui sono commessi mezzi istruttori deve fare notificare, cinque giorni prima, alle parti stesse il giorno, l'ora ed il luogo delle operazioni ».

69 Surrogazione del giudice delegato all'istruttoria (1).

1. La surrogazione del magistrato delegato o la nomina di altro magistrato che debba sostituirlo in qualche atto relativo all'esecuzione della prova è disposta con provvedimento del presidente, ancorché la delega abbia avuto luogo con ordinanza collegiale.

(1) *L'art. 33 r.d. 17 agosto 1907, n. 642, ora abrogato da coord. c.p.a. (v.* infra*), prevedeva che:* « La surrogazione del consigliere delegato, o la nomina di altro consigliere che debba sostituirlo in qualche atto relativo all'esecuzione della prova è fatto con provvedimento del Presidente, ancorché la delegazione abbia avuto luogo per decisione ».

TITOLO IV
Riunione, discussione e decisione dei ricorsi

CAPO I
Riunione dei ricorsi

70 Riunione dei ricorsi (1).

1. Il collegio può, su istanza di parte o d'ufficio, disporre la riunione di ricorsi connessi.

(1) *L'art. 52 r.d. 17 agosto 1907, n. 642, ora abrogato da coord. c.p.a. (v.* infra*), prevedeva che:* « Se alcuna delle parti, o la pubblica amministrazione, chieda che per ragione di connessione due ricorsi siano uniti e venga provveduto su di essi con una sola decisione, la sezione, udite le parti interessate, può ordinarne l'unione. Il Presidente può, anche quando non sia stata chiesta l'unione, ordinare d'ufficio che i due ricorsi siano chiamati alla stessa udienza, affinché la sezione possa giudicare della loro connessione e, ove si faccia luogo alla riunione, pronunciare sui due ricorsi con una sola decisione ».

CAPO II
Discussione

71 Fissazione dell'udienza.

1. La fissazione dell'udienza di discussione deve essere chiesta da una delle parti con apposita istanza, non revocabile, da presentare entro il termine massimo di un anno dal deposito del ricorso o dalla cancellazione della causa dal ruolo (1).

2. La parte può segnalare l'urgenza del ricorso depositando istanza di prelievo (2).

3. Il presidente, decorso il termine per la costituzione delle altre parti, fissa l'udienza per la discussione del ricorso (3).

4. La pendenza del termine di cui all'articolo 15, comma 2, e la proposizione del regolamento di competenza non precludono la fissazione dell'udienza di discussione né la decisione del ricorso, anche ai sensi degli articoli 60 e 74, salvo che nel termine di cui all'articolo 73, comma 1, la parte interessata depositi l'istanza di regolamento di competenza notificata ai sensi dello stesso articolo 15, comma 2. In tal caso, il giudice può differire la decisione fino alla decisione del regolamento di competenza.

5. Il decreto di fissazione è comunicato a cura dell'ufficio di segreteria, almeno sessanta giorni prima dell'udienza fissata, sia al ricorrente che alle parti costituite in giudizio. Tale termine è ridotto a quarantacinque giorni, su accordo delle parti, se l'udienza di merito è fissata a seguito di rinuncia alla definizione autonoma della domanda cautelare (4).

6. Il presidente designa il relatore almeno trenta giorni prima della data di udienza (5).

(1) *L'art. 23, commi primo e quarto, l. Tar, ora abrogato da coord. c.p.a. (v.* infra*), prevedeva che:* « La discussione del ricorso deve essere richiesta dal ricorrente ovvero dall'amministrazione o da altra parte costituita con apposita istanza da presentarsi entro il termine massimo di due anni dal deposito del ricorso. – [...] Le parti possono produrre documenti fino a venti giorni liberi anteriori al giorno fissato per l'udienza e presentare memorie fino a dieci giorni ».

L'art. 40, primo comma, t.u. Cons. Stato, ora abrogato da coord. c.p.a. (v. infra*), prevedeva che:* « Le parti in causa o la pubblica amministrazione dovranno domandare, con separate istanze, ai presidenti delle sezioni contenziose, la fissazione dell'udienza per la discussione dei ricorsi ».

(2) *L'art. 53 r.d. 17 agosto 1907, n. 642, ora abrogato da coord. c.p.a. (v.* infra*), prevedeva che:* « La determinazione del giorno dell'udienza ha luogo secondo l'ordine d'iscrizione delle domande nel registro indicato nell'art. 51. – I ricorsi urgenti hanno la precedenza, osservato l'ordine d'iscrizione nel registro predetto ».

(3) *L'art. 23, secondo comma, l. Tar, ora abrogato da coord. c.p.a. (v.* infra*), prevedeva che:* « Il Presidente, sempre che sia decorso il termine di cui al primo comma dell'articolo 22, fissa con decreto l'udienza per la discussione del ricorso ».

(4) *L'art. 51, primo comma, r.d. n. 642, cit., L'art. 23, commi primo e quarto, l. Tar, ora abrogato da coord. c.p.a. (v.* infra*), prevedeva che:* « Il segretario, ricevuta la domanda di fissazione dell'udienza per la discussione del ricorso, ne fa annotazione in apposito registro e ne rilascia dichiarazione, se richiesta. Indi presenta la domanda stessa col ricorso, il contro-ricorso, il ricorso incidentale, le carte e i documenti al Presidente della sezione il quale nomina il relatore ed assegna il giorno dell'udienza ».

(5) *L'art. 23, terzo comma, l. Tar, ora abrogato da coord. c.p.a. (v.* infra*), prevedeva che:* « Il decreto di fissazione è notificato, a cura dell'ufficio di segreteria, almeno quaranta giorni prima dell'udienza fissata, sia al ricorrente che alle parti che si siano costituite in giudizio ».

71-*bis* Effetti dell'istanza di prelievo (1).

1. A seguito dell'istanza di cui al comma 2 dell'articolo 71, il giudice, accertata la completezza del contraddittorio e dell'istruttoria, sentite sul punto le parti costituite, può definire, in camera di consiglio, il giudizio con sentenza in forma semplificata.

(1) *Articolo inserito dall'art. 1, comma 781, lett.* b)*, l. 28 dicembre 2015, n. 208. V. art. 1-*ter*, comma 3, l. 24 marzo 2001, n. 89 (sub IV, 17) come inserito dall'art. 1, comma 777, lett.* a)*, L. 28 dicembre 2015, n. 208 che, a decorrere dal 1° gennaio 2016, prevede: « Nei giudizi dinanzi al giudice amministrativo costituisce rimedio preventivo la presentazione dell'istanza di prelievo di cui all'articolo 71, comma 2, del codice del processo amministrativo, di cui al decreto legislativo 2 luglio 2010, n. 104, almeno sei mesi prima che siano trascorsi i termini di cui all'articolo 2, comma 2-*bis *». L'art. 54, comma 2, del d.l. 25 giugno 2008, n. 112, conv., con modif., in l. 6 agosto 2008, n. 133 prevede che « La domanda di equa riparazione non è proponibile se nel giudizio dinanzi al giudice amministrativo in cui si assume essersi verificata la violazione di cui all'articolo 2, comma 1, della legge 24 marzo 2001, n. 89, non è stata presentata l'istanza di prelievo di cui all'articolo 71, comma 2, del codice del processo amministrativo, nè con riguardo al periodo anteriore alla sua presentazione ». Successivamente la Corte Costituzionale, con sentenza 6 marzo 2019, n. 34 (in Gazz. Uff. 13 marzo 2019, n. 11), ha dichiarato l'*illegittimità costituzionale *dell'art. 54, comma 2.*

72 Priorità nella trattazione dei ricorsi vertenti su un'unica questione.

1. Se al fine della decisione della controversia occorre risolvere una singola questione di diritto, anche a seguito di rinuncia a tutti i motivi o eccezioni, e se le

parti concordano sui fatti di causa, il presidente fissa con priorità l'udienza di discussione.

2. Il collegio, se rileva l'insussistenza dei presupposti di cui al comma 1, dispone con ordinanza che la trattazione della causa prosegua con le modalità ordinarie.

72-*bis* (1) Decisione dei ricorsi suscettibili di immediata definizione

1. Il presidente, quando i ricorsi siano suscettibili di immediata definizione, anche a seguito della segnalazione dell'ufficio per il processo, fissa la trattazione alla prima camera di consiglio successiva al ventesimo giorno dal perfezionamento, anche per il destinatario, dell'ultima notificazione e, altresì, al decimo giorno dal deposito del ricorso. Le parti possono depositare memorie e documenti fino a due giorni liberi prima della camera di consiglio. Salvi eccezionali motivi, non è possibile chiedere il rinvio della trattazione della causa. Se è concesso il rinvio, la trattazione del ricorso è fissata alla prima camera di consiglio utile successiva.

2. Se è possibile definire la causa in rito, in mancanza di eccezioni delle parti, il collegio sottopone la relativa questione alle parti presenti. Nei casi di particolare complessità della questione sollevata, il collegio, con ordinanza, assegna un termine non superiore a venti giorni per il deposito di memorie. La causa è decisa alla scadenza del termine, senza che sia necessario convocare un'ulteriore camera di consiglio. Se la causa non è definibile in rito, il collegio con ordinanza fissa la data dell'udienza pubblica. In ogni caso la decisione è adottata con sentenza in forma semplificata.

(1) *Articolo inserito dall'art. 17, comma 7, lett.* a), *n. 1 d.l. 9 giugno 2021, n. 80, conv., con modif., in l. 6 agosto 2021, n. 113.*

73 Udienza di discussione.

1. Le parti possono produrre documenti fino a quaranta giorni liberi prima dell'udienza, memorie fino a trenta giorni liberi e presentare repliche, ai nuovi documenti e alle nuove memorie depositate in vista dell'udienza (1), fino a venti giorni liberi (2) (3).

1-*bis*. Non è possibile disporre, d'ufficio o su istanza di parte, la cancellazione della causa dal ruolo. Il rinvio della trattazione della causa è disposto solo per casi eccezionali, che sono riportati nel verbale di udienza, ovvero, se il rinvio è disposto fuori udienza, nel decreto presidenziale che dispone il rinvio (4).

2. Nell'udienza le parti possono discutere sinteticamente.

3. Se ritiene di porre a fondamento della sua decisione una questione rilevata d'ufficio, il giudice la indica in udienza dandone atto a verbale. Se la questione emerge dopo il passaggio in decisione, il giudice riserva quest'ultima e con ordinanza assegna alle parti un termine non superiore a trenta giorni per il deposito di memorie.

(1) *Le parole* « , ai nuovi documenti e alle nuove memorie depositate in vista dell'udienza, » *sono state inserite dall'art. 1, comma 1, lett.* q), *d.lgs. 15 novembre 2011, n. 195.*

(2) *L'art. 23, quarto comma, l. Tar, ora abrogato da coord. c.p.a. (v.* infra*), prevedeva che:* « Le parti possono produrre documenti fino a venti giorni liberi anteriori al giorno fissato per l'udienza e presentare memorie fino a dieci giorni ».

(3) *V. quanto disposto dall'art. 84, comma 5, d.l. 17 marzo 2020, n. 18, conv., con modif., in l. 24 aprile 2020, n. 27 (*sub *VII, 4), come da ultimo modificato dall'art. 4, comma 1, d.l. 30 aprile 2020, n. 28, conv., con modif., in l. 25 giugno 2020, n. 70 (*sub *VII, 7), con riferimento alle misure adottate in relazione all'emergenza epidemiologica da Covid-19.*

(4) *Comma inserito dall'art. 17, comma 7, lett.* a), *n. 2 d.l. 9 giugno 2021, n. 80, conv., con modif., in l. 6 agosto 2021, n. 113.*

74 Sentenze in forma semplificata (1).

1. Nel caso in cui ravvisi la manifesta fondatezza ovvero la manifesta irricevibilità, inammissibilità, improcedibilità o infondatezza del ricorso, il giudice decide con sentenza in forma semplificata. La motivazione della sentenza può consistere in un sintetico riferimento al punto di fatto o di diritto ritenuto risolutivo ovvero, se del caso, ad un precedente conforme.

(1) *L'art. 26, quarto comma, l. Tar, ora abrogato da coord. c.p.a. (v.* infra*), prevedeva che:* « Nel caso in cui ravvisino la manifesta fondatezza ovvero la manifesta irricevibilità, inammissibilità, improcedibilità o infondatezza del ricorso, il tribunale amministrativo regionale e il Consiglio di Stato decidono con sentenza succintamente motivata. La motivazione della sentenza può consistere in un sintetico riferimento al punto di fatto o di diritto ritenuto risolutivo, ovvero, se del caso, ad un precedente conforme. In ogni caso, il giudice provvede anche sulle spese di giudizio, applicando le norme del codice di procedura civile ».

CAPO III
Deliberazione

75 Deliberazione del collegio (1).

1. Il collegio, dopo la discussione, decide la causa.

2. La decisione può essere differita a una delle successive camere di consiglio.

(1) *L'art. 61 r.d. 17 agosto 1907, n. 642, ora abrogato da coord. c.p.a. (v.* infra*), prevedeva che:* « La sezione, dopo la discussione, pronuncia la decisione. – La pronunciazione della decisione può essere differita ad una delle prossime udienze ».

76 Modalità della votazione.

1. Possono essere presenti in camera di consiglio i magistrati designati per l'udienza (1).

2. La decisione è assunta in camera di consiglio con il voto dei soli componenti del collegio (2).

3. Il presidente raccoglie i voti. La decisione è presa a maggioranza di voti. Il primo a votare è il relatore, poi il secondo componente del collegio e, infine, il presidente. Nei giudizi davanti al Consiglio di Stato il primo a votare è il relatore, poi il meno anziano in ordine di ruolo, e così continuando sino al presidente (2).

4. Si applicano l'articolo 276, secondo, quarto e quinto comma (3), del codice di procedura civile e l'articolo (4) 118, quarto comma, delle disposizioni per l'attuazione del codice di procedura civile (5).

(1) *L'art. 62, r.d. 17 agosto 1907, n. 642, ora abrogato da coord. c.p.a. (v.* infra*), prevedeva che:* « Non possono concorrere alla decisione se non quei consiglieri e referendari che hanno assistito alla discussione ».

(2) *L'art. 63, r.d. n. 642, cit., ora abrogato da coord. c.p.a. (v.* infra*), prevedeva che:* « La decisione si pronuncia in camera di consiglio con l'intervento dei soli votanti. — Il Presidente raccoglie i voti. — Il primo a votare è il relatore, poi il meno anziano in ordine di nomina, e così continuando sino a chi presiede ».

(3) *Il numero* « 2 », *che seguiva le parole* « quinto comma », *è stato soppresso dall'art. 1, comma 1, lett.* r), *d.ls. 15 novembre 2011, n. 195.*

(4) *Le parole* « l'articolo » *sono state sostituite alle parole* « gli articoli 114, quarto comma, e » *dall'art. 1, comma 1, lett.* i), *d.ls. 14 settembre 2012, n. 160.*

(5) *V. l'art. 276. c.p.c., che così dispone:* « (Deliberazione). — *La decisione è deliberata in segreto nella camera di consiglio [c.p.c. 359]. Ad essa possono partecipare soltanto i giudici che hanno assistito alla discussione [158 c.p.c.; 114 disp. att. c.p.c.]. — Il collegio, sotto la direzione del presidente, decide gradatamente le questioni pregiudiziali proposte dalle parti o rilevabili d'ufficio e quindi il merito della causa. — La decisione è presa a maggioranza di voti. Il primo a votare è il relatore, quindi l'altro giudice e infine il presidente. — Se intorno a una questione si prospettano più soluzioni e non si forma la maggioranza alla prima votazione, il presidente mette ai voti due delle soluzioni per escluderne una, quindi mette ai voti la non esclusa e quella eventualmente restante, e così successivamente finché le soluzioni siano ridotte a due, sulle quali avviene la votazione definitiva. — Chiusa la votazione, il presidente scrive e sottoscrive il dispositivo. La motivazione è quindi stesa dal relatore, a meno che il presidente non creda di stenderla egli stesso o affidarla all'altro giudice* ». *V. inoltre l'art. 114, quarto comma, disp. att. c.p.c., che così dispone:* « *Se all'udienza sono chiamati giudici in numero superiore a quello stabilito, il collegio, per ciascuna causa, è formato dal presidente, dal relatore e dal giudice più anziano* », *e l'art. 118, quarto comma, disp. att. c.p.c., che così dispone:* « *La scelta dell'estensore della sentenza prevista nell'articolo 276 ultimo comma del codice è fatta dal presidente tra i componenti il collegio che hanno espresso voto conforme alla decisione* ».

TITOLO V
Incidenti nel processo

CAPO I
Incidente di falso

77 Querela di falso.

1. Chi deduce la falsità di un documento deve provare che sia stata già proposta la querela di falso o domandare la fissazione di un termine entro cui possa proporla innanzi al tribunale ordinario competente (1).

2. Qualora la controversia possa essere decisa indipendentemente dal documento del quale è dedotta la falsità, il collegio pronuncia sulla controversia (2).

3. La prova dell'avvenuta proposizione della querela di falso è depositata agli atti di causa entro trenta giorni dalla scadenza del termine fissato ai sensi del comma 1. In difetto il presidente fissa l'udienza di discussione (2).

4. Proposta la querela, il collegio sospende la decisione fino alla definizione del giudizio di falso (2).

(1) *L'art. 41 r.d. 17 agosto 1907, n. 642, ora abrogato da coord. c.p.a. (v.* infra*), prevedeva che:* « Chi deduce la falsità di un documento deve provare che sia stata già proposta la querela di falso, o domandare la prefissione di un termine entro cui possa proporla innanzi al Tribunale competente ».

(2) *L'art. 42 r.d. n. 642, cit., ora abrogato da coord. c.p.a. (v.* infra*), prevedeva che:* « Qualora la contestazione possa essere decisa indipendentemente dal documento del quale è dedotta la falsità, la sezione pronuncia sulla controversia principale. – La decide pure dopo che sia trascorso il termine prefisso a norma dell'articolo precedente, senza che siano stati compiuti gli atti prescritti dal codice di procedura civile, fino alla proposta della querela. – Proposta la querela, la sezione sospende la decisione fino al termine del giudizio di falso ».

78 Deposito della sentenza resa sulla querela di falso.

1. Definito il giudizio di falso, la parte che ha dedotto la falsità deposita copia autentica della sentenza in segreteria (1).

2. Il ricorso è dichiarato estinto se nessuna parte deposita la copia della sentenza nel termine di novanta giorni dal suo passaggio in giudicato.

(1) *L'art. 43 r.d. 17 agosto 1907, n. 642, ora abrogato da coord. c.p.a. (v.* infra*), prevedeva che:* « Terminato il giudizio di falso, la parte che ha dedotto la falsità deve, entro trenta giorni dalla pubblicazione della sentenza, depositarne copia nella segreteria sotto pena, se è il ricorrente, della decadenza del ricorso ».

CAPO II
Sospensione e interruzione del processo

79 Sospensione e interruzione del processo.

1. La sospensione del processo è disciplinata dal codice di procedura civile, dalle altre leggi e dal diritto dell'Unione europea.

2. L'interruzione del processo è disciplinata dalle disposizioni del codice di procedura civile. L'interruzione del processo è immediatamente dichiarata dal presidente con decreto; il decreto è comunicato alle parti costituite a cura della segreteria (1) (2).

3. Le ordinanze di sospensione emesse ai sensi dell'articolo 295 del codice di procedura civile sono appellabili. L'appello è deciso in camera di consiglio.

(1) *Periodo aggiunto dall'art. 17, comma 7, lett.* a), *n. 3 d.l. 9 giugno 2021, n. 80, conv., con modif., in l. 6 agosto 2021, n. 113.*

(2) *L'art. 24, primo comma, l. Tar, ora abrogato da coord. c.p.a. (v.* infra*), prevedeva che:* « La morte o la perdita della capacità di stare in giudizio di una delle parti private o del suo rappresentante legale o la cessazione di tale rappresentanza produce l'interruzione del processo secondo le norme degli articoli 299 e seguenti del codice di procedura civile, in quanto applicabili. Se la parte è costituita a mezzo di un procuratore o avvocato, il processo è interrotto dal giorno della morte, radiazione o sospensione del procuratore o dell'avvocato stesso ».

80 Prosecuzione o riassunzione del processo sospeso o interrotto.

1. In caso di sospensione del giudizio, per la sua prosecuzione deve essere presentata istanza di fissazione di udienza entro novanta giorni dalla comunicazione dell'atto che fa venir meno la causa della sospensione.

2. Il processo interrotto prosegue se la parte nei cui confronti si è verificato l'evento interruttivo presenta nuova istanza di fissazione di udienza.

3. Se non avviene la prosecuzione ai sensi del comma 2, il processo deve essere riassunto, a cura della parte più diligente, con apposito atto notificato a tutte le altre parti, nel termine perentorio di novanta giorni dalla conoscenza legale dell'evento interruttivo, acquisita mediante dichiarazione, notificazione o certificazione (1).

3-*bis*. In tutti i casi di sospensione e interruzione del giudizio il presidente può disporre istruttoria per accertare la persistenza delle ragioni che le hanno determinate e l'udienza è fissata d'ufficio trascorsi tre mesi dalla cessazione di tali ragioni (2).

(1) *L'art. 24, secondo comma, l. Tar, ora abrogato da coord. c.p.a. (v.* infra*), prevedeva che:* « Il processo deve essere riassunto, a cura della parte più diligente, con apposito atto notificato a tutte le altre parti, nel termine perentorio di sei mesi dalla conoscenza legale del-

l'evento interruttivo, acquisita mediante dichiarazione, notificazione o certificazione; altrimenti, si estingue ».

(2) *Comma aggiunto dall'art. 17, comma 7, lett.* a)*, n. 4 d.l. 9 giugno 2021, n. 80, conv., con modif., in l. 6 agosto 2021, n. 113.*

TITOLO VI
Estinzione e improcedibilità

81 Perenzione (1).

1. Il ricorso si considera perento se nel corso di un anno non sia compiuto alcun atto di procedura. Il termine non decorre dalla presentazione dell'istanza di cui all'articolo 71, comma 1, e finché non si sia provveduto su di essa, salvo quanto previsto dall'articolo 82.

(1) *L'art. 25 l. Tar, ora abrogato da coord. c.p.a. (v.* infra*), prevedeva che:* « I ricorsi si considerano abbandonati se nel corso di due anni non sia compiuto alcun atto di procedura ».

L'art. 40, secondo comma, t.u. Cons. Stato, ora abrogato da coord. c.p.a. (v. infra*), prevedeva che:* « I ricorsi si avranno per abbandonati, se per il corso di due anni non sia fatto alcun atto di procedura ».

82 Perenzione dei ricorsi ultraquinquennali (1).

1. Dopo il decorso di cinque anni dalla data di deposito del ricorso, la segreteria comunica alle parti costituite apposito avviso in virtù del quale è fatto onere al ricorrente di presentare nuova istanza di fissazione di udienza, sottoscritta dalla parte che ha rilasciato la procura di cui all'articolo 24 e dal suo difensore, entro centoventi (2) giorni dalla data di ricezione dell'avviso. In difetto di tale nuova istanza, il ricorso è dichiarato perento.

2. Se, in assenza dell'avviso di cui al comma 1, è comunicato alle parti l'avviso di fissazione dell'udienza di discussione nel merito, il ricorso è deciso qualora il ricorrente dichiari, anche in udienza a mezzo del proprio difensore, di avere interesse alla decisione; altrimenti è dichiarato perento dal presidente del collegio con decreto.

(1) *L'art. 9, comma 2, l. 21 luglio 2000, n. 205, così dispone: « 2. A cura della segreteria è notificato alle parti costituite, dopo il decorso di cinque anni dalla data di deposito dei ricorsi, apposito avviso in virtù del quale è fatto onere alle parti ricorrenti di presentare nuova istanza di fissazione dell'udienza con la firma delle parti entro sei mesi dalla data di notifica dell'avviso medesimo. I ricorsi per i quali non sia stata presentata nuova domanda di fissazione vengono, dopo il decorso infruttuoso del termine assegnato, dichiarati perenti con le modalità di cui all'ultimo comma dell'articolo 26 della legge 6 dicembre 1971, n. 1034, introdotto dal comma 1 del presente articolo. Se, in assenza dell'avviso di cui al primo periodo, è comunicato alle parti l'avviso di fissazione dell'udienza di discussione nel merito, i ricorsi sono decisi qualora almeno una parte costituita dichiari, anche in udienza a mezzo del proprio difensore, di avere interesse alla decisione; altrimenti sono dichiarati perenti dal presidente del collegio con decreto, ai sensi dell'articolo 26, ultimo comma, della legge 6 dicembre 1971, n. 1034 ». Nel citato comma le parole* « cinque anni » *sono state sostituite alle parole* « dieci anni » *dall'art. 54, comma 1, d.l. 25 giugno 2008, n. 112, conv., con modif., in l. 6 agosto 2008, n. 133 e l'ultimo periodo è stato aggiunto dall'art. 57 l. 18 giugno 2009, n. 69.*

(2) *La parola* « centoventi » *è stata sostituita alla parola* « centottanta » *dall'art. 17, comma 7, lett.* a)*, n. 5 d.l. 9 giugno 2021, n. 80, conv., con modif., in l. 6 agosto 2021, n. 113.*

83 Effetti della perenzione (1).

1. La perenzione opera di diritto e può essere rilevata anche d'ufficio. Ciascuna delle parti sopporta le proprie spese nel giudizio.

(1) *L'art. 45 r.d. 17 agosto 1907, n. 642, ora abrogato da coord. c.p.a. (v.* infra*), prevedeva che:* « La perenzione del ricorso opera di diritto e può essere rilevata anche di ufficio. – Nel caso di perenzione, ciascuna delle parti sopporta le proprie spese nel giudizio perento ».

84 Rinuncia.

1. La parte può rinunciare al ricorso in ogni stato e grado della controversia, mediante dichiarazione sottoscritta da essa stessa o dall'avvocato munito di mandato speciale e depositata presso la segreteria, o mediante dichiarazione resa in udienza e documentata nel relativo verbale (1).

2. Il rinunciante deve pagare le spese degli atti di procedura compiuti, salvo che il collegio, avuto riguardo a ogni circostanza, ritenga di compensarle (1)..

3. La rinuncia deve essere notificata alle altre parti almeno dieci giorni prima dell'udienza. Se le parti che hanno interesse alla prosecuzione non si oppongono, il processo si estingue (1).

4. Anche in assenza delle formalità di cui ai commi precedenti il giudice può desumere dall'intervento di fatti o atti univoci dopo la proposizione del ricorso ed altresì dal comportamento delle parti argomenti di prova della sopravvenuta carenza d'interesse alla decisione della causa.

(1) *L'art. 46 r.d. 17 agosto 1907, n. 642, ora abrogato da coord. c.p.a. (v.* infra*), prevedeva che:* « In qualunque stadio della controversia si può rinunciare al ricorso mediante dichiarazione sottoscritta dalla parte o dall'avvocato, munito di mandato speciale e depositato nella segreteria, o mediante dichiarazione verbale, di cui è steso processo. – Il rinunziante deve pagare le spese degli atti di procedura compiuti. – La rinunzia dev'essere notificata alla controparte, eccetto il caso in cui sia fatta oralmente all'udienza ».

85 Forma e rito per l'estinzione e per l'improcedibilità (1).

1. L'estinzione e l'improcedibilità di cui all'articolo 35 possono essere pronunciate con decreto dal presidente o da un magistrato da lui delegato.

2. Il decreto è depositato in segreteria, che ne dà comunicazione alle parti costituite.

3. Nel termine di sessanta giorni dalla comunicazione ciascuna delle parti costituite può proporre opposizione al collegio, con atto notificato a tutte le altre parti.

4. Il giudizio di opposizione si svolge ai sensi dell'articolo 87, comma 3, ed è deciso con ordinanza che, in caso di accoglimento dell'opposizione, fissa l'udienza di merito.

5. In caso di rigetto, le spese sono poste a carico dell'opponente e vengono liquidate dal collegio nella stessa ordinanza, esclusa la possibilità di compensazione anche parziale.

6. L'ordinanza è depositata in segreteria, che ne dà comunicazione alle parti costituite.

7. Avverso l'ordinanza che decide sull'opposizione può essere proposto appello.

8. Il giudizio di appello si svolge secondo le disposizioni di cui all'articolo 87, comma 3 (2).

9. L'estinzione e l'improcedibilità sono dichiarate con sentenza se si verificano, o vengono accertate, all'udienza di discussione.

(1) *L'art. 26, settimo comma, l. Tar, ora abrogato da coord. c.p.a. (v. infra), prevedeva che:* « La rinuncia al ricorso, la cessazione della materia del contendere, l'estinzione del giudizio e la perenzione sono pronunciate, con decreto, dal presidente della sezione competente o da un magistrato da lui delegato. Il decreto è depositato in segreteria, che ne dà formale comunicazione alle parti costituite. Nel termine di sessanta giorni dalla comunicazione ciascuna delle parti costituite può proporre opposizione al collegio, con atto notificato a tutte le altre parti e depositato presso la segreteria del giudice adìto entro dieci giorni dall'ultima notifica. Nei trenta giorni successivi il collegio decide sulla opposizione in camera di consiglio, sentite le parti che ne facciano richiesta, con ordinanza che, in caso di accoglimento della opposizione, dispone la reiscrizione del ricorso nel ruolo ordinario. Nel caso di rigetto, le spese sono poste a carico dell'opponente e vengono liquidate dal collegio nella stessa ordinanza, esclusa la possibilità di compensazione anche parziale. L'ordinanza è depositata in segreteria, che ne dà comunicazione alle parti costituite. Avverso l'ordinanza che decide sulla opposizione può essere proposto ricorso in appello. Il giudizio di appello procede secondo le regole ordinarie, ridotti alla metà tutti i termini processuali ».

(2) *Comma sostituito dall'articolo 1, comma 1, lettera* l), *del d.lgs. 14 settembre 2012, n. 160. Il testo del comma era il seguente:* « 8. Il giudizio di appello procede secondo le regole ordinarie e l'udienza di discussione è fissata d'ufficio con priorità ».

TITOLO VII
Correzione di errore materiale dei provvedimenti del giudice

86 Procedimento di correzione (1).

1. Ove occorra correggere omissioni o errori materiali, la domanda per la correzione deve essere proposta al giudice che ha emesso il provvedimento, il quale, se vi è il consenso delle parti, dispone con decreto, in camera di consiglio, la correzione.

2. In caso di dissenso delle parti, sulla domanda di correzione pronuncia il collegio con ordinanza in camera di consiglio.

3. La correzione si effettua a margine o in calce al provvedimento originale, con indicazione del decreto o dell'ordinanza che l'ha disposta.

(1) *L'art. 93 r.d. 17 agosto 1907, n. 642, ora abrogato da coord. c.p.a. (v. infra), prevedeva che:* « Ove occorra correggere omissioni od errori materiali, od aggiungere alcuna delle conclusioni, che, presa dalle parti, non sia stata riferita nella decisione, ma risulti dai motivi che col dispositivo vi si è provveduto, la domanda per la correzione deve esser fatta al collegio che pronunziò la decisione, il quale, sul consenso delle parti, decreta, in camera di consiglio, la correzione richiesta. – In caso di dissenso delle parti, sulle domande di correzione pronuncia il collegio col procedimento ordinario. – Le correzioni si fanno in margine o in fine della decisione originale, con indicazione del decreto e della decisione che le abbia ordinate ».

TITOLO VIII
Udienze

87 Udienze pubbliche e procedimenti in camera di consiglio.

1. Le udienze sono pubbliche a pena di nullità, salvo quanto previsto dal comma 2, ma il presidente del collegio può disporre che si svolgano a porte chiuse, se ricorrono ragioni di sicurezza dello Stato, di ordine pubblico o di buon costume (1).

2. Oltre agli altri casi espressamente previsti, si trattano in camera di consiglio:

a) i giudizi cautelari e quelli relativi all'esecuzione delle misure cautelari collegiali (2);

b) il giudizio in materia di silenzio (3);

c) il giudizio in materia di accesso ai documenti amministrativi e di violazione degli obblighi di trasparenza amministrativa (4) (5);

d) i giudizi di ottemperanza (6);

e) i giudizi in opposizione ai decreti che pronunciano l'estinzione o l'improcedibilità del giudizio (7).

3. Nei giudizi di cui al comma 2, con esclusione dell'ipotesi di cui alla lettera *a*) e fatto salvo quanto disposto dall'articolo 116, comma 1 (8), tutti i termini processuali sono dimezzati rispetto a quelli del processo ordinario, tranne, nei giudizi di primo grado (8), quelli per la notificazione del ricorso introduttivo, del ricorso incidentale e dei motivi aggiunti. La camera di consiglio è fissata d'ufficio alla prima udienza utile successiva al trentesimo giorno decorrente dalla scadenza del termine di costituzione delle parti intimate. Nella camera di consiglio sono sentiti i difensori che ne fanno richiesta.

4. La trattazione in pubblica udienza non costituisce motivo di nullità della decisione (7).

4-*bis*. Le udienze straordinarie dedicate allo smaltimento dell'arretrato sono svolte in camera di consiglio da remoto. Non si applica il comma 3, fatta eccezione per l'ultimo periodo (9).

(1) *Le parole da* « , ma il presidente » *alla fine del comma sono state aggiunte dall'art. 1, comma 1, lett.* s), *d.ls. 15 novembre 2011, n. 195.*

(2) *L'art. 21, ottavo comma, l. Tar, ora abrogato da coord. c.p.a. (v. infra), prevedeva che:* « Se il ricorrente [...] chiede l'emanazione di misure cautelari, [...] il tribunale amministrativo regionale si pronuncia sull'istanza con ordinanza emessa in camera di consiglio ».

(3) *L'art. 21-*bis, *primo comma, l. Tar, ora abrogato da coord. c.p.a. (v. infra), prevedeva che:* « I ricorsi avverso il silenzio dell'amministrazione sono decisi in camera di consiglio [...] ».

(4) *Le parole* « e di violazione degli obblighi di trasparenza amministrativa » *sono state inserite dall'art. 52, comma 4, lett.* b), *d.ls. 14 marzo 2013, n. 33.*

(5) *L'art. 25, comma 5, l. 7 agosto 1990, n. 241, precedentemente alla sostituzione operata da coord. c.p.a. (v. infra), prevedeva che:* « Contro le determinazioni amministrative concernenti il diritto di accesso [...] è dato ricorso, nel termine di trenta giorni, al tribunale amministrativo regionale, il quale decide in camera di consiglio [...] ».

(6) *L'art. 27, l. Tar, ora abrogato da coord. c.p.a. (v. infra), prevedeva che:* « Si segue il procedimento in camera di consiglio: [...] 4) per i ricorsi proposti ai sensi dell'articolo 27, n. 4, del testo unico approvato con regio decreto 26 giugno 1924, n. 1054 ».

(7) *L'art. 27, l. Tar, ora abrogato da coord. c.p.a. (v. infra), prevedeva che:* « Si segue il procedimento in camera di consiglio: 1) per i giudizi per i quali si debba soltanto dare atto della rinuncia al ricorso o dichiarare la perenzione; 2) per i ricorsi per i quali le parti concordemente chiedono che sia dichiarata la cessazione della materia del contendere; 3) per i ricorsi contro le decisioni del prefetto sulle controversie in materia di spedalità, previste dall'articolo 3 della legge 26 aprile 1954, n. 251, concernente modifica agli articoli 10, 34, 36 del regio decreto 30 dicembre 1923, n. 2841, e all'articolo 6 del testo unico approvato con regio decreto 14 settembre 1931, n. 1776; [...]. — Nei casi di cui ai numeri precedenti se una delle parti ne faccia richiesta il presidente ordina che il ricorso si tratti in udienza pubblica ».

(8) *Le parole* « e fatto salvo quanto disposto dall'articolo 116, comma 1, » *e le parole* « , nei giudizi di primo grado, » *sono state inserite dall'art. 1, comma 1, lett.* s), *d.ls. n. 195, cit.*

(9) *Comma aggiunto dall'art. 17, comma 7, lett.* a), *n. 6 d.l. 9 giugno 2021, n. 80, conv., con modif., in l. 6 agosto 2021, n. 113.*

TITOLO IX
Sentenza

88 Contenuto della sentenza.

1. La sentenza è pronunciata in nome del popolo italiano e reca l'intestazione « Repubblica italiana ».

2. Essa deve contenere:

a) l'indicazione del giudice adito e del collegio che l'ha pronunciata;

b) l'indicazione delle parti e dei loro avvocati;

c) le domande;

d) la concisa esposizione dei motivi in fatto e in diritto della decisione, anche con rinvio a precedenti cui intende conformarsi;

e) il dispositivo, ivi compresa la pronuncia sulle spese;

f) l'ordine che la decisione sia eseguita dall'autorità amministrativa;

g) l'indicazione del giorno, mese, anno e luogo in cui la decisione è pronunciata;

h) la sottoscrizione del presidente e dell'estensore (1).

3. Si applica l'articolo 118, comma 3, delle disposizioni per l'attuazione del codice di procedura civile (2).

4. Se il presidente non può sottoscrivere per morte o altro impedimento, la sentenza è sottoscritta dal componente più anziano del collegio, purché prima della sottoscrizione sia menzionato l'impedimento; se l'estensore non può sottoscrivere la sentenza per morte o altro impedimento, è sufficiente la sottoscrizione del solo presidente, purché prima della sottoscrizione sia menzionato l'impedimento.

(1) *L'art. 65 r.d. 17 agosto 1907, n. 642, ora abrogato da coord. c.p.a. (v.* infra*), prevedeva che:* « La decisione si pronuncia in nome del Popolo italiano e deve contenere: 1) la indicazione del nome e cognome delle parti e dei loro avvocati; 2) il tenore delle domande; 3) una succinta esposizione dei motivi di fatto e di diritto; 4) il dispositivo; 5) l'ordine che la decisione sia eseguita dall'autorità amministrativa; 6) la indicazione del giorno, mese, anno e luogo in cui la decisione è pronunciata; 7) la sottoscrizione dei consiglieri che hanno pronunziata la decisione, con l'indicazione dell'estensore e la firma del segretario ».

(2) *V. l'art. 118 disp. att. c.p.c., « Motivazione della sentenza », che al comma 3 dispone: « In ogni caso deve essere omessa ogni citazione di autori giuridici ».*

89 Pubblicazione e comunicazione della sentenza.

1. La sentenza deve essere redatta non oltre il quarantacinquesimo giorno da quello della decisione della causa (1).

2. La sentenza, che non può più essere modificata dopo la sua sottoscrizione, è immediatamente resa pubblica mediante deposito nella segreteria del giudice che l'ha pronunciata (2).

3. Il segretario dà atto del deposito in calce alla sentenza, vi appone la data e la firma ed entro cinque giorni ne dà comunicazione alle parti costituite (3).

(1) *L'art. 55 l. 27 aprile 1982, n. 186, « Sottoscrizione e pubblicazione delle sentenze », ora abrogato da coord. c.p.a. (v.* infra*), al terzo comma prevedeva che:* « Le sentenze debbono essere redatte non oltre il 45° giorno da quello della decisione della causa ».

(2) *L'art. 66 r.d. 17 agosto 1907, n. 642, ora abrogato da coord. c.p.a. (v.* infra*), prevedeva che* « La decisione non può più essere modificata quando è sottoscritta dai votanti ».

(3) *L'art. 55 l. n. 186, cit., ora abrogato da coord. c.p.a. (v.* infra*), al secondo comma, prevedeva che* « La sentenza è resa pubblica mediante deposito nella segreteria. Il segretario dà atto del deposito in calce alla sentenza, vi appone la data e la firma ed entro 5 giorni ne dà comunicazione alle parti costituite ».

90 Pubblicità della sentenza (1).

1. Qualora la pubblicità della sentenza possa contribuire a riparare il danno, compreso quello derivante per effetto di quanto previsto all'articolo 96 del codice di procedura civile, il giudice, su istanza di parte, può ordinarla a cura e spese del soccombente, mediante inserzione per estratto, ovvero mediante comunicazione, nelle forme specificamente indicate, in una o più testate giornalistiche, radiofoniche o televisive e in siti internet da lui designati. Se l'inserzione non avviene nel termine stabilito dal giudice, può procedervi la parte a favore della quale è stata disposta, con diritto a ripetere le spese dall'obbligato.

(1) *V. art. 120 c.p.c., che così dispone: «* (Pubblicità della sentenza). *– Nei casi in cui la pubblicità della decisione di merito può contribuire a riparare il danno, compreso quello derivante per effetto di quanto previsto all'articolo 96, il giudice, su istanza di parte, può ordinarla a cura e spese del soccombente, mediante inserzione per estratto, ovvero mediante comunicazione, nelle forme specificamente indicate, in una o più testate giornalistiche, radiofoniche o televisive e in siti internet da lui designati. – Se l'inserzione non avviene nel termine stabilito dal giudice, può procedervi la parte a favore della quale è stata disposta, con diritto a ripetere le spese dall'obbligato ». Il primo comma del citato art. 120, è stato così sostituito dall'art. 45, comma 16, l. 18 giugno 2009, n. 69.*

LIBRO TERZO
Impugnazioni

TITOLO I
Impugnazioni in generale

91 Mezzi di impugnazione (1).

1. I mezzi di impugnazione delle sentenze sono l'appello, la revocazione, l'opposizione di terzo e il ricorso per cassazione per i soli motivi inerenti alla giurisdizione.

(1) *L'art. 28, commi primo, secondo, quarto e quinto, l. Tar., ora abrogato da coord. c.p.a. (v.* infra*), prevedeva che:* « Contro le sentenze dei tribunali amministrativi è ammesso ricorso per revocazione, nei casi, nei modi e nei termini previsti dagli articoli n. 395 e 396 del codice di procedura civile. — Contro le sentenze medesime è ammesso, altresì, ricorso al Consiglio di Stato, in sede giurisdizionale, da proporre nel termine di giorni sessanta dalla ricevuta notificazione, osservato il disposto dell'articolo 330 del codice di procedura civile. [...] — Nei casi nei quali i tribunali hanno competenza di merito o esclusiva, anche il Consiglio di Stato, nel decidere in secondo grado, ha competenza di merito o esclusiva. — In ogni caso, il Consiglio di Stato in sede di appello esercita gli stessi poteri giurisdizionali di cognizione e di decisione del giudice di primo grado » (*C. cost. 17 maggio 1995, n. 177 aveva dichiarato* l'illegittimità costituzionale *del citato art. 28, nella parte in cui non prevedeva l'opposizione di terzo ordinaria fra i mezzi di impugnazione delle sentenze del tribunale amministrativo regionale divenute giudicato*).

92 Termini per le impugnazioni.

1. Salvo quanto diversamente previsto da speciali disposizioni di legge, le impugnazioni si propongono con ricorso e devono essere notificate entro il termine perentorio di sessanta giorni decorrenti dalla notificazione della sentenza (1).

2. Per i casi di revocazione previsti nei numeri 1, 2, 3 e 6 del primo comma dell'articolo 395 del codice di procedura civile e di opposizione di terzo di cui all'articolo 108, comma 2, il termine di cui al comma 1 decorre dal giorno in cui è stato scoperto il dolo o la falsità o la collusione o è stato recuperato il documento o è passata in giudicato la sentenza di cui al numero 6 del medesimo articolo 395.

3. In difetto della notificazione della sentenza, l'appello, la revocazione di cui ai numeri 4 e 5 dell'articolo 395 del codice di procedura civile e il ricorso per cassazione devono essere notificati entro sei mesi dalla pubblicazione della sentenza.

4. La disposizione di cui al comma 3 non si applica quando la parte che non si è costituita in giudizio dimostri di non aver avuto conoscenza del processo2 a causa della nullità del ricorso o della sua notificazione.

5. Fermo quanto previsto dall'articolo 16, comma 3, l'ordinanza cautelare che, in modo implicito o esplicito, ha deciso anche sulla competenza è appellabile ai sensi dell'articolo 62. Non costituiscono decisione implicita sulla competenza le ordinanze istruttorie o interlocutorie di cui all'articolo 36, comma 1, né quelle che disattendono l'istanza cautelare senza riferimento espresso alla questione di competenza. La sentenza che, in modo implicito o esplicito, ha pronunciato sulla competenza insieme col merito è appellabile nei modi ordinari e nei termini di cui ai commi 1, 3 e 4.

(1) *L'art. 36, primo comma, t.u. Cons. Stato, ora abrogato da coord. c.p.a. (v.* infra*), prevedeva che:* « Fuori dei casi nei quali i termini siano fissati dalle leggi speciali, relative alla materia del ricorso, il termine per ricorrere al Consiglio di Stato in sede giurisdizionale è di giorni 60 dalla data in cui la decisione amministrativa sia stata notificata nelle forme e nei modi stabiliti dal regolamento, o dalla data in cui risulti che l'interessato ne ha avuta piena cognizione. Se il ricorrente ha dichiarato di accettare, a norma dell'art. 33, che l'affare sia proposto alla decisione del Consiglio di Stato, il termine è di giorni 30 dalla data della dichiarazione ».

93 Luogo di notificazione dell'impugnazione.

1. L'impugnazione deve essere notificata nella residenza dichiarata o nel domicilio eletto dalla parte nell'atto di notificazione della sentenza o, in difetto, presso il difensore o nella residenza dichiarata o nel domicilio eletto per il giudizio e risultante dalla sentenza.

2. Qualora la notificazione abbia avuto esito negativo perché il domiciliatario si è trasferito senza notificare una formale comunicazione alle altre parti, la parte che intende proporre l'impugnazione può presentare al presidente del tribunale amministrativo regionale o al presidente del Consiglio di Stato, secondo il giudice adito con l'impugnazione, un'istanza, corredata dall'attestazione dell'omessa notificazione, per la fissazione di un termine perentorio per il completamento della notificazione o per la rinnovazione dell'impugnazione.

94 Deposito delle impugnazioni (1).

1. Nei giudizi di appello, di revocazione e di opposizione di terzo il ricorso deve essere depositato nella segreteria del giudice adito, a pena di decadenza, entro trenta giorni dall'ultima notificazione ai sensi dell'articolo 45, unitamente ad una copia della sentenza impugnata e alla prova delle eseguite notificazioni.

(1) *L'art. 36, quarto comma, t.u. Cons. Stato, ora abrogato da coord. c.p.a. (v.* infra*), prevedeva che:* « L'originale ricorso, con la prova delle eseguite notificazioni e coi documenti sui quali si fonda, deve essere dal ricorrente, entro 30 giorni successivi alle notificazioni medesime, depositato, insieme all'atto o provvedimento impugnato, nella segreteria del Consiglio di Stato ».

95 Parti del giudizio di impugnazione.

1. L'impugnazione della sentenza pronunciata in causa inscindibile o in cause tra loro dipendenti è notificata (1) a tutte le parti in causa e, negli altri casi, alle parti che hanno interesse a contraddire.

2. L'impugnazione deve essere notificata a pena di inammissibilità nei termini previsti dall'articolo 92 ad almeno una delle parti interessate a contraddire.

3. Se la sentenza non è stata impugnata nei confronti di tutte le parti di cui al comma 1, il giudice ordina l'integrazione del contraddittorio, fissando il termine entro cui la notificazione deve essere eseguita, nonché la successiva udienza di trattazione.

4. L'impugnazione è dichiarata improcedibile se nessuna delle parti provvede all'integrazione del contraddittorio nel termine fissato dal giudice.

5. Il Consiglio di Stato, se riconosce che l'impugnazione è manifestamente irricevibile, inammissibile, improcedibile o infondata, può non ordinare l'integrazione del contraddittorio, quando l'impugnazione di altre parti è preclusa o esclusa.

6. Ai giudizi di impugnazione non si applica l'articolo 23, comma 1.

(1) *Le parole da* « L'impugnazione della sentenza » *a* « è notificata » *sono state sostituite alle parole* « L'impugnazione deve essere notificata, nelle cause inscindibili, » *dall'art. 1, comma 1, lett.* t), *d.ls. 15 novembre 2011, n. 195.*

96 Impugnazioni avverso la medesima sentenza.

1. Tutte le impugnazioni proposte separatamente contro la stessa sentenza devono essere riunite in un solo processo.

2. Possono essere proposte impugnazioni incidentali, ai sensi degli articoli 333 e 334 del codice di procedura civile.

3. L'impugnazione incidentale di cui all'articolo 333 del codice di procedura civile può essere rivolta contro qualsiasi capo di sentenza e deve essere proposta dalla parte entro sessanta giorni dalla notificazione della sentenza o, se anteriore, entro sessanta giorni dalla prima notificazione nei suoi confronti di altra impugnazione (1).

4. Con l'impugnazione incidentale proposta ai sensi dell'articolo 334 del codice di procedura civile possono essere impugnati anche capi autonomi della sentenza; tuttavia, se l'impugnazione principale è dichiarata inammissibile, l'impugnazione incidentale perde ogni efficacia (1).

5. L'impugnazione incidentale di cui all'articolo 334 del codice di procedura civile deve essere proposta dalla parte entro sessanta giorni dalla data in cui si è perfezionata nei suoi confronti la notificazione dell'impugnazione principale e depositata, unitamente alla prova dell'avvenuta notificazione, nel termine di cui all'articolo 45 (2).

6. In caso di mancata riunione di più impugnazioni ritualmente proposte contro la stessa sentenza, la decisione di una delle impugnazioni non determina l'improcedibilità delle altre.

(1) *L'art. 37 t.u. Cons. Stato, ora abrogato da coord. c.p.a. (v.* infra*), prevedeva che*: « Nel termine di 30 giorni successivi a quello assegnato per il deposito del ricorso, l'autorità e le parti, alle quali il ricorso fosse stato notificato, possono presentare memorie, fare istanze, produrre documenti, e anche un ricorso incidentale, con le stesse forme prescritte per il ricorso. — La notificazione del ricorso incidentale sarà fatta nei modi prescritti per il ricorso principale, presso il domicilio eletto, all'avvocato che ha firmato il ricorso stesso. — L'originale del ricorso incidentale, con la prova delle eseguite notificazioni e coi documenti, deve essere depositato in segreteria nel termine di giorni 10. — Se colui che vuole produrre il ricorso incidentale risiede all'estero, il termine per la notificazione è aumentato nella misura indicata al capoverso secondo dell'art. 36. — I termini e i modi prescritti nel presente articolo per la notificazione e il deposito del ricorso incidentale debbono osservarsi a pena di decadenza. — Il ricorso incidentale non è efficace, se venga prodotto dopo che siasi rinunziato al ricorso principale, o se questo venga dichiarato inammissibile, per essere stato proposto fuori termine ».

(2) *Le parole* « nel termine di cui all'articolo 45 » *sono state sostituite alle parole* « entro dieci giorni » *dall'art. 1, comma 1, lett.* m)*, d.ls. 14 settembre 2012, n. 160.*

97 Intervento nel giudizio di impugnazione (1).

1. Può intervenire nel giudizio di impugnazione, con atto notificato a tutte le parti, chi vi ha interesse.

(1) *L'art. 37 r.d. 17 agosto 1907, n. 642, ora abrogato da coord. c.p.a. (v.* infra*), prevedeva che*: « Chi ha un interesse nella contestazione può intervenirvi. - L'intervento è proposto con domanda diretta alla sezione adita. La domanda deve contenere le ragioni, con la produzione dei documenti giustificativi, e dev'essere sottoscritta dalle parti e dall'avvocato, o dal solo avvocato munito di mandato speciale. *Il successivo art. 38 r.d. n. 642, cit., ora abrogato da coord. c.p.a. (v.* infra*), prevedeva che:* « La domanda d'intervento è notificata alle parti nel rispettivo domicilio di elezione ed all'autorità che ha emanato l'atto impugnato, e deve essere depositata in segreteria entro dieci giorni successivi a quello della notificazione ».

98 Misure cautelari (1).

1. Salvo quanto disposto dall'articolo 111, il giudice dell'impugnazione può, su istanza di parte, valutati i motivi proposti e qualora dall'esecuzione possa derivare un pregiudizio (2) grave e irreparabile, disporre la sospensione dell'esecutività della sentenza impugnata, nonché le altre opportune misure cautelari, con ordinanza pronunciata in camera di consiglio (2).

2. Il procedimento si svolge secondo le disposizioni del libro II, titolo II, in quanto applicabili (3).

(1) *L'art. 33 l. Tar, ora abrogato da coord. c.p.a. (v.* infra*), prevedeva che:* « Le sentenze dei tribunali amministrativi regionali sono esecutive. — Il ricorso in appello al Consiglio di Stato non sospende l'esecuzione della sentenza impugnata. — Il Consiglio di Stato, tuttavia, su istanza di parte, qualora dall'esecuzione della sentenza possa derivare un danno grave e irreparabile, può disporre, con ordinanza motivata emessa in camera di consiglio, che la esecuzione sia sospesa. — Sull'istanza di sospensione il Consiglio di Stato provvede nella sua prima udienza successiva al deposito del ricorso. I difensori delle parti devono essere sentiti in camera di consiglio, ove ne facciano richiesta. — Per l'esecuzione delle sentenze non sospese dal Consiglio di Stato il tribunale amministrativo regionale esercita i poteri inerenti al giudizio di ottemperanza al giudicato di cui all'articolo 27, primo comma, numero 4), del testo unico delle leggi sul Consiglio di Stato, approvato con regio decreto 26 giugno 1924, n. 1054, e successive modificazioni ».
L'art. 39 t.u. Cons. Stato, ora abrogato da coord. c.p.a. (v. infra*), prevedeva che:* « I ricorsi in via contenziosa non hanno effetto sospensivo. Tuttavia la esecuzione dell'atto o del provvedimento può essere sospesa per gravi ragioni, con decreto motivato dalla sezione sopra istanza del ricorrente ».

(2) *La parola* « pregiudizio » *è stata sostituita alla parola* « danno » *dall'art. 1, comma 1, lett.* u)*, d.lgs. 15 novembre 2011, n. 195.*

(3) *Comma così sostituito dall'art. 1, comma 1, lett.* n)*, d.lgs. 14 settembre 2012, n. 160. Il testo del comma era il seguente:* « 2. Al procedimento si applicano gli articoli 55, commi da 2 a 10, 56 e 57 ».

99 Deferimento all'adunanza plenaria.

1. La sezione cui è assegnato il ricorso, se rileva che il punto di diritto sottoposto al suo esame ha dato luogo o possa dare luogo a contrasti giurisprudenziali, con ordinanza emanata su richiesta delle parti o d'ufficio può rimettere il ricorso all'esame dell'adunanza plenaria. L'adunanza plenaria, qualora ne ravvisi l'opportunità, può restituire gli atti alla sezione (1) (2).

2. Prima della decisione, il presidente del Consiglio di Stato, su richiesta delle parti o d'ufficio, può deferire all'adunanza plenaria qualunque ricorso, per risolvere questioni di massima di particolare importanza ovvero per dirimere contrasti giurisprudenziali (2).

3. Se la sezione cui è assegnato il ricorso ritiene di non condividere un principio di diritto enunciato dall'adunanza plenaria, rimette a quest'ultima, con ordinanza motivata, la decisione del ricorso.

4. L'adunanza plenaria decide l'intera controversia, salvo che ritenga di enunciare il principio di diritto e di restituire per il resto il giudizio alla sezione remittente.

5. Se ritiene che la questione è di particolare importanza, l'adunanza plenaria può comunque enunciare il principio di diritto nell'interesse della legge anche quando dichiara il ricorso irricevibile, inammissibile o improcedibile, ovvero l'estinzione del giudizio. In tali casi, la pronuncia dell'adunanza plenaria non ha effetto sul provvedimento impugnato (3).

(1) *Periodo aggiunto dall'art. 1, comma 1, lett.* o)*, d.lgs. 14 settembre 2012, n. 160.*

(2) *L'art. 45, commi secondo e terzo, t.u. Cons. Stato, ora abrogato da coord. c.p.a. (v.* infra*), prevedeva che:* « La sezione, se rileva che il punto di diritto sottoposto al suo esame ha dato luogo o possa dar luogo a contrasti giurisprudenziali, con ordinanza emanata su richiesta delle parti o di ufficio può rimettere il ricorso all'Adunanza plenaria. — Prima della decisione il Presidente del Consiglio di Stato, su richiesta delle parti o d'ufficio può deferire all'adunanza plenaria qualunque ricorso che renda necessaria la risoluzione di questioni di massima di particolare importanza ».

(3) *Le parole* « sul provvedimento impugnato » *sono state sostituite alle parole* « sulla sentenza impugnata » *dall'art. 1, comma 1, lett.* v)*, d.lgs. 15 novembre 2011, n. 195.*

TITOLO II
Appello

100 Appellabilità delle sentenze dei tribunali amministrativi regionali.

1. Avverso le sentenze dei tribunali amministrativi regionali è ammesso appello al Consiglio di Stato, ferma restando la competenza del Consiglio di giustizia amministrativa per la Regione siciliana per gli appelli proposti contro le sentenze del Tribunale amministrativo regionale per la Sicilia.

101 Contenuto del ricorso in appello.

1. Il ricorso in appello deve contenere l'indicazione del ricorrente, del difensore, delle parti nei confronti delle quali è proposta l'impugnazione, della sentenza che si impugna, nonché l'esposizione sommaria dei fatti, le specifiche censure contro i capi della sentenza gravata, le conclusioni, la sottoscrizione del ricorrente se sta in giudizio personalmente ai sensi dell'articolo 22, comma 3 (1), oppure del difensore con indicazione, in questo caso, della procura speciale rilasciata anche unitamente a quella per il giudizio di primo grado (2).

2. Si intendono rinunciate le domande e le eccezioni dichiarate assorbite o non esaminate nella sentenza di primo grado, che non siano state espressamente riproposte nell'atto di appello o, per le parti diverse dall'appellante, con memoria depositata a pena di decadenza entro il termine per la costituzione in giudizio.

(1) *Le parole* « ai sensi dell'articolo 22, comma 3 » *sono state inserite dall'art. 1, comma 1, lett. z), d.ls. 15 novembre 2011, n. 195.*(2) *L'art. 35, primo comma, t.u. Cons. Stato, ora abrogato da coord. c.p.a. (v. infra), prevedeva che:* « I ricorsi presentati al Consiglio di Stato in sede giurisdizionale sono sottoscritti dalle parti ricorrenti o da una di esse e firmati da un avvocato ammesso al patrocinio in Corte di cassazione. Se la parte non ha sottoscritto, l'avvocato che firma in suo nome deve essere munito di mandato speciale ».

L'art. 6 r.d. 17 agosto 1907, n. 642, ora abrogato da coord. c.p.a. (v. infra), prevedeva che: « Il ricorso deve essere diretto alla sezione giurisdizionale competente e deve contenere: 1) la indicazione del nome e cognome, della residenza o domicilio del ricorrente; 2) la indicazione dell'atto o provvedimento amministrativo che s'impugna e della data della sua notificazione; 3) la esposizione sommaria dei fatti, i motivi su cui si fonda il ricorso, con la indicazione degli articoli di legge o di Regolamento che si ritengono violati e le conclusioni; 4) la sottoscrizione delle parti o di una di esse e dell'avvocato ammesso al patrocinio in Corte di cassazione, ovvero del solo avvocato, indicandosi, in questo caso, la data del mandato speciale ».

102 Legittimazione a proporre l'appello.

1. Possono proporre appello le parti fra le quali è stata pronunciata la sentenza di primo grado.

2. L'interventore può proporre appello soltanto se titolare di una posizione giuridica autonoma.

103 Riserva facoltativa di appello (1).

1. Contro le sentenze non definitive è proponibile l'appello ovvero la riserva di appello, con atto notificato entro il termine per l'appello e depositato nei successivi trenta giorni presso la segreteria del tribunale amministrativo regionale.

(1) *V. art. 340 c.p.c., che così dispone: « (Riserva facoltativa d'appello contro sentenze non definitive). — Contro le sentenze previste dall'articolo 278 e dal n. 4 del secondo comma dell'articolo 279, l'appello può essere differito [123-*bis *disp. att. c.p.c.], qualora la parte soccombente ne faccia riserva, a pena di decadenza, entro il termine per appellare e, in ogni caso, non oltre la prima udienza dinanzi al giudice istruttore successiva alla comunicazione della sentenza stessa [129 disp. att. c.p.c.]. — Quando sia stata fatta la riserva di cui al precedente comma, l'appello deve essere proposto unitamente a quello contro la sentenza che definisce il giudizio [279, nn. 1, 2 e 3 c.p.c.] o con quello che venga proposto, dalla stessa o da altra parte, contro altra sentenza successiva che non definisca il giudizio [279, nn. 4 e 5 c.p.c.]. — La riserva non può più farsi, e se già fatta rimane priva di effetto, quando contro la stessa sentenza da alcuna delle altre parti sia proposto immediatamente appello ».*

V. art. 129, commi 1 e 2 disp. att. c.p.c., che così dispone: « La riserva d'appello contro le sentenze previste nell'articolo 278 e nel n. 4 del secondo comma dell'articolo 279 del codice, può essere fatta nell'udienza del giudice istruttore con dichiarazione orale da inserirsi nel processo verbale, o con dichiarazione scritta su foglio a parte da allegarsi ad esso. — La riserva può essere fatta anche con atto notificato ai procuratori delle altre parti costituite, a norma dell'articolo 170 primo e terzo comma del codice, o personalmente [c.p.c. 138] alla parte, se questa non è costituita ».

104 Nuove domande ed eccezioni.

1. Nel giudizio di appello non possono essere proposte nuove domande, fermo quanto previsto dall'articolo 34, comma 3, né nuove eccezioni non rilevabili d'ufficio. Possono tuttavia essere chiesti gli interessi e gli accessori maturati dopo la sentenza impugnata, nonché il risarcimento dei danni subiti dopo la sentenza stessa (1).

2. Non sono ammessi nuovi mezzi di prova e non possono essere prodotti nuovi documenti, salvo che il collegio li ritenga indispensabili ai fini della decisione della causa, ovvero che la parte dimostri di non aver potuto proporli o produrli nel giudizio di primo grado per causa ad essa non imputabile (2).

3. Possono essere proposti motivi aggiunti qualora la parte venga a conoscenza di documenti non prodotti dalle altre parti nel giudizio di primo grado da cui emergano vizi degli atti o provvedimenti amministrativi impugnati.

(1) *L'art. 44, commi primo e secondo, t.u. Cons. Stato, ora abrogato da coord. c.p.a. (v. infra), prevedeva che:* « Se la sezione, a cui è stato rimesso il ricorso riconosce che l'istruzione dell'affare è incompleta, o che i fatti affermati nell'atto o provvedimento impugnato sono in contraddizione coi documenti, può richiedere all'amministrazione interessata nuovi schiarimenti o documenti: ovvero ordinare all'amministrazione medesima di fare nuove verificazioni, autorizzando le parti ad assistervi ed anche a produrre determinati documenti, ovvero disporre consulenza tecnica. — Nei giudizi di merito il Consiglio di Stato può inoltre ordinare qualunque altro mezzo istruttorio, nei modi determinati dal regolamento di procedura ».

V. art. 345 c.p.c. « Domande ed eccezioni nuove », che al primo comma, così dispone: « Nel giudizio d'appello non possono proporsi domande nuove e, se proposte, debbono essere dichiarate inammissibili d'ufficio. Possono tuttavia domandarsi gli interessi [1282 c.c.], i frutti [820 c.c.] e gli accessori maturati dopo la sentenza impugnata, nonché il risarcimento dei danni sofferti dopo la sentenza stessa ».

(2) *V. art. 345 c.p.c., che ai commi secondo e terzo così dispone: « Non possono proporsi nuove eccezioni, che non siano rilevabili anche d'ufficio. — Non sono ammessi nuovi mezzi di prova e non possono essere prodotti nuovi documenti, salvo che il collegio non li ritenga indispensabili ai fini della decisione della causa ovvero che la parte dimostri di non aver potuto proporli o produrli nel giudizio di primo grado per causa ad essa non imputabile. Può sempre deferirsi il giuramento decisorio ».*

105 Rimessione al primo giudice.

1. Il Consiglio di Stato rimette la causa al giudice di primo grado soltanto se è mancato il contraddittorio,

oppure è stato leso il diritto di difesa di una delle parti, ovvero dichiara la nullità della sentenza, o riforma la sentenza o l'ordinanza (1) che ha declinato la giurisdizione o ha pronunciato sulla competenza o ha dichiarato l'estinzione o la perenzione del giudizio (2).

2. Nei giudizi di appello contro i provvedimenti dei tribunali amministrativi regionali che hanno declinato la giurisdizione o la competenza si segue il procedimento in camera di consiglio, di cui all'articolo 87, comma 3 (3).

3. Le parti devono riassumere il processo con ricorso notificato nel termine perentorio di novanta giorni dalla notificazione o, se anteriore, dalla comunicazione della sentenza o dell'ordinanza (3) (4).

(1) *Le parole* « o l'ordinanza » *che seguono le parole* « la sentenza » *sono state inserite dall'art. 1, comma 1, lett.* p), *n. 1), d.lgs. 14 settembre 2012, n. 160.*

(2) *L'art. 30, commi primo e secondo, l. Tar, ora abrogato da coord. c.p.a. (v.* infra*), prevedeva che:* « Il difetto di giurisdizione deve essere rilevato anche d'ufficio. — Avverso le sentenze dei tribunali amministrativi regionali, che affermano o negano la giurisdizione del giudice amministrativo è ammesso il ricorso al Consiglio di Stato previsto dall'articolo 28 ». *L'art. 34, l. Tar, ora abrogato da coord. c.p.a. (v.* infra*), prevedeva che:* « Nel giudizio di appello, se il Consiglio di Stato riconosce il difetto di giurisdizione o di competenza del tribunale amministrativo regionale o la nullità del ricorso introduttivo del giudizio di prima istanza, o la esistenza di cause impeditive o estintive del giudizio, annulla la decisione impugnata senza rinvio. — In caso di errore scusabile il Consiglio di Stato può rimettere in termini il ricorrente per proporre l'impugnativa al giudice competente, che deve essere indicato nella sentenza del Consiglio di Stato, o per rinnovare la notificazione del ricorso ».

(3) *L'art. 35, l. Tar, ora abrogato da coord. c.p.a. (v.* infra*), prevedeva che:* « Se il Consiglio di Stato accoglie il ricorso per difetto di procedura o per vizio di forma della decisione di primo grado, annulla la sentenza impugnata e rinvia la controversia al tribunale amministrativo regionale. — Il rinvio ha luogo anche quando il Consiglio di Stato accoglie il ricorso contro la sentenza con la quale il tribunale amministrativo regionale abbia dichiarato la propria incompetenza. — In ogni altro caso, il Consiglio di Stato decide sulla controversia. — In ogni caso di rinvio, il giudizio prosegue innanzi al tribunale amministrativo regionale, con fissazione d'ufficio dell'udienza pubblica, da tenere entro trenta giorni dalla comunicazione della sentenza con la quale si dispone il rinvio. Le parti possono depositare atti, documenti e memorie sino a tre giorni prima dell'udienza ».

(4) *Comma sostituito dall'art. 1, comma 1, lett.* o), *n. 2, d.lgs. n. 160, cit. Il testo del comma era il seguente:* « In ogni caso in cui il Consiglio di Stato annulla la sentenza o l'ordinanza con rinvio della causa al giudice di primo grado, si applica l'articolo 8, comma 2, delle norme di attuazione ».

TITOLO III
Revocazione

106 Casi di revocazione.

1. Salvo quanto previsto dal comma 3, le sentenze dei tribunali amministrativi regionali e del Consiglio di Stato sono impugnabili per revocazione, nei casi e nei modi previsti dagli articoli 395 e 396 del codice di procedura civile (1).

2. La revocazione è proponibile con ricorso dinanzi allo stesso giudice che ha pronunciato la sentenza impugnata (2).

3. Contro le sentenze dei tribunali amministrativi regionali la revocazione è ammessa se i motivi non possono essere dedotti con l'appello.

(1) *L'art. 46 t.u. Cons. Stato, ora abrogato da coord. c.p.a. (v.* infra*), prevedeva che:* « Contro le decisioni delle sezioni è ammesso il ricorso di revocazione nei casi stabiliti dal Codice di procedura civile ».

L'art. 28, primo comma, l. Tar, ora abrogato da coord. c.p.a. (v. infra*), prevedeva che:* « Contro le sentenze dei tribunali amministrativi è ammesso ricorso per revocazione, nei casi, nei modi e nei termini previsti dagli articoli 395 e 396 del codice di procedura civile ».

L'art. 36 l. Tar, ora abrogato da coord. c.p.a. (v. infra*), prevedeva che:* « Contro le decisioni pronunziate dal Consiglio di Stato in secondo grado sono ammessi il ricorso per revocazione, nei casi e nei termini previsti dall'articolo 396 del codice di procedura civile, e il ricorso in cassazione per motivi inerenti alla giurisdizione ».

(2) *Non si riportano gli artt. 81-85 r.d. 17 agosto 1907, n. 642, ora abrogati (v. Allegato 4 c.p.a.,* infra*), che anche disciplinavano la revocazione.*

107 Impugnazione della sentenza emessa nel giudizio di revocazione.

1. Contro la sentenza emessa nel giudizio di revocazione sono ammessi i mezzi di impugnazione ai quali era originariamente soggetta la sentenza impugnata per revocazione.

2. La sentenza emessa nel giudizio di revocazione non può essere impugnata per revocazione (1).

(1) *L'art. 86 r.d. 17 agosto 1907, n. 642, ora abrogato da coord. c.p.a. (v.* infra*), prevedeva che:* « La domanda di revocazione non è ammessa contro la decisione pronunziata in sede di revocazione ».

TITOLO IV
Opposizione di terzo

108 Casi di opposizione di terzo.

1. Un terzo[, titolare di una posizione autonoma e incompatibile,] (1) può fare opposizione contro una sentenza del tribunale amministrativo regionale o del Consiglio di Stato pronunciata tra altri soggetti, ancorché passata in giudicato, quando pregiudica i suoi diritti o interessi legittimi (2).

2. Gli aventi causa e i creditori di una delle parti possono fare opposizione alla sentenza, quando questa sia effetto di dolo o collusione a loro danno.

(1) *Le parole tra parentesi quadre sono state soppresse dall'art. 1, comma 1, lett.* aa), *d.lgs. 15 novembre 2011, n. 195.*

(2) *L'art. 28 l. Tar, ora abrogato da coord. c.p.a. (v.* infra*), era stato dichiarato costituzionalmente illegittimo con C. cost. 17 maggio 1995, n. 177, nella parte in cui non prevedeva l'opposizione di terzo ordinaria fra i mezzi di impugnazione delle sentenze del tribunale amministrativo regionale divenute giudicato. La medesima C. cost. n. 177, cit., aveva inoltre dichiarato l'illegittimità costituzionale dell'art. 36 l. Tar, ora abrogato da coord. c.p.a. (v.* infra*), nella parte in cui non prevedeva l'opposizione di terzo ordinaria fra i mezzi di impugnazione delle sentenze del Consiglio di Stato.*

109 Competenza.

1. L'opposizione di terzo è proposta davanti al giudice che ha pronunciato la sentenza impugnata, salvo il caso di cui al comma 2.

2. Se è proposto appello contro la sentenza di primo grado, il terzo deve introdurre la domanda di cui all'articolo 108 intervenendo nel giudizio di appello. Se l'opposizione di terzo è già stata proposta al giudice di primo grado, questo la dichiara improcedibile e, se l'opponente non vi ha ancora provveduto, fissa un termine per l'intervento nel giudizio di appello, ai sensi del periodo precedente.

TITOLO V
Ricorso per cassazione

110 Motivi di ricorso (1).

1. Il ricorso per cassazione è ammesso contro le sentenze del Consiglio di Stato per i soli motivi inerenti alla giurisdizione.

(1) *L'art. 48 t.u. Cons. Stato, ora abrogato da coord. c.p.a. (v.* infra*), prevedeva che:* « Le decisioni pronunziate in sede giurisdizionale possono, agli effetti della l. 31 marzo 1877, n. 3761, essere impugnate con ricorso per cassazione. Tale ricorso tuttavia è proponibile soltanto per assoluto difetto di giurisdizione del Consiglio di Stato ».

L'art. 36 l. Tar ora abrogato da coord. c.p.a. (v. infra*), prevedeva che:* « Contro le decisioni pronunziate dal Consiglio di Stato in secondo grado sono ammessi il ricorso per revocazione, nei casi e nei termini previsti dall'articolo 396 del codice di procedura civile, e il ricorso in cassazione per motivi inerenti alla giurisdizione ».

111 Sospensione della sentenza.

1. Il Consiglio di Stato, se richiesto con istanza previamente notificata alle altre parti, in caso di eccezionale gravità ed urgenza, può sospendere gli effetti della sentenza impugnata e disporre le altre opportune misure cautelari. Al procedimento si applicano gli articoli 55, commi 2, 5, 6 e 7, e 56, commi 1, primo periodo, 2, 3, 4 e 5. Copia dell'ordinanza è trasmessa alla cancelleria della Corte di cassazione (1).

(1) *Ultimo periodo aggiunto dall'art. 1, comma 1, lett.* q)*, d.lgs. 14 settembre 2012, n. 160. Il comma era stato sostituito dall'art. 1, comma 1, lett.* bb)*, d.ls. 15 novembre 2011, n. 195; il testo del comma era il seguente:* « 1. Il Consiglio di Stato su istanza di parte, in caso di eccezionale gravità ed urgenza, può sospendere gli effetti della sentenza impugnata e disporre le altre opportune misure cautelari ».

LIBRO QUARTO
Ottemperanza e riti speciali

TITOLO I
Giudizio di ottemperanza

112 Disposizioni generali sul giudizio di ottemperanza.

1. I provvedimenti del giudice amministrativo devono essere eseguiti dalla pubblica amministrazione e dalle altre parti (1).

2. L'azione di ottemperanza può essere proposta per conseguire l'attuazione:

a) delle sentenze del giudice amministrativo passate in giudicato;

b) delle sentenze esecutive e degli altri provvedimenti esecutivi del giudice amministrativo (2);

c) delle sentenze passate in giudicato e degli altri provvedimenti ad esse equiparati del giudice ordinario, al fine di ottenere l'adempimento dell'obbligo della pubblica amministrazione di conformarsi, per quanto riguarda il caso deciso, al giudicato (3);

d) delle sentenze passate in giudicato e degli altri provvedimenti ad esse equiparati per i quali non sia previsto il rimedio dell'ottemperanza, al fine di ottenere l'adempimento dell'obbligo della pubblica amministrazione di conformarsi alla decisione;

e) dei lodi arbitrali esecutivi divenuti inoppugnabili al fine di ottenere l'adempimento dell'obbligo della pubblica amministrazione di conformarsi, per quanto riguarda il caso deciso, al giudicato (4).

3. Può essere proposta, anche in unico grado dinanzi al giudice dell'ottemperanza, azione di condanna al pagamento di somme a titolo di rivalutazione e interessi maturati dopo il passaggio in giudicato della sentenza, nonché azione di risarcimento dei danni connessi all'impossibilità o comunque alla mancata esecuzione in forma specifica, totale o parziale, del giudicato o alla sua violazione o elusione (5).

[4. Nel processo di ottemperanza può essere altresì proposta la connessa domanda risarcitoria di cui all'articolo 30, comma 5, nel termine ivi stabilito. In tal caso il giudizio di ottemperanza si svolge nelle forme, nei modi e nei termini del processo ordinario.] (6)

5. Il ricorso di cui al presente articolo può essere proposto anche al fine di ottenere chiarimenti in ordine alle modalità di ottemperanza.

(1) *L'art. 88 r.d. 17 agosto 1907, n. 642, ora abrogato da coord. c.p.a. (v.* infra*), prevedeva che:* « L'esecuzione delle decisioni si fa in via amministrativa, eccetto che per la parte relativa alle spese ».

(2) *L'art. 33, ultimo comma, l. Tar, ora abrogato da coord. c.p.a. (v.* infra*), prevedeva che:* « Per l'esecuzione delle sentenze non sospese dal Consiglio di Stato il tribunale amministrativo regionale esercita i poteri inerenti al giudizio di ottemperanza al giudicato di cui all'articolo 27, primo comma, numero 4), del testo unico delle leggi sul Consiglio di Stato, approvato con regio decreto 26 giugno 1924, n. 1054, e successive modificazioni ».

(3) *L'art. 27, primo comma, n. 4), t.u. Cons. Stato, ora abrogato da coord. c.p.a. (v.* infra*), prevedeva che:* « Il Consiglio di Stato in sede giurisdizionale decide pronunciando anche in merito: [...] 4) dei ricorsi diretti ad ottenere l'adempimento dell'obbligo dell'autorità amministrativa di conformarsi, in quanto riguarda il caso deciso, al giudicato dei Tribunali che abbia riconosciuto la lesione di un diritto civile o politico; [...] ».

(4) *V. anche l'art. 5 d.lgs. n. 198/2009, sub VI, 34, che prevede che « 1. Nei casi di perdurante inottemperanza di una pubblica amministrazione si applicano le disposizioni di cui all'articolo 27, comma 1, n. 4, del regio decreto 26 giugno 1924, n. 1054 ».*

(5) *Comma sostituito dall'articolo 1, comma 1, lettera* cc)*, numero 1), del d.lgs. 15 novembre 2011, n. 195. Il testo del comma era il seguente:* « 3. Può essere proposta anche azione di condanna al pagamento di somme a titolo di rivalutazione e interessi maturati dopo il passaggio in giudicato della sentenza, nonché azione di risarcimento dei danni derivanti dalla mancata esecuzione, violazione o elusione del giudicato ».

(6) *Comma soppresso dall'articolo 1, comma 1, lettera* cc)*, numero 2), del d.lgs. 15 novembre 2011, n. 195.*

113 Giudice dell'ottemperanza.

1. Il ricorso si propone, nel caso di cui all'articolo 112, comma 2, lettere *a*) e *b*), al giudice che ha emesso il provvedimento della cui ottemperanza si tratta; la competenza è del tribunale amministrativo regionale anche per i suoi provvedimenti confermati in appello con motivazione che abbia lo stesso contenuto dispositivo e conformativo dei provvedimenti di primo grado (1).

2. Nei casi di cui all'articolo 112, comma 2, lettere *c*), *d*) ed *e*), il ricorso si propone al tribunale amministrativo regionale nella cui circoscrizione ha sede il giudice che ha emesso la sentenza di cui è chiesta l'ottemperanza (2).

(1) *L'art. 37, commi terzo e quarto, l. Tar, ora abrogato da coord. c.p.a. (v.* infra*), prevedeva che:* « Quando i ricorsi siano diretti ad ottenere lo adempimento dell'obbligo dell'autorità amministrativa di conformarsi al giudicato degli organi di giustizia amministrativa, la competenza è del Consiglio di Stato o del tribunale amministrativo regionale territorialmente competente secondo l'organo che ha emesso la decisione, della cui esecuzione si tratta. — La competenza è peraltro del tribunale amministrativo regionale anche quando si tratti di decisione di tribunale amministrativo regionale confermata dal Consiglio di Stato in sede di appello ».

(2) *L'art. 37, commi primo e secondo, l. Tar, ora abrogato da coord. c.p.a. (v.* infra*), prevedeva che:* « I ricorsi diretti ad ottenere l'adempimento dell'obbligo dell'autorità amministrativa di conformarsi, in quanto riguarda il caso deciso, al giudicato dell'autorità giudiziaria ordinaria, che abbia riconosciuto la lesione di un diritto civile o politico, sono di competenza dei tribunali amministrativi regionali quando l'autorità amministrativa chiamata a conformarsi sia un ente che eserciti la sua attività esclusivamente nei limiti della circoscrizione del tribunale amministrativo regionale. — Resta ferma, negli altri casi, la competenza del Consiglio di Stato in sede giurisdizionale ».

114 Procedimento.

1. L'azione si propone, anche senza previa diffida, con ricorso notificato alla pubblica amministrazione e a tutte le altre parti del giudizio definito dalla sentenza o dal lodo della cui ottemperanza si tratta; l'azione si prescrive con il decorso di dieci anni dal passaggio in giudicato della sentenza.

2. Unitamente al ricorso è depositato in copia autentica il provvedimento di cui si chiede l'ottemperanza, con l'eventuale prova del suo passaggio in giudicato (1).

3. Il giudice decide con sentenza in forma semplificata (2).

4. Il giudice, in caso di accoglimento del ricorso:

a) ordina l'ottemperanza, prescrivendo le relative modalità, anche mediante la determinazione del contenuto del provvedimento amministrativo o l'emanazione dello stesso in luogo dell'amministrazione (3);

b) dichiara nulli gli eventuali atti in violazione o elusione del giudicato (4);

c) nel caso di ottemperanza di sentenze non passate in giudicato o di altri provvedimenti, determina le modalità esecutive, considerando inefficaci gli atti emessi in violazione o elusione e provvede di conseguenza, tenendo conto degli effetti che ne derivano (3);

d) nomina, ove occorra, un commissario *ad acta*;

e) salvo che ciò sia manifestamente iniquo, e se non sussistono altre ragioni ostative, fissa, su richiesta di parte, la somma di denaro dovuta dal resistente per ogni violazione o inosservanza successiva, ovvero per ogni ritardo nell'esecuzione del giudicato; tale statuizione costituisce titolo esecutivo. Nei giudizi di ottemperanza aventi ad oggetto il pagamento di somme di denaro, la penalità di mora di cui al primo periodo decorre dal giorno della comunicazione o notificazione dell'ordine di pagamento disposto nella sentenza di ottemperanza; detta penalità non può considerarsi manifestamente iniqua quando è stabilita in misura pari agli interessi legali (5).

5. Se è chiesta l'esecuzione di un'ordinanza il giudice provvede con ordinanza.

6. Il giudice conosce di tutte le questioni relative all'ottemperanza, nonché, tra le parti nei cui confronti si è formato il giudicato, di quelle inerenti agli atti del commissario ad acta. Avverso gli atti del commissario ad acta le stesse parti possono proporre, dinanzi al giudice dell'ottemperanza, reclamo, che è depositato, previa notifica ai controinteressati, nel termine di sessanta giorni. Gli atti emanati dal giudice dell'ottemperanza o dal suo ausiliario sono impu gnabili dai terzi estranei al giudicato ai sensi dell'articolo 29, con il rito ordinario (6).

7. Nel caso di ricorso ai sensi del comma 5 dell'articolo 112, il giudice fornisce chiarimenti in ordine alle modalità di ottemperanza, anche su richiesta del commissario.

8. Le disposizioni di cui al presente Titolo si applicano anche alle impugnazioni avverso i provvedimenti giurisdizionali adottati dal giudice dell'ottemperanza.

9. I termini per la proposizione delle impugnazioni sono quelli previsti nel Libro III.

(1) *Comma sostituito dall'articolo 1, comma 1, lettera* dd)*, numero 1), del d.lgs. 15 novembre 2011, n. 195. Il testo del comma era il seguente:* « 2. Al ricorso è allegata in copia autentica la sentenza di cui si chiede l'ottemperanza, con l'eventuale prova del suo passaggio in giudicato ».

L'art. 90 r.d. 17 agosto 1907, n. 642, ora abrogato da coord. c.p.a. (v. infra*), prevedeva che:* « I ricorsi, nei casi di cui all'art. 23, n. 5 della legge (r.d. 17 agosto 1907, n. 638), si propongono con domanda diretta al Presidente della quinta sezione. — Essi possono essere proposti finché duri l'azione di giudicato, ma non prima di trenta giorni da quello in cui l'autorità amministrativa sia stata messa in mora di provvedere ». *Il successivo art. 91 del r.d. n. 642, cit., ora abrogato da coord. c.p.a. (v.* infra*), prevedeva che:* « Il ricorso è depositato nella segreteria della quinta sezione con la copia del giudicato. — Il segretario ne dà immediata comunicazione al Ministero competente, il quale, entro venti giorni dalla ricevuta comunicazione, può trasmettere le sue osservazioni alla segreteria. — Spirato il termine, il Presidente, in fine del ricorso, destina il consigliere per farne relazione alla sezione, nel giorno che all'uopo designa ».

(2) *L'art. 27, primo comma, n. 4), e secondo comma, l. Tar, ora abrogato da coord. c.p.a. (v.* infra*), prevedeva che:* « Si segue il procedimento in camera di consiglio: [...] 4) per i ricorsi proposti ai sensi dell'articolo 27, n. 4, del testo unico approvato con regio decreto 26 giugno 1924, n. 1054. — Nei casi di cui ai numeri precedenti se una delle parti ne faccia richiesta il presidente ordina che il ricorso si tratti in udienza *pubblica* ».

(3) *L'art. 17 della legge 24 marzo 1958, n. 195 (Norme sulla Costituzione e sul funzionamento del Consiglio superiore della Magistratura.) prevede che "Nel caso di azione di ottemperanza, il giudice amministrativo, qualora sia accolto il ricorso, ordina l'ottemperanza ed assegna al Consiglio superiore un termine per provvedere. Non si applicano le lettere a) e c) del comma 4 dell'articolo 114 del codice del processo amministrativo di cui al decreto legislativo n. 104 del 2010.". Si riporta l'intero testo dell'art. 17: " Forma dei provvedimenti. Tutti i provvedimenti riguardanti i magistrati sono adottati, in conformità delle deliberazioni del Consiglio superiore, con decreto del Presidente della Repubblica controfirmato dal Ministro, ovvero, nei casi stabiliti dalla legge, con decreto del Ministro per la grazia e giustizia. Per quanto concerne i compensi speciali previsti dall'art. 6 del decreto legislativo 27 giugno 1946, n. 19, i provvedimenti sono adottati di concerto con il Ministro per il tesoro. La tutela giurisdizionale davanti al giudice amministrativo è disciplinata dal codice del processo amministrativo. Per la tutela giurisdizionale nei confronti dei provvedimenti concernenti il conferimento degli incarichi direttivi e semidirettivi si segue, per quanto applicabile, il rito abbreviato disciplinato dall'articolo 119 del codice del processo amministrativo di cui al decreto legislativo 2 luglio 2010, n. 104. Nel caso di azione di ottemperanza, il giudice amministrativo, qualora sia accolto il ricorso, ordina l'ottemperanza ed assegna al Consiglio superiore un termine per provvedere. Non si applicano le lettere a) e c) del comma 4 dell'articolo 114 del codice del processo amministrativo di cui al decreto legislativo n. 104 del 2010. Contro i provvedimenti in materia disciplinare, è ammesso ricorso alle sezioni unite della Corte suprema di cassazione. Il ricorso ha effetto sospensivo del provvedimento impugnato." Il secondo comma è stato modificato dall'articolo 2, comma 4, del D.L. 24 giugno 2014, n. 90, convertito, con modificazioni, dalla Legge 11 agosto 2014, n. 114 (il d.l. aveva anche previsto che "Contro i provvedimenti concernenti il conferimento o la conferma degli incarichi direttivi e semi direttivi, il controllo del giudice amministrativo ha per oggetto i vizi di violazione di legge e di eccesso di potere manifesto", periodo eliminato in sede di conversione del d.l.).*

(4) *Per la nullità del provvedimento, v. art. 21-*septies, *comma 1, l. 7 agosto 1990, n. 241, sub III, 1.*

(5) *Le parole da* « . Nei giudizi di ottemperanza » *a* « interessi legali » *sono state aggiunte dall'art. 1, comma 781, lett.* a), *l. 28 dicembre 2015, n. 208 (legge di stabilità 2016).*

*V. l'art. 614-*bis *c.p.c., che prevede che "Con il provvedimento di condanna all'adempimento di obblighi diversi dal pagamento di somme di denaro il giudice, salvo che ciò sia manifestamente iniquo, fissa, su richiesta di parte, la somma di denaro dovuta dall'obbligato per ogni violazione o inosservanza successiva, ovvero per ogni ritardo nell'esecuzione del provvedimento. Il provvedimento di condanna costituisce titolo esecutivo per il pagamento delle somme dovute per ogni violazione o inosservanza. Le disposizioni di cui al presente comma non si applicano alle controversie di lavoro subordinato pubblico e privato e ai rapporti di collaborazione coordinata e continuativa di cui all'articolo 409. Il giudice determina l'ammontare della somma di cui al primo comma tenuto conto del valore della controversia, della natura della prestazione, del danno quantificato o prevedibile e di ogni altra circostanza utile." (articolo aggiunto dal comma 1 dell'art. 49, L. 18 giugno 2009, n. 69 e poi sostituito dall'art. 13, comma 1, lett. cc-ter), D.L. 27 giugno 2015, n. 83, convertito, con modificazioni dalla L. 6 agosto 2015, n. 132, a decorrere dal 21 agosto 2015). Il testo precedentemente in vigore era il seguente: « Attuazione degli obblighi di fare infungibile o di non fare. Con il provvedimento di condanna il giudice, salvo che ciò sia manifestamente iniquo, fissa, su richiesta di parte, la somma di denaro dovuta dall'obbligato per ogni violazione o inosservanza successiva, ovvero per ogni ritardo nell'esecuzione del provvedimento. Il provvedimento di condanna costituisce titolo esecutivo per il pagamento delle somme dovute per ogni violazione o inosservanza. Le disposizioni di cui al presente comma non si applicano alle controversie di lavoro subordinato pubblico e privato e ai rapporti di collaborazione coordinata e continuativa di cui all'articolo 409. Il giudice determina l'ammontare della somma di cui al primo comma tenuto conto del valore della controversia, della natura della prestazione, del danno quantificato o prevedibile e di ogni altra circostanza utile. »*

(6) *Comma sostituito dall'art. 1, comma 1, lett.* dd), *n. 2), d.lgs. 15 novembre 2011, n. 195. Il testo del comma era il seguente*: « 6. Il giudice conosce di tutte le questioni relative all'esatta ottemperanza, ivi comprese quelle inerenti agli atti del commissario ».

115 Titolo esecutivo e rilascio di estratto del provvedimento giurisdizionale con formula esecutiva.

1. Le pronunce del giudice amministrativo che costituiscono titolo esecutivo sono spedite, su richiesta di parte, in forma esecutiva (1).

2. I provvedimenti emessi dal giudice amministrativo che dispongono il pagamento di somme di denaro costituiscono titolo anche per l'esecuzione nelle forme disciplinate dal Libro III del codice di procedura civile e per l'iscrizione di ipoteca.

3. Ai fini del giudizio di ottemperanza di cui al presente Titolo non è necessaria l'apposizione della formula esecutiva.

(1) *L'art. 89, primo comma, r.d. 17 agosto 1907, n. 642, ora abrogato da coord. c.p.a. (v.* infra*), prevedeva che:* « L'estratto della decisione in forma esecutiva, per la parte riguardante la condanna alle spese, non può essere rilasciato se non a chi abbia diritto a tale pagamento, facendone menzione in fine sì dell'origine che dell'estratto ».

TITOLO II

Rito in materia di accesso ai documenti amministrativi

116 Rito in materia di accesso ai documenti amministrativi.

1. Contro le determinazioni e contro il silenzio sulle istanze di accesso ai documenti amministrativi, nonché per la tutela del diritto di accesso civico connessa all'inadempimento degli obblighi di trasparenza (1) il ricorso è proposto entro trenta giorni dalla conoscenza della determinazione impugnata o dalla formazione del silenzio, mediante notificazione all'amministrazione e ad almeno un controinteressato (2). Si applica l'articolo 49. Il termine per la proposizione di ricorsi incidentali o motivi aggiunti è di trenta giorni (3) (4).

2. In pendenza di un giudizio cui la richiesta di accesso è connessa, il ricorso di cui al comma 1 può essere proposto con istanza depositata presso la segreteria della sezione cui è assegnato il ricorso principale, previa notificazione all'amministrazione e agli eventuali controinteressati. L'istanza è decisa con ordinanza separatamente dal giudizio principale, ovvero con la sentenza che definisce il giudizio (5).

3. L'amministrazione può essere rappresentata e difesa da un proprio dipendente a ciò autorizzato (6).

4. Il giudice decide con sentenza in forma semplificata; sussistendone i presupposti, ordina l'esibizione e, ove previsto, la pubblicazione (7) dei documenti richiesti, entro un termine non superiore, di norma, a trenta giorni, dettando, ove occorra, le relative modalità (8).

5. Le disposizioni di cui al presente articolo si applicano anche ai giudizi di impugnazione (9).

(1) *Le parole da* « , nonché per la tutela » *a* « obblighi di trasparenza » *sono state inserite dall'art. 52, comma 4, lett.* c)*, d.ls. 14 marzo 2013, n. 33..*

(2) *Le parole* « ad almeno un controinteressato » *sono state sostituite* « agli eventuali controinteressati » *dall'art. 1, comma 1, lett.* ee)*, d.ls. 15 novembre 2011, n. 195.*

(3) *Periodo aggiunto dall'art. 1, comma 1, lett.* ee)*, d.ls. n. 195, cit.*

(4) *L'art. 25, comma 5, primo periodo, l. 7 agosto 1990 n. 241, precedentemente alla sostituzione operata da coord. c.p.a. (v.* infra*), prevedeva che:* « Contro le determinazioni amministrative concernenti il diritto di accesso e nei casi previsti dal comma 4 è dato ricorso, nel termine di trenta giorni, al tribunale amministrativo regionale, il quale decide in camera di consiglio entro trenta giorni dalla scadenza del termine per il deposito del ricorso, uditi i difensori delle parti che ne abbiano fatto richiesta ».

(5) *L'art. 25, comma 5, secondo periodo, l. n. 241, cit., precedentemente alla sostituzione operata da coord. c.p.a. (v.* infra*), prevedeva che:* « In pendenza di un ricorso presentato ai sensi della legge 6 dicembre 1971, n. 1034, e successive modificazioni, il ricorso può essere proposto con istanza presentata al presidente e depositata presso la segreteria della sezione cui è assegnato il ricorso, previa notifica all'amministrazione o ai controinteressati, e viene deciso con ordinanza istruttoria adottata in camera di consiglio ».

(6) *L'art. 25, comma 5-*bis*, l. n. 241, cit., ora abrogato da coord. c.p.a. (v.* infra*), prevedeva che:* « Nei giudizi in materia di accesso, le parti possono stare in giudizio personalmente senza l'assistenza del difensore. L'amministrazione può essere rappresentata e difesa da un proprio dipendente, purché in possesso della qualifica di dirigente, autorizzato dal rappresentante legale dell'ente ».

(7) *Le parole* « e, ove previsto, la pubblicazione » *sono state inserite dall'art. 52, comma 4, lett.* d)*, d.ls. n. 33, cit..*

(8) *L'art. 25, comma 6, l. n. 241, cit., ora abrogato da coord. c.p.a. (v.* infra*), prevedeva che:* « Il giudice amministrativo, sussistendone i presupposti, ordina l'esibizione dei documenti richiesti ».

(9) *L'art. 25, comma 5, terzo periodo, l. n. 241, cit., precedentemente alla sostituzione operata da coord. c.p.a. (v.* infra*), prevedeva che:* « La decisione del tribunale è appellabile, entro trenta giorni dalla notifica della stessa, al Consiglio di Stato, il quale decide con le medesime modalità e negli stessi termini ».

TITOLO III
Tutela contro l'inerzia della pubblica amministrazione

117 Ricorsi avverso il silenzio (1).

1. Il ricorso avverso il silenzio è proposto, anche senza previa diffida, con atto notificato all'amministrazione e ad almeno un controinteressato nel termine di cui all'articolo 31, comma 2.

2. Il ricorso è deciso con sentenza in forma semplificata e in caso di totale o parziale accoglimento il giudice ordina all'amministrazione di provvedere entro un termine non superiore, di norma, a trenta giorni (2).

3. Il giudice nomina, ove occorra, un commissario *ad acta* con la sentenza con cui definisce il giudizio o successivamente su istanza della parte interessata (3).

4. Il giudice conosce di tutte le questioni relative all'esatta adozione del provvedimento richiesto, ivi comprese quelle inerenti agli atti del commissario (4).

5. Se nel corso del giudizio sopravviene il provvedimento espresso, o un atto connesso con l'oggetto della controversia, questo può essere impugnato anche con motivi aggiunti, nei termini e con il rito previsto per il nuovo provvedimento, e l'intero giudizio prosegue con tale rito.

6. Se l'azione di risarcimento del danno ai sensi dell'articolo 30, comma 4, è proposta congiuntamente a quella di cui al presente articolo, il giudice può definire con il rito camerale l'azione avverso il silenzio e trattare con il rito ordinario la domanda risarcitoria.

6-*bis*. Le disposizioni di cui ai commi 2, 3, 4 e 6, si applicano anche ai giudizi di impugnazione (5).

(1) *In materia di indennizzo da ritardo nella conclusione dei procedimento, v. art. 28 d.l. 21 giugno 2013, n. 69, conv., con modif., in l. 9 agosto 2013, n. 98, che, ai commi 3 e 4, prevede: « 3. Nel caso in cui anche il titolare del potere sostitutivo non emani il provvedimento nel termine di cui all'articolo 2, comma 9-*ter*, della legge 7 agosto 1990, n. 241, o non liquidi l'indennizzo maturato fino alla data della medesima liquidazione, l'istante può proporre ricorso ai sensi dell'articolo 117 del codice del processo amministrativo di cui all'Allegato 1 al decreto legislativo 2 luglio 2010, n. 104, e successive modificazioni, oppure, ricorrendone i presupposti, dell'articolo 118 dello stesso codice. — 4. Nel giudizio di cui all'articolo 117 del codice di cui all'Allegato 1 al decreto legislativo 2 luglio 2010, n. 104, e successive modificazioni, può proporsi, congiuntamente al ricorso avverso il silenzio, domanda per ottenere l'indennizzo. In tal caso, anche tale domanda è trattata con rito camerale e decisa con sentenza in forma semplificata ». V., inoltre,* sub *art.* 2-bis *l. 7 agosto 1990, n. 241.*

(2) *L'art.* 21-bis, *comma 1, l. Tar, ora abrogato da coord. c.p.a. (v.* infra*), prevedeva che:* « 1. I ricorsi avverso il silenzio dell'amministrazione sono decisi in camera di consiglio, con sentenza succintamente motivata, entro trenta giorni dalla scadenza del termine per il deposito del ricorso, uditi i difensori delle parti che ne facciano richiesta. Nel caso che il collegio abbia disposto un'istruttoria, il ricorso è deciso in camera di consiglio entro trenta giorni dalla data fissata per gli adempimenti istruttori. La decisione è appellabile entro trenta giorni dalla notificazione o, in mancanza, entro novanta giorni dalla comunicazione della pubblicazione. Nel giudizio d'appello si seguono le stesse regole ».

(3) *L'art.* 21-bis, *comma 2, l. Tar, ora abrogato da coord. c.p.a. (v.* infra*), prevedeva che:* « 2. In caso di totale o parziale accoglimento del ricorso di primo grado, il giudice amministrativo ordina all'amministrazione di provvedere di norma entro un termine non superiore a trenta giorni. Qualora l'amministrazione resti inadempiente oltre il detto termine, il giudice amministrativo, su richiesta di parte, nomina un commissario che provveda in luogo della stessa ».

(4) *L'art.* 21-bis, *comma 3, l. Tar, ora abrogato da coord. c.p.a. (v.* infra*), prevedeva che:* « 3. All'atto dell'insediamento il commissario, preliminarmente all'emanazione del provvedimento da adottare in via sostitutiva, accerta se anteriormente alla data dell'insediamento medesimo l'amministrazione abbia provveduto, ancorché in data successiva al termine assegnato dal giudice amministrativo con la decisione prevista dal comma 2 ».

(5) *Comma aggiunto dall'art. 1, comma 1, lett. ff), del d.lgs. 15 novembre 2011, n. 195.*

TITOLO IV
Procedimento di ingiunzione

118 Decreto ingiuntivo (1).

1. Nelle controversie devolute alla giurisdizione esclusiva del giudice amministrativo, aventi ad oggetto diritti soggettivi di natura patrimoniale, si applica il Capo I del Titolo I del Libro IV del codice di procedura civile. Per l'ingiunzione è competente il presidente o un magistrato da lui delegato. L'opposizione si propone con ricorso.

(1) *L'art. 8 l. 21 luglio 2000, n. 205, ora abrogato da coord. c.p.a. (v.* infra*), prevedeva che: « (Giurisdizione esclusiva).* — 1. Nelle controversie devolute alla giurisdizione esclusiva del giudice amministrativo, aventi ad oggetto diritti soggettivi di natura patrimoniale, si applica il capo I del titolo I del libro IV del codice di procedura civile. Per l'ingiunzione è competente il presidente o un magistrato da lui delegato. L'opposizione si propone con ricorso. — 2. Nelle controversie devolute alla giurisdizione esclusiva del giudice amministrativo, aventi ad oggetti diritti soggettivi di natura patrimoniale, il tribunale amministrativo regionale, su istanza di parte, dispone in via provvisionale, con ordinanza provvisoriamente esecutiva, la condanna al pagamento di somme di denaro quando, in ordine al credito azionato, ricorrono i presupposti di cui agli articoli 186-*bis* e 186-*ter* del codice di procedura civile. — 3. Al fine di cui al comma 2, il presidente del tribunale amministrativo regionale, ovvero il presidente della sezione interna o della sezione distaccata, fissa su istanza di parte la discussione nella prima camera di consiglio utile, e quando ciò non sia possibile, entro un termine di trenta giorni successivo al deposito del ricorso o dell'istanza di parte se separata. — 4. Il procedimento di cui ai commi 1 e 2 si applica anche al giudizio innanzi al Consiglio di Stato in sede di appello ».

In tema di indennizzo da ritardo nella conclusione dei procedimento, v. art. 28, commi 3 e 4, d.l. 21 giugno 2013, n. 69, conv., con modif., in l. 9 agosto 2013, n. 98, sub *art. 117.*

TITOLO V
Riti abbreviati relativi a speciali controversie

119 Rito abbreviato comune a determinate materie.

1. Le disposizioni di cui al presente articolo si applicano nei giudizi aventi ad oggetto le controversie relative a:

a) i provvedimenti concernenti le procedure di affidamento di pubblici lavori, servizi e forniture nonché i provvedimenti di ammissione ed esclusione dalle competizioni professionistiche delle società o associazioni sportive professionistiche, o comunque incidenti sulla partecipazione a competizioni professionistiche, o comunque incidenti sulla partecipazione a competizioni professionistiche, salvo quanto previsto dagli articoli 120 e seguenti (12);

b) i provvedimenti adottati dalle Autorità amministrative indipendenti, con esclusione di quelli relativi al rapporto di servizio con i propri dipendenti;

c) i provvedimenti relativi alle procedure di privatizzazione o di dismissione di imprese o beni pubblici, nonché quelli relativi alla costituzione, modificazione o soppressione di società, aziende e istituzioni da parte degli enti locali;

c-bis) i provvedimenti adottati nell'esercizio dei poteri speciali inerenti alle attività di rilevanza strategica nei settori della difesa e della sicurezza nazionale e nei settori dell'energia, dei trasporti e delle comunicazioni (1);

d) i provvedimenti di nomina, adottati previa delibera del Consiglio dei ministri;

e) i provvedimenti di scioglimento degli organi di governo degli enti locali e quelli connessi, che riguardano la loro formazione e il loro funzionamento (2);

f) i provvedimenti relativi alle procedure di occupazione e di espropriazione delle aree destinate all'esecuzione di opere pubbliche o di pubblica utilità e i provvedimenti di espropriazione delle invenzioni adottati ai sensi del codice della proprietà industriale;

g) i provvedimenti del Comitato olimpico nazionale italiano o delle Federazioni sportive;

h) le ordinanze adottate in tutte le situazioni di emergenza dichiarate ai sensi dell'articolo 5, comma 1, della legge 24 febbraio 1992, n. 225, e i consequenziali provvedimenti commissariali; (3)

i) il rapporto di lavoro del personale dei servizi di informazione per la sicurezza, ai sensi dell'articolo 22, della legge 3 agosto 2007, n. 124;

l) le controversie comunque attinenti alle procedure e ai provvedimenti della pubblica amministrazione in materia di impianti di generazione di energia elettrica di cui al decreto legge 7 febbraio 2002, n. 7, convertito, con modificazioni, dalla legge 9 aprile 2002 (4), n. 55, comprese quelle concernenti la produzione di energia elettrica da fonte nucleare, i rigassificatori, i gasdotti di importazione, le centrali termoelettriche di potenza termica superiore a 400 MW nonché quelle relative ad infrastrutture di trasporto ricomprese o da ricomprendere nella rete di trasmissione nazionale o rete nazionale di gasdotti;

m) i provvedimenti della commissione centrale per la definizione e applicazione delle speciali misure di protezione, recanti applicazione, modifica e revoca delle speciali misure di protezione nei confronti dei collaboratori e testimoni di giustizia.

m-bis) le controversie aventi per oggetto i provvedimenti dell'Agenzia nazionale di regolamentazione del settore postale di cui alla lettera *h*) del comma 2 dell'articolo 37 della legge 4 giugno 2010, n. 96, compresi quelli sanzionatori ed esclusi quelli inerenti ai rapporti di impiego (5),

m-ter) i provvedimenti dell'Agenzia nazionale per la regolazione e la vigilanza in materia di acqua istituita dall'articolo 10, comma 11, del decreto-legge 13 maggio 2011, n. 70, convertito, con modificazioni, dalla legge 12 luglio 2011, n. 106 (6);

m-quater) le azioni individuali e collettive avverso le discriminazioni di genere in ambito lavorativo, previste dall'articolo 36 e seguenti del decreto legislativo 25 luglio 2006, n. 198, quando rientrano, ai sensi del citato decreto, nella giurisdizione del giudice amministrativo (6);

m-quinquies) gli atti e i provvedimenti adottati in esecuzione di una decisione di recupero di cui all'articolo 16 del regolamento (UE) n. 2015/1589 del Consiglio, del 13 luglio 2015 (7).

m-sexies) i provvedimenti di espulsione dello straniero adottati dal Ministro dell'interno ai sensi dell'articolo 13, comma 1, del decreto legislativo 25 luglio 1998, n. 286, e quelli adottati ai sensi dell'articolo 3 del decreto-legge 27 luglio 2005, n. 144, convertito, con modificazioni, dalla legge 31 luglio 2005, n. 155 (8).

m-septies) l'autorizzazione unica di cui agli articoli 52-*bis* e seguenti del testo unico di cui al decreto del Presidente della Repubblica 8 giugno 2001, n. 327, per le infrastrutture lineari energetiche, quali i gasdotti, gli elettrodotti, gli oleodotti e le reti di trasporto di fluidi termici, ivi inclusi le opere, gli impianti e i servizi accessori connessi o funzionali all'esercizio degli stessi, i gasdotti e gli oleodotti necessari per la coltivazione e lo stoccaggio degli idrocarburi, nonché rispetto agli atti riferiti a tali infrastrutture inerenti alla valutazione ambientale strategica, alla verifica di assoggettabilità e alla valutazione di impatto ambientale e a tutti i provvedimenti, di competenza statale o regionale, indicati dall'articolo 27 del decreto legislativo 3 aprile 2006, n. 152, nonché agli atti che definiscono l'intesa Stato-regione (9).

2. Tutti i termini processuali ordinari sono dimezzati salvo, nei giudizi di primo grado, quelli per la notificazione del ricorso introduttivo, del ricorso incidentale e dei motivi aggiunti, nonché quelli di cui all'articolo 62, comma 1, e quelli espressamente disciplinati nel presente articolo (10).

3. Salva l'applicazione dell'articolo 60, il tribunale amministrativo regionale chiamato a pronunciare sulla domanda cautelare, accertata la completezza del contraddittorio ovvero disposta l'integrazione dello stesso, se ritiene, a un primo sommario esame, la sussistenza di profili di fondatezza del ricorso e di un pregiudizio grave e irreparabile, fissa con ordinanza la data di discussione del merito alla prima udienza successiva alla scadenza del termine di trenta giorni dalla data di deposito dell'ordinanza, disponendo altresì il deposito dei documenti necessari e l'acquisizione delle eventuali altre prove occorrenti. In caso di rigetto dell'istanza cautelare da parte del tribunale amministrativo regionale, ove il Consiglio di Stato riformi l'ordinanza di primo grado, la pronuncia di appello è trasmessa al tribunale amministrativo regionale per la fissazione dell'udienza di merito. In tale ipotesi, il termine di trenta giorni decorre dalla data di ricevimento dell'ordinanza da parte della segreteria del tribunale amministrativo regionale, che ne dà avviso alle parti (10).

4. Con l'ordinanza di cui al comma 3, in caso di estrema gravità ed urgenza, il tribunale amministrativo regionale o il Consiglio di Stato possono disporre le opportune misure cautelari. Al procedimento cautelare si applicano le disposizioni del Titolo II del Libro II, in quanto non derogate dal presente articolo (10).

5. Quando almeno una delle parti, nell'udienza discussione, dichiara di avere interesse alla pubblicazione anticipata del dispositivo rispetto alla sentenza, il dispositivo è pubblicato mediante deposito in segreteria, non oltre sette giorni dalla decisione della causa.

La dichiarazione della parte è attestata nel verbale d'udienza (10).

6. La parte può chiedere al Consiglio di Stato la sospensione dell'esecutività del dispositivo, proponendo appello entro trenta giorni dalla relativa pubblicazione, con riserva dei motivi da proporre entro trenta giorni dalla notificazione della sentenza ovvero entro tre mesi dalla sua pubblicazione. La mancata richiesta di sospensione dell'esecutività del dispositivo non preclude la possibilità di chiedere la so spensione dell'esecutività della sentenza dopo la pubblicazione dei motivi.

7. Le disposizioni del presente articolo si applicano anche nei giudizi di appello, revocazione e opposizione di terzo (11) (12).

(1) *Lettera inserita dall'art. 3, comma 6, d.l. 15 marzo 2012, n. 21, conv., con modif., in l. 11 maggio 2012, n. 56.*

(2) *Lettera così sostituita dall'art. 1, comma 1, lett.* r), *d.lgs. 14 settembre 2012, n. 160. Il testo della lettera era il seguente:* « e) i provvedimenti di scioglimento di enti locali e quelli connessi concernenti la formazione e il funzionamento degli organi ».

(3) *Ai sensi dell'art. 47, comma 1, lett.* i) *d.lgs. 2 gennaio 2018, n. 1, la citazione dell'art. 5 l. n. 225 del 1992 deve intendersi riferita agli artt. 24, 25 e 26 d.lgs. n. 1, cit..*

(4) *La parola* « 2002 » *è stata sostituita alla parola* « 2003 » *dall'art. 1, comma 1, lett.* gg), *d.lgs. 15 novembre 2011, n. 195.*

(5) *Lettera aggiunta dall'art. 2, comma 2, lett.* a), *d.lgs. 31 marzo 2011, n. 58, con effetto a decorrere dal 30 aprile 2011.*

(6) *Lettera aggiunta dall'art. 1, comma 1, lett.* gg), *d.lgs. n. 195, cit.*

(7) *Lettera aggiunta dall'art. 49, comma 1, l. 24 dicembre 2012, n. 234, come modificato dall'art. 35, comma 3, l. 7 luglio 2016, n. 122, cha ha sostituito le parole* « articolo 16 del regolamento (UE) 2015/1589 del Consiglio, del 13 luglio 2015 » *alle parole* « articolo 14 del regolamento (CE) n. 659/1999 del Consiglio del 22 marzo 1999 ». *Ai sensi del successivo comma 4 dell'art. 35 l. n. 122, cit., tale disposizione si applica « alle decisioni di recupero notificate a decorrere dal 1° gennaio 2015 ». V. anche, il successivo comma 3 dell'art. 49, l. n. 234, cit.*

(8) *Lettera inserita dall'art. 16, comma 1, d.l. 17 febbraio 2017, n. 13, conv., con modif., in l. 13 aprile 2017, n. 46.*

(9) *Lettera inserita, in sede di conversione, dall'art. 50-*bis*, comma 1 d.l. 16 luglio 2020, n. 76, conv., con modif., in l. 11 settembre 2020, n. 120.*

(10) *V. anche l'art. 95 (Tutela giurisdizionale) d.lgs. 16 novembre 2015 n. 180 - Attuazione della direttiva 2014/59/UE del Parlamento europeo e del Consiglio, del 15 maggio 2014, che istituisce un quadro di risanamento e risoluzione degli enti creditizi e delle imprese di investimento e che modifica la direttiva 82/891/CEE del Consiglio, e le direttive 2001/24/CE, 2002/47/CE, 2004/25/CE, 2005/56/CE, 2007/36/CE, 2011/35/UE, 2012/30/UE e 2013/36/UE e i regolamenti (UE), n. 1093/2010 e (UE) n. 648/2012, del Parlamento europeo e del Consiglio, che prevede che "1. La tutela giurisdizionale davanti al giudice amministrativo è disciplinata dal Codice del processo amministrativo. Alle controversie aventi ad oggetto i provvedimenti adottati ai sensi del presente decreto si applicano gli articoli 119, 128, 133 e 135 del medesimo Codice. 2. Nei giudizi avverso le misure di gestione della crisi si presume fino a prova contraria che la sospensione dei provvedimenti della Banca d'Italia o del Ministro dell'economia e delle finanze sarebbe contraria all'interesse pubblico; nei medesimi giudizi non si applicano gli articoli 19 e 63, comma 4, del Codice del processo amministrativo. 3. Quando il giudice lo ritiene necessario per tutelare gli interessi dei terzi in buona fede che hanno acquistato azioni, altre partecipazioni, diritti, attività o passività di un ente sottoposto a risoluzione a seguito del ricorso agli strumenti di risoluzione o dell'esercizio dei poteri di risoluzione, l'annullamento del provvedimento lascia impregiudicati gli atti amministrativi adottati o i negozi posti in essere dalla Banca d'Italia o dai commissari speciali, sulla base del provvedimento annullato. Resta fermo il diritto al risarcimento del danno subito e provato, nei limiti stabiliti dalle norme vigenti. 4. Fermo restando il potere di cui all'articolo 67, il giudice presso il quale pende un qualsiasi giudizio del quale sia parte un ente sottoposto a risoluzione ne dispone la sospensione su istanza della Banca d'Italia per un periodo congruo al perseguimento degli obiettivi di cui all'articolo 21.".*

Vedi anche l'art. 9 (Interventi di estrema urgenza in materia di vincolo idrogeologico, di normativa antisismica e di messa in sicurezza degli edifici scolastici e dell'Alta formazione artistica, musicale e coreutica -AFAM) del decreto legge 12 settembre 2014, n. 133, convertito, con modificazioni, dalla Legge 11 novembre 2014 n. 164. - Misure urgenti per l'apertura dei cantieri, la realizzazione delle opere pubbliche, la digitalizzazione del Paese, la semplificazione burocratica, l'emergenza del dissesto idrogeologico e per la ripresa delle attività produttive (SBLOCCA ITALIA), che, al comma 2-sexies, ha previsto che "2-sexies. Costituiscono esigenze imperative connesse a un interesse generale ai sensi dell'articolo 121, comma 2, del codice del processo amministrativo, di cui all'allegato 1 al decreto legislativo 2 luglio 2010, n. 104, quelle funzionali alla tutela dell'incolumità pubblica. Nei casi di procedure ad evidenza pubblica avviate o da avviarsi, in quelli conseguenti alla redazione di verbale di somma urgenza per interventi conseguenti alla dichiarazione dello stato di emergenza, nonché nei casi di cui al comma 1 del presente articolo, il tribunale amministrativo regionale, nel valutare l'istanza cautelare, può accoglierla unicamente nel caso in cui i requisiti di estrema gravità e urgenza previsti dall'articolo 119, comma 4, del citato codice di cui all'allegato 1 al decreto legislativo n. 104 del 2010 siano ritenuti prevalenti rispetto alle esigenze di incolumità pubblica evidenziate dalla stazione appaltante. Nei casi di cui al presente comma, il tribunale amministrativo regionale fissa la data di discussione del merito del giudizio ai sensi del medesimo articolo 119, comma 3, del codice di cui all'allegato 1 al decreto legislativo n. 104 del 2010".

*L'art. 23-*bis*, commi 2-8, l. Tar, ora abrogato da coord. c.p.a. (v. infra), prevedeva che:* « 2. I termini processuali previsti sono ridotti alla metà, salvo quelli per la proposizione del ricorso. — 3. Salva l'applicazione dell'articolo 26, quarto comma, il tribunale amministrativo regionale chiamato a pronunciarsi sulla domanda cautelare, accertata la completezza del contraddittorio ovvero disposta l'integrazione dello stesso ai sensi dell'articolo 21, se ritiene ad un primo esame che il ricorso evidenzi l'illegittimità dell'atto impugnato e la sussistenza di un pregiudizio grave e irreparabile, fissa con ordinanza la data di discussione nel merito alla prima udienza successiva al termine di trenta giorni dalla data di deposito dell'ordinanza. In caso di rigetto dell'istanza cautelare da parte del tribunale amministrativo regionale, ove il Consiglio di Stato riformi l'ordinanza di primo grado, la pronunzia di appello è trasmessa al tribunale amministrativo regionale per la fissazione dell'udienza di merito. In tale ipotesi, il termine di trenta giorni decorre dalla data di ricevimento dell'ordinanza da parte della segreteria del tribunale amministrativo regionale che ne dà avviso alle parti. — 4. Nel giudizio di cui al comma 3 le parti possono depositare documenti entro il termine di quindici giorni dal deposito o dal ricevimento delle ordinanze di cui al medesimo comma e possono depositare memorie entro i successivi dieci giorni. — 5. Con le ordinanze di cui al comma 3, in caso di estrema gravità ed urgenza, il tribunale amministrativo regionale o il Consiglio di Stato possono disporre le opportune misure cautelari, enunciando i profili che, ad un sommario esame, inducono a una ragionevole probabilità sul buon esito del ricorso. — 6. Nei giudizi di cui al comma 1, il dispositivo della sentenza è pubblicato entro sette giorni dalla data dell'udienza, mediante deposito in segreteria. — 7. Il termine per la proposizione dell'appello avverso la sentenza del tribunale amministrativo regionale pronunciata nei giudizi di cui al comma 1 è di trenta giorni dalla notificazione e di centoventi giorni dalla pubblicazione della sentenza. La parte può, al fine di ottenere la sospensione dell'esecuzione della sentenza, proporre appello nel termine di trenta giorni dalla pubblicazione del dispositivo, con riserva dei motivi, da proporre entro trenta giorni dalla notificazione ed entro centoventi giorni dalla comunicazione della pubblicazione della sentenza. — 8. Le disposizioni del presente articolo si applicano anche davanti al Consiglio di Stato, in caso di domanda di sospensione della sentenza appellata ».

(11) *Nella presente nota si riportano le previgenti disposizioni sul rito abbreviato ex art. 23-*bis *l. Tar.*

*L'art. 23-*bis*, comma 1, alinea, l. Tar, ora abrogato da coord. c.p.a. (v. infra), prevedeva che:* « 1. Le disposizioni di cui al presente articolo si applicano nei giudizi davanti agli organi di giustizia amministrativa aventi ad oggetto:... ».

*L'abrogato art. 23-*bis*, comma 1, lett.* a)-c), *l. Tar (v. nota 1) prevedeva che:* « ...*a*) i provvedimenti relativi a procedure di affidamento di incarichi di progettazione e di attività tecnico-amministrative ad esse connesse; *b*) i provvedimenti relativi alle procedure di aggiudicazione, affidamento ed esecuzione di opere pubbliche o di pubblica utilità, ivi compresi i bandi di gara e gli atti di esclusione dei concorrenti, nonché quelli relativi alle procedure di occupazione e di espropriazione delle aree destinate alle predette opere; *c*) i provvedimenti relativi alle procedure di aggiudicazione, affidamento ed esecuzione di servizi pubblici e forniture, ivi compresi i bandi di gara e gli atti di esclusione dei concorrenti;... ».

*L'abrogato art. 23-*bis*, comma 1, lett.* d), *l. Tar (v. nota 1) prevedeva che:* « ...*d*) i provvedimenti adottati dalle autorità amministrative indipendenti;... ». *V. anche gli artt. 10, commi 10 e 11-*quinquies*, l. 22 febbraio 2000, n. 28; 28, d.lgs. 1° agosto 2003, n. 259; 24, comma 5, l. 28 dicembre 2005, n. 262, tutte disposizioni che richiamano il rito dell'art.*

23-**bis**, *l. Tar, per svariate tipologie di provvedimenti di Autorità amministrative indipendenti*).

*L'abrogato art. 23-*bis*, comma 1, lett.* e), *l. Tar (v. nota 1) prevedeva che:* « ...e) i provvedimenti relativi alle procedure di privatizzazione o di dismissione di imprese o beni pubblici, nonché quelli relativi alla costituzione, modificazione o soppressione di società, aziende e istituzioni ai sensi dell'articolo 22 della legge 8 giugno 1990, n. 142;... ».

*L'abrogato art. 23-*bis*, comma 1, lett.* f), *l. Tar (v. nota 1) prevedeva che:* « f) i provvedimenti di nomina, adottati previa delibera del Consiglio dei ministri ai sensi della legge 23 agosto 1988, n. 400 ».

*L'abrogato art. 23-*bis*, comma 1, lett.* g), *l. Tar (v. nota 1) prevedeva che:* « g) i provvedimenti di scioglimento degli enti locali e quelli connessi concernenti la formazione e il funzionamento degli organi ».

L'art. 53, comma 2, d.P.R. 8 giugno 2001, n. 327, precedentemente alla sostituzione operata da coord. c.p.a. (v. infra*), prevedeva che*: « 2. Si applicano le disposizioni dell'articolo 23-*bis* della legge 6 dicembre 1971, n. 1034, come introdotto dall'articolo 4 della legge 21 luglio 2000, n. 205, per i giudizi aventi per oggetto i provvedimenti relativi alle procedure di occupazione e di espropriazione delle aree destinate all'esecuzione di opere pubbliche o di pubblica utilità ». *V. anche la lett.* b) *del comma 1 dell'art. 23-*bis *l. Tar, citata alla nota 2*.

L'art. 142, comma 5, d.lgs. 10 febbraio 2005, n. 30, recante « Codice della proprietà industriale », precedentemente alla sostituzione operata da coord. c.p.a. (v. infra*), prevedeva che*: « 5. Contro i decreti di espropriazione per causa di pubblica utilità è ammesso il ricorso al Tribunale amministrativo regionale competente per territorio il quale provvede con giurisdizione esclusiva e con applicazione del rito speciale di cui all'articolo 23-*bis*, legge 6 dicembre 1971, n. 1034 ».

L'art. 3, comma 3, d.l. 19 agosto 2003, n. 220, conv., con modif., in l. 17 ottobre 2003, n. 280, recante « Disposizioni urgenti in materia di giustizia sportiva », ora abrogato da coord. c.p.a. (v. infra*), prevedeva che*: « 3. Davanti al giudice amministrativo il giudizio è definito con sentenza succintamente motivata ai sensi dell'articolo 26 della legge 6 dicembre 1971, n. 1034, e si applicano i commi 2 e seguenti dell'articolo 23-*bis* della stessa legge ».

*L'art. 3, comma 2-*ter*, d.l. 30 novembre 2005, n. 245, conv., con modif., in l. 27 gennaio 2006, n. 21, recante « Misure straordinarie per fronteggiare l'emergenza nel settore dei rifiuti nella regione Campania ed ulteriori disposizioni in materia di protezione civile », ora abrogato da coord. c.p.a. (v.* infra*), prevedeva che*: « 2-*ter*. Le questioni di cui al comma 2-*bis* sono rilevate d'ufficio. Davanti al giudice amministrativo il giudizio è definito con sentenza succintamente motivata ai sensi dell'articolo 26 della legge 6 dicembre 1971, n. 1034, e successive modificazioni, trovando applicazione i commi 2 e seguenti dell'articolo 23-*bis* della stessa legge ».

L'art. 22, l. 3 agosto 2007, n. 124, recante « Sistema di informazione per la sicurezza della Repubblica e nuova disciplina del segreto », precedentemente sostituzione operata da coord. c.p.a. (v. infra*), prevedeva che*: « 1. Ai ricorsi al giudice amministrativo, aventi ad oggetto controversie relative al rapporto di lavoro, si applicano le disposizioni di cui all'articolo 23-*bis* della legge 6 dicembre 1971, n. 1034 ».

L'art. 41, commi 1 e 2, l. 23 luglio 2009, n. 99, ora abrogato da coord. c.p.a. (v. infra*), prevedeva che*: « 1. Sono devolute alla giurisdizione esclusiva del giudice amministrativo e attribuite alla competenza del tribunale amministrativo regionale del Lazio, con sede in Roma, tutte le controversie, anche in relazione alla fase cautelare e alle eventuali questioni risarcitorie, comunque attinenti alle procedure e ai provvedimenti dell'amministrazione pubblica o dei soggetti alla stessa equiparati concernenti la produzione di energia elettrica da fonte nucleare, i rigassificatori, i gasdotti di importazione, le centrali termoelettriche di potenza termica superiore a 400 MW nonché quelle relative ad infrastrutture di trasporto ricomprese o da ricomprendere nella rete di trasmissione nazionale o rete nazionale di gasdotti. — 2. Per le controversie di cui al presente articolo trovano applicazione le disposizioni processuali di cui all'articolo 23-*bis* della legge 6 dicembre 1971, n. 1034 ».

L'art. 1, comma 552, l. 30 dicembre 2004, n. 311, ora abrogato da coord. c.p.a. (v. infra*), prevedeva che*: « 552. Le controversie aventi ad oggetto le procedure ed i provvedimenti in materia di impianti di generazione di energia elettrica di cui al decreto-legge 7 febbraio 2002, n. 7, convertito, con modificazioni, dalla legge 9 aprile 2003, n. 55, e le relative questioni risarcitorie sono devolute alla giurisdizione esclusiva del giudice amministrativo. Alle controversie di cui al presente comma si applicano le disposizioni di cui all'articolo 23-*bis* della legge 6 dicembre 1971, n. 1034 ».

La lettera l) *estende il rito speciale abbreviato ai provvedimenti relativi alle speciali misure di protezione nei confronti dei collaboratori di giustizia, per i quali ad oggi è previsto (art. 10, commi da 2-*quinquies *a 2-*octies *d.l. 15 gennaio 1991, n. 8, conv., con modif. in l. 15 marzo 1991, n. 82) un rito abbreviato distinto ma similare, con abbreviazione dei termini processuali, pubblicazione del dispositivo, tutela di merito a breve distanza dalla tutela cautelare.*

(12) *L'art. 17 della legge 24 marzo 1958, n. 195 (Norme sulla Costituzione e sul funzionamento del Consiglio superiore della Magistratura.) prevede che "Per la tutela giurisdizionale nei confronti dei provvedimenti concernenti il conferimento degli incarichi direttivi e semidirettivi [dei magistrati] si segue, per quanto applicabile, il rito abbreviato disciplinato dall'articolo 119 del codice del processo amministrativo di cui al decreto legislativo 2 luglio 2010, n. 104". Si riporta l'intero testo dell'art. 17: " Forma dei provvedimenti. Tutti i provvedimenti riguardanti i magistrati sono adottati, in conformità delle deliberazioni del Consiglio superiore, con decreto del Presidente della Repubblica controfirmato dal Ministro, ovvero, nei casi stabiliti dalla legge, con decreto del Ministro per la grazia e giustizia. Per quanto concerne i compensi speciali previsti dall'art. 6 del decreto legislativo 27 giugno 1946, n. 19, i provvedimenti sono adottati di concerto con il Ministro per il tesoro. La tutela giurisdizionale davanti al giudice amministrativo è disciplinata dal codice del processo amministrativo. Per la tutela giurisdizionale nei confronti dei provvedimenti concernenti il conferimento degli incarichi direttivi e semidirettivi si segue, per quanto applicabile, il rito abbreviato disciplinato dall'articolo 119 del codice del processo amministrativo di cui al decreto legislativo 2 luglio 2010, n. 104. Nel caso di azione di ottemperanza, il giudice amministrativo, qualora sia accolto il ricorso, ordina l'ottemperanza ed assegna al Consiglio superiore un termine per provvedere. Non si applicano le lettere a) e c) del comma 4 dell'articolo 114 del codice del processo amministrativo di cui al decreto legislativo n. 104 del 2010. Contro i provvedimenti in materia disciplinare, è ammesso ricorso alle sezioni unite della Corte suprema di cassazione. Il ricorso ha effetto sospensivo del provvedimento impugnato." Il secondo comma è stato modificato dall'articolo 2, comma 4, del D.L. 24 giugno 2014, n. 90, convertito, con modificazioni, dalla Legge 11 agosto 2014, n. 114 (il d.l. aveva anche previsto che "Contro i provvedimenti concernenti il conferimento o la conferma degli incarichi direttivi e semi direttivi, il controllo del giudice amministrativo ha per oggetto i vizi di violazione di legge e di eccesso di potere manifesto", periodo eliminato in sede di conversione del d.l.).*

120 Disposizioni specifiche ai giudizi di cui all'articolo 119, comma 1, lettera *a*).

1. Gli atti delle procedure di affidamento, ivi comprese le procedure di affidamento di incarichi e concorsi di progettazione e di attività tecnico-amministrative ad esse connesse, relativi a pubblici lavori, servizi o forniture, nonché i provvedimenti dell'Autorità nazionale anticorruzione ad essi riferiti (1), sono impugnabili unicamente mediante ricorso al tribunale amministrativo regionale competente (2).

2. Nel caso in cui sia mancata la pubblicità del bando, il ricorso non può comunque essere più proposto decorsi trenta giorni decorrenti dal giorno successivo alla data di pubblicazione dell'avviso di aggiudicazione definitiva di cui all'articolo 65 e all'articolo 225 del decreto legislativo 12 aprile 2006, n. 163, a condizione che tale avviso contenga la motivazione dell'atto con cui la stazione appaltante ha deciso di affidare il contratto senza previa pubblicazione del bando. Se sono omessi gli avvisi o le informazioni di cui al presente comma oppure se essi non sono conformi alle prescrizioni ivi contenute, il ricorso non può comunque essere proposto decorsi sei mesi dal giorno successivo alla data di stipulazione del contratto (3).

2-*bis*. (4).

3. Salvo quanto previsto dal presente articolo e dai successivi, si applica l'articolo 119 (5).

4. Quando è impugnata l'aggiudicazione definitiva, se la stazione appaltante fruisce del patrocinio dell'Avvocatura dello Stato, il ricorso è notificato, oltre che presso detta Avvocatura, anche alla stazione appaltante nella sua sede reale, in data non anteriore alla notifica presso l'Avvocatura, e al solo fine dell'operatività

della sospensione obbligatoria del termine per la stipulazione del contratto (6).

5. Per l'impugnazione (7) degli atti di cui al presente articolo il ricorso, principale o incidentale (8) e i motivi aggiunti, anche avverso atti diversi da quelli già impugnati, devono essere proposti nel termine di trenta giorni, decorrente, per il ricorso principale e per i motivi aggiunti, (8) dalla ricezione della comunicazione di cui all'articolo 79 del decreto legislativo 12 aprile 2006, n. 163, o, per i bandi e gli avvisi con cui si indice una gara, autonomamente lesivi, dalla pubblicazione di cui all'articolo 66, comma 8, dello stesso decreto; ovvero, in ogni altro caso, dalla conoscenza dell'atto (9). Per il ricorso incidentale la decorrenza del termine è disciplinata dall'articolo 42 (10).

6. Il giudizio, qualora le parti richiedano congiuntamente di limitare la decisione all'esame di un'unica questione, nonché in ogni altro caso compatibilmente con le esigenze di difesa di tutte le parti in relazione alla complessità della causa, è di norma definito, anche in deroga al comma 1, primo periodo dell'articolo 74, in esito all'udienza cautelare ai sensi dell'articolo 60, ove ne ricorrano i presupposti, e, in mancanza, (11), viene comunque definito con sentenza in forma semplificata ad una udienza fissata d'ufficio e da tenersi entro quarantacinque giorni dalla scadenza del termine per la costituzione delle parti diverse dal ricorrente. Della data di udienza è dato immediato avviso alle parti a cura della segreteria, a mezzo posta elettronica certificata. In caso di esigenze istruttorie o quando è necessario integrare il contraddittorio o assicurare il rispetto di termini a difesa, la definizione del merito viene rinviata, con l'ordinanza che dispone gli adempimenti istruttori o l'integrazione del contraddittorio o dispone il rinvio per l'esigenza di rispetto dei termini a difesa, ad una udienza da tenersi non oltre trenta giorni. (12) (13) (14).

6-*bis*. (15).

7. I nuovi (16) atti attinenti la medesima procedura di gara devono essere impugnati con ricorso per motivi aggiunti (17).

8. Il giudice decide interinalmente sulla domanda cautelare, anche se ordina adempimenti istruttori, se concede termini a difesa, o se solleva o vengono proposti incidenti processuali (18).

8-*bis*. Il collegio, quando dispone le misure cautelari di cui al comma 4 dell'articolo 119, ne può subordinare l'efficacia, anche qualora dalla decisione non derivino effetti irreversibili, alla prestazione, anche mediante fideiussione, di una cauzione di importo commisurato al valore dell'appalto e comunque non superiore allo 0,5 per cento del suddetto valore. Tali misure sono disposte per una durata non superiore a sessanta giorni dalla pubblicazione della relativa ordinanza, fermo restando quanto stabilito dal comma 3 dell'articolo 119 (19).

8-*ter*. Nella decisione cautelare, il giudice tiene conto di quanto previsto dagli articoli 121, comma 1, e 122, e delle esigenze imperative connesse a un interesse generale all'esecuzione del contratto, dandone conto nella motivazione (20).

9. Il giudice deposita la sentenza con la quale definisce il giudizio entro quindici giorni dall'udienza di discussione. Quando la stesura della motivazione è particolarmente complessa, il giudice pubblica il dispositivo nel termine di cui al primo periodo, indicando anche le domande eventualmente accolte e le misure per darvi attuazione, e comunque deposita la sentenza entro trenta giorni dall'udienza (21) (22) (23) (24).

10. Tutti gli atti di parte e i provvedimenti del giudice devono essere sintetici e la sentenza è redatta, ordinariamente, nelle forme di cui all'articolo 74 (25).

11. Le disposizioni dei commi 3, 6, 8, 8-*bis*, 8-*ter*, 9 e 10 (26) si applicano anche nel giudizio di appello innanzi al Consiglio di Stato, proposto avverso la sentenza o avverso l'ordinanza cautelare, e nei giudizi di revocazione o opposizione di terzo. La parte può proporre appello avverso il dispositivo, al fine di ottenerne la sospensione prima della pubblicazione della sentenza (27).

11-*bis*. Nel caso di presentazione di offerte per più lotti l'impugnazione si propone con ricorso cumulativo solo se vengono dedotti identici motivi di ricorso avverso lo stesso atto (28).

(1) *Le parole* « nonché i provvedimenti dell'Autorità nazionale anticorruzione ad essi riferiti » *sono state sostituite alle parole* « nonché i connessi provvedimenti dell'Autorità per la vigilanza sui contratti pubblici di lavori, servizi e forniture » *dall'art. 204, comma 1, lett.* a), *d.lgs. 18 aprile 2016, n. 50.*

(2) *L'art. 245, comma 1, d.ls. 12 aprile 2006, n. 163, « Strumenti di tutela », precedentemente alla sostituzione operata da coord. c.p.a. (v.* infra*), prevedeva che:* « 1. Gli atti delle procedure di affidamento, ivi comprese le procedure di affidamento di incarichi e concorsi di progettazione e di attività tecnico-amministrative ad esse connesse, relativi a lavori, servizi o forniture, di cui all'articolo 244, nonché i connessi provvedimenti dell'Autorità, sono impugnabili unicamente mediante ricorso al tribunale amministrativo regionale competente ». *Prima delle modifiche apportate dall'art. 8, d.ls. 20 marzo 2010, n. 53, il comma 1 era il seguente:* « 1. Gli atti delle procedure di affidamento, nonché degli incarichi e dei concorsi di progettazione, relativi a lavori, servizi e forniture previsti dal presente codice, nonché i provvedimenti dell'Autorità, sono impugnabili, alternativamente, mediante ricorso al tribunale amministrativo regionale competente o mediante ricorso straordinario al Presidente della Repubblica. Davanti al giudice amministrativo si applica il rito di cui all'articolo 23-*bis*, della legge 6 dicembre 1971, n. 1034 ».

(3) *L'art. 245, comma 2, d.lgs. n. 163, cit., precedentemente alla sostituzione operata da coord. c.p.a. (v.* infra*), prevedeva che:* « 2. Nel caso in cui sia mancata la pubblicità del bando, il ricorso non può comunque essere più proposto decorsi trenta giorni decorrenti dalla data di pubblicazione dell'avviso di aggiudicazione definitiva di cui all'articolo 65 e all'articolo 225, a condizione che tale avviso contenga la motivazione dell'atto con cui la stazione appaltante ha deciso di affidare il contratto senza previa pubblicazione del bando. Se sono omessi gli avvisi o le informazioni di cui al presente comma oppure se essi non sono conformi alle prescrizioni ivi contenute, il ricorso non può comunque essere proposto decorsi sei mesi dalla data di stipulazione del contratto ».

(4) *Comma abrogato dall'art. 1, comma 22, lett.* a), *d.l. 18 aprile 2019, n. 32, conv., con modif., in l. 14 giugno 2019, n. 55. Ai sensi del successivo comma 23 del predetto art. 1, la suddetta disposizione si applica ai processi iniziati dopo la data di entrata in vigore della legge di conversione dello stesso decreto (18 giugno 2019). Il testo del comma, aggiunto dall'art. 204, comma 1, lett.* b), *d.lgs. n. 50, cit., era il seguente:* « 2-*bis*. Il provvedimento che determina le esclusioni dalla procedura di affidamento e le ammissioni ad essa all'esito della valutazione dei requisiti soggettivi, economico-finanziari e tecnico-professionali va impugnato nel termine di trenta giorni, decorrente dalla sua pubblicazione sul profilo del committente della stazione appaltante, ai sensi dell'articolo 29, comma 1, del codice dei contratti pubblici adottato in attuazione della legge 28 gennaio 2016, n. 11. L'omessa impugnazione preclude la facoltà di far valere l'illegittimità derivata dei successivi atti delle procedure di affidamento, anche con ricorso incidentale. È altresì inammissibile l'impugnazione della proposta di aggiudicazione, ove disposta, e degli altri atti endoprocedimentali privi di immediata lesività ».

(5) *L'art. 245, comma 2-*bis*, d.lgs. n. 163, cit., precedentemente alla sostituzione operata da coord. c.p.a. (v.* infra*), prevedeva che:* « 2-*bis*. Salvo quanto previsto dal presente articolo e dagli articoli seguenti si applica l'articolo 23-*bis* della legge 6 dicembre 1971, n. 1034 ». *L'originario comma 2 del citato art. 245 disponeva:* « Si applicano i rimedi

cautelari di cui all'articolo 21 e all'articolo 23-bis, della legge 6 dicembre 1971, n. 1034, e di cui all'articolo 3, comma 4, della legge 21 luglio 2000, n. 205, e gli strumenti di esecuzione di cui agli articoli 33 e 37, della legge 6 dicembre 1971, n. 1034 ».

(6) *L'art. 245, commi* 2-ter *e* 2-quater, *d.lgs. n. 163, cit., precedentemente alla sostituzione operata da coord. c.p.a. (v.* infra*), prevedeva che:* « 2-*ter*. Quando è impugnata l'aggiudicazione definitiva, se la stazione appaltante fruisce del patrocinio dell'Avvocatura dello Stato, il ricorso è notificato, oltre che presso detta Avvocatura, anche alla stazione appaltante nella sua sede reale, in data non anteriore alla notifica presso l'Avvocatura, e al solo fine dell'operatività della sospensione obbligatoria del termine per la stipulazione del contratto. — 2-*quater*. La competenza territoriale del tribunale amministrativo regionale è inderogabile e il relativo difetto è rilevato, anche d'ufficio, prima di ogni altra questione, e pronunciato, con ordinanza in sede di primo esame della domanda cautelare ovvero, in mancanza di questa, nella prima udienza di merito. L'ordinanza indica il tribunale amministrativo regionale competente, davanti al quale il processo deve essere riassunto entro quindici giorni decorrenti da quando diventa definitiva l'ordinanza che declina la competenza. L'ordinanza del giudice adito che dichiara la propria incompetenza è impugnabile nel termine di quindici giorni dalla comunicazione o notificazione con il regolamento di competenza. Il regolamento può essere altresì richiesto d'ufficio alla prima udienza dal giudice indicato come competente dal tribunale adito. La questione di competenza inderogabile può comunque essere fatta valere anche con il regolamento di competenza ».

(7) *Le parole* « Per l'impugnazione » *sono state sostituite alle parole* « Salvo quanto previsto al comma 6-*bis*, per l'impugnazione » *dall'art. 1, comma 22, lett.* b), *d.l. n. 32, cit. Ai sensi del successivo comma 23 del predetto art. 1, la suddetta disposizione si applica ai processi iniziati dopo la data di entrata in vigore della legge di conversione dello stesso decreto (18 giugno 2019). Precedentemente le predette parole* « Salvo quanto previsto al comma 6-*bis*, per l'impugnazione » *erano state sostituite alle parole* « Per l'impugnazione » *dall'art. 204, comma 1, lett.* c), *d.lgs. n. 50, cit.*

(8) *Le parole* « , principale o incidentale » *e le parole* « , per il ricorso principale e per i motivi aggiunti, » *sono state inserite dall'art. 1, comma 1, lett.* hh), *d.lgs. 15 novembre 2011, n. 195.*

(9) *L'art. 245, commi* 2-quinquies *e* 2-sexies, *d.lgs. n. 163, cit., precedentemente alla sostituzione operata da coord. c.p.a. (v.* infra*), prevedeva che:* « 2-*quinquies*. I termini processuali sono stabiliti in: *a)* trenta giorni per la notificazione del ricorso e per la proposizione di motivi aggiunti avverso atti diversi da quelli già impugnati, decorrenti dalla ricezione della comunicazione degli atti ai sensi dell'articolo 79 o, per i bandi e gli avvisi con cui si indice una gara, autonomamente lesivi, dalla pubblicazione di cui all'articolo 66, comma 8; *b)* dieci giorni per il deposito del ricorso principale, del ricorso incidentale, dell'atto contenente i motivi aggiunti, dell'appello avverso l'ordinanza cautelare; *c)* trenta giorni per la proposizione del ricorso incidentale, decorrenti dalla notificazione del ricorso principale; *d)* quindici giorni per la proposizione dei motivi aggiunti avverso gli atti già impugnati; *e)* quindici giorni per l'appello avverso l'ordinanza cautelare decorrenti dalla sua comunicazione o, se anteriore, notificazione. — 2-*sexies*. In luogo della prova della notificazione può essere depositata la prova che il ricorso è stato consegnato per le notifiche o spedito; la prova delle eseguite notifiche va depositata appena è disponibile e comunque entro l'udienza o camera di consiglio in cui la causa è discussa ».

(10) *Periodo aggiunto dall'art. 1, comma 1, lett.* hh), *d.lgs. n. 195, cit.*

(11) *Le parole* « , qualora le parti richiedano congiuntamente di limitare la decisione all'esame di un'unica questione, nonché in ogni altro caso compatibilmente con le esigenze di difesa di tutte le parti in relazione alla complessità della causa, è di norma definito, anche in deroga al comma 1, primo periodo dell'articolo 74, in esito all'udienza cautelare ai sensi dell'articolo 60, ove ne ricorrano i presupposti, e, in mancanza, » *sono state sostituite alle parole* « , ferma la possibilità della sua definizione immediata nell'udienza cautelare ove ne ricorrano i presupposti, » *dall'art. 4, comma 4, lett.* a), *d.l. 16 luglio 2020, n. 76, conv., con modif., in l. 11 settembre 2020, n. 120.*

(12) *L'art.* 7-bis, *comma 2, lett.* a), *d.l. 31 agosto 2016, n. 168, conv., con modif., in l. 25 ottobre 2016, n. 197, dalla data di entrata in vigore del decreto del presidente del Consiglio di Stato previsto al comma 1 dell'art.* 13-ter *delle norme di attuazione, di cui all'allegato 2 del presente decreto legislativo, introdotto dal comma 1 dell'art.* 7-bis *d.l. 168, cit., ha soppresso, alla fine del presente comma, le seguenti parole:* « Al fine di consentire lo spedito svolgimento del giudizio in coerenza con il principio di sinteticità di cui all'articolo 3, comma 2, le parti contengono le dimensioni del ricorso e degli altri atti difensivi nei termini stabiliti con decreto del Presidente del Consiglio di Stato, sentiti il Consiglio nazionale forense e l'Avvocato generale dello Stato, nonché le associazioni di categoria riconosciute degli avvocati amministrativisti. Con il medesimo decreto sono stabiliti i casi per i quali, per specifiche ragioni, può essere consentito superare i relativi limiti. Il medesimo decreto, nella fissazione dei limiti dimensionali del ricorso e degli atti difensivi, tiene conto del valore effettivo della controversia, della sua natura tecnica e del valore dei diversi interessi sostanzialmente perseguiti dalle parti. Dai suddetti limiti sono escluse le intestazioni e le altre indicazioni formali dell'atto. Il giudice è tenuto a esaminare tutte le questioni trattate nelle pagine rientranti nei suddetti limiti; il mancato esame delle suddette questioni costituisce motivo di appello avverso la sentenza di primo grado e di revocazione della sentenza di appello ».

(13) *Comma così sostituito dall'art. 40, comma 1, lett.* a) *d.l. 24 giugno 2014, n. 90, conv., con modif., in l. 11 agosto 2014, n. 114. Il testo del comma era il seguente:* « 6. Quando il giudizio non è immediatamente definito ai sensi dell'articolo 60, l'udienza di merito, ove non indicata dal collegio ai sensi dell'articolo 119, comma 3, è immediatamente fissata d'ufficio con assoluta priorità ». *Ai sensi del successivo comma 2 del medesimo art. 40 le presenti disposizioni si applicano ai giudizi introdotti con ricorso depositato, in primo grado o in grado di appello, in data successiva alla data di entrata in vigore del [suddetto] decreto. Vedi infine anche il comma* 2-bis *dell'art. 40 d.l. n. 90, cit., che così dispone:* « *Le disposizioni relative al contenimento del numero delle pagine, stabilite dal decreto del Presidente del Consiglio di Stato [di cui al presente comma] sono applicate in via sperimentale per due anni dalla data di entrata in vigore della legge di conversione del presente decreto. Al termine di un anno decorrente dalla medesima data, il Consiglio di presidenza della giustizia amministrativa effettua il monitoraggio degli esiti di tale sperimentazione* ».

(14) *L'art. 245, comma* 2-octies, *d.lgs. n. 163, cit., precedentemente alla sostituzione operata da coord. c.p.a. (v.* infra*), prevedeva che:* « 2-*octies*. Il processo, ferma la possibilità della sua definizione immediata nell'udienza cautelare ove ne ricorrano i presupposti, viene comunque definito ad una udienza fissata d'ufficio e da tenersi entro sessanta giorni dalla scadenza del termine per la costituzione delle parti diverse dal ricorrente. Della data di udienza è dato avviso alle parti a cura della segreteria, anche a mezzo fax o posta elettronica, almeno venti giorni liberi prima della data dell'udienza ».

(15) *Comma abrogato dall'art. 1, comma 22, lett.* a), *d.l. n. 32, cit. Ai sensi del successivo comma 23 del predetto art. 1, la suddetta disposizione si applica ai processi iniziati dopo la data di entrata in vigore della legge di conversione dello stesso decreto (18 giugno 2019). Il testo del comma, inserito dall'art. 204, comma 1, lett.* d), *d.lgs. n. 50, cit., era il seguente:* « 6-*bis*.

Nei casi previsti al comma 2-*bis*, il giudizio è definito in una camera di consiglio da tenersi entro trenta giorni dalla scadenza del termine per la costituzione delle parti diverse dal ricorrente. Su richiesta delle parti il ricorso è definito, negli stessi termini, in udienza pubblica. Il decreto di fissazione dell'udienza è comunicato alle parti quindici giorni prima dell'udienza. Le parti possono produrre documenti fino a dieci giorni liberi prima dell'udienza, memorie fino a sei giorni liberi prima e presentare repliche ai nuovi documenti e alle nuove memorie depositate in vista della camera di consiglio, fino a tre giorni liberi prima. La camera di consiglio o l'udienza possono essere rinviate solo in caso di esigenze istruttorie, per integrare il contraddittorio, per proporre motivi aggiunti o ricorso incidentale. L'ordinanza istruttoria fissa per il deposito di documenti un termine non superiore atre giorni decorrenti dalla comunicazione o, se anteriore, notificazione della stessa. La nuova camera di consiglio deve essere fissata non oltre quindici giorni. Non può essere disposta la cancellazione della causa dal ruolo. L'appello deve essere proposto entro trenta giorni dalla comunicazione o, se anteriore, notificazione della sentenza e non trova applicazione il termine lungo decorrente dalla sua pubblicazione ».

(16) *Le parole* « I nuovi » *sono state sostituite alle parole* « Ad eccezione dei casi previsti al comma 2-*bis*, i nuovi » *dall'art. 1, comma 22, lett.* c), *d.l. n. 32, cit. Ai sensi del successivo comma 23 del predetto art. 1, la suddetta disposizione si applica ai processi iniziati dopo la data di entrata in vigore della legge di conversione dello stesso decreto (18 giugno 2019). Precedentemente le citate parole* « Ad eccezione dei casi previsti al comma 2-*bis*, i nuovi » *erano state sostituite alle parole* « I nuovi » *dall'art. 204, comma 1, lett.* e), *d.lgs. n. 50, cit.*

(17) *L'art. 245, comma* 2-septies, *d.lgs. n. 163, cit., precedentemente alla sostituzione operata da coord. c.p.a. (v.* infra*), prevedeva che:* « 2-*septies*. I nuovi atti attinenti la medesima procedura di gara devono essere impugnati con ricorso per motivi aggiunti ».

(18) *L'art. 245, comma* 2-nonies, *d.lgs. n. 163, cit., precedentemente alla sostituzione operata da coord. c.p.a. (v.* infra*), prevedeva che:* « 2-*nonies*. In caso di esigenze istruttorie o quando è necessario integrare il contraddittorio o assicurare il rispetto di termini a difesa, la definizione del merito viene rinviata, con l'ordinanza che dispone gli adem-

pimenti istruttori o l'integrazione del contraddittorio o dispone il rinvio per l'esigenza di rispetto dei termini a difesa, ad una udienza da tenersi non oltre sessanta giorni ».

(19) *Comma inserito dall'art. 40, comma 1, lett.* b) *d.l. n. 90, cit. Ai sensi del successivo comma 2 del medesimo art. 40 le presenti disposizioni si applicano ai giudizi introdotti con ricorso depositato, in primo grado o in grado di appello, in data successiva alla data di entrata in vigore del [suddetto] decreto.*

(20) *Comma inserito dall'art. 204, comma 1, lett.* f), *d.lgs. n. 50, cit.*

(21) *Le parole* « Il giudice » *sono state sostituite alle parole* « Il Tribunale amministrativo regionale » *e le parole da* « entro quindici giorni » *a* « entro trenta giorni dall'udienza » *sono state sotituite alle parole* « entro trenta giorni dall'udienza di discussione; le parti possono chiedere l'anticipata pubblicazione del dispositivo, che avviene entro due giorni dall'udienza » *dall'art. 4, comma 4, lett.* b), *d.l. 16 luglio 2020, n. 76, conv., con modif., in l. 11 settembre 2020, n. 120. Precedentemente le parole* «; le parti possono chiedere l'anticipata pubblicazione del dispositivo, che avviene entro due giorni dall'udienza. » *sono state sostituite alle parole* « , ferma restando la possibilità di chiedere l'immediata pubblicazione del dispositivo entro due giorni. » *dall'art. 204, comma 1, lett.* g), *d.lgs. n. 50, cit.*

(22) *Seguiva un periodo, dapprima inserito dall'art. 204, comma 1, lett.* g), *d.lgs. n. 50, cit., e successivamente abrogato dall'art. 1, comma 22, lett.* d), *d.l. n. 32, cit. Ai sensi del successivo comma 23 del predetto art. 1, la suddetta disposizione si applica ai processi iniziati dopo la data di entrata in vigore della legge di conversione dello stesso decreto (18 giugno 2019). Il testo del periodo era il seguente:* « Nei casi previsti al comma 6-*bis*, il tribunale amministrativo regionale deposita la sentenza entro sette giorni dall'udienza, pubblica o in camera di consiglio, di discussione; le parti possono chiedere l'anticipata pubblicazione del dispositivo, che avviene entro due giorni dall'udienza ».

(23) *Comma sostituito dall'art. 40, comma 1, lett.* c) *d.l. n. 90, cit. Il testo del comma era il seguente:* « 9. Il dispositivo del provvedimento con cui il tribunale amministrativo regionale definisce il giudizio è pubblicato entro sette giorni dalla data della sua deliberazione ». *Ai sensi del successivo comma 2 del medesimo art. 40 le presenti disposizioni si applicano ai giudizi introdotti con ricorso depositato, in primo grado o in grado di appello, in data successiva alla data di entrata in vigore del [suddetto] decreto.*

(24) *L'art. 245, comma 2-*decies*, d.lgs. n. 163, cit., precedentemente alla sostituzione operata da coord. c.p.a. (v.* infra*), prevedeva che:* « 2-*decies*. Il dispositivo della sentenza che definisce il giudizio è pubblicato entro sette giorni dalla data dell'udienza ».

(25) *L'art. 245, commi 2-*undecies *e 2-*duodecies*, d.lgs. n. 163, cit., precedentemente alla sostituzione operata da coord. c.p.a. (v.* infra*), prevedeva che:* « 2-*undecies*. Tutti gli atti di parte devono essere sintetici e la sentenza che decide il ricorso è redatta, ordinariamente, in forma semplificata. — 2-*duodecies*. In caso di domanda cautelare, le parti a cui è notificato il ricorso possono presentare istanze e memorie, in relazione ad essa, entro cinque giorni dalla ricevuta notificazione. La domanda cautelare è comunque trattata alla prima udienza utile in camera di consiglio, decorso il predetto termine di cinque giorni. Il giudice decide interinalmente sulla domanda cautelare, anche se ordina adempimenti istruttori, se concede termini a difesa, o se solleva o vengono proposti incidenti processuali ».

(26) *Le parole* « Le disposizioni dei commi 3, 6, 8, 8-*bis*, 8-*ter*, 9 e 10 » *sono state sostituite alle parole*« Le disposizioni dei commi 2-*bis*, 3, 6, 6-*bis*, 8, 8-*bis*, 8-*ter*, 9, secondo periodo e 10 » *dall'art. 1, comma 22, lett.* e), *d.l. n. 32, cit. Ai sensi del successivo comma 23 del predetto art. 1, la suddetta disposizione si applica ai processi iniziati dopo la data di entrata in vigore della legge di conversione dello stesso decreto (18 giugno 2019). Precedentemente le citate parole* « Le disposizioni dei commi 2-*bis*, 3, 6, 6-*bis*, 8, 8-*bis*, 8-*ter*, 9, secondo periodo e 10 » *erano state sostituite alle parole* « Le disposizioni dei commi 3, 6, 8 e 10 » *dall'art. 204, comma 1, lett.* h), *d.lgs. n. 50, cit.*

(27) *L'art. 245, comma 2-*terdecies*, d.lgs. n. 163, cit., precedentemente alla sostituzione operata da coord. c.p.a. (v.* infra*), prevedeva che:* « 2-*terdecies*. Le disposizioni dei commi che precedono si applicano anche nel giudizio di appello innanzi al Consiglio di Stato, proposto avverso la sentenza o avverso l'ordinanza cautelare, e nei giudizi di revocazione o opposizione di terzo. La parte può proporre appello avverso il dispositivo al fine di ottenerne la sospensione ». *I commi da 3 a 8 del citato art. 245, che riguardavano la tutela cautelare* ante causam, *ora prevista in termini generali dall'art. 61 c.p.a., sono riportati* sub *tale articolo.*

(28) *Comma inserito dall'art. 204, comma 1, lett.* i), *d.lgs. n. 50, cit.*

121 Inefficacia del contratto nei casi di gravi violazioni (1).

1. Il giudice che annulla l'aggiudicazione definitiva dichiara l'inefficacia del contratto nei seguenti casi, precisando in funzione delle deduzioni delle parti e della valutazione della gravità della condotta della stazione appaltante e della situazione di fatto, se la declaratoria di inefficacia è limitata alle prestazioni ancora da eseguire alla data della pubblicazione del dispositivo o opera in via retroattiva:

a) se l'aggiudicazione definitiva è avvenuta senza previa pubblicazione del bando o avviso con cui si indice una gara nella Gazzetta Ufficiale dell'Unione europea o nella Gazzetta Ufficiale della Repubblica italiana, quando tale pubblicazione è prescritta dal decreto legislativo 12 aprile 2006, n. 163;

b) se l'aggiudicazione definitiva è avvenuta con procedura negoziata senza bando o con affidamento in economia fuori dai casi consentiti e questo abbia determinato l'omissione della pubblicità del bando o avviso con cui si indice una gara nella Gazzetta Ufficiale dell'Unione europea o nella Gazzetta Ufficiale della Repubblica italiana, quando tale pubblicazione è prescritta dal decreto legislativo 12 aprile 2006, n. 163;

c) se il contratto è stato stipulato senza rispettare il termine dilatorio stabilito dall'articolo 11, comma 10, del decreto legislativo 12 aprile 2006, n. 163, qualora tale violazione abbia privato il ricorrente della possibilità di avvalersi di mezzi di ricorso prima della stipulazione del contratto e sempre che tale violazione, aggiungendosi a vizi propri dell'aggiudicazione definitiva, abbia influito sulle possibilità del ricorrente di ottenere l'affidamento;

d) se il contratto è stato stipulato senza rispettare la sospensione obbligatoria del termine per la stipulazione derivante dalla proposizione del ricorso giurisdizionale avverso l'aggiudicazione definitiva, ai sensi dell'articolo 11, comma 10-*ter*, del decreto legislativo 12 aprile 2006, n. 163, qualora tale violazione, aggiungendosi a vizi propri dell'aggiudicazione definitiva, abbia influito sulle possibilità del ricorrente di ottenere l'affidamento.

2. Il contratto resta efficace, anche in presenza delle violazioni di cui al comma 1 qualora venga accertato che il rispetto di esigenze imperative connesse ad un interesse generale imponga che i suoi effetti siano mantenuti. Tra le esigenze imperative rientrano, fra l'altro, quelle imprescindibili di carattere tecnico o di altro tipo, tali da rendere evidente che i residui obblighi contrattuali possono essere rispettati solo dall'esecutore attuale. Gli interessi economici possono essere presi in considerazione come esigenze imperative solo in circostanze eccezionali in cui l'inefficacia del contratto conduce a conseguenze sproporzionate, avuto anche riguardo all'eventuale mancata proposizione della domanda di subentro nel contratto nei casi in cui il vizio dell'aggiudicazione non comporta l'obbligo di rinnovare la gara. Non costituiscono esigenze imperative gli interessi economici legati direttamente al contratto, che comprendono fra l'altro i costi derivanti dal ritardo nell'esecuzione del contratto stesso, dalla necessità di indire una nuova procedura di aggiudicazio-

ne, dal cambio dell'operatore economico e dagli obblighi di legge risultanti dalla dichiarazione di inefficacia (2).

3. A cura della segreteria, le sentenze che provvedono in applicazione del comma 2 sono trasmesse alla Presidenza del Consiglio dei Ministri - Dipartimento per le politiche comunitarie.

4. Nei casi in cui, nonostante le violazioni, il contratto sia considerato efficace o l'inefficacia sia temporalmente limitata si applicano le sanzioni alternative di cui all'articolo 123.

5. La inefficacia del contratto prevista dal comma 1, lettere *a*) e *b*), non trova applicazione quando la stazione appaltante abbia posto in essere la seguente procedura:

a) abbia con atto motivato anteriore all'avvio della procedura di affidamento dichiarato di ritenere che la procedura senza previa pubblicazione del bando o avviso con cui si indice una gara nella Gazzetta Ufficiale dell'Unione europea ovvero nella Gazzetta Ufficiale della Repubblica italiana sia consentita dal decreto legislativo 12 aprile 2006, n. 163;

b) abbia pubblicato, rispettivamente per i contratti di rilevanza comunitaria e per quelli sotto soglia, nella Gazzetta Ufficiale dell'Unione europea ovvero nella Gazzetta Ufficiale della Repubblica italiana un avviso volontario per la trasparenza preventiva ai sensi dell'articolo 79-*bis* del decreto legislativo 12 aprile 2006, n. 163, in cui manifesta l'intenzione di concludere il contratto;

c) il contratto non sia stato concluso prima dello scadere di un termine di almeno dieci giorni decorrenti dal giorno successivo alla data di pubblicazione dell'avviso di cui alla lettera *b*).

(1) *L'art. 245-*bis *d.lgs. 12 aprile 2006, n. 163, precedentemente alla sostituzione operata da coord. c.p.a. (v.* infra*), prevedeva che: « (Inefficacia del contratto in caso di gravi violazioni).* — 1. Il giudice che annulla l'aggiudicazione definitiva dichiara l'inefficacia del contratto nei seguenti casi, precisando in funzione delle deduzioni delle parti e della valutazione della gravità della condotta della stazione appaltante e della situazione di fatto, se la declaratoria di inefficacia è limitata alle prestazioni ancora da eseguire alla data della pubblicazione del dispositivo o opera in via retroattiva: *a*) se l'aggiudicazione definitiva è avvenuta senza previa pubblicazione del bando o avviso con cui si indice una gara nella Gazzetta Ufficiale dell'Unione europea o nella Gazzetta Ufficiale della Repubblica italiana, quando tale pubblicazione è prescritta dal presente codice; *b*) se l'aggiudicazione definitiva è avvenuta con procedura negoziata senza bando o con affidamento in economia fuori dai casi consentiti e questo abbia determinato l'omissione della pubblicità del bando o avviso con cui si indice una gara nella Gazzetta Ufficiale dell'Unione europea o nella Gazzetta Ufficiale della Repubblica italiana, quando tale pubblicazione è prescritta dal presente codice; *c*) se il contratto è stato stipulato senza rispettare il termine dilatorio stabilito dall'articolo 11, comma 10, qualora tale violazione abbia privato il ricorrente della possibilità di avvalersi di mezzi di ricorso prima della stipulazione del contratto e sempre che tale violazione, aggiungendosi a vizi propri dell'aggiudicazione definitiva, abbia influito sulle possibilità del ricorrente di ottenere l'affidamento; *d*) se il contratto è stato stipulato senza rispettare la sospensione obbligatoria del termine per la stipulazione derivante dalla proposizione del ricorso giurisdizionale avverso l'aggiudicazione definitiva, ai sensi dell'articolo 11, comma 10-*ter*, qualora tale violazione, aggiungendosi a vizi propri dell'aggiudicazione definitiva, abbia influito sulle possibilità del ricorrente di ottenere l'affidamento. — 2. Il contratto resta efficace, anche in presenza delle violazioni di cui al comma 1 qualora venga accertato che il rispetto di esigenze imperative connesse ad un interesse generale imponga che i suoi effetti siano mantenuti. Tra le esigenze imperative rientrano, fra l'altro, quelle imprescindibili di carattere tecnico o di altro tipo, tali da rendere evidente che i residui obblighi contrattuali possono essere rispettati solo dall'esecutore attuale. Gli interessi economici possono essere presi in considerazione come esigenze imperative solo in circostanze eccezionali in cui l'inefficacia del contratto conduce a conseguenze sproporzionate, avuto anche riguardo all'eventuale mancata proposizione della domanda di subentro nel contratto nei casi in cui il vizio dell'aggiudicazione non comporta l'obbligo di rinnovare la gara. Non costituiscono esigenze imperative gli interessi economici legati direttamente al contratto, che comprendono fra l'altro i costi derivanti dal ritardo nell'esecuzione del contratto stesso, dalla necessità di indire una nuova procedura di aggiudicazione, dal cambio dell'operatore economico e dagli obblighi di legge risultanti dalla dichiarazione di inefficacia. — 3. A cura della segreteria, le sentenze che provvedono in applicazione del comma 2 sono trasmesse alla Presidenza del Consiglio dei Ministri - Dipartimento per le politiche comunitarie. — 4. Nei casi in cui, nonostante le violazioni, il contratto sia considerato efficace o l'inefficacia sia temporalmente limitata si applicano le sanzioni alternative di cui all'articolo 245-*quater*. — 5. La inefficacia del contratto prevista dal comma 1, lettere *a*) e *b*), non trova applicazione quando la stazione appaltante abbia posto in essere la seguente procedura: *a*) abbia con atto motivato anteriore all'avvio della procedura di affidamento dichiarato di ritenere che la procedura senza previa pubblicazione del bando o avviso con cui si indice una gara nella Gazzetta Ufficiale dell'Unione europea ovvero nella Gazzetta Ufficiale della Repubblica italiana sia consentita dal presente codice; *b*) abbia pubblicato, rispettivamente per i contratti di rilevanza comunitaria e per quelli sotto soglia, nella Gazzetta Ufficiale dell'Unione europea ovvero nella Gazzetta Ufficiale della Repubblica italiana un avviso volontario per la trasparenza preventiva ai sensi dell'articolo 79-*bis*, in cui manifesta l'intenzione di concludere il contratto; *c*) il contratto non sia stato concluso prima dello scadere di un termine di almeno dieci giorni decorrenti dal giorno successivo alla data di pubblicazione dell'avviso di cui alla lettera *b*) ».

(2) *V. anche l'art. 9 (Interventi di estrema urgenza in materia di vincolo idrogeologico, di normativa antisismica e di messa in sicurezza degli edifici scolastici e dell'Alta formazione artistica, musicale e coreutica -AFAM) del decreto legge 12 settembre 2014, n. 133, convertito, con modificazioni, dalla Legge 11 novembre 2014 n. 164. - Misure urgenti per l'apertura dei cantieri, la realizzazione delle opere pubbliche, la digitalizzazione del Paese, la semplificazione burocratica, l'emergenza del dissesto idrogeologico e per la ripresa delle attività produttive (SBLOCCA ITALIA), che, al comma 2-sexies, ha previsto che "2-sexies. Costituiscono esigenze imperative connesse a un interesse generale ai sensi dell'articolo 121, comma 2, del codice del processo amministrativo, di cui all'allegato 1 al decreto legislativo 2 luglio 2010, n. 104, quelle funzionali alla tutela dell'incolumità pubblica. Nei casi di procedure ad evidenza pubblica avviate o da avviarsi, in quelli conseguenti alla redazione del verbale di somma urgenza per interventi conseguenti alla dichiarazione dello stato di emergenza, nonché nei casi di cui al comma 1 del presente articolo, il tribunale amministrativo regionale, nel valutare l'istanza cautelare, può accoglierla unicamente nel caso in cui i requisiti di estrema gravità e urgenza previsti dall'articolo 119, comma 4, del citato codice di cui all'allegato 1 al decreto legislativo n. 104 del 2010 siano ritenuti prevalenti rispetto alle esigenze di incolumità pubblica evidenziate dalla stazione appaltante. Nei casi di cui al presente comma, il tribunale amministrativo regionale fissa la data di discussione del merito del giudizio ai sensi del medesimo articolo 119, comma 3, del codice di cui all'allegato 1 al decreto legislativo n. 104 del 2010".*

122 Inefficacia del contratto negli altri casi (1).

1. Fuori dei casi indicati dall'articolo 121, comma 1, e dall'articolo 123, comma 3, il giudice che annulla l'aggiudicazione definitiva stabilisce se dichiarare inefficace il contratto, fissandone la decorrenza, tenendo conto, in particolare, degli interessi delle parti, dell'effettiva possibilità per il ricorrente di conseguire l'aggiudicazione alla luce dei vizi riscontrati, dello stato di esecuzione del contratto e della possibilità di subentrare nel contratto, nei casi in cui il vizio dell'aggiudicazione non comporti l'obbligo di rinnovare la gara e la domanda di subentrare sia stata proposta.

(1) *L'art. 245-*ter *d.lgs. 12 aprile 2006, n. 163, precedentemente alla sostituzione operata da coord. c.p.a. (v.* infra*), prevedeva che: « (Inefficacia del contratto negli altri casi).* — 1. Fuori dei casi indicati dagli articoli 245-*bis* e 245-*quater*, comma 3, il giudice che annulla l'aggiudicazione definitiva stabilisce se dichiarare inefficace il contratto, fis-

sandone la decorrenza, tenendo conto, in particolare, degli interessi delle parti, dell'effettiva possibilità per il ricorrente di conseguire l'aggiudicazione alla luce dei vizi riscontrati, dello stato di esecuzione del contratto e della possibilità di subentrare nel contratto, nei casi in cui il vizio dell'aggiudicazione non comporti l'obbligo di rinnovare la gara e la relativa domanda sia stata proposta ».

123 Sanzioni alternative (1).

1. Nei casi di cui all'articolo 121, comma 4, il giudice amministrativo individua le seguenti sanzioni alternative da applicare alternativamente o cumulativamente:

a) la sanzione pecuniaria nei confronti della stazione appaltante, di importo dallo 0,5 %al 5 %del valore del contratto, inteso come prezzo di aggiudicazione, che è versata all'entrata del bilancio dello Stato — con imputazione al capitolo 2301, capo 8 « Multe, ammende e sanzioni amministrative inflitte dalle autorità giudiziarie ed amministrative, con esclusione di quelle aventi natura tributaria » — entro sessanta giorni dal passaggio in giudicato della sentenza che irroga sanzione; decorso il termine per il versamento, si applica una maggiorazione pari ad un decimo della sanzione per ogni semestre di ritardo. La sentenza che applica le sanzioni è comunicata, a cura della segreteria, al Ministero dell'economia e delle finanze entro cinque giorni dalla pubblicazione;

b) la riduzione della durata del contratto, ove possibile, da un minimo del dieci per cento ad un massimo del cinquanta per cento della durata residua alla data di pubblicazione del dispositivo.

2. Il giudice amministrativo applica le sanzioni assicurando il rispetto del principio del contraddittorio e ne determina la misura in modo che siano effettive, dissuasive, proporzionate al valore del contratto, alla gravità della condotta della stazione appaltante e all'opera svolta dalla stazione appaltante per l'eliminazione o attenuazione delle conseguenze della violazione. A tal fine si applica l'articolo 73, comma 3. In ogni caso l'eventuale condanna al risarcimento dei danni non costituisce sanzione alternativa e si cumula con le sanzioni alternative.

3. Il giudice applica le sanzioni di cui al comma 1 anche qualora il contratto è stato stipulato senza rispettare il termine dilatorio stabilito per la stipulazione del contratto, ovvero è stato stipulato senza rispettare la sospensione della stipulazione derivante dalla proposizione del ricorso giurisdizionale avverso l'aggiudicazione definitiva, quando la violazione non abbia privato il ricorrente della possibilità di avvalersi di mezzi di ricorso prima della stipulazione del contratto e non abbia influito sulle possibilità del ricorrente di ottenere l'affidamento.

(1) *L'art.* 245-quater *d.lgs. 12 aprile 2006, n. 163, precedentemente alla sostituzione operata da coord. c.p.a. (v.* infra*), prevedeva che:* « *(Sanzioni alternative)*. — 1. Nei casi di cui all'articolo 245-*bis*, comma 4, il giudice amministrativo individua le seguenti sanzioni alternative da applicare alternativamente o cumulativamente: *a*) la sanzione pecuniaria nei confronti della stazione appaltante, di importo dallo 0,5 per cento al 5 per cento del valore del contratto, inteso come prezzo di aggiudicazione, che è versata all'entrata del bilancio dello Stato - con imputazione al capitolo 2301, capo 8 « Multe, ammende e sanzioni amministrative inflitte dalle autorità giudiziarie ed amministrative, con esclusione di quelle aventi natura tributaria » - entro sessanta giorni dal passaggio in giudicato della sentenza che irroga sanzione; decorso il termine per il versamento, si applica una maggiorazione pari ad un decimo della sanzione per ogni semestre di ritardo. La sentenza che applica le sanzioni è comunicata, a cura della segreteria, al Ministero dell'economia e delle finanze entro cinque giorni dalla pubblicazione; *b*) la riduzione della durata del contratto, ove possibile, da un minimo del dieci per cento ad un massimo del cinquanta per cento della durata residua alla data di pubblicazione del dispositivo. — 2. Il giudice amministrativo applica le sanzioni, assicurando il rispetto del principio del contraddittorio e ne determina la misura in modo che siano effettive, dissuasive, proporzionate al valore del contratto, alla gravità della condotta della stazione appaltante e all'opera svolta dalla stazione appaltante per l'eliminazione o attenuazione delle conseguenze della violazione. In ogni caso l'eventuale condanna al risarcimento dei danni non costituisce sanzione alternativa e si cumula con le sanzioni alternative. — 3. Il giudice applica le sanzioni di cui al comma 1 anche qualora il contratto è stato stipulato senza rispettare il termine dilatorio stabilito per la stipulazione del contratto, ovvero è stato stipulato senza rispettare la sospensione della stipulazione derivante dalla proposizione del ricorso giurisdizionale avverso l'aggiudicazione definitiva, quando la violazione non abbia privato il ricorrente della possibilità di avvalersi di mezzi di ricorso prima della stipulazione del contratto e non abbia influito sulle possibilità del ricorrente di ottenere l'affidamento ».

124 Tutela in forma specifica e per equivalente (1).

1. L'accoglimento della domanda di conseguire l'aggiudicazione e il contratto è comunque condizionato alla dichiarazione di inefficacia del contratto ai sensi degli articoli 121, comma 1, e 122. Se il giudice non dichiara l'inefficacia del contratto dispone il risarcimento del danno per equivalente, subito e provato.

2. La condotta processuale della parte che, senza giustificato motivo, non ha proposto la domanda di cui al comma 1, o non si è resa disponibile a subentrare nel contratto, è valutata dal giudice ai sensi dell'articolo 1227 del codice civile.

(1) *L'art.* 245-quinquies *d.lgs. 12 aprile 2006, n. 163, precedentemente alla sostituzione operata da coord. c.p.a. (v.* infra*), prevedeva che:* « *(Tutela in forma specifica e per equivalente)*. — 1. L'accoglimento della domanda di conseguire l'aggiudicazione e il contratto è comunque condizionato alla dichiarazione di inefficacia del contratto ai sensi degli articoli 245-*bis* e 245-*ter*. Se il giudice non dichiara l'inefficacia del contratto dispone, su domanda e a favore del solo ricorrente avente titolo all'aggiudicazione, il risarcimento per equivalente del danno da questi subito e provato. — 2. La condotta processuale della parte che, senza giustificato motivo, non ha proposto la domanda di cui al comma 1, o non si è resa disponibile a subentrare nel contratto, è valutata dal giudice ai sensi dell'articolo 1227 del codice civile ».

125 Ulteriori disposizioni processuali per le controversie relative a infrastrutture strategiche (1).

1. Nei giudizi che riguardano le procedure di progettazione, approvazione, e realizzazione delle infrastrutture e degli insediamenti produttivi e relative attività di espropriazione, occupazione e asservimento, di cui alla parte II, titolo III, capo IV del decreto legislativo 12 aprile 2006, n. 163, oltre alle disposizioni del presente Capo, con esclusione dell'articolo 122, si applicano le seguenti previsioni.

2. In sede di pronuncia del provvedimento cautelare, si tiene conto delle probabili conseguenze del provvedimento stesso per tutti gli interessi che possono essere lesi, nonché del preminente interesse nazionale alla sollecita realizzazione dell'opera, e, ai fini dell'accoglimento della domanda cautelare, si valuta anche la irreparabilità del pregiudizio per il ricorrente, il cui interesse va comunque comparato con quello del

soggetto aggiudicatore alla celere prosecuzione delle procedure.

3. Ferma restando l'applicazione degli articoli 121 e 123, al di fuori dei casi in essi contemplati la sospensione o l'annullamento dell'affidamento non comporta la caducazione del contratto già stipulato, e il risarcimento del danno eventualmente dovuto avviene solo per equivalente. Si applica l'articolo 34, comma 3.

4. Le disposizioni del comma 3 si applicano anche alle controversie relative:

a) alle procedure di cui all'articolo 140 del decreto legislativo 12 aprile 2006, n. 163;

b) alle procedure di progettazione, approvazione e realizzazione degli interventi individuati nel contratto istituzionale di sviluppo ai sensi dell'articolo 6 del decreto legislativo 31 maggio 2011, n. 88;

c) alle opere di cui all'articolo 32, comma 18, del decreto-legge 6 luglio 2011, n. 98 convertito in legge 15 luglio 2011, n. 111 (2) (3).

(1) *L'art. 246 d.lgs. 12 aprile 2006, n. 163, precedentemente alla sostituzione operata da coord. c.p.a. (v.* infra*), prevedeva che: « (Norme processuali ulteriori per le controversie relative a infrastrutture e insediamenti produttivi).* — 1. Nei giudizi davanti agli organi di giustizia amministrativa che comunque riguardino le procedure di progettazione, approvazione, e realizzazione delle infrastrutture e degli insediamenti produttivi e relative attività di espropriazione, occupazione e asservimento, di cui alla parte II, titolo III, capo IV, oltre alle disposizioni degli articoli 244, 245, 245-*bis*, 245-*quater* e 245-*quinquies* si applicano le previsioni del presente articolo. — 2. [Non occorre domanda di fissazione dell'udienza di merito, che ha luogo entro quarantacinque giorni dalla data di deposito del ricorso]. — 3. In sede di pronuncia del provvedimento cautelare, si tiene conto delle probabili conseguenze del provvedimento stesso per tutti gli interessi che possono essere lesi, nonché del preminente interesse nazionale alla sollecita realizzazione dell'opera, e, ai fini dell'accoglimento della domanda cautelare, si valuta anche la irreparabilità del pregiudizio per il ricorrente, il cui interesse va comunque comparato con quello del soggetto aggiudicatore alla celere prosecuzione delle procedure. — 4. Ferma restando l'applicazione degli articoli 245-*bis* e 245-*quater*, al di fuori dei casi in essi contemplati, la sospensione o l'annullamento dell'affidamento non comporta la caducazione del contratto già stipulato, e il risarcimento del danno eventualmente dovuto avviene solo per equivalente. — 5. Le disposizioni del comma 4 si applicano anche alle controversie relative alle procedure di cui all'articolo 140 ». *Con riferimento a tale formulazione dell'art. 246, il comma 2 era stato abrogato e il comma 4 così modificato dall'art. 13 d.lgs. 20 marzo 2010, n. 53. L'originario comma 4 era il seguente:* « La sospensione o l'annullamento dell'affidamento non comporta la caducazione del contratto già stipulato, e il risarcimento del danno eventualmente dovuto avviene solo per equivalente ».

Per la disciplina in precedenza applicabile e per il regime transitorio vedi anche la nota 38 all'art. 4 dell Norme di coordinamento e abrogazioni (sub, VI, 40).

V. l'art. 4 d.l. 16 luglio 2020, n. 76, conv., con modif., in l. 11 settembre 2020, n. 120 (sub VIII, 1), che al comma 2 ha previsto che « In caso di impugnazione degli atti relativi alle procedure di affidamento di cui agli articoli 1 e 2, comma 2, del presente decreto, qualora rientranti nell'ambito applicativo dell'articolo 119, comma 1, lettera a)*, del codice del processo amministrativo, approvato con il decreto legislativo 2 luglio 2010, n. 104, si applica l'articolo 125, comma 2, del medesimo codice », e al comma 3 ha stabilito che « In caso di impugnazione degli atti relativi alle procedure di affidamento di cui all'articolo 2, comma 3, si applica l'articolo 125 del codice del processo amministrativo, approvato con il decreto legislativo 2 luglio 2010, n. 104 ».*

(2) *Comma sostituito dall'articolo 1, comma 1, lettera* ii)*, del d.lgs. 15 novembre 2011, n. 195. Il testo del comma era il seguente:* « 4. Le disposizioni del comma 3 si applicano anche alle controversie relative alle procedure di cui all'articolo 140 del decreto legislativo 12 aprile 2006, n. 163 ».

(3) *V. l'art. 10 D.L. 28 settembre 2018, n. 109 (,Disposizioni urgenti per la città di Genova, la sicurezza della rete nazionale delle infrastrutture e dei trasporti, gli eventi sismici del 2016 e 2017, il lavoro e le altre emergenze (DECRETO GENOVA), convertito con modificazioni dalla Legge 16 novembre 2018, n. 130 (sub, VI, 45) che prevede che "1. Tutte le controversie relative agli atti adottati dal Commissario straordinario di cui all'articolo 1, nonché ai conseguenti rapporti giuridici anteriori al momento di stipula dei contratti che derivano da detti atti, sono devolute alla giurisdizione esclusiva del giudice amministrativo e alla competenza funzionale inderogabile del tribunale amministrativo regionale della Liguria. 2. Ai giudizi di cui al comma 1 si applica l'articolo 125 del codice del processo amministrativo.*

TITOLO VI

Contenzioso sulle operazioni elettorali (1)

(1) *Ai sensi dell'art. 7, comma 8-quater, d.l. 31 agosto 2016, n. 168, recante Misure urgenti per la definizione del contenzioso presso la Corte di cassazione, per l'efficienza degli uffici giudiziari, nonché per la giustizia amministrativa (in Gazz. Uff. 31 agosto 2016, n. 203), nel testo modificato dalla legge di conversione 25 ottobre 2016, n. 197 (in Gazz. Uff. 29 ottobre 2016, n. 254), entrata in vigore il 30 ottobre 2016, « Le disposizioni in materia di contenzioso sulle operazioni elettorali relative al rinnovo degli organi elettivi dei comuni, delle province e delle regioni, previste dal libro quarto, titolo VI, del codice del processo amministrativo, di cui all'allegato 1 al decreto legislativo 2 luglio 2010, n. 104, si applicano anche al contenzioso sulle operazioni elettorali delle città metropolitane ».*

CAPO I

Disposizioni comuni al contenzioso elettorale

126 Ambito della giurisdizione sul contenzioso elettorale (1).

1. Il giudice amministrativo ha giurisdizione in materia di operazioni elettorali relative al rinnovo degli organi elettivi dei comuni, delle province, delle regioni e all'elezione dei membri del Parlamento europeo spettanti all'Italia.

(1) *L'art. 6, primo comma, l. Tar, ora abrogato da coord. c.p.a. (v.* infra*), prevedeva che:* « Il tribunale amministrativo regionale è competente a decidere sui ricorsi concernenti controversie in materia di operazioni per le elezioni dei consigli comunali, provinciali e regionali ».

127 Esenzione dagli oneri fiscali (1).

1. Gli atti sono esenti dal contributo unificato e da ogni altro onere fiscale.

(1) *L'art. 19, quarto comma, l. Tar, ora abrogato da coord. c.p.a. (v.* infra*), prevedeva che:* « Per i giudizi in materia di operazioni elettorali, previsti dall'articolo 6, rimangono ferme le norme procedurali contenute nella legge 23 dicembre 1966, n. 1147. Per essi non è necessario il ministero di procuratore o di avvocato. Gli atti relativi sono redatti in carta libera e sono esenti dalla tassa di registro e dalle spese di cancelleria ».

128 Inammissibilità del ricorso straordinario al Presidente della Repubblica.

1. Nella materia di cui al presente Titolo non è ammesso il ricorso straordinario al Presidente della Repubblica (1).

(1) *V. anche l'art. 95 (Tutela giurisdizionale) del D. Lgs. 16 novembre 2015 n.180 - Attuazione della direttiva 2014/59/UE del Parlamento europeo e del Consiglio, del 15 maggio 2014, che istituisce un quadro di risanamento e risoluzione degli enti creditizi e delle imprese di investimento e che modifica la direttiva 82/891/CEE del Consiglio, e le direttive 2001/24/CE, 2002/47/CE, 2004/25/CE, 2005/56/CE, 2007/36/CE, 2011/35/UE, 2012/30/UE e 2013/36/UE e i regolamenti (UE), n. 1093/2010 e (UE) n. 648/2012, del Parlamento europeo e del Consiglio, che prevede che "1. La tutela giurisdizionale davanti al giudice amministrativo è disciplinata dal Codice del processo amministrativo. Alle controversie aventi ad oggetto i provvedimenti adottati ai sensi del presente decreto si applicano gli articoli 119, 128, 133 e 135 del medesimo Codice. 2. Nei*

giudizi avverso le misure di gestione della crisi si presume fino a prova contraria che la sospensione dei provvedimenti della Banca d'Italia o del Ministro dell'economia e delle finanze sarebbe contraria all'interesse pubblico; nei medesimi giudizi non si applicano gli articoli 19 e 63, comma 4, del Codice del processo amministrativo. 3. Quando il giudice lo ritiene necessario per tutelare gli interessi dei terzi in buona fede che hanno acquistato azioni, altre partecipazioni, diritti, attività o passività di un ente sottoposto a risoluzione a seguito del ricorso agli strumenti di risoluzione o dell'esercizio dei poteri di risoluzione, l'annullamento del provvedimento lascia impregiudicati gli atti amministrativi adottati o i negozi posti in essere dalla Banca d'Italia o dai commissari speciali, sulla base del provvedimento annullato. Resta fermo il diritto al risarcimento del danno subito e provato, nei limiti stabiliti dalle norme vigenti. 4. Fermo restando il potere di cui all'articolo 67, il giudice presso il quale pende un qualsiasi giudizio del quale sia parte un ente sottoposto a risoluzione ne dispone la sospensione su istanza della Banca d'Italia per un periodo congruo al perseguimento degli obiettivi di cui all'articolo 21.".

CAPO II

Tutela anticipata avverso gli atti di esclusione dai procedimenti elettorali preparatori per le elezioni comunali, provinciali e regionali

129 Giudizio avverso gli atti di esclusione dal procedimento preparatorio per le elezioni comunali, provinciali e regionali (1).

1. I provvedimenti immediatamente lesivi del diritto del ricorrente a partecipare al procedimento elettorale preparatorio per le elezioni comunali, provinciali e regionali e per il rinnovo dei membri del Parlamento europeo spettanti all'Italia sono impugnabili innanzi al tribunale amministrativo regionale competente nel termine di tre giorni dalla pubblicazione, anche mediante affissione, ovvero dalla comunicazione, se prevista, degli atti impugnati (1).

2. Gli atti diversi da quelli di cui al comma 1 sono impugnati alla conclusione del procedimento unitamente all'atto di proclamazione degli eletti (2).

3. Il ricorso di cui al comma 1, nel termine ivi previsto, deve essere, a pena di decadenza:

a) notificato, direttamente dal ricorrente o dal suo difensore, esclusivamente mediante consegna diretta, posta elettronica certificata o fax, all'ufficio che ha emanato l'atto impugnato, alla Prefettura e, ove possibile, agli eventuali controinteressati; in ogni caso, l'ufficio che ha emanato l'atto impugnato rende pubblico il ricorso mediante affissione di una sua copia integrale in appositi spazi all'uopo destinati sempre accessibili al pubblico e tale pubblicazione ha valore di notifica per pubblici proclami per tutti i controinteressati; la notificazione si ha per avvenuta il giorno stesso della predetta affissione;

b) depositato presso la segreteria del tribunale adito, che provvede a pubblicarlo sul sito internet della giustizia amministrativa e ad affiggerlo in appositi spazi accessibili al pubblico (3).

4. Le parti, ove stiano in giudizio personalmente e non siano titolari di indirizzi di posta elettronica certificata risultanti dai pubblici elenchi (4), indicano, rispettivamente nel ricorso o negli atti di costituzione, l'indirizzo di posta elettronica certificata o il numero di fax da valere per ogni eventuale comunicazione e notificazione.

5. L'udienza di discussione si celebra, senza possibilità di rinvio anche in presenza di ricorso incidentale, nel termine di tre giorni dal deposito del ricorso, senza avvisi. Alla notifica del ricorso incidentale si provvede con le forme previste per il ricorso principale.

6. Il giudizio è deciso all'esito dell'udienza con sentenza in forma semplificata, da pubblicarsi nello stesso giorno. La relativa motivazione può consistere anche in un mero richiamo delle argomentazioni contenute negli scritti delle parti che il giudice ha inteso accogliere e fare proprie.

7. La sentenza non appellata è comunicata senza indugio dalla segreteria del tribunale all'ufficio che ha emanato l'atto impugnato.

8. Il ricorso di appello, nel termine di due giorni dalla pubblicazione della sentenza, deve essere, a pena di decadenza:

a) notificato, direttamente dal ricorrente o dal suo difensore, esclusivamente mediante consegna diretta, posta elettronica certificata o fax, all'ufficio che ha emanato l'atto impugnato, alla Prefettura e, ove possibile, agli eventuali controinteressati; in ogni caso, l'ufficio che ha emanato l'atto impugnato rende pubblico il ricorso mediante affissione di una sua copia integrale in appositi spazi all'uopo destinati sempre accessibili al pubblico e tale pubblicazione ha valore di notifica per pubblici proclami per tutti i controinteressati; la notificazione si ha per avvenuta il giorno stesso della predetta affissione; per le parti costituite nel giudizio di primo grado la trasmissione si effettua presso l'indirizzo di posta elettronica certificata o il numero di fax indicato negli atti difensivi ai sensi del comma 4;

b) depositato in copia presso il tribunale amministrativo regionale che ha emesso la sentenza di primo grado, il quale provvede ad affiggerlo in appositi spazi accessibili al pubblico;

c) depositato presso la segreteria del Consiglio di Stato, che provvede a pubblicarlo nel sito internet della giustizia amministrativa e ad affiggerlo in appositi spazi accessibili al pubblico (5).

9. Nel giudizio di appello si applicano le disposizioni del presente articolo.

10. Nei giudizi di cui al comma 1 non si applicano le disposizioni di cui agli articoli 52, comma 5, e 54, commi 1 e 2 (6) (7).

(1) *Comma sostituito dall'art. 1, comma 1, lett.* s), *n. 1), del d.lgs. 14 settembre 2012, n. 160.* Il testo del comma era il seguente: « 1. I provvedimenti relativi al procedimento preparatorio per le elezioni comunali, provinciali e regionali concernenti l'esclusione di liste o candidati possono essere immediatamente impugnati, esclusivamente da parte dei delegati delle liste e dei gruppi di candidati esclusi, innanzi al tribunale amministrativo regionale competente, nel termine di tre giorni dalla pubblicazione, anche mediante affissione, ovvero dalla comunicazione, se prevista, degli atti impugnati ».

(2) *Comma così sostituito dall'art. 1, comma 1, lett.* s), *n. 1, d.ls. n. 160, cit. Il testo del comma era il seguente:* « 2. Al di fuori di quanto previsto dal comma 1, ogni provvedimento relativo al procedimento, anche preparatorio, per le elezioni di cui al comma 1 è impugnabile soltanto alla conclusione del procedimento elettorale, unitamente all'atto di proclamazione degli eletti, ai sensi del Capo III del presente Titolo ».

(3) *Le parole da* « a pubblicarlo » *a* « *giustizia amministrativa e* » *sono state inserite dall'art. 1, comma 1, lett.* s), *n. 2), d.lgs. n. 160, cit.*

(4) *Le parole da* « , ove stiano in giudizio » *a* « dei pubblici elenchi » *sono state inserite dall'art. 20, comma 1-bis, lett.* a), *d.l. 27 giugno 2015, n. 83, conv., con modif., in l. 6 agosto 2015, n. 132, Per l'applicazione delle suddette modifiche v. i commi 3-5 dell'art. 7 del D.L. 31 agosto 2016, n. 168 conv., con modif., in l. 25 ottobre 2016, n. 197, ai sensi dei*

quali« 3. Le modifiche introdotte dal presente articolo, [...] hanno efficacia con riguardo ai giudizi introdotti con i ricorsi depositati, in primo o in secondo grado, a far data dal 1° gennaio 2017; ai ricorsi depositati anteriormente a tale data, continuano ad applicarsi, fino all'esaurimento del grado di giudizio nel quale sono pendenti alla data stessa e comunque non oltre il 1° gennaio 2018, le norme vigenti alla data di entrata in vigore del presente decreto. 4. A decorrere dal 1° gennaio 2017 e sino al 1° gennaio 2018 per i giudizi introdotti con i ricorsi depositati, in primo o in secondo grado, con modalità telematiche deve essere depositata almeno una copia cartacea del ricorso e degli scritti difensivi, con l'attestazione di conformità al relativo deposito telematico.; 5. Le disposizioni sul processo amministrativo telematico contenute negli allegati al decreto legislativo 2 luglio 2010, n. 104, non si applicano alle controversie di cui all'articolo 22 e agli articoli 39 e seguenti del Capo V della legge 3 agosto 2007, n. 124 [recante "Sistema di informazione per la sicurezza della Repubblica e nuova disciplina del segreto"] ».

(5) *Le parole da* « a pubblicarlo » *a* « giustizia amministrativa e » *sono state inserite dall'art. 1, comma 1, lett.* s), *n. 3), d.lgs. n. 160, cit.*

(6) *Si riportano le precedenti norme, ora abrogate o sostituite con un mero rinvio al presente Codice (v. coord. c.p.a.,* infra*):*

— *d.P.R. 16 maggio 1960, n. 570, « Testo unico delle leggi per la composizione e la elezione degli organi delle Amministrazioni comunali »:*

« Art. 83/11. — Contro le operazioni per l'elezione dei consiglieri comunali, successive alla emanazione del decreto di convocazione dei comizi, qualsiasi cittadino elettore del Comune, o chiunque altro vi abbia diretto interesse, può proporre impugnativa davanti alla sezione per il contenzioso elettorale, con ricorso che deve essere depositato nella segreteria entro il termine di giorni trenta dalla proclamazione degli eletti. Il presidente, con decreto in calce al ricorso medesimo, fissa l'udienza di discussione della causa in via di urgenza e provvede alla nomina del relatore. Il ricorso, unitamente al decreto di fissazione della udienza, deve essere notificato giudiziariamente a cura di chi lo ha proposto, alla parte che può avervi interesse, entro dieci giorni dalla data del provvedimento presidenziale. — Nei successivi dieci giorni dalla notificazione il ricorrente dovrà depositare nella segreteria della sezione la copia del ricorso e del decreto, con la prova dell'avvenuta notificazione, insieme con gli atti e documenti del giudizio. — La parte controinteressata deve depositare nella segreteria le proprie controdeduzioni entro quindici giorni dalla ricevuta notifica. Tutti i termini di cui sopra sono perentori, e devono essere osservati sotto pena di decadenza. — All'udienza stabilita, la sezione, udita la relazione del componente all'uopo delegato, sentite le parti se presenti, nonché i difensori se costituiti, pronuncia la decisione la cui parte dispositiva è letta immediatamente all'udienza pubblica dal presidente. — Qualora si appalesano necessari adempimenti istruttori, la sezione provvede con ordinanza, e fissa in pari tempo la nuova udienza di discussione. — La decisione è depositata in segreteria entro dieci giorni dalla pronuncia e deve essere immediatamente trasmessa in copia, a cura del segretario della sezione, al sindaco, perché provveda, entro 24 ore dal ricevimento, alla pubblicazione per quindici giorni della parte dispositiva nell'albo pretorio a mezzo del segretario comunale che ne è diretto responsabile. — Per tutto quanto non previsto nel presente articolo sulla disciplina del procedimento, si applicano le norme contenute nel titolo II del testo unico approvato con r.d. 26 giugno 1924, n. 1058, modificato con l. 8 febbraio 1925, n. 88, nonché quelle contenute nel r.d. 17 agosto 1907, n. 643, e nel r.d. 17 agosto 1907, n. 644 »; *C. cost. 7 luglio 2010 n. 236 ha dichiarato l'illegittimità costituzionale del citato art. 83-*undecies*, introdotto dall'art. 2 della legge 23 dicembre 1966, n. 1147, nella parte in cui esclude la possibilità di un'autonoma impugnativa degli atti del procedimento preparatorio alle elezioni, ancorché immediatamente lesivi, anteriormente alla proclamazione degli eletti.*

« Art. 84. — Il Tribunale, la Corte di appello, la Sezione per il contenzioso elettorale, il Consiglio di Stato e la Corte di cassazione, quando accolgono i ricorsi correggono il risultato delle elezioni e sostituiscono ai candidati illegalmente proclamati, coloro che hanno diritto di esserlo. — Le sentenze e le decisioni devono essere immediatamente comunicate al sindaco, che subito ne cura la notificazione, senza spese, agli interessati. Eguale comunicazione deve essere data al prefetto. — L'esecuzione delle sentenze emesse dal tribunale civile resta sospesa in pendenza di ricorso alla Corte di appello »;

— *l. 23 dicembre 1966, n. 1147, « Modificazioni alle norme sul contenzioso elettorale amministrativo »:*

« Art. 3. — Nei giudizi elettorali, sia davanti agli organi di giurisdizione ordinaria, sia davanti agli organi di giurisdizione amministrativa, non è necessario il ministero di procuratore o di avvocato. — Tutti gli atti relativi ai procedimenti amministrativi o giudiziari in materia elettorale sono redatti in carta libera, e sono esenti dalla tassa di registro, dal deposito per il ricorso in Cassazione, e dalle spese di cancelleria »;

« Art. 7. — [...] — Le norme contenute nei precedenti articoli e nell'articolo 75 del testo unico approvato con decreto del Presidente della Repubblica 16 maggio 1960, n. 570, si applicano altresì per i Consigli provinciali, sia per quanto riguarda la materia relativa alle operazioni per l'elezione, sia per quanto riguarda la materia relativa all'ineleggibilità, alla decadenza, all'incompatibilità dei consiglieri provinciali. Le azioni popolari e le impugnative consentite a qualsiasi elettore del Comune per quanto concerne elezioni comunali, sono consentite a qualsiasi cittadino elettore della Provincia per quanto concerne le elezioni provinciali. Le attribuzioni conferite da tali norme al Consiglio comunale, si intendono devolute al Consiglio provinciale; quelle devolute al sindaco si intendono devolute al presidente della Giunta provinciale. — Per tutte le questioni e le controversie deferite alla magistratura ordinaria è competente, in prima istanza, il Tribunale nella cui circoscrizione territoriale è compreso il capoluogo della Provincia »;

— *l. 17 febbraio 1968, n. 108, « Norme per la elezione dei Consigli regionali delle Regioni a statuto normale »:*

« Art. 19. (*Ricorsi*). — Per i ricorsi in materia di eleggibilità e decadenza e per quelli in materia di operazioni elettorali, si osservano le norme di cui agli artt. 1, 2, 3, 4 e 5 della l. 23 dicembre 1966, n. 1147. — Le azioni popolari e le impugnative previste per qualsiasi elettore del comune dai predetti articoli sono consentite a qualsiasi elettore della regione nonché al Commissario del governo. — Per tutte le questioni e le controversie deferite alla magistratura ordinaria, è competente, in prima istanza, il tribunale del capoluogo della regione ».

In relazione alla legge n. 108/1968 vedi il d.l. 5 marzo 2010, n. 29, non convertito. - Interpretazione autentica di disposizioni del procedimento elettorale e relativa disciplina di attuazione: « Ritenuta la straordinaria necessità e urgenza di consentire il corretto svolgimento delle consultazioni elettorali per il rinnovo degli organi delle Regioni a statuto ordinario fissate per il 28 e 29 marzo 2010 tramite interpretazione autentica degli articoli 9 e 10 della legge 17 febbraio 1968, n. 108, e dell'articolo 21 del decreto del Presidente della Repubblica 28 dicembre 2000, n. 445, assicurando il favor electionis secondo i principi di cui agli articoli 1 e 48 della Costituzione; Ritenuto che tale interpretazione autentica è finalizzata a favorire la più ampia corrispondenza delle norme alla volontà del cittadino elettore, per rendere effettivo l'esercizio del diritto politico di elettorato attivo e passivo, nel rispetto costituzionalmente dovuto per il favore nei confronti della espressione della volontà popolare; Ravvisata l'esigenza di assicurare l'esercizio dei diritti di elettorato attivo e passivo costituzionalmente tutelati a garanzia dei fondamentali valori di coesione sociale, presupposto di un sereno e pieno svolgimento delle competizioni elettorali; Art. 1 (*Interpretazione autentica degli articoli 9 e 10 della legge 17 febbraio 1968, n. 108*). 1. Il primo comma dell'articolo 9 della legge 17 febbraio 1968, n. 108, si inter preta nel senso che il rispetto dei termini orari di presentazione delle liste si considera assolto quando, entro gli stessi, i delegati incaricati della presentazione delle liste, muniti della prescritta documentazione, abbiano fatto ingresso nei locali del Tribunale. La presenza entro il termine di legge nei locali del Tribunale dei delegati può essere provata con ogni mezzo idoneo. 2. Il terzo comma dell'articolo 9 della legge 17 febbraio 1968, n. 108, si interpreta nel senso che le firme si considerano valide anche se l'autenticazione non risulti corredata da tutti gli elementi richiesti dall'articolo 21, comma 2, ultima parte, del decreto del Presidente della Repubblica 28 dicembre 2000, n. 445, purché tali dati siano comunque desumibili in modo univoco da altri elementi presenti nella documentazione prodotta. In particolare, la regolarità della autenticazione delle firme non è comunque inficiata dalla presenza di una irregolarità meramente formale quale la mancanza o la non leggibilità del timbro della autorità autenticante, dell'indicazione del luogo di autenticazione, nonché dell'indicazione della qualificazione dell'autorità autenticante, purché autorizzata. 3. Il quinto comma dell'articolo 10 della legge 17 febbraio 1968, n. 108, si interpreta nel senso che le decisioni di ammissione di liste di candidati o di singoli candidati da parte dell'Ufficio centrale regionale sono definitive, non revocabili o modificabili dallo stesso Ufficio. Contro le decisioni di ammissione può essere proposto esclusivamente ricorso al Giudice amministrativo soltanto da chi vi abbia interesse. Contro le decisioni di eliminazione di liste di candidati oppure di singoli candidati è ammesso ricorso all'Ufficio centrale regionale, che può essere presentato, entro ventiquattro ore dalla comunicazione, soltanto dai delegati della lista alla quale la decisione si riferisce. Avverso la decisione dell'Ufficio centrale regionale è ammesso immediatamente ricorso al Giudice amministrativo. 4. Le disposizioni del presente articolo si applicano anche alle operazioni e ad ogni altra attività relative alle elezioni regionali, in corso alla data di entrata in vigore del presente decreto. Per le medesime elezioni regionali i delegati che si siano trovati nelle condizioni di cui al comma 1 possono effettuare la presentazione delle liste dalle ore otto alle ore venti del primo giorno non festivo successivo a quello di entrata in vigore del presente decreto. Art. 2 (*Norma di coordinamento del procedimento elettorale*). 1. Limitatamente alle consultazioni per il rinnovo degli organi delle Regioni a statuto ordinario fissate per il 28 e 29 marzo 2010, l'affissione del manifesto recante le liste e le candidature ammesse deve avvenire, a cura dei sindaci, non oltre il sesto giorno antecedente la data della votazione. Art. 3. (*Entrata in vigore*). 1. Il presente decreto entra in vigore il giorno stesso della sua pubblicazione nella Gazzetta Ufficiale della Repubblica italiana e sarà presentato alle Camere per la conversione in legge. Il presente decreto, munito del sigillo dello Stato, sarà inserito nella Raccolta ufficiale degli atti normativi della Repubblica italiana. È fatto obbligo a chiunque spetti di osservarlo e di farlo osservare ». Il d.l. non è stato convertito, ma a norma dell'*art. 1, comma 1, l. 22 aprile 2010, n. 60* « Restano validi gli atti e i provvedimenti adottati e sono fatti salvi gli effetti prodotti e i rapporti giuridici sorti sulla base del decreto-legge 5 marzo 2010, n. 29 ».

(7) *Per quanto riguarda la legittimazione a ricorrere, v. l'art. 42 del d.P.R. 20 marzo 1967 n. 223 che prevede che "Contro le decisioni della Commissione elettorale circondariale o delle sue Sottocommissioni, qualsiasi cittadino ed il procuratore della Repubblica presso il tribunale competente possono proporre impugnativa davanti all'autorità giudiziaria ordinaria. Analoga azione può essere promossa per falsa o erronea rettificazione delle liste elettorali, fatta a norma dell'art. 30, secondo comma. Alle controversie previste dal presente articolo si applica l'articolo 24 del decreto legislativo 1° settembre 2011, n. 150" e l'art. 44 della legge 24 gennaio 1979 n. 18, che prevede, per la elezione dei membri del Parlamento europeo spettanti all'Italia, che "...L'azione si propone da parte di qualsiasi cittadino elettore ...".*

CAPO III
Rito relativo alle operazioni elettorali di comuni, province, regioni e Parlamento europeo

130 Procedimento in primo grado in relazione alle operazioni elettorali di comuni, province, regioni e Parlamento europeo (1).

1. Salvo quanto disposto nel Capo II del presente Titolo, contro tutti gli atti del procedimento elettorale successivi all'emanazione dei comizi elettorali è ammesso ricorso soltanto alla conclusione del procedimento elettorale, unitamente all'impugnazione dell'atto di proclamazione degli eletti:

a) quanto alle elezioni di comuni, province e regioni, da parte di qualsiasi candidato o elettore dell'ente della cui elezione si tratta, al tribunale amministrativo regionale nella cui circoscrizione ha sede il predetto ente territoriale, da depositare nella segreteria del tribunale adito entro il termine di trenta giorni dalla proclamazione degli eletti;

b) quanto alle elezioni dei membri del Parlamento europeo spettanti all'Italia, da parte di qualsiasi candidato o elettore, davanti al Tribunale amministrativo regionale del Lazio, sede di Roma, da depositare nella relativa segreteria entro il termine di trenta giorni dalla pubblicazione nella Gazzetta Ufficiale dell'elenco dei candidati proclamati eletti.

2. Il presidente, con decreto:

a) fissa l'udienza di discussione della causa in via di urgenza;

b) designa il relatore;

c) ordina le notifiche, autorizzando, ove necessario, qualunque mezzo idoneo;

d) ordina il deposito di documenti e l'acquisizione di ogni altra prova necessaria;

e) ordina che a cura della segreteria il decreto sia immediatamente comunicato, con ogni mezzo utile, al ricorrente.

3. Il ricorso è notificato, unitamente al decreto di fissazione dell'udienza, a cura di chi lo ha proposto, entro dieci giorni dalla data della comunicazione del decreto di cui al comma 2:

a) all'ente della cui elezione si tratta, in caso di elezioni di comuni, province, regioni;

b) all'Ufficio elettorale centrale nazionale, in caso di elezioni dei membri del Parlamento europeo spettanti all'Italia;

c) alle altre parti che vi hanno interesse, e comunque ad almeno un controinteressato.

4. Entro dieci giorni dall'ultima notificazione di cui al comma 3, il ricorrente deposita nella segreteria del tribunale la copia del ricorso e del decreto, con la prova dell'avvenuta notificazione, insieme con gli atti e documenti del giudizio.

5. L'amministrazione resistente e i controinteressati depositano nella segreteria le proprie controdeduzioni nei quindici giorni successivi a quello in cui la notificazione si è perfezionata nei loro confronti.

6. All'esito dell'udienza, il collegio, sentite le parti se presenti, pronuncia la sentenza.

7. La sentenza è pubblicata entro il giorno successivo alla decisione della causa. Se la complessità delle questioni non consente la pubblicazione della sentenza, nello stesso termine di cui al periodo precedente è pubblicato il dispositivo mediante deposito in segreteria. In tal caso la sentenza è pubblicata entro i dieci giorni successivi.

8. La sentenza è immediatamente trasmessa in copia, a cura della segreteria del tribunale amministrativo regionale, al Sindaco, alla giunta provinciale, alla giunta regionale, al presidente dell'ufficio elettorale nazionale, a seconda dell'ente cui si riferisce l'elezione. Il comune, la provincia o la regione della cui elezione si tratta provvede, entro ventiquattro ore dal ricevimento, alla pubblicazione per quindici giorni del dispositivo della sentenza nell'albo o bollettino ufficiale dell'ente interessato a mezzo del segretario che ne è diretto responsabile. In caso di elezioni relative a comuni, province o regioni, la sentenza è comunicata anche al Prefetto. Ai medesimi incombenti si provvede dopo il passaggio in giudicato della sentenza annotando sulla copia pubblicata la sua definitività.

9. Il tribunale amministrativo regionale, quando accoglie il ricorso, corregge il risultato delle elezioni e sostituisce ai candidati illegittimamente proclamati coloro che hanno diritto di esserlo. In caso di ricorso avverso le operazioni elettorali inerenti il Parlamento europeo, i voti delle sezioni le cui operazioni sono state annullate non hanno effetto.

10. Tutti i termini processuali diversi da quelli indicati nel presente articolo e nell'articolo 131 sono dimezzati rispetto ai termini del processo ordinario.

11. L'ente comunale, provinciale o regionale, della cui elezione si tratta, comunica agli interessati la correzione del risultato elettorale. L'Ufficio elettorale nazionale comunica la correzione del risultato elettorale agli interessati e alla segreteria del Parlamento europeo.

(1) *Si riportano le precedenti norme, ora abrogate o sostituite con un mero rinvio al codice, della l. 24 gennaio 1979, n. 18, «Elezione dei membri del Parlamento europeo spettanti all'Italia» (v. coord. c.p.a.,* infra*):*

« Art. 42. — Contro gli atti di proclamazione degli eletti, per motivi inerenti alle operazioni elettorali successive alla emanazione del decreto di convocazione dei comizi, qualsiasi cittadino elettore può proporre impugnativa davanti al tribunale amministrativo regionale del Lazio. — La impugnativa è proposta con ricorso che deve essere depositato nella segreteria entro il termine di giorni trenta dalla pubblicazione nella Gazzetta Ufficiale dell'elenco dei candidati proclamati eletti. — Il presidente, con decreto in calce al ricorso medesimo, fissa l'udienza di discussione della causa in via di urgenza e provvede alla nomina del relatore. Il ricorso, unitamente al decreto di fissazione dell'udienza, deve essere notificato, a mezzo di ufficiale giudiziario a cura di chi lo ha proposto, alla parte che può avervi interesse, entro dieci giorni dalla data del provvedimento presidenziale. — Nei successivi dieci giorni dalla notificazione il ricorrente dovrà depositare nella segreteria del tribunale la copia del ricorso e del decreto, con la prova dell'avvenuta notificazione, insieme con gli atti e documenti del giudizio. — La parte controinteressata deve depositare nella segreteria le proprie controdeduzioni entro quindici giorni dalla ricevuta notifica. — Tutti i termini di cui sopra sono perentori e devono essere osservati sotto pena di decadenza. — All'udienza stabilita, il tribunale, udita la relazione del magistrato all'uopo delegato, sentite le parti se presenti, nonché i difensori se costituiti, pronuncia la sentenza la cui parte dispositiva è letta immediatamente all'udienza pubblica dal presidente. — Qualora ritenga necessari adempimenti istruttori, il tribunale provvede con ordinanza e fissa in pari tempo la nuova udienza di discussione. — La sentenza è depositata in segreteria entro dieci giorni dalla pronuncia e, ove non sia stato proposto appello ai sensi del successivo articolo 43, deve essere trasmessa in copia, a cura del segretario, al presidente dell'ufficio elettorale nazionale. — I voti delle sezioni le cui operazioni sono state annullate non hanno effetto. — Per tutto quanto non previsto nel presente articolo sulla disciplina del procedimento, si applicano le norme di procedura dinanzi ai tribunali amministrativi regionali »;

« Art. 43. — Contro le sentenze emesse in primo grado dal tribunale amministrativo regionale del Lazio, la parte soccombente può proporre appello al Consiglio di Stato entro il termine di giorni cinque decorrenti dalla lettura del dispositivo della sentenza, mediante dichiarazione da presentare presso la segreteria del tribunale predetto. — L'atto di appello contenente i motivi deve essere notificato entro il termine di giorni venti dalla ricezione dell'avviso di pubblicazione della sentenza che va inviato alle parti anche se non costituite. — Per quanto qui non disposto, si applicano le norme dell'articolo 29 della legge 6 dicembre 1971, n. 1034 ».

131 Procedimento in appello in relazione alle operazioni elettorali di comuni, province e regioni (1).

1. L'appello avverso le sentenze di cui all'articolo 130 è proposto entro il termine di venti giorni dalla notifica della sentenza, per coloro nei cui confronti è obbligatoria la notifica; per gli altri candidati o elettori nel termine di venti giorni decorrenti dall'ultimo giorno della pubblicazione della sentenza medesima nell'albo pretorio del comune.

2. Il presidente fissa in via d'urgenza l'udienza di discussione. Al giudizio si applicano le norme che regolano il processo di appello innanzi al Consiglio di Stato, e i relativi termini sono dimezzati rispetto a quelli del giudizio ordinario.

3. La sentenza, quando, in riforma di quella di primo grado, accoglie il ricorso originario, provvede ai sensi dell'articolo 130, comma 9.

4. La sentenza è immediatamente trasmessa in copia, a cura della segreteria del Consiglio di Stato, ai soggetti di cui all'articolo 130, comma 8, i quali provvedono agli ulteriori incombenti ivi previsti e a quelli di cui al comma 11 dello stesso articolo 130.

(1) *L'art. 29, commi primo, secondo, e terzo, l. Tar, ora abrogato da coord. c.p.a. (v.* infra*), prevedeva che:* « Al giudizio di appello si applicano le norme che regolano il processo innanzi al Consiglio di Stato. — I ricorsi avverso le sentenze in materie di operazioni elettorali sono proposti entro il termine di venti giorni dalla notifica della sentenza, per coloro nei cui confronti è obbligatoria la notifica; per gli altri cittadini elettori nel termine di venti giorni decorrenti dall'ultimo giorno della pubblicazione della sentenza medesima nell'albo pretorio del comune. Per questi ricorsi i termini procedurali previsti dalle norme richiamate nel primo comma sono ridotti alla metà. — Sul ricorso il presidente fissa in via di urgenza l'udienza di discussione ed al conseguente giudizio si applicano le norme procedurali di cui al primo comma del presente articolo, con tutti i termini ridotti alla metà ».

132 Procedimento in appello in relazione alle operazioni elettorali del Parlamento europeo (1).

1. Le parti del giudizio di primo grado possono proporre appello mediante dichiarazione da presentare presso la segreteria del tribunale amministrativo regionale che ha pronunciato la sentenza, entro il termine di cinque giorni decorrenti dalla pubblicazione della sentenza o, in mancanza, del dispositivo.

2. L'atto di appello contenente i motivi deve essere depositato entro il termine di trenta giorni decorrenti dalla ricezione dell'avviso di pubblicazione della sentenza.

3. Per quanto non disposto dal presente articolo si applicano le norme dell'articolo 131.

(1) *V.* sub *art. 131.*

LIBRO QUINTO
Norme finali

133 Materie di giurisdizione esclusiva.

1. Sono devolute alla giurisdizione esclusiva del giudice amministrativo, salvo ulteriori previsioni di legge:

a) le controversie in materia di:

1) risarcimento del danno ingiusto cagionato in conseguenza dell'inosservanza dolosa o colposa del termine di conclusione del procedimento amministrativo;

2) formazione, conclusione ed esecuzione degli accordi integrativi o sostitutivi di provvedimento amministrativo e degli accordi fra pubbliche amministrazioni;

3) silenzio di cui all'articolo 31, commi 1, 2 e 3, e provvedimenti espressi adottati in sede di verifica di segnalazione certificata, denuncia e dichiarazione di inizio attività, di cui all'articolo 19, comma 6-*ter*, della legge 7 agosto 1990, n. 241 (1);

4) determinazione e corresponsione dell'indennizzo dovuto in caso di revoca del provvedimento amministrativo;

5) nullità del provvedimento amministrativo adottato in violazione o elusione del giudicato;

6) diritto di accesso ai documenti amministrativi e violazione degli obblighi di trasparenza amministrativa (2);

a-bis) le controversie relative all'applicazione dell'articolo 20 della legge 7 agosto 1990, n. 241 (3);

b) le controversie aventi ad oggetto atti e provvedimenti relativi a rapporti di concessione di beni pubblici, ad eccezione delle controversie concernenti indennità, canoni ed altri corrispettivi e quelle attribuite ai tribunali delle acque pubbliche e al Tribunale superiore delle acque pubbliche;

c) le controversie in materia di pubblici servizi relative a concessioni di pubblici servizi, escluse quelle concernenti indennità, canoni ed altri corrispettivi, ovvero relative a provvedimenti adottati dalla pubblica amministrazione o dal gestore di un pubblico servizio in un procedimento amministrativo, ovvero ancora relative all'affidamento di un pubblico servizio, ed alla vigilanza e controllo nei confronti del gestore, nonché afferenti alla vigilanza sul credito, sulle assicurazioni e sul mercato mobiliare, al servizio farmaceutico, ai trasporti, alle telecomunicazioni e ai servizi di pubblica utilità;

d) le controversie concernenti l'esercizio del diritto a chiedere e ottenere l'uso delle tecnologie telematiche nelle comunicazioni con le pubbliche amministrazioni e con i gestori di pubblici servizi statali;

e) le controversie:

1) relative a procedure di affidamento di pubblici lavori, servizi, forniture, svolte da soggetti comunque tenuti, nella scelta del contraente o del socio, all'applicazione della normativa comunitaria ovvero al rispetto dei procedimenti di evidenza pubblica previsti dalla normativa statale o regionale, ivi incluse quelle risarcitorie e con estensione della giurisdizione esclusiva alla dichiarazione di inefficacia del contratto a seguito di annullamento dell'aggiudicazione ed alle sanzioni alternative;

2) relative al divieto di rinnovo tacito dei contratti pubblici di lavori, servizi, forniture, relative alla clausola di revisione del prezzo e al relativo provvedimento applicativo nei contratti ad esecuzione continuata o periodica, nell'ipotesi di cui all'articolo 115 del decreto legislativo 12 aprile 2006, n. 163, nonché quelle relative ai provvedimenti applicativi dell'adeguamento dei prezzi ai sensi dell'articolo 133, commi 3 e 4, dello stesso decreto;

f) le controversie aventi ad oggetto gli atti e i provvedimenti delle pubbliche amministrazioni in materia urbanistica e edilizia, concernente tutti gli aspetti dell'uso del territorio, e ferme restando le giurisdizioni del Tribunale superiore delle acque pubbliche e del Commissario liquidatore per gli usi civici, nonché del giudice ordinario per le controversie riguardanti la determinazione e la corresponsione delle indennità in conseguenza dell'adozione di atti di natura espropriativa o ablativa;

g) le controversie aventi ad oggetto gli atti, i provvedimenti, gli accordi e i comportamenti, riconducibili, anche mediatamente, all'esercizio di un pubblico potere, delle pubbliche amministrazioni in materia di espropriazione per pubblica utilità, ferma restando la giurisdizione del giudice ordinario per quelle riguardanti la determinazione e la corresponsione delle indennità in conseguenza dell'adozione di atti di natura espropriativa o ablativa;

h) le controversie aventi ad oggetto i decreti di espropriazione per causa di pubblica utilità delle invenzioni industriali;

i) le controversie relative ai rapporti di lavoro del personale in regime di diritto pubblico;

l) le controversie aventi ad oggetto tutti i provvedimenti, compresi quelli sanzionatori ed esclusi quelli inerenti ai rapporti di impiego privatizzati, adottati dalla Banca d'Italia, dagli Organismi di cui agli articoli 112-*bis*, 113 e 128-*duodecies* del decreto legislativo 1° settembre 1993, n. 385, (4) [dalla Commissione nazionale per le società e la borsa,] dall'Autorità garante della concorrenza e del mercato, dall'Autorità per le garanzie nelle comunicazioni, dall'Autorità per l'energia elettrica e il gas, e dalle altre Autorità istituite ai sensi della legge 14 novembre 1995, n. 481, dall'Autorità per la vigilanza sui contratti pubblici di lavori, servizi e forniture, dalla Commissione vigilanza fondi pensione, dalla Commissione per la valutazione, la trasparenza e l'integrità della pubblica amministrazione, dall'Istituto per la vigilanza sulle assicurazioni private, comprese le controversie relative ai ricorsi avverso gli atti che applicano le sanzioni ai sensi dell'articolo 326 del decreto legislativo 7 settembre 2005, n. 209 (4);

m) le controversie aventi ad oggetto i provvedimenti in materia di comunicazioni elettroniche, compresi quelli relativi all'imposizione di servitù, nonché i giudizi riguardanti l'assegnazione di diritti d'uso delle frequenze, la gara e le altre procedure di cui ai commi da 8 a 13 dell'articolo 1 della legge 13 dicembre 2010, n. 220, incluse le procedure di cui all'articolo 4 del decreto-legge 31 marzo 2011, n. 34, convertito, con modificazioni, dalla legge 26 maggio 2011, n. 75 (5);

n) le controversie relative alle sanzioni amministrative ed ai provvedimenti adottati dall'organismo di regolazione competente in materia di infrastrutture ferroviarie ai sensi dell'articolo 37 del decreto legislativo 8 luglio 2003, n. 188;

o) le controversie, incluse quelle risarcitorie, attinenti alle procedure e ai provvedimenti della pubblica amministrazione concernenti la produzione di energia, [ivi comprese quelle inerenti l'energia da fonte nucleare,] (6) i rigassificatori, i gasdotti di importazione, le centrali termoelettriche e quelle relative ad infrastrutture di trasporto ricomprese o da ricomprendere nella rete di trasmissione nazionale o rete nazionale di gasdotti;

p) le controversie aventi ad oggetto le ordinanze e i provvedimenti commissariali adottati in tutte le situazioni di emergenza dichiarate ai sensi dell'articolo 5, comma 1, della legge 24 febbraio 1992, n. 225, nonché gli atti, i provvedimenti e le ordinanze emanati ai sensi dell'articolo 5, commi 2 e 4 della medesima legge n. 225 del 1992 (7) e le controversie comunque attinenti alla complessiva azione di gestione del ciclo dei rifiuti, seppure posta in essere con comportamenti della pubblica amministrazione riconducibili, anche mediatamente, all'esercizio di un pubblico potere, quand'anche relative a diritti costituzionalmente tutelati;

q) le controversie aventi ad oggetto i provvedimenti anche contingibili ed urgenti, emanati dal Sindaco in materia di ordine e sicurezza pubblica, di incolumità pubblica e di sicurezza urbana, di edilità e di polizia locale, d'igiene pubblica e dell'abitato;

r) le controversie aventi ad oggetto i provvedimenti relativi alla disciplina o al divieto dell'esercizio d'industrie insalubri o pericolose;

s) le controversie aventi ad oggetto atti e provvedimenti adottati in violazione delle disposizioni in materia di danno all'ambiente, nonché avverso il silenzio inadempimento del Ministro dell'ambiente e della tutela del territorio e del mare e per il risarcimento del danno subito a causa del ritardo nell'attivazione, da parte del medesimo Ministro, delle misure di precauzione, di prevenzione o di contenimento del danno ambientale, nonché quelle inerenti le ordinanze ministeriali di ripristino ambientale e di risarcimento del danno ambientale;

t) le controversie relative all'applicazione del prelievo supplementare nel settore del latte e dei prodotti lattiero-caseari;

u) le controversie aventi ad oggetto i provvedimenti in materia di passaporti;

v) le controversie tra lo Stato e i suoi creditori riguardanti l'interpretazione dei contratti aventi per oggetto i titoli di Stato o le leggi relative ad essi o comunque sul debito pubblico;

z) le controversie aventi ad oggetto atti del Comitato olimpico nazionale italiano o delle Federazioni sportive non riservate agli organi di giustizia dell'ordinamento sportivo ed escluse quelle inerenti i rapporti patrimoniali tra società, associazioni e atleti.

z-bis) le controversie aventi ad oggetto tutti i provvedimenti, compresi quelli sanzionatori ed esclusi quelli inerenti i rapporti di impiego, adottati dall'Agenzia nazionale di regolamentazione del settore postale di cui alla lettera *h*) del comma 2 dell'articolo 37 della legge 4 giugno 2010, n. 96 (8).

z-ter) le controversie aventi ad oggetto i provvedimenti dell'Agenzia nazionale per la regolazione e la vigilanza in materia di acqua istituita dall'articolo 10, comma 11, del decreto-legge 13 maggio 2011, n. 70, convertito, con modificazioni, dalla legge 12 luglio 2011, n. 106 (9);

z-quater) le controversie aventi ad oggetto i provvedimenti adottati ai sensi dell'articolo 3, comma 2, del decreto legislativo 6 settembre 2011, n. 149 (10);

z-quinquies) le controversie relative all'esercizio dei poteri speciali inerenti alle attività di rilevanza strategica nei settori della difesa e della sicurezza nazionale e nei settori dell'energia, dei trasporti e delle comunicazioni (11);

z-sexies) le controversie relative agli atti ed ai provvedimenti che concedono aiuti di Stato in violazione dell'articolo 108, paragrafo 3, del Trattato sul funzionamento dell'Unione europea e le controversie aventi ad oggetto gli atti e i provvedimenti adottati in esecuzione di una decisione di recupero di cui all'articolo 16 del regolamento (UE) 2015/1589 del Consiglio, del 13 luglio 2015, a prescindere dalla forma dell'aiuto e dal soggetto che l'ha concesso (12);

z-septies) le controversie relative ai provvedimenti di ammissione ed esclusione dalle competizioni professionistiche delle società o associazioni sportive professionistiche, o comunque incidenti sulla partecipazione a competizioni professionistiche (13) (14) (15) (16).

(1) *Numero sostituito dall'art. 1, comma 1, lett. ll), n. 1), d.lgs. 15 novembre 2011, n. 195. Il testo del numero era il seguente:* « dichiarazione di inizio attività ».

(2) *Le parole* « e violazione degli obblighi di trasparenza amministrativa » *sono state inserite dall'art. 52, comma 4, lett.* e) *d.lgs. 14 marzo 2013, n. 33.*

(3) *Lettera inserita dall'art. 1, comma 1, lett. ll), n. 2), d.lgs. 15 novembre 2011, n. 195.*

(4) *Le parole* « dagli Organismi di cui agli articoli 112-*bis*, 113 e 128-*duodecies* del decreto legislativo 1° settembre 1993, n. 385, » *sono state inserite dall'art. 1, comma 1, lett.* ll), n. 3), *d.lgs. n. 195, cit. e le parole tra parentesi quadre sono state soppresse dall'art. 1, comma 1, lett. t), n. 1), d.lgs. 14 settembre 2012, n. 160. La Corte costituzionale, con sentenza 27 giugno 2012, n. 162 (in Gazz. Uff., 4 luglio, n. 27), ha dichiarato l'illegittimità costituzionale della presente lettera nella parte in cui attribuisce alla giurisdizione esclusiva del giudice amministrativo con cognizione estesa al merito e alla competenza funzionale del TAR Lazio - sede di Roma, le controversie in materia di sanzioni irrogate dalla Commissione nazionale per le società e la borsa (CONSOB). Successivamente, la presente lettera è stata nuovamente modificata dall'articolo 1, comma 1, lettera* t), *numero 1), del d.lgs. 14 settembre 2012, n. 160. In seguito, la Corte costituzionale, con sentenza 15 aprile 2014, n. 94 ha dichiarato l'illegittimità costituzionale della presente lettera, nella parte in cui attribuisce alla giurisdizione esclusiva del giudice amministrativo, con cognizione estesa al merito, e alla competenza funzionale del Tribunale amministrativo regionale per il Lazio – sede di Roma le controversie in materia di sanzioni irrogate dalla Banca d'Italia.*

V. anche l'art. 95 (Tutela giurisdizionale) d.lgs. 16 novembre 2015 n. 180 - Attuazione della direttiva 2014/59/UE del Parlamento europeo e del Consiglio, del 15 maggio 2014, che istituisce un quadro di risanamento e risoluzione degli enti creditizi e delle imprese di investimento e che modifica la direttiva 82/891/CEE del Consiglio, e le direttive 2001/24/CE, 2002/47/CE, 2004/25/CE, 2005/56/CE, 2007/36/CE, 2011/35/UE, 2012/30/UE e 2013/36/UE e i regolamenti (UE), n. 1093/2010 e (UE) n. 648/2012, del Parlamento europeo e del Consiglio, che prevede che "1. La tutela giurisdizionale davanti al giudice amministrativo è disciplinata dal Codice del processo amministrativo. Alle controversie aventi ad oggetto i provvedimenti adottati ai sensi del presente decreto si applicano gli articoli 119, 128, 133 e 135 del medesimo Codice. 2. Nei giudizi avverso le misure di gestione della crisi si presume fino a prova contraria che la sospensione dei provvedimenti della Banca d'Italia o del Ministro dell'economia e delle finanze sarebbe contraria all'interesse pubblico; nei medesimi giudizi non si applicano gli articoli 19 e 63, comma 4, del Codice del processo amministrativo. 3. Quando il giudice lo ritiene necessario per tutelare gli interessi dei terzi in buona fede che hanno acquistato azioni, altre partecipazioni, diritti, attività o passività di un ente sottoposto a risoluzione a seguito del ricorso agli strumenti di risoluzione o dell'esercizio dei poteri di risoluzione, l'annullamento del provvedimento lascia impregiudicati gli atti amministrativi adottati o i negozi posti in essere dalla Banca d'Italia o dai commissari speciali, sulla base del provvedimento annullato. Resta fermo il diritto al risarcimento del danno subito e provato, nei limiti stabiliti dalle norme vigenti. 4. Fermo restando il potere di cui all'articolo 67, il giudice presso il quale pende un qualsiasi giudizio del quale sia parte un ente sottoposto a risoluzione ne dispone la sospensione su istanza della Banca d'Italia per un periodo congruo al perseguimento degli obiettivi di cui all'articolo 21.".

(5) *Le parole da* « nonché i giudizi » *fino alla fine della lettera sono state aggiunte dall'art. 1, comma 1, lett. ll), n. 4), d.lgs. n. 195, cit.*

(6) *Le parole tra parentesi quadre sono state soppresse dall'art. 5, comma 4, d.l. 31 marzo 2011, n. 34, conv. con modif., in l. 26 maggio 2011, n. 75.*

(7) *Le parole da* « nonché gli atti » *a* « legge n. 225 del 1992 » *sono state inserite dall'art. 1, comma 1, lett. t), n. 2, d.ls. n. 160, cit.*

(8) *Lettera aggiunta dall'art. 2, comma 2, lett. b), d.lgs. 31 marzo 2011, n. 58.*

(9) *Lettera aggiunta dall'art. 1, comma 1, lett. ll), n. 5), d.lgs. 15 novembre 2011, n. 195.*

(10) *Lettera aggiunta dall'art. 1, comma 1, lett. ll), n. 5), d.lgs. n. 195, cit.*

(11) *Lettera aggiunta dall'art. 3, comma 7, d.l. 15 marzo 2012, n. 21, conv., con modif., in l. 11 maggio 2012, n. 56.*

(12) *Lettera aggiunta dall'art. 49, comma 2, l. 24 dicembre 2012, n. 234, come modificato dall'art. 35, comma 3, l. 7 luglio 2016, n, 122 che ha sostituito le parole* « regolamento (UE) 2015/1589 del Consiglio, del 13 luglio 2015 » *alle parole* « regolamento (CE) n. 659/1999 del Consiglio, del 22 marzo 1999 ». *Ai sensi del successivo comma 4 dell'art. 35 l. n. 122, cit., tale disposizione si applica « alle decisioni di recupero notifi-*

cate a decorrere dal 1° gennaio 2015 ». V. anche il successivo comma 3 dell'art. 49 l. n. 234, cit.

(13) *Lettera aggiunta dall'art. 1, comma 649, lett.* b) *l. 30 dicembre 2018, n. 145 (legge di bilancio 2019), con effetto a decorrre dal 1° gennaio 2019. Ai sensi del successivo comma 650 dell'art. 1 l. n. 145, cit., tale disposizione si applica anche ai processi ed alle controversie in corso alla data di entrata in vigore della suddetta legge. Precedentemente, la stessa lettera era stata aggiunta dall'art. 1, comma 1, lett.* b) *d.l. 5 ottobre 2018, n. 115, non convertito in legge. Ai sensi dell'art. 4 d.l. n. 115, cit., la suddetta disposizione si applicava anche ai processi e alle controversie in corso.*

(14) *Nella presente nota si riporta la precedente normativa, ora abrogata o sostituita con un mero rinvio al Codice del processo amministrativo (v. coord. c.p.a., infra).*

Art. 2-bis *l. 7 agosto 1990, n. 241*: « (*Conseguenze per il ritardo dell'amministrazione nella conclusione del procedimento*). — 1. Le pubbliche amministrazioni e i soggetti di cui all'articolo 1, comma 1-*ter*, sono tenuti al risarcimento del danno ingiusto cagionato in conseguenza dell'inosservanza dolosa o colposa del termine di conclusione del procedimento. — 2. Le controversie relative all'applicazione del presente articolo sono attribuite alla giurisdizione esclusiva del giudice amministrativo. Il diritto al risarcimento del danno si prescrive in cinque anni ». *Il comma 2 è stato abrogato da coord. c.p.a.*

Art. 11, comma 5 l. n. 241, cit., ora abrogato da coord. c.p.a.:« (*Accordi integrativi o sostitutivi del provvedimento*). — [...]. 5. Le controversie in materia di formazione, conclusione ed esecuzione degli accordi di cui al presente articolo sono riservate alla giurisdizione esclusiva del giudice amministrativo »; *art. 15, comma 2, l. n. 241, cit. (v. nota 1)*: « (*Accordi fra pubbliche amministrazioni*). — 2. Per detti accordi si osservano, in quanto applicabili, le disposizioni previste dall'articolo 11, commi 2, 3 e 5 ».

Art. 19, comma 5, l. n. 241, cit., (v. nota 1): « (*Dichiarazione di inizio attività*). — [...] 5. Ogni controversia relativa all'applicazione dei commi 1, 2 e 3 è devoluta alla giurisdizione esclusiva del giudice amministrativo. Il relativo ricorso giurisdizionale, esperibile da qualunque interessato nei termini di legge, può riguardare anche gli atti di assenso formati in virtù delle norme sul silenzio assenso previste dall'articolo 20 ». *Il citato comma 5 era stato abrogato da coord. c.p.a., ma successivamente il d.l. 31 maggio 2010 n. 78, in sede di conversione in l. 30 luglio 2010, n. 122, ha interamente sostituito l'art. 19 l. n. 241, cit., prevedendo nuovamente che ogni controversia relativa all'applicazione dello stesso art. 19 è devoluta alla giurisdizione esclusiva del g.a. (v.* supra, *nella presente Parte).*

Art. 21-quinquies, *comma 1, l. n. 241, cit., (v. nota 1)*: « (*Revoca del provvedimento*). — 1. Per sopravvenuti motivi di pubblico interesse ovvero nel caso di mutamento della situazione di fatto o di nuova valutazione dell'interesse pubblico originario, il provvedimento amministrativo ad efficacia durevole può essere revocato da parte dell'organo che lo ha emanato ovvero da altro organo previsto dalla legge. La revoca determina la inidoneità del provvedimento revocato a produrre ulteriori effetti. Se la revoca comporta pregiudizi in danno dei soggetti direttamente interessati, l'amministrazione ha l'obbligo di provvedere al loro indennizzo. Le controversie in materia di determinazione e corresponsione dell'indennizzo sono attribuite alla giurisdizione esclusiva del giudice amministrativo ». *L'ultimo periodo del citato comma 1 è stato abrogato da coord. c.p.a.*

Art. 21-septies, *comma 2, l. n. 241, cit., ora abrogato da coord. c.p.a. (v. anche nota 1)*: « (Nullità del provvedimento). — [...]. — 2. Le questioni inerenti alla nullità dei provvedimenti amministrativi in violazione o elusione del giudicato sono attribuite alla giurisdizione esclusiva del giudice amministrativo ».

Art. 21-septies, *comma 2 l. n. 241, cit., nel testo precedente alla sostituzione operata da coord. c.p.a. (v. anche nota 1)*: « (*Modalità di esercizio del diritto di accesso e ricorsi*: « 5. Contro le determinazioni amministrative concernenti il diritto di accesso e nei casi previsti dal comma 4 è dato ricorso, nel termine di trenta giorni, al tribunale amministrativo regionale, il quale decide in camera di consiglio entro trenta giorni dalla scadenza del termine per il deposito del ricorso, uditi i difensori delle parti che ne abbiano fatto richiesta. In pendenza di un ricorso presentato ai sensi della legge 6 dicembre 1971, n. 1034, e successive modificazioni, il ricorso può essere proposto con istanza presentata al presidente e depositata presso la segreteria della sezione cui è assegnato il ricorso, previa notifica all'amministrazione o ai controinteressati, e viene deciso con ordinanza istruttoria adottata in camera di consiglio. La decisione del tribunale è appellabile, entro trenta giorni dalla notifica della stessa, al Consiglio di Stato, il quale decide con le medesime modalità e negli stessi termini. Le controversie relative all'accesso ai documenti amministrativi sono attribuite alla giurisdizione esclusiva del giudice amministrativo ».

Art. 5 l. Tar, ora abrogato da coord. c.p.a.: « Sono devoluti alla competenza dei tribunali amministrativi regionali i ricorsi contro atti e provvedimenti relativi a rapporti di concessione di beni pubblici. Si applicano, ai fini dell'individuazione del tribunale competente, il secondo e il terzo comma dell'articolo 3. — Resta salva la giurisdizione dell'autorità giudiziaria ordinaria per le controversie concernenti indennità, canoni ed altri corrispettivi e quelle dei tribunali delle acque pubbliche e del tribunale superiore delle acque pubbliche, nelle materie indicate negli articoli 140-144 del testo unico 11 dicembre 1933, n. 1775 ».

Art. 33 d.lgs. 31 marzo 1998, n. 80, ora abrogato da coord. c.p.a.: « 1. Sono devolute alla giurisdizione esclusiva del giudice amministrativo tutte le controversie in materia di pubblici servizi, ivi compresi quelli afferenti alla vigilanza sul credito, sulle assicurazioni e sul mercato mobiliare, al servizio farmaceutico, ai trasporti, alle telecomunicazioni e ai servizi di cui alla legge 14 novembre 1995, n. 481. — 2. Tali controversie sono, in particolare, quelle: *a*) concernenti la istituzione, modificazione o estinzione di soggetti gestori di pubblici servizi, ivi comprese le aziende speciali, le istituzioni o le società di capitali anche di trasformazione urbana; *b*) tra le amministrazioni pubbliche e i gestori comunque denominati di pubblici servizi; *c*) in materia di vigilanza e di controllo nei confronti di gestori dei pubblici servizi; *d*) aventi ad oggetto le procedure di affidamento di appalti pubblici di lavori, servizi e forniture, svolte da soggetti comunque tenuti alla applicazione delle norme comunitarie o della normativa nazionale o regionale; *e*) riguardanti le attività e le prestazioni di ogni genere, anche di natura patrimoniale, rese nell'espletamento di pubblici servizi, ivi comprese quelle rese nell'ambito del Servizio sanitario nazionale e della pubblica istruzione, con esclusione dei rapporti individuali di utenza con soggetti privati, delle controversie meramente risarcitorie che riguardano il danno alla persona o a cose e delle controversie in materia di invalidità. — 3. All'articolo 5, primo comma, della legge 6 dicembre 1971, n. 1034, sono soppresse le parole: "o di servizi" ». *C. cost., aveva dichiarato l'*illegittimità costituzionale *del comma 1 del citato art. 33, nella parte in cui prevedeva che sono devolute alla giurisdizione esclusiva del giudice amministrativo « tutte le controversie in materia di pubblici servizi, ivi compresi quelli » anziché « le controversie in materia di pubblici servizi relative a concessioni di pubblici servizi, escluse quelle concernenti indennità, canoni ed altri corrispettivi, ovvero relative a provvedimenti adottati dalla pubblica amministrazione o dal gestore di un pubblico servizio in un procedimento amministrativo disciplinato dalla legge 7 agosto 1990, n. 241, ovvero ancora relative all'affidamento di un pubblico servizio, ed alla vigilanza e controllo nei confronti del gestore, nonché ». C. cost., n. 204, cit., aveva dichiarato altresì l'*illegittimità costituzionale *del comma 2. Ai sensi dell'art. 45, comma 18, d.lgs. n. 80/97*: « 18. Le controversie di cui agli articoli 33 e 34 del presente decreto sono devolute al giudice amministrativo a partire dal 1° luglio 1998. Resta ferma la giurisdizione prevista dalle norme attualmente in vigore per i giudizi pendenti alla data del 30 giugno 1998 ».

Art. 3 d.lgs. 7 marzo 2005, n. 82, Codice dell'amministrazione digitale, « (*Diritto all'uso delle tecnologie*). — 1. I cittadini e le imprese hanno diritto a richiedere ed ottenere l'uso delle tecnologie telematiche nelle comunicazioni con le pubbliche amministrazioni e con i gestori di pubblici servizi statali nei limiti di quanto previsto nel presente codice. — 1-*bis*. Il principio di cui al comma 1 si applica alle amministrazioni regionali e locali nei limiti delle risorse tecnologiche ed organizzative disponibili e nel rispetto della loro autonomia normativa. — 1-*ter*. Le controversie concernenti l'esercizio del diritto di cui al comma 1 sono devolute alla giurisdizione esclusiva del giudice amministrativo ». *Il comma 1-*ter *è stato poi sostituito da coord. c.p.a. (v. anche nota 1)*:

Art. 244, comma 1, d.lgs. 12 aprile 2006, n. 163, nel testo precedente alla sostituzione operata da coord. c.p.a.: « 1. Sono devolute alla giurisdizione esclusiva del giudice amministrativo tutte le controversie, ivi incluse quelle risarcitorie, relative a procedure di affidamento di lavori, servizi, forniture, svolte da soggetti comunque tenuti, nella scelta del contraente o del socio, all'applicazione della normativa comunitaria ovvero al rispetto dei procedimenti di evidenza pubblica previsti dalla normativa statale o regionale. La giurisdizione esclusiva si estende alla dichiarazione di inefficacia del contratto a seguito di annullamento dell'aggiudicazione e alle sanzioni alternative ».

Art. 244, comma 3, d.lgs. n. 163, cit., nel testo precedente alla sostituzione operata da coord. c.p.a.): « Sono devolute alla giurisdizione esclusiva del giudice amministrativo le controversie relative al divieto di rinnovo tacito dei contratti, quelle relative alla clausola di revisione del prezzo e al relativo provvedimento applicativo nei contratti ad esecuzione continuata o periodica, nell'ipotesi di cui all'articolo 115, nonché quelle relative ai provvedimenti applicativi dell'adeguamento dei prezzi ai sensi dell'articolo 133 commi 3 e 4 ».

Art. 34 d.lgs. n. 80, cit., ora abrogato da coord. c.p.a.: « 1. Sono devolute alla giurisdizione esclusiva del giudice amministrativo le controversie aventi per oggetto gli atti, i provvedimenti e i comportamenti delle amministrazioni pubbliche e dei soggetti alle stesse equiparati in materia urbanistica ed edilizia. — 2. Agli effetti del presente decreto, la materia urbanistica concerne tutti gli aspetti dell'uso del territorio. — 3. Nulla è innovato in ordine: *a*) alla giurisdizione del tribunale superiore delle acque; *b*) alla giurisdizione del giudice ordinario per le controversie riguardanti la determinazione e la corresponsione delle indennità in conseguenza dell'adozione di atti di natura espropriativa o ablativa ». *C. cost. 6 luglio 2004, n. 204 aveva dichiarato l'illegittimità del citato comma 1, nella parte in cui prevedeva che sono devolute alla giurisdizione esclusiva del giudice amministrativo le controversie aventi per oggetto « gli atti, i provvedimenti e i comportamenti » anziché « gli atti e i provvedimenti » delle pubbliche amministrazioni e dei soggetti alle stesse equiparati, in materia urbanistica ed edilizia. Successivamente C. cost. 28 luglio 2004, n. 281, aveva dichiarato l'*illegittimità costituzionale *dei commi 1 e 2, nella parte in cui istituivano una giurisdizione esclusiva del giudice amministrativo in materia di edilizia e urbanistica, anziché limitarsi ad estendere in tale materia la giurisdizione del giudice amministrativo alle controversie aventi ad oggetto diritti patrimoniali consequenziali, ivi comprese quelle relative al risarcimento del danno. Ai sensi dell'art. 45, comma 18, d.lgs. n. 80/97:* « 18. Le controversie di cui agli articoli 33 e 34 del presente decreto sono devolute al giudice amministrativo a partire dal 1° luglio 1998. Resta ferma la giurisdizione prevista dalle norme attualmente in vigore per i giudizi pendenti alla data del 30 giugno 1998 ».

Art. 53, commi 1 e 3, d.P.R. 8 giugno 2001, n. 327, Testo unico delle disposizioni legislative e regolamentari in materia di espropriazione per pubblica utilità. (Testo A), nel testo precedente alla sostituzione operata da coord. c.p.a.: « (*Disposizioni processuali*). — 1. Sono devolute alla giurisdizione esclusiva del giudice amministrativo le controversie aventi per oggetto gli atti, i provvedimenti, gli accordi e i comportamenti delle amministrazioni pubbliche e dei soggetti ad esse equiparati, conseguenti alla applicazione delle disposizioni del testo unico. (L) — [...] 3. Resta ferma la giurisdizione del giudice ordinario per le controversie riguardanti la determinazione e la corresponsione delle indennità in conseguenza dell'adozione di atti di natura espropriativa o ablativa. (L) ». *C. cost. 11 maggio 2006, n. 191 ha dichiarato l'illegittimità dell'art. 53, comma 1, del decreto legislativo 8 giugno 2001, n. 325, trasfuso nel presente comma, nella parte in cui, devolvendo alla giurisdizione esclusiva del giudice amministrativo le controversie relative a « i comportamenti delle pubbliche amministrazioni e dei soggetti ad esse equiparati », non esclude i comportamenti non riconducibili, nemmeno mediatamente, all'esercizio di un pubblico potere.*

Art. 142, comma 5, d.lgs. 10 febbraio 2005, n. 30, Codice della proprietà industriale, a norma dell'articolo 15 della l. 12 dicembre 2002, n. 273. Decreto di espropriazione (delle invenzioni industriali), nel testo precedente alla sostituzione operata da coord. c.p.a: « 5. Contro i decreti di espropriazione per causa di pubblica utilità è ammesso il ricorso al Tribunale amministrativo regionale competente per territorio il quale provvede con giurisdizione esclusiva e con applicazione del rito speciale di cui all'articolo 23-*bis*, legge 6 dicembre 1971, n. 1034 ».

Art. 63, comma 4, d.lgs. 30 marzo 2001, n. 165, Norme generali sull'ordinamento del lavoro alle dipendenze delle amministrazioni pubbliche: « 4. Restano devolute alla giurisdizione del giudice amministrativo le controversie in materia di procedure concorsuali per l'assunzione dei dipendenti delle pubbliche amministrazioni, nonché, in sede di giurisdizione esclusiva, le controversie relative ai rapporti di lavoro di cui all'articolo 3, ivi comprese quelle attinenti ai diritti patrimoniali connessi ».

D.lgs. 6 settembre 2005, n. 206, Codice del consumo, a norma dell'articolo 7 della l. 29 luglio 2003, n. 229,: « Art. 27. (*Tutela amministrativa e giurisdizionale*). — [...] — 13. I ricorsi avverso le decisioni adottate dall'Autorità sono soggetti alla giurisdizione esclusiva del giudice amministrativo. Per le sanzioni amministrative pecuniarie conseguenti alle violazioni del presente decreto si osservano, in quanto applicabili, le disposizioni contenute nel capo I, sezione I, e negli articoli 26, 27, 28 e 29 della legge 24 novembre 1981, n. 689, e successive modificazioni. Il pagamento delle sanzioni amministrative di cui al presente articolo deve essere effettuato entro trenta giorni dalla notifica del provvedimento dell'Autorità ».

D.lgs. 2 agosto 2007, n. 145, Attuazione dell'articolo 14 della direttiva 2005/29/CE che modifica la direttiva 84/450/CEE sulla pubblicità ingannevole,: « Art. 8. (*Tutela amministrativa e giurisdizionale*). — [...] 13. I ricorsi avverso le decisioni adottate dall'Autorità sono soggetti alla giurisdizione esclusiva del giudice amministrativo. Per le sanzioni amministrative pecuniarie conseguenti alle violazioni del presente decreto si osservano, in quanto applicabili, le disposizioni contenute nel capo I, sezione I, e negli articoli 26, 27, 28 e 29 della legge 24 novembre 1981, n. 689, e successive modificazioni. Il pagamento delle sanzioni amministrative di cui al presente articolo deve essere effettuato entro trenta giorni dalla notifica del provvedimento dell'Autorità. — 14. Ove la pubblicità sia stata assentita con provvedimento amministrativo, preordinato anche alla verifica del carattere non ingannevole della stessa o di liceità del messaggio di pubblicità comparativa, la tutela dei soggetti e delle organizzazioni che vi abbiano interesse, è esperibile in via giurisdizionale con ricorso al giudice amministrativo avverso il predetto provvedimento ».

L. 28 dicembre 2005, n. 262, Disposizioni per la tutela del risparmio e la disciplina dei mercati finanziari: « Art. 24. (*Procedimenti per l'adozione di provvedimenti individuali*). — [...] 4. Alle sanzioni amministrative irrogate dalla Banca d'Italia, dalla CONSOB, dall'ISVAP, dalla COVIP e dall'Autorità garante della concorrenza e del mercato non si applicano le disposizioni sul pagamento in misura ridotta contenute nell'articolo 16 della legge 24 novembre 1981, n. 689, e successive modificazioni, salvo che per le sanzioni indicate dall'articolo 193, comma 2, del testo unico di cui al decreto legislativo 24 febbraio 1998, n. 58, per la violazione delle disposizioni previste dall'articolo 120, commi 2, 3 e 4, del medesimo testo unico. — 5. Avverso gli atti adottati dalle Autorità di cui al comma 4 può essere proposto ricorso giurisdizionale dinanzi al tribunale amministrativo regionale del Lazio. I termini processuali sono ridotti della metà, con esclusione di quelli previsti per la presentazione del ricorso. Non possono essere nominati consulenti tecnici d'ufficio i dipendenti dell'Autorità sul cui atto verte il ricorso, anche se cessati dal servizio. Restano ferme le disposizioni previste per l'impugnazione dei provvedimenti sanzionatori dall'articolo 145, commi 4 e seguenti, del testo unico di cui al decreto legislativo 1° settembre 1993, n. 385 dagli articoli 187-*septies*, commi 4 e seguenti, e 195, commi 4 e seguenti, del testo unico di cui al decreto legislativo 24 febbraio 1998, n. 58, dall'articolo 6 della legge 5 marzo 2001, n. 57, dagli articoli 12, quinto comma, e 19, settimo comma, della legge 7 febbraio 1979, n. 48, dall'articolo 10, sesto comma, della legge 28 novembre 1984, n. 792, dall'articolo 11, comma 5, della legge 17 febbraio 1992, n. 166, e dall'articolo 18-*bis*, comma 5-*bis*, del decreto legislativo 21 aprile 1993, n. 124 ». *Il citato comma 5 è stato abrogato da coord. c.p.a.:*

L. 14 novembre 1995, n. 481, Norme per la concorrenza e la regolazione dei servizi di pubblica utilità. Istituzione delle Autorità di regolazione dei servizi di pubblica utilità,: « Art. 2. — [...] 25. I ricorsi avverso gli atti e i provvedimenti delle Autorità rientrano nella giurisdizione esclusiva del giudice amministrativo e sono proposti avanti il tribunale amministrativo regionale ove ha sede l'Autorità ».

L. 31 luglio 1997, n. 249, Istituzione dell'Autorità per le garanzie nelle comunicazioni e norme sui sistemi delle telecomunicazioni e radiotelevisivo,: « Art. 1. (*Autorità per le garanzie nelle comunicazioni*). — [...] 26. I ricorsi avverso i provvedimenti dell'Autorità rientrano nella giurisdizione esclusiva del giudice amministrativo. La competenza di primo grado è attribuita in via esclusiva ed inderogabile al tribunale amministrativo regionale del Lazio ».

L. 22 febbraio 2000, n. 28, Disposizioni per la parità di accesso ai mezzi di informazione durante le campagne elettorali e referendarie e per la comunicazione politica,

« Art. 10. (*Provvedimenti e sanzioni*). — [...] 10. I provvedimenti dell'Autorità di cui al presente articolo possono essere impugnati dinanzi al Tribunale amministrativo regionale (TAR) del Lazio entro trenta giorni dalla comunicazione dei provvedimenti stessi. In caso di inerzia dell'Autorità, entro lo stesso termine i soggetti interessati possono chiedere al TAR del Lazio, anche in sede cautelare, la condanna dell'Autorità stessa a provvedere entro tre giorni dalla pronunzia. In caso di richiesta cautelare, i soggetti interessati possono trasmettere o depositare memorie entro cinque giorni dalla notifica. Il TAR del Lazio, indipendentemente dalla suddivisione del tribunale in sezioni, si pronunzia sulla domanda di sospensione nella prima camera di consiglio dopo la scadenza del termine di cui al precedente periodo, e comunque non oltre il settimo giorno da questo. Le stesse regole si applicano per l'appello dinanzi al Consiglio di Stato »;

« Art. 11-*quinquies*. (*Vigilanza e poteri dell'Autorità*). — [...] 4. I provvedimenti dell'Autorità di cui al presente articolo possono essere impugnati dinanzi agli organi di giustizia amministrativa in sede di giurisdizione esclusiva, ai sensi dell'articolo 23-*bis* della legge 6 dicembre 1971, n. 1034. La competenza di primo grado è attribuita in via esclusiva ed inderogabile al tribunale amministrativo regionale del Lazio, con sede in Roma ».

D.lgs. 7 settembre 2005, n. 209, Codice delle assicurazioni private:

« Art. 326. (*Procedura di applicazione delle sanzioni amministrative pecuniarie*). — [...] 7. Le controversie relative ai ricorsi avverso i decreti ministeriali che applicano la sanzione sono devolute alla giurisdizione esclusiva del giudice amministrativo. I ricorsi medesimi, da proporsi al tribunale amministrativo regionale sono notificati anche all'ISVAP, che provvede alla difesa in giudizio con propri legali »;

« Art. 331. (*Procedura di applicazione delle sanzioni disciplinari*). — [...] 6. Le controversie relative ai ricorsi avverso i provvedimenti che applicano la sanzione disciplinare sono devolute alla giurisdizione esclusiva del giudice amministrativo. L'ISVAP provvede alla difesa in giudizio con propri legali ».

Art. 244, comma 2, d.lgs. n. 163, cit., Codice dei contratti pubblici: « 2. Sono devolute alla giurisdizione esclusiva del giudice amministrativo le controversie relative ai provvedimenti sanzionatori emessi dall'Autorità. »

Lettera modificata dall'articolo 1, comma 1, lettera ll), *numero 4), del d.lgs. 15 novembre 2011, n. 195.*

V. anche gli artt. 28 e 52 d.lgs. 1 agosto 2003, n. 259, Codice delle comunicazioni elettroniche, sub V, 94.

D.lgs. 8 luglio 2003, n. 188, Attuazione della direttiva 2001/12/CE, della direttiva 2001/13/CE e della direttiva 2001/14/CE in materia ferroviaria,: « Art. 37. (*Organismo di regolazione*). — [...] 7. Sono devolute alla giurisdizione esclusiva del giudice amministrativo le controversie relative alle sanzioni amministrative di cui al presente articolo ed ai provvedimenti adottati dall'organismo di regolazione ».

Art. 1, comma 552, l. 30 dicembre 2004, n. 311, Disposizioni per la formazione del bilancio annuale e pluriennale dello Stato (legge finanziaria 2005): « 552. Le controversie aventi ad oggetto le procedure ed i provvedimenti in materia di impianti di generazione di energia elettrica di cui al decreto-legge 7 febbraio 2002, n. 7, convertito, con modificazioni, dalla legge 9 aprile 2003, n. 55, e le relative questioni risarcitorie sono devolute alla giurisdizione esclusiva del giudice amministrativo. Alle controversie di cui al presente comma si applicano le disposizioni di cui all'articolo 23-*bis* della legge 6 dicembre 1971, n. 1034 ».

L. 23 luglio 2009, n. 99, Disposizioni per lo sviluppo e l'internazionalizzazione delle imprese, nonché in materia di energia, (v. nota 1): « Art. 41. (*Tutela giurisdizionale*). — 1. Sono devolute alla giurisdizione esclusiva del giudice amministrativo e attribuite alla competenza del tribunale amministrativo regionale del Lazio, con sede in Roma, tutte le controversie, anche in relazione alla fase cautelare e alle eventuali questioni risarcitorie, comunque attinenti alle procedure e ai provvedimenti dell'amministrazione pubblica o dei soggetti alla stessa equiparati concernenti la produzione di energia elettrica da fonte nucleare, i rigassificatori, i gasdotti di importazione, le centrali termoelettriche di potenza termica superiore a 400 MW nonché quelle relative ad infrastrutture di trasporto ricomprese o da ricomprendere nella rete di trasmissione nazionale o rete nazionale di gasdotti ».

D.l. 30 novembre 2005 n. 245, conv., con modif., in l. 27 gennaio 2006, n. 21, Misure straordinarie per fronteggiare l'emergenza nel settore dei rifiuti nella regione Campania ed ulteriori disposizioni in materia di protezione civile,: « Art. 3. (*Destinazione delle risorse finanziarie e procedure esecutorie*). — [...] 2-*bis*. In tutte le situazioni di emergenza dichiarate ai sensi dell'articolo 5, comma 1, della legge 24 febbraio 1992, n. 225, la competenza di primo grado a conoscere della legittimità delle ordinanze adottate e dei consequenziali provvedimenti commissariali spetta in via esclusiva, anche per l'emanazione di misure cautelari, al tribunale amministrativo regionale del Lazio, con sede in Roma. — 2-*quater*. Le norme di cui ai commi 2-*bis* e 2-*ter* si applicano anche ai processi in corso. L'efficacia delle misure cautelari adottate da un tribunale amministrativo diverso da quello di cui al comma 2-*bis* permane fino alla loro modifica o revoca da parte del tribunale amministrativo regionale del Lazio, con sede in Roma, cui la parte interessata può riproporre il ricorso.

D.l. 23 maggio 2008, n. 90, conv., con modif., in l. 14 luglio 2008, n.123, Misure straordinarie per fronteggiare l'emergenza nel settore dello smaltimento dei rifiuti nella regione Campania e ulteriori disposizioni di protezione civile,: « Art. 4. (*Tutela giurisdizionale*). — 1. Ferme restando le disposizioni di cui all'articolo 3 del decreto-legge 30 novembre 2005, n. 245, convertito, con modificazioni, dalla legge 27 gennaio 2006, n. 21, con le risorse umane e strumentali previste a legislazione vigente, sono devolute alla giurisdizione esclusiva del giudice amministrativo tutte le controversie, anche in ordine alla fase cautelare, comunque attinenti alla complessiva azione di gestione dei rifiuti, seppure posta in essere con comportamenti dell'amministrazione pubblica o dei soggetti alla stessa equiparati. La giurisdizione di cui sopra si intende estesa anche alle controversie relative a diritti costituzionalmente tutelati. — 2. Le misure cautelari, adottate da una autorità giudiziaria diversa da quella di cui al comma 1, cessano di avere effetto ove non riconfermate entro trenta giorni dalla data di entrata in vigore del presente decreto dall'autorità giudiziaria competente ai sensi del presente articolo ».

R.d. 26 giugno 1924, n. 1058, Approvazione del testo unico delle leggi sulla Giunta provinciale amministrativa in sede giurisdizionale,(v. nota 1): « Art. 1. — La Giunta provinciale amministrativa è investita di giurisdizione amministrativa per decidere, pronunciando anche in merito, dei ricorsi che non siano di competenza dell'Autorità giudiziaria, né appartengono alla giurisdizione od alle attribuzioni contenziose di corpi o collegi speciali, relativi alle materie seguenti: [...] 3) Ricorsi contro i provvedimenti contingibili ed urgenti di sicurezza pubblica, emanati dal Sindaco sulle materie di edilità e di polizia locale ed in materia d'igiene pubblica, attribuite per legge ai Comuni, contro l'ordine da essi emanato, di esecuzione dei provvedimenti stessi a spese degli interessati, nonché contro l'ordinanza del sottoprefetto, che rende esecutoria la nota delle medesime, ai termini di quanto è disposto nell'art. 153 del testo unico suddetto, modificato dall'art. 32 del regio decreto 30 dicembre 1923, n. 2839; 4) Ricorsi contro i provvedimenti emanati dal Sindaco in materia d'igiene dell'abitato, secondo le attribuzioni che gli sono conferite negli articoli 69, 70 e 71 del testo unico delle leggi sanitarie, approvato con regio decreto 1° agosto 1907, n. 636 » *(in precedenza, giurisdizione di merito).*

Art. 29, primo comma, n. 8) t.u. Cons. Stato (v. nota 1): « 8) i ricorsi contro il decreto del Prefetto che, in seguito al reclamo di parte o d'ufficio, abbia provveduto per regolare o vietare l'esercizio d'industrie insalubri o pericolose ai termini degli artt. 32, 33 e 34 della legge sulla pubblica sicurezza 30 giugno 1889, n. 6144, e dell'art. 68 della legge sanitaria, testo unico 1° agosto 1907, n. 636 ».

D.lgs. 3 aprile 2006 n. 152, Norme in materia ambientale,:

« Art. 310. (*Ricorsi*). — 1. I soggetti di cui all'articolo 309, comma 1, sono legittimati ad agire, secondo i principi generali, per l'annullamento degli atti e dei provvedimenti adottati in violazione delle disposizioni di cui alla parte sesta del presente decreto nonché avverso il silenzio inadempimento del Ministro dell'ambiente e della tutela del territorio e per il risarcimento del danno subito a causa del ritardo nell'attivazione, da parte del medesimo Ministro, delle misure di precauzione, di prevenzione o di contenimento del danno ambientale. — 2. Nell'ipotesi di cui al comma 1, il ricorso al giudice amministrativo, in sede di giurisdizione esclusiva, può essere preceduto da una opposizione depositata presso il Ministero dell'ambiente e della tutela del territorio o inviata presso la sua sede a mezzo di posta raccomandata con avviso di ricevimento entro trenta giorni dalla notificazione, comunicazione o piena conoscenza dell'atto. In caso di inerzia del Ministro, analoga opposizione può essere proposta entro il suddetto termine decorrente dalla scadenza del trentesimo giorno successivo all'effettuato deposito dell'opposizione presso il Ministero dell'ambiente e della tutela del territorio. [...] »;

« Art. 316. (*Ricorso avverso l'ordinanza*). — 1. Il trasgressore, entro il termine perentorio di sessanta giorni dalla comunicazione dell'ordinanza di cui all'articolo 313, può ricorrere al Tribunale amministrativo regionale [, in sede di giurisdizione esclusiva,] competente in relazione al luogo nel quale si è prodotto il danno ambientale. [...] ».

D.l. 26 aprile 2005, n. 63, conv., con modif., in l. 25 giugno 2005, n. 109, Disposizioni urgenti per lo sviluppo e la coesione territoriale, nonché per la tutela del diritto d'autore, e altre misure urgenti, (v. nota 1): « Art. 2-*sexies*. (*Controversie relative ai prodotti lattiero-caseari*). — 1. A decorrere dalla data di entrata in vigore della legge di conversione del presente decreto, le controversie relative all'applicazione del prelievo supplementare nel settore del latte e dei prodotti lattiero-caseari sono devolute alla giurisdizione esclusiva dei giudici amministrativi competenti territorialmente. — 2. L'articolo 1, comma 551, della legge 30 dicembre 2004, n. 311, è abrogato. — 3. Tutti i giudizi civili, in ogni ordine e grado, anche se instaurati in data antecedente alla promulgazione della legge 30 dicembre 2004, n. 311, promossi avverso i prelievi supplementari nel settore del latte e dei prodotti lattiero-caseari prima della data di entrata in vigore della legge di conversione del presente decreto, restano devoluti alla competenza dei giudici ordinari ».

Art. 11, primo comma, l. 21 novembre 1967, n. 1185, Norme sui passaporti: « Sui ricorsi contro i provvedimenti definitivi in materia di passaporti ha giurisdizione esclusiva il Consiglio di Stato, che decide pronunciandosi anche in merito ».

D.P.R. 30 dicembre 2003 n. 398, Testo unico delle disposizioni legislative e regolamentari in materia di debito pubblico,: « Art. 81. (L) (*Giurisdizione*). — 1. Per le controversie tra lo Stato e i suoi creditori riguardanti l'interpretazione dei contratti aventi per oggetto i titoli di Stato, o le leggi relative ad essi o comunque sul debito pubblico, la giurisdizione esclusiva è esercitata dal tribunale amministrativo regionale in primo grado, e dal Consiglio di Stato in grado di appello ».

D.l. 19 agosto 2003, n. 220, conv., con modif., in l. 17 ottobre 2003, n. 280, Disposizioni urgenti in materia di giustizia sportiva,: « Art. 3. (*Norme sulla giurisdizione e disciplina transitoria*). — 1. Esauriti i gradi della giustizia sportiva e ferma restando la giurisdizione del giudice ordinario sui rapporti patrimoniali tra società, associazioni e atleti, ogni altra controversia avente ad oggetto atti del Comitato olimpico nazionale italiano o delle Federazioni sportive non riservata agli organi di giustizia dell'ordinamento sportivo ai sensi dell'articolo 2, è devoluta alla giurisdizione esclusiva del giudice amministrativo. In ogni caso è fatto salvo quanto eventualmente stabilito dalle clausole compromissorie previste dagli statuti e dai regolamenti del Comitato olimpico nazionale italiano e delle Federazioni sportive di cui all'articolo 2, comma 2, nonché quelle inserite nei contratti di cui all'articolo 4 della legge 23 marzo 1981, n. 91. [...] ».

(15) *V. l'articolo 10 del D.L. 28 settembre 2018, n. 109 (,Disposizioni urgenti per la città di Genova, la sicurezza della rete nazionale delle infrastrutture e dei trasporti, gli eventi sismici del 2016 e 2017, il lavoro e le altre emergenze (DECRETO GENOVA), convertito con modificazioni dalla Legge 16 novembre 2018, n. 130 (sub, VI, 45) che prevede che "1. Tutte le controversie relative agli atti adottati dal Commissario straordinario di cui all'articolo 1, nonché ai conseguenti rapporti giuridici anteriori al momento di stipula dei contratti che derivano da detti atti, sono devolute alla giurisdizione esclusiva del giudice amministrativo e alla competenza funzionale inderogabile del tribunale amministrativo regionale della Liguria. 2. Ai giudizi di cui al comma 1 si applica l'articolo 125 del codice del processo amministrativo.*

(16) *Ai sensi dell'art. 47, comma 1, lett.* i) *d.lgs. 2 gennaio 2018, n. 1, la citazione dell'art. 5 l. n. 225 del 1992, contenuta nel presente comma, deve intendersi riferita agli artt. 24, 25 e 26 d.lgs. n. 1, cit..*

134 Materie di giurisdizione estesa al merito (1).

1. Il giudice amministrativo esercita giurisdizione con cognizione estesa al merito nelle controversie aventi ad oggetto:

a) l'attuazione delle pronunce giurisdizionali esecutive o del giudicato nell'ambito del giudizio di cui al Titolo I del Libro IV;

b) gli atti e le operazioni in materia elettorale, attribuiti alla giurisdizione amministrativa;

c) le sanzioni pecuniarie la cui contestazione è devoluta alla giurisdizione del giudice amministrativo, comprese quelle applicate dalle Autorità amministrative indipendenti e quelle previste dall'articolo 123 (2);

d) le contestazioni sui confini degli enti territoriali;

e) la classificazione delle opere cinematografiche per la visione dei minori di cui al decreto legislativo attuativo della delega di cui all'articolo 33 della legge 14 novembre 2016, n. 220 (3).

(1) *Nella presente nota si riporta la precedente normativa, ora abrogata o sostituita con un mero rinvio al Codice del processo amministrativo, amministrativo (v. coord. c.p.a.,* infra*).*

Art. 7, commi primo e quarto, l. Tar: « Il tribunale amministrativo regionale esercita giurisdizione di merito nei casi preveduti dall'articolo 27 del testo unico 26 giugno 1924, n. 1054, ed in quelli previsti dall'articolo 1 del testo unico 26 giugno 1924, n. 1058. — [...] Il tribunale amministrativo regionale giudica anche in merito nei casi previsti dall'articolo 29, numeri 2), 3), 4), 5) e 8) del testo unico 26 giugno 1924, n. 1054 ».

T.u. Cons. Stato:

« Art. 27. — Il Consiglio di Stato in sede giurisdizionale decide pronunciando anche in merito: 1) dei sequestri di temporalità, dei provvedimenti concernenti le attribuzioni rispettive delle podestà civili ed ecclesiastiche, e degli atti provvisionali di sicurezza generale relativi a questa materia; 2) dei ricorsi per contestazioni fra Comuni di diverse Province per l'applicazione della tassa istituita dalla l. 11 agosto 1870, n. 5784, allegato O; 3) dei ricorsi per contestazioni sui confini di Comuni o di Province; 4) dei ricorsi diretti ad ottenere l'adempimento dell'obbligo dell'autorità amministrativa di conformarsi, in quanto riguarda il caso deciso, al giudicato dei Tribunali che abbia riconosciuto la lesione di un diritto civile o politico; 5) dei ricorsi in materia di consorzi per strade, le quali tocchino il territorio di più Province; 6) dei ricorsi contro il diniego dell'autorizzazione a stare in giudizio ad enti morali giuridici, sottoposti alla tutela della pubblica amministrazione; 7) dei ricorsi sopra tutte le questioni che per leggi speciali non peranco abrogate nelle diverse Province del Regno siano state di competenza dei Consigli e delle Consulte di Stato, 8) dei ricorsi contro il decreto emanato dal Prefetto per provvedere, ai termini del terzo capoverso dell'art. 132 della legge comunale e provinciale, T.U. 4 febbraio 1915, n. 148, all'amministrazione della proprietà od attività patrimoniali delle frazioni o agli interessi dei parrocchiani, che fossero in opposizione con quelli del Comune o di altre frazioni del medesimo; 9) dei ricorsi in materia di consorzi per opere idrauliche per le quali provvede lo Stato in concorso delle Province e degli enti interessati, o alle quali concorre lo Stato nell'interesse generale; 10) dei ricorsi in materia di concorso di spesa per opere di bonifica di prima categoria costruite dallo Stato direttamente o per sua concessione da enti o privati, nonché in materia di consorzi per opere di bonifica della stessa categoria, ai termini dell'art. 56, comma primo e secondo del r.d. 30 dicembre 1923, n. 3256; 11) dei ricorsi intorno alla classificazione delle strade provinciali e comunali; 12) dei ricorsi contro provvedimenti della pubblica amministrazione in merito ad opere di privato interesse, esistenti o che potessero occorrere, attorno alle strade nazionali, od alla costruzione o riparazione dei muri od altri sostegni attorno alle strade medesime; 13) dei ricorsi contro i provvedimenti del Prefetto e contro le deliberazioni in materia di apertura, ricostruzione o manutenzione delle strade comunali e provinciali; 14) dei ricorsi contro le deliberazioni in materia di pedaggi sui ponti e sulle strade provinciali e comunali; 15) dei ricorsi contro provvedimenti ordinati dal Prefetto a norma di quanto è prescritto nell'art. 378 della l. 20 marzo 1865, n. 2248, allegato F, sui lavori pubblici, relativi ad opere pubbliche delle Province e dello Stato, eccettuati quelli indicati nella 2ª parte della lettera *b*) dell'art. 70 del r.d.l. 9 ottobre 1919, n. 2161; 16) dei ricorsi contro le decisioni pronunziate dalle giunte provinciali amministrative in sede giurisdizionale nei casi in cui le giunte stesse esercitano giurisdizione anche nel merito; 17) dei ricorsi relativi a tutte le controversie, che da qualsiasi legge generale o speciale siano deferite alla giurisdizione del Consiglio di Stato anche per il merito. — Nulla è innovato, anche per le materie prevedute in questo articolo, alle disposizioni delle leggi vigenti, per quanto riguarda la competenza giudiziaria »;

« Art. 29. — Sono attribuiti all'esclusiva giurisdizione del Consiglio di Stato in sede giurisdizionale: [...] 2) i ricorsi contro i provvedimenti che autorizzano o negano la fondazione di istituzioni pubbliche di beneficenza, o di istituzioni pubbliche di istruzione e di educazione, o che ne approvano o modificano gli statuti; 3) i ricorsi relativi al concentramento, al raggruppamento, alla fusione, alla trasformazione, alla costituzione in consorzio o alla federazione delle istituzioni pubbliche indicate nel numero precedente o ad esse equiparate a norma dell'art. 91 della l. 17 luglio 1890, n. 6972; 4) le controversie tra lo Stato ed i suoi creditori riguardanti la interpretazione dei contratti di prestito pubblico, delle leggi relative a tali prestiti e delle altre sul debito pubblico; nonché le controversie indicate nell'art. 14 della l. 27 aprile 1885, n. 3048; 5) i ricorsi circa la competenza passiva delle spese ritenute rispettivamente obbligatorie per lo Stato, per la Provincia e per il Comune, ai termini delle leggi vigenti in materia di sanità pubblica; [...] 8) i ricorsi contro il decreto del Prefetto che, in seguito al reclamo di parte o d'ufficio, abbia provveduto per regolare o vietare l'esercizio d'industrie insalubri o pericolose ai termini degli artt. 32, 33 e 34 della legge sulla pubblica sicurezza 30 giugno 1889, n. 6144, e dell'art. 68 della legge sanitaria, t.u. 1° agosto 1907, n. 636; 9) i ricorsi contro le decisioni delle giunte provinciali amministrative emesse in materia di loro esclusiva giurisdizione. — I ricorsi previsti dai nn. 1, 6 e 7 del presente articolo sono ammessi soltanto per incompetenza, per eccesso di potere o per violazione di legge. — Su quelli previsti dai nn. 2, 3, 4, 5, 8 e 9, il Consiglio di Stato pronunzia anche in merito, salvo pei ricorsi di cui al n. 9 quanto è disposto in contrario dal secondo comma dell'art. 22 del testo unico delle leggi sulla giunta provinciale amministrativa in sede giurisdizionale ».

Art. 1 r.d. 26 giugno 1924, n. 1058, Approvazione del testo unico delle leggi sulla Giunta provinciale amministrativa in sede giurisdizionale: « La Giunta provinciale amministrativa è investita di giurisdizione amministrativa per decidere, pronunciando anche in merito, dei ricorsi che non siano di competenza dell'Autorità giudiziaria, né appartengono alla giurisdizione od alle attribuzioni contenziose di corpi o collegi speciali, relativi alle materie seguenti: 1) Ricorsi contro le deliberazioni dei Consigli comunali relative alle istituzioni fatte a pro delle generalità degli abitanti dei Comuni o delle loro frazioni, alle quali non siano applicabili le regole degli istituti di carità e di beneficienza, come pure agli interessi dei parrocchiani, alla sorveglianza ed alla revisione dei conti delle opere di carità e di beneficenza, delle chiese parrocchiali e delle altre amministrazioni sussidiate dal Comune, ai termini degli artt. 132, 133 del testo unico della legge comunale e provinciale, approvato col regio decreto 4 febbraio 1915, n. 148. 2) Ricorsi contro le deliberazioni dei Consigli provinciali o comunali relative all'esecuzione di opere attorno a costruzioni di cui le leggi pongono eventualmente il ristabilimento o la riparazione a carico rispettivamente della Provincia o del Comune a mente dell'art. 307 del testo unico succitato. 3) Ricorsi contro i provvedimenti contingibili ed urgenti di sicurezza pubblica, emanati dal Sindaco sulle materie di edilità e di polizia locale ed in materia d'igiene pubblica, attribuite per legge ai Comuni, contro l'ordine da essi emanato, di esecuzione dei provvedimenti stessi a spese degli interessati, nonché contro l'ordinanza del sottoprefetto, che rende esecutoria la nota delle medesime, ai termini di quanto è disposto nell'art. 153 del testo unico suddetto, modificato dall'art. 32 del regio decreto 30 dicembre 1923, n. 2839. 4) Ricorsi contro i provvedimenti emanati dal Sindaco in materia d'igiene dell'abitato, secondo le attribuzioni che gli sono conferite negli articoli 69, 70 e 71 del testo unico delle leggi sanitarie, approvato con regio decreto 1° agosto 1907, n. 636. 5) Ricorsi in materia di consorzi fra Provincia, Comuni, enti morali o privati, per opere stradali che non escono dai limiti del territorio della provincia; e contro i provvedimenti previsti dall'art. 17 del decreto-legge luogotenenziale 1° settembre 1918, n. 1446, circa i consorzi per la manutenzione e la ricostruzione delle strade vicinali. 6) Ricorsi in materia di consorzi per opere idrauliche, poste per legge a carico esclusivo dei proprietari frontisti, senza concorso obbligatorio dello Stato nell'interesse generale. 7) Ricorsi in materia di bonifica di seconda categoria. 8) Ricorsi contro i provvedimenti ordinati dai Sindaci per contravvenzione alla legge sui lavori pubblici del 20 marzo 1865, n. 2248, allegato F, relative alle opere pubbliche dei Comuni ».

Art. 6. l. Tar: « Il tribunale amministrativo regionale è competente a decidere sui ricorsi concernenti controversie in materia di operazioni per le elezioni dei consigli comunali, provinciali e regionali. — Con la decisione dei ricorsi il tribunale amministrativo regionale esercita i poteri e adotta i provvedimenti di cui all'articolo 84 del testo unico approvato con decreto del Presidente della Repubblica 16 maggio 1960, n. 570, modificato dalla legge 23 dicembre 1966, n. 1147. — Rimangono salve, per le azioni popolari e le impugnative consentite agli elettori, le norme dell'articolo 7 della legge 23 dicembre 1966, numero 1147, e dell'articolo 19 della legge 17 febbraio 1968, n. 108 ».

Art. 84 d.P.R. 16 maggio 1960, n. 570, Testo unico delle leggi per la composizione e la elezione degli organi delle Amministrazioni: « Il Tribunale, la Corte di appello, la Sezione per il contenzioso elettorale, il Consiglio di Stato e la Corte di cassazione, quando accolgono i ricorsi correggono il risultato delle elezioni e sostituiscono ai candidati illegalmente proclamati, coloro che hanno diritto di esserlo. — Le sentenze e le decisioni devono essere immediatamente comunicate al sindaco, che subito ne cura la notificazione, senza spese, agli interessati. Eguale comunicazione deve essere data al prefetto. — L'esecuzione delle sentenze emesse dal tribunale civile resta sospesa in pendenza di ricorso alla Corte di appello ».

Art. 11. l. 21 novembre 1967 n. 1185, Norme sui passaporti: « Sui ricorsi contro i provvedimenti definitivi in materia di passaporti ha giurisdizione esclusiva il Consiglio di Stato, che decide pronunciandosi anche in merito. — La decisione del Consiglio di Stato deve essere eseguita dall'amministrazione entro quindici giorni dalla comunicazione della decisione stessa ».

L. 21 aprile 1962, n. 161, Revisione dei film e dei lavori teatrali: « Art. 8. (Ricorso al Consiglio di Stato). — Il ricorso al Consiglio di Stato in sede giurisdizionale è ammesso nei modi di legge. — Il Consiglio di Stato decide pronunciando anche nel merito. — I termini di cui agli articoli 36 e 37 del testo unico 26 giugno 1924, n. 1054, sono ridotti a metà. — L'udienza di discussione è fissata d'ufficio entro 30 giorni dalla scadenza del termine per il deposito del ricorso, e la decisione deve essere pubblicata entro dieci giorni dalla udienza di discussione. — Quando il Consiglio di Stato pronunzia nel merito, la decisione, se favorevole alla concessione del nulla-osta, tiene luogo di questo a tutti gli effetti e senza altre formalità ».

Art. 31 Reg. CE n. 1/2003 (concernente l'applicazione delle regole di concorrenza di cui agli articoli 81 e 82 del Trattato): « La Corte di giustizia ha competenza giurisdizionale anche di merito per decidere sui ricorsi presentati avverso le decisioni con le quali la Commissione irroga un'ammenda o una penalità di mora. Essa può estinguere, ridurre o aumentare l'ammenda o la penalità di mora irrogata ».

L. 10 ottobre 1990, n. 287, Norme per la tutela della concorrenza e del mercato:

« Art. 31. (*Sanzioni*). — Per le sanzioni amministrative pecuniarie conseguenti alla violazione della presente legge si osservano, in quanto applicabili, le disposizioni contenute nel capo I, sezioni I e II, della legge 24 novembre 1981, n. 689 ».

« Art. 33. (*Competenze giurisdizionali*). — 1. I ricorsi avverso i provvedimenti amministrativi adottati sulla base delle disposizioni di cui ai titoli dal I al IV della presente legge rientrano nella giurisdizione esclusiva del giudice amministrativo. Essi devono essere proposti davanti al Tribunale amministrativo regionale del Lazio. [...] ».

Art. 23, undicesimo comma, primo periodo, l. 24 novembre 1981, n. 689: « Con la sentenza il giudice può rigettare l'opposizione, ponendo a carico dell'opponente le spese del procedimento o accoglierla, annullando in tutto o in parte l'ordinanza o modificandola anche limitatamente all'entità della sanzione dovuta ».

(2) *Le parole* « e quelle previste dall'articolo 123 » *sono state aggiunte dall'art. 1, comma 1, lett.* mm), *d.lgs. 15 novembre 2011, n. 195.*

(3) *Lettera così sostituita dall'art. 13 comma 2 lett.* b) *d.lgs. 7 dicembre 2017, n. 203, a decorrere dalla data di adozione del regolamento di funzionamento della Commissione (su cui v. art. 3 comma 6 d.lgs. n. 203, cit.). Il testo della lettera era il seguente:* « e) il diniego di rilascio di nulla osta cinematografico di cui all'articolo 8 della legge 21 novembre 1962, n. 161 ».

135 Competenza funzionale inderogabile del Tribunale amministrativo regionale del Lazio, sede di Roma.

1. Sono devolute alla competenza inderogabile del Tribunale amministrativo regionale del Lazio, sede di Roma, salvo ulteriori previsioni di legge:

a) le controversie relative ai provvedimenti riguardanti i magistrati ordinari adottati ai sensi dell'articolo 17, primo comma, della legge 24 marzo 1958, n. 195, nonché quelle relative ai provvedimenti riguardanti i magistrati amministrativi adottati dal Consiglio di Presidenza della Giustizia Amministrativa (1);

b) le controversie aventi ad oggetto i provvedimenti dell'Autorità garante per la concorrenza ed il mercato e quelli dell'Autorità per le garanzie nelle comunicazioni;

c) le controversie di cui all'articolo 133, comma 1, lettera *l*), fatta eccezione per quelle di cui all'articolo 14, comma 2, nonché le controversie di cui all'articolo 104, comma 2, del testo unico delle leggi in materia bancaria e creditizia, di cui al decreto legislativo 1° settembre 1993, n. 385 (2);

d) le controversie contro i provvedimenti ministeriali di cui all'articolo 133, comma 1, lettera *m*), nonché i giudizi riguardanti l'assegnazione di diritti d'uso delle frequenze, la gara e le altre procedure di cui ai commi da 8 al 13 dell'articolo 1, della legge 13 dicembre 2010, n. 220, incluse le procedure di cui all'articolo 4 del decreto-legge 31 marzo 2011, n. 34, convertito, con modificazioni, dalla legge 26 maggio 2011, n. 75 (3);

e) le controversie aventi ad oggetto le ordinanze e i provvedimenti commissariali adottati in tutte le situazioni di emergenza dichiarate ai sensi dell'articolo 5, comma 1, della legge 24 febbraio 1992, n. 225 nonché gli atti, i provvedimenti e le ordinanze emanati ai sensi dell'articolo 5, commi 2 e 4 della medesima legge n. 225 del 1992 (4);

f) le controversie di cui all'articolo 133, comma 1, lettera *o*), limitatamente a quelle concernenti la produzione di energia elettrica da fonte nucleare, i rigassificatori, i gasdotti di importazione, le centrali termoelettriche di potenza termica superiore a 400 MW nonché quelle relative ad infrastrutture di trasporto ricomprese o da ricomprendere nella rete di trasmissione nazionale o rete nazionale di gasdotti, salvo quanto previsto dall'articolo 14, comma 2;

g) le controversie di cui all'articolo 133, comma 1, lettera *z*);

h) le controversie relative all'esercizio dei poteri speciali inerenti alle attività di rilevanza strategica nei settori della difesa e della sicurezza nazionale e nei settori dell'energia, dei trasporti e delle comunicazioni (5);

h-bis) le controversie aventi ad oggetto i provvedimenti dell'Agenzia per la cybersicurezza nazionale (6);

i) le controversie aventi ad oggetto i provvedimenti di espulsione di cittadini extracomunitari per motivi di ordine pubblico o di sicurezza dello Stato;

l) le controversie avverso i provvedimenti di allontanamento di cittadini comunitari per motivi di sicurezza dello Stato o per motivi di ordine pubblico di cui all'articolo 20, comma 1, del decreto legislativo 6 febbraio 2007, n. 30, e successive modificazioni;

m) le controversie avverso i provvedimenti previsti dal decreto legislativo 22 giugno 2007, n. 109;

n) le controversie disciplinate dal presente codice relative alle elezioni dei membri del Parlamento europeo spettanti all'Italia;

o) le controversie relative al rapporto di lavoro del personale del DIS, dell'AISI, dell'AISE e dell'Agenzia per la cybersicurezza nazionale (7);

p) le controversie attribuite alla giurisdizione del giudice amministrativo derivanti dall'applicazione del Titolo II del Libro III del decreto legislativo 6 settembre 2011, n. 159, relative sll'Agenzia nazionale per l'amministrazione e la destinazione dei beni sequestrati e confiscati alla criminalità organizzata (8);

q) le controversie relative ai provvedimenti adottati ai sensi degli articoli 142 e 143 del testo unico delle leggi sull'ordinamento degli enti locali, di cui al decreto legislativo 18 agosto 2000, n. 267 (9);

q-bis) le controversie di cui all'articolo 133, comma 1, lettera *z-bis*) (10);

q-ter) le controversie di cui all'articolo 133, comma 1, lettera *z-ter*) (10);

q-quater) le controversie aventi ad oggetto i provvedimenti emessi dall'Amministrazione autonoma dei monopoli di Stato in materia di giochi pubblici con vincita in denaro e quelli emessi dall'Autorità di polizia relativi al rilascio di autorizzazioni in materia di giochi pubblici con vincita in denaro (11);

q-quinquies) le controversie relative alle decisioni adottate ai sensi dell'articolo 24, paragrafo 2, lettera b), del regolamento (CE) n. 1987/2006 del Parlamento europeo e del Consiglio del 20 dicembre 2006 sull'istituzione, l'esercizio e l'uso del sistema d'informazione Schengen di seconda generazione (SIS II) (12).

q-sexies) le controversie relative ai provvedimenti di ammissione ed esclusione dalle competizioni professionistiche delle società o associazioni sportive professionistiche, o comunque incidenti sulla partecipazione a competizioni professionistiche (13) (14).

2. Restano esclusi dai casi di competenza inderogabile di cui al comma 1 le controversie sui rapporti di lavoro dei pubblici dipendenti, salvo quelle di cui alla lettera *o*) dello stesso comma 1 (15) (16).

(1) *Le parole da* « , nonché quelle relative ai provvedimenti » *alla fine della lettera sono state aggiunte dall'art. 1, comma 1, lett.* nn), *n. 1), d.lgs. 15 novembre 2011, n. 195.*

(2) *La Corte costituzionale, con sentenza 27 giugno 2012, n. 162 (in Gazz. Uff., 4 luglio, n. 27), ha dichiarato* l'illegittimità costituzionale *della presente lettera nella parte in cui attribuisce alla giurisdizione esclusiva del giudice amministrativo con cognizione estesa al merito e alla competenza funzionale del TAR Lazio - sede di Roma, le controversie in materia di sanzioni irrogate dalla Commissione nazionale per le società e la borsa (CONSOB).*

V. anche l'art. 95 (Tutela giurisdizionale) d.lgs. 16 novembre 2015 n.180 - Attuazione della direttiva 2014/59/UE del Parlamento europeo e del Consiglio, del 15 maggio 2014, che istituisce un quadro di risanamento e risoluzione degli enti creditizi e delle imprese di investimento e che modifica la direttiva 82/891/CEE del Consiglio, e le direttive 2001/24/CE, 2002/47/CE, 2004/25/CE, 2005/56/CE, 2007/36/CE, 2011/35/UE, 2012/30/UE e 2013/36/UE e i regolamenti (UE), n. 1093/2010 e (UE) n. 648/2012, del Parlamento europeo e del Consiglio, che prevede che "1. La tutela giurisdizionale davanti al giudice amministrativo è disciplinata dal Codice del processo amministrativo. Alle controversie aventi ad oggetto i provvedimenti adottati ai sensi del presente decreto si applicano gli articoli 119, 128, 133 e 135 del medesimo Codice. 2. Nei giudizi avverso le misure di gestione della crisi si presume fino a prova contraria che la sospensione dei provvedimenti della Banca d'Italia o del Ministro dell'economia e delle finanze sarebbe contraria all'interesse pubblico; nei medesimi giudizi non si applicano gli articoli 19 e 63, comma 4, del Codice del processo amministrativo. 3. Quando il giudice lo ritiene necessario per tutelare gli interessi dei terzi in buona fede che hanno acquistato azioni, altre partecipazioni, diritti, attività o passività di un ente sottoposto a risoluzione a seguito del ricorso agli strumenti di risoluzione o dell'esercizio dei poteri di risoluzione, l'annullamento del provvedimento lascia impregiudicati gli atti amministrativi adottati o i negozi posti in essere dalla Banca d'Italia o dai commissari speciali, sulla base del provvedimento annullato. Resta fermo il diritto al risarcimento del danno subito e provato, nei limiti stabiliti dalle norme vigenti. 4. Fermo restando il potere di cui all'articolo 67, il giudice presso il quale pende un qualsiasi giudizio del quale sia parte un ente sottoposto a risoluzione ne dispone la sospensione su istanza della Banca d'Italia per un periodo congruo al perseguimento degli obiettivi di cui all'articolo 21.".

(3) *Le parole da* « , nonché i giudizi riguardanti » *alla fine della lettera sono state aggiunte dall'art. 1, comma 1, lett.* nn), *n. 2), d.lgs. n. 195, cit.*

(4) *Le parole da* « nonché gli atti » *alla fine della lettera sono state inserite dall'art. 1, comma 1, lett.* u), *d.lgs. 14 settembre 2012, n. 160. La lettera era stata sostituita dall'art. 1, comma 1, lett.* nn), *n. 3), d.lgs. n. 195, cit.; il testo della lettera era il seguente:* « *e*) le controversie di cui all'articolo 133, comma 1, lettera *p*) ».

(5) *Lettera così sostituita dall'art. 3, comma 8, d.l. 15 marzo 2012, n. 21, conv., con modif., in l. 11 maggio 2012, n. 56. Il testo della lettera era il seguente:* « *h*) le controversie relative al corretto esercizio dei poteri speciali dello Stato azionista di cui all'articolo 2 del decreto-legge 31 maggio 1994, n. 332, convertito, con modificazioni, dalla legge 30 luglio 1994, n. 474, e successive modificazioni ».

(6) *Lettera aggiunta dall'art. 16, comma 11, d.l. 14 giugno 2021, n. 82, conv., con modif., in l. 4 agosto 2021, n. 109.*

(7) *Le parole* « , dell'AISE e dell'Agenzia per la cybersicurezza nazionale » *sono state sostituite alle parole* « e dell'AISE » *dall'art. 16, comma 11, d.l. n. 82, cit.*

(8) *Lettera sostituita dall'art. 1, comma 1, lett.* nn), *n. 4), d.lgs. n. 195, cit. Il testo della lettera era il seguente:* « *p*) le controversie derivanti dall'applicazione del decreto-legge 4 febbraio 2010, n. 4, convertito, con modificazioni, dalla legge 31 marzo 2010, n. 50, relativo all'Istituzione dell'Agenzia nazionale per l'amministrazione e la destinazione dei beni sequestrati e confiscati alla criminalità organizzata ».

(9) *Il segno* «; » è stato sostituito al segno « . » *dall'art. 1, comma 1, lett.* nn), *n. 5), d.ls. n. 195, cit.*

(10) *Lettera aggiunta dall'art. 1, comma 1, lett.* nn), *n. 6), d.lgs. n. 195, cit.*

(11) *Lettera aggiunta dall'art. 10, comma 9-*ter, *d.l. 2 marzo 2012, n. 16, conv., con modif., in l. 26 aprile 2012, n. 44. Successivamente, la Corte Costituzionale, con sentenza 13 giugno 2014, n. 174 (in Gazz.Uff., 18 giugno, n. 26), ha dichiarato l'illegittimità costituzionale della presente lettera, nella parte in cui prevede la devoluzione alla competenza inderogabile del Tribunale amministrativo regionale del Lazio, sede di Roma, delle controversie aventi ad oggetto i provvedimenti emessi dall'autorità di polizia relativi al rilascio di autorizzazioni in materia di giochi pubblici con vincita in denaro.*

(12) *Lettera inserita dall'art. 15, comma 2, d.l. 17 febbraio 2017, n. 13, conv., con modif., in l. 13 aprile 2017, n. 46.*

(13) *Lettera aggiunta dall'art. 1, comma 649, lett.* c) *l. 30 dicembre 2018, n. 145 (legge di bilancio 2019), con effetto a decorrere dal 1° gennaio 2019. Ai sensi del successivo comma 650 dell'art. 1 l. n. 145, cit., tale disposizione si applica anche ai processi ed alle controversie in corso alla data di entrata in vigore della suddetta legge. Precedentemente, la stessa lettera era stata aggiunta dall'art. 1, comma 1, lett.* c) *d.l. 5 ottobre 2018, n. 115, non convertito in legge. Ai sensi dell'art. 4 d.l. n. 115, cit., la suddetta disposizione si applicava anche ai processi e alle controversie in corso.*

(14) *Ai sensi dell'art. 47, comma 1, lett.* i) *d.lgs. 2 gennaio 2018, n. 1, la citazione dell'art. 5 l. n. 225 del 1992, contenuta nel presente comma, deve intendersi riferita agli artt. 24, 25 e 26 d.lgs. n. 1, cit..*

(15) *Nella presente si riporta la precedente normativa, in parte abrogata o sostituita con un mero rinvio al Codice del processo amministrativo. (v. coord. c.p.a., infra).*

L. 24 marzo 1958, n. 195, Norme sulla Costituzione e sul funzionamento del Consiglio superiore della Magistratura, « Art. 17. (*Forma dei provvedimenti*). — Tutti i provvedimenti riguardanti i magistrati sono adottati, in conformità delle deliberazioni del Consiglio superiore, con decreto del Presidente della Repubblica controfirmato dal Ministro, ovvero, nei casi stabiliti dalla legge, con decreto del Ministro per la grazia e giustizia. [...] — Contro i predetti provvedimenti è ammesso ricorso in primo grado al tribunale amministrativo regionale del Lazio per motivi di legittimità. Contro le decisioni di prima istanza è ammessa l'impugnazione al Consiglio di Stato ».

L. 10 ottobre 1990, n. 287, Norme per la tutela della concorrenza e del mercato: « Art. 33. (*Competenze giurisdizionali*). — 1. I ricorsi avverso i provvedimenti amministrativi adottati sulla base delle disposizioni di cui ai titoli dal I al IV della presente legge rientrano nella giurisdizione esclusiva del giudice amministrativo. Essi devono essere proposti davanti al Tribunale amministrativo regionale del Lazio. [...] ».

L. 31 luglio 1997, n. 249, Istituzione dell'Autorità per le garanzie nelle comunicazioni e norme sui sistemi delle telecomunicazioni e radiotelevisivo: « Art. 1. (*Autorità per le garanzie nelle comunicazioni*). — [...] 26. I ricorsi avverso i provvedimenti dell'Autorità rientrano nella giurisdizione esclusiva del giudice amministrativo. La competenza di primo grado è attribuita in via esclusiva ed inderogabile al tribunale amministrativo regionale del Lazio ».

L. 22 febbraio 2000, n. 28, Disposizioni per la parità di accesso ai mezzi di informazione durante le campagne elettorali e referendarie e per la comunicazione politica: « Art. 11-quinquies. (Vigilanza e poteri dell'Autorità). — [...] 4. I provvedimenti dell'Autorità di cui al presente articolo possono essere impugnati dinanzi agli organi di giustizia amministrativa in sede di giurisdizione esclusiva, ai sensi dell'articolo 23-bis della legge 6 dicembre 1971, n. 1034. La competenza di primo grado è attribuita in via esclusiva ed inderogabile al tribunale amministrativo regionale del Lazio, con sede in Roma ».

D.lgs. 1° settembre 1993 n. 385, Testo unico delle leggi in materia bancaria e creditizia: « Art. 104. (*Competenze giurisdizionali*). — [...] 2. Quando la capogruppo sia sottoposta ad amministrazione straordinaria o a liquidazione coatta amministrativa, per i ricorsi avverso i provvedimenti amministrativi concernenti o comunque connessi alle procedure di amministrazione straordinaria e di liquidazione coatta amministrativa della capogruppo e delle società del gruppo è competente il tribunale amministrativo regionale con sede a Roma ».

L. 28 dicembre 2005, n. 262, Disposizioni per la tutela del risparmio e la disciplina dei mercati finanziari: « Art. 24. (*Procedimenti per l'adozione di provvedimenti individuali*). — 1. Ai procedimenti della Banca d'Italia, della CONSOB, dell'ISVAP e della COVIP volti all'emanazione di provvedimenti individuali si applicano, in quanto compatibili, i principi sull'individuazione e sulle funzioni del responsabile del procedimento, sulla partecipazione al procedimento e sull'accesso agli atti amministrativi recati dalla legge 7 agosto 1990, n. 241, e successive modificazioni. I procedimenti di controllo a carattere contenzioso e i procedimenti sanzionatori sono svolti nel rispetto dei principi della piena conoscenza degli atti istruttori, del contraddittorio, della verbalizzazione nonché della distinzione tra funzioni istruttorie e funzioni decisorie rispetto all'irrogazione della sanzione. Le notizie sottoposte per iscritto da soggetti interessati possono essere valutate nell'istruzione del procedimento. Le Autorità di cui al presente comma disciplinano le modalità organizzative per dare attuazione al principio della distinzione tra funzioni istruttorie e funzioni decisorie rispetto all'irrogazione della sanzione. [...] — 5. Avverso gli atti adottati dalle Autorità di cui al comma 4 può essere proposto ricorso giurisdizionale dinanzi al tribunale amministrativo regionale del Lazio ».

D.lgs. 1° agosto 2003, n. 259, Codice delle comunicazioni elettroniche: « Art. 28. (*Ricorsi avverso provvedimenti del Ministero e dell'Autorità*). — 1. Avverso i provvedimenti dell'Autorità e del Ministero è sempre ammessa la tutela giurisdizionale dei diritti e degli interessi legittimi. La tutela giurisdizionale davanti al giudice amministrativo è disciplinata dal codice del processo amministrativo.; [...] ».

D.l. 30 novembre 2005 n. 245, conv., con modif., in l. 27 gennaio 2006, n. 21, Misure straordinarie per fronteggiare l'emergenza nel settore dei rifiuti nella regione Campania ed ulteriori disposizioni in materia di protezione civile: « Art. 3. (*Destinazione delle risorse finanziarie e procedure esecutorie*). — [...] 2-*bis.* In tutte le situazioni di emergenza dichiarate ai sensi dell'articolo 5, comma 1, della legge 24 febbraio 1992, n. 225, la competenza di primo grado a conoscere della legittimità delle ordinanze adottate e dei consequenziali provvedimenti commissariali spetta in via esclusiva, anche per l'emanazione di misure cautelari, al tribunale amministra tivo regionale del Lazio, con sede in Roma. — [...] 2-*quater.* Le norme di cui ai commi 2-*bis* e 2-*ter* si applicano anche ai processi in corso. L'efficacia delle misure cautelari adottate da un tribunale amministrativo diverso da quello di cui al comma 2-*bis* permane fino alla loro modifica o revoca da parte del tribunale amministrativo regionale del Lazio, con sede in Roma, cui la parte interessata può riproporre il ricorso ».

L. 23 luglio 2009, n. 99, Disposizioni per lo sviluppo e l'internazionalizzazione delle imprese, nonché in materia di energia: « Art. 41. (*Tutela giurisdizionale*). — 1. Sono devolute alla giurisdizione esclusiva del giudice amministrativo e attribuite alla competenza del tribunale amministrativo regionale del Lazio, con sede in Roma, tutte le controversie, anche in relazione alla fase cautelare e alle eventuali questioni risarcitorie, comunque attinenti alle procedure e ai provvedimenti dell'amministrazione pubblica o dei soggetti alla stessa equiparati concernenti la produzione di energia elettrica da fonte nucleare, i rigassificatori, i gasdotti di importazione, le centrali termoelettriche di potenza termica superiore a 400 MW nonché quelle relative ad infrastrutture di trasporto ricomprese o da ricomprendere nella rete di trasmissione nazionale o rete nazionale di gasdotti ».

D.l. 19 agosto 2003, n. 220, conv., con modif., in l. 17 ottobre 2003, n. 280, Disposizioni urgenti in materia di giustizia sportiva: « Art. 3. (*Norme sulla giurisdizione e disciplina transitoria*). — 1. Esauriti i gradi della giustizia sportiva e ferma restando la giurisdizione del giudice ordinario sui rapporti patrimoniali tra società, associazioni e atleti, ogni altra controversia avente ad oggetto atti del Comitato olimpico nazionale italiano o delle Federazioni sportive non riservata agli organi di giustizia dell'ordinamento sportivo ai sensi dell'articolo 2, è devoluta alla giurisdizione esclusiva del giudice amministrativo. In ogni caso è fatto salvo quanto eventualmente stabilito dalle clausole compromissorie previste dagli statuti e dai regolamenti del Comitato olimpico nazionale italiano e delle Federazioni sportive di cui all'articolo 2, comma 2, nonché quelle inserite nei contratti di cui all'articolo 4 della legge 23 marzo 1981, n. 91. — 2. La competenza di primo grado spetta in via esclusiva, anche per l'emanazione di misure cautelari, al tribunale amministrativo regionale del Lazio con sede in Roma. Le questioni di competenza di cui al presente comma sono rilevabili d'ufficio ».

Lettera sostituita dall'art. 3 del d.l. 15 marzo 2012, n. 21. La precedente versione faceva riferimento a: « le controversie relative al corretto esercizio dei poteri speciali dello Stato azionista di cui all'articolo 2 del decreto-legge 31 maggio 1994, n. 332, convertito, con modificazioni, dalla legge 30 luglio 1994, n. 474, e successive modificazioni ». D.l. 31 maggio 1994 n. 332, conv., con modif., in l. 30 luglio 1994, n. 474, Norme per l'accelerazione delle procedure di dismissione di partecipazioni dello Stato e degli enti pubblici in società per azioni: « Art. 2. (*Poteri speciali*). — 1. Tra le società controllate direttamente o indirettamente dallo Stato operanti nel settore della difesa, dei trasporti, delle telecomunicazioni, delle fonti di energia, e degli altri pubblici servizi, sono individuate con decreto del Presidente del Consiglio dei Ministri, adottato su proposta del Ministro dell'economia e finanze, di intesa con il Ministro delle attività produttive, nonché con i Ministri competenti per settore, previa comunicazione alle competenti Commissioni parlamentari, quelle nei cui statuti, prima di ogni atto che determini la perdita del controllo, deve essere introdotta con deliberazione dell'assemblea straordinaria una clausola che attribuisca al Ministro dell'economia e delle finanze la titolarità di uno o più dei seguenti poteri speciali da esercitare di intesa con il Ministro delle attività produttive: *a*) opposizione all'assunzione, da parte dei soggetti nei confronti dei quali opera il limite al possesso azionario di cui all'articolo 3, di partecipazioni rilevanti, per tali intendendosi quelle che rappresentano almeno la ventesima parte del capitale sociale rappresentato da azioni con diritto di voto nelle assemblee ordinarie o la percentuale minore fissata dal Ministro dell'economia e delle finanze con proprio decreto. L'opposizione deve essere espressa entro dieci giorni dalla data della comunicazione che deve essere effettuata dagli amministratori al momento della richiesta di iscrizione nel libro soci, qualora il Ministro ritenga che l'operazione rechi pregiudizio agli interessi vitali dello Stato. Nelle more di decorrenza del termine per l'esercizio del potere di opposizione, il diritto di voto e comunque quelli aventi contenuto diverso da quello patrimoniale, connessi alle azioni che rappresentano la partecipazione rilevante, sono sospesi. In caso di esercizio del potere di opposizione, attraverso provvedimento debitamente motivato in relazione al concreto pregiudizio arrecato dall'operazione agli interessi vitali dello Stato, il cessionario non può esercitare i diritti di voto e comunque quelli aventi contenuto diverso da quello patrimoniale, connessi alle azioni che rappresentano la partecipazione rilevante e dovrà cedere le stesse azioni entro un anno. In caso di mancata ottemperanza il tribunale, su richiesta del Ministro dell'economia e delle finanze, ordina la vendita delle azioni che rappresentano la partecipazione rilevante secondo le procedure di cui all'articolo 2359-*ter* del codice civile. Il provvedimento di esercizio del potere di opposizione è impugnabile entro sessanta giorni dal cessionario innanzi al tribunale amministrativo regionale del Lazio; *b*) opposizione alla conclusione di patti o accordi di cui all'articolo 122 del testo unico di cui al decreto legislativo 24 febbraio 1998, n. 58, nel caso in cui vi sia rappresentata almeno la ventesima parte del capitale sociale costituito da azioni con diritto di voto nell'assemblea ordinaria o la percentuale minore fissata dal Ministro dell'economia e delle finanze con proprio decreto. Ai fini dell'esercizio del potere di opposizione la CONSOB informa il Ministro dell'economia e delle finanze dei patti e degli accordi rilevanti ai sensi del presente articolo di cui abbia avuto comunicazione in base al citato articolo 122 del testo unico di cui al decreto legislativo n. 58 del 1998. Il potere di opposizione deve essere esercitato entro dieci giorni dalla data della comunicazione effettuata dalla CONSOB. Nelle more di decorrenza del termine per l'esercizio del potere di opposizione, il diritto di voto e comunque quelli aventi contenuto diverso da quello patrimoniale dei soci aderenti al patto sono sospesi. In caso di emanazione del provvedimento di opposizione, debitamente motivato in relazione al concreto pregiudizio arrecato dai suddetti accordi o patti agli interessi vitali dello Stato, gli accordi sono inefficaci. Qualora dal comportamento in assemblea dei soci sindacali si desuma il mantenimento degli impegni assunti con l'adesione ai patti di cui al citato articolo 122 del testo unico di cui al decreto legislativo n. 58 del 1998, le delibere assunte con il voto determinante dei soci stessi sono impugnabili. Il provvedimento di esercizio del potere di opposizione è impugnabile entro sessanta giorni dai soci aderenti ai patti o agli accordi innanzi al tribunale amministrativo regionale del Lazio; *c*) veto, debitamente motivato in relazione al concreto pregiudizio arrecato agli interessi vitali dello Stato, all'adozione delle delibere di scioglimento della società, di trasferimento dell'azienda, di fusione, di scissione, di trasferimento della sede sociale all'estero, di cambiamento dell'oggetto sociale, di modifica dello statuto che sopprimono o modificano i poteri di cui al presente articolo. Il provvedimento di esercizio del potere di veto è impugnabile entro sessanta giorni dai soci dissenzienti innanzi al tribunale amministrativo regionale del Lazio. [...] ».

D.lgs. 25 luglio 1998, n. 286, Testo unico delle disposizioni concernenti la disciplina dell'immigrazione e norme sulla condizione dello straniero: « Art. 13. (*Espulsione amministrativa*). — 1. Per motivi di ordine pubblico o di sicurezza dello Stato, il Ministro dell'interno può disporre l'espulsione dello straniero anche non residente nel territorio dello Stato, dandone preventiva notizia al Presidente del Consiglio dei Ministri e al Ministro degli affari esteri. — 2. L'espulsione è disposta dal prefetto quando lo straniero: [...] 11. Contro il decreto di espulsione emanato ai sensi del comma 1 è ammesso ricorso al tribunale amministrativo regionale del Lazio, sede di Roma ».

D.lgs. 6 febbraio 2007, n. 30, Attuazione della direttiva 2004/38/CE relativa al diritto dei cittadini dell'Unione e dei loro familiari di circolare e di soggiornare liberamente nel territorio degli Stati membri: « Art. 22. (*Ricorsi avverso i provvedimenti di allontanamento*). — 1. Avverso il provvedimento di allontanamento per motivi di sicurezza dello Stato di cui all'articolo 20, commi 1 e 2, e per motivi di ordine pubblico può essere presentato ricorso al Tribunale amministrativo regionale del Lazio, sede di Roma ».

D.lgs. 22 giugno 2007, n. 109, Misure per prevenire, contrastare e reprimere il finanziamento del terrorismo e l'attività dei Paesi che minacciano la pace e la sicurezza internazionale, in attuazione della direttiva 2005/60/CE: « Art. 14. (*Strumenti di tutela*). 1. La competenza territoriale per le impugnazioni di provvedimenti previsti dal presente decreto è attribuita al Tribunale amministrativo regionale del Lazio ».

L. 24 gennaio 1979, n. 18, Elezione dei membri del Parlamento europeo spettanti all'Italia: « Art. 42. — Contro gli atti di proclamazione degli eletti, per motivi inerenti alle operazioni elettorali successive alla emanazione del decreto di convocazione dei comizi, qualsiasi cittadino elettore può proporre impugnativa davanti al tribunale amministrativo regionale del Lazio ».

L. 3 agosto 2007, n. 124, Sistema di informazione per la sicurezza della Repubblica e nuova disciplina del segreto:

« Art. 1. (*Sistema di informazione per la sicurezza della Repubblica*). — 1. Il Sistema di informazione per la sicurezza della Repubblica è composto dal Presidente del Consiglio dei Ministri, dal Comitato interministeriale per la sicurezza della Repubblica (CISR), dall'Autorità delegata di cui all'articolo 3, ove istituita, dal Dipartimento delle informazioni per la sicurezza (DIS), dall'Agenzia informazioni e sicurezza esterna (AISE) e dall'Agenzia informazioni e sicurezza interna (AISI). [...] ».

« Art. 22. (*Ricorsi giurisdizionali*). — 1. Ai ricorsi al giudice amministrativo, aventi ad oggetto controversie relative al rapporto di lavoro, si applicano le disposizioni di cui all'articolo 23-*bis* della legge 6 dicembre 1971, n. 1034 ».

D.l. 4 febbraio 2010, n. 4, conv., con modif., in l. 31 marzo 2010, n. 50, Istituzione dell'Agenzia nazionale per l'amministrazione e la destinazione dei beni sequestrati e confiscati alla criminalità organizzata:: « Art. 9. (*Foro esclusivo*). — 1. Per tutte le controversie attribuite alla cognizione del giudice amministrativo derivanti dall'applicazione del presente decreto, ivi incluse quelle cautelari, è competente il tribunale amministrativo regionale del Lazio con sede in Roma. Le questioni di competenza di cui al presente comma sono rilevabili d'ufficio ».

D.lgs. 18 agosto 2000, n. 267, Testo unico delle leggi sull'ordinamento degli enti locali:

« Art. 142. (*Rimozione e sospensione di amministratori locali*). — 1. Con decreto del Ministro dell'interno il sindaco, il presidente della provincia, i presidenti dei consorzi e delle comunità montane, i componenti dei consigli e delle giunte, i presidenti dei consigli circoscrizionali possono essere rimossi quando compiano atti contrari alla Costituzione o per gravi e persistenti violazioni di legge o per gravi motivi di ordine pubblico. [...] »;

« Art. 143. (*Scioglimento dei consigli comunali e provinciali conseguente a fenomeni di infiltrazione e di condizionamento di tipo mafioso o similare. Responsabilità dei dirigenti e dipendenti*). — 1. Fuori dai casi previsti dall'articolo 141, i consigli comunali e provinciali sono sciolti quando, anche a seguito di accertamenti effettuati a norma dell'articolo 59, comma 7, emergono concreti, univoci e rilevanti elementi su collegamenti diretti o indiretti con la criminalità organizzata di tipo mafioso o similare degli amministratori di cui all'articolo 77, comma 2, ovvero su forme di condizionamento degli stessi, tali da determinare un'alterazione del procedimento di formazione della volontà degli organi elettivi ed amministrativi e da compromettere il buon andamento o l'imparzialità delle amministrazioni comunali e provinciali, nonché il regolare funzionamento dei servizi ad esse affidati, ovvero che risultino tali da arrecare grave e perdurante pregiudizio per lo stato della sicurezza pubblica. [...] ».

(16) *V. l'articolo 10 del D.L. 28 settembre 2018, n. 109 (,Disposizioni urgenti per la città di Genova, la sicurezza della rete nazionale delle infrastrutture e dei trasporti, gli eventi sismici del 2016 e 2017, il lavoro e le altre emergenze (DECRETO GENOVA), convertito con modificazioni dalla Legge 16 novembre 2018, n. 130 (sub, VI, 45) che prevede che "1. Tutte le controversie relative agli atti adottati dal Commissario straordinario di cui all'articolo 1, nonché ai conseguenti rapporti giuridici anteriori al momento di stipula dei contratti che derivano da detti atti, sono devolute alla giurisdizione esclusiva del giudice amministrativo e alla competenza funzionale inderogabile del tribunale amministrativo regionale della Liguria. 2. Ai giudizi di cui al comma 1 si applica l'articolo 125 del codice del processo amministrativo.*

136 Disposizioni sulle comunicazioni e sui depositi informatici.

1. I difensori indicano nel ricorso o nel primo atto difensivo un recapito di fax, che può essere anche diverso da quello del domiciliatario. La comunicazione a mezzo fax è eseguita esclusivamente qualora sia impossibile effettuare la comunicazione all'indirizzo di posta elettronica certificata risultante da pubblici elenchi, per mancato funzionamento del sistema informatico della giustizia amministrativa. È onere dei difensori comunicare alla segreteria e alle parti costituite ogni variazione del recapito di fax o di indirizzo di posta elettronica certificata. Ai fini dell'efficacia delle comunicazioni di segreteria è sufficiente che vada a buon fine una sola delle comunicazioni effettuate a ciascun avvocato componente il collegio difensivo (1) (2).

2. I difensori, le parti nei casi in cui stiano in giudizio personalmente e gli ausiliari del giudice depositano tutti gli atti e i documenti con modalità telematiche. In casi eccezionali, anche in considerazione della ricorrenza di particolari ragioni di riservatezza legate alla posizione delle parti o alla natura della controversia il presidente del tribunale o del Consiglio di Stato, il presidente della sezione se il ricorso è già incardinato o il collegio se la questione sorge in udienza possono dispensare, previo provvedimento motivato, dall'impiego delle modalità di sottoscrizione e di deposito di cui al comma 2-*bis* ed al primo periodo del presente comma; in tali casi e negli altri casi di esclusione dell'impiego di modalità telematiche previsti dal decreto di cui all'articolo 13, comma 1, delle norme di attuazione, si procede al deposito ed alla conservazione degli atti e dei documenti (3).

2-*bis*. Salvi i casi di cui al comma 2, tutti gli atti e i provvedimenti del giudice, dei suoi ausiliari, del personale degli uffici giudiziari e delle parti sono sottoscritti con firma digitale. Dall'attuazione del presente comma non devono derivare nuovi o maggiori oneri per la finanza pubblica (4).

2-*ter*. Quando il difensore depositi con modalità telematiche la copia informatica, anche per immagine, di un atto processuale di parte, di un provvedimento del giudice o di un documento formato su supporto analogico e detenuto in originale o in copia conforme, attesta la conformità della copia al predetto atto mediante l'asseverazione di cui all'articolo 22, comma 2, del codice di cui al decreto legislativo 7 marzo 2005, n. 82. Analogo potere di attestazione di conformità è esteso agli atti e ai provvedimenti presenti nel fascicolo informatico, con conseguente esonero dal versamento dei diritti di copia. Resta escluso il rilascio della copia autentica della formula esecutiva ai sensi dell'articolo 475 del codice di procedura civile, di competenza esclusiva delle segreterie degli uffici giudiziari. La copia munita dell'attestazione di conformità equivale all'originale o alla copia conforme dell'atto o del provvedimento. Nel compimento dell'attestazione di conformità di cui al presente comma i difensori assumono ad ogni effetto la veste di pubblici ufficiali (5).

[2-*quater*. Il presidente della sezione o il collegio se la questione sorge in udienza possono autorizzare il privato chiamato in causa dallo stesso giudice, che non possa effettuare il deposito di scritti difensivi o di documenti mediante PEC, a depositarli mediante upload attraverso il sito internet istituzionale] (5).

(1) *Le parole da* « o di indirizzo di posta elettronica certificata. » *alla fine del comma sono state aggiunte, a decorrere dal 1° gennaio 2017, dall'art. 7, comma 1, lett.* b), *n. 01) d.l. 31 agosto 2016, n. 168, conv., con modif., in l. 25 ottobre 2016, n. 197. Ai sensi dell'art. 7, comma 3, d.l. n. 168, cit., tale modifica ha efficacia « con riguardo ai giudizi introdotti con i ricorsi depositati, in primo o in secondo grado, a far data dal 1° gennaio 2017; ai ricorsi depositati anteriormente a tale data, continuano ad applicarsi, fino all'esaurimento del grado di giudizio nel quale sono pendenti alla data stessa e comunque non oltre il 1° gennaio 2018, le norme vigenti alla data di entrata in vigore del [suddetto] decreto ».*

(2) *Comma così sostituito dall'art. 45-*bis, *comma 3 d.l. 24 giugno 2014, n. 90, conv., con modif., in l. 11 agosto 2014, n. 114. Il testo del comma, come modificato dall'art. 1, comma 1, lett.* oo) *d.lgs. 15 novembre 2011, n. 195 era il seguente:* « I difensori indicano nel ricorso o nel primo atto difensivo un indirizzo di posta elettronica certificata e un recapito di fax, che possono essere anche diversi dagli indirizzi del domiciliatario, dove intendono ricevere le comunicazioni relative al processo. Una volta espressa tale indicazione si presumono conosciute le comunicazioni pervenute con i predetti mezzi nel rispetto della normativa, anche regolamentare, vigente. È onere dei difensori comunicare alla segreteria e alle parti costituite ogni variazione dei suddetti dati. ». *Per il deposito della copia cartacea vedi l'art. 7, comma 4, del d.l. n. 168/2016 (sub, VI, 44).*

(3) *Comma così sostituito, a decorrere dal 1° gennaio 2017, dall'art. 7, comma 1, lett.* b), *n. 1) d.l. n. 168, cit., con le disposizioni di efficacia di cui al successivo comma 3,* sub *nota 1. Precedentemente, la lett.* b) *del comma 1-*bis *dell'art. 20, comma 1-*bis, *d.l. 27 giugno 2015, n. 83, conv., con modif., in l. 6 agosto 2015, n. 132, ora abrogata dall'art. 7, comma 8, d.l. n. 168, cit., aveva disposto la sostituzione del comma 2, a decorrere dall'entrata in vigore del processo amministrativo telematico, con il seguente:* « 2. I difensori costituiti, le parti nei casi in cui stiano in giudizio personalmente e gli ausiliari del giudice depositano tutti gli atti e i documenti con modalità telematiche. In casi eccezionali, il presidente può dispensare dall'osservanza di quanto previsto dal presente comma, secondo quanto previsto dalle regole tecniche di cui all'articolo 13 delle norme di attuazione ».

(4) *Comma così sostituito, a decorrere dal 1° gennaio 2017, dall'art. 7, comma 1, lett.* b), *n. 2) d.l. n. 168, cit., con le disposizioni di efficacia di cui al successivo comma 3,* sub *nota 1. Il testo del comma, come da ultimo sostituito dall'art. 38, comma 1-*bis *d.l. n. 90, cit., era il seguente:* « 2-*bis*. Tutti gli atti e i provvedimenti del giudice, dei suoi ausiliari, del personale degli uffici giudiziari e delle parti sono sottoscritti con firma digitale. Dall'attuazione del presente comma non devono derivare nuovi o maggiori oneri per la finanza pubblica ».

(5) *Comma aggiunto, a decorrere dal 1° gennaio 2017, dall'art. 7, comma 1, lett.* b), *n. 3) d.l. n. 168, cit., con le disposizioni di efficacia di cui al successivo comma 3,* sub *nota 1 e successivamente abrogato dall'art. 4, comma 3 d.l. 30 aprile 2020, n. 28, conv., con modif., in l. 25 giugno 2020, n. 70.*

137 Norma finanziaria.

1. Le amministrazioni competenti provvedono all'attuazione del codice nell'ambito delle risorse umane, strumentali e finanziarie disponibili a legislazione vigente e, comunque, senza nuovi o maggiori oneri per la finanza pubblica.

38. Norme di attuazione (1).

(1) *Allegato 2 al d.lgs. 2 luglio 2010, n. 104.*

TITOLO I
Registri - Orario di segreteria

1 Registro generale dei ricorsi (4).

1. Presso ciascun ufficio giudiziario è tenuto il registro di presentazione dei ricorsi, diviso per colonne, nel quale sono annotate tutte le informazioni occorrenti per accertare esattamente la presentazione del ricorso, del ricorso incidentale, della domanda riconvenzionale, dei motivi aggiunti, della domanda di intervento, degli atti e documenti prodotti, nonché le notificazioni effettuate, l'esecuzione del pagamento del contributo unificato, l'indicazione dei mezzi istruttori disposti o compiuti e i provvedimenti adottati, la notizia delle impugnazioni proposte avverso i provvedimenti del giudice e il relativo esito. La proposizione dell'impugnazione è registrata quando la segreteria del giudice ne riceve notizia ai sensi dell'articolo 6, comma 2, dell'allegato 2, ovvero ai sensi dell'articolo 369, comma 3, del codice di procedura civile, o ai sensi dell'articolo 123 delle disposizioni di attuazione al codice di procedura civile. La segreteria del giudice a cui l'impugnazione è proposta trasmette senza ritardo copia del provvedimento giurisdizionale che definisce il giudizio di impugnazione (1).

2. I ricorsi sono iscritti giornalmente secondo l'ordine di presentazione.

3. Il registro è vistato e firmato in ciascun foglio dal segretariato, con l'indicazione in fine del numero dei fogli di cui il registro si compone (2).

4. Il registro è chiuso ogni giorno con l'apposizione della firma di un addetto al segretariato generale (3).

(1) *Le parole da* « , la notizia delle impugnazioni » *alla fine del comma sono state aggiunte dall'art. 1, comma 2, lett.* a), *d.lgs. 15 novembre 2011, n. 195.*

(2) *La parola* « segretariato » *è stata sostituita alle parole* « segretario generale » *dall'art. 1, comma 2, lett.* a), *n. 2), d.lgs. n. 195, cit.*

(3) *Le parole* « di un addetto al segretariato generale » *sono state sostituite alle parole* « del segretario generale » *dall'art. 1, comma 2, lett.* a), *n. 3), d.lgs. n. 195, cit.*

(4) *L'art. 23 d.P.R. 21 aprile 1973, n. 214 prevede che* « (Registro generale dei ricorsi) 1. *La segreteria tiene il registro generale di presentazione dei ricorsi principali, diviso in colonne, nel quale devono iscriversi tutte le annotazioni occorrenti per accertare esattamente la presentazione del ricorso ed eventualmente del controricorso e del ricorso incidentale, delle domande incidentali e dei documenti, le notificazioni, l'esecuzione del pagamento della tassa prescritta, l'indicazione degli atti istruttori disposti o compiuti e le decisioni emanate. — 2. I ricorsi devono essere annotati giornalmente secondo l'ordine di presentazione. — 3. Il registro è vistato e firmato in ciascun foglio dal segretario generale, con l'indicazione in fine del numero dei fogli di cui il registro si compone. — 4. È chiuso ogni giorno con l'apposizione della firma del segretario generale.* ».

2 Ruoli e registri particolari, collazione dei provvedimenti e forme di comunicazione.

1. Le segreterie degli organi di giustizia amministrativa tengono i seguenti registri:

a) il registro delle istanze di fissazione di udienza, vistato e firmato in ciascun foglio dal segretario generale, con l'indicazione in fine del numero dei fogli di cui il registro si compone;

b) il registro delle istanze di prelievo;

c) il registro per i processi verbali di udienza;

d) il registro dei decreti e delle ordinanze del presidente;

e) il registro delle ordinanze cautelari;

f) il registro delle sentenze e degli altri provvedimenti collegiali;

g) il registro dei ricorsi trattati con il beneficio del patrocinio a spese dello Stato (1);

g-bis) il registro dei provvedimenti dell'Adunanza plenaria (2).

2. Il segretario, ricevuta l'istanza di cui alle lettere *a*) e *b*) del comma 1, ne fa annotazione nei relativi registri e ne rilascia ricevuta, se richiesta.

3. Nei registri di cui alle lettere *d*) ed *e*) del comma 1 sono annotati gli estremi della comunicazione (3) dei provvedimenti.

4. La segreteria cura la formazione dei ruoli secondo le disposizioni del presidente (4).

[5. La segreteria cura la formazione dell'originale dei provvedimenti del giudice, raccogliendo le sottoscrizioni necessarie e apponendo il timbro e la firma di congiunzione tra i fogli che li compongono] (5).

6. La segreteria effettua le comunicazioni alle parti ai sensi dell'articolo 136, comma 1, del codice, o, altrimenti, nelle forme di cui all'articolo 45 delle disposizioni per l'attuazione del codice di procedura civile (6).

(1) *Lettera aggiunta dall'art. 1, comma 2, lett.* b), *n. 1), d.lgs. 15 novembre 2011, n. 195.*

(2) *Lettera aggiunta dall'art. 1, comma 2, lett.* b), *n. 2), del d.lgs. 15 novembre 2011, n. 195.*

(3) *La parola* « comunicazione » *è stata sostituita alla parola* « trasmissione » *dall'art. 1, comma 2, lett.* b), *d.lgs. n. 195, cit.*

(4) *L'art. 51, comma 1, r.d. 17 agosto 1907, n. 642, ora abrogato da coord. c.p.a.* (v. infra), *prevedeva che:* « Il segretario, ricevuta la domanda di fissazione dell'udienza per la discussione del ricorso, ne fa annotazione in apposito registro e ne rilascia dichiarazione, se richiesta. Indi presenta la domanda stessa col ricorso, il contro-ricorso, il ricorso incidentale, le carte e i documenti al Presidente della sezione il quale nomina il relatore ed assegna il giorno dell'udienza. ».

L'art. 24 d.P.R. 21 aprile 1973, n. 214 prevede che: « (Ruoli e registri particolari) *La segreteria tiene inoltre i seguenti ruoli e registri: — 1) registro delle domande di fissazione di udienza, vistato e firmato in ciascun foglio dal segretario generale, con l'indicazione in fine del numero dei fogli di cui il registro si compone. Per i ricorsi dichiarati urgenti dal presidente, la segreteria provvede ad una annotazione a margine della registrazione della domanda di fissazione di udienza; — 2) registro per i processi verbali di udienza; — 3) registro dei decreti e delle ordinanze del presidente; — 4) registro delle decisioni, nel quale debbono essere annotati gli estremi della ricevuta dell'amministrazione, alla quale la decisione è stata trasmessa; — 5) registro dei ricorsi trattati con il beneficio del patrocinio a spese dello Stato.* ».

(5) *Comma abrogato dall'art. 20, comma 1*-bis, *lett.* c), *d.l. 27 giugno 2015, n. 83, conv., con modif., in l. 6 agosto 2015, n. 132, a decorrere dall'entrata in vigore del processo amministrativo telematico. Successivamente l'art. 7, comma 3, d.l. 31 agosto 2016, n. 168, conv., con modif., in l. 25 ottobre 2016, n. 197, ha disposto che le modifiche operate dal suddetto art. 20, comma 1-bis, lett. c), d.l. n. 83, cit. hanno « efficacia con riguardo ai giudizi introdotti con i ricorsi depositati, in primo o in secondo grado, a far data dal 1° gennaio 2017; ai ricorsi depositati anteriormente a tale data, continuano ad applicarsi, fino all'esaurimento del grado di giudizio nel quale sono pendenti alla data stessa e comunque non oltre il 1° gennaio 2018, le norme vigenti alla data di entrata in vigore [dello stesso d.l. n. 168, cit.] ».*

(6) *L'art. 23 r.d. 17 agosto 1907, n. 642, ora abrogato da coord. c.p.a.* (v. infra), *prevedeva che:* « Il segretario, a richiesta delle parti interessate, o degli avvocati eletti, comunica loro, per semplice ispezione, tutti gli atti del giudizio, sui quali essi possono prendere note appunti. ».

3 Registrazioni in forma automatizzata.

1. Le registrazioni di cui agli articoli 1 e 2 possono essere eseguite in forma automatizzata secondo quanto previsto dal decreto del Presidente del Consiglio dei Ministri 8 gennaio 1999, n. 52, e dalla ulteriore normativa applicabile (1) (2).

2. Il segretario, ove richiesto, rilascia all'interessato dichiarazione delle registrazioni effettuate.

(1) *L'art. 25 d.P.R. 21 aprile 1973, n. 214 prevede che:* « (*Registrazioni mediante procedimenti meccanografici.*) *Le registrazioni previste dagli articoli 23 e 24 possono anche essere eseguite mediante procedimenti meccanografici da stabilirsi con decreto del Presidente del Consiglio dei Ministri, di concerto con il Ministro per il tesoro ed udito il parere del Consiglio di Stato, in modo che siano assicurati l'ordine, la tempestività e la conservazione delle registrazioni stesse.* ».

(2) *A norma dell'articolo 7, comma 2, lettera* a) *del D.L. 31 agosto 2016, n. 168, convertito con modificazioni dalla Legge 25 ottobre 2016, n. 197, a decorrere dal 1° gennaio 2017, al presente comma le parole:* « possono essere eseguite » *sono sostituite dalle seguenti:* « sono eseguite ».

4 Orario.

1. Le segreterie sono aperte al pubblico nelle ore stabilite dal presidente del tribunale amministrativo regionale, della sezione staccata, del Consiglio di Stato e del Consiglio di giustizia amministrativa per la Regione siciliana (1).

2. Nei casi in cui il codice prevede il deposito di atti o documenti sino al giorno precedente la trattazione di una domanda in camera di consiglio, il deposito deve avvenire entro le ore 12.00 dell'ultimo giorno consentito.

3. Nei casi in cui il codice prevede termini calcolati in ore le segreterie danno atto dell'ora di deposito degli atti e dei provvedimenti giurisdizionali e adeguano gli orari di apertura degli uffici.

4. È assicurata la possibilità di depositare con modalità telematica gli atti in scadenza fino alle ore 24:00 dell'ultimo giorno consentito. Il deposito è tempestivo se entro le ore 24:00 del giorno di scadenza è generata la ricevuta di avvenuta accettazione, ove il deposito

risulti, anche successivamente, andato a buon fine. Agli effetti dei termini a difesa e della fissazione delle udienze camerali e pubbliche il deposito degli atti e dei documenti in scadenza effettuato oltre le ore 12:00 dell'ultimo giorno consentito si considera effettuato il giorno successivo (2).

(1) *L'art. 27 d.P.R. 21 aprile 1973, n. 214 prevede che:* « (*Orario*) *L'ufficio di segreteria è aperto al pubblico nelle ore stabilite con decreto del presidente.* ».

(2) *Comma così sostituito, a decorrere dal 1° gennaio 2017, dall'art. 7, comma 2, lett.* b), *d.l. 31 agosto 2016, n. 168, conv., con modif., in l. 25 ottobre 2016, n. 197. Ai sensi dell'art. 7, comma 3, d.l. n. 168, cit., tale modifica ha efficacia « con riguardo ai giudizi introdotti con i ricorsi depositati, in primo o in secondo grado, a far data dal 1° gennaio 2017; ai ricorsi depositati anteriormente a tale data, continuano ad applicarsi, fino all'esaurimento del grado di giudizio nel quale sono pendenti alla data stessa e comunque non oltre il 1° gennaio 2018, le norme vigenti alla data di entrata in vigore del [suddetto] decreto ». Il testo del comma era il seguente:* « 4. In ogni caso è assicurata la possibilità di depositare gli atti in scadenza sino alle ore 12.00 dell'ultimo giorno consentito ».

TITOLO II
Fascicoli di parte e d'ufficio

5 Formazione e tenuta dei fascicoli di parte e d'ufficio. Surrogazione di copie agli originali mancanti e ricostituzione di atti.

1. Ciascuna parte, all'atto della propria costituzione in giudizio, consegna il proprio fascicolo, contenente gli originali degli atti ed i documenti di cui intende avvalersi nonché il relativo indice.

2. Gli atti devono essere depositati in numero di copie corrispondente ai componenti del collegio e alle altre parti costituite. Se il fascicolo di parte e i depositi successivi non contengono le copie degli atti di cui al presente comma gli atti depositati sono trattenuti in segreteria e il giudice non ne può tenere conto prima che la parte abbia provveduto all'integrazione del numero di copie richieste (1).

3. Allorché riceve il deposito dell'atto introduttivo del giudizio, il segretario forma il fascicolo d'ufficio in formato digitale, corredato di indice cronologico degli atti e documenti delle parti, dei verbali di udienza per estratto, di ogni atto e provvedimento del giudice, dei suoi ausiliari e della segreteria (2).

3-*bis*. Nei casi in cui è previsto il deposito di atti e documenti in forma cartacea, il segretario forma un fascicolo cartaceo recante i dati identificativi del procedimento; nel fascicolo cartaceo, che si considera parte integrante del fascicolo d'ufficio, sono inseriti l'indice dei documenti depositati, gli atti legittimanti il deposito in forma cartacea e i documenti depositati. L'aggiornamento dell'indice è curato dal segretario ai sensi del comma 4 (3).

4. Il segretario, dopo aver controllato la regolarità anche fiscale degli atti e dei documenti depositati da ciascuna parte, data e sottoscrive l'indice del fascicolo ogni qualvolta viene inserito in esso un atto o un documento.

5. In caso di smarrimento, furto o distruzione del fascicolo d'ufficio o di singoli atti il presidente del tribunale o della sezione, ovvero, se la questione sorge in udienza, il collegio, ne dà comunicazione al segretario e alle parti al fine, rispettivamente, di ricerca o deposito di copia autentica, che tiene luogo dell'originale. Qualora non si rinvenga copia autentica il presidente, con decreto, fissa una camera di consiglio, di cui è dato avviso alle parti, per la ricostruzione degli atti o del fascicolo. Il collegio, con ordinanza, accerta il contenuto dell'atto mancante e stabilisce se, e in quale tenore, esso debba essere ricostituito; se non è possibile accertare il contenuto dell'atto il collegio ne ordina la rinnovazione, se necessario e possibile, prescrivendone il modo.

(1) *Comma abrogato dall'art. 20, comma 1-*bis, *lett.* d), *d.l. 27 giugno 2015, n. 83, conv., con modif., in l. 6 agosto 2015, n. 132, a decorrere dall'entrata in vigore del processo amministrativo telematico. Successivamente l'art. 7, comma 3, d.l. 31 agosto 2016, n. 168, conv., con modif., in l. 25 ottobre 2016, n. 197, ha disposto che le modifiche operate dal suddetto art. 20, comma 1-*bis, *lett.* c), *d.l. n. 83, cit., hanno « efficacia con riguardo ai giudizi introdotti con i ricorsi depositati, in primo o in secondo grado, a far data dal 1° gennaio 2017; ai ricorsi depositati anteriormente a tale data, continuano ad applicarsi, fino all'esaurimento del grado di giudizio nel quale sono pendenti alla data stessa e comunque non oltre il 1° gennaio 2018, le norme vigenti alla data di entrata in vigore [dello stesso d.l. n. 168, cit.] ».*

(2) *Comma così sostituito dall'art. 20, comma 1-*bis, *lett.* e), *d.l. n. 83, cit., a decorrere dall'entrata in vigore del processo amministrativo telematico; per la specifica efficacia successivamente disposta dall'art. 7, comma 3, d.l. n. 168, cit., v. nota 1. Il testo del comma era il seguente:* « 3. Allorché riceve il deposito dell'atto introduttivo del giudizio, il segretario forma il fascicolo d'ufficio, nel quale inserisce l'indice dei documenti depositati, le copie dell'atto introduttivo e dei documenti e, successivamente, degli altri atti delle parti, nonché, anche per estratto, del verbale d'udienza e di ogni atto e provvedimento del giudice o dei suoi ausiliari ».

(3) *Comma aggiunto, a decorrere dal 1° gennaio 2017, dall'art. 7, comma 2, lett.* c), *d.l. n. 168, cit.. Ai sensi del successivo comma dell predetto art. 7, tale modifica ha efficacia « con riguardo ai giudizi introdotti con i ricorsi depositati, in primo o in secondo grado, a far data dal 1° gennaio 2017; ai ricorsi depositati anteriormente a tale data, continuano ad applicarsi, fino all'esaurimento del grado di giudizio nel quale sono pendenti alla data stessa e comunque non oltre il 1° gennaio 2018, le norme vigenti alla data di entrata in vigore del [suddetto] decreto ».*

6 Ritiro e trasmissione dei fascicoli di parte e del fascicolo d'ufficio (1).

1. I documenti e gli atti prodotti davanti al tribunale amministrativo regionale non possono essere ritirati dalle parti prima che il giudizio sia definito con sentenza passata in giudicato.

2. In caso di appello, il segretario del giudice di appello richiede la trasmissione del fascicolo d'ufficio al segretario del giudice di primo grado.

3. Se è appellata una sentenza non definitiva, ovvero un'ordinanza cautelare, non si applica il comma 2. Tuttavia il giudice di appello, può, se lo ritiene necessario, chiedere la trasmissione del fascicolo d'ufficio, ovvero ordinare alla parte interessata di produrre copia di determinati atti.

4. Il presidente della sezione può autorizzare la sostituzione degli eventuali documenti e atti esibiti in originale con copia conforme degli stessi, predisposta a cura della segreteria su istanza motivata della parte interessata.

(1) *L'art. 23, ottavo e nono comma, l. Tar, ora abrogato da coord. c.p.a.* (*v. infra*), *prevedeva che:* « 8. I documenti e gli atti prodotti davanti al tribunale amministrativo regionale non possono essere ritirati dalle parti prima che il giudizio sia definito con sentenza passata in giudicato e, nel caso di appello, sono trasmessi senza indugio al giudice di secondo grado unitamente al fascicolo d'ufficio. Mediante ordinanza può altresì essere disposta dal presidente della sezione, anche su istanza di parte, l'acquisizione dei documenti e degli atti e mezzi istruttori già acquisiti dal giudice di primo grado. Nel caso di

appello con richiesta di sospensione della sentenza impugnata ovvero di impugnazione del provvedimento cautelare la parte ha diritto al rilascio di copia conforme dei documenti e degli atti prodotti. — 9. Il presidente della sezione può, tuttavia, autorizzare la sostituzione degli eventuali documenti e atti esibiti in origi nale con copia conforme degli stessi, predisposta a cura della segreteria su istanza motivata dalla parte interessata.

7 Rilascio di copie (1).

1. Il segretario rilascia copia delle decisioni e di ogni altro provvedimento del giudice a richiesta degli interessati e a loro spese.

(1) *L'art. 26 d.P.R. 21 aprile 1973, n. 214 prevede che: « (Rilascio copie) Il segretario deve rilasciare copie delle decisioni e di ogni altro provvedimento o atto giurisdizionale a richiesta degli interessati. ».*

TITOLO III
Ordine di fissazione dei ricorsi - Udienze

8 Ordine di fissazione dei ricorsi (1).

1. La fissazione del giorno dell'udienza per la trattazione dei ricorsi è effettuata secondo l'ordine di iscrizione delle istanze di fissazione d'udienza nell'apposito registro, salvi i casi di fissazione prioritaria previsti dal codice.

2. Il presidente può derogare al criterio cronologico per ragioni d'urgenza, anche tenendo conto delle istanze di prelievo, o per esigenze di funzionalità dell'ufficio, ovvero per connessione di materia, nonché in ogni caso in cui il Consiglio di Stato abbia annullato la sentenza o l'ordinanza e rinviato la causa al giudice di primo grado.

(1) *L'art. 53 r.d. 17 agosto 1907, n. 642, ora abrogato da coord. c.p.a.* (v. infra), *prevedeva che*: « La determinazione del giorno dell'udienza ha luogo secondo l'ordine d'iscrizione delle domande nel registro indicato nell'art. 51. — I ricorsi urgenti hanno la precedenza, osservato l'ordine d'iscrizione nel registro predetto. ».

9 Calendario delle udienze e formazione dei collegi (1).

I presidenti delle sezioni giurisdizionali del Consiglio di Stato, il presidente del Consiglio di giustizia amministrativa per la Regione siciliana e i presidenti dei tribunali amministrativi regionali ovvero, nel caso in cui il tribunale è suddiviso in sezioni, i presidenti delle sezioni staccate e interne, all'inizio di ogni anno, stabiliscono il calendario delle udienze, con l'indicazione dei magistrati chiamati a parteciparvi e, all'inizio di ogni trimestre, la composizione dei collegi giudicanti, in base ai criteri stabiliti dal Consiglio di presidenza della giustizia amministrativa.

(1) *Articolo sostituito dall'art. 2, comma 1, d.lgs. 14 settembre 2012, n. 160. Il testo dell'articolo era il seguente:* « Art. 9 (*Calendario delle udienze*). — 1. Il calendario delle udienze, con l'indicazione dei magistrati chiamati a parteciparvi, è fissato con cadenza annuale dai presidenti delle sezioni giurisdizionali del Consiglio di Stato, dal presidente del Consiglio di giustizia amministrativa per la Regione siciliana e dai presidenti dei tribunali amministrativi regionali e delle sezioni staccate e interne ».

10 Toghe e divise.

1. I magistrati amministrativi, il personale di segreteria e il personale ausiliario indossano nelle pubbliche udienze la toga o la divisa stabilita dal Consiglio di presidenza della giustizia amministrativa (1).

2. Gli avvocati vestono nelle pubbliche udienze la toga.

(1) *L'art. 34 d.P.R. 21 aprile 1973, n. 214, ora abrogato da coord. c.p.a.* (v. infra), *prevedeva che:* « (Toghe e divise) Le toghe dei magistrati amministrativi regionali e del personale di segreteria e le divise del personale ausiliario nelle pubbliche udienze sono quelle stabilite dalle norme vigenti per i magistrati e per il personale di segreteria ed ausiliario del Consiglio di Stato ».

11 Direzione dell'udienza.

1. L'udienza è diretta dal presidente del collegio (1).

2. Il segretario redige il verbale dell'udienza.

(1) *L'art. 58, primo comma, r.d. 17 agosto 1907, n. 642, ora abrogato da coord. c.p.a.* (v. infra), *prevedeva che:* « Il Presidente dirige le udienze e può limitare la discussione alle questioni fondamentali del ricorso. ».

12 Polizia dell'udienza (1).

1. Chi assiste all'udienza deve stare in silenzio, non può fare segni di approvazione o di disapprovazione o cagionare disturbo.

2. Il presidente del collegio, ove lo ritenga necessario per il regolare svolgimento dell'udienza, può chiedere l'intervento della forza pubblica.

3. Per le riprese audiovisive delle trattazioni dei ricorsi in pubblica udienza si applica l'articolo 147 delle norme di attuazione, di coordinamento e transitorie del codice di procedura penale.

(1) *L'art. 58 r.d. 17 agosto 1907, n. 642, ora abrogato da coord. c.p.a.* (v. infra), *prevedeva che:* « Il Presidente dirige le udienze e può limitare la discussione alle questioni fondamentali del ricorso. — Mantiene il buon ordine, e quanto prescrive dev'essere immediatamente eseguito. ».

L'art. 60 r.d. 17 agosto 1907, n. 642, ora abrogato da coord. c.p.a. (v. infra), *prevedeva che:* « Il Presidente, per gravi motivi di ordine pubblico, può richiedere l'intervento della forza pubblica. ».

TITOLO IV
Processo amministrativo telematico e criteri di redazione degli atti processuali (1)

(1) *Rubrica così sostituita dall'art. 7-bis, comma 1, lett.* b), *n. 1), d.l. 31 agosto 2016, n. 168, conv., con modif., in l. 25 ottobre 2016, n. 197. Il testo della rubrica era il seguente:* « Processo amministrativo telematico ».

13 Processo telematico.

1. Con decreto del Presidente del Consiglio di Stato, sentiti il Dipartimento della Presidenza del Consiglio dei ministri competente in materia di trasformazione digitale, il Consiglio nazionale forense, il Consiglio di presidenza della giustizia amministrativa e le associazioni specialistiche maggiormente rappresentative, che si esprimono nel termine perentorio di trenta giorni dalla trasmissione dello schema di decreto, sono stabilite, nei limiti delle risorse umane, strumentali e finanziarie disponibili a legislazione vigente, le regole

tecnico-operative per la sperimentazione e la graduale applicazione degli aggiornamenti del processo amministrativo telematico, anche relativamente ai procedimenti connessi attualmente non informatizzati, ivi incluso il procedimento per ricorso straordinario, nonché lo svolgimento da remoto di udienze, camere di consiglio e adunanze (1). Il decreto si applica a partire dalla data nello stesso indicata, comunque non anteriore al quinto giorno successivo a quello della sua pubblicazione nella Gazzetta Ufficiale della Repubblica italiana (2).

1-*bis*. In attuazione del criterio di graduale introduzione del processo telematico, a decorrere dalla data di entrata in vigore del decreto di cui al comma 1 e fino alla data del 30 novembre 2016 si procede alla sperimentazione delle nuove disposizioni presso i Tribunali amministrativi regionali ed il Consiglio di Stato. L'individuazione delle concrete modalità attuative della sperimentazione è demandata agli Organi della Giustizia Amministrativa nel rispetto di quanto previsto nel predetto decreto (3).

1-*ter*. Salvi i casi in cui è diversamente disposto, tutti gli adempimenti previsti dal codice e dalle norme di attuazione inerenti ai ricorsi depositati in primo o secondo grado dal 1° gennaio 2017 sono eseguiti con modalità telematiche, secondo quanto disciplinato nel decreto di cui al comma 1 (4).

1-*quater*. Sino al 31 dicembre 2017 i depositi dei ricorsi, degli scritti difensivi e della documentazione possono essere effettuati con PEC o, nei casi previsti, mediante upload attraverso il sito istituzionale, dai domiciliatari anche non iscritti all'Albo degli avvocati. Le comunicazioni di segreteria possono essere fatte alla PEC del domiciliatario (4).

(1) *Le parole* «, nonché lo svolgimento da remoto di udienze, camere di consiglio e adunanze » *sono state aggiunte dall'art. 17, comma 7, lett.* b), *n. 1 d.l. 9 giugno 2021, n. 80, conv., con modif., in l. 6 agosto 2021, n. 113.*

(2) *Comma così sostituito dall'art. 4, comma 2 d.l. 30 aprile 2020, n. 28, conv., con modif., in l. 25 giugno 2020, n. 70. Il testo del comma, come da ultimo modificato dall'art. 7, comma 2 d.l. 31 agosto 2016, n. 168, conv., con modif., in l. 25 ottobre 2016, n. 197, era il seguente:* « 1. Con decreto del Presidente del Consiglio dei Ministri, sentiti il Consiglio di presidenza della giustizia amministrativa e il DigitPA, sono stabilite, nei limiti delle risorse umane, strumentali e finanziarie disponibili a legislazione vigente, le regole tecnico-operative per la sperimentazione, la graduale applicazione, l'aggiornamento del processo amministrativo telematico, tenendo conto delle esigenze di flessibilità e di continuo adeguamento delle regole informatiche alle peculiarità del processo amministrativo, della sua organizzazione e alla tipologia di provvedimenti giurisdizionali. Al fine di garantire la tenuta del sistema e la perfetta ricezione dei depositi, il Segretario generale della giustizia amministrativa può stabilire, con proprio decreto, i limiti delle dimensioni del singolo file allegato al modulo di deposito effettuato mediante PEC o upload. In casi eccezionali, e se non è possibile effettuare più invii dello stesso scritto difensivo o documento, il presidente del tribunale o del Consiglio di Stato, il presidente della sezione se il ricorso è già incardinato o il collegio se la questione sorge in udienza possono autorizzare il deposito cartaceo »

Il Decreto del Presidente del Consiglio di Stato del 28 dicembre 2020, adottato in attuazione di tale disposizione, è riportato sub *VI, 43. V. anche l'art. 25, comma 1 d.l. 28 ottobre 2020, n. 137, conv., con modif., in l. 18 dicembre 2020, n. 176 (*sub *VI, 46), come da ultimo modificato dall'art. 6, comma 1, lett.* e) *d.l. 1° aprile 2021, n. 44, conv., con modif., in l. 28 maggio 2021, n. 76.*

(3) *Comma così sostituito, dall'art. 7, comma 2, lett.* d), *d.l. n. 168, cit., a decorrere dalla data di entrata in vigore della legge di conversione del suddetto decreto. Il testo del comma, come aggiunto dall'art. 2, comma 2, d.l. 30 dicembre 2015, n. 210, conv., con modif., in l. 25 febbraio 2016, n. 21 e, da ultimo, modificato dall'art. 1, comma 2, d.l. 30 giugno 2016, n. 117, conv., con modif., in l. 12 agosto 2016, n. 161, era il seguente:* « **In attuazione del criterio di graduale introduzione del processo telematico, a decorrere dalla data di entrata in vigore del decreto di cui al comma 1 e fino alla data del 31 dicembre 2016 si procede alla sperimentazione delle nuove disposizioni presso i Tribunali amministrativi regionali ed il Consiglio di Stato. L'individuazione delle concrete modalità attuative della sperimentazione è demandata agli Organi della Giustizia Amministrativa nel rispetto di quanto previsto nel predetto decreto** ».

(4) *Comma inserito, a decorrere dal 1° gennaio 2017, dall'art. 7, comma 2, lett.* d), *d.l. n. 168, cit., con le disposizioni di efficacia di cui* sub *nota 1.*

Per il deposito della copia cartacea vedi l'art. 7, comma 4, del d.l. n. 168/2016 (sub, VI, 44).

13-*bis* Misure transitorie per l'uniforme applicazione del processo amministrativo telematico (1).

1. Per un periodo di tre anni a decorrere dal 1° gennaio 2017, il collegio di primo grado cui è assegnato il ricorso, se rileva che il punto di diritto sottoposto al suo esame e vertente sull'interpretazione e sull'applicazione delle norme in tema di processo amministrativo telematico ha già dato luogo a significativi contrasti giurisprudenziali rispetto a decisioni di altri tribunali amministrativi regionali o del Consiglio di Stato, tali da incidere in modo rilevante sul diritto di difesa di una parte, con ordinanza emanata su richiesta di parte o d'ufficio e pubblicata in udienza, può sottoporre al presidente del Consiglio di Stato istanza di rimessione del ricorso all'esame dell'adunanza plenaria, contestualmente rinviando la trattazione del giudizio alla prima udienza successiva al sessantesimo giorno dall'udienza in cui è pubblicata l'ordinanza. [Il presidente del tribunale o della sezione staccata provvede entro venti giorni dalla richiesta; il silenzio equivale a rigetto.] Il presidente del Consiglio di Stato comunica l'accoglimento della richiesta entro trenta giorni dal ricevimento, e in tal caso nell'udienza davanti al tribunale il processo è sospeso fino all'esito della decisione dell'adunanza plenaria. La mancata risposta del presidente del Consiglio di Stato entro trenta giorni dal ricevimento della richiesta equivale a rigetto. L'adunanza plenaria è convocata per una data non successiva a tre mesi dalla richiesta e decide la sola questione di diritto relativa al processo amministrativo telematico.

(1) *Articolo inserito, a decorrere dal 1° gennaio 2017, dall'art. 7, comma 2, lett.* e), *d.l. 31 agosto 2016, n. 168, conv., con modif., in l. 25 ottobre 2016, n. 197. Ai sensi dell'art. 7, comma 3, d.l. n. 168, cit., tale modifica ha efficacia « con riguardo ai giudizi introdotti con i ricorsi depositati, in primo o in secondo grado, a far data dal 1° gennaio 2017; ai ricorsi depositati anteriormente a tale data, continuano ad applicarsi, fino all'esaurimento del grado di giudizio nel quale sono pendenti alla data stessa e comunque non oltre il 1° gennaio 2018, le norme vigenti alla data di entrata in vigore del [suddetto] decreto ».*

13-*ter* Criteri per la sinteticità e la chiarezza degli atti di parte (1).

1. Al fine di consentire lo spedito svolgimento del giudizio in coerenza con i principi di sinteticità e chiarezza di cui all'articolo 3, comma 2, del codice, le parti redigono il ricorso e gli altri atti difensivi secondo i criteri e nei limiti dimensionali stabiliti con decreto del presidente del Consiglio di Stato, da adottare entro il 31 di-

cembre 2016, sentiti il Consiglio di presidenza della giustizia amministrativa, il Consiglio nazionale forense e l'Avvocato generale dello Stato, nonché le associazioni di categoria degli avvocati amministrativisti.

2. Nella fissazione dei limiti dimensionali del ricorso e degli atti difensivi si tiene conto del valore effettivo della controversia, della sua natura tecnica e del valore dei diversi interessi sostanzialmente perseguiti dalle parti. Dai suddetti limiti sono escluse le intestazioni e le altre indicazioni formali dell'atto.

3. Con il decreto di cui al comma 1 sono stabiliti i casi per i quali, per specifiche ragioni, può essere consentito superare i relativi limiti.

4. Il Consiglio di presidenza della giustizia amministrativa, anche mediante audizione degli organi e delle associazioni di cui al comma 1, effettua un monitoraggio annuale al fine di verificare l'impatto e lo stato di attuazione del decreto di cui al comma 1 e di formulare eventuali proposte di modifica. Il decreto è soggetto ad aggiornamento con cadenza almeno biennale, con il medesimo procedimento di cui al comma 1.

5. Il giudice è tenuto a esaminare tutte le questioni trattate nelle pagine rientranti nei suddetti limiti. L'omesso esame delle questioni contenute nelle pagine successive al limite massimo non è motivo di impugnazione.

(1) *Articolo aggiunto dall'art. 7-*bis*, comma 1, lett.* b)*, n. 2), d.l. 31 agosto 2016, n. 168, conv., con modif., in l. 25 ottobre 2016, n. 197.*

13-*quater* (1) Trattazione da remoto.

1. Fermo quanto previsto dall' articolo 87, comma 4-*bis*, del codice, in tutti i casi di trattazione di cause da remoto la segreteria comunica, almeno tre giorni prima della trattazione, l'avviso dell'ora e delle modalità di collegamento. Si dà atto nel verbale dell'udienza delle modalità con cui si accerta l'identità dei soggetti partecipanti e della libera volontà delle parti, anche ai fini della disciplina sulla protezione dei dati personali. I verbali e le decisioni deliberate all'esito dell'udienza o della camera di consiglio si considerano, rispettivamente, formati ed assunte nel comune sede dell'ufficio giudiziario presso il quale è stato iscritto il ricorso trattato. Il luogo da cui si collegano i magistrati, gli avvocati, le parti che si difendano personalmente e il personale addetto è considerato aula di udienza a tutti gli effetti di legge. In alternativa alla partecipazione alla discussione da remoto, il difensore può chiedere il passaggio della causa in decisione fino alle ore 12 del terzo giorno antecedente a quello dell'udienza stessa; il difensore che deposita tale richiesta è considerato presente a ogni effetto. Ai magistrati che partecipano alla trattazione di cause da remoto non spetta alcun trattamento di missione né alcun rimborso di spese.

(1) *Articolo aggiunto dall'art. 17, comma 7, lett.* b)*, n. 2 d.l. 9 giugno 2021, n. 80, conv., con modif., in l. 6 agosto 2021, n. 113.*

TITOLO V
Spese di giustizia

14 Commissione per l'ammissione al patrocinio a spese dello Stato (1).

1. Presso il Consiglio di Stato, il Consiglio di giustizia amministrativa per la Regione siciliana e ogni tribunale amministrativo regionale e relative sezioni staccate è istituita una commissione per l'ammissione anticipata e provvisoria al patrocinio a spese dello Stato, composta da due magistrati amministrativi, designati dal presidente, il più anziano dei quali assume le funzioni di presidente della commissione, e da un avvocato, designato dal presidente dell'Ordine degli avvocati del capoluogo in cui ha sede l'organo. Per ciascun componente sono designati uno o più membri supplenti. Esercita le funzioni di segretario un funzionario di segreteria, nominato dal presidente. Al presidente e ai componenti non spetta nessun compenso né rimborso spese. I verbali e i provvedimenti della commissione sono sottoscritti con firma digitale del presidente e del segretario (2). Le sedute della commissione si tengono con strumenti di collegamento da remoto (2). Si dà atto nel verbale della seduta delle modalità con cui si accerta l'identità dei soggetti partecipanti e della loro libera volontà, anche ai fini della disciplina sulla protezione dei dati personali (2).

(1) *L'art. 1, comma 1308, l. 27 dicembre 2006, n. 296, ora abrogato da coord. c.p.a.* (v. infra)*, prevedeva che* « Presso il Consiglio di Stato, il Consiglio di giustizia amministrativa per la Regione siciliana e ogni organo giurisdizionale amministrativo di primo grado e sue sezioni staccate è istituita una commissione per il patrocinio a spese dello Stato, composta da due magistrati amministrativi, designati dal Presidente dell'organo giurisdizionale, il più anziano dei quali assume le funzioni di presidente della commissione, e da un avvocato, designato dal presidente dell'ordine degli avvocati del capoluogo in cui ha sede l'organo. Per ciascun componente sono designati uno o più membri supplenti. Esercita le funzioni di segretario un funzionario di segreteria dell'organo giurisdizionale, nominato dal presidente dell'organo stesso. Al presidente e ai componenti non spetta nessun compenso né rimborso spese ».

(2) *Periodo aggiunto dall'art. 17, comma 7, lett.* b)*, n. 3 d.l. 9 giugno 2021, n. 80, conv., con modif., in l. 6 agosto 2021, n. 113.*

15 Devoluzione del gettito delle sanzioni pecuniarie.

1. Il gettito delle sanzioni pecuniarie previste dal codice è versato al bilancio dello Stato, per essere riassegnato allo stato di previsione del Ministero dell'economia e delle finanze per le spese di cui all'articolo 1, comma 309, della legge 30 dicembre 2004, n. 311, e successive modificazioni.

16 Misure straordinarie per la riduzione dell'arretrato e per l'incentivazione della produttività.

1. Con decreto del Presidente del Consiglio dei Ministri, d'intesa con il Ministro dell'economia e delle finanze, su proposta del presidente del Consiglio di presidenza della giustizia amministrativa previa delibera dello stesso Consiglio, sono adottate, nei limiti dei fondi disponibili nel relativo bilancio ed effettivamente non utilizzati, misure straordinarie per la riduzione dell'arretrato e per l'incentivazione della produttività.

1-*bis*. In analogia a quanto stabilito al comma 1, nell'ambito dei progetti finalizzati all'abbattimento dell'arretrato inclusi nel Piano nazionale di ripresa e resilienza (PNRR) tali misure straordinarie nei confronti del personale amministrativo non dirigenziale della Giustizia amministrativa, ad eccezione di quello assunto ai sensi dell'articolo 11, comma 1, del decreto-legge 9 giugno 2021, n. 80, convertito, con modificazioni, dalla legge 6 agosto 2021, n. 113, sono adottate con decreto del Presidente del Consiglio di Stato, su proposta del Segretario generale della Giustizia amministrativa, tra i dipendenti che hanno concorso al raggiungimento dell'obiettivo del PNRR, secondo parametri indicati, all'inizio di ogni anno, dal Segretario generale della Giustizia amministrativa. Le misure di cui al presente comma trovano copertura mediante utilizzo delle risorse ancora disponibili nel bilancio della Giustizia amministrativa, tenuto conto di quanto previsto al comma 1 (1).

(1) *Comma inserito dall'art. 11-*bis*, d.l. 27 gennaio 2022, n. 4, conv., con modif., in l. 28 marzo 2022, n. 25.*

39. Norme transitorie (1).

(1) *Allegato 3 al d.lgs. 2 luglio 2010, n. 104*

TITOLO I
Definizione dei ricorsi pendenti da più di cinque anni alla data di entrata in vigore del codice del processo amministrativo

1 Nuova istanza di fissazione d'udienza.

1. Nel termine di centottanta giorni dalla data di entrata in vigore del codice, le parti presentano una nuova istanza di fissazione di udienza, sottoscritta dalla parte che ha rilasciato la procura di cui all'articolo 24 del codice e dal suo difensore, relativamente ai ricorsi pendenti da oltre cinque anni e per i quali non è stata ancora fissata l'udienza di discussione. In difetto, il ricorso è dichiarato perento con decreto del presidente.

2. Se tuttavia, nel termine di centottanta giorni dalla comunicazione del decreto, il ricorrente deposita un atto, sottoscritto dalla parte personalmente e dal difensore e notificato alle altre parti, in cui dichiara di avere ancora interesse alla trattazione della causa, il presidente revoca il decreto disponendo la reiscrizione della causa sul ruolo di merito.

3. Se, nella pendenza del termine di cui al comma 1, è comunicato alle parti l'avviso di fissazione dell'udienza di discussione, il giudice provvede ai sensi dell'articolo 82, comma 2, del codice.

TITOLO II
Ulteriori disposizioni transitorie

2 Ultrattività della disciplina previgente.

1. Per i termini che sono in corso alla data di entrata in vigore del codice continuano a trovare applicazione le norme previgenti.

3 Disposizione particolare per il giudizio di appello.

1. La disposizione di cui all'articolo 101, comma 2, del codice non si applica agli appelli depositati prima dell'entrata in vigore del codice medesimo.

40. Norme di coordinamento e abrogazioni (1).

(1) *Allegato 4 al d.lgs. 2 luglio 2010, n. 104.*

1 Norme di coordinamento e abrogazione in materia di elezioni dei membri del Parlamento europeo spettanti all'Italia.

1. Alla legge 24 gennaio 1979, n. 18, sono apportate le seguenti modificazioni:

a) l'articolo 42 è sostituito dal seguente:

« Art. 42. La tutela giurisdizionale contro gli atti di proclamazione degli eletti, per motivi inerenti alle operazioni elettorali successive all'emanazione del decreto di convocazione dei comizi, è disciplinata dalle disposizioni dettate dal codice del processo amministrativo. »;

b) sono abrogati gli articoli 43 e 46, secondo comma.

2 Norme di coordinamento e abrogazioni in materia di elezioni amministrative.

1. Al testo unico delle leggi per la composizione e la elezione degli organi delle Amministrazioni comunali, di cui al decreto del Presidente della Repubblica 16 maggio 1960, n. 570, sono apportate le seguenti modificazioni:

a) l'articolo 83 è sostituito dal seguente:

« Art. 83. La tutela in materia di operazioni per l'elezione dei consiglieri comunali, successive all'emanazione del decreto di convocazione dei comizi, è disciplinata dalle disposizioni dettate dal codice del processo amministrativo. »;

b) sono abrogati gli articoli: 83/2; 83/3; 83/4; 83/5; 83/6, 83/7; 83/8; 83/9; 83/10; 83/11; 83/12;

c) all'articolo 84, primo comma, le parole: « , la

Sezione per il contenzioso elettorale, il Consiglio di Stato » sono soppresse.

2. Alla legge 5 agosto 1962, n. 1257, sono apportate le seguenti modificazioni:

a) all'articolo 21, primo comma, le parole: « sia in materia di eleggibilità sia in materia di operazioni elettorali » sono sostituite dalle seguenti: « in materia di eleggibilità »;

b) l'articolo 23 è sostituito dal seguente:

« Art. 23. Ricorso giurisdizionale in materia di operazioni elettorali. La tutela in materia di operazioni per l'elezione dei consiglieri comunali, successive all'emanazione del decreto di convocazione dei comizi, è disciplinata dalle disposizioni dettate dal codice del processo amministrativo. »;

c) all'articolo 24, nella rubrica, le parole: « Consiglio regionale, della Corte di appello e del Consiglio di Stato » sono sostituite dalle seguenti: « Consiglio regionale e della Corte di appello » e, al primo comma, le parole: « Consiglio regionale, la Corte d'appello di Torino ed il Consiglio di Stato » sono sostituite dalle seguenti: « Consiglio regionale e la Corte d'appello di Torino »;

d) all'articolo 30 sono apportate le seguenti modificazioni:

1) al primo comma le parole: « al Consiglio di Stato » sono sostituite dalle seguenti: « alla Corte di appello di Torino » e le parole: « , giudicando in sede di giurisdizione esclusiva » sono soppresse;

2) al secondo comma le parole: « al Consiglio di Stato » sono sostituite dalle seguenti: « alla Corte di appello di Torino »;

e) all'articolo 31, primo comma, le parole: « il Consiglio regionale, la Corte d'appello di Torino ed il Consiglio di Stato » sono sostituite dalle seguenti: « il Consiglio regionale e la Corte d'appello di Torino »;

f) all'articolo 33, terzo comma, le parole: « al Consiglio di Stato ed » sono soppresse.

3. Alla legge 23 dicembre 1966, n. 1147, sono apportate le seguenti modificazioni:

a) all'articolo 3, primo comma, le parole: « , sia davanti agli organi di giurisdizione ordinaria, sia davanti agli organi di giurisdizione amministrativa, » sono sostituite dalle seguenti: « davanti agli organi di giurisdizione ordinaria »;

b) all'articolo 7:

1) al comma 2 le parole: « sia per quanto riguarda la materia relativa alle operazioni per l'elezione, sia » sono soppresse;

2) dopo il secondo comma è inserito il seguente: « La tutela contro le operazioni per l'elezione dei consiglieri provinciali, successive all'emanazione del decreto di convocazione dei comizi, è disciplinata dalle disposizioni dettate dal codice del processo amministrativo. ».

c) sono abrogati gli articoli: 2 e 8.

4. Alla legge 17 febbraio 1968, n. 108, sono apportate le seguenti modificazioni:

a) all'articolo 19 il primo comma è sostituito dal seguente: « Per i ricorsi in materia di eleggibilità e decadenza si osservano le norme di cui agli articoli 1, 3, 4 e 5 della legge 23 dicembre 1966, n. 1147. »;

b) all'articolo 19, dopo il terzo comma è aggiunto il seguente:

« La tutela in materia di operazioni per l'elezione dei consiglieri regionali, successive all'emanazione del decreto di convocazione dei comizi, è disciplinata dalle disposizioni dettate dal codice del processo amministrativo. ».

5. Agli articoli 31, primo comma, e 34, primo comma, del decreto del Presidente della Repubblica 16 maggio 1960, n. 570, nonché all'articolo 17, primo comma, n. 1), della legge 8 marzo 1951, n. 122, e all'articolo 11, primo comma, n. 4), della legge 17 febbraio 1968, n. 108, le parole: « il quindicesimo giorno » sono sostituite dalle seguenti: « l'ottavo giorno ».

3 Ulteriori norme di coordinamento.

1. L'articolo 17, secondo comma, della legge 24 marzo 1958, n. 195, è sostituito dal seguente:

« La tutela giurisdizionale davanti al giudice amministrativo è disciplinata dal codice del processo amministrativo. ».

2. Alla legge 7 agosto 1990, n. 241, sono apportate le seguenti modificazioni:

a) l'articolo 2, comma 8, è sostituito dal seguente:

« 8. La tutela in materia di silenzio dell'amministrazione è disciplinata dal codice del processo amministrativo. »;

b) l'articolo 15, comma 2, le parole: « commi 2, 3 e 5 » sono sostituite dalle seguenti: « commi 2 e 3 »;

c) l'articolo 25, comma 5, è sostituito dal seguente:

« 5. Le controversie relative all'accesso ai documenti amministrativi sono disciplinate dal codice del processo amministrativo. ».

3. L'articolo 33, comma 1, della legge 10 ottobre 1990, n. 287, è sostituito dal seguente:

« 1. La tutela giurisdizionale davanti al giudice amministrativo è disciplinata dal codice del processo amministrativo. ».

4. L'articolo 10, comma 2-*quinquies*, del decreto-legge 15 gennaio 1991, n. 8, convertito, con modificazioni, dalla legge 15 marzo 1991, n. 82, è sostituito dal seguente:

« 2-*quinquies*. La tutela avverso i provvedimenti della commissione centrale con cui vengono applicate, modificate o revocate le speciali misure di protezione anche se di tipo urgente o provvisorio a norma dell'articolo 13, comma 1, è disciplinata dal codice del processo amministrativo. ».

5. All'articolo 5 della legge 24 febbraio 1992, n. 225, dopo il comma 6 è aggiunto il seguente:

« 6-*bis*. La tutela giurisdizionale davanti al giudice amministrativo avverso le ordinanze adottate in tutte le situazioni di emergenza dichiarate ai sensi del comma 1 e avverso i consequenziali provvedimenti commissariali è disciplinata dal codice del processo amministrativo. ».

5-*bis*. All'articolo 145-*bis* del decreto legislativo 1° settembre 1993, n. 385, sono apportate le seguenti modificazioni:

a) il comma 2 è sostituito dal seguente: « 2. La tutela giurisdizionale davanti al giudice amministrativo è disciplinata dal codice del processo amministrativo. »;

b) il comma 4 è sostituito dal seguente: « 4. Copia della sentenza del tribunale amministrativo regionale è trasmessa, a cura delle parti, all'Organismo ai fini della pubblicazione, per estratto. » (1).

6. L'articolo 2, comma 25, della legge 14 novembre 1995, n. 481, è sostituito dal seguente:

« 25. La tutela giurisdizionale davanti al giudice amministrativo è disciplinata dal codice del processo amministrativo. ».

7. L'articolo 13, comma 11, del testo unico delle disposizioni concernenti la disciplina dell'immigrazione e norme sulla condizione dello straniero, di cui al decreto legislativo 25 luglio 1998, n. 286, è sostituito dal seguente:

« 11. Contro il decreto ministeriale di cui al comma 1 la tutela giurisdizionale davanti al giudice amministrativo è disciplinata dal codice del processo amministrativo. ».

8. L'articolo 1, comma 26, della legge 31 luglio 1997, n. 249, è sostituito dal seguente: « 26. La tutela giurisdizionale davanti al giudice amministrativo è disciplinata dal codice del processo amministrativo. ».

9. Al decreto legislativo (2) 8 giugno 2001, n. 325, l'articolo 53 è sostituito dal seguente:

« Art. 53 (L). Disposizioni processuali.

1. La tutela giurisdizionale davanti al giudice amministrativo è disciplinata dal codice del processo amministrativo. (L).

2. Resta ferma la giurisdizione del giudice ordinario per le controversie riguardanti la determinazione e la corresponsione delle indennità in conseguenza dell'adozione di atti di natura espropriativa o ablativa. (L) ».

10. Al decreto del Presidente della Repubblica 8 giugno 2001, n. 327, l'articolo 53 è sostituito dal seguente:

« Art. 53 (L). Disposizioni processuali.

1. La tutela giurisdizionale davanti al giudice amministrativo è disciplinata dal codice del processo amministrativo (L).

2. Resta ferma la giurisdizione del giudice ordinario per le controversie riguardanti la determinazione e la corresponsione delle indennità in conseguenza dell'adozione di atti di natura espropriativa o ablativa (L). ».

11. All'articolo 13, comma 6-*bis*, del testo unico delle disposizioni legislative e regolamentari in materia di spese e di giustizia, di cui al decreto del Presidente della Repubblica 30 maggio 2002, n. 115, le parole: « per i ricorsi previsti dall'articolo 23-*bis*, comma 1, della legge 6 dicembre 1971, n. 1034, nonché da altre disposizioni che richiamano il citato articolo 23-*bis*, il contributo dovuto è di euro 1.000; per i ricorsi » sono sostituite dalle seguenti: « per i ricorsi cui si applica il rito abbreviato comune a determinate materie previsto dal Libro IV, Titolo V, Capo I del codice del processo amministrativo, nonché da altre disposizioni che richiamino il citato rito, il contributo dovuto è di euro 1.000; per i ricorsi » e alla fine del comma è aggiunto il seguente periodo: « Per ricorsi si intendono quello principale, quello incidentale e i motivi aggiunti che introducono domande nuove. ».

12. L'articolo 9 del decreto legislativo 1 agosto 2003, n. 259, è sostituito dal seguente:

« Art. 9. Ricorsi avverso provvedimenti del Ministero e dell'Autorità.

1. La tutela giurisdizionale davanti al giudice amministrativo è disciplinata dal codice del processo amministrativo. ».

13. Nell'articolo 3, comma 1, del decreto-legge 19 agosto 2003, n. 220, convertito, con modificazioni, dalla legge 17 ottobre 2003, n. 280, le parole: « è devoluta alla giurisdizione esclusiva del giudice amministrativo » sono sostituite dalle seguenti: « è disciplinata dal codice del processo amministrativo ».

14. L'articolo 81 del decreto legislativo 30 dicembre 2003, n. 396, è sostituito dal seguente:

« Art. 81. Tutela giurisdizionale.

1. La tutela giurisdizionale davanti al giudice amministrativo è disciplinata dal codice del processo amministrativo. (L) ».

15. L'articolo 81 del decreto del Presidente della Repubblica 30 dicembre 2003, n. 398, è sostituito dal seguente:

« Art. 81 (L) Tutela giurisdizionale.

1. La tutela giurisdizionale davanti al giudice amministrativo è disciplinata dal codice del processo amministrativo. (L). ».

16. L'articolo 142, comma 5, del decreto legislativo 10 febbraio 2005, n. 30, è sostituito dal seguente:

« 5. La tutela giurisdizionale davanti al giudice amministrativo è disciplinata dal codice del processo amministrativo. ».

17. L'articolo 3, comma 1-*ter*, del decreto legislativo 7 marzo 2005, n. 82, è così sostituito:

« 1-*ter*. La tutela giurisdizionale davanti al giudice amministrativo è disciplinata dal codice del processo amministrativo. ».

17-*bis*. L'articolo 140, comma 11, del decreto legislativo 6 settembre 2005, n. 206 è così sostituito: « 11. Resta ferma la giurisdizione esclusiva del giudice amministrativo in materia di servizi pubblici ai sensi dell'articolo 133, comma 1, lettera *c*) del codice del processo amministrativo » (1).

18. L'articolo 326, comma 7, del decreto legislativo 7 settembre 2005, n. 209, è sostituito dal seguente:

« 7. La tutela giurisdizionale davanti al giudice amministrativo è disciplinata dal codice del processo amministrativo. I ricorsi sono notificati anche all'ISVAP, che provvede alla difesa in giudizio con propri legali. ».

19. Nel decreto legislativo 12 aprile 2006, n. 163, sono apportate le seguenti modificazioni:

a) all'articolo 11, comma 10-*ter*, le parole: « dell'articolo 245, comma 2-*quater*, primo periodo » sono sostituite dalle seguenti: « dell'articolo 14, comma 3 (3), del codice del processo amministrativo »;

b) l'articolo 243-*bis*, comma 6, è così sostituito: « 6. Il diniego totale o parziale di autotutela, espresso o tacito, è impugnabile solo unitamente all'atto cui si riferisce, ovvero, se quest'ultimo è già stato impugnato, con motivi aggiunti. »;

c) l'articolo 244 è sostituito dal seguente:

« Art. 244. Giurisdizione.

1. Il codice del processo amministrativo individua le controversie devolute alla giurisdizione esclusiva del

giudice amministrativo in materia di contratti pubblici. »;

d) l'articolo 245 è sostituito dal seguente:

« Art. 245. Strumenti di tutela.

1. La tutela giurisdizionale davanti al giudice amministrativo è disciplinata dal codice del processo amministrativo. »;

e) l'articolo 245-*bis* è sostituito dal seguente:

« Art. 245-*bis*. Inefficacia del contratto in caso di gravi violazioni.

1. L'inefficacia del contratto nei casi di gravi violazioni è disciplinata dal codice del processo amministrativo. »;

f) l'articolo 245-*ter* è sostituito dal seguente:

« Art. 245-*ter*. Inefficacia dei contratti negli altri casi.

1. L'inefficacia del contratto nei casi diversi da quelli previsti dall'articolo 245-*bis* è disciplinata dal codice del processo amministrativo. »;

g) l'articolo 245-*quater* è sostituito dal seguente:

« Art. 245-*quater*. Sanzioni alternative.

1. Le sanzioni alternative applicate dal giudice amministrativo alternativamente o cumulativamente sono disciplinate dal codice del processo amministrativo. »;

h) l'articolo 245-*quinquies* è sostituito dal seguente:

« Art. 245-*quinquies*. Tutela in forma specifica e per equivalente.

1. La tutela in forma specifica e per equivalente è disciplinata dal codice del processo amministrativo. »;

i) l'articolo 246 è sostituito dal seguente:

« Art. 246. Norme processuali ulteriori per le controversie relative a infrastrutture e insediamenti produttivi.

1. La tutela giurisdizionale davanti al giudice amministrativo nelle controversie relative a infrastrutture e insediamenti produttivi è disciplinata dal codice del processo amministrativo. ».

19-*bis*. Al decreto legislativo 25 luglio 2006, n. 198 (4), sono apportate le seguenti modificazioni:

a) all'articolo 37, comma 4, secondo periodo, le parole « Il giudice adito » sono sostituite dalle seguenti: « Il Tribunale in funzione di giudice del lavoro adito »;

b) all'articolo 37, comma 4, sono aggiunte, in fine, le seguenti parole: « La tutela davanti al giudice amministrativo è disciplinata dall'articolo 119 del codice del processo amministrativo. »;

c) all'articolo 37, comma 5, le parole « sentenza di cui al comma 3 » sono sostituite dalle seguenti: « sentenza di cui al comma 3 e al comma 4 »;

d) all'articolo 38, comma 1, le parole « o il tribunale amministrativo regionale competente, » sono soppresse;

e) all'articolo 38, il comma 5 è sostituito dal seguente: « 5. La tutela davanti al giudice amministrativo è disciplinata dall'articolo 119 del codice del processo amministrativo. » (1).

20. L'articolo 22, comma 1, del decreto legislativo 6 febbraio 2007, n. 30, è sostituito dal seguente: « 1. Avverso i provvedimenti di allontanamento per motivi di sicurezza dello Stato o per motivi di ordine pubblico di cui all'articolo 20, comma 1, la tutela giurisdizionale davanti al giudice amministrativo è disciplinata dal codice del processo amministrativo. ».

21. L'articolo 14, comma 1, del decreto legislativo 22 giugno 2007, n. 109, è sostituito dal seguente:

« 1. Avverso i provvedimenti previsti dal presente decreto la tutela giurisdizionale davanti al giudice amministrativo è disciplinata dal codice del processo amministrativo. ».

22. L'articolo 22 della legge 3 agosto 2007, n. 124, è sostituito dal seguente:

« Art. 22. Tutela giurisdizionale.

1. La tutela giurisdizionale davanti al giudice amministrativo, avente ad oggetto controversie relative al rapporto di lavoro, è disciplinata dal codice del processo amministrativo. ».

23. All'articolo 54, comma 2, del decreto-legge 25 giugno 2008, n. 112, convertito, con modificazioni, dalla legge 6 agosto 2008, n. 133, le parole: « un'istanza ai sensi del secondo comma dell'articolo 51 del regio decreto 17 agosto 1907, n. 642 » sono sostituite dalle seguenti:

« l'istanza di prelievo di cui all'articolo 71, comma 2 (5), del codice del processo amministrativo, né con riguardo al periodo anteriore alla sua presentazione. ».

24. L'articolo 9, comma 1, decreto-legge 4 febbraio 2010, n. 4, convertito, con modificazioni, dalla legge 31 marzo 2010, n. 50, è sostituito dal seguente:

« 1. Avverso i provvedimenti previsti dal presente decreto la tutela giurisdizionale davanti al giudice amministrativo è disciplinata dal codice del processo amministrativo. ».

25. Al decreto legislativo 15 marzo (6) 2010, n. 66, sono apportate le seguenti modificazioni:

a) l'articolo 441 è così sostituito: « Art. 441. Tutela giurisdizionale.

1. La cognizione delle controversie in ordine ai requisiti di cui al presente Capo è devoluta al giudice ordinario per quanto attiene alla liquidazione delle indennità; la tutela davanti al giudice amministrativo è disciplinata dal codice del processo amministrativo. »;

b) l'articolo 1940, comma 2 è sostituito dal seguente: « 2. Avverso i provvedimenti in materia di leva e contro quelli di decisione dei ricorsi gerarchici di cui al comma 1 la tutela giurisdizionale davanti al giudice amministrativo è disciplinata dal codice del processo amministrativo ».

25-*bis*. Il comma 26-*bis* dell'art. 10 del decreto-legge 13 maggio 2011, n. 70, convertito, con modificazioni, dalla legge 12 luglio 2011, n. 106 è sostituito dal seguente: « 26-*bis*. La tutela avverso i provvedimenti dell'Agenzia è disciplinata dal codice del processo amministrativo. » (7).

25-*ter*. L'articolo 114, comma 1, del decreto legislativo 6 settembre 2011, n. 159, è sostituito dal seguente: « 1. Per tutte le controversie attribuite alla cognizione del giudice amministrativo derivanti dall'applicazione del presente titolo, la competenza è determinata ai sensi dell'articolo 135, comma 1, lettera *p*), del codice del processo amministrativo. » (1).

25-*quater*. All'articolo 3, comma 2, del decreto legislativo 6 settembre 2011, n. 149, le parole « Il giudizio sulla relativa impugnazione è devoluto alla giurisdizione esclusiva del giudice amministrativo » sono sostituite dalle seguenti: « Alle relative controversie si applica l'articolo 133 del codice del processo amministrativo. » (1).

(1) *Comma aggiunto dall'art. 1, comma 3, lett.* a), *d.ls. 15 novembre 2011, n. 195.*

(2) *La parola* « legislativo » *è stata sostituita alle parole* « del Presidente della Repubblica » *dall'art. 1, comma 3, lett.* a) *d.ls. n. 195, cit.*

(3) *Le parole* « comma 3 » *sono state sostituite alle parole* « comma 4 » *dall'art. 1, comma 3, lett.* a), *d.ls. n. 195, cit.*

(4) Rectius: « 11 aprile 2006, n. 198 ».

(5) *Le parole* « 71, comma 2 » *sono state sostituite alle parole* « 81, comma 1 » *dall'art. 1, comma 3, lett.* a), *d.ls. n. 195, cit.*

(6) *Le parole* « 15 marzo » *sono state sostituite alle parole* « 16 marzo » *dall'art. 1, comma 3, lett.* a), *d.ls. n. 195, cit.*

(7) *Comma aggiunto dall'art. 1, comma 3, lett.* a), *d.ls. n. 195, cit., come corretto con Avviso di rettifica in G.U. 2 dicembre 2011, n. 281.*

4 Ulteriori abrogazioni.

1. A decorrere dall'entrata in vigore del presente decreto legislativo sono o restano abrogati i seguenti atti normativi:

1) regio decreto 17 agosto 1907, n. 638 (1);

2) regio decreto 17 agosto 1907, n. 642 (2);

3) regio decreto 30 dicembre 1923, n. 2840;

4) regio decreto 26 giugno 1924, n. 1054: articoli da 1 a 4 compresi; da 6 a 10 compresi; da 26 a 32 compresi; 33, secondo comma; da 34 a 47; da 49 a 56 compresi (3);

5) regio decreto 26 giugno 1924, n. 1058 (4);

6) regio decreto 8 gennaio 1931, n. 148: articolo 58, secondo comma (5);

6-*bis*) regio decreto 21 aprile 1942, n. 444: articoli da 71 a 74 (6);

7) decreto legislativo 5 maggio 1948, n. 642 (7);

8) legge 21 dicembre 1950, n. 1018: articoli 5; 6; 9; 10 (8);

9) legge 21 novembre 1967, n. 1185: articolo 11 (9);

10) legge 6 dicembre 1971, n. 1034: articoli da 2 a 8 compresi; 10; da 19 a 39 compresi; 40, primo comma; da 42 a 52 compresi (10);

11) decreto del Presidente della Repubblica 21 aprile 1973, n. 214: articoli 3; 4; 5; 12; 13; da 23 a 27 compresi (11); 30; 34; da 37 a 40 compresi;

11-*bis*) legge 27 maggio 1975, n. 166: articolo 8 (6);

11-*ter*) legge 7 giugno 1975, n. 227: articolo 9 (6);

11-*quater*) legge 8 agosto 1977, n. 546: articolo 4, comma 11 (6);

12) legge 20 marzo 1980, n. 75: articolo 6 (12);

13) legge 27 aprile (13) 1982, n. 186: articoli 1, quarto comma, dalle parole: « le sezioni giurisdizionali » fino alla fine; 5; 55 (14);

14) legge 7 agosto 1990, n. 241: articoli 2-*bis*, comma 2; 11, comma 5; 19, comma 5; 20, comma 5-*bis;* (15) 21-*quinquies*, comma 1, ultimo periodo; 21-*septies*, comma 2; 25, commi 5-*bis* e 6 (16);

15) decreto legge 15 gennaio 1991, n. 8, convertito, con modificazioni, dalla legge 15 marzo 1991, n. 82: articolo 10, commi 2-*sexies*, 2-*septies*, 2-*octies* (17);

16) legge 11 agosto 1991, n. 266: articolo 6, comma 5 (18);

17) decreto legislativo 1° settembre 1993, n. 385: articolo 145, commi da 4 a 8; articolo 145-*bis*, comma 3 (19) (20);

18) (21) (22);

19) [decreto legislativo 24 febbraio 1998, n. 58: articoli 187-*septies*, commi da 4 a 8; 195, commi da 4 a 8] (23);

20) decreto legislativo 31 marzo 1998, n. 80: articoli 33, 34 e 35 (24);

21) legge 4 maggio 1998, n. 133: articolo 4, comma 3 (25);

22) legge 22 febbraio 2000, n. 28: articoli 10, comma 10; 11-*quinquies*, comma 4 (26);

23) legge 21 luglio 2000, n. 205: articoli 1; 2; 3, commi 1, 2, 3; 4; 6, comma 2; 7; 8; 11; 12; 16 (27) (28);

24) legge 7 dicembre 2000, n. 383: articolo 10, comma 2 (29);

25) decreto legislativo 6 giugno 2001, n. 378: articolo 45, comma 2 (30);

26) decreto del Presidente della Repubblica 6 giugno 2001, n. 380: articolo 45, comma 2;

27) decreto legislativo 8 luglio 2003, n. 188: articolo 37, comma 7 (31);

28) decreto legislativo 1° agosto 2003, n. 259: articolo 92, comma 9 (32);

29) decreto-legge 19 agosto 2003, n. 220, convertito, con modificazioni, dalla legge 17 ottobre 2003, n. 280: articolo 3, commi 2, 3 e 4 (33);

30) legge 30 dicembre 2004, n. 311: articolo 1, comma 552 (34);

31) decreto-legge 26 aprile 2005, n. 63, convertito, con modificazioni, dalla legge 25 giugno 2005, n. 109: articolo 2-*sexies*, comma 1 (35);

32) decreto-legge 27 luglio 2005, n. 144, convertito, con modificazioni, dalla legge 31 luglio 2005, n. 155: articolo 3, comma 4-*bis* (36);

33) decreto legislativo 6 settembre 2005, n. 206: articolo 27, comma 13, primo periodo (37);

34) decreto legge 30 novembre 2005, n. 245, convertito, con modificazioni, dalla legge 27 gennaio 2006, n. 21: articolo 3, commi 2-*bis*, 2-*ter* e 2-*quater* (38);

35) legge 28 dicembre 2005, n. 262: articolo 24, commi 5 e 6 (39);

36) decreto legislativo 3 aprile 2006, n. 152: articoli 310, comma 2, limitatamente alle parole: « , in sede di giurisdizione esclusiva, »; 316, comma 1, limitatamente alle parole: « , in sede di giurisdizione esclusiva, » (40);

36-*bis*) decreto legislativo 12 aprile 2006, n. 163: articolo 246-*bis* (6);

37) legge 27 dicembre 2006, n. 296; articolo 1, comma 1308 (41);

38) decreto legislativo 2 agosto 2007, n. 145: articolo 8, comma 13, primo periodo (42);

39) decreto-legge 23 maggio 2008, n. 90, convertito, con modificazioni, dalla legge 14 luglio 2008, n. 123: articolo 4 (43);

40) decreto-legge 25 giugno 2008, n. 112, convertito, con modificazioni, dalla legge 6 agosto 2008, n. 133: articolo 54, comma 3, lettere *c*) e *d*) (44);

41) decreto-legge 29 novembre 2008, n. 185, convertito, con modificazioni, dalla legge 28 gennaio 2009, n. 2: articolo 20, comma 8, fermo quanto previsto dall'articolo 15, comma 4, del decreto legislativo 20 marzo 2010, n. 53 (45);

42) legge 18 giugno 2009, n. 69: articolo 46, comma 24, limitatamente alle parole: « amministrativi e » (46);

43) legge 23 luglio 2009, n. 99: articoli 41; 53, comma 2 (47).

(1) *R.d. 17 agosto 1907, n. 638, Testo unico delle leggi sul Consiglio di Stato.*

(2) *R.d. 17 agosto 1907, n. 642, Regolamento per la procedura dinanzi alle sezioni giurisdizionali del Consiglio di Stato.*

(3) *R.d. 26 giugno 1924, n. 1054, Approvazione del testo unico delle leggi sul Consiglio di Stato.*

(4) *R.d. 26 giugno 1924, n. 1058, Approvazione del testo unico delle leggi sulla Giunta provinciale amministrativa in sede giurisdizionale.*

(5) *Art. 58, secondo comma, r.d. 8 gennaio 1931 n. 148, Coordinamento delle norme sulla disciplina giuridica dei rapporti collettivi del lavoro con quelle sul trattamento giuridico-economico del personale delle ferrovie, tranvie e linee di navigazione interna in regime di concessione:* « Contro le decisioni del Consiglio di disciplina è ammesso ricorso al Consiglio di Stato in sede giurisdizionale per i motivi indicati all'art. 26 del testo unico 26 giugno 1924, n. 1045 ».

(6) *Numero aggiunto dall'art. 1, comma 3, lett.* b), *d.ls. 15 novembre 2011, n. 195.*

(7) *D.ls. 5 maggio 1948, n. 642, Provvedimenti per accelerare i giudizi presso le sezioni giurisdizionali del Consiglio di Stato.*

(8) *L. 21 dicembre 1950, n. 1018, Modificazioni al testo unico delle leggi sul Consiglio di Stato.*

(9) *L. 21 novembre 1967, n. 1185, Norme sui passaporti:* « Art. 11. — Sui ricorsi contro i provvedimenti definitivi in materia di passaporti ha giurisdizione esclusiva il Consiglio di Stato, che decide pronunciandosi anche in merito. — La decisione del Consiglio di Stato deve essere eseguita dall'amministrazione entro quindici giorni dalla comunicazione della decisione stessa ».

(10) *L. 6 dicembre 1971, n. 1034, Istituzione dei tribunali amministrativi regionali.*

(11) *Le parole* « da 23 a 27 compresi; » *sono state inserite dall'art. 1, comma 3, lett.* b), *d.ls. n. 195, cit.*

(12) *L. 20 marzo 1980, n. 75, Trattamento economico del personale civile e militare dello Stato:* « Art. 6. (*Competenza dei tribunali amministrativi regionali*). — Le controversie in materia di indennità di buonuscita e di indennità di cessazione del rapporto d'impiego relative al personale dello Stato e delle aziende autonome appartengono alla giurisdizione esclusiva dei tribunali amministrativi regionali; è abrogata ogni diversa disposizione. — I giudizi pendenti alla data di entrata in vigore della presente legge ed aventi ad oggetto la riliquidazione dell'indennità di buonuscita con l'inclusione della tredicesima mensilità, di cui al precedente articolo 3 sono dichiarati estinti d'ufficio con compensazione delle spese fra le parti. I provvedimenti giudiziali non ancora passati in giudicato restano privi di effetti. — Nelle ipotesi regolate dal precedente articolo 3 i ricorsi in materia di riliquidazione della indennità di buonuscita sono proponibili avverso i provvedimenti adottati dalle competenti gestioni previdenziali sulle domande degli interessati. — Alle sentenze passate in giudicato alla data di cui al secondo comma e recanti condanna all'integrazione della indennità di buonuscita già corrisposta senza computare la tredicesima mensilità, gli enti previdenziali daranno esecuzione d'ufficio entro il termine di un anno dalla data di entrata in vigore della presente legge, osservando per il recupero della quota di contributo previdenziale obbligatorio a carico del personale le disposizioni di cui al precedente articolo 4 ».

(13) *La parola* « aprile » *è stata sostituita alla parola* « febbraio » *dall'art. 1, comma 3, lett.* b), *d.ls. n. 195, cit.*

(14) *L. 27 aprile 1982 n. 186, Ordinamento della giurisdizione amministrativa e del personale di segreteria ed ausiliario del Consiglio di Stato e dei tribunali amministrativi regionali:*

« Art. 1. [quarto comma] — Per le sezioni consultive del Consiglio di Stato le deliberazioni sono valide se adottate con la presenza di almeno quattro consiglieri; le sezioni giurisdizionali del Consiglio di Stato pronunciano con l'intervento di uno dei presidenti e di quattro consiglieri »;

« Art. 5. (*Adunanza plenaria*). — L'adunanza plenaria è presieduta dal presidente del Consiglio di Stato ed è composta da dodici magistrati del Consiglio di Stato scelti dal Presidente del Consiglio di Stato, sentito il Consiglio di Presidenza. — Con le medesime modalità sono designati i membri supplenti. — In caso di assenza e di impedimento, il presidente del Consiglio di Stato è sostituito dal presidente di sezione giurisdizionale più anziano nella qualifica; gli altri componenti dell'adunanza plenaria, in caso di assenza o di impedimento, sono sostituiti dal magistrato più anziano nella qualifica della rispettiva sezione ».

« Art. 55. (Sottoscrizione e pubblicazione delle sentenze). — Le sentenze del Consiglio di Stato e dei tribunali amministrativi regionali sono sottoscritte dal Presidente e dall'estensore.

La sentenza è resa pubblica mediante deposito nella segreteria. Il segretario dà atto del deposito in calce alla sentenza, vi appone la data e la firma ed entro 5 giorni ne dà comunicazione alle parti costituite. — Le sentenze debbono essere redatte non oltre il 45° giorno da quello della decisione della causa ».

(15) *Le parole* « 20, comma 5-*bis*; » *sono state inserite dall'art. 1, comma 3, lett.* b), *d.ls. n. 195, cit.*

(16) *L. 7 agosto 1990, n. 241:*

« Art. 2-*bis*. — (*Conseguenze per il ritardo dell'amministrazione nella conclusione del procedimento*). — [...] 2. Le controversie relative all'applicazione del presente articolo sono attribuite alla giurisdizione esclusiva del giudice amministrativo. Il diritto al risarcimento del danno si prescrive in cinque anni ».

« Art. 11 (*Accordi integrativi o sostitutivi del provvedimento*). — [...] 5. Le controversie in materia di formazione, conclusione ed esecuzione degli accordi di cui al presente articolo sono riservate alla giurisdizione esclusiva del giudice amministrativo ».

« Art. 19 (Dichiarazione di inizio attività). — [...] 5. Ogni controversia relativa all'applicazione dei commi 1, 2 e 3 è devoluta alla giurisdizione esclusiva del giudice amministrativo. Il relativo ricorso giurisdizionale, esperibile da qualunque interessato nei termini di legge, può riguardare anche gli atti di assenso formati in virtù delle norme sul silenzio assenso previste dall'articolo 20. [...] ».

« Art. 21-*quinquies*. (*Revoca del provvedimento*). — 1. Per sopravvenuti motivi di pubblico interesse ovvero nel caso di mutamento della situazione di fatto o di nuova valutazione dell'interesse pubblico originario, il provvedimento amministrativo ad efficacia durevole può essere revocato da parte dell'organo che lo ha emanato ovvero da altro organo previsto dalla legge. La revoca determina la inidoneità del provvedimento revocato a produrre ulteriori effetti. Se la revoca comporta pregiudizi in danno dei soggetti direttamente interessati, l'amministrazione ha l'obbligo di provvedere al loro indennizzo. Le controversie in materia di determinazione e corresponsione dell'indennizzo sono attribuite alla giurisdizione esclusiva del giudice amministrativo. [...] ».

« Art. 21-*septies*. (*Nullità del provvedimento*). — [...] 2. Le questioni inerenti alla nullità dei provvedimenti amministrativi in violazione o elusione del giudicato sono attribuite alla giurisdizione esclusiva del giudice amministrativo ».

« Art. 25. (*Modalità di esercizio del diritto di accesso e ricorsi*). — [...] 5-*bis*. Nei giudizi in materia di accesso, le parti possono stare in giudizio personalmente senza l'assistenza del difensore. L'amministrazione può essere rappresentata e difesa da un proprio dipendente, purché in possesso della qualifica di dirigente, autorizzato dal rappresentante legale dell'ente.— 6. Il giudice amministrativo, sussistendone i presupposti, ordina l'esibizione dei documenti richiesti ».

(17) *D.l. 15 gennaio 1991, n. 8, conv., con modif. in l. 15 marzo 1991, n. 82, Protezione collaboratori di giustizia* « Art. 10. (*Commissione centrale per la definizione e applicazione delle speciali misure di protezione*) — [...] 2-*sexies*. Nei confronti dei provvedimenti della commissione centrale con cui vengono modificate o revocate le speciali misure di protezione anche se di tipo urgente o provvisorio a norma dell'articolo 13, comma 1, l'ordinanza di sospensione cautelare emessa ai sensi dell'articolo 21 della legge 6 dicembre 1971, n. 1034, e successive modificazioni, o dell'articolo 36 del regio decreto 17 agosto 1907, n. 642, ha efficacia non superiore a sei mesi. Con l'ordinanza il giudice fissa, anche d'ufficio, l'udienza per la discussione di merito del ricorso che deve avvenire entro i quattro mesi successivi; il dispositivo della sentenza è pubblicato entro sette giorni dalla data dell'udienza con deposito in cancelleria. I termini processuali sono ridotti alla metà. — 2-*septies*. Nel termine entro il quale può essere proposto il ricorso giurisdizionale ed in pendenza del medesimo il provvedimento di cui al comma 2-sexies rimane sospeso sino a contraria determinazione del giudice in sede cautelare o di merito. — 2-*octies*. I magistrati componenti della commissione centrale non possono esercitare funzioni giudicanti nei procedimenti cui partecipano a qualsiasi titolo i soggetti nei cui confronti la commissione, con la loro partecipazione, ha deliberato sull'applicazione della misura di protezione. [...] ».

(18) *L. 11 agosto 1991, n. 266, Legge-quadro sul volontariato*: « Art. 6. — [...] 5. Contro il provvedimento di diniego dell'iscrizione o contro il provvedimento di cancellazione è ammesso ricorso, nel termine di trenta giorni dalla comunicazione, al tribunale amministrativo regionale, il quale decide in camera di consiglio, entro trenta giorni dalla scadenza del termine per il deposito del ricorso, uditi i difensori delle parti che ne abbiano fatto richiesta. La decisione del tribunale è appellabile, entro trenta giorni dalla notifica della stessa, al Consiglio di Stato, il quale decide con le medesime modalità e negli stessi termini. [...] ».

(19) *Le parole* « articolo 145-*bis*, comma 3; » *sono state aggiunte dall'art. 1, comma 3, lett.* b), *d.ls. n. 195, cit.*

(20) ***C. cost.*** *15 aprile 2014, n. 94, ha dichiarato* l'illegittimità costituzionale *del presente numero, nella parte in cui abroga l'art. 145, commi da 4 a 8, d.ls. 1 settembre 1993, n. 385, Testo unico delle leggi in*

materia bancaria e creditizia, di cui si riporta il testo: « Art. 145. (*Procedura sanzionatoria*). — [...] 4. Contro il provvedimento che applica la sanzione è ammessa opposizione alla corte di appello di Roma. L'opposizione deve essere notificata all'autorità che ha emesso il provvedimento nel termine di trenta giorni dalla data di comunicazione del provvedimento impugnato e deve essere depositata presso la cancelleria della corte di appello entro trenta giorni dalla notifica. — 5. L'opposizione non sospende l'esecuzione del provvedimento. La corte di appello, se ricorrono gravi motivi, può disporre la sospensione con decreto motivato. — 6. La corte di appello, su istanza delle parti, fissa i termini per la presentazione di memorie e documenti, nonché per consentire l'audizione anche personale delle parti. — 7. La corte di appello decide sull'opposizione in camera di consiglio, sentito il pubblico ministero, con decreto motivato. — 8. Copia del decreto è trasmessa, a cura della cancelleria della corte di appello, all'autorità che ha emesso il provvedimento, anche ai fini della pubblicazione per estratto nel bollettino previsto dall'articolo 8. [...] ».

(21) *Numero soppresso dall'art. 1, comma 3, lett.* b), *d.ls. n. 195, cit. Il testo del numero era il seguente:* « 18) legge 15 maggio 1997, n. 127: articolo 17, comma 26, secondo periodo ».

(22) *L. 15 maggio 1997 n. 127:* « Art. 17. — [...] 26. È abrogata ogni diversa disposizione di legge che preveda il parere del Consiglio di Stato in via obbligatoria. Resta fermo il combinato disposto dell'articolo 2, comma 3, della L. 23 agosto 1988, n. 400, e dell'articolo 33 del testo unico delle leggi sul Consiglio di Stato, approvato con R.D. 26 giugno 1924, n. 1054. [...] ».

(23) *Il presente numero, dapprima dichiarato costituzionalmente illegittimo con C. cost. 27 giugno 2012, n. 162, è stato successivamente soppresso dall'art. 3, comma 1, d.ls. 14 settembre 2012, n. 160. Da ultimo,* ***C. cost.*** *15 aprile 2014, n. 94, ha dichiarato* l'illegittimità costituzionale *del presente numero, nella parte in cui abroga gli artt. 187-*septies*, commi da 4 a 8, e 195, commi da 4 a 8, del d.ls. 24 febbraio 1998 n. 58, Testo unico delle disposizioni in materia di intermediazione finanziaria. Si riportano le vigenti disposizioni del d.ls. n. 98, cit., di cui era stata originariamente disposta l'abrogazione:*

« Art. 187-*septies*. (*Procedura sanzionatoria*). — [...] 4. Avverso il provvedimento di applicazione delle sanzioni previste dal presente capo può proporsi, nel termine di sessanta giorni dalla comunicazione, ricorso in opposizione alla corte d'appello nella cui circoscrizione è la sede legale o la residenza dell'opponente. Se l'opponente non ha la sede legale o la residenza nello Stato, è competente la corte d'appello del luogo in cui è stata commessa la violazione. Quando tali criteri non risultano applicabili, è competente la corte d'appello di Roma. Il ricorso deve essere notificato alla CONSOB e depositato presso la cancelleria della corte d'appello nel termine di trenta giorni dalla notificazione. — 5. L'opposizione non sospende l'esecuzione del provvedimento. La corte d'appello, se ricorrono gravi motivi, può disporre la sospensione con decreto motivato. — 6. Il giudizio di opposizione si svolge nelle forme previste dall'articolo 23 della legge 24 novembre 1981, n. 689, in quanto compatibili. — 7. Copia della sentenza è trasmessa a cura della cancelleria della corte d'appello alla CONSOB ai fini della pubblicazione per estratto nel Bollettino di quest'ultima. — 8. Alle sanzioni amministrative pecuniarie previste dal presente capo non si applica l'articolo 16 della legge 24 novembre 1981, n. 689 ».

« Art. 195. (*Procedura sanzionatoria*). — [...] 4. Avverso il provvedimento di applicazione delle sanzioni previste dal presente titolo è ammessa opposizione alla corte d'appello del luogo in cui ha sede la società o l'ente cui appartiene l'autore della violazione ovvero, nei casi in cui tale criterio non sia applicabile, del luogo in cui la violazione è stata commessa. L'opposizione deve essere notificata all'Autorità che ha adottato il provvedimento entro trenta giorni dalla sua comunicazione e deve essere depositata presso la cancelleria della corte d'appello entro trenta giorni dalla notifica — 5. L'opposizione non sospende l'esecuzione del provvedimento. La corte d'appello, se ricorrono gravi motivi, può disporre la sospensione con decreto motivato. — 6. La corte d'appello, su istanza delle parti, può fissare termini per la presentazione di memorie e documenti, nonché consentire l'audizione anche personale delle parti. — 7. La corte d'appello decide sull'opposizione in camera di consiglio, sentito il pubblico ministero, con decreto motivato. — 8. Copia del decreto è trasmessa a cura della cancelleria della corte d'appello all'Autorità che ha adottato il provvedimento ai fini della pubblicazione, per estratto, nel Bollettino di quest'ultima. [...] ».

(24) *D.ls. 31 marzo 1998, n. 80, Nuove disposizioni in materia di organizzazione e di rapporti di lavoro nelle amministrazioni pubbliche, di giurisdizione nelle controversie di lavoro e di giurisdizione amministrativa, emanate in attuazione dell'articolo 11, comma 4, della L. 15 marzo 1997, n. 59.*

(25) *L. 4 maggio 1998, n. 133, Incentivi ai magistrati trasferiti:* « Art. 4 (*Trasferimento d'ufficio*). — [...] 3. L'ordinanza di sospensione cautelare dei provvedimenti di trasferimento e destinazione d'ufficio di magistrati ordinari, emessa ai sensi dell'articolo 21, ultimo comma, della legge 6 dicembre 1971, n. 1034, deve esporre le ragioni del danno grave e irreparabile su cui è basata ed ha efficacia non superiore a due mesi. Con l'ordinanza il giudice fissa, anche d'ufficio, l'udienza per la discussione di merito del ricorso, che deve avvenire entro i due mesi successivi; il dispositivo della sentenza è pubblicato entro sette giorni dalla data dell'udienza con deposito in cancelleria. I termini processuali sono ridotti alla metà. [...] ».

(26) *L. 22 febbraio 2000, n. 28, Disposizioni per la parità di accesso ai mezzi di informazione durante le campagne elettorali e referendarie e per la comunicazione politica:*

« Art. 10. (*Provvedimenti e sanzioni*). — [...] 10. I provvedimenti dell'Autorità di cui al presente articolo possono essere impugnati dinanzi al Tribunale amministrativo regionale (TAR) del Lazio entro trenta giorni dalla comunicazione dei provvedimenti stessi. In caso di inerzia dell'Autorità, entro lo stesso termine i soggetti interessati possono chiedere al TAR del Lazio, anche in sede cautelare, la condanna dell'Autorità stessa a provvedere entro tre giorni dalla pronunzia. In caso di richiesta cautelare, i soggetti interessati possono trasmettere o depositare memorie entro cinque giorni dalla notifica. Il TAR del Lazio, indipendentemente dalla suddivisione del tribunale in sezioni, si pronunzia sulla domanda di sospensione nella prima camera di consiglio dopo la scadenza del termine di cui al precedente periodo, e comunque non oltre il settimo giorno da questo. Le stesse regole si applicano per l'appello dinanzi al Consiglio di Stato ».

« Art. 11-*quinquies*. (*Vigilanza e poteri dell'Autorità*). — [...] 4. I provvedimenti dell'Autorità di cui al presente articolo possono essere impugnati dinanzi agli organi di giustizia amministrativa in sede di giurisdizione esclusiva, ai sensi dell'articolo 23-*bis* della legge 6 dicembre 1971, n. 1034. La competenza di primo grado è attribuita in via esclusiva ed inderogabile al tribunale amministrativo regionale del Lazio, con sede in Roma ».

(27) *La parola* « 16; » *è stata aggiunta dall'art. 1, comma 3, lett.* b), *d.ls. n. 195, cit.*

(28) *L. 21 luglio 2000, n. 205, Disposizioni in materia di giustizia amministrativa.*

(29) *L. 7 dicembre 2000, n. 383, Disciplina delle associazioni di promozione sociale:* « Art. 10. (*Ricorsi avverso i provvedimenti relativi alle iscrizioni e alle cancellazioni*). — [...] 2. Avverso i provvedimenti di rifiuto di iscrizione e avverso i provvedimenti di cancellazione è ammesso, in ogni caso, entro sessanta giorni, ricorso al tribunale amministrativo regionale competente, che decide, in camera di consiglio, nel termine di trenta giorni dalla scadenza del termine per il deposito del ricorso, sentiti i difensori delle parti che ne abbiano fatto richiesta. La decisione del tribunale è appellabile, entro trenta giorni dalla sua notifica, al Consiglio di Stato, il quale decide con le stesse modalità entro sessanta giorni ».

(30) *D.ls. 6 giugno 2001, n. 378, Disposizioni legislative in materia edilizia:* « Art. 45. (*Norme relative all'azione penale*). — [...] 2. Nel caso di ricorso giurisdizionale avverso il diniego del permesso in sanatoria di cui all'articolo 36, l'udienza viene fissata d'ufficio dal presidente del tribunale amministrativo regionale per una data compresa entro il terzo mese dalla presentazione del ricorso ».

(31) *D.ls. 8 luglio 2003, n. 188, Attuazione della direttiva 2001/12/CE, della direttiva 2001/13/CE e della direttiva 2001/14/CE in materia ferroviaria:* « Art. 37 (*Organismo di regolazione*). — [...] 7. Sono devolute alla giurisdizione esclusiva del giudice amministrativo le controversie relative alle sanzioni amministrative di cui al presente articolo ed ai provvedimenti adottati dall'organismo di regolazione ».

(32) *D.ls. 1° agosto 2003, n. 259, Codice delle comunicazioni elettroniche* « Art. 92. (*Servitù*). — [...] 9. La giurisdizione in materia di imposizione di servitù spetta in via esclusiva al giudice amministrativo ». *V. ora art. 53 del medesimo d.lgs. sub V, 94.*

(33) *D.l. 19 agosto 2003, n. 220, conv., con modif., in l. 17 ottobre 2003, n. 280, Disposizioni urgenti in materia di giustizia sportiva:* « Art. 3 — [...] 2. La competenza di primo grado spetta in via esclusiva, anche per l'emanazione di misure cautelari, al tribunale amministrativo regionale del Lazio con sede in Roma. Le questioni di competenza di cui al presente comma sono rilevabili d'ufficio — 3. Davanti al giudice amministrativo il giudizio è definito con sentenza succintamente motivata ai sensi dell'articolo 26 della legge 6 dicembre 1971, n. 1034, e si applicano i commi 2 e seguenti dell'articolo 23-bis della stessa legge. — 4. Le norme di cui ai commi 1, 2 e 3 si applicano anche ai processi in corso e l'efficacia delle misure cautelari emanate da un tribunale amministrativo diverso da quello di cui al comma 2 è sospesa fino alla loro conferma, modifica o revoca da parte del tribunale amministrativo regionale del Lazio con sede in Roma, cui la parte interessata può riproporre il ricorso e l'istanza cautelare entro il termine di cui all'articolo 31, comma undicesimo, della legge 6 dicembre 1971, n. 1034,de-

corrente dalla data di entrata in vigore del presente decreto e ridotto alla metà. [...] ».

(34) *Art. 1, comma 552, l. 30 dicembre 2004, n. 311:* « 552. Le controversie aventi ad oggetto le procedure ed i provvedimenti in materia di impianti di generazione di energia elettrica di cui al decreto-legge 7 febbraio 2002, n. 7, convertito, con modificazioni, dalla legge 9 aprile 2003, n. 55, e le relative questioni risarcitorie sono devolute alla giurisdizione esclusiva del giudice amministrativo. Alle controversie di cui al presente comma si applicano le disposizioni di cui all'articolo 23-bis della legge 6 dicembre 1971, n. 1034 ».

(35) *D.l. 26 aprile 2005, n. 63, conv., con modif., in l. 25 giugno 2005, n. 109:* « Art. 2-*sexies.* (*Controversie relative ai prodotti lattiero-caseari*). — 1. A decorrere dalla data di entrata in vigore della legge di conversione del presente decreto, le controversie relative all'applicazione del prelievo supplementare nel settore del latte e dei prodotti lattiero-caseari sono devolute alla giurisdizione esclusiva dei giudici amministrativi competenti territorialmente. [...] ».

(36) *D.l. 27 luglio 2005, n. 144, conv., con modif., in l. 31 luglio 2005, n. 155:* « Art. 3. (*Nuove norme in materia di espulsioni degli stranieri per motivi di prevenzione del terrorismo*). — [...] 4-*bis.* —Nei confronti dei provvedimenti di espulsione, di cui al comma 1, adottati dal Ministro dell'interno, o su sua delega, non è ammessa la sospensione dell'esecuzione in sede giurisdizionale ai sensi dell'articolo 21 della legge 6 dicembre 1971, n. 1034, e successive modificazioni, o dell'articolo 36 del regio decreto 17 agosto 1907, n. 642. [...] ».

(37) *D.ls. 6 settembre 2005, n. 206, Codice del consumo:* « Art. 27. (*Tutela amministrativa e giurisdizionale*). — [...] 13. I ricorsi avverso le decisioni adottate dall'Autorità sono soggetti alla giurisdizione esclusiva del giudice amministrativo. Per le sanzioni amministrative pecuniarie conseguenti alle violazioni del presente decreto si osservano, in quanto applicabili, le disposizioni contenute nel capo I, sezione I, e negli articoli 26, 27, 28 e 29 della legge 24 novembre 1981, n. 689, e successive modificazioni. Il pagamento delle sanzioni amministrative di cui al presente articolo deve essere effettuato entro trenta giorni dalla notifica del provvedimento dell'Autorità. [...] ».

(38) *D.l. 30 novembre 2005, n. 245, conv., con modif., in l. 27 gennaio 2006, n. 21, Misure straordinarie per fronteggiare l'emergenza nel settore dei rifiuti nella regione Campania ed ulteriori disposizioni in materia di protezione civile:* « Art. 3. (*Destinazione delle risorse finanziarie e procedure esecutorie*). — [...] 2-*bis.* In tutte le situazioni di emergenza dichiarate ai sensi dell'articolo 5, comma 1, della legge 24 febbraio 1992, n. 225, la competenza di primo grado a conoscere della legittimità delle ordinanze adottate e dei consequenziali provvedimenti commissariali spetta in via esclusiva, anche per l'emanazione di misure cautelari, al tribunale amministrativo regionale del Lazio, con sede in Roma. — 2-*ter.* Le questioni di cui al comma 2-*bis* sono rilevate d'ufficio. Davanti al giudice amministrativo il giudizio è definito con sentenza succintamente motivata ai sensi dell'articolo 26 della legge 6 dicembre 1971, n. 1034, e successive modificazioni, trovando applicazione i commi 2 e seguenti dell'articolo 23-*bis* della stessa legge. — 2-*quater.* Le norme di cui ai commi 2-*bis* e 2-*ter* si applicano anche ai processi in corso. L'efficacia delle misure cautelari adottate da un tribunale amministrativo diverso da quello di cui al comma 2-*bis* permane fino alla loro modifica o revoca da parte del tribunale amministrativo regionale del Lazio, con sede in Roma, cui la parte interessata può riproporre il ricorso [...] ».

(39) *L. 28 dicembre 2005, n. 262, Disposizioni per la tutela del risparmio e la disciplina dei mercati finanziari:* « Art. 24. (*Procedimenti per l'adozione di provvedimenti individuali*). — [...] 5. Avverso gli atti adottati dalle Autorità di cui al comma 4 può essere proposto ricorso giurisdizionale dinanzi al tribunale amministrativo regionale del Lazio. I termini processuali sono ridotti della metà, con esclusione di quelli previsti per la presentazione del ricorso. Non possono essere nominati consulenti tecnici d'ufficio i dipendenti dell'Autorità sul cui atto verte il ricorso, anche se cessati dal servizio. Restano ferme le disposizioni previste per l'impugnazione dei provvedimenti sanzionatori dall'articolo 145, commi 4 e seguenti, del testo unico di cui al decreto legislativo 1° settembre 1993, n. 385 dagli articoli 187-*septies*, commi 4 e seguenti, e 195, commi 4 e seguenti, del testo unico di cui al decreto legislativo 24 febbraio 1998, n. 58, dall'articolo 6 della legge 5 marzo 2001, n. 57, dagli articoli 12, quinto comma, e 19, settimo comma, della legge 7 febbraio 1979, n. 48, dall'articolo 10, sesto comma, della legge 28 novembre 1984, n. 792, dall'articolo 11, comma 5, della legge 17 febbraio 1992, n. 166, e dall'articolo 18-*bis*, comma 5-*bis*, del decreto legislativo 21 aprile 1993, n. 124. — 6. L'appello al Consiglio di Stato avverso la sentenza o le ordinanze emesse in primo grado non sospende l'esecuzione delle stesse né l'efficacia dei provvedimenti impugnati. [...] ».

(40) *D.ls. 3 aprile 2006, n. 152, Norme in materia ambientale:* « Art. 310. (*Ricorsi*). — [...] 2. Nell'ipotesi di cui al comma 1, il ricorso al giudice amministrativo, in sede di giurisdizione esclusiva, può essere preceduto da una opposizione depositata presso il Ministero dell'ambiente e della tutela del territorio o inviata presso la sua sede a mezzo di posta raccomandata con avviso di ricevimento entro trenta giorni dalla notificazione, comunicazione o piena conoscenza dell'atto. In caso di inerzia del Ministro, analoga opposizione può essere proposta entro il suddetto termine decorrente dalla scadenza del trentesimo giorno successivo all'effettuato deposito dell'opposizione presso il Ministero dell'ambiente e della tutela del territorio. [...] ».

« Art. 316. (*Ricorso avverso l'ordinanza*). — 1. Il trasgressore, entro il termine perentorio di sessanta giorni dalla comunicazione dell'ordinanza di cui all'articolo 313, può ricorrere al Tribunale amministrativo regionale, in sede di giurisdizione esclusiva, competente in relazione al luogo nel quale si è prodotto il danno ambientale. [...] ».

(41) *Art. 1, comma 1308, l. 27 dicembre 2006, n. 296:* « 1308. Presso il Consiglio di Stato, il Consiglio di giustizia amministrativa per la Regione siciliana e ogni organo giurisdizionale amministrativo di primo grado e sue sezioni staccate è istituita una commissione per il patrocinio a spese dello Stato, composta da due magistrati amministrativi, designati dal Presidente dell'organo giurisdizionale, il più anziano dei quali assume le funzioni di presidente della commissione, e da un avvocato, designato dal presidente dell'ordine degli avvocati del capoluogo in cui ha sede l'organo. Per ciascun componente sono designati uno o più membri supplenti. Esercita le funzioni di segretario un funzionario di segreteria dell'organo giurisdizionale, nominato dal presidente dell'organo stesso. Al presidente e ai componenti non spetta nessun compenso né rimborso spese ».

(42) *D.ls. 2 agosto 2007, n. 145, Attuazione dell'articolo 14 della direttiva 2005/29/CE che modifica la direttiva 84/450/CEE sulla pubblicità ingannevole:* « Art. 8. (*Tutela amministrativa e giurisdizionale*). — [...] 13. I ricorsi avverso le decisioni adottate dall'Autorità sono soggetti alla giurisdizione esclusiva del giudice amministrativo. Per le sanzioni amministrative pecuniarie conseguenti alle violazioni del presente decreto si osservano, in quanto applicabili, le disposizioni contenute nel capo I, sezione I, e negli articoli 26, 27, 28 e 29 della legge 24 novembre 1981, n. 689, e successive modificazioni. Il pagamento delle sanzioni amministrative di cui al presente articolo deve essere effettuato entro trenta giorni (3) dalla notifica del provvedimento dell'Autorità. [...] ».

(43) *D.l. 23 maggio 2008, n. 90, conv., con modif., in l. 14 luglio 2008, n. 123, Emergenza rifiuti:* « Art. 4. (*Tutela giurisdizionale*). — 1. Ferme restando le disposizioni di cui all'articolo 3 del decreto-legge 30 novembre 2005, n. 245, convertito, con modificazioni, dalla legge 27 gennaio 2006, n. 21, con le risorse umane e strumentali previste a legislazione vigente, sono devolute alla giurisdizione esclusiva del giudice amministrativo tutte le controversie, anche in ordine alla fase cautelare, comunque attinenti alla complessiva azione di gestione dei rifiuti, seppure posta in essere con comportamenti dell'amministrazione pubblica o dei soggetti alla stessa equiparati. La giurisdizione di cui sopra si intende estesa anche alle controversie relative a diritti costituzionalmente tutelati. — 2. Le misure cautelari, adottate da una autorità giudiziaria diversa da quella di cui al comma 1, cessano di avere effetto ove non riconfermate entro trenta giorni dalla data di entrata in vigore del presente decreto dall'autorità giudiziaria competente ai sensi del presente articolo ».

(44) *D.l. 25 giugno 2008, n. 112 conv., con modif., in l. 6 agosto 2008, n. 133:* « Art. 54 (*Accelerazione del processo amministrativo*). — [...] 3. Alla legge 27 aprile 1982, n. 186, sono apportate le seguenti modificazioni: *a*) all'articolo 1, secondo comma, le parole: ": le prime tre con funzioni consultive e le altre con funzioni giurisdizionali " sono sostituite dalle parole: "con funzioni consultive o giurisdizionali, oltre alla sezione normativa istituita dall'articolo 17, comma 28, della legge 15 maggio 1997, n. 127"; *b*) all'articolo 1, dopo il quarto comma è aggiunto il seguente: "Il Presidente del Consiglio di Stato, con proprio provvedimento, all'inizio di ogni anno, sentito il Consiglio di Presidenza, individua le sezioni che svolgono funzioni giurisdizionali e consultive, determina le rispettive materie di competenza e la composizione, nonché la composizione della Adunanza Plenaria ai sensi dell'articolo 5, primo comma. "; *c*) all'articolo 5, primo comma, le parole da "dal consiglio" sino alla parola: "giurisdizionali. " sono sostituite dalle seguenti parole: "dal Presidente del Consiglio di Stato, sentito il Consiglio di Presidenza. "; *d*) all'articolo 5, comma secondo, le parole "in modo da assicurare in ogni caso la presenza di quattro consiglieri per ciascuna sezione giurisdizionale " sono soppresse ».

(45) *D.l. n. 29 novembre 2008, n. 185, conv., con modif., in l. 28 gennaio 2009, n. 2:* « Art. 20. (*Norme straordinarie per la velocizzazione delle procedure esecutive di progetti facenti parte del quadro strategico nazionale e simmetrica modifica del relativo regime di contenzioso amministrativo*). — [...] 8. I provvedimenti adottati ai sensi del presente articolo sono comunicati agli interessati a mezzo fax o posta elettronica all'indirizzo da essi indicato. L'accesso agli atti del procedimento è consentito entro dieci giorni dall'invio della comunicazione

del provvedimento. Il termine per la notificazione del ricorso al competente Tribunale amministrativo regionale avverso i provvedimenti emanati ai sensi del presente articolo è di trenta giorni dalla comunicazione o dall'avvenuta conoscenza, comunque acquisita. Il ricorso principale va depositato presso il Tar entro cinque giorni dalla scadenza del termine di notificazione del ricorso; in luogo della prova della notifica può essere depositata attestazione dell'ufficiale giudiziario che il ricorso è stato consegnato per le notifiche; la prova delle eseguite notifiche va depositata entro cinque giorni da quando è disponibile. Le altre parti si costituiscono entro dieci giorni dalla notificazione del ricorso principale e entro lo stesso termine possono proporre ricorso incidentale; il ricorso incidentale va depositato con le modalità e termini previsti per il ricorso principale. I motivi aggiunti possono essere proposti entro dieci giorni dall'accesso agli atti e vanno notificati e depositati con le modalità previste per il ricorso principale. Il processo viene definito ad una udienza da fissarsi entro 15 giorni dalla scadenza del termine per la costituzione delle parti diverse dal ricorrente; il dispositivo della sentenza è pubblicato in udienza; la sentenza è redatta in forma semplificata, con i criteri di cui all'articolo 26, quarto comma, della legge 6 dicembre 1971, n. 1034. Le misure cautelari e l'annullamento dei provvedimenti impugnati non possono comportare, in alcun caso, la sospensione o la caducazione degli effetti del contratto già stipulato, e, in caso di annullamento degli atti della procedura, il giudice può esclusivamente disporre il risarcimento degli eventuali danni, ove comprovati, solo per equivalente. Il risarcimento per equivalente del danno comprovato non può comunque eccedere la misura del decimo dell'importo delle opere che sarebbero state eseguite se il ricorrente fosse risultato aggiudicatario, in base all'offerta economica presentata in gara. Se la parte soccombente ha agito o resistito in giudizio con mala fede o colpa grave si applicano le disposizioni di cui all'articolo 96 del codice di procedura civile. Per quanto non espressamente disposto dal presente articolo, si applica l'articolo 23-bis della legge 6 dicembre 1971, n. 1034 e l'articolo 246 del decreto legislativo 12 aprile 2006, n. 163 e successive modificazioni. Dall'attuazione del presente comma non devono derivare nuovi o maggiori oneri a carico della finanza pubblica. [...] ». (*L'art. 15, comma 4, d.ls. 20 marzo 2010, n. 53 dispone che:* « Resta ferma la disciplina di cui all'articolo 20, comma 8, del decreto-legge 29 novembre 2008, n. 185, convertito, con modificazioni, dalla legge 28 gennaio 2009, n. 2, limitatamente agli interventi previsti nel citato articolo 20, per i quali siano già stati nominati i relativi commissari o vengano nominati entro novanta giorni dalla data di entrata in vigore del presente decreto »).

(46) *L. 18 giugno 2009, n. 69:* « Art. 46. — [...] 24. Il primo comma dell'articolo 291 del codice di procedura civile si applica anche nei giudizi davanti ai giudici amministrativi e contabili ».

(47) *L. 23 luglio 2009, n. 99, Sviluppo energetico*:
« Art. 41. (*Tutela giurisdizionale*). — 1. Sono devolute alla giurisdizione esclusiva del giudice amministrativo e attribuite alla competenza del tribunale amministrativo regionale del Lazio, con sede in Roma, tutte le controversie, anche in relazione alla fase cautelare e alle eventuali questioni risarcitorie, comunque attinenti alle procedure e ai provvedimenti dell'amministrazione pubblica o dei soggetti alla stessa equiparati concernenti la produzione di energia elettrica da fonte nucleare, i rigassificatori, i gasdotti di importazione, le centrali termoelettriche di potenza termica superiore a 400 MW nonché quelle relative ad infrastrutture di trasporto ricomprese o da ricomprendere nella rete di trasmissione nazionale o rete nazionale di gasdotti. — 2. Per le controversie di cui al presente articolo trovano applicazione le disposizioni processuali di cui all'articolo 23-*bis* della legge 6 dicembre 1971, n. 1034. — 3. Le questioni di cui al comma 1 sono rilevate d'ufficio. — 4. Sono fatte salve le disposizioni in materia di competenza territoriale di cui al comma 25 dell'articolo 2 della legge 14 novembre 1995, n. 481. — 5. Le norme del presente articolo si applicano anche ai processi in corso alla data di entrata in vigore della presente legge e l'efficacia delle misure cautelari emanate da un'autorità giudiziaria diversa da quella di cui al comma 1 permane fino alla loro modifica o revoca da parte del tribunale amministrativo regionale del Lazio, con sede in Roma, dinanzi al quale la parte interessata ha l'onere di riassumere il ricorso e l'istanza cautelare entro sessanta giorni dalla data di entrata in vigore della presente legge. — 6. Nelle ipotesi di riassunzione del ricorso di cui al comma 5, non è dovuto il contributo unificato di cui all'articolo 9 del testo unico delle disposizioni legislative e regolamentari in materia di spese di giustizia, di cui al decreto del Presidente della Repubblica 30 maggio 2002, n. 115, e successive modificazioni. —7. Dall'attuazione delle disposizioni del presente articolo non derivano nuovi o maggiori oneri a carico della finanza pubblica. Agli adempimenti previsti dal presente articolo si provvede nell'ambito delle risorse umane, strumentali e finanziarie disponibili a legislazione vigente ».
« Art. 53. — [...] 2. Al comma 1 dell'articolo 23-*bis* della legge 6 dicembre 1971, n. 1034, dopo la lettera *g)* è aggiunta la seguente: g-*bis*) i provvedimenti adottati ai sensi dell'articolo 12, comma 3, della legge 29 dicembre 1993, n. 580 [...] ».

41. Decreto legislativo 15 novembre 2011, n. 195. — Disposizioni correttive ed integrative al decreto legislativo 2 luglio 2010, n. 104, recante codice del processo amministrativo a norma dell'articolo 44, comma 4, della legge 18 giugno 2009, n. 69.

Pubblicato nella Gazzetta Ufficiale n. 273 del 23 novembre 2011.

1 Modifiche al codice del processo amministrativo e alle relative norme di attuazione, transitorie, di coordinamento e di abrogazione.

(*Omissis*) (1).

(1) *Apporta modifiche al codice del processo amministrativo e alle relative norme di attuazione, transitorie, di coordinamento e di abrogazione (v.* sub *VI, 37, 38 e 39).*

2 Coordinamento dell'articolo 17, comma 26, legge 15 maggio 1997, n. 127.

1. All'articolo 17, comma 26, della legge 15 maggio 1997, n. 127, è aggiunto, in fine, il seguente periodo: "Resta fermo il combinato disposto dell'articolo 2, comma 3, della legge 23 agosto 1988, n. 400, e dell'articolo 33 del testo unico delle leggi sul Consiglio di Stato, approvato con regio decreto 26 giugno 1924, n. 1054" (1).

(1) *L'art. 17, comma 26, della legge n. 127/1997 prevede ora che « 26. È abrogata ogni diversa disposizione di legge che preveda il parere del Consiglio di Stato in via obbligatoria. Resta fermo il combinato disposto dell'articolo 2, comma 3, della legge 23 agosto 1988, n. 400 (sub II, 1), e dell'articolo 33 del testo unico delle leggi sul Consiglio di Stato, approvato con regio decreto 26 giugno 1924, n. 1054 (sub, VI, 25) ».*

42. Decreto legge 24 giugno 2014, n. 90, convertito, con modificazioni, in legge 11 agosto 2014, n. 114. – Misure urgenti per la semplificazione e la trasparenza amministrativa e per l'efficienza degli uffici giudiziari. (*estratto*).

Pubblicato nella Gazzetta Ufficiale n. 144 del 24 giugno 2014; la legge di conversione è stata pubblicata nella Gazzetta Ufficiale n. 190 del 18 agosto 2014.

1-1-*bis* (*Omissis*).

2 Incarichi direttivi ai magistrati.

1. Dopo il comma 1 dell'articolo 13 del decreto legislativo 5 aprile 2006, n. 160, sono inseriti i seguenti:

"1-*bis*. Il Consiglio superiore della Magistratura provvede al conferimento delle funzioni direttive e semidirettive:

a) nel caso di collocamento a riposo del titolare per raggiunto limite di età o di decorrenza del termine ottennale previsto dagli articoli 45 e 46 del presente decreto, entro la data di vacanza del relativo ufficio;

b) negli altri casi, entro sei mesi dalla pubblicazione della vacanza.

1-*ter*. In caso di inosservanza dei termini di cui al comma 1-*bis*, il presidente della Commissione referente, entro il termine di trenta giorni, provvede alla formulazione della proposta.".

1-*bis*. Al terzo periodo del secondo comma dell'articolo 30 del decreto del Presidente della Repubblica 16 settembre 1958, n. 916, e successive modificazioni, le parole: "Prima che siano trascorsi due anni" sono sostituite dalle seguenti: "Prima che sia trascorso un anno".

2. Le disposizioni di cui ai commi 1-*bis* e 1-*ter* dell'articolo 13 del decreto legislativo 5 aprile 2006, n. 160, introdotte dal comma 1 del presente articolo, si applicano alle procedure concorsuali relative a vacanze successive alla data di entrata in vigore della legge di conversione del presente decreto.

3. In deroga a quanto previsto dagli articoli 34-*bis* e 35 del decreto legislativo 5 aprile 2006, n. 160, per il conferimento delle funzioni direttive e semidirettive relative alle vacanze pubblicate sino al 30 giugno 2015, i magistrati concorrenti devono assicurare almeno tre anni di servizio dalla vacanza prima della data di collocamento a riposo.

4. Al secondo comma dell'articolo 17 della legge 24 marzo 1958, n. 195, dopo le parole: "del processo amministrativo", sono aggiunti i seguenti periodi: "[Contro i provvedimenti concernenti il conferimento o la conferma degli incarichi direttivi e semi direttivi, il controllo del giudice amministrativo ha per oggetto i vizi di violazione di legge e di eccesso di potere manifesto.] Per la tutela giurisdizionale nei confronti dei provvedimenti concernenti il conferimento degli incarichi direttivi e semidirettivi si segue, per quanto applicabile, il rito abbreviato disciplinato dall'articolo 119 del codice del processo amministrativo di cui al decreto legislativo 2 luglio 2010, n. 104. Nel caso di azione di ottemperanza, il giudice amministrativo, qualora sia accolto il ricorso, ordina l'ottemperanza ed assegna al Consiglio superiore un termine per provvedere. Non si applicano le lettere *a*) e *c*) del comma 4 dell'articolo 114 del codice del processo amministrativo di cui al decreto legislativo n. 104 del 2010.".

4-*bis*. Al comma 4 dell'articolo 16 del decreto-legge 24 aprile 2014, n. 66, convertito, con modificazioni, dalla legge 23 giugno 2014, n. 89, le parole: "15 luglio 2014" sono sostituite dalle seguenti: "15 ottobre 2014".

9 Riforma degli onorari dell'Avvocatura generale dello Stato e delle avvocature degli enti pubblici.

1. I compensi professionali corrisposti dalle amministrazioni pubbliche di cui all'articolo 1, comma 2, del decreto legislativo 30 marzo 2001, n. 165, e successive modificazioni, agli avvocati dipendenti delle amministrazioni stesse, ivi incluso il personale dell'Avvocatura dello Stato, sono computati ai fini del raggiungimento del limite retributivo di cui all'articolo 23-*ter* del decreto-legge 6 dicembre 2011, n. 201, convertito, con modificazioni, dalla legge 22 dicembre 2011, n. 214, e successive modificazioni.

2. Sono abrogati il comma 457 dell'articolo 1 della legge 27 dicembre 2013, n. 147, e il terzo comma dell'articolo 21 del testo unico di cui al regio decreto 30 ottobre 1933, n. 1611. L'abrogazione del citato terzo comma ha efficacia relativamente alle sentenze depositate successivamente alla data di entrata in vigore del presente decreto.

3. Nelle ipotesi di sentenza favorevole con recupero delle spese legali a carico delle controparti, le somme recuperate sono ripartite tra gli avvocati dipendenti delle amministrazioni di cui al comma 1, esclusi gli avvocati e i procuratori dello Stato, nella misura e con le modalità stabilite dai rispettivi regolamenti e dalla contrattazione collettiva ai sensi del comma 5 e comunque nel rispetto dei limiti di cui al comma 7. La parte rimanente delle suddette somme è riversata nel bilancio dell'amministrazione.

4. Nelle ipotesi di sentenza favorevole con recupero delle spese legali a carico delle controparti, il 75 per cento delle somme recuperate è ripartito tra gli avvocati e procuratori dello Stato secondo le previsioni regolamentari dell'Avvocatura dello Stato, adottate ai sensi del comma 5. Il rimanente 25 per cento è destinato al Fondo per la riduzione della pressione fiscale, di cui all'articolo 1, comma 431, della legge 27 dicembre 2013, n. 147, e successive modificazioni.

5. I regolamenti dell'Avvocatura dello Stato e degli altri enti pubblici e i contratti collettivi prevedono criteri di riparto delle somme di cui al primo periodo del comma 3 e al primo periodo del comma 4 in base al rendimento individuale, secondo criteri oggettivamente misurabili che tengano conto tra l'altro della puntualità negli adempimenti processuali. I suddetti

regolamenti e contratti collettivi definiscono altresì i criteri di assegnazione degli affari consultivi e contenziosi, da operare ove possibile attraverso sistemi informatici, secondo principi di parità di trattamento e di specializzazione professionale.

6. In tutti i casi di pronunciata compensazione integrale delle spese, ivi compresi quelli di transazione dopo sentenza favorevole alle amministrazioni pubbliche di cui al comma 1, ai dipendenti, ad esclusione del personale dell'Avvocatura dello Stato, sono corrisposti compensi professionali in base alle norme regolamentari o contrattuali vigenti e nei limiti dello stanziamento previsto, il quale non può superare il corrispondente stanziamento relativo all'anno 2013. Nei giudizi di cui all'articolo 152 delle disposizioni per l'attuazione del codice di procedura civile e disposizioni transitorie, di cui al regio decreto 18 dicembre 1941, n. 1368, possono essere corrisposti compensi professionali in base alle norme regolamentari o contrattuali delle relative amministrazioni e nei limiti dello stanziamento previsto. Il suddetto stanziamento non può superare il corrispondente stanziamento relativo all'anno 2013.

7. I compensi professionali di cui al comma 3 e al primo periodo del comma 6 possono essere corrisposti in modo da attribuire a ciascun avvocato una somma non superiore al suo trattamento economico complessivo.

8. Il primo periodo del comma 6 si applica alle sentenze depositate successivamente alla data di entrata in vigore del presente decreto. I commi 3, 4 e 5 e il secondo e il terzo periodo del comma 6 nonché il comma 7 si applicano a decorrere dall'adeguamento dei regolamenti e dei contratti collettivi di cui al comma 5, da operare entro tre mesi dalla data di entrata in vigore della legge di conversione del presente decreto. In assenza del suddetto adeguamento, a decorrere dal 1° gennaio 2015, le amministrazioni pubbliche di cui al comma 1 non possono corrispondere compensi professionali agli avvocati dipendenti delle amministrazioni stesse, ivi incluso il personale dell'Avvocatura dello Stato.

9. Dall'attuazione del presente articolo non devono derivare minori risparmi rispetto a quelli già previsti a legislazione vigente e considerati nei saldi tendenziali di finanza pubblica.

38 Processo amministrativo digitale.

1. Il decreto del Presidente del Consiglio dei ministri di cui all'articolo 13 dell'Allegato 2 al decreto legislativo 2 luglio 2010, n. 104, è adottato entro sessanta giorni dalla data di entrata in vigore della legge di conversione del presente decreto. Il Consiglio di Presidenza della giustizia amministrativa e l'Agenzia per l'Italia digitale rendono il loro avviso entro trenta giorni dalla richiesta, decorsi i quali si può procedere in assenza dello stesso.

[1-*bis*. A decorrere dal 1° gennaio 2017, il comma 2-*bis* dell'articolo 136 del codice del processo amministrativo, di cui all'allegato 1 al decreto legislativo 2 luglio 2010, n. 104, è sostituito dal seguente :

"2-*bis*. Tutti gli atti e i provvedimenti del giudice, dei suoi ausiliari, del personale degli uffici giudiziari e delle parti sono sottoscritti con firma digitale. Dall'attuazione del presente comma non devono derivare nuovi o maggiori oneri per la finanza pubblica" .] (1)

(1) *Comma abrogato dall'articolo 7, comma 8, d.l. 31 agosto 2016, n. 168, conv., con modif., in l. 25 ottobre 2016, n. 197.*

[43 (1) Disposizioni in tema di informatizzazione del processo contabile.

1. I giudizi dinanzi alla Corte dei conti possono essere svolti con modalità informatiche e telematiche e i relativi atti processuali sono validi e rilevanti a tutti gli effetti di legge, purché sia garantita la riferibilità soggettiva, l'integrità dei contenuti e la riservatezza dei dati personali, in conformità ai principi stabiliti nel decreto legislativo 7 marzo 2005, n. 82, e successive modificazioni. Le relative regole tecniche e procedurali sono stabilite con i decreti di cui all'articolo 20-*bis* del decreto-legge 18 ottobre 2012, n. 179, convertito, con modificazioni, dalla legge 17 dicembre 2012, n. 221.

2. Si applicano, in quanto compatibili, le disposizioni di cui agli articoli 16, 16-*ter*, 16-*quater*, e 16-*undecies* del decreto-legge 18 ottobre 2012, n. 179, convertito, con modificazioni, dalla legge 17 dicembre 2012, n. 221, e successive modificazioni, in base alle indicazioni tecniche, operative e temporali stabilite con i decreti di cui al comma 1 del presente articolo.

3. Il pubblico ministero contabile può effettuare, secondo le regole stabilite con i decreti di cui al comma 1, le notificazioni previste dall'ordinamento direttamente ad uno degli indirizzi di posta elettronica certificata di cui all'articolo 16-*ter* del decreto-legge 18 ottobre 2012, n. 179, convertito, con modificazioni, dalla legge 17 dicembre 2012, n. 221.].

(1) *Articolo abrogato dall'art. 4, comma 1, lett. i), d.lgs. 26 agosto 2016, n. 174.*

43. Decreto del Presidente del Consiglio di Stato 28 luglio 2021. — Regole tecniche-operative del processo amministrativo telematico.

Pubblicato nella Gazzetta Ufficiale n. 183 del 2 agosto 2021.

1 Approvazione delle regole tecnico-operative del processo amministrativo telematico.

1. Le regole tecnico-operative per l'attuazione del processo amministrativo telematico, nonché per la sperimentazione e la graduale applicazione dei relativi aggiornamenti, e le relative specifiche tecniche, sono stabilite nel testo di cui agli allegati 1 e 2 del presente decreto, di cui formano parte integrante.

2. Nei casi in cui le udienze, camerali e pubbliche, si

svolgono da remoto, integrano le regole tecnico-operative, e le relative specifiche tecniche, di cui al comma 1 anche le disposizioni di cui all'art. 2.

2 Regole tecnico-operative per le udienze, camerali e pubbliche, che si svolgono mediante collegamenti da remoto.

1. Nei casi in cui le udienze, camerali e pubbliche, si svolgono mediante collegamenti da remoto, qualora sia chiesta la discussione orale in videoconferenza si utilizza adeguata piattaforma in uso presso la Giustizia amministrativa.

2. Per lo svolgimento da remoto della Camera di consiglio alla quale partecipano i soli magistrati per deliberare, si provvede con i collegamenti in videoconferenza consentiti dalla piattaforma di cui al comma 1, mediante inviti a videoconferenze differenti rispetto a quelli utilizzati per le convocazioni delle udienze, o tramite call conference, come da allegate specifiche tecniche.

3. Qualora l'istanza dei difensori delle parti di discussione orale non sia proposta da tutte le parti costituite, la segreteria trasmette alle parti diverse dall'istante, anche ai fini della formulazione di eventuali opposizioni, l'avviso di avvenuto deposito dell'istanza secondo le modalità previste nelle allegate specifiche tecniche.

4. I difensori o le parti che agiscono in proprio, ove non intendano mandare in decisione la causa, presentano, secondo le modalità previste nelle allegate specifiche tecniche, l'istanza di discussione da remoto.

5. In tutti i casi in cui viene disposta la discussione da remoto, la segreteria comunica agli avvocati, secondo le modalità previste nelle allegate specifiche tecniche, con modalità idonee ad assicurare l'avvenuta ricezione e agli indirizzi previsti dall'art. 13 dell'allegato 1 al presente decreto, almeno tre giorni liberi prima della trattazione, l'avviso del giorno e dell'ora del collegamento da remoto in videoconferenza, avendo cura di predisporre le convocazioni distribuendole in un congruo arco temporale, in modo da contenere, quanto più possibile e compatibilmente con il numero di discussioni richieste, il tempo di attesa degli avvocati prima di essere ammessi alla discussione. L'orario indicato nell'avviso è soggetto a variazioni in aumento. Nella stessa comunicazione sono inseriti il link ipertestuale per la partecipazione all'udienza, nonché l'avvertimento che l'accesso all'udienza tramite tale link e la celebrazione dell'udienza da remoto comportano il trattamento dei dati personali anche da parte del gestore della piattaforma, come da informativa relativa al trattamento dei dati personali ai sensi degli articoli 13 e 14 del regolamento (UE) 2016/679, pubblicata sul sito internet della Giustizia amministrativa, con invito a leggere tale informativa. La copia informatica delle comunicazioni di cui al comma 3 e al presente comma, qualora non eseguite tramite il sistema informativo della Giustizia amministrativa, è inserita nel fascicolo del procedimento a cura della segreteria. Il link inviato dalla segreteria è strettamente personale e non cedibile a terzi, fatta eccezione per l'eventuale difensore delegato.

6. Per partecipare alla discussione da remoto in videoconferenza è necessario che il dispositivo rispetti i requisiti previsti nelle allegate specifiche tecniche. I difensori o le parti che agiscono in proprio garantiscono la corretta funzionalità del dispositivo utilizzato per collegarsi alla videoconferenza, l'aggiornamento del suo software di base e applicativo alle più recenti versioni rese disponibili dai rispettivi produttori o comunità di supporto nel caso di software open source, con particolare riferimento all'installazione di tutti gli aggiornamenti e le correzioni relative alla sicurezza informatica, e l'utilizzo di un idoneo e aggiornato programma antivirus. I magistrati utilizzano per il collegamento telematico esclusivamente gli indirizzi di posta elettronica istituzionale e i dispositivi forniti in dotazione dal Segretariato generale della giustizia amministrativa.

7. All'udienza sia pubblica sia camerale il presidente del collegio, con l'assistenza del segretario, verifica la funzionalità del collegamento, nonché le presenze e dà atto nel processo verbale delle modalità con cui è accertata l'identità dei soggetti ammessi a partecipare e la loro libera volontà di dar corso all'udienza da remoto, anche relativamente alla disciplina del trattamento dei dati personali, previa dichiarazione da parte dei difensori, dei loro eventuali delegati o delle parti che agiscono in proprio, di aver letto l'informativa di cui al comma 5.

8. All'atto del collegamento e prima di procedere alla discussione, i difensori delle parti o le parti che agiscono in proprio dichiarano, sotto la loro responsabilità, che quanto accade nel corso dell'udienza o della Camera di consiglio non è visto né ascoltato da soggetti non ammessi ad assistere alla udienza o alla Camera di consiglio, nonché si impegnano a non effettuare le registrazioni di cui al comma 11. La dichiarazione dei difensori o delle parti che agiscono in proprio è inserita nel verbale dell'udienza o della Camera di consiglio.

9. Qualora il collegamento risulti impossibile o di difficile utilizzo per ragioni tecniche il presidente del collegio dà le opportune disposizioni ai sensi degli articoli 39 del codice del processo amministrativo, 11 delle disposizioni di attuazione al codice del processo amministrativo e 127 del codice di procedura civile.

10. Il presidente del collegio disciplina l'uso della funzione audio ai fini di dare la parola ai difensori o alle parti e regola l'ammissione e l'esclusione dei difensori o delle altre parti all'udienza stessa. In ogni caso il difensore o la parte, quando siano stati invitati dal presidente ad intervenire, devono attivare la funzione audio.

11. È vietata la registrazione, con ogni strumento e da parte di chiunque, delle udienze pubbliche e camerali, nonché della Camera di consiglio da remoto tenuta dai soli magistrati per la decisione degli affari. È in ogni caso vietato l'uso della messaggistica istantanea interna agli applicativi utilizzati per la videoconferenza e, comunque, di altri strumenti o funzioni idonei a conservare nella memoria del sistema traccia delle dichiarazioni e delle opinioni espresse dai partecipanti all'udienza o alla Camera di consiglio.

12. In caso di discussione orale da remoto in videoconferenza, in udienza sia di merito sia camerale, le

parti contengono i loro interventi di discussione entro i seguenti tempi massimi:

a) in sede di discussione dell'istanza cautelare e nei riti dell'accesso, del silenzio, del decreto ingiuntivo, dell'ottemperanza e, in ogni altro rito speciale non espressamente menzionato nel presente comma: sette minuti;

b) nel rito ordinario, nel rito abbreviato comune di cui all'art. 119 del codice del processo amministrativo, nel rito sui contratti pubblici di cui agli articoli 120 e seguenti del codice del processo amministrativo, nei riti elettorali: dieci minuti.

13. I tempi indicati nel comma 12 sono assegnati a ciascuna parte, indipendentemente dal numero dei difensori che la assistono. Nell'esercizio dei poteri di cui agli articoli 39 del codice del processo amministrativo, 11 disposizioni di attuazione al codice del processo amministrativo e 127 del codice di procedura civile, il presidente del collegio può, tuttavia, stabilire tempi di intervento inferiori o superiori a quelli indicati nel comma 12 in considerazione del numero dei soggetti difesi, della natura e della complessità della controversia, tenendo conto dei tempi massimi esigibili di lavoro quotidiano in videoconferenza, ivi comprese le necessarie pause.

14. Le specifiche tecniche del presente articolo sono stabilite nel testo di cui all'allegato 3 del presente decreto, di cui formano parte integrante.

15. Le disposizioni del presente articolo si applicano, in quanto compatibili, anche alle adunanze convocate per la deliberazione dei ricorsi straordinari al Presidente della Repubblica.

3 Entrata in vigore e abrogazioni.

1. Il presente decreto, che sostituisce il decreto del Presidente del Consiglio di Stato n. 262 del 28 dicembre 2020, pubblicato nella Gazzetta Ufficiale della Repubblica italiana dell'11 gennaio 2021, n. 7, come corretto dal decreto del Presidente del Consiglio di Stato del 1° marzo 2021, pubblicato nella Gazzetta Ufficiale della Repubblica italiana n. 65 del 16 marzo 2021, si applica a decorrere dal quinto giorno successivo a quello della sua pubblicazione nella Gazzetta Ufficiale della Repubblica italiana.

2. Il presente decreto è altresì reso pubblico nel sito istituzionale della Giustizia amministrativa.

TESTO DELL'ALLEGATO 1
Regole tecnico-operative e relative specifiche tecniche di cui all'art. 1.

CAPO I
Disposizioni generali

1
Definizioni.

1. Ai fini del presente allegato si intendono per:

a) codice del processo amministrativo, di seguito denominato CPA: allegato 1 al decreto legislativo 2 luglio 2010, n. 104 e successive modificazioni «Attuazione dell'articolo 44 della legge 18 giugno 2009, n. 69, recante delega al Governo per il riordino del processo amministrativo»;

b) codice dell'amministrazione digitale, di seguito denominato CAD: decreto legislativo 7 marzo 2005, n. 82, recante «Codice dell'amministrazione digitale» e successive modificazioni;

b-bis) linee guida AgID: le linee guida sulla formazione, gestione e conservazione dei documenti informatici adottate ai sensi dell'articolo 71 del CAD e pubblicate sul sito istituzionale di AgID il 12 settembre 2020;

c) codice in materia di protezione dei dati personali, decreto legislativo 30 giugno 2003, n. 196, recante «Codice in materia di protezione dei dati personali», recante disposizioni per l'adeguamento dell'ordinamento nazionale al regolamento (UE) n. 2016/679 del Parlamento europeo e del Consiglio, del 27 aprile 2016, relativo alla protezione delle persone fisiche con riguardo al trattamento dei dati personali, nonché alla libera circolazione di tali dati e che abroga la direttiva 95/46/CE e successive modificazioni e abrogazioni di cui al decreto legislativo 10 agosto 2018, n. 101;

d) sistema informativo della Giustizia amministrativa, di seguito denominato SIGA: l'insieme delle risorse hardware e software, mediante le quali la Giustizia amministrativa tratta in via automatizzata attività, dati, servizi, comunicazioni e procedure riguardanti l'esercizio dei compiti istituzionali inerenti allo svolgimento dell'attività processuale;

e) portale dei servizi telematici: struttura tecnologica-organizzativa che fornisce l'accesso ai servizi telematici resi disponibili dal SIGA, secondo le regole tecnico-operative riportate nel presente decreto;

f) gestore dei servizi telematici: sistema informatico che consente l'interoperabilità tra i sistemi informatici utilizzati dai soggetti abilitati, il portale dei servizi telematici e il gestore di posta elettronica certificata della Giustizia amministrativa;

g) posta elettronica certificata, di seguito denominata PEC: sistema di posta elettronica nel quale è fornita al mittente documentazione elettronica attestante l'invio e la consegna di documenti informatici, di cui all'articolo 1, comma 1, lettera *g*), del decreto del Presidente della Repubblica 11 febbraio 2005, n. 68;

h) upload: sistema di riversamento informatico diretto su server;

i) firma digitale: firma elettronica avanzata basata su un certificato qualificato e su un sistema di chiavi crittografiche, una pubblica e una privata, correlate tra loro, che consente al titolare tramite la chiave privata e al destinatario tramite la chiave pubblica, rispettivamente, di rendere manifesta e di verificare la provenienza e l'integrità di un documento informatico o di un insieme di documenti informatici;

l) fascicolo informatico: versione informatica del fascicolo processuale, di cui all'articolo 5 dell'allegato 2 «Norme di attuazione» del CPA e di quello relativo ad atti e documenti inerenti lo svolgimento dell'attività processuale;

m) documento informatico: la rappresentazione informatica di atti, fatti o dati giuridicamente rilevanti, di cui all'articolo 1, comma 1, lettera *p*), del CAD;

n) copia informatica di documento analogico: il documento informatico avente contenuto identico a quello del documento analogico da cui è tratto, di cui all'articolo 1, comma 1, lettera *i-bis*), del CAD;

o) copia per immagine su supporto informatico del documento analogico: documento informatico avente contenuto e forma identici a quelli del documento analogico da cui è tratto, di cui all'articolo 1, comma 1, lettera *i-ter*), del CAD;

p) copia informatica di documento informatico: il documento informatico avente contenuto identico a quello del documento da cui è tratto su supporto informatico con diversa sequenza di valori binari, di cui all'articolo 1, comma 1, lettera *i-quater*), del CAD;

q) duplicato informatico: il documento informatico ottenuto mediante la memorizzazione, sullo stesso dispositivo o su dispositivi diversi, della medesima sequenza di valori binari del documento originario di cui all'articolo 1, comma 1, lettera *i-quinquies*), del CAD;

r) responsabile del SIGA: Segretariato generale della giustizia amministrativa - Servizio per l'informatica;

s) soggetti abilitati: i soggetti pubblici e privati, interni ed esterni, abilitati all'utilizzo dei servizi telematici della Giustizia amministrativa e ad interagire con il SIGA con modalità telematiche; in particolare si intende: per soggetti abilitati interni, i magistrati e il personale degli uffici giudiziari; per soggetti abilitati esterni, gli ausiliari del giudice, i difensori e le parti pubbliche e private;

s-bis) cooperazione applicativa: sistema di scambio di dati strutturati tra sistemi informativi sulla base di accordi di servizio tra amministrazioni;

t) spam: messaggi indesiderati;

u) software antispam: software che permette di inibire la ricezione di e-mail indesiderate;

v) log: documento informatico contenente la registrazione cronologica di una o più operazioni informatiche, generato automaticamente dal sistema informatico.

2
Ambito di applicazione.

1. Il presente allegato stabilisce le regole tecnico-operative previste dall'articolo 13 delle disposizioni di attuazione del CPA per la realizzazione del processo amministrativo telematico, mediante l'impiego delle tecnologie dell'informazione e della comunicazione.

2. Per le finalità di cui al comma 1, si procede al trattamento dei dati con modalità informatiche automatiche, ai sensi dell'articolo 2-*duodecies* del codice in materia di protezione dei dati personali.

CAPO II
Il sistema informativo della Giustizia amministrativa

3
Organizzazione del sistema informativo della Giustizia amministrativa.

1. Il SIGA è organizzato in conformità alle prescrizioni del CPA, alle disposizioni di legge sul processo amministrativo telematico, al CAD, al regolamento (UE) 2016/679 e al codice in materia di protezione dei dati personali.

2. Il responsabile del SIGA è responsabile della gestione dei sistemi informativi della Giustizia amministrativa.

3. I dati del SIGA sono custoditi nella infrastruttura informatica gestita dalla Giustizia amministrativa che garantisce la sicurezza, la affidabilità, la riservatezza e la non modificabilità dei dati e dei documenti ivi contenuti, ai sensi delle specifiche tecniche di cui all'articolo 19.

4
Compiti del sistema informativo della Giustizia amministrativa.

1. Il SIGA gestisce con modalità informatiche in ogni grado del giudizio la formazione del fascicolo, le operazioni di individuazione del procedimento giurisdizionale, la tenuta dei registri, il deposito, la conservazione, la visualizzazione e l'estrazione di copie degli atti del fascicolo, la pubblicazione dei provvedimenti giurisdizionali, le comunicazioni di segreteria, la trasmissione dei fascicoli ed ogni altra attività inerente o comunque connessa al processo amministrativo telematico.

CAPO III
Il processo amministrativo telematico

5
Fascicolo informatico.

1. Il fascicolo processuale è tenuto sotto forma di fascicolo informatico.

2. Il fascicolo informatico contiene tutti gli atti, gli allegati, i documenti e i provvedimenti del processo amministrativo in forma di documento informatico, ovvero le copie per immagine su supporto informatico dei medesimi atti.

3. Il fascicolo informatico reca l'indicazione:

a) dell'ufficio titolare del ricorso, che sovrintende alla gestione del fascicolo medesimo e cura la correttezza e l'aggiornamento dei dati ivi inseriti;

b) del numero del ricorso;

c) dell'oggetto sintetico del ricorso;

d) dei dati identificativi delle parti e dei difensori;

e) dell'elenco dei documenti in esso contenuti, anche se depositati in forma cartacea ai sensi dell'articolo 9, commi 8 e 9.

4. In esso sono inserite, altresì, informazioni riguardanti:

a) i componenti del collegio e i suoi ausiliari, le parti e i difensori (tipologia di parte; data di costituzione, data di rinuncia; partita IVA/ codice fiscale);

b) l'oggetto del ricorso per esteso, consistente nella precisa indicazione dei provvedimenti impugnati e/o dell'oggetto della domanda proposta nonché l'indicazione della materia del ricorso;

c) le comunicazioni di segreteria nonché le ricevute di PEC ovvero di deposito;

d) le camere di consiglio e le udienze;

e) i ricorsi collegati;

f) il link al contenuto integrale del fascicolo informatico di provenienza, in caso di appello, regolamento di competenza, revocazione e negli altri casi previsti;

g) i provvedimenti impugnati;

h) le spese di giustizia;

i) il patrocinio a spese dello Stato.

5. Il fascicolo informatico costituisce il fascicolo di ufficio ed è formato in modo da garantire la facile reperibilità ed il collegamento degli atti ivi contenuti in relazione alla data di deposito, al contenuto ed alle finalità dei singoli documenti.

6. Con le specifiche tecniche di cui all'articolo 19 sono definite le modalità per il salvataggio dei log relativi alle operazioni di accesso al fascicolo informatico.

7. L'archiviazione, la conservazione e la reperibilità di tutti gli atti del fascicolo redatti sotto forma di documenti informatici è assicurata secondo quanto previsto dalle linee guida AgID.

8. Il segretario dell'ufficio giudiziario competente controlla la regolarità anche fiscale degli atti e dei documenti secondo quanto indicato dalle specifiche tecniche di cui all'articolo 19.

6
Registro generale dei ricorsi e registri telematici particolari.

1. I registri di presentazione dei ricorsi e i registri particolari, di cui agli articoli 1 e 2 delle disposizioni di attuazione del CPA sono gestiti con modalità informatiche, assicurando la numerazione progressiva dei ricorsi, la certezza della data e dell'oggetto delle registrazioni e l'identificazione del soggetto che procede alle registrazioni informatiche, nonché secondo quanto previsto dalle specifiche tecniche di cui all'articolo 19.

2. Sono gestiti con modalità automatizzata, in particolare, i seguenti registri:

a) registro generale dei ricorsi;

b) ricorsi con patrocinio a spese dello Stato;

c) processi verbali;

d) provvedimenti dell'adunanza plenaria;

e) provvedimenti collegiali (escluse le ordinanze cautelari);

f) provvedimenti monocratici (esclusi i decreti cautelari e cautelari ante causam);

g) provvedimenti cautelari (decreti cautelari, decreti cautelari ante causam, ordinanze cautelari);

h) istanze di fissazione di udienza;

i) istanze di prelievo.

7
Provvedimenti del giudice.

1. I provvedimenti del giudice sono redatti e depositati sotto forma di documento informatico sottoscritto con firma digitale. I provvedimenti collegiali sono redatti dall'estensore, da questi sottoscritti e trasmessi telematicamente al presidente del collegio, che li sottoscrive e li trasmette telematicamente alla segreteria per il deposito.

2. Il segretario di sezione sottoscrive con la propria firma digitale i provvedimenti di cui al comma 1, provvede al loro deposito nel fascicolo informatico, alla loro contestuale pubblicazione mediante inserimento nel SIGA, nonché alla loro pubblicità sul sito internet della Giustizia amministrativa, con le cautele previste dalla normativa in materia di protezione dei dati personali e, in particolare, nel rispetto degli articoli 51 e 52 del codice in materia di protezione dei dati personali, e successive modificazioni, secondo le modalità stabilite dalle specifiche tecniche di cui all'articolo 19.

3 Il deposito del documento redatto su supporto cartaceo e sottoscritto con firma autografa è consentito esclusivamente quando il responsabile del SIGA attesta che il sistema informatico non è in grado di ricevere il deposito telematico degli atti a causa dell'oggettiva impossibilità di funzionamento del SIGA. Analogamente si procede nei casi in cui il responsabile del SIGA attesta che il sistema informatico non è in grado di ricevere il deposito telematico degli atti a causa della temporanea impossibilità di funzionamento del SIGA. In tali casi, il segretario di sezione, dopo avere proceduto alla sottoscrizione, deposito e pubblicazione del documento con modalità telematiche ove possibile - o altrimenti apponendovi la propria firma autografa e procedendo al deposito e pubblicazione del provvedimento con modalità analogiche -, provvede ad estrarre copia informatica, anche per immagine, dei provvedimenti depositati, nei formati stabiliti dalle specifiche tecniche di cui all'articolo 19 e la inserisce nel fascicolo informatico.

4. Il deposito dei provvedimenti con modalità informatiche sostituisce, ad ogni effetto, il deposito con modalità cartacee.

8
Procura alle liti e conferimento dell'incarico di assistenza e difesa.

1. La procura alle liti è autenticata dal difensore, nei casi in cui è il medesimo a provvedervi, mediante apposizione della firma digitale.

2. Nei casi in cui la procura è conferita su supporto cartaceo, il difensore procede al deposito telematico della copia per immagine su supporto informatico, compiendo l'asseverazione prevista dall'art. 22, comma 2, del CAD con l'inserimento della relativa dichiarazione nel medesimo o in un distinto documento sottoscritto con firma digitale.

3. La procura alle liti si considera apposta in calce all'atto cui si riferisce:

a) quando è rilasciata su documento informatico separato depositato con modalità telematiche unitamente all'atto a cui si riferisce;

b) quando è rilasciata su foglio separato del quale è estratta copia informatica, anche per immagine, depositato con modalità telematiche unitamente all'atto a cui si riferisce.

4. In caso di ricorso collettivo, ove le procure siano conferite su supporti cartacei, il difensore inserisce in un unico file copia per immagine di tutte le procure.

9
Atti delle parti e degli ausiliari del giudice.

1. Salvo diversa espressa previsione, il ricorso introduttivo, le memorie, il ricorso incidentale, i motivi aggiunti e qualsiasi altro atto del processo, anche proveniente dagli ausiliari del giudice, sono redatti in formato di documento informatico sottoscritto con firma digitale conforme ai requisiti di cui all'art. 24 del CAD.

2. Salvo quanto previsto nei commi 8 e 9, il deposito degli atti processuali e dei documenti allegati avviene esclusivamente per via telematica.

3. Il deposito degli atti e dei documenti di cui al comma 1, effettuato mediante posta elettronica certificata, è tempestivo quando entro le ore 24 del giorno di scadenza è generata la ricevuta di avvenuta accettazione, ove il deposito risulti, anche successivamente, andato a buon fine secondo quanto previsto dalle specifiche tecniche di cui all'art. 19. Se al mittente perviene il messaggio di mancata consegna della PEC di deposito, l'attività di deposito deve essere ripetuta con il medesimo contenuto e ai fini della rimessione in termini da parte del giudice, ove la mancata consegna sia dipesa da cause non imputabili al mittente, deve essere allegato il messaggio di mancata consegna unitamente alla ricevuta di avvenuta accettazione generata tempestivamente.

4. Nei casi in cui il codice prevede il deposito di atti o documenti sino al giorno precedente la trattazione di una domanda in Camera di consiglio, il deposito effettuato con modalità telematiche deve avvenire entro le ore 12,00 dell'ultimo giorno consentito.

5. Quando il messaggio di posta elettronica certificata eccede la dimensione massima gestibile dalla casella del mittente, il deposito degli atti o dei documenti può essere eseguito mediante l'invio di più messaggi di posta elettronica certificata. In tal caso il deposito, ove andato a buon fine, si perfeziona con la generazione dell'ultima ricevuta di accettazione. Si applica la disposizione di cui al secondo periodo del comma 3.

6. Nel caso in cui, per ragioni tecniche o per la particolare dimensione del documento, il deposito non può avvenire mediante PEC ad esso può procedersi mediante upload attraverso il sito istituzionale. In tal caso, ai fini del rispetto dei termini, il deposito si considera perfezionato all'atto della registrazione dell'invio da parte del SIGA.

7. La protocollazione degli atti e dei documenti di cui al comma 1, attestata da un successivo messaggio PEC di avvenuta protocollazione, è effettuata secondo le specifiche tecniche di cui all'art. 19.

8. Nel corso del giudizio, il giudice può, per specifiche e motivate ragioni tecniche, ordinare o autorizzare il deposito di copia cartacea o su supporto informatico ovvero su diverso supporto di singoli atti e documenti. In questo caso viene fatta menzione del deposito in copia cartacea nell'indice del fascicolo. Con le stesse modalità si procede nei casi di produzione autorizzata di documenti ai sensi dell'art. 55, commi 7 e 8, del CPA nonché nei casi di cui all'art. 10, comma 5, del decreto del Presidente della Repubblica 15 luglio 1988, n. 574, e nei casi di dispensa dal deposito telematico di cui all'art. 136, comma 2, del CPA.

9. Nei casi di oggettiva impossibilità di funzionamento del SIGA, attestata dal responsabile del SIGA secondo quanto previsto dall'art. 7, comma 3, e, negli altri casi di cui al comma 8, gli atti e documenti depositati in formato cartaceo sono acquisiti dalla segreteria dell'ufficio giudiziario, che, salva la ricorrenza di ragioni tecniche ostative o di contrarie disposizioni del presidente nei casi di cui all'art. 136, comma 2, del CPA, provvede ad effettuarne copia informatica ed inserirla nel fascicolo informatico, apponendo la firma digitale, ai sensi dell'art. 22 del CAD.

10. Gli atti e documenti depositati in formato cartaceo dei quali non è effettuata copia informatica per le ragioni di cui al comma 9 sono raccolti e conservati in un fascicolo cartaceo che riporta gli elementi identificativi del procedimento nel cui ambito è stato operato il deposito. Tale fascicolo forma parte integrante del fascicolo informatico ed è formato e tenuto con le modalità di cui all'art. 5 delle disposizioni di attuazione del CPA.

11. Gli indirizzi PEC degli uffici giudiziari utilizzabili per il deposito di cui al presente articolo sono pubblicati sul portale internet della Giustizia amministrativa.

10
Atti del segretario.

1. Il processo verbale dell'udienza pubblica e dei procedimenti in camera di consiglio, redatto come documento informatico, è sottoscritto con firma digitale da chi presiede l'udienza o la camera di consiglio e dal segretario di udienza ed è conservato con modalità informatiche.

2. Gli atti redatti dal segretario dell'ufficio giudiziario riguardanti ogni singolo giudizio sono sottoscritti con firma digitale e sono inseriti nel fascicolo informatico.

3. Con le stesse modalità si procede per la redazione del processo verbale nei casi di cui all'art. 10, comma 2, del decreto del Presidente della Repubblica 15 luglio 1988, n. 574.

4. Nei casi di impossibilità di funzionamento del SIGA attestati dal responsabile del SIGA il processo verbale dell'udienza pubblica e della camera di consiglio, nonché gli atti redatti dal Segretario dell'ufficio giudiziario riguardanti ogni singolo giudizio, sono sottoscritti con firma autografa e degli stessi viene prodotta copia informatica nei formati stabiliti dalle specifiche tecniche di cui all'art. 19. Tali copie sono inserite nel fascicolo informatico subito dopo la cessazione dell'indisponibilità di SIGA.

11
Formato degli atti, dei documenti e modalità di deposito.

1. I formati degli atti, dei documenti informatici e delle copie informatiche dei documenti analogici allegati agli atti del processo, nonché le modalità di deposito di atti, documenti e verbali sono stabiliti dalle specifiche tecniche di cui all'art. 19.

12
Trasmissione dei fascicoli con modalità telematiche.

1. La trasmissione telematica da parte dei tribunali amministrativi regionali e del Tribunale regionale di giustizia amministrativa del Trentino-Alto Adige del fascicolo informatico di primo grado al Consiglio di Stato o al Consiglio di giustizia amministrativa per la Regione Siciliana, tramite SIGA, avviene con modalità finalizzate ad assicurarne la data certa, nonché l'integrità, l'autenticità e la riservatezza secondo quanto stabilito dalle specifiche tecniche di cui all'art. 19.

2. La trasmissione del fascicolo informatico o di singoli atti dello stesso, nei casi consentiti dalla normativa vigente, da e verso organi giurisdizionali diversi da quelli indicati al comma 1 avviene, in ogni stato e grado del giudizio,

per via telematica su canale sicuro oppure attraverso cooperazione applicativa.

3. Ove formato, viene altresì trasmesso agli organi giurisdizionali di cui ai commi 1 e 2 il fascicolo cartaceo di cui all'art. 9, comma 10.

13
Comunicazioni per via telematica.

1. Le comunicazioni di segreteria sono effettuate esclusivamente con modalità telematiche, nei confronti di ciascun avvocato componente il collegio difensivo ovvero, alternativamente, nei confronti dell'avvocato domiciliatario eventualmente nominato, agli indirizzi PEC risultanti dai pubblici elenchi; per l'Avvocatura dello Stato e gli altri soggetti pubblici le comunicazioni sono effettuate ai sensi dell'art. 47, comma 1, del CAD, attraverso canale sicuro oppure attraverso cooperazione applicativa.

2. Le comunicazioni di segreteria sono altresì effettuate a mezzo PEC nei confronti di qualsiasi soggetto tenuto per legge a dotarsi di PEC, agli indirizzi PEC risultanti dai pubblici elenchi, da acquisirsi secondo le modalità di cui alle specifiche tecniche di cui all'art. 19.

3. Le comunicazioni nei confronti delle pubbliche amministrazioni sono effettuate esclusivamente agli indirizzi PEC di cui all'art. 16, comma 12, del decreto-legge 18 ottobre 2012, n. 179, convertito, con modificazioni, dalla legge 17 dicembre 2012, n. 221, e successive modificazioni.

4. Con modalità telematiche si procede altresì alle comunicazioni nei confronti di qualsiasi soggetto processuale che, pur non essendovi obbligato ex lege, abbia comunicato alla segreteria dell'ufficio giudiziario presso cui è stato incardinato il ricorso di voler ricevere le comunicazioni con PEC. In tal caso è specificamente indicato l'indirizzo PEC al quale si intendono ricevere le comunicazioni, con efficacia limitata al ricorso per cui tale comunicazione è resa.

5. Le comunicazioni di cui ai commi da 1 a 4 sono effettuate mediante invio di un messaggio dall'indirizzo PEC dell'ufficio giudiziario mittente, secondo quando precisato nelle specifiche tecniche di cui all'art. 19, all'indirizzo di posta elettronica certificata del destinatario.

6. La comunicazione a mezzo PEC da parte dell'ufficio giudiziario si intende perfezionata nel momento in cui viene generata la ricevuta di avvenuta consegna da parte del gestore di posta elettronica certificata del destinatario e produce gli effetti di cui agli articoli 45 e 48 del CAD.

7. Qualora non sia possibile procedere alla comunicazione telematica per cause imputabili al malfunzionamento del SIGA, il segretario della sezione procede ad effettuare la comunicazione a mezzo fax e, nel caso di ulteriore impossibilità, procede secondo le modalità descritte nell'art. 45 delle disposizioni di attuazione del codice di procedura civile.

8. Le ricevute di avvenuta consegna e gli avvisi di mancata consegna sono conservati nel fascicolo informatico.

9. Quando la comunicazione a mezzo PEC non risulta andata a buon fine per causa imputabile al destinatario, attestata dalla ricevuta di mancata consegna secondo quanto previsto dalle regole tecniche della posta elettronica certificata di cui al decreto del Ministro per l'innovazione e le tecnologie 2 novembre 2005, pubblicato nella Gazzetta Ufficiale n. 266 del 15 novembre 2005, la comunicazione si ha per eseguita con il deposito del provvedimento nel fascicolo informatico, secondo quanto previsto dalle specifiche tecniche di cui all'art. 19.

10. La comunicazione di un atto che contiene i dati personali di cui all'art. 9 del regolamento (UE) n. 2016/679 del Parlamento europeo e del Consiglio del 27 aprile 2016 è effettuata per estratto con contestuale messa a disposizione dell'atto integrale nel fascicolo elettronico accessibile agli aventi diritto attraverso l'apposita sezione del portale dei servizi telematici, con modalità tali da garantire l'identificazione dell'autore dell'accesso e la tracciabilità delle relative attività, secondo quanto stabilito dalle specifiche tecniche di cui all'art. 19.

11. Le disposizioni del presente articolo si applicano anche alle comunicazioni di cui all'art. 10, comma 4, del decreto del Presidente della Repubblica 15 luglio 1988, n. 574, fatta eccezione per le comunicazioni all'istante o al concessionario che non abbiano espressamente dichiarato di voler ricevere le comunicazioni con modalità telematica.

14
Notificazioni per via telematica.

1. I difensori possono eseguire la notificazione a mezzo PEC a norma dell'art. 3-*bis* della legge 21 gennaio 1994, n. 53.

2. Le notificazioni di atti processuali alle amministrazioni non costituite in giudizio sono eseguite agli indirizzi PEC di cui all'art. 16, comma 12, del decreto-legge 18 ottobre 2012, n. 179, convertito, con modificazioni, dalla legge 17 dicembre 2012, n. 221 e successive modificazioni, fermo quanto previsto dal regio decreto 30 ottobre 1933, n. 1611.

3. Ai fini della prova in giudizio della notificazione a mezzo PEC, le ricevute di avvenuta consegna contengono anche la copia completa del messaggio di posta elettronica certificata consegnato, secondo quanto previsto nell'art. 6, comma 4, del decreto del Presidente della Repubblica 11 febbraio 2005, n. 68.

4. Le ricevute di cui all'art. 3-*bis*, comma 3, della legge 21 gennaio 1994, n. 53, la relazione di notificazione di cui al comma 5 dello stesso articolo e la procura alle liti sono depositate, unitamente al ricorso, agli altri atti e documenti processuali, esclusivamente sotto forma di documenti informatici, con le modalità telematiche stabilite dalle specifiche tecniche di cui all'art. 19.

5. Qualora la notificazione non sia eseguita con modalità telematiche, la copia informatica degli atti relativi alla notificazione deve essere depositata nel fascicolo informatico secondo quanto previsto dalle specifiche tecniche di cui all'art. 19. In tale caso l'asseverazione prevista dall'art. 22, comma 2, del CAD è operata con inserimento della dichiarazione di conformità all'originale nel medesimo o in un documento informatico separato.

6. Nei casi di cui al comma 1, la prova della notificazione è fornita con modalità telematiche. Qualora tale prova non sia possibile per effetto della indisponibilità del SIGA, resa nota ai difensori con le modalità definite dal responsabile del SIGA anche attraverso il sito web della Giustizia amministrativa, il difensore procede ai sensi dell'art. 9, comma 1-*bis*, della legge 21 gennaio 1994, n. 53. In tal caso, la segreteria dell'ufficio giudiziario presso cui l'atto notifi-

cato è depositato procede tempestivamente ad estrarre copia informatica degli atti depositati ai fini dell'inserimento nel fascicolo informatico.

7. Nei casi di cui all'art. 129, comma 3, lettera *a*), del CPA, il ricorso redatto nella forma del documento informatico può essere notificato anche direttamente dal ricorrente ai sensi dell'art. 3-*bis* della legge 21 gennaio 1994, n. 53, in quanto compatibile, secondo quanto previsto nelle specifiche tecniche di cui all'art. 19.

15
Requisiti della casella di PEC del soggetto abilitato esterno.

1. Il difensore e gli altri soggetti abilitati all'utilizzo della PEC a fini processuali, fermi restando gli obblighi previsti dal decreto del Presidente della Repubblica 11 febbraio 2005, n. 68 e dal decreto del Ministro per l'innovazione e le tecnologie 2 novembre 2005, pubblicato nella Gazzetta Ufficiale n. 266 del 15 novembre 2005, sono tenuti ad utilizzare servizi di gestori che:

a) utilizzano software antispam idonei a prevenire la trasmissione di messaggi di posta elettronica indesiderati;

b) utilizzano software idonei a verificare l'assenza di virus informatici per ogni messaggio in arrivo e in partenza;

c) conservano, con ogni mezzo idoneo, le ricevute di avvenuta consegna dei messaggi trasmessi al dominio della Giustizia amministrativa;

d) dispongono di uno spazio-disco minimo, definito nelle specifiche tecniche di cui all'art. 19;

e) sono dotati di un servizio automatico per la verifica della effettiva disponibilità dello spazio della casella PEC a disposizione e di un avviso sull'imminente saturazione della casella stessa.

16
Richiesta delle copie di atti e documenti del fascicolo processuale.

1. La parte interessata procede alla richiesta di rilascio di duplicato informatico o di copia informatica, anche per immagine, degli atti contenuti nel fascicolo informatico, alla segreteria dell'ufficio giudiziario presso cui è incardinato il ricorso.

2. La segreteria dell'ufficio giudiziario comunica alla parte richiedente l'importo del diritto dovuto per il rilascio, con mezzi telematici.

3. Alla richiesta di copia è associato un identificativo univoco che, in caso di pagamento dei diritti di copia non contestuale, viene evidenziato nel sistema informatico per consentire il versamento secondo le modalità previste dal decreto del Presidente della Repubblica 30 maggio 2002, n. 115 e successive modificazioni.

4. La ricevuta telematica è associata all'identificativo univoco.

5. Il rilascio di copia conforme di atti e documenti del processo avviene di norma a mezzo PEC con invio all'indirizzo di posta elettronica certificata del richiedente, secondo le specifiche tecniche di cui all'art. 19.

6. La conformità dell'atto all'originale digitale o analogico contenuto nel fascicolo processuale è attestata dalla sottoscrizione della PEC da parte del segretario, con apposizione della propria firma digitale, o, nel caso di rilascio cartaceo, con firma autografa. Qualora siano richieste più copie del medesimo atto o documento, la conformità deve essere attestata separatamente per ciascuna di esse anche se inoltrate via PEC.

7. Il diritto di copia senza certificazione di conformità non è dovuto quando la copia è estratta dal fascicolo informatico dai soggetti abilitati ad accedervi.

17
Accesso al fascicolo informatico.

1. L'accesso al fascicolo informatico dei procedimenti come risultanti dal SIGA, secondo le modalità stabilite dalle specifiche tecniche di cui all'art. 19, è consentito al presidente o al magistrato delegato per i provvedimenti monocratici, a ciascun componente il collegio giudicante nonché, nei limiti di cui al comma 2, agli ausiliari del giudice.

2. Gli ausiliari del giudice accedono ai servizi di consultazione nel limite dell'incarico ricevuto e dell'autorizzazione concessa dal giudice.

3. L'accesso di cui al comma 1 è altresì consentito ai difensori muniti di procura, agli avvocati domiciliatari, alle parti personalmente nonché, previa autorizzazione del giudice, a coloro che intendano intervenire volontariamente nel giudizio.

4. In caso di delega, il SIGA consente l'accesso ai fascicoli dei procedimenti patrocinati dal delegante previa comunicazione, a cura di parte, di copia della delega stessa, o di dichiarazione del sostituto da cui risulti il conferimento di delega verbale, al responsabile dell'ufficio giudiziario, che provvede ai conseguenti adempimenti. L'accesso è consentito fino alla comunicazione della revoca della delega.

5. La delega o la dichiarazione, sottoscritta con firma digitale, è redatta in conformità alle specifiche tecniche di cui all'art. 19.

6. Fermo quanto previsto dal comma 3, gli avvocati e i procuratori dello Stato, individuati ed identificati anche attraverso meccanismi di cooperazione applicativa, accedono alle informazioni contenute nei fascicoli dei procedimenti nei quali è parte un soggetto che si avvale o può avvalersi del patrocinio dell'Avvocatura dello Stato.

7. L'identificazione informatica dei soggetti cui è consentito l'accesso ai sensi del presente articolo avviene in conformità all'art. 64 del CAD secondo le modalità previste dalle specifiche tecniche di cui all'art. 19.

18
Servizi di consultazione.

1. I dati identificativi delle questioni pendenti, le sentenze e le altre decisioni depositate nel fascicolo informatico sono resi accessibili, nei termini di cui all'art. 56 del CAD, tramite il portale dei servizi telematici della Giustizia amministrativa ai sensi degli articoli 51 e 52 del codice in materia di protezione dei dati personali, e successive modificazioni, secondo quanto stabilito nelle specifiche tecniche di cui all'art. 19.

19
Specifiche tecniche.

1. Le specifiche tecniche per l'esecuzione del presente allegato sono disciplinate nell'allegato 2.

2. I parametri tecnici sono adeguati ed aggiornati in base all'evoluzione scientifica e tecnologica dal responsabile del SIGA, previa comunicazione al Consiglio di presidenza della giustizia amministrativa, sentita l'Agenzia per l'Italia digitale e, limitatamente ai profili inerenti la protezione dei dati personali, sentito il Garante per la protezione dei dati personali, e le modifiche sono pubblicate sul sito web della Giustizia amministrativa.

20
Verifica dello stato di attuazione del processo amministrativo telematico.

1. Il responsabile del SIGA trasmette, con cadenza semestrale, alla Presidenza del Consiglio dei ministri, una relazione sullo stato di attuazione del processo amministrativo telematico, prospettando eventuali ragioni di modifica del presente allegato, previa intesa con il Consiglio di presidenza della giustizia amministrativa.

21
Disposizioni finali.

1. Salvo quanto previsto dai commi 2, 3 e 4, le disposizioni del presente allegato si applicano a partire dal 1° luglio 2016, data di introduzione del processo amministrativo telematico.

Testo dell'Allegato 2
Specifiche tecniche

(*Omissis*)

Testo dell'Allegato 3
Specifiche tecniche per le udienze da remoto

(*Omissis*)

44. Decreto legge 31 agosto 2016, n. 168, convertito, con modificazioni, in legge 25 ottobre 2016, n. 197. — Misure urgenti per la definizione del contenzioso presso la Corte di cassazione, per l'efficienza degli uffici giudiziari, nonché per la giustizia amministrativa. (*estratto*).

Pubblicato nella Gazzetta Ufficiale del 31 agosto 2016, n. 203; la legge di conversione è stata pubblicata nella Gazzetta Ufficiale n. 254 del 29 ottobre 2016.

1-6 (*Omissis*).

7 Disposizioni sul processo amministrativo telematico

(*Omissis*).

3. Le modifiche introdotte dal presente articolo, nonché quelle disposte dall'articolo 20, comma 1-*bis*, del decreto-legge 27 giugno 2015, n. 83, convertito, con modificazioni, dalla legge 6 agosto 2015, n. 132, come modificato dal presente articolo, hanno efficacia con riguardo ai giudizi introdotti con i ricorsi depositati, in primo o in secondo grado, a far data dal 1° gennaio 2017; ai ricorsi depositati anteriormente a tale data, continuano ad applicarsi, fino all'esaurimento del grado di giudizio nel quale sono pendenti alla data stessa e comunque non oltre il 1° gennaio 2018, le norme vigenti alla data di entrata in vigore del presente decreto (1).

[4. A decorrere dal 1° gennaio 2017 [e sino al 1° gennaio 2018] per i giudizi introdotti con i ricorsi depositati, in primo o in secondo grado, con modalità telematiche deve essere depositata, anche a mezzo del servizio postale (2), almeno una copia cartacea del ricorso e degli scritti difensivi, con l'attestazione di conformità al relativo deposito telematico] (3).

5. Le disposizioni sul processo amministrativo telematico contenute negli allegati al decreto legislativo 2 luglio 2010, n. 104, non si applicano alle controversie di cui all'articolo 22 e agli articoli 39 e seguenti del Capo V della legge 3 agosto 2007, n. 124.

(*omissis*)

6. Al fine di garantire la sicurezza del sistema informativo della giustizia amministrativa (SIGA) a decorrere dal 1° gennaio 2017 i depositi telematici degli atti processuali e dei documenti sono effettuati dai difensori e dalle Pubbliche amministrazioni mediante l'utilizzo esclusivo di un indirizzo di posta elettronica certificata risultante dai pubblici elenchi, gestiti dal Ministero della giustizia.

7. Al fine di assicurare il costante coordinamento delle attività relative all'avvio del processo amministrativo telematico, di garantire le disponibilità delle risorse umane e strumentali occorrenti nonché di verificare il rispetto dei connessi obblighi di servizio, è istituita una commissione di monitoraggio, presieduta dal presidente aggiunto del Consiglio di Stato e composta dal presidente di tribunale amministrativo regionale con la maggiore anzianità di ruolo, dal segretario generale della giustizia amministrativa, dal responsabile del servizio centrale per l'informatica e le tecnologie di comunicazione, nonché da altri componenti aventi particolari competenze tecniche, anche esterni all'amministrazione, scelti dal consiglio di presidenza della giustizia amministrativa in misura non superiore a due, di cui uno nell'ambito di un elenco di tre soggetti indicati dal Consiglio nazionale forense e uno nell'ambito di un elenco di tre soggetti indicati dalle associazioni specialistiche più rappresentative di cui all'articolo 35, comma 1, lettera s), della legge 31

dicembre 2012, n. 247, nel settore del diritto amministrativo. La partecipazione alla commissione è obbligatoria e a titolo totalmente gratuito. La commissione si avvale del personale e delle risorse strumentali e logistiche del segretariato generale della giustizia amministrativa. Il presidente aggiunto del Consiglio di Stato riferisce mensilmente al consiglio di presidenza della giustizia amministrativa sull'andamento dei lavori della commissione e propone le eventuali modifiche organizzative che si rendono necessarie per la migliore funzionalità del processo amministrativo telematico. Alle sedute del consiglio di presidenza della giustizia amministrativa nelle quali possono essere adottate misure finalizzate ad assicurare la migliore funzionalità del processo amministrativo telematico partecipano, con diritto di voto in relazione all'adozione di tali misure, il presidente aggiunto del Consiglio di Stato ed il presidente di tribunale amministrativo regionale con la maggiore anzianità di ruolo.

(*omissis*)

8-*bis*. A decorrere dal 1° gennaio 2017, i pareri resi dal Consiglio di Stato e dal Consiglio di giustizia amministrativa per la Regione siciliana e gli atti delle segreterie relativi all'attività consultiva sono sottoscritti con firma digitale.

(*omissis*)

8-*quater*. Le disposizioni in materia di contenzioso sulle operazioni elettorali relative al rinnovo degli organi elettivi dei comuni, delle province e delle regioni, previste dal libro quarto, titolo VI, del codice del processo amministrativo, di cui all'allegato 1 al decreto legislativo 2 luglio 2010, n. 104, si applicano anche al contenzioso sulle operazioni elettorali delle città metropolitane.

8-*quinquies*. Dalle disposizioni del presente articolo non devono derivare nuovi o maggiori oneri a carico del bilancio dello Stato.

(1) *Per le modifiche introdotte dal presente articolo, v. sub artt. 25 e 136 del Codice (sub VI, 37) e artt. 3, 4, 5, 13 e 13-*bis *delle Norme di attuazione al Codice (sub VI, 38).*

(2) *Le parole* « , anche a mezzo del servizio postale, » *sono state inserite dall'art. 84, comma 10, d.l. 17 marzo 2020, n. 18, conv., con modif., in l. 24 aprile 2020, n. 27. L'ultimo periodo dello stesso comma 10, poi soppresso dall'art. 4, comma 1 d.l. 30 aprile 2020, n. 28, conv., con modif., in l. 25 giugno 2020, n. 70, disponeva che dall'8 marzo e fino al 30 giugno 2020 fosse sospeso l'obbligo di cui al presente comma. V. anche quanto disposto dall'art. 3 d.l. 8 marzo 2020, n. 11, poi abrogato dall'art. 84, comma 11, d.l. n. 18, cit., il quale disponeva la sospensione dell'obbligo di cui al presente comma dall'8 marzo 2020 al 31 maggio 2020.*

(3) *Comma modificato dall'art. 130-*bis*, comma 1-*bis *del D.P.R. 30 maggio 2002, n. 115, come modificato dall'articolo 15, comma 1, del D.L 4 ottobre 2018, n. 113, convertito con modificazioni dalla Legge 1° dicembre 2018, n. 132, che ha eliminato le parole « e sino al 1° gennaio 2018 » e dall'art. 1, comma 1150, l. 27 dicembre 2017, n. 205 e successivamente* **abrogato** *dall'art. 4, comma 1 d.l. n. 28, cit.*

7-*bis* Sinteticità e chiarezza degli atti di parte (1).

(1) *Articolo che apporta modifiche al c.p.a. e alle relative norme di attuazione.*

8 Ufficio per il processo amministrativo.

1. Al fine di garantire la ragionevole durata del processo e la piena attuazione del processo amministrativo telematico, dopo l'articolo 53-*bis* della legge 27 aprile 1982, n. 186, è inserito il seguente:

« Art. 53-*ter* (*Ufficio per il processo*). – 1. A supporto dell'attività dei magistrati amministrativi sono costituite strutture organizzative interne degli uffici di segreteria del Consiglio di Stato, del Consiglio di giustizia amministrativa per la regione siciliana, dei tribunali amministrativi regionali, denominate: "ufficio per il processo", mediante l'utilizzo, nell'ambito della dotazione organica di cui alla tabella A allegata al decreto-legge 31 agosto 2016, n. 168, e di cui agli articoli 19-*ter* e 19-*quater* del decreto del Presidente della Repubblica 6 aprile 1984, n. 426, del personale di segreteria di area funzionale III. Alla suddetta attività possono, altresì, concorrere coloro che svolgono, presso i predetti uffici, il tirocinio formativo a norma dell'articolo 73 del decreto-legge 21 giugno 2013, n. 69, convertito, con modificazioni, dalla legge 9 agosto 2013, n. 98, o la formazione professionale a norma dell'articolo 37, comma 5, del decreto-legge 6 luglio 2011, n. 98, convertito, con modificazioni, dalla legge 15 luglio 2011, n. 111, o il tirocinio disciplinato dal regolamento di cui al decreto del Ministro della giustizia 17 marzo 2016, n. 70, recante la disciplina per lo svolgimento del tirocinio per l'accesso alla professione forense ai sensi dell'articolo 41, comma 13, della legge 31 dicembre 2012, n. 247. Con il regolamento di organizzazione di cui all'articolo 53-*bis*, sono individuati i compiti e l'organizzazione dell'ufficio per il processo, anche, se del caso, prevedendo un unico ufficio per una pluralità di sezioni dell'ufficio giudiziario, nonché eventualmente fissando il limite dimensionale minimo dell'ufficio giudiziario, necessario per l'attivazione dell'ufficio per il processo. ».

2. Le disposizioni attuative del comma 1 sono emanate entro sei mesi dalla data di entrata in vigore della legge di conversione del presente decreto. All'attuazione delle disposizioni di cui al presente articolo si provvede con le risorse umane, strumentali e finanziarie previste a legislazione vigente e senza nuovi o maggiori oneri per la finanza pubblica.

10 Proroga degli effetti del trattenimento in servizio di magistrati amministrativi e contabili e avvocati dello Stato.

1. Al fine di salvaguardare la funzionalità della giustizia amministrativa e in particolare delle funzioni consultive e giurisdizionali del Consiglio di Stato, le disposizioni dell'articolo 5, comma 1, si applicano anche ai magistrati del Consiglio di Stato nella posizione equivalente ai magistrati ordinari individuati allo stesso articolo 5, comma 1, che non abbiano compiuto il settantesimo anno di età al 31 dicembre 2016.

2. Per assicurare la funzionalità della Avvocatura dello Stato, le disposizioni dell'articolo 5, comma 1, si applicano anche agli avvocati dello Stato nella posizione equivalente ai magistrati ordinari individuati allo stesso articolo 5, comma 1, che non abbiano compiuto il settantesimo anno di età alla data del 31 dicembre 2016.

3. Al fine di salvaguardare la piena funzionalità della Corte dei conti, gli effetti dell'articolo 1, comma 3, del

decreto-legge 24 giugno 2014, n. 90, convertito, con modificazioni, dalla legge 11 agosto 2014, n. 114, sono differiti al 31 dicembre 2017 per i magistrati contabili in servizio, con funzioni direttive o semidirettive, che non abbiano compiuto il settantesimo anno di età alla data del 31 dicembre 2016 e che debbano essere collocati a riposo nel periodo compreso fra la medesima data del 31 dicembre 2016 e il 30 dicembre 2017. Per tutti gli altri magistrati contabili resta fermo il termine ultimo di permanenza in servizio stabilito dal citato articolo 1, comma 3, del decreto-legge n. 90 del 2014.

45. Decreto legge 28 settembre 2018, n. 109, convertito, con modificazioni, dalla legge 16 novembre 2018, n. 130. — Disposizioni urgenti per la città di Genova, la sicurezza della rete nazionale delle infrastrutture e dei trasporti, gli eventi sismici del 2016 e 2017, il lavoro e le altre emergenze (Decreto Genova) (*estratto*).

Pubblicato nella Gazzetta Ufficiale del 28 Settembre 2018, n. 226; la legge di conversione è stata pubblicata nella Gazzetta Ufficiale n. 269 del 19 novembre 2018.

Visti gli articoli 77 e 87 della Costituzione;

Considerata la necessità di garantire misure urgenti a sostegno della popolazione colpita dall'evento del crollo di un tratto del viadotto Polcevera dell'autostrada A10, nel Comune di Genova, noto come ponte Morandi, avvenuto nella mattinata del 14 agosto 2018, nonché per le attività di demolizione del viadotto e di realizzazione di infrastrutture necessarie ad assicurare la viabilità nel Comune di Genova e nelle relative aree portuali, in termini di continuità rispetto alle iniziative intraprese dal Commissario delegato nominato con ordinanza del Capo del Dipartimento della Protezione civile n. 539 del 20 agosto 2018;

Considerato che l'evento del crollo del tratto del viadotto Polcevera dell'autostrada A10 ha provocato, tra l'altro, l'evacuazione di nuclei familiari dalle proprie abitazioni, gravi danneggiamenti alle infrastrutture stradali e ferroviarie tali da prefigurare il collasso del sistema trasportistico della città di Genova e della Regione Liguria e conseguentemente dei traffici portuali, la forzata interruzione delle attività economiche e produttive che avevano sede nelle zone colpite dall'evento;

Considerata la straordinaria necessità ed urgenza di intraprendere ogni occorrente iniziativa volta al ripristino delle normali condizioni di vita della popolazione colpita dall'evento, assicurando idonei interventi di natura fiscale, anche finalizzati alla concessione di contributi per la ricostruzione degli immobili distrutti o danneggiati a seguito dell'evento, nonché il ripristino della funzionalità dei servizi pubblici e delle infrastrutture di rete, accelerando e semplificando le procedure per l'affidamento di lavori, forniture e servizi in relazione alle esigenze del contesto emergenziale che impongono il ricorso a poteri straordinari in deroga alla normativa vigente;

Considerata la necessità di disporre interventi urgenti per la riparazione, la ricostruzione, l'assistenza alla popolazione e la ripresa economica nei territori dei Comuni di Casamicciola Terme, Forio, Lacco Ameno dell'Isola di Ischia interessati dagli eventi sismici verificatisi il giorno 21 agosto 2017;

Considerata la necessità di disporre misure urgenti per garantire la continuità ed efficacia dell'attività mirata alla ricostruzione nelle zone dell'Italia centrale colpite dagli eventi sismici verificatisi negli anni 2016 e 2017;

Considerata l'urgenza di superare situazioni di criticità nella gestione dei fanghi di depurazione;

Ritenuto necessario costituire anche uno specifico archivio informatico per monitorare, tra l'altro, lo stato di conservazione e manutenzione delle opere pubbliche nazionali e dei beni culturali immobili;

Ritenuto necessario ed urgente operare il monitoraggio dinamico di quelle infrastrutture stradali e autostradali che presentano condizioni di criticità, mediante l'utilizzo di apparati per il controllo strumentale costante delle condizioni di sicurezza nonché dettare specifiche disposizioni riguardanti la sicurezza delle infrastrutture stradali e le competenze dell'Autorità di regolazione dei trasporti;

Ritenuta l'urgenza di promuovere la realizzazione di interventi di messa in sicurezza degli edifici scolastici;

Ritenuto necessario stabilire misure urgenti per il trattamento straordinario di integrazione salariale per le imprese in crisi e per la continuità aziendale di imprese in difficoltà;

Vista la deliberazione del Consiglio dei ministri, adottata nella riunione del 13 settembre 2018;

Sulla proposta del Presidente del Consiglio dei ministri e del Ministro delle infrastrutture e dei trasporti, di concerto con i Ministri dello sviluppo economico e del lavoro e delle politiche sociali, delle politiche agricole alimentari, forestali e del turismo, della salute, per i beni e le attività culturali, dell'istruzione, dell'università e della ricerca e dell'economia e delle finanze;

CAPO I

Interventi urgenti per il sostegno e la ripresa economica del territorio del Comune di Genova

1 Commissario straordinario per la ricostruzione.

1. In conseguenza del crollo di un tratto del viadotto Polcevera dell'autostrada A10, nel Comune di Genova, noto come ponte Morandi, avvenuto il 14 agosto 2018, di seguito « evento », al fine di garantire, in via d'ur-

genza, le attività per la demolizione, la rimozione, lo smaltimento e il conferimento in discarica dei materiali di risulta, nonché per la progettazione, l'affidamento e la ricostruzione dell'infrastruttura e il ripristino del connesso sistema viario, con decreto del Presidente del Consiglio dei ministri, da adottarsi entro dieci giorni dalla data di entrata in vigore del presente decreto e sentito il Presidente della Regione Liguria, è nominato un Commissario straordinario per la ricostruzione, di seguito nel presente capo: "Commissario straordinario". La durata dell'incarico del Commissario straordinario è di dodici mesi e può essere prorogata o rinnovata non oltre la data del 31 dicembre 2024 (1).

2. Al Commissario straordinario è attribuito un compenso, determinato con decreto del Ministro delle infrastrutture e dei trasporti di concerto con il Ministro dell'economia e delle finanze, in misura non superiore a quella indicata all'articolo 15, comma 3, del decreto-legge 6 luglio 2011, n. 98, convertito, con modificazioni, dalla legge 15 luglio 2011, n. 111. Per l'esercizio dei compiti assegnati, il Commissario straordinario si avvale di una struttura di supporto posta alle sue dirette dipendenze, costituita con decreto del Presidente del Consiglio dei ministri e composta da un contingente massimo di personale pari a venti unità, di cui una unità di livello dirigenziale generale, fino ad un massimo di cinque unità di livello dirigenziale non generale e la restante quota di unità di personale non dirigenziale, dipendenti di pubbliche amministrazioni centrali e degli enti territoriali, previa intesa con questi ultimi, in possesso delle competenze e dei requisiti di professionalità richiesti dal Commissario straordinario per l'espletamento delle proprie funzioni, con esclusione del personale docente educativo e amministrativo tecnico ausiliario delle istituzioni scolastiche. Detto personale è posto, ai sensi dell'articolo 17, comma 14, della legge 15 maggio 1997, n. 127, in posizione di comando, distacco o fuori ruolo o altro analogo istituto previsto dai rispettivi ordinamenti, conservando lo stato giuridico e il trattamento economico fondamentale dell'amministrazione di appartenenza, che resta a carico della medesima. Al personale non dirigenziale della struttura è riconosciuto il trattamento economico accessorio, ivi compresa l'indennità di amministrazione, del personale non dirigenziale del comparto della Presidenza del Consiglio dei ministri. Al dirigente di livello dirigenziale generale sono riconosciute la retribuzione di posizione in misura equivalente a quella massima attribuita ai coordinatori di uffici interni ai Dipartimenti della Presidenza del Consiglio dei ministri, nonché un'indennità sostitutiva della retribuzione di risultato, determinata con provvedimento del Commissario straordinario, di importo non superiore al 50 per cento della retribuzione di posizione. Ai dirigenti di livello dirigenziale non generale della struttura sono riconosciute la retribuzione di posizione in misura equivalente ai valori economici massimi attribuiti ai dirigenti di livello non generale della Presidenza del Consiglio dei ministri, nonché un'indennità sostitutiva della retribuzione di risultato, determinata con provvedimento del Commissario straordinario, di importo non superiore al 50 per cento della retribuzione di posizione. Gli oneri relativi al trattamento economico accessorio sono a carico esclusivo della contabilità speciale intestata al Commissario straordinario. Nell'ambito del menzionato contingente di personale non dirigenziale possono essere anche nominati fino ad un massimo di cinque esperti o consulenti, scelti anche tra soggetti estranei alla pubblica amministrazione e anche in deroga a quanto previsto dall'articolo 7 del decreto legislativo 30 marzo 2001, n. 165, e dall'articolo 5, comma 9, del decreto-legge 6 luglio 2012, n. 95, convertito, con modificazioni, dalla legge 7 agosto 2012, n. 135, il cui compenso è definito con provvedimento del Commissario straordinario. La struttura cessa alla scadenza dell'incarico del Commissario straordinario. Agli oneri di cui al presente comma e di cui al comma 4 provvede il Commissario nel limite delle risorse disponibili nella contabilità speciale di cui al comma 8. A tal fine è autorizzata la spesa di 1,5 milioni di euro per ciascuno degli anni 2018, 2019 e 2020, e ai relativi oneri si provvede ai sensi dell'articolo 45.

3. Per le attività urgenti di progettazione degli interventi, per le procedure di affidamento dei lavori, per le attività di direzione dei lavori e di collaudo, nonché per ogni altra attività di carattere tecnico-amministrativo connessa alla progettazione, all'affidamento e all'esecuzione di lavori, servizi e forniture, il Commissario straordinario può avvalersi, anche in qualità di soggetti attuatori, previa intesa con gli enti territoriali interessati, delle strutture e degli uffici della Regione Liguria, degli uffici tecnici e amministrativi del Comune di Genova, dei Provveditorati interregionali alle opere pubbliche, di ANAS s.p.a., delle Autorità di distretto, nonché, mediante convenzione, dei concessionari di servizi pubblici e delle società a partecipazione pubblica o a controllo pubblico.

4. Il Commissario straordinario può nominare, con proprio provvedimento, in aggiunta al contingente di venti unità, fino a due sub-commissari, il cui compenso è determinato in misura non superiore a quella indicata all'articolo 15, comma 3, del decreto-legge n. 98 del 2011. L'incarico di sub-commissario ha durata massima di 12 mesi e può essere rinnovato.

5. Per la demolizione, la rimozione, lo smaltimento e il conferimento in discarica dei materiali di risulta, nonché per la progettazione, l'affidamento e la ricostruzione dell'infrastruttura e il ripristino del connesso sistema viario, il Commissario straordinario opera in deroga ad ogni disposizione di legge diversa da quella penale, fatto salvo il rispetto delle disposizioni del codice delle leggi antimafia e delle misure di prevenzione, di cui al decreto legislativo 6 settembre 2011, n. 159, nonché dei vincoli inderogabili derivanti dall'appartenenza all'Unione europea. Con decreto del Ministro dell'interno, da adottare entro quindici giorni dalla data di entrata in vigore della legge di conversione del presente decreto, sono individuate speciali misure amministrative di semplificazione per il rilascio della documentazione antimafia, anche in deroga alle relative norme. Per le occupazioni di urgenza e per le espropriazioni delle aree occorrenti per l'esecuzione degli interventi di cui al primo periodo, il Commissario straordinario, adottato il relativo decreto, provvede alla redazione dello stato di consistenza e del verbale di

immissione in possesso dei suoli anche con la sola presenza di due rappresentanti della Regione o degli enti territoriali interessati, prescindendo da ogni altro adempimento. Anche nelle more dell'adozione del decreto di cui al terzo periodo, il Commissario straordinario dispone l'immediata immissione nel possesso delle aree, da lui stesso individuate e perimetrate, necessarie per l'esecuzione dei lavori, autorizzando ove necessario anche l'accesso per accertamenti preventivi a favore delle imprese chiamate a svolgere le attività di cui al presente comma, con salvezza dei diritti dei terzi da far valere in separata sede e comunque senza che ciò possa ritardare l'immediato rilascio di dette aree da parte dei terzi.

6. Il concessionario del tratto autostradale alla data dell'evento, tenuto, in quanto responsabile del mantenimento in assoluta sicurezza e funzionalità dell'infrastruttura concessa ovvero in quanto responsabile dell'evento, a far fronte alle spese di ricostruzione dell'infrastruttura e di ripristino del connesso sistema viario, entro trenta giorni dalla richiesta del Commissario straordinario, versa sulla contabilità speciale di cui al comma 8 le somme necessarie al predetto ripristino ed alle altre attività connesse di cui al comma 5, nell'importo provvisoriamente determinato dal Commissario medesimo salvo conguagli, impregiudicato ogni accertamento sulla responsabilità dell'evento e sul titolo in base al quale sia tenuto a sostenere i costi di ripristino della viabilità. Nella determinazione di detto importo, il Commissario straordinario comprende tutti gli oneri che risultano necessari al predetto ripristino, ivi inclusi quelli di cui all'articolo 1-bis. In caso di omesso versamento nel termine, il Commissario straordinario può individuare, omessa ogni formalità non essenziale alla valutazione delle manifestazioni di disponibilità comunque pervenute, un soggetto pubblico o privato che anticipi le somme necessarie alla integrale realizzazione delle opere, a fronte della cessione pro solvendo della pertinente quota dei crediti dello Stato nei confronti del concessionario alla data dell'evento, potendo remunerare tale anticipazione ad un tasso annuo non superiore al tasso di rendimento dei buoni del tesoro decennali maggiorato di 1,5 punti percentuali. Per assicurare il celere avvio delle attività del Commissario, in caso di mancato o ritardato versamento da parte del Concessionario, a garanzia dell'immediata attivazione del meccanismo di anticipazione è autorizzata la spesa di 30 milioni di euro annui dall'anno 2018 all'anno 2029. Agli oneri di cui al presente comma, si provvede: quanto a 30 milioni di euro annui per ciascuno degli anni dal 2018 al 2029 mediante corrispondente riduzione del Fondo di cui all'articolo 1, comma 1072, della legge 27 dicembre 2017, n. 205; ai fini della compensazione in termini di fabbisogno e indebitamento netto, quanto a 40 milioni di euro per l'anno 2018 e 120 milioni di euro per l'anno 2019, mediante corrispondente riduzione del medesimo Fondo di cui all'articolo 1, comma 1072, della legge 27 dicembre 2017, n. 205 e quanto a 20 milioni di euro per l'anno 2018, 40 milioni di euro per l'anno 2019, 20 milioni di euro per l'anno 2020, mediante corrispondente utilizzo del Fondo per la compensazione degli effetti finanziari non previsti a legislazione vigente conseguenti all'attualizzazione di contributi pluriennali, di cui all'articolo 6, comma 2, del decreto-legge 7 ottobre 2008, n. 154, convertito, con modificazioni, dalla legge 4 dicembre 2008, n. 189. All'atto del versamento da parte del Concessionario delle somme necessarie per gli interventi di cui al primo periodo del presente comma, il Fondo di cui all'articolo 1, comma 1072, della legge 27 dicembre 2017, n. 205, è corrispondentemente reintegrato, anche mediante versamento all'entrata del bilancio dello Stato da parte del Commissario. Il Ministro dell'economia e delle finanze è autorizzato ad apportare, con propri decreti, le occorrenti variazioni di bilancio.

7. Il Commissario straordinario affida, ai sensi dell'articolo 32 della direttiva 2014/24/UE del Parlamento europeo e del Consiglio, del 26 febbraio 2014, la realizzazione delle attività concernenti il ripristino del sistema viario, nonché quelle connesse, ad uno o più operatori economici diversi dal concessionario del tratto autostradale alla data dell'evento e da società o da soggetti da quest'ultimo controllati o, comunque, ad esso collegati, anche al fine di evitare un ulteriore indebito vantaggio competitivo nel sistema delle concessioni autostradali e, comunque, giacché non può escludersi che detto concessionario sia responsabile, in relazione all'evento, di grave inadempimento del rapporto concessorio. L'aggiudicatario costituisce, ai fini della realizzazione delle predette attività, una struttura giuridica con patrimonio e contabilità separati.

8. Per la realizzazione degli interventi urgenti di cui al presente articolo, è autorizzata l'apertura di apposita contabilità speciale intestata al Commissario straordinario, sulla quale confluiscono le risorse pubbliche all'uopo destinate nonché quelle tempestivamente messe a disposizione dal soggetto concessionario al momento dell'evento.

8-*bis*. Il Commissario straordinario, nell'esercizio delle funzioni attribuite dal presente decreto, può avvalersi e può stipulare convenzioni con le strutture operative e i soggetti concorrenti di cui all'articolo 4, comma 2, del codice della protezione civile, di cui al decreto legislativo 2 gennaio 2018, n. 1 (2).

8-*ter*. Agli atti del Commissario straordinario si applicano, ove compatibili, le disposizioni di cui all'articolo 36 del decreto-legge 17 ottobre 2016, n. 189, convertito, con modificazioni, dalla legge 15 dicembre 2016, n. 229.

(1) *Le parole* « non oltre la data del 31 dicembre 2024 » *sono state sostituite alle parole* « per non oltre un triennio dalla prima nomina » *dall'art. 16, comma 1, d.l. 10 settembre 2021, n. 121, conv., con modif., in l. 9 novembre 2021, n. 156.*

(2) *Ai sensi dell'art. 26, comma 2, del d.l. 18 aprile 2019, n. 32, conv., con modif., in l. 14 giugno 2019, n. 55: "2. Il Commissario straordinario di cui all'articolo 1 del decreto-legge 28 settembre 2018, n. 109, convertito, con modificazioni, dalla legge 16 novembre 2018, n. 130, individua con propria ordinanza i criteri e le modalità per la concessione di forme di ristoro di danni subiti dai cittadini residenti nelle zone interessate dalle attività di cantiere, nei limiti delle risorse disponibili sulla propria contabilità speciale non destinate a diversa finalità e comunque nel limite complessivo di 7 milioni di euro".*

1-*bis* Misure per la tutela del diritto all'abitazione.

1. Al fine di accelerare le operazioni di ricostruzione

dell'infrastruttura crollata a seguito dell'evento, che costituisce opera di pubblica utilità, il Commissario straordinario, entro trenta giorni dalla data di entrata in vigore della legge di conversione del presente decreto, può stipulare con i proprietari e con gli usufruttuari delle unità immobiliari oggetto delle ordinanze di sgombero del sindaco della città di Genova, con gli effetti di cui all'articolo 45, comma 3, del testo unico di cui al decreto del Presidente della Repubblica 8 giugno 2001, n. 327, l'atto di cessione del bene o del diritto reale. Scaduto tale termine, provvede alle conseguenti espropriazioni. A tal fine emana il decreto di esproprio sulla base delle risultanze della documentazione catastale e procede all'immediata redazione del verbale di immissione in possesso ai sensi dell'articolo 24 del citato testo unico di cui al decreto del Presidente della Repubblica n. 327 del 2001. Il Commissario straordinario non subentra nei rapporti passivi gravanti sui proprietari a favore di istituti finanziari, né acquisisce alcun gravame sull'unità immobiliare ceduta.

2. Ai pieni proprietari che hanno stipulato gli atti di cessione sono corrisposte, nel termine di trenta giorni dalla trascrizione degli stessi, l'indennità quantificata in complessivi euro 2.025,50 per metro quadrato, che tiene conto del valore venale dell'immobile, delle spese per l'acquisto degli arredi e di ogni altra spesa accessoria per la ricollocazione abitativa, nonché, per ciascuna unità immobiliare, l'indennità di cui alla legge della regione Liguria 3 dicembre 2007, n. 39, che disciplina i Programmi regionali di intervento strategico (PRIS), pari a euro 45.000, e l'indennità per l'improvviso sgombero, pari a euro 36.000.

3. Agli usufruttuari è corrisposta, nel termine di cui al comma 2, la quota delle indennità di cui al medesimo comma 2 calcolata utilizzando i coefficienti di cui al decreto del Ministero dell'economia e delle finanze 20 dicembre 2017, pubblicato nella Gazzetta Ufficiale n. 301 del 28 dicembre 2017, con corrispondente diminuzione della quota liquidata al nudo proprietario.

4. Le indennità sono diminuite del 10 per cento in favore dei soggetti espropriati che non hanno stipulato gli atti di cessione volontaria e sono corrisposte entro trenta giorni dalla redazione del verbale di immissione.

5. Il concessionario del tratto autostradale alla data dell'evento provvede a corrispondere ai proprietari e agli usufruttuari le indennità di cui ai commi 2, 3 e 4 nei termini ivi previsti. In caso di omesso versamento nel termine, il Commissario straordinario provvede in via sostitutiva e in danno del concessionario medesimo.

6. All'esito delle operazioni di ricostruzione, l'eventuale retrocessione totale o parziale dei fondi espropriati è pronunciata a titolo gratuito a favore del comune di Genova e su richiesta dello stesso.

1-*ter* Interventi di messa in sicurezza e gestione delle tratte autostradali.

1. Per l'esecuzione delle attività di cui all'articolo 1, il Commissario straordinario individua i tronchi autostradali funzionalmente connessi al viadotto del Polcevera dell'autostrada A10 sul cui esercizio interferisce la realizzazione degli interventi di ricostruzione dell'infrastruttura conseguente all'evento. A tal fine le relative tratte delle autostrade A7 e A10 sono immediatamente consegnate dal concessionario al Commissario straordinario.

2. Le concessionarie autostradali provvedono, con carattere di priorità rispetto ad ogni altro intervento programmato, ad intraprendere le occorrenti attività di verifica e messa in sicurezza di tutte le infrastrutture viarie oggetto di atti convenzionali, con particolare riguardo ai ponti, viadotti e cavalcavia.

3. Fermo restando l'obbligo, per le concessionarie, di adottare ogni occorrente iniziativa a tutela della pubblica incolumità e della sicurezza delle infrastrutture, ivi comprese misure di limitazione o sospensione del traffico veicolare, le attività di cui al comma 2, da concludere entro dodici mesi dalla data di entrata in vigore della legge di conversione del presente decreto, sono condotte dalle concessionarie sotto la vigilanza dell'Agenzia di cui all'articolo 12 e rimangono ad esclusivo carico delle concessionarie stesse senza possibilità di imputazione alle tariffe autostradali e senza alcuna corrispondente revisione del piano economico finanziario.

2-9-*ter* (*Omissis*).

10 Norme in materia di giustizia amministrativa e di difesa erariale.

1. Tutte le controversie relative agli atti adottati dal Commissario straordinario di cui all'articolo 1, nonché ai conseguenti rapporti giuridici anteriori al momento di stipula dei contratti che derivano da detti atti, sono devolute alla giurisdizione esclusiva del giudice amministrativo e alla competenza funzionale inderogabile del tribunale amministrativo regionale della Liguria (1).

2. Ai giudizi di cui al comma 1 si applica l'articolo 125 del codice del processo amministrativo.

3. Il Commissario straordinario si avvale del patrocinio dell'avvocatura dello Stato ai sensi dell'articolo 1 del testo unico di cui al regio decreto 30 ottobre 1933, n. 1611.

11 Surrogazione legale dello Stato nei diritti dei beneficiari di provvidenze.

1. Nei limiti delle risorse erogate dallo Stato ai beneficiari delle provvidenze previste ai sensi del presente capo, lo Stato è surrogato nei diritti dei beneficiari stessi nei confronti dei soggetti responsabili dell'evento, ai sensi dell'articolo 1203, numero 5), del codice civile. Restano fermi gli ulteriori diritti dei predetti beneficiari nei confronti degli stessi responsabili dell'evento.

12-46 (*Omissis*).

46. Decreto legge 28 ottobre 2020, n. 137, convertito, con modificazioni, in legge 18 dicembre 2020, n. 176. — Ulteriori misure urgenti in materia di tutela della salute, sostegno ai lavoratori e alle imprese, giustizia e sicurezza, connesse all'emergenza epidemiologica da COVID-19. (*estratto*) (1).

Pubblicato nella Gazzetta Ufficiale n. 269 del 28 ottobre 2020 Edizione straordinaria; la legge di conversione è stata pubblicata nella Gazzetta Ufficiale n. 110 del 29 aprile 2020.

(1) *V., per il processo amministrativo durante l'epidemia da Covid-19, l'art. 87 del d.l. n. 18/2020* (sub *VII, 4*) *nonché l'art. 10 del d.l. n. 9/2020* (sub *VII, 2*)*, l'art. 3 del d.l. n. 11/2020* (sub *VII, 3*)*, l'art. 36 del d.l. n. 23/2020* (sub *VII, 6*) *e l'art. 4 del d.l. n. 28/2020* (sub *VII, 7*)*. V. anche il decreto 28 dicembre 2020 del Presidente del Consiglio di Stato* (sub *VI, 43*).

25 Misure urgenti relative allo svolgimento del processo amministrativo.

1. Le disposizioni dei periodi quarto e seguenti del comma 1 dell'articolo 4 del decreto-legge 30 aprile 2020, n. 28 (1), convertito, con modificazioni, dalla legge 25 giugno 2020, n. 70, si applicano altresì alle udienze pubbliche e alle camere di consiglio del Consiglio di Stato, del Consiglio di giustizia amministrativa per la Regione siciliana e dei tribunali amministrativi regionali che si svolgono dal 9 novembre 2020 al 31 luglio 2021 (2) e, fino a tale ultima data, il decreto di cui al comma 1 dell'articolo 13 dell'allegato 2 al decreto legislativo 2 luglio 2010, n. 104, prescinde dai pareri previsti dallo stesso articolo 13.

2. Durante tale periodo, salvo quanto previsto dal comma 1, gli affari in trattazione passano in decisione, senza discussione orale, sulla base degli atti depositati, ferma restando la possibilità di definizione del giudizio ai sensi dell'articolo 60 del codice del processo amministrativo, di cui al decreto legislativo 2 luglio 2010, n. 104, omesso ogni avviso. Il giudice delibera in camera di consiglio, se necessario avvalendosi di collegamenti da remoto. Restano fermi i poteri presidenziali di rinvio degli affari e di modifica della composizione del collegio.

3. Per le udienze pubbliche e le camere di consiglio che si svolgono tra il 9 e il 20 novembre 2020, l'istanza di discussione orale, di cui al quarto periodo del comma 1 del citato articolo 4 del decreto-legge n. 28 del 2020, può essere presentata fino a cinque giorni liberi prima dell'udienza pubblica o camerale.

(1) *I periodi quarto e seguenti del comma 1 dell'articolo 4 del decreto-legge 30 aprile 2020, n. 28 prevedono che: « A decorrere dal 30 maggio e fino al 31 luglio 2020 può essere chiesta discussione orale con istanza depositata entro il termine per il deposito delle memorie di replica ovvero, per gli affari cautelari, fino a cinque giorni liberi prima dell'udienza in qualunque rito, mediante collegamento da remoto con modalità idonee a salvaguardare il contraddittorio e l'effettiva partecipazione dei difensori all'udienza, assicurando in ogni caso la sicurezza e la funzionalità del sistema informatico della giustizia amministrativa e dei relativi apparati e comunque nei limiti delle risorse attualmente assegnate ai singoli uffici. L'istanza è accolta dal presidente del collegio se presentata congiuntamente da tutte le parti costituite. Negli altri casi, il presidente del collegio valuta l'istanza, anche sulla base delle eventuali opposizioni espresse dalle altre parti alla discussione da remoto. Se il presidente ritiene necessaria, anche in assenza di istanza di parte, la discussione della causa con modalità da remoto, la dispone con decreto. In tutti i casi in cui sia disposta la discussione da remoto, la segreteria comunica, almeno tre giorni prima della trattazione, l'avviso dell'ora e delle modalità di collegamento. Si dà atto a verbale delle modalità con cui si accerta l'identità dei soggetti partecipanti e la libera volontà delle parti, anche ai fini della disciplina sulla protezione dei dati personali. Il luogo da cui si collegano i magistrati, gli avvocati e il personale addetto è considerato udienza a tutti gli effetti di legge. In alternativa alla discussione possono essere depositate note di udienza fino alle ore 12 del giorno antecedente a quello dell'udienza stessa o richiesta di passaggio in decisione e il difensore che deposita tali note o tale richiesta è considerato presente a ogni effetto in udienza. Il decreto di cui al comma 2 stabilisce i tempi massimi di discussione e replica ».*

(2) *Le parole « al 31 luglio 2021 » sono state sostituite alle parole « al 30 aprile 2021 » dall'art. 6, comma 1, lett. e), d.l. 1° aprile 2021, n. 44, conv., con modif., in l. 28 maggio 2021, n. 76.*

SEZIONE SESTA
SISTEMI ALTERNATIVI DI RISOLUZIONE DELLE CONTROVERSIE

47. Decreto legislativo 6 settembre 2005, n. 206. — Codice del consumo, a norma dell'articolo 7 della legge 29 luglio 2003, n. 229. (*estratto*) (1).

Pubblicato nella Gazzetta Ufficiale n. 235 dell'8 ottobre 2005, S.O.

(1) *Ai sensi dell'art. 20 del D.Lgs. 23 ottobre 2007 n. 221, ogni riferimento nel presente decreto al Ministero o Ministro delle attività produttive deve intendersi riferito al Ministero o al Ministro dello sviluppo economico.*

PARTE V
Parte vassociazioni dei consumatori e accesso alla giustizia

TITOLO II-*BIS*
Risoluzione extragiudiziale delle controversie (1)

(1) *Titolo inserito dall'articolo 1, comma 1, del d.lgs. 6 agosto 2015, n. 130. A norma dell'articolo 2, comma 1, del d.lgs. 130/2015, le presenti disposizioni si applicano a decorrere dal 9 gennaio 2016.*

141 Disposizioni generali: definizioni ed ambito di applicazione (1).

1. Ai fini del presente titolo, si intende per:

a) « consumatore »: la persona fisica, di cui all'articolo 3, comma 1, lettera *a)*;

b) « professionista »: il soggetto, di cui all'articolo 3, comma 1, lettera *c)*;

c) « contratto di vendita »: il contratto di cui all'articolo 45, comma 1, lettera *e)*;

d) « contratto di servizi »: il contratto di cui all'articolo 45, comma 1, lettera *f)*;

e) « controversia nazionale »: una controversia relativa ad obbligazioni contrattuali derivanti da un contratto di vendita o di servizi, nell'ambito della quale il consumatore, quando ordina i beni o i servizi, risiede nello stesso Stato membro dell'Unione europea in cui è stabilito il professionista;

f) « controversia transfrontaliera »: una controversia relativa ad obbligazioni contrattuali derivanti da un contratto di vendita o di servizi, nell'ambito della quale il consumatore, quando ordina i beni o i servizi, risiede in uno Stato membro dell'Unione europea diverso da quello in cui è stabilito il professionista;

g) « procedura ADR »: una procedura di risoluzione extragiudiziale delle controversie conforme ai requisiti di cui al presente titolo ed eseguita da un organismo ADR-Alternative Dispute Resolution;

h) « organismo ADR »: qualsiasi organismo, a prescindere dalla sua denominazione, istituito su base permanente, che offre la risoluzione di una controversia attraverso una procedura ADR ed è iscritto nell'elenco di cui all'articolo 141-*decies*;

i) « autorità competente »: le autorità indicate dall'articolo 141-*octies*;

l) « domanda »: la domanda presentata all'organismo per avviare la procedura ADR;

m) « servizi non economici di interesse generale »: i servizi di interesse generale che non sono prestati a fini economici, a prescindere dalla forma giuridica sotto la quale tali servizi sono prestati, e, in particolare i servizi prestati, senza corrispettivo economico, da pubbliche amministrazioni o per conto delle stesse.

2. Ai fini del presente titolo il professionista si considera stabilito:

a) se si tratta di una persona fisica, presso la sua sede di attività;

b) se si tratta di una società o di un'altra persona giuridica o di un'associazione di persone fisiche o giuridiche, presso la sua sede legale, la sua amministrazione centrale o la sua sede di attività, comprese le filiali, le agenzie o qualsiasi altra sede.

3. Ai fini del presente titolo, l'organismo ADR si considera stabilito:

a) se è gestito da una persona fisica, nel luogo in cui svolge le attività ADR;

b) se è gestito da una persona giuridica o da un'associazione di persone fisiche o di persone giuridiche, nel luogo in cui tale persona giuridica o associazione di persone fisiche o giuridiche svolge le attività ADR o ha la sua sede legale;

c) se è gestito da un'autorità o da un altro ente pubblico, nel luogo in cui tale autorità o altro ente pubblico ha la propria sede.

4. Le disposizioni di cui al presente titolo, si applicano alle procedure volontarie di composizione extra-

giudiziale per la risoluzione, anche in via telematica, delle controversie nazionali e transfrontaliere, tra consumatori e professionisti residenti e stabiliti nell'Unione europea, nell'ambito delle quali l'organismo ADR propone una soluzione o riunisce le parti al fine di agevolare una soluzione amichevole e, in particolare, agli organismi di mediazione per la trattazione degli affari in materia di consumo iscritti nella sezione speciale di cui all'articolo 16, commi 2 e 4, del decreto legislativo 4 marzo 2010, n. 28, e agli altri organismi ADR istituiti o iscritti presso gli elenchi tenuti e vigilati dalle autorità di cui al comma 1, lettera *i*), previa la verifica della sussistenza dei requisiti e della conformità della propria organizzazione e delle proprie procedure alle prescrizioni del presente titolo. Le disposizioni di cui al presente titolo si applicano, altresì, alle eventuali procedure, previste ai sensi del comma 7, in cui l'organismo ADR adotta una decisione.

5. Le disposizioni di cui al presente titolo si applicano altresì alle procedure di conciliazione paritetica di cui all'articolo 141-*ter*.

6. Sono fatte salve le seguenti disposizioni che prevedono l'obbligatorietà delle procedure di risoluzione extragiudiziale delle controversie:

a) articolo 5, comma 1-*bis*, del decreto legislativo 4 marzo 2010, n. 28, che disciplina i casi di condizione di procedibilità con riferimento alla mediazione finalizzata alla conciliazione delle controversie civili e commerciali;

b) articolo 1, comma 11, della legge 31 luglio 1997, n. 249, che prevede il tentativo obbligatorio di conciliazione nel settore delle comunicazioni elettroniche;

c) articolo 2, comma 24, lettera *b*), della legge 14 novembre 1995, n. 481, che prevede il tentativo obbligatorio di conciliazione nelle materie di competenza dell'Autorità per l'energia elettrica, il gas e il sistema idrico, e le cui modalità di svolgimento sono regolamentate dall'Autorità per l'energia elettrica, il gas e il sistema idrico con propri provvedimenti.

7. Le procedure svolte nei settori di competenza dell'Autorità per l'energia elettrica, il gas ed il sistema idrico, della Banca d'Italia, dell'Istituto per la vigilanza sulle assicurazioni (2), della Commissione nazionale per la società e la borsa e dell'Autorità per le garanzie nelle comunicazioni, ivi comprese quelle che prevedono la partecipazione obbligatoria del professionista, sono considerate procedure ADR ai sensi del presente Codice, se rispettano i principi, le procedure e i requisiti delle disposizioni di cui al presente titolo.

8. Le disposizioni di cui al presente titolo non si applicano:

a) alle procedure presso sistemi di trattamento dei reclami dei consumatori gestiti dal professionista;

b) ai servizi non economici d'interesse generale;

c) alle controversie fra professionisti;

d) alla negoziazione diretta tra consumatore e professionista;

e) ai tentativi di conciliazione giudiziale per la composizione della controversia nel corso di un procedimento giudiziario riguardante la controversia stessa;

f) alle procedure avviate da un professionista nei confronti di un consumatore;

g) ai servizi di assistenza sanitaria, prestati da professionisti sanitari a pazienti, al fine di valutare, mantenere o ristabilire il loro stato di salute, compresa la prescrizione, la somministrazione e la fornitura di medicinali e dispositivi medici;

h) agli organismi pubblici di istruzione superiore o di formazione continua.

9. Le disposizioni di cui al presente titolo non precludono il funzionamento di eventuali organismi ADR istituiti nell'ambito delle norme e provvedimenti, di cui ai commi 7 e 8, ed in cui i funzionari pubblici sono incaricati delle controversie e considerati rappresentanti sia degli interessi dei consumatori e sia degli interessi dei professionisti.

10. Il consumatore non può essere privato in nessun caso del diritto di adire il giudice competente qualunque sia l'esito della procedura di composizione extragiudiziale.

(1) *Articolo modificato dall'articolo 18 del d.lgs. 23 ottobre 2007 n. 221 e successivamente sostituito dall'articolo 1, comma 2 del d.lgs. 6 agosto 2015, n. 130. In precedenza il presente articolo era contenuto all'interno del Titolo II. A norma dell'articolo 2, comma 1 le presenti disposizioni si applicano a decorrere dal 9 gennaio 2016.*

(2) *Le parole « dell'Istituto per la vigilanza sulle assicurazioni, » sono state aggiunte dall'art. 4, comma 6, d.lgs. 21 maggio 2018, n. 68.*

141-*bis* Obblighi, facoltà e requisiti degli organismi ADR (1).

1. È fatto obbligo agli organismi ADR di:

a) mantenere un sito web aggiornato che fornisca alle parti un facile accesso alle informazioni concernenti il funzionamento della procedura ADR e che consenta ai consumatori di presentare la domanda e la documentazione di supporto necessaria in via telematica;

b) mettere a disposizione delle parti, su richiesta delle stesse, le informazioni di cui alla lettera *a*), su un supporto durevole, così come definito dall'articolo 45, comma 1, lettera *l*);

c) consentire al consumatore la possibilità, ove applicabile, di presentare la domanda anche in modalità diverse da quella telematica;

d) consentire lo scambio di informazioni tra le parti per via elettronica o, se applicabile, attraverso i servizi postali;

e) accettare sia le controversie nazionali sia quelle transfrontaliere, comprese le controversie oggetto del regolamento (UE) n. 524/2013, anche attraverso il ricorso a reti di organismi ADR;

f) adottare i provvedimenti necessari a garantire che il trattamento dei dati personali avvenga nel rispetto delle regole di cui al decreto legislativo 30 giugno 2003, n. 196, e successive modificazioni.

2. Gli organismi ADR possono, salve le diverse prescrizioni contenute in altre norme applicabili ovvero nelle deliberazioni delle autorità di regolazione di settore, mantenere e introdurre norme procedurali che consentano loro di rifiutare il trattamento di una determinata controversia per i seguenti motivi:

a) il consumatore non ha tentato di contattare il professionista interessato per discutere il proprio reclamo né cercato, come primo passo, di risolvere la questione direttamente con il professionista;

b) la controversia è futile o temeraria;

c) la controversia è in corso di esame o è già stata esaminata da un altro organismo ADR o da un organo giurisdizionale;

d) il valore della controversia è inferiore o superiore a una soglia monetaria prestabilita a un livello tale da non nuocere in modo significativo all'accesso del consumatore al trattamento dei reclami;

e) il consumatore non ha presentato la domanda all'organismo ADR entro un limite di tempo prestabilito, che non deve essere inferiore a un anno dalla data in cui il consumatore ha presentato il reclamo al professionista;

f) il trattamento di questo tipo di controversia rischierebbe di nuocere significativamente all'efficace funzionamento dell'organismo ADR.

3. Qualora, conformemente alle proprie norme procedurali, un organismo ADR non è in grado di prendere in considerazione una controversia che gli è stata presentata, tale organismo ADR fornisce a entrambe le parti una spiegazione motivata delle ragioni della sua decisione di non prendere in considerazione la controversia entro ventuno giorni dal ricevimento del fascicolo della domanda. Tali norme procedurali non devono nuocere in modo significativo all'accesso da parte dei consumatori alle procedure ADR, compreso in caso di controversie transfrontaliere.

4. È fatto obbligo agli organismi ADR di prevedere e garantire che le persone fisiche da essi incaricate della risoluzione delle controversie siano:

a) in possesso delle conoscenze e delle competenze in materia di risoluzione alternativa o giudiziale delle controversie dei consumatori, inclusa una comprensione generale del diritto provvedendo, se del caso, alla loro formazione;

b) nominate per un incarico di durata sufficiente a garantire l'indipendenza dell'attività da svolgere, non potendo essere sostituito o revocato nell'incarico senza una giusta causa;

c) non soggette ad istruzioni dell'una o dell'altra delle parti o dei loro rappresentanti;

d) retribuite indipendentemente dall'esito della procedura.

5. È fatto altresì obbligo alle persone fisiche incaricate della risoluzione delle controversie, di comunicare tempestivamente all'organismo ADR tutte le circostanze, emerse durante l'intera procedura ADR, idonee ad incidere sulla loro indipendenza e imparzialità o capaci di generare conflitti di interessi con l'una o l'altra delle parti della controversia che sono chiamate a risolvere. In tale ipotesi, se le parti non sono soddisfatte delle prestazioni o del funzionamento della procedura medesima, l'organismo ADR deve:

a) sostituire la persona fisica interessata, affidando la conduzione della procedura ADR ad altra persona fisica; o in mancanza

b) garantire che la persona fisica interessata si astenga dal condurre la procedura ADR e, se possibile, proporre alle parti di presentare la controversia ad un altro organismo ADR competente a trattare la controversia; o in mancanza *c*) consentire alla persona fisica interessata di continuare a condurre la procedura solo se le parti, dopo essere state informate delle circostanze e del loro diritto di opporsi, non hanno sollevato obiezioni.

6. Resta fermo il diritto delle parti di ritirarsi in qualsiasi momento dalla procedura ADR, salvo quanto previsto dall'articolo 141-*quater*, comma 5, lettera *a*).

7. Nell'ipotesi prevista dal comma 5, qualora l'organismo ADR sia costituito da una sola persona fisica, si applicano unicamente le lettere *b*) e *c*) del medesimo comma.

8. Qualora le persone fisiche incaricate della procedura ADR siano assunte o retribuite esclusivamente da un'organizzazione professionale o da un'associazione di imprese di cui il professionista è membro, è assicurato che, oltre ai requisiti del presente titolo e quelli generali di cui ai commi 4 e 9, esse abbiano a loro disposizione risorse di bilancio distinte e apposite che siano sufficienti ad assolvere i loro compiti. Il presente comma non si applica qualora le persone fisiche interessate facciano parte di un organismo collegiale composto da un numero uguale di rappresentanti dell'organizzazione professionale e dell'associazione di imprese da cui sono assunte o retribuite e di una o più associazioni dei consumatori e degli utenti di cui all'articolo 137.

9. È fatto obbligo agli organismi ADR in cui le persone fisiche incaricate della risoluzione delle controversie fanno parte di un organismo collegiale, disporre che il collegio sia composto da un numero uguale di rappresentanti degli interessi dei consumatori e di rappresentanti degli interessi dei professionisti.

10. Se gli organismi ADR, ai fini del comma 4, lettera *a*), del presente articolo, provvedono alla formazione delle persone fisiche incaricate della risoluzione extragiudiziale delle controversie, le autorità competenti provvedono a monitorare i programmi di formazione istituiti dagli organismi ADR in base alle informazioni comunicate loro ai sensi dell'articolo 141-*nonies*, comma 4, lettera *g*). I programmi di formazione possono essere promossi ed eseguiti dalle stesse autorità competenti, di cui all'articolo 141-*octies*. Restano ferme le disposizioni in materia di formazione dei mediatori di cui ai commi 4-*bis*, 5 e 6 dell'articolo 16 del decreto legislativo 4 marzo 2010, n. 28.

(1) *Articolo inserito dall'articolo 1, comma 3, del d.lgs. 6 agosto 2015, n. 130. A norma dell'articolo 2, comma 1, del d.lgs. 130/2015, le presenti disposizioni si applicano a decorrere dal 9 gennaio 2016.*

141-*ter* Negoziazioni paritetiche (1).

1. Le procedure svolte dinanzi agli organismi ADR in cui parte delle persone fisiche incaricate della risoluzione delle controversie sono assunte o retribuite esclusivamente dal professionista o da un'organizzazione professionale o da un'associazione di imprese di cui il professionista è membro, sono considerate procedure ADR, ai sensi del presente Codice, se, oltre all'osservanza delle disposizioni di cui al presente titolo, rispettano i seguenti ulteriori requisiti specifici di indipendenza e trasparenza:

a) le persone fisiche incaricate della risoluzione delle controversie devono far parte di una commissione paritetica composta da un numero uguale di rappresentanti delle associazioni dei consumatori e degli utenti, di cui all'articolo 137, e di rappresentanti del professionista, e sono nominate a seguito di una procedura trasparente;

b) le persone fisiche incaricate della risoluzione delle controversie devono ricevere un incarico di almeno tre anni per garantire l'indipendenza della loro azione;

c) è fatto obbligo al rappresentante delle associazioni dei consumatori e degli utenti, di cui all'articolo 137, di non avere alcun rapporto lavorativo con il professionista, con un'organizzazione professionale o un'associazione di imprese di cui il professionista sia membro, per l'intera durata dell'incarico e per un periodo di tre anni decorrenti dalla cessazione del proprio incarico nell'organismo ADR, né di avere contributi finanziari diretti da parte degli stessi; gli eventuali contributi erogati dal professionista o dall'organizzazione professionale o dall'associazione di imprese di cui il professionista fa parte, quale parziale rimborso all'associazione dei consumatori per gli oneri sostenuti per prestare assistenza gratuita al consumatore nella procedura ADR, devono essere erogati in modo trasparente, informandone l'autorità competente o secondo le procedure dalla stessa stabilite;

d) è fatto, altresì, obbligo al rappresentante del professionista, se tale rapporto lavorativo non era già in corso al momento di conferimento dell'incarico, di non avere alcun rapporto lavorativo con il professionista, con un'organizzazione professionale o un'associazione di imprese di cui il professionista sia membro, per un periodo di tre anni decorrenti dalla cessazione del proprio incarico nell'organismo ADR;

e) l'organismo di risoluzione delle controversie, ove non abbia distinta soggettività giuridica rispetto al professionista o all'organizzazione professionale o all'associazione di imprese di cui il professionista fa parte, deve essere dotato di sufficiente autonomia e di un organo paritetico di garanzia privo di collegamenti gerarchici o funzionali con il professionista, deve essere chiaramente separato dagli organismi operativi del professionista ed avere a sua disposizione risorse finanziarie sufficienti, distinte dal bilancio generale del professionista, per lo svolgimento dei suoi compiti.

2. Rientrano nelle procedure di cui al comma 1 esclusivamente le negoziazioni paritetiche disciplinate da protocolli di intesa stipulati tra i professionisti o loro associazioni e un numero non inferiore a un terzo delle associazioni dei consumatori e degli utenti, di cui all'articolo 137, nonché quelle disciplinate da protocolli di intesa stipulati nel settore dei servizi pubblici locali secondo i criteri a tal fine indicati nell'accordo sancito in sede di Conferenza unificata Stato-regioni e Stato-città ed autonomie locali del 26 settembre 2013, pubblicato nella Gazzetta Ufficiale n. 254 del 29 ottobre 2013.

(1) *Articolo inserito dall'articolo 1, comma 3, del d.lgs. 6 agosto 2015, n. 130. A norma dell'articolo 2, comma 1, del d.lgs. 130/2015, le presenti disposizioni si applicano a decorrere dal 9 gennaio 2016.*

141-*quater* Trasparenza, efficacia, equità e libertà (1).

1. È fatto obbligo agli organismi ADR, di rendere disponibili al pubblico sui loro siti web, su supporto durevole su richiesta e in qualsiasi altra modalità funzionale al perseguimento delle finalità di trasparenza, efficacia, equità e libertà, informazioni chiare e facilmente comprensibili riguardanti:

a) le modalità di contatto, l'indirizzo postale e quello di posta elettronica;

b) il proprio inserimento nell'elenco di cui all'articolo 141-*decies*, secondo comma;

c) le persone fisiche incaricate della procedura ADR, i criteri seguiti per il conferimento dell'incarico nonché per la loro successiva designazione e la durata del loro incarico;

d) la competenza, l'imparzialità e l'indipendenza delle persone fisiche incaricate della procedura ADR qualora siano assunte o retribuite esclusivamente dal professionista;

e) l'eventuale appartenenza a reti di organismi ADR che agevolano la risoluzione delle controversie transfrontaliere;

f) il settore di competenza specifica, incluso, eventualmente, il limite di valore di competenza;

g) le norme che disciplinano la procedura di risoluzione stragiudiziale della controversia per la quale l'organismo di ADR è stato iscritto e i motivi per cui l'organismo ADR può rifiutare di trattare una determinata controversia ai sensi dell'articolo 141-*bis*, comma 2;

h) le lingue nelle quali possono essere presentati i reclami all'organismo ADR e secondo le quali si svolge la procedura ADR;

i) se l'organismo ADR risolve le controversie in base a disposizioni giuridiche, considerazioni di equità, codici di condotta o altri tipi di regole;

l) eventuali attività che le parti sono tenute a rispettare prima di avviare la procedura ADR, incluso il tentativo di risoluzione della controversia mediante negoziazione diretta con il professionista;

m) la possibilità o meno per le parti di ritirarsi dalla procedura;

n) gli eventuali costi che le parti dovranno sostenere, comprese le norme sulla ripartizione delle spese al termine della procedura;

o) la durata media della procedura ADR;

p) l'effetto giuridico dell'esito della procedura ADR;

q) l'esecutività della decisione ADR, nei casi eventualmente previsti dalle norme vigenti.

2. È fatto obbligo agli organismi ADR di rendere disponibili al pubblico sui loro siti web, su un supporto durevole su richiesta e in altra modalità funzionale al perseguimento delle finalità di trasparenza, le relazioni annuali d'attività. Tali relazioni, con riferimento alle controversie sia nazionali che transfrontaliere, devono comprendere le seguenti informazioni:

a) numero di reclami ricevuti e tipologie di controversie cui si riferiscono;

b) eventuali cause sistematiche o significative generatrici delle controversie tra consumatori e professionisti; tali informazioni possono essere accompagnate, se del caso, da raccomandazioni idonee ad evitare o risolvere problematiche analoghe in futuro, a migliorare le norme dei professionisti e ad agevolare lo scambio di informazioni e di migliori prassi;

c) la percentuale di controversie che l'organismo ADR ha rifiutato di trattare e la quota in percentuale dei tipi di motivo per i rifiuti di cui all'articolo 141-*bis*, comma 2;

d) nel caso di procedure di cui dell'articolo 141-*ter*, le quote percentuali di soluzioni proposte a favore del consumatore e a favore del professionista, e di controversie risolte con una composizione amichevole;

e) la quota percentuale delle procedure ADR interrotte e, se noti, i motivi della loro interruzione;

f) il tempo medio necessario per la risoluzione delle controversie;

g) la percentuale di rispetto, se nota, degli esiti delle procedure ADR;

h) l'eventuale cooperazione con organismi ADR all'interno di reti di organismi ADR che agevolano la risoluzione delle controversie transfrontaliere.

3. Le procedure ADR devono rispettare le seguenti prescrizioni:

a) essere disponibili e facilmente accessibili online e offline per entrambe le parti, a prescindere dalla loro ubicazione;

b) consentire la partecipazione alle parti senza obbligo di assistenza legale; è fatto sempre salvo il diritto delle parti di ricorrere al parere di un soggetto indipendente o di essere rappresentate o assistite da terzi in qualsiasi fase della procedura;

c) essere gratuite o disponibili a costi minimi per i consumatori;

d) l'organismo ADR che ha ricevuto una domanda dà alle parti comunicazione dell'avvio della procedura relativa alla controversia non appena riceve il fascicolo completo della domanda;

e) concludersi entro il termine di novanta giorni dalla data di ricevimento del fascicolo completo della domanda da parte dell'organismo ADR; in caso di controversie particolarmente complesse, l'organismo ADR può, a sua discrezione, prorogare il termine fino a un massimo di novanta giorni; le parti devono essere informate di tale proroga e del nuovo termine di conclusione della procedura.

4. Nell'ambito delle procedure ADR deve essere garantito altresì che:

a) le parti abbiano la possibilità, entro un periodo di tempo ragionevole di esprimere la loro opinione, di ottenere dall'organismo ADR le argomentazioni, le prove, i documenti e i fatti presentati dall'altra parte, salvo che la parte non abbia espressamente richiesto che gli stessi debbano restare riservati, le eventuali dichiarazioni rilasciate e opinioni espresse da esperti e di poter esprimere osservazioni in merito;

b) le parti siano informate del fatto che non sono obbligate a ricorrere a un avvocato o consulente legale, ma possono chiedere un parere indipendente o essere rappresentate o assistite da terzi in qualsiasi fase della procedura;

c) alle parti sia notificato l'esito della procedura ADR per iscritto o su un supporto durevole, e sia data comunicazione dei motivi sui quali è fondato.

5. Nell'ipotesi di procedure ADR volte a risolvere la controversia proponendo una soluzione, gli organismi ADR garantiscono che:

a) le parti abbiano la possibilità di ritirarsi dalla procedura in qualsiasi momento. Le parti sono informate di tale diritto prima dell'avvio della procedura. Nel caso in cui è previsto l'obbligo del professionista di aderire alle procedure ADR, la facoltà di ritirarsi dalla procedura spetta esclusivamente al consumatore;

b) le parti, prima di accettare o meno o di dare seguito a una soluzione proposta, siano informate del fatto che:

1) hanno la scelta se accettare o seguire la soluzione proposta o meno;

2) la partecipazione alla procedura non preclude la possibilità di chiedere un risarcimento attraverso un normale procedimento giudiziario;

3) la soluzione proposta potrebbe essere diversa dal risultato che potrebbe essere ottenuto con la decisione di un organo giurisdizionale che applichi norme giuridiche;

c) le parti, prima di accettare o meno o di dare seguito a una soluzione proposta, siano informate dell'effetto giuridico che da ciò consegue;

d) le parti, prima di accogliere una soluzione proposta o acconsentire a una soluzione amichevole, dispongano di un periodo di riflessione ragionevole.

(1) *Articolo inserito dall'articolo 1, comma 3, del d.lgs. 6 agosto 2015, n. 130. A norma dell'articolo 2, comma 1, del d.lgs. 130/2015, le presenti disposizioni si applicano a decorrere dal 9 gennaio 2016.*

141-*quinquies* Effetti della procedura ADR sui termini di prescrizione e decadenza (1).

1. Dalla data di ricevimento da parte dell'organismo ADR, la relativa domanda produce sulla prescrizione gli effetti della domanda giudiziale. Dalla stessa data, la domanda impedisce altresì la decadenza per una sola volta.

2. Se la procedura ADR fallisce, i relativi termini di prescrizione e decadenza iniziano a decorrere nuovamente dalla data della comunicazione alle parti della mancata definizione della controversia con modalità che abbiano valore di conoscenza legale.

3. Sono fatte salve le disposizioni relative alla prescrizione e alla decadenza contenute negli accordi internazionali di cui l'Italia è parte.

(1) *Articolo inserito dall'articolo 1, comma 3, del d.lgs. 6 agosto 2015, n. 130. A norma dell'articolo 2, comma 1, del d.lgs. 130/2015, le presenti disposizioni si applicano a decorrere dal 9 gennaio 2016.*

141-*sexies* Informazioni e assistenza ai consumatori (1).

1. I professionisti stabiliti in Italia che si sono impegnati a ricorrere ad uno o più organismi ADR per risolvere le controversie sorte con i consumatori, sono obbligati ad informare questi ultimi in merito all'organismo o agli organismi competenti per risolvere le controversie sorte con i consumatori. Tali informazioni includono l'indirizzo del sito web dell'organismo ADR pertinente o degli organismi ADR pertinenti.

2. Le informazioni di cui al comma 1 devono essere fornite in modo chiaro, comprensibile e facilmente accessibile sul sito web del professionista, ove esista, e

nelle condizioni generali applicabili al contratto di vendita o di servizi stipulato tra il professionista ed il consumatore.

3. Nel caso in cui non sia possibile risolvere una controversia tra un consumatore e un professionista stabilito nel rispettivo territorio in seguito a un reclamo presentato direttamente dal consumatore al professionista, quest'ultimo fornisce al consumatore le informazioni di cui al comma 1, precisando se intenda avvalersi dei pertinenti organismi ADR per risolvere la controversia stessa. Tali informazioni sono fornite su supporto cartaceo o su altro supporto durevole.

4. È fatta salva l'applicazione delle disposizioni relative all'informazione dei consumatori sulle procedure di ricorso extragiudiziale contenute in altri provvedimenti normativi.

5. Con riferimento all'accesso dei consumatori alle controversie transfrontaliere, salvo quanto previsto dalla normativa di settore, gli stessi possono rivolgersi al Centro nazionale della rete europea per i consumatori (ECC-NET) per essere assistiti nell'accesso all'organismo ADR che opera in un altro Stato membro ed è competente a trattare la loro controversia transfrontaliera. Il medesimo Centro nazionale è designato anche come punto di contatto ODR ai sensi dell'articolo 7, paragrafo 1, del regolamento (UE) n. 524/2013 del Parlamento europeo e del Consiglio del 21 maggio 2013, relativo alla risoluzione delle controversie online dei consumatori.

6. È fatto obbligo agli organismi ADR e al Centro nazionale della rete europea per i consumatori (ECC-NET) di rendere disponibile al pubblico sui propri siti web, fornendo un link al sito della Commissione europea, e laddove possibile su supporto durevole nei propri locali, l'elenco degli organismi ADR elaborato e pubblicato dalla Commissione ai sensi dell'articolo 20, paragrafo 4, della direttiva 2013/11/UE del Parlamento europeo e del Consiglio del 21 maggio 2013, sulla risoluzione alternativa delle controversie dei consumatori.

7. L'elenco degli organismi ADR di cui al comma 6 è posto a disposizione delle associazioni di consumatori e delle associazioni di categoria di professionisti che possono renderlo disponibile al pubblico sui loro siti web o in qualsiasi altro modo esse ritengano appropriato.

8. Sul sito istituzionale di ciascuna autorità competente è assicurata la pubblicazione delle informazioni sulle modalità di accesso dei consumatori alle procedure ADR per risolvere le controversie contemplate dal presente titolo.

9. Le autorità competenti incoraggiano le associazioni dei consumatori e degli utenti, di cui all'articolo 137, e le organizzazioni professionali, a diffondere la conoscenza degli organismi e delle procedure ADR e a promuovere l'adozione dell'ADR da parte di professionisti e consumatori. Detti organismi sono altresì incoraggiati a fornire ai consumatori le informazioni relative agli organismi ADR competenti quando ricevono i reclami dai consumatori.

(1) *Articolo inserito dall'articolo 1, comma 3, del d.lgs. 6 agosto 2015, n. 130. A norma dell'articolo 2, comma 1, del d.lgs. 130/2015, le presenti disposizioni si applicano a decorrere dal 9 gennaio 2016.*

141-*septies* Cooperazione (1).

1. Le autorità competenti assicurano la cooperazione tra gli organismi ADR nella risoluzione delle controversie transfrontaliere e i regolari scambi con gli altri Stati membri dell'Unione europea delle migliori prassi per quanto concerne la risoluzione delle controversie transfrontaliere e nazionali.

2. Se esiste una rete europea di organismi ADR che agevola la risoluzione delle controversie transfrontaliere in un determinato settore, le autorità competenti incoraggiano ad associarsi a detta rete gli organismi ADR che trattano le controversie di tale settore.

3. Le autorità competenti incoraggiano la cooperazione tra organismi ADR e autorità nazionali preposte all'attuazione degli atti giuridici dell'Unione sulla tutela dei consumatori. Tale cooperazione comprende, in particolare, lo scambio di informazioni sulle prassi vigenti in settori commerciali specifici nei confronti delle quali i consumatori hanno ripetutamente presentato reclami. È incluso anche lo scambio di valutazioni tecniche e informazioni, se già disponibili, da parte delle autorità nazionali agli organismi ADR che ne necessitano per il trattamento di singole controversie.

4. La cooperazione e lo scambio di informazioni di cui ai commi 1, 2 e 3 devono avvenire nel rispetto delle norme sulla protezione dei dati personali di cui al decreto legislativo 30 giugno 2003, n. 196.

5. Sono fatte salve le disposizioni in materia di segreto professionale e commerciale applicabili alle autorità nazionali di cui al comma 3. Gli organismi ADR sono sottoposti al segreto d'ufficio e agli altri vincoli equivalenti di riservatezza previsti dalla normativa vigente.

(1) *Articolo inserito dall'articolo 1, comma 3, del d.lgs. 6 agosto 2015, n. 130. A norma dell'articolo 2, comma 1, del d.lgs. 130/2015, le presenti disposizioni si applicano a decorrere dal 9 gennaio 2016.*

141-*octies* Autorità competenti e punto di contatto unico (1).

1. Per lo svolgimento delle funzioni di cui agli articoli 141-*nonies* e 141-*decies*, sono designate le seguenti autorità competenti:

a) Ministero della giustizia unitamente al Ministero dello sviluppo economico, con riferimento al registro degli organismi di mediazione relativo alla materia del consumo, di cui all'articolo 16, commi 2 e 4, del decreto legislativo 4 marzo 2010, n. 28;

b) Commissione nazionale per le società e la borsa (CONSOB), di cui all'articolo 1 della legge 7 giugno 1974, n. 216, con riferimento ai sistemi di risoluzione stragiudiziale delle controversie disciplinati ai sensi dell'articolo 2 del decreto legislativo 8 ottobre 2007, n. 179, e dei regolamenti attuativi, e con oneri a carico delle risorse di cui all'articolo 40, comma 3, della legge 23 dicembre 1994, n. 724, e successive modificazioni, nonché dei soggetti che si avvalgono delle procedure medesime;

b-bis) l'Istituto per la vigilanza sulle assicurazioni (IVASS) di cui all'art. 13 del decreto-legge 6 luglio 2012, n. 95, convertito, con modificazioni, dalla legge 7 agosto 2012, n. 135, con riferimento ai sistemi di risoluzione stragiudiziale delle controversie disciplinati ai sensi dell'art. 187-ter del decreto legislativo 7 settembre 2005, n. 209, e dei regolamenti attuativi, e con oneri a carico delle risorse di cui agli articoli 335 e 336 dello stesso decreto legislativo 7 settembre 2005 n. 209 (2);

c) Autorità per l'energia elettrica, il gas e il sistema idrico (AEEGSI), di cui all'articolo 2 della legge 14 novembre 1995, n. 481, per il settore di competenza;

d) Autorità per le garanzie nelle comunicazioni (AGCOM), di cui all'articolo 1 della legge 31 luglio 1997, n. 249, per il settore di competenza;

e) Banca d'Italia, con riferimento ai sistemi di risoluzione stragiudiziale delle controversie disciplinati ai sensi dell'articolo 128-*bis* del decreto legislativo 1° settembre 1993, n. 385;

f) altre autorità amministrative indipendenti, di regolazione di specifici settori, ove disciplinino specifiche procedure ADR secondo le proprie competenze;

g) Ministero dello sviluppo economico, con riferimento alle negoziazioni paritetiche di cui all'articolo 141-*ter* relative ai settori non regolamentati o per i quali le relative autorità indipendenti di regolazione non applicano o non adottano specifiche disposizioni, nonché con riferimento agli organismi di conciliazione istituiti ai sensi dell'articolo 2, comma 2, lettera *g*) e comma 4, della legge 29 dicembre 1993, n. 580, limitatamente alle controversie tra consumatori e professionisti, non rientranti nell'elenco di cui alla lettera *a*).

2. Il Ministero dello sviluppo economico è designato punto di contatto unico con la Commissione europea.

3. Al fine di definire uniformità di indirizzo nel compimento delle funzioni delle autorità competenti di cui al comma 1 è istituito presso il Ministero dello sviluppo economico un tavolo di coordinamento e di indirizzo. Lo stesso è composto da un rappresentante per ciascuna autorità competente. Al Ministero dello sviluppo economico è attribuito il compito di convocazione e di raccordo. Al tavolo sono assegnati compiti di definizione degli indirizzi relativi all'attività di iscrizione e di vigilanza delle autorità competenti, nonché ai criteri generali di trasparenza e imparzialità, e alla misura dell'indennità dovuta per il servizio prestato dagli organismi ADR. Ai componenti del predetto tavolo di coordinamento ed indirizzo non spetta alcun compenso, gettone di presenza o altro emolumento comunque denominato e a qualsiasi titolo dovuto.

(1) *Articolo inserito dall'articolo 1, comma 3, del d.lgs. 6 agosto 2015, n. 130. A norma dell'articolo 2, comma 1, del d.lgs. 130/2015, le presenti disposizioni si applicano a decorrere dal 9 gennaio 2016.*

(2) *Lettera inserita dall'art. 4, comma 6, lett. b), d.lgs. 21 maggio 2018, n. 68.*

141-*nonies* Informazioni da trasmettere alle autorità competenti da parte degli organismi di risoluzione delle controversie (1).

1. Gli organismi di risoluzione delle controversie che intendono essere considerati organismi ADR ai sensi del presente titolo e inseriti in elenco conformemente all'articolo 141-*decies*, comma 2, devono presentare domanda di iscrizione alla rispettiva autorità competente, indicando:

a) il loro nome o denominazione, le informazioni di contatto e l'indirizzo del sito web;

b) informazioni sulla loro struttura e sul loro finanziamento, comprese le informazioni sulle persone fisiche incaricate della risoluzione delle controversie, sulla loro retribuzione, sul loro mandato e sul loro datore di lavoro;

c) le proprie norme procedurali;

d) le loro tariffe, se del caso;

e) la durata media delle procedure di risoluzione delle controversie;

f) la lingua o le lingue in cui possono essere presentati i reclami e in cui viene svolta la procedura di risoluzione delle controversie;

g) una dichiarazione sui tipi di controversie trattati mediante la procedura di risoluzione delle controversie;

h) i motivi per cui un organismo di risoluzione delle controversie può rifiutare il trattamento di una determinata controversia a norma dell'articolo 141-*bis*, comma 2;

i) una dichiarazione motivata dell'organismo di possedere o meno i requisiti di un organismo ADR che rientra nell'ambito d'applicazione della presente direttiva, e di rispettare o meno i requisiti di qualità di cui al presente titolo.

2. Qualora le informazioni di cui alle lettere da *a*) ad *h*) del comma 1 vengano modificate, gli organismi ADR informano senza indugio l'autorità competente in merito a tali modifiche.

3. Gli organismi di risoluzione delle controversie dinanzi ai quali si svolgono le procedure di cui all'articolo 141-*ter*, oltre a comunicare ai requisiti di cui al comma 1, devono altresì trasmettere le informazioni necessarie a valutare la loro conformità ai requisiti specifici aggiuntivi di indipendenza e di trasparenza di cui al comma 1 dell'articolo 141-*ter*.

4. A far data dal secondo anno di iscrizione al relativo elenco, con cadenza biennale, ogni organismo ADR trasmette alla rispettiva autorità competente informazioni concernenti:

a) il numero di reclami ricevuti ed i tipi di controversie alle quali si riferiscono;

b) la quota percentuale delle procedure ADR interrotte prima di raggiungere il risultato;

c) il tempo medio necessario per la risoluzione delle controversie ricevute;

d) la percentuale di rispetto, se nota, degli esiti delle procedure ADR;

e) eventuali problematiche sistematiche o significative che si verificano di frequente e causano controversie tra consumatori e professionisti. Le informazioni comunicate al riguardo possono essere accompagnate da raccomandazioni sul modo di evitare o risolvere problematiche analoghe in futuro;

f) se del caso, una valutazione dell'efficacia della loro cooperazione all'interno di reti di organismi ADR che agevolano la risoluzione delle controversie transfrontaliere;

g) se prevista, la formazione fornita alle persone fisiche incaricate delle risoluzioni delle controversie di cui all'articolo 141-*bis*, comma 4, lettera *a*);

h) la valutazione dell'efficacia della procedura ADR offerta dall'organismo e di eventuali modi per migliorarla.

(1) *Articolo inserito dall'articolo 1, comma 3, del d.lgs. 6 agosto 2015, n. 130. A norma dell'articolo 2, comma 1, del d.lgs. n. 130/2015, le presenti disposizioni si applicano a decorrere dal 9 gennaio 2016.*

141-*decies* Ruolo delle autorità competenti (1).

1. Presso ciascuna autorità competente è istituito, rispettivamente con decreto ministeriale o con provvedimenti interni, l'elenco degli organismi ADR deputati a gestire le controversie nazionali e transfrontaliere che rientrano nell'ambito di applicazione del presente titolo e che rispettano i requisiti previsti. Ciascuna autorità competente definisce il procedimento per l'iscrizione e verifica il rispetto dei requisiti di stabilità, efficienza, imparzialità, nonché il rispetto del principio di tendenziale non onerosità, per il consumatore, del servizio.

2. Ogni autorità competente provvede all'iscrizione, alla sospensione e alla cancellazione degli iscritti e vigila sull'elenco nonché sui singoli organismi ADR.

3. Ciascuna autorità competente sulla base di propri provvedimenti, tiene l'elenco e disciplina le modalità di iscrizione degli organismi ADR. Tale elenco comprende:

a) il nome, le informazioni di contatto e i siti internet degli organismi ADR di cui al comma 1;

b) le loro tariffe, se del caso;

c) la lingua o le lingue in cui possono essere presentati i reclami e in cui è svolta la procedura ADR;

d) i tipi di controversie contemplati dalla procedura ADR;

e) i settori e le categorie di controversie trattati da ciascun organismo ADR;

f) se del caso, l'esigenza della presenza fisica delle parti o dei loro rappresentanti, compresa una dichiarazione dell'organismo ADR relativa alla possibilità di svolgere la procedura ADR in forma orale o scritta;

g) i motivi per cui un organismo ADR può rifiutare il trattamento di una determinata controversia a norma dell'articolo 141-*bis*, comma 2.

4. Se un organismo ADR non soddisfa più i requisiti di cui al comma 1, l'autorità competente interessata lo contatta per segnalargli tale non conformità, invitandolo a ovviarvi immediatamente. Se allo scadere di un termine di tre mesi l'organismo ADR continua a non soddisfare i requisiti di cui al comma 1, l'autorità competente cancella l'organismo dall'elenco di cui al comma 2. Detto elenco è aggiornato senza indugio e le informazioni pertinenti sono trasmesse al Ministero dello sviluppo economico quale punto di contatto unico con la Commissione europea.

5. Ogni autorità competente notifica senza indugio l'elenco di cui ai commi 1 e 3, e ogni suo successivo aggiornamento, al Ministero dello sviluppo economico quale punto di contatto unico con la Commissione europea.

6. L'elenco e gli aggiornamenti di cui ai commi 2, 3 e 4 relativi agli organismi ADR stabiliti nel territorio della Repubblica italiana sono trasmessi alla Commissione europea dal Ministero dello sviluppo economico quale punto di contatto unico.

7. Ogni autorità competente mette a disposizione del pubblico l'elenco consolidato degli organismi ADR, elaborato dalla Commissione europea e notificato al Ministero dello sviluppo economico quale punto di contatto unico, fornendo sul proprio sito internet un link al pertinente sito internet della Commissione europea. Inoltre, ogni autorità competente mette a disposizione del pubblico tale elenco consolidato su un supporto durevole.

8. Entro il 9 luglio 2018 e successivamente ogni quattro anni, il Ministero dello sviluppo economico, quale punto di contatto unico, con il contributo delle altre autorità competenti, pubblica e trasmette alla Commissione europea una relazione sullo sviluppo e sul funzionamento di tutti gli organismi ADR stabiliti sul territorio della Repubblica Italiana. In particolare, tale relazione:

a) identifica le migliori prassi degli organismi ADR;

b) sottolinea le insufficienze, comprovate da statistiche, che ostacolano il funzionamento degli organismi ADR per le controversie sia nazionali che transfrontaliere, se del caso;

c) elabora raccomandazioni su come migliorare l'efficacia e l'efficienza del funzionamento degli organismi ADR, se del caso.

(1) *Articolo inserito dall'articolo 1, comma 3, del d.lgs. 6 agosto 2015, n. 130. A norma dell'articolo 2, comma 1, del d.lgs. 130/2015, le presenti disposizioni si applicano a decorrere dal 9 gennaio 2016.*

48. Decreto legislativo 4 marzo 2010, n. 28. — Attuazione dell'articolo 60 della legge 18 giugno 2009, n. 69, in materia di mediazione finalizzata alla conciliazione delle controversie civili e commerciali. (*estratto*). (1) (2).

Pubblicato nella Gazzetta Ufficiale n. 53 del 5 marzo 2010.

(1) *In tema di misure urgenti connesse all'emergenza epidemiologica da Covid-19, con riferimento alla sospensione dei termini dei procedimenti di cui al presente decreto, v. l'art. 83, comma 20 d.l. 17 marzo 2020, n. 18, conv., con modif., in l. 24 aprile 2020, n. 27, come modificato dall'art. 3, comma 1, lett.* h) *d.l. 30 aprile 2020, n. 28, conv., con modif., in l. 25 giugno 2020, n. 70 (*sub *VII, 4).*

(2) *Per lo svolgimento degli incontri di mediazione svolte in via telematica, v. art. 83, comma 20-*bis *d.l. 17 marzo 2020, n. 18, conv., con modif., in l. 24 aprile 2020, n. 27 come modificato dall'art. 3, comma 1, lett.* h-bis) *d.l. 30 aprile 2020, n. 28, conv., con modif., in l. 25 giugno 2020, n. 70 (*sub *VII, 4).*

CAPO I
Disposizioni generali

1 Definizioni.

1. Ai fini del presente decreto legislativo, si intende per:

a) mediazione: l'attività, comunque denominata, svolta da un terzo imparziale e finalizzata ad assistere due o più soggetti nella ricerca di un accordo amichevole per la composizione di una controversia, anche con formulazione di una proposta per la risoluzione della stessa (1);

b) mediatore: la persona o le persone fisiche che, individualmente o collegialmente, svolgono la mediazione rimanendo prive, in ogni caso, del potere di rendere giudizi o decisioni vincolanti per i destinatari del servizio medesimo;

c) conciliazione: la composizione di una controversia a seguito dello svolgimento della mediazione;

d) organismo: l'ente pubblico o privato, presso il quale può svolgersi il procedimento di mediazione ai sensi del presente decreto;

e) registro: il registro degli organismi istituito con decreto del Ministro della giustizia ai sensi dell'articolo 16 del presente decreto, nonché, sino all'emanazione di tale decreto, il registro degli organismi istituito con il decreto del Ministro della giustizia 23 luglio 2004, n. 222.

(1) *Lettera sostituita dall'articolo 84, comma 1, lettera oa, del D.L. 21 giugno 2013, n. 69, convertito, con modificazioni, dalla Legge 9 agosto 2013, n. 98, con la decorrenza indicata nell'articolo 84, comma 2, del medesimo decreto.*

2 Controversie oggetto di mediazione.

1. Chiunque può accedere alla mediazione per la conciliazione di una controversia civile e commerciale vertente su diritti disponibili, secondo le disposizioni del presente decreto.

2. Il presente decreto non preclude le negoziazioni volontarie e paritetiche relative alle controversie civili e commerciali, né le procedure di reclamo previste dalle carte dei servizi.

CAPO II
Del procedimento di mediazione

3 Disciplina applicabile e forma degli atti.

1. Al procedimento di mediazione si applica il regolamento dell'organismo scelto dalle parti.

2. Il regolamento deve in ogni caso garantire la riservatezza del procedimento ai sensi dell'articolo 9, nonché modalità di nomina del mediatore che ne assicurano l'imparzialità e l'idoneità al corretto e sollecito espletamento dell'incarico.

3. Gli atti del procedimento di mediazione non sono soggetti a formalità.

4. La mediazione può svolgersi secondo modalità telematiche previste dal regolamento dell'organismo.

4 Accesso alla mediazione.

1. La domanda di mediazione relativa alle controversie di cui all'articolo 2 è presentata mediante deposito di un'istanza presso un organismo nel luogo del giudice territorialmente competente per la controversia. In caso di più domande relative alla stessa controversia, la mediazione si svolge davanti all'organismo territorialmente competente presso il quale è stata presentata la prima domanda. Per determinare il tempo della domanda si ha riguardo alla data del deposito dell'istanza (1).

2. L'istanza deve indicare l'organismo, le parti, l'oggetto e le ragioni della pretesa.

3. All'atto del conferimento dell'incarico, l'avvocato è tenuto a informare l'assistito della possibilità di avvalersi del procedimento di mediazione disciplinato dal presente decreto e delle agevolazioni fiscali di cui agli articoli 17 e 20. L'avvocato informa altresì l'assistito dei casi in cui l'esperimento del procedimento di mediazione è condizione di procedibilità della domanda giudiziale. L'informazione deve essere fornita chiaramente e per iscritto. In caso di violazione degli obblighi di informazione, il contratto tra l'avvocato e l'assistito è annullabile. Il documento che contiene l'informazione è sottoscritto dall'assistito e deve essere allegato all'atto introduttivo dell'eventuale giudizio. Il giudice che verifica la mancata allegazione del documento, se non provvede ai sensi dell'articolo 5, comma 1-*bis*, informa la parte della facoltà di chiedere la mediazione (2) (3).

(1) *Comma sostituito dall'art. 84, comma 1, lett.* ob), *d.l. 21 giugno 2013, n. 69, conv., con modif., in l. 9 agosto 2013, n. 98 con effetto a decorrere « decorsi trenta giorni dall'entrata in vigore della legge di conversione del presente decreto » ai sensi dell'art. 84, comma 2, d.l. n. 69, cit.*

(2) *Comma sostituito dall'art. 84, comma 1, lett.* a), *d.l. n. 69, cit. con la decorrenza indicata sub nota 1.*

(3) *La Corte Costituzionale con sentenza 6 dicembre 2012, n. 272 aveva dichiarato riguardo il precedente testo, in via consequenziale, ai sensi dell'art. 27 della legge 11 marzo 1953, n. 87* l'illegittimità costituzionale *del presente comma, limitatamente al secondo periodo (« L'avvocato informa altresì l'assistito dei casi in cui l'esperimento del procedimento di mediazione è condizione di procedibilità della domanda giudiziale ») e al sesto periodo, limitatamente alla frase « se non provvede ai sensi dell'articolo 5, comma 1 ».*

5 Condizione di procedibilità e rapporti con il processo.

1. Chi intende esercitare in giudizio un'azione relativa ad una controversia in materia di condominio, diritti reali, divisione, successioni ereditarie, patti di famiglia, locazione, comodato, affitto di aziende, risarcimento del danno derivante dalla circolazione di veicoli e natanti, da responsabilità medica e da diffamazione con il mezzo della stampa o con altro mezzo di pubblicità, contratti assicurativi, bancari e finanziari, è tenuto preliminarmente a esperire il procedimento di mediazione ai sensi del presente decreto ovvero il procedimento di conciliazione previsto dal decreto legislativo 8 ottobre 2007, n. 179, ovvero il procedimento istituito in attuazione dell'articolo 128-*bis* del testo unico delle leggi in materia bancaria e creditizia di cui al decreto legislativo 1° settembre 1993, n. 385, e successive modificazioni, per le materie ivi regolate. L'espe-

rimento del procedimento di mediazione è condizione di procedibilità della domanda giudiziale. L'improcedibilità deve essere eccepita dal convenuto, a pena di decadenza, o rilevata d'ufficio dal giudice, non oltre la prima udienza. Il giudice ove rilevi che la mediazione è già iniziata, ma non si è conclusa, fissa la successiva udienza dopo la scadenza del termine di cui all'articolo 6. Allo stesso modo provvede quando la mediazione non è stata esperita, assegnando contestualmente alle parti il termine di quindici giorni per la presentazione della domanda di mediazione. Il presente comma non si applica alle azioni previste dagli articoli 37, 140 e 140-*bis* del codice del consumo di cui al decreto legislativo 6 settembre 2005, n. 206, e successive modificazioni (1).

1-*bis*. Chi intende esercitare in giudizio un'azione relativa a una controversia in materia di condominio, diritti reali, divisione, successioni ereditarie, patti di famiglia, locazione, comodato, affitto di aziende, risarcimento del danno derivante da responsabilità medica e sanitaria e da diffamazione con il mezzo della stampa o con altro mezzo di pubblicità, contratti assicurativi, bancari e finanziari, è tenuto, assistito dall'avvocato, preliminarmente a esperire il procedimento di mediazione ai sensi del presente decreto ovvero i procedimenti previsti dal decreto legislativo 8 ottobre 2007, n. 179, e dai rispettivi regolamenti di attuazione ovvero il procedimento istituito in attuazione dell'articolo 128-*bis* del testo unico delle leggi in materia bancaria e creditizia di cui al decreto legislativo 1° settembre 1993, n. 385, e successive modificazioni, ovvero il procedimento istituito in attuazione dell'articolo 187-ter del Codice delle assicurazioni private di cui al decreto legislativo 7 settembre 2005, n. 209 (2), per le materie ivi regolate. L'esperimento del procedimento di mediazione è condizione di procedibilità della domanda giudiziale. A decorrere dall'anno 2018, il Ministro della giustizia riferisce annualmente alle Camere sugli effetti prodotti e sui risultati conseguiti dall'applicazione delle disposizioni del presente comma. L'improcedibilità deve essere eccepita dal convenuto, a pena di decadenza, o rilevata d'ufficio dal giudice, non oltre la prima udienza. Il giudice ove rilevi che la mediazione è già iniziata, ma non si è conclusa, fissa la successiva udienza dopo la scadenza del termine di cui all'articolo 6. Allo stesso modo provvede quando la mediazione non è stata esperita, assegnando contestualmente alle parti il termine di quindici giorni per la presentazione della domanda di mediazione. Il presente comma non si applica alle azioni previste dagli articoli 37, 140 e 140-*bis* del codice del consumo di cui al decreto legislativo 6 settembre 2005, n. 206, e successive modificazioni (3).

2. Fermo quanto previsto dal comma 1-*bis* e salvo quanto disposto dai commi 3 e 4, il giudice, anche in sede di giudizio di appello, valutata la natura della causa, lo stato dell'istruzione e il comportamento delle parti, può disporre l'esperimento del procedimento di mediazione; in tal caso, l'esperimento del procedimento di mediazione è condizione di procedibilità della domanda giudiziale anche in sede di appello. Il provvedimento di cui al periodo precedente è adottato prima dell'udienza di precisazione delle conclusioni ovvero, quando tale udienza non è prevista, prima della discussione della causa. Il giudice fissa la successiva udienza dopo la scadenza del termine di cui all'articolo 6 e, quando la mediazione non è già stata avviata, assegna contestualmente alle parti il termine di quindici giorni per la presentazione della domanda di mediazione (4) (5).

2-*bis*. Quando l'esperimento del procedimento di mediazione è condizione di procedibilità della domanda giudiziale la condizione si considera avverata se il primo incontro dinanzi al mediatore si conclude senza l'accordo (6).

3. Lo svolgimento della mediazione non preclude in ogni caso la concessione dei provvedimenti urgenti e cautelari, né la trascrizione della domanda giudiziale.

4. I commi 1-*bis* e 2 non si applicano:

a) nei procedimenti per ingiunzione, inclusa l'opposizione, fino alla pronuncia sulle istanze di concessione e sospensione della provvisoria esecuzione;

b) nei procedimenti per convalida di licenza o sfratto, fino al mutamento del rito di cui all'articolo 667 del codice di procedura civile;

c) nei procedimenti di consulenza tecnica preventiva ai fini della composizione della lite, di cui all'articolo 696-*bis* del codice di procedura civile;

d) nei procedimenti possessori, fino alla pronuncia dei provvedimenti di cui all'articolo 703, terzo comma, del codice di procedura civile;

e) nei procedimenti di opposizione o incidentali di cognizione relativi all'esecuzione forzata;

f) nei procedimenti in camera di consiglio;

g) nell'azione civile esercitata nel processo penale (7).

5. Fermo quanto previsto dal comma 1-*bis* e salvo quanto disposto dai commi 3 e 4, se il contratto, lo statuto ovvero l'atto costitutivo dell'ente prevedono una clausola di mediazione o conciliazione e il tentativo non risulta esperito, il giudice o l'arbitro, su eccezione di parte, proposta nella prima difesa, assegna alle parti il termine di quindici giorni per la presentazione della domanda di mediazione e fissa la successiva udienza dopo la scadenza del termine di cui all'articolo 6. Allo stesso modo il giudice o l'arbitro fissa la successiva udienza quando la mediazione o il tentativo di conciliazione sono iniziati, ma non conclusi. La domanda è presentata davanti all'organismo indicato dalla clausola, se iscritto nel registro, ovvero, in mancanza, davanti ad un altro organismo iscritto, fermo il rispetto del criterio di cui all'articolo 4, comma 1. In ogni caso, le parti possono concordare, successivamente al contratto o allo statuto o all'atto costitutivo, l'individuazione di un diverso organismo iscritto (8) (9).

6. Dal momento della comunicazione alle altre parti, la domanda di mediazione produce sulla prescrizione gli effetti della domanda giudiziale. Dalla stessa data, la domanda di mediazione impedisce altresì la decadenza per una sola volta, ma se il tentativo fallisce la domanda giudiziale deve essere proposta entro il medesimo termine di decadenza, decorrente dal deposito del verbale di cui all'articolo 11 presso la segreteria dell'organismo.

(1) *La Corte Costituzionale con sentenza 6 dicembre 2012, n. 272 ha dichiarato* l'illegittimità costituzionale *del presente comma.*

(2) *Le parole* « ovvero il procedimento istituito in attuazione dell'articolo 187-*ter* del Codice delle assicurazioni private di cui al decre-

to legislativo 7 settembre 2005, n. 209, » *sono state inserite dall'art. 2, comma 10, d.lgs. 21 maggio 2018, n. 68. Ai sensi dell'art. 4, comma 7, d.lgs. n. 68, cit., la presente disposizione trova applicazione dal 1° ottobre 2018, conformemente a quanto previsto dalla direttiva (UE) 2018/411 del Parlamento europeo e del Consiglio, che modifica la direttiva (UE) 2016/97 per quanto riguarda la data di applicazione delle misure di recepimento degli Stati membri.*

(3) *Comma inserito dall'articolo 84, comma 1, lettera* b), *d.l. 21 giugno 2013, n. 69 conv., con modif., in l. 9 agosto 2013, n. 98 con effetto a decorrere « decorsi trenta giorni dall'entrata in vigore della legge di conversione del presente decreto » ai sensi dell'art. 84, comma 2, d.l. n. 69, cit., e successivamente modificato dall'articolo* 1-bis, *comma 2, d.lgs. 6 agosto 2015, n. 130. A norma dell'articolo 2, comma 1, del d.lgs. 130/2015, le presenti disposizioni si applicano a decorrere dal 9 gennaio 2016. Comma infine modificato dall'articolo* 11-ter *D.L. 24 aprile 2017, n. 50, convertito, con modificazioni, dalla legge 21 giugno 2017, n. 96.*

(4) *Comma sostituito dall'articolo 84, comma 1, lettera* c), *del d.l. n. 69, cit. con la decorrenza indicata sub nota 3.*

(5) *La Corte Costituzionale con sentenza 6 dicembre 2012, n. 272 ha dichiarato, in via consequenziale, ai sensi dell'art. 27 della legge 11 marzo 1953, n. 87* l'illegittimità costituzionale *del presente comma, primo periodo, limitatamente alle parole « Fermo quanto previsto dal comma 1 e ».*

(6) *Comma inserito dall'articolo 84, comma 1, lettera* c-bis*), d.l. n. 69, con la decorrenza indicata sub nota 3.*

(7) *Comma sostituito dall'articolo 84, comma 1, lettera* d), *D.L. n. 69, cit., con la decorrenza indicata sub nota 3.*

(8) *Comma sostituito dall'articolo 84, comma 1, lettera* e), *d.l. n. 69, cit., con la decorrenza indicata sub nota 3.*

(9) *La Corte Costituzionale con sentenza 6 dicembre 2012, n. 272 aveva dichiarato in riferimento al precedente testo, in via consequenziale, ai sensi dell'art. 27 della legge 11 marzo 1953, n. 87* l'illegittimità costituzionale *del presente comma, limitatamente alle parole « Fermo quanto previsto dal comma 1 e ».*

6 Durata.

1. Il procedimento di mediazione ha una durata non superiore a tre mesi (1).

2. Il termine di cui al comma 1 decorre dalla data di deposito della domanda di mediazione, ovvero dalla scadenza di quello fissato dal giudice per il deposito della stessa e, anche nei casi in cui il giudice dispone il rinvio della causa ai sensi del sesto o del settimo periodo del comma 1bis dell'articolo 5 ovvero ai sensi del comma 2 dell'articolo 5, non è soggetto a sospensione feriale (2) (3).

(1) *Comma modificato dall'articolo 84, comma 1, lettera* f) *d.l. 21 giugno 2013, n. 69, conv., con modif., in l. 9 agosto 2013, n. 98 con effetto a decorrere « decorsi trenta giorni dall'entrata in vigore della legge di conversione del presente decreto » ai sensi dell'art. 84, comma 2, d.l. n. 69, cit.*

(2) *Comma sostituito dall'articolo 84, comma 1, lettera* f-bis) *d.l. n. 69, cit. con la decorrenza indicata sub nota 1.*

(3) *La Corte Costituzionale con sentenza 6 dicembre 2012, n. 272 aveva dichiarato, riguardo il precedente testo, in via consequenziale, ai sensi dell'art. 27 della legge 11 marzo 1953, n. 87* l'illegittimità costituzionale *del presente comma, limitatamente alla frase « e, anche nei casi in cui il giudice dispone il rinvio della causa ai sensi del quarto o del quinto periodo del comma 1 dell'articolo cinque, ».*

7 Effetti sulla ragionevole durata del processo.

1. Il periodo di cui all'articolo 6 e il periodo del rinvio disposto dal giudice ai sensi dell'articolo 5, commi 1-*bis* e 2, non si computano ai fini di cui all'articolo 2 della legge 24 marzo 2001, n. 89 (1) (2).

(1) *Comma sostituito dall'articolo 84, comma 1, lettera* g) *del d.l. 21 giugno 2013, n. 69, conv., con modif., in l. 9 agosto 2013, n. 98 con effetto a decorrere « decorsi trenta giorni dall'entrata in vigore della legge di conversione del presente decreto » ai sensi dell'art. 84, comma 2, d.l. n. 69, cit.*

(2) *La Corte Costituzionale con sentenza 6 dicembre 2012, n. 272 aveva dichiarato, riguardo il precedente testo, in via consequenziale, ai sensi dell'art. 27 della legge 11 marzo 1953, n. 87* l'illegittimità costituzionale *del presente articolo, limitatamente alla frase « e il periodo del rinvio disposto dal giudice ai sensi dell'art. 5, comma 1 » e nella parte in cui usa il verbo « computano » anziché « computa ».*

8 Procedimento.

1. All'atto della presentazione della domanda di mediazione, il responsabile dell'organismo designa un mediatore e fissa il primo incontro tra le parti non oltre trenta giorni dal deposito della domanda. La domanda e la data del primo incontro sono comunicate all'altra parte con ogni mezzo idoneo ad assicurarne la ricezione, anche a cura della parte istante. Al primo incontro e agli incontri successivi, fino al termine della procedura, le parti devono partecipare con l'assistenza dell'avvocato. Durante il primo incontro il mediatore chiarisce alle parti la funzione e le modalità di svolgimento della mediazione. Il mediatore, sempre nello stesso primo incontro, invita poi le parti e i loro avvocati a esprimersi sulla possibilità di iniziare la procedura di mediazione e, nel caso positivo, procede con lo svolgimento. Nelle controversie che richiedono specifiche competenze tecniche, l'organismo può nominare uno o più mediatori ausiliari (1).

2. Il procedimento si svolge senza formalità presso la sede dell'organismo di mediazione o nel luogo indicato dal regolamento di procedura dell'organismo.

3. Il mediatore si adopera affinché le parti raggiungano un accordo amichevole di definizione della controversia.

4. Quando non può procedere ai sensi del comma 1, ultimo periodo, il mediatore può avvalersi di esperti iscritti negli albi dei consulenti presso i tribunali. Il regolamento di procedura dell'organismo deve prevedere le modalità di calcolo e liquidazione dei compensi spettanti agli esperti.

4-*bis*. Dalla mancata partecipazione senza giustificato motivo al procedimento di mediazione, il giudice può desumere argomenti di prova nel successivo giudizio ai sensi dell'articolo 116, secondo comma, del codice di procedura civile. Il giudice condanna la parte costituita che, nei casi previsti dall'articolo 5, non ha partecipato al procedimento senza giustificato motivo, al versamento all'entrata del bilancio dello Stato di una somma di importo corrispondente al contributo unificato dovuto per il giudizio (2).

5. Dalla mancata partecipazione senza giustificato motivo al procedimento di mediazione il giudice può desumere argomenti di prova nel successivo giudizio ai sensi dell'articolo 116, secondo comma, del codice di procedura civile. Il giudice condanna la parte costituita che, nei casi previsti dall'articolo 5, non ha partecipato al procedimento senza giustificato motivo, al versamento all'entrata del bilancio dello Stato di una somma di importo corrispondente al contributo unificato dovuto per il giudizio (3) (4).

(1) *Comma modificato dall'articolo 84, comma 1, lettera* h) *d.l. 21 giugno 2013, n. 69, conv., con modif., in l. 9 agosto 2013, n. 98 con effetto a decorrere « decorsi trenta giorni dall'entrata in vigore della legge di conversione del presente decreto » ai sensi dell'art. 84, comma 2, d.l. n. 69, cit.,*

(2) *Comma aggiunto dall'articolo 84, comma 1, lettera* i) *d.l. n. 69, cit. con la decorrenza indicata sub nota 1.*

(3) *Comma modificato dall'articolo 2, comma 35-*sexies *del d.l. 13 agosto 2011, n. 138, conv., con modif., in l. 14 settembre 2011, n. 148.*

(4) *La Corte Costituzionale con sentenza 6 dicembre 2012, n. 272 ha dichiarato, in via consequenziale, ai sensi dell'art. 27 della legge 11 marzo 1953, n. 87* l'illegittimità costituzionale *del presente comma.*

9 Dovere di riservatezza.

1. Chiunque presta la propria opera o il proprio servizio nell'organismo o comunque nell'ambito del procedimento di mediazione è tenuto all'obbligo di riservatezza rispetto alle dichiarazioni rese e alle informazioni acquisite durante il procedimento medesimo.

2. Rispetto alle dichiarazioni rese e alle informazioni acquisite nel corso delle sessioni separate e salvo consenso della parte dichiarante o dalla quale provengono le informazioni, il mediatore è altresì tenuto alla riservatezza nei confronti delle altre parti.

10 Inutilizzabilità e segreto professionale.

1. Le dichiarazioni rese o le informazioni acquisite nel corso del procedimento di mediazione non possono essere utilizzate nel giudizio avente il medesimo oggetto anche parziale, iniziato, riassunto o proseguito dopo l'insuccesso della mediazione, salvo consenso della parte dichiarante o dalla quale provengono le informazioni. Sul contenuto delle stesse dichiarazioni e informazioni non è ammessa prova testimoniale e non può essere deferito giuramento decisorio.

2. Il mediatore non può essere tenuto a deporre sul contenuto delle dichiarazioni rese e delle informazioni acquisite nel procedimento di mediazione, né davanti all'autorità giudiziaria né davanti ad altra autorità. Al mediatore si applicano le disposizioni dell'articolo 200 del codice di procedura penale e si estendono le garanzie previste per il difensore dalle disposizioni dell'articolo 103 del codice di procedura penale in quanto applicabili.

11 Conciliazione.

1. Se è raggiunto un accordo amichevole, il mediatore forma processo verbale al quale è allegato il testo dell'accordo medesimo. Quando l'accordo non è raggiunto, il mediatore può formulare una proposta di conciliazione. In ogni caso, il mediatore formula una proposta di conciliazione se le parti gliene fanno concorde richiesta in qualunque momento del procedimento. Prima della formulazione della proposta, il mediatore informa le parti delle possibili conseguenze di cui all'articolo 13 (1) (2).

2. La proposta di conciliazione è comunicata alle parti per iscritto. Le parti fanno pervenire al mediatore, per iscritto ed entro sette giorni, l'accettazione o il rifiuto della proposta. In mancanza di risposta nel termine, la proposta si ha per rifiutata. Salvo diverso accordo delle parti, la proposta non può contenere alcun riferimento alle dichiarazioni rese o alle informazioni acquisite nel corso del procedimento.

3. Se è raggiunto l'accordo amichevole di cui al comma 1 ovvero se tutte le parti aderiscono alla proposta del mediatore, si forma processo verbale che deve essere sottoscritto dalle parti e dal mediatore, il quale certifica l'autografia della sottoscrizione delle parti o la loro impossibilità di sottoscrivere. Se con l'accordo le parti concludono uno dei contratti o compiono uno degli atti previsti dall'articolo 2643 del codice civile, per procedere alla trascrizione dello stesso la sottoscrizione del processo verbale deve essere autenticata da un pubblico ufficiale a ciò autorizzato. L'accordo raggiunto, anche a seguito della proposta, può prevedere il pagamento di una somma di denaro per ogni violazione o inosservanza degli obblighi stabiliti ovvero per il ritardo nel loro adempimento.

4. Se la conciliazione non riesce, il mediatore forma processo verbale con l'indicazione della proposta; il verbale è sottoscritto dalle parti e dal mediatore, il quale certifica l'autografia della sottoscrizione delle parti o la loro impossibilità di sottoscrivere. Nello stesso verbale, il mediatore dà atto della mancata partecipazione di una delle parti al procedimento di mediazione.

5. Il processo verbale è depositato presso la segreteria dell'organismo e di esso è rilasciata copia alle parti che lo richiedono.

(1) *Comma sostituito dall'articolo 84, comma 1, lettera* l) *del d.l. 21 giugno 2013, n. 69, conv., con modif., in l. 9 agosto 2013, n. 98 con effetto a decorrere « decorsi trenta giorni dall'entrata in vigore della legge di conversione del presente decreto » ai sensi dell'art. 84, comma 2, d.l. n. 69, cit..*

(2) *La Corte Costituzionale con sentenza 6 dicembre 2012, n. 272 aveva dichiarato, in riferimento al precedente testo, in via consequenziale, ai sensi dell'art. 27 della legge 11 marzo 1953, n. 87 l'illegittimità costituzionale del presente comma, limitatamente al periodo « Prima della formulazione della proposta, il mediatore informa le parti delle possibili conseguenze di cui all'art. 13 ».*

12 Efficacia esecutiva ed esecuzione

1. Ove tutte le parti aderenti alla mediazione siano assistite da un avvocato, l'accordo che sia stato sottoscritto dalle parti e dagli stessi avvocati costituisce titolo esecutivo per l'espropriazione forzata, l'esecuzione per consegna e rilascio, l'esecuzione degli obblighi di fare e non fare, nonché per l'iscrizione di ipoteca giudiziale. Gli avvocati attestano e certificano la conformità dell'accordo alle norme imperative e all'ordine pubblico. L'accordo di cui al periodo precedente deve essere integralmente trascritto nel precetto ai sensi dell'articolo 480, secondo comma, del codice di procedura civile. In tutti gli altri casi l'accordo allegato al verbale è omologato, su istanza di parte, con decreto del presidente del tribunale, previo accertamento della regolarità formale e del rispetto delle norme imperative e dell'ordine pubblico. Nelle controversie transfrontaliere di cui all'articolo 2 della direttiva 2008/52/CE del Parlamento europeo e del Consiglio, del 21 maggio 2008, il verbale è omologato dal presidente del tribunale nel cui circondario l'accordo deve avere esecuzione (1).

2. Il verbale di cui al comma 1 costituisce titolo esecutivo per l'espropriazione forzata, per l'esecuzione in forma specifica e per l'iscrizione di ipoteca giudiziale.

(1) *Comma modificato dall'articolo 84, comma 1, lettera* m) *del d.l. 21 giugno 2013, n. 69, conv., con modif., in l. 9 agosto 2013, n. 98 con effetto a decorrere « decorsi trenta giorni dall'entrata in vigore della legge di conversione del presente decreto » ai sensi dell'art. 84, comma 2, d.l. n. 69, cit., e successivamente dall'articolo 5, comma 4-*bis*, del D.L. 12*

settembre 2014, n. 132, convertito, con modificazioni, dalla Legge 10 novembre 2014, n. 162.

13 Spese processuali.

1. Quando il provvedimento che definisce il giudizio corrisponde interamente al contenuto della proposta, il giudice esclude la ripetizione delle spese sostenute dalla parte vincitrice che ha rifiutato la proposta, riferibili al periodo successivo alla formulazione della stessa, e la condanna al rimborso delle spese sostenute dalla parte soccombente relative allo stesso periodo, nonché al versamento all'entrata del bilancio dello Stato di un'ulteriore somma di importo corrispondente al contributo unificato dovuto. Resta ferma l'applicabilità degli articoli 92 e 96 del codice di procedura civile. Le disposizioni di cui al presente comma si applicano altresì alle spese per l'indennità corrisposta al mediatore e per il compenso dovuto all'esperto di cui all'articolo 8, comma 4.

2. Quando il provvedimento che definisce il giudizio non corrisponde interamente al contenuto della proposta, il giudice, se ricorrono gravi ed eccezionali ragioni, può nondimeno escludere la ripetizione delle spese sostenute dalla parte vincitrice per l'indennità corrisposta al mediatore e per il compenso dovuto all'esperto di cui all'articolo 8, comma 4. Il giudice deve indicare esplicitamente, nella motivazione, le ragioni del provvedimento sulle spese di cui al periodo precedente.

3. Salvo diverso accordo le disposizioni precedenti non si applicano ai procedimenti davanti agli arbitri (1) (2).

(1) *Articolo sostituito dall'articolo 84, comma 1, lettera* n) *d.l. 21 giugno 2013, n. 69, conv., con modif., in l. 9 agosto 2013, n. 98 con effetto a decorrere « decorsi trenta giorni dall'entrata in vigore della legge di conversione del presente decreto » ai sensi dell'art. 84, comma 2, d.l. n. 69, cit..*

(2) *La Corte Costituzionale con sentenza 6 dicembre 2012, n. 272 aveva dichiarato, riguardo il precedente testo, in via consequenziale, ai sensi dell'art. 27 della legge 11 marzo 1953, n. 87* l'illegittimità costituzionale *del presente articolo, escluso il periodo « resta ferma l'applicabilità degli articoli 92 e 96 del codice di procedura civile ».*

14 Obblighi del mediatore.

1. Al mediatore e ai suoi ausiliari è fatto divieto di assumere diritti o obblighi connessi, direttamente o indirettamente, con gli affari trattati, fatta eccezione per quelli strettamente inerenti alla prestazione dell'opera o del servizio; è fatto loro divieto di percepire compensi direttamente dalle parti.

2. Al mediatore è fatto, altresì, obbligo di:

a) sottoscrivere, per ciascun affare per il quale è designato, una dichiarazione di imparzialità secondo le formule previste dal regolamento di procedura applicabile, nonché gli ulteriori impegni eventualmente previsti dal medesimo regolamento;

b) informare immediatamente l'organismo e le parti delle ragioni di possibile pregiudizio all'imparzialità nello svolgimento della mediazione;

c) formulare le proposte di conciliazione nel rispetto del limite dell'ordine pubblico e delle norme imperative;

d) corrispondere immediatamente a ogni richiesta organizzativa del responsabile dell'organismo.

3. Su istanza di parte, il responsabile dell'organismo provvede alla eventuale sostituzione del mediatore. Il regolamento individua la diversa competenza a decidere sull'istanza, quando la mediazione è svolta dal responsabile dell'organismo.

15 Mediazione nell'azione di classe.

1. Quando è esercitata l'azione di classe prevista dall'articolo 140-*bis* del codice del consumo, di cui al decreto legislativo 6 settembre 2005, n. 206, e successive modificazioni, la conciliazione, intervenuta dopo la scadenza del termine per l'adesione, ha effetto anche nei confronti degli aderenti che vi abbiano espressamente consentito.

CAPO III
Organismi di mediazione

16 Organismi di mediazione e registro. Elenco dei formatori (1).

1. Gli enti pubblici o privati, che diano garanzie di serietà ed efficienza, sono abilitati a costituire organismi deputati, su istanza della parte interessata, a gestire il procedimento di mediazione nelle materie di cui all'articolo 2 del presente decreto. Gli organismi devono essere iscritti nel registro.

2. La formazione del registro e la sua revisione, l'iscrizione, la sospensione e la cancellazione degli iscritti, l'istituzione di separate sezioni del registro per la trattazione degli affari che richiedono specifiche competenze anche in materia di consumo e internazionali, nonché la determinazione delle indennità spettanti agli organismi sono disciplinati con appositi decreti del Ministro della giustizia, di concerto, relativamente alla materia del consumo, con il Ministro dello sviluppo economico. Fino all'adozione di tali decreti si applicano, in quanto compatibili, le disposizioni dei decreti del Ministro della giustizia 23 luglio 2004, n. 222 e 23 luglio 2004, n. 223. A tali disposizioni si conformano, sino alla medesima data, gli organismi di composizione extragiudiziale previsti dall'articolo 141 del codice del consumo, di cui al decreto legislativo 6 settembre 2005, n. 206, e successive modificazioni.

3. L'organismo, unitamente alla domanda di iscrizione nel registro, deposita presso il Ministero della giustizia il proprio regolamento di procedura e il codice etico, comunicando ogni successiva variazione. Nel regolamento devono essere previste, fermo quanto stabilito dal presente decreto, le procedure telematiche eventualmente utilizzate dall'organismo, in modo da garantire la sicurezza delle comunicazioni e il rispetto della riservatezza dei dati. Al regolamento devono essere allegate le tabelle delle indennità spettanti agli organismi costituiti da enti privati, proposte per l'approvazione a norma dell'articolo 17. Ai fini dell'iscrizione nel registro il Ministero della giustizia valuta l'idoneità del regolamento.

4. La vigilanza sul registro è esercitata dal Ministero della giustizia e, con riferimento alla sezione per la trattazione degli affari in materia di consumo di cui al

comma 2, anche dal Ministero dello sviluppo economico.

4-*bis*. Gli avvocati iscritti all'albo sono di diritto mediatori. Gli avvocati iscritti ad organismi di mediazione devono essere adeguatamente formati in materia di mediazione e mantenere la propria preparazione con percorsi di aggiornamento teorico-pratici a ciò finalizzati, nel rispetto di quanto previsto dall'articolo 55-*bis* del codice deontologico forense. Dall'attuazione della presente disposizione non devono derivare nuovi o maggiori oneri a carico della finanza pubblica (2).

5. Presso il Ministero della giustizia è istituito, con decreto ministeriale, l'elenco dei formatori per la mediazione. Il decreto stabilisce i criteri per l'iscrizione, la sospensione e la cancellazione degli iscritti, nonché per lo svolgimento dell'attività di formazione, in modo da garantire elevati livelli di formazione dei mediatori. Con lo stesso decreto, è stabilita la data a decorrere dalla quale la partecipazione all'attività di formazione di cui al presente comma costituisce per il mediatore requisito di qualificazione professionale.

6. L'istituzione e la tenuta del registro e dell'elenco dei formatori avvengono nell'ambito delle risorse umane, finanziarie e strumentali già esistenti, e disponibili a legislazione vigente, presso il Ministero della giustizia e il Ministero dello sviluppo economico, per la parte di rispettiva competenza, e, comunque, senza nuovi o maggiori oneri per il bilancio dello Stato (2).

(1) *Per il Regolamento recante la determinazione dei criteri e delle modalità di iscrizione e la tenuta del registro degli organismi di mediazione e dell'elenco dei formatori per la mediazione, nonché l'approvazione delle indennità spettanti agli organismi di cui al presente articolo, vedi il d.m. 18 ottobre 2010, n. 180.*

(2) *Comma aggiunto dall'articolo 84, comma 1, lettera* o) *d.l. 21 giugno 2013, n. 69, conv., con modif., in l. 9 agosto 2013, n. 98 con effetto a decorrere « decorsi trenta giorni dall'entrata in vigore della legge di conversione del presente decreto » ai sensi dell'art. 84, comma 2, d.l. n. 69, cit..*

17 Risorse, regime tributario e indennità.

1. In attuazione dell'articolo 60, comma 3, lettera *o*), della legge 18 giugno 2009, n. 69, le agevolazioni fiscali previste dal presente articolo, commi 2 e 3, e dall'articolo 20, rientrano tra le finalità del Ministero della giustizia finanziabili con la parte delle risorse affluite al « Fondo Unico Giustizia » attribuite al predetto Ministero, ai sensi del comma 7 dell'articolo 2, lettera *b*), del decreto-legge 16 settembre 2008, n. 143, convertito, con modificazioni, dalla legge 13 novembre 2008, n. 181, e dei commi 3 e 4 dell'articolo 7 del decreto del Ministro dell'economia e delle finanze 30 luglio 2009, n. 127.

2. Tutti gli atti, documenti e provvedimenti relativi al procedimento di mediazione sono esenti dall'imposta di bollo e da ogni spesa, tassa o diritto di qualsiasi specie e natura.

3. Il verbale di accordo è esente dall'imposta di registro entro il limite di valore di 50.000 euro, altrimenti l'imposta è dovuta per la parte eccedente.

4. Fermo restando quanto previsto dai commi 5-*bis* e 5-*ter* del presente articolo, con il decreto di cui all'articolo 16, comma 2, sono determinati:

a) l'ammontare minimo e massimo delle indennità spettanti agli organismi pubblici, il criterio di calcolo e le modalità di ripartizione tra le parti;

b) i criteri per l'approvazione delle tabelle delle indennità proposte dagli organismi costituiti da enti privati;

c) le maggiorazioni massime delle indennità dovute, non superiori al 25 per cento, nell'ipotesi di successo della mediazione;

d) le riduzioni minime delle indennità dovute nelle ipotesi in cui la mediazione è condizione di procedibilità ai sensi dell'articolo 5, comma 1-*bis*, ovvero è disposta dal giudice ai sensi dell'articolo 5, comma 2 (1) (2).

5. Quando la mediazione è condizione di procedibilità della domanda ai sensi dell'articolo 5, comma 1, all'organismo non è dovuta alcuna indennità dalla parte che si trova nelle condizioni per l'ammissione al patrocinio a spese dello Stato, ai sensi dell'articolo 76 (L) del testo unico delle disposizioni legislative e regolamentari in materia di spese di giustizia di cui al decreto del Presidente della Repubblica del 30 maggio 2002, n. 115. A tale fine la parte è tenuta a depositare presso l'organismo apposita dichiarazione sostitutiva dell'atto di notorietà, la cui sottoscrizione può essere autenticata dal medesimo mediatore, nonché a produrre, a pena di inammissibilità, se l'organismo lo richiede, la documentazione necessaria a comprovare la veridicità di quanto dichiarato (3).

5-*bis*. Quando la mediazione è condizione di procedibilità della domanda ai sensi dell'articolo 5, comma 1-*bis*, ovvero è disposta dal giudice ai sensi dell'articolo 5, comma 2, del presente decreto, all'organismo non è dovuta alcuna indennità dalla parte che si trova nelle condizioni per l'ammissione al patrocinio a spese dello Stato, ai sensi dell'articolo 76 (L) del testo unico delle disposizioni legislative e regolamentari in materia di spese di giustizia, di cui al decreto del Presidente della Repubblica 30 maggio 2002, n. 115, e successive modificazioni. A tale fine la parte è tenuta a depositare presso l'organismo apposita dichiarazione sostitutiva dell'atto di notorietà, la cui sottoscrizione può essere autenticata dal medesimo mediatore, nonché a produrre, a pena di inammissibilità, se l'organismo lo richiede, la documentazione necessaria a comprovare la veridicità di quanto dichiarato (4).

5-*ter*. Nel caso di mancato accordo all'esito del primo incontro, nessun compenso è dovuto per l'organismo di mediazione (4).

6. Il Ministero della giustizia provvede, nell'ambito delle proprie attività istituzionali, al monitoraggio delle mediazioni concernenti i soggetti esonerati dal pagamento dell'indennità di mediazione. Dei risultati di tale monitoraggio si tiene conto per la determinazione, con il decreto di cui all'articolo 16, comma 2, delle indennità spettanti agli organismi pubblici, in modo da coprire anche il costo dell'attività prestata a favore dei soggetti aventi diritto all'esonero.

7. L'ammontare dell'indennità può essere rideterminato ogni tre anni in relazione alla variazione, accertata dall'Istituto Nazionale di Statistica, dell'indice dei prezzi al consumo per le famiglie di operai e impiegati, verificatasi nel triennio precedente.

8. Alla copertura degli oneri derivanti dalle disposizioni dei commi 2 e 3, valutati in 5,9 milioni di euro per l'anno 2010 e 7,018 milioni di euro a decorrere dall'anno 2011, si provvede mediante corrispondente riduzio-

ne della quota delle risorse del « Fondo unico giustizia » di cui all'articolo 2, comma 7, lettera *b*) del decreto-legge 16 settembre 2008, n. 143, convertito, con modificazioni, dalla legge 13 novembre 2008, n. 181, che, a tale fine, resta acquisita all'entrata del bilancio dello Stato.

9. Il Ministro dell'economia e delle finanze provvede al monitoraggio degli oneri di cui ai commi 2 e 3 ed in caso si verifichino scostamenti rispetto alle previsioni di cui al comma 8, resta acquisito all'entrata l'ulteriore importo necessario a garantire la copertura finanziaria del maggiore onere a valere sulla stessa quota del Fondo unico giustizia di cui al comma 8.

(1) *Comma sostituito dall'articolo 84, comma 1, lettera p), n. 1), del d.l. 21 giugno 2013, n. 69, conv., con modif., in l. 9 agosto 2013, n. 98 con effetto a decorrere « decorsi trenta giorni dall'entrata in vigore della legge di conversione del presente decreto » ai sensi dell'art. 84, comma 2, d.l. n. 69, cit..*

(2) *La Corte Costituzionale con sentenza 6 dicembre 2012, n. 272 ha dichiarato, riguardo il precedente testo, in via consequenziale, ai sensi dell'art. 27 della legge 11 marzo 1953, n. 87* l'illegittimità costituzionale *della presente lettera.*

(3) *La Corte Costituzionale con sentenza 6 dicembre 2012, n. 272 ha dichiarato, in via consequenziale, ai sensi dell'art. 27 della legge 11 marzo 1953, n. 87* l'illegittimità costituzionale *del presente comma.*

(4) *Comma inserito dall'articolo 84, comma 1, lettera p), n. 2), d.l. n. 69, cit., con la decorrenza indicata sub nota 1.*

18 Organismi presso i tribunali.

1. I consigli degli ordini degli avvocati possono istituire organismi presso ciascun tribunale, avvalendosi di proprio personale e utilizzando i locali loro messi a disposizione dal presidente del tribunale. Gli organismi presso i tribunali sono iscritti al registro a semplice domanda, nel rispetto dei criteri stabiliti dai decreti di cui all'articolo 16.

19 Organismi presso i consigli degli ordini professionali e presso le camere di commercio.

1. I consigli degli ordini professionali possono istituire, per le materie riservate alla loro competenza, previa autorizzazione del Ministero della giustizia, organismi speciali, avvalendosi di proprio personale e utilizzando locali nella propria disponibilità.

2. Gli organismi di cui al comma 1 e gli organismi istituiti ai sensi dell'articolo 2, comma 4, della legge 29 dicembre 1993, n. 580, dalle camere di commercio, industria, artigianato e agricoltura sono iscritti al registro a semplice domanda, nel rispetto dei criteri stabiliti dai decreti di cui all'articolo 16.

20-24 (*Omissis*).

49. Decreto legislativo 2 luglio 2010, n. 104. - Attuazione dell'articolo 44 della legge 18 giugno 2009, n. 69, recante delega al Governo per il riordino del processo amministrativo (Codice del processo amministrativo) (*estratto*) (1).

Pubblicato nella Gazzetta Ufficiale n. 156 del 7 luglio 2010, S.O. n. 148.

(1) *Allegato 1 al d.lgs. 2 luglio 2010, n. 104.*

12 Rapporti con l'arbitrato.

1. Le controversie concernenti diritti soggettivi devolute alla giurisdizione del giudice amministrativo possono essere risolte mediante arbitrato rituale di diritto ai sensi degli articoli 806 e seguenti del codice di procedura civile (1) (2).

(1) *Comma modificato dall'articolo 1, comma 1, lettera* a), *del d.lgs. 15 novembre 2011, n. 195.*

(2) *L'art. 6, comma 2, l. 21 luglio 2000, n. 205, ora abrogato da coord. c.p.a. (v.* infra*), prevedeva che:* « 2. Le controversie concernenti diritti soggettivi devolute alla giurisdizione del giudice amministrativo possono essere risolte mediante arbitrato rituale di diritto ».

50. Decreto legge 12 settembre 2014, n. 132, convertito, con modificazioni, in legge 10 novembre 2014, n. 162. — Misure urgenti di degiurisdizionalizzazione ed altri interventi per la definizione dell'arretrato in materia di processo civile (1). (*estratto*)

Pubblicato nella Gazzetta Ufficiale n. 212 del 12 settembre 2014; la legge di conversione è stata pubblicata nella Gazzetta Ufficiale n. 261 del 10 novembre 2014.

(1) *In tema di misure urgenti connesse all'emergenza epidemiologica da Covid-19, con riferimento alla sospensione dei termini dei procedimenti di cui al presente decreto, v. art. 83, comma 20, d.l. 17 marzo 2020, n. 18, conv., con modif., in l. 24 aprile 2020, n. 27, come modificato dall'art. 3, comma 1, lett.* h) *d.l. 30 aprile 2020, n. 28, conv., con modif., in l. 25 giugno 2020, n. 70 (sub VII, 4).*

CAPO I
Eliminazione dell'arretrato e trasferimento in sede arbitrale dei procedimenti civili pendenti

1 Trasferimento alla sede arbitrale di procedimenti pendenti dinanzi all'autorità giudiziaria.

1. Nelle cause civili dinanzi al tribunale o in grado d'appello pendenti alla data di entrata in vigore del presente decreto, che non hanno ad oggetto diritti indisponibili e che non vertono in materia di lavoro, previdenza e assistenza sociale, nelle quali la causa non è stata assunta in decisione, le parti, con istanza congiunta, possono richiedere di promuovere un procedimento arbitrale a norma delle disposizioni contenute nel titolo VIII del libro IV del codice di procedura civile. Tale facoltà è consentita altresì nelle cause vertenti su diritti che abbiano nel contratto collettivo di lavoro la propria fonte esclusiva, quando il contratto stesso abbia previsto e disciplinato la soluzione arbitrale. Per le controversie di valore non superiore a 50.000 euro in materia di responsabilità extracontrattuale o aventi ad oggetto il pagamento di somme di denaro, nei casi in cui sia parte del giudizio una pubblica amministrazione, il consenso di questa alla richiesta di promuovere il procedimento arbitrale avanzata dalla sola parte privata si intende in ogni caso prestato, salvo che la pubblica amministrazione esprima il dissenso scritto entro trenta giorni dalla richiesta.

2. Il giudice, rilevata la sussistenza delle condizioni di cui al comma 1, ferme restando le preclusioni e le decadenze intervenute, dispone la trasmissione del fascicolo al presidente del Consiglio dell'ordine del circondario in cui ha sede il tribunale ovvero la corte di appello per la nomina del collegio arbitrale per le controversie di valore superiore ad euro 100.000 e, ove le parti lo decidano concordemente, di un arbitro per le controversie di valore inferiore ad euro 100.000. Gli arbitri sono individuati, concordemente dalle parti o dal presidente del Consiglio dell'ordine, tra gli avvocati iscritti da almeno cinque anni nell'albo dell'ordine circondariale che non hanno subito negli ultimi cinque anni condanne definitive comportanti la sospensione dall'albo e che, prima della trasmissione del fascicolo, hanno reso una dichiarazione di disponibilità al Consiglio stesso.

2-*bis*. La funzione di consigliere dell'ordine e l'incarico arbitrale di cui al presente articolo sono incompatibili. Tale incompatibilità si estende anche per i consiglieri uscenti per una intera consiliatura successiva alla conclusione del loro mandato.

3. Il procedimento prosegue davanti agli arbitri. Restano fermi gli effetti sostanziali e processuali prodotti dalla domanda giudiziale e il lodo ha gli stessi effetti della sentenza.

4. Quando la trasmissione a norma del comma 2 è disposta in grado d'appello e il procedimento arbitrale non si conclude con la pronuncia del lodo entro centoventi giorni dall'accettazione della nomina del collegio arbitrale, il processo deve essere riassunto entro il termine perentorio dei successivi sessanta giorni. È in facoltà degli arbitri, previo accordo tra le parti, richiedere che il termine per il deposito del lodo sia prorogato di ulteriori trenta giorni. Quando il processo è riassunto il lodo non può essere più pronunciato. Se nessuna delle parti procede alla riassunzione nel termine, il procedimento si estingue e si applica l'articolo 338 del codice di procedura civile. Quando, a norma dell'articolo 830 del codice di procedura civile, è stata dichiarata la nullità del lodo pronunciato entro il termine di centoventi giorni di cui al primo periodo o, in ogni caso, entro la scadenza di quello per la riassunzione, il processo deve essere riassunto entro sessanta giorni dal passaggio in giudicato della sentenza di nullità.

5. Nei casi di cui ai commi 1, 2, 3 e 4, con decreto regolamentare del Ministro della giustizia, da adottare entro novanta giorni dalla data di entrata in vigore della legge di conversione del presente decreto, possono essere stabilite riduzioni dei parametri relativi ai compensi degli arbitri. Nei medesimi casi non si applica l'articolo 814, primo comma, secondo periodo, del codice di procedura civile.

5-*bis*. Con il decreto di cui al comma 5 sono altresì stabiliti i criteri per l'assegnazione degli arbitrati tra i quali, in particolare, le competenze professionali dell'arbitro, anche in relazione alle ragioni del contendere e alla materia oggetto della controversia, nonché il principio della rotazione nell'assegnazione degli incarichi, prevedendo altresì sistemi di designazione automatica.

CAPO II
Procedura di negoziazione assistita da uno o più avvocati

2 Convenzione di negoziazione assistita da uno o più avvocati.

1. La convenzione di negoziazione assistita da uno o più avvocati è un accordo mediante il quale le parti convengono di cooperare in buona fede e con lealtà per risolvere in via amichevole la controversia tramite l'assistenza di avvocati iscritti all'albo anche ai sensi dell'articolo 6 del decreto legislativo 2 febbraio 2001, n. 96.

1-*bis*. È fatto obbligo per le amministrazioni pubbliche di cui all'articolo 1, comma 2, del decreto legislativo 30 marzo 2001, n. 165, di affidare la convenzione di negoziazione alla propria avvocatura, ove presente.

2. La convenzione di negoziazione deve precisare:

a) il termine concordato dalle parti per l'espletamento della procedura, in ogni caso non inferiore a un mese e non superiore a tre mesi, prorogabile per ulteriori trenta giorni su accordo tra le parti ;

b) l'oggetto della controversia, che non deve riguardare diritti indisponibili o vertere in materia di lavoro

.

3. La convenzione è conclusa per un periodo di tempo determinato dalle parti, fermo restando il termine di cui al comma 2, lettera *a*).

4. La convenzione di negoziazione è redatta, a pena di nullità, in forma scritta.

5. La convenzione è conclusa con l'assistenza di uno o più avvocati.

6. Gli avvocati certificano l'autografia delle sottoscrizioni apposte alla convenzione sotto la propria responsabilità professionale.

7. È dovere deontologico degli avvocati informare il cliente all'atto del conferimento dell'incarico della possibilità di ricorrere alla convenzione di negoziazione assistita.

3 Improcedibilità.

1. Chi intende esercitare in giudizio un'azione relativa a una controversia in materia di risarcimento del danno da circolazione di veicoli e natanti deve, tramite il suo avvocato, invitare l'altra parte a stipulare una convenzione di negoziazione assistita. Allo stesso modo deve procedere, fuori dei casi previsti dal periodo precedente e dall'articolo 5, comma 1-*bis*, del decreto legislativo 4 marzo 2010 n. 28, chi intende proporre in giudizio una domanda di pagamento a qualsiasi titolo di somme non eccedenti cinquantamila euro. L'esperimento del procedimento di negoziazione assistita è condizione di procedibilità della domanda giudiziale. L'improcedibilità deve essere eccepita dal convenuto, a pena di decadenza, o rilevata d'ufficio dal giudice, non oltre la prima udienza. Il giudice quando rileva che la negoziazione assistita è già iniziata, ma non si è conclusa, fissa la successiva udienza dopo la scadenza del termine di cui all'articolo 2 comma 3. Allo stesso modo provvede quando la negoziazione non è stata esperita, assegnando contestualmente alle parti il termine di quindici giorni per la comunicazione dell'invito. Il presente comma non si applica alle controversie concernenti obbligazioni contrattuali derivanti da contratti conclusi tra professionisti e consumatori. Il ricorso a un sistema di risoluzione stragiudiziale delle controversie istituito ai sensi dell'articolo 187.1 del decreto legislativo 7 settembre 2005, n. 209, tiene luogo della stipula di una convenzione di negoziazione assistita ai sensi delle presenti disposizioni. (1)

2. Quando l'esperimento del procedimento di negoziazione assistita è condizione di procedibilità della domanda giudiziale la condizione si considera avverata se l'invito non è seguito da adesione o è seguito da rifiuto entro trenta giorni dalla sua ricezione ovvero quando è decorso il periodo di tempo di cui all'articolo 2, comma 2, lettera *a*).

3. La disposizione di cui al comma 1 non si applica:

a) nei procedimenti per ingiunzione, inclusa l'opposizione;

b) nei procedimenti di consulenza tecnica preventiva ai fini della composizione della lite, di cui all'articolo 696-*bis* del codice di procedura civile;

c) nei procedimenti di opposizione o incidentali di cognizione relativi all'esecuzione forzata;

d) nei procedimenti in camera di consiglio;

e) nell'azione civile esercitata nel processo penale.

4. L'esperimento del procedimento di negoziazione assistita nei casi di cui al comma 1 non preclude la concessione di provvedimenti urgenti e cautelari, né la trascrizione della domanda giudiziale.

5. Restano ferme le disposizioni che prevedono speciali procedimenti obbligatori di conciliazione e mediazione, comunque denominati. Il termine di cui ai commi 1 e 2, per materie soggette ad altri termini di procedibilità, decorre unitamente ai medesimi.

6. Quando il procedimento di negoziazione assistita è condizione di procedibilità della domanda, all'avvocato non è dovuto compenso dalla parte che si trova nelle condizioni per l'ammissione al patrocinio a spese dello Stato, ai sensi dell'articolo 76 (L) del testo unico delle disposizioni legislative e regolamentari in materia di spese di giustizia, di cui al decreto del Presidente della Repubblica 30 maggio 2002, n. 115 e successive modificazioni. A tale fine la parte è tenuta a depositare all'avvocato apposita dichiarazione sostitutiva dell'atto di notorietà, la cui sottoscrizione può essere autenticata dal medesimo avvocato, nonché a produrre, se l'avvocato lo richiede, la documentazione necessaria a comprovare la veridicità di quanto dichiarato.

7. La disposizione di cui al comma 1 non si applica quando la parte può stare in giudizio personalmente.

8. Le disposizioni di cui al presente articolo acquistano efficacia decorsi novanta giorni dall'entrata in vigore della legge di conversione del presente decreto.

(1) *Periodo aggiunto dall'art. 2, comma 2 d.lgs. 31 dicembre 2020, n. 187.*

4 Non accettazione dell'invito e mancato accordo.

1. L'invito a stipulare la convenzione deve indicare l'oggetto della controversia e contenere l'avvertimento che la mancata risposta all'invito entro trenta giorni dalla ricezione o il suo rifiuto può essere valutato dal giudice ai fini delle spese del giudizio e di quanto previsto dagli articoli 96 e 642, primo comma, del codice di procedura civile.

2. La certificazione dell'autografia della firma apposta all'invito avviene ad opera dell'avvocato che formula l'invito.

3. La dichiarazione di mancato accordo è certificata dagli avvocati designati.

5 Esecutività dell'accordo raggiunto a seguito della convenzione e trascrizione.

1. L'accordo che compone la controversia, sottoscritto dalle parti e dagli avvocati che le assistono, costituisce titolo esecutivo e per l'iscrizione di ipoteca giudiziale.

2. Gli avvocati certificano l'autografia delle firme e la conformità dell'accordo alle norme imperative e all'ordine pubblico.

2-*bis*. L'accordo di cui al comma 1 deve essere integralmente trascritto nel precetto ai sensi dell'articolo 480, secondo comma, del codice di procedura civile.

3. Se con l'accordo le parti concludono uno dei contratti o compiono uno degli atti soggetti a trascrizione, per procedere alla trascrizione dello stesso la sottoscrizione del processo verbale di accordo deve essere autenticata da un pubblico ufficiale a ciò autorizzato.

4. Costituisce illecito deontologico per l'avvocato impugnare un accordo alla cui redazione ha partecipato.

4-*bis*. All'articolo 12, comma 1, del decreto legislativo 4 marzo 2010, n. 28, dopo il secondo periodo è inserito il seguente: "L'accordo di cui al periodo precedente deve essere integralmente trascritto nel precetto ai sensi dell'articolo 480, secondo comma, del codice di procedura civile".

6 Convenzione di negoziazione assistita da uno o più avvocati per le soluzioni consensuali di separazione personale, di cessazione degli effetti civili o di scioglimento del matrimonio, di modifica delle condizioni di separazione o di divorzio, di affidamento e mantenimento dei figli nati fuori del matrimonio, e loro modifica, e di alimenti (1).

1. La convenzione di negoziazione assistita da almeno un avvocato per parte può essere conclusa tra coniugi al fine di raggiungere una soluzione consensuale di separazione personale, di cessazione degli effetti civili del matrimonio, di scioglimento del matrimonio nei casi di cui all'articolo 3, primo comma, numero 2), lettera *b*), della legge 1° dicembre 1970, n. 898, e successive modificazioni, di modifica delle condizioni di separazione o di divorzio.

1-*bis*. La convenzione di negoziazione assistita da almeno un avvocato per parte può essere conclusa tra i genitori al fine di raggiungere una soluzione consensuale per la disciplina delle modalità di affidamento e mantenimento dei figli minori nati fuori del matrimonio, nonché per la disciplina delle modalità di mantenimento dei figli maggiorenni non economicamente autosufficienti nati fuori del matrimonio e per la modifica delle condizioni già determinate. Può altresì essere conclusa tra le parti per raggiungere una soluzione consensuale per la determinazione dell'assegno di mantenimento richiesto ai genitori dal figlio maggiorenne economicamente non autosufficiente e per la determinazione degli alimenti, ai sensi dell'articolo 433 del codice civile, e per la modifica di tali determinazioni (2).

2. In mancanza di figli minori, di figli maggiorenni incapaci o portatori di handicap grave ai sensi dell'articolo 3, comma 3, della legge 5 febbraio 1992, n. 104, ovvero economicamente non autosufficienti, l'accordo raggiunto a seguito di convenzione di negoziazione assistita è trasmesso al procuratore della Repubblica presso il tribunale competente il quale, quando non ravvisa irregolarità, comunica agli avvocati il nullaosta per gli adempimenti ai sensi del comma 3. In presenza di figli minori, di figli maggiorenni incapaci o portatori di handicap grave ovvero economicamente non autosufficienti, l'accordo raggiunto a seguito di convenzione di negoziazione assistita deve essere trasmesso entro il termine di dieci giorni al procuratore della Repubblica presso il tribunale competente, il quale, quando ritiene che l'accordo risponde all'interesse dei figli, lo autorizza. Quando ritiene che l'accordo non risponde all'interesse dei figli, il procuratore della Repubblica lo trasmette, entro cinque giorni, al presidente del tribunale, che fissa, entro i successivi trenta giorni, la comparizione delle parti e provvede senza ritardo. All'accordo autorizzato si applica il comma 3.

3. L'accordo raggiunto a seguito della convenzione produce gli effetti e tiene luogo dei provvedimenti giudiziali che definiscono, nei casi di cui ai commi 1 e 1-*bis* (3), i procedimenti di separazione personale, di cessazione degli effetti civili del matrimonio, di scioglimento del matrimonio e di modifica delle condizioni di separazione o di divorzio, di affidamento e di mantenimento dei figli minori nati fuori del matrimonio, nonché i procedimenti per la disciplina delle modalità di mantenimento dei figli maggiorenni non economicamente autosufficienti e per la modifica delle condizioni già determinate, per la determinazione degli alimenti e per la loro modifica (3). Nell'accordo si dà atto che gli avvocati hanno tentato di conciliare le parti e le hanno informate della possibilità di esperire la mediazione familiare e che gli avvocati hanno informato le parti dell'importanza per il minore di trascorrere tempi adeguati con ciascuno dei genitori. L'avvocato della parte è obbligato a trasmettere, entro il termine di dieci giorni, all'ufficiale dello stato civile del Comune in cui il matrimonio fu iscritto o trascritto, copia, autenticata dallo stesso, dell'accordo munito delle certificazioni di cui all'articolo 5.

4. All'avvocato che viola l'obbligo di cui al comma 3, terzo periodo, è applicata la sanzione amministrativa pecuniaria da euro 2.000 ad euro 10.000. Alla irrogazione della sanzione di cui al periodo che precede è competente il Comune in cui devono essere eseguite le annotazioni previste dall'articolo 69 del decreto del Presidente della Repubblica 3 novembre 2000, n. 396.

5. Al decreto del Presidente della Repubblica 3 novembre 2000, n. 396, sono apportate le seguenti modificazioni:

a) all'articolo 49, comma 1, dopo la lettera *g*) è inserita la seguente: "*g-bis*) gli accordi raggiunti a seguito di convenzione di negoziazione assistita da uno o più avvocati ovvero autorizzati, conclusi tra coniugi al fine di raggiungere una soluzione consensuale di cessazione degli effetti civili del matrimonio e di scioglimento del matrimonio";

b) all'articolo 63, comma 2, dopo la lettera *h*) è aggiunta la seguente: "*h-bis*) gli accordi raggiunti a seguito di convenzione di negoziazione assistita da uno o più avvocati conclusi tra coniugi al fine di raggiungere una soluzione consensuale di separazione personale, di cessazione degli effetti civili del matrimonio, di scioglimento del matrimonio, nonché di modifica delle condizioni di separazione o di divorzio";

c) all'articolo 69, comma 1, dopo la lettera *d*) è inserita la seguente: "*d-bis*) degli accordi raggiunti a seguito di convenzione di negoziazione assistita da uno o più avvocati ovvero autorizzati, conclusi tra coniugi al fine di raggiungere una soluzione consensuale di separazione personale, di cessazione degli effetti civili del matrimonio, di scioglimento del matrimonio".

(1) *Le parole* « , di affidamento e mantenimento dei figli nati fuori del matrimonio, e loro modifica, e di alimenti » *sono state aggiunte dall'art. 1, comma 35, lett.* a) *l. 26 novembre 2021, n. 206. Ai sensi del comma 37 del citato art. 1, tale disposizione si applica ai procedimenti instaurati a decorrere dal centottantesimo giorno successivo alla data di entrata in vigore della suddetta legge.*

(2) *Comma inserito dall'art. 1, comma 35, lett.* b) *l. n. 206, cit., con la disposizione di applicazione di cui* sub *nota 1.*

(3) *Le parole* « nei casi di cui ai commi 1 e 1-bis » *sono state sostituite alle parole* « nei casi di cui al comma 1 », *e le parole da* « , di affidamento e di mantenimento » *a* « e per la loro modifica » *sono state aggiunte dall'art. 1, comma 35, lett.* c) *l. n. 206, cit., con la disposizione di applicazione di cui* sub *nota 1.*

[7 (1) Conciliazione avente per oggetto diritti del prestatore di lavoro.

1. All'articolo 2113 del codice civile, al quarto comma, dopo le parole "del codice di procedura civile" sono aggiunte le seguenti: « o conclusa a seguito di una procedura di negoziazione assistita da un avvocato ».]

(1) *Articolo soppresso in sede di conversione.*

8 Interruzione della prescrizione e della decadenza.

1. Dal momento della comunicazione dell'invito a concludere una convenzione di negoziazione assistita ovvero della sottoscrizione della convenzione si producono sulla prescrizione gli effetti della domanda giudiziale. Dalla stessa data è impedita, per una sola volta, la decadenza, ma se l'invito è rifiutato o non è accettato nel termine di cui all'articolo 4, comma 1, la domanda giudiziale deve essere proposta entro il medesimo termine di decadenza decorrente dal rifiuto, dalla mancata accettazione nel termine ovvero dalla dichiarazione di mancato accordo certificata dagli avvocati.

9 Obblighi dei difensori e tutela della riservatezza.

1. I difensori non possono essere nominati arbitri ai sensi dell'articolo 810 del codice di procedura civile nelle controversie aventi il medesimo oggetto o connesse.

2. È fatto obbligo agli avvocati e alle parti di comportarsi con lealtà e di tenere riservate le informazioni ricevute. Le dichiarazioni rese e le informazioni acquisite nel corso del procedimento non possono essere utilizzate nel giudizio avente in tutto o in parte il medesimo oggetto.

3. I difensori delle parti e coloro che partecipano al procedimento non possono essere tenuti a deporre sul contenuto delle dichiarazioni rese e delle informazioni acquisite.

4. A tutti coloro che partecipano al procedimento si applicano le disposizioni dell'articolo 200 del codice di procedura penale e si estendono le garanzie previste per il difensore dalle disposizioni dell'articolo 103 del medesimo codice di procedura penale in quanto applicabili.

4-*bis*. La violazione delle prescrizioni di cui al comma 1 e degli obblighi di lealtà e riservatezza di cui al comma 2 costituisce per l'avvocato illecito disciplinare.

10 Antiriciclaggio.

1. All'articolo 12, comma 2, del decreto legislativo 21 novembre 2007, n. 231, dopo le parole: « compresa la consulenza sull'eventualità di intentare o evitare un procedimento, » sono inserite le seguenti: « anche tramite una convenzione di negoziazione assistita da uno o più avvocati ai sensi di legge, ».

11 Raccolta dei dati.

1. I difensori che sottoscrivono l'accordo raggiunto dalle parti a seguito della convenzione sono tenuti a trasmetterne copia al Consiglio dell'ordine circondariale del luogo ove l'accordo è stato raggiunto, ovvero al Consiglio dell'ordine presso cui è iscritto uno degli avvocati.

2. Con cadenza annuale il Consiglio nazionale forense provvede al monitoraggio delle procedure di negoziazione assistita e ne trasmette i dati al Ministero della giustizia.

2-*bis*. Il Ministro della giustizia trasmette alle Camere, con cadenza annuale, una relazione sullo stato di attuazione delle disposizioni di cui al presente capo, contenente, in particolare, i dati trasmessi ai sensi del comma 2, distinti per tipologia di controversia, unitamente ai dati relativi alle controversie iscritte a ruolo nell'anno di riferimento, a loro volta distinti per tipologia.

12-23 (*Omissis*).

51. Decreto legislativo 18 aprile 2016, n. 50. — Codice dei contratti pubblici (*estratto*).

Pubblicato nella Gazzetta Ufficiale n. 91 del 19 aprile 2016, S.O. n. 10. Testo completo sub III, 44.

CAPO II

Rimedi alternativi alla tutela giurisdizionale

205 Accordo bonario per i lavori.

1. Per i lavori pubblici di cui alla parte II, e con esclusione dei contratti di cui alla parte IV, titolo III, affidati da amministrazioni aggiudicatrici ed enti aggiudicatori, ovvero dai concessionari, qualora in seguito all'iscrizione di riserve sui documenti contabili, l'importo economico dell'opera possa variare tra il 5 ed il 15 per cento dell'importo contrattuale, al fine del raggiungimento di un accordo bonario si applicano le disposizioni di cui ai commi da 2 a 6 (1).

2. Il procedimento dell'accordo bonario riguarda tutte le riserve iscritte fino al momento dell'avvio del procedimento stesso e può essere reiterato quando le riserve iscritte, ulteriori e diverse rispetto a quelle già esaminate, raggiungano nuovamente l'importo di cui al

comma 1, nell'ambito comunque di un limite massimo complessivo del 15 per cento dell'importo del contratto. Le domande che fanno valere pretese già oggetto di riserva, non possono essere proposte per importi maggiori rispetto a quelli quantificati nelle riserve stesse. Non possono essere oggetto di riserva gli aspetti progettuali che sono stati oggetto di verifica ai sensi dell'articolo 26. Prima dell'approvazione del certificato di collaudo ovvero di verifica di conformità o del certificato di regolare esecuzione, qualunque sia l'importo delle riserve, il responsabile unico del procedimento attiva l'accordo bonario per la risoluzione delle riserve iscritte.

3. Il direttore dei lavori dà immediata comunicazione al responsabile unico del procedimento delle riserve di cui al comma 1, trasmettendo nel più breve tempo possibile una propria relazione riservata.

4. Il responsabile unico del procedimento valuta l'ammissibilità e la non manifesta infondatezza delle riserve ai fini dell'effettivo raggiungimento del limite di valore di cui al comma 1.

5. Il responsabile unico del procedimento, entro 15 giorni dalla comunicazione di cui al comma 3, acquisita la relazione riservata del direttore dei lavori e, ove costituito, dell'organo di collaudo, può richiedere alla Camera arbitrale l'indicazione di una lista di cinque esperti aventi competenza specifica in relazione all'oggetto del contratto. Il responsabile unico del procedimento e il soggetto che ha formulato le riserve scelgono d'intesa, nell'ambito della lista, l'esperto incaricato della formulazione della proposta motivata di accordo bonario. In caso di mancata intesa tra il responsabile unico del procedimento e il soggetto che ha formulato le riserve, entro quindici giorni dalla trasmissione della lista l'esperto è nominato dalla Camera arbitrale che ne fissa anche il compenso, prendendo come riferimento i limiti stabiliti con il decreto di cui all'articolo 209, comma 16. La proposta è formulata dall'esperto entro novanta giorni dalla nomina. Qualora il RUP non richieda la nomina dell'esperto, la proposta è formulata dal RUP entro novanta giorni dalla comunicazione di cui al comma 3.

6. L'esperto, qualora nominato, ovvero il RUP, verificano le riserve in contraddittorio con il soggetto che le ha formulate, effettuano eventuali ulteriori audizioni, istruiscono la questione anche con la raccolta di dati e informazioni e con l'acquisizione di eventuali altri pareri, e formulano, accertata e verificata la disponibilità di idonee risorse economiche, una proposta di accordo bonario, che viene trasmessa al dirigente competente della stazione appaltante e al soggetto che ha formulato le riserve. Se la proposta è accettata dalle parti, entro quarantacinque giorni dal suo ricevimento, l'accordo bonario è concluso e viene redatto verbale sottoscritto dalle parti. L'accordo ha natura di transazione. Sulla somma riconosciuta in sede di accordo bonario sono dovuti gli interessi al tasso legale a decorrere dal sessantesimo giorno successivo alla accettazione dell'accordo bonario da parte della stazione appaltante. In caso di reiezione della proposta da parte del soggetto che ha formulato le riserve ovvero di inutile decorso del termine di cui al secondo periodo possono essere aditi gli arbitri o il giudice ordinario.

6-*bis*. L'impresa, in caso di rifiuto della proposta di accordo bonario ovvero di inutile decorso del termine per l'accettazione, può instaurare un contenzioso giudiziario entro i successivi sessanta giorni, a pena di decadenza (2).

(1) *Così rettificato con Comunicato 15 luglio 2016 (in Gazz. Uff., 15 luglio 2016, n. 164).*

V. anche l'art. 1, comma 10, d.l. 18 aprile 2019, n. 32, conv., con modif., in l. 14 giugno 2019, n. 55: « Fino al 31 dicembre 2020, possono essere oggetto di riserva anche gli aspetti progettuali che sono stati oggetto di verifica ai sensi dell'articolo 25 del decreto legislativo 18 aprile 2016, n. 50, con conseguente estensione dell'ambito di applicazione dell'accordo bonario di cui all'articolo 205 del medesimo decreto legislativo ».

(2) *Comma aggiunto dall'art. 120, comma 1, lett.* b), *d.lgs. 19 aprile 2017, n. 56.*

206 Accordo bonario per i servizi e le forniture.

1. Le disposizioni di cui all'articolo 205 si applicano, in quanto compatibili, anche ai contratti di fornitura di beni di natura continuativa o periodica, e di servizi, quando insorgano controversie in fase esecutiva degli stessi, circa l'esatta esecuzione delle prestazioni dovute.

207 [(1) Collegio consultivo tecnico.

1. Al fine di prevenire controversie relative all'esecuzione del contratto le parti possono convenire che prima dell'avvio dell'esecuzione, o comunque non oltre novanta giorni da tale data, sia costituito un collegio consultivo tecnico con funzioni di assistenza per la rapida risoluzione delle dispute di ogni natura suscettibili di insorgere nel corso dell'esecuzione del contratto stesso.

2. Il collegio consultivo tecnico è formato da tre membri dotati di esperienza e qualificazione professionale adeguata alla tipologia dell'opera. I componenti del collegio possono essere scelti dalle parti di comune accordo, ovvero le parti possono concordare che ciascuna di esse nomini un componente e che il terzo componente sia scelto dai due componenti di nomina di parte; in ogni caso, tutti i componenti devono essere approvati dalle parti. Il componente nominato dalla stazione appaltante è preferibilmente scelto all'interno della struttura di cui all'articolo 31, comma 9, ove istituita. La parti concordano il compenso del terzo componente nei limiti stabiliti con il decreto di cui all'articolo 209, comma 16.

3. Il collegio consultivo tecnico si intende costituito al momento di sottoscrizione dell'accordo da parte dei componenti designati e delle parti contrattuali. All'atto della costituzione è fornita al collegio consultivo copia dell'intera documentazione inerente al contratto.

4. Nel caso in cui insorgano controversie, il collegio consultivo può procedere all'ascolto informale delle parti per favorire la rapida risoluzione delle controversie eventualmente insorte. Può altresì convocare le parti per consentire l'esposizione in contraddittorio delle rispettive ragioni.

5. Ad esito della propria attività il collegio consultivo formula in forma scritta una proposta di soluzione del-

la controversia dando sintetico atto della motivazione. La proposta del collegio non vincolale parti.

6. Se le parti accettano la soluzione offerta dal collegio consultivo, l'atto contenente la proposta viene sottoscritto dai contraenti alla presenza di almeno due componenti del Collegio e costituisce prova dell'accordo sul suo contenuto. L'accordo sottoscritto vale come transazione.

7. Nel caso in cui la controversia non sia composta mediante la procedura di cui ai commi precedenti, i componenti del collegio consultivo non possono essere chiamati quali testimoni nell'eventuale giudizio civile che abbia ad oggetto la controversia medesima.

8. Il collegio consultivo tecnico è sciolto al termine dell'esecuzione del contratto o in data anteriore su accordo delle parti.]

(1) *Articolo abrogato dall'art. 121, comma 1, d.lgs. aprile 2017, n. 56.*

208 Transazione.

1. Le controversie relative a diritti soggettivi derivanti dall'esecuzione dei contratti pubblici di lavori, servizi, forniture, possono essere risolte mediante transazione nel rispetto del codice civile, solo ed esclusivamente nell'ipotesi in cui non risulti possibile esperire altri rimedi alternativi all'azione giurisdizionale (1).

2. Ove il valore dell'importo oggetto di concessione o rinuncia sia superiore a 100.000,00 euro, ovvero 200.000 euro in caso di lavori pubblici, è acquisito il parere dell'Avvocatura dello Stato, qualora si tratti di amministrazioni centrali, ovvero di un legale interno alla struttura, o del funzionario più elevato in grado competente per il contenzioso, ove non esistente il legale interno, qualora si tratti di amministrazioni sub centrali (2).

3. La proposta di transazione può essere formulata sia dal soggetto aggiudicatario che dal dirigente competente, sentito il responsabile unico del procedimento.

4. La transazione ha forma scritta a pena di nullità.

(1) *Le parole* « all'azione giurisdizionale » *sono state inserite dall'art. 122 d.lgs. 19 aprile 2017, n. 56.*

(2) *Così rettificato con Comunicato 15 luglio 2016 (in Gazz. Uff., 15 luglio 2016, n. 164).*

209 Arbitrato.

1. Le controversie su diritti soggettivi, derivanti dall'esecuzione dei contratti pubblici relativi a lavori, servizi, forniture, concorsi di progettazione e di idee, comprese quelle conseguenti al mancato raggiungimento dell'accordo bonario di cui agli articoli 205 e 206 possono essere deferite ad arbitri. L'arbitrato, ai sensi dell'articolo 1, comma 20, della legge 6 novembre 2012, n. 190, si applica anche alle controversie relative a concessioni e appalti pubblici di opere, servizi e forniture in cui sia parte una società a partecipazione pubblica ovvero una società controllata o collegata a una società a partecipazione pubblica, ai sensi dell'articolo 2359 del codice civile, o che comunque abbiano ad oggetto opere o forniture finanziate con risorse a carico dei bilanci pubblici.

2. La stazione appaltante indica nel bando o nell'avviso con cui indice la gara ovvero, per le procedure senza bando, nell'invito, se il contratto conterrà o meno la clausola compromissoria. L'aggiudicatario può ricusare la clausola compromissoria, che in tale caso non è inserita nel contratto, comunicandolo alla stazione appaltante entro venti giorni dalla conoscenza dell'aggiudicazione. È vietato in ogni caso il compromesso.

3. È nulla la clausola compromissoria inserita senza autorizzazione nel bando o nell'avviso con cui è indetta la gara ovvero, per le procedure senza bando, nell'invito. La clausola è inserita previa autorizzazione motivata dell'organo di governo della amministrazione aggiudicatrice.

4. Il collegio arbitrale è composto da tre membri ed è nominato dalla Camera arbitrale di cui all'articolo 210. Ciascuna delle parti, nella domanda di arbitrato o nell'atto di resistenza alla domanda, designa l'arbitro di propria competenza scelto tra soggetti di provata esperienza e indipendenza nella materia oggetto del contratto cui l'arbitrato si riferisce. Il Presidente del collegio arbitrale è designato dalla Camera arbitrale tra i soggetti iscritti all'albo di cui al comma 2 dell'articolo 210, in possesso di particolare esperienza nella materia oggetto del contratto cui l'arbitrato si riferisce.

5. La nomina degli arbitri per la risoluzione delle controversie nelle quali è parte una pubblica amministrazione avviene nel rispetto dei principi di pubblicità e di rotazione oltre che nel rispetto delle disposizioni del presente codice. Qualora la controversia si svolga tra due pubbliche amministrazioni, gli arbitri di parte sono individuati tra i dirigenti pubblici. Qualora la controversia abbia luogo tra una pubblica amministrazione e un privato, l'arbitro individuato dalla pubblica amministrazione è scelto, preferibilmente, tra i dirigenti pubblici. In entrambe le ipotesi, qualora l'Amministrazione con atto motivato ritenga di non procedere alla designazione dell'arbitro nell'ambito dei dirigenti pubblici, la designazione avviene nell'ambito degli iscritti all'albo.

6. Fermo restando quanto previsto dall'articolo 815 del codice di procedura civile, non possono essere nominati:

a) i magistrati ordinari, amministrativi contabili e militari in servizio o a riposo nonché gli avvocati e procuratori dello Stato, in servizio o a riposo, e i componenti delle commissioni tributarie;

b) coloro che nell'ultimo triennio hanno esercitato le funzioni di arbitro di parte o di difensore in giudizi arbitrali disciplinati dal presente articolo, ad eccezione delle ipotesi in cui l'esercizio della difesa costituisca adempimento di dovere d'ufficio del difensore dipendente pubblico;

c) coloro che, prima del collocamento a riposo, hanno trattato ricorsi in sede civile, penale, amministrativa o contabile presentati dal soggetto che ha richiesto l'arbitrato;

d) coloro che hanno espresso parere, a qualunque titolo, nelle materie oggetto dell'arbitrato;

e) coloro che hanno predisposto il progetto o il capitolato di gara o dato parere su esso;

f) coloro che hanno diretto, sorvegliato o collaudato i lavori, i servizi, o le forniture a cui si riferiscono le controversie;

g) coloro che hanno partecipato a qualunque titolo alla procedura per la quale è in corso l'arbitrato.

7. La nomina del collegio arbitrale effettuata in violazione delle disposizioni di cui ai commi 4,5 e 6 determina la nullità del lodo.

8. Al fine della nomina del collegio, la domanda di arbitrato, l'atto di resistenza ed eventuali controdeduzioni sono trasmessi alla Camera arbitrale. Sono altresì trasmesse le designazioni di parte. Contestualmente alla nomina del Presidente, la Camera arbitrale comunica alle parti la misura e le modalità del deposito da effettuarsi in acconto del corrispettivo arbitrale. Il Presidente del collegio arbitrale nomina, se necessario, il segretario, anche scegliendolo tra il personale interno all'ANAC (1).

9. Le parti determinano la sede del collegio arbitrale, anche presso uno dei luoghi in cui sono situate le sezioni regionali dell'Osservatorio di cui all'articolo 213, comma 9; se non vi è alcuna indicazione della sede del collegio arbitrale, ovvero se non vi è accordo fra le parti, questa deve intendersi stabilita presso la sede della Camera arbitrale.

10. Ai giudizi arbitrali si applicano le disposizioni del codice di procedura civile, salvo quanto disposto dal presente codice. In particolare, sono ammissibili tutti i mezzi di prova previsti dal codice di procedura civile, con esclusione del giuramento in tutte le sue forme.

11. I termini che gli arbitri hanno fissato alle parti per le loro allegazioni e istanze istruttorie possono essere considerati perentori solo se vi sia una previsione in tal senso o nella convenzione di arbitrato o in un atto scritto separato o nel regolamento processuale che gli arbitri stessi si sono dati.

12. Il lodo si ha per pronunciato con la sua ultima sottoscrizione e diviene efficace con il suo deposito presso la Camera arbitrale per i contratti pubblici. Entro quindici giorni dalla pronuncia del lodo, va corrisposta, a cura degli arbitri e a carico delle parti, una somma pari all'uno per mille del valore della relativa controversia. Detto importo è direttamente versato all'ANAC.

13. Il deposito del lodo presso la Camera arbitrale per i contratti pubblici precede quello da effettuarsi presso la cancelleria del tribunale ai sensi e per gli effetti di cui all'articolo 825 del codice di procedura civile. Il deposito del lodo presso la camera arbitrale è effettuato, a cura del collegio arbitrale, in tanti originali quante sono le parti, oltre a uno per il fascicolo d'ufficio ovvero con modalità informatiche e telematiche determinate dall'ANAC. Su richiesta di parte il rispettivo originale è restituito, con attestazione dell'avvenuto deposito, ai fini degli adempimenti di cui all'articolo 825 del codice di procedura civile.

14. Il lodo è impugnabile, oltre che per motivi di nullità, anche per violazione delle regole di diritto relative al merito della controversia. L'impugnazione è proposta nel termine di novanta giorni dalla notificazione del lodo e non è più proponibile dopo il decorso di centoottanta giorni dalla data del deposito del lodo presso la Camera arbitrale.

15. Su istanza di parte la Corte d'appello può sospendere, con ordinanza, l'efficacia del lodo, se ricorrono gravi e fondati motivi. Si applica l'articolo 351 del codice di procedura civile. Quando sospende l'efficacia del lodo, o ne conferma la sospensione disposta dal presidente, il collegio verifica se il giudizio è in condizione di essere definito. In tal caso, fatte precisare le conclusioni, ordina la discussione orale nella stessa udienza o camera di consiglio, ovvero in una udienza da tenersi entro novanta giorni dall'ordinanza di sospensione; all'udienza pronunzia sentenza a norma dell'articolo 281-*sexies* del codice di procedura civile. Se ritiene indispensabili incombenti istruttori, il collegio provvede su di essi con la stessa ordinanza di sospensione e ne ordina l'assunzione in una udienza successiva di non oltre novanta giorni; quindi provvede ai sensi dei periodi precedenti.

16. La Camera arbitrale, su proposta del collegio arbitrale, determina con apposita delibera il compenso degli arbitri nei limiti stabiliti con decreto del Ministero delle infrastrutture e dei trasporti. Sono comunque vietati incrementi dei compensi massimi legati alla particolare complessità delle questioni trattate, alle specifiche competenze utilizzate e all'effettivo lavoro svolto. Il compenso per il collegio arbitrale, comprensivo dell'eventuale compenso per il segretario, non può comunque superare l'importo di 100.000 euro, da rivalutarsi ogni tre anni con i decreti e le delibere di cui al primo periodo. Per i dirigenti pubblici resta ferma l'applicazione dei limiti di cui all'articolo 23-*ter* del decreto legge 6 dicembre 2011, n.201, convertito dalla legge 22 dicembre 2011, n.214, nonché all'articolo 1, comma 24 della legge 6 novembre 2012, n. 190. L'atto di liquidazione del compenso e delle spese arbitrali, nonché del compenso e delle spese per la consulenza tecnica, costituisce titolo per l'ingiunzione di cui all'articolo 633 del codice di procedura civile. Fino alla data di entrata in vigore del decreto di cui al primo periodo, si applica l'articolo 216, comma 22 (1).

17. Il corrispettivo a saldo per la decisione della controversia è versato dalle parti, nella misura liquidata dalla Camera arbitrale, nel termine di trenta giorni dalla comunicazione del lodo.

18. La Camera arbitrale provvede alla liquidazione degli onorarie delle spese di consulenza tecnica, ove disposta, ai sensi degli articoli da 49 a 58 del Testo unico delle disposizioni legislative e regolamentari in materia di spese di giustizia, di cui al decreto del Presidente della Repubblica 30 maggio 2002, n. 115, nella misura derivante dall'applicazione delle tabelle ivi previste.

19. Gli importi dei corrispettivi dovuti per la decisione delle controversie sono direttamente versati all'ANAC.

20. Salvo quanto previsto dall'articolo 92, secondo comma, del codice di procedura civile, il collegio arbitrale, se accoglie parzialmente la domanda, compensa le spese del giudizio in proporzione al rapporto tra il valore della domanda e quello dell'accoglimento.

21. Le parti sono tenute solidalmente al pagamento del compenso dovuto agli arbitri e delle spese relative al collegio e al giudizio arbitrale, salvo rivalsa fra loro.

(1) *Così rettificato con Comunicato 15 luglio 2016 (in Gazz. Uff., 15 luglio 2016, n. 164).*

210 Camera arbitrale, albo degli arbitri ed elenco dei segretari.

1. Presso l'ANAC è istituita la Camera arbitrale per i contratti pubblici relativi a lavori, servizi, forniture, di seguito camera arbitrale.

2. La Camera arbitrale cura la formazione e la tenuta dell'Albo degli arbitri per i contratti pubblici, redige il codice deontologico degli arbitri camerali e provvede agli adempimenti necessari alla costituzione e al funzionamento del collegio arbitrale.

3. Sono organi della Camera arbitrale il Presidente e il consiglio arbitrale.

4. Il consiglio arbitrale, composto da cinque membri, è nominato dall'ANAC fra soggetti dotati di particolare competenza nella materia dei contratti pubblici di lavori, servizi e forniture, al fine di garantire l'indipendenza e l'autonomia dell'istituto, nonché dotati dei requisiti di onorabilità stabiliti dalla medesima Autorità. Al suo interno, l'ANAC sceglie il Presidente. L'incarico ha durata quinquennale ed è retribuito nella misura determinata dal provvedimento di nomina nei limiti delle risorse attribuite all'Autorità stessa. Il Presidente e i consiglieri sono soggetti alle incompatibilità e ai divieti previsti dal comma 10.

5. Per l'espletamento delle sue funzioni la Camera arbitrale si avvale di una struttura di segreteria con personale fornito dall'ANAC.

6. La Camera arbitrale cura annualmente la rilevazione dei dati emergenti dal contenzioso in materia di contratti pubblici e li trasmette all'Autorità e alla cabina di regia di cui all'articolo 212.

7. Fermo restando quanto previsto dall'articolo 1, comma 18, della legge 6 novembre 2012, n. 190, possono essere iscritti all'albo degli arbitri della Camera arbitrale i soggetti appartenenti alle seguenti categorie:

a) avvocati iscritti agli albi ordinari e speciali abilitati al patrocinio davanti alle magistrature superiori e in possesso dei requisiti per la nomina a consigliere di cassazione;

b) tecnici in possesso del diploma di laurea in ingegneria e architettura abilitati all'esercizio della professione da almeno 10 anni e iscritti ai relativi albi;

c) professori universitari di ruolo nelle materie giuridiche e tecniche e dirigenti delle pubbliche amministrazioni, con provata esperienza nella materia dei contratti pubblici di lavori, servizi e forniture.

8. La Camera arbitrale cura, altresì, in sezione separata, la tenuta dell'elenco dei periti per la nomina dei consulenti tecnici nei giudizi arbitrali. Sono iscritti all'elenco i soggetti in possesso del diploma di laurea e comprovata esperienza professionale di almeno 5 anni, con relativa iscrizione all'albo professionale, se richiesta.

9. I soggetti di cui al comma 7, lettere *a*), *b*) e *c*), nonché al comma 8 del presente articolo, sono rispettivamente inseriti nell'albo degli arbitri e nell'elenco dei periti, su domanda corredata da curriculum e da adeguata documentazione comprovante i requisiti.

10. L'iscrizione all'albo degli arbitri e all'elenco dei periti ha validità triennale e può essere nuovamente conseguita decorsi due anni dalla scadenza del triennio. Fermo restando quanto previsto dall'articolo 53 del decreto legislativo 30 marzo 2001, n. 165, come modificato dall'articolo 1, comma 42, lettera l, della legge 6 novembre 2012, n.190, durante il periodo di appartenenza, e nei successivi tre anni, i soggetti iscritti all'albo non possono espletare incarichi professionali in favore delle parti dei giudizi arbitrali da essi decisi, ivi compreso l'incarico di arbitro di parte.

11. Sono fatti salvi i casi di ricusazione di cui all'articolo 815 del codice di procedura civile.

12. Per le ipotesi di cui all'articolo 209, comma 8, la Camera arbitrale cura anche la tenuta dell'elenco dei segretari dei collegi arbitrali. Possono essere iscritti all'elenco i funzionari in possesso di diploma di laurea in materia giuridica o economica o equipollenti e, ove necessario, in materie tecniche, inseriti nei ruoli delle pubbliche amministrazioni di cui al decreto legislativo 30 marzo 2001, n. 165, aventi un'anzianità di servizio in ruolo non inferiore a cinque anni. Gli eventuali oneri relativi alla tenuta dell'elenco sono posti a carico dei soggetti interessati all'iscrizione, prevedendo a tal fine tariffe idonee ad assicurare l'integrale copertura dei suddetti costi.

13. Sul sito dell'ANAC sono pubblicati l'elenco degli arbitrati in corso e definiti, i dati relativi alle vicende dei medesimi, i nominativi e i compensi degli arbitri e dei periti.

211 Pareri di precontenzioso dell'ANAC.

1. Su iniziativa della stazione appaltante o di una o più delle altre parti, l'ANAC esprime parere, previo contraddittorio, (1) relativamente a questioni insorte durante lo svolgimento delle procedure di gara, entro trenta giorni dalla ricezione della richiesta. Il parere obbliga le parti che vi abbiano preventivamente acconsentito ad attenersi a quanto in esso stabilito. Il parere vincolante è impugnabile innanzi ai competenti organi della giustizia amministrativa ai sensi dell'articolo 120 del codice del processo amministrativo. In caso di rigetto del ricorso contro il parere vincolante, il giudice valuta il comportamento della parte ricorrente ai sensi e per gli effetti dell'articolo 26 del codice del processo amministrativo.

1-*bis*. L'ANAC è legittimata ad agire in giudizio per l'impugnazione dei bandi, degli altri atti generali e dei provvedimenti relativi a contratti di rilevante impatto, emessi da qualsiasi stazione appaltante, qualora ritenga che essi violino le norme in materia di contratti pubblici relativi a lavori, servizi e forniture (2).

1-*ter*. L'ANAC, se ritiene che una stazione appaltante abbia adottato un provvedimento viziato da gravi violazioni del presente codice, emette, entro sessanta giorni dalla notizia della violazione, un parere motivato nel quale indica specificamente i vizi di legittimità riscontrati. Il parere è trasmesso alla stazione appaltante; se la stazione appaltante non vi si conforma entro il termine assegnato dall'ANAC, comunque non superiore a sessanta giorni dalla trasmissione, l'ANAC può presentare ricorso, entro i successivi trenta giorni, innanzi al giudice amministrativo. Si applica l'articolo 120 del codice del processo amministrativo di cui all'allegato 1 annesso al decreto legislativo 2 luglio 2010, n. 104 (2).

1-*quater*. L'ANAC, con proprio regolamento, può individuare i casi o le tipologie di provvedimenti in relazione ai quali esercita i poteri di cui ai commi 1-*bis* e 1-*ter* (2).

[2. Qualora l'ANAC, nell'esercizio delle proprie funzioni, ritenga sussistente un vizio di legittimità in uno degli atti della procedura di gara invita mediante atto di raccomandazione la stazione appaltante ad agire in autotutela e a rimuovere altresì gli eventuali effetti degli atti illegittimi, entro un termine non superiore a sessanta giorni. Il mancato adeguamento della stazione appaltante alla raccomandazione vincolante dell'Autorità entro il termine fissato è punito con la sanzione amministrativa pecuniaria entro il limite minimo di euro 250 e il limite massimo di euro 25.000, posta a carico del dirigente responsabile. La sanzione incide altresì sul sistema reputazionale delle stazioni appaltanti, di cui all'articolo 36 del presente codice. La raccomandazione è impugnabile innanzi ai competenti organi della giustizia amministrativa ai sensi dell'articolo 120 del codice del processo amministrativo (3).] (4)

(1) *Le parole* « , previo contraddittorio, » *sono state inserite dall'art. 123 d.lgs. 19 aprile 2017, n. 56.*

(2) *Comma aggiunto dall'art. 52-ter, comma 1, d.l. 24 aprile 2017, n. 50, conv., con modif., in l. 24 aprile 2017, n. 50.*

(3) *Così rettificato con Comunicato 15 luglio 2016 (in Gazz. Uff., 15 luglio 2016, n. 164).*

(4) *Comma abrogato dall'art. 123, comma 1, lett.* b), *d.lgs. n. 56, cit.*

PARTE SETTIMA
EMERGENZA EPIDEMIOLOGICA DA COVID-19 (CORONAVIRUS)

SEZIONE PRIMA
MISURE URGENTI
DI CONTRASTO ALLA EMERGENZA COVID-19

1. Decreto legge 23 febbraio 2020, n. 6, convertito, con modificazioni, in legge 5 marzo 2020, n. 13. — Misure urgenti in materia di contenimento e gestione dell'emergenza epidemiologica da COVID-19 (CORONAVIRUS) (1) (2).

Pubblicato nella Gazzetta Ufficiale n. 45 del 23 febbraio 2020; la legge di conversione è stata pubblicata nella Gazzetta Ufficiale n. 61 del 9 marzo 2020.

(1) *Per le disposizioni attuative del presente Decreto, vedi il D.P.C.M. 23 febbraio 2020, il D.P.C.M. 25 febbraio 2020, il D.P.C.M. 1° marzo 2020, il D.P.C.M. 4 marzo 2020, il D.P.C.M. 8 marzo 2020, il D.P.C.M. 9 marzo 2020 e da ultimo il D.P.C.M. 22 marzo 2020.*

(2) *Decreto abrogato, ad eccezione degli artt. 3, comma 6-*bis, *e 4, dall'art. 5, comma 1, lett.* a) *del d.l. 25 marzo 2020, n. 19, conv., con modif., in l. 22 maggio 2020, n. 35.*

1 Misure urgenti per evitare la diffusione del COVID-19 (1)

[1. Allo scopo di evitare il diffondersi del COVID-19, nei comuni o nelle aree nei quali risulta positiva almeno una persona per la quale non si conosce la fonte di trasmissione o comunque nei quali vi è un caso non riconducibile ad una persona proveniente da un'area già interessata dal contagio del menzionato virus, le autorità competenti, con le modalità previste dall'articolo 3, commi 1 e 2, sono tenute ad adottare ogni misura di contenimento e gestione adeguata e proporzionata all'evolversi della situazione epidemiologica.

2. Tra le misure di cui al comma 1, possono essere adottate anche le seguenti:

a) divieto di allontanamento dal comune o dall'area interessata da parte di tutti gli individui comunque presenti nel comune o nell'area;

b) divieto di accesso al comune o all'area interessata;

c) sospensione di manifestazioni o iniziative di qualsiasi natura, di eventi e di ogni forma di riunione in luogo pubblico o privato, anche di carattere culturale, ludico, sportivo e religioso, anche se svolti in luoghi chiusi aperti al pubblico;

d) sospensione del funzionamento dei servizi educativi dell'infanzia, delle istituzioni scolastiche del sistema nazionale di istruzione e degli istituti di formazione superiore, compresa quella universitaria, salvo le attività formative svolte a distanza;

e) sospensione dei servizi di apertura al pubblico dei musei e degli altri istituti e luoghi della cultura di cui all'articolo 101 del codice dei beni culturali e del paesaggio, di cui al decreto legislativo 22 gennaio 2004, n. 42, nonché dell'efficacia delle disposizioni regolamentari sull'accesso libero o gratuito a tali istituti e luoghi;

f) sospensione dei viaggi d'istruzione organizzati dalle istituzioni scolastiche del sistema nazionale d'istruzione, sia sul territorio nazionale sia all'estero, trovando applicazione la disposizione di cui all'articolo 41, comma 4, del codice della normativa statale in tema di ordinamento e mercato del turismo, di cui al decreto legislativo 23 maggio 2011, n. 79;

g) sospensione delle procedure concorsuali per l'assunzione di personale;

h) applicazione della misura della quarantena con sorveglianza attiva agli individui che hanno avuto contatti stretti con casi confermati di malattia infettiva diffusiva (2);

i) previsione dell'obbligo da parte degli individui che hanno fatto ingresso in Italia da zone a rischio epidemiologico, come identificate dall'Organizzazione mondiale della sanità, di comunicare tale circostanza al Dipartimento di prevenzione dell'azienda sanitaria competente per territorio, che provvede a comunicarlo all'autorità sanitaria competente per l'adozione della misura di permanenza domiciliare fiduciaria con sorveglianza attiva;

j) chiusura di tutte le attività commerciali, esclusi gli esercizi commerciali per l'acquisto dei beni di prima necessità;

k) chiusura o limitazione dell'attività degli uffici pubblici, degli esercenti attività di pubblica utilità e servizi pubblici essenziali di cui agli articoli 1 e 2 della legge 12 giugno 1990, n. 146, specificamente individuati;

l) previsione che l'accesso ai servizi pubblici essenziali e agli esercizi commerciali per l'acquisto di beni di prima necessità sia condizionato all'utilizzo di dispositivi di protezione individuale o all'adozione di particolari misure di cautela individuate dall'autorità competente;

m) limitazione all'accesso o sospensione dei servizi del trasporto di merci e di persone terrestre, aereo, ferroviario, marittimo e nelle acque interne, su rete nazionale, nonché di trasporto pubblico locale, anche non di linea, salvo specifiche deroghe previste dai provvedimenti di cui all'articolo 3;

n) sospensione delle attività lavorative per le imprese, a esclusione di quelle che erogano servizi essenziali e di pubblica utilità e di quelle che possono essere svolte in modalità domiciliare;

o) sospensione o limitazione dello svolgimento delle attività lavorative nel comune o nell'area interessata nonché delle attività lavorative degli abitanti di detti comuni o aree svolte al di fuori del comune o dell'area indicata, salvo specifiche deroghe, anche in ordine ai presupposti, ai limiti e alle modalità di svolgimento del lavoro agile, previste dai provvedimenti di cui all'articolo 3.]

(1) *Articolo abrogato dall'articolo 5, comma 1, lettera* a) *del d.l 25 marzo 2020, n. 19, conv., con modif., in l. 22 maggio 2020, n. 35.*

(2) *L'art. 14, comma 1, del d.l. 17 marzo 2020, n. 18, precedentemente alla conversione in l. 24 aprile 2020, n. 27, prevedeva che la misura di cui alla presente lettera, non si applicasse ai dipendenti delle imprese che operavano nell'ambito della produzione e dispensazione dei farmaci e dei dispositivi medici e diagnostici nonché delle relative attività di ricerca e della filiera integrata per i subfornitori. I lavoratori di cui al precedente periodo sospendevano l'attività nel caso di sintomatologia respiratoria o esito positivo per Covid -19; ma tale disposizione è decaduta in sede di conversione in legge.*

2 Ulteriori misure di gestione dell'emergenza (1).

[1. Le autorità competenti, con le modalità previste dall'articolo 3, commi 1 e 2, possono adottare ulteriori misure di contenimento e gestione dell'emergenza, al fine di prevenire la diffusione dell'epidemia da COVID-19 anche fuori dei casi di cui all'articolo 1, comma 1.]

(1) *Articolo abrogato dall'articolo 5, comma 1, lettera* a) *del d.l. 25 marzo 2020, n. 19, conv., con modif., in l. 22 maggio 2020, n. 35.*

3 Attuazione delle misure di contenimento

[1. Le misure di cui agli articoli 1 e 2 sono adottate, senza nuovi o maggiori oneri per la finanza pubblica, con uno o più decreti del Presidente del Consiglio dei ministri, su proposta del Ministro della salute, sentiti il Ministro dell'interno, il Ministro della difesa, il Ministro dell'economia e delle finanze e gli altri Ministri competenti per materia, nonché i Presidenti delle regioni competenti, nel caso in cui riguardino esclusivamente una [sola] regione o alcune specifiche regioni, ovvero il Presidente della Conferenza delle regioni e delle province autonome, nel caso in cui riguardino il territorio nazionale.] (1) (2)

[2. Nelle more dell'adozione dei decreti del Presidente del Consiglio dei ministri di cui al comma 1, nei casi di estrema necessità ed urgenza le misure di cui agli articoli 1 e 2 possono essere adottate ai sensi dell'articolo 32 della legge 23 dicembre 1978, n. 833, dell'articolo 117 del decreto legislativo 31 marzo 1998, n. 112, e dell'articolo 50 del testo unico delle leggi sull'ordinamento degli enti locali, approvato con decreto legislativo 18 agosto 2000, n. 267. Le misure adottate ai sensi del presente comma perdono efficacia se non sono comunicate al Ministro della salute entro ventiquattro ore dalla loro adozione.] (2)

[3. Sono fatti salvi gli effetti delle ordinanze contingibili e urgenti già adottate dal Ministro della salute ai sensi dell'articolo 32 della legge 23 dicembre 1978, n. 833.] (3)

[4. Salvo che il fatto non costituisca più grave reato, il mancato rispetto delle misure di contenimento di cui al presente decreto è punito ai sensi dell'articolo 650 del codice penale. Salva l'applicazione delle sanzioni penali ove il fatto costituisca reato, la violazione degli obblighi imposti dalle misure di cui al comma 1 a carico dei gestori di pubblici esercizi o di attività commerciali è sanzionata altresì con la chiusura dell'esercizio o dell'attività da 5 a 30 giorni. La violazione è accertata ai sensi della legge 24 novembre 1981, n. 689, e la sanzione è irrogata dal Prefetto.] (3)

[5. Il Prefetto, informando preventivamente il Ministro dell'interno, assicura l'esecuzione delle misure avvalendosi delle Forze di polizia e, ove occorra, delle Forze armate, sentiti i competenti comandi territoriali. Al personale delle Forze armate impiegato, previo provvedimento del Prefetto competente, per assicurare l'esecuzione delle misure di contenimento di cui agli articoli 1 e 2 è attribuita la qualifica di agente di pubblica sicurezza.] (2)

[6. Per i provvedimenti emanati in attuazione del presente articolo, i termini del controllo preventivo della Corte dei conti, di cui all'articolo 27, comma 1, della legge 24 novembre 2000, n. 340, sono dimezzati. In ogni caso i provvedimenti emanati in attuazione del presente articolo, durante lo svolgimento della fase del controllo preventivo della Corte dei conti, sono provvisoriamente efficaci, esecutori ed esecutivi, a norma degli articoli 21-*bis*, 21-*ter* e 21-*quater* [,] della legge 7 agosto 1990, n. 241.] (2)

6-*bis*. Il rispetto delle misure di contenimento di cui al presente decreto è sempre valutato ai fini dell'esclusione, ai sensi e per gli effetti degli articoli 1218 e 1223 del codice civile, della responsabilità del debitore, anche relativamente all'applicazione di eventuali decadenze o penali connesse a ritardati o omessi adempimenti (4).

(1) *In attuazione del presente comma, vedi l'articolo 1, comma 1 del D.P.C.M. 25 febbraio 2020.*

(2) *Comma abrogato dall'articolo 5, comma 1, lettera a) del d.l. 25 marzo 2020, n. 19, conv., con modif., in l. 22 maggio 2020, n. 35.*

(3) *Comma abrogato dall'articolo 5, comma 1, lettera a) del d.l. n. 19, cit.*

(4) *Comma inserito dall'articolo 91, comma 1, del d.l. 17 marzo 2020, n. 18, conv., con modif., in l. 24 aprile 2020, n. 27.*

4 Disposizioni finanziarie

1. Per far fronte agli oneri derivanti dallo stato di emergenza sanitaria dichiarato con delibera del Consiglio dei ministri del 31 gennaio 2020, pubblicata nella Gazzetta Ufficiale n. 26 del 1° febbraio 2020, lo stanziamento previsto dalla medesima delibera è incrementato di 20 milioni di euro per l'anno 2020 a valere sul Fondo per le emergenze nazionali previsto dall'articolo 44 del codice della protezione civile, di cui al decreto

legislativo 2 gennaio 2018, n. 1, che a tal fine è corrispondentemente incrementato.

2. Agli oneri derivanti dal comma 1, pari ad euro 20 milioni per l'anno 2020, si provvede mediante corrispondente riduzione dell'autorizzazione di spesa di cui all'articolo 1, comma 542, della legge 11 dicembre 2016, n. 232. Ai fini dell'immediata attuazione delle disposizioni recate dal presente decreto, il Ministro dell'economia e delle finanze è autorizzato ad apportare, con propri decreti, le occorrenti variazioni di bilancio.

5 Entrata in vigore (1)

[1. Il presente decreto entra in vigore il giorno stesso della sua pubblicazione nella Gazzetta Ufficiale della Repubblica italiana e sarà presentato alle Camere per la conversione in legge].

(1) *Articolo abrogato dall'articolo 5, comma 1, lettera a) del d.l. 25 marzo 2020, n. 19, conv., con modif., in l. 22 maggio 2020, n. 35.*

2. Decreto legge 2 marzo 2020, n. 9. — Misure urgenti di sostegno per famiglie, lavoratori e imprese connesse all'emergenza epidemiologica da COVID-19 (*estratto*) (1).

Pubblicato nella Gazzetta Ufficiale n. 53 del 2 marzo 2020.

(1) *Decreto* ***abrogato*** *dall'art. 1, comma 2 l. 24 aprile 2020, n. 27, di conversione del d.l. 17 marzo 2020, n. 18. Ai sensi del medesimo art. 1, comma 2 l. n. 27, cit., restano validi gli atti ed i provvedimenti adottati e sono fatti salvi gli effetti prodottisi e i rapporti giuridici sorti sulla base del medesimo d.l. n. 9, cit.*

10 Misure urgenti in materia di sospensione dei termini e rinvio delle udienze processuali.

[1. A decorrere dal giorno successivo alla data di entrata in vigore del presente decreto e fino al 31 marzo 2020, sono rinviate d'ufficio a data successiva al 31 marzo 2020 le udienze dei procedimenti civili pendenti presso gli uffici giudiziari dei circondari dei Tribunali cui appartengono i comuni di cui all'allegato 1 al decreto del Presidente del Consiglio dei ministri 1° marzo 2020, ad eccezione delle udienze nelle cause di competenza del tribunale per i minorenni, nelle cause relative ad alimenti, nei procedimenti cautelari, nei procedimenti per l'adozione di provvedimenti in materia di amministrazione di sostegno, di interdizione, di inabilitazione, nei procedimenti di convalida del trattamento sanitario obbligatorio, nei procedimenti per l'adozione di ordini di protezione contro gli abusi familiari, nei procedimenti di convalida dell'espulsione, allontanamento e trattenimento di cittadini di paesi terzi e dell'Unione europea, in quelli di cui all'articolo 283 del codice di procedura civile e in genere nelle cause rispetto alle quali la ritardata trattazione potrebbe produrre grave pregiudizio alle parti. In quest'ultimo caso, la dichiarazione di urgenza è fatta dal presidente dell'ufficio giudiziario in calce alla citazione o al ricorso, con decreto non impugnabile e, per le cause già iniziate, con provvedimento del giudice istruttore o del collegio, egualmente non impugnabile.

2. A decorrere dal giorno successivo alla data di entrata in vigore del presente decreto e sino al 31 marzo 2020:

a) nei procedimenti di cui al comma 1 e con le eccezioni ivi previste sono sospesi i termini per il compimento di qualsiasi atto processuale, comunicazione e notificazione che chiunque debba svolgere nelle regioni cui appartengono i comuni di cui all'allegato 1 al decreto del Presidente del Consiglio dei ministri 1° marzo 2020;

b) in tutti i procedimenti civili, con le eccezioni di cui al comma 1, sono sospesi i termini per il compimento di qualsiasi atto processuale, comunicazione e notificazione che chiunque debba svolgere nei comuni di cui all'allegato 1 al decreto del Presidente del Consiglio dei ministri 1° marzo 2020.

3. A decorrere dal giorno successivo alla data di entrata in vigore del presente decreto, in tutti i procedimenti civili sono rinviate d'ufficio a data successiva al 31 marzo 2020 le udienze dei processi in cui risulta che le parti o i loro difensori sono residenti o hanno sede nei comuni di cui all'allegato 1 al decreto del Presidente del Consiglio dei ministri 1° marzo 2020 alla medesima data.

4. Per i soggetti che alla data di entrata in vigore del presente decreto sono residenti, hanno sede operativa o esercitano la propria attività lavorativa, produttiva o funzione nei comuni di cui all'allegato 1 al decreto del Presidente del Consiglio dei ministri 1° marzo 2020, il decorso dei termini perentori, legali e convenzionali, sostanziali e processuali, comportanti prescrizioni e decadenze da qualsiasi diritto, azione ed eccezione, nonché dei termini per gli adempimenti contrattuali è sospeso dal 22 febbraio 2020 fino al 31 marzo 2020 e riprende a decorrere dalla fine del periodo di sospensione. Ove la decorrenza del termine abbia inizio durante il periodo di sospensione, il termine decorre dalla fine del medesimo periodo. Sono altresì sospesi, per lo stesso periodo e nei riguardi dei medesimi soggetti, i termini relativi ai processi esecutivi e i termini relativi alle procedure concorsuali, nonché i termini di notificazione dei processi verbali, di esecuzione del pagamento in misura ridotta, di svolgimento di attività difensiva e per la presentazione di ricorsi giurisdizionali.

5. Nei riguardi dei soggetti di cui al comma 4, i termini di scadenza, ricadenti o decorrenti nel periodo che va dal 22 febbraio 2020 e fino al 31 marzo 2020, relativi a vaglia cambiari, a cambiali e ad ogni altro titolo di credito o atto avente forza esecutiva, sono sospesi per lo stesso periodo. La sospensione opera a favore dei debitori ed obbligati, anche in via di regres-

so o di garanzia, salva la facoltà degli stessi di rinunciarvi espressamente.

6. Nei procedimenti civili e penali pendenti presso gli uffici giudiziari che hanno sede nei distretti di Corte di appello cui appartengono i comuni di cui all'allegato 1 al decreto del Presidente del Consiglio dei ministri 1° marzo 2020, il mancato rispetto di termini processuali perentori scaduti in epoca successiva al 22 febbraio 2020 e fino alla data di entrata in vigore del presente decreto si presume dovuto, salvo prova contraria, a causa non imputabile alla parte incorsa in decadenze.

7. A decorrere dal giorno successivo alla data di entrata in vigore del presente decreto sono rinviate d'ufficio a data successiva al 31 marzo 2020 le udienze nei procedimenti penali pendenti negli uffici giudiziari dei circondari dei Tribunali cui appartengono i comuni di cui all'allegato 1 al decreto del Presidente del Consiglio dei ministri 1° marzo 2020.

8. A decorrere dal giorno successivo alla data di entrata in vigore del presente decreto e fino al 31 marzo 2020:

a) nei procedimenti penali pendenti presso gli uffici giudiziari che hanno sede nei distretti di Corte di appello cui appartengono i comuni di cui all'allegato 1 al decreto del Presidente del Consiglio dei ministri 1° marzo 2020, sono sospesi i termini per il compimento di qualsiasi atto, comunicazione e notificazione che chiunque debba svolgere nei medesimi distretti;

b) in tutti i procedimenti penali sono sospesi i termini per il compimento di qualsiasi atto, comunicazione e notificazione che chiunque debba svolgere nei comuni di cui all'allegato 1 al decreto del Presidente del Consiglio dei ministri 1° marzo 2020.

9. A decorrere dal giorno successivo alla data di entrata in vigore del presente decreto, nei procedimenti penali in cui, alla data del 22 febbraio 2020, una delle parti o uno dei loro difensori è residente nei comuni di cui all'allegato 1 al decreto del Presidente del Consiglio dei ministri 1° marzo 2020, i termini previsti dal codice di procedura penale a pena di inammissibilità o decadenza sono sospesi, in favore dei medesimi soggetti, sino alla data del 31 marzo 2020.

10. A decorrere dal giorno successivo alla data di entrata in vigore del presente decreto, nei procedimenti penali pendenti, quando una delle parti o uno dei loro difensori non presente all'udienza risulta residente o lo studio legale ha sede in uno dei comuni di cui all'allegato 1 al decreto del Presidente del Consiglio dei ministri 1° marzo 2020, il giudice dispone d'ufficio il rinvio dell'udienza in data successiva al 31 marzo 2020.

11. Le disposizioni di cui ai commi 7, 8, 9 e 10 non si applicano all'udienza di convalida dell'arresto o del fermo, nei procedimenti nei confronti di persone detenute, internate o in stato di custodia cautelare, nei procedimenti che presentano carattere di urgenza e nei processi a carico di imputati minorenni.

12. Ferma l'applicazione dell'articolo 472, comma 3, del codice di procedura penale, a decorrere dal giorno successivo alla data di entrata in vigore del presente decreto sino alla data del 31 marzo 2020 la partecipazione alle udienze relative ai procedimenti per i quali, ai sensi del comma 11, non operano le disposizioni di cui ai commi 7, 8, 9 e 10 è assicurata, ove possibile, mediante videoconferenze o con collegamenti da remoto individuati e regolati con provvedimento del Direttore generale dei sistemi informativi e automatizzati del Ministero della giustizia, applicate le disposizioni di cui ai commi 3, 4 e, in quanto compatibili, 5 dell'articolo 146-*bis* dell'allegato di cui al decreto legislativo 28 luglio 1989, n. 271.

13. Il corso della prescrizione rimane sospeso per il tempo in cui il processo è rinviato o i termini procedurali sono sospesi ai sensi dei commi 7, 8, 9 e 10.

14. Negli istituti penitenziari e negli istituti penali per minorenni ubicati nelle regioni in cui si trovano i comuni di cui all'allegato 1 al decreto del Presidente del Consiglio dei ministri 1° marzo 2020, a decorrere dal giorno successivo alla data di entrata in vigore del presente decreto sino alla data del 31 marzo 2020 i colloqui con i congiunti o con altre persone cui hanno diritto i condannati, gli internati e gli imputati a norma degli articoli 18 della legge 26 luglio 1975, n. 354, 37 del decreto del Presidente della Repubblica 30 giugno 2000, n. 230, e 19 del decreto legislativo 2 ottobre 2018, n. 121, sono svolti a distanza, mediante, ove possibile, apparecchiature e collegamenti di cui dispone l'amministrazione penitenziaria e minorile o mediante corrispondenza telefonica, che può essere autorizzata oltre i limiti di cui all'articolo 39, comma 2, del predetto decreto del Presidente della Repubblica n. 230 del 2000 e all'articolo 19, comma 1, del predetto decreto legislativo n. 121 del 2018. Negli istituti penitenziari e negli istituti penali per minorenni ubicati in regioni diverse da quelle indicate nel primo periodo, si applicano le medesime disposizioni quando ai colloqui partecipano persone residenti o che esercitano la propria attività lavorativa, produttiva o funzione nei comuni di cui all'allegato 1 al decreto del Presidente del Consiglio dei ministri 1° marzo 2020.

15. A decorrere dal giorno successivo alla data di entrata in vigore del presente decreto e fino al 31 marzo 2020, presso le sezioni giurisdizionali della Corte dei conti, nonché presso le relative procure, sono rinviate d'ufficio le udienze relative ai processi, e sono sospese le connesse attività istruttorie preprocessuali, concernenti persone fisiche o giuridiche aventi residenza o sede legale nei comuni di cui all'allegato 1 al decreto del Presidente del Consiglio dei ministri 1° marzo 2020. Analogamente, a decorrere dal giorno successivo alla data di entrata in vigore del presente decreto e fino al 31 marzo 2020, presso le sezioni di controllo della Corte dei conti, sono rinviate d'ufficio le adunanze concernenti i medesimi soggetti. Per i procuratori dei soggetti di cui al presente comma, il cui mandato risulti conferito anteriormente al 22 febbraio 2020, si ha riguardo alla residenza e alla sede dello studio legale. Presso i medesimi uffici della Corte dei conti, con riferimento ai processi e alle attività di cui al presente comma, tutti i termini in corso alla data del 22 febbraio 2020 e che scadono entro il 31 marzo 2020, sono sospesi e riprendono a decorrere dal 1° aprile 2020.

16. Ai fini del computo di cui all'articolo 2 della legge 24 marzo 2001, n. 89, nei procedimenti rinviati d'ufficio a norma del presente articolo, non si tiene conto del periodo compreso dal giorno successivo alla data di

entrata in vigore del presente decreto e la data del 31 marzo 2020.

17. Nei procedimenti pendenti presso gli organi della giustizia amministrativa:

a) sono sospesi, a decorrere dal giorno successivo alla data di entrata in vigore del presente decreto sino al 31 marzo 2020 i termini per il compimento di qualsiasi atto processuale, comunicazione e notificazione che chiunque debba svolgere nei comuni di cui all'allegato 1 al decreto del Presidente del Consiglio dei ministri 1° marzo 2020;

b) a decorrere dal giorno successivo alla data di entrata in vigore del presente decreto sono rinviate d'ufficio a data successiva al 31 marzo 2020 le udienze dei processi in cui risulta che i difensori costituiti in giudizio ovvero le parti costituite personalmente sono residenti o domiciliati nella sede nei comuni di cui all'allegato 1 al decreto del Presidente del Consiglio dei ministri 1° marzo 2020;

c) il giudice amministrativo concede la remissione in termini se è provato o appare verosimile che il mancato rispetto di termini perentori scaduti in epoca successiva al 22 febbraio 2020 e fino alla data di entrata in vigore del presente decreto sia conseguenza delle misure adottate in materia di contenimento e gestione dell'emergenza epidemiologica.

18. In caso di aggiornamento dell'elenco dei comuni di cui all'allegato 1 al decreto del Presidente del Consiglio dei ministri 1° marzo 2020, ovvero di individuazione di ulteriori comuni con diverso provvedimento, le disposizioni del presente articolo si applicano con riferimento ai medesimi comuni dal giorno successivo alla pubblicazione sulla Gazzetta Ufficiale del relativo provvedimento] (1).

(1) *V. nota 1* sub *Epigrafe.*

35 Disposizioni in materia di ordinanze contingibili e urgenti (1)

[1. A seguito dell'adozione delle misure statali di contenimento e gestione dell'emergenza epidemiologica da COVID-19 non possono essere adottate e, ove adottate sono inefficaci, le ordinanze sindacali contingibili e urgenti dirette a fronteggiare l'emergenza predetta in contrasto con le misure statali.]

(1) *Articolo abrogato dall'art. 5, comma 1, lett. b) del d.l. 25 marzo 2020, n. 19, conv., con modif., in l. 22 maggio 2020, n. 35.*

3. Decreto legge 8 marzo 2020, n. 11. — Misure straordinarie ed urgenti per contrastare l'emergenza epidemiologica da COVID-19 e contenere gli effetti negativi sullo svolgimento dell'attività giudiziaria (*estratto*) (1).

Pubblicato nella Gazzetta Ufficiale n. 60 dell'8 marzo 2020.

(1) *Decreto* ***abrogato*** *dall'art. 1, comma 2 l. 24 aprile 2020, n. 27, di conversione del d.l. 17 marzo 2020, n. 18. Ai sensi del medesimo art. 1, comma 2 l. n. 27, cit., restano validi gli atti ed i provvedimenti adottati e sono fatti salvi gli effetti prodottisi e i rapporti giuridici sorti sulla base del medesimo d.l. n. 11, cit.*

1-2 (*Omissis*).

3 Misure urgenti per contrastare l'emergenza epidemiologica da COVID-19 e contenerne gli effetti in materia di giustizia amministrativa.

[1. Le disposizioni di cui all'articolo 54, commi 2 e 3, del codice del processo amministrativo di cui al decreto legislativo 2 luglio 2010, n. 104, si applicano altresì dalla data di entrata in vigore del presente decreto e fino al 22 marzo 2020. A decorrere dalla data di entrata in vigore del presente decreto e sino al 22 marzo 2020, le udienze pubbliche e camerali dei procedimenti pendenti presso gli uffici della giustizia amministrativa sono rinviate d'ufficio a data successiva al 22 marzo 2020. I procedimenti cautelari, promossi o pendenti nel medesimo lasso di tempo, sono decisi, su richiesta anche di una sola delle parti, con il rito di cui all'articolo 56 del medesimo codice del processo amministrativo e la relativa trattazione collegiale è fissata in data immediatamente successiva al 22 marzo 2020.

2. Per contrastare l'emergenza epidemiologica da COVID-19 e contenerne gli effetti negativi sullo svolgimento dell'attività giurisdizionale e consultiva, a decorrere dalla data di entrata in vigore del presente decreto e fino al 31 maggio 2020, i presidenti titolari delle sezioni del Consiglio di Stato, il presidente del Consiglio di giustizia amministrativa per la Regione siciliana e i presidenti dei tribunali amministrativi regionali e delle relative sezioni staccate, sentiti l'autorità sanitaria regionale e il Consiglio dell'Ordine degli Avvocati della città ove ha sede l'Ufficio, adottano, in coerenza con le eventuali disposizioni di coordinamento dettate dal Presidente del Consiglio di Stato o dal Segretariato generale della giustizia amministrativa per quanto di rispettiva competenza, le misure organizzative, anche incidenti sulla trattazione degli affari giudiziari e consultivi, necessarie per consentire il rispetto delle indicazioni igienico-sanitarie fornite dal Ministero della salute, anche d'intesa con le Regioni, e le prescrizioni di cui all'allegato 1 al decreto del Presidente del Consiglio dei ministri 8 marzo 2020, al fine di evitare assembramenti all'interno degli uffici giudiziari e contatti ravvicinati tra le persone.

3. I provvedimenti di cui al comma 2 possono prevedere una o più delle seguenti misure:

a) la limitazione dell'accesso agli uffici giudiziari ai soli soggetti che debbono svolgervi attività urgenti;

b) la limitazione dell'orario di apertura al pubblico degli uffici o, in ultima istanza e solo per i servizi che non erogano servizi urgenti, la sospensione dell'attività di apertura al pubblico;

c) la predisposizione di servizi di prenotazione per l'accesso ai servizi, anche tramite mezzi di comunicazione telefonica o telematica, curando che la convocazione degli utenti sia scaglionata per orari fissi, e adottando ogni misura ritenuta necessaria per evitare forme di assembramento;

d) l'adozione di linee guida vincolanti per la fissazione e la trattazione delle udienze, coerenti con le eventuali disposizioni dettate dal presidente del Consiglio di Stato;

e) il rinvio delle udienze a data successiva al 31 maggio 2020, assicurando in ogni caso la trattazione delle cause rinviate entro la data del 31 dicembre 2020 in aggiunta all'ordinario carico programmato delle udienze fissate e da fissare entro tale data, fatta eccezione per le udienze e camere di consiglio cautelari, elettorali, e per le cause rispetto alle quali la ritardata trattazione potrebbe produrre grave pregiudizio alle parti; in tal caso, la dichiarazione di urgenza è fatta dai presidenti di cui al comma 2 con decreto non impugnabile.

4. Fino al 31 maggio 2020, in deroga alle previsioni del codice del processo amministrativo di cui al decreto legislativo 2 luglio 2010, n. 104, tutte le controversie fissate per la trattazione, sia in udienza camerale sia in udienza pubblica, passano in decisione sulla base degli atti, salvo che almeno una delle parti abbia chiesto la discussione in udienza camerale o in udienza pubblica con apposita istanza da notificare alle altre parti costituite e da depositare almeno due giorni liberi prima della data fissata per la trattazione; anche nei casi in cui non sia stata richiesta la discussione, i difensori sono comunque considerati presenti a tutti gli effetti.

5. Nel caso in cui sia stata chiesta la discussione ai sensi del comma 4, i presidenti di cui al comma 2, possono, in ragione motivata della situazione concreta di emergenza sanitaria e in deroga a quanto previsto dal codice del processo amministrativo di cui al decreto legislativo 2 luglio 2010, n. 104, consentire lo svolgimento delle udienze pubbliche e camerali che non richiedono la presenza di soggetti diversi dai difensori delle parti mediante collegamenti da remoto con modalità idonee a salvaguardare il contraddittorio e l'effettiva partecipazione dei difensori alla trattazione dell'udienza, assicurando in ogni caso la sicurezza e la funzionalità del sistema informatico della giustizia amministrativa e dei relativi apparati e comunque nei limiti delle risorse attualmente assegnate ai singoli uffici. In tal caso è assicurato congruo avviso dell'ora e delle modalità di collegamento. Si dà atto a verbale delle modalità con cui si accerta l'identità dei soggetti partecipanti e la libera volontà delle parti. Il luogo da cui si collegano magistrati, personale addetto e difensori delle parti è considerato aula di udienza a tutti gli effetti di legge. Di tutte le operazioni è redatto processo verbale.

6. Fino al 31 maggio 2020 le udienze pubbliche sono celebrate a porte chiuse, in deroga all'articolo 87, comma 1, del codice del processo amministrativo di cui al decreto legislativo 2 luglio 2010, n. 104.

7. I provvedimenti di cui ai commi 2 e 3 che determinino la decadenza delle parti da facoltà processuali implicano la rimessione in termini delle parti stesse.

8. L'adozione dei provvedimenti di cui ai commi 2 e 3 che impedisce l'esercizio di diritti costituisce causa di sospensione della prescrizione e della decadenza.

9. Ai fini del computo di cui all'articolo 2 della legge 24 marzo 2001, n. 89, nei procedimenti rinviati a norma del presente articolo non si tiene conto del periodo compreso tra la data di entrata in vigore del presente decreto e la data del 31 maggio 2020.

10. All'articolo 7, comma 4, del decreto-legge 31 agosto 2016, n. 168, convertito, con modificazioni, dalla legge 25 ottobre 2016, n. 197, dopo le parole « deve essere depositata », sono inserite le seguenti: «, anche a mezzo del servizio postale, ». Dalla data di entrata in vigore del presente decreto e fino al 31 maggio 2020 è sospeso l'obbligo di cui al predetto articolo 7, comma 4.] (1)

(1) *L'art. 84, comma 11, d.l. 17 marzo 2020, aveva già disposto l'abrogazione del presente articolo, ma in sede di conversione, l'art. 1, comma 2 l. 24 aprile 2020, n. 27 ha disposto la soppressione del predetto art. 84, comma 11 e contemporaneamente l'abrogazione dell'intero d.l. 8 marzo 2020, n. 11. V. anche* sub *Epigrafe.*

4 Misure urgenti per contrastare l'emergenza epidemiologica da COVID-19 e contenerne gli effetti in materia di giustizia contabile.

[1. Le disposizioni di cui all'articolo 1 si applicano, in quanto compatibili, anche a tutte le funzioni della Corte dei conti.

2. Ferma l'applicazione delle previsioni di cui al decreto-legge 2 marzo 2020, n. 9, per contrastare l'emergenza epidemiologica da COVID-19 e contenerne gli effetti negativi sullo svolgimento delle attività istituzionali della Corte dei conti, a decorrere dal giorno successivo alla data di entrata in vigore del presente decreto e fino al 31 maggio 2020 i vertici degli uffici territoriali e centrali, sentita l'autorità sanitaria regionale e, per le attività giurisdizionali, il Consiglio dell'ordine degli avvocati della città ove ha sede l'Ufficio, adottano le misure organizzative, anche relative alla trattazione degli affari, necessarie per consentire il rispetto delle indicazioni igienico-sanitarie fornite dal Ministero della salute, anche d'intesa con le Regioni, dal Dipartimento della funzione pubblica della Presidenza del Consiglio dei ministri, dal Presidente o dal Segretario generale della Corte dei conti e delle prescrizioni di cui all'allegato 1 al decreto del Presidente del Consiglio dei ministri 8 marzo 2020, al fine di evitare assembramenti all'interno degli uffici e contatti ravvicinati tra le persone. Per gli uffici territoriali, le misure sono adottate sentito il Segretario generale e il dirigente del servizio amministrativo unico regionale competente.

3. Per assicurare le finalità di cui al comma 2, i vertici degli uffici possono adottare le seguenti misure:

a) la limitazione dell'accesso del pubblico agli uffici, garantendo comunque l'accesso alle persone che debbono svolgervi attività urgenti;

b) la limitazione, sentito il dirigente competente, dell'orario di apertura al pubblico degli uffici ovvero, in via residuale e solo per gli uffici che non erogano servizi urgenti, la chiusura al pubblico;

c) la predisposizione di servizi di prenotazione per l'accesso ai servizi, anche tramite mezzi di comunicazione telefonica o telematica, curando che la convocazione degli utenti sia scaglionata per orari fissi, nonché l'adozione di ogni misura ritenuta necessaria per evitare forme di assembramento;

d) l'adozione di linee guida vincolanti per la trattazione delle udienze o delle adunanze;

e) la celebrazione a porte chiuse delle udienze o adunanze pubbliche del controllo;

f) la previsione dello svolgimento delle udienze che non richiedono la presenza di soggetti diversi dai difensori delle parti ovvero delle adunanze che non richiedono la presenza di soggetti diversi dai rappresentati delle amministrazioni mediante collegamenti da remoto con modalità idonee a salvaguardare il contraddittorio e l'effettiva partecipazione all'udienza ovvero all'adunanza del controllo, anche utilizzando strutture informatiche messe a disposizione da soggetti terzi o con ogni mezzo di comunicazione che, con attestazione all'interno del verbale, consenta l'effettiva partecipazione degli interessati;

g) il rinvio d'ufficio delle udienze e delle adunanze del controllo a data successiva al 31 maggio 2020, salvo che per le cause rispetto alle quali la ritardata trattazione potrebbe produrre grave pregiudizio alle parti.

4. In caso di rinvio, con riferimento a tutte le attività giurisdizionali, inquirenti, consultive e di controllo intestate alla Corte dei conti, i termini in corso alla data di entrata in vigore del presente decreto e che scadono entro il 31 maggio 2020, sono sospesi e riprendono a decorrere dal 1° giugno 2020.

5. Ai fini del computo di cui all'articolo 2 della legge 24 marzo 2001, n. 89, nei procedimenti nei quali le udienze sono rinviate a norma del presente articolo non si tiene conto del periodo compreso dal giorno successivo alla data di entrata in vigore del presente decreto e la data del 31 maggio 2020.] (1)

(1) *L'art. 85, comma 8, d.l. 17 marzo 2020, n. 18, aveva già disposto l'abrogazione del presente articolo, ma in sede di conversione, l'art. 1, comma 2 l. 24 aprile 2020, n. 27 ha disposto la soppressione del predetto art. 85, comma 8 e contemporaneamente l'abrogazione dell'intero d.l. 8 marzo 2020, n. 11. V. anche* sub *Epigrafe.*

5 (*Omissis*).

4. Decreto legge 17 marzo 2020, n. 18, convertito, con modificazioni, in legge 24 aprile 2020, n. 27. — Misure di potenziamento del Servizio sanitario nazionale e di sostegno economico per famiglie, lavoratori e imprese connesse all'emergenza epidemiologica da COVID-19. (*estratto*).

Pubblicato nella Gazzetta Ufficiale n. 69 del 17 marzo 2020; la legge di conversione è stata pubblicata nella Gazzetta Ufficiale n. 110 del 29 aprile 2020.

5-*quater* (*Omissis*).

6 Requisizioni in uso o in proprietà

1. Fino al termine dello stato di emergenza, dichiarato con delibera del Consiglio dei ministri del 31 gennaio 2020, il Capo del Dipartimento della protezione civile può disporre, nel limite delle risorse disponibili di cui al comma 10, anche su richiesta del Commissario straordinario di cui all'articolo 122, con proprio decreto, la requisizione in uso o in proprietà, da ogni soggetto pubblico o privato, di presidi sanitari e medicochirurgici, nonché di beni mobili di qualsiasi genere, occorrenti per fronteggiare la predetta emergenza sanitaria, anche per assicurare la fornitura delle strutture e degli equipaggiamenti alle aziende sanitarie o ospedaliere ubicate sul territorio nazionale, nonché per implementare il numero di posti letto specializzati nei reparti di ricovero dei pazienti affetti da detta patologia.

2. La requisizione in uso non può durare oltre sei mesi dalla data di apprensione del bene, ovvero fino al termine al quale sia stata ulteriormente prorogata la durata del predetto stato di emergenza. Se, entro la scadenza di detto termine, la cosa non è restituita al proprietario senza alterazioni sostanziali e nello stesso luogo in cui fu requisita, ovvero in altro luogo se il proprietario vi consenta, la requisizione in uso si trasforma in requisizione in proprietà, salvo che l'interessato consenta espressamente alla proroga del termine.

3. I beni mobili che con l'uso vengono consumati o alterati nella sostanza sono requisibili solo in proprietà.

4. Contestualmente all'apprensione dei beni requisiti, l'amministrazione corrisponde al proprietario di detti beni una somma di denaro a titolo di indennità di requisizione. In caso di rifiuto del proprietario a riceverla, essa è posta a sua disposizione mediante offerta anche non formale e quindi corrisposta non appena accettata. Tale somma è liquidata, alla stregua dei valori correnti di mercato che i beni requisiti avevano alla data del 31 dicembre 2019 e senza tenere conto delle variazioni dei prezzi conseguenti a successive alterazioni della domanda o dell'offerta, come segue:

a) in caso di requisizione in proprietà, l'indennità di requisizione è pari al 100 per cento di detto valore;

b) in caso di requisizione in uso, l'indennità è pari, per ogni mese o frazione di mese di effettiva durata della requisizione, a un sessantesimo del valore calcolato per la requisizione in proprietà.

5. Se nel decreto di requisizione in uso non è indicato per la restituzione un termine inferiore, l'indennità corrisposta al proprietario è provvisoriamente liquidata con riferimento al numero di mesi o frazione di mesi intercorrenti tra la data del provvedimento e quella del termine dell'emergenza di cui al comma 1, comunque nel limite massimo di cui al primo periodo del comma 2.

6. Nei casi di prolungamento della requisizione in uso, nonché in quelli di sua trasformazione in requisizione in proprietà, la differenza tra l'indennità già corrisposta e quella spettante per l'ulteriore periodo, ovvero quella spettante ai sensi della lettera *a*) del comma 4, è corrisposta al proprietario entro 15 giorni dalla scadenza del termine indicato per l'uso. Se non viene indicato un nuovo termine di durata dell'uso dei beni, si procede ai sensi della lettera *a*) del comma 4.

7. Nei casi in cui occorra disporre temporaneamente di beni immobili per far fronte ad improrogabili esigenze connesse con l'emergenza di cui al comma 1, il Prefetto, su proposta del Dipartimento della protezione civile e sentito il Dipartimento di prevenzione territorialmente competente, può disporre, con proprio decreto, la requisizione in uso di strutture alberghiere, ovvero di altri immobili aventi analoghe caratteristiche di idoneità, per ospitarvi le persone in sorveglianza sanitaria e isolamento fiduciario o in permanenza domiciliare, laddove tali misure non possano essere attuate presso il domicilio della persona interessata.

8. Contestualmente all'apprensione dell'immobile requisito ai sensi del comma 7, il Prefetto, avvalendosi delle risorse di cui al presente decreto, corrisponde al proprietario di detti beni una somma di denaro a titolo di indennità di requisizione. In caso di rifiuto del proprietario a riceverla, essa è posta a sua disposizione mediante offerta anche non formale e quindi corrisposta non appena accettata. L'indennità di requisizione è liquidata in forma di acconto, nello stesso decreto del Prefetto, applicando il coefficiente dello 0,42%, per ogni mese o frazione di mese di effettiva durata della requisizione, al valore ottenuto moltiplicando la rendita catastale, rivalutata del cinque per cento, per il moltiplicatore utilizzato ai fini dell'imposta di registro, di cui al comma 5 dell'articolo 52 del decreto del Presidente della Repubblica 26 aprile 1986, n. 131, relativo alla corrispondente categoria catastale dell'immobile requisito. L'indennità di requisizione è determinata in via definitiva entro quaranta giorni con successivo decreto del Prefetto, che ai fini della stima si avvale dell'Agenzia delle entrate, sulla base del valore corrente di mercato al 31 dicembre 2019 dell'immobile requisito o di quello di immobili di caratteristiche analoghe, in misura corrispondente, per ogni mese o frazione di mese di effettiva durata della requisizione, allo 0,42% di detto valore. In tale decreto è liquidata la differenza tra gli importi definitivi e quelli in acconto dell'indennità di requisizione (1). La requisizione degli immobili può protrarsi fino al 31 luglio 2020, ovvero fino al termine al quale sia stata ulteriormente prorogata la durata dello stato di emergenza di cui al comma 1. Se nel decreto di requisizione in uso non è indicato per la restituzione un termine inferiore, l'indennità corrisposta al proprietario è provvisoriamente liquidata con riferimento al numero di mesi o frazione di mesi intercorrenti tra la data del provvedimento e quella del termine dell'emergenza, di cui ai commi 1 e 2. In ogni caso di prolungamento della requisizione, la differenza tra l'indennità già corrisposta e quella spettante per l'ulteriore periodo è corrisposta al proprietario entro 30 giorni dalla scadenza del termine originariamente indicato. Se non è indicato alcun termine, la requisizione si presume disposta fino al 31 luglio 2020, ovvero fino al termine al quale sia stata ulteriormente prorogata la durata dello stato di emergenza di cui al comma 1.

9. In ogni caso di contestazione, anche in sede giurisdizionale, non può essere sospesa l'esecutorietà dei provvedimenti di requisizione di cui al presente articolo, come previsto dall'articolo 458 del decreto legislativo 15 marzo 2010, n. 66.

10. Per l'attuazione del presente articolo e per l'acquisizione a diverso titolo, ad esclusione della proprietà, da parte del Dipartimento della protezione civile, del Commissario di cui all'articolo 122 e dei soggetti attuatori nominati ai sensi dell'Ordinanza del Capo dipartimento della protezione civile n. 630 del 2020 di strutture per ospitarvi le persone in sorveglianza sanitaria e isolamento fiduciario o in permanenza domiciliare (2) è autorizzata la spesa nel limite massimo di 150 milioni di euro per l'anno 2020, cui si provvede ai sensi dell'articolo 18, comma 4.

(1) *Terzo periodo così sostituito dall'art. 146, comma 1 d.l. 19 maggio 2020, n. 34, conv., con modif., in l. 17 luglio 2020, n. 77. Il testo originario del periodo era il seguente:* « L'indennità di requisizione è liquidata nello stesso decreto del Prefetto, che ai fini della stima si avvale dell'Agenzia delle entrate, secondo il valore corrente di mercato dell'immobile requisito o secondo quello di immobili di caratteristiche analoghe, in misura corrispondente, per ogni mese o frazione di mese di effettiva durata della requisizione, allo 0,42% di detto valore ».

(2) *Le parole da* « e per l'acquisizione » *a* « in permanenza domiciliare » *sono state aggiunte dall'art. 17, comma 1 d.l. n. 34, cit.*

17-*bis* Disposizioni sul trattamento dei dati personali nel contesto emergenziale.

1. Fino al termine dello stato di emergenza deliberato dal Consiglio dei ministri in data 31 gennaio 2020, per motivi di interesse pubblico nel settore della sanità pubblica e, in particolare, per garantire la protezione dall'emergenza sanitaria a carattere transfrontaliero determinata dalla diffusione del COVID-19 mediante adeguate misure di profilassi, nonché per assicurare la diagnosi e l'assistenza sanitaria dei contagiati ovvero la gestione emergenziale del Servizio sanitario nazionale, nel rispetto dell'articolo 9, paragrafo 2, lettere *g*), *h*), e *i*), e dell'articolo 10 del regolamento (UE) 2016/679 del Parlamento europeo e del Consiglio, del 27 aprile 2016, nonché dell'articolo 2-*sexies*, comma 2, lettere *t*) e *u*), del codice di cui al decreto legislativo 30 giugno 2003, n. 196, i soggetti operanti nel Servizio nazionale della protezione civile, di cui agli articoli 4 e 13 del codice di cui al decreto legislativo 2 gennaio 2018, n. 1, e i soggetti attuatori di cui all'articolo 1 dell'ordinanza del Capo del Dipartimento della protezione civile n. 630 del 3 febbraio 2020, nonché gli uffici del Ministero della salute e dell'Istituto superiore di sanità, le strutture pubbliche e private che operano nell'ambito del Servizio sanitario nazionale e i soggetti deputati a monitorare e a garantire l'esecuzione delle misure disposte ai sensi dell'articolo 2 del decreto-legge 25 marzo 2020, n. 19, anche allo scopo di assicurare la più efficace gestione dei flussi e dell'interscambio di dati personali, possono effettuare trattamenti, ivi inclusa la comunicazione tra loro, dei dati personali, anche relativi agli articoli 9 e 10 del regolamento (UE) 2016/679, che risultino necessari all'espletamento del-

le funzioni ad essi attribuite nell'ambito dell'emergenza determinata dal diffondersi del COVID-19 (1).

2. La comunicazione dei dati personali a soggetti pubblici e privati, diversi da quelli di cui al comma 1, nonché la diffusione dei dati personali diversi da quelli di cui agli articoli 9 e 10 del citato regolamento (UE) 2016/679, sono effettuate nei casi in cui risultino indispensabili ai fini dello svolgimento delle attività connesse alla gestione dell'emergenza sanitaria in atto.

3. I trattamenti di dati personali di cui ai commi 1 e 2 sono effettuati nel rispetto dei principi di cui all'articolo 5 del citato regolamento (UE) 2016/679, adottando misure appropriate a tutela dei diritti e delle libertà degli interessati.

4. Avuto riguardo alla necessità di contemperare le esigenze di gestione dell'emergenza sanitaria in atto con quella afferente alla salvaguardia della riservatezza degli interessati, i soggetti di cui al comma 1 possono conferire le autorizzazioni di cui all'articolo 2-*quaterdecies* del codice di cui al decreto legislativo 30 giugno 2003, n. 196, con modalità semplificate, anche oralmente.

5. Nel contesto emergenziale in atto, ai sensi dell'articolo 23, paragrafo 1, lettera *e*), del citato regolamento (UE) 2016/679, fermo restando quanto disposto dall'articolo 82 del codice di cui al decreto legislativo 30 giugno 2003, n. 196, i soggetti di cui al comma 1 del presente articolo possono omettere l'informativa di cui all'articolo 13 del medesimo regolamento o fornire un'informativa semplificata, previa comunicazione orale agli interessati dalla limitazione.

6. Al termine dello stato di emergenza di cui alla delibera del Consiglio dei ministri del 31 gennaio 2020, i soggetti di cui al comma 1 adottano misure idonee a ricondurre i trattamenti di dati personali effettuati nel contesto dell'emergenza all'ambito delle ordinarie competenze e delle regole che disciplinano i trattamenti di dati personali (1).

(1) *Ai sensi dell'art. 10, comma 1 e dell'Allegato A d.l. 24 marzo 2022, n. 24, i termini previsti dai commi 1 e 6 del presente articolo sono prorogati fino al **31 dicembre 2022**.*

84 Nuove misure urgenti per contrastare l'emergenza epidemiologica da COVID-19 e contenerne gli effetti in materia di giustizia amministrativa.

1. Fatto salvo quanto previsto dal comma 2, dall'8 marzo (1) 2020 e fino al 15 aprile 2020 inclusi si applicano le disposizioni del presente comma. Tutti i termini relativi al processo amministrativo sono sospesi, secondo quanto previsto dalle disposizioni di cui all'articolo 54, commi 2 e 3, del codice del processo amministrativo di cui al decreto legislativo 2 luglio 2010, n. 104 (1). Le udienze pubbliche e camerali dei procedimenti pendenti presso gli uffici della giustizia amministrativa, fissate in tale periodo temporale, sono rinviate d'ufficio a data successiva. I procedimenti cautelari, promossi o pendenti nel medesimo lasso di tempo, sono decisi con decreto monocratico dal presidente o dal magistrato da lui delegato, con il rito di cui all'articolo 56 del codice del processo amministrativo, e la relativa trattazione collegiale è fissata a una data immediatamente successiva al 15 aprile 2020. Il decreto è tuttavia emanato nel rispetto dei termini di cui all'articolo 55, comma 5, del codice del processo amministrativo, salvo che ricorra il caso di cui all'articolo 56, comma 1, primo periodo, dello stesso codice. I decreti monocratici che, per effetto del presente comma, non sono stati trattati dal collegio nella camera di consiglio di cui all'articolo 55, comma 5, del codice del processo amministrativo restano efficaci, in deroga all'articolo 56, comma 4, dello stesso codice, fino alla trattazione collegiale, fermo restando quanto previsto dagli ultimi due periodi di detto articolo 56, comma 4.

2. In deroga a quanto previsto dal comma 1, dal 6 aprile al 15 aprile 2020 le controversie fissate per la trattazione, sia in udienza camerale sia in udienza pubblica, passano in decisione, senza discussione orale, sulla base degli atti depositati, se ne fanno congiuntamente richiesta tutte le parti costituite. La richiesta è depositata entro il termine perentorio di due giorni liberi prima dell'udienza e, in tal caso, entro lo stesso termine le parti hanno facoltà di depositare brevi note. Nei procedimenti cautelari in cui sia stato emanato decreto monocratico di accoglimento, totale o parziale, della domanda cautelare la trattazione collegiale in camera di consiglio è fissata, ove possibile, nelle forme e nei termini di cui all'articolo 56, comma 4, del codice del processo amministrativo, a partire dal 6 aprile 2020 e il collegio definisce la fase cautelare secondo quanto previsto dal presente comma, salvo che entro il termine di cui al precedente periodo una delle parti su cui incide la misura cautelare depositi un'istanza di rinvio. In tal caso la trattazione collegiale è rinviata a data immediatamente successiva al 15 aprile 2020.

3. Per contrastare l'emergenza epidemiologica da COVID- 19 e contenerne gli effetti negativi sullo svolgimento dell'attività giurisdizionale e consultiva, a decorrere dal 8 marzo 2020 (1) e fino al 31 luglio 2020 (2), i presidenti titolari delle sezioni del Consiglio di Stato, il presidente del Consiglio di giustizia amministrativa per la Regione siciliana e i presidenti dei tribunali amministrativi regionali e delle relative sezioni staccate, sentiti l'autorità sanitaria regionale e il Consiglio dell'Ordine degli Avvocati della città ove ha sede l'Ufficio, adottano, in coerenza con le eventuali disposizioni di coordinamento dettate dal Presidente del Consiglio di Stato o dal Segretariato generale della giustizia amministrativa per quanto di rispettiva competenza, le misure organizzative, anche incidenti sulla trattazione degli affari giudiziari e consultivi, necessarie per consentire il rispetto delle indicazioni igienico-sanitarie fornite dal Ministero della salute, anche d'intesa con le Regioni, e delle prescrizioni (3) impartite con i decreti del Presidente del Consiglio dei ministri emanati ai sensi dell'articolo 3 del decreto-legge 23 febbraio 2020, n. 6, convertito, con modificazioni dalla legge 5 marzo 2020, n. 13, e dall'articolo 2 del decreto-legge 25 marzo 2020, n. 19, (3) al fine di evitare assembramenti all'interno degli uffici giudiziari e contatti ravvicinati tra le persone.

4. I provvedimenti di cui al comma 3 possono prevedere una o più delle seguenti misure:

a) la limitazione dell'accesso agli uffici giudiziari ai soli soggetti che debbono svolgervi attività urgenti;

b) la limitazione dell'orario di apertura al pubblico degli uffici o, in ultima istanza e solo per i servizi che non erogano servizi urgenti, la sospensione dell'attività di apertura al pubblico;

c) la predisposizione di servizi di prenotazione per l'accesso ai servizi, anche tramite mezzi di comunicazione telefonica o telematica, curando che la convocazione degli utenti sia scaglionata per orari fissi, e adottando ogni misura ritenuta necessaria per evitare forme di assembramento;

d) l'adozione di direttive vincolanti per la fissazione e la trattazione delle udienze, coerenti con le eventuali disposizioni dettate dal presidente del Consiglio di Stato;

e) il rinvio delle udienze a data successiva al 31 luglio 2020 (2), assicurandone comunque la trattazione con priorità, anche mediante una ricalendarizzazione delle udienze, fatta eccezione per le udienze e camere di consiglio cautelari, elettorali, e per le cause rispetto alle quali la ritardata trattazione potrebbe produrre grave pregiudizio alle parti; in tal caso, la dichiarazione di urgenza è fatta dai presidenti di cui al comma 3 con decreto non impugnabile.

5. Successivamente al 15 aprile 2020 e fino al 31 luglio 2020 (2), in deroga alle previsioni del codice del processo amministrativo, tutte le controversie fissate per la trattazione, sia in udienza camerale sia in udienza pubblica, passano in decisione, senza discussione orale, sulla base degli atti depositati, ferma restando la possibilità di definizione del giudizio ai sensi dell'articolo 60 del codice del processo amministrativo, omesso ogni avviso. Le parti hanno facoltà di presentare brevi note sino a due giorni liberi prima della data fissata per la trattazione. Il giudice, su istanza proposta entro lo stesso termine dalla parte che non si sia avvalsa della facoltà di presentare le note, dispone la rimessione in termini in relazione a quelli che, per effetto del secondo periodo del comma 1, non sia stato possibile osservare e adotta ogni conseguente provvedimento per l'ulteriore e più sollecito svolgimento del processo. In tal caso, i termini di cui all'articolo 73, comma 1, del codice del processo amministrativo sono abbreviati della metà, limitatamente al rito ordinario.

6. Il giudice delibera in camera di consiglio, se necessario avvalendosi di collegamenti da remoto. Il luogo da cui si collegano i magistrati e il personale addetto è considerato camera di consiglio a tutti gli effetti di legge.

7. I provvedimenti di cui ai commi 3 e 4 che determinino la decadenza delle parti da facoltà processuali implicano la rimessione in termini delle parti stesse.

8. L'adozione dei provvedimenti di cui ai commi 3 e 4 che impedisce l'esercizio di diritti costituisce causa di sospensione della prescrizione e della decadenza.

9. Ai fini del computo di cui all'articolo 2 della legge 24 marzo 2001, n. 89, nei procedimenti rinviati a norma del presente articolo non si tiene conto del periodo compreso tra l'8 marzo e il 31 luglio 2020 (2).

10. All'articolo 7, comma 4, del decreto-legge 31 agosto 2016, n. 168, convertito, con modificazioni, dalla legge 25 ottobre 2016, n. 197, dopo le parole « deve essere depositata », sono inserite le seguenti: «, anche a mezzo del servizio postale, ». [Dall'8 marzo e fino al 30 giugno 2020 è sospeso l'obbligo di cui al predetto articolo 7, comma 4] (4).

(1) *Le parole* « dall'8 marzo » *sono state sostituite alle parole* « dal 8 marzo » *e le parole* « di cui al decreto legislativo 2 luglio 2010, n. 104 » *sono state inserite in sede di conversione in legge.*

(2) *Le parole* « 31 luglio 2020 » *sono state sostituite alle parole* « 30 giugno 2020 » *dall'art. 4, comma 1 d.l. 30 aprile 2020, n. 28, conv., con modif., in l. 25 giugno 2020, n. 70. V. anche quanto disposto dal medesimo art. 4 d.l. n. 28, cit., circa le modalità di richiesta di discussione orale, sub VII, 7.*

(3) *Le parole* « delle prescrizioni » *sono state sostituite alle parole* « le prescrizioni » *e le parole* « convertito, con modificazioni dalla legge 5 marzo 2020, n. 13, e dall'articolo 2 del decreto-legge 25 marzo 2020, n. 19, » *sono state inserite in sede di conversione in legge.*

(4) *Periodo soppresso dall'art. 4, comma 1 d.l. n. 28, cit.*

85 Nuove misure urgenti per contrastare l'emergenza epidemiologica da COVID-19 e contenerne gli effetti in materia di giustizia contabile.

1. Le disposizioni di cui agli articoli 83 e 84 si applicano, in quanto compatibili e non contrastanti con le disposizioni recate dal presente articolo, a tutte le funzioni della Corte dei conti.

2. Per contrastare l'emergenza epidemiologica da COVID-19 e contenerne gli effetti negativi sullo svolgimento delle attività istituzionali della Corte dei conti, a decorrere dall'8 marzo 2020 e fino al 31 luglio 2021(3) i vertici istituzionali degli uffici territoriali e centrali, sentiti (4) l'autorità sanitaria regionale e, per le attività giurisdizionali, il Consiglio dell'ordine degli avvocati della città ove ha sede l'Ufficio, adottano, in coerenza con le eventuali disposizioni di coordinamento dettate dal Presidente o dal Segretario generale della Corte dei conti per quanto di rispettiva competenza, le misure organizzative, anche incidenti sulla trattazione degli affari, necessarie per consentire il rispetto delle indicazioni igienico-sanitarie fornite dal Ministero della salute, anche d'intesa con le Regioni, e delle prescrizioni impartite con i decreti del Presidente del Consiglio dei ministri emanati ai sensi dell'articolo 3 del decreto-legge 23 febbraio 2020, n. 6, convertito, con modificazioni, dalla legge 5 marzo 2020, n. 13, e dell'articolo 2 del decreto-legge 25 marzo 2020, n. 19 (4), al fine di evitare assembramenti all'interno degli uffici e contatti ravvicinati tra le persone (5).

3. I provvedimenti di cui al comma 2 possono prevedere una o più delle seguenti misure:

a) la limitazione dell'accesso del pubblico agli uffici, garantendo comunque l'accesso alle persone che debbono svolgervi attività urgenti;

b) la limitazione, sentito il dirigente competente, dell'orario di apertura al pubblico degli uffici ovvero, in via residuale e solo per gli uffici che non erogano servizi urgenti, la chiusura al pubblico;

c) la predisposizione di servizi di prenotazione per l'accesso ai servizi, anche tramite mezzi di comunicazione telefonica o telematica, curando che la convocazione degli utenti sia scaglionata per orari fissi, nonché l'adozione di ogni misura ritenuta necessaria per evitare forme di assembramento;

d) l'adozione di linee guida vincolanti per la fissazione e la trattazione delle udienze o delle adunanze, coerenti con le disposizioni di coordinamento dettate dal presidente della Corte dei conti, ivi inclusa la eventuale celebrazione a porte chiuse;

e) la previsione dello svolgimento delle udienze e delle camere di consiglio che non richiedono la presenza di soggetti diversi dai difensori delle parti, ovvero delle adunanze e delle camere di consiglio che non richiedono la presenza di soggetti diversi dai rappresentanti delle amministrazioni, mediante collegamenti da remoto, con modalità idonee a salvaguardare il contraddittorio e l'effettiva partecipazione all'udienza ovvero all'adunanza ovvero alla Camera di consiglio, anche utilizzando strutture informatiche messe a disposizione da soggetti terzi o con ogni mezzo di comunicazione che, con attestazione all'interno del verbale, consenta l'effettiva partecipazione degli interessati. Il luogo da cui si collegano i magistrati e il personale addetto è considerato aula di udienza o di adunanza o Camera di consiglio a tutti gli effetti di legge. Le sentenze, le ordinanze, i decreti, le deliberazioni e gli altri atti del processo e del procedimento di controllo possono essere adottati mediante documenti informatici e possono essere firmati digitalmente, anche in deroga alle disposizioni vigenti;

f) il rinvio d'ufficio delle udienze e delle adunanze a data successiva al 31 agosto 2020 (6), salvo che per le cause rispetto alle quali la ritardata trattazione potrebbe produrre grave pregiudizio alle parti.

4. In caso di rinvio, con riferimento a tutte le attività giurisdizionali, inquirenti, consultive e di controllo intestate alla Corte dei conti, i termini in corso alla data dell'8 marzo 2020 e che scadono entro il 31 agosto 2020 (6), sono sospesi e riprendono a decorrere dal 1° settembre 2020 (7). A decorrere dall'8 marzo 2020 si intendono sospesi anche i termini connessi alle attività istruttorie preprocessuali, alle prescrizioni in corso ed alle attività istruttorie e di verifica relative al controllo.

5. Successivamente al 15 aprile 2020 e fino al 31 luglio 2021 (3), in deroga alle previsioni del codice di giustizia contabile, di cui al decreto legislativo 26 agosto 2016, n. 174, tutte le controversie pensionistiche fissate per la trattazione innanzi al giudice contabile in sede monocratica, sia in udienza camerale sia in udienza pubblica, passano in decisione senza discussione orale, sulla base degli atti depositati, salva espressa richiesta di una delle parti di discussione orale, da notificare, a cura del richiedente, a tutte le parti costituite e da depositare almeno dieci giorni prima della data di udienza. Le parti hanno facoltà di presentare brevi note e documenti sino a cinque giorni liberi prima della data fissata per la trattazione. Il giudice pronuncia immediatamente sentenza, dando tempestiva notizia del relativo dispositivo alle parti costituite con comunicazione inviata a mezzo di posta elettronica certificata » e sono aggiunti, in fine, i seguenti periodi: « Il giudice delibera in Camera di consiglio, se necessario avvalendosi di collegamenti da remoto. Il luogo da cui si collegano i magistrati e il personale addetto è considerato Camera di consiglio a tutti gli effetti di legge. Le sentenze, le ordinanze, i decreti e gli altri atti del processo possono essere adottati mediante documenti informatici e possono essere firmati digitalmente, anche in deroga alle disposizioni vigenti. Resta salva la facoltà del giudice di decidere in forma semplificata, ai sensi dell'articolo 167, comma 4, del decreto legislativo 26 agosto 2016, n. 174, e successive modificazioni. La sentenza è depositata in segreteria entro quindici giorni dalla pronuncia. Sono fatte salve tutte le disposizioni compatibili col presente rito previste dalla parte IV, titolo I, del decreto legislativo 26 agosto 2016, n. 174, e successive modificazioni (5).

6. Per il controllo preventivo di legittimità non si applica alcuna sospensione dei termini. In caso di deferimento alla sede collegiale di atti delle amministrazioni centrali dello Stato, il collegio deliberante, fino al 31 luglio 2021(3), è composto dal presidente della sezione centrale del controllo di legittimità e dai sei consiglieri delegati preposti ai relativi uffici di controllo, integrato dal magistrato istruttore nell'ipotesi di dissenso, e delibera con un numero minimo di cinque magistrati in adunanze organizzabili tempestivamente anche in via telematica. In relazione alle medesime esigenze di salvaguardia dello svolgimento delle attività istituzionali della Corte dei conti, il collegio delle sezioni riunite in sede di controllo, fino al 31 luglio 2021 (3), è composto dal presidente di sezione preposto al coordinamento e da dieci magistrati, individuati, in relazione alle materie, con specifici provvedimenti del presidente della Corte dei conti, e delibera con almeno nove magistrati, in adunanze organizzabili tempestivamente anche in via telematica (5).

7. Ai fini del computo di cui all'articolo 2 della legge 24 marzo 2001, n. 89, nei procedimenti nei quali le udienze sono rinviate a norma del presente articolo non si tiene conto del periodo compreso tra l'8 marzo 2020 e il 31 agosto 2020 (6).

8. [È abrogato l'articolo 4 del decreto-legge 8 marzo 2020, n. 11].

8-*bis*. In deroga alle disposizioni recate dall'articolo 20-*bis*, comma 3, del decreto-legge 18 ottobre 2012, n. 179, convertito, con modificazioni, dalla legge 17 dicembre 2012, n. 221, a decorrere dalla data di entrata in vigore della legge di conversione del presente decreto e fino al 31 luglio 2021 (3) i decreti del presidente della Corte dei conti, con cui sono stabilite le regole tecniche ed operative per l'adozione delle tecnologie dell'informazione e della comunicazione nelle attività di controllo e nei giudizi che si svolgono innanzi alla Corte dei conti, acquistano efficacia dal giorno successivo a quello della loro pubblicazione nella Gazzetta Ufficiale. Le udienze, le adunanze e le camere di consiglio possono essere svolte mediante collegamento da remoto, anche in deroga alle vigenti disposizioni di legge, secondo le modalità tecniche definite ai sensi dell'articolo 6 del codice di cui al decreto legislativo 26 agosto 2016, n. 174 (5).

8-*ter*. Ai fini del contenimento della diffusione del Covid-19, il pubblico ministero può avvalersi di collegamenti da remoto, individuati e regolati con decreto del presidente della Corte dei conti da emanarsi ai sensi dell'articolo 20-*bis* del decreto-legge 18 ottobre 2012, n. 179, convertito, con modificazioni, dalla legge 17 dicembre 2012, n. 221, nel rispetto delle garanzie di verbalizzazione in contraddittorio, per audire, al fine di acquisire elementi utili alla ricostruzione dei fatti e alla individuazione delle personali responsabilità, i soggetti informati di cui all'articolo 60 del codice di giustizia contabile, approvato con decreto legislativo 26 agosto 2016, n. 174 e il presunto responsabile che ne abbia fatta richiesta ai sensi dell'articolo 67 del codice medesimo. Il decreto del presidente della Corte dei conti disciplinante le regole tecniche entra in vigore il giorno successivo alla sua pubblicazione nella Gazzetta Ufficiale (8).

(1) *V., da ultimo, il decreto della Corte dei Conti 27 ottobre 2020, recante* « *Regole tecniche ed operative in materia di svolgimento delle udienze in videoconferenza e firma digitale dei provvedimenti del giudice nei giudizi dinanzi alla Corte dei conti* ».

(2) *Per la proroga dei termini previsti dal presente articolo, v. l'art. 36, comma 4, d.l. 8 aprile 2020, n. 23, conv., con modif., in l. 5 giugno 2020, n. 40.*

(3) *Le parole* « 31 luglio 2021 » *sono state sostituite alle parole* « termine dello stato di emergenza epidemiologica da COVID-19 » *dall'art. 6, comma 2 d.l. 1° aprile 2021, n. 44, conv., con modif., in l. 28 maggio 2021, n. 76. Precedentemente, le parole* « termine dello stato di emergenza epidemiologica da COVID-19 » *erano state sostituite alle parole* « 31 agosto 2020 » *dall'art. 26-ter d.l. 14 agosto 2020, n. 104, conv., con modif., in l. 13 ottobre 2020, n. 126.*

(4) *La parola* « sentiti » *è stata sostituita alla parola* « sentita » *e le parole da* « impartite con i decreti » *a* « 25 marzo 2020, n. 19 » *sono state sostituite alle parole* « di cui all'allegato 1 al decreto del Presidente del Consiglio dei ministri 8 marzo 2020 » *in sede di conversione in legge.*

(5) *Ai sensi, da ultimo, dell'art. 16, comma 7 d.l. 30 dicembre 2021, n. 228, conv., con modif., in l. 25 febbraio 2022, n. 15, i termini di cui al presente comma relativi a misure urgenti per contrastare l'emergenza epidemiologica da COVID-19 e contenerne gli effetti in materia di giustizia contabile, sono prorogati al 31 marzo 2022.*

(6) *Le parole* « 31 agosto 2020 » *sono state sostituite alle parole* « 30 giugno 2020 » *dall'art. 5, comma 1, lett.* a) *d.l. 30 aprile 2020, n. 28, conv., con modif., in l. 25 giugno 2020, n. 70.*

(7) *Le parole* « 1° settembre 2020 » *sono state sostituite alle parole* « 1° luglio 2020 » *dall'art. 5, comma 1, lett.* a-bis) *d.l. n. 28, cit..*

(8) *Comma inserito dall'art. 5, comma 1, lett.* c) *d.l. n. 28, cit.*

87 Misure straordinarie in materia di lavoro agile e di esenzione dal servizio e di procedure concorsuali.

1. Il periodo trascorso in malattia o in quarantena con sorveglianza attiva, o in permanenza domiciliare fiduciaria con sorveglianza attiva, dai dipendenti delle amministrazioni di cui all'articolo 1, comma 2, del decreto legislativo 30 marzo 2001, n. 165, dovuta al COVID-19, è equiparato al periodo di ricovero ospedaliero e non è computabile ai fini del periodo di comporto (1) (2). Fino alla cessazione dello stato di emergenza epidemiologica da COVID-2019, ovvero fino ad una data antecedente stabilita con decreto del Presidente del Consiglio dei Ministri su proposta del Ministro per la pubblica amministrazione, il lavoro agile è una delle modalità ordinarie (3) di svolgimento della prestazione lavorativa nelle pubbliche amministrazioni di cui all'articolo 1, comma 2, del decreto legislativo 30 marzo 2001, n. 165, che, conseguentemente:

a) limitano la presenza del personale nei luoghi di lavoro (4) per assicurare esclusivamente le attività che ritengono indifferibili e che richiedono necessariamente tale presenza (4), anche in ragione della gestione dell'emergenza (5);

b) prescindono dagli accordi individuali e dagli obblighi informativi previsti dagli articoli da 18 a 23 della legge 22 maggio 2017, n. 81.

2. La prestazione lavorativa in lavoro agile può essere svolta anche attraverso strumenti informatici nella disponibilità del dipendente qualora non siano forniti dall'amministrazione. In tali casi l'articolo 18, comma 2, della legge 22 maggio (6) 2017, n. 81 non trova applicazione.

3. Qualora non sia possibile ricorrere al lavoro agile, anche nella forma semplificata di cui al comma 1, lettera *b*), e per i periodi di assenza dal servizio dei dipendenti delle amministrazioni di cui all'articolo 1, comma 2, del decreto legislativo 30 marzo 2001, n. 165, imposti dai provvedimenti di contenimento del fenomeno epidemiologico da COVID-19, adottati nella vigenza dell'articolo 3, comma 1, del decreto-legge 23 febbraio 2020, n. 6, convertito, con modificazioni, dalla legge 5 marzo 2020, n. 13, e dell'articolo 2, comma 1, del decreto-legge 25 marzo 2020, n. 19 (7), le amministrazioni utilizzano gli strumenti delle ferie pregresse, del congedo, della banca ore, della rotazione e di altri analoghi istituti, nel rispetto della contrattazione collettiva. Esperite tali possibilità le amministrazioni possono motivatamente esentare il personale dipendente dal servizio. Il periodo di esenzione dal servizio costituisce servizio prestato a tutti gli effetti di legge e l'amministrazione non corrisponde l'indennità sostitutiva di mensa, ove prevista. Tale periodo non è computabile nel limite di cui all'articolo 37, terzo comma, del decreto del Presidente della Repubblica 10 gennaio 1957, n. 3.

3-*bis*. (*Omissis*) (8).

3-*ter*. La valutazione degli apprendimenti, periodica e finale, oggetto dell'attività didattica svolta in presenza o a distanza nell'anno scolastico 2021/2022, produce gli stessi effetti delle attività previste per le istituzioni scolastiche del primo ciclo dal decreto legislativo 13 aprile 2017, n. 62, e per le istituzioni scolastiche del secondo ciclo dall'articolo 4 del regolamento di cui al decreto del Presidente della Repubblica 22 giugno 2009, n. 122, e dal decreto legislativo 13 aprile 2017, n. 62 (9).

4. Gli organi costituzionali e di rilevanza costituzionale, nonché le autorità amministrative indipendenti, ivi comprese la Commissione nazionale per le società e la borsa e la Commissione di vigilanza sui fondi pensione, ciascuno nell'ambito della propria autonomia, adeguano il proprio ordinamento ai principi di cui al presente articolo.

4-*bis*. Fino al termine stabilito ai sensi del comma 1, e comunque non oltre il 30 settembre 2020, al fine di fronteggiare le particolari esigenze emergenziali connesse all'epidemia da COVID-19, anche in deroga a quanto stabilito dai contratti collettivi nazionali vigenti, i dipendenti delle amministrazioni pubbliche di cui all'articolo 1, comma 2, del decreto legislativo 30 marzo 2001, n. 165, possono cedere, in tutto o in parte, i riposi e le ferie maturati fino al 31 dicembre 2019 ad altro dipendente della medesima amministrazione di appartenenza, senza distinzione tra le diverse categorie di inquadramento o ai diversi profili posseduti. La cessione avviene in forma scritta ed è comunicata al dirigente del dipendente cedente e a quello del dipendente ricevente, è a titolo gratuito, non può essere sottoposta a condizione o a termine e non è revocabile. Restano fermi i termini temporali previsti per la fruizione delle ferie pregresse dalla disciplina vigente e dalla contrattazione collettiva (8).

5. Lo svolgimento delle procedure concorsuali per l'accesso al pubblico impiego, ad esclusione dei casi in cui la valutazione dei candidati sia effettuata esclusivamente su basi curriculari ovvero in modalità telematica, è sospeso (10) per sessanta giorni a decorrere dall'entrata in vigore del presente decreto. Resta ferma la conclusione delle procedure per le quali risulti già ultimata la valutazione dei candidati, nonché la possibilità di svolgimento dei procedimenti per il conferimento di incarichi, anche dirigenziali, nelle pubbliche amministrazioni di cui al comma 1, che si istaurano e si svolgono in via telematica e che si possono concludere anche utilizzando le modalità lavorative di cui ai commi che precedono, ivi incluse le procedure relative alle progressioni di cui all'articolo 22, comma 15, del decreto legislativo 25 maggio 2017, n. 75.

6. Fino al termine stabilito ai sensi del comma 1, fuori dei casi di assenza dal servizio per malattia o quarantena con sorveglianza attiva o in permanenza domiciliare fiduciaria con sorveglianza attiva dovuta al COVID-19 (11), in considerazione del livello di esposizione al rischio di contagio da COVID-19 connesso allo svolgimento dei compiti istituzionali e nel rispetto delle preminenti esigenze di funzionalità delle amministrazioni interessate, il personale delle Forze di polizia, delle Forze armate e del Corpo nazionale dei vigili del fuoco può essere dispensato temporaneamente dalla presenza in servizio, anche ai soli fini precauzionali in relazione all'esposizione a rischio, ai sensi dell'articolo 37 del decreto del Presidente della Repubblica 10 gennaio 1957, n. 3, con provvedimento dei responsabili di livello dirigenziale degli Uffici e dei Reparti di appartenenza, adottato secondo specifiche disposizioni impartite dalle amministrazioni competenti. Tale periodo è equiparato, agli effetti economici e previdenziali, al servizio prestato, con esclusione della corresponsione dell'indennità sostitutiva di mensa, ove prevista, e non è computabile nel limite di cui all'articolo 37, terzo comma, del decreto del Presidente della Repubblica 10 gennaio 1957, n. 3 (12).

7. Fino al termine stabilito ai sensi del comma 1, il personale delle Forze armate, delle Forze di polizia e del Corpo nazionale dei vigili del fuoco assente dal servizio per malattia o quarantena con sorveglianza attiva o in permanenza domiciliare fiduciaria con sorveglianza attiva dovuta al COVID-19, (11) è collocato d'ufficio in licenza straordinaria, in congedo straordinario o in malattia, con esclusione di tali periodi di assenza dal computo dei giorni previsti dall'articolo 37, terzo comma, del testo unico di cui al (9) decreto del Presidente della Repubblica 10 gennaio 1957, n. 3, dal periodo massimo di licenza straordinaria di convalescenza per il personale militare in ferma e rafferma volontaria e dal periodo di assenza di cui all'articolo 4 e all'articolo 15 dei decreti del Presidente della Repubblica del 7 maggio 2008, pubblicati nel supplemento ordinario n. 173 alla Gazzetta Ufficiale n. 168 del 19 luglio 2008, (13) di recepimento dell'accordo sindacale integrativo, rispettivamente, del personale direttivo e dirigente e del personale non direttivo (13) e non dirigente del Corpo nazionale dei vigili del fuoco. Il periodo di assenza di cui al presente comma costituisce servizio prestato a tutti gli effetti di legge e l'amministrazione non corrisponde l'indennità sostitutiva di mensa, ove prevista (12).

8. Per il personale delle Forze di polizia, delle Forze armate e del Corpo nazionale dei vigili del fuoco, agli accertamenti diagnostici funzionali all'applicazione delle disposizioni del comma 1, primo periodo, possono provvedere i competenti servizi sanitari (14).

(1) *Le parole* « e non è computabile ai fini del periodo di comporto » *sono state inserite dall'art. 26, comma 1-quinquies, lett. a) d.l. 14 agosto 2020, n. 104, conv., con modif., in l. 13 ottobre 2020, n. 126.*

(2) *Periodo premesso in sede di conversione in legge.*

(3) *Le parole* « il lavoro agile è una delle modalità ordinarie » *sono state sostituite alle parole* « il lavoro agile è la modalità ordinaria » *dall'art. 26, comma 1-quinquies, lett. b) d.l. n. 104, cit.*

(4) *Le parole* « negli uffici » *sono state sostituite alle parole* « nei luoghi di lavoro » *e le parole* « tale presenza » *sono state sostituite alle parole* « la presenza nei luoghi di lavoro » *in sede di conversione in legge.*

(5) *V. l'art. 263, comma 1, d.l. 19 maggio 2020, n. 34, conv., con modif., in l. 17 luglio 2020, n. 77 (sub VII, 9), come da ultimo modificato dall'art. 11-*bis *d.l. 22 aprile 2021, n. 52, conv., con modif., in l. 17 giugno 2021, n. 87, per la cessazione degli effetti della presente lett. a) a partire dal dalla data di cessazione dello stato di emergenza epidemiologica da COVID-19 e comunque non oltre il 31 marzo 2021 e su ulteriori disposizioni circa i procedimenti amministrativi.*

(6) *Le parole* « legge 22 maggio » *sono state sostituite alle parole* « legge 23 maggio » *in sede di conversione in legge.*

(7) *Le parole* «, e per i periodi di assenza dal servizio dei dipendenti delle amministrazioni di cui all'articolo 1, comma 2, del decreto legislativo 30 marzo 2001, n. 165, imposti dai provvedimenti di contenimento del fenomeno epidemiologico da COVID-19, adottati nella vigenza dell'articolo 3, comma 1, del decreto-legge 23 febbraio 2020, n. 6, convertito, con modificazioni, dalla legge 5 marzo 2020, n. 13, e dell'articolo 2, comma 1, del decreto-legge 25 marzo 2020, n. 19 » *sono state sostituite alle parole* « lett. b) » *in sede di conversione in legge.*

(8) *Comma aggiunto in sede di conversione in legge.*

(9) *Comma così sostituito dall'art. 9, comma 3 d.l. 24 marzo 2022, n. 24, in corso di conversione in legge. il testo del comma, come da ultimo modificato dall'art. 5, comma 3 d.l. 30 dicembre 2020, n. 183, conv., con modif., in l. 26 febbraio 2021, n. 21, era il seguente:* « *3-ter.* La valutazione degli apprendimenti, periodica e finale, oggetto dell'attività didattica svolta in presenza o svolta a distanza a seguito dell'emergenza da COVID-19 e fino alla data di cessazione dello stato di emergenza deliberato dal Consiglio dei ministri il 31 gennaio 2020 e successive proroghe, e comunque per gli anni scolastici 2019/2020 e 2020/2021, produce gli stessi effetti delle attività previste per le istituzioni scolastiche del primo ciclo dal decreto legislativo 13 aprile 2017, n. 62, e per le istituzioni scolastiche del secondo ciclo dall'articolo 4 del regolamento di cui al decreto del Presidente della Repubblica 22 giugno 2009, n. 122, e dal decreto legislativo 13 aprile 2017, n. 62 »..

(10) *Le parole* « *è sospesa* » *sono state sostituite alle parole* « *sono sospese* » *in sede di conversione in legge.*

(11) *Le parole* « Fino al termine stabilito ai sensi del comma 1, fuori dei casi di assenza dal servizio per malattia o quarantena con sorveglianza attiva o in permanenza domiciliare fiduciaria con sorveglianza attiva dovuta al COVID-19 » *sono state sostituite alle parole* « Fino alla cessazione dello stato di emergenza deliberato dal Consiglio dei ministri il 31 gennaio 2020, fuori dei casi di cui all'articolo 19, comma 1, del decreto-legge 2 marzo 2020, n. 9 » *in sede di conversione in legge.*

(12) *Ai sensi dell'art. 16, comma 1 e dell'Allegato A d.l. 24 dicembre 2021, n. 221, conv., con modif., in l. 18 febbraio 2022, n. 11, i termini di cui al presente articolo sono prorogati fino al* ***31 marzo 2022****.*

(13) *Le parole* « Fino al termine stabilito ai sensi del comma 1, il personale delle Forze armate, delle Forze di polizia e del Corpo nazionale dei vigili del fuoco assente dal servizio per malattia o quarantena con sorveglianza attiva o in permanenza domiciliare fiduciaria con sorveglianza attiva dovuta al COVID-19, » *sono state sostituite alle parole* « Fino alla stessa data di cui al comma 6, il personale delle Forze armate, delle Forze di polizia e del Corpo nazionale dei vigili del fuoco assente dal servizio per le cause di cui all'articolo 19, comma 1, del decreto-legge 2 marzo 2020, n. 9, », *le parole* « dall'articolo 37, terzo comma, del testo unico di cui al » *sono state sostituite alle parole* « articolo 37, comma 3 del », *le parole* «, pubblicati nel supplemento ordinario n. 173 alla Gazzetta Ufficiale n. 168 del 19 luglio 2008, » *sono state inserite e le parole* «, rispettivamente, del personale direttivo e dirigente e del personale non direttivo » *sono state sostituite alle parole* « del personale direttivo e dirigente e non direttivo » *in sede di conversione in legge.*

(14) *Comma così sostituito in sede di conversione in legge.*

87-*bis* Misure di ausilio allo svolgimento del lavoro agile da parte dei dipendenti delle pubbliche amministrazioni e degli organismi di diritto pubblico.

1. Allo scopo di agevolare l'applicazione del lavoro agile di cui alla legge 22 maggio 2017, n. 81, quale ulteriore misura per contrastare e contenere l'imprevedibile emergenza epidemiologica, i quantitativi massimi delle vigenti convenzioni-quadro di Consip S.p.A. per la fornitura di personal computer portatili e tablet possono essere incrementati sino al 50 per cento del valore iniziale delle convenzioni, fatta salva la facoltà di recesso dell'aggiudicatario con riferimento a tale incremento, da esercitare entro quindici giorni dalla comunicazione della modifica da parte della stazione appaltante.

2. Nel caso di recesso dell'aggiudicatario ai sensi del comma 1 o nel caso in cui l'incremento dei quantitativi di cui al comma 1 non sia sufficiente al soddisfacimento del fabbisogno delle pubbliche amministrazioni di cui all'articolo 1, comma 2, del decreto legislativo 30 marzo 2001, n. 165, nonché degli organismi di diritto pubblico di cui all'articolo 3, comma 1, lettera *d*), del codice di cui al decreto legislativo 18 aprile 2016, n. 50, Consip S.p.A., nell'ambito del Programma di razionalizzazione degli acquisti nella pubblica amministrazione, è autorizzata sino al 30 settembre 2020, ai sensi dell'articolo 63, comma 2, lettera *e*), del decreto legislativo 18 aprile 2016, n. 50:

a) allo svolgimento di procedure negoziate senza previa pubblicazione di bandi di gara finalizzate alla stipula di convenzioni-quadro interpellando progressivamente gli operatori economici che hanno presentato un'offerta valida nella proceduta indetta da Consip S.p.A. per la conclusione della vigente convenzione per la fornitura di personal computer portatili e tablet, alle stesse condizioni contrattuali offerte dal primo miglior offerente;

b) allo svolgimento di procedure negoziate senza previa pubblicazione di bandi di gara finalizzate alla stipula di convenzioni-quadro e di accordi-quadro aventi ad oggetto beni e servizi informatici, selezionando almeno tre operatori economici da consultare, se sussistono in tale numero soggetti idonei, tra gli operatori economici ammessi nella pertinente categoria del sistema dinamico di acquisizione di cui all'articolo 55, comma 14, del decreto legislativo 18 aprile 2016, n. 50.

3. Ai fini dello svolgimento delle procedure di cui al comma 2 le offerte possono essere presentate sotto forma di catalogo elettronico di cui all'articolo 57 del codice di cui al decreto legislativo 18 aprile 2016, n. 50, e la raccolta delle relative informazioni può avvenire con modalità completamente automatizzate.

4. Ai contratti derivanti dalle procedure di cui al comma 2 possono ricorrere le pubbliche amministrazioni di cui all'articolo 1, comma 2, del decreto legislativo 30 marzo 2001, n. 165, nonché gli organismi di diritto pubblico di cui all'articolo 3, comma 1, lettera *d*), del codice di cui al decreto legislativo 18 aprile 2016, n. 50, previa attestazione della necessità ed urgenza di acquisire le relative dotazioni al fine di poter adottare le misure di lavoro agile di cui al comma 1 per il proprio personale.

5. (*Omissis*).

103 Sospensione dei termini nei procedimenti amministrativi ed effetti degli atti amministrativi in scadenza.

1. Ai fini del computo dei termini ordinatori o perentori, propedeutici, endoprocedimentali, finali ed esecutivi, relativi allo svolgimento di procedimenti amministrativi su istanza di parte o d'ufficio, pendenti alla data del 23 febbraio 2020 o iniziati successivamente a tale data, non si tiene conto del periodo compreso tra la medesima data e quella del 15 aprile 2020 (1). Le pubbliche amministrazioni adottano ogni misura organizzativa idonea ad assicurare comunque la ragionevole durata e la celere conclusione dei procedimenti, con priorità per quelli da considerare urgenti, anche sulla base di motivate istanze degli interessati. Sono prorogati o differiti, per il tempo corrispondente, i termini di formazione della volontà conclusiva dell'amministrazione nelle forme del silenzio significativo previste dall'ordinamento.

1-*bis*. Il periodo di sospensione di cui al comma 1 trova altresì applicazione in relazione ai termini relativi ai processi esecutivi e alle procedure concorsuali, nonché ai termini di notificazione dei processi verbali, di esecuzione del pagamento in misura ridotta, di svolgimento di attività difensiva e per la presentazione di ricorsi giurisdizionali (2).

2. Tutti i certificati, attestati, permessi, concessioni, autorizzazioni e atti abilitativi comunque denominati, compresi i termini di inizio e di ultimazione dei lavori di cui all'articolo 15 del testo unico di cui al decreto del Presidente della Repubblica 6 giugno 2001, n. 380, in scadenza tra il 31 gennaio 2020 e la data della dichiarazione di cessazione dello stato di emergenza epidemiologica da COVID-19 (3), conservano la loro validità per i novanta giorni successivi alla dichiarazione di cessazione dello stato di emergenza (4). La disposizione di cui al periodo precedente si applica anche alle segnalazioni certificate di inizio attività, alle segnalazioni certificate di agibilità, nonché alle autorizzazioni paesaggistiche e alle autorizzazioni ambientali comunque denominate. Il medesimo termine si applica anche al ritiro dei titoli abilitativi edilizi comunque denominati rilasciati fino alla dichiarazione di cessazione dello stato di emergenza (5).

2-*bis*. Il termine di validità nonché i termini di inizio e fine lavori previsti dalle convenzioni di lottizzazione di cui all'articolo 28 della legge 17 agosto 1942, n. 1150, ovvero dagli accordi similari comunque denominati dalla legislazione regionale, nonché i termini dei relativi piani attuativi e di qualunque altro atto ad essi propedeutico, in scadenza tra il 31 gennaio 2020 e il 31 luglio 2020, sono prorogati di novanta giorni. La presente disposizione si applica anche ai diversi termini delle convenzioni di lottizzazione di cui all'articolo 28 della legge 17 agosto 1942, n. 1150, ovvero degli accordi similari comunque denominati dalla legislazione regionale nonché dei relativi piani attuativi che hanno usufruito della proroga di cui all'articolo 30, comma 3-*bis*, del decreto-legge 21 giugno 2013, n. 69, convertito, con modificazioni, dalla legge 9 agosto 2013, n. 98 (5).

2-*ter*. Nei contratti tra privati, in corso di validità dal 31 gennaio 2020 e fino al 31 luglio 2020, aventi ad oggetto l'esecuzione di lavori edili di qualsiasi natura, i termini di inizio e fine lavori si intendono prorogati per un periodo pari alla durata della proroga di cui al comma 2. In deroga ad ogni diversa previsione contrattuale, il committente è tenuto al pagamento dei lavori eseguiti sino alla data di sospensione dei lavori (5).

2-*quater*. I permessi di soggiorno dei cittadini di Paesi terzi conservano la loro validità fino al 31 agosto 2020. Sono prorogati fino al medesimo termine anche:

a) i termini per la conversione dei permessi di soggiorno da studio a lavoro subordinato e da lavoro stagionale a lavoro subordinato non stagionale;

b) le autorizzazioni al soggiorno di cui all'articolo 5, comma 7, del testo unico di cui al decreto legislativo 25 luglio 1998, n. 286;

c) i documenti di viaggio di cui all'articolo 24 del decreto legislativo 19 novembre 2007, n. 251;

d) la validità dei nulla osta rilasciati per lavoro stagionale, di cui al comma 2 dell'articolo 24 del decreto legislativo 25 luglio 1998, n. 286;

e) la validità dei nulla osta rilasciati per il ricongiungimento familiare di cui agli articoli 28,29 e 29-*bis* del decreto legislativo n. 286 del 1998;

f) la validità dei nulla osta rilasciati per lavoro per casi particolari di cui agli articoli 27 e seguenti del decreto legislativo n. 286 del 1998, tra cui ricerca, blue card, trasferimenti infrasocietari (5) (6).

2-*quinquies*. Le disposizioni di cui al comma 2-*quater* si applicano anche ai permessi di soggiorno di cui agli articoli 22,24,26,30,39-bis e 39-*bis*.1 del decreto legislativo 25 luglio 1998, n. 286. Il presente comma si applica anche alle richieste di conversione (5) (6).

2-*sexies*. Tutti i certificati, attestati, permessi, concessioni, autorizzazioni e atti abilitativi comunque denominati, di cui al comma 2, scaduti tra il 1° agosto 2020 e la data di entrata in vigore della legge di conversione del decreto-legge 7 ottobre 2020, n. 125, e che non sono stati rinnovati, si intendono validi e sono soggetti alla disciplina di cui al medesimo comma 2 (7).

3. Le disposizioni di cui ai commi precedenti non si applicano ai termini stabiliti da specifiche disposizioni del presente decreto e dei decreti-legge 23 febbraio 2020, n. 6, convertito, con modificazioni dalla legge 5 marzo 2020, n. 13 e 25 marzo 2020, n. 19 (8), nonché dei relativi decreti di attuazione.

4. Le disposizioni di cui al comma 1 non si applicano ai pagamenti di stipendi, pensioni, retribuzioni per lavoro autonomo, emolumenti per prestazioni di lavoro o di opere, servizi e forniture a qualsiasi titolo, indennità di disoccupazione e altre indennità da ammortizzatori sociali o da prestazioni assistenziali o sociali, comunque denominate nonché di contributi, sovvenzioni e agevolazioni alle imprese comunque denominati.

5. I termini dei procedimenti disciplinari del personale delle amministrazioni di cui all'articolo 1, comma 2, del decreto legislativo 30 marzo 2001, n. 165, ivi inclusi quelli del personale di cui all'articolo 3, del medesimo decreto legislativo, pendenti alla data del 23 febbraio 2020 o iniziati successivamente a tale data, sono sospesi fino alla data del 15 aprile 2020 (9).

6. L'esecuzione dei provvedimenti di rilascio degli immobili, anche ad uso non abitativo, è sospesa fino al 31 dicembre 2020 (10) (11).

6-*bis*. Il termine di prescrizione di cui all'articolo 28 della legge 24 novembre 1981, n. 689, relativo ai provvedimenti ingiuntivi emessi in materia di lavoro e legislazione sociale è sospeso dal 23 febbraio 2020 al 31 maggio 2020 e riprende a decorrere dalla fine del periodo di sospensione. Ove il decorso abbia inizio durante il periodo di sospensione, l'inizio stesso è differito alla fine del periodo. Per il medesimo periodo è sospeso il termine di cui all'articolo 14 della legge 24 novembre 1981, n. 689 (2).

(1) *Ai sensi dell'art. 41, comma 1 d.l. 19 maggio 2020, n. 34, conv., con modif., in l. 17 luglio 2020, n. 77, il termine del 15 aprile 2020 di cui al presente comma è prorogato al 30 novembre 2020. Precedentemente l'art. 37 d.l. 8 aprile 2020, n. 23, conv., con modif., in l. 5 giugno 2020, n. 40 aveva prorogato il predetto termine al 15 maggio 2020.*

(2) *Comma aggiunto in sede di conversione in legge.*

(3) *Le parole* « la data della dichiarazione di cessazione dello stato di emergenza epidemiologica da COVID-19 » *sono state sostituite alle parole* « 31 luglio 2020 » *dall'art. 3-bis, comma 1, lett. a) d.l. 7 ottobre 2020, n. 125, conv., con modif., in l. 27 novembre 2020, n. 159. Ai sensi del successivo comma 2, le disposizioni di cui al predetto art. 3-bis, comma 1, lett. a) « non si applicano ai documenti unici di regolarità contributiva di cui al decreto del Ministro del lavoro e delle politiche sociali 30 gennaio 2015, pubblicato nella Gazzetta Ufficiale n. 125 del 1° giugno 2015, che continuano ad essere assoggettati alla disciplina ordinaria di cui al medesimo decreto ministeriale ».*

(4) *L'art. 81, comma 1 d.l. n. 34, cit. aveva disposto l'inserimento delle parole* «, ad eccezione dei documenti unici di regolarità contributiva in scadenza tra il 31 gennaio 2020 ed il 15 aprile 2020, che conservano validità sino al 15 giugno 2020. » *ma in sede di conversione in legge tale modifica è decaduta.*

(5) *I commi da 2 a 2-*quinquies *sono stati sostituiti all'originario comma 2 in sede di conversione in legge.*

(6) *Ai sensi dell'art. 3-bis, comma 3 d.l. 7 ottobre 2020, n. 125, conv., con modif., in l. 27 novembre 2020, n. 159, come da ultimo modificato dall'art. 11-*ter *d.l. 22 aprile 2021, n. 52, conv., con modif., in l. 17 giugno 2021, n. 87, i permessi di soggiorno e i titoli di cui ai commi 2-quater e 2-quinquies del presente articolo conservano la loro validità fino al 31 luglio 2021.*

(7) *Comma inserito dall'art. 3-bis, comma 1, lett. b) d.l. 7 ottobre 2020, n. 125, conv., con modif., in l. 27 novembre 2020, n. 159.*

(8) *Le parole* « convertito, con modificazioni dalla legge 5 marzo 2020, n. 13 e 25 marzo 2020, n. 19 » *sono state sostituite alle parole* « 23 febbraio 2020, n. 6, 2 marzo 2020, n. 9 e 8 marzo 2020, n. 11 » *in sede di conversione in legge.*

(9) *Ai sensi dell'art. 37 d.l. n. 23, cit., il termine del 15 aprile 2020 di cui al presente comma è prorogato al 15 maggio 2020.*

(10) *Le parole* « 31 dicembre 2020 » *sono state sostituite alle parole* « 1° settembre 2020 » *dall'art. 17-bis, comma 1 d.l. n. 34, cit.*

(11) *Ai sensi dell'art. 13, comma 13 d.l. 30 dicembre 2020, n. 183, conv., con modif., in l. 26 febbraio 2021, n. 21, la sospensione dell'esecuzione dei provvedimenti di rilascio degli immobili, anche ad uso non abitativo, prevista dal presente comma è prorogata sino al 30 giugno 2021 limitatamente ai provvedimenti di rilascio adottati per mancato pagamento del canone alle scadenze e ai provvedimenti di rilascio conseguenti all'adozione, ai sensi dell'articolo 586, comma 2, c.p.c., del decreto di trasferimento di immobili pignorati ed abitati dal debitore e dai suoi familiari. Ai sensi, inoltre, dell'art. 40-quater, comma 1, d.l. 22 marzo 2021, n. 41, conv., con modif., in l. 21 maggio 2021, n. 69, la sospensione dell'esecuzione dei provvedimenti di rilascio degli immobili, anche ad uso non abitativo, prevista dal presente comma, limitatamente ai provvedimenti di rilascio adottati per mancato pagamento del canone alle scadenze e ai provvedimenti di rilascio conseguenti all'adozione del decreto di trasferimento di immobili pignorati ed abitati dal debitore e dai suoi familiari, è prorogata fino al 30 settembre 2021 per i provvedimenti di rilascio adottati dal 28 febbraio 2020 al 30 settembre 2020 e fino al 31 dicembre 2021 per i provvedimenti di rilascio adottati dal 1° ottobre 2020 al 30 giugno 2021.*

104 Proroga della validità dei documenti di riconoscimento.

1. La validità ad ogni effetto dei documenti di riconoscimento e di identità di cui all'articolo 1, comma 1, lettere *c*), *d*) ed *e*), del decreto del Presidente della Repubblica 28 dicembre 2000, n. 445, rilasciati da amministrazioni pubbliche, con scadenza dal 31 gennaio 2020 (1) è prorogata al 30 settembre 2021 (2). La validità ai fini dell'espatrio resta limitata alla data di scadenza indicata nel documento.

(1) *Le parole* « con scadenza dal 31 gennaio 2020 » *sono state sostituite alle parole* « scaduti o in scadenza successivamente alla data di entrata in vigore del presente decreto » *in sede di conversione in legge.*

(2) *Le parole* « 30 settembre 2021 » *sono state sostituite alle parole* « 31 aprile 2021 » *dall'art. 11-*ter*, comma 1 d.l. 22 aprile 2021, n. 52, conv., con modif., in l. 17 giugno 2021, n. 87.*

106 Norme in materia di svolgimento delle assemblee di società ed enti (1).

1. In deroga a quanto previsto dagli articoli 2364, secondo comma, e 2478-*bis*, del codice civile o alle diverse disposizioni statutarie, l'assemblea ordinaria è convocata per l'approvazione del bilancio al 31 dicembre 2020 entro centottanta giorni dalla chiusura dell'esercizio (2). [È facoltà delle società cooperative che applicano l'articolo 2540 del codice civile di convocare l'assemblea generale dei soci delegati entro il 30 settembre 2020] (2).

2. Con l'avviso di convocazione delle assemblee ordinarie o straordinarie le società per azioni, le società in accomandita per azioni, le società a responsabilità limitata, [e] le società cooperative e le mutue assicuratrici possono prevedere, anche in deroga alle diverse disposizioni statutarie, l'espressione del voto in via elettronica o per corrispondenza e l'intervento all'assemblea mediante mezzi di telecomunicazione; le predette società possono altresì prevedere che l'assemblea si svolga, anche esclusivamente, mediante mezzi di telecomunicazione che garantiscano l'identificazione dei partecipanti, la loro partecipazione e l'esercizio del diritto di voto, ai sensi e per gli effetti di cui agli articoli 2370, quarto comma, 2479-*bis*, quarto comma, e 2538, sesto comma, del codice civile (3) senza in ogni caso la necessità che si trovino nel medesimo luogo, ove previsti, il presidente, il segretario o il notaio (4).

3. Le società a responsabilità limitata possono, inoltre, consentire, anche in deroga a quanto previsto dall'articolo 2479, quarto comma, del codice civile e alle diverse disposizioni statutarie, che l'espressione del voto avvenga mediante consultazione scritta o per consenso espresso per iscritto.

4. Le società con azioni quotate possono designare per le assemblee ordinarie o straordinarie il rappresentante previsto dall'articolo 135-*undecies* del decreto legislativo 24 febbraio 1998, n. 58, anche ove lo statuto disponga diversamente. Le medesime società possono altresì prevedere nell'avviso di convocazione che l'intervento in assemblea si svolga esclusivamente tramite il rappresentante designato ai sensi dell'articolo 135-*undecies* del decreto legislativo 24 febbraio 1998, n. 58; al predetto rappresentante designato possono essere conferite anche deleghe o subdeleghe ai sensi dell'articolo 135-*novies* del decreto legislativo 24 febbraio 1998, n. 58, in deroga all'art. 135-*undecies*, comma 4, del medesimo decreto.

5. Il comma 4 si applica anche alle società ammesse alla negoziazione su un sistema multilaterale di negoziazione e alle società con azioni diffuse fra il pubblico in misura rilevante.

6. Le banche popolari, e le banche di credito cooperativo, le società cooperative e le mutue assicuratrici, anche in deroga all'articolo 150-*bis*, comma 2-*bis*, del decreto legislativo 1° settembre 1993 n. 385, all'art. 135-*duodecies* del decreto legislativo 24 febbraio 1998, n. 58 e all'articolo 2539, primo comma, del codice civile e alle disposizioni statutarie che prevedono limiti al numero di deleghe conferibili ad uno stesso soggetto, possono designare per le assemblee ordinarie o straordinarie il rappresentante previsto dall'articolo 135-*undecies* del decreto legislativo 24 febbraio 1998, n. 58. Le medesime banche, società e mutue (5) possono altresì prevedere nell'avviso di convocazione che l'intervento in assemblea si svolga esclusivamente tramite il predetto rappresentante designato. Non si applica l'articolo 135-*undecies*, comma 5, del decreto legislativo 24 febbraio 1998, n. 58. Il termine per il conferimento della delega di cui all'art. 135-*undecies*, comma 1, del decreto legislativo 24 febbraio 1998, n. 58, è fissato al secondo giorno precedente la data di prima convocazione dell'assemblea.

7. Le disposizioni del presente articolo si applicano alle assemblee tenute entro il 31 luglio 2021 (6).

8. Per le società a controllo pubblico di cui all'articolo 2, comma 1, lettera *m*), del decreto legislativo 19 agosto 2016, n.175, l'applicazione delle disposizioni di cui al presente articolo ha luogo nell'ambito delle risorse finanziarie e strumentali disponibili a legislazione vigente e non comporta nuovi o maggiori oneri per la finanza pubblica.

8-*bis*. Le disposizioni del presente articolo si applicano anche alle associazioni e alle fondazioni [diverse dagli enti di cui all'articolo 104, comma 1, del codice di cui al decreto legislativo 3 luglio 2017, n. 117] (7).

(1) *Ai sensi dell'art. 1, comma 3 d.l. 30 luglio 2020, n. 83, conv., con modif., in l. 25 settembre 2020, n. 124, come modificato dall'art. 1, comma 3, lett.* a) *d.l. 7 ottobre 2020, n. 125, conv., con modif., in l. 27 novembre 2020, n. 159, i termini di cui al presente articolo sono prorogati sino al 31 dicembre 2020.*

(2) *Le parole* « è convocata per l'approvazione del bilancio al 31 dicembre 2020 entro centottanta giorni dalla chiusura dell'esercizio » *sono state sostituite alle parole* « è convocata entro centottanta giorni dalla chiusura dell'esercizio » *e l'ultimo periodo, aggiunto dall'art. 7, comma 2-*bis *d.l. 8 aprile 2020, n. 23, conv., con modif., in l. 5 giugno 2020, n. 40, è stato soppresso dall'art. 3, comma 6, lett.* a) *d.l. 30 dicembre 2020, n. 183, conv., con modif., in l. 26 febbraio 2021, n. 21.*

(3) *Le parole* « del codice civile » *sono state sostituite alle parole* « codice civile » *in sede di conversione in legge.*

(4) *A norma dell'articolo unico del Comunicato della Presidenza del Consiglio dei Ministri 18 marzo 2020, nel presente comma, secondo rigo, la parola* « e » *deve intendersi espunta.*

(5) *Le parole « Le medesime banche, società e mutue » sono state sostituite alle parole « Le medesime società » in sede di conversione in legge.*

(6) *Comma così sostituito dall'art. 3, comma 6, lett.* b) *d.l. n. 183, cit. Successivamente, l'art. 3, comma 1, d.l. 30 dicembre 2021, n. 228, conv., con modif., in l. 25 febbraio 2022, n. 15, ha disposto che il termine relativo allo svolgimento delle assemblee di società ed enti, di cui al presente comma, è prorogato al 31 luglio 2022.*

(7) *Le parole tra parentesi quadre sono state soppresse dall'art. 8, comma 4 d.l. 1° aprile 2021, n. 44, conv., con modif., in l. 28 maggio 2021, n. 76.*

107 Differimento di termini amministrativo-contabili

1. In considerazione della situazione straordinaria di emergenza sanitaria derivante dalla diffusione dell'epidemia da COVID-19 e della oggettiva necessità di alleggerire i carichi amministrativi di enti ed organismi pubblici anche mediante la dilazione degli adempimenti e delle scadenze, è differito il termine di adozione dei rendiconti o dei bilanci d'esercizio relativi all'esercizio 2019 ordinariamente fissato al 30 aprile 2020:

a) al 30 giugno 2020 per gli enti e gli organismi pubblici diversi dalle società destinatari delle disposizioni del decreto legislativo 31 maggio 2011, n. 91. Conseguentemente, per gli enti o organismi pubblici vigilati, i cui rendiconti o bilanci di esercizio sono sottoposti ad approvazione da parte dell'amministrazione vigilante competente, il termine di approvazione dei rendiconti o dei bilanci di esercizio relativi all'esercizio 2019, ordinariamente fissato al 30 giugno 2020, è differito al 30 settembre 2020;

b) al 30 giugno 2020 per gli enti e i loro organismi strumentali destinatari delle disposizioni del titolo I del decreto legislativo 23 giugno 2011, n. 118. Per le regioni e le Province autonome di Trento e di Bolzano sono rinviati al 30 giugno 2020 e al 30 settembre 2020 i termini per l'approvazione del rendiconto 2019 rispettivamente da parte della Giunta e del Consiglio.

2. Per le finalità di cui al comma 1, per l'esercizio 2020 il termine per la deliberazione del bilancio di previsione di cui all'articolo 151, comma 1, del decreto legislativo 18 agosto 2000, n. 267 è differito al 30 settembre (1) 2020 e il termine di cui al comma 2 dell'articolo 193 del decreto legislativo n. 267 del 2000 è differito al 30 novembre 2020 (2). Limitatamente all'anno 2020, le date del 14 ottobre e del 28 ottobre di cui all'articolo 13, comma 15-*ter*, del decreto-legge 6 dicembre 2011, n. 201, convertito, con modificazioni, dalla legge 22 dicembre 2011, n. 214, e all'articolo 1, commi 762 e 767, della legge 27 dicembre 2019, n. 160, sono differite, rispettivamente, al 31 dicembre 2020 e al 31 gennaio 2021 (3). Per l'esercizio 2021 il termine per la deliberazione del bilancio di previsione di cui all'articolo 151, comma 1, del citato decreto legislativo n. 267 del 2000 è differito al 31 gennaio 2021 (1).

3. Per l'anno 2020, il termine di cui all'articolo 31 del decreto legislativo 23 giugno 2011, n. 118, per l'adozione dei bilanci di esercizio dell'anno 2019 degli enti di cui alle lettere *b*), punto *i*), e *c*) del comma 2 dell'articolo 19 del citato decreto legislativo n. 118 del 2011 è differito al 30 giugno 2020. Di conseguenza i termini di cui al comma 7 dell'articolo 32 del medesimo decreto legislativo n. 118 del 2011 sono così modificati per l'anno 2020:

a) i bilanci di esercizio dell'anno 2019 degli enti di cui alle lettere *b*), punto *i*), e *c*) del comma 2 dell'articolo 19 del citato decreto legislativo n. 118 del 2011 sono approvati dalla giunta regionale entro il 31 luglio 2020;

b) il bilancio consolidato dell'anno 2019 del Servizio sanitario regionale è approvato dalla giunta regionale entro il 30 novembre 2020 (4).

4. [Il termine per la determinazione delle tariffe della TARI e della tariffa corrispettiva (5), attualmente previsto dall'articolo 1, comma 683-bis, della legge 27 dicembre 2013, n.147, è differito al 30 giugno 2020] (6).

5. I comuni possono, in deroga all'articolo 1, commi 654 e 683, della legge 27 dicembre 2013, n. 147, approvare le tariffe della TARI e della tariffa corrispettiva adottate per l'anno 2019, anche per l'anno 2020, provvedendo entro il 31 dicembre 2020 alla determinazione ed approvazione del piano economico finanziario del servizio rifiuti (PEF) per il 2020. L'eventuale conguaglio tra i costi risultanti dal PEF per il 2020 ed i costi determinati per l'anno 2019 può essere ripartito in tre anni, a decorrere dal 2021.

6. Il termine per la deliberazione del Documento unico di programmazione, di cui all'articolo 170, comma 1, del decreto legislativo 18 agosto 2000, n. 267 è differito al 30 settembre 2020.

7. I termini di cui agli articoli 246 comma 2, 251 comma 1, 259 comma 1, 261 comma 4, 264 comma 1, 243-*bis* comma 5, 243-*quater* comma 1, 243-*quater* comma 2, 243-*quater* comma 5 del decreto legislativo 18 agosto 2000, n. 267 sono rinviati al 30 giugno 2020.

8. Il termine di cui all'articolo 264, comma 2, del decreto legislativo 18 agosto 2000, n. 267, è fissato al 30 novembre 2020 (7).

9. Il termine di cui all'articolo 243-*quinquies* comma 1 del decreto legislativo 18 agosto 2000, n. 267 è fissato al 31 dicembre 2020.

10. In considerazione dello stato di emergenza nazionale connessa alla diffusione del virus COVID-19, dalla data di entrata in vigore del presente decreto e fino al 31 agosto 2020, sono sospesi i termini di cui agli articoli 141, comma 7, e 143, commi 3, 4 e 12, del testo unico di cui al decreto legislativo 18 agosto 2000, n. 267. Per il periodo dal 1° settembre al 31 dicembre 2020, i suddetti termini sono fissati come segue:

a) il termine di cui all'articolo 141, comma 7, è fissato in centoventi giorni;

b) il termine di cui all'articolo 143, comma 3, è fissato in novanta giorni;

c) il termine di cui all'articolo 143, comma 4, è fissato in centoventi giorni;

d) il termine di cui all'articolo 143, comma 12, è fissato in novanta giorni.

(1) *Le parole* « 30 settembre » *sono state sostituite alle parole* « 31 luglio » *e le parole da* « e il termine di cui » *a* « 31 gennaio 2021 » *sono state inserite dall'art. 106, comma 3*-bis *d.l. 19 maggio 2020, n. 34, conv., con modif., in l. 17 luglio 2020, n. 77.*

(2) *Le parole* « e il termine di cui al comma 2 dell'articolo 193 del decreto legislativo n. 267 del 2000 è differito al 30 novembre 2020 » *sono state sostituite alle parole* « anche ai fini della deliberazione di controllo a salvaguardia degli equilibri di bilancio a tutti gli effetti di legge e il termine di cui al comma 2 dell'articolo 193 del decreto legislativo n. 267 del 2000 è differito al 30 settembre 2020 » *dall'art. 54, comma 1 d.l. 14 agosto 2020, n. 104, conv., con modif., in l. 13 ottobre 2020, n. 126.*

(3) *Periodo così sostituito dall'art. 1, comma 4*-quinquies *d.l. 7 ottobre 2020, n. 125, conv., con modif., in l. 27 novembre 2020, n. 159.*

(4) *Comma così sostituito dall'art. 110, comma 1*-bis *d.l. n. 34, cit. Il testo del comma era il seguente:* « 3. Per l'anno 2020, il termine di cui all'articolo 31 del decreto legislativo 23 giugno 2011, n. 118 per l'adozione dei bilanci di esercizio dell'anno 2019 è differito al 31 maggio 2020. Di conseguenza i termini di cui al comma 7 dell'articolo 32 del

decreto legislativo 23 giugno 2011, n. 118 sono così modificati per l'anno 2020:

a) i bilanci d'esercizio dell'anno 2019 degli enti di cui alle lettere b), punto i), e c) del comma 2 dell'articolo 19 del citato decreto legislativo n. 118/2011 sono approvati dalla giunta regionale entro il 30 giugno 2020; -

b) il bilancio consolidato dell'anno 2019 del Servizio sanitario regionale è approvato dalla giunta regionale entro il 31 luglio 2020 ».

(5) *Le parole* « TARI e della tariffa corrispettiva » *sono state sostituite alle parole* « Tari e della Tari corrispettivo » *in sede di conversione in legge.*

(6) *Comma abrogato dall'art. 138 d.l. n. 34, cit.*

(7) *Comma così sostituito dall'art. 54, comma 1-bis d.l. 14 agosto 2020, n. 104, conv., con modif., in l. 13 ottobre 2020, n. 126.*

117 Misure urgenti per assicurare la continuità delle funzioni dell'Autorità per le garanzie nelle comunicazioni.

1. All'articolo 7, comma 1, del decreto-legge 21 settembre 2019, n. 104, convertito, con modificazioni, dalla legge 18 novembre 2019, n. 132, sono apportate le seguenti modificazioni:

a) le parole: ", limitatamente agli atti di ordinaria amministrazione e a quelli indifferibili e urgenti," sono soppresse;

b) le parole: "fino a non oltre il 31 marzo 2020" sono sostituite dalle seguenti: "fino a non oltre i sessanta giorni successivi alla data di cessazione dello stato di emergenza sul territorio nazionale relativo al rischio sanitario connesso all'insorgenza di patologie derivanti da agenti virali trasmissibili, dichiarato con la delibera del Consiglio dei ministri del 31 gennaio 2020, pubblicata nella Gazzetta Ufficiale n. 26 del l° febbraio 2020".

118 Misure urgenti per assicurare la continuità delle funzioni del Garante per la protezione dei dati personali

1. All'articolo 1, comma 1, del decreto-legge 7 agosto 2019, n. 75, convertito, con modificazioni, dalla legge 4 ottobre 2019, n. 107, sono apportate le seguenti modificazioni:

a) le parole: ", limitatamente agli atti di ordinaria amministrazione e a quelli indifferibili e urgenti," sono soppresse;

b) le parole: "entro il 31 marzo 2020" sono sostituite dalle seguenti: "entro i sessanta giorni successivi alla data di cessazione dello stato di emergenza sul territorio nazionale relativo al rischio sanitario connesso all'insorgenza di patologie derivanti da agenti virali trasmissibili, dichiarato con la delibera del Consiglio dei ministri del 31 gennaio 2020, pubblicata nella Gazzetta Ufficiale n. 26 del 1° febbraio 2020".

122 Commissario straordinario per l'attuazione e il coordinamento delle misure di contenimento e contrasto dell'emergenza epidemiologica COVID-19.

1. Con decreto del Presidente del Consiglio dei ministri è nominato un Commissario straordinario per l'attuazione e il coordinamento delle misure occorrenti per il contenimento e contrasto dell'emergenza epidemiologica COVID -19, di cui alla delibera del Consiglio dei ministri 31 gennaio 2020. Al fine di assicurare la più elevata risposta sanitaria all'emergenza, il Commissario attua e sovrintende a ogni intervento utile a fronteggiare l'emergenza sanitaria, organizzando, acquisendo e sostenendo la produzione di ogni genere di bene strumentale utile a contenere e contrastare l'emergenza stessa, o comunque necessario in relazione alle misure adottate per contrastarla, nonché programmando e organizzando ogni attività connessa, individuando e indirizzando il reperimento delle risorse umane e strumentali necessarie, individuando i fabbisogni, e procedendo all'acquisizione e alla distribuzione di farmaci, delle apparecchiature e dei dispositivi medici e di protezione individuale. Nell'esercizio di tali attività può avvalersi di soggetti attuatori e di società in house, nonché delle centrali di acquisto. Il Commissario, raccordandosi con le regioni, le province autonome e le aziende sanitarie e fermo restando quanto previsto dagli articoli 3 e 4 del presente decreto, provvede, inoltre al potenziamento della capienza delle strutture ospedaliere, anche mediante l'allocazione delle dotazioni infrastrutturali, con particolare riferimento ai reparti di terapia intensiva e subintensiva. Il Commissario dispone, anche per il tramite del Capo del Dipartimento della protezione civile e, ove necessario, del prefetto territorialmente competente, ai sensi dell'articolo 6 del presente decreto, la requisizione di beni mobili, mobili registrati e immobili, anche avvalendosi dei prefetti territorialmente competenti, e provvede alla gestione degli stessi. Il Commissario pone in essere ogni intervento utile per preservare e potenziare le filiere produttive dei beni necessari per il contrasto e il contenimento dell'emergenza anche ai sensi dell'articolo 5. Per la medesima finalità, può provvedere alla costruzione di nuovi stabilimenti e alla riconversione di quelli esistenti per la produzione di detti beni tramite il commissariamento di rami d'azienda, anche organizzando la raccolta di fondi occorrenti e definendo le modalità di acquisizione e di utilizzazione dei fondi privati destinati all'emergenza, organizzandone la raccolta e controllandone l'impiego secondo quanto previsto dall'art. 99. Le attività di protezione civile sono assicurate dal Sistema nazionale di protezione civile e coordinate dal Capo del dipartimento di protezione civile in raccordo con il Commissario.

1-*bis*. Al fine di assicurare il più ampio accesso da parte della popolazione alle mascherine facciali di tipo chirurgico, ritenute beni essenziali per fronteggiare l'emergenza, il Commissario può stipulare appositi protocolli con le associazioni di categoria delle imprese distributrici al fine di disciplinare i prezzi massimi di vendita al dettaglio e i rapporti economici necessari ad assicurare l'effettiva fornitura e distribuzione dei beni, ivi incluse le misure idonee a ristorare gli aderenti dell'eventuale differenza rispetto ai prezzi di acquisto, ferma restando la facoltà di cessione diretta, da parte del Commissario, ad un prezzo non superiore a quello di acquisto (1).

2. Nello svolgimento delle funzioni di cui al comma 1, il Commissario collabora con le regioni e le supporta nell'esercizio delle relative competenze in materia di salute e, anche su richiesta delle regioni, può adottare

in via d'urgenza, nell'ambito delle funzioni di cui al comma 1, i provvedimenti necessari a fronteggiare ogni situazione eccezionale. Tali provvedimenti, di natura non normativa, sono immediatamente comunicati alla Conferenza Stato-regioni e alle singole regioni su cui il provvedimento incide, che possono chiederne il riesame. I provvedimenti possono essere adottati in deroga a ogni disposizione vigente, nel rispetto della Costituzione, dei principi generali dell'ordinamento giuridico e delle norme dell'Unione europea. Le misure adottate devono essere in ogni caso adeguatamente proporzionate alle finalità perseguite.

3. Al Commissario competono (2) altresì l'organizzazione e lo svolgimento delle attività propedeutiche alla concessione degli aiuti per far fronte all'emergenza sanitaria, da parte delle autorità competenti nazionali ed europee, nonché tutte le operazioni di controllo e di monitoraggio dell'attuazione delle misure,; il Commissario provvede (2) altresì alla gestione coordinata del Fondo di solidarietà dell'Unione europea (FSUE), di cui al regolamento (CE) n. 2012/2002 del Consiglio, dell'11 novembre 2002, (2) e delle risorse del fondo di sviluppo e coesione destinato all'emergenza.

4. Il Commissario opera fino alla scadenza del predetto stato di emergenza e delle relative eventuali proroghe. Del conferimento dell'incarico è data immediata comunicazione al Parlamento e notizia nella Gazzetta Ufficiale (3).

5. Il Commissario è scelto tra esperti nella gestione di attività complesse e nella programmazione di interventi di natura straordinaria, con comprovata esperienza nella realizzazione di opere di natura pubblica. L'incarico di Commissario è compatibile con altri incarichi pubblici o privati ed è svolto a titolo gratuito, eventuali rimborsi spese sono posti a carico delle risorse di cui al comma 9.

6. Il Commissario esercita i poteri di cui al comma 1 in raccordo con il Capo del Dipartimento della Protezione civile, avvalendosi, per il suo tramite, delle componenti e delle strutture operative del Servizio nazionale della Protezione civile, nonché del Comitato tecnico scientifico, di cui all'ordinanza del Capo del dipartimento della protezione civile del 3 febbraio 2020, n. 630. Per l'esercizio delle funzioni di cui al presente articolo, il Commissario può avvalersi, altresì, di qualificati esperti in materie sanitarie e giuridiche, nel numero da lui definito.

7. Sull'attività del Commissario straordinario riferisce al Parlamento il Presidente del Consiglio dei ministri o un Ministro da lui delegato.

8. In relazione ai contratti relativi all'acquisto dei beni di cui al comma 1, nonché per ogni altro atto negoziale conseguente alla urgente necessità di far fronte all'emergenza di cui al comma 1, posto in essere dal Commissario e dai soggetti attuatori, non si applica l'articolo 29 del decreto del Presidente del Consiglio dei ministri 22 novembre 2010, recante "Disciplina dell'autonomia finanziaria e contabile della Presidenza del Consiglio dei ministri", pubblicato nella Gazzetta Ufficiale n. 286 del 7 dicembre 2010, (4) e tutti tali atti sono altresì sottratti al controllo della Corte dei Conti, fatti salvi gli obblighi di rendicontazione. Per gli stessi atti la responsabilità contabile e amministrativa è comunque limitata ai soli casi in cui sia stato accertato il dolo del funzionario o dell'agente che li ha posti in essere o che vi ha dato esecuzione. Gli atti di cui al presente comma sono immediatamente e definitivamente efficaci, esecutivi ed esecutori, non appena posti in essere. La medesima limitazione di responsabilità vale per gli atti, i pareri e le valutazioni tecnico scientifiche resi dal Comitato tecnico scientifico di cui al comma 6 funzionali alle operazioni negoziali di cui al presente comma.

9. Il Commissario, per l'acquisizione dei beni di cui al comma 1, per la sottoscrizione dei protocolli di cui al comma 1-*bis* (5) e per le attività di cui al presente articolo provvede (6) nel limite delle risorse assegnate allo scopo con Delibera del Consiglio dei Ministri a valere sul Fondo emergenze nazionali di cui all'articolo 44 del decreto legislativo 2 gennaio 2018, n.1; le risorse sono versate su apposita contabilità speciale intestata al Commissario. Il Commissario è altresì autorizzato all'apertura di apposito conto corrente bancario per consentire la celere regolazione delle transazioni che richiedono il pagamento immediato o anticipato delle forniture, anche senza garanzia. Al conto corrente e alle risorse ivi esistenti si applica l'articolo 27 del decreto legislativo 2 gennaio 2018, n. 1.

(1) *Comma aggiunto dall'art. 1-bis, comma 1, lett. a)d.l. 16 maggio 2020, n. 33, conv., con modif., in l. 14 luglio 2020, n. 74. Ai sensi dell'art. 3, comma 1 d.l. n. 33, cit., come da ultimo modificato dall'art. 2, comma 2, lett. b) d.l. 24 dicembre 2021, n. 221, conv., con modif., in l. 18 febbraio 2022, n. 11., le misure di cui al predetto d.l. n. 33 del 2020 « si applicano dal 18 maggio 2020 al 31 marzo 2022 ».*

(2) *La parola* « competono » *è stata sostituita alla parola* « compete », *le parole* «; il Commissario provvede » *sono state sostituite alla parola* « provvede » *e le parole* « n. 2012/2002 del Consiglio, dell'11 novembre 2002, » *sono state sostituite alle parole* « 2012/2002 » *in sede di conversione in legge.*

(3) *Ai sensi dell'art. 16, comma 1 e dell'Allegato A d.l. n. 224, cit., i termini di cui al presente comma sono prorogati al 31 marzo 2022.*

(4) *Le parole* « Presidenza del Consiglio dei ministri", pubblicato nella Gazzetta Ufficiale n. 286 del 7 dicembre 2010, » *sono state sostituite alle parole* « Presidenza del Consiglio » *in sede di conversione in legge.*

(5) *Le parole* « per la sottoscrizione dei protocolli di cui al comma 1-bis » *sono state inserite dall'art. 1-bis, comma 1, lett. b)d.l. n. 33, cit. V. nota 1 per la disciplina transitoria di cui all'art. 3, comma 1 d.l. n. 33, cit.*

(6) *Le parole* « al presente articolo, provvede » *sono state sostituite alle parole* « al presente articolo fa fronte » *in sede di conversione in legge.*

5. Decreto legge 25 marzo 2020, n. 19, convertito, con modificazioni, in legge 22 maggio 2020, n. 35. — Misure urgenti per fronteggiare l'emergenza epidemiologica da COVID-19 (1).

Pubblicato nella Gazzetta Ufficiale n. 79 del 25 marzo 2020; la legge di conversione è stata pubblicata nella Gazzetta Ufficiale n. 23 maggio 2020, n. 132.

(1) *Ai sensi dell'art. 1-bis d.l. 30 luglio 2020, n. 83, inserito in sede di conversione in l. 25 settembre 2020, n. 124 « Le disposizioni del decreto-legge 25 marzo 2020, n. 19, convertito, con modificazioni, dalla legge 22 maggio 2020, n. 35, si applicano nei limiti della loro compatibilità con quanto stabilito dal decreto-legge 16 maggio 2020, n. 33, convertito, con modificazioni, dalla legge 14 luglio 2020, n. 74 ».*

1 Misure urgenti per evitare la diffusione del COVID-19 (1).

1. Per contenere e contrastare i rischi sanitari derivanti dalla diffusione del virus COVID-19, su specifiche parti del territorio nazionale ovvero, occorrendo, sulla totalità di esso, possono essere adottate, secondo quanto previsto dal presente decreto, una o più misure tra quelle di cui al comma 2, per periodi predeterminati, ciascuno di durata non superiore a cinquanta giorni (2), reiterabili e modificabili anche più volte fino al 31 marzo 2022 (3), termine dello stato di emergenza (4), e con possibilità di modularne l'applicazione in aumento ovvero in diminuzione secondo l'andamento epidemiologico del predetto virus.

2. Ai sensi e per le finalità di cui al comma 1, possono essere adottate, secondo principi di adeguatezza e proporzionalità al rischio effettivamente presente su specifiche parti del territorio nazionale ovvero sulla totalità di esso, una o più tra le seguenti misure:

a) limitazione della circolazione delle persone, anche prevedendo limitazioni alla possibilità di allontanarsi dalla propria residenza, domicilio o dimora se non per spostamenti individuali limitati nel tempo e nello spazio o motivati da esigenze lavorative, da situazioni di necessità o urgenza, da motivi di salute o da altre specifiche ragioni. Ai soggetti con disabilità motorie o con disturbi dello spettro autistico, con disabilità intellettiva o sensoriale o con problematiche psichiatriche e comportamentali con necessità di supporto, certificate ai sensi della legge 5 febbraio 1992, n. 104, è consentito uscire dall'ambiente domestico con un accompagnatore qualora ciò sia necessario al benessere psico-fisico della persona e purché siano pienamente rispettate le condizioni di sicurezza sanitaria;

b) chiusura al pubblico di strade urbane, parchi, aree da gioco, ville e giardini pubblici o altri spazi pubblici;

c) limitazioni o divieto di allontanamento e di ingresso in territori comunali, provinciali o regionali, nonché rispetto al territorio nazionale;

d) applicazione della misura della quarantena precauzionale ai soggetti che hanno avuto contatti stretti con casi confermati di malattia infettiva diffusiva o che entrano nel territorio nazionale da aree ubicate al di fuori del territorio italiano (5);

e) divieto assoluto di allontanarsi dalla propria abitazione o dimora per le persone sottoposte alla misura della quarantena, applicata dal sindaco quale autorità sanitaria locale, perché risultate positive al virus;

f) [limitazione o divieto delle riunioni o degli assembramenti in luoghi pubblici o aperti al pubblico] (6);

g) limitazione o sospensione di manifestazioni o iniziative di qualsiasi natura, di eventi e di ogni altra forma di riunione o di assembramento in luogo pubblico o privato, anche di carattere culturale, ludico, sportivo, ricreativo e religioso;

h) sospensione delle cerimonie civili e religiose, limitazione dell'ingresso nei luoghi destinati al culto;

h-bis) adozione di protocolli sanitari, d'intesa con la Chiesa cattolica e con le confessioni religiose diverse dalla cattolica, per la definizione delle misure necessarie ai fini dello svolgimento delle funzioni religiose in condizioni di sicurezza;

i) chiusura di cinema, teatri, sale da concerto, sale da ballo, discoteche, sale giochi, sale scommesse e sale bingo, centri culturali, centri sociali e centri ricreativi o altri analoghi luoghi di aggregazione;

l) sospensione dei congressi, ad eccezione di quelli inerenti alle attività medico-scientifiche e di educazione continua in medicina (ECM) (7), di ogni tipo di evento sociale e di ogni altra attività convegnistica o congressuale, salva la possibilità di svolgimento a distanza;

m) limitazione o sospensione di eventi e competizioni sportive di ogni ordine e disciplina in luoghi pubblici o privati, ivi compresa la possibilità di disporre la chiusura temporanea di palestre, centri termali, centri sportivi, piscine, centri natatori e impianti sportivi, anche se privati, nonché di disciplinare le modalità di svolgimento degli allenamenti sportivi all'interno degli stessi luoghi;

n) limitazione o sospensione delle attività ludiche, ricreative, sportive e motorie svolte all'aperto o in luoghi aperti al pubblico, garantendo comunque la possibilità di svolgere individualmente, ovvero con un accompagnatore per i minori o le persone non completamente autosufficienti, attività sportiva o attività motoria, purché nel rispetto della distanza di sicurezza interpersonale di almeno due metri per l'attività sportiva e di almeno un metro per le attività motorie, ludiche e ricreative;

o) possibilità di disporre o di demandare alle competenti autorità statali e regionali la limitazione, la riduzione o la sospensione di servizi di trasporto di persone e di merci, automobilistico, ferroviario, aereo, marittimo, nelle acque interne, anche non di linea, nonché di trasporto pubblico locale; in ogni caso, la prosecuzione del servizio di trasporto delle persone è consentita solo se il gestore predispone le condizioni per garantire il rispetto di una distanza di sicurezza interpersonale predeterminata e adeguata a prevenire o ridurre il rischio di contagio;

p) sospensione dei servizi educativi per l'infanzia di cui all'articolo 2 del decreto legislativo 13 aprile 2017, n. 65, e delle attività didattiche delle scuole di ogni ordine e grado, nonché delle istituzioni di formazione superiore, comprese le università e le istituzioni di alta formazione artistica, musicale e coreutica, di corsi professionali, master, corsi per le professioni sanitarie e università per anziani, nonché dei corsi professionali e delle attività formative svolti da altri enti pubblici, anche territoriali e locali, e da soggetti privati, o di altri analoghi corsi, attività formative o prove di esame, ferma la possibilità del loro svolgimento di attività in modalità a distanza;

q) sospensione dei viaggi d'istruzione, delle iniziative di scambio o gemellaggio, delle visite guidate e delle uscite didattiche comunque denominate, programmate dalle istituzioni scolastiche di ogni ordine e grado sia sul territorio nazionale sia all'estero;

r) limitazione o sospensione dei servizi di apertura al pubblico o chiusura dei musei e degli altri istituti e luoghi della cultura di cui all'articolo 101 del codice dei beni culturali e del paesaggio, di cui al decreto legislativo 22 gennaio 2004, n. 42, nonché dell'efficacia delle disposizioni regolamentari sull'accesso libero o gratuito a tali istituti e luoghi;

s) limitazione della presenza fisica dei dipendenti negli uffici delle amministrazioni pubbliche, fatte comunque salve le attività indifferibili e l'erogazione dei servizi essenziali prioritariamente mediante il ricorso a modalità di lavoro agile;

t) limitazione o sospensione delle procedure concorsuali e selettive, ad esclusione dei concorsi per il personale sanitario e socio-sanitario, finalizzate all'assunzione di personale presso datori di lavoro pubblici e privati, con possibilità di esclusione dei casi in cui la valutazione dei candidati è effettuata esclusivamente su basi curriculari ovvero con modalità a distanza, fatte salve l'adozione degli atti di avvio di dette procedure entro i termini fissati dalla legge, la conclusione delle procedure per le quali risulti già ultimata la valutazione dei candidati e la possibilità di svolgimento dei procedimenti per il conferimento di specifici incarichi;

u) limitazione o sospensione delle attività commerciali di vendita al dettaglio o all'ingrosso, a eccezione di quelle necessarie per assicurare la reperibilità dei generi agricoli, alimentari e di prima necessità da espletare con modalità idonee ad evitare assembramenti di persone, con obbligo a carico del gestore di predisporre le condizioni per garantire il rispetto di una distanza di sicurezza interpersonale predeterminata e adeguata a prevenire o ridurre il rischio di contagio;

v) limitazione o sospensione delle attività di somministrazione al pubblico di bevande e alimenti, nonché di consumo sul posto di alimenti e bevande, compresi bar e ristoranti, ad esclusione delle mense e del catering continuativo su base contrattuale, a condizione che sia garantita la distanza di sicurezza interpersonale di almeno un metro, e della ristorazione con consegna a domicilio ovvero con asporto, nel rispetto delle norme igienico-sanitarie previste per le attività sia di confezionamento che di trasporto, con l'obbligo di rispettare la distanza di sicurezza interpersonale di almeno un metro, con il divieto di consumare i prodotti all'interno dei locali e con il divieto di sostare nelle immediate vicinanze degli stessi;

z) limitazione o sospensione di altre attività d'impresa o professionali, anche ove comportanti l'esercizio di pubbliche funzioni, nonché di lavoro autonomo, con possibilità di esclusione dei servizi di pubblica necessità previa assunzione di protocolli di sicurezza anti-contagio e, laddove non sia possibile rispettare la distanza di sicurezza interpersonale predeterminata e adeguata a prevenire o ridurre il rischio di contagio come principale misura di contenimento, con adozione di adeguati strumenti di protezione individuale;

aa) limitazione o sospensione di fiere e mercati, a eccezione di quelli necessari per assicurare la reperibilità dei generi agricoli, alimentari e di prima necessità;

bb) specifici divieti o limitazioni per gli accompagnatori dei pazienti nelle sale di attesa dei dipartimenti di emergenza-urgenza e accettazione e dei reparti di pronto soccorso (DEA/PS);

cc) divieto o limitazione dell'accesso di parenti e visitatori in strutture di ospitalità e lungodegenza, residenze sanitarie assistite (RSA), hospice, strutture riabilitative, strutture residenziali per persone con disabilità o per anziani, autosufficienti e no, nonché istituti penitenziari e istituti penitenziari per minori; sospensione dei servizi nelle strutture semiresidenziali e residenziali per minori e per persone con disabilità o non autosufficienti, per persone con disturbi mentali e per persone con dipendenza patologica; sono in ogni caso garantiti gli incontri tra genitori e figli autorizzati dall'autorità giudiziaria, nel rispetto delle prescrizioni sanitarie o, ove non possibile, in collegamento da remoto;

dd) obblighi di comunicazione al servizio sanitario nazionale nei confronti di coloro che sono transitati e hanno sostato in zone a rischio epidemiologico come identificate dall'Organizzazione mondiale della sanità o dal Ministro della salute;

ee) adozione di misure di informazione e di prevenzione rispetto al rischio epidemiologico;

ff) predisposizione di modalità di lavoro agile, anche in deroga alla disciplina vigente;

gg) previsione che le attività consentite si svolgano previa assunzione da parte del titolare o del gestore di misure idonee a evitare assembramenti di persone, con obbligo di predisporre le condizioni per garantire il rispetto della distanza di sicurezza interpersonale predeterminata e adeguata a prevenire o ridurre il rischio di contagio; per i servizi di pubblica necessità, laddove non sia possibile rispettare tale distanza interpersonale, previsione di protocolli di sicurezza anticontagio, con adozione di strumenti di protezione individuale;

hh) eventuale previsione di esclusioni dalle limitazioni alle attività economiche di cui al presente comma, con verifica caso per caso affidata a autorità pubbliche specificamente individuate;

hh-bis) obbligo di avere sempre con sé dispositivi di protezione delle vie respiratorie, con possibilità di prevederne l'obbligatorietà dell'utilizzo nei luoghi al chiuso diversi dalle abitazioni private e in tutti i luoghi all'aperto a eccezione dei casi in cui, per le caratteristiche dei luoghi o per le circostanze di fatto, sia garantita in modo continuativo la condizione di isolamento rispetto a persone non conviventi, e comunque con salvezza dei protocolli e delle linee guida anti-contagio previsti per le attività economiche, produttive, amministrative e sociali, nonché delle linee guida per il consumo di cibi e bevande, restando esclusi da detti obblighi:

1) i soggetti che stanno svolgendo attività sportiva;

2) i bambini di età inferiore ai sei anni;

3) i soggetti con patologie o disabilità incompatibili con l'uso della mascherina, nonché coloro che per interagire con i predetti versino nella stessa incompatibilità (8).

3. Per la durata dell'emergenza di cui al comma 1, può essere imposto lo svolgimento delle attività non oggetto di sospensione in conseguenza dell'applicazione di misure di cui al presente articolo, ove ciò sia assolutamente necessario per assicurarne l'effettività e la pubblica utilità, con provvedimento del prefetto, assunto dopo avere sentito, senza formalità, le parti sociali interessate.

(1) *Ai sensi dell'art. 1-bis d.l. 30 luglio 2020, n. 83, inserito in sede di conversione in l. 25 settembre 2020, n. 124 « Le disposizioni del decreto-legge 25 marzo 2020, n. 19, convertito, con modificazioni, dalla legge 22 maggio 2020, n. 35, si applicano nei limiti della loro compatibilità con quanto stabilito dal decreto-legge 16 maggio 2020, n. 33, convertito, con modificazioni, dalla legge 14 luglio 2020, n. 74 ».*

(2) *Le parole* « di durata non superiore a cinquanta giorni » *sono state sostituite alle parole* « di durata non superiore a trenta giorni » *dall'art. 1, comma 3-bis d.l. 18 dicembre 2020, n. 172, conv., con modif., in l. 29 gennaio 2021, n. 6. Precedentemente, la medesima modifica era stata prevista dall'art. 1, comma 1 d.l. 2 dicembre 2020, n. 158, poi abrogato dall'art. 1, comma 2 l. n. 6, cit., fatti salvi gli atti e i provvedimenti adottati nonché gli effetti prodottisi sulla base del medesimo d.l. n. 158, cit.*

(3) *Le parole* « 31 marzo 2022 » *sono state sostituite alle parole* « 31 dicembre 2021 » *dall'art. 2, comma 1, d.l. 24 dicembre 2021, n. 221, conv., con modif., in l. 18 febbraio 2022, n. 11.*

(4) *Le parole* « dichiarato con delibera del Consiglio dei ministri del 31 gennaio 2020, pubblicata nella Gazzetta Ufficiale n. 26 del 1° febbraio 2020 », *che seguivano la parola* « emergenza » *sono state soppresse dall'art. 1, comma 1, lett. b) d.l. 30 luglio 2020, n. 83, conv., con modif., in l. 25 settembre 2020, n. 124.*

(5) *Ai sensi dell'art. 14 d.l. 17 marzo 2020, n. 18, conv., con modif., in l. 24 aprile 2020, n. 27, la misura di cui alla presente lettera « non si applica:* a) *agli operatori sanitari;* b) *agli operatori dei servizi pubblici essenziali;* c) *ai dipendenti delle imprese che operano nell'ambito della produzione e dispensazione dei farmaci, dei dispositivi medici e diagnostici nonché delle relative attività di ricerca e della filiera integrata per i subfornitori »; i lavoratori suindicati « sottoposti a sorveglianza, sospendono l'attività nel caso di sintomatologia respiratoria o esito positivo per COVID-19 ».*

(6) *Lettera soppressa in sede di conversione in legge.*

(7) *Le parole* « ad eccezione di quelli inerenti alle attività medico-scientifiche e di educazione continua in medicina (ECM), » *sono state inserite, in sede di conversione, dall'art. 1, comma 1-bis d.l. 30 luglio 2020, n. 83, conv., con modif., in l. 25 settembre 2020, n. 124.*

(8) *Lettera aggiunta dall'art. 1, comma 1, lett.* b) *d.l. 7 ottobre 2020, n. 125, conv., con modif., in l. 27 novembre 2020, n. 159. V. anche l'art. 5, comma 1 d.l. n. 125, cit.*

2 Attuazione delle misure di contenimento (1).

1. Le misure di cui all'articolo 1 sono adottate con uno o più decreti del Presidente del Consiglio dei ministri, su proposta del Ministro della salute, sentiti il Ministro dell'interno, il Ministro della difesa, il Ministro dell'economia e delle finanze e gli altri ministri competenti per materia, nonché i presidenti delle regioni interessate, nel caso in cui riguardino esclusivamente una regione o alcune specifiche regioni, ovvero il Presidente della Conferenza delle regioni e delle province autonome, nel caso in cui riguardino l'intero territorio nazionale. I decreti di cui al presente comma possono essere altresì adottati su proposta dei presidenti delle regioni interessate, nel caso in cui riguardino esclusivamente una regione o alcune specifiche regioni, ovvero del Presidente della Conferenza delle regioni e delle province autonome, nel caso in cui riguardino l'intero territorio nazionale, sentiti il Ministro della salute, il Ministro dell'interno, il Ministro della difesa, il Ministro dell'economia e delle finanze e gli altri ministri competenti per materia. Il Presidente del Consiglio dei ministri o un Ministro da lui delegato illustra preventivamente alle Camere il contenuto dei provvedimenti da adottare ai sensi del presente comma, al fine di tenere conto degli eventuali indirizzi dalle stesse formulati; ove ciò non sia possibile, per ragioni di urgenza connesse alla natura delle misure da adottare, riferisce alle Camere ai sensi del comma 5, secondo periodo (2). Per i profili tecnico-scientifici e le valutazioni di adeguatezza e proporzionalità, i provvedimenti di cui al presente comma sono adottati sentito, di norma, il Comitato tecnico-scientifico (2) di cui all'ordinanza del Capo del dipartimento della Protezione civile 3 febbraio 2020, n. 630, pubblicata nella Gazzetta Ufficiale n. 32 dell'8 febbraio 2020 (2).

2. Nelle more dell'adozione dei decreti del Presidente del Consiglio dei ministri di cui al comma 1 e con efficacia limitata fino a tale momento, in casi di estrema necessità e urgenza per situazioni sopravvenute le misure di cui all'articolo 1 possono essere adottate dal Ministro della salute ai sensi dell'articolo 32 della legge 23 dicembre 1978, n. 833.

3. Sono fatti salvi gli effetti prodotti e gli atti adottati sulla base dei decreti e delle ordinanze emanati ai sensi del decreto-legge 23 febbraio 2020, n. 6, convertito, con modificazioni, dalla legge 5 marzo 2020, n. 13, ovvero ai sensi dell'articolo 32 della legge 23 dicembre 1978, n. 833. Continuano ad applicarsi nei termini originariamente previsti le misure già adottate con i decreti del Presidente del Consiglio dei ministri adottati in data 8 marzo 2020, 9 marzo 2020, 11 marzo 2020 e 22 marzo 2020, pubblicati rispettivamente nella Gazzetta Ufficiale n. 59 dell'8 marzo 2020, n. 62 del 9 marzo 2020, n. 64 dell'11 marzo 2020 e n. 76 del 22 marzo 2020, come (3) ancora vigenti alla data di entrata in vigore del presente decreto. Le altre misure ancora vigenti alla stessa data continuano ad applicarsi nel limite di ulteriori dieci giorni.

4. Per gli atti adottati ai sensi del presente decreto i termini per il controllo preventivo della Corte dei conti, di cui all'articolo 27, comma 1, della legge 24 novembre 2000, n. 340, sono dimezzati. In ogni caso i provvedimenti adottati in attuazione del presente decreto, durante lo svolgimento della fase del controllo preventivo della Corte dei conti, sono provvisoriamente efficaci, esecutori ed esecutivi, a norma degli articoli 21-*bis*, 21-*ter* e 21-*quater* della legge 7 agosto 1990, n. 241.

5. I provvedimenti emanati in attuazione del presente articolo sono pubblicati nella Gazzetta Ufficiale della Repubblica italiana e comunicati alle Camere entro il giorno successivo alla loro pubblicazione. Il Presidente del Consiglio dei ministri o un Ministro da lui delegato riferisce ogni quindici giorni alle Camere sulle misure adottate ai sensi del presente decreto.

(1) *Ai sensi dell'art. 1, comma 1 d.l. 16 maggio 2020, n. 33, conv., con modif., in l. 14 luglio 2020, n. 74, a decorrere dal 18 maggio 2020, cessano di avere effetto tutte le misure limitative della circolazione all'interno del territorio regionale di cui al presente articolo.*

(2) *Il terzo periodo è stato aggiunto, le parole* « Comitato tecnico-scientifico » *sono state sostituite alle parole* « Comitato tecnico scientifico » *e le parole* «, pubblicata nella Gazzetta Ufficiale n. 32 dell'8 febbraio 2020 » *sono state inserite in sede di conversione in legge.*

(3) *Le parole* «, pubblicati rispettivamente nella Gazzetta Ufficiale n. 59 dell'8 marzo 2020, n. 62 del 9 marzo 2020, n. 64 dell'11 marzo 2020 e n. 76 del 22 marzo 2020, come » *sono state sostituite alle parole* « per come » *in sede di conversione in legge.*

3 Misure urgenti di carattere regionale o infraregionale (1).

1. Nelle more dell'adozione dei decreti del Presidente del Consiglio dei ministri di cui all'articolo 2, comma 1, e con efficacia limitata fino a tale momento, le regioni, in relazione a specifiche situazioni sopravvenute di

aggravamento del rischio sanitario verificatesi nel loro territorio o in una parte di esso, possono introdurre misure ulteriormente restrittive rispetto a quelle attualmente vigenti (2), tra quelle di cui all'articolo 1, comma 2, esclusivamente nell'ambito delle attività di loro competenza e senza incisione delle attività produttive e di quelle di rilevanza strategica per l'economia nazionale.

2. [I Sindaci non possono adottare, a pena di inefficacia, ordinanze contingibili e urgenti dirette a fronteggiare l'emergenza in contrasto con le misure statali e regionali (2), né eccedendo i limiti di oggetto cui al comma 1] (3).

3. Le disposizioni di cui al presente articolo si applicano altresì agli atti posti in essere per ragioni di sanità in forza di poteri attribuiti da ogni disposizione di legge previgente.

(1) *Ai sensi dell'art. 1, comma 1 d.l. 16 maggio 2020, n. 33, conv., con modif., in l. 14 luglio 2020, n. 74, a decorrere dal 18 maggio 2020, cessano di avere effetto tutte le misure limitative della circolazione all'interno del territorio regionale di cui al presente articolo.*

(2) *Le parole* « rispetto a quelle attualmente vigenti » *e le parole* « e regionali » *sono state inserite in sede di conversione in legge.*

(3) *Comma abrogato dall'art. 18, comma 1 d.l. 16 luglio 2020, n. 76, conv., con modif., in l. 11 settembre 2020, n. 120.*

4 Sanzioni e controlli (1).

1. Salvo che il fatto costituisca reato, il mancato rispetto delle misure di contenimento di cui all'articolo 1, comma 2, individuate e applicate con i provvedimenti adottati ai sensi dell'articolo 2, commi 1 e 2 (2), ovvero dell'articolo 3, è punito con la sanzione amministrativa del pagamento di una somma da euro 400 a euro 1.000 (2) e non si applicano le sanzioni contravvenzionali previste dall'articolo 650 del codice penale o da ogni altra disposizione di legge attributiva di poteri per ragioni di sanità, di cui all'articolo 3, comma 3. Se il mancato rispetto delle predette misure avviene mediante l'utilizzo di un veicolo la sanzione prevista dal primo periodo è aumentata (2)fino a un terzo.

2. Nei casi di cui all'articolo 1, comma 2, lettere *i*), *m*), *p*), *u*), *v*), *z*) e aa), si applica altresìl la sanzione amministrativa accessoria della chiusura dell'esercizio o dell'attività da 5 a 30 giorni.

3. Si applicano, per quanto non stabilito dal presente articolo, le disposizioni delle sezioni I e II del capo I della legge 24 novembre 1981, n. 689, in quanto compatibili (3). Per il pagamento in misura ridotta si applica l'articolo 202, commi 1, 2 e 2.1, del codice della strada, di cui al decreto legislativo 30 aprile 1992, n. 285 (3). Le sanzioni per le violazioni delle misure di cui all'articolo 2, commi 1 e 2 (3), sono irrogate dal Prefetto. Le sanzioni per le violazioni delle misure di cui all'articolo 3 sono irrogate dalle autorità che le hanno disposte. Ai relativi procedimenti si applica l'articolo 103 del decreto-legge 17 marzo 2020, n. 18, convertito, con modificazioni, dalla legge 24 aprile 2020, n. 27 (3).

4. All'atto dell'accertamento delle violazioni di cui al comma 2, ove necessario per impedire la prosecuzione o la reiterazione della violazione, l'organo accertatore (4) può disporre la chiusura provvisoria dell'attività o dell'esercizio per una durata non superiore a 5 giorni. Il periodo di chiusura provvisoria è scomputato dalla corrispondente sanzione accessoria definitivamente irrogata, in sede di sua esecuzione.

5. In caso di reiterata violazione della disposizione di cui al comma 1, la sanzione amministrativa è raddoppiata e quella accessoria è applicata nella misura massima (5).

6. Salvo che il fatto costituisca violazione dell'articolo 452 del codice penale o comunque più grave reato, la violazione della misura di cui all'articolo 1, comma 2, lettera *e*), è punita ai sensi dell'articolo 260 del regio decreto 27 luglio 1934, n. 1265, Testo unico delle leggi sanitarie, come modificato dal comma 7.

7. Al primo comma dell'articolo 260 del regio decreto 27 luglio 1934, n. 1265, Testo unico delle leggi sanitarie, le parole « con l'arresto fino a sei mesi e con l'ammenda da lire 40.000 a lire 800.000 » sono sostituite dalle seguenti: « con l'arresto da 3 mesi a 18 mesi e con l'ammenda da euro 500 ad euro 5.000 ».

8. Le disposizioni del presente articolo che sostituiscono sanzioni penali con sanzioni amministrative si applicano anche alle violazioni commesse anteriormente alla data di entrata in vigore del presente decreto, ma in tali casi le sanzioni amministrative sono applicate nella misura minima ridotta alla metà. Si applicano in quanto compatibili le disposizioni degli articoli 101 e 102 del decreto legislativo 30 dicembre 1999, n. 507.

9. Il Prefetto, informando preventivamente il Ministro dell'interno, assicura l'esecuzione delle misure avvalendosi delle Forze di polizia, del personale dei corpi di polizia municipale munito della qualifica di agente di pubblica sicurezza (6) e, ove occorra, delle Forze armate, sentiti i competenti comandi territoriali. Al personale delle Forze armate impiegato, previo provvedimento del Prefetto competente, per assicurare l'esecuzione delle misure di contenimento di cui agli articoli 1 e 2 è attribuita la qualifica di agente di pubblica sicurezza. Il prefetto assicura l'esecuzione delle misure di contenimento nei luoghi di lavoro avvalendosi anche del personale ispettivo dell'azienda sanitaria locale competente per territorio e dell'Ispettorato nazionale del lavoro limitatamente alle sue competenze in materia di salute e di sicurezza nei luoghi di lavoro (6).

(1) *V. quanto disposto dall'art. 2 d.l. 16 maggio 2020, n. 33, conv., con modif., in l. 14 luglio 2020, n. 74, sub VII, 8. V. inoltre l'art. 11, comma 2 d.l. 24 marzo 2022, n. 24, in corso di conversione in legge che così dispone: « L'articolo 4 del decreto-legge 25 marzo 2020, n. 19, convertito, con modificazioni, dalla legge 22 maggio 2020, n. 35, e l'articolo 2 del decreto-legge 16 maggio 2020, n. 33, convertito, con modificazioni, dalla legge 14 luglio 2020, n. 74, continuano a trovare applicazione nei casi in cui disposizioni vigenti facciano ad essi espresso rinvio ».*

(2) *Le parole* « ai sensi dell'articolo 2, commi 1 e 2, » *sono state sostituite alle parole* « ai sensi dell'articolo 2, comma 1 », *le parole* « euro 1.000 » sono state sostituite alle parole « euro 3.000 » *e le parole* « la sanzione prevista dal primo periodo è aumentata » *sono state sostituite alle parole* « le sanzioni sono aumentate » *in sede di conversione in legge.*

(3) *Il primo e il secondo periodo sono stati così sostituiti all'originario primo periodo, le parole* « articolo 2, commi 1 e 2 » *sono state sostituite alle parole* « articolo 2, comma 1 » *e le parole* «, convertito, con modificazioni, dalla legge 24 aprile 2020, n. 27 » *sono state inserite in sede di conversione in legge.*

(4) *Le parole* « l'organo accertatore » *sono state sostituite alle parole* « l'Autorità procedente » *in sede di conversione in legge.*

(5) *Comma così sostituito in sede di conversione in legge.*

(6) *Le parole* «, del personale dei corpi di polizia municipale munito della qualifica di agente di pubblica sicurezza » *e l'ultimo periodo sono stati inseriti in sede di conversione.*

4-*bis* Proroga dei piani terapeutici (1).

1. I piani terapeutici che comprendono la fornitura di protesi, ortesi, ausili e dispositivi necessari per la prevenzione, la correzione o la compensazione di menomazioni o disabilità, per il potenziamento delle abilità nonché per la promozione dell'autonomia dell'assistito, in scadenza durante lo stato di emergenza deliberato dal Consiglio dei ministri in data 31 gennaio 2020, sono prorogati per ulteriori novanta giorni. I nuovi piani terapeutici sono autorizzati in base a protocolli e procedure semplificati stabiliti dalle regioni (1).

(1) *Articolo inserito in sede di conversione in legge.*

5 Disposizioni finali.

1. Sono abrogati:

a) il decreto-legge 23 febbraio 2020, n. 6, convertito, con modificazioni, dalla legge 5 marzo 2020, n. 13, ad eccezione degli articoli 3, comma 6-*bis*, e 4;

b) l'articolo 35 del decreto-legge 2 marzo 2020, n. 9.

2. Le disposizioni del presente decreto si applicano alle Regioni a statuto speciale e alle Province autonome di Trento e di Bolzano compatibilmente con i rispettivi statuti e le relative norme di attuazione.

3. Dall'attuazione del presente decreto non devono derivare nuovi o maggiori oneri a carico della finanza pubblica. Le amministrazioni interessate provvedono alle attività previste dal medesimo decreto mediante l'utilizzo delle risorse umane, strumentali e finanziarie disponibili a legislazione vigente (1).

(1) *Comma così sostituito in sede di conversione in legge.*

6 Entrata in vigore.

1. Il presente decreto entra in vigore il giorno successivo a quello della sua pubblicazione nella Gazzetta Ufficiale della Repubblica italiana e sarà presentato alle Camere per la conversione in legge.

Il presente decreto, munito del sigillo dello Stato, sarà inserito nella Raccolta ufficiale degli atti normativi della Repubblica italiana. È fatto obbligo a chiunque spetti di osservarlo e di farlo osservare.

6. Decreto legge 8 aprile 2020, n. 23, convertito, con modificazioni, in legge 5 giugno 2020, n. 40. — Misure urgenti in materia di accesso al credito e di adempimenti fiscali per le imprese, di poteri speciali nei settori strategici, nonché interventi in materia di salute e lavoro, di proroga di termini amministrativi e processuali (*estratto*).

Pubblicato nella Gazzetta Ufficiale n. 94 dell'8 aprile 2020; la legge di conversione è stata pubblicata nella Gazzetta Ufficiale n. 143 del 6 giugno 2020.

29-*bis* Obblighi dei datori di lavoro per la tutela contro il rischio di contagio da COVID-19.

1. Ai fini della tutela contro il rischio di contagio da COVID-19, i datori di lavoro pubblici e privati adempiono all'obbligo di cui all'articolo 2087 del codice civile mediante l'applicazione delle prescrizioni contenute nel protocollo condiviso di regolamentazione delle misure per il contrasto e il contenimento della diffusione del COVID-19 negli ambienti di lavoro, sottoscritto il 24 aprile 2020 tra il Governo e le parti sociali, e successive modificazioni e integrazioni, e negli altri protocolli e linee guida di cui all'articolo 1, comma 14, del decreto-legge 16 maggio 2020, n. 33, nonchè mediante l'adozione e il mantenimento delle misure ivi previste. Qualora non trovino applicazione le predette prescrizioni, rilevano le misure contenute nei protocolli o accordi di settore stipulati dalle organizzazioni sindacali e datoriali comparativamente più rappresentative sul piano nazionale.

36 Termini processuali in materia di giustizia civile, penale, amministrativa, contabile, tributaria e militare.

1. Il termine del 15 aprile 2020 previsto dall'articolo 83, commi 1 e 2, del decreto-legge 17 marzo 2020, n. 18 è prorogato all'11 maggio 2020. Conseguentemente il termine iniziale del periodo previsto dal comma 6 del predetto articolo è fissato al 12 maggio 2020. Le disposizioni del presente articolo si applicano, in quanto compatibili, ai procedimenti di cui ai commi 20 e 21 dell'articolo 83 del decreto-legge n. 18 del 2020.

2. La disposizione di cui al comma 1 non si applica ai procedimenti penali in cui i termini di cui all'articolo 304 del codice di procedura penale scadono nei sei mesi successivi all'11 maggio 2020.

3. Nei giudizi disciplinati dal codice del processo amministrativo, di cui all'allegato 1 al decreto legislativo 2 luglio 2010, n. 104, (1) sono ulteriormente sospesi, dal 16 aprile al 3 maggio 2020 inclusi, esclusivamente i termini per la notificazione dei ricorsi, fermo restando quanto previsto dall'articolo 54, comma 3, dello stesso codice.

4. La proroga del termine di cui al comma 1, primo periodo, si applica altresì a tutte le funzioni e attività della Corte dei conti, come elencate nell'articolo 85 del decreto legge 17 marzo 2020, n. 18. Conseguentemente il termine iniziale del periodo previsto dal comma 5 del predetto articolo 85 è fissato al 12 maggio 2020.

(1) *Le parole* «, di cui all'allegato 1 al decreto legislativo 2 luglio 2010, n. 104, » *sono state inserite in sede di conversione in legge.*

37 **Termini dei procedimenti amministrativi e dell'efficacia degli atti amministrativi in scadenza.**

1. Il termine del 15 aprile 2020 previsto dai commi 1 e 5 dell'articolo 103 del decreto-legge 17 marzo 2020, n. 18, è prorogato al 15 maggio 2020.

7. Decreto legge 30 aprile 2020, n. 28, convertito, con modificazioni, in legge 25 giugno 2020, n. 70. — Misure urgenti per la funzionalità dei sistemi di intercettazioni di conversazioni e comunicazioni, ulteriori misure urgenti in materia di ordinamento penitenziario, nonché disposizioni integrative e di coordinamento in materia di giustizia civile, amministrativa e contabile e misure urgenti per l'introduzione del sistema di allerta Covid-19 (*estratto*).

Pubblicato nella Gazzetta Ufficiale n. 111 del 30 aprile 2020; la legge di conversione è stata pubblicata nella Gazzetta Ufficiale n. 162 del 29 giugno 2020.

4 **Disposizioni integrative e di coordinamento in materia di giustizia amministrativa.**

1. All'articolo 84, commi 3, 4, lettera *e*), 5 e 9 (1), del decreto-legge 17 marzo 2020 n. 18, convertito, con modificazioni, dalla legge 24 aprile 2020, n. 27, le parole « 30 giugno 2020 » sono sostituite con « 31 luglio 2020 ». All'articolo 7 del decreto-legge 31 agosto 2016, n. 168, convertito, con modificazioni, dalla legge 25 ottobre 2016, n. 197, il comma 4 è abrogato (2). All'articolo 84 del decreto-legge 17 marzo 2020, n. 18, convertito, con modificazioni, dalla legge 24 aprile 2020, n. 27, l'ultimo periodo del comma 10 è soppresso (2). A decorrere dal 30 maggio e fino al 31 luglio 2020 può essere chiesta discussione orale con istanza depositata entro il termine per il deposito delle memorie di replica ovvero, per gli affari cautelari, fino a cinque giorni liberi prima dell'udienza in qualunque rito, mediante collegamento da remoto con modalità idonee a salvaguardare il contraddittorio e l'effettiva partecipazione dei difensori all'udienza, assicurando in ogni caso la sicurezza e la funzionalità del sistema informatico della giustizia amministrativa e dei relativi apparati e comunque nei limiti delle risorse attualmente assegnate ai singoli uffici (3). L'istanza è accolta dal presidente del collegio se presentata congiuntamente da tutte le parti costituite (3). Negli altri casi, il presidente del collegio valuta l'istanza, anche sulla base delle eventuali opposizioni espresse dalle altre parti alla discussione da remoto (3). Se il presidente ritiene necessaria, anche in assenza di istanza di parte, la discussione della causa con modalità da remoto, la dispone con decreto (3). In tutti i casi in cui sia disposta la discussione da remoto, la segreteria comunica, almeno tre giorni (4) prima della trattazione, l'avviso dell'ora e delle modalità di collegamento (3). Si dà atto a verbale delle modalità con cui si accerta l'identità dei soggetti partecipanti e la libera volontà delle parti, anche ai fini della disciplina sulla protezione dei dati personali (3). Il luogo da cui si collegano i magistrati, gli avvocati e il personale addetto è considerato udienza a tutti gli effetti di legge (3). In alternativa alla discussione possono essere depositate note di udienza fino alle ore 12 del giorno antecedente a quello dell'udienza stessa (5) o richiesta di passaggio in decisione e il difensore che deposita tali note o tale richiesta è considerato presente a ogni effetto in udienza (3). Il decreto di cui al comma 2 stabilisce i tempi massimi di discussione e replica (3).

2. Il comma 1 dell'articolo 13 dell'allegato 2 al decreto legislativo 2 luglio 2010, n. 104, recante le norme di attuazione al codice del processo amministrativo, è sostituito dal seguente: « 1. Con decreto del Presidente del Consiglio di Stato, sentiti il Dipartimento della Presidenza del Consiglio dei ministri competente in materia di trasformazione digitale, il Consiglio nazionale forense, il Consiglio di presidenza della giustizia amministrativa e le associazioni specialistiche maggiormente rappresentative, (6) che si esprimono nel termine perentorio di trenta giorni dalla trasmissione dello schema di decreto, sono stabilite, nei limiti delle risorse umane, strumentali e finanziarie disponibili a legislazione vigente, le regole tecnico-operative per la sperimentazione e la graduale applicazione degli aggiornamenti del processo amministrativo telematico, anche relativamente ai procedimenti connessi attualmente non informatizzati, ivi incluso il procedimento per ricorso straordinario. Il decreto si applica a partire dalla data nello stesso indicata, comunque non anteriore al quinto giorno successivo a quello della sua pubblicazione nella Gazzetta Ufficiale della Repubblica italiana. ».

3. A decorrere dal quinto giorno successivo a quello della pubblicazione nella Gazzetta Ufficiale del primo decreto adottato dal Presidente del Consiglio di Stato di cui al comma 1 dell'articolo 13 dell'allegato 2 al decreto legislativo 2 luglio 2010, n. 104, come modificato dal comma 2 del presente articolo, è abrogato il decreto del Presidente del Consiglio dei ministri 16 febbraio 2016, n. 40 (7). È abrogato il comma 2-*quater* dell'articolo 136 dell'allegato 1 al decreto legislativo 2 luglio 2010, n. 104, recante il codice del processo amministrativo.

(1) *Le parole « 5 e 9 » sono state sostituite alle parole « 5, 9 e 10 » in sede di conversione in legge.*

(2) *Periodo inserito in sede di conversione in legge.*

(3) *Ai sensi dell'art. 25 d.l. 28 ottobre 2020, n. 137, conv., con modif., in l. 18 dicembre 2020, n. 176 (sub VI, 10): « 1. Le disposizioni dei periodi quarto e seguenti del comma 1 dell'articolo 4 del decreto-legge 30 aprile 2020, n. 28, convertito, con modificazioni, dalla legge 25 giugno 2020, n. 70, si applicano altresì alle udienze pubbliche e alle camere di consiglio del*

Consiglio di Stato, del Consiglio di giustizia amministrativa per la Regione siciliana e dei tribunali amministrativi regionali che si svolgono dal 9 novembre 2020 al 31 luglio 2021 e, fino a tale ultima data, il decreto di cui al comma 1 dell'articolo 13 dell'allegato 2 al decreto legislativo 2 luglio 2010, n. 104, prescinde dai pareri previsti dallo stesso articolo 13. — 2. Durante tale periodo, salvo quanto previsto dal comma 1, gli affari in trattazione passano in decisione, senza discussione orale, sulla base degli atti depositati, ferma restando la possibilità di definizione del giudizio ai sensi dell'articolo 60 del codice del processo amministrativo, di cui al decreto legislativo 2 luglio 2010, n. 104, omesso ogni avviso. Il giudice delibera in camera di consiglio, se necessario avvalendosi di collegamenti da remoto. Restano fermi i poteri presidenziali di rinvio degli affari e di modifica della composizione del collegio. — 3. Per le udienze pubbliche e le camere di consiglio che si svolgono tra il 9 e il 20 novembre 2020, l'istanza di discussione orale, di cui al quarto periodo del comma 1 del citato articolo 4 del decreto-legge n. 28 del 2020, può essere presentata fino a cinque giorni liberi prima dell'udienza pubblica o camerale. ».

(4) *Le parole* « tre giorni » *sono state sostituite alle parole* « un giorno » *in sede di conversione in legge.*

(5) *Le parole* « fino alle ore 12 del giorno antecedente a quello dell'udienza stessa » *sono state sostituite alle parole* « fino alle ore 9 antimeridiane del giorno dell'udienza stessa » *in sede di conversione in legge.*

(6) *Le parole* «, il Consiglio nazionale forense, il Consiglio di presidenza della giustizia amministrativa e le associazioni specialistiche maggiormente rappresentative » *sono state sostituite alle parole* « e gli altri soggetti indicati dalla legge » *in sede di conversione in legge.*

(7) *Così corretto con Comunicato 4 maggio 2020.*

5 Disposizioni integrative e di coordinamento in materia di giustizia contabile.

1. (*Omissis*).

1-*bis*. A decorrere dalla data di entrata in vigore della legge di conversione del presente decreto, in relazione all'accresciuta esigenza di garantire la sicurezza degli approvvigionamenti pubblici di carattere strategico, l'ufficio di cui all'articolo 162, comma 5, del codice dei contratti pubblici, di cui al decreto legislativo 18 aprile 2016, n. 50, assume la denominazione di Sezione centrale per il controllo dei contratti secretati e svolge, oltre alle funzioni ivi previste, anche il controllo preventivo di cui all'articolo 42, comma 3-*bis*, del regolamento di cui al decreto del Presidente del Consiglio dei ministri 6 novembre 2015, n. 5. La predetta Sezione centrale si avvale di una struttura di supporto di livello non dirigenziale, nell'ambito della vigente dotazione organica del personale amministrativo e della magistratura contabile. Il Consiglio di presidenza della Corte dei conti, su proposta del Presidente, definisce criteri e modalità per salvaguardare le esigenze di massima riservatezza nella scelta dei magistrati da assegnare alla Sezione centrale e nell'operatività della stessa. Analoghi criteri e modalità sono osservati dal segretario generale nella scelta del personale di supporto da assegnare alla Sezione medesima. Con riferimento a quanto previsto dall'articolo 162, comma 5, secondo periodo, del codice di cui al decreto legislativo 18 aprile 2016, n. 50, la relazione è trasmessa al Comitato parlamentare per la sicurezza della Repubblica.

(1) *Modifica l'art. 85 d.l. 17 marzo 2020, n. 18, conv., con modif., in l. 24 aprile 2020, n. 27.*

6 Sistema di allerta Covid-19 (1) (2).

1. Al solo fine di allertare le persone che siano entrate in contatto stretto con soggetti risultati positivi e tutelarne la salute attraverso le previste misure di prevenzione nell'ambito delle misure di sanità pubblica legate all'emergenza COVID-19, è istituita una piattaforma unica nazionale per la gestione del sistema di allerta dei soggetti che, a tal fine, hanno installato, su base volontaria, un'apposita applicazione sui dispositivi di telefonia mobile. Il Ministero della salute, in qualità di titolare del trattamento, si coordina, sentito il Ministro per gli affari regionali e le autonomie, anche ai sensi dell'articolo 28 del Regolamento (UE) 2016/679, con i soggetti operanti nel Servizio nazionale della protezione civile, di cui agli articoli 4 e 13 del decreto legislativo 2 gennaio 2018, n. 1, e con i soggetti attuatori di cui all'articolo 1 dell'ordinanza del Capo del Dipartimento della protezione civile n. 630 del 3 febbraio 2020, nonché con l'Istituto superiore di sanità e, anche per il tramite del Sistema Tessera Sanitaria, con le strutture pubbliche e private accreditate che operano nell'ambito del Servizio sanitario nazionale, nel rispetto delle relative competenze istituzionali in materia sanitaria connessa all'emergenza epidemiologica da COVID 19, per gli ulteriori adempimenti necessari alla gestione del sistema di allerta e per l'adozione di correlate misure di sanità pubblica e di cura. Le modalità operative del sistema di allerta tramite la piattaforma informatica di cui al presente comma sono complementari alle ordinarie modalità in uso nell'ambito del Servizio sanitario nazionale. Il Ministro della salute e il Ministro per gli affari regionali e le autonomie informano periodicamente la Conferenza permanente per i rapporti tra lo Stato, le regioni e le province autonome di Trento e di Bolzano sullo stato di avanzamento del progetto.

2. Il Ministero della salute, all'esito di una valutazione di impatto, costantemente aggiornata, effettuata ai sensi dell'articolo 35 del Regolamento (UE) 2016/679, adotta misure tecniche e organizzative idonee a garantire un livello di sicurezza adeguato ai rischi elevati per i diritti e le libertà degli interessati, sentito il Garante per la protezione dei dati personali ai sensi dell'articolo 36, paragrafo 5, del medesimo Regolamento (UE) 2016/679 e dell'articolo 2-*quinquiesdecies* del Codice in materia di protezione dei dati personali di cui al decreto legislativo 30 giugno 2003, n. 196, assicurando, in particolare, che:

a) gli utenti ricevano, prima dell'attivazione dell'applicazione, ai sensi degli articoli 13 e 14 del Regolamento (UE) 2016/679, informazioni chiare e trasparenti al fine di raggiungere una piena consapevolezza, in particolare, sulle finalità e sulle operazioni di trattamento, sulle tecniche di pseudonimizzazione utilizzate e sui tempi di conservazione dei dati;

b) per impostazione predefinita, in conformità all'articolo 25 del Regolamento (UE) 2016/679, i dati personali raccolti dall'applicazione di cui al comma 1 siano esclusivamente quelli necessari ad avvisare gli utenti dell'applicazione di rientrare tra i contatti stretti di altri utenti accertati positivi al COVID-19, individuati secondo criteri stabiliti dal Ministero della salute e specificati nell'ambito delle misure di cui al presente comma, nonché ad agevolare l'eventuale adozione di misure di assistenza sanitaria in favore degli stessi soggetti;

c) il trattamento effettuato per allertare i contatti sia basato sul trattamento di dati di prossimità dei dispositivi, resi anonimi oppure, ove ciò non sia possibile, pseudonimizzati; è esclusa in ogni caso la geolocalizzazione dei singoli utenti;

d) siano garantite su base permanente la riservatezza, l'integrità, la disponibilità e la resilienza dei sistemi e dei servizi di trattamento nonché misure adeguate ad evitare il rischio di reidentificazione degli interessati cui si riferiscono i dati pseudonimizzati oggetto di trattamento;

e) i dati relativi ai contatti stretti siano conservati, anche nei dispositivi mobili degli utenti, per il periodo strettamente necessario al trattamento, la cui durata è stabilita dal Ministero della salute e specificata nell'ambito delle misure di cui al presente comma; i dati sono cancellati in modo automatico alla scadenza del termine;

f) i diritti degli interessati di cui agli articoli da 15 a 22 del Regolamento (UE) 2016/679 possano essere esercitati anche con modalità semplificate.

3. I dati raccolti attraverso l'applicazione di cui al comma 1 non possono essere trattati per finalità diverse da quella di cui al medesimo comma 1, salva la possibilità di utilizzo in forma aggregata o comunque anonima, per soli fini di sanità pubblica, profilassi, statistici o di ricerca scientifica, ai sensi degli articoli 5, paragrafo 1, lettera *a*) e 9, paragrafo 2, lettere *i*) e *j*), del Regolamento (UE) 2016/679. Al solo fine indicato al comma 1, previa valutazione d'impatto ai sensi dell'articolo 35 del regolamento (UE) 2016/679, è consentita l'interoperabilità con le piattaforme che operano, con le medesime finalità, nel territorio dell'Unione europea (3).

4. Il mancato utilizzo dell'applicazione di cui al comma 1 non comporta alcuna conseguenza pregiudizievole ed è assicurato il rispetto del principio di parità di trattamento.

5. La piattaforma di cui al comma 1 è di titolarità pubblica ed è realizzata dal Commissario di cui all'articolo 122 del decreto-legge 17 marzo 2020, n. 18, convertito, con modificazioni, dalla legge 24 aprile 2020, n. 27, esclusivamente con infrastrutture localizzate sul territorio nazionale e gestite dalla società di cui all'articolo 83, comma 15, del decreto-legge 25 giugno 2008, n. 112, convertito, con modificazioni, dalla legge 6 agosto 2008, n. 133. I programmi informatici di titolarità pubblica sviluppati per la realizzazione della piattaforma e l'utilizzo dell'applicazione di cui al medesimo comma 1 sono resi disponibili e rilasciati sotto licenza aperta ai sensi dell'articolo 69 del decreto legislativo 7 marzo 2005, n. 82.

6. L'utilizzo dell'applicazione e della piattaforma, nonché ogni trattamento di dati personali effettuato ai sensi al presente articolo sono interrotti alla data di cessazione delle esigenze di protezione e prevenzione sanitaria, legate alla diffusione del COVID-19 anche a carattere transfrontaliero, individuata con decreto del Presidente del Consiglio dei ministri, su proposta del Ministro della salute, e comunque entro il 31 dicembre 2022, (4), ed entro la medesima data tutti i dati personali trattati devono essere cancellati o resi definitivamente anonimi.

7. Agli oneri derivanti dall'implementazione della piattaforma di cui al presente articolo, nel limite massimo di 1.500.000 euro per l'anno 2020, si provvede mediante utilizzo delle risorse assegnate per il medesimo anno al Commissario straordinario di cui all'articolo 122 del decreto-legge 17 marzo 2020, n. 18 con delibera del Consiglio dei Ministri a valere sul Fondo emergenze nazionali di cui all'articolo 44 del decreto legislativo 2 gennaio 2018, n. 1.

(1) *In riferimento all'attività di contact tracing e sorveglianza sanitaria di cui al presente articoloy, v. l'art. 20 d.l. 28 ottobre 2020, n. 137, conv., con modif., in l. 18 dicembre 2020, n. 176, sub VII, 10.*

(2) *A norma dell'art. 1, comma 621 l. 30 dicembre 2020, n. 178 (legge di bilancio 2021), per l'anno 2021 le attività dirette a garantire lo sviluppo, l'implementazione e il funzionamento della piattaforma di cui al presente articolo, sono realizzate dalla competente struttura per l'innovazione tecnologica e la digitalizzazione della Presidenza del Consiglio dei ministri.*

(3) *Periodo aggiunto dall'art. 2, comma 1, lett. a) d.l. 7 ottobre 2020, n. 125, conv., con modif., in l. 27 novembre 2020, n. 159.*

(4) *Le parole* « e comunque entro il 31 dicembre 2022 » *sono state sostituite alle parole* « e comunque entro il 31 dicembre 2021 » *dall'art. 15, comma 1, d.l. 24 dicembre 2021, n. 221, conv., con modif., in l. 18 febbraio 2022, n. 11. Precedentemente, le parole* « delle esigenze di protezione e prevenzione sanitaria, legate alla diffusione del COVID-19 anche a carattere transfrontaliero, individuata con decreto del Presidente del Consiglio dei ministri, su proposta del Ministro della salute, e comunque entro il 31 dicembre 2021, » *erano state sostituite alle parole* « dello stato di emergenza disposto con delibera del Consiglio dei ministri del 31 gennaio 2020, e comunque non oltre il 31 dicembre 2020, » *dall'art. 2, comma 1, lett. b) d.l. n. 125, cit.*

8. Decreto legge 16 maggio 2020, n. 33, convertito, con modificazioni, in legge 14 luglio 2020, n. 74. — Ulteriori misure urgenti per fronteggiare l'emergenza epidemiologica da COVID-19 (1).

Pubblicato nella Gazzetta Ufficiale n. 125 del 16 maggio 2020; la legge di conversione è stata pubblicata nella Gazzetta Ufficiale n. 177 del 15 luglio 2020.

(1) *Ai sensi dell'art. 1-bis d.l. 30 luglio 2020, n. 83, come inserito in sede di conversione in l. 25 settembre 2020, n. 124,* « *Le disposizioni del decreto-legge 25 marzo 2020, n. 19, convertito, con modificazioni, dalla legge 22 maggio 2020, n. 35, si applicano nei limiti della loro compatibilità con quanto stabilito dal decreto-legge 16 maggio 2020, n. 33, convertito, con modificazioni, dalla legge 14 luglio 2020, n. 74* ».

1 Misure di contenimento della diffusione del COVID-19 (1).

1. A decorrere dal 18 maggio 2020, cessano di avere effetto tutte le misure limitative della circolazione all'interno del territorio regionale di cui agli articoli 2 e 3 del decreto-legge 25 marzo 2020, n. 19, convertito, con modificazioni, dalla legge 22 maggio 2020, n. 35, e tali misure possono essere adottate o reiterate, ai sensi degli stessi articoli 2 e 3, solo con riferimento a specifiche aree del territorio medesimo interessate da particolare aggravamento della situazione epidemiologica.

2. Fino al 2 giugno 2020 sono vietati gli spostamenti, con mezzi di trasporto pubblici e privati, in una regione

diversa rispetto a quella in cui attualmente ci si trova, salvo che per comprovate esigenze lavorative, di assoluta urgenza ovvero per motivi di salute; resta in ogni caso consentito il rientro presso il proprio domicilio, abitazione o residenza.

3. A decorrere dal 3 giugno 2020, gli spostamenti interregionali possono essere limitati solo con provvedimenti adottati ai sensi dell'articolo 2 del decreto-legge n. 19 del 2020, in relazione a specifiche aree del territorio nazionale, secondo principi di adeguatezza e proporzionalità al rischio epidemiologico effettivamente presente in dette aree.

4. Fino al 2 giugno 2020, sono vietati gli spostamenti da e per l'estero, con mezzi di trasporto pubblici e privati, salvo che per comprovate esigenze lavorative, di assoluta urgenza ovvero per motivi di salute o negli ulteriori casi individuati con provvedimenti adottati ai sensi dell'articolo 2 del decreto-legge n. 19 del 2020; resta in ogni caso consentito il rientro presso il proprio domicilio, abitazione o residenza. A decorrere dal 3 giugno 2020, gli spostamenti da e per l'estero possono essere limitati solo con provvedimenti adottati ai sensi dell'articolo 2 del decreto-legge n. 19 del 2020, anche in relazione a specifici Stati e territori, secondo principi di adeguatezza e proporzionalità al rischio epidemiologico e nel rispetto dei vincoli derivanti dall'ordinamento dell'Unione europea e degli obblighi internazionali.

5. Gli spostamenti tra lo Stato della Città del Vaticano o la Repubblica di San Marino e le regioni con essi rispettivamente confinanti non sono soggetti ad alcuna limitazione.

6. È fatto divieto di mobilità dalla propria abitazione o dimora alle persone sottoposte alla misura della quarantena per provvedimento dell'autorità sanitaria in quanto risultate positive al virus COVID-19, fino all'accertamento della guarigione o al ricovero in una struttura sanitaria o altra struttura allo scopo destinata.

7. Ai soggetti che hanno avuto contatti stretti con soggetti confermati positivi al COVID-19 e agli altri soggetti individuati con i provvedimenti adottati ai sensi dell'articolo 2 del decreto-legge n. 19 del 2020, con provvedimento dell'autorità sanitaria è applicata la quarantena precauzionale o altra misura ad effetto equivalente, preventivamente approvata dal Comitato tecnico-scientifico di cui all'ordinanza del Capo del Dipartimento della protezione civile n. 630 del 3 febbraio 2020.

7-*bis*. La misura della quarantena precauzionale di cui al comma 7 non si applica a coloro che, nei centoventi giorni dal completamento del ciclo vaccinale primario o dalla guarigione o successivamente alla somministrazione della dose di richiamo, hanno avuto contatti stretti con soggetti confermati positivi al COVID-19. Ai soggetti di cui al primo periodo è applicato il regime dell'autosorveglianza, consistente nell'obbligo di indossare dispositivi di protezione delle vie respiratorie di tipo FFP2 fino al decimo giorno successivo alla data dell'ultimo contatto stretto con soggetti confermati positivi al COVID-19 e di effettuare un test antigenico rapido o molecolare per la rilevazione dell'antigene SARS-CoV-2 alla prima comparsa dei sintomi e, se ancora sintomatici, al quinto giorno successivo alla data dell'ultimo contatto. (1).

7-*ter*. Con circolare del Ministero della salute sono definite le modalità attuative dei commi 6 e 7 sulla base dei criteri stabiliti dal Comitato tecnico-scientifico di cui all'ordinanza del Capo del Dipartimento della protezione civile n. 630 del 3 febbraio 2020. La cessazione del regime di quarantena di cui ai commi 6 e 7 consegue all'esito negativo di un test antigenico rapido o molecolare per la rilevazione dell'antigene SARS-CoV-2, effettuato anche presso centri privati a ciò abilitati. In quest'ultimo caso, la trasmissione, con modalità anche elettroniche, al dipartimento di prevenzione territorialmente competente del referto con esito negativo determina la cessazione del regime di quarantena (1).

7-*quater*. Le disposizioni di cui al comma 7-*bis* sull'autosorveglianza si applicano anche in caso di guarigione avvenuta successivamente al completamento del ciclo vaccinale primario (2).

8. È vietato l'assembramento di persone in luoghi pubblici o aperti al pubblico. Le manifestazioni, gli eventi e gli spettacoli di qualsiasi natura con la presenza di pubblico, ivi compresi quelli di carattere culturale, ludico, sportivo e fieristico, nonché ogni attività convegnistica o congressuale, in luogo pubblico o aperto al pubblico, si svolgono, ove ritenuto possibile sulla base dell'andamento dei dati epidemiologici, con le modalità stabilite con i provvedimenti adottati ai sensi dell'articolo 2 del decreto-legge n. 19 del 2020.

9. Il sindaco può disporre la chiusura temporanea di specifiche aree pubbliche o aperte al pubblico in cui sia impossibile assicurare adeguatamente il rispetto della distanza di sicurezza interpersonale di almeno un metro.

10. Le riunioni si svolgono garantendo il rispetto della distanza di sicurezza interpersonale di almeno un metro.

11. Le funzioni religiose con la partecipazione di persone si svolgono nel rispetto dei protocolli sottoscritti dal Governo e dalle rispettive confessioni contenenti le misure idonee a prevenire il rischio di contagio.

12. Le disposizioni di cui ai commi 7, 8, 10 e 11 sono attuate con provvedimenti adottati ai sensi dell'articolo 2 del decreto-legge n. 19 del 2020, che possono anche stabilire differenti termini di efficacia.

13. Le attività dei servizi educativi per l'infanzia di cui all'articolo 2 del decreto legislativo 13 aprile 2017, n. 65, e le attività didattiche nelle scuole di ogni ordine e grado, nonché la frequenza delle attività scolastiche e di formazione superiore, comprese le Università e le Istituzioni di Alta Formazione Artistica Musicale e Coreutica, di corsi professionali, master, corsi per le professioni sanitarie e università per anziani, nonché i corsi professionali e le attività formative svolte da altri enti pubblici, anche territoriali e locali e da soggetti privati, sono svolte con modalità definite con provvedimento adottato ai sensi dell'articolo 2 del decreto-legge n. 19 del 2020.

14. Le attività economiche, produttive e sociali devono svolgersi nel rispetto dei contenuti di protocolli o linee guida idonei a prevenire o ridurre il rischio di

contagio nel settore di riferimento o in ambiti analoghi, adottati dalle regioni o dalla Conferenza delle regioni e delle province autonome nel rispetto dei principi contenuti nei protocolli o nelle linee guida nazionali. In assenza di quelli regionali trovano applicazione i protocolli o le linee guida adottati a livello nazionale. Le misure limitative delle attività economiche, produttive e sociali possono essere adottate, nel rispetto dei principi di adeguatezza e proporzionalità, con provvedimenti emanati ai sensi dell'articolo 2 del decreto-legge n. 19 del 2020 o del comma 16 (3).

15. Il mancato rispetto dei contenuti dei protocolli o delle linee guida, regionali, o, in assenza, nazionali, di cui al comma 14 che non assicuri adeguati livelli di protezione determina la sospensione dell'attività fino al ripristino delle condizioni di sicurezza.

16. Per garantire lo svolgimento in condizioni di sicurezza delle attività economiche, produttive e sociali, le regioni monitorano con cadenza giornaliera l'andamento della situazione epidemiologica nei propri territori e, in relazione a tale andamento, le condizioni di adeguatezza del sistema sanitario regionale. I dati del monitoraggio sono comunicati giornalmente dalle regioni al Ministero della salute, all'Istituto superiore di sanità e al comitato tecnico-scientifico di cui all'ordinanza del Capo del dipartimento della protezione civile del 3 febbraio 2020, n. 630, e successive modificazioni. In relazione all'andamento della situazione epidemiologica sul territorio, accertato secondo i criteri stabiliti con decreto del Ministro della salute 30 aprile 2020, pubblicato nella Gazzetta Ufficiale n. 112 del 2 maggio 2020, da modificarsi previa intesa in sede di Conferenza permanente per i rapporti tra lo Stato e le Regioni e le Province autonome di Trento e di Bolzano (4), nelle more dell'adozione dei decreti del Presidente del Consiglio dei ministri di cui all'articolo 2 del decreto-legge n. 19 del 2020, la Regione, informando contestualmente il Ministro della salute, può introdurre misure derogatorie restrittive rispetto a quelle disposte ai sensi del medesimo articolo 2, ovvero, nei soli casi e nel rispetto dei criteri previsti dai citati decreti e d'intesa con il Ministro della salute, anche ampliative (5).

16-*bis*. Il Ministero della salute, con frequenza settimanale, pubblica nel proprio sito internet istituzionale e comunica ai Presidenti del Senato della Repubblica e della Camera dei deputati i risultati del monitoraggio dei dati epidemiologici di cui al decreto del Ministro della salute 30 aprile 2020, pubblicato nella Gazzetta Ufficiale n. 112 del 2 maggio 2020. Il Ministro della salute con propria ordinanza, sentiti i Presidenti delle regioni interessate, può individuare, sulla base dei dati in possesso ed elaborati dalla cabina di regia di cui al decreto del Ministro della salute 30 aprile 2020 (6), sentito altresì, ove ritenuto necessario, (7) il Comitato tecnico scientifico di cui all'ordinanza del Capo del Dipartimento della protezione civile n. 630 del 3 febbraio 2020, una o più regioni nel cui territorio si manifesta un più elevato rischio epidemiologico e in cui, conseguentemente, si applicano le specifiche misure individuate con decreto del Presidente del Consiglio dei ministri tra quelle di cui all'articolo 1, comma 2, del decreto-legge 25 marzo 2020, n. 19, convertito, con modificazioni, dalla legge 22 maggio 2020, n. 35, aggiuntive rispetto a quelle applicabili sull'intero territorio nazionale. Lo scenario è parametrato all'incidenza dei contagi sul territorio regionale ovvero all'incidenza dei contagi sul territorio regionale unitamente alla percentuale di occupazione dei posti letto in area medica e in terapia intensiva per pazienti affetti da COVID-19 e determina la collocazione delle regioni in una delle zone individuate dal comma 16-*septies* (8). Le ordinanze di cui al secondo periodo sono efficaci per un periodo minimo di quindici giorni, salvo che dai risultati del monitoraggio risulti necessaria l'adozione di misure più rigorose, e vengono comunque meno allo scadere del termine di efficacia dei decreti del Presidente del Consiglio dei ministri sulla base dei quali sono adottate, salva la possibilità di reiterazione. L'accertamento della permanenza per quattordici giorni (9) in uno scenario inferiore a quello che ha determinato le misure restrittive comporta in ogni caso la nuova classificazione. Con ordinanza del Ministro della salute, adottata d'intesa con i Presidenti delle regioni interessate, in ragione dell'andamento del rischio epidemiologico certificato dalla cabina di regia di cui al decreto del Ministro della salute 30 aprile 2020, può essere in ogni momento prevista, in relazione a specifiche parti del territorio regionale, l'esenzione dall'applicazione delle misure di cui al secondo periodo. I verbali del Comitato tecnico scientifico e della cabina di regia di cui al presente articolo sono pubblicati per estratto in relazione al monitoraggio dei dati nel sito internet istituzionale del Ministero della salute. Ferma restando l'ordinanza del Ministro della salute del 4 novembre 2020, pubblicata nella Gazzetta Ufficiale n. 276 del 5 novembre 2020, i dati sulla base dei quali la stessa è stata adottata sono pubblicati entro tre giorni dalla data di entrata in vigore della presente disposizione (10).

16-*ter*. L'accertamento della permanenza per quattordici giorni in uno scenario (11) inferiore a quello che ha determinato le misure restrittive, effettuato ai sensi del comma 16-*bis*, come verificato dalla cabina di regia, comporta l'applicazione, per un ulteriore periodo di quattordici giorni, delle misure relative allo scenario immediatamente inferiore, salvo che la cabina di regia ritenga congruo un periodo inferiore. Sono fatti salvi gli atti già adottati conformemente ai principi definiti dal presente comma (12).

16-*quater*. Il Ministro della salute, con propria ordinanza, secondo le procedure di cui ai commi 16-bis e 16-*ter*, applica alle regioni che, ai sensi del comma 16-*bis*, si collocano in una delle zone di cui alle lettere *b*), *c*) e *d*) del comma 16-*septies* (13), le misure individuate con decreto del Presidente del Consiglio dei ministri tra quelle di cui all'articolo 1, comma 2, del decreto-legge 25 marzo 2020, n. 19, convertito, con modificazioni, dalla legge 22 maggio 2020, n. 35, aggiuntive e progressive rispetto a quelle applicabili nell'intero territorio nazionale (14).

16-*quinquies*. (15).

16-*sexies*. Con ordinanza del Ministro della salute, adottata ai sensi del comma 16-*bis* sono individuate le regioni che si collocano nella zona bianca di cui alla lettera *a*) del comma 16-*septies* (16), all'interno delle quali cessano di applicarsi le misure determinate ai sensi dell'articolo 1, comma 2, del decreto-legge 25 marzo 2020, n. 19, convertito, con modificazioni, dalla legge 22 maggio 2020, n. 35, e le attività sono disciplinate dai protocolli individuati con decreti del Presidente del Consiglio dei ministri. Con i medesimi decreti possono essere adottate, in relazione a determinate attività particolarmente rilevanti dal punto di vista epidemiologico, specifiche misure restrittive fra quelle di cui all'articolo 1, comma 2, del decreto-legge n. 19 del 2020.

16-*septies*. Sono denominate:

a) "Zona bianca": le regioni nei cui territori alternativamente:

1) l'incidenza settimanale dei contagi è inferiore a 50 casi ogni 100.000 abitanti per tre settimane consecutive;

2) l'incidenza settimanale dei contagi è pari o superiore a 50 casi ogni 100.000 abitanti e si verifica una delle due seguenti condizioni:

2.1) il tasso di occupazione dei posti letto in area medica per pazienti affetti da COVID-19 è uguale o inferiore al 15 per cento;

2.2) il tasso di occupazione dei posti letto in terapia intensiva per pazienti affetti da COVID-19 è uguale o inferiore al 10 per cento di quelli comunicati alla Cabina di regia di cui al decreto del Ministro della salute 30 aprile 2020, entro cinque giorni dalla data di entrata in vigore del presente decreto. La comunicazione può essere aggiornata con cadenza mensile sulla base di posti letto aggiuntivi, che non incidano su quelli già esistenti e destinati ad altre attività;

b) "Zona gialla": le regioni nei cui territori alternativamente:

1) l'incidenza settimanale dei contagi è pari o superiore a 50 e inferiore a 150 casi ogni 100.000 abitanti, salvo che ricorrano le condizioni indicate nella lettera *a*);

2) l'incidenza settimanale dei casi è pari o superiore a 150 casi ogni 100.000 abitanti e si verifica una delle due seguenti condizioni, salvo che ricorrano le condizioni indicate nella lettera *a*):

2.1) il tasso di occupazione dei posti letto in area medica per pazienti affetti da COVID-19 è uguale o inferiore al 30 per cento;

2.2) il tasso di occupazione dei posti letto in terapia intensiva per pazienti affetti da COVID-19 è uguale o inferiore al 20 per cento di quelli comunicati alla predetta Cabina di regia entro cinque giorni dalla data di entrata in vigore del presente decreto. La comunicazione può essere aggiornata con cadenza mensile sulla base di posti letto aggiuntivi, che non incidano su quelli già esistenti e destinati ad altre attività;

c) "Zona arancione": le regioni nei cui territori l'incidenza settimanale dei contagi è pari o superiore a 150 casi ogni 100.000 abitanti, salvo che ricorrano le condizioni indicate nelle lettere *a*), *b*) e *d*);

d) "Zona rossa": le regioni nei cui territori l'incidenza settimanale dei contagi è pari o superiore a 150 casi ogni 100.000 abitanti e si verificano entrambe le seguenti condizioni:

1) il tasso di occupazione dei posti letto in area medica per pazienti affetti da COVID-19 è superiore al 40 per cento;

2) il tasso di occupazione dei posti letto in terapia intensiva per pazienti affetti da COVID-19 è superiore al 30 per cento di quelli comunicati alla predetta Cabina di regia entro cinque giorni dalla data di entrata in vigore del presente decreto. La comunicazione può essere aggiornata con cadenza mensile sulla base di posti letto aggiuntivi, che non incidano su quelli già esistenti e destinati ad altre attività (17).

(1) *Comma inserito dall'art. 2, comma 2, d.l. 24 dicembre 2021, n. 221, conv., con modif., in l. 18 febbraio 2022, n. 11. Precedentemente, l'inserimento del comma era stato disposto dall'art. 2, comma 1, d.l. 30 dicembre 2021, n. 229, poi abrogato dall'art. 1, comma 2 l. n. 11, cit. disponendo che restano validi gli atti e i provvedimenti adottati e sono fatti salvi gli effetti prodottisi e i rapporti giuridici sorti sulla base del medesimo d.l. n. 229, cit.*

(2) *Comma inserito dall'art. 2-*ter, *comma 1, d.l. 7 gennaio 2022, n. 1, conv., con modif., in l. 4 marzo 2022, n. 18. Precedentemente, l'inserimento del comma era stato disposto dall'art.2, comma 1, d.l. 4 febbraio 2022, n. 5, poi abrogato dall'art. 1, comma 2 l. n. 18, cit., disponendo che restano validi gli atti e i provvedimenti adottati e sono fatti salvi gli effetti prodottisi e i rapporti giuridici sorti sulla base del medesimo d.l. n. 5, cit..*

(3) *Ai sensi dell'art. 10-*bis*, comma 1 d.l. 22 aprile 2021, n. 52, conv., con modif., in l. 17 giugno 2021, n. 87, i protocolli e le linee guida di cui al presente comma sono adottati e aggiornati con ordinanza del Ministro della salute, di concerto con i Ministri competenti per materia o d'intesa con la Conferenza delle regioni e delle province autonome.*

(4) *Le parole* « da modificarsi previa intesa in sede di Conferenza permanente per i rapporti tra lo Stato e le Regioni e le Province autonome di Trento e di Bolzano » *sono state sostituite alle parole* « e sue eventuali modificazioni » *dall'art. 2, comma 1, lett. a) d.l. 23 luglio 2021, n. 105, conv., con modif., in l. 16 settembre 2021, n. 126.*

(5) *Le parole da* « restrittive » *a* « Ministro della salute, anche ampliative » *sono state sostituite alle parole* «, ampliative o restrittive, rispetto a quelle disposte ai sensi del medesimo articolo 2 » *dall'art. 1, comma 2, lett. a) d.l. 7 ottobre 2020, n. 125, conv., con modif., in l. 27 novembre 2020, n. 159.*

(6) *Le parole* « in coerenza con il documento in materia di 'Prevenzione e risposta a COVID-19: evoluzione della strategia e pianificazione nella fase di transizione per il periodo autunno-invernale', di cui all'allegato 25 al decreto del Presidente del Consiglio dei ministri del 3 novembre 2020, pubblicato nel supplemento ordinario alla Gazzetta Ufficiale n. 275 del 4 novembre 2020 » *che seguivano le parole* « 30 aprile 2020 » *sono state soppresse dall'art. 10, comma 1-bis, lett. a), n. 1) d.l. n. 52, cit.*

(7) *Le parole* «, ove ritenuto necessario, » *sono state sostituite alle parole* « altresì sui dati monitorati » *dall'art. 3, comma 1 d.l. 6 agosto 2021, n. 111, conv., con modif., in l. 24 settembre 2021, n. 133.*

(8) *Periodo aggiunto dall'art. 10, comma 1-bis, lett. a), n. 2) d.l. n. 52, cit.*

(9) *Le parole* « in un livello di rischio o » *che seguivano le parole* « quattordici giorni » *sono state soppresse dall'art. 10, comma 1-bis, lett. a), n. 2) d.l. n. 52, cit.*

(10) *Comma aggiunto, in sede di conversione dall'art. 19-*bis*, comma 1 d.l. 28 ottobre 2020, n. 137, conv., con modif., in l. 18 dicembre 2020, n. 176. Precedentemente, l'inserimento del comma era stato disposto dall'art. 30, comma 1 d.l. 9 novembre 2020, n. 149, ora abrogato dall'art. 1, comma 2 l. n. 176, cit., ai sensi del quale restano validi gli atti e i provvedimenti adottati e sono fatti salvi gli effetti prodottisi e i rapporti giuridici sorti sulla base del medesimo d.l. n. 149, cit.*

(11) *Le parole* « in uno scenario » *sono state sostituite alle parole* « in un livello di rischio o scenario » *dall'art. 10, comma 1-bis, lett. b) d.l. n. 52, cit.*

(12) *Comma aggiunto, in sede di conversione, dall'art. 1-*quinquies*, comma 1 d.l. n. 137, cit. Precedentemente, l'inserimento del comma era stato disposto dall'art. 24, comma 1 d.l. 30 novembre 2020, n. 157, ora abrogato dall'art. 1, comma 2 l. n. 176, cit., ai sensi del quale restano validi gli atti e i provvedimenti adottati e sono fatti salvi gli effetti prodottisi e i rapporti giuridici sorti sulla base del medesimo d.l. n. 157, cit.*

(13) *Le parole* « in una delle zone di cui alle lettere *b*), *c*) e *d*) del comma 16-*septies* » *sono state sostituite alle parole* « in uno scenario almeno di tipo 2 e con un livello di rischio almeno moderato, ovvero in uno scenario almeno di tipo 3 e con un livello di rischio almeno moderato, ove nel relativo territorio si manifesti un'incidenza settimanale dei contagi superiore a 50 casi ogni 100.000 abitanti » *dall'art. 10, comma 1-bis, lett. c) d.l. n. 52, cit.*

(14) *Comma aggiunto, in sede di conversione, dall'art. 1-*ter*, comma 1 d.l. 18 dicembre 2020, n. 172, conv., con modif., in l. 29 gennaio 2021, n. 6; in sede di prima applicazione e fino al 15 gennaio 2021, v. il comma 2 del predetto art. 1-*ter*. Precedentemente, l'inserimento del comma era*

previsto dall'art. 2, comma 1 d.l. 5 gennaio 2021, n. 1, ora abrogato dall'art. 1, comma 3 l. n. 6, cit., disponendo che restano validi gli atti e i provvedimenti adottati e sono fatti salvi gli effetti prodottisi e i rapporti giuridici sorti sulla base del medesimo d.l. n. 1, cit.

(15) *Comma da ultimo abrogato dall'art. 2, comma 1, lett. b) d.l. n. 105, cit. Il testo del comma, come da ultimo sostituito dall'art. 10, comma 1-bis, lett. d) d.l. n. 52, cit., era il seguente:* « 16-*quinquies*. Con ordinanza del Ministro della salute, le misure di cui al comma 16-*quater*, previste per le regioni che si collocano nella zona arancione di cui alla lettera *c*) del comma 16-*septies*, sono applicate anche alle regioni che si collocano nella zona gialla di cui alla lettera *b*) del medesimo comma, qualora gli indicatori di cui al menzionato decreto del Ministro della salute 30 aprile 2020 specificamente individuati con decreto del Ministro della salute, adottato previa intesa in sede di Conferenza permanente per i rapporti tra lo Stato, le regioni e le province autonome di Trento e di Bolzano, attestino per tali regioni un livello di rischio alto ».

(16) *Le parole* « nella zona bianca di cui alla lettera *a*) del comma 16-*septies* » *sono state sostituite alle parole* « in uno scenario di tipo 1 e con un livello di rischio basso, ove nel relativo territorio si manifesti una incidenza settimanale dei contagi, per tre settimane consecutive, inferiore a 50 casi ogni 100.000 abitanti » *dall'art. 10, comma 1-bis, lett. e) d.l. n. 52, cit.*

(17) *Comma da ultimo così sostituito dall'art. 2, comma 1, lett. c) d.l. n. 105, cit. Il testo del comma, come da ultimo sostituito dall'art. 10, comma 1-bis, lett. f) d.l. n. 52, cit., era il seguente:* « 16-*septies*. Sono denominate: *a*) 'Zona bianca': le regioni nei cui territori l'incidenza settimanale dei contagi è inferiore a 50 casi ogni 100.000 abitanti per tre settimane consecutive; *b*) 'Zona gialla': le regioni nei cui territori alternativamente: 1) l'incidenza settimanale dei contagi è pari o superiore a 50 e inferiore a 150 casi ogni 100.000 abitanti; 2) l'incidenza settimanale dei casi è pari o superiore a 150 e inferiore a 250 casi ogni 100.000 abitanti e si verifica una delle due seguenti condizioni: 2.1) il tasso di occupazione dei posti letto in area medica per pazienti affetti da COVID-19 è uguale o inferiore al 30 per cento; 2.2) il tasso di occupazione dei posti letto in terapia intensiva per pazienti affetti da COVID-19 è uguale o inferiore al 20 per cento; *c*) 'Zona arancione': le regioni nei cui territori l'incidenza settimanale dei contagi è pari o superiore a 150 e inferiore a 250 casi ogni 100.000 abitanti, salvo che ricorrano le condizioni indicate nelle lettere *b*) e *d*); *d*) 'Zona rossa': le regioni nei cui territori alternativamente: 1) l'incidenza settimanale dei contagi è pari o superiore a 250 casi ogni 100.000 abitanti; 2) l'incidenza settimanale dei contagi è pari o superiore a 150 e inferiore a 250 casi ogni 100.000 abitanti e si verificano entrambe le seguenti condizioni: 2.1) il tasso di occupazione dei posti letto in area medica per pazienti affetti da COVID-19 è superiore al 40 per cento; 2.2) il tasso di occupazione dei posti letto in terapia intensiva per pazienti affetti da COVID-19 è superiore al 30 per cento ».

1-*bis* Modifiche ai poteri del Commissario straordinario per l'emergenza COVID-19.

1. All'articolo 122 del decreto-legge 17 marzo 2020, n. 18, convertito, con modificazioni, dalla legge 24 aprile 2020, n. 27, sono apportate le seguenti modificazioni:

a) dopo il comma 1 è inserito il seguente:

"1-*bis*. Al fine di assicurare il più ampio accesso da parte della popolazione alle mascherine facciali di tipo chirurgico, ritenute beni essenziali per fronteggiare l'emergenza, il Commissario può stipulare appositi protocolli con le associazioni di categoria delle imprese distributrici al fine di disciplinare i prezzi massimi di vendita al dettaglio e i rapporti economici necessari ad assicurare l'effettiva fornitura e distribuzione dei beni, ivi incluse le misure idonee a ristorare gli aderenti dell'eventuale differenza rispetto ai prezzi di acquisto, ferma restando la facoltà di cessione diretta, da parte del Commissario, ad un prezzo non superiore a quello di acquisto";

b) al comma 9, dopo le parole: "per l'acquisizione dei beni di cui al comma 1," sono inserite le seguenti: "per la sottoscrizione dei protocolli di cui al comma 1-*bis*".

2 Sanzioni e controlli (1).

1. Salvo che il fatto costituisca reato diverso da quello di cui all'articolo 650 del codice penale, le violazioni delle disposizioni del presente decreto, ovvero dei decreti e delle ordinanze emanati in attuazione del presente decreto, sono punite con la sanzione amministrativa di cui all'articolo 4, comma 1, del decreto-legge 25 marzo 2020, n. 19, convertito, con modificazioni, dalla legge 22 maggio 2020, n. 35. Nei casi in cui la violazione sia commessa nell'esercizio di un'attività di impresa, si applica altresì la sanzione amministrativa accessoria della chiusura dell'esercizio o dell'attività da 5 a 30 giorni.

2. Per l'accertamento delle violazioni e il pagamento in misura ridotta si applica l'articolo 4, comma 3, del decreto-legge n. 19 del 2020. Le sanzioni per le violazioni delle misure disposte da autorità statali sono irrogate dal Prefetto. Le sanzioni per le violazioni delle misure disposte da autorità regionali e locali sono irrogate dalle autorità che le hanno disposte. All'atto dell'accertamento delle violazioni di cui al secondo periodo del comma 1, ove necessario per impedire la prosecuzione o la reiterazione della violazione, l'autorità procedente può disporre la chiusura provvisoria dell'attività o dell'esercizio per una durata non superiore a 5 giorni. Il periodo di chiusura provvisoria è scomputato dalla corrispondente sanzione accessoria definitivamente irrogata, in sede di sua esecuzione. In caso di reiterata violazione della medesima disposizione la sanzione amministrativa è raddoppiata e quella accessoria è applicata nella misura massima.

2-*bis*. I proventi delle sanzioni amministrative pecuniarie, relative alle violazioni delle disposizioni previste dal presente decreto accertate successivamente alla data di entrata in vigore della legge di conversione del presente decreto, sono devoluti allo Stato quando le violazioni siano accertate da funzionari, ufficiali ed agenti dello Stato. I medesimi proventi sono devoluti alle regioni, alle province e ai comuni quando le violazioni siano accertate da funzionari, ufficiali ed agenti, rispettivamente, delle regioni, delle province e dei comuni.

3. Salvo che il fatto costituisca reato punibile ai sensi dell'articolo 452 del codice penale o comunque più grave reato, la violazione della misura di cui all'articolo 1, comma 6, è punita ai sensi dell'articolo 260 del regio decreto 27 luglio 1934, n. 1265.

(1) *V. l'art. 11, comma 2 d.l. 24 marzo 2022, n. 24, in corso di conversione in legge che così dispone: « L'articolo 4 del decreto-legge 25 marzo 2020, n. 19, convertito, con modificazioni, dalla legge 22 maggio 2020, n. 35, e l'articolo 2 del decreto-legge 16 maggio 2020, n. 33, convertito, con modificazioni, dalla legge 14 luglio 2020, n. 74, continuano a trovare applicazione nei casi in cui disposizioni vigenti facciano ad essi espresso rinvio ».*

3 Disposizioni finali.

1. Le misure di cui al presente decreto si applicano dal 18 maggio 2020 al 31 marzo 2022 (1), fatti salvi i diversi termini previsti dall'articolo 1.

2. Le disposizioni del presente decreto si applicano alle Regioni a statuto speciale e alle Province autono-

me di Trento e di Bolzano compatibilmente con i rispettivi statuti e le relative norme di attuazione.

3. Dall'attuazione del presente decreto non devono derivare nuovi o maggiori oneri a carico della finanza pubblica e le amministrazioni interessate provvedono alle attività ivi previste mediante utilizzo delle risorse umane, strumentali e finanziarie disponibili a legislazione vigente.

(1) *Le parole « 31 marzo 2022 » sono state sostituite alle parole « 31 dicembre 2021 » dall'art. 2, comma 2, lett. b) d.l. 24 dicembre 2021, n. 221, conv., con modif., in l. 18 febbraio 2022, n. 11.*

4 Entrata in vigore.

Il presente decreto entra in vigore il giorno stesso della sua pubblicazione nella Gazzetta Ufficiale della Repubblica italiana e sarà presentato alle Camere per la conversione in legge.

9. Decreto legge 19 maggio 2020, n. 34, convertito, con modificazioni, in legge 17 luglio 2020, n. 77. — Misure urgenti in materia di salute, sostegno al lavoro e all'economia, nonché di politiche sociali connesse all'emergenza epidemiologica da COVID-19 (*estratto*).

Pubblicato nella Gazzetta Ufficiale n. 128 del 19 maggio 2020; la legge di conversione è stata pubblicata nella Gazzetta Ufficiale n. 180 del 18 luglio 2020.

53 Deroga al divieto di concessione di aiuti di Stato a imprese beneficiarie di aiuti di Stato illegali non rimborsati.

1. In deroga all'articolo 46, comma 1, della legge 24 dicembre 2012, n. 234, che vieta ai soggetti beneficiari di aiuti non rimborsati, di cui è obbligatorio il recupero in esecuzione di una decisione della Commissione europea, di ricevere nuovi aiuti, i suddetti soggetti, in ragione delle straordinarie condizioni determinate dall'epidemia di COVID-19, accedono agli aiuti previsti da atti legislativi o amministrativi adottati, a livello nazionale, regionale o territoriale, ai sensi e nella vigenza della comunicazione della Commissione europea del 19 marzo 2020, C (2020)1863, "Quadro temporaneo per le misure di aiuto di Stato a sostegno dell'economia nell'attuale emergenza del COVID- 19", e successive modificazioni, al netto dell'importo dovuto e non rimborsato, comprensivo degli interessi maturati fino alla data dell'erogazione (1).

1-*bis*. Fino alla cessazione dello stato di emergenza nazionale, in ragione delle straordinarie condizioni determinate dall'epidemia di COVID-19, l'importo degli aiuti non rimborsati può essere rateizzato fino ad un massimo di ventiquattro rate mensili, comprensive degli interessi (2).

1-*ter*. L'efficacia della disposizione di cui al comma 1-*bis* è subordinata all'autorizzazione della Commissione europea ai sensi dell'articolo 108, paragrafo 3, del Trattato sul funzionamento dell'Unione europea (2).

(1) *Comma così modificato in sede di conversione in legge.*
(2) *Comma aggiunto, in sede di conversione, dall'art. 28, comma 1, lett. oa) d.l. 22 marzo 2021, n. 41, conv., con modif., in l. 21 maggio 2021, n. 69.*

54 Aiuti sotto forma di sovvenzioni dirette, anticipi rimborsabili o agevolazioni fiscali

1. Le Regioni, le Province autonome, anche promuovendo eventuali azioni di coordinamento in sede di Conferenza delle Regioni e delle Province autonome, gli altri enti territoriali, le Camere di commercio possono adottare misure di aiuto, a valere sulle proprie risorse, ai sensi della sezione 3.1 della Comunicazione della Commissione europea C (2020) 1863 final - "Quadro temporaneo per le misure di aiuto di Stato a sostegno dell'economia nell'attuale emergenza del COVID-19" e successive modifiche e integrazioni, nei limiti e alle condizioni di cui alla medesima Comunicazione ed al presente articolo, fino a un importo complessivo che in qualsiasi momento non supera i 2,3 milioni di euro per impresa (1), salvo i diversi limiti per le imprese di cui al comma 3.

2. L'aiuto può essere concesso sotto forma di sovvenzioni dirette, agevolazioni fiscali e di pagamento o in altre forme, quali anticipi rimborsabili, garanzie, prestiti e partecipazioni, a condizione che il valore nominale totale di tali misure rimanga al di sotto del massimale di 2,3 milioni di euro per impresa (2); tutti i valori utilizzati devono essere al lordo di qualsiasi imposta o altro onere.

3. Gli aiuti non possono superare in qualsiasi momento l'importo di 345.000 euro per ciascuna impresa operante nel settore della pesca e dell'acquacoltura o di 290.000 euro per impresa operante nel settore della produzione primaria di prodotti agricoli; l'aiuto può essere concesso sotto forma di sovvenzioni dirette, agevolazioni fiscali e di pagamento o in altre forme come anticipi rimborsabili, garanzie, prestiti e partecipazioni, a condizione che il valore nominale totale di tali misure non superi il massimale di 345.000 euro o 290.000 euro per impresa; tutti i valori utilizzati devono essere al lordo di qualsiasi imposta o altro onere (3).

4. Gli aiuti alle imprese attive nella produzione primaria di prodotti agricoli non devono essere fissati sulla base del prezzo o della quantità dei prodotti immessi sul mercato.

5. Gli aiuti concessi ad imprese operanti nella trasformazione e commercializzazione di prodotti agricoli devono essere subordinati alle condizioni dettate dal

punto 22, lettera *e*) della Comunicazione di cui al comma 1.

6. Gli aiuti alle imprese attive nel settore della pesca e dell'acquacoltura non riguardano nessuna delle categorie di aiuti di cui all'articolo 1, paragrafo 1, lettere da *a*) a *k*), del regolamento (UE) n. 717/2014 della Commissione.

7. Nel caso in cui un'impresa sia attiva in diversi settori a cui si applicano importi massimi diversi, conformemente al comma 2 e al comma 3, deve essere assicurato con mezzi adeguati, quali la separazione contabile, che per ciascuna di tali attività sia rispettato il massimale pertinente e che in totale non sia superato l'importo massimo ammesso.

7-*bis*. Gli aiuti concessi in base a regimi approvati ai sensi del presente articolo e rimborsati prima della concessione di nuovi aiuti non sono presi in considerazione quando si verifica che il massimale applicabile non è stato superato (4).

7-*ter*. Se l'aiuto è concesso sotto forma di agevolazioni fiscali, la passività fiscale in relazione alla quale è concessa l'agevolazione deve essere sorta entro il 31 dicembre 2021 (5) o entro la successiva data fissata dalla Commissione europea in sede di eventuale modifica della comunicazione della Commissione europea C (2020) 1863 final "Quadro temporaneo per le misure di aiuto di Stato a sostegno dell'economia nell'attuale emergenza del COVID-19", pubblicata nella Gazzetta Ufficiale dell'Unione europea C 091I del 20 marzo 2020.

7-*quater*. Le misure concesse ai sensi della Comunicazione della Commissione europea C (2020) 1863 final - "Quadro temporaneo per le misure di aiuto di Stato a sostegno dell'economia nell'attuale emergenza del COVID-19" e successive modifiche e integrazioni, sotto forma di anticipi rimborsabili, garanzie, prestiti o altri strumenti rimborsabili possono essere convertite in altre forme di aiuto, come le sovvenzioni, purché la conversione avvenga entro il 30 giugno 2023 (6) e siano rispettate le condizioni di cui alla sezione 3.1 della suddetta Comunicazione (7).

(1) *Le parole* « fino a un importo complessivo che in qualsiasi momento non supera i 2,3 milioni di euro per impresa » *sono state sostituite alle parole* « fino a un importo di 1,8 milioni di euro per impresa » *dall'art. 27, comma 1, lett. a), n. 1, d.l. 27 gennaio 2022, n. 4, conv., con modif., in l. 28 marzo 2022, n. 25. Precedentemente, le parole* « 1, 8 milioni di euro » *erano state sostituite alle parole* « 800 000 euro » *dall'art. 28, comma 1, lett.* a) *d.l. 22 marzo 2021, n. 41, conv., con modif., in l. 21 maggio 2021, n. 69.*

(2) *Le parole* « al di sotto del massimale di 2,3 milioni di euro per impresa » *sono state sostituite alle parole* « al di sotto del massimale di 1,8 milioni di euro per impresa » *dall'art. 27, comma 1, lett.* a), *n. 2, d.l. n. 4, cit. Precedentemente, le parole* « 1, 8 milioni di euro » *erano state sostituite alle parole* « 800 000 euro » *dall'art. 28, comma 1, lett.* a) *d.l. n. 41, cit.*

(3) *Comma così sostituito dall'art. 27, comma 1, lett.* a), *n. 3, d.l. n. 4, cit. Il testo del comma, come sostituito dall'art. 28, comma 1, lett.* b) *d.l. n. 41, cit., era il seguente:* « 3. Gli aiuti non possono superare l'importo di 270.000 euro per ciascuna impresa operante nel settore della pesca e dell'acquacoltura o 225.000 euro per ciascuna impresa operante nel settore della produzione primaria di prodotti agricoli; l'aiuto può essere concesso sotto forma di sovvenzioni dirette, agevolazioni fiscali e di pagamento o in altre forme come anticipi rimborsabili, garanzie, prestiti e partecipazioni, a condizione che il valore nominale totale di tali misure non superi il massimale di 270.000 euro o 225.000 euro per impresa; tutti i valori utilizzati devono essere al lordo di qualsiasi imposta o altro onere ».

(4) *Comma così sostituito dall'art. 27, comma 1, lett.* a), *n. 3, d.l. n. 4, cit. Il testo del comma, come da ultimo modificato dall'art. 28, comma 1, lett.* c) *e* d) *d.l. n. 41, cit., era il seguente:* « 7-*bis*. Gli aiuti concessi in base a regimi approvati ai sensi del presente articolo e rimborsati prima del 31 dicembre 2021 non sono presi in considerazione quando si verifica che il massimale applicabile non è superato ».

(5) *Le parole* « 31 dicembre 2021 » *sono state sostituite alle parole* « 30 giugno 2021 » *dall'art. 28, comma 1, lett.* c) *e* d) *d.l. n. 41, cit.*

(6) *Le parole* « 30 giugno 2023 » *sono state sostituite alle parole* « 31 dicembre 2022 » *dall'art. 20, comma 1, lett. a) d.l. 30 dicembre 2021, n. 228, conv., con modif., in l. 25 febbraio 2022, n. 15.*

(7) *Comma inserito dall'art. 28, comma 1, lett.* e) *d.l. n. 41, cit.*

55 Aiuti sotto forma di garanzie sui prestiti alle imprese

1. Le Regioni, le Province autonome, anche promuovendo eventuali azioni di coordinamento in sede di Conferenza delle Regioni e delle Province autonome, gli altri enti territoriali, le Camere di commercio possono adottare misure di aiuto, a valere sulle proprie risorse, ai sensi della sezione 3.2 della Comunicazione della Commissione europea C(2020) 1863 final - "Quadro temporaneo per le misure di aiuto di Stato a sostegno dell'economia nell'attuale emergenza del COVID-19" e successive modifiche e integrazioni, nei limiti ed alle condizioni di cui alla medesima Comunicazione ed al presente articolo (1).

2. Le garanzie riguardano sia prestiti per gli investimenti sia prestiti per il capitale di esercizio e sono concesse a favore delle imprese in modo diretto o attraverso banche o altri soggetti abilitati all'esercizio del credito in Italia, nel rispetto delle condizioni di cui alle sezioni 3.2 e 3.4 della Comunicazione di cui al comma 1.

3. Per ciascun [singolo] prestito i premi di garanzia sono fissati a un livello minimo, che aumenta progressivamente all'aumentare della durata del prestito garantito, come indicato nella tabella di cui al punto 25, lettera *a*), della Comunicazione di cui al comma 1 (1).

4. L'importo totale dei prestiti per beneficiario non deve superare i limiti indicati al punto 25, lettera *d*), paragrafi *i*) e *ii*), della Comunicazione di cui al comma 1.

5. La durata della garanzia è limitata a un massimo di sei anni e la garanzia pubblica rispetta i limiti e le condizioni indicati nel punto 25, lettera *f*), della Comunicazione di cui al comma 1.

6. Gli aiuti di cui al presente articolo ed ogni altro aiuto concesso dagli stessi enti di cui al comma 1 o da qualsiasi altro ente, ai sensi della sezione 3.2 della Comunicazione di cui al comma 1, non possono essere cumulati con nessun altro aiuto concesso ai sensi della sezione 3.3 della Comunicazione dagli stessi enti di cui al comma 1 o da qualsiasi altro ente sotto forma di tassi d'interesse agevolati per i prestiti, per lo stesso prestito sottostante. I predetti aiuti possono essere cumulati per prestiti differenti se l'importo complessivo dei prestiti per beneficiario soggetti ad un regime di aiuto istituito ai sensi della Comunicazione di cui al comma 1 non supera le soglie di cui al comma 4 del presente articolo o all'articolo 56, comma 5. Un beneficiario può avvalersi di più aiuti concessi ai sensi della sezione 3.2 della Comunicazione di cui al comma 1, se l'ammontare complessivo dei prestiti soggetti ad aiuto non supera le soglie di cui al comma 4 (1).

7. Le garanzie di cui al presente articolo non si applicano a prestiti preesistenti, salva l'ipotesi nella quale

sussiste l'obbligo giuridico di prorogare la scadenza dei prestiti esistenti per le PMI, come definite ai sensi della Raccomandazione della Commissione relativa alla definizione delle microimprese, piccole e medie imprese C(2003) 1422 del 6 maggio 2003; in tal caso non può essere addebitata alcuna commissione di garanzia. Gli enti creditizi o altri enti finanziari dovrebbero, nella misura più ampia possibile, trasferire ai beneficiari finali i vantaggi della garanzia pubblica o dei tassi di interesse agevolati sui prestiti. L'intermediario finanziario dovrà essere in grado di dimostrare l'esistenza di un meccanismo volto a garantire che i vantaggi siano trasferiti, nella misura più ampia possibile, ai beneficiari finali, sotto forma di maggiori volumi di finanziamento, maggiore rischiosità dei portafogli, minori requisiti in materia di garanzie e premi di garanzia o tassi d'interesse inferiori. Quando sussiste l'obbligo giuridico di prorogare la scadenza dei prestiti esistenti per le PMI non può essere addebitata alcuna commissione di garanzia".

8. Le garanzie sono concesse entro [e non oltre] il 30 giugno 2022 (1).

(1) *Le parole* « 30 giugno 2022 » *sono state sostituite alle parole* « 31 dicembre 2021 » *dall'art. 20, comma 1, lett.* b) *d.l. 30 dicembre 2021, n. 228, conv., con modif., in l. 25 febbraio 2022, n. 15.*

56 Aiuti sotto forma di tassi d'interesse agevolati per i prestiti alle imprese

1. Le Regioni, le Province autonome, anche promuovendo eventuali azioni di coordinamento in sede di Conferenza delle Regioni e delle Province autonome, gli altri enti territoriali, le Camere di commercio possono adottare misure di aiuto, a valere sulle proprie risorse, ai sensi della sezione 3.3 della Comunicazione della Commissione europea C(2020) 1863 final - "Quadro temporaneo per le misure di aiuto di Stato a sostegno dell'economia nell'attuale emergenza del COVID-19" e successive modifiche e integrazioni, nei limiti ed alle condizioni di cui alla medesima Comunicazione e al presente articolo.

2. Gli aiuti riguardano i prestiti sia per il fabbisogno per gli investimenti sia per il capitale di esercizio e sono concessi a favore delle imprese in modo diretto o attraverso banche o altri soggetti abilitati all'esercizio del credito in Italia, nel rispetto delle condizioni di cui alle sezioni 3.3 e 3.4 della Comunicazione di cui al comma 1 (1).

3. I contratti di finanziamento sono firmati entro [e non oltre] il 30 giugno 2022 (2) e sono limitati ad un massimo di sei anni (1).

4. I prestiti possono essere concessi a un tasso di interesse agevolato pari almeno al tasso di base (-31 punti base annui) applicabile il 1° gennaio 2020, più i margini per il rischio di credito indicati nella tabella di cui alla lettera *a*) del punto 27 della Comunicazione di cui al comma 1. In ogni caso, tale tasso di interesse agevolato non può essere inferiore a 10 punti base annui.

5. L'importo totale dei prestiti per beneficiario non deve superare i limiti indicati al punto 27, lettera d), paragrafi *i*) e *ii*), della Comunicazione di cui al comma 1 (1).

6. Gli aiuti di cui al presente articolo ed ogni altro aiuto concesso dagli stessi enti di cui al comma 1 o da qualsiasi altro ente ai sensi della sezione 3.3 della Comunicazione di cui al comma 1, non possono essere cumulati con nessun altro aiuto concesso ai sensi della sezione 3.2 dagli stessi enti di cui al comma 1 o da qualsiasi altro ente sotto forma di garanzie sui prestiti, per lo stesso prestito sottostante. I predetti aiuti possono essere cumulati per prestiti differenti se l'importo complessivo dei prestiti per beneficiario soggetti ad un regime di aiuto istituito ai sensi della Comunicazione di cui al comma 1 non supera le soglie di cui al comma 5 del presente articolo o all'articolo 55, comma 4. Un beneficiario può avvalersi in parallelo di più aiuti concessi ai sensi della sezione 3.3 della Comunicazione di cui al comma 1, se l'ammontare complessivo dei prestiti soggetti ad aiuto non eccede le soglie di cui al comma 5 del presente articolo (1).

7. Gli aiuti di cui al presente articolo non si applicano a prestiti preesistenti, salva l'ipotesi nella quale sussiste l'obbligo giuridico di prorogare la scadenza dei prestiti esistenti per le PMI, come definite ai sensi della Raccomandazione della Commissione relativa alla definizione delle microimprese, piccole e medie imprese C(2003) 1422 del 6 maggio 2003; in tal caso non può essere addebitata alcuna commissione di garanzia. Gli enti creditizi o altri enti finanziari dovrebbero, nella misura più ampia possibile, trasferire ai beneficiari finali i vantaggi della garanzia pubblica o dei tassi di interesse agevolati sui prestiti. L'intermediario finanziario dovrà essere in grado di dimostrare l'esistenza di un meccanismo volto a garantire che i vantaggi siano trasferiti, nella misura più ampia possibile, ai beneficiari finali, sotto forma di maggiori volumi di finanziamento, maggiore rischiosità dei portafogli, minori requisiti in materia di garanzie e premi di garanzia o tassi d'interesse inferiori. Quando sussiste l'obbligo giuridico di prorogare la scadenza dei prestiti esistenti per le PMI non può essere addebitata alcuna commissione di garanzia.

(1) *Comma così modificato in sede di conversione in legge.*
(2) *Le parole* « 30 giugno 2022 » *sono state sostituite alle parole* « 31 dicembre 2021 » *dall'art. 20, comma 1, lett. c) d.l. 30 dicembre 2021, n. 228, conv., con modif., in l. 25 febbraio 2022, n. 15.*

57 Aiuti alle imprese per la ricerca e lo sviluppo in materia di COVID-19.

1. Le Regioni, le Province autonome, anche promuovendo eventuali azioni di coordinamento in sede di Conferenza delle Regioni e delle Province autonome, gli altri enti territoriali, le Camere di commercio possono adottare misure di aiuto, a valere sulle proprie risorse, ai sensi della sezione 3.6 della Comunicazione della Commissione europea C (2020) 1863 final - "Quadro temporaneo per le misure di aiuto di Stato a sostegno dell'economia nell'attuale emergenza del COVID-19" e successive modifiche e integrazioni, nei limiti ed alle condizioni di cui alla medesima Comunicazione ed al presente articolo (1).

2. Gli enti di cui al comma 1 possono istituire regimi di aiuto a favore di progetti di ricerca e sviluppo in materia di COVID-19 e antivirali pertinenti.

3. Gli aiuti sono concessi sotto forma di sovvenzioni dirette, anticipi rimborsabili o agevolazioni fiscali, nel rispetto delle condizioni di cui alla sezione 3.6 della Comunicazione di cui al comma 1.

4. I costi ammissibili sono quelli definiti al punto 35, lettere *b*) e *c*) della sezione 3.6 della Comunicazione di cui al comma 1. L'intensità di aiuto per ciascun beneficiario rientra nei limiti imposti dal punto 35, lettere *d*) ed *e*) della Comunicazione di cui al comma 1.

5. [Gli aiuti sono concessi entro [e non oltre] il 31 dicembre 2020] (2).

6. Gli aiuti di cui al presente articolo, concessi ai sensi della sezione 3.6 della Comunicazione di cui al comma 1, quelli concessi ai sensi della sezione 3.7 e quelli concessi ai sensi della sezione 3.8 della stessa Comunicazione, non possono essere cumulati tra loro, se l'aiuto riguarda gli stessi costi ammissibili. Gli aiuti di cui al presente articolo possono invece essere combinati con il sostegno proveniente da altre fonti per gli stessi costi ammissibili, a condizione che gli aiuti combinati non superino i massimali di cui alle lettere *d*) ed *e*) del punto 35 della Comunicazione di cui al comma 1.

7. Il beneficiario dell'aiuto si impegna a concedere licenze non esclusive a condizioni di mercato non discriminatorie a terzi nello Spazio economico europeo (1).

(1) *Comma così modificato in sede di conversione in legge.*

(2) *Comma abrogato dall'art. 28, comma 1, lett.* h), *d.l. 22 marzo 2021, n. 41, conv., con modif., in l. 21 maggio 2021, n. 69.*

58 Aiuti alle imprese per gli investimenti per le infrastrutture di prova e upscaling

1. Le Regioni, le Province autonome, anche promuovendo eventuali azioni di coordinamento in sede di Conferenza delle Regioni e delle Province autonome, gli altri enti territoriali, le Camere di commercio possono adottare misure di aiuto, a valere sulle proprie risorse, ai sensi della sezione 3.7 della Comunicazione della Commissione europea C (2020) 1863 final - "Quadro temporaneo per le misure di aiuto di Stato a sostegno dell'economia nell'attuale emergenza del COVID-19" e successive modifiche e integrazioni, nei limiti ed alle condizioni di cui alla medesima Comunicazione e al presente articolo (1).

2. Gli enti di cui al comma 1 possono concedere aiuti agli investimenti nei limiti di cui alla lettera *a*) del punto 37 della Comunicazione di cui al comma 1.

3. Gli aiuti sono concessi sotto forma di sovvenzioni dirette, anticipi rimborsabili o agevolazioni fiscali e, nel rispetto delle condizioni di cui alla lettera *h*) del punto 37 della Comunicazione di cui al comma 1, sotto forma di garanzia a copertura delle perdite.

4. I costi ammissibili e l'intensità dell'aiuto sono definiti al punto 37, lettere *c*), *e*) ed *f*) della Comunicazione di cui al comma 1.

5. Il progetto d'investimento deve essere completato nei termini di cui al punto 37, lettera *d*), della Comunicazione di cui al comma 1.

6. Gli aiuti sono altresì subordinati al rispetto delle condizioni di cui alle lettere *i*) e *j*) del punto 37 della Comunicazione di cui al comma 1.

7. Gli aiuti di cui al presente articolo, concessi ai sensi della sezione 3.7 della Comunicazione di cui al comma 1, quelli concessi ai sensi della sezione 3.6 e quelli concessi ai sensi della sezione 3.8 della stessa Comunicazione, non possono essere cumulati tra loro, se l'aiuto riguarda gli stessi costi ammissibili. Gli aiuti di cui al presente articolo non possono essere combinati con altri aiuti agli investimenti per gli stessi costi ammissibili.

(1) *Comma così modificato in sede di conversione in legge.*

59 Aiuti alle imprese agli investimenti per la produzione di prodotti connessi al COVID-19

1. Le Regioni, le Province autonome, anche promuovendo eventuali azioni di coordinamento in sede di Conferenza delle Regioni e delle Province autonome, gli altri enti territoriali, le Camere di commercio possono adottare misure di aiuto, a valere sulle proprie risorse, ai sensi della sezione 3.8 della Comunicazione della Commissione europea C (2020) 1863 final - "Quadro temporaneo per le misure di aiuto di Stato a sostegno dell'economia nell'attuale emergenza del COVID-19" e successive modifiche e integrazioni, nei limiti ed alle condizioni di cui alla medesima Comunicazione e al presente articolo (1).

2. Gli enti di cui al comma 1 possono istituire regimi di aiuti agli investimenti nei limiti di cui alla lettera *a*) del punto 39 della Comunicazione di cui al comma 1.

3. Gli aiuti sono concessi sotto forma di sovvenzioni dirette, anticipi rimborsabili o agevolazioni fiscali e, nel rispetto delle condizioni di cui alla lettera *h*) del punto 39 della Comunicazione di cui al comma 1, di garanzie a copertura delle perdite.

4. I costi ammissibili e l'intensità dell'aiuto sono definiti al punto 39, lettere *c*), *e*) ed *f*) della Comunicazione di cui al comma 1.

5. Il progetto d'investimento deve essere completato nei termini di cui al punto 39, lettera *d*) della Comunicazione di cui al comma 1.

6. Gli aiuti di cui al presente articolo, concessi ai sensi della sezione 3.8 della Comunicazione di cui al comma 1, quelli concessi ai sensi della sezione 3.6 e quelli concessi ai sensi della sezione 3.7 della stessa Comunicazione, non possono essere cumulati tra loro, se l'aiuto riguarda gli stessi costi ammissibili. Gli aiuti di cui al presente articolo non possono essere combinati con altri aiuti agli investimenti per gli stessi costi ammissibili.

(1) *Comma così modificato in sede di conversione in legge.*

60 Aiuti sotto forma di sovvenzioni per il pagamento dei salari dei dipendenti per evitare i licenziamenti durante la pandemia di COVID-19

1. Le Regioni, le Province autonome, anche promuovendo eventuali azioni di coordinamento in sede di Conferenza delle Regioni e delle Province autonome, gli altri enti territoriali, le Camere di commercio possono adottare misure di aiuto, a valere sulle proprie

risorse, ai sensi della sezione 3.10 della Comunicazione della Commissione europea C (2020) 1863 final - "Quadro temporaneo per le misure di aiuto di Stato a sostegno dell'economia nell'attuale emergenza del COVID-19 " e successive modifiche e integrazioni nei limiti e alle condizioni di cui alla medesima Comunicazione ed al presente articolo (1).

2. Gli aiuti di cui al presente articolo sono concessi al fine di contribuire ai costi salariali, ivi comprese le quote contributive e assistenziali, delle imprese, compresi i lavoratori autonomi, e sono destinati ad evitare i licenziamenti durante la pandemia di COVID-19.

3. Gli aiuti di cui al presente articolo sono concessi sotto forma di regimi destinati alle imprese di determinati settori o regioni o di determinate dimensioni, particolarmente colpite dalla pandemia di COVID-19.

4. Gli aiuti individuali nell'ambito del regime di sovvenzioni salariali sono concessi entro il 30 giugno 2022 (2), per i dipendenti che altrimenti sarebbero stati licenziati a seguito della sospensione o della riduzione delle attività aziendali dovuta alla pandemia di COVID-19 o per i lavoratori autonomi sulle cui attività commerciali la pandemia di COVID-19 ha inciso negativamente, e a condizione che il personale che ne beneficia continui a svolgere in modo continuativo l'attività lavorativa durante tutto il periodo per il quale è concesso l'aiuto, o a condizione che il lavoratore autonomo continui a svolgere la pertinente attività commerciale per tutto il periodo per il quale è concesso l'aiuto. L'imputabilità della sovvenzione per il pagamento dei salari può essere retrodatata al 1° febbraio 2020Gli aiuti individuali nell'ambito del regime di sovvenzioni salariali sono concessi entro il 31 dicembre (3).

5. La sovvenzione mensile per il pagamento dei salari non supera l'80% della retribuzione mensile lorda, compresi i contributi previdenziali a carico del datore di lavoro,del personale beneficiario, o l'80% del reddito mensile medio equivalente al salario del lavoratore autonomo (4).

6. La sovvenzione per il pagamento dei salari può essere combinata con altre misure di sostegno all'occupazione generalmente disponibili o selettive, purché il sostegno combinato non comporti una sovracompensazione dei costi salariali relativi al personale interessato. Le sovvenzioni per il pagamento dei salari possono essere inoltre combinate con i differimenti delle imposte e i differimenti dei pagamenti dei contributi previdenziali.

7. Gli aiuti di cui al presente articolo non possono in alcun caso consistere in trattamenti di integrazione salariale di cui al decreto legislativo 14 settembre 2015, n. 148 e degli artt. da 19 a 22 del decreto legge 17 marzo 2020, n. 18, convertito, con modificazioni, dalla legge 24 aprile 2020, n. 27.

(1) *Comma così modificato in sede di conversione in legge.*

(2) *Le parole* « 30 giugno 2022 » *sono state sostituite alle parole* « 31 dicembre 2021 » *dall'art. 20, comma 1, lett. d) d.l. 30 dicembre 2021, n. 228, conv., con modif., in l. 25 febbraio 2022, n. 15.*

(3) *Comma sostituito dall'art. 28, comma 1, lett.* i), *d.l. 22 marzo 2021, n. 41, conv., con modif., in l. 21 maggio 2021, n. 69. Il testo del comma era il seguente:* « 4. La sovvenzione per il pagamento dei salari viene concessa per un periodo non superiore a dodici mesi a decorrere dalla domanda di aiuto ovvero dalla data di inizio dell'imputabilità della sovvenzione se anteriore, per i dipendenti che altrimenti sarebbero stati licenziati a seguito della sospensione o della riduzione delle attività aziendali dovuta alla pandemia di COVID-19 e a condizione che il personale che ne beneficia continui a svolgere in modo continuativo l'attività lavorativa durante tutto il periodo per il quale è concesso l'aiuto. L'imputabilità della sovvenzione per il pagamento dei salari può essere retrodatata al 1° febbraio 2020. ».

(4) *Comma sostituito dall'art. 28, comma 1, lett. j), d.l. n. 41, cit. Il testo del comma era il seguente:* « 5. La sovvenzione mensile per il pagamento dei salari non supera l'80% della retribuzione mensile lorda (compresi i contributi previdenziali a carico del datore di lavoro) del personale beneficiario. ».

61 Disposizioni comuni

1. Gli aiuti di cui agli articoli da 54 a 60-*bis* (1) non possono essere concessi alle imprese che erano già in difficoltà, ai sensi dell'articolo 2, punto 18 del regolamento (UE) n. 651/2014 della Commissione, dell'articolo 2, punto 14 del regolamento (UE) n. 702/2014 della Commissione e all'articolo 3, punto 5 del regolamento (UE) n. 1388/2014 della Commissione, alla data del 31 dicembre 2019.

2. Gli aiuti di cui agli articoli da 54 a 60-*bis* (1) sono concessi entro [e non oltre] il 31 dicembre 2021 (2) o entro la successiva data fissata dalla Commissione europea in sede di eventuale modifica della comunicazione della Commissione europea C (2020) 1863 final "Quadro temporaneo per le misure di aiuto di Stato a sostegno dell'economia nell'attuale emergenza del COVID- 19", pubblicata nella Gazzetta Ufficiale dell'Unione europea C 091I del 20 marzo 2020 (3). Per gli aiuti concessi sotto forma di agevolazioni fiscali, il termine di concessione dell'aiuto coincide con la data in cui deve essere presentata da parte del beneficiario la dichiarazione fiscale relativa all'annualità 2020, all'annualità 2021 e all'annualità 2022 (4).

3. La concessione degli aiuti di cui agli articoli da 54 a 60-*bis* (1) è subordinata all'adozione della decisione di compatibilità di cui al comma 4 da parte della Commissione europea, ai sensi dell'articolo 108 del Trattato sul funzionamento dell'Unione europea e al rispetto delle condizioni e dei limiti della Comunicazione di cui al comma 1 (5).

4. Il Dipartimento delle politiche europee della Presidenza del Consiglio dei Ministri provvede, entro 7 giorni dall'entrata in vigore del presente decreto, a notificare gli articoli da 54 a 60-*bis* (1) al fine di ottenere la preventiva autorizzazione della Commissione europea, ai sensi dell'articolo 107 del Trattato sul funzionamento dell'Unione europea, per tutte le successive misure che saranno adottate dagli enti di cui al comma 1. Il medesimo Dipartimento provvede altresì alla registrazione esclusivamente del regime-quadro di cui agli articoli da 54 a 60-*bis* (1) nel registro di cui all'articolo 52 della legge 24 dicembre 2012, n. 234, come modificato dall'articolo 64, nonché nei registri aiuti di Stato SIAN- Sistema Informativo Agricolo Nazionale e SIPA- Sistema Italiano della Pesca e dell'Acquacoltura (5).

5. Gli enti che adottano le misure e concedono gli aiuti, ad eccezione degli aiuti nei settori agricoltura e pesca, provvedono agli adempimenti degli obblighi inerenti al registro nazionale aiuti di Stato di cui all'articolo 52 della legge 24 dicembre 2012, n. 234, come modificato dall'articolo 64. Per gli aiuti nei settori agri-

coltura e pesca gli enti di cui al primo periodo provvedono, in analogia con il presente comma, attraverso rispettivamente i registri SIAN - Sistema Informativo Agricolo Nazionale e SIPA- Sistema Italiano della Pesca e dell'Acquacoltura. Restano fermi in capo agli enti che adottano le misure e agli enti che concedono gli aiuti gli obblighi e le responsabilità di monitoraggio e relazione di cui alla sezione 4 della Comunicazione di cui al comma 1 (5).

6. Agli aiuti concessi ai sensi degli articoli da 54 a 60-*bis* (1) si applica la disposizione di cui all'articolo 53.

7. Gli aiuti di cui agli articoli da 54 a 60-*bis* (1) non devono in ogni caso superare le soglie massime per beneficiario ivi previste, calcolate tenendo conto di ogni altro aiuto, da qualunque fonte proveniente, anche ove concesso da soggetti diversi da quelli di cui ai predetti articoli. A tal fine, i soggetti che concedono gli aiuti ai sensi degli articoli da 54 a 60-*bis* (1) verificano, anche mediante autocertificazione, che il beneficiario non riceva aiuti di importo complessivamente superiore alle soglie massime consentite. Restano fermi gli obblighi di cui all'articolo 63.

(1) *Le parole* « da 54 a 60-*bis* » *sono state sostituite alle parole* « da 54 a 60 » *dall'art. 1, comma 627, lett. c) l. 30 dicembre 2020, n. 178 (legge di bilancio 2021).*

(2) *Le parole* « 31 dicembre 2021 » *sono state sostituite alle parole* « 30 giugno 2021 » *dall'art. 28, comma 1, lett. m), d.l. 22 marzo 2021, n. 41, conv., con modif., in l. 21 maggio 2021, n. 69.*

(3) *Le parole* « 30 giugno 2021 [*ora 31 dicembre 2021, v. nota 2*] o entro la successiva data fissata dalla Commissione europea in sede di eventuale modifica della comunicazione della Commissione europea C (2020) 1863 final "Quadro temporaneo per le misure di aiuto di Stato a sostegno dell'economia nell'attuale emergenza del COVID- 19", pubblicata nella Gazzetta Ufficiale dell'Unione europea C 091I del 20 marzo 2020 » *sono state sostituite alle parole* « 31 dicembre 2020 » *dall'art. 1, comma 627, lett. d) l. n. 178, cit.*

(4) *Le parole* « all'annualità 2020, all'annualità 2021 e all'annualità 2022 » *sono state sostituite alle parole* « all'annualità 2020 e all'annualità 2021 » *dall'art. 20, comma 1, lett. f) d.l. 30 dicembre 2021, n. 228, conv., con modif., in l. 25 febbraio 2022, n. 15. Precedentemente, le parole* « e all'annualità 2021 » *erano state aggiunte dopo le parole* « all'annualità 2020 » *dall'art. 28, comma 1, lett. m), d.l. n. 41, cit.*

(5) *Comma così modificato in sede di conversione in legge.*

62 Disposizioni finanziarie

1. Le amministrazioni interessate provvedono all'attuazione degli articoli da 54 a 61 a valere sulle risorse dei rispettivi bilanci. Gli aiuti degli enti territoriali sono concessi nel rispetto dell'articolo 3, comma 17, della legge 24 dicembre 2003, n. 350. Le Camere di commercio non possono concedere aiuti sotto forma di agevolazioni fiscali e per gli aiuti sotto forma di prestiti e garanzie si applica l'articolo 125, comma 4, decreto-legge 17 marzo 2020 n. 18, convertito con modificazioni dalla legge 24 aprile 2020, n. 27.

63 Adempimenti relativi alla registrazione degli aiuti

1. Gli aiuti concessi ai sensi della Comunicazione della Commissione europea C (2020) 1863 final - "Quadro temporaneo per le misure di aiuto di Stato a sostegno dell'economia nell'attuale emergenza del COVID-19" e successive modifiche e integrazioni, sono concessi in osservanza degli obblighi previsti dal regolamento recante la disciplina per il funzionamento del Registro nazionale degli aiuti di Stato, di cui all'articolo 52 della legge 24 dicembre 2012, n. 234 e al decreto del Ministro dello sviluppo economico 31 maggio 2017, n. 115, fatti salvi gli aiuti nei settori agricoltura e pesca che sono registrati nei registri SIAN- Sistema Informativo Agricolo Nazionale e SIPA - Sistema Italiano della Pesca e dell'Acquacoltura.

2. Ciascuna misura di agevolazione adottata ai sensi degli articoli da 54 a 60-*bis* (1) del presente decreto deve essere identificata, attraverso l'indicazione del codice unico identificativo « Codice Aiuto RNA-CAR », acquisito dal Dipartimento delle politiche europee ai sensi dell'articolo 8 del citato decreto 31 maggio 2017, n. 115 ed assegnato a ciascuno dei regimi-quadro autorizzati ai sensi dei precitati articoli. La registrazione di ciascuna misura di aiuto adottata dagli enti di cui al comma 1 dei predetti articoli e degli aiuti concessi ai singoli beneficiari è operata dai soggetti competenti, sotto la propria responsabilità.

(1) *Le parole* « da 54 a 60-*bis* » *sono state sostituite alle parole* « da 54 a 60 » *dall'art. 1, comma 627, lett. c) l. 30 dicembre 2020, n. 178 (legge di bilancio 2021).*

64 Adeguamento e modifiche al registro nazionale aiuti di Stato e ai registri aiuti di Stato SIAN e SIPA (1)

1. Entro il 30 maggio 2020, il registro di cui all'articolo 52 della legge 24 dicembre 2012, n. 234, è adeguato a cura del Ministero dello sviluppo economico e i registri aiuti di Stato SIAN e SIPA sono adeguati dal Ministero delle politiche agricole alimentari e forestali, mediante sezione aggiuntiva, alle disposizioni introdotte dalla Comunicazione della Commissione europea C(2020) 1863 final - "Quadro temporaneo per le misure di aiuto di Stato a sostegno dell'economia nell'attuale emergenza del COVID-19" e successive modifiche e integrazioni.

2. Entro il 15 giugno 2020, il Ministero dello sviluppo economico e il Ministero delle politiche agricole alimentari e forestali modificano i registri di cui al comma 1 per consentire la registrazione del regime di aiuti autorizzato dalla Commissione europea ai sensi degli articoli da 54 a 60-*bis* (2) del presente decreto e delle misure di aiuti adottate ai sensi degli stessi articoli, nonché per contenere i dati necessari alla concessione degli aiuti, prevedendo modalità semplificate per aiuti automatici, sia fiscali che non fiscali.

3. L'adeguamento di cui ai commi 1 e 2 è effettuato previa intesa in sede di Conferenza unificata di cui all'articolo 8 del decreto legislativo 28 agosto 1997, n. 281 (3).

4. Sono mantenute tutte le funzionalità dei registri e in ogni caso sono mantenute le funzionalità del registro nazionale degli aiuti di Stato di cui all'articolo 52 della legge 24 dicembre 2012, n. 234, a supporto dello svolgimento delle verifiche di cui agli articoli 13, 14 e 15 del regolamento di cui al decreto del Ministro dello sviluppo economico del 31 maggio 2017, n. 115.

5. Le amministrazioni pubbliche provvedono agli adempimenti previsti dal presente articolo con le risorse umane, strumentali e finanziarie disponibili a

legislazione vigente, e comunque senza nuovi o maggiori oneri a carico della finanza pubblica.

(1) *Rubrica così modificata in sede di conversione in legge.*
(2) *Le parole* « da 54 a 60-*bis* » *sono state sostituite alle parole* « da 54 a 60 » *dall'art. 1, comma 627, lett. c) l. 30 dicembre 2020, n. 178 (legge di bilancio 2021).*
(3) *Comma così modificato in sede di conversione in legge.*

65 Esonero temporaneo contributi Anac

1. Le stazioni appaltanti e gli operatori economici sono esonerati dal versamento dei contributi di cui all'articolo 1, comma 65, della legge 23 dicembre 2005, n. 266 all'Autorità nazionale anticorruzione, per tutte le procedure di gara avviate dalla data di entrata in vigore del presente decreto e fino al 31 dicembre 2020. L'Autorità farà fronte alla copertura delle minori entrate mediante l'utilizzo dell'avanzo di amministrazione maturato al 31 dicembre 2019. Agli oneri di cui al presente comma, valutati in 25 milioni di euro per l'anno 2020 in termini di fabbisogno e indebitamento netto, si provvede ai sensi dell'articolo 265 (1).

(1) *Comma così modificato in sede di conversione in legge.*

90 Lavoro agile

1. Fino alla cessazione dello stato di emergenza epidemiologica da COVID-19, i genitori lavoratori dipendenti del settore privato che hanno almeno un figlio minore di anni 14, a condizione che nel nucleo familiare non vi sia altro genitore beneficiario di strumenti di sostegno al reddito in caso di sospensione o cessazione dell'attività lavorativa o che non vi sia genitore non lavoratore, hanno diritto a svolgere la prestazione di lavoro in modalità agile anche in assenza degli accordi individuali, fermo restando il rispetto degli obblighi informativi previsti dagli articoli da 18 a 23 della legge 22 maggio 2017, n. 81, e a condizione che tale modalità sia compatibile con le caratteristiche della prestazione (1). Fino alla cessazione dello stato di emergenza epidemiologica da COVID-19, il medesimo diritto allo svolgimento delle prestazioni di lavoro in modalità agile è riconosciuto, sulla base delle valutazioni dei medici competenti, anche ai lavoratori maggiormente esposti a rischio di contagio da virus SARS-CoV-2, in ragione dell'età o della condizione di rischio derivante da immunodepressione, da esiti di patologie oncologiche o dallo svolgimento di terapie salvavita o, comunque, da comorbilità che possono caratterizzare una situazione di maggiore rischiosità accertata dal medico competente, nell'ambito della sorveglianza sanitaria di cui all'articolo 83 del presente decreto, a condizione che tale modalità sia compatibile con le caratteristiche della prestazione lavorativa (2).

2. La prestazione lavorativa in lavoro agile può essere svolta anche attraverso strumenti informatici nella disponibilità del dipendente qualora non siano forniti dal datore di lavoro.

3. Per l'intero periodo di cui al comma 1, i datori di lavoro del settore privato comunicano al Ministero del lavoro e delle politiche sociali, in via telematica, i nominativi dei lavoratori e la data di cessazione della prestazione di lavoro in modalità agile, ricorrendo alla documentazione resa disponibile nel sito internet del Ministero del lavoro e delle politiche sociali (2) (3).

4. Fermo restando quanto previsto dall'articolo 87 del decreto-legge 17 marzo 2020, n. 18, convertito, con modificazioni, dalla legge 24 aprile 2020, n. 27, per i datori di lavoro pubblici, limitatamente al periodo di tempo di cui al comma 1 e comunque non oltre il 31 dicembre 2020, la modalità di lavoro agile disciplinata dagli articoli da 18 a 23 della legge 22 maggio 2017, n. 81, può essere applicata dai datori di lavoro privati a ogni rapporto di lavoro subordinato, nel rispetto dei principi dettati dalle menzionate disposizioni, anche in assenza degli accordi individuali ivi previsti; gli obblighi di informativa di cui all'articolo 22 della medesima legge n. 81 del 2017, sono assolti in via telematica anche ricorrendo alla documentazione resa disponibile nel sito internet dell'Istituto nazionale assicurazione infortuni sul lavoro (INAIL) (2) (3).

(1) *A norma dell'art. 1, comma 3 d.l. 30 luglio 2020, n. 83, conv., con modif., in l. 25 settembre 2020, n. 124, i termini previsti dal presente periodo sono prorogati al 14 settembre 2020.*
(2) *Comma così modificato in sede di conversione in legge.*
(3) *Ai sensi dell'art. 10, comma 3 d.l. 24 marzo 2022, n. 24, in corso di conversione in legge, i termini di cui ai commi 3 e 4 sono prorogati fino al 30 giugno 2022..*

218 Disposizioni processuali eccezionali per i provvedimenti relativi all'annullamento, alla prosecuzione e alla conclusione delle competizioni e dei campionati, professionistici e dilettantistici

1. In considerazione dell'eccezionale situazione determinatasi a causa della emergenza epidemiologica da COVID-19, le federazioni sportive nazionali, riconosciute dal Comitato Olimpico Nazionale Italiano (CONI) e dal Comitato Italiano Paralimpico (CIP), possono adottare, anche in deroga alle vigenti disposizioni dell'ordinamento sportivo, provvedimenti relativi all'annullamento, alla prosecuzione e alla conclusione delle competizioni e dei campionati, professionistici e dilettantistici, ivi compresa la definizione delle classifiche finali, per la stagione sportiva 2019/2020, nonché i conseguenti provvedimenti relativi all'organizzazione, alla composizione e alle modalità di svolgimento delle competizioni e dei campionati, professionistici e dilettantistici, per la successiva stagione sportiva 2020/2021.

2. Nelle more dell'adeguamento dello statuto e dei regolamenti del CONI, e conseguentemente delle federazioni sportive di cui gli articoli 15 e 16 del decreto legislativo 23 luglio 1999, n. 242, con specifiche norme di giustizia sportiva per la trattazione delle controversie aventi a oggetto i provvedimenti di cui al comma 1 secondo i criteri e i requisiti di cui al presente comma, la competenza degli organi di giustizia sportiva è concentrata, in unico grado e con cognizione estesa al merito, nel Collegio di garanzia dello sport. Il ricorso relativo a tali controversie, previamente notificato alle altre parti, è depositato presso il Collegio di garanzia dello Sport entro sette giorni dalla pubblicazione dell'atto impugnato a pena di decadenza. Il Collegio di garanzia dello Sport decide in via definitiva sul ricorso, omessa ogni formalità non essenziale al contraddditto-

rio, entro il termine perentorio di quindici giorni dal deposito, decorso il quale il ricorso si ha per respinto e l'eventuale decisione sopravvenuta è priva di effetti. La decisione è impugnabile ai sensi del comma 3.

3. Le controversie sulla decisione degli organi di giustizia sportiva resa ai sensi del comma 2, ovvero sui provvedimenti di cui al comma 1 se la decisione non è resa nei termini, sono devolute alla giurisdizione esclusiva del giudice amministrativo e alla competenza inderogabile del Tribunale Amministrativo Regionale del Lazio, sede di Roma. Il termine per ricorrere decorre dalla pubblicazione della decisione impugnata, ovvero dalla scadenza del termine relativo, ed è di quindici giorni. Entro tale termine il ricorso, a pena di decadenza, è notificato e depositato presso la segreteria del giudice adito. Si applicano i limiti dimensionali degli atti processuali previsti per il rito elettorale, di cui all'articolo 129 del codice del processo amministrativo, di cui all'allegato 1 al decreto legislativo 2 luglio 2010, n. 104, dal decreto del Presidente del Consiglio di Stato del 22 dicembre 2016. La causa è discussa nella prima udienza utile decorsi sette giorni dalla scadenza del termine per il deposito del ricorso, senza avvisi. A pena di decadenza, i ricorsi incidentali e i motivi aggiunti sono notificati e depositati, al pari di ogni altro atto di parte, prima dell'apertura dell'udienza e, ove ciò si renda necessario, la discussione della causa può essere rinviata per una sola volta e di non oltre sette giorni. Il giudizio è deciso all'esito dell'udienza con sentenza in forma semplificata, da pubblicarsi entro il giorno successivo a quello dell'udienza. La motivazione della sentenza può consistere anche in un mero richiamo delle argomentazioni contenute negli scritti delle parti che il giudice ha inteso accogliere e fare proprie. Se la complessità delle questioni non consente la pubblicazione della sentenza entro il giorno successivo a quello dell'udienza, entro lo stesso termine è pubblicato il dispositivo mediante deposito in segreteria e la motivazione è pubblicata entro i dieci giorni successivi (1).

4. Nei giudizi proposti ai sensi del comma 3 il giudice provvede sulle eventuali domande cautelari prima dell'udienza con decreto del presidente unicamente se ritiene che possa verificarsi un pregiudizio irreparabile nelle more della decisione di merito assunta nel rispetto dei termini fissati dallo stesso comma 3, altrimenti riserva la decisione su tali domande all'udienza collegiale e in tale sede provvede su di esse con ordinanza solo se entro il giorno successivo a quello dell'udienza non è pubblicata la sentenza in forma semplificata e se la pubblicazione del dispositivo non esaurisce le esigenze di tutela anche cautelare delle parti. Ai giudizi di cui al comma 3 non si applica l'articolo 54, comma 2, del codice del processo amministrativo, di cui all'allegato 1 al decreto legislativo 2 luglio 2010, n. 104 (2).

5. L'appello al Consiglio di Stato è proposto, a pena di decadenza, entro quindici giorni decorrenti dal giorno successivo a quello dell'udienza, se entro tale data è stata pubblicata la sentenza in forma semplificata, e in ogni altro caso dalla data di pubblicazione della motivazione. Al relativo giudizio si applicano le disposizioni dei commi 3 e 4.

6. Le disposizioni del presente articolo si applicano esclusivamente ai provvedimenti, richiamati al comma 1, adottati tra la data di entrata in vigore del presente decreto e il sessantesimo giorno successivo a quella in cui ha termine lo stato di emergenza dichiarato con la delibera del Consiglio dei Ministri del 31 gennaio 2020, pubblicata nella Gazzetta Ufficiale 1° febbraio 2020, n. 26.

(1) *Comma così modificato in sede di conversione in legge.*

263 Disposizioni in materia di flessibilità del lavoro pubblico e di lavoro agile

1. Al fine di assicurare la continuità dell'azione amministrativa e la celere conclusione dei procedimenti, le amministrazioni di cui all'articolo 1, comma 2, del decreto legislativo 30 marzo 2001, n. 165, adeguano l'operatività di tutti gli uffici pubblici alle esigenze dei cittadini e delle imprese connesse al graduale riavvio delle attività produttive e commerciali. A tal fine, le amministrazioni di cui al primo periodo del presente comma, fino alla definizione della disciplina del lavoro agile da parte dei contratti collettivi, ove previsti, e, comunque, non oltre il 31 dicembre 2021, in deroga alle misure di cui all'articolo 87, comma 3, del decreto-legge 17 marzo 2020, n. 18, convertito, con modificazioni, dalla legge 24 aprile 2020, n. 27, organizzano il lavoro dei propri dipendenti e l'erogazione dei servizi attraverso la flessibilità dell'orario di lavoro, rivedendone l'articolazione giornaliera e settimanale, introducendo modalità di interlocuzione programmata con l'utenza, anche attraverso soluzioni digitali e non in presenza, applicando il lavoro agile, con le misure semplificate di cui alla lettera *b*) del comma 1 del medesimo articolo 87, e comunque a condizione che l'erogazione dei servizi rivolti ai cittadini e alle imprese avvenga con regolarità, continuità ed efficienza nonché nel rigoroso rispetto dei tempi previsti dalla normativa vigente (1). In considerazione dell'evolversi della situazione epidemiologica, con uno o più decreti del Ministro per la pubblica amministrazione possono essere stabilite modalità organizzative e fissati criteri e principi in materia di flessibilità del lavoro pubblico e di lavoro agile, anche prevedendo il conseguimento di precisi obiettivi quantitativi e qualitativi. Alla data del 15 settembre 2020, l'articolo 87, comma 1, lettera *a*), del citato decreto-legge n. 18 del 2020, convertito, con modificazioni, dalla legge n. 27 del 2020 cessa di avere effetto. Le disposizioni del presente comma si applicano al personale del comparto sicurezza, difesa e soccorso pubblico fino al termine dello stato di emergenza connesso al COVID-19 (2).

2. Le amministrazioni di cui al comma 1 si adeguano alle vigenti prescrizioni in materia di tutela della salute e di contenimento del fenomeno epidemiologico del COVID-19 (3) adottate dalle competenti autorità.

3. Ai fini di cui al comma 1, le amministrazioni assicurano adeguate forme di aggiornamento professionale alla dirigenza. L'attuazione delle misure di cui al presente articolo è valutata ai fini della performance.

4. La presenza dei lavoratori negli uffici all'estero di pubbliche amministrazioni, comunque denominati, è consentita nei limiti previsti dalle disposizioni emanate dalle autorità sanitarie locali per il contenimento

della diffusione del Covid-19, fermo restando l'obbligo di mantenere il distanziamento sociale e l'utilizzo dei dispositivi di protezione individuali.

4-*bis*. All'articolo 14 della legge 7 agosto 2015, n. 124, sono apportate le seguenti modificazioni:

a) al comma 1, le parole da: "e, anche al fine" fino a: "forme associative" sono sostituite dalle seguenti: ". Entro il 31 gennaio di ciascun anno, le amministrazioni pubbliche redigono, sentite le organizzazioni sindacali, il Piano organizzativo del lavoro agile (POLA), quale sezione del documento di cui all'articolo 10, comma 1, lettera a), del decreto legislativo 27 ottobre 2009, n. 150. Il POLA individua le modalità attuative del lavoro agile prevedendo, per le attività che possono essere svolte in modalità agile, che almeno il 60 per cento dei dipendenti possa avvalersene, garantendo che gli stessi non subiscano penalizzazioni ai fini del riconoscimento di professionalità e della progressione di carriera, e definisce, altresì, le misure organizzative, i requisiti tecnologici, i percorsi formativi del personale, anche dirigenziale, e gli strumenti di rilevazione e di verifica periodica dei risultati conseguiti, anche in termini di miglioramento dell'efficacia e dell'efficienza dell'azione amministrativa, della digitalizzazione dei processi, nonché della qualità dei servizi erogati, anche coinvolgendo i cittadini, sia individualmente, sia nelle loro forme associative. In caso di mancata adozione del POLA, il lavoro agile si applica almeno al 30 per cento dei dipendenti, ove lo richiedano. Il raggiungimento delle predette percentuali è realizzato nell'ambito delle risorse disponibili a legislazione vigente. Le economie derivanti dall'applicazione del POLA restano acquisite al bilancio di ciascuna amministrazione pubblica";

b) il comma 3 è sostituito dai seguenti:

"3. Con decreto del Ministro per la pubblica amministrazione, sentita la Conferenza unificata di cui all'articolo 8 del decreto legislativo 28 agosto 1997, n. 281, possono essere definiti, anche tenendo conto degli esiti del monitoraggio del Dipartimento della funzione pubblica della Presidenza del Consiglio dei ministri nei confronti delle pubbliche amministrazioni; ulteriori e specifici indirizzi per l'attuazione dei commi 1 e 2 del presente articolo e della legge 22 maggio 2017, n. 81, per quanto applicabile alle pubbliche amministrazioni, nonché regole inerenti all'organizzazione del lavoro finalizzate a promuovere il lavoro agile e la conciliazione dei tempi di vita e di lavoro dei dipendenti.

3-*bis*. Presso il Dipartimento della funzione pubblica della Presidenza del Consiglio dei ministri è istituito l'Osservatorio nazionale del lavoro agile nelle amministrazioni pubbliche. Con decreto del Ministro per la pubblica amministrazione, da adottare entro sessanta giorni dalla data di entrata in vigore della presente disposizione, sono definiti la composizione, le competenze e il funzionamento dell'Osservatorio. All'istituzione e al funzionamento dell'Osservatorio si provvede nei limiti delle risorse umane, strumentali e finanziarie disponibili a legislazione vigente, senza nuovi o maggiori oneri per la finanza pubblica. La partecipazione all'Osservatorio non comporta la corresponsione di emolumenti, compensi, indennità o rimborsi di spese comunque denominati" (4).

4-*ter*. Al comma 2 dell'articolo 1 del decreto legislativo 25 gennaio 2010, n. 6, è aggiunto, in fine, il seguente periodo: "Il Dipartimento della funzione pubblica è socio fondatore dell'associazione, con una quota associativa non inferiore al 76 per cento; il diritto di voto di ciascun associato è commisurato all'entità della quota versata" (4).

(1) *Periodo così sostituito dall'art. 11-bis, comma 1, lett. a), n. 1, d.l. 22 aprile 2021, n. 52, conv., con modif., in l. 17 giugno 2021, n. 87.*

(2) *Periodo aggiunto dall'art. 11-bis, comma 1, lett. a), n. 2, d.l. n. 52, cit.*

(3) *Le parole* « e di contenimento del fenomeno epidemiologico del COVID-19 » *sono state inserite dall'art. 11-bis, comma 1, lett. b), d.l. n. 52, cit.*

(4) *Comma aggiunto in sede di conversione in legge.*

264 Liberalizzazione e semplificazione dei procedimenti amministrativi in relazione all'emergenza COVID-19

1. Al fine di garantire la massima semplificazione, l'accelerazione dei procedimenti amministrativi e la rimozione di ogni ostacolo burocratico nella vita dei cittadini e delle imprese in relazione all'emergenza COVID-19, dalla data di entrata in vigore del presente decreto e fino al 31 dicembre 2020:

a) nei procedimenti avviati su istanza di parte, che hanno ad oggetto l'erogazione di benefici economici comunque denominati, indennità, prestazioni previdenziali e assistenziali, erogazioni, contributi, sovvenzioni, finanziamenti, prestiti, agevolazioni e sospensioni, da parte di pubbliche amministrazioni, in relazione all'emergenza COVID-19, le dichiarazioni di cui agli articoli 46 e 47 del decreto del Presidente della Repubblica 28 dicembre 2000, n. 445 sostituiscono ogni tipo di documentazione comprovante tutti i requisiti soggettivi ed oggettivi richiesti dalla normativa di riferimento, anche in deroga ai limiti previsti dagli stessi o dalla normativa di settore, fatto comunque salvo il rispetto delle disposizioni del codice delle leggi antimafia e delle misure di prevenzione, di cui al decreto legislativo 6 settembre 2011, n. 159. La presente lettera si applica per il periodo di vigenza del Quadro temporaneo per le misure di aiuto di Stato a sostegno dell'economia nell'attuale emergenza del COVID-19, di cui alla comunicazione C(2020)1863 final della Commissione, del 19 marzo 2020 (1);

b) i provvedimenti amministrativi illegittimi ai sensi dell'art. 21-*octies* della legge 7 agosto 1990, n. 241, adottati in relazione all'emergenza Covid-19, possono essere annullati d'ufficio, sussistendone le ragioni di interesse pubblico, entro il termine di tre mesi, in deroga all'art. 21-*nonies* comma 1 della legge 7 agosto 1990, n. 241. Il termine decorre dalla adozione del provvedimento espresso ovvero dalla formazione del silenzio assenso. Resta salva l'annullabilità d'ufficio anche dopo il termine di tre mesi qualora i provvedimenti amministrativi siano stati adottati sulla base di false rappresentazioni dei fatti o di dichiarazioni sostitutive di certificazione e dell'atto di notorietà false o mendaci per effetto di condotte costituenti reato, accertate con sentenza passata in giudicato, fatta salva l'applicazione delle sanzioni penali, ivi comprese quelle previste dal capo VI del testo unico di cui al decreto del Presidente della Repubblica 28 dicembre 2000, n. 445;

c) qualora l'attività in relazione all'emergenza Covid-19 sia iniziata sulla base di una segnalazione certificata di cui agli artt. 19 e seguenti della legge 7 agosto 1990, n. 241, il termine per l'adozione dei provvedimenti previsti dal comma 4 del medesimo art. 19 è di tre mesi e decorre dalla scadenza del termine per l'adozione dei provvedimenti di cui al comma 3 del medesimo articolo 19;

d) per i procedimenti di cui alla lettera *a*) l'applicazione dell'articolo 21-*quinquies* della legge 7 agosto 1990, n. 241 è ammessa solo per eccezionali ragioni di interesse pubblico sopravvenute;

e) nelle ipotesi di cui all'articolo 17-*bis*, comma 2, ovvero di cui all'art. 14-*bis*, commi 4 e 5 e 14-*ter*, comma 7 della legge 7 agosto 1990, n. 241, il responsabile del procedimento è tenuto ad adottare il provvedimento conclusivo entro 30 giorni dal formarsi del silenzio assenso;

f) gli interventi, anche edilizi, necessari ad assicurare l'ottemperanza alle misure di sicurezza prescritte per fare fronte all'emergenza sanitaria da COVID-19 sono comunque ammessi, secondo quanto previsto dal presente articolo, nel rispetto delle norme antisismiche, di sicurezza, antincendio, igienico-sanitarie, di tutela dal rischio idrogeologico e di tutela dei beni culturali e del paesaggio. Detti interventi, consistenti in opere contingenti e temporanee destinate ad essere rimosse con la fine dello stato di emergenza, sono realizzati, se diversi da quelli di cui all'articolo 6 del decreto del Presidente della Repubblica 6 giugno 2001, n. 380, previa comunicazione all'amministrazione comunale di avvio dei lavori asseverata da un tecnico abilitato e corredata da una dichiarazione del soggetto interessato che, ai sensi dell'art. 47 del decreto del Presidente della Repubblica 28 dicembre 2000 n. 445, attesta che si tratta di opere necessarie all'ottemperanza alle misure di sicurezza prescritte per fare fronte all'emergenza sanitaria da COVID-19. Per tali interventi, non sono richiesti i permessi, le autorizzazioni o gli atti di assenso comunque denominati eventualmente previsti, ad eccezione dei titoli abilitativi di cui alla parte II del decreto legislativo 22 gennaio 2004, n. 42. È comunque salva la facoltà dell'interessato di chiedere il rilascio dei prescritti permessi, autorizzazioni o atti di assenso. L'eventuale mantenimento delle opere edilizie realizzate, se conformi alla disciplina urbanistica ed edilizia vigente, è richiesto all'amministrazione comunale entro il 31 dicembre 2020 ed è assentito, previo accertamento di tale conformità, con esonero dal contributo di costruzione eventualmente previsto, mediante provvedimento espresso da adottare entro sessanta giorni dalla domanda. Per l'acquisizione delle autorizzazioni e degli atti di assenso comunque denominati, ove prescritti, è indetta una conferenza di servizi semplificata ai sensi degli articoli 14 e seguenti della legge 7 agosto 1990, n. 241. L'autorizzazione paesaggistica è rilasciata, ove ne sussistano i presupposti, ai sensi dell'articolo 167 del decreto legislativo 22 gennaio 2004, n. 42 (2);

2. Al fine di accelerare la massima semplificazione dei procedimenti nonché l'attuazione di misure urgenti per il sostegno a cittadini e imprese e per la ripresa a fronte dell'emergenza economica derivante dalla diffusione dell'infezione da Covid-19, il presente comma reca ulteriori disposizioni urgenti per assicurare piena attuazione ai principi di cui all'articolo 18 della legge 7 agosto 1990, n. 241 e al decreto del Presidente della Repubblica 28 dicembre 2000, n. 445, che non consentono alle pubbliche amministrazioni di richiedere la produzione di documenti e informazioni già in loro possesso:

a) al decreto del Presidente della Repubblica n. 445 del 2000 sono apportate le seguenti modificazioni:

1) il comma 1 dell'articolo 71 è sostituito dal seguente: "1. Le amministrazioni procedenti sono tenute ad effettuare idonei controlli, anche a campione in misura proporzionale al rischio e all'entità del beneficio, e nei casi di ragionevole dubbio, sulla veridicità delle dichiarazioni di cui agli articoli 46 e 47, anche successivamente all'erogazione dei benefici, comunque denominati, per i quali sono rese le dichiarazioni. (L)" (3);

2) all'articolo 75 dopo il comma 1, è aggiunto il seguente: "1-*bis*. La dichiarazione mendace comporta, altresì, la revoca degli eventuali benefici già erogati nonché il divieto di accesso a contributi, finanziamenti e agevolazioni per un periodo di 2 anni decorrenti da quando l'amministrazione ha adottato l'atto di decadenza. Restano comunque fermi gli interventi, anche economici, in favore dei minori e per le situazioni familiari e sociali di particolare disagio. (L)";

3) all'articolo 76, comma 1, è aggiunto in fine il seguente periodo: "La sanzione ordinariamente prevista dal codice penale è aumentata da un terzo alla metà.";

b) all'articolo 50 del decreto legislativo 7 marzo 2005, n. 82, apportare le seguenti modifiche:

1) al comma 2 le parole "salvo il disposto dell'articolo 43, comma 4" sono sostituite dalle seguenti: "salvo il disposto degli articoli 43, commi 4 e 71,";

2) dopo il comma 2-*bis* è aggiunto il seguente comma:

" 2-*ter*. Le pubbliche amministrazioni certificanti detentrici dei dati di cui al comma 1 ne assicurano la fruizione da parte delle pubbliche amministrazioni e dei gestori di servizi pubblici, attraverso la predisposizione di accordi quadro. Con gli stessi accordi, le pubbliche amministrazioni detentrici dei dati assicurano, su richiesta dei soggetti privati di cui all'articolo 2 del decreto del Presidente della Repubblica 28 dicembre 2000, n. 445, conferma scritta della corrispondenza di quanto dichiarato con le risultanze dei dati da essa custoditi, con le modalità di cui all'articolo 71, comma 4 del medesimo decreto.";

[*c*) all'articolo 50-*ter*, del decreto legislativo 7 marzo 2005, n. 82, apportare le seguenti modifiche: le parole " lettera *a*),", ovunque ricorrono, sono soppresse; al comma 2, la parola "sperimentazione" è sostituita con la parola "gestione" e le parole "al Commissario straordinario per l'attuazione dell'Agenda digitale non oltre il 15 settembre 2019" sono sostituite dalle seguenti: " alla Presidenza del Consiglio dei ministri"; al comma 3, primo periodo, le parole "il Commissario straordinario per l'attuazione dell'Agenda digitale" sono sostituite dalle seguenti: "la Presidenza del Consiglio dei ministri" e, al secondo periodo, le parole "del Commissario" sono sostituite dalle seguenti: "della Presidenza del Consiglio dei ministri".”] (4)

d) nell'ambito delle verifiche, delle ispezioni e dei controlli comunque denominati sulle attività dei privati, la pubblica amministrazione non richiede la produzione di informazioni, atti o documenti in possesso della stessa o di altra pubblica amministrazione. È nulla ogni sanzione disposta nei confronti dei privati per omessa esibizione di documenti già in possesso dell'amministrazione procedente o di altra amministrazione;

3. [Le amministrazioni predispongono gli accordi quadro di cui all'articolo 50, comma 2-*ter*, del decreto legislativo 7 marzo 2005, n. 82 entro centoventi giorni dall'entrata in vigore del presente decreto] (5).

4. Le disposizioni del presente articolo attengono ai livelli essenziali delle prestazioni di cui all'articolo 117, comma 2, lettera *m*), della Costituzione e prevalgono su ogni diversa disciplina regionale.

(1) *Le parole* « . La presente lettera si applica per il periodo di vigenza del Quadro temporaneo per le misure di aiuto di Stato a sostegno dell'economia nell'attuale emergenza del COVID-19, di cui alla comunicazione C(2020)1863 final della Commissione, del 19 marzo 2020 » *sono state aggiunte dall'art. 57-*bis, *comma 1, d.l. 25 maggio 2021, n. 73, conv., con modif., in l. 23 luglio 2021, n. 106.*

(2) *Ai sensi dell'art. 11-terdecies, comma 1, d.l. 22 aprile 2021, n. 52, conv., con modif., in l. 17 giugno 2021, n. 87, le disposizioni di cui alla presente lettera si applicano dal 22 giugno 2021 fino al 31 dicembre 2021.*

(3) *Comma così modificato in sede di conversione in legge.*

(4) *Lettera abrogata dall'art. 34, comma 3 d.l. 16 luglio 2020, n. 76, conv., con modif., in l. 11 settembre 2020, n. 120.*

(5) *Comma abrogato dall'art. 39, comma 4 d.l. 31 maggio 2021, n. 77, conv., con modif., in l. 29 luglio 2021, n. 108.*

10. Decreto legge 28 ottobre 2020, n. 137, convertito, con modificazioni, in legge 18 dicembre 2020, n. 176. — Ulteriori misure urgenti in materia di tutela della salute, sostegno ai lavoratori e alle imprese, giustizia e sicurezza, connesse all'emergenza epidemiologica da COVID-19 (*estratto*).

Pubblicato nella Gazzetta Ufficiale n. 269 del 28 ottobre 2020; la legge di conversione è stata pubblicata nella Gazzetta Ufficiale n. 24 dicembre 2020, n. 319.

25 Misure urgenti relative allo svolgimento del processo amministrativo.

1. Le disposizioni dei periodi quarto e seguenti del comma 1 dell'articolo 4 del decreto-legge 30 aprile 2020, n. 28, convertito, con modificazioni, dalla legge 25 giugno 2020, n. 70, si applicano altresì alle udienze pubbliche e alle camere di consiglio del Consiglio di Stato, del Consiglio di giustizia amministrativa per la Regione siciliana e dei tribunali amministrativi regionali che si svolgono dal 9 novembre 2020 al 31 luglio 2021 (1) e, fino a tale ultima data, il decreto di cui al comma 1 dell'articolo 13 dell'allegato 2 al decreto legislativo 2 luglio 2010, n. 104, prescinde dai pareri previsti dallo stesso articolo 13.

2. Durante tale periodo, salvo quanto previsto dal comma 1, gli affari in trattazione passano in decisione, senza discussione orale, sulla base degli atti depositati, ferma restando la possibilità di definizione del giudizio ai sensi dell'articolo 60 del codice del processo amministrativo, di cui al decreto legislativo 2 luglio 2010, n. 104, omesso ogni avviso. Il giudice delibera in camera di consiglio, se necessario avvalendosi di collegamenti da remoto. Restano fermi i poteri presidenziali di rinvio degli affari e di modifica della composizione del collegio.

3. Per le udienze pubbliche e le camere di consiglio che si svolgono tra il 9 e il 20 novembre 2020, l'istanza di discussione orale, di cui al quarto periodo del comma 1 del citato articolo 4 del decreto-legge n. 28 del 2020, può essere presentata fino a cinque giorni liberi prima dell'udienza pubblica o camerale.

(1) *Le parole* « 31 luglio 2021 » *sono state sostituite alle parole* « 30 aprile 2021 » *dall'art. 6, comma 1, lett. e) d.l. 1° aprile 2021, n. 44, conv., con modif., in l. 28 maggio 2021, n. 76.*

26 Disposizioni in materia di giudizio contabile nonché misure urgenti relative allo svolgimento delle adunanze e delle udienze del processo contabile durante l'ulteriore periodo di proroga dello stato di emergenza epidemiologica.

1. Ferma restando l'applicabilità dell'articolo 85 del decreto-legge 17 marzo 2020, n. 18, convertito, con modificazioni, dalla legge 24 aprile 2020, n. 27, per contrastare l'emergenza epidemiologica da COVID-19 e contenerne gli effetti negativi sullo svolgimento e sui tempi delle attività istituzionali della Corte dei conti, dalla data di entrata in vigore del presente decreto e fino al 31 luglio 2021 (1), le adunanze e le udienze dinanzi alla Corte dei conti alle quali è ammessa la presenza del pubblico si celebrano a porte chiuse ai sensi dell'articolo 91, comma 2, del codice della giustizia contabile, di cui all'allegato 1 al decreto legislativo 26 agosto 2016, n. 174.

2. All'articolo 257, comma 1, del decreto-legge 19 maggio 2020, n. 34, recante "Misure urgenti in materia di salute, sostegno al lavoro e all'economia, nonché di politiche sociali connesse all'emergenza epidemiologica da COVID-19", convertito, con modificazioni, dalla legge 17 luglio 2020, n. 77, sono apportate le seguenti modificazioni:

a) le parole "31 dicembre 2020" sono sostituite dalle parole "termine dell'emergenza epidemiologica in corso";

b) le lettere "in corso" sono soppresse;

c) dopo le parole "personale della Corte dei conti" sono inserite le parole ", ivi incluso quello di magistratura".

All'attuazione delle previsioni di cui al presente articolo si provvede con le risorse umane, strumentali e finanziarie disponibili a legislazione vigente, senza nuovi o maggiori oneri a carico della finanza pubblica.

(1) *Le parole* « fino al 31 luglio 2021 » *sono state sostituite alle parole* « fino al termine dello stato di emergenza epidemiologica da COVID-19 » *dall'art. 6, comma 1, lett.* f) *d.l. 1° aprile 2021, n. 44, conv., con modif., in l. 28 maggio 2021, n. 76.*

Successivamente, per effetto dell'art. 16, comma 6, d.l. 30 dicembre 2021, n. 228, conv., con modif., in l. 25 febbraio 2022, n. 15, il termine relativo allo svolgimento delle adunanze e delle udienze dinanzi alla Corte dei conti, di cui al presente comma è stato ulteriormente prorogato al 31 marzo 2022.

27 Misure urgenti relative allo svolgimento del processo tributario

1. Fino al 31 luglio 2021 (1), nel processo tributario, lo svolgimento delle udienze pubbliche e camerali e delle camere di consiglio con collegamento da remoto è autorizzato, secondo la rispettiva competenza, con decreto motivato del presidente della Commissione tributaria provinciale o regionale da comunicarsi almeno cinque giorni prima della data fissata per un'udienza pubblica o una camera di consiglio. I decreti possono disporre che le udienze e le camere di consiglio si svolgano anche solo parzialmente da remoto, ove le dotazioni informatiche della giustizia tributaria lo consentano e nei limiti delle risorse tecniche e finanziarie disponibili. In tutti i casi in cui sia disposta la discussione da remoto, la segreteria comunica alle parti, di regola, almeno tre giorni prima della trattazione, l'avviso dell'ora e delle modalità di collegamento. Si dà atto a verbale delle modalità con cui si accerta l'identità dei soggetti partecipanti e la libera volontà delle parti, anche ai fini della disciplina sulla protezione dei dati personali. I verbali redatti in occasione di un collegamento da remoto e i provvedimenti adottati in esito a un collegamento da remoto si intendono assunti presso la sede dell'ufficio giudiziario.

2. In alternativa alla discussione con collegamento da remoto, le controversie fissate per la trattazione in udienza pubblica, passano in decisione sulla base degli atti, salvo che almeno una delle parti non insista per la discussione, con apposita istanza da notificare alle altre parti costituite e da depositare almeno due giorni liberi anteriori alla data fissata per la trattazione. I difensori sono comunque considerati presenti a tutti gli effetti. Nel caso in cui sia chiesta la discussione e non sia possibile procedere mediante collegamento da remoto, si procede mediante trattazione scritta, con fissazione di un termine non inferiore a dieci giorni prima dell'udienza per deposito di memorie conclusionali e di cinque giorni prima dell'udienza per memorie di replica. Nel caso in cui non sia possibile garantire il rispetto dei termini di cui al periodo precedente, la controversia è rinviata a nuovo ruolo con possibilità di prevedere la trattazione scritta nel rispetto dei medesimi termini. In caso di trattazione scritta le parti sono considerate presenti e i provvedimenti si intendono comunque assunti presso la sede dell'ufficio.

3. I componenti dei collegi giudicanti residenti, domiciliati o comunque dimoranti in luoghi diversi da quelli in cui si trova la commissione di appartenenza sono esonerati, su richiesta e previa comunicazione al Presidente di sezione interessata, dalla partecipazione alle udienze o camere di consiglio da svolgersi presso la sede della Commissione interessata.

4. Salvo quanto previsto nel presente articolo, le modalità di svolgimento delle udienze da remoto sono disciplinate ai sensi dell'articolo 16 del decreto-legge 23 ottobre 2018, n. 119, convertito, con modificazioni, dalla legge dicembre 2018, n. 136.

4-*bis*. Dall'attuazione del presente articolo non devono derivare nuovi o maggiori oneri a carico della finanza pubblica. Le amministrazioni interessate alla relativa attuazione vi provvedono con le sole risorse umane, finanziarie e strumentali disponibili a legislazione vigente.

(1) *Le parole* « al 31 luglio 2021, » *sono state sostituite alle parole* « alla cessazione degli effetti della dichiarazione dello stato di emergenza nazionale da COVID-19, ove sussistano divieti, limiti, impossibilità di circolazione su tutto o parte del territorio nazionale conseguenti al predetto stato di emergenza ovvero altre situazioni di pericolo per l'incolumità pubblica o dei soggetti a vario titolo interessati » *dall'art. 6, comma 1, lett.* g) *d.l. 1° aprile 2021, n. 44, conv., con modif., in l. 28 maggio 2021, n. 76.*

Successivamente, per effetto dell'art. 16, comma 3, d.l. 30 dicembre 2021, n. 228, conv., con modif., in l. 25 febbraio 2022, n. 15, il termine relativo allo svolgimento delle udienze da remoto nel processo tributario, di cui al presente comma è stato ulteriormente prorogato al 31 marzo 2022.

11. Decreto legge 18 dicembre 2020, n. 172, convertito, con modificazioni, in legge 29 gennaio 2021, n. 6. — Ulteriori disposizioni urgenti per fronteggiare i rischi sanitari connessi alla diffusione del [virus] COVID-19 (*estratto*) (1).

Pubblicato nella Gazzetta Ufficiale n. 313 del 18 dicembre 2020; la legge di conversione è stata pubblicata nella Gazzetta Ufficiale n. 24 del 30 gennaio 2021.

(1) *Titolo così modificato in sede di conversione.*

1 Misure urgenti per le festività natalizie e di inizio anno nuovo.

1. Dal 21 dicembre 2020 al 6 gennaio 2021 è vietato, nell'ambito del territorio nazionale, ogni spostamento in entrata e in uscita tra i territori di diverse regioni o province autonome e nelle giornate del 25 e del 26 dicembre 2020 e del 1° gennaio 2021 è vietato, altresì, ogni spostamento tra comuni, fatti salvi gli spostamenti motivati da comprovate esigenze lavorative o da situazioni di necessità ovvero per motivi di salute. Nei giorni festivi e prefestivi compresi tra il 24 dicembre 2020 e il 6 gennaio 2021 sull'intero territorio nazionale si applicano le misure di cui all'articolo 3 del decreto del Presidente del Consiglio dei ministri 3 dicembre 2020; nei giorni 28, 29, 30 dicembre 2020 e 4 gennaio 2021 si applicano le misure di cui all'articolo 2 del medesimo decreto del Presidente del Consiglio dei ministri 3 dicembre 2020, ma sono altresì consentiti gli spo-

stamenti dai comuni con popolazione non superiore a 5.000 abitanti e per una distanza non superiore a 30 chilometri dai relativi confini, con esclusione in ogni caso degli spostamenti verso i capoluoghi di provincia. Durante i giorni compresi tra il 24 dicembre 2020 e il 6 gennaio 2021 è altresì consentito lo spostamento verso una sola abitazione privata, ubicata nella medesima regione, una sola volta al giorno, in un arco temporale compreso fra le ore 05,00 e le ore 22,00, e nei limiti di due persone, ulteriori rispetto a quelle ivi già conviventi, oltre ai minori di anni 14 sui quali tali persone esercitino la responsabilità genitoriale e alle persone disabili o non autosufficienti conviventi. È comunque consentito il rientro alla propria residenza, domicilio o abitazione, con esclusione degli spostamenti verso le seconde case ubicate in un'altra regione o provincia autonoma.

2. Durante l'intero periodo di cui al comma 1 restano ferme, per quanto non previsto nel presente decreto, le misure adottate con decreto del Presidente del Consiglio dei ministri ai sensi dell'articolo 2, comma 1, del decreto-legge 25 marzo 2020, n. 19, convertito, con modificazioni, dalla legge 22 maggio 2020, n. 35.

2-*bis*. Con riguardo all'intero territorio nazionale, nel periodo dal 21 dicembre 2020 al 6 gennaio 2021 i decreti del Presidente del Consiglio dei ministri adottati ai sensi dell'articolo 2 del decreto-legge 25 marzo 2020, n. 19, convertito, con modificazioni, dalla legge 22 maggio 2020, n. 35, possono altresì prevedere, anche indipendentemente dalla classificazione in livelli di rischio e di scenario, specifiche misure rientranti tra quelle previste dall'articolo 1, comma 2, dello stesso decreto-legge.

3. La violazione delle disposizioni del presente decreto, di quelle del decreto-legge 2 dicembre 2020, n. 158, e di quelle degli articoli 1 e 2 del decreto-legge 5 gennaio 2021, n. 1, è sanzionata ai sensi dell'articolo 4 del decreto-legge 25 marzo 2020, n. 19, convertito, con modificazioni, dalla legge 22 maggio 2020, n. 35.

3-*bis*. All'articolo 1, comma 1, del decreto-legge 25 marzo 2020, n. 19, convertito, con modificazioni, dalla legge 22 maggio 2020, n. 35, le parole: "di durata non superiore a trenta giorni" sono sostituite dalle seguenti: "di durata non superiore a cinquanta giorni".

1-*bis* Ulteriori disposizioni urgenti per il contenimento della diffusione del COVID-19.

1. Dal 7 al 15 gennaio 2021 è vietato, nell'ambito del territorio nazionale, ogni spostamento in entrata e in uscita tra i territori di diverse regioni o province autonome, fatti salvi gli spostamenti motivati da comprovate esigenze lavorative o da situazioni di necessità ovvero per motivi di salute.

È comunque consentito il rientro alla propria residenza, domicilio o abitazione, con esclusione degli spostamenti verso le seconde case ubicate in un'altra regione o provincia autonoma.

2. Nei giorni 9 e 10 gennaio 2021, nell'intero territorio nazionale, ad eccezione delle regioni alle quali si applicano le misure di cui all'articolo 3 del decreto del Presidente del Consiglio dei ministri 3 dicembre 2020, pubblicato nella Gazzetta Ufficiale n. 301 del 3 dicembre 2020, si applicano le misure di cui all'articolo 2 del citato decreto del Presidente del Consiglio dei ministri 3 dicembre 2020, ma sono consentiti gli spostamenti dai comuni con popolazione non superiore a 5.000 abitanti e per una distanza non superiore a 30 chilometri dai relativi confini, con esclusione, in ogni caso, degli spostamenti verso i capoluoghi di provincia.

3. Fino al 15 gennaio 2021, nelle regioni in cui si applicano le misure di cui all'articolo 3 del decreto del Presidente del Consiglio dei ministri 3 dicembre 2020, pubblicato nella Gazzetta Ufficiale n. 301 del 3 dicembre 2020, è altresì consentito lo spostamento, in ambito comunale, verso una sola abitazione privata una volta al giorno, in un arco temporale compreso tra le ore 05,00 e le ore 22,00, e nei limiti di due persone, ulteriori rispetto a quelle ivi già conviventi, oltre ai minori di anni 14 sui quali tali persone esercitino la responsabilità genitoriale e alle persone disabili o non autosufficienti conviventi. Per i comuni con popolazione non superiore a 5.000 abitanti, lo spostamento di cui al presente comma è consentito anche per una distanza non superiore a 30 chilometri dai relativi confini, con esclusione, in ogni caso, degli spostamenti verso i capoluoghi di provincia.

4. Nel periodo di cui al comma 1 del presente articolo restano ferme, per quanto non previsto dal presente decreto, le misure adottate con i provvedimenti di cui all'articolo 2, commi 1 e 2, del decreto-legge 25 marzo 2020, n. 19, convertito, con modificazioni, dalla legge 22 maggio 2020, n. 35.

1-*ter* Modificazioni urgenti alla legislazione emergenziale.

1. Dopo il comma 16-*ter* dell'articolo 1 del decreto-legge 16 maggio 2020, n. 33, convertito, con modificazioni, dalla legge 14 luglio 2020, n. 74, è aggiunto il seguente:

"16-*quater*. Il Ministro della salute, con propria ordinanza, secondo le procedure di cui ai commi 16-*bis* e 16-*ter*, applica alle regioni che, ai sensi del comma 16-*bis*, si collocano in uno scenario almeno di tipo 2 e con un livello di rischio almeno moderato, ovvero in uno scenario almeno di tipo 3 e con un livello di rischio almeno moderato, ove nel relativo territorio si manifesti un'incidenza settimanale dei contagi superiore a 50 casi ogni 100.000 abitanti, le misure individuate con decreto del Presidente del Consiglio dei ministri tra quelle di cui all'articolo 1, comma 2, del decreto-legge 25 marzo 2020, n. 19, convertito, con modificazioni, dalla legge 22 maggio 2020, n. 35, aggiuntive e progressive rispetto a quelle applicabili nell'intero territorio nazionale".

2. In sede di prima applicazione del comma 1 e fino al 15 gennaio 2021, il Ministro della salute, con propria ordinanza, secondo le procedure di cui ai commi 16-*bis* e 16-*ter* del decreto-legge 16 maggio 2020, n. 33, convertito, con modificazioni, dalla legge 14 luglio 2020, n. 74, applica a una o più regioni nel cui territorio si manifesta un'incidenza dei contagi superiore a 50 casi ogni 100.000 abitanti:

a) le misure di cui all'articolo 2 del decreto del Presidente del Consiglio dei ministri 3 dicembre 2020, pubblicato nella Gazzetta Ufficiale n. 301 del 3 dicembre 2020, se lo scenario è almeno di tipo 2 e il livello di rischio è almeno moderato;

b) le misure di cui all'articolo 3 del decreto del Presidente del Consiglio dei ministri 3 dicembre 2020, pubblicato nella Gazzetta Ufficiale n. 301 del 3 dicembre 2020, se lo scenario è almeno di tipo 3 e il livello di rischio è almeno moderato.

1-*quater* Progressiva ripresa dell'attività scolastica in presenza.

1. Dal giorno 11 gennaio 2021 al giorno 16 gennaio 2021, le istituzioni scolastiche secondarie di secondo grado adottano forme flessibili nell'organizzazione dell'attività didattica ai sensi degli articoli 4 e 5 del regolamento di cui al decreto del Presidente della Repubblica 8 marzo 1999, n. 275, garantendo almeno al 50 per cento della popolazione studentesca delle predette istituzioni l'attività didattica in presenza. La restante parte dell'attività didattica è svolta tramite il ricorso alla didattica a distanza.

Nelle regioni nelle quali si applicano le misure di cui all'articolo 3 del decreto del Presidente del Consiglio dei ministri 3 dicembre 2020, pubblicato nella Gazzetta Ufficiale n. 301 del 3 dicembre 2020, nonché in tutto il territorio nazionale nei giorni 7, 8 e 9 gennaio 2021, l'attività didattica delle istituzioni scolastiche di cui al presente comma si svolge a distanza per il 100 per cento della popolazione studentesca delle medesime istituzioni scolastiche.

2. Per le istituzioni scolastiche diverse da quelle di cui al comma 1 resta fermo, dal 7 al 16 gennaio 2021, quanto previsto dal decreto del Presidente del Consiglio dei ministri 3 dicembre 2020, pubblicato nella Gazzetta Ufficiale n. 301 del 3 dicembre 2020. Per lo stesso periodo resta fermo altresi', per ogni istituzione scolastica, comprese quelle di cui al citato comma 1, quanto previsto dallo stesso decreto del Presidente del Consiglio dei ministri 3 dicembre 2020 in ordine alla possibilità di svolgere attività in presenza qualora sia necessario l'uso di laboratori o per mantenere una relazione educativa che realizzi l'effettiva inclusione scolastica degli alunni con disabilità o con bisogni educativi speciali.

1-*quinquies* Manifestazione del consenso al trattamento sanitario del vaccino anti COVID-19 per i soggetti incapaci [ricoverati presso strutture sanitarie assistenziali] (1).

1. Le persone incapaci ricoverate presso strutture sanitarie assistenziali, comunque denominate, esprimono il consenso al trattamento sanitario per le vaccinazioni anti COVID-19 del piano strategico nazionale di cui all'articolo 1, comma 457, della legge 30 dicembre 2020, n. 178, a mezzo del relativo tutore, curatore o amministratore di sostegno, ovvero del fiduciario di cui all'articolo 4 della legge 22 dicembre 2017, n. 219, e comunque nel rispetto di quanto previsto dall'articolo 3 della stessa legge n. 219 del 2017 e della volontà eventualmente già espressa dall'interessato ai sensi del citato articolo 4 registrata nella banca dati di cui all'articolo 1, comma 418, della legge 27 dicembre 2017, n. 205, ovvero della volontà che avrebbe presumibilmente espresso ove capace di intendere e di volere.

2. In caso di incapacità naturale, ovvero qualora il fiduciario, il tutore, il curatore o l'amministratore di sostegno manchino o non siano in alcun modo reperibili per almeno quarantotto ore, il direttore sanitario o, in difetto, il responsabile medico della residenza sanitaria assistenziale (RSA), o dell'analoga struttura comunque denominata, in cui la persona incapace è ricoverata ne assume la funzione di amministratore di sostegno, al solo fine della prestazione del consenso di cui al comma 1. In tali casi, nel documento di cui al comma 3 si dà atto delle ricerche svolte e delle verifiche effettuate per accertare lo stato di incapacità naturale dell'interessato. In mancanza sia del direttore sanitario sia del responsabile medico della struttura, le attività previste dal presente comma sono svolte dal direttore sanitario dell'azienda sanitaria locale (ASL) competente per territorio sulla struttura stessa o da un suo delegato.

2-*bis*. Quando la persona in stato di incapacità naturale non è ricoverata presso strutture sanitarie assistenziali o presso analoghe strutture, comunque denominate, le funzioni di amministratore di sostegno, al solo fine della prestazione del consenso di cui al comma 1, sono svolte dal direttore sanitario della ASL di assistenza o da un suo delegato (2).

3. Il soggetto individuato ai sensi dei commi 1, 2 e 2-*bis* (3) del presente articolo, sentiti, quando già noti, il coniuge, l'altra parte dell'unione civile o la persona stabilmente convivente o, in mancanza, il parente più prossimo entro il terzo grado, se accerta che il trattamento vaccinale è idoneo ad assicurare la migliore tutela della salute della persona ricoverata o della persona non ricoverata di cui al comma 2-*bis* (3), esprime in forma scritta, ai sensi dell'articolo 3, commi 3 e 4, della legge 22 dicembre 2017, n. 219, il consenso alla somministrazione del trattamento vaccinale anti COVID-19 e dei successivi eventuali richiami e ne dà comunicazione al dipartimento di prevenzione sanitaria competente per territorio.

4. Il consenso di cui al comma 3 del presente articolo, reso in conformità alla volontà dell'interessato espressa ai sensi degli articoli 3 e 4 della legge 22 dicembre 2017, n. 219, o, in mancanza, in conformità a quella delle persone di cui allo stesso comma 3, è immediatamente e definitivamente efficace. Il consenso non può essere espresso in difformità dalla volontà dell'interessato, espressa ai sensi dei citati articoli 3 e 4 della legge n. 219 del 2017 o, in mancanza, da quella delle persone di cui allo stesso comma 3. In caso di rifiuto di queste ultime, il direttore sanitario, il responsabile medico della struttura in cui l'interessato è ricoverato ovvero il direttore sanitario dell'ASL o un suo delegato può chiedere, con ricorso al giudice tutelare ai sensi dell'articolo 3, comma 5, della citata legge n. 219 del 2017, di essere autorizzato a effettuare comunque la vaccinazione.

5. Qualora non sia possibile procedere ai sensi del comma 4, per difetto di disposizioni di volontà dell'interessato, anticipate o attuali, e per irreperibilità o in-

disponibilità dei soggetti di cui al comma 3, il consenso al trattamento vaccinale sottoscritto dall'amministratore di sostegno di cui al comma 2, unitamente alla documentazione comprovante la sussistenza dei presupposti di cui ai commi 1, 2, 2-*bis* e 3 (4), è comunicato immediatamente, anche a mezzo di posta elettronica certificata, dalla direzione della struttura in cui l'interessato è ricoverato o, per coloro che non siano ricoverati in strutture sanitarie assistenziali o altre strutture, dal direttore sanitario dell'ASL di assistenza (4) al giudice tutelare competente per territorio sulla struttura stessa.

6. Nel termine di quarantotto ore dal ricevimento degli atti di cui al comma 5, il giudice tutelare, disposti gli eventuali accertamenti quando dai documenti ricevuti non emerge la sussistenza dei presupposti di cui al comma 3, convalida con decreto motivato, immediatamente esecutivo, il consenso espresso ai sensi del comma 5, ovvero ne rifiuta la convalida.

7. Entro le quarantotto ore successive alla scadenza del termine di cui al comma 6, il decreto di cui al medesimo comma 6 è comunicato all'interessato e al relativo rappresentante individuato ai sensi dei commi 2 e 2-bis, a mezzo di posta elettronica certificata, presso la struttura dove la persona è ricoverata ovvero, nel caso di persona non ricoverata ai sensi del comma 2-*bis*, presso l'ASL di assistenza (5). Il decorso del termine di cui al presente comma priva di ogni effetto il provvedimento del giudice tutelare che sia comunicato successivamente.

8. Il consenso alla somministrazione del trattamento vaccinale anti COVID-19 e dei successivi eventuali richiami è privo di effetti fino alla comunicazione del decreto di convalida.

9. Decorso il termine di cui al comma 7 senza che sia stata effettuata la comunicazione ivi prevista, il consenso espresso ai sensi del comma 5 si considera a ogni effetto convalidato e acquista definitiva efficacia ai fini della somministrazione del vaccino.

10. In caso di rifiuto della somministrazione del vaccino o del relativo consenso da parte del direttore sanitario o del responsabile medico, ovvero del direttore sanitario dell'ASL o di un suo delegato, ai sensi del comma 5, il coniuge, l'altra parte dell'unione civile o la persona stabilmente convivente e i parenti fino al terzo grado possono ricorrere al giudice tutelare, ai sensi dell'articolo 3, comma 5, della legge 22 dicembre 2017, n. 219, affinché disponga la sottoposizione al trattamento vaccinale.

(1) *Le parole* « ricoverati presso strutture sanitarie assistenziali » *sono state soppresse dall'art. 5, comma 1, lett.* a)*; d.l. 1° aprile 2021, n. 44, conv., con modif., in l. 28 maggio 2021, n. 76.*

(2) *Comma inserito dall'art. 5, comma 1, lett. b), d.l. n. 44, cit.*

(3) *Le parole* « individuato ai sensi dei commi 1, 2 e 2-bis » *sono state sostituite alle parole* « individuato ai sensi dei commi 1 e 2 » *e le parole* « o della persona non ricoverata di cui al comma 2-bis » *sono state inserite dopo la parola* « ricoverata » *dall'art. 5, comma 1, lett. c), d.l. n. 44, cit.*

(4) *Le parole* « presupposti di cui ai commi 1, 2, 2-bis e 3 » *sono state sostituite alle parole* « presupposti di cui ai commi 1, 2 e 3 » *e le parole* « o, per coloro che non siano ricoverati in strutture sanitarie assistenziali o altre strutture, dal direttore sanitario dell'ASL di assistenza » *sono state aggiunte dopo le parole* « dalla direzione della struttura in cui l'interessato è ricoverato » *dall'art. 5, comma 1, lett. d), d.l. n. 44, cit.*

(5) *Le parole* « ai sensi dei commi 2 e 2-bis, a mezzo di posta elettronica certificata, presso la struttura dove la persona è ricoverata ovvero, nel caso di persona non ricoverata ai sensi del comma 2-bis, presso l'ASL di assistenza » *sono state sostituite alle parole* « ai sensi del comma 2, a mezzo di posta elettronica certificata, presso la struttura dove la persona è ricoverata », *dall'art. 5, comma 1, lett. e), d.l. n. 44, cit.*

1-*sexies*-3 (*Omissis*).

12. Decreto legge 1° aprile 2021, n. 44, convertito, con modificazioni, in legge 28 maggio 2021, n. 76. — Misure urgenti per il contenimento dell'epidemia da COVID-19, in materia di vaccinazioni anti SARS-CoV-2, di giustizia e di concorsi pubblici. (*estratto*).

Pubblicato nella Gazzetta Ufficiale n. 79 del 1° aprile 2021; la legge di conversione è stata pubblicata nella Gazzetta Ufficiale n. 128 del 31 maggio 2021.

3 Responsabilità penale da somministrazione del vaccino anti SARS-CoV-2.

1. Per i fatti di cui agli articoli 589 e 590 del codice penale verificatisi a causa della somministrazione di un vaccino per la prevenzione delle infezioni da SARS-CoV-2, effettuata nel corso della campagna vaccinale straordinaria in attuazione del piano di cui all'articolo 1, comma 457, della legge 30 dicembre 2020, n. 178, la punibilità è esclusa quando l'uso del vaccino è conforme alle indicazioni contenute nel provvedimento di autorizzazione all'immissione in commercio emesso dalle competenti autorità e alle circolari pubblicate nel sito internet istituzionale del Ministero della salute relative alle attività di vaccinazione.

3-*bis* Responsabilità colposa per morte o lesioni personali in ambito sanitario durante lo stato di emergenza epidemiologica da COVID-19.

1. Durante lo stato di emergenza epidemiologica da COVID-19, dichiarato con delibera del Consiglio dei ministri del 31 gennaio 2020, e successive proroghe, i fatti di cui agli articoli 589 e 590 del codice penale, commessi nell'esercizio di una professione sanitaria e che trovano causa nella situazione di emergenza, sono punibili solo nei casi di colpa grave.

2. Ai fini della valutazione del grado della colpa, il giudice tiene conto, tra i fattori che ne possono escludere la gravità, della limitatezza delle conoscenze scientifiche al momento del fatto sulle patologie da SARS-CoV-2 e sulle terapie appropriate, nonché della

scarsità delle risorse umane e materiali concretamente disponibili in relazione al numero dei casi da trattare, oltre che del minor grado di esperienza e conoscenze tecniche possedute dal personale non specializzato impiegato per far fronte all'emergenza

3-ter Adempimento dell'obbligo vaccinale (1).

1. L'adempimento dell'obbligo vaccinale previsto per la prevenzione dell'infezione da SARS-CoV-2 comprende il ciclo vaccinale primario e, a far data dal 15 dicembre 2021, la somministrazione della successiva dose di richiamo, da effettuarsi nel rispetto delle indicazioni e dei termini previsti con circolare del Ministero della salute.

(1) *Articolo inserito dall'art. 1, comma 1, lett. a), d.l. 26 novembre 2021, n. 172, conv., con modif., in l. 21 gennaio 2022, n. 3.*

4 Obblighi vaccinali per gli esercenti le professioni sanitarie e gli operatori di interesse sanitario (1).

1. Fino al 31 dicembre 2022, al fine di tutelare la salute pubblica (2) e mantenere adeguate condizioni di sicurezza nell'erogazione delle prestazioni di cura e assistenza, in attuazione del piano di cui all'articolo 1, comma 457, della legge 30 dicembre 2020, n. 178, gli esercenti le professioni sanitarie e gli operatori di interesse sanitario di cui all'articolo 1, comma 2, della legge 1° febbraio 2006, n. 43, per la prevenzione dell'infezione da SARS-CoV-2 sono obbligati a sottoporsi a vaccinazione gratuita, comprensiva, a far data dal 15 dicembre 2021, della somministrazione della dose di richiamo successiva al ciclo vaccinale primario, nel rispetto delle indicazioni e dei termini previsti con circolare del Ministero della salute. La vaccinazione costituisce requisito essenziale per l'esercizio della professione e per lo svolgimento delle prestazioni lavorative dei soggetti obbligati. La vaccinazione è somministrata altresì nel rispetto delle indicazioni fornite dalle regioni e dalle province autonome di Trento e di Bolzano in conformità alle previsioni contenute nel piano di cui al primo periodo.

1-*bis*. L'obbligo di cui al comma 1 è esteso, a decorrere dal 15 febbraio 2022, anche agli studenti dei corsi di laurea impegnati nello svolgimento dei tirocini pratico-valutativi finalizzati al conseguimento dell'abilitazione all'esercizio delle professioni sanitarie. La violazione dell'obbligo di cui al primo periodo determina l'impossibilità di accedere alle strutture ove si svolgono i tirocini pratico-valutativi. I responsabili delle strutture di cui al secondo periodo sono tenuti a verificare il rispetto delle disposizioni di cui al presente comma secondo modalità a campione individuate dalle istituzioni di appartenenza.

2. Solo in caso di accertato pericolo per la salute, in relazione a specifiche condizioni cliniche documentate, attestate dal proprio medico curante di medicina generale ovvero dal medico vaccinatore, nel rispetto delle circolari del Ministero della salute in materia di esenzione dalla vaccinazione anti SARS-CoV-2, non sussiste l'obbligo di cui ai commi 1 e 1-*bis* e la vaccinazione può essere omessa o differita.

3. Gli Ordini degli esercenti le professioni sanitarie, per il tramite delle rispettive Federazioni nazionali, che a tal fine operano in qualità di responsabili del trattamento dei dati personali, avvalendosi della Piattaforma nazionale digital green certificate (Piattaforma nazionale-DGC) eseguono immediatamente la verifica automatizzata del possesso delle certificazioni verdi COVID-19 comprovanti lo stato di avvenuta vaccinazione anti SARS-CoV-2, secondo le modalità definite con il decreto del Presidente del Consiglio dei ministri di cui all'articolo 9, comma 10, del decreto-legge 22 aprile 2021, n. 52, convertito, con modificazioni, dalla legge 17 giugno 2021, n. 87. Qualora dalla Piattaforma nazionale-DGC non risulti l'effettuazione della vaccinazione anti SARS-CoV-2, anche con riferimento alla dose di richiamo successiva al ciclo vaccinale primario, nelle modalità stabilite nella circolare di cui al comma 1, l'Ordine professionale territorialmente competente invita l'interessato a produrre, entro cinque giorni dalla ricezione dell'invito, la documentazione comprovante l'effettuazione della vaccinazione oppure l'attestazione relativa all'omissione o al differimento della stessa ai sensi del comma 2, ovvero la presentazione della richiesta di vaccinazione, da eseguirsi entro un termine non superiore a venti giorni dalla ricezione dell'invito, ovvero la documentazione comprovante l'insussistenza dei presupposti per l'obbligo vaccinale di cui al comma 1, nonché a specificare l'eventuale datore di lavoro e l'indirizzo di posta elettronica certificata di quest'ultimo. In caso di presentazione di documentazione attestante la richiesta di vaccinazione, l'Ordine invita l'interessato a trasmettere immediatamente e comunque non oltre tre giorni dalla somministrazione, la certificazione attestante l'adempimento dell'obbligo vaccinale.

4. Decorsi i termini di cui al comma 3, qualora l'Ordine professionale accerti il mancato adempimento dell'obbligo vaccinale, anche con riguardo alla dose di richiamo, ne dà comunicazione alla Federazione nazionale competente, all'interessato, all'azienda sanitaria locale competente, limitatamente alla professione di farmacista, e, per il personale che abbia un rapporto di lavoro dipendente, anche al datore di lavoro, ove noto. L'inosservanza degli obblighi di comunicazione di cui al primo periodo da parte degli Ordini professionali verso le Federazioni nazionali rileva ai fini e per gli effetti dell'articolo 4 del decreto legislativo del Capo Provvisorio dello Stato 13 settembre 1946, n. 233, ratificato dalla legge 17 aprile 1956, n. 561. L'atto di accertamento dell'inadempimento dell'obbligo vaccinale è adottato da parte dell'Ordine professionale territorialmente competente, all'esito delle verifiche di cui al comma 3, ha natura dichiarativa e non disciplinare, determina l'immediata sospensione dall'esercizio delle professioni sanitarie ed è annotato nel relativo Albo professionale.

5. La sospensione di cui al comma 4 è efficace fino alla comunicazione da parte dell'interessato all'Ordine professionale territorialmente competente e, per il personale che abbia un rapporto di lavoro dipendente, anche al datore di lavoro, del completamento del ciclo vacci-

nale primario e, per i professionisti che hanno completato il ciclo vaccinale primario, della somministrazione della dose di richiamo e comunque non oltre il 31 dicembre 2022 (3). Per il periodo di sospensione non sono dovuti la retribuzione né altro compenso o emolumento, comunque denominato. Il datore di lavoro verifica l'ottemperanza alla sospensione disposta ai sensi del comma 4 e, in caso di omessa verifica, si applicano le sanzioni di cui all'articolo 4-*ter*, comma 6. In caso di intervenuta guarigione l'Ordine professionale territorialmente competente, su istanza dell'interessato, dispone la cessazione temporanea della sospensione, sino alla scadenza del termine in cui la vaccinazione è differita in base alle indicazioni contenute nelle circolari del Ministero della salute (4). La sospensione riprende efficacia automaticamente qualora l'interessato ometta di inviare all'Ordine professionale il certificato di vaccinazione entro e non oltre tre giorni dalla scadenza del predetto termine di differimento (4).

6. Per gli esercenti le professioni sanitarie che si iscrivono per la prima volta agli albi degli Ordini professionali territoriali l'adempimento dell'obbligo vaccinale è requisito ai fini dell'iscrizione fino al 31 dicembre 2022 (5). A tal fine la verifica dell'adempimento dell'obbligo vaccinale avviene con la presentazione della certificazione verde COVID-19.

7. Per il periodo in cui la vaccinazione di cui al comma 1 è omessa o differita, il datore di lavoro adibisce i soggetti di cui al comma 2 a mansioni anche diverse, senza decurtazione della retribuzione, in modo da evitare il rischio di diffusione del contagio da SARS-CoV-2.

8. Per il medesimo periodo di cui al comma 7, al fine di contenere il rischio di contagio, nell'esercizio dell'attività libero-professionale, i soggetti di cui al comma 2 adottano le misure di prevenzione igienico-sanitarie indicate dallo specifico protocollo di sicurezza adottato con decreto del Ministro della salute, di concerto con i Ministri della giustizia e del lavoro e delle politiche sociali, entro il 15 dicembre 2021.

9. Dall'attuazione del presente articolo non devono derivare nuovi o maggiori oneri a carico della finanza pubblica.

10. Per la verifica dell'adempimento dell'obbligo vaccinale da parte degli operatori di interesse sanitario di cui al comma 1, si applicano le disposizioni di cui all'articolo 4-*ter*, commi 2, 3 e 6.

(1) *Articolo così sostituito dall'art. 1, comma 1, lett. b), d.l. 26 novembre 2021, n. 172, conv., con modif., in l. 21 gennaio 2022, n. 3.*

(2) *Le parole* « Fino al 31 dicembre 2022, al fine di tutelare la salute pubblica » *sono state sostituite alle parole* « Al fine di tutelare la salute pubblica » *dall'art. 8, comma 1, lett. a) d.l. 24 marzo 2022, n. 24, in corso di conversione in legge.*

(3) *Le parole* « non oltre il 31 dicembre 2022 » *sono state sostituite alle parole* « on oltre il termine di sei mesi a decorrere dal 15 dicembre 2021 » *dall'art. 8, comma 1, lett. b) n. 1, d.l. n. 24, cit.*

(4) *Periodo inserito dall'art. 8, comma 1, lett. b) n. 2, d.l. n. 24, cit.*

(5) *Le parole* « al 31 dicembre 2022 » *sono state sostituite alle parole* « alla scadenza del termine di sei mesi a decorrere dal 15 dicembre 2021 » *dall'art. 8, comma 1, lett. c) d.l. n. 24, cit.*

4-*bis* Estensione dell'obbligo vaccinale ai lavoratori impiegati in strutture residenziali, socio-assistenziali e socio-sanitarie (1).

1. Dal 10 ottobre 2021 e fino al 31 dicembre 2022 (2), l'obbligo vaccinale previsto dall'articolo 4, comma 1, si applica altresì a tutti i soggetti, anche esterni, che svolgono, a qualsiasi titolo, la propria attività lavorativa nelle strutture di cui all'articolo 1-*bis*, incluse le strutture semiresidenziali e le strutture che, a qualsiasi titolo, ospitano persone in situazione di fragilità (3).

2. Le disposizioni del comma 1 non si applicano ai soggetti esenti dalla campagna vaccinale sulla base di idonea certificazione medica rilasciata secondo i criteri definiti con circolare del Ministero della salute.

3. I responsabili delle strutture di cui all'articolo 1-*bis*, incluse le strutture semiresidenziali e le strutture che, a qualsiasi titolo, ospitano persone in situazione di fragilità, e i datori di lavoro dei soggetti che, a qualunque titolo, svolgono nelle predette strutture attività lavorativa sulla base di contratti esterni assicurano il rispetto dell'obbligo di cui al comma 1 del presente articolo. Fermo restando quanto previsto dall'articolo 17-*bis* del decreto-legge 17 marzo 2020, n. 18, convertito, con modificazioni, dalla legge 24 aprile 2020, n. 27, per la finalità di cui al primo periodo del presente comma i responsabili e i datori di lavoro possono verificare l'adempimento dell'obbligo acquisendo le informazioni necessarie secondo le modalità definite con il decreto del Presidente del Consiglio dei ministri di cui all'articolo 9, comma 10, del decreto-legge 22 aprile 2021, n. 52, convertito, con modificazioni, dalla legge 17 giugno 2021, n. 87 (3).

4. Per la verifica dell'adempimento dell'obbligo vaccinale da parte dei soggetti di cui al comma 1, si applicano le disposizioni di cui all'articolo 4-*ter*, commi 2, 3 e 6 (4).

5. La violazione delle disposizioni del primo periodo del comma 3 del presente articolo è sanzionata ai sensi dell'articolo 4, commi 1, 3, 5 e 9, del decreto-legge 25 marzo 2020, n. 19, convertito, con modificazioni, dalla legge 22 maggio 2020, n. 35. Resta fermo quanto previsto dall'articolo 2, comma 2-*bis*, del decreto-legge 16 maggio 2020, n. 33, convertito, con modificazioni, dalla legge 14 luglio 2020, n. 74 (3).

(1) *Articolo dapprima inserito dall'art. 2, comma 1, d.l. 10 settembre 2021, n. 122 e successivamente sostituito dall'art. 2-*bis *d.l. 6 agosto 2021, n. 111, conv., con modif., in l. 24 settembre 2021, n. 133. Il citato d.l. n. 122 è stato abrogato dall'art. 1, comma 2, l. n. 133, cit.*

(2) *Le parole* « e fino al 31 dicembre 2022 » *sono state inserite dall'art. 8, comma 2, d.l. n. 24, cit.*

(3) *Comma modificato dall'art. 1, comma 1, lett. c), d.l. 26 novembre 2021, n. 172, conv., con modif., in l. 21 gennaio 2022, n. 3.*

(4) *Comma sostituito dall'art. 1, comma 1, lett. c), d.l. n. 172, cit.*

4-*ter* Obbligo vaccinale per il personale delle strutture di cui all'articolo 8-*ter* del decreto legislativo 30 dicembre 1992, n. 502 (1) (2).

1. Dal 15 dicembre 2021 e fino al 31 dicembre 2022 (3), l'obbligo vaccinale per la prevenzione dell'infezione da SARS-CoV-2 di cui all'articolo 3-*ter*, da adempiersi, per la somministrazione della dose di richiamo, entro i termini di validità delle certificazioni verdi COVID-19 previsti dall'articolo 9, comma 3, del decreto-legge 22 aprile 2021, n. 52, convertito, con modificazioni, dalla legge 17 giugno 2021, n. 87, si applica anche alle seguenti categorie:

[*a*) personale scolastico del sistema nazionale di istruzione, delle scuole non paritarie, dei servizi educativi per l'infanzia di cui all'articolo 2 del decreto legislativo 13 aprile 2017, n. 65, dei centri provinciali per l'istruzione degli adulti, dei sistemi regionali di istruzione e formazione professionale e dei sistemi regionali che realizzano i percorsi di istruzione e formazione tecnica superiore] (4);

[*b*) personale del comparto della difesa, sicurezza e soccorso pubblico, della polizia locale, nonché degli organismi di cui agli articoli 4, 6 e 7 della legge 3 agosto 2007, n. 124, e, a decorrere dal 15 febbraio 2022, personale dell'Agenzia per la cybersicurezza nazionale, di cui all'articolo 12 del decreto-legge 14 giugno 2021, n. 82, convertito, con modificazioni, dalla legge 4 agosto 2021, n. 109] (4);

c) personale che svolge a qualsiasi titolo la propria attività lavorativa nelle strutture di cui all'articolo 8-*ter* del decreto legislativo 30 dicembre 1992, n. 502, ad esclusione di quello che svolge attività lavorativa con contratti esterni, fermo restando quanto previsto dagli articoli 4 e 4-*bis*;

[*d*) personale che svolge a qualsiasi titolo la propria attività lavorativa alle dirette dipendenze del Dipartimento dell'amministrazione penitenziaria o del Dipartimento per la giustizia minorile e di comunità, all'interno degli istituti penitenziari per adulti e minori] (4).

[1-*bis*. Dal 1° febbraio 2022, l'obbligo vaccinale per la prevenzione dell'infezione da SARS-CoV-2 di cui al comma 1 si applica al personale delle università, delle istituzioni di alta formazione artistica, musicale e coreutica e degli istituti tecnici superiori] (5).

2. La vaccinazione costituisce requisito essenziale per lo svolgimento delle attività lavorative dei soggetti obbligati ai sensi del comma 1. I responsabili delle strutture in cui presta servizio il personale di cui al comma 1 assicurano il rispetto dell'obbligo di cui al medesimo comma 1. Si applicano le disposizioni di cui all'articolo 4, commi 2 e 7 (6).

3. I soggetti di cui al comma 2 verificano immediatamente l'adempimento dell'obbligo vaccinale di cui al comma 1 acquisendo le informazioni necessarie anche secondo le modalità definite con il decreto del Presidente del Consiglio dei ministri di cui all'articolo 9, comma 10, del decreto-legge 22 aprile 2021, n. 52, convertito, con modificazioni, dalla legge 17 giugno 2021, n. 87. Nei casi in cui non risulti l'effettuazione della vaccinazione anti SARS-CoV-2 o la presentazione della richiesta di vaccinazione nelle modalità stabilite nell'ambito della campagna vaccinale in atto, i soggetti di cui al comma 2 invitano, senza indugio, l'interessato a produrre, entro cinque giorni dalla ricezione dell'invito, la documentazione comprovante l'effettuazione della vaccinazione oppure l'attestazione relativa all'omissione o al differimento della stessa ai sensi dell'articolo 4, comma 2, ovvero la presentazione della richiesta di vaccinazione da eseguirsi in un termine non superiore a venti giorni dalla ricezione dell'invito, o comunque l'insussistenza dei presupposti per l'obbligo vaccinale di cui al comma 1. In caso di presentazione di documentazione attestante la richiesta di vaccinazione, i soggetti di cui al comma 2 invitano l'interessato a trasmettere immediatamente e comunque non oltre tre giorni dalla somministrazione, la certificazione attestante l'adempimento dell'obbligo vaccinale. In caso di mancata presentazione della documentazione di cui al secondo e terzo periodo i soggetti di cui al comma 2 accertano l'inosservanza dell'obbligo vaccinale e ne danno immediata comunicazione scritta all'interessato. L'atto di accertamento dell'inadempimento determina l'immediata sospensione dal diritto di svolgere l'attività lavorativa, senza conseguenze disciplinari e con diritto alla conservazione del rapporto di lavoro.

Per il periodo di sospensione, non sono dovuti la retribuzione né altro compenso o emolumento, comunque denominati. La sospensione è efficace fino alla comunicazione da parte dell'interessato al datore di lavoro dell'avvio o del successivo completamento del ciclo vaccinale primario o della somministrazione della dose di richiamo, e comunque non oltre il 31 dicembre 2022. In caso di intervenuta guarigione si applica la disposizione dell'articolo 4 comma 5 (7) (8).

4. I dirigenti scolastici e i responsabili delle istituzioni di cui al comma 1, lettera *a*), provvedono alla sostituzione del personale docente, educativo ed amministrativo, tecnico e ausiliario sospeso mediante l'attribuzione di contratti a tempo determinato che si risolvono di diritto nel momento in cui i soggetti sostituiti, avendo adempiuto all'obbligo vaccinale, riacquistano il diritto di svolgere l'attività lavorativa. Il Ministero dell'istruzione per l'anno scolastico 2021/2022 comunica, mensilmente, al Ministero dell'economia e delle finanze le unità di personale scolastico privo di vaccinazione e sospeso dal servizio e la durata della sospensione. Il Ministro dell'economia e delle finanze, sulla base dell'esito del monitoraggio e previa verifica tramite i servizi di rilevazione delle presenze forniti dal sistema informativo NoiPA, provvede ad effettuare le occorrenti variazioni di bilancio] (9).

5. Lo svolgimento dell'attività lavorativa in violazione dell'obbligo vaccinale di cui al comma 1 è punito con la sanzione di cui al comma 6 e restano ferme le conseguenze disciplinari secondo i rispettivi ordinamenti di appartenenza. Le disposizioni di cui al primo periodo si applicano anche in caso di esercizio della professione o di svolgimento dell'attività lavorativa in violazione degli obblighi vaccinali di cui agli articoli 4 e 4-*bis*.

6. La violazione delle disposizioni di cui al comma 2 è sanzionata ai sensi dell'articolo 4, commi 1, 3, 5 e 9, del decreto-legge 25 marzo 2020, n. 19, convertito, con modificazioni, dalla legge 22 maggio 2020, n. 35. Resta fermo quanto previsto dall'articolo 2, comma 2-*bis*, del decreto-legge 16 maggio 2020, n. 33, convertito, con modificazioni, dalla legge 14 luglio 2020, n. 74.

La sanzione è irrogata dal prefetto e si applicano, per quanto non stabilito dal presente comma, le disposizioni delle sezioni I e II del capo I della legge 24 novembre 1981, n. 689, in quanto compatibili. Per le violazioni di cui al comma 5, la sanzione amministrativa prevista dal comma 1 del citato articolo 4 del decreto-legge n. 19 del 2020 è stabilita nel pagamento di una somma da euro 600 a euro 1.500.

(1) *Rubrica così sostituita dall'art. 8, comma 3, lett.* f) *d.l. 24 marzo 2022, n. 24, in corso di conversione in legge. Il testo della rubrica, come*

da ultimo modificato dall'art. 2, comma 1 d.l. 7 gennaio 2022, n. 1, conv., con modif., in l. 4 marzo 2022, n. 18, era il seguente: « Obbligo vaccinale per il personale della scuola, del comparto difesa, sicurezza e soccorso pubblico, della polizia locale, degli organismi di cui alla legge 3 agosto 2007, n. 124, delle strutture di cui all'articolo 8-*ter* del decreto legislativo 30 dicembre 1992, n. 502, degli istituti penitenziari, delle università, delle istituzioni di alta formazione artistica, musicale e coreutica e degli istituti tecnici superiori ».

(2) *Articolo inserito dall'articolo 2, comma 1, d.l. 26 novembre 2021, n. 172, conv., con modif., in l. 21 gennaio 2022, n. 3.*

(3) *Le parole* « e fino al 31 dicembre 2022 » *sono state inserite dall'art. 8, comma 3, lett.* a), *n. 1 d.l. n. 24, cit.*

(4) *Lettera abrogata dall'art. 8, comma 3, lett.* a), *n. 2 d.l. n. 24, cit.*

(5) *Comma abrogato dall'art. 8, comma 3, lett.* b), *d.l. n. 24, cit. Precedentemente, il comma era stato inserito dall'art. 2, comma 1 d.l. n. 1, cit.*

(6) *Comma così sostituito dall'art. 8, comma 3, lett.* c), *d.l. n. 24, cit. Il testo del comma, come da ultimo modificato dall'art. 2, comma 1 d.l. n. 1, cit., era il seguente:* « 2. La vaccinazione costituisce requisito essenziale per lo svolgimento delle attività lavorative dei soggetti obbligati ai sensi del comma 1 e del comma 1-*bis*. I dirigenti scolastici e i responsabili delle istituzioni di cui al comma 1, lettera *a*) e del comma 1-*bis*, i responsabili delle strutture in cui presta servizio il personale di cui al comma 1, lettere *b*), *c*) e *d*), assicurano il rispetto dell'obbligo di cui al comma 1. I direttori degli uffici scolastici regionali e le autorità degli enti locali e regionali territorialmente competenti verificano, rispettivamente, l'adempimento del predetto obbligo vaccinale da parte dei dirigenti scolastici e dei responsabili delle scuole paritarie nonché delle altre istituzioni di cui al comma 1, lettera *a*). L'attività di verifica e l'adozione dell'atto di accertamento sono svolte secondo le modalità e con gli effetti di cui al comma 3. In caso di sospensione dei dirigenti scolastici, la reggenza delle istituzioni scolastiche statali è attribuita ad altro dirigente per la durata della sospensione. Si applicano le disposizioni di cui all'articolo 4, commi 2 e 7 ».

(7) *Le parole* « 1 dicembre 2022. In caso di intervenuta guarigione si applica la disposizione dell'articolo 4 comma 5. » *sono state sostituite alle parole* « 15 giugno 2022 » *dall'art. 8, comma 3, lett.* d), *d.l. n. 24, cit.*

(8) *Comma così modificato dall'art. 2, comma 1 d.l. n. 7, cit.*

(9) *Comma abrogato dall'art. 8, comma 3, lett.* e), *d.l. n. 24, cit.*

4-*ter*.1 (1) Obbligo vaccinale per il personale della scuola, del comparto difesa, sicurezza e soccorso pubblico, della polizia locale, degli organismi di cui alla legge 3 agosto 2007, n. 124, dell'Agenzia per la cybersicurezza nazionale, degli istituti penitenziari, delle università, delle istituzioni di alta formazione artistica, musicale e coreutica e degli istituti tecnici superiori, nonché dei Corpi forestali delle regioni a statuto speciale).

1. Fino al 15 giugno 2022, l'obbligo vaccinale per la prevenzione dell'infezione da SARS-CoV-2 di cui all'articolo 3-ter, da adempiersi, per la somministrazione della dose di richiamo, entro i termini di validità delle certificazioni verdi COVID-19 previsti dall'articolo 9, comma 3, del decreto-legge 22 aprile 2021, n. 52, convertito, con modificazioni, dalla legge 17 giugno 2021, n. 87, si applica alle seguenti categorie:

a) personale scolastico del sistema nazionale di istruzione, delle scuole non paritarie, dei servizi educativi per l'infanzia di cui all'articolo 2 del decreto legislativo 13 aprile 2017, n. 65, dei centri provinciali per l'istruzione degli adulti, dei sistemi regionali di istruzione e formazione professionale e dei sistemi regionali che realizzano i percorsi di istruzione e formazione tecnica superiore, fermo restando quanto previsto dall'articolo 4-*ter*.2;

b) personale del comparto della difesa, sicurezza e soccorso pubblico, della polizia locale, nonché degli organismi di cui agli articoli 4,6 e 7 della legge 3 agosto 2007, n. 124, e personale dell'Agenzia per la cybersicurezza nazionale, di cui all'articolo 12 del decreto-legge 14 giugno 2021, n. 82, convertito, con modificazioni, dalla legge 4 agosto 2021, n. 109;

c) personale che svolge a qualsiasi titolo la propria attività lavorativa alle dirette dipendenze del Dipartimento dell'amministrazione penitenziaria o del Dipartimento per la giustizia minorile e di comunità, all'interno degli istituti penitenziari per adulti e minori;

d) personale delle università, delle istituzioni di alta formazione artistica, musicale e coreutica e degli istituti tecnici superiori, nonché al personale dei Corpi forestali delle regioni a statuto speciale.

2. L'obbligo di cui al comma 1 non sussiste in caso di accertato pericolo per la salute, in relazione a specifiche condizioni cliniche documentate, attestate dal proprio medico curante di medicina generale ovvero dal medico vaccinatore, nel rispetto delle circolari del Ministero della salute in materia di esenzione dalla vaccinazione anti SARS-CoV-2, in tali casi la vaccinazione può essere omessa o differita.

(1) *Articolo inserito dall'art. 8, comma 4 d.l. 24 marzo 2022, n. 24, in corso di conversione in legge.*

4-*ter*.2 (1) Obbligo vaccinale per il personale docente ed educativo della scuola.

1. Dal 15 dicembre 2021 al 15 giugno 2022, l'obbligo vaccinale per la prevenzione dell'infezione da SARS-CoV-2 di cui all'articolo 3-ter, da adempiersi, per la somministrazione della dose di richiamo, entro i termini di validità delle certificazioni verdi COVID-19 previsti dall'articolo 9, comma 3, del decreto-legge 22 aprile 2021, n. 52, convertito, con modificazioni, dalla legge 17 giugno 2021, n. 87, si applica anche al personale docente ed educativo del sistema nazionale di istruzione, delle scuole non paritarie, dei servizi educativi per l'infanzia di cui all'articolo 2 del decreto legislativo 13 aprile 2017, n. 65, dei centri provinciali per l'istruzione degli adulti, dei sistemi regionali di istruzione e formazione professionale e dei sistemi regionali che realizzano i percorsi di istruzione e formazione tecnica superiore.

2. La vaccinazione costituisce requisito essenziale per lo svolgimento delle attività didattiche a contatto con gli alunni da parte dei soggetti obbligati ai sensi del comma 1. I dirigenti scolastici e i responsabili delle istituzioni di cui al comma 1, assicurano il rispetto dell'obbligo di cui al medesimo comma 1.

3. I soggetti di cui al comma 2 verificano immediatamente l'adempimento dell'obbligo vaccinale di cui al comma 1 acquisendo le informazioni necessarie anche secondo le modalità definite con il decreto del Presidente del Consiglio dei ministri di cui all'articolo 9, comma 10, del decreto-legge 22 aprile 2021, n. 52, convertito, con modificazioni, dalla legge 17 giugno 2021, n. 87. Nei casi in cui non risulti l'effettuazione della vaccinazione anti SARS-CoV-2 o la presentazione della richiesta di vaccinazione nelle modalità stabilite nell'ambito della campagna vaccinale in atto, i soggetti di cui al comma 2 invitano, senza indugio, l'interessato a produrre, entro cinque giorni dalla ricezione dell'invito, la documentazione comprovante l'effettuazione

della vaccinazione oppure l'attestazione relativa all'omissione o al differimento della stessa ai sensi dell'articolo 4, comma 2, ovvero la presentazione della richiesta di vaccinazione da eseguirsi in un termine non superiore a venti giorni dalla ricezione dell'invito, o comunque l'insussistenza dei presupposti per l'obbligo vaccinale di cui al comma 1. In caso di presentazione di documentazione attestante la richiesta di vaccinazione, i soggetti di cui al comma 2 invitano l'interessato a trasmettere immediatamente e comunque non oltre tre giorni dalla somministrazione, la certificazione attestante l'adempimento dell'obbligo vaccinale. In caso di mancata presentazione della documentazione di cui al secondo e terzo periodo i soggetti di cui al comma 2 accertano l'inosservanza dell'obbligo vaccinale e ne danno immediata comunicazione scritta all'interessato. L'atto di accertamento dell'inadempimento impone al dirigente scolastico di utilizzare il docente inadempiente in attività di supporto alla istituzione scolastica.

4. I dirigenti scolastici e i responsabili delle istituzioni di cui al comma 1, provvedono, dal 1° aprile 2022 fino al termine delle lezioni dell'anno scolastico 2021/2022, alla sostituzione del personale docente e educativo non vaccinato mediante l'attribuzione di contratti a tempo determinato che si risolvono di diritto nel momento in cui i soggetti sostituiti, avendo adempiuto all'obbligo vaccinale, riacquistano il diritto di svolgere l'attività didattica.

5. Agli oneri derivanti dal presente articolo pari a euro 29.207.391 per l'anno 2022 si provvede, quanto a 15.000.000 di euro, mediante corrispondente riduzione del fondo di cui all'articolo 1, comma 200, della legge 23 dicembre 2014, n. 190, e, quanto a 14.207.391 euro, mediante corrispondente riduzione dell'autorizzazione di spesa di cui all'articolo 1, comma 592, della legge 27 dicembre 2017, n. 205.

(1) *Articolo inserito dall'art. 8, comma 4 d.l. 24 marzo 2022, n. 24, in corso di conversione in legge.*

4-*quater* Estensione dell'obbligo di vaccinazione per la prevenzione dell'infezione da SARS-CoV-2 agli ultracinquantenni (1).

1. Dalla data di entrata in vigore della presente disposizione e fino al 15 giugno 2022, al fine di tutelare la salute pubblica e mantenere adeguate condizioni di sicurezza nell'erogazione delle prestazioni di cura e assistenza, l'obbligo vaccinale per la prevenzione dell'infezione da SARS-CoV-2, di cui all'articolo 3-*ter*, si applica ai cittadini italiani e di altri Stati membri dell'Unione europea residenti nel territorio dello Stato, nonché agli stranieri di cui agli articoli 34 e 35 del testo unico delle disposizioni concernenti la disciplina dell'immigrazione e norme sulla condizione dello straniero, di cui al decreto legislativo 25 luglio 1998, n. 286, che abbiano compiuto il cinquantesimo anno di età, fermo restando quanto previsto dagli articoli 4, 4-*bis*, 4-*ter*, 4-*ter*.1 e 4-*ter*.2 (2).

2. L'obbligo di cui al comma 1 non sussiste in caso di accertato pericolo per la salute, in relazione a specifiche condizioni cliniche documentate, attestate dal medico di medicina generale dell'assistito o dal medico vaccinatore, nel rispetto delle circolari del Ministero della salute in materia di esenzione dalla vaccinazione anti SARS-CoV-2; in tali casi la vaccinazione può essere omessa o differita. L'infezione da SARS-CoV-2 determina il differimento della vaccinazione fino alla prima data utile prevista sulla base delle circolari del Ministero della salute.

3. La disposizione di cui al comma 1 si applica anche a coloro che compiono il cinquantesimo anno di età in data successiva a quella di entrata in vigore della presente disposizione, fermo il termine del 15 giugno 2022, di cui al comma 1.

(1) *Articolo inserito dall'art. 1, comma 1, d.l. 7 gennaio 2022, n. 1, conv., con modif., in l. 4 marzo 2022, n. 18.*

(2) *Le parole* « 4-*ter*, 4-*ter*.1 e 4-*ter*.2 » *sono state sostituite alle parole* « e 4-*ter* » *dall'art. 8, comma 5 d.l. 24 marzo 2022, n. 24, in corso di conversione in legge.*

4-*quinquies* Impiego delle certificazioni verdi COVID-19 nei luoghi di lavoro per coloro che sono soggetti all'obbligo vaccinale ai sensi degli articoli 4-*ter*.1, 4-*ter*.2 e 4-*quater* (1).

1. Fermi restando gli obblighi vaccinali e il relativo regime sanzionatori di cui all'articolo 4-*sexies*, i soggetti di cui agli articoli 4-*ter*.1, 4-*ter*.2, comma 3, ultimo periodo, e 4-*quater*, fino al 30 aprile 2022, per l'accesso ai luoghi di lavoro, devono possedere e, su richiesta, esibire una delle certificazioni verdi COVID-19 da vaccinazione, guarigione o test, cosiddetto green pass base di cui all'articolo 9, comma 1, lettera a-bis, del decreto-legge 22 aprile 2021, n. 52, convertito, con modificazioni, dalla legge 17 giugno 2021, n. 87. Si applicano le disposizioni di cui agli articoli 9-*ter*.1, 9-*ter*.2, 9-*quinquies*, 9-*sexies*, 9-*septies*, 9-*octies*, e 9-*novies* del decreto-legge n. 52 del 2021.

(1) *Articolo così sostituito dall'art. 8, comma 6 d.l. 24 marzo 2022, n. 24, in corso di conversione in legge. Il testo dell'articolo, inserito dall'art. 1, comma 1, d.l. 7 gennaio 2022, n. 1, conv., con modif., in l. 4 marzo 2022, n. 18, era il seguente:* « Art. 4-*quinquies* (*Estensione dell'impiego dei certificati vaccinali e di guarigione nei luoghi di lavoro*). - 1. A decorrere dal 15 febbraio 2022, i soggetti di cui agli articoli 9-*quinquies*, commi 1 e 2, 9-*sexies*, commi 1 e 4, e 9-septies, commi 1 e 2, del decreto-legge 22 aprile 2021, n. 52, convertito, con modificazioni, dalla legge 17 giugno 2021, n. 87, ai quali si applica l'obbligo vaccinale di cui all'articolo 4-*quater* del presente decreto, per l'accesso ai luoghi di lavoro nell'ambito del territorio nazionale, devono possedere e sono tenuti a esibire una delle certificazioni verdi COVID-19 di vaccinazione o di guarigione di cui all'articolo 9, comma 2, lettere *a*), *b*) e *c-bis*), del decreto-legge n. 52 del 2021. - 2. I datori di lavoro pubblici di cui all'articolo 9-quinquies del decreto-legge n. 52 del 2021, i datori di lavoro privati di cui all'articolo 9-septies del decreto-legge n. 52 del 2021 e i responsabili della sicurezza delle strutture in cui si svolge l'attività giudiziaria di cui all'articolo 9-sexies del decreto-legge n. 52 del 2021 sono tenuti a verificare il rispetto delle prescrizioni di cui al comma 1 del presente articolo per i soggetti sottoposti all'obbligo di vaccinazione di cui all'articolo 4-*quater* che svolgono la propria attività lavorativa nei rispettivi luoghi di lavoro. Le verifiche delle certificazioni verdi COVID-19 di cui al comma 1 del presente articolo sono effettuate con le modalità indicate dall'articolo 9, comma 10, del decreto-legge n. 52 del 2021. - 3. La verifica del possesso delle certificazioni verdi COVID-19 di cui al comma 1 da parte dei soggetti sottoposti all'obbligo di vaccinazione di cui all'articolo 4-quater che svolgono la loro attività lavorativa, a qualsiasi titolo, nei luoghi di lavoro è effettuata dai soggetti di cui al comma 2, nonché dai rispettivi datori di lavoro o da soggetti da essi delegati. - 4. I lavoratori di cui al comma 1, nel caso in cui comunichino di non essere in possesso della certificazione verde COVID-19 di cui al comma 1 o risultino privi della stessa al momento dell'accesso ai luoghi di lavoro, al fine di tutelare la

salute e la sicurezza dei lavoratori nei luoghi di lavoro, sono considerati assenti ingiustificati, senza conseguenze disciplinari e con diritto alla conservazione del rapporto di lavoro, fino alla presentazione della predetta certificazione e, comunque, non oltre il 15 giugno 2022. Per i giorni di assenza ingiustificata di cui al primo periodo, non sono dovuti la retribuzione né altro compenso o emolumento, comunque denominati. Per le imprese, fino al 15 giugno 2022, si applica l'articolo 9-septies, comma 7, del [medesimo] decreto-legge n. 52 del 2021. - 5. È vietato l'accesso dei soggetti di cui al comma 1 ai luoghi di lavoro in violazione dell'obbligo di cui al predetto comma 1. - 6. La violazione delle disposizioni di cui ai commi 2, 3 e 5 è sanzionata ai sensi dell'articolo 4, commi 1, 3, 5 e 9, del decreto-legge 25 marzo 2020, n. 19, convertito, con modificazioni, dalla legge 22 maggio 2020, n. 35. Resta fermo quanto previsto dall'articolo 2, comma 2-*bis*, del decreto-legge 16 maggio 2020, n. 33, convertito, con modificazioni, dalla legge 14 luglio 2020, n. 74. La sanzione è irrogata dal prefetto e si applicano, per quanto non stabilito dal presente comma, le disposizioni delle sezioni I e II del capo I della legge 24 novembre 1981, n. 689, in quanto compatibili. Per le violazioni di cui al comma 5, la sanzione amministrativa prevista dal comma 1 del citato articolo 4 del decreto-legge n. 19 del 2020 è stabilita nel pagamento di una somma da euro 600 a euro 1.500 e restano ferme le conseguenze disciplinari secondo i rispettivi ordinamenti di settore. - 7. Per il periodo in cui la vaccinazione è omessa o differita, il datore di lavoro adibisce i soggetti di cui all'articolo 4-quater, comma 2, a mansioni anche diverse, senza decurtazione della retribuzione, in modo da evitare il rischio di diffusione del contagio da SARS-CoV-2. - 8. Resta fermo quanto disposto dall'articolo 9-*sexies*, commi 8 e 8-*bis*, del decreto-legge n. 52 del 2021. - 9. Dall'attuazione del presente articolo non devono derivare nuovi o maggiori oneri a carico della finanza pubblica ».

4-*sexies* Sanzioni pecuniarie (1).

1. In caso di inosservanza dell'obbligo vaccinale di cui agli articoli 4-*ter*.1, 4-*ter*.2 e 4-*quater* (2), si applica la sanzione amministrativa pecuniaria di euro cento in uno dei seguenti casi:

a) soggetti che alla data del 1° febbraio 2022 non abbiano iniziato il ciclo vaccinale primario;

b) soggetti che a decorrere dal 1° febbraio 2022 non abbiano effettuato la dose di completamento del ciclo vaccinale primario nel rispetto delle indicazioni e nei termini previsti con circolare del Ministero della salute;

c) soggetti che a decorrere dal 1° febbraio 2022 non abbiano effettuato la dose di richiamo successiva al ciclo vaccinale primario entro i termini di validità delle certificazioni verdi COVID-19 previsti dall'articolo 9, comma 3, del decreto-legge 22 aprile 2021, n. 52, convertito, con modificazioni, dalla legge 17 giugno 2021, n. 87.

2. La sanzione di cui al comma 1 si applica anche in caso di inosservanza degli obblighi vaccinali di cui agli articoli 4, 4-*bis* e 4-*ter*.

3. L'irrogazione della sanzione di cui al comma 1, nella misura ivi stabilita, è effettuata dal Ministero della salute per il tramite dell'Agenzia delle entrate-Riscossione, che vi provvede, sulla base degli elenchi dei soggetti inadempienti all'obbligo vaccinale periodicamente predisposti e trasmessi dal medesimo Ministero, anche acquisendo i dati resi disponibili dal Sistema Tessera Sanitaria sui soggetti assistiti dal Servizio Sanitario Nazionale vaccinati per COVID-19, nonché su quelli per cui non risultano vaccinazioni comunicate dal Ministero della salute al medesimo sistema e, ove disponibili, sui soggetti che risultano esenti dalla vaccinazione. Per la finalità di cui al presente comma, il Sistema Tessera Sanitaria è autorizzato al trattamento delle informazioni su base individuale inerenti alle somministrazioni, acquisite dall'Anagrafe Nazionale Vaccini ai sensi dell'articolo 3, comma 5-ter, del decreto-legge 14 gennaio 2021, n. 2, convertito, con modificazioni, dalla legge 12 marzo 2021, n. 29, nonché al trattamento dei dati relativi agli esenti, acquisiti secondo le modalità definite con il decreto del Presidente del Consiglio dei ministri di cui all'articolo 9-*bis*, comma 3, del decreto-legge 22 aprile 2021, n. 52, convertito, con modificazioni, dalla legge 17 giugno 2021, n. 87.

4. Il Ministero della salute, avvalendosi dell'Agenzia delle entrate-Riscossione, comunica ai soggetti inadempienti l'avvio del procedimento sanzionatorio e indica ai destinatari il termine perentorio di dieci giorni dalla ricezione, per comunicare all'Azienda sanitaria locale competente per territorio l'eventuale certificazione relativa al differimento o all'esenzione dall'obbligo vaccinale, ovvero altra ragione di assoluta e oggettiva impossibilità. Entro il medesimo termine, gli stessi destinatari danno notizia all'Agenzia delle entrate-Riscossione dell'avvenuta presentazione di tale comunicazione.

5. L'Azienda sanitaria locale competente per territorio trasmette all'Agenzia delle entrate-Riscossione, nel termine perentorio di dieci giorni dalla ricezione della comunicazione dei destinatari prevista al comma 4, previo eventuale contraddittorio con l'interessato, un'attestazione relativa alla insussistenza dell'obbligo vaccinale o all'impossibilità di adempiervi di cui al comma 4.

6. L'Agenzia delle entrate-Riscossione, nel caso in cui l'Azienda sanitaria locale competente non confermi l'insussistenza dell'obbligo vaccinale, ovvero l'impossibilità di adempiervi, di cui al comma 4, provvede, in deroga alle disposizioni contenute nella legge 24 novembre 1981, n. 689, e mediante la notifica, ai sensi dell'articolo 26 del decreto del Presidente della Repubblica 29 settembre 1973, n. 602, entro centottanta giorni dalla relativa trasmissione, di un avviso di addebito, con valore di titolo esecutivo. Si applicano, in quanto compatibili, le disposizioni dell'articolo 30 del decreto-legge 31 maggio 2010, n. 78, convertito, con modificazioni, dalla legge 30 luglio 2010, n. 122.

7. In caso di opposizione alla sanzione contenuta nell'avviso di cui al comma 6 resta ferma la competenza del Giudice di Pace e l'Avvocatura dello Stato assume il patrocinio dell'Agenzia delle entrate-Riscossione, passivamente legittimata.

8. Le entrate derivanti dal comma 1 sono periodicamente versate a cura dell'Agenzia delle entrate-Riscossione ad apposito capitolo dell'entrata del bilancio dello Stato per essere riassegnate al Fondo per le emergenze nazionali di cui all'articolo 44 del codice della protezione civile, di cui al decreto legislativo 2 gennaio 2018, n. 1, per il successivo trasferimento alla contabilità speciale di cui all'articolo 122, comma 9, del decreto-legge 17 marzo 2020, n. 18, convertito, con modificazioni, dalla legge 24 aprile 2020, n. 27.

(1) *Articolo inserito dall'art. 1, comma 1, d.l. 7 gennaio 2022, n. 1, conv., con modif., in l. 4 marzo 2022, n. 18.*

(2) *Le parole* « di cui agli articoli 4-*ter*.1, 4-*ter*.2 e 4-*quater* » *sono state sostituite alle parole* « di cui all'articolo 4-*quater* » *dall'art. 8, comma 7 d.l. 24 marzo 2022, n. 24, in corso di conversione in legge.*

5 Manifestazione del consenso al trattamento sanitario del vaccino anti SARS-CoV-2 per i soggetti che versino in condizioni di incapacità naturale (1).

(1) *Modifica l'art.* 1-quinquies *d.l. 18 dicembre 2020, n. 172, conv., con modif., in l. 29 gennaio 2021, n. 6.*

10 Misure per lo svolgimento delle procedure per i concorsi pubblici e per la durata dei corsi di formazione iniziale.

1. Al fine di ridurre i tempi di reclutamento del personale, le amministrazioni di cui all'articolo 1, comma 2, del decreto legislativo 30 marzo 2001, n. 165, prevedono, anche in deroga alla disciplina del decreto del Presidente della Repubblica 9 maggio 1994, n. 487, del regolamento di cui al decreto del Presidente della Repubblica 24 settembre 2004, n. 272, e della legge 19 giugno 2019, n. 56, le seguenti modalità semplificate di svolgimento delle prove, assicurandone comunque il profilo comparativo:

a) nei concorsi per il reclutamento di personale non dirigenziale, l'espletamento di una sola prova scritta e di una prova orale;

b) l'utilizzo di strumenti informatici e digitali e, facoltativamente, lo svolgimento in videoconferenza della prova orale, garantendo comunque l'adozione di soluzioni tecniche che ne assicurino la pubblicità, l'identificazione dei partecipanti, la sicurezza delle comunicazioni e la loro tracciabilità, nel rispetto della normativa in materia di protezione dei dati personali e nel limite delle pertinenti risorse disponibili a legislazione vigente;

c) per i profili qualificati dalle amministrazioni, in sede di bando, ad elevata specializzazione tecnica, una fase di valutazione dei titoli legalmente riconosciuti e strettamente correlati alla natura e alle caratteristiche delle posizioni bandite, ai fini dell'ammissione a successive fasi concorsuali;

c-bis) conformemente a quanto disposto dall'articolo 3, comma 6, lettera *b*), numero 7), della legge 19 giugno 2019, n. 56, i titoli e l'eventuale esperienza professionale, inclusi i titoli di servizio, possono concorrere, in misura non superiore a un terzo, alla formazione del punteggio finale;

1-*bis*. A decorrere dalla data di entrata in vigore della legge di conversione del presente decreto, ai fini della partecipazione alle procedure concorsuali per il reclutamento di personale delle amministrazioni di cui all'articolo 1, comma 2, del decreto legislativo 30 maggio 2001, n. 165, il possesso del titolo di laurea magistrale in scienze delle religioni (LM64), secondo la classificazione definita ai sensi del regolamento di cui al decreto del Ministro dell'istruzione, dell'università e della ricerca 22 ottobre 2004, n. 270, dispiega i medesimi effetti del possesso del titolo di laurea magistrale in scienze storiche (LM84), in scienze filosofiche (LM78) e in antropologia culturale ed etnologia (LM01).

2. Le amministrazioni di cui al comma 1, nel limite delle pertinenti risorse disponibili a legislazione vigente, possono prevedere, in ragione del numero di partecipanti, l'utilizzo di sedi decentrate con le modalità previste dall'articolo 247, comma 2, del decreto-legge 19 maggio 2020, n. 34, convertito con modificazioni dalla legge 17 luglio 2020, n. 77, e, ove necessario, e in ogni caso fino al 31 dicembre 2022, la non contestualità, assicurando comunque la trasparenza e l'omogeneità delle prove somministrate in modo da garantire il medesimo grado di selettività tra tutti i partecipanti (1) (2).

3. Fino al 31 dicembre 2022, per le procedure concorsuali i cui bandi sono pubblicati alla data di entrata in vigore del presente decreto le amministrazioni di cui al comma 1 prevedono, qualora non sia stata svolta alcuna attività, l'utilizzo degli strumenti informatici e digitali di cui al comma 1, lettera *b*), nonché le eventuali misure di cui al comma 2, nel limite delle pertinenti risorse disponibili a legislazione vigente. Le medesime amministrazioni, qualora non sia stata svolta alcuna attività, possono prevedere la fase di valutazione dei titoli di cui al comma 1, lettera *c*), dandone tempestiva comunicazione ai partecipanti nelle medesime forme di pubblicità adottate per il bando e riaprendo, per un periodo massimo di trenta giorni, i termini di partecipazione, nonché, per le procedure relative al reclutamento di personale non dirigenziale, l'espletamento di una sola prova scritta e di una eventuale prova orale. Per le procedure concorsuali i cui bandi sono pubblicati successivamente alla data di entrata in vigore del presente decreto e fino al 31 dicembre 2022, le amministrazioni di cui al comma 1 possono altresì prevedere l'espletamento di una sola prova scritta e di una eventuale prova orale, in deroga a quanto previsto dal comma 1, lettera *a*) (1) (2).

4. Al reclutamento del personale a tempo determinato previsto dall'articolo 1, comma 179, della legge 30 dicembre 2020, n. 178, provvede il Dipartimento della funzione pubblica, ai sensi dell'articolo 4, comma 3-quinquies, del decreto-legge 31 agosto 2013, n. 101, convertito, con modificazioni, dalla legge 30 ottobre 2013, n. 125, e dell'articolo 35, comma 5, del decreto legislativo 30 marzo 2001, n. 165, anche avvalendosi dell'Associazione Formez PA. Il reclutamento è effettuato mediante procedura concorsuale semplificata anche in deroga alla disciplina del decreto del Presidente della Repubblica 9 maggio 1994, n. 487, e della legge 19 giugno 2019, n. 56, assicurando comunque il profilo comparativo. La procedura prevede una fase di valutazione dei titoli e dell'esperienza professionale anche ai fini del punteggio finale, e una sola prova scritta mediante quesiti a risposta multipla, con esclusione della prova orale. Il bando può prevedere che il punteggio per il titolo di studio richiesto per l'accesso sia aumentato fino al doppio, qualora il titolo di studio sia stato conseguito non oltre quattro anni prima del termine ultimo per la presentazione della domanda di partecipazione alla procedura di reclutamento. Il Dipartimento della funzione pubblica può avvalersi delle misure previste dal comma 2. Non si applicano gli articoli 34, comma 6, e 34-*bis* del decreto legislativo 30 marzo 2001, n. 165. L'articolo 1, comma 181, della legge 30 dicembre 2020, n. 178, è abrogato (3).

5. In ragione dell'emergenza sanitaria in atto, per le procedure concorsuali in corso di svolgimento o i cui

bandi sono pubblicati alla data di entrata in vigore del presente decreto, volte all'assunzione di personale con qualifica non dirigenziale, che prevedono tra le fasi selettive un corso di formazione, si applicano le disposizioni di cui al comma 3, anche in deroga al bando, dandone tempestiva comunicazione ai partecipanti nelle medesime forme di pubblicità adottate per il bando stesso, senza necessità di riaprire i termini di partecipazione e garantendo comunque il profilo comparativo e la parità tra i partecipanti. Resta ferma l'attività già espletata, i cui esiti concorrono alla formazione della graduatoria finale di merito.

6. Le commissioni esaminatrici dei concorsi possono essere suddivise in sottocommissioni, con l'integrazione di un numero di componenti pari a quello delle commissioni originarie e di un segretario aggiunto. Per ciascuna sottocommissione è nominato un presidente. La commissione definisce in una seduta plenaria preparatoria procedure e criteri di valutazione omogenei e vincolanti per tutte le sottocommissioni. Tali procedure e criteri di valutazione sono pubblicati nel sito internet dell'amministrazione procedente contestualmente alla graduatoria finale. All'attuazione del presente comma le amministrazioni provvedono nei limiti delle risorse disponibili a legislazione vigente.

7. Le disposizioni del presente articolo si applicano anche alle procedure concorsuali indette dalla Commissione per l'attuazione del progetto di riqualificazione delle pubbliche amministrazioni (RIPAM) prevista dall'articolo 35, comma 5, del decreto legislativo 30 marzo 2001, n. 165.

8. Le disposizioni dei precedenti commi non si applicano alle procedure di reclutamento del personale in regime di diritto pubblico di cui all'articolo 3 del decreto legislativo 30 marzo 2001, n. 165, fatto salvo quanto previsto al comma 11-*bis*.

9. Dal 3 maggio 2021 è consentito lo svolgimento delle procedure selettive in presenza dei concorsi banditi dalle pubbliche amministrazioni e delle selezioni pubbliche ai sensi dell'articolo 19, comma 2, del testo unico in materia di società a partecipazione pubblica, di cui al decreto legislativo 19 agosto 2016, n. 175, nel rispetto di linee guida validate dal Comitato tecnico-scientifico di cui all'ordinanza del Capo del Dipartimento della protezione civile 3 febbraio 2020, n. 630, e successive modificazioni.

10. All'articolo 259 del decreto-legge 19 maggio 2020, n. 34, convertito, con modificazioni, dalla legge 17 luglio 2020, n. 77, sono apportate le seguenti modificazioni:

a) alla rubrica, le parole « e del Corpo nazionale dei vigili del fuoco » sono sostituite dalle seguenti: «, del Corpo nazionale dei vigili del fuoco, dell'amministrazione penitenziaria e dell'amministrazione della giustizia minorile e di comunità »;

b) al comma 1, le parole « e del Corpo nazionale dei vigili del fuoco » sono sostituite dalle seguenti: «, del Corpo nazionale dei vigili del fuoco, del personale dell'amministrazione penitenziaria e dell'esecuzione penale minorile ed esterna ».

10-*bis*. In deroga a quanto previsto dall'articolo 4, comma 1, del decreto legislativo 5 ottobre 2000, n. 334, il 110° corso e il 111° corso di formazione iniziale per l'accesso alla qualifica di commissario della Polizia di Stato hanno durata pari a quattordici mesi. I commissari che superano l'esame finale dei predetti corsi e sono dichiarati idonei al servizio di polizia sono confermati nel ruolo con la qualifica di commissario. Con la predetta qualifica essi svolgono, nell'ufficio o reparto di assegnazione, il tirocinio operativo, della durata di dieci mesi, secondo le modalità previste in applicazione del decreto di cui al comma 6 del citato articolo 4 del decreto legislativo n. 334 del 2000, e acquisiscono la qualifica di commissario capo previa valutazione positiva ai sensi del terzo periodo del comma 4 del medesimo articolo 4.

11. All'articolo 1, comma 925, secondo periodo, della legge 30 dicembre 2020, n. 178, le parole « graduatorie vigenti alla data di entrata in vigore della presente legge » sono sostituite dalle seguenti: « graduatorie delle pubbliche amministrazioni vigenti alla data del 30 aprile 2021 ».

11-*bis*. All'articolo 1-*bis*, comma 2, del decreto-legge 31 dicembre 2020, n. 183, convertito, con modificazioni, dalla legge 26 febbraio 2021, n. 21, sono apportate le seguenti modificazioni:

a) al quinto periodo, le parole da: "con equiparazione" fino a: "F1," sono soppresse e la parola: "219.436" è sostituita dalla seguente: "438.872";

b) al sesto periodo, le parole: "nel medesimo profilo professionale, di cui al secondo periodo" sono sostituite dalle seguenti: "di 10 unità dell'Area III, posizione economica F1, ivi incluse le 5 unità con particolare specializzazione professionale di cui al secondo periodo";

11-*ter*. Al fine di ridurre i tempi di reclutamento del personale, le autorità amministrative indipendenti, inclusi gli enti che svolgono la loro attività nelle materie contemplate dall'articolo 2 del testo unico delle leggi in materia bancaria e creditizia, di cui al decreto legislativo 1° settembre 1993, n. 385, e dalle leggi 4 giugno 1985, n. 281, e 10 ottobre 1990, n. 287, possono prevedere, secondo la specificità del proprio ordinamento, modalità semplificate di svolgimento delle prove ricorrendo a ciascuna ovvero a talune delle modalità indicate al presente articolo, fermo restando l'obbligo di assicurare il profilo comparativo.

(1) *Ai sensi, da ultimo, dell'art. 16, comma 1, d.l. 24 dicembre 2021, n. 221, conv., con modif., in l. 18 febbraio 2022, n. 11, i termini di cui al presente comma sono prorogati fino al 31 marzo 2022.*

(2) *Comma modificato dall'art. 1, comma 28-quater d.l. 30 dicembre 2021, n. 228, conv., con modif., in l. 25 febbraio 2022, n. 15.*

(3) *Comma modificato dall'art. 1, comma 15-*quater, *d.l. 9 giugno 2021, n. 80, conv., con modif., in l. 6 agosto 2021, n. 113.*

13. Decreto legge 22 aprile 2021, n. 52, convertito, con modificazioni, in legge 17 giugno 2021, n. 87. — Misure urgenti per la graduale ripresa delle attività economiche e sociali nel rispetto delle esigenze di contenimento della diffusione dell'epidemia da COVID-19. (*estratto*) (1).

Pubblicato nella Gazzetta Ufficiale n. 96 del 22 aprile 2021; la legge di conversione è stata pubblicata nella Gazzetta Ufficiale n. 146 del 21 giugno 2021.

(1) *Ai sensi dell'art. 14 d.l. 24 marzo 2022, n. 24, in corso di conversione in legge, a decorrere dal* **1° aprile 2022**, *sono* **abrogati** *gli artt. 1, 2,* 2-ter, 3-bis, *4,* 4-bis, *5,* 5-bis, *6,* 6-bis, *7, 8,* 8-bis, 8-ter, 9-quater.1 *del presente decreto.*

1 (1) [Ripristino della disciplina delle zone gialle e ulteriori misure per contenere e contrastare l'emergenza epidemiologica da COVID-19.

1. Fatto salvo quanto diversamente disposto dal presente decreto, dal 1° maggio al 31 luglio 2021, si applicano le misure di cui al decreto del Presidente del Consiglio dei ministri 2 marzo 2021, pubblicato nel supplemento ordinario alla Gazzetta Ufficiale n. 52 del 2 marzo 2021, adottato, in attuazione dell'articolo 2, comma 1, del decreto-legge 25 marzo 2020, n. 19, convertito, con modificazioni, dalla legge 22 maggio 2020, n. 35.

2. Dal 26 aprile 2021 cessano di avere efficacia le disposizioni di cui all'articolo 1, comma 2, del decreto-legge 1° aprile 2021, n. 44, e sono conseguentemente consentiti gli spostamenti in entrata e in uscita dai territori delle Regioni e delle Province autonome di Trento e Bolzano che si collocano nelle zone bianca e gialla.

[3. Dal 1° maggio al 31 luglio 2021, le misure stabilite per la zona rossa si applicano anche nelle regioni e province autonome di Trento e Bolzano individuate con ordinanza del Ministro della salute ai sensi dell'articolo 1, comma 16-*bis*, del decreto-legge 16 maggio 2020, n. 33, convertito, con modificazioni, dalla legge 14 luglio 2020, n. 74, nelle quali l'incidenza cumulativa settimanale dei contagi è superiore a 250 casi ogni 100.000 abitanti, sulla base dei dati validati dell'ultimo monitoraggio disponibile.] (2)

[4. Dal 1° maggio al 31 luglio 2021, i Presidenti delle regioni e delle province autonome di Trento e Bolzano possono disporre l'applicazione delle misure stabilite per la zona rossa, nonché ulteriori, motivate, misure più restrittive tra quelle previste dall'articolo 1, comma 2, del decreto-legge n. 19 del 2020, fatto salvo quanto previsto dall'articolo 3, comma 1, del presente decreto:

a) nelle province in cui l'incidenza cumulativa settimanale dei contagi è superiore a 250 casi ogni 100.000 abitanti;

b) nelle aree in cui la circolazione di varianti di SARS-CoV-2 determina alto rischio di diffusività o induce malattia grave.] (3)

(1) *V. nota 1 sub Epigrafe.*
(2) *Comma abrogato dall'art. 4, comma 1, lett.* a), *d.l. 23 luglio 2021, n. 105, conv., con modif., in l. 16 settembre 2021, n. 126.*
(3) *Comma abrogato dall'art. 4, comma 1, lett.* a), *d.l. n. 105, cit.*

2 (1) [Misure relative agli spostamenti.

1. Gli spostamenti in entrata e in uscita dai territori collocati in zona arancione o rossa sono consentiti, oltre che per comprovate esigenze lavorative o per situazioni di necessità o per motivi di salute, nonché per il rientro ai propri residenza, domicilio o abitazione, anche ai soggetti muniti di una delle certificazioni verdi COVID-19 da vaccinazione, guarigione o test, cosiddetto green pass base (2).

2. Dal 26 aprile al 15 giugno 2021, nella zona gialla e, in ambito comunale, nella zona arancione, è consentito lo spostamento verso una sola abitazione privata abitata, una volta al giorno, nel rispetto dei limiti orari agli spostamenti di cui ai provvedimenti adottati in attuazione dell'articolo 2 del decreto-legge 25 marzo 2020, n. 19, convertito, con modificazioni, dalla legge 22 maggio 2020, n. 35, come rideterminati dal presente articolo, e nel limite di quattro persone ulteriori rispetto a quelle ivi già conviventi, oltre ai minorenni sui quali tali persone esercitino la responsabilità genitoriale e alle persone con disabilità o non autosufficienti, conviventi. Lo spostamento di cui al presente comma non è consentito nei territori nei quali si applicano le misure stabilite per la zona rossa.

2-*bis*. Dal 18 maggio al 6 giugno 2021, in zona gialla, i limiti orari agli spostamenti di cui ai provvedimenti adottati in attuazione dell'articolo 2 del decreto-legge 25 marzo 2020, n. 19, convertito, con modificazioni, dalla legge 22 maggio 2020, n. 35, hanno inizio alle ore 23 e terminano alle ore 5 del giorno successivo, fatti salvi gli spostamenti motivati da comprovate esigenze lavorative, da situazioni di necessità ovvero per motivi di salute.

2-*ter*. Dal 7 giugno al 20 giugno 2021, in zona gialla, i limiti orari agli spostamenti di cui al comma 2-*bis* hanno inizio alle ore 24 e terminano alle ore 5 del giorno successivo.

2-*quater*. Con ordinanza del Ministro della salute possono essere stabiliti limiti orari agli spostamenti diversi da quelli di cui ai commi 2-*bis* e 2-*ter* per eventi di particolare rilevanza.

2-*quinquies*. Dal 21 giugno 2021, in zona gialla, cessano di applicarsi i limiti orari agli spostamenti previsti dai provvedimenti adottati in attuazione dell'articolo 2 del decreto-legge n. 19 del 2020, come rideterminati dal presente articolo.

2-*sexies*. Su tutto il territorio nazionale non si applicano i limiti orari agli spostamenti di cui al presente articolo (2).

3. I provvedimenti di cui all'articolo 2, comma 2, del decreto-legge n. 19 del 2020 individuano i casi nei quali le certificazioni verdi COVID-19, rilasciate o riconosciute ai sensi dell'articolo 9, consentono di derogare a divieti di spostamento da e per l'estero o a obblighi di

sottoporsi a misure sanitarie in dipendenza dei medesimi spostamenti].

(1) *V. nota 1 sub Epigrafe.*

(2) *Comma modificato dall'art.* 5-octies, *comma 1, d.l. 24 dicembre 2021, n. 221, conv., con modif., in l. 18 febbraio 2022, n. 11.*

2-*bis* Misure concernenti gli accessi nelle strutture sanitarie e socio-sanitarie.

1.È consentito agli accompagnatori dei pazienti non affetti da COVID-19, muniti delle certificazioni verdi COVID-19 di cui all'articolo 9, nonché agli accompagnatori dei pazienti in possesso del riconoscimento di disabilità con connotazione di gravità ai sensi dell'articolo 3, comma 3, della legge 5 febbraio 1992, n. 104, di permanere nelle sale di attesa dei dipartimenti d'emergenza e accettazione e dei reparti di pronto soccorso nonché dei reparti delle strutture ospedaliere, dei centri di diagnostica e dei poliambulatori specialistici. Salvi i casi di oggettiva impossibilità dovuta all'urgenza, valutati dal personale sanitario, per l'accesso alle prestazioni di pronto soccorso è sempre necessario sottoporsi al test antigenico rapido o molecolare. La direzione sanitaria della struttura è tenuta ad adottare le misure necessarie a prevenire possibili trasmissioni di infezione (1).

2. Agli accompagnatori dei pazienti in possesso del riconoscimento di disabilità con connotazione di gravità ai sensi dell'articolo 3, comma 3, della legge 5 febbraio 1992, n. 104, nonché agli accompagnatori di soggetti affetti da Alzheimer o altre demenze o deficit cognitivi con sintomi anche lievi o moderati, certificati, è sempre consentito prestare assistenza, anche nei reparti di degenza e di pronto soccorso, nel rispetto delle indicazioni del direttore sanitario della struttura, purché in possesso della certificazione verde di cui all'articolo 9, comma 1, lettera *a-bis*), del presente decreto, cosiddetto green pass base (2).

3. Dall'attuazione del presente articolo non devono derivare nuovi o maggiori oneri a carico della finanza pubblica. Le pubbliche amministrazioni competenti provvedono ai relativi adempimenti nei limiti delle risorse umane, strumentali e finanziarie disponibili a legislazione vigente.

(1) *Comma modificato dall'art. 4, comma 1, lett.* b), *d.l. 23 luglio 2021, n. 105, conv., con modif., in l. 16 settembre 2021, n. 126.*

(2) *Comma così sostituito dall'art.* 3-quinquies, *comma 1, d.l. 7 gennaio 2022, n. 1, conv., con modif., in l. 4 marzo 2022, n. 18. Il testo del comma era il seguente:* « 2. Agli accompagnatori dei pazienti in possesso del riconoscimento di disabilità con connotazione di gravità ai sensi dell'articolo 3, comma 3, della legge 5 febbraio 1992, n. 104, è sempre consentito prestare assistenza, anche nel reparto di degenza, nel rispetto delle indicazioni del direttore sanitario della struttura ».

2-*ter* (1) [Protocollo per le relazioni con i familiari dei pazienti affetti da COVID-19 presso le strutture sanitarie.

1. Entro trenta giorni dalla data di entrata in vigore della legge di conversione del presente decreto, sentito il Comitato tecnico-scientifico, il Ministero della salute, previa intesa in sede di Conferenza permanente per i rapporti tra lo Stato, le regioni e le province autonome di Trento e di Bolzano, adotta un protocollo uniforme per tutto il territorio nazionale che, nell'ambito della riorganizzazione della rete ospedaliera correlata al COVID-19, assicuri, in caso di pazienti affetti da COVID-19:

a) il mantenimento delle comunicazioni tra operatori e familiari, garantendo a questi ultimi la possibilità di ricevere informazioni puntuali e periodiche sullo stato di salute del proprio familiare attraverso una figura appositamente designata, all'interno dell'unità operativa di degenza, compreso il pronto soccorso;

b) lo svolgimento delle visite da parte dei familiari, secondo regole prestabilite consultabili da parte dei familiari ovvero, in subordine o in caso di impossibilità oggettiva di effettuare la visita o come opportunità aggiuntiva, l'adozione di strumenti alternativi alla visita in presenza, quali videochiamate organizzate dalla struttura sanitaria;

c) l'individuazione di ambienti dedicati che, in condizioni di sicurezza, siano adibiti all'accesso di almeno un familiare.

2. Dall'attuazione del presente articolo non devono derivare nuovi o maggiori oneri a carico della finanza pubblica. Le pubbliche amministrazioni competenti provvedono ai relativi adempimenti nei limiti delle risorse umane, strumentali e finanziarie disponibili a legislazione vigente].

(1) *V. nota 1 sub Epigrafe.*

2-*quater* Misure concernenti le uscite temporanee degli ospiti dalle strutture residenziali.

1. Fino al 31 dicembre 2022, alle persone ospitate presso strutture di ospitalità e lungodegenza, residenze sanitarie assistite, hospice, strutture riabilitative e strutture residenziali per anziani, autosufficienti e no, strutture residenziali socioassistenziali e altre strutture residenziali di cui al capo IV e all'articolo 44 del decreto del Presidente del Consiglio dei ministri 12 gennaio 2017, pubblicato nel supplemento ordinario alla Gazzetta Ufficiale n. 65 del 18 marzo 2017, sono consentite uscite temporanee, purché tali persone siano munite delle certificazioni verdi COVID-19 di cui all'articolo 9 (1).

(1) *Comma modificato dall'art. 6, comma 1 d.l. 24 marzo 2022, n. 24, in corso di conversione in legge, a decorrere dal 1° aprile 2022.*

3 (1) Disposizioni per il sistema educativo, scolastico e formativo, ivi compresa modalità di gestione dei casi di positività all'infezione da SARS-CoV-2.

1. A decorrere dal 1° aprile 2022, fino alla conclusione dell'anno scolastico 2021-2022, ferma restando per il personale scolastico l'applicazione del regime dell'autosorveglianza di cui all'articolo 10-*ter* del presente decreto, nella gestione dei contatti stretti tra gli alunni a seguito della positività all'infezione da SARS-CoV-2 nel sistema educativo, scolastico e formativo, ivi compresi le scuole paritarie e quelle non paritarie nonché i centri provinciali per l'istruzione degli adulti, si applicano le misure di cui ai commi 2 e 3. Resta fermo lo

svolgimento in presenza delle attività educative e didattiche e la possibilità di svolgere uscite didattiche e viaggi di istruzione, ivi compresa la partecipazione a manifestazioni sportive. All'attuazione del presente comma si provvede con le risorse umane, finanziarie e strumentali disponibili a legislazione vigente.

2. Nelle istituzioni del sistema integrato di educazione e di istruzione di cui all'articolo 2, comma 2, del decreto legislativo 13 aprile 2017, n. 65, in presenza di almeno quattro casi di positività tra i bambini e gli alunni presenti nella sezione o gruppo classe, l'attività educativa e didattica prosegue in presenza per tutti e i docenti e gli educatori nonché gli alunni che abbiano superato i sei anni di età utilizzano i dispositivi di protezione delle vie respiratorie di tipo FFP2 per dieci giorni dall'ultimo contatto con un soggetto positivo al COVID-19. Alla prima comparsa dei sintomi e, se ancora sintomatici, al quinto giorno successivo all'ultimo contatto, va effettuato un test antigenico rapido o molecolare, anche in centri privati abilitati, o un test antigenico autosomministrato per la rilevazione dell'antigene SARS-CoV-2. In questo ultimo caso, l'esito negativo del test è attestato con una autocertificazione.

3. Nelle scuole primarie di cui all'articolo 4, comma 2, del decreto legislativo 19 febbraio 2004, n. 59, e nelle scuole secondarie di primo grado di cui all'articolo 4, comma 3, del decreto legislativo 19 febbraio 2004, n. 59, nonché nelle scuole secondarie di secondo grado e nel sistema di istruzione e formazione professionale di cui all'articolo 1, comma 1, del decreto legislativo 17 ottobre 2005, n. 226, in presenza di almeno quattro casi di positività tra gli alunni presenti in classe, l'attività didattica prosegue per tutti in presenza con l'utilizzo di dispositivi di protezione delle vie respiratorie di tipo FFP2 da parte dei docenti e degli alunni che abbiano superato i sei anni di età per dieci giorni dall'ultimo contatto con un soggetto positivo al COVID-19. Alla prima comparsa dei sintomi e, se ancora sintomatici, al quinto giorno successivo all'ultimo contatto, va effettuato un test antigenico rapido o molecolare, anche in centri privati abilitati, o un test antigenico autosomministrato per la rilevazione dell'antigene SARS-CoV-2. In questo ultimo caso, l'esito negativo del test è attestato con una autocertificazione.

4. Gli alunni delle scuole primarie, delle scuole secondarie di primo e secondo grado e del sistema di istruzione e formazione professionale in isolamento ai sensi dell'articolo 10-*ter* in seguito all'infezione da SARS-CoV-2, possono seguire l'attività scolastica nella modalità della didattica digitale integrata su richiesta della famiglia o dello studente, se maggiorenne, accompagnata da specifica certificazione medica attestante le condizioni di salute dell'alunno medesimo e la piena compatibilità delle stesse con la partecipazione alla didattica digitale integrata. La riammissione in classe dei suddetti alunni è subordinata alla sola dimostrazione di avere effettuato un test antigenico rapido o molecolare con esito negativo, anche in centri privati a ciò abilitati.

5. Fino alla conclusione dell'anno scolastico 2021-2022, nelle istituzioni e nelle scuole di cui al presente articolo nonché negli istituti tecnici superiori continuano ad applicarsi le seguenti misure di sicurezza:

a) è fatto obbligo di utilizzo dei dispositivi di protezione delle vie respiratorie di tipo chirurgico, o di maggiore efficacia protettiva, fatta eccezione per i bambini sino a sei anni di età, per i soggetti con patologie o disabilità incompatibili con l'uso dei predetti dispositivi e per lo svolgimento delle attività sportive;

b) è raccomandato il rispetto di una distanza di sicurezza interpersonale di almeno un metro salvo che le condizioni strutturali-logistiche degli edifici non lo consentano;

c) resta fermo, in ogni caso, il divieto di accedere o permanere nei locali scolastici se positivi all'infezione da SARS-CoV-2 o se si presenta una sintomatologia respiratoria e temperatura corporea superiore a 37,5°.

(1) *Articolo così sostituito dall'art. 9, comma 1 d.l. 24 marzo 2022, n. 24, in corso di conversione in legge, a decorrere dal 1° aprile 2022.*

3-*bis* (1) [Corsi di formazione.

1. Dal 1° luglio 2021, in zona gialla, i corsi di formazione pubblici e privati possono svolgersi anche in presenza, nel rispetto di protocolli e linee guida adottati ai sensi dell'articolo 1, comma 14, del decreto-legge 16 maggio 2020, n. 33, convertito, con modificazioni, dalla legge 14 luglio 2020, n. 74].

(1) *V. nota 1 sub Epigrafe.*

4 (1) [Attività dei servizi di ristorazione.

1. Dal 26 aprile 2021, nella zona gialla, sono consentite le attività dei servizi di ristorazione, svolte da qualsiasi esercizio, con consumo al tavolo esclusivamente all'aperto, anche a cena, nel rispetto dei limiti orari agli spostamenti di cui ai provvedimenti adottati in attuazione dell'articolo 2 del decreto-legge 25 marzo 2020, n. 19, convertito, con modificazioni, dalla legge 22 maggio 2020, n. 35, come rideterminati dall'articolo 2 del presente decreto, nonché di protocolli e linee guida adottati ai sensi dell'articolo 1, comma 14, del decreto-legge 16 maggio 2020, n. 33, convertito, con modificazioni, dalla legge 14 luglio 2020, n. 74. Resta consentita senza limiti di orario la ristorazione negli alberghi e in altre strutture ricettive limitatamente ai propri clienti, che siano ivi alloggiati.

2. Dal 1° giugno 2021, in zona gialla, le attività dei servizi di ristorazione, svolte da qualsiasi esercizio, sono consentite, anche al chiuso, nel rispetto dei limiti orari agli spostamenti di cui all'articolo 2 del presente decreto nonché di protocolli e linee guida adottati ai sensi dell' articolo 1, comma 14, del decreto-legge n. 33 del 2020].

(1) *V. nota 1 sub Epigrafe.*

4-*bis* (1) [Attività commerciali all'interno di mercati e centri commerciali.

1. Dal 22 maggio 2021, in zona gialla, le attività degli esercizi commerciali presenti all'interno di mercati e di centri commerciali, di gallerie commerciali, di parchi commerciali e di altre strutture ad essi assimilabili possono svolgersi anche nei giorni festivi e prefestivi, nel rispetto di protocolli e linee guida adottati ai sensi

dell'articolo 1, comma 14, del decreto-legge 16 maggio 2020, n. 33, convertito, con modificazioni, dalla legge 14 luglio 2020, n. 74].

(1) *V. nota 1 sub Epigrafe.*

5 (1) **[Spettacoli aperti al pubblico ed eventi sportivi** (2).

1. In zona gialla, gli spettacoli aperti al pubblico in sale teatrali, sale da concerto, sale cinematografiche, locali di intrattenimento e musica dal vivo e in altri locali o spazi anche all'aperto, sono svolti esclusivamente con posti a sedere preassegnati e a condizione che sia assicurato il rispetto della distanza interpersonale di almeno un metro, sia per gli spettatori che non siano abitualmente conviventi, sia per il personale [, e l'accesso è consentito esclusivamente ai soggetti muniti di una delle certificazioni verdi COVID-19 di cui all'articolo 9, comma 2]. In zona gialla la capienza consentita non può essere superiore al 50 per cento di quella massima autorizzata. In zona bianca, [l'accesso agli spettacoli aperti al pubblico in sale teatrali, sale da concerto, sale cinematografiche, locali di intrattenimento e musica dal vivo e in altri locali o spazi anche all'aperto è consentito esclusivamente ai soggetti muniti di una delle certificazioni verdi COVID-19 di cui all'articolo 9, comma 2, e] la capienza consentita è pari a quella massima autorizzata. In caso di spettacoli aperti al pubblico che si svolgono in luoghi ordinariamente destinati agli eventi e alle competizioni sportivi, si applicano le disposizioni di cui al comma 2 relative alla capienza consentita negli spazi destinati al pubblico. In ogni caso, per gli spettacoli all'aperto, quando il pubblico, anche solo in parte, vi accede senza posti a sedere preassegnati e senza limiti massimi di capienza autorizzati, gli organizzatori producono all'autorità competente ad autorizzare l'evento anche la documentazione concernente le misure adottate per la prevenzione della diffusione del contagio da COVID-19, tenuto conto delle dimensioni, dello stato e delle caratteristiche dei luoghi, nonché delle indicazioni stabilite in apposite linee guida adottate ai sensi dell'articolo 1, comma 14, del decreto-legge 16 maggio 2020, n. 33, convertito, con modificazioni, dalla legge 14 luglio 2020, n. 74. La predetta autorità comunica le misure individuate dagli organizzatori alla Commissione di cui all'articolo 80 del testo unico delle leggi di pubblica sicurezza, di cui al regio decreto 18 giugno 1931, n. 773, la quale ne tiene conto ai fini delle valutazioni di propria competenza, nel corso di sedute alle quali può invitare rappresentanti delle aziende sanitarie locali, specificamente competenti in materia di sanità pubblica, al fine di acquisire un parere circa l'idoneità delle predette misure. Le misure sono comunicate altresì al Prefetto ai fini delle eventuali misure da adottarsi per la tutela dell'ordine e della sicurezza pubblica, anche previa acquisizione del parere del Comitato provinciale di cui all'articolo 20 della legge 1° aprile 1981, n. 121. Restano sospesi gli spettacoli aperti al pubblico quando non è possibile assicurare il rispetto delle condizioni di cui al presente articolo, nonché, salvo quanto previsto dal comma 1-bis per la zona bianca, le attività che abbiano luogo in sale da ballo, discoteche e locali assimilati. In zona bianca sono consentite le feste popolari e le manifestazioni culturali all'aperto, anche con modalità itinerante e in forma dinamica, riconosciute di notevole interesse culturale ai sensi del codice dei beni culturali e del paesaggio, di cui al decreto legislativo 22 gennaio 2004, n. 42. Gli organizzatori producono all'autorità competente ad autorizzare l'evento la documentazione concernente le misure adottate per la prevenzione della diffusione del contagio da COVID-19 ai fini dell'inoltro alla Commissione di cui all'articolo 80 del testo unico delle leggi di pubblica sicurezza, di cui al regio decreto 18 giugno 1931, n. 773 (3) (4).

1-*bis*. In zona bianca le attività che abbiano luogo in sale da ballo, discoteche e locali assimilati sono consentite nel rispetto di protocolli e linee guida adottati ai sensi dell'articolo 1, comma 14, del decreto-legge 16 maggio 2020, n. 33, convertito, con modificazioni, dalla legge 14 luglio 2020, n. 74. L'accesso è consentito [esclusivamente ai soggetti muniti di una delle certificazioni verdi COVID-19 di cui all'articolo 9, comma 2,] con tracciamento dell'accesso alle strutture. La capienza non può comunque essere superiore al 75 per cento all'aperto e al 50 per cento al chiuso rispetto a quella massima autorizzata. Nei locali al chiuso ove si svolgono le predette attività deve essere garantita la presenza di impianti di aereazione senza ricircolo dell'aria oppure di sistemi di filtrazione ad elevata efficienza mediante filtri HEPA o F9, in grado di ridurre la presenza nell'aria del virus SARS-CoV-2, e restano fermi gli obblighi di indossare il dispositivo di protezione delle vie respiratorie previsti dalla vigente normativa, ad eccezione del momento del ballo (5).

2. In zona gialla, le misure di cui al primo periodo del comma 1 si applicano anche per la partecipazione del pubblico sia agli eventi e alle competizioni di livello agonistico riconosciuti di preminente interesse nazionale con provvedimento del Comitato olimpico nazionale italiano (CONI) e del Comitato italiano paralimpico (CIP), riguardanti gli sport individuali e di squadra, organizzati dalle rispettive federazioni sportive nazionali, discipline sportive associate, enti di promozione sportiva ovvero da organismi sportivi internazionali, sia agli eventi e alle competizioni sportivi diversi da quelli sopra richiamati. In zona gialla, la capienza consentita non può essere superiore al 50 per cento all'aperto e al 35 per cento al chiuso rispetto a quella massima autorizzata. In zona bianca, la capienza consentita non può essere superiore al 75 per cento all'aperto e al 60 per cento al chiuso rispetto a quella massima autorizzata. Le percentuali massime di capienza di cui al presente comma si applicano a ciascuno dei settori dedicati alla presenza del pubblico nei luoghi di svolgimento degli eventi e competizioni sportivi. Le attività devono svolgersi nel rispetto delle linee guida adottate dalla Presidenza del Consiglio dei ministri - Dipartimento per lo sport, sentita la Federazione medico sportiva italiana, sulla base di criteri definiti dal Comitato tecnico-scientifico. Quando non è possibile assicurare il rispetto delle condizioni di cui al presente comma, gli eventi e le competizioni sportivi si svolgono senza la presenza di pubblico (6) (7).

[2-*bis*. In zona gialla, dal 1° giugno 2021 all'aperto e dal 1° luglio 2021 anche al chiuso, è consentita la presenza di pubblico anche agli eventi e alle competizioni sportivi diversi da quelli di cui al comma 2, esclusivamente con posti a sedere preassegnati e a condizione che sia assicurato il rispetto della distanza interpersonale di almeno un metro sia per gli spettatori che non siano abitualmente conviventi sia per il personale. La capienza consentita non può essere superiore al 25 per cento di quella massima autorizzata e, comunque, il numero massimo di spettatori non può essere superiore a 1.000 per gli impianti all'aperto e a 500 per gli impianti al chiuso. Le attività devono svolgersi nel rispetto delle linee guida adottate dalla Presidenza del Consiglio dei ministri – Dipartimento per lo sport, sentita la Federazione medico sportiva italiana, sulla base di criteri definiti dal Comitato tecnico-scientifico. Quando non è possibile assicurare il rispetto delle condizioni di cui al presente comma, gli eventi e le competizioni sportivi si svolgono senza la presenza di pubblico]. (8)

3. In zona bianca e gialla, in relazione all'andamento della situazione epidemiologica e alle caratteristiche dei siti e degli eventi, può essere stabilita una diversa percentuale massima di capienza consentita, nel rispetto dei principi fissati dal Comitato tecnico-scientifico, con linee guida idonee a prevenire o ridurre il rischio di contagio, adottate, per gli spettacoli di cui al comma 1, dalla Conferenza delle Regioni e delle Province autonome e, per gli eventi e le competizioni di cui al comma 2, dal Sottosegretario di Stato con delega in materia di sport (9).

3-*bis*. Dal 25 dicembre 2021 fino alla cessazione dello stato di emergenza epidemiologica da COVID-19, per gli spettacoli aperti al pubblico che si svolgono al chiuso o all'aperto in sale teatrali, sale da concerto, sale cinematografiche, locali di intrattenimento e musica dal vivo e in altri locali assimilati, nonché per gli eventi e le competizioni sportivi che si svolgono al chiuso o all'aperto, è fatto obbligo di indossare i dispositivi di protezione delle vie respiratorie di tipo FFP2. Nei suddetti luoghi, ad esclusione dei servizi di ristorazione svolti da qualsiasi esercizio, e per il medesimo periodo di tempo di cui al primo periodo è vietato il consumo di cibi e bevande al chiuso (10).

[4. Le linee guida di cui al comma 3 possono prevedere, con riferimento a particolari eventi, che l'accesso sia riservato soltanto ai soggetti in possesso delle certificazioni verdi COVID-19 di cui all'articolo 9.] (11).

(1) *V. nota 1 sub Epigrafe.*

(2) *In riferimento al presente articolo v. art. 4, comma 1 d.l. 6 agosto 2021 n. 111, conv., con modif., in l. 24 settembre 20201, n. 133.*

(3) *Comma dapprima sostituito dall'art. 1, comma 1, lett. a), n. 1), d.l. 8 ottobre 2021, n. 139, conv., con modif., in l. 3 dicembre 2021, n. 205, con applicazione a decorrere dall'11 ottobre 2021, e da ultimo così modificato dall'art. 5, comma 2, lett. a), n. 1), d.l. 24 dicembre 2021, n. 221, conv., con modif., in l. 18 febbraio 2022, n. 11..*

(4) *In riferimento alla capienza consentita per gli spettacoli aperti al pubblico di cui al presente comma v. art. 4, comma 3 d.l. n. 111, cit.*

(5) *Comma inserito dall'art. 1, comma 1, lett. a), n. 2), d.l. n. 139, cit., con applicazione a decorrere dall'11 ottobre 2021 e da ultimo così modificato dall'art. 5, comma 2, lett. a), n. 2), d.l n. 221, cit.*

(6) *Comma sostituito dall'art. 1, comma 1, lett. a), n. 3), d.l. n. 139, cit., con applicazione a decorrere dall'11 ottobre 2021, e da ultimo modificato dall'art. 5, comma 2, lett. a), n. 3), d.l. n. 221, cit. Precedentemente, la medesima modifica era stata disposta dall'art. 1, comma 6, d.l. 30 dicembre 2021, n. 229, ma tale d.l. è stato abrogato dall'art. 1, comma 2 l. n. 11, cit.*

(7) *In riferimento alla capienza consentita al chiuso di cui al presente comma v. art. 4, comma 2 d.l. n. 111, cit.*

(8) *Comma abrogato dall'art. 4, comma 1, lett. c), n. 3), d.l. 23 luglio 2021, n. 105, conv., con modif., in l. 16 settembre 2021, n. 126.*

(9) *Comma da ultimo così sostituito dall'art. 1, comma 1, lett. a), n. 4), d.l. n. 139, cit., con applicazione a decorrere dall'11 ottobre 2021.*

(10) *Comma inserito dall'art. 4, comma 2, d.l. n. 221, cit.*

(11) *Comma abrogato dall'art. 4, comma 1, lett. c), n. 3), d.l. n. 105, cit.*

5-*bis* (1) [Musei e altri istituti e luoghi della cultura.

1. In zona bianca e gialla, il servizio di apertura al pubblico dei musei e degli altri istituti e luoghi della cultura di cui all'articolo 101 del codice dei beni culturali e del paesaggio, di cui al decreto legislativo 22 gennaio 2004, n. 42, è assicurato a condizione che detti istituti e luoghi, tenendo conto delle dimensioni e delle caratteristiche dei locali aperti al pubblico nonché dei flussi di visitatori, garantiscano modalità di fruizione contingentata o comunque tali da evitare assembramenti di persone. Per gli istituti e i luoghi della cultura che nell'anno 2019 hanno registrato un numero di visitatori superiore a un milione, il sabato e i giorni festivi il servizio è assicurato a condizione che l'ingresso sia stato prenotato on line o telefonicamente con almeno un giorno di anticipo. Resta sospesa l'efficacia delle disposizioni dell'articolo 4, comma 2, secondo periodo, del regolamento di cui al decreto del Ministro per i beni culturali e ambientali 11 dicembre 1997, n. 507, in materia di libero accesso a tutti gli istituti e luoghi della cultura statali la prima domenica del mese. Alle medesime condizioni di cui al presente comma sono altresì aperte al pubblico le mostre (2)].

(1) *V. nota 1 sub Epigrafe.*

(2) *Comma da ultimo così modificato dall'art. 2, comma 1, d.l. 8 ottobre 2021, n. 139, conv., con modif., in l. 3 dicembre 2021, n. 205, con applicazione a decorrere dall'11 ottobre 2021.*

6 (1) [Piscine, centri natatori, palestre, sport di squadra e centri benessere.

1. A decorrere dal 15 maggio 2021 in zona gialla sono consentite le attività delle piscine all'aperto in conformità a protocolli e linee guida adottati dalla Presidenza del Consiglio dei ministri - Dipartimento dello sport, sentita la Federazione medico sportiva italiana (FMSI), sulla base di criteri definiti dal Comitato tecnico-scientifico.

1-*bis*. Dal 1° luglio 2021, in zona gialla, sono consentite le attività delle piscine e dei centri natatori anche in impianti coperti in conformità ai protocolli e alle linee guida adottati dalla Presidenza del Consiglio dei ministri – Dipartimento per lo sport, sentita la Federazione medico sportiva italiana, sulla base di criteri definiti dal Comitato tecnico-scientifico.

2. Dal 24 maggio 2021, in zona gialla, le attività delle palestre sono consentite in conformità ai protocolli e alle linee guida adottati dalla Presidenza del Consiglio dei ministri – Dipartimento per lo sport, sentita la Federazione medico sportiva italiana, sulla base di criteri definiti dal Comitato tecnico-scientifico.

3. A decorrere dal 26 aprile 2021, in zona gialla, nel rispetto delle linee guida adottate dalla Presidenza del Consiglio dei ministri - Dipartimento per lo sport, sentita la Federazione medico sportiva italiana (FMSI), sulla base di criteri definiti dal Comitato tecnico-scientifico, è consentito lo svolgimento all'aperto di qualsiasi attività sportiva anche di squadra e di contatto (2).

3-*bis*. Dal 1° luglio 2021, in zona gialla, sono consentite le attività dei centri benessere in conformità alle linee guida adottate ai sensi dell'articolo 1, comma 14, del decreto-legge 16 maggio 2020, n. 33, convertito, con modificazioni, dalla legge 14 luglio 2020, n. 74**]**.

(1) *V. nota 1 sub Epigrafe.*

(2) *Comma così modificato dall'art. 4, comma 1, lett.* a), *d.l. 26 novembre 2021, n. 172, conv., con modif., in l. 21 gennaio 2022, n. 3, a decorrere dal 6 dicembre 2021.*

6-*bis* (1) [Piscine, centri natatori, palestre, sport di squadra e centri benessere.

1. Dal 22 maggio 2021, in zona gialla, è consentita la riapertura degli impianti nei comprensori sciistici, nel rispetto delle linee guida adottate ai sensi dell'articolo 1, comma 14, del decreto-legge 16 maggio 2020, n. 33, convertito, con modificazioni, dalla legge 14 luglio 2020, n. 74**]**.

(1) *V. nota 1 sub Epigrafe.*

7 (1) [Fiere, convegni e congressi.

1. È consentito dal 15 giugno 2021, in zona gialla, lo svolgimento di fiere in presenza, anche su aree pubbliche, nel rispetto di protocolli e linee guida adottati ai sensi dell'articolo 1, comma 14, del decreto-legge 16 maggio 2020, n. 33, convertito, con modificazioni, dalla legge 14 luglio 2020, n. 74, ferma restando la possibilità di svolgere, anche in data anteriore, attività preparatorie che non prevedono afflusso di pubblico. L'ingresso nel territorio nazionale per partecipare a fiere di cui al presente comma è comunque consentito, fermi restando gli obblighi previsti in relazione al territorio estero di provenienza.

[2. Le linee guida di cui al comma 1 possono prevedere, con riferimento a particolari eventi di cui al medesimo comma 1, che l'accesso sia riservato soltanto ai soggetti in possesso delle certificazioni verdi COVID-19 di cui all'articolo 9] (2).

3. Dal 1° luglio 2021, in zona gialla, sono altresì consentiti i convegni e i congressi, nel rispetto di protocolli e linee guida adottati ai sensi dell'articolo 1, comma 14, del decreto-legge n. 33 del 2020**]**.

(1) *V. nota 1 sub Epigrafe.*

(2) *Comma abrogato dall'art. 5-*bis, *comma 2, lett.* b), *d.l. 24 dicembre 2021, n. 221, conv., con modif. in l. 18 febbraio 2022, n. 11.*

8 (1) [Centri termali e parchi tematici e di divertimento.

1. Dal 1° luglio 2021 sono consentite, in zona gialla, le attività dei centri termali nel rispetto di protocolli e linee guida adottati ai sensi dell'articolo 1, comma 14, del decreto-legge 16 maggio 2020, n. 33, convertito, con modificazioni, dalla legge 14 luglio 2020, n. 74. Rimane consentita in ogni caso l'attività dei centri termali adibiti a presidio sanitario limitatamente all'erogazione delle prestazioni rientranti nei livelli essenziali di assistenza e per le attività riabilitative e terapeutiche.

2. Dal 15 giugno 2021, in zona gialla, sono consentite le attività dei parchi tematici e di divertimento, dei parchi giochi e delle ludoteche nonché degli spettacoli viaggianti, nel rispetto di protocolli e linee guida adottati ai sensi dell'articolo 1, comma 14, del decreto-legge n. 33 del 2020**]**.

(1) *V. nota 1 sub Epigrafe.*

8-*bis* (1) [Centri culturali, centri sociali e ricreativi, feste e cerimonie.

1. Dal 1° luglio 2021, in zona gialla, sono consentite le attività dei centri culturali, dei centri sociali e ricreativi e dei circoli associativi del Terzo settore, nel rispetto di protocolli e linee guida adottati ai sensi dell'articolo 1, comma 14, del decreto-legge 16 maggio 2020, n. 33, convertito, con modificazioni, dalla legge 14 luglio 2020, n. 74.

2. Dal 15 giugno 2021, in zona gialla, sono consentite le feste conseguenti alle cerimonie civili o religiose, anche al chiuso, anche organizzate mediante servizi di catering e banqueting, nel rispetto di protocolli e linee guida adottati ai sensi dell'articolo 1, comma 14, del decreto-legge n. 33 del 2020 (2).

[2-*bis*. Nel rispetto delle misure di carattere generale e dei protocolli adottati per lo svolgimento dei riti religiosi e civili, i bambini di età inferiore a sei anni sono esentati dal requisito del possesso della certificazione verde COVID-19 di cui all'articolo 9 per la partecipazione ai banchetti nell'ambito di cerimonie e di eventi analoghi con meno di sessanta partecipanti.] (3)**]**.

(1) *V. nota 1 sub Epigrafe.*

(2) *Comma modificato dall'art. 4, comma 1, lett.* d-bis), *d.l. 23 luglio 2021, n. 105, conv., con modif., in l. 16 settembre 2021, n. 126.*

(3) *Comma dapprima aggiunto dall'art. 34, comma 9-*bis, *lett.* a) *d.l. 25 maggio 2021, n. 73, conv., con modif., in l. 23 luglio 2021, n. 106 e successivamente abrogato dall'art. 4, comma 1, lett.* d-bis), *n. 2), d.l. n. 105, cit.*

8-*ter* (1) [Attività di sale giochi, sale scommesse, sale bingo e casinò.

1. Dal 1° luglio 2021, in zona gialla, sono consentite le attività di sale giochi, sale scommesse, sale bingo e casinò, anche se svolte all'interno di locali adibiti ad attività differente, nel rispetto di protocolli e linee guida adottati ai sensi dell'articolo 1, comma 14, del decreto-legge 16 maggio 2020, n. 33, convertito, con modificazioni, dalla legge 14 luglio 2020, n. 74**]**.

(1) *V. nota 1 sub Epigrafe.*

9 Certificazioni verdi COVID-19.

1. Ai fini della normativa emergenziale connessa al rischio sanitario della diffusione degli agenti virali da COVID-19, valgono le seguenti definizioni (1):

a) certificazioni verdi COVID-19: le certificazioni comprovanti lo stato di avvenuta vaccinazione contro il SARS-CoV-2 o guarigione dall'infezione da SARS-CoV-2, ovvero l'effettuazione di un test antigenico rapido o molecolare, quest'ultimo anche su campione salivare e nel rispetto dei criteri stabiliti con circolare del Ministero della salute, con esito negativo al virus SARS-CoV-2 (2);

a-bis) certificazione verde COVID-19 da vaccinazione, guarigione o test, cosiddetto green pass base: una delle certificazioni di cui al comma 2 (3);

a-ter) certificazione verde COVID-19 da vaccinazione o guarigione, cosiddetto green pass rafforzato: una delle certificazioni comprovanti lo stato di avvenuta vaccinazione per la prevenzione delle infezioni da SARS-CoV-2, di cui al comma 2, lettera *a*), ovvero l'avvenuta guarigione dalla predetta infezione, di cui al comma 2, lettere *b*) e *c-bis*) (3);

b) vaccinazione: le vaccinazioni anti-SARS-CoV-2 e le vaccinazioni somministrate dalle autorità sanitarie nazionali competenti e riconosciute come equivalenti con circolare del Ministero della salute, effettuate nell'ambito del Piano strategico nazionale dei vaccini per la prevenzione delle infezioni da SARS-CoV-2 e le vaccinazioni riconosciute come equivalenti con circolare del Ministero della salute, somministrate dalle autorità sanitarie competenti per territorio (4);

c) test molecolare: test molecolare di amplificazione dell'acido nucleico (NAAT), quali le tecniche di reazione a catena della polimerasi-trascrittasi inversa (RT-PCR), amplificazione isotermica mediata da loop (LAMP) e amplificazione mediata da trascrizione (TMA), utilizzato per rilevare la presenza dell'acido ribonucleico (RNA) del SARS-CoV-2, riconosciuto dall'autorità sanitaria ed effettuato da operatori sanitari o da altri soggetti reputati idonei dal Ministero della salute;

d) test antigenico rapido: test basato sull'individuazione di proteine virali (antigeni) mediante immunodosaggio a flusso laterale, riconosciuto dall'autorità sanitaria ed effettuato da operatori sanitari o da altri soggetti reputati idonei dal Ministero della salute (5);

e) Piattaforma nazionale digital green certificate (Piattaforma nazionale-DGC) per l'emissione e validazione delle certificazioni verdi COVID-19: sistema informativo nazionale per il rilascio, la verifica e l'accettazione di certificazioni COVID-19 interoperabili a livello nazionale ed europeo realizzato, attraverso l'infrastruttura del Sistema Tessera Sanitaria, dalla società di cui all'articolo 83, comma 15, del decreto-legge 25 giugno 2008, n. 112, convertito, con modificazioni, dalla legge 6 agosto 2008, n. 133, e gestito dalla stessa società per conto del Ministero della salute, titolare del trattamento dei dati raccolti e generati dalla medesima piattaforma.

2. Le certificazioni verdi COVID-19 attestano una delle seguenti condizioni:

a) avvenuta vaccinazione anti-SARS-CoV-2, al termine del ciclo vaccinale primario o della somministrazione o a seguito della somministrazione della relativa dose di richiamo (6);

b) avvenuta guarigione da COVID-19, con contestuale cessazione dell'isolamento prescritto in seguito ad infezione da SARS-CoV-2, disposta in ottemperanza ai criteri stabiliti con le circolari del Ministero della salute;

c) effettuazione di test antigenico rapido o molecolare, quest'ultimo anche su campione salivare e nel rispetto dei criteri stabiliti con circolare del Ministero della salute, con esito negativo al virus SARS-CoV-2 (7).

c-bis) avvenuta guarigione da COVID-19 dopo la somministrazione della prima dose di vaccino o al termine del ciclo vaccinale primario o della somministrazione o a seguito della somministrazione della relativa dose di richiamo (8).

3. La certificazione verde COVID-19 rilasciata sulla base della condizione prevista dal comma 2, lettera a), ha una validità di sei mesi a far data dal completamento del ciclo vaccinale primario ed è rilasciata automaticamente all'interessato, in formato cartaceo o digitale, dalla struttura sanitaria ovvero dall'esercente la professione sanitaria che effettua la vaccinazione e contestualmente alla stessa, al termine del predetto ciclo [, e reca indicazione del numero di dosi somministrate rispetto al numero di dosi previste per l'interessato]. In caso di somministrazione della dose di richiamo successivo al ciclo vaccinale primario, la certificazione verde COVID-19 ha validità a far data dalla medesima somministrazione senza necessità di ulteriori dosi di richiamo. La certificazione verde COVID-19 di cui al primo periodo è rilasciata anche contestualmente alla somministrazione della prima dose di vaccino e ha validità dal quindicesimo giorno successivo alla somministrazione fino alla data prevista per il completamento del ciclo vaccinale, la quale deve essere indicata nella certificazione all'atto del rilascio. La certificazione verde COVID-19 di cui al primo periodo è rilasciata altresì contestualmente all'avvenuta somministrazione di una sola dose di un vaccino dopo una precedente infezione da SARS-CoV-2, nei termini stabiliti con circolare del Ministero della salute, e ha validità dalla medesima somministrazione. Contestualmente al rilascio, la predetta struttura sanitaria, ovvero il predetto esercente la professione sanitaria, anche per il tramite dei sistemi informativi regionali, provvede a rendere disponibile detta certificazione nel fascicolo sanitario elettronico dell'interessato. La certificazione di cui al presente comma cessa di avere validità qualora, nel periodo di vigenza della stessa, l'interessato sia identificato come caso accertato positivo al SARS-CoV-2 (9) (10).

4. La certificazione verde COVID-19 rilasciata sulla base della condizione prevista dal comma 2, lettera *b*), ha una validità di sei mesi a far data dall'avvenuta guarigione di cui al comma 2, lettera *b*), ed è rilasciata, su richiesta dell'interessato, in formato cartaceo o digitale, dalla struttura presso la quale è avvenuto il ricovero del paziente affetto da COVID-19, ovvero, per i pazienti non ricoverati, dai medici di medicina generale e dai pediatri di libera scelta nonché dal dipartimento di prevenzione dell'azienda sanitaria locale territorialmente competente, ed è resa disponibile nel fascicolo sanitario elettronico dell'interessato. La certificazione di cui al presente comma cessa di avere validità qualora, nel periodo di vigenza semestrale,

l'interessato venga identificato come caso accertato positivo al SARS-CoV-2. Le certificazioni di guarigione rilasciate precedentemente alla data di entrata in vigore del presente decreto sono valide per sei mesi a decorrere dalla data indicata nella certificazione, salvo che il soggetto venga nuovamente identificato come caso accertato positivo al SARS-CoV-2.

4-*bis*. A coloro che sono stati identificati come casi accertati positivi al SARS-CoV-2 oltre il quattordicesimo giorno dalla somministrazione della prima dose di vaccino è rilasciata, altresì, la certificazione verde COVID-19 di cui al comma 2, lettera *c-bis*), che ha validità di sei mesi a decorrere dall'avvenuta guarigione. A coloro che sono stati identificati come casi accertati positivi al SARS-CoV-2 a seguito del ciclo vaccinale primario o della somministrazione della relativa dose di richiamo è rilasciata, altresì, la certificazione verde COVID-19 di cui al comma 2, lettera *c-bis*), che ha validità a decorrere dall'avvenuta guarigione senza necessità di ulteriori dosi di richiamo (11).

5. La certificazione verde COVID-19 rilasciata sulla base della condizione prevista dal comma 2, lettera *c*), ha una validità di quarantotto ore dall'esecuzione del test antigenico rapido e di settantadue ore dall'esecuzione del test molecolare ed è prodotta, su richiesta dell'interessato, in formato cartaceo o digitale, dalle strutture sanitarie pubbliche, da quelle private autorizzate o accreditate e dalle farmacie che svolgono i test di cui al comma 1, lettere *c*) e *d*), ovvero dai medici di medicina generale o pediatri di libera scelta (12).

6. Nelle more dell'adozione del decreto di cui al comma 10, le certificazioni verdi COVID-19 rilasciate ai sensi del comma 2 riportano i dati indicati nelle analoghe certificazioni rilasciate secondo le indicazioni dei diversi servizi sanitari regionali.

6-*bis*. L'interessato ha diritto di chiedere il rilascio di una nuova certificazione verde COVID-19 se i dati personali riportati nella certificazione non sono, o non sono più, esatti o aggiornati, ovvero se la certificazione non è più a sua disposizione.

6-*ter*. Le informazioni contenute nelle certificazioni verdi COVID-19 di cui al comma 2, comprese le informazioni in formato digitale, sono accessibili alle persone con disabilità e sono riportate, in formato leggibile, in italiano e in inglese.

7. Coloro che abbiano già completato il ciclo di vaccinazione alla data di entrata in vigore del presente decreto, possono richiedere la certificazione verde COVID-19 alla struttura che ha erogato il trattamento sanitario ovvero alla Regione o alla Provincia autonoma in cui ha sede la struttura stessa.

8. Le certificazioni verdi COVID-19 rilasciate in conformità al diritto vigente negli Stati membri dell'Unione europea sono riconosciute come equivalenti a quelle disciplinate dal presente articolo e valide ai fini del presente decreto se conformi ai criteri definiti con circolare del Ministero della salute. Le certificazioni rilasciate in uno Stato terzo a seguito di una vaccinazione riconosciuta nell'Unione europea e validate da uno Stato membro dell'Unione sono riconosciute come equivalenti a quelle disciplinate dal presente articolo e valide ai fini del presente decreto se conformi ai criteri definiti con circolare del Ministero della salute.

8-*bis*. Per garantire che le famiglie in viaggio negli Stati membri dell'Unione europea restino unite, i minori che accompagnano il genitore o i genitori non sono tenuti a sottoporsi a quarantena o ad autoisolamento per motivi di viaggio se tale obbligo non è imposto al genitore o ai genitori perché in possesso di un certificato di vaccinazione o di un certificato di guarigione. L'obbligo di sottoporsi a test per l'infezione da SARS-CoV-2 per motivi di viaggio non si applica ai bambini di età inferiore a sei anni (13).

9. Le disposizioni dei commi da 1 a 8 continuano ad applicarsi ove compatibili con i regolamenti (UE) 2021/953 e 2021/954 del Parlamento europeo e del Consiglio del 14 giugno 2021 (14).

9-*bis*. Ai soggetti provenienti da uno Stato estero in possesso di un certificato, rilasciato dalle competenti autorità sanitarie estere, di avvenuta guarigione o di avvenuta vaccinazione anti SARS-CoV-2 con un vaccino autorizzato o riconosciuto come equivalente in Italia, nel caso in cui siano trascorsi più di sei mesi dal completamento del ciclo vaccinale primario anti SARS-CoV-2 o dall'avvenuta guarigione dal COVID-19, è consentito l'accesso ai servizi e alle attività per i quali nel territorio nazionale sussiste l'obbligo di possedere una delle certificazioni verdi COVID-19 da vaccinazione o guarigione, di cui al comma 2, lettere *a*), *b*) e *c-bis*), cosiddetto green pass rafforzato, previa effettuazione di test antigenico rapido o molecolare con esito negativo al virus SARS-CoV-2, di cui al comma 2, lettera *c*), avente validità di quarantotto ore dall'esecuzione, se antigenico rapido, o di settantadue ore, se molecolare. L'effettuazione del test di cui al primo periodo non è obbligatoria in caso di avvenuta guarigione successiva al completamento del ciclo vaccinale primario. Nel caso di vaccinazioni con vaccini non autorizzati o non riconosciuti come equivalenti in Italia, l'accesso ai servizi e alle attività di cui al primo periodo è consentito in ogni caso previa effettuazione di test antigenico rapido o molecolare con esito negativo al virus SARS-CoV-2, di cui al comma 2, lettera *c*), avente validità di quarantotto ore dall'esecuzione, se antigenico rapido, o di settantadue ore, se molecolare (15).

9-*ter*. I titolari o i gestori dei servizi e delle attività di cui al comma 9-*bis* sono tenuti a verificare che l'accesso ai predetti servizi e attività avvenga nel rispetto delle prescrizioni di cui al medesimo comma 9-*bis*. Le verifiche delle certificazioni verdi COVID-19 sono effettuate anche con le modalità indicate dal decreto del Presidente del Consiglio dei ministri adottato ai sensi del comma 10. Nelle more della modifica del menzionato decreto del Presidente del Consiglio dei ministri sono autorizzati gli interventi di adeguamento necessari a consentire le verifiche (15).

10. Con decreto del Presidente del Consiglio dei ministri, adottato di concerto con i Ministri della salute, per l'innovazione tecnologica e la transizione digitale e dell'economia e delle finanze, sentito il Garante per la protezione dei dati personali, sono individuate le specifiche tecniche per assicurare l'interoperabilità tra le certificazioni verdi COVID-19 e la Piattaforma nazionale-DGC, nonché tra questa e le analoghe piattaforme istituite negli altri Stati membri dell'Unione europea, tramite il Gateway europeo. Con il medesimo

decreto sono indicati i dati trattati dalla piattaforma e quelli da riportare nelle certificazioni verdi COVID-19, le modalità di aggiornamento delle certificazioni, le caratteristiche e le modalità di funzionamento della Piattaforma nazionale-DCG, la struttura dell'identificativo univoco delle certificazioni verdi COVID-19 e del codice a barre interoperabile che consente di verificare l'autenticità, la validità e l'integrità delle stesse, l'indicazione dei soggetti deputati al controllo delle certificazioni, i tempi di conservazione dei dati raccolti ai fini dell'emissione delle certificazioni, e le misure per assicurare la protezione dei dati personali contenuti nelle certificazioni. Per le finalità d'uso previste per le certificazioni verdi COVID-19 sono validi i documenti rilasciati a decorrere dalla data di entrata in vigore del presente decreto, ai sensi dei commi 3, 4 e 5, dalle strutture sanitarie pubbliche e private, dalle farmacie, dai laboratori di analisi, dai medici di medicina generale e dai pediatri di libera scelta che attestano o refertano una delle condizioni di cui al comma 2, lettere *a*), *b*) e *c*) (16) (17).

10-*bis*. Le certificazioni verdi COVID-19 possono essere utilizzate esclusivamente ai fini di cui agli articoli 2, comma 1, 2-*bis*, comma 1, 2-*quater*, 5 [, 8-*bis*, comma 2,], 9-*bis*, 9-*bis*.1, 9-*quinquies*, 9-*sexies* e 9-*septies* del presente decreto, nonché all'articolo 1-*bis* del decreto-legge 1° aprile 2021, n. 44, convertito, con modificazioni, dalla legge 28 maggio 2021, n. 76. Ogni diverso o nuovo utilizzo delle certificazioni verdi COVID-19 è disposto esclusivamente con legge dello Stato (18).

11. Dal presente articolo non devono derivare nuovi o maggiori oneri per la finanza pubblica e le amministrazioni interessate provvedono alla relativa attuazione nei limiti delle risorse disponibili a legislazione vigente.

(1) *Alinea così sostituito dall'art. 3-*bis*, comma 1, lett.* a), *d.l. 24 dicembre 2021, n. 221, conv., con modif., in l. 18 febbraio 2022, n. 11.*

(2) *Lettera modificata dall'art. 4, comma 1, lett.* e), *n. 01), d.l. 23 luglio 2021, n. 105, conv., con modif., in l. 16 settembre 2021, n. 126.*

(3) *Lettera inserita dall'art. 3-*bis*, comma 1, lett.* b), *d.l. n. 221, cit.*

(4) *Lettera modificata dall'art. 5-*bis*, d.l. 6 agosto 2021, n. 111, conv., con modif., in l. 24 settembre 2021, n. 133.*

(5) *In riferimento al prezzo calmierato di test antigenici rapidi per la rilevazione di antigene SARS-CoV-2 di cui alla presente lettera, v. art. 5, commi 1, 1-*bis*, e 1-*ter* d.l. n. 105, cit., come modificato dall'art. 4, comma 1, lett.* a) *d.l. 21 settembre 2021, n. 127, conv., con modif., in l. 19 novembre 2021, n. 165.*

(6) *Lettera modificata, a decorrere dal 15 dicembre 2021, dall'art. 3, comma 1, lett.* a), *n. 1), d.l. 26 novembre 2021, n. 172, conv., con modif., in l. 21 gennaio 2022, n. 3.*

(7) *Lettera modificata dall'art. 4, comma 1, lett.* e), *n. 02), d.l. n. 105, cit.*

(8) *Lettera inserita dall'art. 5, comma 1, lett.* b) *d.l. n. 127, cit., e successivamente modificata, a decorrere dal 15 dicembre 2021, dall'art. 3, comma 1, lett.* a), *n. 2), d.l. n. 172, cit.*

(9) *Comma modificato dall'art. 4, comma 1, lett.* e), *n. 1), d.l. n. 105, cit., dall'art. 5, comma 1, lett.* c) *d.l. n. 127, cit., e, successivamente, a decorrere dal 15 dicembre 2021, dall'art. 3, comma 1, lett.* b), *n. 1), d.l. n. 172, cit.*

Da ultimo, il presente comma è stato modificato dall'art. 3, comma 1, lett. a), *d.l. n. 221, cit., e dall'art. 2-*bis*, comma 1, lett.* a), *n. 1 d.l. 7 gennaio 2022, n. 1, conv., con modif., in l. 4 marzo 2022, n. 18.*

(10) *Ai sensi dell'art. 14 d.l. 18 maggio 2021, n. 65, successivamente abrogato dall'art. 1, comma 2, l. 17 giugno 2021, n. 87, la certificazione verde COVID-19, rilasciata ai sensi del presente comma, ha validità di nove mesi dalla data del completamento del ciclo vaccinale ed è rilasciata anche contestualmente alla somministrazione della prima dose di vaccino e ha validità dal quindicesimo giorno successivo alla somministrazione fino alla data prevista per il completamento del ciclo vaccinale.*

(11) *Comma da ultimo così sostituito dall'art. 2-*bis*, comma 1, lett.* b), *n. 1 d.l.*

(12) *Comma modificato dall'art. 01, comma 1, d.l. n. 111, cit.*

(13) *Comma inserito dall'art. 34, comma 9-*bis*, lett.* b) *d.l. 25 maggio 2021, n. 73, conv., con modif., in l. 23 luglio 2021, n. 106.*

(14) *Comma da ultimo così sostituito dall'art. 4, comma 1, lett.* e), *n. 2), d.l. n. 105, cit.*

(15) *Comma inserito dall'art. 2-*quater*, comma 1, lett.* a), *d.l. n. 1, cit.*

(16) *Comma modificato dall'art. 4, comma 1, lett.* e), *n. 3), d.l. n. 105, cit.*

(17) *Per le disposizione attuative di cui al presente comma v. d.P.C.M. 17 giugno 2021.*

(18) *Comma sostituito dall'art. 3, comma 2, d.l. n. 105, cit., e successivamente modificato dapprima dall'art. 9, comma 1, d.l. n. 127, cit. e da ultimo dall'art. 5-*bis*, comma 2, lett.* c) *d.l. n. 221, cit.*

9-*bis* Impiego delle certificazioni verdi COVID-19 da vaccinazione, guarigione o test, cosiddetto green pass base (1) (2).

1. Dal 1° al 30 aprile 2022, è consentito sull'intero territorio nazionale esclusivamente ai soggetti muniti di una delle certificazioni verdi COVID-19 da vaccinazione, guarigione o test, cosiddetto green pass base, l'accesso ai seguenti servizi e attività:

a) mense e catering continuativo su base contrattuale;

b) servizi di ristorazione svolti al banco o al tavolo, al chiuso, da qualsiasi esercizio, ad eccezione dei servizi di ristorazione all'interno di alberghi e di altre strutture ricettive riservati esclusivamente ai clienti ivi alloggiati;

c) concorsi pubblici;

d) corsi di formazione pubblici e privati, fermo restando quanto previsto dall'articolo 9-ter.1 e dagli articoli 4-*ter*.1 e 4-*ter*.2 del decreto-legge 1° aprile 2021, n. 44, convertito, con modificazioni, dalla legge 28 maggio 2021, n. 76;

e) colloqui visivi in presenza con i detenuti e gli internati, all'interno degli istituti penitenziari per adulti e minori;

f) partecipazione del pubblico agli spettacoli aperti al pubblico, nonché agli eventi e alle competizioni sportivi, che si svolgono all'aperto (3).

[1-*bis*. Fino al 31 marzo 2022, è consentito esclusivamente ai soggetti in possesso di una delle certificazioni verdi COVID-19, di cui all'articolo 9, comma 2, l'accesso ai seguenti servizi e attività, nell'ambito del territorio nazionale:

a) servizi alla persona;

b) pubblici uffici, servizi postali, bancari e finanziari, attività commerciali, fatti salvi quelli necessari per assicurare il soddisfacimento di esigenze essenziali e primarie della persona, individuate con decreto del Presidente del Consiglio dei ministri, adottato su proposta del Ministro della salute, d'intesa con i Ministri dell'economia e delle finanze, della giustizia, dello sviluppo economico e per la pubblica amministrazione, entro quindici giorni dalla data di entrata in vigore della presente disposizione;

c) colloqui visivi in presenza con i detenuti e gli internati, all'interno degli istituti penitenziari per adulti e minori.] (4).

[1-*ter*. Le disposizioni di cui al comma 1-bis, lettere *a*) e *c*),si applicano dal 20 gennaio 2022. La disposizione di cui al comma 1-*bis*, lettera *b*), si applica dal 1° febbraio 2022, o dalla data di efficacia del decreto del Presidente del Consiglio dei ministri di cui alla medesima lettera, se diversa. Le verifiche oltre ad accertare che l'accesso ai servizi, alle attività e agli uffici di cui al comma 1-*bis* avvenga nel rispetto delle prescrizioni di cui al medesimo comma sono effettuate dai relativi titolari, gestori o responsabili ai sensi del comma 4] (5).

[2. Le disposizioni di cui al comma 1 si applicano anche nelle zone gialla, arancione e rossa, laddove i servizi e le attività di cui al comma 1 siano consentiti e alle condizioni previste per le singole zone, salvo quanto previsto previsto al comma 2-*bis*] (6).

[2-*bis*. Nelle zone gialla, arancione e rossa, la fruizione dei servizi, lo svolgimento delle attività e gli spostamenti, limitati o sospesi ai sensi della normativa vigente, sono consentiti esclusivamente ai soggetti in possesso di una delle certificazioni verdi COVID-19 di cui all'articolo 9, comma 2, lettere *a*), *b*) e *c-bis*), e ai soggetti di cui al comma 3, primo periodo, nel rispetto della disciplina della zona bianca. Ai servizi di ristorazione di cui al comma 1, lettera *a*), nelle predette zone, si applica il presente comma ad eccezione dei servizi di ristorazione all'interno di alberghi e di altre strutture ricettive riservati esclusivamente ai clienti ivi alloggiati e delle mense e del catering continuativo su base contrattuale, ai quali si applicano le disposizioni di cui al comma 1] (6).

3. Le disposizioni di cui al comma 1 non si applicano ai soggetti di età inferiore ai dodici anni e ai soggetti esenti dalla campagna vaccinale sulla base di idonea certificazione medica rilasciata secondo i criteri definiti con circolare del Ministero della salute. Con decreto del Presidente del Consiglio dei ministri, adottato di concerto con i Ministri della salute, per l'innovazione tecnologica e la transizione digitale, e dell'economia e delle finanze, sentito il Garante per la protezione dei dati personali, sono individuate le specifiche tecniche per trattare in modalità digitale le predette certificazioni, al fine di consentirne la verifica digitale, assicurando contestualmente la protezione dei dati personali in esse contenuti. Nelle more dell'adozione del predetto decreto, per le finalità di cui al presente articolo possono essere utilizzate le certificazioni rilasciate in formato cartaceo (7).

4. I titolari o i gestori dei servizi e delle attività di cui al comma 1 sono tenuti a verificare che l'accesso ai predetti servizi e attività avvenga nel rispetto delle prescrizioni di cui al medesimo comma 1. Le verifiche delle certificazioni verdi COVID-19 sono effettuate con le modalità indicate dal decreto del Presidente del Consiglio dei ministri adottato ai sensi dell'articolo 9, comma 10. [Nel caso di sagre e fiere locali che si svolgano all'aperto, in spazi privi di varchi di accesso, gli organizzatori informano il pubblico, con apposita segnaletica, dell'obbligo del possesso della certificazione verde COVID-19 prescritta ai sensi del comma 1, lettera e), per l'accesso all'evento.][In caso di controlli a campione, le sanzioni di cui all'articolo 13 si applicano al solo soggetto privo di certificazione e non anche agli organizzatori che abbiano rispettato gli obblighi informativi] (8).

5. Il Ministro della salute con propria ordinanza può definire eventuali misure necessarie in fase di attuazione del presente articolo.

(1) *Rubrica così sostituita dall'art. 5, comma 1, lett.* d), *d.l. 24 dicembre 2022, n. 221, conv., con modif., in l. 18 febbraio 2022, n. 11.*

(2) *Articolo inserito dall'art. 3, comma 1, d.l. 23 luglio 2021, n. 105, conv., con modif., in l. 16 settembre 2021, n. 126.*

(3) *Comma così sostituito, a decorrere dal 1° aprile 2022, dall'art. 6, comma 2, lett.* a), *d.l. 24 marzo 2022, n. 24, in corso di conversione in legge..*

(4) *Comma inserito dall'art. 3, comma 1, lett.* a), *n. 1), d.l. 7 gennaio 2022, n. 1, conv., con modif., in l. 4 marzo 2022, n. 18 e successivamente abrogato, a decorrere dal 1° aprile 2022, dall'art. 6, comma 2, lett.* b), *d.l. n. 24, cit.*

(5) *Comma inserito dall'art. 3, comma 1, lett.* a), *n. 1), d.l. 7 gennaio 2022, n. 1, conv., con modif., in l. 4 marzo 2022, n. 18 e successivamente abrogato, a decorrere dal 1° aprile 2022, dall'art. 6, comma 2, lett.* b), *d.l. n. 24, cit.*

(6) *Comma abrogato dall'art. 5, comma 1, lett.* b), *d.l. n. 221, cit.*

(7) *Comma modificato, a decorrere dal 29 novembre 2021, dall'art. 5, comma 1, lett.* c), *d.l. n. 172, cit., successivamente dall'art. 3, comma 1, lett.* a), *n. 2), d.l. n. 1, cit., e da ultimo dall'art. 6, comma 2, lett.* c), *d.l. n. 24, cit.*

(8) *Comma modificato, a decorrere dal 29 novembre 2021, dall'art. 5, comma 1, lett.* d), *d.l. n. 172, cit. e, da ultimo, dall'art. 5, comma 1, lett. c), d.l. n. 221, cit.*

9-*bis*.1 Impiego delle certificazioni verdi COVID-19 da vaccinazione o guarigione, cosiddetto green pass rafforzato (1).

1. Dal 1° al 30 aprile 2022, sull'intero territorio nazionale, è consentito esclusivamente ai soggetti in possesso delle certificazioni verdi COVID-19 da vaccinazione o guarigione, cosiddetto green pass rafforzato, l'accesso ai seguenti servizi e attività:

a) piscine, centri natatori, palestre, sport di squadra e di contatto, centri benessere, anche all'interno di strutture ricettive, per le attività che si svolgono al chiuso, nonché spazi adibiti a spogliatoi e docce, con esclusione dell'obbligo di certificazione per gli accompagnatori delle persone non autosufficienti in ragione dell'età o di disabilità;

b) convegni e congressi;

c) centri culturali, centri sociali e ricreativi, per le attività che si svolgono al chiuso e con esclusione dei centri educativi per l'infanzia, compresi i centri estivi, e le relative attività di ristorazione;

d) feste comunque denominate, conseguenti e non conseguenti alle cerimonie civili o religiose, nonché eventi a queste assimilati che si svolgono al chiuso;

e) attività di sale gioco, sale scommesse, sale bingo e casinò;

f) attività che abbiano luogo in sale da ballo, discoteche e locali assimilati;

g) partecipazione del pubblico agli spettacoli aperti al pubblico, nonché agli eventi e alle competizioni sportivi, che si svolgono al chiuso (2).

2. Le disposizioni di cui al comma 1 non si applicano ai soggetti di età inferiore ai dodici anni e ai soggetti esenti dalla campagna vaccinale sulla base di idonea certificazione medica rilasciata secondo i criteri definiti con circolare del Ministero della salute. Con decreto del Presidente del Consiglio dei ministri, adottato di concerto con i Ministri della salute, per l'innovazione tecnologica e la transizione digitale e dell'economia e delle finanze, sentito il Garante per la protezione dei

dati personali, sono individuate le specifiche tecniche per trattare in modalità digitale le predette certificazioni, al fine di consentirne la verifica digitale, assicurando contestualmente la protezione dei dati personali in esse contenuti.

3. I titolari o i gestori dei servizi e delle attività di cui al comma 1 sono tenuti a verificare che l'accesso ai predetti servizi e attività avvenga nel rispetto delle prescrizioni di cui al medesimo comma 1. Le verifiche delle certificazioni verdi COVID-19 sono effettuate con le modalità indicate dal decreto del Presidente del Consiglio dei ministri adottato ai sensi dell'articolo 9, comma 10. [Nel caso di sagre e fiere locali che si svolgano all'aperto, in spazi privi di varchi di accesso, gli organizzatori informano il pubblico, con apposita segnaletica, dell'obbligo del possesso della certificazione verde COVID-19 prescritta ai sensi del comma 1, lettera *e*), per l'accesso all'evento. In caso di controlli a campione, le sanzioni di cui all'articolo 13 si applicano al solo soggetto privo di certificazione e non anche agli organizzatori che abbiano rispettato gli obblighi informativi] (3).

4. Il Ministro della salute con propria ordinanza può definire eventuali misure necessarie in fase di attuazione del presente articolo.

(1) *Articolo inserito dall'art.* 5-bis, *comma 1, d.l. 24 dicembre 2021, n. 221, conv., con modif., in l. 18 febbraio, 2022, n. 11.*

(2) *Comma sostituito, a decorrere dal 1° aprile 2022, dall'art. 7, comma 1, lett.* a), *d.l. 24 marzo 2022, n. 24, in corso di conversione in legge.*

(3) *Comma così modificato, a decorrere dal 1° aprile 2022, dall'art. 7, comma 1, lett.* b), *d.l. n. 24, cit.*

9-*ter* (1) [Impiego delle certificazioni verdi COVID-19 in ambito scolastico e universitario.

1. Dal 1° settembre 2021 e fino al 31 marzo 2022, termine di cessazione dello stato di emergenza, al fine di tutelare la salute pubblica e mantenere adeguate condizioni di sicurezza nell'erogazione in presenza del servizio essenziale di istruzione, tutto il personale scolastico del sistema nazionale di istruzione e delle scuole non paritarie e quello universitario, nonché gli studenti universitari, devono possedere e sono tenuti a esibire la certificazione verde COVID-19 di cui all'articolo 9, comma 2.

1-*bis*. Le disposizioni del comma 1 si applicano anche al personale dei servizi educativi per l'infanzia di cui all'articolo 2 del decreto legislativo 13 aprile 2017, n. 65, dei centri provinciali per l'istruzione degli adulti, dei sistemi regionali di istruzione e formazione professionale, dei sistemi regionali che realizzano i percorsi di istruzione e formazione tecnica superiore e degli istituti tecnici superiori. Le verifiche di cui al comma 4 sono effettuate dai dirigenti scolastici e dai responsabili delle istituzioni di cui al primo periodo del presente comma. Le disposizioni del presente comma si applicano dalla data di entrata in vigore del decreto-legge 6 agosto 2021, n. 111.

1-*ter*. Nei casi in cui la certificazione verde COVID-19 di cui all'articolo 9 non sia stata generata e non sia stata rilasciata all'avente diritto in formato cartaceo o digitale, le disposizioni di cui al comma 1 del presente articolo si intendono comunque rispettate a seguito della presentazione da parte dell'interessato di un certificato rilasciato dalla struttura sanitaria ovvero dall'esercente la professione sanitaria che ha effettuato la vaccinazione o dal medico di medicina generale dell'interessato, che attesta che il soggetto soddisfa una delle condizioni di cui al citato articolo 9, comma 2.

2. Il mancato rispetto delle disposizioni di cui al comma 1 da parte del personale delle istituzioni di cui ai commi 1 e 1-*bis* è considerato assenza ingiustificata e non sono corrisposti la retribuzione né altro compenso o emolumento, comunque denominato. A decorrere dal quinto giorno di assenza ingiustificata il rapporto di lavoro è sospeso. La sospensione del rapporto di lavoro è disposta dai dirigenti scolastici e dai responsabili delle istituzioni di cui ai commi 1 e 1-*bis* e mantiene efficacia fino al conseguimento della condizione di cui al comma 1 e alla scadenza del contratto attribuito per la sostituzione che non supera i quindici giorni.

3. Le disposizioni di cui ai commi 1 e 1-*bis* non si applicano ai soggetti esenti dalla campagna vaccinale sulla base di idonea certificazione medica rilasciata secondo i criteri definiti con circolare del Ministero della salute.

4. I dirigenti scolastici, o altro personale dell'istituzione scolastica da questi a tal fine delegato, e i responsabili dei servizi educativi dell'infanzia e delle altre istituzioni di cui al comma 1-*bis* nonché delle scuole paritarie e non paritarie e delle università sono tenuti a verificare il rispetto delle prescrizioni di cui ai commi 1 e 1-*bis*. Le verifiche delle certificazioni verdi COVID-19 sono effettuate con le modalità indicate dal decreto del Presidente del Consiglio dei ministri adottato ai sensi dell'articolo 9, comma 10. Con circolare del Ministro dell'istruzione possono essere stabilite ulteriori modalità di verifica. Con riferimento al rispetto delle prescrizioni di cui al comma 1 da parte degli studenti universitari, le verifiche di cui al presente comma sono svolte a campione con le modalità individuate dalle università e si applicano le sanzioni di cui al comma 5, primo, secondo e terzo periodo.

5. La violazione delle disposizioni del comma 4 del presente articolo è sanzionata ai sensi dell'articolo 4, commi 1 e 5, del decreto-legge 25 marzo 2020, n. 19, convertito, con modificazioni, dalla legge 22 maggio 2020, n. 35. Resta fermo quanto previsto dall'articolo 2, comma 2-*bis*, del decreto-legge 16 maggio 2020, n. 33, convertito, con modificazioni, dalla legge 14 luglio 2020, n. 74. La sanzione è irrogata dal prefetto e si applicano, per quanto non stabilito dal presente comma, le disposizioni delle sezioni I e II del capo I della legge 24 novembre 1981, n. 689, in quanto compatibili. L'accertamento della violazione dell'obbligo di cui al comma 4 da parte dei dirigenti scolastici e dei responsabili delle scuole paritarie spetta ai direttori degli uffici scolastici regionali territorialmente competenti. L'accertamento della violazione dell'obbligo di cui al comma 4 da parte dei responsabili delle altre istituzioni di cui al comma 1-*bis* spetta alle autorità degli enti locali e regionali territorialmente competenti.

5-*bis*. Per le finalità di cui al presente articolo, le università e le istituzioni di alta formazione artistica, musicale e coreutica possono verificare il rispetto delle disposizioni di cui al comma 1 attraverso modalità di controllo delle certificazioni verdi COVID-19 che non consentono la visibilità delle informazioni che ne hanno determinato l'emissione, compreso l'utilizzo dell'applicazione mobile prevista dall'articolo 13 del decreto del Presidente del Consiglio dei ministri 17 giugno 2021, pubblicato nella Gazzetta Ufficiale n. 143 del 17 giugno 2021. Per le medesime finalità, le università e le istituzioni di alta formazione artistica, musicale e coreutica sono autorizzate alla raccolta e alla conservazione dei dati strettamente necessari per la verifica del rispetto delle disposizioni di cui al comma 1].

(1) *Articolo inserito dall'art. 1 d.l. 6 agosto 2021, n. 111, conv., con modif., in l. 24 settembre 2021, n. 133 e da ultimo abrogato dall'art. 5-*ter*, comma 1, lett.* a)*, d.l. 24 dicembre 2021, n. 221, conv., con modif., in l. 18 febbraio 2022, n. 11.*

9-*ter*.1 Impiego delle certificazioni verdi COVID-19 per l'accesso in ambito scolastico, educativo e formativo (1).

1. Fino al 30 aprile 2022, al fine di tutelare la salute pubblica, chiunque accede alle strutture del sistema nazionale di istruzione, delle scuole non paritarie, dei servizi educativi per l'infanzia di cui all'articolo 2 del decreto legislativo 13 aprile 2017, n. 65, dei centri provinciali per l'istruzione degli adulti, dei sistemi regionali di istruzione e formazione professionale e dei sistemi regionali che realizzano i percorsi di istruzione e formazione tecnica superiore e degli istituti tecnici superiori deve possedere ed è tenuto a esibire la certificazione verde COVID-19 da vaccinazione, guarigione o test, cosiddetto green pass base. Le disposizioni del primo periodo non si applicano ai bambini, agli alunni e agli studenti nonché a coloro che frequentano i sistemi regionali di formazione, a eccezione di coloro che prendono parte ai percorsi formativi degli istituti tecnici superiori e degli istituti di istruzione e formazione tecnica superiore. Resta fermo quanto previsto dall'articolo 4-*ter*.2, del decreto-legge 1° aprile 2021, n. 44, convertito, con modificazioni, dalla legge 28 maggio 2021, n. 76 (2).

2. Le disposizioni del comma 1 non si applicano ai soggetti esenti dalla campagna vaccinale sulla base di idonea certificazione medica rilasciata secondo i criteri definiti con circolare del Ministero della salute.

3. Il rispetto delle prescrizioni di cui al comma 1 è verificato dai responsabili delle istituzioni di cui al medesimo comma o da altro personale da questi a tal fine delegato. Le verifiche delle certificazioni verdi COVID-19 da vaccinazione, guarigione o test, cosiddetto green pass base, sono effettuate a campione, secondo modalità di controllo che non consentono la visibilità delle informazioni che ne hanno determinato l'emissione, compreso l'utilizzo dell'applicazione mobile prevista dall'articolo 13 del decreto del Presidente del Consiglio dei ministri 17 giugno 2021, pubblicato nella Gazzetta Ufficiale n. 143 del 17 giugno 2021. Nel caso in cui l'accesso alle strutture sia motivato da ragioni di servizio o di lavoro, la verifica del rispetto delle disposizioni di cui al comma 1, oltre che, a campione, dai soggetti di cui al primo periodo del presente comma, deve essere effettuata anche dai rispettivi datori di lavoro o dai loro delegati (3).

4. La violazione delle disposizioni dei commi 1 e 3 del presente articolo è sanzionata ai sensi dell'articolo 4, commi 1 e 5, del decreto-legge 25 marzo 2020, n. 19, convertito, con modificazioni, dalla legge 22 maggio 2020, n. 35. Resta fermo quanto previsto dall'articolo 2, comma 2-*bis*, del decreto-legge 16 maggio 2020, n. 33, convertito, con modificazioni, dalla legge 14 luglio 2020, n. 74. La sanzione è irrogata dal prefetto e si applicano, per quanto non stabilito dal presente comma, le disposizioni delle sezioni I e II del capo I della legge 24 novembre 1981, n. 689, in quanto compatibili. L'accertamento della violazione dell'obbligo di cui al comma 1 e dell'obbligo di cui al comma 3, con esclusivo riferimento al datore di lavoro, spetta ai dirigenti scolastici e ai responsabili delle istituzioni scolastiche, educative e formative di cui al medesimo comma 1. L'accertamento della violazione dell'obbligo di cui al comma 3 da parte dei dirigenti scolastici e dei responsabili delle scuole paritarie spetta ai direttori degli uffici scolastici regionali territorialmente competenti. L'accertamento della violazione dell'obbligo di cui al comma 3 da parte dei responsabili delle altre istituzioni di cui al comma 1 spetta alle autorità degli enti locali e regionali territorialmente competenti.

4-*bis*. Nei casi in cui la certificazione verde COVID-19 di cui al comma 1 non sia stata generata e non sia stata rilasciata all'avente diritto in formato cartaceo o digitale, le disposizioni di cui al comma 1 si intendono comunque rispettate a seguito della presentazione da parte dell'interessato di un certificato rilasciato dalla struttura sanitaria ovvero dall'esercente la professione sanitaria che ha effettuato la vaccinazione o dal medico di medicina generale dell'interessato, che attesta che il soggetto soddisfa una delle condizioni di cui all'articolo 9, comma 2 (4).

(1) *Articolo inserito dall'art. 1, comma 1, d.l. 10 settembre 2021, n. 122, poi abrogato dall'art. 1, comma 2, l. 24 settembre 2021, n. 133, e successivamente sostituito dall'art. 1, comma 6, d.l. 6 agosto 2021, n. 111, conv., con modif., in l. 24 settembre 2021, n. 133.*

(2) *Comma modificato dapprima dall'art. 5-*ter*, comma 1, lett.* b)*, n. 1), d.l. 24 dicembre 2021, n. 221, conv., con modif., in l. 18 febbraio 2022, n. 11 e da ultimo, a decorrere dal 1° aprile 2022, dagli artt. 6 comma 3, e 8 comma 8, lett.* a)*, d.l. 24 marzo 2022, n. 24, in corso di conversione in legge.*

(3) *Comma modificato dall'art. 5-*ter*, comma 1, lett.* b)*, n. 2), d.l. n. 221, cit.*

(4) *Comma inserito dall'art. 5-*ter*, comma 1, lett.* b)*, n. 3), d.l. n. 221, cit.*

9-*ter*.2 Impiego delle certificazioni verdi COVID-19 per l'accesso alle strutture della formazione superiore (1).

1. Fino al 30 aprile 2022, al fine di tutelare la salute pubblica, chiunque accede alle strutture appartenenti alle istituzioni universitarie e di alta formazione artistica, musicale e coreutica, nonché alle altre istituzioni di alta formazione collegate alle università, compresi gli studenti delle predette istituzioni, deve possedere ed è tenuto a esibire la certificazione verde COVID-19 da vaccinazione, guarigione o test, cosiddetto green pass base. [Resta fermo quanto previsto dall'articolo 4-ter, comma 1-*bis*, del decreto-legge 1° aprile 2021, n.

44, convertito, con modificazioni, dalla legge 28 maggio 2021, n. 76] (2).

2. Le disposizioni del comma 1 non si applicano ai soggetti esenti dalla campagna vaccinale sulla base di idonea certificazione medica rilasciata secondo i criteri definiti con circolare del Ministero della salute.

3. Il rispetto delle prescrizioni di cui al comma 1 è verificato dai responsabili delle istituzioni di cui al medesimo comma o da altro personale da questi a tal fine delegato. Le verifiche delle certificazioni verdi COVID-19 da vaccinazione, guarigione o test, cosiddetto green pass base, sono effettuate a campione, secondo modalità di controllo che non consentono la visibilità delle informazioni che ne hanno determinato l'emissione, compreso l'utilizzo dell'applicazione mobile prevista dall'articolo 13 del decreto del Presidente del Consiglio dei ministri 17 giugno 2021, pubblicato nella Gazzetta Ufficiale n. 143 del 17 giugno 2021. Per le medesime finalità, le università e le altre istituzioni di cui al comma 1 sono autorizzate alla raccolta e alla conservazione dei dati strettamente necessari per la verifica del rispetto delle disposizioni di cui al medesimo comma 1. Nel caso in cui l'accesso alle strutture sia motivato da ragioni di servizio o di lavoro, la verifica del rispetto delle disposizioni di cui al comma 1, oltre che, a campione, dai soggetti di cui al primo periodo del presente comma, deve essere effettuata anche dai rispettivi datori di lavoro o dai loro delegati (3).

3-*bis*. Nei casi in cui la certificazione verde COVID-19 di cui al comma 1 non sia stata generata e non sia stata rilasciata all'avente diritto in formato cartaceo o digitale, le disposizioni di cui al comma 1 si intendono comunque rispettate a seguito della presentazione da parte dell'interessato di un certificato rilasciato dalla struttura sanitaria ovvero dall'esercente la professione sanitaria che ha effettuato la vaccinazione o dal medico di medicina generale dell'interessato, che attesta che il soggetto soddisfa una delle condizioni di cui all'articolo 9, comma 2 (4).

4. La violazione delle disposizioni dei commi 1 e 3 del presente articolo è sanzionata ai sensi dell'articolo 4, commi 1 e 5, del decreto-legge 25 marzo 2020, n. 19, convertito, con modificazioni, dalla legge 22 maggio 2020, n. 35. Resta fermo quanto previsto dall'articolo 2, comma 2-*bis*, del decreto-legge 16 maggio 2020, n. 33, convertito, con modificazioni, dalla legge 14 luglio 2020, n. 74. La sanzione è irrogata dal prefetto e si applicano, per quanto non stabilito dal presente comma, le disposizioni delle sezioni I e II del capo I della legge 24 novembre 1981, n. 689, in quanto compatibili. L'accertamento della violazione dell'obbligo di cui al comma 1 e dell'obbligo di cui al comma 3, con esclusivo riferimento al datore di lavoro, spetta ai responsabili delle istituzioni di cui al medesimo comma 1.

(1) *Articolo inserito dall'art. 1, comma 1, d.l. 10 settembre 2021, n. 122, poi abrogato dall'art. 1, comma 2, l. 24 settembre 2021, n. 133, e successivamente sostituito dall'art. 1, comma 6, d.l. 6 agosto 2021, n. 111, conv., con modif., in l. 24 settembre 2021, n. 133.*

(2) *Comma dapprima sostituito dall'art. 5-*ter*, comma 1, lett. *c*), n. 1), d.l. 24 dicembre 2021, n. 221, conv., con modif., in l. 18 febbraio 2022, n. 11 e da ultimo modificato e da ultimo, a decorrere dal 1° aprile 2022, dagli artt. 6 comma 4, e 8 comma 8, lett. *b*), d.l. 24 marzo 2022, n. 24, in corso di conversione in legge.*

(3) *Comma così sostituito dall'art. 5-*ter*, comma 1, lett. *c*), n. 2), d.l. n. 221, cit.*

(4) *Comma inserito dall'art. 5-*ter*, comma 1, lett. *c*), n. 3), d.l. n. 221, cit.*

9-*quater* Impiego delle certificazioni verdi COVID-19 nei mezzi di trasporto (1).

1. Dal 1° al 30 aprile 2022, è consentito sull'intero territorio nazionale esclusivamente ai soggetti muniti di una delle certificazioni verdi COVID-19 da vaccinazione, guarigione o test, cosiddetto green pass base, l'accesso ai seguenti mezzi di trasporto e il loro utilizzo:

a) aeromobili adibiti a servizi commerciali di trasporto di persone;

b) navi e traghetti adibiti a servizi di trasporto interregionale, ad esclusione di quelli impiegati per i collegamenti marittimi nello Stretto di Messina e di quelli impiegati nei collegamenti marittimi da e per l'arcipelago delle Isole Tremiti;

c) treni impiegati nei servizi di trasporto ferroviario passeggeri di tipo interregionale, Intercity, Intercity Notte e Alta Velocità;

d) autobus adibiti a servizi di trasporto di persone, ad offerta indifferenziata, effettuati su strada in modo continuativo o periodico su un percorso che collega più di due regioni ed aventi itinerari, orari, frequenze e prezzi prestabiliti;

e) autobus adibiti a servizi di noleggio con conducente (2).

2. Le disposizioni di cui al comma 1 non si applicano ai soggetti di età inferiore ai dodici anni e ai soggetti esenti dalla campagna vaccinale sulla base di idonea certificazione medica rilasciata secondo i criteri definiti con circolare del Ministero della salute (3).[

2-*bis*. Dal 25 dicembre 2021 fino alla cessazione dello stato di emergenza epidemiologica da COVID-19, è fatto obbligo di indossare i dispositivi di protezione delle vie respiratorie di tipo FFP2 per l'accesso ai mezzi di trasporto di cui al comma 1 e il loro utilizzo] (4).[

2-*ter*. A decorrere dal 10 gennaio 2022 e fino alla cessazione dello stato di emergenza epidemiologica da COVID-19, l'accesso ai mezzi di trasporto aerei, marittimi e terrestri e il loro utilizzo, per gli spostamenti da e per le isole con il resto del territorio italiano, è consentito anche ai soggetti in possesso di una delle certificazioni verdi COVID-19 da vaccinazione, guarigione o test, cosiddetto green pass base] (4).

3. I vettori aerei, marittimi e terrestri, nonché i loro delegati, sono tenuti a verificare che l'utilizzo dei servizi di cui al comma 1 avvenga nel rispetto delle prescrizioni di cui al medesimo comma 1, fermo restando quanto previsto dall'articolo 10-*quater*, comma 6. Le verifiche delle certificazioni verdi COVID-19 sono effettuate con le modalità indicate dal decreto del Presidente del Consiglio dei ministri adottato ai sensi dell'articolo 9, comma 10. Per i mezzi del trasporto pubblico locale o regionale le predette verifiche possono essere svolte secondo modalità a campione (5).

3-*bis*. Le misure di contenimento e di contrasto dei rischi sanitari derivanti dalla diffusione del COVID-19, come definite dalle linee guida e dai protocolli di cui all'articolo 10-*bis* del presente decreto, integrano, senza nuovi o maggiori oneri per la finanza pubblica, ad ogni effetto di legge [e fino al 31 marzo 2022, termine di cessazione dello stato di emergenza nazionale], il contenuto degli obblighi di servizio pubblico gravanti sui vettori e sui gestori di infrastrutture o di stazioni destinati all'erogazione ovvero alla fruizione di servizi di trasporto pubblico di persone e di merci, automobilistico, ferroviario, aereo, marittimo, nelle acque interne, anche non di linea, regolati da atti, autorizzazioni, licenze, permessi, nulla osta, contratti, convenzioni, disciplinari, appalti o concessioni (6).

4. La violazione delle disposizioni di cui ai commi 1[, 2-*bis*] e 3 è sanzionata ai sensi dell'articolo 4 del decreto-legge 25 marzo 2020, n. 19, convertito, con modificazioni, dalla legge 22 maggio 2020, n. 35. Resta fermo quanto previsto dall'articolo 2, comma 2-*bis*, del decreto-legge 16 maggio 2020, n. 33, convertito, con modificazioni, dalla legge 14 luglio 2020, n. 74 (7).

(1) *Articolo inserito dall'art. 1 d.l. 6 agosto 2021, n. 111, conv., con modif., in l. 24 settembre 2021, n. 133.*

(2) *Comma così sostituito,a decorrere dal 1° aprile 2022, dall'art. 6, comma 5, lett.* a)*, d.l. 24 marzo 2022, n. 24, in corso di conversione in legge.*

(3) *Comma modificato, a decorrere dal 6 dicembre 2021, dall'art. 4, comma 1, lett.* c)*, d.l. 26 novembre 2021, conv., con modif., in l. 21 gennaio 2022, n. 3.*

(4) *Comma inserito dall'art. 5-*quater*, comma 1, lett.* b)*, d.l. 24 dicembre 2021, n. 221, conv., con modif., in l. 18 febbraio 2022, n. 11 e successivamente abrogato, a decorrere dal 1° aprile 2022, dall'art. 6, comma 5, lett.* b)*, d.l. n. 24, cit.*

(5) *Comma modificato, a decorrere dal 6 dicembre 2021, dall'art. 4, comma 1, lett.* c)*, d.l. n. 172, cit., successivamente dall'art. 5-*quater*, comma 1, lett.* c)*, d.l. n. 221, cit. e da ultimo a decorrere dal 1° aprile 2022, dall'art. 6, comma 5, lett.* c)*, d.l. n. 24, cit.*

(6) *Comma modificato dall'art. 5-*quater*, comma 1, lett.* d)*, d.l. n. 221, cit., e da ultimo a decorrere dal 1° aprile 2022, dall'art. 6, comma 5, lett.* d)*, d.l. n. 24, cit.*

(7) *Comma modificato dall'art. 5-*quater*, comma 1, lett.* e)*, d.l. n. 221, cit., e da ultimo a decorrere dal 1° aprile 2022, dall'art. 6, comma 5, lett.* d)*, d.l. n. 24, cit.*

9-*quater*.1 (1) [Spostamenti da e per le isole minori lagunari e lacustri e trasporto scolastico dedicato.

1. Fatto salvo quanto previsto dal comma 2 dell'articolo 9-*quater*, a decorrere dalla data di entrata in vigore della presente disposizione fino al 31 marzo 2022, l'accesso e l'utilizzo dei mezzi di trasporto pubblico per gli spostamenti da e per le isole di cui all'allegato A alla legge 28 dicembre 2001, n. 448, ovvero da e per le isole lagunari e lacustri, per documentati motivi di salute e, per gli studenti di età pari o superiore a dodici anni, di frequenza dei corsi di scuola primaria e secondaria di primo grado e di secondo grado, sono consentiti anche ai soggetti muniti di una delle certificazioni verdi COVID-19, comprovante l'effettuazione di un test antigenico rapido o molecolare, con esito negativo al virus SARS-CoV-2, di cui all'articolo 9, comma 2, lettera *c*), avente validità di quarantotto ore dall'esecuzione, se antigenico rapido, o di settantadue ore, se molecolare.

2. Per il medesimo periodo di cui al comma 1, agli studenti della scuola primaria e secondaria di primo e di secondo grado sono consentiti l'accesso ai mezzi di trasporto scolastico dedicato e il loro utilizzo, in deroga a quanto previsto dall'articolo 9-quater, fermi restando l'obbligo di indossare i dispositivi di protezione delle vie respiratorie di tipo FFP2 e il rispetto delle linee guida per il trasporto scolastico dedicato, di cui all'allegato 16 al decreto del Presidente del Consiglio dei ministri 2 marzo 2021, pubblicato nel supplemento ordinario alla Gazzetta Ufficiale n. 52 del 2 marzo 2021].

(1) *V. nota 1 sub Epigrafe. Precedentemente l'articolo era stato inserito dall'art. 3-*bis*, comma 1 d.l. 7 gennaio 2022, n. 1, conv., con modif., in l. 4 marzo 2022, n. 18..*

9-*quinquies* Impiego delle certificazioni verdi COVID-19 nel settore pubblico (1).

1. Dal 15 ottobre 2021 e fino al 30 aprile 2022, al fine di prevenire la diffusione dell'infezione da SARS-CoV-2, al personale delle amministrazioni pubbliche di cui all'articolo 1, comma 2, del decreto legislativo 30 marzo 2001, n. 165, al personale di cui all'articolo 3 del predetto decreto legislativo, al personale delle Autorità amministrative indipendenti, ivi comprese la Commissione nazionale per le società e la borsa e la Commissione di vigilanza sui fondi pensione, della Banca d'Italia, nonché degli enti pubblici economici e degli organi di rilievo costituzionale, ai fini dell'accesso ai luoghi di lavoro, nell'ambito del territorio nazionale, in cui il predetto personale svolge l'attività lavorativa, è fatto obbligo di possedere e di esibire, su richiesta, una delle certificazioni verdi COVID-19 da vaccinazione, guarigione o test, cosiddetto green pass base. Resta fermo quanto previsto dagli articoli 9-*ter*.1 e 9-*ter*.2 del presente decreto, nonché dagli articoli 4, 4-*bis*, 4-*ter* e 4-*ter*.2 del decreto-legge 1° aprile 2021, n. 44, convertito, con modificazioni, dalla legge 28 maggio 2021, n. 76 (2).

2. La disposizione di cui al comma 1 si applica altresì a tutti i soggetti che svolgono, a qualsiasi titolo, la propria attività lavorativa o di formazione o di volontariato presso le amministrazioni di cui al comma 1, anche sulla base di contratti esterni.

3. Le disposizioni di cui ai commi 1 e 2 non si applicano ai soggetti esentati dalla somministrazione del vaccino sulla base di idonea certificazione medica rilasciata secondo i criteri definiti con circolare del Ministero della salute.

4. I datori di lavoro del personale di cui al comma 1 sono tenuti a verificare il rispetto delle prescrizioni di cui ai commi 1 e 2. Per i lavoratori di cui al comma 2 la verifica del rispetto delle prescrizioni di cui al comma 1, oltre che dai soggetti di cui al primo periodo, è effettuata anche dai rispettivi datori di lavoro.

5. I datori di lavoro di cui al comma 4, primo periodo, definiscono, entro il 15 ottobre 2021, le modalità operative per l'organizzazione delle verifiche di cui al comma 4, anche a campione, prevedendo prioritariamente, ove possibile, che i controlli siano effettuati al momento dell'accesso ai luoghi di lavoro, e individuano con atto formale i soggetti incaricati dell'accertamento e della contestazione delle violazioni degli obblighi di cui ai commi 1 e 2. I datori di lavoro forniscono idonea informativa ai lavoratori e alle rispettive rappresentanze circa la predisposizione delle nuove modalità organizzative adottate per le verifiche di cui al comma 4. Le verifiche delle certificazioni verdi COVID-19 sono effettuate con le modalità indicate dal decreto del Presidente del Consiglio dei ministri

adottato ai sensi dell'articolo 9, comma 10. Il Presidente del Consiglio dei ministri, su proposta dei Ministri per la pubblica amministrazione e della salute, può adottare linee guida per la omogenea definizione delle modalità organizzative di cui al primo periodo. Per le regioni, le province autonome e gli enti locali le predette linee guida, ove adottate, sono definite d'intesa con la Conferenza unificata di cui all'articolo 8 del decreto legislativo 28 agosto 1997, n. 281. Al fine di semplificare e razionalizzare le verifiche di cui al presente comma, i lavoratori possono richiedere di consegnare al proprio datore di lavoro copia della propria certificazione verde COVID-19. I lavoratori che consegnano la predetta certificazione, per tutta la durata della relativa validità, sono esonerati dai controlli da parte dei rispettivi datori di lavoro.

6. Il personale di cui al comma 1, nel caso in cui comunichi di non essere in possesso della certificazione verde COVID-19 o qualora risulti privo della predetta certificazione al momento dell'accesso al luogo di lavoro, al fine di tutelare la salute e la sicurezza dei lavoratori nel luogo di lavoro, è considerato assente ingiustificato fino alla presentazione della predetta certificazione e, comunque, non oltre il 30 aprile 2022, termine di cessazione dello stato di emergenza, senza conseguenze disciplinari e con diritto alla conservazione del rapporto di lavoro. Per i giorni di assenza ingiustificata di cui al primo periodo non sono dovuti la retribuzione né altro compenso o emolumento, comunque denominati (3).

7. L'accesso del personale ai luoghi di lavoro di cui al comma 1 in violazione degli obblighi di cui ai commi 1 e 2, è punito con la sanzione di cui al comma 8 e restano ferme le conseguenze disciplinari secondo i rispettivi ordinamenti di appartenenza.

8. In caso di violazione delle disposizioni di cui al comma 4, di mancata adozione delle misure organizzative di cui al comma 5 nel termine previsto, nonché per la violazione di cui al comma 7, si applica l'articolo 4, commi 1, 3, 5 e 9, del decreto-legge 25 marzo 2020, n. 19, convertito, con modificazioni, dalla legge 22 maggio 2020, n. 35. Resta fermo quanto previsto dall'articolo 2, comma 2-*bis*, del decreto-legge 16 maggio 2020, n. 33, convertito, con modificazioni, dalla legge 14 luglio 2020, n. 74. Per le violazioni di cui al comma 7, la sanzione amministrativa prevista dal comma 1 del citato articolo 4 del decreto-legge n. 19 del 2020 è stabilita nel pagamento di una somma da euro 600 a euro 1.500.

9. Le sanzioni di cui al comma 8 sono irrogate dal Prefetto. I soggetti incaricati dell'accertamento e della contestazione delle violazioni di cui al medesimo comma 8 trasmettono al Prefetto gli atti relativi alla violazione.

10. Al personale di cui al comma 1 dell'articolo 9-*sexies*, collocato fuori ruolo presso le amministrazioni di cui al comma 1, si applicano le disposizioni di cui al medesimo articolo 9-*sexies*, commi 2 e 3, fermo restando quanto previsto dal comma 8 del presente articolo.

11. Fermo restando quanto previsto al comma 12, ai soggetti titolari di cariche elettive o di cariche istituzionali di vertice, si applicano le disposizioni di cui ai commi 1, 3, 4, 5 e 8.

12. Gli organi costituzionali, ciascuno nell'ambito della propria autonomia, adeguano il proprio ordinamento alle disposizioni di cui al presente articolo.

13. Le amministrazioni di cui al comma 1 provvedono alle attività di cui al presente articolo con le risorse umane, finanziarie e strumentali disponibili a legislazione vigente e senza nuovi o maggiori oneri a carico della finanza pubblica.

(1) *Articolo inserito dall'art. 1, comma 1, d.l. 21 settembre 2021, n. 127, conv., con modif., in l. 19 novembre 2021, n. 165.*

(2) *Comma modificato dapprima dall'art.* 5-quinquies, *comma 1, lett.* a), *n. 1) e 2), d.l. 24 dicembre 2021, n. 221, conv., con modif., in l. 18 febbraio 2022, n. 11 e successivamente, a decorrere dal 1° aprile 2022, dagli artt. 6 comma 6, e 8, comma 8, lett.* c), *d.l. 24 marzo 2022, n. 24, in corso di conversione in legge.*

(3) *Comma modificato dall'art.* 5-quinquies, *comma 1, lett.* b), *d.l. n. 221, cit., e successivamente, a decorrere dal 1° aprile 2022, dall'art. 6 comma 6, d.l. n. 24, cit.*

9-*sexies* Impiego delle certificazioni verdi COVID-19 da parte dei magistrati negli uffici giudiziari (1).

1. Dal 15 ottobre 2021 e fino al 30 aprile 2022, al fine di tutelare la salute pubblica e mantenere adeguate condizioni di sicurezza, i magistrati ordinari, amministrativi, contabili e militari nonché i componenti delle commissioni tributarie non possono accedere agli uffici giudiziari ove svolgono la loro attività lavorativa se non possiedono e, su richiesta, non esibiscono una delle certificazioni verdi COVID-19 da vaccinazione, guarigione o test, cosiddetto green pass base. Resta fermo quanto previsto dagli articoli 4,4-*bis*, 4-*ter* e 4-*ter*.2 del decreto-legge 1° aprile 2021, n. 44, convertito, con modificazioni, dalla legge 28 maggio 2021, n. 76 (2).

2. L'assenza dall'ufficio conseguente al mancato possesso o alla mancata esibizione della certificazione verde COVID-19 da parte dei soggetti di cui al comma 1 è considerata assenza ingiustificata con diritto alla conservazione del rapporto di lavoro. Per i giorni di assenza ingiustificata di cui al primo periodo non sono dovuti la retribuzione né altro compenso o emolumento, comunque denominati.

3. L'accesso dei soggetti di cui al comma 1 del presente articolo agli uffici giudiziari in violazione della disposizione di cui al medesimo comma 1 integra illecito disciplinare ed è sanzionato per i magistrati ordinari ai sensi dell'articolo 12, comma 1, del decreto legislativo 23 febbraio 2006, n. 109, e per gli altri soggetti di cui al medesimo comma 1 del presente articolo secondo i rispettivi ordinamenti di appartenenza. Il verbale di accertamento della violazione è trasmesso senza ritardo al titolare dell'azione disciplinare.

4. Le disposizioni di cui ai commi 1 e 6 e, in quanto compatibili, quelle di cui ai commi 2 e 3 si applicano anche al magistrato onorario e ai giudici popolari, nonché ai difensori, ai consulenti, ai periti e agli altri ausiliari del magistrato estranei all'amministrazione della giustizia (3).

5. Il responsabile della sicurezza delle strutture in cui si svolge l'attività giudiziaria, individuato per la magistratura ordinaria nel procuratore generale presso la corte di appello, è tenuto a verificare il rispetto delle prescrizioni di cui al comma 1, anche avvalendosi

di delegati. Le verifiche delle certificazioni verdi COVID-19 sono effettuate con le modalità di cui al comma 5 dell'articolo 9-*quinquies*. Con circolare del Ministero della giustizia, per i profili di competenza, possono essere stabilite ulteriori modalità di verifica.

6. Fermo restando quanto previsto ai commi 3 e 4, l'accesso agli uffici giudiziari in violazione della disposizione di cui al comma 1 e la violazione delle disposizioni di cui al comma 5 sono sanzionati ai sensi del comma 8 dell'articolo 9-*quinquies*.

7. Si applicano le disposizioni di cui ai commi 3, 9 e 13 dell'articolo 9-*quinquies*.

8. Le disposizioni del presente articolo non si applicano ai testimoni e alle parti del processo (4).

8-*bis*. L'assenza del difensore conseguente al mancato possesso o alla mancata esibizione della certificazione verde COVID-19 di cui al comma 1 non costituisce impossibilità di comparire per legittimo impedimento (5).

(1) *Articolo inserito dall'art. 2, comma 1, d.l. 21 settembre 2021, n. 127, conv., con modif., in l. 19 novembre 2021, n. 165.*

(2) *Comma modificato dall'art. 5-*sexies*, comma 1, lett.* a) *e* b)*, d.l. 24 dicembre 2021, n. 221, conv., con modif., in l. 18 febbraio 2022, n. 11 e successivamente, a decorrere dal 1° aprile 2022, dagli artt. 6 comma 7, e 8, comma 8, lett.* d)*, d.l. 24 marzo 2022, n. 24, in corso di conversione in legge.*

(3) *Comma modificato dall'art. 3, comma 1, lett.* b)*, n. 1), d.l. 7 gennaio 2022, n. 1, conv., con modif., in l. 4 marzo 2022, n. 18.*

(4) *Comma sostituito dall'art. 3, comma 1, lett.* b)*, n. 2), d.l. n. 1, cit.*

(5) *Comma aggiunto dall'art. 3, comma 1, lett.* b)*, n. 3), d.l. n. 1, cit.*

9-*septies* Impiego delle certificazioni verdi COVID-19 nel settore privato (1).

1. Dal 15 ottobre 2021 e fino al 30 aprile 2022, termine di cessazione dello stato di emergenza, al fine di prevenire la diffusione dell'infezione da SARS-CoV-2, a chiunque svolge una attività lavorativa nel settore privato è fatto obbligo, ai fini dell'accesso ai luoghi in cui la predetta attività è svolta, di possedere e di esibire, su richiesta, la certificazione verde COVID-19 di cui all'articolo 9, comma 2. Resta fermo quanto previsto dagli articoli 9-*ter*.1 e 9-*ter*.2 del presente decreto, nonché dagli articoli 4, 4-*bis*, 4-*ter* e 4-*ter*.2 del decreto-legge 1° aprile 2021, n. 44, convertito, con modificazioni, dalla legge 28 maggio 2021, n. 76 (2).

2. La disposizione di cui al comma 1 si applica altresì a tutti i soggetti che svolgono, a qualsiasi titolo, la propria attività lavorativa o di formazione, anche in qualità di discenti, o di volontariato nei luoghi di cui al comma 1, anche sulla base di contratti esterni.

3. Le disposizioni di cui ai commi 1 e 2 non si applicano ai soggetti esentati dalla somministrazione del vaccino sulla base di idonea certificazione medica rilasciata secondo i criteri definiti con circolare del Ministero della salute.

4. I datori di lavoro di cui al comma 1 sono tenuti a verificare il rispetto delle prescrizioni di cui ai commi 1 e 2. Per i lavoratori di cui al comma 2 la verifica del rispetto delle prescrizioni di cui al comma 1, oltre che dai soggetti di cui al primo periodo, è effettuata anche dai rispettivi datori di lavoro. Per i lavoratori in somministrazione la verifica del rispetto delle prescrizioni di cui al comma 1 compete all'utilizzatore; è onere del somministratore informare i lavoratori circa la sussistenza delle predette prescrizioni.

5. I datori di lavoro di cui al comma 1 definiscono, entro il 15 ottobre 2021, le modalità operative per l'organizzazione delle verifiche di cui al comma 4, anche a campione, prevedendo prioritariamente, ove possibile, che i controlli siano effettuati al momento dell'accesso ai luoghi di lavoro, e individuano con atto formale i soggetti incaricati dell'accertamento delle violazioni degli obblighi di cui ai commi 1 e 2. Le verifiche delle certificazioni verdi COVID-19 sono effettuate con le modalità indicate dal decreto del Presidente del Consiglio dei ministri adottato ai sensi dell'articolo 9, comma 10. Al fine di semplificare e razionalizzare le verifiche di cui al presente comma, i lavoratori possono richiedere di consegnare al proprio datore di lavoro copia della propria certificazione verde COVID-19. I lavoratori che consegnano la predetta certificazione, per tutta la durata della relativa validità, sono esonerati dai controlli da parte dei rispettivi datori di lavoro.

6. I lavoratori di cui al comma 1, nel caso in cui comunichino di non essere in possesso della certificazione verde COVID-19 o qualora risultino privi della predetta certificazione al momento dell'accesso al luogo di lavoro, al fine di tutelare la salute e la sicurezza dei lavoratori nel luogo di lavoro, sono considerati assenti ingiustificati fino alla presentazione della predetta certificazione e, comunque, non oltre il 30 aprile 2022, termine di cessazione dello stato di emergenza, senza conseguenze disciplinari e con diritto alla conservazione del rapporto di lavoro. Per i giorni di assenza ingiustificata di cui al primo periodo non sono dovuti la retribuzione né altro compenso o emolumento, comunque denominato (3).

7. Nelle imprese, dopo il quinto giorno di assenza ingiustificata di cui al comma 6, il datore di lavoro può sospendere il lavoratore per la durata corrispondente a quella del contratto di lavoro stipulato per la sostituzione, comunque per un periodo non superiore a dieci giorni lavorativi, rinnovabili fino al predetto termine del 30 aprile 2022, senza conseguenze disciplinari e con diritto alla conservazione del posto di lavoro per il lavoratore sospeso. È in ogni caso consentito il rientro immediato nel luogo di lavoro non appena il lavoratore entri in possesso della certificazione necessaria, purché il datore di lavoro non abbia già stipulato un contratto di lavoro per la sua sostituzione (4).

8. L'accesso di lavoratori ai luoghi di lavoro di cui al comma 1 in violazione degli obblighi di cui ai commi 1 e 2 è punito con la sanzione di cui al comma 9 e restano ferme le conseguenze disciplinari secondo i rispettivi ordinamenti di settore.

9. In caso di violazione delle disposizioni di cui al comma 4 o di mancata adozione delle misure organizzative di cui al comma 5 nel termine previsto, nonché per la violazione di cui al comma 8, si applica l'articolo 4, commi 1, 3, 5 e 9, del decreto-legge 25 marzo 2020, n. 19, convertito, con modificazioni, dalla legge 22 maggio 2020, n. 35. Resta fermo quanto previsto dall'articolo 2, comma 2-*bis*, del decreto-legge 16 maggio 2020, n. 33, convertito, con modificazioni, dalla legge 14 luglio 2020, n. 74. Per le violazioni di cui al comma 8, la san-

zione amministrativa prevista dal comma 1 del citato articolo 4 del decreto-legge n. 19 del 2020 è stabilita nel pagamento di una somma da euro 600 a euro 1.500.

10. Le sanzioni di cui al comma 9 sono irrogate dal Prefetto. I soggetti incaricati dell'accertamento e della contestazione delle violazioni di cui al medesimo comma 9 trasmettono al Prefetto gli atti relativi alla violazione.

(1) *Articolo inserito dall'art. 3, comma 1, d.l. 21 settembre 2021, n. 127, conv., con modif., in l. 19 novembre 2021, n. 165.*

(2) *Comma modificato dapprima dall'art. 5-*septies*, comma 1, lett.* a) *d.l. 24 dicembre 2021, n. 221, conv., con modif., in l. 18 febbraio 2022, n. 11 e successivamente, a decorrere dal 1° aprile 2022, dagli artt. 6 comma 8, lett.* a)*, e 8, comma 8, lett.* e)*, d.l. 24 marzo 2022, n. 24, in corso di conversione in legge.*

(3) *Comma modificato dall'art. 5-*septies*, comma 1, lett.* b) *d.l. n. 221, cit. e successivamente, a decorrere dal 1° aprile 2022, dall'art. 6 comma 8, lett.* a)*, d.l. n. 24, cit.*

(4) *Comma così sostituito dall'art. 3, comma 1, lett.* c)*, d.l. 7 gennaio 2022, n. 1, conv., con modif., in l. 4 marzo 2022, n. 18 e da ultimo così modificato, a decorrere dal 1° aprile 2022, dall'art. 6 comma 8, lett.* b)*, d.l. n. 24, cit..*

9-*octies* Modalità di verifica del possesso delle certificazioni verdi COVID-19 nei settori pubblico e privato ai fini della programmazione del lavoro (1).

1. In caso di richiesta da parte del datore di lavoro, derivante da specifiche esigenze organizzative volte a garantire l'efficace programmazione del lavoro, i lavoratori sono tenuti a rendere le comunicazioni di cui al comma 6 dell'articolo 9-*quinquies* e al comma 6 dell'articolo 9-*septies* con un preavviso necessario a soddisfare le predette esigenze organizzative.

(1) *Articolo inserito dall'art. 3, comma 1, d.l. 8 ottobre 2021, n. 139, conv., con modif., in l. 3 dicembre 2021, n. 205.*

9-*nonies* Scadenza delle certificazioni verdi COVID-19 in corso di prestazione lavorativa (1).

1. Per i lavoratori dipendenti pubblici e privati la scadenza della validità della certificazione verde COVID-19 in corso di prestazione lavorativa non dà luogo alle sanzioni previste, rispettivamente, dagli articoli 9-*quinquies*, commi 7 e 8, e 9-*septies*, commi 8 e 9. Nei casi di cui al precedente periodo la permanenza del lavoratore sul luogo di lavoro è consentita esclusivamente per il tempo necessario a portare a termine il turno di lavoro.

(1) *Articolo inserito dall'art. 3-bis, comma 1, d.l. 21 settembre 2021, n. 127, conv., con modif., in l. 19 novembre 2021, n. 165.*

10-*bis* Disciplina del potere di ordinanza del Ministro della salute in materia di ingressi nel territorio nazionale e per la adozione di linee guida e protocolli connessi alla pandemia da COVID-19 (1).

1. Fermo restando quanto previsto dall'articolo 32 della legge 23 dicembre 1978, n. 833, a decorrere dal 1° aprile 2022 e fino al 31 dicembre 2022, in conseguenza della cessazione dello stato di emergenza e in relazione all'andamento epidemiologico, il Ministro della salute, con propria ordinanza:

a) di concerto con i Ministri competenti per materia o d'intesa con la Conferenza delle regioni e delle province autonome, può adottare e aggiornare linee guida e protocolli volti a regolare lo svolgimento in sicurezza dei servizi e delle attività economiche, produttive e sociali;

b) sentiti i Ministri competenti per materia, può introdurre limitazioni agli spostamenti da e per l'estero, nonché imporre misure sanitarie in dipendenza dei medesimi spostamenti.

(1) *Articolo così sostituito, a decorrere dal 1° aprile 2022, dall'art. 3, comma 1, d.l. 24 marzo 2022, n. 24, in corso di conversione in legge.*

10-*ter* (1) Isolamento e autosorveglianza.

1. A decorrere dal 1° aprile 2022 è fatto divieto di mobilità dalla propria abitazione o dimora alle persone sottoposte alla misura dell'isolamento per provvedimento dell'autorità sanitaria in quanto risultate positive al SARS-CoV-2, fino all'accertamento della guarigione.

2. A decorrere dalla medesima data di cui al comma 1, a coloro che hanno avuto contatti stretti con soggetti confermati positivi al SARS-CoV-2 è applicato il regime dell'autosorveglianza, consistente nell'obbligo di indossare dispositivi di protezione delle vie respiratorie di tipo FFP2, al chiuso o in presenza di assembramenti e con esclusione delle ipotesi di cui all'articolo 10-quater, commi 4 e 5, fino al decimo giorno successivo alla data dell'ultimo contatto stretto con soggetti confermati positivi al SARS-CoV-2 e di effettuare un test antigenico rapido o molecolare per la rilevazione di SARS-CoV-2, anche presso centri privati a ciò abilitati, alla prima comparsa dei sintomi e, se ancora sintomatici, al quinto giorno successivo alla data dell'ultimo contatto.

3. Con circolare del Ministero della salute sono definite le modalità attuative dei commi 1 e 2. La cessazione del regime di isolamento di cui al comma 1 consegue all'esito negativo di un test antigenico rapido o molecolare per la rilevazione di SARS-CoV-2, effettuato anche presso centri privati a ciò abilitati. In quest'ultimo caso, la trasmissione, con modalità anche elettroniche, al dipartimento di prevenzione territorialmente competente del referto, con esito negativo, determina la cessazione del regime dell'isolamento.

(1) *Articolo inserito, a decorrere dal 1° aprile 2022, dall'art. 4, comma 1, d.l. 24 marzo 2022, n. 24, in corso di conversione in legge.*

10-*quater* (1) Dispositivi di protezione delle vie respiratorie.

1. Fermo restando quanto previsto dall'articolo 3 per il sistema educativo, scolastico e formativo, fino al 30 aprile 2022 è fatto obbligo di indossare i dispositivi di protezione delle vie respiratorie di tipo FFP2 nei seguenti casi:

a) per l'accesso ai seguenti mezzi di traporto e per il loro utilizzo:

1) aeromobili adibiti a servizi commerciali di trasporto di persone;

2) navi e traghetti adibiti a servizi di trasporto interregionale;

3) treni impiegati nei servizi di trasporto ferroviario passeggeri di tipo interregionale, Intercity, Intercity Notte e Alta Velocità;

4) autobus adibiti a servizi di trasporto di persone, ad offerta indifferenziata, effettuati su strada in modo continuativo o periodico su un percorso che collega più di due regioni ed aventi itinerari, orari, frequenze e prezzi prestabiliti;

5) autobus adibiti a servizi di noleggio con conducente;

6) mezzi impiegati nei servizi di trasporto pubblico locale o regionale;

7) mezzi di trasporto scolastico dedicato agli studenti di scuola primaria, secondaria di primo grado e di secondo grado;

b) per l'accesso a funivie, cabinovie e seggiovie, qualora utilizzate con la chiusura delle cupole paravento, con finalità turistico-commerciale e anche ove ubicate in comprensori sciistici;

c) per gli spettacoli aperti al pubblico che si svolgono al chiuso o all'aperto in sale teatrali, sale da concerto, sale cinematografiche, locali di intrattenimento e musica dal vivo e in altri locali assimilati, nonché per gli eventi e le competizioni sportivi.

2. Fino al 30 aprile 2022 in tutti i luoghi al chiuso diversi da quelli di cui al comma 1 e con esclusione delle abitazioni private, è fatto obbligo, sull'intero territorio nazionale, di indossare dispositivi di protezione delle vie respiratorie.

3. Fino al 30 aprile 2022, in sale da ballo, discoteche e locali assimilati, al chiuso, è fatto obbligo di indossare i dispositivi di protezione delle vie respiratorie, ad eccezione del momento del ballo.

4. Non hanno l'obbligo di indossare il dispositivo di protezione delle vie respiratorie:

a) i bambini di età inferiore ai sei anni;

b) le persone con patologie o disabilità incompatibili con l'uso della mascherina, nonché le persone che devono comunicare con una persona con disabilità in modo da non poter fare uso del dispositivo;

c) i soggetti che stanno svolgendo attività sportiva.

5. L'obbligo di cui al comma 2 non sussiste quando, per le caratteristiche dei luoghi o per le circostanze di fatto, sia garantito in modo continuativo l'isolamento da persone non conviventi.

6. I vettori aerei, marittimi e terrestri, nonché i loro delegati, sono tenuti a verificare che l'utilizzo dei servizi di cui al comma 1, lettera a), avvenga nel rispetto delle prescrizioni di cui al medesimo comma 1.

7. I titolari o i gestori dei servizi e delle attività di cui ai commi 1, lettere *b*) e *c*), 2 e 3 sono tenuti a verificare il rispetto delle prescrizioni di cui ai medesimi commi 1, 2 e 3.

8. Fino al 30 aprile 2022 sull'intero territorio nazionale, per i lavoratori, sono considerati dispositivi di protezione individuale (DPI) di cui all'articolo 74, comma 1, del decreto legislativo 9 aprile 2008, n. 81, le mascherine chirurgiche. Le disposizioni di cui al presente comma si applicano anche ai lavoratori addetti ai servizi domestici e familiari.

(1) *Articolo inserito, a decorrere dal 1° aprile 2022, dall'art. 5, comma 1, d.l. 24 marzo 2022, n. 24, in corso di conversione in legge*

11 Proroga dei termini correlati con lo stato di emergenza epidemiologica da COVID-19.

1. I termini previsti dalle disposizioni legislative di cui all'allegato 2 sono prorogati fino al 31 luglio 2021, ad esclusione di quelli previsti dalle disposizioni di cui ai numeri 1, 10, 16, 20, fatta salva la necessità di una revisione del piano per sopravvenute esigenze terapeutiche, e 24 del medesimo allegato, che sono prorogati fino al 31 dicembre 2021, e le relative disposizioni vengono attuate nei limiti delle risorse disponibili autorizzate a legislazione vigente.

1-*bis*. In conseguenza della proroga dello stato di emergenza epidemiologica da COVID-19 disposta fino al 31 luglio 2021, per le richieste di referendum previsto dall'articolo 75 della Costituzione, annunciate nella Gazzetta Ufficiale entro il 15 giugno 2021, ai sensi dell'articolo 27 della legge 25 maggio 1970, n. 352, in deroga all'articolo 28 della medesima legge il deposito dei fogli contenenti le firme e dei certificati elettorali dei sottoscrittori presso la cancelleria della Corte di cassazione è effettuato entro quattro mesi dalla data del timbro apposto sui fogli medesimi a norma dell'articolo 7, ultimo comma, della citata legge n. 352 del 1970. I termini previsti dagli articoli 32 e 33, commi primo e quarto, della citata legge n. 352 del 1970 sono differiti di un mese (1).

(1) *Comma modificato dall'art. 39-*bis*, comma 1, lett.* a) *e* b)*, d.l. 31 maggio 2021, n. 77, conv., con modif., in l. 29 luglio 2021, n. 108.*

13 Sanzioni.

1. La violazione delle disposizioni di cui agli articoli 9, commi 9-*bis* e 9-*ter*, 9-*bis*, 9-*bis*.1, 10-*ter* comma 2, 10-*quater*, nonché delle ordinanze di cui all'articolo 10-*bis*, comma 1, lettera *b*), è sanzionata ai sensi dell'articolo 4 del decreto-legge 25 marzo 2020, n. 19, convertito, con modificazioni, dalla legge 22 maggio 2020, n. 35. Dopo due violazioni delle disposizioni di cui al comma 9-*ter* dell'articolo 9, al comma 4 dell'articolo 9-*bis*, al comma 3 dell'articolo 9-*bis*.1 e al comma 7, dell'articolo 10-*quater*, commesse in giornate diverse, si applica, a partire dalla terza violazione, la sanzione amministrativa accessoria della chiusura dell'esercizio o dell'attività da uno a dieci giorni. Dopo una violazione delle disposizioni di cui all'articolo 9-*bis*.1, comma 1, lettere *f*) e *g*), in relazione al possesso di una delle certificazioni verdi COVID-19 da vaccinazione o guarigione, cosiddetto green pass rafforzato, si applica, a partire dalla seconda violazione, commessa in giornata diversa, la sanzione amministrativa accessoria della chiusura da uno a dieci giorni (1).

2. Alle condotte previste dagli articoli 476, 477, 479, 480, 481, 482 e 489 del codice penale, anche se relative ai documenti informatici di cui all'articolo 491-*bis* del medesimo codice, aventi ad oggetto le certificazioni verdi COVID-19 in formato digitale o analogico, si applicano le pene stabilite nei detti articoli (2).

2-*bis*. Salvo che il fatto costituisca reato punibile ai sensi dell'articolo 452 del codice penale o comunque più grave reato, la violazione della misura di cui all'articolo 10-*ter*, comma 1, è punita ai sensi dell'articolo 260 del regio decreto 27 luglio 1934, n. 1265 (3).

(1) *Comma da ultimo così sostituito, a decorrere dal 1° aprile 2022, dall'art. 11, comma 1, lett.* a), *d.l. 24 marzo 2022, n. 24, in corso di conversione in legge.*

(2) *Comma modificato dall'art. 4, comma 1, lett.* f), *n. 2), d.l. 23 luglio 2021, n. 105, conv., con modif., in l. 16 settembre 2021, n. 126.*

(2) *Comma aggiunto , a decorrere dal 1° aprile 2022, dall'art. 11, comma 1, lett.* b), *d.l. n. 24, cit.*

14. Decreto legge 23 luglio 2021, n. 105, convertito, con modificazioni, in legge 16 settembre 2021, n. 126. — Misure urgenti per fronteggiare l'emergenza epidemiologica da COVID-19 e per l'esercizio in sicurezza di attività sociali ed economiche. (*estratto*).

Pubblicato nella Gazzetta Ufficiale n. 175 del 23 luglio 2021; la legge di conversione è stata pubblicata nella Gazzetta Ufficiale n. 224 del 18 settembre 2021.

1 Dichiarazione stato di emergenza nazionale.

1. In considerazione del rischio sanitario connesso al protrarsi della diffusione degli agenti virali da COVID-19, lo stato di emergenza dichiarato con deliberazione del Consiglio dei ministri del 31 gennaio 2020, prorogato con deliberazioni del Consiglio dei ministri del 29 luglio 2020, 7 ottobre 2020, 13 gennaio 2021 e 21 aprile 2021, è ulteriormente prorogato fino al 31 dicembre 2021.

7-*bis* Misure urgenti in materia di processo amministrativo.

1. Fino al 31 marzo 2022, in presenza di situazioni eccezionali non altrimenti fronteggiabili e correlate a provvedimenti assunti dalla pubblica autorità per contrastare la pandemia di COVID-19, i presidenti titolari delle sezioni del Consiglio di Stato, il presidente del Consiglio di giustizia amministrativa per la Regione siciliana e i presidenti dei tribunali amministrativi regionali e delle relative sezioni staccate possono autorizzare con decreto motivato, in alternativa al rinvio, la trattazione da remoto delle cause per cui non è possibile la presenza fisica in udienza di singoli difensori o, in casi assolutamente eccezionali, di singoli magistrati. In tali casi la trattazione si svolge con le modalità di cui all'articolo 13-quater delle norme di attuazione del codice del processo amministrativo, di cui all'allegato 2 al decreto legislativo 2 luglio 2010, n. 104 (1).

(1) *Comma modificato dall'art. 16, comma 5, d.l. 30 dicembre 2021, n. 228, conv., con modif., in l. 25 febbraio 2022, n. 15.*

15. Decreto legge 24 dicembre 2021, n. 221, convertito, con modificazioni dalla legge 18 febbraio 2022, n. 11. — Proroga dello stato di emergenza nazionale e ulteriori misure per il contenimento della diffusione dell'epidemia da COVID-19. (*estratto*).

Pubblicato nella Gazzetta Ufficiale n. 305 del 24 dicembre 2021; la legge di conversione è stata pubblicata nella Gazzetta Ufficiale n. 41 del 18 febbraio 2022.

1 Dichiarazione dello stato di emergenza nazionale.

1. 1. In considerazione del rischio sanitario connesso al protrarsi della diffusione degli agenti virali da COVID-19, lo stato di emergenza dichiarato con deliberazione del Consiglio dei ministri del 31 gennaio 2020 è ulteriormente prorogato fino al 31 marzo 2022.

2. Nell'esercizio dei poteri derivanti dalla dichiarazione dello stato di emergenza di cui al comma 1, il Capo del Dipartimento della protezione civile e il Commissario straordinario per l'attuazione e il coordinamento delle misure occorrenti per il contenimento e il contrasto dell'emergenza epidemiologica COVID-19, di cui all'articolo 122 del decreto-legge 17 marzo 2020, n. 18, convertito, con modificazioni, dalla legge 24 aprile 2020, n. 27, adottano anche ordinanze finalizzate alla programmazione della prosecuzione in via ordinaria delle attività necessarie al contrasto e al contenimento del fenomeno epidemiologico da COVID-19.

16. Decreto legge 24 marzo 2022, n. 24. — Disposizioni urgenti per il superamento delle misure di contrasto alla diffusione dell'epidemia da COVID-19, in conseguenza della cessazione dello stato di emergenza.

Pubblicato nella Gazzetta Ufficiale n. 70 del 24 marzo 2022.

1 Disposizioni volte a favorire il rientro nell'ordinario in seguito alla cessazione dello stato di emergenza da COVID-19.

1. Allo scopo di adeguare all'evoluzione dello stato della pandemia da COVID-19 le misure di contrasto in ambito organizzativo, operativo e logistico emanate con ordinanze di protezione civile durante la vigenza dello stato di emergenza dichiarato con deliberazione del Consiglio dei ministri del 31 gennaio 2020, da ultimo prorogato fino al 31 marzo 2022, preservando, fino al 31 dicembre 2022, la necessaria capacità operativa e di pronta reazione delle strutture durante la fase di progressivo rientro nell'ordinario, possono essere adottate una o più ordinanze ai sensi di quanto previsto dall'articolo 26 del decreto legislativo 2 gennaio 2018, n. 1. Le citate ordinanze, da adottare entro il medesimo termine del 31 dicembre 2022, su richiesta motivata delle Amministrazioni competenti, possono contenere misure derogatorie negli ambiti di cui al primo periodo, individuate nel rispetto dei principi generali dell'ordinamento giuridico e delle norme dell'Unione europea, con efficacia limitata fino al 31 dicembre 2022. Le ordinanze di cui al presente articolo sono adottate nel limite delle risorse finanziarie disponibili a legislazione vigente e sono comunicate tempestivamente alle Camere.

2 Misure urgenti connesse alla cessazione delle funzioni del Commissario straordinario per l'attuazione e il coordinamento delle misure di contenimento e contrasto dell'emergenza epidemiologica COVID-19.

1. Al fine di continuare a disporre, anche successivamente alla data del 31 marzo 2022, di una struttura con adeguate capacità di risposta a possibili aggravamenti del contesto epidemiologico nazionale in ragione della epidemia da COVID-19, nei limiti delle risorse umane, strumentali e finanziarie disponibili a legislazione vigente, dal 1° aprile 2022, è temporaneamente istituita un'Unità per il completamento della campagna vaccinale e per l'adozione di altre misure di contrasto alla pandemia, che opera fino al 31 dicembre 2022. Il direttore dell'Unità è nominato con decreto del Presidente del Consiglio dei ministri, ai sensi dell'articolo 122 del decreto-legge 17 marzo 2020, n. 18, convertito, con modificazioni, dalla legge 24 aprile 2020, n. 27, senza nuovi o maggiori oneri. Il direttore agisce con i poteri attribuiti al Commissario straordinario dal predetto articolo 122 del decreto-legge n. 18 del 2020 e, con proprio provvedimento, definisce la struttura dell'Unità, avvalendosi di una parte del personale della Struttura di supporto alle attività del citato Commissario straordinario, nonché di personale in servizio presso il Ministero della salute, secondo le modalità indicate dallo stesso Ministero, senza nuovi o maggiori oneri a carico della finanza pubblica. Con decreto del Presidente del Consiglio dei ministri, su proposta del Ministro della salute, è nominato un dirigente di prima fascia, appartenente ai ruoli del Ministero della salute, al quale sono attribuite le funzioni vicarie, e che opera in coordinamento e a supporto del direttore dell'Unità di cui al presente comma, senza nuovi o maggiori oneri. L'Unità subentra in tutti i rapporti attivi e passivi facenti capo al Commissario straordinario per l'attuazione e il coordinamento delle misure di contenimento e contrasto dell'emergenza epidemiologica COVID-19 e, in raccordo con il Ministero della salute e con il supporto tecnico dell'Ispettorato generale della sanità militare, cura la definizione e, ove possibile, la conclusione delle attività amministrative, contabili e giuridiche ancora in corso alla data del 31 marzo 2022, già attribuite alla competenza del predetto Commissario straordinario. Al direttore dell'Unità è assegnata la titolarità della contabilità speciale e del conto corrente bancario, di cui al comma 9 dell'articolo 122 del decreto-legge n. 18 del 2020. Alla medesima Unità si applicano, ove compatibili, le disposizioni di cui al citato articolo 122 del decreto-legge n. 18 del 2020.

2. Al 31 dicembre 2022, l'Unità procede alla chiusura della contabilità speciale e del conto corrente di cui al comma 1, ai sensi dell'articolo 44-*ter*, della legge 31 dicembre 2009, n. 196 e le eventuali somme ivi giacenti sono versate all'entrata del bilancio dello Stato per essere riassegnate in tutto o in parte, anche con profilo pluriennale, mediante decreto del Ragioniere Generale dello Stato, ai pertinenti stati di previsione della spesa. Le eventuali risorse non più necessarie sono acquisite all'erario. A decorrere dal 1° gennaio 2023, l'Unità di cui al comma 1 è soppressa e il Ministero della salute subentra nelle funzioni e in tutti i rapporti attivi e passivi facenti capo all'Unità di cui al comma 1.

3. Al fine di rafforzare l'efficienza operativa delle proprie strutture per garantire le azioni di supporto nel contrasto alle pandemie in favore dei sistemi sanitari regionali, assicurando gli approvvigionamenti di farmaci e vaccini per la cura delle patologie epidemico-pandemiche emergenti e di dispositivi di protezione individuale, anche in relazione agli obiettivi ed agli interventi connessi, nell'immediato, alla attuazione del piano strategico nazionale dei vaccini di cui all'articolo 1, commi 457 e seguenti della legge 30 dicembre 2020, n. 178, il Ministero della salute è autorizzato ad assumere, a decorrere dal 1° ottobre 2022, con contratto di lavoro subordinato a tempo indeterminato, in aggiunta alle vigenti facoltà assunzionali, un contingente di personale così composto: 3 dirigenti di seconda fascia, 3 dirigenti sanitari; 50 unità di personale non dirigenziale con professionalità anche tecnica, da inquadrare nell'area III, posizione economica F1, del comparto funzioni centrali. La dotazione organica del Ministero della salute è incrementata di 3 dirigenti di II fascia, di 3 dirigenti sanitari e di 50 unità di personale non dirigenziale appartenenti all'area III. Le assunzioni del presente comma sono autorizzate in deroga all'articolo 6, comma 7, del decreto-legge 9 giugno 2021, n. 80, convertito, con modificazioni, dalla legge 6 agosto 2021, n. 113, nonché in deroga all'articolo 6, comma 6, del decreto legislativo 30 marzo 2001, n. 165. Per l'attuazione del presente comma è autorizzata la spesa di euro 760.837 per l'anno 2022 ed euro 3.043.347 annui a decorrere dall'anno 2023.

4. Al reclutamento del contingente di personale di cui al comma 3 si provvede mediante l'indizione di

concorsi pubblici, senza obbligo di previo espletamento delle procedure di mobilità, con le modalità semplificate previste dall'articolo 10 del decreto-legge 1° aprile 2021, n. 44, convertito, con modificazioni, dalla legge 28 maggio 2021, n. 76, anche avvalendosi della Commissione per l'attuazione del progetto di riqualificazione delle pubbliche amministrazioni di cui all'articolo 35, comma 5, del decreto legislativo 30 marzo 2001, n. 165, nonché tramite l'utilizzo di vigenti graduatorie di concorsi pubblici o attraverso procedure di mobilità volontaria ai sensi dell'articolo 30 del citato decreto legislativo n. 165 del 2001. Il personale assunto è progressivamente assegnato fino al 31 dicembre 2022, all' Unità di cui al comma 1, in sostituzione del personale appartenente ad altre amministrazioni, in servizio presso la predetta Unità. Per l'attuazione del presente comma è autorizzata, per l'anno 2022, una spesa pari ad euro 200.000 per la gestione delle procedure concorsuali e una spesa pari ad euro 124.445 per le maggiori spese di funzionamento derivanti dall'assunzione del predetto contingente di personale.

5. Il Ministero della salute provvede entro il 31 dicembre 2022 alla definizione del nuovo assetto organizzativo. Le funzioni attribuite al predetto Ministero dal presente articolo, nelle more della riorganizzazione, sono assicurate dal Segretariato generale di cui all'articolo 2 del decreto del Presidente del Consiglio dei ministri 11 febbraio 2014, n. 59 o da altra direzione generale individuata con decreto del Ministro della salute.

6. (*Omissis*).

7. Ai fini dell'immediata attuazione del presente articolo, il Ministro dell'economia e delle finanze è autorizzato ad apportare, con propri decreti, le occorrenti variazioni di bilancio.

8. (1).

(1) *Modifica l'art. 47-*bis*, comma 2 d.lgs. 30 luglio 1999, n. 300.*

PARTE OTTAVA
RIPRESA ECONOMICA E PIANO NAZIONALE PER LA RIPRESA E LA RESILIENZA (PNRR)

SEZIONE PRIMA
MISURE PER LA RIPRESA ECONOMICA E PER L'ATTUAZIONE DEL PIANO NAZIONALE PER LA RIPRESA E LA RESILIENZA (PNRR)

1. Decreto legge 16 luglio 2020, n. 76, convertito, con modificazioni, in legge 11 settembre 2020, n. 120. — Misure urgenti per la semplificazione e l'innovazione digitale (Decreto semplificazioni) (*estratto*).

Pubblicato nella Gazzetta Ufficiale n. 178 del 16 luglio 2020; la legge di conversione è stata pubblicata nella Gazzetta Ufficiale n. 228 del 14 settembre 2020.

TITOLO I
Semplificazioni in materia di contratti pubblici ed edilizia

CAPO I
Semplificazioni in materia di contratti pubblici

1 Procedure per l'incentivazione degli investimenti pubblici durante il periodo emergenziale in relazione all'aggiudicazione dei contratti pubblici sotto soglia.

1. Al fine di incentivare gli investimenti pubblici nel settore delle infrastrutture e dei servizi pubblici, nonché al fine di far fronte alle ricadute economiche negative a seguito delle misure di contenimento e dell'emergenza sanitaria globale del COVID-19, in deroga agli articoli 36, comma 2, e 157, comma 2, del decreto legislativo 18 aprile 2016, n. 50, recante Codice dei contratti pubblici, si applicano le procedure di affidamento di cui ai commi 2, 3 e 4, qualora la determina a contrarre o altro atto di avvio del procedimento equivalente sia adottato entro il 30 giugno 2023 (1). In tali casi, salve le ipotesi in cui la procedura sia sospesa per effetto di provvedimenti dell'autorità giudiziaria, l'aggiudicazione o l'individuazione definitiva del contraente avviene entro il termine di due mesi dalla data di adozione dell'atto di avvio del procedimento, aumentati a quattro mesi nei casi di cui al comma 2, lettera *b*). Il mancato rispetto dei termini di cui al secondo periodo, la mancata tempestiva stipulazione del contratto e il tardivo avvio dell'esecuzione dello stesso possono essere valutati ai fini della responsabilità del responsabile unico del procedimento per danno erariale e, qualora imputabili all'operatore economico, costituiscono causa di esclusione dell'operatore dalla procedura o di risoluzione del contratto per inadempimento che viene senza indugio dichiarata dalla stazione appaltante e opera di diritto.

2. Fermo quanto previsto dagli articoli 37 e 38 del decreto legislativo n. 50 del 2016, le stazioni appaltanti procedono all'affidamento delle attività di esecuzione di lavori, servizi e forniture, nonché dei servizi di ingegneria e architettura, inclusa l'attività di progettazione, di importo inferiore alle soglie di cui all'articolo 35 del decreto legislativo n. 50 del 2016 secondo le seguenti modalità:

a) affidamento diretto per lavori di importo inferiore a 150.000 euro e per servizi e forniture, ivi compresi i servizi di ingegneria e architettura e l'attività di progettazione, di importo inferiore a 139.000 euro. In tali casi la stazione appaltante procede all'affidamento diretto, anche senza consultazione di più operatori economici, fermi restando il rispetto dei principi di cui all'articolo 30 del codice dei contratti pubblici di cui al decreto legislativo 18 aprile 2016, n. 50, e l'esigenza che siano scelti soggetti in possesso di pregresse e documentate esperienze analoghe a quelle oggetto di affidamento, anche individuati tra coloro che risultano iscritti in elenchi o albi istituiti dalla stazione appaltante, comunque nel rispetto del principio di rotazione (2);

a-bis) nelle aree del cratere sismico di cui agli allegati 1, 2 e 2-*bis* al decreto-legge 17 ottobre 2016, n. 189, convertito, con modificazioni, dalla legge 15 dicembre 2016, n. 229, affidamento diretto delle attività di esecuzione di lavori, servizi e forniture nonchè dei servizi di ingegneria e architettura, compresa l'attività di progettazione, di importo inferiore a 150.000 euro, fino al termine delle attività di ricostruzione pubblica previste dall'articolo 14 del citato decreto-legge n. 189 del 2016 (3);

b) procedura negoziata, senza bando, di cui all'articolo 63 del decreto legislativo n. 50 del 2016, previa consultazione di almeno cinque operatori economici, ove esistenti, nel rispetto di un criterio di rotazione degli inviti, che tenga conto anche di una diversa dislocazione territoriale delle imprese invitate, individuati in base ad indagini di mercato o tramite elenchi di operatori economici, per l'affidamento di servizi e forniture, ivi compresi i servizi di ingegneria e architettura e l'attività di progettazione, di importo pari o superiore a 139.000 euro e fino alle soglie di cui all'articolo 35 del decreto legislativo n. 50 del 2016 e di lavori di importo pari o superiore a 150.000 euro e inferiore a un milione di euro, ovvero di almeno dieci operatori per lavori di importo pari o superiore a un milione di euro e fino alle soglie di cui all'articolo 35 del decreto legislativo n. 50 del 2016 (4). Le stazioni appaltanti danno evidenza dell'avvio delle procedure negoziate di cui alla presente lettera tramite pubblicazione di un avviso nei rispettivi siti internet istituzionali. L'avviso sui risultati della procedura di affidamento, la cui pubblicazione nel caso di cui alla lettera *a*) non è obbligatoria per affidamenti inferiori ad euro 40.000, contiene anche l'indicazione dei soggetti invitati.

3. Gli affidamenti diretti possono essere realizzati tramite determina a contrarre, o atto equivalente, che contenga gli elementi descritti nell'articolo 32, comma 2, del decreto legislativo n. 50 del 2016. Per gli affidamenti di cui al comma 2, lettera *b*), le stazioni appaltanti, fermo restando quanto previsto dall'articolo 95, comma 3, del decreto legislativo 18 aprile 2016, n. 50, nel rispetto dei principi di trasparenza, di non discriminazione e di parità di trattamento, procedono, a loro scelta, all'aggiudicazione dei relativi appalti, sulla base del criterio dell'offerta economicamente più vantaggiosa ovvero del prezzo più basso. Nel caso di aggiudicazione con il criterio del prezzo più basso, le stazioni appaltanti procedono all'esclusione automatica dalla gara delle offerte che presentano una percentuale di ribasso pari o superiore alla soglia di anomalia individuata ai sensi dell'articolo 97, commi 2, 2-*bis* e 2-*ter*, del decreto legislativo n. 50 del 2016, anche qualora il numero delle offerte ammesse sia pari o superiore a cinque.

4. Per le modalità di affidamento di cui al presente articolo la stazione appaltante non richiede le garanzie provvisorie di cui all'articolo 93 del decreto legislativo n. 50 del 2016, salvo che, in considerazione della tipologia e specificità della singola procedura, ricorrano particolari esigenze che ne giustifichino la richiesta, che la stazione appaltante indica nell'avviso di indizione della gara o in altro atto equivalente. Nel caso in cui sia richiesta la garanzia provvisoria, il relativo ammontare è dimezzato rispetto a quello previsto dal medesimo articolo 93.

5. Le disposizioni del presente articolo si applicano anche alle procedure per l'affidamento dei servizi di organizzazione, gestione e svolgimento delle prove dei concorsi pubblici di cui agli articoli 247 e 249 del decreto-legge 19 maggio 2020, n. 34, convertito, con modificazioni, dalla legge 17 luglio 2020, n. 77, di seguito citato anche come "decreto-legge 19 maggio 2020, n. 34", fino all'importo di cui alla lettera *d*), comma 1, dell'articolo 35 del decreto legislativo 18 aprile 2016, n. 50.

5-*bis*. All'articolo 36, comma 2, lettera *a*), del decreto legislativo 18 aprile 2016, n. 50, sono aggiunte, in fine, le seguenti parole: ". La pubblicazione dell'avviso sui risultati della procedura di affidamento non è obbligatoria".

5-*ter*. Al fine di incentivare e semplificare l'accesso delle microimprese, piccole e medie imprese, come definite nella raccomandazione 2003/361/CE della Commissione, del 6 maggio 2003, alla liquidità per far fronte alle ricadute economiche negative a seguito delle misure di contenimento dell'emergenza sanitaria globale da COVID-19, le disposizioni del presente articolo si applicano anche alle procedure per l'affidamento, ai sensi dell'articolo 112, comma 5, lettera *b*), del testo unico di cui al decreto legislativo 1° settembre 1993, n. 385, della gestione di fondi pubblici europei, nazionali, regionali e camerali diretti a sostenere l'accesso al credito delle imprese, fino agli importi di cui al comma 1 dell'articolo 35 del decreto legislativo 18 aprile 2016, n. 50.

(1) *Le parole* « 30 giugno 2023 » *sono state sostituite alle parole* « 31 dicembre 2021 » *dall'art. 51, comma 1, lett.* a), *n. 1 d.l. 31 maggio 2021, n. 77, conv., con modif., in l. 29 luglio 2021, n. 108.*

(2) *Lettera così sostituita dall'art. 51, comma 1, lett.* a), *n. 2.1 d.l. n. 77, cit. Il testo della lettera era il seguente:* « *a*) affidamento diretto per lavori di importo inferiore a 150.000 euro e per servizi e forniture, ivi compresi i servizi di ingegneria e architettura e l'attività di progettazione, di importo inferiore a 75.000 euro; ».

Ai sensi del successivo comma 3 del citato art. 51, tale modifica si applica alle procedure avviate dopo l'entrata in vigore del suddetto decreto. Per le procedure i cui bandi o avvisi di indizione della gara siano pubblicati prima dell'entrata in vigore del suddetto decreto ovvero i cui inviti a presentare le offerte o i preventivi siano inviati entro la medesima data continua ad applicarsi il presente art. 1 nella formulazione antecedente alle modifiche apportate con il suddetto decreto.

(3) *Lettera inserita dall'art. 17-*ter*, comma 4, d.l. 31 dicembre 2020, n. 183, conv., con modif., in l. 26 febbraio 2021, n. 21.*

(4) *Le parole da* « di importo pari o superiore a 139.000 euro » *a* « fino alle soglie di cui all'articolo 35 del decreto legislativo n. 50 del 2016 » *sono state sostituite alle parole* « di importo pari o superiore a 75.000 euro e fino alle soglie di cui all'articolo 35 del decreto legislativo n. 50 del 2016 e di lavori di importo pari o superiore a 150.000 euro e inferiore a 350.000 euro, ovvero di almeno dieci operatori per lavori di importo pari o superiore a 350.000 euro e inferiore a un milione di euro, ovvero di almeno quindici operatori per lavori di importo pari o superiore a un milione di euro e fino alle soglie di cui all'articolo 35 del decreto legislativo n. 50 del 2016 » *dall'art. 51, comma 1, lett.* a), *n. 2.2 d.l. n. 77, cit. Per le disposizioni di applicazione v. nota precedente.*

2 Procedure per l'incentivazione degli investimenti pubblici in relazione all'aggiudicazione dei contratti pubblici sopra soglia.

1. Al fine di incentivare gli investimenti pubblici nel settore delle infrastrutture e dei servizi pubblici, nonché al fine di far fronte alle ricadute economiche negative a seguito delle misure di contenimento e dell'emergenza sanitaria globale del COVID-19, si applicano le procedure di affidamento e la disciplina dell'esecuzione del contratto di cui al presente articolo qualora la determina a contrarre o altro atto di avvio del procedimento equivalente sia adottato entro il 30 giugno 2023 (1). In tali casi, salve le ipotesi in cui la procedura sia sospesa per effetto di provvedimenti dell'autorità giudiziaria, l'aggiudicazione o l'individuazione definitiva del contraente avviene entro il termine di sei mesi dalla data di adozione dell'atto di avvio del procedimento. Il mancato rispetto dei termini di cui al periodo precedente, la mancata tempestiva stipulazione del contratto e il tardivo avvio dell'esecuzione dello stesso possono essere valutati ai fini della responsabilità del responsabile unico del procedimento per danno era-

riale e, qualora imputabili all'operatore economico, costituiscono causa di esclusione dell'operatore dalla procedura o di risoluzione del contratto per inadempimento che viene senza indugio dichiarata dalla stazione appaltante e opera di diritto.

2. Salvo quanto previsto dal comma 3, le stazioni appaltanti procedono all'affidamento delle attività di esecuzione di lavori, servizi e forniture nonché dei servizi di ingegneria e architettura, inclusa l'attività di progettazione, di importo pari o superiore alle soglie di cui all'articolo 35 del decreto legislativo 18 aprile 2016 n. 50, mediante la procedura aperta, ristretta o, previa motivazione sulla sussistenza dei presupposti previsti dalla legge, la procedura competitiva con negoziazione di cui all'articolo 62 (2) del decreto legislativo n. 50 del 2016 o il dialogo competitivo di cui all'articolo 64 del decreto legislativo n. 50 del 2016, per i settori ordinari, e di cui agli articoli 123 e 124, per i settori speciali, in ogni caso con i termini ridotti di cui all'articolo 8, comma 1, lettera *c*), del presente decreto.

3. Per l'affidamento delle attività di esecuzione di lavori, servizi e forniture nonché dei servizi di ingegneria e architettura, inclusa l'attività di progettazione, di opere di importo pari o superiore alle soglie di cui all'articolo 35 del decreto legislativo 18 aprile 2016 n. 50, la procedura negoziata di cui all'articolo 63 del decreto legislativo n. 50 del 2016, per i settori ordinari, e di cui all'articolo 125, per i settori speciali, può essere utilizzata, previa pubblicazione dell'avviso di indizione della gara o di altro atto equivalente, nel rispetto di un criterio di rotazione, nella misura strettamente necessaria quando, per ragioni di estrema urgenza derivanti dagli effetti negativi della crisi causata dalla pandemia da COVID-19 o dal periodo di sospensione delle attività determinato dalle misure di contenimento adottate per fronteggiare la crisi, i termini, anche abbreviati, previsti dalle procedure ordinarie non possono essere rispettati. La procedura negoziata di cui all'articolo 63 del decreto legislativo n. 50 del 2016, per i settori ordinari, e di cui all'articolo 125, per i settori speciali, può essere utilizzata altresì per l'affidamento delle attività di esecuzione di lavori, servizi e forniture di importo pari o superiore alle soglie di cui all'articolo 35 del decreto legislativo n. 50 del 2016, anche in caso di singoli operatori economici con sede operativa collocata in aree di preesistente crisi industriale complessa ai sensi dell'articolo 27 del decreto-legge 22 giugno 2012, n. 83, convertito, con modificazioni, dalla legge 7 agosto 2012, n. 134, che, con riferimento a dette aree ed anteriormente alla dichiarazione dello stato di emergenza sanitaria da COVID-19 del 31 gennaio 2020, abbiano stipulato con le pubbliche amministrazioni competenti un accordo di programma ai sensi dell'articolo 252-*bis* del decreto legislativo 3 aprile 2006, n. 152.

4. Nei casi di cui al comma 3 e nei settori dell'edilizia scolastica, universitaria, sanitaria, giudiziaria e penitenziaria, delle infrastrutture per attività di ricerca scientifica e per la sicurezza pubblica, dei trasporti e delle infrastrutture stradali, ferroviarie, portuali, aeroportuali, lacuali e idriche, ivi compresi gli interventi inseriti nei contratti di programma ANAS-Mit 2016-2020 e RFI-Mit 2017 - 2021 e relativi aggiornamenti, nonché per gli interventi funzionali alla realizzazione del Piano nazionale integrato per l'energia e il clima (PNIEC), e per i contratti relativi o collegati ad essi, per quanto non espressamente disciplinato dal presente articolo, le stazioni appaltanti, per l'affidamento delle attività di esecuzione di lavori, servizi e forniture nonché dei servizi di ingegneria e architettura, inclusa l'attività di progettazione, e per l'esecuzione dei relativi contratti, operano in deroga ad ogni disposizione di legge diversa da quella penale, fatto salvo il rispetto delle disposizioni del codice delle leggi antimafia e delle misure di prevenzione, di cui al decreto legislativo 6 settembre 2011, n. 159, nonché dei vincoli inderogabili derivanti dall'appartenenza all'Unione europea, ivi inclusi quelli derivanti dalle direttive 2014/24/UE e 2014/25/UE, dei principi di cui agli articoli 30,34 e 42 del decreto legislativo 18 aprile 2016, n. 50 e delle disposizioni in materia di subappalto. Tali disposizioni si applicano, altresì, agli interventi per la messa a norma o in sicurezza degli edifici pubblici destinati ad attività istituzionali, al fine di sostenere le imprese ed i professionisti del comparto edile, anche operanti nell'edilizia specializzata sui beni vincolati dal punto di vista culturale o paesaggistico, nonché di recuperare e valorizzare il patrimonio esistente.

5. Per ogni procedura di appalto è nominato un responsabile unico del procedimento che, con propria determinazione adeguatamente motivata, valida ed approva ciascuna fase progettuale o di esecuzione del contratto, anche in corso d'opera.

6. Gli atti delle stazioni appaltanti adottati ai sensi del presente articolo sono pubblicati e aggiornati nei rispettivi siti internet istituzionali, nella sezione « Amministrazione trasparente » e sono soggetti alla disciplina di cui al decreto legislativo 14 marzo 2013, n. 33. Nella medesima sezione, e sempre ai sensi e per gli effetti del predetto decreto legislativo n. 33 del 2013, sono altresì pubblicati gli ulteriori atti indicati all'articolo 29, comma 1, del decreto legislativo n. 50 del 2016. Il ricorso ai contratti secretati di cui all'articolo 162 del decreto legislativo n. 50 del 2016 è limitato ai casi di stretta necessità e richiede una specifica motivazione.

(1) *Le parole* « 30 giugno 2023 » *sono state sostituite alle parole* « 31 dicembre 2021 » *dall'art. 51, comma 1, lett.* b), *n. 1 d.l. 31 maggio 2021, n. 77, conv., con modif., in l. 29 luglio 2021, n. 108.*
Ai sensi del successivo comma 2 del citato art. 51, tale proroga non si applica alle disposizioni di cui al comma 4 del presente articolo.

(2) *Le parole* « all'articolo 62 » *sono state sostituite alle parole* « agli articoli 61 e 62 » *dall'art. 51, comma 1, lett.* b), *n. 2 d.l. n. 77, cit.*

2-*bis* Raggruppamenti temporanei di imprese.

1. Alle procedure di affidamento di cui agli articoli 1 e 2 gli operatori economici possono partecipare anche in forma di raggruppamenti temporanei di cui all'articolo 3, comma 1, lettera *u*), del decreto legislativo 18 aprile 2016, n. 50.

2-*ter* Norme per favorire l'attuazione delle sinergie all'interno del gruppo Ferrovie dello Stato italiane.

1. Allo scopo di favorire una più efficace attuazione delle sinergie previste dall'articolo 49 del decreto-

legge 24 aprile 2017, n. 50, convertito, con modificazioni, dalla legge 21 giugno 2017, n. 96, anche mediante la razionalizzazione degli acquisti e l'omogeneizzazione dei procedimenti in capo alle società del gruppo Ferrovie dello Stato:

a) fino al 31 dicembre 2026 (1) le società del gruppo Ferrovie dello Stato sono autorizzate a stipulare, anche in deroga alla disciplina del decreto legislativo 18 aprile 2016, n. 50, ad eccezione delle norme che costituiscono attuazione delle disposizioni delle direttive 2014/24/UE e 2014/25/UE, apposite convenzioni al fine di potersi avvalere delle prestazioni di beni e servizi rese dalle altre società del gruppo;

b) fino al 31 dicembre 2026 (1) è consentito ad ANAS S.p.A. di avvalersi dei contratti, anche di accordi quadro, stipulati dalle società del gruppo Ferrovie dello Stato per gli acquisti unitari di beni e servizi appartenenti alla stessa categoria merceologica e legati alla stessa funzione, anche non direttamente strumentali ai propri compiti istituzionali.

(1) *Le parole* « fino al 31 dicembre 2026 » *sono state sostituite alle parole* « fino al 30 giugno 2023 » *dall'art. 10, comma 3*-bis *d.l. 30 dicembre 2021, n. 228, conv., con modif., in l. 25 febbraio 2022, n. 15.*

3 Verifiche antimafia e protocolli di legalità.

1. Al fine di potenziare e semplificare il sistema delle verifiche antimafia per corrispondere con efficacia e celerità alle esigenze degli interventi di sostegno e rilancio del sistema economico-produttivo conseguenti all'emergenza sanitaria globale del COVID-19, fino al 30 giugno 2023 (1), ricorre sempre il caso d'urgenza e si procede ai sensi dell'articolo 92, comma 3, del decreto legislativo 6 settembre 2011, n. 159, nei procedimenti avviati su istanza di parte, che hanno ad oggetto l'erogazione di benefici economici comunque denominati, erogazioni, contributi, sovvenzioni, finanziamenti, prestiti, agevolazioni e pagamenti da parte di pubbliche amministrazioni, qualora il rilascio della documentazione non sia immediatamente conseguente alla consultazione della banca dati di cui all'articolo 96 del decreto legislativo 6 settembre 2011, n. 159, fatto salvo quanto previsto dagli articoli 1-*bis* e 13 del decreto-legge 8 aprile 2020, n. 23, convertito, con modificazioni, dalla legge 5 giugno 2020, n. 40, nonché dagli articoli 25, 26 e 27 del decreto-legge 19 maggio 2020, n. 34.

2. Fino al 30 giugno 2023 (1), per le verifiche antimafia riguardanti l'affidamento e l'esecuzione dei contratti pubblici aventi ad oggetto lavori, servizi e forniture, si procede mediante il rilascio della informativa liberatoria provvisoria, immediatamente conseguente alla consultazione della Banca dati nazionale unica della documentazione antimafia ed alle risultanze delle banche dati di cui al comma 3, anche quando l'accertamento è eseguito per un soggetto che risulti non censito, a condizione che non emergano nei confronti dei soggetti sottoposti alle verifiche antimafia le situazioni di cui agli articoli 67 e 84, comma 4, lettere *a*), *b*) e *c*), del decreto legislativo 6 settembre 2011, n. 159. L'informativa liberatoria provvisoria consente di stipulare, approvare o autorizzare i contratti e subcontratti relativi a lavori, servizi e forniture, sotto condizione risolutiva, ferme restando le ulteriori verifiche ai fini del rilascio della documentazione antimafia da completarsi entro sessanta giorni.

3. Al fine di rafforzare l'effettività e la tempestività degli accertamenti di cui ai commi 1 e 2, si procede mediante la consultazione della banca dati nazionale unica della documentazione antimafia nonché tramite l'immediata acquisizione degli esiti delle interrogazioni, anche demandate al gruppo interforze tramite il 'Sistema di indagine gestito dal Centro elaborazione dati del Dipartimento della pubblica sicurezza del Ministero dell'interno, (2) di tutte le ulteriori banche dati disponibili.

4. Nei casi di cui al comma 2, qualora la documentazione successivamente pervenuta accerti la sussistenza di una delle cause interdittive ai sensi del decreto legislativo 6 settembre 2011, n.159, i soggetti di cui all'articolo 83, commi 1 e 2, del medesimo decreto legislativo recedono dai contratti, fatti salvi il pagamento del valore delle opere già eseguite e il rimborso delle spese sostenute per l'esecuzione del rimanente, nei limiti delle utilità conseguite fermo restando quanto previsto dall'articolo 94, commi 3 e 4, del decreto legislativo 6 settembre 2011, n. 159, e dall'articolo 32, comma 10, del decreto-legge 24 giugno 2014, n. 90, convertito, con modificazioni, dalla legge 11 agosto 2014, n. 114.

5. Con decreto del Ministro dell'interno, da adottare entro quindici giorni dalla data di entrata in vigore del presente decreto, possono essere individuate ulteriori misure di semplificazione relativamente alla competenza delle Prefetture in materia di rilascio della documentazione antimafia ed ai connessi adempimenti.

6. Per quanto non espressamente disciplinato dai commi da 1 a 5, si applicano le disposizioni del decreto legislativo 6 settembre 2011, n. 159.

7. Al decreto legislativo 6 settembre 2011, n. 159, dopo l'articolo 83 è inserito il seguente:

"Art. 83-*bis* (Protocolli di legalità) 1. Il Ministero dell'interno può sottoscrivere protocolli, o altre intese comunque denominate, per la prevenzione e il contrasto dei fenomeni di criminalità organizzata, anche allo scopo di estendere convenzionalmente il ricorso alla documentazione antimafia di cui all'articolo 84. I protocolli di cui al presente articolo possono essere sottoscritti anche con imprese di rilevanza strategica per l'economia nazionale nonché con associazioni maggiormente rappresentative a livello nazionale di categorie produttive, economiche o imprenditoriali e con le organizzazioni sindacali, e possono prevedere modalità per il rilascio della documentazione antimafia anche su richiesta di soggetti privati, nonché determinare le soglie di valore al di sopra delle quali è prevista l'attivazione degli obblighi previsti dai protocolli medesimi. I protocolli possono prevedere l'applicabilità delle previsioni del presente decreto anche nei rapporti tra contraenti, pubblici o privati, e terzi, nonché tra aderenti alle associazioni contraenti e terzi.

2. L'iscrizione nell'elenco dei fornitori, prestatori di servizi ed esecutori di lavori di cui all'articolo 1, commi 52 e seguenti, della legge 6 novembre 2012, n. 190, nonché l'iscrizione nell'anagrafe antimafia degli esecutori istituita dall'articolo 30 del decreto-legge 17 ot-

tobre 2016, n. 189, convertito, con modificazioni, dalla legge 15 dicembre 2016, n. 229, equivale al rilascio dell'informazione antimafia.

3. Le stazioni appaltanti prevedono negli avvisi, bandi di gara o lettere di invito che il mancato rispetto dei protocolli di legalità costituisce causa di esclusione dalla gara o di risoluzione del contratto.".

(1) *Le parole* « 30 giugno 2023 » *sono state sostituite alle parole* « 31 dicembre 2021 » *dall'art. 51, comma 1, lett.* c), *n. 1 e 2 d.l. 31 maggio 2021, n. 77, conv., con modif., in l. 29 luglio 2021, n. 108.*

(2) *Le parole* «, anche demandate al gruppo interforze tramite il 'Sistema di indagine gestito dal Centro elaborazione dati del Dipartimento della pubblica sicurezza del Ministero dell'interno, » *dall'art. 51, comma 1, lett.* c), *n. 3 d.l. n. 77, cit.*

4 Conclusione dei contratti pubblici e ricorsi giurisdizionali.

1. All'articolo 32, comma 8, del decreto legislativo 18 aprile 2016, n. 50, sono apportate le seguenti modificazioni:

a) al primo periodo, le parole "ha luogo" sono sostituite dalle seguenti: "deve avere luogo"; dopo le parole "espressamente concordata con l'aggiudicatario" sono aggiunte le seguenti: ", purché comunque giustificata dall'interesse alla sollecita esecuzione del contratto";

b) dopo il primo periodo sono aggiunti i seguenti: "La mancata stipulazione del contratto nel termine previsto deve essere motivata con specifico riferimento all'interesse della stazione appaltante e a quello nazionale alla sollecita esecuzione del contratto e viene valutata ai fini della responsabilità erariale e disciplinare del dirigente preposto. Non costituisce giustificazione adeguata per la mancata stipulazione del contratto nel termine previsto, salvo quanto previsto dai commi 9 e 11, la pendenza di un ricorso giurisdizionale, nel cui ambito non sia stata disposta o inibita la stipulazione del contratto. Le stazioni appaltanti hanno facoltà di stipulare contratti di assicurazione della propria responsabilità civile derivante dalla conclusione del contratto e dalla prosecuzione o sospensione della sua esecuzione.".

2. In caso di impugnazione degli atti relativi alle procedure di affidamento di cui agli articoli 1 e 2, comma 2, del presente decreto, qualora rientranti nell'ambito applicativo dell'articolo 119, comma 1, lettera *a*), del codice del processo amministrativo, approvato con il decreto legislativo 2 luglio 2010, n. 104, si applica l'articolo 125, comma 2, del medesimo codice.

3. In caso di impugnazione degli atti relativi alle procedure di affidamento di cui all'articolo 2, comma 3, si applica l'articolo 125 del codice del processo amministrativo, approvato con il decreto legislativo 2 luglio 2010, n. 104.

4. All'articolo 120 del codice del processo amministrativo, sono apportate le seguenti modificazioni:

a) al comma 6, primo periodo, le parole ", ferma la possibilità della sua definizione immediata nell'udienza cautelare ove ne ricorrano i presupposti," sono sostituite dalle seguenti: "è di norma definito, anche in deroga al comma 1, primo periodo dell'articolo 74, in esito all'udienza cautelare ai sensi dell'articolo 60, ove ne ricorrano i presupposti, e, in mancanza,";

b) al comma 9, le parole "Il Tribunale amministrativo regionale" sono sostituite dalle seguenti: "Il giudice" e quelle da "entro trenta" fino a "due giorni dall'udienza" sono sostituite dalle seguenti: "entro quindici giorni dall'udienza di discussione. Quando la stesura della motivazione è particolarmente complessa, il giudice pubblica il dispositivo nel termine di cui al primo periodo, indicando anche le domande eventualmente accolte e le misure per darvi attuazione, e comunque deposita la sentenza entro trenta giorni dall'udienza.".

4-*bis* Ulteriori misure in materia di contratti pubblici.

1. In considerazione dell'incremento dei costi derivanti dall'adeguamento alle misure di contenimento e contrasto dell'emergenza epidemiologica da COVID-19 nell'erogazione dei servizi di pulizia o di lavanderia in ambito sanitario o ospedaliero, nel caso in cui detto adeguamento determini un incremento di spesa di importo superiore al 20 per cento del prezzo indicato nel bando di gara o nella lettera di invito, le stazioni appaltanti, in relazione alle procedure di affidamento aggiudicate in data anteriore al 31 gennaio 2020, possono procedere, qualora non abbiano già provveduto alla stipulazione del contratto e l'aggiudicatario non si sia già avvalso della facoltà di cui all'articolo 32, comma 8, del decreto legislativo 18 aprile 2016, n. 50, alla revoca dell'aggiudicazione, ai sensi dell'articolo 21-*quinquies* della legge 7 agosto 1990, n. 241. In tal caso, il provvedimento di revoca è comunicato all'aggiudicatario entro trenta giorni dalla data di entrata in vigore della legge di conversione del presente decreto.

2. In relazione ai contratti dei servizi di pulizia o di lavanderia in ambito sanitario o ospedaliero, in corso di esecuzione alla data del 31 gennaio 2020 ed ancora efficaci alla data di entrata in vigore della legge di conversione del presente decreto, le stazioni appaltanti possono procedere alla risoluzione degli stessi, ai sensi dell'articolo 108 del decreto legislativo 18 aprile 2016, n. 50, nel caso in cui dall'adeguamento alle misure di contenimento e contrasto dell'emergenza epidemiologica da COVID-19 derivi un incremento di prezzo superiore al 20 per cento del valore del contratto iniziale. La risoluzione del contratto di appalto è dichiarata dalla stazione appaltante entro trenta giorni dalla data di entrata in vigore della legge di conversione del presente decreto.

3. In relazione ai contratti di cui al comma 2, resta ferma la possibilità di procedere alla loro modifica nei limiti e secondo le modalità di cui all'articolo 106 del decreto legislativo 18 aprile 2016, n. 50.

5 Sospensione dell'esecuzione dell'opera pubblica (1).

1. Fino al 30 giugno 2023 (2), in deroga all'articolo 107 del decreto legislativo 18 aprile 2016, n. 50, la sospensione, volontaria o coattiva, dell'esecuzione di lavori diretti alla realizzazione delle opere pubbliche di importo pari o superiore alle soglie di cui all'articolo 35 del medesimo decreto legislativo, anche se già iniziati,

può avvenire, esclusivamente, per il tempo strettamente necessario al loro superamento, per le seguenti ragioni:

a) cause previste da disposizioni di legge penale, dal codice delle leggi antimafia e delle misure di prevenzione di cui al decreto legislativo 6 settembre 2011, n. 159, nonché da vincoli inderogabili derivanti dall'appartenenza all'Unione europea;

b) gravi ragioni di ordine pubblico, salute pubblica o dei soggetti coinvolti nella realizzazione delle opere, ivi incluse le misure adottate per contrastare l'emergenza sanitaria globale da COVID-19;

c) gravi ragioni di ordine tecnico, idonee a incidere sulla realizzazione a regola d'arte dell'opera, in relazione alle modalità di superamento delle quali non vi è accordo tra le parti;

d) gravi ragioni di pubblico interesse.

2. La sospensione è in ogni caso disposta dal responsabile unico del procedimento. Nelle ipotesi previste dal comma 1, lettera *a*), si provvede ai sensi del comma 4. Nelle ipotesi previste dal comma 1, lettere *b*) e *d*), su parere (3) del collegio consultivo tecnico di cui all'articolo 6, le stazioni appaltanti o le autorità competenti, previa proposta della stazione appaltante, da adottarsi entro il termine di quindici giorni dalla comunicazione allo stesso collegio della sospensione dei lavori, autorizzano nei successivi dieci giorni la prosecuzione dei lavori nel rispetto delle esigenze sottese ai provvedimenti di sospensione adottati, salvi i casi di assoluta e motivata incompatibilità tra causa della sospensione e prosecuzione dei lavori.

3. Nelle ipotesi previste dal comma 1, lettera *c*), il collegio consultivo tecnico, entro quindici giorni dalla comunicazione della sospensione dei lavori ovvero della causa che potrebbe determinarla, adotta una determinazione con cui accerta l'esistenza di una causa tecnica di legittima sospensione dei lavori e indica le modalità, tra quelle di cui al comma 4, con cui proseguire i lavori e le eventuali modifiche necessarie da apportare per la realizzazione dell'opera a regola d'arte. La stazione appaltante provvede nei successivi cinque giorni.

4. Nel caso in cui la prosecuzione dei lavori, per qualsiasi motivo, ivi incluse la crisi o l'insolvenza dell'esecutore anche in caso di concordato con continuità aziendale ovvero di autorizzazione all'esercizio provvisorio dell'impresa, non possa procedere con il soggetto designato, né, in caso di esecutore plurisoggettivo, con altra impresa del raggruppamento designato, ove in possesso dei requisiti adeguati ai lavori ancora da realizzare, la stazione appaltante, previo parere del collegio consultivo tecnico, salvo che per gravi motivi tecnici ed economici sia comunque, anche in base al citato parere, possibile o preferibile proseguire con il medesimo soggetto, dichiara senza indugio, in deroga alla procedura di cui all'articolo 108, commi 3 e 4, del decreto legislativo 18 aprile 2016, n. 50, la risoluzione del contratto, che opera di diritto, e provvede secondo una delle seguenti alternative modalità:

a) procede all'esecuzione in via diretta dei lavori, anche avvalendosi, nei casi consentiti dalla legge, previa convenzione, di altri enti o società pubbliche nell'ambito del quadro economico dell'opera;

b) interpella progressivamente i soggetti che hanno partecipato alla originaria procedura di gara come risultanti dalla relativa graduatoria, al fine di stipulare un nuovo contratto per l'affidamento del completamento dei lavori, se tecnicamente ed economicamente possibile e alle condizioni proposte dall'operatore economico interpellato;

c) indice una nuova procedura per l'affidamento del completamento dell'opera;

d) propone alle autorità governative la nomina di un commissario straordinario per lo svolgimento delle attività necessarie al completamento dell'opera ai sensi dell'articolo 4 del decreto-legge 18 aprile 2019, n. 32, convertito, con modificazioni, dalla legge 14 giugno 2019, n. 55. Al fine di salvaguardare i livelli occupazionali e contrattuali originariamente previsti, l'impresa subentrante, ove possibile e compatibilmente con la sua organizzazione, prosegue i lavori anche con i lavoratori dipendenti del precedente esecutore se privi di occupazione.

5. Le disposizioni del comma 4 si applicano anche in caso di ritardo dell'avvio o dell'esecuzione dei lavori, non giustificato dalle esigenze descritte al comma 1, nella sua compiuta realizzazione per un numero di giorni pari o superiore a un decimo del tempo previsto o stabilito per la realizzazione dell'opera e, comunque, pari ad almeno trenta giorni per ogni anno previsto o stabilito per la realizzazione dell'opera, da calcolarsi a decorrere dalla data di entrata in vigore del presente decreto.

6. Salva l'esistenza di uno dei casi di sospensione di cui al comma 1, le parti non possono invocare l'inadempimento della controparte o di altri soggetti per sospendere l'esecuzione dei lavori di realizzazione dell'opera ovvero le prestazioni connesse alla tempestiva realizzazione dell'opera. In sede giudiziale, sia in fase cautelare che di merito, il giudice tiene conto delle probabili conseguenze del provvedimento stesso per tutti gli interessi che possono essere lesi, nonché del preminente interesse nazionale o locale alla sollecita realizzazione dell'opera, e, ai fini dell'accoglimento della domanda cautelare, il giudice valuta anche la irreparabilità del pregiudizio per l'operatore economico, il cui interesse va comunque comparato con quello del soggetto pubblico alla celere realizzazione dell'opera. In ogni caso, l'interesse economico dell'appaltatore o la sua eventuale sottoposizione a procedura concorsuale o di crisi non può essere ritenuto prevalente rispetto all'interesse alla realizzazione dell'opera pubblica.

(1) *Ai sensi dell'art. 50, comma 2, d.l. 31 maggio 2021, n. 77, conv., con modif., in l. 29 luglio 2021, n. 108, decorsi inutilmente i termini per la stipulazione del contratto, la consegna dei lavori, la costituzione del collegio consultivo tecnico, gli atti e le attività di cui al presente articolo, nonché gli altri termini, anche endoprocedimentali, previsti dalla legge, dall'ordinamento della stazione appaltante o dal contratto per l'adozione delle determinazioni relative all'esecuzione dei contratti pubblici PNRR e PNC, il responsabile o l'unità organizzativa di cui all'art. 2, comma 9-*bis*, l. 7 agosto 1990, n. 241, titolare del potere sostitutivo in caso di inerzia, d'ufficio o su richiesta dell'interessato, esercita il potere sostitutivo entro un termine pari alla metà di quello originariamente previsto, al fine di garantire il rispetto dei tempi di attuazione di cui al PNRR nonché al PNC e ai programmi cofinanziati dai fondi strutturali dell'Unione Europea.*

(2) *Le parole « 30 giugno 2023 » sono state sostituite alle parole « 31 dicembre 2021 » dall'art. 51, comma 1, lett.* d), *n. 1 d.l. n. 77, cit.*

(3) *Le parole* « su parere » *sono state sostituite alle parole* « su determinazione » *dall'art. 51, comma 1, lett.* d), *n. 2 d.l. n. 77, cit.*

6 Collegio consultivo tecnico.

1. Fino al 30 giugno 2023 (1) per i lavori diretti alla realizzazione delle opere pubbliche di importo pari o superiore alle soglie di cui all'articolo 35 del decreto legislativo 18 aprile 2016 n. 50, è obbligatoria, presso ogni stazione appaltante, la costituzione di un collegio consultivo tecnico, prima dell'avvio dell'esecuzione, o comunque non oltre dieci giorni da tale data, con i compiti previsti dall'articolo 5 e nonché di (2) rapida risoluzione delle controversie o delle dispute tecniche di ogni natura suscettibili di insorgere nel corso dell'esecuzione del contratto stesso. Per i contratti la cui esecuzione sia già iniziata alla data di entrata in vigore del presente decreto, il collegio consultivo tecnico è nominato entro il termine di trenta giorni decorrenti dalla medesima data.

2. Il collegio consultivo tecnico è formato, a scelta della stazione appaltante, da tre componenti, o cinque in caso di motivata complessità dell'opera e di eterogeneità delle professionalità richieste, dotati di esperienza e qualificazione professionale adeguata alla tipologia dell'opera, tra ingegneri, architetti, giuristi ed economisti con comprovata esperienza nel settore degli appalti delle concessioni e degli investimenti pubblici, anche in relazione allo specifico oggetto del contratto e alla specifica conoscenza di metodi e strumenti elettronici quali quelli di modellazione per l'edilizia e le infrastrutture (BIM), maturata per effetto del conseguimento di un dottorato di ricerca, oppure che siano in grado di dimostrare un'esperienza pratica e professionale di almeno dieci anni nel settore di riferimento. I componenti del collegio possono essere scelti dalle parti di comune accordo, ovvero le parti possono concordare che ciascuna di esse nomini uno o due componenti, individuati anche tra il proprio personale dipendente ovvero tra persone ad esse legate da rapporti di lavoro autonomo o di collaborazione anche continuativa in possesso dei requisiti previsti dal primo periodo, (3) e che il terzo o il quinto componente, con funzioni di presidente, sia scelto dai componenti di nomina di parte. Nel caso in cui le parti non trovino un accordo sulla nomina del presidente entro il termine indicato al comma 1, questo è designato entro i successivi cinque giorni dal Ministero delle infrastrutture e dei trasporti per le opere di interesse nazionale, dalle regioni, dalle province autonome di Trento e Bolzano o dalle città metropolitane per le opere di rispettivo interesse. Il collegio consultivo tecnico si intende costituito al momento della designazione del terzo o del quinto componente. All'atto della costituzione è fornita al collegio consultivo copia dell'intera documentazione inerente al contratto.

3. Nell'adozione delle proprie determinazioni, il collegio consultivo può operare anche in videoconferenza o con qualsiasi altro collegamento da remoto e può procedere ad audizioni informali delle parti per favorire, nella risoluzione delle controversie o delle dispute tecniche eventualmente insorte, la scelta della migliore soluzione per la celere esecuzione dell'opera a regola d'arte. Il collegio può altresì convocare le parti per consentire l'esposizione in contraddittorio delle rispettive ragioni. L'inosservanza delle determinazioni del collegio consultivo tecnico viene valutata ai fini della responsabilità del soggetto agente per danno erariale e costituisce, salvo prova contraria, grave inadempimento degli obblighi contrattuali; l'osservanza delle determinazioni del collegio consultivo tecnico è causa di esclusione della responsabilità del soggetto agente per danno erariale, salvo il dolo. Le determinazioni del collegio consultivo tecnico hanno la natura del lodo contrattuale previsto dall'articolo 808-*ter* del codice di procedura civile, salva diversa e motivata volontà espressamente manifestata in forma scritta dalle parti stesse. Salva diversa previsione di legge, le determinazioni del collegio consultivo tecnico sono adottate con atto sottoscritto dalla maggioranza dei componenti, entro il termine di quindici giorni decorrenti dalla data della comunicazione dei quesiti, recante succinta motivazione, che può essere integrata nei successivi quindici giorni, sottoscritta dalla maggioranza dei componenti. In caso di particolari esigenze istruttorie le determinazioni possono essere adottate entro venti giorni dalla comunicazione dei quesiti. Le decisioni sono assunte a maggioranza. Quando il provvedimento che definisce il giudizio corrisponde interamente al contenuto della determinazione del collegio consultivo, il giudice esclude la ripetizione delle spese sostenute dalla parte vincitrice che non ha osservato la determinazione, riferibili al periodo successivo alla formulazione della stessa, e la condanna al rimborso delle spese sostenute dalla parte soccombente relative allo stesso periodo, nonché al versamento all'entrata del bilancio dello Stato di un'ulteriore somma di importo corrispondente al contributo unificato dovuto. Resta ferma l'applicabilità degli articoli 92 e 96 del codice di procedura civile (4).

4. Per le opere diverse da quelle di cui al comma 1 le parti possono comunque nominare un collegio consultivo tecnico con tutti o parte dei compiti descritti ai commi da 1 a 3. Le parti possono anche stabilire l'applicabilità di tutte o parte delle disposizioni di cui all'articolo 5.

5. Le stazioni appaltanti, tramite il loro responsabile unico del procedimento, possono costituire un collegio consultivo tecnico formato da tre componenti per risolvere problematiche tecniche o giuridiche di ogni natura suscettibili di insorgere anche nella fase antecedente alla esecuzione del contratto, ivi comprese le determinazioni delle caratteristiche delle opere e le altre clausole e condizioni del bando o dell'invito, nonché la verifica del possesso dei requisiti di partecipazione e dei criteri di selezione e di aggiudicazione. In tale caso due componenti sono nominati dalla stazione appaltante e il terzo componente è nominato dal Ministero delle infrastrutture e dei trasporti per le opere di interesse nazionale, dalle regioni, dalle province autonome di Trento e Bolzano o dalle città metropolitane per le opere di interesse locale. Ferma l'eventuale necessità di sostituzione di uno dei componenti designati dalla stazione appaltante con uno di nomina privata, le funzioni di componente del collegio consultivo tecnico nominato ai sensi del presente comma non sono in-

compatibili con quelle di componente del collegio nominato ai sensi del comma 1.

6. Il collegio consultivo tecnico è sciolto al termine dell'esecuzione del contratto ovvero, nelle ipotesi in cui non ne è obbligatoria la costituzione, in data anteriore su accordo delle parti. Nelle ipotesi in cui ne è obbligatoria la costituzione, il collegio può essere sciolto dal 30 giugno 2023 (5) in qualsiasi momento, su accordo tra le parti.

7. I componenti del collegio consultivo tecnico hanno diritto a un compenso a carico delle parti e proporzionato al valore dell'opera, al numero, alla qualità e alla tempestività delle determinazioni assunte (6). In caso di ritardo nell'assunzione delle determinazioni è prevista una decurtazione del compenso stabilito in base al primo periodo da un decimo a un terzo, per ogni ritardo. Il compenso è liquidato dal collegio consultivo tecnico unitamente all'atto contenente le determinazioni, salva la emissione di parcelle di acconto, in applicazione delle tariffe richiamate dall'articolo 9 del decreto-legge 24 gennaio 2012, n. 1, convertito, con modificazioni, dalla legge 24 marzo 2012, n. 27, aumentate fino a un quarto e di quanto previsto dalle linee guida di cui al comma 8-*ter* (7). Non è ammessa la nomina di consulenti tecnici d'ufficio. I compensi dei membri del collegio sono computati all'interno del quadro economico dell'opera alla voce spese impreviste.

7-*bis*. In ogni caso, i compensi dei componenti del collegio consultivo tecnico, determinati ai sensi del comma 7, non possono complessivamente superare:

a) in caso di collegio consultivo tecnico composto da tre componenti, l'importo corrispondente allo 0,5 per cento del valore dell'appalto, per gli appalti di valore non superiore a 50 milioni di euro; tale percentuale è ridotta allo 0,25 per cento per la parte eccedente i 50 milioni di euro e fino a 100 milioni di euro e allo 0,15 per cento per la parte eccedente i 100 milioni di euro;

b) in caso di collegio consultivo tecnico composto da cinque componenti, l'importo corrispondente allo 0,8 per cento del valore dell'appalto, per gli appalti di valore non superiore a 50 milioni di euro; tale percentuale è ridotta allo 0,4 per cento per la parte eccedente i 50 milioni di euro e fino a 100 milioni di euro e allo 0,25 per cento per la parte eccedente i 100 milioni di euro (8).

8. Ogni componente del collegio consultivo tecnico non può ricoprire più di cinque incarichi contemporaneamente e comunque non può svolgere più di dieci incarichi ogni due anni. In caso di ritardo nell'adozione di tre determinazioni o di ritardo superiore a sessanta giorni nell'assunzione anche di una sola determinazione, i componenti del collegio non possono essere nuovamente nominati come componenti di altri collegi per la durata di tre anni decorrenti dalla data di maturazione del ritardo. Il ritardo ingiustificato nell'adozione anche di una sola determinazione è causa di decadenza del collegio e, in tal caso, la stazione appaltante può assumere le determinazioni di propria competenza prescindendo dal parere del collegio.

8-*bis*. Entro sessanta giorni dalla data di entrata in vigore della presente disposizione, con provvedimento del Ministro delle infrastrutture e della mobilità sostenibili, previo parere del Consiglio superiore dei lavori pubblici, sono approvate apposite Linee guida volte a definire, nel rispetto di quanto stabilito dal presente articolo, i requisiti professionali e i casi di incompatibilità dei membri e del Presidente del collegio consultivo tecnico, i criteri preferenziali per la loro scelta, i parametri per la determinazione dei compensi rapportati al valore e alla complessità dell'opera, nonché all'entità e alla durata dell'impegno richiesto ed al numero e alla qualità delle determinazioni assunte, le modalità di costituzione e funzionamento del collegio e il coordinamento con gli altri istituti consultivi, deflativi e contenziosi esistenti. Con il medesimo decreto, è istituito presso il Consiglio superiore dei lavori pubblici, senza nuovi o maggiori oneri per la finanza pubblica, un Osservatorio permanente per assicurare il monitoraggio dell'attività dei collegi consultivi tecnici. A tale fine, i Presidenti dei collegi consultivi provvedono a trasmettere all'Osservatorio gli atti di costituzione del collegio e le determinazioni assunte dal collegio, entro cinque giorni dalla loro adozione. Ai componenti dell'osservatorio non spettano indennità, gettoni di presenza, rimborsi spese o altri emolumenti comunque denominati. Al funzionamento dell'Osservatorio si provvede nell'ambito delle risorse umane, strumentali e finanziarie del Consiglio superiore dei lavori pubblici disponibili a legislazione vigente (9).

9. Sono abrogati i commi da 11 a 14 dell'articolo 1 del decreto-legge 18 aprile 2019, n. 32, convertito, con modificazioni, dalla legge 14 giugno 2019, n. 55.

(1) *Le parole* « 30 giugno 2023 » *sono state sostituite alle parole* « 31 dicembre 2021 » *dall'art. 51, comma 1, lett.* e), *n. 1 d.l. 31 maggio 2021, n. 77, conv., con modif., in l. 29 luglio 2021, n. 108.*

(2) *Le parole* « nonché di » *sono state sostituite alle parole* « e con funzioni di assistenza per la » *dall'art. 6-*quater*, comma 1, lett.* a), *d.l. 6 novembre 2021, n. 152, conv., con modif., in l. 29 dicembre 2021, n. 233.*

(3) *Le parole da* «, individuati anche » *a* « in possesso dei requisiti previsti dal primo periodo, » *sono state inserite dall'art. 51, comma 1, lett.* e), *n. 2 d.l. n. 77, cit.*

(4) *Periodo aggiunto dall'art. 51, comma 1, lett.* e), *n. 3 d.l. n. 77, cit.*

(5) *Le parole* « 30 giugno 2023 » *sono state sostituite alle parole* « 31 dicembre 2021 » *dall'art. 29, comma 13-*bis, *d.l. 27 gennaio 2022, n. 4, conv., con modif., in l. 28 marzo 2022, n. 25.*

(6) *Seguiva un secondo periodo, soppresso dall'art. 51, comma 1, lett.* e), *n. 4 d.l. n. 77, cit. Il testo del periodo era il seguente:* « In mancanza di determinazioni o pareri ad essi spetta un gettone unico onnicomprensivo ».

(7) *Le parole* « e di quanto previsto dalle linee guida di cui al comma 8-*ter* » *sono state aggiunte dall'art. 51, comma 1, lett.* e), *n. 4 d.l. n. 77, cit.*

(8) *Comma inserito dall'art. 6-*quater*, comma 1, lett.* b), *d.l. n. 152, cit.*

(9) *Comma inserito dall'art. 51, comma 1, lett.* e), *n. 5 d.l. n. 77, cit.*

7 Fondo per la prosecuzione delle opere pubbliche.

1. Al fine di garantire la regolare e tempestiva prosecuzione dei lavori diretti alla realizzazione delle opere pubbliche di importo pari o superiore alle soglie di cui all'articolo 35 del decreto legislativo 18 aprile 2016 n. 50, nei casi di maggiori fabbisogni finanziari dovuti a sopravvenute esigenze motivate nel rispetto della normativa vigente, ovvero per temporanee insufficienti disponibilità finanziarie annuali, è istituito nello stato di previsione del Ministero delle infrastrutture e dei trasporti, a decorrere dall'anno 2020, il Fondo per la prosecuzione delle opere pubbliche. Il Fondo non può finanziare nuove opere e l'accesso al Fondo non può

essere reiterato a esclusione del caso in cui la carenza delle risorse derivi da una accelerazione della realizzazione delle opere rispetto al cronoprogramma aggiornato di cui al comma 3.

2. Per l'anno 2020 lo stanziamento del fondo di cui al comma 1 ammonta a 30 milioni di euro. Per gli anni successivi, con la legge di bilancio, è iscritto sul Fondo un importo corrispondente al 5 per cento delle maggiori risorse stanziate nella prima delle annualità del bilancio, nel limite massimo di 100 milioni di euro, per la realizzazione da parte delle Amministrazioni centrali e territoriali di nuove opere e infrastrutture o per il rifinanziamento di quelle già previste a legislazione vigente. Il Fondo è altresì alimentato:

a) dalle risorse disponibili in bilancio anche in conto residui, destinate al finanziamento dell'opera e non più necessarie in quanto anticipate a valere sul Fondo;

b) dalle somme corrispondenti ad eventuali anticipazioni del Fondo alla stazione appaltante per residui passivi caduti in perenzione, mediante utilizzo di quota parte delle somme da iscrivere sul Fondo di cui all'articolo 34-*ter*, comma 5, della legge 31 dicembre 2009, n. 196, con la legge di bilancio successiva alla eliminazione dal Conto del patrimonio dei predetti residui passivi.

3. Le stazioni appaltanti possono fare richiesta di accesso al Fondo quando, sulla base dell'aggiornamento del cronoprogramma finanziario dell'opera, risulti, per l'esercizio in corso, un fabbisogno finanziario aggiuntivo non prevedibile rispetto alle risorse disponibili per la regolare e tempestiva prosecuzione dei lavori.

4. Con decreto del Ministro delle infrastrutture e dei trasporti, adottato di concerto con il Ministro dell'economia e delle finanze entro 30 giorni dalla data di entrata in vigore della legge di conversione del presente decreto, sono individuate le modalità operative di accesso e utilizzo del Fondo e i criteri di assegnazione delle risorse.

5. Con decreti del Ministero delle infrastrutture e dei trasporti, da adottare con cadenza trimestrale, su richiesta delle stazioni appaltanti, previa verifica da parte delle amministrazioni finanziatrici dell'aggiornamento del cronoprogramma finanziario dell'opera e dell'impossibilità di attivare i meccanismi di flessibilità di bilancio ai sensi della normativa contabile vigente, sono assegnate le risorse per la rapida prosecuzione dell'opera, nei limiti delle disponibilità annuali del Fondo secondo i criteri previsti dal decreto di cui al comma 4.

6. All'onere derivante dal comma 1, pari a 30 milioni di euro per l'anno 2020, si provvede mediante corrispondente riduzione dello stanziamento del fondo speciale di conto capitale iscritto, ai fini del bilancio triennale 2020-2022, nell'ambito del programma « Fondi di riserva e speciali » della missione « Fondi da ripartire » dello stato di previsione del Ministero dell'economia e delle finanze per l'anno 2020, allo scopo parzialmente utilizzando: quanto a 17 milioni di euro l'accantonamento relativo al Ministero dell'economia e delle finanze; quanto a 0,7 milioni di euro l'accantonamento relativo al Ministero del lavoro e delle politiche sociali; quanto a 1,7 milioni di euro l'accantonamento relativo al Ministero dell'istruzione, dell'università e della ricerca; quanto a 1,7 milioni di euro l'accantonamento relativo al Ministero dell'interno; quanto a 0,9 milioni di euro l'accantonamento relativo al Ministero per i beni e le attività culturali e del turismo; quanto a 8 milioni di euro l'accantonamento relativo al Ministero della salute.

7. Il Ministro dell'economia e delle finanze è autorizzato ad apportare con propri decreti le occorrenti variazioni di bilancio anche nel conto dei residui.

7-*bis*. Al fine di accelerare le procedure per l'attuazione degli investimenti pubblici e per l'affidamento di appalti e concessioni, è istituito un fondo presso il Ministero delle infrastrutture e dei trasporti, con dotazione pari a 1 milione di euro per l'anno 2020 e a 2 milioni di euro a decorrere dall'anno 2022. Tali risorse sono destinate ad iniziative finalizzate all'aggiornamento professionale del responsabile unico del procedimento (RUP) di cui all'articolo 31 del decreto legislativo 18 aprile 2016, n. 50.

7-*ter*. Ai maggiori oneri di cui al comma 7-*bis*, pari a 1 milione di euro per l'anno 2020 e a 2 milioni di euro annui a decorrere dall'anno 2022, si provvede mediante corrispondente riduzione del Fondo di cui all'articolo 1, comma 200, della legge 23 dicembre 2014, n. 190.

8 Altre disposizioni urgenti in materia di contratti pubblici.

1. In relazione alle procedure pendenti disciplinate dal decreto legislativo 18 aprile 2016, n. 50, i cui bandi o avvisi, con i quali si indice una gara, sono già stati pubblicati alla data di entrata in vigore del presente decreto, nonché, in caso di contratti senza pubblicazione di bandi o avvisi, alle procedure in cui, alla medesima data, siano già stati inviati gli inviti a presentare le offerte o i preventivi, ma non siano scaduti i relativi termini, e in ogni caso per le procedure disciplinate dal medesimo decreto legislativo avviate a decorrere dalla data di entrata in vigore del presente decreto e fino alla data del 30 giugno 2023 (1):

a) è sempre autorizzata la consegna dei lavori in via di urgenza e, nel caso di servizi e forniture, l'esecuzione del contratto in via d'urgenza ai sensi dell'articolo 32, comma 8, del decreto legislativo n. 50 del 2016, nelle more della verifica dei requisiti di cui all'articolo 80 del medesimo decreto legislativo, nonché dei requisiti di qualificazione previsti per la partecipazione alla procedura;

b) le stazioni appaltanti possono prevedere, a pena di esclusione dalla procedura, l'obbligo per l'operatore economico di procedere alla visita dei luoghi, nonché alla consultazione sul posto dei documenti di gara e relativi allegati ai sensi e per gli effetti dell'articolo 79, comma 2, del decreto legislativo n. 50 del 2016 esclusivamente laddove detto adempimento sia strettamente indispensabile in ragione della tipologia, del contenuto o della complessità dell'appalto da affidare;

c) in relazione alle procedure ordinarie, si applicano le riduzioni dei termini procedimentali per ragioni di urgenza di cui agli articoli 60, comma 3, 61, comma 6, 62 comma 5, 74, commi 2 e 3, del decreto legislativo n. 50 del 2016. Nella motivazione del provvedimento che dispone la riduzione dei termini non è necessario dar conto delle ragioni di urgenza, che si considerano comunque sussistenti;

d) le procedure di affidamento di lavori, servizi e forniture possono essere avviate anche in mancanza di una specifica previsione nei documenti di programmazione di cui all'articolo 21 del decreto legislativo n. 50 del 2016, già adottati, a condizione che entro trenta giorni decorrenti dalla data di entrata in vigore della legge di conversione del presente decreto si provveda ad un aggiornamento in conseguenza degli effetti dell'emergenza da COVID-19.

2. In relazione alle procedure disciplinate dal decreto legislativo n. 50 del 2016, per le quali sia scaduto entro il 22 febbraio 2020 il termine per la presentazione delle offerte, le stazioni appaltanti, fermo quanto previsto dall'articolo 103 del decreto-legge 17 marzo 2020, n. 18, convertito, con modificazioni, dalla legge 24 aprile 2020, n. 27, provvedono all'adozione dell'eventuale provvedimento di aggiudicazione entro la data del 31 dicembre 2020.

3. In relazione agli accordi quadro di cui all'articolo 54 del decreto legislativo n. 50 del 2016, efficaci alla data di entrata in vigore del presente decreto, le stazioni appaltanti, nei limiti delle risorse disponibili a legislazione vigente e fermo quanto previsto dall'articolo 103 del decreto-legge n. 18 del 2020 provvedono, entro la data del 31 dicembre 2020, all'aggiudicazione degli appalti basati su tali accordi quadro ovvero all'esecuzione degli accordi quadro nei modi previsti dai commi da 2 a 6 del medesimo articolo 54.

4. Con riferimento ai lavori in corso di esecuzione alla data di entrata in vigore del presente decreto:

a) il direttore dei lavori adotta, in relazione alle lavorazioni effettuate alla data del 15 giugno 2021 e anche in deroga alle specifiche clausole contrattuali, lo stato di avanzamento dei lavori entro il 30 giugno 2021.

Il certificato di pagamento viene emesso contestualmente e comunque entro cinque giorni dall'adozione dello stato di avanzamento. Il pagamento viene effettuato entro quindici giorni dall'emissione del certificato di cui al secondo periodo nei limiti della disponibilità finanziaria della stazione appaltante e compatibilmente con le risorse annuali stanziate per lo specifico intervento cui lo stato di avanzamento dei lavori si riferisce (2);

b) sono riconosciuti, a valere sulle somme a disposizione della stazione appaltante indicate nei quadri economici dell'intervento e, ove necessario, utilizzando anche le economie derivanti dai ribassi d'asta, i maggiori costi derivanti dall'adeguamento e dall'integrazione, da parte del coordinatore della sicurezza in fase di esecuzione, del piano di sicurezza e coordinamento, in attuazione delle misure di contenimento di cui agli articoli 1 e 2 del decreto-legge 23 febbraio 2020, n. 6, convertito, con modificazioni, dalla legge 5 marzo 2020, n. 13, e all'articolo 1 del decreto-legge 25 marzo 2020, n. 19, convertito, con modificazioni, dalla legge 22 maggio 2020, n. 35, e il rimborso di detti oneri avviene in occasione del pagamento del primo stato di avanzamento successivo all'approvazione dell'aggiornamento del piano di sicurezza e coordinamento recante la quantificazione degli oneri aggiuntivi;

c) il rispetto delle misure di contenimento previste dall'articolo 1 del decreto-legge n. 6 del 2020 e dall'articolo 1 del decreto-legge n. 19 del 2020 nonché dai relativi provvedimenti attuativi, ove impedisca, anche solo parzialmente, il regolare svolgimento dei lavori ovvero la regolare esecuzione dei servizi o delle forniture costituisce causa di forza maggiore, ai sensi dell'articolo 107, comma 4, del decreto legislativo n. 50 del 2016 e, qualora impedisca di ultimare i lavori, i servizi o le forniture nel termine contrattualmente previsto, costituisce circostanza non imputabile all'esecutore ai sensi del comma 5 del citato articolo 107 ai fini della proroga di detto termine, ove richiesta; non si applicano gli obblighi di comunicazione all'Autorità nazionale anticorruzione e le sanzioni previsti dal terzo e dal quarto periodo del comma 4 dell'articolo 107 del decreto legislativo n. 50 del 2016.

5. Al decreto legislativo n. 50 del 2016 sono apportate le seguenti modificazioni:

oa) all'articolo 30, comma 8, dopo le parole: "e alle altre attività amministrative in materia di contratti pubblici" sono inserite le seguenti: "nonché di forme di coinvolgimento degli enti del Terzo settore previste dal titolo VII del decreto legislativo 3 luglio 2017, n. 117";

oa-bis) all'articolo 36, comma 1, le parole: "Le stazioni appaltanti possono, altresì, applicare le disposizioni di cui all'articolo 50" sono sostituite dalle seguenti: "Le stazioni appaltanti applicano le disposizioni di cui all'articolo 50";

a) all'articolo 38:

1) al comma 1, secondo periodo, le parole "agli ambiti di attività," sono soppresse;

2) al comma 2, primo periodo, le parole "sentite l'ANAC e la Conferenza Unificata," sono sostituite dalle seguenti: "di intesa con la Conferenza unificata e sentita l'ANAC,";

3) al comma 3:

3.1) sono premesse le seguenti parole: "Fatto salvo quanto previsto dal comma 3-*bis*";

3.2) alla lettera *a*), le parole "programmazione e" sono soppresse;

3.3) dopo il comma 3, è inserito il seguente: "3-*bis*. Le centrali di committenza e i soggetti aggregatori sono qualificati almeno negli ambiti di cui al comma 3, lettere *a*) e *b*). Nelle aggiudicazioni relative all'acquisizione di beni, servizi o lavori effettuati dalle centrali di committenza, ovvero dai soggetti aggregatori, le attività correlate all'ambito di cui al comma 3, lettera *c*) possono essere effettuate direttamente dai soggetti per i quali sono svolte le suddette aggiudicazioni purché qualificati almeno in detto ambito secondo i criteri individuati dal decreto del Presidente del Consiglio dei ministri di cui al comma 2.";

4) al comma 4, lettera *a*), dopo il numero 5-*ter*) è aggiunto il seguente: "5-*quater*) disponibilità di piattaforme telematiche nella gestione di procedure di gara;";

5) al comma 4, lettera *b*), il numero 3 è soppresso;

a-bis) all'articolo 46, comma 1, lettera *a*), dopo le parole: "gli archeologi" sono aggiunte le seguenti: "professionisti, singoli e associati, e le società da essi costituite";

a-ter) all'articolo 48, comma 7, secondo periodo, dopo le parole: "per quali consorziati il consorzio concorre;" sono inserite le seguenti: "qualora il consorziato designato sia, a sua volta, un consorzio di cui all'articolo 45, comma 2, lettera *b*), è tenuto anch'esso a indicare, in sede di offerta, i consorziati per i quali concorre;";

a-quater) all'articolo 59, comma 1, sono premesse le seguenti parole: "Fermo restando quanto previsto dal titolo VII del decreto legislativo 3 luglio 2017, n. 117,";

b) all'articolo 80, comma 4, il quinto periodo è sostituito dai seguenti: "Un operatore economico può essere escluso dalla partecipazione a una procedura d'appalto se la stazione appaltante è a conoscenza e può adeguatamente dimostrare che lo stesso non ha ottemperato agli obblighi relativi al pagamento delle imposte e tasse o dei contributi previdenziali non definitivamente accertati qualora tale mancato pagamento costituisca una grave violazione ai sensi rispettivamente del secondo o del quarto periodo. Il presente comma non si applica quando l'operatore economico ha ottemperato ai suoi obblighi pagando o impegnandosi in modo vincolante a pagare le imposte o i contributi previdenziali dovuti, compresi eventuali interessi o multe, ovvero quando il debito tributario o previdenziale sia comunque integralmente estinto, purché l'estinzione, il pagamento o l'impegno si siano perfezionati anteriormente alla scadenza del termine per la presentazione delle domande.";

c) all'articolo 83, dopo il comma 5 è inserito il seguente:

« 5-*bis*. In relazione al requisito di cui al comma 4, lettera *c*), l'adeguatezza della copertura assicurativa offerta viene valutata sulla base della polizza assicurativa contro i rischi professionali posseduta dall'operatore economico e in corso di validità. In relazione alle polizze assicurative di importo inferiore al valore dell'appalto, le stazioni appaltanti possono richiedere che l'offerta sia corredata, a pena di esclusione, dall'impegno da parte dell'impresa assicuratrice ad adeguare il valore della polizza assicurativa a quello dell'appalto, in caso di aggiudicazione. »;

c-bis) all'articolo 140, comma 1, alinea, al primo periodo, dopo le parole: "salvo quanto disposto nel presente articolo" sono aggiunte le seguenti: "e fermo restando quanto previsto dal titolo VII del decreto legislativo 3 luglio 2017, n. 117";

c-ter) all'articolo 151, comma 3:

1) le parole: "il Ministero dei beni e delle attività culturali e del turismo puo'" sono sostituite dalle seguenti: "lo Stato, le regioni e gli enti territoriali possono, con le risorse umane, finanziarie e strumentali disponibili a legislazione vigente,";

2) è aggiunto, in fine, il seguente periodo: "Resta fermo quanto previsto ai sensi dell'articolo 106, comma 2-*bis*, del codice dei beni culturali e del paesaggio, di cui al decreto legislativo 22 gennaio 2004, n. 42";

c-quater) all'articolo 180, comma 2, dopo il primo periodo è inserito il seguente: "Nel caso di contratti di rendimento energetico o di prestazione energetica (EPC), i ricavi di gestione dell'operatore economico possono essere determinati e pagati in funzione del livello di miglioramento dell'efficienza energetica o di altri criteri di prestazione energetica stabiliti contrattualmente, purché quantificabili in relazione ai consumi; la misura di miglioramento dell'efficienza energetica, calcolata conformemente alle norme in materia di attestazione della prestazione energetica degli immobili e delle altre infrastrutture energivore, deve essere resa disponibile all'amministrazione concedente a cura dell'operatore economico e deve essere verificata e monitorata durante l'intera durata del contratto, anche avvalendosi di apposite piattaforme informatiche adibite per la raccolta, l'organizzazione, la gestione, l'elaborazione, la valutazione e il monitoraggio dei consumi energetici.

d) all'articolo 183, comma 15:

1) al primo periodo, le parole "non presenti" sono sostituite dalle seguenti: "anche se presenti";

2) al nono periodo, le parole "è inserito" sono sostituite dalle seguenti: "qualora non sia già presente" e dopo le parole "sulla base della normativa vigente" sono aggiunte le seguenti: ", è inserito in tali strumenti di programmazione".

6. Le disposizioni di cui al comma 5 si applicano alle procedure i cui bandi o avvisi, con i quali si indice una gara, sono pubblicati successivamente alla data di entrata in vigore del presente decreto, nonché, in caso di contratti senza pubblicazione di bandi o avvisi, alle procedure in cui, alla medesima data, non sono ancora stati inviati gli inviti a presentare le offerte o i preventivi.

6-*bis*. In considerazione dell'emergenza sanitaria da COVID-19 e delle conseguenti esigenze di accelerazione dell'iter autorizzativo di grandi opere infrastrutturali e di architettura di rilevanza sociale, aventi impatto sull'ambiente, sulle città o sull'assetto del territorio, sino al 31 dicembre 2023, su richiesta delle amministrazioni aggiudicatrici, le regioni, ove ritengano le suddette opere di particolare interesse pubblico e rilevanza sociale, previo parere favorevole della maggioranza delle amministrazioni provinciali e comunali interessate, possono autorizzare la deroga alla procedura di dibattito pubblico di cui all'articolo 22, comma 2, del decreto legislativo 18 aprile 2016, n. 50, e al relativo regolamento di cui al decreto del Presidente del Consiglio dei ministri 10 maggio 2018, n. 76, consentendo alle medesime amministrazioni aggiudicatrici di procedere direttamente agli studi di prefattibilità tecnico-economica nonché alle successive fasi progettuali, nel rispetto delle disposizioni del decreto legislativo 18 aprile 2016, n. 50.

7. All'articolo 1 del decreto-legge 18 aprile 2019, n. 32, convertito, con modificazioni, dalla legge 14 giugno 2019, n. 55, sono apportate le seguenti modificazioni:

a) all'alinea del comma 1, le parole "31 dicembre 2020" sono sostituite dalle seguenti: "31 dicembre 2021";

b) al comma 2, le parole "30 novembre 2020" sono sostituite dalle seguenti: "30 novembre 2021";

c) al comma 3, le parole "31 dicembre 2020" sono sostituite dalle seguenti: "31 dicembre 2021";

d) il comma 7 è sostituito dal seguente: "7. In deroga all'articolo 215, comma 3, del decreto legislativo 18 aprile 2016, n. 50, fino al 31 dicembre 2021, il Consiglio superiore dei lavori pubblici esprime il parere obbligatorio di cui al comma 3 del medesimo articolo 215 esclusivamente sui progetti di fattibilità tecnica ed economica di lavori pubblici di competenza statale, o comunque finanziati per almeno il 50 per cento dallo Stato, di importo pari o superiore ai 100 milioni di euro. Per i lavori pubblici di importo inferiore a 100 milioni di euro e fino a 50 milioni di euro, le competenze del Consiglio superiore sono esercitate dai comitati tecnici amministrativi presso i Provveditorati interregionali per le opere pubbliche. Per i lavori pubblici di importo inferiore a 50 milioni di euro si prescinde dall'acquisizione del parere di cui all'articolo 215, comma 3, del citato decreto legislativo n. 50 del 2016.".

7-*bis*. Al codice dei beni culturali e del paesaggio, di cui al decreto legislativo 22 gennaio 2004, n. 42, sono apportate le seguenti modificazioni:

a) all'articolo 115:

1) al comma 3, primo periodo, le parole: "delle attività di valorizzazione" sono sostituite dalle seguenti: "ovvero mediante l'affidamento di appalti pubblici di servizi";

2) al comma 4, terzo periodo, dopo le parole: "di cui all'articolo 114" sono aggiunte le seguenti: ", ferma restando la possibilità per le amministrazioni di progettare i servizi e i relativi contenuti, anche di dettaglio, mantenendo comunque il rischio operativo a carico del concessionario e l'equilibrio economico e finanziario della gestione";

b) all'articolo 117, comma 3, sono aggiunti, in fine, i seguenti periodi: "Qualora l'affidamento dei servizi integrati abbia ad oggetto una concessione di servizi ai sensi dell'articolo 3, comma 1, lettera vv), del decreto legislativo 18 aprile 2016, n. 50, l'integrazione può essere realizzata anche indipendentemente dal rispettivo valore economico dei servizi considerati. È ammessa la stipulazione di contratti di appalto pubblico aventi ad oggetto uno o più servizi tra quelli di cui al comma 1 e uno o più tra i servizi di pulizia, di vigilanza e di biglietteria".

8. Il Commissario straordinario per l'attuazione e il coordinamento delle misure di contenimento e contrasto dell'emergenza epidemiologica da COVID-19, di cui all'articolo 122 del decreto-legge 17 marzo 2020, n. 18, convertito, con modificazioni, dalla legge 24 aprile 2020, n. 27, fino alla scadenza del predetto stato di emergenza, procede, nell'ambito dei poteri conferitigli e con le modalità previste dalla suddetta norma, all'acquisizione e distribuzione delle apparecchiature e dei dispositivi di protezione individuale, nonché di ogni necessario bene strumentale, compresi gli arredi scolastici, utile a garantire l'ordinato avvio dell'anno scolastico 2020-2021, nonché a contenere e contrastare l'eventuale emergenza nelle istituzioni scolastiche statali. Il Commissario, per l'attuazione di quanto previsto dal primo periodo, provvede nel limite delle risorse assegnate allo scopo con delibera del Consiglio dei ministri a valere sul Fondo emergenze nazionali di cui all'articolo 44 del decreto legislativo 2 gennaio 2018, n. 1; le risorse sono versate sull'apposita contabilità speciale intestata al Commissario. A tale scopo, le procedure di affidamento dei contratti pubblici, necessarie per dare attuazione al primo periodo, possono essere avviate dal Commissario anche precedentemente al trasferimento alla contabilità speciale delle suddette risorse.

9. Le procedure di affidamento dei contratti pubblici necessari per dare attuazione ai piani di riorganizzazione della rete ospedaliera e di quella territoriale per il contrasto dell'emergenza da COVID-19, possono essere avviate dal Commissario straordinario di cui all'articolo 122 del decreto-legge n. 18 del 2020 anche precedentemente al trasferimento alla contabilità speciale intestata al Commissario straordinario degli importi autorizzati ai sensi delle vigenti disposizioni.

10. In ogni caso in cui per la selezione del contraente o per la stipulazione del contratto relativamente a lavori, servizi o forniture previsti o in qualunque modo disciplinati dal presente decreto, è richiesto di produrre documenti unici di regolarità contributiva di cui al decreto del Ministero del lavoro e delle politiche sociali 30 gennaio 2015, pubblicato nella Gazzetta Ufficiale n. 125 del 1° giugno 2015, ovvero di indicare, dichiarare o autocertificare la regolarità contributiva ovvero il possesso dei predetti documenti unici, non si applicano le disposizioni dell'articolo 103, comma 2, del decreto-legge n. 18 del 2020, relative alla proroga oltre la data del 31 luglio 2020 della validità dei documenti unici di regolarità contributiva in scadenza tra il 31 gennaio 2020 e il 31 luglio 2020.

10-*bis*. Al Documento unico di regolarità contributiva è aggiunto quello relativo alla congruità dell'incidenza della manodopera relativa allo specifico intervento, secondo le modalità indicate con decreto del Ministro del lavoro e delle politiche sociali, da adottare entro sessanta giorni dalla data di entrata in vigore della legge di conversione del presente decreto. Sono fatte salve le procedure i cui bandi o avvisi sono pubblicati prima della data di entrata in vigore del decreto del Ministro del lavoro e delle politiche sociali di cui al periodo precedente.

11. All'articolo 4 del decreto legislativo 15 novembre 2011, n. 208, il comma 1 è sostituito dal seguente:

" 1. Con regolamento, da emanarsi con decreto del Presidente della Repubblica, ai sensi dell'articolo 17, comma 1, della legge 23 agosto 1988, n. 400, entro centoventi giorni dalla data di entrata in vigore della presente disposizione, su proposta del Ministro della difesa, di concerto con il Ministro delle infrastrutture e dei trasporti, acquisiti i pareri del Consiglio superiore dei lavori pubblici e del Consiglio di Stato, che si pronuncia entro quarantacinque giorni dalla richiesta, è definita la disciplina esecutiva, attuativa e integrativa delle disposizioni concernenti le materie di cui all'articolo 2, comma 1, lettere *a*), *c*) ed *e*), anche in relazione alle disposizioni del decreto legislativo 18 aprile 2016, n. 50, applicabili al presente decreto.".

(1) *Le parole* « 30 giugno 2023 » *sono state sostituite alle parole* « 31 dicembre 2021 » *dall'art. 51, comma 1, lett.* f) *d.l. 31 maggio 2021, n. 77, conv., con modif., in l. 29 luglio 2021, n. 108.*

(2) *Lettera così modificata dall'art.13, comma 1-*bis*, d.l. 31 dicembre 2020, n. 183, conv., con modif., in l. 26 febbraio 2021, n. 21.*

9-11 (*Omissis*)

TITOLO II
Semplificazioni procedimentiali e responsabilità

CAPO I
Semplificazioni procedimentali

12 Modifiche alla legge 7 agosto 1990, n. 241.

1. (*Omissis*) (1)

2. Entro il 31 dicembre 2020 le amministrazioni e gli enti pubblici statali provvedono a verificare e a rideterminare, in riduzione, i termini di durata dei procedimenti di loro competenza ai sensi dell'articolo 2 della legge 7 agosto 1990, n. 241.

3. Gli enti locali possono gestire in forma associata in ambito provinciale o metropolitano l'attuazione delle disposizioni di cui all'articolo 18 della legge 7 agosto 1990, n. 241. Le province e le città metropolitane definiscono nelle assemblee dei sindaci delle province e nelle conferenze metropolitane appositi protocolli per organizzare lo svolgimento delle funzioni conoscitive, strumentali e di controllo, connesse all'attuazione delle norme di semplificazione della documentazione e dei procedimenti amministrativi.

(1) *V. artt. 1, 2, 3-*bis*, 5, 8, 10-*bis*, 16, 17-*bis*, 18, 21-*octies*, 21-*decies*, 29 l. 7 agosto 1990, n. 241.*

13 Accelerazione del procedimento in conferenza di servizi.

1. Fino al 30 giugno 2023 (1), in tutti i casi in cui debba essere indetta una conferenza di servizi decisoria ai sensi dell'articolo 14, comma 2, della legge 7 agosto 1990, n. 241, è in facoltà delle amministrazioni procedenti adottare lo strumento della conferenza semplificata di cui all'articolo 14-*bis* della medesima legge, con le seguenti modificazioni:

a) tutte le amministrazioni coinvolte rilasciano le determinazioni di competenza entro il termine perentorio di sessanta giorni;

b) al di fuori dei casi di cui all'articolo 14-*bis*, comma 5, l'amministrazione procedente svolge, entro trenta giorni decorrenti dalla scadenza del termine per il rilascio delle determinazioni di competenza delle singole amministrazioni, con le modalità di cui all'articolo 14-*ter*, comma 4, della legge n. 241 del 1990, una riunione telematica di tutte le amministrazioni coinvolte nella quale prende atto delle rispettive posizioni e procede senza ritardo alla stesura della determinazione motivata conclusiva della conferenza di servizi verso la quale può essere proposta opposizione dalle amministrazioni di cui all'articolo 14-*quinquies*, della legge n. 241 del 1990, ai sensi e nei termini ivi indicati. Si considera in ogni caso acquisito l'assenso senza condizioni delle amministrazioni che non abbiano partecipato alla riunione ovvero, pur partecipandovi, non abbiano espresso la propria posizione, ovvero abbiano espresso un dissenso non motivato o riferito a questioni che non costituiscono oggetto della conferenza.

2. Nei casi di cui agli articoli 1 e 2, ove si renda necessario riconvocare la conferenza di servizi sul livello successivo di progettazione tutti i termini sono ridotti della metà e gli ulteriori atti di autorizzazione, di assenso e i pareri comunque denominati, eventualmente necessari in fase di esecuzione, sono rilasciati in ogni caso nel termine di sessanta giorni dalla richiesta.

(1) *Le parole* « 30 giugno 2023 » *sono state sostituite alle parole* « 31 dicembre 2021 » *dall'art. 51, comma 1, lett.* g) *d.l. 31 maggio 2021, n. 77, conv., con modif., in l. 29 luglio 2021, n. 108.*

14 Disincentivi alla introduzione di nuovi oneri regolatori.

1. (1)

(1) *Aggiunge il comma 1-*bis *all'art. 8 l. 11 novembre 2011, n. 180.*

15 Agenda per la semplificazione, ricognizione e semplificazione dei procedimenti e modulistica standardizzata.

1. All'articolo 24 del decreto-legge 24 giugno 2014, n. 90, convertito, con modificazioni, dalla legge 11 agosto 2014, n. 114, sono apportate le seguenti modificazioni:

a) al comma 1, le parole "Entro il 31 ottobre 2014" sono sostituite dalle seguenti: "Entro il 30 ottobre 2020"; le parole "triennio 2015-2017" sono sostituite dalle seguenti: "periodo 2020-2023" e le parole "condivise" sono sostituite dalle seguenti: "e il programma di interventi di semplificazione per la ripresa a seguito dell'emergenza epidemiologica da COVID-19, condivisi";

b) dopo il comma 1 sono inseriti i seguenti: "1-*bis*. Entro centocinquanta giorni dalla data di entrata in vigore della presente disposizione, lo Stato, le Regioni e le autonomie locali, sentiti le associazioni imprenditoriali, gli ordini e le associazioni professionali, completano la ricognizione dei procedimenti amministrativi al fine di individuare:

a) le attività soggette ad autorizzazione, giustificate da motivi imperativi di interesse generale e le attività soggette ai regimi giuridici di cui agli articoli 19,19-*bis* e 20 della legge 7 agosto 1990, n. 241, ovvero al mero obbligo di comunicazione;

b) i provvedimenti autorizzatori, gli adempimenti e le misure incidenti sulla libertà di iniziativa economica ritenuti non indispensabili, fatti salvi quelli imposti dalla normativa dell'Unione europea e quelli posti a tutela di principi e interessi costituzionalmente rilevanti;

c) i procedimenti da semplificare;

d) le discipline e i tempi uniformi per tipologie omogenee di procedimenti;

e) i procedimenti per i quali l'autorità competente può adottare un'autorizzazione generale;

f) i livelli di regolazione superiori a quelli minimi richiesti per l'adeguamento alla normativa dell'Unione europea.

1-*ter*. Gli esiti della ricognizione sono trasmessi al Presidente del Consiglio dei ministri e al Ministro per la pubblica amministrazione, alla Conferenza delle regioni e delle province autonome, all'Unione delle province d'Italia e all'Associazione nazionale dei comuni italiani.";

c) al comma 2, le parole "Entro centottanta giorni dall'entrata in vigore del presente decreto" sono soppresse;

d) al comma 3, le parole "con riferimento all'edilizia e all'avvio di attività produttive" sono soppresse;

e) al comma 4, le parole "per l'edilizia e per l'avvio di attività produttive" sono soppresse.

2. All'articolo 16, comma 6, del decreto legislativo 1° dicembre 2009 n. 178, le parole "per l'approvazione" sono soppresse.

2-*bis*. All'articolo 53, comma 6, alinea, del decreto legislativo 30 marzo 2001, n. 165, dopo le parole: "i compensi" sono inserite le seguenti: "e le prestazioni".

3. All'attuazione delle disposizioni del presente articolo si provvede con le risorse finanziarie, strumentali ed umane disponibili a legislazione vigente, senza nuovi o maggiori oneri per la finanza pubblica.

3-*bis*. (*Omissis*).

CAPO IV
Responsabilità

21 Responsabilità erariale.

1. All'articolo 1, comma 1, della legge 14 gennaio 1994, n. 20, dopo il primo periodo è inserito il seguente: "La prova del dolo richiede la dimostrazione della volontà dell'evento dannoso.".

2. Limitatamente ai fatti commessi dalla data di entrata in vigore del presente decreto e fino al 30 giugno 2023 (1), la responsabilità dei soggetti sottoposti alla giurisdizione della Corte dei conti in materia di contabilità pubblica per l'azione di responsabilità di cui all'articolo 1 della legge 14 gennaio 1994, n. 20, è limitata ai casi in cui la produzione del danno conseguente alla condotta del soggetto agente è da lui dolosamente voluta. La limitazione di responsabilità prevista dal primo periodo non si applica per i danni cagionati da omissione o inerzia del soggetto agente.

(1) *Le parole « 30 giugno 2023 » sono state sostituite alle parole « 31 dicembre 2021 » dall'art. 51, comma 1, lett.* h) *d.l. 31 maggio 2021, n. 77, conv., con modif., in l. 29 luglio 2021, n. 108.*

22 Controllo concomitante della Corte dei conti per accelerare gli interventi di sostegno e di rilancio dell'economia nazionale.

1. La Corte dei conti, anche a richiesta del Governo o delle competenti Commissioni parlamentari, svolge il controllo concomitante di cui all'articolo 11, comma 2, della legge 4 marzo 2009, n. 15, sui principali piani, programmi e progetti relativi agli interventi di sostegno e di rilancio dell'economia nazionale. L'eventuale accertamento di gravi irregolarità gestionali, ovvero di rilevanti e ingiustificati ritardi nell'erogazione di contributi secondo le vigenti procedure amministrative e contabili, è immediatamente trasmesso all'amministrazione competente ai fini della responsabilità dirigenziale ai sensi e per gli effetti dell'articolo 21, comma 1, del decreto legislativo 30 marzo 2001, n. 165.

2. Il Consiglio di presidenza della Corte dei conti, nell'esercizio della potestà regolamentare autonoma di cui alla vigente normativa, provvede all'individuazione degli uffici competenti e adotta le misure organizzative necessarie per l'attuazione delle disposizioni di cui al presente articolo senza nuovi o maggiori oneri per la finanza pubblica e nell'ambito della vigente dotazione organica del personale amministrativo e della magistratura contabile.

23 Modifiche all'articolo 323 del codice penale.

1. (*Omissis*).

TITOLO III
Misure di semplificazione per il sostegno e la diffusione dell'amministrazione digitale

CAPO I
Cittadinanza digitale e accesso ai servizi digitali della pubblica amministrazione

26 Piattaforma per la notificazione digitale degli atti della pubblica amministrazione.

1. La piattaforma di cui all'articolo 1, comma 402, della legge 27 dicembre 2019, n. 160, e le sue modalità di funzionamento sono disciplinate dalla presente disposizione.

2. Ai fini del presente articolo, si intende per:

a) « gestore della piattaforma », la società di cui all'articolo 8, comma 2, del decreto-legge 14 dicembre 2018, n. 135, convertito, con modificazioni, dalla legge 11 febbraio 2019, n. 12;

b) « piattaforma », la piattaforma digitale di cui al comma 1, utilizzata dalle amministrazioni per effettuare, con valore legale, le notifiche di atti, provvedimenti, avvisi e comunicazioni;

c) « amministrazioni », le pubbliche amministrazioni di cui all'articolo 1, comma 2, del decreto legislativo 30 marzo 2001, n. 165, gli agenti della riscossione e, limitatamente agli atti emessi nell'esercizio di attività ad essi affidate ai sensi dell'articolo 52 del decreto legislativo 15 dicembre 1997, n. 446, i soggetti di cui all'articolo 52, comma 5, lettera *b*), numeri 1), 2), 3) e 4), del medesimo decreto legislativo;

d) « destinatari », le persone fisiche, le persone giuridiche, gli enti, le associazioni e ogni altro soggetto pubblico o privato, residenti o aventi sede legale nel territorio italiano ovvero all'estero ove titolari di codice fiscale attribuito ai sensi del decreto del Presidente della Repubblica 29 settembre 1973, n. 605, ai quali le amministrazioni notificano atti, provvedimenti, avvisi e comunicazioni;

e) « delegati », le persone fisiche, le persone giuridiche, gli enti, le associazioni e ogni altro soggetto pubblico o privato, ivi inclusi i soggetti di cui all'articolo 12, comma 3, del decreto legislativo 31 dicembre 1992, n. 546, ai quali i destinatari conferiscono il potere di accedere alla piattaforma per reperire, consultare e acquisire, per loro conto, atti, provvedimenti, avvisi e comunicazioni notificati dalle amministrazioni;

f) « delega », l'atto con il quale i destinatari conferiscono ai delegati il potere di accedere, per loro conto, alla piattaforma;

g) « avviso di avvenuta ricezione », l'atto formato dal gestore della piattaforma, con il quale viene dato avviso al destinatario in ordine alle modalità di acquisizione del documento informatico oggetto di notificazione;

h) « identificativo univoco della notificazione (IUN) », il codice univoco attribuito dalla piattaforma a ogni singola notificazione richiesta dalle amministrazioni;

i) « avviso di mancato recapito », l'atto formato dal gestore della piattaforma con il quale viene dato avviso al destinatario in ordine alle ragioni della mancata consegna dell'avviso di avvenuta ricezione in formato elettronico e alle modalità di acquisizione del documento informatico oggetto di notificazione.

3. Ai fini della notificazione di atti, provvedimenti, avvisi e comunicazioni, in alternativa alle modalità previste da altre disposizioni di legge, anche in materia tributaria, le amministrazioni possono rendere disponibili telematicamente sulla piattaforma i corrispondenti documenti informatici. La formazione, trasmissione, copia, duplicazione, riproduzione e validazione temporale dei documenti informatici resi disponibili sulla piattaforma avviene nel rispetto del decreto legislativo 7 marzo 2005, n. 82, e delle Linee guida adottate in attuazione del medesimo decreto legislativo. Eventualmente anche con l'applicazione di « tecnologie basate su registri distribuiti », come definite dall'articolo 8-*ter* del decreto-legge 14 dicembre 2018, n. 135, convertito, con modificazioni, dalla legge 11 febbraio 2019, n. 12, il gestore della piattaforma assicura l'autenticità, l'integrità, l'immodificabilità, la leggibilità e la reperibilità dei documenti informatici resi disponibili dalle amministrazioni e, a sua volta, li rende disponibili ai destinatari, ai quali assicura l'accesso alla piattaforma, personalmente o a mezzo delegati, per il reperimento, la consultazione e l'acquisizione dei documenti informatici oggetto di notificazione. Ciascuna amministrazione, nel rispetto delle disposizioni del decreto legislativo n. 82 del 2005 e delle Linee guida adottate in attuazione del medesimo decreto legislativo, individua le modalità per garantire l'attestazione di conformità agli originali analogici delle copie informatiche di atti, provvedimenti, avvisi e comunicazioni, anche attraverso certificazione di processo nei casi in cui siano adottate tecniche in grado di garantire la corrispondenza della forma e del contenuto dell'originale e della copia. Gli agenti della riscossione e i soggetti di cui all'articolo 52, comma 5, lettera *b*), numeri 1), 2), 3) e 4), del decreto legislativo 15 dicembre 1997, n. 446 individuano e nominano i dipendenti incaricati di attestare la conformità agli originali analogici delle copie informatiche di atti, provvedimenti, avvisi e comunicazioni. I dipendenti incaricati di attestare la conformità di cui al presente comma, sono pubblici ufficiali ai sensi e per gli effetti di cui all'articolo 23, comma 2, del decreto legislativo 7 marzo 2005, n. 82. La piattaforma può essere utilizzata anche per la trasmissione di atti, provvedimenti, avvisi e comunicazioni per i quali non è previsto l'obbligo di notificazione al destinatario.

4. Il gestore della piattaforma, con le modalità previste dal decreto di cui al comma 15, per ogni atto, provvedimento, avviso o comunicazione oggetto di notificazione reso disponibile dall'amministrazione, invia al destinatario l'avviso di avvenuta ricezione, con il quale comunica l'esistenza e l'identificativo univoco della notificazione (IUN), nonché le modalità di accesso alla piattaforma e di acquisizione del documento oggetto di notificazione.

5. L'avviso di avvenuta ricezione, in formato elettronico, è inviato con modalità telematica ai destinatari titolari di un indirizzo di posta elettronica certificata o di un servizio elettronico di recapito certificato qualificato:

a) inserito in uno degli elenchi di cui agli articoli 6-*bis*, 6-*ter* e 6-*quater* del decreto legislativo 7 marzo 2005, n. 82;

b) eletto, ai sensi dell'articolo 3-*bis*, comma 4-*quinquies*, del decreto legislativo 7 marzo 2005, n. 82 o di altre disposizioni di legge, come domicilio speciale per determinati atti o affari, se a tali atti o affari è riferita la notificazione;

c) eletto per la ricezione delle notificazioni delle pubbliche amministrazioni effettuate tramite piattaforma secondo le modalità previste dai decreti di cui al comma 15.

5-*bis*. Ai destinatari di cui al comma 5, ove abbiano comunicato un indirizzo email non certificato, un numero di telefono o altro analogo recapito digitale diverso da quelli di cui al comma 5, il gestore della piattaforma invia anche un avviso di cortesia in modalità informatica contenente le stesse informazioni dell'avviso di avvenuta ricezione. L'avviso di cortesia è reso disponibile altresì tramite il punto di accesso di cui all'articolo 64-*bis* del decreto legislativo 7 marzo 2005, n. 82 (1).

6. Se la casella di posta elettronica certificata o il servizio elettronico di recapito certificato qualificato risultano saturi, il gestore della piattaforma effettua un secondo tentativo di consegna decorsi almeno sette giorni dal primo invio. Se anche a seguito di tale tentativo la casella di posta elettronica certificata o il servizio elettronico di recapito certificato qualificato risultano saturi oppure se l'indirizzo elettronico del destinatario non risulta valido o attivo, il gestore della piattaforma rende disponibile in apposita area riservata, per ciascun destinatario della notificazione, l'avviso di mancato recapito del messaggio, secondo le modalità previste dal decreto di cui al comma 15. Il gestore della piattaforma inoltre dà notizia al destinatario dell'avvenuta notificazione dell'atto a mezzo di lettera raccomandata, senza ulteriori adempimenti a proprio carico. In tale ultimo caso, il gestore della piattaforma invia anche l'avviso di cortesia di cui al comma 5-*bis*, ove sussistano i presupposti ivi previsti (2).

7. Ai destinatari diversi da quelli di cui al comma 5, l'avviso di avvenuta ricezione è notificato senza ritardo, in formato cartaceo, a mezzo posta direttamente dal gestore della piattaforma, con le modalità previste dalla legge 20 novembre 1982, n. 890 e con applicazione degli articoli 7, 8, 9 e 14 della stessa legge (3). In tutti

i casi in cui la legge consente la notifica a mezzo posta con raccomandata con avviso di ricevimento, la notificazione dell'avviso di avvenuta ricezione avviene senza ritardo, in formato cartaceo e in busta chiusa, a mezzo posta direttamente dal gestore della piattaforma, mediante invio di raccomandata con avviso di ricevimento (4). Ove all'indirizzo indicato non sia possibile il recapito del plico contenente l'avviso di avvenuta ricezione per cause diverse dalla temporanea assenza o dal rifiuto del destinatario o delle altre persone alle quali può essere consegnato il plico, l'addetto al recapito postale svolge in loco ogni opportuna indagine per accertare l'indirizzo dell'abitazione, ufficio o sede del destinatario irreperibile (4). Gli accertamenti svolti e il relativo esito sono verbalizzati e comunicati al gestore della piattaforma (4). Ove dagli accertamenti svolti dall'addetto al recapito postale ovvero dalla consultazione del registro dell'anagrafe della popolazione residente o dal registro delle imprese sia possibile individuare un indirizzo del destinatario diverso da quello al quale è stato tentato il precedente recapito, il gestore della piattaforma invia a tale diverso indirizzo l'avviso di avvenuta ricezione; in caso contrario, deposita l'avviso di avvenuta ricezione sulla piattaforma e lo rende così disponibile al destinatario (4). Quest'ultimo può in ogni caso acquisire copia dell'avviso di avvenuta ricezione tramite il fornitore di cui al successivo comma 20, con le modalità fissate dal decreto di cui al comma 15 (4). La notifica dell'avviso di avvenuta ricezione si perfeziona nel decimo giorno successivo a quello di deposito nella piattaforma (4). Il destinatario che incorra in decadenze e dimostri di non aver ricevuto la notifica per causa ad esso non imputabile può essere rimesso in termini (4). L'avviso contiene l'indicazione delle modalità con le quali è possibile accedere alla piattaforma e l'identificativo univoco della notificazione (IUN) mediante il quale, con le modalità previste dal decreto di cui al comma 15, il destinatario può ottenere la copia cartacea degli atti oggetto di notificazione. Agli stessi destinatari, ove abbiano comunicato un indirizzo email non certificato, un numero di telefono o un altro analogo recapito digitale diverso da quelli di cui al comma 5, il gestore della piattaforma invia un avviso di cortesia in modalità informatica contenente le stesse informazioni dell'avviso di avvenuta ricezione. L'avviso di cortesia è reso disponibile altresì tramite il punto di accesso di cui all'articolo 64-*bis* del decreto legislativo 7 marzo 2005, n. 82.

8. L'autenticazione alla piattaforma ai fini dell'accesso avviene tramite il sistema pubblico per la gestione dell'identità digitale di cittadini e imprese (SPID) di cui all'articolo 64 del decreto legislativo 7 marzo 2005, n. 82 ovvero tramite la Carta d'identità elettronica (CIE) di cui all'articolo 66 del medesimo decreto legislativo. L'accesso all'area riservata, ove sono consentiti il reperimento, la consultazione e l'acquisizione dei documenti informatici oggetto di notifica, è assicurato anche tramite il punto di accesso di cui all'articolo 64-*bis* del decreto legislativo 7 marzo 2005, n. 82. Con le modalità previste dal decreto di cui al comma 15, i destinatari possono conferire apposita delega per l'accesso alla piattaforma a uno o più delegati.

9. La notificazione si perfeziona:

a) per l'amministrazione, nella data in cui il documento informatico è reso disponibile sulla piattaforma;

b) per il destinatario:

1) il settimo giorno successivo alla data di consegna dell'avviso di avvenuta ricezione in formato elettronico, risultante dalla ricevuta che il gestore della casella di posta elettronica certificata o del servizio elettronico di recapito certificato qualificato del destinatario trasmette al gestore della piattaforma o, nei casi di casella postale satura, non valida o non attiva, il quindicesimo giorno successivo alla data del deposito dell'avviso di mancato recapito di cui al comma 6. Se l'avviso di avvenuta ricezione è consegnato al destinatario dopo le ore 21.00, il termine di sette giorni si computa a decorrere dal giorno successivo;

2) il decimo giorno successivo al perfezionamento della notificazione dell'avviso di avvenuta ricezione in formato cartaceo;

3) in ogni caso, se anteriore, nella data in cui il destinatario, o il suo delegato, ha accesso, tramite la piattaforma, al documento informatico oggetto di notificazione.

10. La messa a disposizione ai fini della notificazione del documento informatico sulla piattaforma impedisce qualsiasi decadenza dell'amministrazione e interrompe il termine di prescrizione correlato alla notificazione dell'atto, provvedimento, avviso o comunicazione.

11. Il gestore della piattaforma, con le modalità previste dal decreto di cui al comma 15, forma e rende disponibili sulla piattaforma, alle amministrazioni e ai destinatari, le attestazioni opponibili ai terzi relative:

a) alla data di messa a disposizione dei documenti informatici sulla piattaforma da parte delle amministrazioni;

b) all'indirizzo del destinatario risultante, alla data dell'invio dell'avviso di avvenuta ricezione, da uno degli elenchi di cui agli articoli 6-*bis*, 6-*ter* e 6-*quater* del decreto legislativo 7 marzo 2005, n. 82 o eletto ai sensi del comma 5, lettera *c*);

c) alla data di invio e di consegna al destinatario dell'avviso di avvenuta ricezione in formato elettronico; e alla data di ricezione del messaggio di mancato recapito alle caselle di posta elettronica certificata o al servizio elettronico di recapito certificato qualificato risultanti sature, non valide o non attive;

d) alla data in cui il gestore della piattaforma ha reso disponibile l'avviso di mancato recapito del messaggio ai sensi del comma 6;

e) alla data in cui il destinatario ha avuto accesso al documento informatico oggetto di notificazione;

f) al periodo di malfunzionamento della piattaforma ai sensi del comma 13;

g) alla data di ripristino delle funzionalità della piattaforma ai sensi del comma 13.

12. Il gestore della piattaforma rende altresì disponibile la copia informatica dell'avviso di avvenuta ricezione cartaceo e degli atti relativi alla notificazione effettuata con le modalità di cui al comma 7 (5), dei quali attesta la conformità agli originali.

13. Il malfunzionamento della piattaforma, attestato dal gestore con le modalità previste dal comma 15, lettera *d*), qualora renda impossibile l'inoltro telematico, da parte dell'amministrazione, dei documenti informatici destinati alla notificazione ovvero, al destinatario e al delegato, l'accesso, il reperimento, la consultazione e l'acquisizione dei documenti informatici messi a disposizione, comporta:

a) la sospensione del termine di prescrizione dei diritti dell'amministrazione correlati agli atti, provvedimenti, avvisi e comunicazioni oggetto di notificazione, scadente nel periodo di malfunzionamento, sino al settimo giorno successivo alla comunicazione di avvenuto ripristino delle funzionalità della piattaforma;

b) la proroga del termine di decadenza di diritti, poteri o facoltà dell'amministrazione o del destinatario, correlati agli atti, provvedimenti, avvisi e comunicazioni oggetto di notificazione, scadente nel periodo di malfunzionamento, sino al settimo giorno successivo alla comunicazione di avvenuto ripristino delle funzionalità della piattaforma.

14. Le spese di notificazione degli atti, provvedimenti, avvisi e comunicazioni oggetto di notificazione tramite piattaforma sono poste a carico del destinatario e sono destinate alle amministrazioni, al fornitore del servizio universale di cui all'articolo 3 del decreto legislativo 22 luglio 1999, n. 261 e al gestore della piattaforma. Con decreto del Presidente del Consiglio dei ministri, o del Ministro delegato per l'innovazione tecnologica e la digitalizzazione, di concerto con il Ministro dell'economia e delle finanze, sono disciplinate le modalità di determinazione e anticipazione delle spese e i criteri di riparto.

15. Con uno o più decreti del Presidente del Consiglio dei ministri, o del Ministro delegato per l'innovazione tecnologica e la digitalizzazione, sentiti il Ministro dell'economia e delle finanze e il Garante per la protezione dei dati personali per gli aspetti di competenza, acquisito il parere in sede di Conferenza unificata di cui all'articolo 8 del decreto legislativo 28 agosto 1997, n. 281, da adottare entro centoventi giorni dalla data di entrata in vigore del presente articolo, nel rispetto del decreto legislativo 7 marzo 2005, n. 82:

a) sono definiti l'infrastruttura tecnologica della piattaforma e il piano dei test per la verifica del corretto funzionamento. La piattaforma è sviluppata applicando i criteri di accessibilità di cui alla legge 9 gennaio 2004, n. 4 nel rispetto dei principi di usabilità, completezza di informazione, chiarezza di linguaggio, affidabilità, semplicità di consultazione, qualità, omogeneità e interoperabilità;

b) sono stabilite le regole tecniche e le modalità con le quali le amministrazioni identificano i destinatari e rendono disponibili telematicamente sulla piattaforma i documenti informatici oggetto di notificazione;

c) sono stabilite le modalità con le quali il gestore della piattaforma attesta e certifica, con valore legale opponibile ai terzi, la data e l'ora in cui i documenti informatici delle amministrazioni sono depositati sulla piattaforma e resi disponibili ai destinatari attraverso la piattaforma, nonché il domicilio del destinatario risultante dagli elenchi di cui al comma 5, lettera *a*) alla data della notificazione;

d) sono individuati i casi di malfunzionamento della piattaforma, nonché le modalità con le quali il gestore della piattaforma attesta il suo malfunzionamento e comunica il ripristino della sua funzionalità;

e) sono stabilite le modalità di accesso alla piattaforma e di consultazione degli atti, provvedimenti, avvisi e comunicazioni da parte dei destinatari e dei delegati, nonché le modalità con le quali il gestore della piattaforma attesta la data e l'ora in cui il destinatario o il delegato accedono, tramite la piattaforma, all'atto oggetto di notificazione;

f) sono stabilite le modalità con le quali i destinatari eleggono il domicilio digitale presso la piattaforma e, anche attraverso modelli semplificati, conferiscono o revocano ai delegati la delega per l'accesso alla piattaforma, nonché le modalità di accettazione e rinunzia delle deleghe;

g) sono stabiliti i tempi e le modalità di conservazione dei documenti informatici resi disponibili sulla piattaforma;

h) sono stabilite le regole tecniche e le modalità con le quali i destinatari indicano il recapito digitale ai fini della ricezione dell'avviso di cortesia di cui ai commi 5-*bis*, 6 e 7 (6);

i) sono individuate le modalità con le quali i destinatari dell'avviso di avvenuta ricezione notificato in formato cartaceo ottengono la copia cartacea degli atti oggetto di notificazione o, nei casi previsti dal comma 7, sesto periodo, dell'avviso di avvenuta ricezione (7);

l) sono disciplinate le modalità di adesione delle amministrazioni alla piattaforma.

l-bis) sono disciplinate le modalità con le quali gli addetti al recapito postale comunicano al gestore della piattaforma l'esito degli accertamenti di cui al comma 7, quarto periodo (8).

16. Con atto del Capo della competente struttura della Presidenza del Consiglio dei ministri, ultimati i test e le prove tecniche di corretto funzionamento della piattaforma, è fissato il termine a decorrere dal quale le amministrazioni possono aderire alla piattaforma

17. La notificazione a mezzo della piattaforma di cui al comma 1 non si applica:

a) agli atti del processo civile, penale, per l'applicazione di misure di prevenzione, amministrativo, tributario e contabile e ai provvedimenti e alle comunicazioni ad essi connessi;

b) agli atti della procedura di espropriazione forzata disciplinata dal titolo II, capi II e IV, del decreto del Presidente della Repubblica 29 settembre 1973, n. 602, diversi da quelli di cui agli articoli 50, commi 2 e 3, e 77, comma 2-*bis*, del medesimo decreto;

c) agli atti dei procedimenti di competenza delle autorità provinciali di pubblica sicurezza relativi a pubbliche manifestazioni, misure di prevenzione personali e patrimoniali, autorizzazioni e altri provvedimenti a contenuto abilitativo, soggiorno, espulsione e allontanamento dal territorio nazionale degli stranieri e dei cittadini dell'Unione europea, o comunque agli atti di ogni altro procedimento a carattere preventivo in materia di pubblica sicurezza, e ai provvedimenti e alle comunicazioni ad essi connessi.

18. All'articolo 50, comma 3, del decreto del Presidente della Repubblica 29 settembre 1973, n. 602, le

parole "trascorsi centottanta giorni" sono sostituite dalle seguenti: "trascorso un anno".

19. All'articolo 1, comma 402, della legge 27 dicembre 2019, n. 160, il secondo periodo è sostituito dal seguente: "La società di cui al primo periodo affida, in tutto o in parte, lo sviluppo della piattaforma al fornitore del servizio universale di cui all'articolo 3 del decreto legislativo 22 luglio 1999, n. 261, anche attraverso il riuso dell'infrastruttura tecnologica esistente di proprietà del suddetto fornitore."

20. Il gestore si avvale del fornitore del servizio universale di cui all'articolo 3 del decreto legislativo 22 luglio 1999, n. 261, anche per effettuare (9) la consegna della copia cartacea degli atti oggetto di notificazione previste dal comma 7 e garantire, su tutto il territorio nazionale, l'accesso universale alla piattaforma e al nuovo servizio di notificazione digitale.

21. Per l'adesione alla piattaforma, le amministrazioni utilizzano le risorse umane, finanziarie e strumentali previste a legislazione vigente, senza nuovi o maggiori oneri per la finanza pubblica.

22. Per la realizzazione della piattaforma di cui al comma 1 e l'attuazione della presente disposizione sono utilizzate le risorse di cui all'articolo 1, comma 403, della legge 27 dicembre 2019, n. 160.

(1) *Comma inserito dall'art. 38, comma 1, lett.* a) *d.l. 31 maggio 2021, n. 77, conv., con modif., in l. 29 luglio 2021, n. 108.*

(2) *Periodo aggiunto dall'art. 38, comma 1, lett.* b) *d.l. n. 77, cit.*

(3) *Le parole* « e con applicazione degli articoli 7, 8, 9 e 14 della stessa legge » *sono state sostituite alle parole* « e con applicazione degli articoli 7, 8 e 9 della stessa legge » *dall'art. 38, comma 1, lett.* c), *n. 1 d.l. n. 77, cit.*

(4) *Periodo aggiunto dall'art. 38, comma 1, lett.* c), *n. 2 d.l. n. 77, cit.*

(5) *Le parole* « effettuata con le modalità di cui al comma 7 » *sono state sostituite alle parole* « ai sensi della legge 20 novembre 1982, n. 890 » *dall'art. 38, comma 1, lett.* d) *d.l. n. 77, cit.*

(6) *Le parole* « ai commi 5-bis, 6 e 7 » *sono state sostituite alle parole* « al comma 7 » *dall'art. 38, comma 1, lett.* e), *n. 1 d.l. n. 77, cit.*

(7) *Le parole* « o, nei casi previsti dal comma 7, sesto periodo, dell'avviso di avvenuta ricezione » *sono state inserite dall'art. 38, comma 1, lett.* e), *n. 2 d.l. n. 77, cit.*

(8) *Lettera aggiunta dall'art. 38, comma 1, lett.* e), *n. 3 d.l. n. 77, cit.*

(9) *Le parole* « la spedizione dell'avviso di avvenuta ricezione e » *che seguivano le parole* « per effettuare » *sono state soppresse dall'art. 38, comma 1, lett.* f) *d.l. n. 77, cit.*

27 Misure per la semplificazione e la diffusione della firma elettronica avanzata e dell'identità digitale per l'accesso ai servizi bancari.

1. Ferma restando l'applicazione delle regole tecniche di cui all'articolo 20, comma 3, del decreto legislativo 7 marzo 2005, n. 82, per il rilascio della firma elettronica avanzata, nel rispetto della disciplina europea, si può procedere alla verifica dell'identità dell'utente anche tramite uno dei seguenti processi:

a) processi di identificazione elettronica e di autenticazione informatica basati su credenziali che assicurano i requisiti previsti dall'articolo 4 del Regolamento Delegato (UE) 2018/389 della Commissione del 27 novembre 2017 già attribuite, dal soggetto che eroga la firma elettronica avanzata, al medesimo utente identificato ai sensi dell'articolo 19 del decreto legislativo 21 novembre 2007, n. 231;

b) processi di identificazione elettronica e di autenticazione informatica, a due fattori, basati su credenziali già rilasciate all'utente nell'ambito del Sistema Pubblico per la gestione dell'Identità Digitale di cittadini e imprese di cui all'articolo 64 del decreto legislativo 7 marzo 2005, n. 82;

c) processi di identificazione elettronica e di autenticazione informatica, basati su credenziali di livello almeno "significativo", nell'ambito di un regime di identificazione elettronica notificato, oggetto di notifica conclusa con esito positivo, ai sensi dell'articolo 9 del Regolamento (UE) n. 910/2014 di livello almeno "significativo".

2. I soggetti che erogano soluzioni di firma elettronica avanzata conservano per almeno venti anni le evidenze informatiche del processo di autenticazione in base al quale è stata attribuita la firma elettronica avanzata.

3. Al decreto legislativo 21 novembre 2007, n. 231, sono apportate le seguenti modificazioni:

a) all'articolo 1, comma 2, lettera *n*), le parole "gli estremi del documento di identificazione" sono soppresse;

b) all'articolo 18, comma 1, la lettera *a*) è sostituita dalla seguente: "*a*) l'identificazione del cliente e la verifica della sua identità sulla base di documenti, dati o informazioni ottenuti da una fonte affidabile e indipendente. Le medesime misure si attuano nei confronti dell'esecutore, anche in relazione alla verifica dell'esistenza e dell'ampiezza del potere di rappresentanza in forza del quale opera in nome e per conto del cliente;";

c) all'articolo 19, comma 1:

1) alla lettera *a*), il numero 2) è sostituito dal seguente:

"2) per i clienti in possesso di un'identità digitale, con livello di garanzia almeno significativo, nell'ambito del Sistema di cui all'articolo 64 del predetto decreto legislativo n. 82 del 2005, e della relativa normativa regolamentare di attuazione, nonché di un'identità digitale con livello di garanzia almeno significativo, rilasciata nell'ambito di un regime di identificazione elettronica compreso nell'elenco pubblicato dalla Commissione europea a norma dell'articolo 9 del regolamento UE n. 910/2014, o di un certificato per la generazione di firma elettronica qualificata o, infine, identificati per mezzo di procedure di identificazione elettronica sicure e regolamentate ovvero autorizzate o riconosciute dall'Agenzia per l'Italia digitale;";

2) alla lettera *a*), dopo il numero 4) è inserito il seguente:

"4-*bis*) per i clienti che, previa identificazione elettronica basata su credenziali che assicurano i requisiti previsti dall'articolo 4 del Regolamento Delegato (UE) 2018/389 della Commissione del 27 novembre 2017, dispongono un bonifico verso un conto di pagamento intestato al soggetto tenuto all'obbligo di identificazione. Tale modalità di identificazione e verifica dell'identità può essere utilizzata solo con riferimento a rapporti relativi a carte di pagamento e dispositivi analoghi, nonché a strumenti di pagamento basati su dispositivi di telecomunicazione, digitali o informatici, con esclusione dei casi in cui tali carte, dispositivi o strumenti sono utilizzabili per generare l'informazione necessaria a effettuare direttamente un bonifico o un addebito diretto verso e da un conto di pagamento;";

3) alla lettera *b*) prima della parola "laddove" è inserita la seguente: "solo".

3-*bis*. (*Omissis*).

28 Semplificazione della notificazione e comunicazione telematica degli atti in materia civile, penale, amministrativa, contabile e stragiudiziale.

1. Al decreto-legge 18 ottobre 2012, n. 179, convertito, con modificazioni, dalla legge 17 dicembre 2012, n. 221, sono apportate le seguenti modificazioni:

a) all'articolo 16, comma 12, al primo periodo, le parole "entro il 30 novembre 2014" sono soppresse e, in fine, sono aggiunti i seguenti periodi: "Con le medesime modalità, le amministrazioni pubbliche possono comunicare altresì gli indirizzi di posta elettronica certificata di propri organi o articolazioni, anche territoriali, presso cui eseguire le comunicazioni o notificazioni per via telematica nel caso in cui sia stabilito presso questi l'obbligo di notifica degli atti introduttivi di giudizio in relazione a specifiche materie ovvero in caso di autonoma capacità o legittimazione processuale. Per il caso di costituzione in giudizio tramite propri dipendenti, le amministrazioni pubbliche possono altresì comunicare ulteriori indirizzi di posta elettronica certificata, riportati in una speciale sezione dello stesso elenco di cui al presente articolo e corrispondenti a specifiche aree organizzative omogenee, presso cui eleggono domicilio ai fini del giudizio.";

b) all'articolo 16, il comma 13 è sostituito dal seguente: "13. In caso di mancata comunicazione ai sensi del comma 12, le comunicazioni e notificazioni a cura della cancelleria si effettuano ai sensi dei commi 6 e 8 e le notificazioni ad istanza di parte si effettuano ai sensi dell'articolo 16-*ter*, comma 1-*ter*.";

c) all'articolo 16-ter, comma 1-*bis*, le parole "del comma 1" sono sostituite dalle seguenti: "dei commi 1 e 1-*ter*" e dopo il comma 1-*bis* è aggiunto il seguente: "1-*ter*. Fermo restando quanto previsto dal regio decreto 30 ottobre 1933, n. 1611, in materia di rappresentanza e difesa in giudizio dello Stato, in caso di mancata indicazione nell'elenco di cui all'articolo 16, comma 12, la notificazione alle pubbliche amministrazioni degli atti in materia civile, penale, amministrativa, contabile e stragiudiziale è validamente effettuata, a tutti gli effetti, al domicilio digitale indicato nell'elenco previsto dall'articolo 6-ter del decreto legislativo 7 marzo 2005, n. 82, e, ove nel predetto elenco risultino indicati, per la stessa amministrazione pubblica, più domicili digitali, la notificazione è effettuata presso l'indirizzo di posta elettronica certificata primario indicato, secondo le previsioni delle Linee guida di AgID, nella sezione ente dell'amministrazione pubblica destinataria. Nel caso in cui sussista l'obbligo di notifica degli atti introduttivi di giudizio in relazione a specifiche materie presso organi o articolazioni, anche territoriali, delle pubbliche amministrazioni, la notificazione può essere eseguita all'indirizzo di posta elettronica certificata espressamente indicato nell'elenco di cui all'articolo 6-ter del decreto legislativo 7 marzo 2005, n. 82, per detti organi o articolazioni.".

2. Ferma restando l'immediata applicazione dell'articolo 16-*ter*, comma 1-*ter*, del decreto-legge 18 ottobre 2012, n. 179, convertito, con modificazioni, dalla legge 17 dicembre 2012, n. 221, come introdotto dal presente decreto, con provvedimento del responsabile dei sistemi informativi automatizzati del Ministero della giustizia, da adottare nel termine di novanta giorni dalla data di entrata in vigore del presente decreto, sono dettate le specifiche tecniche per l'attuazione delle disposizioni di cui all'articolo 16, comma 12, del decreto-legge n. 179 del 2012, come modificato dal presente articolo.

CAPO II
Norme generali per lo sviluppo dei sistemi informativi delle pubbliche amministrazioni e l'utilizzo del digitale nell'azione amministrativa

32 Codice di condotta tecnologica.

1. Al fine di garantire il coordinamento nello sviluppo dei sistemi informativi e dell'offerta dei servizi in rete delle pubbliche amministrazioni su tutto il territorio nazionale, al decreto legislativo 7 marzo 2005, n. 82, dopo l'articolo 13, è inserito il seguente:

"Art. 13-*bis*. (Codice di condotta tecnologica ed esperti) - 1. Al fine di favorire la digitalizzazione della pubblica amministrazione e garantire il necessario coordinamento sul piano tecnico delle varie iniziative di innovazione tecnologica, i soggetti di cui all'articolo 2, comma 2, lettera *a*), nell'ambito delle risorse disponibili, progettano, realizzano e sviluppano i propri sistemi informatici e servizi digitali, in coerenza con gli obiettivi dell'agenda digitale italiana ed europea e nel rispetto del codice di condotta tecnologica adottato dal Capo dipartimento della struttura della Presidenza del Consiglio dei ministri competente per la trasformazione digitale, sentiti l'AgID e il nucleo per la sicurezza cibernetica di cui all'articolo 12, comma 6, del decreto legislativo 18 maggio 2018, n. 65 e acquisito il parere della Conferenza unificata di cui all'articolo 8 del decreto legislativo 28 agosto 1997, n. 281, entro sessanta giorni dall'entrata in vigore della presente disposizione".

2. Il codice di condotta tecnologica disciplina le modalità di progettazione, sviluppo e implementazione dei progetti, sistemi e servizi digitali delle amministrazioni pubbliche, nel rispetto del principio di non discriminazione, dei diritti e delle libertà fondamentali delle persone e della disciplina in materia di perimetro nazionale di sicurezza cibernetica.

3. I soggetti di cui all'articolo 2, comma 2, lettera *a*), che avviano progetti di sviluppo dei servizi digitali sono tenuti a rispettare il codice di condotta tecnologica e possono avvalersi, singolarmente o in forma associata, di uno o più esperti in possesso di comprovata esperienza e qualificazione professionale nello sviluppo e nella gestione di processi complessi di trasformazione tecnologica e progetti di trasformazione digitale, nel

limite delle risorse progettuali disponibili a legislazione vigente per lo scopo.

Il codice di condotta tecnologica indica anche le principali attività, ivi compresa la formazione del personale, che gli esperti svolgono in collaborazione con il responsabile per la transizione digitale dell'amministrazione pubblica interessata, nonché il limite massimo di durata dell'incarico, i requisiti di esperienza e qualificazione professionale e il trattamento economico massimo da riconoscere agli esperti.

4. Nella realizzazione e nello sviluppo dei sistemi informativi, è sempre assicurata l'integrazione con le piattaforme abilitanti previste dagli articoli 5, 62, 64 e 64-*bis*, nonché la possibilità di accedere da remoto ad applicativi, dati e informazioni necessari allo svolgimento della prestazione lavorativa in modalità agile, assicurando un adeguato livello di sicurezza informatica, in linea con le migliori pratiche e gli standard nazionali ed internazionali per la protezione delle proprie reti, nonché promuovendo la consapevolezza dei lavoratori sull'uso sicuro dei suddetti sistemi informativi, anche attraverso la diffusione di apposite linee guida, e disciplinando anche la tipologia di attività che possono essere svolte.

5. L'AgID verifica il rispetto del codice di condotta tecnologica da parte dei soggetti interessati e può diffidare i soggetti a conformare la propria condotta agli obblighi previsti dal codice. La progettazione, la realizzazione e lo sviluppo di servizi digitali e sistemi informatici in violazione del codice di condotta tecnologica costituiscono mancato raggiungimento di uno specifico risultato e di un rilevante obiettivo da parte dei dirigenti responsabili delle strutture competenti e comportano la riduzione, non inferiore al 30 per cento, della retribuzione di risultato e del trattamento accessorio collegato alla performance individuale dei dirigenti competenti, oltre al divieto di attribuire premi o incentivi nell'ambito delle medesime strutture.".

CAPO IV
Misure per l'innovazione

36 Misure di semplificazione amministrativa per l'innovazione.

1. Al fine di favorire la trasformazione digitale della pubblica amministrazione, nonché lo sviluppo, la diffusione e l'impiego delle tecnologie emergenti e di iniziative ad alto valore tecnologico, le imprese, le Università, gli enti di ricerca, pubblici e privati, e le società con caratteristiche di spin off o di start up universitari di cui all'articolo 6, comma 9, della legge 30 dicembre 2010, n. 240, che intendono sperimentare iniziative attinenti all'innovazione tecnologica e alla digitalizzazione, possono presentare alla struttura della Presidenza del Consiglio dei ministri competente per la trasformazione digitale i relativi progetti, con contestuale domanda di temporanea deroga alle norme dello Stato, diverse da quelle di cui al comma 3, che impediscono la sperimentazione. Nella domanda sono indicati il titolare della richiesta e il responsabile della sperimentazione, sono specificati le caratteristiche, i profili di innovazione, la durata, le finalità del progetto e della sperimentazione, nonché i risultati e i benefici attesi, le modalità con le quali il richiedente intende svolgere il monitoraggio delle attività e valutarne gli impatti, nonché gli eventuali rischi connessi all'iniziativa e le prescrizioni che si propongono per la loro mitigazione.

2. Le domande vengono contestualmente indirizzate anche al Ministero dello sviluppo economico, che, sentito il Ministero delle infrastrutture e dei trasporti per gli eventuali aspetti relativi alla sicurezza della circolazione, le esamina entro 30 giorni dal ricevimento e redige una relazione istruttoria contenente la proposta di autorizzazione alla competente struttura della Presidenza del Consiglio dei ministri ovvero di preavviso di diniego. Non si applicano gli articoli 19 e 20 della legge 7 agosto 1990, n. 241. Il Ministero dello sviluppo economico può richiedere chiarimenti o integrazioni della domanda al richiedente e, in tal caso, la richiesta interrompe il termine di cui al primo periodo, che inizia a decorrere nuovamente dalla ricezione degli elementi richiesti o dalla scadenza del termine assegnato per la risposta. La mancata trasmissione dei chiarimenti e delle integrazioni da parte del richiedente, nel termine indicato, comporta il rigetto della domanda.

Per tutti i progetti che presentano concreti ed effettivi profili di innovazione tecnologica, i cui risultati attesi comportano positivi impatti sulla qualità dell'ambiente o della vita e che presentano concrete probabilità di successo, la competente struttura della Presidenza del Consiglio dei ministri, d'intesa con il Ministero dello sviluppo economico, autorizza la sperimentazione, fissandone la durata, non superiore ad un anno e prorogabile una sola volta, stabilendone le modalità di svolgimento e imponendo le prescrizioni ritenute necessarie per mitigare i rischi ad essa connessi, dando comunicazione delle proprie determinazioni, anche ove ostative all'accoglimento della domanda, al richiedente. L'autorizzazione sostituisce ad ogni effetto tutti gli atti di assenso, permessi, autorizzazioni, nulla osta, comunque denominati, di competenza di altre amministrazioni statali. Ove l'esercizio dell'attività oggetto di sperimentazione sia soggetto anche a pareri, intese, concerti, nulla osta, autorizzazioni o altri atti di assenso, comunque denominati, di competenza di altre amministrazioni la competente struttura della Presidenza del Consiglio dei ministri procede, d'intesa con il Ministero dello sviluppo economico, ai sensi degli articoli 14, 14-*bis*, 14-*ter*, 14-*quater* e 14-*quinquies*, della legge 7 agosto 1990, n. 241, con il dimezzamento dei termini ivi previsti.

3. Con l'autorizzazione di cui al comma 2 non può essere disposta in nessun caso la deroga di disposizioni a tutela della salute, dell'ambiente, dei beni culturali e paesaggistici ovvero di disposizioni penali o del codice delle leggi antimafia e delle misure di prevenzione di cui al decreto legislativo 6 settembre 2011, n. 159, né possono essere violati o elusi vincoli inderogabili derivanti dall'appartenenza all'Unione europea o da obblighi internazionali.

4. La struttura della Presidenza del Consiglio dei ministri competente per la trasformazione digitale, d'intesa con il Ministero dello sviluppo economico, vigila sulla sperimentazione autorizzata e verifica il ri-

spetto delle prescrizioni imposte, l'avanzamento dell'iniziativa, i risultati conseguiti e gli impatti sulla qualità dell'ambiente e della vita. In caso di violazione delle prescrizioni imposte, diffida l'impresa richiedente ad adeguarsi alle prescrizioni e a rimuovere ogni eventuale conseguenza derivante dalla violazione, assegnando all'uopo un congruo termine, comunque non inferiore a quindici giorni. In caso di inottemperanza alla diffida, la struttura della Presidenza del Consiglio dei ministri competente per la trasformazione digitale dispone, d'intesa con il Ministero dello sviluppo economico, la revoca dell'autorizzazione.

5. Al termine della sperimentazione, l'impresa richiedente trasmette alla struttura della Presidenza del Consiglio dei ministri competente per la trasformazione digitale e al Ministero dello sviluppo economico una documentata relazione con la quale illustra i risultati del monitoraggio e della sperimentazione, nonché i benefici economici e sociali conseguiti. La struttura della Presidenza del Consiglio dei ministri competente per la trasformazione digitale, sulla base degli accertamenti svolti durante la sperimentazione e a conclusione della stessa, valutato il contenuto della relazione di cui al precedente periodo, attesta se l'iniziativa promossa dall'impresa richiedente si è conclusa positivamente ed esprime un parere al Presidente del Consiglio dei ministri e al Ministro competente per materia sulla opportunità di modifica delle disposizioni di legge o di regolamento che disciplinano l'attività oggetto di sperimentazione.

6. Entro novanta giorni dalla data dell'attestazione positiva di cui al comma 5, il Presidente del Consiglio dei ministri, o il Ministro delegato, di concerto con il Ministro competente per materia, promuove le iniziative normative e regolamentari eventualmente necessarie per disciplinare l'esercizio dell'attività oggetto di sperimentazione.

7. L'impresa richiedente è in via esclusiva responsabile dei danni cagionati a terzi in dipendenza dallo svolgimento della sperimentazione. Il rilascio dell'autorizzazione di cui al comma 2 non esclude o attenua la responsabilità dell'impresa richiedente.

8. Il presente articolo non si applica alle attività che possono essere sperimentate ai sensi dell'articolo 36 del decreto-legge 30 aprile 2019, n. 34, convertito, con modificazioni, dalla legge 28 giugno 2019, n. 58. In ogni caso, con l'autorizzazione di cui al presente articolo non può essere disposta la sperimentazione in materia di raccolta del risparmio, credito, finanza, moneta, moneta elettronica, sistema dei pagamenti, assicurazioni e di ogni altro servizio finanziario oggetto di autorizzazione ai sensi di disposizioni dell'Unione europea o di disposizioni nazionali che danno attuazione a disposizioni dell'Unione europea, nonché in materia di sicurezza nazionale. È altresì esclusa l'autorizzazione alla sperimentazione di cui al presente articolo in materia anagrafica, di stato civile, di carta d'identità elettronica, elettorale e referendaria, nonché con riguardo ai procedimenti di competenza delle autorità provinciali di pubblica sicurezza relativi a pubbliche manifestazioni, misure di prevenzione personali e patrimoniali, autorizzazioni e altri provvedimenti a contenuto abilitativo, soggiorno, espulsione e allontanamento dal territorio nazionale degli stranieri e dei cittadini dell'Unione europea, o comunque di ogni altro procedimento a carattere preventivo in materia di pubblica sicurezza, e ai provvedimenti e alle comunicazioni ad essi connessi.

9. Dall'attuazione del presente articolo non devono derivare nuovi o maggiori oneri a carico della finanza pubblica. La competente struttura della Presidenza del Consiglio dei ministri provvede con le risorse umane, strumentali e finanziarie disponibili a legislazione vigente.

CAPO II
Semplificazioni in materia ambientale

51 Semplificazioni in materia di VIA per interventi di incremento della sicurezza di infrastrutture stradali, autostradali, ferroviarie e idriche e di attuazione degli interventi infrastrutturali.

1. [Con uno o più decreti del Presidente del Consiglio dei ministri, adottati entro il 31 dicembre 2020 su proposta del Ministro dell'ambiente e della tutela del territorio e del mare e del Ministro delle infrastrutture e dei trasporti, sono individuati gli interventi urgenti finalizzati al potenziamento o all'adeguamento della sicurezza delle infrastrutture stradali, autostradali, ferroviarie e idriche esistenti che ricadono nelle categorie progettuali di cui agli allegati II e II-bis, alla parte seconda del decreto legislativo 3 aprile 2006, n. 152. In relazione agli interventi individuati con i decreti di cui al primo periodo, il proponente presenta al Ministero dell'ambiente e della tutela del territorio e del mare, dandone contestuale comunicazione al Ministero delle infrastrutture e dei trasporti che nei successivi dieci giorni trasmette le proprie osservazioni al Ministero dell'ambiente e della tutela del territorio e del mare, gli elementi informativi dell'intervento e quelli del sito, secondo le modalità di cui all'articolo 6, comma 9, del decreto legislativo n. 152 del 2006 finalizzati a stabilire, in ragione della presunta assenza di potenziali impatti ambientali significativi e negativi, se essi devono essere assoggettati a verifica di assoggettabilità a VIA, a VIA, ovvero non rientrano nelle categorie di cui ai commi 6 o 7 del medesimo articolo 6 del decreto legislativo n. 152 del 2006. Il Ministero dell'ambiente e della tutela del territorio e del mare, entro trenta giorni dalla data di presentazione della richiesta, comunica al proponente l'esito delle proprie valutazioni] (1).

2. Per la realizzazione o la modifica di infrastrutture stradali, autostradali, ferroviarie e idriche esistenti che ricadono nelle categorie progettuali di cui agli allegati II e II-bis alla parte seconda del decreto legislativo n. 152 del 2006, la durata dell'efficacia del provvedimento di cui al comma 5 dell'articolo 25 del decreto legislativo n. 152 del 2006 non può essere inferiore a dieci anni. In relazione ai medesimi interventi, la durata dell'efficacia dell'autorizzazione paesaggistica di cui al comma 4 dell'articolo 146 del decreto legislativo 22 gennaio 2004, n. 42 è pari a dieci anni.

(1) *Comma abrogato dall'art.4, comma 1, d.l. 27 settembre 2021, n. 130, conv.,con modif., in l. 25 novembre 2021, n. 171*

55-*bis* Semplificazioni per interventi su impianti sportivi.

1. All'articolo 62 del decreto-legge 24 aprile 2017, n. 50, convertito, con modificazioni, dalla legge 22 giugno 2017, n. 96, dopo il comma 1 sono inseriti i seguenti:

"1-*bis*. Al fine di prevenire il consumo di suolo e di rendere maggiormente efficienti gli impianti sportivi destinati ad accogliere competizioni agonistiche di livello professionistico, nonché allo scopo di garantire l'adeguamento di tali impianti agli standard internazionali di sicurezza, salute e incolumità pubbliche, il soggetto che intenda realizzare gli interventi di cui al comma 1 può procedere anche in deroga agli articoli 10, 12, 13, 136 e 140 del codice dei beni culturali e del paesaggio, di cui al decreto legislativo 22 gennaio 2004, n. 42, e alle eventuali dichiarazioni di interesse culturale o pubblico già adottate, nel rispetto dei soli specifici elementi strutturali, architettonici o visuali di cui sia strettamente necessaria a fini testimoniali la conservazione o la riproduzione anche in forme e dimensioni diverse da quella originaria. L'individuazione di tali elementi, qualora presenti, è rimessa al Ministero per i beni e le attività culturali e per il turismo, il quale ne indica modalità e forme di conservazione, anche distaccata dal nuovo impianto sportivo, mediante interventi di ristrutturazione o sostituzione edilizia volti alla migliore fruibilità dell'impianto medesimo. Il provvedimento di cui al periodo precedente è adottato entro il termine di novanta giorni dalla richiesta del proprietario o del concessionario dell'impianto sportivo, prorogabile una sola volta di ulteriori trenta giorni per l'acquisizione di documenti che non siano già in possesso della sovrintendenza territorialmente competente e che siano necessari all'istruttoria. Decorso tale termine senza che il Ministero abbia completato la verifica, il vincolo di tutela artistica, storica e culturale ricadente sull'impianto sportivo viene meno e cessano gli effetti delle dichiarazioni di interesse culturale eventualmente già adottate.

1-*ter*. Nell'adozione del provvedimento di cui al comma 1-*bis*, il Ministero per i beni e le attività culturali e per il turismo tiene conto che l'esigenza di preservare il valore testimoniale dell'impianto è recessiva rispetto all'esigenza di garantire la funzionalità dell'impianto medesimo ai fini della sicurezza, della salute e della incolumità pubbliche, nonché dell'adeguamento agli standard internazionali e della sostenibilità economico-finanziaria dell'impianto. La predetta esigenza prevalente rileva anche ai fini delle valutazioni di impatto ambientale e di compatibilità paesaggistica dell'intervento".

2. Regolamento (UE) 2021/241 del Parlamento europeo e del Consiglio del 12 febbraio 2021, che istituisce il dispositivo per la ripresa e la resilienza.

Pubblicato nella G.U.U.E. 18 febbraio 2021, n. L 57.

Considerando quanto segue:

(1) A norma degli articoli 120 e 121 del trattato sul funzionamento dell'Unione europea (TFUE), gli Stati membri devono attuare la loro politica economica allo scopo di contribuire alla realizzazione degli obiettivi dell'Unione e nel contesto degli indirizzi di massima elaborati dal Consiglio. L'articolo 148 TFUE stabilisce che gli Stati membri devono attuare politiche in materia di occupazione che tengano conto degli orientamenti in materia di occupazione. Il coordinamento delle politiche economiche degli Stati membri è pertanto una questione di interesse comune. (2) L'articolo 175 TFUE stabilisce, tra l'altro, che gli Stati membri devono coordinare le proprie politiche economiche al fine di raggiungere gli obiettivi di coesione economica, sociale e territoriale di cui all'articolo 174 TFUE. (3) L'articolo 174 TFUE stabilisce che, per promuovere il suo generale sviluppo armonioso, l'Unione sviluppa e prosegue l'azione intesa a realizzare il rafforzamento della sua coesione economica, sociale e territoriale. Inoltre, a norma del medesimo articolo, l'Unione mira in particolare a ridurre il divario tra i livelli di sviluppo delle varie regioni e il ritardo delle regioni meno favorite. Gli sforzi per la riduzione delle disparità dovrebbero andare a beneficio soprattutto delle regioni insulari e periferiche. Nell'attuazione delle politiche dell'Unione è opportuno tenere conto delle diverse posizioni di partenza e specificità delle regioni. (4) A livello di Unione, il semestre europeo per il coordinamento delle politiche economiche («semestre europeo»), compresi i principi del pilastro europeo dei diritti sociali, costituisce il quadro di riferimento per individuare le priorità di riforma nazionali e monitorarne l'attuazione. Oltre a misure che rafforzano la competitività, il potenziale di crescita e la sostenibilità della finanza pubblica, è altresì opportuno introdurre riforme basate sulla solidarietà, l'integrazione, la giustizia sociale e un'equa distribuzione della ricchezza, con l'obiettivo di creare un'occupazione di qualità e una crescita sostenibile, garantire un pari livello di opportunità e protezione sociale, anche in termini di accesso, tutelare i gruppi vulnerabili e migliorare il tenore di vita di tutti i cittadini dell'Unione. Gli Stati membri devono elaborare le proprie strategie nazionali pluriennali di investimento a sostegno di tali riforme, tenendo in considerazione l'accordo di Parigi adottato nell'ambito della convenzione quadro delle Nazioni Unite sui cambiamenti climatici («accordo di Parigi»), i piani nazionali per l'energia e il clima adottati nell'ambito della governance dell'Unione dell'energia e dell'azione per il clima, istituita dal regolamento (UE) 2018/1999 del Parlamento europeo e del Consiglio, i piani per una transizione giusta e i piani di attuazione della garanzia per i giovani, nonché gli obiettivi di sviluppo sostenibile dell'ONU. È opportuno presentare dette strategie, se del caso, unitamente ai programmi nazionali di riforma annuali, in modo da delineare e coordinare i progetti di investimento prioritari da so-

stenere mediante finanziamenti nazionali e/o dell'Unione. (5) Nella strategia annuale di crescita sostenibile 2020 e nel pacchetto di primavera ed estate del semestre europeo 2020, la Commissione ha sottolineato che il semestre europeo dovrebbe contribuire al conseguimento del Green Deal europeo, del pilastro europeo dei diritti sociali e degli obiettivi di sviluppo sostenibile dell'ONU. (6) L'insorgere della pandemia di COVID-19 all'inizio del 2020 ha cambiato le prospettive economiche, sociali e di bilancio nell'Unione e nel mondo, richiedendo una reazione urgente e coordinata sia a livello di Unione che a livello nazionale per far fronte alle enormi conseguenze economiche e sociali nonché agli effetti asimmetrici per gli Stati membri. La crisi COVID-19, così come la precedente crisi economica e finanziaria del 2009, hanno dimostrato che lo sviluppo di economie solide, sostenibili e resilienti nonché di sistemi finanziari e di welfare basati su robuste strutture economiche e sociali aiuta gli Stati membri a reagire con maggiore efficacia e in modo equo e inclusivo agli shock e a registrare una più rapida ripresa. La mancanza di resilienza può anche comportare effetti di ricaduta negativi dovuti agli shock tra Stati membri o nell'Unione nel suo insieme, ponendo in tal modo sfide per la convergenza e la coesione nell'Unione. Riduzioni della spesa in settori come l'istruzione, la cultura e i settori creativi e nella sanità può rivelarsi controproducente ai fini di una rapida ripresa. Le conseguenze a medio e lungo termine della crisi COVID-19 dipenderanno essenzialmente dalla rapidità con cui le economie e le società degli Stati membri si riprenderanno da tale crisi, rapidità che dipende a sua volta dal margine di bilancio di cui dispongono gli Stati membri per adottare misure volte a mitigare l'impatto a livello sociale ed economico della crisi e dalla resilienza delle loro economie e strutture sociali. Riforme e investimenti sostenibili e favorevoli alla crescita che affrontino le carenze strutturali delle economie degli Stati membri, e che rafforzano la resilienza degli Stati membri, ne aumentino la produttività e conducano a una loro maggiore competitività, saranno pertanto essenziali per riportare tali economie sul giusto corso e ridurre le disuguaglianze e le divergenze nell'Unione. (7) Le esperienze del passato hanno dimostrato che gli investimenti sono spesso soggetti a tagli drastici durante le crisi. È tuttavia essenziale sostenere gli investimenti in questa particolare situazione, per accelerare la ripresa e rafforzare il potenziale di crescita a lungo termine. Un mercato interno ben funzionante e investimenti in tecnologie verdi e digitali, in innovazione e ricerca, inclusi quelli per un'economia basata sulla conoscenza, nella transizione verso l'energia pulita e nella promozione dell'efficienza energetica nell'edilizia abitativa e in altri settori economici fondamentali dell'economia sono importanti per conseguire una crescita giusta, inclusiva e sostenibile, contribuire alla creazione di posti di lavoro e raggiungere la neutralità climatica dell'UE entro il 2050. (8) Nell'ambito della crisi COVID-19, è necessario rafforzare il quadro vigente in materia di sostegno agli Stati membri fornendo a questi ultimi un sostegno finanziario diretto tramite uno strumento innovativo. È a tal fine opportuno istituire un dispositivo per la ripresa e la resilienza («dispositivo») per fornire un sostegno finanziario efficace e significativo volto ad accelerare l'attuazione di riforme sostenibili e degli investimenti pubblici correlati negli Stati membri- Il dispositivo dovrebbe essere uno strumento dedicato inteso ad affrontare le conseguenze e gli effetti negativi della crisi COVID-19 nell'Unione. Dovrebbe avere carattere globale e sfruttare l'esperienza acquisita dalla Commissione e dagli Stati membri grazie all'impiego di altri strumenti e programmi. Anche gli investimenti privati potrebbero essere incentivati attraverso regimi di investimento pubblico, compresi strumenti finanziari, sovvenzioni e altri strumenti, purché siano rispettate le norme in materia di aiuti di Stato. (9) Le riforme e gli investimenti nell'ambito del dispositivo dovrebbero aiutare a rendere l'Unione più resiliente e meno dipendente grazie alla diversificazione delle principali catene di approvvigionamento, il che rafforzerà l'autonomia strategica dell'Unione parallelamente a un'economia aperta. Le riforme e gli investimenti nell'ambito del dispositivo dovrebbero generare altresì un valore aggiunto europeo. (10) È opportuno assicurare la ripresa e migliorare la resilienza dell'Unione e dei suoi Stati membri attraverso il sostegno a misure riguardanti settori di intervento di pertinenza europea strutturati in sei pilastri («sei pilastri»), vale a dire: transizione verde; trasformazione digitale; crescita intelligente, sostenibile e inclusiva, che comprenda coesione economica, occupazione, produttività, competitività, ricerca, sviluppo e innovazione, e un mercato interno ben funzionante con piccole e medie imprese (PMI) forti; coesione sociale e territoriale; salute e resilienza economica, sociale e istituzionale, al fine di rafforzare, tra l'altro, la capacità di preparazione e di risposta alle crisi; politiche per la prossima generazione, l'infanzia e i giovani, come l'istruzione e le competenze. (11) La transizione verde dovrebbe essere sostenuta da riforme e investimenti in tecnologie e capacità verdi, tra cui la biodiversità, l'efficienza energetica, la ristrutturazione degli edifici e l'economia circolare, contribuendo al tempo stesso al raggiungimento degli obiettivi climatici dell'Unione, promuovendo la crescita sostenibile, creando posti di lavoro e preservando la sicurezza energetica. (12) Le riforme e gli investimenti in tecnologie, infrastrutture e processi digitali aumenteranno la competitività dell'Unione a livello mondiale e contribuiranno a rendere quest'ultima più resiliente, più innovativa e meno dipendente grazie alla diversificazione delle principali catene di approvvigionamento. Le riforme e gli investimenti dovrebbero in particolare promuovere la digitalizzazione dei servizi, lo sviluppo di infrastrutture digitali e di dati, cluster e poli di innovazione digitale nonché soluzioni digitali aperte. La transizione digitale dovrebbe inoltre incentivare la digitalizzazione delle PMI. Gli investimenti in tecnologie digitali dovrebbero rispettare i principi di interoperabilità, efficienza energetica e protezione dei dati personali, consentire la partecipazione delle PMI e delle start-up e promuovere il ricorso a soluzioni open source. (13) Le riforme e gli investimenti per una crescita intelligente, sostenibile e inclusiva, che comprenda coesione economica, occupazione, produttività, competitività, ricerca, sviluppo e innovazione, e per un mercato interno ben funzionante con PMI forti, dovrebbero mirare a rafforzare il potenziale di crescita e consentire una ripresa sostenibile dell'economia dell'Unione. Tali riforme e investimenti dovrebbero inoltre promuovere l'imprenditorialità, l'economia sociale, lo sviluppo di infrastrutture e di trasporti sostenibili nonché l'industrializzazione e la reindustrializzazione, oltre ad attenuare l'effetto della crisi COVID-19 sull'economia. (14) Le riforme e gli investimenti nella coesione sociale e territoriale dovrebbero inoltre contribuire a combattere la povertà e ad affrontare la disoccupazione, affinché le economie degli Stati membri si riprendano, senza lasciare nessuno indietro. Dette riforme e investimenti dovrebbero condurre alla creazione di posti di lavoro stabili e di qualità e all'inclusione e integrazione dei gruppi svantaggiati e consentire di rafforzare il dialogo sociale, le infrastrutture e i servizi e i sistemi di protezione sociale e di welfare. (15) La crisi COVID-19 ha inoltre messo in luce l'importanza delle riforme e degli investimenti nella sanità e della resilienza economica, sociale e istituzionale, al fine di aumentare, tra l'altro, la preparazione alle crisi e la capacità di risposta alle crisi, in particolare migliorando la continuità delle attività e del servizio pubblico, l'accessibilità e la capacità dei sistemi sanitari e di assistenza, l'efficacia della pubblica amministrazione e dei sistemi nazionali, anche riducendo al minimo gli oneri amministrativi, e l'efficacia dei sistemi giudiziari, nonché la prevenzione delle frodi e la vigilanza antiriciclaggio. (16) Le riforme e gli investimenti a favore della prossima generazione, dell'infanzia e dei giovani sono essenziali per promuovere l'istruzione e le competenze, comprese quelle digitali, l'aggiornamento, la riconversione e la riqualificazione professionali della forza lavoro, il programma di integrazione per i disoccupati, le politiche di investimento nell'accesso e nelle opportunità per l'infanzia e i giovani in relazione all'istruzione, alla salute, alla nutrizione, al lavoro e all'alloggio, e le politiche che colmano il divario generazionale in linea con gli obiettivi della garanzia per l'infanzia e della garanzia per i giovani. È opportuno che tali azioni garantiscano che la prossima generazione di europei non risenta in modo permanente dell'impatto della crisi COVID-19 e che il divario generazionale non si acuisca ulteriormente. (17) Non esiste al momento nessuno strumento che preveda un sostegno finanziario diretto connesso al conseguimento dei risultati e all'attuazione di riforme e investimenti pubblici da parte degli Stati membri in risposta alle sfide individuate nell'ambito del semestre europeo, compresi il pilastro europeo dei diritti sociali e gli obiettivi di sviluppo sostenibile dell'ONU, e che si ponga l'obiettivo di avere un impatto duraturo sulla produttività e sulla resilienza economica, sociale e istituzionale degli Stati membri. (18) È opportuno scegliere le tipologie di finanziamento e le modalità di attuazione del presente regolamento in base alla rispettiva capacità di conseguire gli obiettivi specifici delle azioni e di ottenere risultati, tenuto conto in particolare dei costi dei controlli, degli oneri amministrativi e del rischio previsto di non conformità. Il sostegno finanziario non rimborsabile nell'ambito del dispositivo dovrebbe assumere la forma di un contributo sui generis dell'Unione, da determinare sulla base di un contributo finanziario massimo calcolato per ciascuno Stato membro e tenendo conto dei costi totali stimati del piano per la ripresa e la resilienza, e dovrebbe essere erogato in funzione del conseguimento dei risultati in riferimento ai traguardi e agli obiettivi del piano per la ripresa e la resilienza. Pertanto, tale contributo dovrebbe essere stabilito conformemente alla normativa settoriale prevista dal presente regolamento, in conformità delle norme di semplificazione relative ai finanziamenti non collegati ai costi stabiliti a norma dell'articolo 125, paragrafo 1, del regolamento (UE, Euratom) 2018/1046 del Parlamento europeo e del Consiglio («regolamento finanziario»). È opportuno pertanto definire norme e procedure specifiche nel presente regolamento, fatti salvi i principi generali della gestione di bilancio a norma del regolamento finanziario, per quanto riguarda l'assegnazione, l'attuazione e il controllo del sostegno finanziario non rimborsabile a norma del presente regolamento. I finanziamenti non collegati ai costi dovrebbero applicarsi al livello dei pagamenti effettuati dalla Commissione a favore degli Stati membri in quanto beneficiari, indipendentemente dal rimborso sotto qualsiasi forma dei contributi finanziari degli Stati membri ai destinatari finali. Gli Stati membri dovrebbero poter utilizzare tutte le forme di contributo finanziario, comprese le opzioni semplificate in materia di costi. Fatto salvo il diritto della Commissione di intervenire in caso di frode, corruzione, conflitto di interessi o duplicazione dei finanziamenti da parte del dispositivo e di altri programmi dell'Unione, i pagamenti non dovrebbero essere soggetti a controlli sui costi effettivamente sostenuti dal beneficiario. (19) A norma del regolamento (UE) 2020/2094 del Consiglio ed entro i limiti delle risorse da esso stanziate, è opportuno adottare misure per la ripresa e la resilienza nell'ambito del dispositivo per far fronte all'impatto senza precedenti della crisi COVID-19. Le modalità di utilizzo di tali risorse supplementari dovrebbero essere tali da garantire la conformità ai limiti temporali previsti dal regolamento (UE) 2020/2094. (20) Il dispositivo dovrebbe sostenere i progetti che rispettano il principio dell'addizionalità dei finanziamenti dell'Unione. Il dispositivo non dovrebbe, salvo casi debitamente giustificati, sostituire le spese nazionali correnti. (21) Garantire un alto livello di sicurezza informatica e fiducia nelle tecnologie è un presupposto indispensabile per il successo della trasformazione digitale nell'Unione. Nelle conclusioni del 1° e 2 ottobre 2020 il consiglio europeo ha invitato l'Unione e i suoi Stati membri ad avvalersi appieno del pacchetto di strumenti per la cibersicurezza del 5G, adottato il 29 gennaio 2020, e in particolar modo ad applicare le pertinenti restrizioni ai fornitori ad alto rischio per gli asset chiave definiti critici e sensibili nelle valutazioni dei rischi coordinate a livello di Unione. Il Consiglio europeo ha sottolineato che i potenziali fornitori del 5G devono essere valutati sulla base di criteri oggettivi comuni. (22) Al fine di promuovere le sinergie tra il dispositivo, il programma InvestEU istituito da un regolamento del Parlamento europeo e del Consiglio che istituisce il programma InvestEU e che modifica il regolamento (UE) 2015/1017 (il regolamento InvestEU), e lo strumento di sostegno tecnico, istituito dal regolamento (UE) 2021/240 del Parlamento europeo e del Consiglio, i piani per la ripresa e la resilienza potrebbero includere, entro un certo massimale, contributi ai comparti degli Stati membri nell'ambito del programma InvestEU e dello strumento di sostegno tecnico, in conformità del presente regolamento. (23) Il dispositivo, riflettendo il Green Deal europeo quale strategia di crescita dell'Europa e l'importanza di far fronte ai cambiamenti climatici in linea con l'impegno dell'Unione di attuare l'accordo di Parigi e gli obiettivi di sviluppo sostenibile dell'ONU, contribuirà all'integrazione nelle politiche delle azioni per il clima e della sostenibilità ambientale e al conseguimento dell'obiettivo globale di dedicare il 30 % della spesa di bilancio dell'Unione al sostegno degli obiettivi climatici. A tal fine, le misure sostenute dal dispositivo e incluse nei piani per la ripresa e la resilienza dei singoli Stati membri dovrebbero contribuire alla transizione verde, compresa la biodiversità, o alle sfide che ne derivano, e dovrebbero rappresentare almeno il 37 % dell'assegnazione totale del piano per la ripresa e la resilienza sulla base della metodologia di controllo del clima di cui a un allegato del presente regolamento. Tale metodologia dovrebbe essere utilizzata di conseguenza per le misure che non possono essere direttamente assegnate a un settore di intervento elencato nell'allegato al presente regolamento. Previo accordo dello Stato membro interessato e della Commissione, i coefficienti di sostegno per gli obiettivi climatici dovrebbero poter essere aumentati al 40 o al 100 % per i singoli investimenti, come illustrato nel piano per la ripresa e la resilienza, per tenere conto delle misure di riforma correlate che ne aumentano in maniera credibile l'impatto sugli obiettivi climatici. A tal fine, i coefficienti di sostegno agli obiettivi climatici possono essere aumentati fino a un importo complessivo del 3 % della dotazione del piano per la ripresa e la resilienza per i singoli investimenti. Il dispositivo dovrebbe sostenere attività che rispettino pienamente le norme e le priorità dell'Unione, e il principio «non arrecare un danno significativo» ai sensi dell'articolo 17 del regolamento (UE) 2020/852 del Parlamento europeo e del Consiglio (principio «non arrecare un danno significativo»). (24) In considerazione dell'importanza di affrontare la drammatica perdita di biodiversità, il presente regolamento dovrebbe contribuire a integrare l'azione a favore della biodiversità nelle politiche dell'Unione. (25) Gli Stati membri dovrebbero garantire che le misure incluse nei loro piani per la ripresa e la resilienza sono conformi al principio «non arrecare un danno significativo» ai sensi dell'articolo 17 del regolamento (UE) 2020/852. La Commissione dovrebbe predisporre orientamenti tecnici a tal fine. L'entrata in vigore degli atti delegati di cui all'articolo 3, lettera d), del regolamento (UE) 2020/852 non dovrebbe incidere su tali orientamenti. (26) Anche le misure sostenute dal dispositivo e incluse nei piani per la ripresa e la resilienza dei singoli Stati membri dovrebbero essere pari a un importo che rappresenti almeno il 20 % della dotazione del piano per la ripresa e la resilienza per la spesa digitale. A tal fine, gli Stati membri dovrebbero calcolare il coefficiente di sostegno per gli obiettivi digitali sulla base di una metodologia che rifletta la misura in cui tale sostegno nell'ambito del dispositivo contribuisce agli obiettivi digitali. I coefficienti per le singole misure dovrebbero essere determinati sulla base dei settori di intervento stabiliti in un allegato del presente regolamento. La metodologia dovrebbe essere utilizzata di conseguenza per le misure che non possono essere direttamente assegnate a un settore di intervento. Previo accordo dello Stato membro interessato e della Commissione, dovrebbe essere possibile aumentare tali coefficienti di sostegno al 40 % o al 100 % per i singoli investimenti, al fine di tenere conto delle riforme correlate che aumentano l'impatto delle misure sugli obiettivi digitali. (27) Ai fini della determinazione del contributo delle misure pertinenti nell'ambito dei piani per la ripresa e la resilienza ai target climatici e digitali, dovrebbe essere possibile prendere in considerazione tali misure in entrambi gli obiettivi secondo le loro metodologie rispettive. (28) Le donne sono state particolarmente colpite dalla crisi COVID-19, dato che rappresentano la maggior parte degli operatori sanitari in tutta l'Unione e combinano il lavoro di assistenza non retribuito con le loro responsabilità lavorative. La situazione è particolarmente difficile per i genitori soli, l'85 % dei quali è costituito da donne. È opportuno che l'uguaglianza di genere e le pari opportunità per tutti e l'integrazione di tali obiettivi siano tenute in considerazione e promosse durante l'intera preparazione e attuazione dei piani per la ripresa e la resilienza presentati ai sensi del presente regolamento. Gli investimenti in solide infrastrutture di assistenza sono essenziali anche per garantire la parità di genere e l'emancipazione economica delle donne, costruire società resilienti, combattere il precariato in un settore a prevalenza femminile, stimolare la creazione di posti di lavoro nonché prevenire la povertà e l'esclusione sociale, e hanno un effetto positivo sul prodotto interno lordo (PIL) in quanto consentono a un maggior numero di donne di svolgere un lavoro retribuito. (29) Dovrebbe essere istituito un meccanismo per garantire il collegamento tra il dispositivo e una sana governance economica, che consenta alla Commissione di presentare al Consiglio una proposta di sospensione totale o parziale degli impegni o dei pagamenti nell'ambito del dispositivo. L'obbligo della Commissione di proporre una sospensione dovrebbe essere sospeso non appena e fintantoché sia attivata la cosiddetta clausola di salvaguardia generale del Patto di stabilità e crescita. Al fine di garantire un'esecuzione uniforme e tenuto conto dell'importanza degli effetti finanziari delle misure imposte, dovrebbero essere conferite competenze di esecuzione al Consiglio, che dovrebbe agire sulla base di una proposta della Commissione. Al fine di facilitare l'adozione delle decisioni necessarie per garantire azioni efficaci nel contesto del quadro di gestione economica, si dovrebbe ricorrere al voto a maggioranza qualificata inversa per la sospensione degli impegni. La commissione competente del Parlamento europeo dovrebbe poter invitare la Commissione a una discussione sull'applicazione di tale meccanismo nel contesto di un dialogo strutturato al fine di consentire al Parlamento europeo di esprimere le proprie opinioni. Affinché la Commissione possa tenere in debita considerazione le opinioni espresse dal Parlamento europeo, il dialogo strutturato dovrebbe avvenire entro quattro settimane dalla data in cui la Commissione informa il Parlamento europeo dell'applicazione di tale meccanismo. (30) L'obiettivo specifico del dispositivo dovrebbe essere la fornitura di un sostegno finanziario inteso al raggiungimento dei traguardi e obiettivi delle riforme e degli investimenti stabiliti nei piani per la ripresa e la resilienza. Tale obiettivo dovrebbe essere perseguito in stretta cooperazione con gli Stati membri interessati. (31) Entro il 31 luglio 2022 la Commissione dovrebbe presentare una relazione di riesame sull'attuazione del dispositivo al Parlamento europeo e al Consiglio. A tal fine la Commissione dovrebbe tener conto degli indicatori comuni e del quadro di valutazione della ripresa e della resilienza di cui al presente regolamento, nonché delle altre informazioni pertinenti disponibili. La commissione competente del Parlamento europeo potrebbe invitare la Commissione a presentare i principali risultati della sua relazione di riesame nel contesto del dialogo sulla ripresa e sulla resilienza istituito dal presente regolamento. (32) Per garantire il proprio contributo agli obiettivi del dispositivo, è auspicabile che i piani per la ripresa e la resilienza prevedano misure volte ad attuare le riforme e i progetti di investimenti pubblici mediante un pacchetto coerente. Dovrebbero essere ammissibili le misure avviate a decorrere dal 1° febbraio 2020. I piani per la ripresa e la resilienza dovrebbero essere coerenti con le pertinenti sfide e priorità specifiche per paese individuate nell'ambito del semestre europeo, nonché con le sfide e le priorità individuate nell'ultima raccomandazione del Consiglio sulla politica economica della zona euro per gli Stati membri la cui moneta è l'euro. I piani per la ripresa e la resilienza dovrebbero essere coerenti con i programmi nazionali di riforma, i piani nazionali per l'energia e il clima, i piani per una transizione giusta, il piano di attuazione della Garanzia per i giovani e gli accordi di partenariato e i programmi operativi adottati nell'ambito dei fondi dell'Unione. Al fine di promuovere le azioni che rientrano tra le priorità del Green Deal europeo e dell'agenda digitale, è auspicabile che i piani per la ripresa e la resilienza stabiliscano inoltre misure pertinenti per le transizioni verde e digitale. Tali misure dovrebbero consentire un rapido conseguimento degli obiettivi, degli obiettivi e dei contributi fissati nei piani nazionali per l'energia e il clima e nei relativi aggiornamenti. Tutte le attività beneficiarie di sostegno dovrebbero essere realizzate nel pieno rispetto delle norme e delle priorità dell'Unione in materia di clima e ambiente. I piani per la ripresa e la resilienza dovrebbero inoltre rispettare i principi orizzontali del dispositivo. (33) I piani per la ripresa e la resilienza non dovrebbero pregiudicare il diritto di concludere o applicare accordi collettivi o di intraprendere azioni collettive in conformità della Carta dei diritti fondamentali dell'Unione europea, nonché della legislazione e delle prassi dell'Unione e nazionali. (34) Le autorità regionali e locali possono essere partner importanti nell'attuazione delle riforme e degli investimenti. A tale riguardo, esse dovrebbero essere adeguatamente consultate e coinvolte conformemente al quadro giuridico nazionale. (35) Qualora uno Stato membro sia esonerato dal monitoraggio e dalla valutazione nell'ambito del semestre europeo ai sensi dell'articolo 12 del regolamento (UE) n. 472/2013 del Parlamento europeo e del Consiglio o sia soggetto a procedure di verifica a norma del regolamento (CE) n. 332/2002 del Consiglio, dovrebbe essere possibile applicare il presente regolamento allo Stato membro interessato in relazione alle sfide e priorità identificate da tali regolamenti. (36) Affinché possa essere in grado di ispirare la preparazione e l'attuazione dei piani per la ripresa e la resilienza, è auspicabile che il Consiglio sia posto nelle condizioni di discutere, nell'ambito del semestre europeo, la situazione relativa alla ripresa, alla resilienza e alla capacità di aggiustamento nell'Unione. È auspicabile che tale discussione sia basata sulle informazioni strategiche e analitiche della Commissione disponibili nell'ambito del semestre europeo e, se disponibili, sulla base delle informazioni relative all'attuazione dei piani per la ripresa e la resilienza negli anni precedenti. (37) Al fine di garantire un contributo finanziario significativo commisurato alle esigenze reali degli Stati membri relative all'esecuzione e al completamento delle riforme e degli investimenti previsti nel piano per la ripresa e la resilienza, è opportuno definire un contributo finanziario massimo disponibile per gli Stati membri nell'ambito del dispositivo, per quanto concerne il sostegno finanziario non rimborsabile. Il 70 % di tale contributo finanziario massimo dovrebbe essere calcolato sulla base della popolazione, dell'inverso del PIL pro capite e del relativo tasso di disoccupazione di ciascun Stato membro. Il 30 % di detto contributo finanziario massimo dovrebbe essere calcolato sulla base della popolazione, dell'inverso del PIL pro capite e, in pari proporzioni, della variazione del PIL reale nel 2020 e della variazione aggregata del PIL reale durante il periodo 2020-2021, basandosi, per i dati non disponibili al momento del calcolo, sulle previsioni della Commissione per l'autunno 2020, da aggiornare entro il 30 giugno 2022 con i risultati effettivi. (38) È necessario stabilire una procedura di presentazione dei piani per la ripresa e la resilienza da parte degli Stati membri e il relativo contenuto. Gli Stati membri dovrebbero presentare ufficialmente i loro piani per la ripresa e la resilienza di norma entro il 30 aprile e potrebbero presentarlo in unico documento integrato unitamente al proprio programma nazionale di riforma. Per garantire l'attuazione rapida del dispositivo, gli Stati membri dovrebbero essere in grado di presentare a decorrere dal 15 ottobre dell'anno precedente un progetto di piano per la ripresa e la resilienza. (39) Per garantire la titolarità nazionale e una particolare attenzione alle riforme e agli investimenti pertinenti, gli Stati membri che desiderano ricevere sostegno dovrebbero presentare alla Commissione un piano per la ripresa e la resilienza debitamente motivato e giustificato. Tale piano dovrebbe specificare in che modo, tenendo conto delle misure in esso contenute, esso rappresenti una risposta completa e adeguatamente equilibrata alla situazione economica e sociale dello Stato membro interessato e contribuisca in modo appropriato ai sei pilastri, tenendo in considerazione le sfide specifiche dello Stato membro interessato. Il piano per la ripresa e la resilienza dovrebbe definire l'insieme dettagliato di misure per la sua supervisione e attuazione, compresi i traguardi e gli obiettivi e la stima dei costi, nonché l'impatto previsto del piano stesso sul potenziale di crescita, sulla creazione di posti lavoro e sulla resilienza economica, sociale e istituzionale, anche attraverso la promozione di politiche per l'infanzia e i giovani, e sull'attenuazione delle ripercussioni economiche e sociali della crisi COVID-19, contribuendo all'attuazione del pilastro europeo dei diritti sociali, rafforzando così la coesione economica, sociale e territoriale e la convergenza all'interno dell'Unione. Il piano dovrebbe inoltre prevedere misure pertinenti per la transizione verde, compresa la biodiversità, e la transizione digitale e includere altresì una spiegazione di come contribuisca ad affrontare con efficacia le pertinenti sfide e priorità specifiche per paese individuate nell'ambito del semestre europeo, ivi compresi gli aspetti fiscali e le raccomandazioni formulate ai sensi dell'articolo 6 del regolamento (UE) n. 1176/2011 del Parlamento europeo e del Consiglio. Dovrebbe anche includere una spiegazione di come il piano per la ripresa e la resilienza garantisca che nessuna misura per l'attuazione delle riforme e degli investimenti inclusi in tale piano arrechi un danno significativo agli obiettivi ambientali ai sensi dell'articolo 17 del regolamento (UE) 2020/852 (principio «non arrecare un danno significativo»).Il piano per la ripresa e la resilienza dovrebbe indicare il contributo previsto per l'uguaglianza di genere e le pari opportunità per tutti, nonché riportare una sintesi del processo di consultazione condotto con i portatori di interessi nazionali. Il piano per la ripresa e la resilienza dovrebbe contenere una spiegazione dei piani, dei sistemi e delle misure concrete dello Stato membro intesi a prevenire, individuare e rettificare i conflitti di interessi, la corruzione e la frode e a evitare la duplicazione dei finanziamenti da parte del dispositivo e di altri programmi dell'Unione. Il piano per la ripresa e la resilienza potrebbe comprendere anche progetti transfrontalieri o multinazionali. Nel corso di tutto il processo, dovrebbe essere perseguita e raggiunta una stretta cooperazione tra la Commissione e gli Stati membri. (40) L'attuazione del dispositivo dovrebbe essere effettuata in linea con il principio della sana gestione finanziaria, che comprende la prevenzione e il perseguimento efficaci della frode, ivi compresi la frode fiscale, l'evasione fiscale, la corruzione e il conflitto di interessi. (41) La Commissione dovrebbe valutare il piano per la ripresa e la resilienza proposto da ogni Stato membro e agire in stretta collaborazione con lo Stato membro interessato. La Commissione dovrebbe rispettare pienamente la titolarità nazionale del piano e tenere pertanto in considerazione le giustificazioni e gli elementi forniti dallo Stato membro interessato. La Commissione dovrebbe valutare la pertinenza, l'efficacia, l'efficienza e la coerenza del piano per la ripresa e la resilienza proposto dallo Stato membro, sulla base dell'elenco di criteri stabiliti nel presente regolamento. La Commissione dovrebbe valutare i piani per la ripresa e la resilienza proposti e, se del caso, i relativi aggiornamenti entro due mesi dalla presentazione ufficiale dei piani per la ripresa e la resilienza. Se necessario, lo Stato membro interessato e la Commissione dovrebbero poter convenire di prorogare tale termine di un periodo di tempo ragionevole. (42) È opportuno definire orientamenti adeguati in un allegato del presente regolamento, che fungano da base per la valutazione trasparente ed equa da parte della Commissione del piano per la ripresa e la resilienza e per la definizione del contributo finanziario in linea con gli obiettivi e agli altri requisiti pertinenti stabiliti dal presente regolamento. Per garantire trasparenza ed efficienza, è opportuno istituire a tal fine un sistema di rating per la valutazione delle proposte di piani per la ripresa e la resilienza. I criteri relativi alle raccomandazioni specifiche per paese, al rafforzamento del potenziale di crescita, della creazione di posti di lavoro e della resilienza economica, sociale e istituzionale, e che contribuiscono all'attuazione del pilastro europeo dei diritti sociali, dovrebbero richiedere il punteggio più alto della valutazione. Anche l'effettivo contributo alle transizioni verde e digitale dovrebbe rappresentare una condizione preliminare ai fini di una valutazione positiva. (43) Allo scopo di contribuire all'elaborazione di piani per la ripresa e la resilienza di elevata qualità e assistere la Commissione nella valutazione dei piani per la ripresa e la resilienza presentati dagli Stati membri, nonché nella valutazione del grado di conseguimento degli obiettivi, è opportuno prevedere la possibilità di fare ricorso al parere di esperti e, su richiesta dello Stato membro interessato, a consulenze inter pares e a un sostegno tecnico. Gli Stati membri potrebbero inoltre chiedere assistenza nell'ambito dello strumento di sostegno tecnico. Gli Stati membri dovrebbero essere incoraggiati a promuovere sinergie con i piani per la ripresa e la resilienza di altri Stati membri. (44) A fini di semplificazione, è opportuno basare la definizione del contributo finanziario su criteri semplici. Il contributo finanziario dovrebbe essere determinato in base ai costi totali stimati del piano per la ripresa e la resilienza proposto dallo Stato membro interessato. (45) Il Consiglio dovrebbe approvare la valutazione dei piani per la ripresa e la resilienza mediante una decisione di esecuzione, basata su una proposta della Commissione, e dovrebbe adoperarsi per adottare tale decisione entro quattro settimane dall'adozione di tale proposta. A condizione che il piano per la ripresa e la resilienza risponda in misura soddisfacente ai criteri di valutazione, allo Stato membro interessato dovrebbe essere assegnato il contributo finanziario massimo se i costi totali stimati delle riforme e degli investimenti inclusi nel piano per la ripresa e la resilienza sono pari o superiori all'importo del contributo finanziario massimo stesso. Allo Stato membro interessato dovrebbe invece essere assegnato un importo pari al costo totale stimato del piano per la ripresa e la resilienza se tali costi totali stimati sono inferiori al contributo finanziario massimo stesso. Non dovrebbe essere previsto alcun contributo finanziario allo Stato membro se il piano per la ripresa e la resilienza non risponde in misura soddisfacente ai criteri di valutazione. La decisione di esecuzione del Consiglio dovrebbe essere modificata, su proposta della Commissione, al fine di includere il contributo finanziario massimo aggiornato, calcolato sulla base dei risultati effettivi nel giugno 2022. Il Consiglio dovrebbe adottare la pertinente decisione di modifica senza indebiti ritardi. (46) Per garantire che il sostegno finanziario sia anticipato nei primi anni successivi alla crisi COVID-19 e per garantire la compatibilità con i finanziamenti disponibili nell'ambito del dispositivo, i fondi dovrebbero essere resi disponibili entro il 31 dicembre 2023. A tal fine dovrebbe essere possibile impegnare giuridicamente entro il 31 dicembre 2022 il 70 % dell'importo disponibile per il sostegno finanziario non rimborsabile e il 30 % tra il 1° gennaio 2023 e il 31 dicembre 2023. Entro il 31 dicembre 2021, su richiesta di uno Stato membro da presentare unitamente al piano per la ripresa e la resilienza, un importo fino al 13 % del contributo finanziario e, se del caso, fino al 13 % del prestito dello Stato membro interessato può essere versato sotto forma di prefinanziamento, per quanto possibile, entro due mesi dall'adozione degli impegni giuridici da parte della Commissione. (47) Dovrebbe essere possibile fornire un sostegno finanziario al piano per la ripresa e la resilienza di uno Stato membro sotto forma di prestito, previa conclusione di un accordo di prestito con la Commissione, sulla base di una richiesta debitamente motivata da parte dello Stato membro interessato. I prestiti a sostegno dell'attuazione dei piani nazionali per la ripresa e la resilienza dovrebbero essere forniti fino al 31 dicembre 2023 e dovrebbero essere forniti a scadenze che riflettano la natura a lungo termine di tali spese. Ai sensi dell'articolo 5, paragrafo 2, della decisione (UE, Euratom) 2020/2053 del Consiglio, il calendario dei rimborsi dovrebbe essere fissato, conformemente al principio della sana gestione finanziaria, in modo da garantire una riduzione costante e prevedibile delle passività. Tali scadenze potrebbero differire da quelle dei fondi che l'Unione ottiene in prestito per finanziare i prestiti sui mercati dei capitali. È pertanto necessario prevedere la possibilità di derogare al principio stabilito all'articolo 220, paragrafo 2, del regolamento finanziario, a norma del quale non dovrebbero essere cambiate le scadenze dei prestiti erogati per assistenza finanziaria. (48) La richiesta di sostegno sotto forma di prestito dovrebbe essere giustificata dai fabbisogni finanziari più elevati connessi alle riforme e agli investimenti supplementari previsti nel piano per la ripresa e la resilienza, pertinenti in particolare per le transizioni verde e digitale, e da un costo più elevato del piano per la ripresa e la resilienza rispetto al contributo finanziario massimo stanziato mediante il contributo non rimborsabile. Dovrebbe essere possibile presentare la richiesta di sostegno sotto forma di prestito unitamente alla presentazione del piano per la ripresa e la resilienza. Qualora la richiesta di sostegno sotto forma di prestito fosse presentata in un altro momento, dovrebbe essere accompagnata da un piano per la ripresa e la resilienza rivisto che preveda traguardi e obiettivi supplementari. Per garantire l'anticipazione delle risorse, è auspicabile che gli Stati membri richiedano il sostegno sotto forma di prestito entro il 31 agosto 2023. Ai fini di una sana gestione finanziaria, l'importo totale di tutti i sostegni sotto forma di prestiti erogati a titolo del presente regolamento dovrebbe essere soggetto a un tetto massimo. Inoltre, l'importo massimo del prestito per ogni Stato membro non dovrebbe superare il 6,8 % del suo reddito nazionale lordo (RNL) nel 2019, come risulta dai dati di Eurostat contenuti nell'ultimo aggiornamento del maggio 2020. È opportuno prevedere la possibilità di incrementare l'importo massimo in circostanze eccezionali, compatibilmente con le risorse disponibili. Per le stesse ragioni, dovrebbe essere possibile erogare il prestito a rate subordinatamente al conseguimento di risultati. La Commissione dovrebbe valutare la richiesta di sostegno sotto forma di prestito entro due mesi. Agendo su proposta della Commissione, il Consiglio dovrebbe poter approvare tale valutazione a maggioranza qualificata mediante una decisione di esecuzione che il Consiglio dovrebbe adoperarsi per adottare entro quattro settimane dall'adozione di tale proposta della Commissione. (49) Uno Stato membro dovrebbe poter presentare una richiesta motivata per modificare il piano per la ripresa e la resilienza durante l'attuazione dello stesso, laddove tale linea di condotta sia giustificata da circostanze oggettive. Se ritiene che i motivi addotti dallo Stato membro interessato giustifichino tale modifica, la Commissione dovrebbe valutare il nuovo piano per la ripresa e la resilienza entro due mesi. Se necessario, lo Stato membro interessato e la Commissione dovrebbero poter convenire di prorogare tale termine di un periodo di tempo ragionevole. Il Consiglio dovrebbe approvare la valutazione del nuovo piano per la ripresa e la resilienza mediante una decisione di esecuzione, basata su una proposta della Commissione e che dovrebbe adoperarsi per adottare entro quattro settimane dall'adozione della proposta. (50) Le istituzioni dell'Unione dovrebbero fare tutto il possibile per ridurre i tempi di valutazione al fine di garantire un'attuazione agevole e rapida del dispositivo. (51) Per ragioni di efficienza e semplificazione nella gestione finanziaria del dispositivo, il sostegno finanziario dell'Unione destinato ai piani per la ripresa e la resilienza dovrebbe assumere la forma di un finanziamento basato sul conseguimento dei risultati misurato in riferimento ai traguardi e agli obiettivi indicati nei piani per la ripresa e la resilienza approvati. A tal fine, il sostegno supplementare sotto forma di prestito dovrebbe essere connesso ai traguardi e agli obiettivi supplementari aggiunti a quelli pertinenti per il sostegno finanziario (vale a dire, il sostegno finanziario non rimborsabile). (52) L'erogazione dei fondi nell'ambito del dispositivo è subordinata al conseguimento soddisfacente, da parte degli Stati membri, dei pertinenti traguardi e obiettivi quali stabiliti nei piani per la ripresa e la resilienza, dopo che la valutazione di tali piani è stata approvata dal Consiglio. Prima di adottare una decisione che autorizza l'erogazione del contributo finanziario e, se del caso, del prestito, la Commissione dovrebbe chiedere al comitato economico e finanziario di esprimere un parere sul conseguimento soddisfacente dei pertinenti traguardi e obiettivi da parte degli Stati membri sulla base di una valutazione preliminare da parte della Commissione. Affinché la Commissione possa tenerne conto per la sua valutazione, il parere del comitato economico e finanziario dovrebbe essere presentato entro quattro settimane dal ricevimento della valutazione preliminare da parte della Commissione. Nelle sue deliberazioni il comitato economico e finanziario deve adoperarsi per raggiungere un consenso. Qualora, in via eccezionale, uno o più Stati membri ritengano che vi siano gravi scostamenti dal conseguimento soddisfacente dei pertinenti traguardi e obiettivi, essi possono chiedere che il Presidente del Consiglio europeo rinvii la questione al successivo Consiglio europeo. I rispettivi Stati membri dovrebbero inoltre informare senza indugio il Consiglio e il Consiglio dovrebbe a sua volta informare immediatamente il Parlamento europeo. In tali circostanze eccezionali, nessuna decisione che autorizzi l'erogazione del contributo finanziario e, se del caso, del prestito dovrebbe essere presa fino a quando il successivo Consiglio europeo non avrà discusso in modo esaustivo la questione. Di norma, tale processo non dovrebbe richiedere più di tre mesi dal momento in cui la Commissione ha chiesto il parere del comitato economico e finanziario. (53) Ai fini di una sana gestione finanziaria, nel rispetto della natura del dispositivo basata sulla performance, gli impegni di bilancio, i pagamenti, la sospensione e il recupero dei fondi nonché la risoluzione degli accordi relativi al sostegno finanziario dovrebbero essere regolati da norme specifiche. Per garantire la prevedibilità, gli Stati membri dovrebbero poter presentare le richieste di pagamento due volte l'anno. I pagamenti dovrebbero essere erogati a rate ed essere basati su una valutazione positiva della Commissione quanto all'attuazione del piano per la ripresa e la resilienza da parte dello Stato membro interessato. Gli Stati membri dovrebbero adottare misure adeguate al fine di garantire che l'utilizzo dei fondi in relazione a misure sostenute dal dispositivo sia conforme al diritto dell'Unione e nazionale applicabile. In particolare, dovrebbero assicurare la prevenzione, l'individuazione e la rettifica di frodi, casi di corruzione e conflitti di interessi ed evitare la duplicazione dei finanziamenti da parte del dispositivo e di altri programmi dell'Unione. Laddove il piano per la ripresa e la resilienza non sia stato attuato in misura soddisfacente dallo Stato membro interessato, o nel caso di gravi irregolarità, vale a dire frode, corruzione e conflitto di interessi in relazione alle misure sostenute dal dispositivo, o di grave violazione degli obblighi derivanti dagli accordi relativi all'assistenza finanziaria, dovrebbe essere possibile procedere alla sospensione e alla risoluzione degli accordi relativi al sostegno finanziario, nonché alla riduzione e al recupero del contributo finanziario. Ove possibile, il recupero dovrebbe essere garantito mediante compensazione con le erogazioni di finanziamenti in sospeso nell'ambito del dispositivo. Per garantire che la decisione della Commissione in merito alla sospensione e al recupero degli importi pagati nonché alla risoluzione degli accordi relativi al sostegno finanziario rispetti il diritto degli Stati membri di presentare osservazioni, dovrebbero essere stabilite opportune procedure di contraddittorio. Tutti i pagamenti dei contributi finanziari agli Stati membri dovrebbero essere effettuati entro il 31 dicembre 2026, a eccezione delle misure di cui all'articolo 1, paragrafo 3, seconda frase, del regolamento (UE) 2020/2094 e dei casi in cui, sebbene l'impegno giuridico sia stato assunto o la decisione sia stata adottata, nel rispetto dei termini di cui all'articolo 3 di detto regolamento, è necessario che l'Unione sia in grado di onorare i propri obblighi nei confronti degli Stati membri, anche a seguito di una sentenza definitiva nei confronti dell'Unione. (54) La Commissione dovrebbe provvedere affinché gli interessi finanziari dell'Unione siano tutelati efficacemente. Sebbene spetti in primo luogo allo Stato membro garantire che il dispositivo sia attuato in conformità del pertinente diritto dell'Unione e nazionale, la Commissione dovrebbe poter ricevere garanzie sufficienti al riguardo da parte degli Stati membri. A tal fine, nell'attuazione del dispositivo gli Stati membri dovrebbero garantire il funzionamento di un sistema di controllo interno efficace ed efficiente e recuperare gli importi indebitamente versati o utilizzati in modo improprio. A tale riguardo, gli Stati membri dovrebbero poter fare affidamento sui loro normali sistemi nazionali di gestione del bilancio. Gli Stati membri dovrebbero raccogliere categorie standardizzate di dati e informazioni che consentano la prevenzione, l'individuazione e la rettifica di gravi irregolarità, vale a dire frode, corruzione e conflitto di interessi, in relazione alle misure sostenute dal dispositivo. La Commissione dovrebbe mettere a disposizione un sistema di informazione e monitoraggio, compreso un unico strumento di estrazione di dati e valutazione del rischio, per accedere a tali dati e informazioni e analizzarli, in vista di un'applicazione generalizzata da parte degli Stati membri. (55) La Commissione, l'Ufficio europeo per la lotta antifrode (OLAF), la Corte dei conti e, se del caso, la Procura europea (EPPO) dovrebbero poter utilizzare il sistema di informazione e monitoraggio nell'ambito delle loro competenze e dei loro diritti. (56) Per facilitare l'attuazione delle disposizioni degli Stati membri volte a evitare la duplicazione dei finanziamenti da parte del dispositivo e di altri programmi dell'Unione, la Commissione dovrebbe mettere a disposizione informazioni sui beneficiari dei fondi stanziati dal bilancio dell'Unione, conformemente all'articolo 38, paragrafo 1, del regolamento finanziario. (57) Gli Stati membri e la Commissione dovrebbero essere autorizzati a trattare i dati personali solo se necessario al fine di garantire il discarico, l'audit e il controllo dell'utilizzo dei fondi in relazione a misure per l'attuazione di riforme e progetti di investimento nell'ambito del piano per la ripresa e la resilienza. I dati personali dovrebbero essere trattati a norma del regolamento (UE) 2016/679 o (UE) 2018/1725 del Parlamento europeo e del Consiglio, a seconda dei casi. (58) Per garantire un monitoraggio efficace dell'attuazione, gli Stati membri dovrebbero riferire due volte l'anno nell'ambito del semestre europeo in merito ai progressi compiuti nella realizzazione dei piani per la ripresa e la resilienza. È opportuno che tali relazioni semestrali elaborate dagli Stati membri interessati siano adeguatamente rispecchiate nei programmi nazionali di riforma, che dovrebbero essere utilizzati come strumento per riferire in merito ai progressi compiuti in vista del completamento dei piani per la ripresa e la resilienza. (59) Gli Stati membri dovrebbero essere incoraggiati a chiedere il parere dei propri comitati nazionali per la produttività e istituzioni di bilancio indipendenti in merito ai loro piani per la ripresa e la resilienza, compresa l'eventuale convalida di elementi del loro piano per la ripresa e la resilienza. (60) Per garantire trasparenza e assunzione di responsabilità nell'attuazione del dispositivo, la Commissione dovrebbe trasmettere, subordinatamente all'eliminazione di informazioni sensibili o riservate o, se necessario, a opportune disposizioni in materia di riservatezza, al Parlamento europeo e al Consiglio, contemporaneamente e a parità di condizioni, documenti e informazioni pertinenti, come i piani per la ripresa e la resilienza, o le loro modifiche, presentati dagli Stati membri, e le proposte di decisioni di attuazione del Consiglio rese pubbliche dalla Commissione. (61) Le commissioni competenti del Parlamento europeo potrebbero invitare ogni due mesi la Commissione a discutere, nell'ambito di un dialogo sulla ripresa e la resilienza, questioni che riguardano l'attuazione del dispositivo, come i piani per la ripresa e la resilienza degli Stati membri, la valutazione effettuata dalla Commissione, le conclusioni principali della relazione di riesame, lo stato di realizzazione dei traguardi e degli obiettivi, le procedure relative al pagamento e alla sospensione e qualsiasi altra informazione e documentazione pertinente fornita dalla Commissione in relazione all'attuazione del dispositivo. La Commissione dovrebbe tenere conto degli elementi derivanti dalle opinioni espresse attraverso il dialogo sulla ripresa e la resilienza, comprese le risoluzioni del Parlamento europeo, se previste. (62) Per garantire un'assegnazione efficiente e coerente dei fondi e il rispetto del principio della sana gestione finanziaria, le azioni intraprese a norma del presente regolamento dovrebbero essere coerenti e complementari ai programmi dell'Unione in corso, evitando però di finanziare due volte la stessa spesa nell'ambito del dispositivo e di altri programmi dell'Unione. In particolare, la Commissione e lo Stato membro dovrebbero garantire in ogni fase del processo un coordinamento efficace volto a salvaguardare la coesione, la coerenza, la complementarità e la sinergia tra le fonti di finanziamento. Gli Stati membri dovrebbero a tal fine essere tenuti a trasmettere le pertinenti informazioni su finanziamenti dell'Unione esistenti o previsti all'atto della presentazione dei loro piani per la ripresa e la resilienza alla Commissione. Il sostegno finanziario nell'ambito del dispositivo dovrebbe aggiungersi al sostegno fornito nell'ambito di altri programmi e strumenti dell'Unione, incluso il programma InvestEU. I progetti di riforma e di investimento finanziati nell'ambito del dispositivo dovrebbero poter ricevere finanziamenti da altri programmi e strumenti dell'Unione, a condizione che tale sostegno non copra lo stesso costo. (63) La Commissione dovrebbe monitorare l'attuazione del dispositivo e misurare il raggiungimento degli obiettivi previsti dal presente regolamento in modo mirato e proporzionato. Nel monitoraggio dell'attuazione del dispositivo la Commissione dovrebbe garantire una raccolta efficiente, efficace e tempestiva dei dati per il monitoraggio dell'attuazione delle attività e dei risultati. A tale scopo, ai destinatari dei finanziamenti dell'Unione andrebbero imposti obblighi di comunicazione proporzionati. La Commissione dovrebbe stabilire mediante atti delegati gli indicatori comuni da utilizzare per le relazioni sui progressi compiuti e ai fini del monitoraggio e della valutazione del dispositivo e definire una metodologia per la comunicazione delle spese sociali, ivi incluse quelle destinate all'infanzia e ai giovani, nell'ambito del dispositivo. (64) A norma dei punti 22 e 23 dell'accordo interistituzionale «Legiferare meglio» del 13 aprile 2016, tale dispositivo dovrebbe essere valutato sulla base delle informazioni raccolte tramite specifiche prescrizioni in materia di monitoraggio, evitando al contempo oneri amministrativi, in particolare a carico degli Stati membri, e un eccesso di regolamentazione. Se del caso, tali prescrizioni dovrebbero includere indicatori misurabili che fungano da base per valutare gli effetti del dispositivo sul campo. (65) È opportuno istituire, mediante atto delegato, un apposito quadro di valutazione per illustrare i progressi compiuti nell'attuazione dei piani per la ripresa e la resilienza degli Stati membri in ciascuno dei sei pilastri e i progressi compiuti per quanto riguarda l'attuazione dei piani per la ripresa e la resilienza in relazione agli indicatori comuni del dispositivo. Il quadro di valutazione dovrebbe essere operativo entro dicembre 2021 ed essere aggiornato dalla Commissione due volte l'anno. (66) Al fine di garantire una comunicazione dei risultati e un monitoraggio adeguati dell'attuazione del dispositivo, anche per quanto riguarda la spesa sociale, è opportuno delegare alla Commissione il potere di adottare atti conformemente all'articolo 290 TFUE riguardo al quadro di valutazione dedicato che illustra i progressi dell'attuazione e gli indicatori comuni da utilizzare nonché la metodologia per la comunicazione della spesa sociale, compresa quella a favore dell'infanzia e dei giovani. È di particolare importanza che durante i lavori preparatori la Commissione svolga adeguate consultazioni, anche a livello di esperti, nel rispetto dei principi stabiliti nell'accordo interistituzionale «Legiferare meglio» del 13 aprile 2016. In particolare, al fine di garantire la parità di partecipazione alla preparazione degli atti delegati, il Parlamento europeo e il Consiglio ricevono tutti i documenti nello stesso momento in cui pervengono agli esperti degli Stati membri, e i loro esperti hanno sistematicamente accesso alle riunioni dei gruppi di esperti della Commissione incaricati della preparazione di tali atti delegati. (67) È opportuno che la Commissione presenti al Parlamento europeo e al Consiglio una relazione annuale in merito all'attuazione del dispositivo. Tale relazione dovrebbe comprendere le informazioni relative ai progressi compiuti dagli Stati membri nell'ambito dei piani per la ripresa e la resilienza approvati, come pure le informazioni concernenti l'attuazione dei traguardi e degli obiettivi, i pagamenti e le sospensioni, nonché il contributo del dispositivo agli obiettivi climatici e digitali, gli indici comuni e le spese finanziate a titolo dei sei pilastri. (68) Dovrebbe essere effettuata una valutazione indipendente relativa al conseguimento degli obiettivi del dispositivo, all'efficienza dell'utilizzo delle sue risorse e al suo valore aggiunto. Ove opportuno, la relazione dovrebbe essere accompagnata da una proposta di modifica del presente regolamento. Una valutazione indipendente ex post dovrebbe inoltre esaminare l'impatto a lungo termine del dispositivo. (69) La valutazione dei piani per la ripresa e la resilienza da parte degli Stati membri e il corrispondente sostegno finanziario dovrebbero essere adottati dal Consiglio mediante una decisione di esecuzione, su proposta della Commissione. A tal fine è opportuno attribuire al Consiglio competenze di esecuzione per garantire condizioni uniformi di attuazione del presente regolamento. Tali competenze di esecuzione relative al pagamento del sostegno finanziario previo raggiungimento dei pertinenti traguardi e obiettivi dovrebbero essere attribuite alla Commissione ed essere da questa esercitate secondo la procedura di esame di cui al regolamento (UE) n. 182/2011 del Parlamento europeo e del Consiglio. Tenendo conto dell'eventuale necessità di un rapido pagamento del sostegno finanziario nell'ambito del dispositivo, in conformità delle pertinenti disposizioni del regolamento (UE) n. 182/2011, il presidente del comitato dovrebbe ai sensi di tale regolamento valutare la possibilità, per qualsiasi progetto di atto di esecuzione, di abbreviare il termine per la convocazione del comitato e il termine entro il quale il comitato deve esprimere il proprio parere. (70) Dopo l'adozione di una decisione di esecuzione, dovrebbe essere possibile per lo Stato membro interessato e la Commissione concordare alcune modalità operative di natura tecnica, per definire nel dettaglio alcuni aspetti relativi all'attuazione quali calendari, indicatori dei traguardi e degli obiettivi e accesso ai dati sottostanti. Per garantire che le modalità operative rimangano pertinenti in funzione delle circostanze durante l'attuazione del piano per la ripresa e la resilienza, è opportuno prevedere la possibilità di modificare di comune accordo gli elementi di tali modalità operative. (71) Si applicano al presente regolamento le regole finanziarie orizzontali adottate dal Parlamento europeo e dal Consiglio ai sensi dell'articolo 322 TFUE. Tali regole sono stabilite nel regolamento finanziario e determinano, in particolare, la procedura di formazione ed esecuzione del bilancio attraverso sovvenzioni, appalti, premi, attuazione indiretta e organizzano il controllo della responsabilità degli agenti finanziari. Le norme adottate ai sensi all'articolo 322 TFUE comprendono anche un regime generale di condizionalità per la tutela del bilancio dell'Unione. (72) In conformità del regolamento finanziario, del regolamento (UE, Euratom) n. 883/2013 del Parlamento europeo e del Consiglio e dei regolamenti (CE, Euratom) n. 2988/95, (Euratom, CE) n. 2185/96 e (UE) 2017/1939 del Consiglio, gli interessi finanziari dell'Unione devono essere tutelati attraverso misure proporzionate, tra cui misure di prevenzione, individuazione, rettifica e indagine di casi di frode, corruzione e conflitti di interessi e, se del caso, sanzioni amministrative. In particolare, in conformità dei regolamenti (Euratom, CE) n. 2185/96 e (UE, Euratom) n. 883/2013, l'OLAF ha il potere di svolgere indagini amministrative, compresi controlli e verifiche sul posto, al fine di accertare l'esistenza di frodi, corruzione, conflitti di interessi o ogni altra attività illecita lesiva degli interessi finanziari dell'Unione. L'EPPO ha facoltà, in conformità del regolamento (UE) 2017/1939, di svolgere indagini su casi di frode, corruzione e conflitti di interessi e altri reati che ledono gli interessi finanziari dell'Unione e perseguirli, secondo quanto disposto dalla direttiva (UE) 2017/1371 del Parlamento europeo e del Consiglio. In conformità del regolamento finanziario, ogni persona o entità che riceve fondi dell'Unione è tenuta a cooperare pienamente alla tutela degli interessi finanziari dell'Unione, a concedere i diritti necessari e l'accesso alla Commissione, all'OLAF, alla Corte dei conti europea e, per quanto riguarda gli Stati membri che partecipano alla cooperazione rafforzata ai sensi del regolamento (UE) 2017/1939, all'EPPO, nonché a garantire che i terzi coinvolti nell'esecuzione dei fondi dell'Unione concedano diritti. (73) La Commissione dovrebbe poter impegnarsi in attività di comunicazione al fine di garantire la visibilità dei finanziamenti dell'Unione e, se del caso, garantire che il sostegno nell'ambito del dispositivo sia comunicato e riconosciuto mediante una dichiarazione di finanziamento. (74) Poiché gli obiettivi del presente regolamento non possono essere conseguiti in misura sufficiente dagli Stati membri, ma possono essere conseguiti meglio a livello di Unione, quest'ultima può intervenire in base al principio di sussidiarietà sancito dall'articolo 5 del trattato sull'Unione europea. Il presente regolamento si limita a quanto è necessario per conseguire tali obiettivi in ottemperanza al principio di proporzionalità enunciato nello stesso articolo. (75) Al fine di consentire la tempestiva applicazione delle misure di cui al presente regolamento, è opportuno che quest'ultimo entri in vigore il giorno successivo alla pubblicazione nella Gazzetta ufficiale dell'Unione europea,

HANNO ADOTTATO IL PRESENTE REGOLAMENTO:

CAPO I
Disposizioni generali e finanziamento

1 Oggetto.

Il presente regolamento istituisce il dispositivo per la ripresa e la resilienza (« dispositivo »).

Esso stabilisce gli obiettivi del dispositivo, il suo finanziamento, le forme di finanziamento dell'Unione erogabili nel suo ambito e le regole di erogazione di tale finanziamento.

2 Definizioni.

Ai fini del presente regolamento si applicano le definizioni seguenti:

1) « fondi dell'Unione »: fondi coperti da un regolamento del Parlamento europeo e del Consiglio recante disposizioni comuni applicabili al Fondo europeo di sviluppo regionale, al Fondo sociale europeo Plus, al Fondo di coesione, al Fondo per una transizione giusta, al Fondo europeo per gli affari marittimi, la pesca e l'acquacoltura e le regole finanziarie applicabili a tali fondi e al Fondo Asilo, migrazione e integrazione, al Fondo per la Sicurezza interna e allo Strumento per la gestione delle frontiere e i visti (« regolamento recante disposizioni comuni per gli anni dal 2021 al 2027 »);

2) « contributo finanziario »: sostegno finanziario non rimborsabile che può essere assegnato o che è stato assegnato agli Stati membri nell'ambito del dispositivo;

3) « semestre europeo »: il processo definito all'articolo 2 bis del regolamento (CE) n. 1466/97 del Consiglio;

4) « traguardi e obiettivi »: le misure dei progressi compiuti verso la realizzazione di una riforma o di un investimento, intendendo per « traguardi » i risultati qualitativi e per « obiettivi » i risultati quantitativi;

5) « resilienza »: la capacità di affrontare gli shock economici, sociali e ambientali e/o i persistenti cambiamenti strutturali in modo equo, sostenibile e inclusivo; e

6) « non arrecare un danno significativo »: non sostenere o svolgere attività economiche che arrecano un danno significativo all'obiettivo ambientale, ai sensi, ove pertinente, dell'articolo 17 del regolamento (UE) 2020/852.

3 Ambito di applicazione.

L'ambito di applicazione del dispositivo fa riferimento alle aree di intervento di pertinenza europea strutturate in sei pilastri:

a) transizione verde;

b) trasformazione digitale;

c) crescita intelligente, sostenibile e inclusiva, che comprenda coesione economica, occupazione, produttività, competitività, ricerca, sviluppo e innovazione, e un mercato interno ben funzionante con PMI forti;

d) coesione sociale e territoriale;

e) salute e resilienza economica, sociale e istituzionale, al fine, fra l'altro, di rafforzare la capacità di risposta alle crisi e la preparazione alle crisi; e

f) politiche per la prossima generazione, l'infanzia e i giovani, come l'istruzione e le competenze.

4 Obiettivi generali e specifici.

1. In linea con i sei pilastri di cui all'articolo 3 del presente regolamento, nonché con la coerenza e le sinergie che ne derivano, e nell'ambito della crisi COVID-19, l'obiettivo generale del dispositivo è promuovere la coesione economica, sociale e territoriale dell'Unione migliorando la resilienza, la preparazione alle crisi, la capacità di aggiustamento e il potenziale di crescita degli Stati membri, attenuando l'impatto sociale ed economico di detta crisi, in particolare sulle donne, contribuendo all'attuazione del pilastro europeo dei diritti sociali, sostenendo la transizione verde, contribuendo al raggiungimento degli obiettivi climatici dell'Unione per il 2030 stabiliti nell'articolo 2, punto 11, del regolamento (UE) 2018/1999, nonché al raggiungimento dell'obiettivo della neutralità climatica dell'UE entro il 2050 e della transizione digitale, contribuendo in tal modo alla convergenza economica e sociale verso l'alto, a ripristinare e a promuovere la crescita sostenibile e l'integrazione delle economie dell'Unione e a incentivare la creazione di posti di lavoro di alta qualità, nonché contribuendo all'autonomia strategica dell'Unione unitamente a un'economia aperta, e generando un valore aggiunto europeo.

2. Per conseguire tale obiettivo generale, il dispositivo persegue l'obiettivo specifico di fornire un sostegno finanziario che consenta agli Stati membri di raggiungere i traguardi e gli obiettivi delle riforme e degli investimenti stabiliti nei loro piani per la ripresa e la resilienza. L'obiettivo specifico è perseguito in stretta e trasparente cooperazione con gli Stati membri interessati.

5 Principi orizzontali.

1. Il sostegno nell'ambito del dispositivo non sostituisce, salvo in casi debitamente motivati, le spese di bilancio correnti a livello nazionale e rispetta il principio dell'addizionalità del finanziamento dell'Unione di cui all'articolo 9.

2. Il dispositivo finanzia unicamente le misure che rispettano il principio « non arrecare un danno significativo ».

6 Risorse dello strumento dell'Unione europea per la ripresa.

1. Le misure di cui all'articolo 1 del regolamento (UE) 2020/2094 sono attuate nell'ambito del dispositivo:

a) mediante un importo fino a 312 500 000 000 EUR di cui all'articolo 2, paragrafo 2, lettera *a*), punto ii), del regolamento (UE) 2020/2094, a prezzi del 2018, disponibile per il sostegno finanziario non rimborsabile, fatto salvo l'articolo 3, paragrafi 4 e 7, del regolamento (UE) 2020/2094.

Come stabilito all'articolo 3, paragrafo 1, del regolamento (UE) 2020/2094, tali importi costituiscono entrate con destinazione specifica esterna ai fini dell'articolo 21, paragrafo 5, del regolamento finanziario;

b) mediante un importo fino a 360 000 000 000 EUR di cui all'articolo 2, paragrafo 2, lettera *b*), del regolamento (UE) 2020/2094, a prezzi del 2018, disponibile per il sostegno sotto forma di prestito agli Stati membri ai sensi degli articoli 14 e 15 del presente regolamento, fatto salvo l'articolo 3, paragrafo 5, del regolamento (UE) 2020/2094.

2. Gli importi di cui al paragrafo 1, lettera *a*), possono coprire anche le spese connesse ad attività di preparazione, monitoraggio, controllo, audit e valutazione necessarie per la gestione del dispositivo e per il conseguimento dei suoi obiettivi, in particolare studi, riunioni di esperti, consultazione dei portatori di interessi, azioni di informazione e comunicazione, comprese azioni di sensibilizzazione inclusive, e la comunicazione istituzionale in merito alle priorità politiche dell'Unione, nella misura in cui si riferiscono agli obiettivi del presente regolamento, spese legate a reti informatiche destinate all'elaborazione e allo scambio delle informazioni, strumenti informatici istituzionali, e tutte le altre spese di assistenza tecnica e amministrativa sostenute dalla Commissione ai fini della gestione del dispositivo. Le spese possono anche riguardare i costi di altre attività di sostegno, come il controllo di qualità e il monitoraggio dei progetti sul campo e i costi della consulenza inter pares e degli esperti per la valutazione e l'attuazione di riforme e investimenti.

7 Risorse provenienti da programmi in regime di gestione concorrente e utilizzo delle risorse.

1. Le risorse assegnate agli Stati membri in regime di gestione concorrente possono, su richiesta dello Stato membro interessato, essere trasferite al dispositivo alle condizioni di cui all'articolo 21 del regolamento recante disposizioni comuni. La Commissione esegue tali risorse direttamente in conformità dell'articolo 62, paragrafo 1, lettera *a*), del regolamento finanziario. Tali risorse sono utilizzate esclusivamente a beneficio dello Stato membro interessato.

2. Gli Stati membri possono proporre di includere nel loro piano di ripresa e resilienza, come costi stimati, i pagamenti per il sostegno tecnico aggiuntivo a norma dell'articolo 7 del regolamento (UE) 2021/240 e l'importo del contributo in contanti per il comparto degli Stati membri a norma delle pertinenti disposizioni del regolamento InvestEU. Tali costi non superano il 4% della dotazione finanziaria totale del piano per la ripresa e la resilienza, e le misure pertinenti stabilite nel piano di ripresa e resilienza rispettano i requisiti del presente regolamento.

8 Attuazione.

Il dispositivo è attuato dalla Commissione in regime di gestione diretta, in conformità delle pertinenti norme adottate a norma dell'articolo 322 TFUE, in particolare il regolamento finanziario e il regolamento (UE, Euratom) 2020/2092 del Parlamento europeo e del Consiglio.

9 Addizionalità e finanziamento complementare.

Il sostegno nell'ambito del dispositivo si aggiunge al sostegno fornito nell'ambito di altri programmi e strumenti dell'Unione. I progetti di riforma e di investimento possono essere sostenuti da altri programmi e strumenti dell'Unione, a condizione che tale sostegno non copra lo stesso costo.

10 Misure per collegare il dispositivo a una sana governance economica.

1. La Commissione presenta al Consiglio una proposta di sospensione totale o parziale degli impegni o dei pagamenti qualora il Consiglio, deliberando a norma dell'articolo 126, paragrafi 8 o 11, TFUE, decida che uno Stato membro non ha adottato misure efficaci per correggere il disavanzo eccessivo, a meno che non abbia determinato l'esistenza di una grave recessione economica dell'Unione nel suo complesso ai sensi dell'articolo 3, paragrafo 5, e dell'articolo 5, paragrafo 2, del regolamento (CE) n. 1467/97 del Consiglio.

2. La Commissione può presentare al Consiglio una proposta di sospensione totale o parziale degli impegni o dei pagamenti in uno dei seguenti casi:

a) se il Consiglio adotta due raccomandazioni successive nella stessa procedura per squilibri eccessivi a norma dell'articolo 8, paragrafo 3, del regolamento (UE) n. 1176/2011, motivate dal fatto che uno Stato membro ha presentato un piano d'azione correttivo insufficiente;

b) se il Consiglio adotta due decisioni successive nella stessa procedura per squilibri eccessivi a norma dell'articolo 10, paragrafo 4, del regolamento (UE) n. 1176/2011, con cui accerta l'inadempimento dello Stato membro per non aver adottato l'azione correttiva raccomandata;

c) se la Commissione conclude che lo Stato membro non ha adottato le misure di cui al regolamento (CE) n. 332/2002 e, di conseguenza, decide di non autorizzare l'erogazione del sostegno finanziario concesso a tale Stato membro;

d) se il Consiglio decide che uno Stato membro non adempie al programma di aggiustamento macroeconomico di cui all'articolo 7 del regolamento (UE) n. 472/2013 o alle misure richieste da una decisione del Consiglio adottata a norma dell'articolo 136, paragrafo 1, TFUE.

Si riserva la priorità alla sospensione degli impegni; i pagamenti sono sospesi solo qualora si richieda un intervento immediato e in caso di grave inosservanza.

La decisione di sospendere i pagamenti si applica alle richieste di pagamento presentate dopo la data della decisione di sospensione.

3. Una proposta di una decisione di sospendere gli impegni presentata dalla Commissione si ritiene adottata dal Consiglio a meno che esso non decida, tramite un atto di esecuzione, di respingere la proposta a maggioranza qualificata entro un mese dalla presentazione della proposta della Commissione.

La sospensione degli impegni si applica agli impegni a decorrere dal 1° gennaio dell'anno successivo all'adozione della decisione di sospensione.

Il Consiglio adotta una decisione, tramite un atto di esecuzione, su una proposta della Commissione di cui ai paragrafi 1 e 2 riguardo alla sospensione dei pagamenti.

4. L'ambito e il livello della sospensione degli impegni o del pagamento da imporre sono proporzionati, rispettano la parità di trattamento tra Stati membri e tengono conto della situazione socioeconomica dello Stato membro interessato, in particolare del livello di disoccupazione, povertà o esclusione sociale nello Stato membro interessato comparato alla media dell'Unione e dell'impatto della sospensione sull'economia dello Stato membro interessato.

5. La sospensione degli impegni è soggetta a un massimale del 25% degli impegni o dello 0,25 % del PIL nominale, se inferiore, in uno dei seguenti casi:

a) nel primo caso di inadempienza riguardante una procedura per disavanzi eccessivi di cui al paragrafo 1;

b) nel primo caso di inadempienza riguardante un piano d'azione correttivo in una procedura per squilibri eccessivi di cui al paragrafo 2, lettera *a*);

c) nel caso di inadempienza dell'azione correttiva raccomandata in seguito a una procedura per squilibri eccessivi di cui al paragrafo 2, lettera *b*);

d) nel primo caso di inadempienza di cui al paragrafo 2, lettere *c*) e *d*).

Nel caso di inadempienza persistente, la sospensione degli impegni può superare le percentuali massime indicate al primo comma.

6. Il Consiglio revoca la sospensione degli impegni su proposta della Commissione, secondo la procedura di cui al paragrafo 3, primo comma, del presente articolo, nei seguenti casi:

a) se la procedura per disavanzo eccessivo è sospesa a norma dell'articolo 9 del regolamento (CE) n. 1467/97 o il Consiglio ha deciso, a norma dell'articolo 126, paragrafo 12, TFUE, di abrogare la decisione riguardante l'esistenza di un disavanzo eccessivo;

b) se il Consiglio ha approvato il piano d'azione correttivo presentato dallo Stato membro interessato a norma dell'articolo 8, paragrafo 2, del regolamento (UE) n. 1176/2011 o la procedura per gli squilibri eccessivi è sospesa a norma dell'articolo 10, paragrafo 5, di detto regolamento o il Consiglio ha chiuso la procedura per gli squilibri eccessivi a norma dell'articolo 11 di detto regolamento;

c) se la Commissione ha concluso che lo Stato membro ha adottato le misure opportune di cui al regolamento (CE) n. 332/2002;

d) se la Commissione ha concluso che lo Stato membro interessato ha adottato le misure opportune per attuare il programma di aggiustamento macroeconomico di cui all'articolo 7 del regolamento (UE) n. 472/2013 o le misure richieste con una decisione del Consiglio adottata a norma dell'articolo 136, paragrafo 1, TFUE.

Dopo che il Consiglio ha revocato la sospensione degli impegni, la Commissione può nuovamente contrarre impegni precedentemente sospesi, fatto salvo l'articolo 3, paragrafi 4, 7 e 9 del regolamento (UE) 2020/2094.

Il Consiglio adotta una decisione relativa alla revoca della sospensione dei pagamenti su proposta della Commissione secondo la procedura di cui al paragrafo 3, terzo comma, qualora siano soddisfatte le condizioni applicabili di cui al primo comma del presente paragrafo.

7. La Commissione informa il Parlamento europeo in merito all'attuazione del presente articolo. In particolare, ove la Commissione presenti una proposta a norma dei paragrafi 1 o 2, ne informa immediatamente il Parlamento europeo e trasmette informazioni dettagliate sugli impegni e sui pagamenti che potrebbero essere oggetto di sospensione.

La commissione competente del Parlamento europeo può invitare la Commissione a discutere l'applicazione del presente articolo nel contesto di un dialogo strutturato al fine di consentire al Parlamento europeo di esprimere le proprie opinioni. La Commissione tiene in debita considerazione le opinioni espresse dal Parlamento europeo.

La Commissione trasmette la proposta di sospensione o la proposta di revoca della sospensione al Parlamento europeo e al Consiglio senza ritardo dopo la sua adozione. Il Parlamento europeo può chiedere alla Commissione di esporre i motivi della sua proposta.

8. Entro il 31 dicembre 2024 la Commissione procede a un riesame dell'applicazione del presente articolo. A tal fine la Commissione elabora una relazione che trasmette al Parlamento europeo e al Consiglio, corredata se del caso di una proposta legislativa.

9. Qualora subentrino importanti cambiamenti nella situazione socioeconomica dell'Unione, la Commissione può presentare una proposta di riesame dell'applicazione del presente articolo, oppure il Parlamento europeo o il Consiglio, agendo rispettivamente a norma dell'articolo 225 o 241 TFUE, possono richiedere alla Commissione di presentare tale proposta.

CAPO II
Contributo finanziario, processo di assegnazione, prestiti e riesame

11 Contributo finanziario massimo.

1. Per ciascuno Stato membro il contributo finanziario massimo è calcolato come segue:

a) per il 70% dell'importo di cui all'articolo 6, paragrafo 1, lettera *a*), convertito in prezzi correnti, sulla base della popolazione, dell'inverso del PIL pro capite e del relativo tasso di disoccupazione di ciascuno Stato membro, secondo la metodologia riportata nell'allegato II;

b) per il 30% dell'importo di cui all'articolo 6, paragrafo 1, lettera *a*), convertito in prezzi correnti, sulla base della popolazione, dell'inverso del PIL pro capite e, in pari proporzioni, della variazione del PIL reale nel 2020 e della variazione aggregata del PIL reale per il periodo 2020-2021, secondo la metodologia riportata nell'allegato III. La variazione del PIL reale per il 2020 e la variazione aggregata del PIL reale per il periodo 2020-2021 si basano sulle previsioni di autunno 2020 della Commissione.

2. Il calcolo del contributo finanziario massimo ai sensi del paragrafo 1, lettera *b*), è aggiornato entro il 30 giugno 2022 per ciascuno Stato membro sostituendo i dati delle previsioni economiche di autunno 2020 della Commissione con i risultati effettivi relativi alla variazione del PIL reale per il 2020 e alla variazione aggregata del PIL reale per il periodo 2020-2021.

12 Assegnazione del contributo finanziario.

1. Al fine di attuare il proprio piano per la ripresa e la resilienza, ciascuno Stato membro può presentare una richiesta entro il limite del rispettivo contributo finanziario massimo di cui all'articolo 11.

2. Fino al 31 dicembre 2022 la Commissione mette a disposizione per assegnazione il 70% dell'importo di cui all'articolo 6, paragrafo 1, lettera *a*), convertito in prezzi correnti.

3. Dal 1° gennaio 2023 al 31 dicembre 2023, la Commissione mette a disposizione per assegnazione il 30% dell'importo di cui all'articolo 6, paragrafo 1, lettera *a*), convertito in prezzi correnti.

4. Le assegnazioni di cui ai paragrafi 2 e 3 lasciano impregiudicato l'articolo 6, paragrafo 2.

13 Prefinanziamento.

1. Previa adozione entro il 31 dicembre 2021 da parte del Consiglio della decisione di esecuzione di cui all'articolo 20, paragrafo 1, e su richiesta presentata da uno Stato membro unitamente al proprio piano per la ripresa e la resilienza, la Commissione versa un prefinanziamento per un importo fino al 13% del contributo finanziario e, se del caso, fino al 13 % del prestito conformemente all'articolo 20, paragrafi 2 e 3. In deroga all'articolo 116, paragrafo 1, del regolamento finanziario, la Commissione effettua il pagamento corrispondente entro, nella misura del possibile, due mesi dall'adozione, da parte della Commissione, dell'impegno giuridico di cui all'articolo 23.

2. In caso di prefinanziamento ai sensi del paragrafo 1 del presente articolo, i contributi finanziari e, laddove applicabile, il prestito da versare, di cui all'articolo 20, paragrafo 5, lettere *a*) o *h*), rispettivamente, sono adeguati proporzionalmente.

3. Qualora l'importo del prefinanziamento del contributo finanziario a norma del paragrafo 1 del presente articolo superi il 13% del contributo finanziario massimo calcolato in conformità dell'articolo 11, paragrafo 2, entro il 30 giugno 2022, il seguente pagamento autorizzato in conformità dell'articolo 24, paragrafo 5, e, se necessario, i pagamenti successivi sono ridotti fino a compensare l'importo eccedente. Se i rimanenti pagamenti sono insufficienti, l'importo eccedente è restituito.

14 Prestiti.

1. Fino al 31 dicembre 2023, su richiesta di uno Stato membro, la Commissione può concedere allo Stato membro interessato un prestito per l'attuazione del piano per la ripresa e la resilienza.

2. Lo Stato membro può chiedere un sostegno sotto forma di prestito contestualmente alla presentazione di un piano per la ripresa e la resilienza di cui all'articolo 18 o in un momento diverso fino al 31 agosto 2023. In quest'ultimo caso la richiesta è corredata di un piano per la ripresa e la resilienza riveduto comprendente traguardi e obiettivi supplementari.

3. Nella richiesta di sostegno sotto forma di prestito lo Stato membro illustra:

a) i motivi della richiesta di sostegno sotto forma di prestito, giustificati dai fabbisogni finanziari più elevati connessi a riforme e investimenti supplementari;

b) le riforme e gli investimenti supplementari in linea con l'articolo 18;

c) il costo più elevato del piano per la ripresa e la resilienza in questione rispetto all'importo dei contributi finanziari assegnati al piano per la ripresa e la resilienza a norma, rispettivamente, dell'articolo 20, paragrafo 4, lettera *a*) o lettera *b*).

4. Il sostegno sotto forma di prestito per il piano per la ripresa e la resilienza dello Stato membro interessato non è superiore alla differenza tra i costi totali del piano per la ripresa e la resilienza, se del caso rivisto, e il contributo finanziario massimo di cui all'articolo 11.

5. L'importo massimo del sostegno sotto forma di prestito per ogni Stato membro non supera il 6,8% del suo RNL nel 2019 a prezzi correnti.

6. In deroga al paragrafo 5, fatta salva la disponibilità di risorse, in circostanze eccezionali l'importo del sostegno sotto forma di prestito può essere aumentato.

7. Il prestito è erogato a rate, subordinatamente al rispetto dei traguardi e degli obiettivi in linea con l'articolo 20, paragrafo 5, lettera *h*).

8. La Commissione valuta la richiesta di sostegno sotto forma di prestito a norma dell'articolo 19. Il Consiglio adotta una decisione di esecuzione su proposta della Commissione a norma dell'articolo 20, paragrafo 1. Se del caso, il piano per la ripresa e la resilienza è modificato di conseguenza.

15 Accordo di prestito.

1. Prima di sottoscrivere un accordo di prestito con lo Stato membro interessato, la Commissione valuta se:

a) la motivazione della richiesta di sostegno sotto forma di prestito e il suo importo sono ritenuti ragionevoli e plausibili in relazione alle riforme e agli investimenti supplementari; e

b) le riforme e gli investimenti supplementari sono conformi ai criteri di cui all'articolo 19, paragrafo 3.

2. Se la Commissione considera che la richiesta di sostegno sotto forma di prestito soddisfa i criteri di cui al paragrafo 1, dopo aver adottato la decisione di esecuzione del Consiglio di cui all'articolo 20, paragrafo 1, conclude un accordo di prestito con lo Stato membro interessato. L'accordo di prestito, oltre agli elementi elencati all'articolo 220, paragrafo 5, del regolamento finanziario, contiene le informazioni seguenti:

a) l'importo del prestito in euro e, se del caso, l'importo del prestito prefinanziato in conformità dell'articolo 13;

b) la scadenza media; l'articolo 220, paragrafo 2, del regolamento finanziario non si applica a tale scadenza;

c) la formula di fissazione del prezzo e il periodo di disponibilità del prestito;

d) il numero massimo di rate e il piano di rimborso;

e) gli altri elementi necessari per l'attuazione del prestito in relazione alle riforme e ai progetti di investimento interessati, in linea con la decisione di cui all'articolo 20, paragrafo 3.

3. In conformità dell'articolo 220, paragrafo 5, lettera *e*), del regolamento finanziario, i costi connessi all'ottenimento di finanziamenti per l'erogazione dei prestiti di cui al presente articolo sono a carico degli Stati membri beneficiari.

4. La Commissione stabilisce le modalità necessarie per la gestione delle operazioni di erogazione dei prestiti concessi a norma del presente articolo.

5. Gli Stati membri beneficiari di un prestito concesso a norma del presente articolo aprono un conto dedicato per la gestione del prestito ricevuto. Essi trasferiscono inoltre il capitale e gli interessi dovuti in relazione a qualsiasi prestito connesso a un conto indicato dalla Commissione in linea con le modalità stabilite a norma del paragrafo 4 venti giorni lavorativi prima della scadenza corrispondente.

16 Relazione di riesame.

1. Entro il 31 luglio 2022 la Commissione presenta al Parlamento europeo e al Consiglio una relazione di riesame sull'attuazione del dispositivo.

2. La relazione di riesame presenta in particolare i seguenti elementi:

a) una valutazione della misura in cui l'attuazione dei piani per la ripresa e la resilienza è in linea con l'ambito di applicazione e contribuisce all'obiettivo generale del presente regolamento in linea con i sei pilastri di cui all'articolo 3 compreso il modo in cui i piani per la ripresa e la resilienza affrontano le disuguaglianze tra donne e uomini;

b) una valutazione quantitativa del contributo dei piani per la ripresa e la resilienza al raggiungimento dei seguenti obiettivi:

i) l'obiettivo climatico per almeno il 37%;

ii) l'obiettivo digitale per almeno il 20%;

iii) ciascuno dei sei pilastri di cui all'articolo 3;

c) lo stato di attuazione dei piani per la ripresa e la resilienza e le osservazioni e gli orientamenti destinati agli Stati membri prima dell'aggiornamento dei rispettivi piani per la ripresa e la resilienza di cui all'articolo 18, paragrafo 2.

3. Ai fini della relazione di riesame di cui al paragrafo 1 del presente articolo, la Commissione tiene conto del quadro di valutazione di cui all'articolo 30, delle relazioni degli Stati membri di cui all'articolo 27 e di ogni altra informazione pertinente sul conseguimento dei traguardi e degli obiettivi dei piani per la ripresa e la resilienza, quali disponibili in base alle procedure di pagamento, sospensione e risoluzione di cui all'articolo 24.

4. La commissione competente del Parlamento europeo può invitare la Commissione a presentare i principali risultati della relazione di riesame nel contesto del dialogo sulla ripresa e la resilienza di cui all'articolo 26.

CAPO III
Piani per la ripresa e la resilienza

17 Ammissibilità.

1. Entro l'ambito di applicazione di cui all'articolo 3 e nel perseguire gli obiettivi di cui all'articolo 4, gli Stati membri elaborano piani nazionali per la ripresa e la resilienza. Tali piani definiscono il programma di riforme e investimenti dello Stato membro interessato. I piani per la ripresa e la resilienza ammissibili al finanziamento a titolo del dispositivo comprendono misure per l'attuazione di riforme e investimenti pubblici, strutturati in un pacchetto completo e coerente, che può anche includere regimi pubblici finalizzati a incentivare gli investimenti privati.

2. Le misure avviate a decorrere dal 1° febbraio 2020 sono ammissibili a condizione che soddisfino i requisiti di cui al presente regolamento.

3. I piani per la ripresa e la resilienza sono coerenti con le pertinenti sfide e priorità specifiche per paese individuate nell'ambito del semestre europeo, nonché con le sfide e le priorità individuate nell'ultima raccomandazione del Consiglio sulla politica economica della zona euro per gli Stati membri la cui moneta è l'euro. I piani per la ripresa e la resilienza sono inoltre coerenti con le informazioni incluse dagli Stati membri nei programmi nazionali di riforma nell'ambito del semestre europeo, nei piani nazionali per l'energia e il clima, e nei relativi aggiornamenti, a norma del regolamento (UE) 2018/1999, nei piani territoriali per una transizione giusta a titolo di un regolamento del Parlamento europeo e del Consiglio che istituisce il Fondo per una transizione giusta (« Fondo per una transizione giusta »), nei piani di attuazione della garanzia per i giovani, come pure negli accordi di partenariato e nei programmi operativi a titolo dei fondi dell'Unione.

4. I piani per la ripresa e la resilienza rispettano i principi orizzontali di cui all'articolo 5.

5. Qualora uno Stato membro sia esonerato dal monitoraggio e dalla valutazione nell'ambito del semestre europeo sulla base dell'articolo 12 del regolamento (UE) n. 472/2013, o sia soggetto a procedure di verifica a norma del regolamento (CE) n. 332/2002, il presente regolamento si applica allo Stato membro interessato in relazione alle sfide e priorità identificate dalle misure stabilite in tali regolamenti.

18 Piano per la ripresa e la resilienza.

1. Lo Stato membro che desidera ricevere un contributo finanziario in conformità dell'articolo 12 presenta alla Commissione un piano per la ripresa e la resilienza quale definito all'articolo 17, paragrafo 1.

2. Dopo che la Commissione mette a disposizione a fini di assegnazione l'importo di cui all'articolo 12, paragrafo 3, lo Stato membro può aggiornare e trasmettere il piano per la ripresa e la resilienza di cui al paragrafo 1 del presente articolo per tenere conto del contributo finanziario massimo aggiornato calcolato in conformità dell'articolo 11, paragrafo 2.

3. Il piano per la ripresa e la resilienza presentato dallo Stato membro può essere trasmesso in un unico documento integrato insieme al programma nazionale di riforma ed è trasmesso ufficialmente, di norma, entro il 30 aprile. Lo Stato membro può presentare un progetto di piano per la ripresa e la resilienza dal 15 ottobre dell'anno precedente.

4. Il piano per la ripresa e la resilienza dev'essere debitamente motivato e giustificato. Esso deve presentare in particolare i seguenti elementi:

a) una spiegazione del modo in cui, considerate le misure in esso contenute, il piano per la ripresa e la resilienza rappresenta una risposta completa e adeguatamente equilibrata alla situazione socioeconomica dello Stato membro e contribuisce pertanto in modo appropriato a tutti i pilastri di cui all'articolo 3, tenendo conto delle sfide specifiche dello Stato membro interessato;

b) una spiegazione del modo in cui il piano per la ripresa e la resilienza contribuisce ad affrontare in modo efficace tutte o un sottoinsieme significativo delle sfide, individuate nelle pertinenti raccomandazioni specifiche per paese, inclusi i relativi aspetti di bilancio, così come le raccomandazioni espresse a norma dell'articolo 6 del regolamento (UE) n. 1176/2011, se del caso, rivolte allo Stato membro interessato, o in altri documenti pertinenti adottati ufficialmente dalla Commissione nell'ambito del semestre europeo;

c) una spiegazione dettagliata del modo in cui il piano per la ripresa e la resilienza rafforza il potenziale di crescita, la creazione di posti di lavoro e la resilienza economica, sociale e istituzionale dello Stato membro interessato, anche attraverso la promozione di politiche per l'infanzia e la gioventù, e attenua l'impatto sociale ed economico della crisi COVID-19, contribuendo all'attuazione del pilastro europeo dei diritti sociali e migliorando così la coesione economica, sociale e territoriale e la convergenza all'interno dell'Unione;

d) una spiegazione del modo in cui il piano per la ripresa e la resilienza garantisce che nessuna misura per l'attuazione delle riforme e degli investimenti in esso inclusi arrechi un danno significativo agli obiettivi ambientali ai sensi dell'articolo 17 del regolamento (UE) 2020/852 (principio « non arrecare un danno significativo »);

e) una spiegazione qualitativa del modo in cui le misure previste dal piano per la ripresa e la resilienza sono in grado di contribuire alla transizione verde, compresa la biodiversità, o ad affrontare le sfide che ne conseguono, e che indichi se tali misure rappresentano almeno il 37% della dotazione totale del piano per la ripresa e la resilienza sulla base della metodologia di controllo del clima di cui all'allegato VI; la metodologia è utilizzata di conseguenza per le misure che non possono essere direttamente assegnate a un campo d'intervento elencato nell'allegato VI; i coefficienti di sostegno per gli obiettivi climatici possono essere aumentati fino a un totale del 3% delle assegnazioni del piano per la ripresa e la resilienza per i singoli investimenti al fine di tenere conto delle misure di riforma correlate che ne aumentano credibilmente l'impatto sugli obiettivi climatici, come illustrato nel piano per la ripresa e la resilienza;

f) una spiegazione del modo in cui le misure del piano per la ripresa e la resilienza dovrebbero contribuire alla transizione digitale o ad affrontare le sfide che ne conseguono e che indichi se tali misure rappresentano un importo pari ad almeno il 20% della dotazione totale del piano per la ripresa e la resilienza sulla base della metodologia per la marcatura digitale di cui all'allegato VII; la metodologia è utilizzata di conseguenza per le misure che non possono essere direttamente assegnate a un campo di intervento elencato nell'allegato VII; i coefficienti di sostegno per gli obiettivi digitali possono essere aumentati per gli investimenti individuali al fine di tener conto delle misure di riforma correlate che ne aumentano l'impatto sugli obiettivi digitali;

g) se del caso, per gli investimenti nelle capacità e nella connettività digitali, un'autovalutazione della sicurezza basata su criteri oggettivi comuni che identifichi eventuali problemi di sicurezza e specifichi in che modo tali questioni saranno affrontate al fine di conformarsi alla pertinente normativa dell'Unione e nazionale;

h) un'indicazione del fatto che le misure incluse nel piano per la ripresa e la resilienza comprendano o meno progetti transfrontalieri o multinazionali;

i) i traguardi e gli obiettivi previsti e un calendario indicativo dell'attuazione delle riforme, nonché degli investimenti da completare entro il 31 agosto 2026;

j) i progetti di investimento previsti e il relativo periodo di investimento;

k) la stima dei costi totali delle riforme e degli investimenti oggetto del piano per la ripresa e la resilienza presentato (denominata anche « stima dei costi totali del piano per la ripresa e la resilienza »), fondata su una motivazione adeguata e su una spiegazione di come tale costo sia in linea con il principio dell'efficienza sotto il profilo dei costi e commisurato all'impatto economico e sociale nazionale atteso;

l) se del caso, informazioni su finanziamenti dell'Unione esistenti o previsti;

m) le misure di accompagnamento che possono essere necessarie;

n) una giustificazione della coerenza del piano per la ripresa e la resilienza; nonché una spiegazione della sua coerenza rispetto ai principi, ai piani e ai programmi di cui all'articolo 17;

o) una spiegazione del modo in cui le misure del piano per la ripresa e la resilienza dovrebbero contribuire alla parità di genere e alle pari opportunità per tutti, come pure all'integrazione di tali obiettivi, in linea con i principi 2 e 3 del pilastro europeo dei diritti sociali, nonché con l'obiettivo di sviluppo sostenibile dell'ONU 5 e, ove pertinente, la strategia nazionale per la parità di genere;

p) le modalità per il monitoraggio e l'attuazione efficaci del piano per la ripresa e la resilienza da parte dello Stato membro interessato, compresi i traguardi e gli obiettivi proposti e i relativi indicatori;

q) per la preparazione e, ove disponibile, l'attuazione del piano per la ripresa e la resilienza una sintesi del processo di consultazione, condotto conformemente al quadro giuridico nazionale, delle autorità locali e regionali, delle parti sociali, delle organizzazioni della società civile, delle organizzazioni giovanili e di altri portatori di interessi e il modo in cui il piano per la ripresa e la resilienza tiene conto dei contributi dei portatori di interessi;

r) una spiegazione riguardo al sistema predisposto dallo Stato membro per prevenire, individuare e correggere la corruzione, la frode e i conflitti di interessi nell'utilizzo dei fondi forniti nell'ambito del dispositivo e le modalità volte a evitare la duplicazione dei finanziamenti da parte del dispositivo e di altri programmi dell'Unione;

s) se del caso, la richiesta di sostegno sotto forma di prestito e i traguardi supplementari di cui all'articolo 14, paragrafi 2 e 3, e i relativi elementi; e

t) qualsiasi altra informazione pertinente.

5. Nel preparare i loro piani per la ripresa e la resilienza, gli Stati membri possono chiedere alla Commissione di organizzare uno scambio di buone pratiche al fine di consentire agli Stati membri richiedenti di beneficiare dell'esperienza di altri Stati membri. Gli Stati membri possono inoltre chiedere assistenza tecnica nell'ambito dello strumento di sostegno tecnico.

Gli Stati membri sono incoraggiati a promuovere sinergie con i piani per la ripresa e la resilienza di altri Stati membri.

19 Valutazione della Commissione.

1. La Commissione valuta il piano per la ripresa e la resilienza o, se del caso, il suo aggiornamento presentato dallo Stato membro a norma dell'articolo 18, paragrafo 1, o dell'articolo 18, paragrafo 2, entro due mesi dalla presentazione ufficiale, e formula una proposta di decisione di esecuzione del Consiglio a norma dell'articolo 20, paragrafo 1. In sede di tale valutazione la Commissione agisce in stretta collaborazione con lo Stato membro interessato. La Commissione può formulare osservazioni o richiedere informazioni supplementari. Lo Stato membro interessato fornisce le informazioni supplementari richieste e, se necessario, può rivedere il piano per la ripresa e la resilienza, anche dopo la sua presentazione ufficiale. Lo Stato membro interessato e la Commissione possono concordare di prorogare il termine per la valutazione per un periodo di tempo ragionevole, se necessario.

2. Nel valutare il piano per la ripresa e la resilienza e nel determinare l'importo da assegnare allo Stato membro interessato, la Commissione tiene conto delle informazioni analitiche sullo Stato membro interessato disponibili nell'ambito del semestre europeo, nonché della motivazione e degli elementi forniti da tale Stato membro, di cui all'articolo 18, paragrafo 4, e di ogni altra informazione pertinente tra cui, in particolare, quelle contenute nel programma nazionale di riforma e nel piano nazionale per l'energia e il clima di tale Stato membro, nei piani territoriali per una transizione giusta a titolo del regolamento sul Fondo per una transizione giusta, nei piani di attuazione della garanzia per i giovani e, se del caso, le informazioni ricevute nell'ambito dell'assistenza tecnica fornita dallo strumento di assistenza tecnica.

3. La Commissione valuta la pertinenza, l'efficacia, l'efficienza e la coerenza del piano per la ripresa e la resilienza e, a tal fine, tiene conto dei seguenti criteri, che applica in conformità dell'allegato V:

Pertinenza:

a) se il piano per la ripresa e la resilienza rappresenta una risposta globale e adeguatamente equilibrata alla situazione economica e sociale, contribuendo in modo adeguato a tutti e sei i pilastri di cui all'articolo 3, tenendo conto delle sfide specifiche e della dotazione finanziaria dello Stato membro interessato;

b) se il piano per la ripresa e la resilienza è in grado di contribuire ad affrontare in modo efficace tutte, o un sottoinsieme significativo delle sfide, individuate nelle pertinenti raccomandazioni specifiche per paese, compresi gli aspetti di bilancio, e, se del caso, nelle raccomandazioni formulate a norma dell'articolo 6 del regolamento (UE) n. 1176/2011 rivolte allo Stato membro interessato o le sfide individuate in altri documenti pertinenti adottati ufficialmente dalla Commissione nell'ambito del semestre europeo;

c) se il piano per la ripresa e la resilienza è in grado di contribuire efficacemente a rafforzare il potenziale di crescita, la creazione di posti di lavoro e la resilienza economica, sociale e istituzionale dello Stato membro, contribuendo all'attuazione del pilastro europeo dei diritti sociali, anche tramite la promozione di politiche per l'infanzia e la gioventù, e di attenuare l'impatto economico e sociale della crisi COVID-19, migliorando in tal modo la coesione economica, sociale e territoriale e la convergenza all'interno dell'Unione;

d) se il piano per la ripresa e la resilienza è in grado di assicurare che nessuna misura per l'attuazione delle riforme e dei progetti di investimento in esso inclusa arrechi un danno significativo agli obiettivi ambientali ai sensi dell'articolo 17 del regolamento (UE) 2020/852 (principio « non arrecare un danno significativo »); la Commissione fornisce agli Stati membri orientamenti tecnici a tal fine;

e) se il piano per la ripresa e la resilienza prevede misure che contribuiscono efficacemente alla transizione verde, compresa la biodiversità, o ad affrontare le sfide che ne conseguono, e se tali misure rappresentano un importo pari ad almeno il 37% della dotazione totale del piano per la ripresa e la resilienza sulla base della metodologia di controllo del clima di cui all'allegato VI; tale metodologia è utilizzata di conseguenza per le misure che non possono essere direttamente assegnate a un campo di intervento elencato nell'allegato VI; i coefficienti di sostegno per gli obiettivi climatici possono essere aumentati fino a un totale del 3% delle assegnazioni del piano per la ripresa e la resilienza per i singoli investimenti al fine di tenere conto delle misure di riforma correlate che ne aumentano credibilmente l'impatto sugli obiettivi climatici, fatto salvo l'accordo della Commissione;

f) se il piano per la ripresa e la resilienza prevede misure che contribuiscono efficacemente alla transizione digitale o ad affrontare le sfide che ne conseguono e se tali misure rappresentano un importo pari ad almeno il 20% della dotazione totale del piano per la ripresa e la resilienza sulla base della metodologia per la marcatura digitale di cui all'allegato VII; tale metodologia è utilizzata di conseguenza per le misure che non possono essere direttamente assegnate a un campo di intervento elencato nell'allegato VII; i coefficienti di sostegno per gli obiettivi digitali possono essere aumentati per gli investimenti individuali al fine di tener conto delle misure di riforma correlate che ne aumentano l'impatto sugli obiettivi digitali;

Efficacia:

g) se il piano per la ripresa e la resilienza è in grado di avere un impatto duraturo sullo Stato membro interessato;

h) se le modalità proposte dagli Stati membri interessati, compresi il calendario e i traguardi e gli obiettivi previsti, e i relativi indicatori, sono tali da garantire un monitoraggio e un'attuazione efficaci del piano per la ripresa e la resilienza;

Efficienza:

i) se la giustificazione fornita dallo Stato membro in merito all'importo dei costi totali stimati del piano per la ripresa e la resilienza è ragionevole e plausibile ed è in linea con il principio dell'efficienza sotto il profilo dei costi, nonché commisurata all'impatto atteso sull'economia e l'occupazione;

j) se le modalità proposte dallo Stato membro interessato sono tali da prevenire, individuare e correggere la corruzione, la frode e i conflitti di interessi nell'utilizzo dei fondi derivanti dal dispositivo, comprese le modalità volte a evitare la duplicazione dei finanziamenti da parte del dispositivo e di altri programmi dell'Unione;

Coerenza:

k) se il piano per la ripresa e la resilienza prevede misure per l'attuazione di riforme e di progetti di investimento pubblico che rappresentano azioni coerenti.

4. Qualora lo Stato membro interessato abbia chiesto un sostegno sotto forma di prestito di cui all'articolo 14, la Commissione valuta se la richiesta di prestito soddisfa i criteri di cui all'articolo 15, paragrafo 1, e, in particolare, se le riforme e gli investimenti supplementari riguardo ai quali è stata fatta tale richiesta soddisfano i criteri di valutazione di cui al paragrafo 3.

5. Se valuta negativamente un piano per la ripresa e la resilienza, la Commissione comunica una valutazione debitamente motivata entro il termine di cui al paragrafo 1.

6. Ai fini della valutazione dei piani per la ripresa e la resilienza presentati dagli Stati membri, la Commissione può farsi assistere da esperti.

20 Proposta della Commissione e decisione di esecuzione del Consiglio.

1. Su proposta della Commissione, il Consiglio approva, mediante decisione di esecuzione, la valutazione del piano per la ripresa e la resilienza presentato dallo Stato membro a norma dell'articolo 18, paragrafo 1, ovvero, ove applicabile, del suo aggiornamento presentato a norma dell'articolo 18, paragrafo 2.

2. Qualora la Commissione valuti positivamente il piano per la ripresa e la resilienza, la proposta della Commissione di decisione di esecuzione del Consiglio stabilisce le riforme e i progetti di investimento che dovranno essere attuati dallo Stato membro, compresi i traguardi e gli obiettivi e i contributi finanziari calcolati conformemente all'articolo 11.

3. Qualora lo Stato membro interessato richieda un sostegno sotto forma di prestito, la proposta della Commissione di decisione di esecuzione del Consiglio stabilisce inoltre l'importo del sostegno sotto forma di prestito di cui all'articolo 14, paragrafi 4 e 6, e le riforme e i progetti di investimento supplementari che lo Stato membro deve attuare avvalendosi di tale prestito, compresi i traguardi e gli obiettivi supplementari.

4. Il contributo finanziario di cui al paragrafo 2 è determinato in base ai costi totali stimati del piano per la ripresa e la resilienza proposto dallo Stato membro interessato, valutato secondo i criteri di cui all'articolo 19, paragrafo 3. L'importo del contributo finanziario è stabilito come segue:

a) se il piano per la ripresa e la resilienza soddisfa i criteri di cui all'articolo 19, paragrafo 3, e l'importo dei costi totali stimati del piano per la ripresa e la resilienza è pari o superiore al contributo finanziario massimo calcolato per lo Stato membro in questione conformemente all'articolo 11, il contributo finanziario assegnato allo Stato membro interessato è pari all'importo totale del contributo finanziario massimo calcolato per lo Stato membro in questione conformemente all'articolo 11;

b) se il piano per la ripresa e la resilienza soddisfa i criteri di cui all'articolo 19, paragrafo 3, e l'importo dei costi totali stimati del piano per la ripresa e la resilienza è inferiore al contributo finanziario massimo calcolato per lo Stato membro in questione conformemente all'articolo 11, il contributo finanziario assegnato allo Stato membro interessato è pari all'importo dei costi totali stimati del piano per la ripresa e la resilienza;

c) se il piano per la ripresa e la resilienza non risponde in misura soddisfacente ai criteri di cui all'articolo 19, paragrafo 3, allo Stato membro interessato non è assegnato alcun contributo finanziario.

5. La proposta della Commissione di cui al paragrafo 2 stabilisce inoltre:

a) il contributo finanziario da erogare a rate successivamente al conseguimento soddisfacente, da parte dello Stato membro, dei pertinenti traguardi e obiettivi individuati in relazione all'attuazione del piano per la ripresa e la resilienza;

b) il contributo finanziario e, se del caso, l'importo del sostegno sotto forma di prestito da erogare in forma di prefinanziamento in conformità dell'articolo 13 successivamente all'approvazione del piano per la ripresa e la resilienza;

c) la descrizione delle riforme e dei progetti di investimento e l'importo dei costi totali stimati del piano per la ripresa e la resilienza;

d) il periodo, non oltre il 31 agosto 2026, entro cui devono essere completati i traguardi e gli obiettivi sia per i progetti di investimento che per le riforme;

e) le modalità e il calendario per il monitoraggio e l'attuazione del piano per la ripresa e la resilienza, comprese, se del caso, le misure necessarie per conformarsi all'articolo 22;

f) gli indicatori pertinenti relativi al conseguimento dei traguardi e degli obiettivi previsti;

g) le modalità di pieno accesso da parte della Commissione ai pertinenti dati sottostanti; e

h) se del caso, l'importo del prestito da erogare a rate e i traguardi e gli obiettivi supplementari connessi all'erogazione del prestito.

6. Le modalità e il calendario di sorveglianza e attuazione di cui al paragrafo 5, lettera *e*), gli indicatori pertinenti relativi al conseguimento dei traguardi e degli obiettivi di cui al paragrafo 5, lettera *f*), le modalità di accesso da parte della Commissione ai dati sottostanti di cui al paragrafo 5, lettera *g*), e, se del caso, i traguardi e gli obiettivi supplementari connessi all'erogazione del prestito di cui al paragrafo 5, lettera *h*), sono ulteriormente specificati in accordi operativi che devono essere conclusi dallo Stato membro interessato e dalla Commissione dopo l'adozione della decisione di cui al paragrafo 1.

7. Il Consiglio adotta le decisioni di esecuzione di cui al paragrafo 1, di norma, entro quattro settimane dall'adozione della proposta della Commissione.

8. Il Consiglio, su proposta della Commissione, modifica senza indebito ritardo la sua decisione di esecuzione adottata in conformità dell'articolo 20, paragrafo 1, per includervi il contributo finanziario massimo

aggiornato, calcolato conformemente all'articolo 11, paragrafo 2.

21 Modifica del piano per la ripresa e la resilienza dello Stato membro.

1. Se il piano per la ripresa e la resilienza, compresi i pertinenti traguardi e obiettivi, non può più essere realizzato, in tutto o in parte, dallo Stato membro interessato a causa di circostanze oggettive, lo Stato membro interessato può presentare alla Commissione una richiesta motivata affinché presenti una proposta intesa a modificare o sostituire le decisioni di esecuzione del Consiglio di cui all'articolo 20, paragrafi 1 e 3. A tal fine, loStato membro può proporre un piano per la ripresa e la resilienza modificato o un nuovo piano per la ripresa e la resilienza. Gli Stati membri possono chiedere assistenza tecnica per l'elaborazione di tale proposta nell'ambito dello strumento di sostegno tecnico.

2. Se ritiene che i motivi addotti dallo Stato membro interessato giustifichino una modifica del pertinente piano per la ripresa e la resilienza, la Commissione valuta il piano modificato o nuovo per la ripresa e la resilienza in conformità dell'articolo 19 e presenta una proposta per una nuova decisione di esecuzione del Consiglio conformemente all'articolo 20, paragrafo 1, entro due mesi dalla presentazione ufficiale della richiesta. Se necessario, lo Stato membro interessato e la Commissione possono convenire di prorogare tale termine di un periodo di tempo ragionevole. Il Consiglio adotta la nuova decisione di esecuzione, di norma, entro quattro settimane dall'adozione della proposta della Commissione.

3. Se ritiene che i motivi addotti dallo Stato membro interessato non giustifichino una modifica del pertinente piano per la ripresa e la resilienza, la Commissione respinge la richiesta entro il termine di cui al paragrafo 2, dopo aver dato allo Stato membro interessato la possibilità di presentare le proprie osservazioni entro il termine di un mese dalla comunicazione delle conclusioni della Commissione.

CAPO IV
Disposizioni finanziarie

22 Tutela degli interessi finanziari dell'Unione.

1. Nell'attuare il dispositivo gli Stati membri, in qualità di beneficiari o mutuatari di fondi a titolo dello stesso, adottano tutte le opportune misure per tutelare gli interessi finanziari dell'Unione e per garantire che l'utilizzo dei fondi in relazione alle misure sostenute dal dispositivo sia conforme al diritto dell'Unione e nazionale applicabile, in particolare per quanto riguarda la prevenzione, l'individuazione e la rettifica delle frodi, dei casi di corruzione e dei conflitti di interessi. A tal fine, gli Stati membri prevedono un sistema di controllo interno efficace ed efficiente nonché provvedono al recupero degli importi erroneamente versati o utilizzati in modo non corretto. Gli Stati membri possono fare affidamento sui loro normali sistemi nazionali di gestione del bilancio.

2. Gli accordi di cui all'articolo 15, paragrafo 2, e all'articolo 23, paragrafo 1, contemplano per gli Stati membri i seguenti obblighi:

a) verificare regolarmente che i finanziamenti erogati siano stati utilizzati correttamente, in conformità di tutte le norme applicabili, e che tutte le misure per l'attuazione di riforme e progetti di investimento nell'ambito del piano per la ripresa e la resilienza siano state attuate correttamente, in conformità di tutte le norme applicabili, in particolare per quanto riguarda la prevenzione, l'individuazione e la rettifica delle frodi, dei casi di corruzione e dei conflitti di interessi;

b) adottare misure adeguate per prevenire, individuare e risolvere le frodi, la corruzione e i conflitti di interessi quali definiti all'articolo 61, paragrafi 2 e 3, del regolamento finanziario, che ledono gli interessi finanziari dell'Unione e intraprendere azioni legali per recuperare i fondi che sono stati indebitamente assegnati, anche in relazione a eventuali misure per l'attuazione di riforme e progetti di investimento nell'ambito del piano per la ripresa e la resilienza;

c) corredare una richiesta di pagamento di:

i) una dichiarazione di gestione che attesti che i fondi sono stati utilizzati per lo scopo previsto, che le informazioni presentate con la richiesta di pagamento sono complete, esatte e affidabili e che i sistemi di controllo posti in essere forniscono le garanzie necessarie a stabilire che i fondi sono stati gestiti in conformità di tutte le norme applicabili, in particolare in materia di prevenzione dei conflitti di interessi, delle frodi, della corruzione e della duplicazione dei finanziamenti da parte del dispositivo e di altri programmi dell'Unione nel rispetto del principio di una sana gestione finanziaria; e

ii) una sintesi degli audit effettuati, che comprenda le carenze individuate e le eventuali azioni correttive adottate;

d) ai fini dell'audit e del controllo e al fine di fornire dati comparabili sull'utilizzo dei fondi in relazione a misure per l'attuazione di riforme e progetti di investimento nell'ambito del piano per la ripresa e la resilienza, raccogliere le seguenti categorie standardizzate di dati, nonché garantire il relativo accesso:

i) il nome del destinatario finale dei fondi;

ii) il nome dell'appaltatore e del subappaltatore, ove il destinatario finale dei fondi sia un'amministrazione aggiudicatrice ai sensi delle disposizioni nazionali o dell'Unione in materia di appalti pubblici;

iii) il/inome/i,il/icognome/i e la data di nascita del/dei titolare/i effettivo/i del destinatario dei fondi o appaltatore, ai sensi dell'articolo 3, punto 6, della direttiva (UE) 2015/849 del Parlamento europeo e del Consiglio;

iv) un elenco di eventuali misure per l'attuazione di riforme e progetti di investimento nell'ambito del piano per la ripresa e la resilienza con l'importo totale del finanziamento pubblico di tali misure e con l'indicazione dell'importo dei fondi erogati nell'ambito del dispositivo e di altri fondi dell'Unione;

e) autorizzare espressamente la Commissione, l'OLAF, la Corte dei conti e, se del caso, l'EPPO a esercitare i rispettivi diritti di cui all'articolo 129, paragrafo 1, del regolamento finanziario e imporre a tutti i destinatari finali dei fondi erogati per le misure di attuazione delle riforme e dei progetti di investimento inclusi nel piano per la ripresa e la resilienza, o a tutte le altre persone o entità coinvolte nella loro attuazione, l'obbligo di autorizzare espressamente la Commissione, l'OLAF, la Corte dei conti e, se del caso, l'EPPO a esercitare i diritti di cui all'articolo 129, paragrafo 1, del regolamento finanziario e imporre obblighi analoghi a tutti i destinatari finali dei fondi erogati;

f) conservare i dati conformemente all'articolo 132 del regolamento finanziario.

3. I dati personali di cui al paragrafo 2, lettera *d*), del presente articolo, sono trattati dagli Stati membri e dalla Commissione esclusivamente ai fini dello svolgimento, e per la durata corrispondente, delle procedure di discarico, audit e controllo dell'utilizzo dei fondi in relazione all'attuazione degli accordi di cui all'articolo 15, paragrafo 2, e all'articolo 23, paragrafo 1. Nel quadro della procedura di discarico della Commissione, conformemente all'articolo 319 TFUE, il dispositivo è soggetto agli obblighi di informazione nell'ambito delle relazioni integrate in materia finanziaria e di responsabilità di cui all'articolo 247 del regolamento finanziario e, in particolare, è oggetto di un capitolo separato della relazione annuale sulla gestione e il rendimento.

4. La Commissione mette a disposizione degli Stati membri un sistema integrato e interoperabile di informazione e monitoraggio, comprendente un unico strumento di estrazione di dati e valutazione del rischio, al fine di accedere ai dati pertinenti e di analizzarli, in vista di un'applicazione generalizzata di tale sistema da parte di Stati membri, anche con il sostegno dello strumento di sostegno tecnico.

5. Gli accordi di cui all'articolo 15, paragrafo 2, e all'articolo 23, paragrafo 1, prevedono inoltre il diritto della Commissione di ridurre proporzionalmente il sostegno nell'ambito del dispositivo e di recuperare qualsiasi importo dovuto al bilancio dell'Unione o di chiedere il rimborso anticipato del prestito in caso di frode, corruzione e conflitto di interessi che ledano gli interessi finanziari dell'Unione qualora non vi sia stata rettifica da parte dello Stato membro, o una grave violazione di un obbligo derivante da detti accordi.

Nel decidere in merito all'importo del recupero e della riduzione o dell'importo da rimborsare anticipatamente, la Commissione rispetta il principio di proporzionalità e tiene conto della gravità della frode, della corruzione e del conflitto di interessi che ledono gli interessi finanziari dell'Unione, o di una violazione di un obbligo. Allo Stato membro è data l'opportunità di presentare le proprie osservazioni prima che sia effettuata la riduzione o richiesto il rimborso anticipato.

23 Impegno del contributo finanziario.

1. Una volta che il Consiglio ha adottato una decisione di esecuzione di cui all'articolo 20, paragrafo 1, la Commissione conclude con lo Stato membro interessato un accordo che costituisce un impegno giuridico specifico ai sensi del regolamento finanziario. Per ciascuno Stato membro l'impegno giuridico non supera il contributo finanziario di cui all'articolo 11, paragrafo 1, lettera *a*), per il 2021 e 2022 e il contributo finanziario aggiornato di cui all'articolo 11, paragrafo 2, per il 2023.

2. Gli impegni di bilancio possono essere basati su impegni globali e, all'occorrenza, essere ripartiti in frazioni annue distribuite su diversi anni.

24 Regole concernenti il pagamento, la sospensione e la risoluzione degli accordi riguardanti i contributi finanziari e i prestiti.

1. I pagamenti dei contributi finanziari e, se del caso, dei prestiti allo Stato membro interessato a norma del presente articolo sono effettuati entro il 31 dicembre 2026 conformemente agli stanziamenti di bilancio e compatibilmente con le risorse finanziarie disponibili.

2. Dopo aver raggiunto i traguardi e gli obiettivi concordati e indicati nel piano per la ripresa e la resilienza quale approvato in conformità dell'articolo 20, lo Stato membro interessato presenta alla Commissione una richiesta debitamente motivata relativa al pagamento del contributo finanziario e, se del caso, del prestito. Gli Stati membri possono presentare alla Commissione tali richieste di pagamento due volte l'anno.

3. La Commissione valuta in via preliminare, senza indebito ritardo e al più tardi entro due mesi dal ricevimento della richiesta, se i pertinenti traguardi e obiettivi indicati nella decisione di esecuzione del Consiglio di cui all'articolo 20, paragrafo 1, siano stati conseguiti in misura soddisfacente. Il conseguimento soddisfacente dei traguardi e degli obiettivi presuppone che le misure relative ai traguardi e agli obiettivi conseguiti in misura soddisfacente in precedenza non siano state annullate dallo Stato membro interessato. Ai fini della valutazione è tenuto conto anche degli accordi operativi di cui all'articolo 20, paragrafo 6. La Commissione può essere assistita da esperti.

4. Se effettua una valutazione preliminare positiva del conseguimento soddisfacente dei pertinenti traguardi e obiettivi, la Commissione trasmette le proprie conclusioni al comitato economico e finanziario e ne chiede il parere sul conseguimento soddisfacente dei pertinenti traguardi e obiettivi. La Commissione tiene conto del parere del comitato economico e finanziario per la sua valutazione.

5. Se effettua una valutazione positiva, la Commissione adotta, senza indebito ritardo, una decisione che autorizza l'erogazione del contributo finanziario e, ove applicabile, del prestito in conformità del regolamento finanziario. Tale decisione è adottata secondo la procedura di esame di cui all'articolo 35, paragrafo 2.

6. Se, a seguito della valutazione di cui al paragrafo 5, la Commissione accerta che i traguardi e gli obiettivi indicati nella decisione di esecuzione del Consiglio di cui all'articolo 20, paragrafo 1, non sono stati conseguiti in misura soddisfacente, il pagamento della totalità o di parte del contributo finanziario e, ove applicabile, del prestito è sospeso. Lo Stato membro interessato può presentare le proprie osservazioni entro il termine di un mese dalla comunicazione della valutazione della Commissione.

La sospensione è revocata solamente quando lo Stato membro interessato ha adottato le misure necessarie per garantire un conseguimento soddisfacente dei traguardi e degli obiettivi che figurano nella decisione di esecuzione del Consiglio di cui all'articolo 20, paragrafo 1.

7. In deroga all'articolo 116, paragrafo 2, del regolamento finanziario, il termine di pagamento inizia a decorrere dalla data di comunicazione della decisione che autorizza l'erogazione allo Stato membro interessato a norma del paragrafo 5 del presente articolo o dalla data di comunicazione della revoca della sospensione a norma del paragrafo 6, secondo comma, del presente articolo.

8. Se lo Stato membro interessato non ha adottato le misure necessarie entro un periodo di sei mesi dalla sospensione, la Commissione riduce proporzionalmente l'importo del contributo finanziario e, ove applicabile, del prestito dopo aver dato allo Stato membro interessato la possibilità di presentare le proprie osservazioni entro un termine di due mesi dalla comunicazione delle sue conclusioni.

9. Se, entro il termine di 18 mesi dalla data di adozione della decisione di esecuzione del Consiglio di cui all'articolo 20, paragrafo 1, non sono stati compiuti progressi concreti da parte dello Stato membro interessato per quanto riguarda il conseguimento dei pertinenti traguardi e obiettivi, la Commissione risolve gli accordi di cui all'articolo 15, paragrafo 2, e all'articolo 23, paragrafo 1, e disimpegna l'importo del contributo finanziario fatto salvo l'articolo 14, paragrafo 3, del regolamento finanziario. Qualsiasi eventuale prefinanziamento a norma dell'articolo 13 è recuperato integralmente. La Commissione adotta una decisione sulla risoluzione degli accordi di cui all'articolo 15, paragrafo 2, e all'articolo 23, paragrafo 1, e, ove applicabile, del recupero del prefinanziamento dopo aver dato allo Stato membro interessato la possibilità di presentare le proprie osservazioni entro un termine di due mesi dalla comunicazione della sua valutazione relativa alla mancata realizzazione di progressi concreti.

10. In presenza di circostanze eccezionali, l'adozione della decisione che autorizza l'erogazione del contributo finanziario e, ove applicabile, del prestito a norma dell'articolo 24, paragrafo 5, può essere rinviata fino a tre mesi.

CAPO V
Disposizioni istituzionali

25 Trasparenza.

1. La Commissione trasmette senza indebito ritardo, simultaneamente e alle stesse condizioni, al Parlamento europeo e al Consiglio i piani per la ripresa e la resilienza quali presentati ufficialmente dagli Stati membri e le proposte di decisioni di esecuzione del Consiglio di cui all'articolo 20, paragrafo1, rese pubbliche dalla Commissione.

2. Le informazioni trasmesse dalla Commissione al Consiglio o ai suoi organi preparatori nel quadro del presente regolamento o della sua attuazione sono simultaneamente messe a disposizione del Parlamento europeo, se necessario nel rispetto di disposizioni di riservatezza. Gli esiti pertinenti delle discussioni in seno agli organi preparatori del Consiglio sono condivisi con la commissione competente del Parlamento.

3. Lo Stato membro interessato può chiedere alla Commissione di omettere informazioni sensibili o riservate la cui divulgazione potrebbe compromettere i suoi interessi pubblici. In tal caso, la Commissione consulta il Parlamento europeo e il Consiglio per stabilire le modalità con cui le informazioni omesse possono essere messe a loro disposizione nel rispetto della riservatezza, in conformità delle norme applicabili.

4. La Commissione fornisce alla commissione competente del Parlamento europeo una panoramica delle sue conclusioni preliminari relative al conseguimento soddisfacente dei pertinenti traguardi e obiettivi inclusi nei piani per la ripresa e la resilienza degli Stati membri.

5. La commissione competente del Parlamento europeo può invitare la Commissione a fornire informazioni in merito allo stato di avanzamento della valutazione dei piani per la ripresa e la resilienza nel contesto del dialogo sulla ripresa e la resilienza di cui all'articolo 26.

26 Dialogo sulla ripresa e la resilienza.

1. Al fine di rafforzare il dialogo tra le istituzioni dell'Unione, in particolare il Parlamento europeo, il Consiglio e la Commissione, e di garantire maggiore trasparenza e responsabilità, le commissioni competenti del Parlamento europeo possono invitare ogni due mesi la Commissione a discutere le seguenti questioni:

a) lo stato della ripresa, della resilienza e della capacità di aggiustamento nell'Unione, nonché le misure adottate a norma del presente regolamento;

b) i piani per la ripresa e la resilienza degli Stati membri;

c) la valutazione dei piani per la ripresa e la resilienza degli Stati membri;

d) le conclusioni principali della relazione di riesame di cui all'articolo 16, paragrafo 2;

e) lo stato di conseguimento dei traguardi e degli obiettivi inclusi nei piani per la ripresa e la resilienza degli Stati membri;

f) le procedure di pagamento, sospensione e risoluzione, comprese eventuali osservazioni presentate ed eventuali misure correttive adottate dagli Stati membri per garantire un conseguimento soddisfacente dei traguardi e degli obiettivi;

g) qualsiasi altra informazione e documentazione pertinente fornita dalla Commissione alla commissione competente del Parlamento europeo in relazione all'attuazione del dispositivo.

2. Il Parlamento europeo può esprimere il proprio parere in risoluzioni sulle questioni di cui al paragrafo 1.

3. La Commissione tiene conto di qualsiasi elemento derivante dalle opinioni espresse attraverso il dialogo

sulla ripresa e la resilienza, comprese le risoluzioni del Parlamento europeo, se previste.

4. Il quadro di valutazione della ripresa e della resilienza di cui all'articolo 30 funge da base per il dialogo sulla ripresa e sulla resilienza.

CAPO VI
Comunicazione

27 Comunicazione di informazioni da parte dello Stato membro nell'ambito del semestre europeo.

Lo Stato membro interessato riferisce due volte l'anno nell'ambito del semestre europeo in merito ai progressi compiuti nella realizzazione del suo piano per la ripresa e la resilienza, compresi gli accordi operativi di cui all'articolo 20, paragrafo 6, nonché in merito agli indicatori comuni di cui all'articolo 29, paragrafo 4. A tal fine le relazioni degli Stati membri sono adeguatamente rispecchiate nei programmi nazionali di riforma, che sono utilizzati come strumento per riferire in merito ai progressi compiuti verso il completamento dei piani per la ripresa e la resilienza.

CAPO VII
Complementarità, monitoraggio e valutazione

28 Coordinamento e complementarità.

In funzione delle rispettive responsabilità, la Commissione e gli Stati membri interessati promuovono le sinergie e assicurano un efficace coordinamento tra il dispositivo e gli altri programmi e strumenti dell'Unione, tra cui lo strumento di sostegno tecnico, e in particolare le misure finanziate dai fondi dell'Unione. A tal fine essi:

a) garantiscono complementarità, sinergia, coerenza e uniformità tra i diversi strumenti a livello dell'Unione, a livello nazionale e, se del caso, regionale, in particolare per quanto riguarda le misure finanziate da fondi dell'Unione, sia nella fase di pianificazione che durante l'attuazione;

b) ottimizzano i meccanismi di coordinamento per evitare la duplicazione degli sforzi; e

c) garantiscono una stretta collaborazione tra i responsabili dell'attuazione e del controllo a livello dell'Unione, a livello nazionale e, se del caso, regionale, al fine di conseguire gli obiettivi del dispositivo.

29 Monitoraggio dell'attuazione.

1. La Commissione sorveglia l'attuazione del dispositivo e misura il raggiungimento degli obiettivi di cui all'articolo 4. Il monitoraggio dell'attuazione è mirato e proporzionato alle attività svolte nell'ambito del dispositivo.

2. Il sistema di comunicazione dei risultati della Commissione garantisce una raccolta efficiente, efficace e tempestiva dei dati per il monitoraggio dell'attuazione delle attività e dei risultati. A tale scopo ai destinatari dei finanziamenti dell'Unione sono imposti obblighi di comunicazione proporzionati.

3. La Commissione riferisce ex post in merito alle spese finanziate dal dispositivo a titolo di ciascuno dei pilastri di cui all'articolo 3. Tali relazioni si baseranno sulla ripartizione della spesa stimata prevista nei piani per la ripresa e la resilienza approvati.

4. Alla Commissione è conferito il potere di adottare, entro la fine di dicembre 2021, atti delegati a norma dell'articolo 33 per integrare il presente regolamento al fine di:

a) stabilire gli indicatori comuni da utilizzare per riferire sui progressi e ai fini del monitoraggio e della valutazione del dispositivo per quanto riguarda il raggiungimento degli obiettivi generali e specifici; e

b) definire una metodologia per la rendicontazione della spesa sociale, anche a favore dell'infanzia e della gioventù, nell'ambito del dispositivo.

5. Gli Stati membri riferiscono alla Commissione in merito agli indicatori comuni.

30 Quadro di valutazione della ripresa e della resilienza.

1. La Commissione istituisce un quadro di valutazione della ripresa e della resilienza (« quadro di valutazione ») che illustra i progressi dell'attuazione dei piani per la ripresa e la resilienza degli Stati membri in ciascuno dei sei pilastri di cui all'articolo 3. Il quadro di valutazione costituisce il sistema di comunicazione dei risultati del dispositivo.

2. Alla Commissione è conferito il potere di adottare un atto delegato a norma dell'articolo 33 per integrare il presente regolamento definendo gli elementi dettagliati del quadro di valutazione al fine di illustrare i progressi dell'attuazione dei piani per la ripresa e la resilienza di cui al paragrafo 1.

3. Il quadro di valutazione delinea inoltre i progressi dell'attuazione dei piani per la ripresa e la resilienza in relazione agli indicatori comuni di cui all'articolo 29, paragrafo 4.

4. Il quadro di valutazione è operativo entro dicembre 2021 ed è aggiornato dalla Commissione due volte l'anno. Il quadro di valutazione è messo a disposizione del pubblico su un sito web o su un portale Internet.

31 Relazione annuale.

1. La Commissione presenta al Parlamento europeo e al Consiglio una relazione annuale in merito all'attuazione del dispositivo.

2. La relazione annuale contiene informazioni sui progressi compiuti con i piani per la ripresa e la resilienza degli Stati membri interessati nell'ambito del dispositivo, comprese informazioni sullo stato dell'attuazione dei traguardi e degli obiettivi come pure sullo stato dei pagamenti e delle relative sospensioni.

3. La relazione annuale comprende inoltre le seguenti informazioni sui seguenti elementi:

a) il contributo del dispositivo agli obiettivi climatici e digitali;

b) i risultati del dispositivo sulla base degli indicatori comuni di cui all'articolo 29, paragrafo 4;

c) le spese finanziate dal dispositivo in base ai sei pilastri di cui all'articolo 3, che comprendono le spese in ambito sociale, incluse quelle relative all'infanzia e alla gioventù, di cui all'articolo 29, paragrafo 4.

4. Per riferire sulle attività di cui ai paragrafi 2 e 3, la Commissione può utilizzare, ove appropriato, il contenuto dei documenti pertinenti da essa adottati ufficialmente nell'ambito del semestre europeo.

32 Valutazione e valutazione ex-post del dispositivo.

1. Entro il 20 febbraio 2024 la Commissione presenta al Parlamento europeo, al Consiglio, al Comitato economico e sociale europeo e al Comitato delle regioni una relazione di valutazione indipendente sull'attuazione del dispositivo ed entro il 31 dicembre 2028 una relazione di valutazione ex-post indipendente.

2. La relazione di valutazione esamina in particolare la misura in cui sono stati conseguiti gli obiettivi, l'efficienza nell'uso delle risorse e il valore aggiunto europeo. Essa valuta inoltre se tutti gli obiettivi e tutte le azioni siano ancora pertinenti.

3. Ove opportuno, la relazione è accompagnata da una proposta di modifiche del presente regolamento.

4. La relazione di valutazione ex post contiene una valutazione globale del dispositivo e informazioni sul suo impatto nel lungo periodo.

33 Esercizio della delega.

1. Il potere di adottare atti delegati è conferito alla Commissione alle condizioni stabilite nel presente articolo.

2. Il potere di adottare atti delegati di cui all'articolo 29, paragrafo 4, e all'articolo 30, paragrafo 2, è conferito alla Commissione per un periodo indeterminato a decorrere dal 19 febbraio 2021.

3. La delega di poteri di cui all'articolo 29, paragrafo 4, e all'articolo 30, paragrafo 2, può essere revocata in qualsiasi momento dal Parlamento europeo o dal Consiglio. La decisione di revoca pone fine alla delega di potere ivi specificata. Gli effetti della decisione decorrono dal giorno successivo alla pubblicazione della decisione nella Gazzetta ufficiale dell'Unione europea o da una data successiva ivi specificata. Essa non pregiudica la validità degli atti delegati già in vigore.

4. Prima dell'adozione dell'atto delegato la Commissione consulta gli esperti designati da ciascuno Stato membro nel rispetto dei principi stabiliti nell'accordo interistituzionale « Legiferare meglio » del 13 aprile 2016.

5. Non appena adotta un atto delegato, la Commissione ne dà contestualmente notifica al Parlamento europeo e al Consiglio.

6. L'atto delegato adottato ai sensi dell'articolo 29, paragrafo 4, e dell'articolo 30, paragrafo 2, entra in vigore solo se né il Parlamento europeo né il Consiglio hanno sollevato obiezioni entro il termine di un mese dalla data in cui esso è stato loro notificato o se, prima della scadenza di tale termine, sia il Parlamento europeo che il Consiglio hanno informato la Commissione che non intendono sollevare obiezioni. Tale termine è prorogato di due mesi su iniziativa del Parlamento europeo o del Consiglio.

CAPO VIII
Comunicazione e disposizioni finali

34 Informazione, comunicazione e pubblicità.

1. La Commissione può avviare attività di comunicazione per garantire la visibilità del finanziamento dell'Unione per il sostegno finanziario previsto nel pertinente piano per la ripresa e la resilienza, anche attraverso attività di comunicazione congiunte con le autorità nazionali interessate. La Commissione può, se del caso, garantire che il sostegno nell'ambito del dispositivo sia comunicato e riconosciuto mediante una dichiarazione di finanziamento.

2. I destinatari dei finanziamenti dell'Unione rendono nota l'origine degli stessi e ne garantiscono la visibilità, anche, ove opportuno, attraverso il logo dell'Unione e una dichiarazione adeguata sul finanziamento che recita « finanziato dall'Unione europea - NextGenerationEU », in particolare quando promuovono azioni e risultati, diffondendo informazioni coerenti, efficaci e proporzionate destinate a pubblici diversi, tra cui i media e il vasto pubblico.

3. La Commissione conduce azioni di informazione e comunicazione sul dispositivo, sulle azioni intraprese a norma dello stesso e sui risultati ottenuti. La Commissione, ove opportuno, informa gli uffici di rappresentanza del Parlamento europeo in merito alle sue azioni e li coinvolge nelle stesse. Le risorse finanziarie destinate al dispositivo contribuiscono anche alla comunicazione istituzionale delle priorità politiche dell'Unione nella misura in cui si riferiscono agli obiettivi di cui all'articolo 4.

35 Procedura di comitato.

1. La Commissione è assistita da un comitato. Esso è un comitato ai sensi del regolamento (UE) n. 182/2011.

2. Nei casi in cui è fatto riferimento al presente paragrafo, si applica l'articolo 5 del regolamento (UE) n. 182/2011.

36 Entrata in vigore.

Il presente regolamento entra in vigore il giorno successivo alla pubblicazione nella Gazzetta ufficiale dell'Unione europea.

3. Decreto legge 6 maggio 2021, n. 59, convertito, con modificazioni, in legge 1° luglio 2021, n. 101. — Misure urgenti relative al Fondo complementare al Piano nazionale di ripresa e resilienza e altre misure urgenti per gli investimenti. (*estratto*).

Pubblicato nella Gazzetta Ufficiale n. 108 del 7 maggio 2021; la legge di conversione è stata pubblicata nella Gazzetta Ufficiale n. 160 del 6 luglio 2021.

1 Piano nazionale per gli investimenti complementari al Piano nazionale di ripresa e resilienza.

1. È approvato il Piano nazionale per gli investimenti complementari finalizzato ad integrare con risorse nazionali gli interventi del Piano nazionale di ripresa e resilienza per complessivi 30.622,46 milioni di euro per gli anni dal 2021 al 2026 (1).

2-9. (*Omissis*).

(1) *A norma dell'art. 1, comma 418, l. 30 dicembre 2021, n. 234, le risorse di cui al presente comma sono incrementate di 20 milioni di euro per l'anno 2023 e di 30 milioni di euro per l'anno 2024.*

1-*bis* Misure di semplificazione per gli investimenti.

1. Ai fini della corretta programmazione finanziaria delle risorse e dell'erogazione dei contributi concessi per la progettazione e la realizzazione di investimenti relativi a interventi di spesa in conto capitale, inclusi quelli indicati all'articolo 1, l'amministrazione erogante i predetti contributi verifica tramite il sistema di cui al decreto legislativo 29 dicembre 2011, n. 229, e quelli ad esso collegati, l'avvenuta esecuzione da parte degli enti beneficiari dei relativi adempimenti amministrativi, ivi compresi (1):

a) la presentazione dell'istanza di finanziamento nel rispetto di quanto previsto dall'articolo 11 della legge 16 gennaio 2003, n. 3;

b) l'affidamento dei relativi contratti;

c) l'emissione di stati di avanzamento dei lavori;

d) il monitoraggio fisico della realizzazione dell'intervento;

e) la chiusura contabile e di cantiere dell'intervento;

f) la chiusura del codice unico di progetto di cui all'articolo 11 della citata legge n. 3 del 2003.

2. Le amministrazioni eroganti i contributi hanno pieno accesso alle funzioni e ai dati dei sistemi di cui al comma 1.

3. Il comma 144 dell'articolo 1 della legge 30 dicembre 2018, n. 145, è sostituito dal seguente:

"144. I contributi assegnati con il decreto di cui al comma 141 sono erogati dal Ministero dell'interno agli enti beneficiari per il 20 per cento entro il 28 febbraio dell'anno di riferimento del contributo, per il 70 per cento sulla base degli stati di avanzamento dei lavori e per il restante 10 per cento previa trasmissione al Ministero dell'interno del certificato di collaudo o del certificato di regolare esecuzione rilasciato per i lavori dal direttore dei lavori, ai sensi dell'articolo 102 del codice di cui al decreto legislativo 18 aprile 2016, n. 50. I relativi passaggi amministrativi sono altresì rilevati tramite il sistema di monitoraggio di cui al comma 146".

4. All'articolo 1, comma 51-*bis*, della legge 27 dicembre 2019, n. 160, è aggiunto, in fine, il seguente periodo: "Qualora l'ammontare dei contributi assegnati con il decreto di cui al terzo periodo sia inferiore alle risorse disponibili, le risorse residue per l'anno 2021 sono finalizzate allo scorrimento della graduatoria dei progetti ammissibili per l'anno 2021".

5. All'articolo 1, comma 139-*bis*, della legge 30 dicembre 2018, n. 145, sono apportate le seguenti modificazioni:

a) il terzo periodo è sostituito dal seguente: "Gli enti beneficiari del contributo per l'anno 2022 sono individuati con comunicato del Ministero dell'interno da pubblicare entro il 20 luglio 2021";

b) al quarto periodo, le parole: "28 febbraio" sono sostituite dalle seguenti: "10 agosto".

(1) *Alinea modificato dall'art.* 36-ter, *comma 21, d.l. 31 maggio 2021, n. 77, conv., con modif., in l. 29 luglio 2021, n. 108.*

4. Decreto legge 31 maggio 2021, n. 77, convertito, con modificazioni, in legge 29 luglio 2021, n. 108. — Governance del Piano nazionale di rilancio e resilienza e prime misure di rafforzamento delle strutture amministrative e di accelerazione e snellimento delle procedure. (*estratto*).

Pubblicato nella Gazzetta Ufficiale n. 129 del 31 maggio 2021; la legge di conversione è stata pubblicata nella Gazzetta Ufficiale n. 181 del 30 luglio 2021.

1 Principi, finalità e definizioni.

1. Il presente decreto definisce il quadro normativo nazionale finalizzato a semplificare e agevolare la realizzazione dei traguardi e degli obiettivi stabiliti dal Piano Nazionale di Ripresa e Resilienza, di cui al regolamento (UE) 2021/241 del Parlamento europeo e del Consiglio del 12 febbraio 2021, dal Piano nazionale per gli investimenti complementari di cui al decreto-legge 6 maggio 2021, n. 59, nonché dal Piano Nazionale Integrato per l'Energia e il Clima 2030 di cui al Regola-

mento (UE) 2018/1999 del Parlamento europeo e del Consiglio dell'11 dicembre 2018.

2. Ai fini del presente decreto e della sua attuazione assume preminente valore l'interesse nazionale alla sollecita e puntuale realizzazione degli interventi inclusi nei Piani indicati al comma 1, nel pieno rispetto degli standard e delle priorità dell'Unione europea in materia di clima e di ambiente.

3. Le disposizioni contenute nel presente decreto, in quanto direttamente attuative degli obblighi assunti in esecuzione del Regolamento (UE) 2021/241, sono adottate nell'esercizio della competenza legislativa esclusiva in materia di rapporti dello Stato con l'Unione europea di cui all'articolo 117, secondo comma, lettera *a*), della Costituzione e definiscono, ai sensi dell'art. 117, secondo comma, lettera *m*) della Costituzione, livelli essenziali delle prestazioni concernenti i diritti civili e sociali che devono essere garantiti su tutto il territorio nazionale.

4. Ai fini del presente decreto si intende per:

a) « Cabina di regia », l'organo con poteri di indirizzo politico, impulso e coordinamento generale sull'attuazione degli interventi del PNRR;

b) « Fondo di Rotazione del Next Generation EU-Italia », il fondo di cui all'articolo 1, commi 1037 e seguenti, della legge 30 dicembre 2020, n. 178;

c) « PNC », il Piano nazionale per gli investimenti complementari al PNRR, di cui all'articolo 1 del decreto-legge 6 maggio 2021, n. 59, finalizzato ad integrare con risorse nazionali gli interventi del PNRR;

d) « PNRR », il Piano nazionale di ripresa e resilienza presentato alla Commissione europea ai sensi degli articoli 18 e seguenti del Regolamento (UE) 2021/241;

e) « interventi del PNRR », gli investimenti e le riforme previste dal Piano Nazionale di Ripresa e Resilienza;

f) « Regolamento (UE) 2021/241 », il regolamento del Parlamento europeo e del Consiglio del 12 febbraio 2021 che istituisce il dispositivo per la ripresa e la resilienza (5);

g) « Segreteria tecnica », la struttura costituita presso la Presidenza del Consiglio dei ministri per il supporto alle attività della Cabina di regia e del Tavolo permanente;

h) « Semestre europeo », il processo definito all'articolo 2-*bis* del Regolamento (CE) n. 1466/97;

i) « Servizio centrale per il PNRR », la struttura dirigenziale di livello generale istituita presso il Ministero dell'Economia e delle Finanze - Dipartimento della Ragioneria Generale dello Stato;

l) « amministrazioni centrali titolari di interventi previsti nel PNRR », i Ministeri e le strutture della Presidenza del Consiglio dei ministri responsabili dell'attuazione delle riforme e degli investimenti previsti nel PNRR;

m) « Sistema Nazionale di e-Procurement », il sistema di cui all'articolo 1, comma 1 del decreto legge 6 luglio 2012, n. 95, convertito, con modificazioni, dalla legge 7 agosto 2012, n. 135;

n) « Sogei S.p.A. », la Società Generale d'Informatica S.p.A. di cui all' articolo 83, comma 15, del decreto-legge 25 giugno 2008, n. 112, convertito, con modificazioni, dalla legge 6 agosto 2008, n. 133, società in house del Ministero dell'Economia e delle Finanze;

o) « soggetti attuatori », i soggetti pubblici o privati che provvedono alla realizzazione degli interventi previsti dal PNRR;

p) « Tavolo permanente » il Tavolo permanente per il partenariato economico, sociale e territoriale, organo con funzioni consultive nelle materie e per le questioni connesse all'attuazione del PNRR;

q) « Unità di audit », la struttura che svolge attività di controllo sull'attuazione del PNRR ai sensi del Regolamento (UE) 2021/241;

r) « Unità di missione », l'Unità di missione di cui all'articolo 1, comma 1050 della Legge 30 dicembre 2020, n. 178, struttura che svolge funzioni di valutazione e monitoraggio degli interventi del PNRR;

s) « PNIEC », il Piano nazionale integrato per l'energia e il clima, predisposto in attuazione del Regolamento (UE) 2018/1999 del Parlamento europeo e del Consiglio, dell'11 dicembre 2018.

2 Cabina di regia.

1. È istituita presso la Presidenza del Consiglio dei ministri la Cabina di regia per il Piano nazionale di ripresa e resilienza, presieduta dal Presidente del Consiglio dei ministri, alla quale partecipano i Ministri e i Sottosegretari di Stato alla Presidenza del Consiglio dei ministri competenti in ragione delle tematiche affrontate in ciascuna seduta. In relazione alle specifiche esigenze connesse alla necessità di assicurare la continuità dell'azione amministrativa, garantendo l'apporto delle professionalità adeguate al raggiungimento degli obiettivi riferiti al Piano di cui al presente comma, per il medesimo periodo in cui resta operativa la Cabina di regia di cui al primo periodo e comunque non oltre il 31 dicembre 2026, è sospesa l'applicazione di disposizioni che, con riguardo al personale che a qualunque titolo presta la propria attività lavorativa presso le amministrazioni di cui all'articolo 1, comma 2, del decreto legislativo 30 marzo 2001, n. 165, con esclusione del personale che ha raggiunto il limite di età per il collocamento a riposo dei dipendenti pubblici, titolari di interventi previsti nel PNRR, ovvero nel Piano nazionale per gli investimenti complementari di cui all'articolo 1 del decreto-legge 6 maggio 2021, n. 59, convertito, con modificazioni, dalla legge 1° luglio 2021, n. 101, determinano il rientro del medesimo personale presso l'amministrazione statale di provenienza. Resta ferma la possibilità di revoca dell'incarico, o di non rinnovo dello stesso, ai sensi della vigente disciplina.

2. Fermo restando quanto previsto dall'articolo 2 della legge 23 agosto 1988, n. 400, la Cabina di regia esercita poteri di indirizzo, impulso e coordinamento generale sull'attuazione degli interventi del PNRR. Il Presidente del Consiglio dei ministri può delegare a un Ministro o a un Sottosegretario di Stato alla Presidenza del Consiglio dei ministri lo svolgimento di specifiche attività. La Cabina di regia in particolare:

a) elabora indirizzi e linee guida per l'attuazione degli interventi del PNRR, anche con riferimento ai rapporti con i diversi livelli territoriali;

b) effettua la ricognizione periodica e puntuale sullo stato di attuazione degli interventi, anche mediante la formulazione di indirizzi specifici sull'attività di monitoraggio e controllo svolta dal Servizio centrale per il PNRR, di cui all'articolo 6;

c) esamina, previa istruttoria della Segreteria tecnica di cui all'articolo 4, le tematiche e gli specifici profili di criticità segnalati dai Ministri competenti per materia e, con riferimento alle questioni di competenza regionale o locale, dal Ministro per gli affari regionali e le autonomie e dalla Conferenza delle regioni e delle province autonome;

d) effettua, anche avvalendosi dell'Ufficio per il programma di governo, il monitoraggio degli interventi che richiedono adempimenti normativi e segnala all'Unità per la razionalizzazione e il miglioramento della regolazione di cui all'articolo 5 l'eventuale necessità di interventi normativi idonei a garantire il rispetto dei tempi di attuazione;

e) trasmette alle Camere con cadenza semestrale, per il tramite del Ministro per i rapporti con il Parlamento, una relazione sullo stato di attuazione del PNRR, recante le informazioni di cui all'articolo 1, comma 1045, della legge 30 dicembre 2020, n. 178, nonché una nota esplicativa relativa alla realizzazione dei traguardi e degli obiettivi stabiliti nel periodo di riferimento e, anche su richiesta delle Commissioni parlamentari, ogni elemento utile a valutare lo stato di avanzamento degli interventi, il loro impatto e l'efficacia rispetto agli obiettivi perseguiti, con specifico riguardo alle politiche di sostegno per l'occupazione e per l'integrazione socio-economica dei giovani, alla parità di genere e alla partecipazione delle donne al mercato del lavoro (1);

f) riferisce periodicamente al Consiglio dei ministri sullo stato di avanzamento degli interventi del PNRR;

g) trasmette, per il tramite, rispettivamente, del Ministro per gli affari regionali e le autonomie e della Segreteria tecnica di cui all'articolo 4 del presente decreto, la relazione periodica di cui alla lettera *e*) del presente comma alla Conferenza unificata di cui all'articolo 8 del decreto legislativo 28 agosto 1997, n. 281, e al Tavolo permanente di cui all'articolo 3 del presente decreto, i quali sono costantemente aggiornati dagli stessi circa lo stato di avanzamento degli interventi e le eventuali criticità attuative;

h) promuove il coordinamento tra i diversi livelli di governo e propone, ove ne ricorrano le condizioni, l'attivazione dei poteri sostitutivi di cui all'articolo 12;

i) assicura la cooperazione con il partenariato economico, sociale e territoriale mediante il Tavolo permanente di cui all'articolo 3;

l) promuove attività di informazione e comunicazione coerenti con l'articolo 34 del Regolamento (UE) 2021/241.

3. Alle sedute della Cabina di regia partecipano i Presidenti delle Regioni e delle Province autonome di Trento e di Bolzano quando sono esaminate questioni di competenza di una singola regione o provincia autonoma, ovvero il Presidente della Conferenza delle regioni e delle province autonome, quando sono esaminate questioni che riguardano più regioni o province autonome, ovvero il Presidente dell'Associazione nazionale dei comuni italiani e il Presidente dell'Unione delle province d'Italia quando sono esaminate questioni di interesse locale; in tali casi alla seduta partecipa sempre il Ministro per gli affari regionali e le autonomie, che può presiederla su delega del Presidente del Consiglio dei ministri. Alle sedute della Cabina di regia possono essere inoltre invitati, in dipendenza della tematica affrontata, i rappresentanti dei soggetti attuatori e dei rispettivi organismi associativi e i referenti o rappresentanti del partenariato economico, sociale e territoriale.

4. Il Comitato interministeriale per la transizione digitale di cui all'articolo 8 del decreto legge 1° marzo 2021 n. 22, convertito con modificazioni dalla legge 22 aprile 2021, n. 55 e il Comitato interministeriale per la transizione ecologica di cui all'articolo 57-*bis* del decreto legislativo 3 aprile 2006, n. 152, svolgono, sull'attuazione degli interventi del PNRR, nelle materie di rispettiva competenza, le funzioni di indirizzo, impulso e coordinamento tecnico, tenendo informata la Cabina di regia che ha la facoltà di partecipare attraverso un delegato. Le amministrazioni centrali titolari di interventi previsti nel PNRR possono sottoporre alla Cabina di regia l'esame delle questioni che non hanno trovato soluzione all'interno del Comitato interministeriale.

5. Negli ambiti in cui le funzioni statali di programmazione e attuazione degli investimenti previsti nel PNRR e nel Piano nazionale complementare al PNRR richiedano il coordinamento con l'esercizio delle competenze costituzionalmente attribuite alle regioni, alle province autonome di Trento e di Bolzano e agli enti locali, e al fine di assicurarne l'armonizzazione con gli indirizzi della Cabina di regia di cui al comma 2, del Comitato interministeriale per la transizione ecologica di cui all'articolo 57-*bis* del decreto legislativo 3 aprile 2006, n. 152 e del Comitato interministeriale per la transizione digitale di cui all'articolo 8, comma 2, del decreto-legge 1° marzo 2021, n. 22, convertito, con modificazioni, dalla legge 22 aprile 2021, n. 55, e con la programmazione dei fondi strutturali e di investimento europei per gli anni 2021-2027, il Ministro per gli affari regionali e le autonomie partecipa alle sedute della Cabina di regia e dei Comitati predetti e, su impulso di questi, promuove le conseguenti iniziative anche in sede di Conferenza permanente per i rapporti tra lo Stato, le regioni e le province autonome di Trento e Bolzano nonché di Conferenza unificata. Nei casi di cui al primo periodo, quando si tratta di materie nelle quali le regioni e le province autonome vantano uno specifico interesse, ai predetti Comitati partecipano anche il Presidente della Conferenza delle regioni e delle province autonome nonché i Presidenti delle regioni e delle province autonome per le questioni di loro competenza che riguardano la loro regione o provincia autonoma (2).

6. All'articolo 57-*bis*, comma 7, del decreto legislativo 3 aprile 2006, n. 152 le parole "composto da un rappresentante della Presidenza del Consiglio dei ministri" sono sostituite dalle seguenti: "composto da due rappresentanti della Presidenza del Consiglio dei ministri, di cui uno nominato dal Ministro per gli affari regionali e le autonomie,".

6-*bis*. Il Presidente del Consiglio dei ministri può deferire singole questioni al Consiglio dei ministri perché stabilisca le direttive alle quali la Cabina di regia deve attenersi, nell'ambito delle norme vigenti. Le amministrazioni di cui al comma 1 dell'articolo 8 assicurano che, in sede di definizione delle procedure di attuazione degli interventi del PNRR, almeno il 40 per cento delle risorse allocabili territorialmente, anche attraverso bandi, indipendentemente dalla fonte finanziaria di provenienza, sia destinato alle regioni del Mezzogiorno, salve le specifiche allocazioni territoriali già previste nel PNRR. Il Dipartimento per le politiche di coesione della Presidenza del Consiglio dei ministri, attraverso i dati rilevati dal sistema di monitoraggio attivato dal Servizio centrale per il PNRR di cui all'articolo 6, verifica il rispetto del predetto obiettivo e, ove necessario, sottopone gli eventuali casi di scostamento alla Cabina di regia, che adotta le occorrenti misure correttive e propone eventuali misure compensative.

(1) *Lettera modificata dall'art. 9-*bis*, comma 1, d.l. 6 novembre 2021, n. 152, conv., con modif., in l. 29 dicembre 2021, n. 233.*

(2) *Comma modificato dall'art. 36-*ter*, comma 1, d.l. n. 152, cit.*

3 Tavolo permanente per il partenariato economico, sociale e territoriale.

1. Con decreto del Presidente del Consiglio dei ministri, entro sessanta giorni dalla data di entrata in vigore della legge di conversione del presente decreto, è istituito il Tavolo permanente per il partenariato economico, sociale e territoriale, composto da rappresentanti delle parti sociali, del Governo, delle Regioni, delle Province autonome di Trento e di Bolzano, degli Enti locali e dei rispettivi organismi associativi nonché di Roma capitale, delle categorie produttive e sociali, del sistema dell'università e della ricerca e della società civile nonché delle organizzazioni della cittadinanza attiva. I componenti sono individuati sulla base della maggiore rappresentatività, della comprovata esperienza e competenza e di criteri oggettivi e predefiniti da individuare con il decreto di cui al primo periodo. Ai componenti non spettano compensi, gettoni di presenza, rimborsi di spese o altri emolumenti comunque denominati.

2. Il Tavolo permanente svolge funzioni consultive nelle materie e per le questioni connesse all'attuazione del PNRR. Il Tavolo permanente può segnalare collaborativamente alla Cabina di regia di cui all'articolo 2 e al Servizio centrale per il PNRR di cui all'articolo 6 ogni profilo ritenuto rilevante per la realizzazione del PNRR anche al fine di favorire il superamento di circostanze ostative e agevolare l'efficace e celere attuazione degli interventi.

4 Segreteria tecnica presso la Presidenza del Consiglio dei ministri.

1. Con decreto del Presidente del Consiglio dei ministri ai sensi dell'articolo 7, comma 4, del decreto legislativo 30 luglio 1999, n. 303 è costituita una struttura con funzioni di segreteria tecnica per il supporto alle attività della Cabina di regia e del Tavolo permanente, la cui durata temporanea è superiore a quella del Governo che la istituisce e si protrae fino al completamento del PNRR e comunque non oltre il 31 dicembre 2026. La Segreteria tecnica opera in raccordo con il Dipartimento per il coordinamento amministrativo, il Dipartimento per la programmazione e il coordinamento della politica economica e l'Ufficio per il programma di governo nonché, per gli interventi di interesse delle regioni e delle province autonome, con il Dipartimento per gli affari regionali e le autonomie sentita la Conferenza delle regioni e delle province autonome (1).

2. La Segreteria tecnica di cui al presente articolo:

a) supporta la Cabina di regia e il Tavolo permanente nell'esercizio delle rispettive funzioni;

b) elabora periodici rapporti informativi alla Cabina di regia sulla base dell'analisi e degli esiti del monitoraggio sull'attuazione del PNRR comunicati dal Ministero dell'economia e delle finanze - Dipartimento della Ragioneria Generale dello Stato;

c) individua e segnala al Presidente del Consiglio dei ministri le azioni utili al superamento delle criticità segnalate dai Ministri competenti per materia;

d) acquisisce dal Servizio centrale per il PNRR di cui all'articolo 6 le informazioni e i dati di attuazione del PNRR a livello di ciascun progetto, ivi compresi quelli relativi al rispetto dei tempi programmati ed a eventuali criticità rilevate nella fase di attuazione degli interventi;

e) ove ne ricorrano le condizioni all'esito dell'istruttoria svolta, segnala al Presidente del Consiglio dei ministri i casi da valutare ai fini dell'eventuale esercizio dei poteri sostitutivi di cui all'articolo 12;

f) istruisce i procedimenti relativi all'adozione di decisioni finalizzate al superamento del dissenso di cui all'articolo 13 e all'articolo 44.

3. Per le finalità di cui al presente articolo è autorizzata la spesa di euro 200.000 per l'anno 2021 e di euro 400.000 per ciascuno degli anni dal 2022 al 2026, aggiuntivi rispetto agli eventuali ulteriori stanziamenti che verranno definiti a valere sul bilancio autonomo della Presidenza del Consiglio dei Ministri, ai sensi dell'art. 7, comma 4, del decreto legislativo 30 luglio 1999, n. 303. Ai relativi oneri si provvede ai sensi dell'articolo 16.

(1) *Comma modificato dall'art. 36-*ter*, comma 2, d.l. 6 novembre 2021, n. 152, conv., con modif., in l. 29 dicembre 2021, n. 233.*

4-*bis* Misure per il supporto tecnico all'Osservatorio nazionale sulla condizione delle persone con disabilità in attuazione del PNRR.

1. Al fine di assicurare un adeguato supporto tecnico allo svolgimento dei compiti istituzionali dell'Osservatorio nazionale sulla condizione delle persone con disabilità, di cui all'articolo 3 della legge 3 marzo 2009, n. 18, con specifico riferimento al monitoraggio delle riforme in attuazione del PNRR, la Segreteria tecnica di cui al decreto del Presidente del Consiglio dei ministri 25 ottobre 2018, prorogata da ultimo ai sensi dell'articolo 1, comma 367, della legge 30 dicembre 2020, n. 178, costituisce struttura ai sensi dell'articolo 7, comma 4, del decreto legislativo 30 luglio 1999, n. 303, con

durata temporanea superiore a quella del Governo che la istituisce, ed è prorogata fino al completamento del PNRR e comunque non oltre il 31 dicembre 2026.

2. Per le finalità di cui al comma 1, il contingente di esperti della Segreteria tecnica di cui al medesimo comma 1 è formato da personale non dirigenziale, in possesso di specifica e adeguata competenza nell'ambito delle politiche in favore delle persone con disabilità, in numero non superiore a quindici. Il suddetto contingente è composto da personale di ruolo della Presidenza del Consiglio dei ministri ovvero da personale, collocato fuori ruolo o in posizione di comando o altra analoga condizione prevista dagli ordinamenti di appartenenza, proveniente da Ministeri, organi, enti o istituzioni, ai sensi dell'articolo 9, comma 2, del decreto legislativo 30 luglio 1999, n. 303, e dell'articolo 17, comma 14, della legge 15 maggio 1997, n. 127. Il trattamento economico del personale di cui al presente comma è corrisposto secondo le modalità previste dall'articolo 9, comma 5-*ter*, del decreto legislativo n. 303 del 1999. Il contingente può essere composto altresì da personale di società pubbliche partecipate dal Ministero dell'economia e delle finanze, in base a rapporto regolato mediante convenzioni stipulate previo parere favorevole del Ministero dell'economia e delle finanze, ovvero da personale non appartenente alla pubblica amministrazione ai sensi dell'articolo 9, comma 2, del decreto legislativo n. 303 del 1999, il cui trattamento economico è stabilito all'atto del conferimento dell'incarico.

3. Con decreto del Presidente del Consiglio dei ministri, nei limiti complessivi dello stanziamento di cui al comma 5, sono definite la modalità di formazione del contingente di cui al comma 2 e di chiamata del personale nonché le specifiche professionalità richieste.

4. Gli incarichi conferiti ad esperti con provvedimento adottato prima della data di entrata in vigore della legge di conversione del presente decreto sono confermati fino al 31 dicembre 2026.

5. Per le finalità di cui al presente articolo è autorizzata la spesa di 200.000 euro per ciascuno degli anni 2022 e 2023, aggiuntivi rispetto allo stanziamento di cui all'articolo 1, comma 368, della legge 30 dicembre 2020, n. 178, e di 900.000 euro per ciascuno degli anni 2024, 2025 e 2026, cui si provvede a valere sul bilancio autonomo della Presidenza del Consiglio dei ministri.

5 Unità per la razionalizzazione e il miglioramento della regolazione e Ufficio per la semplificazione.

1. Presso la Presidenza del Consiglio dei ministri è istituita una struttura di missione denominata Unità per la razionalizzazione e il miglioramento della regolazione.

2. L'Unità, costituita nell'ambito del Dipartimento per gli affari giuridici e legislativi, ha durata temporanea superiore a quella del Governo che la istituisce e si protrae fino al completamento del PNRR e comunque non oltre il 31 dicembre 2026. All'Unità è assegnato un contingente di personale, nei limiti delle risorse di cui al comma 4. L'Unità opera in raccordo con il gruppo di lavoro sull'analisi dell'impatto della regolamentazione (AIR) del Nucleo istituito presso la Presidenza del Consiglio dei ministri ai sensi dell'articolo 1 della legge 17 maggio 1999, n. 144.

3. L'Unità svolge i seguenti compiti:

a) individua, sulla base delle segnalazioni trasmesse dalla Cabina di regia di cui all'articolo 2, gli ostacoli all'attuazione corretta e tempestiva delle riforme e degli investimenti previsti nel PNRR derivanti dalle disposizioni normative e dalle rispettive misure attuative e propone rimedi;

b) coordina, anche sulla base delle verifiche dell'impatto della regolamentazione di cui all'articolo 14 della legge 28 novembre 2005, n. 246, curate dalle amministrazioni, l'elaborazione di proposte per superare le disfunzioni derivanti dalla normativa vigente e dalle relative misure attuative, al fine di garantire maggiore coerenza ed efficacia della normazione;

c) cura l'elaborazione di un programma di azioni prioritarie ai fini della razionalizzazione e revisione normativa;

d) promuove e potenzia iniziative di sperimentazione normativa, anche tramite relazioni istituzionali con analoghe strutture istituite in Paesi stranieri, europei ed extraeuropei, e tiene in adeguata considerazione le migliori pratiche di razionalizzazione e sperimentazione normativa a livello internazionale;

e) riceve e considera ipotesi e proposte di razionalizzazione e sperimentazione normativa formulate da soggetti pubblici e privati.

4. Per le finalità di cui al presente articolo è autorizzata la spesa di euro 200.000 per l'anno 2021 e di euro 400.000 per ciascuno degli anni dal 2022 al 2026, aggiuntivi rispetto agli eventuali ulteriori stanziamenti che verranno definiti a valere sul bilancio autonomo della Presidenza del Consiglio dei ministri, ai sensi dell'art. 7, comma 4, del decreto legislativo 30 luglio 1999, n. 303. Ai relativi oneri si provvede ai sensi dell'articolo 16.

5. L'Ufficio per la semplificazione del Dipartimento della funzione pubblica opera in raccordo con l'Unità di cui all'articolo 1, comma 22-*bis*, del decreto-legge 18 maggio 2006, n. 181, convertito, con modificazioni, dalla legge 17 luglio 2006, n. 233, nello svolgimento dei seguenti compiti:

a) promozione e coordinamento delle attività di rafforzamento della capacità amministrativa nella gestione delle procedure complesse rilevanti ai fini del PNRR anche attraverso le task force di esperti multidisciplinari da allocare nel territorio previste dal PNRR;

b) promozione e coordinamento degli interventi di semplificazione e reingegnerizzazione delle procedure e della predisposizione del catalogo dei procedimenti semplificati e standardizzati previsti nel PNRR;

c) misurazione e riduzione dei tempi e degli oneri a carico di cittadini e imprese;

d) promozione di interventi normativi, organizzativi e tecnologici di semplificazione anche attraverso una Agenda per la semplificazione condivisa con le regioni, le Province autonome di Trento e Bolzano e gli enti locali;

e) pianificazione e verifica su base annuale degli interventi di semplificazione.

6 Monitoraggio e rendicontazione del PNRR.

1. Presso il Ministero dell'economia e delle finanze - Dipartimento della Ragioneria generale dello Stato è istituito un ufficio centrale di livello dirigenziale generale, denominato Servizio centrale per il PNRR, con compiti di coordinamento operativo, monitoraggio, rendicontazione e controllo del PNRR, che rappresenta il punto di contatto nazionale per l'attuazione del PNRR ai sensi dell'articolo 22 del Regolamento (UE) 2021/241, conformandosi ai relativi obblighi di informazione, comunicazione e di pubblicità. Il Servizio centrale per il PNRR è inoltre responsabile della gestione del Fondo di Rotazione del Next Generation EU-Italia e dei connessi flussi finanziari, nonché della gestione del sistema di monitoraggio sull'attuazione delle riforme e degli investimenti del PNRR, assicurando il necessario supporto tecnico alle amministrazioni centrali titolari di interventi previsti nel PNRR di cui all'articolo 8. Il Servizio centrale per il PNRR si articola in sei uffici di livello dirigenziale non generale e, per l'esercizio dei propri compiti, può avvalersi del supporto di società partecipate dallo Stato, come previsto all'articolo 9.

2. Nello svolgimento delle funzioni ad esso assegnate, il Servizio centrale per il PNRR si raccorda con l'Unità di missione e con gli Ispettorati competenti della Ragioneria generale dello Stato. Questi ultimi concorrono al presidio dei processi amministrativi e al monitoraggio anche finanziario degli interventi del PNRR per gli aspetti di relativa competenza. A tal fine, sono istituiti presso il Dipartimento della Ragioneria Generale dello Stato cinque posizioni di funzione dirigenziale di livello non generale di consulenza, studio e ricerca per le esigenze degli Ispettorati competenti.

3. Per l'attuazione delle disposizioni di cui al presente articolo è autorizzata la spesa di euro 930.000 per l'anno 2021 e di euro 1.859.000 annui a decorrere dall'anno 2022. Ai relativi oneri si provvede ai sensi dell'articolo 16.

6-*bis* Piano nazionale dei dragaggi sostenibili.

1. Al fine di consentire lo sviluppo dell'accessibilità marittima e della resilienza delle infrastrutture portuali ai cambiamenti climatici e la manutenzione degli invasi e dei bacini idrici, tenendo conto delle disposizioni del decreto adottato ai sensi dell'articolo 114, comma 4, del decreto legislativo 3 aprile 2006, n. 152, entro sessanta giorni dalla data di entrata in vigore della legge di conversione del presente decreto, con decreto del Ministero delle infrastrutture e della mobilità sostenibili e del Ministero per la transizione ecologica, di concerto con il Ministero della cultura, previa intesa in sede di Conferenza unificata di cui all'articolo 8 del decreto legislativo 28 agosto 1997, n. 281, è approvato il Piano nazionale dei dragaggi sostenibili, anche sulla base della programmazione delle Autorità di sistema portuale e delle regioni con particolare riferimento ai programmi finanziati dal PNC e di ulteriori risorse europee, nazionali, regionali e delle Autorità di sistema portuale. Ai fini della tutela dell'ambiente marino, il Piano è attuato tenendo conto delle disposizioni dell'articolo 109 del decreto legislativo n. 152 del 2006.

2. Le attività di dragaggio nelle infrastrutture portuali del territorio nazionale e nelle acque marino-costiere sono interventi di pubblica utilità e indifferibili e urgenti e costituiscono, ove occorra, variante al piano regolatore portuale e al piano regolatore del sistema portuale.

3. L'autorizzazione alle attività di dragaggio è rilasciata a seguito di un procedimento unico, al quale partecipano tutte le amministrazioni interessate, svolto nel rispetto dei principi di semplificazione e con le modalità stabilite dalla legge 7 agosto 1990, n. 241. Il rilascio dell'autorizzazione avviene con provvedimento conclusivo della conferenza di servizi di cui all'articolo 14-*ter* della citata legge n. 241 del 1990, da convocare da parte dell'autorità competente individuata ai sensi del decreto di cui al comma 2 dell'articolo 109 del decreto legislativo 3 aprile 2006, n. 152, e costituisce titolo alla realizzazione dei lavori, in conformità al progetto approvato. Il termine massimo per la conclusione del procedimento unico non può essere superiore a novanta giorni. Resta ferma la disciplina del procedimento di valutazione di impatto ambientale, laddove richiesta. Le amministrazioni interessate nell'ambito del nuovo procedimento autorizzativo svolgono le proprie attività con le risorse finanziarie, umane e strumentali disponibili a legislazione vigente.

7 Controllo, audit, anticorruzione e trasparenza.

1. Presso il Dipartimento della Ragioneria generale dello Stato - Ispettorato generale per i Rapporti finanziari con l'Unione europea (IGRUE) è istituito un ufficio dirigenziale di livello non generale avente funzioni di audit del PNRR ai sensi dell'articolo 22 paragrafo 2, lettera *c*), punto ii), del Regolamento (UE) 2021/241. L'ufficio di cui al primo periodo opera in posizione di indipendenza funzionale rispetto alle strutture coinvolte nella gestione del PNRR e si avvale, nello svolgimento delle funzioni di controllo relative a linee di intervento realizzate a livello territoriale, dell'ausilio delle Ragionerie territoriali dello Stato.

2. L'Unità di missione di cui all'articolo 1, comma 1050, della legge 30 dicembre 2020, n. 178 provvede, anche in collaborazione con le amministrazioni di cui all'articolo 8, alla predisposizione e attuazione del programma di valutazione in itinere ed ex post del PNRR, assicurando il rispetto degli articoli 19 e 20 del Regolamento (UE) 2021/241, nonché la coerenza dei relativi obiettivi finali e intermedi. Concorre inoltre alla verifica della qualità e completezza dei dati di monitoraggio rilevati dal sistema di cui all'articolo 1, comma 1043, della legge 31 dicembre 2020, n. 178 e svolge attività di supporto ai fini della predisposizione dei rapporti e delle relazioni di attuazione e avanzamento del Piano. Al fine di avviare tempestivamente le procedure di monitoraggio degli interventi del PNRR nonché di esercitare la gestione e il coordinamento dello stesso, il Ministero dell'economia e delle finanze,

per l'anno 2021, è autorizzato ad assumere con contratto di lavoro subordinato a tempo indeterminato, in aggiunta alle vigenti facoltà assunzionali, nei limiti della vigente dotazione organica, un contingente di personale non dirigenziale di alta professionalità, da destinare ai Dipartimenti del tesoro e delle finanze del medesimo Ministero, pari a 50 unità, da inquadrare nell'Area III, posizione economica F3, del comparto Funzioni centrali. Il reclutamento del suddetto contingente di personale è effettuato senza il previo svolgimento delle previste procedure di mobilità e mediante scorrimento delle vigenti graduatorie di concorsi pubblici.

2-*bis*. All'ultimo periodo del comma 3 dell'articolo 3 del regolamento di cui al decreto del Presidente della Repubblica 3 luglio 2003, n. 227, le parole: "e per i Sottosegretari" sono soppresse.

3. L'Unità di missione si articola in due uffici dirigenziali di livello non generale. Essa provvede altresì a supportare le attività di valutazione delle politiche di spesa settoriali di competenza del Dipartimento della Ragioneria generale dello Stato e a valorizzare il patrimonio informativo relativo alle riforme e agli investimenti del PNRR anche attraverso lo sviluppo di iniziative di trasparenza e partecipazione indirizzate alle istituzioni e ai cittadini. Conseguentemente all'articolo 1, comma 1050, della Legge 30 dicembre 2020, n. 178, le parole ", di durata triennale rinnovabile una sola volta. Al fine di assicurare l'invarianza finanziaria, è reso indisponibile nell'ambito della dotazione organica del Ministero dell'economia e delle finanze un numero di posti di funzione dirigenziale di livello non generale equivalente sul piano finanziario" sono soppresse.

4. Per le finalità dell'articolo 6 e del presente articolo, il Ministero dell'economia e delle finanze - Dipartimento della Ragioneria generale dello Stato è autorizzato a conferire n. 7 incarichi di livello dirigenziale non generale ai sensi dell'articolo 19, comma 6, del decreto legislativo 30 marzo 2001, n. 165, anche in deroga ai limiti ivi previsti, e a bandire apposite procedure concorsuali pubbliche e ad assumere, in deroga ai vigenti limiti assunzionali, o a ricorrere alle deroghe previste dall'articolo 1, comma 15, del decreto-legge 9 giugno 2021, n. 80, per le restanti unità di livello dirigenziale non generale. Per le finalità di cui al presente articolo, presso il citato Dipartimento della Ragioneria generale dello Stato è istituita una posizione di funzione dirigenziale di livello generale di consulenza, studio e ricerca; per le medesime finalità il Ministero dell'economia e delle finanze può avvalersi del supporto della società Studiare Sviluppo srl, anche per la selezione delle occorrenti professionalità specialistiche.

5. Entro trenta giorni dalla data di entrata in vigore della legge di conversione del presente decreto, con le modalità di cui all'articolo 17, comma 4-*bis*, lettera *e*), della legge 23 agosto 1988, n. 400, si provvede alla ridefinizione, in coerenza con l'articolo 6 e con il presente articolo, dei compiti degli uffici dirigenziali non generali del Ministero dell'economia e delle finanze, nelle more del perfezionamento del regolamento di organizzazione del predetto Ministero, ivi incluso quello degli uffici di diretta collaborazione, da adottarsi entro il 31 luglio 2022 (1) con le modalità di cui all'articolo 10 del decreto-legge 1° marzo 2021, n. 22, convertito con modificazioni dalla legge 22 aprile 2021 n. 55. In sede di prima applicazione, gli incarichi dirigenziali di cui all'articolo 6 e quelli di cui al presente articolo possono essere conferiti anche nel caso in cui le procedure di nomina siano state avviate prima dell'adozione del predetto regolamento di organizzazione, ma siano comunque conformi ai compiti e all'organizzazione del Ministero e coerenti rispettivamente con le disposizioni dell'articolo 6 e del presente articolo (2).

6. Sogei S.p.A. assicura il supporto di competenze tecniche e funzionali all'amministrazione economica finanziaria per l'attuazione del PNRR. Per tale attività può avvalersi di Studiare Sviluppo s.r.l., secondo le modalità che saranno definite in specifica Convenzione, per la selezione di esperti cui affidare le attività di supporto. Alla società Sogei S.p.A. non si applicano le disposizioni relative ai vincoli in materia di contratti di collaborazione coordinata e continuativa e la stessa determina i processi di selezione e assunzione di personale in base a criteri di massima celerità ed efficacia, prediligendo modalità di selezione basate su requisiti curriculari e su colloqui di natura tecnica, anche in deroga a quanto previsto dall'articolo 19 del decreto legislativo 19 agosto 2016, n. 175. Al presente comma si provvede nell'ambito delle risorse disponibili a legislazione vigente e senza nuovi o maggiori oneri per la finanza pubblica.

7. La Corte dei conti esercita il controllo sulla gestione di cui all'articolo 3, comma 4, della legge 14 gennaio 1994 n. 20, svolgendo in particolare valutazioni di economicità, efficienza ed efficacia circa l'acquisizione e l'impiego delle risorse finanziarie provenienti dai fondi di cui al PNRR. Tale controllo si informa a criteri di cooperazione e di coordinamento con la Corte dei conti europea, secondo quanto previsto dall'articolo 287, paragrafo 3 del Trattato sul funzionamento dell'Unione europea. La Corte dei conti riferisce, almeno semestralmente, al Parlamento sullo stato di attuazione del PNRR, in deroga a quanto previsto dall'articolo 3, comma 6, della legge 14 gennaio 1994, n. 20.

8. Ai fini del rafforzamento delle attività di controllo, anche finalizzate alla prevenzione ed al contrasto della corruzione, delle frodi, nonché ad evitare i conflitti di interesse ed il rischio di doppio finanziamento pubblico degli interventi, ferme restando le competenze in materia dell'Autorità nazionale anticorruzione, le amministrazioni centrali titolari di interventi previsti dal PNRR possono stipulare specifici protocolli d'intesa con la Guardia di Finanza senza nuovi o maggiori oneri per la finanza pubblica.

9. Per l'attuazione delle disposizioni di cui al presente articolo è autorizzata la spesa di euro 1.255.046 per l'anno 2021 e di euro 3.428.127 annui a decorrere dall'anno 2022. Ai relativi oneri si provvede, quanto a euro 218.000 per l'anno 2021 e a euro 436.000 annui a decorrere dall'anno 2022, ai sensi dell'articolo 16 del presente decreto, quanto a euro 198.346 per l'anno 2021 e a euro 476.027 annui a decorrere dall'anno 2022, mediante corrispondente riduzione del Fondo per interventi strutturali di politica economica, di cui all'articolo 10, comma 5, del decreto-legge 29 novem-

bre 2004, n. 282, convertito, con modificazioni, dalla legge 27 dicembre 2004, n. 307, e, quanto a euro 838.700 per l'anno 2021 e a euro 2.516.100 annui a decorrere dall'anno 2022, mediante corrispondente riduzione dello stanziamento del fondo speciale di parte corrente iscritto, ai fini del bilancio triennale 2021-2023, nell'ambito del programma "Fondi di riserva e speciali" della missione "Fondi da ripartire" dello stato di previsione del Ministero dell'economia e delle finanze per l'anno 2021, allo scopo parzialmente utilizzando l'accantonamento relativo al medesimo Ministero.

(1) *Le parole* « entro il 31 luglio 2022 » *sono state sostituite alle parole* « entro il 31 gennaio 2022 » *dall'art. 1, comma 13, d.l. 30 dicembre 2021, n. 228, conv., con modif., in l. 25 febbraio 2022, n. 15.*

(2) *Per l'applicazione delle disposizioni di cui al presente comma, v. art. 8, comma 4, d.l. 9 giugno 2021, n. 80, conv., con modif., in l. 6 agosto 2021, n. 113.*

8 Coordinamento della fase attuativa.

1. Ciascuna amministrazione centrale titolare di interventi previsti nel PNRR provvede al coordinamento delle relative attività di gestione, nonché al loro monitoraggio, rendicontazione e controllo. A tal fine, nell'ambito della propria autonomia organizzativa, individua, tra quelle esistenti, la struttura di livello dirigenziale generale di riferimento ovvero istituisce una apposita unità di missione di livello dirigenziale generale fino al completamento del PNRR, e comunque non oltre il 31 dicembre 2026, articolata fino ad un massimo di tre uffici dirigenziali di livello non generale, adottando, entro 30 giorni dalla data di entrata in vigore della legge di conversione del presente decreto, il relativo provvedimento di organizzazione interna, con decreto del Ministro di riferimento, di concerto con il Ministro dell'economia e delle finanze.

2. La struttura di cui al comma 1 rappresenta il punto di contatto con il Servizio centrale per il PNRR per l'espletamento degli adempimenti previsti dal Regolamento (UE) 2021/241 e, in particolare, per la presentazione alla Commissione europea delle richieste di pagamento ai sensi dell'articolo 24, paragrafo 2 del medesimo regolamento. La stessa provvede a trasmettere al predetto Servizio centrale per il PNRR i dati finanziari e di realizzazione fisica e procedurale degli investimenti e delle riforme, nonché l'avanzamento dell'attuazione dei relativi obiettivi intermedi e finali, attraverso le specifiche funzionalità del sistema informatico di cui all'articolo 1, comma 1043, della legge 30 dicembre 2020, n. 178.

3. La medesima struttura vigila affinché siano adottati criteri di selezione delle azioni coerenti con le regole e gli obiettivi del PNRR ed emana linee guida per assicurare la correttezza delle procedure di attuazione e rendicontazione, la regolarità della spesa ed il conseguimento degli obiettivi intermedi e finali e di ogni altro adempimento previsto dalla normativa europea e nazionale applicabile al PNRR. Essa svolge attività di supporto nella definizione, attuazione, monitoraggio e valutazione di programmi e progetti cofinanziati ovvero finanziati da fondi nazionali, europei e internazionali, nonché attività di supporto all'attuazione di politiche pubbliche per lo sviluppo, anche in relazione alle esigenze di programmazione e attuazione del PNRR.

4. La struttura di cui al comma 1 vigila sulla regolarità delle procedure e delle spese e adotta tutte le iniziative necessarie a prevenire, correggere e sanzionare le irregolarità e gli indebiti utilizzi delle risorse. Adotta le iniziative necessarie a prevenire le frodi, i conflitti di interesse ed evitare il rischio di doppio finanziamento pubblico degli interventi, anche attraverso i protocolli d'intesa di cui al comma 13 dell'articolo 7. Essa è inoltre responsabile dell'avvio delle procedure di recupero e restituzione delle risorse indebitamente utilizzate, ovvero oggetto di frode o doppio finanziamento pubblico.

5. Al fine di salvaguardare il raggiungimento, anche in sede prospettica, degli obiettivi e dei traguardi, intermedi e finali del PNRR, i bandi, gli avvisi e gli altri strumenti previsti per la selezione dei singoli progetti e l'assegnazione delle risorse prevedono clausole di riduzione o revoca dei contributi, in caso di mancato raggiungimento, nei tempi assegnati, degli obiettivi previsti, e di riassegnazione delle somme, fino alla concorrenza delle risorse economiche previste per i singoli bandi, per lo scorrimento della graduatorie formatesi in seguito alla presentazione delle relative domande ammesse al contributo, compatibilmente con i vincoli assunti con l'Unione europea.

5-*bis*. Nell'ambito di un protocollo d'intesa nazionale tra il Governo e le parti sociali più rappresentative, ciascuna amministrazione titolare di interventi previsti nel PNRR prevede lo svolgimento di periodici tavoli di settore e territoriali finalizzati e continui sui progetti di investimento e sulle ricadute economiche e sociali sulle filiere produttive e industriali nonché sull'impatto diretto e indiretto anche nei singoli ambiti territoriali e sulle riforme settoriali e assicura un confronto preventivo sulle ricadute dirette o indirette sul lavoro dei suddetti progetti. Per la partecipazione ai tavoli di settore e territoriali di cui al primo periodo non spettano compensi, gettoni di presenza, rimborsi di spese o altri emolumenti comunque denominati.

6. Per l'attuazione dei commi da 1 a 5-*bis* è autorizzata la spesa di euro 8.789.000 per l'anno 2021 e di euro 17.577.000 per ciascuno degli anni dal 2022 al 2026. Ai relativi oneri si provvede ai sensi dell'articolo 16.

6-*bis*. Per le finalità di cui al comma 1, con particolare riguardo a quelle strettamente connesse al coordinamento delle attività di gestione nonché al loro monitoraggio, rendicontazione e controllo, e allo scopo di consentire di acquisire rapidamente le risorse di personale occorrenti per garantire il funzionamento e il monitoraggio sulle relative misure di incentivazione e sostegno al settore del turismo, il Ministero del turismo può svolgere le procedure di cui all'articolo 7, comma 12, del decreto-legge 1° marzo 2021, n. 22, convertito, con modificazioni, dalla legge 22 aprile 2021, n. 55, mediante il ricorso alle modalità semplificate di cui all'articolo 10 del decreto-legge 1° aprile 2021, n. 44, convertito, con modificazioni, dalla legge 28 maggio 2021, n. 76.

6-*ter*. Per le medesime finalità di cui al comma 6-*bis* e per garantire il conseguimento degli obiettivi e degli interventi di competenza del Ministero del turismo previsti nel PNRR, con particolare riguardo a quelle strettamente connesse al coordinamento delle attività di gestione nonché al loro monitoraggio, rendicontazione e controllo, essenziali per l'efficace realizzazione delle misure di sostegno e incentivazione del settore del turismo, l'ENIT-Agenzia nazionale del turismo è autorizzata, in aggiunta alla dotazione organica prevista dalla legislazione vigente e a valere sulle risorse finanziarie iscritte nel bilancio di previsione per l'anno 2021, ad assumere, entro l'anno 2021, facendo ricorso a procedure concorsuali da effettuare nel rispetto dei principi generali per l'accesso all'impiego nelle pubbliche amministrazioni di cui al decreto legislativo 30 marzo 2001, n. 165, un contingente fino a 120 unità di personale non dirigenziale, di cui 70 appartenenti al livello secondo e 50 appartenenti al livello terzo del contratto collettivo nazionale del lavoro per i dipendenti del settore turismo - aziende alberghiere. L'individuazione delle unità di personale e le modalità dell'avvalimento sono disciplinate da un apposito protocollo d'intesa a titolo gratuito tra il Ministero del turismo e l'ENIT-Agenzia nazionale del turismo, da stipulare entro trenta giorni dalla data di entrata in vigore della legge di conversione del presente decreto. A tale fine, all'articolo 7, comma 8, quarto periodo, del decreto-legge 1° marzo 2021, n. 22, convertito, con modificazioni, dalla legge 22 aprile 2021, n. 55, le parole: "Nelle more dell'adozione del regolamento di organizzazione del Ministero del turismo, lo stesso" sono sostituite dalle seguenti: "Il Ministero del turismo". All'onere derivante dalle assunzioni di cui al presente comma, per i primi ventiquattro mesi pari a 3.041.667 euro per l'anno 2021, a 7.300.000 euro per l'anno 2022 e a 4.258.333 euro per l'anno 2023, si provvede mediante utilizzo delle risorse disponibili nel bilancio dell'ENIT-Agenzia nazionale del turismo (1).

6-*quater*. Alla compensazione degli effetti finanziari, in termini di fabbisogno e di indebitamento netto, derivanti dall'attuazione del comma 6-*ter* del presente articolo, pari a 1.566.459 euro per l'anno 2021, a 3.759.500 euro per l'anno 2022 e a 2.193.042 euro per l'anno 2023, si provvede mediante corrispondente riduzione del Fondo per la compensazione degli effetti finanziari non previsti a legislazione vigente conseguenti all'attualizzazione di contributi pluriennali, di cui all'articolo 6, comma 2, del decreto-legge 7 ottobre 2008, n. 154, convertito, con modificazioni, dalla legge 4 dicembre 2008, n. 189.

(1) *Comma modificato dall'art. 1, comma 372, l. 30 dicembre 2021, n. 234.*

8-*bis* Disposizioni per l'attuazione del programma di Governo.

1. Per garantire una più efficace attuazione del programma di Governo e anche al fine della trasmissione alle Camere delle relazioni periodiche sullo stato di attuazione dei provvedimenti attuativi di secondo livello previsti in disposizioni legislative, nonché dell'aggiornamento costante del motore di ricerca del sito internet istituzionale della Presidenza del Consiglio dei ministri, è rafforzata la Rete governativa permanente dell'attuazione del programma di Governo, coordinata dalla Presidenza del Consiglio dei ministri - Ufficio per il programma di Governo e costituita dai Nuclei permanenti per l'attuazione del programma di Governo istituiti da ciascun Ministero all'interno degli uffici di diretta collaborazione con il compito specifico di provvedere alla costante attuazione dei citati provvedimenti attuativi e al recupero dell'arretrato di quelli non adottati. Dall'attuazione del presente comma non devono derivare nuovi o maggiori oneri a carico della finanza pubblica. Le pubbliche amministrazioni competenti provvedono ai relativi adempimenti nei limiti delle risorse umane, strumentali e finanziarie disponibili a legislazione vigente.

9 Attuazione degli interventi del PNRR.

1. Alla realizzazione operativa degli interventi previsti dal PNRR provvedono le Amministrazioni centrali, le Regioni, le Province autonome di Trento e di Bolzano e gli enti locali, sulla base delle specifiche competenze istituzionali, ovvero della diversa titolarità degli interventi definita nel PNRR, attraverso le proprie strutture, ovvero avvalendosi di soggetti attuatori esterni individuati nel PNRR, ovvero con le modalità previste dalla normativa nazionale ed europea vigente.

2. Al fine di assicurare l'efficace e tempestiva attuazione degli interventi del PNRR, le amministrazioni di cui al comma 1 possono avvalersi del supporto tecnico-operativo assicurato per il PNRR da società a prevalente partecipazione pubblica, rispettivamente, statale, regionale e locale, dagli enti del sistema camerale e da enti vigilati (1).

3. Gli atti, i contratti ed i provvedimenti di spesa adottati dalle amministrazioni per l'attuazione degli interventi del PNRR sono sottoposti ai controlli ordinari di legalità e ai controlli amministrativo- contabili previsti dalla legislazione nazionale applicabile.

4. Le amministrazioni di cui al comma 1 assicurano la completa tracciabilità delle operazioni e la tenuta di una apposita codificazione contabile per l'utilizzo delle risorse del PNRR secondo le indicazioni fornite dal Ministero dell'economia e delle finanze. Conservano tutti gli atti e la relativa documentazione giustificativa su supporti informatici adeguati e li rendono disponibili per le attività di controllo e di audit.

(1) *Comma modificato dall'art. 10, comma 2-*bis*, d.l. 6 novembre 2021, n. 152, conv., con modif., in l. 29 dicembre 2021, n. 233.*

10 Misure per accelerare la realizzazione degli investimenti pubblici.

1. Per sostenere la definizione e l'avvio delle procedure di affidamento ed accelerare l'attuazione degli investimenti pubblici, in particolare di quelli previsti dal PNRR e dai cicli di programmazione nazionale e dell'Unione europea 2014-2020 e 2021-2027, le amministrazioni interessate, mediante apposite convenzioni, possono avvalersi del supporto tecnico-operativo di società in house qualificate ai sensi dell'articolo 38 del decreto legislativo 18 aprile 2016, n. 50.

2. L'attività di supporto di cui al comma 1 copre anche le fasi di definizione, attuazione, monitoraggio e

valutazione degli interventi e comprende azioni di rafforzamento della capacità amministrativa, anche attraverso la messa a disposizione di esperti particolarmente qualificati.

3. Ai fini dell'articolo 192, comma 2, del decreto legislativo n. 50 del 2016, la valutazione della congruità economica dell'offerta ha riguardo all'oggetto e al valore della prestazione e la motivazione del provvedimento di affidamento dà conto dei vantaggi, rispetto al ricorso al mercato, derivanti dal risparmio di tempo e di risorse economiche, mediante comparazione degli standard di riferimento della società Consip S.p.A. e delle centrali di committenza regionali.

4. Fermo restando quanto previsto dall'articolo 9, comma 2, le Regioni, le Province autonome di Trento e di Bolzano e gli enti locali, per il tramite delle amministrazioni centrali dello Stato, possono avvalersi del supporto tecnico-operativo delle società di cui al comma 1 per la promozione e la realizzazione di progetti di sviluppo territoriale finanziati da fondi europei e nazionali.

5. Il Ministero dell'economia e delle finanze definisce, per le società in house statali, i contenuti minimi delle convenzioni per l'attuazione di quanto previsto dal comma 4. Ai relativi oneri le Amministrazioni provvedono nell'ambito delle risorse disponibili a legislazione vigente. Laddove ammissibili, tali oneri possono essere posti a carico delle risorse previste per l'attuazione degli interventi del PNRR, ovvero delle risorse per l'assistenza tecnica previste nei programmi dell'Unione europea 2021/2027 per gli interventi di supporto agli stessi riferiti.

6. Ai fini dell'espletamento delle attività di supporto di cui al presente articolo, le società interessate possono provvedere con le risorse interne, con personale esterno, nonché con il ricorso a competenze - di persone fisiche o giuridiche - disponibili sul mercato, nel rispetto di quanto stabilito dal decreto legislativo 18 aprile 2016, n. 50 e dal decreto legislativo 19 agosto 2016, n. 175.

6-*bis*. In considerazione degli effetti dell'emergenza epidemiologica da COVID-19, l'esercizio 2020 non si computa nel calcolo del triennio ai fini dell'applicazione dell'articolo 14, comma 5, né ai fini dell'applicazione dell'articolo 21 del testo unico in materia di società a partecipazione pubblica, di cui al decreto legislativo 19 agosto 2016, n. 175.

6-*ter*. Ai contratti di lavoro a tempo determinato stipulati, prorogati o rinnovati dalle società di cui al comma 1 per lo svolgimento delle attività di supporto di cui al presente articolo essenziali per l'attuazione del progetto non si applicano i limiti di cui agli articoli 19, 21 e 23 del decreto legislativo 15 giugno 2015, n. 81. I contratti di lavoro a tempo determinato di cui al primo periodo possono essere stipulati, prorogati o rinnovati per un periodo complessivo anche superiore a trentasei mesi, ma non superiore alla durata di attuazione dei progetti di competenza delle singole amministrazioni e comunque non eccedente il 30 giugno 2026. I medesimi contratti indicano, a pena di nullità, il progetto del PNRR al quale è riferita la prestazione lavorativa; il mancato conseguimento dei traguardi e degli obiettivi, intermedi e finali, previsti dal progetto costituisce giusta causa di recesso dell'amministrazione dal contratto ai sensi dell'articolo 2119 del codice civile (1).

(1) *Comma aggiunto dall'art. 1, comma 13-*bis*, d.l. 30 dicembre 2021, n. 228, conv., con modif., in l. 25 febbraio 2022, n. 15.*

11 Rafforzamento della capacità amministrativa delle stazioni appaltanti.

1. Per aumentare l'efficacia e l'efficienza dell'attività di approvvigionamento e garantire una rapida attuazione delle progettualità del PNRR e degli altri interventi ad esso collegati, ivi compresi i programmi cofinanziati dall'Unione europea per il periodo 2021/2027, la società Consip S.p.A. mette a disposizione delle pubbliche amministrazioni specifici contratti, accordi quadro e servizi di supporto tecnico. Per le medesime finalità, la società Consip S.p.A. realizza un programma di informazione, formazione e tutoraggio nella gestione delle specifiche procedure di acquisto e di progettualità per l'evoluzione del Sistema Nazionale di e-Procurement e il rafforzamento della capacità amministrativa e tecnica delle pubbliche amministrazioni. La società Consip S.p.A. si coordina con le centrali di committenza regionali per le attività degli enti territoriali di competenza.

2. Le disposizioni del presente articolo trovano applicazione anche per le acquisizioni di beni e servizi informatici e di connettività effettuati dalla Sogei S.p.A., per la realizzazione e implementazione dei servizi delle pubbliche amministrazioni affidatarie in ottemperanza a specifiche disposizioni normative o regolamentari, le cui procedure di affidamento sono poste in essere dalla Consip S.p.A. ai sensi dell'articolo 4, comma 3-*ter*, del decreto-legge 6 luglio 2012, n. 95, convertito, con modificazioni, dalla legge 7 agosto 2012, n. 135 (1).

3. Per realizzare le finalità di cui al presente articolo, il Ministero dell'economia e delle finanze stipula con la società Consip S.p.A. un apposito disciplinare, nel limite complessivo di spesa di 40 milioni di euro per gli anni dal 2021 al 2026. A tal fine è autorizzata la spesa di 8 milioni di euro per ciascuno degli anni dal 2022 al 2026. Ai relativi oneri si provvede ai sensi dell'articolo 16.

3-*bis*. La Presidenza del Consiglio dei ministri si avvale della società Difesa servizi S.p.A. di cui all'articolo 535 del decreto legislativo 15 marzo 2010, n. 66, in qualità di centrale di committenza, per l'espletamento delle procedure di gara relative all'infrastruttura di cui all'articolo 33-*septies*, comma 1, del decreto-legge 18 ottobre 2012, n. 179, convertito, con modificazioni, dalla legge 17 dicembre 2012, n. 221. La società Difesa servizi S.p.A. può avvalersi, senza oneri a carico della finanza pubblica, del patrocinio dell'Avvocatura dello Stato ai sensi dell'articolo 43 del testo unico delle leggi e delle norme giuridiche sulla rappresentanza e difesa in giudizio dello Stato e sull'ordinamento dell'Avvocatura dello Stato, di cui al regio decreto 30 ottobre 1933, n. 1611, per la rappresentanza e la difesa nei giudizi relativi alle attività di cui al presente comma. Con apposite convenzioni da stipularsi fra la Presidenza del Consiglio dei ministri, il Ministero della difesa e la società Difesa servizi S.p.A. sono definite le modalità di attuazione del presente comma. Per le attività svolte ai sensi del presente comma, per gli anni dal 2022 al 2026, agli organi di Difesa servizi S.p.A. e ai soggetti, anche esterni, che hanno in essere rapporti di lavoro autonomo o subordinato con la medesima società, il divieto di cui all'articolo 53, comma 16-*ter*, del decreto legislativo 30 marzo 2001, n. 165, si applica limitatamente ai due anni successivi alla cessazione dell'incarico o del rapporto di lavoro autonomo o subordinato. Per la realizzazione delle attività assegnate alla società Difesa servizi S.p.A. è autorizzata la spesa di 5 milioni di euro per ciascuno degli anni 2021, 2022 e 2023 (2).

(1) *Comma modificato dall'art. 7, comma 2, lett.* a), *d.l. 6 novembre 2021, n. 152, conv., con modif., in l. 29 dicembre 2021, n. 233.*
(2) *Comma aggiunto dall'art. 7, comma 2, lett.* b) *d.l. n. 152, cit.*

11-*bis* Disposizioni in materia di produzione di basi di dati mediante informazioni provenienti da archivi amministrativi ai fini dell'attuazione del PNRR.

1. In considerazione dell'emergenza epidemiologica da COVID-19, della gestione della fase di ripresa e della necessità e urgenza di disporre di statistiche ufficiali tempestive, volte a soddisfare i nuovi fabbisogni informativi, l'Istituto nazionale di statistica (ISTAT), anche in collaborazione con gli altri enti che partecipano al Sistema statistico nazionale, produce le informazioni statistiche necessarie, mediante l'utilizzo e l'integrazione di informazioni provenienti da archivi amministrativi e dati di indagine, al fine di soddisfare le esigenze informative relative alla fase pandemica e a quella successiva. Le amministrazioni pubbliche che dispongono di archivi contenenti dati e informazioni utili ai fini della produzione delle basi di dati consentono all'ISTAT di accedere a tali archivi e alle informazioni individuali ivi contenute, con esclusione della banca dati detenuta dal Centro elaborazione dati di cui all'articolo 8 della legge 1° aprile 1981, n. 121, e della banca dati nazionale unica della documentazione antimafia, istituita dall'articolo 96 del codice delle leggi antimafia e delle misure di prevenzione, di cui al decreto legislativo 6 settembre 2011, n. 159.

2. Le operazioni di cui al comma 1, svolte nel rispetto delle disposizioni in materia di tutela della riservatezza degli interessati, sono individuate con provvedimento del Presidente dell'ISTAT in cui sono specificati gli scopi perseguiti, i tipi di dati trattati, le fonti amministrative utilizzate e le operazioni eseguibili, le misure di sicurezza e le garanzie adottate per tutelare i diritti e le libertà fondamentali degli interessati, i tempi di conservazione, nonché le risorse richieste. I provvedimenti sono pubblicati nel sito internet istituzionale dell'ISTAT.

3. In caso di trattamenti che richiedono l'utilizzo di dati personali di cui agli articoli 9 e 10 del regolamento (UE) 2016/679 del Parlamento europeo e del Consiglio, del 27 aprile 2016, i provvedimenti di cui al comma 2 del presente articolo sono adottati sentito il Garante per la protezione dei dati personali.

4. L'ISTAT fornisce agli interessati le informazioni di cui agli articoli 13 e 14 del regolamento (UE) 2016/679 del Parlamento europeo e del Consiglio, del 27 aprile 2016, mediante pubblicazione nel sito internet istituzionale dell'Istituto.

5. I dati di cui al comma 1, privi di ogni riferimento che permetta l'identificazione diretta delle unità statistiche, possono essere comunicati per finalità scientifiche ai soggetti di cui al comma 1 dell'articolo 5-*ter* del decreto legislativo 14 marzo 2013, n. 33, nei limiti e secondo le modalità ivi previsti, nonché ai soggetti che fanno parte o partecipano al Sistema statistico nazionale secondo quanto previsto dalle disposizioni che disciplinano lo scambio dei dati tra gli enti e uffici del medesimo Sistema.

6. L'ISTAT provvede alle attività previste dal presente articolo con le risorse umane, finanziarie e strumentali disponibili a legislazione vigente.

12 Poteri sostitutivi.

1. In caso di mancato rispetto da parte delle regioni, delle province autonome di Trento e di Bolzano, delle città metropolitane, delle province e dei comuni degli obblighi e impegni finalizzati all'attuazione del PNRR e assunti in qualità di soggetti attuatori, consistenti anche nella mancata adozione di atti e provvedimenti necessari all'avvio dei progetti del Piano, ovvero nel ritardo, inerzia o difformità nell'esecuzione dei progetti, il Presidente del Consiglio dei ministri, ove sia messo a rischio il conseguimento degli obiettivi intermedi e finali del PNRR e su proposta della Cabina di regia o del Ministro competente, assegna al soggetto attuatore interessato un termine per provvedere non superiore a trenta giorni. In caso di perdurante inerzia, su proposta del Presidente del Consiglio dei ministri o del Ministro competente, sentito il soggetto attuatore, il Consiglio dei ministri individua l'amministrazione, l'ente, l'organo o l'ufficio, ovvero in alternativa nomina uno o più commissari ad acta, ai quali attribuisce, in via sostitutiva, il potere di adottare gli atti o provvedimenti necessari ovvero di provvedere all'esecuzione dei progetti, anche avvalendosi di società di cui all'articolo 2 del decreto legislativo 19 agosto 2016, n. 175 o di altre amministrazioni specificamente indicate.

2. Fermo restando l'esercizio dei poteri sostitutivi di cui al comma 1, e nei casi ivi previsti, il Ministro per gli affari regionali e le autonomie può promuovere le opportune iniziative di impulso e coordinamento nei riguardi di regioni, province autonome di Trento e di Bolzano, città metropolitane, province e comuni, anche in sede di Conferenza permanente per i rapporti tra lo Stato, le Regioni e le Province autonome di Trento e Bolzano nonché di Conferenza unificata di cui all'articolo 8 del decreto legislativo 28 agosto 1997, n. 281.

3. Nel caso in cui l'inadempimento, il ritardo, l'inerzia o la difformità di cui al comma 1 sia ascrivibile a un soggetto attuatore diverso dalle regioni, dalle province autonome di Trento e di Bolzano, dalle città metropolitane, dalle province o dai comuni, all'assegnazione del termine non superiore a trenta giorni e al successivo esercizio del potere sostitutivo con le stesse modalità previste dal secondo periodo del comma 1 provvede direttamente il Ministro competente. Lo stesso Ministro provvede analogamente nel caso in cui la ri-

chiesta di esercizio dei poteri sostitutivi provenga, per qualunque ragione, direttamente da un soggetto attuatore, ivi compresi le regioni, le province autonome di Trento e di Bolzano, le città metropolitane, le province e i comuni.

4. Ove il Ministro competente non adotti i provvedimenti di cui al comma 3 e in tutti i casi in cui situazioni o eventi ostativi alla realizzazione dei progetti rientranti nel PNRR non risultino altrimenti superabili con celerità, su proposta del Presidente del Consiglio dei ministri o della Cabina di regia, il Consiglio dei ministri esercita i poteri sostitutivi con le modalità previste dal comma 1.

5. L'amministrazione, l'ente, l'organo, l'ufficio individuati o i commissari ad acta nominati ai sensi dei commi precedenti, ove strettamente indispensabile per garantire il rispetto del cronoprogramma del progetto, provvedono all'adozione dei relativi atti mediante ordinanza motivata, contestualmente comunicata all'Unità per la razionalizzazione e il miglioramento della regolazione di cui all'articolo 5, in deroga ad ogni disposizione di legge diversa da quella penale, fatto salvo il rispetto dei principi generali dell'ordinamento, delle disposizioni del codice delle leggi antimafia e delle misure di prevenzione di cui al decreto legislativo 6 settembre 2011, n. 159, nonché dei vincoli inderogabili derivanti dall'appartenenza all'Unione europea. Nel caso in cui la deroga riguardi la legislazione regionale, l'ordinanza è adottata, previa intesa in sede di Conferenza permanente per i rapporti tra lo Stato, le Regioni e le province autonome di Trento e Bolzano, da adottarsi ai sensi dell'articolo 3 del decreto legislativo 28 agosto 1997, n. 281. Nel caso in cui la deroga riguardi la legislazione in materia di tutela della salute, della sicurezza e della incolumità pubblica, dell'ambiente e del patrimonio culturale, l'ordinanza è adottata previa autorizzazione della Cabina di regia. Tali ordinanze sono immediatamente efficaci e sono pubblicate nella Gazzetta Ufficiale.

6. La Presidenza del Consiglio dei ministri e le amministrazioni centrali titolari di interventi previsti dal PNRR restano estranee ad ogni rapporto contrattuale e obbligatorio discendente dall'adozione di atti, provvedimenti e comportamenti da parte dei soggetti individuati o nominati per l'esercizio dei poteri sostitutivi ai sensi del presente articolo. Di tutte le obbligazioni nei confronti dei terzi rispondono, con le risorse del piano o con risorse proprie, esclusivamente i soggetti attuatori sostituiti. Per la nomina dei Commissari di cui al comma 1, secondo periodo, per la definizione dei relativi compensi, si applicano le procedure e le modalità applicative previste dall'articolo 15, commi da 1 a 3, del decreto legge 6 luglio 2011, n. 98, convertito, con modificazioni, dalla legge 15 luglio 2011, n. 111. Gli eventuali oneri derivanti dalla nomina di Commissari sono a carico dei soggetti attuatori inadempienti sostituiti.

6-*bis*. All'articolo 15 del decreto-legge 6 luglio 2011, n. 98, convertito, con modificazioni, dalla legge 15 luglio 2011, n. 111, è aggiunto, in fine, il seguente comma:

"5-*bis*. Le disposizioni di cui al comma 1 possono essere applicate anche agli enti sottoposti alla vigilanza delle regioni e delle province autonome di Trento e di Bolzano. La liquidazione coatta amministrativa è disposta con deliberazione della rispettiva giunta, che provvede altresì alla nomina del commissario e agli ulteriori adempimenti previsti dal comma 1".

13 Superamento del dissenso.

1. In caso di dissenso, diniego, opposizione o altro atto equivalente proveniente da un organo statale che, secondo la legislazione vigente, sia idoneo a precludere, in tutto o in parte, la realizzazione di un intervento rientrante nel PNRR, la Segreteria tecnica di cui all'articolo 4, anche su impulso del Servizio centrale per il PNRR, ove un meccanismo di superamento del dissenso non sia già previsto dalle vigenti disposizioni, propone al Presidente del Consiglio dei ministri, entro i successivi cinque giorni, di sottoporre la questione all'esame del Consiglio dei ministri per le conseguenti determinazioni.

2. Ove il dissenso, diniego, opposizione o altro atto equivalente provenga da un organo della regione, o della provincia autonoma di Trento o di Bolzano o di un ente locale, la Segreteria tecnica di cui all'articolo 4, anche su impulso del Servizio centrale per il PNRR, qualora un meccanismo di superamento del dissenso non sia già previsto dalle vigenti disposizioni, propone al Presidente del Consiglio dei ministri o al Ministro per gli affari regionali e le autonomie, entro i successivi cinque giorni, di sottoporre la questione alla Conferenza permanente per i rapporti tra lo Stato, le regioni e le province autonome di Trento e di Bolzano per concordare le iniziative da assumere, che devono essere definite entro il termine di quindici giorni dalla data di convocazione della Conferenza. Decorso tale termine, in mancanza di soluzioni condivise che consentano la sollecita realizzazione dell'intervento, il Presidente del Consiglio dei ministri, ovvero il Ministro per gli affari regionali e le autonomie nei pertinenti casi, propone al Consiglio dei ministri le opportune iniziative ai fini dell'esercizio dei poteri sostitutivi di cui agli articoli 117, quinto comma, e 120, secondo comma, della Costituzione, ai sensi delle disposizioni vigenti in materia.

14 Estensione della disciplina del PNRR al Piano complementare.

1. Le misure e le procedure di accelerazione e semplificazione per l'efficace e tempestiva attuazione degli interventi di cui al presente decreto, incluse quelle relative al rafforzamento della capacità amministrativa delle amministrazioni e delle stazioni appaltanti nonché al meccanismo di superamento del dissenso e ai poteri sostitutivi, si applicano anche agli investimenti contenuti nel Piano nazionale complementare di cui all'articolo 1 del decreto legge 6 maggio 2021, n. 59, e ai contratti istituzionali di sviluppo di cui all'articolo 6 del decreto legislativo 31 maggio 2011, n. 88. Resta ferma l'applicazione delle disposizioni del presente decreto agli interventi di cui al citato articolo 1 del decreto-legge n. 59 del 2021, cofinanziati dal PNRR.

2. Alla gestione delle risorse del Fondo per lo sviluppo e la coesione, periodo di programmazione 2021-2027, di cui all'articolo 1, comma 177, della legge 30 dicembre 2020, n. 178, che concorrono al finanziamento degli interventi previsti dal PNRR, si provvede in deroga alle specifiche normative di settore, con le procedure finanziarie del PNRR stabilite con le modalità di cui all'articolo 1, commi da 1038 a 1049 della citata legge 30 dicembre 2020, n. 178.

14-*bis* Governance degli interventi del Piano complementare nei territori interessati dagli eventi sismici del 2009 e del 2016.

1. Al fine di garantire l'attuazione coordinata e unitaria degli interventi per la ricostruzione e il rilancio dei territori interessati dagli eventi sismici del 2009 e del 2016, per gli investimenti previsti dall'articolo 1, comma 2, lettera *b*), numero 1), del decreto-legge 6 maggio 2021, n. 59, convertito, con modificazioni, dalla legge 1° luglio 2021, n. 101, la cabina di coordinamento di cui all'articolo 1, comma 5, del decreto-legge 17 ottobre 2016, n. 189, convertito, con modificazioni, dalla legge 15 dicembre 2016, n. 229, è integrata dal capo del Dipartimento "Casa Italia" istituito presso la Presidenza del Consiglio dei ministri e dal coordinatore della Struttura tecnica di missione istituita presso la Presidenza del Consiglio dei ministri, di cui al decreto del Presidente del Consiglio dei ministri 3 maggio 2021, nonché dal sindaco dell'Aquila e dal coordinatore dei sindaci del cratere del sisma del 2009.

2. In coerenza con il cronoprogramma finanziario e procedurale di cui all'articolo 1 del decreto-legge 6 maggio 2021, n. 59, convertito, con modificazioni, dalla legge 1° luglio 2021, n. 101, entro il 30 settembre 2021, la cabina di coordinamento individua i programmi unitari di intervento nei territori di cui al comma 1, articolati con riferimento agli eventi sismici del 2009 e del 2016, per la cui attuazione secondo i tempi previsti nel citato cronoprogramma sono adottati, d'intesa con la Struttura tecnica di missione di cui al medesimo comma 1, i provvedimenti di cui all'articolo 2, comma 2, del decreto-legge 17 ottobre 2016, n. 189, convertito, con modificazioni, dalla legge 15 dicembre 2016, n. 229, che sono comunicati al Ministero dell'economia e delle finanze - Dipartimento della Ragioneria generale dello Stato.

18-*bis* Intesa delle regioni.

1. Per le opere previste dall'allegato I-*bis* alla parte seconda del decreto legislativo 3 aprile 2006, n. 152, nei procedimenti disciplinati dal testo unico delle disposizioni legislative e regolamentari in materia di espropriazione per pubblica utilità, di cui al decreto del Presidente della Repubblica 8 giugno 2001, n. 327, le regioni sono tenute a esprimere la loro intesa entro trenta giorni dalla positiva conclusione della conferenza di servizi, al fine di consentire all'autorità competente il rilascio del provvedimento finale.

29 Soprintendenza speciale per il PNRR e ulteriori misure urgenti per l'attuazione del PNRR.

1. Al fine di assicurare la più efficace e tempestiva attuazione degli interventi del PNRR, presso il Ministero della cultura è istituita la Soprintendenza speciale per il PNRR, ufficio di livello dirigenziale generale straordinario operativo fino al 31 dicembre 2026.

2. La Soprintendenza speciale svolge le funzioni di tutela dei beni culturali e paesaggistici nei casi in cui tali beni siano interessati dagli interventi previsti dal PNRR sottoposti a VIA in sede statale oppure rientrino nella competenza territoriale di almeno due uffici periferici del Ministero. La Soprintendenza speciale opera anche avvalendosi, per l'attività istruttoria, delle Soprintendenze archeologia, belle arti e paesaggio. In caso di necessità e per assicurare la tempestiva attuazione del PNRR, la Soprintendenza speciale può esercitare, con riguardo a ulteriori interventi strategici del PNRR, i poteri di avocazione e sostituzione nei confronti delle Soprintendenze archeologia, belle arti e paesaggio.

3. Le funzioni di direttore della Soprintendenza speciale sono svolte dal direttore della Direzione generale archeologia, belle arti e paesaggio del Ministero, al quale spetta la retribuzione prevista dalla contrattazione collettiva nazionale per gli incarichi dirigenziali ad interim.

4. Presso la Soprintendenza speciale è costituita una segreteria tecnica composta, oltre che da personale di ruolo del Ministero, da un contingente di esperti di comprovata qualificazione professionale ai sensi dell'articolo 7, comma 6, del decreto legislativo 30 marzo 2001, n. 165, per la durata massima di trentasei mesi, per un importo massimo di 50.000 euro lordi annui per singolo incarico, entro il limite di spesa di 1.500.000 euro per ciascuno degli anni 2021, 2022 e 2023.

5. Agli oneri derivanti dal presente articolo, pari a 1.550.000 euro per ciascuno degli anni dal 2021 al 2023 e 50.000 euro per ciascuno degli anni dal 2024 al 2026, si provvede quanto a 1.550.000 euro per l'anno 2021 mediante corrispondente riduzione dello stanziamento del Fondo speciale di parte corrente iscritto, ai fini del bilancio triennale 2021 - 2023, nell'ambito del programma « Fondi di riserva e speciali », della missione « Fondi da ripartire » dello stato di previsione del Ministero dell'economia e delle finanze per l'anno 2021, allo scopo parzialmente utilizzando l'accantonamento relativo al Ministero per i beni e le attività culturali e, quanto a 1.550.000 euro per ciascuno degli anni 2022 e 2023 e 50.000 euro per ciascuno degli anni dal 2024 al 2026, mediante corrispondente riduzione dell'autorizzazione di spesa di cui all'articolo 1, comma 354, della legge 28 dicembre 2015, n. 208.

30 Interventi localizzati in aree contermini.

1. Al fine del raggiungimento degli obiettivi nazionali di efficienza energetica contenuti nel PNIEC e nel PNRR, con particolare riguardo all'incremento del ri-

corso alle fonti di produzione di energia elettrica da fonti rinnovabili, all'articolo 12 del decreto legislativo 29 dicembre 2003, n. 387, dopo il comma 3 è inserito il seguente:

"3-*bis*. Il Ministero della cultura partecipa al procedimento unico ai sensi del presente articolo in relazione ai progetti aventi ad oggetto impianti alimentati da fonti rinnovabili, comprese le opere connesse e le infrastrutture indispensabili alla costruzione e all'esercizio degli stessi impianti, localizzati in aree sottoposte a tutela, anche in itinere, ai sensi del decreto legislativo 22 gennaio 2004, n. 42, nonché nelle aree contermini ai beni sottoposti a tutela ai sensi del medesimo decreto legislativo.".

2. Nei procedimenti di autorizzazione di impianti di produzione di energia elettrica alimentati da fonti rinnovabili, localizzati in aree contermini a quelle sottoposte a tutela paesaggistica, il Ministero della cultura si esprime nell'ambito della conferenza di servizi con parere obbligatorio non vincolante. Decorso inutilmente il termine per l'espressione del parere da parte del Ministero della cultura, l'amministrazione competente provvede comunque sulla domanda di autorizzazione. In tutti i casi di cui al presente comma, il rappresentante del Ministero della cultura non può attivare i rimedi per le amministrazioni dissenzienti di cui all'articolo 14-*quinquies* della legge 7 agosto 1990, n. 241.

41 Violazione degli obblighi di transizione digitale.

1. Al fine di assicurare l'attuazione dell'Agenda digitale italiana ed europea, la digitalizzazione dei cittadini, delle pubbliche amministrazioni e delle imprese, con specifico riferimento alla realizzazione degli obiettivi fissati dal Piano nazionale di ripresa e resilienza, nonché garantire il coordinamento informativo statistico e informatico dei dati dell'amministrazione statale, regionale e locale e la tutela dei livelli essenziali delle prestazioni concernenti i diritti civili e sociali su tutto il territorio nazionale nelle materie di cui all'articolo 5, comma 3, lett. *b-bis*), della legge 23 agosto 1988, n. 400, al decreto legislativo 7 marzo 2005, n. 82, dopo l'articolo 18, è aggiunto il seguente:

(*Omissis*) (1)

2. All'articolo 33-*septies* del decreto-legge 18 ottobre 2012, n. 179, convertito, con modificazioni, dalla legge 17 dicembre 2012, n. 221, sono apportate le seguenti modificazioni:

a) al comma 4 è aggiunto, in fine, il seguente periodo: "Con lo stesso regolamento sono individuati i termini e le modalità con cui le amministrazioni devono effettuare le migrazioni di cui ai commi 1 e 1-bis.";

b) dopo il comma 4-*quater* è aggiunto il seguente:

"4-*quinquies*. La violazione degli obblighi previsti dal presente articolo è accertata dall'AgID ed è punita ai sensi dell'articolo 18-*bis* del decreto legislativo 7 marzo 2005, n. 82.".

3. All'articolo 17, comma 1-*quater*, del decreto legislativo 7 marzo 2005, n. 82, il terzo periodo è sostituito dal seguente: "Il difensore civico, accertata la non manifesta infondatezza della segnalazione, la trasmette al Direttore generale dell'AgID per l'esercizio dei poteri di cui all'articolo 18-*bis*"; il quarto, il quinto e il sesto periodo sono soppressi.

(1) *V. art.* 18-bis *d.lgs. 7 marzo 2005, n. 82.*

44 Semplificazioni procedurali in materia di opere pubbliche di particolare complessità o di rilevante impatto.

1. Ai fini della realizzazione degli interventi indicati nell'Allegato IV al presente decreto, prima dell'approvazione di cui all'articolo 27 del decreto legislativo 18 aprile 2016, n. 50, il progetto di fattibilità tecnica ed economica di cui all'articolo 23, commi 5 e 6, del medesimo decreto è trasmesso, a cura della stazione appaltante, al Consiglio superiore dei lavori pubblici per l'espressione del parere di cui all'articolo 48, comma 7, del presente decreto. Il Comitato speciale del Consiglio superiore dei lavori pubblici di cui all'articolo 45 verifica, entro quindici giorni dalla ricezione del progetto di fattibilità tecnica ed economica, l'esistenza di evidenti carenze, di natura formale o sostanziale, ivi comprese quelle afferenti gli aspetti ambientali, paesaggistici e culturali, tali da non consentire l'espressione del parere e, in tal caso, provvede a restituirlo immediatamente alla stazione appaltante richiedente, con l'indicazione delle integrazioni ovvero delle eventuali modifiche necessarie ai fini dell'espressione del parere in senso favorevole. La stazione appaltante procede alle modifiche e alle integrazioni richieste dal Comitato speciale, entro e non oltre il termine di quindici giorni dalla data di restituzione del progetto. Il Comitato speciale esprime il parere entro il termine massimo di quarantacinque giorni dalla ricezione del progetto di fattibilità tecnica ed economica ovvero entro il termine massimo di venti giorni dalla ricezione del progetto modificato o integrato secondo quanto previsto dal presente comma. Decorsi tali termini, il parere si intende reso in senso favorevole.

1-*bis*. In relazione agli interventi di cui al comma 1 del presente articolo per i quali, alla data di entrata in vigore del presente decreto, è stato richiesto ovvero acquisito il parere del Consiglio superiore dei lavori pubblici ai sensi dell'articolo 215 del codice dei contratti pubblici, di cui al decreto legislativo 18 aprile 2016, n. 50, tale parere tiene luogo di quello previsto dal medesimo comma 1, ferma restando l'applicazione dei commi 5 e 6 del presente articolo, in caso di approvazione del progetto da parte della conferenza di servizi sulla base delle posizioni prevalenti ovvero qualora siano stati espressi dissensi qualificati ai sensi dell'articolo 14-*quinquies*, commi 1 e 2, della legge 7 agosto 1990, n. 241, nonché dei commi 7 e 8 del presente articolo, relativamente agli effetti della verifica del progetto effettuata ai sensi dell'articolo 26, comma 6, del citato codice di cui al decreto legislativo n. 50 del 2016, agli obblighi di comunicazione in capo alla stazione appaltante e ai termini di indizione delle procedure di aggiudicazione, anche ai fini dell'esercizio dell'intervento sostitutivo di cui all'articolo 12 del presente decreto. Qualora il parere di cui al primo periodo del presente comma sia stato espresso sul progetto definitivo, le disposizioni dei commi 4, 5 e 6 si applicano in relazione a quest'ultimo, in quanto compatibili. Ai fini dell'applicazione delle disposizioni del secondo periodo del comma 8 del presente articolo e fuori delle ipotesi di cui ai commi 5 e 6, terzo e quinto periodo, del medesimo articolo, la stazione appaltante comunica alla Cabina di regia di cui all'articolo 2, per il tramite della Segreteria tecnica di cui all'articolo 4, e al Ministero delle infrastrutture e della mobilità sostenibili l'avvenuta approvazione del livello progettuale da mettere a gara e il termine di novanta giorni comincia a decorrere dalla data di tale approvazione.

1-*ter*. Al fine di accelerare la realizzazione degli interventi relativi ai sistemi di trasporto pubblico locale a impianti fissi e, in particolare, di quelli finanziati in tutto o in parte con le risorse del PNRR, in deroga all'articolo 215, comma 3, del codice di cui al decreto legislativo 18 aprile 2016, n. 50, il parere del Consiglio superiore dei lavori pubblici è obbligatorio esclusivamente con riguardo agli interventi il cui valore, limitatamente alla componente "opere civili", è pari o superiore a 100 milioni di euro. In relazione agli investimenti di cui al primo periodo del presente comma di importo pari o inferiore a 100 milioni di euro, si prescinde dall'acquisizione del parere previsto dal citato articolo 215, comma 3, del codice di cui al decreto legislativo n. 50 del 2016. Al fine di ridurre i tempi di espressione del parere di cui al presente comma, la Direzione generale del Ministero delle infrastrutture e della mobilità sostenibili competente in materia di trasporto pubblico locale a impianti fissi provvede, senza nuovi o maggiori oneri a carico della finanza pubblica, allo svolgimento dell'attività istruttoria e alla formulazione di una proposta di parere al Consiglio superiore dei lavori pubblici, che si pronuncia nei successivi trenta giorni. Decorso tale termine, il parere si intende reso in senso favorevole.

2. Ai fini della verifica preventiva dell'interesse archeologico di cui all'articolo 25 del decreto legislativo n. 50 del 2016, il progetto di fattibilità tecnica ed economica relativo agli interventi di cui all'Allegato IV al presente decreto è trasmesso dalla stazione appaltante alla competente soprintendenza decorsi quindici giorni dalla trasmissione al Consiglio superiore dei lavori pubblici del progetto di fattibilità tecnica ed economica, ove questo non sia stato restituito ai sensi del secondo periodo del comma 1, ovvero contestualmente alla trasmissione al citato Consiglio del progetto modificato nei termini dallo stesso richiesti. Il termine di cui al comma 3, secondo periodo, dell'articolo 25 del decreto legislativo n. 50 del 2016 è ridotto a quarantacinque giorni. Le risultanze della verifica preventiva sono acquisite nel corso della conferenza di servizi di cui al comma 4.

3. In relazione agli interventi di cui all'Allegato IV del presente decreto, il progetto di fattibilità tecnica ed economica è trasmesso all'autorità competente ai fini dell'espressione della valutazione di impatto ambientale di cui alla Parte seconda del decreto legislativo 3 aprile 2006, n. 152, unitamente alla documentazione di cui all'articolo 22, comma 1, del decreto legislativo 3 aprile 2006, n. 152, a cura della stazione appaltante decorsi quindici giorni dalla trasmissione al Consiglio superiore dei lavori pubblici del progetto di fattibilità tecnica ed economica ove questo non sia stato restituito ai sensi del secondo periodo del comma 1, ovvero contestualmente alla trasmissione al citato Consiglio del progetto modificato nei termini dallo stesso richiesti. Gli esiti della valutazione di impatto ambientale sono trasmessi e comunicati dall'autorità competente alle altre amministrazioni che partecipano alla conferenza di servizi di cui al comma 4. Qualora si sia svolto il dibattito pubblico di cui all'articolo 46, è escluso il ricorso all'inchiesta pubblica di cui all'articolo 24-*bis* del predetto decreto legislativo n. 152 del 2006. Le procedure di valutazione di impatto ambientale degli interventi di cui all'Allegato IV del presente decreto sono svolte con le modalità e nei tempi previsti per i progetti di cui al comma 2-*bis* dell'articolo 8 del citato decreto legislativo n. 152 del 2006.

4. In relazione agli interventi di cui all'Allegato IV del presente decreto, decorsi quindici giorni dalla trasmissione al Consiglio superiore dei lavori pubblici del progetto di fattibilità tecnica ed economica, ove non sia stato restituito ai sensi del secondo periodo del comma 1, ovvero contestualmente alla trasmissione al citato Consiglio del progetto modificato nei termini dallo stesso richiesti, la stazione appaltante convoca la conferenza di servizi per l'approvazione del progetto ai sensi dell'articolo 27, comma 3, del decreto legislativo n. 50 del 2016. La conferenza di servizi è svolta in forma semplificata ai sensi dell'articolo 14-*bis* della legge 7 agosto 1990, n. 241 e nel corso di essa, ferme restando le prerogative dell'autorità competente in materia di VIA, sono acquisite e valutate le eventuali prescrizioni e direttive adottate dal Consiglio superiore dei lavori pubblici ai sensi del secondo periodo del comma 1, nonché gli esiti del dibattito pubblico e le osservazioni raccolte secondo le modalità di cui all'articolo 46 del presente decreto, della verifica preventiva dell'interesse archeologico e della valutazione di impatto ambientale. La determinazione conclusiva della conferenza approva il progetto e tiene luogo dei pareri, nulla osta e autorizzazioni necessari ai fini della localizzazione dell'opera, della conformità urbanistica e paesaggistica dell'intervento, della risoluzione delle interferenze e delle relative opere mitigatrici e compensative. La determinazione conclusiva della conferenza perfeziona, ad ogni fine urbanistico ed edilizio, l'intesa tra Stato e regione o provincia autonoma, in ordine alla localizzazione dell'opera, ha effetto di variante degli strumenti urbanistici vigenti e comprende il provvedimento di VIA e i titoli abilitativi rilasciati per la realizzazione e l'esercizio del progetto, recandone l'indicazione esplicita. La variante urbanistica, conseguente alla determinazione conclusiva della conferenza, comporta l'assoggettamento dell'area a vincolo preordinato all'esproprio ai sensi dell'articolo 10 del decreto del Presidente della Repubblica 8 giugno 2001, n. 327, e le comunicazioni agli interessati di cui all'articolo 14, comma 5, della legge n. 241 del 1990 tengono luogo della fase partecipativa di cui all'articolo 11 del predetto decreto del Presidente della Repubblica n. 327 del 2001. Gli enti locali provvedono alle necessarie misure di salvaguardia delle aree interessate e delle relative fasce di rispetto e non possono autorizzare interventi edilizi incompatibili con la localizzazione dell'opera.

5. In caso di approvazione del progetto da parte della conferenza di servizi sulla base delle posizioni prevalenti ovvero qualora siano stati espressi dissensi qualificati ai sensi dell'articolo 14-*quinquies*, commi 1 e 2, della legge 7 agosto 1990, n. 241, la questione è posta all'esame del Comitato speciale del Consiglio superiore dei lavori pubblici e definita, anche in deroga alle previsioni di cui al medesimo articolo 14-*quinquies*, secondo le modalità di cui al comma 6.

6. Entro cinque giorni dalla conclusione della conferenza di servizi di cui al comma 4, il progetto è trasmesso unitamente alla determinazione conclusiva della conferenza e alla relativa documentazione al Comitato speciale del Consiglio superiore dei lavori pubblici, integrato, nei casi previsti dal comma 5, con la partecipazione dei rappresentanti delle amministrazioni che hanno espresso il dissenso e delle altre amministrazioni che hanno partecipato alla conferenza. Fatto salvo quanto previsto dal quarto periodo, entro e non oltre i quindici giorni successivi, il Comitato speciale adotta una determinazione motivata, comunicata senza indugio alla stazione appaltante, con la quale individua le eventuali integrazioni e modifiche al progetto di fattibilità tecnica ed economica rese necessarie dalle prescrizioni e dai pareri acquisiti in sede di conferenza di servizi. Nei casi previsti dal comma 5 e fatto salvo quanto previsto dal quinto periodo del presente comma, la determinazione motivata del Comitato speciale individua altresì le integrazioni e modifiche occorrenti per pervenire, in attuazione del principio di leale collaborazione, ad una soluzione condivisa e sostituisce, con i medesimi effetti di cui al comma 4, quella della conferenza di servizi. In relazione alle eventuali integrazioni ovvero modifiche richieste dal Comitato speciale è acquisito, ove necessario, il parere dell'autorità che ha rilasciato il provvedimento di VIA, che si esprime entro venti giorni dalla richiesta e, in tal caso, il Comitato speciale adotta la determinazione motivata entro i successivi dieci. In presenza di dissensi qualificati ai sensi dell'articolo 14-*quinquies*, commi 1 e 2, della medesima legge n. 241 del 1990 e qualora non sia possibile pervenire ad una soluzione condivisa ai fini dell'adozione della determinazione motivata, il Comitato speciale, entro tre giorni dalla scadenza del termine di cui al secondo ovvero al quarto periodo, trasmette alla Segreteria tecnica di cui all'articolo 4 una relazione recante l'illustrazione degli esiti della conferenza di servizi, delle ragioni del dissenso e delle proposte dallo stesso formulate per il superamento del dissenso, compatibilmente con le preminenti esigenze di appaltabilità dell'opera e della sua realizzazione entro i termini previsti dal PNRR ovvero, in relazione agli interventi finanziati con le risorse del PNC dal decreto di cui al comma 7 dell' articolo 1 del decreto-legge 6 maggio 2021, n. 59. La Segreteria tecnica propone al Presidente del Consiglio dei ministri, entro quindici giorni dalla ricezione della relazione di cui al quinto periodo, di sottoporre la questione all'esame del Consiglio dei ministri per le conseguenti determinazioni. Il Consiglio dei ministri si pronuncia, entro i successivi dieci giorni, se del caso adottando una nuova determinazione conclusiva ai sensi del primo periodo del comma 6 del predetto articolo 14-*quinquies* della legge n. 241 del 1990 con i medesimi effetti di cui al comma 4, terzo, quarto e quinto periodo del presente articolo. Alle riunioni del Consiglio dei ministri possono partecipare senza diritto di voto i Presidenti delle regioni o delle province autonome interessate. Restano ferme le attribuzioni e le prerogative riconosciute alle regioni a statuto speciale e alle province autonome di Trento e Bolzano dagli statuti speciali di autonomia e dalle relative norme di attuazione. Le decisioni del Consiglio dei ministri sono immediatamente efficaci, non sono sottoposte al controllo preventivo di legittimità della Corte dei conti di cui all'articolo 3 della legge 14 gennaio 1994, n. 20, e sono pubblicate, per estratto, entro cinque giorni dalla data di adozione, nella Gazzetta ufficiale della Repubblica italiana.

6-*bis*. La determinazione conclusiva della conferenza di servizi di cui al comma 4, ovvero la determinazione motivata adottata dal Comitato speciale del Consiglio superiore dei lavori pubblici o la nuova determinazione conclusiva del Consiglio dei ministri nei casi previsti dal comma 6, ove gli elaborati progettuali siano sviluppati a un livello che consenta l'avvio delle procedure previste dal capo IV del titolo II del testo unico delle disposizioni legislative e regolamentari in materia di espropriazione per pubblica utilità, di cui al decreto del Presidente della Repubblica 8 giugno 2001, n. 327, determinano la dichiarazione di pubblica utilità dell'opera ai sensi degli articoli 12 e seguenti del medesimo testo unico. L'avviso di avvio del procedimento volto alla dichiarazione di pubblica utilità di cui all'articolo 16 del citato testo unico di cui al decreto del Presidente della Repubblica n. 327 del 2001 è integrato con la comunicazione di cui all'articolo 14, comma 5, della legge 7 agosto 1990, n. 241, richiamata dal comma 4 del presente articolo (1).

7. In deroga all'articolo 27 del decreto legislativo n. 50 del 2016, la verifica del progetto da porre a base della procedura di affidamento condotta ai sensi dell'articolo 26, comma 6, del predetto decreto accerta altresì l'ottemperanza alle prescrizioni impartite in sede di conferenza di servizi e di VIA, nonché di quelle impartite ai sensi del comma 6 ed all'esito della stessa la stazione appaltante procede direttamente all'approvazione del progetto posto a base della procedura di affidamento nonché dei successivi livelli progettuali (2).

7-*bis*. Le disposizioni dell'articolo 48, comma 5, primo, terzo e quarto periodo, si applicano anche ai fini della realizzazione degli interventi di cui al comma 1 del presente articolo (3).

8. La stazione appaltante provvede ad indire la procedura di aggiudicazione non oltre novanta giorni dalla data di comunicazione della determinazione motivata del Comitato speciale ai sensi del comma 6 ovvero dalla data di pubblicazione nella Gazzetta Ufficiale della decisione del Consiglio dei ministri di cui al medesimo comma 6, dandone contestuale comunicazione alla Cabina di regia di cui all'articolo 2, per il tramite della Segreteria tecnica di cui all'articolo 4, e al Ministero delle infrastrutture e della mobilità sostenibili. In caso di inosservanza del termine di cui al primo periodo, l'intervento sostitutivo è attuato nelle forme e secondo le modalità di cui all'articolo 12.

8-*bis*. Il quinto periodo del comma 290 dell'articolo 2 della legge 24 dicembre 2007, n. 244, è sostituito dal seguente: "Alla società possono essere affidate le attività di realizzazione e di gestione, comprese quelle di manutenzione ordinaria e straordinaria, di ulteriori tratte autostradali situate prevalentemente nel territorio della regione Veneto nonché, previa intesa tra le regioni interessate, nel territorio delle regioni limitrofe, nei limiti e secondo le modalità previsti dal comma 8-*ter* dell'articolo 178 del codice dei contratti pubblici, di cui al decreto legislativo 18 aprile 2016, n. 50".

8-*ter*. Al comma 7-*bis* dell'articolo 206 del decreto-legge 19 maggio 2020, n. 34, convertito, con modificazioni, dalla legge 17 luglio 2020, n. 77, le parole: "30 giugno 2021" sono sostituite dalle seguenti: "31 dicembre 2021".

8-*quater*. All'articolo 35, comma 1-*ter*, del decreto-legge 30 dicembre 2019, n. 162, convertito, con modificazioni, dalla legge 28 febbraio 2020, n. 8, sono aggiunti, in fine, i seguenti periodi: "Le tratte diverse da quelle previste dal secondo periodo sono assegnate, all'esito del procedimento di revisione della concessione di cui al terzo periodo, alla società ANAS Spa che provvede altresì alla realizzazione dell'intervento viario Tarquinia-San Pietro in Palazzi, anche attraverso l'adeguamento della strada statale n. 1 - Aurelia, nei limiti delle risorse che si renderanno disponibili a tale fine nell'ambito del contratto di programma tra il Ministero delle infrastrutture e delle mobilità sostenibili e la società ANAS Spa relativo al periodo 2021-2025. Per la progettazione ed esecuzione dell'intervento viario di cui al precedente periodo, a decorrere dalla data di sottoscrizione del contratto di programma relativo al periodo 2021-2025 e fino al completamento dei lavori, l'amministratore delegato pro tempore della società ANAS Spa è nominato commissario straordinario, con i poteri e le funzioni di cui all'articolo 4 del decreto-legge 18 aprile 2019, n. 32, convertito, con modificazioni, dalla legge 14 giugno 2019, n. 55. Al commissario straordinario non spettano compensi, gettoni di presenza e indennità comunque denominate".

8-*quinquies*. Al fine di consentire l'ultimazione delle procedure espropriative e dei contenziosi pendenti nonché dei collaudi tecnico-amministrativi relativi alle opere realizzate per lo svolgimento dei XX Giochi olimpici invernali e dei IX Giochi paralimpici invernali svoltisi a Torino nel 2006 e delle opere previste e finanziate dalla legge 8 maggio 2012, n. 65, il termine di cui all'articolo 3, comma 7, della legge 9 ottobre 2000, n. 285, come prorogato dall'articolo 2, comma 5-*octies*, del decreto-legge 29 dicembre 2010, n. 225, convertito, con modificazioni, dalla legge 26 febbraio 2011, n. 10, è ulteriormente prorogato al 31 dicembre 2023.

(1) *Comma inserito dall'art. 6, comma 2-*bis*, d.l. 6 novembre 2021, n. 152, conv., con modif., in l. 29 dicembre 2021, n. 233*

(2) *Comma modificato dall'art. 16, comma 3-*octies*, lett.* a) *d.l. 10 settembre 2021, n. 121, conv., con modif., in l. 9 novembre 2021, n. 156.*

(3) *Comma inserito dall'art. 16, comma 3-*octies*, lett.* a) *d.l. n. 121, cit.*

45 Disposizioni urgenti in materia di funzionalità del Consiglio Superiore dei lavori pubblici.

1. Al fine di conseguire gli obbiettivi di cui al regolamento (UE) 2021/240 del Parlamento europeo e del Consiglio del 10 febbraio 2021 e al regolamento (UE) 2021/241 del Parlamento europeo e del Consiglio del 12 febbraio 2021, è istituito, fino al 31 dicembre 2026, presso il Consiglio superiore dei lavori pubblici per l'espressione dei pareri di cui all'articolo 44 del presente decreto, in relazione agli interventi indicati nell'Allegato IV al presente decreto, un Comitato speciale presieduto dal Presidente del Consiglio superiore dei lavori pubblici e composto da:

a) sette dirigenti di livello generale in servizio presso le amministrazioni dello Stato, designati dal Presidente del Consiglio dei Ministri e dai rispettivi Ministri, dei quali uno appartenente alla Presidenza del Consiglio dei ministri, uno appartenente al Ministero delle infrastrutture e della mobilità sostenibili, uno appartenente al Ministero della transizione ecologica, uno appartenente al Ministero della cultura, uno appartenente al Ministero dell'interno, uno appartenente al Ministero dell'economia e delle finanze e uno appartenente al Ministero della difesa (1);

b) tre rappresentanti designati dalla Conferenza unificata di cui all'articolo 8 del decreto legislativo 28 agosto 1997, n. 281, scelti tra soggetti in possesso di adeguate professionalità;

c) tre rappresentanti designati dagli Ordini professionali, di cui uno designato dall'Ordine professionale degli ingegneri, uno designato dall'Ordine professionale degli architetti ed uno designato dall'Ordine professionale dei geologi;

d) tredici esperti scelti fra docenti universitari di chiara ed acclarata competenza;

e) un magistrato amministrativo, con qualifica di consigliere, un consigliere della Corte dei conti e un avvocato dello Stato.

2. Al Comitato possono essere invitati a partecipare, in qualità di esperti per la trattazione di speciali problemi, studiosi e tecnici anche non appartenenti a pubbliche amministrazioni, senza diritto di voto. Per la partecipazione alle attività del Comitato non spettano indennità e gettoni di presenza ed è riconosciuto il solo rimborso delle spese nei limiti delle risorse disponibili a legislazione vigente e di quanto previsto per i componenti e gli esperti del Consiglio superiore dei lavori pubblici (2).

3. I componenti del Comitato speciale sono nominati con decreto del Presidente del Consiglio dei ministri, su proposta del Ministro delle infrastrutture e della mobilità sostenibili, durano in carica tre anni e possono essere confermati per un secondo triennio e comunque non oltre il 31 dicembre 2026. I componenti del Comitato speciale non possono farsi rappresentare. Ai componenti del Comitato speciale è corrisposta, anche in deroga alle previsioni di cui all'articolo 24, comma 3, del decreto legislativo 30 marzo 2001, n. 165, e fermo il limite di cui all'articolo 23-*ter*, comma 1, del decreto-legge 6 dicembre 2011, n. 201, convertito, con modificazioni, dalla legge 22 dicembre 2011, n. 214,

un'indennità pari al 25 per cento dell'ammontare complessivo del trattamento economico percepito presso l'amministrazione di appartenenza e comunque non superiore alla somma di 35.000 euro annui comprensiva degli oneri a carico dell'Amministrazione.

4. Per lo svolgimento dell'attività istruttoria del Comitato speciale è istituita, presso il Consiglio Superiore dei lavori pubblici, nei limiti di una spesa pari a euro 391.490 per l'anno 2021 e pari a euro 782.979 per gli anni dal 2022 al 2026, una struttura di supporto di durata temporanea fino al 31 dicembre 2026, cui è preposto un dirigente di livello generale, in aggiunta all'attuale dotazione organica del Ministero delle infrastrutture e della mobilità sostenibili, e composta da un dirigente di livello non generale e da dieci unità di personale di livello non dirigenziale, individuate tra il personale di ruolo delle pubbliche amministrazioni di cui all'articolo 1, comma 2, del decreto legislativo 30 marzo 2001, n. 165 ad esclusione del personale docente, educativo, amministrativo, tecnico ed ausiliario delle istituzioni scolastiche. Il personale delle pubbliche amministrazioni è collocato, ai sensi dell'articolo 17, comma 14 della legge 15 maggio 1997, n. 127, in posizione di fuori ruolo, comando, distacco o altra analoga posizione, secondo i rispettivi ordinamenti. La struttura di supporto può altresì avvalersi, mediante apposite convenzioni e nel limite complessivo di spesa di euro 500.000 per l'anno 2021 e di euro 1 milione per ciascuno degli anni dal 2022 al 2026, di società controllate da Amministrazioni dello Stato specializzate nella progettazione o realizzazione di opere pubbliche.

5. Agli oneri derivanti dai commi da 1 a 4 quantificati in euro 1.381.490 per l'anno 2021 e in euro 2.762.979 per ciascuno degli anni dal 2022 fino al 2026, si provvede mediante corrispondente riduzione dello stanziamento del Fondo speciale di parte corrente iscritto, ai fini del bilancio triennale 2021 - 2023, nell'ambito del programma « Fondi di riserva e speciali », della missione « Fondi da ripartire » dello stato di previsione del Ministero dell'economia e delle finanze per l'anno 2021, allo scopo parzialmente utilizzando l'accantonamento relativo al Ministero delle infrastrutture e dei trasporti.

(1) *Comma modificato dall'art. 5, comma 4, lett.* a), *d.l. 10 settembre 2021, n. 121, conv., con modif., in l. 9 novembre 2021. n. 156.*

(2) *Comma modificato dall'art. 5, comma 4, lett.* b), *d.l. n. 121, cit.*

46 Modifiche alla disciplina del dibattito pubblico.

1. Entro sessanta giorni dalla data di entrata in vigore del presente decreto, con decreto del Ministro delle infrastrutture e della mobilità sostenibili, adottato su proposta della Commissione nazionale per il dibattito pubblico di cui all'articolo 22, comma 2, del decreto legislativo 18 aprile 2016, n. 50, possono essere individuate, in relazione agli interventi di cui all'articolo 44, comma 1, nonché a quelli finanziati in tutto o in parte con le risorse del PNRR e del PNC, soglie dimensionali delle opere da sottoporre obbligatoriamente a dibattito pubblico inferiori a quelle previste dall'Allegato 1 del decreto del Presidente del Consiglio dei ministri 10 maggio 2018, n. 76. In relazione agli interventi di cui all'Allegato IV al presente decreto, il dibattito pubblico ha una durata massima di quarantacinque giorni e tutti i termini previsti dal citato decreto del Presidente del Consiglio dei ministri n. 76 del 2018, sono ridotti della metà. Nei casi di obbligatorietà del dibattito pubblico, la stazione appaltante provvede ad avviare il relativo procedimento contestualmente alla trasmissione del progetto di fattibilità tecnica ed economica al Consiglio superiore dei lavori pubblici per l'acquisizione del parere di cui all'articolo 44, comma 1. In caso di restituzione del progetto ai sensi del secondo periodo dell'articolo 44, comma 1, il dibattito pubblico è sospeso con avviso pubblicato sul sito internet istituzionale della stazione appaltante e il termine di cui al secondo periodo del presente comma riprende a decorrere dalla data di pubblicazione sul medesimo sito internet istituzionale dell'avviso di trasmissione del progetto di fattibilità tecnica ed economica integrato o modificato secondo le indicazioni rese dal Comitato speciale del Consiglio superiore di lavori pubblici. Gli esiti del dibattito pubblico e le osservazioni raccolte sono valutate nella conferenza di servizi di cui all'articolo 44, comma 4. Al fine di assicurare il rispetto dei termini di cui al secondo periodo del presente comma, la Commissione nazionale per il dibattito pubblico provvede ad istituire, entro il termine di sessanta giorni dalla data di entrata in vigore del presente decreto, un elenco di soggetti, in possesso di comprovata esperienza e competenza nella gestione dei processi partecipativi ovvero nella gestione ed esecuzione delle attività di programmazione e pianificazione in materia urbanistica o di opere pubbliche, cui conferire l'incarico di coordinatore del dibattito pubblico, come disciplinato dal decreto adottato in attuazione dell'articolo 22, comma 2, del citato decreto legislativo n. 50 del 2016. In caso di inosservanza da parte della stazione appaltante dei termini di svolgimento del dibattito pubblico previsti dal presente comma, la Commissione nazionale per il dibattito pubblico esercita, senza indugio, i necessari poteri sostitutivi. Ai componenti della Commissione nazionale è riconosciuto, per il periodo dal 2021 al 2026 in caso di esercizio dei poteri sostitutivi, il rimborso delle spese di missione nei limiti previsti per il personale del Ministero delle infrastrutture e della mobilità sostenibili, con oneri non superiori a 22.500 euro per l'anno 2021 e a 45.000 euro per ciascuno degli anni dal 2022 al 2026.

2. Agli oneri di cui al comma 1, si provvede mediante corrispondente riduzione dello stanziamento del Fondo speciale di parte corrente iscritto, ai fini del bilancio triennale 2021 - 2023, nell'ambito del programma « Fondi di riserva e speciali », della missione « Fondi da ripartire » dello stato di previsione del Ministero dell'economia e delle finanze per l'anno 2021, allo scopo parzialmente utilizzando l'accantonamento relativo al Ministero delle infrastrutture e dei trasporti.

47 Pari opportunità e inclusione lavorativa nei contratti pubblici, nel PNRR e nel PNC.

1. Per perseguire le finalità relative alle pari opportunità, generazionali e di genere e per promuovere

l'inclusione lavorativa delle persone disabili, in relazione alle procedure afferenti agli investimenti pubblici finanziati, in tutto o in parte, con le risorse previste dal Regolamento (UE) 2021/240 del Parlamento europeo e del Consiglio del 10 febbraio 2021 e dal Regolamento (UE) 2021/241 del Parlamento europeo e del Consiglio del 12 febbraio 2021, nonché dal PNC, si applicano le disposizioni seguenti.

2. Gli operatori economici tenuti alla redazione del rapporto sulla situazione del personale, ai sensi dell'articolo 46 del decreto legislativo 11 aprile 2006, n. 198, producono, a pena di esclusione, al momento della presentazione della domanda di partecipazione o dell'offerta, copia dell'ultimo rapporto redatto, con attestazione della sua conformità a quello trasmesso alle rappresentanze sindacali aziendali e alla consigliera e al consigliere regionale di parità ai sensi del secondo comma del citato articolo 46, ovvero, in caso di inosservanza dei termini previsti dal comma 1 del medesimo articolo 46, con attestazione della sua contestuale trasmissione alle rappresentanze sindacali aziendali e alla consigliera e al consigliere regionale di parità.

3. Gli operatori economici, diversi da quelli indicati nel comma 2 e che occupano un numero pari o superiore a quindici dipendenti, entro sei mesi dalla conclusione del contratto, sono tenuti a consegnare alla stazione appaltante una relazione di genere sulla situazione del personale maschile e femminile in ognuna delle professioni ed in relazione allo stato di assunzioni, della formazione, della promozione professionale, dei livelli, dei passaggi di categoria o di qualifica, di altri fenomeni di mobilità, dell'intervento della Cassa integrazione guadagni, dei licenziamenti, dei prepensionamenti e pensionamenti, della retribuzione effettivamente corrisposta. La relazione di cui al primo periodo è tramessa alle rappresentanze sindacali aziendali e alla consigliera e al consigliere regionale di parità.

3-*bis*. Gli operatori economici di cui al comma 3 sono, altresì, tenuti a consegnare, nel termine previsto dal medesimo comma, alla stazione appaltante la certificazione di cui all'articolo 17 della legge 12 marzo 1999, n. 68, e una relazione relativa all'assolvimento degli obblighi di cui alla medesima legge e alle eventuali sanzioni e provvedimenti disposti a loro carico nel triennio antecedente la data di scadenza di presentazione delle offerte. La relazione di cui al presente comma è trasmessa alle rappresentanze sindacali aziendali.

4. Le stazioni appaltanti prevedono, nei bandi di gara, negli avvisi e negli inviti, specifiche clausole dirette all'inserimento, come requisiti necessari e come ulteriori requisiti premiali dell'offerta, di criteri orientati a promuovere l'imprenditoria giovanile, l'inclusione lavorativa delle persone disabili, la parità di genere e l'assunzione di giovani, con età inferiore a trentasei anni, e donne. Il contenuto delle clausole è determinato tenendo, tra l'altro, conto dei principi di libera concorrenza, proporzionalità e non discriminazione, nonché dell'oggetto del contratto, della tipologia e della natura del singolo progetto in relazione ai profili occupazionali richiesti, dei principi dell'Unione europea, degli indicatori degli obiettivi attesi in termini di occupazione femminile e giovanile e di tasso di occupazione delle persone disabili al 2026, anche in considerazione dei corrispondenti valori medi nonché dei corrispondenti indicatori medi settoriali europei in cui vengono svolti i progetti. Fermo restando quanto previsto al comma 7 è requisito necessario dell'offerta l'aver assolto, al momento della presentazione dell'offerta stessa, agli obblighi di cui alla legge 12 marzo 1999, n. 68, e l'assunzione dell'obbligo di assicurare, in caso di aggiudicazione del contratto, una quota pari almeno al 30 per cento, delle assunzioni necessarie per l'esecuzione del contratto o per la realizzazione di attività ad esso connesse o strumentali, sia all'occupazione giovanile sia all'occupazione femminile.

5. Ulteriori misure premiali possono prevedere l'assegnazione di un punteggio aggiuntivo all'offerente o al candidato che:

a) nei tre anni antecedenti la data di scadenza del termine di presentazione delle offerte, non risulti destinatario di accertamenti relativi ad atti o comportamenti discriminatori ai sensi dell'articolo 44 del decreto legislativo 25 luglio 1998, n. 286, dell'articolo 4 del decreto legislativo 9 luglio 2003, n. 215, dell'articolo 4 del decreto legislativo 9 luglio 2003, n. 216, dell'articolo 3 della legge 1° marzo 2006, n. 67, degli articoli 35 e 55-*quinquies* del decreto legislativo 11 aprile 2006, n. 198, ovvero dell'articolo 54 del decreto legislativo 26 marzo 2001, n. 151;

b) utilizzi o si impegni a utilizzare specifici strumenti di conciliazione delle esigenze di cura, di vita e di lavoro per i propri dipendenti, nonché modalità innovative di organizzazione del lavoro;

c) si impegni ad assumere, oltre alla soglia minima percentuale prevista come requisito di partecipazione, persone disabili, giovani, con età inferiore a trentasei anni, e donne per l'esecuzione del contratto o per la realizzazione di attività ad esso connesse o strumentali;

d) abbia, nell'ultimo triennio, rispettato i principi della parità di genere e adottato specifiche misure per promuovere le pari opportunità generazionali e di genere, anche tenendo conto del rapporto tra uomini e donne nelle assunzioni, nei livelli retributivi e nel conferimento di incarichi apicali;

d-bis) abbia, nell'ultimo triennio, rispettato gli obblighi di cui alla legge 12 marzo 1999, n. 68;

e) abbia presentato o si impegni a presentare per ciascuno degli esercizi finanziari, ricompresi nella durata del contratto di appalto, una dichiarazione volontaria di carattere non finanziario ai sensi dell'articolo 7 del decreto legislativo 30 dicembre 2016, n. 254.

6. I contratti di appalto prevedono l'applicazione di penali per l'inadempimento dell'appaltatore agli obblighi di cui al comma 3, al comma 3-*bis* ovvero al comma 4, commisurate alla gravità della violazione e proporzionali rispetto all'importo del contratto o alle prestazioni del contratto, nel rispetto dell'importo complessivo previsto dall'articolo 51 del presente decreto. La violazione dell'obbligo di cui al comma 3 determina, altresì, l'impossibilità per l'operatore economico di partecipare, in forma singola ovvero in raggruppamento temporaneo, per un periodo di dodici mesi ad ulteriori procedure di affidamento afferenti

agli investimenti pubblici finanziati, in tutto o in parte, con le risorse di cui al comma 1.

7. Le stazioni appaltanti possono escludere l'inserimento nei bandi di gara, negli avvisi e negli inviti dei requisiti di partecipazione di cui al comma 4, o stabilire una quota inferiore, dandone adeguata e specifica motivazione, qualora l'oggetto del contratto, la tipologia o la natura del progetto o altri elementi puntualmente indicati ne rendano l'inserimento impossibile o contrastante con obiettivi di universalità e socialità, di efficienza, di economicità e di qualità del servizio nonché di ottimale impiego delle risorse pubbliche.

8. Con linee guida del Presidente del Consiglio dei Ministri ovvero dei Ministri o delle autorità delegati per le pari opportunità e della famiglia e per le politiche giovanili e il servizio civile universale, di concerto con il Ministro delle infrastrutture e della mobilità sostenibili, con il Ministro del lavoro e delle politiche sociali e con il Ministro per le disabilità, da adottarsi entro sessanta giorni dall'entrata in vigore del presente decreto, sono definiti le modalità e i criteri applicativi delle misure previste dal presente articolo, indicate misure premiali e predisposti modelli di clausole da inserire nei bandi di gara differenziati per settore, tipologia e natura del contratto o del progetto.

9. I rapporti e le relazioni previste dai commi 2, 3 e 3-*bis* sono pubblicati sul profilo del committente, nella sezione "Amministrazione trasparente", ai sensi dell'articolo 29 del decreto legislativo 18 aprile 2016, n. 50, e comunicati alla Presidenza del consiglio dei ministri ovvero ai Ministri o alle autorità delegati per le pari opportunità e della famiglia e per le politiche giovanili e il servizio civile universale.

47-*bis* Composizione degli organismi pubblici istituiti dal presente decreto.

1. Salvo quanto espressamente stabilito dal presente decreto, la composizione degli organismi pubblici istituiti dal medesimo decreto, i cui membri non siano individuati esclusivamente tra i titolari di incarichi di Governo e di altre cariche istituzionali, nonché delle relative strutture amministrative di supporto, è definita nel rispetto del principio di parità di genere, fermo restando il numero di componenti previsto alla data di entrata in vigore del presente decreto.

47-*ter* Disposizioni urgenti in materia di affidamenti dei concessionari.

1. All'articolo 177, comma 2, primo periodo, del codice dei contratti pubblici, di cui al decreto legislativo 18 aprile 2016, n. 50, le parole: "31 dicembre 2021" sono sostituite dalle seguenti: "31 dicembre 2022".

47-*quater* Misure urgenti in materia di tutela della concorrenza nei contratti pubblici finanziati con le risorse del PNRR e del PNC.

1. Ai fini della tutela della libera concorrenza e di garantire il pluralismo degli operatori nel mercato, le procedure afferenti agli investimenti pubblici finanziati, in tutto o in parte, con le risorse previste dal regolamento (UE) 2021/240 del Parlamento europeo e del Consiglio, del 10 febbraio 2021, e dal regolamento (UE) 2021/241 del Parlamento europeo e del Consiglio, del 12 febbraio 2021, nonché dal PNC, possono prevedere, nel bando di gara, nell'avviso o nell'invito, criteri premiali atti ad agevolare le piccole e medie imprese nella valutazione dell'offerta.

2. Le disposizioni di cui al presente articolo si applicano compatibilmente con il diritto dell'Unione europea e con i principi di parità di trattamento, non discriminazione, trasparenza e proporzionalità.

48 Semplificazioni in materia di affidamento dei contratti pubblici PNRR e PNC.

1. In relazione alle procedure afferenti agli investimenti pubblici finanziati, in tutto o in parte, con le risorse previste dal PNRR e dal PNC e dai programmi cofinanziati dai fondi strutturali dell'Unione europea, si applicano le disposizioni del presente titolo, l'articolo 207, comma 1, del decreto-legge 19 maggio 2020, n. 34, convertito, con modificazioni, dalla legge 17 luglio 2020, n. 77, nonché le disposizioni di cui al presente articolo.

2. È nominato, per ogni procedura, un responsabile unico del procedimento che, con propria determinazione adeguatamente motivata, valida e approva ciascuna fase progettuale o di esecuzione del contratto, anche in corso d'opera, fermo restando quanto previsto dall'articolo 26, comma 6, del decreto legislativo 18 aprile 2016, n. 50.

3. Le stazioni appaltanti possono altresì ricorrere alla procedura di cui all'articolo 63 del decreto legislativo n. 50 del 2016, per i settori ordinari, e di cui all'articolo 125, per i settori speciali, nella misura strettamente necessaria, quando, per ragioni di estrema urgenza derivanti da circostanze imprevedibili, non imputabili alla stazione appaltante, l'applicazione dei termini, anche abbreviati, previsti dalle procedure ordinarie può compromettere la realizzazione degli obiettivi o il rispetto dei tempi di attuazione di cui al PNRR nonché al PNC e ai programmi cofinanziati dai fondi strutturali dell'Unione Europea. Al solo scopo di assicurare la trasparenza, le stazioni appaltanti danno evidenza dell'avvio delle procedure negoziate di cui al presente comma mediante i rispettivi siti internet istituzionali. Ferma restando la possibilità, per gli operatori economici, di manifestare interesse a essere invitati alla procedura, la pubblicazione di cui al periodo precedente non costituisce ricorso a invito, avviso o bando di gara a seguito del quale qualsiasi operatore economico può presentare un'offerta (1).

4. In caso di impugnazione degli atti relativi alle procedure di affidamento di cui al comma 1, si applica l'articolo 125 del codice del processo amministrativo di cui al decreto legislativo 2 luglio 2010, n. 104.

5. Per le finalità di cui al comma 1, in deroga a quanto previsto dall'articolo 59, commi 1, 1-*bis* e 1-*ter*, del decreto legislativo n. 50 del 2016, è ammesso l'affidamento di progettazione ed esecuzione dei relativi lavori anche sulla base del progetto di fattibilità tecnica ed

economica di cui all'articolo 23, comma 5, del decreto legislativo n. 50 del 2016. Sul progetto di fattibilità tecnica ed economica posto a base di gara, è sempre convocata la conferenza di servizi di cui all'articolo 14, comma 3, della legge 7 agosto 1990, n. 241. L'affidamento avviene mediante acquisizione del progetto definitivo in sede di offerta ovvero, in alternativa, mediante offerte aventi a oggetto la realizzazione del progetto definitivo, del progetto esecutivo e il prezzo. In entrambi i casi, l'offerta relativa al prezzo indica distintamente il corrispettivo richiesto per la progettazione definitiva, per la progettazione esecutiva e per l'esecuzione dei lavori. In ogni caso, alla conferenza di servizi indetta ai fini dell'approvazione del progetto definitivo partecipa anche l'affidatario dell'appalto, che provvede, ove necessario, ad adeguare il progetto alle eventuali prescrizioni susseguenti ai pareri resi in sede di conferenza di servizi. A tal fine, entro cinque giorni dall'aggiudicazione ovvero dalla presentazione del progetto definitivo da parte dell'affidatario, qualora lo stesso non sia stato acquisito in sede di gara, il responsabile unico del procedimento avvia le procedure per l'acquisizione dei pareri e degli atti di assenso necessari per l'approvazione del progetto.

6. Le stazioni appaltanti che procedono agli affidamenti di cui al comma 1, possono prevedere, nel bando di gara o nella lettera di invito, l'assegnazione di un punteggio premiale per l'uso nella progettazione dei metodi e strumenti elettronici specifici di cui all'articolo 23, comma 1, lettera *h*), del decreto legislativo n. 50 del 2016. Tali strumenti utilizzano piattaforme interoperabili a mezzo di formati aperti non proprietari, al fine di non limitare la concorrenza tra i fornitori di tecnologie e il coinvolgimento di specifiche progettualità tra i progettisti. Entro trenta giorni dalla data di entrata in vigore del presente decreto, con provvedimento del Ministero delle infrastrutture e della mobilità sostenibili, sono stabilite le regole e specifiche tecniche per l'utilizzo dei metodi e strumenti elettronici di cui al primo periodo, assicurandone il coordinamento con le previsioni di cui al decreto non regolamentare adottato ai sensi del comma 13 del citato articolo 23.

7. Per gli interventi di cui al comma 1, in deroga a quanto previsto dall'articolo 215 del decreto legislativo n. 50 del 2016, il parere del Consiglio Superiore dei lavori pubblici è reso esclusivamente sui progetti di fattibilità tecnica ed economica di lavori pubblici di competenza statale, o comunque finanziati per almeno il 50 per cento dallo Stato, di importo pari o superiore ai 100 milioni di euro. In tali casi, il parere reso dal Consiglio Superiore, in deroga a quanto previsto dall'articolo 1, comma 9, del decreto-legge 18 aprile 2019, n. 32, convertito, con modificazioni, dalla legge 14 giugno 2019, n. 55, non riguarda anche la valutazione di congruità del costo. In relazione agli investimenti di cui al primo periodo di importo inferiore ai 100 milioni di euro, dalla data di entrata in vigore del presente decreto e fino al 31 dicembre 2026, si prescinde dall'acquisizione del parere di cui all'articolo 215, comma 3, del decreto legislativo n. 50 del 2016. Con provvedimento del Presidente del Consiglio Superiore dei lavori pubblici, adottato entro sessanta giorni dalla data di entrata in vigore del presente decreto, sono individuate le modalità di presentazione delle richieste di parere di cui al presente comma, è indicato il contenuto essenziale dei documenti e degli elaborati di cui all'articolo 23, commi 5 e 6, del decreto legislativo n. 50 del 2016, occorrenti per l'espressione del parere, e sono altresì disciplinate, fermo quanto previsto dall'articolo 44 del presente decreto, procedure semplificate per la verifica della completezza della documentazione prodotta e, in caso positivo, per la conseguente definizione accelerata del procedimento.

(1) *Comma modificato dall'art. 16-*ter *d.l. 10 settembre 2021, n. 121, conv., con modif., in l. 9 novembre 2021, n. 156 e, successivamente, dall'art. 3-*bis*, comma 1, d.l. 6 novembre 2021, n. 152, conv., con modif., in l. 29 dicembre 2021, n. 233.*

48-*bis* Interventi sulle infrastrutture energetiche lineari (1).

1. Per gli interventi infrastrutturali ferroviari rientranti nelle disposizioni di cui agli articoli 44 e 48, che ai fini della loro funzionalità necessitano di connessione alle infrastrutture lineari energetiche, le procedure autorizzatorie di cui ai predetti articoli possono applicarsi anche alla progettazione degli interventi di modifica, potenziamento, rifacimento totale o parziale o nuova realizzazione di tali infrastrutture, ove queste siano strettamente connesse e funzionali all'infrastruttura ferroviaria. In tali casi, il procedimento si svolge mediante unica conferenza di servizi alla quale partecipano tutte le amministrazioni competenti all'adozione di provvedimenti, pareri, visti, nulla osta e intese relativi all'infrastruttura ferroviaria e alle opere di connessione. La determinazione conclusiva della conferenza dispone l'approvazione del progetto ferroviario e l'autorizzazione alla costruzione e all'esercizio delle opere di connessione elettriche in favore del soggetto gestore dell'infrastruttura lineare energetica, ai sensi degli articoli 52-*bis* e seguenti del testo unico delle disposizioni legislative e regolamentari in materia di espropriazione per pubblica utilità, di cui al decreto del Presidente della Repubblica 8 giugno 2001, n. 327. Con tale determinazione, le connessioni elettriche alle infrastrutture di cui al primo periodo sono dichiarate di pubblica utilità e inamovibili ai sensi dell'articolo 52-*quater*, commi 1 e 5, del citato testo unico di cui al decreto del Presidente della Repubblica n. 327 del 2001 e la loro localizzazione, in caso di difformità dallo strumento urbanistico vigente, ha effetto di variante con contestuale imposizione del vincolo preordinato all'esproprio, con attribuzione del relativo potere espropriativo al soggetto gestore dell'infrastruttura lineare energetica.

(1) *Articolo inserito dall'art. 10, comma 7-*bis*, d.l. 10 settembre 2021, n. 121, conv., con modif., in l. 9 novembre 2021, n. 156.*

49 Modifiche alla disciplina del subappalto.

1. Dalla data di entrata in vigore del presente decreto:

a) fino al 31 ottobre 2021, in deroga all'articolo 105, commi 2 e 5, del decreto legislativo 18 aprile 2016, n. 50, il subappalto non può superare la quota del 50 per cento dell'importo complessivo del contratto di lavori, servizi o forniture. È soppresso l'articolo 1, comma 18, primo periodo, del decreto-legge 18 aprile 2019, n. 32, convertito, con modificazioni, dalla legge 14 giugno 2019, n. 55;

b) all'articolo 105 del decreto legislativo 18 aprile 2016, n. 50

(*Omissis*) (1)

2. Dal 1° novembre 2021, al citato articolo 105 del decreto legislativo 18 aprile 2016, n. 50:

(*Omissis*) (1)

3. Le amministrazioni competenti:

a) assicurano la piena operatività della Banca Dati Nazionale dei Contratti Pubblici di cui all'articolo 81 del decreto legislativo n. 50 del 2016, come modificato dall'articolo 53 del presente decreto;

b) adottano il documento relativo alla congruità dell'incidenza della manodopera, di cui all'articolo 105, comma 16, del citato decreto legislativo n. 50 del 2016 e all'articolo 8, comma 10-*bis*, del decreto-legge 16 luglio 2020, n. 76, convertito, con modificazioni, dalla legge 11 settembre 2020, n. 120;

c) adottano entro novanta giorni dalla data di entrata in vigore del presente decreto il regolamento di cui all'articolo 91, comma 7, del decreto legislativo 6 settembre 2011, n. 159.

4. Per garantire la piena operatività e l'implementazione della banca dati di cui al comma 3, lettera *a*), è autorizzata la spesa di euro 1 milione per l'anno 2021 e di euro 2 milioni per ciascuno degli anni dal 2022 al 2026. Ai relativi oneri si provvede mediante corrispondente riduzione dell'autorizzazione di spesa di cui all'articolo 1, comma 200, della legge 23 dicembre 2014, n. 190.

(1) Modifica l'art. 105 d.lgs. 18 aprile 2016, n. 50.

50 Semplificazioni in materia di esecuzione dei contratti pubblici PNRR e PNC.

1. Al fine di conseguire gli obbiettivi di cui al regolamento (UE) 2021/240 del Parlamento europeo e del Consiglio, del 10 febbraio 2021 e al regolamento (UE) 2021/241 del Parlamento europeo e del Consiglio, del 12 febbraio 2021, in relazione alla esecuzione dei contratti pubblici finanziati, in tutto o in parte, con le risorse previste dai citati regolamenti, nonché dalle risorse del PNC, e dai programmi cofinanziati dai fondi strutturali dell'Unione Europea, si applicano le disposizioni del presente titolo, nonché le disposizioni del presente articolo.

2. Decorsi inutilmente i termini per la stipulazione del contratto, la consegna dei lavori, la costituzione del collegio consultivo tecnico, gli atti e le attività di cui all'articolo 5 del decreto-legge 16 luglio 2020 n. 76, convertito, con modificazioni, dalla legge 11 settembre 2020, n. 120, nonché gli altri termini, anche endoprocedimentali, previsti dalla legge, dall'ordinamento della stazione appaltante o dal contratto per l'adozione delle determinazioni relative all'esecuzione dei contratti pubblici PNRR e PNC, il responsabile o l'unità organizzativa di cui all'articolo 2, comma 9-*bis*, della legge 7 agosto 1990, n. 241, titolare del potere sostitutivo in caso di inerzia, d'ufficio o su richiesta dell'interessato, esercita il potere sostitutivo entro un termine pari alla metà di quello originariamente previsto, al fine di garantire il rispetto dei tempi di attuazione di cui al PNRR nonché al PNC e ai programmi cofinanziati dai fondi strutturali dell'Unione Europea.

3. Il contratto diviene efficace con la stipulazione e non trova applicazione l'articolo 32, comma 12, del decreto legislativo 18 aprile 2016 n. 50.

4. La stazione appaltante prevede, nel bando o nell'avviso di indizione della gara, che, qualora l'ultimazione dei lavori avvenga in anticipo rispetto al termine ivi indicato, è riconosciuto, a seguito dell'approvazione da parte della stazione appaltante del certificato di collaudo o di verifica di conformità, un premio di accelerazione per ogni giorno di anticipo determinato sulla base degli stessi criteri stabiliti per il calcolo della penale, mediante utilizzo delle somme indicate nel quadro economico dell'intervento alla voce imprevisti, nei limiti delle risorse ivi disponibili, sempre che l'esecuzione dei lavori sia conforme alle obbligazioni assunte. In deroga all'articolo 113-*bis* del decreto legislativo n. 50 del 2016, le penali dovute per il ritardato adempimento possono essere calcolate in misura giornaliera compresa tra lo 0,6 per mille e l'1 per mille dell'ammontare netto contrattuale, da determinare in relazione all'entità delle conseguenze legate al ritardo, e non possono comunque superare, complessivamente, il 20 per cento di detto ammontare netto contrattuale.

5. Decreto legge 9 giugno 2021, n. 80, convertito, con modificazioni, in legge 6 agosto 2021, n. 113. — Misure urgenti per il rafforzamento della capacità amministrativa delle pubbliche amministrazioni funzionale all'attuazione del Piano nazionale di ripresa e resilienza (PNRR) e per l'efficienza della giustizia. (*estratto*).

Pubblicato nella Gazzetta Ufficiale n. 136 del 9 giugno 2021; la legge di conversione è stata pubblicata nella Gazzetta Ufficiale n. 188 del 7 agosto 2021.

1 Modalità speciali per il reclutamento del personale e il conferimento di incarichi professionali per l'attuazione del PNRR da parte delle amministrazioni pubbliche.

1. Al di fuori delle assunzioni di personale già espressamente previste nel Piano nazionale di ripresa e resilienza, di seguito « PNRR », presentato alla Commissione europea ai sensi degli articoli 18 e seguenti del regolamento (UE) 2021/241 del Parlamento europeo e del Consiglio, del 12 febbraio 2021, le amministrazioni titolari di interventi previsti nel PNRR possono porre a carico del PNRR esclusivamente le spese per il reclutamento di personale specificamente destinato a realizzare i progetti di cui hanno la diretta titolarità di attuazione, nei limiti degli importi che saranno previsti dalle corrispondenti voci di costo del quadro economico del progetto. A tal fine, con circolare del Ministero dell'economia e delle finanze sono stabiliti le modalità, le condizioni e i criteri in base ai quali le amministrazioni titolari dei singoli interventi possono imputare nel relativo quadro economico i costi per il predetto personale da rendicontare a carico del PNRR. Il predetto reclutamento è effettuato in deroga ai limiti di spesa di cui all'articolo 9, comma 28, del decreto-legge 31 maggio 2010, n. 78, convertito, con modificazioni, dalla legge 30 luglio 2010, n. 122 e alla dotazione organica delle amministrazioni interessate. L'ammissibilità di ulteriori spese di personale a carico del PNRR rispetto a quelle di cui al secondo periodo è oggetto di preventiva verifica da parte dell'Amministrazione centrale titolare dell'intervento di cui all'articolo 8, comma 1, del decreto-legge 31 maggio 2021, n. 77, di concerto con il Dipartimento della ragioneria generale dello Stato - Servizio centrale per il PNRR del Ministero dell'economia e delle finanze. La medesima procedura si applica per le spese relative ai servizi di supporto e consulenza esterni. Per i reclutamenti di cui ai commi 4 e 5, ciascuna amministrazione, previa verifica di cui al presente comma, individua, in relazione ai progetti di competenza, il fabbisogno di personale necessario all'attuazione degli stessi. In caso di verifica negativa le Amministrazioni possono assumere il personale o conferire gli incarichi entro i limiti delle facoltà assunzionali verificate (1).

2. Al fine di accelerare le procedure per il reclutamento del personale a tempo determinato da impiegare per l'attuazione del PNRR, le amministrazioni di cui al comma 1 possono ricorrere alle modalità di selezione stabilite dal presente articolo. A tal fine, i contratti di lavoro a tempo determinato e i contratti di collaborazione di cui al presente articolo possono essere stipulati per un periodo complessivo anche superiore a trentasei mesi, ma non eccedente la durata di attuazione dei progetti di competenza delle singole amministrazioni e comunque non eccedente il 31 dicembre 2026. Tali contratti indicano, a pena di nullità, il progetto del PNRR al quale è riferita la prestazione lavorativa e possono essere rinnovati o prorogati, anche per una durata diversa da quella iniziale, per non più di una volta. Il mancato conseguimento dei traguardi e degli obiettivi, intermedi e finali, previsti dal progetto costituisce giusta causa di recesso dell'amministrazione dal contratto ai sensi dell'articolo 2119 del codice civile.

3. Al fine di valorizzare l'esperienza professionale maturata nei rapporti di lavoro a tempo determinato di cui ai commi 4 e 5, lettera *b*), le amministrazioni di cui al comma 1 prevedono, nei bandi di concorso per il reclutamento di personale a tempo indeterminato, una riserva di posti non superiore al 40 per cento, destinata al predetto personale che, alla data di pubblicazione del bando, abbia svolto servizio per almeno trentasei mesi. I bandi di concorso per il reclutamento di personale a tempo indeterminato sono pubblicati come documenti in formato aperto ed organizzati in una base di dati ricercabile in ogni campo sul portale del reclutamento di cui all'articolo 3, comma 7, della legge 19 giugno 2019, n. 56.

3-*bis*. All'articolo 20 del decreto legislativo 25 maggio 2017, n. 75, le parole: "31 dicembre 2021", ovunque ricorrono, sono sostituite dalle seguenti: "31 dicembre 2022".

4. Fermo restando quanto stabilito ai commi 1 e 2 per le finalità ivi previste, le amministrazioni, previa verifica di cui al comma 1, possono svolgere le procedure concorsuali relative al reclutamento di personale con contratto di lavoro a tempo determinato per l'attuazione dei progetti del PNRR mediante le modalità digitali, decentrate e semplificate di cui all'articolo 10 del decreto-legge 1° aprile 2021, n. 44, convertito, con modificazioni, dalla legge 28 maggio 2021, n. 76, prevedendo, oltre alla valutazione dei titoli ai sensi del citato articolo 10, lo svolgimento della sola prova scritta. Se due o più candidati ottengono pari punteggio, a conclusione delle operazioni di valutazione dei titoli e delle prove di esame, è preferito il candidato più giovane di età, ai sensi dell'articolo 3, comma 7, della legge 15 maggio 1997, n. 127. I bandi di concorso per il reclutamento del personale di cui al presente comma sono pubblicati come documenti in formato aperto ed organizzati in una base di dati ricercabile in ogni campo sul portale del reclutamento di cui all'articolo 3, comma 7, della legge 19 giugno 2019, n. 56.

4-*bis*. Le modalità di selezione di cui al comma 4 possono essere utilizzate per le assunzioni a tempo determinato anche dalle amministrazioni di cui all'articolo 1, comma 2, del decreto legislativo 30 marzo 2001, n. 165, non interessate dall'attuazione del PNRR.

5. Ai medesimi fini di cui al comma 1, il Dipartimento della funzione pubblica della Presidenza del Consiglio dei ministri, attraverso il portale del reclutamento di cui all'articolo 3, comma 7, della legge 19 giugno 2019, n. 56, istituisce uno o più elenchi ai quali possono iscriversi, rispettivamente:

a) professionisti, ivi compresi i professionisti come definiti ai sensi dell'articolo 1 della legge 14 gennaio 2013, n. 4, in possesso dell'attestazione di qualità e di qualificazione professionale dei servizi ai sensi dell'articolo 7 della legge 14 gennaio 2013, n. 4, rilasciato da un'associazione professionale inserita nell'elenco del Ministero dello sviluppo economico, o in possesso di certificazione in conformità alla norma tecnica UNI ai sensi dell'articolo 9 della legge 14 gennaio 2013, n. 4, » e le parole: « per il conferimento incarichi » sono sostituite dalle seguenti: « per il conferimento di incarichi ed esperti per il conferimento incarichi di collaborazione con contratto di lavoro autonomo di cui all'articolo 7, comma 6, del decreto legislativo 30 marzo 2001, n. 165;

b) personale in possesso di un'alta specializzazione per l'assunzione con contratto di lavoro a tempo determinato.

6. Ciascun elenco è suddiviso in sezioni corrispondenti alle diverse professioni e specializzazioni e agli eventuali ambiti territoriali e prevede l'indicazione, da parte dell'iscritto, dell'ambito territoriale di disponibilità all'impiego. Le modalità per l'istituzione dell'elenco e la relativa gestione, l'individuazione dei profili professionali e delle specializzazioni, il limite al cumulo degli incarichi, le modalità di aggiornamento dell'elenco e le modalità semplificate di selezione comparativa e pubblica sono definite con decreto del Ministro per la pubblica amministrazione da adottarsi entro centoventi giorni dalla data di entrata in vigore del presente decreto, previa intesa con la Conferenza unificata di cui all'articolo 8 del decreto legislativo 28 agosto 1997, n. 281. Tutte le fasi della procedura di cui al presente comma sono tempestivamente pubblicate nel sito internet istituzionale di ciascuna amministrazione. Le informazioni di cui al presente comma sono pubblicate sul portale del reclutamento di cui all'articolo 3, comma 7, della legge 19 giugno 2019, n. 56, con collegamento ipertestuale alla corrispondente pagina del sito internet istituzionale dell'amministrazione.

7. Per il conferimento degli incarichi di cui al comma 5, lettera *a*), il decreto di cui al comma 6 individua quali requisiti per l'iscrizione nell'elenco:

a) (*Omissis*)

b) essere iscritto al rispettivo albo, collegio o ordine professionale comunque denominato;

c) non essere in quiescenza.

7-*bis*. Per il conferimento degli incarichi di cui al comma 5, lettera *a*), il decreto di cui al comma 6 definisce gli ulteriori requisiti, le modalità e i termini per la presentazione delle domande di iscrizione all'elenco di cui al medesimo comma 5, lettera *a*), anche per i professionisti di cui alla legge 14 gennaio 2013, n. 4.

7-*ter*. Al fine di incentivare il reclutamento delle migliori professionalità per l'attuazione dei progetti del Piano nazionale di ripresa e resilienza (PNRR), per i professionisti assunti a tempo determinato con le modalità di cui ai commi 4 e 5, lettera *b*), non è richiesta la cancellazione dall'albo, collegio o ordine professionale di appartenenza e l'eventuale assunzione non determina in nessun caso la cancellazione d'ufficio. Per gli incarichi conferiti ai sensi del comma 5 non si applicano i divieti di cui all'articolo 53, comma 16-*ter*, del decreto legislativo 30 marzo 2001, n. 165 (2).

7-*quater*. I professionisti assunti dalle pubbliche amministrazioni ai sensi del comma 7-*ter* possono mantenere l'iscrizione, ove presente, ai regimi previdenziali obbligatori di cui al decreto legislativo 30 giugno 1994, n. 509, e al decreto legislativo 10 febbraio 1996, n. 103. È in ogni caso escluso qualsiasi onere a carico del professionista per la ricongiunzione dei periodi di lavoro prestati ai sensi dei commi 4 e 5, lettera *b*), nel caso in cui lo stesso non opti per il mantenimento dell'iscrizione alla cassa previdenziale di appartenenza. Le modalità di applicazione del presente comma sono disciplinate con decreto del Ministro del lavoro e delle politiche sociali, di concerto con il Ministro dell'economia e delle finanze e con il Ministro per la pubblica amministrazione, sentiti gli enti previdenziali di diritto privato istituiti ai sensi del decreto legislativo 30 giugno 1994, n. 509, e del decreto legislativo 10 febbraio 1996, n. 103, da adottare entro sessanta giorni dalla data di entrata in vigore della presente disposizione. (2).

8. Il decreto di cui al comma 6 valorizza le documentate esperienze professionali maturate nonché il possesso di titoli di specializzazione ulteriori rispetto a quelli abilitanti all'esercizio della professione, purché a essa strettamente conferenti. Le amministrazioni, sulla base delle professionalità che necessitano di acquisire, invitano almeno quattro professionisti o esperti, e comunque in numero tale da assicurare la parità di genere, tra quelli iscritti nel relativo elenco e li sottopongono ad un colloquio selettivo per il conferimento degli incarichi di collaborazione.

9. L'iscrizione negli elenchi di cui al comma 5, lettera *b*), avviene previo svolgimento di procedure idoneative svolte ai sensi dell'articolo 10 del decreto-legge 1° aprile 2021, n. 44, convertito, con modificazioni, dalla legge 28 maggio 2021, n. 76, con previsione della sola prova scritta, alle quali consegue esclusivamente il diritto all'inserimento nei predetti elenchi in ordine di graduatoria, sulla base della quale le amministrazioni attingono ai fini della stipula dei contratti.

10. Ai fini di cui al comma 5, lettera *b*), per alta specializzazione si intende il possesso della laurea magistrale o specialistica e di almeno uno dei seguenti titoli, in settori scientifici o ambiti professionali strettamente correlati all'attuazione dei progetti:

a) dottorato di ricerca o master universitario di secondo livello;

b) documentata esperienza professionale qualificata e continuativa, di durata almeno triennale, maturata presso enti pubblici nazionali ovvero presso organismi internazionali o dell'Unione europea.

11. Per le amministrazioni pubbliche di cui al comma 1, le procedure concorsuali di cui al comma 4 possono essere organizzate dal Dipartimento della funzione pubblica della Presidenza del Consiglio dei ministri ai sensi del comma 3-*quinquies* dell'articolo 4 del decreto-legge 31 agosto 2013, n. 101, convertito, con modificazioni, dalla legge 30 ottobre 2013, n. 125, anche avvalendosi dell'Associazione Formez PA e del portale del reclutamento di cui all'articolo 3, comma 7, della legge 19 giugno 2019, n. 56. Nel bando è definito il cronoprogramma relativo alle diverse fasi di svolgimento della procedura.

12. Fermo restando l'articolo 57 del decreto legislativo 30 marzo 2001, n. 165, le commissioni esaminatrici delle procedure di cui al presente articolo sono composte nel rispetto del principio della parità di genere.

13. Il personale assunto con contratto di lavoro a tempo determinato ai sensi del comma 5, lettera *b*), è equiparato, per quanto attiene al trattamento economico fondamentale e accessorio e ad ogni altro istituto contrattuale, al profilo dell'Area III, posizione economica F3, del contratto collettivo nazionale di lavoro del

personale del comparto Funzioni centrali, sezione Ministeri. Si applicano, ove necessario, le tabelle di corrispondenza fra i livelli economici di inquadramento previsti dai contratti collettivi relativi ai diversi comparti di contrattazione, di cui al decreto del Presidente del Consiglio dei ministri 26 giugno 2015, pubblicato nella Gazzetta Ufficiale n. 216 del 17 settembre 2015.

14. Le amministrazioni di cui al comma 1, nei limiti ivi stabiliti e per le medesime finalità, possono procedere ad assunzioni a tempo determinato anche mediante utilizzo di graduatorie concorsuali vigenti anche di concorsi per assunzioni a tempo determinato.

14-*bis*. Alle assunzioni previste dal presente articolo non si applicano gli articoli 34, comma 6, e 34-*bis* del decreto legislativo 30 marzo 2001, n. 165.

14-*ter*. Al comma 8 dell'articolo 3 della legge 19 giugno 2019, n. 56, le parole: "nel triennio 2019-2021" sono sostituite dalle seguenti: "fino al 31 dicembre 2024".

15. Le amministrazioni di cui all'articolo 1, comma 2, del decreto legislativo 30 marzo 2001 n. 165, impegnate nell'attuazione del PNRR possono derogare, fino a raddoppiarle, alle percentuali di cui all'articolo 19, comma 6, del decreto legislativo 30 marzo 2001, n. 165, ai fini della copertura delle posizioni dirigenziali vacanti relative a compiti strettamente e direttamente funzionali all'attuazione degli interventi del Piano. Gli incarichi di cui al presente comma sono conferiti a valere sulle risorse finanziarie disponibili e nei limiti delle facoltà assunzionali previste a legislazione vigente per ciascuna amministrazione interessata. In alternativa a quanto previsto al primo periodo, le stesse amministrazioni possono conferire, in deroga ai limiti percentuali previsti dall'articolo 19, comma 6, del decreto legislativo 30 marzo 2001, n. 165, gli incarichi dirigenziali di cui all'articolo 8, comma 1, del decreto-legge 31 maggio 2021, n. 77. Gli incarichi di cui al presente comma sono conferiti per la durata espressamente prevista per ciascun incarico, e comunque non eccedente il 31 dicembre 2026. Le amministrazioni possono riservare una quota degli incarichi ai laureati in discipline scientifiche, tecnologiche, ingegneristiche e matematiche.

15-*bis*. Al fine di garantire all'Agenzia per la coesione territoriale la piena operatività organizzativa e funzionale in relazione ai compiti connessi con l'attuazione degli interventi del programma Next Generation EU e della programmazione cofinanziata dai fondi strutturali per il ciclo di programmazione 2021-2027, fino al 2027 gli incarichi di funzione dirigenziale di livello generale previsti nella dotazione organica dell'Agenzia possono essere conferiti a dirigenti di seconda fascia appartenenti ai ruoli della medesima Agenzia in deroga al limite percentuale di cui all'articolo 19, comma 4, del decreto legislativo 30 marzo 2001, n. 165.

15-*ter*. All'articolo 1, comma 179, della legge 30 dicembre 2020, n. 178, sono apportate le seguenti modificazioni:

a) dopo le parole: "correlate professionalità" sono inserite le seguenti: "o di adeguato titolo di studio coerente con i profili da selezionare";

b) è aggiunto, in fine, il seguente periodo: "Al personale reclutato è assicurata, a cura dell'Agenzia per la coesione territoriale e nei limiti delle risorse disponibili di cui al presente comma, una formazione specifica in relazione ai profili rivestiti e alle funzioni da svolgere".

15-*quater*. All'articolo 10, comma 4, del decreto-legge 1° aprile 2021, n. 44, convertito, con modificazioni, dalla legge 28 maggio 2021, n. 76, le parole: "anche ai fini dell'ammissione alle successive fasi, il cui punteggio concorre alla formazione del punteggio finale" sono sostituite dalle seguenti: "ai fini del punteggio finale" e dopo il terzo periodo è inserito il seguente:

"Il bando può prevedere che il punteggio per il titolo di studio richiesto per l'accesso sia aumentato fino al doppio, qualora il titolo di studio sia stato conseguito non oltre quattro anni prima del termine ultimo per la presentazione della domanda di partecipazione alla procedura di reclutamento".

15-*quinquies*. All'articolo 2, comma 5, della legge 19 giugno 2019, n. 56, sono apportate le seguenti modificazioni:

a) le parole: "Per l'attuazione degli interventi previsti ai commi 1 e 4 nonché" sono soppresse;

b) dopo le parole: "concorsi pubblici" sono inserite le seguenti: "nonché di assistere gli enti locali nell'organizzazione delle procedure concorsuali anche ai sensi dell'articolo 10 del decreto-legge 1° aprile 2021, n. 44, convertito, con modificazioni, dalla legge 28 maggio 2021, n. 76".

16. Alle attività di cui al presente articolo il Dipartimento della funzione pubblica provvede con le risorse umane, strumentali e finanziarie disponibili a legislazione vigente.

17. Per la realizzazione degli investimenti di cui hanno la diretta titolarità di attuazione, le disposizioni del presente articolo si applicano, con la procedura di cui al comma 1, anche alle pubbliche amministrazioni titolari di interventi finanziati esclusivamente a carico del Piano nazionale per gli investimenti complementari al PNRR, di cui all'articolo 1 del decreto-legge 6 maggio 2021, n. 59, convertito, con modificazioni, dalla legge 1° luglio 2021, n. 101,limitatamente agli incarichi di collaborazione di cui al comma 5, lettera *a*), necessari all'assistenza tecnica. Fermo restando quanto previsto al comma 1, le disposizioni di cui al presente articolo costituiscono principi fondamentali ai sensi del l'articolo 117, terzo comma, della Costituzione.

17-*bis*. I bandi delle procedure di reclutamento e di mobilità del personale pubblico sono pubblicati sul portale del reclutamento secondo lo schema predisposto dal Dipartimento della funzione pubblica. Il portale garantisce l'acquisizione della documentazione relativa a tali procedure da parte delle amministrazioni pubbliche in formato aperto e organizza la pubblicazione in modo accessibile e ricercabile secondo parametri utili ai cittadini che intendono partecipare a tali procedure. All'attuazione delle disposizioni del presente comma si provvede nell'ambito delle risorse umane, finanziarie e strumentali disponibili a legislazione vigente e, comunque, senza nuovi o maggiori oneri per la finanza pubblica.

(1) *Comma modificato dall'art. 9, comma 18-*bis*, d.l. 6 novembre 2021, n. 152, conv., con modif., in l. 29 dicembre 2021, n. 233.*

(2) *Comma inserito dall'art. 31, comma 1, lett.* a) *d.l. n. 152, cit.*

6 Piano integrato di attività e organizzazione.

1. Per assicurare la qualità e la trasparenza dell'attività amministrativa e migliorare la qualità dei servizi ai cittadini e alle imprese e procedere alla costante e progressiva semplificazione e reingegnerizzazione dei processi anche in materia di diritto di accesso, le pubbliche amministrazioni, con esclusione delle scuole di ogni ordine e grado e delle istituzioni educative, di cui all'articolo 1, comma 2, del decreto legislativo 30 marzo 2001, n. 165, con più di cinquanta dipendenti, entro il 31 gennaio di ogni anno adottano il Piano integrato di attività e organizzazione, di seguito denominato Piano, nel rispetto delle vigenti discipline di settore e, in particolare, del decreto legislativo 27 ottobre 2009, n. 150 e della legge 6 novembre 2012, n. 190.

2. Il Piano ha durata triennale, viene aggiornato annualmente e definisce:

a) gli obiettivi programmatici e strategici della performance secondo i principi e criteri direttivi di cui all'articolo 10 del decreto legislativo 27 ottobre 2009, n. 150, stabilendo il necessario collegamento della performance individuale ai risultati della performance organizzativa.

b) la strategia di gestione del capitale umano e di sviluppo organizzativo, anche mediante il ricorso al lavoro agile, e gli obiettivi formativi annuali e pluriennali, finalizzati ai processi di pianificazione secondo le logiche del project management, al raggiungimento della completa alfabetizzazione digitale, allo sviluppo delle conoscenze tecniche e delle competenze trasversali e manageriali e all'accrescimento culturale e dei titoli di studio del personale, correlati all'ambito d'impiego e alla progressione di carriera del personale;

c) compatibilmente con le risorse finanziarie riconducibili al piano triennale dei fabbisogni di personale, di cui all'articolo 6 del decreto legislativo 30 marzo 2001, n. 165, gli strumenti e gli obiettivi del reclutamento di nuove risorse e della valorizzazione delle risorse interne, prevedendo, oltre alle forme di reclutamento ordinario, la percentuale di posizioni disponibili nei limiti stabiliti dalla legge destinata alle progressioni di carriera del personale, anche tra aree diverse, e le modalità di valorizzazione a tal fine dell'esperienza professionale maturata e dell'accrescimento culturale conseguito anche attraverso le attività poste in essere ai sensi della lettera *b*), assicurando adeguata informazione alle organizzazioni sindacali.

d) gli strumenti e le fasi per giungere alla piena trasparenza dei risultati dell'attività e dell'organizzazione amministrativa nonché per raggiungere gli obiettivi in materia di contrasto alla corruzione, secondo quanto previsto dalla normativa vigente in materia e in conformità agli indirizzi adottati dall'Autorità nazionale anticorruzione (ANAC) con il Piano nazionale anticorruzione.

e) l'elenco delle procedure da semplificare e reingegnerizzare ogni anno, anche mediante il ricorso alla tecnologia e sulla base della consultazione degli utenti, nonché la pianificazione delle attività inclusa la graduale misurazione dei tempi effettivi di completamento delle procedure effettuata attraverso strumenti automatizzati;

f) le modalità e le azioni finalizzate a realizzare la piena accessibilità alle amministrazioni, fisica e digitale, da parte dei cittadini ultrasessantacinquenni e dei cittadini con disabilità;

g) le modalità e le azioni finalizzate al pieno rispetto della parità di genere, anche con riguardo alla composizione delle commissioni esaminatrici dei concorsi.

3. Il Piano definisce le modalità di monitoraggio degli esiti, con cadenza periodica, inclusi gli impatti sugli utenti, anche attraverso rilevazioni della soddisfazione degli utenti stessi mediante gli strumenti di cui al decreto legislativo 27 ottobre 2009, n. 150, nonché le modalità di monitoraggio dei procedimenti attivati ai sensi del decreto legislativo 20 dicembre 2009, n. 198.

4. Le pubbliche amministrazioni di cui al comma 1 del presente articolo pubblicano il Piano e i relativi aggiornamenti entro il 31 gennaio di ogni anno nel proprio sito internet istituzionale e li inviano al Dipartimento della funzione pubblica della Presidenza del Consiglio dei ministri per la pubblicazione sul relativo portale.

5. Entro il 31 marzo 2022 (1), con uno o più decreti del Presidente della Repubblica, adottati ai sensi dell'articolo 17, comma 2, della legge 23 agosto 1988, n. 400, previa intesa in sede di Conferenza unificata, ai sensi dell'articolo 9, comma 2, del decreto legislativo 28 agosto 1997, n. 281, sono individuati e abrogati gli adempimenti relativi ai piani assorbiti da quello di cui al presente articolo.

6. Entro il medesimo termine di cui al comma 5, con decreto del Ministro per la pubblica amministrazione, di concerto con il Ministro dell'economia e delle finanze (2), previa intesa in sede di Conferenza unificata, ai sensi dell'articolo 9, comma 2, del decreto legislativo 28 agosto 1997, n. 281, è adottato (2) un Piano tipo, quale strumento di supporto alle amministrazioni di cui al comma 1. Nel Piano tipo sono definite modalità semplificate per l'adozione del Piano di cui al comma 1 da parte delle amministrazioni con meno di cinquanta dipendenti.

6-*bis*. In sede di prima applicazione il Piano è adottato entro il 30 aprile 2022 e fino al predetto termine non si applicano le sanzioni previste dalle seguenti disposizioni:

a) articolo 10, comma 5, del decreto legislativo 27 ottobre 2009, n. 150;

b) articolo 14, comma 1, della legge 7 agosto 2015, n. 124;

c) articolo 6, comma 6, del decreto legislativo 30 marzo 2001, n. 165 (3).

7. In caso di mancata adozione del Piano trovano applicazione le sanzioni di cui all'articolo 10, comma 5, del decreto legislativo 27 ottobre 2009, n. 150, ferme restando quelle previste dall'articolo 19, comma 5, lettera *b*), del decreto-legge 24 giugno 2014, n. 90, convertito, con modificazioni, dalla legge 11 agosto 2014, n. 114.

8. All'attuazione delle disposizioni di cui al presente articolo le amministrazioni interessate provvedono con le risorse umane, strumentali e finanziarie disponibili a legislazione vigente. Gli enti locali con meno di

15.000 abitanti provvedono al monitoraggio dell'attuazione del presente articolo e al monitoraggio delle performance organizzative anche attraverso l'individuazione di un ufficio associato tra quelli esistenti in ambito provinciale o metropolitano, secondo le indicazioni delle Assemblee dei sindaci o delle Conferenze metropolitane.

(1) *Le parole* « Entro il 31 marzo 2022 » *sono state sostituite alle parole* « Entro centoventi giorni dall'entrata in vigore del presente decreto » *dall'art. 1, comma 12, lett.* a), *n. 1), d.l. 30 dicembre 2021, n. 228, conv., con modif., in l. 25 febbraio 2022, n. 15.*

(2) *Le parole* « con decreto del Ministro per la pubblica amministrazione, di concerto con il Ministro dell'economia e delle finanze » *sono state sostituite alle parole* « il Dipartimento della funzione pubblica della Presidenza del Consiglio dei ministri », *e le parole* « è adottato » *sono state sostituite alla parola* « adotta » *dall'art. 1, comma 12, lett.* a), *n. 2), d.l. n. 228, cit.*

(3) *Comma aggiunto dall'art. 1, comma 12, lett.* a), *n. 3), d.l. n. 228, cit.*

7 Reclutamento di personale nelle amministrazioni assegnatarie di progetti.

1. Per la realizzazione delle attività di coordinamento istituzionale, gestione, attuazione, monitoraggio e controllo del PNRR di cui al decreto-legge 31 maggio 2021, n. 77, entro trenta giorni dall'entrata in vigore del presente decreto, il Dipartimento della funzione pubblica della Presidenza del Consiglio dei ministri indice un concorso pubblico ai sensi dell'articolo 1, comma 4, per il reclutamento di un contingente complessivo di cinquecento unità di personale non dirigenziale a tempo determinato per un periodo anche superiore a trentasei mesi, ma non eccedente la durata di completamento del PNRR e comunque non eccedente il 31 dicembre 2026, da inquadrare nell'Area III, posizione economica F1, nei profili professionali economico, giuridico, informatico, statistico-matematico, ingegneristico, ingegneristico gestionale, delle quali 80 unità da assegnare, per i profili indicati nella tabella 1, di cui all'Allegato IV al presente decreto, al Ministero dell'economia e delle finanze-Dipartimento della ragioneria generale dello Stato, e le restanti da ripartire con decreto del Presidente del Consiglio dei ministri, adottato su proposta del Ministro dell'economia e delle finanze, tra le amministrazioni centrali deputate allo svolgimento delle predette attività, individuate dal medesimo decreto del Presidente del Consiglio dei ministri. Con decreto del Presidente del Consiglio dei ministri, su proposta del Ministro dell'economia e delle finanze, si provvede alla individuazione delle amministrazioni di cui all'articolo 8, comma 1, del decreto-legge 31 maggio 2021, n. 77.

2. Al fine di garantire l'integrale copertura dei posti di cui al comma 1 e fino ad ulteriori 300 unità a valere sulle vigenti facoltà assunzionali, è autorizzato lo scorrimento delle graduatorie del concorso di cui al medesimo comma 1, che rimangono efficaci per la durata dell'attuazione del PNRR, nonché delle vigenti graduatorie di concorsi pubblici, relative all'assunzione di personale con contratto sia a tempo determinato sia a tempo indeterminato (1).

3. Le assunzioni di personale di cui al comma 1, da selezionare anche avvalendosi della Commissione per l'attuazione del Progetto di Riqualificazione delle Pubbliche Amministrazioni (RIPAM) di cui all'articolo 35, comma 5, del decreto legislativo 30 marzo 2001, n. 165, sono effettuate in deroga ai limiti di spesa di cui all'articolo 9, comma 28, del decreto-legge 31 maggio 2010, n. 78, convertito, con modificazioni, dalla legge 30 luglio 2010, n. 122 e non sono computate ai fini della consistenza della dotazione organica.

3-*bis*. Le amministrazioni di cui al comma 1, nelle successive procedure di selezione per il personale a tempo indeterminato, possono prevedere, nei soli concorsi pubblici per l'accesso alle qualifiche dell'Area funzionale III, una riserva di posti in favore del personale assunto ai sensi del medesimo comma 1, in misura non superiore al 50 per cento.

4. Per le attività di monitoraggio e rendicontazione del PNRR di cui all'articolo 6 del decreto-legge 31 maggio 2021, n. 77, il Dipartimento della Ragioneria Generale dello Stato può avvalersi di un contingente di esperti di comprovata qualificazione professionale fino a un importo massimo di euro 50.000 lordi annui per singolo incarico, entro il limite di spesa complessivo di euro 167.000 per l'anno 2021 e di euro 500.000 per ciascuno degli anni 2022, 2023, 2024, 2025 e 2026. Al fine di assicurare la più efficace e tempestiva attuazione degli interventi del PNRR, nello stato di previsione del Ministero dell'economia e delle finanze è istituito un fondo da ripartire con decreto del Presidente del Consiglio dei ministri, su proposta del Ministro dell'economia e delle finanze con una dotazione di euro 2.668.000 per l'anno 2021 e di euro 8.000.000 per ciascuno degli anni 2022, 2023, 2024, 2025 e 2026, tra le restanti amministrazioni di cui al comma 1, che possono avvalersi di un contingente di esperti di comprovata qualificazione professionale nelle materie oggetto degli interventi per un importo massimo di 50.000 euro lordi annui per singolo incarico. Gli incarichi di cui al presente comma sono conferiti ai sensi dell'articolo 7, comma 6, del decreto legislativo 30 marzo 2001, n. 165 e con le modalità di cui all'articolo 1 del presente decreto, per la durata massima di trentasei mesi. Con le medesime modalità di cui all'articolo 1 del presente decreto sono conferiti gli incarichi di cui all'articolo 2, comma 13-*bis*, del decreto-legge 19 maggio 2020, n. 34, convertito, con modificazioni, dalla legge 17 luglio 2020, n. 77.

5. Il Dipartimento della Ragioneria Generale dello Stato assicura la formazione del personale assunto ai sensi del comma 1. A tal fine è autorizzata la spesa di euro 865.000 per l'anno 2021.

6. Per l'attuazione delle disposizioni di cui al presente articolo è autorizzata la spesa di euro 12.600.000 per l'anno 2021 e di euro 35.198.000 per ciascuno degli anni dal 2022 al 2026. Ai relativi oneri si provvede mediante corrispondente riduzione dello stanziamento del Fondo speciale di parte corrente iscritto, ai fini del bilancio triennale 2021 - 2023, nell'ambito del programma « Fondi di riserva e speciali », della missione « Fondi da ripartire » dello stato di previsione del Ministero dell'economia e delle finanze per l'anno 2021, allo scopo parzialmente utilizzando l'accantonamento relativo al medesimo Ministero.

6-*bis*. La facoltà di cui all'articolo 5-*bis*, comma 2, del decreto-legge 30 dicembre 2019, n. 162, convertito, con modificazioni, dalla legge 28 febbraio 2020, n. 8, può essere esercitata anche dai dirigenti medici di ruolo presso i presidi sanitari delle amministrazioni di cui all'articolo 1, comma 2, del decreto legislativo 30 marzo 2001, n. 165.

(1) *Comma così sostituito dall'art. 1, comma 12, lett.* a-bis), *d.l. 30 dicembre 2021, n. 228, conv., con modif., in l. 25 febbraio 2022, n. 15. Il testo del comma era il seguente:* « 2. Le graduatorie del concorso di cui comma 1 rimangono efficaci per la durata di attuazione del PNRR e sono oggetto di scorrimento in ragione di motivate esigenze fino a ulteriori 300 unità a valere sulle vigenti facoltà assunzionali ».

8 Reclutamento di personale per le attività di controllo, audit, anticorruzione e trasparenza.

1. In considerazione delle maggiori responsabilità connesse con le funzioni di supporto ai compiti di audit del PNRR assegnate alle Ragionerie territoriali dello Stato ai sensi dell'articolo 7 del decreto-legge 31 maggio 2021, n. 77 e del sostegno ai competenti uffici del Dipartimento della Ragioneria generale dello Stato per l'attività di monitoraggio e controllo del PNRR, sono istituite sette posizioni dirigenziali di livello generale, destinate alla direzione delle Ragionerie territoriali di Milano, Venezia, Bologna, Roma, Napoli, Bari e Palermo, ed una posizione di funzione dirigenziale di livello non generale destinata alla Ragioneria territoriale di Roma, nell'ambito del Dipartimento della Ragioneria Generale dello Stato.

2. I direttori delle Ragionerie territoriali dello Stato con funzioni dirigenziali di livello generale assicurano, nell'ambito territoriale di competenza definito nella tabella di cui all'Allegato I, il coordinamento unitario delle attività di cui al comma 1.

3. Il raccordo con il semestre europeo, come definito all'articolo 2-*bis* del regolamento (CE) n. 1466/97 del Consiglio, del 7 luglio 1997 in merito ai progressi compiuti nella realizzazione del PNRR e con il programma nazionale di riforma viene assicurato dal Ministero dell'economia e delle finanze - Dipartimento del Tesoro che provvede inoltre a curare i rapporti con la Banca europea per gli investimenti e con altri soggetti per eventuali partecipazioni pubblico-private attivate per l'attuazione del PNRR. Il Dipartimento del Tesoro verifica in itinere le eventuali proposte di modifica all'accordo di prestito di cui all'articolo 15 del regolamento (UE) 2021/241 del Parlamento europeo e del Consiglio del 12 febbraio 2021, anche di tipo integrativo, nel rispetto di quanto indicato dall'articolo 14 del medesimo regolamento. A tal fine sono istituite presso il Dipartimento del Tesoro due posizioni di funzione dirigenziale di livello non generale di consulenza, studio e ricerca.

4. Si applicano le disposizioni di cui all'articolo 7, comma 5, del decreto legge 31 maggio 2021, n. 77.

5. Per l'attuazione delle disposizioni di cui al presente articolo è autorizzata la spesa di euro 941.000 per l'anno 2021 e di euro 2.257.000 a decorrere dal 2022. Ai relativi oneri si provvede mediante corrispondente riduzione dello stanziamento del Fondo speciale di parte corrente iscritto, ai fini del bilancio triennale 2021 - 2023, nell'ambito del programma « Fondi di riserva e speciali », della missione « Fondi da ripartire » dello stato di previsione del Ministero dell'economia e delle finanze per l'anno 2021, allo scopo parzialmente utilizzando l'accantonamento relativo al medesimo Ministero.

9 Conferimento di incarichi di collaborazione per il supporto ai procedimenti amministrativi connessi all'attuazione del PNRR.

1. Con decreto del Presidente del Consiglio dei ministri, adottato su proposta del Ministro per la pubblica amministrazione di concerto con il Ministro dell'economia e delle finanze, con il Ministro per gli affari regionali e le autonomie e con il Ministro per il Sud e la coesione territoriale, previa intesa in sede di Conferenza unificata di cui all'articolo 8 del decreto legislativo 28 agosto 1997, n. 281, fatte salve le assunzioni a tempo determinato di cui all'articolo 1, commi 1 e 4, per il conferimento, ai sensi dell'articolo 1, comma 5, lettera *a*), da parte delle regioni e delle province autonome di Trento e Bolzano, di incarichi di collaborazione a professionisti ed esperti, nel numero minimo di mille unità, per il supporto ai predetti enti e agli enti locali nella gestione delle procedure complesse, tenendo conto del relativo livello di coinvolgimento nei procedimenti amministrativi connessi all'attuazione del PNRR, sono ripartite le risorse finanziarie nel limite massimo di euro 38.800.000 per l'anno 2021, di euro 106.800.000 per ciascuno degli anni 2022 e 2023 e di euro 67.900.000 per l'anno 2024 (1).

2. I reclutamenti di cui al comma 1 sono autorizzati subordinatamente all'approvazione del PNRR da parte della Commissione europea. Ai relativi oneri pari a euro 38.800.000 per l'anno 2021, euro 106.800.000 per ciascuno degli anni 2022 e 2023 ed euro 67.900.000 per l'anno 2024, si provvede a valere sul Fondo di rotazione per l'attuazione del Next Generation EU-Italia di cui all'articolo 1, comma 1037, della legge 30 dicembre 2020, n. 178, secondo le modalità di cui ai commi da 1038 a 1050 del medesimo articolo 1.

(1) *Comma modificato dall'art. 31, comma 1, lett.* c) *d.l. 6 novembre 2021, n. 152, conv., con modif., in l. 29 dicembre 2021, n. 233.*

10 Reclutamento di personale presso la Presidenza del Consiglio dei ministri per l'attuazione del PNRR per l'innovazione e la transizione digitale e rafforzamento dell'Agenzia per l'Italia Digitale.

1. Al fine di attuare gli interventi di digitalizzazione, innovazione e sicurezza nella pubblica amministrazione previsti nell'ambito del PNRR, fornendo adeguato supporto alla trasformazione digitale delle amministrazioni centrali e locali, presso la struttura della Presidenza del Consiglio dei ministri competente per l'innovazione tecnologica e la transizione digitale, opera, fino al 31 dicembre 2026, un apposito contingente massimo di trecentotrentotto unità, nel limite di spesa di euro 9.334.000 per l'anno 2021, di euro 28.000.000 per ciascuno degli anni dal 2022 al 2025 e di euro 18.666.000 per l'anno 2026, composto da esperti in possesso di specifica ed elevata competenza almeno triennale nello sviluppo e gestione di processi complessi di

trasformazione tecnologica e digitale, nonché di significativa esperienza almeno triennale in tali materie, ovvero anche da personale non dirigenziale, collocato fuori ruolo o in posizione di comando o altra analoga posizione, prevista dagli ordinamenti di appartenenza, proveniente da pubbliche amministrazioni di cui all'articolo 1, comma 2, del decreto legislativo 30 marzo 2001, n. 165, al quale si applica la disposizione dell'articolo 17, comma 14, della legge 15 maggio 1997, n. 127, con esclusione del personale docente, educativo, amministrativo, tecnico e ausiliario delle istituzioni scolastiche, nonché del personale delle Forze armate, delle Forze di polizia, del Corpo nazionale dei vigili del fuoco e del Ministero dell'economia e delle finanze. Con decreto del Presidente del Consiglio dei ministri sono definiti la composizione del contingente ed i compensi degli esperti.

2. Gli esperti di cui al comma 1 sono individuati previa valutazione dei titoli e dell'esperienza professionale richiesta ed almeno un colloquio che può essere effettuato anche in modalità telematica. Le predette valutazioni selettive ovvero loro singole fasi possono essere effettuate con modalità telematiche anche automatizzate.

2-*bis*. All'articolo 8, comma 9, del decreto-legge 1° marzo 2021, n. 22, convertito, con modificazioni, dalla legge 22 aprile 2021, n. 55, le parole: "nominati ai sensi dell'articolo 9, comma 2, del decreto legislativo 30 luglio 1999, n. 303," sono soppresse.

3. Per le esigenze di funzionamento connesse all'attività del contingente di cui al comma 1 è autorizzata la spesa complessiva massima di euro 1.000.000 per l'anno 2021, di euro 3.000.000 per ciascuno degli anni dal 2022 al 2025 e di euro 2.000.000 per l'anno 2026.

4. L'Agenzia per l'Italia digitale (AgID) è autorizzata ad assumere con contratto di lavoro a tempo determinato per un periodo anche superiore a trentasei mesi, ma non eccedente la durata di completamento del PNRR e comunque non eccedente il 31 dicembre 2026, in deroga ai limiti di spesa di cui all'articolo 9, comma 28, del decreto-legge 31 maggio 2010, n. 78, convertito, con modificazioni, dalla legge 30 luglio 2010, n. 122 e alla dotazione organica, un contingente di personale nel numero massimo di 67 unità dell'Area III, posizione economica F1, mediante le procedure di cui all'articolo 1, comma 4, del presente decreto, nel limite di spesa di euro 1.242.131 per l'anno 2021 e di euro 3.726.391 per ciascuno degli anni dal 2022 al 2026.

5. I reclutamenti di cui al presente articolo sono autorizzati subordinatamente all'approvazione del PNRR da parte della Commissione europea. Ai relativi oneri pari a euro 11.576.131 per l'anno 2021, euro 34.726.391 annui per gli anni dal 2022 al 2025 e euro 24.392.391 per l'anno 2026, si provvede a valere sul Fondo di rotazione per l'attuazione del Next Generation EU-Italia di cui all'articolo 1, comma 1037, della legge 30 dicembre 2020, n. 178, secondo le modalità di cui ai commi da 1038 a 1050 del medesimo articolo 1.

11 Addetti all'ufficio per il processo.

1. Al fine di supportare le linee di progetto ricomprese nel PNRR e, in particolare, per favorire la piena operatività delle strutture organizzative denominate ufficio per il processo, costituite ai sensi dell'articolo 16-*octies* del decreto-legge 18 ottobre 2012, n. 179, convertito con modificazioni, dalla legge 17 dicembre 2012, n. 221, e assicurare la celere definizione dei procedimenti giudiziari, in deroga a quanto previsto dall'articolo 36 del decreto legislativo 30 marzo 2001, n. 165, il Ministero della giustizia richiede alla Commissione RIPAM, che può avvalersi di Formez PA, di avviare procedure di reclutamento nel periodo 2021-2024, in due scaglioni, di un contingente massimo di 16.500 unità di addetti all'ufficio per il processo, con contratto di lavoro a tempo determinato della durata massima di due anni e sette mesi per il primo scaglione e di due anni per il secondo. Nell'ambito di tale contingente, alla corte di cassazione sono destinati addetti all'ufficio per il processo in numero non superiore a 400, da assegnarsi in virtù di specifico progetto organizzativo del primo presidente della corte di cassazione, con l'obiettivo prioritario del contenimento della pendenza nel settore civile e del contenzioso tributario. Al fine di supportare le linee di progetto di competenza della Presidenza del Consiglio dei Ministri ricomprese nel PNRR, e in particolare per favorire la piena operatività delle strutture organizzative denominate ufficio per il processo costituite ai sensi dell'articolo 53-*ter* della legge 27 aprile 1982, n. 186, il Segretariato generale della Giustizia amministrativa, di seguito indicato con l'espressione "Giustizia amministrativa", per assicurare la celere definizione dei processi pendenti alla data del 31 dicembre 2019, in deroga a quanto previsto dall'articolo 36 del decreto legislativo 30 marzo 2001, n. 165, è autorizzato ad avviare le procedure di reclutamento, in due scaglioni, di un contingente massimo di 326 unità di addetti all'ufficio per il processo, con contratto di lavoro a tempo determinato, non rinnovabile, della durata massima di due anni e sei mesi, così ripartito: 250 unità complessive per i profili di cui al comma 3, lettere *a*), *b*) e *c*), e 76 unità per il profilo di cui al comma 3, lettera *d*). I contingenti di personale di cui al presente comma non sono computati ai fini della consistenza della dotazione organica rispettivamente del Ministero della giustizia e della Giustizia amministrativa. L'assunzione del personale di cui al presente comma è autorizzata subordinatamente all'approvazione del PNRR da parte del Consiglio dell'Unione europea ai sensi dell'articolo 20, paragrafo 1, del regolamento (UE) 2021/241 del Parlamento europeo e del Consiglio del 12 febbraio 2021.

2. Il personale da assumere nell'amministrazione della giustizia ordinaria ai sensi del comma 1 deve essere in possesso del diploma di laurea in giurisprudenza ovvero, per una quota dei posti a concorso da indicarsi nel bando, del diploma di laurea in economia e commercio o in scienze politiche o titoli equipollenti o equiparati. In deroga a quanto previsto dagli articoli 2, comma 2, 40 e 45 del decreto legislativo 30 marzo 2001, n. 165, la declaratoria del profilo professionale degli addetti all'ufficio per il processo, comprensiva di specifiche e contenuti professionali, è determinata secondo quanto previsto dall'Allegato II, numero 1. Per quanto attiene al trattamento economico fondamenta-

le ed accessorio e ad ogni istituto contrattuale, in quanto applicabile, gli addetti all'ufficio per il processo sono equiparati ai profili dell'area III, posizione economica F1. Il Ministero della giustizia, sentite le organizzazioni sindacali maggiormente rappresentative, può stabilire, anche in deroga a quanto previsto dalla contrattazione collettiva, particolari forme di organizzazione e di svolgimento della prestazione lavorativa, con riferimento al lavoro agile e alla distribuzione flessibile dell'orario di lavoro.

2-*bis*. L'assunzione di cui al presente articolo configura causa di incompatibilità con l'esercizio della professione forense e comporta la sospensione dall'esercizio dell'attività professionale per tutta la durata del rapporto di lavoro con l'amministrazione pubblica. L'avvocato e il praticante avvocato devono dare comunicazione dell'assunzione di cui al primo periodo al consiglio dell'ordine presso il quale risultino iscritti. La mancata comunicazione costituisce causa ostativa alla presa di possesso nell'ufficio per il processo (1).

3. Il contingente di cui al comma 1, la cui procedura di assunzione è gestita dalla Giustizia amministrativa, è composto dai seguenti profili professionali:

a) funzionari amministrativi - area III - posizione economica F1;

b) funzionari informatici - area III - posizione economica F1;

c) funzionari statistici - area III - posizione economica F1;

d) assistenti informatici - area II - posizione economica F2.

4. Il servizio prestato con merito e debitamente attestato al termine del rapporto di lavoro a tempo determinato di cui al comma 1, e, per la Giustizia amministrativa, limitatamente al personale di cui al comma 3, lettera *a*), qualora la prestazione lavorativa sia stata svolta per l'intero periodo sempre presso la sede di prima assegnazione:

a) costituisce titolo per l'accesso al concorso per magistrato ordinario, a norma dell'articolo 2 del decreto legislativo 5 aprile 2006, n. 160;

b) equivale ad un anno di tirocinio professionale per l'accesso alle professioni di avvocato e di notaio;

c) equivale ad un anno di frequenza dei corsi della scuola di specializzazione per le professioni legali, fermo il superamento delle verifiche intermedie e delle prove finali d'esame di cui all'articolo 16 del decreto legislativo 17 novembre 1997, n. 398;

d) costituisce titolo di preferenza per l'accesso alla magistratura onoraria ai sensi dell'articolo 4, comma 3, del decreto legislativo 13 luglio 2017, n. 116.

5. L'amministrazione giudiziaria, nelle successive procedure di selezione per il personale a tempo indeterminato, può prevedere l'attribuzione di un punteggio aggiuntivo in favore dei candidati in possesso dell'attestazione di cui al comma 4 ovvero, alternativamente, nei soli concorsi pubblici per le qualifiche della terza area professionale, prevedere una riserva in favore del personale assunto ai sensi del presente articolo, in misura non superiore al cinquanta per cento. L'amministrazione della Giustizia amministrativa, nelle successive procedure di selezione per il personale a tempo indeterminato, può prevedere l'attribuzione di un punteggio aggiuntivo in favore del personale che, al termine del rapporto di lavoro, abbia ricevuto, dal presidente dell'Ufficio giudiziario dove ha prestato servizio, un attestato di servizio prestato con merito.

6. (*Omissis*)

7. Per le finalità del presente articolo è autorizzata:

a) per la Giustizia ordinaria, la spesa di euro 360.142.195 per ciascuno degli anni 2022 e 2023, di euro 390.154.044 per l'anno 2024, di euro 360.142.195 per l'anno 2025 e di euro 180.071.098 per l'anno 2026, a cui si provvede mediante versamento di pari importo, nei corrispondenti anni, dai conti correnti di cui all'articolo 1, comma 1038, della legge 30 dicembre 2020, n. 178, all'entrata del bilancio dello Stato, per la successiva riassegnazione ai pertinenti capitoli di spesa dello stato di previsione del Ministero della giustizia;

b) per la Giustizia amministrativa la spesa di euro 8.458.696 per ciascuno degli anni 2022 e 2023, di euro 8.199.308 per l'anno 2024, di euro 7.939.920 per ciascuno degli anni 2025 e 2026, a cui si provvede a valere sul Fondo di rotazione per l'attuazione del Next Generation EU-Italia di cui all'articolo 1, comma 1037, della legge 30 dicembre 2020, n. 178, secondo le modalità di cui ai commi da 1038 a 1050 del medesimo articolo 1.

(1) *Comma inserito dall'art. 33, comma 2, lett.* a) *d.l. 1° marzo 2022, n. 17, in corso di conversione in legge.*

17 Monitoraggio dell'impiego degli addetti all'ufficio per il processo e delle altre misure sul personale o e smaltimento dell'arretrato.

1. Con uno o più decreti del Ministro della giustizia, di concerto con il Ministro dell'economia e delle finanze, sono indicate le procedure di monitoraggio, le risorse e le modalità necessarie ai fini della valutazione delle misure urgenti per la giustizia ordinaria di cui al presente capo nell'ambito del PNRR.

2. Con apposito decreto del Presidente del Consiglio di Stato, da emanare entro cinquanta giorni dalla data di entrata in vigore del presente decreto, sentito il Consiglio di presidenza della Giustizia amministrativa, sono adottate le Linee guida per lo smaltimento dell'arretrato in tutti gli uffici della Giustizia amministrativa, con l'indicazione dei compiti degli Uffici per il processo, ivi inclusa la segnalazione degli affari meritevoli di priorità nella definizione, e del cronoprogramma dei risultati intermedi e finali da raggiungere.

3. Il personale addetto all'ufficio per il processo presta attività lavorativa esclusivamente per la riduzione dell'arretrato, ove necessario anche in modalità da remoto e con la dotazione informatica fornita dall'Amministrazione.

4. Le attività di segnalazione, individuate nelle Linee guida di cui al comma 2, possono essere svolte anche dal Segretariato generale della Giustizia amministrativa.

5. Ferme restando le udienze straordinarie annualmente individuate dal Consiglio di presidenza della Giustizia amministrativa ai sensi dell'articolo 16, comma 1, delle norme di attuazione del codice del processo amministrativo, di cui all'allegato 2 al decreto legislativo 2 luglio 2010, n. 104, al fine della trattazione dei procedimenti di cui all'articolo 11, comma 1, del pre-

sente decreto, sono programmate dal Consiglio di presidenza della Giustizia amministrativa ulteriori udienze straordinarie, in un numero necessario e sufficiente al fine di assicurare il raggiungimento degli obiettivi stabiliti, per la Giustizia amministrativa, dal PNRR. A tal fine, il Consiglio di presidenza della Giustizia amministrativa aggiorna il numero di affari da assegnare al presidente del collegio e ai magistrati componenti dei collegi. Il Presidente del Consiglio dei ministri, entro trenta giorni dalla data di entrata in vigore della legge di conversione del presente decreto, adegua alle finalità del PNRR, sentito il Consiglio di presidenza della Giustizia amministrativa, il decreto previsto dall'articolo 16, comma 1, delle norme di attuazione del codice del processo amministrativo, di cui all'allegato 2 al decreto legislativo 2 luglio 2010, n. 104.

6. La partecipazione dei magistrati alle udienze straordinarie di cui al comma 5 è su base volontaria. Le udienze si svolgono da remoto. Non possono essere assegnati alle udienze straordinarie di smaltimento gli affari di cui agli articoli da 112 a 117 del codice del processo amministrativo, di cui all'allegato 1 al decreto legislativo 2 luglio 2010, n. 104. La partecipazione dei magistrati alle udienze straordinarie di cui al comma 5 costituisce criterio preferenziale, da parte del Consiglio di presidenza della Giustizia amministrativa, nell'assegnazione degli incarichi conferiti d'ufficio.

7. Per evitare la formazione di nuovo arretrato, al decreto legislativo 2 luglio 2010, n. 104, sono apportate le seguenti modificazioni:

(*Omissis*) (1)

(1) *Modifica gli artt. 72, 73, 79, 80, 82, 87 dell'All. 1, e gli artt. 13, 13-*quater*, 14 dell'All. 2 del d.lgs. 2 luglio 2010, n. 104.*

17-*quater* Principio di parità di genere.

1. Il piano di reclutamento di personale a tempo determinato, il conferimento di incarichi di collaborazione da parte delle amministrazioni pubbliche, le assunzioni, mediante contratto di apprendistato, le mobilità e le progressioni di carriera, nonché tutte le altre modalità di assunzione, escluse quelle per concorso, di cui al presente decreto sono attuati assicurando criteri orientati al raggiungimento di un'effettiva parità di genere, secondo quanto disposto dal PNRR

17-*octies* Misure di accelerazione delle attività dei commissari in materia ambientale.

1. All'articolo 10, comma 2-*ter*, del decreto-legge 24 giugno 2014, n. 91, convertito, con modificazioni, dalla legge 11 agosto 2014, n. 116, al primo periodo, le parole: "e senza alcun onere aggiuntivo per la finanza pubblica" sono sostituite dalle seguenti: "con i medesimi poteri e le deroghe previsti per il commissario" e il terzo periodo è sostituito dai seguenti: "Al soggetto attuatore, scelto anche fra estranei alla pubblica amministrazione, è corrisposto un compenso determinato nella misura e con le modalità di cui all'articolo 15, comma 3, del decreto-legge 6 luglio 2011, n. 98, convertito, con modificazioni, dalla legge 15 luglio 2011, n. 111, che è posto a carico del quadro economico degli interventi così come risultante dai sistemi informativi della Ragioneria generale dello Stato. Il soggetto attuatore, nel caso in cui si tratti di un dipendente di una pubblica amministrazione, è collocato fuori ruolo o in posizione di comando, aspettativa o altra analoga posizione secondo l'ordinamento di appartenenza. All'atto del collocamento fuori ruolo è reso indisponibile per tutta la durata del collocamento fuori ruolo un numero di posti nella dotazione organica dell'amministrazione di provenienza equivalente dal punto di vista finanziario".

2. Fermo restando quanto previsto dall'articolo 1, per la realizzazione degli interventi per il contrasto al dissesto idrogeologico, presso ogni commissario è istituito fino al 31 dicembre 2026 un contingente di personale non dirigenziale nel numero massimo complessivo di duecento unità.

3. Per l'attuazione del comma 2, il Ministero della transizione ecologica è autorizzato per l'anno 2021 a reclutare, con le modalità semplificate di cui all'articolo 10 del decreto-legge 1° aprile 2021, n. 44, convertito, con modificazioni, dalla legge 28 maggio 2021, n. 76, nonché anche mediante scorrimento di vigenti graduatorie di concorsi pubblici, con contratto di lavoro subordinato a tempo determinato, di durata complessiva anche superiore a trentasei mesi e comunque non successiva al 31 dicembre 2026, un contingente massimo di centocinquanta unità da inquadrare nell'Area III, posizione economica F1, del comparto Funzioni centrali e da assegnare funzionalmente ai commissari di cui al comma 2 sulla base della tabella 1 di cui all'allegato IV-*bis*.

4. Il restante contingente da assegnare ai commissari di cui al comma 2 è costituito, fino a un massimo di cinquanta unità e nel limite di spesa complessivo di euro 816.617 per l'anno 2021 e di euro 2.449.850 per ciascuno degli anni dal 2022 al 2026, come ripartiti sulla base della tabella 2 di cui all'allegato IV-*ter*, da soggetti in possesso dell'abilitazione all'esercizio della professione di architetto, geologo, ingegnere civile e ambientale, pianificatore territoriale, biologo, dottore commercialista, avvocato, appartenenti ai ruoli delle amministrazioni pubbliche di cui all'articolo 1, comma 2, del decreto legislativo 30 marzo 2001, n. 165, con esclusione del personale docente, educativo, amministrativo, tecnico e ausiliario delle istituzioni scolastiche, nonché del personale delle Forze armate, delle Forze di polizia e del Corpo nazionale dei vigili del fuoco, collocati fuori ruolo o in posizione di comando o altra analoga posizione prevista dagli ordinamenti di appartenenza, da individuare tramite apposita procedura di interpello avviata dal Ministero della transizione ecologica entro sessanta giorni a decorrere dal 24 giugno 2021. Il personale di cui al presente comma, al quale si applica l'articolo 17, comma 14, della legge 15 maggio 1997, n. 127, conserva lo stato giuridico e il trattamento economico fondamentale e accessorio dell'amministrazione di appartenenza.

5. Agli oneri di cui ai commi 2, 3 e 4, pari a euro 3.079.917 per l'anno 2021 e a euro 9.239.750 per ciascuno degli anni dal 2022 al 2026, si provvede, quanto a 3.079.917 euro per l'anno 2021, 9.239.750 euro per l'anno 2022 e 1.550.000 euro per ciascuno degli anni dal

2023 al 2026, mediante corrispondente riduzione dello stanziamento del fondo speciale di parte corrente iscritto, ai fini del bilancio triennale 2021-2023, nell'ambito del programma "Fondi di riserva e speciali" della missione "Fondi da ripartire" dello stato di previsione del Ministero dell'economia e delle finanze per l'anno 2021, allo scopo parzialmente utilizzando l'accantonamento relativo al Ministero dell'ambiente e della tutela del territorio e del mare e, quanto a 7.689.750 euro per ciascuno degli anni dal 2023 al 2026, mediante corrispondente riduzione dell'autorizzazione di spesa di cui all'articolo 1, comma 200, della legge 23 dicembre 2014, n. 190.

6. All'articolo 4-*ter* del decreto-legge 23 dicembre 2013, n. 145, convertito, con modificazioni, dalla legge 21 febbraio 2014, n. 9, sono apportate le seguenti modificazioni:

a) al comma 1, dopo le parole: "ai sensi dell'articolo 20 del decreto-legge 29 novembre 2008, n. 185, convertito, con modificazioni, dalla legge 28 gennaio 2009, n. 2, e successive modificazioni," sono inserite le seguenti: "ad eccezione del comma 5, primo, secondo e terzo periodo, del citato articolo 20,";

b) al comma 2, dopo le parole: "ai sensi dell'articolo 20 del decreto-legge 29 novembre 2008, n. 185, convertito, con modificazioni, dalla legge 28 gennaio 2009, n. 2" sono inserite le seguenti: ", ad eccezione del comma 5, primo, secondo e terzo periodo, del citato articolo 20".

7. Al fine di consentire la rapida attuazione del sistema di collettamento e depurazione del Lago di Garda e la conseguente tempestiva dismissione della condotta sublacuale, giunta al termine della propria vita tecnica, il prefetto di Brescia è nominato Commissario straordinario, con i poteri di cui all'articolo 4, commi 2 e 3, del decreto-legge 18 aprile 2019, n. 32, convertito, con modificazioni, dalla legge 14 giugno 2019, n. 55, per la progettazione, l'affidamento e l'esecuzione delle nuove opere per il collettamento e la depurazione della sponda bresciana del Lago di Garda. Il Commissario straordinario, avvalendosi, senza nuovi o maggiori oneri, delle strutture del Ministero della transizione ecologica, elabora un piano degli interventi e lo sottopone al Ministro della transizione ecologica. Tale piano deve indicare, ai sensi dell'articolo 11 della legge 16 gennaio 2003, n. 3, i codici unici di progetto delle opere che si intende realizzare e il relativo cronoprogramma. Il monitoraggio degli interventi ai sensi del decreto legislativo 29 dicembre 2011, n. 229, è effettuato dal soggetto che svolge le funzioni di stazione appaltante. Il Commissario straordinario, per la realizzazione degli interventi, può avvalersi, sulla base di apposite convenzioni, delle amministrazioni centrali e periferiche dello Stato, degli enti pubblici, delle società controllate da amministrazioni dello Stato, nonché dei soggetti privati da individuare con le procedure di cui all'articolo 4, comma 3, del predetto decreto-legge n. 32 del 2019, dotati di specifica competenza tecnica nell'ambito delle aree di intervento. Gli oneri di cui alle predette convenzioni sono posti a carico dei quadri economici degli interventi da realizzare, come risultanti dai sistemi informativi della Ragioneria generale dello Stato. Il compenso del Commissario straordinario, i cui oneri sono posti a carico del quadro economico degli interventi da realizzare o completare, è pari a quello indicato dall'articolo 15, comma 3, del decreto-legge 6 luglio 2011, n. 98, convertito, con modificazioni, dalla legge 15 luglio 2011, n. 111. Nel caso in cui il Commissario straordinario svolga le funzioni di stazione appaltante è autorizzata l'apertura di una contabilità speciale intestata al medesimo nella quale confluiscono tutte le risorse finanziarie pubbliche, nazionali e regionali, nonché le altre risorse destinate alla realizzazione delle opere. Alle dirette dipendenze del Commissario straordinario opera una struttura di supporto composta da un contingente di sei unità di personale non dirigenziale reclutato con le modalità di cui al comma 4, in possesso delle competenze e dei requisiti di professionalità richiesti dallo stesso Commissario straordinario per l'espletamento delle proprie funzioni. La struttura cessa alla scadenza dell'incarico del Commissario straordinario e comunque entro il 31 dicembre 2026.

8. Agli oneri di cui al comma 7, pari a euro 97.994 per l'anno 2021 e a euro 293.982 per ciascuno degli anni dal 2022 al 2026, si provvede mediante corrispondente riduzione dello stanziamento del fondo speciale di parte corrente iscritto, ai fini del bilancio triennale 2021-2023, nell'ambito del programma "Fondi di riserva e speciali" della missione "Fondi da ripartire" dello stato di previsione del Ministero dell'economia e delle finanze per l'anno 2021, allo scopo parzialmente utilizzando, quanto a euro 97.994 per l'anno 2021 e a euro 293.982 per ciascuno degli anni dal 2023 al 2026, l'accantonamento relativo al Ministero dell'interno e, quanto a euro 293.982 per l'anno 2022, l'accantonamento relativo al Ministero dell'ambiente e della tutela del territorio e del mare.

17-*nonies* Inviato speciale per il cambiamento climatico.

1. Al fine di consentire una più efficace partecipazione italiana agli eventi e ai negoziati internazionali sui temi ambientali, ivi inclusi quelli sul cambiamento climatico, il Ministro degli affari esteri e della cooperazione internazionale e il Ministro della transizione ecologica nominano l'inviato speciale per il cambiamento climatico. La durata dell'incarico è fissata nei limiti di cui all'articolo 14, comma 2, terzo periodo, del decreto legislativo 30 marzo 2001, n. 165.

2. Il Ministero degli affari esteri e della cooperazione internazionale e il Ministero della transizione ecologica assicurano il supporto tecnico e organizzativo all'inviato di cui al comma 1 nell'ambito delle risorse finanziarie, umane e strumentali disponibili a legislazione vigente e senza nuovi o maggiori oneri a carico della finanza pubblica.

3. L'inviato speciale è individuato nell'ambito del personale di livello dirigenziale dipendente di amministrazioni pubbliche. Per lo svolgimento delle funzioni non spettano emolumenti o compensi, comunque denominati, aggiuntivi oltre a quelli già in godimento, ferma restando la corresponsione del trattamento economico di missione nei limiti spettanti conformemente all'ordinamento di appartenenza (1).

4. Per fare fronte agli oneri derivanti dal presente articolo è autorizzata la spesa di euro 111.620 per l'anno 2021, euro 211.620 per l'anno 2022 ed euro 111.620 per l'anno 2023. Alla relativa copertura si provvede mediante corrispondente riduzione dello stanziamento del fondo speciale di parte corrente iscritto, ai fini del bilancio triennale 2021-2023, nell'ambito del programma "Fondi di riserva e speciali" della missione "Fondi da ripartire" dello stato di previsione del Ministero dell'economia e delle finanze per l'anno 2021, allo scopo parzialmente utilizzando l'accantonamento relativo al Ministero degli affari esteri e della cooperazione internazionale (2).

(1) *Comma sostituito dall'art. 39 comma 1, lett.* a), *d.l. 6 novembre 2021, n. 152, conv., con modif., in l. 29 dicembre 2021, n. 233.*
(2) *Comma modificato dall'art. 39 comma 1, lett.* b), *d.l. n. 152, cit.*

6. Decreto legge 8 ottobre 2021, n. 139, convertito, con modificazioni, in legge 3 dicembre 2021, n. 205. — Disposizioni urgenti per l'accesso alle attività culturali, sportive e ricreative, nonché per l'organizzazione di pubbliche amministrazioni e in materia di protezione dei dati personali. (*estratto*).

Pubblicato nella Gazzetta Ufficiale n. 241 dell'8 ottobre 2021; la legge di conversione è stata pubblicata nella Gazzetta Ufficiale n. 291 del 7 dicembre 2021.

9 Disposizioni in materia di protezione dei dati personali.

1. (1)
2. (2)
3 (3).
4. All'articolo 7 del decreto-legge 19 maggio 2020, n. 34, convertito, con modificazioni, dalla legge 17 luglio 2020, n. 77, sono apportate le seguenti modificazioni:
a) dopo il comma 1 è inserito il seguente:
"1-*bis*. Con le modalità e nei limiti stabiliti dal decreto di cui al comma 2 e fatto salvo quanto previsto dall'articolo 105 del codice di cui al decreto legislativo n. 196 del 2003, il Ministero della salute è autorizzato a trattare anche i dati personali non relativi alla salute necessari a garantire l'effettivo perseguimento delle finalità di cui al comma 1 e l'attuazione del corrispondente intervento di cui alla missione M6 del Piano nazionale di ripresa e resilienza approvato con la decisione di esecuzione del Consiglio dell'Unione europea del 13 luglio 2021. Ai fini di cui al primo periodo, è autorizzata l'interconnessione dei sistemi informativi su base individuale del Servizio sanitario nazionale, ivi incluso il Fascicolo sanitario elettronico (FSE), con i sistemi informativi gestiti da altre amministrazioni pubbliche che raccolgono i dati non relativi alla salute specificamente individuati dal decreto di cui al comma 2, con modalità tali da garantire che l'interessato non sia direttamente identificabile";
b) al comma 2, le parole: "Con regolamento adottato con decreto del Ministro della salute" sono sostituite dalle seguenti: "Con decreto del Ministro della salute, di natura non regolamentare,";
c) dopo il comma 2 è aggiunto il seguente:
"2-*bis*. Nelle more dell'adozione del decreto di cui al comma 2, il Ministero della salute avvia le attività relative alla classificazione delle patologie croniche presenti nella popolazione italiana, limitatamente alla costruzione di modelli analitici prodromici alla realizzazione del modello predittivo del fabbisogno di salute della popolazione, garantendo che gli interessati non siano direttamente identificabili ".
5-6. (*Omissis*).
7. I pareri del Garante per la protezione dei dati personali richiesti con riguardo a riforme, misure e progetti del Piano nazionale di ripresa e resilienza di cui al regolamento (UE) 2021/241 del Parlamento europeo e del Consiglio, del 12 febbraio 2021, del Piano nazionale per gli investimenti complementari di cui al decreto-legge 6 maggio 2021, n. 59, convertito, con modificazioni, dalla legge 1° luglio 2021, n. 101, nonché del Piano nazionale integrato per l'energia e il clima 2030 di cui al regolamento (UE) 2018/1999 del Parlamento europeo e del Consiglio, dell'11 dicembre 2018, sono resi nel termine non prorogabile di trenta giorni dalla richiesta, decorso il quale si può procedere indipendentemente dall'acquisizione del parere.
8-13. (*Omissis*).
14. Con decreto del Presidente del Consiglio dei ministri, da adottare entro centottanta giorni dalla data di entrata in vigore della legge di conversione del presente decreto, sono definiti meccanismi regolatori di armonizzazione della disciplina del trattamento economico nell'ambito delle autorità amministrative indipendenti incluse nell'elenco delle amministrazioni pubbliche inserite nel conto economico consolidato della pubblica amministrazione, individuate annualmente dall'ISTAT ai sensi dell'articolo 1, comma 3, della legge 31 dicembre 2009, n. 196.

(1) *Modifica gli artt.* 2-ter, 2-sexies, 2-quinquiesdecies, *58, 132, 137, 144* bis, *153, 154, 156, 166, 167, 170 d.lgs. 30 giugno 2003, n. 196*
(2) *Abroga il comma 3 dell'art. 22 d.lgs. 10 agosto 2018, n. 101.*
(3) *Modifica gli artt. 5 e 45 d.lgs. 18 maggio 2018, n. 51.*

7. Decreto legge 27 gennaio 2022, n. 4, convertito, con modificazioni, in legge 28 marzo 2022, n. 25. — Misure urgenti in materia di sostegno alle imprese e agli operatori economici, di lavoro, salute e servizi territoriali, connesse all'emergenza da COVID-19, nonché per il contenimento degli effetti degli aumenti dei prezzi nel settore elettrico. (*estratto*).

Pubblicato nella Gazzetta Ufficiale n. 21 del 27 gennaio 2022; la legge di conversione è stata pubblicata nella Gazzetta Ufficiale n. 73 del 28 marzo 2022.

29 Disposizioni urgenti in materia di contratti pubblici.

1. Fino al 31 dicembre 2023, al fine di incentivare gli investimenti pubblici, nonché al fine di far fronte alle ricadute economiche negative a seguito delle misure di contenimento dell'emergenza sanitaria globale derivante dalla diffusione del virus SARS-CoV-2, in relazione alle procedure di affidamento dei contratti pubblici, i cui bandi o avvisi con cui si indice la procedura di scelta del contraente siano pubblicati successivamente alla data di entrata in vigore del presente decreto, nonché, in caso di contratti senza pubblicazione di bandi o di avvisi, qualora l'invio degli inviti a presentare le offerte sia effettuato successivamente alla data di entrata in vigore del presente decreto, si applicano le seguenti disposizioni:

a) è obbligatorio l'inserimento, nei documenti di gara iniziali, delle clausole di revisione dei prezzi previste dall'articolo 106, comma 1, lettera *a*), primo periodo, del codice dei contratti pubblici, di cui al decreto legislativo 18 aprile 2016, n. 50, fermo restando quanto previsto dal secondo e dal terzo periodo della medesima lettera *a*);

b) per i contratti relativi ai lavori, in deroga all'articolo 106, comma 1, lettera *a*), quarto periodo, del decreto legislativo n. 50 del 2016, le variazioni di prezzo dei singoli materiali da costruzione, in aumento o in diminuzione, sono valutate dalla stazione appaltante soltanto se tali variazioni risultano superiori al cinque per cento rispetto al prezzo, rilevato nell'anno di presentazione dell'offerta, anche tenendo conto di quanto previsto dal decreto del Ministero delle infrastrutture e della mobilità sostenibili di cui al comma 2, secondo periodo. In tal caso si procede a compensazione, in aumento o in diminuzione, per la percentuale eccedente il cinque per cento e comunque in misura pari all'80 per cento di detta eccedenza, nel limite delle risorse di cui al comma 7.

2. L'Istituto nazionale di statistica, entro novanta giorni dalla data di entrata in vigore del presente decreto, sentito il Ministero delle infrastrutture e della mobilità sostenibili, definisce la metodologia di rilevazione delle variazioni dei prezzi dei materiali di costruzione di cui alla lettera *b*) del comma 1, anche per le finalità di cui all'articolo 133, comma 6, del decreto legislativo 12 aprile 2006, n. 163. Entro il 31 marzo e il 30 settembre di ciascun anno, il Ministero delle infrastrutture e della mobilità sostenibili procede alla determinazione con proprio decreto, sulla base delle elaborazioni effettuate dall'Istituto nazionale di statistica, delle variazioni percentuali dei singoli prezzi dei materiali da costruzione più significativi relative a ciascun semestre.

3. La compensazione di cui al comma 1, lettera *b*) è determinata applicando la percentuale di variazione che eccede il cinque per cento al prezzo dei singoli materiali da costruzione impiegati nelle lavorazioni contabilizzate nei dodici mesi precedenti al decreto di cui al comma 2, secondo periodo, e nelle quantità accertate dal direttore dei lavori.

4. A pena di decadenza, l'appaltatore presenta alla stazione appaltante l'istanza di compensazione, ai sensi del comma 1, lettera *b*), entro sessanta giorni dalla data di pubblicazione nella Gazzetta Ufficiale della Repubblica italiana del decreto di cui al comma 2, secondo periodo esclusivamente per i lavori eseguiti nel rispetto dei termini indicati nel relativo cronoprogramma. Il direttore dei lavori della stazione appaltante verifica l'eventuale effettiva maggiore onerosità subita dall'esecutore, e da quest'ultimo provata con adeguata documentazione, ivi compresa la dichiarazione di fornitori o subcontraenti o con altri idonei mezzi di prova relativi alle variazioni, per i materiali da costruzione, del prezzo elementare dei materiali da costruzione pagato dall'esecutore, rispetto a quello documentato dallo stesso con riferimento al momento dell'offerta. Il direttore dei lavori verifica altresì che l'esecuzione dei lavori sia avvenuta nel rispetto dei termini indicati nel cronoprogramma. Laddove la maggiore onerosità provata dall'esecutore sia relativa ad una variazione percentuale inferiore a quella riportata nel decreto di cui al secondo periodo del comma 2, la compensazione è riconosciuta limitatamente alla predetta inferiore variazione e per la sola parte eccedente il cinque per cento e in misura pari all'80 per cento di detta eccedenza. Ove sia provata dall'esecutore una maggiore onerosità relativa ad una variazione percentuale superiore a quella riportata nel predetto decreto, la compensazione è riconosciuta nel limite massimo pari alla variazione riportata nel decreto di cui al citato comma 2, secondo periodo, per la sola parte eccedente il cinque per cento e in misura pari all'80 per cento di detta eccedenza.

5. Sono esclusi dalla compensazione i lavori contabilizzati nell'anno solare di presentazione dell'offerta.

6. La compensazione non è soggetta al ribasso d'asta ed è al netto delle eventuali compensazioni precedentemente accordate.

7. Per le finalità di cui al comma 1, lettera *b*), si possono utilizzare le somme appositamente accantonate per imprevisti, senza nuovi o maggiori oneri per la finanza pubblica, nel quadro economico di ogni intervento, in misura non inferiore all'1 per cento del

totale dell'importo dei lavori, fatte salve le somme relative agli impegni contrattuali già assunti, nonché le eventuali ulteriori somme a disposizione della stazione appaltante per lo stesso intervento nei limiti della relativa autorizzazione annuale di spesa. Possono altresì essere utilizzate le somme derivanti da ribassi d'asta, qualora non ne sia prevista una diversa destinazione sulla base delle norme vigenti, nonché le somme disponibili relative ad altri interventi ultimati di competenza dei soggetti aggiudicatori per i quali siano stati eseguiti i relativi collaudi ed emanati i certificati di regolare esecuzione nel rispetto delle procedure contabili della spesa nei limiti della residua spesa autorizzata.

8-11. (*Omissis*)

12. Al fine di assicurare l'omogeneità della formazione e dell'aggiornamento dei prezzari di cui all'articolo 23, comma 7, del decreto legislativo n. 50 del 2016, con decreto del Ministro delle infrastrutture e della mobilità sostenibili, adottato, entro il 30 aprile 2022, previo parere del Consiglio superiore dei lavori pubblici e dell'Istituto nazionale di statistica, nonché previa intesa in sede di Conferenza permanente per i rapporti tra lo Stato, le regioni e le province autonome di Trento e di Bolzano ai sensi dell'articolo 3 del decreto legislativo 28 agosto 1997, n. 281, sono approvate apposite linee guida per la determinazione di detti prezzari.

8. Decreto legge 21 marzo 2022, n. 21. — Misure urgenti per contrastare gli effetti economici e umanitari della crisi ucraina. (*estratto*).

Pubblicato nella Gazzetta Ufficiale n. 67 del 21 marzo 2022.

23 Revisione prezzi.

1. Al fine di mitigare gli effetti economici derivanti dagli aumenti eccezionali dei prezzi di alcuni materiali da costruzione, nonché dei carburanti e dei prodotti energetici, il Ministero delle infrastrutture e della mobilità sostenibili, in relazione alle domande di accesso al Fondo per l'adeguamento dei prezzi di cui all'articolo 1-*septies*, comma 8, del decreto-legge 25 maggio 2021, n. 73, convertito, con modificazioni, dalla legge 23 luglio 2021, n. 106, può riconoscere, nel limite complessivo del 50 per cento delle risorse del medesimo Fondo e nelle more dello svolgimento dell'attività istruttoria relativa alle istanze di compensazione presentate secondo le modalità di cui al citato comma 8, un'anticipazione pari al 50 per cento dell'importo richiesto in favore dei soggetti di cui al comma 7 del medesimo articolo 1-septies ed all'articolo 25, comma 8, del decreto-legge 1° marzo 2022, n. 17. Ad esito dell'attività istruttoria di cui al periodo precedente, il Ministero delle infrastrutture e della mobilità sostenibili può disporre la ripetizione totale o parziale dell'importo erogato a titolo di anticipazione, che è versato all'entrata del bilancio dello Stato per essere successivamente riassegnato al Fondo di cui all'articolo 1-septies, comma 8, del decreto-legge 25 maggio 2021, n. 73, convertito, con modificazioni, dalla legge 23 luglio 2021, n. 106.

2. Al fine di fronteggiare gli aumenti eccezionali dei prezzi di alcuni materiali da costruzione:

a) il Fondo di cui all'articolo 7, comma 1, del decreto-legge n. 76 del 2020 è incrementato di 200 milioni di euro per l'anno 2022 interamente destinati alle compensazioni di cui all'articolo 29, comma 1, lettera *b*) del decreto-legge 27 gennaio 2022, n. 4 per le opere pubbliche di cui al comma 8 del medesimo articolo 29.

b) La dotazione del Fondo di cui all'articolo 1-septies, comma 8, del decreto-legge 25 maggio 2021, n. 73, convertito, con modificazioni, dalla legge 23 luglio 2021, n. 106, è incrementata di 120 milioni per l'anno 2022.

3. (*Omissis*).

TITOLO IV
Rafforzamento dei presidi per la sicurezza, la difesa nazionale e per le reti di comunicazione elettronica

CAPO I
Golden power (1)

(1) *Il presente capo apporta modifiche al d.l. n. 21/2012, sub V, 89 e al d.l. n. 105/2019, sub V, 92.*

CAPO II
Cybersicurezza delle reti, dei sistemi informativi e dei servizi informatici e approvvigionamento di materie prime critiche

29 Rafforzamento della disciplina cyber.

1. Al fine di prevenire pregiudizi alla sicurezza delle reti, dei sistemi informativi e dei servizi informatici delle amministrazioni pubbliche di cui all'articolo 1, comma 2, del decreto legislativo 30 marzo 2001, n. 165, derivanti dal rischio che le aziende produttrici di prodotti e servizi tecnologici di sicurezza informatica legate alla Federazione Russa non siano in grado di fornire servizi e aggiornamenti ai propri prodotti appartenenti alle categorie individuate al comma 3, in conseguenza della crisi in Ucraina, le medesime amministrazioni procedono tempestivamente alla diversificazione dei prodotti in uso.

2. Fermo restando quanto previsto dall'articolo 1, comma 2, lettera *a*), del decreto-legge 16 luglio 2020, n. 76, convertito, con modificazioni, dalla legge 11 settembre 2020, n. 120, le stazioni appaltanti, che procedono ai sensi del comma 1, provvedono all'acquisto di un ulteriore prodotto o servizio tecnologico di sicurezza informatica di cui al comma 3 e connessi servizi di supporto mediante gli strumenti di acquisto messi a disposizione dalle centrali di committenza, ovvero,

laddove non sussistano o non siano comunque disponibili nell'ambito di tali strumenti, mediante la procedura negoziata senza previa pubblicazione del bando di cui all'articolo 63 del decreto legislativo 16 aprile 2016, n. 50, anche in deroga a quanto disposto dal comma 6, secondo periodo, del medesimo articolo 63.

3. Le categorie di prodotti e servizi di cui al comma 1 sono indicate con circolare dell'Agenzia per la cybersicurezza nazionale, tra quelle volte ad assicurare le seguenti funzioni di sicurezza:

a) sicurezza dei dispositivi (endpoint security), ivi compresi applicativi antivirus, antimalware ed «endpoint detection and response» (EDR);

b) «web application firewall» (WAF);

4. Dall'attuazione dei commi 1, 2 e 3 non derivano effetti che possano costituire presupposto per l'azione di responsabilità di cui all'articolo 1 della legge 14 gennaio 1994, n. 20. Le amministrazioni interessate provvedono agli adempimenti previsti dai commi 1, 2 e 3 con le risorse umane, finanziarie e strumentali disponibili a legislazione vigente.

(*omissis*)

30 Disposizioni in tema di approvvigionamento di materie prime critiche.

1. Con decreto del Presidente del consiglio dei Ministri, su proposta del Ministero dello sviluppo economico e del Ministero degli affari esteri e della cooperazione internazionale, sulla base della rilevanza per l'interesse nazionale e del pregiudizio che deriverebbe dall'operazione, anche in relazione alla necessità di approvvigionamento di filiere produttive strategiche, sono individuate, le materie prime critiche, per le quali le operazioni di esportazione al di fuori dell'Unione europea sono soggette alla procedura di notifica di cui al comma 2. I rottami ferrosi, anche non originari dell'Italia, costituiscono materie prime critiche e la loro esportazione è soggetta all'obbligo di notifica di cui al comma 2 (1).

2. Le imprese italiane o stabilite in Italia che intendono esportare, direttamente o indirettamente, fuori dall'Unione europea le materie prime critiche individuate ai sensi del comma 1 o i rottami ferrosi di cui al medesimo comma 1 hanno l'obbligo di notificare, almeno dieci giorni prima dell'avvio dell'operazione, al Ministero dello sviluppo economico e al Ministero degli affari esteri e della cooperazione internazionale una informativa completa dell'operazione.

3. Salvo che il fatto costituisca reato, chiunque non osservi l'obbligo di cui al comma 2 è soggetto a una sanzione amministrativa pecuniaria pari al 30 per cento del valore dell'operazione e comunque non inferiore a euro 30.000 per ogni singola operazione.

4. Le misure di cui al presente articolo si applicano fino al 31 luglio 2022.

5. Dall'attuazione della presente disposizione non devono derivare nuovi o maggiori oneri a carico della finanza pubblica. Le amministrazioni provvedono alle attività di controllo previste dal presente articolo avvalendosi delle risorse umane, finanziarie e strumentali disponibili a legislazione vigente.

(1) *V. art. 3, comma 1, lett. e), TFUE, sub I, 13, che prevede che « 1. L'Unione europea ha competenza esclusiva nei seguenti settori: ...* e) *politica commerciale comune ».*

37 Contributo straordinario contro il caro bollette.

1. Al fine di contenere per le imprese e i consumatori gli effetti dell'aumento dei prezzi e delle tariffe del settore energetico, è istituito, per l'anno 2022, un contributo a titolo di prelievo solidaristico straordinario, determinato ai sensi del presente articolo, a carico dei soggetti che esercitano nel territorio dello Stato, per la successiva vendita dei beni, l'attività di produzione di energia elettrica, dei soggetti che esercitano l'attività di produzione di gas metano o di estrazione di gas naturale, dei soggetti rivenditori di energia elettrica di gas metano e di gas naturale e dei soggetti che esercitano l'attività produzione, distribuzione e commercio di prodotti petroliferi. Il contributo è dovuto, altresì, dai soggetti che, per la successiva rivendita, importano a titolo definitivo energia elettrica, gas naturale o gas metano, prodotti petroliferi o che introducono nel territorio dello Stato detti beni provenienti da altri Stati dell'Unione europea. Il contributo non è dovuto dai soggetti che svolgono l'attività di organizzazione e gestione di piattaforme per lo scambio dell'energia elettrica, del gas, dei certificati ambientali e dei carburanti.

2. La base imponibile del contributo solidaristico straordinario è costituita dall'incremento del saldo tra le operazioni attive e le operazioni passive, riferito al periodo dal 1° ottobre 2021 al 31 marzo 2022, rispetto al saldo del periodo dal 1° ottobre 2020 al 31 marzo 2021. Il contributo si applica nella misura del 10 per cento nei casi in cui il suddetto incremento sia superiore a euro 5.000.000. Il contributo non è dovuto se l'incremento è inferiore al 10 per cento.

3. Ai fini del calcolo del saldo di cui al comma 2, si assume il totale delle operazioni attive, al netto dell'IVA, e il totale delle operazioni passive, al netto dell'IVA, indicato nelle Comunicazioni dei dati delle liquidazioni periodiche IVA, presentate, ai sensi dell'articolo 21-bis del decreto-legge 31 maggio 2010, n. 78, convertito, con modificazioni, dalla legge 30 luglio 2010, n. 122, per i periodi indicati al comma 2.

4. I soggetti tenuti al pagamento del contributo ai sensi del comma 1, che partecipano a un gruppo IVA costituito ai sensi dell'articolo 70-*quater* del decreto del Presidente della Repubblica 26 ottobre 1972, n. 633, per determinare i saldi di cui al comma 2 del presente articolo, assumono i dati delle fatture emesse e ricevute dal Gruppo IVA che riportano il codice fiscale dei suddetti soggetti, secondo quanto previsto dall'articolo 3 del decreto del Ministro dell'Economia e delle Finanze 6 aprile 2018, pubblicato nella Gazzetta Ufficiale della Repubblica italiana n. 90 del 18 aprile 2018 e, per le operazioni effettuate tra i soggetti partecipanti al Gruppo IVA, i dati risultanti dalle scritture contabili tenute ai sensi del decreto del Presidente della Repubblica 29 settembre 1973, n. 600.

5. Il contributo è liquidato e versato entro il 30 giugno 2022, con le modalità di cui all'articolo 17 del decreto legislativo 9 luglio 1997, n. 241. Con provvedi-

mento del direttore dell'Agenzia delle entrate, sentita l'Autorità di regolazione per l'energia, reti e ambiente, sono definiti gli adempimenti, anche dichiarativi, e le modalità di versamento del contributo. Con il medesimo provvedimento possono essere individuati dati aggiuntivi da indicare nelle fatture di cessione e di acquisto dei prodotti di cui al comma 1 e sono definite le modalità per lo scambio delle informazioni, anche in forma massiva, con la Guardia di finanza.

6. Ai fini dell'accertamento, delle sanzioni e della riscossione del contributo, nonché per il relativo contenzioso, si applicano le disposizioni in materia di imposta sul valore aggiunto in quanto compatibili.

7. Il contributo non è deducibile ai fini delle imposte sui redditi e dell'imposta regionale sulle attività produttive.

8. Al fine di evitare, a tutela del consumatore, indebite ripercussioni sui prezzi al consumo dei prodotti energetici e dell'energia elettrica, per il periodo dal 1° aprile al 31 dicembre 2022, i soggetti tenuti al pagamento del contributo di cui al comma 1 comunicano entro la fine di ciascun mese solare all'Autorità garante della concorrenza e del mercato il prezzo medio di acquisto, di produzione e di vendita dell'energia elettrica, del gas naturale e del gas metano nonché dei prodotti petroliferi, relativi al mese precedente. L'Autorità riscontra la sussistenza dei presupposti per l'adozione dei provvedimenti di sua competenza sulla base dei dati ricevuti e di apposite verifiche, nell'ambito di un piano straordinario di controlli sulla veridicità delle comunicazioni di cui al presente comma. Le modalità per la trasmissione dei dati sono stabilite dall'Autorità garante della concorrenza e del mercato.

9. Ai fini dei riscontri e delle verifiche di cui al comma 8, l'Autorità si avvale, secondo modalità da definirsi mediante apposite intese, della collaborazione della Guardia di finanza, che utilizza anche i dati di cui al comma 5 e agisce con i poteri a essa attribuiti per l'accertamento dell'imposta sul valore aggiunto e delle imposte sui redditi.

INDICE CRONOLOGICO

1986

1988

1989

1990

1991

1992

1996

1997

1998

1999

2017

INDICE ANALITICO-ALFABETICO

Q

R

Addenda di aggiornamento

COUPON VALIDO PER IL RITIRO GRATUITO
da restituire all'editore

Ritira gratuitamente il tuo aggiornamento normativo al **Codice Amministrativo Percorsi Magistratura 2022**.

Iscriviti sul sito *www.praticantieconcorsi.it* e, non appena l'addenda sarà disponibile, riceverai una comunicazione direttamente al tuo indirizzo di posta elettronica.
Potrai ritirare la tua copia consegnando il presente coupon, debitamente compilato, esclusivamente presso la Libreria o l'Agenzia Giuffrè Francis Lefebvre dove hai acquistato il codice.

Nome e Cognome ....

Città .... Prov. ....

E-mail .... Data di nascita ....../....../......

Sei già iscritto al sito *www.praticantieconcorsi.it*? ☐ Sì ☐ No

---

INFORMATIVA PRIVACY - Art. 13 Regolamento UE 679/2016
La informiamo che il Regolamento (UE) 2016/679 (di seguito "RGPD"), prevede la tutela delle persone fisiche rispetto al trattamento dei dati personali. La presente costituisce l'informativa resa agli interessati ai sensi dell'Art. 13 RGPD.

Titolare del trattamento
La società Giuffrè Francis Lefebvre SpA, con sede in Milano, email: giuffre@giuffre.it ("Società") in qualità di titolare del trattamento La informa di quanto segue sul trattamento dei Suoi dati personali ai sensi dell'art. 13 del RGPD.

Finalità del trattamento
Con il Suo consenso, che è facoltativo, la Società utilizza i Suoi dati personali per finalità di marketing, vale a dire per inviarLe newsletter promozionali, commerciali o pubblicitarie sulle iniziative promozionali e commerciali della Società, della sua rete di vendita e assistenza e dei suoi partner, per vendite dirette, ricerche di mercato e di indagini per la rilevazione della soddisfazione, oltre che per svolgere analisi statistiche con dati anonimi, organizzati in forma aggregata. Le attività di marketing sono realizzate per e-mail, chiamate telefoniche tramite operatore, sms, MMS e posta tradizionale, compreso l'invio di inviti ad eventi organizzati dalla Società. In ogni caso, Lei può in qualsiasi momento indicare la modalità di contatto che preferisce tra quelle sopra riportate e può opporsi al ricevimento di comunicazioni promozionali, personalizzate e non, attraverso tutti o solo alcuni dei canali di comunicazione sopra indicati. Conferire i Suoi dati personali per le finalità di marketing sopra indicate è facoltativo e un eventuale rifiuto non Le permetterà di ricevere le nostre comunicazioni commerciali.

Modalità e Basi giuridiche del trattamento
La Società tratta i Suoi dati personali con e senza l'ausilio di strumenti elettronici, in base a logiche e procedure coerenti con le finalità di seguito indicate e nel rispetto del RGDP, compresi i profili di confidenzialità e sicurezza. La Società tratta i Suoi dati personali sulla base del Suo consenso.

Comunicazione dei Suoi dati personali a terzi
I dati personali sono accessibili al nostro personale debitamente autorizzato in base a criteri di necessità e sono comunicati a terzi nei seguenti casi:
(i) quando la comunicazione è richiesta da leggi e regolamenti applicabili rispetto a terzi legittimi destinatari di comunicazioni;
(ii) comunicazione a terzi in caso di operazioni straordinarie;
I Suoi dati personali sono inoltre condivisi con i nostri fornitori di servizi, ad es. per servizi di natura tecnica e organizzativa che sono funzionali alle finalità sopra indicate quali collaboratori autonomi, anche in forma associata - ad es. per la gestione di pagamenti, società specializzate in ricerche di mercato e nell'elaborazione dati, società pubblicitarie, etc. Forniamo a tali soggetti solo i dati necessari per eseguire i servizi concordati e gli stessi agiscono quali Responsabili del trattamento, sulla base delle istruzioni ricevute dalla Società. La Società non trasferisce i Suoi dati fuori dall'Unione Europea.

Conservazione dei dati personali
Per finalità di marketing i dati sono conservati per il tempo strettamente necessario al perseguimento di dette finalità, nei limiti consentiti dal RGDP, e in ogni caso per un massimo di 24 mesi dalla raccolta. Lei può in qualsiasi momento richiedere la cancellazione dei dati per tali finalità ed opporsi al trattamento dei dati per finalità di marketing.

I Suoi diritti
Lei si può rivolgere alla Società in qualità di Titolare del trattamento ai recapiti sopra indicati per avere l'elenco aggiornato dei nostri responsabili del trattamento (vale a dire i nostri fornitori di servizi), dei soggetti a cui sono comunicati i dati e per esercitare in qualsiasi momento i seguenti diritti di cui agli art. 15 ss. del RGPD; ottenere conferma dell'esistenza o meno di Suoi dati, verificarne contenuto, origine, esattezza, chiederne integrazione, aggiornamento, rettificazione, cancellazione, anonimizzazione, chiedere la portabilità dei dati, la limitazione del trattamento, l'opposizione al trattamento per motivi legittimi, ad es. opposizione ad attività di marketing, presentare un'istanza al Garante per la Protezione dei Dati Personali. In aggiunta, Lei potrà, se richiesto da una situazione particolare, opporsi al trattamento dei Suoi dati personali trattati sulla base del legittimo interesse della Società a meno che sia dimostrata l'esistenza di prevalenti motivi legittimi cogenti della Società per procedere al trattamento (es. l'esercizio o la difesa di un diritto in sede giudiziaria).

Consenso al trattamento dei dati personali
Letta e compresa l'informativa privacy che precede, per il trattamento dei miei dati personali da parte di Giuffrè Francis Lefebvre SpA per attività di marketing attraverso e-mail, newsletter, telefono, sms, MMS e posta tradizionale

☐ Acconsento

Luogo e data.. Firma..

SPAZIO TIMBRO

www.praticantieconcorsi.it | GIUFFRÈ
GIUFFRÈ FRANCIS LEFEBVRE